Lieber Herr Gabriel,

eine kleine "Gegengabe" mit herzlichem Gruß und Dank dafür, dass Sie mit Kompetenz und Engagement die Lehre und Forschung des Fachbereichs Rechtswissenschaft der Goethe-Universität bereichern!

18.7.2023 Georg [signature]

Bourwieg/Hellermann/Hermes
Energiewirtschaftsgesetz

EnWG

Energiewirtschaftsgesetz

Kommentar

Herausgegeben von

Karsten Bourwieg
Bundesnetzagentur, Bonn

Prof. Dr. Johannes Hellermann
Universität Bielefeld

Prof. Dr. Georg Hermes
Universität Frankfurt a. M.

Bearbeitet von den Herausgebern und von

Felix Arndt, Berlin; *Julius Bockermann,* Bielefeld; *Dr. Konstantina Bourazeri,* LL.M., Essen; *Prof. Dr. Roland Broemel,* Frankfurt a. M.; *Thomas Burmeister,* Düsseldorf; *Dr. Claudia Busch,* München; *Merlin Eufinger,* Schwerin; *Thomas Eufinger,* Eschborn; *Alexander Frechen,* Bonn; *Matthias Gegenwart,* Frankfurt a. M.; *Dr. Annegret Groebel,* Bonn; *Thomas Grosche,* Hamburg; *Sascha Grüner,* LL.M., Bonn; *Prof. Dr. Jörg Gundel,* Bayreuth; *Dr. Paula Hahn,* Berlin; *Tobias Henn,* Bonn; *Ekkehard Hollmann,* Bonn; *Dr. Frank Hölscher,* Berlin/Bonn; *Johannes Kemper,* Bonn; *Tobias Kloidt,* Frankfurt a. M.; *Prof. Dr. Dominik Kupfer,* Freiburg; *Wiegand Laubenstein,* Essen; *Julian Leuthe,* Bonn; *Dr. Sebastian Merk,* Karlsruhe; *Alexander Pätzold,* Bielefeld; *Dr. Habibullah Qureischie,* Bonn; *Lisa Reichstein,* Düsseldorf; *Prof. Dr. Björn Rüdiger,* M.A., LL.M., Bielefeld; *Jan Sötebier,* M.E.S., Bonn; *Dr. Barbara Stamm,* Bonn; *Dr. Christian Stelter,* Bonn; *Julia Thiesen,* Kiel; *Dr. Philipp Wolfshohl,* Bonn

4. Auflage 2023

C.H.BECK

Zitiervorschlag: Bourwieg/Hellermann/Hermes

www.beck.de

ISBN 978 3 406 78282 4

© 2023 Verlag C. H. Beck oHG
Wilhelmstraße 9, 80801 München
Druck und Bindung: Druckerei C. H. Beck Nördlingen
(Adresse wie Verlag)

Satz: Jung Crossmedia Publishing GmbH
Gewerbestraße 17, 35633 Lahnau

chbeck.de/nachhaltig

Gedruckt auf säurefreiem, alterungsbeständigem Papier
(hergestellt aus chlorfrei gebleichtem Zellstoff)

Vorwort

Die freundliche Aufnahme, die die ersten drei Auflagen dieses Kommentars in Wissenschaft und Praxis gefunden haben, hat uns ermutigt, hiermit die überfällige Neuauflage des Werks vorzulegen. Sie ist in bewegten, krisenhaften Zeiten entstanden, geprägt vor allem durch die epochale Herausforderung des Klimawandels und die akute, durch den russischen Angriffskrieg auf die Ukraine ausgelöste Krise. Diese Zeitumstände haben zuletzt auch die energiewirtschaftsrechtliche Entwicklung massiv beeinflusst; Novellierungen des Energiewirtschaftsgesetzes und anderer energierechtlicher Regelungswerke haben sich im Verlauf des vergangenen Jahres geradezu überschlagen. Unter diesen Bedingungen eine Kommentierung des Energiewirtschaftsgesetzes vorzulegen, die so weit wie nur eben möglich den aktuellen Rechtszustand zugrunde legt, hat einen ganz besonderen Kraftakt erfordert.

Mit der vorliegenden Neuauflage wird nun eine Kommentierung des Energiewirtschaftsgesetzes präsentiert, die die Gesetzesänderungen jedenfalls bis Ende Juli 2022, teils – soweit im Verlauf der Drucklegung noch möglich – auch noch darüber hinaus die Änderungen durch das Gesetz zur Änderung des Energiesicherungsgesetzes und anderer energiewirtschaftlicher Vorschriften vom 8. Oktober 2022 berücksichtigt. Dass der Kommentar mit dieser Auflage an Umfang beträchtlich zugenommen hat, beruht zum einen auf dem deutlich angewachsenen Normenbestand. Zum anderen ist, weil dies angesichts der über die Jahre angewachsenen Anwendungspraxis der Bundesnetzagentur und der Rechtsprechung und des zugleich angewachsenen einschlägigen Schrifttums angezeigt schien, bewusst eine stärker ins Detail gehende Kommentierung angestrebt worden. An dem bereits in den Vorauflagen verfolgten Anliegen, eine immer noch kompakte, dabei gleichermaßen wissenschaftlich fundierte und praxisgerechte Kommentierung vorzulegen, haben wir festgehalten.

Im Herausgeberkreis hat es einen Wechsel gegeben. Gabriele Britz, die sich als Mitherausgeberin (und Autorin) der ersten drei Auflagen um das Fundament des nun vorliegenden Werks in hohem Maße verdient gemacht hat, ist ausgeschieden; Karsten Bourwieg, der dem Kommentar von der ersten Auflage an als Autor verbunden war, ist als Mitherausgeber hinzugetreten. Eine Reihe von Veränderungen gegenüber der Vorauflage hat es auch unter den Autorinnen und Autoren gegeben. Nach wie vor entstammen sie verschiedenen Bereichen, der Wissenschaft, der Justiz, der Anwaltschaft sowie der behördlichen Praxis (insbesondere der Bundesnetzagentur) und bringen so unterschiedliche Perspektiven ein. Wie üblich zeichnen sie für ihre Beiträge letztverantwortlich. Dafür, dass sie unter den herausfordernden Bedingungen mit großem Einsatz an der Neuauflage mitgewirkt haben, schulden die Herausgeber ihnen mehr noch als sonst besonderen Dank.

Ein besonderer Dank der Herausgeber gilt schließlich auch ihren Mitarbeiterinnen und Mitarbeitern, die die Fertigstellung des Werks auf vielfältige Weise tatkräftig unterstützt und erst ermöglicht haben. Auch dem Lektorat des Verlages, namentlich Ruth Schrödl und Dr. Johannes Wasmuth, sei herzlich gedankt.

Bonn/Bielefeld/Frankfurt am Main
Karsten Bourwieg
Johannes Hellermann
Georg Hermes

Bearbeiterverzeichnis

I. Nach Paragraphen

§§ 1, 1a	Hellermann/Hermes
§§ 2, 3	Hellermann
§§ 3a, 4	Hermes
§§ 4a–4d	Stamm
§ 5	Hermes
§ 5a	Rüdiger
§ 5b	Th. Eufinger
Vor §§ 6ff.–§ 7b	Hölscher
§ 7c	Hellermann
§§ 8–10e	Hölscher
§ 11 Rn. 1–31	Bourwieg/Frechen
§ 11 Rn. 32–124	Bourwieg
§ 11 Rn. 125–158	Frechen
§ 11 Rn. 159–172, Vor § 11a–§ 12	Bourwieg
§§ 12a–12g	Busch
§ 12h	Kemper
§§ 13, 13a	Sötebier
§ 13b	Qureischie
§§ 13c, 13d	Leuthe
§§ 13e, 13f	Qureischie
§ 13g	Leuthe
§ 13h	Qureischie
§ 13i	Kemper
§ 13j	Bourwieg
§ 14 Rn. 1–7	Bourwieg/Sötebier
§ 14 Rn. 8–45	Sötebier
§ 14 Rn. 46–52, §§ 14a, 14b	Bourwieg
§ 14c	Sötebier
§§ 14d–17	Bourwieg
Vor §§ 17a ff.–§ 17j	Broemel
§§ 18–19a	Bourwieg
Vor §§ 20ff.–§ 20 Rn. 1–37	Hahn
§ 20 Rn. 38–111	Grosche
§ 20 Rn. 112–184	Merk
§ 20 Rn. 185–217	Grosche
§ 20 Rn. 218–244	Hahn
§ 20a	Arndt
§§ 21, 21a	Groebel
§§ 21b–23	Bourwieg
§§ 23a–24a	Henn
§§ 25–28a	Arndt
§ 28b	Gegenwart
§ 28c	Kloidt

Bearbeiterverzeichnis

Vor §§ 28 d ff.–§ 28 i	Laubenstein/Bourazeri
Vor §§ 28 j ff.–§ 28 q	Grüner
§ 29	Hermes
§§ 30–33	Hollmann
§ 35	Bourwieg
Vor §§ 35 a ff.–§ 35 g	Burmeister/Reichstein
§ 35 h	Hellermann/Pätzold
§§ 36–39	Hellermann
§§ 40–40 c	Hellermann/Bockermann
§§ 41–41 b	Hellermann/Pätzold
§§ 41 c–41 e	Hellermann
§ 42	Hellermann/Bockermann
§ 42 a	Hellermann/Pätzold
§ 43	Hermes/Kupfer
§§ 43 a–43 d	Kupfer
§ 43 e	Hermes
§ 43 f	Kupfer
§ 43 g	Gegenwart
§ 43 h	Kloidt
§ 43 i	Gegenwart
§ 43 j	Hermes/Kupfer
§ 43 k	Gegenwart
§ 43 l	Grüner
§§ 44–44 b	Hermes
§ 44 c	Kloidt
§§ 45–45 b	Hermes
§ 46	Hellermann
§§ 46 a, 47	Hellermann/Thiesen
§ 48	Hellermann
§§ 49–53 a	Bourwieg
§§ 54–58	Gundel
§§ 58 a, 58 b	Th. Eufinger
§§ 59–64 a	Hermes
Vor §§ 65 ff.–§ 68	Burmeister
§ 68 a	Th. Eufinger
§§ 69–74	Burmeister
Vor §§ 75 ff.–§ 88	Laubenstein/Bourazeri
§§ 89–95	Stelter
§§ 95 a, 95 b	M. Eufinger
§§ 96–108	Stelter
§ 109	Hellermann
§ 110	Bourwieg
§ 111	Stelter
§§ 111 a–111 c	Rüdiger
§ 111 d	Bourwieg
§§ 111 e, 111 f	Wolfshohl
§§ 112, 112 a	Bourwieg
§ 112 b	Grüner
§ 113	Hellermann

Bearbeiterverzeichnis

§§ 113a–113c	Grüner
§ 114	Stelter
§§ 115, 116	Bourwieg
§§ 117, 117a	Hellermann
§ 117b	Hermes
§ 118 Rn. 1–21	Hellermann/Thiesen
§ 118 Rn. 22	Hölscher
§ 118 Rn. 23–26	Burmeister/Reichstein
§ 118 Rn. 27–39	Hellermann/Pätzold
§ 118 Rn. 40	Hölscher
§ 118 Rn. 41–48	Hellermann
§ 119	Kloidt
§ 120	Henn
§ 121	Bourwieg

II. In alphabetischer Ordnung

Felix Arndt, Deutscher Bundestag – Verwaltung, Berlin	§§ 20a, 25–28a
Julius Bockermann, Universität Bielefeld	§§ 40–40c, 42
Dr. Konstantina Bourazeri, LL.M., Dikigoros (Mitglied der Rechtsanwaltskammer Hamm), Essen	Vor §§ 28d ff.–§ 28i, Vor §§ 75 ff.–§ 88
Karsten Bourwieg, Bundesnetzagentur, Bonn	§ 11 Rn. 1–124, 159–172, Vor § 11a–§§ 12, 13j, § 14 Rn. 1–7, 46–52, §§ 14a, 14b, 14d–17, 18–19a, 21b–23, 35, 49–53a, 110, 111d, 112, 112a, 115, 116, 121
Prof. Dr. Roland Broemel, Goethe-Universität Frankfurt a. M.	Vor §§ 17a ff.–§ 17j
Thomas Burmeister, Rechtsanwalt, Düsseldorf	Vor §§ 35a ff.– § 35g, Vor §§ 65 ff.– § 68, §§ 69–74, 118 Rn. 23–26
Dr. Claudia Busch, Rechtsanwältin, München	§§ 12a–12g
Merlin Eufinger, Notarkammer Mecklenburg-Vorpommern, Schwerin	§§ 95a, 95b
Thomas Eufinger, Eschborn	§§ 5b, 58a, 58b, 68a
Alexander Frechen, Bundesnetzagentur, Bonn	§ 11 Rn. 1–31, 125–158
Matthias Gegenwart, Universität Frankfurt a. M.	§§ 28b, 43g, 43i, 43k

Bearbeiterverzeichnis

Dr. Annegret Groebel, Bundesnetzagentur, Bonn	§§ 21, 21a
Thomas Grosche, Stromnetz Hamburg GmbH, Hamburg	§ 20 Rn. 38–111, 185–217
Sascha Grüner, LL.M., Bundesnetzagentur, Bonn	Vor §§ 28j ff.–§ 28q, §§ 43l, 112b, 113a–113c
Prof. Dr. Jörg Gundel, Universität Bayreuth	§§ 54–58
Dr. Paula Hahn, Rechtsanwältin, Berlin	Vor §§ 20ff.–§ 20 Rn. 1–37, 218–244
Prof. Dr. Johannes Hellermann, Universität Bielefeld	§§ 1–3, 7c, 35h–42a, 46–48, 109, 113, 117, 117a, § 118 Rn. 1–21, 27–39, 41–48
Tobias Henn, Bundesnetzagentur, Bonn	§§ 23a–24a, 120
Prof. Dr. Georg Hermes, Universität Frankfurt a. M.	§§ 1, 1a, 3a, 4, 5, 29, 43, 43e, 43j, 44–44b, 45–45b, 59–64a, 117b
Ekkehard Hollmann, Bundesnetzagentur, Bonn	§§ 30–33
Dr. Frank Hölscher, Rechtsanwalt, Berlin/Bonn	Vor §§ 6ff.–§ 7b, §§ 8–10e, § 118 Rn. 22, 40
Johannes Kemper, Bundesnetzagentur, Bonn	§§ 12h, 13i
Tobias Kloidt, Universität Frankfurt a. M.	§§ 28c, 43h, 44c, 119
Prof. Dr. Dominik Kupfer, Rechtsanwalt, Freiburg	§§ 43–43d, 43f, 43j
Wiegand Laubenstein, VorsRiOLG aD, Rechtsanwalt, Essen	Vor §§ 28d ff.–§ 28i, Vor §§ 75ff.–§ 88
Julian Leuthe, Bundesnetzagentur, Bonn	§§ 13c, 13d, 13g
Dr. Sebastian Merk, Richter am Landgericht, Wissenschaftlicher Mitarbeiter am BVerfG, Karlsruhe	§ 20 Rn. 112–184
Alexander Pätzold, Universität Bielefeld	§§ 35h, 41–41b, 42a, § 118 Rn. 27–39
Dr. Habibullah Qureischie, Bundesnetzagentur, Bonn	§§ 13b, 13e, 13f, 13h
Lisa Reichstein, Rechtsanwältin, Düsseldorf	Vor §§ 35a ff.–§ 35g, § 118 Rn. 23–26

Bearbeiterverzeichnis

Prof. Dr. Björn Rüdiger, M.A., LL.M.,
Hochschule für öffentliches Management
und Sicherheit (Kassel), Bielefeld ...... §§ 5a, 111a–111c

Jan Sötebier, M.E.S., Bundesnetzagentur,
Bonn .... §§ 13, 13a, 14 Rn. 1–45, § 14c

Dr. Barbara Stamm, Lic. en Droit,
Rechtsanwältin, Bonn .... §§ 4a–4d

Dr. Christian Stelter, Rechtsanwalt, Bonn §§ 89–95, 96–108, 111, 114

Julia Thiesen, Ministerium für Wirtschaft,
Verkehr, Arbeit, Technologie und Touris-
mus des Landes Schleswig-Holstein, Kiel §§ 46a, 47, § 118 Rn. 1–21

Dr. Philipp Wolfshohl, Bundesnetzagentur, Bonn .... §§ 111e, 111f

Inhaltsverzeichnis

Vorwort V
Bearbeiterverzeichnis VII
Abkürzungsverzeichnis XXV
Verzeichnis der abgekürzt zitierten Literatur XLVII

Gesetz über die Elektrizitäts- und Gasversorgung (Energiewirtschaftsgesetz – EnWG)

Teil 1. Allgemeine Vorschriften

§ 1	Zweck und Ziele des Gesetzes	1
§ 1a	Grundsätze des Strommarktes	21
§ 2	Aufgaben der Energieversorgungsunternehmen	25
§ 3	Begriffsbestimmungen	29
§ 3a	Verhältnis zum Eisenbahnrecht	69
§ 4	Genehmigung des Netzbetriebs	74
§ 4a	Zertifizierung und Benennung des Betreibers eines Transportnetzes	89
§ 4b	Zertifizierung in Bezug auf Drittstaaten	108
§ 4c	Pflichten der Transportnetzbetreiber	118
§ 4d	Widerruf der Zertifizierung nach § 4a, nachträgliche Versehung mit Auflagen	123
§ 5	Anzeige der Energiebelieferung	130
§ 5a	Speicherungspflichten, Veröffentlichung von Daten	144
§ 5b	Anzeige von Verdachtsfällen, Verschwiegenheitspflichten	151

Teil 2. Entflechtung

Abschnitt 1. Gemeinsame Vorschriften für Verteilernetzbetreiber und Transportnetzbetreiber

Vorbemerkung		157
§ 6	Anwendungsbereich und Ziel der Entflechtung	166
§ 6a	Verwendung von Informationen	174
§ 6b	Rechnungslegung und Buchführung	180
§ 6c	Ordnungsgeldvorschriften	193
§ 6d	Betrieb eines Kombinationsnetzbetreibers	195

Inhaltsverzeichnis

Abschnitt 2. Entflechtung von Verteilernetzbetreibern und Betreibern von Speicheranlagen

§ 7	Rechtliche Entflechtung von Verteilernetzbetreibern	196
§ 7a	Operationelle Entflechtung von Verteilernetzbetreibern	208
§ 7b	Entflechtung von Gasspeicheranlagenbetreibern und Transportnetzeigentümern	232
§ 7c	Ausnahme für Ladepunkte für Elektromobile; Verordnungsermächtigung	233

Abschnitt 3. Besondere Entflechtungsvorgaben für Transportnetzbetreiber

§ 8	Eigentumsrechtliche Entflechtung	238
§ 9	Unabhängiger Systembetreiber........................	248
§ 10	Unabhängiger Transportnetzbetreiber	253
§ 10a	Vermögenswerte, Anlagen, Personalausstattung, Unternehmensidentität des Unabhängigen Transportnetzbetreibers	258
§ 10b	Rechte und Pflichten im vertikal integrierten Unternehmen	266
§ 10c	Unabhängigkeit des Personals und der Unternehmensleitung des Unabhängigen Transportnetzbetreibers	270
§ 10d	Aufsichtsrat des Unabhängigen Transportnetzbetreibers	277
§ 10e	Gleichbehandlungsprogramm und Gleichbehandlungsbeauftragter des Unabhängigen Transportnetzbetreibers	279

Teil 3. Regulierung des Netzbetriebs

Abschnitt 1. Aufgaben der Netzbetreiber

§ 11	Betrieb von Energieversorgungsnetzen	285
Vorbemerkung		330
§ 11a	Ausschreibung von Energiespeicheranlagen, Festlegungskompetenz	337
§ 11b	Ausnahme für Energiespeicheranlagen, Festlegungskompetenz	343
§ 12	Aufgaben der Betreiber von Elektrizitätsversorgungsnetzen, Verordnungsermächtigung	349
§ 12a	Szenariorahmen für die Netzentwicklungsplanung	383
§ 12b	Erstellung des Netzentwicklungsplans durch die Betreiber von Übertragungsnetzen	406
§ 12c	Prüfung und Bestätigung des Netzentwicklungsplans durch die Regulierungsbehörde	426
§ 12d	Umsetzungsbericht der Übertragungsnetzbetreiber und Monitoring durch die Regulierungsbehörde	455
§ 12e	Bundesbedarfsplan	459
§ 12f	Herausgabe von Daten	468
§ 12g	Schutz europäisch kritischer Anlagen, Verordnungsermächtigung ..	476

Inhaltsverzeichnis

§ 12h	Marktgestützte Beschaffung nicht frequenzgebundener Systemdienstleistungen	482
§ 13	Systemverantwortung der Betreiber von Übertragungsnetzen	505
§ 13a	Erzeugungsanpassung und ihr bilanzieller und finanzieller Ausgleich	607
§ 13b	Stilllegungen von Anlagen	643
§ 13c	Vergütung bei geplanten Stilllegungen von Anlagen	656
§ 13d	Netzreserve	688
§ 13e	Kapazitätsreserve	706
§ 13f	Systemrelevante Gaskraftwerke	720
§ 13g	Stilllegung von Braunkohlekraftwerken	729
§ 13h	Verordnungsermächtigung zur Kapazitätsreserve	750
§ 13i	Weitere Verordnungsermächtigungen	763
§ 13j	Festlegungskompetenzen	777
§ 13k	*(aufgehoben)*	788
§ 14	Aufgaben der Betreiber von Elektrizitätsverteilernetzen	788
§ 14a aF	*Steuerbare Verbrauchseinrichtungen in Niederspannung; Verordnungsermächtigung*	801
§ 14b	Steuerung von vertraglichen Abschaltvereinbarungen, Verordnungsermächtigung	815
§ 14c	Marktgestützte Beschaffung von Flexibilitätsdienstleistungen im Elektrizitätsverteilernetz; Festlegungskompetenz	821
§ 14d	Netzausbaupläne, Verordnungsermächtigung; Festlegungskompetenz	830
§ 14e	Gemeinsame Internetplattform; Festlegungskompetenz	841
§ 15	Aufgaben der Betreiber von Fernleitungsnetzen	848
§ 15a	Netzentwicklungsplan der Fernleitungsnetzbetreiber	859
§ 15b	Umsetzungsbericht der Fernleitungsnetzbetreiber	883
§ 16	Systemverantwortung der Betreiber von Fernleitungsnetzen	885
§ 16a	Aufgaben der Betreiber von Gasverteilernetzen	898

Abschnitt 2. Netzanschluss

Vorbemerkung		901
§ 17	Netzanschluss, Verordnungsermächtigung	926
Vorbemerkung		947
§ 17a	Bundesfachplan Offshore des Bundesamtes für Seeschifffahrt und Hydrographie	953
§ 17b	Offshore-Netzentwicklungsplan	971
§ 17c	Prüfung und Bestätigung des Offshore-Netzentwicklungsplans durch die Regulierungsbehörde sowie Offshore-Umsetzungsbericht der Übertragungsnetzbetreiber	979
§ 17d	Umsetzung der Netzentwicklungspläne und des Flächenentwicklungsplans	983

Inhaltsverzeichnis

§ 17 e	Entschädigung bei Störungen oder Verzögerung der Anbindung von Offshore-Anlagen	1002
§ 17 f	Belastungsausgleich	1029
§ 17 g	Haftung für Sachschäden an Windenergieanlagen auf See	1039
§ 17 h	Abschluss von Versicherungen	1040
§ 17 i	Evaluierung	1041
§ 17 j	Verordnungsermächtigung	1041
§ 18	Allgemeine Anschlusspflicht	1043
§ 19	Technische Vorschriften	1061
§ 19 a	Umstellung der Gasqualität; Verordnungsermächtigung	1070

Abschnitt 3. Netzzugang

Vorbemerkung		1083
§ 20	Zugang zu den Energieversorgungsnetzen	1096
§ 20 a	Lieferantenwechsel	1161
§ 21	Bedingungen und Entgelte für den Netzzugang	1166
§ 21 a	Regulierungsvorgaben für Anreize für eine effiziente Leistungserbringung; Verordnungsermächtigung	1256
§ 21 b	Sondervorschriften für regulatorische Ansprüche und Verpflichtungen der Transportnetzbetreiber; Festlegungskompetenz	1325
§§ 21 b–21 i	*(aufgehoben)*	1333
Vorbemerkung		1333
§ 22	Beschaffung der Energie zur Erbringung von Ausgleichsleistungen	1349
§ 23	Erbringung von Ausgleichsleistungen	1368
§ 23 a	Genehmigung der Entgelte für den Netzzugang	1394
§ 23 b	Veröffentlichungen der Regulierungsbehörde; Festlegungskompetenz	1411
§ 23 c	Veröffentlichungspflichten der Netzbetreiber	1418
§ 23 d	Verordnungsermächtigung zur Transparenz der Kosten und Entgelte für den Zugang zu Energieversorgungsnetzen	1422
§ 24	Regelungen zu den Netzzugangsbedingungen, Entgelten für den Netzzugang sowie zur Erbringung und Beschaffung von Ausgleichsleistungen; Verordnungsermächtigung	1424
§ 24 a	Schrittweise Angleichung der Übertragungsnetzentgelte, Bundeszuschüsse; Festlegungskompetenz	1438
§ 25	Ausnahmen vom Zugang zu den Gasversorgungsnetzen im Zusammenhang mit unbedingten Zahlungsverpflichtungen	1444
§ 26	Zugang zu LNG-Anlagen, vorgelagerten Rohrleitungsnetzen und Gasspeicheranlagen im Bereich der leitungsgebundenen Versorgung mit Erdgas	1452
§ 27	Zugang zu den vorgelagerten Rohrleitungsnetzen	1457
§ 28	Zugang zu Gasspeicheranlagen; Verordnungsermächtigung	1460

Inhaltsverzeichnis

§ 28a	Neue Infrastrukturen	1466
§ 28b	Bestandsleitungen zwischen Deutschland und einem Drittstaat	1478
§ 28c	Technische Vereinbarungen über den Betrieb von Gasverbindungsleitungen mit Drittstaaten	1487

Abschnitt 3a. Sondervorschriften für selbstständige Betreiber von grenzüberschreitenden Elektrizitätsverbindungsleitungen

Vorbemerkung		1490
§ 28d	Anwendungsbereich	1491
§ 28e	Grundsätze der Netzkostenermittlung	1493
§ 28f	Feststellung der Netzkosten durch die Bundesnetzagentur	1499
§ 28g	Zahlungsanspruch zur Deckung der Netzkosten	1502
§ 28h	Anspruch auf Herausgabe von Engpasserlösen	1507
§ 28i	Verordnungsermächtigung	1511

Abschnitt 3b. Regulierung von Wasserstoffnetzen

Vorbemerkung		1515
§ 28j	Anwendungsbereich der Regulierung von Wasserstoffnetzen	1521
§ 28k	Rechnungslegung und Buchführung	1525
§ 28l	Ordnungsgeldvorschriften	1529
§ 28m	Entflechtung	1530
§ 28n	Anschluss und Zugang zu den Wasserstoffnetzen; Verordnungsermächtigung	1532
§ 28o	Bedingungen und Entgelte für den Netzzugang; Verordnungsermächtigung	1537
§ 28p	Ad-hoc Prüfung der Bedarfsgerechtigkeit von Wasserstoffnetzinfrastrukturen	1552
§ 28q	Bericht zur erstmaligen Erstellung des Netzentwicklungsplans Wasserstoff	1556

Abschnitt 4. Befugnisse der Regulierungsbehörde, Sanktionen

§ 29	Verfahren zur Festlegung und Genehmigung	1561
§ 30	Missbräuchliches Verhalten eines Netzbetreibers	1576
§ 31	Besondere Missbrauchsverfahren der Regulierungsbehörde	1592
§ 32	Unterlassungsanspruch, Schadensersatzpflicht	1603
§ 33	Vorteilsabschöpfung durch die Regulierungsbehörde	1612
§ 34	*(aufgehoben)*	1615
§ 35	Monitoring und ergänzende Informationen	1616

Inhaltsverzeichnis

Teil 3a. Füllstandsvorgaben für Gasspeicheranlagen und Gewährleistung der Versorgungssicherheit

Vorbemerkung 1633
§ 35a Allgemeines 1635
§ 35b Füllstandsvorgaben; Bereitstellung ungenutzter Speicherkapazitäten; Verordnungsermächtigung 1639
§ 35c Ausschreibung von strategischen Optionen zur Vorhaltung von Gas; ergänzende Maßnahmen zur Gewährleistung der Versorgungssicherheit 1655
§ 35d Freigabeentscheidung 1661
§ 35e Umlage der Kosten des Marktgebietsverantwortlichen; Finanzierung 1672
§ 35f Evaluierung 1676
§ 35g Inkrafttreten, Außerkrafttreten 1678
§ 35h Außerbetriebnahme und Stilllegung von Gasspeichern 1680

Teil 4. Energielieferung an Letztverbraucher

§ 36 Grundversorgungspflicht 1691
§ 37 Ausnahmen von der Grundversorgungspflicht 1716
§ 38 Ersatzversorgung mit Energie 1724
§ 39 Allgemeine Preise und Versorgungsbedingungen 1734
§ 40 Inhalt von Strom- und Gasrechnungen; Festlegungskompetenz ... 1750
§ 40a Verbrauchsermittlung für Strom- und Gasrechnungen 1758
§ 40b Rechnungs- und Informationszeiträume 1761
§ 40c Zeitpunkt und Fälligkeit von Strom- und Gasrechnungen 1766
§ 41 Energielieferverträge mit Letztverbrauchern 1768
§ 41a Lastvariable, tageszeitabhängige oder dynamische und sonstige Stromtarife 1787
§ 41b Energielieferverträge mit Haushaltskunden außerhalb der Grundversorgung; Verordnungsermächtigung 1794
§ 41c Vergleichsinstrumente bei Energielieferungen 1807
§ 41d Erbringung von Dienstleistungen außerhalb bestehender Liefer- oder Bezugsverträge; Festlegungskompetenz 1813
§ 41e Verträge zwischen Aggregatoren und Betreibern einer Erzeugungsanlage oder Letztverbrauchern 1817
§ 42 Stromkennzeichnung, Transparenz der Stromrechnungen, Verordnungsermächtigung 1818
§ 42a Mieterstromverträge 1832

Teil 5. Planfeststellung, Wegenutzung

§ 43 Erfordernis der Planfeststellung 1845
§ 43a Anhörungsverfahren 1908

Inhaltsverzeichnis

§ 43b	Planfeststellungsbeschluss, Plangenehmigung	1924
§ 43c	Rechtswirkungen der Planfeststellung und Plangenehmigung	1931
§ 43d	Planänderung vor Fertigstellung des Vorhabens	1939
§ 43e	Rechtsbehelfe	1944
§ 43f	Änderungen im Anzeigeverfahren	1949
§ 43g	Projektmanager	1970
§ 43h	Ausbau des Hochspannungsnetzes	1977
§ 43i	Überwachung	1985
§ 43j	Leerrohre für Hochspannungsleitungen	1990
§ 43k	Zurverfügungstellung von Geodaten	1995
§ 43l	Regelungen zum Auf- und Ausbau von Wasserstoffnetzen	2003
§ 44	Vorarbeiten	2008
§ 44a	Veränderungssperre, Vorkaufsrecht	2019
§ 44b	Vorzeitige Besitzeinweisung	2026
§ 44c	Zulassung des vorzeitigen Baubeginns	2036
§ 45	Enteignung	2051
§ 45a	Entschädigungsverfahren	2070
§ 45b	Parallelführung von Planfeststellungs- und Enteignungsverfahren	2072
§ 46	Wegenutzungsverträge	2075
§ 46a	Auskunftsanspruch der Gemeinde	2118
§ 47	Rügeobliegenheit, Präklusion	2123
§ 48	Konzessionsabgaben	2133

Teil 6. Sicherheit und Zuverlässigkeit der Energieversorgung

§ 49	Anforderungen an Energieanlagen	2145
§ 49a	Elektromagnetische Beeinflussung	2166
§ 49b	Temporäre Höherauslastung	2168
§ 50	Vorratshaltung zur Sicherung der Energieversorgung	2170
§ 50a	Maßnahmen zur Ausweitung des Stromerzeugungsangebots, befristete Teilnahme am Strommarkt von Anlagen aus der Netzreserve; Verordnungsermächtigung	2175
§ 50b	Maßnahmen zur Ausweitung des Stromerzeugungsangebots, Pflicht zur Betriebsbereitschaft und Brennstoffbevorratung für die befristete Teilnahme am Strommarkt von Anlagen aus der Netzreserve	2176
§ 50c	Maßnahmen zur Ausweitung des Stromerzeugungsangebots, Ende der befristeten Teilnahme am Strommarkt und ergänzende Regelungen zur Kostenerstattung	2178
§ 50d	Maßnahmen zur Ausweitung des Stromerzeugungsangebots, befristete Versorgungsreserve Braunkohle; Verordnungsermächtigung	2179
§ 50e	Verordnungsermächtigung zu Maßnahmen zur Ausweitung des Stromerzeugungsangebots und Festlegungskompetenz der Bundesnetzagentur	2180

Inhaltsverzeichnis

§ 50f	Verordnungsermächtigung für Maßnahmen zur Reduzierung der Gasverstromung zur reaktiven und befristeten Gaseinsparung	2182
§ 50g	Flexibilisierung der Gasbelieferung	2183
§ 50h	Vertragsanalyse der Gaslieferanten für Letztverbraucher	2183
§ 50i	Verhältnis zum Energiesicherungsgesetz	2184
§ 50j	Evaluierung der Maßnahmen nach den §§ 50a bis 50h	2184
§ 51	Monitoring der Versorgungssicherheit	2194
§ 51a	Monitoring des Lastmanagements	2208
§ 52	Meldepflichten bei Versorgungsstörungen	2211
§ 53	Ausschreibung neuer Erzeugungskapazitäten im Elektrizitätsbereich	2219
§ 53a	Sicherstellung der Versorgung von Haushaltskunden mit Erdgas	2232
§ 53b	*(aufgehoben)*	2242

Teil 7. Behörden

Abschnitt 1. Allgemeine Vorschriften

§ 54	Allgemeine Zuständigkeit	2243
§ 54a	Zuständigkeiten gemäß der Verordnung (EU) Nr. 2017/1938, Verordnungsermächtigung	2260
§ 54b	Zuständigkeiten gemäß der Verordnung (EU) 2019/941, Verordnungsermächtigung	2267
§ 55	Bundesnetzagentur, Landesregulierungsbehörde und nach Landesrecht zuständige Behörde	2272
§ 56	Tätigwerden der Bundesnetzagentur beim Vollzug des europäischen Rechts	2276
§ 57	Zusammenarbeit mit Regulierungsbehörden anderer Mitgliedstaaten, der Agentur für die Zusammenarbeit der Energieregulierungsbehörden und der Europäischen Kommission	2281
§ 57a	Überprüfungsverfahren	2292
§ 57b	Zuständigkeit für regionale Koordinierungszentren; Festlegungskompetenz	2296
§ 58	Zusammenarbeit mit den Kartellbehörden	2299
§ 58a	Zusammenarbeit zur Durchführung der Verordnung (EU) Nr. 1227/2011	2307
§ 58b	Beteiligung der Bundesnetzagentur und Mitteilungen in Strafsachen	2313

Abschnitt 2. Bundesbehörden

§ 59	Organisation	2318
§ 60	Aufgaben des Beirates	2331
§ 60a	Aufgaben des Länderausschusses	2334
§ 61	Veröffentlichung allgemeiner Weisungen des Bundesministeriums für Wirtschaft und Energie	2342

Inhaltsverzeichnis

§ 62	Gutachten der Monopolkommission	2346
§ 63	Berichterstattung	2350
§ 64	Wissenschaftliche Beratung	2363
§ 64a	Zusammenarbeit zwischen den Regulierungsbehörden	2365

Teil 8. Verfahren und Rechtsschutz bei überlangen Gerichtsverfahren
Abschnitt 1. Behördliches Verfahren

Vorbemerkung		2371
§ 65	Aufsichtsmaßnahmen	2373
§ 66	Einleitung des Verfahrens, Beteiligte	2386
§ 66a	Vorabentscheidung über Zuständigkeit	2397
§ 67	Anhörung, mündliche Verhandlung	2400
§ 68	Ermittlungen	2407
§ 68a	Zusammenarbeit mit der Staatsanwaltschaft	2413
§ 69	Auskunftsverlangen, Betretungsrecht	2417
§ 70	Beschlagnahme	2429
§ 71	Betriebs- oder Geschäftsgeheimnisse	2432
§ 71a	Netzentgelte vorgelagerter Netzebenen	2438
§ 72	Vorläufige Anordnungen	2440
§ 73	Verfahrensabschluss, Begründung der Entscheidung, Zustellung	2444
§ 74	Veröffentlichung von Verfahrenseinleitungen und Entscheidungen	2451

Abschnitt 2. Beschwerde

Vorbemerkung		2453
§ 75	Zulässigkeit, Zuständigkeit	2456
§ 76	Aufschiebende Wirkung	2473
§ 77	Anordnung der sofortigen Vollziehung und der aufschiebenden Wirkung	2480
§ 78	Frist und Form	2494
§ 79	Beteiligte am Beschwerdeverfahren	2499
§ 80	Anwaltszwang	2504
§ 81	Mündliche Verhandlung	2505
§ 82	Untersuchungsgrundsatz	2509
§ 83	Beschwerdeentscheidung	2516
§ 83a	Abhilfe bei Verletzung des Anspruchs auf rechtliches Gehör	2534
§ 84	Akteneinsicht	2541
§ 85	Geltung von Vorschriften des Gerichtsverfassungsgesetzes und der Zivilprozessordnung	2549

Inhaltsverzeichnis

Abschnitt 3. Rechtsbeschwerde

§ 86	Rechtsbeschwerdegründe	2552
§ 87	Nichtzulassungsbeschwerde	2566
§ 88	Beschwerdeberechtigte, Form und Frist	2572

Abschnitt 4. Gemeinsame Bestimmungen

§ 89	Beteiligtenfähigkeit	2582
§ 90	Kostentragung und -festsetzung	2583
§ 90a	*(aufgehoben)*	2588
§ 91	Gebührenpflichtige Handlungen	2589
§ 92	*(aufgehoben)*	2597
§ 93	Mitteilung der Bundesnetzagentur	2597

Abschnitt 5. Sanktionen, Bußgeldverfahren

§ 94	Zwangsgeld	2599
§ 95	Bußgeldvorschriften	2600
§ 95a	Strafvorschriften	2617
§ 95b	Strafvorschriften	2635
§ 96	Zuständigkeit für Verfahren wegen der Festsetzung einer Geldbuße gegen eine juristische Person oder Personenvereinigung	2638
§ 97	Zuständigkeiten im gerichtlichen Bußgeldverfahren	2641
§ 98	Zuständigkeit des Oberlandesgerichts im gerichtlichen Verfahren	2642
§ 99	Rechtsbeschwerde zum Bundesgerichtshof	2644
§ 100	Wiederaufnahmeverfahren gegen Bußgeldbescheid	2645
§ 101	Gerichtliche Entscheidungen bei der Vollstreckung	2645

Abschnitt 6. Bürgerliche Rechtsstreitigkeiten

§ 102	Ausschließliche Zuständigkeit der Landgerichte	2646
§ 103	Zuständigkeit eines Landgerichts für mehrere Gerichtsbezirke	2649
§ 104	Benachrichtigung und Beteiligung der Regulierungsbehörde	2651
§ 105	Streitwertanpassung	2653

Abschnitt 7. Gemeinsame Bestimmungen für das gerichtliche Verfahren

§ 106	Zuständiger Senat beim Oberlandesgericht	2657
§ 107	Zuständiger Senat beim Bundesgerichtshof	2659
§ 108	Ausschließliche Zuständigkeit	2661

Inhaltsverzeichnis

Teil 9. Sonstige Vorschriften

§ 109	Unternehmen der öffentlichen Hand, Geltungsbereich	2663
§ 110	Geschlossene Verteilernetze	2667
§ 111	Verhältnis zum Gesetz gegen Wettbewerbsbeschränkungen	2687
§ 111a	Verbraucherbeschwerden	2694
§ 111b	Schlichtungsstelle, Verordnungsermächtigung	2705
§ 111c	Zusammentreffen von Schlichtungsverfahren und Missbrauchs- oder Aufsichtsverfahren	2718

Teil 9a. Transparenz

§ 111d	Einrichtung einer nationalen Informationsplattform	2723
§ 111e	Marktstammdatenregister	2727
§ 111f	Verordnungsermächtigung zum Marktstammdatenregister	2734

Teil 10. Evaluierung, Schlussvorschriften

§ 112	Evaluierungsbericht	2743
§ 112a	Bericht der Bundesnetzagentur zur Einführung einer Anreizregulierung	2744
§ 112b	Berichte des Bundesministeriums für Wirtschaft und Energie sowie der Bundesnetzagentur zur Evaluierung der Wasserstoffnetzregulierung	2749
§ 113	Laufende Wegenutzungsverträge	2751
§ 113a	Überleitung von Wegenutzungsrechten auf Wasserstoffleitungen	2755
§ 113b	Umstellung von Erdgasleitungen im Netzentwicklungsplan Gas der Fernleitungsnetzbetreiber	2758
§ 113c	Übergangsregelungen zu Sicherheitsanforderungen; Anzeigepflicht und Verfahren zur Prüfung von Umstellungsvorhaben	2760
§ 114	Wirksamwerden der Entflechtungsbestimmungen	2763
§ 115	Bestehende Verträge	2763
§ 116	Bisherige Tarifkundenverträge	2767
§ 117	Konzessionsabgaben für die Wasserversorgung	2767
§ 117a	Regelung bei Stromeinspeisung in geringem Umfang	2770
§ 117b	Verwaltungsvorschriften	2772
§ 118	Übergangsregelungen	2774
§ 118a	Regulatorische Rahmenbedingungen für LNG-Anlagen; Verordnungsermächtigung und Subdelegation	2792
§ 118b	Befristete Sonderregelungen für Energielieferverträge mit Haushaltskunden außerhalb der Grundversorgung bei Versorgungsunterbrechungen wegen Nichtzahlung	2793
§ 118c	Befristete Notversorgung von Letztverbrauchern im Januar und Februar des Jahres 2023	2796

Inhaltsverzeichnis

§ 119	Verordnungsermächtigung für das Forschungs- und Entwicklungsprogramm „Schaufenster intelligente Energie – Digitale Agenda für die Energiewende"	2797
§ 120	Schrittweiser Abbau der Entgelte für dezentrale Einspeisung; Übergangsregelung	2810
§ 121	Außerkrafttreten der §§ 50a bis 50c und 50e bis 50j	2819

Stichwortverzeichnis 2821

Abkürzungsverzeichnis

a	anno/Jahr
aA	andere(r) Ansicht/Auffassung
aaO	am angegebenen Ort
Abb.	Abbildung
abgedr.	abgedruckt
Abh.	Abhandlung(en)
Abk.	Abkommen
ABl.	Amtsblatt
ABl. C	Amtsblatt der Europäischen Union, Teil C: Mitteilungen und Bekanntmachungen
ABl. L	Amtsblatt der Europäischen Union, Teil L: Rechtsvorschriften
abl.	ablehnend
AbLAV	Verordnung zu abschaltbaren Lasten vom 16. August 2016 (BGBl. I S. 1984), zuletzt geändert durch Art. 9 des Gesetzes vom 22. Dezember 2016 (BGBl. I S. 3106)
Abs.	Absatz
Abschn.	Abschnitt
Abt.	Abteilung
abw.	abweichend
abwM	abweichende Meinung
ACER	Agentur für die Zusammenarbeit der Energieregulierungsbehörden
ACER-VO/09	Verordnung (EG) Nr. 713/2009 des Europäischen Parlaments und des Rates vom 13. Juli 2009 zur Gründung einer Agentur für die Zusammenarbeit der Energieregulierungsbehörden
ACER-VO 19	Verordnung (EU) 2019/942 des Europäischen Parlaments und des Rates vom 5. Juni 2019 zur Gründung einer Agentur für die Zusammenarbeit der Energieregulierungsbehörden
AD	ACER Decision – Entscheidung der Agentur für die Zusammenarbeit der Energieregulierungsbehörden
ADEW	Arbeitsgemeinschaft der Elektrizitätswerke
AdR	Ausschuss der Regionen
aE	am Ende
ÄndG	Änderungsgesetz
ÄndV	Änderungsverordnung
AEUV	Vertrag über die Arbeitsweise der Europäischen Union
aF	alte Fassung
AG	Aktiengesellschaft; Amtsgericht
AGB	Allgemeine Geschäftsbedingungen
AGFW	Arbeitsgemeinschaft Fernwärme
AHB	Allgemeine Versicherungsbedingungen für die Haftpflichtversicherung
AK	Kommentar zum Grundgesetz für die Bundesrepublik Deutschland (Reihe Alternativkommentare), 3. Aufl., Losebl (Stand: August 2002)
AKM	analytisches Kostenmodell
AktG	Aktiengesetz
allg.	allgemein
allgA	allgemeine Ansicht

Abkürzungsverzeichnis

allgM	allgemeine Meinung
Alt.	Alternative
aM	andere Meinung
amtl.	amtlich
Änd.	Änderung
ÄndG	Änderungsgesetz
ÄndVO	Änderungsverordnung
Anh.	Anhang
Anl.	Anlage
Anm.	Anmerkung(en)
AnmdVerf	Anmerkung des/r Verfassers/in
AO	Abgabenordnung
AöR	Archiv des öffentlichen Rechts
APX	Amsterdamer Power Exchange
Arch.	Archiv
ARE	Arbeitsgemeinschaft regionaler Energieversorgunternehmen e.V.
ARegV	Verordnung über die Anreizregulierung der Energieversorgungsnetze
Arg.	Argumentation
arg.e.	Argument aus
Art.	Artikel
AT	Allgemeiner Teil
AtG	Atomgesetz
Auff.	Auffassung
aufgeh.	aufgehoben
Aufl.	Auflage
ausf.	ausführlich
ausschl.	ausschließlich
AVB	Allgemeine Versorgungsbedingungen
AVBEltV	Verordnung über Allgemeine Bedingungen für die Elektrizitätsversorgung von Tarifkunden
AVBFernwärmeV	Verordnung über allgemeine Bedingungen für die Versorgung mit Fernwärme
AVBGasV	Verordnung über Allgemeine Bedingungen für die Gasversorgung von Tarifkunden
AWZ	ausschließliche Wirtschaftszone
Az.	Aktenzeichen
Bad.	Baden
bad.	badisch
BaFin	Bundesanstalt für Finanzdienstleistungen
BAG	Bundesarbeitsgericht
BAnz.	Bundesanzeiger
BauGB	Baugesetzbuch
Bay.	Bayern
bay.	bayerisch
BayGVBl.	Bayerisches Gesetz- und Verordnungsblatt
BB	Der Betriebs-Berater
Bbg.	Brandenburg
bbg.	brandenburgisch
BBPlG	Gesetz über den Bundesbedarfsplan (Bundesbedarfsplangesetz)
Bd.	Band
Bde.	Bände

Abkürzungsverzeichnis

BDEW	Bundesverband der Energie- und Wasserwirtschaft e.V.
BDI	Bundesverband der Deutschen Industrie
BDSG	Bundesdatenschutzgesetz
Bearb.	Bearbeiter, Bearbeitung
bearb.	bearbeitet
BEE	Bundesverband Erneuerbarer Energien
Begr.	Begründung
Begr. RegE	Begründung Regierungsentwurf
begr.	begründet
Beil.	Beilage
bej.	bejahend
Bek.	Bekanntmachung
Bek. 2004/C 101/03	Bekanntmachung der Kommission über die Zusammenarbeit innerhalb des Netzes der Wettbewerbsbehörden (2004/C 101/03)
BEK	Betriebsnotwendiges Eigenkapital
Bem.	Bemerkung
Ber.	Berichtigung
ber.	berichtigt
bes.	besonders
Beschl.	Beschluss
betr.	betrifft, betreffend
BetrVG	Betriebsverfassungsgesetz
BfDI	Bundesbeauftragte(r) für den Datenschutz und die Informationsfreiheit
BFH	Bundesfinanzhof
BfN	Bundesamt für Naturschutz
BGB	Bürgerliches Gesetzbuch
BGB-InfoV	Verordnung über Informationspflichten nach bürgerlichem Recht
BGBl. I (II,III)	Bundesgesetzblatt Teil I (II,III)
BGH	Bundesgerichtshof
BGHZ	Entscheidungssammlung des Bundesgerichtshofs in Zivilsachen
BGW	Bundesverband der deutschen Gas- und Wasserwirtschaft e.V.
BImSchG	Bundes-Immissionsschutzgesetz
BK	Bilanzkreis
BKartA	Bundeskartellamt
BKV	Bilanzkreisverantwortlicher
Bl.	Blatt
Bln.	Berlin
bln.	berlinerisch
BMAS	Bundesminister(ium) für Arbeit und Soziales
BMBF	Bundesminister(ium) für Bildung und Forschung
BMDV	Bundesminister(ium) für Digitales und Verkehr
BMEL	Bundesminister(ium) für Ernährung und Landwirtschaft
BMF	Bundesminister(ium) der Finanzen
BMFSFJ	Bundesminister(ium) für Familie, Senioren, Frauen und Jugend
BMG	Bundesminister(ium) für Gesundheit; Bundesmeldegesetz
BMI	Bundesminister(ium) des Innern
BMJ	Bundesminister(ium) der Justiz
BMJV	Bundesminister(ium) der Justiz und für Verbraucherschutz
BMUB	Bundesminister(ium) für Umwelt, Naturschutz, Bau und Reaktorsicherheit
BMUV	Bundesminister(ium) für Umwelt, nukleare Sicherheit und Verbraucherschutz

Abkürzungsverzeichnis

BMVg	Bundesminister(ium) der Verteidigung
BMVI	Bundesminister(ium) für Verkehr und digitale Infrastruktur
BMWi	Bundesminister(ium) für Wirtschaft und Energie
BMWK	Bundesminister(ium) für Wirtschaft und Klimaschutz
BMZ	Bundesminister(ium) für wirtschaftliche Zusammenarbeit und Entwicklung
BNAG	Gesetz über die Bundesnetzagentur für Elektrizität, Gas, Telekommunikation, Post und Eisenbahnen
BNatSchG	Bundesnaturschutzgesetz
BNE	Bundesverband Neuer Energieanbieter, ab 2017 Bundesverband Neue Energie
BNetzA	Bundesnetzagentur
BNV	Betriebsnotwendiges Vermögen
BR	Bundesrat
BRD	Bundesrepublik Deutschland
BR-Drs.	Bundesrats-Drucksache
Brem.	Bremen
brem.	bremisch
BReg	Bundesregierung
BR-Prot.	Bundesrats-Protokoll
BSG	Bundessozialgericht
BSH	Bundesamt für Seeschifffahrt und Hydrographie
BSI	Bundesamt für Sicherheit in der Informationstechnik
BSIG	Gesetz über das Bundesamt für Sicherheit in der Informationstechnik (BSI-Gesetz)
BSI-KritisV	Verordnung zur Bestimmung Kritischer Infrastrukturen nach dem BSI-Gesetz (BSI-Kritisverordnung)
Bsp.	Beispiel
bspw.	beispielsweise
BStatG	Gesetz über die Statistik für Bundeszwecke
BStBl.	Bundessteuerblatt
BT	Bundestag; Besonderer Teil
BT-Drs.	Bundestags-Drucksache
BTOElt	Bundestarifordnung Elektrizität
BT-Prot.	Bundestags-Protokoll
Buchst.	Buchstabe
BVerfG	Bundesverfassungsgericht
BVerfGE	Entscheidungssammlung des Bundesverfassungsgerichts
BVerwG	Bundesverwaltungsgericht
BVerwGE	Entscheidungssammlung des Bundesverwaltungsgerichts
BW	Baden-Württemberg
bw.	baden-württembergisch
BWK	Brennstoff-Wärme-Kraft (Zeitschrift für Energiewirtschaft und Technische Überwachung) (Jahr und Seite)
bzgl.	bezüglich
bzw.	beziehungsweise
ca.	circa
CACM-GL	Verordnung (EU) 2015/1222 der Kommission vom 24. Juli 2015 zur Festlegung einer Leitlinie für die Kapazitätsvergabe und das Engpassmanagement (CACM-Guideline)
CAPEX	Capital Expenditure
CEER	Council of European Energy Regulators

Abkürzungsverzeichnis

CEPI	Central European Power Index
CEPMLP	Centre of Energy, Petroleum and Material Law and Policy
CR	Computer und Recht
CRM	Costumer Relationship Management
ct	Cent
dass.	dasselbe
DB	Der Betrieb
ders.	derselbe
DES	Data Encryption Standard
DFÜ	Datenfernübertragung
dgl.	dergleichen, desgleichen
dh	das heißt
dies.	dieselbe
diesbzgl.	diesbezüglich
diff.	differenziert, differenzierend
DIHT	Deutscher Industrie- und Handelskammertag
DIN	Deutsche Industrienorm
Diss.	Dissertation
Distrubution Code 2003	Distribution Code 2003, Regeln für den Zugang zu Verteilungsnetzen, Verband der Netzbetreiber – VDN – e. V. beim VDEW, August 2003
Distribution Code 2007	Distribution Code 2007, Regeln für den Zugang zu Verteilungsnetzen, Verband der Netzbetreiber – VDN – e. V. beim VDEW, August 2007 (http://www.vde.de/de/fun/dokumente/documents/distributioncode2007.pdf)
div.	diverse
dnbK	dauerhaft nicht beeinflussbare Kosten
Dok.	Dokument
DÖV	Die öffentliche Verwaltung
Drs.	Drucksache
DSB	Datenschutzbeauftragter; Datenschutzberater (Zeitschrift)
DSG	Datenschutzgesetz
DS-GVO	Verordnung (EU) 2016/679 des Europäischen Parlaments und des Rates vom 27. April 2016 zum Schutz natürlicher Personen bei der Verarbeitung personenbezogener Daten, zum freien Datenverkehr und zur Aufhebung der Richtlinie 95/46/EG (Datenschutz-Grundverordnung)
DSR	Demand Side Response
DS-RL	Datenschutzrichtlinie (RL 95/46/EG)
dt.	deutsch
DuD	Datenschutz und Datensicherung
DVBl.	Deutsches Verwaltungsblatt
DVG	Deutsche Verbundgesellschaft
DVGW	Deutscher Verein des Gas- und Wasserfaches e. V.
DVO	Durchführungsverordnung
E	Entwurf; Entscheidungssammlung
EAG	Vertrag zur Gründung der Europäischen Atomgemeinschaft
ebd.	ebenda

Abkürzungsverzeichnis

EB-GL	Verordnung (EU) 2017/2195 der Kommission vom 23. November 2017 zur Festlegung einer Leitlinie über den Systemausgleich im Elektrizitätssystem (Guideline on Electricity Balancing)
E-Commerce	Electronic Commerce
EC-RL	E-Commerce-Richtlinie
Ed.	Edition, Editor
EDL-RL	Richtlinie 2006/32/EG des Europäischen Parlaments und des Rates vom 5. April 2006 über Endenergieeffizienz und zur Aufhebung der Richtlinie 93/76/EWG des Rates
Eds.	Editors
EEAV	Verordnung zur Ausführung der Erneuerbare-Energien-Verordnung (Erneuerbare-Energien-Ausführungsverordnung)
EEG 2021	Erneuerbare-Energien-Gesetz vom 21. Juli 2014 (BGBl. I S. 1066), zuletzt geändert durch Art. 1 des Gesetzes vom 21. Dezember 2020 (BGBl. I S. 3138)
EEG-EntlastungsG 2022	Gesetz zur Absenkung der Kostenbelastungen durch die EEG-Umlage und zur Weitergabe dieser Absenkung an die Letztverbraucher vom 23. Mai 2022 (BGBl. I S. 747)
EE-RL 09	Richtlinie 2009/28/EG des Europäischen Parlaments und des Rates vom 23. April 2009 zur Förderung der Nutzung von Energie aus erneuerbaren Quellen und zur Änderung und anschließender Aufhebung der Richtlinien 2001/77/EG und 2003/30/EG
EE-RL 18	Richtlinie (EU) 2018/2001 des Europäischen Parlaments und des Rates vom 11. Dezember 2018 zur Förderung der Nutzung von Energie aus erneuerbaren Quellen
EE-SofortmaßnahmenG 2022	Gesetz zu Sofortmaßnahmen für einen beschleunigten Ausbau der erneuerbaren Energien und weiteren Maßnahmen im Stromsektor vom 20. Juli 2022 (BGBl. I S. 1237)
EEV	Verordnung zur Durchführung des Erneuerbare-Energien-Gesetzes und des Windenergie-auf-See-Gesetzes (Erneuerbare-Energien-Verordnung)
EEX	European Energy Exchange
EFET	European Federation of Energy Traders
Effiz-RL	Richtlinie 2012/27/EU des Europäischen Parlaments und des Rates vom 25. Oktober 2012 zur Energieeffizienz, zur Änderung der Richtlinien 2009/125/EG und 2010/30/EU und zur Aufhebung der Richtlinien 2004/8/EG und 2006/32/EG (Energieeffizienz-Richtlinie)
EFTA	European Free Trade Association
EG	Europäische Gemeinschaft(en)
EG-Fusionskontroll-VO	Verordnung (EG) Nr. 139/2004 des Rates vom 20. Januar 2004 über die Kontrolle von Unternehmenszusammenschlüssen
EGMR	Europäischer Gerichtshof für Menschenrechte
EGV	Vertrag zur Gründung der Europäischen Gemeinschaft vom 25.3.1957
EG-Vertrag	Vertrag zur Gründung der Europäischen Gemeinschaft vom 25.3.1957
ehem.	ehemalig/e/er/es
Einf.	Einführung
einf.	einführend

Abkürzungsverzeichnis

Einl.	Einleitung
einschl.	einschließlich
EKI	Europäische kritische Infrastrukturen
EKQ	Eigenkapitalquote
EL	Ergänzungslieferung
Elt.	Elektrizität
Elt-RL 03	Richtlinie 2003/54/EG des Europäischen Parlaments und des Rates vom 26. Juni 2003 über gemeinsame Vorschriften für den Elektrizitätsbinnenmarkt und zur Aufhebung der Richtlinie 96/92/EG
Elt-RL 09	Richtlinie 2009/72/EG des Europäischen Parlaments und des Rates vom 13. Juli 2009 über gemeinsame Vorschriften für den Elektrizitätsbinnenmarkt und zur Aufhebung der Richtlinie 2003/54/EG
Elt-RL 19	Richtlinie (EU) 2019/944 des Europäischen Parlaments und des Rates vom 5. Juni 2019 mit gemeinsamen Vorschriften für den Elektrizitätsbinnenmarkt und zur Änderung der Richtlinie 2012/27/EU (Elektrizitätsbinnenmarkt-Richtlinie)
Elt-RL 96	Richtlinie 96/92/EG des Europäischen Parlaments und des Rates vom 19. Dezember 1996 betreffend gemeinsame Vorschriften für den Elektrizitätsbinnenmarkt
EltSV	Verordnung zur Sicherung der Elektrizitätsversorgung in einer Versorgungskrise (Elektrizitätssicherungsverordnung)
Elt-VO 03	Verordnung (EG) Nr. 1228/2003 des Europäischen Parlaments und des Rates vom 26. Juni 2003 über die Netzzugangsbedingungen für den grenzüberschreitenden Stromhandel, geändert durch Beschluss der Kommission vom 9. November 2006 zur Änderung des Anhangs zur Verordnung (EG) Nr. 1228/2003 über die Netzzugangsbedingungen für den grenzüberschreitenden Stromhandel (2006/770/EG)
Elt-VO 09	Verordnung (EG) Nr. 714/2009 des Euopäischen Parlaments und des Rates vom 13. Juli 2009 über die Netzzugangsbedingungen für den grenzüberschreitenden Stromhandel und zur Aufhebung der Verordnung (EG) Nr. 1228/2003
Elt-VO 19	Verordnung (EU) 2019/943 des Europäischen Parlaments und des Rates vom 5. Juni 2019 über den Elektrizitätsbinnenmarkt
EltVU	Elektrizitätsversorgungsunternehmen
EltWOG	Elektrizitätswirtschafts- und -organisationsgesetz
E&M	Energie & Management (Jahr und Seite)
Empf.	Empfehlung
EMRK	Konvention zum Schutze der menschrechte und Grundfreiheiten
EMV BeitrV	Verordnung über Beiträge nach dem Gesetz über die elektromagnetische Verträglichkeit von Geräten
EMVG	Gesetz über die elektromagnetische Verträglichkeit von Betriebsmitteln
emw	Zeitschrift für Energie, Markt und Wettbewerb (Jahr und Seite)
endg.	endgültig
EnEG	Energieeinsparungsgesetz
EnEV	Energieeinsparungsverordnung
EnFG	Energiefinanzierungsgesetz
engl.	englisch
EnLAG	Gesetz zum Ausbau von Energieleitungen

Abkürzungsverzeichnis

EnSiG 1975	Gesetz zur Sicherung der Energieversorgung (Energiesicherungsgesetz 1975)
EnSiG-Novelle 2022	Gesetz zur Änderung des Energiesicherungsgesetzes 1975 und anderer energiewirtschaftlicher Vorschriften vom 20. Mai 2022 (BGBl. I S. 730)
EnStaG	Energiestatistikgesetz
Entsch.	Entscheidung
Entschl.	Entschluss
ENTSO	European Network of Transmission System Operators
ENTSO-E	European Network of Transmission System Operators for Electricity, Europäischer Verbund der Übertragungsnetzbetreiber Strom
ENTSO-G	European Network of Transmission System Operators for Gas, Europäischer Verbund der Fernleitungsnetzbetreiber Gas
entspr.	entspricht, entsprechend
Entw.	Entwurf
EnVKG	Energieverbrauchskennzeichnungsgesetz
EnWG	Energiewirtschaftsgesetz, Gesetz über die Elektrizitäts- und Gasversorgung vom 7. Juli 2005
EnWG 1998	Energiewirtschaftsgesetz, Gesetz über die Elektrizität- und Gasversorgung vom 24. April 1998
EnWGKostV	Energiewirtschaftskostenverordnung
EnWG-Novelle 2021	Gesetz zur Umsetzung unionsrechtlicher Vorgaben und zur Regelung reiner Wasserstoffnetze im Energiewirtschaftsrecht vom 16. Juli 2021 (BGBl. 2021 I S. 3026)
EP	Europäisches Parlament, Einheitspreis
EPSKI	Europäisches Programm für den Schutz kritischer Infrastrukturen
ER	Europäischer Rat, EnergieRecht (Jahr und Seite)
Erdgas-VO	Verordnung (EG) Nr. 715/2009 des Europäischen Parlaments und des Rates vom 13. Juli 2009 über die Bedingungen für den Zugang zu den Erdgasfernleitungsnetzen und zur Aufhebung der Verordnung (EG) Nr. 1775/2005
Erdgasfernleitungs-netzzugangs-Beschluss 2012	Beschluss 2012/490/EU der Kommission vom 24. August 2012 zur Änderung von Anhang I der Verordnung (EG) Nr. 715/2009 des Europäischen Parlaments und des Rates über die Bedingungen für den Zugang zu den Erdgasfernleitungsnetzen
Erdgasfernleitungs-netzzugangs-Beschluss 2015	Beschluss (EU) 2015/715 der Kommission vom 30. April 2015 zur Änderung von Anhang I der Verordnung (EG) Nr. 715/2009 des Europäischen Parlaments und des Rates über die Bedingungen für den Zugang zu den Erdgasfernleitungsnetzen
Erdgas- und Strom-preisstatistik-VO	Verordnung (EU) 2016/1952 des Europäischen Parlaments und des Rates vom 26. Oktober 2016 über europäische Erdgas- und Strompreisstatistik und zur Aufhebung der Richtlinie 2008/92/EG
Erg.	Ergebnis, Ergänzung
erg.	ergänzend
Ergbd.	Ergänzungsband
Erkl.	Erklärung
Erl.	Erlass, Erläuterung

Abkürzungsverzeichnis

ErsatzkraftwerkeG 2022	Gesetz zur Bereithaltung von Ersatzkraftwerken zur Reduzierung des Gasverbrauchs im Stromsektor im Fall einer drohenden Gasmangellage durch Änderungen des Energiewirtschaftsgesetzes und weiteren energiewirtschaftlichen Vorschriften vom 8. Juli 2022 (BGBl. 2022 I S. 1054)
Erwgr.	Erwägungsgrund einer Verordnung oder Richtlinie
ET/et	Energiewirtschaftliche Tagesfragen (Ausgabe/Jahr und Seite)
et al.	und andere
etc	et cetera (und so weiter)
ETSO	European Transmission System Operators
EU	Europäische Union
EU-DLR	Richtlinie 2006/123/EG des Europäischen Parlaments und des Rates vom 12. Dezember 2006 über Dienstleistungen am Binnenmarkt (Europäische Dienstleistungsrichtlinie)
EuG	Gericht erster Instanz der Europäischen Gemeinschaften
EuGH	Europäischer Gerichtshof
EuGRZ	Europäische Grundrechte-Zeitschrift
EuLR	European Law Review
europ.	europäisch
EUV	Vertrag über die Europäische Union (Maastricht-Vertrag) vom 7.2.1992
EuZW	Europäische Zeitschrift für Wirtschaftsrecht
EV	Einigungsvertrag
eV	eingetragener Verein
evtl.	eventuell
EVU	Energieversorgungsunternehmen
EW	Elektrizitätswerk; Elektrizitätswirtschaft (Jahr und Seite)
ew	ew – das Magazin für die Energiewirtschaft (Ausgabe/Jahr und Seite)
EWeRK	Zweimonatsschrift des Institutes für Energie- und Wettbewerbsrecht in der kommunalen Wirtschaft e.V.
EWG	Europäische Wirtschaftsgemeinschaft
EWGV	Vertrag zur Gründung der Europäischen Wirtschaftsgemeinschaft
EWR	Europäischer Wirtschaftsraum
EWIV	Europäische wirtschaftliche Interessenvereinigung
EZB	Europäische Zentralbank
f.	folgende
FCA-GL	Verordnung (EU) 2016/1719 der Kommission vom 26. September 2016 zur Festlegung einer Leitlinie für die Vergabe langfristiger Kapazität (Guideline on Forward Capacity Allocation)
ff.	fortfolgende
FFH	Fauna-Flora-Habitat
FFH-RL	Fauna-Flora-Habitat-Richtlinie ober Habitatrichtlinie, Richtlinie 2006/105/EG des Europäischen Parlaments und des Rates vom 21. Mai 1992 zur Erhaltung der natürlichen Lebensräume sowie der wildlebenden Tiere und Pflanzen
FINO	Forschungsplattformen in Nord- und Ostsee
FKVO	Fusionskontrollverordnung
FLNB	Fernleitungsnetzbetreiber
Fn.	Fußnote
FNN	Das Forum Netztechnik/Netzbetrieb im VDE (VDE FNN)

Abkürzungsverzeichnis

FS	Festschrift
FStrG	Bundesfernstraßengesetz
G	Gesetz
GA	Generalanwalt/Generalanwältin
GaBi-Gas	Grundmodell der Ausgleichsleistungs- und Bilanzierungsregeln im Gassektor, Festlegung der BNetzA, Beschluss vom 28.5.2008, BK 7-08-002
Gasbilanzierungs-Netzkodex-VO	Verordnung (EU) Nr. 312/2014 der Kommission vom 26. März 2014 zur Festlegung eines Netzkodex für die Gasbilanzierung in Fernleitungsnetzen
Gasfernleitungs-VO 05	Verordnung (EG) Nr. 1775/2005 des Europäischen Parlaments und des Rates vom 28. September 2005 über die Bedingungen für den Zugang zu den Erdgasfernleitungsnetzen
Gasfernleitungs-VO 09	Verordnung (EG) Nr. 715/2009 des Europäischen Parlaments und des Rates vom 13. Juli 2009 über die Bedingungen für den Zugang zu den Erdgasfernleitungsnetzen und zur Aufhebung der Verordnung (EG) Nr. 1775/2005
GasGVV	Verordnung über Allgemeine Bedingungen für die Grundversorgung von Haushaltskunden und die Ersatzversorgung mit Gas aus dem Niederdrucknetz – Gasgrundversorgungsverordnung
GasNEV	Verordnung über die Entgelte für den Zugang zu Gasversorgungsnetzen
GasNZV	Verordnung über den Zugang zu Gasversorgungsnetzen
GasNZV-E	Entwurf für die Verordnung über den Zugang zu Gasversorgungsnetzen, BR-Drs. 312/10, in der Fassung des Zustimmungsbeschlusses des Bundesrates, BR-Drs. 312/10 (B)
Gas-RL 03	Richtlinie 2003/55/EG des Europäischen Parlaments und des Rates vom 26. Juni 2003 über gemeinsame Vorschriften für den Erdgasbinnenmarkt und zur Aufhebung der Richtlinie 98/30/EG
Gas-RL 09	Richtlinie 2009/73/EG des Europäischen Parlaments und des Rates vom 13. Juli 2009 über gemeinsame Vorschriften für den Erdgasbinnenmarkt und zur Aufhebung der Richtlinie 2003/55/EG
Gas-RL 98	Richtlinie 98/30/EG des Europäischen Parlaments und des Rates vom 22. Juni 1998 betreffend gemeinsame Vorschriften für den Erdgasbinnenmarkt
GasspeicherfüllstandsG	Gesetz zur Änderung des Energiewirtschaftsgesetzes zur Einführung von Füllstandsvorgaben für Gasspeicheranlagen sowie zur Änderung von § 246 des Baugesetzbuchs vom 26. April 2022 (BGBl. 2022 I S. 674)
GBl.	Gesetzblatt
GbR	Gesellschaft bürgerlichen Rechts
GD	Generaldirektion
GD TREN	Generaldirektion Energie und Verkehr
geänd.	geändert
Gebäude-RL	Richtlinie 2010/31/EU des Europäischen Parlaments und des Rates vom 19. Mai 2010 über die Gesamtenergieeffizienz von Gebäuden
GeLi Gas	Festlegung der Bundesnetzagentur zu Wechselprozessen bei der Belieferung mit Gas
gem.	gemäß

Abkürzungsverzeichnis

Ges.	Gesetz
ges.	gesetzlich
Gesetzesbegr.	Gesetzesbegründung
GewO	Gewerbeordnung
GG	Grundgesetz
ggf.	gegebenenfalls
ggü.	gegenüber
GmbH	Gesellschaft mit beschränkter Haftung
GMBl.	Gemeinsames Ministerialblatt
GmS-OBG	Gemeinsamer Senat der obersten Gerichtshöfe des Bundes
GPKE	Festlegung der Bundesnetzagentur zu Wechselprozessen bei der Belieferung mit Elektrizität
grdl.	grundlegend
grds.	grundsätzlich
GS	Gedenkschrift, Gedächtnisschrift
GVBl.	Gesetz- und Verordnungsblatt
GVO	Grundverordnung; Gruppenfreistellungsverordnung
GVOBl.	Gesetz- und Verordnungsblatt
GVU	Gasversorgungsunternehmen
GWB	Gesetz gegen Wettbewerbsbeschränkungen (Kartellgesetz)
GWh	Gigawattstunde
hA	herrschende Ansicht/Auffassung
Halbbd.	Halbband
HdB	Handbuch
Hempelmann-Bericht	Bericht des Abgeordneten Rolf Hempelmann zur Beschlussempfehlung des Ausschusses für Wirtschaft und Arbeit zum Entwurf eines Zweiten Gesetzes zur Neuregelung des Energiewirtschaftsrechts, BT-Drs. 15/5268
Herv.	Hervorhebung
Hess.	Hessen
hess.	hessisch
hins.	hinsichtlich
HK	Handkommentar
hL	herrschende Lehre
hM	herrschende Meinung
Hmb.	Hamburg
hmb.	hamburgisch
Hrsg.	Herausgeber
hrsg.	herausgegeben
Hs.	Halbsatz
ibd.	ibidem
ic	in concreto/in casu
ID	Identifikationsnummer
idF	in der Fassung
idR	in der Regel
idS	in diesem Sinne
IDW	Institut der Wirtschaftsprüfer in Deutschland e.V.
IDW ERS ÖFA	IDW Stellungnahme zur Rechnungslegung: Rechnungslegung der öffentlichen Verwaltung nach den Grundsätzen der doppelten Buchführung

Abkürzungsverzeichnis

IDW PS 610	IDW Prüfungsstandard für die Prüfung nach § 6b EnWG
iE	im Einzelnen, im Erscheinen
iErg	im Ergebnis
ieS	im engeren Sinne
iHd	in Höhe des/der
iHv	in Höhe von
iJ	im Jahre
Industrieemissions-RL	Richtlinie 2010/75/EU des Europäischen Parlaments und des Rates vom 24. November 2010 über Industrieemissionen (integrierte Vermeidung und Verminderung der Umweltverschmutzung)
Informationen zur Raumentwicklung	Informationen zur Raumentwicklung des Bundesamts für Bauwesen und Raumordnung
Infrastrukturschutz-RL	Richtlinie 2008/114/EG des Rates vom 8. Dezember 2008 über die Ermittlung und Ausweisung europäischer kritischer Infrastrukturen und die Bewertung der Notwendigkeit, ihren Schutz zu verbessern
insbes.	insbesondere
insg.	insgesamt
int.	international
IPR	Internationales Privatrecht
IR	Infrastrukturrecht (Jahr und Seite)
iRd	im Rahmen des/der
iS	im Sinne
iSd	im Sinne des/der
ISO	Independent System Operator
iSv	im Sinne von
IT	Informationstechnik
ITO	Independent Transmission Operator
IT-SichG	Gesetz zur Erhöhung der Sicherheit informationstechnischer Systeme (IT-Sicherheitsgesetz)
iÜ	im Übrigen
iVm	in Verbindung mit
IVU-RL	Richtlinie 2008/1/EG des Europäischen Parlaments und des Rates vom 15. Januar 2008 über die integrierte Vermeidung und Verminderung der Umweltverschmutzung
iwS	im weiteren Sinne
JENREL	Journal of Energy and Natural Resources Law (Jahr und Seite)
jew.	jeweils
Jg.	Jahrgang
Jge.	Jahrgänge
Jh.	Jahrhundert
JoNI	Journal of Network Industries
jur.	juristisch
JZ	Juristenzeitung
KAE	Anordnung über die Zulässigkeit von Konzessionsabgaben der Unternehmen und Betriebe zur Versorgung mit Elektrizität, Gas und Wasser an Gemeinden und Gemeindeverbände
Kap.	Kapitel

Abkürzungsverzeichnis

KapResV	Verordnung zur Regelung des Verfahrens der Beschaffung, des Einsatzes und der Abrechnung einer Kapazitätsreserve (KapResV)
KAV	Verordnung über Konzessionsabgaben für Strom und Gas (Konzessionsabgabenverordnung)
Kfz	Kraftfahrzeug
KG	Kammergericht; Kommanditgesellschaft
KGaA	Kommanditgesellschaft auf Aktien
Klimaschutz-Sofortprogramm-Novelle	Gesetz zur Änderung des Energiewirtschaftsrechts im Zusammenhang mit dem Klimaschutz-Sofortprogramm und zu Anpassungen im Recht der Endkundenbelieferung vom 19. Juli 2022 (BGBl. 2022 I S. 1214)
km	Kilometer
KMU	kleine und mittelständische Unternehmen
KOM	Mitteilung der Kommission
Kom.	Kommission
Komitologie-Beschluss	Beschluss 1994/468/EG des Rates vom 28. Juni 1999 zur Festlegung der Modalitäten für die Ausübung der der Kommission übertragenen Durchführungsbefugnisse, ABl. EG 1999 L 184/23, zuletzt geändert durch Beschluss 2006/512/EG des Rates vom 17. Juli 2006, ABl. EU 2006 L 200/11
Komm.	Kommentar
Konkretisierung	Konkretisierung der gemeinsamen Auslegungsgrundsätze der Regulierungsbehörden des Bundes und der Länder zu den Entflechtungsvorschriften in §§ 6–10 EnWG vom 21.10.2008
KoV	Vereinbarung über die Kooperation gemäß § 20 Abs. 1b) EnWG zwischen den Betreibern von in Deutschland gelegenen Gasversorgungsnetzen https://www.bdew.de/service/standardvertraege/kooperationsvereinbarung-gas/
KraftNAV	Verordnung zur Regelung des Netzanschlusses von Anlagen zur Erzeugung von elektrischer Energie
krit.	kritisch
KStG	Körperschaftsteuergesetz
kV	Kilovolt
kV(A)	Kilovolt (Ampere)
KVBG	Gesetz zur Reduzierung und zur Beendigung der Kohleverstromung (Kohleverstromungsbeendigungsgesetz)
kW	Kilowatt
kWh	Kilowattstunde
KWKG 2020	Kraft-Wärme-Kopplungsgesetz vom 21. Dezember 2015 (BGBl. I S. 2498), zuletzt geändert durch Art. 17 des Gesetzes vom 21. Dezember 2020 (BGBl. I S. 3138)
KWKGV	Verordnung über Gebühren und Auslagen des Bundesamtes für Wirtschaft und Ausfuhrkontrolle bei der Durchführung des Kraft-Wärme-Kopplungsgesetzes
LAG	Landesarbeitsgericht
LAN	Local Area Network
LBO	Landesbauordnung
lfd.	laufend
Lfg.	Lieferung
LFGB	Lebensmittel-, Bedarfsgegenstände- und Futtermittelgesetzbuch

Abkürzungsverzeichnis

LG	Landgericht
li.	links, linke(r)
Lit.	Literatur
lit.	litera
LNG	Liquefied natural gas (Flüssigerdgas)
LNGG	Gesetz zur Beschleunigung des Einsatzes verflüssigten Erdgases (LNG-Beschleunigungsgesetz) vom 24. Mai 2022 (BGBl. I S. 802), zuletzt geändert durch Art. 6 des Gesetzes vom 8. Oktober 2022 (BGBl. I S. 1726)
LNGV	Verordnung zu regulatorischen Rahmenbedingungen für LNG-Anlagen vom 16.11.2022
Losebl.	Loseblattsammlung
LPX	Leipziger Power Exchange
LRegB	Landesregulierungsbehörde
Ls.	Leitsatz
LSA	Sachsen-Anhalt
LSG	Landessozialgericht
LSV	Verordnung über technische Mindestanforderungen an den sicheren und interoperablen Aufbau und Betrieb von öffentlich zugänglichen Ladepunkten für Elektromobile (Ladesäulenverordnung)
lt.	laut
Ltd.	Limited (englische Unternehmensform)
LT-Drs.	Landtags-Drucksache
LT-Prot.	Landtags-Protokoll
m.	mit
Ma	Jahresmenge
MABIS	Festlegung der Bundesnetzagentur zu Marktregeln für die Durchführung der Bilanzkreisabrechnung Strom
mAnm	mit Anmerkung
MaStRV	Verordnung über das zentrale elektronische Verzeichnis energiewirtschaftlicher Daten (Marktstammdatenregisterverordnung)
Mat.	Materialien
maW	mit anderen Worten
max.	maximal
MBl.	Ministerialblatt
Md	Tagesbezugsmenge
ME	Marktplatz Energie (Jahr und Seite)
mE	meines Erachtens
Meeresstrategie-rahmen-RL	Richtlinie 2008/56/EG des Europäischen Parlaments und des Rates vom 17. Juni 2008 zur Schaffung eines Ordnungsrahmens für Maßnahmen der Gemeinschaft im Bereich der Meeresumwelt
MessEV	Verordnung über das Inverkehrbringen und die Bereitstellung von Messgeräten auf dem Markt sowie über ihre Verwendung und Eichung (Mess- und Eichverordnung)
MiFID	Market in Financial Instruments Directive, Richtlinie 2004/39/EG des Europäischen Parlaments und des Rates vom 21. April 2004 über Märkte für Finanzinstrumente, zur Änderung der Richtlinien 85/611/EWG und 93/6/EWG des Rates und der Richtlinie 2000/12/EG des Europäischen Parlaments und des Rates und zur Aufhebung der Richtlinie 93/22/EWG des Rates (Finanzmarktrichtlinie)
mind.	mindestens

Abkürzungsverzeichnis

Mio.	Million(en)
Mitt.	Mitteilung(en)
MMR	MultiMedia und Recht (Jahr und Seite)
mN	mit Nachweisen
Monitoringbericht	Jährlicher Monitoringbericht der Bundesnetzagentur und des Bundeskartellamts nach § 35 EnWG, https://www.bundesnetzagentur.de/DE/Sachgebiete/ElektrizitaetundGas/Unternehmen_Institutionen/DatenaustauschundMonitoring/Monitoring/Monitoring_Berichte_node.html
Müller Entflechtung	Entflechtung und Deregulierung, Ein methodischer Vergleich, Diss. Augsburg, 2004
Mot.	Motive
Mrd.	Milliarde(n)
MsbG	Gesetz über den Messstellenbetrieb und die Datenkommunikation in intelligenten Energienetzen (Messstellenbetriebsgesetz)
mtl.	monatlich
MV	Mecklenburg-Vorpommern
mv.	mecklenburg-vorpommerisch
MW	Megawatt
MWh	Megawattstunde
mwH	mit weiteren Hinweisen
mwN	mit weiteren Nachweisen
mWv	mit Wirkung vom
NABEG	Netzausbaubeschleunigungsesetz Übertragungsnetz
nachf.	nachfolgend
Nachw.	Nachweise
NAV	Verordnung über Allgemeine Bedingungen für den Netzanschluss und dessen Nutzung für die Elektrizitätsversorgung in Niederspannung (Niederspannungsanschlussverordnung)
NC DCC	Network Code „Demand Connection Code" (DCC), Verordnung mit Netzanschlussbestimmungen für Lasten (amtl. Bezeichnung: VO (EU) 2016/1388),
NC ER	Network Code Electricity Emergency and Restoration (amtl. Bezeichnung: VO (EU) 2017/2196)
NC HVDC	HVDC-Verordnung mit Netzanschlussbestimmungen für Hochspannungs-Gleichstrom-Übertragungssysteme und nichtsynchrone Stromerzeugungsanlagen mit Gleichstromanbindung (amtl. Bezeichnung: VO (EU) 2016/1447)
NC INTEROP	Verordnung (EU) 2015/703 der Kommission vom 30. April 2015 zur Festlegung eines Netzkodex mit Vorschriften für die Interoperabilität und den Datenaustausch
NC RfG	Network Code „Requirements for Generators" (RfG), Verordnung mit Netzanschlussbestimmungen für Stromerzeuger (amtl. Bezeichnung: VO (EU) 2016/631)
NC TAR	Network Code Tariff – Verordnung (EU) 2017/460 der Kommission vom 16. März 2017 zur Festlegung eines Netzkodex über harmonisierte Fernleitungsentgeltstrukturen
NDAV	Verordnung über Allgemeine Bedingungen für den Netzanschluss und dessen Nutzung für die Gasversorgung in Niederdruck (Niederdruckanschlussverordnung)
Nds.	Niedersachsen
nds.	niedersächsisch

Abkürzungsverzeichnis

NELEV	Verordnung zum Nachweis von elektrotechnischen Eigenschaften von Energieanlagen (Elektrotechnische-Eigenschaften-Nachweis-Verordnung)
NEP	Netzentwicklungsplan
NetzResV	Verordnung zur Regelung der Beschaffung und Vorhaltung von Anlagen in der Netzreserve (Netzreserveverordnung)
NEVen	Netzentgeltverordnungen
nF	neue Fassung
nfSDL	nicht frequenzgebundene Systemdienstleistungen
NJW	Neue Juristische Wochenschrift
No.	Number
Nov.	Novelle
NOVA	Netz-Optimierung vor Verstärkung vor Ausbau
N&R	Netzwirtschaften & Recht (Jahr und Seite)
Nr.	Nummer
nrkr	nicht rechtskräftig
NRW	Nordrhein-Westfalen
nrw.	nordrhein-westfälisch
nv	nicht veröffentlicht
NVwZ	Neue Zeitschrift für Verwaltungsrecht
NVwZ-RR	Neue Zeitschrift für Verwaltungsrecht – Rechtsprechungs-Report
o.	oben
oÄ	oder Ähnliche/s
oa	oben angegeben(e/es/er)
og	oben genannte(r, s)
OGH	Oberster Gerichtshof
OHG	Offene Handelsgesellschaft
oJ	ohne Jahrgang
OLG	Oberlandesgericht
OMC	s. WTO
OPAL	Ostseepipeline-Anbindungsleitung
OPEX	Operational Expenditure
Öst.	Österreich
öst.	österreichisch
OU	Ownership Unbundling
oV	ohne Verfasser
OVG	Oberverwaltungsgericht
OWP	Offshore Wind Park = Offshore-Windenergieanlagen
pa	per annum
PCI	Projects of Common Interests gemäß Verordnung zu Leitlinien für die europäische Energieinfrastruktur
PIN	Persönliche Identifikationsnummer
PIPA	Personal Information Protection Act
PK	Pressekonferenz
Prot.	Protokoll
rd.	rund
RdE	Recht der Elektrizitätswirtschaft, seit 1992 Recht der Energiewirtschaft (Jahr und Seite)
RdErl.	Runderlass
RdSchr.	Rundschreiben
RDV	Recht der Datenverarbeitung (Jahr und Seite)

Abkürzungsverzeichnis

re.	rechts, rechte(r)
RefgE	Referentenentwurf
RegE	Regierungsentwurf
RegTP	Regulierungsbehörde für Telekommunikation und Post
REMIT-AVO	Commission Implementing Regulation (EU) No 1348/2014 (REMIT Implementing Regulation
REMIT-VO	Verordnung (EU) Nr. 1227/2011 des Europäischen Parlaments und des Rates vom 25. Oktober 2011 über die Integrität und Transparenz des Energiegroßhandelsmarkts
ResKV	Verordnung zur Regelung des Verfahrens der Beschaffung einer Netzreserve sowie zur Regelung des Umgangs mit geplanten Stilllegungen von Energieerzeugungsanlagen zur Gewährleistung der Sicherheit und Zuverlässigkeit des Elektrizitätsversorgungssystems (Reservekraftwerksverordnung) vom 27. Juni 2013 (im Zuge des Strommarktgesetzes umbenannt in NetzResV)
RhPf.	Rheinland-Pfalz
rhpf.	rheinland-pfälzisch
rkr.	rechtskräftig
Risikovorsorge-VO	Verordnung (EU) 2019/941 des Europäischen Parlaments und des Rates vom 5. Juni 2019 über Risikovorsorge im Elektrizitätssektor und zur Aufhebung der Richtlinie 2005/89/EG
RL	Richtlinie
Rn.	Randnummer(n)
ROG	Raumordnungsgesetz
RoV	Raumordnungsverordnung
Rs.	Rechtssache
RSC	Regional Security Coordinator
Rspr.	Rechtsprechung
R+S	Recht und Steuern im Gas- und Wasserfach (Ausgabe Gas, Jahr und Seite)
RVO	Rechtsverordnung
RVU	Regionalversorgungsunternehmen
RWE	Rheinisch-Westfälische Elektrizitätswerke
S.	Seite(n), Satz
s.	siehe
s. o.	siehe oben
s. u.	siehe unten
sa	siehe auch
Saarl.	Saarland
saarl.	saarländisch
Sachs.	Sachsen
sächs.	sächsisch
sachsanh.	sachsen-anhaltisch
SchlA	Schlussantrag
SchlH	Schleswig-Holstein
schlh.	schleswig-holsteinisch
SCHUFA	Schutzgemeinschaft für allgemeine Kreditsicherung
SE	Europäische Aktiengesellschaft (Societas Europaea)
SeeAnlG	Seeanlagengesetz
SeeAnlV	Verordnung über Anlagen seewärts der Begrenzung des deutschen Küstenmeeres (Seeanlagenverordnung)
Sen.	Senat

Abkürzungsverzeichnis

Seveso-II-RL	Richtlinie 96/82/EG des Rates vom 9. Dezember 1996 zur Beherrschung der Gefahren bei schweren Unfällen mit gefährlichen Stoffen
SINTEGV	Verordnung zur Schaffung eines rechtlichen Rahmens zur Sammlung von Erfahrungen im Förderprogramm „Schaufenster intelligente Energie – Digitale Agenda für die Energiewende"
Slg.	Sammlung
sog.	so genannt(e)(er)
SO GL	Verordnung (EU) 2017/1485 der Kommission vom 2. August 2017 zur Festlegung einer Leitlinie für den Übertragungsnetzbetrieb (Guideline on System Operation
SoS-VO 2017	Verordnung (EU) 2017/1938 des Europäischen Parlaments und des Rates vom 25. Oktober über Maßnahmen zur Gewährleistung der sicheren Gasversorgung und zur Aufhebung der Verordnung (EU) Nr. 994/2010
Sp.	Spalte
SRÜ	Seerechtsübereinkommen der Vereinten Nationen
SSBOs	Strategic Storage Based Options
st.	ständig
StaaV	Stromangebotsausweitungsverordnung
StAnz.	Staatsanzeiger
StE	Steuern in der Elektrizitätswirtschaft (Jahr und Seite)
Stellungn.	Stellungnahme
StGB	Strafgesetzbuch
StPO	Strafprozessordnung
str.	streitig, strittig
StrEG	Stromeinspeisungsgesetz
StromGVV	Verordnung über allgemeine Bedingungen für die Grundversorgung von Haushaltskunden und die Ersatzversorgung mit Elektrizität aus dem Niederspannungsnetz (Stromgrundversorgungsverordnung)
Strommärkte-Datenübermittlungs-VO	Verordnung (EU) Nr. 543/2013 der Kommission vom 14. Juni 2013 über die Übermittlung und die Veröffentlichung von Daten in Strommärkten und zur Änderung des Anhangs I der Verordnung (EG) Nr. 714/2009 des Europäischen Parlaments und des Rates
StromMG	Gesetz zur Weiterentwicklung des Strommarktes (Strommarktgesetz)
StromNEV	Verordnung über Entgelte für den Zugang zu Elektrizitätsversorgungsnetzen
StromNZV	Verordnung über den Zugang zu Elektrizitätsversorgungsnetzen
StromStG	Stromsteuergesetz
StromStV	Stromsteuerverordnung
stRspr	ständige Rechtsprechung
SUP	Strategische Umweltprüfung
SUP-RL	Richtlinie 2001/42/EG des Europäischen Parlaments und des Rates vom 27. Juni 2001 über die Prüfung der Umweltauswirkungen bestimmter Pläne und Programme
Suppl.	Supplement
SÜG	Sicherheitsüberprüfungsgesetz
SysStabV	Systemstabilitätsverordnung
t	Tonne
TA	Technische Anleitung

Abkürzungsverzeichnis

TAB	Technische Anschlussbedingungen
TAN	Transaktionsnummer
TB	Tätigkeitsbericht
teilw.	teilweise
TEN-E-VO	Verordnung (EU) Nr. 347/2013 vom 17.4.2013 zu Leitlinien für die transeuropäische Energieinfrastruktur und zur Aufhebung der Entscheidung Nr. 1364/2006/EG und zur Änderung der Verordnungen (EG) 713/2009, (EG) 714/2009, (EG) 715/2009
THE	Trading Hub Europe
Thür.	Thüringen
thür.	thüringisch
TKG	Telekommunikationsgesetz
TKÜV	Telekommunikationsüberwachungsverordnung
TPA	Third Party Access
Transmission Code 2003	Transmission Code 2003, Netz- und Systemregeln der deutschen Übertragungsnetzbetreiber, Verband der Netzbetreiber – VDW – e.V. beim VDEW, August 2003
Transmission Code 2007	Transmission Code 2007, Netz- und Systemregeln der deutschen Übertragungsnetzbetreiber, Verband der Netzbetreiber – VDW – e.V. beim VDEW, August 2007 (http:/www.vde.de/de/fnn/dokumente/documents/transmissioncode2007.pdf)
TYNDP	Ten-Year-Network-Development-Plan
Tz.	Textziffer
u.	und, unter, unten
UA	Untersuchungsausschuss
ua	und andere, unter anderem
uÄ	und Ähnliches
UAbs.	Unterabsatz
UAbschn.	Unterabschnitt
überw.	überwiegend
Übk.	Übereinkommen
UCTE	Union for the Co-ordination of Transmission of Electricity
uE	unseres Erachtens
UIG	Umweltinformationsgesetz
UKlaG	Unterlassungsklagengesetz
Umf.	Umfang
umfangr.	umfangreich
umstr.	umstritten
UmwG	Umwandlungsgesetz
UmwRG	Umwelt-Rechtsbehelfsgesetz, Gesetz über ergänzende Vorschriften zu Rechtsbehelfen in Umweltangelegenheiten nach der EG-Richtlinie 2003/35/EG
ÜNB	Übertragungsnetzbetreiber
ÜNSchutzV	Verordnung zum Schutz von Übertragungsnetzen
unstr.	unstreitig
unv.	unverändert, unveränderte Auflage
unveröff.	unveröffentlicht
unzutr.	unzutreffend
Urt.	Urteil
US	United States

Abkürzungsverzeichnis

USA	United States of America
usw	und so weiter
uU	unter Umständen
UVP	Umweltverträglichkeitsprüfung
UVPG	Gesetz über die Umweltverträglichkeitsprüfung
UVP-RL	Richtlinie 2011/92/EU des Europäischen Parlaments und des Rates vom 13. Dezember 2011 über die Umweltverträglichkeitsprüfung bei bestimmten öffentlichen und privaten Projekten
UWG	Gesetz gegen den unlauteren Wettbewerb
v.	vom, von
va	vor allem
Var.	Variante
VDE	Verband deutscher Elektrotechniker
VDEW	Verband der Elektrizitätswirtschaft
VDGW	Verband deutscher Gas- und Wasserfachmänner
VDN	Verband der Netzbetreiber
VEA	Bundesverband der Energieabnehmer e. V.
VEAG	Vereinigte Energiewerke AG
VEnergR	Veröffentlichungen des Energierechtlichen Instituts der Universität Köln
Verf.	Verfasser, Verfassung, Verfahren
VerfG	Verfassungsgericht
VerfGH	Verfassungsgerichtshof
Veröff.	Veröffentlichung
VersorgBdg.	Versorgungsbedingungen
VersResAbV	Verordnung zur befristeten Ausweitung des Stromerzeugungsangebots durch Anlagen aus der Versorgungsreserve (Versorgungsreserveabrufverordnung) vom 30. September 2022 (BAnz AT 30.9.2022 V 3)
VersWirt	Versorgungswirtschaft. Monatszeitschrift für Betriebswirtschaft, Wirtschaftsrecht und Steuerrecht der Elektrizitäts-, Gas- und Wasserwerke (Jahr und Seite)
Vfg.	Verfügung
VG	Verwaltungsgericht
VGH	Verwaltungsgerichtshof
vgl.	vergleiche
vH	von Hundert
VIK	Verband der Industriellen Energie- und Kraftwirtschaft e. V.
VKU	Verband kommunaler Unternehmen e. V.
VKU-ND	Nachrichtendienst der VKU
VNB	Verteilernetzbetreiber
VO	Verordnung
VO (EU) 2017/459	Verordnung (EU) 2017/459 der Kommission vom 16. März 2017 zur Festlegung eines Netzkodex über Mechanismen für die Kapazitätszuweisung in Fernleitungsnetzen und zur Aufhebung der Verordnung (EU) Nr. 984/2013
VO (EU) 2021/280	Durchführungsverordnung (EU) 2021/280 der Kommission vom 22. Februar 2021 zur Änderung der Verordnungen (EU) 2015/1222, (EU) 2016/1719, (EU) 2017/2195 und (EU) 2017/1485 zwecks Anpassung an die Verordnung (EU) 2019/943

Abkürzungsverzeichnis

VO (EU) Nr. 838/2010	Verordnung (EU) Nr. 838/2010 der Kommission vom 23. September 2010 zur Festlegung von Leitlinien für den Ausgleichsmechanismus zwischen Übertragungsnetzbetreibern und für einen gemeinsamen Regelungsrahmen im Bereich der Übertragungsentgelte
Vogelschutz-RL	Richtlinie 2009/147/EG des Europäischen Parlaments und des Rates vom 20. November 2009 über die Erhaltung er wildlebenden Vogelarten
Vol., vol.	Volume (Band)
Voraufl.	Vorauflage
Vorb.	Vorbemerkung
vorl.	vorläufig
vs.	versus
VSA	Allgemeine Verwaltungsvorschriften zum materiellen und organisatorischen Schutz von Verschlusssachen
VuR	Verbraucher und Recht (Jahr und Seite)
VV	Verbändevereinbarung
VV I Gas	Verbändevereinbarung zum Netzzugang bei Erdgas vom 4. Juli 2000
VV I Strom	Verbändevereinbarung über Kriterien zur Bestimmung von Durchleitungsentgelten vom 22. Mai 1998
VV II Gas	Verbändevereinbarung zum Netzzugang bei Erdgas vom 3. Mai 2002
VV II Strom	Verbändevereinbarung über Kriterien zur Bestimmung von Netznutzungsentgelten für elektrische Energie vom 13. Dezember 1999
VV II Strom Plus	Verbändevereinbarung über Kriterien zur Bestimmung von Netznutzungsentgelten für elektrische Energie und Prinzipien der Netznutzung vom 13. Dezember 2001
VwGO	Verwaltungsgerichtsordnung
VwVfG	Verwaltungsverfahrensgesetz
VwVG	Verwaltungsvollstreckungsgesetz
WAR	Wissenschaftlicher Arbeitskreis für Regulierungsfragen bei der Bundesnetzagentur
Wettbewerbsregeln-DVO	Verordnung (EG) Nr. 1/2003 vom 16. Dezember 2002 zur Durchführung der in den Artikeln 81 und 82 des Vertrages niedergelegten Wettbewerbsregeln
WindSeeG	Gesetz zur Entwicklung und Förderung der Windenergie auf See (Windenergie-auf-See-Gesetz)
WindSeeG 2022	Zweites Gesetz zur Änderung des Windenergie-auf-See-Gesetzes und anderer Vorschriften
WLAN	Wireless Local Area Network
wN	weitere Nachweise
WPg	Die Wirtschaftsprüfung (Jahr und Seite)
WpHG	Wertpapierhandelsgesetz
WR-RL	Wasserrahmen-RL, Richtlinie 2000/60/EG des europäischen Parlaments und des Rates vom 23. Oktober 2000 zur Schaffung eines Ordnungsrahmens für Maßnahmen der Gemeinschaft im Bereich der Wasserpolitik
WTO	World Trade Organization
Württ.	Württemberg
württ.	württembergisch
WuW	Wirtschaft und Wettbewerb (Jahr und Seite)

Abkürzungsverzeichnis

WuW/E	Wirtschaft und Wettbewerb/Entscheidungssammlung zum Kartellrecht (Jahr und Seite)
wwe	Wirtschaftswelt Energie (Jahr und Seite)
WWW	World Wide Web
zahlr.	zahlreich
zB	zum Beispiel
ZD	Zeitschrift für Datenschutz
ZEuP	Zeitschrift für Europäisches Wirtschaftsrecht
ZfE	Zeitschrift für Energierecht (Jahr und Seite)
ZfK	Zeitschrift für Kommunale Wirtschaft (Jahr und Seite)
Ziff.	Ziffer
zit.	zitiert
ZNER	Zeitschrift für Neues Energierecht (Jahr und Seite)
ZPO	Zivilprozessordnung
zT	zum Teil
zugl.	zugleich
ZUR	Zeitschrift für Umweltrecht (Jahr und Seite)
ZWeR	Zeitschrift für Wettbewerbsrecht (Jahr und Seite)
zust.	zustimmend
zutr.	zutreffend
zVb	zur Veröffentlichung bestimmt
zzgl.	zuzüglich
zzt.	zurzeit

Verzeichnis der abgekürzt zitierten Literatur

AEEC Energiebinnenmarkt . . . . . . Associated European Energy Consultants, Der Energiebinnenmarkt in Europa: ein Rechts- und Strukturvergleich, Handbuch, 1. Aufl. 2003

Albath Stromhandel . . Albath, Handel und Investitionen in Strom und Gas, Monografie, 1. Aufl. 2005

Altrock/Huber/Loibl/Walter EEG 2014 . . . . Altrock/Huber/Loibl/Walter, Übergangsbestimmungen im EEG 2014, Kommentar, 1. Aufl. 2015

Altrock/Oschmann/Theobald . . . . Altrock/Oschmann/Theobald, Erneuerbare-Energien-Gesetz: EEG, Kommentar, 4. Aufl. 2013

Altrock Subv. Preisregelungen . . . . Altrock, „Subventionierende" Preisregelungen, Monografie, 1. Aufl. 2002

App/Wettlaufer VerwVollstrR-HdB . . App/Wettlaufer, Praxishandbuch Verwaltungsvollstreckungsrecht, Handbuch, 7. Aufl. 2022

Bartsch/Röhling/Salje/Scholz Stromwirtschaft-HdB . . . . Bartsch/Röhling/Salje/Scholz, Stromwirtschaft,, 2. Aufl. 2008

Baur/Salje/Schmidt-Preuß Energiewirtschaft . . . . Baur/Salje/Schmidt-Preuß, Regulierung in der Energiewirtschaft, Praxishandbuch, 2. Aufl. 2016

Bechtold/Bosch . . . Bechtold/Bosch, GWB, Kommentar, 10. Aufl. 2021

Bechtold/Bosch/Brinker . . . . Bechtold/Bosch/Brinker, EU-Kartellrecht, Kommentar, 3. Aufl. 2014

Beck AEG . . . . Hermes/Sellner, Beck'scher AEG-Kommentar, 2. Aufl. 2014

BeckOK GewO . . . Pielow, BeckOK GewO, Kommentar, 88. Aufl. 2022

BerlKommEnergieR Säcker, Berliner Kommentar zum Energierecht, Band 1, 2, 3, 4, 5, 6, 4. Aufl. 2017 ff.

BerlKommTKG . . . Säcker, Berliner Kommentar zum Telekommunikationsgesetz, 4. Aufl. 2018

Boesche Zivilrechtsdogmatische Struktur Boesche, Die zivilrechtsdogmatische Struktur des Anspruchs auf Zugang zu Energieversorgungsnetzen: Eine Untersuchung der Zugangsregelungen der §§ 6, 6a EnWG und 19, 20 GWB, Monografie, 1. Aufl. 2003

Bongartz/Jatzke/Schröer-Schallenberg Bongartz/Jatzke/Schröer-Schallenberg, Energiesteuer, Stromsteuer, Zolltarif: EnergieStG, StromStG, Kommentar, 18. Aufl. 2021

Britz/Hellermann/Hermes . . . . Britz/Hellermann/Hermes, EnWG – Energiewirtschaftsgesetz, Kommentar, 3. Aufl. 2015

Burgi Neuer Ordnungsrahmen . . . Burgi, Neuer Ordnungsrahmen für die „energiewirtschaftliche Betätigung" der Kommunen, Monografie, 1. Aufl. 2010

Literaturverzeichnis

Böttcher/Faßbender/ Waldhoff Erneuerbare Energien	Böttcher/Faßbender/Waldhoff, Erneuerbare Energien in der Notar- und Gestaltungspraxis, Handbuch, 1. Aufl. 2014
Calliess/Ruffert	Calliess/Ruffert, EUV/AEUV, Kommentar, 6. Aufl. 2022
Danner/Theobald	Danner/Theobald, Energierecht, Kommentar, 102. EL 2019 (ab 103. EL Theobald/Kühling)
Dauses/Ludwigs EU- WirtschaftsR.-HdB	Dauses/Ludwigs, Handbuch des EU-Wirtschaftsrechts, Handbuch, 57. Aufl. 2022
Dreier	Dreier, Grundgesetz-Kommentar, Kommentar, Band 1, 2, 3, 3. Aufl. 2013 ff.
Ehlers/Fehling/ Pünder BesVerwR	Ehlers/Fehling/Pünder, Besonderes Verwaltungsrecht, Handbuch, Band 1, 4. Aufl. 2019
Engelhardt/App/ Schlatmann	Engelhardt/App/Schlatmann, VwVG, VwZG, Kommentar, 12. Aufl. 2021
Ennuschat/Wank	Ennuschat/Wank, GewO, Kommentar, 9. Aufl. 2020
ESWiD Energie- wende	Evangelischer Bundesverband für Immobilienwesen in Wissenschaft und Praxis (ESWiD), Energiewende – Motor der Mietrechtsänderung, Monografie, 1. Aufl. 2013
Finke EN	Finke, Die Auswirkungen der europäischen technischen Normen und des Sicherheitsrechts auf das nationale Haftungsrecht, Monografie, 1. Aufl. 2001
Frenz/Lülsdorf	Frenz/Lülsdorf, Energieeinsparungsgesetz, Energieeinsparverordnung: EnEG, EnEV, Kommentar, 1. Aufl. 2015
Frenz/Müggenborg/ Cosack/Schomerus/ Hennig EEG	Frenz/Müggenborg/Cosack/Schomerus/Hennig, EEG: Erneuer- bare-Energien-Gesetz, Kommentar, 5. Aufl. 2017
Fröhler/Kormann	Fröhler/Kormann, Kommentar zur Gewerbeordnung, Kommentar, 1. Aufl. 1978
FS Büdenbender	Rosin/Uhle, Recht und Energie, Liber Amicorum für Ulrich Büden- bender zum 70. Geburtstag, 1. Aufl. 2018
FS Danner	Franke/Theobald, Festschrift für Wolfgang Danner zum 80. Geburts- tag, 1. Aufl. 2019
George/Berg Ener- giegenossenschaft	George/Berg, Energiegenossenschaft, Monografie, 1. Aufl. 2012
Geppert/Schütz	Geppert/Schütz, Beck'scher TKG-Kommentar, 4. Aufl. 2013
Glaser/Klement Öff- WirtschaftsR	Glaser/Klement, Öffentliches Wirtschaftsrecht, Lehrbuch, 1. Aufl. 2009
Grabitz/Hilf/Nettes- heim	Grabitz/Hilf/Nettesheim, Das Recht der Europäischen Union: EUV/AEUV, Kommentar, 76. Aufl. 2022
Graf/Dirnberger/ Gaß Gemeinden	Graf/Dirnberger/Gaß, Gemeinden in der Energiewende Örtliche Energiepolitik – Vertreter örtlicher Interessen – Energieverbraucher – Energiewirtschaftliche Betätigung, Monografie, 1. Aufl. 2013
Göhler	Göhler, Gesetz über Ordnungswidrigkeiten: OWiG, Kommentar, 18. Aufl. 2021

Literaturverzeichnis

Hack Energie-Contracting	Hack, Energie-Contracting, Monografie, 3. Aufl. 2015
Henneke/Ritgen KommunalEnergieR	Henneke/Ritgen, Kommunales Energierecht, Monografie, 2. Aufl. 2013
Herdegen IntWirtschaftsR	Herdegen, Internationales Wirtschaftsrecht, Lehrbuch, 12. Aufl. 2020
HK-Offshore-WindenergieR	Spieth/Lutz-Bachmann, Offshore-Windenergierecht, Kommentar, 1. Aufl. 2018
Immenga/Mestmäcker	Immenga/Mestmäcker, Wettbewerbsrecht, Kommentar, Band 1, 2, 6. Aufl. 2019 ff.
Ingerl/Rohnke	Ingerl/Rohnke, Markengesetz: MarkenG, Kommentar, 3. Aufl. 2010
Isensee/Kirchhof StaatsR-HdB	Isensee/Kirchhof, Handbuch des Staatsrechts der Bundesrepublik Deutschland, Handbuch, Band 1, 2, 3, 4, 5, 6, 7, 8, 9, 10, 11, 12, 3. Aufl. 2003 ff.
Jarass/Pieroth	Jarass/Pieroth, Grundgesetz für die Bundesrepublik Deutschland: GG, Kommentar, 15. Aufl. 2018
Keller AWZ	Keller, Das Planungs- und Zulassungsregime für Offshore-Windenergieanlagen in der deutschen Ausschließlichen Wirtschaftszone (AWZ), Monografie, 1. Aufl. 2007
Klindt ProdSG	Klindt, Produktsicherheitsgesetz: ProdSG, Kommentar, 3. Aufl. 2021
Kluth ÖffWirtschaftsR	Kluth, Öffentliches Wirtschaftsrecht, Lehrbuch, 1. Aufl. 2019
Kopp/Schenke	Kopp/Schenke, Verwaltungsgerichtsordnung: VwGO, Kommentar, 28. Aufl. 2022
Kühling/Hermeier Energieverteilnetze	Kühling/Hermeier, Wettbewerb um Energieverteilnetze, Monografie, 1. Aufl. 2008
Landmann/Rohmer GewO	Landmann/Rohmer, Gewerbeordnung, Kommentar, 88. Aufl. 2022
Landmann/Rohmer UmweltR	Landmann/Rohmer, Umweltrecht, Kommentar, 99. Aufl. 2022
Langen/Bunte	Langen/Bunte, Kartellrecht, Kommentar, Band 1, 2, 14. Aufl. 2021 ff.
Leffler/Fischerauer Netzkodizes-HdB	Leffler/Fischerauer, EU-Netzkodizes und Kommissionsleitlinien, 1. Aufl. 2017
Leible/Lippert/Walter Sicherung Energieversorgung	Leible/Lippert/Walter, Die Sicherung der Energieversorgung auf globalisierten Märkten, Monografie, 1. Aufl. 2007
Leinemann GewO	Leinemann, Kommentar zur Gewerbeordnung, 120. Aufl. 2010
LMRKM	Loewenheim/Meessen/Riesenkampff/Kersting/Meyer-Lindemann, Kartellrecht, Kommentar, 4. Aufl. 2020
Lukes Öffentliche Wege	Lukes, Die Benutzung öffentlicher Wege zur Fortleitung elektrischer Energie, Monografie, 1. Aufl. 1973
Maslaton Windenergieanlagen	Maslaton, Windenergieanlagen, Handbuch, 2. Aufl. 2018
Maunz/Dürig	Maunz/Dürig, Grundgesetz, Kommentar, 99. Aufl. 2022

Literaturverzeichnis

Möhlenkamp/Milewski	Möhlenkamp/Milewski, EnergieStG StromStG, Kommentar, 2. Aufl. 2020
Nicklisch Zukunftsmärkte	Nicklisch, Energie- und Umwelttechnologien für Zukunftsmärkte, Monografie, 1. Aufl. 2008
NK-EEG	Reshöft/Schäfermeier, Erneuerbare-Energien-Gesetz, Kommentar, 4. Aufl. 2014
NK-EnWG	Kment, Energiewirtschaftsgesetz, Kommentar, 2. Aufl. 2019
Nomos-BR/Möller EnEG	Möller, Energieeinsparungsgesetz, Kommentar, 1. Aufl. 2012
Obernolte/Danner	Obernolte/Danner, Energiewirtschaftsrecht, Kommentar, 4. Aufl. 1990
Ohms Erneuerbare Energien	Ohms, Recht der Erneuerbaren Energien, Monografie, 1. Aufl. 2019
Oschmann Erneuerbare Energien EuropaR	Oschmann, Strom aus erneuerbaren Energien im Europarecht: Die Richtlinie 2001/77/EG des Europäischen Parlaments und des Rates zur Förderung der Stromerzeugung aus erneuerbaren Energiequellen im Elektrizitätsbinnenmarkt, Monografie, 1. Aufl. 2002
Pritzsche/Vacha EnergieR	Pritzsche/Vacha, Energierecht, Monografie, 1. Aufl. 2016
Probst Konzessionsverträge	Probst, Auswahlkriterien bei der Vergabe von energiewirtschaftlichen Konzessionsverträgen, Monografie, 1. Aufl. 2016
Rasbach Unbundling-Regulierung	Rasbach, Unbundling-Regulierung in der Energiewirtschaft, Monografie, 1. Aufl. 2009
Robinski GewR	Robinski, Gewerberecht, Lehrbuch, 2. Aufl. 2002
Ruthig/Storr ÖffWirtschaftsR	Ruthig/Storr, Öffentliches Wirtschaftsrecht, Lehrbuch, 5. Aufl. 2020
Sachs	Sachs, Grundgesetz: GG, Kommentar, 9. Aufl. 2021
Salje EEG 2017	Salje, EEG 2017, Kommentar, 8. Aufl. 2018
Scheurle/Mayen	Scheurle/Mayen, Telekommunikationsgesetz: TKG, Kommentar, 3. Aufl. 2018
Schliesky ÖffWirtschaftsR	Schliesky, Öffentliches Wirtschaftsrecht, Lehrbuch, 4. Aufl. 2014
Schneider/Theobald Energiewirtschaft	Schneider/Theobald, Recht der Energiewirtschaft, Handbuch, 5. Aufl. 2021
Schoch/Schneider/Bier	Schoch/Schneider/Bier, Verwaltungsgerichtsordnung: VwGO, Kommentar, 37. Aufl. 2019
Schreiber Entflechtung	Schreiber, Kartellrechtliche Entflechtung im Energiesektor, Monografie, 1. Aufl. 2013
Schreiber Regulierungsinstrumente	Schreiber, Das Zusammenspiel der Regulierungsinstrumente in den Netzwirtschaften Telekommunikation, Energie und Eisenbahnen, Monografie, 1. Aufl. 2009
Schulte/Kloos ÖffWirtschaftsR	Schulte/Kloos, Handbuch Öffentliches Wirtschaftsrecht, Handbuch, 1. Aufl. 2016

Literaturverzeichnis

Stelkens/Bonk/Sachs	Stelkens/Bonk/Sachs, VwVfG: Verwaltungsverfahrensgesetz, Kommentar, 9. Aufl. 2018
Stober/Vogel Wirtschaftl. Betätigung	Stober/Vogel, Wirtschaftliche Betätigung der öffentlichen Hand, Monografie, 1. Aufl. 2000
Stollenwerk GewO-HdB	Stollenwerk, Praxishandbuch zur Gewerbeordnung, Handwörterbuch, 2. Aufl. 2002
Streinz	Streinz, EUV/AEUV, Kommentar, 3. Aufl. 2018
Teplitzky Ansprüche	Teplitzky, Wettbewerbsrechtliche Ansprüche und Verfahren, Handbuch, 12. Aufl. 2019
Tettinger/Wank/Ennuschat	Tettinger/Wank/Ennuschat, Gewerbeordnung: GewO, Kommentar, 9. Aufl. 2020
Theobald/Hummel/Gussone/Feller Anreizregulierung	Theobald/Hummel/Gussone/Feller, Anreizregulierung, Monografie, 1. Aufl. 2008
Theobald/Kühling	Theobald/Kühling, Energierecht, Kommentar, 117. EL 2022 (bis 102. EL Danner/Theobald)
Theobald/Templin Stromverteilnetze	Theobald/Templin, Strom- und Gasverteilnetze im Wettbewerb, Monografie, 1. Aufl. 2011
Theobald/Theobald Grundzüge	Theobald/Theobald, Grundzüge des Energiewirtschaftsrechts, Monografie, 3. Aufl. 2013
Theobald/Zenke Stromdurchleitung	Theobald/Zenke, Grundlagen der Strom- und Gasdurchleitung, Monografie, 1. Aufl. 2001
Thomas/Putzo	Thomas/Putzo, Zivilprozessordnung: ZPO, Kommentar, 43. Aufl. 2022
v. Mangoldt/Klein/Starck	von Mangoldt/Klein/Starck, Grundgesetz, Kommentar, Band 1, 2, 3, 7. Aufl. 2018ff.
von der Groeben/Schwarze/Hatje	von der Groeben/Schwarze/Hatje, Europäisches Unionsrecht, Kommentar, 7. Aufl. 2015
Wiedemann KartellR-HdB	Wiedemann, Handbuch des Kartellrechts, Kommentar, 3. Aufl. 2016
Wissmann TelekommunikationsR-HdB	Wissmann, Telekommunikationsrecht, Praxishandbuch, Handbuch, 2. Aufl. 2006
Wolff/Bachof/Stober/Kluth VerwR I	Wolff/Bachof/Stober/Kluth, Verwaltungsrecht I, Lehrbuch, Band 1, 13. Aufl. 2017
Wolff/Bachof/Stober/Kluth VerwR II	Wolff/Bachof/Stober/Kluth, Verwaltungsrecht II, Lehrbuch, Band 2, 7. Aufl. 2010
Wolff/Decker	Wolff/Decker, Studienkommentar VwGO/VwVfG, Kommentar, 4. Aufl. 2021
Wöhe BWL	Wöhe, Einführung in die Allgemeine Betriebswirtschaftslehre, Handbuch, 27. Aufl. 2020

Literaturverzeichnis

Zenke/Ellwanger
Energiederivatehandel   Zenke/Ellwanger, Handel mit Energiederivaten, Monografie, 1. Aufl. 2003
Zenke/Neveling/
Lokau Energie-
wirtschaft . . . .   Zenke/Neveling/Lokau, Konzentration in der Energiewirtschaft, Monografie, 1. Aufl. 2005
Zenke/Schäfer
Energiehandel . . . . .   Zenke/Schäfer, Energiehandel in Europa, Monografie, 4. Aufl. 2017
Ziekow
ÖffWirtschaftsR . . .   Ziekow, Öffentliches Wirtschaftsrecht, Lehrbuch, 5. Aufl. 2020

Gesetz über die Elektrizitäts- und Gasversorgung (Energiewirtschaftsgesetz – EnWG)

Vom 7. Juli 2005
(BGBl. I S. 1970, ber. S. 3621)
FNA 752-6

Zuletzt geändert durch Art. 3 Gesetz zur Änderung des Energiesicherungsgesetzes und anderer energiewirtschaftlicher Vorschriften vom 8.10.2022 (BGBl. I S. 1726)

Teil 1. Allgemeine Vorschriften

§ 1 Zweck und Ziele des Gesetzes

(1) Zweck des Gesetzes ist eine möglichst sichere, preisgünstige, verbraucherfreundliche, effiziente, umweltverträgliche und treibhausgasneutrale leitungsgebundene Versorgung der Allgemeinheit mit Elektrizität, Gas und Wasserstoff, die zunehmend auf erneuerbaren Energien beruht.

(2) Die Regulierung der Elektrizitäts- und Gasversorgungsnetze dient den Zielen der Sicherstellung eines wirksamen und unverfälschten Wettbewerbs bei der Versorgung mit Elektrizität und Gas und der Sicherung eines langfristig angelegten leistungsfähigen und zuverlässigen Betriebs von Energieversorgungsnetzen.

(3) Zweck dieses Gesetzes ist ferner die Umsetzung und Durchführung des Europäischen Gemeinschaftsrechts auf dem Gebiet der leitungsgebundenen Energieversorgung.

(4) Um den Zweck des Absatzes 1 auf dem Gebiet der leitungsgebundenen Versorgung der Allgemeinheit mit Elektrizität zu erreichen, verfolgt dieses Gesetz insbesondere die Ziele,
1. die freie Preisbildung für Elektrizität durch wettbewerbliche Marktmechanismen zu stärken,
2. den Ausgleich von Angebot und Nachfrage nach Elektrizität an den Strommärkten jederzeit zu ermöglichen,
3. dass Erzeugungsanlagen, Anlagen zur Speicherung elektrischer Energie und Lasten insbesondere möglichst umweltverträglich, netzverträglich, effizient und flexibel in dem Umfang eingesetzt werden, der erforderlich ist, um die Sicherheit und Zuverlässigkeit des Elektrizitätsversorgungssystems zu gewährleisten, und
4. den Elektrizitätsbinnenmarkt zu stärken sowie die Zusammenarbeit insbesondere mit den an das Gebiet der Bundesrepublik Deutschland angrenzenden Staaten sowie mit dem Königreich Norwegen und dem Königreich Schweden zu intensivieren.

§ 1 Teil 1. Allgemeine Vorschriften

Übersicht

	Rn.
A. Allgemeines	1
I. Inhalt und Zweck	1
II. (Entstehungs-)Geschichte	2
III. Unionsrechtliche Vorgaben	9
IV. Das EnWG im Verhältnis zu anderen Rechtsgebieten	10
1. Allgemeines Zivilrecht	11
2. Wettbewerbsrecht	14
3. (Energie-)Umweltrecht und Recht der technischen Sicherheit	15
B. Anwendungsbereich und Zweck des Gesetzes (Abs. 1)	20
I. Anwendungsbereich	20
II. Gesetzeszwecke	24
1. Allgemeine Bedeutung und Zielrichtung	24
2. Zunehmender Einsatz erneuerbarer Energien	29
3. Die einzelnen Gesetzeszwecke	30
4. Rechtliche Bedeutsamkeit und Wirkung der Gesetzeszwecke	51
C. Ziele der Netzregulierung (Abs. 2)	57
I. Funktion, Verhältnis zu § 1 Abs. 1 und rechtliche Bedeutung	57
II. Regulierung der Elektrizitäts- und Gasversorgungsnetze	59
III. Wettbewerb	61
IV. Sicherung funktionsfähiger Energieversorgungsnetze	62
D. Umsetzung und Durchführung des europäischen Gemeinschaftsrechts (Abs. 3)	64
E. Zielbestimmungen für die Elektrizitätsversorgung (Abs. 4)	66

Literatur: *Büdenbender,* Umweltschutz in der Novelle des Energiewirtschaftsgesetzes, DVBl. 2005, 1161; *Elspas/Lindau/Ramsauer,* Die neuen Regelungen im EnWG zum Wasserstoff, N&R 2021, 258; *Fehling,* Energieversorgung zwischen Daseinsvorsorge und internationaler Liberalisierung, in Leible/Lippert/Walter (Hrsg.), Die Sicherung der Energieversorgung auf globalisierten Märkten, 2007, S. 115; *Gundel,* Der Verbraucherschutz im Energiesektor zwischen Marktliberalisierung und Klimaschutzzielen, GewArch 2012, 137; *Hellermann,* Schutz der Verbraucher durch Regulierungsrecht, VVDStRl 70 (2011), 366; *Höch/Christ,* Das Ziel der Preisgünstigkeit gem. § 1 EnWG und seine Berücksichtigung in konzessionsvertraglichen Auswahlverfahren, RdE 2021, 527; *Köhn,* Zweckkonforme Auslegung und Rechtsfortbildung im Energierecht, ZNER 2005, 16; *Kühling/Rasbach,* Kernpunkte des novellierten EnWG 2011 – Regulierungsausbau im Zeichen der „Energiewende", RdE 2011, 332; *Kuxenko,* Zum Verhältnis von Wettbewerb und Gemeinwohlzielen im Energiewirtschaftsgesetz, UPR 2003, 373; *Kuxenko,* Umweltverträgliche Energieversorgung – Analyse eines neuen Gesetzeszwecks im Energiewirtschaftsrecht, 2004; *Lange,* Verbraucherschutz im neuen EnWG, RdE 2012, 41; *Lange,* Der Strommarkt 2.0 als Herausforderung für das Kartellrecht, WuW 2017, 434; *Lippert,* Sicherheit der Energieversorgung – Renaissance eines energierechtlichen Leitziels?, in Leible/Lippert/Walter (Hrsg.), Die Sicherung der Energieversorgung auf globalisierten Märkten, 2007, S. 1; *Salje,* Das neue Energiewirtschaftsgesetz 2011, RdE 2011, 325; *Schalast,* Der fortdauernde Zielkonflikt zwischen Umweltschutz und Wettbewerb im deutschen Energierecht, RdE 2001, 121; *Stelter/Ipsen,* Das Gesetz zur Weiterentwicklung des Strommarktes (Strommarktgesetz), EnWZ 2016, 483; *Tettinger,* Zum Thema „Sicherheit" im Energierecht, RdE 2002, 225.

§ 1 Zweck und Ziele des Gesetzes

A. Allgemeines

I. Inhalt und Zweck

In der einleitenden Vorschrift des § 1, dem eine präambelartige Funktion zukommt (vgl. Leible/Lippert/Walter Sicherung Energieversorgung/*Lippert* S. 1, 4f.; BerlKommEnergieR/*Säcker*/*Timmermann* EnWG § 1 Rn. 1: „Programmsatz"), hat der Gesetzgeber zunächst die **allgemeinen Zwecke des Energiewirtschaftsgesetzes** niedergelegt (§ 1 Abs. 1). Mit der „leitungsgebundenen Versorgung der Allgemeinheit mit Elektrizität und Gas" hat er in § 1 Abs. 1 zugleich den **Anwendungsbereich des EnWG** definiert. Darüber hinaus werden in § 1 Abs. 2 die Ziele genauer formuliert, denen die **Regulierung der Energieversorgungsnetze** dienen soll. Angesichts des Umstandes, dass das nationale Recht der leitungsgebundenen Energieversorgung in erheblichem Umfang durch europarechtliche Vorgaben geprägt ist, hebt § 1 Abs. 3 schließlich hervor, dass das EnWG auch der Umsetzung und Durchführung des **europäischen Gemeinschaftsrechts** auf dem Gebiet der leitungsgebundenen Energieversorgung dient.

II. (Entstehungs-)Geschichte

Das EnWG 1935 hatte in seiner Präambel das Ziel in den Mittelpunkt gestellt, die „Energieversorgung so **sicher und billig** wie möglich zu gestalten".

In die Neufassung des § 1 aus dem Jahr 1998 wurde neben der Sicherheit und der Preisgünstigkeit auch die **Umweltverträglichkeit** der Energieversorgung, die zugleich in § 2 Abs. 4 EnWG 1998 ausdrücklich definiert wurde (zum Zusammenhang vgl. BT-Drs. 13/7274, 14), als zusätzliches Ziel aufgenommen. Dies war wohl auch der gesetzgeberische Versuch, Befürchtungen, die im EnWG 1998 vorgenommene Wettbewerbsöffnung und Deregulierung des Energiesektors könne Umweltrisiken provozieren, durch Hervorhebung des Umweltschutzzieles entgegenzutreten (vgl., in manchen Formulierungen diese Interpretation nahelegend, BT-Drs. 13/7274, 13).

Die Zieltrias des EnWG 1998 wollte die Bundesregierung in ihrem Gesetzentwurf zum **EnWG 2005** (BT-Drs. 15/3917, 9) zunächst nur um das Ziel des **Verbraucherschutzes** ergänzen. In ihrer Gegenäußerung zu dem Streichungsvorschlag des Bundesrates (BR-Drs. 613/04, 3) wies sie insbesondere auf die Vorschriften zur Stromkennzeichnung und zu den stärkeren Beteiligungsrechten der Verbraucherverbände hin, durch die das eigenständige Ziel des Verbraucherschutzes konkretisiert werde (BT-Drs. 15/4068, 2). Auf Empfehlung des Ausschusses für Wirtschaft und Arbeit wurde dann zusätzlich auch noch das Ziel einer **„effizienten" Energieversorgung** aufgenommen. Damit sollte klargestellt werden, „dass die Effizienz der Energieversorgung, insbesondere auch die Kosteneffizienz der Energieversorgungsnetze, ebenfalls Zweck des Energiewirtschaftsgesetzes ist, das zur Erreichung dieses Zwecks um eine Reihe von Regelungen zur Effizienz der leitungsgebundenen Energieversorgung ergänzt worden ist" (BT-Drs. 15/5268, 116). Außerdem wurde 2005 eine Regelung zu den **Zielen der Regulierung** in § 1 Abs. 2 aufgenommen. Der Gesetzgeber wollte damit eine Zielvorgabe für die Auslegung und Anwendung der in dieser Form neuen Vorschriften über die Regulierung in den Teilen 2 und 3 schaffen (BT-Drs. 15/3917, 47f.). Ebenfalls neu im EnWG 2005 war die Regelung in **§ 1 Abs. 3,** die die Umsetzung und Durchführung des **Europäischen Gemeinschaftsrechts** durch das Gesetz betont. Ausweislich der Gesetzesbegründung sollte hiermit insbesondere auch die Berücksichtigung der zwingenden gemeinschaftsrechtlichen Vorgaben bei der Gesetzesauslegung angemahnt werden (BT-Drs. 15/3917, 48).

5   Im Zuge der **EnWG-Novelle** vom **26.7.2011** (BGBl. 2011 I S. 1554) ist § 1 Abs. 1 um den Verweis auf den **zunehmenden Einsatz erneuerbarer Energien** ergänzt worden. Dieser Verweis versteht sich vor dem Hintergrund des Energiekonzepts der Bundesregierung vom September 2010, das eine schrittweise Erhöhung des Anteils der Stromerzeugung aus erneuerbaren Energien auf 80 Prozent bis 2050 vorsieht, und das diese Zielsetzung bestätigenden Eckpunktepapiers der Bundesregierung zur Energiewende vom 6.6.2011. Die EnWG-Novelle ist ein Bestandteil des umfangreichen Gesetzespakets zur Umsetzung der sog. Energiewende gewesen, das ua auch eine Neuregelung des Rechtsrahmens für die Förderung der Stromerzeugung aus erneuerbaren Energien eingeschlossen hat.

6   Art. 1 des **Strommarktgesetzes** vom **26.7.2016** (BGBl. 2016 I S. 1786) hat **§ 1 Abs. 4** hinzugefügt, der die Zweckbestimmung des Absatzes 1 für das Gebiet der leitungsgebundenen Versorgung der Allgemeinheit mit **Elektrizität** um einzelne konkretisierende Zielvorgaben ergänzt, die dazu dienen, „den Zweck nach § 1 Absatz 1 zu erreichen" (BT-Drs. 18/7317, 75). Es ging dabei um die Anpassung der Marktregeln an die insbesondere durch Atomausstieg und starke Zunahme der Stromerzeugung aus erneuerbaren Energien bedingte Transformation des Energiesystems („Strommarkt 2.0"; dazu etwa *Lange* WuW 2017, 434 ff.; *Stelter/Ipsen* EnWZ 2016, 483 ff.). Die Zielbestimmungen des § 1 Abs. 4 werden durch den zugleich neu eingefügten § 1a in Gestalt der dort geregelten Grundsätze des Stromarktes weiter ausbuchstabiert (→ § 1a Rn. 1 ff.).

7   Im Jahr **2021** wurde § 1 Abs. 1 durch die Einbeziehung von **Wasserstoff** in den Anwendungsbereich und die Zielvorgaben durch das Gesetz zur Umsetzung unionsrechtlicher Vorgaben und zur Regelung reiner Wasserstoffnetze im Energiewirtschaftsrecht vom **16.7.2021** (BGBl. 2021 I S. 3026) ergänzt. Auf diese Weise wurde die Grundsatzentscheidung getroffen, Wasserstoff nicht in das Regulierungsregime für Gasnetze zu integrieren, sondern jeweils eigenständige Wasserstoff-Regelungen (insbesondere §§ 28j ff., 43l) vorzusehen (zu Einzelheiten und Hintergründen *Elspas/Lindau/Ramsauer* N&R 2021, 258 ff.).

8   Schließlich hat die Klimaschutz-Sofortprogramm-Novelle (BGBl. 2022 I S. 1214) aus dem Jahr **2022** die in Absatz 1 enthaltene Auflistung der Gesetzeszwecke um die **Treibhausgasneutralität** ergänzt.

III. Unionsrechtliche Vorgaben

9   Die Formulierung der Ziele in § 1 Abs. 1 deckt sich weitgehend mit den Zielvorgaben, die das **Unionsrecht** für den Elektrizitäts- und den Gassektor enthält. So gibt **Art. 9 Abs. 1 Elt-RL 19** (zuvor Art. 3 Abs. 1 Elt-RL 09) das Ziel eines „wettbewerbsbestimmten, sicheren und unter ökologischen Aspekten nachhaltigen Elektrizitätsmarkts" vor, und **Art. 9 Abs. 2 Elt-RL 19** erlaubt mitgliedstaatliche Verpflichtungen der Unternehmen, die sich auf „Sicherheit, einschließlich Versorgungssicherheit, Regelmäßigkeit, Qualität und Preis der Versorgung sowie Umweltschutz, einschließlich Energieeffizienz, Energie aus erneuerbaren Quellen und Klimaschutz, beziehen können". Nahezu wortgleiche Formulierungen finden sich in Art. 3 Abs. 1 und 2 Gas-RL 09. Die **fünf Dimensionen** der **Energieunion** nach Art. 1 Abs. 2 der Governance-VO (EU) 2018/1999 (Sicherheit der Energieversor-

Zweck und Ziele des Gesetzes §1

gung, Energiebinnenmarkt, Energieeffizienz, Dekarbonisierung sowie Forschung, Innovation und Wettbewerbsfähigkeit) werden durch § 1 teilweise abgedeckt.

IV. Das EnWG im Verhältnis zu anderen Rechtsgebieten

Für die leitungsgebundene Versorgung mit Elektrizität, Gas und Wasserstoff, die 10 den Anwendungsbereich des EnWG ausmacht (→ Rn. 20 ff.), gilt in erster Linie die **allgemeine Rechtsordnung.** Die allgemeinen Regeln etwa des Zivil-, Wettbewerbs- oder des Umwelt- und des Rechts der technischen Sicherheit von Anlagen finden auf die einzelnen Akteure, Rechtsverhältnisse, Verhaltensweisen und Vorhaben der leitungsgebundenen Energieversorgung also grundsätzlich Anwendung. Die Normen des EnWG als **spezielles Energiewirtschaftsrecht verdrängen oder modifizieren** diese **allgemeinen Regeln nur partiell,** soweit ihr jeweiliger Anwendungsbereich reicht.

1. Allgemeines Zivilrecht. Den Rahmen für die Selbstorganisation der in der 11 Energiewirtschaft tätigen Unternehmen liefert das allgemeine **Gesellschaftsrecht.** Es wird modifiziert durch die speziellen Entflechtungsregeln der §§ 6 ff.

Größte Bedeutung für das gesamte energiewirtschaftliche Geschehen kommt 12 dem **allgemeinen Vertragsrecht** zu, das den Rahmen darstellt sowohl für die Netzanschluss-, Netznutzungs- und sonstigen Netzverträge (dazu Schneider/Theobald EnergieWirtschaftsR-HdB/*de Wyl/Thole/Bartsch* § 17 Rn. 285 ff.) als auch für die verschiedenen Formen von Energielieferungsverträgen (dazu Schneider/Theobald EnergieWirtschaftsR-HdB/*de Wyl/Sötebier* § 12 Rn. 5 ff., 85 ff.). Die vertragsrechtlichen Grundstrukturen mit ihren Regeln etwa zum Zustandekommen und zur Beendigung der Vertragsbeziehungen, zu Allgemeinen Geschäftsbedingungen oder zu Leistungsstörungen werden durch das EnWG schon deshalb nicht angetastet, weil nur das allgemeine Vertragsrecht die Gestaltungsfreiheit und Flexibilität gewährleistet, durch die die vielfältigen und sich wandelnden Beziehungen zwischen den an der Energieversorgung beteiligten Akteuren in rechtliche Formen gegossen werden können.

Allerdings wird die grundsätzliche Freiheit der an der Energieversorgung Betei- 13 ligten in ihrer Entscheidung darüber, ob und mit welchem Inhalt sie einen Vertrag abschließen wollen, aus Gründen der Ermöglichung oder Förderung von Wettbewerb (Netzzugang) oder aus Gründen des Verbraucherschutzes (Grundversorgung) durch das EnWG in vielfältiger Weise eingeschränkt. Rechtstechnisch geschieht dies regelmäßig in der Form des **Kontrahierungszwangs** (zB §§ 17 Abs. 1, 18 Abs. 1, 20 Abs. 1), der behördlich und/oder gerichtlich durchgesetzt werden kann (näher dazu *Hermes* ZHR 166 [2002], 433 ff.). Mit diesem Kontrahierungszwang notwendig verbunden sind Vorgaben für den Inhalt des (erzwungenen) Vertrages. Die Bestimmung dieses **Vertragsinhalts** kann sowohl durch **Gesetz** (zB § 41) oder **Rechtsverordnung** (§ 17 Abs. 3, § 39 Abs. 1 und 2) als auch durch regulierungsbehördliche **Festlegung** (§ 29) und einzelfallbezogene **Genehmigungs-** (zB § 23a) oder **Untersagungsentscheidung** erfolgen. Regelmäßig sieht das EnWG eine gestufte Konkretisierung der Vertragsinhalte vor, die von der gesetzlichen Vorgabe allgemeiner Kriterien über ihre weitere Konkretisierung durch Rechtsverordnung bis hin zur administrativen Einzelfallentscheidung reicht.

2. Wettbewerbsrecht. Auch die Anwendbarkeit des allgemeinen Wett- 14 bewerbsrechts bleibt durch das EnWG grundsätzlich unangetastet. Relevanz für die leitungsgebundene Energiewirtschaft kommt hier zunächst der **Fusionskon-**

§ 1 Teil 1. Allgemeine Vorschriften

trolle (dazu *Sanden* EuZW 2004, 620 ff.; Schneider/Theobald EnergieWirtschaftsR-HdB/*Hoch/Theobald* § 6 Rn. 5 ff., 56 ff.) zu. Außerdem sind das Verbot der missbräuchlichen Ausnutzung einer marktbeherrschenden Stellung nach § 19 GWB und das Diskriminierungsverbot nach § 20 GWB von großer praktischer Bedeutung (vgl. nur *Kühne* NJW 2006, 654 ff.; *Säcker* ZNER 2007, 114 ff.). Allerdings finden die kartellrechtlichen **Missbrauchsaufsicht**snormen der §§ 19 und 20 GWB nach der Neufassung des EnWG aus dem Jahr 2005 nur noch insoweit Anwendung, als das EnWG oder die auf seiner Grundlage erlassenen Rechtsverordnungen keine abschließenden Regelungen treffen. Diese in § 111 ausdrücklich normierte Spezialität der energiewirtschaftsrechtlichen **(sektorspezifischen) Regulierung** bezieht sich – abgesehen von Einzelfragen der Abgrenzung (dazu → § 111 Rn. 4 ff.) – auf die Normen des Teils 3 (§§ 11 ff.), die den Netzbetrieb, den Netzanschluss und den Netzzugang einschließlich des Bereichs der Ausgleichsleistungen betreffen. Demgegenüber enthält das EnWG für die Energieerzeugung, den Energiehandel und den Energievertrieb nur vereinzelt Normen, denen eine das allgemeine Wettbewerbsrecht verdrängende Spezialität zukommt. Aus dieser **Überschneidung zwischen Energiewirtschafts- und Kartellrecht** wie auch aus den Wechselwirkungen zwischen Netzregulierung einerseits und Missbrauchsaufsicht über Energieerzeugung, -handel und -vertrieb andererseits resultiert ein erheblicher Abstimmungsbedarf zwischen den Kartellbehörden und der BNetzA. Diesen Koordinierungsbedarf sucht § 58 durch verfahrensrechtliche Vorkehrungen zu befriedigen.

15 **3. (Energie-)Umweltrecht und Recht der technischen Sicherheit.** Was den Standort des EnWG im System des Umweltrechts angeht, soweit dieses Bedeutung für die leitungsgebundene Energieversorgung hat, so bietet sich zunächst die Unterteilung in drei Regelungskomplexe an (s. dazu *Hermes* FS Rehbinder, 2007, S. 569 (575 ff.)): Einem ersten Bereich lassen sich die **anlagenbezogenen** Normen zuordnen, die Umweltbeeinträchtigungen durch Gewinnungs-, Erzeugungs- und Transportanlagen vermeiden oder minimieren sollen. Zunehmende Bedeutung kommt dem zweiten Komplex der energieumweltrechtlichen Normen zu, die die **Umwandlung** oder den **Verbrauch von Energie** auf das Ziel der Energieeffizienz (Energieeinsparung) ausrichten und auf diese Weise neben dem Umweltschutz im engeren Sinne (zum weiteren Begriff der Umweltverträglichkeit s. § 3 Nr. 33) auch der Ressourcenschonung (Versorgungssicherheit) dienen. Der dritte Regelungskomplex betrifft die Auswahl zwischen den verschiedenen Primärenergiearten für die Erzeugung von bzw. die Umwandlung in Elektrizität oder Wärme und ist vor allem durch Instrumente zur **Förderung erneuerbarer Energien** geprägt.

16 Das auf die verschiedenen **Energieanlagen** bezogene Umweltrecht findet sich vor allem im Immissionsschutz-, Atom-, Wasser-, Berg-, Raumordnungs-, Bau- und Naturschutzrecht (ausf. dazu Schneider/Theobald EnergieWirtschaftsR-HdB/ *Fehling/Schings* § 9). Die in diesen Fachgesetzen statuierten materiellen und verfahrensrechtlichen (Genehmigungsvorbehalte etc) Anforderungen werden durch das EnWG nicht berührt. Eine Ausnahme gilt lediglich für große **Leitungsvorhaben,** für die – abgesehen von der Spezialregelung für länderübergreifende und grenzüberschreitende Höchstspannungsleitungen im NABEG – nach § 43 ein Planfeststellungs- oder Plangenehmigungsverfahren mit Konzentrationswirkung vorgesehen ist (s. §§ 43 ff.).

17 Der Teil des Energieumweltrechts, der sich mit der effizienten (s. § 3 Nr. 15b) und sparsamen **Umwandlung von Energie (Energieeinsparung)** befasst (zusammenfassend mwN Schulze/Janssen/Kadelbach/*Hermes* Europarecht, 2020, § 36 Rn. 106 ff.), betrifft zum einen die Förderung der Erzeugung von Elektrizität in Anlagen mit Kraft-Wärme-Kopplung nach dem Gesetz für die Erhaltung, die Modernisierung und den Ausbau der **Kraft-Wärme-Kopplung** vom 19.3.2002 und zum anderen die gesetzlichen Anforderungen an die Gesamtenergieeffizienz von Gebäuden (Energieeinsparungsgesetz, Energieeinsparverordnung) und an die Effizienz energiebetriebener Geräte (Energieverbrauchsrelevante-Produkte-Gesetz, Energieverbrauchskennzeichnungsgesetz). Das EnWG nimmt auf diese Normen partiell Bezug und enthält begleitende Vorschriften (zB §§ 18 Abs. 2, 35 Abs. 1 Nr. 6, 37 Abs. 1), lässt deren Anwendbarkeit aber vollständig unberührt.

Was schließlich die Steuerung des Primärenergieeinsatzes durch die **Förderung erneuerbarer Energien** angeht, so ist das einschlägige Instrumentarium in dem Gesetz für den Vorrang Erneuerbarer Energien (**EEG**) enthalten, dessen Anwendbarkeit durch das EnWG unberührt bleibt (s. § 2 Abs. 2). Im Übrigen enthält das EnWG eine Reihe flankierender Regelungen wie etwa die Verpflichtung zur Stromkennzeichnung nach § 42 (vgl. außerdem zB §§ 12 Abs. 3a, 13 Abs. 1a, 21a Abs. 3). 18

Ergänzend zum anlagenbezogenen Umweltrecht (→ Rn. 15) sind die zahlreichen Normen und Regelwerke zu erwähnen, die die **technische Sicherheit** von Anlagen der Erzeugung, des Transports und der Umwandlung von Energie betreffen (→ § 49 Rn. 19 ff.). Auf sie nimmt § 49 Abs. 1 S. 2, Abs. 2 Bezug und § 49 Abs. 4 enthält eine spezielle Verordnungsermächtigung für technische Sicherheitsanforderungen an Energieanlagen. Diese Sicherheitsanforderungen bleiben durch das EnWG vollständig unberührt. 19

B. Anwendungsbereich und Zweck des Gesetzes (Abs. 1)

I. Anwendungsbereich

Ausweislich der Formulierung in § 1 Abs. 1 bezieht sich das gesamte Energiewirtschaftsgesetz (nur) auf die „**leitungsgebundene Versorgung der Allgemeinheit mit Elektrizität, Gas und Wasserstoff**". § 1 Abs. 1 definiert auf diese Weise den Anwendungsbereich des Gesetzes. Wie sich aus § 3 Nr. 19a ergibt, ist unter „**Gas**" Erdgas, Biogas (§ 3 Nr. 10f), Flüssiggas (nur im Anwendungsbereich der §§ 4 und 49) sowie durch Wasserelektrolyse erzeugter Wasserstoff und synthetisch erzeugtes Methan zu verstehen, wenn diese in ein Gasversorgungsnetz eingespeist werden. Im Hinblick auf **Wasserstoff** ist also einerseits danach zu unterscheiden, ob der zur Elektrolyse eingesetzte Strom nachweislich weit überwiegend aus erneuerbaren Energiequellen stammt (dann Biogas iSd § 3 Nr. 10f), und andererseits zu differenzieren danach, ob der Wasserstoff in ein Gasversorgungsnetz eingespeist, dh beigemischt, wird (dann Gas iSd § 3 Nr. 19a) oder als Wasserstoff durch ein Wasserstoffnetz iSd § 3 Nr. 39a transportiert wird (*Elspas/Lindau/Ramsauer* N&R 2021, 258 (259)). 20

Mit der Beschränkung auf Elektrizität, Gas und Wasserstoff werden **andere Energieträger** wie **Fernwärme** oder auch Mineralölprodukte sowie die meisten Primärenergieträger (Stein- und Braunkohle, Öl, Uran, Biomasse) aus dem Anwendungsbereich des Gesetzes auch dann ausgeschieden, wenn sie mittels Leitungen transportiert und/oder verteilt werden (Fernwärme, Öl). 21

22 Durch das Kriterium der **Leitungsgebundenheit** wird aus dem Anwendungsbereich des EnWG die Versorgung mit Gas ausgeschieden, die sich mittels anderer Transportsysteme als Leitungen (Tankwagen, Flaschengas etc) vollzieht.

23 Schließlich wird der Anwendungsbereich des EnWG durch das Kriterium der **Versorgung der Allgemeinheit** bestimmt. Diese Versorgungsfunktion wirkt sich nicht zuletzt auf die Konkretisierung des Begriffs des Netzes aus. Wenn Anlagen dazu dienen, Dritte zu versorgen, steht die in § 1 Abs. 1 genannte Versorgung der Allgemeinheit und die dem Verbraucher einzuräumende Auswahlmöglichkeit hinsichtlich seines Versorgers in Rede, was ein weites Verständnis des Netzbegriffs nach sich zieht (alle Anlagen, die einer Versorgung der Letztverbraucher dienen; so BGH Beschl. v. 12.11.2019 – EnVR 65/18 Rn. 21, EnWZ 2020, 265). Umgekehrt werden die Sachverhalte aus dem Anwendungsbereich des EnWG ausgeschieden, die das EnWG an verschiedenen Stellen als „Eigenversorgung" (§ 3 Nr. 18, 24b) durch „Eigenanlagen" (§ 3 Nr. 13, § 37 Abs. 1 S. 2, Abs. 2) zur Deckung des „Eigenbedarfs" (§ 18 Abs. 2, § 37 Abs. 1) anspricht. Diese Beschränkung entspricht der Funktion des EnWG, die Rahmenbedingungen für diejenigen wirtschaftlichen Austauschprozesse zu normieren, welche sich auf Elektrizität, Gas und Wasserstoff beziehen, soweit diese mittels Leitungen transportiert werden. Wo nicht mindestens zwei verschiedene Wirtschaftssubjekte an dem Vorgang der „Energieversorgung" beteiligt sind, fehlt es an dem wirtschaftlichen Austauschvorgang und damit an der Notwendigkeit energiewirtschaftsrechtlicher Normierung. Bleibende Regelungsnotwendigkeiten betreffen entweder die schwierigen Abgrenzungsfragen zwischen Eigen- und Fremdversorgung (§ 37) oder betreffen allein Fragen der Abwehr von Gefahren, die durch Anlagen der Eigenversorgung entstehen können. Letztere finden sich nicht im EnWG, sondern im einschlägigen Sicherheitsrecht (→ Rn. 15 ff.).

II. Gesetzeszwecke

24 **1. Allgemeine Bedeutung und Zielrichtung.** Während § 1 Abs. 1 seine Aussage zum Anwendungsbereich des EnWG (dazu → Rn. 20 ff.) eher implizit trifft, hat er seinen ausdrücklichen, primären Regelungsgehalt in der **Festlegung der grundlegenden Gemeinwohlzwecke des Gesetzes.** Dabei konnte dem früheren Verweis auf das Interesse der Allgemeinheit in § 1 EnWG 1998 und kann wohl auch der heutigen Bezugnahme auf die Versorgung der Allgemeinheit in § 1 Abs. 1 entnommen werden, dass das Gesetz insgesamt Interessen der Allgemeinheit zu dienen bestimmt ist (NK-EnWG/*Kment* § 1 Rn. 3); dies entspricht im Übrigen auch der Beurteilung des BVerfG, das die Energieversorgung insgesamt als eine der öffentlichen Daseinsvorsorge dienende Aufgabe gekennzeichnet hat (BVerfG Beschl. v. 16.5.1989 – 1 BvR 705/88, NJW 1990, 1783). Mit Recht wird aber der Bindung an das Allgemeininteresse, die sich bereits aus dem Rechtsstaatsprinzip als allgemeine Bindung jeglicher hoheitlicher Rechtsetzung und -anwendung ableiten lässt, keine eigenständige rechtliche Bedeutung zuerkannt (Danner/Theobald/*Theobald* EnWG § 1 Rn. 14 f.); darüber hinausführende, eigenständige rechtliche Bedeutung kann vielmehr allenfalls den konkreteren Gesetzeszwecken des § 1 Abs. 1 zukommen.

25 Auch dabei betonen den gemeinwohlorientierten Aufgabencharakter, indem vor allem Daseinsvorsorge- und Umweltschutzgesichtspunkte benannt werden; doch sollen diese Zielsetzungen unter den Bedingungen von **Marktöffnung und Wettbewerb** verfolgt werden (Leible/Lippert/Walter Sicherung Energieversorgung/ *Fehling* S. 115, 122). Obgleich das Ziel der Ermöglichung und Sicherung von Wettbewerb für das EnWG konzeptionell prägend ist, ist es selbst nicht Gesetzeszweck

Zweck und Ziele des Gesetzes **§ 1**

iSv § 1 Abs. 1. Das verdeutlicht, dass dieses Ziel im Verhältnis zu den Zwecken des § 1 Abs. 1 von sekundärer, **dienender Funktion** sein soll (Fehling/Ruffert RegulierungsR/*Britz* § 9 Rn. 8; zur Wettbewerbssicherung als Regulierungsziel iSv § 1 Abs. 2 → Rn. 61).

Unter diesen Vorzeichen gelten die gemeinwohlorientierten Zweckbestimmungen des Gesetzes den rechtlich vorgegebenen **Rahmenbedingungen der wettbewerblich organisierten Energieversorgung** und richten sich damit vor allem an die Anwender der gesetzlichen Vorgaben des EnWG, also an die mit der Gesetzesausführung betrauten staatlichen Behörden und ggf. die mit deren Kontrolle befassten Gerichte. 26

Hingegen zielen sie nicht auf die einzelnen (privaten) **EVU** und ihr energiewirtschaftliches Verhalten als solches. Weder können sie sich zur Durchsetzung ihrer Individual- oder Partikularinteressen auf § 1 berufen, noch hindert § 1 sie daran, im Rahmen der gesetzlichen Vorgaben des EnWG ihre privaten, wirtschaftlichen Interessen zu verfolgen (zust. NK-EnWG/*Kment* § 1 Rn. 3). 27

Streitig ist, inwieweit die Gesetzeszwecke des § 1 Abs. 1 auch von den **Gemeinden** in ihrem energiewirtschaftsrechtlich relevanten Handeln, insbesondere bei der Vergabe von Konzessionsverträgen nach § 46 Beachtung verlangen. § 46 Abs. 4 S. 1 verpflichtet die Gemeinden nunmehr ausdrücklich auf diese Ziele (→ § 46 Rn. 89f.). Die gesetzgeberische Annahme, diese Neuregelung sei bloß klarstellender Natur (BT-Drs. 17/6072, 88), aber auch einzelne Äußerungen in Rechtsprechung (OLG Schleswig Urt. v. 22.11.2012 – 16 U (Kart) 21/12, EnWZ 2013, 76 (78)) und Literatur (*Büdenbender* DVBl. 2012, 1530 (1533); *Höch* RdE 2013, 60 (63)) scheinen davon auszugehen, dass die Gemeinden auch unabhängig von dieser ausdrücklichen Anordnung zur Beachtung der Ziele des § 1 Abs. 1 verpflichtet (gewesen) seien. Dies überzeugt nicht. Die Verpflichtung zu einer den Gesetzeszwecken entsprechenden Auslegung und Anwendung eines Gesetzes obliegt den damit betrauten Behörden und den zu ihrer Kontrolle befugten Gerichten. Die Gemeinden sind jedoch nicht mit dem Vollzug des EnWG betraute staatliche Behörden, sondern Selbstverwaltungskörperschaften, die bei der Vergabe von Strom- und Gaskonzessionsverträgen nicht nur das EnWG vollziehen, sondern umfassend die Angelegenheiten der örtlichen Gemeinschaft wahrzunehmen haben. Diese verfassungsrechtlich begründete Aufgabe umschließt auch die Verantwortlichkeit für eine gemeinwohlgerechte Energieversorgung der Einwohner, so dass die Gemeinden nicht kraft des § 1 Abs. 1, sondern unmittelbar von Verfassungs wegen gehalten sind, neben anderen örtlichen Gemeinwohlbelangen auch auf eine sichere, preisgünstige, verbraucherfreundliche, effiziente und umweltverträgliche leitungsgebundene Versorgung der Allgemeinheit mit Energie zu achten (vgl. *Hellermann*, Die gemeindliche Entscheidung über die Vergabe von Strom- und Gaskonzessionsverträgen, 2013, S. 31ff.; *Hellermann* EnWZ 2013, 147 (151f.)). 28

2. Zunehmender Einsatz erneuerbarer Energien. § 1 Abs. 1 verweist in seinem letzten Halbsatz darauf, dass die leitungsgebundene Energieversorgung zunehmend unter **Einsatz erneuerbarer Energien** erfolgt. Nach der Gesetzesbegründung soll dieser Halbsatz den Gedanken berücksichtigen, dass der Anteil der erneuerbaren Energien am Energiemix zukünftig zunehmen wird, und insbesondere anmahnen, dass die Energieversorgungsnetze auch die Voraussetzungen für den Ausbau der erneuerbaren Energien schaffen sollen (BT-Drs. 17/6072, 50). Insoweit bezieht sich dieser Verweis auf die Regelungen zum Netzausbau, namentlich zur Bedarfsplanung in §§ 12a ff. Der normative Gehalt des Hinweises auf die 29

§ 1 Teil 1. Allgemeine Vorschriften

erneuerbaren Energien entspricht demjenigen der einzelnen Gesetzeszwecke in Abs. 1 (→ Rn. 51 ff.), mit denen er in Zusammenhang steht. Nicht entnommen werden kann der Norm das Ziel, die Versorgung der Allgemeinheit ausschließlich auf Strom aus erneuerbaren Quellen zu beschränken (BVerwG Urt. v. 12.11.2020 – 4 A 13.18 Rn. 32).

30 **3. Die einzelnen Gesetzeszwecke.** In der heute geltenden Fassung stellt § 1 Abs. 1 dem EnWG **sechs einzelne Zwecke** voran, die zunächst je für sich auf ihren sachlichen Gehalt hin zu untersuchen sind.

31 **a) Sicherheit.** Dem Begriff der Energiesicherheit werden verschiedene Komponenten zugeschrieben, so etwa auch die Aspekte der Versorgungsqualität und der Energieeffizienz (Leible/Lippert/Walter Sicherung Energieversorgung/*Lippert* S. 1, 4; dazu → Rn. 34) oder der Preisgünstigkeit (→ Rn. 35). Der Gesetzeszweck der Sicherheit der Energieversorgung hat aber primär **zwei zu unterscheidende Zielrichtungen,** wie schon die Gesetzesbegründung zum EnWG 1998 deutlich gemacht hat (BT-Drs. 13/7274, 14; vgl. auch *Tettinger* RdE 2002, 225 (226)).

32 Einerseits geht es um die **technische Sicherheit** der Energieversorgung und damit um die Ungefährlichkeit der Erzeugungs-, Transport- und Verteilungsanlagen für Menschen und Sachen (vgl. BT-Drs. 13/7274, 14). Mit diesem Teilaspekt trägt der Gesetzeszweck dem besonderen Gefahrenpotential Rechnung, das der Energieversorgung im heutigen großtechnischen Maßstab, angesichts des Ausmaßes der Nachfrage und der zu ihrer Befriedigung erforderlichen technischen Anlagen, eigen ist. Zur Sicherstellung der erforderlichen Sicherheit der Energieversorgungsanlagen trägt das EnWG selbst, namentlich in § 49, Rechnung und im Übrigen das jeweils einschlägige anlagenbezogene Umweltrecht (dazu → Rn. 15 ff.) bzw. das besondere technische Sicherheitsrecht, also etwa das Atomrecht, das Bergrecht etc. Dem dahinter stehenden Gesetzeszweck des § 1 bleibt danach im Wesentlichen deklaratorische und ansonsten allenfalls auslegungsdirigierende und lückenschließende Funktion (vgl. *Salje* EnWG § 1 Rn. 25).

33 Andererseits zielt dieser Gesetzeszweck aber auch auf die **Versorgungssicherheit** im Sinne einer stets ausreichenden und ununterbrochenen Befriedigung der Nachfrage nach Energie (vgl. BerlKommEnergieR/*Säcker* EnWG § 1 Rn. 5 ff.). Dieser Aspekt von Sicherheit der Energieversorgung gewinnt seine Bedeutung zunächst schon aus der elementaren Angewiesenheit des Einzelnen in seiner privaten Existenz wie auch des gesamten wirtschaftlichen und öffentlichen Lebens auf eine stetige, ausreichende leitungsgebundene Versorgung mit Energie. Richtigerweise ist deshalb Versorgungssicherheit sowohl individuell wie auch kollektiv, also aufs Ganze gesehen zu gewährleisten (Leible/Lippert/Walter Sicherung Energieversorgung/*Fehling* S. 115, 122 f.; Fehling/Ruffert RegulierungsR/*Britz* § 9 Rn. 27). Unter den Bedingungen der Wettbewerbsöffnung und Deregulierung im Energiesektor erscheint es besonders bedeutsam, diesen Zweck der gesetzlichen Regelungen hervorzuheben. Denn unter diesen Bedingungen ist die Energieversorgung von den unter Wettbewerbsbedingungen zu treffenden Entscheidungen der einzelnen Wirtschaftssubjekte abhängig. Die gesetzliche Gewährleistung von Versorgungssicherheit muss wiederum vor allem zwei Aspekte beachten. Zum einen verlangt die Versorgungssicherheit – wie auch schon die Sicherheit iSv Ungefährlichkeit der Anlagen (→ Rn. 32) – **technische Zuverlässigkeit** und **Systemstabilität** (BerlKommEnergieR/*Säcker* EnWG § 1 Rn. 14 f.) der Energieversorgung; eine mengenmäßig ausreichende Energieversorgung setzt das Vorhandensein **ausreichend dimensionierter Erzeugungs-, Transport- und Verteilungsanlagen** voraus,

Zweck und Ziele des Gesetzes §1

und vor allem verlangt eine ununterbrochene, ausfallsichere Energieversorgung eine entsprechende, auch redundante Auslegung der nötigen Anlagen (*Salje* EnWG § 1 Rn. 27). Versorgungssicherheit ist danach zum anderen auch auf einer **ökonomischen Ebene** zu gewährleisten; auf dieser Ebene wird Versorgungssicherheit vor allem verlangen, dass die nötigen Finanzmittel für die Unterhaltung von **Reservekapazitäten,** für Wartungsarbeiten, Reparaturen, Erneuerungs- und Ersatzinvestitionen bereitstehen (vgl. *Salje* EnWG § 1 Rn. 27; Leible/Lippert/Walter Sicherung Energieversorgung/*Fehling* S. 115, 130).

Dem Ziel der Energiesicherheit darüber hinaus auch das Teilziel einer **effizienten Energieversorgung** zuzuschreiben, ist jedenfalls mit der Aufnahme dieses Ziels als eines eigenständigen Gesetzesziels in § 1 Abs. 1 überholt (krit. zu dieser gesetzgeberischen Entscheidung Leible/Lippert/Walter Sicherung Energieversorgung/*Lippert* S. 1, 17, 27). 34

Auch die Frage, ob **Preisgünstigkeit als ein Teilaspekt von Versorgungssicherheit** anzusehen ist, kann offenbleiben, nachdem das Ziel einer preisgünstigen Versorgung eigenständig und damit abschließend als Gesetzeszweck (dazu → Rn. 36ff.) genannt ist (Danner/Theobald/*Theobald* EnWG § 1 Rn. 20). In der Sache erscheint das Verhältnis von (Versorgungs-)Sicherheit und Preisgünstigkeit der Energieversorgung ambivalent: Einerseits kann Preisgünstigkeit als Voraussetzung und Element von Versorgungssicherheit verstanden werden, weil der stetige Energiebezug ökonomisch nur gesichert ist, wenn er auch bezahlbar ist. Andererseits kann die Preisgünstigkeit auch mit der Sicherheit der Versorgung konfligieren, weil diese einen besonderen Kostenaufwand mit preissteigernder Wirkung verursacht (*Salje* EnWG § 1 Rn. 31). Diese Ambivalenz ist nunmehr freilich irrelevant für die Bestimmung des Gesetzeszwecks der Sicherheit, sondern als Zielkonflikt zwischen den gesondert ausgewiesenen Gesetzeszwecken der Sicherheit und der Preisgünstigkeit auszumitteln (zu Zielkonflikten in § 1 allg. → Rn. 55). 35

b) Preisgünstigkeit. Das frühere Ziel einer möglichst billigen Energieversorgung (→ Rn. 2) findet sich seit dem EnWG 1998 sprachlich etwas verändert im Gesetzeszweck der Preisgünstigkeit wieder. Unabhängig von der Frage, ob dieser Austausch der Begriffe auch eine inhaltliche Veränderung bedeutet, zielt Preisgünstigkeit jedenfalls **nicht einfach nur auf möglichst billigen Energiebezug** für die Endkunden. Vielmehr verlangt mit Blick auf diesen Gesetzeszweck ebenso auch die individuelle Leistungsfähigkeit des jeweiligen EVU wie auch die Notwendigkeit der Erhaltung von Investitionskraft und -bereitschaft und der Erzielung von angemessenen Gewinnen Beachtung (Danner/Theobald/*Theobald* EnWG § 1 Rn. 23; aA NK-EnWG/*Kment* § 1 Rn. 5). 36

Die Verwirklichung dieses Gesetzeszwecks steht in besonderer **Abhängigkeit vom Ordnungsrahmen der Energieversorgung.** Der Gesetzgeber des EnWG 1935 hatte volkswirtschaftlich schädliche Auswirkungen des Wettbewerbs vermeiden wollen und folglich die Preisgünstigkeit der in monopolistischen Strukturen erfolgenden Energieversorgung über Instrumente staatlicher Aufsicht sicherstellen müssen. Der Gesetzgeber des EnWG 1998 ging hingegen davon aus, dass die Allgemeinwohlziele, insbesondere auch das Ziel der Preisgünstigkeit der Energieversorgung sich gerade in einem wettbewerblichen System am besten realisieren lassen (BT-Drs. 13/7274, 13). Unter diesen Bedingungen sollte Preisgünstigkeit eine Versorgung zu Wettbewerbspreisen, ersatzweise zu möglichst geringen Kosten bedeuten (BT-Drs. 13/7274, 14). Mit § 1 Abs. 4 und insbesondere dessen Nr. 1 sowie mit § 1a hat der Gesetzgeber diese Annahme bekräftigt und konkretisiert. 37

§ 1
Teil 1. Allgemeine Vorschriften

38 In dem Ordnungsrahmen des EnWG 2005 wird **Preisgünstigkeit durch Wettbewerb, aber auch durch ergänzende Instrumente** sicherzustellen sein. Wettbewerb allein dürfte jedenfalls im Haushaltskunden- bzw. Kleinabnehmersegment schon deshalb keine hinreichende Gewähr bieten, weil er sich hier erst noch entwickelt; insofern erscheinen die verbraucherschützenden Vorgaben der Art. 10 ff. Elt-RL 19, Art. 3 Abs. 3 Gas-RL 09 und des EnWG (auch →Rn. 42), die etwa Preistransparenz und Erleichterung des Lieferantenwechsels anstreben, auch als ein Beitrag zur Erreichung von Preisgünstigkeit. Außerdem stellt im Bereich der Netznutzung die hoheitliche Regulierung der Netznutzungsentgelte sich als besonders bedeutsame Ausprägung der Verwirklichung dieses Gesetzeszwecks dar (Danner/Theobald/*Theobald* EnWG § 1 Rn. 22).

39 Preisgünstigkeit meint nicht **Sozialverträglichkeit**. Insbesondere rechtfertigt dieses Ziel daher nicht etwa eine Quersubventionierung zugunsten bestimmter sozial schwacher Abnehmergruppen (Danner/Theobald/*Theobald* EnWG § 1 Rn. 24).

40 **c) Verbraucherfreundlichkeit.** Die eigenständige Funktion des mit dem EnWG 2005 neu eingefügten (→ Rn. 4) weiteren Ziels der Verbraucherfreundlichkeit erschließt sich nicht ohne Weiteres (NK-EnWG/*Kment* § 1 Rn. 7; Einzelheiten bei BerlKommEnergieR/*Säcker* EnWG § 1 Rn. 20 ff.). Verbraucherfreundlichkeit lässt sich weithin als **Oberbegriff zu den anderen Zielen insbesondere der Versorgungssicherheit, Preisgünstigkeit und Umweltverträglichkeit** verstehen (so der Einwand des Bundesrates gegen die Aufnahme dieses Gesetzeszwecks in BT-Drs. 15/3917, Anlage 2, 78). Eine sichere, preisgünstige und umweltverträgliche Energieversorgung dürfte zugleich auch die Anforderungen an eine verbraucherfreundliche Versorgung weitgehend erfüllen (vgl. Danner/Theobald/*Theobald* EnWG § 1 Rn. 28; Fehling/Ruffert RegulierungsR/*Britz* § 9 Rn. 30).

41 Den Grund für die Hervorhebung der Verbraucherfreundlichkeit als Ziel des EnWG kann man in **Besonderheiten des Sektors der leitungsgebundenen Energieversorgung** sehen. Es handelt sich einerseits um einen Bereich, in dem ungeachtet der Marktunvollkommenheit, die in der Eigenschaft des Netzes als natürliches Monopol begründet ist, Wettbewerb eröffnet worden ist, was gerade auch Verbraucherinteressen gefährdet. Andererseits handelt es sich bei Energie um ein Gut, das als so bedeutsam für den Einzelnen und die Allgemeinheit angesehen wird, das es als Gegenstand staatlicher Daseinsvorsorge angesehen worden ist und heute des regulierenden, verbraucherschützenden hoheitlichen Eingriffs bedürftig angesehen wird (vgl. *Hellermann* VVDStRl 70 [2011], 366 (384); *Gundel* GewArch 2012, 137).

42 Anhaltspunkte für die **inhaltliche Konkretisierung, insbesondere die Ermittlung des eigenständigen, zusätzlichen Regelungsgehalts** dieses Gesetzeszwecks ergeben sich aus den einschlägigen unionsrechtlichen Vorgaben. Den Anstoß zur Aufnahme des Gesetzeszwecks haben Art. 3 Abs. 5 Elt-RL 03, Art. 3 Abs. 3 S. 4 Gas-RL 03, jeweils iVm Anhang A, gegeben, die den Mitgliedstaaten ua Maßnahmen in Bezug auf die Transparenz der Vertragsbedingungen, allgemeine Informationen und Streitbeilegungsverfahren sowie zur Erleichterung des Lieferantenwechsels vorgeschrieben haben. Das Dritte Richtlinienpaket der EU hat den Verbraucherschutz deutlich in den Vordergrund geschoben, und in der Folge hat insbesondere die EnWG-Novelle vom 26.7.2011 (BGBl. 2011 I S. 1554) eine Reihe zusätzlicher verbraucherschützender Bestimmungen aufgenommen (zur gewachsenen Bedeutung des Verbraucherschutzes vgl. BT-Drs. 17/6072, 46; *Salje*

Zweck und Ziele des Gesetzes **§ 1**

RdE 2011, 325 (327, 330ff.); *Kühling/Rasbach* RdE 2011, 332 (338f.); *Theobald/ Gey-Kern* EuZW 2011, 896 (897)). Mit Blick auf diesen Gesetzeszweck sind etwa die §§ 36ff. (vgl. etwa BT-Drs. 15/4068, 2, zu den Vorschriften zur Stromkennzeichnung), die Beteiligungsrechte der Verbraucherverbände sowie die §§ 111a–111c hervorzuheben.

Als Verbraucher geschützt sind im EnWG **Haushaltskunden iSv § 3 Nr. 22** **43** **und sonstige Letztverbraucher iSv § 3 Nr. 25** (näher → § 3 Rn. 58, 67). Das EnWG legt damit einen weiteren Verbraucherbegriff als § 13 BGB zugrunde und nimmt Binnendifferenzierungen vor (*Gundel* GewArch 2012, 137 (138)), an die es unterschiedlich intensive Schutzbestimmungen knüpft.

d) Effizienz. Das Ziel der Effizienz, um das § 1 Abs. 1 erst im Gesetzgebungs- **44** verfahren ergänzt worden ist (→ Rn. 4), ist aus sich heraus zunächst inhaltlich offen, da Effizienz lediglich einen möglichst geringen Aufwand zur Erreichung eines bestimmten Zieles verlangt. Auch dem Effizienzziel des § 1 Abs. 1 kann **unterschiedliche Wirkungsrichtung** beigemessen werden, je nachdem welche Zielsetzung und welcher Aufwand maßgeblich sein soll.

Die Begründung für den Vorschlag zur Einführung dieses Gesetzeszwecks stellte **45** auf Effizienz der Energieversorgung insbesondere iSv **Kosteneffizienz** ab, und zwar vor allem hinsichtlich der Energieversorgungsnetze; es sollte klargestellt werden, dass dies ebenfalls ein Zweck des – insoweit um eine Reihe von Regelungen ergänzten – EnWG sei (BT-Drs. 15/5268, 116). In diesem Verständnis gewinnt das Effizienzziel, wie vor allem auch der besondere Hinweis auf die insoweit regulierungsbedürftigen Energieversorgungsnetze belegt, eine besondere Nähe zum anderen Gesetzeszweck der Preisgünstigkeit (vgl. Danner/Theobald/*Theobald* EnWG § 1 Rn. 31; *Höch/Christ* RdE 2021, 527 (532)).

Effizienz iSv § 1 Abs. 1 kann jedoch auch als **Energieeffizienz**, also Effizienz des **46** Einsatzes von Primärenergieträgern bei der Erzeugung, beim Transport und bei der Verteilung von Energie verstanden werden (vgl. *Salje* EnWG § 1 Rn. 46). In diesem Sinne wird Effizienz etwa in Art. 3 Abs. 2 S. 1 und 3 Elt-RL 09 gefordert (s. auch Art. 2 Nr. 4 EEffiz-RL). Das gleiche Verständnis findet sich auch in der Definition von Energieeffizienzmaßnahmen in § 3 Nr. 15b sowie in §§ 14 Abs. 2, 53. In dieser Zielrichtung steht das Effizienzziel dem Umweltverträglichkeitszweck, der insbesondere auch Nachhaltigkeit und Ressourcenschonung umfasst (→ Rn. 49), nahe.

Der **mögliche Zielkonflikt zwischen Energieeffizienz und Kosteneffi- 47 zienz** stellt sich damit zunächst als interner, im Verständnis des Effizienzziels auszutragender Konflikt dar. Zugleich kann er aber auch als Konflikt zwischen den anderen Gesetzeszwecken der Preisgünstigkeit einerseits, der Umweltverträglichkeit andererseits verstanden werden.

e) Umweltverträglichkeit. Das bereits 1998 eingefügte Ziel der Umweltver- **48** träglichkeit der Energieversorgung kann sich auf **verpflichtende unions- und verfassungsrechtliche Vorgaben** stützen. Unionsrechtlich ist das Umweltschutzziel im europäischen Primärrecht (vgl. früher Art. 3 Abs. 1 lit. l iVm Art. 174ff. EG; jetzt Art. 4 Abs. 2 lit. e iVm Art. 191ff. AEUV) und konkretisierend insbesondere in den Art. 7 Abs. 2, Art. 31 Abs. 4 Elt-RL 19 festgeschrieben. Zudem ist es verfassungsrechtlich allgemein in Art. 20a GG verankert.

Der einfachgesetzlich in § 1 Abs. 1 aufgenommene Gesetzeszweck der Umwelt- **49** verträglichkeit erfährt seine **Konkretisierung** in der Definition des § 3 Nr. 33, die – bis auf die Einfügung des Oberbegriffs der Nachhaltigkeit im Hs. 1 – dem

Vorbild des § 2 Abs. 4 EnWG 1998 folgt. Umweltverträglichkeit soll danach bedeuten, dass die Energieversorgung den Erfordernissen eines nachhaltigen, insbesondere rationellen und **sparsamen Umgangs mit Energie** genügt, eine schonende und dauerhafte Nutzung von **Ressourcen** gewährleistet ist und die Umwelt möglichst wenig belastet wird; hervorgehoben wird die Bedeutung der Nutzung von Kraft-Wärme-Kopplung und erneuerbaren Energien als Instrumente zur Erreichung der vorgenannten Ziele. Die darin zum Ausdruck kommenden leitenden Prinzipien werden als Einsparungsprinzip, Nachhaltigkeitsprinzip sowie Belastungsminimierungsprinzip gekennzeichnet (*Salje* EnWG § 1 Rn. 2). Der Berücksichtigung dieser Prinzipien dienen verschiedene Regelungen des EnWG (s. dazu *Büdenbender* DVBl. 2005, 1161 (1165ff.)), so zB die Regelung über die Stromkennzeichnung (§ 42). Im Übrigen spielt für die Erreichung gerade auch der Umweltverträglichkeitsziele das spezialgesetzlich geregelte (Umwelt-)Energierecht etwa in Gestalt des KWKG, des EEG oder des Energieeinsparungsgesetzes (dazu → Rn. 15ff.) eine besondere Rolle.

50 **f) Treibhausgasneutralität.** Die – klarstellende (so BT-Drs. 20/1599, 50) – Aufnahme der Treibhausgasneutralität als weiterer Gesetzeszweck des EnWG im Jahr 2022 (→ Rn. 8) ist motiviert durch das Ziel, dass Deutschland spätestens im Jahr 2045 klimaneutral ist. Die Gesetzesbegründung weist hier insbesondere auf den Zusammenhang von **Klimaschutz, Sektorenkopplung** (insbesondere Elektromobilität und Elektrifizierung der Wärmesektors) und **Stromnetzausbau** hin. Durch die Anpassung des § 1 Abs. 1 sollen insbesondere die Prozesse der Netzbauplanung auf allen Netzebenen stärker auf das Ziel der Treibhausgasneutralität ausgerichtet werden (BT-Drs. 20/1599, 1f., 28). Durch diese Ausrichtung wird die Auslegung und Anwendung insbesondere der die Netzplanung betreffenden Vorschriften auf eine Gesamtbetrachtung verpflichtet, die jenseits der leitungsgebundenen Energieversorgung im engeren Sinne auch den Hochlauf der Elektromobilität (Ladeinfrastrukturausbau), den verstärkten Einsatz von Wärmepumpen sowie die Dekarbonisierung in Industrie, Gewerbe und Handel (insbesondere verstärkten Einsatz von Wasserstoff) einzubeziehen hat (BT-Drs. 20/1599, 28).

51 **4. Rechtliche Bedeutsamkeit und Wirkung der Gesetzeszwecke.** Aus einer isolierten Anwendung des § 1 Abs. 1 lassen sich **keine Rechtsfolgen** begründen. Die Vorschrift ist in diesem Sinne nicht unmittelbar vollziehbar (BerlKomm-EnergieR/*Säcker* EnWG § 1 Rn. 1; NK-EnWG/*Kment* § 1 Rn. 2). Dies folgt bereits aus den allgemeinen verfassungsrechtlichen Anforderungen, die der Vorbehalt des Gesetzes und das Bestimmtheitsgebot an die Präzision solcher Normen stellen, die – gerichtlich oder behördlich durchsetzbare – Pflichten begründen sollen. Die rechtliche Bedeutsamkeit dieser Norm liegt – neben der Bestimmung des Anwendungsbereichs des EnWG (→ Rn. 20ff.) – vielmehr darin, die **Auslegung und Anwendung spezieller Normen des EnWG** zu determinieren. Das gilt insbesondere für die Konkretisierung unbestimmter Rechtsbegriffe, für die Präzisierung des Zweckes, an dem sich Ermessensentscheidungen gem. § 40 VwVfG zu orientieren haben, und für die Identifizierung derjenigen öffentlichen Belange, die im Rahmen von Abwägungs- und Normsetzungsentscheidungen zu berücksichtigen sind.

52 **a) Verhältnis der Gesetzeszwecke zueinander.** Die Orientierung an den Zwecken des § 1 Abs. 1 kann die Auslegung und Anwendung energiewirtschaftsrechtlicher Normen allerdings nur in begrenztem Umfang steuern. Abgesehen von der fehlenden Präzision der einzelnen Zwecke (→ Rn. 31ff.) resultiert dies vor

allem daraus, dass das Verhältnis der verschiedenen Zwecke zueinander in § 1 Abs. 1 selbst nicht präzisiert wird. Obwohl § 1 Abs. 1 im Singular von dem „Zweck" spricht, handelt es sich nämlich bei den anschließend aufgelisteten Adjektiven, die die Qualitätsmaßstäbe und Anforderungen an die leitungsgebundene Versorgung der Allgemeinheit mit Elektrizität und Gas umschreiben, um durchaus **konkurrierende oder konfligierende Ziele** (zu Zielkomplementarität, Zielneutralität und Zielkonkurrenz s. die Hinweise bei *Salje* EnWG § 1 Rn. 48 ff.). Diese verschiedenen Ziele lassen sich nicht – harmonisierend – als ein einheitlicher Zweck begreifen, der in seiner abstrakten Umschreibung bereits die unterschiedlichen Ziele zu einem Ausgleich gebracht oder die offensichtlichen Konflikte zB zwischen einer möglichst preisgünstigen und einer möglichst umweltfreundlichen Versorgung aufgelöst hat. Auch für die Entscheidung, wie im Rahmen einzelfallbezogener Auslegungs-, Ermessens- oder Abwägungsentscheidungen die durch die „Zielpluralität" (*Salje* EnWG § 1 Rn. 51) verursachten Konflikte zu einem Ausgleich zu bringen sind, enthält § 1 Abs. 1 keine Maßstäbe.

Vor diesem Hintergrund kann § 1 Abs. 1 nur ein **Berücksichtigungs- und Optimierungsgebot** des Inhalts entnommen werden, bei der Auslegung und bei der einzelfallbezogenen Anwendung spezieller energiewirtschaftsrechtlicher Normen alle Zwecke zu berücksichtigen und dabei den Ausgleich zwischen konkurrierenden Zwecken in einer Weise vorzunehmen, dass alle Zwecke möglichst optimal erfüllt werden (zust. NK-EnWG/*Kment* § 1 Rn. 2). Dabei bleibt dem zuständigen Entscheidungsträger ein erheblicher Konkretisierungs-, Gewichtungs- und Abwägungsspielraum (dazu mwN KG Berlin Urt. v. 25.10.2018 – 2 U 18/18 EnWG Rn. 114, 133, EnWZ 2019, 76). 53

b) Auswirkungen auf die Auslegung und Anwendung spezieller Normen. Die rechtliche Bedeutung der in § 1 Abs. 1 genannten Zwecke als Auslegungs-, Ermessens- und Abwägungsdirektive scheint zunächst von dem Umstand abzuhängen, ob spezielle Normen des EnWG einen **expliziten Verweis auf § 1 Abs. 1** (§§ 2 Abs. 1, 12e Abs. 2, 17 Abs. 2, 20 Abs. 2, 21a Abs. 6 S. 2 Nr. 8, 27, 28 Abs. 2, 37 Abs. 3, 39 Abs. 1, 46 Abs. 4 S. 1) enthalten oder nicht. Allerdings kommt den ausdrücklichen Verweisen auf § 1 Abs. 1 lediglich **deklaratorische Bedeutung** zu, weil beim Vollzug des EnWG im Rahmen der Auslegung unbestimmter Rechtsbegriffe sowie bei Ermessens- oder Abwägungsnormen auch ohne einen solchen expliziten Verweis auf § 1 Abs. 1 nach allgemeinen Regeln eine Berücksichtigung der Gesetzeszwecke erforderlich ist (so auch Leible/Lippert/Walter Sicherung Energieversorgung/*Lippert* S. 1, 6). Immerhin lassen sich die expliziten Verweise auf § 1 aber als Hinweise auf die besondere Auslegungs- und Konkretisierungsbedürftigkeit verstehen, die insoweit eine Warn- und Klarstellungsfunktion für die Gesetzesanwendung erfüllen. 54

Eine Sonderrolle nehmen allerdings solche Normen ein, die zur Konkretisierung einzelner Tatbestandsmerkmale lediglich auf **einzelne** der in § 1 Abs. 1 genannten **Zwecke verweisen** (zB § 53) oder nur einen der in § 1 Abs. 1 genannten Zwecke als Tatbestandselement verwenden (zB Versorgungssicherheit in § 28a Abs. 1 Nr. 1, Umweltverträglichkeit in § 112 S. 3 Nr. 2). In diesen Fällen stellt sich insbesondere nicht die Frage, wie Konflikte zwischen den in § 1 Abs. 1 genannten Zwecken zum Ausgleich zu bringen sind. Vielmehr dient das jeweilige Ziel – gegebenenfalls iVm einer Begriffsbestimmung in § 3 – nur als vor die Klammer gezogener Begriff, dessen einheitliches Verständnis im System der einzelnen Normen des EnWG sicherzustellen ist. 55

56 Soweit die in § 1 Abs. 1 genannten Ziele insgesamt – sei es wegen eines ausdrücklichen Verweises, sei es nach allgemeinen Auslegungsregeln (→ Rn. 54) – zu berücksichtigen sind, gilt dies sowohl für die – abstrakte – **Auslegung** unbestimmter Begriffe der jeweiligen Norm als auch für die – konkrete – **Anwendung** der Norm auf den Einzelfall (exemplarisch für die Auswahl des Netzbetreibers durch Gemeinden nach § 46 Abs. 4 S. 1: KG Berlin Urt. v. 25. 10. 2018 – 2 U 18/18, EnWZ 2019, 76 Rn. 43, 61, 106; OLG Brandenburg Urt. v. 22. 8. 2017 – 6 U 1/17 Kart, EnWZ 2017, 457 Rn. 90 ff.). Bei **Ermessensentscheidungen** wird – vorbehaltlich speziellerer Ermessensdirektiven – durch § 1 Abs. 1 der Zweck konkretisiert, dem entsprechend die Behörde ihr Ermessen gem. § 40 VwVfG auszuüben hat. Bei (planerischen) **Abwägungsentscheidungen** sind die in § 1 Abs. 1 genannten Ziele als öffentliche Belange zwingend zu berücksichtigen. Bei dem **Erlass von Rechtsverordnungen** gehört § 1 Abs. 1 neben den Vorgaben der jeweiligen Verordnungsermächtigungsnorm zu den Normen, die Inhalt, Zweck und Ausmaß der Verordnungsermächtigung iSd Art. 80 Abs. 1 S. 2 GG bestimmen. Unabhängig von der – rechtstheoretischen – Tragfähigkeit der Unterscheidung zwischen Normsetzung, -auslegung und -anwendung verpflichtet § 1 Abs. 1 die zuständigen Exekutiv- und Rechtsprechungsorgane dazu, im Prozess der fortschreitenden Konkretisierung energiewirtschaftsrechtlicher Prinzipien durch Rechtsverordnungen, Verwaltungsvorschriften, Verwaltungsakte und sonstige Maßnahmen jeweils die Ziele des § 1 Abs. 1 in dem Umfang zu berücksichtigen, indem dem jeweiligen Entscheidungsträger durch höherrangige und/oder vorangegangene Konkretisierungen noch Spielräume verbleiben.

C. Ziele der Netzregulierung (Abs. 2)

I. Funktion, Verhältnis zu § 1 Abs. 1 und rechtliche Bedeutung

57 In § 1 Abs. 2 sind mit dem wirksamen und unverfälschten Wettbewerb sowie der Leistungsfähigkeit und Zuverlässigkeit des Netzbetriebs **spezielle Ziele der Regulierung der Elektrizitäts- und Gasversorgungsnetze** festgelegt. Wasserstoffnetze sind mit Bedacht vom Anwendungsbereich des § 1 Abs. 2 ausgenommen (*Elspas/Lindau/Ramsauer* N&R 2021, 258 (259)) und unterliegen nur den speziellen Regelungen der §§ 28j ff. Die Regulierungsziele des Absatzes 2 entsprechen den allgemeinen unionsrechtlichen Vorgaben, die insbesondere in Art. 9 Abs. 1 Elt-RL 19 sowie in Art. 3 Abs. 1 Gas-RL 09 niedergelegt sind, wonach die Mitgliedstaaten dafür Sorge zu tragen haben, dass die Energiemärkte **„wettbewerbsbestimmt"**, aber auch „sicher" und „unter ökologischen Aspekten nachhaltig" zu gestalten sind. Die Vorschrift betrifft nach ihrem sachlichen Anwendungsbereich (Netze) und nach dem Kreis der Vorschriften des EnWG, für die sie Bedeutung erlangen soll (Netzregulierung), nur einen Teilbereich dessen, was § 1 Abs. 1 zum Gegenstand hat. Denn § 1 Abs. 1 erfasst die leitungsgebundene Energieversorgung insgesamt und beansprucht bei der Auslegung, Anwendung etc (→ Rn. 54 ff.) aller Normen des EnWG Berücksichtigung.

58 Dennoch steht **§ 1 Abs. 2 zu § 1 Abs. 1 nicht** in einem **Verhältnis der Spezialität** in dem Sinne, dass im Bereich der Netzregulierung die Ziele des § 1 Abs. 1 durch diejenigen des § 1 Abs. 2 verdrängt würden. Vielmehr treten die **Ziele des § 1 Abs. 2 ergänzend** zu denen des § 1 Abs. 1 hinzu (so auch die Begr. in BT-Drs. 15/3917, 47). In der Sache bedeutet dies, dass die Netzregulierung neben der

Zweck und Ziele des Gesetzes § 1

Sicherheit, Preisgünstigkeit, Verbraucherfreundlichkeit, Effizienz, Umweltverträglichkeit und Treibhausgasneutralität der leitungsgebundenen Energieversorgung insgesamt auch dem wirksamen und unverfälschten Wettbewerb und einem leistungsfähigen und zuverlässigen Netzbetrieb dienen soll. Konflikte zwischen den in § 1 Abs. 2 genannten Zielen der Netzregulierung einerseits und den in § 1 Abs. 1 genannten Zielen des gesamten Energiewirtschaftsgesetzes andererseits sind durch das systematische Verhältnis der beiden Absätze nicht entschieden und müssen im Rahmen der Anwendung der jeweiligen speziellen energiewirtschaftsrechtlichen Norm gelöst werden. Insbesondere gilt **kein allgemeiner Vorrang marktwirtschaftlicher Instrumente** (so aber BerlKommEnergieR/*Säcker* § 1 Rn. 66). Umgekehrt ist es offensichtlich nicht die Funktion des § 1 Abs. 2, die Relevanz des Wettbewerbsziels oder die Ziele eines leistungsfähigen und zuverlässigen Netzbetriebs auf die Vorschriften zur Netzregulierung zu beschränken. Vielmehr sollte die besondere Bedeutung hervorgehoben werden, die diesen Zielen „insbesondere" für die Regulierung der Netze zukommt (so ausdrücklich BT-Drs. 15/3917, 48).

II. Regulierung der Elektrizitäts- und Gasversorgungsnetze

Die in § 1 Abs. 2 benannten Ziele gelten nach dem Wortlaut der Norm nur für 59 Energieversorgungsnetze iSd § 3 Nr. 16, die der Versorgung der Allgemeinheit dienen, und sind nur im Rahmen der Auslegung und Anwendung derjenigen Normen zu berücksichtigen, die als „Regulierung" angesprochen werden. § 1 Abs. 2 nimmt damit zunächst die Gesamtheit der **Vorschriften des Teils 3** (§§ 11–35) in Bezug, die der Gesetzgeber der Überschrift „Regulierung des Netzbetriebs" zugeordnet hat (beispielhaft *Säcker/Meinzenbach* RdE 2009, 1ff.). Darüber hinaus gehören auch die Vorschriften des Teils 2 über die **Entflechtung** (§§ 6ff.) zur Regulierung der Elektrizitäts- und Gasversorgungsnetze iSd § 1 Abs. 2. Dafür spricht neben der amtlichen Begründung (BT-Drs. 15/3917, 47) die bekannte Funktion der Entflechtungsregelungen, die in einer Flankierung der Netzzugangsregeln liegt. Unabhängig davon wird in § 6 Abs. 1 nochmals ausdrücklich hervorgehoben, dass die Entflechtungsregeln dem Ziel der Gewährleistung von Transparenz sowie diskriminierungsfreier Ausgestaltung und Abwicklung des Netzbetriebs dienen. Da diese (Unter-)Ziele offensichtlich im Dienste eines wirksamen und unverfälschten Wettbewerbs stehen, dürfte kein Zweifel daran bestehen, dass auch bei der Auslegung und Anwendung der Entflechtungsregeln das (Ober-)Ziel des Wettbewerbs bei der Versorgung mit Elektrizität und Gas zu berücksichtigen ist. Schließlich sind die in § 1 Abs. 2 genannten Ziele – neben denjenigen des § 1 Abs. 1 – auch bei der Auslegung und Anwendung von **Vorschriften außerhalb des 2. und 3. Teils** zu berücksichtigen, sofern ihnen Wettbewerbsrelevanz zukommt. Denn die besondere Betonung der netzspezifischen Regulierungsziele hat nicht die Funktion, die Berücksichtigung dieser Ziele im Rahmen anderer wettbewerbs- oder versorgungssicherheitsrelevanter Normen auszuschließen (→ Rn. 58).

Das Gesetz zur Neuregelung energiewirtschaftsrechtlicher Vorschriften vom 60 26.7.2011 (BGBl. 2011 I S. 1554) hat eine beträchtliche **Verschärfung und Erweiterung des Regulierungsregimes** des EnWG bewirkt. Insbesondere sind die Entflechtungsvorgaben für Transportnetzbetreiber erheblich ausgebaut (§§ 8ff.) und die bisherigen Regulierungsinstrumente der Zugangs-, Entgelt- und Separierungsregulierung um die weitere Dimension der **Netzplanung** (§§ 12aff.) ergänzt worden (*Kühling/Rasbach* RdE 2011, 332 (333)). Dabei ist zu berücksichtigen, dass dem neuen Instrumentarium der Netzbedarfsplanung eine Doppelfunktion als Regulierungs- und Planungsinstrument zukommt (dazu *Franke* FS Salje, 2013, 121 (126 ff.)), so dass es trotz seiner (auch) raumbezogenen Planungsfunktion zu dem Regulierungsrecht gehört, das in der Reichweite und im Anwendungsbereich des § 1 Abs. 2 liegt.

III. Wettbewerb

61 Mit der ausdrücklichen Betonung, dass die Regulierung der Energieversorgungsnetze dem Ziel der Sicherstellung eines wirksamen und unverfälschten Wettbewerbs bei der Versorgung mit Elektrizität und Gas auf den vor- und nachgelagerten Marktstufen dient (BT-Drs. 15/3917, 47 f.), zieht der Gesetzgeber die Konsequenzen aus ökonomischen, rechtswissenschaftlichen und staatstheoretischen Erkenntnissen zur **Sonderstellung von (Infrastruktur-)Netzen** (s. dazu nur *Hermes* Infrastrukturverantwortung S. 256 ff.; *Kühling* Netzwirtschaften S. 11 ff.; *Schneider* Liberalisierung S. 128 ff. jew. mwN). Jenseits vielfacher Differenzierungen lassen sich diese Erkenntnisse dahin zusammenfassen, dass die Ausstattung mit funktionsfähigen und flächendeckenden Energieversorgungsnetzen zu den Basisfaktoren funktionierender arbeitsteiliger Volkswirtschaften gehört, dass es sich bei diesen Netzen um natürliche Monopole handelt und dass Wettbewerb auf den Ebenen der Energieerzeugung und des Handels nur dann funktionieren kann, wenn der gleichberechtigte Zugang von Erzeugern und Verbrauchern zu wettbewerbsneutral betriebenen Übertragungs- und Verteilungsnetzen sichergestellt ist. Solange die Energieversorgungsnetze nicht vom Staat oder einer sonstigen unabhängigen und neutralen Institution betrieben werden, ist diese **„dienende Funktion" der Netze** für den Wettbewerb (so BVerwG Urt. v. 29.9.2011 – 6 C 17.10, N&R 2012, 33 (35), für das Schienennetz) angesichts von Verflechtungen zwischen Unternehmen verschiedener Marktstufen nur durch intensive Regulierung (Entflechtung, Netzanschluss, Netzzugang) zu erfüllen.

IV. Sicherung funktionsfähiger Energieversorgungsnetze

62 Indem der Gesetzgeber in § 1 Abs. 2 das Ziel der Sicherung eines langfristig angelegten leistungsfähigen und zuverlässigen Betriebs der Energieversorgungsnetze besonders hervorhebt, reagiert der Gesetzgeber vor allem auf die Erkenntnis, dass für ein Unternehmen, das als **Monopolist** ein **Energieversorgungsnetz** betreibt, keine Marktanreize existieren, dieses Netz dem langfristig prognostizierbaren Bedarf entsprechend zu unterhalten und auszubauen. Dieses „Marktversagen" kann nur durch Regulierungsinstrumente kompensiert werden.

63 Ziel dieser Netzregulierung muss es zum einen sein, den Bedarf an Transportkapazitäten durch die Unterhaltung und einen nachfragegerechten Ausbau der Netze zu decken **(Leistungsfähigkeit).** Zum anderen ist durch Unterhaltungs- und Ausbaumaßnahmen sicherzustellen, dass Energieversorgungsnetze in qualitativer und quantitativer Hinsicht auf Belastungsspitzen, technische Störungen, partielle Netzausfälle und ähnliche Ereignisse ausgelegt sind, damit das Risiko von Versorgungsunterbrechungen minimiert wird **(Zuverlässigkeit).** Beide Ziele können angesichts beachtlicher Umsetzungszeiträume nur erreicht werden, wenn die erforderlichen Netzmaßnahmen **langfristig angelegt** sind. Maßstab kann deshalb nicht der aktuelle, sondern muss der prognostizierbare zukünftige Bedarf sein, der einerseits anhand der von den (potentiellen) Netznutzern nachgefragten Kapazitäten und

Zweck und Ziele des Gesetzes **§ 1**

andererseits auf der Grundlage (raum-)planerischer Rahmendaten und weiterer fachplanerischer Vorgaben (Einzelheiten bei Schneider/Theobald EnergieWirtschaftsR-HdB/*Hermes* § 8 Rn. 2 ff.) zu ermitteln ist.

D. Umsetzung und Durchführung des europäischen Gemeinschaftsrechts (Abs. 3)

In § 1 Abs. 3 wird „klargestellt" (so ausdrücklich BT-Drs. 15/3917, 48), dass das **64** Gesetz auch der Umsetzung und Durchführung des Gemeinschaftsrechts auf dem Gebiet der leitungsgebundenen Energieversorgung dient. In der Gesetzesbegründung wird in diesem Zusammenhang außerdem hervorgehoben, dass zwingende gemeinschaftsrechtliche Vorgaben „bei der Auslegung der Vorschriften des Gesetzes zu berücksichtigen" sind (BT-Drs. 15/3917, 48). Auf diese Weise hebt das Gesetz an prominenter Stelle den offensichtlichen Umstand hervor, dass die Neufassung des Energiewirtschaftsgesetzes aus dem Jahr 2005 in erheblichem Umfang durch die Elt-RL 03 und die Gas-RL 03 determiniert war, und erinnert die diesem Gesetz unterworfenen Unternehmen, Behörden, Gerichte wie auch alle sonstigen Rechtsanwender daran, dass in Zweifelsfällen die Notwendigkeit einer unionsrechts- und insbesondere **richtlinienkonformen Auslegung** in Betracht zu ziehen ist.

§ 1 Abs. 3 enthält keine Bezugnahme auf spezielle Richtlinien. Es beansprucht **65** deshalb Geltung für die **Umsetzung und Durchführung aktuellen und auch zukünftigen Sekundärrechts,** gegebenenfalls nach entsprechender Änderung oder Ergänzung des Energiewirtschaftsgesetzes. Dabei beschränkt sich die Umsetzungsfunktion der Änderungen des EnWG nicht immer auf die in den amtlichen Fußnoten angegebenen Richtlinien. So setzen etwa einzelne Bestimmungen des EnWG auch Vorgaben der EDL-RL oder der EffizRL, um. Hinzu kommen ergänzende Vorschriften zu Verordnungen, die zB die innerstaatlichen Zuständigkeiten für den Vollzug dieses unmittelbar anwendbaren sekundären Unionsrechts regeln (zB §§ 54a, 56).

E. Zielbestimmungen für die Elektrizitätsversorgung (Abs. 4)

In Abs. 4 hat die Gesetzgebung des Jahres 2016 versucht, eine Antwort auf die **66** Frage zu geben, wie unter den Bedingungen des **Atomausstiegs,** eines rasant steigenden Anteils **erneuerbarer Energien** und einer zumindest allmählich sich verstärkenden **Einbindung in einen europäischen Elektrizitätsmarkt** die Sicherheit und Zuverlässigkeit der Elektrizitätsversorgung mit den Mitteln des Marktes, aber unter Berücksichtigung der Besonderheiten des Elektrizitätsmarktes gewährleistet werden kann (BT-Drs. 18/7317, 53; *Lange* WuW 2017, 434 ff.; *Stelter/Ipsen* EnWZ 2016, 483 (484)). Da unter den genannten Rahmenbedingungen der Betrieb konventioneller Kraftwerke (als Garanten der Versorgungssicherheit) unwirtschaftlich geworden war oder zu werden drohte und als Abhilfe das Modell sog. Kapazitätsmärkte (dazu nur *Monopolkommission*, Ein wettbewerbliches Marktdesign für die Energiewende, 2015, S. 115 ff.) zur Diskussion stand, ist Abs. 4 auch zu lesen als **Absage an ein Kapazitätsmarktmodell** und als das auf die Kräfte des Marktes vertrauende **Bekenntnis zur Leistungsfähigkeit des Elektrizitätsmarktes** un-

§ 1 Teil 1. Allgemeine Vorschriften

ter Berücksichtigung seiner Besonderheiten (insbesondere Abs. 4 Nr. 3). „Durch den zusätzlichen Ausbau der erneuerbaren Energien sinkt der Bedarf an konventionellen Grund- und Mittellastkraftwerken, während der Bedarf an Spitzenlastkraftwerken und anderen regelbaren Kraftwerken sowie flexiblen Nachfragern und anderen Flexibilitätsoptionen steigt. Diese können bei einem wachsenden Anteil der Stromerzeugung aus erneuerbaren Energien die Stromnachfrage decken. Gleichzeitig entwickelt sich der Strommarkt zu einem insgesamt effizienten Stromsystem weiter, in dem flexible Erzeuger, flexible Verbraucher und Speicher zunehmend auf das fluktuierende Dargebot aus Wind und Sonne reagieren" (BT-Drs. 18/7317, 53).

67 Die vier in Abs. 4 genannten Zielbestimmungen sollen dazu dienen, die **Zwecke des § 1 Abs. 1 zu erreichen**. Sie beruhen auf der Grundsatzentscheidung für einen weiterentwickelten Strommarkt („Strommarkt 2.0"), auf der Absicherung des Strommarktes durch Einführung einer Kapazitätsreserve an Stelle eines Kapazitätsmarktes sowie auf der zunehmenden Integration der europäischen Strommärkte (BT-Drs. 18/7317, 75). Allerdings erreicht die Konkretisierung der Zwecke des Abs. 1 durch die Ziele des Abs. 4 nicht ein Maß, das eine unmittelbare Anwendbarkeit im Sinne der Ableitung von Rechtsfolgen direkt und allein aus § 1 Abs. 4 erlauben würde. Insofern teilen die Ziele des Absatzes die Funktion der Zwecke des Abs. 1, die **Auslegung und Anwendung speziellerer EnWG-Normen** anzuleiten (→ Rn. 24 ff.; so auch BerlKommEnergieR/*Säcker* EnWG § 1 Rn. 81). Daneben ging es dem Gesetzgeber in § 1 Abs. 4 offenbar auch darum, **„Signale" an die Akteure der Elektrizitätswirtschaft** zu senden (so explizit BT-Drs. 18/7317, 75).

68 Mit der ersten Zielbestimmung in **Abs. 4 Nr. 1 (freie Preisbildung** durch **wettbewerbliche Marktmechanismen)** will der Gesetzgeber die Notwendigkeit der „langfristig wettbewerblichen und damit freien Strompreisbildung sowie die Stärkung der Preissignale an den Strommärkten für Erzeuger und Verbraucher" hervorheben. Insbesondere sollen auftretende Preisspitzen in Kauf genommen werden, weil sie „zusätzliche Deckungsbeiträge und damit die Refinanzierung auch für selten eingesetzte konventionelle Stromerzeugungskapazitäten" ermöglichen und so ausreichende Investitionen in neue Anlagen anreizen können (krit. dazu *Stelter/ Ipsen* EnWZ 2016, 483 (484)). Außerdem sollen sie den Anreiz für Bilanzkreisverantwortliche steigern, „sich insbesondere über (langfristige) Lieferverträge und Optionsverträge abzusichern" (BT-Drs. 18/7317, 75).

69 Die zweite Zielsetzung (**Abs. 4 Nr. 2:** marktbasierter **Ausgleich von Angebot und Nachfrage**) soll über die Selbstverständlichkeit, dass in einem funktionierenden Elektrizitätsversorgungssystem zur Gewährleistung der Versorgungssicherheit Angebot und Nachfrage jederzeit ausgeglichen sein müssen, hinaus hervorheben, dass dieser Ausgleich mit marktlichen Instrumenten gewährleistet werden soll. Die Vorhaltefunktion des Strommarktes (ausreichende Kapazitäten im Markt) soll durch angepasste Regelungen des Bilanzkreis- und Ausgleichsenergiesystems sowie durch die Einführung einer Kapazitätsreserve gewährleistet werden (BT-Drs. 18/7317, 76).

70 Die dritte Zielbestimmung in **Abs. 4 Nr. 3** betrifft den umweltverträglichen, netzverträglichen, effizienten und flexiblen **Einsatz von Erzeugungs- und Speicheranlagen sowie von Lasten** und zielt auf die Ausgestaltung der „Einsatzfunktion des Strommarktes". Bestehende Flexibilitätsoptionen sowohl auf Angebots- als auch auf Nachfrageseite sollen künftig verstärkt genutzt werden, „um die Synchronisation von Erzeugung und Verbrauch möglichst sicher, kosteneffizient und umweltverträglich zu gewährleisten" (BT-Drs. 18/7317, 76).

Grundsätze des Strommarktes §1a

Schließlich legt **Abs. 4 Nr. 4** das Ziel fest, den **Elektrizitätsbinnenmarkt** sowie die **Zusammenarbeit insbesondere mit angrenzenden Staaten** – auch soweit diese nicht Mitglied der EU sind oder Leitungsverbindungen über die Ostsee existieren (Schweiz, Norwegen, Schweden) – zu stärken. Im Kontext des § 1 Abs. 4 ist der Hinweis auf den Elektrizitätsbinnenmarkt als Betonung seiner positiven Effekte für eine kosteneffiziente Gewährleistung der Versorgungssicherheit zu verstehen. Dieselbe Funktion kommt dem Ziel der verstärkten Zusammenarbeit mit den angrenzenden Staaten zu. Mögliche Synergien durch ein höheres Maß an Vernetzung und Marktkopplung sollen genutzt werden (BT-Drs. 18/7317, 76, wo auch auf die Erklärung zu regionaler Kooperation zur Gewährleistung von Versorgungssicherheit im Elektrizitätsbinnenmarkt vom 8.6.2015 hingewiesen wird). 71

§ 1a Grundsätze des Strommarktes

(1) ¹**Der Preis für Elektrizität bildet sich nach wettbewerblichen Grundsätzen frei am Markt.** ²**Die Höhe der Preise für Elektrizität am Großhandelsmarkt wird regulatorisch nicht beschränkt.**

(2) ¹**Das Bilanzkreis- und Ausgleichsenergiesystem hat eine zentrale Bedeutung für die Gewährleistung der Elektrizitätsversorgungssicherheit.** ²**Daher sollen die Bilanzkreistreue der Bilanzkreisverantwortlichen und eine ordnungsgemäße Bewirtschaftung der Bilanzkreise sichergestellt werden.**

(3) ¹**Es soll insbesondere auf eine Flexibilisierung von Angebot und Nachfrage hingewirkt werden.** ²**Ein Wettbewerb zwischen effizienten und flexiblen Erzeugungsanlagen, Anlagen zur Speicherung elektrischer Energie und Lasten, eine effiziente Kopplung des Wärme- und des Verkehrssektors mit dem Elektrizitätssektor sowie die Integration der Ladeinfrastruktur für Elektromobile in das Elektrizitätsversorgungssystem sollen die Kosten der Energieversorgung verringern, die Transformation zu einem umweltverträglichen, zuverlässigen und bezahlbaren Energieversorgungssystem ermöglichen und die Versorgungssicherheit gewährleisten.**

(4) **Elektrizitätsversorgungsnetze sollen bedarfsgerecht unter Berücksichtigung des Ausbaus der Stromerzeugung aus erneuerbaren Energien nach § 4 des Erneuerbare-Energien-Gesetzes, der Versorgungssicherheit sowie volkswirtschaftlicher Effizienz ausgebaut werden.**

(5) **Die Transparenz am Strommarkt soll erhöht werden.**

(6) ¹**Als Beitrag zur Verwirklichung des Elektrizitätsbinnenmarktes sollen eine stärkere Einbindung des Strommarktes in die europäischen Strommärkte und eine stärkere Angleichung der Rahmenbedingungen in den europäischen Strommärkten, insbesondere mit den an das Gebiet der Bundesrepublik Deutschland angrenzenden Staaten sowie dem Königreich Norwegen und dem Königreich Schweden, angestrebt werden.** ²**Es sollen die notwendigen Verbindungsleitungen ausgebaut, die Marktkopplung und der grenzüberschreitende Stromhandel gestärkt sowie die Regelenergiemärkte und die vortägigen und untertägigen Spotmärkte stärker integriert werden.**

§ 1a Teil 1. Allgemeine Vorschriften

Literatur: *Ahnis/Bollmann,* Marktchancen für erneuerbare Gase – Netzbetreiber als Betreiber „netzdienlicher" Power-to-Gas-Anlagen, IR 2019, 173; *Kirschnick/Krappitz,* Kernpunkte des Strommarktes 2.0 für Vertrieb, Erzeuger und Netzbetreiber, IR 2016, 266; *Stelter/Ipsen,* Das Gesetz zur Weiterentwicklung des Strommarktes (Strommarktgesetz), EnWZ 2016, 483; vgl. auch die Hinweise zu § 1.

A. Entstehung, Funktion und rechtliche Wirkung

1   § 1a wurde durch das **Strommarktgesetz** vom 26.7.2016 (BGBl. 2016 I S. 1786) eingeführt (Überblick bei *Stelter/Ipsen* EnWZ 2016, 483ff.). Hiermit bezweckte der Gesetzgeber, die Grundlage für die Stilllegung von Braunkohlekraftwerken zu schaffen, hinsichtlich der Elektromobilität die RL 2014/94/EU umzusetzen und insbesondere den Stromsektor so zu regulieren, dass ausreichende Kapazitäten vorgehalten werden und bei Bedarf in erforderlicher Menge eingesetzt werden können (BT-Drs. 18/7317, 53). Durch Art. 3 des Gesetzes zur Änderung der Bestimmungen zur Stromerzeugung aus Kraft-Wärme-Kopplung und zur Eigenversorgung wurde eine redaktionelle Anpassung in Folge der Änderung des EEG in Abs. 4 vorgenommen (BGBl. 2016 I S. 3106).

2   Mit § 1a wurde das Normprogramm zur Weiterentwicklung des Strommarktes gesetzlich verankert. Hierzu werden die Grundsätze des Strommarktes sowie der leitungsgebundenen Versorgung mit Elektrizität festgelegt, die Rahmenbedingungen für die Marktteilnehmer setzen und hierdurch die **Planungs- und Investitionssicherheit** erhöhen sollen (BT-Drs. 18/7317, 76). Zudem wird durch die neu geschaffene Norm die Grundsatzentscheidung für den **„Strommarkt 2.0"** anstelle eines Kapazitätsmarktes umgesetzt (umfassend zum Strommarkt 2.0 BMWi, Ein Strommarkt für die Energiewende (Weißbuch), 2015, S. 32ff.). Hierfür wurden die einzelnen Grundsätze wie beispielsweise die wettbewerbliche Preisbildung (Abs. 1), die Flexibilisierung von Angebot und Nachfrage (Abs. 3) sowie die Transparenz des Strommarktes (Abs. 6) jeweils in eigenen Absätzen geregelt (→ Rn. 4ff.).

3   Die Grundsätze des § 1a konkretisieren die durch § 1 Abs. 2 und 4 vorgegebenen Ziele und werden ihrerseits durch weitere Vorschriften des EnWG konkretisiert (vgl. BerlKommEnergieR/*Säcker* EnWG § 1a Rn. 1; BeckOK EnWG/*Winkler* § 1a Rn. 3). Nach ihrer **rechtlichen Wirkung** handelt es sich bei den Grundsätzen nicht um vollzugsfähige Regeln, sondern um **Leitlinien,** die bei der Auslegung und Anwendung der Vorschriften des EnWG zu berücksichtigen sind. Diese **Berücksichtigung** bedeutet, dass die Grundsätze neben anderen – teilweise ebenfalls in § 1a normierten – Grundsätzen in einer Art und Weise in die Entscheidungsfindung einfließen, dass sie das Ergebnis insbesondere unter Berücksichtigung anderer und möglicherweise widersprechender Gesichtspunkte nicht determinieren können, aber auch nicht unberücksichtigt bleiben dürfen. In Ermangelung einer normierten Rangfolge der Grundsätze des § 1a ist von einer grundsätzlichen **Gleichrangigkeit** derselben auszugehen (BerlKommEnergieR/*Säcker* EnWG § 1a Rn. 3).

B. Grundsätze des Strommarktes

I. Wettbewerbliche Preisbildung (Abs. 1)

Als ersten Grundsatz des Strommarktes setzt Abs. 1 S. 1 die freie Preisbildung am 4
Markt nach den wettbewerblichen Grundsätzen von Angebot und Nachfrage fest.
Hierdurch wird die Zielbestimmung nach § 1 Abs. 4 Nr. 1 EnWG umgesetzt
(BT-Drs. 18/7317, 76; zu den Zielbestimmungen des § 1 Abs. 4 → § 1 Rn. 66 ff.).
Zudem befördert der Gesetzgeber damit die Planungs- und Investitionssicherheit
für EVU und Stromgroßhändler (BT-Drs. 18/7317, 76; BMWi, Ein Strommarkt
für die Energiewende (Weißbuch), 2015, S. 41; → Rn. 3). Gemäß Abs. 1 S. 2 wird
die **Preishöhe** am Großhandelsmarkt **nicht regulatorisch beschränkt**. Die
Gesetzesbegründung stellt insoweit klar, dass die „von den Börsen für den vortägigen oder untertägigen Spotmarkthandel festgelegten technischen Maximalpreise"
(BT-Drs. 18/7317, 76) hiervon unberührt bleiben, so dass auch **Preisspitzen nicht ausgeschlossen** werden, da diese auch Anreizwirkung entfalten können (BMWi,
Ein Strommarkt für die Energiewende (Weißbuch), 2015, S. 41; Theobald/Kühling/*Theobald* EnWG § 1a Rn. 3). Es soll damit ein **Signal an Investoren** gesendet
werden, dass die Strompreise an den Börsen und im außerbörslichen Handel nicht
regulatorisch beschränkt werden sollen.

II. Bilanzkreis- und Ausgleichsenergiesystem (Abs. 2)

Abs. 2 S. 1 hebt die zentrale Bedeutung des Bilanzkreis- und Ausgleichsenergie- 5
system für die Gewährleistung der Versorgungssicherheit hervor. Mittels dieses
Grundsatzes soll die Synchronisierungsaufgabe des Strommarktes 2.0 in Form eines
Gleichlaufs zwischen Einspeisung und Entnahme aus dem Stromnetz umgesetzt
werden (BT-Drs. 18/7073, 76; BMWi, Ein Strommarkt für die Energiewende
(Weißbuch), 2015, S. 52). Dies erfordert die **Bilanzkreispflicht** aller Erzeuger und
Verbraucher sowie die **Bilanzkreistreue**, auf der Grundlage von Prognosen ausgeglichene Fahrpläne anzumelden (zum Bilanzkreissystem BeckOK EnWG/*Winkler* § 1a Rn. 8; NK-EnWG/*Kment* § 1a Rn. 5). Aufgrund dieser Bedeutung soll die
Bilanzkreistreue der Bilanzkreisverantwortlichen und eine ordnungsgemäße Bewirtschaftung der Bilanzkreise gem. S. 2 sichergestellt werden. Einher mit der Einfügung
des Grundsatzes des Abs. 2 gingen die Änderungen in § 13 Abs. 5 (→ § 13 Rn. 412 ff.)
sowie der StromNZV (dazu *Stelter/Ipsen* EnWZ 2016, 483 (484 f.)). Auch Abs. 2 setzt
in Gestalt der Ermöglichung des Ausgleiches von Angebot und Nachfrage nach
Elektrizität an den Märkten ein Gesetzesziel aus § 1 Abs. 4 um (Nr. 2).

III. Flexibilisierung von Angebot und Nachfrage (Abs. 3)

Gemäß § 1a Abs. 3 S. 1 soll auf eine **Flexibilisierung** nicht nur des Angebotes, 6
sondern auch der Nachfrage hingewirkt werden. Dies umfasst insbesondere die
Überprüfung künftiger Maßnahmen darauf, ob diese der Flexibilisierung entgegenstehen (BT-Drs. 18/7073, 77). Die Flexibilisierung der **Nachfrageseite**
kann hierbei insbesondere durch die Errichtung individueller Netzspeicher nach
§ 26a StromNZV gefördert werden (BerlKommEnergieR/*Säcker* EnWG § 1a
Rn. 8). Eine Minimierung der Kosten und die Transformation der Energieversorgung hin zur Umweltverträglichkeit sollen ebenso wie die Gewährleistung der Ver-

§ 1a   Teil 1. Allgemeine Vorschriften

sorgungssicherheit durch einen Wettbewerb zwischen Erzeugungsanlagen, Anlagen zur Speicherung elektrischer Energie und Lasten, eine effiziente Kopplung von Wärme- und Verkehrssektor sowie durch die Integration der Ladeinfrastruktur in das Elektrizitätsversorgungssystem erreicht werden (Abs. 3 S. 2). Auf diese Weise werden erstmals die spezifischen Anforderungen der **Sektorkopplung** an den Elektrizitätsmarkt explizit im EnWG adressiert (zur Bedeutung für Power-to-Gas-Anlagen *Ahnis/Bollmann* IR 2019, 173 (17)). Um das Ziel einer umweltverträglichen Mobilität zu erreichen und zugleich das Potential der Elektromobilität für eine Flexibilisierung der Nachfrage zu nutzen, soll eine flächendeckende bedarfsgerechte **Ladeinfrastruktur** geschaffen werden, die eine verstärkte Integration in das Elektrizitätsversorgungssystem erfordert (BT-Drs. 18/7073, 77), wie sie § 3 Nr. 25 vornimmt, der den Strombezug von Ladepunkten Letztverbrauchern gleichstellt (→ § 3 Rn. 67). Auch durch Abs. 3 wird ein Ziel des EnWG aus § 1 Abs. 4 umgesetzt (Nr. 3).

IV. Bedarfsgerechter Stromnetzausbau (Abs. 4)

7   Die Elektrizitätsversorgungsnetze sollen nach Abs. 4 **bedarfsgerecht** ausgebaut werden. Hierbei soll insbesondere der Ausbau der Stromerzeugung aus erneuerbaren Energien nach § 4 EEG, die Versorgungssicherheit und vor allem die volkswirtschaftliche Effizienz berücksichtigt werden. Der Gesetzgeber wollte mit Abs. 4 vor allem den **Grundsatz der Kosteneffizienz** speziell für den Netzausbau normieren, um den Netzbetreibern einen Anreiz für die „letzte Kilowattstunde" zu ersparen, so dass sie beispielsweise Erneuerbare-Energien-Anlagen abregeln und Spitzenkappungen vornehmen (s. § 11 Abs. 2; BT-Drs. 18/7073, 77; *Kirschnik/Krappitz* IR 2016, 266 (269)) und ihre Netze dementsprechend auslegen können (*Stelter/Ipsen* EnWZ 2016, 483 (488)).

V. Transparenz (Abs. 5)

8   Als weiteren Grundsatz sieht § 1a Abs. 5 die Erhöhung der **Transparenz** im Strommarkt insgesamt vor (so bereits BMWi, Ein Strommarkt für die Energiewende (Weißbuch), 2015, S. 78). Der Umsetzung des Transparenzgedankens für das gesamte EnWG dient die Einrichtung einer nationalen **Informationsplattform** sowie eines **Marktstammdatenregisters** nach den §§ 111 d ff., die durch das gleiche Gesetz eingefügt wurden (BT-Drs. 18/7073, 77). Durch das Informationsportal sollen anwenderorientiert relevante Strommarktdaten zur Verfügung gestellt werden, während das Marktdatenstammregister vornehmlich der Vereinfachung von Meldeprozessen dient (→ § 111 d Rn. 3 ff., → § 111 e Rn. 4 ff.).

VI. Einbindung in die europäischen Strommärkte (Abs. 6)

9   Zuletzt sieht Abs. 6 eine verstärkte Einbindung des Strommarktes in die europäischen Strommärkte und eine stärkere Angleichung der Rahmenbedingungen in den europäischen Strommärkten vor, um zur Verwirklichung des **Elektrizitätsbinnenmarktes** beizutragen. Der Grundsatz des Abs. 6 S. 1 dient der Umsetzung des Zieles aus § 1 Abs. 4 Nr. 4 EnWG (→ § 1 Rn. 71). Hierbei hat der Gesetzgeber den Fokus vornehmlich auf die angrenzenden Staaten sowie Norwegen und Schweden gelegt und bezweckt unter anderem die Umsetzung der „**Joint Declaration** for Regional Cooperation on Security of Electricity Supply in the Frame-

Aufgaben der Energieversorgungsunternehmen § 2

work of the Internal Energy Market" vom 8.6.2015 (BT-Drs. 18/7073, 77). Zur Umsetzung dessen sieht S. 2 verschiedene **Maßnahmen** wie den Ausbau von Verbindungsleitungen, die Stärkung der Marktkopplung und des grenzüberschreitenden Stromhandels sowie die verstärkte Integration der Regelenergiemärkte und der vortägigen und untertägigen Spotmärkte vor. Unter **Marktkopplung** sind die vortägigen sowie die untertägigen Verfahren zu verstehen, bei welchen die gesammelten Aufträge miteinander abgeglichen und gleichzeitig zonenübergreifende Kapazitäten für verschiedene Gebotszonen auf dem vortägigen oder untertägigen Markt vergeben werden (BT-Drs. 18/7073, 77).

§ 2 Aufgaben der Energieversorgungsunternehmen

(1) **Energieversorgungsunternehmen sind im Rahmen der Vorschriften dieses Gesetzes zu einer Versorgung im Sinne des § 1 verpflichtet.**

(2) **Die Verpflichtungen nach dem Erneuerbare-Energien-Gesetz und nach dem Kraft-Wärme-Kopplungsgesetz bleiben vorbehaltlich des § 13, auch in Verbindung mit § 14, unberührt.**

Literatur: *Büdenbender,* Umweltschutz in der Novelle des Energiewirtschaftsgesetzes, DVBl. 2005, 1161.

A. Allgemeines

I. Inhalt und Zweck

Die Bestimmung stellt eine grundsätzliche, allgemeine Regelung der **Pflichten-** 1 **stellung der EVU im Hinblick auf das EnWG einerseits, EEG und KWKG anderseits** dar. § 2 Abs. 1 enthält ihre Verpflichtung zu einer Versorgung nach § 1, allerdings unter dem Vorbehalt der näheren Regelung in weiteren Vorschriften des EnWG. § 2 Abs. 2 betont den grundsätzliche, nur durch § 13 modifizierte Bindung an die Verpflichtungen nach EEG und KWKG und regelt insoweit das Verhältnis zu Regelungen des Sonderenergierechts (→ § 1 Rn. 15ff.).

Der Bestimmung kommt im Wesentlichen **deklaratorische und allenfalls** 2 **klarstellende Funktion** zu. Nach der Begründung des Gesetzentwurfs (vgl. BT-Drs. 15/3917, 48) soll namentlich in § 2 Abs. 1 die wirtschaftliche Eigenverantwortung der EVU besonders betont werden. Das ist der Bestimmung kaum, allenfalls in dem Vorbehalt zugunsten der weiteren Vorschriften des Gesetzes zu entnehmen. Vielmehr geht es dem Regelungsgehalt des § 2 Abs. 1 eher darum, vor dem Hintergrund der im EnWG 2005 durch Liberalisierungs- und Entflechtungsregelungen (vgl. §§ 6ff.) begründeten wirtschaftlichen Eigenverantwortung der EVU die grundsätzliche Versorgungsverpflichtung der EVU appellativ hervorzuheben. Die Gesetzesbegründung betont dabei vor allem die Verpflichtung zur notwendigen Zusammenarbeit der nun rechtlich selbstständigen Energieerzeuger, Netzbetreiber und Stromhändler. Dahinter stand die gesetzgeberische Sorge, insbesondere Energieerzeuger und -lieferanten könnten – anders als zuvor die integrierten EVU mit Netzbetrieb – sich unter Umständen wegen mangelnder Gewinnträchtigkeit aus der Versorgung von Kunden zurückziehen und die hinreichende Energieversorgung gefährden (vgl. *Salje* EnWG § 2 Rn. 6f.). Dieser Gefahr soll die Regelung, wenn auch nur mit dem keine zusätzliche rechtliche Bindung erzeugenden

§ 2 Teil 1. Allgemeine Vorschriften

Mittel des Appells, entgegenwirken. In ähnlicher Absicht will § 2 Abs. 2 den grundsätzlichen Vorrang der Verpflichtungen aufgrund spezieller sonderenergierechtlicher Gesetze klarstellen; auch insoweit handelt es sich um eine rechtlich bloß deklaratorische, vornehmlich in ihrem politischen Aussagegehalt bedeutsame Regelung (*Büdenbender* DVBl. 2005, 1161 (1166)).

II. (Entstehungs-)Geschichte

3   Die Vorschrift, die sich also zumindest teilweise ihrer Funktion nach geradezu als Reaktion auf Liberalisierung und Entflechtung im neuen EnWG verstehen lässt, ist **in ihrer heutigen Form ohne unmittelbaren Vorgänger** im früheren Energiewirtschaftsrecht. Bis dahin gab es weder eine so prominent platzierte Regelung der Pflichtenstellung der EVU an der Spitze des Gesetzes noch eine Vorschrift, die sowohl die Versorgungspflicht im Rahmen des EnWG wie auch die sonderenergierechtlichen Verpflichtungen zusammenfassend thematisiert hätte. Auch die einzelnen Regelungsgehalte von § 2 Abs. 1 und § 2 Abs. 2 können sich nur partiell und bedingt auf je eigene Vorläufer beziehen.

4   Die **Regelung einer grundsätzlichen energiewirtschaftsrechtlichen Versorgungspflicht** fand sich im EnWG 1935 allenfalls in Gestalt von § 8 EnWG 1935, der die – regelmäßig als (Monopol-)Gebietsversorger tätigen – EltVU unter Androhung der Betriebsuntersagung dazu anhielt, im Rahmen ihrer Versorgungsaufgabe ua den Ausbau und die technische Sicherheit des Stromnetzes zu gewährleisten. Unter veränderten Rahmenbedingungen ordnete dann der im Zuge des Gesetzgebungsverfahrens (vgl. BT-Drs. 13/7274, 33f.) zur Umsetzung der Elt-RL 96 eingefügte § 4 Abs. 1 EnWG 1998 an, dass EltVU zu einem Betrieb ihres Versorgungsnetzes verpflichtet sind, der eine Versorgung entsprechend den Zielen des § 1 EnWG 1998 sicherstellt. Diese Regelung war allerdings zum einen auf EltVU beschränkt und blieb dies auch, nachdem der Versuch einer Ausdehnung auf die Gasversorgung im Rahmen der sog. Gasnovelle des Jahres 2002 (vgl. § 4a des Entwurfs, BT-Drs. 14/5969, 5, 8f.) mit deren Nichtzustandekommen gescheitert war. Zum anderen erfasste die grundsätzliche Betriebspflicht von vornherein nur den Versorgungsnetzbetrieb. An § 4 Abs. 1 EnWG 1998 in der Sache teilweise anknüpfend (*Salje* EnWG § 2 Rn. 1), enthielt bereits der RegE des EnWG 2005 die Regelung des heutigen § 2 Abs. 1 (BT-Drs. 15/3917, 9); sie hat das Gesetzgebungsverfahren unverändert durchlaufen.

5   Die **Regelung des Verhältnisses zu sonderenergierechtlichen Regelungen** hat ihren Vorläufer in § 2 Abs. 5 EnWG 1998 bzw. § 2 Abs. 6 EnWG idF des Änderungsgesetzes vom 20.5.2003 (BGBl. 2003 I S. 686); danach richtete sich die Abnahme- und Vergütungspflicht für die Einspeisung von Elektrizität aus erneuerbaren Energien in das Netz für die allgemeine Versorgung nach dem früher geltenden Stromeinspeisungsgesetz bzw. dem ihm nachfolgenden EEG. An diese Regelung knüpfte § 2 Abs. 2 RegE sachlich an; der Verweis auf „§ 2 Abs. 5 des geltenden Energiewirtschaftsgesetzes" in der Gesetzesbegründung (BT-Drs. 15/3917, 48) bezieht sich möglicherweise verfehlt auf die Absatzzählung der Ursprungsfassung von 1998 und beruht jedenfalls offenbar auf einem Versehen (iErg ebenso Theobald/Kühling/*Theobald* EnWG § 2 Rn. 11; *Salje* EnWG § 2 Rn. 1; *Büdenbender* DVBl. 2005, 1161 (1166)). § 2 Abs. 2 RegE erklärte zunächst nur die Verpflichtungen nach dem EEG für unberührt; im Zuge der Beratungen ist dann noch im Zusammenhang mit der Ergänzung von § 13 Abs. 1 S. 2 um einen Hinweis auf das KWKG eine Gleichstellung der Verpflichtungen nach dem KWKG erfolgt (vgl. BT-Drs. 15/5268, 11,

25, 116f., 118). Das Gesetz zur Förderung der Kraft-Wärme-Kopplung vom 25.10.2008 (BGBl. 2008 I S. 2101) hat den Wortlaut des § 2 Abs. 2 in rein redaktioneller Absicht (vgl. BT-Drs. 16/8305, 21) noch um den Verweis auf die mögliche „Verbindung mit § 14" ergänzt.

B. Versorgungspflicht der EVU (Abs. 1)

I. Reichweite der Versorgungspflicht

§ 2 Abs. 1 verpflichtet EVU zu einer Versorgung iSd § 1. Nach dieser Beschrei- 6
bung sind alle **alle EVU iSv § 3 Nr. 18** (Theobald/Kühling/*Theobald* EnWG § 2 Rn. 6) verpflichtet, und der Gegenstand ihrer Verpflichtung ist die Versorgung iSv § 3 Nr. 36, dh die Erzeugung oder Gewinnung von Energie zur Belieferung von Kunden, der Vertrieb von Energie an Kunden und der Betrieb eines Energieversorgungsnetzes. Daraus ergibt sich, dass die gesamte leitungsgebundene Versorgung anderer mit Energie durch EVU erfasst sein soll. § 2 Abs. 1 geht damit in zwei Hinsichten über den früheren § 4 Abs. 1 EnWG 1998 (→ Rn. 4) hinaus: Zum einen unterwirft § 2 Abs. 1 nicht mehr nur EltVU, sondern auch Gasversorgungsunternehmen der grundsätzlichen Versorgungspflicht; diese erfasst darüber hinaus auch die leitungsgebundene Versorgung der Allgemeinheit mit Wasserstoff, seit das Gesetz zur Umsetzung unionsrechtlicher Vorgaben und zur Regelung reiner Wasserstoffnetze im Energiewirtschaftsrecht vom 16.7.2021 (BGBl. 2021 I S. 3026) § 1 Abs. 1 entsprechend ergänzt und den Begriff der Energie iSv § Nr. 14 erweitert hat. Zum anderen beschränkt sich die Versorgungspflicht nach § 2 Abs. 1 nicht mehr nur auf den Betrieb des Versorgungsnetzes, sondern umfasst alle Marktstufen der Wertschöpfungskette der leitungsgebundenen Energieversorgung, also insbesondere auch die Energieerzeugung einerseits, den Handel und die Belieferung mit Energie andererseits. Gerade auf die auf diesen Marktstufen tätigen EVU zielt unter den Bedingungen von Liberalisierung und Entflechtung die in § 2 Abs. 1 ausgesprochene Versorgungsverpflichtung (→ Rn. 2). § 2 Abs. 1 gilt richtigerweise nicht den Gemeinden in ihrer Pflicht zur Verfügungstellung des Wegenetzes (ebenso BeckOK EnWG/*Winkler/Kelly* § 2 Rn. 3; NK-EnWG/*Kment* § 2 Rn. 4; aA *Salje* EnWG § 2 Rn. 9; Theobald/Kühling/*Theobald* EnWG § 2 Rn. 9); sie unterfallen insoweit nicht dem Begriff des EVU (→ § 109 Rn. 9, 13).

In der Sache spricht Abs. 1 eine grundsätzliche **Verpflichtung zu einer Ver-** 7
sorgung iSv § 1 aus. Abs. 1 kann insoweit als Programmsatz gekennzeichnet werden, der die Wahrnehmung der Aufgaben nach dem EnWG durch die Unternehmen als gemeinwohlorientierte Tätigkeit ausweist (BerlKommEnergieR/*Säcker* EnWG § 2 Rn. 4). Über die grundlegende Verpflichtung zur Erbringung der jeweiligen Energieversorgungsleistung hinaus steckt darin auch eine Verpflichtung der EVU auf die Ziele, die in § 1 grundlegend als Gesetzeszwecke niedergelegt sind. Als solche Gesetzeszwecke richten sie sich zunächst an die Gesetzesanwender, nicht an die EVU in Wahrnehmung der ihnen eingeräumten wirtschaftlichen Eigenverantwortlichkeit (→ § 1 Rn. 27). Abs. 1 unternimmt den Versuch, diese Ziele auch dem unternehmerischen Handeln der EVU vorzugeben.

§ 2 Teil 1. Allgemeine Vorschriften

II. Vorbehalt des Rahmens der weiteren Vorschriften

8 Abs. 1 begründet jedoch **keine eigenständigen, rechtlich verbindlichen und durchsetzbaren Versorgungspflichten,** weder grundsätzlich in Bezug auf die Versorgungspflicht noch konkreter im Hinblick auf die Ziele des § 1 Abs. 1. Dies folgt daraus, dass die Versorgungspflicht des § 2 Abs. 1 unter den ausdrücklichen Vorbehalt gestellt ist, dass sie nur im Rahmen der weiteren Vorschriften des EnWG besteht.

9 Rechtlich bindende, gegebenenfalls durchsetzbare Pflichten können sich daher allein aus **einzelnen sonstigen Vorschriften des EnWG** ergeben. Solche rechtlich bindenden, durchsetzbaren energiewirtschaftsrechtlichen Pflichten gelten im liberalisierten Energiemarkt grundsätzlich nur noch – in der Regelungstradition des § 4 Abs. 1 EnWG 1998 – dem Netzbetrieb, nicht hingegen dem wettbewerblich organisierten Energiehandel, sodass die meisten spezifischen Pflichten auch nur die Netzbetreiber treffen (Theobald/Kühling/*Theobald* EnWG § 2 Rn. 7; BeckOK EnWG/*Winkler/Kelly* § 2 Rn. 2). Für Energieerzeuger und Energiehändler hingegen besteht keine gesetzliche Versorgungspflicht, sieht man von der Grundversorgungsverpflichtung für energieliefernde EVU nach § 36 ab (*Salje* EnWG § 2 Rn. 6). Diese erfasst aber zum einen nur Haushaltskunden und damit nicht die Versorgung insgesamt (Theobald/Kühling/*Theobald* EnWG § 2 Rn. 7; NK-EnWG/*Kment* § 2 Rn. 5); zum anderen ist auch diese Grundversorgungspflicht nicht unbedingt, denn aus ihr lässt sich nicht ableiten, dass das insoweit verpflichtete EVU seine Versorgungstätigkeit nicht insgesamt einstellen dürfte (vgl. § 36 Abs. 2 S. 5; → § 36 Rn. 70f.). Angesichts dieser unterschiedlich ausgeprägten konkreten Betriebspflichten bleibt die Erstreckung der allgemeinen Versorgungspflicht nach § 2 Abs. 1 über den Netzbetrieb hinaus auch auf die anderen Marktstufen der leitungsgebundenen Energieversorgung (→ Rn. 6) praktisch folgenlos (*Salje* EnWG § 2 Rn. 1).

10 Im Ergebnis erweist sich damit die Regelung des Abs. 1 als **rechtlich ohne besondere Bedeutung.** Sie erscheint als ein eher hilfloser Versuch des Gesetzgebers, vermutete Gefahren von Liberalisierung und Entflechtung für die Versorgungssicherheit abzuwehren. Unter diesen Bedingungen hängt die Versorgung im Wesentlichen, soweit nicht die konkrete Betriebspflicht für den Netzbetrieb greift, davon ab, dass die EVU im Rahmen ihrer eigenen wirtschaftlichen Verantwortung unter Wettbewerbsbedingungen die nötigen Versorgungsleistungen anbieten (*Salje* EnWG § 2 Rn. 9 hält die Regelung daher für „schlichtweg überflüssig"; ähnlich NK-EnWG/*Kment* § 2 Rn. 5; Theobald/Kühling/*Theobald* EnWG § 2 Rn. 8, 10; BeckOK EnWG/*Winkler/Kelly* § 2 Rn. 5).

C. Verpflichtungen nach EEG und KWKG (Abs. 2)

I. Grundsätzlicher Vorrang von EEG und KWKG

11 Nach Abs. 1 bleiben die Verpflichtungen nach dem EEG und KWKG vorbehaltlich des § 13, auch in Verbindung mit § 14, unberührt. Die vorrangige Geltung von EEG und KWKG folgt schon daraus, dass sie Spezialgesetze zum EnWG sind (Theobald/Kühling/*Theobald* EnWG § 2 Rn. 12; *Büdenbender* DVBl. 2005, 161 (1166)). § 2 Abs. 2 stellt den **grundsätzlichen Vorrang der Spezialitätsregel vor der Lex-posterior-Regel** im Verhältnis von EEG sowie KWKG und nachfolgendem EnWG noch einmal klar. EVU müssen also ungeachtet des EnWG, so-

Begriffsbestimmungen §3

weit nicht §§ 13, 14 EnWG eingreifen (→ Rn. 12 f.), die Verpflichtungen nach EEG und KWKG beachten.

II. Vorrang der §§ 13, 14

Den grundsätzlichen Vorrang von EEG und KWKG stellt § 2 Abs. 2 unter einen **Vorbehalt zugunsten der in § 13 geregelten Netzbetreiberpflichten.** Insofern respektiert Abs. 2 eine bereits unter dem EnWG 1998 anerkannte, aus dem Gebot der Versorgungssicherheit abgeleitete Befugnis des netzbetreibenden EVU (*Salje* EnWG § 2 Rn. 13; Theobald/Kühling/ *Theobald* EnWG § 2 Rn. 14). § 13 trifft nunmehr eine ausdrückliche Regelung für die Betreiber von (Strom-)Übertragungsnetzen im Sinne der Definitionen in § 3 Nr. 10 und Nr. 32 (→ § 3 Rn. 23, 88). In Konkretisierung der ihnen auferlegten Systemverantwortlichkeit bestehen für sie nach § 13 besondere Verpflichtungen und Befugnisse, ua im Hinblick auf die Stromeinspeisung. Hierdurch können auch durch EEG und KWKG begründete Verpflichtungen des EVU zur Einspeisung von Strom in der Sache temporär überlagert werden. Soweit Maßnahmen in EEG- oder KWK-Anlagen erzeugten Strom betreffen, nimmt § 13 in der näheren Ausgestaltung darauf in verschiedener Weise Rücksicht, worin man zugleich eine Bestätigung des grundsätzlichen Vorrangs des § 13 erkennen kann.

12

Mit der ausdrücklichen Erstreckung des Vorrangs der in § 13 geregelten Maßnahmen auch auf die Verbindung des § 13 mit § 14 (→ Rn. 5) macht Abs. 2 deutlich, dass dieser Vorrang auch die **Ebene der Elektrizitätsverteilung** erfassen soll. Die Regelungen des § 13 gelten nach § 14 Abs. 1 S. 1 für Betreiber von Elektrizitätsverteilungsnetzen iSv § 3 Nr. 3 (→ § 3 Rn. 16) grundsätzlich entsprechend, soweit ihre Verteilungsaufgabe bzw. ihre Systemverantwortlichkeit reicht (vgl. näher die Kommentierung zu § 14). Auch eventulle danach erforderliche Maßnahmen von Betreibern von Elektrizitätsverteilernetzen nach § 13 sind somit von den Bindungen nach EEG und KWKG freigestellt.

13

§ 3 Begriffsbestimmungen

Im Sinne dieses Gesetzes bedeutet
1. **Abrechnungsinformationen**
   Informationen, die üblicherweise in Rechnungen über die Energiebelieferung von Letztverbrauchern zur Ermittlung des Rechnungsbetrages enthalten sind, mit Ausnahme der Zahlungsaufforderung selbst,
1a. **Aggregatoren**
   natürliche oder juristische Personen oder rechtlich unselbständige Organisationseinheiten eines Energieversorgungsunternehmens, die eine Tätigkeit ausüben, bei der Verbrauch oder Erzeugung von elektrischer Energie in Energieanlagen oder in Anlagen zum Verbrauch elektrischer Energie auf einem Elektrizitätsmarkt gebündelt angeboten werden,
1b. **Ausgleichsleistungen**
   Dienstleistungen zur Bereitstellung von Energie, die zur Deckung von Verlusten und für den Ausgleich von Differenzen zwischen Ein- und Ausspeisung benötigt wird, zu denen insbesondere auch Regelenergie gehört,

§ 3 Teil 1. Allgemeine Vorschriften

1 c. Ausspeisekapazität
im Gasbereich das maximale Volumen pro Stunde in Normkubikmeter, das an einem Ausspeisepunkt aus einem Netz oder Teilnetz insgesamt ausgespeist und gebucht werden kann,

1 d. Ausspeisepunkt
ein Punkt, an dem Gas aus einem Netz oder Teilnetz eines Netzbetreibers entnommen werden kann,

2. Betreiber von Elektrizitätsversorgungsnetzen
natürliche oder juristische Personen oder rechtlich unselbständige Organisationseinheiten eines Energieversorgungsunternehmens, die Betreiber von Übertragungs- oder Elektrizitätsverteilernetzen sind,

3. Betreiber von Elektrizitätsverteilernetzen
natürliche oder juristische Personen oder rechtlich unselbständige Organisationseinheiten eines Energieversorgungsunternehmens, die die Aufgabe der Verteilung von Elektrizität wahrnehmen und verantwortlich sind für den Betrieb, die Wartung sowie erforderlichenfalls den Ausbau des Verteilernetzes in einem bestimmten Gebiet und gegebenenfalls der Verbindungsleitungen zu anderen Netzen,

4. Betreiber von Energieversorgungsnetzen
Betreiber von Elektrizitätsversorgungsnetzen oder Gasversorgungsnetzen,

5. Betreiber von Fernleitungsnetzen
Betreiber von Netzen, die Grenz- oder Marktgebietsübergangspunkte aufweisen, die insbesondere die Einbindung großer europäischer Importleitungen in das deutsche Fernleitungsnetz gewährleisten, oder natürliche oder juristische Personen oder rechtlich unselbständige Organisationseinheiten eines Energieversorgungsunternehmens, die die Aufgabe der Fernleitung von Erdgas wahrnehmen und verantwortlich sind für den Betrieb, die Wartung sowie erforderlichenfalls den Ausbau eines Netzes,
   a) das der Anbindung der inländischen Produktion oder von LNG-Anlagen an das deutsche Fernleitungsnetz dient, sofern es sich hierbei nicht um ein vorgelagertes Rohrleitungsnetz im Sinne von Nummer 39 handelt, oder
   b) das an Grenz- oder Marktgebietsübergangspunkten Buchungspunkte oder -zonen aufweist, für die Transportkunden Kapazitäten buchen können,

6. Betreiber von Gasspeicheranlagen
natürliche oder juristische Personen oder rechtlich unselbständige Organisationseinheiten eines Energieversorgungsunternehmens, die die Aufgabe der Speicherung von Erdgas wahrnehmen und für den Betrieb einer Gasspeicheranlage verantwortlich sind,

7. Betreiber von Gasversorgungsnetzen
natürliche oder juristische Personen oder rechtlich unselbständige Organisationseinheiten eines Energieversorgungsunternehmens, die Gasversorgungsnetze betreiben,

8. Betreiber von Gasverteilernetzen
natürliche oder juristische Personen oder rechtlich unselbständige Organisationseinheiten eines Energieversorgungsunternehmens, die die Aufgabe der Verteilung von Gas wahrnehmen und verantwortlich

§ 3

sind für den Betrieb, die Wartung sowie erforderlichenfalls den Ausbau des Verteilernetzes in einem bestimmten Gebiet und gegebenenfalls der Verbindungsleitungen zu anderen Netzen,

9. Betreiber von LNG-Anlagen
natürliche oder juristische Personen oder rechtlich unselbständige Organisationseinheiten eines Energieversorgungsunternehmens, die die Aufgabe der Verflüssigung von Erdgas oder der Einfuhr, Entladung und Wiederverdampfung von verflüssigtem Erdgas wahrnehmen und für den Betrieb einer LNG-Anlage verantwortlich sind,

9 a. Betreiber technischer Infrastrukturen
natürliche oder juristische Personen, die für den sicheren Betrieb technischer Infrastrukturen verantwortlich sind, wobei technische Infrastrukturen alle Infrastrukturen sind, an denen durch Einwirken eines Elektrizitätsversorgungsnetzes elektromagnetische Beeinflussungen auftreten können; hierzu zählen insbesondere Telekommunikationslinien im Sinne des § 3 Nummer 64 des Telekommunikationsgesetzes, Rohrleitungsanlagen aus leitfähigem Material, Steuer- und Signalleitungen oder Hoch- und Höchstspannungsleitungen innerhalb eines Beeinflussungsbereichs von bis zu 1000 Metern um die beeinflussende Anlage,

10. Betreiber von Übertragungsnetzen
natürliche oder juristische Personen oder rechtlich unselbständige Organisationseinheiten eines Energieversorgungsunternehmens, die die Aufgabe der Übertragung von Elektrizität wahrnehmen und die verantwortlich sind für den Betrieb, die Wartung sowie erforderlichenfalls den Ausbau des Übertragungsnetzes in einem bestimmten Gebiet und gegebenenfalls der Verbindungsleitungen zu anderen Netzen,

10 a. Betreiber von Übertragungsnetzen mit Regelzonenverantwortung
die Unternehmen 50 Hertz Transmission GmbH, Amprion GmbH, TenneT TSO GmbH und TransnetBW GmbH sowie ihre Rechtsnachfolger,

10 b. Betreiber von Wasserstoffnetzen
natürliche oder juristische Personen, die die Aufgabe des Transports oder der Verteilung von Wasserstoff wahrnehmen und verantwortlich sind für den Betrieb, die Wartung sowie erforderlichenfalls den Ausbau des Wasserstoffnetzes,

10 c. Betreiber von Wasserstoffspeicheranlagen
natürliche oder juristische Personen oder rechtlich unselbständige Organisationseinheiten eines Energieversorgungsunternehmens, die die Aufgabe der Speicherung von Wasserstoff wahrnehmen und für den Betrieb einer Wasserstoffspeicheranlage verantwortlich sind,

10 d. Bilanzkreis
im Elektrizitätsbereich innerhalb einer Regelzone die Zusammenfassung von Einspeise- und Entnahmestellen, die dem Zweck dient, Abweichungen zwischen Einspeisungen und Entnahmen durch ihre Durchmischung zu minimieren und die Abwicklung von Handelstransaktionen zu ermöglichen,

10 e. Bilanzzone
im Gasbereich der Teil eines oder mehrerer Netze, in dem Ein- und Ausspeisepunkte einem bestimmten Bilanzkreis zugeordnet werden können,

§ 3 Teil 1. Allgemeine Vorschriften

10f. **Biogas**
Biomethan, Gas aus Biomasse, Deponiegas, Klärgas und Grubengas sowie Wasserstoff, der durch Wasserelektrolyse erzeugt worden ist, und synthetisch erzeugtes Methan, wenn der zur Elektrolyse eingesetzte Strom und das zur Methanisierung eingesetzte Kohlendioxid oder Kohlenmonoxid jeweils nachweislich weit überwiegend aus erneuerbaren Energiequellen im Sinne der Richtlinie 2009/28/EG (ABl. L 140 vom 5.6.2009, S. 16) stammen,

11. **dezentrale Erzeugungsanlage**
eine an das Verteilernetz angeschlossene verbrauchs- und lastnahe Erzeugungsanlage,

12. **Direktleitung**
eine Leitung, die einen einzelnen Produktionsstandort mit einem einzelnen Kunden verbindet, oder eine Leitung, die einen Elektrizitätserzeuger und ein Elektrizitätsversorgungsunternehmen zum Zwecke der direkten Versorgung mit ihrer eigenen Betriebsstätte, Tochterunternehmen oder Kunden verbindet, oder eine zusätzlich zum Verbundnetz errichtete Gasleitung zur Versorgung einzelner Kunden,

13. **Eigenanlagen**
Anlagen zur Erzeugung von Elektrizität zur Deckung des Eigenbedarfs, die nicht von Energieversorgungsunternehmen betrieben werden,

13a. **Einspeisekapazität**
im Gasbereich das maximale Volumen pro Stunde in Normkubikmeter, das an einem Einspeisepunkt in ein Netz oder Teilnetz eines Netzbetreibers insgesamt eingespeist werden kann,

13b. **Einspeisepunkt**
ein Punkt, an dem Gas an einen Netzbetreiber in dessen Netz oder Teilnetz übergeben werden kann, einschließlich der Übergabe aus Speichern, Gasproduktionsanlagen, Hubs oder Misch- und Konversionsanlagen,

14. **Energie**
Elektrizität, Gas und Wasserstoff, soweit sie zur leitungsgebundenen Energieversorgung verwendet werden,

15. **Energieanlagen**
Anlagen zur Erzeugung, Speicherung, Fortleitung oder Abgabe von Energie, soweit sie nicht lediglich der Übertragung von Signalen dienen, dies schließt die Verteileranlagen der Letztverbraucher sowie bei der Gasversorgung auch die letzte Absperreinrichtung vor der Verbrauchsanlage ein,

15a. **Energiederivat**
ein in Abschnitt C Nummer 5, 6 oder 7 des Anhangs I der Richtlinie 2004/39/EG des Europäischen Parlaments und des Rates vom 21. April 2004 über Märkte für Finanzinstrumente, zur Änderung der Richtlinien 85/611/EWG und 93/6/EWG des Rates und der Richtlinie 2000/12/EG des Europäischen Parlaments und des Rates und zur Aufhebung der Richtlinie 93/22/EWG des Rates (ABl. L 145 vom 30.4.2001, S. 1, ABl. L 45 vom 16.2.2005, S. 18) in der jeweils geltenden Fassung genanntes Finanzinstrument, sofern dieses Instrument auf Elektrizität oder Gas bezogen ist,

15b. Energieeffizienzmaßnahmen
Maßnahmen zur Verbesserung des Verhältnisses zwischen Energieaufwand und damit erzieltem Ergebnis im Bereich von Energieumwandlung, Energietransport und Energienutzung,
15c. Energielieferant
Gaslieferant oder Stromlieferant,
15d. Energiespeicheranlagen
Anlagen, die elektrische Energie zum Zwecke der elektrischen, chemischen, mechanischen oder physikalischen Zwischenspeicherung verbrauchen und als elektrische Energie erzeugen oder in einer anderen Energieform wieder abgeben,
16. Energieversorgungsnetze
Elektrizitätsversorgungsnetze und Gasversorgungsnetze über eine oder mehrere Spannungsebenen oder Druckstufen mit Ausnahme von Kundenanlagen im Sinne der Nummern 24a und 24b sowie im Rahmen von Teil 5 dieses Gesetzes Wasserstoffnetze,
17. Energieversorgungsnetze der allgemeinen Versorgung
Energieversorgungsnetze, die der Verteilung von Energie an Dritte dienen und von ihrer Dimensionierung nicht von vornherein nur auf die Versorgung bestimmter, schon bei der Netzerrichtung feststehender oder bestimmbarer Letztverbraucher ausgelegt sind, sondern grundsätzlich für die Versorgung jedes Letztverbrauchers offen stehen,
18. Energieversorgungsunternehmen
natürliche oder juristische Personen, die Energie an andere liefern, ein Energieversorgungsnetz betreiben oder an einem Energieversorgungsnetz als Eigentümer Verfügungsbefugnis besitzen; der Betrieb einer Kundenanlage oder einer Kundenanlage zur betrieblichen Eigenversorgung macht den Betreiber nicht zum Energieversorgungsunternehmen,
18a. Energieversorgungsvertrag
ein Vertrag über die Lieferung von Elektrizität oder Gas, mit Ausnahme von Energiederivaten,
18b. Erlösobergrenze
Obergrenzen der zulässigen Gesamterlöse eines Netzbetreibers aus den Netzentgelten,
18c. erneuerbare Energien
Energien im Sinne des §3 Nummer 21 des Erneuerbare-Energien-Gesetzes,
18d. Erzeugungsanlage
Anlage zur Erzeugung von elektrischer Energie,
18e. europäische Strommärkte
die Strommärkte der Mitgliedstaaten der Europäischen Union sowie der Schweizerischen Eidgenossenschaft und des Königreichs Norwegen,
19. Fernleitung
der Transport von Erdgas durch ein Hochdruckfernleitungsnetz, mit Ausnahme von vorgelagerten Rohrleitungsnetzen, um die Versorgung von Kunden zu ermöglichen, jedoch nicht die Versorgung der Kunden selbst,

§ 3 Teil 1. Allgemeine Vorschriften

19a. Gas
Erdgas, Biogas, Flüssiggas im Rahmen der §§ 4 und 49 sowie, wenn sie in ein Gasversorgungsnetz eingespeist werden, Wasserstoff, der durch Wasserelektrolyse erzeugt worden ist, und synthetisch erzeugtes Methan, das durch wasserelektrolytisch erzeugten Wasserstoff und anschließende Methanisierung hergestellt worden ist,

19b. Gaslieferant
natürliche und juristische Personen, deren Geschäftstätigkeit ganz oder teilweise auf den Vertrieb von Gas zum Zwecke der Belieferung von Letztverbrauchern ausgerichtet ist,

19c. Gasspeicheranlage
eine einem Gasversorgungsunternehmen gehörende oder von ihm betriebene Anlage zur Speicherung von Gas, einschließlich des zu Speicherzwecken genutzten Teils von LNG-Anlagen, jedoch mit Ausnahme des Teils, der für eine Gewinnungstätigkeit genutzt wird, ausgenommen sind auch Einrichtungen, die ausschließlich Betreibern von Leitungsnetzen bei der Wahrnehmung ihrer Aufgaben vorbehalten sind,

19d. Gasverbindungsleitungen mit Drittstaaten
Fernleitungen zwischen einem Mitgliedstaat der Europäischen Union und einem Drittstaat bis zur Grenze des Hoheitsgebietes der Mitgliedstaaten oder dem Küstenmeer dieses Mitgliedstaates,

20. Gasversorgungsnetze
alle Fernleitungsnetze, Gasverteilernetze, LNG-Anlagen oder Gasspeicheranlagen, die für den Zugang zur Fernleitung, zur Verteilung und zu LNG-Anlagen erforderlich sind und die einem oder mehreren Energieversorgungsunternehmen gehören oder von ihm oder von ihnen betrieben werden, einschließlich Netzpufferung und seiner Anlagen, die zu Hilfsdiensten genutzt werden, und der Anlagen verbundener Unternehmen, ausgenommen sind solche Netzteile oder Teile von Einrichtungen, die für örtliche Produktionstätigkeiten verwendet werden,

20a. grenzüberschreitende Elektrizitätsverbindungsleitungen
Übertragungsleitungen zur Verbundschaltung von Übertragungsnetzen einschließlich aller Anlagengüter bis zum jeweiligen Netzverknüpfungspunkt, die eine Grenze zwischen Mitgliedstaaten oder zwischen einem Mitgliedstaat und einem Staat, der nicht der Europäischen Union angehört, queren oder überspannen und einzig dem Zweck dienen, die nationalen Übertragungsnetze dieser Staaten zu verbinden,

21. Großhändler
natürliche oder juristische Personen mit Ausnahme von Betreibern von Übertragungs-, Fernleitungs-, Wasserstoff- sowie Elektrizitäts- und Gasverteilernetzen, die Energie zum Zwecke des Weiterverkaufs innerhalb oder außerhalb des Netzes, in dem sie ansässig sind, kaufen,

21a. H-Gasversorgungsnetz
ein Gasversorgungsnetz zur Versorgung von Kunden mit H-Gas,

22. Haushaltskunden
Letztverbraucher, die Energie überwiegend für den Eigenverbrauch im Haushalt oder für den einen Jahresverbrauch von 10 000 Kilowatt-

stunden nicht übersteigenden Eigenverbrauch für berufliche, landwirtschaftliche oder gewerbliche Zwecke kaufen,
23. Hilfsdienste
sämtliche zum Betrieb eines Übertragungs- oder Elektrizitätsverteilernetzes erforderlichen Dienste oder sämtliche für den Zugang zu und den Betrieb von Fernleitungs- oder Gasverteilernetzen oder LNG-Anlagen oder Gasspeicheranlagen erforderlichen Dienste, einschließlich Lastausgleichs- und Mischungsanlagen, jedoch mit Ausnahme von Anlagen, die ausschließlich Betreibern von Fernleitungsnetzen für die Wahrnehmung ihrer Aufgaben vorbehalten sind,
23 a. Kleinstunternehmen
ein Unternehmen, das weniger als zehn Personen beschäftigt und dessen Jahresumsatz oder dessen Jahresbilanzsumme 2 Millionen Euro nicht überschreitet,
24. Kunden
Großhändler, Letztverbraucher und Unternehmen, die Energie kaufen,
24 a. Kundenanlagen
Energieanlagen zur Abgabe von Energie,
a) die sich auf einem räumlich zusammengehörenden Gebiet befinden,
b) mit einem Energieversorgungsnetz oder mit einer Erzeugungsanlage verbunden sind,
c) für die Sicherstellung eines wirksamen und unverfälschten Wettbewerbs bei der Versorgung mit Elektrizität und Gas unbedeutend sind und
d) jedermann zum Zwecke der Belieferung der angeschlossenen Letztverbraucher im Wege der Durchleitung unabhängig von der Wahl des Energielieferanten diskriminierungsfrei und unentgeltlich zur Verfügung gestellt werden,
24 b. Kundenanlagen zur betrieblichen Eigenversorgung
Energieanlagen zur Abgabe von Energie,
a) die sich auf einem räumlich zusammengehörenden Betriebsgebiet befinden,
b) mit einem Energieversorgungsnetz oder mit einer Erzeugungsanlage verbunden sind,
c) fast ausschließlich dem betriebsnotwendigen Transport von Energie innerhalb des eigenen Unternehmens oder zu verbundenen Unternehmen oder fast ausschließlich dem der Bestimmung des Betriebs geschuldeten Abtransport in ein Energieversorgungsnetz dienen und
d) jedermann zum Zwecke der Belieferung der an sie angeschlossenen Letztverbraucher im Wege der Durchleitung unabhängig von der Wahl des Energielieferanten diskriminierungsfrei und unentgeltlich zur Verfügung gestellt werden,
24 c. L-Gasversorgungsnetz
ein Gasversorgungsnetz zur Versorgung von Kunden mit L-Gas,
24 d. landseitige Stromversorgung
die mittels einer Standardschnittstelle von Land aus erbrachte Stromversorgung von Seeschiffen oder Binnenschiffen am Liegeplatz,

§ 3   Teil 1. Allgemeine Vorschriften

24e. Landstromanlagen
die Gesamtheit der technischen Infrastruktur aus den technischen Anlagen zur Frequenz- und Spannungsumrichtung, der Standardschnittstelle einschließlich der zugehörigen Verbindungsleitungen, die
a) sich in einem räumlich zusammengehörigen Gebiet in oder an einem Hafen befinden und
b) ausschließlich der landseitigen Stromversorgung von Schiffen dienen,

25. Letztverbraucher
Natürliche oder juristische Personen, die Energie für den eigenen Verbrauch kaufen; auch der Strombezug der Ladepunkte für Elektromobile und der Strombezug für Landstromanlagen steht dem Letztverbrauch im Sinne dieses Gesetzes und den auf Grund dieses Gesetzes erlassenen Verordnungen gleich,

26. LNG-Anlage
eine Kopfstation zur Verflüssigung von Erdgas oder zur Einfuhr, Entladung und Wiederverdampfung von verflüssigtem Erdgas; darin eingeschlossen sind Hilfsdienste und die vorübergehende Speicherung, die für die Wiederverdampfung und die anschließende Einspeisung in das Fernleitungsnetz erforderlich sind, jedoch nicht die zu Speicherzwecken genutzten Teile von LNG-Kopfstationen,

26a. Marktgebietsverantwortlicher
ist die von den Fernleitungsnetzbetreibern mit der Wahrnehmung von Aufgaben des Netzbetriebs beauftragte bestimmte natürliche oder juristische Person, die in einem Marktgebiet Leistungen erbringt, die zur Verwirklichung einer effizienten Abwicklung des Gasnetzzugangs durch eine Person zu erbringen sind,

26b. Messstellenbetreiber
ein Netzbetreiber oder ein Dritter, der die Aufgabe des Messstellenbetriebs wahrnimmt,

26c. Messstellenbetrieb
der Einbau, der Betrieb und die Wartung von Messeinrichtungen,

26d. Messung
die Ab- und Auslesung der Messeinrichtung sowie die Weitergabe der Daten an die Berechtigten,

27. Netzbetreiber
Netz- oder Anlagenbetreiber im Sinne der Nummern 2 bis 5, 7 und 8, 10 und 10a,

28. Netznutzer
natürliche oder juristische Personen, die Energie in ein Elektrizitäts- oder Gasversorgungsnetz einspeisen oder daraus beziehen,

29. Netzpufferung
die Speicherung von Gas durch Verdichtung in Fernleitungs- und Verteilernetzen, ausgenommen sind Einrichtungen, die Betreibern von Fernleitungsnetzen bei der Wahrnehmung ihrer Aufgaben vorbehalten sind,

29a. neue Infrastruktur
eine Infrastruktur, die nach dem 12. Juli 2005 in Betrieb genommen worden ist,

§ 3

29 b. oberste Unternehmensleitung
Vorstand, Geschäftsführung oder ein Gesellschaftsorgan mit vergleichbaren Aufgaben und Befugnissen,

29 c. Offshore-Anbindungsleitungen
Anbindungsleitungen im Sinne von § 3 Nummer 5 des Windenergieauf-See-Gesetzes,

29 d. örtliches Verteilernetz
ein Netz, das überwiegend der Belieferung von Letztverbrauchern über örtliche Leitungen, unabhängig von der Druckstufe oder dem Durchmesser der Leitungen, dient; für die Abgrenzung der örtlichen Verteilernetze von den vorgelagerten Netzebenen wird auf das Konzessionsgebiet abgestellt, in dem ein Netz der allgemeinen Versorgung im Sinne des § 18 Abs. 1 und des § 46 Abs. 2 betrieben wird einschließlich von Leitungen, die ein örtliches Verteilernetz mit einem benachbarten örtlichen Verteilernetz verbinden,

30. Regelzone
im Bereich der Elektrizitätsversorgung das Netzgebiet, für dessen Primärregelung, Sekundärregelung und Minutenreserve ein Betreiber von Übertragungsnetzen im Rahmen der Union für die Koordinierung des Transports elektrischer Energie (UCTE) verantwortlich ist,

31. selbstständige Betreiber von grenzüberschreitenden Elektrizitätsverbindungsleitungen
Betreiber von Übertragungsnetzen, die eine oder mehrere grenzüberschreitende Elektrizitätsverbindungsleitungen betreiben, ohne
a) Betreiber von Übertragungsnetzen mit Regelzonenverantwortung zu sein, oder
b) mit einem Betreiber von Übertragungsnetzen mit Regelzonenverantwortung im Sinne des Artikels 3 Absatz 2 der Verordnung (EG) Nr. 139/2004 des Rates vom 20. Januar 2004 über die Kontrolle von Unternehmenszusammenschlüssen (ABl. L 24 vom 29.1.2004, S. 1) verbunden zu sein,

31 a. Stromlieferanten
natürliche und juristische Personen, deren Geschäftstätigkeit ganz oder teilweise auf den Vertrieb von Elektrizität zum Zwecke der Belieferung von Letztverbrauchern ausgerichtet ist,

31 b. Stromliefervertrag mit dynamischen Tarifen
ein Stromliefervertrag mit einem Letztverbraucher, in dem die Preisschwankungen auf den Spotmärkten, einschließlich der Day-Ahead- und Intraday-Märkte, in Intervallen widergespiegelt werden, die mindestens den Abrechnungsintervallen des jeweiligen Marktes entsprechen,

31 c. Teilnetz
im Gasbereich ein Teil des Transportgebiets eines oder mehrerer Netzbetreiber, in dem ein Transportkunde gebuchte Kapazitäten an Ein- und Ausspeisepunkten flexibel nutzen kann,

31 d. Transportkunde
im Gasbereich Großhändler, Gaslieferanten einschließlich der Handelsabteilung eines vertikal integrierten Unternehmens und Letztverbraucher,

§ 3 — Teil 1. Allgemeine Vorschriften

31e. **Transportnetzbetreiber**
jeder Betreiber eines Übertragungs- oder Fernleitungsnetzes,

31f. **Transportnetz**
jedes Übertragungs- oder Fernleitungsnetz,

32. **Übertragung**
der Transport von Elektrizität über ein Höchstspannungs- und Hochspannungsverbundnetz einschließlich grenzüberschreitender Verbindungsleitungen zum Zwecke der Belieferung von Letztverbrauchern oder Verteilern, jedoch nicht die Belieferung der Kunden selbst,

33. **Umweltverträglichkeit**
dass die Energieversorgung den Erfordernissen eines nachhaltigen, insbesondere rationellen und sparsamen Umgangs mit Energie genügt, eine schonende und dauerhafte Nutzung von Ressourcen gewährleistet ist und die Umwelt möglichst wenig belastet wird, der Nutzung von Kraft-Wärme-Kopplung und erneuerbaren Energien kommt dabei besondere Bedeutung zu,

33a. **Unternehmensleitung**
die oberste Unternehmensleitung sowie Personen, die mit Leitungsaufgaben für den Transportnetzbetreiber betraut sind und auf Grund eines Übertragungsaktes, dessen Eintragung im Handelsregister oder einem vergleichbaren Register eines Mitgliedstaates der Europäischen Union gesetzlich vorgesehen ist, berechtigt sind, den Transportnetzbetreiber gerichtlich und außergerichtlich zu vertreten,

34. **Verbindungsleitungen**
Anlagen, die zur Verbundschaltung von Elektrizitätsnetzen dienen, oder eine Fernleitung, die eine Grenze zwischen Mitgliedstaaten quert oder überspannt und einzig dem Zweck dient, die nationalen Fernleitungsnetze dieser Mitgliedstaaten zu verbinden,

35. **Verbundnetz**
eine Anzahl von Übertragungs- und Elektrizitätsverteilernetzen, die durch eine oder mehrere Verbindungsleitungen miteinander verbunden sind, oder eine Anzahl von Gasversorgungsnetzen, die miteinander verbunden sind,

35a. **Versorgeranteil**
der auf die Energiebelieferung entfallende Preisanteil, der sich rechnerisch nach Abzug der Umsatzsteuer und der Belastungen nach § 40 Absatz 3 ergibt,

36. **Versorgung**
die Erzeugung oder Gewinnung von Energie zur Belieferung von Kunden, der Vertrieb von Energie an Kunden und der Betrieb eines Energieversorgungsnetzes,

37. **Verteilung**
der Transport von Elektrizität mit hoher, mittlerer oder niederer Spannung über Elektrizitätsverteilernetze oder der Transport von Gas über örtliche oder regionale Leitungsnetze, um die Versorgung von Kunden zu ermöglichen, jedoch nicht die Belieferung der Kunden selbst; der Verteilung von Gas dienen auch solche Netze, die über Grenzkopplungspunkte verfügen, über die ausschließlich ein anderes, nachgelagertes Netz aufgespeist wird,

§ 3

38. vertikal integriertes Unternehmen
ein im Elektrizitäts- oder Gasbereich tätiges Unternehmen oder eine Gruppe von Elektrizitäts- oder Gasunternehmen, die im Sinne des Artikels 3 Absatz 2 der Verordnung (EG) Nr. 139/2004 des Rates vom 20. Januar 2004 über die Kontrolle von Unternehmenszusammenschlüssen (ABl. L 24 vom 29.1.2004, S. 1) miteinander verbunden sind, wobei das betreffende Unternehmen oder die betreffende Gruppe im Elektrizitätsbereich mindestens eine der Funktionen Übertragung oder Verteilung und mindestens eine der Funktionen Erzeugung oder Vertrieb von Elektrizität oder im Erdgasbereich mindestens eine der Funktionen Fernleitung, Verteilung, Betrieb einer LNG-Anlage oder Speicherung und gleichzeitig eine der Funktionen Gewinnung oder Vertrieb von Erdgas wahrnimmt,
38a. volatile Erzeugung
Erzeugung von Strom aus Windenergieanlagen und aus solarer Strahlungsenergie,
38b. vollständig integrierte Netzkomponenten
Netzkomponenten, die in das Übertragungs- oder Verteilernetz integriert sind, einschließlich Energiespeicheranlagen, und die ausschließlich der Aufrechterhaltung des sicheren und zuverlässigen Netzbetriebs und nicht der Bereitstellung von Regelenergie oder dem Engpassmanagement dienen,
39. vorgelagertes Rohrleitungsnetz
Rohrleitungen oder ein Netz von Rohrleitungen, deren Betrieb oder Bau Teil eines Öl- oder Gasgewinnungsvorhabens ist oder die dazu verwendet werden, Erdgas von einer oder mehreren solcher Anlagen zu einer Aufbereitungsanlage, zu einem Terminal oder zu einem an der Küste gelegenen Endanlandeterminal zu leiten, mit Ausnahme solcher Netzteile oder Teile von Einrichtungen, die für örtliche Produktionstätigkeiten verwendet werden,
39a. Wasserstoffnetz
ein Netz zur Versorgung von Kunden ausschließlich mit Wasserstoff, das von der Dimensionierung nicht von vornherein nur auf die Versorgung bestimmter, schon bei der Netzerrichtung feststehender oder bestimmbarer Kunden ausgelegt ist, sondern grundsätzlich für die Versorgung jedes Kunden offensteht, dabei umfasst es unabhängig vom Durchmesser Wasserstoffleitungen zum Transport von Wasserstoff nebst allen dem Leitungsbetrieb dienenden Einrichtungen, insbesondere Entspannungs-, Regel- und Messanlagen sowie Leitungen oder Leitungssysteme zur Optimierung des Wasserstoffbezugs und der Wasserstoffdarbietung,
39b. Wasserstoffspeicheranlagen
eine einem Energieversorgungsunternehmen gehörende oder von ihm betriebene Anlage zur Speicherung von Wasserstoff, mit Ausnahme von Einrichtungen, die ausschließlich Betreibern von Wasserstoffnetzen bei der Wahrnehmung ihrer Aufgaben vorbehalten sind,
40. Winterhalbjahr
der Zeitraum vom 1. Oktober eines Jahres bis zum 31. März des Folgejahres.

§ 3

Teil 1. Allgemeine Vorschriften

Übersicht

	Rn.
A. Allgemeines	1
I. Inhalt und Zweck	1
II. (Entstehungs-)Geschichte	4
III. Unionsrechtliche Vorgaben	8
IV. Verhältnis zu den anderen Vorschriften des EnWG	9
B. Einzelerläuterungen	10

Literatur: *Boesche/Wolf,* Viel Lärm um kleine Netze, ZNER 2005, 285; *Jacobshagen/Kachel/ Baxmann,* Geschlossene Verteilernetze und Kundenanlagen als neuer Maßstab der Regulierung, IR 2012, 2; *Ludwigs/Huller,* Energierechtliche Implikationen der Förderung von Elektromobilität als Baustein der Energiewende, RdE 2017, 497; *Rauch,* Natürliche und sonstige Einwirkungen auf Energieversorgungsnetze: Rechtliche Handlungs- und Gestaltungsspielräume eines Netzbetreibers, IR 2009, 50; *Salje,* Das neue Energiewirtschaftsgesetz 2011, RdE 2011, 325; *Schalle/Hilgenstock,* Einordnung der Stromlieferung beim Aufladen von Elektromobilen, EnWZ 2017, 291; *Thomale/Berger,* (Betriebliche) Kundenanlagen in Abgrenzung zu Energieversorgungsnetzen, EnWZ 2018, 147; *Voigt,* Die Kundenanlage nach dem neuen EnWG – europarechtskonforme Ausnahme von der Regulierung?, RdE 2012, 95; *Voß/Weise/Heßler,* Quo vadis Kundenanlage?, EnWZ 2015, 12; *Weise/Voß,* Anmerkung, IR 2014, 62.

A. Allgemeines

I. Inhalt und Zweck

1 Die Bestimmung enthält **Definitionen von Gesetzesbegriffen des EnWG.** Begriffe, die im Rahmen des EnWG von hervorgehobener Bedeutung sind, werden mit Verbindlichkeit für die Auslegung und Anwendung der anderen Vorschriften des Gesetzes in ihrem Bedeutungsgehalt bestimmt. Ihre Zahl ist inzwischen auf insgesamt 91 angewachsen.

2 Bei der inhaltlichen Fassung der Definitionen geht es der Bestimmung **teils um die Umsetzung von definitorischen Vorgaben des Unionsrechts, teils um weitere begriffliche Klarstellungen** (→ Rn. 7). Die Gesetzentwurfsbegründung zum EnWG 2005 hat dies unter ausdrücklichem Hinweis auf die Energiebinnenmarktrichtlinien als allgemeine Zielsetzung und dann auch konkretisierend bezogen auf die jeweils einzelnen Gesetzesbegriffe deutlich gemacht (vgl. BT-Drs. 15/3917, 48 ff.). Das gilt ebenso mit Blick auf die nachfolgenden Ergänzungen und Änderungen des § 3. Exemplarisch steht dafür die jüngste umfangreiche Ergänzung des § 3 im Jahr 2021 (→ Rn. 7); viele der neu eingeführten Definitionen stehen im Zusammenhang einerseits mit der Umsetzung unionsrechtlicher Vorgaben des sog. Winterpakets der EU, andererseits mit den neuen nationalen Regelungen zu Wasserstoffnetzinfrastrukturen(vgl. BT-Drs. 19/27453, 1 f., 87 ff.).

3 Über den Zweck der Umsetzung gemeinschaftsrechtlicher Vorgaben hinaus liegt der spezifische Zweck einer solchen vorangestellten Definition in der **Vereinfachung und Vereinheitlichung der Auslegung und Anwendung** des Gesetzes und der dazugehörigen Verordnungen (vgl. BT-Drs. 17/6072, 50). Diese Regelungstechnik ist aus Richtlinien des Unionsrechts bekannt und findet sich inzwischen in einer Reihe von neueren wirtschaftsverwaltungsrechtlichen Gesetzen, zB im TKG oder im GenTG (Theobald/Kühling/*Theobald* EnWG § 3 Rn. 1). Dahinter steht letztlich das Bemühen um einen Beitrag zur Rechtssicherheit.

Begriffsbestimmungen § 3

II. (Entstehungs-)Geschichte

Bereits im **EnWG 1935** fand sich unter den einleitenden Paragraphen eine Vor- 4
schrift mit Begriffsbestimmungen. § 2 EnWG 1935 definierte die Gesetzesbegriffe
der Energieanlage sowie des Energieversorgungsunternehmens.

§ 2 Abs. 1–4 **EnWG 1998** hat diese Tradition bewusst fortsetzen wollen (vgl. 5
BT-Drs. 13/7274, 14). Auch dort sind – gegenüber dem EnWG 1935 leicht verändert – die Begriffe Energieanlagen und Energieversorgungsunternehmen vorab
allgemein definiert worden; hinzugekommen sind Definitionen von Energie sowie
Umweltverträglichkeit. Allerdings blieb diese Bestimmung unter den veränderten
Umständen insofern defizitär, als sie es versäumte, die zahlreichen Begriffsbestimmungen des Gemeinschaftsrechts, namentlich der Elt-RL 96, aufzunehmen und
definitorisch in das deutsche Energiewirtschaftsrecht einzupassen (krit. dazu *Salje*
EnWG § 3 Rn. 3 ff.).

Im **Gesetzgebungsverfahren zum EnWG 2005** hat bereits der RegE einen 6
§ 3 vorgesehen, der dem § 2 EnWG 1998 nachfolgen und diesen zur Umsetzung
von Elt-RL 03 und Gas-RL 03 um weitere Begriffsbestimmungen ergänzen wollte
(BT-Drs. 15/3917, 19); dabei hat bereits der Regierungsentwurf einen umfangreichen Katalog von 39 Begriffsbestimmungen vorgelegt (BT-Drs. 15/3917, 9 ff.). Im
Gesetzgebungsverfahren haben dann sowohl der Bundesrat (BT-Drs. 15/3917,
79 f.) wie auch der Wirtschaftsausschuss des Bundestages (BT-Drs. 15/5268, 11 ff.)
Änderungs- und Ergänzungsvorschläge eingebracht, die von der Bundesregierung
freilich überwiegend nicht akzeptiert worden sind (BT-Drs. 15/4068, 2). Letzte
Korrekturen am Entwurf sind noch im Vermittlungsausschuss erfolgt (vgl. BT-Drs.
15/5736, 2).

Inzwischen hat § 3 eine Reihe von nachfolgenden **Änderungen und Ergän-** 7
zungen erfahren:
- Durch das Gesetz zur Öffnung des Messwesens bei Strom und Gas für Wettbewerb vom 29.8.2008 (BGBl. 2008 I S. 1790) sind die früheren Nr. 26a ff.,
  heute Nr. 26b (→ Rn. 71), Nr. 26c (→ Rn. 72) und Nr. 26d (→ Rn. 73) neu
  eingefügt worden. Sie enthalten klarstellende Begriffsbestimmungen zum damals neugefassten § 21b aF (vgl. BT-Drs. 16/8306, 8), der inzwischen aufgehoben und durch das Messstellenbetriebsgesetz abgelöst worden ist.
- Das Änderungsgesetz vom 25.10.2008 (BGBl. 2008 I S. 2101) hat geringfügige
  Änderungen in Nr. 10 (→ Rn. 23), Nr. 23 (→ Rn. 59), Nr. 25 (→ Rn. 67) und
  Nr. 29 (→ Rn. 76) vorgenommen.
- Das Gesetz zur Beschleunigung des Ausbaus der Höchstspannungsnetze vom
  21.8.2009 (BGBl. 2009 I S. 2870) hat die Definition von Gas (Nr. 19a,
  → Rn. 50) geändert.
- Umfangreichere Veränderungen hat § 3 durch das Neuregelungsgesetz vom
  26.7.2011 (BGBl. 2011 I S. 1554) erfahren: Nr. 5 (→ Rn. 18), Nr. 10c aF, heute
  Nr. 10f (→ Rn. 29), Nr. 16 (→ Rn. 41), Nr. 18 (→ Rn. 43), Nr. 19a (→ Rn. 50),
  Nr. 37 (→ Rn. 95) und Nr. 38 (→ Rn. 96) sind geändert worden; Nr. 15a
  (→ Rn. 37), Nr. 18a (→ Rn. 44), Nr. 24a (→ Rn. 62), Nr. 24b (→ Rn. 63),
  Nr. 29b (→ Rn. 77), Nr. 31c aF, heute Nr. 31e (→ Rn. 86), Nr. 31d aF, heute
  Nr. 31f (→ Rn. 87) und 33a (→ Rn. 90) sind neu eingeführt worden.
- Das Gesetz vom 28.7.2011 (BGBl. 2011 I S. 1690) hat die Nr. 32 (→ Rn. 88)
  modifiziert.
- Das Gesetz vom 21.7.2014 (BGBl. 2014 I S. 1066) hat Nr. 18b aF, heute Nr. 18c
  (→ Rn. 46) angepasst.

– Das Strommarktgesetz vom 26.7.2016 (BGBl. 2016 I S. 1786) hat die Nr. 25 (→ Rn. 67) geändert und eine Nr. 18c aF, heute Nr. 18d (→ Rn 47), Nr. 18d aF, heute Nr. 18e (→ Rn. 48) und Nr. 40 (→ Rn. 102) hinzugefügt.
– Art. 6 des Gesetzes vom 13.10.2016 (BGBl. 2016 I S. 2258) hat in Nr. 18b aF, heute Nr. 18c (→ Rn. 46) erneut den Verweis auf das EEG aktualisiert.
– Art. 1 des Gesetzes vom 17.7.2017 (BGBl. 2017 I S. 2503) hat Nr. 38a (→ Rn. 97) eingefügt.
– Art. 3 des Gesetzes vom 17.12.2018 (BGBl. 2018 I S. 2549) hat Nr. 21a (→ Rn. 57) und Nr. 24c (→ Rn. 64) eingefügt.
– Art. 1 des Gesetzes vom 13.5.2019 (BGBl. 2019 I S. 706) hat Nr. 24d (→ Rn. 65) eingefügt.
– Durch Art. 1 des Gesetzes vom 5.12.2019 (BGBl. 2019 I S. 2002) wurde Nr. 19c aF, heute Nr. 19d (→ Rn. 53) hinzugefügt.
– Das Gesetz vom 16.7.2021 (BGBl. 2021 I S. 3026) hat umfangreichere Änderungen an § 3 vorgenommen: Ergänzt wurden die Definitionen in Nr. 1 und Nr. 1a (→ Rn. 10f.), Nr. 6 (→ Rn. 19), Nr. 10a bis 10c (→ Rn. 24ff.), Nr. 15c und 15d (→ Rn. 39f.), Nr. 18b (→ Rn. 45), Nr. 19c (→ Rn. 52), Nr. 20a (→ Rn. 55), Nr. 23a (→ Rn. 60), Nr. 24e (→ Rn. 66), Nr. 31 bis 31b (→ Rn. 81ff.), Nr. 38b (→ Rn. 98) sowie Nr. 39a und 39b (→ Rn. 100f.); geändert wurden Nr. 14 (→ Rn. 35), Nr. 16 (→ Rn. 41), Nr. 20 (→ Rn. 54), Nr. 21 (→ Rn. 56), Nr. 23 (→ Rn. 59), Nr. 25 (→ Rn. 67) und Nr. 27 (→ Rn. 73); aufgehoben wurden Nr. 9 aF und Nr. 31 aF (dazu → Rn. 19, 52).
– Zuletzt hat das im Juli 2022 beschlossene sog. Osterpaket einige Änderungen mit sich gebracht. Das WindSeeG 2022 (BGBl. 2022 I S. 1325) hat eine neue Nr. 29c eingefügt. Die Klimaschutz-Sofortprogramm-Novelle (BGBl. 2022 I S. 1214) hat schon aufgrund des Regierungsentwurfs (BT-Drs. 20/1599, S. 9, 50) eine neue Nr. 35a, außerdem auf Grund der Beschlussempfehlungen des Ausschusses für Klimaschutz und Energie (BT-Drs. 20/2402, S. 5) eine – allerdings erst zum 1.7.2023 in Kraft tretende – Änderung der Nr. 15d und eine Änderung der Nr. 38 mit sich gebracht. Das GasspeicherfüllstandsG (BGBl. 2022 I S. 674) schließlich hat eine neue Nr. 26a eingefügt.

III. Unionsrechtliche Vorgaben

8 Der starken inhaltlichen Vorprägung des nationalen Energiewirtschaftsrechts korrespondierend ist die Definition der Gesetzesbegriffe des EnWG in § 3 in erheblichem Umfang durch **begriffliche Vorgaben und Umsetzungsanforderungen des europäischen Energiebinnenmarktrechts** beeinflusst. So war die Erstfassung des § 3 erheblich durch die unionsrechtlichen Vorgaben in Art. 2 Elt-RL 03/Gas-RL 03 beeinflusst, später waren die erweiterten Vorgaben des Art. 2 Elt-RL 09/Gas-RL 09 umzusetzen, zuletzt etwa die des sog. Winterpakets. Dabei ist schon auf europäischer Ebene die Begriffsbestimmung nicht immer in gelungener wechselseitiger Abstimmung erfolgt (*Salje* EnWG § 3 Rn. 8). Im Übrigen entsprechen die unionsrechtlichen Begriffe bzw. deren Definitionen auch nicht immer vollständig den korrespondierenden, zum Zweck der Umsetzung in das nationale Recht aufgenommenen Begriffsbestimmungen des § 3; das gilt besonders markant für den unterschiedlich definierten Begriff der Versorgung (→ Rn. 94) und ist zuletzt zB bei dem unionsrechtlichen Begriff des Systemausgleichs aufgetreten, der im nationalen Recht nicht verwandt wird und bei Nr. 38b (→ Rn. 98) durch den der Regelenergie ersetzt worden ist (BT-Drs. 19/27453, 90).

IV. Verhältnis zu den anderen Vorschriften des EnWG

Die Bestimmung steht in einem besonderen **wechselseitigen Ergänzungsverhältnis** zu den anderen Vorschriften des EnWG. Sie selbst kennt, da sie sich auf verbindliche Begriffsbestimmungen beschränkt, keine Anordnung unmittelbarer Rechtsfolgen; diese ergeben sich erst mittelbar, durch ergänzende Anwendung anderer Vorschriften des EnWG, die in § 3 definierte Begriffe als Tatbestandsmerkmale verwenden. Umgekehrt werden diese anderen, bestimmte Rechtsfolgen auslösenden Vorschriften des EnWG durch § 3 inhaltlich angereichert und konkretisiert, wobei allerdings auch die Verwendung der fraglichen Begriffe in den weiteren Vorschriften des Gesetzes im Sinne systematischer Interpretation für die Auslegung von § 3 heranzuziehen sein kann.

9

B. Einzelerläuterungen

Die 2021 neu eingefügte Definition der **Abrechnungsinformationen (Nr. 1)** versteht darunter die Informationen, die üblicherweise in Rechnungen über die Energiebelieferung von Letztverbrauchern zur Ermittlung des Rechnungsbetrages enthalten sind, mit Ausnahme der Zahlungsaufforderung selbst. Mit dieser Definition soll der neue Begriff sowohl zum Begriff der Rechnung als auch zu dem der Verbrauchsinformation abgegrenzt werden (BT-Drs. 19/27453, 87). Er dient der Umsetzung einer neuen Anforderung aus RL 2019/944/EU, Anhang I, wo ua die Bereitstellung von Abrechnungsinformationen vorgesehen ist. Das EnWG greift auf diesen Begriff bei der näheren Regelung in §§ 40a, 40b zurück.

10

Ebenfalls unter Bezugnahme auf Vorgaben der RL 2019/944/EU sowie der VO 2019/943/EU (vgl. BT-Drs. 19/27453, S. 87) ist die Definition des **Aggregatoren (Nr. 1a)** neu eingefügt worden. Nach dieser Definition ist für Aggregatoren kennzeichnend die Ausübung einer Tätigkeit, bei der Energieerzeugung oder Energieverbrauch auf einem Elektrizitätsmarkt gebündelt angeboten werden. Solche Aggregatoren, die als Zwischenhändler Erzeugungsanlagen, Verbrauchsstellen oder auch Speicheranlagen gepoolt vermarkten, haben auf dem Strommarkt an Bedeutung gewonnen. Das EnWG enthält zum einen Vorgaben für den Netzzugang von Aggregatoren in § 20 Abs. 1c S. 2 und zum anderen für Verträge zwischen Aggregatoren und Erzeugungsanlagenbetreibern sowie Letztverbrauchern in § 41e.

11

Der Begriff der **Ausgleichsleistungen (Nr. 1b)** gilt von der Netzzugangsregulierung nach §§ 20ff. umfasssten Leistungen, die für den Ausgleich von Differenzen zwischen Ein- und Ausspeisungen benötigt wird (BT-Drs. 15/3917, 48). Bedeutung gewinnen solche Ausgleichsleistungen für zwei Sachverhalte: für physikalisch bedingte Netzverluste sowie für den Ausgleich von Ein- und Ausspeisemengen im Falle von sog. Fahrplanabweichungen, dh von Abweichungen von den im Voraus festgelegten voraussichtlichen Ein- und Ausspeisemengen für einen bestimmten Zeitraum (Theobald/Kühling/*Theobald* EnWG § 3 Rn. 4). Die in der Definition besonders genannte Regelenergie wird untergesetzlich für den Strombereich in § 2 Nr. 9 StromNZV näher definiert; § 2 Nr. 2 GasNZV verwendet und definiert für den Gasbereich den Begriff der Gasgleichsenergie. Die Erbringung solcher Ausgleichsleistungen unterfällt nach § 13 Abs. 1 S. 1 Nr. 2 bzw. § 16 Abs. 1 Nr. 2 der Systemverantwortung des Fernleitungsnetzbetreibers bzw. des Übertragungsnetzbetreibers.

12

Die **Ausspeisekapazität (Nr. 1c)** gibt für den Gasbereich an, wieviel Volumen an Gas in Normkubikmetern (vgl. § 2 Nr. 11 GasNZV aF) pro Stunde maximal an

13

einem bestimmten Ausspeisepunkt iSv Nr. 1d (→ Rn. 14) entnommen werden kann. Die Definition ist im Hinblick auf die Verwendung des Begriffs in § 20 Abs. 1b aufgenommen worden. Nach § 20 Abs. 1b S. 3 und 4 ist mit dem Netzbetreiber, aus dessen Netz die Entnahme von Gas erfolgen soll, ggf. auch mit einem Verteilnetzbetreiber ein Vertrag über „Ausspeisekapazitäten" abzuschließen. Daraus lässt sich ableiten, dass der Begriff auch buchbare Vorhalteleistungen in einem örtlichen Verteilnetz iSv Nr. 29c (→ Rn. 78) umfassen soll (Theobald/Kühling/*Theobald* EnWG § 3 Rn. 10).

14 Als **Ausspeisepunkt (Nr. 1d)** werden für den Gasbereich jene Punkte definiert, an denen Gas aus einem Netz oder Teilnetz eines Netzbetreibers entnommen werden kann. Die Ausspeisepunkte sind vom Netzbetreiber konkret festzulegen (*Salje* EnWG § 3 Rn. 15). Das EnWG verwendet den Begriff bei den Definitionen der Ausspeisekapazität in Nr. 1c (→ Rn. 13), der Bilanzzone in Nr. 10e (→ Rn. 28) und des Teilnetzes in Nr. 31c (→ Rn. 84). Im Übrigen greifen §§ 14b, 20 Abs. 1b, 23c Abs. 4 Nr. 4 und Abs. 6 Nr. 1 auf diesen Gesetzesbegriff zurück.

15 Als **Betreiber von Elektrizitätsversorgungsnetzen (Nr. 2)** kommen dem Wortlaut nach natürliche und juristische Personen sowie auch rechtlich unselbständige Organisationseinheiten eines EVU, also auch Netzbetriebsabteilungen eines EVU iSv § 3 Nr. 18 (→ Rn. 43) in Betracht (*Salje* EnWG § 3 Rn. 17); hierunter können wegen der Entflechtung von Netzbetrieb und Vertrieb außer im Rahmen der De-minimis-Regelung des § 7 Abs. 2 allerdings nur solche EVU fallen, die ein Netz betreiben oder an einem solchen Verfügungsbefugnis haben, während Strom liefernde EVU ausscheiden (Theobald/Kühling/*Theobald* EnWG § 3 Rn. 15). Auch die bloß teilrechtsfähigen Personengesellschaften in Gestalt der OHG oder der KG werden ungeachtet des engeren Wortlauts von Nr. 2 erfasst sein (Theobald/Kühling/*Theobald* EnWG § 3 Rn. 17). Betreiber sind sie, wenn sie das fragliche Elektrizitätsversorgungsnetz unterhalten und seine bestimmungsgemäße Nutzung organisieren (*Salje* EnWG § 3 Rn. 16); auf eine Eigentümerstellung kommt es nicht an (BGH Beschl. v. 18.10.2011 – EnVR 68/10, Rn. 23). Der Begriff des Elektrizitätsversorgungsnetzes, der in § 3 als solcher – anders als der des Gasversorgungsnetzes (→ Rn. 54) – nicht definiert wird, wird hier implizit legaldefiniert; er umfasst sowohl Übertragungsnetze wie auch Verteilernetze unabhängig von der Spannungsstufe (Theobald/Kühling/*Theobald* EnWG § 3 Rn. 14).

16 Der Umsetzung von Art. 2 Nr. 6 Elt-RL 09 soll die Definition des **Betreibers von Elektrizitätsverteilernetzen (Nr. 3)** dienen (BT-Drs. 15/3917, 48). Hinsichtlich des Begriffs und des zugelassenen Kreises der Betreiber kann auf die Erläuterung zu Nr. 2 verwiesen werden (→ Rn. 15). Gegensätzlich stellt Nr. 3 zunächst auf die Wahrnehmung der Aufgabe der Verteilung von Elektrizität ab, die nach der Definition der Verteilung in Nr. 37 (→ Rn. 95) die Spannungsebenen der Hoch-, Mittel- und Niederspannung umschließen kann und nur die Höchstspannungsebene ausschließt, wo nur Übertragung iSv Nr. 32 (→ Rn. 86) stattfindet; im Bereich der Hochspannung kann entweder Verteilung oder Übertragung iSv Nr. 32 (→ Rn. 88) stattfinden (Theobald/Kühling/*Theobald* EnWG § 3 Rn. 21). Weiter bestimmt Nr. 3 die Betreiberstellung unter Verweis auf die Verantwortlichkeit für Betrieb, Wartung und evtl. Ausbau des Verteilernetzes, die in §§ 11 ff. verbindlich konkretisiert wird. Das bestimmte Gebiet, auf das die Aufgabenwahrnehmung und Verantwortlichkeit sich nach Nr. 3 bezieht, kann ggf. durch den jeweiligen Konzessionsvertrag bestimmt sein (Theobald/Kühling/*Theobald* EnWG § 3 Rn. 22), es muss jedoch nicht notwendig ein Konzessionsgebiet sein (BGH Urt. v. 9.7.2019 –

Begriffsbestimmungen §3

EnVR 76/18, EnWZ 2019, 355 Rn. 25). Der Definition unterfallen auch Betreiber von geschlossenen Verteilernetzen iSv § 110, die freilich nach § 110 Abs. 1 von einer Reihe ansonsten einschlägiger gesetzlicher Verpflichtungen ausgenommen sind.

Die zur Klarstellung eingefügte (BT-Drs. 15/3917, 48) Definition des **Betreibers von Energieversorgungsnetzen (Nr. 4)** ist sachlich kaum weiterführend. Sie korrespondiert inhaltlich mit der Definition des Netzbetreibers in Nr. 27 (→ Rn. 73) und überspannt alle sonstigen Elektrizitäts- und Gasnetzbetreiberdefinitionen (vgl. Nr. 2, → Rn. 15, Nr. 3, → 16; Nr. 5, → Rn. 18; Nr. 7, → Rn. 20; Nr. 8, → Rn. 21; Nr. 10, → Rn. 23; Nr. 10a, → Rn. 24; auch der Transportnetzbetreiber iSv Nr. 31e (→ Rn. 87), der in der Aufzählung der Nr. 27 nicht ausdrücklich genannt ist, ist hier begrifflich eingeschlossen. Die Beschränkung auf Elektrizitäts- und Gasversorgungsnetze entspricht der Definition von Energie (Nr. 14, → Rn. 35); nicht umfasst von Nr. 4 sind danach Betreiber von Wasserstoffnetzen (Nr. 10b, → Rn. 25). Eingeschlossen sind Versorgungsnetze aller Spannungs- und Druckstufen bzw. aller Versorgungsstufen. An den Begriff des Energieversorgungsnetzbetreibers knüpft die EnWG in einer Vielzahl von Vorschriften, die insbesondere seine Pflichten umschreiben, so zB in §§ 6ff., 20ff., 52, an (vgl. Theobald/Kühling/*Theobald* EnWG § 3 Rn. 25). 17

Zur Umsetzung von Art. 2 Nr. 4 Gas-RL 03, heute Gas-RL 09 ist der **Betreiber von Fernleitungsnetzen (Nr. 5)** besonders definiert worden (BT-Drs. 15/3917, 48). Als Aufgabe des Betreibers (zu Definition und Personenkreis → Rn. 15) wird die Fernleitung von Erdgas iSv § 3 Nr. 19 (→ Rn. 36) vorausgesetzt; der Begriff der Fernleitung, für die insbesondere der Transport von Erdgas im Hochdruckfernleitungsnetz kennzeichnend ist, ist in Nr. 19 (→ Rn. 49) näher definiert. Weiter wird auch hier auf die Verantwortlichkeit für Betrieb, Wartung und erforderlichenfalls Ausbau des Fernleitungsnetzes in einem bestimmten Gebiet abgestellt; die Verantwortlichkeit wird ausdrücklich auch auf Verbindungsnetze zu anderen Netzen erstreckt. Die Definition ist insbesondere mit Rücksicht auf die vom 3. Energiebinnenmarktpaket geforderten, zugleich in das EnWG aufgenommenen verschärften Entflechtungsvorschriften für Fernleitungsnetzbetreiber durch das Gesetz vom 26.7.2011 ergänzt und konkretisiert worden, um eine trennscharfe Abgrenzung dieser Unternehmensgruppe von den Verteilernetzbetreibern iSv Nr. 8 (→ Rn. 21) zu ermöglichen. Leitend war für den Gesetzgeber dabei, dass die einbezogenen Transportnetze eine europäische Dimension aufweisen, die ihre Einbeziehung in die unionsrechtlichen Vorgaben nach deren Sinn und Zweck rechtfertigt. Diese europäische Dimension nimmt der Gesetzgeber für die erste Alternative der Nr. 5, dass ein Netz Grenz- oder Marktgebietsübergangspunkte aufweist, die insbesondere die Einbindung großer europäischer Importleitungen in das deutsche Fernleitungsnetz gewährleisten, selbstverständlich an; sie soll aber auch gegeben sein, wenn die Kriterien der zweiten Alternative der Nr. 5 kumulativ vorliegen (vgl. BT-Drs. 17/6072, 50). 18

Mit der Ersetzung des Gesetzesbegriffs der Speicheranlage durch den der Gasspeicheranlage (Nr. 19c, → Rn. 52) einher geht die neue Definition des **Betreibers von Gasspeicheranlagen (Nr. 6),** die die frühere Definition des Betreibers von Speicheranlagen (Nr. 9 aF) inhaltsgleich ersetzt; dieser Begriff des Betreibers von Speicheranlagen war unionsrechtlich in Art. 2 Nr. 10 Gas-RL 09 vorgegeben (vgl. BT-Drs. 15/3917, 48). Als Betreiber kommen auch hier, wie schon nach Nr. 2 (→ Rn. 15), natürliche oder juristische Personen sowie rechtlich unselbstständige Organisationseinheiten eines Energieversorgungsunternehmens in Betracht (Theobald/Kühling/*Theobald* EnWG § 3 Rn. 40). Maßgeblich sind nach dem Wortlaut 19 von Nr. 6 die Aufgabe der Speicherung von Erdgas und die Verantwortlichkeit für den Betrieb einer Gasspeicheranlage. Die Definition der Gasspeicheranlage in Nr. 19c (→ Rn. 52) erfasst allerdings Anlagen zur Speicherung nicht nur von Erdgas, sondern von Gas, das in Nr. 19a weiter definiert ist (→ Rn. 50). Richtigerweise wird, trotz des engeren Wortlauts, allein Erdgas nennenden Wortlauts von Nr. 6 anzunehmen sein, dass Nr. 6 den Betreiber von Gasspeicheranlagen nicht nur für Erdgas, sondern für Gas in diesem weiteren Sinn meint (Theobald/Kühling/*Theobald* EnWG § 3 Rn. 41).

20 Die Definition des **Betreibers von Gasversorgungsnetzen (Nr. 7)** ist allein zur Klarstellung aufgenommen worden (BT-Drs. 15/3917, 48). Auch hier kommen als Betreiber natürliche und juristische Personen sowie auch rechtlich unselbständige Organisationseinheiten eines EVU in Betracht (→ Rn. 15). Die Definition stellt auf den Betrieb eines Gasversorgungsnetzes iSv Nr. 20 (→ Rn. 54) ab. Sie umschließt damit Betreiber von Gasverteilernetzen iSv Nr. 8 (→ Rn. 21) und die Betreiber von Fernleitungen iSv Nr. 19 (→ Rn. 49), darüber hinaus aber auch in dem in Nr. 20 näher definierten Umfang auch die Betreiber von LNG- und Speicheranlagen. Insoweit werden auch sie als Netzbetreiber iSv Nr. 27 (→ Rn. 73) anzusehen sein (Theobald/Kühling/*Theobald* EnWG § 3 Rn. 33).

21 Die Definition des **Betreibers von Gasverteilernetzen (Nr. 8)** sollte der Umsetzung von Art. 2 Nr. 6 Gas-RL 03 bzw. Gas-RL 09 dienen (BT-Drs. 15/3917, 48). Zur Erläuterung kann auf den Betreiberbegriff und die Aufgaben- und Verantwortungsumschreibung in Nr. 2 (→ Rn. 15) bzw. Nr. 3 (→ Rn. 16) verwiesen werden. Sie ist hier bezogen auf die Verteilung von Gas iSv § 3 Nr. 19a (→ Rn. 50). Für den Begriff der Verteilung gilt Nr. 37 (→ Rn. 95), so dass die Verteilung über örtliche und regionale Verteilernetze in Nieder- und Mitteldruck (Theobald/Kühling/*Theobald* EnWG § 3 Rn. 36), jedoch nicht die Kundenbelieferung erfasst ist.

22 Auf Art. 2 Nr. 12 Gas-RL 09 geht der Begriff des **Betreibers von LNG-Anlagen (Nr. 9)** zurück. Der Betreiberbegriff entspricht dem von Nr. 2 (→ Rn. 15). Die Umschreibung von Aufgabe und Verantwortlichkeit des LNG-Betreibers legt die Definition der LNG-Anlage in Nr. 26 (→ Rn. 68) zugrunde. Betreiber von LNG-Anlagen sind, soweit sie nicht Nr. 7 iVm Nr. 20 unterfallen (→ Rn. 20), nicht Netzbetreiber iSv Nr. 27 (→ Rn. 73).

23 Auf Art. 2 Nr. 4 Elt-RL 09 geht die Definition des **Betreibers von Übertragungsnetzen (Nr. 10)** zurück (BT-Drs. 15/3917, 48). Mit dem Änderungsgesetz vom 25.10.2008 (BGBl. 2008 I S. 2101) ist eine redaktionelle Anpassung an den Wortlaut der Nr. 3, 5 und 7–9 erfolgt (vgl. BT-Drs. 16/8305, 21), die inhaltlich ohne Bedeutung bleibt. Maßgeblich ist die Verantwortlichkeit des Betreibers (hierzu → Rn. 15) für Betrieb, Wartung und ggf. Ausbau eines Übertragungsnetzes in einem bestimmten Gebiet einschließlich der Verbindungsleitungen zu anderen Netzen. Nr. 10 erfasst, auch wenn von EVU gesprochen wird, nur Elektrizitätsversorgungsunternehmen, da Übertragung gem. Nr. 32 (→ Rn. 88) nur den Transport von Elektrizität über ein Höchst- oder Hochspannungsnetz meint. An die Annahme eines Übertragungsnetzes sind keine hohen Anforderungen zu stellen; es muss sich nicht um ein verzweigtes System von Leitungen handeln, und es genügt auch der Betrieb einer einzelnen Höchstspannungs- oder Hochspannungsleitung (BGH Beschl. v. 7.3.2017 – EnVR 21/16, NVwZ-RR 2017, 492 Rn. 57 ff.; Beschl. v. 1.9.2020 – EnVR 7/19, RdE 2021, 141 Rn. 17; OLG Düsseldorf Beschl. v. 24.2.2016 – VI-3 Kart 110/14 (V), EnWZ 2016, 270 Rn. 38 f.). Die Verantwortlichkeit für Übertragungsnetze ist in §§ 11, 12a f., 13, die eine besondere Systemverantwortlichkeit für die jeweilige Regelzone iSv Nr. 30 (→ Rn. 80) begründen, näher ausgeformt.

Begriffsbestimmungen **§ 3**

Die 2021 neu eingefügte namentliche Festlegung der **Betreiber von Übertra-** 24
gungsnetzen mit Regelzonenverantwortung (Nr. 10a) übernimmt die bis
dahin untergesetzlich in § 2 Nr. 3a StromNEV aF getroffene Regelung in das
EnWG. Der Gesetzgeber hat dies mit der neu eingefügten Definition eines selbständigen Betreibers von grenzüberschreitenden Elektrizitätsverbindungsleitungen
durch Nr. 31 (→ Rn. 81) begründet (BT-Drs. 19/27453, 88). Nr. 10a bestimmt die
Betreiber von Übertragungsnetzen mit Regelzonenverantwortung, die von dieser
Definition, obgleich auch sie grenzüberschreitende Elektrizitätsverbindungsleitungen betreiben können, nicht erfasst sein sollen.

Die 2021 erfolgte Neuaufnahme einer Definition des **Betreibers von Wasser-** 25
stoffnetzen (Nr. 10b) ist vor dem Hintergrund der Ausweitung des Energiebegriffs iSv Nr. 14 auf Wasserstoff (→ Rn. 35) und der Einfügung eines neuen Abschnitts 3b in Teil 3 des Gesetzes, der der Regulierung von Wasserstoffnetzen gilt,
erfolgt. Auffällig ist, dass als Betreiber nur natürliche und juristische Personen, nicht
auch – wie bei Betreibern von Elektrizitäts- bzw. Gasversorgungs- und -verteilungsnetzen iSv Nr. 2, 3, 7 und 8 (→ Rn. 15, 16, 20, 21) und auch bei Betreibern
von Wasserstoffspeicheranlagen iSv Nr. 10c (→ Rn. 26) – rechtlich unselbständige
Organisationseinheiten eines EVU genannt sind. Die bestimmenden Betätigung
des Betreibers liegt in der Wahrnehmung der Aufgabe des Transports oder der Verteilung von Wasserstoff und der Verantwortung für den Betrieb, die Wartung sowie
erforderlichenfalls den Ausbau des Wasserstoffnetzes iSv Nr. 39a (→ Rn. 100).

Denselben Hintergrund wie Nr. 10b (→ Rn. 25) hat die Definition des **Be-** 26
treibers von Wasserstoffspeicheranlagen (Nr. 10c). Darunter werden die für
den Betrieb einer solchen Anlage verantwortliche natürliche oder juristische Person
oder rechtlich unselbständige Organisationseinheiten eines Energieversorgungsunternehmens gefasst, die die Aufgabe der Speicherung von Wasserstoff wahrnehmen. Dies verweist auf die Definition der Wasserstoffspeicheranlage in Nr. 39b
(→ Rn. 101).

Die Definition des **Bilanzkreises (Nr. 10d)** ist im Gesetzgebungsverfahren 27
zum EnWG 2005 auf Empfehlung des Wirtschaftsausschusses (BT-Drs. 15/5268,
13) mit Rücksicht auf die zugleich vorgeschlagene Einfügung von § 21 Abs. 1a, wo
der Begriff erstmals im EnWG verwendet worden ist, aufgenommen worden. Die
Definition beschränkt den Begriff explizit auf den Strombereich, obgleich die
nachfolgende, dem Gasbereich geltende Definition der Bilanzzone iSv Nr. 10e
(→ Rn. 28) auch den Begriff des Bilanzkreises verwendet; für Gas ist dieser Begriff
in § 2 Nr. 4 GasNZV definiert. Der Bilanzkreis entsteht durch die Zusammenfassung von Einspeise- und Entnahmestellen innerhalb einer Regelzone iSv Nr. 30
(→ Rn. 80). Erforderlich ist mindestens eine Einspeise- und Entnahmestelle. Innerhalb einer Regelzone können mehrere Bilanzkreise gebildet werden (BerlKomm-
EnergieR/*Boesche* EnWG § 3 Rn. 18). Die Bildung von Bilanzkreisen dient dem
Zweck, Abweichungen zwischen Einspeisungen und Entnahmen durch ihre
Durchmischung zu minimieren und die Abwicklung von Handelstransaktionen zu
ermöglichen, indem sie zur Sicherung der Systemstabilität, namentlich gleichbleibenden Frequenz im Stromnetz beiträgt (Theobald/Kühling/*Theobald* EnWG § 3
Rn. 52). Einzelheiten zur Bildung von Bilanzkreisen und zur Benennung von Bilanzkreisverantwortlichen gegenüber dem Übertragungsnetzbetreiber sind in § 4
StromNZV geregelt.

Ebenso wie der Begriff des Bilanzkreises (→ Rn. 27) wurde auch der Begriff 28
der **Bilanzzone (Nr. 10e)** auf Empfehlung des Wirtschaftsausschusses (BT-Drs.
15/5268, 13) mit Rücksicht auf die Verwendung in § 20 Abs. 1b aufgenommen.

Hellermann 47

§ 3 Teil 1. Allgemeine Vorschriften

Er ist auf den Gasbereich beschränkt und stellt das Gegenstück nicht zum Bilanzkreis, sondern zur Regelzone iSv Nr. 30 (→ Rn. 80) im Strombereich dar (*Salje* EnWG § 3 Rn. 48; Theobald/Kühling/*Theobald* EnWG § 3 Rn. 56). Unter einer Bilanzzone ist der Teil eines oder mehrerer Gasnetze zu verstehen, in dem Einspeisepunkt iSv Nr. 13b (→ Rn. 34) und Ausspeisepunkte iSv Nr. 1d (→ Rn. 14) einem bestimmten Bilanzkreis iSv § 2 Nr. 4 GasNZV zugeordnet werden können.

29 Die Einfügung einer Definition von **Biogas (Nr. 10f)** geht auf einen Vorschlag des Wirtschaftsausschusses des Bundestages im Gesetzgebungsverfahren zum EnWG 2005 zurück (BT-Drs. 15/5268, 13). Ursprünglich waren Biomethan, Gas aus Biomasse, Deponiegas, Klärgas und Grubengas genannt. Durch das Gesetz vom 26.7.2011 ist der Begriff auf elektrolytisch erzeugten Wasserstoff und auf synthetisch erzeugtes Methan erweitert worden, soweit der eingesetzte Strom bzw. das eingesetzte Kohlendioxid oder Kohlenmonoxid jeweils weit überwiegend aus erneuerbaren Energiequellen stammen; nach der Gesetzentwurfsbegründung soll „weit überwiegend" einen Anteil von mindestens 80 Prozent meinen (BT-Drs. 17/6072, 50). Wegen dieser Anforderung unterfallen elektrolytisch erzeugter Wasserstoff und synthetisch erzeugtes Methan zwar umfassend der Definition von Gas iSv Nr. 19a (→ Rn. 50), jedoch nur eingeschränkt der Definition von Biogas (Theobald/Kühling/*Theobald* EnWG § 3 Rn. 66b). Für die dieser gesetzlichen Definitionen unterfallenden Biogase gelten besondere, privilegierende Regelungen zB in der GasNZV und GasNEV. Biogas unterfällt im Übrigen umfassend der Definition von Gas nach Nr. 19a (→ Rn. 50).

30 Die gesetzliche Definition der **dezentralen Erzeugungsanlage (Nr. 11)** geht auf Art. 2 Nr. 31 Elt-RL 09 zurück (vgl. BT-Drs. 15/3917, 48). Sie erfasst aber, terminologisch unstimmig über den allgemeinen Begriff der Erzeugungsanlage iSv Nr. 18c (→ Rn. 47) hinausgehend, sowohl den Strom- wie auch den Gasbereich (Theobald/Kühling/*Theobald* EnWG § 3 Rn. 70, unter Hinweis auf § 19 Abs. 2). Kennzeichnend ist zunächst der Anschluss an das Verteilernetz, dessen Definition aus Nr. 37 abgeleitet werden kann (→ Rn. 95). Weiter ist die Verbrauchs- und Lastnähe gefordert. Solche Anlagen dienen der lokalen Versorgung; ihre Nutzung soll einem unnötigen Ausbau des Verteilernetzes wehren (Theobald/Kühling/*Theobald* EnWG § 3 Rn. 72). Eine Erzeugungsanlage, die sowohl an ein Verteilernetz als auch an das Höchstspannungsnetz angeschlossen ist, fällt nicht unter den Begriff (BGH Beschl. v. 27.10.2020 – EnVR 70/19, EnWZ 2021, 230 Rn. 15ff.).

31 Zur Umsetzung von Art. 2 Nr. 15 Elt-RL 09/Art. 2 Nr. 18 Gas-RL 09 wird der Begriff der **Direktleitung (Nr. 12)** erläutert (BT-Drs. 15/3917, 48). Er setzt unausgesprochen den Netzbegriff voraus und grenzt sich davon ab (*Salje* EnWG § 3 Rn. 55). Die Definition kennt mehrere Varianten. Sowohl für den Strom- wie für den Gasbereich sollen Leitungen erfasst sein, die einen einzelnen Produktionsstandort mit einem einzelnen Kunden verbinden (Nr. 12 Alt. 1); dabei soll nicht nur bei Versorgung eines einzigen, sondern auch bei der einer begrenzten Anzahl einzelner Kunden eine Direktleitung vorliegen (Theobald/Kühling/*Theobald* EnWG § 3 Rn. 77). Im Strombereich sind weiter Leitungen erfasst, die einen Elektrizitätserzeuger bzw. ein Elektrizitätsversorgungsunternehmen zum Zwecke der direkten Versorgung mit einer eigenen Betriebsstätte, mit Tochterunternehmen oder mit Kunden verbinden (Nr. 12 Alt. 2); insbesondere im letzteren Falle setzt die Definition die implizite Abgrenzung von netzzugehörigen Leitungen voraus. Schließlich werden für den Gasbereich auch Leitungen als Direktleitungen angesehen, die zusätzlich zum Verbundnetz zur Versorgung einzelner Kunden errichtet sind (Nr. 12 Alt. 3); eine Stichleitung ist nicht zusätzlich errichtet und ist deshalb keine Direktleitung, wenn ein Letztverbraucher versorgt wird, hinsichtlich dessen eine allgemeine Versorgungspflicht besteht, der aber über das Ortsnetz nicht versorgt werden kann (OLG Naumburg Urt. v. 11.9.2014 – 2 U 122/13 (EnWG), EnWZ 2014, 520 Rn. 52). In allen Varianten ist kennzeichnend, dass die Direktleitung nicht Bestandteil des Netzes ist und ohne Beeinträchtigung des Verbundnetzes hinweggedacht werden kann (BGH Beschl. v. 18.10.2011 – EnVR 68/10 Rn. 18).

Die Definition der **Eigenanlagen (Nr. 13)** knüpft an § 1 Fünfte DVO an (BT- 32 Drs. 15/3917, 48). Sie beschränkt diesen Begriff auf Anlagen zur Erzeugung von Elektrizität, die nicht von einem EVU betrieben werden und der Deckung des Eigenbedarfs dienen. Abweichend spricht das EnWG in § 37 Abs. 1 S. 1 von Anlagen zur Erzeugung von Energie zur Deckung des Eigenbedarfs (→ § 37 Rn. 7) und erfasst damit auch Gaserzeugungs- bzw. -gewinnungsanlagen, die hier nicht unter den Eigenanlagenbegriff gezogen werden. Nr. 13 meint Eigenanlagen, die nicht von einem EVU betrieben werden und bei denen es sich auch nicht um ein Energieversorgungsnetz handelt; daher gelten sämtliche Pflichten, die an die Eigenschaft eines Energieversorgungsnetzes oder an den Betrieb durch ein EVU anknüpfen, für Eigenanlagen nicht (BerlKommEnergieR/*Boesche* EnWG § 3 Rn. 42).

Der Begriff der **Einspeisekapazität (Nr. 13a)**, die das Gegenstück zur Aus- 33 speisekapazität iSv Nr. 1c (→ Rn. 13) darstellt, gibt für den Gasbereich an, wieviel Volumen an Gas in Normkubikmetern pro Stunde maximal an einem bestimmten Einspeisepunkt iSv Nr. 13b (→ Rn. 34) in ein Netz oder Teilnetz eingespeist werden kann.

Das Gegenstück zum Ausspeisepunkt iSv Nr. 1c (→ Rn. 14) ist der **Einspeise-** 34 **punkt (Nr. 13b)**. Die Definition erfasst alle Punkte, an denen Gas an den Netzbetreiber in dessen Netz oder Teilnetz übergeben werden kann. Klarstellend wird auch die Übergabe aus Speichern, dh Gasspeicheranlagen iSv Nr. 19c (→ Rn. 52), Gasproduktionsanlagen, Hubs sowie Misch- und Konversionsanlagen erfasst. Hubs sind Knotenpunkte, von denen aus Gas in mehrere Richtungen weitertransportiert werden kann (*Salje* EnWG § 3 Rn. 55), und damit Erdgashandelsplätze (vgl. näher Theobald/Kühling/*Theobald* EnWG § 3 Rn. 94 ff.). Mischanlagen sind Anlagen zur Herstellung von Gasgemischen (vgl. Theobald/Kühling/*Theobald* EnWG § 3 Rn. 97). In Konversionsanlagen werden schwere in leichte Gasprodukte umgewandelt (Theobald/Kühling/*Theobald* EnWG § 3 Rn. 98).

Der für das Gesetz grundlegende Begriff der **Energie (Nr. 14)** ist zunächst im 35 Anschluss an § 2 Abs. 1 EnWG 1998 (BT-Drs. 15/3917, 48) umschrieben worden. Erfasst waren danach Elektrizität und Gas, wobei Gas in Nr. 19a noch konkretisierend definiert worden ist und weiterhin wird (→ Rn. 37). Mit dem Gesetz vom 16.7.2021 ist der Energiebegriff durch die Aufnahme von Wasserstoff erweitert worden; Wasserstoff tritt dadurch als selbständiger Energieträger neben Elektrizität und Gas. Der Umstand, dass Wasserstoff bislang zu größeren Anteilen auch als Rohstoff in der Industrie eingesetzt werden wird, soll nach dem Willen des Gesetzgebers der Einordnung als Energieträger nicht entgegenstehen (BT-Drs. 19/27453, 88). Wie Elektrizität und Gas wird auch Wasserstoff nur als Energie iSd EnWG erfasst, soweit er zur leitungsgebundenen Energieversorgung verwendet wird. *Leitungsgebundenheit* setzt eine bestehende Leitungsverbindung zwischen Erzeugung bzw. Gewinnung über die Verteilung bis zum Letztverbraucher voraus. Sie ist auch anzunehmen bei einer unmittelbaren Verbindung zwischen Erzeugungs- und Kundenanlage und bei Eigenerzeugungsanlagen; sie fehlt etwa bei Elektrizität, die in Akkumulatoren gespeichert ist, oder Gas, das in Flaschen, Tankwagen, Tanks usw. transportiert wird (BerlKommEnergieR/*Boesche* EnWG § 3 Rn. 46). Die Auf-

§ 3 Teil 1. Allgemeine Vorschriften

nahme von Wasserstoff als drittem Energieträger ist einhergegangen mit einer entsprechenden Erweiterung der Definition des Energieversorgungsnetzes iSv Nr. 16 (→ Rn. 41) und der Aufnahme weiterer Definition namentlich des Betreibers von Wasserstoffnetzen iSv Nr. 10b (→ Rn. 25), des Betreibers von Wasserstoffspeicheranlagen iSv Nr. 10c (→ Rn. 26), des Wasserstoffnetzes iSv Nr. 39a (→ Rn. 97) und der Wasserstoffspeicheranlagen iSv Nr. 39b (→ Rn. 101). Die nähere Regelungen zur Regulierung von Wasserstoffnetzen finden sich in §§ 28j ff.

36 Der schon im EnWG 1935 definierte Begriff der **Energieanlagen (Nr. 15)** wird entsprechend § 2 Abs. 2 EnWG 1998 gefasst, ergänzt um eine Klarstellung insbesondere für den Bereich der Gasversorgung (BT-Drs. 15/3917, 48; vgl. dazu auch BT-Drs. 15/5268, 14, 117). Kraft der Erweiterung des Begriffs der Energie iSv Nr. 14 (→ Rn. 35) fallen nunmehr auch Anlagen im Zusammenhang mit der leitungsgebundenen Wasserstoffversorgung darunter. Der Anlagenbegriff soll grundsätzlich weit zu fassen sein (*Salje* EnWG § 3 Rn. 79). Energieanlagen liegen nur vor, wenn der Zweck, der Erzeugung, Speicherung, Fortleitung oder Abgabe von Elektrizität oder Gas zu dienen, unmittelbar zum Ausdruck kommt und auch tatsächlich, aktuell mit den Anlagen verfolgt wird (Theobald/Kühling/*Theobald* EnWG § 3 Rn. 105). Ausdrücklich ausgenommen werden Anlagen, die lediglich der Übertragung von Signalen dienen, also namentlich alle Telegrafen- und Telefon-, Rundfunk- und Fernsehanlagen; den Energieanlagen zuzurechnen sind allerdings der Netzsteuerung dienende Einrichtungen wie Fernwirkleitungen (Theobald/Kühling/*Theobald* EnWG § 3 Rn. 116f.). Ausdrücklich mitumfasst sind Verteileranlagen der Letztverbraucher iSv Nr. 25 (→ Rn. 44) sowie bei der Gasversorgung auch die letzte Absperreinrichtung vor der Verbrauchsanlage. Nicht erfasst hingegen sind Energieverbrauchsgeräte (Theobald/Kühling/*Theobald* EnWG § 3 Rn. 119). Unter den Begriff fallen danach insbesondere Energieversorgungsnetze iSv Nr. 16 (→ Rn. 32), Direktleitungen iSv Nr. 12 (→ Rn. 25) sowie Kundenanlagen iSv Nr. 24a, 24b (→ Rn. 43a, 43b); der Begriff der Energieanlage ist insoweit zusammenfassender Oberbegriff (*Jacobshagen/Kachel/Baxmann* IR 2012, 2). Die Qualifizierung als Energieanlagen ist wesentlich für die Einschlägigkeit der technischen Sicherheitsanforderungen gem. § 49 und gegebenenfalls die Anwendbarkeit von § 65; besondere Anforderungen gelten für Energieanlagen, die als Kritische Infrastruktur definiert sind, gem. § 11.

37 Durch das Gesetz vom 26.7.2011 neu eingefügt ist die Definition des **Energiederivats (Nr. 15a)**. Der Sache nach geht es um Finanzinstrumente wie Optionen, Terminkontrakte, Swaps, Termingeschäfte usw., die Energie betreffen. Die Definition lehnt sich an die Definitionen für Elektrizitäts- bzw. Gasderivate in Elt-RL 09/Gas-RL 09 an. Sie ist insbesondere mit Blick auf § 5a, der Datenaufbewahrungspflichten und Veröffentlichungsrechte ua in Bezug auf Energiederivate regelt, bedeutsam (BT-Drs. 17/6072, 50).

38 Die Definition der **Energieeffizienzmaßnahmen (Nr. 15b)**, früher Nr. 15a, ist mit Rücksicht auf § 14 Abs. 2 aF, heute § 14d Abs. 5, aufgenommen worden (BT-Drs. 15/5268, 117; vgl. Theobald/Kühling/*Theobald* EnWG § 3 Rn. 120), der die Berücksichtigung der Möglichkeiten von Energieeffizienz- und Nachfragesteuerungsmaßnahmen bei der Planung des Elektrizitätsverteilernetzausbaus verlangt. Die Begriffe der Energieeffizienz und der Nachfragesteuerung lassen sich auf Art. 2 Ziff. 29 Elt-RL 09 zurückführen. Das EnWG verwendet den Begriff der Energieeffizienz nur in § 53 im Zusammenhang mit der Ausschreibung neuer Erzeugungskapazitäten im Elektrizitätsbereich sowie in § 63 mit Blick auf den von der Bundesregierung vorzulegenden Monitoringbericht; es begründet jedoch selbst

Begriffsbestimmungen § 3

keine Energieeffizienzverpflichtungen für EVU (BerlKommEnergieR/*Boesche* EnWG § 3 Rn. 56). Außerhalb des EnWG ist auf das Gesetz über Energiedienstleistungen und andere Energieeffizienzmaßnahmen (EDL-G) hinzuweisen.

Mit der Aufnahme der Definition des **Energielieferanten (Nr. 15 c)** hat der Gesetzgeber Klarstellungsabsichten verfolgt (BT-Drs. 19/27453, 88). Klargestellt wird, dass ungeachtet des weiterreichenden Begriffs der Energie iSv Nr. 14 (→ Rn. 35), der auch Wasserstoff umschließt, nur Strom- und Gaslieferanten darunter fallen. Den zusammenfassenden Begriff des Energielieferanten verwendet das EnWG bei der Regelung seiner Verpflichtungen gegenüber Letztverbrauchern in §§ 40 ff. Im Übrigen finden sich in § 3 eigenständige Definitionen des Stromlieferanten (Nr. 31 a, → Rn. 82) und des Gaslieferanten (Nr. 19 b, → Rn. 51). 39

Im Zuge einer Neufassung der Speicheranlagenbegriffe, zugleich mit der Ersetzung des früheren Begriffs der Speicheranlage durch den damit inhaltsgleichen neuen Begriff der Gasspeicheranlage (Nr. 19 c, → 52), ist die Definition der **Energiespeicheranlagen (Nr. 15 d)** eingefügt worden. Zur Aufnahme der bis dahin im EnWG fehlenden Begriffsbestimmung hat der Gesetzgeber sich insbesondere durch Art. 36, 54 Elt-RL 19 veranlasst gesehen (BT-Drs. 19/27453, 88); durch die Klimaschutz-Sofortprogramm-Novelle (BGBl. 2022 I S. 1214) ist die Definition mit Wirkung ab dem 1.7.2023 neugefasst worden, um sie sprachlich an die Terminologie der Elt-RL 19 anzupassen und die besondere Bedeutung der Speicher im Energiesystem zu unterstreichen (BT-Drs. 20/2402, 38). Angesichts der weitergehenden Definition von Energie (Nr. 14, → Rn. 35) begrifflich wenig glücklich werden darunter Anlagen verstanden, die elektrische Energie aufnehmen, der Sache nach also Stromspeicheranlagen. Unter deren Begriffsbestimmung fallen sowohl Speicheranlagen, die ausschließlich elektrische Energie abgeben und damit erzeugen, als auch Anlagen, die die eingespeicherte elektrische Energie in anderer Energieform abgeben, so dass auch sog. sektorübergreifende Speicherkonzepte (Power-to-X) umfasst sind (BT-Drs. 19/27453, 88). Das EnWG greift auf den Begriff in den Entflechtungsvorschriften der §§ 7 ff. sowie in §§ 11 a f. zurück; in § 118 Abs. 6 handelt es von Anlagen zur Speicherung elektrischer Energie. 40

Der Begriff des **Energieversorgungsnetzes (Nr. 16)** erfasst bereits seit dem EnWG 2005 sowohl Stromnetze aller Spannungsebenen wie auch Gasnetze aller Druckstufen. Er überspannt damit alle spezielleren Netzbegriffe des EnWG, die sich namentlich in Nr. 17 (→ Rn. 42), Nr. 20 (→ Rn. 54), Nr. 29 c (→ Rn. 78), Nr. 31 c (→ Rn. 86), Nr. 35 (→ Rn. 92), Nr. 39 (→ Rn. 99) finden, und nimmt auf deren Definitionen Bezug. Der allgemeine Begriff des Energieversorgungsnetzes ist von zentraler Bedeutung für die Reichweite der regulatorischen Anforderungen des EnWG an Netzbetreiber (*Jacobshagen/Kachel/Baxmann* IR 2012, 2; *Voigt* RdE 2012, 95); er wird insbesondere verwandt in §§ 11, 17 ff. und 20 ff., um Betriebspflicht, Netzanschlusspflicht und Netzzugangsanspruch zu regeln. Mindestvoraussetzung für das Vorliegen eines Energieversorgungsnetzes ist, dass über die Energieanlagen nachgelagerte Letztverbraucher als Dritte versorgt werden (BGH Beschl. v. 18.10.2011 – EnVR 68/10 Rn. 9; BGH Beschl. v. 3.6.2014 – EnVR 10/13, NVwZ 2014, 1600 Rn. 35; Theobald/Kühling/*Theobald* EnWG § 3 Rn. 127–131). Dem Zweck des EnWG entsprechend soll der Netzbegriff weit zu fassen sein (BGH Beschl. v. 18.10.2011 – EnVR 68/10, Rn. 8 f.; Beschl. v. 12.11.2019 – EnVR 65/18, EnWZ 2020, 265 Rn. 21; BerlKommEnergieR/*Boesche* EnWG § 3 Rn. 57). Soweit es um die Einbeziehung der Versorgung dienender Leitungen geht, ist das Energieversorgungsnetz abzugrenzen von Direktleitungen iSv Nr. 12 (→ Rn. 31), denen es an der Eingliederung in ein Netz fehlt (BGH Beschl. v. 18.10.2011 – EnVR 68/10 Rn. 18; 41

Rauch IR 2009, 50 (51)). Aus der gesonderten Legaldefinition in Nr. 39 (→ Rn. 99) sowie aus den speziellen Zugangsvorschriften der §§ 26 f. wird gefolgert, dass auch vorgelagerte Rohrnetze und Rohrleitungen vom Energieversorgungsnetz zu trennen sind (BerlKommEnergieR/*Boesche* EnWG § 3 Rn. 85). Nachdem dies bereits zur bisherigen Rechtslage grundsätzlich angenommen wurde (vgl. OLG Stuttgart Beschl. v. 27.5.2010 – 202 EnWG 1/10, RdE 2011, 62 (64 f.)), sind nunmehr Kundenanlagen iSd Nr. 24a (→ Rn. 62) und Nr. 24b (→ Rn. 63) ausdrücklich vom Netzbegriff ausgenommen; damit soll klargestellt werden, an welchem Punkt das regulierte Netz beginnt bzw. endet (BT-Drs. 17/6072, 50). Kundenanlagen sind damit kein Energieversorgungsnetz iSv Nr. 16; ihr Betreiber ist kein Betreiber eines Energieversorgungsnetzes iSv Nr. 4 (→ Rn. 17) und kein Energieversorgungsunternehmen iSv Nr. 18 (→ Rn. 43). Soweit damit nicht insgesamt eine Freistellung von regulatorischen Vorgaben gegeben ist, kommt für sog. Arealnetze die partielle Freistellung von Netzregulierungsvorgaben als geschlossenes Verteilernetz nach § 110 in Betracht. Durch das Gesetz vom 16.7.2021 ist die Definition des Energieversorgungsnetzes schließlich vor dem Hintergrund der Erweiterung der Energiedefinition um Wasserstoff sowie der Geltung des Teils 5 für Wasserstoffnetze auch auf diese erweitert worden; die Erweiterung gilt jedoch ausdrücklich nur für die Zwecke des Teils 5 des EnWG.

42 Voraussetzung für die Qualifikation eines Energieversorgungsnetzes (Nr. 16; → Rn. 41) als **Energieversorgungsnetz der allgemeinen Versorgung (Nr. 17)** ist zunächst, dass es der Verteilung von Energie dient. Mit dem Begriff der Verteilung wird an dessen Definition in Nr. 37 (→ Rn. 95) angeknüpft, wonach es auf den physischen Transport von Energie über ein Netz ankommt (BGH Urt. v. 7.4.2020 – EnZR 75/18, NVwZ-RR 2020, 929 Rn. 31). Dass Verteilung an Dritte gefordert ist, schließt insbesondere Energieversorgungsnetze aus, die ausschließlich der Verteilung von Energie an Konzerngesellschaften dienen (*Boesche/Wolf* ZNER 2005, 285 (292)). Weiter darf das Netz nicht von vornherein nur auf die Versorgung bestimmter, schon bei der Netzerrichtung feststehender oder bestimmbarer Letztverbraucher ausgelegt sein; vielmehr muss es grundsätzlich für die Versorgung aller Letztverbraucher im Netzgebiet offenstehen, dh, dass die durch das Netz zu versorgenden Letztverbraucher weder individuell noch im Hinblick auf ihre Anzahl feststehen dürfen (*Rosin* RdE 2006, 9 (13 f.); *Boesche/Wolf* ZNER 2005, 285 (292)). Dabei soll das qualitative Merkmal der Unbegrenztheit ausschlaggebend sein, nicht das quantitative Merkmal der Anzahl der versorgten Letztverbraucher (Theobald/Kühling/*Theobald* EnWG § 3 Rn. 133), so dass uU auch Versorgung einzelner Häuser oder Häuserblocks reichen soll (BerlKommEnergieR/*Boesche* EnWG § 3 Rn. 88). Der Versorgung einzelner Letztverbraucher dienende Netze oder der Versorgung bestimmter Abnehmer oder Abnehmergruppen dienende Direkt- oder Stichleitungen fallen nicht unter den Begriff (→ § 18 Rn. 7), ebenso nicht geschlossene Verteilernetze iSv § 110. Energieversorgungsnetze der allgemeinen Versorgung unterliegen der grundsätzlichen Netzanschlusspflicht nach § 18 Abs. 1 S. 1 (→ § 18 Rn. 13, 20 ff.). Nach § 46 Abs. 2 S. 1 unterfallen Verträge über die Verlegung und den Betrieb von Leitungen, die zu einem Energieversorgungsnetz der allgemeinen Versorgung gehören, als sog. Konzessionsverträge den dafür geltenden besonderen Vorschriften. Darüber hinaus ist die Definition der Nr. 17 auch heranzuziehen, um das – in § 3 nicht eigens definierte – Netzgebiet der allgemeinen Versorgung zu bestimmen, auf das § 36 Abs. 1, 2 für die Grundversorgungspflicht abstellt (BVerwG Urt. v. 26.10.2021 – 8 C 2.21, Rn. 11 ff.; → § 36 Rn. 53 ff.).

Begriffsbestimmungen **§ 3**

Ein zentraler Begriff des EnWG ist der des **Energieversorgungsunterneh-** 43
mens (Nr. 18), dessen Definition nach dem Willen des Gesetzgebers die des früheren § 2 Abs. 4 EnWG 1998 präzisieren soll (BT-Drs. 15/3917, 49). Dass Nr. 18 nunmehr statt auf Unternehmen und Betriebe auf natürliche oder juristische Personen abstellt, ist jedoch keine geglückte Präzisierung. Zum einen wird damit die sonst im Wirtschaftsrecht etablierte Unterscheidung von Unternehmen und Unternehmensträger unterlaufen (zutr. krit. dazu *Salje* EnWG § 3 Rn. 107 ff.; Theobald/Kühling/*Theobald* EnWG § 3 Rn. 142), zum anderen bedarf die im Wortlaut angelegte Beschränkung auf rechtsfähige Personen der Erweiterung, so dass auch nicht rechtsfähige Einheiten, zB ein öffentlich-rechtlich geregelter Eigenbetrieb, ein EVU sein können (vgl. Theobald/Kühling/*Theobald* EnWG § 3 Rn. 141 ff.). Maßgeblich für den Begriff des EVU muss eine funktionale Betrachtung sein, die darauf abstellt, ob eine – nicht notwendig rechtsfähige – Einheit eine einschlägige energiewirtschaftliche Tätigkeit ausübt. Als eine solche Tätigkeit von EVU sieht Nr. 18 Alt. 1 die (leitungsgebundene) Lieferung von Energie iSv Nr. 14 (→ Rn. 35), dh Strom, Gas und jetzt auch Wasserstoff an andere (vgl. *Salje* EnWG § 3 Rn. 114 ff.; Theobald/Kühling/*Theobald* EnWG § 3 Rn. 147 ff.). Lieferung an andere soll nach hM vorliegen, wenn Versorger und Abnehmer sich als selbständige wirtschaftliche Einheiten gegenüberstehen und verschiedene Rechtssubjekte sind bzw. verschiedenen Rechtssubjekten angehören. Sie soll auch bei Lieferung durch eine juristische Person (AG, GmbH, Zweckverband usw) an ihre Gesellschafter, Mitglieder etc vorliegen. An der Lieferung an andere fehlt es hingegen und bloße Eigenbedarfsdeckung ist gegeben bei Lieferungen innerhalb desselben Rechtsträgers bzw. zwischen verschiedenen Betrieben ein und desselben Rechtsträgers. Nach Nr. 18 Alt. 2 ist auch EVU, wer ein Energieversorgungsnetz (vgl. Nr. 16; → Rn. 32) betreibt; der Betreiber muss nicht Eigentümer, kann etwa auch Pächter sein (Theobald/Kühling/*Theobald* EnWG § 3 Rn. 152). Nr. 18 Alt. 3 erfasst darüber hinaus auch denjenigen, der als Eigentümer an einem Energieversorgungsnetz Verfügungsbefugnis besitzt. Klargestellt ist nunmehr, dass der Betrieb einer Kundenanlage oder einer Kundenanlage zur betrieblichen Eigenversorgung den Betreiber nicht zum EVU macht (→ Rn. 41 zum Begriff des Energieversorgungsnetzes sowie → Rn. 62, 63 zum Begriff der Kundenanlage; das hat zur Folge, dass Betreiber von Kundenanlagen von vielen für EVU geltenden Bestimmungen des EnWG ausgenommen sind.

Mit dem Gesetz vom 26.7.2011 neu ist die Definition des **Energieversor-** 44
gungsvertrags (Nr. 18a), aufgenommen worden. Sie lehnt sich an die Definition für Elektrizitäts- bzw. Gasversorgungsverträge in Elt-RL 09/Gas-RL 09 an und soll, wie auch die Definition des hier ausdrücklich ausgenommenen Energiederivats (vgl. Nr. 15a, → Rn. 37), vor allem dem Verständnis des § 5a dienen (BT-Drs. 17/6072, 50). Aus dem Regelungszusammenhang mit § 5a Abs. 1 S. 1 EnWG (Theobald/Kühling/*Theobald* EnWG § 3 Rn. 155b), iÜ aber auch schon aus dem Erfordernis eines Vertrages ergibt sich, dass Nr. 18a wie Nr. 18 Alt. 1 zu verstehen ist und daher nur ein Vertrag über die Lieferung „an andere" gemeint ist.

Die Definition der **Erlösobergrenze (Nr. 18b)** übernimmt die Legaldefinition 45
des § 4 Abs. 1 ARegV aF. Sie ist für die Anreizregulierung nach § 21a EnWG, ARegV vor grundlegender Bedeutung und kommt dem EnWG im Rahmen von Veröffentlichungen der Regulierungsbehörde notwendig (vgl. § 23b). Der Begriff soll andere Begriffe, namentlich die „Obergrenzen" in § 21a, ausdrücklich unberührt lassen (BT-Drs. 19/27453, 89).

Die früher in Nr. 18a aF bzw. Nr. 18b aF verortete Definition der **erneuer-** 46
baren Energien (Nr. 18c) verweist nunmehr auf § 3 Nr. 21 EEG 2021. Erfasst

§ 3 Teil 1. Allgemeine Vorschriften

sind danach Wasserkraft einschließlich der Wellen-, Gezeiten-, Salzgradienten- und Strömungsenergie, Windenergie, solare Strahlungsenergie, Geothermie und Energie aus Biomasse einschließlich Biogas, Biomethan, Deponiegas und Klärgas sowie aus dem biologisch abbaubaren Anteil von Abfällen aus Haushalten und Industrie. Grubengas fällt nicht unter § 3 Nr. 21 EEG 2021, und es ist in der Sache auch nicht als erneuerbare Energie anzusehen; da aber Nr. 10f für das EnWG auch Grubengas unter den Begriff des Biogases zieht (→ Rn. 29), darf Grubengas auch als erneuerbare Energie iSv Nr. 18c, nämlich auch insoweit als Biogas gelten (Theobald/Kühling/*Theobald* EnWG § 3 Rn. 154, 160).

47 Der zuvor nur in § 13 Abs. 1a aF legaldefinierte Begriff der **Erzeugungsanlage (Nr. 18d)** ist als Nr. 18c aF durch das Strommarktgesetz vom 26.7.2016 in die allgemeinen Begriffsbestimmungen aufgenommen worden, weil er nunmehr auch im Rahmen der Kapazitätsreserve sowie in anderen Regelungen gesetzlich verwendet wird; eine inhaltliche Änderung war damit nicht intendiert (BT-Drs. 18/7317, 77). Der Begriff wird in dem Gesetzesbegriff der dezentralen Erzeugungslage iSv Nr. 11 (→ Rn. 30) verwendet, soll in diesem Zusammenhang dann aber nicht nur die Strom-, sondern auch die Gaserzeugung erfassen.

48 Das Strommarktgesetz vom 26.7.2016 hat den Begriff der **europäischen Strommärkte (Nr. 18e)**, Nr. 18d aF, in § 3 aufgenommen. Über die Strommärkte der Mitgliedstaaten der EU hinaus werden für die Zwecke des Monitorings der Versorgungssicherheit iSv § 51 auch die Strommärkte Norwegens und der Schweiz wegen der engen Verknüpfung mit dem deutschen Strommarkt zu den europäischen Strommärkten gezählt (BT-Drs. 18/7317, 77f.). Das gesetzgeberische Anliegen einer Stärkung des europäischen Elektrizitätsbinnenmarktes hat sich insbesondere auch in §§ 1 Abs. 4 Nr. 4, 1a Abs. 6 niedergeschlagen.

49 Auf Art. 2 Nr. 3 Gas-RL 03, heute Gas-RL 09, führt der Gesetzgeber die Definition der **Fernleitung (Nr. 19)** zurück (BT-Drs. 15/3917, 49fE weist die Definition einige Unstimmigkeiten auf. Auffällig ist zunächst, dass nur der Transport von Erdgas und nicht umfassender von Gas iSv Nr. 19a (→ Rn. 50) erfasst wird (vgl. Theobald/Kühling/*Theobald* EnWG § 3 Rn. 166, wo dies anders als bei BerlKommEnergieR/*Boesche* EnWG § 3 Rn. 100, auf Sachgründe zurückgeführt wird). Der Ausschluss der „Versorgung der Kunden selbst" ist nach den Legaldefinitionen des EnWG in der Verwendung des Versorgungsbegriffs (vgl. Nr. 36, → Rn. 94) und auch des Kundenbegriffs (Nr. 24, → Rn. 61) terminologisch ungenau; in der Sache soll Vertrieb von Energie an Kunden iSv Nr. 36 Alt. 2 vom Begriff der Fernleitung nicht mehr umschlossen sein (Theobald/Kühling/*Theobald* EnWG § 3 Rn. 163f.). Erfasst wird also nur der – dem Zweck der Ermöglichung der Belieferung von Kunden dienende – überregionale Transport von Erdgas in Hochdrucknetzen, wobei hiervon vorgelagerte Rohrleitungsnetze iSv Nr. 39 (→ Rn. 99) ausdrücklich ausgenommen sind. Das Gegenstück zur Fernleitung ist im Strombereich die Übertragung iSv Nr. 32 (→ Rn. 88). Zu beachten ist, dass der Begriff der Fernleitung wie auch der der Übertragung die *Tätigkeit* und nicht etwa eine spezielle Leitungsart bzw. ein Leitungsnetz bezeichnet (BerlKommEnergieR/*Boesche* EnWG § 3 Rn. 100); das unterscheidet den Begriff von denen der Direktleitung (Nr. 12, → Rn. 31), der Verbindungsleitung (Nr. 34, → Rn. 91) und auch der Gasverbindungsleitung mit Drittstaaten (Nr. 19d, → Rn. 53).

50 Die im Gesetzgebungsverfahren zum EnWG 2005 erst auf Anregung des Wirtschaftsausschusses in das Gesetz aufgenommene (BT-Drs. 15/5268, 117) Definition von **Gas (Nr. 19a)** konkretisiert partiell den Begriff der Energie in Nr. 14 (→ Rn. 29) und legt dabei einen weiten Begriff zugrunde. Gas ist danach grundsätzlich jeder Energieträger, unabhängig von spezifischer Beschaffenheit, Herkunft,

Begriffsbestimmungen § 3

Produktion, der – jedenfalls in normalem Zustand – gasförmig und geeignet ist, in der Energieversorgung durch Verbrennung Verwendung zu finden (vgl. Theobald/Kühling/*Theobald* EnWG § 3 Rn. 168). Im Einzelnen fallen darunter zunächst Erdgas und Biogas iSv Nr. 10 c (→ Rn. 23). Bzgl. Flüssiggas ist die frühere Einschränkung, wonach es nur dann unter den Gasbegriff des EnWG fiel, wenn es der leitungsgebundenen Energieversorgung der Allgemeinheit diente, durch das Gesetz zur Beschleunigung des Ausbaus der Höchstspannungsnetze vom 21.8.2009 aufgehoben worden; auf Flüssiggas sollen allerdings nur die §§ 4 und 49 Anwendung finden (vgl. BT-Drs. 16/12898, 19, unter Hinweis auf die Betriebsgefahren der Flüssiggasversorgung). In den Gasbegriff einbezogen sind seit dem Gesetz vom 26.7.2011 auch Wasserstoff, der durch Wasserelektrolyse erzeugt worden ist, sowie synthetisch erzeugtes Methan, das durch wasserelektrolytisch erzeugten Wasserstoff und anschließende Methanisierung hergestellt worden ist, sofern sie in ein Gasversorgungsnetz eingespeist werden (vgl. zu den einzelnen Arten von Gas näher BerlKommEnergieR/*Barbknecht* EnWG § 3 Rn. 101 f.). Nicht umfasst ist Wärme, gleichgültig, ob mit Dampf, Heißluft oder Warmwasser erzeugt (Theobald/Kühling/*Theobald* EnWG § 3 Rn. 169).

Der **Gaslieferant (Nr. 19 b)** ist wie der Stromlieferant (Nr. 31 a) Energielieferant **51** iSv Nr. 15 c (→ Rn. 39). Als Gaslieferant werden entgegen dem engeren Wortlaut nicht nur natürliche und juristische Personen, sondern auch Personengesellschaften in Betracht kommen (Theobald/Kühling/*Theobald* EnWG § 3 Rn. 173). Ihre Geschäftstätigkeit muss – nicht notwendig ausschließlich, aber jedenfalls auch – auf den Vertrieb von Gas zum Zweck der Belieferung von Letztverbrauchern iSv Nr. 25 (→ Rn. 67) ausgerichtet sein. Wegen der Ausrichtung auf den Zweck der Letztverbraucherbelieferung wird Vertrieb zur bloßen Eigenversorgung oder die Versorgung verbundener Abnehmer nicht erfasst; da aber die Letztverbraucherbelieferung nicht als Gegenstand, sondern nur als Zweck der Vertriebstätigkeit verlangt ist, fallen auch Zwischenvertreiber unter die Definition (BerlKommEnergieR/*Barbknecht* EnWG § 3 Rn. 103). Gaslieferanten zählen nach Nr. 31 d zu den Transportkunden (→ Rn. 85), so dass die Definition Bedeutung für die diesen zustehenden Rechte insbesondere nach § 20 Abs. 1 b gewinnt.

Die mit der Einfügung von Nr. 19 c zugleich aufgehobene Nr. 31 aF (→ Rn. 7) **52** hatte den Begriff der Speicheranlage definiert, der zur Umsetzung von Art. 2 Nr. 9 Gas-RL 09 aufgenommen worden war (BT-Drs. 15/3917, 49) und bereits allein dem Gasbereich galt. Im Interesse einer besseren begrifflichen Abgrenzung der verschiedenen Arten von Speicheranlagen ist 2021 dieser bisherige Begriff der Speicheranlage im EnWG durchgängig durch den Begriff der **Gasspeicheranlage (Nr. 19 c)** ersetzt worden. Inhaltlich ist die Definition unter dem neuen Begriff unverändert geblieben. Erfasst sind nur einem Gasversorgungsunternehmen (→ Rn. 43 zum Begriff des EVU) gehörende oder von ihm betriebene Anlagen (zum Betreiber von Gasspeicheranlagen iSv Nr. 6 → Rn. 19). Ausdrücklich einbezogen werden auch Teile von LNG-Anlagen, die für Speicherzwecke genutzt werden, mit Ausnahme der für die Gewinnungstätigkeit genutzten Speicherung; diese korrespondiert der Definition von LNG-Anlagen iSv Nr. 26 (→ Rn. 68). Ausgenommen sind weiter Einrichtungen, die ausschließlich von Betreibern von Leitungsnetzen bei der Wahrnehmung ihrer Aufgaben genutzt werden; hiermit dürften solche Speicher bzw. Speicherteile gemeint sein, die der Netzbetreiber für die Erbringung der netzbezogenen Bilanzausgleichsdienstleistungen benötigt (Theobald/Kühling/*Theobald* EnWG § 3 Rn. 241). Nach Maßgabe von Nr. 20 (→ Rn. 39) gehören Gasspeicheranlagen zu den Gasversorgungsnetzen.

§ 3 Teil 1. Allgemeine Vorschriften

53 Durch das Gesetz vom 5.12.2019 ist der Begriff der **Gasverbindungsleitungen mit Drittstaaten (Nr. 19 d)** in die Begriffsbestimmungen des § 3 aufgenommen worden. Das Gesetz dient der Umsetzung der RL 2019/692/EU, die die RL 2009/73/EG im Hinblick auf Verbindungsleitungen zwischen EU-Mitgliedstaaten und Drittstaaten im Gasbereich geändert hat (BT-Drs. 19/13443, 1). Zugleich mit der Einfügung der Definition der Gasverbindungsleitungen mit Drittstaaten wurden die sachlich maßgeblichen Neuregelungen, insbesondere in §§ 9 Abs. 1 S. 1 Nr. 2 und 10 Abs. 1 S. 1 Nr. 2 sowie in §§ 28 b, 28 c, getroffen.

54 In Umsetzung von Art. 2 Nr. 13 Gas-RL 03/Gas-RL 09, und in Anknüpfung an § 2 Abs. 3 EnWG 2003 hat der Gesetzgeber die Definition der **Gasversorgungsnetze (Nr. 20)** aufgenommen (BT-Drs. 15/3917, 49). Ausdrücklich klargestellt worden ist, dass diese einem oder auch mehreren EVU gehören bzw. auch von mehreren EVU gemeinsam betrieben werden können. Die Abgrenzung der Gasversorgungsnetze erfolgt zunächst durch eine Aufzählung davon erfasster Netze und Anlagen, die teils anderweitig noch näher definiert sind (zu den LNG-Anlagen Nr. 26, → Rn. 68, und zu den Gasspeicheranlagen Nr. 19 c, → Rn. 52). Ausdrücklich zugerechnet werden Netzpufferung iSv Nr. 29 (→ Rn. 75) sowie zu Hilfsdiensten iSv Nr. 23 (→ Rn. 59) genutzte Anlagen. Auch vorgelagerte Rohrleitungen werden als Teil von Gasversorgungsnetzen anzusehen sein (→ § 26 Rn. 15). Nicht zum vorgelagerten Netz sollen ausdrücklich solche Netzteile oder Teile von Einrichtungen gehören, die für örtliche Produktionstätigkeit verwendet werden; die Gesetzesbegründung verweist insoweit ausdrücklich allgemein auf die Anwendbarkeit des BBergG sowie speziell für Bau und Betrieb von Erdgasuntergrundspeichern auf § 126 BBergG (BT-Drs. 15/3917, 49). Anders als in § 2 Abs. 3 EnWG 2003 sind Direktleitungen nicht mehr erwähnt und nicht mehr als Bestandteil von Gasversorgungsnetzen anzusehen (*Salje* EnWG § 3 Rn. 163; *Theobald/Kühling/Theobald* EnWG § 3 Rn. 180); dies stimmt mit der Definition der Direktleitungen in Nr. 12 (→ Rn. 31) überein.

55 Die **grenzüberschreitenden Elektrizitätsverbindungsleitungen (Nr. 20 a)**, seit dem Gesetz vom 2021 in die Begriffsbestimmungen des § 3 aufgenommen, werden als eine Untergruppe der Übertragungsleitungen definiert. Zentrales Merkmal ist, dass es sich um Übertragungsleitungen zur Verbundschaltung von Übertragungsnetzen handelt, die einzig zu dem Zweck der Verbindung der nationalen Übertragungsnetze eine Grenze zwischen EU-Mitgliedstaaten oder zwischen einem EU-Mitgliedstaat und einem Drittstaat angehört, queren oder überspannen. Die Betreiber solcher Verbindungsleitungen sind, da hierfür auch der Betrieb nur einer einzelnen Höchstspannungs- oder Hochspannungsleitung genügt als Betreiber von Übertragungsnetzen iSv Nr. 10 einzustufen (→ Rn. 23; → Rn. 88 zum Begriff der Übertragung iSv Nr. 32). Mit dem Betrieb allein einer grenzüberschreitenden Elektrizitätsverbindungsleitung soll keine Regelzonenverantwortung verbunden sein; die Definition in Nr. 20 a ist bewusst mit Blick auf die zugleich erfolgte namentliche Festlegung der Betreiber von Übertragungsnetzen mit Regelzonenverantwortung in Nr. 10 a (→ Rn. 24) erfolgt (BT-Drs. 19/27453, 88 f.). Auf den hier definierten Begriff rekurriert die Definition des selbstständigen Betreibers von grenzüberschreitenden Elektrizitätsverbindungsleitungen iSv Nr. 31 (→ Rn. 83).

56 Auf Art. 2 Nr. 8 Elt-RL 09/Art. 2 Nr. 29 Gas-RL 09 geht die Definition des **Großhändlers (Nr. 21)** zurück (BT-Drs. 15/3917, 49). Großhändler zählen zu den Kunden iSv Nr. 24 (→ Rn. 61). Sie können natürliche und juristische Personen, über den Wortlaut hinaus wohl auch Personengesellschaften sein (*Theobald/Kühling/Theobald* EnWG § 3 Rn. 185). Die maßgebliche Tätigkeit wird posi-

Begriffsbestimmungen **§ 3**

tiv im Kern umschrieben als das Kaufen von Energie zum Zwecke des Weiterverkaufs. Es erfolgt weiter eine Beschränkung auf reine Großhändler, indem ausdrücklich Betreiber von Übertragungsnetzen (Nr. 10; → Rn. 20), Fernleitungsnetzen (Nr. 5; → Rn. 15) sowie Elektrizitäts- und Gasverteilernetzen (Nr. 3 bzw. 7; vgl. Nr. 13, 17) ausgenommen werden; damit fallen Verteilerunternehmen, auch wenn sie Weiterverkaufstätigkeiten ausüben, aus der Definition heraus (*Salje* EnWG § 3 Rn. 174). Großhändler, die Energie zum Zwecke des Weiterverkaufs erwerben, und Letztverbraucher iSv Nr. 25(→ Rn. 67), die die Energie für den Eigenverbrauch kaufen, gelten als Gegensatzpaar, ohne dass wohl jeweils bezüglich der Verwendung der gekauften Energie Ausschließlichkeit gefordert werden kann (Theobald/Kühling/*Theobald* EnWG § 3 Rn. 188; BerlKommEnergieR/*Boesche* EnWG § 3 Rn. 107; aA NK-EnWG/*Schex* § 3 Rn. 48). Auf den Begriff des Großhändlers greifen §§ 12 Abs. 4 Nr. 7, 41 d zurück.

Der Begriff des **H-Gasversorgungsnetzes (Nr. 21a)** ist durch Gesetz vom **57** 17.12.2018 eingeführt worden. Hintergrund dafür ist der Umstand, dass in Deutschland zwei nach ihrem Brennwert verschiedene Gasqualitäten, das niederkalorische L-Gas und das hochkalorische H-Gas, verbraucht werden; dabei sind die Produktion und der Verbrauch von L-Gas rückläufig, was nach Einschätzung des Gesetzgebers eine dauerhafte Umstellungen der Gasqualität von L-Gas auf H-Gas erfordern wird (BT-Drs. 19/5523, 106). Vor diesem Hintergrund wird das Gasversorgungsnetz (vgl. Nr. 20, → Rn. 54) zur Versorgung von Kunden mit H-Gas eigenständig definiert und von dem L-Gasversorgungsnetz, das zugleich in Nr. 24c (→ Rn. 64) definiert worden ist, unterschieden. Das EnWG greift auf diese Unterscheidung in §§ 17, 18, 19a zurück.

In Umsetzung von Art. 2 Nr. 10 Elt-RL 09/Art. 2 Nr. 25 Gas-RL 09 (BT-Drs. **58** 15/3917, 49) werden **Haushaltskunden (Nr. 22)** als eine Teilgruppe der Letztverbraucher iSv Nr. 25 (→ Rn. 67) definiert. Der Letztverbraucher ist danach Haushaltskunde, wenn er Energie überwiegend für den Eigenverbrauch im Haushalt kauft. Eigenverbrauch ist der Energieverbrauch für eigene private Zwecke in einem Haushalt, wobei unter einem Haushalt die räumliche und wirtschaftliche Einheit zu verstehen sein soll, die unabhängig vom Lebensstandard der Haushaltsangehörigen Grundlage und Mittelpunkt des privaten täglichen Lebens ist (BGH Urt. v. 24.2.2016 – VIII ZR 216/12, RdE 2016, 305 Rn. 54). Überwiegender Eigenverbrauch ist anzunehmen, wenn die gekaufte Energie zu einem Anteil von weniger als der Hälfte weiterverkauft wird; bis zu dieser Grenze ist Weiterverkauf, zB an Untermieter, für die Haushaltskundeneigenschaft unschädlich. Dass der überwiegende Eigenverbrauch für die Haushaltskundeneigenschaft zureicht, in der Nr. 22 zugrunde gelegte Oberbegriff des Letztverbrauchers iSv Nr. 25 aber auf den Energiekauf allein zum Eigenverbrauch abstellt, begründet eine zumindest scheinbare Unstimmigkeit und Auslegungsprobleme (ausführlich dazu Theobald/Kühling/ *Theobald* EnWG § 3 Rn. 192 ff.); das Problem dürfte sich allerdings auflösen, wenn man annimmt, dass es für die Letztverbrauchereigenschaft nicht schädlich ist, wenn ein Letztverbraucher sich neben dem Energiekauf zum Eigenverbrauch auch noch in anderer Weise, etwa durch Weiterverkauf, energiewirtschaftlich betätigt, nur der überwiegend eigenverbrauchende Letztverbraucher aber die privilegierte Stellung als Haushaltskunde erlangen kann (→ Rn. 67). Eine den Mitgliedstaaten in Art. 3 Abs. 3 Elt-RL 09/Gas-RL 09 gewährte Option nimmt Nr. 22 in Anspruch, indem auch Kleinunternehmen, dh Letztverbraucher als Haushaltskunden definiert werden, die innerhalb einer Jahresverbrauchsgrenze von 10.000 kWh Energie für berufliche, landwirtschaftliche oder gewerbliche Zwecke kaufen. Insoweit ist nicht

Hellermann

der tatsächliche Verbrauch, sondern sind die Umstände bei Vertragsschluss maßgeblich (BerlKommEnergieR/*Boesche* EnWG § 3 Rn. 109), nämlich die Prognoseentscheidung des Grundversorgers zu Beginn der Belieferung (OLG Hamm Urt. v. 24.1.2014 – 19 U 77/13, RdE 2014, 406 (407); → § 36 Rn. 22). Die Definition des Haushaltskunden gewinnt vor allem Bedeutung für die Bestimmung des Kreises von Letztverbrauchern, die grundsätzlich Anspruch auf Grundversorgung iSv § 36 haben und zu deren Gunsten verbraucherschützende Vorschriften in §§ 40a ff., insbesondere § 41b wirken; § 53a trifft Regelungen zur Sicherstellung ihrer Erdgasversorgung.

59 Art. 2 Nr. 17 Elt-RL 09/Art. 2 Nr. 14 Gas-RL 09 umsetzend werden **Hilfsdienste (Nr. 23)** definiert (BT-Drs. 15/3917, 49). Hierzu werden etwa die Netzsteuerung, die Wartung der Netze, bei Gasnetzen auch Zwischenspeicherung, LNG-Betrieb sowie Lastausgleich und Mischung gezählt (*Salje* EnWG § 3 Rn. 179). Durch das Änderungsgesetz vom 25.10.2008 ist, ebenso wie in Nr. 29 (→ Rn. 75), eine rein redaktionelle Anpassung (vgl. BT-Drs. 16/8305, 21) an die Begrifflichkeit von § 3 Nr. 5 vorgenommen worden.

60 Die Definition des **Kleinstunternehmens (Nr. 23a)** schließt sich der Begriffsbestimmung in Art. 2 Nr. 6 RL/2019/944/EU an. Sie ist vor dem Hintergrund der Vorgaben des Art. 14 RL/2019/944/EU erfolgt, wonach neben Haushaltskunden iSv Nr. 22 (→ Rn. 58) auch Kleinstunternehmen unentgeltlichen Zugang zu mindestens einem Vergleichsinstrument bei Stromlieferungen erhalten. Die inhaltliche Umsetzung dieser Vorgabe erfolgt durch den neuen § 41c.

61 Als Gegenstück zur Definition des EVU kann die Definition des **Kunden (Nr. 24),** die Art. 2 Nr. 7 Elt-RL 09/Art. 2 Nr. 24 Gas-RL 09 umsetzt (BT-Drs. 15/3917, 49), angesehen werden (*Salje* EnWG § 3 Rn. 182). Der Kundenbegriff umschließt als Oberbegriff sämtliche Energiekäufer; als Teilgruppen sind Großhändler iSv Nr. 21 (→ Rn. 56), Letztverbraucher iSv Nr. 25 (→ Rn. 67) sowie energiekaufende Unternehmen genannt. Der Begriff des Kunden wird in einer Reihe weiterer Definitionen des § 3, in Nr. 12 (→ Rn. 31), 19 (→ Rn. 49), 21a (→ Rn. 57), 22 (→ Rn. 58), 24c (→ Rn. 64), 32 (→ Rn. 88), 36 (→ Rn. 94), 37 (→ Rn. 95), 39a (→ Rn. 100), herangezogen und findet iÜ in verschiedenen Zusammenhängen im EnWG Verwendung. Gewisse terminologische Unstimmigkeiten ergeben sich im EnWG in der Verwendung der Begriffe des Kunden als des Vertragspartners eines Energielieferanten und des Netznutzers iSv Nr. 28 (→ Rn. 74), der als Vertragspartner des Netzbetreibers hinsichtlich der Netznutzung für den Empfang der Energielieferung ist (vgl. Theobald/Kühling/*Theobald* EnWG § 3 Rn. 205) sowie dort verwandten Begriff des Verbrauchers (→ § 1 Rn. 43; → § 111a Rn. 8ff.).

62 Die Neuaufnahme der Definition der **Kundenanlagen (Nr. 24a)** durch das Gesetz vom 26.7.2011 (BGBl. 2011 I S. 1554) steht in systematischem Zusammenhang mit den klarstellenden Änderungen der Definitionen des Energieversorgungsnetzes iSv Nr. 16 (→ Rn. 32) und des Energieversorgungsunternehmens iSv Nr. 18 (→ Rn. 34), indem sie – bisherigen Abgrenzungsschwierigkeiten begegnend (vgl. OLG Stuttgart Beschl. v. 27.5.2010 – 202 EnWG 1/10, RdE 2011, 62 (64f.); *Salje* RdE 2011, 325 (330)) – den dort verwandten Begriff der Kundenanlage legaldefiniert (zu den Tatbestandsvoraussetzungen vgl. näher (*Jacobshagen/Kachel/Baxmann* IR 2012, 2 (3f.); *Voigt* RdE 2012, 95 (99f.)). Dem weiten Verständnis des Netzbegriffs (→ Rn. 62) korrespondierend soll der Begriff der Kundenanlage als Ausnahme eng verstanden werden (OLG Düsseldorf Beschl. v. 26.2.2020 – 3 Kart 729/19, EnWZ 2020, 234 Rn. 123). Voraussetzung ist zunächst, dass die fragliche

Begriffsbestimmungen § 3

Energieanlage zur Abgabe von Energie sich auf einem räumlich zusammengehörenden Gebiet befindet. Für die Bestimmung des räumlich zusammengehörenden Gebiets soll es darauf ankommen, dass ein Gebiet tatsächlich einer einzelnen Energieanlage zugeordnet ist, nicht darauf, dass es technisch möglich wäre, ein Gebiet mit einer statt zweier oder mehrerer Energieanlagen zu versorgen (OLG Dresden Beschl. v. 16.9.2020 – Kart 9/19, Rn. 34). Die geforderte Verbindung zu einem oder mehreren Energieversorgungsnetzen oder zu einer oder mehreren Erzeugungsanlagen ist auch erfüllt, wenn nur eine Verbindung zu einer Erzeugungsanlage und damit eine sog. Insellösung gegeben ist. Ob die Anlage für die Sicherstellung eines wirksamen und unverfälschten Wettbewerbs bei der Versorgung mit Elektrizität und Gas unbedeutend ist, will der Gesetzgeber im Einzelfall insbesondere von der Anzahl der angeschlossenen Verbraucher, der geografischen Ausdehnung, der Menge der durchgeleiteten Energie und gegebenenfalls noch weiteren Merkmalen, zB der Vertragsgestaltung im Verhältnis von Betreiber und angeschlossenen Letztverbrauchern oder der Anzahl weiterer angeschlossener Kundenanlagen abhängig machen (vgl. näher BT-Drs. 17/6072, 51; vgl. dazu BGH Beschl. v. 12.11.2019 – EnVR 65/18, EnWZ 2020, 265 Rn. 26ff.); eine Einordnung als für den Wettbewerb unbedeutend soll im Regelfall ausscheiden, wenn mehrere Hundert Letztverbraucher angeschlossen sind, die Anlage eine Fläche von deutlich über 10.000 m² versorgt, die jährliche Menge an durchgeleiteter Energie voraussichtlich 1.000 MWh deutlich übersteigt und mehrere Gebäude angeschlossen sind (BGH Beschl. v. 12.11.2019 – EnVR 65/18, EnWZ 2020, 265 Rn. 32). Voraussetzung für die Anerkennung als Kundenanlage ist schließlich, dass die Anlage diskriminierungsfrei und unentgeltlich für Durchleitungen zum Zweck der Letztverbraucherbelieferung zur Verfügung gestellt wird; die Unentgeltlichkeit soll im Regelfall zu bejahen sein, wenn eine Kundenanlage im Rahmen eines vertraglichen Gesamtpakets, zB eines Miet- oder Pachtverhältnisses zur Verfügung gestellt wird, jedoch im Falle einer prohibitiven Preisgestaltung oder eines sonstigen Umgehungstatbestandes zu verneinen sein (vgl. BT-Drs. 17/6072, 51). An dem Merkmal der diskriminierungsfreien und unentgeltlichen Zurverfügungstellung fehlt es, wenn den angeschlossenen Nutzern nicht die Wahl des Stromlieferanten überlassen ist, sondern diesen gegenüber der Betreiber selbst als Stromversorger auftritt und den in Anspruch genommenen Strom direkt und gesondert abrechnet (BGH Beschl. v. 18.10.2011 – EnVR 68/10 Rn. 12; BGH Beschl. v. 12.11.2013 – EnVZ 11/13, EnWZ 2014, 128 Rn. 2; krit. *Weise/Voß*, IR 2014, 62 (63)); die Weitergabe der Kosten der Energieanlage ist hingegen unschädlich (OLG Düsseldorf Beschl. v. 13.6.2018 – 3 Kart 77/17 (V), Rn. 62; Beschl. v. 26.2.2020 – 3 Kart 729/19, EnWZ 2020, 234 Rn. 148; *Thomale/Berger* EnWZ 2018, 147 (153).

Die Definition der Nr. 24a ergänzend wird als ein Unterfall der Begriff der 63 **Kundenanlagen zur betrieblichen Eigenversorgung (Nr. 24b)** bestimmt. Nach der Vorstellung des Gesetzgebers (vgl. BT-Drs. 17/6072, 51) sollen Anlagen, die Bestandteil der Produktionsanlagen eines Unternehmens des produzierenden Gewerbes, aber auch anderer Gewerbe-, Dienstleistungs- und Industriezweige sind, erfasst werden. Das räumlich zusammengehörende Betriebsgelände, auf dem die erfassten Energieanlagen sich befinden müssen, soll sich auch über weite Flächen erstrecken können. Für die geforderte Verbindung mit einem Energieversorgungsnetz oder mit einer Erzeugungsanlage soll auch eine sog. Insellösung, dh eine Verbindung mit einer Erzeugungsanlage, die über keine Verbindung mit einem Energieversorgungsnetz verfügt, ausreichen. Entscheidend ist, dass der Energietransport fast ausschließlich der betrieblichen Eigenversorgung dient; anders als

Hellermann 59

nach Nr. 24a kommt es bei Nr. 24b im Hinblick auf die fehlende wettbewerbliche Relevanz nicht auf die Menge der durchgeleiteten Energie an; vielmehr sollen gerade auch Konstellationen mit großen Energiemengen darunter fallen. Wie bei Nr. 24a ist auch hier Voraussetzung, dass die Anlage diskriminierungsfrei und unentgeltlich für Durchleitungen zum Zweck der Letztverbraucherbelieferung zur Verfügung gestellt wird (vgl. näher *Jacobshagen/Kachel/Baxmann* IR 2012, 2 (4); *Voigt* RdE 2012, 95 (97 ff.)).

64 Die Definition des **L-Gasversorgungsnetzes (Nr. 24c)** ist zugleich mit der des H-Gasversorgungsnetzes in Nr. 21a (→ Rn. 57) und in Abgrenzung hierzu in § 3 aufgenommen worden. Es handelt sich um ein Gasversorgungsnetz iSv Nr. 20 (→ Rn. 54) zur Versorgung von Kunden mit dem niederkalorischen, in seinem Verbrauch rückläufigen L-Gas. Der Begriff wird wie der des H-Gasversorgungsnetzes in §§ 17, 18, 19a, zudem in § 11 verwandt.

65 Die mit dem Gesetz vom 13.5.2019 in Klarstellungsabsicht aufgenommene Definition der **landseitigen Stromversorgung (Nr. 24d)** entspricht Art. 2 Nr. 6 RL 2014/94/EU (BT-Drs. 19/9027, 9). Zugleich ist in § 49 Abs. 2a eine Regelung über besondere technische Anforderungen an die Errichtung oder Erneuerung entsprechender Anlagen getroffen worden.

66 In sachlichem Zusammenhang mit der landseitigen Stromversorgung iSv Nr. 24c steht die nachfolgend, mit Gesetz vom 16.7.2021 erfolgte Einfügung der Definition der **Landstromanlagen (Nr. 24e)**. Durch sie wird die entsprechende Ausweitung der Definition des Letztverbrauchs iSv Nr. 25 (→ Rn. 67) ergänzt (BT-Drs. 19/27453, 89).

67 Die Endkundendefinition des Art. 2 Nr. 9 Elt-RL 09/Art. 2 Nr. 27 Gas-RL 09 wird für das EnWG in der Definition des **Letztverbrauchers (Nr. 25)** umgesetzt (BT-Drs. 15/3917, 49). Nach der Änderung durch das Gesetz vom 25.10.2008 sind als Letztverbraucher „natürliche oder juristische Personen" – und nicht wie nach dem früheren Wortlaut „Kunden" – definiert, die Energie für den eigenen Verbrauch kaufen. Letztverbraucher sind in Nr. 24 ausdrücklich als eine Teilgruppe von „Kunden" genannt (→ Rn. 43); dabei können freilich auch die in Nr. 24 hiervon unterschiedenen Unternehmen, die Energie kaufen, Letztverbraucher sein, sofern sie für den eigenen Gebrauch kaufen. Gegenüber den sonstigen Kunden iSv Nr. 24 zeichnet den Letztverbraucher das Merkmal des Energiekaufs „für den eigenen Verbrauch" aus. Dieser Eigenverbrauch ist zu bejahen, solange der Bezieher von Energie und derjenige, der sie nutzt, sich nicht als selbständige wirtschaftliche Subjekte gegenüberstehen und nicht verschiedene Rechtssubjekte sind bzw. solchen angehören (Theobald/Kühling/*Theobald* EnWG § 3 Rn. 207). Für den Letztverbrauch iSv Nr. 25 ist ausreichend und allein entscheidend, dass der entnommene Strom für eine bestimmte energieabhängige Funktion verwendet und hierfür aufgezehrt wird (BerlKommEnergieR/*Boesche* EnWG § 3 Rn. 149). Daher ist auch Letztverbraucher, wer Strom verbraucht, um damit eine Anlage zur Gewinnung von Strom, der dann in das Netz eingespeist wird, zu betreiben (BGH Beschl. v. 17.11.2009 – EnVR 56/08, NVwZ-RR 2010, 431 Rn. 8 ff., zum Betreiber eines Pumpspeicherkraftwerks; OLG Hamm Urt. v. 28.9.2010 – 19 U 30/10, I-19 U 30/10, ZNER 2011, 82 (83), zum Betreibern eines Biomassekraftwerks); dasselbe gilt für einen sog. Energy-Contractor, der die stromverbrauchenden Anlagen seiner Kunden übernommen hat, so dass sie keinerlei Strombedarf mehr haben, und diesen nur die vermittels Energie gewonnenen Leistungen, also etwa Wärme und Licht, zur Verfügung stellt (OLG Frankfurt a. M. Beschl. v. 13.3.2012 – 21 U 41/11, RdE 2012, 446 (448); OLG Frankfurt a. M. Beschl. v. 25.4.2012 – 21

Begriffsbestimmungen **§ 3**

U 41/11, RdE 2012, 449). Richtigerweise wird man nicht verlangen können, dass der Letztverbraucher sich energiewirtschaftlich ausschließlich durch Energiekauf für den Eigenverbrauch betätigt (BerlKommEnergieR/*Boesche* EnWG § 3 Rn. 107, 154; vgl. auch Theobald/Kühling/*Theobald* EnWG § 3 Rn. 188, 208; teilweise abw. → 3. Aufl. 2015, § 3 Rn. 44; aA NK-EnWG/*Schex* § 3 Rn. 48; → Rn. 56 zum Gegensatzpaar Großhändler – Letztverbraucher). Damit dürfte sich die zunächst anzunehmende definitorische Unstimmigkeit zwischen Nr. 22, der Haushaltskunden als Letztverbraucher bezeichnet, jedoch den Energiekauf überwiegend für den Eigenverbrauch genügen lässt, und Nr. 25, der Letztverbraucher nur bei Energiekauf für den Eigenverbrauch annimmt, auflösen (→ Rn 58). Dem so definierten Letztverbrauch hat das Strommarktgesetz den Strombezug der Ladepunkte für Elektromobile gleichgestellt (zur unionsrechtlichen Zulässigkeit vgl. *Ludwigs/Huller* RdE 2017, 497 (501f.)). Als Ladepunkt definiert § 2 Nr. 6 LSV eine Einrichtung, die zum Aufladen von Elektromobilen geeignet und bestimmt ist und an der zur gleichen Zeit nur ein Elektromobil aufgeladen werden kann. Durch die Gleichstellung mit Letztverbrauchern gelten die daraus folgenden energiewirtschaftsrechtlichen Pflichten im Verhältnis zwischen dem Stromlieferanten bzw. Netzbetreiber und dem Ladepunktbetreiber, nicht jedoch zwischen dem Ladepunktbetreiber und Elektrofahrzeugnutzer (BT-Drs. 18/7317, 78; *Ludwigs/Huller* RdE 2017, 497 (500f.); *Schalle/Hilgenstock* EnWZ 2017, 291 (292f.); BerlKommEnergieR/*Boesche* EnWG § 3 Rn. 158). Nachfolgend, mit Gesetz vom 16.7.2021, ist auch der Strombezug für Landstromanlagen iSv Nr. 24e (→ Rn. 66) dem Letztverbrauch gleichgestellt worden. Auch insoweit gilt, dass die energiewirtschaftsrechtlichen Pflichten im Verhältnis zwischen den Energielieferanten bzw. Netzbetreiber und dem Landstromanlagenbetreiber gelten, nicht jedoch zwischen dem Landstromanlagenbetreiber und dem Seeschiff, das den Landstrombezugspunkt zum Zwecke des Strombezugs nutzt (BT-Drs. 19/27453, 90). Die Letztverbrauchereigenschaft ist bedeutsam etwa für die Regelung von Anschlusspflicht (§§ 17, 18) und Netzzugang (§ 20) sowie die Vorgaben für die Energielieferung (§§ 36ff.).

Art. 2 Nr. 11 Gas-RL 03, heute Gas-RL 09, gab die Vorlage (vgl. BT-Drs. **68** 15/3917, 49) für die wortgleiche Definition der **LNG-Anlage (Nr. 26)**. LNG steht für „liquid natural gas", also verflüssigtes Erdgas oder Flüssigerdgas (vgl. näher Theobald/Kühling/*Theobald* EnWG § 3 Rn. 212). Eine LNG-Anlage ist eine Kopfstation, die der Verflüssigung von Erdgas oder zu dessen Einfuhr, Entladung und Wiederverdampfung dient. Zu der Kopfstation zählen ausdrücklich auch die für die Wiederverdampfung und die anschließende Einspeisung in das Fernleitungsnetz notwendigen Hilfsdienste iSv Nr. 23 (→ Rn. 59) und die vorübergehende Speicherung zu diesem Zweck. IÜ aber sind die zu Speicherzwecken genutzten Teile von LNG-Kopfstationen ausgeschlossen; sie gelten als Bestandteil von Gasspeicheranlagen iSv Nr. 31 (→ Rn. 52).

Die Definition des **Marktgebietsverantwortlichen (Nr. 26a)** hat das Gas- **69** speicherfüllstandsG (BGBl. 2022 I S. 674) aus der GasNZV in das EnWG überführt. Der Marktgebietsverantwortliche erbringt im Auftrag der Fernleitungsnetzbetreiber in einem Marktgebiet Leistungen im Interesse einer effizienten Abwicklung des Gasnetzzugangs und kann dabei – wie klargestellt werden soll – auch mit der Wahrnehmung von Aufgaben des Netzbetriebs beauftragt werden; insoweit kann er auch Adressat regulierungsbehördlicher Entscheidungen werden (BT-Drs. 20/1024, 20). Auf den Begriff des Marktgebietsverantwortlichen greift das EnWG insbesondere in §§ 35a ff. zurück; er findet aber zB auch in § 47g Abs. 11 GWB Verwendung.

§ 3   Teil 1. Allgemeine Vorschriften

70   Die durch das „Gesetz zur Öffnung des Messwesens bei Strom und Gas für Wettbewerb" vom 29.8.2008 (BGBl. 2008 I S. 1790) eingefügte Definition des **Messstellenbetreibers (Nr. 26a)** verdeutlicht, dass die maßgebliche Aufgabe des Messstellenbetriebs iSv Nr. 26b (→Rn. 71) sowohl vom Netzbetreiber wie auch von einem Dritten wahrgenommen werden kann. Beabsichtigt war zunächst eine klarstellende Bestimmung des Begriffs im damaligen § 21b aF (BT-Drs. 16/8306, 8), der durch das Gesetz vom 29.8.2016 (BGBl. I 2016 S. 2034), aufgehoben und durch das Messstellenbetriebsgesetz ersetzt worden ist. § 2 Nr. 12 MsbG enthält nunmehr eine eigene, der Konzeption des Gesetzes angepasste Definition des Messstellenbetreibers. Der in Nr. 26a definierte Begriff findet weiterhin in einzelnen Bestimmungen des EnWG Verwendung.

71   Die Definition des Messstellenbetreibers in Nr. 26b (→Rn. 70) verweist der Sache nach auf die zugleich in das Gesetz eingefügte Definition des **Messstellenbetriebs (Nr. 26c)**. Hierunter versteht das Gesetz den Einbau, den Betrieb sowie die Wartung der Messeinrichtungen; der Einbau soll die Bereitstellung oder Lieferung der Messeinrichtung umfassen (BT-Drs. 16/8306, 8). Auch dieser Begriff fand in § 21b aF Verwendung; auch wenn er sich nach wie vor in der Überschrift von Teil 3, Abschnitt 3 des EnWG findet, ist er in dem Gesetz nur noch von untergeordneter Relevanz insbesondere im Hinblick auf den Ausweis der Entgelte in Verträgen und Rechnungen.

72   Zeitlich und sachlich mit Nr. 26b, 26c (→Rn. 70, 71) zusammenhängend ist schließlich auch die Definition der **Messung (Nr. 26d)** ergänzt worden. Diese umfasst über die Ab- und Auslesung der Messeinrichtung hinaus auch die Weitergabe der Daten an die Berechtigten, dh an den Netzbetreiber zur Berechnung des Netznutzungsentgelts, an den Energielieferanten zur Aufstellung der Energieverbrauchsrechnung und an den Kunden (BerlKommEnergieR/*Boesche* EnWG § 3 Rn. 182; Theobald/Kühling/*Theobald* EnWG § 3 Rn. 215c).

73   Sinn und Zweck der Definition des **Netzbetreibers (Nr. 27)** liegt allein darin, einen einheitlichen Begriff für die Betreiber verschiedener Netze iSv Nr. 2–5 (→15 ff.), Nr. 7 und Nr. 8 (→Rn. 20 f.) sowie Nr. 10 und Nr. 10a (→Rn. 23 f.) zu bilden; der Sache nach sind damit auch die hier nicht eigens genannten selbstständigen Betreiber von grenzüberschreitenden Elektrizitätsverbindungsleitungen iSv Nr. 31 (→Rn. 81) und Transportnetzbetreiber iSv Nr. 31e (→Rn. 86) erfasst. Der im EnWG häufiger verwandte Begriff des Betreibers von Energieversorgungsnetzen iSv Nr. 4 (→Rn. 17) ist sachlich übereinstimmend (*Salje* EnWG § 3 Rn. 197; Theobald/Kühling/*Theobald* EnWG § 3 Rn. 219).

74   Der **Netznutzer (Nr. 28)** wird in Umsetzung von Art. 2 Nr. 18 Elt-RL 09/ Art. 2 Nr. 23 Gas-RL 09 definiert (BT-Drs. 15/3917, 49). Als Netznutzer wird man über die ausdrücklich genannten natürlichen und juristischen Personen hinaus auch Personengesellschaften anzuerkennen haben (Theobald/Kühling/*Theobald* EnWG § 3 Rn. 221 f.). Die Definition erfasst einerseits die Einspeisung von Energie etwa durch Energieerzeuger in das Netz, andererseits den Bezug von Energie daraus. Auf der Abnehmerseite steht damit der Netznutzerbegriff, für den die Nutzung der Netzinfrastruktur für den Empfang der Energielieferung auf der Grundlage eines Netznutzungsvertrages mit dem Netzbetreiber kennzeichnend ist, neben dem des Kunden iSv Nr. 24 (→Rn. 61), der auf den Energiekauf abstellt (Theobald/Kühling/*Theobald* EnWG § 3 Rn. 224).

75   Art. 2 Nr. 15 Gas-RL 09 wird durch die Definition der **Netzpufferung (Nr. 29)** umgesetzt (BT-Drs. 15/3917, 49). Die Netzpufferung geschieht durch Verdichtung von Gas in Gasnetzen mit der Folge einer Erhöhung des Drucks und einer Vergröße-

Begriffsbestimmungen **§ 3**

rung der Aufnahmekapazität. Ausgenommen sind Einrichtungen, die ausschließlich von – wie es seit dem Änderungsgesetz vom 25.10.2008 in redaktioneller Anpassung an Nr. 5 (→ Rn. 18) heißt – Betreibern von Fernleitungen genutzt werden. Die Definition des Gasversorgungsnetzes in Nr. 20 (→ Rn. 54) bezieht die Netzpufferung ausdrücklich mit ein; ansonsten findet der Begriff im EnWG keine Verwendung.

Die Definition der **neuen Infrastruktur (Nr. 29a)** ist mit Rücksicht auf die Verwendung des Begriffs in § 28a erfolgt (BT-Drs. 15/5268, 117). Als Infrastruktur dürften damit gegenständlich die in § 28a genannten Leitungen und Anlagen erfasst sein. Nr. 29a beschränkt sich darauf, das maßgebliche Datum der Inbetriebnahme unter Rekurs auf das Inkrafttreten des EnWG 2005 festzusetzen. 76

Die durch das Gesetz vom 26.7.2011 eingefügte Definition der **obersten Unternehmensleitung (Nr. 29b)** steht in Zusammenhang mit den zugleich eingeführten verschärften Entflechtungsvorgaben für Transportnetzbetreiber; namentlich für den sog. Unabhängigen Transportnetzbetreiber iSv § 10 bestehen in § 10c besondere Regelungen in Bezug auf dessen oberste Unternehmensleitung. Nach dem Willen des Gesetzgebers soll der Definition eine eingrenzende Wirkung zukommen, die einer unverhältnismäßigen Ausdehnung auf durch diese Regelungen nicht primär adressierte Personen wehren soll (BT-Drs. 17/6072, 52). 77

Das WindSeeG 2022 (BGBl. 2022 I S. 1325) hat im Anschluss an die neue Begriffsbestimmung in § 3 Nr. 5 WindSeeG und unter Verweis darauf die Definition der **Offshore-Anbindungsleitungen (Nr. 29c)** in das EnWG aufgenommen. Dort ist insbes. im Zusammenhang mit den Regelungen zur Offshore-Netzentwicklungsplanung in §§ 17a ff. von Bedeutung. 78

Die Definition des **örtlichen Verteilernetzes (Nr. 29c)**, früher Nr. 29b aF, ist zur Erläuterung nach der Aufnahme des Begriffs in das EnWG, und zwar in §§ 20 Abs. 1b S. 11, 24 S. 2 Nr. 3a aufgenommen worden (BT-Drs. 15/5268, 117; Theobald/Kühling/*Theobald* EnWG § 3 Rn. 230). Er erfasst ausschließlich Gasnetze (so zutr. Theobald/Kühling/*Theobald* EnWG § 3 Rn. 231, gegen *Salje* EnWG § 3 Rn. 209); dies ist ersichtlich aus der Bezugnahme auf Druckstufe bzw. Leitungsdurchmesser in Nr. 29a und aus der Begriffsverwendung in §§ 20 Abs. 1b S. 11, 24 S. 2 Nr. 3a. Druckstufe und Leitungsdurchmesser sind unerheblich. Entscheidend soll allein die überwiegende Letztverbraucherbelieferung sein. Für die Abgrenzung von vorgelagerten Netzebenen wird auf das Konzessionsgebiet iSv §§ 18 Abs. 1, 46 Abs. 2 abgestellt (BGH Beschl. v. 12.6.2018 – EnVR 53/16, EnWZ 2018, 317 Rn. 26; Urt. v. 9.7.2019 – EnVR 76/18, EnWZ 2019, 355 Rn. 26). 79

Die **Regelzone (Nr. 30)** ist im Elektrizitätsbereich das Netzgebiet, in dem ein Übertragungsnetzbetreiber (vgl. Nr. 10, 32; → Rn. 23, 86) die Regelverantwortlichkeit trägt. In Deutschland bestehen vier Regelzonen; die jeweils für eine dieser Regelzonen verantwortlichen Übertragungsnetzbetreiber sind in Nr. 10a (→ Rn. 24) benannt. Die grundlegenden gesetzlichen Pflichten der Betreiber von Übertragungsnetzen mit Regelzonenverantwortung sind in §§ 12ff. geregelt. Die in der Definition ausdrücklich genannten Regelleistungen der Primärregelung, Sekundärregelung sowie Minutenreserve sind in § 2 Nr. 6, 8 und 10 StromNZV konkretisiert. Die Gesetzesbegründung weist darauf hin, dass die technischen Regeln für den nationalen und internationalen Verbundbetrieb der Übertragungsnetze auf den Mindestanforderungen der UCTE beruhen, dass diese freilich einzelnen Übertragungsnetzbetreibern die Möglichkeit belassen, darüber hinaus weitergehende Festlegungen zu treffen und Detaillierungen vorzunehmen (BT-Drs. 15/3917, 49); seit 2009 sind die organisatorischen und administrativen Aufgaben der UCTE von dem ENTSO-E übernommen worden. 80

Hellermann

§ 3 Teil 1. Allgemeine Vorschriften

81 Nachdem Nr. 31 aF aufgehoben worden und in der neuen Nr. 19c (→ Rn. 52) aufgegangen ist, wird an dieser Stelle nun der **selbstständige Betreiber von grenzüberschreitenden Elektrizitätsverbindungsleitungen (Nr. 31)** definiert. Es liegt dabei derselbe Betreiberbegriff wie auch bei den sonstigen Netzbetreiberdefinitionen zugrunde (→ Rn. 15). Die grenzüberschreitenden Elektrizitätsverbindungsleitungen, auf die hier Bezug genommen wird, sind in Nr. 20a (→ Rn. 55) definiert. Auch die selbstständigen Betreiber von grenzüberschreitenden Elektrizitätsverbindungsleitungen sind Übertragungsnetzbetreiber iSv Nr. 10 (→ Rn. 23). Die eigentliche Funktion der Definition der Nr. 31 liegt in der Abgrenzung der selbstständigen Betreiber von grenzüberschreitenden Elektrizitätsverbindungsleitungen von den Betreibern von Übertragungsnetzen mit Regelzonenverantwortung iSv Nr. 10a (→ Rn. 24), die hier ausdrücklich ausgenommen werden. Auch diese können grenzüberschreitende Elektrizitätsverbindungsleitungen betreiben; der Gesetzgeber sieht den maßgeblichen Unterschied jedoch darin, dass sie grenzüberschreitende Elektrizitätsverbindungsleitungen in Verbindung mit dem Übertragungsnetz, für das sie die Regelzonenverantwortung tragen, betreiben (BT-Drs. 19/27453, 90). Der Regulierungsrahmen für selbstständige Betreiber von grenzüberschreitenden Elektrizitätsverbindungsleitungen findet sich in §§ 28e, 28f. (zur unionsrechtlichen Behandlung von Übertragungsnetzbetreibern, die lediglich eine grenzüberschreitende Verbindungsleitung betreiben, mit Blick auf Art. 16 Abs. 6 VO (EG) Nr. 714/2009 vgl. EuGH Urt. v. 11.3.2020 – C-454/18, ECLI:EU:C:2020:189 Rn. 35ff. – Baltic Cable).

82 Der **Stromlieferant (Nr. 31a)** zählt neben dem Gaslieferanten iSv Nr. 19b (→ Rn. 51) zu den Energielieferanten iSv Nr. 15c (→ Rn. 39). Die Definition des Stromlieferanten hat der Gesetzgeber in Anlehnung an die bereits vorhandene Definition des Gaslieferanten vorgenommen (BT-Drs. 19/27453, 90). Für das Verständnis dieses Begriffs gilt daher – wie auch schon vor seiner Aufnahme in die Begriffsbestimmungen nach § 3 (BerlKommEnergieR/*Barbknecht* EnWG § 3 Rn. 105) – das Entsprechende. Auf den Begriff des Stromlieferanten rekurriert das EnWG im Zusammenhang mit dem Stromlieferantenwechsel in § 20a Abs. 2 S. 4 sowie in §§ 40ff.

83 Das Gesetz vom 16.7.2021 hat vor dem Hintergrund des neuen § 41a Abs. 2 die Definition des **Stromliefervertrags mit dynamischen Tarifen (Nr. 31b)** eingefügt. Die Regelung übernimmt die Begriffsbestimmung in Art. 2 Nr. 15 RL 2019/944/EU.

84 Ein **Teilnetz (Nr. 31c)** gibt es allein im Gasbereich. Es ist der Teil des Transportgebiets eines oder mehrerer Netzbetreiber, in dem ein Transportkunde (Nr. 31d; → Rn. 85) die von ihm gebuchten Kapazitäten an den Einspeisepunkten iSv Nr. 13b (→ Rn. 34) und Ausspeisepunkten iSv Nr. 1d (→ Rn. 14) flexibel nutzen kann. Die Begriffsdefinition ist mit Rücksicht auf die Begriffsverwendung in §§ 20 Abs. 1b, 24 erfolgt (BT-Drs. 15/5268, 117).

85 Im Zusammenhang mit der Definition des Teilnetzes in Nr. 31a aF, heute Nr. 31c (→ Rn. 84) ist auch die des **Transportkunden (Nr. 31d)** aufgenommen worden. Der Begriff erfasst für den Gasbereich alle Netznutzer und legt damit die Grundlage für den Netzzugang von jedermann (*Salje* EnWG § 3 Rn. 219). Er findet in § 20 Abs. 1b und ansonsten in der GasNZV Verwendung.

86 Der **Transportnetzbetreiber (Nr. 31e)**, dessen Definition durch das Änderungsgesetz vom 26.7.2011 neu aufgenommen worden ist, ist Betreiber eines Energieversorgungsnetzes iSv Nr. 4 (→ Rn. 17). Betreiber ist, wer das fragliche Netz unterhält und seine bestimmungsgemäße Nutzung organisiert (→ Rn. 15).

Begriffsbestimmungen **§ 3**

Gegenstand des Betriebs sind hier Übertragungsnetze, womit die Definition sich auf die Übertragung iSv Nr. 32 (→ Rn. 88) bezieht, und Fernleitungsnetze, womit die Definition der Fernleitung in Nr. 19 (→ Rn. 49) aufgegriffen wird. Diese übergreifende Begriffsbestimmung soll der Vereinfachung und der besseren Anwendbarkeit jener Vorschriften dienen, die für Übertragungsnetzbetreiber im Strombereich und für Fernleitungsnetzbetreiber im Gasbereich gemeinsam gelten (BT-Drs. 17/6072, 52).

Die zugleich mit Nr. 31c aF, heute Nr. 31e aufgenommene Definition des **87 Transportnetzes (Nr. 31f)** wiederholt die dort bereits implizit enthaltene Begriffsbestimmung noch einmal ausdrücklich. Der Begriff fasst danach die Übertragungsnetze im Strombereich und die Transportnetze im Gasbereich zusammen.

Das Gegenstück zu der Verbindungsleitungen iSv Nr. 34 (→ Rn. 91) einschlie- **88** ßenden Fernleitung iSv Nr. 19 (→ Rn. 49) im Gasbereich ist im Strombereich die **Übertragung (Nr. 32)**. Durch deren Definition soll Art. 2 Nr. 3 Elt-RL 09 umgesetzt werden (vgl. BT-Drs. 15/3917, 49). Der Begriff meint den Transport von Elektrizität über Höchstspannungsnetze von 220 kV oder 380 kV bzw. Hochspannungsnetze von 110 kV (BGH Beschl. v. 9.7.2019 – EnVR 6/18, EnWZ 2019, 357 Rn. 11), der zum Zwecke der Belieferung von Verteilern (vgl. Nr. 37; → Rn. 60) und Letztverbrauchern erfolgt, ohne aber die Belieferung von Kunden selbst einzuschließen. Auch wenn ein Übertragungsnetz gefordert ist, sieht die Rspr. den Wortlaut weit gefasst; es soll auch der Betrieb einer einzelnen Höchstspannungs- oder Hochspannungsleitung genügen (BT-Drs. 17/6073, 33; BGH Beschl. v. 7.3.2017 – EnVR 21/16, NVwZ-RR 2017, 492 Rn. 66; OLG Düsseldorf Beschl. v. 24.2.2016 – VI-3 Kart 110/14 (V), EnWZ 2016, 270 Rn. 39). Das Gesetz vom 28.7.2011 hat nach dem Wort „Hochspannungsverbundnetz" die Wörter „einschließlich grenzüberschreitender Verbindungsleitungen" eingefügt und damit klarstellen wollen, dass grenzüberschreitende Verbindungsleitungen auf Hoch- und Höchstspannungsebene Teil des Übertragungsnetzes sind. Damit sollten Rechtssicherheit und verbesserte Investitionsbedingungen für die Betreiber dieser sog. Interkonnektoren geschaffen werden, deren Bedeutung der Gesetzgeber in der Förderung der Netzstabilität und der Erhöhung der Ausfallsicherheit, aber auch in der Verbesserung des internationalen Stromhandels und somit des Wettbewerbs im Stromgroßhandel sowie der Integration von erneuerbaren Energie in Stromnetz und -handel gesehen hat (BT-Drs. 17/6073, 33). Folgerichtig geht der Gesetzgeber davon aus, dass auch die selbstständigen Betreiber von grenzüberschreitenden Elektrizitätsverbindungsleitungen als Übertragungsnetzbetreiber iSv Nr. 10 (→ Rn. 23) einzustufen sind (BT-Drs. 17/6073, 33; BT-Drs. 19/27453, 90). Beim Stromtransport unter Hochspannung hängt die Einordnung als Übertragung oder als Verteilung iSv Nr. 37 von der Versorgungsaufgabe ab; während für Übertragung die Verbindung zwischen einzelnen Verteilernetzen oder zu anderen Übertragungsnetzen charakteristisch sein soll, soll es bei der Verteilung um die flächendeckende Belieferung von Verbrauchern in einem räumlich begrenzten Bereich einschließlich einer über Konzessionsgebiete hinausreichenden regionalen oder überregionalen Belieferung gehen (BGH Urt. v. 9.7.2019 – EnVR 76/18, EnWZ 2019, 355 Rn. 30).

Die Definition der **Umweltverträglichkeit (Nr. 33)** schließt an die Regelung **89** in § 2 Abs. 4 EnWG 1998, § 2 Abs. 5 EnWG 2003 an (vgl. BT-Drs. 15/3917, 49), ergänzt diese aber um die besondere Hervorhebung der Nachhaltigkeit. Eine enge sachliche Beziehung besteht zu den in Nr. 15b (→ Rn. 38) definierten Energieeffizienzmaßnahmen. Das Umweltverträglichkeitsziel ist insbesondere durch die auf

§3 Teil 1. Allgemeine Vorschriften

das EnWG 1998 zurückgehende (→ § 1 Rn. 3) Aufnahme in die Ziele des § 1 Abs. 1 aufgewertet worden; Umweltverträglichkeit ist damit einer der grundlegenden Gesetzeszwecke des EnWG (→ § 1 Rn. 48 f.).

90 Der mit dem Gesetz vom 26.7.2011 eingefügte Begriff der **Unternehmensleitung (Nr. 33 a)** schließt die Personen der obersten Unternehmensleitung iSv Nr. 29 b (→ Rn. 77) ein, erfasst aber auch unterhalb dieser Ebene weitere Personen, die Leitungsaufgaben wahrnehmen und zur gerichtlichen und außergerichtlichen Vertretung des Transportnetzbetreibers berechtigt sind. Dazu gehören zB auch Prokuristen und Generalbevollmächtigte des Transportnetzbetreibers (BT-Drs. 17/6072, 52). Auch diese Definition hat ihre Bedeutung mit Blick auf die besonderen Entflechtungsvorgaben für Transportnetzbetreiber iSv § 10.

91 Der Umsetzung von Art. 2 Nr. 13 Elt-RL 09/Art. 2 Nr. 17 Gas-RL 09 (vgl. BT-Drs. 15/3917, 49; Theobald/Kühling/*Theobald* EnWG § 3 Rn. 263) dient die Definition der **Verbindungsleitungen (Nr. 34)**. Für den Elektrizitätsbereich fallen darunter sämtliche der Verbundschaltung von Übertragungs- und Elektrizitätsverteilernetzen dienende Anlagen, ohne Einschränkung auf Netze bestimmter Spannungsebenen (Theobald/Kühling/*Theobald* EnWG § 3 Rn. 266). Für den Gasbereich findet sich hingegen eine Einschränkung auf Fernleitungen iSv Nr. 19 (→ Rn. 49), die eine Grenze zwischen Mitgliedstaaten der EU überqueren und ausschließlich dem Zweck der Verbindung der mitgliedstaatlichen Fernleitungsnetze dienen.

92 Das **Verbundnetz (Nr. 35)** wird in Umsetzung von Art. 2 Nr. 14 Elt-RL 09/Art. 2 Nr. 16 Gas-RL 09 definiert (BT-Drs. 15/3917, 49). Es besteht aus einer Mehrzahl von Elektrizitätsversorgungs- bzw. Gasversorgungsnetzen. Diese sind im Strombereich durch Verbindungsleitungen iSv Nr. 34 (→ Rn. 57), im Gasbereich wegen der insoweit engeren Definition der Nr. 34 durch Verbindungsleitungen in einem untechnischen Sinn verbunden. Die Verbindungsleitung bildet einen Teil des Verbundnetzes (BGH Beschl. v. 7.3.2017 – EnVR 21/16, NVwZ-RR 2017, 492 Rn. 64).

93 Die Klimaschutz-Sofortprogramm-Novelle (BGBl. 2022 I S. 1214) hat den Begriff des **Versorgeranteils** (Nr. 35a) neu aufgenommen. Dies soll der auf die Energiebelieferung entfallende Preisanteil sein, der sich rechnerisch nach Abzug der Umsatzsteuer und der in § 40 Abs. 3 genannten Belastungen ergibt. Der Versorgeranteil umfasst danach die Beschaffungs- und Vertriebskosten sowie die Marge des Energielieferanten (BT-Drs. 20/1599, 50). Auf den Begriff wird in § 41b Abs. 3 S. 3 Bezug genommen.

94 Die Definition der **Versorgung (Nr. 36)** gewinnt vor allem daraus besondere klarstellende Bedeutung, dass der unionsrechtliche und der dem EnWG zugrunde liegende, nationale Versorgungsbegriff auseinanderfallen. Nach Art. 2 Nr. 19 Elt-RL 09/Art. 2 Nr. 7 Gas-RL 09 ist unter Versorgung – nur – der Verkauf von Energie zu verstehen. Der Versorgungsbegriff nach Nr. 36, der sowohl dem Strom- wie dem Gasbereich gilt, schließt dies ein, ist aber sehr viel weiter. Nr. 36 Alt. 1 nennt die Erzeugung oder Gewinnung von Energie zur Belieferung von Kunden. Weiter ist nach Nr. 36 Alt. 2 auch der Vertrieb von Energie an Kunden Versorgung; dies entspricht der engeren europäischen Begriffsverwendung. Nr. 36 Alt. 3 bezieht schließlich auch den Betrieb von Energieversorgungsnetzen iSv Nr. 4 (→ Rn. 17) in den Begriff ein.

95 Zur Umsetzung von Art. 2 Nr. 5 Elt-RL 09/Art. 2 Nr. 5 Gas-RL 09 ist die Definition der **Verteilung (Nr. 37)** vorgenommen worden (BT-Drs. 15/3917, 49). Der Begriff erfasst für Strom- und Gasbereich übereinstimmend den physischen Transport von Energie über ein Netz (BGH Urt. v. 7.4.2020 – EnZR 75/18, NVwZ-RR 2020, 929 Rn. 31) zur Ermöglichung der Versorgung von Kunden, nicht jedoch die Belieferung der Kunden selbst. In den weiteren Merkmalen wird differenziert. Im Strombereich ist der Transport über Verteilernetze in Nieder-, Mittel- und Hochspannung erfasst, nicht aber über Höchstspannungsnetze, die folglich allein der Übertragung iSv Nr. 32 (→ Rn. 88) dienen; beim Transport über Hochspannungsnetze soll es für die Abgrenzung der Verteilung zur Übertragung auf die Versorgungsaufgabe ankommen, nämlich darauf, ob es um die flächendeckende Belieferung von Verbrauchern in einem räumlich begrenzten Bereich einschließlich einer über Konzessionsgebiete hinausreichenden regionalen oder überregionalen Belieferung geht (BGH Urt. v. 9.7.2019 – EnVR 76/18, EnWZ 2019, 355 Rn. 30). Für den Gasbereich wird auf den Transport über örtliche oder regionale Leitungsnetze, ohne Differenzierung nach Druckstufen, abgestellt (BGH Urt. v. 7.4.2020 – EnZR 75/18, EnWZ 2020, 314 Rn. 38). Seit dem Änderungsgesetz vom 26.7.2011 ist klargestellt, dass auch solche Netze, die über Grenzkopplungspunkte verfügen, über die ausschließlich ein anderes, nachgelagertes Netz aufgespeist wird, der Verteilung von Gas dienen und nicht bereits als Transportnetze einzustufen sind; diese Ergänzung soll vor allem solchen Fällen gelten, in denen Gasverteilernetzbetreiber ihre Versorgungsquelle in einem Nachbarland haben (BT-Drs. 17/6072, 52).

Auf die Vorgabe von Art. 2 Nr. 21 Elt-RL 09/Art. 2 Nr. 20 Gas-RL 09 geht die **96** Definition des früher sog. vertikal integrierten Energieversorgungsunternehmens (vgl. BT-Drs. 15/3917, 49), seit der Änderung durch die Klimaschutz-Sofortprogramm-Novelle (→ Rn. 7) sog. **vertikal integrierten Unternehmens (Nr. 38)** zurück. Mit dieser Novelle hat der Gesetzgeber zunächst begrifflich eine Anpassung an den Wortlaut der Richtlinien vornehmen und darüber hinaus teilweise Vorgaben des Urteils des EuGH vom 2.9.2021 (Urt. v. 2.9.2021 – C-718/18, ECLI:EU:C:2021:662) umsetzen wollen (BT-Drs. 20/2402, S. 38f.). Darin hat der EuGH zum einen festgestellt, dass der Begriff des vertikal integrierten Unternehmens in Art. 2 Nr. 21 Elt-RL 09/Art. 2 Nr. 20 Gas-RL 09 nicht auf die Teile des vertikal integrierten Unternehmens beschränkt ist, die im Elektrizitäts- oder Erdgasbereich tätig sind, sondern alle durch Kontrolle verbundenen Teile des vertikal integrierten Unternehmens erfasst; dies soll durch die Vermeidung des Begriffs des EVU klargestellt werden. Zum anderen hat der EuGH in der durch das Gesetz vom 26.7.2011 eingefügten Einschränkung, nach der allein eine Tätigkeit in der EU für die Qualifikation als vertikal integriertes Energieversorgungsunternehmen maßgeblich ist und Tätigkeiten außerhalb der EU außer Betracht bleiben, eine unionsrechtswidrige Verengung gesehen; dem wird durch die Streichung dieser Einschränkung Rechnung getragen. Von der so modifizierten Definition sind weiterhin einzelne EVU oder auch Gruppen von EVU erfasst, die konzernartig miteinander verbunden sind (vgl. dazu näher BT-Drs. 15/3917, 49f.). Vertikale Integration soll dem Grundsatz nach vorliegen, wenn neben Tätigkeiten im Bereich des Netzbetriebs auch Tätigkeiten auf vor- oder nachgelagerten Wertschöpfungsstufen ausgeübt werden (BT-Drs. 15/3917, 49). Im Einzelnen liegt vertikale Integration vor, wenn im Elektrizitätsbereich mindestens eine der Funktionen Übertragung/Verteilung und eine der Funktionen Erzeugung/Vertrieb oder wenn im Erdgasbereich mindestens eine der Funktionen Fernleitung/Verteilung/LNG-Anlagenbetrieb/Speicherung und eine der Funktionen Gewinnung/Vertrieb von Erdgas wahrgenommen wird. Auf vertikal integrierte EVU zielen die Entflechtungsvorschriften der §§ 6ff.

Die **volatile Erzeugung (Nr. 38a)** erfasst die Erzeugung von Strom aus Wind- **97** energieanlagen und aus solarer Strahlungsenergie. Die Definition ist durch das Ge-

§ 3 Teil 1. Allgemeine Vorschriften

setz vom 17.7.2017 vor dem Hintergrund der Einfügung des § 120 gesetzlich definiert worden sind (BT-Drs. 18/11528, 16).

98 In enger Anlehnung an Art. 2 Nr. 51 RL 2019/944/EU werden als **vollständig integrierte Netzkomponenten (Nr. 38b)** werden solche Anlagen einschließlich Energiespeicheranlagen und Betriebsmittel verstanden, die in das Übertragungs- oder Verteilernetz integriert sind und ausschließlich der Aufrechterhaltung des sicheren und zuverlässigen Netzbetriebs, nicht jedoch der Bereitstellung von Regelenergie oder dem Engpassmanagement dienen. Unter diese Definition sollen zB Kondensatoren oder Schwungräder fallen, die der Sicherheit und Zuverlässigkeit des Netzes dienen bzw. dazu beitragen können, die Synchronisierung unterschiedlicher Teile des Systems zu ermöglichen (BT-Drs. 19/27453, 90f.). Für vollständig integrierte Netzkomponenten gibt es einzelne Ausnahmebestimmungen. Unter den Voraussetzungen des § 11h Abs. 1 kann der Betreiber eines Elektrizitätsversorgungsnetzes ausnahmsweise Eigentümer von Energiespeicheranlagen, die vollständig integrierte Netzkomponenten darstellen, sein, und nach § 12h Abs. 3 bestehen für die Beschaffung von Systemdienstleistungen aus vollständig integrierten Netzkomponenten Erleichterungen.

99 Zur Umsetzung von Art. 2 Nr. 2 Gas-RL 03, heute Gas-RL 09, in Anlehnung an § 2 Abs. 3 EnWG 2003 ist die Definition des **vorgelagerten Rohrleitungsnetzes (Nr. 39)** erfolgt (BT-Drs. 15/3917, 49). Das Rohrleitungsnetz dient der Zuführung von Erdgas zum Fernleitungsnetz, nicht schon selbst der Fernleitung von Erdgas; aus diesem Grund sind vorgelagerte Rohrleitungsnetze ausdrücklich vom Begriff der Fernleitungen nach Nr. 19 (→ Rn. 36) ausgenommen. In der Folge gelten die für Gasversorgungsnetze (Nr. 20; → Rn. 39) aufgestellten Regeln des EnWG, insbesondere die §§ 20ff. für vorgelagerte Rohrleitungsnetze nicht (Theobald/Kühling/*Theobald* EnWG § 3 Rn. 306).

100 Angesichts der Aufnahme von Wasserstoff als dritten Energieträger in die Energiedefinition des EnWG (→ Rn. 14) und der Regulierungsvorgaben in §§ 28j ff. ist mit dem Gesetz vom 16.7.2021 eine Definition des **Wasserstoffnetzes (Nr. 39a)** aufgenommen worden. Nach der Definition müssen die Wasserstoffnetze von ihrer Dimensionierung so ausgelegt sein, dass sie nicht nur feststehende oder bestimmbaren Kunden offenstehen, sondern einer unbestimmten Anzahl an Kunden zur Verfügung stehen. Dies entspricht den Anforderungen an ein Energieversorgungsnetz der allgemeinen Versorgung iSv Nr. 17 (→ Rn. 42). Dass die für diese geltende allgemeine Anschlusspflicht nach § 18 Wasserstoffnetze nicht erfasst, wird durch deren eigenständige Definition verdeutlicht; dies wird auch dadurch bestätigt, dass das Wasserstoffnetz nach der einschlägigen Definition nur für die Zwecke des Teils 5 des EnWG als Energieversorgungsnetz iSv Nr. 16 (→ Rn. 41) gilt (vgl. BT-Drs. 19/27453, 91).

101 Im Zusammenhang mit der Ausweitung des Energiebegriffs iSv Nr. 14 (→ Rn. 35) auf Wasserstoff und des neuen Abschnitts über die Regulierung von Wasserstoffnetzen ist eine Definition des Begriffs der **Wasserstoffspeicheranlage (Nr. 39b)** aufgenommen worden. Entsprechend der auch für Gasspeicheranlagen iSv Nr. 19c (→ Rn. 52) getroffenen Regelung sollen Einrichtungen, die ausschließlich Betreibern von Wasserstoffnetzen iSv Nr. 10c (→ Rn. 26) bei der Wahrnehmung ihrer Aufgaben vorbehalten sind, nicht unter den Begriff fallen. Der Begriff ist für einzelne in §§ 28j ff. aufgestellte Anforderungen relevant.

102 Die Definition des **Winterhalbjahrs (Nr. 40),** welches danach den Zeitraum vom 1. Oktober eines Jahres bis zum 31. März des Folgejahres umfasst, ist mit dem Strommarktgesetz vom 26.7.2016 aufgenommen worden. Auf das Winterhalbjahr wird bei der Regelung der Kapazitätsreserve in § 13e Bezug genommen.

Verhältnis zum Eisenbahnrecht § 3 a

§ 3a Verhältnis zum Eisenbahnrecht

Dieses Gesetz gilt auch für die Versorgung von Eisenbahnen mit leitungsgebundener Energie, insbesondere Fahrstrom, soweit im Eisenbahnrecht nichts anderes geregelt ist.

Literatur: *Ehricke,* Zur Abgrenzung der Anwendungsbereiche des Allgemeinen Eisenbahngesetzes (AEG) und des neuen Energiewirtschaftsgesetzes (EnWG) im Hinblick auf die Versorgung mit leitungsgebundener Energie im Eisenbahnsektor, ZNER 2005, 301; *Ehricke,* Zur Bestimmung der Entgelte für die Nutzung von Bahnstromfernleitungen, IR 2006, 10; *Grün/ Jasper,* Die Regulierung des Bahnstroms im Spannungsfeld zwischen Eisenbahnrecht und Energierecht, N&R 2007, 46; *Schröder,* Die Abgrenzung der Anwendungsbereiche von EnWG und AEG bei der Versorgung von Eisenbahnen mit leitungsgebundener Energie, 2008.

A. Hintergründe, Entstehungsgeschichte und Funktion

Die Vorschrift des § 3a regelt das Verhältnis zwischen dem EnWG und dem 1
Eisenbahnrecht (BT-Drs. 15/5268, 117) im Hinblick auf die Versorgung von Eisenbahnen mit leitungsgebundener Energie, insbesondere mit Fahrstrom. Für diese Versorgung gilt das EnWG, soweit im Eisenbahnrecht nichts anderes geregelt ist. § 3a kommt **klarstellende Funktion** zu, weil nach der allgemeinen Regelung des § 1 Abs. 1 (dazu → § 1 Rn. 20ff.) auch die Versorgung von Eisenbahnen mit leitungsgebundener Energie in den Anwendungsbereich des EnWG fällt. Zu einer „Erweiterung des Anwendungsbereichs des EnWG" führt § 3a also nicht (so aber *Ehricke* ZNER 2005, 301 (302), der aber lediglich auf den insoweit nicht ergiebigen Gesetzeswortlaut verweist). Die „spiegelbildliche" (so BGH Beschl. v. 9.11.2010 – EnVR 1/10, NVwZ-RR 2011, 277 Rn. 10) eisenbahnrechtliche Regelung findet sich in **§ 1 Abs. 2 S. 3 AEG,** wonach das AEG „nicht für die Versorgung von Eisenbahnen mit leitungsgebundener Energie, insbesondere Fahrstrom, und Telekommunikationsleistungen" gilt, soweit nicht durch das AEG oder aufgrund des AEG „etwas anderes bestimmt ist". Eine im Ergebnis inhaltsgleiche Regelung (vgl. BeckOK EnWG/*Kindler* § 3a Rn. 3) hat der Gesetzgeber mit dem neuen **Eisenbahnregulierungsgesetz** vom 2.9.2016 (BGBl. 2016 I S. 2082ff.; zu den Hintergründen BerlKommEnergieR/*Klinge* EnWG § 3a Rn. 40) in § 1 Abs. 3 ERegG aufgenommen. Demnach gilt das Eisenbahnregulierungsgesetz „für die Versorgung von Eisenbahnen mit leitungsgebundener Energie, insbesondere Fahrstrom, und Telekommunikationsleistungen, soweit dies jeweils durch dieses Gesetz bestimmt ist." (vgl. BeckOK EnWG/*Kindler* § 3a Rn. 3).

Die Hintergründe für die gesetzliche Klärung des Verhältnisses zwischen Ener- 2
giewirtschafts- und Eisenbahnrecht liegen in systematischen, technischen und wirtschaftlichen Aspekten. Rechtssystematisch geht es um die **Zuordnung des technischen Systems der Eisenbahninfrastruktur,** das neben der Schiene regelmäßig auch Elektrizitätsleitungen umfasst, zur Eisenbahn- und/oder zur Energieinfrastruktur. Insoweit ist § 3a und § 1 Abs. 2 S. 3 AEG die klare Entscheidung zu entnehmen, dass die Eisenbahninfrastruktur nicht als einheitliches System insgesamt dem Eisenbahnrecht unterworfen sein soll, sondern dass die Komponenten der leitungsgebundenen Energieversorgung – unter dem Vorbehalt eisenbahnrechtlicher Spezialregelungen – dem Energiewirtschaftsrecht unterliegen. In technischer Hin-

§ 3a — Teil 1. Allgemeine Vorschriften

sicht (ausf. dazu BerlKommEnergieR/*Klinge* EnWG § 3a Rn. 11ff.) ist die Besonderheit zu berücksichtigen, dass der Fahrstrom für Eisenbahnen in Deutschland traditionell eine **andere Frequenz** (16,7 Hz) als das allgemeine Netz (50 Hz) aufweist. § 3a ist insoweit die Aussage zu entnehmen, dass es für die Anwendbarkeit des EnWG auf diese technische Besonderheit nicht ankommen soll mit der Folge, dass Voraussetzung für den Netzzugang speziell ausgelegte Erzeugungs- bzw. Umformeranlagen sind (BerlKommEnergieR/*Klinge* EnWG § 3a Rn. 11; Überblick über die Bahnstromversorgung bei *Schröder* Abgrenzung S. 17ff.). Den wirtschaftlichen Hintergrund des § 3a schließlich bilden Vorwürfe von Eisenbahnverkehrsunternehmen, bei der **Gestaltung der Fahrstrompreise durch die DB Energie GmbH** im Vergleich zu den Unternehmen des DB Konzerns benachteiligt worden zu sein (dazu zB OLG Frankfurt a. M. Urt. v. 10.10.2006 – 11 U 3/05, WuW/E DE-R 1901ff.; OLG Frankfurt a. M. Urt. v 19.9.2006 – 11 U 44/05, OLGR 2007, 416ff.). Solche Konflikte hatten zu der Frage geführt, ob der Zugang zum Bahnnetz im Hinblick auf die Energieversorgung durch die eisenbahnspezifische Regulierungsinstanz oder aber durch diejenige Regulierungsbehörde sicherzustellen sei, die diese Aufgaben auch für nicht eisenbahnspezifische Stromnetze erledigt. Das in § 3a dokumentierte Ergebnis dieser Diskussionen ist, dass das Bahnstromnetz unter Wahrung seiner Besonderheiten dem allgemeinen Regulierungsrecht für Elektrizitätsnetze unterstehen soll (*Salje* EnWG § 3a Rn. 1).

3 Aus der nur teilweise dokumentierten **Entstehungsgeschichte** (*Ehricke* ZNER 2005, 301 (302)) ist darauf hinzuweisen, dass der Regierungsentwurf (BT-Drs. 15/3917, 11) § 3a noch nicht enthielt. Die Vorschrift wurde ohne weitere Begründung durch den Änderungsvorschlag des Ausschusses für Arbeit und Wirtschaft (BT-Drs. 15/5268, 18, 117) in das Gesetzgebungsverfahren eingeführt.

4 Den **unionsrechtlichen Hintergrund** des § 3a bildet das Sekundärrecht zur Liberalisierung sowohl des Eisenbahnwesens (dazu Beck AEG/*Hermes* Einführung B Rn. 23ff.; Beck AEG/*Schweinsberg* Einführung E) als auch der leitungsgebundenen Energieversorgung insbesondere durch die Elt-RL 09 und die Gas-RL 09. Das europäische Eisenbahnrecht sichert jedem Eisenbahnverkehrsunternehmen einen Anspruch auf Zugang zur Eisenbahninfrastruktur. Dieses Zugangsrecht hat auch die **Nutzung von Versorgungseinrichtungen für Fahrstrom** zum Inhalt, sofern der jeweilige Fahrweg oder die „Serviceeinrichtung" (Bahnhöfe, Güterterminals, Rangierbahnhöfe, Abstellgleise, Wartungseinrichtungen etc) tatsächlich mit solchen Einrichtungen ausgestattet ist (Art. 13 Abs. 1 iVm Anhang II Nr. 1 und 2 RL 2012/34/EU). Davon zu unterscheiden ist die **Lieferung** – oder „Bereitstellung" – **von Fahrstrom,** zu der der Betreiber der Eisenbahninfrastruktur nur dann verpflichtet ist, wenn er sich auch gegenüber anderen Eisenbahnverkehrsunternehmen als „Fahrstromlieferant" betätigt (Art. 13 Abs. 2 iVm Anhang II Nr. 3a RL 2012/34/EU; zur Trennung zwischen der Nutzung der Versorgungseinrichtungen und der Lieferung von Fahrstrom s. auch *Ehricke* ZNER 2005, 301 (303)).

5 Vor diesem Hintergrund lassen sich der **Sinn und Zweck** des § 3a unschwer umschreiben als die klarstellende normative Vorgabe, dass sich die Versorgung von Eisenbahnen mit leitungsgebundener Energie nach denselben **(Wettbewerbs-) Regeln** vollziehen soll wie die **allgemeine Energieversorgung**, soweit nicht eisenbahnspezifische Besonderheiten zu berücksichtigen sind, die im Eisenbahnrecht ihren ausdrücklichen und speziell auf die Energieversorgung bezogenen Niederschlag gefunden haben. Konkret sollen insbesondere Eisenbahnverkehrsunternehmen, die außerhalb des DB-Unternehmensverbundes stehen, ihren Energielieferanten frei wählen können (*Salje* EnWG § 3a Rn. 7).

B. Versorgung von Eisenbahnen mit leitungsgebundener Energie

Die Geltung des EnWG ist in § 3a für den gesamten Bereich der Versorgung von 6
Eisenbahnen mit leitungsgebundener Energie angeordnet. Der Begriff der **Versorgung** ist in § 3 Nr. 36 legal definiert und umfasst neben der Erzeugung und Gewinnung von Energie zur Belieferung von Kunden und dem Betrieb eines Energieversorgungsnetzes auch den Vertrieb von Energie an Kunden (dazu *Ehricke* ZNER 2005, 301 (303 f.); *Schröder* Abgrenzung S. 25 ff.).

Unter **Eisenbahnen** sind nach der Legaldefinition in § 2 Abs. 1 AEG, auf die 7
auch für die Auslegung des § 3a abzustellen ist (*Ehricke* ZNER 2005, 301 (304)), sowohl Eisenbahninfrastrukturunternehmen als auch Eisenbahnverkehrsunternehmen zu verstehen. Zwar wird die im Wortlaut des § 3a angesprochene Versorgung von Eisenbahnverkehrsunternehmen mit Fahrstrom in der Praxis im Vordergrund stehen. Es besteht jedoch kein Grund, die Versorgung von Eisenbahninfrastrukturunternehmen aus dem Geltungsbereich des EnWG auszunehmen. Insofern gilt im EnWG kein engerer Eisenbahnbegriff als im AEG (enger offenbar Theobald/Kühling/*Theobald* EnWG § 3a Rn. 8; zum Eisenbahnbegriff des AEG s. Beck AEG/ *Fehling* § 2 Rn. 17 ff.).

Nach seinem insoweit eindeutigen Wortlaut ordnet § 3a die Geltung des EnWG 8
für die Versorgung von Eisenbahnen nicht nur mit Elektrizität, sondern allgemein mit **leitungsgebundener Energie** (s. § 3 Nr. 14) an. Obwohl dies nicht der typische Fall sein dürfte, richtet sich also im Falle einer entsprechenden Nachfrage auch die leitungsgebundene Versorgung von Eisenbahnen mit Gas oder Wasserstoff nach dem EnWG.

C. Geltung des EnWG unter Vorbehalt eisenbahnrechtlicher Spezialregelungen

Für die Versorgung von Eisenbahnen mit leitungsgebundener Energie ordnet 9
§ 3a die Geltung des EnWG mit der Folge an, dass sich auch die behördlichen Zuständigkeiten nach dem EnWG (§ 54) richten (dazu Theobald/Kühling/*Theobald* EnWG § 3a Rn. 9). Der Vorbehalt in § 3a zugunsten abweichender eisenbahnrechtlicher Regelungen, der mit demjenigen in § 1 Abs. 2 S. 3 AEG übereinstimmt, greift immer dann, wenn sich im Eisenbahnrecht (so die Formulierung in § 3a) bzw. im AEG selbst oder in den auf seiner Grundlage ergangenen Bestimmungen (so § 1 Abs. 2 S. 3 AEG) – also Rechtsverordnungen oder auch Verwaltungsakte – eine **ausdrückliche eisenbahnspezifische Regelung** der jeweiligen Frage findet. Es kommt also auf die Spezialität der eisenbahnrechtlichen Regelung an, nicht auf die Anwendbarkeit (dies verkennt BerlKommEnergieR/*Klinge* EnWG § 3a Rn. 60 ff.). Die zusätzliche Forderung, die eisenbahnrechtliche Regelung müsse auch abschließend sein (so *Schröder* Abgrenzung S. 32), ist auch im Interesse eines möglichst weitreichenden energierechtlichen Netzzugangsanspruchs nicht berechtigt. Darauf, ob der jeweilige Aspekt der Versorgung von Eisenbahnen mit leitungsgebundener Energie bahnbezogene Eigenheiten aufweist, kommt es erst dann an, wenn der Gesetz- oder Verordnungsgeber auf diese Besonderheiten durch spezielle eisenbahnrechtliche Regelungen reagiert hat (unklar insoweit *Ehricke* ZNER 2005, 301

(305)). Der Rechtsanwender ist auch nicht aufgefordert, im Einzelfall zu prüfen, ob eine „vergleichbare Lage" zwischen einem zu versorgenden Eisenbahnunternehmen und sonstigen Strom- oder Gaskunden besteht (so aber offenbar *Ehricke* ZNER 2005, 301 (305)). Denn über die Vergleichbarkeit hat bereits der Gesetzgeber in § 3a entschieden, indem er Eisenbahnen, die Elektrizität oder Gas abnehmen, als zu „versorgende" Kunden (s. § 3 Nr. 36) definiert und die rechtliche Beurteilung aller damit zusammenhängenden Vorgänge dem EnWG unterworfen hat.

I. Erzeugung von Energie

10   Für die **Erzeugung von Elektrizität** bedeutet dies, dass auf sie ohne Einschränkungen das EnWG Anwendung findet. Denn weder im AEG noch in den auf dem AEG beruhenden Verordnungen finden sich diesbezügliche Spezialregelungen. Unerheblich ist dabei, ob es sich um 16,7-Hz-Fahrstrom oder um 50-Hz-Strom zB für die Versorgung der Signalanlagen handelt (*Ehricke* ZNER 2005, 301 (305)). Auch Kraftwerke, die ausschließlich Bahnstrom produzieren, unterfallen keinen eisenbahnrechtlichen Spezialregelungen (für die Planfeststellung s. Beck AEG/*Vallendar* § 18 Rn. 60; allg. für die Erzeugung von Bahnstrom Beck AEG/ *Fehling* § 2 Rn. 83). Nicht ausgeschlossen ist allerdings, dass die allgemeine eisenbahnrechtliche Sicherheitspflicht des § 4 Abs. 1 AEG durch Rechtsverordnung auf der Grundlage des § 26 Abs. 1 Nr. 1 lit. a AEG konkretisiert wird in Bezug auf Erzeugungsanlagen, die so in ein Bahnstromnetz eingebunden sind, dass ihr Bau, ihre Instandhaltung, ihre Ausrüstung oder ihre Betriebsweise sicherheitsrelevant im eisenbahnspezifischen Sinne sind.

II. Bahnstromleitungen

11   Was die Leitungen angeht, über die **Elektrizität** oder **Gas** zur Versorgung von Eisenbahnen transportiert wird, so richten sich die rechtlichen Anforderungen an ihre **Errichtung**, ihre **Unterhaltung**, ihren **Betrieb** und insbesondere an den **Zugang** zu ihnen ebenfalls grundsätzlich nach dem EnWG. Insbesondere die Frage, ob und nach welchen Regeln Eisenbahninfrastrukturunternehmen verpflichtet sind, Strom durch ihr Bahnstromnetz durchzuleiten, beurteilt sich nach dem Energiewirtschaftsgesetz (BGH Beschl. v. 9.11.2010 – EnVR 1/10, NVwZ-RR 2011, 277 Rn. 10). Bei dem Bahnstromnetz handelt es sich um Energieversorgungsnetze iSd § 3 Nr. 16 (BGH Beschl. v. 9.11.2010 – EnVR 1/10, NVwZ-RR 2011, 277 Rn. 12 mausfN) und je nach ihrer konkreten Funktion kann es sich zB um Versorgungs- (§ 3 Nr. 2, 7), Verteiler- (§ 3 Nr. 3, 8), Übertragungs- (§ 3 Nr. 32) oder um Fernleitungsnetze (§ 3 Nr. 19) handeln. Eine Privilegierung dieser Netze nach § 110 kommt nicht in Betracht, weil dessen Voraussetzungen nicht vorliegen (*Salje* EnWG § 3a Rn. 10).

12   Eisenbahnrechtliche Spezialregelungen, die die energiewirtschaftsrechtlichen Vorschriften verdrängen, gelten allerdings für sog. **Bahnstromfernleitungen.** Dabei handelt es sich um 110-kV-Leitungen, die der Zuleitung von Bahnstrom dienen (vgl. zB BVerwG Urt. v. 25.10.2001 – 11 A 30.00; Beck AEG/*Fehling* § 2 Rn. 79ff.), die von der DB Energie GmbH betrieben werden. Sie sind gem. **§ 2 Abs. 6 AEG** Bestandteil der **Eisenbahninfrastruktur.** Ihr Bau und ihre Änderung bedürfen gem. § 18 AEG der eisenbahnrechtlichen **Planfeststellung** oder Plangenehmigung (Beck AEG/*Vallendar* § 18 Rn. 60). Die **Sicherheitsanforderungen** an Bahnstromfernleitungen folgen aus § 4 Abs. 1 AEG und den konkretisierenden

Regelwerken (dazu Beck AEG/*Hermes/Schweinsberg* § 4 Rn. 17, 49 ff.). § 14 Abs. 1 AEG aF normierte den **eisenbahnrechtlichen Anspruch auf Nutzung** von Bahnstromfernleitungen; dieser beschränkte sich allerdings auf die technischen Fragen der Nutzung. Dagegen richteten sich die wirtschaftlichen Fragen der Versorgung mit Energie (Nutzungsanspruch, Vertragsbeziehungen, Entgelte etc) nach dem EnWG (BGH Beschl. v. 9.11.2010 – EnVR 1/10, NVwZ 2011, 277 Rn. 22). Wie der BGH ausführlich und überzeugend begründet hat, würden andernfalls die detaillierten energierechtlichen Netzzugangsregeln durch allenfalls rudimentäre eisenbahnrechtliche Grundsätze ersetzt, was nicht im Interesse einer Förderung des Wettbewerbs im Schienenverkehr wäre und vom Gesetzgeber auch nicht intendiert war (ausf. dazu BGH Beschl. v. 9.11.2010 – EnVR 1/10, NVwZ 2011, 277 Rn. 16 ff.; krit. dazu BerlKommEnergieR/*Klinge* EnWG § 3a Rn. 38f.). Mit dem Inkrafttreten des ERegG ist die Regelung des § 14 Abs. 1 AEG weggefallen. Einen Zugangsanspruch gewährt nunmehr **§ 10 Abs. 1 und 2 ERegG,** wonach jeder Zugangsberechtigte das Recht auf Zugang zu Eisenbahnanlagen für alle Arten von Schienengüterverkehrsdiensten und Personenverkehrsdiensten zu angemessenen, nichtdiskriminierenden und transparenten Bedingungen hat. Nach Anlage 1, Nr. 9 ERegG (BGBl. 2016 I S. 2111) sind unter dem Begriff der Eisenbahnanlagen die „Anlagen zur Umwandlung und Zuleitung von Strom für die elektrische Zugförderung" zu verstehen. Hiervon sind Bahnstromfernleitungen nicht erfasst (Staebe/ *Staebe* ERegG § 1 Rn. 51), sodass sich der **Zugang zum Bahnstromnetz alleine nach dem EnWG** bestimmt (Kment/*Schex* EnWG § 3a Rn. 7).

Die zweite Kategorie von Energieleistungen zur Versorgung von Eisenbahnen, für die eisenbahnrechtliche Spezialregelungen existieren, sind die sog. **Anlagen zur streckenbezogenen Versorgung mit Fahrstrom.** Den Betrieb dieser Anlagen, hinter denen sich in erster Linie der „Fahrdraht" und Stromschienen verbergen (Einzelheiten bei Beck AEG/*Gerstner* § 14 Rn. 70), muss der Betreiber der Schienenwege gem. § 4 Abs. 7 AEG zum Gegenstand seines Unternehmens machen. Zum Zugangsanspruch, der sich früher nach § 14 Abs. 1 AEG aF richtete und der inzwischen in § 10 Abs. 1 und 2 ERegG seine Grundlage hat, gilt das oben Gesagte (→ Rn. 12 aE); Zugangsfragen beurteilen sich alleine nach dem EnWG.

III. Lieferung von Energie an Eisenbahnen

Die **Lieferung von Energie an Eisenbahnen** insbesondere der Vertrieb sog. Traktionsenergie unterliegt keinen eisenbahnrechtlichen Spezialregelungen (so auch OLG Frankfurt a. M. Urt. v. 10.10.2006 – 11 U 3/05, WuW/E DE-R 1901 ff.; OLG Frankfurt a. M. Urt. v 19.9.2006 – 11 U 44/05, OLGR 2007, 416ff.); *Ehricke* ZNER 2005, 301 (305)). Einen Anspruch von Eisenbahnen auf Belieferung mit Energie kennt weder das Eisenbahn- noch das Energiewirtschaftsrecht, sofern die Eisenbahn im konkreten Fall nicht die Merkmale eines Haushaltskunden (§ 3 Nr. 22, § 36) erfüllt. Zu beachten ist allerdings die erwähnte europarechtliche Vorgabe (→ Rn. 4), wonach der Betreiber der Eisenbahninfrastruktur einzelne Eisenbahnverkehrsunternehmen nicht diskriminierend von der Fahrstromversorgung ausschließen darf (Art. 5 Abs. 2 iVm Anhang II Nr. 3a RL 2001/14/EG; zum Diskriminierungsverbot in Art. 5 Abs. 2 RL 2001/14/EG allg. *Kühling/Hermeier/Heimeshoff,* Gutachten zur Klärung von Entgeltfragen nach AEG und EIBV im Auftrag der BNetzA, S. 99, abrufbar unter: www.bundesnetzagentur.de/cae/ser vlet/contentblob/88266/publicationFile/1481/GutachtenEntgeltfragen LangId10175pdf.pdf). Diese Vorgabe ist im deutschen Recht durch das wettbewerbsrechtliche Diskriminierungsverbot erfüllt (dazu OLG Frankfurt a. M. Urt. v. 10.10.2006 – 11 U 3/05, WuW/E DE-R 1901 ff.; OLG Frankfurt a. M. Urt. v 19.9.2006 – 11 U 44/05, OLGR 2007, 416 ff.; anders *Grün/Jasper* N&R 2007, 46 (49 f.), die die Verpflichtung zur diskriminierungsfreien Lieferung von Fahrstrom aus § 3 Abs. 1 S. 1 iVm Anlage 1 Nr. 2a EIBV ableiten; ähnlich *Schröder* Abgrenzung S. 81). Auch die Vorgabe aus Art. 7 Abs. 8 RL 2001/14/EG (Entgelthöhe für Fahrstrom bei nur einem Anbieter) ist durch das geltende Wettbewerbsrecht (§ 19 Abs. 4 GWB) ausreichend umgesetzt (*Schröder* Abgrenzung S. 56).

§ 4 Genehmigung des Netzbetriebs

(1) ¹**Die Aufnahme des Betriebs eines Energieversorgungsnetzes bedarf der Genehmigung durch die nach Landesrecht zuständige Behörde.** ²**Über die Erteilung der Genehmigung entscheidet die nach Landesrecht zuständige Behörde innerhalb von sechs Monaten nach Vorliegen vollständiger Antragsunterlagen.**

(2) ¹**Die Genehmigung nach Absatz 1 darf nur versagt werden, wenn der Antragsteller nicht die personelle, technische und wirtschaftliche Leistungsfähigkeit und Zuverlässigkeit besitzt, um den Netzbetrieb entsprechend den Vorschriften dieses Gesetzes auf Dauer zu gewährleisten.** ²**Unter den gleichen Voraussetzungen kann auch der Betrieb einer in Absatz 1 genannten Anlage untersagt werden, für dessen Aufnahme keine Genehmigung erforderlich war.**

(3) **Im Falle der Gesamtrechtsnachfolge oder der Rechtsnachfolge nach dem Umwandlungsgesetz oder in sonstigen Fällen der rechtlichen Entflechtung des Netzbetriebs nach § 7 oder den §§ 8 bis 10 geht die Genehmigung auf den Rechtsnachfolger über.**

(4) **Die nach Landesrecht zuständige Behörde kann bei einem Verstoß gegen Absatz 1 den Netzbetrieb untersagen oder den Netzbetreiber durch andere geeignete Maßnahmen vorläufig verpflichten, ein Verhalten abzustellen, das einen Versagungsgrund im Sinne des Absatzes 2 darstellen würde.**

(5) **Das Verfahren nach Absatz 1 kann über eine einheitliche Stelle abgewickelt werden.**

Übersicht

	Rn.
A. Allgemeines	1
B. Genehmigungsvorbehalt für Netz-Betriebsaufnahme	6
I. Reichweite des Genehmigungsvorbehalts (Abs. 1 S. 1)	7
1. Energieversorgungsnetze	7
2. Aufnahme des Betriebs	10
3. Betriebserweiterung durch Inhaber einer Genehmigung nach § 4	13
4. Verfahren bei Zweifeln über die Reichweite des Genehmigungsvorbehalts	16
II. Genehmigungsvoraussetzungen (Abs. 2 S. 1)	18
1. Bezugspunkt: Dauerhafter „Netzbetrieb" entsprechend den gesetzlichen Anforderungen	19

Genehmigung des Netzbetriebs § 4

Rn.
2. Personelle, technische, wirtschaftliche Leistungsfähigkeit 24
3. Zuverlässigkeit 28
III. Zuständigkeit, Verfahren, Entscheidungsfrist, Genehmigungsinhalt 30
1. Zuständigkeit der Landesbehörden, einheitliche Stelle (Abs. 5) .. 30
2. Genehmigungsverfahren 33
3. Entscheidungsfrist der nach Landesrecht zuständigen Behörde (Abs. 1 S. 2) 37
4. Inhalt und Umfang der Genehmigung 40
5. Rechtsnachfolge (Abs. 3) 42
IV. Rechtsschutz 48
C. Eingriffsbefugnisse bei Netzbetrieb ohne erforderliche Genehmigung (Abs. 4) 50
D. Netze, für die bei Betriebsaufnahme keine § 4-Genehmigung erforderlich war (Abs. 2 S. 2) 54

Literatur: *Becker,* Die Betriebsaufnahmegenehmigung nach § 3 EnWG im Gefüge des neuen Energiewirtschaftsrechts, RdE 2000, 7; *Börner/Börner,* Die energierechtliche Genehmigung restituierter Stadtwerke, 1991; *Böwing,* Energiewirtschaftsgesetz 1998, 1999; *Büdenbender,* Die Energieaufsicht über Energieversorgungsunternehmen nach dem neuen Energiewirtschaftsgesetz, DVBl. 1999, 7; *Guckelberger,* Die Rechtsfigur der Genehmigungsfiktion, DÖV 2010, 109; *Herrmann/Dick,* Die Kundenbündelung und ihre Bedeutung für das Energie- und Konzessionsabgabenrecht, BB 2000, 885; *Krieglstein,* Die staatliche Aufsicht über die Elektrizitätswirtschaft nach dem Energiewirtschaftsgesetz, 2002; *Schladebach,* Neue Akteure am Energiemarkt: Genehmigungsbedürftigkeit nach § 3 EnWG?, RdE 2002, 67; *Zenke,* Genehmigungszwänge im liberalisierten Energiemarkt, 1998; *Zenke,* Genehmigungszwang in einem liberalisierten Markt – ein trojanisches Pferd?, ZNER 1999, 12.

A. Allgemeines

Die Vorschrift des § 4 Abs. 1 S. 1 unterwirft die Aufnahme des **Betriebs von** 1 **Energieversorgungsnetzen** einem **Genehmigungsvorbehalt,** um den Betrieb dieser Netze entsprechend den gesetzlichen Vorgaben zu gewährleisten. Die diesem Ziel dienenden Versagungsgründe sind in § 4 Abs. 2 S. 1 enthalten. Dem gleichen Ziel dient die **Befugnis nach § 4 Abs. 2 S. 2,** den Betrieb von solchen Energieversorgungsnetzen zu **untersagen,** die bereits betrieben werden und für deren Betriebsaufnahme keine Genehmigung erforderlich war. Schließlich wird im Zusammenhang mit dem Genehmigungsvorbehalt in § 4 Abs. 1 S. 1 die Frage des Übergangs der Genehmigung auf den **Rechtsnachfolger** geregelt (§ 4 Abs. 3). Die Vorschrift des § 4 Abs. 3 wurde im Dezember 2012 durch Art. 1 Nr. 2 des Dritten Gesetzes zur Neuregelung energiewirtschaftsrechtlicher Vorschriften (BGBl. 2012 I S. 2730) geändert. Dabei handelt es sich lediglich um eine redaktionelle Folgeänderung zum Gesetz zur Neuregelung energiewirtschaftsrechtlicher Vorschriften vom 26.7.2011 (dazu BT-Drs. 17/10754, 21).

Im **November 2010** wurde § 4 durch Art. 2 Nr. 1 des Gesetzes zur Umsetzung 2 der Richtlinie des Europäischen Parlaments und des Rates über Endenergieeffizienz und Energiedienstleistungen (BGBl. 2010 I S. 1483) um verfahrensrechtliche Regelungen ergänzt. So sieht der neu eingefügte § 4 Abs. 1 S. 2 eine **sechsmonatige Frist** vor, innerhalb derer die nach Landesrecht zuständige Behörde über die

§ 4 Teil 1. Allgemeine Vorschriften

Erteilung der Genehmigung zu entscheiden hat. Diese Vorschrift gilt seit dem 12.11.2010 und dient der Umsetzung der RL 2006/123/EG, deren Art. 13 Abs. 3 S. 1 vorschreibt, dass Genehmigungsverfahren binnen einer vorab festgelegten und bekannt gemachten angemessenen Frist bearbeitet werden (s. dazu den RegE, BR-Drs. 231/10, 50; BT-Drs. 17/1719, 26). Außerdem wurde § 4 um die Abs. 4 und 5 ergänzt. **Abs. 4** begründet eine ausdrückliche **Eingriffsbefugnis** der nach Landesrecht zuständigen Behörde zum Erlass eines Verwaltungsakts für den Fall, dass das Netz formell illegal betrieben wird. Die Notwendigkeit dieser Ergänzung resultiert aus den Gefahren, die mit einem illegalen Netzbetrieb für die Infrastruktur verbunden sind (s. dazu den RegE, BR-Drs. 231/10, 51; BT-Drs. 17/1719, 26f.). Der neu eingefügte **Abs. 5 (einheitliche Stelle)** dient der Umsetzung von Art. 6 EU-DLR (vgl. RegE, BR-Drs. 231/10, 51; BT-Drs. 17/1719, 27).

3   Im Vergleich zur **Rechtslage vor 2005** bedeutet die Beschränkung des Genehmigungsvorbehaltes in § 4 auf die Aufnahme des Betriebs eines Energieversorgungsnetzes eine deutliche Beschränkung genehmigungsbedürftiger Tätigkeiten im energiewirtschaftlichen Sektor. **§ 5 EnWG 1935** sah für die Aufnahme der Energieversorgung anderer fast ausnahmslos eine präventive Kontrolle vor, ergänzt um eine Anzeigepflicht in Fällen der Eigenversorgung. Diese Vorschrift war Bestandteil einer kontinuierlichen staatlichen Kontrolle der Tätigkeit von Energieversorgungsunternehmen, die neben der Betriebsaufnahmegenehmigung die sog. Investitionskontrolle (§ 4 EnWG 1935), ein Untersagungsverfahren (§ 8 EnWG 1935) sowie Vorschriften über Tarif- und Vertragsbedingungen und die Vorratshaltung umfasste. Die praktische Bedeutung von § 5 EnWG 1935 war jedoch gering, weil ein Großteil der EVU bereits vor Inkrafttreten des EnWG 1935 tätig waren und deshalb über eine fingierte Genehmigung verfügte. Erst mit der Gründung kommunaler Energieversorger in den neuen Bundesländern nach 1990 gewann § 5 EnWG 1935 eine gewisse Bedeutung (dazu *Börner/Börner,* Die energierechtliche Genehmigung restituierter Stadtwerke).

4   Die Vorschrift des **§ 3 EnWG 1998** sah eine präventive Kontrolle von Unternehmen vor, die erstmals die Strom- oder Gasversorgung anderer aufnehmen. Zweck der Regelung war die Gewährleistung einer möglichst sicheren, preisgünstigen und umweltverträglichen Energieversorgung. Diese Ziele sollten weder durch den Marktzutritt von Unternehmen mit unzureichender Leistungsfähigkeit noch (im Falle der Elektrizitätsversorgung) durch nachteilige Strukturveränderungen zu Lasten bestehender Versorgungsverhältnisse in einem Versorgungsgebiet infolge der Tätigkeit von Newcomern gefährdet werden (BT-Drs. 13/7274, 15). § 3 erweiterte die Kontrollfunktion der Betriebsaufnahmegenehmigung gegenüber § 5 EnWG 1935 in gewissem Umfang, indem erstmals eine präventive Zuverlässigkeitskontrolle beim Marktzutritt von EVU stattfand. Unklarheit herrschte allerdings darüber, ob der erstmalige Betrieb eines **Netzes für die allgemeine Versorgung** genehmigungsbedürftig war (dafür *Becker* RdE 2000, 7 (10); dagegen *Büdenbender* SP Rn. 518; *Böwing/W. Schneider* EnWG 1998 Art. 1 § 3 Ziff. 2.2). Angesichts dieser Unklarheit wurde die Genehmigungsbedürftigkeit des Betriebs von Energieversorgungsnetzen de lege ferenda allgemein befürwortet (Bericht des Arbeitskreises Energiepolitik an die Wirtschaftsministerkonferenz zum Vollzug des neuen Energiewirtschaftsgesetzes, S. 32; *Krieglstein,* Die staatliche Aufsicht, S. 127; *Böwing/W. Schneider* EnWG 1998 Art. 1 § 3 Ziff. 2.2; ein entsprechender Vorschlag des Bundesrates im Rahmen des Gesetzgebungsverfahrens für das Erste Gesetz zur Änderung des Gesetzes zur Neuregelung des Energiewirtschaftsrechts blieb aber unberücksichtigt, vgl. BT-Drs. 14/5969, 11, 15).

Die entscheidende Neuerung des § 4 gegenüber § 3 EnWG 1998 liegt also darin, 5
dass einerseits über die Genehmigungsbedürftigkeit der Aufnahme des Betriebs
eines Energieversorgungsnetzes positiv entschieden und andererseits „die bisherigen
Genehmigungserfordernisse auf die Fälle der Aufnahme des Betriebs eines Energieversorgungsnetzes" beschränkt wurden (BT-Drs. 15/3917, 50). Wegen der „**besonderen Bedeutung der Energieversorgungsnetze** als Infrastruktureinrichtung"
hat der Gesetzgeber auch nach der Marktöffnung im Bereich der leitungsgebundenen Energieversorgung eine staatliche Genehmigung für erforderlich gehalten (BT-Drs. 15/3917, 50). Das Recht der Kommunen, die (Neu-)Vergabe von Konzessionsverträgen von einer eigenständigen Prüfung der technischen und wirtschaftlichen Leistungsfähigkeit des zukünftigen Netzbetreibers abhängig zu machen
(dazu mN *Templin* IR 2009, 125 (126)), bleibt von der Regelung des § 4 unberührt.

B. Genehmigungsvorbehalt für Netz-Betriebsaufnahme

Bei § 4 Abs. 1 S. 1 handelt es sich um ein (formelles) Verbot mit Erlaubnisvor- 6
behalt, das dem gewerberechtlichen Modell der **Kontrollerlaubnis** entspricht. Zu
beachten ist dabei, dass sachlicher Bezugspunkt der **Genehmigungsbedürftigkeit**
ein bestimmtes Verhalten – die Aufnahme des Betriebs eines Energieversorgungsnetzes – ist, während die **Genehmigungsvoraussetzungen** durch bestimmte Eigenschaften des Antragstellers definiert sind. Aus dieser Kombination ergeben sich
wechselseitige Einflüsse in dem Sinne, dass der Kreis der genehmigungsbedürftigen
Tatbestände durch die Erteilungsvoraussetzungen begrenzt wird (→ Rn. 7 ff.), und
dass umgekehrt die Genehmigungsvoraussetzungen nur die spezifischen Anforderungen an den Netzbetrieb erfassen können (→ Rn. 18 ff.). Nach § 4 Abs. 2 S. 1
hat der Antragsteller einen **Rechtsanspruch auf Erteilung** wenn keiner der dort
aufgeführten Versagungsgründe eingreift. Insoweit handelt es sich um eine sog. gebundene Erlaubnis.

I. Reichweite des Genehmigungsvorbehalts (Abs. 1 S. 1)

1. **Energieversorgungsnetze.** Die Energieversorgungsnetze, deren Betriebs- 7
aufnahme dem Genehmigungsvorbehalt unterworfen ist, definiert **§ 3 Nr. 16 als
Elektrizitäts- und Gasversorgungsnetze** (§ 3 Nr. 20), wobei es nach dieser
Legaldefinition unerheblich ist, ob die Netze eine oder mehrere Spannungsebenen
oder Druckstufen umfassen. Erfasst werden von dem Genehmigungsvorbehalt also
sowohl Übertragungs- und Fernleitungsnetze als auch (örtliche) Verteilernetze,
wobei im Gasbereich (s. § 3 Nr. 19a) auch LNG-Anlagen und Speicheranlagen einbezogen sind (vgl. § 3 Nr. 20). Weil die Funktionsfähigkeit des Gesamtnetzes abhängig ist von jedem seiner Teile, unterfallen auch **Teilnetze** und **Netzteile** dem
Genehmigungsvorbehalt. **Wasserstoffnetze** unterfallen nicht § 4 Abs. 1 S. 1, weil
§ 3 Nr. 16 sie explizit nur „im Rahmen von Teil 5" als Energieversorgungsnetze definiert.

Auch **geschlossene Verteilernetze** iSd § 110 unterliegen dem Genehmi- 8
gungsvorbehalt des § 4 Abs. 1, weil sie der Belieferung von Letztabnehmern dienen
(Schneider/Theobald EnergieWirtschaftsR-HdB/*Franke/Schütte* § 3 Rn. 4). **Eigenversorgungsnetze** unterliegen dagegen nicht dem Genehmigungsvorbehalt, da der
Schutzzweck der Genehmigungspflicht auf lieferbezogene Netze beschränkt ist (näher dazu Schneider/Theobald EnergieWirtschaftsR-HdB/*Franke/Schütte* § 3 Rn. 4).

§ 4   Teil 1. Allgemeine Vorschriften

9   Die vom Bundesrat vorgeschlagene Ausweitung des Genehmigungsvorbehalts auf „die Errichtung und de[n] Betrieb einer Direktleitung" im Gasbereich, die mit dem „besonderen technischen Gefährdungspotential bei der Gasversorgung" begründet worden war (BT-Drs. 15/3917, 80), ist nicht aufgegriffen worden. **Direktleitungen** (→ § 3 Rn. 31, 41) sind danach nicht nach § 4 genehmigungsbedürftig, was Genehmigungsvorbehalte nach anderen Gesetzen (zB Baurecht) ebenso wenig ausschließt wie Aufsichtsmaßnahmen nach §§ 65 ff., wenn der Betreiber einer Direktleitung seinen Pflichten nach dem Energiewirtschaftsgesetz oder nach den auf seiner Grundlage erlassenen Rechtsverordnungen nicht nachkommt. Gleiches gilt für **Kundenanlagen** iSd § 3 Nr. 24a und 24b, weil auch ihnen keine Netzqualität zukommt (→ § 3 Rn. 41; Schneider/Theobald EnergieWirtschaftsR-HdB/*Franke/Schütte* § 3 Rn. 4).

10   **2. Aufnahme des Betriebs.** Genehmigungsbedürftig nach § 4 ist nicht die Errichtung, sondern erst und nur die Aufnahme des Betriebs eines Energieversorgungsnetzes. Wegen dieses Anknüpfungspunktes ist die Betriebsaufnahmegenehmigung nach § 4 **abzugrenzen von** den Zulassungstatbeständen, die die **Errichtung und den Betrieb von Netzanlagen** betreffen. Dies sind die Planfeststellung und die Plangenehmigung nach §§ 43 ff., nach §§ 18 ff. NABEG oder nach § 45 WindSeeG (→ § 43 Rn. 13 ff.). Diese Zulassungsentscheidungen sind auch in ihren Zulassungsvoraussetzungen anlagenbezogen, so dass zu ihrem Prüfprogramm die Zuverlässigkeit und sonstige Eigenschaften des die Anlage betreibenden Unternehmens nicht gehören. Diese Lücke füllt § 4, indem zusätzlich zu den anlagenbezogenen (insbesondere technischen und planungsrechtlichen) Voraussetzungen auch die persönlichen bzw. unternehmensbezogenen Gefahren und Risiken erfasst werden, die mit dem Betrieb von Energieversorgungsnetzen verbunden sind. **Adressat der Genehmigungspflicht** ist deshalb der **Netzbetreiber** als derjenige, der – ohne Eigentümer sein zu müssen (BGH Urt. v. 14.7.2004 – VIII ZR 356/03, ZNER 2004, 272 (274)) – ein Netz im eigenen Namen und auf eigene Rechnung betreibt, wartet und gegebenenfalls für den Ausbau verantwortlich ist und die hierfür erforderlichen Einwirkungsmöglichkeiten auf das Netz und seinen Betrieb hat (BerlKommEnergieR/*Säcker/Steffens* EnWG § 4 Rn. 36). In Zweifelsfällen kann die Verantwortlichkeit für das Netz mit Hilfe der im Anlagengenehmigungsrecht gebräuchlichen Anforderungen an die Betreiberstellung bestimmt werden (Schneider/Theobald EnergieWirtschaftsR-HdB/*Franke/Schütte* § 3 Rn. 5 f.).

11   Unter der Aufnahme des Betriebs eines Energieversorgungsnetzes sind die technischen Maßnahmen zu verstehen, durch die der jeweiligen Anlage **erstmals** ihre **netzspezifische Transportfunktion** zugewiesen wird. Praktisch bedeutet dies die Maßnahmen, durch die das Netz unter Spannung bzw. unter Druck gesetzt wird. Als Maßnahmen, die der Betriebsaufnahme vorgelagert sind und die Genehmigungsbedürftigkeit (noch) nicht auslösen, sind die technischen (Errichtung der Anlagen), wirtschaftlichen und rechtlichen (Unternehmensgründung, Netzanschluss- und -nutzungsverträge etc) **Vorbereitungshandlungen** einzustufen (Schneider/Theobald EnergieWirtschaftsR-HdB/*Franke/Schütte* § 3 Rn. 7; *Salje* EnWG § 4 Rn. 35).

12   Unter der alten Rechtslage (§ 3 EnWG 1998) war umstritten, ob ein **Rechtsträgerwechsel** eine neue Genehmigungspflicht auslöst. Die Genehmigungspflicht hing nach hM davon ab, ob in tatsächlicher Hinsicht eine Betriebsaufnahme stattfand oder ob lediglich eine bereits bestehende Tätigkeit in einer anderen gesellschaftsrechtlichen Form vollzogen wurde. Ausschließlich im ersten Fall sollte eine Genehmigung erforderlich sein, während bei einem reinen Rechtsformwechsel

Genehmigung des Netzbetriebs **§ 4**

mangels Betriebsaufnahme im wirtschaftlichen Sinne eine Genehmigungspflicht nicht bestehen sollte (*Krieglstein*, Die staatliche Aufsicht, S. 124f.; *Lippert* EnergiewirtschaftsR S. 614; *Böwing/W. Schneider* EnWG 1998 Art. 1 § 3 Ziff. 2.1.). Dieser Problemkreis ist heute durch § 4 Abs. 3 abschließend geregelt (dazu → Rn. 42 ff.).

3. Betriebserweiterung durch Inhaber einer Genehmigung nach § 4. 13
Keine klare Antwort liefert § 4 auf die Frage, wie die Aufnahme des Betriebs eines **zusätzlichen Energieversorgungsnetzes** bzw. eines **neuen Netzteiles** durch solche Unternehmen zu beurteilen ist, die **bereits über eine Genehmigung nach § 4 verfügen** (dazu Schneider/Theobald EnergieWirtschaftsR-HdB/ *Franke/Schütte* § 3 Rn. 8f.). Diese Frage ist zunächst abzugrenzen von derjenigen nach der Behandlung von den Altfällen solcher Unternehmen, die bereits vor Inkrafttreten des EnWG 2005 Energieversorgungsnetze betrieben haben (dazu → Rn. 54 ff.). Auch Fragen der Rechtsnachfolge (→ Rn. 42 ff.) gehören nicht hierher. Die auf den ersten Blick vergleichbare Diskussion, die von § 3 EnWG 1998 ihren Ausgang nahm (s. dazu nur *Büdenbender* DVBl. 1997, 7 (14); *Becker* RdE 2000, 7 (10)), ist im Zusammenhang mit § 4 nur sehr begrenzt verwertbar, weil diese Vorschrift andere Genehmigungsvoraussetzungen hatte (→ Rn. 4).

Wenn ein Betreiber über eine gültige Genehmigung nach § 4 verfügt, so scheint 14 der Wortlaut des § 4 Abs. 1 dafür zu sprechen, dass jede Netzerweiterung oder -ergänzung genehmigungsbedürftig ist. Dies würde aber offensichtlich der in § 4 Abs. 2 S. 1 zum Ausdruck kommenden Funktion des § 4 widersprechen, die darin liegt, Gefahren für den Netzbetrieb abzuwehren, die aus der fehlenden Zuverlässigkeit oder der fehlenden Leistungsfähigkeit des Betreibers resultieren. Diese potentielle Gefahrenlage stellt sich nämlich bei Betreibern, die bereits über eine § 4-Genehmigung verfügen, nicht bereits mit der Inbetriebnahme jeder neuen oder zusätzlichen Netzanlage (zur Abgrenzung zwischen § 4 und anlagenbezogenen Zulassungstatbeständen → Rn. 10). Vielmehr kann eine potentielle Gefahrenlage erst dann entstehen und sich damit die **Genehmigungsfrage neu stellen**, wenn die **Betriebserweiterung** in dem Sinne **wesentlich** ist, dass die der vorhandenen Genehmigung zugrundeliegenden und geprüften Erkenntnisse über die Leistungsfähigkeit und Zuverlässigkeit nicht ausreichen, um die Voraussetzungen des § 4 Abs. 2 S. 1 auch im Hinblick auf die neuen Anlagen ohne nähere Prüfung bejahen zu können (ähnlich Schneider/Theobald EnergieWirtschaftsR-HdB/*Franke/Schütte* § 3 Rn. 8f. mit Verweis auf die Verständigung im Arbeitskreis „Energiepolitik" der Wirtschaftsministerkonferenz aus dem Jahr 2006; *Kühling/Rasbach/Busch* EnergieR S. 52f.).

Eine in diesem Sinne wesentliche Betriebserweiterung liegt beispielsweise dann 15 vor, wenn der Genehmigungsinhaber ein Netz mit einer anderen Spannungsebene betreiben will oder seine **Netzkapazitäten** in einem solchen Umfang **erweitert**, dass ihr Betrieb mehr bzw. anders qualifiziertes Personal oder zusätzliche finanzielle Reserven etwa zur Erfüllung von Schadensersatzpflichten bei Störungen erfordert. Auch wenn ein Unternehmen, dessen vorhandene § 4-Genehmigung sich auf den Betrieb von **Elektrizitätsversorgungsnetzen** bezieht, nunmehr ein **Gasversorgungsnetz** betreiben will, steht die Genehmigungsbedürftigkeit außer Frage, weil insbesondere die personelle und technische Leistungsfähigkeit hier neu zu prüfen ist (so auch Schneider/Theobald EnergieWirtschaftsR-HdB/*Franke/Schütte* § 3 Rn. 9). Gleiches gilt bei der erneuten Aufnahme des Betriebs nach vorangehendem Verzicht oder vorangehender Verwirkung der Berechtigung (dazu Schneider/ Theobald EnergieWirtschaftsR-HdB/*Franke/Schütte* § 3 Rn. 10).

§ 4 Teil 1. Allgemeine Vorschriften

16 **4. Verfahren bei Zweifeln über die Reichweite des Genehmigungsvorbehalts.** Wird – entgegen der Erwartung des Antragstellers – ein Vorhaben von der Behörde als genehmigungspflichtig angesehen, ist die **Feststellung der Genehmigungspflichtigkeit** auf § 65 zu stützen (Schneider/Theobald EnergieWirtschaftsR-HdB/*Franke/Schütte* § 3 Rn. 18 mit Fn. 44, die allerdings nur eine Inzidentprüfung der Genehmigungsbedürftigkeit annehmen).

17 Die Genehmigungsbehörde kann gegenüber einem Unternehmen auf Antrag erklären, dass für eine bestimmte Tätigkeit eine Betriebsaufnahmegenehmigung nicht benötigt wird (sog. **„Negativattest"** oder **„Unbedenklichkeitsbescheinigung"**). Unklar ist der Rechtscharakter einer solchen Erklärung. Die Beantwortung dieser Frage richtet sich nach allgemeinem Verwaltungsrecht. Von einem feststellenden Verwaltungsakt ist auszugehen, wenn ein Rechtsverhältnis oder einzelne Rechte oder Pflichten strittig sind bzw. als klärungsbedürftig angesehen werden. In diesem Falle handelt die Behörde in der Regel mit dem Willen, eine „regelnde Feststellung" mit rechtlicher Bindungswirkung zu treffen. Einer Ermächtigungsgrundlage für diese Feststellung bedarf es nicht, wenn sie auf Antrag des Unternehmens erfolgt (Schneider/Theobald EnergieWirtschaftsR-HdB/*Franke/Schütte* § 3 Rn. 18 mwN).

II. Genehmigungsvoraussetzungen (Abs. 2 S. 1)

18 Mit der (negativen) Formulierung der Versagungsgründe nennt § 4 Abs. 2 S. 1 – positiv gewendet – die Voraussetzungen, bei deren Vorliegen der Netzbetreiber einen **Anspruch** auf Erteilung der Genehmigung hat. Diese Voraussetzungen bestehen zum einen in der **Leistungsfähigkeit,** die in personeller, technischer und wirtschaftlicher Hinsicht gegeben sein muss. Insoweit übernimmt die Norm die Voraussetzungen, die bereits in § 3 Abs. 2 Nr. 1 EnWG 1998 enthalten waren. Zum anderen verlangt § 4 Abs. 2 S. 1 ergänzend die aus dem Gewerberecht bekannte **Zuverlässigkeit** als Genehmigungsvoraussetzung. Diese Voraussetzungen müssen kumulativ gegeben sein. Die Anpassung „an die Erfordernisse nach der Marktöffnung im Bereich der leitungsgebundenen Energieversorgung" (BT-Drs. 15/3917, 50) liegt darin, dass evtl. negative Auswirkungen der beantragten Tätigkeit auf die „Versorgungsbedingungen" oder „für das verbleibende Gebiet des bisherigen Versorgers" (so noch § 3 Abs. 2 Nr. 2 EnWG 1998) nicht mehr zu den (negativen) Genehmigungsvoraussetzungen gehören. Durch § 4 Abs. 2 S. 1 wurde der Genehmigungstatbestand vielmehr auf eine gewerberechtliche Kontrollerlaubnis mit **gefahrenabwehrrechtlicher Funktion** (gebundene Erlaubnis) zurückgeführt (Schneider/Theobald EnergieWirtschaftsR-HdB/*Franke/Schütte* § 3 Rn. 19 mN). Einen energie- oder wirtschaftspolitischen Einschlag lassen die Genehmigungsvoraussetzungen des § 4 Abs. 2 S. 1 nicht erkennen, so dass für die Annahme eines Beurteilungsspielraums der Behörde kein Anhaltspunkt existiert (ebenso BeckOK EnWG/*Assmann* § 4 Rn. 51; dafür aber Theobald/Kühling/*Theobald* EnWG § 4 Rn. 14).

19 **1. Bezugspunkt: Dauerhafter „Netzbetrieb" entsprechend den gesetzlichen Anforderungen.** Bezugspunkt für die Prüfung sowohl der Leistungsfähigkeit als auch der Zuverlässigkeit ist die auf **Dauer angelegte Gewährleistung** des Netzbetriebs entsprechend den Vorschriften des Energiewirtschaftsgesetzes.

20 Entgegen dem ursprünglichen Regierungsentwurf (BT-Drs. 15/3917, 11), der als Bezugspunkt noch die „Energieversorgung" (zur redaktionellen Anpassung der

Genehmigungsvoraussetzungen an den eingeschränkten, nur noch die Aufnahme des Netzbetriebs erfassenden Genehmigungstatbestand s. die Beschlussempfehlung des Ausschusses für Wirtschaft und Arbeit, BT-Drs. 15/5268, 18, 117) enthielt, beziehen sich die Leistungsfähigkeit und die Zuverlässigkeit ausschließlich auf den **Netzbetrieb.**

Dieser Netzbetrieb muss **den Vorschriften des Energiewirtschaftsgesetzes** 21 **entsprechend** erfolgen. Maßgeblich sind insoweit in erster Linie die Vorschriften des Teils 3 über die Regulierung des Netzbetriebs (§§ 11–28i) einschließlich der auf diesen Vorschriften beruhenden **Rechtsverordnungen, Festlegungen** und sonstigen behördlichen Entscheidungen **(Verwaltungsakte).** Obwohl § 4 Abs. 2 S. 1 – anders als etwa § 65 Abs. 1 und 2 – nicht ausdrücklich die aufgrund des Energiewirtschaftsgesetzes ergangenen Rechtsvorschriften bzw. Rechtsverordnungen erwähnt, entspricht es dem Sinn des § 4 Abs. 2, diese als Konkretisierungen derjenigen Pflichten heranzuziehen, deren Erfüllung Voraussetzung für einen funktionsgerechten Netzbetrieb ist. Gleiches gilt für Festlegungen und behördliche Einzelfallentscheidungen.

Durch die Formulierung „**auf Dauer**" bringt das Gesetz zum Ausdruck, dass die 22 Beurteilung der Leistungsfähigkeit und Zuverlässigkeit eine **Zukunftsprognose** der Behörde erforderlich macht. Dabei richtet sich der Prognosezeitraum nach den berechtigten Erwartungen derjenigen (Netzanschluss- und -zugangsberechtigten), die auf die Funktionsfähigkeit des jeweiligen Netzes vertrauen dürfen.

Schließlich verlangt § 4 Abs. 2 S. 1 nur, dass der Antragsteller den funktions- 23 gerechten Netzbetrieb „**gewährleisten**" muss. Damit bringt der Wortlaut des § 4 Abs. 2 S. 1 zum Ausdruck, dass sich der Antragsteller bei der Erfüllung seiner Netzbetreiberpflichten **anderer Unternehmen bedienen** kann, dass er aber die Verantwortung für einen den normativen Vorgaben entsprechenden Netzbetrieb zu tragen hat (BerlKommEnergieR/*Säcker/Steffens* EnWG § 4 Rn. 44). Das setzt allerdings (1) die Leistungsfähigkeit und Zuverlässigkeit der eingeschalteten Unternehmen sowie (2) eine – gegebenenfalls vertraglich ausgestaltete und abgesicherte – **Überwachungs- und Kontrollbefugnis** im Verhältnis zu den eingeschalteten Drittunternehmen und schließlich (3) die personellen und sonstigen Ressourcen des Antragstellers für eine effektive Wahrnehmung dieser Überwachungs- und Kontrollbefugnisse voraus. Alle drei Voraussetzungen sind Gegenstand des Genehmigungsverfahrens, soweit der Antragsteller seine Netzbetreiberpflichten nicht mit eigenen personellen und technischen Mitteln zu erfüllen beabsichtigt (Einzelheiten dazu bei Schneider/Theobald EnergieWirtschaftsR-HdB/*Franke/Schütte* § 3 Rn. 20).

2. Personelle, technische, wirtschaftliche Leistungsfähigkeit. Die erste 24 Genehmigungsvoraussetzung der Leistungsfähigkeit des Antragstellers in personeller, technischer und wirtschaftlicher Hinsicht bezieht sich – im Gegensatz zur Voraussetzung der Zuverlässigkeit (→ Rn. 28f.) – auf Umstände, die in seiner betrieblichen Sphäre anzusiedeln sind. Deshalb hat der **Antragsteller** im Rahmen seiner Mitwirkungspflicht nach § 26 Abs. 2 S. 1 und 2 VwVfG die **Voraussetzungen der Leistungsfähigkeit** darzulegen und gegebenenfalls nachzuweisen. Der sonst bei präventiven Verboten mit Erlaubnisvorbehalt geltende Grundsatz, wonach die **Darlegungs- und Beweislast** für das Vorliegen von Versagungsgründen bei der Behörde liegt, gilt also für § 4 Abs. 2 S. 1 nicht (Schneider/Theobald EnergieWirtschaftsR-HdB/*Franke/Schütte* § 3 Rn. 19 mwN; aA – ohne Begründung – BerlKommEnergieR/*Säcker/Steffens* EnWG § 4 Rn. 68).

25 In **personeller** Hinsicht ist zum einen erforderlich, dass der Antragsteller über eine **ausreichende Zahl** fachkundiger Mitarbeiter verfügt, die die notwendige technische und kaufmännische **Sachkunde** mitbringen. Dies ist durch geeignete Angaben zur Mitarbeiterzahl, deren Ausbildung und einschlägige Erfahrungen auf dem Gebiet des Netzbetriebs nachzuweisen. Aus der Personalstärke und -struktur vergleichbarer Netzbetreiber kann die Genehmigungsbehörde Anhaltspunkte für die Beurteilung der personellen Leistungsfähigkeit gewinnen (BerlKommEnergieR/*Säcker*/*Steffens* EnWG § 4 Rn. 44).

26 Die **technische Leistungsfähigkeit** des Antragstellers verlangt, dass er nach Maßgabe einschlägiger technischer Regelwerke einen störungsfreien Betrieb des jeweiligen Netzes dadurch gewährleisten kann (Schneider/Theobald EnergieWirtschaftsR-HdB/*Franke*/*Schütte* § 3 Rn. 21), dass er über die erforderlichen technischen Mittel und Einrichtungen verfügt. Der Nachweis technischer Leistungsfähigkeit kann auch dadurch geführt werden, dass qualifizierte **Fremdfirmen** zur Verfügung stehen, die jeweils Teilaufgaben im Zusammenhang mit der Überwachung des Netzbetriebs, der Instandhaltung etc wahrnehmen (→ Rn. 23). Allerdings muss der Netzbetreiber zur Wahrnehmung der Letztverantwortung imstande sein. Insbesondere hat er darzulegen, dass die Kontrolle der Tätigkeit von Fremdfirmen gewährleistet ist (Schneider/Theobald EnergieWirtschaftsR-HdB/*Franke*/*Schütte* § 3 Rn. 20). Insoweit überschneiden sich die Anforderungen an die technische mit denjenigen an die personelle Leistungsfähigkeit.

27 Von einer ausreichenden **wirtschaftlichen Leistungsfähigkeit** ist auszugehen, wenn aktuelle Bilanzen, Gewinn- und Verlustrechnungen, Wirtschaftsprüferberichte oder sonstige Nachweise den Schluss zulassen, dass das Unternehmen in dem Sinne auf einer abgesicherten finanziellen Basis agiert bzw. agieren wird, dass es über eine ausreichende Eigenkapitalausstattung verfügt (BerlKommEnergieR/*Säcker*/*Steffens* EnWG § 4 Rn. 47, die mindestens 20 Prozent fordern) und die Kosten des Netzbetriebs durch die voraussichtlichen Netzentgelterlöse gedeckt sind. Zu berücksichtigen ist auch der absehbare Investitionsbedarf zur Errichtung und zum Betrieb erforderlicher Netzanlagen (Schneider/Theobald EnergieWirtschaftsR-HdB/*Franke*/*Schütte* § 3 Rn. 21). Die Überprüfung der finanziellen Leistungsfähigkeit gestaltet sich vor allem bei Neugründungen schwierig. Hier ist in erster Linie auf eine der geplanten Unternehmenstätigkeit angemessene Kapitalausstattung zu achten.

28 **3. Zuverlässigkeit.** Über die Leistungsfähigkeit hinaus muss der Antragsteller die für einen ordnungsgemäßen Netzbetrieb erforderliche Zuverlässigkeit besitzen. Nach dem gebräuchlichen **gewerberechtlichen Verständnis** wird dieses Kriterium negativ definiert dadurch, dass derjenige unzuverlässig ist, der „nach dem Gesamteindruck seines Verhaltens nicht die Gewähr dafür bietet, dass er sein Gewerbe künftig ordnungsgemäß betreibt" (BVerwG Urt. v. 2.2.1982 – 1 C 146.80 – BVerwGE 65, 1 f. stRspr). Die umfangreiche gewerberechtliche Entscheidungspraxis zur Frage der Unzuverlässigkeit (s. die Übersicht mwN bei *Ruthig*/*Storr,* Öffentliches Wirtschaftsrecht, 5. Aufl. 2020, Rn. 250 ff.) lässt sich für die Auslegung und Anwendung von § 4 Abs. 2 S. 1 fruchtbar machen, wenn dabei berücksichtigt wird, dass Bezugspunkt der Zuverlässigkeitsprüfung der auf Dauer angelegte gesetzeskonforme Netzbetrieb (→ Rn. 21) ist.

29 Danach kann Anknüpfungspunkt der Unzuverlässigkeitsprüfung bei **juristischen Personen** und **Personengesellschaften** sowohl ein Verhalten des Unternehmens als organisierter Einheit als auch ein Verhalten einzelner verantwortlich handelnder Personen (zB Betriebsleiter) sein. Anhaltspunkte für eine Unzuverläs-

Genehmigung des Netzbetriebs **§ 4**

sigkeit können sich in erster Linie aus Verstößen gegen solche Rechtspflichten ergeben, die **spezifisch** auf den **Betrieb von Energieversorgungsnetzen** bezogen sind (zB Nichterfüllung der Berichts- und Informationspflichten nach §§ 12 Abs. 2 und 4 Nr. 3 und 4, 13 Abs. 7). Solche Rechtspflichten können sich auch aus Verträgen und Normen des **Privatrechts** ergeben, wenn diese energierechtlich ausgeformt sind oder einen spezifisch energierechtlichen Bezug aufweisen (Schneider/Theobald EnergieWirtschaftsR-HdB/*Franke/Schütte* § 3 Rn. 23). Darüber hinaus können aber auch Verstöße gegen **allgemeine (Straf-)Vorschriften** berücksichtigungsfähig sein, wenn sie von solchem Gewicht sind, dass sie Rückschlüsse auch auf die Nichtbeachtung netzspezifischer Verhaltenspflichten erlauben. Entsprechend der Struktur des Zuverlässigkeitskriteriums (Fehlen von Anhaltspunkten für die Unzuverlässigkeit) ist es **Sache der Behörde, Anhaltspunkte** für die Unzuverlässigkeit des Antragstellers **zu ermitteln** (*Lippert* EnergiewirtschaftsR S. 617f.; *Becker* RdE 2000, 7 (11)).

III. Zuständigkeit, Verfahren, Entscheidungsfrist, Genehmigungsinhalt

1. Zuständigkeit der Landesbehörden, einheitliche Stelle (Abs. 5). Die 30 Zuständigkeit für die Erteilung der Genehmigung nach § 4 Abs. 1 liegt bei den **nach Landesrecht zuständigen Behörden.** „Diese verfügen aufgrund ihrer bisherigen Befassung über die notwendige Sachkunde und sind in besonderer Weise in der Lage, die Voraussetzungen nach § 4 Abs. 2 festzustellen. Hinzu kommt, dass die nach Landesrecht zuständigen Behörden auch für die Fragen der technischen Sicherheit der Energieanlagen nach § 49 zuständig bleiben, die für den Betrieb der Energieversorgungsnetze große Bedeutung haben" (BT-Drs. 15/3917, 50).

Welche Behörde in den Ländern als „Energieaufsichtsbehörde" tätig wird, ent- 31 scheiden gem. Art. 84 Abs. 1 S. 1 GG die Länder in eigener Verantwortung. Eine von dieser verfassungsrechtlichen Grundregel gem. Art. 84 Abs. 1 S. 2–6 GG mögliche Abweichung enthält das Energiewirtschaftsgesetz nicht. Das gilt auch im Hinblick auf die örtliche Zuständigkeit. Für Netzbetreiber, die **über die Grenzen eines Landes hinaus** tätig sind, bedeutet dies nach den insoweit übereinstimmenden Verwaltungsverfahrensgesetzen der Länder (zB § 3 Abs. 1 Nr. 2 HessVwVfG), dass beide Länder gemeinsam zuständig sind, weil der Netzbetreiber „Betriebsstätten" in beiden Ländern hat. Der Netzbetreiber hat keineswegs ein Wahlrecht nach § 3 Abs. 2 S. 1 Landes-VwVfG (so aber BerlKommEnergieR/*Säcker/Steffens* EnWG § 4 Rn. 75). Vielmehr gilt § 3 Abs. 2 S. 4 LandesVwVfG, weil zwei Behörden verschiedener Länder keine gemeinsame Aufsichtsbehörde haben.

Das Genehmigungsverfahren nach Abs. 1 kann gem. § 4 Abs. 5 über eine **ein-** 32 **heitliche Stelle** abgewickelt werden. Die Vorschrift dient der Umsetzung von Art. 6 Abs. 1 EU-DLR (s. dazu BT-Drs. 17/1719, 27). Sie enthält die in **§ 71a Abs. 1 der LandesVwVfG** erwähnte Anordnung, dass das Verwaltungsverfahren zur Erteilung einer Genehmigung nach § 4 über eine einheitliche Stelle abgewickelt werden kann, und erzeugt somit die Rechtswirkung, dass die Vorschriften der LandesVwVfG über die einheitliche Stelle (§§ 71a ff. LandesVwVfG) Anwendung finden. Die Inanspruchnahme der durch Landesrecht einzurichtenden einheitlichen Stelle durch den Antragsteller ist fakultativ.

2. Genehmigungsverfahren. Das Genehmigungsverfahren richtet sich – vor- 33 behaltlich spezieller landesrechtlicher Regelungen – nach den **VwVfG** der Länder.

Hermes 83

§ 4 Teil 1. Allgemeine Vorschriften

Wegen der Anordnung in § 4 Abs. 5 sind auch die landesrechtlichen Vorschriften über die einheitliche Stelle anwendbar (→ Rn. 32).

34 Es wird durch einen entsprechenden **Antrag** des jeweiligen Netzbetreibers eingeleitet. Mindestanforderungen an Inhalt und Umfang der notwendigen Antragsunterlagen müssen in erster Linie aus dem Genehmigungsvorbehalt des § 4 Abs. 1 und den Genehmigungsvoraussetzungen des § 4 Abs. 2 S. 1 gewonnen werden. Da sich der Genehmigungsvorbehalt auf ein bestimmtes Energieversorgungsnetz bezieht, gehört zu den Minimalanforderungen an den Antrag die genaue Bezeichnung des Netzes einschließlich seiner wesentlichen technischen Bestandteile und seiner Funktion. Bezogen auf dieses Netz sind die Umstände darzulegen, die die Leistungsfähigkeit (→ Rn. 24 ff.) begründen. Im Übrigen können die erforderlichen Antragsunterlagen durch Landesrecht konkretisiert werden. Wo dies nicht geschehen ist, kann die zuständige Landesbehörde in dem durch § 4 Abs. 2 S. 1 vorgegebenen Rahmen die notwendigen Antragsunterlagen einzelfallbezogen oder auch durch Verwaltungsvorschrift konkretisieren. In der Praxis werden teilweise Hinweise zur Verfügung gestellt, welche Unterlagen mit einem Antrag vorgelegt werden sollen (mit Bsp. der bayerischen Energieaufsichtsbehörde BeckOK EnWG/*Assmann* § 4 Rn. 49).

35 **Beteiligte des Genehmigungsverfahrens** sind nach den auch insoweit übereinstimmenden Vorschriften der Landesverwaltungsverfahrensgesetze (zB § 13 HessVwVfG) der Netzbetreiber als Antragsteller und solche Rechtsträger, die fakultativ zum Verfahren hinzugezogen werden, weil der Ausgang des Verfahrens ihre rechtlichen Interessen berühren kann (zB § 13 Abs. 2 S. 1 HessVwVfG). Wegen der relativ weiten Fassung der Voraussetzung der Hinziehung und dem kaum abstrakt lösbaren Problem, zwischen bloßen faktischen Auswirkungen und rechtlich geschützten Interessen zu unterscheiden (dazu Stelkens/Bonk/Sachs/*Bonk* § 13 Rn. 32), können auch die Netzanschluss- und Netzzugangsberechtigten zum Verfahren hinzugezogen werden.

36 Wenn die nach Landesrecht zuständige Behörde ein Genehmigungsverfahren nach § 4 Abs. 1 einleitet, muss sie die **BNetzA gem. § 55 Abs. 2 benachrichtigen,** sofern deren Aufgabenbereich berührt ist (→ § 55 Rn. 13 ff.).

37 **3. Entscheidungsfrist der nach Landesrecht zuständigen Behörde (Abs. 1 S. 2).** Der im Jahr 2010 eingefügte (→ Rn. 2) § 4 Abs. 1 S. 2 dient der Umsetzung der EU-DL-RL (RL 2006/123/EG), deren Art. 13 Abs. 3 vorschreibt, dass Genehmigungsverfahren binnen einer vorab festgelegten und bekannt gemachten angemessenen Frist bearbeitet werden. Diesem Erfordernis soll § 4 Abs. 1 S. 2 nachkommen, indem er eine **Entscheidungsfrist der nach Landesrecht zuständigen Behörde von sechs Monaten zur Erteilung der Genehmigung** vorsieht (BT-Drs. 17/1719, 26).

38 Allerdings **verzichtet** § 4 Abs. 1 S. 2 darauf, die in Art. 13 Abs. 4 EU-DLR für den Fall, dass der Antrag nicht binnen der festgelegten oder verlängerten Frist beantwortet wird, vorgesehene **Genehmigungsfiktion** anzuordnen. Damit fehlt die Voraussetzung für die Anwendung des § 42a der Landesverwaltungsverfahrensgesetze, der die Genehmigungsfiktion näher regelt (dazu *Guckelberger* DÖV 2010, 109 (113)). Der Bundesgesetzgeber (BT-Drs. 17/1719, 26) hat sich dabei auf die Ausnahmeklausel in Art. 13 Abs. 4 EU-DLR berufen, wonach die Genehmigungsfiktion dann ausgeschlossen werden kann, wenn dies durch einen **zwingenden Grund des Allgemeininteresses,** einschließlich eines **berechtigten Interesses Dritter,** gerechtfertigt ist. Ein solcher zwingender Grund des Allgemeininteresses

Genehmigung des Netzbetriebs § 4

liege hier „in der herausragenden Bedeutung, die einer zuverlässigen und funktionsfähigen Infrastruktur in Deutschland in Gestalt der Stromnetze unter dem Gesichtspunkt der volkswirtschaftlichen Bedeutung der Stromversorgung und der Versorgungssicherheit" zukomme (BT-Drs. 17/1719, 26). Der Sicherheit der Stromversorgung und des Netzbetriebs werde im deutschen Energierechtssystem eine hohe Bedeutung eingeräumt. Ein Netzbetreiber, dem infolge einer Genehmigungsfiktion der Netzbetrieb gestattet werde, obwohl nicht gewährleistet ist, dass er die personelle, technische und wirtschaftliche Leistungsfähigkeit und Zuverlässigkeit besitzt, stelle eine Gefährdung für die Zuverlässigkeit des Stromnetzbetriebs dar. Es sei deshalb gerechtfertigt, von einer **Genehmigungsfiktion abzusehen** (BT-Drs. 17/1719, 26).

Diese Begründung dürfte den strengen Anforderungen der Ausnahmeklausel in 39 Art. 13 Abs. 4 der Dienstleistungsrichtlinie gerecht werden. Damit bleibt es bei einer **Versäumung der Entscheidungsfrist** des § 4 Abs. 1 S. 2 bei den allgemeinen Regeln, wonach der Antragsteller nach Ablauf der Frist eine **Untätigkeitsklage** (§ 75 VwGO) erheben und gegebenenfall Amtshaftungs- und Entschädigungsansprüche geltend machen kann (*Guckelberger* DÖV 2010, 109 (113) mwN).

4. Inhalt und Umfang der Genehmigung. Inhalt und Reichweite der 40 Betriebsaufnahmegenehmigung nach § 4 Abs. 1 als Aufhebung des präventiven Verbots (mit Erlaubnisvorbehalt) ergeben sich aus dem **Antrag,** der das Energieversorgungsnetz einschließlich seiner technischen Elemente und seiner Funktion bestimmt, dem gesetzlich bestimmten **Genehmigungsgegenstand** (Betriebsaufnahme) und aus den gesetzlichen **Genehmigungsvoraussetzungen** (Leistungsfähigkeit und Zuverlässigkeit eines bestimmten Betreibers). Danach ist die Errichtung der Netzanlagen nicht Gegenstand der Betriebsaufnahmegenehmigung und wird – etwa bei fehlender oder rechtswidriger Zulassungsentscheidung für Netzanlagen – durch diese auch nicht „legalisiert". Adressat und berechtigt zur Betriebsaufnahme ist nur das Unternehmen, das Antragsteller und Objekt der Leistungsfähigkeits- und Zuverlässigkeitsprüfung war.

Nebenbestimmungen sind ebenfalls nach Maßgabe der Regelungen der Lan- 41 desverwaltungsverfahrensgesetze zulässig, soweit sie zur Ausräumung von Versagungsgründen erforderlich sind (zB § 36 Abs. 1 HessVwVfG). Hierbei wird es sich in der Praxis – je nach Funktion der Nebenbestimmung – um aufschiebende Bedingungen, Widerrufsvorbehalte oder Auflagen handeln (Schneider/Theobald EnergieWirtschaftsR-HdB/*Franke/Schütte* § 3 Rn. 26).

5. Rechtsnachfolge (Abs. 3). Wegen des subjektiv beschränkten Genehmi- 42 gungsinhalts, der nur das antragstellende und im Genehmigungsverfahren genauer geprüfte netzbetreibende Unternehmen erfasst (→ Rn. 40), bedarf es bei einem **Wechsel des netzbetreibenden Unternehmens** einer neuen Genehmigung nach § 4 Abs. 1.

Von diesem Grundsatz sieht § 4 Abs. 3 eine **Ausnahme** für die Fälle vor, in de- 43 nen der Betrieb bestehender Energieversorgungsnetze durch Gesamtrechtsnachfolge, durch Rechtsnachfolge nach dem Umwandlungsgesetz oder durch rechtliche Entflechtung nach § 7 oder nach den §§ 8–10 auf eine andere juristische Person übergeht. Um „in diesem Zusammenhang unnötigen Verwaltungsaufwand" zu vermeiden (BT-Drs. 15/3917, 50), geht eine vorhandene Genehmigung auf den Rechtsnachfolger über. Obwohl der Wortlaut („in sonstigen Fällen der rechtlichen Entflechtung") dafür sprechen könnte, § 4 Abs. 3 insgesamt nur auf Entflechtungsfälle anzuwenden (so Schneider/Theobald EnergieWirtschaftsR/*Franke/Schütte* § 3

Rn. 14), spricht nach dem Sinn und Zweck (→ Rn. 18) nichts dagegen, den Genehmigungsübergang auch auf sonstige nicht durch Entflechtung veranlasste Fälle der Rechtsnachfolge zu erstrecken.

44 Nach seinem eindeutigen Wortlaut ordnet § 4 Abs. 3 den Übergang der Genehmigung auf den Rechtsnachfolger an, setzt also voraus, dass der **Rechtsvorgänger Inhaber einer Genehmigung nach § 4 Abs. 1** war (aA Schneider/Theobald EnergieWirtschaftsR/*Franke/Schütte* § 3 Rn. 17 mwN). Deshalb verhält sich § 4 Abs. 3 nicht zu den (Alt-)Fällen, in denen das bisherige netzbetreibende Unternehmen keiner Genehmigung nach § 4 bedurfte, weil das Netz bei Inkrafttreten des EnWG 2005 bereits betrieben wurde. Diese fallen unter § 4 Abs. 2 S. 2 (dazu → Rn. 54 ff.).

45 Die in § 4 Abs. 3 geregelte **Gesamtrechtsnachfolge** liegt nur vor, wenn ein neuer Rechtsträger in sämtliche Rechte und Pflichten des Rechtsvorgängers einrückt. Sie ist von der Sonderrechtsnachfolge abzugrenzen. Dazu gehört auch der Betriebsübergang iSd § 613a BGB, da nach dieser Vorschrift Rechtsfolge des Betriebsübergangs lediglich das Einrücken des Erwerbers in die Arbeitgeberposition ist (dazu näher *Salje* EnWG § 4 Rn. 50).

46 Die ebenfalls zur Rechtsfolge des § 4 Abs. 3 führende **Rechtsnachfolge nach dem Umwandlungsgesetz** erfasst Verschmelzungen nach § 2 Nr. 1 und 2 UmwG, wenn lediglich der übertragende Rechtsträger EVU ist, sowie Aufspaltungen, Abspaltungen und Ausgliederungen nach §§ 123 ff. UmwG (Schneider/Theobald EnergieWirtschaftsR-HdB/*Franke/Schütte* § 3 Rn. 14 f.). Im Falle einer Verschmelzung iSd § 2 Nr. 1 UmwG von zwei oder mehr Unternehmen kann es sich in der Sache entweder um eine genehmigungsfreie Erweiterung oder aber auch um eine wesentliche Betriebserweiterung handeln, die die Genehmigungsfrage neu stellt (→ Rn. 14). Genehmigungsfrei möglich sind schließlich Gesellschafterwechsel bei Kapitalgesellschaften, Wechsel der Rechtsform nach §§ 190 ff. UmwG sowie die bloße Übernahme von Betrieben, Betriebsteilen oder Versorgungsanlagen durch bestehende EVU mit entsprechender Genehmigung (Schneider/Theobald EnergieWirtschaftsR-HdB/*Franke/Schütte* § 3 Rn. 17).

47 Der Genehmigungsübergang nach § 4 Abs. 3 greift schließlich auch in sonstigen (also nicht unter §§ 123 ff. UmwG fallenden) Konstellationen der **Entflechtung des Netzbetriebs** nach § 7 (BerlKommEnergieR/*Säcker/Steffens* EnWG § 4 Rn. 59) oder nach den §§ 8–10. Hierin dürfte eine Art salvatorischer Klausel zu sehen sein. Ihr Sinn dürfte darin liegen sicherzustellen, dass die von §§ 7 ff. verlangte Entflechtung verbundener Unternehmen nicht wider den gesetzlichen Regelungszweck zu einer erneuten Genehmigungspflicht führt, obwohl der Netzbetrieb nach nach der Entflechtung auf dieselben personellen und sachlichen Ressourcen zurückgreift wie dies im verbundenen Unternehmen der Fall war (ähnlich *Salje* EnWG § 4 Rn. 59).

IV. Rechtsschutz

48 Wird die beantragte Genehmigung nicht erteilt, stehen dem **Antragsteller** die Verpflichtungs- (§ 42 Abs. 1 VwGO) bzw. Untätigkeitsklage (75 VwGO) vor dem Verwaltungsgericht als Rechtsschutzinstrumente zur Verfügung. Die Durchführung eines Vorverfahrens ist entbehrlich, soweit die nach Landesrecht zuständige Behörde eine oberste Landesbehörde (Ministerium) ist (§ 68 Abs. 1 S. 2 Nr. 1 VwGO).

49 Eine **Drittanfechtungsklage** gegen eine einem EVU erteilte Genehmigung nach § 4 wäre unzulässig. Es ist keine für die Klagebefugnis nach § 42 Abs. 2

Genehmigung des Netzbetriebs § 4

VwGO erforderliche subjektiv-öffentliche Rechtsposition denkbar, die einen Dritten zu einer solchen Klage berechtigen könnte, weil die Gesamtheit aller Marktteilnehmer vor dem Netzbetrieb durch ungeeignete Unternehmen geschützt wird, nicht aber einzelne Beteiligte (Schneider/Theobald EnergieWirtschaftsR-HdB/ *Franke/Schütte* § 3 Rn. 27; BeckOK EnWG/*Assmann* EnWG § 4 Rn. 54).

C. Eingriffsbefugnisse bei Netzbetrieb ohne erforderliche Genehmigung (Abs. 4)

Die im Jahr 2010 (→ Rn. 2) eingefügte Vorschrift des § 4 Abs. 4 stattet die **nach Landesrecht zuständigen Behörden** – parallel zur ebenfalls eingefügten Norm des § 36 Abs. 2 S. 3 – mit Durchsetzungsbefugnissen für den Fall aus, dass ein Energieversorgungsnetz unter Verstoß gegen den Genehmigungsvorbehalt des § 4 Abs. 1 S. 1 ohne die erforderliche Genehmigung betrieben wird. Dass es trotz der Generalklausel in § 65 einer solchen Befugnisnorm zumindest im Sinne einer Klarstellung (so die Begr. in BT-Drs. 17/1719, 26 f.) bedurfte, resultiert daraus, dass **§ 65 lediglich die Regulierungsbehörde** – des Bundes (BNetzA) oder der Länder (Landesregulierungsbehörde) – **ermächtigt**, während das EnWG die (sonstigen) nach Landesrecht zuständigen Behörden davon terminologisch und in der Ausgestaltung der Zuständigkeiten und Befugnisnormen klar trennt (zur Typologie der das EnWG vollziehenden Behörden → § 54 Rn. 13 ff.). Da also der „nach Landesrecht zuständigen Behörden" keine Regulierungsbehörden iSd EnWG im Allgemeinen und iSd § 65 im Besonderen sind, sah sich der Gesetzgeber veranlasst klarzustellen, dass die nach Landesrecht zuständigen Behörden die erforderlichen Maßnahmen treffen können (BT-Drs. 17/1719, 26 f.). Wie der Genehmigungsvorbehalt des § 4 Abs. 1 dienen auch die Durchsetzungsbefugnisse des § 4 Abs. 4 der **Abwehr der Gefahren** für einen sicheren und zuverlässigen Netzbetrieb, die aus der fehlenden Leistungsfähigkeit oder Zuverlässigkeit des Betreibers resultieren (BT-Drs. 17/1719, 26 f.).

50

Gemeinsame **Tatbestandsvoraussetzung** der beiden in § 4 Abs. 4 enthaltenen Eingriffsbefugnisse – Untersagung und vorläufige Verpflichtung, ein die Versagung der Genehmigung rechtfertigendes Verhalten abzustellen – ist der Verstoß gegen Abs. 1, also die **formelle Illegalität** des Netzbetriebs. Wie sich aus der Gesetzesbegründung (BT-Drs. 17/1719, 26 f.) und auch aus dem Verhältnis der beiden in § 4 Abs. 4 enthaltenen Befugnisse ergibt, ist unabhängig von der Genehmigungsfähigkeit des Netzbetriebs bereits der „formelle" Mangel der fehlenden Genehmigung ausreichende Tatbestandsvoraussetzung sowohl für eine Untersagung des Netzbetriebs als auch für vorläufige Verpflichtungen. Bedenken dagegen – etwa wegen des verfassungsrechtlichen Verhältnismäßigkeitsprinzips – bestehen angesichts der Gefahren, die im Gesetzgebungsverfahren im Zusammenhang mit der Ablehnung einer Genehmigungsfiktion besonders betont wurden (→ Rn. 38), und vor allem auch deshalb nicht, weil § 4 Abs. 4 der nach Landesrecht zuständigen Behörde **Ermessen** einräumt, so dass Verhältnismäßigkeitsgesichtspunkte auf der Rechtsfolgenseite zur Geltung gebracht werden können.

51

Die **erste Alternative** des § 4 Abs. 4 gestattet die **Untersagung des Netzbetriebs.** Dabei handelt es sich um einen Verwaltungsakt, der den tatsächlichen Betreiber zu den Handlungen und/oder Unterlassungen verpflichtet, die erforderlich sind, um die Transportfunktion des jeweiligen Netzes zu beenden. Andere Vor-

52

aussetzungen als die formelle Illegalität des Netzbetriebs verlangt das Gesetz nicht. Eine sofortige Untersagung des Netzbetriebs wird deshalb insbesondere dann ermessensfehlerfrei möglich sein, wenn die Genehmigungsfähigkeit nicht offensichtlich ist und die Untersagung des Netzbetriebs keine oder nur unwesentliche nachteilige Auswirkungen für Dritte mit sich bringt.

53 Soweit eine sofortige Untersagung von der Behörde als nicht verhältnismäßig oder nicht zweckmäßig eingeschätzt wird, eröffnet die **zweite Alternative** des § 4 Abs. 4 die Befugnis, den Netzbetreiber **vorläufig zu verpflichten,** ein Verhalten abzustellen, das einen Versagungsgrund iSd Abs. 2 darstellen würde. Die Vorläufigkeit erklärt sich dadurch, dass der Gesetzgeber hier eine Möglichkeit schaffen wollte, **„während eines Genehmigungsverfahrens"** (BT-Drs. 17/1719, 26f.) bis zum Zeitpunkt der Entscheidung über einen Genehmigungsantrag mögliche Gefahrenquellen zu beseitigen. Bei der Verpflichtung, die das Gesetz überflüssigerweise und verunklarend durch „andere geeignete Maßnahmen" bewirkt sehen möchte, handelt es sich um Verwaltungsakte, die dem Netzbetreiber ein Tun oder Unterlassen aufgeben, das die Herstellung der Leistungsfähigkeit (→ Rn. 224ff.) oder die Beseitigung von Gründen für eine Unzuverlässigkeit (→ Rn. 28f.) bewirkt oder zumindest fördert. Diese Verwaltungsakte sind somit nur zulässig, wenn ein Genehmigungsantrag nach § 4 Abs. 1 bereits gestellt ist oder unmittelbar bevorsteht, und sie dürfen nur den Zeitraum bis zur Entscheidung über den Genehmigungsantrag betreffen, was durch eine entsprechende Befristung umzusetzen ist.

D. Netze, für die bei Betriebsaufnahme keine § 4-Genehmigung erforderlich war (Abs. 2 S. 2)

54 Da sich der Genehmigungsvorbehalt des § 4 Abs. 1 nur auf die Betriebsaufnahme bezieht, ist die **Fortführung** des Betriebs von Energieversorgungsnetzen **nicht genehmigungsbedürftig.** Dies betrifft in erster Linie solche Netze, die bei Inkrafttreten des EnWG 2005 bereits in Betrieb waren. In diese Fallgruppe fallen aber auch solche Netze, die erst durch Rechtsänderungen nach Betriebsaufnahme dem Genehmigungsvorbehalt des § 4 Abs. 1 unterworfen wurden. Dies trifft zu auf solche Objektnetze, die nach altem Recht (§ 110 EnWG aF) nicht dem Genehmigungsvorbehalt des § 4 unterfielen, mit der Neufassung des § 110 aus dem Jahr 2011 dann aber als geschlossene Verteilernetze der Genehmigungspflicht unterworfen wurden. Auch für sie gilt, dass ihre Betreiber nicht verpflichtet sind, eine Genehmigung nach § 4 zu beantragen, soweit lediglich das Netz im bisherigen Umfang weiterbetrieben wird (*Jacobshagen/Kachel/Baxmann* IR 2012, 2 (5)).

55 Für den Betrieb dieser „Alt-Netze" sieht § 4 Abs. 2 S. 2 statt eines Genehmigungsvorbehaltes eine **Untersagungsbefugnis** vor. Es gelten also für Alt- und Neu-Netze dieselben materiellen Anforderungen, die lediglich mit unterschiedlichen Instrumenten durchgesetzt werden (zu Bedenken gegen eine – bleibende, → Rn. 54 – Ungleichbehandlung neuer Netzbetreiber s. Theobald/Kühling/*Theobald* EnWG § 4 Rn. 6). Die Vorschrift des § 4 Abs. 2 S. 2, die im Regierungsentwurf (BT-Drs. 15/3917) noch nicht enthalten war, geht zurück auf einen Vorschlag des Bundesrates. Dieser wurde damit begründet, dass die „Möglichkeit zum Entzug einer Betriebsberechtigung für Anlagen nach Absatz 1" auch für den Fall klargestellt werden sollte, dass „aus historischen Gründen, insbesondere bei Versorgungsaufnahme vor 1935, keine Genehmigung erforderlich war." (BT-Drs. 15/3917, 80

Zertifizierung und Benennung des Betreibers eines Transportnetzes § 4a

= BR-Drs. 613/04, 7). Zurück geht dies auf eine Beschlussempfehlung des Ausschusses für Wirtschaft (BT-Drs. 15/5268, 117). Problematisch ist die Untersagung angesichts fehlender einschlägiger Überleitungsvorschriften in den Fällen einer **bestehenden Genehmigung nach § 3 EnWG 1998.** Hier könnte deren Bestandskraft einer auf § 4 gestützten Untersagungsverfügung im Wege stehen mit der Folge, dass die Genehmigung nach § 3 EnWG 1998 zunächst aufzuheben wäre. Dies würde auf eine Anwendung der Rücknahme- und Widerrufsvorschriften der Landesverwaltungsverfahrensgesetze hinauslaufen. Allerdings hatten die Altgenehmigungen nach § 3 EnWG 1998 ein anderes Prüfprogramm und folglich einen anderen Regelungsgehalt als die Genehmigung nach § 4 Abs. 1 (Schneider/Theobald EnergieWirtschaftsR-HdB/*Franke/Schütte* § 3 Rn. 12). Dies spricht dafür, den bestandskräftigen Altgenehmigungen keinen Schutzcharakter im Verhältnis zu auf § 4 gestützten Untersagungen zuzumessen (dazu auch → § 5 Rn. 45).

Die **Untersagungsvoraussetzungen** entsprechen nach dem klaren Gesetzeswortlaut („unter den gleichen Voraussetzungen") den Genehmigungsvoraussetzungen (dazu →Rn. 18ff.). Allerdings bleibt der Unterschied, dass bei Altfällen die Ausübung der Untersagungsbefugnis im Ermessen der Behörde steht, während bei Neufällen das Fehlen von Genehmigungsvoraussetzungen zwingend zur Versagung der Genehmigung führt. 56

Die **Zuständigkeit** richtet sich nach Landesrecht, das **Verwaltungsverfahren** nach den Verwaltungsverfahrensgesetzen der Länder. Gegen die Untersagungsverfügung als belastenden Verwaltungsakt sind **Widerspruch** nach Maßgabe des § 68 VwGO und **Anfechtungsklage** gem. § 42 Abs. 1 VwGO gegeben. Der **einstweilige Rechtsschutz** richtet sich nach § 80 VwGO. 57

§ 4a Zertifizierung und Benennung des Betreibers eines Transportnetzes

(1) ¹**Der Betrieb eines Transportnetzes bedarf der Zertifizierung durch die Regulierungsbehörde.** ²**Das Zertifizierungsverfahren wird auf Antrag des Transportnetzbetreibers oder des Transportnetzeigentümers, auf begründeten Antrag der Europäischen Kommission oder von Amts wegen eingeleitet.** ³**Transportnetzbetreiber oder Transportnetzeigentümer haben den Antrag auf Zertifizierung bis spätestens 3. März 2012 zu stellen.**

(2) ¹**Transportnetzbetreiber haben dem Antrag alle zur Prüfung des Antrags erforderlichen Unterlagen beizufügen.** ²**Die Unterlagen sind der Regulierungsbehörde auf Anforderung auch elektronisch zur Verfügung zu stellen.**

(3) **Die Regulierungsbehörde erteilt die Zertifizierung des Transportnetzbetreibers, wenn der Transportnetzbetreiber nachweist, dass er entsprechend den Vorgaben der §§ 8 oder 9 oder der §§ 10 bis 10e organisiert ist.**

(4) **Die Zertifizierung kann mit Nebenbestimmungen verbunden werden, soweit dies erforderlich ist, um zu gewährleisten, dass die Vorgaben der §§ 8 oder 9 oder der §§ 10 bis 10e erfüllt werden.**

(5) ¹**Die Regulierungsbehörde erstellt innerhalb eines Zeitraums von vier Monaten ab Einleitung des Zertifizierungsverfahrens einen Entscheidungsentwurf und übersendet diesen unverzüglich der Europäischen**

§ 4a   Teil 1. Allgemeine Vorschriften

Kommission zur Abgabe einer Stellungnahme. ²Die Regulierungsbehörde hat der Europäischen Kommission mit der Übersendung des Entscheidungsentwurfs nach Satz 1 alle Antragsunterlagen nach Absatz 2 zur Verfügung zu stellen.

(6) ¹Die Regulierungsbehörde hat binnen zwei Monaten nach Zugang der Stellungnahme der Europäischen Kommission oder nach Ablauf der Frist des Artikels 51 Absatz 1 der Verordnung (EU) Nr. 2019/943 des Europäischen Parlaments und des Rates vom 5. Juni 2019 über den Elektrizitätsbinnenmarkt (ABl. L 158 vom 14.6.2019, S. 54) oder des Artikels 3 Absatz 1 der Verordnung (EG) Nr. 715/2009 des Europäischen Parlaments und des Rates vom 13. Juli 2009 über die Bedingungen für den Zugang zu den Erdgasfernleitungsnetzen und zur Aufhebung der Verordnung (EG) Nr. 1775/2005 (ABl. L 211 vom 14.8.2009, S. 36, L 229 vom 1.9.2009, S. 29), ohne dass der Regulierungsbehörde eine Stellungnahme der Europäischen Kommission zugegangen ist, eine Entscheidung zu treffen. ²Hat die Europäische Kommission eine Stellungnahme übermittelt, berücksichtigt die Regulierungsbehörde diese so weit wie möglich in ihrer Entscheidung. ³Die Entscheidung wird zusammen mit der Stellungnahme der Europäischen Kommission im Amtsblatt der Bundesnetzagentur in nicht personenbezogener Form bekannt gegeben. ⁴Trifft die Regulierungsbehörde innerhalb der Frist nach Satz 1 keine Entscheidung, gilt der betreffende Transportnetzbetreiber bis zu einer Entscheidung der Regulierungsbehörde als zertifiziert.

(7) ¹Mit der Bekanntgabe der Zertifizierung im Amtsblatt der Bundesnetzagentur ist der Antragsteller als Transportnetzbetreiber benannt. ²Die Regulierungsbehörde teilt der Europäischen Kommission die Benennung mit. ³Die Benennung eines Unabhängigen Systembetreibers im Sinne des § 9 erfordert die Zustimmung der Europäischen Kommission.

(8) Artikel 51 der Verordnung (EU) Nr. 2019/943 und Artikel 3 der Verordnung (EG) Nr. 715/2009 bleiben unberührt.

Übersicht

	Rn.
A. Allgemeines	1
I. Inhalt und Zweck	1
II. Unionsrecht	2
B. Rechtsnatur der Zertifizierung und Zuständigkeit (Abs. 1 S. 1)	4
I. Rechtsnatur	4
II. Zuständigkeit	9
C. Einleitung des Verfahrens (Abs. 1 S. 2, Abs. 2)	10
I. Antrag des Transportnetzbetreibers oder Transportnetzeigentümers	10
1. Transportnetzbetreiber oder Transportnetzeigentümer (Abs. 1 S. 2)	10
2. Beizufügende Unterlagen (Abs. 2)	12
3. Zeitpunkt (Abs. 1 S. 3)	16
II. Antrag der Europäischen Kommission (Abs. 1 S. 2)	17
III. Einleitung von Amts wegen (Abs. 1 S. 2)	18
D. Voraussetzungen der Zertifizierung (Abs. 3)	19
I. Erfüllung der Entflechtungsanforderungen	19

§ 4 a Zertifizierung und Benennung des Betreibers eines Transportnetzes

Rn.
- II. Darlegungs- und Beweislast 20
- E. Nebenbestimmungen (Abs. 4) 21
  - I. Arten von Nebenbestimmungen 21
    1. Befristung 21
    2. Bedingung 22
    3. Widerrufsvorbehalt 23
    4. Echte Auflage und modifizierende Auflage bzw. Inhaltsbestimmung 25
    5. Auflagenvorbehalt 29
  - II. Weitere Rechtmäßigkeitsvoraussetzungen 30
    1. Erfüllung der Zertifizierungsvoraussetzungen 30
    2. Bestimmtheit, Verhältnismäßigkeit 31
    3. Beschränkung auf Auswahlermessen 33
  - III. Durchsetzung, Sanktionen, Rechtsschutz 34
    1. Durchsetzung, Sanktionen 34
    2. Rechtsschutz 36
- F. Erstellung des Entscheidungsentwurfs und Mitteilung an die Kommission (Abs. 5) 38
- G. Zertifizierungsentscheidung (Abs. 6) 40
  - I. Stellungnahme der Kommission 40
    1. Stellungnahmefrist (Abs. 6 S. 1) 40
    2. Prüfungsumfang 41
    3. Vertraulichkeit (Abs. 8) 42
  - II. Entscheidung der Regulierungsbehörde 43
    1. Entscheidungsfrist (Abs. 6 S. 1) 43
    2. Weitestgehende Berücksichtigung der Stellungnahme der Kommission bei Entflechtung nach § 8 bzw. § 10 (Abs. 6 S. 2) .. 44
    3. Bindung an die Entscheidung der Kommission bei Entflechtung nach § 9 45
    4. Bekanntgabe (Abs. 6 S. 3) 46
    5. Vorläufig fingierte Zertifizierung (Abs. 6 S. 4) 47
    6. Rechtsschutz 48
- H. Benennung des Betreibers eines Transportnetzes (Abs. 7) 49
  - I. Benennung (Abs. 7 S. 1) 49
  - II. Mitteilung an die Kommission (Abs. 7 S. 2) 50
  - III. Zustimmung der Kommission bei Entflechtung nach § 9 (Abs. 7 S. 3) 51
- I. Unionsrechtliche Verfahrensvorschriften (Abs. 8) 52

Literatur: *Böhler*, Fernleitungsnetzbetreiber ohne Grenz- oder Marktgebietsübergangspunkte, RdE 2020, 301; *Bundesnetzagentur*, Hinweispapier zum Zertifizierungsverfahren vom 12.12.2011 – BK6-11-157 und BK7-11-157 (zit. BNetzA Hinweispapier); *Busch*, Änderungen des EnWG 2011 zur Umsetzung des dritten EU-Energiebinnenmarktpaktes aus netzwirtschaftsrechtlicher Perspektive, N&R 2011, 226; *Hampel*, Energieregulierung – Neues aus Gesetzgebung und (Behörden-)Praxis – I/2013, RdE 2013, 47; *Hampel*, Energieregulierung – Neues aus Gesetzgebung und Praxis – II/2014, RdE 2015, 208; *Knauff*, Genehmigungsfiktion als verwaltungsgerichtliches Steuerungsinstrument, VerwArch 109 (2018), 480; K*oenig*, Entflechtungszertifizierung von grenzüberschreitenden Elektrizitäts-Verbindungsleitungen, EnWZ 2016, 501; *Jarass*, Bundesimmissionsschutzgesetz, Kommentar, 13. Aufl. 2020. (zit. *Jarass* BImSchG); *pwc*, Entflechtung und Regulierung in der deutschen Energiewirtschaft, 2012; *Salje*,

§ 4a Teil 1. Allgemeine Vorschriften

Das neue Energiewirtschaftsgesetz 2011, RdE 2011, 325; *Schmidt-Preuß*, OU – ISO – ITO: Die Unbundling-Optionen des 3. EU-Liberalisierungspakets, et 9/2009, 82.

A. Allgemeines

I. Inhalt und Zweck

1 § 4a wurde durch Art. 1 Nr. 4 des Gesetzes zur Neuregelung energiewirtschaftsrechtlicher Vorschriften vom 26.7.2011 (BGBl. 2011 I S. 1554) in das EnWG eingefügt und dessen Abs. 6 und 8 durch Art. 1 Nr. 4 des Gesetzes zur Umsetzung unionsrechtlicher Vorgaben und zur Regelung reiner Wasserstoffnetze im Energiewirtschaftsrecht (BGBl. 2021 I S. 3026) redaktionell an Art. 52 Abs. 6 der RL (EU) 2019/944 angepasst bzw. wegen der Neufassung der Verordnung (EG) Nr. 2019/943 geändert (BR-Drs. 165/21, 103). § 4a regelt das Verfahren und das **Prüfprogramm der Zertifizierung und Benennung** von innerhalb des Geltungsbereichs des EU-Rechts tätigen Transportnetzbetreibern (BT-Drs. 17/6072, 52). Das **Verfahren** gliedert sich in **drei Abschnitte:** In einem Vorschaltverfahren erstellt die Regulierungsbehörde einen Entscheidungsentwurf, zu dem die Kommission in einem Zwischenverfahren eine Stellungnahme abgibt, welche die Regulierungsbehörde im abschließenden Verfahren bei ihrer Entscheidung weitestgehend berücksichtigen bzw. übernehmen muss. An die Zertifizierung schließt sich die Benennung nach § 4a Abs. 7 an. Sachlicher Gegenstand der Zertifizierungsprüfung ist die Einhaltung der Entflechtungsvorgaben, damit die Transportnetzbetreiber durch die Unabhängigkeit ihres Betriebes ihre wichtige Rolle im Rahmen eines funktionierenden Energiebinnenmarktes und der Gewährleistung der Energieversorgungssicherheit tatsächlich erfüllen (BT-Drs. 17/6072, 52; *Busch* N&R 2011, 226 (229)).

II. Unionsrecht

2 § 4a setzte bei seiner Einführung 2011 Art. 10 Elt-RL 09/Gas-RL 09 um und wurde durch Art. 3 Elt-VO 09/Gasfernleitungs-VO 09 sowie die ACER-VO 09 ergänzt. 2019 wurden die unionsrechtlichen Rechtsgrundlagen im Stromsektor überarbeitet. § 4a beruht heute auf Art. 52 Elt-RL 19 und Art. 51 Elt-VO 19. Die ACER-VO 09 wurde durch die ACER-VO 19 ersetzt. Die entsprechenden Vorschriften der Gas-RL 09 und der Gasfernleitungs-VO 09 blieben unberührt.

3 § 4a ist Beleg für den **Paradigmenwechsel** hin zu einer **europäischen Verbundverwaltung** (Baur/Salje/Schmidt-Preuß Energiewirtschaft/*Ludwigs* Kap. 31 Rn. 2). Die Kommission konnte sich jedoch nicht mit ihrer Forderung nach Einräumung eines Vetorechts bei der Zertifizierung durchsetzen (vgl. Art. 8b Abs. 5–10 des Entwurfs der Elt-RL 09 (KOM(2007) 528 endg.) bzw. Art. 7b Abs. 5–10 des Entwurfs der Gas-RL 09 (KOM(2007) 529 endg.)). Nur im Fall des ISO setzt die Zertifizierung und Benennung die Zustimmung der Kommission voraus, im Übrigen gilt ein qualifiziertes Berücksichtigungsgebot (Baur/Salje/ Schmidt-Preuß Energiewirtschaft/*Ludwigs* Kap. 31 Rn. 28).

B. Rechtsnatur der Zertifizierung und Zuständigkeit (Abs. 1 S. 1)

I. Rechtsnatur

Die Zertifizierung nach § 4a darf nicht mit der Akkreditierungs- und Zertifizierungsverwaltung verwechselt werden, die sich als Folge einer neuen Konzeption der EU hinsichtlich der Normierung des Produktsicherheitsrechts entwickelt hat. Als Alternative zur mitgliedstaatlichen Verwaltung werden dort Private als benannte Stellen zugelassen („akkreditiert"), um als solche Produktzulassungen („Zertifizierungen") auszusprechen. Die Zertifizierung nach § 4a ist demgegenüber ein **hoheitlicher Akt.** Das Zertifizierungsverfahren ermöglicht eine **Ex-ante-Prüfung** der Entflechtungsvorgaben durch die Regulierungsbehörde und löst die Ex-post-Kontrolle nach § 65 (BNetzA Beschl. v. 3.2.2012 – BK7-09-014; Beschl. v. 26.1.2012 – BK6-11-052) ab.

Art. 52 Abs. 2 S. 2 Elt-RL 19/Art. 10 Abs. 2 S. 2 Gas-RL 09 und Art. 44 Abs. 3 Elt-RL 19/Art. 14 Abs. 3 Gas-RL 09 trennen zwischen Zertifizierung einerseits und Zulassung und Benennung andererseits. Während die Zertifizierung der Regulierungsbehörde zugewiesen ist, kann die Zulassung und Benennung von dem Mitgliedstaat – also auch von einer anderen Behörde – vorgenommen werden. Für das Zertifizierungsverfahren gelten umfangreiche verfahrensrechtliche Vorschriften (Art. 52 Abs. 4–8 Elt-RL 19/Art. 10 Abs. 4–8 Gas-RL 09 sowie Art. 51 Elt-VO 19/Art. 3 Gasfernleitungs-VO 09). Zum Zulassungs- und Benennungsverfahren finden sich nur einige wenige Verfahrenshinweise in Art. 52 Abs. 1, 2 Elt-RL 19/Art. 10 Abs. 1, 2 Gas-RL 09 sowie Art. 44 Abs. 1, 2 Elt-RL 19/Art. 14 Abs. 1, 2 Gas-RL 09. Unterschiede im Hinblick auf die materiell-rechtliche Prüfung sind nicht ersichtlich. Nach der Vorstellung des Unionsrechtsgebers, wie sie in Art. 52 Abs. 2 Elt-RL 19/Art. 10 Abs. 2 Gas-RL 09 anklingt, scheint aber erst die **Zulassung und Benennung zum Betrieb des Transportnetzes zu berechtigen.** Dennoch ist die **Zertifizierung** ein **bedeutender Teilakt,** für dessen Außenwirkung die Verselbständigung in kompetenzieller, verfahrens- und materiell-rechtlicher Hinsicht spricht (Baur/Salje/Schmidt-Preuß Energiewirtschaft/*Storr* Kap. 95 Rn. 22; Baur/Salje/Schmidt-Preuß Energiewirtschaft/*Schmidt-Preuß* Kap. 96 Rn. 29).

Vor dem Hintergrund, dass sich das Prüfprogramm von Zertifizierung, Zulassung und Benennung nicht unterscheidet, hat sich der deutsche Gesetzgeber zu folgender Vorgehensweise entschieden: Aufgrund der Regelung in § 4a Abs. 1 S. 1, wonach der Betrieb eines Transportnetzes der Zertifizierung durch die Regulierungsbehörde bedarf, umfasst die Zertifizierung nicht nur die Feststellung, dass der Betrieb des Transportnetzbetreibers den Entflechtungsregelungen entspricht, sondern auch die Zulassung als Transportnetzbetreiber. Die Zertifizierung ist damit einerseits ein **feststellender Verwaltungsakt** über die Gesetzeskonformität der Entflechtung und andererseits die Genehmigung der Tätigkeit als Transportnetzbetreiber, also ein **präventives Verbot mit Erlaubnisvorbehalt** (so auch Theobald/Kühling/*Hendrich* EnWG § 4a Rn. 25; BerlKommEnergieR/*Lucks* EnWG § 4a Rn. 44; Elspas/Graßmann/Rasbach/*Haellmigk/Wippich* EnWG § 4a Rn. 50; aA BNetzA Beschl. v. 9.11.2012 – BK6-12-047, S. 23f.; Hempel/Franke/*Hollmann* EnWG Vor § 4a V.). Sie ist ein begünstigender Verwaltungsakt, auf dessen Erteilung bei Erfüllung der Tatbestandsvoraussetzungen ein Anspruch besteht **(gebundene Entscheidung).** Ein Ermessen steht der Regulierungsbehörde nach

§ 4a　Teil 1. Allgemeine Vorschriften

§ 4a Abs. 3 nicht zu (ebenso ua Elspas/Graßmann/Rasbach/*Haellmigk/Wippich* EnWG § 4a Rn. 8). Die **Benennung** wird schließlich nach § 4a Abs. 7 **fingiert**.

7　Die BNetzA betrachtet die Zertifizierung als **höchstpersönlichen, nicht nachfolgefähigen Verwaltungsakt** (BNetzA Beschl. v. 12.4.2019 – BK7-19-012, S. 5; NK-EnWG/*Franke* § 4a Rn. 3; Hempel/Franke/*Hollmann* EnWG Vor § 4a V.; BerlKommEnergieR/*Lucks* EnWG § 4a Rn. 17; vgl. allg. zur Rechtsnachfolge im Verwaltungsakt Mann/Sennekamp/Uechtritz/*Leisner-Egensperger* VwVfG § 43 Rn. 32 ff.). Dies führt dazu, dass die Zertifizierung sich nach § 43 Abs. 2 VwVfG in sonstiger Weise erledigt, sofern deren Adressat aufgrund gesellschaftsrechtlicher Veränderungen erlischt. Bezüglich der Annahme der BNetzA, das Erlöschen analog § 44 Abs. 5 VwVfG feststellen zu dürfen (BNetzA Beschl. v. 12.4.2019 – BK7-19-012, S. 4), bestehen jedoch Bedenken. Die Befugnis der Behörde, die Unwirksamkeit eines Verwaltungsakts festzustellen, ist allenfalls im Rahmen der umstrittenen Befugnis, ohne besondere Ermächtigung einen (feststellenden) Verwaltungsakt zu erlassen, denkbar (Stelkens/Bonk/Sachs/*Sachs* VwVfG § 44 Rn. 203). Im konkreten Fall besteht aber für einen feststellenden (belastenden) Verwaltungsakt kein Bedürfnis, weil die BNetzA gegenüber dem übernehmenden Rechtsträger nach § 4a Abs. 1 S. 2 bzw. § 4d ein Verfahren von Amts wegen einleiten kann, sofern dieser seiner Zertifizierungspflicht bzw. – sofern er bereits über eine Zertifizierung verfügt – seiner Pflicht nach § 4c nicht nachkommt.

8　Neben die Zertifizierung treten weitere **Genehmigungen**, zB nach § 10e Abs. 1 S. 1, Abs. 3 S. 3, und **Zustimmungen**, zB nach § 10e Abs. 3 S. 2 (vgl. zB BNetzA Beschl. v. 2.12.2013 – BK7-12-030, S. 2/96; Beschl. v. 20.12.2013 – BK7-12-188, S. 2/81). Demgegenüber ist § 10a Abs. 3 S. 2 Nr. 2 kein Verbot mit Erlaubnisvorbehalt (so aber BNetzA Hinweispapier 1.6), sondern nur ein Prüfungsrecht der Regulierungsbehörde zu entnehmen. Im Rahmen der erstmaligen Zertifizierung sollten die eventuell erforderlichen Genehmigungen etc als mit der Zertifizierung erteilt gelten, wenn der zugrunde liegende Sachverhalt im Antrag hinreichend deutlich dargestellt und die entsprechenden Unterlagen vollständig eingereicht wurden (BNetzA Hinweispapier 1.6). In den ergangenen Zertifizierungsentscheidungen wurden sie jedoch ausdrücklich erteilt (vgl. zB BNetzA Beschl. v. 9.11.2012 – BK6-12-044, S. 3/63; Beschl. v. 5.2.2013 – BK7-12-032, S. 3/56). Die Zertifizierung weist **keine Konzentrationswirkung** auf.

II. Zuständigkeit

9　Nach § 54 Abs. 1 nimmt die BNetzA die Aufgaben der Regulierungsbehörde wahr. Funktionell **zuständig** ist nach § 59 Abs. 1 S. 1 eine Beschlusskammer. Die örtliche Zuständigkeit besteht, wenn eine im Inland belegene Komponente eines Transportnetzes eine nicht unbedeutende Rolle für die inländische Energieversorgung spielt (§ 109 Abs. 2), auch wenn der Transportnetzbetreiber seinen **Sitz im Ausland** hat. Dabei spielt es keine Rolle, ob der Transportnetzbetreiber bereits über eine Zertifizierung einer ausländischen Regulierungsbehörde verfügt (BGH Beschl. v. 7.3.2017 – EnVR 21/16, NVwZ-RR 2017, 492 Rn. 21 – Baltic Cable AB; vorgehend OLG Düsseldorf Beschl. v. 24.2.2016 – VI-3 Kart 110/14 (V), EnWZ 2016, 270 Rn. 33; BNetzA Beschl. v. 21.3.2014 – BK6-12-027, S. 6 ff.; aA *König* EnWZ 2016, 501 (502ff.), der eine ausschließliche Zuständigkeit des Mitgliedstaats annimmt, in dem das Unternehmen seinen Sitz hat). Die BNetzA kann aber nach § 57 Abs. 2 S. 2 und 3 von der Regulierung absehen oder diese nach § 57 Abs. 2 S. 4 vollständig an sich ziehen (vgl. ausf. Hempel/Franke/*Hollmann* EnWG § 4a Rn. 13).

C. Einleitung des Verfahrens (Abs. 1 S. 2, Abs. 2)

I. Antrag des Transportnetzbetreibers oder Transportnetzeigentümers

1. Transportnetzbetreiber oder Transportnetzeigentümer (Abs. 1 S. 2). 10
Das Zertifizierungsverfahren wird auf **Antrag** des Transportnetzbetreibers oder
Transportnetzeigentümers eingeleitet (§ 4a Abs. 1 S. 2). Regelmäßig zweckmäßig
dürfte die Antragstellung durch den Transportnetzbetreiber sein, weil er die Darlegungslast trägt (§ 4a Abs. 3) und Adressat der Zertifizierung ist. Stellt der Transportnetzeigentümer den Antrag, ist der Transportnetzbetreiber als Adressat der Zertifizierung nach § 66 Abs. 2 Nr. 2 Beteiligter (Hempel/Franke/*Hollmann* EnWG § 4a
Rn. 19). Ein Antrag muss auch dann gestellt werden, wenn der Transportnetzbetreiber nicht Teil eines vertikal integrierten EVU ist (*pwc* Entflechtung, 7.1.8.1).
Zum Begriff des Transportnetzes § 3 Nr. 31e, des Transportnetzes § 3
Nr. 31f, der Fernleitung § 3 Nr. 19, der Übertragung § 3 Nr. 32, des Betreibers von
Fernleitungsnetzen § 3 Nr. 5 (vgl. hierzu BNetzA Beschl. v. 20.12.2013 – BK7-12-
248, S. 6f.) und des Betreibers von Übertragungsnetzen § 3 Nr. 10.

Ein Transportnetzbetreiber muss auch dann die Zertifizierung beantragen, wenn 11
er **im Ausland ansässig** ist, aber eine im Inland belegene Komponente eines
Transportnetzes betreibt, der eine nicht unbedeutende Rolle für die inländische
Energieversorgung, zB aufgrund der Übertragungskapazität oder der Funktion als
Verbindung zwischen Übertragungsnetzen zweier Staaten, zukommt, sodass die
Tätigkeit des Unternehmens als Betreiber eines Transportnetzes eine potenzielle
Diskriminierungsgefahr birgt; es ist nicht erforderlich, dass die Anlagen, die gegebenenfalls auch nur aus einer Leitung bestehen können, isoliert betrachtet eine technische Vernetzung aufweisen oder dass Letztverbraucher direkt an die Anlagen angeschlossen sind (BGH Beschl. v. 7.3.2017 – EnVR 21/16, NVwZ-RR 2017, 492
Rn. 18 (50f.) – Baltic Cable AB; vorgehend OLG Düsseldorf Beschl. v. 24.2.2016 –
VI-3 Kart 110/14 (V), EnWZ 2016, 270 Rn. 32; BNetzA Beschl. v. 21.3.2014 –
BK6-12-027, S. 6ff.; Kommission Stellungnahme v. 23.1.2014, C(2014) 424 final;
aA *König* EnWZ 2016, 501). Im **Elektrizitätsbereich** ist es für die Zertifizierungspflicht unerheblich, ob das Netz mit wechselnder Spannung oder mit Gleichstrom
betrieben wird (BNetzA Beschl. v. 21.3.2014 – BK6-12-027, S. 6). Soweit Anbindungsleitungen von Windenergieanlagen auf See zumindest teilweise in Höchstspannung betrieben werden, sind sie zertifizierungspflichtig (BNetzA Beschl. v.
22.10.2013 – BK6-12-277, S. 6). Die BNetzA verneint ein **Fernleitungsnetz**
nach § 3 Nr. 5 bei Fehlen eines Marktgebiets- oder Grenzübergangspunkts
(BNetzA Beschl. v. 20.1.2020 – BK7-18-051, S. 23f.; abl. *Böhler* RdE 2020, 301
(303ff.) wegen Verstoßes gegen Unionsrecht).

2. Beizufügende Unterlagen (Abs. 2). Dem Antrag sind alle zur Prüfung 12
erforderlichen Unterlagen beizufügen (§ 4a Abs. 2 S. 1). Der Antragsteller hat
plausibel und nachvollziehbar darzulegen, wie die Anforderungen der §§ 8 oder 9
oder der §§ 10–10e erfüllt werden und dass alle Zertifizierungsvoraussetzungen
vorliegen. Die erforderlichen Unterlagen ergeben sich aus den materiellen Anforderungen. Die Regulierungsbehörde hat hierzu Anforderungslisten aufgestellt, die
den Mindestumfang angeben sollen (BNetzA Hinweispapier 1.4 und Anlagen 1
und 2). Dazu gehören ggf. auch Gutachten. Ob zu weiteren Fragen Unterlagen

§ 4a Teil 1. Allgemeine Vorschriften

vorzulegen sind, hängt davon ab, ob insoweit unter Berücksichtigung der Besonderheiten der jeweiligen Entflechtungsform Zweifel an der Zertifizierungsfähigkeit bestehen und evtl. Nebenbestimmungen geboten sein können. Gleiches gilt für die Spezifizierung und Detaillierung der Angaben. Soweit **Erklärungen einer Personenhandelsgesellschaft oder einer juristischen Person** vorgelegt werden, fordert die Regulierungsbehörde, dass diese durch die vertretungsberechtigten Organe in vertretungsberechtigter Zahl abgegeben und unterzeichnet werden. Soweit Erklärungen nicht den Antragsteller unmittelbar, sondern Konzerngesellschaften betreffen, sollen die Erklärungen durch die jeweils betroffene Konzerngesellschaft, handelnd durch das vertretungsberechtigte Organ, abgegeben werden (BNetzA Hinweispapier 1.4). Für **fremdsprachige** Unterlagen gilt § 23 Abs. 2 VwVfG.

13   **Betriebs- und Geschäftsgeheimnisse** müssen gekennzeichnet, eine „geschwärzte" Fassung unverzüglich vorgelegt werden (§ 71 S. 1, 2; Art. 51 Abs. 4 Elt-VO 19/Art. 3 Abs. 4 Gasfernleitungs-VO 09; Art. 41, 42 ACER-VO 19). Die Regulierungsbehörde fordert zusätzlich eine schriftliche Erklärung, mit der sich sämtliche Personen, deren Daten und Betriebs- und Geschäftsgeheimnisse sich in den Unterlagen befinden, mit der Weitergabe der Unterlagen an die Kommission sowie an mit der Prüfung der Entflechtungsvorgaben betraute Berater der Regulierungsbehörde einverstanden erklären (BNetzA Hinweispapier 1.4). Teilweise haben Transportnetzbetreiber ihr Einverständnis zur Weitergabe der Antragsunterlagen an **externe Berater der BNetzA** von einer Vertraulichkeitsvereinbarung der Experten abhängig gemacht bzw. von der Offenlegung der Experten (vgl. dazu Elspas/Graßmann/Rasbach/*Haellmigk/Wippich* EnWG § 4a Rn. 32) Im Hinblick auf die Hinzuziehung externer Berater durch die BNetzA sollte die Erklärung unter den Vorbehalt gestellt werden, dass die beteiligten Berater innerhalb einer Karenzzeit nicht in Projekten tätig sind, in denen sie das gewonnene Wissen mittelbar oder unmittelbar verwenden können.

14   Bei **Unvollständigkeit** der Antragsunterlagen muss die Regulierungsbehörde den Antragsteller unverzüglich auffordern, die notwendigen Ergänzungen innerhalb einer angemessenen Frist vorzunehmen (vgl. auch § 4a Abs. 8, Art. 51 Abs. 3 Elt-VO 19/Art. 3 Abs. 3 Gasfernleitungs-VO 09). Kommt der Antragsteller dem nicht nach, kann die Regulierungsbehörde den Antrag ablehnen und Auskunft nach § 69 verlangen (Theobald/Kühling/*Hendrich* EnWG § 4a Rn. 9; Hempel/Franke/*Hollmann* EnWG § 4a Rn. 22) oder gegebenenfalls Maßnahmen nach § 65 ergreifen.

15   Der Transportnetzbetreiber muss sämtliche, auch nachgereichte Antragsunterlagen in **elektronischer Form** zur Verfügung stellen, wenn die Regulierungsbehörde ihn hierzu auffordert (§ 4a Abs. 2 S. 2). Nach dem Hinweispapier der Regulierungsbehörde soll die elektronische Form bereits mit dem Antrag in un- und geschwärzter Form vorgelegt werden (BNetzA Hinweispapier 1.4). Nicht ausdrücklich vorgesehen ist, dass die elektronische Fassung der Regulierungsbehörde die Möglichkeit der Bearbeitung bieten muss. Unter dem Gesichtspunkt der effizienten Ausgestaltung des Verfahrens und im Hinblick auf die engen Fristen wird dies aber wohl zu bejahen sein.

16   **3. Zeitpunkt (Abs. 1 S. 3).** Der erstmalige Antrag für die existierenden Transportnetzbetreiber war bis spätestens 3.3.2012 zu stellen (§ 4a Abs. 1 S. 3). Wird ein Transportnetz erst nach dem 3.3.2012 in Betrieb genommen, muss der Transportnetzbetreiber unabhängig vom Verstreichen dieses Zeitpunkts einen Antrag so rechtzeitig stellen, dass die Sicherstellung entflechtungskonformer Zustände nicht

gefährdet wird. Dies ergibt sich aus einer unionsrechtskonformen Auslegung (BNetzA Beschl. v. 20.12.2013 – BK7-12-248, S. 4; ausf. Theobald/Kühling/*Hendrich* EnWG § 4a Rn. 5–8).

II. Antrag der Europäischen Kommission (Abs. 1 S. 2)

Die Regulierungsbehörde muss das Verfahren auf einen **begründeten Antrag** 17
der Kommission hin einleiten (§ 4a Abs. 1 S. 2). Die Regelung beruht auf Art. 52 Abs. 4 S. 2 lit. c Elt-RL 19/Art. 10 Abs. 4 S. 2 lit. c Gas-RL 09. Der Antrag muss Ausführungen dazu enthalten, auf Basis welcher tatsächlichen und rechtlichen Annahmen die Kommission die Durchführung des Verfahrens für erforderlich hält (ähnlich NK-EnWG/*Franke* § 4a Rn. 4). Fehlt die Begründung, kann die Regulierungsbehörde die Einleitung des Verfahrens ablehnen oder bei hinreichenden anderweitigen Anhaltspunkten ein Verfahren von Amts wegen einleiten. Leitet die Regulierungsbehörde trotz fehlender Begründung ein Verfahren auf Antrag der Kommission ein, dürfte es sich um einen unbeachtlichen Verfahrensfehler handeln (§ 46 VwVfG). Anknüpfungspunkt für den Antrag können Informationen nach § 4c S. 3 sein (→ § 4c Rn. 14). Denkbar ist auch, dass Streit über die Eigenschaft als Transportnetzbetreiber besteht.

III. Einleitung von Amts wegen (Abs. 1 S. 2)

Das Zertifizierungsverfahren kann **von Amts wegen** eingeleitet werden (§ 4a 18
Abs. 1 S. 2). Anlass können Unstimmigkeiten der Regulierungsbehörde und des betroffenen Unternehmens zB über dessen Eigenschaft als Transportnetzbetreiber, die Anwendbarkeit der deutschen Zertifizierungsvorschriften (vgl. dazu BNetzA Beschl. v. 21.3.2014 – BK6-12-027, S. 6 ff. und im Nachgang OLG Düsseldorf Beschl. v. 24.2.2016 – VI-3 Kart 110/14 (V), EnWZ 2016, 270 Rn. 28 und BGH Beschl. v. 7.3.2017 – EnVR 21/16, NVwZ-RR 2017, 492 Rn. 18 (50 f.) – Baltic Cable AB) oder Informationen nach § 4c S. 1, 2 sein (→ § 4c Rn. 5 ff.). Die BNetzA verfügt über ein Entschließungsermessen (Hempel/Franke/*Hollmann* EnWG § 4a Rn. 17). Entscheidet sie sich gegen ein Tätigwerden, besteht kein Raum für eine Maßnahme nach § 65 gegenüber dem Transportnetzbetreiber (NK-EnWG/*Franke* § 4a Rn. 5).

D. Voraussetzungen der Zertifizierung (Abs. 3)

I. Erfüllung der Entflechtungsanforderungen

Nach § 4a Abs. 3 erteilt die Regulierungsbehörde die Zertifizierung des Trans- 19
portnetzbetreibers, wenn er entsprechend den Vorgaben des § 8 (vgl. zB BNetzA Beschl. v. 9.11.2012 – BK6-12-040, S. 8 ff.; Beschl. v. 22.10.2013 – BK6-12-277, S. 6 ff.) oder des § 9 oder der §§ 10–10e (vgl. zB BNetzA Beschl. v. 9.11.2012 – BK6-12-044, S. 11 ff.; Beschl. v. 2.12.2013 – BK7-12-030, S. 8 ff.; Beschl. v. 19.11.2019 – BK6-17-087, S. 11 ff.; Beschl. v. 29.1.2020 – BK7-18-051, S. 13 ff.) organisiert ist. Soweit die nationalen Entflechtungsvorschriften für alle Entflechtungsmodelle, dh auch für die eigentumsrechtliche Entflechtung, die Anforderung der erforderlichen finanziellen, materiellen, technischen und personellen Mittel regeln und insoweit über die unionsrechtlichen Vorgaben hinausgehen, ist die **Unionsrechtskonformität umstritten** (bejahend BNetzA Beschl. v. 9.11.2012 –

§ 4a Teil 1. Allgemeine Vorschriften

BK6-12-047, S. 22f.; Beschl. v. 3.8.2015 – BK6-12-047, S. 11f.; Theobald/Kühling/*Hendrich* EnWG § 4a Rn. 13; NK-EnWG/*Franke* § 4a Rn. 12; verneinend Kommission Stellungnahme v. 6.9.2012, C(2012) 6258 final, 3f.) Die Erfüllung weiterer, nicht in den Entflechtungsvorgaben enthaltener Anforderungen durch die Transportnetzbetreiber ist für eine Zertifizierung nicht erforderlich, da auch nach den RL allein auf die Einhaltung der Entflechtungsvorgaben abgestellt wird (BT-Drs. 17/6072, 52). Die Zuverlässigkeit der Transportnetzbetreiber und die Sicherheit ihrer Netze wird daher ausschließlich nach § 4 geprüft (*Salje* RdE 2011, 325 (326); NK-EnWG/*Franke* § 4a Rn. 19; Elspas/Graßmann/Rasbach/*Haellmigk/Wippich* EnWG § 4a Rn. 24).

II. Darlegungs- und Beweislast

20   Der Transportnetzbetreiber muss nach § 4a Abs. 3 „nachweisen", dass er entsprechend den gesetzlichen Vorgaben organisiert ist. Dies bedeutet, dass er die Voraussetzungen seines Antrags, insbesondere die ausschließlich seinem Einflussbereich unterliegenden Tatsachen darlegen und ggf. mit Gutachten oder anderen Beweismitteln nachweisen muss (Stelkens/Bonk/Sachs/*Kallerhoff/Fellenberg* VwVfG § 24 Rn. 54; BNetzA Beschl. v. 9.11.2012 – BK6-12-047, S. 6ff.: Ablehnung der Zertifizierung wegen fehlenden Nachweises der finanziellen Mittel). Dies gilt auch in einem **Verfahren auf Antrag der Kommission oder von Amts wegen,** weil durch die Art der Verfahrenseinleitung nicht die materielle Darlegungslast umgekehrt wird (ebenso Schneider/Theobald EnergieWirtschaftsR-HdB/*Franke/Schütte* § 3 Rn. 33).

E. Nebenbestimmungen (Abs. 4)

I. Arten von Nebenbestimmungen

21   **1. Befristung.** Die Befristung ist eine Nebenbestimmung, die den Verwaltungsakt nach Ablauf einer bestimmten Frist unwirksam werden lässt, und zwar ohne weiteres Zutun der Behörde (§ 36 Abs. 2 Nr. 1 VwVfG). Die Befristung einer Zertifizierung kommt in Betracht, wenn im Zeitpunkt ihres Erlasses feststeht, dass deren Voraussetzungen zu einem bestimmten zukünftigen Zeitpunkt entfallen.

22   **2. Bedingung.** Die Bedingung ist nach § 36 Abs. 2 Nr. 1 VwVfG eine Bestimmung, die vom Eintritt eines zukünftigen ungewissen Ereignisses abhängig macht, ob die Zertifizierung wirksam wird (aufschiebende Bedingung) oder ihre Wirksamkeit verliert (auflösende Bedingung). Kein **ungewisses Ereignis** in diesem Sinn ist die Einhaltung von Vorgaben, die den Inhalt der Zertifizierung konkretisieren; in diesem Fall handelt es sich um eine **Inhaltsbestimmung.** Auf die Bezeichnung kommt es nicht entscheidend an. In der Praxis wäre es denkbar, die Wirksamkeit der Zertifizierung unter die auflösende Bedingung zu stellen, dass Auflagen bis zu einem bestimmten Zeitpunkt erfüllt werden (vgl. zur von der BNetzA abgelehnten Forderung der Kommission v. 6.9.2012, C(2012) 6255 final, 6, dass die Zertifizierung von Miteigentümern des Antragstellers Bedingung der Zertifizierung des Antragstellers sein muss, BNetzA Beschl. v. 9.11.2012 – BK6-12-047, S. 18f.; vgl. auch Elspas/Graßmann/Rasbach/*Haellmigk/Wippich* EnWG § 4a Rn. 12).

23   **3. Widerrufsvorbehalt.** Der Widerrufsvorbehalt nach § 36 Abs. 2 Nr. 3 VwVfG beseitigt anders als die auflösende Bedingung nicht unmittelbar die Wirk-

Zertifizierung und Benennung des Betreibers eines Transportnetzes **§ 4a**

samkeit der Zertifizierung. Die Präzisierung der **Widerrufsgründe** im Widerrufsvorbehalt über die Gewährleistung der Erfüllung der Vorgaben der §§ 8 oder 9 oder der §§ 10–10e hinaus ist möglich (Stelkens/Bonk/Sachs/*U. Stelkens* VwVfG § 36 Rn. 79). Insbesondere kann ein späteres Tun oder Unterlassen des Transportnetzbetreibers als Widerrufsgrund benannt werden. Denkbar ist die Verbindung von Auflagen mit einem Widerrufsvorbehalt für den Fall, dass die Auflagen nicht bis zu einem bestimmten Zeitpunkt erfüllt werden. Die BNetzA hat Widerrufsvorbehalte aufgenommen, um die Zukunftsoffenheit in Anbetracht des im Zeitpunkt der Entscheidung nicht absehbaren Anpassungsbedarfs zu gewährleisten (zB BNetzA Beschl. v. 5.2.2013 – BK7-12-027, S. 46). Diese Praxis ist in Anbetracht von § 4d S. 1 zweifelhaft (ausf. Elspas/Graßmann/Rasbach/*Haellmigk/Wippich* EnWG § 4a Rn. 18). Zum Teil diente der Widerrufsvorbehalt der Berücksichtigung von Bedenken der Europäischen Kommission gegen die bedingungslose Zertifizierung in Fällen, in denen die Zertifizierung von Miteigentümern des Leitungsnetzes noch ausstand (so zB BNetzA Beschl. v. 12.3.2013 – BK7-12-036, S. 79). Die BNetzA entschied sich hier für den Widerrufsvorbehalt als gegenüber der aufschiebenden Bedingung milderem Mittel.

Der Widerrufsvorbehalt wird durch **den Widerruf nach § 49 Abs. 2 Nr. 1** 24
VwVfG ausgeübt (vgl. BNetzA Beschl. v. 3.8.2015 – BK6-12-047, mit dem der die Zertifizierung ablehnende Beschl. v. 9.11.2012 – BK6-12-047 – aufgrund des Widerrufsvorbehalts widerrufen und die Zertifizierung erteilt wurde). Sind im Widerrufsvorbehalt besondere Gründe genannt, müssen diese vorliegen. Enthält der Widerrufsvorbehalt keine Voraussetzungen, müssen besondere Gründe des öffentlichen Interesses, insbesondere des den Entflechtungsregelungen zugrunde liegenden Interesses, den Widerruf erfordern (Stelkens/Bonk/Sachs/*Sachs* VwVfG § 49 Rn. 42). Die Ausübung des Vorbehalts steht im Ermessen. Sie ist aus Gründen ausgeschlossen, die der Behörde zum Zeitpunkt der Erteilung der Zertifizierung bereits bekannt oder erkennbar waren (Landmann/Rohmer UmweltR/*Mann*, 98. EL 1.4.2022, BImSchG § 12 Rn. 186); möglich bleibt aber ein Widerruf nach § 49 Abs. 2 Nr. 3, 4 und 5 VwVfG.

4. Echte Auflage und modifizierende Auflage bzw. Inhaltsbestimmung. 25
a) Echte Auflage. Die echte Auflage ist eine Nebenbestimmung, durch die dem Transportnetzbetreiber ein selbständiges Tun, Dulden oder Unterlassen vorgeschrieben wird (§ 36 Abs. 2 Nr. 4 VwVfG); eine **rechtsverbindliche Feststellung** kann nach dem klaren Wortlaut nicht auf § 36 Abs. 2 Nr. 4 VwVfG gestützt werden (aA ohne Begründung zB BNetzA Beschl. v. 29.1.2020 – BK7-18-051, S. 2f., 78f.; zum Regelungscharakter der Feststellung OLG Düsseldorf Beschl. v. 25.8.2014 – VI-3 Kart 58/13 (V), N&R 2015, 38 (39)). Die **Einhaltung der Auflage** ist für Bestand und Wirksamkeit der Zertifizierung ohne unmittelbare Bedeutung und kann selbständig erzwungen werden (Stelkens/Bonk/Sachs/*U. Stelkens* VwVfG § 36 Rn. 83). Nach der Gesetzesbegründung soll dem jeweiligen Transportnetzbetreiber oder dem jeweiligen vertikal integrierten Energieversorgungsunternehmen aufgegeben werden können, bestimmte **Finanzkennzahlen** zu erreichen, um eine ausreichende Finanzausstattung, die die nachhaltige wirtschaftliche Leistungs- und Investitionsfähigkeit gewährleistet, bei der Zertifizierung zu gewährleisten (BT-Drs. 17/6072, 52). Dies begegnet in zweierlei Hinsicht Bedenken (bestätigend Elspas/Graßmann/Rasbach/*Haellmigk/Wippich* EnWG § 4a Rn. 14). Zum einen ist das vertikal integrierte Unternehmen nicht Adressat der Zertifizierung; eine isolierte Auflage ihm gegenüber scheidet daher aus. Zum Anderen wäre eine

§ 4a Teil 1. Allgemeine Vorschriften

solche Auflage jedenfalls dann unverhältnismäßig, wenn im Zeitpunkt der Behördenentscheidung keine konkreten Anhaltspunkte dafür vorliegen, dass das betroffene Unternehmen nicht über die erforderliche finanzielle Ausstattung verfügt.

26 In den bisher ergangenen Entscheidungen hat die BNetzA zahlreiche Auflagen erlassen und den Antragstellern die Möglichkeit eingeräumt, in der Zukunft einen entflechtungskonformen Zustand herzustellen, ohne die Wirksamkeit der Zertifizierungsentscheidung durch eine aufschiebende Bedingung einzuschränken oder eine Zertifizierung ganz ablehnen zu müssen (vgl. zB BNetzA Beschl. v. 9.11.2012 – BK7-12-033, S. 55; Beschl. v. 2.12.2013 – BK7-12-030, S. 1f. (91ff.)). Damit wird dem Umstand Rechnung getragen, dass es sich bei der **Herstellung entflechtungskonformer Zustände** um einen komplexen und zeitintensiven Vorgang handelt, währenddem der reibungslose und sichere Netzbetrieb zu gewährleisten ist (BNetzA Beschl. v. 9.11.2012 – BK7-12-033, S. 17). Die BNetzA hat die von der Kommission geforderte Auflage nachzuweisen, dass ein ausländischer, in der EU ansässiger Anteilseigner des Antragstellers ebenfalls die Zertifizierungsvoraussetzungen erfüllt, abgelehnt (BNetzA Beschl. v. 9.11.2012 – BK6-12-040, S. 15f.; Beschl. v. 9.11.2012 – BK7-12-033, S. 58f.). Im Falle des Vorliegens vorläufiger Dienstleistungsverträge sah die BNetzA unter Verweis auf § 4c S. 1 und § 95 Abs. 1 Nr. 1b keine Notwendigkeit für die Auflage, die endgültigen Verträge vorzulegen (BNetzA Beschl. v. 20.12.2013 – BK7-12-248, S. 13). Dazu im Widerspruch stehen zahlreiche Auflagen mit dem Inhalt, die BNetzA über zukünftige Entwicklungen zu informieren (vgl. zB BNetzA Beschl. v. 22.10.2013 – BK6-12-277, S. 16 und Beschl. v. 16.3.2016 – BK6-15-045, S. 16f. zur Auflage, quartalsweise über die Anteile eines mittelbaren Anteilseigners des Transportnetzbetreibers im Bereich der Erzeugung zu informieren; Beschl. v. 20.12.2013 – BK7-12-046, S. 15 zur Auflage, Änderungen der Zertifizierungsentscheidung einer anderen Regulierungsbehörde mitzuteilen); auch diese Informationen sind bereits über § 4c S. 1 abgesichert. Daher wird die Auffassung vertreten, § 4a Abs. 4 dahingehend auszulegen, dass im Interesse einer wirksamen Überwachung auch **fallbezogene Informationspflichten** auferlegt werden können, wenn dies erforderlich ist, um die dauernde Einhaltung der Entflechtungsvorgaben zu gewährleisten (so NK-EnWG/*Franke* § 4a Rn. 17)

27 **b) Modifizierende Auflage.** Die sog. „modifizierende Auflage" fügt der Zertifizierung keine zusätzliche Pflicht hinzu, sondern begrenzt und spezifiziert den Zertifizierungsgegenstand (BVerwG Urt. v. 20.12.1999 – 7 C 15.98, BVerwGE 110, 216 (218)), auch in Abweichung vom Antrag. Die modifizierende Auflage ist eigentlich keine Nebenbestimmung, sondern eine **Qualifizierung des Zertifizierungsgegenstands.** Sie ist daher eine **Inhaltsbestimmung** (BVerwG Urt. v. 17.2.1984 – 7 C 8.82, BVerwGE 69, 37 (39)). Wird sie nicht beachtet, wird das Transportnetz **ohne Zertifizierung betrieben.**

28 **c) Abgrenzung.** Ob eine echte oder eine modifizierende Auflage vorliegt, hängt vom **Erklärungsgehalt der Zertifizierung** ab. Eine echte Auflage liegt nur vor, wenn deutlich wird, dass ihre Einhaltung Bestand und Wirksamkeit der Zertifizierung nicht berühren soll. Die von der Regulierungsbehörde gewählte Bezeichnung ist nicht entscheidend, wenn auch nicht völlig bedeutungslos (OVG Münster Urt. v. 10.12.1999 – 21 A 3481/96, NVwZ-RR 2000, 671).

29 **5. Auflagenvorbehalt.** Der Auflagenvorbehalt nach § 36 Abs. 2 Nr. 5 VwVfG berechtigt zu einem Eingriff in die Bestandskraft der Zertifizierung, indem er die nachträgliche Aufnahme, Änderung oder Ergänzung einer Auflage zulässt (OLG

Zertifizierung und Benennung des Betreibers eines Transportnetzes § 4a

München Beschl. v. 25.11.2010 – Kart 17/09 Rn. 89). Neben § 4d S. 1, 2 dürfte er kaum eine Rolle spielen (vgl. BNetzA Beschl. v. 9.11.2012 – BK6-12-040, S. 29; anders BNetzA Beschl. v. 12.3.2013 – BK7-12-036, S. 77f.; Beschl. v. 2.12.2013 – BK7-12-030, S. 95). Ein dennoch beigefügter Auflagenvorbehalt kann die gesetzlich vorgesehene Befugnis zur nachträglichen Beifügung nach § 4d S. 1, 2 nicht eingrenzen, jedoch (gegebenenfalls rechtswidrig) erweitern (Stelkens/Bonk/Sachs/ *U. Stelkens* VwVfG § 36 Rn. 90). Der Auflagenvorbehalt ist nur zulässig, wenn die Regulierungsbehörde im Zeitpunkt des Erlasses der Zertifizierung nicht sicher überblicken kann, ob die vorgesehenen Auflagen ausreichen, um die Voraussetzungen der Zertifizierung abzusichern (Stelkens/Bonk/Sachs/*U. Stelkens* VwVfG § 36 Rn. 90). Der Inhalt der zukünftigen Auflage muss hingegen noch nicht präzisiert werden (Kopp/Ramsauer VwVfG § 36 Rn. 77).

II. Weitere Rechtmäßigkeitsvoraussetzungen

1. Erfüllung der Zertifizierungsvoraussetzungen. Nebenbestimmungen 30 sind nach § 4a Abs. 4 nur zulässig, soweit sie erforderlich sind, um zu gewährleisten, dass die Vorgaben der §§ 8 oder 9 oder der §§ 10–10e erfüllt werden. Sie sind rechtswidrig, wenn sie diesen Gegenstand verfehlen.

2. Bestimmtheit, Verhältnismäßigkeit. Nebenbestimmungen müssen nach 31 § 37 Abs. 1 VwVfG ausreichend **bestimmt** sein. Dies ist insbesondere bei Auflagen und Inhaltsbestimmungen von Bedeutung. Der Entscheidungsgehalt muss für den Transportnetzbetreiber nach Art und Umfang aus sich heraus erkennbar und verständlich sein (OLG Stuttgart Beschl. v. 3.5.2007 – 202 EnWG 4/06 Rn. 163; Stelkens/Bonk/Sachs/*U. Stelkens* VwVfG § 36 Rn. 27). Dem Transportnetzbetreiber muss entweder die Maßnahme, die er durchführen soll, genau beschrieben oder das Ziel präzise genannt werden (OVG Koblenz Urt. v. 15.12.1999 – 8 C 13126/97, UPR 2000, 153). Zulässig sind zudem Alternativvorgaben, zwischen denen der Transportnetzbetreiber wählen kann (*Jarass* BImSchG § 12 Rn. 10). Zu unbestimmt sind Auflagen, die sich auf abstrakte Formulierungen beschränken (OVG Münster Urt. v. 8.9.1975 – VII A 1194/74, DVBl. 1976, 800f.), wie „Nachweis der nötigen finanziellen Leistungsfähigkeit" oder „Nachweis ausreichender Personalausstattung". Können Zweifel durch Auslegung unter Berücksichtigung der Begründung der Nebenbestimmung beseitigt werden, ist die Bestimmtheit gewahrt (BVerwG Urt. v. 18.4.1997 – 8 C 43.95, BVerwGE 104, 301 (318)). Erst wenn im Wege der Auslegung keine Klarheit über den Behördenwillen geschaffen bzw. Widersprüchlichkeit nicht beseitigt werden können, ist Unbestimmtheit und damit Rechtswidrigkeit anzunehmen (OVG Weimar Beschl. v. 1.9.2000 – 4 ZK0 131/00, NVwZ-RR 2001, 212 (213)). In diesem Fall nehmen die Verwaltungsgerichte an, dass die mangelnde Bestimmtheit durch einen **„Klarstellungsbescheid"** geheilt werden kann, so dass die Nebenbestimmung nicht mehr als rechtswidrig anzusehen ist (BVerwG Beschl. v. 21.6.2006 – 4 B 32.06, NVwZ-RR 2006, 589; Urt. v. 20.4.2005 – 4 C 18/03, BVerwGE 123, 261 (283)). Den Gerichten soll es in einem solchen Fall verwehrt sein, die „klargestellte" Nebenbestimmung wegen mangelnder Bestimmtheit aufzuheben. Damit wird anscheinend von einer Heilung ex tunc ausgegangen (OVG Koblenz Beschl. v. 30.10.1989 – 12 B 86/89, NVwZ 1990, 399; *Kopp/Ramsauer* VwVfG § 37 Rn. 17b).

Die Nebenbestimmung muss **geeignet** sein, den mit ihr angestrebten Zweck zu 32 erreichen. Das setzt insbesondere voraus, dass ihre Realisierung aus tatsächlichen oder rechtlichen Gründen nicht ausgeschlossen ist (OVG Lüneburg Urt. v. 8.9.1980 – 7 A 42/78, GewArch 1981, 344). Dies ist aber nicht schon grundsätzlich der Fall, wenn der Transportnetzbetreiber zur Erfüllung der Nebenbestimmung die Zustimmung oder Mitwirkung eines Dritten benötigt (BVerwG Urt. v. 28.4.1972 – IV C 42.69, BVerwGE 40, 101 (103)) oder aus wirtschaftlichen Gründen zur Erfüllung nicht in der Lage ist (Landmann/Rohmer UmweltR/*Mann*, 98. EL 1.4.2022, BImSchG § 12 Rn. 146). Weiter darf es **kein milderes,** also weniger belastendes, aber ebenso wirksames **Mittel** geben, um das Ziel der Nebenbestimmung zu erreichen. Daraus ergibt sich die Pflicht der Regulierungsbehörde, dem Antrag des Transportnetzbetreibers auf Änderung einer Nebenbestimmung nachzukommen, sofern die vorgeschlagene Nebenbestimmung zur Erreichung des von der Regulierungsbehörde verfolgten Zwecks ebenso gut geeignet ist (BVerwG Beschl. v. 30.8.1996 – 7 VR 2.96, NVwZ 1997, 498). Schließlich muss die Nebenbestimmung angemessen (Verhältnismäßigkeit ieS) sein. Die Angemessenheit erfordert eine Abwägung der einschlägigen Belange (BVerfG Urt. v. 7.5.1998 – 2 BvR 1876/91, BVerfGE 98, 83 (102)).

33   **3. Beschränkung auf Auswahlermessen.** Der behördliche Spielraum („kann") bei der Beifügung von Nebenbestimmungen ist begrenzt: Die Ermächtigung darf **nur zur Sicherstellung der Zertifizierungsvoraussetzungen** genutzt werden. Berücksichtigt man außerdem, dass die Regulierungsbehörde von Zertifizierungsvoraussetzungen nicht dispensieren kann, eine Verweigerung der Zertifizierung andererseits bei Kenntnis einer geeigneten Nebenbestimmung unverhältnismäßig wäre (ebenso NK-EnWG/*Franke* § 4a Rn. 16), reduziert sich das Ermessen voraussichtlich häufig auf ein Auswahlermessen zwischen den verschiedenen konkret möglichen Nebenbestimmungen.

III. Durchsetzung, Sanktionen, Rechtsschutz

34   **1. Durchsetzung, Sanktionen.** Beachtet der Transportnetzbetreiber eine **Bedingung, Befristung** oder **modifizierende Auflage** (Inhaltsbestimmung) nicht, betreibt er das Transportnetz ohne Zertifizierung. Die Regulierungsbehörde kann nach § 65 einschreiten. Handelt der Transportnetzbetreiber vorsätzlich oder fahrlässig, liegt eine Ordnungswidrigkeit nach § 95 Abs. 1 Nr. 1a vor. Entsprechendes gilt, wenn die Behörde von einem **Widerrufsvorbehalt** Gebrauch macht.

35   Erfüllt ein Transportnetzbetreiber **echte Auflagen** nicht, nicht richtig, nicht vollständig oder nicht rechtzeitig, kommt eine Maßnahme nach § 65 sowie nach Fristsetzung ein Widerruf der Zertifizierung in Betracht. Daneben ist auch eine Durchsetzung im Wege des Verwaltungszwangs nach § 94 in Verbindung mit dem VwVG möglich (BNetzA Beschl. v. 19.11.2019 – BK6-17-087, S. 2 (52f.)). Jede Sanktion wegen Nichtbeachtung einer Auflage setzt voraus, dass die Auflage vollziehbar ist. Ein Verstoß gegen eine Auflage stellt keine Ordnungswidrigkeit dar, da der Transportnetzbetreiber das Transportnetz mit Zertifizierung betreibt.

36   **2. Rechtsschutz.** Wendet sich der Transportnetzbetreiber allein gegen eine Nebenbestimmung, ist die Anfechtungsbeschwerde, unabhängig vom Charakter der Nebenbestimmung, entgegen der früher im Verwaltungsrecht herrschenden Ansicht, generell zulässig (BVerwG Urt. v. 22.11.2000 – 11 C 2.00, BVerwGE 112, 221 (224); zur Auflage BGH Beschl. v. 23.6.2009 – EnVR 76/07, BeckRS 2009, 21781 Rn. 41; OLG Düsseldorf Beschl. v. 25.8.2014 – VI-3 Kart 58/13 (V), N&R 2015, 38 (39); zum Auflagenvorbehalt OLG München Beschl. v.

Zertifizierung und Benennung des Betreibers eines Transportnetzes §4a

25.11.2010 – Kart 17/09 Rn. 35; *Kopp/Schenke* VwGO § 42 Rn. 22; *Kopp/Ramsauer* VwVfG § 36 Rn. 88 ff.). Unzulässig ist eine Anfechtungsbeschwerde nur dann, wenn eine isolierte Aufhebung aus materiellen Gründen offensichtlich nicht möglich ist (BVerwG Urt. v. 22.11.2000 – 11 C 2.00, BVerwGE 112, 221 (224); vgl. aber auch BVerwG Beschl. v. 29.3.2022 – 4 C 4.20, NVwZ 2022, 1798); in diesem Fall muss Verpflichtungsbeschwerde erhoben werden. In Zweifelsfällen sollte neben der Anfechtungsbeschwerde hilfsweise eine Verpflichtungsbeschwerde erhoben werden. Für Inhaltsbestimmungen bzw. modifizierende Auflagen dürfte grundsätzlich nichts anderes gelten (BVerwG Urt. v. 19.3.1996 – 1 C 34.93, NVwZ-RR 1997, 317; Urt. v. 17.2.1984 – 4 C 70.80, NVwZ 1984, 366). Meist wird hier aber aufgrund materiell-rechtlicher Unteilbarkeit die Verpflichtungsbeschwerde einschlägig sein, da der verbleibende Restverwaltungsakt einen für sich nicht bestandsfähigen Torso darstellen bzw. rechtswidrig sein dürfte (*Kopp/Schenke* VwGO § 42 Rn. 23).

Nach § 76 Abs. 1 haben **Anfechtungsbeschwerden** („angefochtene Entscheidung") gegen Entscheidungen zur Durchsetzung der Verpflichtungen nach den §§ 7–7b und 8–10d, nicht aber nach § 10e, **aufschiebende Wirkung.** Solche Entscheidungen sind auch Nebenbestimmungen (insbesondere Auflagen), die sicherstellen, dass die Anforderungen der Entflechtung erfüllt werden. Hintergrund dieser Ausnahme vom Grundsatz der sofortigen Vollziehbarkeit regulierungsbehördlicher Entscheidungen ist, dass die Umsetzung von Entscheidungen zur rechtlichen und operationellen Entflechtung kaum mehr umkehrbar ist und die gesellschaftsrechtliche und operationelle Entflechtung als eher längerfristige strukturelle Maßnahme kurzfristig keine Auswirkungen auf den Netzzugang und den Wettbewerb hat. Der Eintritt der aufschiebenden Wirkung durch die Einlegung der Anfechtungsbeschwerde kann durch einen Feststellungsantrag geklärt werden (BGH Beschl. v. 17.8.2006 – KVR 11/06, WuW/E DE-R 1802 (1805)). 37

F. Erstellung des Entscheidungsentwurfs und Mitteilung an die Kommission (Abs. 5)

Die Regulierungsbehörde muss innerhalb eines Zeitraums von vier Monaten ab Einleitung des Zertifizierungsverfahrens einen Entwurf erstellen (§ 4a Abs. 5 S. 1). Die Vorschrift dient der Verfahrensbeschleunigung und damit dem Interesse des Antragstellers an einer zeitnahen Bescheidung. **Fristbeginn** ist der Zeitpunkt, zu dem die Antragsunterlagen vollständig eingereicht bzw. nach Aufforderung durch die Regulierungsbehörde (§ 4a Abs. 8 iVm Art. 51 Abs. 3 Elt-VO 19/Art. 3 Abs. 3 Gasfernleitungs-VO 09) vorgelegt worden sind (so zum vergleichbaren § 10 Abs. 6a BImschG *Jarass* BImSchG § 10 Rn. 123; vgl. auch BNetzA Beschl. v. 9.11.2012 – BK6-12-047, S. 4; Hempel/Franke/*Hollmann* EnWG § 4a Rn. 26; BerlKomm-EnergieR/*Lucks* EnWG § 4a Rn. 31; aA Elspas/Graßmann/Rasbach/*Haellmigk/Wippich* EnWG § 4a Rn. 34). Die Frist wird nach § 31 VwVfG iVm § 187 Abs. 1, § 188 Abs. 2 S. 1 BGB berechnet. Anders als nach § 4a Abs. 6 S. 4 gibt es **keine Erteilungsfiktion.** Dies widerspricht Art. 52 Abs. 5 S. 2 Elt-RL 19/Art. 10 Abs. 5 S. 2 Gas-RL 09, der eine vorläufige Fingierung der Zertifizierung nach Ablauf von vier Monaten nach Antragstellung vorsieht. Wird die Frist nicht eingehalten, handelt die Behörde rechtswidrig und macht sich ggf. schadensersatzpflichtig, sofern man eine unmittelbare Anwendung der RL und damit eine vorläufige Fingierung der Zertifizierung verneint (so aber Hempel/Franke/*Hollmann* EnWG § 4a Rn. 27). 38

§ 4a

39 Der Entwurf muss der **Kommission** unverzüglich zur Abgabe einer Stellungnahme übermittelt werden. Hierdurch soll die Einheitlichkeit der Entscheidungspraxis der nationalen Regulierungsbehörden und die ordnungsgemäße Anwendung des Unionsrechts sichergestellt werden. **Unverzüglich** bedeutet ohne schuldhaftes Zögern. Die Regulierungsbehörde muss der Kommission mit der Übersendung des Entscheidungsentwurfs alle Antragsunterlagen nach Abs. 2 zur Verfügung stellen (§ 4a Abs. 5 S. 2). Hierzu zählen auch Unterlagen, die erst im Verlauf des Verfahrens nachgereicht wurden (§ 4a Abs. 8 iVm Art. 51 Abs. 3 Elt-VO 19/Art. 3 Abs. 3 Gasfernleitungs-VO 09).

G. Zertifizierungsentscheidung (Abs. 6)

I. Stellungnahme der Kommission

40 **1. Stellungnahmefrist (Abs. 6 S. 1).** Die Kommission muss nach § 4a Abs. 6 S. 1 iVm Art. 51 Abs. 1 UAbs. 1 S. 2 Elt-VO 19 **innerhalb von zwei Monaten** ab dem Eingang des Entscheidungsentwurfs entscheiden. Soweit Art. 3 Abs. 1 UAbs. 1 S. 2 Gasfernleitungs-VO 09 regelt, dass die Stellungnahme innerhalb von zwei Monaten „nach dem Tag des Eingangs der Mitteilung" erfolgen muss, handelt es sich unter Heranziehung der französischen und englischen Fassungen der Gasfernleitungs-VO 09 um einen offensichtlichen Übersetzungsfehler. Für den **Anfang der Frist** ist immer der Eingang des Entwurfs bei der Kommission maßgeblich (zur Fristberechnung vgl. Art. 49 Verfahrensordnung EuGH). Nach Art. 51 Abs. 1 UAbs. 2 S. 1 Elt-VO 19/Art. 3 Abs. 1 UAbs. 2 S. 1 Gasfernleitungs-VO 09 kann die Kommission die **Stellungnahme der Agentur** beantragen (Art. 6 Abs. 5 ACER-VO 19). In diesem Fall verlängert sich die Zweimonatsfrist um weitere zwei Monate. Gibt die Kommission innerhalb der in Art. 51 Abs. 1 UAbs. 1, 2 Elt-VO 19/Art. 3 Abs. 1 UAbs. 1, 2 Gasfernleitungs-VO 09 genannten Fristen keine Stellungnahme ab, **fingiert** Art. 51 Abs. 1 UAbs. 3 Elt-VO 19/Art. 3 Abs. 1 UAbs. 3 Gasfernleitungs-VO 09, dass sie keine Einwände gegen die beabsichtigte Entscheidung der Regulierungsbehörde erhebt. Eine **Präklusion** lässt sich dem Wortlaut aber nicht entnehmen. Gibt die Kommission zu einem späteren Zeitpunkt doch noch eine Stellungnahme ab und ist das Verfahren noch nicht abgeschlossen, muss die Regulierungsbehörde diese berücksichtigen. In der Literatur wird in diesem Fall die Frage aufgeworfen, ob eine verspätete Stellungnahme als Antrag auf Einleitung eines Zertifizierungsverfahrens nach § 4a Abs. 1 S. 2 auszulegen ist (vgl. Elspas/Graßmann/Rasbach/*Haellmigk/Wippich* EnWG § 4a Rn. 39).

41 **2. Prüfungsumfang.** Die Kommission prüft den Entscheidungsentwurf nach Art. 51 Abs. 1 UAbs. 1 S. 2 Elt-VO 19/Art. 3 Abs. 1 UAbs. 1 S. 2 Gasfernleitungs-VO 09 bezüglich seiner Vereinbarkeit mit Art. 52 Abs. 2 sowie Art. 43 Elt-RL 19/Art. 10 Abs. 2 sowie Art. 9 Gas-RL 09. Art. 43 Elt-RL 19/Art. 9 Gas-RL 09 regelt unter Inbezugnahme weiterer Vorschriften der vorgenannten RL die Anforderungen an die Entflechtung. Dieses **Prüfprogramm** ist abschließend. Nach § 4a Abs. 8, Art. 51 Abs. 3 Elt-VO 19/Art. 3 Abs. 3 Gashandels-VO 09 kann die Kommission sowohl vom Transportnetzbetreiber als auch von Unternehmen der Erzeugung oder Versorgung jederzeit sämtliche für die Prüfung erforderlichen **Informationen verlangen**. Die Kommission legt ihrer Prüfung das commission staff working paper on certification of Transmission System Operators of networks for electricity and natural gas in the European Union (SEC(2011) 1095 final) vom 21. 9. 2011 zugrunde.

3. Vertraulichkeit (Abs. 8). Nach § 4a Abs. 8, Art. 51 Abs. 4 Elt-VO 19/Art. 3 **42** Abs. 4 Gasfernleitungs-VO 09 muss die Kommission die Vertraulichkeit von Geschäftsinformationen wahren. Nach Art. 337 AEUV sind die Mitarbeiter der Kommission zur Verschwiegenheit verpflichtet. Der Zugang zu den bei der Kommission vorhandenen Dokumenten wird durch die VO (EG) Nr. 1049/2001 und die Durchführungsbestimmungen in Kapitel IV der Geschäftsordnung der Kommission (K (2000) 3614) vom 29.11.2000 (ABl. 2000 L 308, 26) geregelt. Entscheidet sich die Kommission trotz der Kennzeichnung als vertraulich für die **Offenlegung eines Dokuments,** regelt Art. 5 der Durchführungsbestimmungen, dass das betroffene Unternehmen einbezogen werden muss. Die Kommission hat die Vorgehensweise im Beschluss vom 23.5.2001 über das Mandat von Anhörungsbeauftragten in bestimmten Wettbewerbsverfahren – 2001/462/EG, EGKS – in Art. 9 Abs. 2 geregelt. Da durch die Offenlegung von Geschäftsgeheimnissen abschließend in Rechtspositionen des Betroffenen eingegriffen wird, geht der EuGH davon aus, dass die „Entscheidung" der Kommission als Handlung iSv Art. 263 Abs. 4 AEUV vom Betroffenen gerichtlich im Wege der **Nichtigkeitsklage** angegriffen werden kann (EuGH Urt. v. 24.6.1986 – C-53/85, ECLI:EU:C:1986:256 = Slg. 1986, 1965 Rn. 20 – AKZO Chemie).

II. Entscheidung der Regulierungsbehörde

1. Entscheidungsfrist (Abs. 6 S. 1). Die Regulierungsbehörde muss binnen **43** zwei Monaten nach Zugang der Stellungnahme oder nach Ablauf der Frist nach Art. 51 Abs. 1 Elt-VO 19/Art. 3 Abs. 1 Gasfernleitungs-VO 09 entscheiden. Hierbei handelt es sich um eine **Ordnungsvorschrift,** weil die Fiktion nach § 4a Abs. 6 S. 4 nur „bis zu einer Entscheidung der Regulierungsbehörde", also nur vorläufig gilt. Die Frist wird nach § 31 VwVfG iVm § 187 Abs. 1, § 188 Abs. 2 S. 1 BGB berechnet (vgl. zB BNetzA Beschl. v. 5.2.2013 – BK7-12-027, S. 8).

2. Weitestgehende Berücksichtigung der Stellungnahme der Kommis- 44 sion bei Entflechtung nach § 8 bzw. § 10 (Abs. 6 S. 2). Während Art. 8b Abs. 10 des Entwurfs der Elt-RL 09 (KOM(2007) 528 endg.) bzw. Art. 7b Abs. 10 des Entwurfs der Gas-RL 09 (KOM(2007) 529 endg.) noch eine strikte Bindung an die Stellungnahme der Kommission vorsah, hat der Unionsgesetzgeber hiervon in den endgültigen RL Abstand genommen. Die Regulierungsbehörde muss die Stellungnahme im Fall der Entflechtung nach § 8 oder den §§ 10–10e nach § 4a Abs. 6 S. 2 nur so weit wie möglich bei ihrer Entscheidung berücksichtigen. Dies entspricht der Regelung in Art. 51 Abs. 2 S. 1 Elt-VO 19/Art. 3 Abs. 2 S. 1 Gasfernleitungs-VO 09. Es besteht zwar keine strikte Bindung der Regulierungsbehörde an die Stellungnahme der Kommission. Jedoch muss die Regulierungsbehörde die von der Kommission geltend gemachten Belange beachten und kann sich nur dann darüber hinwegsetzen, wenn vom europäischen Standard abweichende nationale Besonderheiten vorliegen oder wenn gegenläufige öffentliche oder private Belange zu berücksichtigen sind, denen nach der besonders zu begründenden Einschätzung der BNetzA im konkreten Einzelfall ein so hohes Gewicht zukommt, dass ihr Zurücktreten nicht gerechtfertigt erscheint (so zur weitestgehenden Berücksichtigung von Stellungnahmen der Kommission im Konsolidierungsverfahren nach dem TKG BVerwG Beschl. v. 10.12.2014 – 6 C 16.13, BeckRS 2015, 42253 Rn. 73). Eine nationale Besonderheit kann etwa auch darin bestehen, dass der Gesetzgeber Umsetzungsspielräume zu gegenüber dem Unionsrecht weitergehenden Regelun-

§ 4 a

Teil 1. Allgemeine Vorschriften

gen genutzt hat (vgl. BNetzA Beschl. v. 9.11.2012 – BK6-12-047, S. 6 ff.: Ablehnung der Zertifizierung wegen des fehlenden Nachweises der erforderlichen finanziellen Mittel im Widerspruch zur Kommission). Die Stellungnahme der Kommission darf von der Regulierungsbehörde ebenso wie von den Gerichten daraufhin überprüft werden, ob sie auf einer zutreffenden Auslegung des Gemeinschaftsrechts beruht (vgl. zum TKG EuGH Urt. v. 12.12.2007 – T-109/06, ECLI:EU: C:2021:142 = Slg. 2007, II-5151 Rn. 102 – Vodafone), da die Kommissionsmitteilung ihrerseits nicht vor dem EuGH justiziabel ist (EuGH Urt. v. 12.12.2007 – T-109/06, ECLI:EU:C:2021:142 = Slg. 2007, II-5151 Rn. 99 ff. – Vodafone).

45 **3. Bindung an die Entscheidung der Kommission bei Entflechtung nach § 9.** Für die Entflechtung nach § 9 gilt Art. 51 Abs. 5 Elt-VO 19/Art. 3 Abs. 6 Gasfernleitungs-VO 09. Danach muss die Regulierungsbehörde der Entscheidung der Kommission nachkommen, welche die Zertifizierung eines ISO nach Art. 43 Abs. 9 Elt-RL 19/Art. 9 Abs. 10 Gas-RL 09 iVm Art. 44 Elt-RL 19/Art. 14 Gas-RL 09 betrifft. Die Verweigerung der Zustimmung ist für die Regulierungsbehörde verbindlich. Erteilt die Regulierungsbehörde dennoch die Zertifizierung, ist sie rechtswidrig. Die **Zustimmung der Kommission** ist ein **unselbständiger Verfahrensschritt in einem mehrstufigen Verwaltungsverfahren** und keine Entscheidung nach Art. 288 Abs. 4 AEUV, die nach Art. 263 Abs. 4 AEUV angegriffen werden müsste, weil sie sich nicht unmittelbar an das betroffene Unternehmen richtet (Baur/Salje/Schmidt-Preuß Energiewirtschaft/*Storr* Kap. 95 Rn. 23). Die Rechtmäßigkeit der Verweigerung der Zustimmung muss im Rahmen der Verpflichtungsbeschwerde durch die nationalen Gerichte (→ Rn. 44, 48), unter Berücksichtigung der acte-claire-Doktrin, ggf. durch ein Vorabentscheidungsverfahren nach Art. 267 AEUV geklärt werden. Die Gerichte müssen darüber entscheiden, ob die Erteilung der Zertifizierung gegen Art. 44 Elt-RL 19/Art. 14 Gas-RL 09 verstoßen würde.

46 **4. Bekanntgabe (Abs. 6 S. 3).** Neben der Zustellung der Entscheidung der Regulierungsbehörde an das betroffene Unternehmen nach § 73 Abs. 1 wird diese zusammen mit der Stellungnahme der Kommission im Amtsblatt der BNetzA in nicht personenbezogener Form veröffentlicht (§ 4a Abs. 6 S. 3). Darüber hinaus sind auch solche Bestandteile zu **schwärzen**, die einen Rückschluss auf das betroffene Unternehmen erlauben und deren Kenntnis auch bei Anonymisierung des betroffenen Unternehmens zu Wettbewerbsvorteilen anderer Unternehmen führen kann (aA Hempel/Franke/*Hollmann* EnWG § 4a Rn. 38). Insoweit gilt § 71 S. 1 iVm § 30 VwVfG.

47 **5. Vorläufig fingierte Zertifizierung (Abs. 6 S. 4).** Entscheidet die Regulierungsbehörde nicht nach § 4a Abs. 6 S. 1 binnen zwei Monaten, gilt der betreffende Transportnetzbetreiber nach § 4a Abs. 6 S. 4 bis zu einer Entscheidung der Regulierungsbehörde als zertifiziert. Die Regelung soll sicherstellen, dass der Transportnetzbetreiber den Netzbetrieb legal fortsetzen darf und keine Rechtsunsicherheit im Fall einer Verfahrensverzögerung hinnehmen muss (BNetzA Hinweispapier 1.7). Sie beruht auf Art. 52 Abs. 5 S. 1, 2 Elt-RL 19/Art. 10 Abs. 5 S. 1, 2 Gas-RL 09. Es handelt sich um einen **fingierten** (Stelkens/Bonk/Sachs/*U. Stelkens* VwVfG § 35 Rn. 66, § 42a Rn. 3) und **vorläufigen Verwaltungsakt** („bis zu einer Entscheidung der Regulierungsbehörde"; BNetzA Hinweispapier 1.7; vgl. allg. zur Fingierung von Verwaltungsakten *Knauff* VerwArch 2018, 480 (485)). Als vorläufiger Verwaltungsakt hat er nach seinem Sinn und Zweck eine begrenzte zeit-

Zertifizierung und Benennung des Betreibers eines Transportnetzes **§ 4a**

liche Wirkung und steht nicht unter dem Vorbehalt der Nachprüfung. Er erledigt sich nach § 43 Abs. 2 VwVfG mit dem Erlass der endgültigen Zertifizierung und nicht erst mit deren Bestandskraft (vgl. BVerwG Urt. v. 25.3.2009 – 6 C 3.08, N&R 2009, 205 Rn. 16; ebenso NK-EnWG/*Franke* § 4a Rn. 10). Dies folgt aus dem Wortlaut von § 4a Abs. 6 S. 4 („bis zu einer Entscheidung") und Sinn und Zweck der Vorschrift. Für ein Wiederaufleben der vorläufigen Zertifizierung im Fall der Aufhebung der endgültigen Zertifizierung besteht kein Anlass.

6. Rechtsschutz. Lehnt die Regulierungsbehörde die Erteilung der Zertifizierung ab, muss der Transportnetzbetreiber eine **Verpflichtungsbeschwerde** nach § 75 Abs. 3 S. 1 erheben. Gleiches gilt, wenn ein Zertifizierungsverfahren von Amts wegen oder auf Antrag der Kommission eingeleitet und die Zertifizierung abgelehnt wird. Der insoweit fehlende Antrag des Unternehmens nach § 4a Abs. 1 S. 2 steht dem nicht entgegen, weil er – wie § 4a Abs. 1 S. 2 zeigt – keine iSd § 22 Abs. 2 Nr. 2 VwVfG gesetzlich notwendige Verfahrensvoraussetzung ist. 48

H. Benennung des Betreibers eines Transportnetzes (Abs. 7)

I. Benennung (Abs. 7 S. 1)

Art. 52 Abs. 2 Elt-RL 19/Art. 10 Abs. 2 Gas-RL 09 regelt, dass die Mitgliedstaaten zertifizierte Transportnetzbetreiber durch einen eigenständigen, konstitutiven Rechtsakt benennen. Der deutsche Gesetzgeber hat sich dazu entschlossen, den **Verwaltungsakt** „Benennung" durch die Bekanntgabe der Zertifizierung im Amtsblatt der BNetzA zu fingieren (§ 4a Abs. 7 S. 1). Der Transportnetzbetreiber hat einen Anspruch auf Benennung, sobald die Zertifizierung erfolgt ist. Die Regulierungsbehörde verfügt über **kein Ermessen**. Auf den fingierten Verwaltungsakt finden alle Vorschriften Anwendung, die an einen in einem ordnungsgemäßen Verwaltungsverfahren zustande gekommenen und dem Adressaten bekannt gegebenen Verwaltungsakt Rechtsfolgen knüpfen (Stelkens/Bonk/Sachs/*U. Stelkens* VwVfG § 42a Rn. 50). Ggf. muss die Beschwerde auch auf die Benennung erstreckt werden, um die Bestandskraft zu vermeiden. 49

II. Mitteilung an die Kommission (Abs. 7 S. 2)

Nach § 4a Abs. 7 S. 2 teilt die Regulierungsbehörde der Kommission die Benennung mit. Diese Pflicht beruht auf Art. 52 Abs. 2 S. 2 Elt-RL 19/Art. 10 Abs. 2 S. 2 Gas-RL 09, wonach die Benennung im Amtsblatt der Europäischen Union veröffentlicht wird. 50

III. Zustimmung der Kommission bei Entflechtung nach § 9 (Abs. 7 S. 3)

Nach § 4a Abs. 7 S. 3 ist die Regulierungsbehörde nicht befugt, ohne die Zustimmung der Kommission die Zertifizierung eines ISO im Amtsblatt zu veröffentlichen und damit die Benennung zu fingieren. Die Regelung beruht auf Art. 44 Abs. 1 S. 2 Elt-RL 19 bzw. Art. 14 Abs. 1 S. 3 Gas-RL 09 (*Schmidt-Preuß* et 9/2009, 82 (88) Fn. 12). Veröffentlicht die Regulierungsbehörde die Zertifizierung ohne Zustimmung der Kommission und fingiert damit die Benennung, ist sie rechtswidrig (→ Rn. 45). 51

Stamm

I. Unionsrechtliche Verfahrensvorschriften (Abs. 8)

52 § 4a Abs. 8 regelt, dass Art. 51 Elt-VO 19/Art. 3 Gasfernleitungs-VO 09 unberührt bleibt. Dies ist eine Selbstverständlichkeit, weil das innerstaatliche Recht die unmittelbar anwendbaren Regelungen von Verordnungen nach Art. 288 Abs. 2 AEUV nicht abbedingen oder modifizieren kann. Die Fristregelung in Art. 51 Abs. 1 Elt-VO 19/Art. 3 Abs. 1 Gasfernleitungs-VO 09 wird durch § 4a Abs. 6 S. 1 in Bezug genommen (→ Rn. 40). Art. 51 Abs. 2 Elt-VO 19/Art. 3 Abs. 2 Gasfernleitungs-VO 09 entspricht § 4a Abs. 6 (→ Rn. 40ff.). Art. 51 Abs. 3 Elt-VO 19/ Art. 3 Abs. 3 Gasfernleitungs-VO 09 gewährt sowohl der Regulierungsbehörde als auch der Kommission einen jederzeitigen unmittelbaren Auskunftsanspruch gegen den Transportnetzbetreiber und Unternehmen der Erzeugung und Versorgung (→ Rn. 41). Daneben kann die Regulierungsbehörde auf § 65 Abs. 1, 2, 5, § 69 zurückgreifen. Art. 51 Abs. 4 Elt-VO 19/Art. 3 Abs. 4 Gasfernleitungs-VO 09 regelt den Umgang mit Betriebs- und Geschäftsgeheimnissen durch die Kommission (→ Rn. 42) und die Regulierungsbehörde (vgl. § 71). Von der vormals in Art. 3 Abs. 5 Elt-VO 09 vorgesehenen Möglichkeit, Leitlinien zu erlassen (vgl. Baur/ Salje/Schmidt-Preuß Energiewirtschaft/*Ludwigs* Kap. 31 Rn. 5 ff.), hatte die Kommission keinen Gebrauch gemacht (vgl. aber *European Commission,* Commission Staff Working Paper v. 21.9.2011, SEC(2011) 1095 final). Die Vorschrift wurde nicht in die Elt-VO 19 übernommen. Nach Art. 3 Abs. 5 Gasfernleitungs-VO 09 verfügt die BNetzA jedoch nach wie vor über die Befugnis, Leitlinien zu erlassen. Zu Art. 51 Abs. 5 Elt-RL 19 → Rn. 45, 51.

§ 4b Zertifizierung in Bezug auf Drittstaaten

(1) [1]**Beantragt ein Transportnetzbetreiber oder ein Transportnetzeigentümer, der von einer oder mehreren Personen aus einem oder mehreren Staaten, die nicht der Europäischen Union oder dem Europäischen Wirtschaftsraum angehören (Drittstaaten), allein oder gemeinsam kontrolliert wird, die Zertifizierung, teilt die Regulierungsbehörde dies der Europäischen Kommission mit.** [2]**Transportnetzbetreiber oder Transportnetzeigentümer haben den Antrag auf Zertifizierung bis spätestens 3. März 2013 bei der Regulierungsbehörde zu stellen.**

(2) [1]**Wird ein Transportnetzbetreiber oder ein Transportnetzeigentümer von einer oder mehreren Personen aus einem oder mehreren Drittstaaten allein oder gemeinsam kontrolliert, ist die Zertifizierung nur zu erteilen, wenn der Transportnetzbetreiber oder der Transportnetzeigentümer den Anforderungen der §§ 8 oder 9 oder der §§ 10 bis 10e genügt und das Bundesministerium für Wirtschaft und Energie feststellt, dass die Erteilung der Zertifizierung die Sicherheit der Elektrizitäts- oder Gasversorgung der Bundesrepublik Deutschland und der Europäischen Union nicht gefährdet.** [2]**Der Antragsteller hat mit der Antragstellung nach Absatz 1 zusätzlich beim Bundesministerium für Wirtschaft und Energie die zur Beurteilung der Auswirkungen auf die Versorgungssicherheit erforderlichen Unterlagen einzureichen.**

(3) [1]**Das Bundesministerium für Wirtschaft und Energie übermittelt der Regulierungsbehörde binnen drei Monaten nach Eingang der vollstän-**

digen erforderlichen Unterlagen nach Absatz 2 Satz 2 seine Bewertung, ob die Erteilung der Zertifizierung die Sicherheit der Elektrizitäts- oder Gasversorgung der Bundesrepublik Deutschland und der Europäischen Union gefährdet. ²Bei seiner Bewertung der Auswirkungen auf die Versorgungssicherheit berücksichtigt das Bundesministerium für Wirtschaft und Energie
1. die Rechte und Pflichten der Europäischen Union gegenüber diesem Drittstaat, die aus dem Völkerrecht, auch aus einem Abkommen mit einem oder mehreren Drittstaaten, dem die Union als Vertragspartei angehört und in dem Fragen der Energieversorgungssicherheit behandelt werden, erwachsen;
2. die Rechte und Pflichten der Bundesrepublik Deutschland gegenüber diesem Drittstaat, die aus einem mit diesem Drittstaat geschlossenen Abkommen erwachsen, soweit sie mit dem Unionsrecht in Einklang stehen, und
3. andere besondere Umstände des Einzelfalls und des betreffenden Drittstaats.

(4) Vor einer Entscheidung der Regulierungsbehörde über die Zertifizierung des Betriebs eines Transportnetzes bitten Regulierungsbehörde und Bundesministerium für Wirtschaft und Energie die Europäische Kommission um Stellungnahme, ob der Transportnetzbetreiber oder der Transportnetzeigentümer den Anforderungen der §§ 8 oder 9 oder der §§ 10 bis 10e genügt und eine Gefährdung der Energieversorgungssicherheit der Europäischen Union auf Grund der Zertifizierung ausgeschlossen ist.

(5) ¹Die Regulierungsbehörde hat innerhalb von zwei Monaten, nachdem die Europäische Kommission ihre Stellungnahme vorgelegt hat oder nachdem die Frist des Artikels 53 Absatz 6 der Richtlinie (EU) 2019/944 des Europäischen Parlaments und des Rates vom 5. Juni 2019 mit gemeinsamen Vorschriften für den Elektrizitätsbinnenmarkt und zur Änderung der Richtlinie 2012/27/EU (ABl. L 158 vom 14.6.2019, S. 125; L 15 vom 20.1.2020, S. 8) oder des Artikels 11 Absatz 6 der Richtlinie 2009/73/EG des Europäischen Parlaments und des Rates vom 13. Juli 2009 über gemeinsame Vorschriften für den Erdgasbinnenmarkt und zur Aufhebung der Richtlinie 2003/55/EG (ABl. L 211 vom 14.8.2009, S. 55) abgelaufen ist, ohne dass die Europäische Kommission eine Stellungnahme vorgelegt hat, über den Antrag auf Zertifizierung zu entscheiden. ²Die Regulierungsbehörde hat in ihrer Entscheidung der Stellungnahme der Europäischen Kommission so weit wie möglich Rechnung zu tragen. ³Die Bewertung des Bundesministeriums für Wirtschaft und Energie ist Bestandteil der Entscheidung der Regulierungsbehörde.

(6) Die Regulierungsbehörde hat der Europäischen Kommission unverzüglich die Entscheidung zusammen mit allen die Entscheidung betreffenden wichtigen Informationen mitzuteilen.

(7) ¹Die Regulierungsbehörde hat ihre Entscheidung zusammen mit der Stellungnahme der Europäischen Kommission im Amtsblatt der Bundesnetzagentur in nicht personenbezogener Form zu veröffentlichen. ²Weicht die Entscheidung von der Stellungnahme der Europäischen Kommission ab, ist mit der Entscheidung die Begründung für diese Entscheidung mitzuteilen und zu veröffentlichen.

§ 4b Teil 1. Allgemeine Vorschriften

Übersicht

	Rn.
A. Allgemeines	1
I. Inhalt und Zweck	1
II. Unionsrecht	3
B. Normadressat (Abs. 1 S. 1)	4
C. Einleitung des Verfahrens (Abs. 1, 2 S. 2)	6
I. Verfahrenseinleitende Handlung und Mitteilung (Abs. 1 S. 1)	6
II. Beizufügende Unterlagen (Abs. 2 S. 2)	7
III. Zeitpunkt (Abs. 1 S. 2)	8
D. Voraussetzungen der Zertifizierung (Abs. 2 S. 1, Abs. 3 S. 2)	9
I. Einhaltung der Entflechtungsvorgaben (Abs. 2 S. 1)	9
II. Keine Gefährdung der Versorgungssicherheit (Abs. 2 S. 1, Abs. 3 S. 2)	10
III. Darlegungs- und Beweislast	12
E. Erstellung des Entscheidungsentwurfs und Mitteilung an die Kommission (Abs. 3 S. 1, Abs. 4)	13
I. Stellungnahme der Kommission	16
1. Stellungnahmefrist (Abs. 5 S. 1)	16
2. Prüfungsumfang (Abs. 4)	17
II. Entscheidung der Regulierungsbehörde	18
1. Entscheidungsfrist (Abs. 5 S. 1)	18
2. Weitestgehende Berücksichtigung der Stellungnahme der Kommission bei Entflechtung nach §§ 8 und 10 (Abs. 5 S. 2)	19
3. Bindung an die Entscheidung der Kommission bei Entflechtung nach § 9	20
4. Bewertung des BMWK (Abs. 5 S. 3)	21
5. Rechtsschutz	22
III. Mitteilung an Kommission (Abs. 6)	23
G. Bekanntgabe (Abs. 7)	24

Literatur: *BNetzA*, Hinweispapier zum Zertifizierungsverfahren vom 12.12.2011 – BK6-11-157 und BK7-11-157 (zit. BNetzA Hinweispapier); *Burgi*, Verfassungsrechtliche Grenzen behördlicher Entscheidungsspielräume bei der Festlegung der Eigenkapitalzinssätze, RdE 2020, 105; *Germelmann*, Der gemeinschaftsrechtliche Rahmen für Schutzmaßnahmen gegenüber Investitionen aus Drittstaaten im Energiesektor, DVBl. 2009, 78; *Heitling/Wiegemann*, Fallstrick für Finanzinvestoren? – Die eigentumsrechtliche Entflechtung von Transportnetzbetreibern nach dem neuen EnWG, N&R 2011, 233; *Kohm*, Drittstaatenzertifizierung und Kartellrecht, RdE Sonderheft/2020, 30; *Kohm*, Auslandserwerb von Transportnetzen im energierechtlichen Rechtsrahmen, 2016; *Kühling/Rasbach*, Kernpunkte des novellierten EnWG 2011 – Regulierungsausbau im Zeichen der „Energiewende", RdE 2011, 332; *Lecheler/Germelmann*, Zugangsbeschränkungen für Investitionen aus Drittstaaten im deutschen und europäischen Energierecht, 2010; *Möllinger*, Eigentumsrechtliche Entflechtung der Übertragungsnetze, 2009; *Schmidt-Preuß*, Energieversorgung als Aufgabe der Außenpolitik? – Rechtliche Aspekte, RdE 2007, 281.

…

A. Allgemeines

I. Inhalt und Zweck

§ 4b wurde durch Art. 1 Nr. 4 des Gesetzes zur Neuregelung energiewirtschafts- 1
rechtlicher Vorschriften vom 26.7.2011 (BGBl. 2011 I S. 1554) in das EnWG eingefügt. Er ergänzt, ersetzt bzw. modifiziert die Verfahrensvorschriften des § 4a um spezielle Voraussetzungen für die Zertifizierung eines Transportnetzbetreibers, der allein oder gemeinsam von einer oder mehreren Personen aus einem oder mehreren Drittstaaten kontrolliert wird (BT-Drs. 17/6072, 52). Das Verfahren lässt sich in drei Abschnitte gliedern (vgl. BNetzA Beschl. v. 12.3.2013 – BK7-12-036, S. 3f.):
In einem Vorschaltverfahren erstellt die Regulierungsbehörde unter Mitwirkung des BMWK einen Entscheidungsentwurf, zu dem die Kommission in einem Zwischenverfahren eine Stellungnahme abgibt, welche die Regulierungsbehörde im abschließenden Verfahren bei ihrer Entscheidung weitestgehend berücksichtigen bzw. übernehmen muss (*Möllinger*, Eigentumsrechtliche Entflechtung der Übertragungsnetze, S. 233). An die Zertifizierung schließt sich die Benennung nach § 4a Abs. 7 an.

Die Zertifizierungsfähigkeit des Transportnetzbetreibers hängt nach § 4b – an- 2
ders als bei § 4a – nicht nur von der Einhaltung der Entflechtungsvorgaben, sondern auch von den Auswirkungen auf die Versorgungssicherheit ab. Dies ist Ausdruck des Umstandes, dass die Übertragungs- und Fernleitungsnetze als „back bone" der Versorgungssicherheit eine volkswirtschaftlich bedeutungsvolle Infrastruktur darstellen (*Lecheler/Germelmann*, Zugangsbeschränkungen für Investitionen aus Drittstaaten im deutschen und europäischen Energierecht, S. 75f.). Der Staat hat daher ein erhebliches Interesse an der Aufrechterhaltung der Netzstabilität, am Netzausbau, an Betriebssicherheit und der Aufrechterhaltung der Betriebsbereitschaft (Baur/Salje/Schmidt-Preuß/*Schmidt-Preuß* Energiewirtschaft Kap. 96 Rn. 10f.). Diese Anforderungen sollen weder durch Abhängigkeiten von nicht EU-/EWR-Staaten (krit. *Möllinger*, Eigentumsrechtliche Entflechtung der Übertragungsnetze, S. 232f.; *Kühling/Rasbach* N&R 2011, 332 (333): „Gazprom-Klausel") noch durch Renditeerwartungen von Transportnetzerwerbern, bei denen es sich ua um Hedge-Fonds, Private-Equity-Unternehmen oder Staatsfonds handeln kann (*Heitling/Wiegemann* N&R 2011, 233 ff.), gefährdet werden. Die Zertifizierung bildet hierbei den formellen Anknüpfungspunkt für die energierechtliche Kontrolle des Erwerbs von Transportnetzen in der EU durch Drittlandsunternehmen.

II. Unionsrecht

§ 4b setzt Art. 53 Elt-RL 19/Art. 11 Gas-RL 09 um. Die Kommission konnte 3
sich nicht mit ihrer Forderung durchsetzen, dem Aspekt der Versorgungssicherheit gegenüber dem Freihandel dadurch Priorität einzuräumen, dass der Erwerb von Übertragungs- und Fernleitungsnetzen durch Nicht-EU-Ausländer einem allgemeinen Verbot unterliegt und nur im Fall völkerrechtlicher Vereinbarungen eine Ausnahme möglich ist (Ziff. 1.3 Begründung, Erwägungsgrund 14, Art. 8a Elt-VO-09-Entwurf, KOM(2007) 528 endg.; Ziff. 1.3 Begründung, Erwgr. 14, Art. 7a Gas-RL-09-Entwurf, KOM(2007) 529 endg.; vgl. auch *Germelmann* DVBl. 2009, 78 (79f.); *Gundel/Germelmann* EuZW 2009, 763 (769f.); *Lecheler/Germelmann*, Zugangsbeschränkungen für Investitionen aus Drittstaaten im deutschen und euro-

§ 4b Teil 1. Allgemeine Vorschriften

päischen Energierecht, S. 78 ff.; *Möllinger,* Eigentumsrechtliche Entflechtung der Übertragungsnetze, S. 232 ff.; *Schmidt-Preuß* RdE 2007, 281 (284 ff.)). Zur Vereinbarkeit des Art. 53 Elt-RL 19/Art. 11 Gas-RL 09 mit höherrangigem EU-Recht vgl. *Germelmann* DVBl. 2009, 78 (80 ff.); BerlKommEnergieR/*Lucks* EnWG § 4b Rn. 9 ff.

B. Normadressat (Abs. 1 S. 1)

4 § 4b gilt, wenn ein Transportnetzbetreiber oder -eigentümer von einer oder mehreren Personen aus einem oder mehreren Staaten, die nicht der EU oder dem EWR angehören (Drittstaaten; vgl. dazu *Kohm,* Auslandserwerb von Transportnetzen im energierechtlichen Rechtsrahmen, S. 35 ff.), allein oder gemeinsam kontrolliert wird. Die Einbeziehung von Transportnetzeigentümern (vgl. zu dieser Konstellation Elspas/Graßmann/Rasbach/*Haellmigk/Wippich* EnWG § 4b Rn. 6) verhindert die Umgehung der Vorschriften (Baur/Salje/Schmidt-Preuß/*Schmidt-Preuß* Energiewirtschaft Kap. 96 Rn. 28). Die **kontrollierende Person** (vgl. dazu Hempel/Franke/*Hollmann* EnWG § 4b Rn. 5) muss **außerhalb der EU oder des EWR** ansässig sein. Sie muss allein oder mit weiteren Personen, die sich außerhalb der EU oder des EWR befinden, die Kontrolle ausüben. § 4b findet daher keine Anwendung, wenn eine Person, die sich außerhalb der EU oder des EWR befindet, nur gemeinsam mit einem Unternehmen der EU oder des EWR die Kontrolle ausüben kann (BNetzA Hinweispapier, 1.8.1; bestätigend Kommission, Stellungnahme v. 3.12.2012, C(2012) 9106 final). Dann gilt § 4a.

5 **"Kontrolle"** wird in Art. 2 Nr. 56 Elt-RL 19/Art. 2 Nr. 36 Gas-RL 09 definiert als Rechte, Verträge oder andere Mittel, die einzeln oder zusammen unter Berücksichtigung aller tatsächlichen oder rechtlichen Umstände die Möglichkeit gewähren, einen bestimmenden Einfluss auf die Tätigkeit eines Unternehmens auszuüben. Wann eine oder mehrere Personen gemeinsam Kontrolle ausüben, bestimmt sich demnach nach der europäischen Fusionskontrollverordnung (vgl. Art. 3 Abs. 2 VO (EG) Nr. 139/2004 – FKVO) (BNetzA Hinweispapier, 1.8.1; vgl. auch Erwgr. 10 zu Art. 9 Abs. 1 lit. b Elt-RL 09/Gas-RL 09 und § 3 Nr. 38 EnWG; *Kohm,* Auslandserwerb von Transportnetzen im energierechtlichen Rechtsrahmen, S. 39 ff.; *Kohm* RdE Sonderheft/2020, 30 (31 f.); Elspas/Graßmann/Rasbach/*Haellmigk/Wippich* EnWG § 4b Rn. 4).

C. Einleitung des Verfahrens (Abs. 1, 2 S. 2)

I. Verfahrenseinleitende Handlung und Mitteilung (Abs. 1 S. 1)

6 § 4b Abs. 1, 2 S. 2 ergänzen bzw. modifizieren § 4a Abs. 1 S. 2 und 3, Abs. 2. Dies bedeutet, dass auch im Zertifizierungsverfahren nach § 4b nicht nur der Transportnetzbetreiber oder -eigentümer durch einen Antrag das Verfahren einleiten kann, sondern auch die **Kommission durch einen begründeten Antrag** oder die Regulierungsbehörde **von Amts wegen** (ebenso Theobald/Kühling/*Hendrich* EnWG § 4b Rn. 2; Hempel/Franke/*Hollmann* EnWG § 4b Rn. 12). Wird ein Verfahren nach § 4a Abs. 1 S. 2 eingeleitet, muss die Regulierungsbehörde dies der Kommission nach § 4b Abs. 1 S. 1 mitteilen. Die Regelung entspricht Art. 53 Abs. 1 Elt-RL 19/Art. 11 Abs. 1 Gas-RL 09. Die Mitteilungspflicht gilt auch im Fall der

Zertifizierung in Bezug auf Drittstaaten **§ 4 b**

Einleitung des Verfahrens von Amts wegen (Theobald/Kühling/*Hendrich* EnWG § 4b Rn. 2); dies folgt aus Art. 53 Abs. 1 UAbs. 2 Elt-RL 19/Art. 11 Abs. 1 UAbs. 2 Gas-RL 09.

II. Beizufügende Unterlagen (Abs. 2 S. 2)

Nach § 4a Abs. 2 muss der Antragsteller seinem Antrag alle für die Prüfung erfor- 7
derlichen Unterlagen beifügen. Hierzu gehören auch die zur Beurteilung der Auswirkungen auf die Versorgungssicherheit erforderlichen Unterlagen. Diese müssen „zusätzlich" auch an das BMWK übermittelt werden (§ 4b Abs. 2 S. 2). Dies soll der Verfahrensbeschleunigung dienen. Sämtliche Unterlagen sind der Regulierungsbehörde auf Anforderung auch elektronisch zur Verfügung zu stellen (§ 4a Abs. 2 S. 2).

III. Zeitpunkt (Abs. 1 S. 2)

§ 4a Abs. 1 S. 3 wird durch § 4b Abs. 1 S. 2 ersetzt. Transportnetzbetreiber oder 8
-eigentümer mussten den Antrag auf Zertifizierung bis spätestens 3.3.2013 bei der Regulierungsbehörde stellen. Der Zeitpunkt beruht auf Art. 49 Abs. 1 UAbs. 2 Elt-RL 09 bzw. Art. 54 Abs. 1 UAbs. 2 Gas-RL 09, wonach Art. 11 Elt-RL 09/Gas-RL 09 zu diesem Zeitpunkt umgesetzt werden musste. Zur Antragstellung nach dem Stichtag → § 4a Rn. 16.

D. Voraussetzungen der Zertifizierung (Abs. 2 S. 1, Abs. 3 S. 2)

I. Einhaltung der Entflechtungsvorgaben (Abs. 2 S. 1)

Ebenso wie nach § 4a Abs. 4 muss der Transportnetzbetreiber nach § 4b Abs. 2 9
S. 1 die Anforderungen der §§ 8 oder 9 oder der §§ 10–10e erfüllen. Soweit nach dem Wortlaut von § 4b Abs. 2 S. 1 in Abweichung zu § 4a Abs. 4 auch Transportnetzeigentümer die Anforderungen erfüllen müssen, ist dies missverständlich. Zwar ist der Anwendungsbereich von § 4b auch dann eröffnet, wenn Transportnetzbetreiber und -eigentümer personenverschieden sind und der Transportnetzeigentümer durch Unternehmen aus Drittstaaten kontrolliert wird. Adressat der Entflechtungsanforderungen ist aber der Transportnetzbetreiber; der Transportnetzeigentümer ist bei Personenverschiedenheit nur mittelbar betroffen. Zuständig für die Prüfung der Entflechtungsanforderungen ist die Regulierungsbehörde (Art. 53 Abs. 3 S. 2 lit. a Elt-RL 19/Art. 11 Abs. 3 S. 2 lit. a Gas-RL 09).

II. Keine Gefährdung der Versorgungssicherheit (Abs. 2 S. 1, Abs. 3 S. 2)

Zweite Voraussetzung der Zertifizierung ist, dass sie nicht die Sicherheit der 10
Elektrizitäts- oder Gasversorgung der Bundesrepublik Deutschland und der Europäischen Union gefährdet. Der deutsche Gesetzgeber hat sich entschieden, dass dies **vom BMWK bewertet** wird (Art. 53 Abs. 3 S. 2 lit. b Elt-RL 19/Art. 11 Abs. 3 S. 2 lit. b Gas-RL 09). Die Bewertung erstreckt sich sowohl auf die Bundesrepublik Deutschland als auch die Europäische Union (§ 4b Abs. 3 S. 1). Bei der Prüfung berücksichtigt das BMWK (1) die Rechte und Pflichten der Europäischen

§ 4b

Union gegenüber diesem Drittstaat, die aus dem Völkerrecht – auch aus einem Abkommen mit einem oder mehreren Drittstaaten, dem die Union als Vertragspartei angehört und in dem Fragen der Energieversorgungssicherheit behandelt werden – erwachsen (§ 4b Abs. 3 S. 2 Nr. 1; Art. 53 Abs. 3 S. 2 lit. b i Elt-RL 19/Art. 11 Abs. 3 S. 2 lit. b i Gas-RL 09), (2) die Rechte und Pflichten der Bundesrepublik Deutschland gegenüber diesem Drittstaat aus einem – mit dem EU-Recht vereinbaren – Abkommen (§ 4b Abs. 3 S. 2 Nr. 2; Art. 53 Abs. 3 S. 2 lit. b ii Elt-RL 19/Art. 11 Abs. 3 S. 2 lit. b ii Gas-RL 09) und (3) andere besondere Umstände des Einzelfalls und des betreffenden Drittstaats (§ 4b Abs. 3 S. 2 Nr. 3; Art. 53 Abs. 3 S. 2 lit. b iii Elt-RL 19/Art. 11 Abs. 3 S. 2 lit. b iii Gas-RL 09). Am 26.10.2021 legte das BMWi seine Stellungnahme „Versorgungssicherheitsprüfung gem. § 4b Abs. 2 und Abs. 3 EnWG im Rahmen des Zertifizierungsverfahrens der **Nord Stream 2** AG (Antragstellerin) als Transportnetzbetreiberin nach §§ 4a, 4b, 10ff. EnWG" vor (www.bmwk.de/Redaktion/DE/Downloads/V/211026-prufung-versorgungssicherheit-nord-stream-2-bmwi.pdf?__blob=publicationFile&v=8). Als eine Reaktion auf den russischen Einmarsch in die Ukraine hat das BMWK seine Versorgungssicherheitsprüfung am 22.2.2022 zurückgezogen und das Zertifizierungsverfahren vorerst gestoppt.

11 Wortlaut und Sinn und Zweck der Regelung sprechen dafür, dass dem BMWK ein **Regulierungsermessen** zusteht (vgl. zum TKG BVerwG Urt. v. 27.1.2010 – 6 C 22.08, NVwZ 2010, 1359 (1361)). Das Prüfprogramm ist denkbar allgemein und unbestimmt. Dies beruht nicht nur auf den unbestimmten Rechtsbegriffen der „Gefährdung" der „Versorgungssicherheit", sondern auch den weiteren zu „berücksichtigenden" Belangen (§ 4b Abs. 3 S. 2), insbesondere den „besonderen Umständen des Einzelfalls und des betreffenden Drittstaats". Es schlägt sich auch darin nieder, dass das BMWK nicht eine Entscheidung trifft, sondern eine „Bewertung" vornimmt, bei der auch prognostische Elemente eine Rolle spielen können (so auch *Kohm* RdE Sonderheft/2020, 30 (33)). Hieraus folgt, dass es die verschiedenen Belange im Zusammenhang mit der Versorgungssicherheit, zB energiewirtschaftlicher, außenwirtschaftspolitischer und technischer Art, wertend gegeneinander abwägen muss. Die Gesetzesbegründung spricht insoweit auch von einer politischen Bewertung (BT-Drs. 17/6072, 53; *Kohm,* Auslandserwerb von Transportnetzen im energierechtlichen Rechtsrahmen, S. 210ff.). Für die Rechtmäßigkeit der Bewertung kommt es maßgeblich darauf an, dass das BMWK die erforderliche Tatsachengrundlage vollständig und zutreffend ermittelt. Sodann muss es auf deren Basis eine Abwägung treffen, in diese Abwägung alle Belange einstellen, die nach Lage der Dinge in sie eingestellt werden müssen, die Bedeutung der betroffenen Belange zutreffend erkennen und den Ausgleich zwischen ihnen in einer Weise vornehmen, der zur objektiven Gewichtigkeit einzelner Belange nicht außer Verhältnis steht (BVerwG Urt. v. 28.11.2007 – 6 C 42.06, NVwZ 2008, 575 Rn. 28; Urt. v. 2.4.2008 – 6 C 15.07, NVwZ 2008, 1359 Rn. 47; bestätigend Hempel/Franke/*Hollmann* EnWG § 4b Rn. 29).

III. Darlegungs- und Beweislast

12 Der **Transportnetzbetreiber** trägt die Darlegungs- und Beweislast für das Vorliegen der Zertifizierungsvoraussetzungen (→ § 4a Rn. 20; Baur/Salje/Schmidt-Preuß/*Schmidt-Preuß* Energiewirtschaft Kap. 96 Rn. 24; Elspas/Graßmann/Rasbach/*Haellmigk/Wippich* EnWG § 4b Rn. 8). Zwar ergibt sich dies anders als bei § 4a Abs. 3 nicht schon aus dem Wortlaut der Vorschrift, jedoch sprechen allgemeine Grundsätze und die unionsrechtskonforme Auslegung im Hinblick auf Art. 53 Abs. 3 S. 2 lit. a und b Elt-RL 19/Art. 11 Abs. 3 S. 2 lit. a und b Gas-RL 09 dafür. Gelingt dem Transportnetzbetreiber nicht der Nachweis, dass er die Unbundling-Regeln erfüllt, muss der Antrag abgelehnt werden (Art. 53 Abs. 3 S. 2, Art. 44 Abs. 3, Art. 47 Abs. 10 Elt-RL 19/Art. 11 Abs. 3 S. 2, Art. 14 Abs. 3, Art. 18 Abs. 10 Gas-RL 09).

E. Erstellung des Entscheidungsentwurfs und Mitteilung an die Kommission (Abs. 3 S. 1, Abs. 4)

Das BMWK übermittelt der Regulierungsbehörde binnen drei Monaten nach 13 Eingang der vollständigen erforderlichen Unterlagen nach § 4b Abs. 2 S. 2 seine Bewertung, ob die Erteilung der Zertifizierung die Sicherheit der Elektrizitäts- oder Gasversorgung der Bundesrepublik Deutschland und der Europäischen Union gefährdet (§ 4b Abs. 3 S. 1). Wird die Frist trotz Vollständigkeit der Unterlagen nicht eingehalten, tritt **keine Erteilungsfiktion** ein; § 4a Abs. 6 S. 4 ist auf diesen Verfahrensabschnitt nicht anwendbar (→ § 4a Rn. 38).

Die **Regulierungsbehörde** muss nach § 4a Abs. 5 S. 1 innerhalb von vier Mo- 14 naten ab Einleitung des Zertifizierungsverfahrens einen Entscheidungsentwurf erstellen. **Fristbeginn** ist der Zeitpunkt, zu dem die Antragsunterlagen vollständig eingereicht bzw. nach Aufforderung (§ 4a Abs. 8 iVm Art. 51 Abs. 3 Elt-VO 19/ Art. 3 Abs. 3 Gasfernleitungs-VO 09) vorgelegt worden sind (→ § 4a Rn. 38; zweifelnd Elspas/Graßmann/Rasbach/*Haellmigk/Wippich* EnWG § 4b Rn. 13). Die gegenüber § 4b Abs. 2 S. 2 um einen Monat längere Frist ermöglicht es der Regulierungsbehörde, die Entscheidung des BMWK in den Entwurf der Zertifizierungsentscheidung zu integrieren. Zu Nebenbestimmungen → § 4a Rn. 21 ff.

Die Regulierungsbehörde und das BMWK bitten die Kommission um Stellung- 15 nahme. Dazu übersendet die Regulierungsbehörde der Kommission nach § 4a Abs. 5 S. 1 den Entscheidungsentwurf für die Prüfung nach § 4b Abs. 4 unverzüglich. Sie stellt der Kommission mit der Übersendung des Entscheidungsentwurfs alle Antragsunterlagen nach § 4a Abs. 2 zur Verfügung (§ 4a Abs. 5 S. 2; Art. 53 Abs. 4 Elt-RL 19/Art. 11 Abs. 4 Gas-RL 09). Die Kommission kann nach Art. 51 Abs. 3 Elt-VO 19/Art. 3 Abs. 3 Gasfernleitungs-VO 09 weitere Unterlagen anfordern.

F. Zertifizierungsentscheidung (Abs. 4, 5, 6)

I. Stellungnahme der Kommission

1. Stellungnahmefrist (Abs. 5 S. 1). Nach § 4b Abs. 5 S. 1 iVm Art. 53 Abs. 6 16 UAbs. 1 Elt-RL 19/Art. 11 Abs. 6 UAbs. 1 Gas-RL 09 muss die Kommission innerhalb von zwei Monaten zum Entscheidungsentwurf Stellung nehmen und diese der Regulierungsbehörde und dem BMWK übermitteln. Holt die Kommission zur Ausarbeitung der Stellungnahme die Standpunkte der ACER, des betroffenen Mitgliedstaats sowie interessierter Kreise ein, verlängert sich die Frist um zwei weitere Monate (§ 4b Abs. 5 S. 1 iVm Art. 53 Abs. 6 UAbs. 2 Elt-RL 19/Art. 11 Abs. 6 UAbs. 2 Gas-RL 09). Mit betroffener Mitgliedstaat ist ein anderer als der vorlegende Mitgliedstaat gemeint (vgl. Art. 53 Abs. 8 S. 3 Elt-RL 19/Art. 11 Abs. 8 S. 3 Gas-RL 09). Legt die Kommission keine Stellungnahme vor, ist davon aus-

§ 4b Teil 1. Allgemeine Vorschriften

zugehen, dass sie keine Einwände gegen die Entscheidung hat (§ 4b Abs. 5 S. 1 iVm Art. 53 Abs. 6 UAbs. 3 Elt-RL 19/Art. 11 Abs. 6 UAbs. 3 Gas-RL 09); dazu auch → § 4a Rn. 40, 42.

17 **2. Prüfungsumfang (Abs. 4).** Die Kommission nimmt nach § 4b Abs. 4 dazu Stellung, ob der Transportnetzbetreiber oder der Transportnetzeigentümer den Anforderungen der §§ 8 oder 9 oder der §§ 10–10e genügt und eine Gefährdung der Energieversorgungssicherheit der Europäischen Union aufgrund der Zertifizierung ausgeschlossen ist (Art. 53 Abs. 7 Elt-RL 19/Art. 11 Abs. 7 Elt-RL 19 Gas-RL 09). Hierbei muss sie die Kriterien nach Art. 53 Abs. 7 Elt-RL 19/Art. 11 Abs. 7 Gas-RL 09 berücksichtigen; dazu auch → § 4a Rn. 41.

II. Entscheidung der Regulierungsbehörde

18 **1. Entscheidungsfrist (Abs. 5 S. 1).** Die Regulierungsbehörde muss innerhalb von zwei Monaten nach Vorlage der Stellungnahme bzw. nach dem Ablauf der Stellungnahmefrist der Kommission entscheiden. Überschreitet sie die Frist, gilt § 4a Abs. 6 S. 4 (→ § 4a Rn. 47; auch → § 4a Rn. 43).

19 **2. Weitestgehende Berücksichtigung der Stellungnahme der Kommission bei Entflechtung nach §§ 8 und 10 (Abs. 5 S. 2).** Die Regulierungsbehörde muss im Fall der Entflechtung nach § 8 oder den §§ 10–10e in ihrer Entscheidung der Stellungnahme der Kommission so weit wie möglich Rechnung tragen (§ 4b Abs. 5 S. 2). Dies bedeutet nicht, dass sich das Votum der Kommission inhaltlich stets zwingend durchsetzen muss (BerlKommEnergieR/*Lucks* EnWG § 4b Rn. 23; Baur/Salje/Schmidt-Preuß/*Schmidt-Preuß* Energiewirtschaft Kap. 96 Rn. 26; Hempel/Franke/*Hollmann* EnWG § 4b Rn. 22). Jedoch muss die Regulierungsbehörde die von der Kommission in Bezug auf die Voraussetzungen der §§ 8 und 9 bzw. §§ 10–10e geltend gemachten Belange beachten und kann sich nur dann darüber hinwegsetzen, wenn vom europäischen Standard abweichende nationale Besonderheiten vorliegen oder wenn gegenläufige öffentliche oder private Belange zu berücksichtigen sind, denen nach der besonders zu begründenden Einschätzung der Bundesnetzagentur im konkreten Einzelfall ein so hohes Gewicht zukommt, dass ihr Zurücktreten nicht gerechtfertigt erscheint (so zur weitestgehenden Berücksichtigung von Stellungnahmen der Kommission im Konsolidierungsverfahren nach dem TKG BVerwG Beschl. v. 10.12.2014 – 6 C 16.13, BeckRS 2015, 42253 Rn. 73; → § 4a Rn. 44). Der Prüfungsmaßstab unterscheidet sich nicht von dem des § 4a Abs. 6 S. 2 (vgl. Elspas/Graßmann/Rasbach/*Haellmigk/Wippich* EnWG § 4b Rn. 20 mit Fn. 36 unter Hinweis auf die englische und französische Fassung der Elt-RL 09 und Gas-RL 09; dies möglicherweise nicht berücksichtigend Theobald/Kühling/*Hendrich* EnWG § 4b Rn. 6; BerlKommEnergieR/*Lucks* EnWG § 4b Rn. 23). Nach Art. 53 Abs. 8 S. 3 Elt-RL 19/Art. 11 Abs. 8 S. 3 Gas-RL 09 sind die Mitgliedstaaten jedoch in jedem Fall zu einer ablehnenden Entscheidung befugt, wenn die Erteilung der Zertifizierung die Sicherheit der Energieversorgung des jeweiligen Mitgliedstaates oder die eines anderen Mitgliedstaates gefährdet. Nationale Besonderheiten oder gegenläufige Belange von besonders hohem Gewicht bedarf es in diesem Fall nicht; es genügt eine nachvollziehbare Begründung, welche sich mit den Einwänden der Kommission überzeugend auseinandersetzt. Weicht die Einschätzung der Kommission zur Sicherstellung der Versorgungssicherheit der Europäischen Union von den Feststellungen des BMWK ab, muss die Regulierungsbehörde das BMWK hinzuziehen. Da das BMWK nach

Zertifizierung in Bezug auf Drittstaaten **§ 4b**

§ 4b Abs. 2 S. 1 für die Feststellung zuständig ist, darf auch nur es diesen Entscheidungsbestandteil modifizieren (ebenso Hempel/Franke/*Hollmann* EnWG § 4b Rn. 23). Dies folgt auch aus § 4b Abs. 5 S. 3.

3. Bindung an die Entscheidung der Kommission bei Entflechtung 20 **nach § 9.** Abweichend von § 4b Abs. 5 S. 2 darf die Zertifizierung des ISO nach § 9 nur nach Zustimmung der Kommission nach Art. 51 Abs. 5 Elt-VO 19/Art. 3 Abs. 6 Gasfernleitungs-VO 09 erlassen werden (Baur/Salje/Schmidt-Preuß/*Storr* Energiewirtschaft Kap. 96 Fn. 20), → § 4a Rn. 45. Die Bindung an die Entscheidung der Kommission beschränkt sich allerdings auf die Voraussetzungen des § 9. Sie betrifft nicht die Einschätzung der Kommission zur Versorgungssicherheit iSv § 4b Abs. 4 (→ Rn. 18).

4. Bewertung des BMWK (Abs. 5 S. 3). Die Bewertung des BMWK ist **kein** 21 **selbständig anfechtbarer Verwaltungsakt,** sondern Bestandteil der einheitlichen Zertifizierungsentscheidung, die von der Regulierungsbehörde erlassen wird (BT-Drs. 17/6072, 53). Die Regulierungsbehörde ist an die Entscheidung des BMWK einschließlich der vom BMWK für erforderlich gehaltenen Nebenbestimmungen gebunden und kann eine Zertifizierung bei einer positiven Bewertung durch das BMWK nicht wegen einer Gefährdung der Versorgungssicherheit versagen (ebenso Hempel/Franke/*Hollmann* EnWG § 4b Rn. 19; NK-EnWG/*Franke* § 4a Rn. 5; BerlKommEnergieR/*Lucks* EnWG § 4b Rn. 18; Elspas/Graßmann/ Rasbach/*Haellmigk*/*Wippich* EnWG § 4b Rn. 10).

5. Rechtsschutz. Die Beschwerde richtet sich gegen die Entscheidung der 22 Regulierungsbehörde, auch wenn nur die Entscheidung des BMWK oder der Kommission in Frage gestellt wird. Dies gilt auch für Nebenbestimmungen, die ausschließlich der Sicherstellung der Versorgungssicherheit dienen. Soweit BNetzA und BMWK über einen Beurteilungsspielraum bzw. Regulierungsermessen verfügen, erfolgt nur eine eingeschränkte gerichtliche Überprüfbarkeit (BGH Beschl. v. 26.1.2021 – EnVR 7/20, N&R 2021, 174 Rn. 27 f.; allg. *Burgi* RdE 2020, 105 ff.); dazu auch → § 4a Rn. 36 f., 48.

III. Mitteilung an Kommission (Abs. 6)

Die Regulierungsbehörde muss der Kommission unverzüglich die Entscheidung 23 über die Zertifizierung zusammen mit allen die Entscheidung betreffenden wichtigen Informationen mitteilen (§ 4b Abs. 6). Diese Mitteilungspflicht darf nicht mit der nach § 4a Abs. 7 S. 2 verwechselt werden, welche die Benennung betrifft (→ § 4a Rn. 49 ff.). Da die Regulierungsbehörde schon mit der Übersendung des Entscheidungsentwurfs alle Antragsunterlagen nach § 4a Abs. 2 erhält, sind **„wichtige Informationen"** Tatsachen, die erst nach der Stellungnahme der Kommission oder von Amts wegen ermittelt worden sind. „Wichtig" sind solche Informationen, die für die Entscheidung maßgeblich waren. Dies wird sich regelmäßig in der Entscheidungsbegründung manifestieren.

G. Bekanntgabe (Abs. 7)

Die Regulierungsbehörde muss die Entscheidung über die Zertifizierung zu- 24 sammen mit der Stellungnahme der Europäischen Kommission im Amtsblatt der Bundesnetzagentur in nicht personenbezogener Form veröffentlichen (§ 4b Abs. 7

Stamm

§ 4c   Teil 1. Allgemeine Vorschriften

S. 1); § 4a Abs. 7 knüpft hieran an (→ § 4a Rn. 49ff.). Weicht die Entscheidung der
Regulierungsbehörde von der Stellungnahme der Europäischen Kommission ab, ist
mit der Entscheidung die Begründung hierfür mitzuteilen und zu veröffentlichen
(§ 4b Abs. 7 S. 2). Hieraus folgt, dass unter Entscheidung nach § 4b Abs. 7 S. 1 nur
der Tenor zu verstehen ist. Zur **Benennung** → § 4a Rn. 49ff.

§ 4c Pflichten der Transportnetzbetreiber

¹Die Transportnetzbetreiber haben die Regulierungsbehörde unverzüglich über alle geplanten Transaktionen und Maßnahmen sowie sonstige Umstände zu unterrichten, die eine Neubewertung der Zertifizierungsvoraussetzungen nach den §§ 4a und 4b erforderlich machen können. ²Sie haben die Regulierungsbehörde insbesondere über Umstände zu unterrichten, in deren Folge eine oder mehrere Personen aus einem oder mehreren Drittstaaten allein oder gemeinsam die Kontrolle über den Transportnetzbetreiber erhalten. ³Die Regulierungsbehörde hat das Bundesministerium für Wirtschaft und Energie und die Europäische Kommission unverzüglich über Umstände nach Satz 2 zu informieren. ⁴Das Bundesministerium für Wirtschaft und Energie kann bei Vorliegen von Umständen nach Satz 2 seine Bewertung nach § 4b Absatz 1 widerrufen.

A. Allgemeines

I. Entstehungsgeschichte

1   § 4c wurde durch Art. 1 Nr. 4 des Gesetzes zur Neuregelung energiewirtschaftsrechtlicher Vorschriften vom 26.7.2011 (BGBl. 2011 I S. 1554) in das EnWG eingefügt. Durch Art. 3 Nr. 1 des Gesetzes zur Neufassung des Erdölbevorratungsgesetzes, zur Änderung des Mineralöldatengesetzes und zur Änderung des Energiewirtschaftsgesetzes vom 16.1.2012 (BGBl. 2012 I S. 74) wurde in S. 1 das Wort „unverzüglich" ergänzt (BT-Drs. 17/7519, 7).

II. Inhalt und Zweck

2   § 4c S. 1 und 2 verpflichten den Transportnetzbetreiber, die Regulierungsbehörde über sämtliche Umstände zu unterrichten, die eine Neubewertung der Zertifizierung nach § 4a oder § 4b erforderlich machen können. Die Regulierungsbehörde ist ihrerseits nach § 4c S. 3 dazu verpflichtet, BMWK und Kommission zu informieren, sofern der Erwerb eines Transportnetzbetreibers durch ein Drittstaatunternehmen in Rede steht. In diesem Fall eröffnet § 4b S. 4 dem BMWK die Möglichkeit, seine Bewertung nach § 4b Abs. 3 zu widerrufen. Die Vorschrift soll eine effiziente Überwachung der Transportnetzbetreiber gewährleisten, indem der bei diesen bestehende Informationsvorsprung zugunsten der Behörde aufgelöst wird (BT-Drs. 17/6072, 53). Eine Auflage in der Zertifizierungsentscheidung, zukünftige Veränderungen mitzuteilen, ist daher nicht erforderlich (aA BNetzA Beschl. v. 22.10.2013 – BK6-12-277, S. 16 und Beschl. v. 16.3.2016 – BK6-15-045, S. 16f. zur Auflage, quartalsweise über die Anteile eines mittelbaren Anteilseigners des Transportnetzbetreibers im Bereich der Erzeugung zu informieren; BNetzA Beschl. v. 20.12.2013 – BK7-12-046, S. 15 zur Auflage, Änderungen der

Pflichten der Transportnetzbetreiber § 4 c

Zertifizierungsentscheidung einer anderen Regulierungsbehörde mitzuteilen; NK-EnWG/*Franke* § 4c Rn. 2; abweichend BNetzA Beschl. v. 9.11.2012 – BK6-12-040, S. 29, in dem die BNetzA die von der Kommission geforderte Auflage nachzuweisen, dass ein ausländischer, in der EU ansässiger Anteilseigner des Antragstellers ebenfalls die Zertifizierungsvoraussetzungen erfüllt, abgelehnt hat). § 4c steht in engem Zusammenhang mit § 4d. Dieser enthält das Instrumentarium, mit dem die Regulierungsbehörde auf die geänderten Umstände reagieren kann.

III. Unionsrecht

§ 4b S. 1 setzt Art. 52 Abs. 3 Elt-RL 19/Art. 10 Abs. 3 Gas-RL 09 und § 4b S. 2 **3** setzt Art. 53 Abs. 2 Elt-RL 19/Art. 11 Abs. 2 Gas-RL 09 um. Die Informationspflicht gegenüber der Kommission nach § 4b S. 3 beruht auf Art. 53 Abs. 1 UAbs. 2 Elt-RL 19/Art. 11 Abs. 1 UAbs. 2 Gas-RL 09.

B. Normadressat

Nach dem Wortlaut von § 4b S. 1 trifft die Unterrichtungspflicht nach S. 1 und 2 **4** nur **Transportnetzbetreiber**, nicht Transportnetzeigentümer. Die Unterrichtungspflicht nach S. 2 trifft nicht nur Transportnetzbetreiber, die schon nach § 4b zertifiziert sind, sofern es Veränderungen im Hinblick auf die sie kontrollierenden Personen mit Drittstaatenbezug gibt. Sie gilt auch für Transportnetzbetreiber, die nach § 4a zertifiziert sind, wenn sich eine Transaktion abzeichnet, bei deren Abschluss der Transportnetzbetreiber erstmals von einer oder mehreren Personen aus einem oder mehreren Drittstaaten unmittelbar oder mittelbar durch den Transportnetzeigentümer kontrolliert würde.

C. Unterrichtungspflicht des Transportnetzbetreibers (S. 1, 2)

I. Gegenstand der Unterrichtungspflicht

Transportnetzbetreiber müssen die Regulierungsbehörde über alle geplanten **5** Transaktionen und Maßnahmen sowie sonstige Umstände unterrichten, die eine Neubewertung der Zertifizierungsvoraussetzungen nach den §§ 4a und 4b erforderlich machen können (§ 4c S. 1). Die Unterrichtungspflicht ist entsprechend dem Prüfprogramm der §§ 4a und 4b auf die Entflechtungsanforderungen nach den §§ 8, 9 und 10–10e und die Bewertung der Versorgungssicherheit beschränkt.

Unter **Transaktionen** sind gesellschaftsrechtliche Veränderungen in Bezug auf **6** die Rechte an oder die Einflussnahme auf Transportnetzeigentümer oder Transportnetzbetreiber zu verstehen. Transaktionen sind auch solche mit Drittstaatenrelevanz. Dies folgt aus einer unionskonformen Auslegung von § 4b S. 1, die aufgrund von Art. 53 Abs. 2 Elt-RL 19/Art. 11 Abs. 2 Gas-RL 09 geboten ist, wonach Transportnetzbetreiber der Regulierungsbehörde „alle Umstände, die dazu führen würden, dass eine oder mehrere Personen aus einem oder mehreren Drittländern die Kontrolle über das Transportnetz oder den Transportnetzbetreiber erhalten", mitteilen müssen. Von besonderer Bedeutung sind Transaktionen, in deren Folge eine oder mehrere Personen aus einem oder mehreren Drittstaaten allein

§ 4c Teil 1. Allgemeine Vorschriften

oder gemeinsam die Kontrolle über den Transportnetzbetreiber erhalten (§ 4c S. 2). Dies können Transaktionen sein, auf deren Grundlage Personen mit Drittstaatenbezug erstmals die Kontrolle erhalten (dann dürfte allerdings die Antragspflicht nach § 4b vorrangig sein) oder die Kontrolle von anderen Personen mit Drittstaatenbezug übernehmen. Diese besondere Unterrichtungspflicht („insbesondere") besteht, weil sich im Zeitpunkt der Übernahme der Kontrolle etwaige Gefahren konkretisieren, die durch die Zertifizierung nach § 4b im Hinblick auf die Versorgungssicherheit gerade verhindert werden sollen (vgl. Erwgr. 25 Elt-RL 09 bzw. 22 Gas-RL 09).

7 Mit **Maßnahmen** sind unternehmensinterne Veränderungen beim Transportnetzbetreiber gemeint, wie zB Veränderungen bei der Personalausstattung, der Unternehmensleitung, des Gleichbehandlungsprogramms oder des Gleichbehandlungsbeauftragten etc (vgl. auch BNetzA Beschl. v. 2.12.2013, BK7-13-127, S. 5 zu Cooling-on/-off-Vorgaben nach § 10c Abs. 6). **„Sonstige Umstände"** sind als Auffangtatbestand zu betrachten. Hierunter sind zB Ereignisse zu fassen, auf die der Transportnetzbetreiber keinen Einfluss hat, die also nicht auf einer von ihm ergriffenen Maßnahme beruhen (so auch Hempel/Franke/*Hollmann* EnWG § 4c Rn. 7). Ein solcher Umstand kann zB das Ausscheiden eines Mitglieds der obersten Unternehmensleitung des Transportnetzbetreibers auf dessen Wunsch hin sein (§ 10c Abs. 1 S. 1).

8 Sowohl Transaktionen als auch Maßnahmen müssen **„geplant"** sein. Dies bedeutet, dass sie schon vor ihrem Inkrafttreten mitgeteilt werden müssen. Allerdings müssen die „Planungen" bereits eine gewisse Konkretisierung erfahren haben, damit der Tatbestand nicht ausufert. Die Transportnetzbetreiber müssen nicht jegliche Überlegungen bereits im Anfangsstadium mitteilen. Im Fall von Transaktionen kann etwa ein letter of intent ein Anknüpfungspunkt sein. Maßnahmen müssen mitgeteilt werden, bevor sie unternehmensintern umgesetzt werden bzw. in Kraft treten. Spätester zeitlicher Anknüpfungspunkt dürfte der Beschluss der Unternehmensleitung des Transportnetzbetreibers über die Maßnahme sein (so auch Hempel/Franke/*Hollmann* EnWG § 4c Rn. 11). Gesetzestechnisch wäre es vorzugswürdig gewesen, eine Regelung zu treffen, nach der die geplanten Änderungen innerhalb einer bestimmten Frist vor deren Inkrafttreten angezeigt werden müssen (vgl. zB § 15 Abs. 1 S. 1 BImSchG). Die jetzige Regelung führt zu erheblichen Unsicherheiten, die im Hinblick auf die Bußgeldbewehrung problematisch sind (so auch Elspas/Graßmann/Rasbach/*Haellmigk/Wippich* EnWG § 4c Rn. 9).

9 Die geplanten Transaktionen und Maßnahmen sowie sonstigen Umstände müssen so beschaffen sein, dass sie eine Neubewertung der Zertifizierungsvoraussetzungen **„erforderlich machen *können*"**. Es genügt also schon die Möglichkeit, dass die Regulierungsbehörde bei Inkrafttreten der mitgeteilten Ereignisse eine Änderung der Zertifizierungsentscheidung vornehmen könnte, um die Unterrichtungspflicht auszulösen (so auch Elspas/Graßmann/Rasbach/*Haellmigk/Wippich* EnWG § 4c Rn. 8; Hempel/Franke/*Hollmann* EnWG § 4c Rn. 9). Die Auswirkungen der Änderungen müssen weder nachteilig noch erheblich sein. Bei geringfügigen Änderungen stellt sich jedoch die Frage, ob sie nicht doch von der vorliegenden Zertifizierung gedeckt sind. Wann die Schwelle für eine mögliche Neubewertung erreicht ist, kann nur im Einzelfall entschieden werden. Eine Unterrichtungspflicht dürfte aber zB nicht in Bezug auf die übliche personelle Fluktuation in Unternehmen bestehen, sofern die Absicht seitens des Transportnetzbetreibers besteht, die Stellen wieder zu besetzen.

II. Vornahme der Unterrichtung

1. Inhalt und Form. Die Unterrichtung besteht in der Mitteilung der Absicht, dass eine näher zu bezeichnende Änderung vorgenommen werden oder eintreten wird. Ihre **Schriftform** ist nicht vorgeschrieben, aber ebenso zweckmäßig wie die Angabe des Zeitpunkts, zu dem die Änderung erfolgen soll. Der Unterrichtung sollten diejenigen **Unterlagen,** welche das betroffene Unternehmen im Zertifizierungsverfahren zum Nachweis der sich ändernden Tatsache beigefügt hatte, in angepasster Form beigefügt werden.

2. Zeitpunkt. Steht fest, dass es sich um eine mitzuteilende Tatsache handelt, muss die Unterrichtung der Regulierungsbehörde **unverzüglich,** dh ohne schuldhaftes Zögern erfolgen (§ 121 BGB). Dies gilt auch für die Unterrichtung nach § 4b S. 2, weil die dortige besondere Unterrichtungspflicht nur eine Konkretisierung der allgemeinen Unterrichtungspflicht nach § 4b S. 1 ist („insbesondere"). Bei der Beurteilung der Unverzüglichkeit sind Art und Ausmaß der zu erteilenden Informationen und die Größe und Organisation des Betriebs sowie die Vielfalt und Bedeutung der zu beachtenden Vorschriften zu berücksichtigen (Göhler/*Gürtler/Thoma* OWiG § 130 Rn. 10). Je umfangreicher und schwieriger zu informieren ist, desto seltener wird ein Zuwarten schuldhaft sein.

3. Bedeutung. Die Unterrichtung ist rechtlich eine **bloße Tatsachenübermittlung, keine Willenserklärung.** Sie ist nicht darauf gerichtet, eine Änderung der bestehenden Rechtslage herbeizuführen, sondern dient dazu, der Regulierungsbehörde die Prüfung zu ermöglichen, ob sie nach § 4d tätig werden muss. Ändert der Transportnetzbetreiber seine Absichten, kann er dies jederzeit der Regulierungsbehörde mitteilen. Sie kann dann ihre Prüfung einstellen.

III. Durchsetzung, Sanktionen

Von der Unterrichtungspflicht unberührt bleiben **Aufsichtsmaßnahmen** der Regulierungsbehörde nach § 65 Abs. 1 oder **Überwachungsmaßnahmen** nach § 65 Abs. 5 iVm § 69, wenn sie Kenntnis oder Anhaltspunkte dafür erlangt, dass ein Transportnetzbetreiber seiner Unterrichtungspflicht nicht, nicht richtig oder vollständig oder nicht rechtzeitig nachgekommen ist (so auch NK-EnWG/*Franke* § 4c Rn. 2). Handelt der Transportnetzbetreiber vorsätzlich oder fahrlässig, kann außerdem ein **Bußgeld** nach § 95 Abs. 1 Nr. 1b verhängt werden. Von Bedeutung ist insoweit, dass gem. § 130 OWiG auch der „Inhaber eines Betriebes oder Unternehmens", der gesetzliche Vertreter eines rechtlich selbständigen Unternehmens sowie weitere, diesem gleichgestellte Personen wegen Verletzung der Aufsichtspflicht in dieser Eigenschaft Täter einer Ordnungswidrigkeit sein können. Eine solche Ahndung kommt in Betracht, wenn der Inhaber bzw. gesetzliche Vertreter die Begehung der Ordnungswidrigkeit durch geeignete Aufsichtsmaßnahmen hätte verhindern oder jedenfalls wesentlich erschweren können. Hierzu gehört, Mitarbeiter über die Unterrichtungspflicht zu informieren und zu belehren, die Unterrichtung zu überwachen und, der Größe und den Besonderheiten des Unternehmens angepasst, **organisatorische Vorkehrungen** zu treffen, um die gesetzlichen Pflichten zu erfüllen (Göhler/*Gürtler/Thoma* OWiG § 130 Rn. 11).

D. Informationspflicht der Regulierungsbehörde (S. 3)

14 Erlangt die Regulierungsbehörde von Umständen Kenntnis, die, träten sie ein, ein Zertifizierungsverfahren nach § 4b auslösen würden, weil der Transportnetzbetreiber dann von einem Unternehmen aus einem Drittstaat kontrolliert würde (Art. 53 Abs. 1 UAbs. 2 Elt-RL 19/Art. 11 Abs. 1 UAbs. 2 Gas-RL 09), besteht eine unverzügliche **Informationspflicht gegenüber dem BMWK und der Kommission** (§ 4b S. 3). Die Informationspflicht gegenüber dem BMWK ist aufgrund der Entscheidung des deutschen Gesetzgebers, dass das BMWK die Bewertung bezüglich der Gefährdung der Versorgungssicherheit vornimmt (Art. 53 Abs. 3 S. 2 lit. b Elt-RL 19/Art. 11 Abs. 3 S. 2 lit. b Gas-RL 09, § 4b Abs. 3), geboten. Die frühzeitige Übermittlung solcher Informationen beruht auf der großen Bedeutung der Versorgungssicherheit und soll der Kommission und dem BMWK die Möglichkeit bieten, schon im Vorfeld eines Verfahrens ihre Bewertungen zu überprüfen. Erlangt das Unternehmen mit Drittstaatenbezug tatsächlich die Kontrolle über den Transportnetzbetreiber, können sie nach Einleitung des Zertifizierungsverfahrens (§ 4b) oder Zertifizierungsänderungsverfahrens (§ 4d) inhaltlich kurzfristig reagieren. Ggf. kann die Kommission auch selbst einen begründeten Antrag nach § 4a Abs. 1 S. 2 stellen. Das BMWK kann die **Regulierungsbehörde im Streitfall anweisen,** ein Verfahren einzuleiten (§ 1 BNAG). Dem steht das Urteil des EuGH v. 2.9.2021 nicht entgegen (EuGH Urt. v. 2.9.2021 – C-718/18, EnWZ 2021, 363 Rn. 103ff.). Da die Entscheidung nach § 4b Abs. 3 S. 1 gerade nicht in den Zuständigkeitsbereich der BNetzA fällt, wird ihre Unabhängigkeit durch eine Anweisung des BMWK nicht in Frage gestellt (vgl. auch zur Bindung der BNetzA an die Entscheidung des BMWK → § 4b Rn. 20).

E. Widerruf durch das BMWK (S. 4)

15 § 4c S. 4 ist redaktionell missglückt. Die Vorschrift verweist auf die Bewertung des BMWK nach § 4b Abs. 1. Diese ist aber in § 4b Abs. 2 S. 1, Abs. 3 geregelt. Da durch Auslegung ermittelt werden kann, was gemeint ist, ist der Redaktionsfehler aber unschädlich. In der Literatur wird außerdem die Ansicht vertreten, der Anwendungsbereich des § 4c S. 4 laufe leer. Da § 4c S. 2 voraussetze, dass der Transportnetzbetreiber bisher nicht von Personen aus Drittstaaten kontrolliert worden sei, liege nämlich gar keine Bewertung des BMWK vor (so Theobald/Kühling/*Hendrich* EnWG § 4c Rn. 4). Dem kann nicht zugestimmt werden. Denn die Regelung erfasst jedenfalls die Konstellation, dass ein bereits durch Personen aus Drittstaaten kontrollierter Transportnetzbetreiber aufgrund von Transaktionen zukünftig von anderen Personen aus Drittstaaten kontrolliert wird (ebenso BerlKommEnergieR/*Lucks* EnWG § 4c Rn. 6).

16 Das BMWK kann bei Vorliegen von Umständen nach S. 2 seine Bewertung „widerrufen". Der Begriff „widerrufen" ist verwaltungsverfahrensrechtlich durch § 49 VwVfG belegt. Nimmt man die Regelung bei ihrem Wortlaut, ist sie ungelückt. Zwar ist für die Regelung der sachlichen Zuständigkeit des Widerrufs das jeweils anwendbare Fachrecht maßgeblich (Stelkens/Bonk/Sachs/*Sachs* VwVfG § 49 Rn. 115 iVm § 48 Rn. 255). Dem Widerruf der Bewertung durch das BMWK steht daher nicht entgegen, dass die Bewertung nach § 4b Abs. 5 S. 3 Bestandteil der einheitlichen Entscheidung der Regulierungsbehörde ist, Erlassbehörde der Zerti-

Widerruf der Zertifizierung nach § 4a, Auflagen § 4 d

fizierung also eine andere Behörde ist. Dem Widerruf steht auch nicht entgegen, dass die Bewertung nicht gesondert angreifbar ist; denn es ist ausreichend, dass es sich um einen Verwaltungsakt handelt. Nach der Vorstellung des Gesetzgebers soll dies jedenfalls so sein (BT-Drs. 17/6072). Widerruft das BMWK aber nur seine Bewertung, verbleibt im Übrigen ein rechtswidriger Torso. Denn die Feststellung der Regulierungsbehörde, dass die Entflechtungsvorgaben eingehalten werden, bleibt von dem Widerruf des BMWK unberührt. Diese Feststellung vermag aber für sich keine Zertifizierung nach § 4b zu rechtfertigen. Die Zertifizierung ist vielmehr unteilbar, weil die Voraussetzungen der Einhaltung der Entflechtungsvorgaben und der Gewährleistung der Versorgungssicherheit kumulativ vorliegen müssen. Nach allgemeinen Grundsätzen wäre daher ein teilweiser Widerruf – wie in § 4b S. 4 vorgesehen – ausgeschlossen.

Die Vorschrift sollte daher so verstanden werden, dass das BMWK den „Widerruf" ausschließlich behördenintern gegenüber der Regulierungsbehörde erklärt (so auch NK-EnWG/*Franke* § 4c Rn. 3). Dies würde eine sachgemäße Einbettung der Widerrufs-Konstellation in die verfahrensrechtliche Vorgehensweise im Anschluss an Unterrichtungen nach § 4c S. 1 und 2 ermöglichen. Werden aufgrund der Unterrichtungspflicht des Transportnetzbetreibers Tatsachen bekannt, die eine erstmalige Zertifizierung nach § 4b oder den Widerruf, die Erweiterung oder die Änderung einer Zertifizierung nach § 4b erfordern, leitet die Regulierungsbehörde ein Verfahren nach § 4b (in Ermangelung eines Antrags des Transportnetzbetreibers) oder § 4d iVm § 4b von Amts wegen ein. In beiden Konstellationen muss das Verfahren nach § 4b iVm § 4a einschließlich der Beteiligung des BMWK und der Kommission durchlaufen werden. Dies entspricht auch den unionsrechtlichen Vorgaben: nach Art. 52 Abs. 4 S. 2 lit. b Elt-RL 19/Art. 10 Abs. 4 S. 2 lit. b Gas-RL 09 leitet die Regulierungsbehörde nämlich immer dann ein Zertifizierungsverfahren aus eigener Initiative ein, wenn sie Kenntnis von einer geplanten Änderung bezüglich der Rechte an oder der Einflussnahme auf Transportnetzbetreiber oder -eigentümer erlangt und diese Änderung zu einem Verstoß gegen Art. 43 Elt-RL 19/Art. 9 Gas-RL 09 führen kann oder wenn sie Grund zu der Annahme hat, dass es bereits zu einem derartigen Verstoß gekommen ist. Gleiches muss gelten, wenn diese Umstände zu einer Gefährdung der Versorgungssicherheit der Bundesrepublik Deutschland oder der Europäischen Union führen können oder geführt haben, weil Art. 53 Elt-RL 19/Art. 11 Gas-RL 09 das Verfahren nach Art. 52 Elt-RL 19/Art. 10 Gas-RL 09 nur um einige Besonderheiten ergänzt bzw. modifiziert, aber nicht ersetzt. Für diesen Verfahrensablauf spricht auch, dass das BMWK eine Bewertung über die Gefährdung der Versorgungssicherheit der Europäischen Union nicht ohne die Beteiligung der Kommission und unter Berücksichtigung von deren Stellungnahme treffen darf.

17

§ 4d Widerruf der Zertifizierung nach § 4a, nachträgliche Versehung mit Auflagen

¹Die Regulierungsbehörde kann eine Zertifizierung nach § 4a oder § 4b widerrufen oder erweitern oder eine Zertifizierung nachträglich mit Auflagen versehen sowie Auflagen ändern oder ergänzen, soweit auf Grund geänderter tatsächlicher Umstände eine Neubewertung der Zertifizierungsvoraussetzungen erforderlich wird. ²Die Regulierungsbehörde kann eine Zertifizierung auch nachträglich mit Auflagen versehen sowie Auf-

§ 4d

lagen ändern oder ergänzen. ³Insbesondere kann sie dem Transportnetzbetreiber Maßnahmen aufgeben, die erforderlich sind, um zu gewährleisten, dass der Transportnetzbetreiber die Anforderungen der §§ 8 bis 10e erfüllt. ⁴§ 65 bleibt unberührt.

Übersicht

	Rn.
A. Allgemeines	1
I. Inhalt und Zweck	1
II. Unionsrecht	2
B. Widerruf der Zertifizierung (S. 1)	3
I. Bedeutung und Abgrenzung zu § 49 VwVfG	3
II. Widerrufsgrund	5
III. Ermessen	8
IV. Wirkung, Durchsetzung, Rechtsschutz	10
1. Wirkung	10
2. Durchsetzung	11
3. Rechtsschutz	12
C. Erweiterung der Zertifizierung (S. 1)	14
I. Bedeutung	14
II. Wirkung	15
III. Rechtsschutz	16
D. Nachträgliche Auflagen (S. 1–3)	17
I. Rechtsnatur	17
II. Voraussetzungen	18
III. Durchsetzung, Rechtsschutz	20
E. Verfahren	21
F. Verhältnis zu § 65 (S. 4)	22

A. Allgemeines

I. Inhalt und Zweck

1 § 4d wurde durch Art. 1 Nr. 4 des Gesetzes zur Neuregelung energiewirtschaftsrechtlicher Vorschriften vom 26.7.2011 (BGBl. 2011 I S. 1554) in das EnWG eingefügt. Die Vorschrift regelt die Eingriffsbefugnisse der Regulierungsbehörde für den Fall, dass nachträglich eingetretene Tatsachen eine Neubewertung der Zertifizierungen nach § 4a oder § 4b erforderlich machen. Die möglichen Maßnahmen reichen vom Erlass nachträglicher Auflagen bis zum Widerruf der Zertifizierung. Daneben kann die Regulierungsbehörde nach § 65 vorgehen. Die Regelungen der §§ 48, 49 VwVfG bleiben hiervon unberührt (so auch NK-EnWG/*Franke* § 4d Rn. 1).

II. Unionsrecht

2 Die Vorschrift beruht auf Art. 52 Abs. 4 S. 2 lit. b Elt-RL 19/Art. 10 Abs. 4 S. 2 lit. b Gas-RL 09, wonach die Regulierungsbehörden ein Zertifizierungsverfahren einleiten müssen, wenn sie Kenntnis von einer geplanten Änderung bezüglich der Rechte an oder der Einflussnahme auf Transportnetzeigentümer oder -betreiber erlangen und diese Änderung zu einem Verstoß gegen Art. 43 Elt-RL 19/Art. 9 Gas-

Widerruf der Zertifizierung nach § 4a, Auflagen § 4 d

RL 09 führen kann oder wenn sie Grund zu der Annahme haben, dass es bereits zu einem derartigen Verstoß gekommen ist.

B. Widerruf der Zertifizierung (S. 1)

I. Bedeutung und Abgrenzung zu § 49 VwVfG

§ 4 d S. 1 regelt den Widerruf einer Zertifizierung nach § 4a oder § 4b, soweit auf 3 Grund geänderter tatsächlicher Umstände eine Neubewertung der Zertifizierungsvoraussetzungen erforderlich wird. Mit dem Begriff des Widerrufs wird nach allgemeiner verwaltungsrechtlicher Terminologie ein Unterfall der (vollständigen oder teilweisen) Aufhebung von Verwaltungsakten bezeichnet (§ 49 VwVfG). Kennzeichnend für den Widerruf ist, dass er sich im Gegensatz zur Rücknahme (§ 48 VwVfG) auf rechtmäßig erteilte Verwaltungsakte bezieht. § 4d S. 1 enthält eine selbständige (speziellere) Ermächtigungsgrundlage zur Aufhebung einer rechtmäßig erteilten Zertifizierung (BNetzA Beschl. v. 20.10.2015 – BK7-15-091, S. 3), die § 49 Abs. 2 Nr. 3 VwVfG dahingehend modifiziert, dass **nicht** auch das **öffentliche Interesse** für den Widerspruch sprechen muss (so auch BerlKommEnergieR/*Lucks* EnWG § 4d Rn. 3). Die Sonderregelung in § 4d S. 1 führt dazu, dass der Widerruf **keine Entschädigungspflicht** nach § 49 Abs. 6 S. 1 nach sich ziehen kann. Der spezielle Widerrufsgrund des § 4d S. 1 bildet keine abschließende Regelung, sodass auch die allgemeinen Widerrufsgründe des § 49 Abs. 2 VwVfG eingreifen können, wenn die Widerrufsvoraussetzungen von § 4d S. 1 nicht vorliegen.

Ausweislich der Gesetzesbegründung soll § 4d S. 1 auch für den Widerruf der 4 **stillschweigenden Erteilung der Zertifizierung** nach § 4a Abs. 6 S. 4 gelten. Zwar ist es zutreffend, dass auf einen fingierten Verwaltungsakt auch die Regelungen der §§ 48 ff. VwVfG anwendbar sind (Stelkens/Bonk/Sachs/*U. Stelkens* VwVfG § 42a Rn. 60). Ein Widerruf der fingierten Zertifizierung nach § 4a Abs. 6 S. 4 ist aber nicht erforderlich, weil es sich um einen vorläufigen Verwaltungsakt handelt, der sich im Zeitpunkt des Erlasses der endgültigen Zertifizierungsentscheidung erledigt und auch später nicht mehr auflebt (→ § 4a Rn. 47).

II. Widerrufsgrund

Der Widerruf nach § 4d S. 1 setzt voraus, dass sich die tatsächliche Situation nach 5 Erteilung der Zertifizierung geändert hat und deshalb die Zertifizierung jetzt nicht mehr erteilt werden könnte. Inhaltlich ist der Tatbestand **„geänderte tatsächliche Umstände"** gleichzusetzen mit den „nachträglich eingetretenen Tatsachen" in § 49 Abs. 2 Nr. 3 VwVfG. Tatsachen sind danach tatsächliche Gegebenheiten, die für die erteilte Zertifizierung rechtlich relevant sind (*Kopp/Ramsauer* VwVfG § 49 Rn. 43). Die Änderung der Tatsachen kann innere Umstände aus der Verantwortungssphäre des Transportnetzbetreibers (vgl. BNetzA Beschl. v. 20.10.2015 – BK7-15-091, S. 4 – Verschmelzung der GOAL auf die Gasunie Deutschland Transport Services GmbH), aber auch äußere Umstände betreffen (Stelkens/Bonk/Sachs/*Sachs* VwVfG § 49 Rn. 59 f.), zB solche, welche eine andere Behörde geschaffen oder herbeigeführt hat (*Kopp/Ramsauer* VwVfG § 49 Rn. 43). Hierzu zählen insbesondere der Widerruf der Bewertung durch das BMWK nach § 4c S. 4 oder eine Stellungnahme der Kommission.

§ 4 d
Teil 1. Allgemeine Vorschriften

6 Unter nachträglich eingetretenen Tatsachen sind hingegen **keine Rechtsänderungen** oder die geänderte Auslegung einer Zertifizierungsvoraussetzung durch die Regulierungsbehörde zu verstehen (*Kopp/Ramsauer* VwVfG § 49 Rn. 43). Eine lediglich geänderte Beurteilung der unverändert gebliebenen Verhältnisse genügt ebenfalls nicht, sofern sie nicht durch neue Tatsachen oder neue Erkenntnisse, die bisher als gesichert geltende Annahmen als widerlegt erscheinen lassen, veranlasst worden ist (*Kopp/Ramsauer* VwVfG § 49 Rn. 46). Das gilt selbst dann, wenn die neue Beurteilung die Folge einer **Änderung der Rechtsprechung** ist (BVerwG Urt. v. 14.11.1973 – VIII C 173.72, BVerwGE 44, 180).

7 Die Änderung der Tatsachen muss dazu führen, dass die Regulierungsbehörde dazu berechtigt wäre, die Zertifizierung nicht mehr zu erlassen. Dies ist der Fall, wenn infolge der Änderungen die Voraussetzungen der Zertifizierung nicht mehr vorliegen (Stelkens/Bonk/Sachs/*Sachs* VwVfG § 49 Rn. 65). Ein Widerruf ist aber auch dann nur zulässig, wenn die Regulierungsbehörde damit den Problemen begegnet, die sich als Folge der Änderung ergeben und deren Lösung Ziel der Zertifizierung ist (*Kopp/Ramsauer* VwVfG § 49 Rn. 47). Dies ist zu verneinen, wenn die geänderten Tatsachen nur die Beifügung von Nebenbestimmungen rechtfertigen.

III. Ermessen

8 Die Entscheidung über den Widerruf steht im Ermessen der Regulierungsbehörde („kann"). Sie muss insbesondere den Grundsatz der Verhältnismäßigkeit beachten. Das darin enthaltene **Prinzip des geringstmöglichen Eingriffs** verlangt, dass vor einem Widerruf Nebenbestimmungen erlassen werden, sofern sie geeignet sind, die betreffenden Mängel abzustellen (so auch NK-EnWG/*Franke* § 4d Rn. 2). Weiterhin muss die Regulierungsbehörde die Interessen der Allgemeinheit einerseits sowie die Interessen des Transportnetzbetreibers andererseits abwägen. Dabei sind die Nachteile für den Transportnetzbetreiber, sein bisheriges Verhalten (Vertrauensschutz), die Auswirkungen auf die am Betrieb des Transportnetzes interessierten Personen (Arbeitnehmer, Kunden), das bisherige Verhalten der Regulierungsbehörde, das Zustandekommen der Widerrufsvoraussetzungen und das Gewicht der Änderung zu beachten.

9 Aus Gründen der Verhältnismäßigkeit kann auch ein **teilweiser Widerruf** geboten sein, sofern der verbleibende Teil der Zertifizierung eine sinnvolle Regelung darstellt (krit. Hempel/Franke/*Hollmann* EnWG § 4d Rn. 13). Ein denkbarer Anwendungsfall könnte die Verkleinerung des Transportnetzes eines zertifizierten Betreibers durch Teilverkauf sein.

IV. Wirkung, Durchsetzung, Rechtsschutz

10 **1. Wirkung.** Nach § 43 Abs. 2 VwVfG **erlischt die widerrufene Zertifizierung** und die aus ihr resultierenden Rechte und Pflichten mit dem Wirksamwerden des Widerrufs, dh mit seinem Zugang an den Transportnetzbetreiber. Die Regulierungsbehörde kann aber einen **späteren Zeitpunkt für das Wirksamwerden** des Widerrufs bestimmen. Dagegen ist ein **rückwirkender Widerruf ausgeschlossen.** Zudem sind geeignete Übergangsregelungen zulässig und möglicherweise im Hinblick auf den Grundsatz der Verhältnismäßigkeit geboten.

11 **2. Durchsetzung.** Wird das Transportnetz nach Wirksamwerden des Widerrufs weiterbetrieben, liegt ein Betreiben ohne Zertifizierung vor. Hiergegen kann

die Regulierungsbehörde nach § 65 einschreiten. Im Fall von Fahrlässigkeit oder Vorsatz droht ein Bußgeld nach § 95 Abs. 1 Nr. 1 a.

3. Rechtsschutz. Der Widerruf der Zertifizierung ist ebenso wie die Erteilung der Zertifizierung ein **Verwaltungsakt**. Da er die mit der Zertifizierung verliehene Rechtsposition beseitigt, ist er für den Transportnetzbetreiber belastend. Er kann sich deshalb mit der **Anfechtungsbeschwerde** nach § 75 Abs. 1 S. 1 gegen den Widerruf wenden. Die Beseitigung des Widerrufs führt zum Wiederaufleben der Zertifizierung.

Im Hinblick auf § 76 Abs. 1 (→ § 4a Rn. 37) stellt sich die Frage, ob der Widerruf der Zertifizierung der „Durchsetzung der Verpflichtungen" nach § 8 bis § 10 d dient. Dies ist zu bejahen, wenn dem betroffenen Transportnetzbetreiber die Erfüllung der umstrittenen Zertifizierungsvoraussetzungen subjektiv möglich ist (also nicht objektiv ausgeschlossen ist; abl. BerlKommEnergieR/*Lucks* EnWG § 4d Rn. 10) und die Regulierungsbehörde den Transportnetzbetreiber durch den Widerruf im Ergebnis dazu zwingen will, bestimmte Entflechtungsanforderungen zu erfüllen, über die Streit besteht. Dann ist von der **aufschiebenden Wirkung** der Anfechtungsbeschwerde auszugehen (abl. Hempel/Franke/*Hollmann* EnWG § 4d Rn. 29). Allerdings ist eine solche Vorgehensweise der Regulierungsbehörde unwahrscheinlich. Der Widerruf wäre in der vorgenannten Konstellation für gewöhnlich schon deshalb rechtswidrig, weil die Regulierungsbehörde das mildere Mittel der nachträglichen Auflage wählen müsste.

C. Erweiterung der Zertifizierung (S. 1)

I. Bedeutung

Die Regulierungsbehörde kann eine Zertifizierung nach § 4a oder § 4b „erweitern" (insgesamt keinen Anwendungsbereich sehend Hempel/Franke/*Hollmann* EnWG § 4d Rn. 14), soweit auf Grund geänderter tatsächlicher Umstände eine Neubewertung der Zertifizierungsvoraussetzungen erforderlich ist (→ Rn. 5 ff.). Unter Erweiterung sind Konstellationen zu verstehen, in denen die Regulierungsbehörde nach der Prüfung der aufgrund von gesellschaftsrechtlichen Transaktionen oder internen Maßnahmen oder sonstigen Umständen (§ 4c S. 1) geänderten Tatsachen zu dem Ergebnis gelangt, dass diese Tatsachen iSd §§ 8 oder 9 oder der §§ 10–10 e relevant sind und die Zertifizierungsvoraussetzungen auch unter diesen geänderten Umständen erfüllt werden („**sachliche** Erweiterung"). Die Erweiterung der Zertifizierung kann aber etwa auch durch die räumliche Erweiterung des verfahrensgegenständlichen Netzes geboten sein („**räumliche** Erweiterung"; zu einer vollständig neuen Zertifizierung tendierend, sofern es sich nicht um einen Neubau von Leitungen handelt, Theobald/Kühling/*Hendrich* EnWG § 4d Rn. 6). Erfüllt der Transportnetzbetreiber auch für dieses erweiterte Netz nach wie vor die Entflechtungsanforderungen, wird die Zertifizierung auf die neuen Bestandteile des Transportnetzes erweitert. Schließlich kann auch eine „**personelle** Erweiterung" zB aufgrund einer weiteren Person mit Drittstaatenbezug, die Kontrolle iSv § 4b Abs. 1 S. 1 ausübt, geboten sein.

II. Wirkung

15 Im Fall der Erweiterung erfolgt die Zertifizierung für den Betrieb des Transportnetzes unter den geänderten Umständen. Die Erweiterung setzt sich zusammen aus dem Widerruf der vormaligen Zertifizierung und dem Neuerlass der Zertifizierung (so auch BerlKommEnergieR/*Lucks* EnWG § 4d Rn. 13). Ob der Widerruf ganz oder teilweise erfolgt, hängt davon ab, ob die Zertifizierung insoweit teilbar ist.

III. Rechtsschutz

16 Für gewöhnlich wird der Transportnetzbetreiber durch die Erweiterung der Zertifizierung nicht beschwert sein. Anders könnte sich dies nur dann verhalten, wenn der Neuerlass der Zertifizierung eine modifizierende Auflage enthält. Eine **Anfechtungsbeschwerde** ist in diesem Fall jedenfalls dann die richtige Beschwerdeart, wenn aus Sicht des Transportnetzbetreibers entweder keine geänderten tatsächlichen Umstände vorliegen oder diese eine Neubewertung der Zertifizierungsvoraussetzungen nicht erforderlich machen, also die frühere Zertifizierung weiterhin rechtmäßigerweise Bestand haben kann. Dann führen die Aufhebung von Neuerlass und Widerruf der vormaligen Zertifizierung zum Wiederaufleben der letzteren. In den überwiegenden Fällen wird aber die **Verpflichtungsbeschwerde** die richtige Klageart sein (→ § 4a Rn. 48).

D. Nachträgliche Auflagen (S. 1–3)

I. Rechtsnatur

17 Grundsätzlich müssen Nebenbestimmungen nach § 36 Abs. 2 VwVfG gemeinsam mit dem Hauptverwaltungsakt erlassen werden. Die nachträgliche Beifügung von Nebenbestimmungen zu einem Hauptverwaltungsakt stellt einen Eingriff in die Bestandskraft dieses Verwaltungsakts dar (VGH München Urt. v. 25.5.2001 – 22 B 01.110, NVwZ-RR 2002, 114 (115)). Die nachträgliche Auflage ist ein **selbständiger Verwaltungsakt**, der zum Hauptverwaltungsakt akzessorisch ist (Stelkens/Bonk/Sachs/*U. Stelkens* VwVfG § 36 Rn. 37). Wird die Auflage vom Transportnetzbetreiber nicht umgesetzt, kann die Regulierungsbehörde die Zertifizierung nach § 4d S. 1 bzw. § 49 Abs. 2 Nr. 2 VwVfG widerrufen. Materiell stellt sich die Beifügung einer nachträglichen Auflage als **Teilaufhebung** des insoweit zunächst nebenbestimmungsfreien Hauptverwaltungsakts dar, der mit einem teilweisen Neuerlass dieses Verwaltungsakts verbunden ist (VGH München Urt. v. 25.5.2001 – 22 B 01.110, NVwZ-RR 2002, 114 (115)). Hierfür bedarf es grundsätzlich einer speziellen gesetzlichen Ermächtigung (Kopp/Ramsauer VwVfG § 36 Rn. 21a), die mit § 4d S. 1 und 2 geschaffen wurde.

II. Voraussetzungen

18 § 4d regelt sowohl in S. 1 als auch S. 2 die Möglichkeit, Auflagen nachträglich zu erlassen, zu ändern oder zu ergänzen. Während die Ermächtigungsgrundlage in S. 1 voraussetzt, dass aufgrund geänderter tatsächlicher Umstände eine Neubewertung der Zertifizierungsvoraussetzungen erforderlich, also **anlassbezogen** ist (→ Rn. 5 ff.), wird S. 2 durch S. 3 dahingehend konkretisiert, dass die Auflage „insbesondere" Maßnahmen zum Gegenstand haben soll, die erforderlich sind, um zu gewährleisten, dass

Widerruf der Zertifizierung nach § 4a, Auflagen **§ 4 d**

der Transportnetzbetreiber die Anforderungen der §§ 8–10 e erfüllt; sie ist also **maßnahmen- und damit zielbezogen** (wohl zustimmend BerlKommEnergieR/*Lucks* EnWG § 4 d Rn. 17; aA Theobald/Kühling/*Hendrich* EnWG § 4 d Rn. 9, der S. 3 als Rechtsgrundlage für Aufsichtsmaßnahmen einordnet). Die Ermächtigungsgrundlage nach S. 2 ist weitergehender, weil sie keine geänderten Umstände voraussetzt. Sie greift etwa auch dann ein, wenn sich die rechtlichen Voraussetzungen oder deren Auslegung durch die Regulierungsbehörde, das BMWK oder die Kommission ändern (→ Rn. 5 f.). Es bleibt unklar, welche unterschiedlichen Zielsetzungen der Gesetzgeber mit den beiden Regelungen verfolgen wollte.

Durch die Auflage kann ein drohender Verstoß gegen die Entflechtungsanforderungen oder die Versorgungssicherheit (§ 4 b Abs. 3) verhindert oder ein andauernder Verstoß beendet werden. Sie muss hinreichend bestimmt sein (→ § 4 a Rn. 31). Für die Erfüllung der Auflage ist eine angemessene Frist vorzusehen. Die Auferlegung, Änderung oder Ergänzung einer Auflage steht im Ermessen der Regulierungsbehörde (→ § 4 a Rn. 33). Sie muss verhältnismäßig sein (→ § 4 a Rn. 32). 19

III. Durchsetzung, Rechtsschutz

Für die Durchsetzung der nachträglichen Auflagen gilt das zu § 4 a Abs. 4 Gesagte (dort → § 4 a Rn. 34 f.). Die nachträgliche Beifügung, Änderung oder Ergänzung der Nebenbestimmung ist ein selbständiger **Verwaltungsakt,** sodass sie unstreitig **isoliert anfechtbar** ist (Stelkens/Bonk/Sachs/*U. Stelkens* VwVfG § 36 Rn. 38). Zu § 76 Abs. 1 → § 4 a Rn. 37. 20

E. Verfahren

Das Verfahren nach § 4 d S. 1 ist ein Verwaltungsverfahren nach § 9 VwVfG. Es wird von Amts wegen durch die Regulierungsbehörde eingeleitet, sofern sie durch die Unterrichtung nach § 4 c oder in sonstiger Weise Kenntnis über Tatsachen erlangt, welche eine Neubewertung der Zertifizierung erforderlich machen. Ist eine Zertifizierung nach § 4 a betroffen, ist das Verfahren nach dieser Vorschrift durchzuführen; entsprechendes gilt für eine Zertifizierung nach § 4 b (zweifelnd BerlKommEnergieR/*Lucks* EnWG § 4 d Rn. 19; zust. in Bezug auf die Beteiligung von BMWK und Kommission sowie abl. bzgl. der Fristen Hempel/Franke/*Hollmann* EnWG § 4 d Rn. 23 f.). Hierfür spricht Art. 52 Abs. 4 S. 2 lit. b Elt-RL 19/Art. 10 Abs. 4 S. 2 lit. b Gas-RL 09. Danach leitet die Regulierungsbehörde nämlich ein Zertifizierungsverfahren aus eigener Initiative ein, wenn sie Kenntnis von einer geplanten Änderung bezüglich der Rechte an oder der Einflussnahme auf Transportnetzbetreiber oder -eigentümer erlangt und diese Änderung zu einem Verstoß gegen Art. 43 Elt-RL 19/Art. 9 Gas-RL 09 führen kann, oder wenn sie Grund zu der Annahme hat, dass es bereits zu einem derartigen Verstoß gekommen ist. Gleiches muss gelten, wenn diese Umstände zu einer Gefährdung der Versorgungssicherheit der Bundesrepublik Deutschland oder der Europäischen Union führen können oder geführt haben, weil Art. 53 Elt-RL 19/Art. 11 Gas-RL 09 das Verfahren nach Art. 52 Elt-RL 19/Art. 10 Gas-RL 09 nur um einige Besonderheiten ergänzt bzw. modifiziert, aber nicht ersetzt. Es ist nicht ersichtlich, warum die Regulierungsbehörde im Verfahren nach § 4 d S. 1 die Bewertung der Versorgungssicherheit eigenständig vornehmen bzw. grundlegende Modifikationen der Zertifi- 21 zierung ohne Beteiligung der Kommission oder des BMWK entscheiden können sollte (→ § 4b Rn. 15 ff.).

F. Verhältnis zu § 65 (S. 4)

22 Die Befugnisse der Regulierungsbehörde nach § 65 bleiben durch Maßnahmen nach § 4d unberührt. Hierdurch soll gewährleistet werden, dass Maßnahmen nicht nur gegenüber dem Transportnetzbetreiber ergriffen werden können, sondern auch relevante Änderungen im Verhältnis zwischen dem Transportnetzbetreiber und dem vertikal integrierten Unternehmen aufgegriffen werden können (BT-Drs. 17/6072, 53; vgl. BNetzA Beschl. v. 20.5.2014 – BK7-13-073; Beschl. v. 30.3.2015 – BK7-14-122). Darüber hinaus kann die Regulierungsbehörde nach § 65 Abs. 5 die Einhaltung der Entflechtungsanforderungen sicherstellen und gegebenenfalls Auskünfte nach § 65 Abs. 5, § 69 sowohl vom Transportnetzbetreiber als auch von Dritten verlangen, etwa wenn eine notwendige Zertifizierung nicht beantragt wird, sodass der vorrangige § 4d nicht einschlägig ist (NK-EnWG/*Franke* § 4d Rn. 3; BerlKommEnergieR/*Lucks* EnWG § 4d Rn. 6; aA Hempel/Franke/ *Hollmann* EnWG § 4d Rn. 30).

§ 5 Anzeige der Energiebelieferung

(1) ¹Energielieferanten, die Haushaltskunden mit Energie beliefern, müssen nach Maßgabe des Absatzes 2 Satz 1 und 2 die Aufnahme und Beendigung der Tätigkeit sowie Änderungen ihrer Firma bei der Bundesnetzagentur anzeigen; ausgenommen ist die Belieferung von Haushaltskunden ausschließlich innerhalb einer Kundenanlage oder eines geschlossenen Verteilernetzes sowie über nicht auf Dauer angelegte Leitungen. ²Die Bundesnetzagentur veröffentlicht laufend auf ihrer Internetseite eine Liste der angezeigten Energielieferanten; dabei werden die Firma und die Adresse des Sitzes der angezeigten Energielieferanten veröffentlicht. ³Von der Bundesnetzagentur werden monatlich die Energielieferanten veröffentlicht, die in den jeweils letzten zwölf Monaten die Beendigung ihrer Tätigkeit angezeigt haben.

(2) ¹Die nach Absatz 1 Satz 1 erster Halbsatz erforderliche Anzeige der Aufnahme der Tätigkeit ist unverzüglich vorzunehmen. ²Die nach Absatz 1 Satz 1 erster Halbsatz erforderliche Anzeige der Beendigung der Tätigkeit hat der Energielieferant nach Maßgabe des Satzes 4 und so rechtzeitig vorzunehmen, dass diese der Bundesnetzagentur spätestens drei Monate vor dem geplanten Beendigungstermin zugeht. ³Der Energielieferant darf die Tätigkeit nicht vor Ablauf des nach Satz 2 angezeigten Beendigungstermins beenden, es sei denn, er hat einen Antrag auf Eröffnung eines Insolvenzverfahrens gestellt. ⁴Mit der Anzeige der Beendigung der Tätigkeit nach Absatz 1 Satz 1 erster Halbsatz hat der Energielieferant zugleich den geplanten Beendigungstermin mitzuteilen und darzulegen, wie die Erfüllung der vertraglichen Verpflichtungen des Energielieferanten gegenüber Haushaltskunden bis zur geplanten Beendigung der Tätigkeit sichergestellt ist. ⁵Die vertraglichen Vereinbarungen zwischen dem Energielieferanten und den betroffenen Haushaltskunden bleiben unberührt.

Anzeige der Energiebelieferung **§ 5**

(3) ¹Zeitgleich mit der Anzeige der Beendigung der Tätigkeit nach Absatz 2 Satz 2 hat der Energielieferant die von der Beendigung betroffenen Haushaltskunden und die Netzbetreiber, in deren Netzgebieten er Haushaltskunden beliefert, in Textform über das Datum der Beendigung seiner Tätigkeit zu informieren. ²Der Energielieferant ist verpflichtet, die Anzeige zugleich einfach auffindbar auf seiner Internetseite zu veröffentlichen.

(4) ¹Mit der Anzeige der Aufnahme der Tätigkeit ist das Vorliegen der personellen, technischen und wirtschaftlichen Leistungsfähigkeit sowie der Zuverlässigkeit der Geschäftsleitung darzulegen. ²Die Bundesnetzagentur ist berechtigt, das Vorliegen der personellen, technischen und wirtschaftlichen Leistungsfähigkeit sowie der Zuverlässigkeit der Geschäftsleitung jederzeit unter Nutzung der behördlichen Aufsichtsrechte nach diesem Gesetz zu überprüfen. ³Die Bundesnetzagentur kann die Vorlage des Jahresabschlusses über das letzte Geschäftsjahr und, sofern der Abschluss von einem Abschlussprüfer geprüft worden ist, auch die Vorlage des Prüfungsberichtes sowie des Bestätigungsvermerkes oder Versagungsvermerkes des Abschlussprüfers verlangen.

(5) ¹Die Regulierungsbehörde kann einem Energielieferanten die Ausübung der Tätigkeit jederzeit ganz oder teilweise untersagen, wenn die personelle, technische oder wirtschaftliche Leistungsfähigkeit oder Zuverlässigkeit nicht gewährleistet ist. ²Satz 1 sowie Absatz 1 Satz 3 und Absatz 4 sind nicht für Energielieferanten mit Sitz in einem anderen Mitgliedstaat der Europäischen Union anzuwenden, wenn der Energielieferant von der zuständigen Behörde des Herkunftsmitgliedstaates ordnungsgemäß zugelassen worden ist.

Übersicht

	Rn.
A. Allgemeines	1
B. Anzeigepflicht der Energielieferanten und Veröffentlichung (Abs. 1)	7
I. Adressaten der Anzeigepflicht	8
1. Energielieferanten, die Haushaltskunden mit Energie beliefern (Abs. 1 S. 1 Hs. 1)	8
2. Ausnahmen (Abs. 1 S. 1 Hs. 2)	11
3. Einzelfälle	12
II. Die Anzeigepflicht begründende Umstände	17
1. Aufnahme der Tätigkeit	18
2. Beendigung der Tätigkeit	22
3. Änderungen der Firma	23
III. Zuständigkeit, Verfahren, Durchsetzung	24
IV. Veröffentlichung durch die BNetzA (Abs. 1 S. 2 und 3)	25
C. Aufnahme der Tätigkeit: Anzeige und Prüfungsbefugnisse der BNetzA (Abs. 2 S. 1, Abs. 4)	27
I. Anforderungen an die Anzeige, Darlegung der Leistungsfähigkeit und Zuverlässigkeit	27
II. Nachprüfungsbefugnisse der BNetzA (Abs. 4 S. 2 und 3)	35
D. Beendigung der Tätigkeit: Anzeige und weitere Pflichten der Energielieferanten (Abs. 2 S. 2 bis 5, Abs. 3)	36
I. Eigenständigkeit der vertraglichen Vereinbarungen (Abs. 2 S. 5)	36

	Rn.
II. Anforderungen an die Beendigungsanzeige (Abs. 2 S. 2 und 4)	37
III. Pflicht zur Fortführung der Tätigkeit für drei Monate (Abs. 2 S. 3)	39
IV. Pflicht zur Information der Haushaltskunden und Netzbetreiber (Abs. 3)	40
E. Untersagungsbefugnis (Abs. 5)	41
I. Untersagungsgründe, Bestandsschutz, Verhältnismäßigkeit	43
II. Zuständigkeit, Verfahren und Rechtsschutz	47

Literatur: *Herbst,* Der Prosument als Lieferant?, EnWZ 2022, 357; *Krieglstein,* Die staatliche Aufsicht über die Elektrizitätswirtschaft nach dem Energiewirtschaftsgesetz, 2002; *Lange,* Gespaltene Preise in der Grundversorgung für Strom und Gas – energiewirtschafts-, unions- und kartellrechtliche Überlegungen, EnWZ 2022, 165; *Rauch,* Die Untersagungsverfügung nach § 5 S. 4 EnWG, IR 2011, 26; *Scheil/Friedrich,* Ein Jahr Bundesnetzagentur – Organisation, Zuständigkeiten und Verfahren nach dem Paradigmenwechsel im EnWG, N&R 2006, 90; *Seifert/Zuber,* Rechtsprechung zu gespaltenen Grundversorgungspreisen, IR 2022, 158; *Zenke,* Die energiepolitische Novelle im „Osterpaket" – Wer kennt sie nicht, EnWZ 2022, 147; vgl. auch die Hinweise zu § 4.

A. Allgemeines

1 Die sich nach der jüngsten Änderung im Rahmen des Osterpakets (→ Rn. 4) nicht sehr übersichtlich präsentierende Vorschrift des § 5 normiert einerseits eine allgemeine **Anzeigepflicht** für Energielieferanten (Abs. 1; → Rn. 7 ff.) und versucht zugleich, im Kontext dieser Anzeigpflichten die Endverbraucher (Haushaltskunden) vor einer **unangemessenen kurzfristigen Beendigung der Energielieferung** zumindest durch gesteigerte Transparenzpflichten zu **schützen** (Abs. 2 und 3). In diesem Zusammenhang wird auch die materielle zivilrechtliche Verpflichtung zur Energielieferung durch eine vorübergehende – typischerweise dreimonatige – öffentlich-rechtliche Pflicht ergänzt (Abs. 2 S. 3; → Rn. 39). Schließlich wird „bei Gelegenheit" der Anzeigepflicht geregelt, dass Energielieferanten über die erforderliche **Leistungsfähigkeit und Zuverlässigkeit** verfügen müssen, was durch die BNetzA genauer **nachgeprüft** (Abs. 4; → Rn. 27 ff.) und bei Nichtvorliegen mit der **Untersagung** (Abs. 5; → Rn. 41 ff.) durchgesetzt werden kann.

2 Die in § 5 normierte **Anzeigepflicht** wurde 2005 eingeführt und ersetzte teilweise die in § 3 EnWG 1998 enthaltene Genehmigungspflicht. Diese bezog sich sehr weitgehend auf die Aufnahme der Energieversorgung anderer. Von der Genehmigungspflicht ausgenommen waren nur die Einspeisung in das Netz eines Energieversorgungsunternehmens, die Versorgung von Abnehmern außerhalb der allgemeinen Versorgung iSd damaligen § 10 Abs. 1, sofern die Belieferung überwiegend aus Anlagen zur Nutzung erneuerbarer Energien, aus Kraft-Wärme-Kopplungsanlagen oder aus Anlagen erfolgt, die Industrieunternehmen zur Deckung des Eigenbedarfs betreiben, sowie die Versorgung verbundener Unternehmen iSd § 15 AktG. Im Vergleich zu diesem umfassenden Genehmigungsvorbehalt enthält § 5 also eine zweifache Reduktion der präventiven Kontrolle: zum einen unterfallen ihr nur noch Unternehmen, die **Haushaltskunden mit Energie beliefern,** und zum anderen wurde der Genehmigungsvorbehalt in eine Anzeigepflicht überführt. Für Unternehmen, die ausschließlich andere Kundengruppen beliefern, existiert keine präventive behördliche Kontrolle des Marktzutritts mehr (Schneider/Theobald EnergieWirtschaftsR-HdB/*Franke/Schütte* § 3 Rn. 38).

Anzeige der Energiebelieferung §5

Der im Juli **2011** durch Art. 1 Nr. 5 lit. a des Gesetzes zur Neuregelung energiewirtschaftsrechtlicher Vorschriften (BGBl. 2011 I S. 1554) geänderte § 5 schaffte eine **Ausnahme** von der Anzeigepflicht bei der Belieferung von Haushaltskunden innerhalb einer **Kundenlage,** innerhalb eines **geschlossenen Verteilernetzes** oder mittels einer nicht auf Dauer angelegten Leitung (s. dazu BT-Drs. 17/6072, 53). Verbunden ist die Anzeigepflicht der EVU mit der Pflicht der BNetzA zur **Veröffentlichung** einer Liste der angezeigten Unternehmen (§ 5 Abs. 1 S. 2) und mit Anforderungen an die mit der Anzeige darzulegende **Leistungsfähigkeit und Zuverlässigkeit** der Unternehmen (§ 5 Abs. 4), bei deren Nichterfüllung die Versorgungstätigkeit untersagt werden kann (**Untersagungsbefugnis** nach § 5 Abs. 5. Der durch Art. 1 Nr. 5 lit. b des Gesetzes zur Neuregelung energiewirtschaftsrechtlicher Vorschriften (BGBl. 2011 I S. 1554) eingefügte § 5 Abs. 5 S. 2 setzt die Vorgabe des Art. 10 Abs. 1 Elt RL 19 und des Art. 3 Abs. 5 Gas-RL 09 um, wonach durch Verwaltungsverfahren keine Versorgungsunternehmen diskriminiert werden dürfen, die bereits in einem anderen Mitgliedstaat als Lieferant zugelassen sind (s. dazu BT-Drs. 17/6072, 53). 3

Durch das **Osterpaket 2022** (Überblick bei *Zenke* EnWZ 2022, 147) wurde § 5 umfangreich ergänzt und sein Inhalt in fünf Absätzen – mehr schlecht als recht – neu geordnet (Art. 1 Nr. 3 Klimaschutz-Sofortprogramm-Novelle). Hervorzuheben sind die neue Bestimmung der **Adressaten** des § 5 (Energielieferanten, →Rn. 8), **die Überprüfungsbefugnis der BNetzA** nach Abs. 4 S. 2 (→Rn. 35) sowie insbesondere die Regelungen zum **Schutz vor unangemessen kurzfristiger Beendigung der Energielieferung** (→Rn. 36ff.). Hintergrund der letztgenannten Ergänzungen in den Abs. 2 (S. 2 bis 5) und 3 waren die Ereignisse des Jahres 2021, als zahlreiche Energielieferanten auf den erheblichen Anstieg der Einkaufspreise auf den Großhandelsmärkten reagierten. Binnen kürzester Zeit hatten insbesondere Energiediscounter ihre Geschäftstätigkeit beendet, sei es infolge eingetretener Insolvenz, sei es durch Kündigung der Verträge. Nach Angaben der BNetzA lag die Zahl der im Jahr 2021 angezeigten Beendigungen bei 41, während im Jahr 2022 (Stand: Juli) mit vier Energielieferanten, die die Beendigung ihrer Tätigkeit angezeigt haben, der Trend rückläufig zu sein scheint. Infolge der Beendigung fallen die betroffenen Kunden in die vertragliche Grundversorgung oder das gesetzliche Schuldverhältnis der Ersatzversorgung und werden weiter mit Energie versorgt. Da auch die Grundversorger zusätzliche Energiemengen am Großhandelsmarkt einkaufen mussten, kam es insoweit zu einem Preisanstieg für Endkunden. Teilweise wurden gespaltene Grundversorgungspreisen für Alt- und Neukunden eingeführt, was eine Vielzahl an Verfahren zur Folge hatte (Überblick bei *Seifert/Zuber* IR 2022, 158; für die Zulässigkeit gespaltener Preise OLG Köln Beschl. v. 2.3.2022 – 6 W 10/22; *Lange* EnWZ 2022, 165). Ziel der Neufassung des § 5 ist es als Reaktion auf diese Entwicklungen, zu verhindern, dass Kunden kurzfristig mit Tätigkeitsbeendigung konfrontiert werden. Vielmehr soll eine transparente Informationslage geschaffen werden, die es Endkunden ermöglicht auf Tätigkeitsbeendigungen angemessen zu reagieren (BT-Drs. 20/1599, 2, 29). Kern der Neufassung ist die Pflicht der Energielieferanten, künftig drei Monate vor dem geplanten Beendigungstermin die Beendigung **anzuzeigen** sowie zeitgleich die betroffenen Kunden und Netzbetreiber in Textform zu **informieren.** Ziel dieser Verschärfung ist es einerseits, Haushaltskunden hinreichend Zeit zur Umstellung zu verschaffen, und andererseits, die Aufsichtsmöglichkeiten durch die Bundesnetzagentur zu erleichtern (BT-Drs. 20/1599, 29, 50). 4

§ 5 Teil 1. Allgemeine Vorschriften

5   Der **Zweck der Vorschrift** liegt primär in dem **Schutz von Haushaltskunden**. Die Anzeigepflicht soll in Kombination mit der Veröffentlichung einer höheren Transparenz für Haushaltskunden (BT-Drs. 15/5268, 117, OLG Düsseldorf Beschl. v. 17.6.2015 – VI-3 Kart 3/15 (V), BeckRS 2016, 12067 Rn. 34), aber auch für Landesbehörden und für die am Stromwettbewerb Interessierten (BT-Drs. 15/3917, 80) dienen. Sie stattet darüber hinaus die Bundesnetzagentur mit den erforderlichen Basisinformationen aus, um im Fall von Anhaltspunkten, die Zweifel an der Leistungsfähigkeit oder Zuverlässigkeit eines Unternehmens begründen, auf der Grundlage von § 5 Abs. 5 S. 1 gegen ein solches Unternehmen vorgehen und dessen Tätigkeit untersagen zu können (BT-Drs. 15/3917, 50).

6   Was die **Zuständigkeit der Bundesnetzagentur** angeht, die neben der Entgegennahme der Anzeige (→ Rn. 24), der Veröffentlichung (→ Rn. 25), der Nachprüfung (→ Rn. 35) auch die Untersagungsbefugnis (→ Rn. 47) umfasst, so lagen dieser Zuständigkeitsentscheidung folgende Erwägungen zugrunde: „Angesichts der Bedeutung des Energiehandels für die Schaffung bundesweit einheitlicher Wettbewerbsbedingungen und angesichts der in der Regel länderübergreifenden Tätigkeit der Energiehändler werden die behördlichen Aufgaben nicht der nach Landesrecht zuständigen Behörde, sondern der Regulierungsbehörde zugewiesen. Bei der Tätigkeit als Stromhändler stehen zudem nicht Fragen der technischen Sicherheit von Energieanlagen im Vordergrund, sondern Fragen der Vertragsanbahnung und der wirtschaftlichen Abwicklung von Lieferverträgen. Dabei sind nicht nur Vertragsbeziehungen mit Letztverbrauchern, sondern im Rahmen der Gewährung des Netzzugangs nach den §§ 20 ff. auch Vertragsbeziehungen mit Betreibern von Energieversorgungsnetzen von Bedeutung. Beschwerden über eine etwaige Unzuverlässigkeit von Stromhändlern könnten damit nicht nur von Letztverbrauchern, sondern auch von Betreibern von Energieversorgungsnetzen erhoben werden. Soweit diese auf Erfahrungen im Rahmen der Abwicklung von Netzzugangsverträgen beruhen, ist die für die Regulierung des Netzzugangs nach den §§ 20 ff. ausschließlich zuständige Regulierungsbehörde in besonderem Maße geeignet, die bei der Abwicklung von Lieferverträgen notwendige Leistungsfähigkeit und Zuverlässigkeit und damit auch die Relevanz von Beschwerden zu beurteilen." (BT-Drs. 15/3917, 50).

B. Anzeigepflicht der Energielieferanten und Veröffentlichung (Abs. 1)

7   § 5 Abs. 1 S. 1 unterwirft Energielieferanten, die Haushaltskunden mit Energie beliefern, nach Maßgabe von Abs. 2 S. 1 und 2 (→ Rn. 27) einer **Anzeigepflicht**, die durch die Aufnahme und Beendigung der Tätigkeit sowie durch Änderungen der Firma ausgelöst wird. Den **Inhalt der Anzeige** bei Aufnahme der Tätigkeit konkretisiert § 5 **Abs. 4 S. 1** in der Weise, dass „mit der Anzeige" das Vorliegen der personellen, technischen und wirtschaftlichen Leistungsfähigkeit sowie der Zuverlässigkeit der Geschäftsleitung darzulegen ist (→ Rn. 29 ff.).

I. Adressaten der Anzeigepflicht

8   **1. Energielieferanten, die Haushaltskunden mit Energie beliefern (Abs. 1 S. 1 Hs. 1).** Adressaten der Anzeigepflicht sind Energielieferanten iSd **§ 3 Nr. 15 c**, also Gaslieferanten iSd § 3 Nr. 19b und **Stromlieferanten** iSd § 31 a. Sowohl die Definition des Gas- als auch die Definition des Stromlieferanten stellt

maßgeblich darauf ab, dass die **Geschäftstätigkeit** – ganz oder teilweise – auf den Vertrieb zum Zwecke der Belieferung von Letztverbrauchern ausgerichtet ist. Auf diese Weise bietet sowohl der Sinn und Zweck (→ Rn. 5) als auch der Wortlaut, der mit der Benennung der „Energielieferanten" als Adressaten des § 5 zunächst zu § 3 Nr. 15c und von dort zu § 3 Nr. 19b und 31a führt, Anhaltspunkte dafür, die Anwendbarkeit des § 5 auf sog. **„Prosumenten"** zumindest unter bestimmten Voraussetzungen (geringer Umfang der Vertriebstätigkeit) zu verneinen. Auf diese Weise könnte der unionsrechtlich gebotenen Privilegierung des „aktiven Kunden" (Art. 21 Abs. 2 lit. a EE-RL 18, Art. 15 Abs. 1 Elt-RL 19; s. dazu und zur Behandlung von Prosumenten nach dem Recht vor der Novelle aus dem Jahr 2022, → Rn. 4, instruktiv *Herbst* EnWZ 2022, 357 (358f., 360)) besser entsprochen werden als nach der vor dem Osterpaket (→ Rn. 4) geltenden Fassung des § 5.

Von den denkbaren Kunden – Großhändler, Letztverbraucher und Unternehmen, die Energie kaufen (vgl. § 3 Nr. 24) – werden nur die **Haushaltskunden** erfasst, die gem. § 3 Nr. 22 als Letztverbraucher Energie überwiegend für den Eigenverbrauch im Haushalt oder für den einen Jahresverbrauch von 10.000 kWh nicht übersteigenden Eigenverbrauch für berufliche, landwirtschaftliche oder gewerbliche Zwecke kaufen. Damit fallen über den Haushaltsbereich hinaus auch diejenigen Freiberufler, Landwirte oder Gewerbekunden unter den Haushaltskundenbegriff, die höchstens 10.000 kWh pro Jahr für eigene Zwecke verbrauchen. Diese Schwelle gilt sowohl für den Elektrizitäts- als auch für den Gasverbrauch (BerlKommEnergieR/*Säcker* EnWG § 5 Rn. 16). 9

Mit **Belieferung** bezeichnet das Gesetz den Kauf von Elektrizität oder Gas, wobei auch die Belieferung in Zusammenhang mit anderen Vertragsverhältnissen (zB Tausch) erfasst wird (BeckOK EnWG/*Assmann* § 5 Rn. 10). Dabei kommt es auf die schuldrechtliche Übernahme der Versorgungspflicht und nicht auf den physikalisch-technischen Durchleitungsvorgang an (OLG Düsseldorf Beschl. v. 17.6.2015 – VI-3 Kart 190/14 (V), EnWZ 2015, 511 Rn. 133). Es geht § 5 Abs. 1 S. 1 offensichtlich um zwei rechtlich und/oder wirtschaftlich unterscheidbare Subjekte, wenn einerseits von dem liefernden Energielieferanten und andererseits von den belieferten Haushaltskunden die Rede ist. Die **Eigenversorgung** ist deshalb nicht anzeigepflichtig. 10

2. Ausnahmen (Abs. 1 S. 1 Hs. 2). Der im Jahr 2011 eingefügte (→ Rn. 3) Hs. 2 des § 5 Abs. 1 S. 1 enthält **Ausnahmen** von der Anzeige der Belieferung von Haushaltskunden mit Energie. Die erste Ausnahme gilt für solche Energielieferanten, die ausschließlich Haushaltskunden innerhalb einer **Kundenanlage** (§ 3 Nr. 24a, 24b) beliefern. Das soll nach der Intention des Gesetzgebers insbesondere Betreiber von dezentralen Erzeugungsanlagen wie **Kleinst-BHKW** entlasten, die Haushaltskunden im gleichen Gebäude oder Nachbargebäude ohne Nutzung des Verteilernetzes beliefern (BT-Drs. 17/6072, 53). Die zweite Ausnahme betrifft die Belieferung von Haushaltskunden innerhalb eines **geschlossenen Verteilernetzes** (§ 110). Die Anzeige wurde in diesen Fällen als entbehrlich angesehen, weil über ein geschlossenes Verteilernetz allenfalls eine **geringe Anzahl von Haushaltskunden** versorgt wird (BT-Drs. 17/6072, 53). Schließlich wurde eine dritte Ausnahme für die Belieferung von Haushaltskunden über **nicht auf Dauer angelegte Leitungswege** geschaffen, wie sie etwa bei der Versorgung von Baustellen oder von Fahrgeschäften und Verkaufsständen auf Jahrmärkten, Weihnachtsmärkten oder ähnlichem verwendet werden (BT-Drs. 17/6072, 53). 11

3. Einzelfälle. Nach der gesetzlichen Normierung expliziter Ausnahmen (→ Rn. 11) und auf der Grundlage des Kriteriums, wonach unter der anzeige- 12

§ 5 Teil 1. Allgemeine Vorschriften

pflichtigen Belieferung der Verkauf im eigenen Namen und auf eigene Rechnung zu verstehen ist (→ Rn. 8), dürften sich die vielfältigen wirtschaftlichen Aktivitäten im Zusammenhang mit dem Energiehandel mit ausreichender Klarheit dem Tatbestand des § 5 zuordnen lassen. Das gilt auch für sog. **„neue Akteure"**, also zB **Stromhändler, -makler oder -bündler**, zu denen das EnWG keine ausdrücklichen Regelungen enthält (dazu – auf der Grundlage des EnWG 1998 – *Schladebach* RdE 2002, 67 ff.; zu den neuen Handelsformen s. nur Schneider/Theobald EnergieWirtschaftsR-HdB/*Zenke/Dessau* § 14; zu den „Prosumenten" bereits → Rn. 8).

13 **Stromeinzelhändler**, die als Käufer von Elektrizität auftreten und diese an Haushaltskunden weiterverkaufen, unterfallen der Anzeigepflicht. Da es § 5 um den Schutz der Verbraucher geht, kommt es auch nicht darauf an, dass der Energiehändler nicht auf ein eigenes Netz zurückzugreifen vermag (so auch Theobald/Kühling/*Theobald* EnWG § 5 Rn. 13 f.).

14 **Stromgroßhändler** hingegen unterfallen nicht der Anzeigepflicht, weil sie keine Haushaltskunden beliefern. Ebenso wenig unterfallen mangels direktem „Endverbraucherkontakt" reine **Vermittlungstätigkeiten** zur Anbahnung von Energieversorgungsverträgen der Anzeigepflicht. Darunter fallen etwa **Strombörsen, Agenten, Handelsmakler** oder **Broker** und **Handelsvertreter** (so auch Schneider/Theobald EnergieWirtschaftsR-HdB/*Franke/Schütte* § 3 Rn. 40). Der Gesetzeszweck wird ausreichend erfüllt, wenn lediglich der rechtlich verantwortliche Lieferant die Anzeige nach § 5 vornimmt. Bloße **Energieberater** unterfallen ebenfalls nicht der Anzeigepflicht. Sie stehen zwar im Endverbraucherkontakt, liefern aber keine Energie (Theobald/Kühling/*Theobald* EnWG § 5 Rn. 16).

15 Bei den sog. **„Strombündlern"** oder **„Bündelkunden"** handelt es sich nicht um eine eigenständige Kategorie, sondern um einen Oberbegriff für Unternehmen, die durch eine Zusammenfassung („Bündelung") der Nachfragemacht einer möglichst homogenen Kundengruppe günstige Versorgungskonditionen gegenüber Energielieferanten durchsetzen wollen (*Becker* RdE 2000, 7 (10); *Krieglstein* Aufsicht S. 136 f.). Beschränkt sich der Bündler darauf, mit dem Energielieferanten einen Rahmenvertrag abzuschließen, der die wesentlichen Lieferbedingungen einer Mehrzahl von Energielieferverträgen enthält, und bestehen zwischen dem Energielieferanten und den Letztverbrauchern ergänzende Stromlieferungsverträge, so liegt lediglich eine vermittelnde Tätigkeit vor, die keiner Anzeige bedarf (*Becker* RdE 2000, 7 (10); *Krieglstein* Aufsicht S. 138). Bei dem Strombündler handelt es sich dann de facto um einen Strommakler. Die Anzeigepflicht greift hingegen, wenn der **Strombündler als Abnehmer von Elektrizität gegenüber dem Lieferanten** auftritt und den Strom an seine Kunden weiterliefert (Schneider/Theobald EnergieWirtschaftsR-HdB/*Franke/Schütte* § 3 Rn. 40; Theobald/Kühling/*Theobald* EnWG § 5 Rn. 17). Hier gelten die oben beschriebenen Grundsätze über den Stromhändler (→ Rn. 13), dh es ist danach zu differenzieren, ob es sich bei den Kunden, deren Nachfrage zusammengefasst wird, um Letztverbraucher oder um andere Energielieferanten handelt (*Krieglstein* Aufsicht S. 137 f.).

16 Soweit **Arealnetze** (zum Begriff Schneider/Theobald EnergieWirtschaftsR-HdB/*Theobald/Zenke/Dessau* § 16 Rn. 27 ff.) nicht nach § 110 als geschlossenes Versorgungsnetz eingestuft wurden und folglich nicht unter die Ausnahme nach § 5 Abs. 1 S. 1 Hs. 2 (→ Rn. 11) fallen, unterliegen ihre Betreiber der Anzeigepflicht nach § 5, wenn sie Haushaltskunden mit Energie beliefern (Schneider/Theobald EnergieWirtschaftsR-HdB/*Franke/Schütte* § 3 Rn. 39).

Anzeige der Energiebelieferung **§ 5**

II. Die Anzeigepflicht begründende Umstände

Angezeigt werden müssen gem. § 5 Abs. 1 S. 1 die **Aufnahme und Beendigung der Tätigkeit** sowie **Änderungen der Firma**. Der notwendige Inhalt einer Anzeige, die die Aufnahme (→ Rn. 27 ff.) oder die Beendigung (→ Rn. 22, 36 ff.) betrifft, ist in den Absätzen 2 bis 4 gesondert geregelt. 17

1. Aufnahme der Tätigkeit. Eine **Aufnahme der Versorgungstätigkeit** 18 liegt bereits bei Vertragsabschlüssen vor, weil damit der Kontakt mit dem Haushaltskunden beginnt und damit der Verbraucherschutzzweck des § 5 berührt ist (*Rauch* IR 2011, 26; aA Schneider/Theobald EnergieWirtschaftsR-HdB/*Franke/Schütte* § 3 Rn. 41, der auf den tatsächlichen Lieferungsbeginn abstellt; unklar *Salje* EnWG § 5 Rn. 24). Auch die sprachliche Unterscheidung zwischen Belieferung einerseits und Aufnahme der Tätigkeit andererseits spricht dafür, dass die Aufnahme der Tätigkeit früher einsetzen kann als die tatsächliche (technische) Lieferung. Teilweise wird auch bereits die Offerte von Stromlieferungsverträgen durch Werbemaßnahmen als Tätigkeit qualifiziert, die die Anzeigepflicht auslöst (BNetzA Beschl. v. 26.6.2007 – BK6-07-008, S. 5, 8 – Pennystrom). Nicht unter den Begriff „Aufnahme" fallen hingegen vorbereitende Tätigkeiten wie die Unternehmensgründung, die Errichtung von Anlagen oder der Abschluss von Bezugsverträgen (Theobald/Kühling/*Theobald* EnWG § 5 Rn. 6).

Unternehmen, die **bei Inkrafttreten des EnWG 2005** bereits rechtmäßig 19 Haushaltskunden mit Energie versorgt haben, unterlagen nicht der Anzeigepflicht, da sie ihre Tätigkeit nicht „aufnehmen". Dies gilt allerdings nur so lange, wie sie ihre Tätigkeit nicht in einer für die Anzeigepflicht relevanten Art und Weise verändern (→ Rn. 20).

Vor dem Hintergrund der verbraucherschutzrechtlichen Funktion der Anzei- 20 gepflicht (→ Rn. 5) können auch **wesentliche Veränderungen** der **bisherigen Versorgungstätigkeit** unter den Begriff der „Aufnahme" fallen. Dies betrifft Änderungen wie etwa den Wechsel oder die Ausweitung der Versorgungstätigkeit von Strom zu Gas und umgekehrt, wenn sich daraus im Hinblick auf die Anforderungen an die Leistungsfähigkeit oder die Zuverlässigkeit nach § 5 Abs. 4 S. 1 Veränderungen ergeben. Ebenso ist eine Ausdehnung des Versorgungsgebietes unter dieser Voraussetzung anzeigepflichtig. Insoweit besteht eine Parallele zur früheren Rechtslage und der danach gegebenen Genehmigungspflicht. Die bloße Ausdehnung der Versorgungstätigkeit durch Altunternehmen ohne Wechsel der Versorgungssparte ist hingegen ohne Anzeige möglich.

Auch in einem **Identitätswechsel des Energielieferanten selbst** kann eine 21 anzeigepflichtige (Neu-)"Aufnahme" der Versorgungstätigkeit liegen. Auf die Identität eines Energielieferanten wirkt es sich in diesem Sinne aus, wenn Veränderungen der Anforderungen an die Leistungsfähigkeit nach § 5 Abs. 4 S. 1 betreffen, wenn sich also im Unternehmensbestand Veränderungen ergeben, die die personelle, technische und wirtschaftliche Leistungsfähigkeit sowie die Zuverlässigkeit betreffen können. Auf gesellschaftsrechtliche Veränderungen kommt es aus dieser Perspektive, die ihren Grund im Verbraucherschutzziel des § 5, hat, nicht an. Bleibt die Identität des Energielieferanten nach diesen Maßgaben unverändert, kann sich eine Anzeigepflicht nur aus § 5 Abs. 1 S. 1 ergeben, nach dem eine Firmenänderung ebenfalls anzeigepflichtig ist.

2. Beendigung der Tätigkeit. Eine **Beendigung** der Tätigkeit liegt vor, 22 wenn die Belieferung eingestellt wird und aus den gesamten Umständen ersichtlich

§ 5

ist, dass keine weitere Belieferung von Haushaltskunden beabsichtigt ist. Indizien dafür können sich insbesondere daraus ergeben, dass keine weiteren Lieferverhandlungen geführt werden, dass der Lieferant im Handelsregister gelöscht oder sein Gewerbe untersagt wurde (BerlKommEnergieR/*Säcker* EnWG § 5 Rn. 19). Vor dem Hintergrund des angestrebten Schutzes von Haushaltskunden wurde die Anzeigepflicht in § 5 Abs. 2 S. 2 vorverlagert (→Rn. 36).

23 **3. Änderungen der Firma.** Unter **Änderungen** ihrer Firma iSv § 5 Abs. 1 S. 1 sind diejenigen Veränderungen des Namens des Unternehmens (§ 17 Abs. 1 HGB) zu verstehen, die gem. § 14 GewO und § 29 HGB der Mitteilungspflicht gegenüber Gewerbe- und Handelsregister unterliegen. Bezugspunkt für die Frage, ob eine Änderung der Firma vorliegt, ist die bisherige Firma des Energielieferanten, der für die Belieferung von Haushaltskunden in der Vergangenheit verantwortlich war (→Rn. 8 ff.).

III. Zuständigkeit, Verfahren, Durchsetzung

24 Die **Anzeige** ist gem. § 5 Abs. 1 S. 1 **an die BNetzA** zu richten. Ein **besonderes Verfahren** ist **nicht vorgesehen.** Die Verfahrensbestimmungen der §§ 9 ff. VwVfG sind nicht einschlägig, da das Anzeigeverfahren nicht mit einem VA endet. Bei Nichterfüllung der Anzeigepflicht erfolgt die **Durchsetzung** durch eine **Anordnung nach § 65 Abs. 2.** Auch ein **Bußgeld** nach § 95 Abs. 1 Nr. 1 c, d, 2, 3 a. kommt in Betracht. Materiell-rechtlich begründet eine unterlassene Anzeige einen Anhaltspunkt für die Annahme der Unzuverlässigkeit.

IV. Veröffentlichung durch die BNetzA (Abs. 1 S. 2 und 3)

25 Nach § 5 Abs. 1 S. 2 veröffentlicht die BNetzA eine fortlaufend aktualisierte Liste der angezeigten Energielieferanten auf ihrer **Internetseite.** Veröffentlicht werden nur die Firma und die Adresse des Sitzes der angezeigten Unternehmen. Mit dieser auf Initiative des Wirtschaftsausschusses aufgenommenen Regelung (BT-Drs. 15/5268, 118) soll eine höhere Transparenz für die Haushaltskunden erreicht werden, weshalb die Veröffentlichung nicht zur Disposition der Energielieferanten oder der BNetzA steht (Theobald/Kühling/*Theobald* EnWG § 5 Rn. 31 ff.).

26 Neu eingefügt wurde 2022 Abs. 1 S. 3, der aus Sicht des Haushaltskunden die Transparenz dergestalt erhöht, dass die BNetzA zur monatlichen Veröffentlichung verpflichtet wird, welche **Energielieferanten** in den letzten zwölf Monaten die **Beendigung der Tätigkeit** angezeigt haben. Für Verbraucher besteht über die BNetzA die Möglichkeit, entsprechende Informationen damit in gebündelter Form zu erhalten (BT-Drs. 20/1599, 50).

C. Aufnahme der Tätigkeit: Anzeige und Prüfungsbefugnisse der BNetzA (Abs. 2 S. 1, Abs. 4)

I. Anforderungen an die Anzeige, Darlegung der Leistungsfähigkeit und Zuverlässigkeit

27 Nach der Neufassung des § 5 inhaltlich unverändert (BT-Drs. 20/1599, 50) sind die zeitlichen Vorgaben an die Anzeige; nach § 5 Abs. 2 S. 1 ist die Anzeige der Tätigkeitsaufnahme **unverzüglich** vorzunehmen. Insoweit sind die Maßstäbe des § 121 Abs. 1 BGB heranzuziehen; unverzüglich meint damit eine Anzeige ohne

Anzeige der Energiebelieferung **§ 5**

schuldhaftes Zögern nach dem anzeigeauslösenden Ereignis (BeckOK EnWG/*Assmann* § 5 Rn. 23).

Soweit die Anzeigepflicht nach § 5 Abs. 1 S. 1 nur durch die **Änderung der** 28
Firma ausgelöst wird (→ Rn. 23), beschränkt sich auch der **Inhalt der gebotenen Anzeige** auf die Firmenänderung. Ausreichend ist es dann, die zu den Registern eingereichten Änderungsmitteilungen auch der Regulierungsbehörde zu übersenden.

Die inhaltlichen Anforderungen, die die Anzeige der **Aufnahme der Tätigkeit** 29
zu erfüllen hat, ergeben sich aus § 5 Abs. 4 S. 1, der inhaltlich dem bisherigen § 5 S. 3 entspricht (BT-Drs. 20/1599, 51) Hier sind die **Leistungsfähigkeit in personeller, technischer und wirtschaftlicher Hinsicht** sowie die Zuverlässigkeit der Geschäftsleitung darzulegen. Diese Anforderung findet allerdings gem. § 5 Abs. 5 S. 2 **keine Anwendung auf Energielieferanten mit Sitz in einem anderen Mitgliedstaat der EU,** wenn der Energielieferant von der zuständigen Behörde des Herkunftsmitgliedstaats ordnungsgemäß zugelassen worden ist. Diese Ergänzung aus dem Jahr 2011 (→ Rn. 3) dient der Umsetzung der Vorgaben aus Art. 10 Abs. 1 Elt-RL 19 und aus Art. 3 Abs. 5 Gas-RL 09, wonach durch Verwaltungsverfahren keine Versorgungsunternehmen diskriminiert werden dürfen, die bereits in einem anderen Mitgliedstaat als Lieferant zugelassen sind (BT-Drs. 17/6072, 53).

Die **personelle, technische und wirtschaftliche Leistungsfähigkeit** sowie 30
die **Zuverlässigkeit** sind die zentralen materiell-rechtlichen Begriffe des § 5. Dass diese Vorgaben erfüllt sind, **ist in der Anmeldung** darzulegen. Ihr Fehlen ermächtigt die Regulierungsbehörde nach § 5 Abs. 5 S. 1 zu einer **Untersagungsverfügung** gegenüber dem Energielieferanten (dazu auch → Rn. 43 ff.). Dem verbraucherschutzrechtlichen Regelungsansatz der Vorschrift folgend, ist in tatsächlicher Hinsicht Bezugspunkt dieser Vorgaben die Liefertätigkeit des Energielieferanten in ihren Auswirkungen auf die technischen und wirtschaftlichen Belange der Haushaltskunden. Allgemein gilt, dass sich die vom Energielieferanten zu leistende „Darlegung" auf die Umstände beziehen muss, die eine Zukunftsprognose der Behörde erlauben, ob das Unternehmen die erforderliche Leistungsfähigkeit auf Dauer gewährleisten kann.

In **personeller** Hinsicht ist erforderlich, dass der Energielieferant über fachkun- 31
diges Personal (allein auf das höhere und gehobene Management abstellend *Rauch* IR 2011, 26) verfügt, welches die notwendige technische Sachkunde und kaufmännische Qualifikation mitbringt. Dies ist durch geeignete Angaben zur Mitarbeiterzahl, deren Ausbildung und einschlägige Erfahrungen auf dem Gebiet der Energieversorgung nachzuweisen. Dabei kommt es im Unterschied zur personellen Leistungsfähigkeit beim Netzbetrieb (dazu → § 4 Rn. 25) in erster Linie auf Kenntnisse und Erfahrungen im Vertragsmanagement an (Schneider/Theobald EnergieWirtschaftsR-HdB/*Franke/Schütte* § 3 Rn. 44). Welche Anforderungen an Stromhändler zu stellen sind, ist weitgehend ungeklärt. Kaufmännische Kenntnisse, vor allem im Vertragsmanagement sind für Handelsunternehmen jedoch unabdingbar (so noch zum alten Recht *Büdenbender* DVBl. 1999, 7 (15)).

Die **technische Leistungsfähigkeit** des Energielieferanten ist ebenfalls Gegen- 32
stand der darzulegenden Qualifikation. Bei der Prüfung der technischen Leistungsfähigkeit können sich Überschneidungen mit den Anforderungen personeller Art ergeben, da die technische Leistungsfähigkeit in hohem Maße von entsprechend geschulten Mitarbeitern abhängt. Der Energielieferant muss vor allem in der Lage sein, durch die Implementierung geeigneter **EDV-Lösungen** stetig einen sicheren

und reibungslosen Datenaustausch mit allen Marktpartnern gemäß den normativen und behördlichen Festlegungen sicherzustellen (*Rauch* IR 2011, 26 (27)). Der Nachweis technischer Leistungsfähigkeit kann auch dadurch geführt werden, dass qualifizierte Fremdfirmen zur Verfügung stehen, die jeweils Teilaufgaben im Zusammenhang mit der Überwachung des Betriebs wahrnehmen. Die Letztverantwortung trägt jedoch in jedem Fall das EVU (*Rauch* IR 2011, 26 (27)).

33 Von einer ausreichenden **wirtschaftlichen Leistungsfähigkeit** ist auszugehen, wenn aktuelle Bilanzen, Gewinn- und Verlustrechnungen, Wirtschaftsprüferberichte oder sonstige Nachweise den Schluss zulassen, dass das Unternehmen auf einer abgesicherten finanziellen Basis agieren wird und in der Lage ist, seinen aktuellen und zukünftigen Verpflichtungen gegenüber seinen Haushaltskunden nachzukommen (BNetzA Beschl. v. 26.6.2007 – BK6-07-008, S. 12 – Pennystrom; *Rauch* IR 2011, 26 (27)). Die Überprüfung der finanziellen Leistungsfähigkeit gestaltet sich vor allem bei Neugründungen schwierig. Hier ist in erster Linie auf eine der geplanten Unternehmenstätigkeit angemessene Kapitalausstattung zu achten, die sich zB aus einer Eröffnungsbilanz ergeben kann. An die wirtschaftliche Leistungsfähigkeit von Stromeinzelhändlern, die keine Energieanlagen betreiben und keine allgemeine Versorgung von Letztverbrauchern durchführen, sind dabei keine besonderen Anforderungen zu stellen.

34 Schließlich muss die Geschäftsleitung die notwendige persönliche **Zuverlässigkeit** aufweisen. Das in der Vergangenheit gezeigte Verhalten darf keinen berechtigten Grund zu der Annahme liefern, dass „die Geschäftsleitung des Energielieferanten gesetzlichen Vorschriften zuwider führt und infolgedessen ein Schaden für die zu beliefernden Haushaltskunden bereits eingetreten ist oder in naher Zukunft einzutreten droht" (*Rauch* IR 2011, 26 (27), Bezug nehmend auf BNetzA Beschl. v. 26.6.2007 – BK6-07-008, S. 14 – Pennystrom). Besondere Bedeutung kommt dabei der Erfüllung der Pflichten aus den Grundversorgungsverordnungen zu (Schneider/Theobald EnergieWirtschaftsR-HdB/*Franke*/*Schütte* § 3 Rn. 44). Im Gegensatz zur Prüfung der personellen Leistungsfähigkeit, welche der Antragsteller im Rahmen seiner Mitwirkungspflicht q § 26 Abs. 2 S. 1 und 2 VwVfG nachzuweisen hat, ist es primär Sache der Behörde, Anhaltspunkte für die persönliche Unzuverlässigkeit des Antragstellers zu ermitteln (zum alten Recht ebenso *Lippert* EnergiewirtschaftsR S. 617f.; *Becker* RdE 2000, 7 (11); aA *Rauch* IR 2011, 26 (28)). Insofern können an die Darlegung der Zuverlässigkeit nach § 5 keine hohen Anforderungen gestellt werden. Als ausreichend anzusehen ist deshalb die Erklärung, dass die Zuverlässigkeit in Zweifel ziehende Umstände nicht vorliegen. Eine Prüfung der persönlichen Zuverlässigkeit kann sich an den im Gewerberecht herausgearbeiteten Grundsätzen orientieren (dazu näher → § 4 Rn. 28).

II. Nachprüfungsbefugnisse der BNetzA (Abs. 4 S. 2 und 3)

35 Die Intention eines vereinfachten **aufsichtsrechtlichen Einschreitens ohne besonderen Anlass** bringt § 5 Abs. 4 S. 2 und 3 zum Ausdruck, wenngleich es sich im Wesentlichen um eine bloße Klarstellung behördlicher Befugnisse handelt (so BT-Drs. 20/1599, 51). Eine Ermächtigungsgrundlage zur Ermittlung und Beweiserhebung enthält bereits § 68. Dem entspricht es, wenn Abs. 4 S. 2 der BNetzA erlaubt, das Vorliegen der personellen, technischen und wirtschaftlichen Leistungsfähigkeit und Zuverlässigkeit **jederzeit** zu überprüfen. Auch die Befugnis nach Abs. 4 S. 3, die Vorlage des Jahresabschlusses über das letzte Geschäftsjahr sowie im Falle eines Abschlusses durch einen Abschlussprüfer, die Vorlage des Prüfberichts, des Bestätigungsvermerks oder des Versagungsvermerks des Prüfers, zu verlangen, entspricht allgemeinen Durchsetzungsbefugnissen der BNetzA, vgl. § 69 Abs. 1 Nr. 1. Die Übermittlung der Informationen iSv Abs. 4 S. 3 ist aus Sicht des Energielieferanten in Anbetracht bereits vorliegender Dokumente mit vernachlässigbarem Aufwand verbunden (BT-Drs. 20/1599, 36).

D. Beendigung der Tätigkeit: Anzeige und weitere Pflichten der Energielieferanten (Abs. 2 S. 2 bis 5, Abs. 3)

I. Eigenständigkeit der vertraglichen Vereinbarungen (Abs. 2 S. 5)

Die Beendigung der Tätigkeit von Energielieferanten und deren Regelung 36 durch das EnWG sind unabhängig von vertraglichen Vereinbarungen und ihren zivilrechtlichen Wirkungen zu betrachten. Aus dieser Klarstellung des Abs. 2 S. 4 folgt insbesondere, dass im Falle abweichender (längerer) Vertragslaufzeiten und damit der Verpflichtung zu beliefern, die Anzeige nach § 5 Abs. 1 S. 1 ohne Auswirkungen auf Vertragsverletzungen bleibt. Ihr kommt insbesondere keine rechtfertigende Wirkung zu (BT-Drs. 20/1599, 50). Umgekehrt kann der Energieliefervertrag nichts an der energierechtlichen Anzeigepflicht aus § 5 Abs. 1 S. 1 ändern.

II. Anforderungen an die Beendigungsanzeige (Abs. 2 S. 2 und 4)

Abs. 2 S. 2 konkretisiert für den Fall der Beendigung die zeitlichen Anforderun- 37 gen, indem er Vorgaben für eine rechtzeitige **Anzeige** dergestalt macht, dass diese der BNetzA **spätestens drei Monate** vor dem geplanten Beendigungstermin zugehen muss. Ziel ist auch hier die Transparenz für den Haushaltskunden sicherzustellen und dadurch die Möglichkeit zu eröffnen, rechtzeitig auf die Beendigung der Tätigkeit des Energielieferanten reagieren zu können (BT-Drs. 20/1599, 50). In diesem Kontext steht auch die Pflicht des Energielieferanten nach Absatz 2 Satz 4 den genauen **Termin der Beendigung** mitzuteilen (BT-Drs. 20/2402, 39).

Neu eingeführt wurde 2022 die Pflicht des Energielieferanten nach Abs. 2 S. 4 38 darzulegen, wie bis zur Beendigung der Tätigkeit die **Erfüllung der vertraglichen Verpflichtungen sichergestellt** wird. Die **Nachweispflicht** ist für den Energielieferanten mit keinem gesondertem Erfüllungsaufwand verbunden, da es sich bei dem Nachweis letztlich um das Ergebnis der Anzeige vorgelagerter interner Überlegungen und Kalkulationen handelt (BT-Drs. 20/1599, 35). Der inhaltliche Umfang der Darlegung ist abhängig von den Umständen des jeweiligen Energielieferanten. Für die Anforderungen an die Darlegung kommt es maßgeblich auf die Organisationsstruktur, den Unternehmensaufbau, die Kundenzahl und die Beschaffungsstrategie an. Ausgehend hiervon müssen die Unterlagen im Einzelfall angepasst werden, um darlegen zu können, dass bis zur Tätigkeitsbeendigung die Vertragspflichten erfüllt werden. **Hauptleistungspflicht** gegenüber den Kunden ist die Energiebelieferung bis zur Vertragsbeendigung. Erforderlich ist damit stets die Darlegung der Anzahl der noch zu beliefernden Kunden und der Beschaffung deren Energiebedarfs. Um sämtliche Pflichten aus dem Vertragsverhältnis erfüllen zu können, was auch etwaige **Nebenpflichten** umfasst, muss für die Abwicklung der Beendigung hinreichend personelle und technische Infrastruktur vorhanden sein. Damit zeigt sich eine stark von den jeweiligen Umständen des Einzelfalls abhängige inhaltliche Ausgestaltung der Darlegung. Der BNetzA bleibt es insoweit auch unbenommen, weitere Informationen anzufordern (BT-Drs. 20/1599, 50). Die Prüfung durch die BNetzA erfolgt hierbei nicht schematisch, sondern entsprechend der konkreten Gegebenheiten des Einzelfalls (BT-Drs. 20/1599, 44).

III. Pflicht zur Fortführung der Tätigkeit für drei Monate (Abs. 2 S. 3)

39 Um eine sichere Versorgung mit Energie zu gewährleisten, ordnet Abs. 2 S. 3 ein **Verbot für Energielieferanten** an, vor dem in der Anzeige nach Satz 2 mitgeteilten Beendigungstermin die **Tätigkeit einzustellen**. Hintergrund dieser Regelung ist die besondere Bedeutung der Energiebelieferung. Die Anzeigepflicht betrifft den „Kernbereich der Energiebelieferung der Allgemeinheit" (BT-Drs. 20/2402, 39). Das Verbot soll damit die Versorgungssicherheit flankieren und Nachteile für die Allgemeinheit präventiv verhindern. Das Verbot gilt allerdings nicht unbegrenzt; insolvenzrechtliche Regelungen bleiben außen vor, sodass das Verbot im Falle eines Insolvenzantrags nicht eingreift. Auch vorzeitige reguläre Vertragsbeendigungen unterfallen nicht dem Anwendungsbereich von Abs. 2 S. 3. Ziel der Regelung ist es nicht, eine über die vertraglichen Vereinbarungen hinausgehende Versorgungsabsicherung zu etablieren. Vielmehr flankiert das Verbot vertragliche Vereinbarungen dergestalt, dass ein **geordneter Marktaustritt** unter Wahrung der vertraglichen Vereinbarungen erfolgt. Das Verbot hat damit materiell-rechtliche Wirkung und sorgt für eine Absicherung der dreimonatigen Frist bis zur Tätigkeitsbeendigung (BT-Drs. 20/2402, 39).

IV. Pflicht zur Information der Haushaltskunden und Netzbetreiber (Abs. 3)

40 Die Energielieferanten werden im Falle einer beabsichtigten Beendigung nicht nur zur Anzeige gegenüber der BNetzA verpflichtet; nach Abs. 3 S. 1 trifft sie auch eine **Mitteilungspflicht** gegenüber den von der Beendigung betroffenen Haushaltskunden und den Netzbetreibern, in deren Netzgebiet Haushaltskunden beliefert werden. Inhaltliche Vorgaben bestehen insoweit, als die Mitteilung in Textform samt Nennung des Datums der Beendigung ergehen muss. Es besteht auch eine **Veröffentlichungspflicht** auf der Internetseite des Energielieferanten nach S. 2. Auch diese Pflichten sind mit geringem Aufwand verbunden, da Erstellung und Übermittlug weitgehend automatisiert auf elektronischem Wege erfolgen (BT-Drs. 20/1599, 35).

E. Untersagungsbefugnis (Abs. 5)

41 Nach § 5 Abs. 5 S. 1 kann die Regulierungsbehörde (dh die BNetzA, → Rn. 47) einem Energielieferanten (§ 3 Nr. 15 c) die in § 5 Abs. 1 S. 1 definierte **Tätigkeit,** also die **Energiebelieferung von Haushaltskunden,** jederzeit ganz oder teilweise **untersagen,** wenn dessen Leistungsfähigkeit oder Zuverlässigkeit nicht gewährleistet ist. Es handelt sich dabei um eine typische – § 35 Abs. 1 GewO vergleichbare – wirtschaftsverwaltungsrechtliche Untersagungsbefugnis, die als **Ermessensentscheidung** ausgestaltet ist (unzutreffend einen Ermessensspielraum verneinend *Salje* EnWG § 5 Rn. 34). Diese Befugnis geht als spezielle Ermächtigungsgrundlage der Generalklausel des § 65 vor (*Rauch* IR 2011, 26). Die Funktion der Unter-

Anzeige der Energiebelieferung **§ 5**

sagungsbefugnis liegt nicht etwa in der Durchsetzung der Anzeigepflicht, für die auf die allgemeinen Befugnisse (§ 65) zurückgegriffen werden kann (→ Rn. 24.), sondern in der Sicherstellung der Leistungsfähigkeit und Zuverlässigkeit von Haushaltskunden beliefernden Energielieferanten im Interesse des Verbraucherschutzes. Deshalb ist Voraussetzung der Untersagungsbefugnis nicht, dass der betroffene Energielieferant der Anzeigepflicht nach § 5 Abs. 1 S. 1 unterlag, als es seine Tätigkeit aufgenommen hat (→ Rn. 43).

Keine Anwendung findet die Untersagungsbefugnis gem. § 5 Abs. 5 S. 2 auf **42 Energielieferanten mit Sitz in einem anderen Mitgliedstaat der EU,** wenn der Energielieferant von der zuständigen Behörde des Herkunftsmitgliedstaats ordnungsgemäß zugelassen worden ist. Diese Ergänzung aus dem Jahr 2011 (→ Rn. 3) dient der Umsetzung der Vorgaben aus Art. 10 Abs. 1 Elt-RL 19 und aus Art. 3 Abs. 5 Gas-RL 09, wonach durch Verwaltungsverfahren keine Versorgungsunternehmen diskriminiert werden dürfen, die bereits in einem anderen Mitgliedstaat als Lieferant zugelassen sind (BT-Drs. 17/6072, 53).

I. Untersagungsgründe, Bestandsschutz, Verhältnismäßigkeit

Die Untersagungsbefugnis setzt voraus, dass die personelle, technische oder wirt- **43** schaftliche **Leistungsfähigkeit** oder die **Zuverlässigkeit** nicht gewährleistet sind. Mit diesen Untersagungsvoraussetzungen nimmt § 5 Abs. 5 S. 1 Bezug auf die Anforderungen, die im Rahmen der Anzeige der Betriebsaufnahme darzulegen sind (→ Rn. 27 ff.). Voraussetzung der Untersagungsbefugnis ist allerdings weder das Bestehen noch die Missachtung der Anzeigepflicht nach § 5 Abs. 1 S. 1, sondern allein die fehlende Leistungsfähigkeit oder die fehlende Zuverlässigkeit.

Mit dem ausdrücklichen Hinweis auf die „jederzeit" bestehende Untersagungs- **44** befugnis bringt das Gesetz zum Ausdruck, dass Gesichtspunkte des **Vertrauensschutzes** einer Untersagung nicht entgegenstehen, wenn aktuell die Leistungsfähigkeit oder Zuverlässigkeit nicht gewährleistet ist (*Rauch* IR 2011, 26 (28)).

Nichts Anderes gilt auch für solche Energielieferanten, die **Inhaber einer Ge- 45 nehmigung nach altem Recht** (§ 3 EnWG 1998) sind und deren Tätigkeit iSd § 5 Abs. 1 S. 1 von dieser Genehmigung umfasst ist. Mangels einer ausdrücklichen Überleitungsregelung hinsichtlich solcher Alt-Genehmigungen in der Neufassung des EnWG aus dem Jahr 2005 sind die Alt-Genehmigungen mit dem Inkrafttreten des EnWG 2005 als gegenstandslos zu betrachten mit der Folge, dass sie keine Bestandskraft mehr entfalten. Danach kann die Untersagung auch in Fällen, in denen die Inhaber solcher Alt-Genehmigungen nicht (mehr) die erforderliche Leistungsfähigkeit oder Zuverlässigkeit aufweisen, auf § 5 Abs. 5 S. 1. gestützt werden (aA *Rauch* IR 2011, 26 (28); BerlKommEnergieR/*Säcker* EnWG § 5 Rn. 43). Dafür spricht auch, dass anderenfalls hätte geregelt werden müssen, welche Behörde für den Widerruf oder die Rücknahme der ursprünglich von Landesbehörden erteilten Alt-Genehmigung zuständig sein soll.

Der Umfang der Untersagungsbefugnis wird maßgeblich durch den allgemeinen **46 Verhältnismäßigkeitsgrundsatz** bestimmt. Mit dem ausdrücklichen Hinweis auf eine „teilweise" Untersagung trägt der Wortlaut des § 5 Abs. 1 S. 1 dem Rechnung. So gebietet es der Verhältnismäßigkeitsgrundsatz insbesondere, die Untersagung auf die Tätigkeitsbereiche zu beschränken, auf die die fehlende Leistungsfähigkeit bezogen und beschränkt ist (Schneider/Theobald EnergieWirtschaftsR-HdB/ *Franke/Schütte* § 3 Rn. 44; *Rauch* IR 2011, 26 (28)).

II. Zuständigkeit, Verfahren und Rechtsschutz

47 Zuständig für die Untersagung ist gem. § 54 Abs. 1 die **BNetzA** (zu den Hintergründen Schneider/Theobald EnergieWirtschaftsR-HdB/*Franke/Schütte* § 3 Rn. 45). Für das Verfahren gelten die allgemeinen Regelungen des **VwVfG,** insbesondere die Regelungen der §§ 10–53 zum Verwaltungsverfahren und zum Verwaltungsakt, weil es sich bei der Untersagung nach § 54 um einen Verwaltungsakt handelt. Im **Vorfeld** einer möglichen Untersagungsentscheidung ist die BNetzA auf der Grundlage des § 5 Abs. 4 S. 2 (→ Rn. 35) befugt, **Auskunft** über die die Leistungsfähigkeit und Zuverlässigkeit betreffenden Umstände zu verlangen und entsprechende Geschäftsunterlagen einzusehen und zu prüfen (*Rauch* IR 2011, 26 (28). Gegen die Untersagungsentscheidung der BNetzA ist gem. §§ 75 ff. die **Beschwerde** zum OLG Düsseldorf zulässig.

48 Unklarheit besteht darüber, ob der Untersagungsbefugnis nach § 5 Abs. 5 S. 1 **drittschützender Charakter** in dem Sinne zukommt, dass **Haushaltskunden** oder **Netzbetreibern,** denen durch das Verhalten eines leistungsunfähigen oder unzuverlässigen Energielieferanten (finanzielle) Schäden entstanden sind oder drohen, ein Anspruch auf Einschreiten der BNetzA zusteht (dafür *Rauch* IR 2011, 26 (29); dagegen BerlKommEnergieR/*Säcker* EnWG § 5 Rn. 49). Zwar dient die Vorschrift des § 5 insgesamt primär dem Schutz von Haushaltskunden (→ Rn. 5). Andererseits ist insbesondere die Untersagungsvoraussetzung der Unzuverlässigkeit allgemein bezogen auf die Beachtung aller normativen Anforderungen an die Tätigkeit eines Energielieferanten, der Haushaltskunden beliefert, und qualifiziert § 5 Abs. 5 S. 1 insoweit als allgemeine Überwachungsnorm. Für solche gilt der Grundsatz, dass sie in erster Linie der Durchsetzung des Legalitätsprinzips und insoweit dem öffentlichen Interesse dienen (s. nur Voßkuhle/Eifert/Möllers Grundlagen des Verwaltungsrechts, Bd. II/*Huber* § 43 Rn. 111).

§ 5a Speicherungspflichten, Veröffentlichung von Daten

(1) ¹**Energieversorgungsunternehmen, die Energie an Kunden verkaufen, haben die hierfür erforderlichen Daten über sämtliche mit Großhandelskunden und Transportnetzbetreibern sowie im Gasbereich mit Betreibern von Gasspeicheranlagen und LNG-Anlagen im Rahmen von Energieversorgungsverträgen und Energiederivaten getätigte Transaktionen für die Dauer von fünf Jahren zu speichern und sie auf Verlangen der Regulierungsbehörde, dem Bundeskartellamt, den Landeskartellbehörden sowie der Europäischen Kommission zu übermitteln, soweit dies für deren jeweilige Aufgabenerfüllung erforderlich ist.** ²**Daten im Sinne des Satzes 1 sind genaue Angaben zu den Merkmalen der Transaktionen wie Laufzeit-, Liefer- und Abrechnungsbestimmungen, Menge, Datum und Uhrzeit der Ausführung, Transaktionspreise und Angaben zur Identifizierung des betreffenden Vertragspartners sowie entsprechende Angaben zu sämtlichen offenen Positionen und nicht abgerechneten Energieversorgungsverträgen und Energiederivaten.**

(2) ¹**Die Regulierungsbehörde kann Informationen nach Absatz 1 in nicht personenbezogener Form veröffentlichen, wenn damit keine wirtschaftlich sensiblen Daten über einzelne Marktakteure oder einzelne Transaktionen preisgegeben werden.** ²**Satz 1 gilt nicht für Informationen**

über Energiederivate. ³Die Regulierungsbehörde stellt vor der Veröffentlichung das Einvernehmen mit dem Bundeskartellamt her.

(3) Soweit sich aus dem
1. Wertpapierhandelsgesetz,
2. den Artikeln 72 bis 76 der Delegierten Verordnung (EU) 2017/565 der Kommission vom 25. April 2016 zur Ergänzung der Richtlinie 2014/65/EU des Europäischen Parlaments und des Rates in Bezug auf die organisatorischen Anforderungen an Wertpapierfirmen und die Bedingungen für die Ausübung ihrer Tätigkeit sowie in Bezug auf die Definition bestimmter Begriffe für die Zwecke der genannten Richtlinie (ABl. L 87 vom 31.3.2017, S. 1), in der jeweils geltenden Fassung, oder
3. handels- oder steuerrechtlichen Bestimmungen Pflichten zur Aufbewahrung ergeben, die mit den Pflichten nach Absatz 1 vergleichbar sind, ist das Energieversorgungsunternehmen insoweit von den Pflichten zur Aufbewahrung gemäß Absatz 1 befreit.

Literatur: *Kühling/Rasbach*, Kernpunkte des novellierten EnWG 2011 – Regulierungsausbau im Zeichen der „Energiewende", RdE 2011, 332; *Soetebeer/Bartsch*, Datenschutz im Energievertrieb – Rechtliche Grundlagen und Einzelfragen in der Praxis (Teil 1), IR 2013, 29; *Soetebeer/Bartsch*, Energievertrieb – Rechtliche Grundlagen und Einzelfragen in der Praxis (Teil 2), IR 2013, 50.

A. Allgemeines

I. Inhalt und Zweck

§ 5a setzt Art. 40 Elt-RL 09 und Art. 44 Gas-RL 09 um und zielt auf größere 1 Markttransparenz und auf eine **ordnungsgemäße Preisbildung auf den Großhandelsmärkten** für Strom und Gas, da ein funktionierender Wettbewerb auf diesen Märkten die Voraussetzung für bezahlbare Energiepreise für Wirtschaft und Verbraucher ist. Dazu sah schon das Energiekonzept der Bundesregierung vom 28.9.2010 die Schaffung einer nunmehr nach § 47a Abs. 1 S. 1 GWB beim Bundeskartellamt angesiedelten Markttransparenzstelle vor, die laufend marktrelevante Daten nach § 5a erheben, sammeln und analysieren soll, um ein mögliches Fehlverhalten wie insbesondere kartellrechtliche Verstöße oder Diskriminierungen bei der Preisbildung aufdecken und den Wettbewerb stärken zu können. § 5a führt die Aufbewahrungspflicht nicht gänzlich neu ein, sondern knüpft an bestehende Aufbewahrungspflichten aus dem HGB und aus der AO an, über die § 5a partiell hinaus geht (*Kühling/Rasbach* RdE 2011, 332 (339)).

§ 5a zählt zum Bereich der Sonderkundenversorgung und verpflichtet Energie- 2 versorgungsunternehmen, die Energie an Kunden verkaufen, die in Abs. 1 S. 2 genannten **Daten über Transaktionen mit Großhandelskunden und Transportnetzbetreibern fünf Jahre lang zu speichern** und sie auf Verlangen der Regulierungsbehörde, dem Bundeskartellamt, den Landeskartellbehörden sowie der Europäischen Kommission zu übermitteln. Die Regulierungsbehörden werden zudem dazu ermächtigt, die übermittelten Daten in nicht personenbezogener Form und nur unter den in Abs. 2 genannten weiteren Voraussetzungen zu veröffentlichen, sofern es sich dabei nicht um wirtschaftlich sensible Daten iSd § 6a handelt.

§ 5a

II. Entstehungsgeschichte

3 § 5a trat im Zuge der **EnWG-Novelle 2011** durch Art. 1 Nr. 6 des Gesetzes zur Neuregelung energiewirtschaftsrechtlicher Vorschriften (EnWNG) vom 26.7.2011 zum 4.8.2011 in Kraft (BGBl. 2011 I S. 1554). Seine Fassung entsprach zunächst der des ersten Regierungsentwurfs (RegE v. 6.6.2011, BR-Drs. 343/11, 13). Die Neuregelung bedingte andere Ergänzungen des EnWG, wie etwa den zum besseren Verständnis des § 5a eingefügten § 3 Nr. 15a (so RegE v. 6.6.2011, BR-Drs. 343/11 zu Nr. 62, 123).

III. Gemeinschaftsrechtliche Vorgaben

4 Zum Dritten Binnenmarktpaket Energie zählten ua die Richtlinie 2009/73/EG (Gas-RL 09) über gemeinsame Vorschriften für den Erdgasbinnenmarkt sowie die Richtlinie 2009/72/EG (Elt-RL 09) über gemeinsame Vorschriften für den Elektrizitätsbinnenmarkt. Die beiden Richtlinien enthalten in Art. 40 Elt-RL 09 bzw. in Art. 44 Gas-RL 09 **gemeinschaftsrechtliche Vorgaben für Aufbewahrungspflichten:** Nach Abs. 1 müssen die Versorgungsunternehmen die relevanten Daten über alle mit Großhandelskunden, Übertragungsnetz- bzw. Fernleitungsbetreibern sowie mit Betreibern von Gasspeicheranlagen und LNG-Anlagen getätigten Transaktionen mit Elektrizitätsversorgungsverträgen und Elektrizitätsderivaten bzw. Gasversorgungsverträgen und Gasderivaten mindestens fünf Jahre lang aufbewahren und den nationalen Behörden bei Bedarf zur Erfüllung ihrer Aufgaben zur Verfügung stellen. Zu den danach berechtigten Behörden zählen die nationalen Regulierungsbehörden, die nationalen Wettbewerbsbehörden sowie die Kommission. Nach Abs. 2 der genannten Artikel müssen die aufbewahrten Daten genaue Angaben zu den Transaktionen enthalten. Dazu zählen die Bestimmungen der Lauf- und Lieferzeit und der Abrechnung, die Menge, das Datum und die Uhrzeit der Ausführung, die Transaktionspreise und die Identifizierung der betreffenden Großhandelskunden sowie bestimmte Angaben zu allen noch offenen Positionen in den nicht abgerechneten Verträgen und Derivaten. Sofern dabei keine wirtschaftlich sensiblen Daten über einzelne Marktakteure oder einzelne Transaktionen preisgegeben werden, kann die Regulierungsbehörde nach Abs. 3 einige der zuvor erhobenen Informationen den Marktteilnehmern zugänglich machen.

5 Dabei sind Informationen zu Finanzinstrumenten, die unter die **RL 2004/39/EG** fallen, ausgenommen. Damit dürfen also keine Informationen über solche Finanzinstrumente veröffentlicht werden, die unter die sog. MiFID vom 21.4.2004 fallen. Nach Art. 4 Abs. 1 Nr. 17 iVm Anhang I Abschnitt C MiFID sind dies übertragbare Wertpapiere, derivative Instrumente für den Transfer von Kreditrisiken, finanzielle Differenzgeschäfte, Geldmarktinstrumente, Anteile an Organismen für gemeinsame Anlagen, Optionen, Terminkontrakte, Swaps, Termingeschäfte und alle anderen Derivatkontrakte über bar abzurechnende Waren, über Waren, die effektiv geliefert werden können sowie in Bezug auf Klimavariablen, Frachtsätze, Emissionsberechtigungen, Inflationsraten und andere offizielle Wirtschaftsstatistiken, die bar abzurechnen sind (vgl. dazu iE Anhang I Abschn. C RL 2004/39/EG). Rechtspersonen, die unter die RL 2004/39/EG fallen (dazu Art. 1–3 der RL), treffen nach Art. 40 Abs. 6 und 7 Elt-RL 09 und Art. 44 Abs. 6 und 7 Gas-RL 09 keine zusätzlichen Pflichten. Falls die in Abs. 1 der beiden Richtlinien genannten Behörden auf Daten zugreifen müssen, die von solchen Unternehmen aufbewahrt werden, die unter die RL 2004/39/EG fallen, erhalten sie diese von den nach der

Speicherungspflichten, Veröffentlichung von Daten **§ 5a**

RL 2004/39/EG zuständigen Behörden direkt. Die Kommission wird nach Art. 40 Abs. 4 bzw. 44 Abs. 4 der genannten Richtlinien dazu ermächtigt, Leitlinien ua für die Modalitäten der Datenaufbewahrung zu erlassen. Erst wenn diese Leitlinien erlassen wurden, gelten die Pflichten des Art. 40 Elt-RL 09 bzw. 44 Gas-RL 09 nach deren Abs. 5 auch für die mit Großhandelskunden, Übertragungsnetz- bzw. Fernleitungsbetreibern sowie mit Betreibern von Gasspeicheranlagen und LNG-Anlagen getätigten Transaktionen mit Energiederivaten. Für den Datenaustausch mit der Kommission sind Art. 20 VO (EG) Nr. 719/2009 (Strom) und Art. 25 VO (EG) Nr. 715/2009 (Gas) anzuwenden (→ Rn. 11 f.).

IV. Verfassungsrechtliche Beurteilung

§ 5a verpflichtet die betroffenen Unternehmen dazu, die genannten Daten zu 6 erheben und fünf Jahre lang aufzubewahren und schafft zugleich die erforderliche gesetzliche Grundlage zur Übermittlung dieser Daten an die genannten Behörden. Die Norm ist damit zum einen wegen der in ihr enthaltenen **Berufsausübungsregelung** im Hinblick auf Art. 12 Abs. 1 GG (iVm Art. 19 Abs. 3 GG) rechtfertigungsbedürftig. Dies ist bei Berufsausübungsregelungen zu bejahen, wenn vernünftige Erwägungen des Gemeinwohls sie zweckmäßig erscheinen lassen, wobei der Gesetzgeber einen erheblichen Beurteilungs- und Gestaltungsspielraum hat (BVerfG Beschl. v. 19.7.2000 – 1 BvR 539/96, BVerfGE 102, 197 (218); Beschl. v. 18.11.2003 – 1 BvR 302/96, BVerfGE 109, 64 (85) und Beschl. v. 8.6.2010 – 1 BvR 2011, 2959/07, BVerfGE 126, 112 (145)). Mit den durch die Regelung intendierten Zielen der Markttransparenz und der ordnungsgemäßen Preisbildung auf den Großhandelsmärkten liegen wichtige Gründe des Gemeinwohls vor. Zudem sind zum Großteil Daten betroffen, die ohnehin im Rahmen einer ordnungsgemäßen Buchführung aufgrund anderer gesetzlicher Vorschriften aufbewahrt werden müssen. Der durch § 5a begründete technische Aufwand für die betreffenden Unternehmen ist daher hinsichtlich des technischen Aufwandes nicht unverhältnismäßig (vgl. zur gleich gelagerten Frage bei § 113a TKG aF BVerfG Urt. v. 2.3.2010 – 1 BvR 256, 263, 586/08, BVerfGE 125, 260 (361)). Gleiches gilt auch für die durch § 5a ausgelösten finanziellen Lasten für die Unternehmen. Der Gesetzgeber kann Lasten zur Wahrung von Gemeinwohlbelangen grundsätzlich den Marktakteuren auferlegen und so die damit verbundenen Kosten in den Marktpreis integrieren (BVerfG Urt. v. 2.3.2010 – 1 BvR 256, 263, 586/08, BVerfGE 125, 260 (361)). Dabei reicht eine hinreichende Sachnähe zwischen der beruflichen Tätigkeit und der auferlegten Verpflichtung (BVerfG Beschl. v. 22.1.1997 – 2 BvR 1915/91, BVerfGE 95, 173 (187) und Urt. v. 2.3.2010 – 1 BvR 256, 263, 586/08, BVerfGE 125, 260 (362)). Die nach § 5a aufzubewahrenden Daten stehen im unmittelbaren Zusammenhang mit der Geschäftstätigkeit der betroffenen Unternehmen am Markt und können nur von diesen selbst erhoben werden. Den Vorgaben des Bestimmtheitsgebots aus Art. 103 Abs. 2 GG genügt § 5a Abs. 1 S. 2 jedoch nur, wenn man die dortige Aufzählung entgegen dem Wortlaut („wie") als abschließend versteht (so auch Theobald/Kühling/*Theobald* EnWG § 5a Rn. 7).

Zum anderen ist die Norm im Hinblick auf den Eingriff in das Recht der betrof- 7 fenen Unternehmen auf **informationelle Selbstbestimmung** aus Art. 2 Abs. 1 iVm Art. 1 Abs. 1 GG (iVm Art. 19 Abs. 3 GG) rechtfertigungsbedürftig, nach dem grundsätzlich jedermann selbst über die Preisgabe und Verwendung seiner personenbezogenen Daten bestimmen kann (BVerfG Beschl. v. 13.1.1981 – 1 BvR 116/77, BVerfGE 56, 37 (41 f.)). Beschränkungen dieses Rechts bedürfen wegen

§ 5 a — Teil 1. Allgemeine Vorschriften

Art. 2 Abs. 1 GG einer verhältnismäßigen gesetzlichen Grundlage. Aus dem einschränkenden Gesetz müssen sich dabei die Voraussetzungen und der Umfang der Beschränkungen klar ergeben (BVerfG Beschl. v. 22.6.1977 – 1 BvR 799/76, BVerfGE 45, 400 (420)). In den Fällen, in denen das Allgemeininteresse überwiegt, sind Einschränkungen des Rechts auf informationelle Selbstbestimmung zulässig. Ohne den Willen des Betroffenen sind Einschränkungen des Rechts auf informationelle Selbstbestimmung nur dann möglich, wenn die entsprechende gesetzliche Ermächtigung bereichsspezifisch, präzise und amtshilfefest ist (BVerfG Urt. v. 15.12.1983 – 1 BvR 209, 269, 362, 420, 440, 484/83, BVerfGE 65, 1 (46)). § 5 a regelt durch seine Verweise noch hinreichend präzise die bereichsspezifischen Voraussetzungen der Datenweitergabe und trägt insbesondere durch die Beschränkung der Übermittlungspflicht auf die zur Aufgabenerfüllung der Behörden erforderlichen Daten dem Verhältnismäßigkeitsgrundsatz Rechnung und trägt zudem dafür Sorge, dass keine Geschäftsgeheimnisse veröffentlicht werden. Insofern ist die partielle Beschränkung des Rechts der betroffenen Unternehmen auf informationelle Selbstbestimmung gerechtfertigt.

B. Einzelerläuterungen

I. Speicherungspflichten (Abs. 1)

8   § 5 a Abs. 1 S. 1 betrifft Energieversorgungsunternehmen (§ 3 Nr. 18), die Energie (§ 3 Nr. 14) an Kunden (§ 3 Nr. 24) verkaufen; nicht ausreichend ist hingegen der bloße Betrieb eines Energieversorgungsnetzes. Die Unternehmen müssen die erforderlichen Daten über sämtliche mit Großhandelskunden und Transportnetzbetreibern (§ 3 Nr. 31 c) sowie im Gasbereich mit Betreibern von Gasspeicheranlagen (§ 3 Nr. 9 und 31) und LNG-Anlagen (§ 3 Nr. 8 und 26) im Rahmen von Energieversorgungsverträgen (§ 3 Nr. 18 a) und Energiederivaten (§ 3 Nr. 15 a) getätigten Transaktionen **für die Dauer von fünf Jahren speichern.** Maßgeblich für den Fristbeginn ist dabei nicht die Datenspeicherung, sondern der Transaktionszeitpunkt (NK-EnWG/*Schex* § 5 a Rn. 5) Als **Transaktion** sind die einzelnen getätigten Vertragsschlüsse ohne Rücksicht auf deren dinglichen Vollzug anzusehen (BerlKommEnergieR/*Säcker* EnWG § 5 a Rn. 4).

9   Zentrale Voraussetzung zur Eröffnung des Anwendungsbereichs von § 5 a ist damit die Frage des Vertragspartners der in Abs. 1 beschriebenen Transaktionen. § 5 a erfasst nicht den Weiterverkauf der Energie an Letztverbraucher iSd § 3 Nr. 25 (Theobald/Kühling/*Theobald* EnWG § 5 a Rn. 5; aA wohl BerlKommEnergieR/ *Säcker* EnWG § 5 a Rn. 3). Zur Beschreibung der **betroffenen Vertragspartner** hat der Gesetzgeber vier Gruppen herangezogen, von denen nur die Gruppe der Großhandelskunden nicht unmittelbar in § 3 definiert ist. Der Begriff findet sich im Übrigen nur noch in § 35 Abs. 1 Nr. 13. Der Großhandelskundenbegriff ist jedoch aus einer Zusammenschau von § 3 Nr. 21 und 24 herzuleiten und am Begriff des Großhändlers nach § 3 Nr. 21 anzulehnen. Hiernach sind Großhandelskunden natürliche oder juristische Personen mit Ausnahme von Betreibern von Übertragungs-, Fernleitungs- sowie Elektrizitäts- und Gasverteilernetzen, die Energie zum Zwecke des Weiterverkaufs innerhalb oder außerhalb des Netzes, in dem sie ansässig sind, kaufen. Großhandelskunden sind damit gerade nicht die Lieferanten der Letztverbraucher, sondern typischerweise Zwischenhändler von Energie (vgl. für § 3 Nr. 21 Theobald/Kühling/*Theobald* EnWG § 3 Rn. 186).

Speicherungspflichten, Veröffentlichung von Daten **§ 5 a**

Die Energieversorgungsunternehmen müssen diese Daten erst auf Verlangen 10
den Regulierungsbehörden (BNetzA und den Landesregulierungsbehörden), dem
Bundeskartellamt, den Landeskartellbehörden sowie der Europäischen Kommission **übermitteln,** soweit dies für deren jeweilige Aufgabenerfüllung erforderlich
ist, wobei der Zweckbindungsgrundsatz besonders zu beachten ist. Die Erforderlichkeit wird regelmäßig anzunehmen sein und ist nur in den Fällen zu verneinen,
in denen das Übermittlungsverlangen der Behörden unverhältnismäßig ist (Berl-
KommEnergieR/*Säcker* EnWG § 5 a Rn. 6). Die Informationen müssen die Inhaber der Unternehmen und bei juristischen Personen die nach Gesetz oder Satzung zu ihrer Vertretung Bevollmächtigten übermitteln, vgl. Art. 20 Abs. 4 VO
(EG) Nr. 719/2009 (Strom). Die Datenübermittlung hat dabei richtig und der behördlichen Anforderung entsprechend also vollständig und rechtzeitig zu erfolgen
(§ 95 Abs. 3 a), wobei jedoch keine bestimmte Form vorgeschrieben ist (Theobald/
Kühling/*Theobald* EnWG § 5 a Rn. 10). Für die durch einen ordnungsgemäß bevollmächtigten Rechtsanwalt unvollständig, unrichtig oder irreführend übermittelten Angaben sollen die vertretenen Unternehmen haften, vgl. Art. 20 Abs. 4 VO
(EG) Nr. 719/2009 (Strom).

Die in § 5 a genannten potenziellen **Adressaten der Übermittlung** sind viel- 11
zählig. Die gemeinschaftsrechtlichen Vorgaben zu einer intensiveren Zusammenarbeit der Regulierungsbehörden untereinander und mit der Kommission sollen
durch den erforderlichen Datenaustausch umgesetzt werden. Für den **Datenaustausch mit der Kommission** gelten Art. 20 VO (EG) Nr. 719/2009 (Strom) und
Art. 25 VO (EG) Nr. 715/2009 (Gas), wonach die Mitgliedstaaten und die Regulierungsbehörden der Kommission alle erforderlichen Informationen übermitteln, die
dazu eine angemessene Frist setzen kann und die Daten danach unmittelbar von
den Unternehmen (ggf. durch eine sanktionsbewehrte Entscheidung) anfordern
kann, Art. 20 Abs. 2 S. 1 und Abs. 5 S. 1 VO (EG) Nr. 719/2009 (Strom). Zu den
erforderlichen Daten zählen nach Art. 20 Abs. 1 S. 3 VO (EG) Nr. 719/2009
(Strom) regelmäßige Informationen über die den Übertragungsnetzbetreibern tatsächlich entstandenen Kosten. Auch die Kommission darf solche Informationen,
die unter das Geschäftsgeheimnis fallen, nicht offenlegen, vgl. Art. 20 Abs. 6 S. 2
VO (EG) Nr. 719/2009 (Strom).

Daten iSd § 5 a sind nach Abs. 1 S. 2 genaue Angaben zu den Merkmalen der 12
Transaktionen wie Laufzeit-, Liefer- und Abrechnungsbestimmungen, Menge, Datum und Uhrzeit der Ausführung, Transaktionspreise und Angaben zur Identifizierung des betreffenden Vertragspartners sowie entsprechende Angaben zu sämtlichen offenen Positionen und nicht abgerechneten Energieversorgungsverträgen
und Energiederivaten. Die dort genannten marktrelevanten Daten erfassen alle für
die Umstände des Vertragsschlusses wesentlichen Merkmale dieser Transaktion, was
die internen Dokumentationspflichten der betroffenen Unternehmen ausweitet.
Dabei gibt es bisher keine Vorgaben zur Umsetzung der Speicherungspflicht, etwa
zur Qualität der gespeicherten Daten. Die EU-Kommission hat diesbezüglich noch
keine Leitlinien erlassen.

II. Veröffentlichung von Daten (Abs. 2)

§ 5 a Abs. 2 S. 1 ermächtigt die Regulierungsbehörde dazu, die in Abs. 1 auf- 13
bewahrten und sodann den Behörden übermittelten Daten im Einvernehmen mit
dem Bundeskartellamt iSd § 5 a Abs. 2 S. 3 **in anonymisierter Form zu veröffentlichen,** sofern so keine wirtschaftlich sensiblen Daten iSd § 6 a über einzelne Markt-

§ 5a

akteure oder einzelne Transaktionen preisgegeben werden. Die Vorschrift zielt damit unter Aufrechterhaltung des geheimen Wettbewerbs auf eine größere Markttransparenz und auf ein wachsendes Vertrauen auf die Funktionsfähigkeit der Preisbildung in den Großhandelsmärkten Strom und Gas ab. Nicht veröffentlicht werden dürfen hingegen nach § 5a Abs. 2 S. 2 Informationen über Energiederivate iSd § 3 Nr. 15a, also über die in Abschnitt C Nummer 5, 6 oder 7 des Anhangs I der RL 2004/39/EG in der jeweils geltenden Fassung genannten Finanzinstrumente, sofern diese Instrumente auf Elektrizität oder Gas bezogen sind. Die Ausnahme geht auf die genannten Vorbehaltsregelungen der Art. 40 Abs. 4 und 5 Elt-RL 09 und Art. 44 Abs. 4 und 5 Gas-RL 09 zurück, nach denen die gemeinschaftsrechtlichen Aufbewahrungspflichten für die mit Großhandelskunden, Übertragungsnetz- bzw. Fernleitungsbetreibern sowie mit Betreibern von Gasspeicheranlagen und LNG-Anlagen getätigten Transaktionen mit Energiederivaten erst dann gelten, wenn die Kommission nach Art. 40 Abs. 4 Elt-RL 09 bzw. Art. 44 Abs. 4 Gas-RL 09 Leitlinien ua für die Modalitäten der Datenaufbewahrung erlassen hat. Vor der Veröffentlichung ist nach § 5a Abs. 1 S. 3 Einvernehmen mit dem Bundeskartellamt herzustellen, damit die Maßnahme auch aus wettbewerbsrechtlicher Sicht angezeigt ist.

III. Kollisionsregeln (Abs. 3)

14 Die in § 5a avisierten Großhandelsmärkte für Strom und Gas sind Wettbewerbsmärkte. Für die Marktteilnehmer gelten somit ohnehin das Kartellrecht und zT Regeln der Finanzmarktregulierung. § 5a Abs. 3 knüpft an diesen Umstand an und schafft zur Vermeidung unnötiger Bürokratie in den Unternehmen **Kollisionsregeln zwischen der Pflicht nach § 5a Abs. 1 und anderen Aufbewahrungspflichten,** die der Pflicht nach Abs. 1 dann vorgehen, wenn sie damit inhaltlich vergleichbar sind, also ähnliche Auskünfte ermöglichen. Nicht erfasst sind hierbei hingegen die Übermittlungs- und die Veröffentlichungspflicht nach § 5a Abs. 1. § 5a Abs. 3 verweist zum einen auf das WpHG, dessen § 7b über die Zusammenarbeit mit der Europäischen Kommission im Rahmen des EnWG im Zuge der EnWG-Novelle 2011 durch Art. 5 Nr. 3 des Gesetzes v. 26.7.2011 (BGBl. 2011 I S. 1554) mit Wirkung vom 4.8.2011 eingeführt wurde. Aufzeichnungs- und Aufbewahrungspflichten ergeben sich hier vor allem aus den §§ 16, 16b und 34 WpHG. Ergänzt wird dies durch den Verweis auf Art. 72 bis 76 der Delegierten Verordnung (EU) 2017/565 der Kommission vom 25. April 2016 zur Ergänzung der Richtlinie 2014/65/EU des Europäischen Parlaments und des Rates in Bezug auf die organisatorischen Anforderungen an Wertpapierfirmen und die Bedingungen für die Ausübung ihrer Tätigkeit sowie in Bezug auf die Definition bestimmter Begriffe für die Zwecke der genannten Richtlinie (ABl. 2017 L 87, 1) unter § 5a Abs. 3 Nr. 2 sowie auf die handels- und steuerrechtlichen Aufbewahrungspflichten nach Nr. 3. Dabei sind insbesondere die **Aufbewahrungspflichten der Kaufleute nach § 257 HGB** sowie die Ordnungsvorschriften zur Aufbewahrung von Unterlagen nach **§ 147 AO** gemeint, die der Aufbewahrungspflicht nach § 5a Abs. 1 vorgehen, soweit sie mit dieser im Regelungsgehalt und -umfang vergleichbar sind.

IV. Verletzung der Pflichten

15 Die Pflicht nach § 5a Abs. 1 ist **durch § 95 Abs. 1 Nr. 3a bußgeldbewehrt.** Ordnungswidrig handelt danach, wer die in § 5a Abs. 1 S. 1 genannten Daten nicht, nicht richtig, nicht vollständig oder nicht rechtzeitig übermittelt. Die Vorschrift erfasst nur die pflichtwidrige Übermittlung der Informationen an die in § 5a Abs. 1 S. 1 genannten Behörden, wobei es nicht darauf ankommt, ob diese ihren Grund schon in der Verletzung der Aufbewahrungspflichten oder erst in der Verletzung der Übermittlungspflichten hat. Die Zuständigkeit richtet sich nach § 95 Abs. 5 iVm § 54 Abs. 1 (BNetzA) bzw. § 95 Abs. 5 iVm § 54 Abs. 2 (Landesregulierungsbehörden).

C. Rechtsschutz

Die Beschwerde nach § 75 Abs. 1 ist gegen Übermittlungsverlangen der Bundesnetzagentur und der Landesregulierungsbehörden eröffnet. Gegen Übermittlungsverlangen der Kartellämter ist dagegen die Beschwerde nach §§ 63ff. GWB und gegen die der Europäischen Kommission die Klage nach Art. 263 Abs. 4 AEUV eröffnet. 16

§ 5b Anzeige von Verdachtsfällen, Verschwiegenheitspflichten

(1) ¹**Personen, die beruflich Transaktionen mit Energiegroßhandelsprodukten arrangieren, dürfen ausschließlich Personen, die auf Grund ihres Berufs einer gesetzlichen Verschwiegenheitspflicht unterliegen, und staatliche Stellen von einer Anzeige gemäß Artikel 15 Satz 1 der Verordnung (EU) Nr. 1227/2011 des Europäischen Parlaments und des Rates vom 25. Oktober 2011 über die Integrität und Transparenz des Energiegroßhandelsmarkts (ABl. L 326 vom 8.12.2011, S. 1) oder von einer daraufhin eingeleiteten Untersuchung oder einem daraufhin eingeleiteten Ermittlungsverfahren in Kenntnis setzen. ²Die Bundesnetzagentur kann Inhalt und Ausgestaltung der Vorkehrungsmaßnahmen und Verfahren nach Artikel 15 Satz 2 der Verordnung (EU) Nr. 1227/2011 durch Festlegung nach § 29 Absatz 1 näher bestimmen. ³Für die zur Auskunft nach Artikel 15 Satz 1 verpflichtete Person gilt § 55 der Strafprozessordnung entsprechend.**

(2) **Ergreift die Bundesnetzagentur Maßnahmen wegen eines möglichen Verstoßes gegen ein Verbot nach Artikel 3 oder Artikel 5 der Verordnung (EU) Nr. 1227/2011, so dürfen die Adressaten dieser Maßnahmen ausschließlich Personen, die auf Grund ihres Berufs einer gesetzlichen Verschwiegenheitspflicht unterliegen, und staatliche Stellen von diesen Maßnahmen oder von einem daraufhin eingeleiteten Ermittlungsverfahren in Kenntnis setzen.**

Übersicht

	Rn.
A. Allgemeines	1
I. Inhalt	1
II. Zweck, Regelungshintergrund und Abgrenzung zur wertpapierrechtlichen Verdachtsmeldepflicht	9
B. Umgang mit Verdachtsfällen und Verschwiegenheitspflichten im Einzelnen	15
I. Verschwiegenheitspflichten nach Abs. 1	16
II. Verschwiegenheitspflicht nach Abs. 2	25
C. Sanktionen bei Verstoß gegen die Verschwiegenheitspflicht	30

§ 5b

Literatur: *Assmann/Schütze/Buck-Heeb* (Hrsg.), Handbuch des Kapitalanlagerechts, 5. Aufl. 2020 (zit. Assmann/Schütze/Buck-Heeb KapAnlR-HdB/*Bearbeiter*); *Hirte/Möllers* (Hrsg.), Kölner Kommentar zum WpHG, 2. Aufl. 2014 (zit. KK-WpHG/*Bearbeiter*); *Zenke/Schäfer* (Hrsg.), Energiehandel in Europa, 4. Aufl. 2017.

A. Allgemeines

I. Inhalt

1   § 5b wurde mWv 12.12.2012 durch Art. 2 des Gesetzes zur Errichtung einer Markttransparenzstelle für den Großhandel mit Strom und Gas (BGBl. 2012 I S. 2403) in das EnWG eingeführt. MWv 27.7.2013 wurde die Norm durch Art. 2 des zweiten Gesetzes über Maßnahmen zur Beschleunigung des Netzausbaus Elektrizitätsnetze (BGBl. 2013 I S. 2543) an das geänderte EnWG angepasst. Der Regelungsansatz basiert auf der Umsetzungsverpflichtung der VO (EU) Nr. 1227/2011 vom 8.12.2011 über die Integrität und Transparenz des Energiegroßhandelsmarkts (REMIT-VO/Regulation on Wholesale Energy Market Integrity and Transparency) (ABl. 2011 L 326, 1).

2   § 5b regelt den Umgang mit **Verdachtsfällen** und enthält flankierende **Verschwiegenheitspflichten** (→ Rn. 15ff.). Gegenstand des Verdachtes sind gem. Art. 15 S. 1 REMIT-VO Transaktionen, welche gegen die Bestimmungen von Art. 3 oder Art. 5 REMIT-VO verstoßen könnten. Art. 3 REMIT-VO regelt das Verbot des Insider-Handels. Art. 5 REMIT-VO regelt das Verbot der Marktmanipulation. Für die Frage, wann diese Tatbestände eröffnet sind, wird auf die einschlägige Kommentierung der Strafvorschriften des § 95a (→ § 95a Rn. 1ff.) und § 95b (→ § 95b Rn. 1ff.) verwiesen.

3   Voraussetzung für die Erkennung von Verdachtsfällen ist die Kenntnis über Transaktionen. Hierzu wurde ein umfangreiches Meldewesen über das Reporting von Kauf- und Verkaufsaufträgen mit Energiegroßhandelsprodukten gem. Art. 7 und Art. 8 REMIT-VO etabliert. Diese Meldungen werden zentralisiert bei der europäischen Agentur ACER (Agency for the Cooperation of Energy Regulators) erfasst und den nationalen Behörden zur Verfügung gestellt (weiterführend Zenke/Schäfer Energiehandel/*Eufinger/Eufinger* § 22 Rn. 106ff.).

4   Die REMIT-VO regelt die **Anzeigepflicht** an sich (→ Rn. 16ff.). Das EnWG regelt im Schwerpunkt die damit einhergehenden **Verschwiegenheitspflichten** (→ Rn. 21ff.). Mit der Regelung wird ergänzend zu Art. 15 REMIT-VO das Maß der mit einer Verdachtsanzeige verbundenen Verschwiegenheitspflicht geregelt.

5   Anders als bei schwersten Straftaten, bei denen Jedermann eine Anzeigepflicht trifft, werden hier nur die Personen zur Anzeige verpflichtet, die **beruflich Transaktionen** in diesem Bereich arrangieren (→ Rn. 17f.). Hierzu müssen diese wirksame Vorkehrungen und Verfahren einführen um entsprechende Verstöße feststellen zu können (→ Rn. 22).

6   Indirekt folgt aus der Formulierung der Anzeigepflicht auch, dass betroffene Personen (sprich die Verdächtigen) von der **Anzeige nicht unterrichtet** werden dürfen. Die Information erfolgt ausschließlich an die zuständigen staatlichen Stellen und zur besonderen Verschwiegenheit verpflichtete Personen.

7   Auch diejenigen, die **Adressat von Maßnahmen** (zB Auskunftsersuchen) der Bundesnetzagentur („BNetzA") wegen Verstößen gegen die REMIT sind, unterliegen einer besonderen **Verschwiegenheitspflicht.** Gleiches gilt für daraufhin eingeleitete Ermittlungsverfahren.

Anzeige von Verdachtsfällen, Verschwiegenheitspflichten §5b

Auch die BNetzA unterliegt einer allgemeinen **behördlichen Verschwiegen-** 8
heitspflicht. Dies gilt insbesondere in Bezug auf aufgenommene Verwaltungsmaßnahmen betreffender Aufdeckung entsprechender Taten, der Erstattung einer Anzeige bei der Staatsanwaltschaft, sowie der Kundgabe über ein eingeleitetes Ermittlungsverfahren.

II. Zweck, Regelungshintergrund und Abgrenzung zur wertpapierrechtlichen Verdachtsmeldepflicht

Im Vorfeld der gesetzlichen Regelung kamen vermehrt Vermutungen auf, dass 9
der Preis für Strom auf dem Großhandelsmarkt manipuliert werde. Allgemein sollte diesen Vermutungen durch ein Tätigwerden des Gesetzgebers Rechnung getragen werden. Der Gesetzgeber sah sich hiermit zur Regelung einer „Spezialmaterie" berufen, die jedoch nicht nur die mit der Materie befassten Fachkreise betrifft: Der Großhandelsmarktpreis bildet die Basis für den Endkundenstrompreis. Eine Manipulation kann somit weitläufige Auswirkungen haben.

Der konkrete Zweck der Norm ergibt sich aus einem Quervergleich mit den Pa- 10
rallelnomen aus dem Wertpapierhandelsbereich. Einschlägig ist hier die VO (EU) Nr. 596/2014 des Europäischen Parlaments und des Rates vom 16. April 2014 über Marktmissbrauch (MAR/Market Abuse Regulation) (ABl. 2014 L 173, 1). Auch dort werden Marktteilnehmer zu ähnlichem Verhalten verpflichtet. Hintergrund ist, dass es ein gemeinsames Interesse von Marktteilnehmern und den Aufsichtsbehörden ist, die **Marktintegrität** in diesem Bereich zu fördern. Es geht nicht nur um die Erfüllung der Umsetzung europäischer Vorgaben. Neben der Stärkung der Integrität geht es auch um die Erleichterung strafrechtlicher und bußgeldrechtlicher Verfolgung (vgl. Assmann/Schütze/Buck-Heeb KapAnlR-HdB/*Worms* § 10 Rn. 107; KK-WpHG/*Heinrich* § 10 Rn. 3; Zenke/Schäfer Energiehandel/*Eufinger/Eufinger* § 22 Rn. 36ff.). Hierzu soll sichergestellt werden, dass die Verfolgung von Verstößen nicht dadurch vereitelt wird, dass die Beschuldigten vorzeitig Kenntnis von den Ermittlungen erlangen (vgl. BerlKommEnergieR/*Säcker* EnWG § 5b Rn. 1).

Für die Abgrenzung zu den vorgenannten Parallelnormen aus dem Wertpapier- 11
handelsbereich ist ein Grundverständnis der **Marktstrukturen** unerlässlich: Der hiesige Handel mit Strom und Gas vollzieht sich schwerpunktmäßig an der European Energy Exchange (EEX) in Leipzig. Die EEX unterhält hierzu zahlreiche Unternehmensbeteiligungen und Kooperationen zu Handelsplätzen in verschiedenen Ländern. Hierdurch vollzieht sich der Handel nicht nur in Deutschland, sondern auch an anderen Orten (vgl. zur Struktur des Handels Zenke/Schäfer Energiehandel/*Eufinger/Eufinger* § 22 Rn. 4ff.).

Strom und Gas werden an Märkten in zweierlei Form gehandelt. Zu unter- 12
schieden ist der Handel mit dem reinen Warenprodukt aus dem Energiegroßhandelsbereich **(Spotmarkt)** und der Handel mit auf Warenprodukten bezogenen Finanzinstrumenten/Derivaten **(Terminmarkt).** Hier werden teilweise bereits Kontrakte für das Folgejahr abgeschlossen. Der Handel im Terminmarkt kann sich sowohl im **Energiegroßhandelsbereich,** als auch im **Wertpapierhandelsbereich** vollziehen. Verdachtsfälle können sich bezüglich von Verstößen in beiden Marktbereichen ergeben.

Ist der Handel mit einem reinen Warenprodukt aus dem Energiegroßhandels- 13
bereich (Spotmarkt) betroffen, so sind das EnWG und die REMIT einschlägig. Zuständiger Adressat der Verdachtsmeldung ist ausschließlich die BNetzA, welche sich der „Notification Platform" der europäischen Agentur bedient (→ Rn. 20).

Th. Eufinger

§ 5b

14 Im Terminmarkt kann es zu einer **Doppelzuständigkeit** kommen. Einerseits ist die BNetzA Adressat der Verdachtsmeldung, soweit sich diese auf den Handel mit Derivaten im Energiegroßhandelsbereich bezieht. Andererseits kann auch die Bundesanstalt für Finanzdienstleistungsaufsicht („BaFin") Adressat sein, soweit ein Derivat auch an Wertpapierhandelsplätzen gehandelt wird. Hier ergibt sich die Verdachtsmeldungspflicht aus Art. 16 MAR in Verbindung mit dem WpHG. Geschehen bei einem solchen Derivat Missbrauchsfälle beim reinen Handel mit dem Basiswert (Underlaying) und hat der Preis hierdurch mittelbaren Einfluss auf das Derivat, so greift auch hier die wertpapierrechtliche Verdachtsmeldungspflicht.

B. Umgang mit Verdachtsfällen und Verschwiegenheitspflichten im Einzelnen

15 § 5b enthält verschiedene Verschwiegenheitspflichten, welche sich im Zusammenspiel mit Art. 15 REMIT-VO ergeben. Zusätzlich konkretisiert § 5b die Verpflichtung Verfahren zur Erkennung von Insiderhandel einzurichten. Hier kann die BNetzA nähere Bestimmungen erlassen.

I. Verschwiegenheitspflichten nach Abs. 1

16 Abs. 1 regelt, dass Personen die beruflich **Transaktionen** mit **Energiegroßhandelsprodukten** arrangieren nur einen bestimmten Personenkreis über eine Anzeige gem. Art. 15 S. 1 REMIT-VO unterrichten dürfen. Art. 15 S. 1 REMIT-VO bestimmt, dass Personen, die beruflich Transaktionen mit Energiegroßhandelsprodukten arrangieren die nationale Regulierungsbehörde unverzüglich informieren müssen, wenn sie den begründeten **Verdacht** haben, dass eine Transaktion gegen die Bestimmung der Art. 3 REMIT-VO (Verbot von Insider-Handel) oder Art. 5 REMIT-VO (Verbot der Marktmanipulation) verstoßen könnte.

17 Dieser Personenkreis lässt sich vereinfacht mit dem Begriff des **professionellen Energiehändlers** umschreiben. Personen in diesem Sinne sind gem. Art. 2 Nr. 8 REMIT-VO sowohl natürliche als auch juristische Personen. Eine nähere gesetzliche Definition bleibt auch die REMIT schuldig. Die BNetzA und die ACER bedienen sich hier des Begriffs der **„PPATs"** (persons professionally arranging transactions). Welche Personen erfasst sind ist eine Frage der Einzelfallprüfung, die anhand der einschlägigen Orientierungshilfe der ACER vorgenommen werden kann, welche gegenwärtig in 6. Aufl. (Stand Juli 2021) vorliegt (abrufbar unter documents.acer.europa.eu/en/remit/Documents/ACER_Guidance_on_REMIT_application_6th_Edition_Final.pdf). Unstreitig unterliegen dem Wortlaut der Norm Broker, welche auf fremde Rechnung mit Produkten handeln und Börsen (Theobald/Kühling/*Kühling* EnWG § 5b Rn. 5).

18 **Energiegroßhandelsprodukte** iSd Norm sind nach Art. 2 Nr. 4 REMIT-VO Verträge für die Versorgung mit Strom und Gas in der Union und darauf bezogene Derivate, sowie Verträge und Derivate, welche sich auf den Transport von Strom und Gas beziehen. Hinzu kommen Verträge über die Lieferung und Verteilung an Endverbraucher, soweit die Verbrauchskapazität höher als 600 GWh ist.

19 Von Abs. 1 S. 1 erfasste Informationen sind die Anzeige gem. Art. 15 S. 1 REMIT-VO selbst, aber auch eine daraufhin eingeleitete Untersuchung oder ein daraufhin eingeleitetes Ermittlungsverfahren.

Die ursprünglichen Muster für Verdachtsanzeigen wurden in eine **"Notifica-** 20
tion Platform" der **ACER** überführt (www.acer-remit.eu/np/home). Diese
dient als zentrale Meldeplattform für Hinweise auf Verstöße gegen Art. 3 und
Art. 5 REMIT-VO und für die Meldung von Ausnahmen gem. Art. 3 Abs. 4b)
und Art. 4 Abs. 2 REMIT-VO an ACER und die BNetzA. Durch die Nutzung der
Plattform kommen die Verpflichteten ihrer Meldepflicht nach, da die Informationen an ACER und die jeweils zuständige nationale Regulierungsbehörde weitergeleitet werden. Eine zusätzliche Meldung an die BNetzA ist somit laut BNetzA
nicht (mehr) notwendig (vgl. remit.bundesnetzagentur.de/REMIT/DE/Ver
stoesse/Verdachtsfall/start.html).

Nach Abs. 1 S. 1 darf die Unterrichtung durch die Verantwortlichen nur an be- 21
stimmte Personen und Einrichtungen erfolgen. Hierzu zählen nach dem Wortlaut
der Norm ausschließlich Personen, die aufgrund ihres Berufs einer **gesetzlichen
Verschwiegenheitspflicht** unterliegen und **staatliche Stellen.** Unstreitig erfasst ist
die BNetzA als Adressat der Anzeige und staatliche Strafverfolgungsbehörden. Ebenso
unstreitig ist, dass keinesfalls eine Information an den Verdächtigen selbst erfolgen
darf. Für die Frage welche Personen einer gesetzlichen Verschwiegenheitspflicht unterliegen kann auf die Vorschrift des § 203 Abs. 1 Nr. 3 StGB abgestellt werden. Dies
sind insbesondere Rechtsanwälte, Patentanwälte, Notare, Verteidiger in einem solchen Verfahren, Wirtschaftsprüfer, vereidigte Buchprüfer, Steuerberater, Steuerbevollmächtigten oder Organ oder Mitglied eines Organs einer Rechtsanwalts-,
Patentanwalts-, Wirtschaftsprüfungs-, Buchprüfungs- oder Steuerberatungsgesellschaft. Kritisch hinterfragt wird, ob ein betroffener Mitarbeiter gegen den sich ein
Verfahren richtet zwar seinen Anwalt, nicht aber seinen Vorgesetzten oder die interne
Rechtsabteilung hierüber unterrichten dürfte (vgl. NK-EnWG/*Schex* § 5b Rn. 4).

Nach Art. 15 S. 2 REMIT-VO müssen Personen, die beruflich Transaktionen mit 22
Energiegroßhandelsprodukten arrangieren, **wirksame Vorkehrungen und Verfahren** einführen und beibehalten, mit denen Verstöße gegen die Art. 3 oder Art. 5 REMIT-VO (Insiderhandel und Marktmanipulation) festgestellt werden können. Inhalt
und Ausgestaltung dieser Maßnahmen kann die BNetzA nach § 5b Abs. 1 durch Festlegung nach § 29 Abs. 1 näher bestimmen. Ein Verweis auf Abs. 1 S. 2 findet sich in § 59
Abs. 1 Nr. 13. Hiernach ist eine Befassung von Beschlusskammern der BNetzA bei
hiesigen Festlegungen nicht geboten (→ § 59 Rn. 1 ff.). Eine solche Festlegung ist
national bislang nicht erfolgt. Insbesondere die Frage der Einbindung interner Rechtsabteilungen oder Compliance-Abteilungen wird diskutiert (→ Rn. 21). Ein Erfordernis wurde nicht gesehen, da auf europäischer Ebene eine umfangreiche Orientierungshilfe durch die ACER in Zusammenarbeit mit den nationalen Behörden geschaffen
wurde, welche gegenwärtig in 6. Aufl. (Stand Juli 2021) vorliegt (abrufbar unter docu
ments.acer.europa.eu/en/remit/Documents/ACER_Guidance_on_REMIT_ap
plication_6th_Edition_Final.pdf). Hier beschreibt Kap. 9 die nähere Ausgestaltung
geeigneter Verfahren. Beispielhaft werden geeignete Governance Strukturen aufgeführt. Insbesondere der Marktbeobachtung (Market Monitoring) kommt eine
große Bedeutung zu. Einen weiteren Anhalt für wirksame Vorkehrungen und Verfahren kann der Emittentenleitfaden der BaFin zu den wertpapierrechtlichen Verfahren
geben (abrufbar unter www.bafin.de/SharedDocs/Downloads/DE/Leitfaden/WA/
dl_emittentenleitfaden_modul_C.html?nn=13481154).

Gem. Abs. 1 S. 3 gilt für die nach Art. 15 S. 1 REMIT-VO Verpflichteten das 23
Auskunftsverweigerungsrecht nach § 55 StPO entsprechend. Hiernach kann jeder Zeuge die Auskunft auf solche Fragen verweigern, deren Beantwortung ihm
selbst oder einem der in § 52 Abs. 1 StPO bezeichneten Angehörigen die Gefahr

§ 5 b Teil 1. Allgemeine Vorschriften

zuziehen würde, wegen einer Straftat oder einer Ordnungswidrigkeit verfolgt zu werden. Dies bedeutet in der hiesigen Situation, dass die Anzeigepflicht für die Verpflichteten entfällt, wenn sie sich selbst oder einen in § 52 Abs. 1 StPO bezeichneten Angehörigen belasten müssten. Dies wäre etwa dann der Fall, wenn sie selbst an Verstößen mitgewirkt hätten.

24 Neben der Mitteilungspflicht nach der REMIT ist auch die **wertpapierrechtliche Mitteilungspflicht** nach Art. 16 Abs. 1 UAbs. 2 MAR (Anzeige von Verdachtsfällen) zu erfüllen, sofern der Betroffene auch zum Kreis der Betreiber von Märkten und Wertpapierfirmen gehört. Dies ist bei vielen Energiehändlern der Fall. Dann besteht auch eine Anzeigepflicht bei der BaFin. Sofern diese Personen auch einen Handelsplatz betreiben besteht darüber hinaus gem. Art. 16 Abs. 1 UAbs. 1 MAR die Pflicht wirksame Regelungen, Systeme und Verfahren zur Vorbeugung und Aufdeckung von Insidergeschäften, Marktmissbrauch versuchten Insidergeschäften und versuchtem Marktmissbrauch zu schaffen und aufrecht zu erhalten. Im Energiegroßhandelsbereich gilt dies in Abgrenzung für sämtliche Personen, die beruflich Transaktionen mit Energiegroßhandelsprodukten arrangieren (→ Rn. 22).

II. Verschwiegenheitspflicht nach Abs. 2

25 Durch die Regelung des Abs. 2 wird die Verschwiegenheitspflicht auch auf den Bereich nach Ergreifung von Maßnahmen durch die BNetzA erweitert. Dies gilt sowohl in zeitlicher, sachlicher als auch personeller Hinsicht.

26 Erfasst werden **Maßnahmen,** welche die BNetzA wegen eines möglichen Verstoßes gegen ein Verbot nach Art. 3 REMIT-VO oder Art. 5 REMIT-VO (Insiderhandel und Marktmanipulation) ergreift. Denkbar ist etwa ein Auskunftsersuchen zur Aufklärung des Sachverhaltes. Beispielhaft könnte gefragt werden wer wann von welchem Sachverhalt in Kenntnis gesetzt wurde. Der Kreis möglicher Adressaten ist mithin größer als der des Abs. 1. Das Nähere ist in § 69 geregelt.

27 Neben Maßnahmen der BNetzA sind gem. Abs. 2 aE auch daraufhin eingeleitete **Ermittlungsverfahren** betroffen.

28 Indirekt kommt in dieser Gebotsformulierung das Verbot zum Ausdruck den **Verdächtigen nicht vorzuwarnen** und zu informieren. Ermittlungshandlungen sollen nicht vereitelt werden.

29 Wie bei Abs. 1 dürfen die Adressaten der Maßnahmen ausschließlich Personen, die aufgrund ihres Berufs einer gesetzlichen **Verschwiegenheitspflicht** unterliegen und staatliche Stellen darüber informieren. Gleiches gilt für daraufhin eingeleitete Ermittlungsverfahren. Ausweislich der Begründung des Gesetzesentwurfes soll die Weitergabe von Informationen innerhalb eines von einer Maßnahme betroffenen Unternehmens, insbesondere die Benachrichtigung der Compliance-Stelle, von Abs. 2 nicht umfasst werden, wenn und soweit das Unternehmen selbst der Adressat der Maßnahme ist (BT-Drs. 17/10060, 32). Hier ist abweichend zu Abs. 1 eine Weitergabe der Information nach den Gesetzgebungsmaterialien ausdrücklich zulässig.

C. Sanktionen bei Verstoß gegen die Verschwiegenheitspflicht

30 Gem. § 95 Abs. 1 a Nr. 1 handelt **ordnungswidrig,** wer vorsätzlich oder leichtfertig entgegen § 5 b Abs. 1 S. 1 oder Abs. 2 eine andere Person in Kenntnis setzt. Fälle können gem. § 95 Abs. 2 mit einer Geldbuße bis hunderttausend EUR geahndet werden.

Teil 2. Entflechtung

Abschnitt 1. Gemeinsame Vorschriften für Verteilernetzbetreiber und Transportnetzbetreiber

Vorbemerkung

Übersicht

	Rn.
A. Einleitung	1
B. Anforderungen des 3. Binnenmarktpakets	4
I. Entstehungsgeschichte	4
II. Anwendungsbereich	6
III. Entflechtungsoptionen	11
1. Ownership Unbundling	12
2. Independent System Operator – ISO	15
3. Independent Transmission Operator – ITO	18
C. Umsetzung im EnWG	22
I. Systematik der Umsetzung	22
II. Neuerungen im Verteilnetzbereich	24
III. Entflechtung der Transportnetzbetreiber	26
D. Vollzug der Regelungen	27
I. Vollzug im Bereich der Transportnetze	28
II. Vollzug im Bereich der Verteilnetze	29
1. Vermerke der GD Energie und Verkehr	32
2. ACER Guidelines	36
3. Gemeinsame Auslegungsgrundsätze	37

Literatur: *Abegg/Brinkmann/Brune/Kreeft/Götz/Krancke/Müller/Schmidt,* Entflechtung in Netzsektoren – ein Vergleich, N&R Beilage 2015, Nr. 01, 1; *Baur/Hampel,* Die schlanke Netzgesellschaft – (k)ein rechtliches Auslaufmodell?, RdE 2011, 385; *Baur/Pritsche/Pooschke,* Ownership Unbundling von Energienetzen und der europäische Schutz des Eigentums, DVBl. 2008, 483; *Boers,* Konsequenzen des 3. Energiebinnenmarktpakets für die Verteilnetzbetreiber, N&R 2011, 16; *Büdenbender/Rosin,* Eckpunkte der Energierechtsreform 2011, RdE 2010, 197; *Däupner,* Alle guten Dinge sind drei? Die Weiterentwicklung des energiewirtschaftlichen Regulierungsrahmens durch das dritte EG-Energiepaket, NuR 2009, 214; *Dralle,* Ownership Unbundling auf dem Prüfstand des Welthandelsrechts, EnWZ 2014, 483; *König/Schreiber/Spickermann,* Defizitäres Entflechtungsregime? Eine kritische Analyse der Entflechtungsvorschriften in dem Entwurf des dritten Liberalisierungspakets der Kommission der Europäischen Gemeinschaften, NuR 2008, 7; *Kühling/Hermeier,* Eigentumsrechtliche Leitplanken eines Ownership-Unbundlings in der Energiewirtschaft, et 1–2/2008, 134; *Kühling/Pisal,* Die Umsetzung der EU-Entflechtungsvorgaben im EnWG 2011, et 1–2/2012, 127; *Kühling/Rasbach,* Kernpunkte des novellierten EnWG 2011 – Regulierungsausbau im Zeichen der „Energiewende", RdE 2011, 332; *Mayen/Karpenstein,* Eigentumsrechtliche Entflechtung der Energieversorgungsnetze, RdE 2008, 33; *Michaelis/Kemper,* Die Umsetzung des sog. ITU-Modells des 3. EU-Energie-Binnenmarktpaketes in Deutschland und Frankreich, RdE 2012, 10; *Möllinger,* Eigentumsrechtliche Entflechtung der Übertragungsnetze, 2009; *Müller,* Eine preistheoretische Betrachtung des Ownership Unbundling, et 1–2/2006, 34; *Müller-Terpitz/Weigl,* Ownership Unbundling – ein gemeinschaftsrechtlicher Irrweg?, EuR 2009, 343; *Pisal,* Entflechtungsoptionen nach dem 3. Energiebinnenmarktpaket, 2011; *Säcker,* Die Zusammensetzung des Aufsichtsorgans beim Independent Transmission Operator (ITO), et 11/2009, 80; *Schmidt-Preuß,* Unbundling und Mathematik – zum Aufsichtsorgan beim Independent Transmission Operator, et 12/2009, 74; *Schmidt-Preuß,* OU – ISO – ITO: Die Unbundling-Optionen des 3. EU-Liberalisierungspakets, et 9/2009, 82; *Schreiber,* Die Änderungen des Gemeinschaftsrechtsrahmens für den Energiesektor im Überblick: das dritte Legislativpaket, NuR 2009, 154; *Storr,* Die Vorschläge der EU-Kommission zur Verschärfung der Unbundling-Vorschriften im Energiesektor, EuZW 2007, 232; *Wiedmann/Langerfeldt,* Verschärftes Unbundling in der deutschen Energiewirtschaft (Teil 1), et 3/2004, 158; *Wiedmann/Langerfeldt,* Verschärftes Unbundling in der deutschen Energiewirtschaft (Teil 2), et 4/2004, 248; *Zippak,* Die Bewertung von Entflechtungsmaßnahmen aus transaktionskostenökonomischer Perspektive unter besonderer Berücksichtigung der Faktorspezifität, N&R 2019, 17.

A. Einleitung

1   Durch das Gesetz vom 28.7.2011 wurden die Vorschriften zur Entflechtung **erheblich modifiziert.** Die bisherigen fünf Paragrafen wurden durch 15 neue Paragrafen vollständig ersetzt. Vier Paragrafen kommen hinzu, die die Zertifizierung der Transportnetzbetreiber betreffen (§§ 4a–4d) und ausschließlich dem Vollzug der Entflechtungsvorschriften dienen.

2   Die umfangreichen Änderungen im Entflechtungsregime beruhen auf den **Vorgaben des 3. Binnenmarktpaketes Energie.** Dies betrifft vor allem die sog. eigentumsrechtliche Entflechtung der Transportnetzbetreiber, aber auch einige Modifikationen und Verschärfungen im Bereich der die Verteilnetzbetreiber betreffenden Entflechtungsvorschriften.

3   Hauptstreitpunkt im **politischen Prozess** zum am 25.6.2009 verabschiedeten **3. Binnenmarktpaket** Energie war die Frage der Verschärfung der Entflechtungsvorschriften für Übertragungsnetzbetreiber im Elektrizitätsbereich und Fernleitungsnetzbetreiber im Gasbereich. Der bisherige Rechtszustand, der auf den sog. Beschleunigungsrichtlinien beruht, sah für sämtliche Netzbetreiber lediglich eine gesellschaftsrechtliche Trennung vor. Erzeugung, Vertrieb und Netztätigkeiten konnten auch auf der obersten Netzstufe in einem Konzern geführt werden.

B. Anforderungen des 3. Binnenmarktpakets

I. Entstehungsgeschichte

4   Die Existenz von integrierten Unternehmen sah **die Kommission** als zentralen Hemmschuh bei der Schaffung von funktionierendem Wettbewerb an (Mitteilung der Kommission, Aussichten für den Erdgas- und den Elektrizitätsmarkt, KOM (2006) 841 endgültig, 11 ff.). Der Richtlinienvorschlag der Kommission vom 19.9.2007 sah daher für die Übertragungs- und Fernleitungsnetze die Einführung des **Ownership Unbundling** (OU) vor. Nicht nur im politischen Raum war dieser Vorschlag der Kommission äußerst umstritten, vielmehr stieß er auch auf erheb-

Vorbemerkung   **Vor §§ 6 ff.**

liche verfassungsrechtliche und unionsrechtliche Bedenken (vgl. *Mayen/Karpenstein* RdE 2008, 33; *Möllinger,* Eigentumsrechtliche Entflechtung der Übertragungsnetze, 2009, S. 237 ff.).

Die 2009 beschlossenen Elektrizitäts- und Gasrichtlinien sahen als Kompromiss 5 neben der eigentumsrechtlichen Entflechtung für die Mitgliedstaaten die Möglichkeit vor, die Modelle des unabhängigen Netzbetreibers (**Independent System Operator** – ISO) und des unabhängigen Übertragungs- bzw. Fernleitungsnetzbetreibers (**Independent Transmission Operator** – ITO) zu wählen. Nach Art. 9 Abs. 8 Elt-RL 09 bzw. Gas-RL 09 bestanden diese Optionen allerdings nur in den Fällen, in denen das Übertragungsnetz bzw. das Fernleitungsnetz am 3.9.2009 einem vertikal integrierten Unternehmen gehörte. Diese Möglichkeiten bestehen nach Art. 43 Abs. 8 Elt-RL 19 auch heute noch. Damit können sich die nationalen Gesetzgeber für einen Bestandsschutz bezüglich des Netzeigentums in einem integrierten EVU entscheiden, soweit diese Unternehmen am 3.9.2009 ein vertikal integriertes Unternehmen gebildet haben. Für alle anderen Unternehmen gilt das Ownership Unbundling, auch wenn der nationale Gesetzgeber von den Möglichkeiten des ISO oder ITO Gebrauch machen will.

II. Anwendungsbereich

Vom Anwendungsbereich her gelten die verschärften Entflechtungsvorschriften 6 für **Übertragungsnetze** (Elektrizität) bzw. **Fernleitungsnetze** (Gas).

Der Begriff des Übertragungsnetzes ist in der Elt-RL 19 nicht definiert. Art. 2 7 Nr. 34 Elt-RL 19 definiert Übertragung als „den Transport von Elektrizität über **ein Höchstspannungs- und Hochspannungsverbundnetz** zur Belieferung von Endkunden oder Verteilern, jedoch mit Ausnahme der Versorgung". Abzugrenzen ist die Übertragung von der Verteilung. Diese wird in Art. 2 Nr. 28 Elt-RL 19 definiert als „Transport von Elektrizität mit Hoch-, Mittel- oder Niederspannung über Verteilernetze zur Belieferung von Kunden, jedoch mit Ausnahme der Versorgung". Betrachtet man allein die Spannungsebenen, ergibt sich bezüglich der Hochspannungsebene (110 kV) eine Schnittmenge. Um ein Übertragungsnetz handelt es sich aber nur, wenn in dem Netz auch die Höchstspannungsebene vorhanden ist. Dies ergibt sich aus dem Gebrauch der Konjunktion „und" in Art. 2 Nr. 34 Elt-RL 19.

In Deutschland existieren **vier Übertragungsnetzbetreiber,** deren Netz sich 8 auf die **Höchstspannungsebene (380/220 kV)** beschränkt. Lediglich ein Unternehmen ist Teil eines integrierten Unternehmens, bei einem weiteren Netzbetreiber besteht noch eine Minderheitsbeteiligung des integrierten Unternehmens. Zwei Unternehmen haben keine gesellschaftsrechtliche Verbindung mehr zu einem integrierten Unternehmen. Nur für die erstgenannten Unternehmen kann es daher zur Anwendung der Regelungen über den ITO kommen. Dementsprechend sind zwei Übertragungsnetzbetreiber als ITO (§§ 10 ff.) zertifiziert worden, zwei Unternehmen als eigentumsrechtlich entflochten iSd § 8.

Im Gasbereich ist die Fernleitung in Art. 2 Nr. 3 Gas-RL 09 definiert. Fernlei- 9 tung ist danach der „Transport von Erdgas durch ein hauptsächlich **Hochdruckfernleitungen** umfassendes Netz, mit Ausnahme der vorgelagerten Rohrleitungsnetze und des in erster Linie im Zusammenhang mit der lokalen Erdgasverteilung bestehenden Teils von Hochdruckfernleitungen, zum Zwecke der Belieferung von Kunden, jedoch mit Ausnahme der Versorgung". Verteilung als Gegenbegriff ist nach Art. 2 Nr. 5 Gas-RL 09 der „Transport von Erdgas über örtliche oder regio-

Vor §§ 6 ff.   Teil 2. Entflechtung

nale Leitungsnetze zum Zweck der Belieferung von Kunden, jedoch mit Ausnahme der Versorgung".

10   In Deutschland existierten vor der Energierechtsnovelle 2011 **zehn überregionale Fernleitungsnetzbetreiber.** Lediglich eines dieses Unternehmen war nicht Teil eines integrierten Unternehmens. Inzwischen hat sich die Struktur – zunächst in Einzelfällen durch die Europäische Kommission im Rahmen von Verpflichtungszusagen in kartellrechtlichen Missbrauchsverfahren erzwungen – durch die vollständige oder mehrheitliche Veräußerung von Fernleitungsnetzbetreibern deutlich verändert. Die BNetzA hat 2012/2013 zwei Fernleitungsnetzbetreiber als eigentumsrechtlich entflochten iSd § 8 zertifiziert, neun Unternehmen wurden als ITO zertifiziert. Zumindest zwei dieser Unternehmen sind inzwischen eigentumsrechtlich entflochten. Dabei sind auch Unternehmen als ITO zertifiziert, die keinem integrierten EVU im klassischen Sinne angehören, sondern deren Gesellschafter Finanzinvestoren sind, die auch an anderen Unternehmen mit energiewirtschaftlichen Tätigkeiten beteiligt sind. Diese Konstellation wird noch größere Bedeutung erlangen, da der EuGH bei der Bestimmung, ob ein integriertes Unternehmen vorliegt, sowohl das Aktivitätskriterium der BNetzA als auch die geografische Beschränkung auf die Europäische Union verworfen hat (EuGH Urt. v. 2.9.2021 – C-718/18) und der deutsche Gesetzgeber das EnWG im Rahmen des sog. Osterpakets ua durch eine Änderung der Begriffsbestimmung in § 3 Nr. 38 umgesetzt hat.

III. Entflechtungsoptionen

11   Unter der Voraussetzung, dass Übertragungsnetze bzw. Fernleitungsnetze am **3.9.2009 Teil eines integrierten Unternehmens** waren, stehen nach den Richtlinien drei Modelle zur Verfügung. Beim Ownership Unbundling muss der Netzbetreiber Eigentümer des Netzes sein. Er darf von einem integrierten Unternehmen nicht kontrolliert werden. Beim ISO-Modell darf das integrierte Unternehmen Eigentümer des Netzes sein, der Netzbetreiber darf aber nicht vom integrierten Unternehmen beherrscht werden. Beim ITO-Modell muss der Netzbetreiber Eigentümer des Netzes sein. Er darf aber Bestandteil eines integrierten Unternehmens sein. Seine Unabhängigkeit muss durch zahlreiche Kautelen gewährleistet sein.

12   **1. Ownership Unbundling.** Die Entflechtung der Übertragungsnetze und Übertragungsnetzbetreiber bzw. Fernleitungsnetze und Fernleitungsnetzbetreiber ist in **Art. 43 Elt-RL 19 bzw. Art. 9 Gas-RL 09** geregelt. Allgemein wird die dort vorgesehene Entflechtung als „Ownership Unbundling" bezeichnet.

13   Vom vorherigen Rechtszustand unterscheidet sich das Ownership Unbundling zunächst dadurch, dass der **Netzbetreiber Eigentümer des Netzes** sein muss. Eine Ausnahme gilt nach Art. 43 Abs. 4 Elt-RL 19 bzw. Art. 9 Abs. 5 Gas-RL 09 für grenzüberschreitende Gemeinschaftsunternehmen von Netzbetreibern. Durch einen detaillierten Inkompatibilitäten-Katalog in Art. 43 Abs. 1 und 2 Elt-RL 19 bzw. Art. 9 Abs. 1 und 2 Gas-RL 09 wird die eigentumsrechtliche Separierung konkretisiert. Der dabei zentrale Begriff der Kontrolle ist in Art. 2 Nr. 56 Elt-RL 19 bzw. in Art. 2 Nr. 36 Gas-RL 09 definiert. Dabei wurde die Definition aus der Fusionskartellverordnung (Art. 3 Abs. 1 VO (EG) 139/2004) übernommen.

14   Die Entbündelungsvorschriften gelten **sektorübergreifend,** dh, ein integriertes Gasversorgungsunternehmen darf keine Übertragungsnetzbetreiber kontrollieren und ein integriertes Elektrizitätsversorgungsunternehmen darf keinen Fernlei-

Vorbemerkung   Vor §§ 6 ff.

tungsnetzbetreiber kontrollieren (Art. 43 Abs. 3 Elt-RL 19 bzw. Art. 9 Abs. 3 Gas-RL 09). Eine wesentliche Einschränkung enthalten Art. 43 Abs. 5 Elt-RL 19 bzw. Art. 9 Abs. 6 Gas-RL 09 für Staatsunternehmen. Hier ist es ausreichend, wenn unterschiedliche öffentlich-rechtliche Stellen die Kontrolle über das Netz bzw. die anderen energiewirtschaftlichen Funktionen ausüben.

2. Independent System Operator – ISO. Die Regelungen über die unabhängigen Netzbetreiber in Art. 44 f. Elt-RL 19 bzw. Art. 13 f. Gas-RL 09 basieren auf einer **Trennung von Netzbetreiber und Netzeigentümer.** Nach dieser Option darf das Eigentum am Netz zwar im Konzernverbund des integrierten EVU bleiben, der Netzbetreiber muss vom integrierten Unternehmen aber völlig – auch eigentumsrechtlich – unabhängig sein.

Trotz dieser Unabhängigkeit des Netzbetreibers treffen den **Netzeigentümer weitgehende Verpflichtungen.** So hat er nach Art. 44 Abs. 5 lit. b Elt-RL 19 bzw. Art. 13 Abs. 5 lit. b Gas-RL 09 die vom unabhängigen Netzbetreiber geschlossenen und von der Regulierungsbehörde genehmigten Investitionen zu finanzieren bzw. seine Zustimmung zu einer Drittfinanzierung zu erteilen. In diesem Fall ist er verpflichtet, nach Art. 44 Abs. 5 lit. d Elt-RL 19 bzw. Art. 13 Abs. 5 lit. d Gas-RL 09 Garantien zur Verfügung zu stellen.

Aufgrund dieser wenig einleuchtenden Konstruktion hat das Modell des unabhängigen Netzbetreibers – das bereits in den ersten Kommissionsvorschlägen enthalten war – im politischen Raum keine Zustimmung gefunden (sehr krit. auch *Schmidt-Preuß* et 9/2009, 82 (83 ff.); ausf. die Kritik bei *Pisal* Entflechtungsoptionen S. 221 ff.). Zumindest in Deutschland ist von diesem Modell bisher kein Gebrauch gemacht worden.

3. Independent Transmission Operator – ITO. Das Konzept des Independent Transmission Operator sieht eine Stärkung der Unabhängigkeit dieser Unternehmen gegenüber ihren Mutterunternehmen vor. **Die Übertragungsnetzbetreiber/Fernleitungsnetzbetreiber bleiben im Konzernverbund,** genießen aber eine starke Autonomie. Die beiden wesentlichen Säulen dieses Konzepts sind die Vollausstattung des Netzbetreibers und die Unabhängigkeit des Managements (*Schmidt-Preuß* et 9/2009, 82 (84 ff.)). In Art. 46 Abs. 1 Elt-RL 19 bzw. Art. 17 Abs. 1 Gas-RL 09 ist nicht nur vorgesehen, dass sämtliche Vermögenswerte, die für die Geschäftstätigkeit des Netzbetreibers erforderlich sind, einschließlich der Netze, im Eigentum der Netzbetreiber stehen müssen. Darüber hinaus ist geregelt, dass das erforderliche Personal beim Netzbetreiber angestellt sein muss. Eine konzerninterne Personalüberlassung ist unzulässig. Personalleasing und Erbringung von Dienstleistungen für das vom direkt andere Teile des vertikal integrierten Unternehmens sind ausdrücklich untersagt. Dienstleistungen des Netzbetreibers für das vertikal integrierte Unternehmen sind unter bestimmten Voraussetzungen zulässig. Damit können die betroffenen Netzbetreiber an den **Shared Services** des integrierten Unternehmens nicht mehr partizipieren. Ausdrücklich ist dies für Rechtsabteilung, Buchhaltung (Art. 46 Abs. 2 lit. h Elt-RL 19 bzw. Art. 17 Abs. 2 lit. h Gas-RL 09) und für die IT-Systeme (Art. 46 Abs. 5 Elt-RL 19 bzw. Art. 17 Abs. 5 Gas-RL 09) geregelt.

Darüber hinaus ist eine sehr weitgehende **finanzielle Unabhängigkeit** vorgesehen. So muss der Netzbetreiber etwa nach Art. 47 Abs. 1 lit. b Elt-RL 19 die Befugnis haben, Geld auf dem Kapitalmarkt durch Aufnahme von Darlehen oder Kapitalerhöhung zu beschaffen. Der Einfluss des Konzerns wird gegenüber dem bisherigen Rechtszustand erheblich vermindert.

Vor §§ 6 ff. Teil 2. Entflechtung

20 Dies zeigt sich auch in den detaillierten Regelungen, die in Art. 48 Elt-RL 19 bzw. Art. 19 Gas-RL 09 bezüglich der **Unabhängigkeit des Personals** und der Unternehmensleitung der Netzbetreiber vorgesehen sind. Der Netzbetreiber darf seine Führungskräfte weder im integrierten Konzern rekrutieren (Art. 48 Abs. 3 Elt-RL 19 bzw. Art. 19 Abs. 3 Gas-RL 09), noch dürfen Mitglieder der Unternehmensleitung oder der Verwaltungsorgane anschließend im integrierten Konzern tätig werden (Art. 48 Abs. 7 Elt-RL 19 bzw. Art. 19 Abs. 7 Gas-RL 09). Diese Regelungen gelten für die ersten beiden Führungsebenen und stellen auch schwerwiegende Eingriffe in die Berufsfreiheit der betroffenen Arbeitnehmer dar.

21 Besonderen Einschränkungen unterliegt nach Art. 49 Elt-RL 19 bzw. Art. 20 Gas-RL 09 der Einfluss des integrierten Unternehmens auf den **Aufsichtsrat des Netzbetreibers**. Hervorzuheben ist dabei, dass für die Hälfte minus eines der Mitglieder strikte Inkompatibilitätsregeln gelten (vgl. hierzu *Schmidt-Preuß* et 9/2009, 82 (86f.) sowie et 12/2009, 74f. einerseits und *Säcker* et 11/2009, 80f. andererseits).

C. Umsetzung im EnWG

I. Systematik der Umsetzung

22 Der Gesetzgeber hat sich bei der Systematik der Umsetzung an der durch die Richtlinien vorgegebenen **Unterscheidung der Entflechtung von Verteilnetzbetreibern und Transportnetzbetreibern** orientiert. Zunächst enthält das Gesetz im ersten Abschnitt des Teils 2 gemeinsame Vorschriften für Verteilnetzbetreiber und Transportnetzbetreiber. Neben der Grundsatznorm des § 6 ist in § 6a das informatorische Unbundling (§ 9 EnWG 2005) und in § 6b das buchhalterische Unbundling (bisher § 10 EnWG 2005) für Verteilnetzbetreiber und Transportnetzbetreiber gemeinsam geregelt; ergänzende Vorschriften enthalten §§ 6c und 6d. Die rechtliche Entflechtung der Verteilnetzbetreiber findet sich im zweiten Abschnitt in § 7. Diese Vorschrift entspricht im Wesentlichen der bisher für sämtliche Netzbetreiber geltenden Regelung des § 7 EnWG 2005. Die operationelle Entflechtung der Verteilnetzbetreiber in § 7a entspricht im Wesentlichen der bisherigen für sämtliche Netzbetreiber geltenden Regelung des § 8 EnWG 2005.

23 Die besonderen Entflechtungsvorgaben für Transportnetzbetreiber befinden sich im dritten Abschnitt. § 8 enthält die Regelungen zur eigentumsrechtlichen Entflechtung, die nach der Richtlinienvorgabe und dem EnWG den Regelfall darstellt, von dem die Modelle des unabhängigen Systembetreibers (ISO, geregelt in § 9) und des unabhängigen Transportnetzbetreibers (ITO in den §§ 10–10e) die Ausnahme darstellen.

II. Neuerungen im Verteilnetzbereich

24 Die Entflechtungsvorschriften bezüglich der Verteilnetzbetreiber folgen im Wesentlichen dem **Rechtszustand nach dem EnWG 2005**. Allerdings finden einige Verschärfungen statt.

25 Zunächst ist die Verpflichtung zur getrennten Markenpolitik nach § 7a Abs. 6 zu nennen. Diese Vorschrift hat zu erheblichen Meinungsverschiedenheiten geführt. Darüber hinaus stellt § 7a Abs. 4 S. 2 eine weitere Verschärfung für Verteilnetzbetreiber dar. Nach dieser Vorschrift müssen die Verteilnetzbetreiber über die erforderliche Mindestausstattung verfügen. Durch die Vorschrift wird die Position der

Vorbemerkung Vor §§ 6 ff.

Regulierungsbehörden zu dem Streitpunkt der „kleinen" oder „großen" Netzgesellschaft gestärkt. Weitere Verschärfungen finden sich beim Gleichbehandlungsbeauftragten (§ 7a Abs. 5 S. 3 und 4) sowie beim buchhalterischen Unbundling (§ 6b) und beim informatorischen Unbundling (§ 6a Abs. 2 S. 2).

III. Entflechtung der Transportnetzbetreiber

Für die Transportnetzbetreiber gelten zunächst die allgemeinen Vorschriften der §§ 6–6d. Die eigentumsrechtliche Entflechtung als Regelfall ist in § 8 geregelt. In § 9 finden sich Regelungen über den unabhängigen Systembetreiber (ISO). Ausgesprochen umfangreich – entsprechend der Regelung in den Richtlinien – ist die Regelung des unabhängigen Transportnetzbetreibers (ITO) in §§ 10–10e geraten. Allein die Regelungen zum ITO sind umfangreicher als bisher der gesamte Teil 2 des Gesetzes. 26

D. Vollzug der Regelungen

Der BNetzA ist ein weitgehend **geräuschloser Vollzug** der Entflechtungsvorgaben gelungen. Bezüglich der Transportnetze hat sie die Vorschriften flächendeckend über die Zertifizierungen nach § 4a durchgesetzt. Dadurch liegen eine Vielzahl von regulierungsbehördlichen Entscheidungen vor. Demgegenüber ist die Zahl der förmlichen Verfahren gegen Verteilnetzbetreiber vergleichsweise niedrig geblieben. Gerichtliche Entscheidungen liegen nur in wenigen Fällen vor. 27

I. Vollzug im Bereich der Transportnetze

Der Betrieb eines Transportnetzes bedarf nach dem durch die EnWG-Novelle 2011 eingefügten § 4a der Zertifizierung durch die Regulierungsbehörde. Nach § 4a Abs. 3 erteilt die Regulierungsbehörde die Zertifizierung des Transportnetzbetreibers, wenn der Transportnetzbetreiber nachweist, dass er entsprechend den Vorgaben der §§ 8 oder 9 oder der §§ 10–10e organisiert ist. Insbesondere die Möglichkeit, nach § 4a Abs. 4 die **Zertifizierungsentscheidung** mit Nebenbestimmungen zu verbinden, soweit dies erforderlich ist, um zu gewährleisten, dass die Vorgaben der §§ 8 oder 9 oder der §§ 10–10e erfüllt werden, stellt ein ausgesprochen wirksames Vollzugsinstrument für die BNetzA dar. Insbesondere hat die BNetzA häufig von der Möglichkeit Gebrauch gemacht, ihre Sichtweise der Entflechtungsvorschriften durch Nebenbestimmungen zur Zertifizierungsentscheidung durchzusetzen. In wenigen Fällen ist es zur Versagung der Zertifizierung gekommen. Beschwerdeverfahren sind die Ausnahme geblieben, sodass nun zwar eine breite Entscheidungspraxis der BNetzA vorliegt, Gerichtsentscheidungen sich aber im Wesentlichen auf Fragen der Tätigkeitsverbote (§ 10c) beschränken. 28

II. Vollzug im Bereich der Verteilnetze

Die Entflechtungsvorschriften des EnWG sind bezogen auf die Verteilnetze bisher eher selten Gegenstand von **Entscheidungen der Regulierungsbehörden** oder von Gerichtsentscheidungen geworden. Dies gilt insbesondere für die intensiv diskutierten Strukturfragen. Ein von der BNetzA gegen ein größeres Stadtwerk durchgeführtes Verfahren wurde eingestellt, nachdem das Unternehmen sich den Vorstellungen der BNetzA gebeugt hatte. Vereinzelt geblieben ist die Untersagung 29

Vor §§ 6 ff.   Teil 2. Entflechtung

des sog. „Netzmuttermodells", bei dem unter dem Netzbetreiber als Muttergesellschaft eine Vertriebsgesellschaft als Tochterunternehmen angesiedelt wurde (BNetzA Beschl. v. 3.2.2012 – BK7-09-14; hierzu ausf. *Schwintowski/Sauer/Heim* ZNER 2019, 407 (410 ff.)).

30   Einen ersten Schwerpunkt der Durchsetzung der Entflechtungsvorgaben durch die BNetzA bildet die Anwendung des § 7a Abs. 6 über die **Entflechtung des Außenauftritts** der Verteilnetzbetreiber. Hier haben die Regulierungsbehörden ihre weitreichenden Vorstellungen größtenteils ohne förmliche Entscheidungen durchsetzen können. Soweit es zu förmlichen Entscheidungen gekommen ist, konnten sich eher die Unternehmen durchsetzen (→ § 7a Rn. 77). Zweiter Schwerpunkt der Durchsetzung der Regulierungsbehörden sind Festlegungen nach § 6b Abs. 6 zur **buchhalterischen Entflechtung.** Beschwerden hierzu sind in erster Instanz ohne Erfolg geblieben (→ § 6b Rn. 41).

31   Da im Verteilnetzbereich auch heute für viele Fragen weder eine etablierte Behördenpraxis noch Rechtsprechung vorliegt, behalten die – rechtlich durchwegs unverbindlichen – **Auslegungshinweise** der Europäischen Kommission, der „Agency for the Cooperation of Energy Regulators" (ACER) sowie der Regulierungsbehörden des Bundes und der Länder und die Konkretisierung durch die BNetzA besondere Bedeutung. Über diese Papiere hat sich im Bereich des Energierechts eine Praxis des Vollzugs durch Auslegungspapiere und Leitlinien herausgebildet.

32   **1. Vermerke der GD Energie und Verkehr.** Die **GD Energie und Verkehr der Europäischen Kommission** hatte bereits zu den Richtlinien 2003/54/EG und 2003/55/EG verschiedene Vermerke gefertigt. Für die Entflechtungsregelung ist der Vermerk „Die Entflechtungsregelung" vom 16.1.2004 von Bedeutung. Auch zu den Richtlinien 2009/72/EG und 2009/73/EG hat GD TREN einen Auslegungsvermerk zum Entflechtungsregime verfasst, der Hinweise für die Auslegung und den Verwaltungsvollzug enthält.

33   Die GD Energie und Verkehr hat bereits in der Überschrift dieser Vermerke deutlich gemacht, dass es sich um ein **rechtlich nicht bindendes Papier der Kommissionsdienststellen** handelt (so auch Danner/Theobald/*Eder*, 73. EL Januar 2012, EnWG § 6 Rn. 8; *Ehricke* IR 2004, 170). Gleichwohl ist das Bestreben der GD Energie und Verkehr (GD TREN) nicht zu verkennen, Einfluss auf die Umsetzung der Richtlinien in den Mitgliedstaaten und auf die Anwendung der umgesetzten Richtlinienvorschriften durch die nationalen Regulierungsbehörden zu gewinnen.

34   Auf jeden Fall muss hervorgehoben werden, dass es sich bei diesem Papier um **keinen Rechtsakt im Sinne des Unionsrechts** handelt, auch wenn es in der Literatur als „soft law" bezeichnet wird (BerlKommEnergieR/*Säcker/Schönborn* EnWG § 6 Rn. 19). Daher besteht keine Verpflichtung der nationalen Regulierungsbehörden und der nationalen Gerichte, die in diesem Papier niedergelegten Rechtsauffassungen zu berücksichtigen. Im Gegensatz zur rechtlich ebenfalls unverbindlichen Empfehlung iSd Art. 288 AEUV handelt es sich bei dem Vermerk der GD Energie und Verkehr um keinen Rechtsakt, da die Kommission als Kollegialorgan über dieses Papier nicht entschieden hat.

35   Wegen des unklaren rechtlichen Charakters der Vermerke ist **sowohl ihre europarechtliche Rechtmäßigkeit als auch ihre rechtliche Bedeutung umstritten.** Zum einen wird darauf verwiesen, die Bedeutung der Vermerke bestehe darin, dass die Kommission darauf hinweise, welche Richtlinienauslegung sie bei

Vorbemerkung Vor §§ 6ff.

ihrer Aufgabe der Überwachung der Einhaltung der Richtlinienbestimmungen nach Art. 105 Abs. 1, 2 AEUV bevorzugen wird (*Koenig/Haratsch/Rasbach* ZNER 2004, 10 (11)). Demgegenüber hält *Ehricke* die Vermerke wegen mangelnder Verabschiedung durch die Kommission als Kollegium sowie wegen Verstoßes gegen die Kompetenzen des Europäischen Parlaments, des Rates und der Mitgliedstaaten für rechtswidrig (*Ehricke* EuZW 2004, 359 ff.).

2. ACER Guidelines. Die als „ERGEG Guidelines of Good Practise on Functional, Informational and Legal Unbundling" vorliegenden Richtlinien der European Regulators Group **entbehren** ebenfalls **jeden rechtlichen Charakters.** Für den nationalen Rechtsanwender können sie noch viel weniger als der Vermerk der GD Energie und Verkehr zur Auslegung des nationalen Rechts herangezogen werden. 36

3. Gemeinsame Auslegungsgrundsätze. Die Regulierungsbehörden des Bundes und der Länder haben mit Datum vom 1.3.2006 Gemeinsame Auslegungsgrundsätze zu den Entflechtungsbestimmungen in §§ 6–10 veröffentlicht. Ergänzt werden die Gemeinsamen Auslegungsgrundsätze durch die Gemeinsame Richtlinie der Regulierungsbehörden des Bundes und der Länder zur Umsetzung der informatorischen Entflechtung nach § 9 EnWG vom 13.6.2007 sowie durch die Gemeinsamen Auslegungsgrundsätze III der Regulierungsbehörden des Bundes und der Länder zu den Anforderungen an die Markenpolitik und das Kommunikationsverhalten bei Verteilnetzbetreibern (§ 7a Abs. 6 EnWG) vom 16.7.2012. Die Auslegungsgrundsätze und die Richtlinie geben das gemeinsame Verständnis der Regulierungsbehörden des Bundes und der Länder zur Auslegung und Umsetzung der Entflechtungsbestimmungen wieder. Die Dokumente sind **keine Festlegung iSd § 29** und haben auch **nicht** den Charakter einer **Verwaltungsvorschrift,** wie in den Gemeinsamen Auslegungsgrundsätzen (S. 5) und der Gemeinsamen Richtlinie (S. 3) und den Gemeinsamen Auslegungsgrundsätzen III (S. 4) ausdrücklich klargestellt ist. 37

Gleichwohl steht zu erwarten, dass sich die Regulierungsbehörden des Bundes und der Länder in ihrer Verwaltungspraxis **an diesen Auslegungsgrundsätzen orientieren** werden. Dabei ist nicht zu erwarten, dass die BNetzA oder die Regulierungsbehörden der Länder sklavisch an diesem Papier kleben werden. Auch bezüglich des im Zusammenhang mit der Entgeltregulierung publizierten „Positionspapiers" haben sich die unterschiedlichen Regulierungsbehörden durchaus flexibel gezeigt. Wer allerdings bei der Ausgestaltung der Entflechtung sich an die Gemeinsamen Auslegungsgrundsätze hält, dürfte sich auf der „sicheren Seite" befinden. 38

Ergänzend zu den Gemeinsamen Auslegungsgrundsätzen und der Gemeinsamen Richtlinie haben die Regulierungsbehörden eine „**Konkretisierung** der gemeinsamen Auslegungsgrundsätze der Regulierungsbehörden des Bundes und der Länder zu den Entflechtungsvorschriften in §§ 6–10 EnWG" vom 21.10.2008 veröffentlicht. Auch diese Konkretisierung ist weder Festlegung noch Verwaltungsvorschrift (S. 3). Sie enthält im Wesentlichen Vorgaben über die arbeitsvertragliche Zuordnung der Letztentscheider und die notwendige Personalausstattung der Netzgesellschaft. 39

§ 6 Anwendungsbereich und Ziel der Entflechtung

(1) ¹Vertikal integrierte Unternehmen und rechtlich selbstständige Betreiber von Elektrizitäts- und Gasversorgungsnetzen, die im Sinne des § 3 Nummer 38 mit einem vertikal integrierten Unternehmen verbunden sind, sind zur Gewährleistung von Transparenz sowie diskriminierungsfreier Ausgestaltung und Abwicklung des Netzbetriebs verpflichtet. ²Um dieses Ziel zu erreichen, müssen sie die Unabhängigkeit der Netzbetreiber von anderen Tätigkeitsbereichen der Energieversorgung nach den §§ 6a bis 10e sicherstellen. ³Die §§ 9 bis 10e sind nur auf solche Transportnetze anwendbar, die am 3. September 2009 im Eigentum eines vertikal integrierten Unternehmens standen.

(2) ¹Die in engem wirtschaftlichen Zusammenhang mit der rechtlichen und operationellen Entflechtung eines Verteilernetzes, eines Transportnetzes oder eines Betreibers von Gasspeicheranlagen nach § 7 Absatz 1 und §§ 7a bis 10e übertragenen Wirtschaftsgüter gelten als Teilbetrieb im Sinne der §§ 15, 16, 18, 20 und 24 des Umwandlungssteuergesetzes. ²Satz 1 gilt nur für diejenigen Wirtschaftsgüter, die unmittelbar auf Grund des Organisationsakts der Entflechtung übertragen werden. ³Für die Anwendung des § 15 Absatz 1 Satz 1 des Umwandlungssteuergesetzes gilt auch das Vermögen als zu einem Teilbetrieb gehörend, das der übertragenden Körperschaft im Rahmen des Organisationsakts der Entflechtung verbleibt. ⁴§ 15 Absatz 2 und § 22 des Umwandlungssteuergesetzes, § 34 Absatz 7a des Körperschaftsteuergesetzes sowie § 6 Absatz 3 Satz 2 und Absatz 5 Satz 4 bis 6 sowie § 16 Absatz 3 Satz 3 und 4 des Einkommensteuergesetzes sind auf Maßnahmen nach Satz 1 nicht anzuwenden, sofern diese Maßnahme von Transportnetzbetreibern im Sinne des § 3 Nummer 31f oder Betreibern von Gasspeicheranlagen bis zum 3. März 2012 ergriffen worden sind. ⁵Satz 4 gilt bezüglich des § 22 des Umwandlungssteuergesetzes und der in § 34 Absatz 7a des Körperschaftsteuergesetzes genannten Fälle nur für solche mit der siebenjährigen Sperrfrist behafteten Anteile, die zu Beginn der rechtlichen oder operationellen Entflechtung bereits bestanden haben und deren Veräußerung unmittelbar auf Grund des Organisationsakts der Entflechtung erforderlich ist. ⁶Für den Erwerber der Anteile gilt Satz 4 nicht und dieser tritt bezüglich der im Zeitpunkt der Veräußerung der Anteile noch laufenden Sperrfrist unter Besitzzeitanrechnung[1] in die Rechtsstellung des Veräußerers ein. ⁷Bei der Prüfung der Frage, ob die Voraussetzungen für die Anwendung der Sätze 1 und 2 vorliegen, leistet die Regulierungsbehörde den Finanzbehörden Amtshilfe (§ 111 der Abgabenordnung).

(3) ¹Erwerbsvorgänge im Sinne des § 1 des Grunderwerbsteuergesetzes, die sich für Verteilernetzbetreiber, Transportnetzbetreiber oder Betreiber von Gasspeicheranlagen aus der rechtlichen oder operationellen Entflechtung nach § 7 Absatz 1 und den §§ 7a bis 10e ergeben, sind von der Grunderwerbsteuer befreit. ²Absatz 2 Satz 4 und 7 gelten entsprechend.

(4) Die Absätze 2 und 3 gelten nicht für diejenigen Unternehmen, die eine rechtliche Entflechtung auf freiwilliger Grundlage vornehmen.

---

[1] Richtig wohl: „Besitzzeitanrechnung".

Anwendungsbereich und Ziel der Entflechtung § 6

Übersicht

	Rn.
A. Allgemeines	1
I. Inhalt und Zweck der Regelung	1
II. Entstehungsgeschichte	3
III. Europarechtliche Vorgaben	7
B. Zielsetzung und Anwendungsbereich (Abs. 1)	8
I. Zweck	8
II. Stufen der Entflechtung	11
1. Buchhalterische Entflechtung	12
2. Informatorische Entflechtung	13
3. Organisatorische Entflechtung („Management Unbundling")	14
4. Rechtliche Entflechtung („Legal Unbundling")	15
5. Ownership Unbundling der Transportnetze	16
III. Zur Entflechtung verpflichtete Unternehmen	18
1. Vertikal integriertes Unternehmen	19
2. LNG-Anlagenbetreiber	23
3. Betreiber von Speicheranlagen	24
C. Steuerliche Behandlung (Abs. 2–4)	27
I. Ertragsteuerrechtliche Behandlung (Abs. 2)	28
II. Grunderwerbsteuer (Abs. 3)	30
III. Freiwillige Entflechtung (Abs. 4)	31

Literatur: *Appel/Beisheim/Edelmann/Kaufmann,* Unbundling – Gestaltungsmodelle und Handlungsoptionen für Stadtwerke und EVU, et 4/2004, 242; *Appel/Beisheim/Edelmann/Kaufmann,* Praxis des Unbundling – der Teufel steckt im Detail, et 2006, 36; *Bausch,* Entflechtungsregeln im Stromsektor, ZNER 2004, 332; *Behrendt/Schlereth,* Unbundling, Steuerrechtliche Beurteilung der Verwaltungsauffassung zum Energiewirtschaftsrecht (EnWG), BB 2006, 2050; *Ehricke,* Vermerke der Kommission zur Umsetzung von Richtlinien, EuZW 2004, 359; *Haußner/Ismer,* Betrieb von Stromspeichern durch Verteilnetzbetreiber, EnWZ 2018, 51; *Hummeltenberg/Behrendt/Schlereth,* Zur Auslegung des § 6 Abs. 2 Satz 4 EnWG, BB 2006, 241; *Koenig/Haratsch/Rasbach,* Neues aus Brüssel zum Unbundling, ZNER 2004, 10; *Koenig/Schellberg/Spickermann,* Energierechtliche Entflechtungsvorgaben versus gesellschaftsrechtliche Kontrollkompetenzen?, RdE 2007, 72; *Nagel,* Probleme des Unbundling nach dem neuen Energiewirtschaftsrecht aus der Sicht der Stadtwerke, ZNER 2005, 147; *Pathe/Mussaeus,* Steuerneutralität der rechtlichen Entflechtung von Energieversorgungsunternehmen, N&R 2004, 147; *Säcker,* Aktuelle Rechtsfragen des Unbundling in der Energiewirtschaft, RdE 2005, 85; *Scholz/Strohe,* Unbundling – aktueller Rechtsrahmen und neuer Richtlinienentwurf der Kommission, et 1–2/2003, 80; *Staebe,* Unbundling-Vorgaben für vertikal integrierte Infrastrukturbetreiber als Kern eines „allgemeinen Regulierungsrechts"?, IR 2006, 204; *Weyer/Lietz,* Entflechtungsvorgaben für dem Bereich von Stromspeichern, ZNER 2014, 241.

A. Allgemeines

I. Inhalt und Zweck der Regelung

§ 6 enthält zwei Regelungskomplexe. In § 6 Abs. 1 sind – der Überschrift entsprechend – **Anwendungsbereich und Ziel** der Entflechtung geregelt. § 6 Abs. 1 stellt dabei die Basisregelung für die Entflechtungsvorschriften in den §§ 6–10 dar. 1

§ 6 — Teil 2. Entflechtung

2 § 6 Abs. 2–4 enthält **steuerliche Regelungen,** die vor allem ein Folgeproblem der rechtlichen Entflechtung nach § 7 bzw. der eigentumsrechtlichen Entflechtung nach § 8 und §§ 10 ff. betreffen: Im Rahmen der Durchführung der rechtlichen Entflechtung der Verteilnetzbetreiber oder der eigentumsrechtlichen Entflechtung der Transportnetzbetreiber kann es dazu kommen, dass Wirtschaftsgüter auf eine (neue) Netzgesellschaft übertragen werden. Für diesen Fall enthält § 6 Abs. 2 eine Teilbetriebsfiktion, die die Übertragung dieser Wirtschaftsgüter zum Buchwert, dh ohne Aufdeckung stiller Reserven, an die Netzgesellschaft ermöglicht. § 6 Abs. 3 enthält für diese Vorgänge darüber hinausgehend eine Befreiung von der Grunderwerbsteuer. § 6 Abs. 4 erstreckt die Regelungen des § 6 Abs. 2 und 3 – anders als das EnWG 2005 – nicht auf diejenigen Unternehmen, die eine rechtliche oder eigentumsrechtliche Entflechtung auf freiwilliger Basis vornehmen.

II. Entstehungsgeschichte

3 Die Entflechtungsvorschriften der §§ 6 ff. gehen weit über den Rechtszustand vor dem EnWG 2005 hinaus. **Vorgängervorschriften** waren für den Stromsektor die §§ 9 Abs. 2, 4 Abs. 7 und 7 Abs. 4 EnWG 1998. Für den Gassektor wurden Vorläufer durch das Änderungsgesetz vom Mai 2003 (BGBl. 2003 I S. 686) in § 9a EnWG 1998 eingefügt (Hempel/Franke/*Schulte-Beckhausen* EnWG Vor §§ 6–10 Rn. 17).

4 Abs. 1 S. 1 entspricht vollständig und S. 2 inhaltlich der Fassung des **EnWG 2005.** S. 3 enthält einen Hinweis darauf, dass die Entflechtungsoptionen des ISO und des ITO lediglich für solche Transportnetze anwendbar sind, die am 3.9.2013 im Eigentum eines vertikal integrierten Unternehmens standen.

5 Die **steuerlichen Regelungen** der Abs. 2 und 3 mit der Teilbetriebsfiktion und der Freistellung von der Grunderwerbsteuer hatten ein Vorbild im EnWG 2005. Mit der EnWG-Novelle 2011 waren diese steuerlichen Vorschriften vollständig entfallen. Obwohl entsprechende Vorschriften im Gesetzentwurf der Koalitionsfraktionen enthalten waren, wurden sie im Zuge der Ausschussberatungen gestrichen, da eine Zustimmungsbedürftigkeit des Bundesrats vermieden werden sollte (Ausschussbericht, BT-Drs. 17/6365, 32f.). Sie wurden erst mit dem Gesetz vom 21.2.2013 mit Wirkung vom 5.3.2013 in modifizierter Fassung wieder eingeführt.

6 Die steuerlichen Regelungen des § 6 Abs. 2 und 3 galten nach Abs. 4 des EnWG 2005 auch für Entflechtungen auf freiwilliger Grundlage. Nunmehr enthält § 6 Abs. 4 die ausdrückliche Anordnung, dass die Regelungen **keine Anwendung** finden, wenn eine **Entflechtung auf freiwilliger Grundlage** vorgenommen wird.

III. Europarechtliche Vorgaben

7 In den §§ 6 ff. werden die Vorgaben, die in den **RL 2019/944/EG für Elektrizität** und **2003/73/EG für den Gasbereich** getrennt getroffen wurden, einheitlich umgesetzt. Da diese Richtlinien – anders als die Vorgängervorschriften – für den Bereich der Transportnetze erheblich strengere Anforderungen als für den Bereich der Verteilnetze enthalten, hat der Gesetzgeber nun auch im EnWG differenzierte Regelungen aufgenommen.

B. Zielsetzung und Anwendungsbereich (Abs. 1)
I. Zweck

Der Zweck der Entflechtungsvorschriften wird in § 6 Abs. 1 S. 1 dahin gehend 8
beschrieben, dass sie sicherstellen sollen, dass vertikal integrierte Unternehmen ihrer **Verpflichtung** zur Gewährleistung von Transparenz sowie diskriminierungsfreier Ausgestaltung und Abwicklung des **Netzzugangs** nachkommen. Das Gesetz sowie das europäische Richtlinienrecht nimmt dabei darauf Rücksicht, dass sowohl die Strom- als auch die Gasversorgung als vertikal integriertes Geschäft entstanden sind. **Vertikale Integration** bedeutet dabei, dass in einem Unternehmen im Verhältnis zum Netzbetrieb vorgelagerte und nachgelagerte Wertschöpfungsstufen integriert sind (*Bausch* ZNER 2004, 332). Dies sind beim Strom die Erzeugung bzw. Beschaffung auf vorgelagerter Ebene und der Vertrieb auf nachgelagerter Stufe. Beim Gas gehören auf vorgelagerter Stufe die Förderung, der Import bzw. die Beschaffung dazu wie auf nachgelagerter Stufe der Vertrieb. Der deutsche Markt zeichnet sich dabei – im Gegensatz zu manch anderem europäischen Markt – dadurch aus, dass vielfach vertikal integrierte Unternehmen auf **unterschiedlichen Handelsstufen** existieren. So finden sich reine Verteilerstadtwerke (zu Gestaltungsmodellen und Handlungsoptionen für Stadtwerke *Apel/Beisheim/Edelmann/ Kaufmann* et 4/2004, 242 ff.), die über keinen eigenen Gasimport und auch über keine Stromerzeugung verfügen. Solange sie neben dem Netzbetrieb aber die Funktionen der Beschaffung und des Vertriebs von Elektrizität bzw. Gas wahrnehmen, handelt es sich bei ihnen um integrierte Unternehmen (*Salje* EnWG § 6 Rn. 6 ff.).

Das System des regulierten Netzzugangs und die ihm dienenden Entflechtungs- 9
vorschriften sollen wirksamen Wettbewerb auf der dem Netzbetrieb nachgelagerten Stufe, dem Vertrieb, ermöglichen. Wettbewerbshemmnisse auf der nachgelagerten Stufe sollen dadurch vermieden werden, dass die **Nutzung des Netzes** auch Wettbewerbern **diskriminierungsfrei** zur Verfügung steht. Zudem sollen **Quersubventionierungen** des Netzbetriebs an den nachgelagerten Bereich (Vertrieb) vermieden werden (BT-Drs. 15/3917, 51; Theobald/Kühling/*Heinlein/ Büsch* EnWG § 6 Rn. 34; *Salje* EnWG § 6 Rn. 2 NK-EnWG/*Knauff* § 6 Rn. 2; Elspas/Graßmann/Rasbach/*Rasbach* EnWG § 6 Rn. 15). Im Normgefüge der §§ 6 ff. dienen die §§ 6 a und 7 a (im Bereich der Verteilnetze) bzw. §§ 10 b–10 e (für den ITO) in erster Linie der ersten Zielrichtung, der Gewährung nichtdiskriminierenden Netzzugangs, der § 6 b in erster Linie der Verhinderung von Quersubventionen. Das in § 7 für Verteilnetzbetreiber vorgeschriebene gesellschaftsrechtliche Unbundling hat gegenüber §§ 6 a, 7 a und 6 b seinerseits **dienende Funktion.**

Regulierungsökonomisch werden die weitreichenden Eingriffe in die Hand- 10
lungsfreiheit der integrierten Energieversorgungsunternehmen mit der **Theorie der sog. „natürlichen Monopole"** gerechtfertigt (Vermerk der GD TREN, S. 1; *Bausch* ZNER 2004, 332 (334) mwN; näher *Wiedmann/Langerfeldt* et 3/2004, 158 ff.). Unter einem natürlichen Monopol wird eine monopolistische Stellung eines Netzbetreibers verstanden, die ihre Ursache nicht in der Verleihung eines rechtlichen Monopols (wie ehemals bei Post und Telekommunikation) hat, sondern die darauf beruht, dass der Betrieb bestimmter Netze eine **stets fallende Durchschnittskostenkurve** hat (vgl. *Wiemann/Langerfeldt* et 3/2004, 158, Fn. 4). Unter diesen Bedingungen sollen die Errichtung und der Betrieb konkurrierender

§ 6 Teil 2. Entflechtung

Netze volkswirtschaftlich unsinnig und wettbewerblich nicht zu erwarten sein (*Bausch* ZNER 2004, 332 (334)). Die Gewährung des Netzzugangs ist im Rahmen dieser ökonomischen Theorie eine notwendige Voraussetzung dafür, dass auf dem nachgelagerten Markt Wettbewerb entstehen kann.

II. Stufen der Entflechtung

11 Die Entflechtungsvorschriften haben – wie bereits ausgeführt – dienende Funktion bezüglich der Einhaltung der Verpflichtung des Netzbetreibers zum diskriminierungsfreien Netzzugang. Im Hinblick darauf, dass die Entflechtungsvorgaben bestimmte Handlungspflichten des Netzbetreibers sicherstellen sollen, lassen sich **primäre und sekundäre Entflechtungsvorschriften** unterscheiden, die stärker unmittelbar bzw. mittelbar die Erfüllung der gesetzlichen Handlungsanforderungen sicherstellen sollen. Als primäre Entflechtungsvorschriften können dabei die Vorschriften über die organisatorische Entflechtung (§ 7a), die informatorische Entflechtung (§ 6a) und die buchhalterische Entflechtung (§ 6b) verstanden werden. Über diese Entflechtungsvorschriften soll strukturell sichergestellt werden, dass der Netzbetreiber seiner Verpflichtung zum diskriminierungsfreien Netzzugang nachkommt. Sekundär ist demgegenüber die Verpflichtung zur gesellschaftsrechtlichen Entflechtung. Sie soll sicherstellen, dass die primären Entflechtungsvorschriften nicht über die Verbundenheit in einem rechtlich integrierten Unternehmen überspielt werden. Noch weiter gehen die Formen des Ownership-Unbundling, mit dem die Integration von Netz und Erzeugung/Vertrieb zerschlagen wird. In dieser Skala stellt der unabhängige Transportnetzbetreiber nach §§ 10ff. eine Zwischenform dar, bei der zwar eine eigentumsrechtliche Trennung herbeigeführt wird, bei der die organisatorische Entflechtung aber weit in die gesellschaftsrechtliche Struktur eingreift.

12 **1. Buchhalterische Entflechtung.** Die buchhalterische Entflechtung ist in § 6b vorgesehen. Diese fordert eine separate Rechnungslegung für die Aktivitäten Übertragung und Verteilung. Sie war für Stromversorger bereits in **§ 9 EnWG 1998** vorgesehen (Hempel/Franke/*Schulte-Beckhausen* EnWG Vor §§ 6–10 Rn. 8). Die buchhalterische Entflechtung dient dazu, Quersubventionen zwischen Netzbetrieb und den vorgelagerten und nachgelagerten Funktionen der Beschaffung und der Erzeugung sowie den nachgelagerten Funktionen des Vertriebs zu vermeiden. Durch die buchhalterische Entflechtung wird überprüfbar, ob **Quersubventionen** zu den vor- und nachgelagerten Bereichen vorliegen.

13 **2. Informatorische Entflechtung.** Die informatorische Entflechtung ist in § 6a geregelt. Sie verlangt von den Energieversorgungsunternehmen, dass es keinen **wettbewerbsverzerrenden Informationsfluss** zwischen dem Netzbetrieb und den vor- und nachgelagerten wettbewerblichen Bereichen des Unternehmens gibt. Insbesondere ist es dem Netzbetrieb nicht gestattet, dem Vertrieb des integrierten Unternehmens Informationen zukommen zu lassen, die den Wettbewerbern nicht zur Verfügung stehen (Hempel/Franke/*Schulte-Beckhausen* EnWG Vor §§ 6–10 Rn. 9).

14 **3. Organisatorische Entflechtung („Management Unbundling").** Der Schwerpunkt der Entflechtungsvorschriften im Bereich der Verteilnetze liegt in der organisatorischen Entflechtung des Netzbetriebs und der vor- und nachgelagerten Aktivitäten des integrierten Energieversorgungsunternehmens. Über Regelun-

Anwendungsbereich und Ziel der Entflechtung §6

gen der **Organisationsstruktur** und des **Personaleinsatzes** soll sichergestellt werden, dass der Netzbetreiber seiner Verpflichtung zu diskriminierungsfreiem Netzzugang nachkommt (Hempel/Franke/*Schulte-Beckhausen* EnWG Vor §§ 6–10 Rn. 10).

4. Rechtliche Entflechtung („Legal Unbundling"). Zur Abstützung der 15 drei aufgeführten primären Entflechtungsverpflichtungen ist mit dem EnWG 2005 in § 7 die Verpflichtung zu einer rechtlichen Entflechtung („Legal Unbundling") sowohl für Verteilnetzbetreiber als auch für Transportnetzbetreiber vorgesehen worden. Nach der EnWG-Novelle 2011 gilt § 7 nur noch für Verteilnetzbetreiber. Mit der gesellschaftsrechtlichen Entflechtung werden die Vorschriften des Gesellschaftsrechts und des Bilanzrechts zum Zwecke der Unterstützung der Regelungen der §§ 7a und 6b zunutze gemacht. Bezüglich der getrennten Rechnungsführung bedeutet dies, dass es sich bei der **getrennten Rechnungsführung** nicht nur um eine regulatorische Parallelberechnung handelt, sondern dass die Entflechtung unmittelbar in die Bücher der Unternehmen durchschlägt. Zudem unterstreicht die gesellschaftsrechtliche Entflechtung die **Selbstständigkeit und Eigenverantwortlichkeit der Netzbetreiber,** die in eigenen juristischen Personen organisiert sind. Dies dient der strukturellen Absicherung der in § 7a vorgeschriebenen operationellen Entflechtung.

5. Ownership Unbundling der Transportnetze. Das grundsätzliche Erfor- 16 dernis der eigentumsrechtlichen Entflechtung der Transportnetzbetreiber stellt die strengste Stufe der Entflechtung dar. In der Ausgangskonstellation des § 8 ersetzt die eigentumsrechtliche Entflechtung sämtliche andere Entflechtungsformen. Dies beruht darauf, dass der eigentumsrechtlich entflochtene Netzbetreiber nicht mehr Teil eines integrierten Unternehmens ist und damit – abgesehen von seiner eigentumsrechtlichen Entflechtung – nicht mehr Adressat der Entflechtungsvorschriften ist.

Bei den Entflechtungsoptionen des unabhängigen Systembetreibers nach § 9 17 (ISO) und des unabhängigen Transportnetzbetreibers nach § 10 (ITO) handelt es sich um Formen einer verschärften rechtlichen und operationalen Entflechtung, bei denen auf eine eigentumsrechtliche Entflechtung verzichtet wird. Beide Optionen stehen integrierten Energieversorgungsunternehmen offen, bei denen das Transportnetz am 3.9.2009 im Eigentum des vertikal integrierten Unternehmens stand.

III. Zur Entflechtung verpflichtete Unternehmen

Vollständige Anwendung finden die Vorschriften über die Entflechtung nach § 6 18 Abs. 1 S. 1 auf **vertikal integrierte Unternehmen** und rechtlich selbstständige Netzbetreiber, die mit vertikal integrierten Unternehmen verbunden sind. Mit den beiden Fallgruppen umschreibt das Gesetz das integrierte Unternehmen vor und nach Entflechtung. Darüber hinaus sind die §§ 6a und 6b der Entflechtungsvorschriften (Beachtung des Vertraulichkeitsgebots sowie Entflechtung der Rechnungslegung) auf integrierte Unternehmen anwendbar, soweit sie LNG- bzw. Speicheranlagen betreiben (Hempel/Franke/*Schulte-Beckhausen* EnWG § 6 Rn. 10; Theobald/Kühling/*Heinlein/Büsch* EnWG § 6 Rn. 27; BerlKommEnergieR/*Säcker/Schönborn* EnWG § 6 Rn. 23).

1. Vertikal integriertes Unternehmen. Der Begriff des vertikal integrierten 19 Unternehmens ist in § 3 Nr. 38 definiert. Es umfasst Unternehmen gleich welcher

Rechtsform, die elektrizitätswirtschaftliche Funktionen (Erzeugung, Netzbetrieb, Vertrieb) und/oder gaswirtschaftliche Funktionen (Gewinnung, Netzbetrieb, Speicherung) wahrnehmen. Adressaten sind ebenfalls Unternehmensgruppen iSv Art. 3 Abs. 2 FKVO (VO (EG) Nr. 139/2004 des Rates v. 20.1.2004), wobei die Gruppe so organisiert sein muss, dass die Entscheidungen im Unternehmensverbund von einer Stelle aus koordinierbar sind. Vom Begriff des **integrierten Unternehmens** ist also **auch der Konzern erfasst,** in dem unterschiedliche Gesellschaften die verschiedenen energiewirtschaftlichen Funktionen wahrnehmen (*Salje* EnWG § 6 Rn. 6). Nach der Spruchpraxis der BNetzA sollten aus dem Konzern aber nur die Unternehmen Teil des integrierten EVU sein, die selbst eine energiewirtschaftliche Funktion ausüben. Damit sollten insbesondere zwischengeschaltete Holdinggesellschaften nicht zum integrierten Energieversorgungsunternehmen gehören. Dieser Praxis ist nun durch das Urteil des EuGH vom 2.9.2021 – C 718/18 der Boden entzogen. Der Gesetzgeber hat darauf im sog. Osterpaket reagiert und in § 3 Nr. 38 die Begrifflichkeit von „intigriertes Energieversorgungsunternehmen" in „integriertes Unternehmen geändert und auf die Einschränkung der Tätigkeit in der Europäischen Union verzichtet. Damit ist das Tätigkeitskriterium der BNetzA obsolet geworden. Dies wirft Probleme bei der Abgrenzung zwischen dem integrierten Unternehmen und dem Netzbetreiber auf, weil beide Unternehmen aus mehreren Rechtsträgern bestehen können. Vor allem bei Zwischenholdings, die aus steuerlichen Gründen oder wegen der Aquisitionsfinanzierung erforderlich sind, wird man eine pragmatische Lösung finden müssen.

20 Für die Anwendung der §§ 6ff. kommt es demnach darauf an, ob im Konzernverbund gleichzeitig eine Netzfunktion und auf anderer Wertschöpfungsstufe liegende energiewirtschaftliche Funktionen wahrgenommen werden. Während der Netzbetrieb bei Elektrizitätsversorgungsunternehmen nur Verteilung und Übertragung umfasst, können bei Gasversorgungsunternehmen zum Netzbetrieb zusätzlich die Funktionen Betrieb einer LNG-Anlage und/oder Speicheranlage gehören (*Salje* EnWG § 6 Rn. 7). Der Praxis der BNetzA, dabei nur die energiewirtschaftlichen Funktionen zu berücksichtigen, die innerhalb der Europäischen Union bzw. dem EWR ausgeübt werden, ist der EuGH im Urteil vom 2.9.2021 – C 718/18 nicht gefolgt. Er ist daher zukünftig auf die weltweiten Tätigkeiten des Konzerns abzustellen. Dieser Sichtweise ist der deutsche Gesetzgeber durch die Änderung des § 3 Nr. 38 durch das sog. Osterpaket gefolgt.

21 Keine Adressaten der Entflechtungsbestimmungen sind damit **reine Netzbetreiber,** also Unternehmen, die – auch im Konzernverbund – ausschließlich die Funktion eines Netzbetreibers wahrnehmen (*Salje* EnWG § 6 Rn. 8). Allerdings enthält § 8 Abs. 2 Vorgaben für den eigentumsrechtlich entflochtenen Transportnetzbetreiber, die nicht nur für die erstmalige Entflechtung von Bedeutung sind, sondern auch eine Re-Integration in ein integriertes Unternehmen verhindern sollen und daher fortlaufend Beachtung finden müssen. Ebenfalls unter die Entflechtungsvorschriften fallen nicht diejenigen **Energieversorgungsunternehmen, die kein Netz betreiben** (*Salje* EnWG § 6 Rn. 8). Dies ist in der Bundesrepublik Deutschland bei einer Reihe von Energiehändlern und auch bei wenigen Produzenten der Fall.

22 Wenn ein Verteilnetzbetreiber schon rechtlich verselbstständigt ist, ist eine rechtliche Entflechtung iSd § 7 bereits gegeben. Einer „Entflechtung" bedarf es nicht mehr, gleichwohl behält § 7 seine Bedeutung, da ein Zusammenschluss des Netzbetreibers mit den Gesellschaften, die andere energiewirtschaftliche Funktionen wahrnehmen, verboten bleibt. Aufgrund der Konzernklausel in § 3 Nr. 38 ist die

Anwendungsbereich und Ziel der Entflechtung §6

ausdrückliche Aufnahme des rechtlich selbstständigen Netzbetreibers im Unternehmensverbund in § 6 Abs. 1 S. 1 überflüssig (*Salje* EnWG § 6 Rn. 9).

2. LNG-Anlagenbetreiber. Bei LNG handelt es sich um Liquefied Natural 23
Gas. Es handelt sich um Erdgas, das zum Transport verflüssigt wurde. LNG-Anlagen dienen in der Regel zum Import von LNG, das in der LNG-Anlage wieder verdampft wird (*Salje* EnWG § 6 Rn. 10; BerlKommEnergieR/*Säcker/Schönborn* EnWG § 6a Rn. 26). Hat die LNG-Anlage diese Importfunktion, gelten für diese Anlage lediglich die §§ 9 und 10. Wenn eine LNG-Anlage als Speicher genutzt wird, dh, wenn flüssiges LNG gespeichert wird, um es bei Bedarf in das Netz einzuspeisen, kommt es für die Entflechtungsvorschriften darauf an, ob diese LNG-Anlage dem Netz zuzurechnen ist. Dafür gelten die Auslegungskriterien, die auch für Speicheranlagen gelten (hierzu Hempel/Franke/*Schulte-Beckhausen* EnWG § 6 Rn. 11).

3. Betreiber von Speicheranlagen. Speicheranlagen können zumindest zu 24
zweierlei Zwecken betrieben werden. Einerseits können sie – als Teil des Netzes – zum Ausgleich **kurzzeitiger Schwankungen** im Netz benutzt werden. Dann sind sie Teil des Netzes (Hempel/Franke/*Schulte-Beckhausen* EnWG § 6 Rn. 11). Für den Netzbetreiber, der solche Speicheranlagen betreibt, gelten die Entflechtungsvorschriften ohnehin in vollem Umfang.

Darüber hinaus können Speicheranlagen dazu benutzt werden, um die **jahres-** 25
zeitlichen Schwankungen im Gasverbrauch auszugleichen. Während industrielle Gasverbraucher, die das Gas als Energielieferant oder als Prozessgas nutzen, häufig über das Jahr einen gleichmäßigen Gasverbrauch haben, ist der Verbrauch von Gas zur Heizung oder zum Verbrauch innerhalb von Kraft-Wärme-Kopplung starken jahreszeitlichen Schwankungen unterworfen. Da die Lieferungen aus den Gaslieferländern während des Jahres im Wesentlichen konstant laufen, bedarf es einer inländischen Speicherung von Erdgas, um diese Verbrauchsschwankungen abzupuffern. Bezüglich dieser Funktion, die für den Gashandel essenziell ist, liegt es nahe, dass die Verfügung über solche Speicher zwar für die Strukturierung des Produkts, nicht aber für den Netzzugang erforderlich ist.

Die Begründung zur EnWG-Novelle 2011 weist auch ausgiebig darauf hin, dass 26
die Bedeutung des Speicherzugangs deutlich abgenommen hat. Die zutreffenden Erkenntnisse führen den Gesetzgeber aber nur dazu, den Speicherzugang in § 28 dem verhandelten Netzzugang und nicht dem regulierten Netzzugang zu unterwerfen. Bei der Abgrenzung der Frage, welche Speicheranlagen überhaupt den Regelungen des § 28 und auch dem Unbundling-Regime unterliegen, hat der Gesetzgeber eine sehr weitreichende und ausdehnende Definition getroffen. Erfasst sind nach der Legaldefinition des § 28 Abs. 1 S. 2 sämtliche Untertagespeicher mit Ausnahme der Untertage-Röhrenspeicher. Die Betreiber solcher Speicheranlagen werden auch von den Entflechtungsanforderungen aus § 7b getroffen (BT-Drs. 17/6072, 82).

C. Steuerliche Behandlung (Abs. 2–4)

§ 6 Abs. 2–4 dient der steuerunschädlichen Durchführung der Entflechtungs- 27
maßnahme. Soweit die rechtliche oder eigentumsrechtliche Entflechtung eine steuerlich relevante Umwandlung beinhaltet, hat der Gesetzgeber die Gefahr gesehen, dass über die Versteuerung des Buchgewinns bei Auflösung stiller Reserven

§ 6a Teil 2. Entflechtung

sowie im Rahmen des Grunderwerbs hohe Steuerlasten die Wirtschaftlichkeit der Unternehmen gefährden könnten. Daher hat der Gesetzgeber Vorkehrungen dafür getroffen, dass die Unternehmen **nicht aufgrund der Entflechtung steuerlichen Nachteilen** ausgesetzt sind.

I. Ertragsteuerrechtliche Behandlung (Abs. 2)

28 Ertragsteuerrechtlich ist die Übertragung von Wirtschaftsgütern ohne Auflösung der gebildeten stillen Reserven davon abhängig, dass es sich bei dem ausgegliederten Betriebsteil um einen „Teilbetrieb" handelt (Begr., BT-Drs. 15/3917, 51). Der einkommensteuerrechtliche Begriff des Teilbetriebs ist gesetzlich nicht definiert. Nach der Rechtsprechung werden hieran hohe Anforderungen gestellt (BFH Urt. v. 24.2.2000 – IV R 62/98, NJW-RR 2000, 1054f. mN). Danach ist ein Teilbetrieb ein organisatorisch geschlossener, mit einer gewissen Selbstständigkeit ausgestatteter Teil des Gesamtbetriebs, der für sich lebensfähig ist. Aus dieser Definition folgt, dass häufig in wesentlich größerem Umfang Wirtschaftsgüter dem Netzbetrieb zugeordnet werden müssten, als dies von den Entflechtungsregelungen gefordert ist (BT-Drs. 15/3917, 51f.). Daher hat der Gesetzgeber iRd § 6 Abs. 2 S. 1 im Wege einer **steuerlichen Fiktion** geregelt, dass die im Zuge der Entflechtungsbestimmungen zu übertragenden Wirtschaftsgüter als Teilbetrieb gelten (BT-Drs. 15/3917, 52).

29 Die gesetzliche Regelung soll sicherstellen, dass die Entflechtung **steuerneutral** vorgenommen werden kann. Da die Entflechtung mittlerweile durchgeführt ist, wird auf eine ausführliche Kommentierung verzichtet (verwiesen werden kann auf die Kommentierungen von Danner/Theobald/*Eder*, 53. EL April 2006, EnWG § 6 Rn. 30ff.; Hempel/Franke/*Schulte-Beckhausen* EnWG § 6 Rn. 18ff. und auf Baur/Pritzsche/Simon Energiewirtschafts-HdB/*Fuhrmann* Kap. 9).

II. Grunderwerbsteuer (Abs. 3)

30 Mit der rechtlichen Entflechtung ist häufig auch die **Übertragung von Grundstücken** verbunden. Dies löst nach dem Grunderwerbsteuergesetz normalerweise die Grunderwerbsteuer aus. Der Gesetzgeber hat daher in § 6 Abs. 3 S. 1 eine entsprechende Steuerbefreiung angeordnet.

III. Freiwillige Entflechtung (Abs. 4)

31 In Abkehr zur Rechtslage nach dem EnWG 2005 gelten die Regelungen der Abs. 2 und 3 nicht für Fälle, in denen eine Entflechtung vorgenommen wird, obwohl keine rechtliche Verpflichtung – etwa aufgrund der **De-minimis-Regelung** – besteht.

§ 6a Verwendung von Informationen

(1) **Unbeschadet gesetzlicher Verpflichtungen zur Offenbarung von Informationen haben vertikal integrierte Unternehmen, Transportnetzeigentümer, Netzbetreiber, Gasspeicheranlagenbetreiber sowie Betreiber von LNG-Anlagen sicherzustellen, dass die Vertraulichkeit wirtschaftlich sensibler Informationen, von denen sie in Ausübung ihrer Geschäftstätigkeit als Transportnetzeigentümer, Netzbetreiber, Gasspeicheranlagen-**

Verwendung von Informationen **§ 6 a**

betreiber sowie Betreiber von LNG-Anlagen Kenntnis erlangen, gewahrt wird.

(2) ¹Legen das vertikal integrierte Unternehmen, Transportnetzeigentümer, Netzbetreiber, ein Gasspeicheranlagenbetreiber oder ein Betreiber von LNG-Anlagen über die eigenen Tätigkeiten Informationen offen, die wirtschaftliche Vorteile bringen können, so stellen sie sicher, dass dies in nicht diskriminierender Weise erfolgt. ²Sie stellen insbesondere sicher, dass wirtschaftlich sensible Informationen gegenüber anderen Teilen des Unternehmens vertraulich behandelt werden.

Übersicht

	Rn.
A. Allgemeines	1
I. Inhalt und Zweck	1
II. Entstehungsgeschichte und europarechtliche Vorgaben	3
B. Inhalt des Vertraulichkeitsgebots	4
I. Adressaten der Verpflichtung	5
II. Wirtschaftlich sensible Informationen	8
III. Kenntnis aus Netzbetreibergeschäftstätigkeit	10
IV. Gesetzliche Verpflichtungen	11
V. Sicherstellung der Vertraulichkeit	13
C. Diskriminierungsfreie Weitergabe von Informationen	18
I. Weitergabe von Informationen	18
II. Diskriminierungsfreiheit	21

A. Allgemeines

I. Inhalt und Zweck

§ 6 a enthält die Regelung zur sog. „informatorischen Entflechtung". Dabei verfolgt die Regelung eine doppelte Zielrichtung: Zum einen sollen die Informationen, die der Netzbetreiber aufgrund seiner Funktion von den Kunden des Netzbetreibers (den Händlern) erhält, **vertraulich behandelt** werden. Zudem soll der Netzbetreiber Informationen nur **diskriminierungsfrei** seinen Kunden (einschließlich des integrierten Unternehmens) **zur Verfügung stellen.** Eine in Ansätzen mit § 6 a Abs. 1 vergleichbare Regelung enthält § 17 TKG. 1

Die BNetzA hat am 13.6.2007 eine „Gemeinsame Richtlinie der Regulierungsbehörden des Bundes und der Länder zur Umsetzung der informatorischen Entflechtung nach § 9 EnWG" veröffentlicht. Diese Richtlinie gibt das gemeinsame Verständnis der Regulierungsbehörden des Bundes und der Länder zur Auslegung und Anwendung der Bestimmungen zur informatorischen Entflechtung des § 9 aF wieder. Das Dokument ist – wie es selbst (S. 3) feststellt – keine Festlegung iSd § 29 und hat auch nicht den Charakter einer Verwaltungsvorschrift. Bei einer Umsetzung der **Gemeinsamen Richtlinie** soll gegenüber den Regulierungsbehörden eine **Vermutung** dafür bestehen, die Entflechtung innerhalb des Unternehmens entspreche den **gesetzlichen Vorgaben.** Auch wenn es sich bei der Gemeinsamen Richtlinie nicht um eine Verwaltungsvorschrift handelt, dürfte bezüglich der BNetzA und der Regulierungsbehörden der Länder insoweit eine Selbstbindung 2 vorliegen, dass ein Einschreiten gegen einen Netzbetreiber, der die Richtlinie umgesetzt hat, ermessensfehlerhaft wäre.

II. Entstehungsgeschichte und europarechtliche Vorgaben

3 § 6a entspricht im wesentlichen § 9 aF. Er setzt die Art. 37 und 41 Elt-RL 19 bzw. Art. 16 und 27 Gas-RL 09 um.

B. Inhalt des Vertraulichkeitsgebots

4 § 6a Abs. 1 enthält ein Vertraulichkeitsgebot bezüglich wirtschaftlich sensibler Informationen, von denen der Netzbetreiber in Ausübung seiner Geschäftstätigkeit Kenntnis erlangt. Zielrichtung des Vertraulichkeitsgebots ist es vor allem, den Netzbetreiber daran zu hindern, vertrauliche Informationen, die er von seinen sonstigen Kunden erlangt, an die mit ihm in einem Unternehmen **verbundenen wettbewerblichen Bereiche** weiterzugeben. Umfasst von der Verpflichtung ist aber auch das Verbot, diese Informationen an andere Kunden weiterzugeben.

I. Adressaten der Verpflichtung

5 Adressaten der Pflichten aus § 6a sind alle vertikal integrierten **Unternehmen** iSd § 3 Nr. 38 sowie nicht mit einem sonstigen Energieversorgungsunternehmen zusammengeschlossene **Netzbetreiber** (Theobald/Kühling/*Heinlein/Büsch* EnWG § 6a Rn. 5f. NK-EnWG/*Knauff* § 6a Rn. 3; Elspas/Graßmann/Rasbach/ *Rasbach* EnWG § 6a Rn. 3ff.; BerlKommEnergieR/*Säcker/Schönborn* EnWG § 6a Rn. 12ff.). Die Regelung stellt klar, dass auch Speicheranlagenbetreiber und Betreiber von LNG-Anlagen verpflichtet sind. In der Konstellation des ISO trifft die Vertraulichkeitsverpflichtung auch die Eigentümer des Transportnetzes, da bei diesem Entflechtungsmodell der Betreiber nicht auch Eigentümer des Transportnetzes ist. Die Verpflichtungen aus § 6a sind damit weiter gezogen als die übrigen aus der Entflechtung folgenden Verpflichtungen. Dies ist gerechtfertigt, weil auch bei einem von Energieversorgungsunternehmen im Übrigen unabhängigen Netzbetreiber die Notwendigkeit der vertraulichen Behandlung wirtschaftlich sensibler Informationen besteht. Das Bedürfnis für die vertrauliche Behandlung von bestimmten Informationen besteht unabhängig davon, ob der Netzbetreiber, der Speicherbetreiber oder der Betreiber einer LNG-Anlage Teil eines integrierten Unternehmens ist, also unabhängig vom Eingreifen der Verpflichtung zur Entflechtung.

6 Innerhalb eines integrierten Unternehmens richten sich die Verpflichtungen insbesondere auch an die sog. Shared-Service-Einheiten (Gemeinsame Richtlinie, S. 7). Über die Nutzung von **Shared-Services** darf es nicht dazu kommen, dass wirtschaftlich sensible Informationen iSd § 6a Abs. 1 dem wettbewerblichen Bereich zugänglich gemacht werden. Wird die Rechtsabteilung oder die IT-Abteilung des integrierten Unternehmens auch vom Netzbetrieb genutzt, müssen entsprechende Vorkehrungen (**„Chinese Walls"**) getroffen werden, um eine unzulässige Weitergabe von Informationen auszuschließen. Ein Verbot, gemeinsame Einrichtungen zu benutzen und etwa auf eine gemeinsame Rechtsabteilung zuzugreifen, besteht im Verteilnetzbereich nicht. Eine entsprechende Anforderung ergibt sich für Transportnetzbetreiber aus Art. 41 Abs. 1 Elt-RL 19 bzw. Art. 16 Abs. 1 Gas-RL 09.

Verwendung von Informationen §6a

Externe Dienstleister werden von der Verpflichtung des § 6a nicht umfasst. Zu- 7
treffend führt allerdings die „Gemeinsame Richtlinie" aus, dass die **Beauftragung
Dritter** nicht dazu führen darf, gesetzliche Vorgaben zu umgehen. Werden externen Dienstleistern wirtschaftlich sensible Informationen iSd § 6a Abs. 1 zugänglich gemacht, ist das Energieversorgungsunternehmen verpflichtet, vor Einschaltung dieser Dienstleister die Wahrung der **Vertraulichkeit** durch eine **vertragliche Vereinbarung** mit diesen Dienstleistern sicherzustellen.

II. Wirtschaftlich sensible Informationen

Unter wirtschaftlich sensiblen Informationen iSv § 6a Abs. 1 sind alle Daten zu 8
verstehen, die im Rahmen des Netzbetriebes anfallen und für Netzkunden von Bedeutung sein können. Diese Informationen sind unabhängig davon geschützt, ob sie ökonomischer, technischer oder rechtlicher Natur sind. Merkmal dafür, ob Informationen geschützt sind, ist die Frage, ob sie **wirtschaftlich sensibel** sind. Dieser Begriff ist **im Zweifel weit auszulegen.** Wirtschaftlich sensibel sind alle Informationen, welche für Unternehmen, die mit nachgelagerten Einheiten des integrierten Energieversorgungsunternehmens in Wettbewerb treten wollen, nutzbar sind.

Wirtschaftlich sensibel sind insbesondere sämtliche Informationen, die für das 9
integrierte Energieversorgungsunternehmen und seine Wettbewerber bei ihrer Tätigkeit – insbesondere bei der **Gewinnung von Kunden** – von Bedeutung sind. Dies umfasst vertragliche Lieferbeziehungen, Informationen über Anschlüsse und Anlagen der Netznutzer sowie Abnahmecharakteristika wie Leistungsdaten und Arbeitsmengen. Der Gemeinsamen Richtlinie ist als Anlage 1 eine Liste wirtschaftlich sensibler/vorteilhafter Netzdaten beigefügt, die nicht abschließend gemeint ist.

III. Kenntnis aus Netzbetreibergeschäftstätigkeit

§ 6a Abs. 1 bezieht sich auf solche Informationen, deren Kenntnis in Ausübung 10
der Netzbetreibertätigkeit eines Elektrizitäts- oder Gasnetzbetreibers erlangt wird. Dieses Tatbestandsmerkmal ist im Zweifel weit auszulegen. Aus der Natur der Sache her erlangt das Netzunternehmen alle wirtschaftlich sensiblen Informationen, die sich auf das Netzgeschäft beziehen, aus der Tätigkeit in diesem Bereich (Hempel/Franke/Schulte-Beckhausen EnWG § 9 Rn. 10). Für die Kenntniserlangung in Ausübung der Netzbetreibertätigkeit ist es unerheblich, ob es sich um **Daten** handelt, die **von Kunden des Netzbetriebs** zur Verfügung gestellt werden – etwa im Rahmen der Buchung von Netzkapazität –, oder ob es sich um **eigengenerierte Informationen** des Netzbetriebs handelt – etwa über Kapazitäten und ihre Auslastung.

IV. Gesetzliche Verpflichtungen

Rechtliche Verpflichtungen zur Weitergabe der wirtschaftlich sensiblen Infor- 11
mation gehen der Verpflichtung aus § 6a Abs. 1 vor. Dies betrifft sowohl Verpflichtungen, Behörden bestimmte Auskünfte zu geben, als auch insbesondere die Fülle von **Veröffentlichungspflichten,** denen Energieversorgungsunternehmen unterliegen. Die Gemeinsame Richtlinie listet in Anlage 2 über 80 solcher Veröffentlichungspflichten auf.

Hölscher

§ 6a

12 Auch **Offenlegungspflichten gegenüber Behörden** (Kartellbehörden, Regulierungsbehörden, Gewerbeaufsicht) gehen der Vertraulichkeitsverpflichtung des § 6a Abs. 1 vor. Da diese Behörden nach § 30 VwVfG oder vergleichbaren Vorschriften zur Amtsverschwiegenheit verpflichtet sind, wird die Vertraulichkeit wirtschaftlich sensibler Informationen durch eine Offenbarung gegenüber Behörden nicht berührt.

V. Sicherstellung der Vertraulichkeit

13 Die Vertraulichkeitsverpflichtung aus § 6a Abs. 1 steht in einem gewissen **Spannungsverhältnis** zu dem Auskunfts- und Einsichtsrecht der Gesellschafter aus § 51a GmbHG. Würde man der Auskunftsverpflichtung der Gesellschaft gegenüber ihren Gesellschaftern nach § 51a GmbHG Vorrang vor der Vertraulichkeitsverpflichtung aus § 6a Abs. 1 zukommen lassen, würde die Vertraulichkeit nach § 6a Abs. 1 weitgehend leerlaufen. Es ist daher eine Abwägung zwischen den berechtigten Interessen der Muttergesellschaft im Konzern einerseits und der gebotenen Selbständigkeit der Netztochter andererseits erforderlich (Hempel/Franke/Schulte-Beckhausen EnWG § 9 Rn. 14). Man wird daher den Auskunftsanspruch des Gesellschafters nach § 51a GmbHG auf aggregierte Daten beschränken müssen, die wettbewerblich keine Relevanz mehr haben.

14 Die Adressaten der Verpflichtung aus § 6a Abs. 1 sind verpflichtet, die Vertraulichkeit der geschützten Informationen sicherzustellen. Dies erfordert geeignete **technische und organisatorische Maßnahmen,** um eine unzulässige Weitergabe zu verhindern.

15 Soweit **EDV-Systeme** vom Netzbetreiber und von anderen Einheiten des integrierten Energieversorgungsunternehmens gemeinsam genutzt werden, muss sichergestellt sein, dass andere Einrichtungen über geeignete **Systeme der Zugriffsberechtigung** davon ausgeschlossen werden, auf Daten des Netzbetriebs zuzugreifen. Eine physikalische Trennung der Datenbestände des Netzbetreibers und der anderen Einheiten des integrierten Unternehmens ist nicht notwendig (Gemeinsame Richtlinie, S. 9).

16 Besonderer **organisatorischer Vorkehrungen** bedarf es auch dort, wo außerhalb der EDV sog. **Shared-Services** genutzt werden. Nutzt etwa der Netzbetreiber die zentrale Rechtsabteilung des integrierten Unternehmens, muss durch geeignete organisatorische Vorkehrungen sichergestellt werden, dass die Vertraulichkeit der Informationen des Netzbetreibers auch in diesen Einheiten gewahrt wird. Auch hier kommen als mögliche organisatorische Maßnahmen die funktionale oder räumliche Trennung von Vertraulichkeitsbereichen, die Schaffung von Zutrittsbeschränkungen oder die Regelung von Zugriffsberechtigungen auf Daten in Betracht (Gemeinsame Richtlinie, S. 6).

17 Ein besonderes Problem der Wahrung der Vertraulichkeit ergibt sich daraus, dass auch Unternehmen, die nicht zur rechtlichen und organisatorischen Entbündelung verpflichtet sind („De-minimis-Unternehmen"), den Verpflichtungen des § 6a unterfallen (BerlKommEnergieR/*Säcker/Schönborn* EnWG § 6a Rn. 46 mit Verweis auf BT-Drs. 15/3917, S. 55). Dies wird ein Minimum an organisatorischen Vorkehrungen erforderlich machen. Zumindest wird man § 6a Abs. 1 entnehmen müssen, dass Mitarbeiter, die mit Aufgaben des Energievertriebs befasst sind, keine Zuständigkeiten in Bereichen haben dürfen, in denen wirtschaftlich sensible Informationen in Ausübung der Tätigkeit als Netzbetreiber gewonnen werden).

C. Diskriminierungsfreie Weitergabe von Informationen

I. Weitergabe von Informationen

§ 6a Abs. 2 bestimmt für die Weitergabe von Informationen, die wirtschaftliche **18** Vorteile bringen können, dass diese Weitergabe in nicht diskriminierender Weise zu erfolgen hat. Es ist sinnvoll, dass ein Netzbetreiber seinen **Transportkunden** eine Anzahl von Informationen zur Verfügung stellt, über die er nur aufgrund seiner Eigenschaft als Netzbetreiber verfügt. Insbesondere liegt es nahe, dass der Netzbetreiber seinen Kunden **Informationen über freie Kapazitäten im Netz, Lastverläufe etc** zur Verfügung stellt. Solche Informationen erlauben es den Transportkunden, ihre eigene Geschäftspolitik auf die Kapazitäten des Netzes abzustellen.

§ 6a Abs. 2 betrifft die **freiwillige Offenlegung** von Informationen **über die** **19** **eigene Tätigkeit** als Netzbetreiber. Von § 6a Abs. 2 sind demgemäß solche Informationen nicht umfasst, die der Netzbetreiber von seinen Transportkunden erhalten hat und die für die Transportkunden wirtschaftlich sensible Informationen darstellen. Bei der Verwendung eigener Informationen aus dem Bereich des Netzbetriebes entscheidet der Netzbetreiber eigenverantwortlich, welche Informationen er zur Verfügung stellen will (vgl. Gemeinsame Richtlinie, S. 10).

Keine Anforderungen erwachsen aus § 6a Abs. 2 in dem Fall **gesetzlicher Ver-** **20** **öffentlichungspflichten.** In diesem Fall ergibt sich bereits aus der Veröffentlichungspflicht, dass und wie die Information in nichtdiskriminierender Weise weitergegeben werden soll.

II. Diskriminierungsfreiheit

Soweit der Netzbetreiber solche Informationen zur Verfügung stellt, muss dies **21** **diskriminierungsfrei** erfolgen. Dh, dass der Netzbetreiber dem integrierten Unternehmen keine informatorischen Vorsprünge verschaffen darf. Dies bedeutet, dass er nicht nur sämtliche Informationen, die er zur Verfügung stellen will, sowohl dem integrierten Betreiber als auch allen anderen Transportkunden zur Verfügung stellen muss. Es bedeutet vielmehr auch, dass diese **Informationen zeitgleich** zur Verfügung gestellt werden müssen. Dabei bietet es sich an, elektronische Portale für die Datenübertragung – an den integrierten Betreiber und an andere Transportkunden – zu nutzen.

Zu weitgehend ist es allerdings, wenn die Regulierungsbehörden in der „Ge- **22** meinsamen Richtlinie" auf das Internet als Veröffentlichungsmedium hinweisen. Für die Diskriminierungsfreiheit iSd § 6a Abs. 2 ist es auch ausreichend, wenn ein **begrenzter Zugang („Extranet")** eröffnet wird, der allen Kunden des Netzbetreibers gleichermaßen zur Verfügung steht.

§ 6 b Rechnungslegung und Buchführung

(1) ¹ Vertikal integrierte Unternehmen im Sinne des § 3 Nummer 38, einschließlich rechtlich selbständiger Unternehmen, die zu einer Gruppe verbundener Elektrizitäts- oder Gasunternehmen gehören und mittelbar oder unmittelbar energiespezifische Dienstleistungen erbringen, und rechtlich selbständige Netzbetreiber sowie Betreiber von Gasspeicheranlagen haben ungeachtet ihrer Eigentumsverhältnisse und ihrer Rechtsform einen Jahresabschluss und Lagebericht nach den für Kapitalgesellschaften geltenden Vorschriften des Ersten, Dritten und Vierten Unterabschnitts des Zweiten Abschnitts des Dritten Buchs des Handelsgesetzbuchs aufzustellen, prüfen zu lassen und offenzulegen; § 264 Absatz 3 und § 264 b des Handelsgesetzbuchs sind insoweit nicht anzuwenden. ²Handelt es sich bei dem Unternehmen nach Satz 1 um eine Personenhandelsgesellschaft oder das Unternehmen eines Einzelkaufmanns, dürfen das sonstige Vermögen der Gesellschafter oder des Einzelkaufmanns (Privatvermögen) nicht in die Bilanz und die auf das Privatvermögen entfallenden Aufwendungen und Erträge nicht in die Gewinn- und Verlustrechnung aufgenommen werden.

(2) ¹Im Anhang zum Jahresabschluss sind die Geschäfte größeren Umfangs mit verbundenen oder assoziierten Unternehmen im Sinne von § 271 Absatz 2 oder § 311 des Handelsgesetzbuchs gesondert auszuweisen. ²Hierbei sind insbesondere Leistung und Gegenleistung anzugeben.

(3) ¹Unternehmen nach Absatz 1 Satz 1 haben zur Vermeidung von Diskriminierung und Quersubventionierung in ihrer internen Rechnungslegung jeweils getrennte Konten für jede ihrer Tätigkeiten in den nachfolgend aufgeführten Bereichen so zu führen, wie dies erforderlich wäre, wenn diese Tätigkeiten von rechtlich selbstständigen Unternehmen ausgeführt würden:
1. Elektrizitätsübertragung;
2. Elektrizitätsverteilung;
3. Gasfernleitung;
4. Gasverteilung;
5. Gasspeicherung;
6. Betrieb von LNG-Anlagen;
7. Entwicklung, Verwaltung oder Betrieb von Ladepunkten für Elektromobile nach § 7 c Absatz 2.

²Tätigkeit im Sinne dieser Bestimmung ist auch jede wirtschaftliche Nutzung eines Eigentumsrechts an Elektrizitäts- oder Gasversorgungsnetzen, Gasspeichern, LNG-Anlagen oder Ladepunkten für Elektromobile nach § 7 c Absatz 2. ³Für die anderen Tätigkeiten innerhalb des Elektrizitätssektors und innerhalb des Gassektors sind Konten zu führen, die innerhalb des jeweiligen Sektors zusammengefasst werden können. ⁴Für Tätigkeiten außerhalb des Elektrizitäts- und Gassektors sind ebenfalls eigene Konten zu führen, die zusammengefasst werden können. ⁵Soweit eine direkte Zuordnung zu den einzelnen Tätigkeiten nicht möglich ist oder mit unvertretbarem Aufwand verbunden wäre, hat die Zuordnung durch Schlüsselung zu den Konten, die sachgerecht und für Dritte nachvollziehbar sein muss,

Rechnungslegung und Buchführung § 6 b

zu erfolgen. ⁶Mit der Aufstellung des Jahresabschlusses ist für jeden der genannten Tätigkeitsbereiche jeweils eine den in Absatz 1 Satz 1 genannten Vorschriften entsprechende Bilanz und Gewinn- und Verlustrechnung (Tätigkeitsabschluss) aufzustellen und dem Abschlussprüfer zur Prüfung vorzulegen. ⁷Dabei sind in der Rechnungslegung die Regeln, einschließlich der Abschreibungsmethoden, anzugeben, nach denen die Gegenstände des Aktiv- und Passivvermögens sowie die Aufwendungen und Erträge den gemäß Satz 1 bis 4 geführten Konten zugeordnet worden sind.

(4) ¹Die gesetzlichen Vertreter haben den Tätigkeitsabschluss unverzüglich, jedoch spätestens vor Ablauf des zwölften Monats des dem Abschlussstichtag nachfolgenden Geschäftsjahres, gemeinsam mit dem nach Absatz 1 Satz 1 in Verbindung mit § 325 des Handelsgesetzbuchs offenzulegenden Jahresabschluss der das Unternehmensregister führenden Stelle elektronisch zur Einstellung in das Unternehmensregister zu übermitteln. ²§ 326 des Handelsgesetzbuchs ist insoweit nicht anzuwenden.

(5) ¹Die Prüfung des Jahresabschlusses gemäß Absatz 1 umfasst auch die Einhaltung der Pflichten zur Rechnungslegung nach Absatz 3. ²Dabei ist neben dem Vorhandensein getrennter Konten auch zu prüfen, ob die Wertansätze und die Zuordnung der Konten sachgerecht und nachvollziehbar erfolgt sind und der Grundsatz der Stetigkeit beachtet worden ist. ³Im Bestätigungsvermerk zum Jahresabschuss[1] ist anzugeben, ob die Vorgaben nach Absatz 3 eingehalten worden sind.

(6) ¹Unbeschadet der besonderen Pflichten des Prüfers nach Absatz 5 kann die Regulierungsbehörde zusätzliche Bestimmungen gegenüber dem Unternehmen nach Absatz 1 Satz 1 durch Festlegung nach § 29 Absatz 1 treffen, die vom Prüfer im Rahmen der Jahresabschlussprüfung über die nach Absatz 1 anwendbaren Prüfungsvoraussetzungen hinaus zu berücksichtigen sind. ²Sie kann insbesondere zusätzliche Schwerpunkte für die Prüfungen festlegen. ³Eine solche Festlegung muss spätestens sechs Monate vor dem Bilanzstichtag des jeweiligen Kalenderjahres ergehen.

(7) ¹Der Auftraggeber der Prüfung des Jahresabschlusses hat der Regulierungsbehörde unverzüglich nach Feststellung des Jahresabschlusses eine Ausfertigung des Berichts über die Prüfung des Jahresabschlusses nach § 321 des Handelsgesetzbuchs (Prüfungsbericht) einschließlich erstatteter Teilberichte zu übersenden. ²Der Prüfungsbericht ist fest mit dem geprüften Jahresabschluss, dem Lagebericht und den erforderlichen Tätigkeitsabschlüssen zu verbinden. ³Der Bestätigungsvermerk oder der Vermerk über die Versagung sind im Prüfungsbericht wiederzugeben. ⁴Der Lagebericht muss auf die Tätigkeiten nach Absatz 3 Satz 1 eingehen. ⁵Geschäftsberichte zu den in Absatz 3 Satz 1 und 2 aufgeführten Tätigkeitsbereichen sind von den Unternehmen auf ihrer Internetseite zu veröffentlichen. ⁶Tätigkeitsabschlüsse zu den Tätigkeitsbereichen, die nicht in Absatz 3 Satz 1 aufgeführt sind, hat die Regulierungsbehörde als Geschäftsgeheimnisse zu behandeln. ⁷Prüfberichte zu solchen Unternehmen nach Absatz 1 Satz 1, die mittelbar oder unmittelbar energiespezifische Dienstleistungen erbringen, sind der Regulierungsbehörde zu übersenden, die für das regulierte Unternehmen nach § 54 Absatz 1 zuständig ist.

---

[1] Richtig wohl: „Jahresabschluss".

§ 6b   Teil 2. Entflechtung

(8) ¹**Unternehmen, die nur deshalb als vertikal integriertes Unternehmen im Sinne des § 3 Nummer 38 einzuordnen sind, weil sie auch Betreiber eines geschlossenen Verteilernetzes sind, und ihre Abschlussprüfer sind von den Verpflichtungen nach den Absätzen 4 und 7 ausgenommen.** ²**Die Befugnisse der Regulierungsbehörde insbesondere nach § 110 Absatz 4 bleiben unberührt.**

Übersicht

	Rn.
A. Zweck und Entstehungsgeschichte	1
I. Zweck	1
II. Entstehungsgeschichte	3
III. Europarechtliche Vorgaben	7
B. Anforderungen an den Jahresabschluss (Abs. 1 und 2)	8
I. Anwendungsbereich	8
II. Grundlagen des externen Rechnungswesens	12
III. Geschäfte mit verbundenen oder assoziierten Unternehmen	19
C. Aktivitätsbezogene Rechnungslegung (Abs. 3–7)	23
I. Allgemeines und Adressaten	23
II. Trennung der Konten	25
III. Grundsätze für die Rechnungslegung	27
IV. Zuordnung zu den Konten	30
V. Prüfungsverpflichtung	37
VI. Festlegungsbefugnis der Regulierungsbehörde	40
VII. Vorlage an die Regulierungsbehörde	44
VIII. Publizität	48
D. Ausnahme für Betreiber geschlossener Verteilnetze	50

A. Zweck und Entstehungsgeschichte

I. Zweck

1   § 6b enthält Vorgaben für die externe und die interne Rechnungslegung von Energieversorgungsunternehmen. § 6b Abs. 1 und 2, die die externe Rechnungslegung von Energieversorgungsunternehmen betreffen, dienen der **Transparenz und der Publizität** der wirtschaftlichen Verhältnisse der Energieversorgungsunternehmen (vgl. zur Vorgängervorschrift des § 10 aF Begr. BT-Drs. 15/3917, 55). Sie gehen über die ansonsten nach Handelsrecht bestehenden Publizitätserfordernisse teilweise hinaus. Insbesondere schneiden sie Gestaltungen zur Vermeidung von Publizität ab.

2   § 6b Abs. 3–7 beziehen sich demgegenüber auf tätigkeitsbezogene Rechnungslegung der integrierten Unternehmen, die über die bilanzrechtlichen Vorschriften für die externe Rechnungslegung hinausgehen. Sie dienen der **Vermeidung von Diskriminierung und Quersubventionierung**, wie in § 6b Abs. 3 S. 1 ausdrücklich geregelt ist. Über die Verpflichtung zur Veröffentlichung des Tätigkeitsabschlusses wird die Markttransparenz erhöht. Schutzwirkungen soll die Vorschrift für potenzielle Investoren wie für alle Gläubiger und Netzkunden haben (Begr. BT-Drs. 17/6072, 56).

II. Entstehungsgeschichte

§ 6 b geht auf § 10 EnWG 2005 zurück. Diese Vorschrift hatte bereits in § 9   3
(Rechnungslegung der Elektrizitätsversorger) und § 9 a (Rechnungslegung der Gasversorger) EnWG 1998 zwei unmittelbare **Vorgängervorschriften.** Sie wurden in § 10 in einer einheitlichen Vorschrift zusammengefasst und dem europäischen Rechtsstand angepasst. Die in § 9 Abs. 1 S. 2 EnWG 1998 für Energieversorger noch vorgesehene Offenlegung der segmentierten Jahresabschlüsse gegenüber der Öffentlichkeit hatten europäische und nationale Gesetzgeber zunächst nicht fortgeführt.

Die bisher in § 10 EnWG 2005 enthaltene Regelung über Rechnungslegung   4
und interne Buchführung wurde durch das Gesetz zur Neuregelung energiewirtschaftsrechtlicher Vorschriften aus dem Jahr 2011 in § 6 b überführt. Dabei wurden in Abs. 1, 3 und 4 (neu) Ergänzungen vorgenommen, die zu einer **Ausweitung der Verpflichtung zur Aufstellung von Tätigkeitsabschlüssen** führt. Die Verpflichtung, diese als Tätigkeitsabschlüsse bezeichneten Spartenabschlüsse zu erstellen und zusammen mit dem Jahresabschluss beim Betreiber des elektronischen Bundesanzeigers einzureichen und zu **veröffentlichen,** wurde neu aufgenommen. Darüber hinaus wurde in Abs. 4 die Anwendbarkeit des § 326 HGB ausgeschlossen, die Erleichterungen für kleinere Gesellschaften enthält (vgl. BT-Drs. 17/6072, 56).

Eine erhebliche Umgestaltung erfuhr § 6 b durch das 3. Gesetz zur Neuregelung   5
energiewirtschaftsrechtlicher Vorschriften aus dem Jahr 2012. Zunächst wurde durch die Neuregelung des Abs. 1 der **Anwendungsbereich des § 6 b zurückgefahren.** Er wurde auf die zur Entflechtung verpflichteten Unternehmen beschränkt. Nur bei diesen Unternehmen muss die Unabhängigkeit von anderen Tätigkeitsbereichen der Energieversorgung sichergestellt werden, um eine diskriminierungsfreie Ausgestaltung und Abwicklung des Netzbetriebs zu gewährleisten. Für Energieversorgungsunternehmen, die kein Netz betreiben und nicht mit einem vertikal integrierten Unternehmen verbunden sind, soll die Vorschrift nicht mehr gelten. Damit sollten reine Energielieferanten und Erzeugungsgesellschaften von den Rechnungslegungsvorschriften nach EnWG ausgenommen sein (Begr. BT-Drs. 17/10754, 21).

Mit dem gleichen Gesetz wurde auch Abs. 8 eingefügt, der solche Industrie-   6
unternehmen von den Pflichten nach Abs. 7 befreit, die lediglich ein **geschlossenes Verteilnetz** iSd § 110 betreiben und gleichzeitig die Funktionen Erzeugung und Vertrieb erfüllen. Diese sind bezüglich der Tätigkeitsabschlüsse zwar zur Aufstellung, aber nicht zur Veröffentlichung und zur Übersendung an die Regulierungsbehörde verpflichtet.

III. Europarechtliche Vorgaben

§ 6 b setzt die Vorgaben von **Art. 56 Elt-RL 19 bzw. Art. 31 Gas-RL 09** um.   7
Differenzierungen, die zwischen Gasversorgungsunternehmen und Elektrizitätsversorgungsunternehmen nach den Richtlinien möglich waren, hat der deutsche Gesetzgeber nicht aufgegriffen.

B. Anforderungen an den Jahresabschluss (Abs. 1 und 2)

I. Anwendungsbereich

8   § 6b Abs. 1 S. 1 bestimmt den Anwendungsbereich der energiewirtschaftsrechtlichen Vorschriften zur Rechnungslegung und Buchführung. Anders als vor dem 3. Gesetz zur Neuregelung energiewirtschaftsrechtlicher Vorschriften aus 2012 sieht die Vorschrift nunmehr **einen einheitlichen Anwendungsbereich sowohl für die Anforderungen an den Jahresabschluss als auch an den Tätigkeitsabschluss vor.** Mit dieser Neuregelung sind solche Energieversorgungsunternehmen, die nicht vertikal integriert sind, von den für große Kapitalgesellschaften geltenden Rechnungslegungsvorschriften dann nicht erfasst, wenn Erleichterungen für Personengesellschaften oder kleine Kapitalgesellschaften auf diese Energieversorgungsunternehmen Anwendung finden.

9   Die Regelung findet zunächst auf **vertikal integrierte Unternehmen** iSd § 3 Nr. 38 Anwendung. Bei diesen Unternehmen handelt es sich um Unternehmen oder Gruppen von Unternehmen, die iSd Art. 3 Abs. 3 der Fusionskontrollverordnung miteinander verbunden sind. Dabei muss eines der betreffenden Unternehmen mindestens im Bereich der Elektrizitätsversorgung eine der Funktionen Übertragung oder Verteilung und eine der Funktionen Erzeugung oder Vertrieb von Elektrizität erfüllen. Im Gasbereich muss eine Tätigkeit die Funktionen Fernleitung, Verteilung, Betrieb einer LNG-Anlage oder Speicherung und die andere die Funktion Gewinnung oder Vertrieb von Erdgas ausfüllen. Umfasst sind also Unternehmen, die einerseits eine Funktion im Netzbetrieb, den Betrieb einer LNG-Anlage oder der Speicherung von Erdgas und zum anderen zumindest eine der Funktionen von Gewinnung, Erzeugung oder Vertrieb von Elektrizitäts- oder Erdgas wahrnehmen. Bei diesen Unternehmen handelt es sich um vertikal integrierte Unternehmen, weil sie verschiedene Wertschöpfungsstufen vertikal integrieren und die Integration dabei auch den Netzbetrieb umfasst.

10 Nach dem Einschub in Abs. 1 S. 1, nach dem als vertikal integrierte Unternehmen auch rechtlich selbstständige Unternehmen zählen, die zu einer Gruppe verbundener Elektrizitäts- oder Gasunternehmen gehören und mittelbar oder unmittelbar **energiespezifische Dienstleistungen** erbringen, wird der Begriff des integrierten Unternehmens gegenüber der sonstigen Praxis der BNetzA ausgeweitet. Die Bedeutung dieser Ausweitung erschließt sich nicht unmittelbar. Ebenso ist noch nicht geklärt, in welchem Verhältnis die Bestimmung des Anwendungsbereichs des § 6b zu dem nun nach der Rechtsprechung des EuGH weiter zu fassenden Begriff des vertikal integrierten Unternehmens steht (EuGH Urt. v. 2.9.2021 – C-718/18, EuZW 2021, 893), den der deutsche Gesetzgeber mit der Änderung der Terminologie vom „vertikal integrierten Energieversorgungsunternehmen" zum „vertikal integrierten Unternehmen" im Rahmen der sog. Osterpakets gefolgt ist. In der Begründung zum Regierungsentwurf der Ursprungsfassung ist ausgeführt, dass zum vertikal integrierten Unternehmen gehörige rechtlich selbstständige Netzbetriebsgesellschaften sowie rechtlich selbstständige Unternehmen, die mit dem vertikal integrierten Unternehmen verbunden sind und unmittelbar oder mittelbar energiespezifische Serviceleistungen erbringen, umfasst sein sollen. Unter unmittelbaren energiespezifischen Dienstleistungen sei die Erfüllung kommerzieller, technischer und/oder wartungsbezogener Aufgaben iSd Art. 2 Nr. 57 Elt-RL 19 und Art. 2 Nr. 1 Gas-RL 09 zu verstehen. Der Begriff der mittel-

baren energiespezifischen Dienstleistungen sei weit auszulegen und umfasse beispielsweise die Verbrauchsabrechnung sowie IT-Dienstleistungen soweit diese speziell für die Energiewirtschaft angeboten werden und es sich um keine Standardanwendungen handele (BT-Drs. 17/10754, 21). Umfasst werden sollen also **Servicegesellschaften,** die energiespezifische Dienstleistungen erbringen, wobei die Begründung zum Regierungsentwurf dafürspricht, den Begriff der energiespezifischen Dienstleistungen weit zu ziehen. Unklar ist aber nach der Begründung zum Regierungsentwurf, ob das Erbringen energiespezifischer Dienstleistungen durch Unternehmen, die auch andere Funktionen im Bereich der Elektrizitäts- oder Gasversorgung erfüllen, auch dann zur Anwendung dieser Vorschrift führt, wenn es sich bei diesen Unternehmen um keine vertikal integrierten Unternehmen handelt, etwa weil alle ehemals im Konzern vorhandenen Netzbetreiber nicht mehr konzernangehörig sind und sich im Konzern nur noch Servicegesellschaften befinden, die energiespezifische Dienstleistungen erbringen. Eine solche weite Auslegung wird durch die Begründung nicht nahegelegt und kann zur Gewährleistung des diskriminierungsfreien Netzzugangs nicht erforderlich sein. Eindeutig ist jedenfalls, dass Unternehmen, die energiespezifische Dienstleistungen erbringen, ohne dass andere Konzernteile in den Bereichen Erzeugung bzw. Gewinnung und Vertrieb tätig sind, nicht erfasst sind. So würde ein Unternehmen nicht erfasst, das rein Messdienstleistungen erbringt oder rein auf die Zurverfügungstellung abrechnungsspezifischer Software spezialisiert ist.

§ 6b Abs. 1 findet auch auf **rechtlich selbstständige Netzbetreiber** sowie Betreiber von Speicheranlagen Anwendung (zur sehr weitgehenden Anwendung auf Speicheranlagen → § 6 Rn. 26). **11**

II. Grundlagen des externen Rechnungswesens

§ 6b Abs. 1 bestimmt einheitlich für **alle Energieversorgungsunternehmen** **12** die Grundlagen des externen Rechnungswesens, und zwar unabhängig von Eigentumsverhältnissen und Rechtsform. Sämtliche Energieversorgungsunternehmen werden damit den handelsrechtlichen Regelungen über die externe Rechnungslegung der Kapitalgesellschaften nach §§ 264 ff. HGB unterworfen. Bedeutung hat diese Regelung für öffentlich-rechtliche Energieversorgungsunternehmen, für Personenhandelsgesellschaften und im Konzernverbund.

Soweit Energieversorgungsunternehmen (ausnahmsweise) in **öffentlich-rechtlicher Rechtsform** betrieben werden, gelten die Rechnungslegungsvorschriften und die Publizitätspflichten des HGB nicht unmittelbar für diese Unternehmen. Als öffentlich-rechtliche Rechtsformen für Energieversorgungsunternehmen kommen der Eigenbetrieb (hierzu *Salje* EnWG § 10 Rn. 22) und die Anstalt des öffentlichen Rechts in Betracht. Inwieweit Gemeinden Energieversorgungsunternehmen in diesen Rechtsformen betreiben dürfen und welche Regelungen in diesen Fällen gelten, bemisst sich nach Landesrecht. Mit der Regelung des § 10 Abs. 1 hat der Bundesgesetzgeber dafür Sorge getragen, dass diese Energieversorgungsunternehmen zur Rechnungslegung nach §§ 264 ff. HGB verpflichtet sind. Dies gilt auch für die Publizitätspflichten nach §§ 325 ff. HGB. **13**

Soweit Personengesellschaften Träger eines Energieversorgungsunternehmens **14** sind, folgt aus § 6b Abs. 1, dass die Ausnahmeregelungen der §§ 264a–264c HGB auf solche Gesellschaften keine Anwendung finden. § 264a HGB führt zu einer Privilegierung solcher Personenhandelsgesellschaften, bei denen mindestens eine **natürliche Person** mittelbar oder unmittelbar **persönlich haftender Gesellschaf-**

§ 6b

ter ist. Hintergrund der Regelung ist, dass diese Gesellschaften vom Gesetzgeber als besonders personenbezogen angesehen wurden, und er diese Gesellschaften insbesondere keiner Publizitätspflicht unterwerfen wollte. Bei Energieversorgungsunternehmen tritt demgegenüber die Berührung öffentlicher Interessen durch die Tätigkeit dieser Unternehmen in den Vordergrund.

15   Die praktisch größte Bedeutung dürften die Regelungen von § 6b Abs. 1 und 2 bezüglich der Tochterunternehmen haben, die ohne diese Regelungen nach § 264 Abs. 3 HGB von der Verpflichtung zur Aufstellung, Prüfung und Publizierung des Jahresabschlusses aufgrund eines **befreienden Konzernabschlusses** befreit sind.

16   Im Rahmen der Rechnungslegungsvorschriften des HGB für Kapitalgesellschaften sind bestimmte Erleichterungen für **kleine und mittelgroße Kapitalgesellschaften** (§ 267 HGB) vorgesehen. Privilegierungen finden sich in §§ 274a, 276, 316 Abs. 1, 326, 327 HGB. Die Erleichterungen betreffen den Detaillierungsgrad von Gewinn- und Verlustrechnung und Bilanz. Kleine Kapitalgesellschaften sind von der Verpflichtung zur Prüfung des Jahresabschlusses befreit (Theobald/Kühling/*Heinlein/Büsch* EnWG § 6b Rn. 33). Auch bezüglich der Offenlegung des Jahresabschlusses gibt es Erleichterungen hinsichtlich des Detaillierungsgrades. Dabei findet die Erleichterung des § 326 HBG für kleine Kapitalgesellschaften bezüglich der Publizität nach § 6b Abs. 4 S. 3 auf den Tätigkeitsabschluss keine Anwendung.

17   Eine **kleine Kapitalgesellschaft** ist nach der Definition des § 267 Abs. 1 HGB eine Gesellschaft, bei der zwei von drei im Gesetz vorgegebenen Merkmalen nicht überschritten werden: Bilanzsumme von 3,438 Mio. EUR, Umsatzerlöse von 6,875 Mio. EUR, 50 Arbeitnehmer im Jahresdurchschnitt. Nach § 267 Abs. 2 HGB liegt eine mittelgroße Kapitalgesellschaft vor, wenn zwar zwei der vorgenannten Merkmale, aber nicht zwei der folgenden drei Merkmale überschritten werden: Bilanzsumme von 13,75 Mio. EUR, Umsatzerlöse von 27,5 Mio. EUR oder 250 Arbeitnehmer (im Jahresdurchschnitt). Da § 6b Abs. 1 die Anwendung der handelsrechtlichen Vorschriften lediglich unabhängig von Rechtsform und Eigentumsverhältnissen anordnet, finden die Erleichterungen, die auf die Größe des Unternehmens abstellen, auch auf Energieversorgungsunternehmen Anwendung (Gemeinsame Auslegungsgrundsätze, S. 29; Hempel/Franke/*Schulte-Beckhausen* EnWG § 10 Rn. 12; *Salje* EnWG § 10 Rn. 35; Theobald/Kühling/*Heinlein/Büsch* EnWG § 6b Rn. 33f.; BerlKommEnergieR/*Poullie* EnWG § 6b Rn. 11ff.). Dies gilt nicht bezüglich der Publizität des Tätigkeitsabschlusses, da hier § 6b Abs. 4 S. 3 etwas anderes anordnet.

18   § 6b Abs. 1 S. 2 stellt klar, dass bei **Personenhandelsgesellschaften** oder **Einzelkaufleuten** das sonstige Vermögen der Gesellschaft oder des Einzelkaufmanns (Privatvermögen) nicht in die Bilanz und die auf das **Privatvermögen** entfallenden Aufwendungen und Erträge nicht in die Gewinn- und Verlustrechnung aufgenommen werden. Die Klarstellung ist mit Blick auf die Publikationserfordernisse notwendig.

III. Geschäfte mit verbundenen oder assoziierten Unternehmen

19   § 6b Abs. 2 stellt eine Ergänzung zu den Vorschriften über den Anhang des Jahresabschlusses in §§ 248f. HGB dar. Energieversorgungsunternehmen müssen **Geschäfte** größeren Umfangs mit verbundenen oder assoziierten Unternehmen iSv § 271 Abs. 2 oder § 311 HGB **gesondert ausweisen.**

20   Bei verbundenen Unternehmen gem. § 271 Abs. 2 HGB handelt es sich also um Unternehmen, die als **Mutter- oder Tochterunternehmen** in dem Konzern-

abschluss eines Mutterunternehmens nach den Vorschriften über die Konsolidierung einzubeziehen sind. Dies setzt ua eine einheitliche Leitung der unter der Kapitalgesellschaft stehenden Töchter voraus. Assoziierte Unternehmen iSd § 311 HGB sind Unternehmen, bei denen das Tochterunternehmen nicht unter einheitlicher Leitung der Muttergesellschaft steht, die Muttergesellschaft aber maßgeblichen Einfluss auf die Geschäfts- und Finanzpolitik dieses Unternehmens hat. Der maßgebliche Einfluss wird bei **20 Prozent der Stimmanteile** am Tochterunternehmen vermutet. Diese Beteiligungen werden im Konzernabschluss teilkonsolidiert, dh mit der Beteiligungsquote in den Konzernabschluss einbezogen (*Salje* EnWG § 10 Rn. 45f., 47f.).

Was **Geschäfte größeren Umfangs** sind, ist im EnWG nicht näher definiert. 21 Mit Blick auf die Vielgestaltigkeit der Konstellationen verbietet es sich, an einen absoluten Wert anzuknüpfen. Selbst die Angabe eines bestimmten Prozentsatzes vom Umsatz scheint nicht möglich zu sein. Allgemein lässt sich sagen, dass ein Geschäft größeren Umfangs dann anzunehmen ist, wenn es aus dem Rahmen der gewöhnlichen Energieversorgungstätigkeit herausfällt und für die Bewertung der Vermögens- und Ertragslage des Unternehmens nicht nur von untergeordneter Bedeutung ist (Hempel/Franke/*Schulte-Beckhausen* EnWG § 10 Rn. 17). Hieraus lässt sich folgern, dass jedenfalls die Geschäfte, die die Grundlage des Netzbetriebs darstellen, im Anhang auszuweisen sind. Dies sind insbesondere **Netzpachtverträge** und **Betriebsführungsverträge.**

Ein bestimmter Detaillierungsgrad ist nicht vorgegeben. Es entspricht gängiger 22 Praxis, Geschäfte größeren Umfangs einzeln aufzuführen und durch Angabe wesentlicher Merkmale wie **Datum, Vertragspartner, Gegenstand** des Vertrages **und Volumen** identifizierbar zu machen (Hempel/Franke/*Schulte-Beckhausen* EnWG § 10 Rn. 19). Insoweit hat die ergänzende Regelung in § 6a Abs. 2 S. 2 lediglich klarstellenden Charakter.

C. Aktivitätsbezogene Rechnungslegung (Abs. 3–7)

I. Allgemeines und Adressaten

§ 6b Abs. 3–7 enthalten Regelungen über eine aktivitätsbezogene interne 23 Rechnungslegung von **vertikal integrierten Energieversorgungsunternehmen** (§ 6b Abs. 3), die Prüfung des Jahresabschlusses bezüglich der aktivitätsbezogenen internen Rechnungslegung (§ 6b Abs. 5 und 6) und ihre Vorlage bei der Regulierungsbehörde (§ 6b Abs. 7). Die eigentliche Verpflichtung zur aktivitätsbezogenen internen Rechnungslegung ist in § 6b Abs. 3 enthalten. § 6b Abs. 5 und 7 haben mit der Verpflichtung zur Prüfung und zur Übersendung der geprüften aktivitätsbezogenen Jahresabschlüsse insoweit Annexcharakter.

Adressaten der Verpflichtungen aus § 6b Abs. 3 sind vertikal integrierte Unter- 24 nehmen iSd Abs. 1. Kennzeichnend für diese Unternehmen ist, dass sie – zumindest im Rahmen eines verbundenen Unternehmens – **regulierte und unregulierte Tätigkeiten im Bereich der Elektrizitäts- oder Gaswirtschaft** wahrnehmen. Die regulierten Tätigkeiten sind in § 6b Abs. 3 S. 1 Nr. 1–6 vollständig aufgelistet.

II. Trennung der Konten

25 § 6b Abs. 3 S. 1–4 verpflichten das integrierte Unternehmen, **aktivitätsbezogen getrennte Konten** zu führen. Bezüglich der regulierten Tätigkeiten bestimmt § 6b Abs. 3 S. 1, dass die Aktivitäten Elektrizitätsübertragung, Elektrizitätsverteilung, Gasfernleitung, Gasverteilung, Gasspeicherung und Betrieb von LNG-Anlagen jeweils auf getrennten Konten erfasst werden müssen. Für die weiteren Aktivitäten des integrierten Unternehmens geben § 6b Abs. 3 S. 3 und 4 vor, dass ebenfalls getrennte Konten für sonstige Aktivitäten im Elektrizitätsbereich, sonstige Aktivitäten im Gasbereich sowie Aktivitäten außerhalb der Energiewirtschaft geführt werden müssen. Bezüglich dieser drei Bereiche können weitere Untergliederungen vorgenommen werden (etwa in Elektrizitätserzeugung und Elektrizitätsvertrieb, Gaserzeugung und Gasvertrieb etc). Eine solche Trennung ist aber nicht vorgegeben.

26 § 6b Abs. 3 S. 2 bestimmt dabei – in Übereinstimmung mit der Begriffsbestimmung in § 3 Nr. 18 für das Energieversorgungsunternehmen – dass auch jede **wirtschaftliche Nutzung eines Eigentumsrechts** an Elektrizitäts- oder Gasversorgungsnetzen, Gasspeichern oder LNG-Anlagen eine Tätigkeit im Sinne dieser Vorschrift darstellt. Dies führt im häufigen Fall der Betriebsaufspaltung dazu, dass auch bei der **Besitzgesellschaft getrennte Konten** für die Tätigkeit der Verpachtung zu führen sind (Hempel/Franke/*Schulte-Beckhausen* EnWG § 10 Rn. 25).

III. Grundsätze für die Rechnungslegung

27 Nach § 6b Abs. 3 S. 1 sind die getrennten Konten für die Tätigkeiten so zu führen, wie es erforderlich wäre, wenn diese Tätigkeiten von rechtlich selbständigen Unternehmen ausgeführt würden. Nach § 6b Abs. 3 S. 6 ist für jeden Tätigkeitsbereich intern eine den in § 6b Abs. 1 genannten Vorschriften entsprechende Bilanz und Gewinn- und Verlustrechnung aufzustellen. Dies bedeutet, dass auch für die tätigkeitsorientierte Rechnungslegung nach § 6b Abs. 3 die Rechnungslegungsvorschriften des HGB maßgeblich sind. Die **tätigkeitsorientierte Rechnungslegung** folgt damit **nicht den Kalkulationsgrundsätzen von StromNEV und GasNEV**. Damit ist aus der Rechnungslegung nicht unmittelbar ablesbar, ob Diskriminierung und Quersubventionierung vermieden wird.

28 Handelsrechtliche Rechnungslegung und regulatorische Entgeltkalkulation stimmen nur insoweit überein, als es sich um die **„operating expenditure"** **(OPEX)** handelt. Bei dem wesentlichen Kostenblock von Netzbetreibern, den Kapitalkosten oder **„capital expenditure"** **(CAPEX)** bestehen erhebliche Unterschiede. Diese rühren zunächst daher, dass in der handelsrechtlichen Rechnungslegung die **Abschreibungsdauer** regelmäßig niedriger angesetzt ist, als es den Anlagen 1 zu StromNEV und GasNEV entspricht. Zudem werden in der handelsrechtlichen Rechnungslegung lediglich die tatsächlich gezahlten Schuldzinsen als Kosten ausgewiesen. Kalkulatorisch werden demgegenüber nach § 7 StromNEV/GasNEV **kalkulatorische Kosten für Eigenkapitalverzinsung** angesetzt. Aus dem Ergebnis der getrennten Rechnungslegung nach § 6b Abs. 3 kann demnach nicht geschlossen werden, ob unzulässige Quersubventionierungen erfolgen. Bedeutung hat die getrennte Rechnungslegung nach § 6b Abs. 3 vor allem für die Allokation der OPEX.

29 § 6b Abs. 3 S. 7 schreibt vor, dass die Regeln einschließlich der Abschreibungsmethoden anzugeben sind, nach denen die Gegenstände des Aktiv- und Passivver-

Rechnungslegung und Buchführung **§ 6b**

mögens sowie die Aufwendungen und Erträge den gem. § 6b Abs. 3 S. 1–4 geführten Konten zugeordnet werden. § 6b Abs. 4 S. 2 hebt zudem hervor, dass der **Grundsatz der Stetigkeit** auch im internen Rechnungswesen zu beachten ist. Dies bedeutet nicht, dass ein Methodenwechsel von vornherein ausgeschlossen wäre. Aus dem Gebot der Stetigkeit folgt aber, dass im Fall eines Methodenwechsels eine **Überleitrechnung** zu erstellen ist, die einen Vergleich aufeinander folgender Jahresabschlüsse ermöglicht.

IV. Zuordnung zu den Konten

§ 6b Abs. 3 S. 5 bestimmt, dass in den Fällen, in denen eine direkte Zuordnung 30 zu den einzelnen Tätigkeiten nicht möglich ist oder mit unvertretbarem Aufwand verbunden wäre, die **Zuordnung durch Schlüsselung auf Konten,** die sachgerecht und für Dritte nachvollziehbar sein muss, zu erfolgen hat. Die Zuordnung zu den Konten der verschiedenen Tätigkeitsbereiche hat dabei in drei Schritten zu erfolgen:

In einem ersten Schritt werden den Konten der verschiedenen Tätigkeitsberei- 31 che die Kosten zugeschlüsselt, die unmittelbar zur Erbringung der Leistungen in den einzelnen Tätigkeitsbereichen dienen. Hierbei handelt es sich um die **Einzelkosten** der jeweiligen Tätigkeitsbereiche.

In einem zweiten Schritt sind die **vereinzelbaren Gemeinkosten** den einzel- 32 nen Tätigkeitsbereichen zuzuordnen. Diese vereinzelbaren Gemeinkosten fallen zunächst auf gemeinsamen Kostenstellen an und können über Verrechnungspreise den Sekundärkostenstellen zugeordnet werden.

Schließlich sind in einem letzten Schritt die **Gemeinkosten den Sekundär-** 33 **kostenstellen** nach sachgerechten und für Dritte nachvollziehbaren Kriterien **zuzuordnen.** In der Praxis werden unterschiedliche Modelle der Schlüsselung verwendet, etwa die Schlüsselung nach Umsatz, nach Rohmargen, nach Mitarbeitern bzw. Personalaufwand, nach Anlagen oder nach speziellen energiewirtschaftlichen Schlüsseln anknüpfen an Leistung und Arbeit (vgl. Hempel/Franke/*Schulte-Beckhausen* EnWG § 10 Rn. 34). Für die Gemeinkosten, die nicht vereinzelbar sind, hat dabei in der Praxis die Methode der Zuschlüsselung nach Gemeinkostenzuschlagssätzen die größte Bedeutung. Bei dieser Methode werden die Gemeinkosten – gegebenenfalls differenziert nach Organisationseinheiten – in der Weise zugeschlüsselt, dass ein **Gemeinkostenzuschlagssatz** ermittelt wird. Dabei spielt die Einordnung bestimmter Kosten als Gemeinkosten einerseits oder als Einzelkosten und vereinzelbare Gemeinkosten andererseits eine entscheidende Rolle. Meinungsverschiedenheiten bei der Zuordnung können sich hier erheblich auswirken.

Ob Gemeinkosten vereinzelt werden müssen, richtet sich danach, ob eine di- 34 rekte Zuordnung der einzelnen Tätigkeiten nicht möglich oder mit unvertretbarem Aufwand verbunden wäre. Hiernach entscheidet sich etwa, ob die Kosten einer zentralen Rechtsabteilung aufgrund der **für die einzelnen Tätigkeitsbereiche geleisteten Stunden** umgelegt werden müssen oder ob eine Umlegung über **pauschale Gemeinkostenzuschlagssätze** zulässig ist.

Die Pflicht zur getrennten Kontenführung bedeutet nicht, dass ein Unterneh- 35 men während des Jahres getrennte Buchungen vornehmen muss. Es ist auch eine **Überleitung zulässig,** nach der die im Laufe des Geschäftsjahres gebuchten Kosten am Ende des Geschäftsjahres auf getrennte Konten übergeleitet werden. Hier kann dann eine Verrechnung von Primärkonten auf Sekundärkonten erfolgen (Hempel/Franke/*Schulte-Beckhausen* EnWG § 10 Rn. 26; Elspas/Graßmann/Rasbach/*Rasbach* EnWG § 6b Rn. 18 NK-EnWG/*Knauff* EnWG § 6b Rn. 12; Begr. BT-Drs. 15/3917, 55; aA *Salje* EnWG § 10 Rn. 101).

36   Detaillierte **Vorgaben für die Ausgestaltung der Konten** und die Zuordnung zu den Konten haben die BNetzA und die Landesregulierungsbehörden in gleichlautenden Festlegungen getroffen (BNetzA: Festlegungen v. 25.11.2019, BK9-19/613-1 und BK8-19/0002-A). Die Rechtmäßigkeit ist in mehreren Punkten umstritten (→ Rn. 38 und 41).

V. Prüfungsverpflichtung

37   Nach § 6b Abs. 5 S. 1 umfasst die **Prüfung** des Jahresabschlusses auch die **Einhaltung der Pflichten zur tätigkeitsbezogenen Rechnungslegung** nach § 6b Abs. 3. Eine Prüfung des Jahresabschlusses durch einen Abschlussprüfer ist in § 316 Abs. 1 HGB für mittelgroße und große Kapitalgesellschaften vorgesehen. Diese Regelung gilt nach § 6b Abs. 1 auch für Energieversorgungsunternehmen, die keine Kapitalgesellschaften sind. Unklar ist, ob es sich bezüglich der Pflicht zur Prüfung des Jahresabschlusses bei § 6b Abs. 1 S. 1 um eine Rechtsfolgenverweisung oder eine Rechtsgrundverweisung handelt.

38   In der Literatur ist umstritten, ob die Verpflichtung zur Prüfung des Jahresabschlusses aus § 316 Abs. 1 HGB im Rahmen des § 6b auch für **kleine Energieversorgungsunternehmen iSd § 267 HGB** gilt (so Hempel/Franke/*Schulte-Beckhausen* EnWG § 10 Rn. 38; BerlKommEnergieR/*Poullie* EnWG § 6b Rn. 15; Elspas/Graßmann/Rasbach/*Rasbach* EnWG § 6b Rn. 18; aA *Salje* EnWG § 10 Rn. 15;). Demgegenüber haben die Regulierungsbehörden in ihren Festlegungen zu § 6b die Prüfungspflicht auch auf kleine Kapitalgesellschaften ausgedehnt und damit – wie es ausdrücklich in der Begründung heißt- die Erleichterung nach § 316 Abs. 1 S.1 HGB aufgehoben (Festlegungen v. 25.11.2019, BK9-19/613-1 und BK8-19/0002-A). Überwiegendes spricht demgegenüber dafür, kleine Energieversorgungsunternehmen hier auszunehmen. Die Regelung des § 316 Abs. 1 HGB beruht auf der Überlegung, dass eine Prüfung des Jahresabschlusses bei kleinen Kapitalgesellschaften mit einem unverhältnismäßigen Aufwand verbunden ist. Dies würde erst recht gelten, wenn die kleinen Energieversorgungsunternehmen auch noch ihren aktivitätsbezogenen Abschluss prüfen lassen müssten. Zudem regelt das Gesetz jeweils akribisch, welche Normen des Bilanzrechts keine Anwendung finden, insbesondere in § 6b Abs. 4 S. 3, dass die Publizitätserleichterung des § 326 HGB keine Anwendung findet. Ein entsprechender Hinweis auf § 316 Abs. 1 HGB fehlt. Zudem hätte ein Ausschluss der Erleichterungen für kleine Kapitalgesellschaften in Abs. 1 S. 1 ohne weiteres durch die Hinzufügung von „große" vor Kapitalgesellschaften erfolgen können.

39   Soweit Energieversorgungsunternehmen prüfungspflichtig sind, erweitert § 6b Abs. 5 die Prüfungspflicht darauf, ob die Wertansätze und die Zuordnung der Konten sachgerecht und nachvollziehbar erfolgt sind und der Grundsatz der Stetigkeit beachtet wurde ist. Der Abschlussprüfer hat aufgrund dieser Vorschrift die **Abschlüsse der einzelnen Tätigkeitsbereiche** so zu prüfen, **als ob** es sich um **Abschlüsse eigenständiger Unternehmen** handeln würde. § 6b Abs. 5 S. 3 zieht die Konsequenz aus der umfassenden Prüfungspflicht des Abschlussprüfers. Dieser hat im **Bestätigungsvermerk** ausdrücklich anzugeben, ob die Vorgaben nach § 6b Abs. 3 eingehalten wurden.

Rechnungslegung und Buchführung § 6 b

VI. Festlegungsbefugnis der Regulierungsbehörde

§ 6b Abs. 6 ermächtigt die Regulierungsbehörde gegenüber den Unternehmen **zusätzliche Bestimmungen** zu treffen, die vom Prüfer im Rahmen der Jahresabschlussprüfung über die nach Abs. 1 anwendbaren Prüfungsvoraussetzungen hinaus zu berücksichtigen sind. Nach Abs. 1 S. 2 kann sie insbesondere zusätzliche Schwerpunkte für die Prüfungen festlegen. 40

Die Regulierungsbehörden sind der Auffassung, dass ihre Festlegungsbefugnis nicht auf die eigentliche Prüfung beschränkt ist, **sondern auch die nähere Ausgestaltung der Rechnungslegung,** die der Prüfung logisch vorgelagert ist, umfasst (Festlegungen v. 25.11.2019, BK9-19/613-1 und BK8-19/0002-A). Diese Auslegung, die den Wortlaut von § 6b Abs. 6 S. 1 überschreitet, begegnet erheblichen Bedenken. Gleichwohl hat das OLG Düsseldorf die wesentlichen Teile der Festlegung in Ziff. 3 und 4 für rechtmäßig angesehen, da Ziff. 3 eine klarstellende, den gesetzlichen Vorgaben des § 6b entsprechende Anordnung darstelle und die in Ziff. 4 erfolgte Erweiterung des Prüfungsauftrags von der Ermächtigung gedeckt sei (OLG Düsseldorf Beschl. v. 28.4.2021 – VI-3 Kart 132/20 und VI 3 Kart 83/20, BeckRS 2021, 12169, bestätigt durch den BGH Beschl. v. 19.7.2022 – EnVR 29/21 und Beschl. v. 19.7.2022 – EnVR 33/21). 41

Eine entsprechende Entscheidung ergeht als Festlegung **nach § 29 Abs. 1.** Sie kann nach § 29 Abs. 1 gegenüber einem Netzbetreiber, einer Gruppe von oder allen Netzbetreibern oder sonstigen in der jeweiligen Vorschrift Verpflichteten ergehen. In diesem Fall kann sie also auch gegenüber einem, einer Gruppe von oder allen integrierten Energieversorgungsunternehmen ergehen. 42

Eine solche Festlegung muss nach Abs. 6 S. 3 spätestens **sechs Monate vor dem Bilanzstichtag** des jeweiligen Kalenderjahres ergehen. Damit wird den Abschlussprüfern genügend Zeit gegeben, sich auf die zusätzlichen Anforderungen an die Prüfung einstellen zu können (Begr. BT-Drs. 17/10754, 22). 43

VII. Vorlage an die Regulierungsbehörde

Nach § 6b Abs. 7 S. 1 hat der **Auftraggeber** der Prüfung des Jahresabschlusses der Regulierungsbehörde unverzüglich eine Ausfertigung des geprüften Jahresabschlusses (einschließlich der aktivitätsbezogenen Abschlüsse nach § 6b Abs. 3) einschließlich des Bestätigungsvermerks oder Vermerks über seine Versagung zu übersenden. Nach § 318 Abs. 1 S. 1 HGB wird der Abschlussprüfer von den **Gesellschaftern** gewählt (*Salje* EnWG § 10 Rn. 131). Der Auftrag wird von den gesetzlichen Vertretern bzw. vom Aufsichtsrat erteilt (§ 318 Abs. 1 S. 4 HGB). Die **gesetzlichen Vertreter des Energieversorgungsunternehmens bzw. sein Aufsichtsrat sind also verpflichtet,** den Jahresabschluss einschließlich des Bestätigungsvermerks der Regulierungsbehörde zu übermitteln. 44

Der Katalog der beizufügenden Unterlagen entspricht dem, was nach dem Prüfungsstandard des **IDW PS 450** „Grundsätze ordnungsgemäßer Berichterstattung bei Abschlussprüfung" ohnehin dem Prüfbericht beizufügen ist. Dies sind dort der Jahresabschluss, obligatorische Anlagen zu Bilanz, Gewinn und Verlustrechnung, Anhang, Lagebericht und Auftragsbedingungen sowie fakultative Anlagen, zB rechtliche und/oder steuerliche Verhältnisse sowie wirtschaftliche Grundlagen. Die Regelung, dass der Jahresabschluss einschließlich erstatteter Teilberichte und der Prüfungsberichte fest mit dem geprüften Jahresabschluss, Lagebericht und den 45

§ 6b

erforderlichen Tätigkeitsabschlüssen zu übersenden ist, dient nach der Gesetzesbegründung der Klarstellung (BT-Drs. 17/10754, 22).

46 Bei von Abs. 1 umfassten **Shared Service Gesellschaften** ist geregelt, dass solche Berichte jeweils der Regulierungsbehörde zu übersenden sind, die für das regulierte Unternehmen gem. § 54 Abs. 1 zuständig ist. Nimmt man die Regelung ernst, wären diese Berichte stets der BNetzA zu übersenden, da die Zuständigkeiten der Landesregulierungsbehörden in § 54 Abs. 2 geregelt sind. In der Begründung zum Regierungsentwurf wird die Regelung aber dahingehend erläutert, dass in dem Fall, dass Dienstleistungen für eine Netzbetreibergesellschaft mit mehr als 100.000 angeschlossenen Kunden und gleichzeitig für einen Netzbetreiber mit weniger als 100.000 angeschlossenen Kunden erbracht werden, der entsprechende Bericht sowohl an die zuständige Bundes- als auch an die zuständige Landesregulierungsbehörde übersandt werden soll. Bei dieser Betrachtungsweise hat die Vorschrift den Sinn, dass die Jahresabschlüsse von Shared Service Gesellschaften jeweils allen Regulierungsbehörden zur Verfügung gestellt werden, deren Tätigkeitsbereich berührt ist. Dem Wortlaut lässt sich eine solche Mehrfachübersendungspflicht nicht entnehmen.

47 Die Regulierungsbehörde hat nach Abs. 7 S. 6 Tätigkeitsabschlüsse zu den Tätigkeitsbereichen, die nicht in Abs. 3 S. 1 aufgeführt sind, als **Geschäftsgeheimnisse** zu behandeln. Diese Tätigkeitsabschlüsse unterliegen nicht der Publizität nach Abs. 4.

VIII. Publizität

48 Die Tätigkeitsabschlüsse nach Abs. 3 unterliegen nach Abs. 4 der gleichen **Publizität** wie der handelsrechtliche Abschluss. Die gesetzlichen Vertreter des Unternehmens haben sie nach der Auferlegungsregel des § 325 HGB beim Betreiber des Bundesanzeigers elektronisch einzureichen. Sie sind unverzüglich im Bundesanzeiger bekannt zu machen. Für Geschäftsjahre, die nach dem 31.12.2021 beginnen, wird die Veröffentlichung im Bundesanzeiger durch Übersendung an das Unternehmensregister ersetzt (§ 118 Abs. 35). Die **größenabhängigen Erleichterungen** des § 326 HGB finden **keine Anwendung.** Damit ist für eine Registerpublizität der Tätigkeitsabschlüsse Sorge getragen.

49 Über diese Registerpublizität geht aber die Regelung des § 6a Abs. 7 S. 5 noch deutlich hinaus. In ihr wird bestimmt, dass **Geschäftsberichte** zu den in Abs. 3 S. 1 und 2 aufgeführten Tätigkeitsbereichen von den Unternehmen auf ihrer **Internetseite zu veröffentlichen** sind. Obwohl der Gesetzgeber keine Verpflichtung zum Betreiben einer Internetseite auferlegt hat, kann er faktisch wohl daran anknüpfen, dass nahezu jedes energiewirtschaftlich tätige Unternehmen eine solche Seite unterhält.

D. Ausnahme für Betreiber geschlossener Verteilnetze

50 Unternehmen, die nur deshalb als vertikal integriertes Unternehmen iSd § 3 Nr. 38 einzuordnen sind, weil sie auch Betreiber eines **geschlossenen Verteilnetzes** sind, und ihre Abschlussprüfer sind von den Verpflichtungen der **Prüfung und Veröffentlichung** von Tätigkeitsabschlüssen nach Abs. 8 S. 1 **befreit.** Auch diese Unternehmen müssen also Tätigkeitsabschlüsse nach Abs. 3 aufstellen. Sie sind

allerdings nicht nach Abs. 5 zu prüfen, nicht nach Abs. 7 der BNetzA vorzulegen und unterliegen auch nicht nach Abs. 4 der Offenlegungsverpflichtung.

Geschlossene Verteilnetze nach § 110 sind von wesentlichen regulierungsrechtlichen Verpflichtungen nach § 110 Abs. 1 freigestellt. Allerdings kann jeder Netznutzer nach § 110 Abs. 4 eine Überprüfung der Entgelte durch die Regulierungsbehörde verlangen. Dabei wird vermutet, dass die **Bestimmung der Netznutzungsentgelte** den rechtlichen Vorgaben entspricht, wenn der Betreiber des geschlossenen Verteilnetzes kein höheres Entgelt fordert, als der Betreiber des vorgelagerten Energieversorgungsnetzes für die Nutzung des an das geschlossene Verteilnetz angrenzenden Energieversorgungsnetzes der allgemeinen Versorgung auf gleicher Netz- oder Umspannebene. Die Verpflichtungen nach § 110 Abs. 4 und die Befugnisse der Regulierungsbehörde bleiben von der Regelung des Abs. 8 unberührt. Rechtspolitisch scheint es zweifelhaft, ob die Auferlegung einer **tätigkeitsbezogenen Rechnungslegung** nach Abs. 3 bei Betreibern geschlossener Verteilnetze verhältnismäßig ist. 51

§ 6c Ordnungsgeldvorschriften

(1) ¹**Die Ordnungsgeldvorschriften der §§ 335 bis 335b des Handelsgesetzbuchs sind auf die Verletzung der Pflichten zur Offenlegung des Jahresabschlusses und Lageberichts nach § 6b Absatz 1 Satz 1 oder des Tätigkeitsabschlusses nach § 6b Absatz 4 entsprechend anzuwenden.** ²**Das Ordnungsgeldverfahren kann durchgeführt werden**
1. **bei einer juristischen Person gegen die juristische Person oder die Mitglieder des vertretungsberechtigten Organs;**
2. **bei einer Personenhandelsgesellschaft im Sinne des § 264a Absatz 1 des Handelsgesetzbuchs gegen die Personenhandelsgesellschaft oder gegen die in § 335b Satz 2 des Handelsgesetzbuchs genannten Personen;**
3. **bei einer Personenhandelsgesellschaft, die nicht in Nummer 2 genannt ist, gegen die Personenhandelsgesellschaft oder den oder die vertretungsbefugten Gesellschafter;**
4. **bei einem Unternehmen, das in der Rechtsform des Einzelkaufmanns betrieben wird, gegen den Inhaber oder dessen gesetzlichen Vertreter.**

³**§ 329 des Handelsgesetzbuchs ist entsprechend anzuwenden.**

(2) **Die nach § 54 Absatz 1 zuständige Regulierungsbehörde übermittelt der das Unternehmensregister führenden Stelle einmal pro Kalenderjahr Name und Anschrift der ihr bekannt werdenden Unternehmen nach § 6b Absatz 1 Satz 1.**

A. Zweck und Entstehungsgeschichte

I. Zweck

Die Vorschrift stellt sicher, dass auch **Energieversorgungsunternehmen unbeschadet ihrer Rechtsform** im Hinblick auf deren Publizitätspflichten, den Jahresabschluss und den Tätigkeitsabschluss betreffend den gleichen Sanktionsbestimmungen unterliegen wie Kapitalgesellschaften und Personengesellschaften, bei denen nicht mindestens ein Gesellschafter eine natürliche Person ist (§ 264a HGB). 1

§ 6 c

Energieversorgungsunternehmen sollen im Hinblick auf deren spezifische Offenlegungspflichten genauso behandelt werden wie Kapitalgesellschaften (Begr. BT-Drs. 17/6072, 56).

II. Entstehungsgeschichte

2   Die Vorschrift ist durch das Gesetz zur Neuregelung energiewirtschaftsrechtlicher Vorschriften 2011 ins Gesetz gekommen. Sie ist bereits im Regierungsentwurf enthalten gewesen und **im Gesetzgebungsverfahren nicht geändert** worden. Sie ist durch Gesetz vom 5.7.2021 mit Wirkung vom 1.8.2022 an die geänderten handelsrechtlichen Bestimmungen angepasst worden.

B. Einzelerläuterungen

I. Anwendbarkeit der Ordnungsgeldvorschrift

3   Abs. 1 S. 1 ordnet die entsprechende Anwendung der Ordnungsgeldvorschriften der §§ 335–335b HGB auf die Verletzung von Pflichten nach § 6b Abs. 1 S. 1, Abs. 4 an. Damit wird der Kreis der sanktionierten Pflichten in **sachlicher und personeller Hinsicht erweitert.** In sachlicher Hinsicht betrifft die Erweiterung die Tätigkeitsabschlüsse nach Abs. 3, deren Publizität nach dem HGB nicht gewährleistet ist und die daher auch durch die §§ 335 ff. HGB nicht sanktioniert sind. Eine personelle Erweiterung tritt dadurch ein, dass vertikal integrierte Unternehmen auch dann in den Kreis der publizitätspflichtigen Unternehmen einbezogen sind, wenn es sich bei ihnen um Personengesellschaften mit mindestens einer haftenden natürlichen Person bzw. um Einzelunternehmen handelt.

4   § 6c Abs. 1 S. 3 ordnet die entsprechende Anwendung des § 329 HGB an. § 329 HGB statuiert eine **Prüfungs- und Unterrichtungspflicht der das Unternehmensregister führenden Stelle an.** Die das Unternehmensregister führende Stelle ist verpflichtet, Verstöße, von denen er nach dieser Vorschrift Kenntnis erlangt, der zuständigen Verwaltungsbehörde mitzuteilen.

5   Zuständige Behörde für das Ordnungsgeldverfahren ist nach § 335 Abs. 1 S. 1 HGB das **Bundesamt für Justiz.** An einer Sonderregelung für Energieunternehmen fehlt es. Auch die §§ 340o und 341o HGB, mit Sonderregelungen für Kredit- und Versicherungsunternehmen belassen es bei der Zuständigkeit des Bundesamtes der Justiz.

II. Datenübermittlung

6   § 6c Abs. 2 regelt die **Datenübermittlung** von der für den jeweiligen Netzbetreiber zuständigen Regulierungsbehörde **die das Unternehmensregister führende Stelle.** Diese Datenübermittlung ist Voraussetzung dafür, dass die das Unternehmensregister führende Stelle nach § 329 HGB die Einhaltung der Publizitätspflichten überwachen kann.

§ 6d Betrieb eines Kombinationsnetzbetreibers

Der gemeinsame Betrieb eines Transport- sowie eines Verteilernetzes durch denselben Netzbetreiber ist zulässig, soweit dieser Netzbetreiber die Bestimmungen der §§ 8 oder 9 oder §§ 10 bis 10e einhält.

A. Zweck und Entstehungsgeschichte

Die Regelungen der §§ 6ff. stellen unterschiedliche Anforderungen an die Entflechtung von Transportnetz- und Verteilnetzbetreibern. § 6d sorgt dafür, dass für einen Kombinationsnetzbetreiber **einheitliche Anforderungen** gelten, die den strengeren Anforderungen für Transportnetzbetreiber entsprechen. Die Regelung wurde durch das Gesetz zur Neuregelung energiewirtschaftsrechtlicher Vorschriften vom 22.11.2011 in das Gesetz aufgenommen. Sie ist im Gesetzgebungsverfahren unverändert geblieben. Mit § 6d werden Art. 39 Elt-RL 19 und Art. 29 Gas-RL 09 umgesetzt.

B. Kombination von Strom- und Gasnetzen

Neben der Kombination von Transportnetzen und Verteilnetzen jeweils in den Bereichen Elektrizität und Gas, die nach Kenntnis des Verfassers nur geringe praktische Bedeutung und bisher nur im Gasbereich zur Zertifizierung eines Kombinationsnetzbetreibers geführt hat, kommt in der Praxis eine Kopplung von Netzen unterschiedlicher Geschäftsbereiche wie **Strom, Gas** und **Fernwärme**, ggf. auch **Wasser, Abwasser und Telekommunikation** in einem Unternehmen häufig vor. Die Zusammenfassung von Netzaktivitäten in einer Netzgesellschaft kann betriebswirtschaftlich und technisch sinnvoll sein. Die Bildung eines solchen Kombinationsnetzbetreibers ist insbesondere für sog. Multi-Utility-Versorgungsunternehmen interessant, welche möglicherweise ihr Versorgungsgeschäft trennen, jedoch zB ihre Strom-, Gas- und Wassernetze in einem einzigen Unternehmen betreiben möchten, um Synergieeffekte (Economies of Scope) und Größenvorteile (Economies of Scale) zu nutzen (Vermerk der GD TREN, S. 6; *Pathe/Mussaeus* N&R 2004, 147 (150)).

Eine solche Kombination von Netzbetrieb in unterschiedlichen Sparten, die im EnWG geregelt sind bzw. die außerhalb des EnWG stehen, ist nicht Gegenstand der Regelung des § 6d. Aus den §§ 6ff. sind aber keine Gründe gegen die **Zulässigkeit** von Kombinationsnetzbetreibern in diesem Sinne ersichtlich, insbesondere nicht bezüglich der **Kombination unterschiedlicher Geschäftsfelder**. Ein getrennter Betrieb der Netze der Sektoren Strom und Gas wird nicht gefordert, ebenso wenig ein getrennter Netzbetrieb von Netzen der anderen Geschäftsfelder (so auch BT-Drs. 15/3917, 51).

Abschnitt 2. Entflechtung von Verteilernetzbetreibern und Betreibern von Speicheranlagen

§ 7 Rechtliche Entflechtung von Verteilernetzbetreibern

(1) ¹Vertikal integrierte Unternehmen haben sicherzustellen, dass Verteilernetzbetreiber, die mit ihnen im Sinne von § 3 Nummer 38 verbunden sind, hinsichtlich ihrer Rechtsform unabhängig von anderen Tätigkeitsbereichen der Energieversorgung sind. ²Betreiber von Elektrizitätsverteilernetzen sind nicht berechtigt, Eigentümer einer Energiespeicheranlage zu sein oder eine solche zu errichten, zu verwalten oder zu betreiben.

(2) ¹Vertikal integrierte Unternehmen, an deren Elektrizitätsverteilernetz weniger als 100 000 Kunden unmittelbar oder mittelbar angeschlossen sind, sind hinsichtlich der Betreiber von Elektrizitätsverteilernetzen, die mit ihnen im Sinne von § 3 Nummer 38 verbunden sind, von den Verpflichtungen nach Absatz 1 ausgenommen. ²Satz 1 gilt für Gasverteilernetze entsprechend.

Übersicht

	Rn.
A. Allgemeines	1
B. Europarechtliche Vorgaben	3
C. Rechtliche Entflechtung (Abs. 1)	4
I. Gestaltungsmodelle	10
1. Übertragung des Netzeigentums	11
2. Pachtmodell	15
II. Rechtsformen der unabhängigen Netzgesellschaft	27
1. GmbH	30
2. Aktiengesellschaft	32
3. GmbH & Co./AG & Co.	35
III. Kooperationsmodell	37
IV. Shared-Services	38
D. Ausnahmen von der Verpflichtung zur rechtlichen Entflechtung	39
I. De-minimis-Regelung (Abs. 2)	39
1. Abstellen auf Belieferung	44
2. Kriterium des Netzanschlusses	45
3. Relevanter Zeitpunkt für die Ermittlung der Kundenzahl	51
II. Keine Anwendung der De-minimis-Regelung im Konzern	52

Literatur: *Alsheimer/Kassebohm,* Personalzusatzkosten als dauerhaft nicht beeinflussbare Kosten gem. § 11 I 1 Nr. 9 ARegV, EnWZ 2012, 3; *Baur/Hampel,* Die schlanke Netzgesellschaft − (k)ein rechtliches Auslaufmodell?, RdE 2011, 385; *Beisheim/Edelmann,* Unbundling. Handlungsspielräume und Optionen für die Entflechtung von EVU, 2006; *Bourazeri,* Verteilernetzentflechtung und Energiewende − von der schmalen Stadtwerkenetzgesellschaft zum „neutral market facilitator, RdE 2017, 446; *Bourwieg/Miller,* Gesellschaftsrechtliche Hindernisse auf dem Weg zu einer effektiven Entflechtung − zur Vereinbarkeit von GmbH-Aufsichtsräten mit §§ 8, 9 EnWG, RdE 2008, 230; *Büdenbender,* Auswirkungen der Energierechtsreform 2005 auf die Personalpolitik der Energieversorgungsunternehmen, et 4/2006, 81; *Eder/de Wyl,* Unbundling, Netzbetrieb und Energielieferung: Das neue EnWG in der praktischen Anwendung, emw 3/2004, 14; *Ehricke,* Zur Vereinbarkeit der Gesellschaftsform einer GmbH für die Netzgesellschaft mit den Vorgaben des Legal Unbundling, IR 2004, 170; *Fenzl,* Ausgewählte steuerliche Fragen bei der Verpachtung von Stromnetzen im Zuge des Unbundling, RdE 2006, 224; *Fuhrberg-Baumann/Claus/Porbatzki/Hiller,* Umsetzung des Legal Unbundling und Neukonzeption des strategischen Asset Managements, et 12/2006, 32; *Gerland/Helm,* Übergang zum Übertragungsmodell (Ownership Unbundling) bei Energieversorgungsunternehmen – Wege aus dem Pachtmodell?, BB 2008, 192; *Hohmann/Makatsch,* Legal-Unbundling: Möglichkeiten einer praktischen Umsetzung, et 12/2003, 833; *Hölscher,* Zusammenarbeit von Stadtwerken im Wettbewerb – Inhalt und Grenzen, in: Gundel/Lange, Die Energiewirtschaft im Instrumentenmix, 2013, 84; *Just/Lober,* Wer ist zum Unbundling verpflichtet? Entflechtung von Problemen um die Entflechtung, et 1/2/2005, 98; *Koenig/Haratsch/Rasbach,* Neues aus Brüssel zum Unbundling: „Interpreting Note" zu den Beschleunigungsrichtlinien für Strom und Gas, ZNER 2004, 10; *Kühling/Hermeier,* Eigentumsrechtliche Leitplanken eines Ownership-Unbundlings in der Energiewirtschaft, et 1–2/2008, 134; *Kühne/Brodowski,* NVwZ 2005, 849; *Mückl,* Ein Gemeinschaftsbetrieb als Mittel zur „Rettung" des Pachtmodells?, RdE 2013, 68; *Pathe/Mussaeus,* Steuerneutralität der rechtlichen Entflechtung von Energieversorgungsunternehmen. Mögliche Problemfelder bei der Anwendung des § 6 EnWG-Regierungsentwurf, N&R 2004, 147; *Rasbach/Schreiber,* Legal Unbundling – Damoklesschwert oder Hoffnungsschimmer?, ZNER 2003, 124; *Säcker,* Entflechtung von Netzgeschäft und Vertrieb bei den Energieversorgungsunternehmen: Gesellschaftsrechtliche Möglichkeiten zur Umsetzung des sog. Legal Unbundling, DB 2004, 691; *Säcker,* Aktuelle Rechtsfragen des Unbundling in der Energiewirtschaft, RdE 2005, 85; *Schwintowski/Sauer/Heim,* Das „Netz-Mutter-Modell" als Ausweg aus der schlanken Netzgesellschaft. ZNER 2019, 407; *Seel,* Arbeitsrechtliche Aspekte der Entflechtung von Netzgeschäft und Vertrieb, et 10/2006, 71; *Sievert/Behnes,* Das Unbundling in der Energiewirtschaft aus steuerlicher Sicht, RdE 2005, 93; *Storr,* Die Vorschläge der EU-Kommission zur Verschärfung der Unbundling-Vorschriften im Energiesektor, EuZW 2007, 232.

A. Allgemeines

§ 7 Abs. 1 regelt die Verpflichtung der vertikal integrierten Unternehmens zur 1 Sicherstellung der Unabhängigkeit der mit ihnen gem. § 3 Nr. 38 **verbundenen Verteilnetzbetreiber** von anderen Tätigkeitsbereichen der Energieversorgung hinsichtlich ihrer Rechtsform. Die Vorschrift galt bis zum 1.7.2007 ausschließlich für Übertragungsnetzbetreiber, die in der Praxis zum Teil schon vor Jahren diese rechtliche Organisationsstruktur gewählt haben. Seit der EnWG-Novelle 2011 betrifft die Vorschrift ausschließlich Verteilnetzbetreiber, Transportnetzbetreiber unterliegen den strengeren Vorschriften der §§ 8 ff. Zur Speicherentflechtung, die durch die EnWG-Novelle 2021 eingefügt wurde → Vor §§ 11a ff. Rn. 1 ff.

Eine Änderung des geltenden Rahmens des Gesellschafts-, Mitbestimmungs- 2 und Steuerrechts ist allerdings zur Umsetzung der rechtlichen Entflechtung nicht vorgesehen. Es wird davon ausgegangen, dass eine Erfüllung der Entflechtungsbestimmungen im **Rahmen der sonstigen gesetzlichen Bestimmungen** durch entsprechende Gestaltung im Einzelfall möglich ist (BT-Drs. 15/3917, 52).

B. Europarechtliche Vorgaben

§ 7 setzt die Bestimmungen des **Art. 35 Abs. 1 Elt-RL 19** sowie **des Art. 26** 3 **Abs. 1 Gas-RL 09** in nationales Recht um (BT-Drs. 17/6072, 56). Der Regelungszweck des § 7 geht aus Erwgr. 8 Elt-RL 03 und 10 Gas-RL 03 hervor, mit denen die inhaltsgleichen Vorgängervorschriften begründet wurden. Hier heißt es:

§ 7 Teil 2. Entflechtung

„Um einen effizienten und nichtdiskriminierenden Netzzugang zu gewährleisten, ist es angezeigt, dass die Übertragungs- und Verteilernetze durch unterschiedliche Rechtspersonen betrieben werden, wenn vertikal integrierte Unternehmen bestehen". Diese Begründung ist für die Verteilnetze noch heute maßgebliche Zielbestimmung.

C. Rechtliche Entflechtung (Abs. 1)

4   Gem. § 7 Abs. 1 sind vertikal **integrierte Unternehmen** verpflichtet, den Betrieb ihrer Verteilnetze in einer gesellschaftsrechtlich selbständigen Form zu organisieren. Der Netzbetreiber muss in seiner Rechtsform unabhängig von den übrigen Tätigkeitsbereichen der Energieversorgung sein. Unter einem Netzbetreiber versteht man gem. § 3 Nr. 27 alle Netz- und Anlagenbetreiber iSv § 3 Nr. 2–7, 10. Unter die anderen Tätigkeitsbereiche der **Energieversorgung** fallen die Erzeugung, Gewinnung und der Vertrieb von Energie an den Kunden.

5   Dies bedeutet die zwingende Verortung der folgenden **Bereiche bei der selbständigen Netzgesellschaft:** der Bereich Planung, Bau, Wartung und Betrieb des Netzes, welcher neben der Netzausbau- und Instandhaltungsplanung die Wartung des Netzes, den Betrieb des Netzes („Dispatching"), die Entwicklung von Netzanschlussprodukten sowie die Kalkulation der Netznutzungsentgelte erfasst; der Bereich der Geschäftsprozesse im Rahmen der Kundenakquisition und -kontaktpflege, wie etwa Vermarktung und Erstellung von Netzanschlüssen und Hausanschlüssen, die Erstellung, Nutzung und Verwaltung von Netzzugangs- und Netznutzungsverträgen sowie Kunden- und Lieferantenwechsel. Hinsichtlich dieser Tätigkeiten muss die Verantwortung, nicht aber die Ausführung beim Netzbetreiber liegen.

6   Demgegenüber sind Tätigkeiten aus dem Bereich der **Abrechnungsprozesse** sowie sonstige Aufgaben ohne weiteres delegierbar und können „eingekauft" werden. Hierunter fallen Zählerablesungen, Verbrauchsabrechnungen, Forderungsmanagement, Mahn- und Sperrwesen, Netzcontrolling, IT-Dienste etc (*Seel* et 10/2006, 71f.).

7   Die **rechtliche Entflechtung** allein kann allerdings, da sie rein formal zu betrachten ist, die Entscheidungsunabhängigkeit der Netzgesellschaft nicht endgültig sicherstellen (*Salje* EnWG § 7 Rn. 6). Denn die rechtliche Entflechtung würde allein wenig bewirken, wenn der rechtlich verselbständigte Netzbetreiber entsprechend den gesellschaftsrechtlichen Gestaltungsmöglichkeiten des AktG oder des GmbHG einer umfassenden unternehmerischen Steuerung seitens der Muttergesellschaft ausgesetzt wäre (*Büdenbender* et 4/2006, 81). Ergänzend ist daher die **operationelle Entflechtung** nach § 7a vorgesehen, da es den EVU ansonsten unbenommen bliebe, den Netzbetrieb und die sonstigen Tätigkeitsbereiche der Energieversorgung hinsichtlich der Leitung, der personellen Ausstattung und der Entscheidungsbefugnisse in einheitliche Hände zu legen (BerlKommEnergieR/*Säcker*/*Schönborn* EnWG § 7 Rn. 2; Elspas/Graßmann/Rasbach/*Rasbach* EnWG § 7 Rn. 1;). Die rechtliche Entflechtung bildet aber das Fundament dafür, dass der Netzbetrieb auch in wirtschaftlicher Hinsicht selbständig betrieben wird (Hempel/Franke/*Schulte-Beckhausen* EnWG § 7 Rn. 4). §§ 7 und 7a ergänzen sich daher hinsichtlich ihres Regelungsgehalts, überschneiden sich aber nicht (Elspas/Graßmann/Rasbach/*Rasbach* EnWG § 6 Rn. 20;).

8   Nach der Auffassung der Regulierungsbehörden liegt allerdings eine rechtliche Entflechtung auch dann nicht vor, wenn die Netzgesellschaft die Funktionen des

Netzbetreibers, nämlich Energie zu verteilen, die Netze zu betreiben, zu warten und selbst die Verantwortung für den Netzbetrieb zu tragen, nicht selbst wahrnimmt. Nach der Auffassung der Regulierungsbehörden müssen diese **Funktionen des Netzbetreibers von der Netzgesellschaft kumulativ wahrgenommen werden** (Konkretisierung der gemeinsamen Auslegungsgrundsätze der Regulierungsbehörden des Bundes und der Länder zu den Entflechtungsvorschriften in §§ 6–10 EnWG" vom 21.10.2008, S. 4)). Dabei bleibt unklar, was für das Vorliegen eines rechtlich entbündelten Netzbetreibers begriffsnotwendig sein soll, und wann (lediglich) ein Verstoß gegen § 7a vorliegt. Mit der Zuordnung bestimmter Fragen der Funktionsverteilung zwischen Netzbetreiber und anderen Unternehmen zu der Frage, ob begrifflich ein selbständiger Netzbetreiber vorliegt, werden die detaillierten Regelungen des § 7a umgangen. Beide Fragenkreise, rechtliche und funktionale Entflechtung, müssen aber strikt getrennt werden. Die begrifflichen Anforderungen der Regulierungsbehörden gehen jedenfalls deutlich zu weit. Kontrollfrage muss dabei sein, ob eine Ausgliederung einer bestimmten Aufgabe an ein branchenfremdes Unternehmen auf Bedenken stoßen würde. Wenn das nicht der Fall ist, kann jedenfalls kein Verstoß gegen § 7 vorliegen, weil diese Funktion dann nicht für das Vorliegen eines Netzbetreibers begriffsnotwendig ist. Dabei muss berücksichtigt werden, dass die Regelungen der §§ 6ff. der Gewährleistung diskriminierungsfreien Netzzugangs dienen, aber keine Outsourcing-Sperre errichten sollen.

Demgegenüber folgt die BNetzA der **Zielvorstellung einer „großen Netz-** 9 **gesellschaft"** (Leitfaden für Stromverteilnetzbetreiber „Große Netzgesellschaft", 2011). Um diese Zielvorstellung durchzusetzen, nutzt sie § 11 Abs. 2 S. 1 Nr. 9 ARegV als Hebel. Sie erkennt nämlich die unter § 11 Abs. 2 S. 1 Nr. 9 ARegV anfallenden Personalzusatzkosten nur dann als dauerhaft nicht beeinflussbare Kostenbestandteile an, wenn der entsprechende Mitarbeiter auf Grundlage eines Arbeitsvertrags direkt bei der Netzgesellschaft tätig ist. Arbeitnehmerüberlassungen oder Dienstleistungsverträge begründen keine dauerhaft nicht beeinflussbaren Personalzusatzkosten. Dies gilt nach Auffassung der BNetzA unabhängig davon, ob die Dienstleistung von einem assoziierten Unternehmen oder einem konzernfremden Unternehmen erbracht wird (BNetzA, Leitfaden für Stromnetzbetreiber „Große Netzgesellschaft", 2001, Ziff. 4.1); die BNetzA beschreibt die Folgen dahingehend, dass die Entscheidung, ob ein Unternehmen das Modell der schlanken Netzgesellschaft oder das der großen Netzgesellschaft wählt direkten Einfluss auf die Höhe der dauerhaft nicht beeinflussbaren Kosten hat. Dies wirke sich sowohl im Effizienzvergleich als auch in der jährlichen Anpassung der dauerhaft nicht beeinflussbaren Kosten aus. Die Entscheidung für eine große Netzgesellschaft wird wahrscheinlich beim Effizienzvergleich von Vorteil sein. In der Regel wird die schlanke Netzgesellschaft abgestraft (*Mückl* RdE 2013, 68; *Gundel/Lange/Hölscher* Die Energiewirtschaft im Instrumentenmix, 2013, 84 (103f.)). Die Auffassung der BNetzA wird der Regelung des § 11 Abs. 2 S. 1 Nr. 9 ARegV nicht gerecht (ausf. *Baur/Hampel* RdE 2011, 385 (390ff.); *Alsheimer/Kassebohm* EnWZ 2012, 3ff.) und behindert die energiewirtschaftlich notwendige Zusammenarbeit kleiner, gerade auch kommunaler Netzbetreiber (*Gundel/Lange/Hölscher* Die Energiewirtschaft im Instrumentenmix, 2013, 84 (102ff.)).

I. Gestaltungsmodelle

Die Separierung des Netzbetriebs kann durch Herauslösung des Netzgeschäfts 10 aus dem integrierten Unternehmen und Überführung in eine (neu zu gründende)

§ 7 Teil 2. Entflechtung

Netzgesellschaft erfolgen oder durch Trennung der übrigen Bereiche vom Netzbetrieb (beispielsweise Gründung von Erzeugungs- und Vertriebsgesellschaften). Dabei ist in der Praxis in der überwiegenden Zahl der Netzbetrieb in eine Tochtergesellschaft ausgegliedert worden. Diese Trennung von Netzbetrieb und den sonstigen Bereichen ist **alternativ durch verschiedene Modelle möglich,** da es zur rechtlichen Entflechtung keiner eigentumsrechtlichen Entflechtung (sog. „Ownership Unbundling") bedarf. Daher stehen Eigentumsübertragung und Verpachtung der Wirtschaftsgüter als gleichwertige Formen der rechtlichen Entflechtung nebeneinander. Sie unterliegen den gleichen rechtlichen Voraussetzungen. Zum Teil wird hinsichtlich der Modelle terminologisch differenziert zwischen einer Netzgesellschaft und einer Netzbetriebsgesellschaft (beim Pachtmodell) (Elspas/Graßmann/Rasbach/*Rasbach* EnWG § 7 Rn. 6). Rechtliche Bedeutung hat diese terminologische Unterscheidung nicht.

11   **1. Übertragung des Netzeigentums.** Die Eigentumsübertragung kann auf verschiedenem Wege erfolgen. So ist die Abtrennung der zum Netzgeschäft gehörenden Vermögensgegenstände (Assets) durch Aufspaltung (§ 123 Abs. 1 UmwG), Abspaltung (§ 123 Abs. 2 UmwG), Ausgliederung (§ 123 Abs. 3 UmwG) oder sonstige rechtsgeschäftliche Übertragungsakte möglich. Die Unternehmen sind in der **Art der Eigentumsübertragung** frei (Elspas/Graßmann/Rasbach/*Rasbach* EnWG § 7 Rn. 5; BerlKommEnergieR/*Säcker*/*Schönborn* EnWG § 7 Rn. 25;).

12   Die Spaltungsarten nach § 123 UmwG unterscheiden sich danach, ob durch die rechtliche Entflechtung zwei neue Rechtsträger anstelle des bisherigen Rechtsträgers geschaffen werden sollen (dann **Aufspaltung**) oder neben die bisherige Einheitsgesellschaft eine Schwestergesellschaft tritt (dann **Abspaltung**) oder ob der Netzbetrieb in eine Tochtergesellschaft der bisherigen Einheitsgesellschaft verlagert wird (dann **Ausgliederung**) (*Pathe*/*Mussaeus* N&R 2004, 147 (150)). Ob eine Ausgliederung gem. § 123 Abs. 3 UmwG, bei der die **Netzgesellschaft zur Muttergesellschaft** wird, den Anforderungen an die Entflechtung genügt, ist sehr fraglich (abl. *Pathe*/*Mussaeus* N&R 2004, 147 (150 f.)). Diese Konstruktion erschwert jedenfalls die Gewährleistung der Unabhängigkeit der Muttergesellschaft, da die Pflicht zur ordnungsgemäßen Beteiligungsverwaltung, die der Obergesellschaft obliegt, eine koordinierte Gesamtplanung für den Konzern gebietet (*Säcker* DB 2004, 691 (692); *Säcker* RdE 2005, 83 (90), der aber die Zulässigkeit der Netzgesellschaft als Muttergesellschaft bei entsprechender Ausgestaltung der Geschäftsordnung nicht ausschließt und hierfür einen Formulierungsvorschlag bereithält). Die **Regulierungsbehörden halten eine solche Konstruktion für unzulässig.** Sie sehen hier einen unauflöslichen Interessenkonflikt bei den Entscheidern der Muttergesellschaft als Netzgesellschaft (Konkretisierung der gemeinsamen Auslegungsgrundsätze der Regulierungsbehörden des Bundes und der Länder zu den Entflechtungsvorschriften in §§ 6–10 EnWG" vom 21. 10. 2008, S. 11 ff.). Dementsprechend hat die BNetzA das sog. „regi.on"-Modell, dass zeitweilig im E.ON-Konzern praktiziert wurde, untersagt (BNetzA Beschl. v. 3. 2. 2012 – BK 7-09-14, S. 6 ff.; dazu krit. *Eder*/*Doms* IR 2012, 161 ff.).

13   Das Ziel der Entflechtung, die Unabhängigkeit des Netzbetriebs, wird auch dann vereitelt, wenn ein unbeschränkter Beherrschungsvertrag über die Netzgesellschaft besteht (Hempel/Franke/*Schulte-Beckhausen* EnWG § 7 Rn. 24). Ein **„Teilbeherrschungsvertrag"** ist nur dann zulässig, wenn er einen weisungsfreien Bereich zur Sicherstellung der Unabhängigkeit der Netzgesellschaft vorsieht (Hempel/Franke/*Schulte-Beckhausen* EnWG § 7 Rn. 25; *Säcker* DB 2004, 691; *Säcker* RdE

2005, 85 (86), der hierfür Formulierungsvorschläge bereitstellt [S. 692]; aA *Beisheim/Edelmann* Unbundling S. 123 f.). Der Abschluss eines Gewinnabführungsvertrags ist dagegen zulässig (ausf. *Beisheim/Edelmann* Unbundling S. 120 ff.).

In der Praxis ist nach Kenntnis des Verfassers zunächst überwiegend von einer **Übertragung des Netzeigentums** abgesehen worden. Dies gilt nicht nur für den Bereich der Verteilernetzbetreiber, auf die § 7 nur noch anwendbar ist, sondern auch für den Bereich der Transportnetzbetreiber. Eine ganz einheitliche Handhabung ist jedoch auch bei den großen Versorgungsunternehmen nicht zu verzeichnen gewesen. Mittlerweile hat es allerdings viele Fälle gegeben, in denen nachträglich das Netzeigentum dann doch auf den Netzbetreiber übertragen wurde. 14

2. Pachtmodell. Praktisch relevant ist immer noch das Pachtmodell. Dies gilt allerdings nur für die Verteilernetzbetreiber, für die Übertragungsnetzbetreiber und die Fernleitungsnetzbetreiber steht es nicht mehr zur Verfügung. Verbleibt das Netzeigentum bei der Gesellschaft, die auch die Erzeugungs-/Gewinnungs- oder Vertriebsaktivitäten wahrnimmt, besteht, um der rechtlichen Entflechtung gerecht zu werden, die Möglichkeit, lediglich die Verantwortlichkeit für den Netzbetrieb auf eine separate Gesellschaft zu übertragen. Dies erfolgt dadurch, dass die Assets des Netzes an die Netzgesellschaft verpachtet werden. Die Verantwortlichkeit der Netzgesellschaft für den Netzbetrieb setzt dazu eine **Mindestlaufzeit des Pachtvertrags** voraus (nach den Gemeinsamen Auslegungsgrundsätzen, S. 13 Fn. 14 legt eine Parallelwertung aus dem europäischen Wettbewerbsrecht nahe, dass die Laufzeit drei Jahre sicher nicht unterschreiten darf [„Mitteilung der KOM über den Begriff des Zusammenschlusses", ABl. 1998 C 66, 2, Fn. 25]). Die Unabhängigkeit der Netzgesellschaft muss zudem durch die vertraglichen Vereinbarungen sichergestellt werden, und die notwendige Transparenz muss gewährleistet werden. 15

Unmittelbare rechtliche Vorgaben für **die im Pachtvertrag zu vereinbarenden Entgelte** enthält weder das EnWG noch die StromNEV oder die GasNEV. Nach §§ 4 Abs. 5 StromNEV/GasNEV ist allerdings sichergestellt, dass die Vorschriften von StromNEV und GasNEV nicht durch die Gestaltung der Entgelte im Rahmen des Pachtvertrags umgangen werden können. Im Rahmen der Entgeltgenehmigungen bzw. der bei der Festlegung der Erlösobergrenzen durchzuführenden Kostenprüfungen können nämlich nur die Kosten angesetzt werden, die entstehen würden, wenn das Netz sich im Eigentum des jeweiligen Netzbetreibers befinden würde. 16

Werden im Pachtvertrag **höhere Entgelte** vereinbart, als in der Entgeltkalkulation nach StromNEV und GasNEV angesetzt werden können, ist die wirtschaftliche Überlebensfähigkeit des Netzbetreibers uU nicht gegeben. Sie kann dann allenfalls durch einen Gewinnabführungsvertrag mit dem Eigentümer, der auch zum Verlustausgleich verpflichtet ist, sichergestellt werden. 17

Problematisch ist die Behandlung von **Pachtverträgen, die mit konzernunabhängigen Dritten geschlossen wurden** und höhere Entgelte vorsehen, als sie nach §§ 4 Abs. 5 StromNEV/GasNEV angesetzt werden können. Wendet man entsprechend der Rechtsauffassung der BNetzA auch in diesen Fällen die §§ 4 Abs. 5 StromNEV/GasNEV an, so kann dadurch die Rentabilität des Netzbetriebs dauerhaft gefährdet sein. Nach dem Zweck der §§ 4 Abs. 5 StromNEV/GasNEV ist diese Anwendung allerdings nicht notwendig. Die genannten Vorschriften dienen der Verhinderung einer Umgehung der Vorschriften von StromNEV und GasNEV. Wird von konzernunabhängigen Dritten Infrastruktur gepachtet oder geleast, liegt 18 allerdings kein Umgehungstatbestand vor. Dies spricht für eine Nichtanwendung der genannten Vorschrift. Die Regulierungspraxis macht aber auch in solchen Fällen keine Ausnahme von dem Anwendungsbereich der §§ 4 Abs. 5 StromNEV/GasNEV.

19 Mit Blick auf die Regulierungspraxis werden die betroffenen Netzbetreiber nicht umhin können, eine **Anpassung der Pachtverträge** nach § 313 BGB (Störung der Geschäftsgrundlage) zu verlangen. Ob die Voraussetzungen für ein solches Anpassungsverlangen vorliegen, ist eine Frage des Einzelfalls.

20 Im Rahmen des Pachtmodells geschlossene Dienstleistungsverträge zwischen Netzgesellschaft und anderen Unternehmensteilen des integrierten Unternehmens müssen die notwendige Transparenz gewährleisten. Die Vertragsgestaltungen müssen den Netzbetreiber berechtigen, alle **Daten und sonstigen Informationen zu erlangen,** die auch gegenüber der Regulierungsbehörde offengelegt werden müssten, wenn der Netzbetreiber selbst Eigentümer des Netzes wäre, wie sich aus § 4 Abs. 5 S. 1 StromNEV/GasNEV ergibt (Hempel/Franke/*Schulte-Beckhausen* EnWG § 7 Rn. 29).

21 Aufgrund der Regelungen der §§ 4 Abs. 5 StromNEV/GasNEV taugt das Pachtmodell **nicht** zur **Umgehung** der **energiewirtschaftsrechtlichen Entgeltregulierung.** Gleichwohl hat das Pachtmodell gegenüber der Eigentumsübertragung den Vorteil, dass die Unternehmen insbesondere dann, wenn im Konzernverbund Netzbetreiber auf unterschiedlichen Ebenen tätig sind, eine höhere Flexibilität haben. Die Zusammenlegung mehrerer Netzbetreiber eines Konzerns zu effizienteren Einheiten, die in der Zukunft wünschenswert oder notwendig sein kann, stößt dann nämlich nicht auf die steuerlichen Probleme, die durch § 6 Abs. 2–4 lediglich für das erstmalige Unbundling gelöst werden.

22 Zudem kann es Fälle geben, in denen es betriebswirtschaftlich nicht sinnvoll ist, nur die Bereiche Elektrizität und Gas zu entflechten, wie zB dann, wenn ein Energieversorgungsunternehmen auf Verteilernetzebene noch **weitere Sektoren** wie Wasser, Abwasser und Fernwärme bewirtschaftet und diese im Bereich des Netzbaus und -ausbaus vielfältige technische Verknüpfungen und Synergien mit den Sektoren Gas und Strom aufweisen (Danner/Theobald/*Eder,* 53. EL April 2006, EnWG § 7 Rn. 12). In Anbetracht dessen, dass die steuerlichen Privilegierungen des § 6 Abs. 2 nur für die Bereiche Elektrizität und Gas gelten, ist in diesen Fällen eine Entflechtung im Wege des Pachtmodells möglicherweise sinnvoller (zu den Vor- und Nachteilen überblickartig *Gerland/Helm* BB 2008, 192f.).

23 Eine flexiblere Handhabe durch das Pachtmodell zeigt sich auch im Bereich der **Wegenutzungsverträge** gem. § 46. Diese müssen im Falle der Eigentumsübertragung des Netzbetriebes angepasst oder übertragen werden. Dies ist beim Pachtmodell nur bei einer entsprechenden Ausgestaltung des Wegenutzungsvertrages erforderlich (*Eder/de Wyl* emw 3/2004, 14 (18f.)).

24 In steuerlicher Hinsicht fällt beim Pachtmodell die **Ertrag- und Grunderwerbsteuer** auch ohne Einhaltung der Voraussetzungen der Teilbetriebsfiktion in § 6 Abs. 2 und auch für Vermögensgegenstände anderer Medien außerhalb des Entflechtungsvorgangs nicht an (Theobald/Kühling/*Finke,* 115. EL Januar 2022, EnWG § 7 Rn. 11). Ein weiterer steuerlicher Vorteil des Pachtmodells ist, dass die Aufdeckung stiller Reserven (§ 6 Abs. 6 EStG, § 8 Abs. 3 S. 2 KStG) hier im Gegensatz zur Übertragung des Netzbetriebes nicht erfolgt, da die Verpachtung nicht zur Übertragung des zivilrechtlichen Eigentums führt. Infolgedessen liegt keine Veräußerung vor, die eine steuerrechtliche Gewinnrealisierung bewirken könnte. Pachteinnahmen unterliegen auf Ebene des Verpächters der Besteuerung und sind auf der Ebene des Pächters als Betriebsausgaben abzugsfähig (*Sievert/Behnes* RdE 2005, 93 (95); für problematisch halten *Gerland/Helm* BB 2008, 192 (193) das Pachtmodell nach der Unternehmenssteuerreform 2008).

Zu beachten ist allerdings, dass sich diese steuerlichen Vorteile des Pachtmodells nur dann realisieren lassen, wenn es durch die Verpachtung nicht zum **Übergang des wirtschaftlichen Eigentums** an den Assets des betreffenden Netzes kommt. Wirtschaftliches Eigentum kann nach deutschem Steuerrecht nur die Person erlangen, die die tatsächliche Sachherrschaft über ein Wirtschaftsgut in der Weise ausübt, dass sie den rechtlichen Eigentümer im Regelfall für die gewöhnliche Nutzungsdauer von der Einwirkung auf das Wirtschaftsgut ausschließen kann (§ 39 Abs. 2 Nr. 1 AO). 25

Eine solche Gefahr besteht insbesondere im Hinblick darauf, dass die Netzgesellschaft nach den Entflechtungsvorschriften mit dem Pachten des Netzbetriebs unabhängig werden soll und ihr folglich Entscheidungsbefugnisse gerade auch über die Vermögensgegenstände des Netzes zustehen sollen. Gleichzeitig setzt der BFH (Urt. v. 2.11.1965 − I 51/61 S, BStBl. III 1966, 61 = BFHE 84, 171; Urt. v. 21.12.1965 − IV 228/64 S, BStBl. III 1966, 147 = BFHE 84, 407) aber voraus, dass der Pächter Fremdbesitzer der Vermögensgegenstände bleiben muss, damit das wirtschaftliche Eigentum beim Verpächter verbleibt. Dieses **Spannungsverhältnis zwischen der Unabhängigkeit des Netzbetreibers und der Verfügungsmacht des Verpächters** ist hinsichtlich der Aufdeckung stiller Reserven im Pachtmodell problematisch (vgl. *Sievert/Behnes* RdE 2005, 93 (95 f.)). Anderes kann aber für Personengesellschaften wegen der gesetzlich vorgesehenen Buchwertfortführung gelten (hierzu näher *Sievert/Behnes* RdE 2005, 93 (96)). 26

II. Rechtsformen der unabhängigen Netzgesellschaft

Die Wahl der Rechtsform der Gesellschaft sowie auch Zahl und Größe der Rechtspersonen ist grundsätzlich frei. Durch geeignete **Ausgestaltung im Einzelfall** ist aber sicherzustellen, dass die in den nachfolgenden **Bestimmungen des § 7a zur operationellen Entflechtung** enthaltenen Anforderungen erfüllt werden (BT-Drs. 15/3917, 52). Denn einige Gesellschaftsformen bergen im Hinblick auf die notwendige operationelle Unabhängigkeit iSv § 8 unzulässige Einschränkungen, zB die Weisungsabhängigkeit des GmbH-Geschäftsführers und bestimmte Informationsrechte der Gesellschafter (Gemeinsame Auslegungsgrundsätze, S. 12), die bei der gesellschaftsrechtlichen Gestaltung berücksichtigt werden müssen. 27

Bei der Wahl der Rechtsform stellt sich daher für das betroffene Unternehmen die Aufgabe, einen angemessenen Ausgleich zwischen widerstreitenden Interessen zu finden. Einerseits muss die Einhaltung der Unbundling-Vorschriften gewährleistet werden, andererseits besteht das Interesse, auch weiterhin einen gewissen **Einfluss auf die Netzgesellschaft** zu haben, um zu vermeiden, dass Investitionskosten in den Netzbereich „versanden" (*Ehricke* IR 2004, 170). 28

In dem Entwurf des Vermerks vom 24.7.2003 hatte die Kommission noch der Aktiengesellschaft gegenüber der GmbH (§ 37 GmbHG) den Vorzug gegeben, da sie in der Praxis die Bedingungen des operationellen Unbundlings regelmäßig erfüllen würde. Dieser Hinweis existiert auch noch in der Fassung vom November 2003, wurde dann aber in der jetzt endgültigen Fassung vom 16.1.2004 aufgehoben (S. 6). Die Dienststellen der **Kommission** gehen daher zu Recht davon aus, dass die Unbundling-Vorschriften die **Rechtsform der Netzgesellschaft nicht determinieren.** Eine andere Betrachtungsweise wäre für kommunale Versor- 29 gungsunternehmen in den Bundesländern problematisch geworden, in denen für kommunale Betriebe die Aktiengesellschaft als Rechtsform nicht zur Verfügung steht.

30 **1. GmbH.** Die praktisch häufigste Form der Netzgesellschaft ist in Anbetracht der vergleichsweisen geringen Kosten und dem **begrenzten Gründungsaufwand** die GmbH. Die GmbH lässt sich leicht in einen bestehenden Unternehmensverbund eingliedern (*Pathe/Mussaeus* N&R 2003, 147 (150)). **Besonderer Gestaltungsaufwand** entsteht bei der GmbH aufgrund des Umstands, dass die insgesamt hohe Flexibilität in der Ausgestaltung der Beziehungen zwischen den Organen der Gesellschaft je nach Ausgestaltung zu einer eingeschränkten Selbständigkeit des Managements gegenüber der Gesellschafterversammlung und ggf. dem Aufsichtsrat führen kann (vgl. eingehend *Bourwieg/Miller* RdE 2008, 230 ff.). Es besteht insbesondere das Problem der Vereinbarkeit des Weisungsrechts gegenüber dem GmbH-Geschäftsführer gem. §§ 37, 46 GmbHG mit der von § 7a geforderten Unabhängigkeit des Managements (vgl. den Formulierungsvorschlag von *Säcker* zur Einschränkung des Weisungsrechts des GmbH-Geschäftsführers, DB 2004, 691 (693 f.)). Dies ist aber eine Frage der Ausgestaltung der operationellen Entflechtung und hindert nach § 7 die Rechtsform der GmbH nicht.

31 Auch die umfassenden **Auskunfts- und Einsichtnahmerechte** eines jeden Gesellschafters nach § 51a GmbHG müssen unbundling-konform im Hinblick auf die Ziele des Unbundlings (dazu bereits → § 6 Rn. 8 ff.) teleologisch reduziert werden (*Säcker* DB 2004, 691 (694); *Seel* et 10/2006, 71). Dasselbe gilt hinsichtlich der Widerrufsmöglichkeit der Bestellung des Geschäftsführers gem. § 38 GmbHG, da der Geschäftsführer, um einer Abberufung zu entgehen, die Geschäfte abhängig von den Vorstellungen des Gesellschafters führen könnte (sehr ausf. zum Konflikt von Unbundling und GmbH *Ehricke* IR 2004, 170 (171 ff.)).

32 **2. Aktiengesellschaft.** Die Ausgestaltung der Netzgesellschaft als Aktiengesellschaft erfordert einen gegenüber der GmbH größeren Gründungsaufwand (§ 32 Abs. 1 und 2 AktG). Ferner fallen höhere Gründungskosten an und es besteht ein laufender Organisationsaufwand durch Aufsichtsratssitzungen, Hauptversammlungen etc. Dennoch wird die Aktiengesellschaft als „rechtlich-konstruktiv einfachster Weg zum Legal Unbundling" bezeichnet (*Säcker* DB 2004, 691; *Sievert/Behnes* RdE 2005, 93 (95)).

33 Hierfür spricht, dass eine große von § 7a geforderte **Unabhängigkeit des Managements** besteht, denn der Vorstand ist weder im Verhältnis zum Aufsichtsrat (§ 111 Abs. 4 S. 1 AktG) noch im Verhältnis zur Hauptversammlung (§ 119 Abs. 2 AktG) weisungsgebunden (§§ 76, 311 AktG). Es bleibt ferner die Möglichkeit bestehen, Dritte – ggf. sogar über den Kapitalmarkt – am Netzgeschäft zu beteiligen und die Netzgesellschaft an die Börse zu bringen (Hempel/Franke/*Schulte-Beckhausen* EnWG § 7 Rn. 20; BerlKommEnergieR/*Säcker/Schönborn* EnWG § 7 Rn. 25; krit. mit Gegenargumenten Theobald/Kühling/*Finke*, 115. EL Januar 2022, EnWG § 7 Rn. 17). Soll der Netzbetrieb demnach einen größeren Umfang erhalten und für Beteiligungen Dritter offen sein, bietet sich die Aktiengesellschaft an (*Pathe/Mussaeus* N&R 2003, 147 (150)).

34 Teilweise wird die Auffassung vertreten, dass bei der Übertragung des Netzbetriebs an eine AG der **Abschluss von Unternehmensverträgen** nach §§ 291 ff. AktG ausgeschlossen sein soll (*Seel* et 10/2006, 71). Diese Auffassung trifft aber nicht zu. Vielmehr gelten die gleichen Grundsätze wie bei der Gestaltung des Gesellschaftsvertrags der GmbH. Gegen Gewinnabführungsverträge bestehen dabei keine Bedenken, da die Herbeiführung einer steuerrechtlichen Organschaft regulierungsrechtlich nicht zu missbilligen ist. Soweit Beherrschungsverträge abgeschlossen werden, müssen sie sicherstellen, dass die Vorgaben des § 7 a eingehalten werden.

3. GmbH & Co./AG & Co. Bei der GmbH & Co./AG & Co. handelt es sich hinsichtlich der Gesellschaftsform um eine Personengesellschaft, für die insbesondere in steuerrechtlicher Hinsicht andere Regelungen gelten (vgl. näher hierzu *v. Hammerstein/Timmer/Koch/Könemann* emw 1/2004, 17 f.).

Diese wird ua wegen der **Vorteile einer Personengesellschaft** bei ihrer Gründung gewählt und weil sie für den laufenden Geschäftsbetrieb wegen ihrer Struktur, insbesondere im Hinblick auf ihre Haftungsstruktur und die Steuerungsmöglichkeiten, bessere Eingliederungsmöglichkeiten in den Kapitalgesellschaftskonzern eines EVU besitzt (*Pathe/Mussaeus* N&R 2004, 147 (150)). Regulierungsrechtlich bestehen gegen die Wahl einer Kapitalgesellschaft & Co. als Netzbetreiber keine durchgreifenden Bedenken. In der Praxis ist von dieser Gestaltungsmöglichkeit nach Kenntnis des Verfassers allerdings nur wenig Gebrauch gemacht worden.

III. Kooperationsmodell

Die Zusammenführung der Netzbetriebe mehrerer vertikal integrierter EVU in eine gemeinsame Netzgesellschaft widerspricht ebenfalls nicht den Anforderungen der Entflechtung, da auch hier eine **Trennung der Netze von den anderen Tätigkeitsbereichen** der Energieversorgung erfolgt (BerlKommEnergieR/*Säcker/Schönborn* EnWG § 7 Rn. 35). Allerdings erlangt dieses Kooperationsmodell im Hinblick auf die De-minimis-Regelung (§ 7 Abs. 2) Relevanz, denn die Netze der vertikal integrierten EVU werden dann zwar von einem einheitlichen Netzbetreiber bewirtschaftet, aber nicht ohne weiteres zu einem einheitlichen Netz zusammengefasst (Danner/Theobald/*Eder*, 53. EL April 2006, EnWG § 7 Rn. 25).

IV. Shared-Services

Gegen die **Einrichtung von Shared-Services** spricht unter dem Blickwinkel des § 7 nichts. Näherer Erörterung bedürfen diese „gemeinsamen Dienstleistungsgesellschaften" und die Inanspruchnahme von Diensten der Muttergesellschaft aber im Rahmen der operationellen Entflechtung (→ § 7a Rn. 24 ff.).

D. Ausnahmen von der Verpflichtung zur rechtlichen Entflechtung

I. De-minimis-Regelung (Abs. 2)

§ 7 Abs. 2 setzt die in Art. 35 Abs. 4 Elt-RL 19 bzw. Art. 26 Abs. 4 Gas-RL 09 enthaltene Option einer sog. De-minimis-Regelung um. Vertikal integrierte Unternehmen bis zu einer bestimmten Größe werden von der Verpflichtung zur rechtlichen Entflechtung ihrer **Verteilernetzbetreibern** ausgenommen.

Das Größenkriterium von weniger als 100.000 Kunden des Energieversorgungsunternehmens, die unmittelbar oder mittelbar an deren Netz angeschlossen sind, dient dem Zweck, kleinere Unternehmen zu definieren, bei denen der Aufwand rechtlicher und operationeller Entflechtungsmaßnahmen mit Blick auf die Entflechtungsziele nicht mehr **verhältnismäßig** wäre (BT-Drs. 15/3917, 52f.), insbesondere in Anbetracht dessen, dass hier hohe Transaktionskosten einem nur geringen Diskriminierungspotenzial kleiner Unternehmen gegenüberstehen (*Koenig/Haratsch/Rasbach* ZNER 2004, 10 (12)).

41 Eine rechtliche Entflechtungspflicht der Verteilernetzbetreibe trifft demnach diejenigen Unternehmen nicht, an deren Elektrizitätsversorgungsnetz bzw. Gasversorgungsnetz weniger als 100.000 Kunden unmittelbar oder mittelbar angeschlossen sind. Zur informatorischen (§ 9) und zur buchhalterischen (§ 10) Entflechtung sind hingegen auch diese verpflichtet. Relevant wird die De-minimis-Regelung insbesondere für zahlreiche **Stadtwerke** und für Gesellschaften, die Beteiligungen an solchen halten (*Scholz/Strohe* et 1–2/2003, 80 (82)). Aus § 7 Abs. 2 S. 2 folgt dabei, dass eine sektorengetrennte Bestimmung der Kundenzahl erfolgen muss (Elspas/Graßmann/Rasbach/*Rasbach* EnWG § 7 Rn. 7; BerlKommEnergieR/*Säcker/Schönborn* EnWG § 7 Rn. 9).

42 Im Kooperationsmodell wird bei der Ermittlung der Kundenzahl – zumindest im Falle galvanisch nicht verbundener Netze – auf jedes **einzelne Netz** in der Netzgesellschaft gesondert abgestellt (Danner/Theobald/*Eder*, 53. EL April 2006, EnWG § 7 Rn. 41). Dies folgt aus § 7 Abs. 2 S. 1, der (ebenso wie § 8 Abs. 6 S. 1) auf das Versorgungsnetz im Singular abstellt.

43 Der Kundenbegriff ist maßgeblich für die Bestimmung der Einschlägigkeit der De-minimis-Regelung. Zur Kundenbestimmung wären mehrere **Alternativen denkbar**, etwa die Zahl der Belieferten oder die Zahl der Nutzer.

44 **1. Abstellen auf Belieferung.** In § 3 Nr. 24 ist der Begriff des „Kunden" definiert als „Großhändler, Letztverbraucher und Unternehmen, die Energie kaufen", wobei letzte Variante bereits von den beiden vorgenannten umfasst wird und daher überflüssig ist (vgl. näher *Büdenbender/Rosin* Energierechtreform I S. 102). Dies spricht dafür, auf die **Zahl der Belieferten** abzustellen, wie auch schon der Wortlaut der EU-RL, insbesondere der Elt-RL (Art. 35 Abs. 4 Elt-RL 19/Art. 26 Abs. 4 Gas-RL 09: „weniger als 100 000 angeschlossene Kunden oder kleine, isolierte Netze beliefern") und der Auslegungshinweise der EU-Kommission (Vermerk der GD TREN, S. 2, 5).

45 **2. Kriterium des Netzanschlusses.** Nach den Gemeinsamen Auslegungsgrundsätzen und nach der in der Literatur vertretenen Rechtsauffassung (Hempel/Franke/*Schulte-Beckhausen* EnWG § 7 Rn. 7; Elspas/Graßmann/Rasbach/*Rasbach* EnWG § 7 Rn. 10; BerlKommEnergieR/*Säcker/Schönborn* EnWG § 7 Rn. 10; NK-EnWG/*Knauff* § 7 Rn. 8) wird aufgrund des Wortlautes des § 7 Abs. 2 („unmittelbar oder mittelbar angeschlossen") davon ausgegangen, dass nicht auf die Anzahl der **Belieferten**, sondern auf die Anzahl der **Netzanschlüsse** bzw. Haushalte oder Vertragsbeziehungen abzustellen ist. Vor dem Hintergrund, dass die RL dem nationalen Gesetzgeber ein Wahlrecht bezüglich der De-minimis-Regelung überlassen, ist diese Abweichung von den RL europarechtlich hinnehmbar, wenn sichergestellt ist, dass die Zahl der Belieferten nicht über der Zahl der Anschlüsse liegt. Dies dürfte durch die Einbeziehung mittelbar Belieferten in die Berechnung der Fall sein.

46 Mit der Bestimmung der relevanten Kunden soll im Interesse der Gleichbehandlung sichergestellt werden, dass nicht einzelne größere Unternehmen mit Hilfe einer scheinbaren Bündelung von Versorgungsverhältnissen auf wenige Kunden in den Genuss dieser Ausnahme gelangen (BT-Drs. 15/3917, 52). Daher fallen unter den Kundenbegriff sowohl alle unmittelbar angeschlossenen Kunden als auch alle nur mittelbar angeschlossenen Kunden (dazu auch → § 14d Rn. 17ff.). Man kann

Rechtliche Entflechtung von Verteilernetzbetreibern §7

für die Bestimmung der Anschlüsse auf das faktische Kriterium des Vorhandenseins eines **Hausanschlusses** abstellen (Anschlussnehmer/Eigentümer des Hauses) oder auf das **rechtliche Kriterium,** ob zwischen Kunde und Netzbetreiber ein Anschlussnutzungsvertrag besteht (Mieter, Pächter) (Hempel/Franke/*Schulte-Beckhausen* EnWG § 7 Rn. 8). Nicht erfasst aber werden alle diejenigen Personen, die von der Energielieferung profitieren, also nicht alle Energieverbraucher eines Haushalts (*Salje* EnWG § 7 Rn. 11).

In Anbetracht des Zieles der Ausnahmeregelung, Unternehmen die Entflechtung zu ersparen, für die sie ein unverhältnismäßig hoher Aufwand wäre, muss auch dieses Kriterium des hohen Aufwands bei der Auslegung des Kundenbegriffs maßgeblich sein (Hempel/Franke/*Schulte-Beckhausen* EnWG § 7 Rn. 8). Zur Verdeutlichung des Kundenbegriffs findet sich für bestimmte **Einzelfälle** eine Zuordnung in den **Gemeinsamen Auslegungsgrundsätzen der Regulierungsbehörden** des Bundes und der Länder im Anhang 1 (S. 35f.) (dazu BerlKomm-EnergieR/*Säcker/Schönborn* EnWG § 7 Rn. 14ff.). 47

a) Unmittelbare Kunden. Unter die „unmittelbaren Kunden" fallen solche, die für die Erfüllung eines Liefervertrags unmittelbar an das Netz über eine oder mehrere Anschlüsse angebunden sind (BT-Drs. 15/3917, 53). Es kommt also auf die **Zahl der physischen Verbindungsstellen** mit dem Verteilernetz an, nicht auf die Anzahl der abgeschlossenen Verträge (Hempel/Franke/*Schulte-Beckhausen* EnWG § 7 Rn. 8; anders NK-EnWG/*Knauff* § 7 Rn. 8; *Säcker* RdE 2005, 85). Diese unmittelbaren Kunden decken sich mit den Anschlussnehmern). 48

b) Mittelbare Kunden. Als „mittelbare Kunden" bezeichnet man solche, deren Netzanschluss nicht dem Netzbetreiber zugerechnet werden kann. Unter die mittelbaren Kunden werden beispielsweise solche Verbraucher gezählt, die als Mieter eines Hochhauses jeweils einzeln gemessene Stromlieferverhältnisse mit ihrem Vermieter haben, der seinerseits als alleiniger Kunde Strom von einem Energieversorgungsunternehmen bezieht und an das Netz unmittelbar angeschlossen ist. Bei der Versorgung mit Gas gilt entsprechendes. Bezieht der Mieter in einem Hochhaus Wärme, die im Haus zentral aus Gas hergestellt wird, so kann er nicht als mittelbar angeschlossener Gaskunde angesehen werden (BT-Drs. 15/3917, 53). Aus dem Netzanschlussvertrag iVm § 7 Abs. 2 kann eine Auskunftspflicht des unmittelbar angeschlossenen Kunden bezüglich der Anzahl der „von ihm abzuleitenden" mittelbaren Kunden hergeleitet werden. Zu den mittelbaren Kunden zählen auch diejenigen Kunden, die über sog. **„Arealnetzbetreiber"** beliefert werden (vgl. hierzu Hempel/Franke/*Schulte-Beckhausen* EnWG § 7 Rn. 10). Letztlich deckt sich der Begriff des „mittelbaren Kunden" mit demjenigen des „Anschlussnutzers". 49

c) Anschlussnutzer mit mehreren Netzanschlüssen. Auch wenn es auf das Kriterium des Netzanschlusses ankommt, darf ein Anschlussnehmer, der **mehrere Anschlüsse** des Netzbetreibers nutzt, nur als **ein Kunde** gewertet werden. Zumindest dies folgt aus der Verwendung des Begriffs des Kunden iSv § 3 Nr. 24 (hierzu Danner/Theobald/*Eder,* 53. EL April 2006, EnWG § 7 Rn. 50 mit Beispielen; vgl. hierzu insbesondere auch die Beispiele in den Gemeinsamen Auslegungsgrundsätzen, Anl. 1, S. 35f., die sich aber in weiten Teilen von der Auslegung *Eders* unterscheiden). 50

3. Relevanter Zeitpunkt für die Ermittlung der Kundenzahl. Es ist für die Bestimmung der Zahl der angeschlossenen Kunden jeweils auf die **aktuelle Kundenzahl** abzustellen. Haben die vertikal integrierten EVU aber einmal die 51

Hölscher

100.000-Kunden-Grenze überschritten und waren damit zur rechtlichen Entflechtung verpflichtet, werden sie, falls sie diese Grenze wieder unterschreiten, die rechtliche Entflechtung wohl dauerhaft beibehalten, da der betriebswirtschaftliche Aufwand einer ständigen Umstrukturierung zu hoch wäre (Theobald/Kühling/*Finke,* 115. EL Januar 2022, EnWG § 7 Rn. 40).

II. Keine Anwendung der De-minimis-Regelung im Konzern

52 Die Ausnahme gilt aber nicht für Unternehmen mit weniger als 100.000 Kunden, wenn ein größeres Energieversorgungsunternehmen durch eine Beteiligung **„bestimmenden Einfluss"** ausüben könnte. In diesem Fall muss die Kundenzahl dieses Unternehmens dem kleinen Unternehmen zugerechnet werden. Werden unter Zusammenrechnung der angeschlossenen Kunden nun mehr als 100.000 gezählt, fallen beide Unternehmen nicht unter die Ausnahmetatbestände.

53 Maßgeblich für den bestimmenden Einfluss ist durch den Verweis auf die europäische **Fusionskontrollverordnung** (Art. 3 Abs. 2 FKVO) die „Mitteilung der KOM über den Begriff des Zusammenschlusses", ABl. 1998 C 66, 2, und § 37 GWB. Der bestimmende Einfluss liegt bereits bei der rechtlichen oder tatsächlichen Möglichkeit der Kontrolle vor, eine tatsächliche Ausübung ist nicht erforderlich (BT-Drs. 15/3917, 50). Ein bestimmender Einfluss besteht, wenn ein Unternehmen unabhängig von der Höhe seiner Beteiligung die Stimmrechtsmehrheit erwirbt. Ansonsten bedarf es einer Mehrheitsbeteiligung, es sei denn, andere besondere Umstände führen bereits zu einem bestimmenden Einfluss (zB faktische Kontrolle über regelmäßige Mehrheit in der Hauptversammlung, Vetorechte bei wesentlichen Entscheidungen, von Kapitalanteilen abweichende Stimmrechte). Bei paritätischem Erwerb (50: 50) liegt eine gemeinsame Kontrolle vor, es sei denn, Zusatzvereinbarungen oder entsprechende Abreden im Gesellschaftsvertrag sprechen dagegen (BT-Drs. 15/3917, 50).

54 Liegt kein Beteiligungserwerb vor, kann dennoch eine Kontrolle durch Erwerb von Vermögenswerten oder Nutzungsrechten an Vermögen oder durch konzernrechtliche **Organisationsverträge** (zB Beherrschungs-, Betriebsüberlassungs-, Betriebsführungsvertrag) oder **in „sonstiger Weise"** (zB personelle Verflechtung) begründet werden. Letztlich kommt es auf das erzielte Ergebnis an und nicht auf die äußere Form. Der Einfluss muss auf eine dauerhafte strukturelle Veränderung im Verhältnis der beteiligten Unternehmen angelegt sein (BT-Drs. 15/3917, 50) (Gemeinsame Auslegungsgrundsätze, S. 9; zur näheren Bestimmung des bestimmenden Einflusses vgl. *Hohmann/Makatsch* et 12/2003, 833f.; insgesamt hierzu auch ausf. *Just/Lober* et 1–2/2005, 98ff.).

§ 7a Operationelle Entflechtung von Verteilernetzbetreibern

(1) **Unternehmen nach § 6 Absatz 1 Satz 1 haben die Unabhängigkeit ihrer im Sinne von § 3 Nummer 38 verbundenen Verteilernetzbetreiber hinsichtlich der Organisation, der Entscheidungsgewalt und der Ausübung des Netzgeschäfts nach Maßgabe der folgenden Absätze sicherzustellen.**

(2) **Für Personen, die für den Verteilernetzbetreiber tätig sind, gelten zur Gewährleistung eines diskriminierungsfreien Netzbetriebs folgende Vorgaben:**

Operationelle Entflechtung von Verteilernetzbetreibern §7a

1. Personen, die mit Leitungsaufgaben für den Verteilernetzbetreiber betraut sind oder die Befugnis zu Letztentscheidungen besitzen, die für die Gewährleistung eines diskriminierungsfreien Netzbetriebs wesentlich sind, müssen für die Ausübung dieser Tätigkeiten einer betrieblichen Einrichtung des Verteilernetzbetreibers angehören und dürfen keine Angehörigen von betrieblichen Einrichtungen des vertikal integrierten Unternehmens sein, die direkt oder indirekt für den laufenden Betrieb in den Bereichen der Gewinnung, Erzeugung oder des Vertriebs von Energie an Kunden zuständig sind.
2. Personen, die in anderen Teilen des vertikal integrierten Unternehmens sonstige Tätigkeiten des Netzbetriebs ausüben, sind insoweit den fachlichen Weisungen der Leitung des Verteilernetzbetreibers zu unterstellen.

(3) Unternehmen nach § 6 Absatz 1 Satz 1 haben geeignete Maßnahmen zu treffen, um die berufliche Handlungsunabhängigkeit der Personen zu gewährleisten, die mit Leitungsaufgaben des Verteilernetzbetreibers betraut sind.

(4) ¹Vertikal integrierte Unternehmen haben zu gewährleisten, dass die Verteilernetzbetreiber tatsächliche Entscheidungsbefugnisse in Bezug auf die für den Betrieb, die Wartung und den Ausbau des Netzes erforderlichen Vermögenswerte des vertikal integrierten Unternehmens besitzen und diese im Rahmen der Bestimmungen dieses Gesetzes unabhängig von der Leitung und den anderen betrieblichen Einrichtungen des vertikal integrierten Unternehmens ausüben können. ²Das vertikal integrierte Unternehmen hat sicherzustellen, dass der Verteilernetzbetreiber über die erforderliche Ausstattung in materieller, personeller, technischer und finanzieller Hinsicht verfügt, um tatsächliche Entscheidungsbefugnisse nach Satz 1 effektiv ausüben zu können. ³Zur Wahrnehmung der wirtschaftlichen Befugnisse der Leitung des vertikal integrierten Unternehmens und seiner Aufsichtsrechte über die Geschäftsführung des Verteilernetzbetreibers im Hinblick auf dessen Rentabilität ist die Nutzung gesellschaftsrechtlicher Instrumente der Einflussnahme und Kontrolle, unter anderem der Weisung, der Festlegung allgemeiner Verschuldungsobergrenzen und der Genehmigung jährlicher Finanzpläne oder gleichwertiger Instrumente, insoweit zulässig als dies zur Wahrnehmung der berechtigten Interessen des vertikal integrierten Unternehmens erforderlich ist. ⁴Dabei ist die Einhaltung der §§ 11 bis 16a sicherzustellen. ⁵Weisungen zum laufenden Netzbetrieb sind nicht erlaubt; ebenfalls unzulässig sind Weisungen im Hinblick auf einzelne Entscheidungen zu baulichen Maßnahmen an Energieanlagen, solange sich diese Entscheidungen im Rahmen eines vom vertikal integrierten Unternehmen genehmigten Finanzplans oder gleichwertigen Instruments halten.

(5) ¹Vertikal integrierte Unternehmen sind verpflichtet, für die mit Tätigkeiten des Netzbetriebs befassten Mitarbeiter ein Programm mit verbindlichen Maßnahmen zur diskriminierungsfreien Ausübung des Netzgeschäfts (Gleichbehandlungsprogramm) festzulegen, den Mitarbeitern dieses Unternehmens und der Regulierungsbehörde bekannt zu machen und dessen Einhaltung durch eine natürliche oder juristische Person (Gleichbehandlungsbeauftragter) zu überwachen. ²Pflichten der Mitarbei-

§ 7a

ter und mögliche Sanktionen sind festzulegen. ³Der Gleichbehandlungsbeauftragte legt der Regulierungsbehörde jährlich spätestens zum 31. März einen Bericht über die nach Satz 1 getroffenen Maßnahmen des vergangenen Kalenderjahres vor und veröffentlicht ihn in nicht personenbezogener Form. ⁴Der Gleichbehandlungsbeauftragte des Verteilernetzbetreibers ist in seiner Aufgabenwahrnehmung vollkommen unabhängig. ⁵Er hat Zugang zu allen Informationen, über die der Verteilernetzbetreiber und etwaige verbundene Unternehmen verfügen, soweit dies zu Erfüllung seiner Aufgaben erforderlich ist.

(6) Verteilernetzbetreiber, die Teil eines vertikal integrierten Unternehmens sind, haben in ihrem Kommunikationsverhalten und ihrer Markenpolitik zu gewährleisten, dass eine Verwechslung zwischen Verteilernetzbetreiber und den Vertriebsaktivitäten des vertikal integrierten Energieversorgungsunternehmens ausgeschlossen ist.

(7) ¹Vertikal integrierte Unternehmen, an deren Elektrizitätsverteilernetz weniger als 100 000 Kunden unmittelbar oder mittelbar angeschlossen sind, sind hinsichtlich der Betreiber von Elektrizitätsverteilernetzen, die mit ihnen im Sinne von § 3 Nummer 38 verbunden sind, von den Verpflichtungen nach Absatz 1 bis 6 ausgenommen. ²Satz 1 gilt entsprechend für Gasverteilernetze.

Übersicht

	Rn.
A. Allgemeines	1
B. Anwendungsbereich der operationellen Entflechtung (Abs. 1)	4
C. Personelle Entflechtung (Abs. 2)	5
I. Personen mit Leitungsaufgaben oder Personen mit der Befugnis zu Letztentscheidungen in wesentlichen Fragen des diskriminierungsfreien Netzbetriebs (Abs. 2 Nr. 1)	7
1. Begriff des Leitungspersonals (Abs. 2 Nr. 1 Alt. 1)	8
2. Personen mit Letztentscheidungskompetenz (Abs. 2 Nr. 1 Alt. 2)	9
3. Angehörige einer betrieblichen Einrichtung	17
II. Personen, die sonstige Tätigkeiten ausüben (Abs. 2 Nr. 2)	25
III. Shared Services	27
D. Berufliche Handlungsunabhängigkeit der Netzbetriebsleitung (Abs. 3)	33
I. Betroffener Personenkreis	34
II. Ziel und notwendige Maßnahmen	35
E. Unabhängige Entscheidungsgewalt (Abs. 4)	38
I. Tatsächliche Entscheidungsunabhängigkeit (Abs. 4 S. 1)	40
1. Vermögenswerte	41
2. Sicherstellung der tatsächlichen Entscheidungsbefugnisse	44
II. Mindestausstattung des Verteilnetzbetreibers (Abs. 4 S. 2)	45
III. Einsatz gesellschaftsrechtlicher Instrumente (Abs. 4 S. 3)	47
IV. Weisungsverbot	51
F. Gleichbehandlungsprogramm, Gleichbehandlungsbeauftragter, Gleichbehandlungsbericht (Abs. 5)	54
I. Gleichbehandlungsprogramm	54
1. Adressat der Verpflichtung zur Aufstellung	55

	Rn.
2. Zielsetzung	58
3. Form, Bekanntmachung und Durchsetzung	59
4. Inhalt	60
II. Gleichbehandlungsbeauftragter	65
1. Aufgaben und Funktionen	65
2. Anforderungen an die Person oder Stelle	68
3. Unabhängigkeit des Gleichbehandlungsbeauftragten	69
III. Gleichbehandlungsbericht	72
G. Kommunikationsverhalten und Markenpolitik (Abs. 6)	74
H. De-minimis-Regelung (Abs. 7)	84

Literatur: *Alsheimer/Kassebohm,* Personalzusatzkosten als dauerhaft nicht beeinflussbare Kosten gem. § 11 I 1 Nr. 9 ARegV, EnWZ 2012, 3; *Baur/Hampel,* Die schlanke Netzgesellschaft – (k)ein rechtliches Auslaufmodell?, RdE 2011, 385; *Bourwieg/Horstmann,* Das Gleichbehandlungsprogramm – ein zentrales Mittel zu einem diskriminierungsfreien Netzbetrieb, et 5/2006, 72; *Hohmann/Knecht/Neidert,* Vereinbarkeit des organisatorischen Unbundling mit dem Gesellschafts-, EG- und Verfassungsrecht, et 12/2004, 822; *Hölscher,* Zusammenarbeit von Stadtwerken im Wettbewerb – Inhalt und Grenzen, in Gundel/Lange (Hrsg.), Die Energiewirtschaft im Instrumentenmix, 2014, 84; *Jacob,* Markentrennung und kommunikative Entflechtung bei Verteilnetzbetreibern (§ 7 a Abs. 6 EnWG), VersWirt 2016, 202; *Klees/Langerfeldt* (Hrsg.), Entflechtung in der deutschen Energiewirtschaft, 2. Aufl. 2005; *Koenig/Rasbach/Stelzner,* Kurz-Leitfaden zur Erstellung eines Gleichbehandlungsprogramms, et Special 2005, 29; *Koenig/Schellberg/Spiekermann,* Energierechtliche Entflechtungsvorgaben versus gesellschaftsrechtliche Kontrollkompetenzen?, RdE 2007, 72; *Koenig/Spiekermann/Stelzner,* Arbeitsrechtliche Verflechtungen i. R. energiewirtschaftsrechtlicher Entflechtung, IR 2005, 242; *Lieder/ Ziemann,* Entflechtung mit Pachtmodellen in der Energiewirtschaft, RdE 2006, 217; *Maier-Weigt,* Kurze Anmerkung zum Beitrag „Arbeitsrechtliche Verflechtungen i. R. energiewirtschaftsrechtlicher Entflechtung", IR 2006, 35; *Mückl,* Ein Gemeinschaftsbetrieb als Mittel zur „Rettung" des Pachtmodells?, RdE 2013, 68; *Nill-Theobald/Theobald,* Das EnWG 2005, IR 2005, 175; *Otto,* Organisatorisches und informatorisches Unbundling, RdE 2005, 261; *Schoon,* Operationelles Unbundling, et 9/2004, 606; *Seel,* Arbeitsrechtliche Aspekte der Entflechtung von Netzgeschäft und Vertrieb, et 10/2004, 71; *Stolzenburg,* Inhalt und Umfang von Gleichbehandlungsprogrammen vertikal integrierter Energieversorgungsunternehmen, IR 2006, 26; *Theobald,* Gleichbehandlungsprogramm und Regulierungsmanagement, IR 2004, 218.

A. Allgemeines

Die Regelung **entspricht im Wortlaut** weitestgehend **§ 8 EnWG 2005** Während die Regelung für die operationelle Entflechtung in § 8 EnWG 2005 für sämtliche Netzbetreiber galt, gilt § 7a nunmehr nur noch für Verteilnetzbetreiber. Die §§ 8 ff. enthalten für Transportnetzbetreiber – soweit sie eine Verbindung zum integrierten Unternehmen unterhalten – verschärfte Anforderungen. Beim eigentumsrechtlich entflochtenen Transportnetzbetreiber nach § 8 bedarf es demgegenüber keiner Regelung zur operationellen Entflechtung mehr. 1

Die Regelung hat im Gesetzgebungsverfahren der **EnWG-Novelle 2011 keine Änderungen** erfahren und ist der Fassung des Gesetzentwurfs der Koalitionsfraktionen entsprechend Gesetz geworden. Änderungen haben sich insbesondere durch die Änderungen aufgrund des Urteils des EuGH vom 2.9.2021 – C 718/18 durch das sog. **Osterpaket** (BT-Drs. 20/2402) ergeben. 2

§ 7a Teil 2. Entflechtung

3   Die Regelung dient der Umsetzung von **Art. 35 Abs. 2–4 Elt-RL 19 und Art. 26 Abs. 2–4 Gas-RL 09** (BT-Drs. 17/6072, 57).

B. Anwendungsbereich der operationellen Entflechtung (Abs. 1)

4   Nach § 7a Abs. 1 sind zur operationellen Entflechtung die in § 6 Abs. 1 bezeichneten Unternehmen verpflichtet. Dies sind alle vertikal integrierten Unternehmen, bei denen der Netzbetreiber mit den Unternehmen verbunden ist, die vor- oder nachgelagerte Funktionen wahrnehmen. Die operationelle Entflechtung ergänzt dabei die rechtliche Entflechtung nach § 7. Sachlich sind diese Unternehmen zur Entflechtung der Organisation, der Entscheidungsgewalt und der Ausübung des Netzgeschäfts verpflichtet, deren Einzelheiten durch die nachfolgenden Absätze bestimmt werden. Darin sind neben Vorgaben zur **Organisationsstruktur** Elemente der **Verhaltenskontrolle** enthalten (BT-Drs. 15/3917, 53; ausf. zu den Begrifflichkeiten des § 8 Abs. 1 EnWG 2005 *Salje* EnWG § 8 Rn. 5, 8ff.).

C. Personelle Entflechtung (Abs. 2)

5   § 7a Abs. 2 regelt für bestimmte Personen, die für den Netzbetreiber tätig sind, die zwingende Zugehörigkeit oder Inkompatibilität einer Zugehörigkeit zu einem rechtlich selbstständigen Netzbetreiber bzw. dem verbundenen vertikal integrierten Unternehmen sowie zwingende Anforderungen an die Kompetenzausstattung bzw. Weisungsabhängigkeit (BT-Drs. 15/3917, 53). Diese Personen unterliegen dem Verbot der Wahrnehmung von Doppelfunktionen im vertikal integrierten Unternehmen (*Salje* EnWG § 8 Rn. 12). Dabei ist streitig, ob der Regelung ein **funktionaler Mitarbeiterbegriff** zugrunde liegt. Eine verbreitete Auffassung in der Literatur einschließlich der Vorauflagen legt diesen funktionalen Mitarbeiterbegriff zugrunde. Es kommt danach nicht auf die formale Zugehörigkeit zu einer Netzgesellschaft bzw. zu dem Netzbereich, also auf das Vorliegen arbeitsrechtlicher Verträge an, sondern auf die faktische Tätigkeit einer Person für den Netzbetreiber. Dies folgt aus der neutralen Formulierung der Vorschrift „tätig sind" (Theobald/Kühling/*Finke*, EnWG § 7a Rn. 6; *Koenig/Rasbach* et Special 2005, 29). Denkbar sind nach dieser Auffassung also neben einem Anstellungsverhältnis zur Netzgesellschaft auch eine Tätigkeit aufgrund einer Arbeitnehmerüberlassung oder auch eine solche ohne jeden formalen Anknüpfungspunkt (*Büdenbender/Rosin* Energierechtsreform I S. 141f.). Demgegenüber sind die Regulierungsbehörden der Auffassung, dass Letztentscheider aufgrund eines **Anstellungsvertrags der Netzgesellschaft** angehören müssen (Konkretisierung, S. 4f.). Im 3. Binnenmarktpaket wurde eine entsprechende Regelung durch Art. 19 Elt-RL 09 (heute Art. 48 Elt-RL 19) und Gas-RL 09 und jetzt durch § 10c Abs. 3 für den Bereich der Übertragungsnetzbetreiber bzw. der Fernleitungsnetzbetreiber angeordnet. Dies legt den Gegenschluss nahe, dass es ohne eine solche besondere Regelung keines Anstellungsvertrags mit der Netzgesellschaft bedarf.

6   Soweit sich aus § 7a Abs. 2 Nr. 1 keine zwingende Aufgabenwahrnehmung durch Personal des Netzbetreibers ergibt, ist das Unternehmen frei, unter Beachtung von § 7a Abs. 2 Nr. 2 und der sonstigen Bestimmungen, wie beispielsweise zur informationellen Entflechtung, Dienstleistungen von anderen Geschäftsbereichen des

Operationelle Entflechtung von Verteilernetzbetreibern **§ 7a**

vertikal integrierten Unternehmens oder von Dritten in Anspruch zu nehmen. Dabei sind die Erbringung von Dienstleistungen ausschließlich im Auftrag des Netzbereichs ebenso wie gemeinsame Dienste (**Shared Services,** dazu → Rn. 24 ff.) denkbar, die gleichzeitig verschiedenen Geschäftsbereichen des Unternehmens angeboten werden (BT-Drs. 15/3917, 53 f.).

I. Personen mit Leitungsaufgaben oder Personen mit der Befugnis zu Letztentscheidungen in wesentlichen Fragen des diskriminierungsfreien Netzbetriebs (Abs. 2 Nr. 1)

Nach § 7a Abs. 2 Nr. 1 müssen Personen, die mit Leitungsaufgaben für den 7
Netzbetreiber betraut sind oder die Befugnis zu Letztentscheidungen besitzen, die für **die Gewährleistung eines diskriminierungsfreien Netzzugangs** wesentlich sind, für die Ausübung dieser Tätigkeit einer betrieblichen Einrichtung des Netzbetreibers angehören *und* dürfen keine Angehörigen von betrieblichen Einrichtungen des vertikal integrierten EVU sein, die direkt oder indirekt zuständig für den laufenden Betrieb der Wettbewerbsbereiche sind. Diese Beschränkung auf ein Aufgabengebiet soll die Unabhängigkeit der für den Netzbetrieb verantwortlichen Leitungspersonen sichern. Diese sollen in ihrer Person keiner Interessenkollision ausgesetzt sein (BT-Drs. 15/3917, 53; Gemeinsame Auslegungsgrundsätze, S. 17).

1. Begriff des Leitungspersonals (Abs. 2 Nr. 1 Alt. 1). Unter die von § 7a 8
Abs. 2 Nr. 1 erfassten, mit Leitungsaufgaben betrauten Personen fallen solche Personen, die im Hinblick auf unternehmerische Verantwortung, Planung und operative Gestaltung Einfluss auf die Unternehmenspolitik haben (Begr., BT-Drs. 15/3917, 53 zur Vorgängervorschrift des § 8 EnWG 2005). Jedenfalls sind demnach die rechtlichen Vertreter des Netzbetriebs wie der **Geschäftsführer, der Vorstand oder der Prokurist** erfasst. Ferner können aber je nach individueller Ausgestaltung der funktionalen Kompetenzen im Netzbereich auch Personen unterhalb dieser obersten Führungsebene unter den Begriff des Leitungspersonals fallen wie etwa der **Abteilungsleiter oder andere leitende Angestellte,** wenn diese entscheidenden Einfluss auf Planung und operative Gestaltung des Netzbetriebs haben (so auch NK-EnWG/*Knauff* § 7a Rn. 4; Elspas/Graßmann/Rasbach/*Rasbach* EnWG § 7a Rn. 4; zurückhaltender BerlKommEnergieR/*Säcker/Schönborn* EnWG § 7a Rn. 15). Es kommt also immer auf die Aufgabenverteilung im konkreten Einzelfall an, wie sie zB in Unterschriften- und Vollmachtsregelungen oder in Unternehmensrichtlinien zum Ausdruck kommt oder der Unternehmenspraxis entspricht (BT-Drs. 15/3917, 53; Gemeinsame Auslegungsgrundsätze, S. 17; ein engeres Verständnis zur identischen Vorgängerregelung des § 8 EnWG 2005 geht allerdings aus dem Änderungsantrag der Fraktion der SPD und Bündnis 90/Die Grünen [Ausschuss für Wirtschaft und Arbeit, Ausschussdrucks. 15(9)1820, S. 16] hervor, woraufhin die Formulierung der 2. Alt. [Personen mit Letztentscheidungskompetenz] erst in § 8 Abs. 2 Nr. 1 aufgenommen wurde).

2. Personen mit Letztentscheidungskompetenz (Abs. 2 Nr. 1 Alt. 2). Fer- 9
ner sind Personen von der personellen Entflechtung betroffen, die die Befugnis zu Letztentscheidungen haben, die für die Gewährleistung eines diskriminierungsfreien Netzbetriebs wesentlich sind. Diese Personengruppe wird also über ihre **konkreten Entscheidungsbefugnisse im Tagesgeschäft** des Netzbetriebs be-

Hölscher

stimmt. Eine Letztentscheidung ist für den diskriminierungsfreien Netzbetrieb wesentlich, wenn sie in einem Tätigkeitsbereich mit Diskriminierungspotenzial anzusiedeln ist. Ein Diskriminierungspotenzial liegt vor, wenn der Tätigkeit ein erheblicher Gestaltungsspielraum und eine Einwirkungsmöglichkeit auf die Wettbewerbsinteressen zukommt wie beispielsweise in der Netzführung, der strategischen Netzplanung oder der Kapazitätszuteilung (Gemeinsame Auslegungsgrundsätze, S. 18; NK-EnWG/*Knauff* § 7a Rn. 5; Elspas/Graßmann/Rasbach/*Rasbach* EnWG § 7a Rn. 7; aA in Bezug auf strategische Netzplanung BerlKommEnergieR/*Säcker/Schönborn* EnWG § 7a Rn. 18). Als wesentlich für den Netzbetrieb und dessen Steuerung wurden im Gesetzesentwurf der Bundesregierung insbesondere die Bedarfs-, Einsatz- und gegebenenfalls Bauplanung der Kapazitäten, die Kapazitätsprüfung von Transport- und Speicheranfragen sowie die Optimierung des Netzes auf Grundlage der Nominierungen aller Netzkunden angesehen.

10   Nicht erfasst sind damit insbesondere **Tätigkeiten dienender Funktion** und in Bereichen, die keine erheblichen Gestaltungs- und Einwirkungsmöglichkeiten auf die Wettbewerbsinteressen des vertikal integrierten EVU bieten und damit in den Anwendungsbereich des folgenden § 7a Abs. 2 Nr. 2 fallen (BT-Drs. 15/3917, 53f. zu § 8 Abs. 2 Nr. 2 RegE EnWG 2005). Die „Vermarktung von Netzkapazitäten und die Steuerung des Netzes" sind auch in der Begründung der Ausschussdrucksache des Ausschusses für Wirtschaft und Arbeit, die letztlich Grundlage des § 8 Abs. 2 Nr. 1 EnWG 2005 war, aufgenommen worden (BT-Ausschussdrs. 15(9) 1820, 16).

11   Eine **wesentliche Letztentscheidung** liegt letztlich dann vor, wenn
– der Entscheider einen mit seiner Aufgabe verbundenen tatsächlichen Entscheidungsspielraum hat
– die Entscheidung vor ihrer Umsetzung in der Regel nicht mehr durch Vorgesetzte, insbesondere durch Leitungspersonal überprüft wird bzw. wegen kurzer Entscheidungsfristen nicht mehr überprüfbar ist
– die Entscheidung diskriminierende Auswirkungen auf das „Ob" und „Wie" des Netzzugangs für Dritte hat oder haben kann

12   Für die Beurteilung ist die Ausgestaltung der **Betriebsführung im konkreten Einzelfall** heranzuziehen (Gemeinsame Auslegungsgrundsätze, S. 18; vgl. näher *Otto* RdE 2005, 261 (262f.)). Eine Befugnis zur Letztentscheidung besitzt derjenige, der über den Zugang zum Netz entscheidet (§§ 20ff.) oder Netzentgelte im Einzelfall festsetzt, Entscheidungen über den Netzanschluss oder dessen Bedingungen trifft (§§ 17ff.) oder Verantwortung in Bezug auf den Betrieb von Energieversorgungsnetzen wahrzunehmen hat (§§ 11ff.) (BerlKommEnergieR/*Säcker/Schönborn* EnWG § 7a Rn. 18). Es geht letztlich insbesondere um Entscheidungen im betrieblichen Ablauf, nicht um die langfristige strategische Planung. Die bloße Vorbereitung von Letztentscheidungen gibt keine Befugnis iSd § 7a Abs. 2 Nr. 1 Alt. 2 (*Salje* EnWG § 8 Rn. 27).

13   Insgesamt werden sich die Personenkreise des § 7a Abs. 2 Nr. 1 häufig überschneiden, da Personen mit Leitungsaufgaben in der Regel auch für den diskriminierungsfreien Netzbetrieb wesentliche Letztentscheidungen treffen. Aber unter § 7a Abs. 2 Nr. 1 Alt. 2 fällt auch ein darüber hinausgehender Personenkreis (Gemeinsame Auslegungsgrundsätze, S. 18; zur Problematik des Verhältnisses der beiden Alternativen zueinander ausf. Danner/Theobald/*Eder*, 53. EL April 2006, EnWG § 8 Rn. 9ff.). In der Regel wird man davon ausgehen können, dass Letztentscheidungen regelmäßig von Personen mit Leitungsfunktion getroffen werden. Die wichtigste Ausnahme stellt das **Dispatching** dar, wo ganz kurzfristig Entschei-

dungen über Kapazitätsanforderungen getroffen werden müssen, die vor Umsetzung vom Leitungspersonal nicht überprüft werden können.

Die Regulierungsbehörden unterscheiden innerhalb der von den Netzbetreibern wahrzunehmenden Aufgaben sog. „**Diskriminierungsanfällige Netzbetreiberaufgaben** – DNA". Hierunter werden bestimmte Fragen der Grundsatzplanung, die Verantwortung für die Führung der Netzleitstelle sowie bestimmte Fragen der Bereiche Netzwirtschaft/Netznutzung/Rechnungswesen verstanden (Konkretisierung, S. 8 f.). 14

Soweit DNA in Rede stehen, sind die Regulierungsbehörden der Auffassung, dass diese Aufgaben nicht **an andere Stellen des integrierten Unternehmens ausgelagert** werden dürfen (Konkretisierung, S. 9 f.; dazu BerlKommEnergieR/ *Säcker/Schönborn* EnWG § 7a Rn. 62). Diese Auffassung ist mit der gesetzlichen Regelung nicht zu vereinbaren, da § 7a Abs. 2 Nr. 1 eine solche Einschränkung nur für Personen mit der Befugnis zu Letztentscheidungen anordnet. Daher ist es entgegen der Auffassung der Regulierungsbehörden zulässig, wenn die Aufstellung von Instandhaltungskonzepten an andere betriebliche Einrichtungen der integrierten Unternehmen übertragen werden, solange die Letztentscheidung Beschäftigten des Netzbetreibers obliegt. 15

Zu Recht gehen die Regulierungsbehörden davon aus, dass die von ihnen als DNA bezeichneten Aufgaben **an echte Dritte übertragen werden können,** mit denen der Netzbetreiber nicht verbunden ist. Die Letztentscheidung wird in solchen Fällen allerdings auch bei Beschäftigten der Netzgesellschaft liegen. 16

3. Angehörige einer betrieblichen Einrichtung. § 7a Abs. 2 Nr. 1 sieht vor, dass die genannten Personen für die Ausübung der beschriebenen Tätigkeiten einer **betrieblichen Einrichtung des Netzbetreibers** angehören müssen und keine Angehörigen von betrieblichen Einrichtungen des vertikal integrierten Unternehmens sein dürfen, die direkt oder indirekt für den laufenden Betrieb in den Wettbewerbsbereichen zuständig sind. 17

a) Betriebliche Einrichtung. Betriebliche Einrichtungen sind alle organisatorischen und/oder rechtsförmlichen Einheiten des Unternehmens oder der Betrieb als Ganzes. Der Wortlaut des Gesetzes ist insoweit missglückt. Als Einheiten des Unternehmens sind beispielsweise Unternehmensorgane, Leitungen von Filialen, Leitungen von Werken und Betrieben, Unternehmensabteilungen oder sonstige Organisationseinheiten, die energiewirtschaftliche Funktionen wahrnehmen, zu verstehen (*Salje* EnWG § 8 Rn. 21). 18

b) Angehörige. Ob eine Person Angehöriger einer betrieblichen Einrichtung der Netzgesellschaft oder des vertikal integrierten Unternehmens ist, hängt davon ab, ob ein **Anstellungs- oder Arbeitsvertrag** mit diesen besteht (*Büdenbender/ Rosin* Energierechtsreform I S. 148; Gemeinsame Auslegungsgrundsätze, S. 18; Hempel/Franke/*Schulte-Beckhausen* EnWG § 8 Rn. 17; Seel et 2006, 71 (73)). Teilweise wird nur eine **organisatorische Ansiedlung,** nicht aber ein arbeitsrechtlich formaler Anknüpfungspunkt verlangt, da gerade nicht der Begriff des Angestellten verwendet wird (Theobald/Kühling/*Finke* EnWG § 7a Rn. 6). Nur wenn man eine verpflichtende Anstellung bei der Netzgesellschaft fordert, kann eine stärkere Bindung an ihre Interessen herbeigeführt werden. Auch im Interesse der Rechtssicherheit ist ein Abstellen auf einen Anstellungsvertrag sinnvoll. Es ist aber zulässig, dass ein Geschäftsführer einer Netzgesellschaft einen Anstellungsvertrag mit der 19

Netzgesellschaft und zugleich mit der Muttergesellschaft hat, soweit ihm keine Zuständigkeiten für die Wettbewerbsbereiche zustehen.

20   c) **Direkte oder indirekte Zuständigkeit in den Wettbewerbsbereichen.** Das Leitungspersonal darf **ausschließlich** Verantwortung und Aufgaben im Geschäftsbereich **Netzbetrieb der Sektoren Elektrizität und Gas** übernehmen. Aufgaben aus benachbarten Bereichen dürfen nur jenseits der Sektoren Elektrizität und Gas wahrgenommen werden und dürfen keine Zuständigkeit für die Wettbewerbsbereiche in den Sektoren Elektrizität und Gas begründen. Der Begriff der Zuständigkeit ist auf die interne Zuständigkeitsregelung bezogen, bedeutet dabei nicht Vertretungsbefugnis nach außen. Dies zeigt sich insbesondere bei Prokuristen, deren Vertretungsmacht nur im Innenverhältnis beschränkbar ist, sodass sie nach außen unbeschränkte Vertretungsmacht haben. Dies gibt aber noch keine Auskunft über die inhaltliche Tätigkeit des Prokuristen (Danner/Theobald/*Eder,* 53. EL April 2006, EnWG § 8 Rn. 25) und bedeutet nicht etwa, dass eine Prokura bei der Muttergesellschaft ausgeschlossen wäre.

21   Eine Mitgliedschaft der Geschäftsführung des Netzbetreibers in **Leitungsgremien** vertikal integrierter Unternehmen scheidet demgegenüber wegen deren Zuständigkeit und Gesamtverantwortung für das Gesamtunternehmen unter Einbeziehung der Wettbewerbsbereiche aus. Die Gesamtverantwortung des Vorstands oder der Geschäftsführung eines vertikal integrierten Unternehmens bleibt im Rahmen der gesetzlichen Vorgaben erhalten (BT-Drs. 15/3917, 53 zur Vorgängervorschrift des § 8 EnWG 2005).

22   Eine Mitgliedschaft der Geschäftsführung des Netzbetreibers in **Aufsichtsgremien** (Aufsichtsrat, Beirat, Gesellschafterversammlung der GmbH) des vertikal integrierten Unternehmens ist dagegen in der Regel zulässig, auch wenn diese Gremien Aufsichtsfunktionen in den Bereichen Gewinnung, Erzeugung und Vertrieb wahrnehmen (NK-EnWG/*Knauff* § 7a Rn. 7). Etwas anderes gilt nur dann, wenn das Aufsichtsgremium in Entscheidungen zum laufenden Betrieb involviert ist (Hempel/Franke/*Schulte-Beckhausen* EnWG § 8 Rn. 20; Vermerk der GD Wettbewerb, B.4.2.1.).

23   Zulässig ist es dagegen, wenn **Leitungspersonen in den verschiedenen Sektoren** (Gas, Strom) im Netzbetrieb parallel tätig werden. Nur eine parallele Verantwortung in den verschiedenen Sektoren für die getrennten Bereiche Netzbetrieb und Gewinnung, Erzeugung und Vertrieb (also beispielsweise Gasvertrieb und Stromnetz) ist unzulässig.

24   Inwieweit der Geschäftsführer eines Netzunternehmens für eine **Holding-Gesellschaft** arbeiten kann, die nicht gleichzeitig mit der Erzeugung oder dem Vertrieb zu tun hat, da für diese Zweige ebenfalls rechtlich getrennte Unternehmen bestehen, ist je nach Einzelfall zu entscheiden. Voraussetzung wäre jedenfalls, dass die Holding-Gesellschaft keine Managemententscheidungen hinsichtlich des laufenden Betriebs der Netztochter oder Versorgungs-, Erzeugungs- bzw. Vertriebstochter trifft (Vermerk der GD Wettbewerb, B.4.2.1.; Hempel/Franke/*Schulte-Beckhausen* EnWG § 8 Rn. 22; NK-EnWG/*Knauff* § 7a Rn. 7).

II. Personen, die sonstige Tätigkeiten ausüben (Abs. 2 Nr. 2)

25   Die von § 7a Abs. 2 Nr. 2 vorgesehenen Anforderungen sind wesentlich geringer, da sie nur rein ausführende und dienende, also die iSv § 7a Abs. 2 Nr. 1 Alt. 2 für den diskriminierungsfreien Netzbetrieb nicht wesentlichen Tätigkeiten betref-

Operationelle Entflechtung von Verteilernetzbetreibern **§ 7 a**

fen (Gemeinsame Auslegungsgrundsätze, S. 18 f.), welche gerade nicht von § 7 a Abs. 2 Nr. 1 erfasst sind. § 7 a Abs. 2 Nr. 2 geht von dem Sachverhalt aus, dass Personen, die sonstige Tätigkeiten für den Netzbetreiber erbringen, auch an anderer Stelle im vertikal integrierten Unternehmen angestellt und mit anderen Aufgaben betraut werden können. Insofern gilt also keine strikte personelle Trennung, was insbesondere die sog. **„Shared Services"** ermöglicht (dazu → Rn. 27 ff.).

Nr. 2 sieht vor, dass die hier beschriebenen Personen im Hinblick auf Tätigkei- 26 ten im Netzbetrieb der **Weisungsbefugnis des Leitungspersonals des Geschäftsbereiches Netzbetrieb** in dem Sinne unterstellt sind, dass deren fachliche Weisungen zu Tätigkeiten des Netzbetriebs Vorrang vor anderen Vorgaben oder Weisungen genießen, der die betroffene Person im Rahmen ihrer Tätigkeit für andere Geschäftsbereiche folgt. Die Regelung gewährleistet, dass sich der Netzbetreiber nötige Befugnisse für Verhaltensvorgaben und Informations- und Kontrollrechte gegenüber den anderen Geschäftsbereichen des vertikal integrierten EVU sichert (BT-Drs. 15/3917, 53 f.).

III. Shared Services

Unter sog. „Shared Services" oder gemeinsamen Dienstleistungen versteht man 27 geschäftsbereichsübergreifende Leistungen, deren gemeinsame Erbringung nennenswerte Synergien mit sich bringt und daher aus betriebswirtschaftlichen Gründen sinnvoll ist. Als Beispiele werden in der Gesetzesbegründung der Bundesregierung etwa Serviceeinrichtungen zur Wartung von technischen Anlagen und Geräten, **IT-Dienste** oder **Rechtsberatung** genannt (BT-Drs. 15/3917, 54).

Soweit die Vorgaben des § 7 a Abs. 2 Nr. 1 und 2 nicht entgegenstehen, ist die 28 Einrichtung solcher „Shared Services" zulässig, soweit die Anforderungen an die Entflechtung (insbesondere §§ 6 a, 6 b) eingehalten werden. Der Regulierungsbehörde verbleibt ein Prüfungsrecht im Einzelfall (*Salje* EnWG § 8 Rn. 31). Die GD TREN stellt in ihrem Vermerk folgende **Zulässigkeitsbedingungen** auf:
– Quersubventionen, die an das Netzgeschäft gehen oder von diesem stammen, sind ausgeschlossen. Um dies zu gewährleisten, wird die Dienstleistung zu Marktbedingungen erbracht, die in einer vertraglichen Vereinbarung zwischen dem Unternehmen, das die gemeinsame Dienstleistung erbringt, und dem Unternehmen, das diese nutzt, festgelegt sind.
– Gemeinsame Dienstleistungen werden in der Regel außerhalb des Netzgeschäfts betrieben und verwaltet, dh von dem verbundenen Versorgungsunternehmen oder besser noch von einer Holding-Gesellschaft, es sei denn, das Netz ist der überwiegende Nutzer (Vermerk, B.4.2.2.).

Die Überprüfung dieser Zulässigkeitsbedingungen wird durch das Weisungsrecht der Netzgesellschaft in der nationalen Regelung des § 7 a Abs. 2 Nr. 2 vereinfacht, sofern es nicht gegen das Direktionsrecht des Arbeitgebers und die Privatautonomie des Arbeitnehmers verstößt.

Bei den Shared Services spielt vor allem die Nutzung gemeinsamer EDV und die 29 Beauftragung der Rechtsabteilung des Mutterunternehmens durch den Netzbetreiber eine besondere Rolle. Die gemeinsame **Nutzung von IT-Diensten** wirft vor allem Probleme des „Information Unbundling" auf. Auf sie wird in § 6 a eingegangen. Soweit die Maßgaben des § 6 a eingehalten werden, insbesondere Wettbewerbsbereiche keinen Zugriff auf Daten des Netzbetriebs haben, wirft die gemeinsame Nutzung von IT-Infrastruktur keine besonderen Probleme iRd § 7 a auf. Vielmehr würde es der Zielsetzung des EnWG, eine preiswerte Energieversorgung

Hölscher 217

§ 7a

sicherzustellen, zuwiderlaufen, wenn kostenintensive IT-Infrastrukturen nicht gemeinsam genutzt werden könnten.

30 Demgegenüber ist die Inanspruchnahme von Dienstleistungen einer **zentralen Rechtsabteilung** Gegenstand intensiver Diskussionen gewesen. Die bisher einzige Behördenentscheidung, die zum Unbundling – wenn auch nicht im Bereich der Energiewirtschaft, so doch für die Deutsche Bahn AG – ergangen ist, bezieht sich auf die Nutzung der Dienste der Konzernrechtsabteilung, die hinsichtlich Regulierungsfragen untersagt wurde (EBA Bescheid v. 24.11.2006). Die Entscheidung des EBA ist nach unterschiedlichen Entscheidungen der Vorinstanzen durch das BVerwG nur im Ergebnis bestätigt worden (Urt. v. 18.5.2010 – 3 C 21.09, BVerwGE 137, 58). Das BVerwG hat die Entscheidung des EBA auf § 9a Abs. 1 S. 2 Nr. 5 AEG gestützt. Hierbei hat es darauf abgestellt, dass nach dieser Vorschrift schon ein Einfluss auf Entscheidungen – und nicht erst die Entscheidung – untersagt ist. Auch die Vorbereitung einer Entscheidung durch die Rechtsabteilung vermittelt aber einen Einfluss. Insoweit weicht die Rechtslage aber von § 7a ab.

31 Gegen eine vollständige Übertragbarkeit der Entscheidung des BVerwG spricht schon das systematische Argument, dass ein Verbot der Nutzung einer zentralen Rechtsabteilung nur im neuen Modell des ITO vorgesehen ist (§ 10 Abs. 1 S. 2 Nr. 4). Hieraus kann im Gegenschluss gefolgert werden, dass bei den weniger strengen Entbündelungsvorschriften des bisherigen Rechts die Nutzung der zentralen Rechtabteilung nicht ausgeschlossen werden soll. Darüber hinaus ist § 9a AEG schon nach seinem Wortlaut strenger als § 7a Abs. 2. Im Unterschied zu § 9a AEG, der sämtliche Entscheidungen über Netzzugang und Entgelte dem Personal des Betreibers vorbehält, erstreckt sich der Vorbehalt des § 7a Abs. 2 nur auf **Personen mit Leitungsfunktionen oder Letztentscheidungsbefugnissen** (Elspas/Graßmann/Rasbach/*Rasbach* EnWG § 7a Rn. 10; BerlKommEnergieR/*Säcker/Schönborn* EnWG § 7a Rn. 63). Rechtsberatung mag auf die Entscheidungsfindung Einfluss nehmen. Deshalb erlangt der Berater aber noch keine Letztentscheidungsbefugnis, die für ihn die Inkompatibilität des § 7a Abs. 2 begründen würde. Die Nutzung zentraler Rechtsabteilungen bleibt im Energiebereich daher weiterhin grundsätzlich zulässig (zutreffend in Schneider/Theobald Energiewirtschafts-HdB/ *de Wyl/Finke* § 4 Rn. 174f.). Dies muss jedenfalls dann gelten, wenn die Netzgesellschaft frei ist, ob sie die Dienstleistungen der zentralen Rechtsabteilung in Anspruch nehmen oder lieber externe Berater oder eigenes Personal einsetzen will. Eine Bindung der Netzgesellschaft an die rechtliche Beurteilung der Konzernrechtsabteilung würde demgegenüber gegen § 7a Abs. 2 verstoßen.

32 Unproblematisch iRd § 7a ist es, wenn Dienste der zentralen Rechtsabteilung im wettbewerblich nicht relevanten Bereich betroffen sind. Dies betrifft insbesondere Dienstleistungen im Bereich des **Arbeitsrechts**, aber auch im **allgemeinen Vertragsrecht.** Hier hat die Einschaltung einer zentralen Rechtsabteilung keine weitergehende wettbewerbliche Relevanz als die Beauftragung einer externen Anwaltskanzlei.

D. Berufliche Handlungsunabhängigkeit der Netzbetriebsleitung (Abs. 3)

Neben der operationellen Entflechtung hat nach § 7a Abs. 3 das vertikal integrierte EVU zur Unterstützung der Handlungsunabhängigkeit des Leitungspersonals des Netzbetriebs geeignete Maßnahmen zur Sicherung der berufsbedingten Interessen dieses Personenkreises zu ergreifen (BT-Drs. 15/3917, 54). 33

I. Betroffener Personenkreis

§ 7a Abs. 3 spricht von Personen, die für die Leitung des Netzbetreibers zuständig sind. Hiermit sind trotz etwas abweichender Formulierung Personen iSv § 7a Abs. 2 Nr. 1 Alt. 1 gemeint, also die **jeweiligen Gesellschaftsorgane.** Dafür spricht auch die Formulierung in der Gesetzesbegründung „Leitungspersonal" (Elspas/Graßmann/Rasbach/*Rasbach* EnWG § 7a Rn. 11; NK-EnWG/*Knauff* § 7a Rn. 8; nach aA sollen wegen des differenten Wortlauts des § 7a Abs. 3 auch die Personen mit Letztentscheidungskompetenz nach § 7a Abs. 2 Nr. 1 Alt. 2 in den Adressatenkreis einbezogen werden, Hempel/Franke/*Schulte-Beckhausen* EnWG § 8 Rn. 34; BerlKommEnergieR/*Säcker/Schönborn* EnWG § 7a Rn. 33). 34

II. Ziel und notwendige Maßnahmen

Die Gewährleistung der beruflichen Unabhängigkeit bezweckt, dass das Leitungspersonal keine Nachteile erwarten muss, wenn es ausschließlich den Interessen der Netzgesellschaft nachkommt, und dass keine Anreize gesetzt werden, die das Verhalten nicht auf den Erfolg der Netzgesellschaft ausrichten (Gemeinsame Auslegungsgrundsätze, S. 19). Unter Maßnahmen im Sinne des vorliegenden Abschnitts, die die faktische oder rechtliche Handlungsunabhängigkeit des Leitungspersonals im Netzbetrieb gewährleisten sollen, sind insbesondere solche zu verstehen, die die **Unabhängigkeit des individuellen Verhaltens** des Leitungspersonals im Netzbetrieb und die Ausrichtung ihrer Tätigkeit an den Interessen des Netzbetriebs sicherstellen und somit die Gewährleistung eines diskriminierungsfreien Zugangs ermöglichen (*Büdenbender/Rosin* Energierechtsreform I S. 152; *Salje* EnWG § 8 Rn. 14). Die Gesetzesbegründung der Bundesregierung zur gleichlautenden Vorgängervorschrift des § 8 EnWG 2005 zählt zu diesen Maßnahmen solche, die verhindern, dass wesentliche Anteile der Bezahlung und Erfolgshonorierung von anderen als den Leistungen und Erfolgen im Netzgeschäft abhängen (BT-Drs. 15/3917, 54). Aus der Formulierung „wesentliche Anteile" folgt, dass die in Rede stehenden Vereinbarungen ein gewisses wirtschaftliches Gewicht haben müssen (Hempel/Franke/*Schulte-Beckhausen* EnWG § 8 Rn. 30). Insgesamt geht es um Fragen der Vertragslaufzeiten der Arbeitsverträge, welche nicht nachteilig von den anderweitig in übrigen Unternehmen üblichen abweichen dürfen, und der Vergütung, die sich bei Leistungsabhängigkeit am Erfolg der Netzgesellschaft auszurichten hat (Gemeinsame Auslegungsgrundsätze, S. 19). 35

Es dürfen keine Nachteile im **Kündigungsschutz** bestehen oder die Gefahr einer eventuellen Nichtverlängerung von Dienstverträgen der Leitungsorgane (*Salje* EnWG § 8 Rn. 14). Diese Gefahr besteht insbesondere im Hinblick auf das Widerrufsrecht der Bestellung des Geschäftsführers einer GmbH (§ 38 Abs. 1 GmbHG). Daher ist eine teleologische Reduktion geboten in dem Sinne, dass den Vorgaben 36 des operationellen Unbundling entsprochen wird. Es wird vorgeschlagen, § 38 Abs. 1 GmbHG auf den Inhalt des § 84 Abs. 3 AktG zu beschränken (*Beisheim* ew 2003, 22 (25); Hempel/Franke/*Schulte-Beckhausen* EnWG § 8 Rn. 32). Ferner darf im Anstellungsvertrag auch kein Passus enthalten sein, durch den der Geschäftsführer gerade aufgrund seiner Verfolgung der Interessen des Netzbetriebs **Sanktionen** ausgesetzt wird (Theobald/Kühling/*Finke* EnWG § 7 a Rn. 41).

37 Nach Auffassung der GD TREN darf ein Leitungsmitarbeiter der Netzgesellschaft keine **Aktien** am verbundenen Versorgungs-, Erzeugungs- bzw. Holdingunternehmen halten. Denn sonst habe er ein unmittelbar finanzielles Interesse an der Leistung des verbundenen Versorgungszweiges und er wäre nicht mehr in der Lage „unabhängig zu handeln" (Vermerk, B.4.2.1.; krit. zu Recht *Salje* EnWG § 8 Rn. 39; ausf. zu der Thematik *Otto* RdE 2005, 261 (264)). Gegen die Auffassung der GD TREN spricht schon, dass die Leitungsmitarbeiter der Netzgesellschaft bei einer solchen Regelung gegenüber den Mitarbeitern der sonstigen Bereiche benachteiligt werden. Sie könnten nämlich bei Modellen der Mitarbeiterbeteiligung der Muttergesellschaft nicht berücksichtigt werden. Gegen die Annahme der GD TREN spricht auch, dass eine entsprechende Regelung in § 10c Abs. 4 lediglich für den ITO besteht.

E. Unabhängige Entscheidungsgewalt (Abs. 4)

38 § 7 a Abs. 4 S. 1 verpflichtet vertikal integrierte Unternehmen, den jeweiligen Netzbetreibern tatsächliche Entscheidungsbefugnisse zur Nutzung des Netzanlagevermögens für den **Betrieb, die Wartung und den Ausbau des Netzes zuzuweisen** und die Möglichkeit der Ausübung dieser Befugnisse im Rahmen der Bestimmungen des EnWG unabhängig von der Leitung und den anderen betrieblichen Einrichtungen des vertikal integrierten Unternehmens zu gewährleisten. Es geht hier um den Fall, dass die für den Netzbetrieb erforderlichen Vermögenswerte nicht in die Netzgesellschaft eingebracht worden sind, sondern in anderen Bereichen des Konzerns verblieben sind. Relevanz beansprucht § 7 a Abs. 4 daher für die sog. „schlanken Netzgesellschaften", die in einen Konzern eingebunden und damit Teil eines vertikal integrierten Unternehmens sind; denn in den Fällen, in denen der Netzbetreiber Eigentümer der Vermögenswerte ist, hat er ohnehin die rechtliche und tatsächliche Entscheidungsgewalt über sie (Hempel/Franke/*Schulte-Beckhausen* EnWG § 8 Rn. 38, 45). § 7 a Abs. 4 findet auf noch nicht rechtlich entflochtene Verteilnetzbetreiber wegen seines Bezugs auf Beziehungen eines Mutterunternehmens zu einem Tochterunternehmen nur analoge Anwendung (Vermerk der GD TREN, B.4.3.4.).

39 Die Unabhängigkeit der Entscheidungsbefugnisse gegenüber der Leitung des integrierten Unternehmens und anderen betrieblichen Einrichtungen bezieht sich im Wesentlichen auf die Ausübung und **Ausgestaltung des laufenden Netzbetriebs und der Wartung.** Weisungen aus dem vertikal integrierten Unternehmen sind insoweit unzulässig. Dies gilt auch für die Ausführung von Netzausbaumaßnahmen, solange sich die Netzbetriebsgesellschaft dabei an den Rahmen eines vom vertikal integrierten Unternehmen genehmigten Finanzplans oder vergleichbarer Vorgaben hält (BT-Drs. 15/3917, 54).

I. Tatsächliche Entscheidungsunabhängigkeit (Abs. 4 S. 1)

Die tatsächlichen Entscheidungsbefugnisse bedingen zum einen **rechtliche** 40
Entscheidungsmöglichkeiten des Netzbetreibers bezüglich des Netzes, wenn nicht durch Eigentumsübertragung, dann durch vertragliche Ausgestaltung. Zum anderen bedarf es für die tatsächliche Unabhängigkeit auch einer gewissen **wirtschaftlichen Unabhängigkeit** des Netzbetreibers, damit dieser die ihm gewährten Rechte auch realisieren kann (Gemeinsame Auslegungsgrundsätze, S. 19).

1. Vermögenswerte. Die tatsächliche Entscheidungsunabhängigkeit bezieht 41
sich auf die Vermögenswerte, die für den Betrieb, die Wartung und den Ausbau des Netzes erforderlich sind. Entscheidungsunabhängigkeit setzt hierbei keineswegs Eigentum voraus, sondern kann auch im Rahmen von Pachtverhältnissen bestehen. Die **Vermögenswerte** müssen sich auf den **Betrieb, die Wartung und den Ausbau** des Netzes beziehen (BerlKommEnergieR/*Säcker*/*Schönborn* EnWG § 7a Rn. 56; Elspas/Graßmann/Rasbach/*Rasbach* EnWG § 7a Rn. 13). Der Begriff des Betriebs von Energieversorgungsnetzen ergibt sich aus § 11 und dem weiteren Teil 3 des EnWG. Hieraus folgt, dass die in § 7a Abs. 4 S. 1 gesondert aufgeführte Wartung und der Ausbau des Netzes bereits unter den Betrieb des Netzes fallen.

Mit Blick auf den 3. Teil des EnWG ist von einer weiten Auslegung der unter § 7a 42
Abs. 4 S. 1 fallenden **Vermögenswerte** auszugehen. Neben dem eigentlichen Betrieb (Wahrung der Sicherheit, Vorhaltung der erforderlichen Kapazität, Störungsbeseitigung etc) fallen hierunter auch Gegenstände, die im **Zusammenhang** mit Themen des **Netzanschlusses** und des **Netzzugangs** stehen, denn gerade die Einflussnahme auf diese Bereiche birgt ein hohes Diskriminierungspotenzial (Hempel/Franke/*Schulte-Beckhausen* EnWG § 8 Rn. 41). Unter die erforderlichen Vermögenswerte werden auch Wegenutzungsverträge gefasst (Hempel/Franke/*Schulte-Beckhausen* EnWG § 8 Rn. 42).

Hat der Netzbetreiber finanzielle Mittel zur Ausübung seiner Entscheidungs- 43
unabhängigkeit in den genannten Bereichen nicht zur Verfügung und erwirbt er sie auch nicht im laufenden Geschäftsjahr, so hat das vertikal integrierte Unternehmen die erforderlichen Vermögenswerte entweder selbst zur Verfügung zu stellen oder eine Fremdkapitalaufnahme zu Marktbedingungen zu ermöglichen. Zur Wahrung des Unabhängigkeitspostulats müssen insbesondere **Kredite der Muttergesellschaft** marktgerecht sein (*Salje* EnWG § 8 Rn. 46; NK-EnWG/*Knauff* § 7a Rn. 13).

2. Sicherstellung der tatsächlichen Entscheidungsbefugnisse. Zur Si- 44
cherstellung der tatsächlichen Entscheidungsbefugnisse ist keine Übertragung des Eigentums am Netz auf den Netzbetreiber erforderlich, sondern es reicht auch eine vertragliche Überlassung der relevanten Vermögenswerte im Wege des **Pachtvertrags**, sofern so die Vorgaben des § 7a Abs. 4 eingehalten werden. § 7a Abs. 4 S. 1 gilt also auch (oder gerade) für den Fall, dass das Mutterunternehmen weiterhin Eigentümer der Vermögenswerte ist (Vermerk der GD TREN, B.4.3.2.; mit Bsp. *Salje* EnWG § 8 Rn. 47). In diesem Fall ist dann im Wege einer vertraglichen Vereinbarung die Absicherung der in Rede stehenden Kompetenzen erforderlich (zustimmend NK-EnWG/*Knauff* § 7a Rn. 12). Ist das Mutterunternehmen in die Umsetzung der Entscheidungen des Netzunternehmens involviert, bedarf es der Festlegung, dass die Muttergesellschaft lediglich ausführend tätig wird (Vermerk der GD TREN, B.4.3.2.; Hempel/Franke/*Schulte-Beckhausen* EnWG § 8 Rn. 45). Eine Delegationsbefugnis der Entscheidungsbefugnisse des Netzbetriebs an das ver-

tikal integrierte EVU besteht nicht (Hempel/Franke/*Schulte-Beckhausen* EnWG § 8 Rn. 46).

II. Mindestausstattung des Verteilnetzbetreibers (Abs. 4 S. 2)

45 Die Regelung in S. 2, dass das vertikal integrierte EVU sicherzustellen hat, dass der Verteilnetzbetreiber über die erforderliche Ausstattung in materieller, personeller, technischer und finanzieller Hinsicht verfügt, um tatsächlich Entscheidungsbefugnisse nach S. 1 effektiv ausüben zu können, dient der **Umsetzung von Art. 35 Abs. 2 lit. c S. 2 Elt-RL 19 bzw. Art. 26 Abs. 2 lit. c S. 2 Gas-RL 09.** In der Begründung zum Gesetzentwurf ist dazu ausgeführt, dass vertikal integrierte Unternehmen verpflichtet sind, zu gewährleisten, dass Verteilnetzbetreiber über die erforderliche Ausstattung verfügen, die es ihnen ermöglicht, die eingeräumten Entscheidungsbefugnisse auch effektiv ausüben zu können. Dies bedeute, dass die Netzgesellschaften grundsätzlich eine gewisse Größe haben müssten, die ihnen dies – abhängig vom Umfang des jeweiligen Netzbetriebs – ermöglicht (BT-Drs. 17/6072, 57).

46 Weder die Richtlinien noch das Gesetz noch die Begründung zum Regierungsentwurf lassen sich für die gesetzgeberische Entscheidung zur **„Großen Netzgesellschaft"** in Anspruch nehmen. Der Verteilnetzbetreiber bedarf der personalen Ausstattung, die notwendig ist, dass er seine Entscheidungsbefugnisse entsprechend der Regelung des § 7 a wahrnehmen kann. **Über § 7 a Abs. 2 hinausgehende Vorgaben wird man hieraus nicht ableiten können.** Personen, die keine Letztentscheidungsbefugnis haben, können weiterhin nach § 7 a Abs. 2 Nr. 2 lediglich den fachlichen Weisungen der Leitung des Verteilnetzbetreibers unterstehen. Bei diesen Personen muss es sich nicht um eigenes Personal des Verteilnetzbetreibers handeln (auch → § 7 Rn. 9).

III. Einsatz gesellschaftsrechtlicher Instrumente (Abs. 4 S. 3)

47 Von § 7 a Abs. 4 wird keine vollständige Autonomie des Netzbetriebs gefordert, wie § 7 a Abs. 4 S. 3 zeigt. Dieser schränkt den Anwendungsbereich des § 7 a Abs. 4 S. 1 ein. Soweit es zur Wahrnehmung der berechtigten wirtschaftlichen Interessen des vertikal integrierten Unternehmens an der **rentablen Geschäftsführung** des Netzbetriebs erforderlich ist und nicht zu einer Einschränkung der Unabhängigkeit des Netzbetriebs zu diskriminierenden Zwecken dient, ist die Ausübung **gesellschaftsrechtlicher Leitungs- und Aufsichtsrechte zulässig.** Die in § 7 a Abs. 4 S. 3 genannten zulässigen Steuerungsinstrumente der Muttergesellschaft sind nicht abschließend (näher hierzu bei BerlKommEnergieR/*Säcker/Schönborn* EnWG § 7 a Rn. 66). § 7 a Abs. 4 S. 3 nennt die Weisung, die Festlegung einer allgemeinen Verschuldensobergrenze, die Prüfung und Genehmigung jährlicher Finanzpläne sowie gleichwertige gesellschaftsrechtliche Instrumente der Einflussnahme und Kontrolle. Weisungen können generell oder für den Einzelfall durch allgemeine Verhaltensregeln, durch Geschäftspläne, eine Geschäftsordnung, durch Genehmigungsvorbehalte oder vergleichbare Maßnahmen getroffen werden (Hempel/Franke/*Schulte-Beckhausen* EnWG § 8 Rn. 51; zurückhaltend BerlKommEnergieR/*Säcker/Schönborn* EnWG § 7 a Rn. 69).

48 Die Festlegung der **Verschuldensobergrenze** betrifft die Steuerung der Finanzplanung des Unternehmens, welche die Beschaffung von Eigenkapital und Fremdkapital umfasst. Durch sie kann die Fremdmittelaufnahme begrenzt werden,

Operationelle Entflechtung von Verteilernetzbetreibern § 7 a

solange die finanzielle Handlungsfähigkeit der Netzgesellschaft nicht unverhältnismäßig eingeschränkt wird (BerlKommEnergieR/*Säcker/Schönborn* EnWG § 7 a Rn. 70 f.). Die Genehmigung der Finanzpläne durch die Muttergesellschaft bezieht sich ausdrücklich nur auf die „jährlichen". Kürzere Intervalle würden zu stark in die Eigenständigkeit der Netzgesellschaft eingreifen. Die „gleichwertigen Instrumente" betreffen insbesondere den Bereich der Investitionspolitik und reichen über die Einrichtung von Investitionsbudgets, die **Mitwirkung in Investitionsausschüssen** bis hin zu **Genehmigungsvorbehalten** für Investitionen ab einer gewissen Summe (Hempel/Franke/*Schulte-Beckhausen* EnWG § 8 Rn. 56 ff.).

Ein **berechtigtes Interesse** des vertikal integrierten EVU an der rentablen Geschäftsführung des Netzbetriebs kann ausgeschlossen werden, wenn ein Gesetzesverstoß ua gegen energierechtliche Vorgaben gegeben ist, wie sich bereits dem Wort „berechtigt" entnehmen lässt. Berechtigte Interessen sind aber vor allem Interessen wirtschaftlicher Art. Wie erheblich der wirtschaftliche Nachteil bei Vernachlässigung des Interesses wäre, ist nicht maßgebend. Es reicht bereits die Vermeidung geringer Nachteile aus, um ein berechtigtes Interesse zu begründen (Gemeinsame Auslegungsgrundsätze, S. 20; Bsp. bei Elspas/Graßmann/Rasbach/*Rasbach* EnWG § 7 a Rn. 16). 49

Erforderlichkeit ist nur dann anzunehmen, wenn kein gleichermaßen geeignetes, milderes Mittel zur Verfügung steht, das die Unabhängigkeit des Netzbetreibers weniger einschränkt (Gemeinsame Auslegungsgrundsätze, S. 20). Durch § 8 Abs. 4 S. 4 wird deutlich, dass bei der Verwendung der dem vertikal integrierten EVU durch § 8 Abs. 4 S. 3 zugestandenen Rechte die Vorgaben der §§ 11–16 a (Aufgaben der Netzbetreiber) einzuhalten sind, und schränkt damit die Befugnisse des § 7 a Abs. 4 S. 3 wiederum ein; die sich aus §§ 11–16 a für den Netzbetreiber ergebenden Aufgaben und Pflichten dürfen durch die Ausübung der Rechte des vertikal integrierten Unternehmens nicht betroffen sein (§ 11 Abs. 1 S. 3) (Gemeinsame Auslegungsgrundsätze, S. 20; Elspas/Graßmann/Rasbach/*Rasbach* EnWG § 7 a Rn. 16). 50

IV. Weisungsverbot

§ 7 a Abs. 4 S. 5 stellt klar, dass sich das Unternehmen die Befugnisse aus § 8 Abs. 4 S. 2 nicht in der Weise zunutze machen darf, welche die Entscheidungsautonomie des Netzbetreibers aus § 8 Abs. 4 S. 1 umgeht oder faktisch unmöglich macht. Insofern besteht ein Weisungsverbot. Die **in § 7 a Abs. 4 S. 5 aufgeführten Weisungen** sind entgegen § 7 a Abs. 4 S. 3 daher immer unzulässig (Gemeinsame Auslegungsgrundsätze, S. 20). Unter den laufenden Netzbetrieb fallen keine Geschäftsvorfälle, Geschäftsprozesse oder Entscheidungen, die nicht zum üblichen Netzbetrieb gehören oder von erheblicher Bedeutung sind (NK-EnWG/*Knauff* § 7 a Rn. 18). Anhaltspunkt hierfür kann der Geldwert des jeweiligen Geschäfts sein (Hempel/Franke/*Schulte-Beckhausen* EnWG § 8 Rn. 52). 51

Weisungen im Hinblick auf **Einzelentscheidungen zu baulichen Maßnahmen** an Energieanlagen (§ 3 Nr. 15) berühren die nach § 7 a Abs. 4 S. 1 erforderlichen Vermögenswerte und werden durch § 7 a Abs. 4 S. 5 erneut ausdrücklich ausgeschlossen, soweit sich die Entscheidungen im Rahmen des Finanzplans oder des gleichwertigen Instruments halten, wobei allerdings die Grenzen eines zulässigerweise aufgestellten Finanz- oder Investitionsplans auch durch Einzelweisungen überprüft, kontrolliert und beeinflusst werden dürfen (Theobald/Kühling/*Finke* EnWG § 7 a Rn. 65). Das Verbot der Weisungen bezüglich baulicher Maßnahmen 52

§ 7 a

ist dabei in zweierlei Weise eingeschränkt. Zunächst müssen sich die weisungsfrei gestellten Entscheidungen im Rahmen des genehmigten Finanzplans halten. Dieser kann aber für herausragende Einzelvorhaben Genehmigungsvorbehalte enthalten. Zudem ist das Weisungsverbot auf einzelne Entscheidungen beschränkt. Daher sind auch über den Finanzplan hinausgehende Festlegungen durch Weisung zulässig, etwa die Weisung, eine Gruppe von Investitionsvorhaben einer anderen Gruppe vorzuziehen.

53 Bei Verstoß gegen das Weisungsverbot des § 7 a Abs. 4 S. 5 ist die Weisung **unwirksam gem. § 134 BGB** direkt oder analog, wenn es sich nicht um eine in die Form eines Rechtsgeschäfts gekleidete Weisung handelt (*Salje* EnWG § 8 Rn. 52; *Lieder/Ziemann* RdE 2006, 217 (221); BerlKommEnergieR/*Säcker/Schönborn* EnWG § 7 a Rn. 72). Dies erlangt insbesondere Relevanz in dem Fall, dass die Rechtsform einer GmbH gewählt wurde, was bei Verteilnetzbetreibern regelmäßig der Fall ist, und das nach § 37 GmbHG bestehende Weisungsrecht der Gesellschafter gegenüber der Geschäftsführung gegen § 7 a Abs. 4 S. 1, 5 verstößt (zu dieser Thematik Klees/Langerfeldt/*Klees/Spreckelmeyer* Entflechtung S. 45, 48 ff.; s. zur AG BerlKommEnergieR/*Säcker/Schönborn* EnWG § 7 a Rn. 74 Fn. 212:). Vorsorglich sollte daher das Weisungsrecht der Gesellschafter bereits in der Satzung so beschränkt werden, dass es nicht gegen § 7 a Abs. 4 verstößt. Die Regulierungsbehörden sind der Auffassung, dass eine **vertragliche Beschränkung des Weisungsrechts** und des Ausschlusses des operativen Weisungsrechts gegenüber den Geschäftsführern einer GmbH notwendig ist (Konkretisierung, S. 11). Ohne eine Absicherung des GmbH-Geschäftsführers gegen Weisungen der Gesellschafterversammlung würde es aber auch bereits an der Handlungsunabhängigkeit (§ 7 a Abs. 3) der Netzbetreiber-Unternehmensleitung fehlen (*Salje* EnWG § 8 Rn. 17). Im Anwendungsbereich der Entflechtungsregelungen kann es daher nur bei den hier ausdrücklich genannten Einflussnahmemöglichkeiten bleiben.

F. Gleichbehandlungsprogramm, Gleichbehandlungsbeauftragter, Gleichbehandlungsbericht (Abs. 5)

I. Gleichbehandlungsprogramm

54 Nach § 8 Abs. 5 S. 1 werden vertikal integrierte Unternehmen verpflichtet, für die mit Tätigkeiten des Netzbetriebs befassten Personen des Unternehmens ein verbindliches **Maßnahmenprogramm zur Gewährleistung diskriminierungsfreier Ausübung des Netzbetriebs** (sog. Gleichbehandlungsprogramm) festzulegen und den Mitarbeitern dieses Unternehmens und der Regulierungsbehörde bekannt zu machen.

55 **1. Adressat der Verpflichtung zur Aufstellung.** Adressat ist nach dem Wortlaut **das gesamte vertikal integrierte Unternehmen** nach § 3 Nr. 38 (Schneider/Theobald Energiewirtschafts-HdB/*de Wyl/Finke* § 4 Rn. 143; Elspas/Graßmann/Rasbach/*Rasbach* EnWG § 7 a Rn. 26 Fn. 52; *Bourwieg/Horstmann* et 5/2006, 72; *Salje* EnWG § 8 Rn. 55, der aber hier von einem Redaktionsversehen des deutschen Gesetzgebers ausgeht, da nach europäischen Vorgaben nur die Netzbetreiber zur Aufstellung aufgefordert werden; nach *Koenig/Rasbach/Stelzner* et Special 2005, 29 soll auch im deutschen Recht nur das über eine Netzgesellschaft Kontrollfunktionen ausübende Mutterunternehmen, nicht die Netzgesellschaft selbst verpflichtet werden).

Entgegen dem zu weit geratenen Wortlaut sind Adressaten der Verpflichtung zur Aufstellung eines Gleichbehandlungsprogramms und zur Bestellung eines Gleichbehandlungsbeauftragten **ausschließlich die Netzbetreiber** (BerlKommEnergieR/*Säcker/Schönborn* EnWG §7a Rn. 79). Ein Festhalten am Wortlaut des §7a Abs. 5 S. 1 würde dazu führen, dass das Mutterunternehmen, dem ua auch die wettbewerblichen Bereiche angehören, zur Aufstellung und Durchsetzung des Gleichbehandlungsprogramms verpflichtet wäre. Auch der Gleichbehandlungsbeauftragte würde dann von der Konzernmutter bestimmt und müsste Befugnisse haben, in die Netzgesellschaft „hineinzuregieren". Dies widerspricht aber gerade dem Grundprinzip der operationellen Entflechtung.

Zudem würde eine Adressatenstellung des integrierten Unternehmens kein Mehr an operationeller Entflechtung bringen. Adressat der Gleichbehandlungsverpflichtung ist ausschließlich der Netzbetreiber. Sie bezieht sich gerade nicht auf die **wettbewerblichen Bereiche.** Daher sind für die wettbewerblichen Bereiche auch **keine Gleichbehandlungsprogramme** aufzustellen und kein Gleichbehandlungsbeauftragter zu bestellen. Nach Sinn und Zweck der Regelung in §7a Abs. 5 bedarf es daher einer teleologischen Korrektur des in den Sinnzusammenhang des §7a nicht passenden Wortlauts. Die Verpflichtung zur Aufstellung eines Gleichbehandlungsprogramms und zur Bestellung eines Gleichbehandlungsbeauftragten richtet sich – ausschließlich – an die Netzbetreiber.

2. Zielsetzung. Im Interesse der erforderlichen Klarheit und Verbindlichkeit sieht das Gesetz zwingend die ausdrückliche Festlegung der Pflichten der Mitarbeiter und Sanktionsmöglichkeiten in diesem Programm vor (§7a Abs. 5 S. 2) (BT-Drs. 15/3917, 54). Bei §7a Abs. 5 S. 2 geht es primär darum, dass die Mitarbeiter das Programm verstehen und ihnen **praktische Hinweise** an die Hand gegeben werden, was die Entflechtungsregelungen für ihre tägliche Arbeit im Netzbetrieb bedeuten. Das Gleichbehandlungsprogramm soll also den Prozess des Mentalitätswandels und der Unternehmenskultur zu einem unabhängigen Netzbetreiber unterstützen (BerlKommEnergieR/*Säcker/Schönborn* EnWG §7a Rn. 79). Denn es kann nicht davon ausgegangen werden, dass mit Inkrafttreten der Entflechtungsregelungen die betriebliche Wirklichkeit bereits den gesetzlichen Zielvorstellungen entspricht. Diese Zielsetzung ist bei der Aufstellung des Gleichbehandlungsprogramms zu berücksichtigen. Ferner soll sie als Leitlinie bei der Betrachtung durch die Regulierungsbehörden dienen, denen das Gleichbehandlungsprogramm bekannt zu machen ist (Gemeinsame Auslegungsgrundsätze, S. 20).

3. Form, Bekanntmachung und Durchsetzung. Das Gleichbehandlungsprogramm sollte von der Geschäftsleitung des Netzbetreibers unterschrieben sein und in geeigneter Form allen Mitarbeitern zugänglich gemacht werden. Die Rechtsform des Gleichbehandlungsprogramms wird in §7a nicht vorgeschrieben, genauso wenig eine bestimmte Form der Bekanntmachung. Nach den Gemeinsamen Auslegungsgrundsätzen wird aber vorgeschlagen, die Maßnahmen des Gleichbehandlungsprogramms als **Dienstanweisungen** auszugestalten, deren Empfang oder Kenntnisnahme jeder betroffene Mitarbeiter schriftlich bestätigt. Ferner ist es sinnvoll, dass sie über das Gleichbehandlungsprogramm geschult werden, um zu verhindern, dass die Verpflichtung der Mitarbeiter zur Einhaltung des Gleichbehandlungsprogramms eine lähmende und den Geschäftsbetrieb behindernde Wirkung entfaltet (Gemeinsame Auslegungsgrundsätze, S. 21; *Stolzenburg* IR 2005, 26 (29);

§ 7a Teil 2. Entflechtung

BerlKommEnergieR/*Säcker*/*Schönborn* EnWG § 7a Rn. 84; weitere Vorschläge zur Bekanntmachung bei NK-EnWG/*Knauff* § 7a Rn. 23 und zur Durchsetzung des Gleichbehandlungsprogramms in dem Vermerk der GD TREN, B.4.4.2.). Dies ist ferner deshalb naheliegend, weil es sich hier um eine spezialgesetzliche Ausformung des Direktionsrechts des Arbeitgebers handelt.

60   **4. Inhalt.** Das Programm muss Festlegungen von konkreten Maßnahmen (§ 7a Abs. 5 S. 1), Pflichten und Sanktionen (§ 7a Abs. 5 S. 2) für die mit Tätigkeiten des Netzbetriebs befassten Mitarbeiter enthalten.

61   **a) Mit Tätigkeiten des Netzbetriebs befasste Mitarbeiter.** Auch im Rahmen von § 7a Abs. 5 gilt wiederum der funktionale Mitarbeiterbegriff (→ Rn. 5) (Elspas/Graßmann/Rasbach/*Rasbach* EnWG § 7a Rn. 28). Unter die Tätigkeiten des Netzbetriebs fallen alle in Teil 3 Abschnitt 1–3 benannten Bereiche, nicht dagegen rein verwaltende oder dienende Tätigkeiten. Das Gleichbehandlungsprogramm gilt nur für mit **Tätigkeiten des Netzbetriebs befasste Mitarbeiter**, also nicht für alle (näher *Stolzenburg* IR 2006, 26 (28)). Erfasst werden aber auch Mitarbeiter, die im Bereich der **Shared Services** tätig sind.

62   **b) Festlegungen der konkreten Maßnahmen.** Die Gemeinsamen Auslegungsgrundsätze der Regulierungsbehörden fordern zumindest eine Darstellung der Unternehmensstruktur und eines aktuellen Organigramms des gesamten vertikal integrierten Unternehmens nach der Entflechtung. Betreffend die einzelnen Pflichten und Verhaltensregeln der Mitarbeiter werden bestimmte Inhalte für das Gleichbehandlungsprogramm umrissen, wie das Verhalten der Mitarbeiter im Kundenkontakt, das Unterlassen von Empfehlungen möglicher Versorger, die Festlegung vertraulicher Informationen und ihrer Behandlung (näher § 6a) sowie die Festlegung von Sanktionen bei Verstößen (dazu sogleich → Rn. 61) und die Reglementierung im **Zugang zu Räumlichkeiten,** sensiblen Bereichen oder EDV-Systemen des Netzbetreibers (ausf. in den Gemeinsamen Auslegungsgrundsätzen, S. 21, und auch schon die Interpreting Notes, B.4.4.1.; *Salje* EnWG § 8 Rn. 56; Hempel/Franke/*Schulte-Beckhausen* EnWG § 8 Rn. 68 ff.; BerlKommEnergieR/ *Säcker*/*Schönborn* EnWG § 7a Rn. 82; *Bourwieg*/*Horstmann* et 2006, 72 f.).

63   Hinsichtlich des Detaillierungsgrads der im Gleichbehandlungsprogramm festgelegten Maßnahmen muss das Gleichgewicht gefunden werden zwischen der regulatorisch gebotenen Genauigkeit und der für den Betriebsablauf und die Erfassung unterschiedlichster Sachverhalte erforderlichen Abstraktheit. Die Anforderungen an den **Detaillierungsgrad** dürfen daher nicht zu hoch sein. Wesentlich ist, dass die Grundzüge eines diskriminierungsfreien Bearbeitens der Geschäftsprozesse deutlich werden.

64   **c) Mögliche Sanktionen bei Nichtbeachtung.** Nach § 7a Abs. 5 S. 2 sind mögliche Sanktionen im Gleichbehandlungsprogramm festzulegen (hierzu näher *Theobald* IR 2004, 218 (219)). Mit den Sanktionen sind arbeitsrechtliche Konsequenzen bei Verstößen gegen das Gleichbehandlungsprogramm gemeint (Gemeinsame Auslegungsgrundsätze, S. 20 f.; *Stolzenburg* IR 2006, 26 (19)). Ein **näheres Eingehen** auf konkrete Sanktionen ist im Gleichbehandlungsprogramm **nicht erforderlich** (BerlKommEnergieR/*Säcker*/*Schönborn* EnWG § 7a Rn. 86; NK-EnWG/*Knauff* § 7a Rn. 27 fordert hinreichend klare Bestimmung). Der Detaillierungsgrad ist insofern deutlich niedriger als bei den Verhaltenspflichten (Theobald/ Kühling/*Finke* EnWG § 7a Rn. 78).

II. Gleichbehandlungsbeauftragter

1. Aufgaben und Funktionen. Die Einhaltung des Gleichbehandlungsprogramms ist nach § 7a Abs. 5 S. 1 aE durch eine Person oder Stelle überwachen zu lassen. In der Regel wird ein Gleichbehandlungsbeauftragter ernannt. Ferner hat diese Person oder Stelle den jährlichen Bericht nach § 7a Abs. 5 S. 3 zu erstellen (Gleichbehandlungsbericht). Der Gleichbehandlungsbeauftragte ist durch die Regelungen des Gleichbehandlungsprogramms zu installieren und seine Rechte und Aufgaben sind dort zu beschreiben. Zur Überwachung sind beispielsweise organisatorische und verfahrensmäßige Vorgaben und Verhaltenskontrollen denkbar (BT-Drs. 15/3917, 54). Der Gleichbehandlungsbeauftragte hat folglich das **Recht zu regelmäßigen Kontrollen** (Stichproben) der Einhaltung der Prozesse und Vorgaben des Gleichbehandlungsprogramms, zur Einsichtnahme in die laufenden und geplanten Geschäftsprozesse, zum Zugang zu allen für seine Tätigkeit erforderlichen Daten. Ferner darf ein jeder Mitarbeiter sich in Zweifelsfällen immer an den Gleichbehandlungsbeauftragten wenden (Gemeinsame Auslegungsgrundsätze, S. 21). Eine solche Überwachung ist nicht nur von grundlegender Bedeutung, um sicherzustellen, dass das Programm ordnungsgemäß funktioniert, sondern auch, um die Bereiche zu ermitteln, in denen die Gefahr der Nichtgleichbehandlung am größten ist. Das Bewertungsverfahren ist transparent durchzuführen, wobei den Mitarbeitern gegenüber zum Ausdruck zu bringen ist, dass ihr Verhalten kontinuierlich anhand des Inhalts des Programms überprüft wird (Vermerk der GD TREN, B.4.4.3.).

Allerdings beschränken sich die Befugnisse des Gleichbehandlungsbeauftragten auf **reine Überwachungsfunktionen.** Sofern nicht ausdrücklich durch die Unternehmensleitung angeordnet, steht ihm kein Recht zu, selbstständig bei Verstößen gegen das Gleichbehandlungsprogramm tätig zu werden. Der Gleichbehandlungsbeauftragte ist also ein Zuarbeiter der Unternehmensleitung, welche die Letztverantwortung für die diskriminierungsfreie Ausgestaltung des Netzbetriebs, die Einhaltung der Entflechtungsvorgaben und der Aufstellung des Gleichbehandlungsprogramms inklusive Durchsetzung hat.

Art und Umfang der Überwachungstätigkeiten stehen mangels gesetzlicher Vorgaben im **Ermessen des Unternehmens** und können entweder von der Unternehmensleitung festgelegt werden oder ganz oder zum Teil an den Gleichbehandlungsbeauftragten delegiert werden. Gilt ein Gleichbehandlungsprogramm für mehrere Gesellschaften, steht die Zuordnung des Gleichbehandlungsbeauftragten zu einer Gesellschaft im Ermessen des Unternehmens. Es ist auch zulässig, die Funktion des Gleichbehandlungsbeauftragten auf einen externen Dienstleister zu übertragen, denn § 7a Abs. 5 S. 1 spricht gerade nicht von „Mitarbeiter", sondern nur von „Person oder Stelle" (Theobald/Kühling/*Finke*, 115. EL Januar 2022, EnWG § 7a Rn. 8383; BerlKommEnergieR/*Säcker/Schönborn* EnWG § 7a Rn. 88; NK-EnWG/*Knauff* § 7a Rn. 27; aA *Boers* N&R 2011, 16 (17)). Die Einschaltung von externem Personal wird auch von der BNetzA akzeptiert.

2. Anforderungen an die Person oder Stelle. Um die Prozessabläufe innerhalb des Unternehmens beurteilen zu können, muss die betreffende Person über eine gute Kenntnis des Unternehmens verfügen und durch ihre **Aus- und Vorbildung geeignet** sein, diese Aufgabe wahrzunehmen.

3. Unabhängigkeit des Gleichbehandlungsbeauftragten. Nach § 7a Abs. 5 S. 4, 5 ist der Gleichbehandlungsbeauftragte in seiner Aufgabenwahrnehmung vollkommen unabhängig. Was diese Unabhängigkeit bedeutet, ist im Gesetz nicht geregelt. Man kann an eine Parallele zur Unabhängigkeit des Datenschutzbeauftragten nach § 10 Abs. 1 BDSG denken (BerlKommEnergieR/*Säcker/Schönborn* EnWG § 7 a Rn. 88). Ihm kommt aber **nicht die gleiche Unabhängigkeit** zu, die der Gleichbehandlungsbeauftragte beim **unabhängigen Transportnetzbetreiber** (ITO) hat. Er wird nicht durch den Aufsichtsrat, sondern von den zuständigen Organen, also dem Vorstand oder der Geschäftsführung benannt.

70 Mit der Neuregelung über die Unabhängigkeit des Gleichbehandlungsbeauftragten will das Gesetz seine Stellung stärken und bereits im Grundsatz eine effektive Wirkung des Gleichbehandlungsprogramms ermöglichen. Zu diesem Zweck sieht das Gesetz vor, dass der Gleichbehandlungsbeauftragte **in seiner Aufgabenerfüllung von Weisungen des vertikal integrierten Unternehmens oder eines seiner Unternehmen vollkommen unabhängig** ist (BT-Drs. 17/6072, 57). Die Unabhängigkeit des Gleichbehandlungsbeauftragten ist damit eine **sachliche Unabhängigkeit**. Anders als der Gleichbehandlungsbeauftragte des ITO verfügt der Gleichbehandlungsbeauftragte des Verteilnetzbetreibers über **keine persönliche Unabhängigkeit**.

71 Der Gleichbehandlungsbeauftragte hat nach § 7 a Abs. 5 S. 5 Zugang zu allen Informationen, über die der Verteilnetzbetreiber und etwaige verbundene Unternehmen verfügen, soweit dies zur Erfüllung seiner Aufgaben erforderlich ist. Dies bedeutet zunächst, dass der Verteilnetzbetreiber dem Gleichbehandlungsbeauftragten sämtliche Informationen zur Verfügung stellen muss, die dieser zur Wahrnehmung seiner Aufgaben, insbesondere zur Erstattung des Gleichbehandlungsberichts, benötigt. Die Regelung geht hierüber aber insoweit hinaus, dass der **Informationsanspruch** des Gleichbehandlungsbeauftragten **auch an etwaige verbundene Unternehmen** gerichtet ist. Er kann daher auch von der Konzernmutter oder von den Schwesterunternehmen die Informationen verlangen, die für seine Tätigkeit notwendig sind (NK-EnWG/*Knauff* § 7 a Rn. 29; BerlKommEnergieR/*Säcker/Schönborn* EnWG § 7 a Rn. 88).

III. Gleichbehandlungsbericht

72 Nach § 7 a Abs. 5 S. 3 hat der Gleichbehandlungsbeauftragte der Regulierungsbehörde jährlich spätestens bis zum 31.3. einen Bericht über die nach § 7 a Abs. 5 S. 1 getroffenen Maßnahmen des vergangenen Kalenderjahres vorzulegen und diesen zu veröffentlichen. Die Bekanntmachung ist nicht formgebunden. Durch den Gleichbehandlungsbericht muss der Regulierungsbehörde ein zutreffendes Bild von den nach § 7 a Abs. 5 S. 1 getroffenen Maßnahmen vermittelt werden. Im Übrigen ist der Gleichbehandlungsbeauftragte in der **Wahl der Darstellungsform frei.**

73 Inhaltlich muss der Bericht durch den Verweis auf die Maßnahmen nach § 7 a Abs. 5 S. 1 die Festlegung und Bekanntmachung des Gleichbehandlungsprogramms, die durchgeführten Überwachungsmaßnahmen und die Bestellung des Gleichbehandlungsbeauftragten zum **Inhalt** haben. Hinsichtlich des Detaillierungsgrads ist insbesondere § 71 bezüglich des Schutzes der Betriebs- und Geschäftsgeheimnisse zu beachten, der nur für die Vorlage bei der Regulierungsbehörde, nicht aber für die Veröffentlichung gilt. Ansonsten ist kein bestimmter Detaillierungsgrad vorgesehen. Es ist aber davon auszugehen, dass beispielsweise bei zahlreichen Verstößen gegen das Gleichbehandlungsprogramm nicht jeder einzelne geschildert werden muss, sondern typisiert werden darf (*Salje* EnWG § 8 Rn. 68). Klargestellt ist nunmehr, dass die Veröffentlichung des Gleichbehandlungsberichts in nichtpersonen-

Operationelle Entflechtung von Verteilernetzbetreibern § 7 a

bezogener Form erfolgt. Der Gleichbehandlungsbeauftragte ist nach Sinn und Zweck des Gesetzes nicht nur für die Vorlage und Veröffentlichung, sondern auch für die Erstellung und den Inhalt des Gleichbehandlungsberichts verantwortlich.

G. Kommunikationsverhalten und Markenpolitik (Abs. 6)

Die Regelung des § 7a Abs. 6 ist durch die **EnWG-Novelle** 2011 in das Gesetz 74 eingeführt worden. Mit ihr wird **Art. 35 Abs. 3 Elt-RL 19/Art. 26 Abs. 3 Gas-RL 09** umgesetzt. Die Neuregelung hat eine Parallele in § 10a Abs. 4, nach der der ITO hinsichtlich seiner Firma, seiner Kommunikation mit Dritten sowie seiner Markenpolitik und Geschäftsräumen eine Verwechslung mit dem vertikal integrierten EVU oder einem seiner Tochterunternehmen ausschließen muss. Aus dem unterschiedlichen Wortlaut zwischen §§ 10a Abs. 4 und 7a Abs. 6 ergibt sich, dass bei dem ITO strengere Maßstäbe anzulegen sind.

Die Verpflichtungen aus Abs. 6 haben zu 35 **Aufsichtsverfahren der BNetzA** 75 **gem. § 65 Abs. 1** geführt. Zudem hat die Regulierungsbehörde dem Absatz ein eigenes Papier (Gemeinsame Auslegungsgrundsätze III) gewidmet. Dies zeigt, dass die Regulierungsbehörden dem Thema eine besondere Aufmerksamkeit gewidmet haben. Letztlich hat die Behörde in drei Verfahren Bescheide erlassen, ein Bescheid wurde rechtskräftig aufgehoben, in einem Beschwerdeverfahren erfolgte eine vergleichsweise Einigung. Im Wesentlichen hat sich die BNetzA mit ihrer weitreichenden Auffassung durchgesetzt. In der Regel lassen heute die Namen und der Auftritt der Verteilnetzbetreiber die Zugehörigkeit zu einem integrierten Unternehmen nicht mehr erkennen.

Nach der **Begründung zum Gesetzesentwurf** verpflichtet Abs. 4 die Verteil- 76 netzbetreiber in ihrem Verhalten, vor allen Dingen bei ihrer Kommunikation mit Personen außerhalb des vertikal integrierten Unternehmens, darauf zu achten, dass Verwechslungen mit den Vertriebsaktivitäten des vertikal integrierten Unternehmens ausgeschlossen sind (zB durch eigenes Logo, eigenes Briefpapier, mit dem eigenen Logo gekennzeichnete Fahrzeuge, nicht unmittelbar aber für die Öffentlichkeit nicht oder nur schwer zugängliche und daher kaum sichtbare Namenszüge an Infrastrukturen wie zB Gasleitungen, Stromkästen). Dies soll zum einen die Transparenz gegenüber dem Verbraucher verbessern, dem stärker bewusst werden soll, dass Vertrieb und Verteilnetzbetrieb zwei – zumindest rechtlich – voneinander getrennte Aktivitäten des vertikal integrierten Unternehmens sind. Zum anderen soll durch die getrennten Kommunikationsaktivitäten auch bei den Mitarbeitern des Verteilnetzbetreibers die Verbundenheit mit dem Netzbetreiber gestärkt werden, damit diese gegenüber der Verbundenheit mit dem vertikal integrierten Unternehmen bei den Netzmitarbeitern von höherer Priorität ist. Die Verpflichtung der Verteilnetzbetreiber, bei ihrer nach außen gerichteten Markenpolitik darauf zu achten, dass Verwechslungen mit den Vertriebsaktivitäten des vertikal integrierten Unternehmens vermieden werden, soll die Transparenz beim Endkunden erhöhen. Diesem soll – insbesondere auch durch die getrennte Markenpolitik – deutlich werden, dass er es grundsätzlich beim vertikal integrierten Unternehmen mit mindestens zwei rechtlich voneinander getrennten Unternehmen (nämlich Vertrieb und Netzbetrieb) zu tun hat, die aber derselben Unternehmensgruppe angehören können (BT-Drs. 17/5072, 57). Bei Außenstehenden soll also der Eindruck vermieden werden, dass Vertrieb und Verteilnetzbetreiber die gleiche Rechtspersönlichkeit haben (BerlKommEnergieR/*Säcker/Schönborn* EnWG § 7a Rn. 90; Elspas/Graß-

§ 7a Teil 2. Entflechtung

mann/Rasbach/*Rasbach* EnWG § 7a Rn. 31). Die **gleiche Konzernzugehörigkeit** von Vertrieb und Netzbetreiber muss aber nicht verschleiert werden.

77 In der kontroversen Diskussion um die „gemeinsamen Auslegungsgrundsätze III" spielt der Ansatz der Regulierungsbehörden eine herausgehobene Rolle, die Frage der Verwechslungsgefahr mit Rückgriff auf **markenrechtliche Kategorien** lösen zu wollen (Gemeinsame Auslegungsgrundsätze III, S. 9ff.). Die Regulierungsbehörden begründen ihren Rückgriff auf das Markenrecht mit der Parallelität der §§ 7a Abs. 6 und 10a Abs. 4. Bei letzterer Vorschrift ist in der Begründung zum Gesetzentwurf ausdrücklich auf markenrechtliche Grundsätze verwiesen worden. Dieser Ausgangspunkt der Regulierungsbehörden ist unzutreffend. § 10a Abs. 4 verlangt, dass eine Verwechslung mit dem integrierten Unternehmen oder einem seiner Tochterunternehmen ausgeschlossen wird. § 7a Abs. 6 soll aber nur Verwechslungen zwischen Vertriebsaktivitäten und dem Netzbetreiber verhindern. Die Konzernzugehörigkeit darf – wie sich aus der Begründung zum Gesetzentwurf ergibt – gerade deutlich werden. § 10a und die Gesetzesmaterialien hierzu sind damit kein Maßstab für die Auslegung des § 7a Abs. 6. Was hierzu erforderlich ist, ist durch Auslegung des § 7a Abs. 4 zu ermitteln, markenrechtliche Grundsätze sind jedenfalls nicht unreflektiert anwendbar (vgl. OLG Düsseldorf Beschl. v. 21. 10. 2015 – VI-3 Kart 128128/14 (V), EnWZ 2016, 33 Rn. 49, und BGH Beschl. v. 12.7.2016 – EnVZ 55/15 Rn. 16).

78 In der Sache gehen die Regulierungsbehörden davon aus, dass eine Verwechslungsgefahr im engeren Sinne einen Verstoß gegen die Entflechtungsregeln darstellt. **Verwechslungsgefahr im engeren Sinne** besteht, wenn ein Produkt dem falschen Unternehmen zugeordnet wird. Maßstab ist der Gesamteindruck eines Durchschnittsverbrauchers; dabei ist nach Auffassung der Regulierungsbehörden davon auszugehen, dass der Verbraucher das vertikal integrierte Unternehmen als Ganzes wahrnehme. Eine Verwechslungsgefahr im weiteren Sinne stelle keinen Verstoß dar. Dieser liege vor, wenn der Verbraucher zwar erkennt, dass es sich bei Netz und Vertrieb um verschiedene Unternehmen handelt, jedoch aufgrund des jeweiligen Marktauftritts von der Zusammengehörigkeit der Unternehmen ausgegangen wird. Zutreffend ist insoweit, dass eine **Verwechslungsgefahr im weiteren Sinne keinen Verstoß gegen § 7a Abs. 6 darstellt**. Die Zusammengehörigkeit von Netz und Vertrieb – wenn auch in getrennten Unternehmen – darf im Kommunikationsverhalten und im Markenauftritt deutlich werden. § 7a dient nicht der Verschleierung der Zugehörigkeit zum integrierten Unternehmen.

79 Weniger problematisch als die Anwendung des Begriffs der Verwechslungsgefahr im engeren Sinne als Obersatz ist eine Heranziehung der markenrechtlichen Kriterien, nach denen eine Verwechslungsgefahr im engeren Sinne festgestellt wird. Das **Markenrecht** dient dazu, dass sich der Markeninhaber gegen eine ungerechtfertigte Ausnutzung seines Rufs durch einen außenstehenden Dritten zur Wehr setzen kann. Damit ist eine andere **Zielrichtung** gegeben als für die Zwecke des § 7a Abs. 6. Zunächst stellt sich die Frage der Verwechslungsgefahr bei der Firmierung.

80 Die **Firmierung des Netzbetreibers** muss zur Kennzeichnung geeignet sein und Unterscheidungskraft besitzen (§ 18 Abs. 1 HGB). Dabei entspricht es im Konzernverbund der Praxis, die auch vor dem Hintergrund des § 18 Abs. 1 HGB zu billigen ist, dass die verschiedenen Unternehmen einer Unternehmensgruppe sich in ihrer Firmierung nur durch ein unterscheidungskräftiges Wort unterscheiden. Daher ist es rechtlich unbedenklich, wenn dem Namen des Mutterunternehmens lediglich die Bezeichnung „Netz" oder „Verteilnetz" beigefügt wird. Gleichwohl hat die BNetzA auf eine stärkere Differenzierung gedrängt und sich damit gegenüber den meisten Unternehmen durchgesetzt.

Für das Kommunikationsverhalten spielt darüber hinaus **das Logo** des integrierten EUV bzw. des Netzbetreibers eine große Rolle. Hier schießt die Vollzugspraxis der Regulierungsbehörden deutlich über § 7a Abs. 6 hinaus. Das Logo muss einerseits unterscheidungskräftig sein, darf andererseits aber die Konzernzugehörigkeit zu erkennen geben. Daher muss es zulässig sein, auch im Logo des Netzbetreibers die **Konzernfarben** zu benutzen. Die teilweise erhobene abweichende Forderung der Regulierungsbehörden missachtet den Umstand, dass es dem Verteilnetzbetreiber gerade **erlaubt** sein soll, die **Konzernzugehörigkeit auch im Kommunikationsverhalten und in der Markenpolitik offenzulegen.** Entgegen der Auffassung der BNetzA ist in der Rechtsprechung anerkannt, dass ein gemeinsames Konzernlogo Verwendung finden darf, wenn es in der optischen Gestaltung hinter die differenzierenden Elemente so zurücktritt, dass es den Gesamteindruck nicht dominiert (OLG Düsseldorf Beschl. v. 21.10.2015 – VI-3 Kart 128128/14 (V), EnWZ 2016, 33 Rn. 55 ff.; BGH Beschl. v. 12.7.2016 – EnVZ 55/15, Rn. 20.

81

Die gleichen Überlegungen müssen bezüglich des häufig verwendeten grafischen Zeichens gelten. Auch hier führt es zu einer Verwechslungsgefahr iSd § 7a Abs. 6, wenn die **Konzernmarke als Bestandteil des Netzbetreiber-Logos** genutzt wird. Um Unterscheidungskraft zu erlangen, muss das Logo dann allerdings einen deutlich erkennbaren, unübersehbaren Hinweis auf den Netzbetreiber enthalten. Das Konzernlogo darf im Kommunikationsverhalten und in der Markenpolitik dann nur mit diesem unübersehbaren Hinweis „Netz" verwendet werden. Zutreffend ist es, wenn die Regulierungsbehörden davon ausgehen, dass ein völlig untergeordneter Hinweis (ein kleingedrucktes „Netz") irgendwo im Konzernlogo sicher nicht ausreichend ist.

82

Die Gemeinsamen Auslegungsgrundsätze III legen im Detail dar, was vom Kommunikationsverhalten und der Markenpolitik umfasst wird. Dies beschränkt sich nicht nur auf **Geschäftspapier und Werbemittel,** sondern umfasst auch den **Internetauftritt, die Fahrzeuge, Kennzeichnungen von Anlagen und Einrichtungen** sowie – in bestimmtem Umfang – **die Nutzung von Shared Services.** Grundsätzlich sind alle diese Bereiche für das Kommunikationsverhalten und den Markenauftritt relevant. Die Anforderungen der Regulierungsbehörde dürften in Einzelfällen allerdings zu weitgehend sein (vgl. Schneider/Theobald EnergieWirtschaftsR-HdB/*de Wyl/Finke* § 4 Rn. 213 ff.).

83

H. De-minimis-Regelung (Abs. 7)

§ 7a Abs. 6 enthält eine § 7 Abs. 2 entsprechende De-minimis-Regelung, die kleine Unternehmen von den Verpflichtungen zur operationellen Entflechtung nach § 7a Abs. 1–6 ausnimmt. Die Bestimmungen der §§ 6a und 6b zur informationellen und buchhalterischen Entflechtung bleiben aber auch für diese Unternehmen verbindlich. Unabhängig von § 7a kann sich daher die Notwendigkeit von operationellen Maßnahmen ergeben, wenn ein Leerlaufen der §§ 6a und 6b im konkreten Einzelfall auf anderem Wege nicht zu vermeiden wäre (BT-Drs. 15/3917, 54 zu § 8 EnWG 2005). Konkret bedeutet dies, dass vertikal integrierte Unternehmen, die **weniger als 100.000 angeschlossene Kunden** haben und keine unter die sog. Konzernklausel des § 3 Nr. 38 fallende Beteiligung aufweisen, gem. § 7a Abs. 7 kein Gleichbehandlungsprogramm aufstellen und keinen Gleichbehandlungsbeauftragten benennen müssen (*Nill-Theobald/Theobald* IR 2005, 175 (176)).

84

§ 7b Entflechtung von Gasspeicheranlagenbetreibern und Transportnetzeigentümern

Auf Transportnetzeigentümer, soweit ein Unabhängiger Systembetreiber im Sinne des § 9 benannt wurde, und auf Betreiber von Gasspeicheranlagen, die Teil eines vertikal integrierten Unternehmens sind und zu denen der Zugang technisch und wirtschaftlich erforderlich ist für einen effizienten Netzzugang im Hinblick auf die Belieferung von Kunden, sind § 7 Absatz 1 und § 7a Absatz 1 bis 5 entsprechend anwendbar.

A. Allgemeines

1 Im Vergleich zum EnWG 2005 hat das EnWG nach der EnWG-Novelle 2011 bezüglich der **rechtlichen Entflechtung** und der **operationellen Entflechtung keine allgemeinen, übergreifenden Vorschriften** mehr. In den §§ 7 und 7a sind Regelungen für Verteilnetzbetreiber enthalten. Für Transportnetzbetreiber gelten die §§ 8ff. Nicht erfasst sind zur Entbündelung verpflichtete Speicherbetreiber, deren Entflechtung in Art. 15 Gas-RL 09 geregelt ist. Bezüglich des Netzeigentümers bei dem Entflechtungsmodell des ISO (§ 9) bedurfte es einer Regelung zur Umsetzung von Art. 14 Elt-RL 09 (heute Art. 45 Elt-RL 19) und Art. 15 Gas-RL 09.

2 § 7b normiert die **Entflechtungsanforderungen** in diesen Fällen nicht eigens, sondern **verweist** bezüglich der rechtlichen Entflechtung auf § 7 Abs. 1 und bezüglich der operationellen Entflechtung auf § 7a Abs. 1–4. Die Anforderungen des § 7a Abs. 6 bezüglich der Kommunikationsaktivitäten des Verteilnetzbetreibers und ihrer Markenpolitik finden keine Anwendung.

B. Transportnetzeigentümer

3 Art. 45 Elt-RL 19 und Art. 15 Gas-RL 09 sehen vor, dass bei Anwendung des Entflechtungsmodells des unabhängigen Systembetreibers (ISO), bei dem das Netzeigentum beim integrierten Energieversorgungsunternehmen verbleibt, der Netzbetreiber also nicht über das Eigentum am Netz verfügt, eine **zumindest rechtlich und operationelle Entflechtung des Eigentümers des Transportnetzes** vom sonstigen integrierten Energieversorgungsunternehmen erfolgen muss. Dies erscheint als notwendig, um zu vermeiden, dass auf der Ebene des Transportnetzeigentümers andere als Netzbetreiberinteressen die Ausübung der Eigentumsrechte beeinflussen (BT-Drs. 17/6072, 58). Da – zumindest in Deutschland – bisher keine Unternehmen von der Entflechtungsmöglichkeit des unabhängigen Systembetreibers nach § 9 Gebrauch gemacht haben, ist es zu einer Entbündelung des Eigentums an einem Transportnetz innerhalb des integrierten Energieversorgungsunternehmens nach dieser Vorschrift nicht gekommen.

C. Betreiber von Speicheranlagen

§ 7b findet auch Anwendung auf Speicheranlagen, zu denen der Zugang für 4
einen effizienten Netzzugang im Hinblick auf die Belieferung von Kunden erforderlich ist. Der Zugang zu solchen Speicheranlagen ist in § 28 geregelt. Die Regelung fasst den **Kreis der Anlagen** sehr weit (→ § 6 Rn. 35 ff.). Mit Blick auf die Ausführungen in der Begründung zum Gesetzentwurf zu § 28 ist es kaum verständlich, warum in der Begründung zu § 7b ausgeführt wird, dass die betreffenden Speicheranlagen zunehmend den Charakter einer **wesentlichen Infrastruktur** erhielten (BT-Drs. 17/6072, 58). Unter einer wesentlichen Einrichtung werden Infrastrukturen verstanden, die aus **technischen oder wirtschaftlichen Gründen nicht duplizierbar sind**. Dies ist bezüglich unterirdischer Speicheranlagen in Deutschland nicht der Fall. An vielen Standorten in Deutschland bestehen geologische Konstellationen, die für die Einrichtung von Untertage-Gasspeichern außerordentlich günstig sind. Dementsprechend sind in den vergangenen Jahren in Deutschland erhebliche Speicherkapazitäten errichtet worden. Bereits der Zubau an Speicherkapazitäten zeigt, dass es sich bei den Speichern weder um technisch noch um wirtschaftlich nicht duplizierbare Einrichtungen handelt.

§ 7c Ausnahme für Ladepunkte für Elektromobile; Verordnungsermächtigung

(1) ¹**Betreiber von Elektrizitätsverteilernetzen dürfen weder Eigentümer von Ladepunkten für Elektromobile sein noch diese Ladepunkte entwickeln, verwalten oder betreiben.** ²**Satz 1 ist nicht für private Ladepunkte für Elektromobile anzuwenden, die für den Eigengebrauch des Betreibers von Elektrizitätsverteilernetzen bestimmt sind.**

(2) ¹**Abweichend von Absatz 1 Satz 1 sind Betreiber von Elektrizitätsverteilernetzen befugt, in ihrem Netzgebiet das Eigentum an Ladepunkten für Elektromobile zu halten oder diese Ladepunkte zu entwickeln, zu verwalten oder zu betreiben, sofern in Fällen regionalen Marktversagens, das nach Durchführung eines offenen, transparenten und diskriminierungsfreien Ausschreibungsverfahrens durch eine kommunale Gebietskörperschaft festgestellt worden ist, die Bundesnetzagentur nach Maßgabe der Bedingungen einer aufgrund des Absatzes 3 erlassenen Rechtsverordnung ihre Genehmigung dazu erteilt hat.** ²**Im Falle einer Genehmigung hat die Bundesnetzagentur den Betreiber des Elektrizitätsverteilernetzes zu verpflichten, Dritten den Zugang zu den Ladepunkten zu angemessenen und diskriminierungsfreien Bedingungen zu gewähren.** ³**Die Voraussetzungen für den Fortbestand einer Genehmigung sind mindestens alle fünf Jahre durch die Regulierungsbehörde zu überprüfen.**

(3) ¹**Das Bundesministerium für Wirtschaft und Energie wird ermächtigt, im Einvernehmen mit dem Bundesministerium für Verkehr und digitale Infrastruktur durch Rechtsverordnung mit Zustimmung des Bundesrates die Voraussetzungen einer Genehmigung nach Absatz 2 festzulegen und das Ausschreibungsverfahren näher zu bestimmen.** ²**Insbesondere können durch Rechtsverordnung Regelungen getroffen werden,**

1. zu der Bestimmung eines Bedarfs und eines regionalen Marktversagens im Hinblick auf den Ladeinfrastrukturaufbau, insbesondere hinsichtlich der Abgrenzung des betroffenen Gebiets und der bereits bestehenden Ladepunkte, einschließlich der Festlegung von Ausschreibungsbedingungen und -verfahren,
2. zu den Anforderungen an ein Ausschreibungsverfahren nach Absatz 2 Satz 1 sowie den Voraussetzungen und dem Verfahren für Genehmigungen der Regulierungsbehörde sowie
3. zu der regelmäßigen Überprüfung und Bewertung nach Erteilung einer Genehmigung, ob Dritte in der Lage sind, Eigentümer von Ladepunkten zu sein oder diese zu entwickeln, zu betreiben oder zu verwalten, sowie zu möglichen Folgemaßnahmen einschließlich einer mindestens schrittweisen Einstellung der von Absatz 1 erfassten Tätigkeiten des Betreibers von Elektrizitätsverteilernetzen.

Literatur: *Drouet/Thye,* Neue Regelungen für den Netzbetrieb und für selbständige Betreiber von Interkonnektoren durch die EnWG-Novelle 2021, IR 2021, 218; *Knauff/Pfeifer,* Ausbau der Infrastruktur für Elektromobilität, jM 2021, 456; *Martel/Kloppenburg,* Das Eigentums- und Tätigkeitsverbot für Elektrizitätsverteilernetzbetreiber im Zusammenhang mit Ladepunkten für Elektromobile nach § 7c EnWG, VersWirt 2022, 73.

A. Allgemeines

1 § 7c enthält **Entflechtungsvorgaben für Betreiber von Elektrizitätsverteilernetzen mit Blick auf Ladepunkte für Elektromobile.** Abs. 1 untersagt es ihnen, Eigentümer solcher Ladepunkte zu sein oder sie zu entwickeln, zu verwalten oder zu betreiben, macht allerdings eine Ausnahme für private Ladepunkte für den Eigengebrauch. Nach § 7c Abs. 2 gilt für den Fall, dass eine Kommune einen Fall regionalen Marktversagens festgestellt hat, eine hiervon abweichende Sonderregelung, sofern die BNetzA auf der Grundlage einer Rechtsverordnung nach § 7c Abs. 3 eine Genehmigung erteilt hat. Abs. 3 enthält die entsprechende Rechtsverordnungsermächtigung.

2 Die Bestimmung dient der **Umsetzung von Art. 33 Abs. 2–4 Elt-RL 19** (BT-Drs. 19/27453, 92). Den dort enthaltenen konkreten Entflechtungsvorgaben ist in Art. 33 Abs. 1 Elt-RL 19 die Verpflichtung der Mitgliedstaaten vorangestellt, den Anschluss öffentlich zugänglicher und privater Ladepunkte an das Verteilernetz zu erleichtern und die diskriminierungsfreie Zusammenarbeit der Verteilernetzbetreiber mit den Unternehmen, die Eigentümer von Ladepunkten für Elektrofahrzeuge sind bzw. solche Ladepunkte entwickeln, betreiben oder verwalten, sicherzustellen. Art. 33 Abs. 2 Elt-RL 19 gibt dann das Verbot des § 7c Abs. 1 vor, während Art. 33 Abs. 3 und 4 Elt-RL 19 Ausnahmen davon zulassen.

3 In Umsetzung dieser unionsrechtlichen Vorgaben ist § 41e durch Art. **1 Nr. 45 Gesetz vom 16.7.2021** (BGBl. 2021 I S. 3026) in das EnWG eingefügt worden. Die Vorschrift hat bislang keine Änderung erfahren.

4 Hintergrund der Entflechtungsregelungen ist, dass der Betrieb von Elektrizitätsverteilernetzen und der Betrieb von Ladepunkten für Elektromobile energiewirtschaftlich auf unterschiedlichen Wertschöpfungsstufen verordnet sind. Das EnWG macht das seit dem Strommarktgesetz in § 3 Nr. 25 deutlich, indem ausdrücklich Strombezug der Ladepunkte für Elektromobile dem Letztverbrauch gleichgestellt

Ausnahme für Ladepunkte für Elektromobile; Verordnungsermächtigung **§ 7 c**

wird (→ § 3 Rn. 67). Wie aus dem zugrunde liegenden Art. 33 Abs. 1 Elt-RL 19 ablesbar und allgemein mit Entflechtungsvorgaben intendiert ist auch hier der **Zweck, Diskriminierung und Wettbewerbsverzerrungen zu vermeiden** (vgl. *Knauff/Pfeifer* jM 2021, 456 (458)). Die zu diesem Zweck erlassenen Entflechtungsvorgaben sind unionsrechtlich vorgegeben (→ Rn. 2). Die unionsweite Vorgabe dieses Zwecks dürfte sich daraus erklären, dass in vielen anderen EU-Mitgliedstaaten nur wenige große Verteilernetzbetreiber existieren; überließe man diesen den Ausbau der Ladesäuleninfrastruktur, drohten monopolistische Strukturen mit unerwünschten Folgen für Preisgestaltung und die angestrebte Verkehrswende (*Martel/Kloppenburg* VersWirt 2022, 73). Mit Blick auf die deutsche Situation mit ihren vielen, auch kleineren Verteilnetzbetreibern wird allerdings mit Recht gefragt, ob die Einbeziehung der Ladesäulen in das Entflechtungsregime in der Sache geboten gewesen sei und nicht eher eine unerwünschte Verzögerung des Ladesäulenausbaus zur Folge habe (*Knauff/Pfeifer* jM 2021, 456 (458)).

Eine **Rechtsverordnung** auf der Grundlage von § 7 c Abs. 3 ist bislang nicht ergangen. Das hat zur Folge, dass bis auf Weiteres die durch Abs. 1 vorgegebene Rechtslage gilt (→ Rn. 13). 5

B. Einzelerläuterungen

I. Grundsätzliche Regelung (Abs. 1)

1. Entflechtungsgebot (Abs. 1 S. 1). Adressaten des Entflechtungsgebots sind 6 **Betreiber von Elektrizitätsverteilernetzen.** Der Begriff des Betreibers von Elektrizitätsverteilernetzen ist in § 3 Nr. 3 legaldefiniert (→ § 3 Rn. 16). Für Übertragungsnetzbetreiber gilt diese bzw. eine entsprechende Regelung nicht (BeckOK EnWG/*Jenn* § 7 c Rn. 2).

Für die Definition des **Ladepunkts für Elektromobile,** auf den das Entflech- 7 tungsgebot bezogen ist, wollte die Gesetzentwurfsbegründung auf die Definition in § 2 Nr. 6 LSV aF zurückgreifen (BT-Drs. 19/27453, 92); § 2 Nr. 2 LSV nF ist nur klarstellend um die Alternative des Entladens ergänzt worden (vgl. BR-Drs. 406/21, 17). Ein Ladepunkt ist danach eine Einrichtung, die zum Auf- (oder Ent) laden von Elektromobilen geeignet und bestimmt ist und an der zur gleichen Zeit nur ein Elektromobil aufge- (oder ent)laden werden kann.

Betreibern von Elektrizitätsverteilernetzen untersagt sind **Eigentum an sowie** 8 **Entwicklung, Verwaltung und Betrieb von Ladesäulen.** § 7 c stellt damit auf dieselben Verflechtungstatbestände ab wie auch § 11 a, 11 b in Bezug auf Energiespeicheranlagen. Mit Blick auf den Regelungszweck wird überzeugend eine Erstreckung auch auf mittelbares Eigentum einer Tochtergesellschaft angenommen (BeckOK EnWG/*Jenn* § 7 c Rn. 3). Die Entwicklung dürfte sämtliche Vorarbeiten für den Betrieb eines Ladepunkts, insbesondere Planung, Genehmigung, Beschaffung und Bau erfassen, was potenziell weitreichende Auswirkungen haben dürfte (BeckOK EnWG/*Jenn* § 7 c Rn. 15). Für den Betrieb einer Ladesäule kann auf die Definition in § 2 Nr. 8 LSV zurückgegriffen werden. Unter der Verwaltung wird man das Erbringen von Dienstleistungen kaufmännischer oder technischer Natur für den Eigentümer oder Betreiber der Ladesäule zu verstehen haben (BeckOK EnWG/*Jenn* § 7 c Rn. 5). Schon der Wortlaut, da nicht jegliche auch geringfügige Dienstleistung als Verwaltung zu verstehen ist, vor allem aber teleologische Gründe sprechen dafür, als Verwaltung nur solche Dienstleistungen anzusehen, die ein Min-

§ 7c Teil 2. Entflechtung

destmaß an Einfluss auf den Betrieb beinhalten und geeignet sind, die Wettbewerbsverhältnisse zu beeinflussen (vgl. *Drouet/Thye* IR 2021, 218; *Martel/Kloppenburg* VersWirt 2022, 73 (74 f.); BeckOK EnWG/*Jenn* § 7c Rn. 6 ff.). Mit Blick auf den Zweck erscheint es auch richtig, die Verbote nach § 7c Abs. 1 S. 1 nur auf das jeweilige Netzgebiet des Elektrizitätsverteilernetzbetreibers zu beziehen (BeckOK EnWG/*Jenn* § 7c Rn. 14).

9   **2. Ausnahme für private Ladestationen für den Eigengebrauch (§ 41b Abs. 1 S. 2).** Art. 33 Abs. 2 Elt-RL 19 entsprechend nimmt § 7c Abs. 1 S. 2 **private Ladestationen für den Eigengebrauch von Elektrizitätsverteilernetzbetreibern** von der Entflechtungsvorgabe des § 7c Abs. 1 S. 1 aus. Private Ladepunkte sollten nach der Gesetzentwurfsbegründung in Abgrenzung zur Definition der öffentlichen Ladepunkte iSv § 2 Nr. 9 LSV aF bestimmt werden (BT-Drs. 19/27453, 92); die heute geltende Definition des öffentlich zugänglichen Ladepunkts in § 2 Nr. 5 LSV nF hat einige Konkretisierungen vorgenommen (vgl. BR-Drs. 406/21, 17 f.). In Abgrenzung hierzu sind private Ladepunkte nichtöffentliche Ladepunkte, die nur für den Eigengebrauch des Netzbetreibers bestimmt sind (BT-Drs. 19/27453, 92); die ausschließliche Eigengebrauchsnutzung ist durch Art. 33 Abs. 2 Elt-RL 19 vorgegeben. Eigengebrauch dürfte aber nicht nur bei betrieblich veranlassten Fahrten mit Betriebsfahrzeugen, sondern auch zu bejahen sein, wenn der Elektrizitätsverteilernetzbetreiber privat veranlasste Fahrten mit Betriebsfahrzeugen zulässt oder in Bezug auf Fahrzeuge von Mitarbeitern oder Besuchern (BeckOK EnWG/*Jenn* § 7c Rn. 17 f.).

10   **3. Sonstige Ausnahmen.** Es gibt **einzelne Ausnahmen von dem Verbot des § 7c Abs. 1 S. 1 außerhalb des § 7c.** Nach § 110 Abs. 1 ist § 7c Abs. 1 nicht auf den Betrieb eines geschlossenen Verteilernetzes anzuwenden (→ § 110 Rn. 53). Außerdem greift nach der Übergangsvorschrift des § 118 Abs. 34 (→ § 118 Rn. 21) für Ladepunkte, die von Elektrizitätsverteilernetzbetreibern vor dem 27.7.2021 entwickelt, verwaltet oder betrieben worden sind, eine Genehmigungsfiktion. Eine – ungeschriebene – Ausnahme für kleinere vertikal integrierte Energieversorgungsunternehmen iSv § 7 Abs. 2, sog. De-minimis-Unternehmen, wird man – wenngleich in der Sache sinnvoll erscheinend – nicht anerkennen können (BeckOK EnWG/*Jenn* § 7c Rn. 21 f.; *Martel/Kloppenburg* VersWirt 2022, 73 (75 f.); aA *Drouet/Thye* IR 2021, 218).

II. Abweichende Regelungen bei regionalem Marktversagen (Abs. 2)

11   Gestützt auf Art. 33 Abs. 3 und 4 Elt-RL 19 enthält § 7c Abs. 2 eine – nach der Vorstellung des Gesetzgebers als vorübergehend angelegte (BT-Drs. 19/27453, 92) – **Ausnahmebestimmung zu Abs. 1 S. 1.** Unter den dort genannten Bedingungen ist es möglich, dass auch Betreiber von Elektrizitätsverteilernetzen Eigentum an Ladesäulen haben bzw. solche entwickeln, verwalten oder betreiben. Für diesen Fall ist in § 6b Abs. 3 S. 1 Nr. 7 für Unternehmen iSv § 6b Abs. 1 S. 1 zur Vermeidung von Diskriminierung und Quersubventionierung in ihrer internen Rechnungslegung eine getrennte Kontenführung für diesen Tätigkeitsbereich vorgeschrieben (→ § 6b Rn. 25 ff.).

12   Vorausgesetzt ist zunächst, dass nach Durchführung eines offenen, transparenten und diskriminierungsfreien Ausschreibungsverfahrens durch eine kommunale Gebietskörperschaft ein **Fall regionalen Marktversagens** bei dem Ausbau der Ladeinfrastruktur festgestellt worden ist (§ 7 c Abs. 2 S. 1). Marktversagen soll vorliegen, wenn auch nach der Ausschriebung kein anderer Anbieter als der örtliche Netzbetreiber bereit ist, in dem betroffenen Netzgebiet Ladepunkte anzubieten (vgl. *Martel/Kloppenburg* VersWirt 2022, 73 (76)). Die Anforderungen an das Ausschreibungsverfahren können durch die Rechtsverordnung nach § 7 c Abs. 3 konkretisiert werden (→ Rn. 16). Die Norm ist ungeachtet des nicht ganz klaren Wortlauts so zu verstehen, dass die zuständige Kommune nicht nur das Ausschreibungsverfahren durchführt, sondern auch die abschließende Feststellung trifft, auf deren Grundlage dann die – von der Feststellung unterschiedene – Genehmigung der BNetzA ergehen kann.

Liegt die Feststellung vor, kommt es zur Ausnahme von Abs. 1 S. 1, sofern die **13** BNetzA nach Maßgabe der Bedingungen einer nach Abs. 3 erlassenen Rechtsverordnung ihre **Genehmigung** dazu erteilt hat (Abs. 2 S. 1). Die Voraussetzungen und das Verfahren für Genehmigungen der Regulierungsbehörde können durch die Rechtsverordnung nach Abs. 3 näher geregelt werden. Sofern eine solche Rechtsverordnung nicht vorliegt, kommt eine Genehmigung nicht in Betracht und es gilt Abs. 1 (BT-Drs. 19/27453, 93).

Im Falle der Erteilung der Genehmigung ist die Verpflichtung des Verteilungs- **14** netzbetreibers zur **Gewährung des Zugangs für Dritte zu angemessenen und diskriminierungsfreien Bedingungen** durch die Regulierungsbehörde vorgeschrieben (Abs. 2 S. 2).

Entsprechend der Vorgabe in Art. 33 Abs. 3 lit. c Elt-RL 19 schreibt § 7 c Abs. 2 **15** S. 3 eine **Überprüfung der Voraussetzungen für den Fortbestand einer Genehmigung** alle fünf Jahre vor. Dies entspricht der Annahme einer grundsätzlich vorübergehenden Ausnahme vom Verbot des § 7 c Abs. 1 S. 1.

III. Rechtsverordnungsermächtigung (Abs. 3)

Abs. 3 enthält eine **Verordnungsermächtigung zugunsten des BMWi (jetzt** **16** **Bundesministerium für Wirtschaft und Klimaschutz, BMWK) im Einvernehmen mit dem BMVI und mit Zustimmung des BR.** Gegenstand der näheren Regelung können das Ausschreibungsverfahren und die Voraussetzungen einer Genehmigung nach Abs. 2 sein (Abs. 3 S. 1). Abs. 3 S. 2 Nr. 1–3 hebt einzelne potenzielle Regelungsgenestände hervor. Die nähere Regelung der regelmäßigen Überprüfung und Bewertung gem. Abs. 2 S. 2 soll sich auch auf mögliche Folgemaßnahmen einschließlich einer mindestens schrittweisen Einstellung der von Abs. 1 S. 1 erfassten Tätigkeiten des von Elektrizitätsverteilernetzbetreibers erstrecken (Abs. 3 S. 2 Nr. 3).

Abschnitt 3. Besondere Entflechtungsvorgaben für Transportnetzbetreiber

§ 8 Eigentumsrechtliche Entflechtung

(1) Vertikal integrierte Unternehmen haben sich nach Maßgabe der folgenden Absätze zu entflechten, soweit sie nicht von einer der in § 9 oder den §§ 10 bis 10e enthaltenen Möglichkeiten Gebrauch machen.

(2) ¹Der Transportnetzbetreiber hat unmittelbar oder vermittelt durch Beteiligungen Eigentümer des Transportnetzes zu sein. ²Personen, die unmittelbar oder mittelbar die Kontrolle über ein Unternehmen ausüben, das eine der Funktionen Gewinnung, Erzeugung oder Vertrieb von Energie an Kunden wahrnimmt, sind nicht berechtigt, unmittelbar oder mittelbar Kontrolle über einen Betreiber eines Transportnetzes oder ein Transportnetz oder Rechte an einem Betreiber eines Transportnetzes oder einem Transportnetz auszuüben. ³Personen, die unmittelbar oder mittelbar die Kontrolle über einen Transportnetzbetreiber oder ein Transportnetz ausüben, sind nicht berechtigt, unmittelbar oder mittelbar Kontrolle über ein Unternehmen, das eine der Funktionen Gewinnung, Erzeugung oder Vertrieb von Energie an Kunden wahrnimmt, oder Rechte an einem solchen Unternehmen auszuüben. ⁴Insbesondere sind Übertragungsnetzbetreiber nicht berechtigt, Eigentümer einer Energiespeicheranlage zu sein oder eine solche zu errichten, zu verwalten oder zu betreiben. ⁵Personen, die unmittelbar oder mittelbar die Kontrolle über ein Unternehmen ausüben, das eine der Funktionen Gewinnung, Erzeugung oder Vertrieb von Energie an Kunden wahrnimmt, oder Rechte an einem solchen Unternehmen ausüben, sind nicht berechtigt, Mitglieder des Aufsichtsrates oder der zur gesetzlichen Vertretung berufenen Organe eines Betreibers von Transportnetzen zu bestellen. ⁶Personen, die Mitglied des Aufsichtsrates oder der zur gesetzlichen Vertretung berufenen Organe eines Unternehmens sind, das eine Funktion der Gewinnung, Erzeugung oder Vertrieb von Energie an Kunden wahrnimmt, sind nicht berechtigt, Mitglied des Aufsichtsrates oder der zur gesetzlichen Vertretung berufenen Organe des Transportnetzbetreibers zu sein. ⁷Rechte im Sinne von Satz 2, 3 und 5 sind insbesondere:

1. die Befugnis zur Ausübung von Stimmrechten, soweit dadurch wesentliche Minderheitsrechte vermittelt werden, insbesondere in den in § 179 Absatz 2 des Aktiengesetzes, § 182 Absatz 1 des Aktiengesetzes sowie § 193 Absatz 1 des Aktiengesetzes geregelten oder vergleichbaren Bereichen,
2. die Befugnis, Mitglieder des Aufsichtsrates oder der zur gesetzlichen Vertretung berufenen Organe zu bestellen,
3. das Halten einer Mehrheitsbeteiligung.

⁸Die Verpflichtung nach Satz 1 gilt als erfüllt, wenn zwei oder mehr Unternehmen, die Eigentümer von Transportnetzen sind, ein Gemeinschaftsunternehmen gründen, das in zwei oder mehr Mitgliedstaaten als Betreiber für die betreffenden Transportnetze tätig ist. ⁹Ein anderes Unternehmen darf nur dann Teil des Gemeinschaftsunternehmens sein, wenn es

Eigentumsrechtliche Entflechtung § 8

nach den Vorschriften dieses Abschnitts entflochten und zertifiziert wurde. [10]Transportnetzbetreiber haben zu gewährleisten, dass sie über die finanziellen, materiellen, technischen und personellen Mittel verfügen, die erforderlich sind, um die Aufgaben nach Teil 3 Abschnitt 1 bis 3 wahrzunehmen.

(3) Im unmittelbaren Zusammenhang mit einem Entflechtungsvorgang nach Absatz 1 dürfen weder wirtschaftlich sensible Informationen nach § 6a, über die ein Transportnetzbetreiber verfügt, der Teil eines vertikal integrierten Unternehmens war, an Unternehmen übermittelt werden, die eine der Funktionen Gewinnung, Erzeugung oder Vertrieb von Energie an Kunden wahrnehmen, noch ein Personalübergang vom Transportnetzbetreiber zu diesen Unternehmen stattfinden.

Übersicht

	Rn.
A. Allgemeines	1
I. Ziel der Regelung	1
II. Entstehungsgeschichte	3
III. Europarechtliche Grundlagen	4
B. Eigentumsrechtliche Entflechtung	5
I. Eigentum am Transportnetz	6
1. Eigentümerbefugnis	7
2. Eigentum des Netzes	20
II. Entflechtung	24
1. Bestimmender Einfluss	25
2. Abstufungen des Einflussverbots	32
3. Persönliche Inkompatibilitäten	35
4. Ausnahme für Finanzinvestoren?	36
III. Ausstattung des Transportnetzbetreibers	38
1. Finanzielle Ausstattung	39
2. Personelle, materielle und technische Ausstattung	43
C. Verbot der Informationsübermittlung	44

Literatur: *Heitling/Wiegemann*, Fallstricke für Finanzinvestoren?, Die eigentumsrechtliche Entflechtung von Transportnetzbetreibern nach dem neuen EnWG, N&R 2011, 233; *Kaiser/Wischmeyer*, Eigentumsrechtliche Entflechtung im Energiebereich, VerwArch 101 (2010), 34; *Kühling/Pisal*, Die Umsetzung der EU-Entflechtungsvorgaben im EnWG 2011, et 2012, 127.

A. Allgemeines

I. Ziel der Regelung

Mit § 8 ist die eigentumsrechtliche Entflechtung als **Regelentflechtung** für 1 Transportnetzbetreiber vorgesehen. Regelungstechnisch handelt es sich bei § 8 um den Regelfall, der immer dann zur Anwendung kommt, wenn Transportnetzbetreiber nicht von den anderen Entflechtungsmöglichkeiten des unabhängigen Systembetreibers (ISO) nach § 9 oder des unabhängigen Transportnetzbetreiber (ITO) nach §§ 10ff. Gebrauch gemacht haben.

Entsprechend der Zielrichtung der Entflechtungsvorschriften dient die Rege- 2 lung dazu, den **diskriminierungsfreien Netzzugang** zu gewährleisten. So wird

Hölscher 239

§ 8   Teil 2. Entflechtung

in den Erwgr. 9 ff. der Elt-RL 09 ausgeführt, dass ohne wirksame Trennung des Netzbetriebs von der Erzeugung und der Versorgung zwangsläufig die Gefahr einer Diskriminierung nicht nur in der Ausübung des Netzgeschäfts, sondern auch in Bezug auf die Schaffung von Anreizen für vertikal integrierte Unternehmen, ausreichend in ihre Netze zu investieren, besteht. Der Unionsgesetzgeber hat dabei gerade die **eigentumsrechtliche Entflechtung** der Übertragungs- und Fernleitungsnetze als das **wirksamste Instrument** angesehen, um in nichtdiskriminierender Weise Investitionen in die Infrastrukturen und einen fairen Netzzugang für neue Anbieter und Transparenz des Marktes zu fördern.

II. Entstehungsgeschichte

3   Im Zusammenhang mit den Beratungen des 3. Binnenmarktpakets Energie, die zu der Elt-RL 09 und der Gas-RL 09 geführt haben, war die Frage einer obligatorischen eigentumsrechtlichen Entflechtung der Transportnetze Hauptstreitgegenstand (→ Vor §§ 6 ff. Rn. 3 ff.). Nachdem die Kontroversen dazu geführt haben, dass neben der Entbündelungsvariante des unabhängigen Systembetreibers (§ 9) auch die Möglichkeit des unabhängigen Transportnetzbetreibers (§ 10) eingeführt wurde, ist das **Gesetzgebungsverfahren** zwar erst **kurz vor Ablauf der Umsetzungsfrist**, aber weitgehend geräuschlos verlaufen.

III. Europarechtliche Grundlagen

4   § 8 dient der Umsetzung des **Art. 43 Elt-RL 19/Art. 9 Gas-RL 09.** Der Inhalt des § 8 ist weitestgehend bereits durch die Richtlinienvorschriften vorgegeben.

B. Eigentumsrechtliche Entflechtung

5   Die Regelung zur Entflechtung des Transportnetzbetreibers sind **praktisch vollständig in Abs. 2** enthalten. Die Regelung ist daher im Vergleich zu Art. 43 Elt-RL 19/Art. 9 Gas-RL 09 besonders unübersichtlich geraten.

I. Eigentum am Transportnetz

6   Der Transportnetzbetreiber muss nach Abs. 2 unmittelbar oder vermittelt durch Beteiligungen Eigentümer des Transportnetzes sein. Diese zunächst trivial klingende Forderung hat in der Zertifizierungspraxis der BNetzA zu verschiedenen Problemen geführt, die davon herrühren, dass die Energiewirtschaft seit jeher **kooperations**freudig ist und in den integrierten Unternehmen **Transportnetz** und **Verteilnetz** oft **verflochten** waren. Dabei wirft Abs. 2 S. 1 sowohl die Frage danach auf, welche Eigentumsgegenstände von der Regelung umfasst werden, als auch welche Formen unmittelbaren und mittelbaren Eigentums den Anforderungen von Abs. 1 S. 1 genügen.

7   **1. Eigentümerbefugnis. a) Unmittelbares Eigentum.** Rechtlich unproblematisch ist der Fall, in dem der Transportnetzbetreiber **alleiniger Eigentümer** der Vermögensgegenstände ist, die dem Transportnetz zuzurechnen sind. Aus den Zertifizierungsentscheidungen der BNetzA ist zu entnehmen, dass im Strombereich das unmittelbare Alleineigentum den Regelfall darstellt.

Eigentumsrechtliche Entflechtung § 8

Nach der Entscheidungspraxis der BNetzA erfüllt auch **Bruchteilseigentum** 8
den Begriff des unmittelbaren Eigentums iSv § 8 Abs. 2 S. 1 Alt. 1. Bruchteilseigentum stellt vollwertiges Eigentum iSv BGB dar. Das Eigentum steht hierbei mehreren Rechtspersonen zu, wobei sich die Eigentumsanteile nach Bruchteilen bestimmen. Jede Rechtsperson kann über ihren Anteil selbst verfügen. Über das Objekt im Ganzen können die Bruchteilseigentümer gemeinschaftlich verfügen. Die Eigentümer bilden hierzu eine Bruchteilsgemeinschaft. Die technische Betriebsführung kann dann nur einheitlich erfolgen. Betreibereigenschaft und Betriebsführung können allerdings auseinanderfallen, ohne dass dies zu beanstanden ist (BNetzA Beschl. v. 5.2.2013 – BK 7-12-028, S. 8). Diese Konstellation soll iRd § 8 Abs. 1 jedenfalls dann unproblematisch sein, wenn die **Leitung** in einem **Umfang** genutzt wird, der mit der **Höhe des Bruchteilseigentums** übereinstimmt. Eine solche Kongruenz ist häufig gegeben. Gerade für die großen Fernleitungen ist es typisch, dass eine Leitung von mehreren Transportnetzbetreibern genutzt wird, die sich in der einen oder anderen Form auch das Eigentum an diesen Leitungen oder Kapazitäten teilen.

b) Mittelbares Eigentum. § 8 Abs. 2 S. 2 sieht ausdrücklich vor, dass es ausrei- 9
chend ist, wenn der Transportnetzbetreiber, vermittelt durch Beteiligungen, Eigentümer des Transportnetzes ist. Eine solche mittelbare Eigentümerstellung liegt unproblematisch vor, wenn das unmittelbare Eigentum an den entsprechenden Netzelementen bei einer **100-prozentigen Tochter** des Transportnetzbetreibers liegt (BNetzA Beschl. v. 9.11.2012 – BK 6-12-040, S. 9).

Im Bereich der Fernleitungsnetze ist es üblich, dass große Leitungssysteme nicht 10
im Bruchteilseigentum mehrerer Unternehmen, sondern im unmittelbaren Eigentum einer Leitungsgesellschaft stehen. Auch solche Konstellationen sind mit § 8 Abs. 2 S. 1 grundsätzlich vereinbar. Die BNetzA hat hierbei **drei Kriterien** aufgestellt, die kumulativ erfüllt sein müssen.

Erstes Kriterium ist, dass sämtliche **Gesellschafter der Leitungsgesellschaft** 11
ebenfalls **Transportnetzbetreiber** sind. Nicht zulässig soll es sein, dass Unternehmen aus den Wettbewerbsbereichen Anteile an der Leitungsgesellschaft halten (BNetzA Beschl. v. 5.2.2013 – BK 7-12-028, S. 9). Dies entspricht grundsätzlich der Zielsetzung, sachwidrigen Interessenkollisionen und -vermengungen zwischen Transportnetzbetrieb und anderen Funktionen im Energiebereich vorzubeugen, um die Ziele der Entflechtung zu erreichen (Begr. zum Gesetzentwurf, BT-Drs. 17/6072, 58). Etwas anderes hätte allerdings gelten müssen, falls von der Entbündelungsoption des § 9 (ISO) Gebrauch gemacht worden wäre. In diesem Fall hätte es zulässig sein müssen, dass das Eigentum in der bei diesem Konstrukt vorgesehenen Eigentumsgesellschaft liegt.

Nach der Entscheidungspraxis der BNetzA liegt ein Fall des mittelbaren Eigen- 12
tums, der den Anforderungen des § 8 Abs. 2 S. 1 genügt, nur dann vor, wenn eine **gemeinsame Kontrolle** der **Gesellschafter über die Leitungsgesellschaft** vorliegt. Dies soll dann nicht vorliegen, wenn eines der beteiligten Unternehmen die Gesellschaft aufgrund gesellschaftsvertraglicher Regelungen oder durch entsprechende anderweitige Absprachen oder Verträge allein kontrolliert. Maßstab soll insoweit die FKVO sein (BNetzA Beschl. v. 5.2.2013 – BK 7-12-028, S. 9). Die Gesellschaftsverträge der Leitungsgesellschaften werden in aller Regel diesen Anforderungen genügen, da die Gesellschafter ein ureigenes Interesse daran haben, nicht von einem Mehrheitsgesellschafter dominiert zu werden.

Die BNetzA verlangt weiter, dass die Beteiligung an der Leistungsgesellschaft 13
eine **Verfügungsbefugnis über das Transportnetz** vermittelt, die der eines

§ 8 Teil 2. Entflechtung

Eigentümers nach Maßgabe des § 903 BGB entspricht. Damit ist nicht notwendig eine alleinige Verfügungsbefugnis über das Netz verbunden. Vielmehr genügen auch Rechte, die mit denen eines Miteigentümers nach §§ 1008 ff. BGB vergleichbar sind. Die Rechte im Gesellschaftsvertrag der Leitungsgesellschaft, beispielsweise durch entsprechende Weisungsrechte oder Zustimmungsvorbehalte des Transportnetzbetreibers zu vereinbaren (BNetzA Beschl. v. 5.2.2013 – BK 7-12-028, S. 11). Dem wird regelmäßig dadurch Genüge getan, dass die im Eigentum der Leitungsgesellschaft stehenden Leitungen in virtuelle Leitungssysteme („Pipe-in-Pipe") aufgeteilt werden. Bezüglich der dem jeweiligen Netzbetreiber zugeteilten Kapazitäten hat er regelmäßig eine Nutzungs- und Verfügungsbefugnis, die er unabhängig von den anderen Mitgesellschaftern ausüben kann.

14 **c) Nutzungsüberlassungen.** Der Anwendungsbereich von § 8 Abs. 2 S. 1 ist entsprechend der Entscheidungspraxis der BNetzA **teleologisch zu reduzieren.** Das Ziel der Entflechtung wird nicht gefährdet, wenn in einem beschränkten Maße und unter bestimmten Bedingungen Nutzungsüberlassungen zugelassen werden. Das Entflechtungssystem soll Interessenkonflikte zwischen Erzeugern und Lieferanten einerseits und Transportnetzbetreibern andererseits wirksam lösen, um Anreize für die notwendigen Investitionen zu schaffen und Zugang von Markteinsteigern zu gewährleisten (Erwgr. 69 Elt-RL 19 bzw. 9 Gas-RL 09). Die BNetzA stellt hierzu **drei Kriterien** auf:

15 Der Transportnetzbetreiber muss einen solch starken Einfluss auf das überlassene Objekt ausüben, dass dieser einer **Eigentümerstellung vergleichbar** ist, dh, die Überlassungsverträge müssen so ausgestaltet sein, dass der Transportnetzbetreiber faktisch und rechtlich vergleichbar einem Eigentümer agieren kann (BNetzA Beschl. v. 5.2.2013 – BK 7-12-028, S. 13). Diese Voraussetzung wird bei langfristigen Pachtverträgen häufig vorliegen (so auch BerlKommEnergieR / *Säcker* / *Mohr* EnWG § 8 Rn. 96).

16 Weiter verlangt die BNetzA, dass das Objekt **von einem anderen Transportnetzbetreiber** oder im Rahmen eines als unabhängiger Systembetreiber zertifizierten Eigentümers zur Nutzung **überlassen** wird (BNetzA Beschl. v. 5.2.2013 – BK 7-12-028, S. 13).

17 Schließlich darf das überlassene Objekt im Verhältnis zum Gesamttransportnetz nicht wesentlich ins Gewicht fallen; erfasst werden also nur solche Leitungen oder Anlagen, die zur Nutzung überlassen werden, die im Vergleich zum sonstigen Netz eine **untergeordnete Rolle** spielen (BNetzA Beschl. v. 5.2.2013 – BK 7-12-028, S. 13, s. auch Beschl. v. 9.11.2012 – BK 6-12-040, S. 9 f.).

18 Die teleologische Reduktion durch die BNetzA ist uneingeschränkt zu begrüßen. Durch die Nutzungsüberlassungsverhältnisse, die in der Praxis regelmäßig Ausdruck von Kooperationen der beteiligten Netzbetreiber sind, wird die Verfügungsbefugnis des Transportnetzbetreibers über sein Transportnetz nicht relevant eingeschränkt. Zur Erreichung der Entflechtungsziele erscheint es aber **nicht als erforderlich,** dass **ein Transportnetzbetreiber Eigentümer** der überlassenen Einrichtungen ist. Die Zwecke können auch erfüllt werden, wenn eine Nutzungsüberlassungsvereinbarung mit einem Verteilnetzbetreiber erfolgt. Insgesamt scheint es wenig zielführend zu sein, wenn die BNetzA – wie im Beschl. v. 9.11.2012 – BK 6-12-040, S. 11 – einem Übertragungsnetzbetreiber nahelegt, falls der Erwerb der 110 kV-Sammelschienen in Umspannwerke nicht gelingt, zur Erfüllung der Anschlussverpflichtung an das Übertragungsnetz separate 110 kV-Sammelschienen zu errichten. Hier wäre es ausreichend, wenn er über eine Nutzungs-

Eigentumsrechtliche Entflechtung §8

überlassung die Möglichkeit erhielte, berechtigten Anschlussbegehren nachzukommen.

d) Europäische Gemeinschaftsunternehmen. Nach § 8 Abs. 2 S. 7, 8 gilt die Verpflichtung nach S. 1 als erfüllt, wenn zwei oder mehr Unternehmen, die Eigentümer von Transportnetzen sind, ein **Gemeinschaftsunternehmen** gründen, **das in zwei oder mehr Mitgliedstaaten als Betreiber** für die betreffenden **Transportnetze** tätig ist. Ein anderes Unternehmen darf nur dann Teil des Gemeinschaftsunternehmens sein, wenn es eigentumsrechtlich oder als unabhängiger Systembetreiber entflochten ist. Die Vorschrift eröffnet die Möglichkeit, innerhalb der EU grenzüberschreitende Transportnetzbetreiber zu begründen, ohne dass die bisherigen nationalen Transportnetzbetreiber auf das Eigentum am Transportnetz verzichten müssen. In dieser Konstellation dürfen die Transportnetzbetreiber nicht Teil eines integrierten Energieversorgungsunternehmens sein.

2. Eigentum des Netzes. Die Verpflichtung nach § 8 Abs. 2 S. 1 bezieht sich auf das **Transportnetz.** Transportnetz ist nach § 3 Nr. 31 d jedes Übertragungs- oder Fernleitungsnetz. Definiert sind sowohl Übertragung als auch Fernleitung, nicht aber welche Vermögensgegenstände jeweils zum Netz gehören. Auch in der Entscheidungspraxis der BNetzA findet man hierzu **keine Definition.**

Die Zertifizierungsentscheidungen der BNetzA gehen allerdings davon aus, dass das Erfordernis des § 8 Abs. 2 S. 1 sich lediglich auf das **eigentliche Netz** bezieht, also im Bereich des **Fernleitungsnetzes** und die **Rohrleitungen und Verdichteranlagen** und im Bereich des **Übertragungsnetzes** auf die **Stromleitungen und die Umspanneinrichtungen.** Daraus kann man in einem ersten Schritt ableiten, dass diverse Geschäftsausstattung, die auch notwendig ist, um die Geschäftstätigkeit eines Transportnetzbetreibers auszuüben, nicht hiervon betroffen ist. Dies gilt sowohl für die erforderlichen Verwaltungsgebäude als auch für die sonstige Geschäftsausstattung. Auch der Transportnetzbetreiber ist nicht daran gehindert, die erforderlichen Büroräume zu mieten und Computer und Drucker sowie Fahrzeuge zu leasen. Eine Erstreckung des Erfordernisses auf diese Vermögensgegenstände wäre unverhältnismäßig, weil sie weder für den diskriminierungsfreien Netzzugang noch für die Investitionen in die Netzinfrastruktur wesentlich sind.

Zutreffend geht die BNetzA auch davon aus, dass die **Grundstücke,** auf denen Masten stehen oder durch die Leitungen verlaufen, nicht im Eigentum des Netzbetreibers stehen müssen (BNetzA Beschl. v. 9.11.2012 – BK 6-12-044, S. 20).

Ausführlich hatte sich die BNetzA mit der Frage zu beschäftigen, ob **Masten** ein notwendiger Bestandteil eines **Übertragungsnetzes** sind. Die BNetzA geht davon aus, dass dies nicht der Fall ist. Zwar würden die Masten, an denen die Leitungen befestigt werden, im Allgemeinen als Teil des Netzes angesehen. Letztlich handele es sich bei den Gestängeplätzen aber um nichts Weiteres als das **Medium, durch das die Leitungen geführt werden.** Sie seien somit vergleichbar mit den Leitungen bei der Erdverkabelung (BNetzA Beschl. v. 9.11.2012 – BK 6-12-044, S. 19; Beschl. v. 11.4.2013 – BK 6-12-004, S. 25). Dieser Rechtsauffassung der BNetzA ist im Wesentlichen aus pragmatischen Gründen zuzustimmen. Eine gemeinsame Nutzung von Masten durch unterschiedliche Transportnetzbetreiber bzw. durch Transportnetz- und Verteilnetzbetreiber dient der Effizienz. Zudem wird der Landschaftsverbrauch verringert, wenn Masten gemeinsam genutzt werden und dadurch eine parallele Aufstellung von Masten vermieden wird.

Hölscher

II. Entflechtung

24 Die Entflechtungsregelungen der S. 2–5 stellen den Kern der Regelung des § 8 Abs. 2 dar. Nach der Gesetzesbegründung ist es Ziel dieser Regelung, sachwidrigen Interessenkollisionen und -vermengungen zwischen Transportnetzbetrieben und anderen Funktionen im Energiebereich vorzubeugen und die Ziele der Entflechtung zu erreichen. S. 6 konkretisiert den Begriff der Rechte in den S. 2–4. Der deutsche Gesetzgeber hat sich nach der Begründung zum Gesetzentwurf entschieden, hier das **Halten von Minderheitsbeteiligungen mit Stimmrechten zuzulassen, soweit keine wesentlichen Minderheitenrechte verliehen werden.** Solche wesentlichen Rechte seien insbesondere Sperrminoritäten für Satzungsänderungen, Entscheidungen über Kapitalerhöhungen der Gesellschaft gegen Einlagen, Entscheidungen über bedingte Kapitalerhöhungen sowie Vetorechte ab einem Anteil von 25 Prozent. Der deutsche Gesetzgeber habe sich aus Verhältnismäßigkeitsgründen für diese, dem Sinn und Zweck der Richtlinie entsprechende Auslegung entschieden (BT-Drs. 17/1672, 58). Ob diese Gesetzesfassung, die den Wortlaut von Art. 43 Elt-RL 19/Art. 9 Gas-RL 09 einschränkt, europarechtskonform ist, kann bezweifelt werden. Ersichtlich ist jedenfalls das Bemühen des deutschen Gesetzgebers, Minderheitsbeteiligungen von integrierten Unternehmen zuzulassen (ausf. zur Gesetzgebungsgeschichte *Heitling/Wiegemann* N&R 2011, 233 (237)).

25 **1. Bestimmender Einfluss.** Das Gesetz benutzt **zwei Stufen bestimmenden Einflusses,** um die jeweiligen unterschiedlichen Positionen zu charakterisieren. Dies ist einmal der Begriff der mittelbaren und unmittelbaren Kontrolle, zum anderen der Begriff der Ausübung von Rechten an einem Unternehmen.

26 **a) Mittelbare oder unmittelbare Kontrolle.** Der Begriff der mittelbaren oder unmittelbaren Kontrolle ist im EnWG und auch in den zugrunde liegenden Richtlinien nicht definiert. Aufgrund des Ursprungs aus dem Richtlinienrecht ist er iSd **Art. 3 Abs. 2 FKVO** zu bestimmen. Nach dieser Vorschrift wird die Kontrolle durch Rechte, Verträge oder andere Mittel begründet, die einzeln oder zusammen unter Berücksichtigung aller tatsächlichen oder rechtlichen Umstände die Möglichkeit gewähren, einen bestimmenden Einfluss auf die Tätigkeit eines Unternehmens auszuüben, insbesondere durch Eigentums- oder Nutzungsrechte an der Gesamtheit oder an Teilen des Vermögens des Unternehmens; Rechte oder Verträge, die einen bestimmenden Einfluss auf die Zusammensetzung, die Beratung oder Beschlüsse der Organe des Unternehmens gewähren. Der über den Begriff der mittelbaren oder unmittelbaren Kontrolle definierte Zusammenschlussbegriff der FKVO ist enger als der Zusammenschlussbegriff des § 37 GWB. Insbesondere wird der qualifizierte Anteilserwerb, der nach § 37 Abs. 1 Nr. 3 GWB zu einem Zusammenschluss führt, nicht erfasst. Kontrolle setzt nach den Regelungen des Art. 3 Abs. 2 FKVO grundsätzlich voraus, dass der Inhaber alleiniger Kontrolle keinem Einigungszwang in Bezug auf andere Unternehmen oder Personen unterliegt. Grundsätzlich setzt die Annahme alleiniger Kontrolle die Möglichkeit voraus, positiv über die strategischen Entscheidungen eines anderen Unternehmens zu bestimmen (Immenga/Mestmäcker WettbR/*Körber* Bd. 3 FKVO Art. 3 Rn. 27 f.). Der Erwerb mittelbarer oder unmittelbarer Kontrolle setzt also regelmäßig den Erwerb der Mehrheit der Stimmrechte voraus, soweit eine tatsächliche Kontrolle sich nicht aus anderen rechtlichen oder tatsächlichen Gegebenheiten ergibt. Das Konzept der Kontrolle wird allerdings dadurch ausgeweitet, dass ein bestimmender Einfluss

Eigentumsrechtliche Entflechtung § 8

auch durch die Ausübung von Rechten an einem Unternehmen vermittelt werden kann.

b) Ausübung von Rechten. Die Ausübung von Rechten iSv S. 2–4 wird in 27 S. 6 nicht abschließend erläutert. Da der Begriff der **Ausübung von Rechten** an einem Unternehmen **konturlos** ist, fällt es allerdings nicht leicht, andere Anwendungsfälle als die in S. 6 aufgezählten zu benennen. Hierbei handelt es sich um folgende Einflussmöglichkeiten.

§ 8 Abs. 2 S. 6 Nr. 1 umfasst die Befugnis zur Ausübung von Stimmrechten, so- 28 weit dadurch wesentliche Minderheitsrechte vermittelt werden. Insbesondere sind hierbei Vetopositionen zu berücksichtigen, die beim **Überschreiten einer Beteiligung von 25 Prozent** regelmäßig vorliegen. Falls die Satzung eines Unternehmens bereits bei niedrigeren Schwellen Vetopositionen einräumt, sind diese auch ausreichend. Fordert eine Satzung oder ein Gesellschaftsvertrag für bestimmte Entscheidungen Einstimmigkeit unter den Gesellschaftern, hat jeder Gesellschafter wesentliche Minderheitsrechte im Sinne dieser Vorschrift.

Die **Kommission** geht mit Bezug auf die entsprechende Vorschrift in Art. 43 29 Abs. 2 lit. a Elt-RL 19/Art. 9 Abs. 2 lit. a Gas-RL 09, die sich allein auf die Befugnis zur Ausübung von Stimmrechten bezieht, davon aus, dass jede Beteiligung ein entsprechendes Recht vermittelt, es sei denn, sie sei **stimmrechtslos.** Die deutsche Rechtslage weicht von dieser Auffassung der Kommission ab und ist für die deutsche Rechtsanwendung maßgeblich.

Ein Recht an einem Unternehmen iSd § 8 Abs. 2 stellt nach § 8 Abs. 2 Nr. 2 die 30 Befugnis dar, **Mitglieder des Aufsichtsrats** oder der zur gesetzlichen Vertretung berufenen Organe **zu bestellen.** Hierbei muss es sich um eine **rechtliche Befugnis** handeln, die zu einer Bestellung führt. Nicht erfasst wäre also ein Fall, bei dem ein Minderheitsgesellschafter ein Aufsichtsratsmitglied vorschlägt und dieser Vorschlag aufgrund eines rechtlich nicht vorgegebenen, von den Gesellschaftern aber als zweckmäßig angesehenen Proporzes befolgt wird.

Nach § 8 Abs. 2 S. 6 Nr. 3 führt auch das Halten einer **Mehrheitsbeteiligung** 31 zur Ausübung von Rechten an einem Unternehmen. In diesem Fall liegt zudem regelmäßig eine Kontrolle über das Unternehmen vor.

2. Abstufungen des Einflussverbots. § 8 Abs. 2 S. 2–4 enthält ein **abgestuf-** 32 **tes System des Einflussverbots.** Dies stellt sich im Einzelnen folgendermaßen dar: Personen bzw. Unternehmen, die Kontrolle über ein Unternehmen ausüben, das eine der Funktionen Gewinnung, Erzeugung oder Vertrieb von Energie an Kunden wahrnimmt, dürfen bei einem Transportnetzbetreiber weder Kontrolle noch Rechte ausüben (§ 8 Abs. 2 S. 2). Ihnen ist aufgrund dieser Bestimmung nur eine Minderheitsbeteiligung gestattet, die mit keinen wesentlichen Minderheitsrechten ausgestattet ist.

Spiegelbildlich bestimmt § 8 Abs. 2 S. 3, dass Unternehmen, die eine Kontrolle 33 über den Transportnetzbetreiber ausüben – also in der Regel mehrheitlich beteiligt sind –, an Unternehmen der Sparten Gewinnung, Erzeugung oder Vertrieb weder die Kontrolle noch Rechte ausüben dürfen. Vereinfacht gesagt: Wer an einem **Transportnetzbetreiber mehrheitlich beteiligt** ist, darf an Unternehmen der sonstigen Sparten nur **Minderheitsbeteiligungen** halten, die keine besonderen Minderheitsrechte vermitteln.

S. 4 bestimmt nun, dass Personen, die unmittelbar oder mittelbar Kontrolle oder 34 Rechte an einem Unternehmen ausüben, das in den sonstigen Sparten tätig ist, beim Transportnetzbetreiber nicht berechtigt sein dürfen, **Mitglieder des Auf-**

sichtsrats oder zur **gesetzlichen Vertretung** berufene Organe zu **bestellen.** Bei der Gesamtschau ermöglichen es diese Vorschriften, dass ein Unternehmen sowohl bei einem **Unternehmen der übrigen Sparten** als auch bei einem **Transportnetzbetreiber** über eine **Minderheitsbeteiligung** verfügen darf, die **wesentliche Minderheitsrechte vermittelt,** solange es nicht das Recht zur Bestellung eines Aufsichtsratsmitglieds hat.

35 **3. Persönliche Inkompatibilitäten.** § 8 Abs. 2 S. 5 bestimmt, dass **Mitglieder des Aufsichtsrats** und zur gesetzlichen **Vertretung berufene Organe** eines Unternehmens nicht zugleich eine dieser Funktionen bei einem Unternehmen der sonstigen Sparte und einem Transportnetzbetreiber wahrnehmen können. Bei den zur gesetzlichen Vertretung berufenen Organen handelt es sich um die **Geschäftsführer** bei der GmbH und die **Vorstandsmitglieder** bei der AG. Jegliche Verflechtung zwischen Aufsichtsrat und Geschäftsführung/Vorstand zwischen Transportnetzbetreiber und Unternehmen der sonstigen Sparten ist damit ausgeschlossen.

36 **4. Ausnahme für Finanzinvestoren?** Die Anwendung der Entflechtungsregeln auf Finanzinvestoren schränkt die Möglichkeit von Finanzinvestoren, in Transportnetzbetreiber zu investieren, in gewissem Umfang ein (*Heidling/Wiegemann* N&R 2011, 233 ff.). Dies wird von der BNetzA als unerwünscht angesehen, da im Bereich der Transportnetze erheblicher Investitionsbedarf bestehe. Sowohl der nationale als auch der europäische Gesetzgeber sehen daher eine Vielzahl von Regelungen vor, die die notwendigen Investitionen sicherstellen sollten. Dieses übergreifende Ziel des Gesetzgebers sei auch bei der Auslegung von Art. 8 Abs. 2 S. 2 und 3 zu beachten. Eine **Anwendung** der Regelung, die **Investitionen in Transportnetze erschwere** oder verhindere, obwohl die Ziele der Norm – Beseitigung von Interessenkonflikten – bereits erreicht seien, sei zu **vermeiden.** Daraus folge, dass trotz formal bestehender gemeinsamer Kontrolle oder Ausübung von Rechten ausnahmsweise kein Verstoß gegen § 8 Abs. 2 S. 2 und 3 vorliege, wenn dadurch mittel- und langfristige Investitionen ermöglicht würden und aufgrund der Interessenlage und internen Struktur des Investors eine Wettbewerbsverfälschung durch Missbrauch des Einflusses auf den Transportnetzbetreiber praktisch nahezu ausgeschlossen sei (BNetzA Beschl. v. 9.11.2012 – BK 6-12-040, S. 18).

37 Im Rahmen einer **Einzelfallbetrachtung** hat die BNetzA die **mittelbare gemeinsame Kontrolle** des Finanzinvestors IFM bei dem Übertragungsnetzbetreiber 50 Hertz Transmission GmbH als zulässig angesehen, obwohl IFM auch an mehreren Erzeugungsanlagen maßgeblich beteiligt ist. Die BNetzA hat dies damit begründet, dass IFM bereits aufgrund seiner Investitionsstrategie kein Interesse daran habe, die Monopolstellung des Transportnetzbetreibers für die Diskriminierung von Wettbewerbern oder für Quersubventionen zu nutzen. Dementsprechend sehe bereits die interne Struktur von IFM und von seinen Beteiligungen eine Entflechtung vor, die die Investitionsstrategie von IFM praktisch umsetze und sicherstelle. Ob ein Anreiz zur missbräuchlichen Beeinflussung besteht, hat die BNetzA dann anhand der einzelnen Beteiligungen überprüft (BNetzA Beschl. v. 9.11.2012 – BK 6-12-040, S. 22 ff.). Entsprechende Überlegungen hat die BNetzA ua bei zwei Offshore-Anbindungen angestellt (BNetzA Beschl. v. 16.3.2016 – BK6-15-045, S. 7 ff. und v. 30.6.2017 – BK6-16-253, S. 8 ff.). Die sich verfestigende Entscheidungspraxis der BNetzA stellt dabei ein notwendiges Korrelat zu dem weiten Begriff des vertikal integrierten Unternehmens dar. Dies gilt umso mehr, wenn aufgrund der Entscheidung des EuGH v. 2.9.2021 – C-718/18 und

der Änderungen in § 3 Nr. 38 durch das sog. Osterpaket zukünftig weltweit Beteiligungen im Energiebereich zu berücksichtigen sind.

III. Ausstattung des Transportnetzbetreibers

Abs. 2 S. 9 bestimmt, dass Transportnetzbetreiber zu gewährleisten haben, dass 38
sie über die **finanziellen, materiellen, technischen und personellen Mittel**
verfügen, die erforderlich sind, um ihre Aufgaben wahrzunehmen.

1. Finanzielle Ausstattung. Im Vordergrund der Regelungen von S. 9 steht 39
die grundsätzliche Fähigkeit des Transportnetzbetreibers, die zu einem sicheren
und effizienten Netzbetrieb erforderlichen **Investitionen** zu tätigen (Begr. zum
Gesetzentwurf, BT-Drs. 17/1672, 58).

Nach der Rechtsauffassung der BNetzA muss der Transportnetzbetreiber über 40
die erforderlichen Mittel verfügen, um die anstehenden Investitionen in das Transportnetz durchführen zu können. Dabei müssen die Mittel dem Unternehmen
nicht als Eigenkapital zur Verfügung stehen. Vielmehr ist es ausreichend, wenn das
Unternehmen aufgrund seiner **Bonität und Finanzkraft** absehbar in der Lage
ist, auch in Zukunft ausreichende Mittel für den Netzbetrieb und -ausbau zur Verfügung zu haben. Diese Mittel können auch fremdfinanziert werden (vgl. BNetzA
Beschl. v. 9.11.2012 – BK 7-12-037, S. 13). Dabei stellt die BNetzA entscheidend
darauf ab, ob der Transportnetzbetreiber in der Vergangenheit in der Lage war, den
Finanzierungsbedarf zu decken (BNetzA Beschl. v. 9.11.2012 – BK 7-12-037,
S. 13; Beschl. v. 9.11.2012 – BK 6-12-047, S. 11).

Im Gegensatz zu dieser Rechtsauffassung ist die **EU-Kommission** der Auf- 41
fassung, dass Art. 9 Elt-RL 09 (heute Art. 43 Elt-RL 19) **nicht** fordere, dass ein
eigentumsrechtlich entflochtener Transportnetzbetreiber über alle **finanzielle
Ressourcen** verfügen müsse, die zur Erfüllung seiner Pflichten im Rahmen der
Entflechtungsvorschriften erforderlich seien. Eine entsprechende Verpflichtung sei
in Art. 17 Elt-RL 09 (heute Art. 46 Elt-RL 19) lediglich dem unabhängigen Transportnetzbetreiber (ITO) auferlegt worden. Die Ratio dieser Anforderung bestehe
darin, die finanzielle Unabhängigkeit des ITO von den Produktions- und Versorgungsinteressen des vertikal integrierten Unternehmens sicherzustellen. Ohne eine
solche Anforderung könnte das vertikal integrierte Unternehmen weiterhin die
Kontrolle über den ITO ausüben, insbesondere in Bezug auf die Investitionsentscheidungen, indem es die notwendigen finanziellen Mittel zurückhalte, um den
Bau neuer Netzanbindungen zu unterbinden und dadurch seine tatsächlichen und
potenziellen Wettbewerber in den Bereichen Erzeugung und Versorgung zu behindern. Derartige Bedenken gebe es im Rahmen eines eigentumsrechtlich entflochtenen Transportnetzbetreibers jedoch nicht, wenn es kein vertikal integriertes Unternehmen gäbe, das die Unabhängigkeit des Transportnetzbetreibers untergraben
könnte (zit. in BNetzA Beschl. v. 9.11.2012 – BK 6-12-047, S. 7).

Die Rechtsauffassung der BNetzA hat zur **Versagung der Zertifizierung** des 42
Transportnetzbetreibers **Tennet TSO** geführt. Die Entscheidung der BNetzA war
Gegenstand des Beschwerdeverfahrens VI-3 Kart 294/12 [V] beim OLG Düsseldorf, das durch übereinstimmende Erledigungserklärung im Termin vom
22.1.2014 beendet wurde, ohne dass es zu einer gerichtlichen Entscheidung gekommen wäre. Tennet TSO ist dann mit Bescheid vom 3.8.2015 (BK6-12-047)
als Übertragungsnetzbetreiber nach § 8 zertifiziert worden.

43 **2. Personelle, materielle und technische Ausstattung.** Die BNetzA zählt zu der erforderlichen personellen, materiellen und technischen Ausstattung, über die ein eigentumsrechtlich entbündelter Transportnetzbetreiber verfügen muss, alle für den Betrieb des Transportnetzes erforderlichen Anlagen und personellen Ressourcen, wobei **Dienstleistungsverträge grundsätzlich zulässig sind,** dabei jedoch eine qualifizierte Überwachung und Kontrolle zu gewährleisten ist. Der Einsatz von Dienstleistern darf es dem Transportnetzbetreiber nicht unmöglich machen, letztverantwortlich die gesetzeskonforme Erfüllung ihrer Netzbetreibereigenschaft zu gewährleisten (BNetzA Beschl. v. 9.11.2012 – BK 7-12-037, S. 14f.). Dabei ist bemerkenswert, dass die BNetzA bei einem Fernleitungsnetzbetreiber, der freilich nur über einen Anteil an einer einzigen Leitung verfügt, die **Konstruktion einer kleinen Netzgesellschaft** zulässt (zur Diskussion im Verteilnetzbereich → § 7a Rn. 46). In der Sache ist diese Betrachtungsweise bei Gemeinschaftsleitungen, die rechtlich Teil von zwei Fernleitungsnetzen sind, allerdings unvermeidlich, da der Betrieb physisch-real nur einheitlich möglich ist.

C. Verbot der Informationsübermittlung

44 Im **Zusammenhang mit der eigentumsrechtlichen Entflechtung** dürfen weder wirtschaftlich sensible Informationen nach § 6a, über die der Transportnetzbetreiber verfügt, an Unternehmen übermittelt werden, die in **anderen Sparten des integrierten Unternehmens** tätig sind, noch darf Personal vom Transportnetzbetreiber zu anderen Sparten des integrierten Unternehmens übergehen. Die Anwendung dieser Vorschrift hat in der bisherigen Rechtspraxis keine Probleme bereitet.

§ 9 Unabhängiger Systembetreiber

(1) ¹**Ein Unabhängiger Systembetreiber kann nach Maßgabe dieser Vorschrift benannt werden**
1. **für ein Transportnetz, wenn dieses am 3. September 2009 im Eigentum eines vertikal integrierten Unternehmens stand, oder**
2. **für ein Fernleitungsnetz, das Deutschland mit einem Drittstaat verbindet, in Bezug auf den Abschnitt von der Grenze des deutschen Hoheitsgebietes bis zum ersten Kopplungspunkt mit dem deutschen Netz, wenn das Fernleitungsnetz am 23. Mai 2019 im Eigentum eines vertikal integrierten Unternehmens stand.**

²Unternehmen, die einen Antrag auf Zertifizierung des Betriebs eines Unabhängigen Systembetreibers stellen, haben die Unabhängigkeit des Transportnetzbetreibers nach Maßgabe der Absätze 2 bis 6 sicherzustellen.

(2) ¹Auf Unabhängige Systembetreiber ist § 8 Absatz 2 Satz 2, 3, 5 und 6 entsprechend anzuwenden, dabei ist auf Unabhängige Systembetreiber im Elektrizitätsbereich auch § 8 Absatz 2 Satz 4 entsprechend anwendbar. ²Er hat über die materiellen, finanziellen, technischen und personellen Mittel zu verfügen, die erforderlich sind, um die Aufgaben des Transportnetzbetreibers nach Teil 3 Abschnitt 1 bis 3 wahrzunehmen. ³Der Unabhängige Systembetreiber ist verpflichtet, den von der Regulierungsbehörde überwachten zehnjährigen Netzentwicklungsplan nach den §§ 12a bis 12f oder

§ 15a umzusetzen. ⁴Der Unabhängige Systembetreiber hat in der Lage zu sein, den Verpflichtungen, die sich aus der Verordnung (EU) 2019/943 oder der Verordnung (EG) Nr. 715/2009 ergeben, auch hinsichtlich der Zusammenarbeit der Übertragungs- oder Fernleitungsnetzbetreiber auf europäischer und regionaler Ebene, nachkommen zu können.

(3) ¹Der Unabhängige Systembetreiber hat den Netzzugang für Dritte diskriminierungsfrei zu gewähren und auszugestalten. ²Er hat insbesondere Netzentgelte zu erheben, Engpasserlöse einzunehmen, das Transportnetz zu betreiben, zu warten und auszubauen, sowie im Wege einer Investitionsplanung die langfristige Fähigkeit des Transportnetzes zur Befriedigung einer angemessenen Nachfrage zu gewährleisten. ³Der Unabhängige Systembetreiber hat im Elektrizitätsbereich neben den Aufgaben nach Satz 1 und 2 auch die Rechte und Pflichten, insbesondere Zahlungen, im Rahmen des Ausgleichsmechanismus zwischen Übertragungsnetzbetreibern nach Artikel 49 der Verordnung (EU) 2019/943 wahrzunehmen. ⁴Der Unabhängige Systembetreiber trägt die Verantwortung für Planung, einschließlich der Durchführung der erforderlichen Genehmigungsverfahren, Bau und Betrieb der Infrastruktur. ⁵Der Transportnetzeigentümer ist nicht nach Satz 1 bis 4 verpflichtet.

(4) ¹Der Eigentümer des Transportnetzes und das vertikal integrierte Unternehmen haben im erforderlichen Umfang mit dem Unabhängigen Systembetreiber zusammenzuarbeiten und ihn bei der Wahrnehmung seiner Aufgaben, insbesondere durch Zurverfügungstellung der dafür erforderlichen Informationen, zu unterstützen. ²Sie haben die vom Unabhängigen Systembetreiber beschlossenen und im Netzentwicklungsplan nach den §§ 12a bis 12f oder § 15a für die folgenden drei Jahre ausgewiesenen Investitionen zu finanzieren oder ihre Zustimmung zur Finanzierung durch Dritte, einschließlich des Unabhängigen Systembetreibers, zu erteilen. ³Die Finanzierungsvereinbarungen sind von der Regulierungsbehörde zu genehmigen. ⁴Der Eigentümer des Transportnetzes und das vertikal integrierte Energieversorgungsunternehmen haben die notwendigen Sicherheitsleistungen, die zur Erleichterung der Finanzierung eines notwendigen Netzausbaus erforderlich sind, zur Verfügung zu stellen, es sei denn, der Eigentümer des Transportnetzes oder das vertikal integrierte Unternehmen haben der Finanzierung durch einen Dritten, einschließlich dem Unabhängigen Systembetreiber, zugestimmt. ⁵Der Eigentümer des Transportnetzes hat zu gewährleisten, dass er dauerhaft in der Lage ist, seinen Verpflichtungen nach Satz 1 bis 3 nachzukommen.

(5) Der Eigentümer des Transportnetzes und das vertikal integrierte Unternehmen haben den Unabhängigen Systembetreiber von jeglicher Haftung für Sach-, Personen- und Vermögensschäden freizustellen, die durch das vom Unabhängigen Systembetreiber betriebenen Transportnetz verursacht werden, es sei denn, die Haftungsrisiken betreffen die Wahrnehmung der Aufgaben nach Absatz 3 durch den Unabhängigen Systembetreiber.

(6) Betreibt der Unabhängige Systembetreiber die Transportnetze mehrerer Eigentümer von Transportnetzen, sind die Voraussetzungen der Absätze 1 bis 5 im Verhältnis zwischen dem Unabhängigen Systembetrei-

ber und dem jeweiligen Eigentümer von Transportnetzen oder dem jeweiligen vertikal integrierten Unternehmen jeweils zu erfüllen.

Literatur: *Möllinger*, Eigentumsrechtliche Entflechtung der Übertragungsnetze, 2009; *Pisal*, Entflechtungsoptions nach dem Dritten Energiebinnenmarktpaket, 2011.

A. Allgemeines

1   Der deutsche Gesetzgeber hat in § 9 das Modell des unabhängigen Systembetreibers (**Independent System Operator – ISO**) umgesetzt, das in **Art. 44 Elt-RL 19** bzw. **Art. 14 Gas-RL 09** vorgesehen war. Dieses Modell war in das Europäische Rechtsetzungsverfahren durch die Kommission eingebracht worden und sollte den Mitgliedstaaten die Zustimmung ermöglichen, die mit der strikten Vorgabe einer eigentumsrechtlichen Entflechtung nicht einverstanden waren. Diese Mitgliedstaaten haben sich im Europäischen Rechtsetzungsverfahren aber insoweit durchgesetzt, als zusätzlich das Modell des unabhängigen Transportnetzbetreibers (Independent Transmission Operator – ITO) in die Richtlinien aufgenommen wurde. Dieses wurde – auch von dem betroffenen Unternehmen selbst – als den Interessen der vertikal integrierten Unternehmen stärker dienlich angesehen.

2   Unionsrechtlich stellt der ISO eine **Entflechtungsoption** dar. Rechtlich war seine Umsetzung in Deutschland nicht vorgegeben. Daher ist in der 2. Auflage die Auffassung vertreten worden, dass dieses Modell für eine Umsetzung in Deutschland nicht in Betracht kommt (→ 2. Aufl. 2010, Vor §§ 6–9 Rn. 15 mwN). Tatsächlich ist diese Option bisher auch von keinem Unternehmen genutzt worden.

3   Der deutsche Gesetzgeber hat sich aus Gründen der **Verhältnismäßigkeit** entschieden, den betroffenen Unternehmen **alle drei Entflechtungsoptionen** anzubieten (Begr., BT-Drs. 17/6072, 58).

4   Die **Schwäche des ISO-Modells** besteht darin, dass der Transportnetzeigentümer keine Möglichkeit hat, die Rentabilität des Netzgeschäfts zu überwachen und sicherzustellen, wenn man einmal von der Möglichkeit absieht, zu periodisch wiederkehrenden Zeitpunkten einen unabhängigen Netzbetreiber vorzuschlagen, der dann von der Regulierungsbehörde zu ernennen ist. Sämtliche operativen Entscheidungsbefugnisse sind beim unabhängigen Netzbetreiber angesiedelt, während der **Übertragungsnetz**eigentümer darauf beschränkt ist, die vom unabhängigen Netzbetreiber geplanten **Investitionen zu finanzieren**. Darüber hinaus hat der Übertragungsnetzbetreiber diejenigen Risiken abzusichern, die sich aus den Netzvermögenswerten ergeben können (*Pisal* Entflechtungsoptionen S. 221). Daher ist vorausgesagt worden, dass der ISO in der Praxis im deutschen Markt keine große Bedeutung erlangen wird (*Heitling/Wiegemann* N&R 2011, 233 (239)). Diese Vorhersage hat sich bewahrheitet. **Kein einziges Unternehmen** ist von der BNetzA **als ISO zertifiziert** worden. Dies voraussehend, hat die BNetzA in ihren Antragshinweisen für die Zertifizierung davon abgesehen, überhaupt Hinweise für den ISO zu geben.

B. Anwendungsbereich

5   Abs. 1 S. 1 Nr. regelt in Übereinstimmung mit den zugrunde liegenden Art. 44 Elt-RL 19/Art. 14 Gas-RL 09, dass diese Optionen Unternehmen offensteht, bei

denen das Transportnetz zum **3.9.2009** im **Eigentum eines vertikal integrierten Unternehmens** stand. Nach der Begründung zum Gesetzentwurf (BT-Drs. 17/6072, 59) handelt es sich hierbei um einen netzbezogenen Stichtag, dh, bei einer Veräußerung des Netzeigentums nach dem Stichtag kann dieses auch an ein vertikal integriertes Unternehmen erfolgen, dass dann seinerseits das vergrößerte Netz entweder als ISO oder als ITO organisieren kann. Dies soll jedoch nur so lange gelten, wie das dem vertikal integrierten Unternehmen gehörende Transportnetz ebenfalls bereits zum Stichtag im Eigentum des vertikal integrierten Unternehmens gestanden hat. Zu Einzelheiten → § 10 Rn. 8 ff.

Nach Abs. 1 S. 1 Nr. 2 soll die Möglichkeit, von diesem Entflechtungsmodell 6
Gebrauch zu machen, auch für den **erweiterten Anwendungsbereich des EnWG** aufgrund der Richtlinie (EU) 2019/692 gelten (Begr. zum RegE, BT-Drs. 19/13443, 11). Der Stichtag entspricht dabei dem Inkrafttreten der RL (EU) 2019/692.

C. Einzelregelungen

Die Regelungen des § 9 beruhen auf einer **Trennung von Betreiber und** 7
Eigentümer des Netzes. Darin unterscheiden sie sich von den Entbündelungsoptionen der eigentumsrechtlichen Entflechtung und des ITO. Die Betreibergesellschaft (der ISO) ist gegenüber dem integrierten Energieversorgungsunternehmen eigentumsrechtlich entflochten. Die **Eigentümergesellschaft** darf Teil des integrierten Energieversorgungsunternehmens sein, muss aber auch insoweit die für Verteilnetzbetreiber geltenden **Entflechtungsvorschriften nach § 7 b einhalten**.

I. Eigentumsrechtliche Entflechtung des ISO (Abs. 2 S. 1)

Der ISO ist nach Abs. 2 S. 1 entsprechend den Regelungen des § 8 Abs. 2 S. 2–5 8
eigentumsrechtlich zu entflechten. Damit sind dem vertikal integrierten Unternehmen, das Eigentümer des Netzes bleibt, sämtliche **Beteiligungen am ISO abgeschnitten, die zumindest zu qualifizierten Minderheitsrechten führen.**

II. Ausstattung des ISO (Abs. 2 S. 2, 4)

§ 9 Abs. 2 S. 2 verlangt, dass der ISO über die materiellen, finanziellen, tech- 9
nischen und personellen Mittel verfügen muss, die erforderlich sind, um die Aufgaben des Transportnetzbetreibers wahrzunehmen. Diese Formulierung stimmt mit § 8 Abs. 2 S. 9 sowie mit § 10a Abs. 1 S. 1 überein. Bei der Auslegung ist jedoch zu berücksichtigen, dass die **finanziellen Anforderungen an den ISO ungleich niedriger** sind als die an die Betreiber in den beiden übrigen Entflechtungsvarianten, die zugleich Eigentümer des Netzes sind. Er muss also lediglich über die wirtschaftliche Leistungsfähigkeit verfügen, die für den Betrieb und die Wartung des Netzes erforderlich ist. Da der Netzeigentümer zur Finanzierung von Investitionen verpflichtet ist, muss der ISO nicht über die Bonität und Finanzkraft verfügen, Investitionen in die Netzinfrastruktur zu finanzieren.

III. Pflichten des ISO (Abs. 2 S. 3, Abs. 3)

Die Regelungen in Abs. 2 S. 3 und Abs. 3 **konzentrieren die Betreiberpflich-** 10
ten beim ISO. Hervorzuheben ist, dass die Umsetzung des Netzentwicklungsplans

§ 9 Teil 2. Entflechtung

ebenso zu den Pflichten des ISO gehört wie die Verantwortung für Planung einschließlich der Durchführung der erforderlichen Genehmigungsverfahren, Bau und Betrieb der Infrastruktur. Der Netzeigentümer ist insoweit nur zur Finanzierung verpflichtet und berechtigt.

11   Zu den Verpflichtungen des ISO gehört es auch, die **Netzentgelte sowie die Engpasserlöse zu erheben bzw. einzunehmen.** Diese Regelung wirft die Frage nach der **Finanzierung des Netzeigentümers** auf. Nach Art. 59 Abs. 5 lit. d Elt-RL 19/Art. 41 Abs. 3 lit. d Gas-RL 09 gewährleisten die nationalen Regulierungsbehörden, dass die von unabhängigen Netzbetreibern (ISO) erhobenen Netzzugangstarife ein Entgelt für den bzw. die Netzeigentümer enthalten, das für die Nutzung der Netzvermögenswerte und mit Blick auf etwaige neue Investitionen in das Netz angemessen ist, sofern diese wirtschaftlich und effizient getätigt werden. Dem Netzeigentümer sind vom ISO **also die kalkulatorischen Kosten für das Netz** (einschließlich einer angemessenen Verzinsung für das eingesetzte Kapital) **zu vergüten,** soweit sie im Rahmen der Festlegung der Erlösobergrenzen angesetzt werden. Die Befürchtung von *Pisal* (Entflechtungsoptionen S. 216), der ISO müsse seine Tätigkeit dann kostenlos ausüben, ist unberechtigt, da die Kostenbestandteile für die Tätigkeiten des ISO unabhängig von den kalkulatorischen Kosten der Netzinfrastruktur im Rahmen der Festlegung der Erlösobergrenzen berücksichtigt werden. Da der ISO bei einer solchen Konstruktion über wenig betriebsnotwendiges Vermögen verfügen wird, kann er auch nur einen sehr geringen Gewinn erwirtschaften, weil die Erwirtschaftung des Gewinns im Rahmen der Anreizregulierung primär durch die Verzinsung des eingesetzten Kapitals gewährleistet wird. Größere Gewinne sind also nur bei Übererfüllung der Effizienzvorgaben während einer Anreizregulierungsperiode zu erzielen.

IV. Pflichten des Eigentümers (Abs. 4, 5)

12   Der Netzeigentümer ist umfassend zur Zusammenarbeit mit dem ISO verpflichtet. In diesem Rahmen ist er – ohne dass dies gesetzlich ausdrücklich geregelt wäre – dazu verpflichtet, dem ISO die zum Netzbetrieb erforderlichen **Vermögensgegenstände,** die sich in seinem Eigentum befinden, zur **Nutzung zu überlassen.** Darüber hinaus ist er verpflichtet, die in dem vom unabhängigen Systembetreiber (ITO) beschlossenen Netzentwicklungsplan für die folgenden drei Jahre ausgewiesenen **Investitionen zu finanzieren** oder die Zustimmung zur Finanzierung durch Dritte, einschließlich des unabhängigen Systembetreibers, zu erteilen. Die Finanzierungsvereinbarungen sind von der Regulierungsbehörde zu genehmigen. Der Eigentümer des Transportnetzes und das integrierte Energieversorgungsunternehmen haben die notwendigen Sicherheitsleistungen zu erbringen. Der Eigentümer des Transportnetzes hat zu gewährleisten, dass er dauerhaft in der Lage ist, seinen Verpflichtungen nachzukommen.

13   Nicht geregelt ist, wer Eigentümer der Vermögenswerte wird, die im Rahmen von Investitionen in die Netzinfrastruktur angeschafft werden. Soweit die Finanzierung durch den Eigentümer des bisherigen Netzes erfolgt, spricht alles dafür, dass der **Netzeigentümer auch Eigentümer der neuen Assets** wird und die Refinanzierung über seinen Anteil an den Netzerlösen erfolgt, er also die kalkulatorischen Kosten auf die Neuinvestitionen erhält, soweit diese in die Erlösobergrenzen einfließen. Erfolgt eine Finanzierung durch den ISO oder durch Dritte, spricht viel dafür, dass der ISO Eigentümer dieser Einrichtungen wird und sie über die Netzentgelte im Rahmen der Erlösobergrenze refinanziert. Bei einer Finanzie-

rung durch Dritte dürfte eher daran gedacht sein, dass eine Kreditfinanzierung stattfindet. Fraglich ist, ob auch eine Finanzierung durch Dritte etwa im Rahmen eines Leasing-Geschäfts zulässig wäre.

V. Betrieb mehrerer Netze (Abs. 6)

Abs. 6 sieht vor, dass der unabhängige Systembetreiber die **Transportnetze** 14
mehrerer Eigentümer betreiben kann. Die Regelungen des § 9 gelten dann im Verhältnis zwischen dem ISO und dem jeweiligen Eigentümer von Transportnetzen oder dem jeweiligen vertikal integrierten Unternehmen.

§ 10 Unabhängiger Transportnetzbetreiber

(1) ¹Vertikal integrierte Unternehmen können einen Unabhängigen Transportnetzbetreiber nach Maßgabe dieser Bestimmung sowie der §§ 10a bis 10e benennen:
1. für ein Transportnetz, wenn es am 3. September 2009 im Eigentum des vertikal integrierten Unternehmens stand, oder
2. für ein Fernleitungsnetz, das Deutschland mit einem Drittstaat verbindet, in Bezug auf den Abschnitt von der Grenze des deutschen Hoheitsgebietes bis zum ersten Kopplungspunkt mit dem deutschen Netz, wenn das Fernleitungsnetz am 23. Mai 2019 im Eigentum des vertikal integrierten Unternehmens stand.

²Der Unabhängige Transportnetzbetreiber hat neben den Aufgaben nach Teil 3 Abschnitt 1 bis 3 mindestens für folgende Bereiche verantwortlich zu sein:
1. die Vertretung des Unabhängigen Transportnetzbetreibers gegenüber Dritten und der Regulierungsbehörde,
2. die Vertretung des Unabhängigen Transportnetzbetreibers innerhalb des Europäischen Verbunds der Übertragungs- oder Fernleitungsnetzbetreiber,
3. die Erhebung aller transportnetzbezogenen Entgelte, einschließlich der Netzentgelte, sowie gegebenenfalls anfallender Entgelte für Hilfsdienste, insbesondere für Gasaufbereitung und die Beschaffung oder Bereitstellung von Ausgleichs- oder Verlustenergie,
4. die Einrichtung und den Unterhalt solcher Einrichtungen, die üblicherweise für mehrere Teile des vertikal integrierten Unternehmens tätig wären, insbesondere eine eigene Rechtsabteilung und eigene Buchhaltung sowie die Betreuung der beim Unabhängigen Transportnetzbetreiber vorhandenen Informationstechnologie-Infrastruktur,
5. die Gründung von geeigneten Gemeinschaftsunternehmen, auch mit anderen Transportnetzbetreibern, mit Energiebörsen und anderen relevanten Akteuren, mit dem Ziel die Entwicklung von regionalen Strom- oder Gasmärkten zu fördern, die Versorgungssicherheit zu gewährleisten oder den Prozess der Liberalisierung der Energiemärkte zu erleichtern.

(2) ¹Vertikal integrierte Unternehmen haben die Unabhängigkeit ihrer im Sinne von § 3 Nummer 38 verbundenen Unabhängigen Transportnetzbetreiber hinsichtlich der Organisation, der Entscheidungsgewalt und der

§ 10

Teil 2. Entflechtung

Ausübung des Transportnetzgeschäfts nach Maßgabe der §§ 10a bis 10e zu gewährleisten. ²Vertikal integrierte Unternehmen haben den Unabhängigen Transportnetzbetreiber in einer der nach Artikel 1 der Richtlinie 2009/101/EG des Europäischen Parlaments und des Rates vom 16. September 2009 zur Koordinierung der Schutzbestimmungen, die in den Mitgliedstaaten Gesellschaften im Sinne des Artikels 48 Absatz 2 des Vertrags im Interesse der Gesellschafter sowie Dritter vorgeschrieben sind, um diese Bestimmungen gleichwertig zu gestalten (ABl. L 258 vom 1.10.2009, S. 11) zulässigen Rechtsformen zu organisieren.

Literatur: *Kühling/Pisal*, Die Umsetzung der EU-Entflechtungsvorgaben im EnWG 2011, et 2012, 127; *Michaelis/Kemper*, Die Umsetzung des sog. ITO-Modells des 3. EU-Energie-Binnenmarktpakets in Deutschland und Frankreich, RdE 2012, 10; *Möllinger*, Eigentumsrechtliche Entflechtung der Übertragungsnetze, 2009; *Pisal*, Entflechtungsoptionen nach dem Dritten Energiebinnenmarktpaket, 2011.

A. Allgemeines

1   Das Modell des unabhängigen Transportnetzbetreibers (Independent Transmission Operator – ITO) stellt den **sog. dritten Weg** neben den von der Kommission vorgeschlagenen Modellen des Ownership Unbundling und des Independent System Operator dar. Für dieses Modell waren insbesondere Deutschland und Frankreich eingetreten. Zum Zeitpunkt der endgültigen Beschlussmachung über das 3. Binnenmarktpaket am 13.7.2009 war in Deutschland die ganz überwiegende Mehrheit aller Netze in der Hand von vertikal integrierten Unternehmen, die das ITO-Modell präferiert haben.

2   Hinter dem ITO steht die Idee, den Netzbetreiber zwar im Verbund des vertikal integrierten Unternehmens zu belassen, ihm im Rahmen eines **deutlich verschärften „Legal Unbundling"** jedoch mit weitgehender wirtschaftlicher, organisatorischer und personeller Autonomie auszustatten. Die Verbindungen zum vertikal integrierten Unternehmen sollen auf ein Minimum reduziert und streng kontrolliert werden (*Michaelis/Kemper* RdE 2012, 11; BerlKommEnergieR/*Säcker/Mohr* EnWG § 10 Rn. 1; Elspas/Graßmann/Rasbach/*Hampel/Sack* EnWG § 10 Rn. 2). Im Ergebnis sollen dem unabhängigen Transportnetzbetreiber alle Aufgaben mit wesentlichem Bezug zum Transportnetzbetrieb übertragen werden (Gesetzesbegr., BT-Drs. 17/6072, 59).

3   Das Modell des ITO ist bereits **in den Richtlinien mit enormer Detailtiefe geregelt** (Art. 46–51 Elt-RL 19 bzw. Art. 17–23 Gas-RL 09), sodass dem deutschen Gesetzgeber nur ein **geringer Umsetzungsspielraum** verblieb (*Möllinger* Eigentumsrechtliche Entflechtung S. 369f.), was zum großen Teil zur wörtlichen Übernahme der Richtlinienvorschriften ins EnWG geführt hat.

B. Anwendungsbereich

4   Die **Möglichkeit zur Errichtung eines unabhängigen Transportnetzbetreibers** besteht nach Abs. 1 S. 1 Nr. S. 1 nur, wenn das Transportnetz zum Stichtag 3.9.2009 im Eigentum eines vertikal integrierten Unternehmens stand. Nach Abs. 1 S. 1 Nr. 2 soll die Möglichkeit, von diesem Entflechtungsmodell Ge-

brauch zu machen, auch für den erweiterten Anwendungsbereich des EnWG aufgrund der RL (EU) 2019/692 gelten (Begr. zum RegE, BT-Drs. 19/13443, 11). Der Stichtag entspricht dabei dem Inkrafttreten der RL (EU) 2019/692.

I. Vertikal integriertes Unternehmen

Nach § 3 Nr. 38 ist ein **vertikal integriertes Unternehmen** ein im Elektrizitäts- oder Gasbereich tätiges Unternehmen oder eine Gruppe von **Elektrizitäts- oder Gasunternehmen,** die im Sinne der Fusionskontrollverordnung miteinander verbunden sind, wobei das betreffende Unternehmen oder die betreffende Gruppe im Elektrizitätsbereich mindestens eine der Funktionen Übertragung oder Verteilung und mindestens eine der Funktionen Erzeugung oder Vertrieb von Elektrizität oder im Erdgasbereich mindestens eine der Funktionen Fernleitung, Verteilung, Betrieb einer LNG-Anlage oder Speicherung und gleichzeitig eine der Funktionen Gewinnung oder Vertrieb von Energie wahrnimmt. Der deutsche Gesetzgeber hat damit den **sektorübergreifenden** Begriff des vertikal integrierten Unternehmens geprägt, während die Richtlinien – mit Ausnahme von Art. 43 Abs. 3 Elt-RL 19 bzw. Art. 9 Abs. 3 Gas-RL 09 jeweils sektorbezogen ausgerichtet sind, also keine sektorübergreifende Betrachtung anstellen. Daher ist auch vertreten worden, dass auch nach dem EnWG – außerhalb des Anwendungsbereichs des § 9 – eine sektorbezogene Betrachtung anzustellen ist (*Michaelis/Kemper* RdE 2012, 11).

Demgegenüber geht die **BNetzA** von einer sektorübergreifenden Betrachtung aus. Obwohl diese sektorübergreifende Betrachtung lediglich in Art. 43 Abs. 3 Elt-RL 19/Art. 9 Abs. 3 Gas-RL 09 und in § 9 Abs. 2 S. 2 und 3 vorgesehen ist, sei dieser Regelung der **Grundsatz der Überkreuzbetrachtung** zu entnehmen, weil ansonsten eine Regelungslücke entstünde (Beschl. v. 5.2.2013 – BK 7-12-031, S. 13). Die Entscheidung enthält auch interessante Ausführungen zur nichtmarktrelevanten Produktion von Elektrizität vorwiegend zum Eigenverbrauch, bei der die BNetzA und Europäische Kommission unterschiedliche Positionen bezogen haben.

Für die Abgrenzung des vertikal integrierten EVU war esbis zum Inkrafttreten des sog. Osterpakets nach dem eindeutigen Wortlaut der Definition in § 3 Nr. 38 a. F. nur maßgeblich, welche **Aktivitäten in der Europäischen Union** ausgeübt wurden. Die BNetzA lehnte eine von der Kommission geforderte Ausdehnung bei Konzernen, die innerhalb und außerhalb der EU tätig sind, ab. Sie sah bei einer solchen Erstreckung bereits völkerrechtliche Grenzen als einschlägig an (BNetzA Beschl. v. 5.2.2013 – BK 7-12-131, S. 15 ff.). Im Rahmen eines von der Europäischen Kommission angestrengten Vertragsverletzungsverfahrens hat der EuGH entschieden, dass diese Beschränkung gegen Unionsrecht verstößt (EuGH Urt. v. 2.9.2021 – C-718/18). Eine entsprechende Änderung des EnWGist mit dem Osterpaket erfolgt.

II. Netzbezogene Stichtagsregelung

Für die Möglichkeit, von der Entflechtungsmöglichkeit des ITO Gebrauch zu machen, stellt § 10 Abs. 1 S. 1 Nr. 1 darauf ab, ob das Transportnetz am 3.9.2009 im Eigentum eines vertikal integrierten Unternehmens stand. Die Regelung kann **netzbezogen oder unternehmensbezogen** verstanden werden. Die Frage ist dafür relevant, ob das Modell des ITO (und das des ISO nach § 9) auch dann zur Verfügung steht, wenn das Transportnetz nach dem 3.9.2009 vom vertikal integrierten

§ 10 Teil 2. Entflechtung

Energieversorgungsunternehmen an ein anderes vertikal integriertes Versorgungsunternehmen verkauft wurde (vgl. ausf. *Heitling/Wiegemann* N&R 2011, 239 ff.).

9 Bereits die **Begründung zum Gesetzentwurf** hat sich sowohl in den Erwägungen zu § 9 als auch zu § 10 für die netzbezogene Sichtweise ausgesprochen. In der Begründung zu § 9 wird ausdrücklich ausgeführt, dass es sich um einen netzbezogenen Stichtag handelt, dh, bei einer Veräußerung des Netzeigentums nach dem Stichtag kann dieses auch an ein vertikal integriertes Unternehmen erfolgen, dass dann seinerseits das vergrößerte Netz entweder als ISO oder als ITO organisieren kann. Dies gelte jedoch nur so lange, wie das dem vertikal integrierten Unternehmen gehörende Transportnetz ebenfalls bereits zum Stichtag im Eigentum des vertikal integrierten Unternehmens gestanden habe (BT-Drs. 17/6072, 59). Dem folgt auch die BNetzA (BNetzA, Hinweispapier zur Antragstellung v. 12.12.2011 – BK 6-11-157, BK 7-11-157, S. 22).

10 In dem zitierten Hinweispapier legt die BNetzA darüber hinaus dar, dass die Stichtagsregelung für alle Übertragungsnetzbetreiber und die meisten Fernleitungsnetzbetreiber in Deutschland greift. Die BNetzA zieht daraus die Konsequenz, dass es den **Unternehmen** daher **freisteht**, sich auch **später noch als ITO zu organisieren** oder Netzteile auszugründen, die durch Unternehmen in Form des ITO betrieben werden, wenn diese **zwischenzeitlich als eigentumsrechtlich entflochtener Netzbetreiber** agierten. Dies könne dann zur Entstehung neuer vertikal integrierter Unternehmen führen (BNetzA, Hinweispapier zur Antragstellung v. 12.12.2011 – BK 6-11-157, BK 7-11-157, S. 23). Ob eine so weitgehende Betrachtungsweise mit dem Richtlinienrecht vereinbar ist, ist nicht ganz ohne Zweifel. Zweifel ergeben sich daraus, dass die Richtlinien die Option des Art. 9 nach Abs. 11 zwar sämtlichen integrierten Unternehmen eröffnen, die integrierten Unternehmen also vom ITO- oder ISO-Modell zur eigentumsrechtlichen Entflechtung wechseln können, es aber keine Regelung gibt, die dies in umgekehrter Richtung ermöglichen würde. Zudem leuchtet die stichtagsbezogene Differenzierung, die nur mit Bestandsschutzgesichtspunkten erklärbar ist, nicht mehr ein, wenn Netzbetreiber bereits eigentumsrechtlich entflochten wurden.

C. Überblick

I. Verantwortungsbereich (Abs. 1 S. 2)

11 Abs. 1 S. 2 enthält die **Aufgabengebiete**, für die der Transportnetzbetreiber **zumindest verantwortlich** sein muss. Diese Aufgabengebiete können nicht vom vertikal integrierten Unternehmen wahrgenommen werden. Umfasst ist die Vertretung des Transportnetzbetreibers national (Nr. 1) und innerhalb der EU (Nr. 2). Die Aufgaben umfassen auch die Erhebung der netzbezogenen Entgelte (Nr. 3). Es steht im Zusammenhang mit der Vertretung des unabhängigen Transportnetzbetreibers innerhalb des Europäischen Verbundes der Übertragungs- und Fernnetzbetreibers, dass auch die Gründung von geeigneten Gemeinschaftsunternehmen in den Verantwortungsbereich des unabhängigen Transportnetzbetreibers und nicht des vertikal integrierten Unternehmens fällt.

12 Besonders hervorzuheben ist, dass der Transportnetzbetreiber auch für die Einrichtung und den Unterhalt solcher Einrichtungen zuständig sein muss, die üblicherweise für mehrere Teile des vertikal integrierten Unternehmens tätig werden. Beispielhaft werden die eigene **Rechtsabteilung,** eine eigene **Buchhaltung** sowie

Unabhängiger Transportnetzbetreiber § 10

eine eigenständige Betreuung der **IT-Infrastruktur** angeführt. Hierin zeigt sich die verschärfte Entflechtung gegenüber der bisherigen rechtlichen Entflechtung.

Die Begründung zum Gesetzentwurf führt zudem an, dass **alle netzbetriebs-** 13 **bezogenen Aufgaben** in Teil 3 Abschnitt 1–3 des EnWG durch den unabhängigen Transportnetzbetreiber wahrgenommen werden müssen. Im Ergebnis sollen dem unabhängigen Transportnetzbetreiber alle Aufgaben mit wesentlichem Bezug zum Transportnetzbetrieb übertragen werden (BT-Drs. 17/6072, 59). Die BNetzA hat klargestellt, dass die Erbringung von **Dienstleistungen durch Dritte** in den in § 10 Abs. 1 S. 1 aufgeführten Aufgabengebieten nicht pauschal ausgeschlossen wäre. Allerdings sei die komplette Fremdvergabe sowie der Einfluss des vertikal integrierten Unternehmens untersagt (BNetzA, Hinweispapier zur Antragstellung v. 12.12.2011 – BK 6-11-157, BK 7-11-157, S. 25).

II. Rechtsform (Abs. 2 S. 2)

Nach § 10 Abs. 2 S. 2 muss der unabhängige Transportnetzbetreiber in einer 14 Rechtsform nach der sog. Publizitätsrichtlinie 2009 (RL 2009/101/EG) organisiert sein. Nach Art. 1 dieser Richtlinie (heute Anhang II der RL (EU) 2017/101) sind das in Deutschland die **Aktiengesellschaft**, die **Kommanditgesellschaft auf Aktien** und die **GmbH**. Die nach § 10 zertifizierten unabhängigen Transportnetzbetreiber sind praktisch durchgängig als GmbH organisiert.

III. Unabhängigkeit nach Maßgabe §§ 10a bis 10e (Abs. 2 S. 1)

Als **Obersatz für die konkretisierenden §§ 10a–10e** bestimmt Abs. 2 S. 1, 15 dass die integrierten Energieversorgungsunternehmen die Unabhängigkeit der unabhängigen Transportnetzbetreiber hinsichtlich der Organisation, der Entscheidungsgewalt und der Ausübung des Transportgeschäfts nach Maßgabe der §§ 10a–10e zu gewährleisten haben.

§ 10a enthält dabei Regelungen über die **Ausstattung und die Unterneh-** 16 **mensidentität** des unabhängigen Transportnetzbetreibers. Die Regelungen des § 10a lassen sich als Weiterentwicklung der bisherigen Entflechtungsvorschriften begreifen (Begr. zum GE, BT-Drs. 17/6072, 59). Dies umfasst insbesondere verschärfte Anforderungen an die Markenpolitik des unabhängigen Transportnetzbetreibers (§ 10a Abs. 4).

§ 10b betrifft die **Stellung des ITO im integrierten Unternehmen.** 17

Besondere Regelungen über die Unabhängigkeit des **Personals** und der **Un-** 18 **ternehmensleitung** sind in § 10c getroffen worden.

Die **Unabhängigkeit** des ITO im vertikal integrierten Unternehmen wird 19 durch die Regelungen über den **Aufsichtsrat in § 10d flankiert.** Der ITO muss obligatorisch einen Aufsichtsrat enthalten. In dem Aufsichtsrat wird eine Mehrheit des vertikal integrierten Unternehmens durch die Regelung des § 10e verhindert. Zugleich wird damit sichergestellt, dass die Unternehmensleitung auch in dem Fall, dass als Rechtsform die GmbH gewählt wird, eine vergleichbar unabhängige Stellung wie der Vorstand einer Aktiengesellschaft hat.

Schließlich enthält **§ 10e** überaus umfangreiche Regelungen zum **Gleichbe-** 20 **handlungsprogramm** und zum **Gleichbehandlungsbeauftragten** des ITO. Insbesondere die Stellung des Gleichbehandlungsbeauftragten wird durch diese Regelungen erheblich gestärkt. Seine Stellung entspricht der des Datenschutzbeauftragten (Begr. zum GE, BT-Drs. 17/6072, 65).

§ 10a Vermögenswerte, Anlagen, Personalausstattung, Unternehmensidentität des Unabhängigen Transportnetzbetreibers

(1) ¹Unabhängige Transportnetzbetreiber müssen über die finanziellen, technischen, materiellen und personellen Mittel verfügen, die zur Erfüllung der Pflichten aus diesem Gesetz und für den Transportnetzbetrieb erforderlich sind. ²Unabhängige Transportnetzbetreiber haben, unmittelbar oder vermittelt durch Beteiligungen, Eigentümer an allen für den Transportnetzbetrieb erforderlichen Vermögenswerten, einschließlich des Transportnetzes, zu sein.

(2) ¹Personal, das für den Betrieb des Transportnetzes erforderlich ist, darf nicht in anderen Gesellschaften des vertikal integrierten Unternehmens angestellt sein. ²Arbeitnehmerüberlassungen des Unabhängigen Transportnetzbetreibers an das vertikal integrierte Unternehmen sowie Arbeitnehmerüberlassungen des vertikal integrierten Unternehmens an den Unabhängigen Transportnetzbetreiber sind unzulässig.

(3) ¹Andere Teile des vertikal integrierten Unternehmens haben die Erbringung von Dienstleistungen durch eigene oder in ihrem Auftrag handelnde Personen für den Unabhängigen Transportnetzbetreiber zu unterlassen. ²Die Erbringung von Dienstleistungen für das vertikal integrierte Unternehmen durch den Unabhängigen Transportnetzbetreiber ist nur zulässig, soweit
1. die Dienstleistungen grundsätzlich für alle Nutzer des Transportnetzes diskriminierungsfrei zugänglich sind und der Wettbewerb in den Bereichen Erzeugung, Gewinnung und Lieferung nicht eingeschränkt, verzerrt oder unterbunden wird;
2. die vertraglichen Bedingungen für die Erbringung der Dienstleistung durch den Unabhängigen Transportnetzbetreiber für das vertikal integrierte Unternehmen der Regulierungsbehörde vorgelegt und von dieser geprüft wurden und
3. die Dienstleistungen weder die Abrechnung erbrachter Dienstleistungen gegenüber dem Kunden für das vertikal integrierte Unternehmen im Bereich der Funktionen Erzeugung, Gewinnung, Verteilung, Lieferung von Elektrizität oder Erdgas oder Speicherung von Erdgas noch andere Dienstleistungen umfassen, deren Wahrnehmung durch den Unabhängigen Transportnetzbetreiber geeignet ist, Wettbewerber des vertikal integrierten Unternehmens zu diskriminieren.

³Die Befugnisse der Regulierungsbehörde nach § 65 bleiben unberührt.

(4) Der Unabhängige Transportnetzbetreiber hat sicherzustellen, dass hinsichtlich seiner Firma, seiner Kommunikation mit Dritten sowie seiner Markenpolitik und Geschäftsräume eine Verwechslung mit dem vertikal integrierten Unternehmen oder irgendeinem Teil davon ausgeschlossen ist.

(5) ¹Unabhängige Transportnetzbetreiber müssen die gemeinsame Nutzung von Anwendungssystemen der Informationstechnologie mit jeglichem Unternehmensteil des vertikal integrierten Unternehmens unterlassen, soweit diese Anwendungen der Informationstechnologie auf die

Vermögenswerte, Anlagen, Personalausstattung § 10 a

unternehmerischen Besonderheiten des Unabhängigen Transportnetzbetreibers oder des vertikal integrierten Unternehmens angepasst wurden. ²Unabhängige Transportnetzbetreiber haben die gemeinsame Nutzung von Infrastruktur der Informationstechnologie mit jeglichem Unternehmensteil des vertikal integrierten Unternehmens zu unterlassen, es sei denn, die Infrastruktur
1. befindet sich außerhalb der Geschäftsräume des Unabhängigen Transportnetzbetreibers und des vertikal integrierten Unternehmens und
2. wird von Dritten zur Verfügung gestellt und betrieben.

³Unabhängige Transportnetzbetreiber und vertikal integrierte Unternehmen haben sicherzustellen, dass sie in Bezug auf Anwendungssysteme der Informationstechnologie und Infrastruktur der Informationstechnologie, die sich in Geschäfts- oder Büroräumen des Unabhängigen Transportnetzbetreibers oder des vertikal integrierten Unternehmens befindet, nicht mit denselben Beratern oder externen Auftragnehmern zusammenarbeiten.

(6) Unabhängiger Transportnetzbetreiber und jegliche Unternehmensteile des vertikal integrierten Unternehmens haben die gemeinsame Nutzung von Büro- und Geschäftsräumen, einschließlich der gemeinsamen Nutzung von Zugangskontrollsystemen, zu unterlassen.

(7) ¹Der Unabhängige Transportnetzbetreiber hat die Rechnungslegung von anderen Abschlussprüfern als denen prüfen zu lassen, die die Rechnungsprüfung beim vertikal integrierten Unternehmen oder bei dessen Unternehmensteilen durchführen. ²Der Abschlussprüfer des vertikal integrierten Unternehmens kann Einsicht in Teile der Bücher des Unabhängigen Transportnetzbetreibers nehmen, soweit dies zur Erteilung des Konzernbestätigungsvermerkes im Rahmen der Vollkonsolidierung des vertikal integrierten Unternehmens erforderlich ist. ³Der Abschlussprüfer ist verpflichtet, aus der Einsicht in die Bücher des Unabhängigen Transportnetzbetreibers gewonnene Erkenntnisse und wirtschaftlich sensible Informationen vertraulich zu behandeln und sie insbesondere nicht dem vertikal integrierten Unternehmen mitzuteilen.

Übersicht

	Rn.
A. Einführung	1
B. Ausstattung und Eigentum am Transportnetz (Abs. 1)	3
C. Personelle Ausstattung (Abs. 2)	6
D. Dienstleistungen im Konzern (Abs. 3)	9
I. Verbot der Dienstleistungen des vertikal integrierten Unternehmens	10
II. Einschränkungen für Dienstleistungen des ITO	12
E. Firma und Markenauftritt (Abs. 4)	13
F. IT-technische Entflechtung (Abs. 5)	17
I. Entflechtung der Anwendungssysteme	18
II. IT-Infrastruktur	21
III. Zusammenarbeit mit Beratern und externen Auftragnehmern	22
G. Räumliche Trennung (Abs. 6)	23
H. Abschlussprüfung (Abs. 7)	26

§ 10a

Teil 2. Entflechtung

Literatur: *Michaelis/Kemper,* Die Umsetzung des sog. ITO-Modells des 3. EU-Energie-Binnenmarktpakets in Deutschland und Frankreich, RdE 2012, 10.

A. Einführung

1 § 10a enthält die zentralen Regelungen für die Konstruktion des ITO. Die Regelungen zum ITO ermöglichen es, dass sowohl Transportnetzbetreiber als auch Transportnetz im Konzern verbleiben. Darin besteht ein wesentlicher Unterschied zum in § 9 geregelten ISO, bei dem der Netzbetreiber nicht mehr konzernangehörig ist. Der ITO muss im Vergleich zur bisherigen Rechtslage **erheblich strengere Unabhängigkeitsanforderungen** erfüllen, die in der Begründung zum Gesetzesentwurf als eine Weiterentwicklung der bisherigen Entflechtungsvorschriften angesehen wurden (BT-Drs. 17/6072, 59f.). Auf der anderen Seite ist er als Betreiber – anders als der ISO nach § 9 – nicht eigentumsrechtlich entflochten.

2 § 10a dient der Umsetzung von **Art. 46 Elt-RL 19/Art. 17 Gas-RL 09.** Der Text dieser Vorschriften wird **zu großen Teilen wörtlich übernommen.** An einigen Stellen nimmt der deutsche Gesetzgeber Umsetzungsspielräume in Anspruch, die zugunsten des Transportnetzbetreibers genutzt werden.

B. Ausstattung und Eigentum am Transportnetz (Abs. 1)

3 § 10a Abs. 1 enthält zunächst das Erfordernis, über die finanziellen, technischen, materiellen und personellen **Mittel verfügen zu müssen,** die zur Erfüllung der Pflichten aus dem EnWG und für den Transportnetzbetrieb erforderlich sind. Diese Regelung ist im Wesentlichen mit den Anforderungen nach § 8 Abs. 2 S. 9 deckungsgleich (BNetzA, Hinweispapier zur Antragstellung v. 12.12.2011 – BK 6-11-157, BK 7-11-157, S. 26). Zu den Anforderungen kann daher auf die Kommentierung zu § 8 (→ Rn. 38 ff.) verwiesen werden.

4 Darüber hinaus enthält § 10a Abs. 1 in S. 2 die Anforderung, dass der unabhängige Transportnetzbetreiber unmittelbar oder vermittelt durch Beteiligungen **Eigentümer für alle für den Transportnetzbetrieb erforderlichen Vermögenswerte** einschließlich des Transportnetzes zu sein hat. Hinsichtlich des Transportnetzes ist die Vorschrift wortlautidentisch zu § 8 Abs. 2 S. 1 (vgl. die dortige Kommentierung → § 8 Rn. 6 ff.).

5 Allein vom Wortlaut her muss der ITO auch Eigentum an allen anderen Vermögenswerten haben, die für den Transportnetzbetrieb erforderlich sind. Die BNetzA geht davon aus, dass dies kein Mehr im Vergleich zur Regelung des § 8 Abs. 2 S. 1 darstellt (BNetzA, Hinweispapier zur Antragstellung, v. 12.12.2011 – BK 6-11-157, BK 7-11-157, S. 27). Der Wortlaut der Norm gäbe allerdings Spielraum für eine weitere Auslegung, die die BNetzA zu Recht nicht gewählt hat. Man könnte die Vorschrift nämlich auch so interpretieren, dass **weitere Betriebsmittel** wie Kfz, Computer etc im Eigentum des ITO stehen müssten. Mit Blick auf die Zielrichtung der Regelung, die eine Einflussnahme mittels Eigentümerstellung des integrierten Energieversorgungsunternehmens oder anderer auf die Tätigkeit des Netzbetreibers verhindern will, würde eine solche Auslegung allerdings zu weit gehen (Elspas/Graßmann/Rasbach/*Hampel/Sack* EnWG § 10a Rn. 5). Einflussnahmepotenzial ist damit nicht verbunden, wenn solche Gegenstände im Eigentum des vertikal integrierten Unternehmens oder Dritter – etwa von Leasinggesellschaf-

Vermögenswerte, Anlagen, Personalausstattung § 10 a

ten – stehen. Es wäre kein Grund ersichtlich, das Leasing von Fahrzeugen oder von IT-Ausstattung dem ITO zu verwehren.

C. Personelle Ausstattung (Abs. 2)

Abs. 2 bestimmt, dass das (gesamte) für den Netzbetrieb erforderliche Personal **eigenes Personal des Netzbetreibers sein muss**. Gerade in dieser Vorschrift zeigt sich eine wesentliche Verschärfung bezüglich des bisherigen Rechtszustands, der bisher für Transportnetzbetreiber galt und jetzt noch für Verteilnetzbetreiber gültig ist. Die Regelung geht erheblich über § 7a Abs. 2 hinaus, da das gesamte für den Betrieb erforderliche Personal beim Transportnetzbetreiber beschäftigt sein muss und nicht nur Personen mit Leitungsaufgaben bzw. Letztentscheider. 6

Abs. 2 S. 2 **verbietet** zudem die – bisher grundsätzlich zur Verfügung stehende – Möglichkeit, von dem **Instrument der Personalüberlassung** Gebrauch zu machen. Dabei verbietet die Regelung Personalüberlassungen vom vertikal integrierten Unternehmen zum Transportnetzbetreiber und vom Transportnetzbetreiber zum vertikal integrierten Unternehmen unabhängig davon, ob das überlassene Personal für den Betrieb des Transportnetzes notwendig ist. Also auch für Support-Funktionen gilt das Verbot der Personalüberlassung. 7

Das Verbot der Personalüberlassung gilt allerdings nicht im Verhältnis zu Dritten. Solange die notwendigen Positionen mit eigenem Personal erfüllt werden, sind Personalüberlassungen vom Transportnetzbetreiber zu Dritten und von Dritten zum Transportnetzbetreiber möglich. Die BNetzA weist zutreffend darauf hin, dass insoweit grundsätzlich auch ein **„schlanker" Transportnetzbetreiber** denkbar ist, wobei die für den Transportnetzbetrieb erforderlichen Aufgaben von externen Dritten durchgeführt werden und die beim ITO angestellten Personen lediglich die Überwachung und Koordinierung der externen Dienstleister übernehmen (BNetzA, Hinweispapier zur Antragstellung, v. 12.12.2011 – BK 6-11-157, BK 7-11-157, S. 27f.; so auch Elspas/Graßmann/Rasbach/*Hampel/Sack* EnWG § 10a Rn. 8). 8

D. Dienstleistungen im Konzern (Abs. 3)

Die Regelung des Abs. 3 hat sich in den Zertifizierungsverfahren der BNetzA als die prüfungsintensivste Regelung erwiesen. Zur Durchsetzung des § 10 Abs. 3 hat die **BNetzA eine Vielzahl von Nebenbestimmungen** zu den Zertifizierungen erlassen. Im Vordergrund standen dabei die in Abs. 3 S. 1 geregelten Dienstleistungen des vertikal integrierten Unternehmens für den Transportnetzbetreiber. 9

I. Verbot der Dienstleistungen des vertikal integrierten Unternehmens

Für den ITO gilt ein im Grundsatz **vollständiges Verbot** der Inanspruchnahme von Dienstleistungen des vertikal integrierten Unternehmens. Dementsprechend hat die BNetzA dieses Verbot in ihren Zertifizierungsentscheidungen mit einer Vielzahl von Nebenbestimmungen durchgesetzt. Die Zertifizierungsentscheidungen der BNetzA zeigen, wie eng gerade die Dienstleistungsverpflichtungen zwi- 10

§ 10 a Teil 2. Entflechtung

schen vertikal integrierten Unternehmen und Übertragungsnetzbetreiber bzw. Fernleitungsnetzbetreiber in der Vergangenheit waren.

11 Ausnahmen hat die BNetzA nur in **eng begrenzten Fällen akzeptiert.** Dies betrifft zB **Altdatenarchivierung** und den Zugriff auf Altdaten für Daten vor 2006 sowie die **Abrechnung und Verwaltung von Betriebsrenten** in einem Fall, wo aufgrund der Konzerngeschichte eine Trennung kaum möglich war (Beschl. v. 9.11.2012 – BK 6-12-044, S. 26f.).

II. Einschränkungen für Dienstleistungen des ITO

12 Die Erbringung von Dienstleistungen durch den ITO für das vertikal integrierte Unternehmen ist unter den Einschränkungen des Abs. 3 S. 2 zulässig. Dabei müssen die Dienstleistungen diskriminierungsfrei angeboten werden (Nr. 1). Die vertraglichen Bedingungen müssen der BNetzA vorgelegt und von dieser überprüft werden (Nr. 2). Schließlich darf die Abrechnung erbrachter Dienstleistungen gegenüber dem Kunden des vertikal integrierten Versorgungsunternehmens ebenso wenig Gegenstand der Dienstleistung sein wie andere Dienstleistungen, deren Wahrnehmung durch den ITO geeignet ist, Wettbewerber des vertikal integrierten Unternehmens zu diskriminieren. Zulässig sind insbesondere **Informationen über den Netzzustand** in der Regelzone sowie die **Übermittlung von Daten zur Netzlast,** soweit dies diskriminierungsfrei erfolgt (vgl. etwa BNetzA Beschl. v. 11.4.2013 – BK 6-12-004, S. 40f.).

E. Firma und Markenauftritt (Abs. 4)

13 Nach Abs. 4 hat der ITO sicherzustellen, dass hinsichtlich seiner Firma, seiner Kommunikation mit Dritten sowie seiner Markenpolitik und Geschäftsräume eine Verwechslung mit den vertikal integrierten Unternehmen oder einem seiner Tochterunternehmen ausgeschlossen ist. Bereits der Wortlaut dieser Norm zeigt, dass die **Trennung von Firma und Markenauftritt über die für Verteilnetzbetreiber geltende Regelung** des § 7a Abs. 6 **hinausgehen.** Dies trifft einmal in gegenständlicher Weise zu. Abs. 5 bezieht sich nämlich auch auf die Firma und nicht auf das Kommunikationsverhalten. Darüber hinaus muss die Verwechslungsgefahr nicht nur mit den Vertriebsaktivitäten des vertikal integrierten Unternehmens vermieden werden, sondern mit dem vertikal integrierten nternehmen und seinem Tochterunternehmen.

14 In der Praxis haben nahezu sämtliche Transportnetzbetreiber, die als ITO organisiert sind, daraus die Konsequenz gezogen, dass ein **Firmenname gewählt** wurde, der die **Konzernzugehörigkeit nicht zu erkennen** gibt. Auch bezüglich des Logos und der Farbgestaltung werden regelmäßig eigene Wege gegangen. Eine Ausnahme stellte die ONTRAS-VNG Gastransport GmbH dar, bei der der Name der Muttergesellschaft (VNG) weiterhin im Firmennamen erschien. Die BNetzA hat diese Firmierung untersagt (Beschl. v. 5.2.2013 – BK 7-12-032, S. 20ff.). Das Unternehmen verzichtet seitdem in der Firmierung auf den Namensbestandteil VNG.

15 Die BNetzA ist in ihrem Hinweispapier zur Antragstellung davon ausgegangen, dass eine Verwechslungsgefahr begründende Ähnlichkeit insbesondere dann vorläge, wenn ein objektiver Betrachter annehmen könnte, dass Dienstleistungen (zB Transport- und Vertriebsdienstleistung) von einem wirtschaftlich verbundenen Un-

Vermögenswerte, Anlagen, Personalausstattung **§ 10 a**

ternehmen angeboten werden. Eine **Ergänzung der Marke** des vertikal integrierten Energieversorgungsunternehmens **um einen Zusatz** („Netz" oÄ) sei daher **nicht ausreichend** (BNetzA, Hinweispapier zur Antragstellung – BK 6-11-157, BK 7-11-157, S. 30).

Die strenge Auslegung durch die BNetzA ist in der Regelung von Abs. 4 und in **16** den zugrunde liegenden Regelungen von Art. 46 Abs. 4 Elt-RL 19/Art. 17 Abs. 4 Gas-RL 09 bereits angelegt. In dieser strengen Auslegung ist allerdings die Ratio der Vorschrift zu hinterfragen. Ein Ausschluss einer Verwechslungsgefahr dient dazu, Identitätstäuschungen und Täuschungen über die Konzernangehörigkeit zu vermeiden. Verwechslung ist dabei der Gegensatz von Transparenz. Die Vorschrift in der **Auslegung durch die BNetzA verhindert** jedoch gerade **Transparenz,** wenn durch die Firmierung und den Markenauftritt eine tatsächlich bestehende Konzernzugehörigkeit verschleiert wird. Gerade zu solch einer Verschleierung verpflichtet die Norm in der Auslegung durch die BNetzA aber. Dies ist wohl kaum sinnvoll.

F. IT-technische Entflechtung (Abs. 5)

Neben den Dienstleistungsbeziehungen im Konzern hat die **IT-technische 17 Entflechtung** einen Problemschwerpunkt in den Zertifizierungsverfahren dargestellt und dementsprechend auch viele Nebenbestimmungen erforderlich gemacht.

I. Entflechtung der Anwendungssysteme

Abs. 5 S. 1 regelt die Entflechtung der **Anwendungssysteme,** also der **Soft- 18 ware.** Eine gemeinsame Nutzung muss unterlassen werden, soweit diese Anwendungen den unternehmerischen Besonderheiten des ITO oder des vertikal integrierten Unternehmens angepasst wurden. Dabei wird im Ausgangspunkt davon ausgegangen, dass eine **gemeinsame Nutzung** bereits vorliegt, wenn die gleiche Software – auch auf anderen Systemen und ohne Verknüpfung – genutzt wird (BNetzA, Hinweispapier zur Antragstellung – BK 6-11-157, BK 7-11-157, S. 31; *Michaelis/Kemper* RdE 2012, 10 (15)). Diese Prämisse ist bereits zweifelhaft, weil die unabhängige Nutzung gleicher Programmpakete wohl noch keine gemeinsame Nutzung darstellt.

Das Verbot des Abs. 5 S. 1 beschränkt sich auf Anwendungen, die den unterneh- **19** merischen Besonderheiten des ITO oder des vertikal integrierten Unternehmens angepasst wurden. **Nicht erfasst ist also Standardsoftware** (Betriebssysteme, Standardanwendungen wie MS Office, Lotus Notes oder MS Exchange). Auch betriebswirtschaftliche Standardsoftware (zB SAP R3) darf in beiden Unternehmen genutzt werden (*Michaelis/Kemper* RdE 2012, 10 (15)). Ebenso ist die gemeinsame Nutzung **branchenspezifischer Standardprogramme** möglich, die sich zwar unternehmensindividuell anpassen lassen, diese Anpassung jedoch bei der gemeinsamen Nutzung noch nicht erfolgt ist, sondern erst später separat für ITO und/oder dem vertikal integrierten Unternehmen erfolgt (BNetzA, Hinweispapier zur Antragstellung – BK 6-11-157, BK 7-11-157, S. 31; Beschl. v. 9.11.2012 – BK 6-12-044, S. 35).

Maßgeblich ist also, ob die identischen Anpassungen für ITO und vertikal inte- **20** griertes EVU vorgenommen wurden. Bei einer **nachträglichen Trennung der**

Hölscher

§ 10a

IT-Systeme wird man hier **keinen allzu strengen Maßstab anlegen** können. Wird zB eine bereits vorhandene SAP-Anwendung getrennt, wird man zweckmäßigerweise die wesentlichen Weichenstellungen der Implementation übernehmen. Dass sich hieraus ein Diskriminierungspotenzial ergeben könnte, ist nicht ersichtlich.

II. IT-Infrastruktur

21   Abs. 5 S. 2 untersagt es grundsätzlich, die **IT-Infrastruktur,** also die **Hardware** gemeinsam zu nutzen. Die Server und die IT zur Netzsteuerung des ITO und anderer Konzernunternehmen sind also physisch zu trennen. Eine Ausnahme ist möglich, wenn sich die Hardware außerhalb der Geschäftsräume des ITO und des vertikal integrierten Unternehmens befindet und von Dritten zur Verfügung gestellt und betrieben wird. Hierbei verlangt die **BNetzA** lediglich, dass die **IT-Infrastruktur von Dritten angeboten wird und weder die Mitarbeiter des vertikal integrierten Unternehmens noch des ITO direkten Zugriff** auf die Hardware haben. Erfasst werden nach dieser weiteren Auffassung der BNetzA also nicht nur die Nutzung eines externen Rechenzentrums, sondern auch der Fall, wenn beide Unternehmen die Nutzung ihrer IT-Hardware als Dienstleistung bei einem Dritten einkaufen (outsourcen), der nicht Teil des vertikal integrierten Unternehmens ist (Elspas/Graßmann/Rasbach/*Hampel/Sack* EnWG § 10a Rn. 22). Auch marktübliche **Leasing-Geschäfte** mit Dritten sollen zulässig sein (BNetzA, Hinweispapier zur Antragstellung – BK 6-11-157, BK 7-11-157, S. 31).

III. Zusammenarbeit mit Beratern und externen Auftragnehmern

22   Dem ITO ist es gem. Abs. 5 S. 3 untersagt, in Bezug auf die IT-Systeme, die sich in seinen Geschäfts- oder Büroräumen oder denen des vertikal integrierten Unternehmens befinden, mit **denselben Beratern oder externen Auftragnehmern** zusammenzuarbeiten. Die BNetzA ist der Auffassung, dass es bei der Frage, ob mit demselben Berater oder externen Auftragnehmer zusammengearbeitet wird, es **nicht auf das Unternehmen,** sondern auf die **jeweilige natürliche Person ankommt.** Die Rechtsauffassung der BNetzA kann sich dabei auf die Begründung zum Gesetzesentwurf stützen, die ausführt, dass es iRd Art. 17 Abs. 5 Elt-RL 09 (heute Art. 46 Abs. 5 Elt-RL 19) bzw. Art. 17 Abs. 5 Gas-RL 09 jeweils auf die natürliche Person und nicht auf die jeweilige Beratungsgesellschaft ankommt (BT-Drs. 17/6072, 61). Die Europäische Kommission ist demgegenüber der Auffassung, dass es nicht ausreicht, wenn sichergestellt wird, dass die betreffenden Mitarbeiter ausschließlich für die Beratung des ITO eingesetzt werden. Diese Anforderung hält die BNetzA für zu weitgehend. Ein Abstellen auf die juristische Person des IT-Beratungsunternehmens würde zu negativen Wettbewerbseffekten im IT-Beratungsmarkt führen. Würde man den IT-Beratungsunternehmen auferlegen, entweder für das vertikal integrierte Energieversorgungsunternehmen oder den Transportnetzbetreiber tätig zu werden, so würde sich das Beratungsunternehmen aus ökonomischen Gründen stets für das Unternehmen entscheiden, welches das größte Auftragsvolumen vergebe. Das sei jeweils das integrierte Energieversorgungsunternehmen. Auch unter **Verhältnismäßigkeitsgesichtspunkten** sei eine Auslegung der europarechtlichen und nationalen Vorgaben erforderlich, nach der auf die **na-**

Vermögenswerte, Anlagen, Personalausstattung **§ 10 a**

türliche und nicht auf die juristische Person abzustellen sei (ausf. BNetzA Beschl. v. 9.11.2012 – BK 6-12-044, S. 40).

G. Räumliche Trennung (Abs. 6)

Die Regelung über die räumliche Trennung in Abs. 6 dient ebenso wie die Regelung über die IT-technische Entflechtung in Abs. 5 der Umsetzung von Art. 46 Abs. 5 Elt-RL 19/Art. 17 Abs. 5 Gas-RL 09. Sie weicht im Wortlaut von der Richtlinienvorschrift ab, da in § 10a Abs. 6 die gemeinsame Nutzung von **Büro- und Geschäftsräumen** einschließlich der gemeinsamen Nutzung von Zugangskontrollsystemen untersagt wird, während in Art. 46 Abs. 5 Elt-RL 19/Art. 17 Abs. 5 Gas-RL 09 von „**Liegenschaften** und Zugangskontrollsystemen" die Rede ist. 23

In der Begründung zum Gesetzesentwurf ist insoweit ausgeführt, dass es entscheidend sei, dass die Räume und die Kontrollsysteme selbst voneinander verschieden sind. Es sei nicht erforderlich, wenn auch dem Idealtypus der Umsetzung des Gebots entsprechend, wenn sich die **Büro- und Geschäftsräume** auf verschiedenen Liegenschaften befinden würden. Grundsätzlich sei aber aus Gründen der **Verhältnismäßigkeit** die Lösung zu wählen, die das Ziel der Richtlinien (Unabhängigkeit durch räumliche Trennung) in einer Weise umsetze, die das Gebot der Verhältnismäßigkeit und der wirtschaftlichen Zumutbarkeit beachtet (BT-Drs. 17/6072, 61). 24

Aus Gründen der Verhältnismäßigkeit ist die **gemeinsame Nutzung von Liegenschaften** also **weiterhin möglich** (aA die EU-Kommission; s. hierzu BerlKommEnergieR/*Säcker/Mohr* EnWG § 10a Rn. 32). Lediglich die jeweils genutzten „Räume" sind durch unterschiedliche Zugangskontrollsysteme voneinander zu separieren. Es ist also zu vermeiden, dass Mitarbeiter des vertikal integrierten Unternehmens Zugang zu den Räumen des Transportnetzbetreibers erhalten. Durch diese Umsetzung wird ein übertriebener Entflechtungsaufwand vermieden. 25

H. Abschlussprüfung (Abs. 7)

Mit der Regelung in Abs. 7 wird Art. 46 Abs. 6 Elt-RL 19/Art. 17 Abs. 6 Gas-RL 09 umgesetzt. Abs. 7 S. 1 entspricht dabei der Richtlinienvorschrift. S. 2 und 3 ermöglichen die **Vollkonsolidierung des ITO.** In der Begründung zum Gesetzesentwurf ist dabei ausgeführt, dass nach dem Willen des Europäischen Gesetzgebers die Möglichkeit der Vollkonsolidierung auf einem ITO erhalten bleiben soll. Dazu sei es erforderlich, dass der Wirtschaftsprüfer des vertikal integrierten Unternehmens Einsicht in die Bücher der Tochtergesellschaft nehmen kann. Um ein gegebenenfalls vorhandenes Diskriminierungspotenzial zuverlässig auszuschließen, sei der Wirtschaftsprüfer des vertikal integrierten Unternehmens verpflichtet, Erkenntnisse und wirtschaftliche Informationen, die er im Rahmen dieser Ansicht erhalten habe, insbesondere gegenüber dem vertikal integrierten Unternehmen vertraulich zu behandeln (BT-Drs. 17/6072, 61). 26

Bezüglich des Wirtschaftsprüfers ist dabei auf die **jeweilige natürliche Person** und nicht auf das jeweilige Beratungsunternehmen bzw. die jeweilige Beratungsgesellschaft abzustellen (Begr. zum GE, BT-Drs. 17/6072, 61; BNetzA, Hinweispapier zur Antragstellung – BK 6-11-157, BK 7-11-157, S. 32). In der Praxis ist es 27 allerdings häufig so, dass auch unterschiedliche Wirtschaftsprüfungsgesellschaften beauftragt werden.

§ 10b Rechte und Pflichten im vertikal integrierten Unternehmen

(1) ¹Vertikal integrierte Unternehmen müssen gewährleisten, dass Unabhängige Transportnetzbetreiber wirksame Entscheidungsbefugnisse in Bezug auf die für den Betrieb, die Wartung und den Ausbau des Netzes erforderlichen Vermögenswerte des vertikal integrierten Unternehmens besitzen und diese im Rahmen der Bestimmungen dieses Gesetzes unabhängig von der Leitung und den anderen betrieblichen Einrichtungen des vertikal integrierten Unternehmens ausüben können. ²Unabhängige Transportnetzbetreiber müssen insbesondere die Befugnis haben, sich zusätzliche Finanzmittel auf dem Kapitalmarkt durch Aufnahme von Darlehen oder durch eine Kapitalerhöhung zu beschaffen. ³Satz 1 und 2 gelten unbeschadet der Entscheidungen des Aufsichtsrates nach § 10d.

(2) ¹Struktur und Satzung des Unabhängigen Transportnetzbetreibers haben die Unabhängigkeit des Transportnetzbetreibers vom vertikal integrierten Unternehmen im Sinne der §§ 10 bis 10e sicherzustellen. ²Vertikal integrierte Unternehmen haben jegliche unmittelbare oder mittelbare Einflussnahme auf das laufende Geschäft des Unabhängigen Transportnetzbetreibers oder den Netzbetrieb zu unterlassen; sie unterlassen ebenfalls jede unmittelbare oder mittelbare Einflussnahme auf notwendige Tätigkeiten zur Erstellung des zehnjährigen Netzentwicklungsplans nach §§ 12a bis 12f oder § 15a durch den Unabhängigen Transportnetzbetreiber.

(3) ¹Tochterunternehmen des vertikal integrierten Unternehmens, die die Funktionen Erzeugung, Gewinnung oder Vertrieb von Energie an Kunden wahrnehmen, dürfen weder direkt noch indirekt Anteile am Transportnetzbetreiber halten. ²Der Transportnetzbetreiber darf weder direkt oder indirekt Anteile an Tochterunternehmen des vertikal integrierten Unternehmens, die die Funktionen Erzeugung, Gewinnung oder Vertrieb von Energie an Kunden wahrnehmen, halten noch Dividenden oder andere finanzielle Zuwendungen von diesen Tochterunternehmen erhalten. ³Insbesondere sind Übertragungsnetzbetreiber nicht berechtigt, Eigentümer einer Energiespeicheranlage zu sein oder eine solche zu errichten, zu verwalten oder zu betreiben.

(4) Der Unabhängige Transportnetzbetreiber hat zu gewährleisten, dass er jederzeit über die notwendigen Mittel für die Errichtung, den Betrieb und den Erhalt eines sicheren, leistungsfähigen und effizienten Transportnetzes verfügt.

(5) ¹Das vertikal integrierte Unternehmen und der Unabhängige Transportnetzbetreiber haben bei zwischen ihnen bestehenden kommerziellen und finanziellen Beziehungen, einschließlich der Gewährung von Krediten an das vertikal integrierte Unternehmen durch den Unabhängigen Transportnetzbetreiber, marktübliche Bedingungen einzuhalten. ²Der Transportnetzbetreiber hat alle kommerziellen oder finanziellen Vereinbarungen mit dem vertikal integrierten Unternehmen der Regulierungsbehörde in der Zertifizierung zur Genehmigung vorzulegen. ³Die Befug-

nisse der Behörde zur Überprüfung der Pflichten aus Teil 3 Abschnitt 3 bleiben unberührt. ⁴Der Unabhängige Transportnetzbetreiber hat diese kommerziellen und finanziellen Beziehungen mit dem vertikal integrierten Unternehmen umfassend zu dokumentieren und die Dokumentation der Regulierungsbehörde auf Verlangen zur Verfügung zu stellen.

(6) **Die organschaftliche Haftung der Mitglieder von Organen des vertikal integrierten Unternehmens für Vorgänge in Bereichen, auf die diese Mitglieder nach diesem Gesetz keinen Einfluss ausüben durften und tatsächlich keinen Einfluss ausgeübt haben, ist ausgeschlossen.**

A. Allgemeines

§ 10b enthält die wesentlichen Regelungen über die **Stellung des ITO im integrierten Unternehmen.** Die Regelung wird durch § 10d bezüglich des Aufsichtsrats ergänzt. 1

§ 10b setzt **Art. 47 Elt-RL 19/Art. 18 Gas-RL 09** um. Im Rahmen der Umsetzung ist im Wesentlichen der Wortlaut der Richtlinienvorschriften übernommen worden. 2

B. Unabhängigkeit des ITO (Abs. 1, 2)

I. Anforderungen

Die Abs. 1 und 2 konkretisieren die Anforderungen, die an die Unabhängigkeit des ITO zu stellen sind. Das vertikal integrierte Unternehmen muss gewährleisten, dass der ITO wirksame **Entscheidungsbefugnisse in Bezug auf die Vermögenswerte** hat, die für den Betrieb, die Wartung und den Ausbau des Netzes erforderlich sind. Diese müssen unabhängig von der Leitung und den anderen betrieblichen Einrichtungen des vertikal integrierten Unternehmens ausgeübt werden können (Abs. 1 S. 1). Darüber hinaus muss der ITO die Befugnis haben, zusätzliche Finanzmittel auf dem Kapitalmarkt durch Aufnahme von Darlehen oder durch eine Kapitalerhöhung zu beschaffen (Abs. 1 S. 1). Diese Entscheidungsbefugnisse des ITO gelten unbeschadet der Entscheidung des Aufsichtsrats nach § 10d (Abs. 1 S. 3). Dies entspricht der Formulierung in den Richtlinien, dass die Entscheidungsbefugnisse unbeschadet der Rechte des Aufsichtsorgans bestehen müssen. 3

Abs. 2 bestimmt, dass Struktur und Satzung des ITO die Unabhängigkeit des ITO des Transportnetzbetreibers vom vertikal integrierten Unternehmen iSd §§ 10–10e sicherstellen müssen. Das vertikal integrierte Unternehmen hat sich jeder mittelbaren und unmittelbaren **Einflussnahme auf das laufende Geschäft des ITO** und den Netzbetrieb zu enthalten. Ebenfalls unzulässig ist eine Einflussnahme auf die Erstellung des Netzentwicklungsplans nach den §§ 12a–12f oder 15a. 4

II. Gewährleistung der Unabhängigkeit

1. Satzung. Die Satzung des ITO muss den Maßgaben von Abs. 1 und 2 entsprechen. Dies schließt es insbesondere aus, dass der oder die Gesellschafter des ITO unbeschränkte **unmittelbare Weisungsrechte haben** (BNetzA Beschl. v. 5

§ 10 b

Teil 2. Entflechtung

9.11.2012 – BK 7-12-033, S. 31). Für die Einbindung des ITO in den Konzern ist der Aufsichtsrat (§ 10 g) das zentrale Gelenk, das nicht durch unmittelbare Weisungsrechte umgangen werden darf.

6 **2. Kein Beherrschungsvertrag.** Der ITO bleibt weiterhin in den Konzernverbund des vertikal integrierten Unternehmens eingebunden. Weiterhin soll die **Vollkonsolidierung des ITO** im Konzernabschluss des vertikal integrierten Unternehmens nach § 290 HGB (vgl. Begr. BT-Drs. 17/6072, 62) gewährleistet werden. Dabei wird regelmäßig die Voraussetzung der Mehrheit der Stimmrechte nach § 290 Abs. 2 S. 1 Nr. 1 HGB vorliegen. Der Abschluss eines **Beherrschungsvertrags** (§ 191 Abs. 1 S. 1 AktG) nach § 290 Abs. 2 S. 1 Nr. 3 HGB ist allerdings **ausgeschlossen**, weil er einen mit Abs. 1 und 2 im Widerspruch stehenden Einfluss vermitteln würde. Es darf weder eine Beherrschung noch eine Eingliederung vorliegen (BNetzA Beschl. v. 11.4.2013 – BK 6-12-004, S. 53).

7 Zulässig ist allerdings ein **Gewinnabführungsvertrag** (§ 291 Abs. 1 S. 1 AktG). Dieser Vertrag muss so ausgestaltet sein, dass er dem ITO nicht die notwendigen Mittel zur Erfüllung seiner Aufgaben entzieht. Dies hat die BNetzA angenommen, wenn ein Gewinnabführungsvertrag die Bildung und Auflösung von Rücklagen ohne Einflussnahme des vertikal integrierten Unternehmens zulässt (BNetzA Beschl. v. 11.4.2013 – BK 6-12-004, S. 53).

8 **3. Erklärung des Unternehmens.** Allein aus der Satzung und den vertraglichen Vereinbarungen zwischen ITO und vertikal integriertem Unternehmen ergibt sich nicht, ob eine im Widerspruch zu § 10 b bestehende Einflussnahme tatsächlich stattfindet. Daher wird die Unabhängigkeit des ITO in der Praxis durch eine entsprechende **Erklärung der Unternehmensleitung** des vertikal integrierten Unternehmens belegt. Entsprechende Erklärungen sind in sämtlichen Zertifizierungsentscheidungen der BNetzA erwähnt. Diese Erklärung muss vorbehaltlos erfolgen und darf keine den §§ 10 ff. zuwiderlaufenden Einschränkungen enthalten (BNetzA Beschl. v. 5.2.2013 – BK 7-12-031, S. 38).

C. Konzernstruktur (Abs. 3)

9 Abs. 3 macht Vorgaben für die Konzernstruktur des vertikal integrierten Unternehmens. Wechselseitige Beteiligungen zwischen dem vertikal integrierten Unternehmen und seinen Tochterunternehmen einerseits und dem ITO andererseits sind untersagt. Zunächst ist den Tochterunternehmen des vertikal integrierten Unternehmens, die die Funktionen Erzeugung, Gewinnung und Vertrieb von Energie an Kunden wahrnehmen, verboten, direkt oder indirekt Anteile an Transportnetzbetreibern zu unterhalten. Die Regelung ist nur dann sinnvoll, wenn man als das vertikal integrierte Energieversorgungsunternehmen hier die Holding versteht, die selbst operativ jedenfalls im Bereich der Erzeugung und des Vertriebs nicht tätig ist (BerlKommEnergieR/*Säcker/Mohr* EnWG § 10 b Rn. 6; Elspas/Graßmann/Rasbach/*Hampel/Sack* EnWG § 10 b Rn. 9). Abs. 3 verlangt dann bezüglich der Konzernstruktur, dass solch eine **Holding überhaupt vorhanden** sein muss und dass der Transportnetzbetreiber nicht als Tochterunternehmen eines in den Bereichen Erzeugung oder Vertrieb operativ tätigen Unternehmens aufgehängt wird (für den Vertrieb von Erdgas über Tankstellen durch ein Unternehmen, das mittelbar an einem Fernleitungsnetz beteiligt war s. BNetzA Beschl. v. 20.5.2014 – BK7-13-073, S. 6 ff. und OLG Düsseldorf Beschl. v. 20.1.2016 – VI.3 Kart 143/14 (V)

Rn. 38f.). Ob diese Vorgabe zur Vermeidung von Interessenkonflikten geeignet und erforderlich ist, kann bezweifelt werden.

Darüber hinaus **untersagt** Abs. 3 S. 2, dass der **ITO direkt oder indirekt Anteile** an **Konzernunternehmen** des vertikal integrierten Unternehmens **hält,** die die Funktionen Erzeugung, Gewinnung oder Vertrieb von Energie an Kunden wahrnehmen. Er darf von diesen Unternehmen weder Dividenden erhalten noch andere finanzielle Zuwendungen. Die Regelungen sollen dazu dienen, dass der ITO nicht bereits aufgrund solcher Beteiligungsverhältnisse ein Interesse am wirtschaftlichen Erfolg des vertikal integrierten Unternehmens hat und sich dadurch rein faktisch in seinem Geschäftsverhalten beeinflussen lässt (BT-Drs. 17/6072, 62).

D. Finanzielle Ausstattung (Abs. 4)

Abs. 4 bestimmt – inhaltlich **mit § 10a Abs. 1 S. 1 übereinstimmend** –, dass der unabhängige Transportnetzbetreiber zu gewährleisten hat, dass er jederzeit über die notwendigen Mittel für die Errichtung, den Betrieb und den Erhalt eines sicheren, leistungsfähigen und effizienten Transportnetzes verfügt. Die Regelung dürfte eine zu § 10a Abs. 1 S. 1 überflüssige Redundanz darstellen.

E. Vertragliche Beziehungen zwischen ITO und Unternehmen

Die finanziellen und kommerziellen Beziehungen zwischen dem ITO und dem vertikal integrierten Unternehmen müssen den **marktüblichen Bedingungen** entsprechen. Dies soll die Unabhängigkeit des Transportnetzbetreibers gegenüber dem vertikal integrierten Unternehmen dadurch stärken, dass zB Finanzierungsmöglichkeiten tatsächlich vergleichbar sind. Der Gesetzgeber hat damit die Erwartung verbunden, dass der ITO in einer solchen Situation allein nach wirtschaftlichen Kriterien entscheidet (BT-Drs. 17/6072, 62).

In diesem Rahmen sieht die Praxis auch Verträge über einen **Cash Pool** als zulässig an. Dabei nimmt die BNetzA an, dass solche finanziellen Beziehungen als marktüblich anzusehen sind, die sich jedenfalls in einem substanziellen Maße in der Marktpraxis durchgesetzt haben. Insbesondere soll unterbunden werden, dass der ITO durch Zahlung überhöhter Preise an das verbundene Unternehmen dessen Einkünfte auf Kosten der Netzentgelte künstlich erhöht. Es gehe darum, zu prüfen, ob die beteiligten Unternehmen sich ebenso verhalten hätten, wenn sie nicht miteinander verbunden wären. Im Rahmen des Cash Pooling soll es aber unzulässig sein, sämtliche Konten einzubeziehen, damit nicht eine Beschaffung von zusätzlichen Finanzmitteln auf dem Kapitalmarkt unterlaufen wird (BNetzA Beschl. v. 11.4.2013 – BK 6-12-004, S. 53f.; vgl. auch BNetzA Beschl. v. 5.2.2013 – BK 7-12-027, S. 31).

Prozedural ist das Gebot der Marktüblichkeit dadurch gesichert, dass die **Verträge fortlaufend dokumentiert** werden müssen. Sie sind zunächst im Rahmen der Zertifizierung der BNetzA vorzulegen (Abs. 5 S. 2). Auch nach erfolgter Zertifizierung ist weiterhin umfassend zu dokumentieren und die Dokumentation der **BNetzA auf Verlangen zur Verfügung zu stellen** (Abs. 5 S. 4).

F. Organschaftliche Haftung

15 Abs. 6 stellt klar, dass die organschaftliche Haftung von Mitgliedern eines Organs des vertikal integrierten Unternehmens nicht greift, wenn es sich um Bereiche handelt (zB Alltagsgeschäft des Netzbetriebs), in denen diese Mitglieder zulässigerweise nicht tätig sein durften und es tatsächlich auch nicht waren. Die Regelung **trägt dem allgemeinen Grundsatz Rechnung, dass eine persönliche Haftung grundsätzlich ein Verschulden des Haftenden voraussetzt.** Dies setzt aber auch eine tatsächliche Einwirkungsmöglichkeit des Haftenden auf das schädigende Ereignis voraus (Begr. zum RegE, BT-Drs. 17/6072, 62).

§ 10c Unabhängigkeit des Personals und der Unternehmensleitung des Unabhängigen Transportnetzbetreibers

(1) ¹Der Unabhängige Transportnetzbetreiber hat der Regulierungsbehörde die Namen der Personen, die vom Aufsichtsrat als oberste Unternehmensleitung des Transportnetzbetreibers ernannt oder bestätigt werden, sowie die Regelungen hinsichtlich der Funktion, für die diese Personen vorgesehen sind, die Laufzeit der Verträge mit diesen Personen, die jeweiligen Vertragsbedingungen sowie eine eventuelle Beendigung der Verträge mit diesen Personen unverzüglich mitzuteilen. ²Im Falle einer Vertragsbeendigung hat der Unabhängige Transportnetzbetreiber der Regulierungsbehörde die Gründe, aus denen die Vertragsbeendigung vorgesehen ist, vor der Entscheidung mitzuteilen. ³Entscheidungen und Regelungen nach Satz 1 werden erst verbindlich, wenn die Regulierungsbehörde innerhalb von drei Wochen nach Zugang der Mitteilung des Unabhängigen Transportnetzbetreibers keine Einwände gegen die Entscheidung erhebt. ⁴Die Regulierungsbehörde kann ihre Einwände gegen die Entscheidung nur darauf stützen, dass Zweifel bestehen an:
1. der beruflichen Unabhängigkeit einer ernannten Person der obersten Unternehmensleitung oder
2. der Berechtigung einer vorzeitigen Vertragsbeendigung.

(2) ¹Die Mehrheit der Angehörigen der Unternehmensleitung des Unabhängigen Transportnetzbetreibers darf in den letzten drei Jahren vor einer Ernennung nicht bei einem Unternehmen des vertikal integrierten Unternehmens oder einem Mehrheitsanteilseigner dieser Unternehmen angestellt gewesen sein oder Interessen- oder Geschäftsbeziehungen zu einem dieser Unternehmen unterhalten haben. ²Die verbleibenden Angehörigen der Unternehmensleitung des Unabhängigen Transportnetzbetreibers dürfen in den letzten sechs Monaten vor einer Ernennung keine Aufgaben der Unternehmensleitung und keine mit der Aufgabe beim Unabhängigen Transportnetzbetreiber vergleichbaren Aufgaben bei einem Unternehmen des vertikal integrierten Unternehmens oder einem Mehrheitsanteilseigner dieser Unternehmen wahrgenommen haben.

(3) ¹Der Unabhängige Transportnetzbetreiber hat sicherzustellen, dass seine Unternehmensleitung und seine Beschäftigten weder bei anderen Unternehmensteilen des vertikal integrierten Unternehmens oder bei de-

ren Mehrheitsanteilseignern angestellt sind noch Interessen- oder Geschäftsbeziehungen zu ihnen unterhalten. ²Satz 1 umfasst nicht die zu marktüblichen Bedingungen erfolgende Belieferung von Energie für den privaten Verbrauch oder die zu marktüblichen Bedingungen für den privaten Verbrauch erfolgende Belieferung im Rahmen sonstiger Kauf- oder Dienstleistungsverträge.

(4) ¹Der Unabhängige Transportnetzbetreiber und das vertikal integrierte Unternehmen haben zu gewährleisten, dass Personen der Unternehmensleitung und die übrigen Beschäftigten des Unabhängigen Transportnetzbetreibers weder direkt noch indirekt Beteiligungen an Unternehmensteilen des vertikal integrierten Unternehmens halten noch finanzielle Zuwendungen von diesen erhalten, es sei denn, es handelt sich um Beteiligungen am Unabhängigen Transportnetzbetreiber oder Zuwendungen vom Unabhängigen Transportnetzbetreiber. ²Der Unabhängige Transportnetzbetreiber hat zu gewährleisten, dass die Vergütung von Personen der Unternehmensleitung und der übrigen Beschäftigten des Unabhängigen Transportnetzbetreibers nicht vom wirtschaftlichen Erfolg, insbesondere vom Betriebsergebnis, des vertikal integrierten Unternehmens, mit Ausnahme des Unabhängigen Transportnetzbetreibers, abhängig ist.

(5) Nach Beendigung des Vertragsverhältnisses zum Unabhängigen Transportnetzbetreiber dürfen Personen der Unternehmensleitung für vier Jahre bei anderen Unternehmensteilen des vertikal integrierten Unternehmens als dem Unabhängigen Transportnetzbetreiber oder bei deren Mehrheitsanteilseignern keine beruflichen Positionen bekleiden oder berufliche Aufgaben wahrnehmen oder Interessen- oder Geschäftsbeziehungen zu ihnen unterhalten.

(6) Absatz 2 Satz 1 sowie Absatz 3 und 5 gelten für Personen, die der obersten Unternehmensleitung unmittelbar unterstellt und für Betrieb, Wartung oder Entwicklung des Netzes verantwortlich sind, entsprechend.

Übersicht

	Rn.
A. Allgemeines und Begrifflichkeit	1
B. Einzelerläuterungen	4
I. Oberste Unternehmensleitung (Abs. 1)	4
II. Vorgaben zur Einstellung (Abs. 2)	6
III. Anstellungsverhältnis nur zum ITO (Abs. 3)	10
IV. Keine Beteiligung am vertikal integrierten Unternehmen (Abs. 4)	12
V. Kein Wechsel zum vertikal integrierten Unternehmen (Abs. 5)	16
VI. Anwendung auf Mitglieder der zweiten Führungsebene (Abs. 6)	20

Literatur: *Becher,* BGH: Zur Reichweite der Karenzzeitenregelung des § 10c V EnWG, IR 2019, 134; *Eder/Becker,* BGH: Leitungen der Bereiche „Recht und Regulierung" sowie „kaufmännischer Bereich" unterfallen der Unbundling-Karenzzeitregelung nach § 10c VI EnWG, IR 2017, 59; *Mohr,* Anmerkung zum Beschluss des BGH vom 26. Januar 2016 – Az. EnVR 51/14, N&R 2016, 172; *Mohr,* Anmerkung zum Beschluss des OLG Düsseldorf vom 25. August 2014 – Az. VI-3 Kart 58/13 (V), N&R 2015, 45; *Säcker,* Die Zusammensetzung des Aufsichtsorgans beim Independent Transmission Operator (ITO), et 11/2009, 80; *Säcker/Mohr,* Die Entflechtung des Transportnetzbetreibers durch das Modell des „Independent Transmission

§ 10 c

Operators" (ITO), N&R-Beil. 2012, Nr. 02, 1; *Schmidt-Preuß*, Unbundling und Mathematik – zum Aufsichtsorgan beim Independent Transmission Operator, et 12/2009, 74.

A. Allgemeines und Begrifflichkeit

1 Mit der Regelung des § 10c setzt der deutsche Gesetzgeber Art. 48 Elt-RL 19/ Art. 19 Gas-RL 09 um. Die Regelung enthält nicht nur eine Garantie der Unabhängigkeit des Personals des ITO, sondern führt im Ergebnis zu einer **weitgehenden personellen Trennung** des Personals des vertikal integrierten Unternehmens und des ITO. Insbesondere findet die ansonsten in Konzernen übliche Rotation zwischen den unterschiedlichen Gesellschaften des vertikal integrierten Unternehmens in Bezug auf den ITO nicht statt.

2 Die gesetzlichen Regelungen richten sich an vier unterschiedliche Adressatengruppen:

– Die **oberste Unternehmensleitung** stellt nach § 3 Nr. 29b der Vorstand, die Geschäftsführung oder ein Gesellschaftsorgan mit vergleichbaren Aufgaben und Befugnissen dar.

– Die **Unternehmensleitung** umfasst nach § 3 Nr. 33a die oberste Unternehmensleitung sowie Personen, die mit Leitungsaufgaben für den Transportnetzbetreiber betreut sind und aufgrund eines Übertragungsaktes, dessen Eintragung im Handelsregister oder einem vergleichbaren Register eines Mitgliedstaats der Europäischen Union gesetzlich vorgesehen ist, berechtigt sind, den Transportnetzbetreiber gerichtlich und außergerichtlich zu vertreten. Dies ist bei der Prokura (§§ 48, 53 HGB) der Fall, auch wenn ein Inhaber von Prokura sich Generalbevollmächtigter nennt, nicht aber bei der Handlungsvollmacht nach § 54 HGB.

– **Führungspersonal mit Netzbezug** sind Personen iSd Abs. 6, die der obersten Unternehmensleitung unmittelbar unterstellt sind und für den Betrieb, die Wartung oder Entwicklung des Netzes verantwortlich sind. Erfasst ist nur die zweite Führungsebene, diese aber unabhängig davon, ob Prokura erteilt wurde. Die dritte Führungsebene ist nicht erfasst, auch wenn sie wesentliche Aufgaben in Bezug auf den Netzbetrieb wahrnimmt. Ist der Geschäftsführung ein „Leiter Netzbetrieb" und untersteht diesem ein „Leiter Dispatching", ist Letzterer nicht erfasst.

– **Sonstige Beschäftigte** sind alle Personen, die für den ITO tätig sind und zu diesem in einem Anstellungsverhältnis stehen.

3 Der deutsche Umsetzungsgesetzgeber hatte an verschiedenen Stellen eine **Stichtagsregelung** für die Anwendbarkeit bestimmter Regelungen des § 10c angeordnet. Diese betreffen die Vorgaben bezüglich der Einstellung (Abs. 2), des Haltens von Anteilen am integrierten Unternehmen (Abs. 4) und einer der Tätigkeit beim ITO nachfolgenden Tätigkeit beim integrierten Unternehmen (Abs. 5). Hierbei hatte der Gesetzgeber den 3.3.2012 angesetzt. Dies ist das Datum, von dem an nach Art. 9 Abs. 1 Elt-RL 09/Gas-RL 09 die Anwendung der Entflechtungsregeln sichergestellt sein sollte (vgl. Gesetzesbegründung, BT-Drs. 17/6072, 63). Damit war die **Ausgangsausstattung an Führungspersonal,** das nahezu notwendig aus dem Kreis der Führungskräfte des vertikal integrierten Unternehmens rekrutiert wurde, **von den Anforderungen des § 10c weitgehend freigestellt.** Die Europäische Kommission hatte hiergegen Bedenken erhoben. Die Regelung des § 10c Abs. 2 S. 3 könne in bestimmten Fällen die tatsächliche Un-

abhängigkeit des Transportnetzbetreibers untergraben. Die BNetzA entgegnete, dass erst ab dem 3.3.2012 alle Vorgaben der Entflechtung Anwendung finden müssen und dass aus Verhältnismäßigkeitsgründen eine Stichtagsregelung erforderlich sei (BNetzA Beschl. v. 11.4.2013 – BK 6-12-004, S. 68f.). Im Rahmen des Osterpakets ist diese Regelung aufgehoben worden. Aufgrund der seither vergangenen Zeit dürfte die Aufhebung keine praktischen Konsequenzen mehr haben.

B. Einzelerläuterungen

I. Oberste Unternehmensleitung (Abs. 1)

Der ITO hat **der Regulierungsbehörde die Personen zu nennen,** die als 4 oberste Unternehmensleitung ernannt werden, sowie die Regelungen hinsichtlich der Funktion, die Laufzeit der Verträge und die jeweiligen Vertragsbedingungen der BNetzA unverzüglich mitzuteilen. Im Falle einer Vertragsbeendigung hat der ITO die Gründe, aus denen der Vertragsbeendigung vorgesehen ist, der Regulierungsbehörde vor der Entscheidung mitzuteilen.

Sowohl **Ernennungen als auch Kündigungen** werden erst **verbindlich,** 5 wenn die **Regulierungsbehörde** innerhalb von drei Wochen nach Zugang der Mitteilung des ITO **keine Einwände** gegen die Entscheidung erhebt. Die Regulierungsbehörde kann ihre Einwände gegen die Entscheidung nur darauf stützen, dass Zweifel an der beruflichen Unabhängigkeit einer ernannten Person der obersten Unternehmensleitung oder Zweifel an der Berechtigung einer vorzeitigen Vertragsbeendigung bestehen. Ein Einwand ist sachlich zu begründen (BerlKommEnergieR/*Säcker*/*Mohr* EnWG § 10c Rn. 9; Elspas/Graßmann/Rasbach/*Sack*/*Hampel* EnWG § 10c Rn. 9) und muss auf belastbarer Grundlage beruhen (NK-EnWG/*Knauff* EnWG § 10c Rn. 4). Läuft die Frist ohne Einwendung der Regulierungsbehörde ab, werden die Maßnahmen (Bestellung oder Abberufung) rückwirkend (ex tunc) wirksam (BNetzA, Hinweispapier zur Antragstellung, BK 6-11-157, BK 7-11-157, S. 40).

II. Vorgaben zur Einstellung (Abs. 2)

Die Regelungen des § 10c Abs. 2 **verhindern,** dass Angehörige der Unterneh- 6 mensleitung des Transportnetzbetreibers (Vorstände, Geschäftsführer, Prokuristen, Generalbevollmächtigte) sowie Führungspersonal der zweiten Ebenen mit Netzbezug (Abs. 6) **unmittelbar vom vertikal integrierten Unternehmen zum ITO wechseln.** Dabei enthält Abs. 2 zwei unterschiedliche Fallkonstellationen. Für die Mehrheit der Angehörigen der Unternehmensleitung gilt das strengere Regime des S.s 1, der auch für das Führungspersonal der zweiten Ebene mit Netzbezug (Abs. 6) gilt. Für die verbleibenden Angehörigen der Unternehmensleitung gelten die weniger strengen Anforderungen von S. 2.

Eine strenge **Inkompatibilitätsregelung** ergibt sich aus S. 1. Die Mehrheit der 7 Angehörigen der Unternehmensleitung dürfen in den letzten **drei Jahren** vor ihrer Ernennung nicht bei einem Unternehmen des vertikal integrierten Unternehmens **angestellt gewesen sein** oder **Interessen und Geschäftsbeziehungen** zu einem dieser Unternehmen **unterhalten haben.** Umfasst sind also einerseits die **Tochterunternehmen,** und andererseits – als Mehrheitseigentümer – auch **die Holding.** Die bisherige Einschränkung, dass nur eine Tätigkeit bei einem Unterneh-

§ 10c — Teil 2. Entflechtung

men mit energiewirtschaftlicher Tätigkeit schädlich ist, besteht nach den Änderungen durch das sog. Osterpaket nicht mehr.

8   Für die verbleibenden Angehörigen der Unternehmensleitung des ITO gilt eine **Sperrfrist** von **sechs Monaten.** Diese „Cooling-on-Periode" soll nach der Gesetzesbegründung einerseits einen Wechsel im Konzern zwischen anderen Tochterunternehmen des vertikal integrierten Versorgungsunternehmens möglich machen, gleichzeitig jedoch gewährleisten, dass sich das Verhältnis zwischen den betreffenden natürlichen Personen und ihrem bisherigen Arbeitgeber im Konzern aufgrund der sich fortschreitenden Entwicklungen in den wettbewerblichen Energiebereichen sowie des abnehmenden persönlichen Kontakts ausreichend „abkühlt", um einen diskriminierungsfreien Betrieb des Transportnetzes zu gewährleisten (BT-Drs. 17/6072, 63). Diese Sperrfrist gilt allerdings nur, wenn die betreffende Person eine **Aufgabe der Unternehmensleitung** oder mit der **Aufgabe beim unabhängigen Transportnetzbetreiber vergleichbaren Aufgabe** bei einem anderen Unternehmen des vertikal integrierten Unternehmens wahrgenommen hat. Ein Mitarbeiter der zweiten Führungsebene eines Tochterunternehmens des vertikal integrierten Unternehmens kann damit Prokurist oder Geschäftsführer beim ITO werden, ohne dass die Sperrfrist von sechs Monaten eingehalten wird, solange für die Mehrheit der Mitglieder der Unternehmensleitung die Voraussetzungen nach S. 1 eingehalten wurden.

9   Nach der Rechtsprechung des EuGH muss die Karenzzeit auch bei einem Wechseln von einem Konzernunternehmen, das **keine Tätigkeit im Bereich der Elektrizitäts- oder Gasversorgung** ausübt, gelten. Die Einschränkung des bisherigen Abs. 2 und 6 auf Unternehmen mit Tätigkeit im Energiebericht sei mit Unionsrecht nicht vereinbar (EuGH Urt. v. 2.9.2021 – C-718/18 Rn. 52ff.). Diese im Rahmen eines Vertragsverletzungsverfahrens getroffene Entscheidung ist durch das sog. Osterpaket umgesetzt worden.

III. Anstellungsverhältnis nur zum ITO (Abs. 3)

10   Die Beschäftigten des ITO, also die Unternehmensleitung, das Führungspersonal mit Netzbezug und die sonstigen Beschäftigten dürfen nicht beim vertikal integrierten Unternehmen außer dem ITO angestellt sein. Damit ist gemeint, dass **ausschließlich das Anstellungsverhältnis zum ITO besteht.** Ein – ruhendes – Anstellungsverhältnis zum vertikal integrierten Unternehmen wäre mit dieser Vorgabe unvereinbar.

11   Darüber hinaus untersagt § 10c Abs. 3 **Interessen- oder Geschäftsbeziehungen** zum vertikal integrierten Unternehmen, soweit sie über die zum Markt üblichen Bedingungen erfolgende Belieferung von Energie für den privaten Verbrauch hinausgehen. Ausgeschlossen sind daher auch Beratertätigkeiten für das vertikal integrierte Unternehmen. Die Beteiligung am vertikal integrierten Unternehmen ist in der Sonderregelung des Abs. 4 geregelt.

IV. Keine Beteiligung am vertikal integrierten Unternehmen (Abs. 4)

12   Die Regelung des Abs. 4 soll sicherstellen, dass die Mitarbeiter des ITO weder durch Anteilsbesitz noch in sonstiger Weise wirtschaftlich am Erfolg des vertikal integrierten Unternehmens partizipieren. Zunächst hat nach S. 1 der ITO zu gewährleisten, dass sämtliche Beschäftigte **keine Anteile** des vertikal integrierten Unter-

Unabhängigkeit des Personals und der Unternehmensleitung **§ 10 c**

nehmens oder eines seiner Unternehmensanteile – mit Ausnahme des ITO selbst – **halten.** Damit sind die Mitarbeiter des ITO von sämtlichen Programmen zum Erwerb von Belegschaftsaktien ausgeschlossen und müssen ihre Belegschaftsaktien veräußern.

Die Personen der **Unternehmensleitung** (Vorstände, Geschäftsführer, Pro- 13 kuristen und Generalbevollmächtigte) waren gezwungen, die **Anteile** – also insbesondere die häufig vorhanden Belegschaftsaktien – am vertikal integrierten Unternehmen, die vor dem 3.3.2012 erworben wurden, bis zum 31.3.2016 **zu veräußern. Alle anderen Beschäftigten** des ITO durften **die Anteile** am vertikal integrierten Unternehmen, die sie vor dem 3.3.2012 erworben hatten, **ohne zeitliche Befristung behalten.** Bei einem Aufstieg im Unternehmen nach dem 31.3.2016, die sonstige Mitarbeiter zu einem Mitglied der Unternehmensleitung macht, sieht das Gesetz keine Frist für die Veräußerung vor. Nach dem Wortlaut der Norm bestand in solchen Fällen keine Veräußerungspflicht.

Die Regelung begegnete mit Blick auf **Art. 48 Abs. 5 Elt-RL 19 bzw. Art. 19** 14 **Abs. 5 Gas-RL 09 Bedenken,** da nach dieser Regelung die Beschäftigten des ITO keine Anteile am vertikal integrierten Unternehmen halten dürfen (zu den Bedenken der Kommission vgl. BNetzA Beschl. v. 11.4.2013 – BK 6-12-004, S. 73 und BerlKommEnergieR/*Säcker/Mohr* EnWG § 10c Rn. 31). Mit den Änderungen durch das Osterpaket ist diese Privilegierung „alter" Belegschaftsaktien entfallen. Aufgrund der vergangenen Zeit und der Änderung der Eigentumsverhältnisse an den ITO dürfte dieser Wegfall nur selten zu einer Härte führen. Zudem gilt nach § 118 Abs. 42 für die Veräußerung eine Übergangsfrist bis zum 30.9.2025.

Darüber hinaus durfte die Vergütung von Personen, die der Unternehmenslei- 15 tung angehören, nicht vom wirtschaftlichen Erfolg, insbesondere dem Betriebsergebnis des vertikal integrierten Unternehmens oder eines seiner Tochterunternehmen – mit Ausnahme des ITO –, abhängig sein (Abs. 4 S. 3). Auch hier blieb der **Wortlaut der Regelung hinter Art. 48 Abs. 5 Elt-RL 19/Art. 19 Abs. 5 Gas-RL 09 zurück,** nach der dieses Verbot für sämtliche Beschäftigten des ITO gilt. Mit den Änderungen durch das Osterpaket entspricht die Regelung nunmehr den Richtlinien.

V. Kein Wechsel zum vertikal integrierten Unternehmen (Abs. 5)

Personen der Unternehmensleitung – und nach Abs. 6 Führungspersonal mit 16 Netzbezug – dürfen nach Beendigung des Vertragsverhältnisses zum ITO **vier Jahre** lang nicht bei anderen Unternehmen des vertikal integrierten Unternehmens angestellt sein oder zu diesen Interessen- oder Geschäftsbeziehungen zu diesem Unternehmen oder deren Mehrheitsanteilseignern unterhalten. Eine **Rückkehr in den Konzern** des ITO ist für die **Mitglieder der Unternehmensleitung** und des **Führungspersonals** mit Netzbezug damit **praktisch ausgeschlossen.** Das Gleiche gilt für eine Tätigkeit als Berater oder Ähnliches.

Für die Charakterisierung als **Mehrheitseigentümer** ist es dabei unerheblich, 17 ob die Mehrheit der **Gesellschaftsanteile direkt oder indirekt gehalten** wird (BGH Beschl. v. 17.7.2018 – EnVR 21/17 Rn. 16 ff. – Karenzzeiten II). Für dieses wenig überraschende Ergebnis sind für den BGH vor allem teleologische Gesichtspunkte maßgeblich. Allerdings lehnt der BGH eine einschränkende Auslegung auch in dem Fall ab, dass die Tätigkeit bei der Konzernobergesellschaft kein Diskriminierungspotenzial aufweist. Ansonsten laufe die zweite Variante des Abs. 5 leer (BGH Beschl. v. 17.7.2018 – EnVR 21/17 Rn. 24 ff. – Karenzzeiten II).

18 Zum Wechsel zu einem **nicht im Energiebereich tätigen Konzernunternehmen** gelten die Ausführungen → Rn. 12 entsprechend. Es gibt insoweit keine Privilegierung.

19 Die Regelung greift auch bei einem Wechsel zu einem Unternehmen des integrierten EVU, das **nicht in Deutschland ansässig** ist. Dies gilt auch dann, wenn das Unternehmen, zu dem der Wechsel stattfinden soll, nicht einmal in der Europäischen Union ansässig ist. Völkerrecht steht demnach der Rechtsprechung nicht entgegen, da es ausreichend sei, wenn sich das Verhalten im Inland auswirkt (BGH Beschl. v. 13.11.2018 – EnVR 30/17, EnWZ 2019, 15 Rn. 24 ff. – Karenzzeiten III). Dies entspricht der Rechtsprechung des EuGH (vgl. Urt. v. 2.9.2021 – C-718/18, Rn. 40 ff.).

VI. Anwendung auf Mitglieder der zweiten Führungsebene (Abs. 6)

20 Die meisten **Streitigkeiten zur Entflechtung** überhaupt sind zur Frage der Anwendung insbesondere der Karenzzeiten auf die **Mitglieder der zweiten Führungsebene** des Transportnetzbetreibers geführt worden. Dies dürfte seinen Grund darin haben, dass gerade für die zweite Führungsebene eine berufliche Entwicklung häufig einen Wechsel im Rahmen des integrierten Unternehmens bedingt und in Konzernen die zweite Führungsebene häufig unternehmensübergreifend als Reservoir für Aufgaben in den ersten Ebenen angesehen wird. Daher greift die Regelung intensiv in die Berufsfreiheit der betroffenen Personen ein und versperrt den Betroffenen den konzerninternen Aufstieg bei anderen Konzerngesellschaften.

21 Die **Karenzzeitenregelung** ist – auch mit Blick auf die zweite Führungsebene – **mit den Grundrechten vereinbar.** Der BGH hat zur Bewertung in erster Linie die Grundrechte der Europäischen Grundrechte-Charta herangezogen, da die Richtlinien dem deutschen Gesetzgeber insoweit keinen Umsetzungsspielraum lassen. Ein Verstoß gegen die Berufsfreiheit, die unternehmerische Freiheit und das Eigentumsrecht nach Art. 15 bis 17 der Charta läge nicht vor (BGH Beschl. v. 26.1.2016 – EnVR 51/14, EnWZ 2016, 262 Rn. 20 ff. – Karenzzeiten I; BGH Beschl. v. 12.7.2016 – EnVR 53/14, EnWZ 2016, 456; st. Rspr.). Auch eine Beurteilung am Maßstab der Grundrechte der Art. 12 Abs. 1 und 14 GG führt zu keinem anderen Ergebnis (BGH Beschl. v. 26.1.2016 – EnVR 51/14, EnWZ 2016, 262, Rn. 35 ff. – Karenzzeiten I; BGH Beschl. v. 12.7.2016 – EnVR 53/14, EnWZ 2016, 456; st. Rspr.).

22 Nach Abs. 6 findet das Erfordernis von Karenzzeiten nur auf die Mitglieder der zweiten Führungsebene Anwendung, die für Betrieb, Wartung und Entwicklung des Netzes verantwortlich sind. Die BNetzA hat den **Anwendungsbereich** denkbar **weit ausgelegt;** dem ist der BGH im Ergebnis weitgehend, aber nicht vollständig gefolgt. Im Ausgangspunkt werden nach der Rechtsprechung von der Vorschrift nicht nur die Leiter derjenigen Abteilungen erfasst, die sich lediglich in technischer Hinsicht mit Betreib, Wartung und Entwicklung beschäftigen, sondern auch solche Führungskräfte der zweiten Führungsebene, die umfangreiche Kenntnisse über die technischen Eigenschaften des Transportnetzes und seinen Zustand haben müssen und die unternehmerischen Entscheidungen der obersten Unternehmensleitung maßgeblich beeinflussen können (BGH Beschl. v. 26.1.2016 – EnVR 51/14, EnWZ 2016, 262 Rn. 42; stRspr). Dabei spricht aber keine Vermutungsregel dafür, dass die Mitglieder der zweiten Führungsebene solche Aufgaben erfüllen (BGH Beschl. v. 26.1.2016 – EnVR 51/14, EnWZ 2016, 262 Rn. 43).

Einer eher engen Auslegung des Anwendungsbereichs durch das OLG Düsseldorf ist der BGH nicht gefolgt. Vielmehr ist es nach der Rechtsprechung des BGH im Ergebnis bei der weiten Auffassung der BNetzA geblieben, nach der – entgegen der insoweit klaren gesetzlichen Regelung – **praktisch die gesamte zweite Führungsebene umfasst** ist. Die unterschiedlichen Bewertungen umfassten die Leiter der Abteilungen „Personal und Verwaltung", „Recht und Versicherungen", „Regulierungsmanagement", „Leitungsrechte und Liegenschaften" (BGH Beschl. v. 26.1.2016 – EnVR 51/14, EnWZ 2016, 262 Rn. 81 ff. – Karenzzeiten I), „Finanzen & IT", „Gremien, Recht & Personal (BGH Beschl. v. 12.7.2016 – EnVR 53/14, EnWZ 2016, 456 Rn. 13 ff.) bzw. „IT/Organisation", „Finanzen/Controlling", „Personal/Recht" und „Regulierungsmanagement/Strategie" (BGH Beschl. v. 12.7.2016 – EnVR 52/14 Rn. 13 ff.) bzw. „Finance" und „Legal and Regulatory Affiars" (BGH Beschl. v. 12.7.2016 – EnVR 54/14, EnWZ 2016, 457 Rn. 22 ff., 26 ff.) sowie „Recht und Regulierung" und „Kaufmännischer Bereich" (BGH Beschl. v. 15.11.2016 – EnVR 57/14, EnWZ 2016, 177 Rn. 22 ff., 25 ff.). 23

§ 10 d Aufsichtsrat des Unabhängigen Transportnetzbetreibers

(1) **Der Unabhängige Transportnetzbetreiber hat über einen Aufsichtsrat nach Abschnitt 2 des Teils 4 des Aktiengesetzes zu verfügen.**

(2) ¹**Entscheidungen, die Ernennungen, Bestätigungen, Beschäftigungsbedingungen für Personen der Unternehmensleitung des Unabhängigen Transportnetzbetreibers, einschließlich Vergütung und Vertragsbeendigung, betreffen, werden vom Aufsichtsrat getroffen.** ²**Der Aufsichtsrat entscheidet, abweichend von § 119 des Aktiengesetzes, auch über die Genehmigung der jährlichen und langfristigen Finanzpläne des Unabhängigen Transportnetzbetreibers, über die Höhe der Verschuldung des Unabhängigen Transportnetzbetreibers sowie die Höhe der an die Anteilseigner des Unabhängigen Transportnetzbetreibers auszuzahlenden Dividenden.** ³**Entscheidungen, die die laufenden Geschäfte des Transportnetzbetreibers, insbesondere den Netzbetrieb sowie die Aufstellung des zehnjährigen Netzentwicklungsplans nach den §§ 12 a bis 12 f oder nach § 15 a betreffen, sind ausschließlich von der Unternehmensleitung des Unabhängigen Transportnetzbetreibers zu treffen.**

(3) ¹**§ 10 c Absatz 1 bis 5 gilt für die Hälfte der Mitglieder des Aufsichtsrats des Unabhängigen Transportnetzbetreibers abzüglich einem Mitglied entsprechend.** ²**§ 10 c Absatz 1 Satz 1 und 2 sowie Satz 4 Nummer 2 gilt für die übrigen Mitglieder des Aufsichtsrates des Unabhängigen Transportnetzbetreibers entsprechend.**

Literatur: *Säcker*, Die Zusammensetzung des Aufsichtsorgans beim Independent Transmission Operator (ITO), et 11/2009, 80; *Schmidt-Preuß*, OU – ISO – ITO: Die Unbundling-Optionen des 3. EU-Liberalisierungspakets, et 09/2009, 82; *Schmidt-Preuß*, Unbundling und Mathematik – Zum Aufsichtsorgan beim Independent Transmission Operator (ITO), et 12/2009, 74.

§ 10d

Teil 2. Entflechtung

A. Obligatorischer Aufsichtsrat

1   Rechtsformunabhängig **muss der ITO über einen Aufsichtsrat** nach §§ 95–116 AktG **verfügen**. Von diesen Vorschriften kann auch dann, wenn der ITO eine GmbH ist, nicht durch Gesellschaftsvertrag abgewichen werden. Die Möglichkeit einer Abweichung nach § 52 Abs. 1 GmbHG besteht nicht (BNetzA, Hinweispapier zur Antragstellung – BK 6-11-157, BK 7-11-157, S. 43).

B. Aufgabenbereich des Aufsichtsrates

2   § 10d Abs. 2 grenzt den **Aufgabenbereich** des Aufsichtsrates gegenüber Vorstand/Geschäftsleitung einerseits und Hauptversammlung/Gesellschafterversammlung andererseits **abweichend von den Regelungen des AktG** bzw. GmbHG ab. Dabei ist der Aufsichtsrat die Schnittstelle, in der einerseits die Unabhängigkeit des ITO, andererseits die Wahrung der Eigentümerinteressen des vertikal integrierten Unternehmens gewährleistet werden müssen. Zu diesem Zweck sind folgende Regelungen getroffen:

3   1. Der Aufsichtsrat ist für sämtliche Entscheidungen, die Ernennungen, Bestätigungen, Beschäftigungsbedingungen für **Personen der Unternehmensleitung** des ITO, die **einschließlich Vergütung und Vertragsbeendigung** betreffen, **ausschließlich zuständig.** Dies entspricht im Wesentlichen der Regelung des **§ 84 AktG,** die ohne die Regelung in Abs. 2 S. 1 allerdings nicht für ITO gelten würde, die als GmbH organisiert sind.

4   2. Darüber hinaus entscheidet der Aufsichtsrat **abweichend von § 119 AktG** über die **Genehmigung der jährlichen und langfristigen Finanzpläne** des ITO, über die Höhe der Verschuldung des ITO sowie die Höhe der an die Anteilseigner des ITO auszuzahlenden Dividenden. Ein **Gewinnabführungsvertrag** greift nicht in den Aufgabenbereich des Aufsichtsrates ein (BNetzA Beschl. v. 11.4.2013 – BK 6-12-004, S. 77).

5   3. Entscheidungen, die die **laufenden Geschäfte des Transportnetzbetreibers** betreffen, insbesondere den Netzbetrieb sowie die **Aufstellung des zehnjährigen Netzentwicklungsplans, sind ausschließlich von der Unternehmensleitung des ITO zu treffen.** Diese Regelung weicht partiell von § 111 Abs. 4 AktG ab (NK-EnWG/*Knauff* § 10d Rn. 5; Elspas/Graßmann/Rasbach/*Sack/Hampel* EnWG § 10d Rn. 7). Maßnahmen der Geschäftsführung können dem Aufsichtsrat bereits nach § 111 Abs. 4 S. 1 AktG nicht übertragen werden. **Soweit § 10d Abs. 2 S. 3 reicht,** können die Geschäftsführungsmaßnahmen jedoch auch **nicht nach § 111 Abs. 4 S. 2 AktG von der Zustimmung des Aufsichtsrats abhängig gemacht werden.**

C. Zusammensetzung des Aufsichtsrates

6   Für die Hälfte der Mitglieder des Aufsichtsrates abzüglich einem Mitglied gelten die **Unabhängigkeitsanforderungen des § 10c.** Diese Regelung kann über einen sechsköpfigen Aufsichtsrat problematisch sein (vgl. dazu *Schmidt-Preuß* et 09/2009, 82; erwidernd *Säcker* et 11/2009, 80; und wiederum *Schmidt-Preuß* et 12/2009, 74). Arbeitnehmervertreter, die aufgrund der Mitbestimmung in den

Gleichbehandlungsprogramm und Gleichbehandlungsbeauftragter § 10e

Aufsichtsrat des ITO entsendet werden, gehören zu dieser Gruppe und gelten als unabhängig (BNetzA, Hinweispapier zur Antragstellung – BK 6-11-157, BK 7-11-157, S. 43).

Hinsichtlich der übrigen Mitglieder des Aufsichtsrates gelten zunächst § 10 Abs. 1 S. 1 und 2. Dh, dass der BNetzA die **Mitglieder** des Aufsichtsrates und gegebenenfalls die **Gründe für eine vorzeitige Beendigung** der Tätigkeit mitzuteilen sind. Der weitere Verweis auf S. 4 Nr. 2 macht isoliert betrachtet keinen Sinn. Nach dieser Regelung kann die Regulierungsbehörde Einwände gegen eine Entscheidung nur darauf stützen, dass Zweifel an der Berechtigung einer vorzeitigen Ablösung bestehen. Diese Regelung ist nur sinnvoll, wenn S. 3, nach dem die Entscheidungen erst verbindlich werden, wenn die Regulierungsbehörde innerhalb von drei Wochen nach Zugang der Mitteilung des ITO keine Einwände erhebt, auch für den Fall der vorzeitigen Abberufung eines Aufsichtsratsmitglieds gilt.

7

§ 10e Gleichbehandlungsprogramm und Gleichbehandlungsbeauftragter des Unabhängigen Transportnetzbetreibers

(1) ¹Unabhängige Transportnetzbetreiber haben ein Programm mit verbindlichen Maßnahmen zur diskriminierungsfreien Ausübung des Betriebs des Transportnetzes festzulegen (Gleichbehandlungsprogramm), den Mitarbeitern bekannt zu machen und der Regulierungsbehörde zur Genehmigung vorzulegen. ²Im Programm sind Pflichten der Mitarbeiter und mögliche Sanktionen festzulegen.

(2) ¹Unbeschadet der Befugnisse der Regulierungsbehörde wird die Einhaltung des Programms fortlaufend durch eine natürliche oder juristische Person (Gleichbehandlungsbeauftragter des Unabhängigen Transportnetzbetreibers) überwacht. ²Der Gleichbehandlungsbeauftragte des Unabhängigen Transportnetzbetreibers wird vom nach § 10d gebildeten Aufsichtsrat des unabhängigen Transportnetzbetreibers ernannt. ³§ 10c Absatz 1 bis 5 gilt für den Gleichbehandlungsbeauftragten des Unabhängigen Transportnetzbetreibers entsprechend, § 10c Absatz 2 Satz 1 und 2 gilt nicht entsprechend, wenn der Unabhängige Transportnetzbetreiber eine natürliche Person zum Gleichbehandlungsbeauftragten des Unabhängigen Transportnetzbetreibers bestellt hat. ⁴Der Gleichbehandlungsbeauftragte des Unabhängigen Transportnetzbetreibers ist der Leitung des Unabhängigen Transportnetzbetreibers unmittelbar zu unterstellen und in dieser Funktion weisungsfrei. ⁵Er darf wegen der Erfüllung seiner Aufgaben nicht benachteiligt werden. ⁶Der Unabhängige Transportnetzbetreiber hat dem Gleichbehandlungsbeauftragten des Unabhängigen Transportnetzbetreibers die zur Erfüllung seiner Aufgaben notwendigen Mittel zur Verfügung zu stellen. ⁷Der Gleichbehandlungsbeauftragte des Unabhängigen Transportnetzbetreibers kann vom Unabhängigen Transportnetzbetreiber Zugang zu allen für die Erfüllung seiner Aufgaben erforderlichen Daten sowie, ohne Vorankündigung, zu den Geschäftsräumen des Unabhängigen Transportnetzbetreibers verlangen; der Unabhängige Transportnetzbetreiber hat diesem Verlangen des Gleichbehandlungsbeauftragten des Unabhängigen Transportnetzbetreibers zu entsprechen.

(3) ¹Der Aufsichtsrat des Unabhängigen Transportnetzbetreibers hat die Ernennung des Gleichbehandlungsbeauftragten des Unabhängigen Trans-

§ 10 e   Teil 2. Entflechtung

portnetzbetreibers der Regulierungsbehörde unverzüglich mitzuteilen.
²Die Ernennung nach Absatz 2 Satz 2 wird erst nach Zustimmung der
Regulierungsbehörde wirksam. ³Die Zustimmung zur Ernennung ist von
der Regulierungsbehörde, außer im Falle fehlender Unabhängigkeit oder
fehlender fachlicher Eignung der vom Unabhängigen Transportnetzbetreiber zur Ernennung vorgeschlagenen Person, zu erteilen. ⁴Die Auftragsbedingungen oder Beschäftigungsbedingungen des Gleichbehandlungsbeauftragten des Unabhängigen Transportnetzbetreibers, einschließlich
der Dauer seiner Bestellung, sind von der Regulierungsbehörde zu genehmigen.

(4) ¹Der Gleichbehandlungsbeauftragte des Unabhängigen Transportnetzbetreibers hat der Regulierungsbehörde regelmäßig Bericht zu erstatten. ²Er erstellt einmal jährlich einen Bericht, in dem die Maßnahmen zur
Durchführung des Gleichbehandlungsprogramms dargelegt werden, und
legt ihn der Regulierungsbehörde spätestens zum 30. September eines Jahres vor. ³Er unterrichtet die Regulierungsbehörde fortlaufend über erhebliche Verstöße bei der Durchführung des Gleichbehandlungsprogramms
sowie über die finanziellen und kommerziellen Beziehungen, insbesondere deren Änderungen, zwischen dem vertikal integrierten Unternehmen
und dem Unabhängigen Transportnetzbetreiber. ⁴Er berichtet dem Aufsichtsrat des Unabhängigen Transportnetzbetreibers und gibt der obersten
Unternehmensleitung Empfehlungen zum Gleichbehandlungsprogramm
und seiner Durchführung.

(5) ¹Der Gleichbehandlungsbeauftragte des Unabhängigen Transportnetzbetreibers hat der Regulierungsbehörde alle Entscheidungen zum Investitionsplan oder zu Einzelinvestitionen im Transportnetz spätestens
dann zu übermitteln, wenn die Unternehmensleitung des Transportnetzbetreibers diese Entscheidungen dem Aufsichtsrat zuleitet. ²Der Gleichbehandlungsbeauftragte des Unabhängigen Transportnetzbetreibers hat die
Regulierungsbehörde unverzüglich zu informieren, wenn das vertikal integrierte Unternehmen in der Gesellschafter- oder Hauptversammlung
des Transportnetzbetreibers durch das Abstimmungsverhalten der von
ihm ernannten Mitglieder einen Beschluss herbeigeführt oder die Annahme eines Beschlusses verhindert und auf Grund dessen Netzinvestitionen, die nach dem zehnjährigen Netzentwicklungsplan in den folgenden
drei Jahren durchgeführt werden sollten, verhindert oder hinausgezögert
werden.

(6) ¹Der Gleichbehandlungsbeauftragte des Unabhängigen Transportnetzbetreibers ist berechtigt, an allen Sitzungen der Unternehmensleitung, des Aufsichtsrats oder der Gesellschafter- oder Hauptversammlung
teilzunehmen. ²In den Sitzungen des Aufsichtsrats ist dem Gleichbehandlungsbeauftragten des Unabhängigen Transportnetzbetreibers ein eigenes
Rederecht einzuräumen. ³Der Gleichbehandlungsbeauftragte des Unabhängigen Transportnetzbetreibers hat an allen Sitzungen des Aufsichtsrates teilzunehmen, die folgende Fragen behandeln:
1. Netzzugangsbedingungen nach Maßgabe der Verordnung (EU)
   2019/943 und der Verordnung (EG) Nr. 715/2009 (ABl. L 211 vom
   14.8.2009, S. 36), insbesondere soweit die Beratungen Fragen zu Netzentgelten, Leistungen im Zusammenhang mit dem Zugang Dritter,

der Kapazitätsvergabe und dem Engpassmanagement, Transparenz, Systemdienstleistungen, Ausgleich von Energieverlusten und Sekundärmärkte betreffen,
2. Vorhaben für den Betrieb, die Wartung und den Ausbau des Transportnetzes, insbesondere hinsichtlich der notwendigen Investitionen für den Netzanschluss und Netzverbund, in neue Transportverbindungen, für die Kapazitätsausweitung und die Verstärkung vorhandener Kapazitäten oder
3. den Verkauf oder Erwerb von Energie, die für den Betrieb des Transportnetzes erforderlich ist.

(7) ¹Nach vorheriger Zustimmung der Regulierungsbehörde kann der Aufsichtsrat den Gleichbehandlungsbeauftragten des Unabhängigen Transportnetzbetreibers abberufen. ²Die Abberufung hat aus Gründen mangelnder Unabhängigkeit oder mangelnder fachlicher Eignung auf Verlangen der Regulierungsbehörde zu erfolgen.

A. Allgemeines

Die Vorschrift knüpft an die bereits im alten Recht (§ 8 Abs. 5 aF) bestehende 1
Regelung zu Gleichbehandlungsprogramm und Gleichbehandlungsbeauftragten an. Die grundsätzliche Verpflichtung, ein Gleichbehandlungsprogramm aufzustellen und einen Gleichbehandlungsbeauftragten zu bestellen, besteht für **Verteilnetzbetreiber** auf der Grundlage von § 7a Abs. 5, der weitgehend § 8 Abs. 5 aF entspricht.

Durch § 10e werden **Art. 50 Elt-RL 19 bzw. Art. 21 Gas-RL 09** umgesetzt, 2
wobei aufgrund der detaillierten Regelung nur geringe Umsetzungsspielräume für den deutschen Gesetzgeber bestanden.

B. Gleichbehandlungsprogramm (Abs. 1)

Die Verpflichtung zur Aufstellung eines Gleichbehandlungsprogramms ist für 3
den ITO in Abs. 1 geregelt. Die Regelung **entspricht der Regelung zum Gleichbehandlungsprogramm** für **Verteilnetzbetreiber in § 7a Abs. 5 S. 1, 2**. Auf die dortige Kommentierung (→ § 7a Rn. 54 ff.) sei daher verwiesen.

C. Stellung des Gleichbehandlungsbeauftragten

Die Position des Gleichbehandlungsbeauftragten ist dem bisherigen Recht 4
bekannt und findet sich auch bei der Entflechtung von Verteilnetzbetreibern. Im Vergleich zur früheren Regelung ist die **Stellung des Gleichbehandlungsbeauftragten allerdings erheblich verstärkt** worden. Dies betrifft sowohl die Stärkung der Unabhängigkeit des Gleichbehandlungsbeauftragten, der nicht nur über sachliche, sondern auch über persönliche Unabhängigkeit verfügt. Darüber hinaus sind die Informationsrechte des Gleichbehandlungsbeauftragten des ITO im Vergleich zum Gleichbehandlungsbeauftragten eines Verteilnetzbetreibers erheblich erweitert und stärker durchnormiert. Gleiches gilt bezüglich der Berichtspflichten gegenüber der BNetzA.

§ 10 e

I. Bestellung (Abs. 2, 3)

5 Die persönliche Unabhängigkeit des Gleichbehandlungsbeauftragten zeigt sich in der Regelung über die **Bestellung**. Diese erfolgt – wie bei der Unternehmensleitung – durch den **Aufsichtsrat des ITO** (Abs. 2 S. 2). Der Aufsichtsrat kann eine natürliche Person oder eine juristische Person bestimmen. Im ersten Fall wird es sich regelmäßig um einen Mitarbeiter des ITO handeln. Denkbar ist aber auch, externe Berater mit dieser Funktion zu beauftragen. Diese dürfen dann auch in der Form einer juristischen Person organisiert sein. Nach Auffassung der BNetzA darf der Gleichbehandlungsbeauftragte nicht zugleich Prokurist des ITO sein (BNetzA Beschl. v. 5. 2. 2013 – BK7-12-032; S. 57).

6 Die Anforderungen an die **Unabhängigkeit des Personals** und der Unternehmensleitung des ITO nach § 10c **gelten auch für den Gleichbehandlungsbeauftragten** entsprechend, wobei die Regelung des § 10c Abs. 2 keine Anwendung findet (Abs. 2 S. 2, 3).

7 Die Bestellung des Gleichbehandlungsbeauftragten und die Auftrags- oder Beschäftigungsbedingungen einschließlich der Dauer der Bestellung sind von der **Regulierungsbehörde nach Abs. 3 zu genehmigen.** Die Zustimmung zur Ernennung ist von der Regulierungsbehörde zu erteilen, wenn kein Fall fehlender Unabhängigkeit oder fehlender fachlicher Eignung vorliegt. Es besteht also ein Rechtsanspruch auf Zustimmung (Elspas/Graßmann/Rasbach/*Sack/Hampel* EnWG § 10e Rn. 11 Fn. 45). Die Transportnetzbetreiber bestellen als Gleichbehandlungsbeauftragten fast durchgängig Volljuristen, häufig die Leiter der Rechtsabteilungen und in Ausnahmefällen auch externe Rechtsanwälte. Rechtlich zwingend ist das nicht. Bisher sind keine Verweigerungen der Zustimmung wegen fehlender fachlicher Eignung bekannt geworden.

II. Abberufung (Abs. 7)

8 Der Gleichbehandlungsbeauftragte kann – während der Dauer seiner Bestellung – nach Abs. 7 S. 1 **nur nach vorheriger Zustimmung der Regulierungsbehörde** durch den Aufsichtsrat **abberufen werden.** Wann die Regulierungsbehörde einem Abberufungsbegehren des Aufsichtsrats entsprechen muss, ist gesetzlich nicht geregelt. Zu denken ist einerseits an Fälle, in denen der Gleichbehandlungsbeauftragte eine andere berufliche Position einnehmen will, die Abberufung also in seinem Interesse liegt. Zum anderen ist an Konstellationen schwerwiegender Verletzungen seiner Pflichten zu denken, die eine Abberufung rechtfertigen. Das Zustimmungserfordernis der Regulierungsbehörde führt zu einer erheblichen Stärkung der persönlichen Unabhängigkeit des Gleichbehandlungsbeauftragten.

9 Der Gleichbehandlungsbeauftragte ist nach Abs. 7 S. 2 auf **Verlangen der Regulierungsbehörde abzuberufen,** wobei das Verlangen nur aus Gründen mangelnder Unabhängigkeit oder mangelnder fachlicher Eignung erfolgen darf.

III. Unabhängigkeit (Abs. 2 S. 4, 5)

10 Die sachliche Unabhängigkeit des Gleichbehandlungsbeauftragten ist in Abs. 2 S. 4, 5 geregelt. Ausdrücklich ist seine **Weisungsfreiheit** festgelegt. Dies wird dadurch unterstrichen, dass er der **Leitung des ITO unmittelbar zu unterstellen** ist (Abs. 2 S. 4). Die Weisungsfreiheit wird dadurch ergänzt, dass er wegen der Erfüllung seiner Aufgaben nicht benachteiligt werden darf (Abs. 2 S. 5).

IV. Ausstattung und Informationsrechte (Abs. 2, 6)

Der ITO ist verpflichtet, dem Gleichbehandlungsbeauftragten die zur **Erfül-** 11
lung seiner Aufgaben notwendigen Mittel zur Verfügung zu stellen.

Ausführlich geregelt sind die Informationsrechte des Gleichbehandlungsbeauf- 12
tragten. Zunächst kann er nach Abs. 2 S. 7 **Zugang zu allen für die Erfüllung seiner Aufgaben erforderlichen Daten** sowie Zugang ohne Vorankündigung zu den Geschäftsräumen verlangen (Abs. 2 S. 7). Darüber hinaus ist er berechtigt, an allen Sitzungen der Unternehmensleitung, des Aufsichtsrats oder der Gesellschafter-Hauptversammlung teilzunehmen. Er ist verpflichtet, an den Sitzungen des Aufsichtsrats teilzunehmen, bei denen zentrale Fragen des Netzzugangs etc behandelt werden, die in Abs. 6 S. 3 näher spezifiziert sind.

D. Berichtspflichten (Abs. 4, 5)

Dem Gleichbehandlungsbeauftragten werden umfangreiche **Berichtspflichten** 13
und **Äußerungsrechte** auferlegt bzw. eingeräumt. Einerseits erscheint er als verlängerter Arm der BNetzA, gegenüber der er in weitem Umfang berichtspflichtig ist. Darüber hinaus bestehen entsprechende Berichtspflichten gegenüber dem Aufsichtsrat.

I. Berichtspflichten gegenüber BNetzA

Der Gleichbehandlungsbeauftragte hat der BNetzA einmal jährlich einen 14
Gleichbehandlungsbericht vorzulegen. Im Gegensatz zur Parallelvorschrift des § 7a Abs. 5 S. 3 ist eine Veröffentlichung nicht vorgesehen. Hinsichtlich des Inhalts sei auf die Kommentierung zu → § 7a Rn. 72ff. verwiesen.

Darüber hinaus besteht – anders als beim Gleichbehandlungsbeauftragten nach 15
bisherigem Recht und nunmehr bei Verteilnetzbetreibern – eine **allgemeine regelmäßige Berichtspflicht** (Abs. 4 S. 1). In diesem Rahmen hat er die Regulierungsbehörde fortlaufend über **erhebliche Verstöße** bei der Durchführung des Gleichbehandlungsprogramms zu informieren (Abs. 4 S. 3). Die Informationspflicht des Gleichbehandlungsbeauftragten bezieht sich auch auf die finanziellen und kommerziellen Beziehungen zwischen ITO und vertikal integriertem Unternehmen, insbesondere deren Änderungen (Abs. 4 S. 3). Der Gleichbehandlungsbeauftragte wird damit zum **Erfüllungsgehilfen der BNetzA bei ihrer laufenden Aufsicht.**

Schließlich hat der Gleichbehandlungsbeauftragte der Regulierungsbehörde alle 16
Entscheidungen zum **Investitionsplan oder zu Einzelinvestitionen** spätestens dann zu übermitteln, wenn die Unternehmensleitung des ITO diese Entscheidungen dem Aufsichtsrat zuleitet (Abs. 5 S. 1). Darüber hinaus ist die Regulierungsbehörde unverzüglich zu informieren, wenn das vertikal integrierte Unternehmen in der Gesellschafter- oder Hauptversammlung des ITO durch das Abstimmungsverhalten der von ihr entsandten Mitglieder einen Beschluss herbeiführt oder die Annahme eines Beschlusses verhindert und aufgrund dessen Netzinvestitionen, die nach dem Netzentwicklungsplan in den folgenden drei Jahren durchgeführt werden sollten, verhindert oder hinausgezögert werden (Abs. 5 S. 2). Die Regelung zeigt, dass der Gleichbehandlungsbeauftragte hier eine Schnittstelle zur BNetzA darstellt, die üblicherweise durch die Geschäftsleitung wahrgenommen wurde.

II. Berichtspflichten gegenüber dem Aufsichtsrat

17 Neben den Berichtspflichten gegenüber der BNetzA stehen die – weniger stark durchnormierten – Berichtspflichten gegenüber dem Aufsichtsrat. Auch diese **Berichtspflichten dokumentieren**, dass es sich bei dem Gleichbehandlungsbeauftragten um eine **gegenüber der Unternehmensleitung unabhängige Stelle** handelt. Insoweit ist es folgerichtig, dass der Gleichbehandlungsbeauftragte unmittelbar dem Aufsichtsrat berichtet (Abs. 4 S. 4). Diese Berichtspflicht wird durch ein eigenes Rederecht des Gleichbehandlungsbeauftragten in den Sitzungen des Aufsichtsrats ergänzt (Abs. 6 S. 2).

Teil 3. Regulierung des Netzbetriebs

Abschnitt 1. Aufgaben der Netzbetreiber

§ 11 Betrieb von Energieversorgungsnetzen

(1) ¹Betreiber von Energieversorgungsnetzen sind verpflichtet, ein sicheres, zuverlässiges und leistungsfähiges Energieversorgungsnetz diskriminierungsfrei zu betreiben, zu warten und bedarfsgerecht zu optimieren, zu verstärken und auszubauen, soweit es wirtschaftlich zumutbar ist. ²Sie haben insbesondere die Aufgaben nach den §§ 12 bis 16a zu erfüllen. ³Sie nehmen diese Aufgaben für ihr Energieversorgungsnetz in eigener Verantwortung wahr. ⁴Sie kooperieren und unterstützen sich bei der Wahrnehmung dieser Aufgaben; dies ist insbesondere für Maßnahmen anzuwenden, die sich auf das Netz eines anderen Betreibers von Energieversorgungsnetzen auswirken können. ⁵Die Verpflichtungen sind auch anzuwenden im Rahmen der Wahrnehmung der wirtschaftlichen Befugnisse der Leitung des vertikal integrierten Unternehmens und seiner Aufsichtsrechte nach § 7a Absatz 4 Satz 3. ⁶Der Ausbau eines L-Gasversorgungsnetzes ist nicht bedarfsgerecht im Sinne von Satz 1, wenn er auf Grund von Netzanschlüssen erfolgen muss, zu deren Einräumung der Betreiber des L-Gasversorgungsnetzes nicht nach den §§ 17 und 18 verpflichtet war.

(1a) ¹Der Betrieb eines sicheren Energieversorgungsnetzes umfasst insbesondere auch einen angemessenen Schutz gegen Bedrohungen für Telekommunikations- und elektronische Datenverarbeitungssysteme, die für einen sicheren Netzbetrieb notwendig sind. ²Die Regulierungsbehörde erstellt hierzu im Benehmen mit dem Bundesamt für Sicherheit in der Informationstechnik einen Katalog von Sicherheitsanforderungen und veröffentlicht diesen. ³Der Katalog der Sicherheitsanforderungen enthält auch Regelungen zur regelmäßigen Überprüfung der Erfüllung der Sicherheitsanforderungen. ⁴Ein angemessener Schutz des Betriebs eines Energieversorgungsnetzes liegt vor, wenn dieser Katalog der Sicherheitsanforderungen eingehalten und dies vom Betreiber dokumentiert worden ist. ⁵Die Einhaltung kann von der Regulierungsbehörde überprüft werden. ⁶Zu diesem Zwecke kann die Regulierungsbehörde nähere Bestimmungen zu Format, Inhalt und Gestaltung der Dokumentation nach Satz 4 treffen.

(1b) ¹Betreiber von Energieanlagen, die durch Inkrafttreten der Rechtsverordnung gemäß § 10 Absatz 1 des BSI-Gesetzes vom 14. August 2009 (BGBl. I S. 2821), das zuletzt durch Artikel 8 des Gesetzes vom 17. Juli 2015 (BGBl. I S. 1324) geändert worden ist, in der jeweils geltenden Fassung als Kritische Infrastruktur bestimmt wurden und an ein Energieversorgungsnetz angeschlossen sind, haben innerhalb einer von der Regulierungsbehörde festzulegenden Frist einen angemessenen Schutz gegen Bedrohungen für Telekommunikations- und elektronische Datenverarbeitungssysteme zu gewährleisten, die für einen sicheren Anlagenbetrieb notwendig sind. ²Die Regulierungsbehörde erstellt hierzu im Benehmen mit dem Bundesamt für Sicherheit in der Informationstechnik einen Katalog

§ 11
Teil 3. Regulierung des Netzbetriebs

von Sicherheitsanforderungen, in den auch die Bestimmung der Frist nach Satz 1 aufzunehmen ist, und veröffentlicht diesen. ³Für Telekommunikations- und elektronische Datenverarbeitungssysteme von Anlagen nach § 7 Absatz 1 des Atomgesetzes haben Vorgaben auf Grund des Atomgesetzes Vorrang. ⁴Die für die nukleare Sicherheit zuständigen Genehmigungs- und Aufsichtsbehörden des Bundes und der Länder sind bei der Erarbeitung des Katalogs von Sicherheitsanforderungen zu beteiligen. ⁵Der Katalog von Sicherheitsanforderungen enthält auch Regelungen zur regelmäßigen Überprüfung der Erfüllung der Sicherheitsanforderungen. ⁶Ein angemessener Schutz des Betriebs von Energieanlagen im Sinne von Satz 1 liegt vor, wenn dieser Katalog eingehalten und dies vom Betreiber dokumentiert worden ist. ⁷Die Einhaltung kann von der Bundesnetzagentur überprüft werden. ⁸Zu diesem Zwecke kann die Regulierungsbehörde nähere Bestimmungen zu Format, Inhalt und Gestaltung der Dokumentation nach Satz 6 treffen.

(1 c) ¹Betreiber von Energieversorgungsnetzen und von solchen Energieanlagen, die durch Inkrafttreten der Rechtsverordnung gemäß § 10 Absatz 1 des BSI-Gesetzes als Kritische Infrastruktur bestimmt wurden, haben

1. Störungen der Verfügbarkeit, Integrität, Authentizität und Vertraulichkeit ihrer informationstechnischen Systeme, Komponenten oder Prozesse, die zu einem Ausfall oder einer erheblichen Beeinträchtigung der Funktionsfähigkeit des Energieversorgungsnetzes oder der betreffenden Energieanlage geführt haben,
2. erhebliche Störungen der Verfügbarkeit, Integrität, Authentizität und Vertraulichkeit ihrer informationstechnischen Systeme, Komponenten oder Prozesse, die zu einem Ausfall oder einer erheblichen Beeinträchtigung der Funktionsfähigkeit des Energieversorgungsnetzes oder der betreffenden Energieanlage führen können,

über die Kontaktstelle unverzüglich an das Bundesamt für Sicherheit in der Informationstechnik zu melden. ²Die Meldung muss Angaben zu der Störung, zu möglichen grenzübergreifenden Auswirkungen sowie zu den technischen Rahmenbedingungen, insbesondere der vermuteten oder tatsächlichen Ursache und der betroffenen Informationstechnik, enthalten. ³Die Nennung des Betreibers ist nur dann erforderlich, wenn die Störung tatsächlich zu einem Ausfall oder einer Beeinträchtigung der Funktionsfähigkeit der Kritischen Infrastruktur geführt hat. ⁴Das Bundesamt für Sicherheit in der Informationstechnik hat die Meldungen unverzüglich an die Bundesnetzagentur weiterzuleiten. ⁵Das Bundesamt für Sicherheit in der Informationstechnik und die Bundesnetzagentur haben sicherzustellen, dass die unbefugte Offenbarung der ihnen nach Satz 1 zur Kenntnis gelangten Angaben ausgeschlossen wird. ⁶Zugang zu den Akten des Bundesamtes für Sicherheit in der Informationstechnik sowie zu den Akten der Bundesnetzagentur in Angelegenheiten nach § 11 Absatz 1a bis Absatz 1c wird nicht gewährt. ⁷§ 29 des Verwaltungsverfahrensgesetzes bleibt unberührt. ⁸§ 8e Absatz 1 des BSI-Gesetzes ist entsprechend anzuwenden.

(1 d) ¹Betreiber von Energieversorgungsnetzen und von solchen Energieanlagen, die durch Inkrafttreten der Rechtsverordnung gemäß § 10 Absatz 1 des BSI-Gesetzes als Kritische Infrastruktur bestimmt wurden,

sind verpflichtet, spätestens bis zum 1. April jeden Jahres, die von ihnen betriebene Anlage beim Bundesamt für Sicherheit in der Informationstechnik zu registrieren und eine Kontaktstelle zu benennen. ²Das Bundesamt für Sicherheit in der Informationstechnik übermittelt die Registrierungen einschließlich der damit verbundenen Kontaktdaten an die Bundesnetzagentur. ³Die Registrierung eines Betreibers eines Energieversorgungsnetzes oder von solchen Energieanlagen, die durch Inkrafttreten der Rechtsverordnung gemäß § 10 Absatz 1 des BSI-Gesetzes als Kritische Infrastruktur bestimmt wurden, kann das Bundesamt für Sicherheit in der Informationstechnik auch selbst vornehmen, wenn der Betreiber seine Pflicht zur Registrierung nicht erfüllt. ⁴Nimmt das Bundesamt für Sicherheit in der Informationstechnik eine solche Registrierung selbst vor, informiert es die Bundesnetzagentur darüber und übermittelt die damit verbundenen Kontaktdaten. ⁵Die Betreiber haben sicherzustellen, dass sie über die benannte oder durch das Bundesamt für Sicherheit in der Informationstechnik festgelegte Kontaktstelle jederzeit erreichbar sind. ⁶Die Übermittlung von Informationen durch das Bundesamt für Sicherheit in der Informationstechnik nach § 8b Absatz 2 Nummer 4 Buchstabe a des BSI-Gesetzes erfolgt an diese Kontaktstelle.

(1e) ¹Betreiber von Energieversorgungsnetzen und von solchen Energieanlagen, die durch Inkrafttreten der Rechtsverordnung gemäß § 10 Absatz 1 des BSI-Gesetzes als Kritische Infrastruktur bestimmt wurden, haben spätestens ab dem 1. Mai 2023 in ihren informationstechnischen Systemen, Komponenten oder Prozessen, die für die Funktionsfähigkeit der von ihnen betriebenen Energieversorgungsnetze oder Energieanlagen maßgeblich sind, in angemessener Weise Systeme zur Angriffserkennung einzusetzen. ²Die eingesetzten Systeme zur Angriffserkennung müssen geeignete Parameter und Merkmale aus dem laufenden Betrieb kontinuierlich und automatisch erfassen und auswerten. ³Sie sollten dazu in der Lage sein, fortwährend Bedrohungen zu identifizieren und zu vermeiden sowie für eingetretene Störungen geeignete Beseitigungsmaßnahmen vorsehen. ⁴Dabei soll der Stand der Technik eingehalten werden. ⁵Der Einsatz von Systemen zur Angriffserkennung ist angemessen, wenn der dafür erforderliche Aufwand nicht außer Verhältnis zu den möglichen Folgen eines Ausfalls oder einer Beeinträchtigung des betroffenen Energieversorgungsnetzes oder der betroffenen Energieanlage steht.

(1f) ¹Betreiber von Energieversorgungsnetzen und von solchen Energieanlagen, die nach der Rechtsverordnung gemäß § 10 Absatz 1 des BSI-Gesetzes als Kritische Infrastruktur gelten, haben dem Bundesamt für Sicherheit in der Informationstechnik erstmalig am 1. Mai 2023 und danach alle zwei Jahre die Erfüllung der Anforderungen nach Absatz 1d nachzuweisen. ²Das Bundesamt für Sicherheit in der Informationstechnik hat die hierfür eingereichten Nachweisdokumente unverzüglich an die Bundesnetzagentur weiterzuleiten. ³Das Bundesamt für Sicherheit in der Informationstechnik und die Bundesnetzagentur haben sicherzustellen, dass die unbefugte Offenbarung der ihnen nach Satz 1 zur Kenntnis gelangten Angaben ausgeschlossen wird. ⁴Das Bundesamt für Sicherheit in der Informationstechnik kann bei Mängeln in der Umsetzung der Anforderungen nach Absatz 1d oder in den Nachweisdokumenten nach Satz 1 im Einvernehmen mit der Bundesnetzagentur die Beseitigung der Mängel verlangen.

(1g) ¹Die Bundesnetzagentur legt bis zum 22. Mai 2023 im Einvernehmen mit dem Bundesamt für Sicherheit in der Informationstechnik durch Allgemeinverfügung im Wege einer Festlegung nach § 29 Absatz 1 in einem Katalog von Sicherheitsanforderungen für das Betreiben von Energieversorgungsnetzen und Energieanlagen fest,
1. welche Komponenten kritische Komponenten im Sinne des § 2 Absatz 13 Satz 1 Nummer 3 Buchstabe a des BSI-Gesetzes sind oder
2. welche Funktionen kritisch bestimmte Funktionen im Sinne des § 2 Absatz 13 Satz 1 Nummer 3 Buchstabe b des BSI-Gesetzes sind.

²Die Betreiber von Energieversorgungsnetzen und Energieanlagen, die durch Rechtsverordnung gemäß § 10 Absatz 1 Satz 1 des BSI-Gesetzes als Kritische Infrastruktur bestimmt wurden, haben die Vorgaben des Katalogs spätestens sechs Monate nach dessen Inkrafttreten zu erfüllen, es sei denn, in dem Katalog ist eine davon abweichende Umsetzungsfrist festgelegt worden. ³Der Katalog wird mit den Katalogen der Sicherheitsanforderungen nach § 11 Absatz 1a und 1b verbunden.

(2) ¹Für einen bedarfsgerechten, wirtschaftlich zumutbaren Ausbau der Elektrizitätsversorgungsnetze nach Absatz 1 Satz 1 können Betreiber von Elektrizitätsversorgungsnetzen den Berechnungen für ihre Netzplanung die Annahme zugrunde legen, dass die prognostizierte jährliche Stromerzeugung je unmittelbar an ihr Netz angeschlossener Anlage zur Erzeugung von elektrischer Energie aus Windenergie an Land oder solarer Strahlungsenergie um bis zu 3 Prozent reduziert werden darf (Spitzenkappung). ²Betreiber von Elektrizitätsversorgungsnetzen, die für ihre Netzplanung eine Spitzenkappung zugrunde gelegt haben, müssen dies
1. auf ihrer Internetseite veröffentlichen,
2. dem Betreiber des vorgelagerten Elektrizitätsversorgungsnetzes, dem Betreiber des Übertragungsnetzes, der Bundesnetzagentur sowie der zuständigen Landesregulierungsbehörde unverzüglich mitteilen und
3. im Rahmen der Netzplanung für einen sachkundigen Dritten nachvollziehbar dokumentieren.

³Die Dokumentation nach Satz 2 Nummer 3 muss der Bundesnetzagentur, der zuständigen Landesregulierungsbehörde, dem Betreiber des vorgelagerten Elektrizitätsversorgungsnetzes, dem Betreiber des Übertragungsnetzes, einem Einspeisewilligen sowie einem an das Netz angeschlossenen Anlagenbetreiber auf Verlangen unverzüglich vorgelegt werden. ⁴Die §§ 13 und 14 und § 11 des Erneuerbare-Energien-Gesetzes bleiben unberührt. ⁵Ein Betreiber des Elektrizitätsversorgungsnetzes, der Kosten für die Reduzierung der Einspeisung von mehr als 3 Prozent der jährlichen Stromerzeugung einer Anlage zur Erzeugung von Strom aus erneuerbaren Energien, Grubengas oder Kraft-Wärme-Kopplung bei der Ermittlung seiner Netzentgelte in Ansatz bringt, muss der Bundesnetzagentur sowie der zuständigen Landesregulierungsbehörde den Umfang der und die Ursachen für die Reduzierung der Einspeisung mitteilen und im Fall einer Spitzenkappung die Dokumentation nach Satz 2 Nummer 3 vorlegen.

(3) ¹In Rechtsverordnungen über die Regelung von Vertrags- und sonstigen Rechtsverhältnissen können auch Regelungen zur Haftung der Betreiber von Energieversorgungsnetzen aus Vertrag und unerlaubter Handlung für Sach- und Vermögensschäden, die ein Kunde durch Unterbrechung der Energieversorgung oder durch Unregelmäßigkeiten in der Energieversorgung erleidet, getroffen werden. ²Dabei kann die Haftung auf vorsätzliche oder grob fahrlässige Verursachung beschränkt und der Höhe nach begrenzt werden. ³Soweit es zur Vermeidung unzumutbarer wirtschaftlicher Risiken des Netzbetriebs im Zusammenhang mit Verpflichtungen nach § 13 Absatz 2, § 13b Absatz 5 und § 13f Absatz 1, auch in Verbindung mit § 14, und § 16 Absatz 2 und 2a, auch in Verbindung mit § 16a, erforderlich ist, kann die Haftung darüber hinaus vollständig ausgeschlossen werden.

Übersicht

	Rn.
A. Allgemeines	1
I. Inhalt der Norm	1
II. Zweck der Norm	13
III. Entstehungsgeschichte	26
B. Betrieb von Energieversorgungsnetzen (Abs. 1)	32
I. Normadressaten	35
II. Betrieb, Wartung und Entwicklung des Netzes (S. 1)	38
1. Kooperationspflichten der Netzbetreiber	39
2. Sicherheit, Zuverlässigkeit und Leistungsfähigkeit	43
3. Betrieb, Wartung, Optimierung, Verstärkung und Ausbau	60
4. Diskriminierungsfreiheit	106
5. Wirtschaftliche Zumutbarkeit	109
III. Aufgabenerfüllung nach §§ 12 bis 16a (Abs. 1 S. 2)	119
IV. Vertikal integrierte Energieversorgungsunternehmen (Abs. 1 S. 5)	120
V. Durchsetzung der Betriebs-, Wartungs- und Ausbaupflichten	123
C. Schutz von Telekommunikations- und elektronischen Datenverarbeitungssystemen der Netzbetreiber (Abs. 1a)	125
D. Schutz von Telekommunikations- und elektronischen Datenverarbeitungssystemen der Betreiber von Energieanlagen (Abs. 1b)	134
E. Meldepflicht bei Störungen der IT-Sicherheit (Abs. 1c)	145
F. Registrierungspflicht der Betreiber (Abs. 1d)	152
G. Systeme zur Angriffserkennung (Abs. 1e und 1f)	153
H. Bestimmung kritischer Netzkomponenten (Abs. 1g)	158
I. Spitzenkappung (Abs. 2)	159
J. Haftungsbeschränkung/Verordnungsermächtigung (Abs. 3)	168

Literatur: *Altenschmidt*, Die Versorgungssicherheit im Lichte des Verfassungsrechts, NWvZ 2015, 559; *Badura*, Netzzugang oder Mitwirkungsrecht Dritter bei der Energieversorgung mit Gas?, DVBl. 2004, 1189; *Berzel/Sötebier/Zerres*, Haftungsrecht und Risikoverteilung als sinnvolle Ergänzung des Energie-Regulierungsrechts, in Ehricke (Hrsg.), Handlungsfreiheit und Haftungsverantwortung in den regulierten Bereichen des Energiesektors, 2015, S. 53; *BNetzA*, Flexibilität im Stromsystem – Diskussionspapier v. 3.4.2017; *BNetzA*, Bericht zum Zustand der leitungsgebundenen Energieversorgung im Winter 2011/12 vom 3.5.2012; *BNetzA*, Bericht über die Systemstörung im deutschen und europäischen Übertragungsnetz vom

4.11.2006; *BNetzA,* Bericht nach § 112a EnWG zur Einführung der Anreizregulierung nach § 21a EnWG vom 30.6.2006 (zitiert BNetzA ARegVBericht); *BNetzA,* Evaluierungsbericht nach § 33 Anreizregulierungsverordnung vom 21.1.2015 (zitiert BNetzA Evaluierungsbericht ARegV);*BNetzA,* Eckpunktepapier zur Ausgestaltung des Qualitätselements Netzzuverlässigkeit Strom im Rahmen der Anreizregulierung vom 15.12.2010; *Britz,* Klimaschutz und Versorgungssicherheit durch Energieeffizienz, ZUR 2010, 124; *Ehricke/Kästner,* Haftungsbeschränkungen für Netzbetreiber am Übergang zum neuen EnWG, et 2005, 242; *Kühling/Pisal,* Investitionspflichten beim Ausbau der Energieinfrastrukturen zwischen staatlicher Regulierung und nachfragorientierter Netzbewirtschaftung, ZNER 2011, 13; *Kühne,* Kommunale Gewährleistungsverantwortung bei fehlendem energiekonzessionsvertraglichen Nachfolgeinteresse, N&R 2010, 6; *Löwer,* Regulierung und Staatshaftung, in Ehricke (Hrsg.), Handlungsfreiheit und Haftungsverantwortung in den regulierten Bereichen des Energiesektors, 2015, S. 171; *Peters,* Investitionspflichten der Energienetzbetreiber nach dem EnWG, ZNER 2007, 272; *Rauch,* Die Ausbauverpflichtung nach § 11 Abs. 1 3. Alt. EnWG, IR 2008, 218; *Rauch,* Natürliche und sonstige Einwirkungen auf Energieversorgungsnetze, IR 2009, 50; *Sailer,* Die allgemeine Netzausbaupflicht aus § 11 Abs. 1 Satz 1 EnWG, RdE 2016, 444; *Rüfner,* § 96 Daseinsvorsorge und soziale Sicherheit, inIsensee/Kirchhof (Hrsg.) Handbuch des Staatsrechts der Bundesrepublik Deutschland Bd. IV, 3. Aufl. 2006, S. 1049; *Ruthig,* Grundsatz der Sicherheitsvorsorge, in Baur/Salje/Schmit-Preuß (Hrsg.), Regulierung in der Energiewirtschaft, 2016, Kap. 97; *Säcker,* Der beschleunigte Ausbau der Höchstspannungsnetze als Rechtsproblem, Bd. 11 der Veröffentlichungen des Instituts für deutsches und europäisches Wirtschafts-, Wettbewerbs- und Regulierungsrechts der FU Berlin, 2009; *Säcker,* Die Aufgaben der Verteilnetzbetreiber bei zunehmender Erzeugung erneuerbarer Energien und der Digitalisierung der Energiemärkte, EnWZ 2016, 294, *Schäfer-Stradowsky/Timmermann,* Verschiebung von Kompetenzen zwischen ÜNB und VNB durch die Digitalisierung der Energiewende, EnWZ 2018, 199; *Schreiber/Salmen,* Die allgemeine gesetzliche Haftung von Netzbetreiber und -eigentümer, RdE 2017, 62; *Schulze,* Verpflichtung marktbeherrschender Netzbetreiber zum Netzausbau?, et 2001, 816; *Unberath/Fricke,* Vertrag und Haftung nach der Liberalisierung des Strommarktes, NJW 2007, 3601 ff.; *VDN,* DistributionCode 2007, Regeln für den Zugang zu Verteilungsnetzen, Version 1.1, August 2007; *VDN,* TransmissionCode 2007 Netz- und Systemregeln der deutschen Übertragungsnetzbetreiber, Version 1.1, August 2007; *Wagner/Bsaisou,* Der Beitrag des Privatrechts zur Energiewende, in Ehricke (Hrsg.), Handlungsfreiheit und Haftungsverantwortung in den regulierten Bereichen des Energiesektors, 2015, S. 13; *Weise/Schüttke,* Automatische Letztmaßnahmen: Der UFLA bringt neue Anforderungen an die Netzbetreiber zur Gewährleistung der Systemsicherheit, Versorgungswirtschaft 2021, 41; *Weyer,* „Wer plant die Energienetze", in Kühne/Baur/Sandrock/Scholtka/Shapira (Hrsg.), Festschrift für Gunther Kühne, 2009, S. 423.

Speziell zum IT Sicherheitskatalog in Abs. 1a bis 1e: *Freimuth,* Die Gewährleistung der IT-Sicherheit Kritischer Infrastrukturen, 2018; *Guckelberger,* Energie als kritische Infrastruktur, DVBl. 2015, 1213; *Guckelberger,* Energieversorgungsnetze und Energieanlagen, in Hornung/Schallbruch (Hrsg.), IT-Sicherheitsrecht, 2021, § 23.

A. Allgemeines

I. Inhalt der Norm

1 § 11 regelt Anforderungen an den Betrieb und Ausbau von Energieversorgungsnetzen. Die Bestimmung gilt für **alle Netzbetreiber,** unabhängig davon, ob sie ein Elektrizitäts- oder Gasnetz auf der Transport- oder Verteilernetzebene betreiben. Sie konkretisiert für Netzbetreiber die für Energieversorgungsunternehmen all-

Betrieb von Energieversorgungsnetzen §11

gemein geltende **Pflicht aus § 2 Abs. 1,** ihre Versorgungsaufgabe in einer den energiewirtschaftlichen Gesetzeszwecken (§§ 1 und 1a) entsprechenden Weise zu erfüllen. Die Pflichten aus § 11 werden wiederum durch die folgenden §§ 12–16a weiter konkretisiert, die Abs. 1 S. 2 in Bezug nehmen. Im Vordergrund steht iRd §§ 11 ff. das Ziel einer sicheren Versorgung mit Strom und Gas.

Gegenstand von Abs. 1 sind Anforderungen an den Betrieb, die Wartung und die 2 bedarfsgerechte Optimierung, Verstärkung und den Ausbau von Energieversorgungsnetzen Dieser Dreiklang zur bedarfsgerechten Ertüchtigung wird im Folgenden als **„Entwicklung"** des Netzes zusammengefasst (vgl. § 12a ff., 15a „Netzentwicklungsplan"). Entsprechend den Anfangsbuchstaben werden die Netzentwicklungspflichten zur Optimierung, Verstärkung und zum Ausbau auch als „NOVA-Prinzip" bezeichnet.

Abs. 1 S. 3 stellt die **Betriebsverantwortung (→ Rn. 17)** eines jeden Netzbe- 3 treibers für sein eigenes Netz fest, um in S. 4 die **Kooperationsflicht (→ Rn. 41)** in der Betriebsführung mit verbundenen Netzbetreibern zu statuieren, die gerade in einem zunehmend komplexen und mit hochgradig verteilter Einspeisung durchdrungenen Elektrizitätsversorgungssystem von wachsender Bedeutung ist. S. 5 verpflichtet die Betreiber von Netzbetreibern in vertikal integrierten Unternehmen. Die Eigentümer sind durch die Entflechtung **(Teil 2 EnWG)** den Pflichten nicht entzogen **(→ Rn. 37).**

Aus öffentlicher Sicht nimmt der Staat mit den Regelungen zum Netzausbau 4 und Netzbetrieb einschließlich der Bestimmungen zur Aufrechterhaltung der Systemsicherheit seine **Gewährleistungsverantwortung** für die Daseinsvorsorge im Bereich der Versorgung mit Elektrizität und Gas wahr, der maßgeblich privatrechtlich organisiert ist (→ Rn. 89).

Abs. 1 S. 6 enthält im Hinblick auf die **Marktraumumstellung** von L- auf 5 H-Gas (→ § 19a Rn. 18) und Abs. 2 im Hinblick auf eine Netzauslegung „für die letzte Kilowattstunde" erzeugten Wind- oder Solarstroms **(Spitzenkappung)** jeweils die Ermächtigung zum „nicht bedarfsgerechten" (iSd Abs. 1 S. 1) Netzausbau von Energieversorgungsnetzen. Dh, es soll aus volkswirtschaftlichen Überlegungen bei der Netzplanung nicht jede denkbare Einspeisung (Elektrizität) oder Entnahme (Gas) auch transportiert werden müssen.

Mit den Abs. 1a und 1b trägt der Gesetzgeber dem Umstand Rechnung, dass zu 6 einem sicheren Betrieb sowohl von Energieversorgungsnetzen (Abs. 1a) als auch von solchen Energieanlagen, die nach der BSI-KritisV als kritische Infrastrukturen bestimmt wurden (Abs. 1b), insbesondere auch angemessene **Schutzvorkehrungen** gegen Bedrohungen für **Telekommunikations- und elektronische Datenverarbeitungssysteme** gehören. Die Anforderungen hierzu werden jeweils in einem Katalog von Sicherheitsanforderungen (**„IT-Sicherheitskatalog"**) konkretisiert, der von der Regulierungsbehörde (BNetzA) im Benehmen mit dem Bundesamt für Sicherheit in der Informationstechnik (BSI) erstellt wird. Korrespondierend zu diesen materiellen Sicherheitsanforderungen normiert Abs. 1c bei **bestimmten IT-Sicherheitsvorfällen** für die Betreiber eine Meldepflicht gegenüber dem BSI. Die Betreiber sind zudem nach Abs. 1d gegenüber dem BSI zur **Anlagenregistrierung** und zur Benennung einer **Kontaktstelle** verpflichtet. Nach Abs. 1e haben die Betreiber **Systeme zur Angriffserkennung** einzuführen, worüber nach Abs. 1f ein Nachweis zu erbringen ist.

Mit Abs. 1g wird die Befugnis auf die BNetzA übertragen, für das Betreiben von 7 Energieversorgungsnetzen und Energieanlagen **kritische Komponenten** iSd § 2 Abs. 13 BSIG direkt oder durch die Festlegung **kritischer Funktionen** zu bestim-

§ 11 Teil 3. Regulierung des Netzbetriebs

men (BegrRegE BT-Drs. 20/1501, 39) und die Betreiber insoweit einem Katalog von Sicherheitsanforderungen zu unterwerfen.

8   Abs. 2 konkretisiert explizit das Kriterium des bedarfsgerechten Netzausbaus für die Netzauslegung zur Einspeisung von Wind aus solarer Strahlungsenergie und aus Windenergieanlagen **an Land**. Im **Rahmen der Netzausbauplanung** werden Einspeiseszenarien zugrunde gelegt, die die erwarteten Gleichzeitigkeiten von Einspeisungen und Entnahmen und damit den Transportbedarf bestmöglich prognostizieren sollen. In diesem Prozess lässt Abs. 2 zu, dass eine Netzplanung auch dann als bedarfsgerechter Netzausbau angesehen wird, die planmäßig unterdimensioniert, indem sie vorsieht, nicht für jede Anlage der genannten Erzeugungsarten die erzeugte Energie vollständig einzuspeisen. Die Planung kann so getroffen werden, dass im Jahreslauf in der Netzauslegung je einzelner Anlage bis zu drei Prozent der erwarteten jährlichen Stromerzeugung abgeregelt werden dürfen. Diese auf die Arbeit (kWh oder MWh) bezogene Einschränkung übersetzt sich in die Kappung von Leistungsspitzen (kW oder MW), daher ist das die **Legaldefinition der Spitzenkappung**. Legt ein Betreiber von Elektrizitätsversorgungsnetzen in der Planung in dieser Form **strukturell unterdimensioniert** aus, ist dies transparent zu machen (neu zusätzlich über § 14d Abs. 3 Ziffer 6) und der zuständigen Regulierungsbehörde mitzuteilen.

9   Abs. 3 enthält darüber hinaus eine **unselbstständige Verordnungsermächtigung**. Sie erlaubt im Rahmen von Rechtverordnungen zu Vertrags- und sonstigen Rechtsverhältnissen Regelungen zur **Haftungsbeschränkung** der Netzbetreiber aufzunehmen.

10 Für den Fall von Fehlentwicklungen eröffnet § 11 die Möglichkeit einer **staatlichen Aufsicht** nicht direkt, sondern gegebenenfalls über die Durchsetzung der Betriebspflichten im Rahmen der allgemeinen Aufsicht. Gem. § 65 Abs. 2 kann die Regulierungsbehörde gegenüber Transportnetzbetreibern (ÜNB und FLNB) auch Maßnahmen zur Einhaltung der Pflichten nach § 11 anordnen. Für die Durchsetzung der Investitionspflichten nach dem Netzentwicklungsplan gem. §§ 12a und 12c sowie 15a sieht § 65 Abs. 2a darüber hinaus besondere Aufsichtsmaßnahmen einschließlich der Durchführung von Ausschreibungsverfahren vor.

11 § 11 wird in Bezug genommen oder zitiert ganz allgemein in den Monitoringpflichten des § 35 Abs. 1 Nr. 8, in § 35h, in der Organisationsnorm § 59 Abs. 1 Nr. 2, in den Bußgeldvorschriften des § 95 Abs. 1 Nr. 2a und 2b zur Einhaltung der IT-Sicherheitskataloge nach § 11 Abs. 1a, 1b und der Meldepflicht nach § 11 Abs. 1c und in den Übergangsregelung nach dem Wegfall der sog. besonderen netztechnischen Betriebsmittel in § 118 Abs. 33. Die Anforderungen der allgemeinen Betriebspflicht sind Maßstab für die Netzentwicklungsplanung sowie Regelungen zum Netzbetrieb und finden sich daher in Verweisen der §§ 11a, 11b, 12, 12b, 13, 13f, 14d und 16. § 12a Abs. 1 S. 4 und § 12 Abs. 1 S. 2 und sehen vor, dass für Zwecke der Netzentwicklungsplanung die Spitzenkappung gem. Abs. 2 zugrunde zu legen ist.

12 Weitere Verweise außerhalb des EnWG gibt es in § 66 MsbG zur Rechtfertigung von Übermittlungspflichten aus dem neuen Messeinrichtungen am Netzbetreiber, in § 12 NABEG zur Identifikation des Ausbauverpflichteten ÜNB, in § 8d BSIG zur Einschränkung des Anwendungsbereichs im Hinblick auf den IT-Sicherheitskatalog und in § 12 EEG im Rahmen der Erweiterungspflichten der Netzkapazität. Untergesetzlich finden sich Verweise in den §§ 11 und 23 ARegV sowie § 41 KapResV.

Betrieb von Energieversorgungsnetzen §11

II. Zweck der Norm

Mit § 11 hat der Gesetzgeber einen Rahmen geschaffen, um angesichts der 13
Liberalisierung des Strom- und Gasmarktes mit der Entflechtung der Wertschöpfungsstufen dafür Sorge zu tragen, dass die Leitungsinfrastruktur für die Energieversorgung als ein Kernbereich der Daseinsvorsorge nachhaltig sichergestellt bleibt.

Die gesetzlichen Pflichten beruhen letztlich auf der daseinsvorsorgenden Funk- 14
tion von Energieversorgungsnetzen (*Peters* ZNER 2007, 271 (274)). Der Staat ist verpflichtet, die Strom- und Gasversorgung im Rahmen der Daseinsvorsorge sicherzustellen. Es handelt sich dabei auch in einem liberalisierten Marktumfeld weiterhin um eine öffentliche Aufgabe von größter Bedeutung. Gewährleistet der Staat die Versorgung nicht durch staatliche Unternehmen, sondern öffnet diesen Bereich für private Anbieter, so muss er zumindest sicherstellen, dass die daseinsvorsorgenden Funktionen von diesen nachhaltig erfüllt werden (Gewährleistungsverantwortung; BVerwG Urt. v. 11.7.2002 – 4 C 9.00, BVerwGE 116, 365, Rn. 11, 15, 18, zur Verantwortungsteilung zwischen Staat und Unternehmen im Bereich der Daseinsvorsorge vgl. auch Isensee/Kirchhof StaatsR-HdB § 96).

Die Rechtsstellung von Energieversorgungsunternehmen wird durch besondere 15
Versorgungspflichten im Interesse der Daseinsvorsorge eingeschränkt (§ 2 Abs. 1). Die Vorgaben nach §§ 11 iVm 12 bis 16a konkretisieren diese Pflichten. Sie **nehmen vornehmlich die Netzbetreiber und ihre Eigentümer in die Pflicht** (→ Rn. 67 (Betriebspflicht) und Rn. 82 (Netzentwicklungspflicht)), **mittelbar jedoch auch** Betreiber von Erzeugungsanlagen und andere Netznutzer, soweit dies für die Aufrechterhaltung der Systemsicherheit erforderlich ist (zur Inanspruchnahme von Anlagenbetreibern durch Verbote endgültiger Kraftwerksstilllegungen → § 13b Rn. 16 ff.) oder es – wie im Bericht der IT-Sicherheit – unmittelbare Rückwirkungen auf das Netz geben kann.

Die Liberalisierung mit der **Entflechtung der Wertschöpfungsstufen** hat zu 16
veränderten rechtlichen und tatsächlichen Rahmenbedingungen geführt. Nach Wegfall der kartellrechtlichen Sonderbehandlung des Strom- und Gasmarktes sollen in erster Linie Marktkräfte eine sichere und preisgünstige Energieversorgung gewährleisten (aktuell ausdrücklich bestätigt im StrommarktG von 2016). Mit dem StrommarktG wurde eine den § 11 Abs. 1 S. 1 untermauernde Regelung in den Zielkanon des EnWG eingefügt. Gem. § 1a Abs. 4 ist Ziel der gesetzlichen Regelungen, dass Energieversorgungsnetze „*bedarfsgerecht unter Berücksichtigung des Ausbaus der Stromerzeugung aus erneuerbaren Energie nach § 4 EEG, der Versorgungssicherheit sowie volkswirtschaftlicher Effizienz ausgebaut werden*".

§ 11 beschreibt in der aktuellen Ordnung der Versorgung mit Elektrizität und 17
Erdgas die **grundlegenden Betriebspflichten** der Betreiber von Energieversorgungsnetzen. Dabei stehen diese Pflichten nicht nur in der gesetzlichen **Reihenfolge** ganz am Anfang der Rechtsvorschriften des regulierten Netzbetriebs in Teil 3 EnWG und vor der Kosten- und Entgeltregulierung. Die Netzbetreiber – aber auch andere Marktakteure (→ § 1a Rn. 5) – werden **zuerst** im Rahmen der staatlichen Gewährleistungsverantwortung zu einer sicheren, leitungsgebundenen Versorgung mit Elektrizität und Gas und damit auf eines der zentralen energiewirtschaftlichen Ziele des EnWG nach § 1 Abs. 1 und 1a verpflichtet. Dies muss stets gegen angemessene Entschädigung, Vergütung oder risikoadäquate Verzinsung des eingesetzten Kapitals erfolgen, was sich aus den folgenden Vorschriften (§§ 13 Abs. 49, 13c Abs. 5, 21, 21a) ergibt.

§ 11 Teil 3. Regulierung des Netzbetriebs

18 Der Betrieb und die bedarfsgerechte Entwicklung der Netze sind mit erheblichen **Kosten und Investitionen** verbunden. Dies gilt umso mehr für den notwendigen Ausbau der Netze im Rahmen der Energiewende, um den veränderten Anforderungen einer hochgradig auf alle Netzebenen verteilten und fluktuierenden Energieerzeugung gerecht zu werden. Der Netzbetrieb ist als natürliches Monopol ua einer **Kosten- und Anreizregulierung** unterworfen. Anders als bei geschlossenen Gebietsmonopolen ist der Anreiz für die verantwortungsvolle Aufgabe des Netzbetriebs **nicht** mehr die Aussicht auf **Monopolrenditen**. Denn der Betrieb öffentlicher Energieversorgungsnetze ist reguliert und es sollen im regulierten Rahmen nur effiziente Kosten (→ § 21 Rn. 87) über die Netzentgelte sozialisiert werden.

19 Die Netzbetreiber können auf regulatorische **Effizienzanforderungen** mit ungewollten Kostensenkungsmaßnahmen oder -entnahmen reagieren. Auch können (zB internationale) Investoren und (zB kommunale) Eigentümer die garantierten Rückflüsse aus Abschreibungen und gewährter Eigenkapitalverzinsung ausschütten und nicht die notwendigen Investitionsmittel der Netzgesellschaft bereitstellen, denen diese Mittel zu dienen bestimmt sind. Es besteht daher auch in der Regulierung die strukturelle Möglichkeit, den Betrieb und die Instandhaltung von Energieversorgungsnetzen ebenso wie Investitionen in die Netzentwicklung zu vernachlässigen. Dem steht die Verpflichtung aus § 11 entgegen, die zunächst einmal die Verpflichtung zur Gewährleistung der Daseinsvorsorge enthält. Netzbetreiber sind bei einer drohenden Gefährdung der Versorgungssicherheit zunächst einmal verpflichtet, alle notwendigen und zumutbaren Schritte zu unternehmen, um diese abzuwenden. Die in der Regulierung bestehende Unsicherheit der Refinanzierung ist kein Grund, mögliche und notwendige Maßnahmen nicht zu ergreifen. Die notwendigen Investitionen zur bedarfsgerechten Bereitstellung des Netzes und notwendigen Maßnahmen zur Sicherstellung der Versorgungssicherheit **sind** zu tätigen.

20 Die Gesellschaft über die staatlichen Institutionen hat in der Folge die Verpflichtung, durch die Regelungen der Kostenregulierung normativ und in der Verwaltungspraxis den **nachhaltigen wirtschaftlichen Betrieb** und die Investitionsfähigkeit bei effizienter Betriebsführung zu gewährleisten (Art. 59 Abs. 7a Elt-RL 19; s. *Löwer* Regulierung und Staatshaftung S. 171 (184)). Dabei kann es nicht auf jede Einzelmaßnahme ankommen – dies wäre einerseits ein zu starker Eingriff in die Betriebsverantwortung der Netzbetreiber, die Abs. 1 S. 3 noch einmal ausdrücklich festhält, und andererseits Mikroregulierung, bei der die Aufsichtsbehörden jede Einzelmaßnahme in ihrer Wirtschaftlichkeit und Effizienz bewerten können (müssten). Die nachhaltige wirtschaftliche Leistungsfähigkeit inklusive einer angemessenen Verzinsung des eingesetzten Kapitals muss eine Bewertung der Gesamtentwicklung von Kosten und Erlösen in den Blick nehmen. Dabei kann *nicht* kategorisch ausgeschlossen sein, dass im Einzelfall bei ineffizienter und schlechter Betriebsführung ein Betreiberunternehmen in die Insolvenz fällt. Dies ist durch geeignete Frühwarnsysteme im besten Fall zu vermeiden.

21 Es bleibt in einem dynamischen Umfeld sowohl der Versorgungsaufgabe als auch der internationalen Kapitalmärkte ein ständig neues Austarieren von Risiko und Effizienzanforderung, die nach europäischen Vorgaben maßgeblich den Regulierungsbehörden obliegt (Art. 59 Abs. 7a Elt-RL 19). Die gegenwärtige **Anreizregulierung,** durch die zulässige Erlösobergrenzen für Netzbetreiber festgelegt und angepasst werden, enthält zahlreiche Instrumente zur Gewährleistung einer nachhaltigen Investitionsfähigkeit (ua §§ 7 StromNEV/GasNEV, 10a (Kapitalkostenaufschlag), 11 (dauerhaft nicht beeinflussbare Kostenanteile und Verfahrensregulierungen), 12 (Effizienzvergleich mit einem Best-of-Four Verfahren), 12a (Effizienzbonus), 23 (Investitionsmaßnahmen), 25a (Aufschläge für Forschung und Entwicklung) ARegV).

Die Anforderungen an den Netzbetrieb und die Netzentwicklung sollen außerdem sicherstellen, dass es beim **Auftreten von Gefahren und Störungen** nicht zu einem Zusammenbruch der Energieversorgungsnetze kommt. Daher werden über Abs. 1 S. 2 und 3 **Kooperationspflichten** unter den Netzbetreibern sowie **Eingriffs- und Mitwirkungsbefugnisse** gegenüber Netznutzern normiert – in deren Interesse der sichere Netzbetrieb letztlich erfolgt. 22

Aufgrund der zunehmenden **Durchdringung der Energieversorgung** mit **Informations- und Kommunikationstechnologie** und der damit einhergehenden Risiken gehören im 21. Jahrhundert allerdings auch Maßnahmen für die **Informationssicherheit** zu einer sicheren Energieversorgung. Daher die Ergänzungen zum IT-Sicherheitskatalog und die damit zusammenhängenden Anforderungen in den Abs. 1a–g. Hier sind verbindliche Vorgaben erforderlich, um einen gemeinsamen, einheitlichen Standard für alle zu etablieren, denn in einem vernetzten System ist der Schutz immer nur so gut wie der des am wenigsten geschützten Gliedes. Zudem wirken **einheitliche Standards** vereinheitlichend auf die entstehenden **Kosten** in der Branche. Somit werden solche nicht zur unmittelbaren Produktivität beitragenden Kosten für alle erforderlich, was somit grundsätzlich negative Effekte auf den Wettbewerb untereinander oder die individuelle Effizienz in der Regulierung vermeidet. Die Anreizregulierung enthält einen branchenspezifischen Effizienzvergleich (→ § 21a Rn. 73). Wenn neue Kostenarten, zB aus dem IT-Sicherheitskatalog, für alle Unternehmen in gleicher Weise entstehen, braucht es systemisch keine Einzelanpassung für einen einzelnen Netzbetreiber. Die Kosten sind Teil der alle betreffenden Betriebsaufgabe eines Netzbetreibers. 23

Eine sichere Energieversorgung setzt eine **ausreichende Menge** qualitativ hochwertiger **Netzkapazität** voraus (*Britz* ZUR 2010, 124 (127)). Nicht nur aus Gründen der gesellschaftlichen Akzeptanz von **eingriffsintensiven** Netzausbaumaßnahmen, sondern auch aus Gründen der wirtschaftlichen Effizienz sollen gemäß den Vorgaben aus §§ 1 Abs. 4 Nr. 3, 1a Abs. 3 sowie den Erwägungen aus Erwgr. 61, 83, Art. 32 Elt-RL 19 auch Optimierungspotenziale durch Netzschaltungen und die **Nutzung von Flexibilität** für den Betrieb insbesondere des Elektrizitätsversorgungsnetzes genutzt werden. Letztlich bleibt aber die jederzeitige Befriedigung der geplanten und ungeplanten Jahreshöchstlast der gesetzliche Maßstab, erstmals beschränkt durch die Spitzenkappung in Abs. 2. Die gilt allerdings nur für die Netzplanung und die Einspeisung von Elektrizität aus Anlagen solarer Strahlungsenergie oder von Windkraft an Land. 24

Der **Einsatz von Flexibilität** einzelner Anschlussnehmer ist kein Selbstzweck – er muss die gesetzlichen Ziele fördern: Bereitstellung für ein dauerhaft bedarfsgerechtes Versorgungsnetz, Optimierung des Netzes vor Netzausbau im Rahmen des NOVA-Prinzips, langfristige Senkung der Netzkosten (§ 14c Abs. 1 S.1) durch Erschließung der Dienstleistungspotenziale unter den Anforderungen aus Abs. 1 S. 1: sicher, zuverlässig, leistungsfähig und diskriminierungsfrei. Insbesondere bei der **Diskriminierungsfreiheit** ist besonderes Augenmerk darauf zu richten, dass durch die Bereitstellung von Flexibilitätsleistungen für den Netzbetrieb keine strukturellen Interessen am Fortbestand eines Netzengpasses mit entsprechender Marktmacht eines Anbieters entstehen. Wird eine Netzkapazität dauerhaft für den Netzbetrieb gebraucht, ist der Einsatz ortsgebundener Flexibilität der besonderen 25

§ 11 Teil 3. Regulierung des Netzbetriebs

Prüfung der langfristigen Kosteneffizienz, Leistungsfähigkeit und Diskriminierungsfreiheit zu unterziehen. Andernfalls ist der bedarfsgerechte Ausbau des Netzes in der Regel die effizienteste Lösung.

III. Entstehungsgeschichte

26 § 11 ist mit dem EnWG2005 neu eingeführt worden (BGBl. 2005 I S. 1970). Eine Netzbetriebspflicht, die eine Versorgung entsprechend den energiewirtschaftlichen Zielen nach § 1 sicherstellen sollte, enthielt bereits die Vorgängerregelung des § 4 Abs. 1 EnWG1998 (BGBl. 1998 I S. 730). Durch § 11 wurden auch zwingende europarechtliche Vorgaben aus dem zweiten Energiebinnenmarkt-Richtlinienpaket umgesetzt, nämlich Art. 9 lit. a– d und Art. 14 Abs. 1, 3, 7 der Elt-RL 03 sowie Art. 8 Abs. 1 lit. a und c, Abs. 3 und Art. 12 Abs. 1 und 3 Gas-RL 03 (Begr. RegE, BT-Drs. 15/3917, 56).

27 Durch das EnLAG-Artikelgesetz wurde 2008 die Pflicht zum bedarfsgerechten Ausbau der Netze in Abs. 1 S. 1 um die Pflicht zur „Optimierung und Verstärkung" der Netze ergänzt. Durch das „Dritte Gesetz zur Neuregelung energiewirtschaftsrechtlicher Vorschriften" vom 20.12.2012 (BGBl. 2012 I S. 2730) ist die Verordnungsermächtigung zum Ausschluss von unzumutbaren Haftungsrisiken um neu eingefügte Systemsicherheitsmaßnahmen erweitert worden (Abs. 3 S. 3).

28 Im Zuge des „Gesetzes zur Neuregelung energiewirtschaftsrechtlicher Vorschriften" vom 26.7.2011 (BGBl. 2011 IS. 1554) ist Abs. 1a zu den Schutzvorkehrungen für Telekommunikations- und elektronische Datenverarbeitungssysteme eingefügt worden. Diese Regelung hat sich seitdem erheblich weiterentwickelt. So wurde § 11 durch Art. 3 des Gesetzes zur Erhöhung der Sicherheit informationstechnischer Systeme (Ges. v. 17.7.2015, BGBl. 2015 IS. 1324 – IT-Sicherheitsgesetz) um Anforderungen an Betreiber von Energieanlagen und zur Einführung einer Meldepflicht in den Abs. 1b und 1c ergänzt. Mit der Klimaschutz-Sofortprogramm-Novelle wurde 2022 die Pflicht zur Anlagenregistrierung und zur Benennung einer Kontaktstelle für die Betreiber in Abs. 1d eingeführt. Schon zuvor erfolgte eine weitere Ergänzung durch das Zweite Gesetz zur Erhöhung der Sicherheit informationstechnischer Systeme (Ges. v. 18.5.2021, BGBl. 2021 IS. 1122), das die Pflicht zum Einsatz von Systemen zur Angriffserkennung und dessen Nachweisführung in den Abs. 1e und 1f (ursprünglich noch als Abs. 1d und 1e in Kraft getreten) normiert. Durch die EnSiG-Novelle 2022 wurde eine Befugnis auf die BNetzA übertragen, kritische Komponenten iSd § 2 Abs. 13 BSIG direkt oder durch die Festlegung kritischer Funktionen zu bestimmen.

29 Zwischen 2018 (Art. 3 Ges. v. 17.12.2018, BGBl. I S. 2549) und 2021 enthielt die Vorschrift einen Abs. 3 hinsichtlich der Planung und vertragliche Bindung für sog. **besondere netztechnische Betriebsmittel.** Das waren in der konkreten Beschreibung sehr schnell reagierende Kraftwerke, die zum kurativen (im Unterschied zum präventiven) Redispatch eingesetzt werden können. Durch Art. 1 der EnWG-Novelle 2021 wurde die Vorschrift, auf deren Basis bis Anfang 2021 Kraftwerkskapazitäten von 2 GW ausgeschrieben und bezuschlagt wurden, wieder gestrichen. Nur die Übergangsvorschrift in § 118 Abs. 33 verweist noch auf dieses Instrument, unter dessen Regelung vier Kraftwerke errichtet wurden (zu den noch als Netzstabilitätsanlagen nach § 13k behandelten Anlagen s. www.bundesnetzagentur.de/DE/Sachgebiete/ElektrizitaetundGas/Unternehmen_Institutionen/Versorgungssicherheit/Netzreserve/netzreserve-node.html).

Betrieb von Energieversorgungsnetzen **§ 11**

Durch das Gesetz zur Beschleunigung des Netzausbaus (G. v. 13.5.2019 BGBl. **30** 2019 I S. 706) traten zum 1.10.2021 die Neuregelung des Redispatchregimes unter Einbeziehung von Anlagen zur Erzeugung Erneuerbarer Energie und Kraft-Wärme-Kopplung (**sog. Redispatch 2.0**) in Kraft. Dabei wurde Abs. 1 um den heutigen S. 3 ergänzt und betont, dass die Netzbetreiber jeweils für ihre Energieversorgungsnetze eigenverantwortlich sind und sich gegenseitig bei der Wahrnehmung dieser Verantwortung unterstützen. Aus der Kooperationspflicht folge auch, dass bei Maßnahmen, die sich auf das Netz anderer Netzbetreiber auswirken können, die Belange der betroffenen Netzbetreiber zu berücksichtigen sind. Diesem Prinzip kommt angesichts der künftigen Aufgaben der Netzbetreiber zur Netzoptimierung eines (noch) nicht bedarfsgerecht ausgebauten Versorgungsnetzes eine besondere Bedeutung zu, um netzübergreifend die optimale Gesamtlösung bei Engpässen zu identifizieren und sog. Einspeisevorrang umzusetzen (detailliert → § 13 Rn. 294).

Der notwendige Datenaustausch richtet sich nach den hierfür bereits bestehen- **31** den Regelungen, insbesondere Art. 40ff. der SO GL vom 2.8.2017, § 12 Abs. 4 (für die VNB iVm § 14 Abs. 1) bzw. § 15 Abs. 2 (für die Gas-VNB iVm § 16a) sowie den auf diesen Grundlagen ergangenen Genehmigungen und Festlegungen (BNetzA Beschl. v. 18.21.2019 – BK6-18-071 sowie Beschl. v. 6.11.2020 – BK6-20-059, Beschl. v. 12.3.2021 – BK6-20-060 und Beschl. v. 23.3.2021 – BK6-20-061) und der Marktstammdatenregisterverordnung. Bei der Wahrnehmung der Aufgaben und der gebotenen Kooperation der Netzbetreiber sind ua die spezifischen Vorgaben der §§ 12, 13, 13a und 14 EnWG zu beachten (Begr. Bericht d. Ausch. für Wirtschaft und Energie, BT-Drs. 19/9027, 10).

B. Betrieb von Energieversorgungsnetzen (Abs. 1)

Gem. Abs. 1 S. 1 sind Netzbetreiber zum Betrieb, zur Wartung und zur Ent- **32** wicklung der Energieversorgungsnetze verpflichtet. Abs. 1 S. 4 enthält einen Verweis auf die besonderen Aufgabenzuweisungen und Konkretisierungen dieser Betriebspflichten in den §§ 12– 16a.

Abs. 1 S. 5 stellt klar, dass diese Betriebspflichten im Rahmen der **operationel-** **33** **len Entflechtung** nach § 7a Abs. 4 S. 3 nicht nur die rechtlich ausgegründete Netzbetreibergesellschaft betrifft, sondern auch das **ganze vertikal integrierte Energieversorgungsunternehmen** bei der Ausübung von gesellschaftsrechtlichen Leitungs- und Aufsichtsbefugnissen. Dies knüpft an die Finanzierungsverantwortung der Eigentümer auch im vertikal integrierten Energieversorgungsunternehmen und die unter Rn. 19 beschriebenen Risiken an. Betreiber von Energieversorgungsnetzen unter 100.000 mittelbar oder unmittelbar angeschlossene Kunden (§ 7 Abs. 2) und demnach ohne rechtliche und operationelle Entflechtung sind unmittelbar als Netzbetreiber verpflichtet.

S. 6 enthält die erste Einschränkung der Bedarfsgerechtigkeit eines Netzausbaus **34** im Hinblick auf die seit 2016 anstehende Marktraumumstellung von L- auf H-Gas (→ § 17 Rn. 6 und → § 19a Rn. 18).

I. Normadressaten

Adressaten sind primär die Betreiber von Energieversorgungsnetzen. Abs. 1 er- **35** fasst **Elektrizitätsversorgungsnetze** und **Gasversorgungsnetze** gleichermaßen. Dies gilt unabhängig von der Spannungsebene oder Druckstufe (§ 3 Nr. 4). Im

§ 11
Teil 3. Regulierung des Netzbetriebs

Strombereich betrifft dies Betreiber von Übertragungs- oder Elektrizitätsverteilernetzen (§ 3 Nr. 2). Im Gasbereich fallen Betreiber von Fernleitungsnetzen, Gasverteilernetzen, LNG-Anlagen und netzzugehörigen Speicheranlagen in den Anwendungsbereich von § 11 (§ 3 Nr. 6 und 20). Auf Betreiber von Gasspeicheranlagen ist § 11 anwendbar, wenn Speicheranlagen für den Zugang zur Fernleitung, zur Verteilung und zu LNG-Anlagen erforderlich sind und somit von der Legaldefinition für Gasversorgungsnetze gem. § 3 Nr. 20 mit erfasst sind.

36 Der **Begriff des Netzbetreibers** ist im EnWG nicht eigenständig definiert, wohl aber in Art. 2 Nr. 29 und 35 Elt-RL 19. Entscheidend ist, wer das Netz faktisch betreibt, auch in den Fällen der zulässigen Verpachtung des Versorgungsnetzes an eine Tochtergesellschaft oder einen Dritten. Dafür ist die tatsächliche Sachherrschaft über das Netz ausschlaggebend. Der Netzbetreiber muss die Möglichkeit haben, den Netzbetrieb in technischer und in wirtschaftlicher Hinsicht zu steuern. Er muss die Verantwortung für die Betriebssicherheit tragen (*Büdenbender* EnWG 1998 § 4 Rn. 14; Schneider/Theobald EnergieWirtschaftsR-HdB/*Franke* EnWG § 3 Rn. 6).

37 Abs. 1 S. 5 verpflichtet ferner die **Leitung integrierter Energieversorgungsunternehmen** zur Erfüllung der Aufgaben nach §§ 11– 16a. Sie muss diese im Rahmen der – gem. § 7a Abs. 4 S. 3 grundsätzlich zulässigen – Ausübung gesellschaftsrechtlicher Leitungs- und Aufsichtsrechte beachten. Neben den Netzbetreibern selbst sind insofern auch integrierte Energieversorgungsunternehmen Adressat der §§ 11– 16a (→ Rn. 120).

II. Betrieb, Wartung und Entwicklung des Netzes (S. 1)

38 Abs. 1 S. 1 verpflichtet Betreiber von Energieversorgungsnetzen zum Betrieb, zur Wartung und zur bedarfsgerechten Entwicklung des Netzes. Ziel ist dabei jeweils ein sicheres, zuverlässiges und leistungsfähiges Energieversorgungsnetz. Dabei steht die Aufgabenerfüllung durch die Netzbetreiber unter dem Vorbehalt des wirtschaftlich Zumutbaren. Darüber hinaus muss sich die Auslegung der Vorschrift an den Zielen des § 1 orientieren. Dazu gehören neben dem zentralen Normzweck der Versorgungssicherheit insbesondere das Interesse der Energieverbraucher an einer preisgünstigen Energieversorgung sowie der Umweltschutz (Gesetzesbegr. zu § 11, BT-Drs. 15/3917, 56).

39 **1. Kooperationspflichten der Netzbetreiber.** Zur Gewährleistung der Versorgungssicherheit können die einzelnen Netze nicht isoliert betrachtet werden. Allerdings sind die Netzbetreiber unmittelbar nur für ihre eigenen Netze verantwortlich (Abs. 1 S. 3); nur auf diese haben sie direkten Zugriff. Deshalb ist eine **Kooperation der Netzbetreiber** bei der Erfüllung der ihnen obliegenden Aufgaben unverzichtbar, wie Abs. 1 S. 4 klarstellt (s. schon *Badura* DVBl. 2004, 1197).

40 Schon zuvor gab die Formulierung, dass sich die Pflichten der Betreiber (Plural) auf „ein (…) Energieversorgungsnetz" (Singular) beziehen, einen ersten Anhaltspunkt dafür, dass es hier nicht um die Einzelbetrachtung von Netzinfrastrukturen entlang ihrer eigentumsrechtlichen Grenzen geht, sondern um die Sicherstellung der Funktionsfähigkeit der **Gesamtheit der miteinander verbundenen Einzelnetze,** dh um das gesamte „Netz", das als Funktionseinheit betroffen ist. Auch an anderen Stellen im EnWG finden sich ähnliche Formulierungen, in denen viele Netzbetreiber adressiert werden, aber zugleich nur von einem „Netz" die Rede ist. Ein im **Singular genanntes „Netz"** erfasst grundsätzlich die Gesamtheit der nach

Betrieb von Energieversorgungsnetzen **§ 11**

dem Regelungszusammenhang jeweils betroffenen Netzkategorie (zB § 20 Abs. 1 a und 54 Abs. 2 S. 1, 2). Die konkrete Verpflichtung der adressierten Netzbetreiber bezieht sich dabei jeweils auf die Gesamtheit der von ihnen betriebenen Bereiche dieses „Netzes". Soweit nicht ausnahmsweise eine engere räumliche Betrachtung vorgesehen ist zB § 110), werden alle Bereiche der jeweiligen Netzkategorie des Netzbetreibers unabhängig von einer physischen Verbindung zusammen erfasst (Grundsatz: ein Netzbetreiber, ein Netz → § 54 Rn. 41).

Die **Kooperationspflicht** der Netzbetreiber ergibt sich weiterhin auch aus den 41 in S. 2 in Bezug genommenen konkretisierenden Bestimmungen. Die §§ 12 Abs. 1 und 15 Abs. 1 sehen ausdrücklich vor, dass der Netzbetrieb im nationalen und internationalen Verbund zu erfolgen hat. Außerdem regeln §§ 12 Abs. 2 und 4 sowie 15 Abs. 2 und § 15a Abs. 4 gegenseitige Informationspflichten der Netzbetreiber. Nach § 14 Abs. 1 c müssen Betreiber von Elektrizitätsverteilernetzen vorgelagerte Netzbetreiber durch eigene Maßnahmen unterstützen, um Gefährdungen und Störungen mit „geringstmöglichen Eingriffen" zu vermeiden. Darüber hinaus sind die Betreiber von Elektrizitäts- und Gasversorgungsnetzen bereits nach den allgemeinen Netzzugangsbestimmungen zur weitreichenden Kooperation verpflichtet (§ 20 Abs. 1 a S. 4 sowie Abs. 1 b S. 6–8).

Auch im Rahmen der allgemeinen Betriebspflicht des Abs. 1 müssen der Ver- 42 bund und die Kooperation mit anderen Netzen zwingend berücksichtigt werden, um ein sicheres, zuverlässiges und leistungsfähiges Energieversorgungsnetz sicherzustellen. Insgesamt betrachtet werden **sehr hohe Anforderungen an die Kooperation der Netzbetreiber** gestellt, damit die Netze im gemeinsamen Elektrizitätsversorgungssystem sicher und effizient betrieben, gewartet und ausgebaut werden. Ein Fehler bei der Kooperation der Übertragungsnetzbetreiber galt beispielsweise als eine der Ursachen für den großräumigen Stromausfall vom 4.11.2006 (BNetzA, Bericht über die Systemstörung im deutschen und europäischen Übertragungsnetz vom 4. November 2006, S. 24).

2. Sicherheit, Zuverlässigkeit und Leistungsfähigkeit. Der **Versorgungs-** 43 **sicherheit** kommt als zentralem Ziel der Norm eine hohe Bedeutung zu. Darüber hinaus sind bei der Auslegung von Abs. 1 jedoch auch die weiteren energiewirtschaftlichen Ziele des EnWG nach §§ 1 und 1 a zu berücksichtigen.

Weder der Versorgungssicherheit noch der Effizienz und Preisgünstigkeit der 44 Energieversorgung kommt dabei ein absoluter Vorrang zu (*Berzel/Sötebier/Zerres* Haftungsrecht und Risikoverteilung S. 53 (55)). Allerdings hat der Gesetzgeber mit der Aufgabenzuweisung in § 11 deutlich gemacht, dass er den Energieversorgungsnetzen für die Versorgungssicherheit herausragende Bedeutung beimisst. Maßstab ist das technisch Erforderliche, nicht das technisch Mögliche. Eine wesentliche zusätzliche Kostenbelastung der Energieverbraucher erscheint jedenfalls dann nicht gerechtfertigt, wenn damit ein nur minimaler Gewinn an zusätzlicher Versorgungssicherheit zu erreichen ist oder der Zugewinn an Versorgungssicherheit iSv Störungsfreiheit einzelner Anschlussnutzer mit angemessenem Aufwand individuell durch diesen gewährleistet werden kann.

Abs. 1 S. 1 schreibt als hohen **Qualitätsstandard** ein „sicheres, zuverlässiges und 45 leistungsfähiges Energieversorgungsnetz" fest. Dieser Standard bezieht sich auf alle Pflichten nach § 11 Abs. 1 S. 1. Sowohl der Betrieb als auch die Wartung und die Netzentwicklung sollen auf dem Niveau eines sicheren, zuverlässigen und leistungsfähigen Netzes erfolgen.

§ 11 Teil 3. Regulierung des Netzbetriebs

46 **a) Sicherheit.** Die Sicherheit der Netze kann unter zwei Gesichtspunkten von Bedeutung sein. Zum einen kann darunter die **technische Zuverlässigkeit** der Infrastruktur und ihre **Resilienz** gegen Störungen und Veränderungen des Energiesystems verstanden werden. Zum anderen kann Sicherheit auch Versorgungssicherheit im Sinne einer **ausreichenden Versorgung** mit Energie meinen. Art. 2 Nr. 58 Elt-VO 19 und Art. 2 Nr. 32 Gas-RL 09 definieren den Sicherheitsbegriff als „**sowohl** die Elektrizitätsversorgung und -bereitstellung bzw. der Versorgung mit Erdgas **als auch** die Betriebssicherheit".

47 Die **Versorgungssicherheit** im Zusammenhang mit dem **Netzbetrieb** kann immer nur in der Erscheinungsform verstanden werden, in der es um zuverlässige Verfügbarkeit von Infrastruktur und Betriebssicherheit geht. Denn für den **Ausgleich von Erzeugung und Verbrauch** ist der **entflochtene** Netzbetreiber nicht verantwortlich. Überlegungen, dass Netzbetreiber Interesse an der Senkung des Energieverbrauchs und der **Energieeffizienz** haben müssten (*Britz* ZUR 2010, 124 im Hinblick auf Ideen der Elt-RL 19) gehen insoweit weitgehend fehl, als dass für den Netzbetreiber **nicht die Menge** der transportierten Energie maßgeblich ist, sondern die zeitgleiche Entnahme- oder Einspeiselast, die Planbarkeit und der Bilanzausgleich. Denn die Leistungsfähigkeit des Netzes zeigt sich immer zum Zeitpunkt der höchsten Last eines Jahres, dies ist auslegungsrelevant und der maßgebliche Kostentreiber. Deshalb ist die gesetzliche Zulässigkeit der Auslegung eines Netzes mit Spitzenkappung (→ Rn. 159) so wichtig, da es sich nicht mehr um ein bedarfsgerecht ausgebautes Netz im engeren Sinne handelt.

48 Gegenstand der **technischen Anlagensicherheit** ist die Einhaltung technischer Standards zum Schutz der Allgemeinheit und der Mitarbeiter vor Schäden. Ihre Einhaltung ist in § 49 Abs. 1 geregelt und wird von Abs. 1 S. 1 vorausgesetzt. Gem. § 49 Abs. 1 sind Energieanlagen so zu errichten und zu betreiben, dass die technische Sicherheit gewährleistet ist. Zu den Energieanlagen nach § 3 Nr. 15 gehören auch die Energieversorgungsnetze.

49 Die Forderung „sicherer Energieversorgungsnetze" in Abs. 1 S. 1 dient dem Ziel der **Versorgungssicherheit.** Sichere Energieversorgungsnetze sind solche, die dem Netznutzungsbedarf grundsätzlich gerecht werden, indem sie eine im Wesentlichen unterbrechungsfreie Energieversorgung ermöglichen. Die Errichtung und Wartung solcher „sicheren" Netze reicht zwar alleine nicht aus, um die Versorgung mit Strom und Gas umfassend zu gewährleisten (*Berzel/Sötebier/Zerres* Haftungsrecht und RisikoverteilungS. 53 (55)). Für die Aufrechterhaltung der Sicherheit und Zuverlässigkeit der Elektrizitäts- und Gasversorgungssysteme bilden belastbare Strom- und Gasversorgungsnetze jedoch eine wesentliche Grundvoraussetzung.

50 In einer hochtechnisierten Gesellschaft können Unterbrechungen der Energieversorgung schwerwiegende Folgen haben. Schwierigkeiten bei der **Versorgung mit Strom und Gas** können sich **wechselseitig beeinflussen** und sind daher bei der Abwägung der Gegenmaßnahmen, insbesondere der Systemsicherheitsmaßnahmen nach §§ 13 und 16, angemessen zu berücksichtigen. So kann beispielsweise die Unterbrechung der Stromversorgung den weiteren Betrieb von Gasheizungen der Verbraucher unmöglich machen, die Unterbrechung der Gasversorgung die notwendige Erzeugung von Strom (→ § 16 Abs. 2a).

51 **b) Zuverlässigkeit und Leistungsfähigkeit.** Abs. 1 S. 1 verpflichtet die Netzbetreiber des Weiteren dazu, zuverlässige und leistungsfähige Energieversorgungsnetze zu betreiben. Die Begriffe der Leistungsfähigkeit und Zuverlässigkeit finden sich auch in den Vorschriften zur Qualitätsregulierung (§§ 18f. ARegV).

Unter **Zuverlässigkeit** wird im Bereich der Technik allgemein die Fähigkeit einer betrachteten Einheit, eines Verfahrens oder Materials verstanden, innerhalb der vorgegebenen Toleranzen den durch den Verwendungszweck bestimmten Anforderungen, die an das Verhalten ihrer Eigenschaften während einer gegebenen Zeitdauer gestellt werden, zu genügen. Wichtige Kenngrößen sind Lebensdauer, Ausfallrate und Verfügbarkeit. Übertragen auf die netzgebundene Energieversorgung sind zum Beispiel Kriterien wie Dauer und Häufigkeit der Unterbrechungen der Energieversorgung, die Menge der nicht transportierten Energie und die Höhe der nicht gedeckten Last denkbare Messgrößen für die Netzzuverlässigkeit (BNetzA ARegV-Bericht Rn. 223). Entsprechende Maßstäbe finden sich auch in § 20 Abs. 1 ARegV. Neben einer hohen Verfügbarkeit enthält das Merkmal der Zuverlässigkeit einen bestimmten qualitativen Standard der Energieversorgungsnetze. Sie müssen in der Lage sein, den Transport von Strom und Gas in einer (durch technische Standards) vorgegebenen Produktqualität zu transportieren. Das Kriterium der Netzzuverlässigkeit zielt danach vor allem darauf ab, die Lieferung von Energie **in zugesagter Menge und Qualität** zu ermöglichen (Holznagel/Schütz/*Herrmann/ Stracke/Westermann* ARegV § 19 Rn. 28). 52

Die **Leistungsfähigkeit** beschreibt die Fähigkeit des Energieversorgungsnetzes, die Nachfrage nach Übertragung von Energie zu befriedigen (BNetzA Evaluierungsbericht ARegV S. 286). Der Netzbetreiber soll – mit angemessenem Aufwand – dafür Sorge tragen, dass die erforderlichen Netzleistungen (Netzzugang, Netzanschluss etc) tatsächlich in Anspruch genommen werden können. Aus Sicht der BNetzA bschränkt sich der Begriff des Betriebs eines leistungsfähigen Netzes nicht allein auf die Betriebsmittel, sondern auch auf die für den Betrieb notwendigen Aufgaben wie zB gute Lastprognose (BNetzA Evaluierungsbericht ARegV S. 297). Es erweist sich als schwierig, in dem Bereich der Energieversorgung die Begriffe der Netzzuverlässigkeit und der Netzleistungsfähigkeit klar voneinander abzugrenzen. Aus Sicht des Verbrauchers ist Energie für ihn entweder verfügbar oder nicht. Die qualitativen Unterschiede bei der Bereitstellung der Produkte Elektrizität und Erdgas sind in diesem Zusammenhang eher gering. 53

Die mangelnde Fähigkeit eines Netzbetreibers, seine Leistungen zu erbringen, kann recht schnell zu spürbaren Einschränkungen der Netznutzung, insbesondere zu Versorgungsunterbrechungen, führen. Die Systemsicherheitsmaßnahmen der §§ 13 Abs. 1 und 16 Abs. 1 erfassen jedoch auch Fälle, in denen vor der tatsächlichen Unterbrechung von Netznutzern das System an seine Leistungsgrenzen gerät. Leistungsausfälle eines Netzbetreibers können je nach Einzelfall beispielsweise durch Maßnahmen des systemverantwortlichen Netzbetreibers kompensiert werden. Viele Engpasssituationen oder andere Netzprobleme werden somit für die Netznutzer nicht unmittelbar spürbar. Daher können neben aus Nachfragesicht spürbaren Einschränkungen der Netznutzung auch die Häufigkeit und der Umfang von Systemsicherheitsmaßnahmen ein brauchbarer **Indikator für die Leistungsfähigkeit** des Netzes sein. 54

c) Maßstab und Grenzen – energiewirtschaftliche Ziele nach § 1 und § 1a.

Welches Maß an Sicherheit, Zuverlässigkeit und Leistungsfähigkeit Betreiber von Energieversorgungsnetzen einhalten müssen, wird in Abs. 1 nicht konkretisiert. Die geltenden **technischen Standards** nach § 49 Abs. 1 geben hier einen Rahmen vor. Aber auch diese brauchen einen Maßstab. 55

Rechtfertigungsbedürftig ist jede Verschlechterung gegenüber dem **heute erreichten,** sehr hohen **Niveau** an Versorgungssicherheit. So orientiert sich auch 56 die Qualitätsregulierung (→ § 21a Rn. 60) nach §§ 18ff. ARegV an der durchschnittlichen Qualität aller Netzbetreiber im Regelverfahren. Bleiben Energieversorgungsnetze hinter dem erforderlichen Niveau zurück, obwohl sie alle Anforderungen der allgemein anerkannten Regeln der Technik einhalten, werden sie im Rahmen der Qualitätsregulierung wirtschaftlich pönalisiert. Die Qualitätsregulierung gemäß ARegV gibt es derzeit allerdings nur für Betreiber von Elektrizitätsverteilernetzen mit mehr als 30.000 mittelbar oder unmittelbar angeschlossenen Kunden.

57 Das bedarfsgerechte Netz ist nach planerischen Maßstäben engpassfrei (IFHT/BET, Gutachten zur Referenznetzanalyse für die Betreiber von Übertragungsnetzen im Auftrag der BNetzA vom 17.12.2018, S. 18). Dies umso mehr, da in engpassfrei geplanten Netzen im realen Betrieb immer ein gewisses Maß an Engpassmanagement durch technische Defekte oder notwendige Betriebsabläufe eintreten wird.

58 Ist die Anlagensicherheit im Sinne von Arbeitssicherheit für die Mitarbeitenden der EVU oder gegenüber Passanten betroffen, ist das Sicherheitsniveau an den Notwendigkeiten des **Schutzes für Leib und Leben** zu orientieren.

59 Für die Umsetzung ist nach dem Grundsatz eines effizienten Netzbetriebs unter mehreren geeigneten Möglichkeiten die für das Gesamtnetz effizienteste Lösung wählen. Wenn beispielsweise ein Netzausbaubedarf durch Maßnahmen verschiedener Netzbetreiber (vor- und nachgelagerter Netzbetreiber) befriedigt werden kann, so ist derjenige Netzbetreiber verpflichtet, dessen Maßnahme die **gesamtwirtschaftlich günstigste Lösung** darstellt. Dies lässt sich ausdrücklich aus § 1a Abs. 4 ableiten. Die Netzbetreiber müssen im Rahmen ihrer Kooperationspflichten rechtzeitig die gesamtwirtschaftlich günstigste Lösung untereinander abstimmen. Die frühzeitige Abstimmung ist auch erforderlich, um den für die Engpassbeseitigung verantwortlichen Netzbetreiber zu bestimmen, der nach § 13a Abs. 2 letztlich die Kosten der **Entschädigungszahlungen für Redispatchmaßnahmen zu tragen** hat. Denn im unterlassenen oder nachlaufenden Netzausbau liegt die „Ursache" für die Abregelung von Erzeugungsanlagen-Anlagen im Sinne der Entschädigungsregelung (→ § 13a Rn. 101).

60 **3. Betrieb, Wartung, Optimierung, Verstärkung und Ausbau.** Die qualitativen Anforderungen – im Sinne der Sicherheit, Zuverlässigkeit und Leistungsfähigkeit des Elektrizitätsversorgungsnetzes – setzen jeweils den Maßstab für die Betriebs-, die Wartungs- und Entwicklungspflichten der Netzbetreiber. Während sich der Betrieb, die Wartung und die Optimierung auf bestehende Netze beziehen, gehen die Pflichten zur Verstärkung und Ausbau darüber hinaus. Sie führen dazu, dass Netzbetreiber bei entsprechendem Bedarf erhebliche Investitionen tätigen müssen. Insbesondere die Ausbaupflicht greift daher zur Absicherung der Daseinsvorsorge erheblich in die Rechte der Netzbetreiber ein (→ Rn. 86).

61 **a) Betrieb. aa) Aufgaben des Netzbetriebs.** Netzbetreiber sind verpflichtet, ein sicheres, zuverlässiges und leistungsfähiges Netz diskriminierungsfrei zu betreiben. Der **„Betrieb"** eines Netzes ist nicht näher definiert. Grundsätzlich umfasst er wohl alle erforderlichen Tätigkeiten, um die technisch und rechtlich notwendigen Leistungen und Funktionen eines Strom- bzw. Gasnetzbetreibers zu erfüllen. **Rechtlich** sind nach den Vorgaben des EnWG neben den Pflichten zur Wartung und zur Entwicklung des Netzes insbesondere vorgegebene Tätigkeiten wie der Netzanschluss, Netzzugang und Systemdienstleistungen erforderlich (Theobald/Kühling/*Theobald* EnWG § 11 Rn. 20). **Technisch** sind als erforderliche Tätigkei-

Betrieb von Energieversorgungsnetzen **§ 11**

ten des Netzbetriebs insbesondere die Themen Netzführung und Netzbereitstellung zu nennen.

Die **Netzführung** beinhaltet den operativen Netzbetrieb. In den Leitwarten 62
werden dabei alle Betriebszustände gesteuert. Zur Netzführung gehört der zentrale Bereich der sog. Systemdienstleistungen. Bei Elektrizitätsversorgungsnetzen werden darunter insbesondere Maßnahmen zur Frequenzhaltung, zur Spannungshaltung, zum Versorgungswiederaufbau und zur Betriebsführung verstanden (*VDN*, TransmissionCode 2007 Ziff. 5, S. 49 ff. und *VDN*, DistributionCode 2007, Ziff. 4, S. 24 ff.; *Schwab*, Elektroenergiesysteme, 3. Auflage 2012, S. 744). Im Gassektor zählen zu den Systemdienstleistungen die Überwachung und Steuerung des Gasflusses innerhalb der Netze, die Messungen der Beschaffenheit des eingespeisten Gases sowie die Odorierung des zu transportierenden Gases.

Die Aufgabe der **Netzbereitstellung** besteht darin, das Netz betriebsbereit vor- 63
zuhalten. Diese Funktion wird häufig auch als „Asset Management" bezeichnet und gliedert sich in die kurz-, mittel- und langfristige Netzplanung, in **Netzausbau** und Netzumbau, Inspektion, **Wartung** und Instandsetzung des Systems (*Schwab*, Elektroenergiesysteme, 3. Aufl. 2015, Ziff. 15, S. 697 ff.). Darüber hinaus erfordert der Betrieb eines Netzes auch nichttechnische Maßnahmen, etwa Verwaltungs- und Organisationstätigkeiten (*Büdenbender* EnWG 1998 § 4 Rn. 17) einschließlich der vertraglichen Abwicklung.

Konsequenterweise führen die genannten erforderlichen Funktionen zu einem 64
weiten Betriebsbegriff, der grundsätzlich auch die in Abs. 1 gesondert genannten Tätigkeiten der Wartung und der Netzentwicklung (Optimierung, Verstärkung und Ausbau) bereits mit umfasst. Auch die amtliche Überschrift des § 11 nennt als zusammenfassenden Oberbegriff für die Tätigkeiten nur den „Betrieb von Energieversorgungsnetzen". Die uneinheitliche Verwendung des Betriebsbegriffs in den Entflechtungsvorschriften, wo das eine Mal schlicht vom „Netzbetrieb" die Rede ist (§ 6 Abs. 1), während an anderer Stelle „Betrieb, Wartung und Ausbau" nebeneinander genannt werden (§ 7 a Abs. 4 S. 1), legt ebenfalls nahe, dass die Begriffe sich nicht gegenseitig ausschließen, sondern überschneiden.

Die zusätzliche Nennung der Pflichten zur **„Wartung"**, **„Optimierung"**, 65
„Verstärkung" und zum **„Ausbau"** der Netze in Abs. 1 S. 1 neben der Pflicht zum **„Betrieb"** der Netze hat daher wohl vornehmlich klarstellende und strukturierende Funktion. Dieses weite Verständnis entspricht grundsätzlich der herrschenden Auslegung zum Betriebsbegriff der vormaligen Regelung gem. § 4 Abs. 1 EnWG1998, die jedenfalls auch die Wartung und Instandhaltung, teilweise auch den Ausbau des Netzes vom Betrieb umfasst sah (vgl. *Salje* EnWG, § 13 Rn. 16 mwN).

Der Betriebsbegriff strahlt aus in die **Kostenregulierung,** wenn es um die Be- 66
stimmung „betriebsnotwendiger Kosten" geht, die Gegenstand der Grundsätze der Netzkostenermittlung sind, wie sie sich aus §§ 21 Abs. 2 iVm 4 Abs. 1 StromNEV/ GasNEV ergeben. Es können im Ausgangsniveau für die zulässigen Erlöse nur solche Kosten berücksichtigt werden, die dem Betriebszweck des Netzbetreibers dienen (OLG Düsseldorf Beschl. v. 13.5.2020 – VI-3 Kart 702/10 (V) und 3 Kart 702/19 (V)). Dazu gehört nicht originär die Abwicklung der Aufgaben nach dem EEG – nicht bei den Verteilernetzbetreibern, aber auch nicht bei den Übertragungsnetzbetreibern, obwohl diese kraft gesetzlicher Anordnung im EEG die Abwicklung der EEG-Umlage übertragen bekommen haben. Sonstige Tätigkeiten, die Betreiber von Energieversorgungsnetzen wahrnehmen oder übertragen bekommen, werden nicht zum Teil der Betriebsführung des Energieversorgungsnetzes gem. § 11 Abs. 1.

§ 11 Teil 3. Regulierung des Netzbetriebs

67 bb) **Betriebspflicht.** Abs. 1 S. 1 gibt vor, **wie** Energieversorgungsnetze zu betreiben sind. Es soll ein sicheres, zuverlässiges und leistungsfähiges Netz diskriminierungsfrei betrieben werden. Nach herrschender Meinung konstituiert die Regelung aber auch eine **Betriebspflicht** und somit regelt das „**Ob**" des weiteren Netzbetriebs (so Baur/Salje/Schmidt-Preuß Energiewirtschaft/*Ruthig* Kap. 97 Rn. 35; BerlKommEnergieR/*König* EnWG § 11 Rn. 18; NK-EnWG/*Tüngler* § 11 Rn. 43; Theobald/Kühling/*Theobald* EnWG, § 11 Rn 18; sehr einschränkend hingegen *Kühne* N&R 2010, 6 (8)).

68 Der **Wortlaut** schließt dies nicht aus, auch wenn er nicht eindeutig ist. Eine Verengung auf die Art und Weise, also das „Wie" des Netzbetriebs, greift jedoch zu kurz. Sie ist mit dem **Sinn und Zweck** und der Systematik von Abs. 1 nicht zu vereinbaren. Die Bestimmung dient der Absicherung der öffentlichen Aufgabe der Versorgung mit Strom und Gas (Daseinsvorsorge). Die dafür unentbehrliche Aufgabe des Netzbetriebs kann nach dem EnWG privatwirtschaftlich erbracht werden. Der Staat bleibt gleichwohl in der Verantwortung, sicherzustellen, dass die daseinsvorsorgenden Funktionen nachhaltig erfüllt werden (→ Rn. 4). Dafür ist es unerlässlich, dass bei fortbestehendem Versorgungsbedarf die Netze auch weiterhin betrieben werden. Es reicht nicht aus, dass der Betrieb der Netze einem bestimmten qualitativen Standard entspricht und diskriminierungsfrei erfolgt. Die Vorgabe, das Netz in einer bestimmten Art und Weise zu betreiben, schließt daher als unverzichtbare Voraussetzung die **Pflicht, das Netz überhaupt zu betreiben (Betriebspflicht),** mit ein.

69 cc) **Grenze der wirtschaftlichen Zumutbarkeit.** Damit ist andererseits nicht gesagt, dass für Netzbetreiber die Verpflichtung besteht, Energieversorgungsnetze **auf ewig** zu betreiben. Für die Betriebspflicht ist ebenso wie für die Wartungs- und Netzentwicklungspflichten die **Grenze der wirtschaftlichen Zumutbarkeit** zu beachten. Die Einschränkung „soweit dies wirtschaftlich zumutbar ist" am Satzende von Abs. 1 S. 1 bezieht sich auf alle im Satz genannten Pflichten. Diese Auslegung erscheint auch im Hinblick auf die Betriebspflicht geboten, um den Verhältnismäßigkeitsgrundsatz zu wahren. Da die Berufsausübungsfreiheit auch die Beendigungsfreiheit umfasst, kann sie grundsätzlich in gleicher Weise für die genannte Begrenzung sprechen (zur Frage der Grundrechtsfähigkeit von Netzbetreibern → Rn. 89 ff.).

70 Die **Grenze der wirtschaftlichen Unzumutbarkeit** für den weiteren Betrieb eines Netzes ist jedoch in Abwägung mit der Gewährleistung der Daseinsvorsorge als einem Gemeinwohlinteresse höchsten Ranges jedenfalls **hoch anzusetzen.** Da die Kosten eines effizienten Netzbetriebs über die Netzentgelte letztlich hinreichend sozialisiert werden können, ein Energieversorgungsnetzbetreiber durch das Regulierungskonto (§ 5 ARegV) **kein Auslastungsrisiko** trägt und seine Kosten immer auf die vorhandenen Netznutzer umzulegen sind, dürfte eine Überschreitung der Grenze aus betriebswirtschaftlichen Gründen des Netzbetreibers allenfalls in absoluten Ausnahmefällen in Betracht kommen. Eher – aber auch sehr selten – könnte eine Überschreitung der Grenze der wirtschaftlichen Zumutbarkeit aus volkswirtschaftlichen Gründen unter Abwägung der Ziele nach § 1 Abs. 1 in Betracht kommen (dazu ausf. → Rn. 116).

71 Folgende zwei Gesichtspunkte sind ferner zu beachten: Zum einen darf die nach Abs. 1 bestehende **Betriebspflicht nicht umgangen** werden. Deshalb können Netzbetreiber nur aufgrund eines eindeutigen Unternehmensbeschlusses den Netzbetrieb einstellen. Er muss die endgültige Aufgabe des Netzbetriebs zum Ge-

Betrieb von Energieversorgungsnetzen **§ 11**

genstand haben. Vorbehalte, insbesondere nur zeitliche Unterbrechungen des Netzbetriebes, sind mit der Betriebspflicht nicht zu vereinbaren.

Zum anderen muss die **Versorgungssicherheit ausreichend gewährleistet** 72 bleiben. Insofern kommt es auch auf die Bedeutung des jeweiligen Netzes für die Energieversorgung an. Soweit ein Netz ausnahmsweise nicht mehr erforderlich ist, kann es endgültig stillgelegt werden. Schwieriger ist der Fall, dass sich ein Netzbetreiber aus dem Markt zurückziehen möchte, das von ihm betriebene Energieversorgungsnetz aber weiterhin benötigt wird. Dann muss er sicherstellen, dass dieses Netz auch zukünftig zur Verfügung steht. Das kann beispielsweise durch die Übernahme des Netzes und des Netzbetriebs durch einen geeigneten, insbesondere leistungsfähigen Dritten erfolgen. Der bisherige Netzbetreiber bleibt nach Abs. 1 S. 1 so lange in der Verantwortung, bis der Netzbetrieb an den Dritten übergeht.

dd) Betriebspflicht beim Konzessionswechsel. Dieser **besonderen Ver-** 73 **antwortung** muss sich jedes Unternehmen und jede Kommune bewusst sein, bevor mit der **Neuvergabe eines Konzessionsvertrags** (§§ 46 ff.) die Wegerechte an den alten oder neuen Konzessionsnehmer und damit den künftigen Netzbetreiber vergeben werden. Denn „der Netzbetreiber ist nur insoweit frei, als er entscheidet, ob er sich auf den Markt des Netzbetriebs begibt. Ist dies geschehen, ist er in Konsequenz seiner Entscheidung und der Monopolstellung als Netzbetreiber auch verpflichtet, den Netzbetrieb wahrzunehmen" (*Büdenbender* EnWG 1998 § 4 Rn. 17). Die Aussage gilt erst recht für die heutigen Betriebspflichten nach § 11.

Allein durch das **Auslaufen eines Konzessionsvertrags** und der damit ver- 74 bundenen Wegerechte entfällt noch nicht zugleich die Eigenschaft als Netzbetreiber und somit auch nicht die Betriebspflicht nach Abs. 1 S. 1 (aA *Kühne* N&R Beil. 3/2010, 6 (8), der einen bestehenden Konzessionsvertrag als ein notwendiges „finales Element" für die Stellung als Netzbetreiber sieht). Erst durch die Übergabe des Netzes und des Netzbetriebs an einen neuen Konzessionsnehmer (§ 46 Abs. 2 S. 2) gehen die Betriebspflichten über.

In der Literatur wird zum Teil vertreten, dass aufgrund der auch im Rahmen 75 eines Konzessionsvertrags bestehenden Daseinsvorsorgeverantwortung des Staates *dieser* auch nach Ablauf des Konzessionsvertrages für den Netzbetrieb verantwortlich sei. Kann er den Netzbetrieb durch einen Privaten im Rahmen der Konzessionsvergabe nicht sicherstellen, so führt dies dazu, dass der Staat in Form der Gemeinde vorübergehend selbst diese Aufgabe wahrnehmen müsse. Dies wird ua damit begründet, dass sich aus § 48 Abs. 4 keine nachkonzessionsvertragliche Betriebspflicht herleiten lasse. Vielmehr diene die Regelung dem Ziel, im Falle einer Verzögerung bei der Konzessionsübertragung die Zahlung der Konzessionsabgaben sicherzustellen (*Kühne* N&R Beil. 3/2010, 6 (8)).

Vor der Konzessionsnovelle 2017 (Art. 1 Ges. zur Änderung der Vorschriften zur 76 Vergabe von Wegenutzungsrechten zur leitungsgebundenen Energieversorgung v. 27.1.2017, BGBl. I S. 130) sah § 48 Abs. 4 noch eine **Begrenzung** der Zahlung auf ein Jahr vor. Diese ist nun **entfallen**, da laut der Gesetzesbegründung *„[...] in der Praxis [...] Gemeinden zuletzt vielfach durch zeitliche Verzögerungen bei der Netzübernahme in die Situation [kamen], dass die Jahresfrist zur Fortzahlung der Konzessionsabgabe überschritten wurde"*. (BegrRegE, BT-Drs. 18/8184, 17). Die Erstreckung der Verpflichtung auf den Zeitpunkt der Übertragung der Verteilungsanlagen, der auch wesentlich später als nach dem Ablauf eines Jahres liegen kann, macht deutlich, dass der Gesetzgeber den Altkonzessionär – unabhängig vom Ablauf des Konzessionsvertrages – nur dann **aus seinen Verpflichtungen entlassen** wollte, wenn ein neuer Konzessionär den Betrieb des Netzes übernommen hat.

77 Nichts anderes kann im Ergebnis gerade dann gelten, wenn die **Gemeinde** ihre **Verpflichtung** aus → § 46 Abs. 3 S. 1 verletzt, spätestens zwei Jahre vor Ablauf des Konzessionsvertrags das Vertragsende im Bundesanzeiger **bekannt zu machen** und sich damit um eine Konzessionsnachfolge zu kümmern. § 48 Abs. 4 S. 2 bestimmt, dass die Konzessionsabgabenfortzahlungspflicht dann nicht besteht, wenn die Gemeinde es unterlassen hat, ein Ausschreibungsverfahren nach § 46 Abs. 3 bis 5 durchzuführen. Die Gemeinde kann sich also nicht darauf verlassen, über den abgelaufenen Konzessionsvertrag hinaus Konzessionsabgaben zu erhalten, wenn sie eine Mitschuld daran trifft, dass noch kein neuer Konzessionär bereitsteht. Zwar trifft das Gesetz hier keine Regelung zum Netzbetrieb, sondern allein zur Pflicht zur Fortzahlung der Konzessionsabgaben. Diese Regelung wäre aber nicht erforderlich, würden nicht die Fortsetzung des eigentlichen Wegenutzungsverhältnisses und mithin die Betriebspflicht der Energieversorgungsleitung postuliert.

78 Bedeutung erlangt hat die Frage nach der Reichweite der **Betriebsflicht** und das **Kooperationsgebot** im Zuge von Verfahren zur Übereignung von **gemischt genutzten Leitungen** im Zuge von **Konzessionswechseln** (BGH Urt. v. 7.4.2020 – EnZR 75/18, WM 2021, 547 – Strom- und Gasnetz Stuttgart). Die Abgrenzung zwischen dem örtlichen Verteilernetz und Durchgangsleitungen erfolge funktional, also nach der Funktion der konkreten Anlage für den Betrieb des Netzes. Dabei sei nicht pauschal die Spannungsebene ausschlaggebend. Notwendig seien alle Anlagen, die nicht hinweggedacht werden können, ohne dass der neue Konzessionsnehmer seine Versorgungsaufgabe nicht mehr wie der frühere Netzbetreiber erfüllen könne (BGH Beschl. v. 3.6.2014 – EnVR 10/13, RdE 2015, 29 – Stromnetz Homberg). Ziel des Gesetzes sei es, einen Betrieb des örtlichen Verteilernetzes aus einer Hand zu ermöglichen. Dies widerspräche auch nicht den Zielen des § 1 für den vorgelagerten Netzbetreiber, da diesen Zielen auch im Wege der Kooperation und der Zusammenarbeit genügt werden könne (BGH Urt. v. 7.4.2020 – EnZR 75/18, WM 2021, 547 (551) – Strom- und Gasnetz Stuttgart).

79 **b) Wartung.** Netzbetreiber sind nach Abs. 1 S. 1 verpflichtet, ihr Netz zu warten und instand zu halten. Die Wartung der Energieversorgungsnetze gehört zum Bereich der Netzbereitstellung und ist daher nach einem weiten Verständnis auch bereits von der Pflicht zum **„Betrieb"** des Netzes nach Abs. 1 erfasst (→ Rn. 38 ff.). Die separate Nennung der Wartung neben dem Betrieb des Netzes dient der Klarstellung und hebt die Bedeutung der Wartung für den Erhalt funktionstüchtiger Netze besonders hervor.

80 Der Begriff der **Wartung** ist weit zu verstehen. Er umfasst die regelmäßige **Prüfung** der Betriebsbereitschaft und -sicherheit sowie die damit zusammenhängende Einstellung von Anlagen. Typische Wartungsarbeiten sind Pflege, Reinigung und Justierung. Zur Wartung iSv Abs. 1 zählen ferner die Kontrolle des technischen Zustands und die **Instandhaltung.** Sie beinhaltet auch den vorbeugenden Austausch von Anlagenteilen, um ansonsten zu erwartende Schäden zu vermeiden. Hier eröffnet die Digitalisierung neue Möglichkeiten der Anlagenüberwachung und Instandhaltung über „vorausschauende Wartung" **(predictive maintenance).** Darüber hinaus sind Netzbetreiber zur **Instandsetzung** ihrer Energieversorgungsnetze verpflichtet. Nach allgemeinem Begriffsverständnis handelt es sich bei der **Ersatzbeschaffung** für nicht mehr reparable Anlagenteile dagegen nicht mehr um In-

Betrieb von Energieversorgungsnetzen § 11

standsetzung. Gem. Abs. 1 sind die Netzbetreiber jedoch im Rahmen der Wartung ihrer Netze auch zur Ersatzbeschaffung verpflichtet. Es wäre angesichts der Ausbauverpflichtung der Netzbetreiber widersinnig, die Ersatzbeschaffung nicht zu ihren Aufgaben zu zählen.

Es kann fraglich, welchen Stand einer technischen Norm ein Betreiber im Falle 81
der Ersatzbeschaffung einzelner Anlagenteile heranzuziehen hat – den aktuellen Stand oder den Stand zum Errichtungszeitpunkt. Hierfür sehen die technischen Regelwerke im Einzelfall Regelungen vor (→ § 49 Rn. 23 ff.).

c) Ausbau, Optimierung und Verstärkung. aa) Netzentwicklung. Netz- 82
betreiber sind nach Abs. 1 auch verpflichtet, ihr Netz bedarfsgerecht zu optimieren, zu verstärken und auszubauen. Der ursprünglich allein genannte Begriff des Ausbaus, der den zugrunde liegenden EU-Richtlinien entspricht, wurde zwischenzeitlich um die Begriffe Optimierung und Verstärkung ergänzt. Die beiden letztgenannten Begriffe sind als konkretisierende Ergänzungen der Ausbaupflicht nachträglich in Abs. 1 eingeführt worden, ohne neue Verpflichtungen zu begründen (BT-Drs. 16/10 491, 36). Sie dienen daher vornehmlich der Klarstellung sowie der Abgrenzung von verschiedenen Ausbaukategorien. Der Dreiklang dieser drei Pflichten entspricht auch der Formulierung der spezielleren Netzentwicklungspflichten auf Verlangen von Einspeisewilligen, die Strom aus erneuerbaren Energien einspeisen wollen (§ 12 Abs. 1 S. 1 EEG 2021).

Alle drei Pflichten dienen der bedarfsgerechten Ertüchtigung des Netzes und 83
werden in dieser Darstellung als **„Entwicklung"** des Netzes zusammengefasst. Eine trennscharfe Abgrenzung der Pflichten zur Optimierung, Verstärkung und zum Ausbau des Netzes ist nicht möglich und für die praktische Umsetzung auch nicht erforderlich. Grob betrachtet unterscheiden sich die Maßnahmen vor allem in ihrem Umfang und den damit verbundenen Belastungen für den Netzbetreiber und für Dritte. **Aufwand und Belastungen** sind bei Optimierungsmaßnahmen im Regelfall geringer als bei Verstärkungsmaßnahmen und bei Ausbaumaßnahmen am höchsten. Nach den allgemeinen Effizienz- und Verhältnismäßigkeitsgrundsätzen sind bei entsprechender Eignung zuerst die kostengünstigeren und weniger belastenden Maßnahmen zu ergreifen. Für die Transportnetze sehen die Regelungen zur **Netzentwicklungsplanung** für den Elektrizitätsbereich (§§ 12 a ff.) und für den Gasbereich (§ 15 a) eine zum Teil sehr detaillierte Konkretisierung der Entwicklungspflichten vor.

bb) Netzoptimierung und Netzverstärkung. Eine **Optimierung** des Net- 84
zes lässt das bestehende Netz im Wesentlichen unberührt, nutzt es jedoch effektiver und/oder effizienter. Eine solche Maßnahme kann beispielsweise in der Berechnung einer technisch und wirtschaftlich optimalen Leistungsflussrechnung bestehen (*Schwab*, Elektroenergiesysteme, 3. Aufl. 2019, Ziff. 16, S. 731 f.). Auch innovative Technologien wie ein Leiterseil-Temperaturmonitoring sowie netzbezogene Energieeffizienz- und Nachfragesteuerungsmaßnahmen können zu einer Optimierung des Netzes beitragen (*Britz* ZUR 2010, 124 (127)).

Soweit dabei in konkrete Betriebsmittel wie zusätzliche Sensorik investiert wer- 85
den muss, verschwimmt die Grenze zur Netzverstärkung. Die **Netzverstärkung** ist begrifflich als Investition in bestehende Netzstrukturen unterhalb der Ebene des Netzausbaus zu verstehen. Eine solche Verbesserung im Bestand kann beispielsweise in einem Austausch der Beseilung von Freiluftmasten durch leistungsfähigere Leitungen bestehen.

Bourwieg

§ 11 Teil 3. Regulierung des Netzbetriebs

86 **cc) Netzausbaupflicht.** Gegenstand des **Netzausbaus** ist die Schaffung neuer Netzkapazitäten. Die Verpflichtung aus § 11 Abs. 1 zieht sich als Abwägungskriterium bis in die Planfeststellung im Zuge von Netzausbauverfahren (BVerwG Beschl. v. 4.12.2020 – 4 VR 4/20 Rn. 10). Der Ausbau umfasst grundsätzlich alle erforderlichen Maßnahmen, um die Kapazitäten des Netzes zu erweitern. Zu nennen sind insbesondere technische Maßnahmen wie beispielsweise Investitionen in Energieleitungen oder andere für den Betrieb der Netze erforderlichen Netzelemente. Der Ausbau deckt bei weiter Auslegung auch die Pflichten zur Optimierung und Verstärkung des Netzes mit ab.

87 Von den in Abs. 1 geregelten Aufgaben der Netzbetreiber greift die Verpflichtung zu einem bedarfsgerechten Ausbau der Energieversorgungsnetze am stärksten in die unternehmerische Freiheit der Netzbetreiber ein. Es enthält eine – notfalls von der Regulierungsbehörde gem. § 65 durchsetzbare – gesetzliche **Investitionspflicht** der Netzbetreiber (aA BerlKommEnergieR/*König* EnWG § 11 Rn. 62 ff.). Die Ausbauverpflichtung ist durch die besondere Verantwortung der Netzbetreiber gerechtfertigt, die sich aus ihrer Monopolstellung und den notwendigen unternehmerischen Einschränkungen im Bereich der Energie-Daseinsvorsorge ergibt (→ Rn. 15). Nur wenn sie ihre Netze an den zu erwartenden Bedarf anpassen, kann im Netzbereich die Versorgungssicherheit nachhaltig gewährleistet werden. Die Beschränkung auf die Pflicht zum Betrieb der vorhandenen Netzkapazitäten reicht dazu nicht aus (*Büdenbender* EnWG 1998 § 4 Rn. 20).

88 Die Ausbaupflicht nach Abs. 1 besteht bis zur **Grenze der wirtschaftlichen Zumutbarkeit.** Diese Beschränkung ist bereits nach dem Verhältnismäßigkeitsgebot geboten. Die Grenze ist jedoch in Abwägung mit der Gewährleistung der Daseinsvorsorge als einem Gemeinwohlinteresse höchsten Ranges **hoch anzusetzen**. Da die Kosten eines effizienten, bedarfsgerechten Netzausbaus über die Netzentgelte letztlich hinreichend sozialisiert werden können, dürfte eine Überschreitung der Grenze aus betriebswirtschaftlichen Gründen des Netzbetreibers allenfalls in absoluten Ausnahmefällen in Betracht kommen. Eher – aber auch sehr selten – könnte eine Überschreitung der Grenze der wirtschaftlichen Zumutbarkeit aus volkswirtschaftlichen Gründen unter Abwägung der energiewirtschaftlichden Ziele nach §§ 1 Abs. 1 und 1a Abs. 4 in Betracht kommen (→ Rn. 116).

89 **dd) Grundrechte im Bereich der Daseinsvorsorge.** Ob sich die Netzbetreiber bei der Frage der Grenzen der gesetzlichen Ausbaupflichten auf **Grundrechte,** insbesondere auf Art. 12 und Art. 14 GG, berufen können, ist umstritten. Das BVerfG hat in einem Beschluss aus dem Jahr 1989 die Grundrechtsfähigkeit der Hamburgischen Electrizitäts-Werke AG unter Hinweis auf die Wahrnehmung einer **öffentlichen Aufgabe der Daseinsvorsorge** abgelehnt, **ohne** maßgeblich auf die Beteiligungsverhältnisse an dem Unternehmen abzustellen. Unter Bezugnahme auf diese Rechtsprechung wird die Grundrechtsfähigkeit der Netzbetreiber teilweise generell verneint (so *Hermes*, Staatliche Infrastrukturverantwortung, 1998, S. 84 ff., 380 f., 477 ff. jeweils mwN). Nach anderer Auffassung sollen sich Netzbetreiber grundsätzlich auf die Grundrechte berufen können (vgl. *Papier* BB 1997, 1213 ff.; Theobald/Kühling/*Ludwigs* EnWG § 12 Rn. 7 mwN zu Fragen der Netzausbaupflicht; Baur/Salje/Schmidt-Preuß Energiewirtschaft/*Ludwigs* Kap. 22 Rn. 2 ff. auch zum Verhältnis zum Europarecht).

90 Das **BVerfG** hat allerdings in seinem Nichtannahmebeschluss zur Verfassungsbeschwerde von **Vattenfall** gegen eine Regulierungsverfügung zur Mehrerlösabschöpfung im Jahr 2009 noch einmal die Grenzen der Grundrechtsfähigkeit juris-

Betrieb von Energieversorgungsnetzen §11

tischer Personen im Bereich der Energieversorgung als Teil der öffentlichen Daseinsvorsorge unterstrichen (BVerfG Beschl. v. 21.12.2009 – 1 BvR 2738/08 Rn. 17):

> „Juristische Personen als Grundrechtsinhaber anzusehen und sie in den Schutzbereich bestimmter materieller Grundrechte einzubeziehen, ist mithin nur dann gerechtfertigt, wenn ihre Bildung und Betätigung Ausdruck der freien Entfaltung der natürlichen Personen ist (vgl. BVerfGE 21, 362 (369); 61, 82 (101); 68, 193 (205f.); 75, 192 (195f.)). Die Grundrechtsfähigkeit einer juristischen Person des öffentlichen Rechts ist vor diesem Hintergrund jedenfalls dann zu verneinen, wenn diese öffentliche Aufgaben wahrnimmt (vgl. BVerfGE 21, 362 (369f.); 45, 63 (78); 61, 82 (101); 68, 193 (206); 70, 1 (15))."

91

Ob die **Beteiligung ausländischer Staaten** dazu führt, dass die Bildung und Betätigung eines Energieversorgungsunternehmens ebenso wenig als Ausdruck der freien Entfaltung natürlicher Personen angesehen werden kann, „wie dies grundsätzlich bei juristischen Personen der Fall ist, die vollständig von einem deutschen Hoheitsträger beherrscht werden", hat das Gericht trotz erkennbarer Zweifel letztlich dahinstehen lassen (BVerfG Beschl. v. 21.12.2009 – 1 BvR 2738/08 Rn. 18). Die Grenzen der Grundrechtsfähigkeit müssen auch an dieser Stelle nicht weiter geklärt werden. Denn selbst wenn man die genannten Grundrechte als Maßstab nimmt, ändert dies nichts an dem materiellen Ergebnis zu Abs. 1 S. 1. Die oben dargestellte Beschränkung der Ausbaupflicht durch die wirtschaftliche Zumutbarkeit trägt den Grundrechten ausreichend Rechnung. Es würde sich im Hinblick auf die überragende Bedeutung einer sicheren Energieversorgung (vgl. dazu BVerfG Beschl. v. 20.3.1984 – 1BvL 28/82, BVerfGE 66, 248 Rn. 34–38; BVerwG Urt. v. 11.7.2002 – 4 C 9.00, BVerwGE 116, 365 Rn. 11, 15, 18) jedenfalls um einen **verhältnismäßigen Eingriff** in die Grundrechte handeln.

92

ee) Kein subjektives Recht auf Netzausbau. Abs. 1 S. 1 vermittelt Netzzugangspetenten **kein subjektives Recht** auf die Durchführung von Netzentwicklungsmaßnahmen (so auch NK-EnWG/Tüngler §11 Rn. 52; BerlKomm-EnergieR/*König* EnWG §11 Rn. 73). Es handelt sich vielmehr um eine objektive, rein öffentlich-rechtliche Verpflichtung im Allgemeinwohlinteresse der Versorgungssicherheit. Ein bedarfsgerechter Netzausbau dient nur mittelbar auch den Interessen einzelner Netznutzer. Ein subjektiv durchsetzbarer Anspruch auf die Vornahme von Maßnahmen, die ihrem jeweiligen Bedarf entsprechen, ist weder vom Wortlaut noch vom Sinn und Zweck der Norm gedeckt.

93

Nach den geltenden Netzanschluss- (§ 17 Abs. 2 S. 3) und Netzzugangsbestimmungen (§ 20 Abs. 2 S. 3) muss ein Netzbetreiber, der den Anschluss bzw. Zugang ausnahmsweise aufgrund eines Kapazitätsmangels verweigert, auf Verlangen darlegen, welche Maßnahmen und damit verbundenen Kosten zum Ausbau des Netzes erforderlich wären, um den Netzzugang zu ermöglichen. Die Ausbaupflicht nach Abs. 1 S. 1 dient allerdings **nicht dazu, den spezifischen Bedarf einzelner Netznutzer zu befriedigen.** Entstehen jedoch beispielsweise durch spezifische Anschlussvorhaben strukturelle Engpässe, so ist es im Zweifel auch objektiv nach Abs. 1 S. 1 geboten, diese durch einen bedarfsgerechten Netzausbau zu beseitigen.

94

Dieses Verhältnis von objektiven Ausbaupflichten und subjektiven Nutzungsbedürfnissen ist für die Fallgruppe des Anschlusses von Kraftwerken mit einer Nennleistung ab 100 MW in der KraftNAV speziell geregelt. Dort wird ausdrücklich festgehalten, dass Kapazitätsengpässe in einem mit dem Anschlusspunkt direkt

95

§ 11 Teil 3. Regulierung des Netzbetriebs

oder indirekt verbundenen Netz (die also zunächst entstehen können) kein Verweigerungsgrund für eine Anschlusszusage darstellen (→ § 17 Rn. 80). Bei dem Anschluss von Erzeugungsanlagen kann es im Einzelfall schwierig sein, Maßnahmen des Netzausbaus, die der Netzbetreiber trägt, von Maßnahmen des Netzanschluss, die der Anlagenbetreiber trägt, sauber abzugrenzen (vgl. auch § 8 KraftNAV und § 16 EEG).

96 **ff) Verhältnis zur Ausbaupflicht nach § 12 EEG 2021.** Das Verhältnis zwischen den Netzentwicklungspflichten nach Abs. 1 und § 12 EEG ist noch nicht im Detail geklärt. § 12 Abs. 4 EEG stellt lediglich klar, dass die Pflicht der Übertragungsnetzbetreiber nach § 12 Abs. 3 EnWG (wohl iVm § 11 Abs. 1 S. 1 zu lesen) unberührt bleibt. Die **Ausbaupflicht nach § 12 EEG** besteht nur „auf Verlangen" eines Einspeisewilligen, der Strom aus Grubengas oder erneuerbaren Energien (im Folgenden „EE-Strom") einspeisen will. Die Regelung ist daher als privatrechtlicher Anspruch des Einspeisewilligen zu verstehen, der die öffentlich-rechtliche Ausbaupflicht nach Abs. 1 nur ergänzt, aber nicht verdrängt. § 12 EEG enthält mit anderen Worten keine speziellere, gegenüber § 11 vorrangige öffentlich-rechtliche Ausbaupflicht, sondern nur einen **ergänzenden, individuell durchsetzbaren Anspruch.** Es bleibt der Regulierungsbehörde somit unbenommen, die objektive Ausbaupflicht nach Abs. 1 auch in den Fällen durchzusetzen, in denen der Ausbau für die Integration von EE-Strom notwendig wird.

97 Da die Tatbestandsvoraussetzungen der beiden Normen im Wesentlichen parallel formuliert sind, werden im Ergebnis **vergleichbare Maßstäbe** für die Ausbaupflichten anzulegen sein, jedenfalls soweit es im Interesse des Allgemeinwohls um die Netzintegration erneuerbarer Energien geht. Die objektive Ausbaupflicht nach Abs. 1 S. 1 dürfte allerdings häufig sogar früher zum Tragen kommen als der Ausbauanspruch nach § 12 EEG. Denn die Ausbaupflicht nach Abs. 1 S. 1 orientiert sich an dem Gesamtbedarf aller Netznutzer (einschließlich der konventionellen Erzeuger), während der Ausbauanspruch nach § 12 EEG erst dann greift, wenn der EE-Strom des Einspeisewilligen trotz des Einspeisevorrangs nach § 11 Abs. 1 EEG (zum Einspeisevorrang → § 13 Rn. 369) nicht mehr eingespeist werden kann. Der Bedarf vorrangig abzuschaltender konventioneller Erzeuger bleibt damit nach § 12 EEG grundsätzlich unberücksichtigt, sodass Fälle denkbar sind, in denen der Gesamtbedarf aller Erzeuger bereits einen Ausbau nach Abs. 1 erfordert, während ein Ausbauanspruch nach § 12 EEG noch nicht greift, da die vorrangige Einspeisung der EE-Anlagen noch gewährleistet ist.

98 **d) Bedarfsgerechtigkeit der Netzentwicklung.** Nach Abs. 1 müssen die Betreiber ein sicheres, zuverlässiges und leistungsfähiges Netz **bedarfsgerecht** optimieren, verstärken und ausbauen. Für den Maßstab der Bedarfsgerechtigkeit sind auch die teilweise redundanten **Anforderungen aus § 12 Abs. 3** zu berücksichtigen. Die ÜNB und über § 14 Abs. 1 auch die VNB sind nach der genannten Bestimmung dazu verpflichtet, dauerhaft die Fähigkeit des Netzes sicherzustellen, die **Nachfrage nach Übertragung (bzw. Verteilung) von Elektrizität** zu befriedigen und insbesondere durch entsprechende Netzkapazität und Zuverlässigkeit des Netzes zur Versorgungssicherheit beizutragen. Der Ausbau des Netzes muss folglich dem objektiven Bedarf an Netzleistungen gerecht werden. Der Bedarf bemisst sich insbesondere durch die voraussichtliche, auf eine gewisse Dauer angelegte **Nachfrage** der verschiedenen Netznutzer wie **Erzeuger, Produzenten, Händler und Letztverbraucher.** Dieser Bedarf muss nach Abs. 1 S. 1 auf dem Qualitätsniveau eines sicheren, zuverlässigen und leistungsfähigen Netzes befriedigt werden können, sodass für die Ableitung eines konkreten Ausbaubedarfs diese Anforderungen mit in den Blick zu nehmen sind.

Die Bedarfsgerechtigkeit spielt sowohl bei der Kostenanerkennung also auch in den Genehmigungsverfahren im Rahmen der Prüfung der Planrechtfertigung eine maßgebliche Rolle (*Sailer* RdE 2016, 444 (448)). 99

Diese Beschreibung des Bedarfs und der **Nachfrage** darf **nicht verwechselt werden mit Entnahme oder Verbrauch,** weil nur diese **Netznutzungsentgelte** zahlen. So regelt derzeit § 15 Abs. 1 S. 3 StromNEV, das für die Einspeisung elektrischer Energie keine Netzentgelte zu entrichten sind. Daraus ist aber nicht zu schließen, dass der einspeisebezogene Netzausbau zum Abtransport der erzeugten Energie nicht Teil der Bedarfsgerechtigkeit sei, zu der § 11 Abs. 1 die Netzbetreiber verpflichtet. Eine entsprechende Einschränkung der Bedarfsbestimmung enthält § 11 nicht, vielmehr ist aus Abs. 2 systematisch die **Einbeziehung der einspeiseseitig notwendigen Netzkapazitäten** klar erkennbar. Im Erdgas werden ohnehin Entry- und Exit-Entgelte erhoben, sodass sich diese Frage gar nicht stellen kann. Das Netz ist bedarfsgerecht, wenn es die **erwartete Nachfrage** nach Transport und Verteilung von **erzeugter** und zu **verbrauchender** Energie befriedigen kann. Zur Ausnahme siehe Abs. 2 (→ Rn. 159). 100

Die Ausbaupflicht ist **von der Anmeldung eines konkreten Bedarfs unabhängig.** Sie greift nicht erst dann ein, wenn Netznutzer konkrete Netzanschluss- oder Netzzugangsansprüche (§§ 17 f. und §§ 20 ff.) geltend machen, die ohne einen Netzausbau nicht befriedigt werden könnten. Dafür sprechen die systematische Stellung und der Sinn und Zweck von Abs. 1. Die Ausbaupflicht soll aus Gründen der Versorgungssicherheit den prognostizierten zukünftigen Bedarf an Transportkapazität abdecken. Dies geht nur mit einer **vorausschauenden Netzausbauplanung** und deren Umsetzung. Die Ausbaupflicht wäre für die Versorgungssicherheit unzureichend, wenn damit nur auf einen bereits bestehenden Bedarf reagiert werden müsste. Der Ausbau würde zu spät verwirklicht. 101

Auch die weiteren Konkretisierungen der Netzbetreiberaufgaben in den § 12 Abs. 3 und § 14 Abs. 2 zeigen, dass es auf einen unmittelbar bestehenden Bedarf nicht ankommt. Die Bestimmungen setzen im Bereich der Übertragungsnetze und der Elektrizitätsverteilernetze eine Netzausbauplanung voraus, die nicht auf die Befriedigung bereits bestehender Nachfrage beschränkt ist, sondern einem umfassenderen Ansatz zur nachhaltigen Gewährleistung der Versorgungssicherheit folgt. 102

Ein bedarfsgerechter Ausbau der Energieversorgungsnetze erfordert daher als wesentliche Voraussetzung eine Bedarfsermittlung und Ausbauplanung. Diese Pflichten sind von Abs. 1 notwendigerweise mit erfasst. Die **Bedarfsprognose** stellt die Weichen dafür, welche Maßnahmen für einen bedarfsgerechten Ausbau der Energieversorgungsnetze erforderlich sind. Sie hat den für Prognosen allgemein geltenden rechtlichen Anforderungen zu entsprechen. Die Bedarfsprognose muss die für sie relevanten Tatsachen – die **Prognosebasis** – umfassend ermitteln. Ferner muss die Prognose schlüssig sein. Das ist insbesondere dann nicht der Fall, wenn der Schluss von der Prognosebasis auf den zukünftigen Bedarf nicht rational, nicht vertretbar oder nicht plausibel ist oder auf methodisch nicht abgesicherten Verfahren beruht (BVerwG Urt. v. 7.7.1978 – 4 C 79.76, BVerwGE 56, 110 (121)). Da die Planung und der Bau von Energieversorgungsnetzen erhebliche Zeit in Anspruch nehmen, ist die Bedarfsprognose langfristig auszurichten. In der Praxis schreiben die Netzbetreiber ihre Netzplanung permanent fort. Die Anforderungen an die Bedarfsprognose ergeben sich für die Transportnetzbetreiber detailliert aus den §§ 12 a ff. für Elektrizität und §§ 15 a ff. für Erdgasnetze. 103

§ 11 Teil 3. Regulierung des Netzbetriebs

104 Entscheidend ist, ob sich die Investitionsentscheidungen der Netzbetreiber innerhalb des durch §§ 11 ff. gezogenen rechtlichen Rahmens halten. Werden die Anforderungen beachtet, obliegt es den Netzbetreibern, zwischen bestehenden gleichwertigen Ausbaualternativen zu entscheiden (so bereits *Büdenbender* EnWG 1998 § 1 Rn. 46 f.).

105 *König* weist zu Recht darauf hin (BerlKommEnergieR/*König* EnWG § 11 Rn. 40 ff.), dass Bedarfsgerechtigkeit in beide Richtungen wirken soll: Es soll **kein unterdimensioniertes** Netz, aber auch **kein überdimensioniertes Netz** ausgebaut und betrieben werden. Wobei die „Überdimensionierung" im Lichte einer vorausschauenden Planung in einem dynamischen Umfeld bewertet werden muss (*Sailer* RdE 2016, 444 (451)). Da die staatliche Regulierung das Sachanlagevermögen als Ausgangsbasis für die Bestimmung der Eigenkapitalverzinsung heranzieht (§ 7 Abs. 1 StromNEV/GasNEV) und die kalkulatorische Eigenkapitalverzinsung immer so gebildet werden wird, dass sie Kapital in die notwendigen Investitionen in die Infrastruktur attrahiert, soll auch in schwierigem Kapitalmarktumfeld die Verzinsung nicht unattraktiv werden. Dieses Risiko bestünde in höherem Maße in einer rein kostenorientiert gebildeten **Rate-of-Return-Regulierung,** es muss allerdings auch in der aktuell bestehenden **Anreizregulierung** adressiert werden. Dies wird adressiert, indem die **TOTEX,** also Kapitalkosten (CAPEX) und operative Kosten (OPEX), in den **Effizienzvergleich** einbezogen werden. In diesem Sinne dient die Ausgestaltung der Anreizregulierung ebenfalls den Zielen den Zielen des Abs. 1. Jede **Privilegierung von Kostenarten** im Effizienzvergleich durch ihre Kategorisierung als „dauerhaft nicht beeinflussbare Kosten" (§ 11 ARegV) schwächt diesen wichtigen Mechanismus. Eine **Einzelfallbewertung,** was bedarfsgerecht ist, so wie es aus guten Gründen, aber mit großem bürokratischen Aufwand für die Transportnetzbetreiber in der Netzentwicklungsplanung gemacht wird, wäre für die über 900 Verteilernetzbetreiber **weder leistbar noch wünschenswert.**

106 **4. Diskriminierungsfreiheit.** Nach Abs. 1 müssen Energieversorgungsnetze **diskriminierungsfrei** betrieben werden. Es stellt sich die Frage, ob sich die Anforderung allein auf die Pflicht zum Betrieb oder auch auf die nachfolgend genannten Pflichten zur Wartung, Optimierung, Verstärkung und zum Ausbau des Netzes bezieht. Der Wortlaut und die Stellung im Satz lassen beide Deutungen zu. Nach der Systematik und dem Sinn und Zweck erscheint es richtig, auch diese Anforderung **auf alle in Abs. 1 S. 1 genannten Pflichten zu beziehen.** Denn die einzeln genannten Pflichten dienen gemeinsam dem gleichen Ziel der nachhaltigen Bereitstellung von Netzleistungen und der Gewährleistung der Versorgungssicherheit. Nach dem oben dargelegten weiten Betriebsbegriff lassen sich ohnehin alle weiteren Pflichten unter dem Oberbegriff „Betrieb" zusammenfassen. Dieses weite Verständnis entspricht auch der Pflicht aus § 6 Abs. 1 zur diskriminierungsfreien Ausgestaltung und Abwicklung des „Netzbetriebs". Die zusätzliche Nennung von Unterkategorien in Abs. 1 dient der Klarstellung und Abstufung, nicht jedoch der Ausnahme der Wartungs- und Entwicklungspflichten von dem Gebot der Diskriminierungsfreiheit.

107 Das Diskriminierungsverbot gem. Abs. 1 wird konkretisiert in den Regelungen des Netzanschlusses (§§ 17 ff.) und des Netzzugangs (§§ 20 ff.), die ebenfalls ausdrücklich eine diskriminierungsfreie Bereitstellung der Energieversorgungsnetze voraussetzen. Das Diskriminierungsverbot soll verhindern, dass Netzbetreiber beispielsweise durch Maßnahmen der Netzführung oder der Netzbereitstellung die

Betrieb von Energieversorgungsnetzen § 11

Nutzung der Energieversorgungsnetze im Einzelfall vereiteln oder erschweren. Auch Einschränkungen der Netznutzung im Zuge von Wartungs- oder Ausbaumaßnahmen sowie die Bereitstellung zusätzlicher Netzkapazitäten durch den Ausbau des Netzes sollen diskriminierungsfrei – insbesondere ohne Bevorzugung konzernzugehöriger Unternehmen (zB in den Bereichen Erzeugung und Vertrieb) – erfolgen.

Deshalb verbietet Abs. 1 S. 1, dass beim Betrieb der Netze deren Nutzer **ohne** **108** **sachlichen Grund** unterschiedlich behandelt werden (EuGH Urt. v. 7.6.2005 – C-17/03, Slg. 2005 I-5016 Rn. 48 = DVBl. 2005, 991; → § 17 Rn. 62 und → § 20 Rn. 15). Umgekehrt können sachliche Gründe jedoch auch eine Ungleichbehandlung gerade erforderlich machen (zB aufgrund des Einspeisevorrangs bestimmter Erzeugungsanlagen). Betriebsbedingte Anforderungen an die Netznutzung dürfen ausschließlich aus netztechnischen Gründen gestellt werden. Sie müssen erforderlich sein, um eine sichere und störungsfreie Energieversorgung zu gewährleisten. Soweit dies technisch und im Hinblick auf die von Abs. 1 geforderte Sicherheit, Zuverlässigkeit und Leistungsfähigkeit der Netze möglich ist, sind Energieversorgungsnetze so zu betreiben, dass sich netztechnische Maßnahmen nicht zulasten einzelner Netznutzer auswirken.

5. Wirtschaftliche Zumutbarkeit. Abs. 1 schränkt die Verpflichtung der **109** Netzbetreiber auf solche Maßnahmen ein, die wirtschaftlich zumutbar sind. Diese Einschränkung am Satzende bezieht sich nicht allein auf die unmittelbar zuvor genannte **Ausbaupflicht**, sondern **auch auf die Betriebs- und Wartungspflichten**. Diese Auslegung entspricht der obigen Auslegung zu dem Qualitätsstandard des sicheren, zuverlässigen und leistungsfähigen Netzes und zu dem Diskriminierungsverbot. Besonders wichtig ist das Korrektiv der wirtschaftlichen Zumutbarkeit für den Netzausbau.

Unabhängig von der Grundrechtsfähigkeit der Netzbetreiber (→ Rn. 89) ver- **110** hindert der Vorbehalt der wirtschaftlichen Zumutbarkeit unverhältnismäßige Eingriffe in die – wenn auch möglicherweise nur einfachgesetzlich geschützte – Rechtsposition der Netzbetreiber. Die Formulierung **„soweit"** unterstreicht, dass bei einer Überschreitung der wirtschaftlichen Zumutbarkeit nicht die gesamte Pflicht, sondern nur der unzumutbare Teil entfällt. Soweit die Maßnahmen oder ein geeigneter Teil von ihnen wirtschaftlich zumutbar sind, bleiben die Netzbetreiber zur Umsetzung verpflichtet. Beruft sich der Netzbetreiber auf die Ausnahme der wirtschaftlichen Unmöglichkeit, trifft ihn im Streitfall die **Darlegungs- und Beweislast** dafür.

a) Betriebswirtschaftliche Zumutbarkeit und Gewährleistung der In- **111** **vestitionsfähigkeit.** Investitionen und Maßnahmen sind für Netzbetreiber dann wirtschaftlich unzumutbar, wenn sie zu einer **Existenzgefährdung** des verpflichteten Unternehmens führen. Bei der Bewertung dieser **betriebswirtschaftlichen Zumutbarkeit aus Sicht des Netzbetreibers** ist zu berücksichtigen, dass Kosten für das energiewirtschaftlich notwendige oder gesetzlich erwartete Verhalten, so es denn effizient durchgeführt wird, im Rahmen der Entgeltregulierung **stets erstattet** werden (BerlKommEnergieR/*König* EnWG § 11 Rn. 63 ff.). Dabei ist Basis der Netzbetreibererlöse im System der §§ 21 ff. das eingesetzte Kapital und nicht die transportierte Menge. Auch im Rahmen der Anreizregulierung wird die Erlösobergrenze dem Unternehmen auf Basis der geprüften und effizienten Kosten mengenunabhängig gewährleistet. Mengenschwankungen werden über das Regulierungskonto (§ 5 ARegV) aufgefangen. Die Anreizregulierung enthält darüber hinaus

Bourwieg

§ 11 Teil 3. Regulierung des Netzbetriebs

zahlreiche Mechanismen zur **Gewährleistung einer nachhaltigen Investitionsfähigkeit** (→ Rn. 113).

112 Ein anschauliches **Beispiel** dafür ist das Instrument der „Investitionsmaßnahmen" (§ 23 ARegV). Grundsätzlich findet im Rahmen der Anreizregulierung eine Anpassung der Erlösobergrenze während der Regulierungsperiode nicht statt. Ausnahmen regelt der abschließende Katalog des § 4 Abs. 4–5 ARegV. Zu diesen Ausnahmen gehören auch die Investitionsmaßnahmen. Der Regelung liegt folgende ratio zugrunde: Es kann für den Netzbetreiber im Einzelfall unzumutbar sein, einen Kapitalrückfluss für Umstrukturierungs- und Erweiterungsinvestitionen, die über den regelmäßigen und über Abschreibungen abgegoltenen Erhaltungsanteil hinausgehen, gegebenenfalls mit der Verzögerung einer vollständigen Regulierungsperiode zu erhalten. Je nach Höhe der Investitionen könnte dies eine wirtschaftliche Unzumutbarkeit hinsichtlich der Vorfinanzierungslast bedeuten. § 23 Abs. 1 ARegV bezieht sich deshalb ausdrücklich auf § 11 EnWG. Soweit Investitionen ua für den bedarfsgerechten Netzausbau nach Abs. 1 S. 1 notwendig sind, können Investitionsmaßnahmen beantragt werden, sodass ein zügiger Kapitalrückfluss über eine Anhebung der Erlösobergrenze auch innerhalb der Regulierungsperiode gesichert ist.

113 Generell sind die Netzbetreiber darauf angewiesen, das zur Finanzierung von Investitionen erforderliche Eigen- und Fremdkapital zu beschaffen und die nötige Liquidität vorzuhalten. Dies ist nur möglich, wenn eine angemessene Rendite auf das eingesetzte Kapital erwartet werden kann. Auch Fremdkapitalgeber setzen eine solche Rendite voraus; nur dann können sie von der Rückzahlbarkeit gewährter Kredite ausgehen. Anhaltspunkte dafür, welche Renditeerwartungen zum Erhalt der Investitionsfähigkeit der Netzbetreiber zugrunde zu legen sind, liefern die zur Bemessung der Eigenkapitalverzinsung nach §§ 7 StromNEV und GasNEV entwickelten Maßstäbe. Der Gesetz- und Verordnungsgeber geht erkennbar davon aus, dass durch diese Mechanismen eine **ausreichende Investitionsfähigkeit gewährleistet** ist, sodass die Netzbetreiber ihre Betriebs- und Ausbaupflichten nach Abs. 1 S. 1 zumutbar erfüllen können.

114 Gesetzliche Pflichten sind nicht bereits dann unzumutbar, wenn sie erhebliche Belastungen für die Betroffenen mit sich bringen (vgl. *v. Hammerstein* ZNER 2006, 110 (112)). Die **Grenze der wirtschaftlichen Unzumutbarkeit** einer bedarfsgerechten Entwicklung des Netzes ist in Abwägung mit der Gewährleistung der Daseinsvorsorge als Gemeinwohlinteresse höchsten Ranges jedenfalls hoch anzusetzen. Die Netzbetreiber tragen aufgrund ihrer Monopolstellung eine besondere Verantwortung für die Gewährleistung der netzseitigen Versorgung (vgl. auch § 2 Abs. 1), sodass auch besondere Lasten grundsätzlich zumutbar erscheinen (dazu ausf. → Rn. 14). Da die Kosten eines effizienten und bedarfsgerechten Netzausbaus in aller Regel über die Netzentgelte hinreichend sozialisiert werden können, dürfte eine Überschreitung der Grenze aus **betriebswirtschaftlichen Gründen** des Netzbetreibers allenfalls in **absoluten Ausnahmefällen** in Betracht kommen.

115 **b) Volkswirtschaftliche Zumutbarkeit unter Abwägung energiewirtschaftlicher Ziele.** Eher – aber auch sehr selten – könnte eine Überschreitung der Grenze der wirtschaftlichen Zumutbarkeit aus **volkswirtschaftlichen** Gründen unter Abwägung der energiewirtschaftlichen Ziele nach § 1 Abs. 1 in Betracht kommen. Nimmt der Netzbetreiber zur Erfüllung seiner (Ausbau-)Pflichten nach Abs. 1 S. 1 hohe Investitionen vor, so belasten diese – wie dargestellt – über erhöhte Netzentgelte vor allem die Netznutzer und letztlich die Verbraucher. Bei rein be-

Betrieb von Energieversorgungsnetzen **§ 11**

triebswirtschaftlicher Auslegung der wirtschaftlichen Zumutbarkeit aus Sicht des Netzbetreibers kann aufgrund der Kostenwälzung über die Netzentgelte die Gefahr bestehen, dass selbst bei Maßnahmen, die offenkundig nicht mehr in einem tragbaren wirtschaftlichen Verhältnis zu den energiewirtschaftlichen Zielen nach § 1 stehen, die Grenze nicht greift.

Da der Wortlaut „soweit es wirtschaftlich zumutbar ist" offenlässt, für wen die **116** wirtschaftliche Zumutbarkeit gewahrt bleiben muss, erscheint es nach dem Sinn und Zweck der Regelung durchaus naheliegend, die Zumutbarkeit nicht allein auf die verpflichteten Netzbetreiber („betriebswirtschaftlich"), sondern zusätzlich auch auf die **Allgemeinheit der netzentgeltpflichtigen Netznutzer („volkswirtschaftlich")** unter **Abwägung der energiewirtschaftlichen Ziele nach § 1 Abs. 1** zu beziehen. Ähnlich plädieren auch *Jacobshagen/Kachel* zur Frage der wirtschaftlichen Zumutbarkeit der Netzausbaupflichten nach § 4 Abs. 6 S. 2 KWK-G aF dafür, „weder allein auf die wirtschaftliche Zumutbarkeit beim Netzbetreiber noch auf die wirtschaftliche Zumutbarkeit erhöhter Netzentgelte gegenüber den Netzkunden" abzustellen, sondern darauf, „ob die durch den Netzausbau entstehenden Kosten objektiv unangemessen sind" (*Jacobshagen/Kachel* in Theobald/Kühling/*Jacobshagen/Kachel* KWK-G § 4, Rn. 14–17). Eine volkswirtschaftliche Unzumutbarkeitsgrenze („keine Ausbaupflicht für die letzte Kilowattstunde") ist ohne gesetzliche Konkretisierung jedoch schwer zu bestimmen und wäre aus den oben genannten Gründen nach bestehender Rechtslage jedenfalls sehr hoch anzusetzen. Aktuell wird beispielsweise diskutiert, ob durch eine sogenannte **„Kappung von Erzeugungsspitzen"** im Rahmen der Auslastungssimulationen für die Netzentwicklungsplanung konkrete Grenzen für die Netzentwicklungspflichten eingeführt werden sollten (zur Anwendbarkeit und Kostentragung bei Einspeisemanagement-Maßnahmen infolge dauerhafter Netzengpässe → § 13 Rn. 117 ff.).

Inwieweit es eines solchen Korrektivs in Form einer volkswirtschaftlichen Aus- **117** legung der Zumutbarkeitsgrenze bedarf, hängt auch von der Auslegung der anderen Tatbestandsmerkmale des Abs. 1 S. 1 ab. Maßnahmen, die unter Abwägung der Gemeinwohlziele nach § 1 Abs. 1 volkswirtschaftlich unzumutbar erscheinen, können im Regelfall wohl auch als **nicht „bedarfsgerecht"** oder als ineffizient und nicht mehr vom qualitativen Zielniveau gedeckt ausgeschieden werden. Denn das energiewirtschaftliche Ziel einer effizienten, preisgünstigen Versorgung ist bei der Auslegung der Tatbestandsmerkmale des Abs. 1 S. 1 mit zu beachten und gegen das Ziel der Versorgungssicherheit sowie – bei Maßnahmen zur Integration vorrangberechtigter Einspeisung – gegen das Ziel des Umweltschutzes abzuwägen (→ Rn. 43 ff.).

Das Gleiche gilt für den Ansatz der gesamtwirtschaftlich günstigsten Lösung. **118** Wenn beispielsweise ein Netzausbaubedarf durch Maßnahmen verschiedener Netzbetreiber (vor- und nachgelagerte Netzbetreiber) befriedigt werden kann, so ist nach dem Sinn und Zweck des Abs. 1 S. 1 derjenige Netzbetreiber zum Ausbau verpflichtet, dessen Maßnahme die **gesamtwirtschaftlich günstigste Lösung** darstellt (→ Rn. 59). Die gesamtwirtschaftlich ungünstigere Maßnahme des anderen Netzbetreibers lässt sich wiederum entweder durch eine entsprechende Auslegung der anderen Tatbestandsmerkmale oder aber – jedenfalls bei erheblichen Mehrkosten ohne Mehrwert – über die Auslegung der volkswirtschaftlichen Unzumutbarkeit ausschließen.

III. Aufgabenerfüllung nach §§ 12 bis 16a (Abs. 1 S. 2)

119 Abs. 1 S. 2 stellt klar, dass die Betreiber von Energieversorgungsnetzen insbesondere die Aufgaben nach den §§ 12 bis 16a zu erfüllen haben. Diese Bestimmungen konkretisieren die Pflichten zum Betrieb, zur Wartung und zur Entwicklung der Netze.

IV. Vertikal integrierte Energieversorgungsunternehmen (Abs. 1 S. 5)

120 Abs. 1 S. 5 bestimmt, dass integrierte Energieversorgungsunternehmen bei der Ausübung von **Leitungs- und Aufsichtsrechten** nach § 7a Abs. 4 an die Aufgabenzuweisung zum Betrieb, zur Wartung und zum Ausbau des Netzes gem. Abs. 1 S. 1 und 2 iVm §§ 12 bis 16a gebunden sind. Vertikal integrierte Energieversorgungsunternehmen sind Unternehmen oder Konzerne, die Aufgaben mehrerer Wertschöpfungsstufen der Energieversorgung in einem Unternehmen wahrnehmen (§ 3 Nr. 38).

121 § 7a regelt die Gestaltung der Organisation und die Entscheidungsgewalt gegenüber den Netzgesellschaften in integrierten Energieversorgungsunternehmen. Durch eine operationelle Entflechtung soll sichergestellt werden, dass die für den Netzbetrieb maßgeblichen Entscheidungen tatsächlich von der dafür zuständigen Netzgesellschaft bzw. dem Netzbereich getroffen werden können. Die Entflechtung trägt den besonderen Diskriminierungspotenzialen im vertikal integrierten Energieversorgungsunternehmen Rechnung. Deshalb sind insbesondere Weisungen der Leitung des integrierten Energieversorgungsunternehmens zum laufenden Netzbetrieb (Netzführung) unzulässig. Weisungen zu Netzausbaumaßnahmen (insbesondere Netzbereitstellung) sind dann nicht erlaubt, wenn sich der Netzbetreiber an die Vorgaben des Finanzplans des vertikal integrierten Energieversorgungsunternehmens hält (§ 7a Abs. 4).

122 Das vertikal integrierte Energieversorgungsunternehmen ist seinerseits durch die Pflichten nach § 11 Abs. 1 S. 5 iVm § 11 Abs. 1 S. 1 und 2 iVm §§ 12 bis 16a gebunden und muss die **Vorgaben in Finanzplänen** und ähnlichen Instrumenten nach § 7a Abs. 4 gegenüber dem Netzbetreiber so ausgestalten, dass dieser die rechtlichen Pflichten und insbesondere die erforderlichen **Investitionen in das Netz auch tatsächlich vornehmen kann.** Dabei gehört die Ermittlung des Ausbaubedarfs zu den Kernaufgaben eines Netzbetriebs und ist durch den Netzbetreiber selbst vorzunehmen. Das Gleiche gilt für die Wahrnehmung der Aufsichtsrechte gegenüber dem Netzbetreiber. Die Betriebs- und Netzentwicklungspflichten sind letztlich auch Pflichten des integrierten Eigentümers einer entflochtenen Netzgesellschaft im Rahmen seiner gesellschaftsrechtlichen Rentabilitätskontrolle. Durch die Beschränkung auf vertikale integrierte Energieversorgungsunternehmen sind sonstige Eigentümer von Netzgesellschaften, insbesondere reine Finanzinvestoren, nach dem Wortlaut an diese Pflichten nicht unmittelbar gebunden.

V. Durchsetzung der Betriebs-, Wartungs- und Ausbaupflichten

123 In der Praxis ist zu erwarten, dass die in Abs. 1 S. 1 geregelten Betriebs-, Wartungs- und Netzentwicklungspflichten nur in Ausnahmefällen Gegenstand von Maßnahmen der Regulierungsbehörde sein werden. Die Regulierungsbehörde hat im Rahmen ihrer allgemeinen Energieaufsicht nach § 65 die Möglichkeit, die Ein-

haltung der Pflichten durchzusetzen (zum Streitstand *Sailer* RdE 2016, 444 (452 Fn. 149)). Sie kann Betreiber von Energieversorgungsnetzen zu Maßnahmen verpflichten, die zur Einhaltung von Verpflichtungen erforderlich sind, die sich aus dem EnWG oder aus auf seiner Grundlage ergangenen Rechtsverordnungen ergeben (§ 65 Abs. 2). Die Regulierungsbehörde kann ferner verlangen, dass ein diesen Verpflichtungen widersprechendes Verhalten abgestellt wird (§ 65 Abs. 1).

Werden bestimmte Investitionen, die nach einem Netzentwicklungsplan gem. §§ 12a und 12c bzw. 15a erforderlich sind, von Transportnetzbetreibern nicht umgesetzt, so sieht § 65 Abs. 2a besondere Aufsichtsmaßnahmen einschließlich der Durchführung von **Ausschreibungsverfahren** vor. **124**

C. Schutz von Telekommunikations- und elektronischen Datenverarbeitungssystemen der Netzbetreiber (Abs. 1a)

Der sichere Betrieb von Energieversorgungsnetzen steht aufgrund des zunehmenden Einsatzes von Informations- und Kommunikationstechnik und deren Vernetzungs- und Automatisierungsgrads vor **immer komplexeren sicherheitstechnischen Herausforderungen.** Das BSI kommt im Vorwort seines Lageberichts zur IT-Sicherheit 2021 – wie bereits in den Jahren zuvor – zu dem Ergebnis, dass „dass die Gefahren im Cyber-Raum weiter zunehmen und selbst Bereiche betreffen, die für unsere Gesellschaft elementar sind, wie etwa die Stromversorgung […]" und fasst zusammen: „Die IT-Sicherheitslage in Deutschland insgesamt war im aktuellen Berichtszeitraum angespannt bis kritisch." (Bericht des BSI „Die Lage der IT-Sicherheit in Deutschland 2021", Stand September 2021, S. 3, S. 9). Schadprogramme nutzen Schwachstellen in Soft- und Hardware aus, Ransomware- und andere Cyberangriffe drohen von außen, aber auch aus eigenem menschlichen Fehlverhalten innerhalb der Energieversorgungsunternehmen resultierende IT-Sicherheitsvorfälle sind reale Bedrohungen für die Netzsteuerung. **125**

Um diesen Bedrohungen zu begegnen, ist § 11 Abs. 1a im Zuge des „Gesetzes zur Neuregelung energiewirtschaftsrechtlicher Vorschriften" vom 26.7.2011 (BGBl. 2011 I S. 1554) eingefügt und durch das „Gesetz zur Erhöhung der Sicherheit informationstechnischer Systeme (IT-Sicherheitsgesetz)" vom 17.7.2015 (BGBl. 2015 I S. 1324) nochmals konkretisiert und ergänzt worden. Der Gesetzgeber hat die IT-Sicherheit speziell beim Betrieb von Energieversorgungsnetzen wegen deren herausragender versorgungstechnischer Bedeutung für alle Bereiche des öffentlichen und privaten Lebens also bereits deutlich früher für regelungsbedürftig gehalten, bevor 2015 **sektorübergreifende gesetzgeberische Aktivitäten** zur Erhöhung der IT-Sicherheit **im Bereich kritischer Infrastrukturen** durch das IT-Sicherheitsgesetz begannen. Diese **Sonderstellung der Energieversorgung** innerhalb der Sektoren kritischer Infrastrukturen dürfte auch darauf beruhen, dass sämtliche anderen KRITIS-Sektoren – wie zB die Bereiche Informationstechnik und Telekommunikation, Wasser, Gesundheitswesen oder Staat und Verwaltung – in ihrer Funktionsfähigkeit von einer sicheren und zuverlässigen Versorgung mit Energie und insbesondere Elektrizität abhängig sind, während eine solche Abhängigkeit der Energieversorgung von anderen KRITIS-Sektoren umgekehrt allenfalls teilweise besteht. Bei den Rechtsnormen zur IT-Sicherheit in § 11 handelt es sich um **sektorspezifisches Sonderrecht,** das nach § 8d Abs. 2 Nr. 2, Abs. 3 Nr. 2 BSIG als lex specialis zu den allgemeinen Vorschriften des BSIG **126**

§ 11 Teil 3. Regulierung des Netzbetriebs

anzusehen ist und diesen vorgeht, zugleich aber im Kern für ein mit den BSIG-Regelungen vergleichbares Schutzniveau sorgt.

127 Abs. 1a S. 1 konkretisiert die Anforderungen an den Betrieb eines sicheren Energieversorgungsnetzes nach Abs. 1 S. 1. Demnach ist es für einen sicheren Netzbetrieb insbesondere auch erforderlich, dass **die Netzbetreiber** angemessene **Schutzvorkehrungen** gegen Bedrohungen für Telekommunikations- und elektronische Datenverarbeitungssysteme treffen, die für einen sicheren Netzbetrieb notwendig sind. Die BNetzA hat aus Gründen der Rechtssicherheit nach Abs. 1a S. 2 die Aufgabe, die von den Betreibern zur Erreichung eines angemessenen Schutzniveaus zu ergreifenden Maßnahmen im Benehmen mit dem BSI in einem **Katalog von Sicherheitsanforderungen (IT-Sicherheitskatalog)** zu bestimmen und zu veröffentlichen. Die erforderliche **Benehmensherstellung** mit dem BSI führt im Rechtssetzungsprozess zu einer Symbiose der Expertise des BSI als zentraler bundesdeutscher IT-Sicherheitsbehörde und der Fachkunde und Praxisnähe der BNetzA als Regulierungsbehörde für den Betrieb der Energieversorgungsnetze, wobei die BNetzA Herrin des Verfahrens bleibt. Die Veröffentlichung des IT-Sicherheitskatalogs gem. Abs. 1a erfolgte am 12.8.2015 auf der Internetseite der Behörde (www.bundesnetzagentur.de/SharedDocs/Downloads/DE/Sachgebiete/Energie/Unternehmen_Institutionen/Versorgungssicherheit/IT_Sicherheit/IT_Sicherheitskatalog_08-2015.pdf?__blob=publicationFile&v=2).

128 Zur Umsetzung des IT-Sicherheitskatalogs **sind sämtliche Betreiber von Energieversorgungsnetzen verpflichtet.** Insoweit besteht nach dem eindeutigen Gesetzeswortlaut kein Ermessensspielraum für die BNetzA, den Adressatenkreis – etwa in Abhängigkeit von der Größe, der eingesetzten Technik oder dem individuellen Risikopotenzial eines Netzbetreibers – selbst festzulegen (vgl. OLG Düsseldorf Beschl. v. 10.7.2017 – VI-3 Kart 109/16 (V) Rn. 27, 28).

129 Die gesetzliche Regelung nach Abs. 1a S. 1 umfasst **alle Telekommunikations- und elektronischen Datenverarbeitungssysteme,** die für einen sicheren Netzbetrieb notwendig sind. Bewusst verzichtet der Gesetzgeber auf eine weitere Konkretisierung oder Aufzählung einzelner technischer Systeme, sondern zieht den Geltungsbereich mit Blick auf das allein maßgebliche Kriterium der Relevanz für einen sicheren Netzbetrieb sehr weit. Insofern hat die BNetzA im IT-Sicherheitskatalog zutreffend ausgeführt, dass nicht nur die unmittelbar zur Netzsteuerung gehörenden Systeme erfasst sein sollen, sondern sämtliche Systeme, **deren Ausfall die Sicherheit des Netzbetriebs gefährden könnte.** Auf dieser Basis ist es Aufgabe der Betreiber selbst, die für den sicheren Betrieb ihres Netzes notwendigen Telekommunikations- und elektronischen Datenverarbeitungssysteme nach den spezifischen Vorgaben des IT-Sicherheitskatalogs zu ermitteln.

130 Nach Abs. 1a S. 3 sind von der BNetzA auch Regelungen in den IT-Sicherheitskatalog aufzunehmen, die eine **regelmäßige Überprüfung** der Erfüllung der Sicherheitsanforderungen bei den Betreibern vorsehen. In Umsetzung dieser Vorgabe hat die BNetzA die Netzbetreiber dazu verpflichtet, in regelmäßigen Abständen den Abschluss eines hierzu eigens entwickelten externen Zertifizierungsverfahrens nachzuweisen, für das es aufseiten der Zertifizierungsstellen einer speziellen DAkkS-Akkreditierung bedarf. Nach § 95 Abs. 1 Nr. 2a ist die Nichteinhaltung bzw. nicht richtige, nicht vollständige oder nicht rechtzeitige Einhaltung des IT-Sicherheitskatalogs nach Abs. 1a eine **Ordnungswidrigkeit.**

131 Ein angemessener Schutz gegen Bedrohungen für Telekommunikations- und elektronische Datenverarbeitungssysteme liegt nach Abs. 1a S. 4 dann – und nur dann – vor, wenn der IT-Sicherheitskatalog vom Betreiber **eingehalten** und dies

Betrieb von Energieversorgungsnetzen § 11

dokumentiert wird. Der IT-Sicherheitskatalog stellt einen **Mindeststandard** dar, sodass laut der Gesetzesbegründung „grundsätzlich kein Spielraum mehr für die Betreiber [bleibt], andere aus ihrer Sicht angemessene Schutzmaßnahmen zu erarbeiten" (Begr. RegE IT-Sicherheitsgesetz, BT.-Drs. 18/4096, 33). Insoweit besteht hier ein signifikanter **Unterschied** zur Regelung nach **§ 8a Abs. 2 BSIG,** wonach eine Konkretisierung der gesetzlichen Anforderungen nach § 8a Abs. 1 BSIG durch von der jeweiligen Branche selbst vorgeschlagene und vom BSI festgestellte branchenspezifische Sicherheitsstandards erfolgen kann, von denen die nach dem BSIG verpflichteten Betreiber jedoch abweichen und stattdessen andere, aus ihrer Sicht äquivalente Maßnahmen ergreifen können. Nach Abs. 1a S. 5 kann die Einhaltung von der BNetzA überprüft werden, wozu nach Abs. 1a S. 6 auch nähere Bestimmungen zu Format, Inhalt und Gestaltung der Dokumentation nach S. 4 getroffen werden können. Hiervon hat die BNetzA bislang keinen Gebrauch gemacht, da sie die Überprüfung der Erfüllung der Sicherheitsanforderungen durch externe Zertifizierungsstellen vornehmen lässt und die diesbezügliche Verpflichtung der Betreiber bereits Teil der materiellen Anforderungen des IT-Sicherheitskatalogs ist.

Inhaltlich ist der IT-Sicherheitskatalog auf die Realisierung der Schutzziele der **132** Informationssicherheit ausgerichtet, nämlich **Verfügbarkeit, Integrität und Vertraulichkeit.** Die aus dem IT-Sicherheitskatalog resultierende zentrale Verpflichtung der Netzbetreiber besteht insoweit darin, ein **Informationssicherheits-Managementsystem (ISMS) nach DIN EN ISO/IEC 27001** und unter Berücksichtigung der DIN EN ISO/IEC 27002 und DIN EN ISO/IEC 27019 in den jeweils geltenden Fassungen einzuführen. Dabei handelt es sich um international etablierte Standards für die Informationssicherheit, die nicht selten bereits vor Inkrafttreten des IT-Sicherheitskatalogs auch im Energiesektor zur Anwendung gekommen sind. Die BNetzA behält sich vor, etwaige Anpassungen der genannten DIN-Normen in Bezug auf ihre Anwendbarkeit in regelmäßigen Abständen zu überprüfen (IT-Sicherheitskatalog gemäß § 11 Abs. 1a Energiewirtschaftsgesetz, S. 10). Mit der Pflicht zur Einführung eines ISMS wählt die BNetzA einen ganzheitlichen Ansatz, der über rein technische Sicherheitsvorkehrungen hinausgeht und die Betreiber prozessorientiert in die Lage versetzen soll, die individuellen IT-Sicherheitsrisiken fortlaufend zu identifizieren und dauerhaft zu beherrschen.

Umstritten ist, welche **Rechtsnatur der IT-Sicherheitskatalog** hat. Einigkeit **133** besteht insoweit, dass es sich dabei weder um eine Rechtsverordnung noch um eine Satzung handelt. Die BNetzA selbst geht offenbar vom Charakter einer Allgemeinverfügung nach § 35 S. 2 VwVfG aus. Während der IT-Sicherheitskatalog für Energieversorgungsnetze nach Abs. 1a ohne weitere verwaltungsverfahrensrechtliche Ausführungen seitens der BNetzA veröffentlicht worden ist, ist der drei Jahre später erstellte IT-Sicherheitskatalog für Energieanlagen nach § 11 Abs. 1b (→ Rn. 134ff.) nämlich aus Klarstellungsgründen explizit mit einem als Allgemeinverfügung betitelten und mit einer Rechtsbehelfsbelehrung versehenen Rechtsakt veröffentlicht worden. Vor diesem Hintergrund und aufgrund der gleichlautenden Rechtsgrundlagen für die Erstellung und Veröffentlichung eines IT-Sicherheitskatalogs in Abs. 1a und Abs. 1b ist davon auszugehen, dass die BNetzA auch bereits mit dem IT-Sicherheitskatalog für Energieversorgungsnetze eine Allgemeinverfügung erlassen wollte. Auch das OLG Düsseldorf sieht im IT-Sicherheitskatalog nach Abs. 1a eine **Allgemeinverfügung** nach § 35 S. 2 VwVfG, „da der angesprochene Personenkreis durch den IT-Sicherheitskatalog klar abgegrenzt wird und der IT-Sicherheitskatalog für diesen Personenkreis verbindliche Rechtsfolgen hat" (OLG Düsseldorf Beschl. v. 19.7.2017 – VI-3 Kart 109/16 (V) Rn. 21). Dem wird im Schrifttum teilweise entgegengehalten, die Betreiber von Energieversorgungsnetzen als Adressaten des IT-Sicherheitskatalogs seien zwar ein bestimmbarer Personenkreis, der IT-Sicherheitskatalog beinhalte jedoch keine konkreten, sondern abstrakte Regelungen, da den verpflichteten Betreibern individuelle Freiräume bei der Ausgestaltung der Umsetzung des IT-Sicherheitskatalogs und speziell bei der Auswahl der konkret zu ergreifenden IT-Sicherheitsmaßnahmen verblieben. Darum handele es sich eher um eine **Verwaltungsvorschrift,** die für die BNetzA eine Bindungswirkung bei der Überprüfung entfalte (Hornung/Schallbruch IT-SicherheitsR/*Guckelberger* § 23 Rn. 19; *Freimuth,* Die Gewährleistung der IT-Sicherheit Kritischer Infrastrukturen, 2018, S. 343f.; Elspas/Graßmann/Rasbach/*Rauch* EnWG § 11 Rn. 78), oder sogar um ein rechtliches Konstrukt sui generis (Hornung/Schallbruch IT-SicherheitsR/ *Guckelberger* § 23 Rn. 19). Indes spricht doch vieles für eine Charakterisierung des IT-Sicherheitskatalogs als Allgemeinverfügung, da die Anforderungen der BNetzA an die verpflichteten Betreiber trotz verbleibender individueller Gestaltungsspielräume einen so hohen verbindlichen Konkretisierungsgrad aufweisen, dass beim IT-Sicherheitskatalog nicht lediglich von einer abstrakten Regelung die Rede sein kann. Für dieses Ergebnis spricht auch die mit der EnSiG-Novelle 2022 eingeführte Regelung in Abs. 1 g, bei der zur Bestimmung kritischer Komponenten bzw. kritischer Funktionen erneut ein „Katalog von Sicherheitsanforderungen" von der BNetzA zu erstellen ist, der in diesem Zusammenhang aber – anders als in Abs. 1 a und 1 b – erstmals auch explizit als „Allgemeinverfügung im Wege einer Festlegung nach § 29 Abs. 1" bezeichnet wird.

D. Schutz von Telekommunikations- und elektronischen Datenverarbeitungssystemen der Betreiber von Energieanlagen (Abs. 1 b)

134 Der Schutz des Betriebs eines sicheren Energieversorgungsnetzes vor IT-Sicherheitsgefahren lässt sich nur dann umfassend realisieren, wenn auch **Betreiber bestimmter Energieanlagen,** deren Ausfall oder Beeinträchtigung Auswirkungen auf den sicheren Netzbetrieb haben können, über ein angemessenes IT-Sicherheitsniveau verfügen. Mit dem IT-Sicherheitsgesetz vom 17. 7. 2015 hat der Gesetzgeber daher einen neuen Abs. 1b in § 11 eingefügt, wonach Betreiber von Energieanlagen, die durch Inkrafttreten der Rechtsverordnung gem. § 10 Abs. 1 des BSI-Gesetzes (BSI-KritisV) in der jeweils geltenden Fassung als kritische Infrastruktur bestimmt wurden und an ein Energieversorgungsnetz angeschlossen sind, ebenfalls dazu verpflichtet werden, einen angemessenen Schutz gegen Bedrohungen für Telekommunikations- und elektronische Datenverarbeitungssysteme zu gewährleisten, die für einen sicheren Anlagenbetrieb notwendig sind (Abs. 1 b S. 1).

135 Auf den ersten Blick mag es verwundern, dass der Gesetzgeber die IT-Sicherheit des Betriebs von Energieanlagen systematisch in § 11 als der zentralen Vorschrift für den Netzbetrieb aufgenommen hat. Dies macht indes deutlich, dass Zweck dieser Regelung nicht in erster Linie eine Erhöhung des IT-Sicherheitsniveaus bestimmter Energieanlagen um ihrer selbst willen ist, sondern explizit in ihrer Relevanz für den sicheren Netzbetrieb als Hauptzweck: „Energieanlagen, die mit dem öffentlichen Versorgungsnetz verbunden sind, werden verpflichtet, dort, wo eine Gefährdung für den Netzbetrieb möglich ist, ebenfalls Sicherheitsmaßnahmen zu ergreifen" (Begr. RegE IT-Sicherheitsgesetz, BT-Drs. 18/4096, 33).

Betrieb von Energieversorgungsnetzen § 11

Abs. 1b ist im Wesentlichen inhaltsgleich zu Abs. 1a. Während Abs. 1a jedoch **136** sämtliche Betreiber von Energieversorgungsnetzen adressiert, gehören zum Adressatenkreis von Abs. 1b nur die Betreiber derjenigen Energieanlagen, die **nach der BSI-KritisV** als **kritische Infrastruktur** bestimmt wurden und **an ein Energieversorgungsnetz** angeschlossen sind. Nicht alle Energieanlagen iSv § 3 Nr. 15 sind demnach als kritische Infrastrukturen anzusehen. Die BSI-KritisV definiert die in den einzelnen Sektoren festgelegten kritischen Infrastrukturen anhand verschiedener Anlagenkategorien, die einen bestimmten Schwellenwert erreichen bzw. überschreiten müssen.

§ 9 BSI-KritisV sieht vor, dass zwei Jahre nach Inkrafttreten der Rechtsverord- **137** nung und danach alle zwei Jahre die Festlegung der kritischen Dienstleistungen und Bereiche, die Festlegung der Anlagenkategorien, die für die Erbringung der kritischen Dienstleistungen erforderlich sind, und die Bestimmung der Schwellenwerte zu evaluieren sind. Die im Rahmen der erstmaligen **Evaluierung** gewonnenen Erkenntnisse wurden durch die am 1.1.2022 in Kraft getretene Zweite Verordnung zur Änderung der BSI-Kritisverordnung vom 6.9.2021 (BGBl. 2021 I S. 4163) umgesetzt. Die Änderungen betreffen insbesondere die Definition des Anlagenbegriffs nach § 1 Abs. 1 Nr. 1 BSI-KritisV, der nun auch Software und IT-Dienste umfasst, sowie die Bezeichnung einzelner Anlagenkategorien und die teilweise Anpassung der maßgeblichen Schwellenwerte unter Einbeziehung differenzierender Kriterien.

In den Anwendungsbereich des IT-Sicherheitskatalogs nach Abs. 1b fallen aus **138** dem **Sektor Energie** nur diejenigen **Anlagenkategorien** gemäß BSI-KritisV, bei denen es sich um Energieanlagen iSv § 3 Nr. 15 handelt. Aus dem Bereich der Stromversorgung sind dies nach § 2 Abs. 6 iVm Anhang 1 Teil 3 Nr. 1.1.1 BSI-KritisV Erzeugungsanlagen, zu denen nach Anhang 1 Teil 1 Nr. 2.1 BSI-KritisV auch Anlagen zur Speicherung von elektrischer Energie sowie dezentrale Energieerzeugungsanlagen gehören. Während ursprünglich lediglich Stromerzeugungsanlagen ab einem Schwellenwert von 420 MW installierte Nettonennleistung (elektrisch) als kritische Infrastrukturen gemäß BSI-KritisV galten, wurden die maßgeblichen Schwellenwerte im Rahmen der Novellierung durch die Zweite Verordnung zur Änderung der BSI-KritisV zum 1.1.2022 abgesenkt, was zu einer nicht unerheblichen Ausdehnung des verpflichteten Adressatenkreises geführt hat. Seitdem gilt für Stromerzeugungsanlagen grundsätzlich **ein Schwellenwert von 104 MW** installierte Nettonennleistung (elektrisch oder direkt mit Wärmeauskopplung verbundene elektrische Wirkleistung bei Wärmenennleistung ohne Kondensationsanteil). Hiervon abweichend gelten in **zwei Sonderfällen** deutlich niedrigere Schwellenwerte: Bei einer Stromerzeugungsanlage, die zur Erbringung von **Primärregelleistung** nach § 2 Nr. 8 StromNZV präqualifiziert ist, liegt der maßgebliche Schwellenwert bei 36 MW. Handelt es sich um eine Stromerzeugungsanlage, die als **Schwarzstartanlage** nach § 3 Abs. 2 des Beschlusses der BNetzA v. 20.5.2020 – Az. BK6-18-249 kontrahiert ist, gilt sogar ein Schwellenwert von 0 MW, sodass schwarzstartfähige Anlagen aufgrund ihrer besonderen Bedeutung für den sicheren Betrieb des Stromversorgungsnetzes ausnahmslos als kritische Infrastrukturen anzusehen sind und deren Betreiber die Anforderungen des IT-Sicherheitskatalogs umzusetzen haben, sofern sie entsprechende Telekommunikations- und elektronische Datenverarbeitungssysteme einsetzen. Die in Anhang 1 Teil 3 Nr. 1.1.2 als kritische Infrastrukturen bestimmten Anlagen oder Systeme zur Steuerung/Bündelung elektrischer Leistung (**„Aggregatoren"**) unterfallen genau wie die Zentralen Anlagen oder Systeme für den Stromhandel (Nr. 1.4.1) nicht den

Frechen

§ 11 Teil 3. Regulierung des Netzbetriebs

Regelungen des IT-Sicherheitskatalogs nach § 11 Abs. 1b, sondern **unterliegen dem Regelungsregime des BSIG,** da es sich bei diesen nicht um Energieanlagen im Sinne des EnWG handelt (vgl. § 8d Abs. 2 Nr. 2, Abs. 3 Nr. 2 BSIG). Die Regelungen der BSI-KritisV zur Bestimmung der als kritische Infrastrukturen geltenden Anlagenkategorien in Anhang 1 Teil 3 umfassen auch Stromübertragungsnetze (Nr. 1.2.1) und Stromverteilernetze (Nr. 1.3.1) und bemessen deren Kritikalität – der Systematik der Verordnung folgend – mit einem Schwellenwert. Abs. 1b entfaltet für diese jedoch keine (zusätzliche) Rechtswirkung. Wie die BNetzA im IT-Sicherheitskatalog nämlich selbst richtigerweise klarstellt, unterliegen die Betreiber von Energieversorgungsnetzen ausschließlich der insoweit abschließenden Regelung nach Abs. 1a, wonach sämtliche Betreiber von Energieversorgungsnetzen unabhängig vom Erreichen oder Überschreiten bestimmter Schwellenwerte zur Umsetzung des IT-Sicherheitskatalogs verpflichtet sind.

139   Aus dem Bereich der Gasversorgung bestimmt die BSI-KritisV in Anhang 1 Teil 3 **Gasförderanlagen und Gasspeicher** als kritische Infrastrukturen, die als Energieanlagen gemäß EnWG in den Anwendungsbereich des Abs. 1b fallen. Die Schwellenwerte für diese Anlagenkategorien – im Rahmen der Novellierung der BSI-KritisV insoweit unverändert gelassen – liegen bei jeweils **5190 GWh/Jahr Energie des geförderten Gases bzw. entnommener Arbeit.** Nicht den Regelungen des IT-Sicherheitskatalogs nach Abs. 1b unterworfen sind hingegen die Betreiber der zum 1.1.2022 neu eingefügten Anlagenkategorien „Anlage zur zentralen standortübergreifenden Steuerung" (Nr. 2.1.2) sowie „Gashandelssystem" (Nr. 2.4.1). Sie fallen – in Konsistenz zu den beiden äquivalenten Anlagenkategorien aus dem Strombereich – unter das BSIG. Dies dürfte auch für die ebenfalls zum 1.1.2022 neu eingeführte Anlagenkategorie „Gasgrenzübergabestelle" (2.2.2) gelten, soweit diese nicht Bestandteil des Fernleitungsnetzes ist. Für Fernleitungsnetze und Gasverteilernetze gilt wie bei den Elektrizitätsversorgungsnetzen, dass diese ausschließlich der abschließenden Regelung nach Abs. 1a unterfallen.

140   In Umsetzung ihrer Verpflichtung nach Abs. 1b S. 2 hat die BNetzA im Benehmen mit dem BSI neben dem IT-Sicherheitskatalog für die Betreiber von Energieversorgungsnetzen **einen zweiten IT-Sicherheitskatalog** für die Betreiber von **Energieanlagen,** die durch die BSI-KritisV als kritische Infrastruktur bestimmt wurden und an ein Energieversorgungsnetz angeschlossen sind, erstellt und auf der Internetseite der Behörde im Dezember 2018 veröffentlicht (www.bundesnetzagen tur.de/SharedDocs/Downloads/DE/Sachgebiete/Energie/Unternehmen_Institu tionen/Versorgungssicherheit/IT_Sicherheit/IT_Sicherheitskatalog_2018.pdf?__ blob=publicationFile&v=4). Die an die Betreiber gerichteten materiellen IT-Sicherheitsanforderungen entsprechen weitgehend dem IT-Sicherheitskatalog für die Netze nach Abs. 1a. Demzufolge wird von den verpflichteten Betreibern – neben weiteren Anforderungen im Detail – wiederum die Einführung eines Informationssicherheits-Managementsystems nach DIN EN ISO/IEC 27001 unter Berücksichtigung der DIN EN ISO/IEC 27002 und DIN EN ISO/IEC 27019 in den jeweils geltenden Fassungen verlangt.

141   Nach Abs. 1b S. 3 haben für Telekommunikations- und elektronische Datenverarbeitungssysteme von Anlagen nach § 7 Abs. 1 des Atomgesetzes die **Vorgaben aufgrund des Atomgesetzes Vorrang.** Um dies sicherzustellen und Anwendungskonflikte von vornherein zu vermeiden, hat die BNetzA die für die nukleare Sicherheit zuständigen Genehmigungs- und Aufsichtsbehörden des Bundes und der Länder bei der Erarbeitung des IT-Sicherheitskatalogs zu beteiligen, Abs. 1b S. 4. Für Kernkraftwerke, die als Erzeugungsanlagen eine kritische Infrastruktur gem.

BSI-KritisV darstellen und an ein Energieversorgungsnetz angeschlossen sind, hat der Gesetzgeber das Schutzziel der kerntechnischen Sicherheit also gegenüber dem Schutzziel des sicheren Anlagenbetriebs im Hinblick auf die allgemeine Versorgungssicherheit als höherrangig normiert. In der praktischen Umsetzung im IT-Sicherheitskatalog hat die BNetzA dennoch einen Weg gefunden, die auf dem Atomrecht beruhenden Anforderungen an die IT-Sicherheit der Betreiber („Richtlinie für den Schutz von IT-Systemen in kerntechnischen Anlagen und Einrichtungen der Sicherungskategorien I und II gegen Störmaßnahmen oder sonstige Einwirkungen Dritter" (SEWD-Richtlinie IT)) und die der Versorgungssicherheit dienenden IT-Sicherheitsanforderungen nach § 11 Abs. 1 b so zu verzahnen, das beiden Zielen gleichermaßen gedient ist.

Auch der von der BNetzA veröffentlichte IT-Sicherheitskatalog nach Abs. 1 b 142 sieht für die Betreiber ein obligatorisches **regelmäßiges Zertifizierungsverfahren** durch eine DAkkS-akkreditierte Zertifizierungsstelle vor. Auf diese Weise wird die Vorgabe nach Abs. 1 b S. 5 erfüllt, wonach in den IT-Sicherheitskatalog auch Regelungen zur regelmäßigen Überprüfung der Erfüllung der Sicherheitsanforderungen aufzunehmen sind. Die Nichteinhaltung bzw. nicht richtige, nicht vollständige oder nicht rechtzeitige Einhaltung des IT-Sicherheitskatalogs nach Abs. 1 b stellt nach § 95 Abs. 1 Nr. 2 a eine **Ordnungswidrigkeit** dar.

Um eine Kongruenz zu den IT-Sicherheitsanforderungen für die Betreiber von 143 Energieversorgungsnetzen nach Abs. 1 a sicherzustellen, stellt auch der IT-Sicherheitskatalog für Betreiber von Energieanlagen nach Abs. 1 b einen nicht abweichungsfähigen Mindeststandard dar, sodass nach Abs. 1 b S. 6 ein angemessener Schutz des Betriebs von Energieanlagen nur dann vorliegt, wenn der IT-Sicherheitskatalog eingehalten und dies vom Betreiber dokumentiert worden ist.

Nach Abs. 1 b S. 7 kann die Einhaltung von der BNetzA überprüft werden. Von 144 der Möglichkeit, nach § 11 Abs. 1 b S. 8 nähere Bestimmungen zu Format, Inhalt und Gestaltung der Dokumentation nach S. 6 zu treffen, hat die BNetzA wie bereits beim IT-Sicherheitskatalog nach § 11 Abs. 1 a keinen Gebrauch gemacht, da sie die Dokumentation im Rahmen eines externen Zertifizierungsverfahrens überprüfen lässt.

E. Meldepflicht bei Störungen der IT-Sicherheit (Abs. 1 c)

Das gesetzgeberische Ziel, mit den Vorschriften nach Abs. 1 a und Abs. 1 b ein 145 angemessenes IT-Sicherheitsniveau im Energiesektor zu gewährleisten, lässt sich nur dann vollständig erreichen, wenn neben die von den Betreibern auf der Basis der beiden IT-Sicherheitskataloge zu ergreifenden präventiven Maßnahmen auch eine korrespondierende Regelung tritt, die eine **Meldepflicht** der Betreiber im Falle bereits eingetretener oder drohender Störungen normiert. Mit dem IT-Sicherheitsgesetz vom 17.7.2015 hat der Gesetzgeber daher Abs. 1 c eingefügt und durch das Gesetz zur Umsetzung der Richtlinie (EU) 2016/1148 (sog. NIS-Richtlinie) vom 23.6.2017 nochmals marginal geändert. § 11 Abs. 1 c entspricht der für die Betreiber in den anderen KRITIS-Sektoren geltenden Meldepflicht nach § 8 b Abs. 4 BSIG.

Nach dem ursprünglichen Wortlaut der Norm bestand Unsicherheit darüber, ob 146 die Meldepflicht neben den insofern unstrittig verpflichteten Betreibern der nach der BSI-KritisV als kritische Infrastruktur bestimmten Energieanlagen für die Betreiber sämtlicher Energieversorgungsnetze gilt oder nur für diejenigen, deren

§ 11   Teil 3. Regulierung des Netzbetriebs

Netze die Schwellenwerte nach der BSI-KritisV erreichen oder überschreiten. Da die Meldepflicht systematisch auf den präventiven Sicherheitsanforderungen nach den Abs. 1 a und 1 b aufbaut, käme es zu Wertungswidersprüchen, wenn zwar sämtliche Betreiber von Energieversorgungsnetzen nach Abs. 1 a ausnahmslos dazu verpflichtet würden, Maßnahmen gegen Bedrohungen der für den sicheren Netzbetrieb notwendigen IT-Systeme zu ergreifen, eine Pflicht zur Meldung bereits eingetretener oder drohender Störungen jedoch nur für die Betreiber der als kritische Infrastruktur bestimmten Energieversorgungsnetze gelten soll. Die **Meldepflicht** nach Abs. 1 c richtet sich daher **an alle Betreiber von Energieversorgungsnetzen** (so auch BerlKommEnergieR/*König* EnWG § 11 Rn. 102; Hornung/Schallbruch IT-SicherheitsR/*Guckelberger* § 23 Rn. 28; *Guckelberger* DVBl. 2015, 1213 (1220)). Aus Klarstellungsgründen hat der Gesetzgeber den Wortlaut in Abs. 1 c mit dem Gesetz zur Umsetzung der RL (EU) 2016/1148 vom 23. 6. 2017 insofern angepasst („Betreiber von Energieversorgungsnetzen und von *solchen* Energieanlagen, [...]"). In der Gesetzesbegründung heißt es: „Ergänzend wird in § 11 Absatz 1 c EnWG klargestellt, dass die Meldepflichten nach Absatz 1 c Satz 1 für alle Betreiber von Energieversorgungsnetzen gelten sowie für solche Energieanlagen, die durch Rechtsverordnung als Kritische Infrastruktur bestimmt worden sind. Diese Änderung dient lediglich der Klarstellung der Adressaten der Verpflichtung. Inhaltlich wirkt sich diese rein redaktionelle Änderung nicht aus." (Begr. RegE Gesetz zur Umsetzung der Richtlinie (EU) 2016/1148, BT.-Drs. 18/11242, 55).

147   Die **Meldepflicht** bezieht sich einerseits nach Abs. 1 c S. 1 Nr. 1 auf **Störungen der Verfügbarkeit, Integrität, Authentizität und Vertraulichkeit der informationstechnischen Systeme, Komponenten oder Prozesse,** die zu einem Ausfall oder einer erheblichen Beeinträchtigung der Funktionsfähigkeit des Energieversorgungsnetzes oder der betreffenden Energieanlage *geführt haben*. Sofern eine Störung zu einem Ausfall oder einer erheblichen Beeinträchtigung geführt hat, ist es insofern also unerheblich, welchen **Schweregrad** eine Störung auf der Einwirkungsseite aufweist. Nach Abs. 1 c Nr. 2 sind andererseits Störungen der Verfügbarkeit, Integrität, Authentizität und Vertraulichkeit der informationstechnischen Systeme, Komponenten oder Prozesse, die zu einem Ausfall oder einer erheblichen Beeinträchtigung der Funktionsfähigkeit des Energieversorgungsnetzes oder der betreffenden Energieanlage *führen können,* nur dann meldepflichtig, wenn es sich dabei um erhebliche Störungen handelt. Eine Meldepflicht wird also immer dann ausgelöst, wenn mindestens auf der Einwirkungsseite nach der konkreten Art der Störung oder bei den durch eine solche Störung ausgelösten Folgen eine gewisse Erheblichkeit vorliegt.

148   Die Meldung ist von den Betreibern unverzüglich **an das BSI** zu richten. Dafür ist dem BSI eine Kontaktstelle zu benennen, § 8 b Abs. 3 S. 1. Nach Abs. 1 c S. 4 ist das BSI verpflichtet, eingehende Meldungen an die BNetzA weiterzuleiten. Die bereits bei der Erstellung der IT-Sicherheitskataloge nach Abs. 1 a und 1 b verankerte fachliche Zusammenarbeit zwischen dem BSI und der BNetzA (Benehmensherstellung) wird im Rahmen der Meldepflicht und der Verpflichtung zur Weiterleitung eingehender Meldungen an die BNetzA konsequent und inhaltlich schlüssig fortgeführt: Das BSI als Erstadressat für die Meldungen der Betreiber kann auf diese Weise sein tagesaktuelles **Lagebild** zur IT-Sicherheit jederzeit anpassen, gegebenenfalls Maßnahmen ergreifen oder Warnungen an andere KRITIS-Betreiber aussprechen und mit seiner IT-Expertise die von einer Störung betroffenen Betreiber bei der Ergreifung der zur Störungsbeseitigung notwendigen Maßnahmen

Betrieb von Energieversorgungsnetzen §11

unterstützen und beraten. Durch die Weiterleitung der Meldung an die BNetzA ist sichergestellt, dass auch die Auswirkungen eines IT-Sicherheitsvorfalls auf den sicheren Netzbetrieb und damit auf die allgemeine Versorgungssicherheit berücksichtigt werden und die Regulierungsbehörde insofern die Möglichkeit hat, ihrerseits auf der Basis des Energierechts tätig zu werden.

Inhaltlich muss die abzugebende **Meldung** Angaben zu der Störung, zu möglichen grenzüberschreitenden Auswirkungen sowie zu den technischen Rahmenbedingungen, insbesondere der vermuteten oder tatsächlichen Ursache und der betroffenen Informationstechnik, enthalten, Abs. 1 c S. 2. Auf diese Weise kann das BSI eine unmittelbare (Erst-)Einschätzung der Störung und ihrer Folgen vornehmen und schnellstmöglich auf die Lage reagieren, ohne eine aufwendige Sachverhaltsermittlung in Rücksprache mit dem Meldenden vornehmen zu müssen. Die Nennung des Betreibers ist nur dann erforderlich, wenn die Störung tatsächlich zu einem Ausfall oder einer Beeinträchtigung der Funktionsfähigkeit der kritischen Infrastruktur geführt hat, Abs. 1 c S. 3. 149

Zum **Schutze der Vertraulichkeit** der im Rahmen des Meldeverfahrens übermittelten Informationen haben sowohl das BSI als auch die BNetzA nach Abs. 1 c S. 5 sicherzustellen, dass die unbefugte Offenbarung der ihnen insoweit zur Kenntnis gelangten Angaben ausgeschlossen wird. Zugang zu den Akten des BSI und der BNetzA in Angelegenheiten nach Abs. 1 a bis Abs. 1 c wird nach Abs. 1 c S. 6 nicht gewährt, sodass Informationsansprüche auf Basis des **IFG ausgeschlossen** sind. Unberührt bleiben nach Abs. 1 c S. 7 die Akteneinsichtsrechte der an einem Verfahren Beteiligten nach § 29 VwVfG. § 8 Abs. 1 BSIG ist nach Abs. 1 c S. 8 entsprechend anzuwenden, wobei über Auskunftsansprüche gegenüber dem BSI auf dieser gesetzlichen Grundlage immer nur einzelfallbezogen entschieden werden kann unter Abwägung der schutzwürdigen Interessen des betroffenen Kritis-Betreibers und nur wenn keine Beeinträchtigung von Sicherheitsinteressen eintreten kann. Ein Zugang zu personenbezogenen Daten wird nach § 8 e Abs. 1 S. 2 BSIG nicht gewährt. 150

Nach § 95 Abs. 1 Nr. 2 b handelt **ordnungswidrig,** wer entgegen § 11 Abs. 1 c eine Meldung nicht, nicht richtig, nicht vollständig oder nicht rechtzeitig vornimmt. Die Zuständigkeit für die Durchführung des Ordnungswidrigkeitsverfahrens liegt nach § 95 Abs. 5 beim BSI. 151

F. Registrierungspflicht der Betreiber (Abs. 1 d)

Die mit der Klimaschutz-Sofortprogramm-Novelle in Abs. 1 d eingeführte Regelung verpflichtet die Betreiber von Energieversorgungsnetzen und von solchen Energieanlagen, die durch die BSI-KritisV als kritische Infrastruktur bestimmt wurden, spätestens bis zum 1. April jeden Jahres die von ihnen betriebene Anlage beim BSI zu registrieren und eine Kontaktstelle zu benennen (Abs. 1 d S. 1). Die Registrierungen einschließlich der damit verbundenen Kontaktdaten werden vom BSI an die BNetzA übermittelt (Abs. 1 d S. 2). Kommt ein Betreiber seiner Pflicht zur Registrierung nicht nach, kann das BSI diese auch ohne dessen Beteiligung selbst vornehmen und die entsprechenden Kontaktdaten an die BNetzA übermitteln (Abs. 1 d S. 3, 4). Die Betreiber haben die jederzeitige Erreichbarkeit der benannten Kontaktstelle sicherzustellen (Abs. 1 d S. 5), damit hierüber der Informationsaustausch seitens des BSI als der zentralen Meldestelle für Betreiber kritischer Infrastrukturen in Angelegenheiten der Sicherheit in der Informationstechnik erfolgen 152

Frechen

kann. Die Regelungen des Abs. 1 d schaffen für die zuständigen Behörden die bislang fehlende gesetzliche Grundlage, ohne die eine vollständige Erfassung der Kontaktdaten der Betreiber nicht möglich ist. Durch die Pflicht zur Registrierung ist nunmehr sichergestellt, dass das BSI seinen Aufgaben zur Warnung und Information der Unternehmen umfassend nachkommen kann und umgekehrt die Meldung von IT-Sicherheitsvorfällen durch die Betreiber und die Erfüllung sonstiger Nachweispflichten gewährleistet ist.

G. Systeme zur Angriffserkennung (Abs. 1 e und 1 f)

153   Mit dem Zweiten Gesetz zur Erhöhung der Sicherheit informationstechnischer Systeme vom 18.5.2021 (BGBl. 2021 I S. 1122) wurden die Regelungen in Abs. 1 e und 1 f (ursprünglich jedoch als Abs. 1 d und 1 e) neu in § 11 eingefügt. § 11 Abs. 1 e verpflichtet die Betreiber von Energieversorgungsnetzen und von solchen Energieanlagen, die durch die BSI-KritisV als kritische Infrastruktur bestimmt wurden, spätestens ab dem 1.5.2023 in ihren informationstechnischen Systemen, Komponenten oder Prozessen, die für die Funktionsfähigkeit der von ihnen betriebenen Energieversorgungsnetze oder Energieanlagen maßgeblich sind, in angemessener Weise **Systeme zur Angriffserkennung** einzusetzen. Die eingesetzten Systeme zur Angriffserkennung müssen geeignete Parameter und Merkmale aus dem laufenden Betrieb kontinuierlich und automatisch erfassen und auswerten. Sie sollten dazu in der Lage sein, fortwährend **Bedrohungen** zu **identifizieren** und zu **vermeiden** sowie für eingetretene Störungen geeignete **Beseitigungsmaßnahmen** vorsehen. Dabei soll der Stand der Technik eingehalten werden.

154   Die Systeme zur Angriffserkennung „stellen eine effektive Maßnahme zur Begegnung von Cyber-Angriffen dar und unterstützen insbesondere die Schadensreduktion. [...] Die Systeme zur Angriffserkennung sollen die Kommunikationstechnik der Betreiber Kritischer Infrastrukturen möglichst umfassend schützen." (Begr.RegE zum Zweiten Gesetz zur Erhöhung der Sicherheit informationstechnischer Systeme, BT-Drs. 19/26106, 79). Durch die Änderung wird die in § 8a Abs. 1a BSIG neu eingeführte Pflicht für Betreiber kritischer Infrastrukturen, Systeme zur Angriffserkennung einzusetzen, auch analog für Betreiber von Energieversorgungsnetzen und als kritische Infrastrukturen qualifizierten Energieanlagen eingeführt (vgl. Begr.RegE zum Zweiten Gesetz zur Erhöhung der Sicherheit informationstechnischer Systeme, BT-Drs. 19/26106, 98).

155   Was unter Systemen zur Angriffserkennung zu verstehen ist, wird in § 2 Abs. 9b BSIG legaldefiniert und ist inhaltlich auch auf Abs. 1 d übertragbar: „Systeme zur Angriffserkennung im Sinne dieses Gesetzes sind durch technische Werkzeuge und organisatorische Einbindung unterstützte Prozesse zur Erkennung von Angriffen auf informationstechnische Systeme. Die Angriffserkennung erfolgt dabei durch Abgleich der in einem informationstechnischen System verarbeiteten Daten mit Informationen und technischen Mustern, die auf Angriffe hindeuten."

156   Der Einsatz von Systemen zur Angriffserkennung hat nach Abs. 1 e in angemessener Weise zu erfolgen. Dies ist nach Abs. 1 e S. 5 dann der Fall, wenn der dafür erforderliche Aufwand nicht außer Verhältnis zu den möglichen Folgen eines Ausfalls oder einer Beeinträchtigung des betroffenen Energieversorgungsnetzes oder der betroffenen Energieanlage steht. Neben dem Ziel eines möglichst umfassenden Schutzes durch den Einsatz von Systemen zur Angriffserkennung „können Systeme zur Angriffserkennung zum Beispiel im Falle falscher Warnmeldungen

auch zu Schäden führen. Gefordert wird daher [...] nur ein angemessener Einsatz, dem eine Abwägung der Interessen an einem umfassenden Schutz mit bestehenden Risiken vorgeht." (Begr. RegE zum Zweiten Gesetz zur Erhöhung der Sicherheit informationstechnischer Systeme, BT-Drs. 19/26106, 79).

Nach Abs. 1 f S. 1 haben die zur Einführung von Systemen zur Angriffserkennung verpflichteten Betreiber **gegenüber dem BSI** erstmalig am 1.5.2023 und danach alle zwei Jahre die Erfüllung der Anforderungen nach Abs. 1c (der Hinweis auf Abs. 1d ist ein redaktioneller Fehler) **nachzuweisen.** Damit wird den Betreibern hinreichend Zeit eingeräumt, ihre Verpflichtung zu erfüllen. Das BSI hat die hierfür eingereichten Nachweisdokumente unverzüglich an die BNetzA weiterzuleiten, Abs. 1 f S. 2. Beide Behörden haben nach Abs. 1 f S. 3 sicherzustellen, dass die unbefugte Offenbarung der ihnen nach S. 1 zur Kenntnis gelangten Angaben ausgeschlossen wird. Das BSI kann bei Mängeln in der Umsetzung der Anforderungen nach Absatz 1 e oder in den Nachweisdokumenten nach S. 1 im Einvernehmen mit der BNetzA die Beseitigung der Mängel verlangen, Abs. 1 f S. 4.

H. Bestimmung kritischer Netzkomponenten (Abs. 1 g)

Mit der EnSiG-Novelle 2022 wurde eine Befugnis auf die BNetzA übertragen, für das Betreiben von Energieversorgungsnetzen und Energieanlagen kritische Komponenten iSd § 2 Abs. 13 BSIG direkt oder durch die Festlegung kritischer Funktionen zu bestimmen. Dies soll durch Allgemeinverfügung im Wege einer Festlegung nach § 29 Abs. 1 in einem Katalog von Sicherheitsanforderungen geschehen (Abs. 1 g S. 1). Für die Festlegung gilt § 59 Abs. 1 Nr. 1. Den Katalog soll die BNetzA im Einvernehmen mit dem BSI bis zum 22.5.2023 erstellen. Er wird mit den IT-Sicherheitskatalogen nach Abs. 1 a und 1 b verbunden (Abs. 1 g S. 3). Bis dahin gab es im Energiebereich keine kritischen Komponenten iSd § 2 Abs. 13 BSI-Gesetz (Begr. RegE, BT-Drs. 20/1501, 39). Die Betreiber von Energieversorgungsnetzen und Energieanlagen, die nach der BSI-KritisV als kritische Infrastruktur bestimmt wurden, haben den Katalog von Sicherheitsanforderungen spätestens sechs Monate nach dessen Inkrafttreten zu erfüllen, sofern die BNetzA keine abweichende Umsetzungsfrist vorgibt (Abs. 1 g S. 2). Nach Ablauf der Umsetzungsfrist haben die verpflichteten Betreiber die Anforderungen nach § 9 b BSIG einzuhalten, was insbesondere zur Folge hat, dass der geplante erstmalige Einsatz einer kritischen Komponente dem BMI vor ihrem Einsatz anzuzeigen ist (§ 9 b Abs. 1 BSIG). Unter bestimmten Voraussetzungen kann sodann der Einsatz einer solchen kritischen Komponente staatlicherseits gegebenenfalls auch untersagt oder von der Abgabe einer herstellerseitigen Vertrauenswürdigkeitserklärung abhängig gemacht werden (§ 9 b Abs. 2 ff. BSIG).

I. Spitzenkappung (Abs. 2)

Mit dem Strommarktgesetz 2016 wurde das Konzept der sog. Spitzenkappung gesetzlich verankert. Das Instrument sieht vor, dass Betreiber von Elektrizitätsversorgungsnetzen **in ihrer Planung** für einen bedarfsgerechten, wirtschaftlich zumutbaren Ausbau der Elektrizitätsversorgungsnetze die Annahme zugrunde legen können, dass die prognostizierte jährliche Stromerzeugung je unmittelbar an ihr

§ 11   Teil 3. Regulierung des Netzbetriebs

Netz angeschlossener Anlage zur Erzeugung von elektrischer Energie aus Windenergie an Land oder solarer Strahlungsenergie um bis zu drei Prozent reduziert werden darf. Dabei erfasst Abs. 2 bewusst **Neu- und Bestandsanlagen** gleichermaßen (Begr.RegE BT-Drs. 18/7317, 79).

160   Auch im Rahmen des Verteilernetzausbaus wird damit das Prinzip operationalisiert, dass Stromleitungen nicht für **besondere Erzeugungs- oder Handelsspitzen** ausgebaut werden sollen. Es handelt sich um eine Konkretisierung der „Bedarfsgerechtigkeit" des Netzbetriebs iSd Abs. 1 im Umgang mit Solar- und Windenergieanlagen an Land. Da ca. 97 Prozent dieser EE-Anlagen auf Verteilernetzebene angeschlossen sind (BNetzA, EEG in Zahlen 2019 www.bundesnetz agentur.de/SharedDocs/Downloads/DE/Sachgebiete/Energie/Unternehmen_In stitutionen/ErneuerbareEnergien/ZahlenDatenInformationen/EEGinZah len_2019.xlsx?__blob=publicationFile&v=4) oder werden, handelt es sich um ein **Instrument für Verteilernetzbetreiber.** Der Einsatz von Spitzenkappung in der Netzplanung ist Gegenstand der Netzausbauberichte gem. § 14 d Abs. 3 Nr. 6.

161   Die Übertragungsnetzbetreiber sind wiederum im Rahmen der Erstellung des Netzentwicklungsplans gem. § 12b Abs. 1 S. 3 verpflichtet, die Auswirkungen der Spitzenkappung in ihren Szenarien zum Netzausbau zu berücksichtigen. Daher sind diese auch gem. S. 2 Nr. 2 ebenfalls zu informieren. Die BNetzA bringt diese Vorschrift darüber hinaus in der Weise zur Anwendung, dass für die Bedarfsplanung die Spitzenkappung der ÜNB gem. Abs. 2 unterstellt wird (BNetzA, Bestätigung des NEP Strom für das Zieljahr 2030 vom Dezember 2019, S. 42), offenbar unabhängig von einer entsprechenden Erklärung.

162   Netzausbau bleibt in fast allen Fällen die sinnvollste Lösung für ein volatiles Energiesystem, das eine CO_2-arme und irgendwann CO_2-freie Erzeugung mit Versorgungssicherheit und Preisgünstigkeit kombinieren soll. Dessen ungeachtet wird es immer wieder in einzelnen Netzen Phasen geben, in denen die Netzkapazitäten unzureichend sind oder bei denen ein durch Spitzenkappung reduzierter Netzausbau dem Netzbetreiber Handlungsspielräume eröffnet, um geordnete Planungs- und Netzausbaukonzepte verfolgen zu können.

163   Das Instrument dieser Spitzenkappung eröffnet VNB **in der Netzplanung** die Möglichkeit, ihr Netz nicht mehr auf die Aufnahme der letzten Kilowattstunde auszulegen, sondern ein iSd §§ 1 und 1a Abs. 4 sinnvolles Maß zu dimensionieren (NK-EnWG/*Tüngler* § 11 Rn. 79). Die Wirkung des Instruments besteht darin, den Ausbaubaubedarf bestehender Leitungen zeitlich weiter in die Zukunft zu verschieben oder sogar vollständig zu vermeiden. Der VDE|FNN hat Hinweise für Verteilernetzbetreiber veröffentlicht www.vde.com/de/fnn/arbeitsgebiete/netzbe trieb-sicherheit/netzplanung/spitzenkappung), denen man auch die verschiedenen Verfahren zu Ermittlung der Netzauslegung entnehmen kann. Durch die Spitzenkappung können mehr Anlagen angeschlossen werden, bevor ein Ausbaubedarf im Netz entsteht (BNetzA, Flexibilität im Stromsystem, S. 14).

164   Dabei ist die Spitzenkappung **kein verpflichtendes** Planungsinstrument. Dem Netzbetreiber wird die Möglichkeit eröffnet, sein Netz (zeitweise) strukturell unterzudimensionieren. Ob diese Möglichkeiten greifen, entscheiden Netzbetreiber auch unter Berücksichtigung des ihm in der **Anreizregulierung** gebotenen Systems der Refinanzierung und des Effizienzvergleichs (BNetzA, Flexibilität im Stromsystem, S. 25f.). Will man eine Optimierung von Handlungsoptionen durch den Netzbetreiber ermöglichen, müssen systemisch beide Optionen Gegenstand des Effizienzvergleichs in der Anreizregulierung sein (BerlKommEnergieR/*Säcker/ Sasse* ARegV § 11 Rn. 53).

Unabhängig von der konkreten Ausgestaltung wird mit dem Konzept der Spitzenkappung das Ziel eines volkswirtschaftlichen Optimums bei der Dimensionierung des Netzes angestrebt. Dieser Ansatz ist neu und weicht von der bisherigen Zielrichtung eines auf die vollständige Umsetzung des Marktergebnisses ausgerichteten Netzausbaus ab. 165

Ein Netzbetreiber, der bei seiner Netzplanung Spitzenkappung zugrunde legt, muss a) seinem vorgelagerten ÜNB, b) immer der BNetzA und c) im Falle der Zuständigkeit einer Landesbehörde für die Kosten auch die zuständige Landesregulierungsbehörde informieren und dies öffentlich bekannt machen (S. 2). 166

S. 4 sieht vor, dass die §§ 13 und 14 und die §§ 11, 14 und 15 EEG 2017 unberührt bleiben. Damit wird klargestellt, dass die Abregelung als solche (im Unterschied zu deren Berücksichtigung bei der Netzplanung) nicht nach Abs. 2 erfolgt, sondern nach den dafür einschlägigen Vorschriften über das Engpassmanagement/Redispatch (→ § 13 Rn. 117). Kommt es im Betrieb bezogen auf **eine Anlage** tatsächlich zu einer Abregelung von mehr als drei Prozent der jährlichen Stromerzeugung, so ist den Regulierungsbehörden der Umfang der und die Ursachen für die Reduzierung der Einspeisung mitzuteilen und im Falle einer Spitzenkappung die Dokumentation nach S. 2 Nr. 3 vorlegen (S. 5). 167

J. Haftungsbeschränkung/Verordnungsermächtigung (Abs. 3)

Abs. 3 enthält eine **unselbstständige** Verordnungsermächtigung. Danach können im Rahmen von Rechtsverordnungen zu Vertrags- und sonstigen Rechtsverhältnissen auch Regelungen zur Haftung der Netzbetreiber getroffen werden. Der Erlass einer Rechtsverordnung allein aufgrund von Abs. 3 ist also nicht möglich. Voraussetzung ist, dass Rechtsverordnungen aufgrund anderer Vorschriften des EnWG erlassen werden. Dazu kommen insbesondere Verordnungen über den Netzanschluss gem. §§ 17 Abs. 3, 18 Abs. 3 in Betracht. 168

Haftungsbeschränkungen können für die vertragliche und deliktische Haftung der Netzbetreiber für Sach- und Vermögensschäden vorgesehen werden, die Kunden aufgrund von **Versorgungsunterbrechungen oder -unregelmäßigkeiten** erleiden (Abs. 3 S. 1). Die Haftung kann auf vorsätzlich oder grob fahrlässig verursachte Schäden beschränkt werden. Es ist auch eine Haftungsbeschränkung der Höhe nach möglich (Abs. 3 S. 2). Darüber hinaus kann die Haftung der Netzbetreiber im Zusammenhang mit bestimmten zwangsweisen Systemsicherheitsmaßnahmen (§ 13 Abs. 2, 14, 16 Abs. 2 und 2a und 16a) völlig ausgeschlossen werden. Der Haftungsausschluss muss zur Vermeidung unzumutbarer wirtschaftlicher Risiken des Netzbetriebs erforderlich sein (Abs. 3 S. 3). 169

Hintergrund der Regelung ist die **Störanfälligkeit der Energieversorgungsnetze.** Sie kann auch bei Einhaltung des durch Abs. 1 S. 1 vorgegebenen Qualitätsstandards nicht völlig ausgeschlossen werden. Es ist denkbar, dass schon vergleichsweise kleine (leicht fahrlässig verursachte) Fehler im Bereich des Netzbetriebs zu erheblichen Versorgungsunterbrechungen führen. Dadurch können finanzielle Schäden größeren Ausmaßes entstehen. Müsste dieses zum Teil nicht versicherbare Schadensrisiko bei der Kalkulation der Netznutzungsentgelte in vollem Umfang berücksichtigt werden, ginge dies zulasten der **Preisgünstigkeit der Energieversorgung** (§ 1 Abs. 1). Es entspricht daher dem Interesse der Netzbetreiber und der 170

Netznutzer, die Haftung im Zusammenhang mit dem Netzbetrieb auf ein angemessenes Maß zu beschränken (*Ehricke/Kästner* et 2005, 242f.). Dies gilt insbesondere, wenn Netzbetreiber wie bei Zwangsmaßnahmen gem. §§ 13 Abs. 2 14, 16 Abs. 2 und 16a zu Eingriffen in den Netzbetrieb gesetzlich verpflichtet sind. Sie müssen erforderlichenfalls auch Zwangsmaßnahmen ergreifen, um Gefährdungen oder Störungen des Energieversorgungssystems zu beheben. Die Erforderlichkeit von Haftungsbeschränkungen in diesem Bereich ist allgemein anerkannt.

171 Der Verordnungsgeber hat der Entflechtung folgend die Haftungsbeschränkungen der alten §§ 6 AVBElt und AVBGas in die Netzanschlussverordnungen überführt und teilweise eingeschränkt (→ Vor § 17 Rn. 68). Aus Sicht des Kunden stellt sich die Versorgungsunterbrechung als Störung seines Anschlussnutzungsverhältnisses dar. Die NAV und die NDAV enthalten jeweils in § 18 Haftungsbeschränkungen zugunsten der Netzbetreiber. Beide Verordnungen wurden auf der Grundlage von § 18 Abs. 3 erlassen. Sie sind also, wie sich auch aus §§ 1 Abs. 1 NAV/NDAV ergibt, auf den Betrieb von Energieversorgungsnetzen für die allgemeine Versorgung beschränkt. Für den Betrieb sonstiger Energieversorgungsnetze verweist die Verordnungsbegründung (BR-Drs. 367/06, 55f.) auf die Möglichkeit, entsprechende Haftungsbeschränkungen vertraglich zu vereinbaren.

172 Gleiches gilt für Haftungsbeschränkungen für Netzebenen oberhalb der Niederspannung bzw. des Niederdrucks. Der BGH hat dies im Hinblick auf § 6 AVBElt auch in Allgemeinen Geschäftsbedingungen für zulässig gehalten (BGH Urt. v. 25.2.1998 – VIII ZR 276-96, NJW 1998, 1640; dazu krit. *Büttner/Däuper* ZNER 2003, 205, 209; LG Essen Urt. v. 4.5.2007 – 3 O 48/06, NJW 2007, 3787ff. – Stromausfälle Münsterland). Es ist nicht erkennbar, dass sich der BGH von den Grundsätzen dieser Rechtsprechung entfernt (BGH Urt. v. 18.7.2012 – VIII ZR 337/11, NJW 2013, 291 (297 Rn. 62)). Für eine Fortsetzung dieser rechtlichen Bewertung spricht auch, dass sich die Regelungen der NAV/NDAV an den Regelungen der § 6 AVBElt/AVBGas orientieren und dass über § 25a StromNZV und § 5 GasNZV die §§ 18 NAV bzw. NDAV auf die Störung der Netznutzung allgemein übertragen wird.

Vorbemerkung

Literatur: *Bundeskartellamt,* Bericht gemäß § 53 Abs. 3 Satz 2 GWB Az. B8–16/21 v. Februar 2022 – Wettbewerbsverhältnisse im Bereich der Erzeugung elektrischer Energie 2021 (Marktmachtbericht 2021); *Dembski/Valentin,* Neue Regelungen für Stromspeicher im EEG und im EnWG – ein Überblick, EnWZ 2021, 396; *Dreup/Bourwieg,* Zur energierechtlichen Einordnung von netzgekoppelten Energiespeicheranlagen, ER 2016, 197; *Energieforschungszentrum Niedersachsen, Beck et al.,* Eignung von Speichertechnologien zum Erhalt der Systemsicherheit, 2013 = www.ievt.tu-clausthal.de/fileadmin/ICVT/documents/forschungsberichte/eignungvon-speichertechnologien-zum-erhalt-der-systemsicherheit.pdf (zitiert: efzn Beck et al. Speicherstudie 2013; *Haußner/Ismer,* Betrieb von Stromspeichern durch Verteilernetzbetreiber, EnWZ 2018, 51; *Patt,* Die Speicherung von Strom aus Sicht des Zivilrechts, 2022; *Säcker,* Die Aufgaben der Verteilnetzbetreiber bei zunehmender Erzeugung erneuerbarer Energien und der Digitalisierung der Energiemärkte, EnWZ 2016, 294; *Schneider/Kirch,* Rechtliche Rahmenbedingungen für Stromspeicher, RdE 2016, 165; *Schwintowski,* Konfiguration und rechtliche Rahmenbedingungen für den modernen Batteriespeichermarkt, EWeRK 2015, 81; *Thomas/Altrock,* Einsatzmöglichkeiten für Energiespeicher, ZUR 2013, 579; *Wieser,* Energiespeicher als zentrale Elemente eines intelligenten Energieversorgungsnetzes, ZUR 2011, 240; *Weyer/*

Vorbemerkung   Vor §§ 11a ff.

Lietz, Entflechtungsvorgaben für den Betrieb von Stromspeichern – Teil 1, ZNER 2014, 241, und Teil 2, ZNER 2014, 356.

A. Inhalt der Normen §§ 11 a und 11 b

Die 2021 eingeführten Vorschriften zum Einsatz von Energiespeichern in Elek- 1
trizitätsversorgungsnetzen können nur gemeinsam und **im Zusammenhang mit den durch die Entflechtung bestehenden Eigentumsverboten** in §§ 7 Abs. 1 S. 2, 8 Abs. 2 S. 3, 10b Abs. 3 S. 4 richtig eingeordnet werden. Demnach ist es Betreibern von Elektrizitätsversorgungsnetzen verboten, Eigentümer einer Energiespeicheranlage zu sein oder eine solche zu errichten, zu verwalten oder zu betreiben. § 11 b regelt **die Ausnahme** von dem Grundsatz der genannten Entflechtungsvorschriften, dass Betreibern von Elektrizitätsversorgungsnetzen die Errichtung, die Verwaltung und der Betrieb von Energiespeicheranlagen nicht erlaubt ist (ebenso *Dembski/Valentin* EnWZ 2021, 396 (398)).

Dies ist der Fall, da es sich bei dem Betreiber Energiespeicheranlagen bei einer 2
energiewirtschaftlichen Betrachtung **aus Sicht des Energieversorgungsnetzes** und einer systematischen Betrachtung der Vorschriften der **Entflechtung** in Teil 2 Abschnitt 2 und 3 EnWG um einen einer anderen Wertschöpfungsstufe zugeordneten Akteur handelt. In vor- und nachgelagerten Märkten zu den Netzen werden Märkte zu Vertrieb von Elektrizität an Endkunden, Stromgroßhandelsmärkte und gegebenenfalls noch SDL-Märkte (insbesondere Regelenergiemärkte → Vor § 22) unterschieden (*Bundeskartellamt*, Marktmachtbericht 2021, S. 7). Energiewirtschaftlich sind Energiespeicheranlagen der Erzeugung von Elektrizität zuzuordnen (→ Rn. 9). Eine Ausnahme von dieser entflechtungsrechtlichen Grundregel muss europarechtlich zulässig sein und gesetzlich angeordnet werden. Um eine solche Spezialnorm handelt es sich beim § 11b, dieser hat ua zur Voraussetzung, dass ein Energieversorgungsnetzbetreiber gem. § 11 b Abs. 2 S. 1 Nr. 2 nur dann eine netzeigene Energiespeicheranlage errichten, verwalten und betreiben darf, wenn ein erfolgloses Ausschreibungsverfahren gem. § 11 a durchgeführt wurde.

§ 11 a regelt die Bedingungen, unter denen Energieversorgungsnetzbetreiber 3
sich zur Gewährleistung der sicheren und effizienten Betriebsführung (§ 11 Abs. 1) um spezifische Dienstleistungen durch Dritte mittels eine Energiespeichers bedienen können. Darüber hinaus erlaubt § 11 a Abs. 2 **dem Dritten** noch die weitergehende Vermarktung seiner Energiespeicheranlage, soweit sie nicht für Zwecke des Energieversorgungsnetzbetreibers gebunden ist – im Grund eine Selbstverständlichkeit. Abs. 3 sieht die nähere Ausgestaltung des Ausschreibungsverfahrens durch die BNetzA vor, dh eine bundesweite Zuständigkeit der BNetzA abweichend von § 54 Abs. 2 Nr. 4.

B. Europarechtliche Grundlage

Die Elt-RL 2019 enthielt erstmals konkrete Regelungen zu Energiespeicher- 4
anlagen. Um Quersubventionierung zwischen wettbewerblichem Speicherbetrieb und reguliertem Netzbetrieb zu vermeiden, gilt ein grundsätzliches Verbot, Eigentümer von Energiespeicheranlagen zu sein, diese zu errichten, zu verwalten und zu betreiben. Sollten Anlagen mit ihren spezifischen Fähigkeiten für den Netzbetrieb gebraucht werden, sind solche grundsätzlich marktgestützt und wettbewerblich zu

beschaffen. Das ausdrückliche Verbot für Betreiber von Elektrizitätsversorgungsnetzen, Energiespeicheranlagen in ihrem Eigentum zu halten oder diese zu errichten, zu verwalten oder zu betreiben, wurde mit den Art. 36 Abs. 1 und 54 Abs. 1 niedergelegt. Diese lauten wie folgt:

5 **Artikel 36 Elt-RL 19 Eigentum von Verteilernetzbetreibern an Energiespeicheranlagen.** (1) Verteilernetzbetreibern wird es nicht gestattet, Eigentümer von Energiespeicheranlagen zu sein oder diese Anlagen zu errichten, zu verwalten oder zu betreiben.

(2) Abweichend von Absatz 1 können die Mitgliedstaaten den Verteilernetzbetreibern gestatten, Eigentümer von Energiespeicheranlagen zu sein oder diese Anlagen, wenn sie vollständig integrierte Netzkomponenten darstellen, zu errichten, zu verwalten oder zu betreiben, wenn die Regulierungsbehörde ihre Genehmigung erteilt hat, oder wenn alle folgenden Bedingungen erfüllt sind:
a) Anderen Parteien wurde nach Durchführung eines offenen, transparenten und diskriminierungsfreien Ausschreibungsverfahrens, das der Überprüfung und Genehmigung durch die Regulierungsbehörde bedarf, nicht das Recht gewährt, Eigentümer solcher Anlagen zu sein oder diese Anlagen zu errichten, zu verwalten oder zu betreiben, oder sie konnten diese Leistungen weder zu angemessenen Kosten noch rechtzeitig erbringen.
b) Solche Anlagen sind notwendig, damit Verteilernetzbetreiber ihre Verpflichtungen im Rahmen dieser Richtlinie zur Aufrechterhaltung eines leistungsfähigen, zuverlässigen und sicheren Betriebs der Verteilernetze erfüllen können, und die Anlagen werden nicht verwendet, um Elektrizität auf Strommärkten zu kaufen oder zu verkaufen.
c) Die Regulierungsbehörde hat geprüft, ob eine solche Ausnahme notwendig ist, eine Bewertung des Ausschreibungsverfahrens einschließlich seiner Bedingungen vorgenommen und ihre Genehmigung erteilt. Die Regulierungsbehörden können Leitlinien oder Auftragsvergabeklauseln ausarbeiten, um den Verteilernetzbetreibern dabei zu helfen, für ein faires Ausschreibungsverfahren zu sorgen.

(3) Die Regulierungsbehörden führen in regelmäßigen Abständen oder mindestens alle fünf Jahre eine öffentliche Konsultation zu den vorhandenen Energiespeicheranlagen durch, um zu prüfen, ob ein Potential für und Interesse an Investitionen in solche Anlagen besteht. Deutet die öffentliche Konsultation – gemäß der Bewertung durch die Regulierungsbehörde – darauf hin, dass Dritte in kosteneffizienter Weise in der Lage sind, Eigentümer solcher Anlagen zu sein bzw. solche Anlagen zu errichten, zu betreiben oder zu verwalten, so stellen die Regulierungsbehörden sicher, dass die darauf gerichteten Tätigkeiten der Verteilernetzbetreiber binnen 18 Monaten schrittweise eingestellt werden. Als Teil der Bedingungen dieses Verfahrens können die Regulierungsbehörden es den Verteilernetzbetreibern gestatten, einen angemessenen Ausgleich zu erhalten, insbesondere sich den Restwert ihrer Investitionen in Energiespeicheranlagen erstatten zu lassen.

(4) Absatz 3 gilt nicht für vollständig integrierte Netzkomponenten und nicht für den üblichen Abschreibungszeitraum für neue Batteriespeicheranlagen, bei denen die endgültige Investitionsentscheidung vor dem 4. Juli 2019 getroffen wurde, und soweit solche Batteriespeicheranlagen
a) spätestens zwei Jahre danach an das Netz angeschlossen wurden,
b) in das Verteilernetz integriert sind,
c) nur zur reaktiven unmittelbaren Wiederherstellung der Netzsicherheit im Fall von Netzfehlern verwendet werden, wenn die Wiederherstellungsmaßnahme unmittelbar beginnt und endet, sobald das Problem durch reguläre Redispatchmaßnahmen behoben werden kann, und
d) nicht verwendet werden, um Elektrizität auf Elektrizitätsmärkten – einschließlich des Regelleistungsmarkts – zu kaufen oder zu verkaufen.

Art. 54 trifft die parallele Regelung für Betreiber von Übertragungsnetzen.

C. Beschaffungsverfahren

Am besten lässt sich das daraus ergebene komplexe Zusammenspiel der Verfahren und Normen, in denen ein regulierter Betreiber von Elektrizitätsversorgungsnetzen zu einem Einsatz von Energiespeichern in seinem Netz kommt, bildlich darstellen:

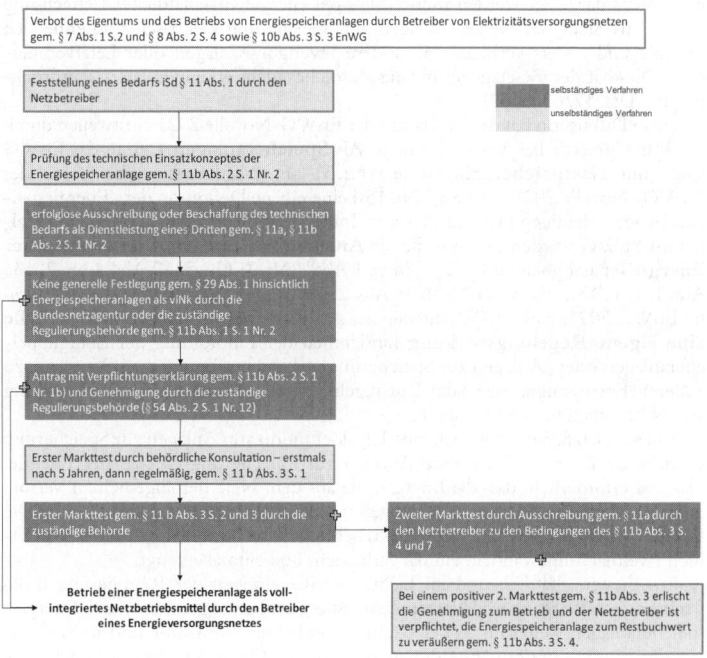

Die Darstellung macht vielleicht deutlich, dass es sich um ein sehr langwieriges und komplexes Verfahren handelt, das trotz einer sehr expliziten Ausgestaltung in den §§ 11a und 11b noch zahlreiche Fragen für die Beteiligten offenlässt.

D. Entflechtung und Energiespeicher

Die Regelungen sind Ausfluss der intensiven Diskussionen, ob Anlagen zur Speicherung elektrischer Energie nicht aktuell oder jedenfalls perspektivisch für den sicheren und effizienten Betrieb eines Stromnetzes gebraucht werden (*Haußner/Ismer* EnWZ 2018, 51; *Wieser* ZUR 2011, 240; *Thomas/Altrock* ZUR 2013, 579; *Weyer/Lietz* ZNER 2014, 241 und *Weyer/Lietz* ZNER 2014, 356; *Schwintowski* EWeRK 2015, 81; *Drenup/Bourwieg* ER 2016, 197; *Schneider/Kirch* RdE 2016, 165; *Säcker* EnWZ 2016, 294.). Dabei wird häufig die Eigenschaft eines Batterie- oder sonstigen Stromspeichers, Verbräuche von einer Bilanzierungsperiode in eine andere zu verschieben, gleichgesetzt mit einer aus Netzsicht besonders „nützlichen" Eigenschaft, die eine besondere oder andere Behandlung im Energieversorgungssystem rechtfertigt. Diese Einschätzung geht in ihrer Pauschalität fehl – ein nach einer Optimierung am Stromgroßhandelsmarkt eingesetzter Energiespeicher kann Ent- oder Belastungen für die vorgelagerten und benutzen Netze nach sich ziehen. Auch bringt jede Erzeugungsform eigener Art spezifische Eigenschaften mit, sodass dargelegt werden müsste, dass bei energiewirtschaftlicher Betrachtung gerade aus Sicht des Netzes Anlagen zur Speicherung elektrischer Energie sich grundlegend anders verhielten als andere Erzeugungsanlagen oder Letztverbraucher. Dies hat der Gesetzgeber bislang als solches nicht erkennen lassen (ausdrücklich BT-Drs. 17/6365, 33).

9 Diese Diskussion hat das Gesetz mit der EnWG-Novelle 2021 einstweilen durch ein klares gesetzliches Verbot beendet. Als **Speicheranlagen** kannte das EnWG lange nur **Gasspeicheranlagen** (§ 3 Nr. 31 aF). Mittlerweile gibt es seit der EnWG- Novelle 2021 mit → § 3 Nr. 15d eine eigene Definition der „Energiespeicheranlage", die in §§ 11a und 11b zum Tragen kommt (in einer Vielzahl von Stellen im EnWG werden mittlerweile die **Anlagen zur Speicherung elektrischer Energie** separat genannt (ua auch in §§ 1 Abs. 4 Nr. 3, Abs. 3, 12 Abs. 4 Nr. 2, 13a Abs. 1, 13b, 13i, 13j Abs. 1 Nr. 4, 18 Abs. 2; 19, 31, 118, dazu auch *Dembski/Valentin* EnWZ 2021, 396 (397)). Auffällig ist, dass diese Vorschriften **an keiner Stelle eine eigene Regelungswirkung** hinsichtlich der Einordnung der Energiespeicheranlagen oder „Anlagen zur Speicherung elektrischer Energie" im Vergleich zu anderen Erzeugungsanlage oder Last regeln. Einzige Ausnahme ist die Befreiung von Netzentgelten in § 118 Abs. 6.

10 § 118 Abs. 6 S. 3 enthält auch eine Legaldefinition von Anlagen zur Speicherung elektrischer Energie als ortsfeste Anlagen zur Speicherung elektrischer Energie. Dazu ist erforderlich, dass die Energie, die aus dem Netz der allgemeinen Versorgung entnommen wurde, zeitverzögert in dasselbe Netz eingespeist wird. Die Energie wird im Speicherprozess elektrisch, chemisch, mechanisch oder physikalisch zweimal umgewandelt, einmal verbraucht und einmal erzeugt.

11 Energiewirtschaftlich und im Lichte der Regelungen der Regulierung (Entflechtung, Netzzugang und Netzentgelte) ist es am überzeugendsten, auch Energiespeicheranlagen weiterhin als Letztverbraucher bei der Entnahme und als Erzeuger bei der Einspeisung von Energie zu behandeln. Wie andere Lasten und Erzeugungsanlagen auch, sind Energiespeicheranlagen für die Teilnahme am europäischen Großhandelsmarkt ausgelegt. Hier liegen ihre großen Potenziale in der schnellen Reaktion auf dargebotsabhängige Erzeugung und daraus resultierende price spreads an den Märkten. Pumpspeicherkraftwerke tun dies schon seit Jahrzehnten. Ihre technischen Fähigkeiten können sie wie alle anderen Netznutzer und Anschlussnutzer auch in den zu Netzwecken geschaffenen oder zu schaffenden Märkten effizient, diskriminierungsfrei und gleich einbringen (zur Charakterisierung und Bewertung der derzeit bekannten Speichertechnologien s. efzn Beck et al. Speicherstudie 2013 S. 37 ff.). Dazu bedarf es im Kern keiner spezifischen Regelungen für Energiespeicher (das Entflechtungsregime sei ein wesentlicher Bestandteil des deutschen und europäischen Strommarktdesigns, so *Haußner/Ismer* EnWZ 2018, 51 (52)).

12 Eine Einordnung als **energiewirtschaftliche Letztverbraucher und Erzeuger** wird gestützt durch die Rechtsprechung des BGH (BGH Beschl. v. 17.11.2009 – EnVR 56/08, RdE 2010, 223, bestätigt durch BGH Beschl. v.

Vorbemerkung **Vor §§ 11a ff.**

9.10.2012 – EnVR 47/11, RdE 2013, 169). In seiner Entscheidung führt der BGH zunächst aus, dass Betreiber von Pumpspeicherkraftwerken entgeltpflichtige Netznutzer iSd §§ 20ff. seien. Das Pumpspeicherkraftwerk müsse als Letztverbraucher (§ 14 StromNEV) angesehen werden, weil durch das Hochpumpen des Wassers Strom verbraucht werde. Hieran ändere auch der Umstand nichts, dass mit dem Ablassen des Wassers wieder Strom zurückgewonnen werden könne, wenn auch nur in der Größenordnung von 75 bis 80 Prozent des eingesetzten Stroms. Zwar sei der gesamte Vorgang wirtschaftlich betrachtet ein System, in dem Energie gespeichert werden solle. Da die Energie zunächst jedoch verbraucht werde, indem sie in mechanische Energie umgewandelt werde, liege ein Letztverbrauch vor; der Zweck des Verbrauchs sei irrelevant. Schon das Nebeneinander von Weiterverteilung und Letztverbrauch als Formen der allgemein entgeltpflichtigen Netznutzung mache deutlich, dass die Nutzung der Energie maßgebend sei.

Abzustellen ist umgekehrt bei der Energieerzeugung daher alleinig darauf, dass 13 auf Basis eines anderen Energieträgers durch Rückumwandlung elektrische Energie erzeugt wird. Dabei ist unerheblich, dass keine einhundertprozentige Energieumwandlung erfolgt. Eine solche ist physikalisch, unabhängig von dem verwendeten Primärenergieträger, generell nicht möglich. In einem Batteriespeicher wird elektrische Energie letztlich auch nur in chemische Energie umgewandelt. Folglich handelt es sich auch bei einem Batteriespeicher um einen Letztverbraucher bei der Entnahme und um eine Erzeugungsanlage bei der Einspeisung von Energie.

Diese Einordnung des BGH ist daher energiewirtschaftlich wie technisch wei- 14 terhin zutreffend. In der Einspeicherung von elektrischer Energie durch Entnahme aus dem Netz liegt eine Netznutzung, ein grundsätzlich entgeltpflichtiger Letztverbrauch vor. Das Stromnetz muss auf diese Entnahme zeitgleich mit allen anderen Lasten ausgelegt sein, um die vereinbarte Anschluss- und Entnahmeleistung bereitzustellen. Die Einspeisung in ein Netz aus einem Stromspeicher erfolgt dem entgegen stets zeitungleich zur Entnahme und wirkt auf das Netz wie jede andere Einspeisung. Daran ändert sich auch nichts, wenn mit der Anlage zur Speicherung elektrischer Energie zeitweise Systemdienstleistungen für das Übertragungsnetz erbracht werden. Dies erbringen Erzeugungsanlagen anderer Art auch. Mithin beansprucht die energierechtliche Einordnung im Sinne des BGH in seiner Entscheidung aus dem Jahr 2009 rechtlich, aber auch inhaltlich zu Recht Geltung. Vielmehr deuten die Änderungen in § 13j Abs. 1 Nr. 4 oder in § 19 Abs. 4 StromNEV zu besonderen Netzentgelten für Stromspeicher darauf hin, dass das Gesetz weiterhin eine entsprechende Einordnung von Stromspeichern als Erzeugungsanlagen bzw. Letztverbrauchern trifft, die gegebenenfalls in geregelten Einzelfällen durchbrochen werden kann oder soll.

Vorliegend kann nicht abschließend geklärt werden, ob sich aus der erkennbaren 15 Änderung der Legaldefinition an diesem Grundverständnis etwas ändert (klar ablehnend *Sötebier* → § 13 Rn. 68). Durch die Klimaschutz-Sofortprogramm-Novelle 22 soll zum 1.7.2023 eine neue Legaldefinition in Kraft treten. Auch wenn in der neu formulierten Legaldefinition die zugrunde liegenden Vorgänge des **Verbrauchs** und – im Fall der Nutzung als Stromspeicher – der **Erzeugung** von Strom in der Energiespeicheranlage nicht mehr ausdrücklich erwähnt werden, spricht einiges dafür, die Anlagen energiewirtschaftlich nicht anders zu bewerten als vorstehend. Die Gesetzesbegründung spricht ebenfalls nur von einer *„sprachliche[n] Anpassung an die Terminologie der Elt-RL 19"*, mit der zugleich die *„besondere Bedeutung im Energiesystem unterstrichen"* werden soll (Begr. BT-Drs. 20/2402, 38).

E. Sonderfall Netzbooster

16 Ein Sonderfall ist die zwischenzeitliche in §§ 118a und b geschaffene Spezialregelung für Batteriespeicher am Übertragungsnetz als sog. „Netzbooster" (www.transnetbw.de/de/unternehmen/portraet/innovationen/netzbooster), die mit dem Netzentwicklungsplan Strom 2019 erstmals bestätigt worden waren (*BNetzA, Bestätigung Netzentwicklungsplan Bedarfsermittlung 2019–2030, Dezember 2019, S. 58ff.*), die mit dem Gesetz zur Änderung des BundesbedarfsplanG und anderer Vorschriften 2021 (Art. 2 BBPlGuaÄndG k.a.Abk., Ges. v. 25.2.2021, BGBl. I S. 298 (Nr. 9); Geltung ab 4.3.2021) geschaffen worden waren, um dann mit der EnWG-Novelle 2021 wieder aufgehoben zu werden. Die Begründung führt dazu ausdrücklich aus:

> *„Eine teilweise Umsetzung des Artikels 54 der Richtlinie (EU) 2019/944 ist bereits mit dem von dem Deutschen Bundestag am 28. Januar 2021 beschlossenen Gesetz zur Änderung des Bundesbedarfsplangesetzes und anderer Vorschriften erfolgt. Mit den darin enthaltenen §§ 118a und 118b EnWG wurde eine Regelung aufgenommen, die eine Errichtung der nach Artikel 54 Absatz 5 der Richtlinie (EU) 2019/944 besonders privilegierten Batteriespeicheranlagen ermöglicht. Als Übergangsvorschrift adressiert diese Regelung Übertragungsnetzbetreiber, die bis 2024 Investitionen in Batteriespeicheranlagen mit spezifischem Einsatzkonzept (reaktive Wiederherstellung des sicheren und zuverlässigen Netzbetriebs nach einer Störung, sogenannte „Netzbooster") tätigen. Die vorgezogene Umsetzung sollte eine schnellstmögliche Realisierung der im Netzentwicklungsplan 2019 bestätigten Netzbooster-Pilotanlagen gewährleisten" (Begr. RegE. BT-Drs. 19/27453, 94).*

> *„Die Regelung [der §§ 11a und 11b] ersetzt die Übergangsregelung nach den §§ 118a und 118b, die mit der Novellierung des Bundesbedarfsplangesetzes dieses Jahr eingefügt werden und mit Inkrafttreten des vorliegenden Gesetzes wieder aufgehoben werden sollen" (BT-Drs. 19/27453, 62).*

17 Art. 54 stellt für Übertragungsnetzbetreiber in gleicher Weise ein Verbot von Eigentum, Errichtung, Verwaltung und Betrieb von Energiespeicheranlagen auf, mit einem Ausnahmeprozess gem. § 11a und 11b, von dem Art. 54 Abs. 5 Elt-RL 2019 unter bestimmten Voraussetzungen eine Ausnahme für Batteriespeicher im Eigentum der ÜNB vorsieht (vollständig integrierte Netzkomponenten (viNk) → 3 Nr. 38b), die wiederum auf Netzbooster zutreffen könnte:

> (5) Absatz 4 gilt nicht für vollständig integrierte Netzkomponenten und nicht während des üblichen Abschreibungszeitraum für neue Batteriespeicheranlagen, bei denen die endgültige Investitionsentscheidung bis 2024 erfolgt, sofern solche Batteriespeicheranlagen
> a) spätestens zwei Jahre danach an das Netz angeschlossen sind,
> b) in das Übertragungsnetz integriert sind,
> c) ausschließlich zur reaktiven unmittelbaren Wiederherstellung der Netzsicherheit im Fall von Ausfällen im Netz verwendet werden, wenn die Wiederherstellungsmaßnahme unmittelbar beginnt und endet, sobald das Problem durch reguläre Redispatchmaßnahmen behoben werden kann, und
> d) nicht verwendet werden, um Elektrizität auf Strommärkten – einschließlich des Regelleistungsmarkts – zu kaufen oder zu verkaufen.

Ausschreibung von Energiespeicheranlagen, Festlegungskompetenz **§ 11 a**

Allerdings darf eine vollständig integrierte Netzkomponente nach Erwgr. 63 sowie Art. 2 Nr. 51 Elt-RL 19 nicht dem Regelenergie- oder Engpassmanagement dienen. Kurativer Redispatch mithilfe der Netzbooster kann als Engpassmanagementmaßnahme gewertet werden, allerdings greift auch hier die ausdrückliche Ausnahme von Art. 54 Abs. 5 Nr. c, die genau den kurativen Redispatch beschreibt. **18**

§ 11 a Ausschreibung von Energiespeicheranlagen, Festlegungskompetenz

(1) ¹Der Betreiber eines Elektrizitätsversorgungsnetzes kann die Errichtung, die Verwaltung und den Betrieb einer im Eigentum eines Dritten stehenden Energiespeicheranlage, die elektrische Energie erzeugt, in einem offenen, transparenten und diskriminierungsfreien Verfahren ausschreiben, wenn diese Energiespeicheranlage notwendig ist, damit der Betreiber eines Elektrizitätsversorgungsnetzes seinen Verpflichtungen nach § 11 Absatz 1 Satz 1 in effizienter Weise nachkommen kann. ²Der Betreiber eines Elektrizitätsversorgungsnetzes darf einen Zuschlag in einem nach Satz 1 durchgeführten Ausschreibungsverfahren nicht an einen Dritten erteilen, wenn dieser die mit der Energiespeicheranlage im Sinne von Satz 1 angebotene Dienstleistung unter Berücksichtigung der Anforderungen an die Gewährleistung der Sicherheit und Zuverlässigkeit des Elektrizitätsversorgungssystems nicht zu angemessenen Kosten oder nicht rechtzeitig erbringen kann. ³Angemessen sind die Kosten, wenn sie die Kosten für die Errichtung, die Verwaltung und den Betrieb einer vergleichbaren Energiespeicheranlage im Eigentum eines Netzbetreibers nicht übersteigen.

(2) ¹Der Dritte kann die Anlage nach Absatz 1 Satz 1 so planen und errichten, dass deren Leistungsfähigkeit die durch den Netzbetreiber gesetzten Anforderungen übertrifft. ²Wird die Anlage zeitweise oder dauerhaft nicht für die Erfüllung der Vereinbarung nach Absatz 1 benötigt, dürfen Leistung und Arbeit in diesem Umfang durch den Dritten auf den Strommärkten veräußert werden.

(3) Die Bundesnetzagentur wird ermächtigt, durch Festlegung nach § 29 Absatz 1 dem Betreiber eines Elektrizitätsversorgungsnetzes Vorgaben zur näheren Ausgestaltung des Ausschreibungsverfahrens nach Absatz 1 zu machen.

Übersicht

	Rn.
A. Allgemeines	1
I. Inhalt der Norm	1
II. Europarechtliche Grundlage	4
B. Einzelkommentierung	5
I. Adressaten (Abs. 1 und Abs. 2)	5
II. Errichtung, Verwaltung, Betrieb	7
III. Energiespeicheranlage	11
IV. Ausschreibungsverfahren	14
V. Notwendigkeit für den effizienten Netzbetrieb	15
1. Technischer Bedarf	15

	Rn.
2. Fristgerechte Bereitstellung	17
3. Angemessene Kosten	18
VI. Drittvermarktung (Abs. 2)	22
VII. Festlegungskompetenz	24

Literatur: Vgl. die Hinweise zu Vor § 11 a.

A. Allgemeines

I. Inhalt der Norm

1 Die 2021 eingeführte Vorschrift ist **im Zusammenhang mit den Verboten in §§ 7 Abs. 1 S. 2, 8 Abs. 2 S. 3, 10 b Abs. 3 S. 4 sowie mit § 11 b** zu lesen und nur so zu verstehen (→ Vor § 11 a Rn. 1 ff.). § 11 a regelt die Bedingungen, unter denen Elektrizitätsversorgungsnetzbetreiber sich zur Gewährleistung der sicheren und effizienten Betriebsführung (§ 11 Abs. 1 S.1) spezifischer Dienstleistungen durch Dritte mittels einer Energiespeicheranlage bedienen können. Darüber hinaus erlaubt § 11 a Abs. 2 **dem Dritten** noch die weitergehende Vermarktung seiner Energiespeicheranlage, soweit sie nicht für Zwecke des Energieversorgungsnetzbetreibers gebunden ist.

2 Beide Regelungsgegenstände regeln im Grund **eine Selbstverständlichkeit.** Soweit ein Netzbetreiber eine **Systemdienstleistung** (→ § 13 Rn. 58) braucht, die er nicht selbst herstellen kann, so kann er diese diskriminierungsfrei und technologieneutral bei Dritten beschaffen (allgemein als „marktbezogene Maßnahmen in § 13 Abs. 1 Nr. 2 bezeichnet, speziell auch §§ 22, 23). Gesetzlich speziell müssen nur **einseitige Eingriffsrechte** im Interesse der Systemsicherheit als besondere Ausprägung der Sozialbindung des Eigentums von Anlagenbetreibern geregelt werden wie zB die Verpflichtung zum Redispatch in § 13 (→ § 13 Rn. 108) oder die Netzreserve gem. § 13 d (→ § 13 d Rn. 1 ff.). Eine gesetzliche Verpflichtung zur Durchführung oder Teilnahme der hier geregelten Ausschreibungsverfahren ist § 11 a Abs. 1 nicht zu entnehmen. Zu den Anlagen, die im Rahmen des technisch Geeigneten zu Systemdienstleistungen im Rahmen von marktbezogenen Maßnahmen mitbieten können, gehören natürlich auch Energiespeicheranlagen. Dass ein Dritter seine Anlage, soweit sie nicht vertraglich für die Netzzwecke gebunden ist, auch für andere Zwecke wirtschaftlich einsetzen darf, wie Abs. 2 es vorsieht, ist ebenfalls selbstverständlich. Dabei besteht die Herausforderung, dass Systemdienstleistungen für den sicheren Netzbetrieb mit einer besonders hohen technischen Zuverlässigkeit erbracht und zu Recht einer **hohen Präqualifikation** vor einer Teilnahme an diesen Märkten der Netzbetreiber unterzogen werden dürfen (→ § 22 Rn. 25). Die Tendenz, immer neue Spezialregelungen zu schaffen, die solche Selbstverständlichkeiten ausformen, führt rechtssystematisch zu immer neuen Fragestellungen (Verhältnis von § 14 c und 13 → § 14 c Rn. 17) und führt in der Rechtswirklichkeit auch nicht zu einer besseren Durchdringung der Netze mit neuen Technologien.

3 Abs. 3 sieht die nähere Ausgestaltung des Ausschreibungsverfahrens durch die BNetzA vor, dh eine bundesweite Zuständigkeit der BNetzA abweichend von § 54 Abs. 2 Nr. 4.

II. Europarechtliche Grundlage

→ Vor § 11 a Rn. 4. 4

B. Einzelkommentierung

I. Adressaten (Abs. 1 und Abs. 2)

Adressaten in Abs. 1 sind alle Betreiber eines Elektrizitätsversorgungsnetzes. Dies 5
sind gem. § 3 Nr. 2 sowohl Verteilernetzbetreiber als auch Übertragungsnetzbetreiber. Von diesen personenverschieden findet gem. Abs. 1 das Eigentum, die Errichtung, Verwaltung und der Betrieb der Energiespeicheranlage statt.

Abs. 2 adressiert den Betreiber der Energiespeicheranlage. Dieser ist ein von der 6
juristischen oder natürlichen Person des Betreibers eines Energieversorgungsnetzes
getrennter Dritter. Im Falle eines **voll integrierten Energieversorgungsunternehmens,** das im Rahmen der De-minimis-Klausel des § 7 Abs. 2 den Verteilernetzbetrieb nicht rechtlich entflechten muss, kommt die Gesellschaft, die ua das
Verteilernetz betreibt, als Betreiber der Energiespeicheranlage nicht in Betracht, da
dieser „ein Dritter" sein muss.

II. Errichtung, Verwaltung, Betrieb

Das umfassende Verbot des Tätigwerdens durch Errichtung, Verwaltung und 7
Betrieb ergibt sich aus den Verbotsnormen der Entflechtung (→ Rn. 1). Die Dreigestaltigkeit der Handlungen wird hier nur wiederholt. Die Möglichkeit der Ausschreibung im Auftrag des Betreibers eines Elektrizitätsversorgungsnetzes kann **gemeinsam und getrennt** geschehen – jedenfalls kann der Betrieb getrennt von
einer Errichtung beispielsweise aus einer bestehenden Anlage erbracht werden.
Das **Interesse des Netzbetriebs** als Ergebnis des Beschaffungsvorgangs kann letztlich immer nur in der zur Verfügung gestellten **Dienstleistung** im Betrieb der Anlage zu einem wettbewerbsfähigen Preis liegen. Es sei denn, es gäbe ein konkretes
betriebliches Interesse iSd § 11 Abs. 1 an der Existenz von Energiespeicheranlagen
im Verteilnetz. Solche technologiespezifischen Anforderungen sind selten und
würden die Frage aufwerfen, ob solche Anlagen dann nicht als vollintegriertes
Netzbetriebsmittel iSd § 3 Nr. 38b und § 11b besser eingerichtet würden. Auch
eine notwendige und gebotene **vorausschauende Netzplanung** kann in der Regel die Errichtung spezifischer Technologien ohne konkret nachweisbaren Bedarf
nicht rechtfertigen (Beispiel für die Diskussion die Bedarfsfeststellung für **Netzboosteranlagen** in BNetzA, Netzentwicklungsplan 2019, S. 58 ff.). Im Jahr 2022
ist die Durchdringung mit Energiespeicheranlagen im Netz noch nicht sehr ausgeprägt, sodass zur Erbringung der spezifischen Dienstleistung, die nur eine Energiespeicheranlage erbringen kann, die Errichtung wohl dazu gehört.

Errichtung meint die erstmalige, bauliche Herstellung oder Aufrichtung der 8
Anlage. Hier gibt es einen bemerkenswerten Unterschied im Wortlaut des § 11 a
Abs. 1 und der Parallelvorschrift in § 7 c Abs. 1. Während vorliegend das „Errichten" geregelt wird, adressiert § 7 c Abs. 1 das „Entwickeln". Dies geht zurück auf
eine sprachliche Differenzierung in der Elt-RL 19 in Art. 33 und Art. 36, die sich
wiederum in der englischen Sprachfassung nicht wiederfindet, wo immer „develop" verwendet wird.

§ 11a

9 Die **Verwaltung** von Energiespeicheranlagen wird hier unterschieden vom separat genannten „Betrieb". Somit kann jede Form der unselbstständigen, weil weisungsgebundenen Betriebsführung von Energiespeicheranlagen erfasst werden.

10 Der **Betrieb** geht einher mit den operativen Einsatzentscheidungen im eigenen Namen und auf eigene Rechnung und den privaten wie öffentlichen Betriebs- und Sorgfaltspflichten einer Anlage.

III. Energiespeicheranlage

11 Regelungsgegenstand sind Energiespeicheranlagen, die elektrische Energie erzeugen. Dies sind nach der gesetzlichen Definition in § 3 Nr 15d Stromspeicher, soweit diese die gespeicherte elektrische Energie nicht in einer anderen Energieform (zB als Gas) abgeben. Zur energiewirtschaftlichen Diskussion um die Einordnung von Speichern elektrischer Energie → Vor § 11a Rn. 9ff.

12 Mit der Klimaschutz-Sofortprogramm-Novelle 2022 wurde eine Änderung der Definition in § 3 eingefügt, die zum 1.7.2023 in Kraft treten soll (dazu → Vor § 11a Rn. 15).

13 Da sich die Vorgaben der Elt-RL ausschließlich auf den Elektrizitätsbinnenmarkt beziehen, betont die Gesetzesbegründung, dass sich das ausdrückliche Verbot in Bezug auf Eigentum, Betrieb, Verwaltung und Errichtung von Energiespeicheranlagen **nur für die Betreiber von Elektrizitätsversorgungsnetzen** gilt und jegliche Umkehrschlüsse in Bezug auf etwaige Möglichkeiten von Gasnetzbetreibern, Eigentum an Energiespeicheranlagen zu halten, diese zu betreiben, zu errichten oder zu verwalten, nicht intendiert sind. Diese seien weiterhin an den allgemeinen Bestimmungen für Gasversorgungsnetzbetreiber zur orientieren (Begr. RegE., BT-Drs. 19/27453, 94).

IV. Ausschreibungsverfahren

14 Es ist ein Ausschreibungsverfahren durchzuführen, dass offen, transparent und diskriminierungsfrei abläuft. Für **öffentliche Unternehmen** und **Sektorauftraggeber** nach §§ 100, 102 Abs. 2 Nr. 1 GWB gelten ohnehin die Vorgaben des Vergaberechts.

V. Notwendigkeit für den effizienten Netzbetrieb

15 **1. Technischer Bedarf.** Regulatorisch zur Begründung des beschriebenen Antrags ist nachzuweisen, dass eine **Energiespeicheranlage notwendig** ist, damit der Betreiber des Elektrizitätsversorgungsnetzes seinen Verpflichtungen nach § 11 Abs. 1 S. 1, ein sicheres, zuverlässiges und leistungsfähiges Energieversorgungsnetz diskriminierungsfrei zu betreiben, zu warten und bedarfsgerecht zu optimieren, zu verstärken und auszubauen, in **effizienter** Weise nachkommen kann.

16 Es handelt sich um eine **Prognoseentscheidung,** allerdings muss ein konkreter technologiespezifischer Bedarf – also der Einsatz einer Energiespeicheranlage – begründet werden (→ Rn. 7). **Wirtschaftlich** muss sich die Energiespeicheranlage eines Dritten in zweifacher Hinsicht als vorteilhaft darstellen: Abs. 1 S. 1 verlangt, dass die Energiespeicheranlage notwendig ist, um das Elektrizitätsversorgungsnetz „in effizienter Weise" zu betreiben. Mithin muss sich die Energiespeicheranlage in wirtschaftlicher Hinsicht dem **Vergleich anderer Technologien** stellen. Darüber

hinaus darf der Zuschlag gem. Abs. 1 S. 2 und 3 nicht an den Dritten erteilt werden, wenn die **Kosten einer netzbetreibereigenen Anlage** niedriger wären.

2. Fristgerechte Bereitstellung. Die Errichtung von Energieanlagen ist stets 17 mit Genehmigungsverfahren verbunden, die Zeit brauchen. Ausgehend von der Notwendigkeit der **Errichtung** (→Rn. 8) neuer Anlagen oder der **informationstechnologisch neuartigen Einbindung** der Anlagen (Errichtung als Programmierung neuartiger IT) in den Netzbetrieb, ist die Zuverlässigkeit des Zeitplans des Dritten für den Betreiber von Elektrizitätsversorgungsnetzen von großer Bedeutung, da die Anlagen in gesicherter Art und Weise Teil des Betriebskonzepts nach § 11 Abs. 1 sein sollen. Daher betont Abs. 1 S. 2 auch die Rechtzeitigkeit der Bereitstellung. Auch hier kann es sich nur um eine Prognoseentscheidung zum Zeitpunkt der Vergabeentscheidung handeln.

3. Angemessene Kosten. Der Zuschlag an einen Dritten soll nicht erteilt wer- 18 den, wenn gem. Abs. 1 S. 4 die Kosten der Errichtung, Verwaltung und des Betriebs einer vergleichbaren Energiespeicheranlage durch den Netzbetreiber günstiger wären. Daher sind sehr frühzeitig im Ausschreibungsverfahren durch die ausschreibende Stelle die **(erwarteten) Kosten** für eine Eigenanlage zu bestimmen. Die eigenen Kosten des regulierten Netzbetreibers ergeben sich **aus regulatorischen Kostenmaßstäben**, die heute in § 21 EnWG und insbesondere §§ 1–11 StromNEV ausgeformt sind. Hier besteht eine Herausforderung darin, die regulierten Kosten mit denen eines im Wettbewerb stehenden Unternehmens **vergleichbar** zu machen. So legen Netzbetreiber gem. Anlage 1 der StromNEV in der Regel lange **betriebsgewöhnliche Nutzungsdauern** auch für Nebenanlagen zugrunde, während ein reiner Anlagenbetreiber eine Refinanzierung der Anlage über deutliche kürzere Zeiten ansetzen würde, um das Risiko zu beherrschen. Eine entsprechende Kalkulation ist durch den Netzbetreiber zu erstellen, gegebenenfalls kann die BNetzA nach Abs. 3 ua hierzu eine Festlegung treffen.

Die Schaffung von expliziten oder ex ante bestimmten impliziten **Höchstprei-** 19 **sen** ist dem Vergaberecht nicht fremd. Sie dienen dazu, in engen Märkten **unangemessen hohe Ausschreibungsergebnisse** zu vermeiden und ein Ausschreibungsverfahren dennoch mit transparenten und fairen Bedingungen auch ohne Zuschlag zu beenden. Der Netzbetreiber muss den Zuschlag also nicht „um jeden Preis" erteilen.

Im Zusammenspiel mit den Zielen der **Entflechtung** entsteht eine besondere 20 Herausforderung, denn der Betreiber des Elektrizitätsversorgungsnetzes verfügt über die besten Informationen seiner eigenen Kosten in dem Projekt. Durch die **getroffenen Annahmen** kann der Netzbetreiber die Wahrscheinlichkeit des Zuschlags an einen Dritten beeinflussen. Geht der Netzbetreiber von sehr niedrigen Eigenleistungskosten aus, kann es für einen Wettbewerber schwierig werden, dem Kostenvergleich Stand zu halten – in diesem Fall kann der Netzbetreiber die Anlage über § 11b selbst errichten. Es wird dann zu klären sein, wie gegebenenfalls mit in der Umsetzung eintretenden **Kostenüberschreitungen durch den Netzbetreiber** umzugehen ist, die Maßstab für die Beurteilung der angemessenen Kosten waren. Im Grunde muss sich der Netzbetreiber in der Regulierung in diesem Fall hinsichtlich der durch ihn beeinflussbaren und zurechenbar höheren Kostenanteile an seiner Prognose festhalten lassen.

Geht der Netzbetreiber von sehr hohen Eigenleistungskosten aus, so ist die Ver- 21 gabe an den Dritten jedenfalls nicht durch den Kostenvergleich gehindert. Es bleibt aber weiterhin möglich, dass ein vertikal integriertes Schwesterunternehmen sich

§ 11a

als Dritter an der Ausschreibung beteiligt und in diesem Fall einen Zuschlag zu den entsprechend hohen veranschlagten Kosten erhält.

VI. Drittvermarktung (Abs. 2)

22 Abs. 2 erlaubt dem betreibenden Dritten, Speicherleistung und Energie, die nicht gegenüber dem Netzbetreiber vertraglich gebunden sind, an anderen Märkten wirtschaftlich zu verwerten. Zur Einordnung → Rn. 2. Im Gesetzgebungsverfahrens wurde diese **Drittvermarktungsoption** erst in der Beschlussempfehlung des Ausschusses für Wirtschaft und Energie des Bundestages geändert (BT-Drs. 19/30899, 6), nachdem initial auch für die Dritten eine weitere Nutzung des Energiespeichers verboten werden sollte (Begr. RegE., BT-Drs. 19/27453, 14). Nunmehr darf der Dritte die von ihm angebotene Energiespeicheranlage so planen und errichten, dass deren Leistungsfähigkeit die durch den Netzbetreiber gesetzten Anforderungen übertrifft und diese Leistung und Arbeit durch den Dritten auf Strommärkten veräußert werden kann, wenn die Anlage zeitweise oder dauerhaft nicht für die Erfüllung der Vereinbarung mit dem Netzbetreiber benötigt wird.

23 Das wirtschaftliche Problem für Betreiber von Energiespeicheranlagen besteht darin, dass Kapazitäten, die dem Betreiber eines Energieversorgungsnetzes zum sicheren Netzbetrieb zur Verfügung gestellt werden, **blockiert** sind. Die Prognosen, wann ein Netzbetreiber auf die Dienstleistung zugreifen muss, sind schwierig. Folgen einer Nichtverfügbarkeit sind häufig gravierend, weshalb die Verfügbarkeit mit hohe Haftungsrisiken und Pönalen versehen ist. Daher sind Drittvermarktungspotenziale de facto häufig sehr beschränkt.

VII. Festlegungskompetenz

24 Zu Fragen des Ausschreibungsverfahrens kann die BNetzA verbindliche Vorgaben durch Festlegungen gem. § 29 machen. Festlegungen können üblicherweise gem. § 29 Abs. 1 gegenüber einem Netzbetreiber, einer Gruppe von oder allen Netzbetreibern oder den sonstigen in der jeweiligen Vorschrift Verpflichteten oder durch Genehmigung gegenüber dem Antragsteller ergehen. Abs. 3 ist so formuliert, dass es sich um **Festlegungen im Einzelfall** gegenüber einem Betreiber eines Elektrizitätsversorgungsnetzes handelt.

25 Die Festlegungskompetenz ist ausdrücklich **der BNetzA zugewiesen.** Dies wirft die Frage auf, ob die BNetzA auch im Einzelfall Verfahren für Netzbetreiber ausgestalten kann, die gem. § 11 Abs. 2 in der Zuständigkeit einer Landesregulierungsbehörde sind. Einerseits hat § 54 Abs. 3 S. 3 Nr. 6 für § 11b Abs. 5 ausdrücklich eine bundesweite Festlegungskompetenz für die BNetzA geschaffen und die Aufsicht über die Entflechtungsvorschriften gem. § 54 Abs. 2 Nr. 4 gehört in den Aufgabenkreis der Landesregulierung, was es als fraglich erscheinen lässt, ob das für § 11a Abs. 3 auch gilt. Andererseits gehört die Aufsicht über den Netzbetrieb gem. § 11 Abs. 1, auf den § 11a sich bezieht, nicht in den Aufgabenkanon der Landesregulierung. Das spricht für eine bundesweit einheitliche Festlegungskompetenz der BNetzA, wie es Abs. 3 auch vorsieht.

§ 11 b Ausnahme für Energiespeicheranlagen, Festlegungskompetenz

(1) Der Betreiber eines Elektrizitätsversorgungsnetzes darf abweichend von Teil 2 Abschnitt 2 und 3 Eigentümer sein von Energiespeicheranlagen, die elektrische Energie erzeugen, oder solche errichten, verwalten oder betreiben, sofern
1. die Regulierungsbehörde dies nach Absatz 2 auf Antrag des Netzbetreibers genehmigt hat oder
2. die Regulierungsbehörde dies für Energiespeicheranlagen, die vollständig integrierte Netzkomponenten darstellen, durch Festlegung gegenüber allen oder einer Gruppe von Netzbetreibern nach § 29 Absatz 1 gestattet hat; sofern eine vollständig integrierte Netzkomponente nicht bereits von einer solchen Festlegung erfasst wird, bleibt der Regulierungsbehörde eine Genehmigung auf Antrag des Netzbetreibers im Einzelfall unbenommen.

(2) Die Regulierungsbehörde erteilt ihre Genehmigung nach Absatz 1 Nummer 1, wenn
1. der Betreiber eines Elektrizitätsversorgungsnetzes nachgewiesen hat, dass die Energiespeicheranlage im Sinne von Absatz 1
    a) notwendig ist, damit er seinen Verpflichtungen gemäß § 11 Absatz 1 Satz 1 in effizienter Weise nachkommen kann,
    b) neben der bestimmungsgemäßen Nutzung nach Buchstabe a nicht verwendet wird, um Leistung oder Arbeit ganz oder teilweise auf den Strommärkten zu kaufen oder zu verkaufen, und
2. der Betreiber eines Elektrizitätsversorgungsnetzes ein offenes, transparentes und diskriminierungsfreies Ausschreibungsverfahren nach § 11a durchgeführt hat, dessen Bedingungen die Regulierungsbehörde im Hinblick auf das technische Einsatzkonzept der Energiespeicheranlage im Sinne von Absatz 1 geprüft hat, und
    a) der Betreiber eines Elektrizitätsversorgungsnetzes den Zuschlag nach § 11a Absatz 1 zur Errichtung, zur Verwaltung oder zum Betrieb der Energiespeicheranlage im Sinne von Absatz 1 nicht an einen Dritten erteilen konnte, oder
    b) sich nach Erteilung des Zuschlags an einen Dritten herausstellt, dass dieser die mit der Energiespeicheranlage im Sinne von Absatz 1 angebotene Dienstleistung nicht oder nicht rechtzeitig erbringen kann.

(3) [1]Soweit eine Genehmigung unter den Voraussetzungen des Absatzes 2 erteilt wurde, führt die Regulierungsbehörde fünf Jahre nach der Inbetriebnahme der Energiespeicheranlage im Sinne von Absatz 1 und danach in regelmäßigen Abständen von höchstens fünf Jahren eine öffentliche Konsultation durch. [2]Dabei ermittelt die Regulierungsbehörde, ob Dritte zu angemessenen Kosten unter Berücksichtigung der Anforderungen an die Gewährleistung der Sicherheit und Zuverlässigkeit des Elektrizitätsversorgungssystems in der Lage sind, Eigentümer dieser Energiespeicheranlage im Sinne von Absatz 1 zu sein, diese zu verwalten und zu betreiben. [3]Kann die Regulierungsbehörde dies mit hinreichender Wahrscheinlichkeit feststellen, verpflichtet sie den Betreiber eines Elektrizitätsversorgungsnetzes, den Betrieb und die Verwaltung der Energiespeicher-

§ 11 b   Teil 3. Regulierung des Netzbetriebs

anlage im Sinne von Absatz 1 gemäß § 11a in Verbindung mit Absatz 2 Nummer 2 auszuschreiben und nach Erteilung eines Zuschlags an einen Dritten innerhalb von 12 Monaten einzustellen, sofern Belange der Versorgungssicherheit nicht entgegenstehen. [4]Mit dem Betrieb der Energiespeicheranlage im Sinne von Absatz 1 ist auch das Eigentum gegen Zahlung des Restbuchwertes zu übertragen. [5]Mit Übertragung des Eigentums erlischt auch die Genehmigung nach Absatz 2. [6]Die Verpflichtung nach den Sätzen 3 und 4 kann mit Nebenbestimmungen versehen werden. [7]Nach erfolgter Eigentumsübertragung darf die Leistung oder Arbeit der Energiespeicheranlage im Sinne von Absatz 1 weder ganz noch teilweise auf den Strommärkten veräußert werden, solange über die Energiespeicheranlage im Sinne von Absatz 1 ein Dienstleistungsvertrag mit dem Betreiber eines Elektrizitätsversorgungsnetzes besteht, mindestens aber für die Dauer von fünf Jahren, nachdem erstmalig eine Ausschreibung nach Satz 3 für die Energiespeicheranlage im Sinne von Absatz 1 durchgeführt wurde.

(4) [1]Während des üblichen kalkulatorischen Abschreibungszeitraums für Batteriespeicheranlagen ist Absatz 3 nicht anzuwenden, sofern es sich um Batteriespeicheranlagen im Eigentum
1. eines Übertragungsnetzbetreibers handelt, für die eine Investitionsentscheidung bis zum 31. Dezember 2024 erfolgt, oder eines Verteilernetzbetreibers handelt, für die eine Investitionsentscheidung bis zum 4. Juli 2019 erfolgte, und
2. die spätestens zwei Jahre nach der Investitionsentscheidung an das Elektrizitätsversorgungsnetz angeschlossen wurden oder werden und die ausschließlich der reaktiven unmittelbaren Wiederherstellung des sicheren und zuverlässigen Netzbetriebs durch netzbezogene Maßnahmen nach § 13 Absatz 1 Satz 1 Nummer 1 dienen.

[2]Die Wiederherstellungsmaßnahme gemäß Satz 1 Nummer 2 beginnt unmittelbar nach Eintritt der Störung und endet, sobald das Problem durch Maßnahmen gemäß § 13 Absatz 1 Satz 1 Nummer 2 und 3 behoben werden kann.

(5) Die Bundesnetzagentur wird ermächtigt, durch Festlegung nach § 29 Absatz 1 Vorgaben zur näheren Ausgestaltung der Genehmigungsverfahren nach Absatz 1 Nummer 1 in Verbindung mit den Absätzen 2 und 3 sowie nach Absatz 1 Nummer 2 zweiter Halbsatz zu treffen.

Übersicht

	Rn.
A. Allgemeines	1
I. Inhalt der Norm	1
II. Europarechtliche Grundlage	4
B. Einzelkommentierung	5
I. Adressaten (Abs. 1)	5
II. Errichtung, Verwaltung, Betrieb	6
III. Energiespeicheranlage	7
IV. Voraussetzung der netzeigenen Energiespeicheranlagen (Abs. 2)	8
1. Notwendigkeit für den effizienten Netzbetrieb (Abs. 2 Nr. 1a)	9
2. Ausschreibungsverfahren nach § 11a	12
V. Regelmäßige Markttests (Abs. 3)	13

	Rn.
1. Erster Markttest	13
2. Zweiter Markttest	18
3. Aufgabe der Energiespeicheranlage	19
VI. Ausnahmen vom Markttest (Abs. 4)	20
VII. Festlegungskompetenzen	22
1. Festlegung gem. Abs. 1 Nr. 2 Hs. 1 – Gestattung Eigentum an voll integrierten Netzkomponenten	22
2. Festlegung Genehmigungsverfahren im Einzelfall	23

Literatur: Vgl. die Hinweise zu Vor § 11 a.

A. Allgemeines

I. Inhalt der Norm

Die 2021 eingeführte Vorschrift ist **im Zusammenhang mit den Eigentumsverboten in §§ 7 Abs. 1 S. 2, 8 Abs. 2 S. 3, 10b Abs. 3 S. 4** zu lesen und nur so zu verstehen (Überblick → Vor § 11 a Rn. 1 ff.). § 11 b regelt die Bedingungen, unter denen Elektrizitätsversorgungsnetzbetreiber sich zur Gewährleistung der sicheren und effizienten Betriebsführung (Maßstab aus § 11 Abs. 1 S.1) um eigene Energiespeichers als vollständig integrierte Netzkomponenten iSd § 3 Nr. 38b bemühen kann. Energiespeicheranlagen werden so Netzkomponenten, die in das Übertragungs- oder Verteilernetz integriert sind und die ausschließlich der Aufrechterhaltung des sicheren und zuverlässigen Netzbetriebs dienen. Sie dürfen kraft gesetzlicher Definition nicht zur Bereitstellung von Regelenergie oder dem Engpassmanagement benutzt werden. 1

Hat ein Betreiber eines Elektrizitätsversorgungsnetzes Energiespeicheranlagen errichtet, so soll regelmäßig mittels zweier Markttests gem. Abs. 3 geprüft werden, ob im Zeitablauf Drittanbieter die entsprechende Leistung wirtschaftlich effizienter erbringen können als der Netzbetreiber. Dann muss der Netzbetreiber das systematisch ungewollte Eigentum an der Energiespeicheranlage aufgeben. Eine Ausnahme für Anlagen von der Markttestregel, die bis zu einem gesetzlichen Stichtag errichtet wurden, sieht Abs. 4 vor. 2

Abs. 5 enthält Möglichkeiten für die nähere Ausgestaltung des Genehmigungsverfahren durch die BNetzA vor. Es besteht eine bundesweite Zuständigkeit der BNetzA gem. § 54 Abs. 3 S. 2 Nr. 6. 3

II. Europarechtliche Grundlage

→ Vor § 11 a Rn. 4. 4

B. Einzelkommentierung

I. Adressaten (Abs. 1)

Adressaten in Abs. 1 sind alle Betreiber eines Elektrizitätsversorgungsnetzes. Dies sind gem. § 3 Nr. 2 sowohl Verteilernetzbetreiber als auch Übertragungsnetzbetreiber. 5

II. Errichtung, Verwaltung, Betrieb

6 Das **umfassende Verbot** des Tätigwerdens durch Errichtung, Verwaltung und Betrieb ist zu interpretieren im Lichte der Verbotsnormen (→ Vor § 11 a Rn. 1). Die Dreigestaltigkeit der Handlungen wird hier nur wiederholt. Der Bedarf eines Betreibers eines Elektrizitätsversorgungsnetzes, Energiespeicheranlagen im Eigentum zu haben, diese zu errichten, verwalten oder zu betreiben, kann denklogisch gemeinsam und auch getrennt vorkommen – das **Interesse des Netzbetriebs** als Ergebnis des Beschaffungsvorgangs kann letztlich immer nur in der zur Verfügung gestellten **Dienstleistung** durch den Betrieb der Anlage zu einem wettbewerbsfähigen Preis liegen. Im Jahr 2022 ist die Durchdringung mit Energiespeicheranlagen im Netz noch nicht sehr ausgeprägt, sodass zur Erbringung der spezifischen Dienstleistung, die nur eine Energiespeicheranlage erbringen könnte, die Errichtung wohl dazu gehört (→ § 11 a Rn. 7).

III. Energiespeicheranlage

7 Regelungsgegenstand sind Energiespeicheranlagen, die elektrische Energie erzeugen. Dies sind nach der Definition gem. EnWG-Novelle 2021 Stromspeicher gem. § 3 Nr. 15d, soweit diese die gespeicherte elektrische Energie nicht in einer anderen Energieform (zB als Gas) abgeben. Zur energiewirtschaftlichen Diskussion um die Einordnung von Speichern elektrischer Energie und zur absehbaren Neuregelung ab 1.7.2023 → Vor § 11 a Rn. 15 f.

IV. Voraussetzung der netzeigenen Energiespeicheranlagen (Abs. 2)

8 Eigentum, Errichtung, Verwaltung und Betrieb einer Energiespeicheranlage durch einen Elektrizitätsversorgungsnetzbetreiber bedürfen entweder der **Genehmigung** durch die Regulierungsbehörde **im Einzelfall** (Abs. 1 Nr. 1 iVm Abs. 2) oder eine **Sammelgenehmigung** durch die Regulierungsbehörde für **Energiespeicheranlagen,** die vollständig integrierte Netzkomponenten darstellen, gegenüber allen oder einer Gruppe von Netzbetreibern nach § 29 Abs. 1 (→ Rn. 22). Bei Vorliegen der Voraussetzungen handelt es sich um eine gebundene Entscheidung („erteilt die Genehmigung").

9 **1. Notwendigkeit für den effizienten Netzbetrieb (Abs. 2 Nr. 1a). a) Technischer Bedarf. Regulatorisch** ist zur Begründung des Ausnahmeantrags nachzuweisen, dass eine Energiespeicheranlage notwendig ist, damit der Betreiber des Elektrizitätsversorgungsnetzes seinen Verpflichtungen nach § 11 Abs. 1 S. 1, ein sicheres, zuverlässiges und leistungsfähiges Energieversorgungsnetz diskriminierungsfrei zu betreiben, zu warten und bedarfsgerecht zu optimieren, zu verstärken und auszubauen, in effizienter Weise nachkommen kann.

10 Es handelt sich um **eine Prognoseentscheidung,** allerdings muss ein technologiespezifischer Bedarf – also der Einsatz einer Energiespeicheranlage – begründet werden. In zweifacher Hinsicht muss sich die Eigenanlage als **wirtschaftlich vorteilhaft** gegenüber einer Dienstleistung (mittels einer Energiespeicheranlage) eines Dritten erweisen: Abs. 1 S. 1 verlangt, dass die Energiespeicheranlage notwendig ist, um das Elektrizitätsversorgungsnetz „in effizienter Weise" zu betreiben. Mithin muss sich die Energiespeicheranlage in wirtschaftlicher Hinsicht dem Vergleich anderer Technologien stellen. Darüber hinaus muss der Zuschlag gem. § 11 a Abs. 1

Ausnahme für Energiespeicheranlagen, Festlegungskompetenz **§ 11 b**

S. 2 und 3 an den Dritten erteilt werden, wenn die Kosten einer netzbetreibereigenen Anlage höher wären.

b) Verpflichtungserklärung. Neben der bestimmungsgemäßen Nutzung 11
nach Abs. 2 Nr. 1 a muss gewährleistet sein, dass die Energiespeicheranlage nicht verwendet wird, um Leistung oder Arbeit ganz oder teilweise **auf den Strommärkten zu kaufen oder zu verkaufen.** Dies kann zum Zeitpunkt des Genehmigungsverfahren nur im Wege einer Verpflichtungserklärung erfolgen (Abs. 2 Nr. 1 b).

2. Ausschreibungsverfahren nach § 11 a. Es ist vorab ein Ausschreibungsver- 12
fahren durchzuführen, das offen, transparent und diskriminierungsfrei abläuft. Für **öffentliche Unternehmen** und **Sektorauftraggeber** nach §§ 100, 102 Abs. 2 Nr. 1 GWB gelten die Vorgaben des Vergaberechts. Weitere Erläuterungen dazu → § 11 a Rn. 14. Das Ausschreibungsverfahren ist in seinen Bedingungen im Einzelfall durch die Regulierungsbehörde zu genehmigen.

V. Regelmäßige Markttests (Abs. 3)

1. Erster Markttest. Hat ein Elektrizitätsversorgungsnetzbetreiber eine Ge- 13
nehmigung nach Abs. 2 erhalten und eine **Energiespeicheranlage errichtet,** führt die Regulierungsbehörde fünf Jahre nach der **Inbetriebnahme** der Energiespeicheranlage iSv Abs. 1 und danach in regelmäßigen Abständen von höchstens fünf Jahren einen Markttest in Form einer **öffentlichen Konsultation** durch.

Eine **Inbetriebnahme** liegt vor, wenn die Aufnahme des Betriebs für den be- 14
stimmungsgemäßen Gebrauch für den Netzbetrieb erfolgt ist. Es handelt sich in unterschiedlichen Regelungszusammenhängen um einen auslegungsfähigen Rechtsbegriff. Die Systematik und der Sinn und Zweck der Regelung sanktionieren wiederholt die fristgerechte Errichtung für die Zwecke des Netzbetriebs (in § 11 a Abs. 1 S. 2 und § 11 b Abs. 2 Nr. 2b). Eine Vorverlegung des Inbetriebnahmetermins auf einen Zeitpunkt vor dem Wirkbetrieb erscheint daher ausgeschlossen.

Ziel der Konsultation soll es sein, zu ermitteln, ob bezogen auf die spezifische 15
Energiespeicheranlage Dritte in der Lage sind, zu angemessenen Kosten das Eigentum dieser Energiespeicheranlage zu übernehmen, diese zu verwalten und zu betreiben. **Maßstab** sind die ursprünglich dargelegten Anforderungen an die Gewährleistung der Sicherheit und Zuverlässigkeit des Elektrizitätsversorgungssystems.

Diese **Markterkundung** wirft viele Fragen aus, die bislang nicht geklärt werden 16
mussten und konnten. Innerhalb von fünf Jahren + x geht die technologische Entwicklung weiter. Betrifft die Markterkundung nur die technologiespezifische Leistung durch eine Energiespeicheranlage? Ist der Netzbetreiber verpflichtet, diese Leistung dann mit einem Dritten aus einer Energiespeicheranlage zu kontrahieren, wenn diese kostengünstiger ist als die Erbringung der Leistung in Eigenleistung, auch wenn andere Technologien inzwischen verfügbar wären und höhere Kostenvorteile brächten? Oder kann die notwendige Leistung auch auf andere Weise angeboten werden? Wie ermittelt man in diesem Fall die wirtschaftliche Vergleichbarkeit?

Führt die Regulierungsbehörde den **ersten Markttest** erfolgreich durch und 17
stellt mit hinreichender Wahrscheinlichkeit fest, dass „Dritte zu angemessenen Kosten unter Berücksichtigung der Anforderungen an die Gewährleistung der Sicherheit und Zuverlässigkeit des Elektrizitätsversorgungssystems in der Lage sind, Eigentümer dieser Energiespeicheranlage im Sinne von Abs. 1 zu sein, diese zu verwalten und zu betreiben", verpflichtet die Regulierungsbehörde den Betreiber eines Elek-

Bourwieg

§ 11b Teil 3. Regulierung des Netzbetriebs

trizitätsversorgungsnetzes, den Betrieb und die Verwaltung der Energiespeicheranlage iSv Abs. 1 **gem. § 11a** iVm Abs. 2 Nr. 2 auszuschreiben. Dies ist dann der konkrete zweite Markttest.

18 2. **Zweiter Markttest.** Der zweite Markttest besteht in der Durchführung eines konkreten **Ausschreibungsverfahrens nach § 11a.** Dabei unterliegt die Ausschreibung im Rahmen des zweiten Markttests bei einer bestehenden Energiespeicheranlage für die potenziellen Bieter **zusätzlicher Nebenbedingungen.** So liest sich Abs. 3 S. 4 so, dass einem erfolgreichen Bieter auch das Eigentum gegen Zahlung des Restbuchwerts zu übertragen ist. Der Bieter kann die Dienstleistung offenbar nicht mit einer eigenen Anlage anbieten. Will der Bieter die Anlage nicht übernehmen, verbleibt diese mit den Restbuchwerten beim Netzbetreiber und beeinflusst den wirtschaftlichen Vergleich. Für den erfolgreichen Bieter gilt abweichend von § 11a Abs. 2 ein **Drittvermarktungsverbot** aus dem Energiespeicher (anders in § 11a Abs. 2 → § 11a Rn. 22). Nach erfolgter Eigentumsübertragung darf die Leistung oder Arbeit der Energiespeicheranlage, die ursprünglich durch den Netzbetreiber ohne Drittvermarktung dimensioniert wurde, weder ganz noch teilweise auf den Strommärkten vermarktet werden, solange über die Energiespeicheranlage iSv Abs. 1 ein Dienstleistungsvertrag mit dem Betreiber eines Elektrizitätsversorgungsnetzes besteht, mindestens aber für die Dauer von fünf Jahren, nachdem erstmalig eine Ausschreibung nach S. 3 für die Energiespeicheranlage iSv Abs. 1 durchgeführt wurde.

19 3. **Aufgabe der Energiespeicheranlage.** Verlaufen die Markttests positiv, erlischt die regulatorische Betriebsgenehmigung nach Abs. 2 für den Netzbetreiber (im Unterschied zu technischen Betriebsgenehmigungen gem. § 49).

VI. Ausnahmen vom Markttest (Abs. 4)

20 Während des üblichen kalkulatorischen Abschreibungszeitraums für Batteriespeicheranlagen
– eines ÜNB, für die eine Investitionsentscheidung bis zum 31. 12. 2024 erfolgt ist
– eines Verteilernetzbetreibers, für die eine Investitionsentscheidung bis zum 4. 7. 2019 erfolgte und
– die spätestens zwei Jahre nach der Investitionsentscheidung an das Elektrizitätsversorgungsnetz angeschlossen wurden oder werden und
– die ausschließlich der reaktiven unmittelbaren Wiederherstellung des sicheren und zuverlässigen Netzbetriebs durch netzbezogene Maßnahmen nach § 13 Abs. 1 S. 1 Nr. 1 (→ § 13 Rn. 24ff.) dienen,
sieht Abs. 4 eine Ausnahme der regelmäßigen Markttests vor.

21 Anlage 1 StromNEV kennt derzeit (Stand Juli 2022) keine Anlagengruppe für Batteriespeicheranlagen. Als „übliche" kalkulatorische Nutzungsdauer kommen möglicherweise Nutzungsdauern für vergleichbare Nebenanlagen in Betracht. Dies ist im Einzelfall angesichts der Dienstleistung zu betrachten, für die der Energiespeicher errichtet wurde. Gegebenenfalls kann auch gem. § 30 Abs. 2 Nr. 8 StromNEV Nutzungsdauern für voll integrierte Batteriespeicher festgelegt werden, sollte das Phänomen häufiger auftreten.

VII. Festlegungskompetenzen

**1. Festlegung gem. Abs. 1 Nr. 2 Hs. 1 – Gestattung Eigentum an voll in- 22
tegrierten Netzkomponenten.** Die erste Festlegungskompetenz besteht für eine
allgemeine oder gruppenbezogene Festlegung zu den Bedingungen für Energiespeicheranlagen als voll integrierte Netzkomponenten gem. Abs. 1 Nr. 2 Hs. 1.

2. Festlegung Genehmigungsverfahren im Einzelfall. Weitere Festlegungs- 23
kompetenzen bestehen zur näheren Ausgestaltung der Genehmigungsverfahren
nach Abs. 1 Nr. 1 iVm Abs. 2 und 3.

§ 12 Aufgaben der Betreiber von Elektrizitätsversorgungsnetzen, Verordnungsermächtigung

(1) ¹Betreiber von Übertragungsnetzen haben die Energieübertragung durch das Netz unter Berücksichtigung des Austauschs mit anderen Verbundnetzen zu regeln und mit der Bereitstellung und dem Betrieb ihrer Übertragungsnetze im nationalen und internationalen Verbund zu einem sicheren und zuverlässigen Elektrizitätsversorgungssystem in ihrer Regelzone und damit zu einer sicheren Energieversorgung beizutragen. ²Betreiber von Übertragungsnetzen können vereinbaren, die Regelverantwortung für ihre Netze auf einen Betreiber von Übertragungsnetzen zu übertragen. ³Mit der Übertragung der Regelverantwortung erhält der verantwortliche Netzbetreiber die Befugnisse der §§ 13 bis 13b. ⁴Die Übertragung der Regelverantwortung ist der Regulierungsbehörde spätestens sechs Monate vorher anzuzeigen. ⁵Die Regulierungsbehörde kann zur Verringerung des Aufwandes für Regelenergie und zur Förderung von einheitlichen Bedingungen bei der Gewährung des Netzzugangs durch Festlegung nach § 29 Absatz 1 die Betreiber von Übertragungsnetzen verpflichten, eine einheitliche Regelzone zu bilden.

(2) Betreiber von Übertragungsnetzen haben Betreibern eines anderen Netzes, mit dem die eigenen Übertragungsnetze technisch verbunden sind, die notwendigen Informationen bereitzustellen, um den sicheren und effizienten Betrieb, den koordinierten Ausbau und den Verbund sicherzustellen.

(3) ¹Betreiber von Übertragungsnetzen haben dauerhaft die Fähigkeit des Netzes sicherzustellen, die Nachfrage nach Übertragung von Elektrizität zu befriedigen und insbesondere durch entsprechende Übertragungskapazität und Zuverlässigkeit des Netzes zur Versorgungssicherheit beizutragen. ²Dafür können sie im Rahmen des technisch Möglichen auch geeignete technische Anlagen etwa zur Bereitstellung von nicht frequenzgebundenen Systemdienstleistungen nutzen, die keine Anlagen zur Erzeugung elektrischer Energie sind. ³Hierbei hat eine Abwägung mit einer marktgestützten Beschaffung nach § 12h zu erfolgen.

(3a) Um die technische Sicherheit und die Systemstabilität zu gewährleisten, wird das Bundesministerium für Wirtschaft und Energie ermächtigt, durch Rechtsverordnung technische Anforderungen an Anlagen zur Erzeugung elektrischer Energie, insbesondere an Anlagen nach dem Erneuerbare-Energien-Gesetz und dem Kraft-Wärme-Kopplungsgesetz, vorzugeben sowie Netzbetreiber und Anlagenbetreiber zu verpflichten,

§ 12   Teil 3. Regulierung des Netzbetriebs

Anlagen, die bereits vor dem 1. Januar 2012 in Betrieb genommen worden sind, entsprechend nachzurüsten sowie anlagenbezogene Daten, die zur Durchführung und Kontrolle des Nachrüstungsprozesses erforderlich sind, bereitzustellen und auszuwerten und Regelungen zur Kostentragung zu treffen.

(3b) ¹Betreiber von Übertragungsnetzen berichten der Regulierungsbehörde auf deren Anforderung über die Sicherheit, Zuverlässigkeit und Leistungsfähigkeit ihres Energieversorgungsnetzes im Sinne von § 11 sowie über die Sicherheit und Zuverlässigkeit des Elektrizitätsversorgungssystems im Sinne von Absatz 1 Satz 1 und Absatz 3. ²Bei einer Anforderung nach Satz 1 bestimmt die Regulierungsbehörde,
1. zu welchem Zeitpunkt und für welchen Zeitraum berichtet werden soll,
2. ob die Betreiber von Übertragungsnetzen einzeln oder gemeinsam berichten sollen,
3. ob und in welchem Umfang Betreiber von Verteilernetzen an der Erstellung des Berichts zu beteiligen sind,
4. zu welchen Themen berichtet werden soll und
5. ob und zu welchen Themen die Betreiber von Übertragungsnetzen Maßnahmen einschließlich Alternativen vorschlagen sollen, die sie zur Erfüllung ihrer Aufgaben künftig für erforderlich halten; dies kann auch Vorsorgemaßnahmen und Pilotprojekte umfassen.

(3c) ¹Betreiber von Verteilernetzen berichten der Regulierungsbehörde auf deren Anforderung über die Sicherheit, Zuverlässigkeit und Leistungsfähigkeit ihres Energieversorgungsnetzes im Sinne von § 11. ²Absatz 3b Satz 2 ist entsprechend anzuwenden.

(4) ¹Die folgenden natürlichen oder juristischen Personen müssen den Betreibern von Elektrizitätsversorgungsnetzen auf deren Verlangen unverzüglich die Informationen einschließlich etwaiger Betriebs- und Geschäftsgeheimnisse bereitstellen, die notwendig sind, damit die Elektrizitätsversorgungsnetze sicher und zuverlässig betrieben, gewartet und ausgebaut werden können:
1. die Betreiber von Erzeugungsanlagen,
2. die Betreiber von Anlagen zur Speicherung von elektrischer Energie,
3. die Betreiber von Elektrizitätsverteilernetzen,
4. die Betreiber von Gasversorgungsnetzen,
5. industrielle und gewerbliche Letztverbraucher,
6. Anbieter von Lastmanagement und
7. Großhändler oder Lieferanten von Elektrizität.

²Zu den bereitzustellenden Informationen zählen insbesondere Stammdaten, Planungsdaten und Echtzeitdaten.

(5) Die Betreiber von Elektrizitätsversorgungsnetzen müssen
1. sicherstellen, dass die Betriebs- und Geschäftsgeheimnisse, die ihnen nach Absatz 4 Satz 1 zur Kenntnis gelangen, ausschließlich so zu den dort genannten Zwecken genutzt werden, dass deren unbefugte Offenbarung ausgeschlossen ist,
2. die nach Absatz 4 erhaltenen Informationen in anonymisierter Form an die Bundesnetzagentur jeweils auf deren Verlangen für die Zwecke des Monitorings nach § 51 übermitteln,

3. neben den nach Nummer 2 zu übermittelnden Informationen an die Bundesnetzagentur jeweils auf deren Verlangen weitere verfügbare und für die Zwecke des Monitorings nach § 51 erforderliche Informationen und Analysen übermitteln, insbesondere verfügbare Informationen und eine gemeinsam von den Betreibern von Übertragungsnetzen in einer von der Bundesnetzagentur zu bestimmenden Form zu erstellende Analyse zu den grenzüberschreitenden Verbindungsleitungen sowie zu Angebot und Nachfrage auf den europäischen Strommärkten, zu der Höhe und der Entwicklung der Gesamtlast in den Elektrizitätsversorgungsnetzen in den vergangenen zehn Jahren im Gebiet der Bundesrepublik Deutschland und zur Sicherheit, Zuverlässigkeit und Leistungsfähigkeit der Energieversorgungsnetze einschließlich des Netzbetriebs,
4. der Bundesnetzagentur jeweils auf deren Verlangen in einer von ihr zu bestimmenden Frist und Form für die Zwecke des Berichts nach § 63 Absatz 3a Informationen und Analysen zu der Mindesterzeugung insbesondere aus thermisch betriebenen Erzeugungsanlagen und aus Anlagen zur Speicherung von elektrischer Energie sowie Informationen und geeignete Analysen zur Entwicklung der Mindesterzeugung übermitteln und
5. der Bundesnetzagentur jeweils jährlich auf deren Verlangen in einer von ihr zu bestimmenden Frist und Form für die Zwecke des Monitorings nach § 51a die Unternehmen und Vereinigungen von Unternehmen nennen, die einen Stromverbrauch von mehr als 20 Gigawattstunden jährlich haben.

(5a) Die Bundesnetzagentur übermittelt die nach Absatz 5 zum Zwecke des Monitorings der Versorgungssicherheit nach § 51 und zur Erfüllung der Berichterstattungspflicht nach § 63 Absatz 2 Satz 1 Nummer 2 erhobenen Daten an das Bundesministerium für Wirtschaft und Energie auf dessen Verlangen.

(6) Die Regulierungsbehörde wird ermächtigt, nach § 29 Absatz 1 Festlegungen zu treffen zur näheren Bestimmung des Kreises der nach Absatz 4 Satz 1 Verpflichteten, zum Inhalt und zur Methodik, zu den Details der Datenweitergabe und zum Datenformat der Bereitstellung an die Betreiber von Elektrizitätsversorgungsnetzen.

(7) Die Regulierungsbehörde, das Bundesministerium für Wirtschaft und Energie sowie die Betreiber von Elektrizitätsversorgungsnetzen sollen anstelle der Abfrage nach den Absätzen 4 und 5 das Marktstammdatenregister nach § 111e nutzen, sobald und soweit ihnen das Marktstammdatenregister den Zugriff auf Daten im Sinne der Absätze 4 und 5 eröffnet.

Übersicht

	Rn.
A. Allgemeines	1
I. Inhalt der Norm	1
II. Zweck der Norm	12
III. Entstehungsgeschichte	15
B. Normadressaten: Betreiber von Elektrizitätsversorgungsnetzen	20
C. Betrieb der Übertragungsnetze (Abs. 1 S.1)	22
I. Verhältnis zur Systemverantwortung nach § 13	23

	Rn.
II. Regelung der Elektrizitätsübertragung	26
1. Kraftwerkseinsatz, Bilanzkreise, Fahrpläne	27
2. Austausch mit anderen Verbundnetzen	31
III. Bereitstellung und Betrieb der Übertragungsnetze	32
IV. Beitrag zur sicheren Elektrizitätsversorgung	35
1. Sicheres und zuverlässiges Elektrizitätsversorgungssystem	36
2. Sichere Energieversorgung	38
V. Befugnisse und Haftung der Übertragungsnetzbetreiber	39
D. Gemeinsame Regelverantwortung (Abs. 1 S. 2–5)	41
I. Übertragung der Regelverantwortung	41
II. Anordnung einer einheitlichen Regelzone	45
E. Informationspflicht der Übertragungsnetzbetreiber (Abs. 2)	46
I. Betreiber verbundener Netze	48
II. Notwendige Informationen	49
III. Durchsetzbarkeit des Anspruchs auf Information	52
F. Sicherstellung nachfragegerechter Netzkapazität (Abs. 3)	53
I. Qualitätsstandard für Übertragungsnetze (Abs. 3 S. 1)	53
II. Systemdienstleistungen ohne Kraftwerke (Abs. 3 S. 2 und 3)	55
G. Verordnungsermächtigung für technische Anforderungen an Erzeugungsanlagen (Abs. 3a)	61
I. Technische Anforderungen an Erzeugungsanlagen	63
II. Systemstabilitätsverordnung	65
H. Informationspflichten an öffentliche Stellen und amtliche Berichtspflichten (Abs. 3b, 3c, 5 und 5a)	67
I. Informationspflichten der Netznutzer (Abs. 4)	74
I. Notwendige Informationen (Abs. 4 S. 1 und S. 2)	78
II. „Energieinformationsnetz"	83
III. Festlegungsbefugnis Informationspflichten (Abs. 6)	86

Literatur: *Bundesnetzagentur,* „Festlegung von Datenaustauschprozessen im Rahmen eines Energieinformationsnetzes (Strom)" v. 16.4.2014, Az. BK6-13-200; *Bundesnetzagentur,* Schlussbericht über die Systemstörung im deutschen und europäischen Verbundsystem am 4.11.2006; *Deutsche Energie-Agentur,* „dena-Studie Systemdienstleistungen 2030", Endbericht v. 11.2.2014 (im Folgenden: dena-Studie SDL 2030); *Fischerauer/Schwarz-Ott/Kraus,* Die Nachrüstungsverpflichtung für EE- und KWK-Anlagen nach der geänderten Systemstabilitätsverordnung, EnWZ 2015, 153; *Institut für elektr. Anlagen und Netze,* Digitalisierung und Energiewirtschaft „Netzbetriebsmittel und Systemdienstleistungen im Hoch- und Höchstspannungsnetz", Zwischenbericht im Auftrag für das BMWi v. 14.7.2021 (im Folgenden: BMWi SDL-Studie 2021); *Knauff,* Methodenfreiheit in der Netzplanung, EnWZ 2019, 51; *Lehnert/Vollprecht,* Die Novelle der Systemstabilitätsverordnung (SysStabV): Neue Pflichten für Anlagen- und Netzbetreiber, RdE 2015, 343; *Schäfer-Stradowsky/Timmermann,* Verschiebung von Kompetenzen zwischen ÜNB und VNB durch die Digitalisierung der Energiewende, EnWZ 2018, 199; *Schwab,* Elektroenergiesysteme: Erzeugung, Transport, Übertragung und Verteilung elektrischer Energie, 9. Aufl., 2006; VDN, TransmissionCode 2007 Netz- und Systemregeln der deutschen Übertragungsnetzbetreiber, Version 1.1, August 2007.

A. Allgemeines

I. Inhalt der Norm

§ 12 **konkretisiert die Betriebspflichten nach § 11** (ausdrücklich in Bezug 1
genommen in Abs. 3b S. 1 und 3c S. 1) für alle Betreiber von Elektrizitätsversorgungsnetzen mit einem besonderen Schwerpunkt auf die **besonderen Aufgaben der Übertragungsnetzbetreiber.** So richten sich die Abs. 1–3 ausschließlich an die ÜNB (→ Rn. 22). Nach der generellen Bestimmung des § 11 Abs. 1 S. 1 sind alle Netzbetreiber dazu verpflichtet, ein sicheres, zuverlässiges und leistungsfähiges Netz zu betreiben, zu warten und bedarfsgerecht zu optimieren, zu verstärken und auszubauen. Der letztgenannte Dreiklang zur bedarfsgerechten Ertüchtigung des Netzes wird im Folgenden als „Entwicklung" des Netzes zusammengefasst (vgl. auch „Netzentwicklungsplanung" gem. §§ 12a ff.). § 11 Abs. 1 S. 2 stellt klar, dass bei der Umsetzung der Pflichten „insbesondere" die spezielleren Regelungen der §§ 12 bis 16a zu erfüllen sind.

Diese gesetzliche Pflicht und damit auch die rechtliche Verantwortung trifft im 2
Rahmen des § 11 Abs. 1 S. 3 neben dem Netzbetreiber auch die Leitung eines vertikal integrierten Energieversorgungsunternehmens (auch nach § 11 Abs. 1 S. 2 iVm. § 12), mithin das **Konzernmanagement eines Energieunternehmens,** das auch Netze betreibt. Pflichtverletzungen sind **scharf sanktioniert** – sowohl in § 95 Abs. 1 a Ziff. 2 als Ordnungswidrigkeit bei unvollständiger, unrichtiger oder verspäteter Übermittlung von Informationen nach Abs. 5 S. 1 Nr. 2 und sowie in § 95b Nr. 1 mit einer Strafandrohung bei Verletzung von Betriebs- und Geschäftsgeheimnissen Dritter.

Zu den in § 11 Abs. 1 genannten Aufgaben gehört die Betriebsführung als zen- 3
trale Systemdienstleistung. Von ihr unterschieden werden dann speziellere Systemdienstleistungen zur Frequenz- und Spannungshaltung, zum Versorgungswiederaufbau und zur Netzentwicklung (dena-Studie SDL 2030, S. 4). Man kann diese Norm als **Grundnorm** zur Zuweisung der wesentlichen Aufgaben zur Gewährleistung der Versorgungssicherheit des europäischen und deutschen Energieversorgungssystems im Rahmen der Betriebsführung (zum Begriff → § 11 Rn. 65) verstehen (so auch NK-EnWG/*Tüngler* § 12 Rn. 1). **Die ÜNB** haben bei der **Gewährleistung der Versorgungssicherheit** netzseitig die **zentrale Rolle** (aus technischer Sicht BMWi SDL-Studie 2021, S. 6). Sie regeln im Verbund mit anderen (europäischen) Übertragungsnetzbetreibern großräumig die Elektrizitätsübertragung unter Einbeziehung der Erzeugerseite, der Verteilernetze und der Energieverbraucher. Abs. 1 S. 1 verpflichtet die Übertragungsnetzbetreiber zur Regelung der Energieübertragung im Verbund mit anderen Netzen. Sie müssen durch den Betrieb und die Bereitstellung der Übertragungsnetze in ihrer Regelzone zu einer sicheren Energieversorgung beitragen.

Nach Abs. 1 S. 2, 3 und 4 haben die Übertragungsnetzbetreiber die Möglichkeit, 4
die **Regelverantwortung** untereinander durch freiwillige Vereinbarungen zu übertragen. Mittlerweile kennt das EnWG Übertragungsnetzbetreiber mit und ohne Regelverantwortlichkeit (s. §§ 12a Abs. 1, 21b Abs. 1,3 und 5, 12c Abs. 1 und 12d). Dabei handelt es sich aber nicht um solche, die die Regelverantwortlichkeit nach Abs. 1 S. 2 abgegeben haben, sondern um Übertragungsnetzbetreiber iSd § 3, die „nur" die eine Verbindungsleitung zu einem anderen Mitgliedstaat oder eine Netzanbindungsleitung eines Offshore-Windparks betreiben gegenüber den

§ 12 Teil 3. Regulierung des Netzbetriebs

ÜNB, die eine Regelzone verantworten (Liste der zertifizierten ÜNB zu finden unter www.bundesnetzagentur.de/DE/Beschlusskammern/BK06/BK6_75_Zerti _Entfl/ZertiVerf.html).

5 Die BNetzA kann auch durch Festlegung gem. Abs. 1 S. 5 die ÜNB zur Erreichung der genannten Zwecke sogar zur Bildung einer **einheitlichen Regelzone** verpflichten. Dies hat die Regulierungsbehörde bislang aber nicht getan, wohl aber als milderes Mittel eine Festlegung zum Netzregelverbund getroffen (BNetzA Beschl. v. 12.4.2011 – BK6-10-098) und damit erfolgreich die „Verringerung des Aufwands für Regelenergie" betrieben.

6 Abs. 2 enthält generalklauselartig Informationspflichten der ÜNB gegenüber anderen Netzbetreibern im In- und Ausland, mit dem ihr Netz technisch verbunden ist, mit dem Zweck, den sicheren und effizienten Betrieb, den koordinierten Ausbau und den Verbund sicherzustellen. Umgekehrt enthält Abs. 4 Informationsansprüche der Netzbetreiber im Hinblick auf „Stammdaten, Planungsdaten und Echtzeitdaten" gegenüber den wesentlichen Netznutzergruppen. Abs. 5 regelt den Umgang bei den ÜNB mit diesen Daten. Sowohl der Kreis der verpflichteten Netznutzer als auch die Umgangsregelungen, wie die Datenweitergabe, kann die BNetzA durch Festlegung bei Bedarf weiter ausgestalten (Abs. 6). Dieser Informationsaustausch wird auch unter dem Begriff „Energieinformationsnetz" geführt und gestaltet (→ Rn. 83).

7 Abs. 3 wiederholt spezifisch für die ÜNB die Verpflichtung zum bedarfsgerechten Netzausbau und sicheren Netzbetrieb aus § 11 Abs. 1. Abs. 3 S. 2 und 3 erlaubt den ÜNB die „Nutzung" aller Art von Anlagen neben den klassischen Erzeugungsanlagen für die Bedarfe an Systemdienstleistungen. Da die Regelenergie bislang schon in einem wettbewerblichen Verfahren beschafft wird (→ § 22 f.), wird die Prüfung der marktlichen oder marktorientierten Beschaffungsmöglichkeit von nicht-frequenzgebundenen Systemdienstleistungen mit Verweis auf § 12h besonders hervorgehoben (→ Rn. 53 ff.).

8 Abs. 3a sieht seit der Gesetzesänderung vom Juli 2011 eine Ermächtigung zum Erlass einer Rechtsverordnung vor. In dieser können technische Anforderungen an Erzeugungsanlagen, insbesondere an Anlagen im Sinne des EEG und des KWK-G, vorgegeben und entsprechende Nachrüstungspflichten für Bestandsanlagen eingeführt werden. Auf dieser Grundlage ist die Systemstabilitätsverordnung (SysStabV) erlassen worden (→ Rn. 65 ff.).

9 Die Abs. 3b und 3c normieren Berichtspflichten zur Sicherheit, Zuverlässigkeit und Leistungsfähigkeit der Energieversorgungsnetze und des Elektrizitätsversorgungssystems an die Regulierungsbehörde, allerdings nur auf deren Anforderung. Die Regelungen haben angesichts der spezifischen Berichtspflichten und Netzentwicklungspläne in §§ 12b, 14d, 51 und 51a sowie 63 bislang keine praktische Bedeutung erlangt.

10 Die Auskunftspflichten in Abs. 5 sind allerdings die Grundlage der Berichte zur Versorgungssicherheit nach § 51 und zum Lastmanagement nach § 51a. Diese Berichtspflichten wurden mit dem KVBG im Jahr 2020 vom BMWK auf die BNetzA übertragen. Ebenfalls ermächtigt Abs. 5a die Weitergabe der Rohdaten, die in die Berichterstattung der BNetzA einfließen, auf Anforderung an das BMWi. Das BMWi muss im Rahmen von Art. 20 Elt-VO 19 regelmäßig die Angemessenheit der (Erzeugungs-) Ressourcen beobachten und verwendet dazu die Berichte der BNetzA nach § 51 und § 63 sowie ggf. die Rohdaten, die es auf Basis von Abs. 5a erhalten kann.

Aufgaben der Betreiber von Elektrizitätsversorgungsnetzen **§ 12**

Zur Minimierung des Erhebungsaufwandes sollen die staatlichen Stellen und die 11
Betreiber von Elektrizitätsversorgungsnetzen zur Erfassung von Stammdaten auf
Informationen des Marktstammdatenregisters nach § 111 e zugreifen.

II. Zweck der Norm

§ 12 dient mit der näheren Ausgestaltung der Betriebs-, Wartungs- und Netzent- 12
wicklungspflichten des § 11 Abs. 1 S.1 demselben Hauptziel, nämlich der nachhaltigen Sicherstellung der Versorgung mit Elektrizität **(Versorgungssicherheit)**. § 12
konkretisiert die besonderen Pflichten und Informationsrechte der Übertragungsnetzbetreiber im Verbundsystem. Der Staat nimmt mit der Zuweisung der grundsätzlichen Regelverantwortung an die Übertragungsnetzbetreiber auch seine Gewährleistungsverantwortung für die Elektrizitätsversorgung wahr (→ § 11 Rn. 6ff.).

Die Regelung dient ua der Umsetzung besonderer Anforderungen an Übertra- 13
gungsnetzbetreiber nach den europarechtlichen Vorgaben aus Art. 40 Elt-RL 19.

Auf die Norm wird umfangreich verwiesen: in § 11 als Grundnorm zum Betrieb 14
von Energieversorgungsnetzen, in den §§ 13, 14 zu Systemverantwortung der
ÜNB und VNB, in §§ 51 Abs. 1 und 63 Abs. 3a zum Monitoring der Versorgungssicherheit und zur Mindesterzeugung, in der Organisationsnorm des § 59, § 95
Abs. 1a Ziff. 2 mit Normierung einer Ordnungswidrigkeit bei unvollständiger, unrichtiger oder verspäteter Übermittlung von Informationen nach Abs. 5 S. 1 Nr. 2
und 3 und in § 95b Nr. 1 mit einer Strafandrohung bei Verletzung von BuG. Darüber hinaus finden sich Verweise in § 12 KVBG, § 12 NABEG, der die §§ 11 und 12
EnWG heranzieht, um den planungsrechtlichen Vorhabenträger zu identifizieren,
und auf Verordnungsebene in § 23 ARegV zu Investitionsmaßnahmen, § 4 KapResV und in § 5 KrafNAV.

III. Entstehungsgeschichte

§ 12 ist mit dem EnWG2005 eingeführt worden (Überblick bis 2011 bei NK- 15
EnWG/*Tüngler* § 12 Rn. 8f). Im Zuge des „Gesetzes zur Neuregelung energiewirtschaftsrechtlicher Vorschriften" vom 26.7.2011 (BGBl. 2011 I S. 1554) ist
die Norm erheblich umgestaltet worden. Die vormalige Berichtspflicht zum Netzzustand und Netzausbau in § 12 Abs. 3a aF ist entfallen, da diese Pflichten nun in
den Pflichten zur Netzentwicklungsplanung nach § 12a ff. mit aufgegangen sind.
Der Anwendungsbereich der Informationspflichten nach § 12 Abs. 4 S. 1 ist mittlerweile erweitert worden.

Später sind durch das „Dritte Gesetz zur Neuregelung energiewirtschaftsrecht- 16
licher Vorschriften" vom 20.12.2012 (BGBl. I 2012 S. 2730) auch Gasnetzbetreiber
in den Adressatenkreis der nach § 12 Abs. 4 S. 1 Informationspflichtigen aufgenommen und der Umgang mit Betriebs- und Geschäftsgeheimnissen konkretisiert worden. Zugleich ist die Verordnungsermächtigung nach § 12 Abs. 3a S. 1, auf deren
Grundlage die Systemstabilitätsverordnung erlassen wurde, um die Pflichten zur
Bereitstellung von Daten ergänzt worden.

Mit dem Strommarktgesetz 2016 wurde die Vorschrift erneut grundlegend 17
überarbeitet (Begr. RegE BT-Drs. 18/7317, 81). Die Rolle der Betreiber von Elektrizitätsversorgungsnetzen – auch unterhalb der Höchstspannungsebene – für die
Systemsicherheit und die für die Wahrnehmung dieser Rolle notwendige Datenaustausch hatten mit dem Fortschreiten der Energiewende eine noch größere Bedeutung erlangt. Ein Beispiel für diese Bedeutung sind die Beteiligung von An-

§ 12 Teil 3. Regulierung des Netzbetriebs

lagen, die in Elektrizitätsverteilernetzen angeschlossen sind und für Systemdienstleistungen oder den Redispach 2.0 (→ § 13 Rn. 109) herangezogen werden müssen. Die Informationspflichten aller, auch neuer, Marktteilnehmer in einem grundsätzlich wettbewerblich ausgestalteten Marktdesign des Strommarktes wurden ausdifferenziert. Mit der Einführung des Marktstammdatenregisters (§ 111d) war eine zentrale Informationsplattform bzgl. der Stammdaten (Definition → Rn. 80) aller Strommarktakteure geschaffen worden.

18   Die wachsende Besorgnis über die Leistungsbilanz und die Versorgungssicherheit durch die Stilllegungen von Kraftwerken führte zur Umgestaltung des Monitoring der Versorgungssicherheit nach 63 Abs. 2, welches bis 2020 durch das BMWi, seit der KVBG-Novelle 2020 (Art. 4 G v. 8.7.2020, BGBl. 2020 I S. 1818) durch die BNetzA durchgeführt wird.

19   2019 wurde § 12 nochmals ergänzt um einen formalisierten und unmittelbar im Gesetz angelegten Prozess des Berichtswesens von sowohl Übertragungs- und Verteilernetzbetreibern an die BNetzA zu Aspekten der Betriebssicherheit und Stabilität der Versorgungssysteme. Dabei erfolgen die Berichte auf Anforderung der Behörde anlassbezogen (BT-Drs. 19/9027, 10).

B. Normadressaten: Betreiber von Elektrizitätsversorgungsnetzen

20   Bis zur Novelle 2016 hieß die Überschrift von § 12 „Aufgaben der Betreiber von Übertragungsnetzen". Da sich die mit der Novelle 2016 geschaffenen Rechte und Pflichten auch an Verteilernetzbetreiber richten, sind Normadressaten mittlerweile Betreiber von Elektrizitätsversorgungsnetzen aller Spannungsebenen. Wobei ein Schwerpunkt weiterhin auf den Pflichten und Rechten der Übertragungsnetzbetreiber liegt. Durch die fehlende Einschränkung auf Übertragungsnetzbetreiber mit Regelzonenverantwortung des § 3 Nr. 10a fallen auch Betreiber von Verbindungsleitungen als ÜNB gem. § 3 Nr. 10 grundsätzlich unter die Norm.

21   Welche Netze der Übertragung von Elektrizität dienen, ergibt sich wiederum aus § 3 Nr. 32. Danach handelt es sich bei der Übertragung um den Transport von Elektrizität über ein **Höchstspannungs- oder Hochspannungsverbundnetz** zum Zwecke der Belieferung von Letztverbrauchern oder Verteilern. Ausgenommen ist die Belieferung der Kunden (§ 3 Nr. 24) selbst, die dem wettbewerblichen Bereich zuzuordnen und vom natürlichen Monopol des Netzbetriebs zu unterscheiden ist. Welche Spannungsebenen zu den Höchstspannungs- bzw. Hochspannungsverbundnetzen gehören, ist gesetzlich nicht definiert. In Deutschland werden Höchstspannungsnetze grundsätzlich mit einer Nennspannung von 380 kV und 220 kV betrieben. Der Betrieb von Hochspannungsnetzen erfolgt mit einer Nennspannung von 110 kV (*Schwab* Elektroenergiesysteme Kap. 2, S. 18).

C. Betrieb der Übertragungsnetze (Abs. 1 S.1)

22   Abs. 1 verpflichtet die ÜNB zur **Regelung** der „Energieübertragung" durch das Netz. Damit ist in diesem Zusammenhang naturgemäß nur die Übertragung von Elektrizität gemeint, nicht hingegen von anderen Formen von Energie. Ferner verlangt Abs. 1, dass die Übertragungsnetzbetreiber mit der **Bereitstellung** und dem **Betrieb** der Übertragungsnetze im nationalen und internationalen Verbund zu

einem sicheren und zuverlässigen Elektrizitätsversorgungssystem in ihrer Regelzone und damit zu einer sicheren Energieversorgung beitragen. Ein Verbundsystem ist dadurch gekennzeichnet, dass die Regelzonen durch Kuppelleitungen und Übergabestellen miteinander verbunden sind und in einer einheitlichen Frequenz betrieben werden. Das deutsche Verbundsystem ist mit den Übertragungsnetzen benachbarter Länder zum europäischen Verbundsystem (ENTSO-E) zusammengeschlossen, an dem über 20 ÜNB teilnehmen. Die Integration in das europäische Verbundnetzes dient sowohl der besseren technischen Absicherung durch Vermaschung als auch der Ermöglichung des europäischen Binnenmarkts für Elektrizität.

I. Verhältnis zur Systemverantwortung nach § 13

Die besonderen Rechte und Pflichten der ÜNB sind als Konkretisierung der allgemeinen Pflichten nach § 11 Abs. 1 S. 1 – in den §§ 12 und 13 geregelt. Die rechtliche Unterscheidung der Aufgaben nach § 12 und § 13 kann im Einzelfall Fragen aufwerfen, die für die praktische Anwendung allerdings regelmäßig dahinstehen können, da sich die Bestimmungen letztlich ergänzen. Man könnte die Abgrenzung dahingehend versuchen, dass § 12 die Aufgaben der ÜNB im Normalzustand – unter Einbeziehung der Regelenergie – beschreibt und § 13 dagegen die ganze Palette der möglichen Maßnahmen bei einer Gefährdung oder Störung der Sicherheit oder Zuverlässigkeit der Energieversorgung (so NK-EnWG/*Tüngler* § 12 Rn. 3). Alle Maßnahmen nach § 12 sind in § 13 ebenfalls enthalten, nicht aber umgekehrt. § 13 beschreibt im Detail, wie den Übertragungsnetzbetreibern in ihrer Regelzone die **Systemverantwortung** obliegt. Sie haben demnach dafür zu sorgen, dass die für die Übertragung der Elektrizität erforderlichen Systembedingungen vorliegen und § 13 beschreibt die dafür notwendigen Instrumente. 23

Abs. 1 betrifft die Nutzung dieses Systems. Die Vorschrift verpflichtet die Übertragungsnetzbetreiber dazu, die Übertragung von Elektrizität durch das Netz zu regeln und mit dem Betrieb und der Bereitstellung der Übertragungsnetze zu einer sicheren Energieversorgung beizutragen. Anders als § 12 regelt § 13 ausdrücklich Befugnisse der Übertragungsnetzbetreiber zur Vornahme von Systemsicherheitsmaßnahmen gegenüber anderen Marktteilnehmern; § 12 Abs. 4 räumt den Betreibern von Elektrizitätsversorgungsnetzen nur einen Informationsanspruch ein. Die Pflicht zur **Regelung der Energieübertragung** nach Abs. 1 S. 1 ist nicht als Befugnis zu verstehen, parallel zu dem Anwendungsbereich des § 13 Systemsicherheitsmaßnahmen zu ergreifen. Für den Bereich der Netz- und Systemsicherheit gelten die **spezielleren Rechte und Pflichten** der ÜNB nach § 13 bzw. der VNB nach §§ 14 iVm 13 (→ § 13 Rn. 3). 24

Bei der Systemverantwortung gem. § 13 geht es darum, eine Gefährdung oder Störung des Elektrizitätsversorgungssystems in einer bestimmten Regelzone zu vermeiden. Übertragungsnetzbetreiber müssen auf eine Gefährdung oder Störung mit netz- oder marktbezogenen Maßnahmen reagieren. In Betracht kommen insbesondere Netzschaltungen, der Einsatz von Regelenergie, die Ab- oder Zuschaltung von Lasten, das Engpassmanagement und die Mobilisierung von Reserven (§ 13 Abs. 1). Reichen diese Maßnahmen nicht aus, sind als Zwangsmaßnahmen Stromeinspeisungen, Stromabnahmen und Stromtransite anzupassen (§ 13 Abs. 2). Die von § 13 umfassten Maßnahmen betreffen somit zentrale Bereiche des Betriebs der Übertragungsnetze. Ohne sie können in der Praxis die Übertragungsnetzbetreiber die ihnen durch § 12 Abs. 1 zugewiesenen Aufgaben nicht erfüllen. 25

II. Regelung der Elektrizitätsübertragung

26 Gem. Abs. 1 S. 1 haben Betreiber von Übertragungsnetzen mit Regelzonenverantwortung die Elektrizitätsübertragung durch das Netz unter Berücksichtigung des Austauschs mit anderen Verbundnetzen zu regeln. Der Leistungsfluss in den Übertragungsnetzen hängt vor allem vom Einsatz der Erzeugungseinheiten und dem Verhalten der Energieverbraucher ab (BMWi SDL-Studie 2021, S. 26).

27 **1. Kraftwerkseinsatz, Bilanzkreise, Fahrpläne.** Wesentliches Instrument zur Erfüllung der Regelungsaufgabe ist zudem die Einrichtung von **Bilanzkreisen**. In den Bilanzkreisen werden Einspeise- und Entnahmestellen innerhalb einer Regelzone zusammengefasst, um Abweichungen zwischen Einspeisungen und Entnahmen durch ihre Durchmischung zu minimieren und die Abwicklung von Handelstransaktionen zu ermöglichen (vgl. § 1a Abs. 2 und § 3 Nr. 10d). Die **Bilanzkreisverantwortlichen** (BKV) sind dazu verpflichtet, gegenüber den ÜNB Fahrpläne für Stromlieferungen anzumelden und für eine ausgeglichene Bilanz zwischen Einspeisungen in und Entnahmen aus ihrem Bilanzkreis zu sorgen (§§ 4, 5 StromNZV). Die ÜNB schließen mit dem BKV einen Bilanzkreisvertrag mit konkreten Vorgaben zur Führung, Abwicklung und Abrechnung des Bilanzkreises ab (zum Inhalt vgl. § 26 StromNZV sowie BNetzA Beschl. v. 12.4.2019 – BK6-18-061 – Standardbilanzkreisvertrag).

28 Die von den ÜNB zu regelnde Elektrizitätsübertragung wird maßgeblich durch den **Kraftwerkseinsatz** bestimmt. Deshalb gehört es zu den Aufgaben nach Abs. 1 S. 1, für einen jederzeitigen Bilanzausgleich zwischen Ein- und Ausspeisungen im System zu sorgen. Als Grundlage für die Abstimmung des Kraftwerkseinsatzes dienen die Einspeisepläne, die bei den Übertragungsnetzbetreibern für Einspeisungen aus Kraftwerksblöcken mit einer physikalischen elektrischen Maximalleistung von mehr als 100 MW grundsätzlich bis 14:30 Uhr des Vortags angemeldet werden müssen (BNetzA Beschl. v. 12.4.2019 – BK6-18-061 – Standardbilanzkreisvertrag, Anlage 3 Punkt 1.3 = www.bundesnetzagentur.de/DE/Beschlusskammern/BK06/BK6_83_Zug_Mess/838_bilanzkreisvertrag/bk_vertrag_basepage.html).

29 Die ÜNB müssen die Energieübertragung so regeln, dass die angemeldeten Fahrpläne grundsätzlich ohne Einschränkungen erfüllt werden können. Falls der ÜNB beispielsweise feststellt, dass korrespondierende Fahrpläne nicht übereinstimmen oder ein Fahrplan fehlt, hat der ÜNB die betroffenen BKV zur kurzfristigen Klärung aufzufordern. Durch das Bilanzkreissystem werden nicht nur die Netzbetreiber, sondern vor allem auch **die Bilanzkreisverantwortlichen** in die **Verantwortung** genommen. Gefährdungen der Systemsicherheit durch Bilanzungleichgewichte und Frequenzstörungen sollen möglichst bereits durch die Marktteilnehmer von vornherein vermieden werden.

30 Verbleibende Ungleichgewichte in der Regelzone haben die Übertragungsnetzbetreiber durch **Regelenergie** auszugleichen. Die BKV müssen für Abweichungen ihres Bilanzkreises wiederum Ausgleichsenergie bezahlen (§ 22 EnWG iVm § 8 StromNZV). Die begrifflich ungenaue Gesetzesbegründung geht davon aus, dass die „Bereitstellung von Ausgleichsenergie" mit zu den Pflichten der ÜNB nach Abs. 1 gehört (Gesetzesbegründung BT-Drs. 15/3917, 56). Der konkrete Einsatz von Regelenergie stellt zugleich eine marktbezogene Systemsicherheitsmaßnahme gem. § 13 Abs. 1 Nr. 2 dar (→ § 13 Rn. 86ff.).

31 **2. Austausch mit anderen Verbundnetzen.** Im Stromsektor hat sich (anders als im Gasbereich) ein stark vermaschtes und europäisches Verbundnetz herausgebildet. Vor diesem Hintergrund verlangt Abs. 1 S. 1, dass die Regelung der Elektrizitätsübertragung unter Berücksichtigung des **Austauschs mit anderen Verbundnetzen** zu erfolgen hat. Die ÜNB müssen auch mit anderen Verbundnetzen, also mit anderen Regelzonen vereinbarte Fahrpläne berücksichtigen. Die BKV der entsprechenden Regelzonen melden den ÜNB die geplanten Einspeisungen und Entnahmen. Der Austausch von Elektrizität mit **ausländischen Regelzonen** erfolgt zunehmend nach europäischen Spielregeln, maßgeblich aus der Elt-VO 19, der CACM-GL sowie den Regeln der ACER und ENTSO-E. Das „European Network of Transmission System Operators for Electricity **(ENTSO-E)** ist die privatrechtliche Organisation der europäischen ÜNB nach belgischem Recht (www.entsoe.eu), die nach dem 3. BMP, insbesondere der Elt-VO 09, geschaffen wurde. Diese Gesellschaft ohne Gewinnerzielungsabsicht hat zahlreiche **zentrale Funktionen, ua** auch für die europäische **Gesetzgebung im Komitologieverfahren** (Überblick in Baur/Salje/Schmidt-Preuß/*Weiß* Energiewirtschaft Kap. 12) zur Schaffung der Network Codes, für europäische Systemanalysen, Leistungsbilanzberichte und Setzung von technischen Regeln für alle Netznutzer.

III. Bereitstellung und Betrieb der Übertragungsnetze

Abs. 1 S. 1 verpflichtet die ÜNB, neben der Regelung der Elektrizitätsübertragung, zur Bereitstellung und zum Betrieb der Übertragungsnetze im nationalen und internationalen Verbund. Die **Bereitstellungsverpflichtung** wird wiederum an anderer Stelle konkretisiert. Sie ist zum einen Gegenstand von Abs. 3. Zum anderen ergibt sich aus den Netzanschluss- und Netzzugangsregeln der §§ 17 ff. und 20 ff., unter welchen Voraussetzungen Dritte einen Anspruch auf Anschluss an die Übertragungsnetze und auf deren Nutzung haben. Der Bereitstellungsverpflichtung nach Abs. 1 kommt daher in der Praxis keine wesentliche eigenständige Bedeutung zu. Die „Bereitstellung" des Netzes stellt einen Unterfall des „Betriebs" eines Netzes dar (§ 11 Rn. 63).

Im Hinblick auf die Verpflichtung zum Betrieb der Übertragungsnetze hat Abs. 1 S. 1 die Funktion eines Auffangtatbestands. Grundsätzlich umfasst die **Betriebsverpflichtung** alle für den Transport von Elektrizität erforderlichen technischen und sonstigen Betreiberleistungen. Ebenso wie § 11 Abs. 1 S. 1 setzt auch § 12 Abs. 1 S. 1 voraus, dass die vorhandenen Übertragungsnetze auch tatsächlich betrieben werden. Es besteht also eine nachhaltige **Betriebspflicht**, die nicht nur das „Wie", sondern auch das „Ob" des Netzbetriebs erfasst. Insoweit kann auf die Erläuterungen zur Netzbetriebspflicht nach § 11 verwiesen werden (→ § 11 Rn. 67 ff.).

Eigenständige Bedeutung hat Abs. 1 insofern, als die Vorschrift betont, dass der Betrieb und die Bereitstellung der Übertragungsnetze **im nationalen und internationalen Verbund** zu erfolgen hat. Daraus ergibt sich für die ÜNB die Verpflichtung, die Übertragungsnetze so zu betreiben und bereitzustellen, dass sie ihre Funktion im Verbund mit anderen Netzen erfüllen und ihren Verpflichtungen zB aus der SO-GL nachkommen. Die ÜNB dürfen daher keine Maßnahmen ergreifen, die ausschließlich den Bedürfnissen des eigenen Netzes oder der eigenen Regelzone entsprechen, die Anforderungen des nationalen und internationalen Verbunds jedoch unberücksichtigt lassen.

§ 12 Teil 3. Regulierung des Netzbetriebs

IV. Beitrag zur sicheren Elektrizitätsversorgung

35 Mit der Regelung der Elektrizitätsübertragung sowie der Bereitstellung und dem Betrieb der Übertragungsnetze haben die Übertragungsnetzbetreiber gem. Abs. 1 S. 1 zu einem **sicheren und zuverlässigen Elektrizitätsversorgungssystem** in ihrer Regelzone und „damit zu einer sicheren Energieversorgung beizutragen". Abs. 1 S. 1 gibt dadurch für den Betrieb der Übertragungsnetze einen ergänzenden **Qualitätsmaßstab** vor. Daran haben sich die Übertragungsnetzbetreiber bei der Aufgabenerfüllung zu orientieren.

36 **1. Sicheres und zuverlässiges Elektrizitätsversorgungssystem.** Der Begriff des **Elektrizitätsversorgungssystems** ist im EnWG nicht definiert. Nach der Definition des Transmission Codes 2007 (Ziff. 9.2) handelt es sich um eine nach technischen, wirtschaftlichen und sonstigen Kriterien **abgrenzbare funktionale Einheit** innerhalb der Elektrizitätswirtschaft. Diese Definition entspricht dem System, das die ÜNB durch Abs. 1 S. 1 bei der Übertragung der Elektrizität ausregeln müssen. Dabei sind neben den Elektrizitätsversorgungsnetzen (zum Begriff → § 3 Nr. 2) auch die Erzeugerseite und die Energieverbraucher einzubeziehen und als funktionale Einheit zu betrachten. Der ‚Systembegriff' ist tatsächlich als technischer Verbund in Abhängigkeit der sicheren Stromversorgung über Netzinfrastrukturen von den technischen Eigenschaften und dem Verhalten der Anlagen zur Erzeugung von Elektrizität, den Kundenanlagen und den Netzbetriebsmitteln zu verstehen.

37 Die Verpflichtung nach Abs. 1 S. 1, zur Sicherheit und Zuverlässigkeit des Elektrizitätsversorgungssystems beizutragen, dürfte nur soweit reichen, wie die Sicherheit und Zuverlässigkeit vom Betrieb der Übertragungsnetze abhängt und die ÜNB insoweit Einfluss nehmen können (zur umfassenderen **Systemverantwortung** der Übertragungsnetzbetreiber → § 13 Rn. 22). Die ÜNB sollen im hohen Gemeinwohlinteresse der **Versorgungssicherheit** eine im Wesentlichen unterbrechungsfreie, regelmäßige Energieversorgung in ihrer Regelzone ermöglichen. Ein sicheres Energieversorgungssystem erfordert darüber hinaus die Beachtung von Anforderungen an die technische Anlagensicherheit. Daher müssen die ÜNB für den Betrieb der Übertragungsnetze auch technische Anforderungen sowohl für den Netzbetrieb als auch für Anlagen, die negative Rückwirkungen auf den Netzbetrieb haben können, definieren, um für den Schutz der Allgemeinheit und ihrer Mitarbeiter vor Schäden zu sorgen. Dies geschieht über § 19 sowie diverse Netzkodizes, wie den NC RfG, NC DCC und den NC HVDC (→ Vor § 17 Rn. 61 ff.).

38 **2. Sichere Energieversorgung.** Abs. 1 S. 1 verpflichtet die ÜNB des Weiteren dazu, durch ein sicheres und zuverlässiges Elektrizitätsversorgungssystem letztlich zu einer sicheren Energieversorgung **beizutragen**. Dadurch ist klargestellt, dass die Sicherheit und Zuverlässigkeit des Elektrizitätsversorgungssystems kein Selbstzweck ist. Vielmehr dient dieses System dazu, eine sichere Energieversorgung im Sinne der Daseinsvorsorge zu gewährleisten (zur Gewährleistungsverantwortung des Staates → § 11 Rn. 4 ff.). Und es wird deutlich, dass die Versorgungssicherheit nicht alleine von den Betreibern der Infrastruktur abhängt, die schon kraft der Entflechtung für die vor- und nachgelagerten Märkte und somit die Leistungsbilanz nicht verantwortlich sind.

V. Befugnisse und Haftung der Übertragungsnetzbetreiber

§ 12 ermächtigt und verpflichtet die Übertragungsnetzbetreiber nicht zu bestimmten Maßnahmen anderen Marktteilnehmern gegenüber; Abs. 4 räumt den ÜNB jedoch einen wichtigen Informationsanspruch ein. Insoweit unterscheidet sich die Vorschrift von § 13, der den ÜNB darüber hinaus gesetzlich bestimmte Befugnisse einräumt, um ihre Systemverantwortung wahrnehmen zu können. Ferner enthält Abs. 1 im Gegensatz zu § 13 Abs. 5 keine Regelung zur Haftung. 39

Bei einer Aufgabenwahrnehmung im Bereich des § 12 (ohne § 13) richten sich daher die Befugnisse und die Haftung der ÜNB in erster Linie nach **vertraglichen Vereinbarungen**, den allgemeinen gesetzlichen Regelungen sowie im Fall ihrer Einbeziehung ggf. nach technischen Regeln (zB Netzkodizes oder Transmission Code). Praktische Bedeutung haben va die mit den BKV abgeschlossenen Bilanzkreisverträge sowie die Netzanschlussverträge. 40

D. Gemeinsame Regelverantwortung (Abs. 1 S. 2–5)

I. Übertragung der Regelverantwortung

Die Bestimmungen gem. Abs. 1 S. 2–4 wurden im Zuge des „Gesetzes zur Neuregelung energiewirtschaftsrechtlicher Vorschriften" vom 26.7.2011 (BGBl. 2011 I S. 1554) neu eingefügt. Sie räumen den ÜNB ausdrücklich die Möglichkeit ein, ihre Regelverantwortung durch **freiwillige Vereinbarung** auf einen anderen ÜNB zu übertragen. Für die Wahrnehmung der Regelverantwortung müssen dem ÜNB, dem die Verantwortung übertragen wird, dann auch zwangsläufig die Systemsicherheitsbefugnisse nach §§ 13 – 13b zustehen (Abs. 1 S. 3). Eine solche Übertragung der Regelverantwortung muss der Regulierungsbehörde mit einer Vorlaufzeit von mindestens sechs Monaten angezeigt werden (Abs. 1 S. 4). 41

Die Regelung soll die Voraussetzungen für eine „effizientere Bewirtschaftung" der Übertragungsnetze schaffen (Begr. RegE, BT-Drs. 17/6072, 67). Dem liegt die Überlegung zu Grunde, dass sich Synergien heben und nachteilige Wechselwirkungen vermeiden lassen, wenn die Regelverantwortung der vier deutschen Übertragungsnetze ganz oder teilweise zusammengeführt wird. 42

Um den Regelenergieeinsatz der ÜNB effizienter zusammenzuführen, hat die BNetzA angeordnet, dass die Übertragungsnetzbetreiber spätestens ab dem 31.5.2010 einem sog. **„Netzregelverbund"** beitreten müssen (BNetzA Beschl. v. 16.3.2010 – BK6-08-111). Zuvor wurden die Regelzonen separat ausgeregelt, sodass es bei unterschiedlichen Leistungsungleichgewichten zu einem entgegengerichteten Einsatz von positiver und negativer Regelenergie kam. Dieses sogenannte „Gegeneinanderregeln" wird durch die gemeinsame Abstimmung des Regelenergieeinsatzes im Verbund verhindert. Die jährlichen Monitoringberichte der BNetzA und des BKartA weisen die sinkenden Kosten für Regelenergie seitdem jährlich aus (BNetzA Monitoringbericht 2020, S. 199). 43

Abs. 1 S. 2 ermöglicht es den ÜNB über diesen angeordneten Verbund hinaus freiwillig die Regelverantwortung „in einer Hand" zusammenzuführen. Mehr zur Funktionsweise des Netzregelverbunds unter www.regelleistung.net/ext/static/gcc. Die deutschen ÜNB streben eine internationale Erweiterung des Netzregelverbundes an (Marktinformation 05/2021 der ÜNB unter www.regelleistung.net/ext/static/gcc). 44

§ 12   Teil 3. Regulierung des Netzbetriebs

II. Anordnung einer einheitlichen Regelzone

45   Mit der gleichen Zielrichtung einer weiteren Verringerung des Aufwandes für Regelenergie und der Förderung von einheitlichen Netzzugangsbedingungen in Deutschland kann die Regulierungsbehörde nach Abs. 1 S. 5 die ÜNB auch **zwangsweise** dazu verpflichten, eine **„einheitliche Regelzone"** zu bilden. Der Gesetzgeber führt als mögliche Vorteile insbesondere an, dass eine solche Zusammenführung „den deutschlandweiten Stromhandel und Vorlaufzeiten für innerdeutsche Fahrplanänderungen vereinfachen und so eine größere Flexibilisierung der Handelsaktivitäten ermöglichen" kann (Begr. RegE, BT-Drs. 17/6072, 67).

E. Informationspflicht der Übertragungsnetzbetreiber (Abs. 2)

46   Nachdem Abs. 1 S. 2 zu einem Netzbetrieb im nationalen und internationalen Verbund verpflichtet, konkretisiert Abs. 2 durch die **Informationspflicht der ÜNB** die Kooperation mit anderen Netzbetreibern. Demnach haben ÜNB den Betreibern **technisch verbundener Netze** die zum sicheren und effizienten Betrieb und zum koordinierten Ausbau sowie die für den Verbund erforderlichen Informationen zur Verfügung zu stellen. Die Informationspflicht ist **aktiv** ausgestaltet und die Informationen nicht erst auf Anforderung zur Verfügung zu stellen. Mittlerweile finden sich umfangreiche, verbindliche Informationsaustauschpflichten innerhalb von ENTSO-E in Art. 40 bis 53 SO-GL (Auszug → Rn. 87).

47   Ein mangelnder Informationsaustausch kann durchaus schwerwiegende Folgen für die Systemsicherheit haben (vgl. BNetzA, Schlussbericht über die Systemstörung im deutschen und europäischen Verbundsystem am 4.11.2006) und möglicherweise Sekundäransprüche nach sich ziehen (Baur/Salje/Schmidt-Preuß/ *Ruthig* Energiewirtschaft Kap. 98 Rn. 10). Alle Beteiligten stehen in der Pflicht, die erforderlichen **Strukturen für eine effektive und effiziente Bereitstellung der benötigten Informationen** nach Abs. 2 vorzuhalten. Dies setzt auch eine **Mitwirkung der Informationsempfänger** bei der Entgegennahme und Verarbeitung voraus.

I. Betreiber verbundener Netze

48   Die Informationspflicht der Übertragungsnetzbetreiber besteht gegenüber den Betreibern anderer Netze, die mit ihrem Übertragungsnetz technisch verbunden sind. Dies können Betreiber anderer **Übertragungsnetze** ebenso wie Betreiber von **Elektrizitätsverteilernetzen** sein. Erforderlich ist jeweils eine „technische Verbindung" mit dem Übertragungsnetz. Die **technische Verbindung** setzt nicht zwingend eine unmittelbare galvanische Verknüpfung der Netze voraus. Entscheidend ist nach der Systematik und dem Sinn und Zweck, ob das „andere Netz" in einer technischen Wechselwirkung zu dem Übertragungsnetz steht, die den Austausch der Informationen zur Erfüllung der Betriebs-, Wartungs- und Ausbaupflichten nach den §§ 11 ff. erforderlich macht. Im Zweifel dürften daher alle nachgelagerten Verteilernetze in der Regelzone des Übertragungsnetzbetreibers technisch verbunden sein. Sie sind gemeinsam Teil des Elektrizitätsversorgungssystems (zum weiten Verständnis des Elektrizitätsversorgungssystems → Rn. 25).

II. Notwendige Informationen

Von den Übertragungsnetzbetreibern sind nach Abs. 2 die notwendigen Informationen bereitzustellen, um den sicheren und effizienten Betrieb, den koordinierten Ausbau und den Verbund sicherzustellen. Damit sollen die Betreiber anderer Netze in die Lage versetzt werden, die ihnen nach den §§ 11 ff. obliegenden **Aufgaben im Verbund** ihrerseits ordnungsgemäß erfüllen zu können. Die Informationspflicht dient dazu, dass die Erfüllung dieser Aufgaben zwischen den Netzbetreibern **koordiniert** werden kann. 49

Die Umschreibung in Abs. 2, welche Informationen notwendig sind, verweist inhaltlich auf die generellen Netzbetreiberpflichten nach § 11 Abs. 1 S. 1 zum Betrieb, zur Wartung und zur Entwicklung eines sicheren, zuverlässigen und leistungsfähigen Netzes. Die Pflichten sind für die jeweiligen Netzbetreiberkategorien in den §§ 12 bis 16a näher ausgestaltet (§ 11 Abs. 1 S. 2). Nach der Systematik und dem Sinn und Zweck sind daher alle Informationen **notwendig** iSv Abs. 2, die **für die Erfüllung der jeweiligen Betreiberpflichten** nach § 11 iVm §§ 12 bis 16a erforderlich sind. Es ist nicht anzunehmen, dass mit der nicht ganz deckungsgleichen Wortwahl in Abs. 2 die Informationspflicht auf einen bestimmten Teilbereich der Betreiberpflichten nach § 11 Abs. 1 S. 1 beschränkt sein soll. Die Begriffe lassen sich ohnehin nicht trennscharf voneinander abgrenzen. Vielmehr umfasst der in Abs. 2 genannte „Betrieb" grundsätzlich bereits die anderen Pflichten (insbesondere auch die „Wartung"). Der ebenfalls genannte „Ausbau" umfasst grundsätzlich auch die Pflichten zur „Optimierung" und „Verstärkung" des Netzes, soweit man sie nicht bereits dem Betrieb selbst zuordnet (ausf. dazu → § 11 Rn. 60 ff.). 50

Auch solche Informationen sind ausdrücklich notwendig, die erforderlich sind, um ein Netz **effizient** zu betreiben. Des Weiteren kann sich die Notwendigkeit der Information aus der notwendigen **Kooperation** der Netzbetreiber ergeben (zu den Kooperationspflichten der Netzbetreiber → § 11 Rn. 39 ff.). Der **koordinierte Netzausbau** wird ausdrücklich erwähnt. Dies bedeutet, dass die ÜNB den Betreibern technisch verbundener Netze insbesondere im Zuge der **Netzentwicklungsaufgaben gem. §§ 12 a ff.** und **§ 14 d** sowie im Rahmen des **TYNDP-Prozesses der ENTSO-E** Informationen über ihre Ausbauplanung und – soweit erforderlich – die Bedarfsprognose bereitstellen müssen. Dadurch sollen zum einen im Verbund die notwendigen Netzkapazitäten geschaffen werden. Zum anderen soll verhindert werden, dass in teure Netzinfrastruktur investiert wird, obwohl der Bedarf bereits an anderer Stelle im Verbund sinnvoller befriedigt werden kann (zur Abstimmung der gesamtwirtschaftlich günstigsten Lösung zwischen den Netzbetreibern → § 11 Rn. 42). Schließlich sind Gegenstand von Abs. 2 die zur Sicherstellung des Verbundes erforderlichen Informationen. Dazu gehören sämtliche Informationen, die zur **Koordinierung des Verbundes** notwendig sind. 51

III. Durchsetzbarkeit des Anspruchs auf Information

Die Informationspflicht der ÜNB aus Abs. 2 geht über die allgemeinen Anforderungen für eine sichere Versorgung mit Elektrizität hinaus. Die anderen Netzbetreiber sind auf die Informationen zur Erfüllung der ihnen in den §§ 11 ff. übertragenen Aufgaben angewiesen. Abs. 2 räumt ihnen daher einen **einklagbaren Anspruch** gegen die zur Information verpflichteten ÜNB ein. Sie ist unmittelbar **zivilrechtlich durchsetzbar** (so auch Baur/Salje/Schmidt-Preuß/*Ruthig* Ener- 52 giewirtschaft Kap. 98 Rn. 10). Da § 12 keine Regelung in den Abschnitten 2 oder 3 des EnWG ist, ist ein besonderes Missbrauchsverfahren gem. § 31 Abs. 1 S. 2 nicht möglich. Die Regulierungsbehörde kann über § 65 von Amts wegen tätig werden.

F. Sicherstellung nachfragegerechter Netzkapazität (Abs. 3)

I. Qualitätsstandard für Übertragungsnetze (Abs. 3 S. 1)

53 Betreiber von Übertragungsnetzen haben nach Abs. 3 S. 1 ua dauerhaft die Fähigkeit des Netzes sicherzustellen, die Nachfrage nach Übertragung von Elektrizität zu befriedigen. Sie müssen durch entsprechende Übertragungskapazität und Zuverlässigkeit des Netzes zur **Versorgungssicherheit** beitragen. Nach dem Transmission Code soll das Netz insbesondere so ausgelegt sein, dass die Übertragung der prognostizierten Höchstbelastung und die Übertragung der Primärregel-, Sekundärregel- und Minutenreserveleistung gewährleistet sind (VDN, Transmission Code 2007, Ziff. 5.2.2, S. 33).

54 Abs. 3 S. 1 konkretisiert für Übertragungsnetze den nach § 11 Abs. 1 S. 1 vorgegebenen allgemeinen Qualitätsstandard eines „sicheren, zuverlässigen und leistungsfähigen" Netzes. Die Übertragungsnetze müssen zum einen insbesondere durch **Wartung, Instandhaltung und Instandsetzung** auf einem technischen Stand gehalten werden, der den Anforderungen des Abs. 3 S. 1 gerecht wird. Zum anderen sind Übertragungsnetze einer sich verändernden **Nachfrage anzupassen.** Abs. 3 S. 1 konkretisiert daher insbesondere den Maßstab für einen **„bedarfsgerechten"** Ausbau der Übertragungsnetze. Der Bedarf, dem ein Netz gerecht werden soll, bemisst sich in erster Linie an der bestehenden und prognostizierten Nachfrage aller Netznutzer nach Netzleistungen (ausf. dazu → § 11 Rn. 82 ff.).

II. Systemdienstleistungen ohne Kraftwerke (Abs. 3 S. 2 und 3)

55 Während Abs. 3 S. 1 das Ziel vorgibt, welchen Anforderungen die Übertragungsnetze gerecht werden sollen, gibt der im Juli 2011 eingefügte Abs. 3 S. 2 vor, dass dieses Ziel ua durch die Nutzung erzeugungsunabhängiger Technik erreicht werden kann. Angesichts dessen, dass die Beschaffung von Systemdienstleistungen seit jeher technologieoffen ist und allenfalls unter dem wirtschaftlichen Effizienzgebot in der Regel durch Kraftwerke oder Netzbetriebsmittel erbracht wurde, stellt sich die Frage, ob dieses „können", als sollen zu verstehen ist. Wortlaut und Begründung geben das aber nicht her. Die Regelung hat eher beschreibenden Charakter. Konkreter sollen – im Rahmen des technisch Möglichen – auch geeignete technische Anlagen, die keine Erzeugungsanlagen sind, eingesetzt werden, um zB Systemdienstleistungen wie **Blind- und Kurzschlussleistung** bereitzustellen.

56 Als **Beispiele** nennt der Gesetzgeber in der Begründung „**Kondensatorenanlagen, Kompensationsspulen, FACTS oder Phasenschiebergeneratoren** ggf. in Kopplung mit Schwungradspeichern" (BT-Drs. 17/6072, 66). Die Abkürzung „FACTS" steht in der elektrischen Energietechnik für ein sogenanntes „Flexible-AC-Transmission-System". Gemeint ist damit auf Deutsch ein flexibles Drehstromübertragungssystem. Bei der Nutzung des Phasenschiebers im ehemaligen Kernkraftwerk Biblis für die Bereitstellung von Blindleistung im Übertragungsnetz von Amprion in den Jahren 2012–2019 (www.udo-leuschner.de/energie-chronik/

Aufgaben der Betreiber von Elektrizitätsversorgungsnetzen **§ 12**

190310.htm) dürfte es sich beispielsweise um eine Maßnahme iSv Abs. 3 S. 2 handeln.

Bei derartigen Betriebsmitteln kann es sich um netzbetreiber-eigene Betriebs- 57 mitteln handeln, wie Kondensatoren (BMWi SDL-Studie 2021, S. 49), oder um „vollständig integrierte Netzkomponenten" iSv § 3 Nr. 38b (→ § 13 Rn. 30). Europarechtliche Vorgaben aus **Art. 4 Abs. 2 d** SO– GL, der Elt-VO 19 und der **Elt-RL 19** sehen **die regelmäßige Abwägung mit einer marktlichen Beschaffung** von bestimmten Dienstleistungen für Systemsicherheitsmaßnahmen („Systemdienstleistungen") vor. Beispiele, die dieses Leitbild verdeutlichen, finden sich ua in Vorgaben zur Regelenergie (Art. 6 Abs. 1 und Abs. 2 S. 2 Elt-VO 19 iVm Art. 40 Abs. 4 Elt-RL 19), zum Redispatch (Art. 13 Elt-VO) und zu „nicht frequenzgebundenen Systemdienstleistungen" (Art. 31 Abs. 7 und Art. 40 Abs. 4–6). Die europarechtlichen Vorgaben werden durch spezielle nationale Vorgaben umgesetzt bzw. konkretisiert.

Auch wenn die Formulierungen der verschiedenen europarechtlichen Vorgaben 58 im Detail variieren, liegt ihnen das gleiche Grundverständnis zugrunde: Netzbetreiber sollen Systemdienstleistungen insbesondere **diskriminierungsfrei** (→ § 13 Rn. 65 ff.) und **effizient** – möglichst durch *„marktgestützte"* bzw. *„marktbasierte"* Verfahren oder Mechanismen – beschaffen (→ § 13 Rn. 74 ff.). Abs. 3 S. 3 ist Ausdruck dieses Grundprinzips, gibt allerdings nur **die Abwägung** verschiedener Beschaffungsmöglichkeiten vor, um die nachhaltig effizienteste Maßnahme auszuwählen. Die Letztentscheidung obliegt dem ÜNB. Die Entscheidung muss grundsätzlich durch die Regulierungsbehörde überprüfbar sein (Art. 4 Abs. 2 d SO-GL) und ist dies auch im Rahmen der Kostenregulierung und gem. § 65.

Erklärtes **Ziel** der Regelung ist es, „einen größeren Anteil erneuerbarer Ener- 59 gien sicher in das Elektrizitätsversorgungssystem zu integrieren, einen effizienteren Einsatz konventioneller Kraftwerke zu ermöglichen, die netztechnisch erforderliche Minimalleistung der konventionellen Kraftwerke zu verringern (vgl. auch § 1 Abs. 4 Nr. 3) und bei einem weiteren Ausbau der erneuerbaren Energien deren geltenden Einspeisevorrang mit einem sicheren und zuverlässigen Netzbetrieb zu ermöglichen" (Begr. RegE, BT-Drs. 17/6072, 67). Hintergrund ist ua der Umstand, dass mit der Stilllegung der Kernkraftwerke technische Alternativen entwickelt werden müssen, um Systemdienstleistungen auch erzeugungsunabhängig dort bereitzustellen, wo sie regional für ein sicheres Versorgungssystem benötigt werden (als Hintergrund BMWi SDL-Studie 2021 oder dena-Studie SDL 2030).

Die Pflicht zur Nutzung nach Abs. 3 S. 2 bezieht sich auf **„geeignete"** Anlagen. 60 Die Eignung ist im Hinblick auf den Sinn und Zweck der Regelung **unter Berücksichtigung der energiewirtschaftlichen Ziele** nach § 1 Abs. 1 und 4 S. 1 Nr. 3 (Sicherheit, Umweltfreundlichkeit, Effizienz und Preisgünstigkeit) und § 1 a Abs. 3 und 4 auszulegen. Der Begriff ist jedenfalls nicht alleine auf die technische Eignung beschränkt. Denn der Rahmen des „technisch Möglichen" ist nach der Bestimmung zusätzlich zu beachten. Mit anderen Worten ist nicht alles was technisch möglich ist, auch automatisch „geeignet" im Sinne der Regelung. Es wird daher wohl auch zu berücksichtigen sein, inwieweit die Vorhaltung und Nutzung erzeugungsunabhängiger Alternativen im Vergleich zu erzeugungsabhängigen Maßnahmen unter **Effektivitäts- und Effizienzgesichtspunkten** „geeignet" erscheint, die genannten Ziele zu erreichen. Die ÜNB sind folglich zumindest zur Prüfung verpflichtet, ob solche Anlagen für ihr Netz gem. Abs. 3 S. 2 eine geeignete Alternative oder Ergänzung darstellen. Bei gegebener Eignung sollen sie die Anlagen auch vorhalten und einsetzen.

Bourwieg

G. Verordnungsermächtigung für technische Anforderungen an Erzeugungsanlagen (Abs. 3 a)

61 Abs. 3a enthält eine Verordnungsermächtigung, mit der das BMWi **technische Anforderungen an Erzeugungsanlagen** – insbesondere an Anlagen im Sinne des EEG und des KWK-G – vorgegeben kann.

62 Die technischen Anforderungen müssen der Gewährleistung der technischen Sicherheit und Systemstabilität dienen. Netz- und Anlagenbetreiber können dazu verpflichtet werden, Altanlagen entsprechend **nachzurüsten** und dafür erforderliche Daten auszutauschen. Ferner kann geregelt werden, wer die dafür erforderlichen Kosten in welchem Umfang zu tragen hat.

I. Technische Anforderungen an Erzeugungsanlagen

63 Die Verordnungsermächtigung nach Abs. 3a eröffnet auf Grund der recht allgemein gehaltenen Tatbestandsmerkmale einen weiten Anwendungsspielraum. Durch die Vorgabe technischer Anforderungen zur Gewährleistung der technischen Sicherheit und der Systemstabilität (→ § 13 Rn. 12 ff.) kann der Verordnungsgeber die **allgemeine Pflicht von Energieversorgungsunternehmen** gem. § 2 Abs. 1, zur Versorgung im Sinne der energiewirtschaftlichen Ziele nach § 1 beizutragen, konkretisieren. Da Betreiber von Erzeugungsanlagen den Strom in aller Regel an Dritte liefern und nicht personenidentisch vollständig selbst verbrauchen, stellen sie insoweit auch ein Energieversorgungsunternehmen dar (§ 3 Nr. 18) und sind zur Wahrnehmung der Versorgung iSv § 2 Abs. 1 verpflichtet. Bei der Vorgabe technischer Anforderungen nach Abs. 3a geht es in erster Linie um das gesetzliche Ziel einer sicheren Energieversorgung (§ 1 Abs. 1).

64 Die Möglichkeit, **allgemeine Vorgaben** von technischen Anforderungen aufzustellen, ist mittlerweile weitgehend durch den **NC RfG** (→ Vor § 17 Rn. 77) überholt worden und die **technischen Anschlussregeln** in → § 19 Rn. 12 ff. Auch bei der Verordnung zu **Systemdienstleistungen durch Windenergieanlagen** (SDLWindV) auf Grundlage des EEG handelt es sich um eine Spezialregelung (auf Grund des § 64 Abs. 1 S. 1 EEG 2008 v. 25.10.2008, BGBl. I S. 2074). Sie sieht technische Anforderungen zur Verbesserung der Netzintegration von Windkraftanlagen vor. Soweit technische Anforderungen an die Netz- und Systemverträglichkeit von Erzeugungsanlagen bereits spezialgesetzlich geregelt sind, dürfte die Verordnungsermächtigung nach Abs. 3a dahinter zurücktreten (§ 2 Abs. 2).

II. Systemstabilitätsverordnung

65 Anlass und praktischer Anwendungsfall der Versorgungsermächtigung ist die Erkenntnis aus den Jahren 2011/2012, dass einige Probleme für die Versorgungssicherheit durch unzulängliche technische Fähigkeiten von ans Netz angeschlossenen Anlagen **erst im Zeitablauf auftreten** können. Auf Grundlage des Abs. 3a ist im Juli 2012 die **Systemstabilitätsverordnung** (SysStabV, BGBl. I 2012 S. 1635) und im März 2015 die SysStabVÄndV (BGBl. I 2015 S. 279) erlassen worden. Sie enthält technische Anforderungen für **Photovoltaikanlagen** („PV-Anlagen") und **KWK-Anlagen,** um das sogenannte „50,2 Hertz-Problem" (PV-Anlagen) bzw. „49,50 Hertz-Problem" (KWK-Anlagen) zu lösen. Hintergrund ist, dass die Altanlagen so ausgelegt waren, dass sich alle Anlagen bei einer Verletzung des fixierten Frequenz-Schwellenwertes jeweils automatisch abschalten würden. Eine solche zeitgleiche Abschaltung kann auch bei kleinen Anlagen angesichts ihres massenhaften Einsatzes die Systemsicherheit erheblich beeinträchtigen. Gehen an einem sonnigen Tag und angesichts installierter PV-Erzeugungsleistung von 54 GW (Ende 2020) und 27 GW KWK-Leistung (BR-Drs. 624/14, 2) aufgrund einer Frequenzschwankung mehrere hundert MW durch eine automatische Abschaltung schlagartig gleichzeitig vom Netz, ist der Blackout nicht mehr zu verhindern. Durch die SysStabV wurden Netzbetreiber grundsätzlich zur Nachrüstung verpflichtet (alle praktischen Fragen adressiert www.netztransparenz.de/EnWG/SysStabV-49-5Hz).

Abweichend von der im Energiewirtschaftsrecht üblichen Verantwortung des **66** Anlagenbetreibers für die Einhaltung technischer Anforderungen an seine Erzeugungsanlage werden die Betreiber nachzurüstender PV-Anlagen durch die Sonderregelung der SysStabV weder mit der Umsetzung der Nachrüstung noch mit den Kosten dafür belastet. Die Betreiber von KWK-Anlagen tragen einen Eigenanteil von 25 Prozent. Die Kosten haben nach § 22 SysStabV zu 75 Prozent die Netznutzergemeinschaft bzw. gem. § 10 SysStabV und § 57 Abs. 2 EEG aF jeweils zur Hälfte die Netznutzer über die Netzentgelte und die die Letztverbraucher beliefernden Lieferanten über die Zahlung der EEG-Umlage zu tragen. Letztlich werden **die Kosten** über beide Wege **auf die Verbraucher** gewälzt. Eine solche **Verschiebung** der **technischen Verantwortung und Kostenlast** aus der Risikosphäre des Betreibers einer Erzeugungsanlage zulasten der Netzbetreiber (Umsetzung der Nachrüstung) und der Stromverbraucher (Tragung der Kosten) lässt sich im Grunde nur in **absoluten Ausnahmefällen** rechtfertigen. Bei der großflächigen, standardisierten Massenrüstung einer Vielzahl von kleinen PV-Anlagen ohne professionelle Betreiberstruktur handelte es sich mit guten Argumenten um einen Sonderfall. Auch bei den KWK-Anlagen wurde das so gesehen und auch durch niemanden in Frage gestellt. Der Umrüstungsprozess war jeweils auf drei Jahre angelegt und ist **seit 2019 weitgehend abgeschlossen** (Zahlen und Sachstand dazu im Monitoringbericht der BNetzA 2019, S. 185f.).

H. Informationspflichten an öffentliche Stellen und amtliche Berichtspflichten (Abs. 3b, 3c, 5 und 5a)

Die Neufassung des Abs. 5 S. 1 Nr. 2 geht auf den Wegfall des Leistungsbilanz- **67** berichts der ÜNB zurück. Die Pflicht der ÜNB zur jährlichen Erstellung und Übermittlung eines Berichts über die Leistungsbilanz für ihren Verantwortungsbereich ist 2016 entfallen. Stattdessen müssen die ÜNB und auch die VNB die Informationen, die sie nach Abs. 4 erhalten haben, **auf Anforderung** in einer angemessenen Frist an das die BNetzA für die Zwecke des Monitorings nach § 51 übermitteln. Die Übermittlung der Informationen **in anonymisierter Form** dient nach dem **Prinzip der Datensparsamkeit** dem Schutz der nach Abs. 4 Verpflichteten vor einer unbefugten Offenbarung von Betriebs- und Geschäftsgeheimnissen. Für die statistische Bewertung der Versorgungssicherheit reichen anonymisierte Daten in der Regel völlig aus. Nr. 3 erweitert und konkretisiert den Umfang der zu übermittelnden Informationen bei Bedarf. Nach Nr. 3 müssen die Netzbetreiber daher über die nach Abs. 4 erhaltenen und den nach Nr. 2 zu übermittelnden Informationen hinaus jeweils im Bedarfsfall und auf Anforderung der BNetzA

§ 12 Teil 3. Regulierung des Netzbetriebs

weitere verfügbare Informationen und Analysen übermitteln. Dazu zählen insbesondere verfügbare Informationen, aber auch ggf. nach einer gemeinsam von den ÜNB in einer von der BNetzA zu bestimmenden Form zu erstellenden **Analyse über die notwendigen grenzüberschreitenden Verbindungsleitungen** sowie über Angebot und Nachfrage auf den europäischen Strommärkten (§ 3 Nr. 18e). Die zu bestimmende Form umfasst auch die dabei zugrunde zu legenden Methoden und Parameter.

68 Zudem müssen die Netzbetreiber auf Anforderung Informationen und Analysen zu der Höhe und der **Entwicklung der Gesamtlast** in den Elektrizitätsversorgungsnetzen in den vergangenen zehn Jahren im Gebiet der Bundesrepublik Deutschland übermitteln. Für das Monitoring der Versorgungssicherheit im Stromsektor ist dabei insbesondere die Gesamtlast, das heißt die Last in Bezug auf den Nettostromverbrauch, sowie die Last in Bezug auf den Nettostromverbrauch zuzüglich der Netzverluste, von Bedeutung. Der Umfang der nach Abs. 5 Nr. 3 von den Netzbetreibern zu übermittelnden Daten kann über die Informationen hinausgehen, die diese von den Marktakteuren nach Abs. 4 S. 1 erhalten haben (Begr. RegE BT-Drs. 18/7317, 82f.).

69 Die Regelung in Nr. 3 hebt die Bedeutung insbesondere der notwendigen **Verbindungsleitungen** und der europäischen Strommärkte für die Versorgungssicherheit hervor. Die Datenübermittlung bezieht sich insofern insbesondere auf solche Informationen, die außerhalb des rein nationalen Bereichs liegen, soweit diese Auswirkungen auf die Sicherheit und Zuverlässigkeit des Elektrizitätsversorgungssystems in Deutschland haben können. Die bisher im Rahmen der Leistungsbilanz durchgeführten Analysen zur historischen Last sollen auf Anforderung der BNetzA fortgesetzt und weiterentwickelt werden können.

70 Angesichts der Monitoring- und Berichtsprozesse gem. §§ 51 und 63 treten die Berichtspflichten der Netzbetreiber an die Regulierungsbehörden gem. Abs. 3b (ÜNB) und 3c (VNB) praktisch in den Hintergrund.

71 Abs. 5 Nr. 5 ermöglicht die Datenerhebung für das jährliche Monitoring des **Beitrags von Lastmanagement zur Versorgungssicherheit** bei Unternehmen und Vereinigungen von Unternehmen mit einem Stromverbrauch von mehr als 20 GWh im Jahr. § 51a Abs. 1 S. 2 bezieht allerdings nur Unternehmen und Vereinigungen von Unternehmen mit einem Stromverbrauch von mehr als 50 GWh im Jahr ein. Dazu hat die BNetzA ein Standarddatenaustausch aufgesetzt (www.bundesnetzagentur.de/DE/Sachgebiete/ElektrizitaetundGas/Unternehmen_Institutionen/DatenaustauschundMonitoring/MonitoringLastmanagement/Netzbetreiber/start.html).

72 Abs. 5a ermächtigt die BNetzA zur Weitergabe der Rohdaten auf Anforderung an das BMWi. Das BMWi muss ua im Rahmen von Art. 20 Elt-VO 19 regelmäßig die Angemessenheit der (Erzeugungs-) Ressourcen beobachten und verwendet dazu die Berichte der BNetzA nach § 51 und § 63 sowie ggf. die Rohdaten, die es auf Basis von Abs. 5a erhält. Die Daten aus Abs. 5 Nr. 5 für das Monitoring nach § 51a sind dabei nicht ausdrücklich erwähnt. Die Weitergabe von Klardaten für Aufgaben des Ministeriums, mit BuG, ist allerdings auch anhand von anderen Vorschriften wie §§ 12f Abs. 1, 51 Abs. 5 oder § 63 Abs. 1 zu bewerten. Andernfalls gilt:

73 Den Geheimnisschutz nach § 30 VwVfG müssen auch **Behörden bei dem Austausch von Informationen** untereinander beachten. Sie dürfen Daten, die BuG enthalten, grundsätzlich nicht weitergeben, es sei denn, sie sind ausnahmsweise zur Offenbarung befugt. Eine Befugnis ist anzunehmen, wenn die Offenbarung durch einen der folgenden Gründe gerechtfertigt ist:

a) eine gesetzliche Mitteilungs-/Offenbarungspflicht;
b) die Zustimmung der Betroffenen;
c) Erforderlichkeit der Offenbarung zur Wahrung höherrangiger Rechtsgüter der Allgemeinheit oder Einzelner.

Umstritten ist, ob auch das förmliche **Amtshilfeersuchen** einer anderen Behörde eine gesetzliche Befugnis zur Offenbarung darstellen kann. Dies dürfte mit der wohl hM abzulehnen sein (Pautsch/Hoffmann/*Pautsch* VwVfG, 2. Aufl. 2021, § 30 Rn. 17; Stelkens/Bonk/Sachs/*Bonk/Kallerhoff* VwVfG § 30 Rn. 19b; OVG Lüneburg Urt. v. 7.10.1994 – 7 L 3548/93, NJW 1995, 2053). Die Voraussetzungen und Grenzen der **Amtshilfe** sind in § 5 VwVfG geregelt und sehen keine spezielle Mitteilungs-/Offenbarungspflicht vor, die die Anwendung des § 30 VwVfG sperren könnte. Die ersuchte Behörde ist nach § 5 Abs. 2 S. 2 VwVfG vielmehr ausdrücklich nicht zur Offenbarung von Informationen verpflichtet, „wenn die Vorgänge nach einem Gesetz oder ihrem Wesen nach geheim gehalten werden müssen". § 30 VwVfG stellt eine solche gesetzliche Vorschrift dar, nach der die ersuchte Behörde zur Geheimhaltung verpflichtet ist. Dies gilt dann grundsätzlich auch im Verhältnis zwischen Regulierungsbehörde und den Ressorts der Bundesregierung.

I. Informationspflichten der Netznutzer (Abs. 4)

Um es den Betreibern von Elektrizitätsversorgungsnetzen zu ermöglichen, ihre jeweiligen Netze sicher und zuverlässig zu betreiben, zu warten und zu entwickeln und den ÜNB darüber hinaus, ihrer Systemverantwortung nachzukommen, steht ihnen nach Abs. 4 S. 1 ihrerseits ein weitreichender Informationsanspruch zu. Zur Bereitstellung von Informationen verpflichtet sind **Betreiber von Erzeugungsanlagen,** Betreiber von Anlagen zur **Speicherung von elektrischer Energie** (§ 3 Nr. 15d), Betreiber von **Elektrizitätsverteilernetzen** (§ 3 Nr. 3), Betreiber von **Gasversorgungsnetzen** (§ 3 Nr. 20), **industrielle und gewerbliche Letztverbraucher,** Anbieter von Lastmanagement (→ § 51a Rn. 2) sowie **Großhändler und Lieferanten** von Elektrizität (§ 2 Nr. 5 StromNZV). Die Verpflichtung setzt grundsätzlich ein entsprechendes Verlangen des Netzbetreibers voraus, ist dann aber „unverzüglich", dh ohne schuldhaftes Zögern, zu erfüllen.

Die Informationen können **nicht** mit dem Hinweis auf **Betriebs- und Geschäftsgeheimnisse** der Betroffenen **verweigert werden.** Unstreitig können Betriebs- und Geschäftsgeheimnisse der Verpflichteten betroffen sein. Hier hat die notwendige, gesetzliche Abwägung stattgefunden (zuletzt BGH Beschl. v. 11.12.2018 – EnVR 1/18 – Veröffentlichung von Daten durch die Behörde nach § 31 ARegV = EnWZ 2019, 172 Rn. 34, Anm. *Missling,* EnWZ 2019, 177). Die Netzbetreiber müssen mit den Betriebs- und Geschäftsgeheimnissen vertraulich umgehen, sodass unbefugte Offenbarungen ausgeschlossen sind (Abs. 5 S. 1 Nr. 1). Diese Verpflichtung ist **strafbewehrt in § 95b Nr. 1.** Die Verletzung des Geheimnisschutzes wird mit einer Freiheitsstrafe von bis zu einem Jahr oder mit Geldstrafe bestraft. Auch hier kommt der informatorischen **Entflechtung** gem. § 6a eine besondere Bedeutung zu. Nahezu alle Betreiber von Verteilernetzen sind weiter vertikal integriert, Unternehmen unter 100.000 angeschlossene Kunden unterliegen „nur" der buchhalterischen (§ 6b) und informatorischen Entflechtung (§ 6a). Die Informationen dürfen sie ausschließlich zur Erfüllung ihrer genannten Aufgaben erheben und nutzen.

§ 12 Teil 3. Regulierung des Netzbetriebs

76 Da nicht nur die nachgelagerten Verteilernetze, Erzeugungsanlagen und Lieferanten, sondern auch die Verbraucher das Elektrizitätsversorgungssystem erheblich beeinflussen, ist im Zuge der Gesetzesänderungen im Juli 2011 der Kreis der Informationsverpflichteten um **„industrielle und gewerbliche Letztverbraucher"** erweitert worden. Im Sinne der Verhältnismäßigkeit sollen nur solche Letztverbraucher verpflichtet sein, die aufgrund ihrer industriellen oder gewerblichen Betätigung „relevante Mengen" an Strom verbrauchen (Begr. RegE, BT-Drs. 17/6072, 67). Die Gruppe ist nicht eindeutig definiert – als Indikation kann herangezogen werden, dass nur Letztverbraucher über 100.000 kWh im Jahr umfasst sind, die eine Lastgangmessung vornehmen (§ 12 Abs. 1 StromNZV), in das Monitoring des Lastmanagements in § 51a Abs. 1 sind nur Unternehmen mit einem jährlichen Stromverbrauch von mehr als 50 GWh (gem. Abs. 5 Nr. 5 20 GWh) einbezogen. Auch Leistungsgrenzen in den folgenden Versorgungssicherheitsvorschriften können hier leitend sein – § 13 Abs. 1 bezieht Anlagen mit einer Nennleistung von über 100 kW in den Redispatch-Prozess mit ein, dies erscheint kundenseitig allerdings als sehr niedrige Grenze. Für die Stilllegung von Kraftwerken am Übertragungsnetz liegt die signifikante Leistungsgrenze in § 13b bei 10 MW.

77 Ein darüberhinausgehender Informationsaustausch, insbesondere zwischen ÜNB und BKV, ist zB in § 26 Abs. 2 Nr. 2 – 4 StromNZV geregelt. Mittlerweile finden sich umfangreiche, verbindliche Informationsaustauschpflichten innerhalb von ENTSO-E in **Art. 40 bis 53 SO-GL** (Auszug → Rn. 87). Die BNetzA hat den Vorschlag der ÜNB für den Umfang des Datenaustauschs mit VNB und sog. **„signifikanten Netznutzern"** (SNN) gem. Art. 40 Abs. 5 der SO-GL genehmigt (BNetzA Beschl. v. 20.12.2018 – BK6-18-122).

I. Notwendige Informationen (Abs. 4 S. 1 und S. 2)

78 Bereitzustellen sind die Informationen, die **notwendig** sind, damit die Netzbetreiber ihre **Betriebs-, Wartungs- und Netzentwicklungsaufgaben** nach § 11 iVm §§ 12 bis 13 ff. ordnungsgemäß erfüllen können. Dies schließt notwendige Informationen für Systemsicherheitsmaßnahmen auch insoweit ein, als die Maßnahmen nach § 13 (Redispatch) vorzunehmen sind.

79 Genauso wie bei der Informationspflicht der ÜNB gegenüber anderen Netzbetreibern nach Abs. 2 ist auch im Rahmen von Abs. 4 S. 1 nicht anzunehmen, dass durch die mit § 11 Abs. 1 S. 1 nicht vollkommen übereinstimmende Wortwahl (keine ausdrückliche Erwähnung der „Optimierung" und der „Verstärkung" neben dem „Ausbau" eines Netzes) die Informationspflicht auf einen bestimmten Teilbereich der Betreiberpflichten nach § 11 Abs. 1 S. 1 beschränkt sein soll. Nach dem engen gesetzessystematischen Zusammenhang und dem Sinn und Zweck ist die Formulierung vielmehr als umfassender Verweis auf die **Pflichten nach § 11 Abs. 1 S. 1 einschließlich der konkretisierenden Bestimmungen** zu verstehen.

80 Durch Ergänzungen des Abs. 4 S. 1 sowie den mit dem StromMG eingefügten neuen Abs. 4 S. 2 ist ausdrücklich klargestellt, dass der gesetzliche Datenübermittlungsanspruch sich mindestens auf die drei darin genannten **Datenkategorien** (Stammdaten, Planungsdaten und Echtzeit-Daten) erstrecken. **Stammdaten** sind insbesondere solche Daten, die, wie zB der Name eines Marktakteurs, die Zuordnung von Anlagen zu Netzen, die Anlagengröße und -leistung, Angaben zur Fernsteuerbarkeit, weitgehend konstant bleiben. Diese sollen künftig nur noch aus dem Marktstammdatenregister (Abs. 7) entnommen werden, weil sie dort vollständig und aktuell vorgehalten werden. **Planungsdaten** meinen die Daten der Zulieferer, die in die Zukunft gerichtet sind und sich auf die Erzeugung eines Kraftwerks, den Verbrauch eines Großkunden etc beziehen. **Echtzeitdaten** sollen insbesondere so genannte „Echtzeit"-Leistungswerte der Datenzulieferer umfassen. Dies setzt eine entsprechende Messeinrichtung und Datenanbindung voraus, die in den wenigsten Fällen aktuell besteht. Unter Echtzeit-Daten sind insbesondere Daten über die Ist-Einspeisung und den Ist-Verbrauch zu verstehen (Begr. RegE BT-Drs. 18/7317, 82).

Neben der Gewährleistung der Versorgungssicherheit sind die ÜNB – wie auch die VNB – für die Einhaltung der Pflichten zur **vorrangigen Abnahme, Übertragung und Verteilung von Strom aus Erneuerbaren Energien,** Grubengas und Kraft-Wärme-Kopplung (Einspeisevorrang → § 13 Rn. 57) auf detaillierte Informationen über die Verteilung der vorrangberechtigten und der nicht vorrangberechtigten (konventionellen) Erzeugung dringend angewiesen. Da der Vorrang gem. § 11 Abs. 1 EEG 2021 nicht nur in dem Netz, in das die Anlage einspeist, sondern in allen Netzen des Elektrizitätsversorgungssystems einzuhalten ist (→ § 13 Rn. 98f.: „Netzübergreifende Einhaltung des Einspeisevorrangs"), müssen die ÜNB insbesondere wissen, inwieweit vorrangig abzuregelnde Erzeugungsanlagen in nachgelagerte Netze einspeisen. Denn die Netzbetreiber sind auch im Rahmen ihrer Netz- und Systemverantwortung nach § 13 IIa 1 ausdrücklich dazu verpflichtet, den Einspeisevorrang einzuhalten und vorrangberechtigte Einspeisung entsprechend der Rangfolge der Systemsicherheitsmaßnahmen gem. § 13 erst nachrangig abzuregeln. Soweit noch vorrangig zu ergreifende Maßnahmen – auch als Unterstützungsmaßnahmen in nachgelagerten Verteilernetzen (§ 14 Ic) – zur Verfügung stehen, müssen die verantwortlichen Netzbetreiber diese Informationen erhalten und nutzen. 81

Die gesetzliche Informationspflicht nach Abs. 4 geht über die allgemeinen Anforderungen für eine sichere Versorgung mit Elektrizität hinaus. Sie schützt nicht nur die Allgemeinheit, sondern räumt den Übertragungsnetzbetreibern **ein subjektives Recht** auf diese Informationen ein. Die Pflicht nach Abs. 4 enthält daher zugleich einen einklagbaren **Informationsanspruch** der Übertragungsnetzbetreiber. 82

II. „Energieinformationsnetz"

Im Rahmen ihrer Systemverantwortung für die jederzeitige Gewährleistung eines sicheren und zuverlässigen Netzbetriebs sind die ÜNB mit steigender Häufigkeit und Intensität mit Situationen konfrontiert, in denen Gefährdungen oder Störungen des Netzes nur durch gezielte **Eingriffsmaßnahmen nach § 13** verhindert werden können. Die Entwicklung wird regelmäßig in Quartalsberichten über Netz- und Systemsicherheitsmaßnahmen der BNetzA dargestellt (www.bundesnetzagentur.de/Versorgungssicherheit/Netz-/Systemsicherheit). 83

Neben den rein netzbezogenen sowie den klassischen marktbezogenen Maßnahmen werden dabei zunehmend auch direkte Eingriffe in die Fahrweise von Erzeugungsanlagen und Speichern nach § 13 Abs. 1a **(Redispatch)** erforderlich. Sowohl für die sog. Systembetriebsplanung, also die Planung des Netzeinsatzes und der Systembilanz in der lang-, mittel- und kurzfristigen Perspektive als auch für die Systemführung, mithin der Wahrung des sicheren Betriebes des Gesamtsystems in Echtzeit, sind die ÜNB auf umfassende Informationen angewiesen, die einen zuverlässigen Aufschluss über die gegenwärtige und zukünftige Netzzustandssituation 84

§ 12 Teil 3. Regulierung des Netzbetriebs

und die jeweils bestehenden Möglichkeiten zur kurzfristigen Abwehr von Gefährdungen oder Störungen geben. Abs. 4 ist unmittelbarer Ausdruck der Dringlichkeit dieses Informationsaustausches und einer umfassenden **Rechtsgüterabwägung** auf Ebene des Gesetzes des öffentlichen Interesses der Gewährleistung der Versorgungssicherheit einerseits und den Ansprüchen der Rechteinhaber auf Geheimhaltung der genannten Informationen andererseits (Begr. RegE BT-Drs. 17/6072, 67 und noch einmal Begr. RegE BT-Drs. 18/7317, 82).

85   Ebenfalls Intention des Gesetzgebers war es die Rechtsgrundlage für ein umfassendes Energieinformationsnetz der notwendigen Daten zu schaffen (Begr. RegE BT-Drs. 17/6072, S. 67). Angesichts eines schleppenden Verlaufs des Informationsaustausches auf freiwilliger Basis hat die BNetzA 2014 auf Grundlage des § 12 Abs. 4 S.4 aF (heute Abs. 6) eine Festlegung nach § 29 zu Datenaustauschprozessen im Rahmen eines Energieinformationsnetzes (Strom) erlassen (BNetzA Beschl. v. 16.4.2014 – BK6-13-200 – Energieinformationsnetz). Die Festlegung enthält 7 Anlagen mit Prozessbeschreibungen für ausgewählte, besonders dringliche Datenaustauschprozesse der Kraftwerkseinsatzplanung. Angesichts des möglichen Katalogs von Abs. 4 ist die Festlegung nicht abschließend, sondern als erster Schritt zu verstehen, dem seitdem allerdings keine weiteren auf Grundlage des § 12 gefolgt sind. Parallel haben sich auch andere Datenaustauschprozesse weiterentwickelt – so über Stilllegungsvorhaben von Kraftwerken nach § 13b sowie die Strommärkte-Datenübermittlungs-VO (VO EU Nr. 543/2013 v. 14.6.2013). Soweit die heutigen Informationsstrukturen den Notwendigkeiten nicht ausreichend gerecht werden, sind im Sinne des sog. **„Energieinformationsnetzes"** die Prozesse massengeschäftstauglich weiter zu entwickeln.

III. Festlegungsbefugnis Informationspflichten (Abs. 6)

86   Nach Abs. 6 ist die Regulierungsbehörde dazu befugt, die Informationspflichten durch eine Festlegung nach § 29 weiter zu konkretisieren. Die Festlegung kann Regelungen enthalten zur näheren Bestimmung des Kreises der nach Abs. 4 S. 1 Verpflichteten, zum Inhalt und zur Methodik, zu den Details der Datenweitergabe und zum Datenformat. Die BNetzA hat von dieser Befugnis mittlerweile Gebrauch gemacht und insbesondere die Pflichten zur Übermittlung von Daten zur **Kraftwerkseinsatzplanung** zwischen Betreibern konventioneller Erzeugungsanlagen und den ÜNB konkretisiert (BNetzA Beschl. v. 16.4.2014 – BK6-13-200 – Energieinformationsnetz).

VERORDNUNG (EU) 2017/1485 DER KOMMISSION

vom 2. August 2017
zur Festlegung einer Leitlinie für den Übertragungsnetzbetrieb (Auszug)

TITEL 2 DATENAUSTAUSCH

KAPITEL 1 Allgemeine Anforderungen an den Datenaustausch

Artikel 40 Organisation, Aufgaben und Zuständigkeiten sowie Qualität des Datenaustauschs

(1) Beim Austausch und der Bereitstellung von Daten und Informationen gemäß diesem Titel ist der tatsächlichen und prognostizierten Situation des Übertragungsnetzes so weit wie möglich Rechnung zu tragen.

(2) Jeder ÜNB ist für die Bereitstellung und Verwendung hochwertiger Daten und Informationen verantwortlich.

(3) Jeder ÜNB erfasst die folgenden Informationen über seine Observability Area und tauscht sie mit allen anderen ÜNB aus, soweit dies für die Durchführung der Betriebssicherheitsanalyse gemäß Artikel 72 erforderlich ist:
a) Stromerzeugung;
b) Verbrauch;
c) Fahrpläne;
d) Bilanzierungspositionen;
e) geplante Nichtverfügbarkeiten und Topologien von Umspannwerken sowie
f) Prognosen.

(4) Jeder ÜNB stellt die in Absatz 3 genannten Informationen als Einspeisungen und Entnahmen an jedem Knotenpunkt seines Einzelnetzmodells gemäß Artikel 64 dar.

(5) In Abstimmung mit den VNB und SNN bestimmt jeder ÜNB die Anwendbarkeit und den Umfang des Datenaustauschs auf der Grundlage der folgenden Kategorien:
a) Stammdaten gemäß Artikel 48;
b) Fahrplan- und Prognosedaten gemäß Artikel 49;
c) Echtzeitdaten gemäß den Artikeln 44, 47 und 50 sowie
d) Bestimmungen gemäß den Artikeln 51, 52 und 53.

(6) Innerhalb von sechs Monaten nach dem Inkrafttreten dieser Verordnung vereinbaren alle ÜNB gemeinsam die wichtigsten organisatorischen Anforderungen, Aufgaben und Zuständigkeiten im Zusammenhang mit dem Datenaustausch. Diese organisatorischen Anforderungen, Aufgaben und Zuständigkeiten müssen den betrieblichen Bedingungen der gemäß Artikel 16 der Verordnung (EU) 2015/1222 entwickelten Methode für die Bereitstellung von Erzeugungs- und Lastdaten Rechnung tragen und diese erforderlichenfalls ergänzen. Sie gelten für alle Bestimmungen dieses Titels über den Datenaustausch und umfassen folgende organisatorische Anforderungen, Aufgaben und Zuständigkeiten:

§ 12
Teil 3. Regulierung des Netzbetriebs

a) Verpflichtungen der ÜNB, allen benachbarten ÜNB jegliche Änderungen der Schutzeinstellungen, Temperaturgrenzwerte und technischen Kapazitäten der Verbindungsleitungen zwischen ihren Regelzonen unverzüglich mitzuteilen;
b) Verpflichtungen der VNB, deren Netze direkt an das Übertragungsnetz angeschlossen sind, den betreffenden ÜNB innerhalb der vereinbarten Fristen alle Änderungen der Daten und Informationen gemäß diesem Titel mitzuteilen;
c) Verpflichtungen benachbarter und/oder nach- bzw. vorgelagerter VNB, einander innerhalb vereinbarter Fristen alle Änderungen der Daten und Informationen gemäß diesem Titel mitzuteilen;
d) Verpflichtungen der SNN, ihren ÜNB oder VNB innerhalb vereinbarter Fristen alle relevanten Änderungen der Daten und Informationen gemäß diesem Titel mitzuteilen;
e) den genauen Inhalt der in diesem Titel genannten Daten und Informationen, einschließlich der wichtigsten Grundsätze, der Art der Daten, der zu verwendenden Kommunikationsmittel, Formate und Standards sowie der Fristen und Zuständigkeiten;
f) Zeitstempel und Frequenz der Übermittlung der von VNB und SNN bereitzustellenden Daten, die von den ÜNB innerhalb verschiedener Fristen zu verwenden sind. Es wird festgelegt, in welchen zeitlichen Abständen Echtzeitdaten, Fahrplandaten und die aktualisierten Stammdaten auszutauschen sind; und
g) das Format, das bei der Meldung der gemäß diesem Titel zu übermittelnden Daten und Informationen zu verwenden ist.

Die organisatorischen Anforderungen, Aufgaben und Zuständigkeiten werden von ENTSO (Strom) veröffentlicht.

(7) Innerhalb von 18 Monaten nach dem Inkrafttreten dieser Verordnung vereinbart jeder ÜNB mit den relevanten VNB wirksame, effiziente und verhältnismäßige Verfahren für die Durchführung und Verwaltung des Datenaustauschs, einschließlich der Bereitstellung von Daten zu Verteilernetzen und SNN, soweit dies für einen effizienten Netzbetrieb erforderlich ist. Unbeschadet Absatz 6 Buchstabe g vereinbart jeder ÜNB mit den relevanten VNB das Format für den Datenaustausch.

(8) SNN mit Übertragungsnetzanschluss müssen Zugang zu den Daten zu ihren in Betrieb befindlichen Netzanlagen am Netzanschlusspunkt haben.

(9) Jeder ÜNB vereinbart mit den VNB mit Übertragungsnetzanschluss den Umfang zusätzlicher Informationen, die zwischen ihnen in Bezug auf in Betrieb befindliche Netzanlagen auszutauschen sind.

(10) VNB, die über einen Netzanschlusspunkt mit einem Übertragungsnetz verfügen, sind berechtigt, die relevanten Stamm-, Fahrplan- und Echtzeitdaten von den relevanten ÜNB entgegenzunehmen und die relevanten Stamm-, Fahrplan- und Echtzeitdaten von benachbarten VNB einzuholen. Benachbarte VNB legen den Umfang der Informationen, die ausgetauscht werden können, auf koordinierte Weise fest.

KAPITEL 2 Datenaustausch zwischen ÜNB

Artikel 41 Austausch von Stamm- und Prognosedaten

(1) Benachbarte ÜNB tauschen mindestens die folgenden Stammdaten zu ihrer Observability Area aus:
a) die übliche Topologie von Umspannwerken und sonstige relevante Daten, pro Spannungsebene;
b) technische Daten zu den Übertragungsleitungen;
c) technische Daten zu Transformatoren, über die Verteilernetze und SNN, bei denen es sich um Verbrauchsanlagen handelt, angeschlossen sind, sowie zu Blocktransformatoren, über die SNN, bei denen es sich um Gesamteinrichtungen zur Stromerzeugung handelt, angeschlossen sind;
d) die maximale und minimale Wirk- und Blindleistungsabgabe von SNN, bei denen es sich um Stromerzeugungsanlagen handelt;
e) technische Daten zu Phasenschieber-Transformatoren;
f) technische Daten zu HGÜ-Systemen;
g) technische Daten zu Drosseln, Kondensatoren und statischen Blindleistungskompensatoren sowie
h) von jedem ÜNB gemäß Artikel 25 festgelegte betriebliche Sicherheitsgrenzwerte.

(2) Zur Abstimmung des Schutzes ihrer Übertragungsnetze tauschen benachbarte ÜNB die Schutzsollwerte der Leitungen aus, deren Ausfälle als externe Ausfallvarianten auf ihren Ausfallvarianten-Listen aufgeführt sind.

(3) Zur Abstimmung ihrer Betriebssicherheitsanalyse und zur Erstellung des gemeinsamen Netzmodells gemäß den Artikeln 67, 68, 69 und 70 tauscht jeder ÜNB zumindest mit allen anderen ÜNB desselben Synchrongebietes mindestens die folgenden Daten aus:
a) die Topologie von Übertragungsnetzen mit einer Spannung von mindestens 220 kV innerhalb seiner Regelzone;
b) ein Modell von Übertragungsnetzen mit einer Spannung von weniger als 220 kV, die wesentliche Auswirkungen auf sein eigenes Übertragungsnetz haben, oder gleichwertige Daten;
c) die Temperaturgrenzwerte der Übertragungsnetzbetriebsmittel sowie
d) realistische und genaue Angaben zur prognostizierten Gesamtmenge der Einspeisung und Entnahme je Primärenergieträger an jedem Knotenpunkt des Übertragungsnetzes für verschiedene Zeitbereiche.

(4) Zur Abstimmung und Durchführung der Bewertungen der dynamischen Stabilität gemäß Artikel 38 Absätze 2 und 4 tauscht jeder ÜNB mit den anderen ÜNB desselben Synchrongebietes oder des für ihn relevanten Teils des Synchrongebietes folgende Daten aus:
a) Daten in Bezug auf SNN, bei denen es sich um Stromerzeugungsanlagen handelt, darunter (ohne hierauf beschränkt zu sein)
   i) für die Bewertung der dynamischen Stabilität geeignete elektrische Parameter des Generators, einschließlich der Gesamtschwungmasse;
   ii) Schutzmodelle;
   iii) Generator und Hauptantriebsmaschine;
   iv) eine Beschreibung der Netztransformatoren;

§ 12 Teil 3. Regulierung des Netzbetriebs

v) Mindest- und Höchstblindleistung;
vi) Spannungs- und Drehzahlreglermodelle sowie
vii) für die Prüfung großer Störungen geeignete Modelle der Hauptantriebsmaschine und des Erregersystems;

b) Daten zur Art der Regelung sowie zum Spannungsregelbereich von Stufenschaltern, einschließlich einer Beschreibung vorhandener Last-Stufenschalter, sowie Daten zur Art der Regelung und zum Spannungsregelbereich von Aufspann- und Netztransformatoren, sowie

c) Daten zu HGÜ-Systemen und FACTS-Geräten für die dynamischen Modelle des Systems oder des Gerätes sowie zu den dazugehörigen, für größere Störungen geeigneten Regelungen.

Artikel 42 Echtzeit-Datenaustausch

(1) Gemäß den Artikeln 18 und 19 tauscht jeder ÜNB mit den anderen ÜNB desselben Synchrongebietes mithilfe des von ENTSO (Strom) für den europaweiten Echtzeit-Datenaustausch vorgesehenen IT-Instruments die folgenden Daten zum Netzzustand seines Übertragungsnetzes aus:

a) Frequenz;
b) Frequenzwiederherstellungs-Regelfehler;
c) gemessener Wirkleistungsaustausch zwischen LFR-Zonen;
d) Gesamteinspeisung;
e) Netzzustand gemäß Artikel 18;
f) Sollwert des Leistungs-Frequenz-Reglers und
g) Leistungsaustausch über Istwertaufschaltungen.

(2) Jeder ÜNB tauscht mit den anderen ÜNB seiner Observability Area die folgenden Daten über sein Übertragungsnetz aus, wobei er den Echtzeit-Datenaustausch zwischen den Prozesssteuerungs- und Datenerfassungssystemen (SCADA) und den Energiemanagementsystemen der ÜNB nutzt:

a) Ist-Topologie der Umspannwerke;
b) Wirk- und Blindleistung im Leitungsschaltfeld, einschließlich Übertragungs- und Verteilernetzleitungen sowie Leitungen zum Anschluss von SNN;
c) Wirk- und Blindleistung im Transformatorschaltfeld, auch für Übertragungsnetz-Transformatoren, Verteilernetz-Transformatoren und Transformatoren für den Anschluss von SNN;
d) Wirk- und Blindleistung im Schaltfeld von Gesamteinrichtungen zur Stromerzeugung;
e) Reglerstellung der Transformatoren, einschließlich Phasenschieber-Transformatoren;
f) Messung oder Schätzung der Spannung an der Sammelschiene;
g) Blindleistung im Drossel- und Kondensatorschaltfeld oder eines statischen Blindleistungskompensators und
h) Beschränkungen der Wirk- und Blindleistungsversorgung hinsichtlich der Observability Area.

(3) Jeder ÜNB kann alle ÜNB seiner Observability Area ersuchen, Echtzeit-Protokolle der geschätzten Zustandsdaten für die Regelzone bereitzustellen, sofern dies für die Betriebssicherheit seines Übertragungsnetzes relevant ist.

Aufgaben der Betreiber von Elektrizitätsversorgungsnetzen §12

KAPITEL 3 Datenaustausch zwischen ÜNB und VNB innerhalb der Regelzone des ÜNB

Artikel 43 Stammdatenaustausch

(1) Jeder ÜNB bestimmt anhand der gemäß Artikel 75 entwickelten Methode die Observability Area der Verteilernetze mit Übertragungsnetzanschluss, die er für eine genaue und effiziente Ermittlung des Netzzustands benötigt.

(2) Ist ein ÜNB der Ansicht, dass ein Verteilernetz ohne Übertragungsnetzanschluss hinsichtlich Spannung, Leistungsflüssen oder sonstiger elektrischer Parameter bedeutenden Einfluss auf die Abbildung des Übertragungsnetzverhaltens hat, nimmt er dieses Verteilernetz gemäß Artikel 75 in die Observability Area auf.

(3) Die Stamminformationen, die jeder VNB dem ÜNB gemäß den Absätzen 1 und 2 zu seiner Observability Area übermittelt, müssen mindestens Folgendes umfassen:
a) Umspannwerke je Spannungsebene;
b) Leitungen zum Anschluss der Umspannwerke gemäß Buchstabe a;
c) Transformatoren der Umspannwerke gemäß Buchstabe a;
d) SNN und
e) an die Umspannwerke gemäß Buchstabe a angeschlossene Drosseln und Kondensatoren.

(4) Jeder VNB mit Übertragungsnetzanschluss legt dem ÜNB gemäß Absatz 3 mindestens alle sechs Monate aktualisierte Stammdaten vor.

(5) Jeder VNB mit Übertragungsnetzanschluss übermittelt dem ÜNB für jeden Primärenergieträger mindestens einmal jährlich die Gesamterzeugungskapazität der an sein Verteilernetz angeschlossenen Stromerzeugungsanlagen des Typs A, den Anforderungen der Verordnung (EU) 2016/631 unterliegen, sowie bestmögliche Schätzungen der Erzeugungskapazität der an sein Verteilernetz angeschlossenen Stromerzeugungsanlagen des Typs A, die nicht der Verordnung (EU) 2016/631 unterliegen oder von deren Anforderungen freigestellt sind, und die damit verbundenen Informationen hinsichtlich ihres Frequenzverhaltens.

Artikel 44 Echtzeit-Datenaustausch

Soweit der ÜNB nichts anderes bestimmt, übermittelt jeder VNB dem zuständigen ÜNB Informationen zu der in Artikel 43 Absätze 1 und 2 genannten Observability Area des ÜNB in Echtzeit, darunter
a) die Ist-Topologie der Umspannwerke;
b) Wirk- und Blindleistung im Leitungsschaltfeld;
c) Wirk- und Blindleistung im Transformator-Schaltfeld;
d) Wirk- und Blindleistungseinspeisung im Schaltfeld der Gesamteinrichtung zur Stromerzeugung;
e) Stufenschalterstellung der an das Übertragungsnetz angeschlossenen Transformatoren;
f) Spannungen an den Sammelschienen;
g) Blindleistung im Drossel- und Kondensator-Schaltfeld;
h) die genauesten verfügbaren Daten zur Gesamtstromerzeugung je Primärenergieträger im Gebiet des VNB sowie
i) die genauesten verfügbaren Daten zum Gesamtstromverbrauch im Gebiet des VNB.

§ 12 Teil 3. Regulierung des Netzbetriebs

KAPITEL 4 Datenaustausch zwischen ÜNB, Eigentümern von Verbindungsleitungen oder anderen Leitungen und Stromerzeugungsanlagen mit Übertragungsnetzanschluss

Artikel 45 Stammdatenaustausch

(1) Jeder Eigentümer eines SNN, bei dem es sich um eine Stromerzeugungsanlage des Typs D mit Übertragungsnetzanschluss handelt, übermittelt dem ÜNB mindestens die folgenden Daten:
a) allgemeine Daten zur Stromerzeugungsanlage, einschließlich der installierten Leistung und des Primärenergieträgers;
b) Daten zur Turbine und zur Gesamteinrichtung zur Stromerzeugung, einschließlich der Anfahrzeit für den Kalt- und Warmstart;
c) Daten für die Kurzschlussstromberechnung;
d) Daten zu den Transformatoren der Gesamteinrichtung zur Stromerzeugung;
e) FCR-Daten für Stromerzeugungsanlagen, die FCR-Leistungen anbieten oder erbringen, gemäß Artikel 154;
f) FRR-Daten für Stromerzeugungsanlagen, die FRR-Leistungen anbieten oder erbringen, gemäß Artikel 158;
g) RR-Daten für Stromerzeugungsanlagen, die RR-Leistungen anbieten oder erbringen, gemäß Artikel 161;
h) für den Wiederaufbau des Übertragungsnetzes erforderliche Daten;
i) für die Durchführung dynamischer Simulationen erforderliche Daten und Modelle;
j) Daten der Schutzeinrichtungen;
k) Daten, die erforderlich sind, um die Kosten von Entlastungsmaßnahmen gemäß Artikel 78 Absatz 1 Buchstabe b zu bestimmen; nutzt ein ÜNB marktgestützte Mechanismen gemäß Artikel 4 Absatz 2 Buchstabe d, reicht hierfür die Angabe der von dem ÜNB zu zahlenden Preise aus;
l) Fähigkeit zur Spannungs- und Blindleistungsregelung.

(2) Jeder Eigentümer eines SNN, bei dem es sich um eine Stromerzeugungsanlage des Typs B oder C mit Übertragungsnetzanschluss handelt, übermittelt dem ÜNB mindestens die folgenden Daten:
a) allgemeine Daten zur Stromerzeugungsanlage, einschließlich der installierten Leistung und des Primärenergieträgers;
b) Daten für die Kurzschlussstromberechnung;
c) FCR-Daten gemäß der Definition und den Bestimmungen des Artikels 173 für Stromerzeugungsanlagen, die FCR-Leistungen anbieten oder erbringen;
d) FRR-Daten für Stromerzeugungsanlagen, die FRR-Leistungen anbieten oder erbringen;
e) RR-Daten für Stromerzeugungsanlagen, die RR-Leistungen anbieten oder erbringen;
f) Daten der Schutzeinrichtungen;
g) Fähigkeit zur Blindleistungsregelung
h) Daten, die erforderlich sind, um die Kosten von Entlastungsmaßnahmen gemäß Artikel 78 Absatz 1 Buchstabe b zu bestimmen; nutzt ein ÜNB marktgestützte Mechanismen gemäß Artikel 4 Absatz 2 Buchstabe d, reicht hierfür die Angabe der von dem ÜNB zu zahlenden Preise aus;

i) für die Bewertung der dynamischen Stabilität gemäß Artikel 38 erforderliche Daten.

(3) Ein ÜNB kann vom Eigentümer einer Stromerzeugungsanlage mit Übertragungsnetzanschluss weitere Daten anfordern, wenn dies hinsichtlich der Betriebssicherheitsanalyse gemäß Teil III Titel 2 zweckmäßig ist.

(4) Jeder Eigentümer eines HGÜ-Systems oder einer Verbindungsleitung stellt dem ÜNB die folgenden Daten zu dem HGÜ-System oder der Verbindungsleitung bereit:
a) Daten des Typenschilds der Anlage;
b) Transformator-Daten;
c) Daten zu Filtern und Filterreihen;
d) Daten zur Blindleistungskompensation;
e) Fähigkeit zur Wirkleistungsregelung;
f) Fähigkeit zur Blindleistungs- und Spannungsregelung;
g) Vorrang des Wirkleistungs- oder des Blindleistungsbetriebsmodus, soweit vorhanden;
h) Fähigkeit zur Reaktion auf Frequenzänderungen;
i) dynamische Modelle für dynamische Simulationen;
j) Daten der Schutzeinrichtungen sowie
k) FRT-Fähigkeit.

(5) Jeder Eigentümer einer Drehstrom-Verbindungsleitung stellt dem ÜNB mindestens folgende Daten bereit:
a) Daten des Typenschilds der Anlage;
b) elektrische Parameter;
c) damit verbundene Schutzeinrichtungen.

Artikel 46 Austausch von Fahrplandaten

(1) Jeder Eigentümer eines SNN, bei dem es sich um eine Stromerzeugungsanlage des Typs B, C oder D mit Übertragungsnetzanschluss handelt, übermittelt dem ÜNB mindestens die folgenden Daten:
a) Wirkleistungsabgabe sowie Menge und Verfügbarkeit der Wirkleistungsreserven auf Day-Ahead- und Intraday-Basis;
b) unverzüglich jede fahrplanmäßige Nichtverfügbarkeit oder Wirkleistungsbeschränkung;
c) jede prognostizierte Beschränkung der Fähigkeit zur Blindleistungsregelung sowie
d) in Regionen mit einem zentralen Dispatch-System – abweichend von den Buchstaben a und b – vom ÜNB für die Erstellung seines Fahrplans für die Wirkleistungsabgabe angeforderte Daten.

(2) Jeder Betreiber eines HGÜ-Systems übermittelt den ÜNB mindestens folgende Daten:
a) Fahrplan und Verfügbarkeit der Wirkleistungsabgabe auf Day-Ahead- und Intraday-Basis;
b) unverzüglich jede fahrplanmäßige Nichtverfügbarkeit oder Beschränkung der Wirkleistung sowie
c) jede prognostizierte Beschränkung der Fähigkeit zur Blindleistungs- oder Spannungsregelung.

§ 12

Teil 3. Regulierung des Netzbetriebs

(3) Jeder Betreiber einer Drehstrom-Verbindungsleitung odereiner sonstigen Drehstromleitung übermittelt den ÜNB seine Daten zu fahrplanmäßigen Nichtverfügbarkeiten oder Wirkleistungsbeschränkungen.

Artikel 47 Echtzeit-Datenaustausch

(1) Soweit der ÜNB nichts anderes bestimmt, übermittelt jeder Eigentümer eines SNN, bei dem es sich um eine Gesamteinrichtung zur Stromerzeugung mit einer Stromerzeugungsanlage des Typs B, C oder D handelt, dem ÜNB in Echtzeit mindestens folgende Daten:
a) Stellung der Leistungsschalter am Netzanschlusspunkt oder an einer sonstigen mit dem ÜNB vereinbarten Schnittstelle;
b) Wirk- und Blindleistung am Netzanschlusspunkt oder an einer sonstigen mit dem ÜNB vereinbarten Schnittstelle sowie
c) im Falle von Gesamteinrichtungen zur Stromerzeugung, deren Verbrauch über den Verbrauch von Eigenbedarfseinrichtungen hinausgeht, die Netto-Wirk- und Blindleistung.

(2) Soweit der ÜNB nichts anderes bestimmt, übermittelt jeder Eigentümer eines HGÜ-Systems oder einer Drehstrom- Verbindungsleitung den ÜNB in Echtzeit mindestens folgende Daten zum Netzanschlusspunkt des HGÜ-Systems oder der Drehstrom-Verbindungsleitung:
a) Stellung der Leistungsschalter;
b) Betriebszustand sowie
c) Wirk- und Blindleistung.

KAPITEL 5 Datenaustausch zwischen ÜNB, VNB und Stromerzeugungsanlagen mit Verteilernetzanschluss

Artikel 48 Stammdatenaustausch

(1) Soweit der ÜNB nichts anderes bestimmt, übermittelt jeder Eigentümer einer Gesamteinrichtung zur Stromerzeugung mit einer Stromerzeugungsanlage, bei der es sich gemäß Artikel 2 Absatz 1 Buchstabe a um einen SNN mit Verteilernetzanschluss oder gemäß Artikel 2 Absatz 1 Buchstabe e um aggregierte SNN mit Verteilernetzanschluss handelt, dem ÜNB und dem VNB, mit dem er über einen Netzanschlusspunkt verfügt, mindestens folgende Daten:
a) allgemeine Daten zur Stromerzeugungsanlage, einschließlich der installierten Leistung und des Primärenergieträgers oder der Brennstoffart;
b) FCR-Daten gemäß der Definition und den Bestimmungen des Artikels 173 für Stromerzeugungsanlagen, die FCR-Leistungen anbieten oder erbringen;
c) FRR-Daten für Gesamteinrichtungen zur Stromerzeugung, die FRR-Leistungen anbieten oder erbringen;
d) RR-Daten für Stromerzeugungsanlagen, die RR-Leistungen anbieten oder erbringen;
e) Daten der Schutzeinrichtungen;
f) Fähigkeit zur Blindleistungsregelung;
g) Fähigkeit zur Fernsteuerung der Leistungsschalter;
h) für dynamische Simulationen gemäß der Verordnung (EU) 2016/631 erforderliche Daten sowie
i) Spannungsebene und Ort jeder Stromerzeugungsanlage.

(2) Jeder Eigentümer einer Gesamteinrichtung zur Stromerzeugung mit einer Stromerzeugungsanlage, bei der es sich gemäß Artikel 2 Absatz 1 Buchstaben a und e um einen SNN handelt, informiert den ÜNB und den VNB, mit dem er über einen Netzanschlusspunkt verfügt, innerhalb der vereinbarten Fristen, spätestens jedoch zum Zeitpunkt der ersten Inbetriebnahme oder zum Zeitpunkt einer Änderung an der vorhandenen Anlage, über alle Änderungen an Umfang und Inhalt der in Absatz 1 genannten Daten.

Artikel 49 Austausch von Fahrplandaten

Soweit der ÜNB nichts anderes bestimmt, übermittelt jeder Eigentümer einer Gesamteinrichtung zur Stromerzeugung mit einer Stromerzeugungsanlage, bei der es sich gemäß Artikel 2 Absatz 1 Buchstaben a und e um einen SNN mit Verteilernetzanschluss handelt, dem ÜNB und dem VNB, mit dem er über einen Netzanschlusspunkt verfügt, mindestens folgende Daten:
a) fahrplanmäßige Nichtverfügbarkeiten und Wirkleistungsbeschränkungen der Anlage sowie die prognostizierte fahrplanmäßige Wirkleistungsabgabe am Netzanschlusspunkt;
b) jede prognostizierte Beschränkung der Fähigkeit zur Blindleistungsregelung und
c) in Regionen mit einem zentralen Dispatch-System – abweichend von den Buchstaben a und b – die vom ÜNB für die Erstellung seines Fahrplans für die Wirkleistungsabgabe angeforderten Daten.

Artikel 50 Echtzeit-Datenaustausch

(1) Soweit der ÜNB nichts anderes bestimmt, übermittelt jeder Eigentümer einer Gesamteinrichtung zur Stromerzeugung mit einer Stromerzeugungsanlage, bei der es sich gemäß Artikel 2 Absatz 1 Buchstaben a und e um einen SNN mit Verteilernetzanschluss handelt, dem ÜNB und dem VNB, mit dem er über einen Netzanschlusspunkt verfügt, in Echtzeit mindestens folgende Daten:
a) Status der Schaltgeräte und Leistungsschalter am Netzanschlusspunkt und
b) Wirk- und Blindleistungsflüsse sowie Strom und Spannung am Netzanschlusspunkt.

(2) Jeder ÜNB legt in Abstimmung mit den zuständigen VNB fest, welche SNN von der Verpflichtung befreit werden können, die in Absatz 1 genannten Echtzeitdaten direkt dem ÜNB bereitzustellen. In diesen Fällen vereinbaren die zuständigen ÜNB und VNB, welche aggregierten Echtzeitdaten der betreffenden SNN dem ÜNB zur Verfügung zu stellen sind.

Artikel 51 Datenaustausch zwischen ÜNB und VNB in Bezug auf signifikante Stromerzeugungsanlagen

(1) Soweit der ÜNB nichts anderes bestimmt, stellt jeder VNB dem zuständigen ÜNB die in den Artikeln 48, 49 und 50 genannten Daten gemäß den Vorgaben des ÜNB hinsichtlich Häufigkeit und Detailliertheit des Datenaustauschs bereit.

(2) Jeder ÜNB stellt den VNB, an deren Verteilernetze SNN angeschlossen sind, die in den Artikeln 48, 49 und 50 genannten Daten auf Anforderung des VNB bereit.

(3) Ein ÜNB kann von einem Eigentümer einer Gesamteinrichtung zur Stromerzeugung mit einer Stromerzeugungsanlage, bei der es sich gemäß Artikel 2

§ 12 Teil 3. Regulierung des Netzbetriebs

Absatz 1 Buchstaben a und e um einen SNN mit Verteilernetzanschluss handelt, weitere Daten anfordern, soweit dies für die Betriebssicherheitsanalyse und die Validierung von Modellen erforderlich ist.

KAPITEL 6 Datenaustausch zwischen ÜNB und Verbrauchsanlagen

Artikel 52 Datenaustausch zwischen ÜNB und Verbrauchsanlagen mit Übertragungsnetzanschluss

(1) Soweit der ÜNB nichts anderes bestimmt, stellt jeder Eigentümer einer Verbrauchsanlage mit Übertragungsnetzanschluss dem ÜNB die folgenden Stammdaten bereit:
a) elektrotechnische Daten zu den an das Übertragungsnetz angeschlossenen Transformatoren;
b) Merkmale der Last der Verbrauchsanlage sowie
c) Merkmale der Blindleistungsregelung.

(2) Soweit der ÜNB nichts anderes bestimmt, stellt jeder Eigentümer einer Verbrauchsanlage mit Übertragungsnetzanschluss dem ÜNB die folgenden Daten bereit:
a) ihren fahrplanmäßigen Wirkleistungsverbrauch sowie ihre prognostizierte Blindleistungsaufnahme auf Day-Ahead- und Intraday-Basis, einschließlich etwaiger Änderungen dieser Fahrpläne oder Prognosen;
b) jede prognostizierte Beschränkung der Fähigkeit zur Blindleistungsregelung;
c) bei Beteiligung an der Laststeuerung einen Fahrplan für die strukturelle minimale und maximale Leistungsverringerung sowie
d) in Regionen mit einem zentralen Dispatch-System – abweichend von Buchstabe a – die vom ÜNB für die Erstellung seines Fahrplans für die Wirkleistungsabgabe angeforderten Daten.

(3) Soweit der ÜNB nichts anderes bestimmt, stellt jeder Eigentümer einer Verbrauchsanlage mit Übertragungsnetzanschluss dem ÜNB die folgenden Daten bereit:
a) Wirk- und Blindleistung am Netzanschlusspunkt sowie
b) minimale und maximale Leistungsverringerung.

(4) Jeder Eigentümer einer Verbrauchsanlage mit Übertragungsnetzanschluss beschreibt dem ÜNB deren Verhalten in den in Artikel 27 genannten Spannungsbereichen.

Artikel 53 Datenaustausch zwischen ÜNB und Verbrauchsanlagen mit Verteilernetzanschluss oder Dritten, die an der Laststeuerung beteiligt sind

(1) Soweit der ÜNB nichts anderes bestimmt, übermittelt jeder Eigentümer eines SNN, bei dem es sich um eine Verbrauchsanlage mit Verteilernetzanschluss handelt, die Laststeuerungsdienste erbringt, ohne dass dies durch einen Dritten erfolgt, dem ÜNB und dem VNB die folgenden Fahrplan- und Echtzeit-Daten:
a) für die Laststeuerung zur Verfügung stehende strukturelle minimale und maximale Wirkleistung sowie maximale und minimale Dauer einer möglichen Nutzung dieser Leistung für die Laststeuerung;
b) eine Prognose der unbeschränkt für die Laststeuerung zur Verfügung stehenden Wirkleistung sowie jede geplante Laststeuerung;

c) Echtzeit-Wirk- und Blindleistung am Netzanschlusspunkt und
d) eine Bestätigung, dass die abgeschätzten Werte der Laststeuerung angewandt werden.

(2) Soweit der ÜNB nichts anderes bestimmt, stellt jeder SNN, bei dem es sich um einen Dritten handelt, der an der Laststeuerung gemäß Artikel 27 der Verordnung (EU) 2016/1388 beteiligt ist, dem ÜNB und dem VNB am Vortag sowie echtzeitnah am selben Tag für alle seine Verbrauchsanlagen mit Verteilernetzanschluss folgende Daten bereit:
a) für die Laststeuerung zur Verfügung stehende strukturelle minimale und maximale Wirkleistung sowie minimale und maximale Dauer einer möglichen Aktivierung der Laststeuerung in einem vom ÜNB und VNB bestimmten geografischen Gebiet;
b) eine Prognose der unbeschränkt für die Laststeuerung zur Verfügung stehenden Wirkleistung sowie jede geplante Höhe der Laststeuerung in einem vom ÜNB und VNB bestimmten geografischen Gebiet;
c) die Echtzeit-Wirk- und Blindleistung sowie
d) eine Bestätigung, dass die abgeschätzten Werte der Laststeuerung angewandt werden.

§ 12a Szenariorahmen für die Netzentwicklungsplanung

(1) ^{1}**Die Betreiber von Übertragungsnetzen mit Regelzonenverantwortung erarbeiten alle zwei Jahre einen gemeinsamen Szenariorahmen, der Grundlage für die Erarbeitung des Netzentwicklungsplans nach § 12b und des Offshore-Netzentwicklungsplans nach § 17b ist.** ^{2}**Der Szenariorahmen umfasst mindestens drei Entwicklungspfade (Szenarien), die für die mindestens nächsten zehn und höchstens 15 Jahre die Bandbreite wahrscheinlicher Entwicklungen im Rahmen der klima- und energiepolitischen Ziele der Bundesregierung abdecken.** ^{3}**Drei weitere Szenarien müssen das Jahr 2045 betrachten und eine Bandbreite von wahrscheinlichen Entwicklungen darstellen, welche sich an den gesetzlich festgelegten sowie weiteren klima- und energiepolitischen Zielen der Bundesregierung ausrichten.** ^{4}**Für den Szenariorahmen legen die Betreiber von Übertragungsnetzen mit Regelzonenverantwortung angemessene Annahmen für die jeweiligen Szenarien zu Erzeugung, Versorgung, Verbrauch von Strom sowie dessen Austausch mit anderen Ländern sowie zur Spitzenkappung nach § 11 Absatz 2 zu Grunde und berücksichtigen geplante Investitionsvorhaben der europäischen Netzinfrastruktur.** ^{5}**Die Verteilernetzbetreiber werden bei der Erstellung des Szenariorahmens angemessen eingebunden.**

(2) ^{1}**Die Betreiber von Übertragungsnetzen mit Regelzonenverantwortung legen der Regulierungsbehörde den Entwurf des Szenariorahmens spätestens bis zum 10. Januar eines jeden geraden Kalenderjahres, beginnend mit dem Jahr 2016, vor.** ^{2}Die Regulierungsbehörde macht den Entwurf des Szenariorahmens auf ihrer Internetseite öffentlich bekannt und gibt der Öffentlichkeit, einschließlich tatsächlicher und potenzieller Netznutzer, den nachgelagerten Netzbetreibern, sowie den Trägern öffentlicher Belange Gelegenheit zur Äußerung.

(3) ^{1}**Die Regulierungsbehörde genehmigt den Szenariorahmen unter Berücksichtigung der Ergebnisse der Öffentlichkeitsbeteiligung.** ^{2}Die

§ 12a

Regulierungsbehörde kann nähere Bestimmungen zu Inhalt und Verfahren der Erstellung des Szenariorahmens, insbesondere zum Betrachtungszeitraum nach Absatz 1 Satz 2 und 3, treffen. ³Die Genehmigung ist nicht selbstständig durch Dritte anfechtbar.

Übersicht

	Rn.
A. Allgemeines	1
I. Inhalt	2
II. Zweck	7
1. Transparenz und Akzeptanz	7
2. Europäische Vorgaben und Bezüge	8
3. Referenzszenario vs. Zielszenario	10
4. Rechtliche vs. politische Entscheidung	11
III. Anwendungsprobleme	14
B. Szenariorahmen (Abs. 1)	20
I. Adressat	20
II. Szenarien/Entwicklungspfade	23
1. Zeithorizont	24
2. Inhalt	29
3. Sensitivitäten	35
III. Grundlagen	37
1. Lastannahmen	39
2. Spitzenkappung	45
3. CO_2-Emissionsobergrenzen	46
4. Sektorenkopplung	47
5. Flexibilitätsoptionen und Speicher	48
6. Europäischer Stromaustausch und Investitionsvorhaben der europäischen Netzinfrastruktur	49
7. Regionalisierung	54
C. Verfahren (Abs. 2 und 3)	59
I. Öffentliche Konsultation durch die BNetzA	62
1. Adressaten	62
2. Fristen	66
3. Formelle Ausgestaltung	69
II. Genehmigung des Szenariorahmens	72
1. Zuständigkeit	72
2. Rechtsnatur der Genehmigung	74
3. Nebenbestimmungen	80
III. Rechtsschutz	81
1. Übertragungsnetzbetreiber	82
2. Dritte	83

Literatur: *Calliess/Dross,* Alternativenprüfungen im Kontext des Netzausbaus, ZUR 2013, 76; *Durner,* Vollzugs- und Verfassungsfragen des NABEG, NuR 2012, 369; *Franzius,* Stuttgart 21: Eine Epochenwende, GewArch 2012, 225; *Giesberts/Tiedge,* Die Verordnung zu Leitlinien für die transeuropäische Energieinfrastruktur, NVwZ 2013, 836; *Hermes,* Planungsrechtliche Sicherung einer Energiebedarfsplanung – ein Reformvorschlag, in Faßbender/Köck (Hrsg.), Versorgungssicherheit in der Energiewende, 2014, S. 71; *Knauff,* Methodenfreiheit in der Netzplanung, EnWZ 2019, 51; *Sailer,* Die allgemeine Netzausbaupflicht aus § 11 Abs. 1 Satz 1

Szenariorahmen für die Netzentwicklungsplanung **§ 12 a**

EnWG, RdE 2016, 444; *Senders/Wegner,* Die Bedarfsplanung von Energienetzinfrastrukturen, EnWZ 2021, 243.

A. Allgemeines

Das EnWG sieht eine **koordinierte energiewirtschaftliche Bedarfsplanung** 1
für die Übertragungsnetze Strom vor, an die die Verfahren zum Ausbau des Übertragungsnetzes anschließen (s. zur Bedarfsplanung auch *Senders/Wegner* EnWZ 2021, 243 ff.). Von der Bedarfsplanung bis zum Ausbau des Übertragungsnetzes Strom werden im Kern fünf Schritte durchlaufen (s. auch BeckOK EnWG/*Pries* § 12 a Rn. 1 f.): 1. Die Erstellung des Szenariorahmens (§ 12 a) und 2. des Netzentwicklungsplans (§ 12 b) dienen der Ermittlung des Ausbaubedarfs des Übertragungsnetzes, den die BNetzA bestätigt (§ 12 c). 3. Der Netzentwicklungsplan ist wiederum Grundlage für den Bundesbedarfsplan; in diesem legt der Bundesgesetzgeber die erforderlichen Netzausbauvorhaben fest (§ 12 e; Bundesbedarfsplangesetz). Der konkrete Leitungsverlauf wird erst in den daran anschließenden Verfahren der 4. Bundesfachplanung bzw. Raumordnung sowie der 5. Planfeststellung festgelegt und von den zuständigen Behörden (BNetzA, zuständige Landesbehörde) genehmigt.

I. Inhalt

Im Rahmen der 2011 eingeführten **koordinierten energiewirtschaftlichen** 2
Bedarfsplanung für die Übertragungsnetze Strom (s. §§ 12 a ff.) enthält § 12 a die Regelungen für die der Netzplanung zugrunde liegenden Annahmen über die Entwicklungen bei Erzeugung, Versorgung, Verbrauch und den Austausch von Elektrizität mit europäischen Nachbarländern. Dazu haben die Übertragungsnetzbetreiber (im Folgenden ÜNB) mit Regelzonenverantwortung zunächst mindestens drei Referenzszenarien aufzustellen, die die mindestens nächsten zehn und höchstens 15 Jahre in den Blick nehmen. Diese ergeben sich aus Erkenntnissen und Annahmen der Übertragungsnetzbetreiber aus ihrem Netzbetrieb, der europäischen Netzplanung im Rahmen von ENTSO-E und den gesetzlichen Rahmenbedingungen. Seit der mit dem Gesetz zur Änderung des Energiewirtschaftsrechts im Zusammenhang mit dem Klimaschutz-Sofortprogramm und zu Anpassungen im Recht der Endkundenbelieferung vom 19.7.2022 (BGBl. 2022 I S. 1214) – im Folgenden: Klimaschutz-Sofortprogramm-Novelle – erfolgten Änderung des § 12 a Abs. 1 S. 3 haben die ÜNB in drei weitere Szenarien das Jahr 2045 in den Blick zu nehmen. Die Aufstellung von *mehreren* möglichen Entwicklungspfaden (Szenarien) nennt sich **Szenariorahmen.** Der Szenariorahmen bildet die **maßgebliche Eingangsgröße für alle Netzentwicklungsplanungen** (BT-Drs. 18/6383, 17).

Die Übertragungsnetzbetreiber legen den Szenariorahmen **alle zwei Jahre,** spä- 3
testens bis zum 10. Januar eines jeden geraden Kalenderjahres, der zuständigen Regulierungsbehörde vor. Dies ist für die ÜNB gem. § 54 Abs. 1 die Bundesnetzagentur für Elektrizität, Gas, Telekommunikation, Post und Eisenbahnen mit Sitz in Bonn (BNetzA). Diese führt zu dem Szenariorahmen eine formlose öffentliche Konsultation durch und genehmigt den Szenariorahmen unter Berücksichtigung der Ergebnisse der Konsultation.

Mit der Umstellung des zunächst jährlichen auf den nunmehr alle zwei Jahre 4
stattfindenden **Prozess der Bedarfsermittlung** wird der Komplexität von Inhalt

§ 12a

und Verfahren der Netzentwicklungsplanung Rechnung getragen. Ziel ist es ua, die mit einem jährlichen Prozess in der Praxis einhergehenden **Belastungen** der ÜNB, der BNetzA, der Öffentlichkeit sowie der Träger öffentlicher Belange als weitere Adressaten des Beteiligungsverfahrens, die beispielsweise entstanden, wenn bereits vor Bestätigung eines Netzentwicklungsplanes ein neues Szenario für den nachfolgenden Netzentwicklungsplan konsultiert wurde, mit der Umstellung auf einen zweijährigen Turnus **aufzufangen** (vgl. BT-Drs. 18/6383, 14). Abgesehen von der zeitlichen Streckung hat das System der Bedarfsermittlung seit seiner Einführung keine grundlegenden Änderungen erfahren.

5   Der Szenariorahmen nach § 12a ist bzw. war für den **Offshore-Netzentwicklungsplan** nach § 17b Abs. 2 S. 2 die gleichermaßen verbindliche Planungsgrundlage. Dadurch sollte die Synchronität zwischen dem Onshore-Netz und den Offshore-Anbindungen sichergestellt werden. Seit dem 1.1.2018 legen die ÜNB keinen Offshore-Netzentwicklungsplan mehr vor. Dessen Inhalt geht vollständig bzw. teilweise im Flächenentwicklungsplan und im Netzentwicklungsplan Strom auf. Die Planungen des letzten Netzentwicklungsplans Offshore (O-NEP 2025), der auf dem Szenariorahmen 2025 basiert, gelten fort.

6   Querverweise auf die Norm finden sich in den Gebührentatbeständen: Amtshandlungen nach § 12a sind gem. § 91 Abs. 1 S. 1 Nr. 4 **kostenpflichtig.** Verweise finden sich zudem in §§ 9 Abs. 2 und 4 sowie § 10b Abs. 2 und § 10d Abs. 2 zu den Entflechtungsmodellen Unabhängiger Systembetreiber und Unabhängiger Transportnetzbetreiber. Darüber hinaus wird in den Vorschriften zur Bedarfsplanung nach § 12b Abs. 1, 4 und 5 zur Erstellung des nationalen Netzentwicklungsplans, in § 12c Abs. 6 bezüglich der Fortschreibung des Netzentwicklungsplans sowie der Kompetenz der Bundesnetzagentur nähere Bestimmungen hinsichtlich des Verfahrens der Öffentlichkeitsbeteiligung nach § 12a Abs. 2 im Verfahren der Genehmigung des Szenariorahmens in § 12c Abs. 7 zu treffen und in § 17b zum Offshore-Netzentwicklungsplan auf § 12a verwiesen. Weitere Verweisungen finden sich schließlich in § 35 Abs. 1 Nr. 8, der ein Monitoring der Übertragungsnetzbetreiber bei der Wahrnehmung ihrer Aufgaben nach den §§ 11–16 vorsieht, in § 59 zur internen Aufgabenwahrnehmung in der Bundesnetzagentur und in § 63 im Rahmen des Berichts der Bundesregierung an den Deutschen Bundestag.

II. Zweck

7   **1. Transparenz und Akzeptanz.** Jede elektrotechnische Netzberechnung muss eine Vielzahl von Annahmen zur Entwicklung des Systems kennen oder voraussetzen. Die erste Annahme besteht in der Prognose für den den Transportbedarf bestimmenden Energieverbrauch sowie den Stromaustausch mit Nachbarstaaten. In einem gesetzlichen Rahmen, der für Stromerzeugung aus erneuerbaren Energien einen Einspeisevorrang vorsieht, kommt auch der Annahme, aus welchen Energieträgern sich der **Erzeugungsmix** zusammensetzt und wie die Einspeisungen regional verteilt sind, große Bedeutung zu. Diese Annahmen finden sich im Szenariorahmen wieder. Die Regelung zur Aufstellung und Konsultation des Szenariorahmens ist ein wichtiger Baustein zur **Transparenz** der Netzentwicklung. Er schichtet den überaus bedeutenden ersten Schritt zur Bestimmung des energiewirtschaftlichen Bedarfs an Stromübertragungsnetzen ab und führt ihn einer öffentlichen Diskussion zu. Durch diese Transparenz soll eine höhere **Akzeptanz** und **Legitimation** für die notwendigen Infrastrukturmaßnahmen erreicht werden (*Franzius* GewArch 2012, 225 (228)). Mithin ist die Regelung eine genuin deutsche

Regelung, die sich in dieser Form nicht unmittelbar aus den europäischen Vorgaben ableitet (dazu auch → § 12b Rn. 1, 5).

2. Europäische Vorgaben und Bezüge. Die Elt-RL 09 schreibt den Mitgliedstaaten das separate Verfahren zur Konsultation eines Szenariorahmens in dieser Form nicht vor. Allerdings ist inhaltlich jeder transparent erstellte Netzentwicklungsplan (im Folgenden NEP) auf die Transparenz seiner Eingangsparameter angewiesen. Ein Dritter kann den NEP nur dann nachvollziehen, wenn die Eingangsgrößen bekannt sind. Daher beschreibt auch Art. 22 Abs. 3 Elt-RL 09 die Inhalte des NEP mit den gleichen Worten materiell, wie sie sich in § 12a wiederfinden. Europarechtlich müssten die Lastparameter im Rahmen der Konsultation des NEP diskutiert werden. Diesen Schritt hat die Umsetzung des EnWG abgeschichtet und die vorgegebenen Inhalte des NEP mit Abs. 1 S. 4 als Inhalte des Szenariorahmens übernommen sowie einer separaten Konsultation unterzogen. 8

Durch die zeitliche Streckung des Verfahrens zur Erstellung des Szenariorahmens für die nationale Netzentwicklungsplanung können Vorgaben des auf europäischer Ebene erstellten Ten-Year Network Development Plans **(TYNDP)** des Verbandes Europäischer Übertragungsnetzbetreiber (European Network of Transmission System Operators for Electricity – ENTSO-E), der in ungeraden Kalenderjahren und damit jeweils im Vorjahr der Erstellung des Szenariorahmens erstellt wird, besser in den nationalen Szenariorahmen einbezogen werden. Dies ist sinnvoll, da der TYNDP den **unionsweit notwendigen Ausbau** des Übertragungsnetzes abbildet. 9

3. Referenzszenario vs. Zielszenario. Bei den Szenarien für den NEP handelt es sich um **Referenzszenarien** (oder auch Entwicklungsszenarien), nicht um Zielszenarien. Ein Referenzszenario stellt eine Entwicklung dar, die sich einstellen könnte, wenn die bislang angelegte Politik und verfügbaren Technologien in die Zukunft fortgeschrieben werden. Dabei werden auch bei einem Referenzszenario nicht nur statische Rahmenbedingungen angenommen. Künftige Veränderungen müssen sich aber aus den Trends der Vergangenheit plausibel fortschreiben lassen. **Zielszenarien** untersuchen demgegenüber, ob ein vorgegebenes Ziel unter realistischen Bedingungen erreichbar ist. Dabei wird der Eintritt bestimmter, auch erheblicher Änderungen der Rahmenbedingungen unterstellt. Diese Unterscheidung ist wichtig für die Beantwortung der Frage, wie viel **Gestaltungsspielraum** die Adressaten dieser Regelung, die Übertragungsnetzbetreiber und auch die BNetzA, bei der Durchführung dieser Aufgabe haben. 10

4. Rechtliche vs. politische Entscheidung. Der Gesetzgeber hatte bei Einführung der koordinierten energiewirtschaftlichen Bedarfsplanung im Jahr 2011 die Möglichkeit, den Rahmen insbesondere zum Energiemix und der Verbrauchsentwicklung politisch zu setzen. Es wäre durchaus denkbar gewesen, dass die Bundesregierung selbst den Szenariorahmen vorgibt und als demokratisch legitimierte Exekutive den Netzausbau zur Erreichung der energie- und klimapolitischen Ziele im Sinne eines Zielszenarios der Bundesregierung festlegt. Diesen Weg sind die Bundesregierung und das Parlament nicht gegangen (anders für Bedarfspläne anderer öffentlicher Infrastrukturen, s. *Franzius* GewArch 2012, 225). Vielmehr haben sie ein Regelungssystem geschaffen, das den Betreibern der Übertragungsnetze die Aufstellung eines NEP unter öffentlicher und demokratischer Kontrolle auferlegt, aber ihnen die **Verantwortung** für die Beurteilung des bedarfsgerechten Netzausbaus (s. § 11 Abs. 1) lässt (s. zur allgemeinen Netzausbaupflicht auch *Sailer* RdE 11

§ 12a   Teil 3. Regulierung des Netzbetriebs

2016, 444). Das Verfahren soll einerseits für mehr Transparenz sorgen, andererseits im Rahmen der Umsetzung des Ausbaubedarfs auch dahin gehend **unterstützend für die ÜNB** wirken, den energiewirtschaftlichen Bedarf von Ausbaumaßnahmen nach dem Stand der Wissenschaft und Technik bestimmt zu haben.

12   Dies bedeutet zugleich, dass die **unternehmerische Eigenverantwortung** der ÜNB mit der Einführung der koordinierten gemeinsamen Netzausbauplanung aller ÜNB, die schließlich von der BNetzA genehmigt wird, durch regulatorische Maßnahmen **begrenzt** wird. Da es sich bei der Versorgung der Allgemeinheit mit Energie um einen Bereich der **Daseinsvorsorge** handelt, die nur mit einem bedarfsangepassten, am gesellschaftlichen und politischen Wandel orientierten Netzausbau funktioniert, erscheint dieser Versuch der Gewährleistung einer integrierten Netzausbauplanung durch Einführung eines formalisierten Verfahrens dem Grunde nach gerechtfertigt.

13   Im Einzelnen werden durch die Entscheidung des Bundestags zum **Bundesbedarfsplan** nach § 12e Abs. 4 S. 1 die energiewirtschaftliche Notwendigkeit und der vordringliche Bedarf für die im Bundesbedarfsplan enthaltenen Vorhaben durch Bundesgesetz sowohl rechtlich als auch politisch festgestellt. Das dient letztlich der **Planrechtfertigung,** dh der Bedarfsbegründung für die geplanten Maßnahmen in den Genehmigungsverfahren der jeweiligen Vorhaben (BT-Drs. 17/6072, 70). Diese Feststellung ist grundsätzlich auch für die Gerichte bindend (→ § 12c Rn. 27ff.). Alle vorlaufenden Verfahrensschritte leiten sich aus der Pflicht zum bedarfsgerechten Netzausbau als Teil der **Betriebspflicht** der ÜNB ab. § 12b Abs. 2 S. 2 macht das in besonderer Weise deutlich, indem der Pflicht zum **sicheren und zuverlässigen Netzbetrieb** bei Aufstellung des NEP im Bedarfsplanungsprozess ein übergeordnetes Interesse eingeräumt ist.

III. Anwendungsprobleme

14   Das bislang Gesagte verkennt nicht, dass das Gesetz ausdrücklich die Berücksichtigung der **energiepolitischen Ziele der Bundesregierung** verlangt (→ Rn. 32f.). § 12a Abs. 1 S. 2 sah zunächst (und bis zum 28.7.2022) die Berücksichtigung der „mittel- und langfristigen energiepolitischen Ziele der Bundesregierung" vor. Seit dem Inkrafttreten der Änderungen der Klimaschutz-Sofortprogramm-Novelle beziehen sich § 12a Abs. 1 S. 2 und 3 auf die Beachtung der „klima- und energiepolitischen Ziele der Bundesregierung". Angesichts der umwälzenden Änderungen, die die Energiepolitik in den letzten nicht einmal 15 Jahren erfahren hat, der aber zugleich die **Langfristigkeit des Umbaus der Netzinfrastruktur** gegenübersteht, darf das Übertragungsnetz nicht der **Engpass** für den Erfolg der gesellschaftlichen und politischen Ziele werden. Zu den Änderungen zählen bspw. das Energiekonzept der Bundesregierung für eine umweltschonende, zuverlässige und bezahlbare Energieversorgung vom 28.9.2010, das bereits eine signifikante Steigerung des Anteils der erneuerbaren Energien am Primärenergieverbrauch vorsieht, der Beschluss zum Ausstieg aus der Kernenergie im Jahr 2011 (BGBl. 2011 I S. 1704), die Umstellung von der konventionellen auf die regenerative Energieerzeugung und dem damit einhergehenden Umbruch auf Erzeugerseite von wenigen lastnahen Erzeugungsschwerpunkten zu einer Vielzahl fluktuierend einspeisender, regional verteilter, meist lastferner Erzeuger, die Flexibilisierung der Energieversorgung und die Entwicklung der Verbraucher vom reinen Stromabnehmer zum Marktteilnehmer (sog. Prosumer), der von der neuen Bundesregierung angekündigte vorgezogene Kohleausstieg bis zum Jahr 2030 (Ko-

Szenariorahmen für die Netzentwicklungsplanung **§ 12a**

alitionsvertrag zwischen SPD, BÜNDNIS 90/DIE GRÜNEN und FDP, S. 58f.) sowie weitere vor dem menschengemachten Klimawandel anstehende unausweichliche (energie-)politische Umwälzungen. Während die mittel- und langfristigen energiepolitischen Ziele der Bundesregierung angesichts der zunächst überwiegend abstrakten Maßstäbe politischer Ziele nur ein **sehr grobes Korsett,** das schwierig abzubilden ist (krit. dazu auch *Durner* NuR 2012, 369 (372)), bilden konnten, enthalten die unter dem Eindruck des Klimawandels stehenden, angepassten klima- und energiepolitischen Ziele zwar teils durch die damit einhergehenden klareren regulatorischen Vorgaben einen höheren Konkretisierungsgrad; die Herausforderungen bestehen hier ergänzend zum Vorgesagten in der hohen Geschwindigkeit der **Änderung bzw. Nachschärfung der Ziele** sowie des insgesamt fehlenden Konzepts zur Umstrukturierung der Energieversorgung.

Daher wurde das zunächst für die Erarbeitung des Szenariorahmens vorgesehene 15 starre System des Ausblicks der Szenarien auf die nächsten zehn bzw. zwanzig Jahre, das dazu führte, dass sowohl die Eingangsdaten für die Szenarien als auch die politischen Ziele extrapoliert werden mussten, durch die **Flexibilisierung der Betrachtungszeiträume** an praktische Bedürfnisse angepasst. So sah § 12a Abs. 1 vor, dass der Szenariorahmen mindestens drei Szenarien enthält, die für die mindestens nächsten zehn und höchstens 15 Jahre die Bandbreite wahrscheinlicher Entwicklungen im Rahmen der mittel- und langfristigen energiepolitischen Ziele der Bundesregierung abdecken, wobei eines der Szenarien die wahrscheinliche Entwicklung für die mindestens nächsten 15 und höchstens 20 Jahre darstellen musste. Die Änderung der Betrachtungszeitfenster ermöglichte es, spezifische Planungshorizonte in den Szenariorahmen einzubeziehen. Dies ermöglichte es auch, den Planungshorizont der europäischen Netzentwicklungsplanung des TYNDP im Szenariorahmen zu berücksichtigen (BT-Drs. 18/6383, 17). Diese Vorteile wurden mit den Änderungen der Klimaschutz-Sofortprogramm-Novelle in § 12a Abs. 1 nicht aufgegeben. In konsequenter Integration der regulatorischen Vorgaben zur Klimapolitik, namentlich des Ziels der Netto-Treibhausgasneutralität im Jahr 2045, würde sich der langfristige Betrachtungszeitraum auf dieses Zieljahr ausgerichtet (§ 12a Abs. 1 S. 3).

Der zunächst in § 12a vorgesehene jährliche **Turnus** zur Aufstellung des Szena- 16 riorahmens hat zur Parallelisierung von Verfahrensschritten und damit einhergehend zu einer erheblichen **Belastung der Verfahrensbeteiligten** geführt; die knappe Terminschiene führte beispielsweise dazu, dass noch vor Bestätigung eines Netzentwicklungsplans ein neues Szenario für den nachfolgenden Netzentwicklungsplan konsultiert wurde (BT-Drs. 18/6383, 14). Aus diesem Grund wurde der Turnus ab dem Jahr 2016 auf einen zweijährigen Rhythmus umgestellt. Hiermit soll zugleich der **Komplexität** von Inhalt und Verfahren der Netzentwicklungsplanung Rechnung getragen werden. Daneben soll der Turnuswechsel ausweislich der Gesetzesbegründung insgesamt die Nachvollziehbarkeit auf jeder Stufe der Netzplanung stärken und damit, wie erläutert, die Akzeptanz für den dringend erforderlichen Netzausbau in Deutschland erhöhen (BT-Drs. 18/6383, 12).

Die Inhalte selbst sind fachlich höchst komplex. Es sind Annahmen für europäi- 17 sche Stromflüsse zu treffen, die zum Teil statisch in den gemeinschaftsweiten Netzentwicklungsplänen niedergeschlagen haben. Die Regelungen schaffen mehr Transparenz und die Möglichkeit der Partizipation (s. auch *Franzius* GewArch 2012, 225 (230)). Das Ziel einer Konsensbildung mag dennoch allenfalls für die Stufe der Bedarfsplanung erreicht werden; für die Zulassungsverfahren der Vorhaben, die ihren Ausgangspunkt in der Genehmigung des von den ÜNB ent-

§ 12a   Teil 3. Regulierung des Netzbetriebs

wickelten Szenariorahmens nehmen, gilt dies nicht. Dort werden der gesetzliche festgestellte Bedarf für das Vorhaben sowie das Verfahren der Netzausbauplanung regelmäßig und grundlegend in Frage gestellt.

18   Durch die Entwicklung der erneuerbaren Energien in Deutschland, gegenläufige Tendenzen zu mehr Energieeffizienz und einer stärkeren Verlagerung des Energieverbrauchs hin zur Elektrizität (zB E-Mobilität), dem klimawandelbedingt erforderlichen Umbau der Stromerzeugung sowie der Konfrontation mit Versorgungsengpässen auch im Strombereich als Folge des russischen Angriffskriegs auf die Ukraine und den damit einhergehenden gesetzgeberischen Umstrukturierungen, bewegt sich der Szenariorahmen in einem nie gekannten **dynamischen Umfeld.**

19   Übertragen aus dem Bereich der Verkehrswegeplanung kann ferner die Frage gestellt werden, ob schon die Aufstellung eines Szenariorahmens die Pflicht zur **Strategischen Umweltprüfung** nach den §§ 33 ff. UVPG auslöst. Angesichts der Qualität des Szenariorahmens als Referenzszenario, das vorhandene Rahmenbedingungen fortschreibt und schlicht abbildet und diese nicht selbst setzt oder präjudiziert, kann die für eine Strategische Umweltprüfung erforderliche Planverbindlichkeit für Klimafolgen aus den Lastannahmen **ausgeschlossen** werden. Der Szenariorahmen bildet selbst keinen Plan oder Programm, das für spätere Genehmigungsverfahren verbindlich ist (Steinbach/Franke/*Heimann* EnWG § 12a Rn. 12; *Calliess/Dross* ZUR 2013, 76 (79)). Folgerichtig ist dieser – im Gegensatz zum Bundesbedarfsplan nach § 12e – nicht in die Liste SUP-pflichtiger Pläne und Programme nach Anlage 5 zum UVPG aufgenommen.

B. Szenariorahmen (Abs. 1)

I. Adressat

20   Adressat der Verpflichtung sind die **Übertragungsnetzbetreiber mit Regelzonenverantwortung gemeinsam.** Die Pflicht zur Aufstellung eines gemeinsamen Plans ist eine besondere Ausprägung der **Kooperationspflicht** aus §§ 11 Abs. 1 und 12 Abs. 1, 2 und 3.

21   Die ÜNB-Eigenschaft lässt sich aus § 3 Nr. 10 iVm Nr. 32 ableiten. Sie wird am Betrieb eines Elektrizitätsnetzes einer bestimmten Spannungsebene festgemacht. Was Leitungen zu einem Netz macht, wird im EnWG nicht klar definiert, so dass auch der Betrieb einer einzelnen Verbindungsleitung den Betreiber zu einem Übertragungsnetzbetreiber machen kann. Die durch das Gesetz zur Beschleunigung des Energieleitungsausbaus v. 13.5.2019 (BGBl. 2019 I S. 706) aufgenommene – zunächst nicht näher definierte – Beschränkung des Anwendungsbereichs auf Übertragungsnetzbetreiber *mit Regelzonenverantwortung* führt(e) in der Praxis nicht zum Ausschluss eines Übertragungsnetzbetreibers von der Verpflichtung zur Erarbeitung des Szenariorahmens, sondern zielte auf den Ausschluss von privaten Betreibern von Interkonnektoren an der nationalen Netzplanung (so BeckOK EnWG/*Pries* § 12a Rn. 6). Der Szenariorahmen wird von den **vier deutschen Übertragungsnetzbetreibern,** namentlich der TenneT TSO GmbH, der 50Hertz Transmission GmbH, der Amprion GmbH und der TransnetBW GmbH erstellt. Die mit dem Gesetz zur Umsetzung unionsrechtlicher Vorgaben und zur Regelung reiner Wasserstoffnetze im Energiewirtschaftsrecht (BGBl. 2021 I S. 3026) im Juli 2021 in § 3 Nr. 10a aufgenommene Legaldefinition der *Betreiber von Übertragungsnetzen mit*

Regelzonenverantwortung benennt dementsprechend die vorgenannten Unternehmen sowie ihre Rechtsnachfolger.

Um zu gewährleisten, dass für die Netzentwicklungsplanung relevante Angaben 22
in den zu erstellenden Entwurf des Szenariorahmens Eingang finden und entsprechende Annahmen zwischen den Übertragungs- und den Verteilernetzbetreibern abgestimmt sind, sind die Übertragungsnetzbetreiber – als Adressaten der Regelung – nunmehr ausdrücklich verpflichtet, die **Verteilernetzbetreiber** bereits bei der Erstellung des Szenariorahmens angemessen **einzubinden** (§ 12a Abs. 1 S. 5). Ausweislich der Gesetzesbegründung sollen so Angaben zu geplanten Netzausbau- und Netzoptimierungsvorhaben, zu erwarteten Anschlüssen verschiedener Erzeugungskapazitäten und Lasten, die zu erwartenden Ein- und Ausspeisungen sowie Annahmen zur Entwicklung anderer Sektoren (insbesondere Gebäude, Verkehr) Berücksichtigung finden (BT-Drs. 20/1599, 51).

II. Szenarien/Entwicklungspfade

Die Verpflichtung umfasst die Aufstellung eines **Szenariorahmens.** Ein Szena- 23
riorahmen umfasst eine Mehrzahl unterschiedlicher, jedes für sich jedoch noch wahrscheinlicher Szenarien. Mit den Änderungen des Gesetzes zur Änderung des Energiewirtschaftsrechts im Zusammenhang mit dem Klimaschutz-Sofortprogramm und zu Anpassungen im Recht der Endkundenbelieferung v. 19.7.2022 (BGBl. 2022 I S. 1214) wurde die Anzahl der zu erstellenden Szenarien von mindestens drei auf (mindestens) sechs erhöht und somit verdoppelt.

1. Zeithorizont. Nachdem ursprünglich starre Zeiträume von zehn bzw. 24
20 Jahren für die Prognose vorgesehen waren, wurde der Betrachtungszeitraum infolge der mit den feststehenden Zeiträumen einhergehenden Anwendungsproblemen zunächst flexibilisiert (→ Rn. 14). Der Zeithorizont der Prognose wurde (und ist weiterhin) auf mindestens die nächsten zehn und höchstens 15 Jahre festgesetzt (sog. **Kurzfristszenarien**). Ferner war vorgesehen, dass eines der Szenarien auch einen Ausblick auf mindestens die nächsten 15 und höchstens 20 Jahre zu enthalten habe (sog. **Langfristszenario**). Nach dem Wortlaut waren (und sind) nach § 12a Abs. 1 S. 2 (mindestens) **drei Szenarien** mit einem Horizont von zehn bis 15 Jahren aufzustellen. Nach § 12a Abs. 1 S. 3 in der Fassung, die bis zum 28.7.2022 galt (im Folgenden aF), war ein Szenario aufzustellen, das die Entwicklung der nächsten 15 bis 20 Jahre darstellt. Da jedem Ausblick auf 15 bis 20 Jahre ein solcher auf zehn bis 15 Jahre immanent ist und eine Mindestzahl von nur drei Szenarien im Gesetz ausdrücklich genannt war, mussten mindestens zwei Szenarien mit einem Blick auf mindestens zehn bis 15 Jahre aufgestellt werden und eines mit einem Betrachtungszeitraum von mindestens 15 bis 20 Jahren. Dieses musste allerdings seine Zwischenannahmen nach zehn bis 15 Jahren ebenfalls ausweisen, um S. 2 zu entsprechen.

Der **Betrachtungszeitraum** der Szenarien wurde mit Inkrafttreten der Ände- 25
rungen der Klimaschutz-Sofortprogramm-Novelle am 29.7.2022 ebenso wie die Anzahl der zu erstellenden Szenarien geändert. Der Zeithorizont der Prognose für die **Kurzfristszenarien** ist gem. § 12a Abs. 1 S. 2 weiterhin auf mindestens die nächsten zehn und höchstens 15 Jahre festgesetzt. Es sind **mindestens drei** Kurzfristszenarien zu erstellen. Darüber hinaus sind künftig **mindestens drei Langfristszenarien** zu erstellen, die das Jahr 2045 in den Blick nehmen. Zudem sollen die Langfristszenarien nicht wie bisher einen variablen Entwicklungszeitraum („die

§ 12 a

nächsten 15 bis 20 Jahre"), sondern den Entwicklungspfad mit Blick auf das Zieljahr 2045 darstellen. Ausweislich der Gesetzesbegründung soll damit in den Szenarien insbesondere das klimapolitische Ziel der Netto-Treibhausgasneutralität im Jahr 2045 (vgl. § 3 Abs. 2 S. 1 KSG) Berücksichtigung finden (BT-Drs. 20/1599, 51).

26 Ob es künftig weiterhin möglich sein wird, die Kurzfristszenarien in die Langfristszenarien „zu integrieren", wie dies bisher der Fall war (→ Rn. 24), ist fraglich. Denn der Wortlaut des neuen § 12a Abs. 1 S. 3 stellt – anders als der bisherige S. 3 – darauf ab, dass neben den Kurzfristszenarien „drei *weitere* Szenarien" und demzufolge (gänzlich) *andere* Szenarien als Langfristszenarien betrachtet werden müssten. Die Gesetzesbegründung, die davon ausgeht, dass die Übertragungsnetzbetreiber fortan sechs Szenarien erarbeiten müssen (BT-Drs. 20/1599, 36), geht auf diese Frage nicht ein. Es spricht viel dafür, dass der Wortlaut vor dem Hintergrund, dass sowohl die Kurz- als auch die Langfristszenarien die wahrscheinlichen Entwicklungen abbilden sollen (→ Rn. 28 ff.), welche sich zwar in den Entwicklungspfaden, nicht aber in den für unterschiedliche Zeithorizonte zu betrachtenden Szenarien grundlegend unterscheiden sollten, als gesetzgeberische Unschärfe zu verstehen ist, mit der Folge, dass die Langfristszenarien auch künftig inhaltlich eine **Fortschreibung der Kurzfristszenarien** sein werden.

27 Der am 8.7.2022 genehmigte Szenariorahmen 2023–2037/2045, der die Änderungen der Klimaschutz-Sofortprogramm-Novelle nach eigenen Angaben bereits berücksichtigt, genehmigt dementsprechend *drei Entwicklungspfade mit je einem Szenario* für das Jahr 2037 und das Jahr 2045 (s. im Detail BNetzA, Genehmigung des Szenariorahmens 2023–2037/2045 vom 8.7.2022, S. 14, 17f., abrufbar unter www.netzentwicklungsplan.de). Betrachtet wurden dabei zunächst die Szenarien für das Jahr 2045. Ausgehend davon wurden die Zielzahlen und Entwicklungen auf das Jahr 2037 heruntergebrochen, um sicherzustellen, dass die Annahmen für die Szenarien des Jahres 2037 das langfristige Ziel der Klimaneutralität bis zum Jahr 2045 erfüllen (s. BNetzA, Genehmigung des Szenariorahmens 2023–2037/2045 vom 8.7.2022, S. 22). (Im Gesetzgebungsverfahren zeichnete sich zwar ab, dass die im Gesetzesentwurf enthaltene Übergangsvorschrift des § 118 Abs. 41 S. 1 von ÜNB und der BNetzA die Berücksichtigung der Änderungen des § 12a aufgeben sollte; die Regelung wäre aber erst nach Genehmigung des Szenariorahmens durch die BNetzA, mithin zu spät in Kraft getreten, als dass sie Wirkung hätte entfalten können, vgl. BT-Drs. 20/1599, 16, 63 und BT-Drs. 20/2402, 21, 48.) Die von der BNetzA gewählte Vorgehensweise vermeidet Friktionen im Hinblick auf die nun in Kraft getretene Übergangsregelung des § 118 Abs. 41, die anderenfalls verlangt hätte, dass bei der Prüfung und Bestätigung des Netzentwicklungsplans gemäß § 12b und § 12c, die sich an die Genehmigung des am 10. Januar 2022 von den ÜNB vorgelegten Szenariorahmens anschließen, die erweiterten Betrachtungszeiträume des § 12a Abs. 1 einzubeziehen wären, ohne dass der diesen zugrundeliegende genehmigte Szenariorahmen diese berücksichtigt hätte.

28 Die Bundesnetzagentur ist gemäß § 12a Abs. 3 S. 2 berechtigt, **nähere Bestimmungen** zu Inhalt und Verfahren bei der Erstellung des Szenariorahmens zu treffen; hierbei ist sie insbesondere berechtigt, den Betrachtungszeitraum nach § 12a Abs. 1 S. 2, 3 näher zu bestimmen. Seit dem Inkrafttreten der Klimaschutz-Sofortprogramm-Novelle ist sie dafür nicht mehr an die Rechtsform der Festlegung (vgl. § 29 Abs. 1) gebunden. Vielmehr sollen die vorgenannten Bestimmungen aus Beschleunigungsgründen unmittelbar in das Verfahren zur Erstellung des Szenariorahmens integriert werden (BT-Drs. 20/1599, 52). Die Vorgaben des § 12a können durch „nähere Bestimmungen" aber nur konkretisiert werden. Eine Abweichung ist nicht möglich. Von ihrer Festlegungskompetenz hatte die Bundesnetzagentur zuvor keinen Gebrauch gemacht.

2. Inhalt. a) Wahrscheinliche Entwicklungen. Aus der Tatsache, dass mindestens drei Kurzfristszenarien und drei Langfristszenarien vorgelegt und bestimmt werden sollen, ist abzuleiten, dass ein Entwicklungsraum aufgefächert werden soll, der für die nachfolgenden Netzberechnungen auch eine Bandbreite von Anforderungen aufstellt. Jede dieser Entwicklungen muss wahrscheinlich sein. Der Maßstab der Wahrscheinlichkeit ist damit erkennbar nicht jener der Alternativlosigkeit. Die Annahmen, die getroffen werden, müssen nach dem Stand der Wissenschaft gut begründeten Anlass dazu geben, anzunehmen, dass diese Entwicklung eintreten kann. 29

Wahrscheinliche Entwicklungen sind in der Fortschreibung der bekannten Ausgangslage zu beurteilen. Nach der Definition der Bundesnetzagentur ist ein Szenario *„als wahrscheinlich zu erachten, wenn es mit einer hinreichend hohen Realisierungswahrscheinlichkeit verbunden ist und somit das zu entwickelnde Stromnetz in der Zukunft den Anforderungen dieses Szenarios mit hinreichend hoher Wahrscheinlichkeit genügen muss"* (BNetzA, Genehmigung des Szenariorahmens 2021–2035 v. 26.6.2020, S. 16, abrufbar unter www.netzentwicklungsplan.de) (kritisch dazu NK-EnWG/ *Posser,* § 12a Rn. 27). Es muss also eine hinreichend hohe Wahrscheinlichkeit bestehen, dass das zu gestaltende Übertragungsnetz künftig den Anforderungen des Szenarios wird entsprechen müssen. Bei der Ermittlung der Szenarien ist grundsätzlich von den **aktuellen rechtlichen und regulatorischen Rahmenbedingungen** auszugehen (BNetzA, Genehmigung des Szenariorahmens 2021–2035 v. 26.6.2020, S. 16). Geltende Gesetze, zB der Zeitplan zum Ausstieg aus der Atomenergie, sind abzubilden. Dabei lässt sich die Linie zwischen wahrscheinlichen Entwicklungen auf der Grundlage geltender Gesetze und den Zielen (→ Rn. 33f.) nicht immer trennscharf ziehen. So normiert § 1 Abs. 2 EEG 2021 das Ziel, dass im Jahr 2030 ein Anteil von 65 Prozent des aus erneuerbaren Energien erzeugten Stroms am Bruttostromverbrauch zu erreichen ist. Die Netto-Treibhausgasneutralität soll – als langfristiges Ziel – bis zum Jahr 2045 erreicht werden und nach dem Jahr 2050 sollen negative Treibhausgasemissionen erreicht werden; dies ist in § 3 Abs. 2 KSG gesetzlich geregelt. Dementsprechend verweist der neu gefasste § 12a Abs. 1 S. 3 für die Betrachtung der Langfristszenarien auf die Bandbreite wahrscheinlicher Entwicklungen, die sich an den *gesetzlich festgelegten* sowie *weiteren* klima- und energiepolitischen *Zielen* ausrichten. Eine trennscharfe Zuordnung von Vorgaben zu geltenden Gesetzen oder Zielen ist im Szenariorahmen auch nicht erforderlich, solange diese angemessen Berücksichtigung finden. Die Annahmen der Szenarien dürfen jedenfalls nicht wegen Verstoßes gegen Gesetze rechtswidrig sein. Dazu gehören auch Verpflichtungen, die Deutschland im Rahmen europäischer Verträge und Entscheidungen eingegangen ist. 30

Über die aktuell geltenden rechtlichen und politischen Rahmenbedingungen hinaus können **Entwicklungen oder Veränderungen** berücksichtigt werden, wenn sich diese **hinreichend konkret** abzeichnen und bspw. der Konsens in Politik, Fachwelt und Gesellschaft so groß ist, dass mit einer baldigen rechtlichen Verankerung gerechnet werden muss (BNetzA, Genehmigung des Szenariorahmens 2021–2035 v. 26.6.2020, S. 16). Gesetz*entwürfe* dürfen in ihren Wirkungen berücksichtigt werden, wenn sie einen Realisierungsgrad erreicht haben, der ihr unverändertes Inkrafttreten erwarten lässt. Dies war beispielsweise beim zunächst als gesellschaftspolitisches Ziel ausgegebenen Ausstieg aus der Kohleverstromung im Szenariorahmen 2021–2035 der Fall. 31

§ 12 a Teil 3. Regulierung des Netzbetriebs

32   Ob eine **neue technische Entwicklung,** zB neue Speichertechnologien, in die Betrachtung einzubeziehen ist, muss und kann nur zum Zeitpunkt der Aufstellung des Szenariorahmens anhand des Standes der Technik beurteilt werden. Der **Stand der Technik** beschreibt Entwicklungen, die als „marktreif" zu bezeichnen sind (vgl. BVerfG Beschl. v. 8.8.1978 – 2 BvL 8/77 – Kalkar I, Schneller Brüter). Diese können im Rahmen von Pilotprojekten in die Netzentwicklung einfließen. Darüber hinaus sind die ÜNB verpflichtet, ihre Netze nach den **anerkannten Regeln der Technik** zu planen. Dies ist der Standard, der ihnen nach § 49 Abs. 1 abverlangt wird. Die „anerkannten Regeln der Technik" setzen eine Anwendung in der Praxis voraus. Hier kommt die Eigenschaft des Szenariorahmens als Referenzszenario (→ Rn. 9) zum Tragen – weder der Szenariorahmen noch der Netzentwicklungsplan sind Instrumente zur Gestaltung energiepolitischer Diskussionen. Dies lässt sich mit den Anforderungen eines bedarfsgerechten und sicheren Netzbetriebes nicht vereinbaren.

33   **b) Ziele der Bundesregierung.** Die Bandbreite der wahrscheinlichen Entwicklungen, die in den Szenarien dargestellt werden, müssen die **klima- und energiepolitischen Ziele der Bundesregierung** abbilden. Der Begriff der „Ziele der Bundesregierung" ist schwer zu fassen (*Hermes,* Leipziger Schriften zum Umwelt- und Planungsrecht, Bd. 25, S. 71, 80), da diese dem Wandel unterworfen sind und zudem, gerade im klimapolitischen Bereich, Ziele sektorübergreifend ausgewiesen werden (vgl. Energiekonzept der Bundesregierung vom 28.6.2011, ergänzt um die fortgeschriebenen Bestandteile des Energiekonzeptes vom 29.9.2010 oder Eckpunkte für ein integriertes Energie- und Klimaprogramm, sog. „Meseberger Beschlüsse" vom 23.8.2007). Ziele sind seither, in unterschiedlichen Konkretisierungsgraden, bspw. die Reduktion der Treibhausgasemissionen, die Senkung des Primärenergieverbrauchs, die Erhöhung des Anteils der Erneuerbaren Energien am Bruttostromverbrauch, die Erhöhung der Offshore-Windleistung oder die Erhöhung des Anteils von Strom aus Kraft-Wärme-Kopplung. Nach dem Szenariorahmen 2021–2035 sind das unterschiedlich starke Wachstum der Erneuerbaren Energien gelenkt durch Ausschreibungsmechanismen, die Zunahme beabsichtigter Stilllegungen konventioneller Kraftwerke, die Zurückhaltung bei Investitionen in neue konventionelle Kraftwerke und das Ziel, die Klimaschutzziele zu erreichen sowie der allgemeine Wille zum Klimaschutz, prägend für die gegenwärtige energiepolitische Situation. Bereits nach dem genehmigten Szenariorahmen 2021–2035 stand zu erwarten, dass dem Klimaschutz und der Sektorenkopplung auch künftig eine hohe Bedeutung zukommen (s. BNetzA, Genehmigung des Szenariorahmens 2021–2035 vom 26.6.2020, S. 17f., 40). Dies hat sich bestätigt. Die in § 12a durch die Klimaschutz-Sofortprogramm-Novelle aufgenommenen Änderungen dienen insbesondere der Berücksichtigung der *klima*politischen Ziele der Bundesregierung, insbesondere der Berücksichtigung des übergeordneten Klimaschutzziels der Netto-Treibhausgasneutralität im Jahr 2045 in der Netzentwicklungsplanung (BT-Drs. 20/1599, 51). Dieses Klimaschutzziel ist im KSG festgelegt, das neben sektorspezifische zulässigen Jahresemissionsmengen auch konkrete jährliche Minderungsziele enthält. Ferner sind derzeit die Ausbauziele der erneuerbaren Energien (in EEG und WindSeeG), der Ausstieg aus der Kohleverstromung (KVBG) sowie der Ausstieg aus der Nutzung der Kernenergie (AtG) bei der Erstellung des Szenariorahmens zu berücksichtigen.

34   Als Ziel der Bundesregierung sind **förmliche Beschlüsse** des Bundeskabinetts oder eines **Koalitionsvertrages** zu qualifizieren, die erkennbar die Handlungen der Regierung in einer Legislaturperiode weiter bestimmen werden, aber auch **sonstige Papiere,** die ein gewisses Maß an richtungsweisender Verbindlichkeit aufweisen, wie Eckpunktepapiere. So wurden im Szenariorahmen 2021–2035 bspw. das Aktionsprogramm Klimaschutz 2020, der nationale Klimaschutzplan 2050 und das Klimaschutzprogramm 2030 der Bundesregierung berücksichtigt (BNetzA, Genehmigung des Szenariorahmens 2021–2035 vom 26.6.2020, S. 18).

3. Sensitivitäten. Die Bundesnetzagentur hat den Übertragungsnetzbetreibern 35 mit der Genehmigung des Szenariorahmens teils aufgegeben, Sensitivitätsrechnungen im Netzentwicklungsplan durchzuführen. Sensitivitäten greifen einen einzelnen Aspekt aus den Netzentwicklungsparametern heraus, von dem vermutet wird, dass dieser nennenswerte Effekte auf den Netzausbaubedarf entfaltet. Dies waren in der Vergangenheit beispielsweise die Kappung von Erzeugungsspitzen aus EE-Anlagen (BNetzA, Genehmigung des Szenariorahmens 2012 vom 30.11.2012, S. 80), die Auswirkung der Absenkung des Stromverbrauchs (BNetzA, Genehmigung des Szenariorahmens 2011 vom 20.12.2011, S. 84) und zuletzt die leitungsscharfe Bestimmung von Handelskapazitäten (BNetzA, Genehmigung des Szenariorahmens 2021–2035 vom 26.6.2020, S. 95ff.). Bestandteil des genehmigten Szenariorahmens 2021–2035 war auch die von den ÜNB vorgeschlagene Sensitivitätsrechnung zu den Auswirkungen des North Sea Wind Power Hubs auf den deutschen Netzentwicklungsbedarf (BNetzA, Genehmigung des Szenariorahmens 2021–2035 vom 26.6.2020, S. 129).

Sensitivitäten zeichnen sich dadurch aus, dass diese nicht dem wahrscheinlich an- 36 genommenen Lauf der Entwicklung im Referenzszenario (wie bspw. im Jahr 2011) oder der geltenden Rechtslage (wie bspw. im Jahr 2012) entsprechen müssen. Sie liefern vielmehr **ergänzende Informationen** für den weiteren Diskussionsprozess und untersuchen, ob die angenommenen Wirkungen auf den Netzausbau tatsächlich nachweisbar sind. Durch das Herausgreifen eines einzelnen Parameters ist mehr als eine Tendenz häufig nicht abzulesen, da weitere Interdependenzen der Parameter untereinander ausgeblendet werden. Eine solche ausgeblendete Interdependenz könnte beispielsweise die Wirkung einer – derzeit allerdings nicht zu erwartenden – sinkenden Stromnachfrage auf den Strompreis insgesamt sein.

III. Grundlagen

Den Szenarien sind **angemessene Annahmen** zu Erzeugung, Versorgung und 37 Verbrauch von Strom, zu dessen Austausch mit anderen Ländern sowie zur Spitzenkappung (§ 11 Abs. 2) zu Grunde zu legen. Zudem müssen die Übertragungsnetzbetreiber geplante Investitionsvorhaben der europäischen Netzinfrastruktur im Szenariorahmen berücksichtigen.

Bei der Erarbeitung der Szenarien werden nicht turnusmäßig dieselben Annah- 38 men und Herangehensweisen angewendet, die Erstellung folgt **keiner generell festgelegten Methodik.** Sondern innerhalb des sich stätig verändernden gesetzlichen Rahmens und der Ziele (→ Rn. 30ff.; → Rn. 33f.) werden die Methoden, Annahmen und gesetzten Schwerpunkte der jeweiligen Betrachtungsräume angepasst (vgl. dazu nur die Änderungen in der Methodik zwischen dem genehmigten Szenariorahmen 2021–2035 und dem genehmigten Szenariorahmen 2023–2037/2045, beide abrufbar unter www.netzentwicklungsplan.de). Im Folgenden wird die grundlegende Methodik der Erarbeitung des Szenariorahmens innerhalb des durch § 12a gezogenen gesetzlichen Rahmens dargestellt. Zur Veranschau-

§ 12a

lichung wird die Darstellung zum Teil um Hinweise zur Vorgehensweise im genehmigten Szenariorahmen 2021–2035 ergänzt, teils unter Hinweis auf methodische Änderungen im Szenariorahmen 2023–2037/2045.

39 **1. Lastannahmen. a) Erzeugung.** Um **angemessene Annahmen** für die Erzeugung von Elektrizität zu treffen, ist von der zum Zeitpunkt der Aufstellung **installierten Erzeugungsleistung** auszugehen. Auf den Energieträger kommt es nicht an, es sind alle zu erfassen. Da es bei den Leistungszahlen auf die Netzwirksamkeit ankommt, ist auf die **Nettoleistungen** der Anlagen ohne Berücksichtigung des Leistungs- und Energiebedarfs zum Betrieb einer Erzeugungsanlage abzustellen. Die installierte Erzeugungsleistung ist mindestens getrennt nach **konventioneller Erzeugung** (Kernenergie, Braunkohle, Steinkohle, Erdgas, Öl, Pumpspeicher und sonstige konventionelle Erzeugung) und **regenerativer Erzeugung** (Wind Onshore und Offshore, Photovoltaik, Biomasse, Wasserkraft und sonstige regenerative Erzeugung) darzustellen. Der Szenariorahmen entfaltet – genauso wenig wie der Netzentwicklungsplan – keine steuernde Wirkung über die Entwicklung oder räumliche Verteilung der Erzeugungsstruktur (aA *Hermes* Planungsrechtliche Sicherung S. 71 (78)).

40 Für die Prognose sind Annahmen zu treffen über die **Stilllegung** von Bestandsanlagen und die **Inbetriebnahme** von Neuanlagen. Es kann eine Ausprägung der verschiedenen Szenarien sein, Anlagen in unterschiedlichen Planungsständen mit abzubilden (zB einmal „genehmigte Neuanlagen" und einmal zusätzlich „geplante Neuanlagen" unter bestimmten Bedingungen). Aufgrund unterschiedlicher regulatorischer Rahmenbedingungen, die sich auf Zu- und Rückbau sowie Betriebsdauer der Anlage auswirken, wird im Szenariorahmen bisher auch hier zwischen regenerativer und konventioneller Erzeugung unterschieden. Dabei sind die Ergebnisse des Monitorings der BNetzA, gesicherte Stilllegungsanzeigen von Kraftwerksbetreibern mit einer Nennleistung ab 10 MW (§ 13b) sowie als systemrelevant eingestufte Kraftwerke zu berücksichtigen und es müssen plausible Annahmen über die Laufzeiten der Anlagentypen (beispielsweise hinsichtlich Betriebsdauer von Biomasseanlagen oder EE-Anlagen, insbesondere Windenergieanlagen Onshore, unter technischen, wirtschaftlichen und genehmigungsrechtlichen Gesichtspunkten) getroffen werden. Die installierte Kraftwerksleistung, geplanter Zubau sowie angezeigte Stilllegungen konventioneller Kraftwerke und teils regenerativer Erzeugung können der **Kraftwerksliste** der BNetzA entnommen werden. Beispielsweise hinsichtlich der Betriebsdauer von Braun- und Steinkohlekraftwerken sind die Annahmen des Kohleverstromungsbeendigungsgesetzes (KVBG) zu berücksichtigen. Ebenso ist der im Atomgesetz normierte vollständige Ausstieg aus der Kernenergie zu berücksichtigen. Die Referenzwerte für die regenerative Erzeugung können im Übrigen größtenteils dem **Marktstammdatenregister** der BNetzA entnommen werden.

41 Plausible Annahmen müssen auch für vorgehaltene Reservekapazitäten nach § 13e getroffen werden. Die Kraftwerke der Netzreserve werden im Szenariorahmen nicht berücksichtigt (s. BNetzA, Genehmigung des Szenariorahmens 2021–2035 vom 26.6.2020, S. 32). Bei fehlenden anderen Kriterien können hier Entwicklungen aus der Vergangenheit – unter Berücksichtigung des geltenden Förderrahmens – in die Zukunft fortgeschrieben werden.

42 Für Erzeugungsarten, für die keine Angaben vorliegen, zB weil diese nicht auf der Ebene des Übertragungsnetzes angeschlossen werden, müssen ebenfalls plausible Annahmen getroffen werden. Deshalb stellt der neu eingefügte § 12a Abs. 1

S. 5 nunmehr klar, dass die **Verteilnetzbetreiber** angemessen in den Prozess der Erstellung des Szenariorahmens **eingebunden** werden müssen. Diese können frühzeitig Angaben beispielsweise zu auf ihrer Ebene erwarteten bzw. maximal möglichen Anschlüssen von Erzeugungskapazitäten (und auch Lasten) zur Verfügung stellen (BT-Drs. 20/1599, 51).

b) Versorgung. Ausweislich der Definition der Versorgung in § 3 Nr. 36 umfasst der Begriff der Versorgung alle Wertschöpfungsstufen der Energieversorgung und ist ein Sammelbegriff. Er schließt Erzeugung, Energiehandel, Energiebelieferung und Netzbetrieb ein. Art. 2 Nr. 19 Elt-RL 09 bzw. nun Art. 2 Nr. 12 Elt-RL 19 betonen, dass der „Verkauf, einschließlich des Weiterverkaufs, von Elektrizität an Kunden" als Bestandteil der Versorgung zu betrachten sind. Die Gesichtspunkte der Versorgung schlagen sich aus Netzsicht in der **Netzlast** nieder. 43

c) Verbrauch von Strom. Der Stromverbrauch bildet einen zentralen Punkt in den Szenarien. Er ist für das Inland zu bestimmen. Der Austausch mit dem Ausland stellt keinen Verbrauch dar und ist separat erfasst. Der Stromverbrauch ist die **maßgebliche Kenngröße zur Bestimmung des Bedarfs,** der den Betrieb und die Entwicklung nach § 11 Abs. 1 S. 1 bestimmt. Da nicht jeder Verbrauch von Strom aus Netzen der allgemeinen Versorgung stattfindet (zB industrielle Eigenerzeugung) und nicht jeder Stromverbrauch gemessen wird (zB Haushaltskunden), ist auch diese Größe in nennenswerten Anteilen zu schätzen. Zur Ermittlung des Stromverbrauchs wird der **Nettostromverbrauch** herangezogen, dh die von den Verbrauchern in Deutschland genutzte elektrische Arbeit (s. BNetzA, Genehmigung des Szenariorahmens 2021–2035 vom 26.6.2020, S. 54). Nicht hinzugerechnet werden die transportbedingten Netzverluste im Übertragungsnetz, der Kraftwerkseigenverbrauch und Speicherverluste. Im genehmigten Szenariorahmen 2023–2037/2045 wurden die Verteilernetzverluste erstmals nicht mehr in den Nettostromverbrauch eingepreist (BNetzA, Genehmigung des Szenariorahmens 2023–2037/2045 vom 8.7.2022, S. 45). Zur Steigerung des Stromverbrauchs tragen ua die fortschreitende Sektorenkopplung (Verknüpfung der Sektoren Strom, Wärme und Verkehr) sowie das Hinzukommen neuer Großstromverbraucher wie Rechenzentren bei. 44

2. Spitzenkappung. Nach § 12a Abs. 1 S. 4 sind die Übertragungsnetzbetreiber verpflichtet, die Regelungen der **Spitzenkappung** (s. § 11 Abs. 2) bei der Netzplanung, dh der Ermittlung des Transportbedarfs, anzuwenden. Der Berechnung für die Netzplanung wird dabei eine um bis zu drei Prozent reduzierte Prognose der jährlichen Stromerzeugung aus Onshore-Windenergieanlagen und Photovoltaikanlagen zugrunde gelegt. Hierdurch wird das Ziel, selten auftretende Einspeisespitzen abzuregeln, die bei der Einspeisung von wetterabhängigen fluktuierenden erneuerbaren Energien auftreten, umgesetzt (BT-Drs. 18/7317, 79). Es ist daher bereits im Szenariorahmen zu berücksichtigen, dass das Stromnetz nicht (mehr) auf die „Aufnahme der letzten Kilowattstunde auszulegen" ist (BT-Drs. 18/7317, 156). 45

3. CO_2-Emissionsobergrenzen. Bereits bei der Genehmigung des Szenariorahmens 2021–2035 wurde in allen Szenarien die **Einhaltung der CO_2-Emissionsobergrenzen** unterstellt. Für die Berechnungen im Rahmen des Netzentwicklungsplans wurden im Szenariorahmen insbesondere zwei Festlegungen getroffen: 46
– die mengenmäßige Obergrenze in den Szenarien, dh der CO_2-Ausstoß in Mio. t im jeweiligen Zieljahr

§ 12a Teil 3. Regulierung des Netzbetriebs

– auf welche Weise sichergestellt wird, dass diese Obergrenze auch tatsächlich eingehalten wird
(s. BNetzA, Genehmigung des Szenariorahmens 2021–2035 vom 26.6.2020, S. 19). Die Szenarien wurden zunächst so erstellt, dass eine modell-endogene Einhaltung der Emissionsobergrenze möglich erschien. Wurde die Emissionsobergrenze so nicht erreicht, wurde der nationale CO_2-Preis iterativ von den Übertragungsnetzbetreibern erhöht, bis die Einhaltung der Obergrenze gewährleistet war (s. BNetzA, Genehmigung des Szenariorahmens 2021–2035 vom 26.6.2020, S. 20 f.). Nunmehr gilt, dass der Szenariorahmen für das Jahr 2045 von einer vollständigen Klimaneutralität aller Sektoren ausgehen muss (vgl. § 3 Abs. 2 S. 1 KSG), weshalb die Stromerzeugung im Betrachtungsjahr 2045 vollständig CO_2-frei erfolgen muss. Daraus folgt für die Vorjahre, dass bei der Stromerzeugung nur noch Restmengen an CO_2 hervorgerufen werden dürfen (s. BNetzA, Genehmigung des Szenariorahmens 2023–2037/2045 vom 8.7.2022, S. 64).

47 **4. Sektorenkopplung.** Die Sektorenkopplung beschreibt einen Prozess, der die drei großen Sektoren Strom, Wärme und Verkehr fortschreitend stärker miteinander verknüpft. In allen drei Sektoren wird Primärenergie eingesetzt, um das Bedürfnis der Verbraucher nach elektrischer Energie, Wärme oder Mobilität zu befriedigen, die in der Vergangenheit meist durch die Verbrennung fossiler Brennstoffe und damit einhergehend durch Emissionen von CO_2 bereitgestellt wurden. Die stetige Integration erneuerbarer Energien in den Energiesektor ermöglicht dort eine Energiegewinnung bei Reduktion der CO_2-Emissionen. Allerdings ist eine Verknüpfung der Sektoren erforderlich, um den Dekarbonisierungszielen der Bundesregierung gerecht zu werden. Die Entwicklung der Sektorenkopplung stellt das Stromnetz vor neue Herausforderungen, weshalb diese in den Entwicklungspfaden abgebildet wird (s. BNetzA, Genehmigung des Szenariorahmens 2021–2035 vom 26.6.2020, S. 40 f.).

48 **5. Flexibilitätsoptionen und Speicher.** Mit dem stetig steigenden Anteil erneuerbarer Energien an der Stromerzeugung geht eine volatile Einspeisung einher, die sich im Szenariorahmen niederschlagen muss, da sie das ursprünglich auf eine statische Einspeisung ausgerichtete Stromnetz vor neue Herausforderungen stellt. Gleichzeitig muss der Wegfall konventioneller Kraftwerksleistung ausgeglichen werden. Das Stromnetz muss daher auf eine Flexibilisierung sowohl von Erzeuger- als auch Verbraucherseite ausgerichtet werden. Deshalb sind auch **Flexibilitätsoptionen** wie der vermehrte Einsatz von **Demand-Side-Management** (dh der Lastabschaltung oder der Lastverlagerung) gerade im industriellen und gewerblichen Bereich, der Einsatz **smarter Stromanwendungen** oder **Power-to-X-Technologien** zu berücksichtigen. Darüber hinaus wird die verlustarme **Speicherung** von Strom als einer der zentralen Bausteine der Energiewende gesehen. Sobald entsprechende Technologien marktgängig sind, wird das Speichern von Strom einen größeren Stellenwert in der Prognose einnehmen. Daneben eröffnet die Sektorenkopplung (→ Rn. 45) dem Stromsektor Flexibilitätsoptionen (s. zu Vorstehendem insgesamt BNetzA, Genehmigung des Szenariorahmens 2021–2035 vom 26.6.2020, S. 50 ff.; s. zur weiteren Entwicklung BNetzA, Genehmigung des Szenariorahmens 2023–2037/2045 vom 8.7.2022, S. 41 ff.).

49 **6. Europäischer Stromaustausch und Investitionsvorhaben der europäischen Netzinfrastruktur.** In der öffentlichen Diskussion taucht regelmäßig die Frage auf, wie viel Netzausbau wirklich für die Integration der erneuerbaren Ener-

Szenariorahmen für die Netzentwicklungsplanung　　　　　　　　　　§ 12a

gien und wie viel für den Stromaustausch mit den Nachbarländern erforderlich ist. Beides gehört zu den gesetzlichen Pflichten des Netzbetreibers, auch im Rahmen seiner Ausbauverpflichtung: der Anschluss und die Netznutzung für Stromerzeugungsanlagen im Inland sowie die Herstellung des europäischen Binnenmarkts für Energie (vgl. Art. 170 AEUV).

Der **europäische Stromhandel** zwischen den Marktgebieten ist eine wesent- 50 liche Komponente der Netzausbauplanung. Der Stromaustausch (im Sinne einer Strommenge) mit den Nachbarländern für Deutschland ergibt sich aus den **Preisdifferenzen** der Stromerzeugung in Deutschland und seinen Nachbarmärkten, wie sie sich an der Strombörse niederschlagen. Angesichts der massiven Veränderungen der Preisbildung durch große Mengen erneuerbarer Energien, die aufgrund der garantierten Einspeisevergütung mit Grenzkosten von null an den Strombörsen vermarktet werden, sind Prognosen auf Basis von Werten der Vergangenheit nur sehr eingeschränkt möglich.

Eine Prognose des Stromaustauschs mit den Nachbarstaaten ist als Ergebnis einer 51 **Marktmodellierung** möglich. Vorhandene **Grenzkuppelkapazitäten** sind für Netzberechnungen keine statische Größe. Vorhandene Grenzkuppelkapazitäten werden im sog. **Market Coupling** vermarktet, sodass die statisch ausgewiesene Kapazität mit der tatsächlich zur Verfügung stehenden Kapazität und der vermarkteten Kapazität nicht identisch ist (s. dazu grundlegend *Kühling* RdE 2006, 173). Dies findet derzeit Berücksichtigung, indem verfügbare Kapazitäten auf besonders stark durch den Handel belasteten Leitungen (sog. „kritische Zweige") und nicht zwischen Marktgebieten vorgegeben werden. Die Leitungsflüsse dürfen die vorgegebenen Kapazitäten nicht übersteigen.

Im Szenariorahmen sind gem. § 12a Abs. 1 S. 4 auch **geplante Investitions-** 52 **vorhaben der europäischen Netzinfrastruktur** zu berücksichtigen. Die Europäische Union ist verpflichtet, zum Auf- und Ausbau transeuropäischer Netze der Energieinfrastruktur beizutragen (Art. 170 Abs. 1 AEUV). Diese werden im **gemeinschaftsweiten Netzentwicklungsplan** (TYNDP) beplant. Der TYNDP bildet den unionsweit notwendigen Ausbau des Übertragungsnetzes ab (→ Rn. 9).

Zu berücksichtigen ist in diesem Zusammenhang auch die den TEN-E Leit- 53 linien (Entscheidung Nr. 1364/2006/EG) nachfolgende Verordnung zu **Leitlinien für die transeuropäische Energieinfrastruktur** (TEN-E-VO) aus dem Jahr 2013 (einen Überblick zur TEN-E-VO verschaffen auch *Giesberts/Tiedge* NVwZ 2013, 836ff.). Die Verordnung stellt Leitlinien für die rechtzeitige Entwicklung und Interoperabilität vorrangiger transeuropäischer Energieinfrastrukturkorridore und -gebiete auf. Zu deren Realisierung werden sog. **Vorhaben von gemeinsamem Interesse** (VGI) bzw. projects of common interest (PCI) benannt, die in der im Anhang VII Teil B der TEN-E-VO als Unionsliste der Vorhaben von gemeinsamem Interesse für die jeweiligen Cluster ausgewiesen werden. Die PCI-Liste wird alle zwei Jahre als delegierte Verordnung von der EU-Kommission erlassen. Die Aufnahme der Vorhaben in die Unionsliste hat für das nachfolgende Zulassungsverfahren ua zur Folge, dass die energiewirtschaftliche Notwendigkeit und der vordringliche Bedarf für diese Vorhaben feststehen (vgl. Art. 7 TEN-E-VO sowie § 12e Abs. 4); die Genehmigungsverfahren sind vom Beschleunigungsgedanken geprägt und in einem Zeitraum von maximal dreieinhalb Jahren abzuschließen. Zudem besteht die Möglichkeit der finanziellen Förderung der Vorhaben aus EU-Mitteln. Die Realisierung dieser Vorhaben gilt als gesetzt.

§ 12 a

54 **7. Regionalisierung.** Für die Kalkulation der Netzentwicklungsplanung ist die Annahme, auf welchen **Netzknoten** sich eine Last – sei es Erzeugung oder Verbrauch – auswirkt, eine ganz wesentliche Information. Den Prozess der Aufteilung der Erzeugung bzw. des Verbrauchs auf konkrete Standorte in Deutschland und damit die Zuordnung zu den Netzknoten nennt man „Regionalisierung".

55 Im Rahmen der Regionalisierung wurden im Szenariorahmen 2021–2035 der **Zubau** der Erneuerbaren Energien Offshore und Onshore sowie der nationale Strombedarf zur Ermittlung des Transportbedarfs modelliert. Dabei wurden im Szenariorahmen **Summenleistungswerte** festgesetzt. Im Szenariorahmen 2023–2037/2045 wurde darüber hinausgehend eine Regionalisierung aller Lasten und Erzeuger – mit auf diese jeweils angepasster Methodik – vorgenommen, da deren räumliche Verteilung für die Bestimmung der Übertragungsaufgaben ausschlaggebend ist (s. BNetzA, Genehmigung des Szenariorahmens 2023–2037/2045 vom 8.7.2022, S. 19, 23 ff.). Es ist umstritten, ob eine Regionalisierung schon auf der Ebene des Szenariorahmens vorgenommen werden muss.

56 Beispielsweise die **Regionalisierung von Windenergien in Nord- und Ostsee** wird im genehmigten Szenariorahmen 2021–2035 bis zum Jahr 2025 auf der Grundlage der bis dahin voraussichtlich installierten Leistung prognostiziert. Der **Flächenentwicklungsplan** legt unter Berücksichtigung der gesetzlichen Vorgaben zu den Ausschreibungsvolumina der Jahre 2026–2030 fest, welche Flächen mit welcher voraussichtlich zu installierenden Leistung für die Inbetriebnahme von Offshore-Windparks ab dem Jahr 2026 in Betracht kommen (vgl. § 5 Abs. 1, 5 WindSeeG). Dies wird der Regionalisierung Offshore zugrunde gelegt. Dabei schlägt sich insbesondere nieder, dass der Zubau und dem folgend der Transportbedarf aus der Ausschließlichen Wirtschaftszone und dem Küstenmeer der Nordsee den der Ostsee um ein Vielfaches übersteigt.

57 Die **Regionalisierung von Windenergie an Land** erfolgt im Szenariorahmen 2021–2035 durch eine Allokation der installierten Leistung. Modelliert wird ein anlagenscharfer Zubau. Die Betrachtung erfolgt auf Ebene der Bundesländer. Dabei wird erneut auf Daten aus dem **Marktstammdatenregister** (→ s. §§ 111 e, 111 f) zurückgegriffen; die Ergebnisse der in den **Ausschreibungen** bezuschlagten Windenergieanlagen gehen in die Modellierung ein. Regionale Besonderheiten wie die sog. 10 H-Regelung Bayerns, wonach Windenergieanlagen grundsätzlich in einer Entfernung zur Wohnbebauung errichtet werden müssen, die der zehnfachen Anlagenhöhe entspricht (vgl. Art. 82 BayBO), werden ebenfalls berücksichtigt.

58 Die **Prognose des Verbrauchs** gestaltet sich schwieriger. Aber auch der (Netto-)Stromverbrauch wird im genehmigten Szenariorahmen 2021–2035 zunächst bundeslandscharf, dann landkreisscharf betrachtet. Dieser wurde nach Anwendungssektoren untergliedert; es fand eine Unterteilung in **klassische Stromanwendungen** (Haushalte, Gewerbe/Handel/Dienstleistung, Verkehr, verarbeitendes Gewerbe/Industrie, Umwandlungsbereich) und **neue Stromanwendungen** (Elektromobilität, Wärmepumpen) statt. Den jeweiligen Anwendungssektoren wurden bestimmte Indikatoren zugeordnet, dem Sektor „Haushalte" zB die Indikatoren Bevölkerung, Anzahl der Haushalte und deren verfügbares Einkommen. Zur Gewichtung der Indikatoren wurde auf historische Nachfragedaten zurückgegriffen, die fortgeschrieben wurden. Die Untergliederung nach Anwendungssektoren wurde im Szenariorahmen 2023–2037/2045 aufgegeben. Stattdessen findet dort durch eine **sektorscharfe** Betrachtung der Stromverbräuche eine dementsprechende Regionalisierung statt, bei der für jeden Sektor bewertet wird, wie sich der Stromverbrauch in den klimaneutralen Szenarien des Jahres 2045 entwickelt; diese Entwicklung wird anschließend auf die Szenarien des Jahres 2037 heruntergebrochen (vgl. BNetzA, Genehmigung des Szenariorahmens 2023–2037/2045 vom 8.7.2022, S. 23 ff.).

C. Verfahren (Abs. 2 und 3)

Der Szenariorahmen wird zunächst von den Übertragungsnetzbetreibern mit 59 Regelzonenverantwortung (→ Rn. 19f.) **gemeinsam erarbeitet** (Schritt 1). Anders als in § 12b Abs. 3 wird er dann aber nicht durch die Übertragungsnetzbetreiber konsultiert, sondern unmittelbar der BNetzA übergeben, von dieser auf ihrer Internetseite öffentlich bekannt gemacht und **zur Konsultation gestellt** (Schritt 2). Unter Würdigung der Stellungnahmen im Konsultationsverfahren wird der Szenariorahmen dann von der BNetzA **genehmigt** (Schritt 3).

Diese von der späteren Netzentwicklung abweichende Abfolge ist konsequent. 60 Die ÜNB verfügen kraft ihrer Rolle als Betreiber der Regelzonen oder ihrer Aufgaben nach dem EEG über die Kenntnisse zur Anschlusssituation für alle Erzeuger (inner- und außerhalb des EEG) und Letztverbraucher von elektrischer Energie, jedenfalls in aggregierter Form. Ebenfalls kommt ihnen die Pflicht zu qualifizierten Prognosen der Entwicklung immer schon zu, um den bedarfsgerechten Netzausbau und den sicheren Netzbetrieb nach § 11 Abs. 1 gewährleisten zu können. Wird den Unternehmen die alleinige Entscheidung und Verantwortung für die Prognosen und die Schlussfolgerungen daraus durch §§ 12b ff. allerdings aus der Hand genommen, so muss die Diskussion über die vollständige und vertretbare Abbildung wahrscheinlicher Entwicklungen und gegebenenfalls der Anpassung einer öffentlichen Institution übertragen werden.

Um sicherzustellen, dass für die Netzentwicklungsplanung relevante Angaben in 61 den zu erstellenden Entwurf des Szenariorahmens Eingang finden und entsprechende Annahmen zwischen den Übertragungs- und den Verteilernetzbetreibern abgestimmt sind, normiert der neue § 12a Abs. 1 S. 5 nunmehr die Verpflichtung der Übertragungsnetzbetreiber, die **Verteilernetzbetreiber** bei der Erstellung des Szenariorahmens angemessen **einzubinden**. Diese können zB Angaben zum Anschluss neuer (Groß-)Stromverbraucher auf ihrer Netzebene liefern.

I. Öffentliche Konsultation durch die BNetzA

1. Adressaten. Die BNetzA gibt der Öffentlichkeit Gelegenheit zur Stellung- 62 nahme. Das Gesetz erwähnt hier insbesondere die aktuellen oder potenziellen Netznutzer, nachgelagerte Netzbetreiber sowie Träger öffentlicher Belange. Der Kreis der **aktuellen und potenziellen Netznutzer** ist nach der Vorstellung des Gesetzgebers enger als die allgemeine Öffentlichkeit (BT-Drs. 17/6072, 74 zu § 15a). Mangels unmittelbarer oder auch nur mittelbarer Wirkung auf subjektive Rechte Dritter ist der Personenkreis für die Konsultation aber nicht sinnvoll abgrenzbar. Auch sind angesichts der Abstraktheit des Konsultationsgegenstands – die Wahrscheinlichkeit bestimmter Annahmen zur Entwicklung der Stromerzeugung und des -verbrauchs – insbesondere von wissenschaftlichen Instituten und Verbänden substanzielle Beiträge zu erwarten. Der Begriff der **„Träger öffentlicher Belange"** kommt aus dem Anlagenerrichtungsrecht. Er erfasst Behörden und Vereinigungen. Der Beitrag dieser Gruppen geht dabei sowohl in die Verbesserung der Annahmen des Szenariorahmens als auch in die Verbreitung und Vermittlung der

§ 12 a
Teil 3. Regulierung des Netzbetriebs

Inhalte in der Zivilgesellschaft im Sinne der Akzeptanz ein. Daher richtet sich die Konsultation an die **allgemeine Öffentlichkeit.** Genannten Teilgruppen kommt darüber hinaus eine Obliegenheit zur Mitwirkung zu, um die Datengrundlage des Szenariorahmens zu verbessern. Dies gilt für die Träger öffentlicher Belange auf **Länderseite,** die konkrete Maßnahmen zur Entwicklung eigener Energiekonzepte umsetzen, und für die Betreiber nachgelagerter **Verteilnetze** der 110 kV-Ebene, an deren Netz ebenfalls große Erzeugungsanlagen und EE-Anlagen angeschlossen sind und werden.

63   Im Gesetzgebungsverfahren zur Einführung des § 12a im Jahr 2011 forderte der Bundesrat eine Stärkung der Beteiligung der Landesregulierungsbehörden (BR-Drs. 343/11, 3). Diese sollten schon frühzeitig bei der Festlegung des Szenariorahmens durch Beteiligungsmöglichkeiten einbezogen werden. Dieser Vorschlag wurde im weiteren Gesetzgebungsverfahren abgelehnt. Eine Beteiligung von betroffenen Landesbehörden als Träger öffentlicher Belange ist aber ohnehin vorgesehen.

64   Die Verpflichtung der Übertragungsnetzbetreiber, die Verteilnetzbetreiber bereits bei der Erstellung des Szenariorahmens angemessen einzubinden (s. § 12a Abs. 1 S. 5; → Rn. 59), lässt die Verpflichtung der BNetzA, diesen auch im Rahmen der Konsultation des Szenariorahmen-Entwurfs Gelegenheit zur Äußerung zu geben, unberührt (BT-Drs. 20/1599, 51).

65   Vor dem Hintergrund, dass in Zulassungsverfahren für die im Netzentwicklungsplan festgelegten Vorhaben, deren Zulassung letztlich auch auf Grundlage des Szenariorahmens erfolgt, regelmäßig von Privatpersonen eingewendet wird, dass sie von der Beteiligung an der energierechtlichen Bedarfsplanung ausgeschlossen worden seien, ist bemerkenswert, dass Privatpersonen die größte Gruppe der Konsultationsteilnehmer des Szenariorahmens 2021–2035 stellten; die Gruppe der Stakeholder hatte einen Anteil von 77 Konsultationsteilnehmern, die der Privatpersonen hatte einen Anteil von 589 Teilnehmern (Konsultationsdokument zur Genehmigung des Szenariorahmens 2021–2035 v. 26.6.2020).

66   **2. Fristen.** Der Entwurf des Szenariorahmens ist der BNetzA von den ÜNB, beginnend im Jahr 2016, spätestens am **10. Januar eines jeden geraden Kalenderjahres** vorzulegen. Es gibt keinen gesetzlichen Rahmen für die Fristen der Konsultation. Diese müssen so bemessen sein, dass sie eine fundierte Stellungnahme seitens der Beteiligten, insbesondere der interessierten Öffentlichkeit zulassen. Die Gesetzesbegründung weist darauf hin, dass der Szenariorahmen als maßgebliche Eingangsgröße für alle Netzentwicklungsplanungen sorgfältig zu diskutieren ist (BT-Drs. 18/6383, 17). Der sich daraus ergebende Zeitraum ist im Wesentlichen abhängig davon, ob der Szenariorahmen wesentliche Abweichungen und neue Informationen zum vorherigen Szenariorahmen enthält (zur Sonderregelung in § 12c Abs. 6 → Rn. 70).

67   Vor dem Hintergrund des gesetzlichen Leitbilds des § 73 Abs. 4 S. 1 VwVfG, der für die Anhörung zum – regelmäßig deutlich umfangreicheren – Plan (§ 73 Abs. 1 S. 2 VwVfG) im nachfolgenden Genehmigungsverfahren (vgl. § 43 Abs. 4 EnWG) eine Stellungnahmefrist von insgesamt sechs Wochen vorsieht, erscheint die von der BNetzA regelmäßig eingeräumte Monatsfrist für die Konsultation angemessen. Dies gilt auch vor dem Hintergrund der Zweimonatsfrist in § 22 Abs. 6 S. 1 NABEG. Der Gesetzgeber geht davon aus, dass die **Konsultation und Genehmigung** des Szenariorahmens innerhalb von **sechs Monaten** durchgeführt werden kann (BT-Drs. 18/6383, 17).

Szenariorahmen für die Netzentwicklungsplanung **§ 12 a**

Eine **faktische Fristbindung** für Konsultation und Genehmigung ergibt sich 68
jedoch aus dem nachgelagerten Verfahrensschritt der Erstellung des Netzentwicklungsplans. Der Netzentwicklungsplan wird auf der Grundlage des genehmigten Szenariorahmens erstellt und ist – ebenfalls ab dem Jahr 2016 – spätestens bis zum 10. Dezember eines jeden geraden Kalenderjahres von den ÜNB zu veröffentlichen. Zur Erstellung des Netzentwicklungsplans muss den ÜNB nach der Genehmigung des Szenariorahmens noch ein angemessen langer Zeitraum verbleiben.

3. Formelle Ausgestaltung. Das Beteiligungsverfahren unterliegt keinen be- 69
sonderen förmlichen Vorgaben des VwVfG oder des EnWG. Der Grundsatz der einfachen, zweckmäßigen und zügigen Durchführung des Verwaltungsverfahrens gilt auch hier (§ 10 S. 2 VwVfG). Der Entwurf des Szenariorahmens ist im Internet auf der Webseite der BNetzA zu **veröffentlichen.** Die BNetzA hat die Fristen der Öffentlichkeitsbeteiligung dort bekannt zu machen. Jedermann ist Gelegenheit zur **Stellungnahme** zu geben.

Die Netzentwicklungsplanung ist eine langfristig angelegte Infrastrukturausbau- 70
planung (BT-Drs. 17/6072, 69). § 12c Abs. 6 sieht daher vor, dass die **Öffentlichkeitsbeteiligung** auf die Änderungen gegenüber dem zuletzt genehmigten Szenariorahmen **beschränkt** werden kann. Alle vier Jahre ist, unabhängig davon, ob nur Änderungen zum vorangegangenen, genehmigten Szenariorahmen Gegenstand des vorgelegten Entwurfs zum neuen Szenariorahmen sind, ein vollständiges Anhörungsverfahren durchzuführen. Ein vollständiges Verfahren ist auch bei **wesentlichen Änderungen** durchzuführen.

Darüber hinaus kann die BNetzA nach § 12c Abs. 7 **nähere Bestimmungen** zu 71
Inhalt und Verfahren der Erstellung des NEP sowie zur Gestaltung des Beteiligungsverfahrens zum Entwurf des Szenariorahmens treffen. Seit Inkrafttreten der Klimaschutz-Sofortprogramm-Novelle (BGBl. 2022 I S. 1214) ist sie dafür nicht mehr an die Rechtsform der Festlegung (vgl. § 29 Abs. 1) gebunden. Vielmehr sollen solche Bestimmungen aus Beschleunigungsgründen unmittelbar in das Verfahren der Netzentwicklungsplanung integriert werden (BT-Drs. 20/1599, 54). Die Bestimmungen können beispielsweise Vorgaben hinsichtlich der Parameter der Netzberechnungen betreffen und solche Vorgaben, die zur Erfüllung des Zwecks der Vorschrift dienen, wie die Betrachtung von Sensitivitäten bei Veränderung einzelner Kenngrößen, die erhebliche Auswirkungen auf die Einhaltung der Vorgaben des effizienten und bedarfsgerechten Netzausbaus haben können.

II. Genehmigung des Szenariorahmens

1. Zuständigkeit. Für die Genehmigung des Szenariorahmens ist die **BNetzA** 72
nach § 54 Abs. 1 iVm Abs. 2 zuständige Behörde. Die Genehmigung des Szenariorahmens ist nach § 59 Abs. 1 S. 2 von den Entscheidungen ausgenommen, die zwingend durch Beschlusskammern getroffen werden müssen. Die Genehmigungen werden derzeit auch unmittelbar durch einen Einzelentscheider und nicht durch eine Beschlusskammer erlassen.

Mit der Befugnis zur Genehmigung des Szenariorahmens gem. Abs. 3 S. 1 geht 73
eine **Prüfverpflichtung** der BNetzA als zuständiger Behörde einher. Ihr obliegt die Überprüfung des Szenariorahmenentwurfs auf Rechtsfehler einschließlich der materiellen und methodischen Aspekte (s. zur Methodenwahl *Knauff* EnWZ 2019, 51 ff.). Sie ist darüber hinaus verpflichtet, sich inhaltlich mit den Äußerungen im Rahmen der Konsultation auseinanderzusetzen und diese im Genehmigungsprozess

§ 12a
Teil 3. Regulierung des Netzbetriebs

zu würdigen (§ 12a Abs. 3 S. 1). Hält die BNetzA den Entwurf des Szenariorahmens in formeller, tatsächlicher oder methodischer Hinsicht für änderungsbedürftig, kann sie auch Änderungen verlangen (Theobald/Kühling/*Kober* EnWG § 12a Rn. 20f. mwN).

74 **2. Rechtsnatur der Genehmigung.** § 12a Abs. 3 S. 1 spricht zwar von einer „Genehmigung" des Szenariorahmens durch die BNetzA. Diese könnte dennoch als eine bloß **vorbereitende Verwaltungshandlung** zur Erstellung des Netzentwicklungsplans (§§ 12b, 12c) ohne abschließende Regelungswirkung einzuordnen sein. Die Verwaltungshandlung bestünde darin, die vorgelegten Szenarien der Übertragungsnetzbetreiber nachzuvollziehen, auf die Vereinbarkeit mit dem oben dargestellten groben Gesetzesraster zu prüfen und Transparenz für die interessierte Öffentlichkeit herzustellen. Eine formelle behördliche Einwirkung zB in Form eines Änderungsverlangens (vgl. § 12c Abs. 1 S. 2) sieht das Gesetz nicht ausdrücklich vor. Trotz einer öffentlichen Konsultation wäre die Genehmigung dann ein unselbstständiger Bestandteil des Verfahrens zur Erarbeitung und Bestätigung des Netzentwicklungsplans (BR-Drs. 343/11, 169), wie ihn die europäische Vorgabe vorsieht. Eine Behördenentscheidung mit abschließender Regelungswirkung iSd § 35 VwVfG läge nur in der „Bestätigung" des Netzentwicklungsplans.

75 Nach dem üblichen juristischen Sprachgebrauch handelt es sich bei behördlichen Genehmigungen aber um Verwaltungsakte iSd § 35 VwVfG. Da die Genehmigung des Szenariorahmens eine eigene, abschließende **Regelungswirkung** entfaltet, ist sie als Verwaltungsakt iSd § 35 S. 1 VwVfG einzuordnen. Denn die Genehmigung gestattet den ÜNB und verpflichtet sie zugleich, auf Grundlage der genehmigten Szenarien den Netzentwicklungsplan zu erarbeiten. Gleichzeitig werden durch die Genehmigung andere denkbare Szenarien, die nicht Gegenstand der Genehmigung sind, für die Erarbeitung des NEP ausgeklammert. Dass das Verfahren einen in hohem Maße prognostischen und planerischen Sachverhalt betrifft, stützt die Annahme einer fehlenden Regelungswirkung nicht (aA → 3. Aufl., § 12a Rn. 44); prognostische Elemente sind gleichsam Gegenstand der nachgelagerten Zulassungsverfahren, die Verwaltungsaktqualität des Planfeststellungsbeschlusses ist aber unbestritten.

76 Des Weiteren weist der Umstand, dass es sowohl für die Genehmigung des Szenariorahmens als auch für die Bestätigung des Netzentwicklungsplans ein eigenes **Anhörungsverfahren** gibt, darauf hin, dass hier jeweils Verwaltungsverfahren geregelt werden. Beide Verfahren werden mit behördlichen Entscheidungen abgeschlossen. Für die Form eines Verwaltungsakts kann auch angeführt werden, dass die Genehmigung des Szenariorahmens in dem Kanon der **„Entscheidungen"** der Regulierungsbehörde in § 59 besonders aufgeführt wird. § 59 Abs. 1 S. 2 listet diejenigen Entscheidungen auf, für die der Grundsatz, dass Entscheidungen nach dem EnWG von Beschlusskammern getroffen werden, nicht gilt. § 59 Abs. 1 S. 2 nennt in diesem Zusammenhang auch die Aufgaben nach § 12a, woraus geschlossen werden kann, dass insoweit auf die Genehmigung als eine abschließende Verwaltungsentscheidung Bezug genommen wird.

77 Gegen die Verwaltungsaktqualität der Genehmigung sprachen bisher einzig die Friktionen, die im Hinblick auf die Rechtsmittelbewehrung des Netzentwicklungsplans entstanden. § 12c Abs. 4 S. 2 sieht für den NEP vor, dass dessen Bestätigung durch Dritte nicht selbstständig anfechtbar ist. Der vorbereitende Szenariorahmen wäre als Verwaltungsakt rechtlich stärker rechtsmittelbewehrt gewesen als der Netzentwicklungsplan selbst, da hier das Gesetz keine vergleichbare Regelung zum Rechtsschutz Dritter traf (→ 3. Aufl., § 12a Rn. 49ff.). Mit Einführung des neuen

§ 12a Abs. 3 S. 3 durch die Klimaschutz-Sofortprogramm-Novelle (BGBl. 2022 I S. 1214) ist diese Friktion nun aufgelöst; auch die Genehmigung des Szenariorahmens ist nicht selbstständig durch Dritte anfechtbar. Die **Genehmigung des Szenariorahmens** ist ein **Verwaltungsakt.**

Die Frage nach der **Rechtsnatur der Genehmigung des Szenariorahmens** hatte vor Einführung des § 12c Abs. 3 S. 3 auch das OLG Düsseldorf in seinem Beschluss vom 24.3.2021 (3 Kart 2/20) dahin gehend beantwortet, dass es sich bei der Bestätigung des Szenariorahmens Strom (und Gas) um einen (anfechtbaren) **Verwaltungsakt** handelt. Für die Verwaltungsaktqualität der Szenariorahmenbestätigung spricht nach Auffassung des Senats ua, dass die Bestätigung der BNetzA nur den Charakter einer unverbindlichen Auffassungsbekundung hätte, wenn diese nur einen unselbstständigen Verfahrensteil der Netzentwicklungsplanung darstellen würde, womit die Erforderlichkeit und Notwendigkeit eines separaten Szenariorahmens mit umfangreicher Konsultation im Vorfeld infrage gestellt würde. Ferner entfalte die Bestätigung des Szenariorahmens Gestattungswirkung, da die ÜNB auf Grundlage des Szenariorahmens den Netzentwicklungsplan erarbeiteten. Zudem ist die Genehmigung des Szenariorahmens in dem Kanon der „Entscheidungen" der Regulierungsbehörde in § 59 Abs. 1 S. 2 EnWG für den Strombereich besonders aufgeführt (s. hierzu insgesamt OLG Düsseldorf Beschl. v. 24.3.2021 – 3 Kart 2/20 Rn. 41).

Die BNetzA hat die Genehmigung des Szenariorahmens auch abweichend vom vorgelegten Szenariorahmen der ÜNB bisher als förmliche Verwaltungsentscheidung iSd § 35 VwVfG getroffen (s. www.netzausbau.de).

3. Nebenbestimmungen. Die BNetzA ist nach dem Wortlaut des § 12a Abs. 3 S. 1 lediglich berechtigt, den Szenariorahmen unter Berücksichtigung der Ergebnisse der Öffentlichkeitsbeteiligung zu genehmigen. Der Erlass von Nebenbestimmungen mit der Genehmigung ist im Gesetz nicht ausdrücklich vorgesehen. Demnach sind Nebenbestimmungen nur nach § 36 Abs. 1 VwVfG zulässig, wenn sie sicherstellen, dass die gesetzlichen Voraussetzungen des Verwaltungsakts erfüllt werden (so nun auch OLG Düsseldorf Beschl. v. 24.3.2021 – 3 Kart 2/20 Rn. 41).

III. Rechtsschutz

Ausgehend von der Verwaltungsaktqualität der Genehmigung ist Rechtsschutz gegen die Genehmigung des Szenariorahmens grundsätzlich möglich. Seit Inkrafttreten der Klimaschutz-Sofortprogramm-Novelle (BGBl. 2022 I S. 1214) existiert mit § 12a Abs. 3 S. 3 für den Szenariorahmen Strom eine dem § 12c Abs. 4 S. 2 entsprechende Regelung, die den Rechtsschutz Dritter ausschließt.

1. Übertragungsnetzbetreiber. Die ÜNB sind Adressaten der Genehmigung nach § 12a Abs. 3 S. 1. Sie beantragen mit der Vorlage des gemeinsamen Entwurfs eines Szenariorahmens dessen Genehmigung. Sollte die Genehmigung versagt oder mit einem abweichenden Inhalt (zB Nebenbestimmung) erteilt werden, steht ihnen hiergegen die **Beschwerde** (§ 75) in Form einer Verpflichtungsbeschwerde oder einer Anfechtungsbeschwerde nach dem EnWG offen. Da der Beschwerde gegen die Genehmigung des Szenariorahmens keine aufschiebende Wirkung zukommt (§ 76 Abs. 1), empfiehlt es sich, zugleich um behördlichen bzw. gerichtlichen Eilrechtsschutz nach § 77 Abs. 1, Abs. 3 zu ersuchen; anderenfalls sind die ÜNB bis zur Hauptsacheentscheidung verpflichtet, den mit abweichendem Inhalt genehmigten Szenariorahmen der Netzentwicklungsplanung zugrunde zu legen.

§ 12 b — Teil 3. Regulierung des Netzbetriebs

83 **2. Dritte.** Die Frage, ob Dritte die Genehmigung des Szenariorahmens gerichtlich mit dem Rechtsmittel der Beschwerde (§§ 75 ff.) anfechten können, war lange Zeit umstritten, da bis zur Einführung des neuen § 12a Abs. 3 S. 3 ein **gesetzlicher Ausschluss von Rechtsschutzmöglichkeiten Dritter** gegen die Genehmigung des Szenariorahmens – anders als dies bei der Bestätigung des Netzentwicklungsplans in § 12c Abs. 4 S. 2 ausdrücklich gesetzlich geregelt war (und ist) – nicht vorgesehen war (→ 3. Aufl., § 12a Rn. 49 ff.).

84 Das OLG Düsseldorf hatte erst in seinem Beschluss vom 24.3.2021 (3 Kart 2/20) entschieden, dass der Szenariorahmen Strom auch durch Dritte anfechtbar sei. Der Senat begründete die grundsätzliche Anfechtbarkeit des Szenariorahmens damit, dass sich § 12c Abs. 4 S. 2 gerade kein genereller Ausschluss von Beschwerden Dritter im Bereich der Netzentwicklungsplanung Strom entnehmen lasse, denn die Anfechtbarkeit des Szenariorahmens Strom durch Dritte sei, ebenso wie die Anfechtbarkeit des Szenariorahmens Gas sowie des Netzentwicklungsplans Gas, gerade nicht ausdrücklich ausgeschlossen. Hätte der Gesetzgeber die Anfechtungsmöglichkeiten Dritter im gesamten Bereich der Netzentwicklungsplanung ausschließen wollen, hätte jedenfalls der Ausschluss insgesamt und nicht nur bei einer von vier Anfechtungsmöglichkeiten nahegelegen. Eine analoge Anwendung des § 12c Abs. 4 S. 2 sei mangels des Vorliegens einer planwidrigen Regelungslücke ausgeschlossen (s. hierzu insgesamt OLG Düsseldorf Beschl. v. 24.3.2021 – 3 Kart 2/20 Rn. 39).

85 Diese Diskussion hat sich mit Einführung des neuen § 12c Abs. 3 S. 3 erledigt. Die Genehmigung des Szenariorahmens Strom durch die BNetzA ist **nicht selbstständig durch Dritte anfechtbar**.

§ 12b Erstellung des Netzentwicklungsplans durch die Betreiber von Übertragungsnetzen

(1) ¹Die Betreiber von Übertragungsnetzen mit Regelzonenverantwortung legen der Regulierungsbehörde auf der Grundlage des Szenariorahmens einen gemeinsamen nationalen Netzentwicklungsplan zur Bestätigung vor. ²Der gemeinsame nationale Netzentwicklungsplan muss alle wirksamen Maßnahmen zur bedarfsgerechten Optimierung, Verstärkung und zum Ausbau des Netzes enthalten, die spätestens zum Ende der jeweiligen Betrachtungszeiträume im Sinne des § 12a Absatz 1 für einen sicheren und zuverlässigen Netzbetrieb erforderlich sind. ³Die Betreiber von Übertragungsnetzen mit Regelzonenverantwortung müssen im Rahmen der Erstellung des Netzentwicklungsplans die Regelungen zur Spitzenkappung nach § 11 Absatz 2 bei der Netzplanung anwenden. ⁴Der Netzentwicklungsplan enthält darüber hinaus folgende Angaben:
1. alle Netzausbaumaßnahmen, die in den nächsten drei Jahren ab Feststellung des Netzentwicklungsplans durch die Regulierungsbehörde für einen sicheren und zuverlässigen Netzbetrieb erforderlich sind,
2. einen Zeitplan für alle Netzausbaumaßnahmen sowie
3. a) Netzausbaumaßnahmen als Pilotprojekte für eine verlustarme Übertragung hoher Leistungen über große Entfernungen,
   b) den Einsatz von Hochtemperaturleiterseilen als Pilotprojekt mit einer Bewertung ihrer technischen Durchführbarkeit und Wirtschaftlichkeit sowie

§ 12 b

c) das Ergebnis der Prüfung des Einsatzes von neuen Technologien als Pilotprojekte einschließlich einer Bewertung der technischen Durchführbarkeit und Wirtschaftlichkeit,
4. den Stand der Umsetzung des vorhergehenden Netzentwicklungsplans und im Falle von Verzögerungen, die dafür maßgeblichen Gründe der Verzögerungen,
5. Angaben zur zu verwendenden Übertragungstechnologie,
6. Darlegung der in Betracht kommenden anderweitigen Planungsmöglichkeiten von Netzausbaumaßnahmen,
7. beginnend mit der Vorlage des ersten Entwurfs des Netzentwicklungsplans im Jahr 2018 alle wirksamen Maßnahmen zur bedarfsgerechten Optimierung, Verstärkung und zum Ausbau der Offshore-Anbindungsleitungen in der ausschließlichen Wirtschaftszone und im Küstenmeer einschließlich der Netzanknüpfungspunkte an Land, die bis zum Ende der jeweiligen Betrachtungszeiträume nach § 12a Absatz 1 für einen schrittweisen, bedarfsgerechten und wirtschaftlichen Ausbau sowie einen sicheren und zuverlässigen Betrieb der Offshore-Anbindungsleitungen sowie zum Weitertransport des auf See erzeugten Stroms oder für eine Anbindung von Testfeldern im Sinne des § 3 Nummer 9 des Windenergie-auf-See-Gesetzes (Testfeld-Anbindungsleitungen) erforderlich sind; für die Maßnahmen nach dieser Nummer werden Angaben zum geplanten Zeitpunkt der Fertigstellung vorgesehen; hierbei müssen die Festlegungen des zuletzt bekannt gemachten Flächenentwicklungsplans nach den §§ 4 bis 8 des Windenergie-auf-See-Gesetzes zu Grunde gelegt werden.

⁵Die Betreiber von Übertragungsnetzen mit Regelzonenverantwortung nutzen bei der Erarbeitung des Netzentwicklungsplans eine geeignete und für einen sachkundigen Dritten nachvollziehbare Modellierung des Elektrizitätsversorgungsnetzes. ⁶Der Netzentwicklungsplan berücksichtigt den gemeinschaftsweiten Netzentwicklungsplan nach Artikel 8 Absatz 3b der Verordnung (EG) Nr. 714/2009 und vorhandene Offshore-Netzpläne.

(2) ¹Der Netzentwicklungsplan umfasst alle Maßnahmen, die nach den Szenarien des Szenariorahmens erforderlich sind, um die Anforderungen nach Absatz 1 Satz 2 zu erfüllen. ²Dabei ist dem Erfordernis eines sicheren und zuverlässigen Netzbetriebs in besonderer Weise Rechnung zu tragen.

(3) ¹Die Betreiber von Übertragungsnetzen mit Regelzonenverantwortung veröffentlichen den Entwurf des Netzentwicklungsplans vor Vorlage bei der Regulierungsbehörde auf ihren Internetseiten und geben der Öffentlichkeit, einschließlich tatsächlicher oder potenzieller Netznutzer, den nachgelagerten Netzbetreibern sowie den Trägern öffentlicher Belange und den Energieaufsichtsbehörden der Länder Gelegenheit zur Äußerung. ²Dafür stellen sie den Entwurf des Netzentwicklungsplans und alle weiteren erforderlichen Informationen im Internet zur Verfügung. ³Die Betreiber von Übertragungsnetzen mit Regelzonenverantwortung sollen den Entwurf des Netzentwicklungsplans spätestens bis zum 10. Dezember eines jeden geraden Kalenderjahres, beginnend mit dem Jahr 2016, veröffentlichen. ⁴Die Betreiber von Elektrizitätsversorgungsnetzen sind verpflichtet, mit den Betreibern von Übertragungsnetzen mit Regelzonenverantwortung in dem Umfang zusammenzuarbeiten, der erforderlich

§ 12b

ist, um eine sachgerechte Erstellung des Netzentwicklungsplans zu gewährleisten; sie sind insbesondere verpflichtet, den Betreibern von Übertragungsnetzen mit Regelzonenverantwortung für die Erstellung des Netzentwicklungsplans notwendige Informationen auf Anforderung unverzüglich zur Verfügung zu stellen.

(3a) **Zum Zeitpunkt der Veröffentlichung nach Absatz 3 Satz 1 übermitteln die Betreiber von Übertragungsnetzen der Regulierungsbehörde Angaben dazu, welche Netzausbaumaßnahmen zur Höchstspannungs-Gleichstrom-Übertragung oder welcher länderübergreifende landseitige Teil von Offshore-Anbindungsleitungen ganz oder weit überwiegend in einem Trassenkorridor, der bereits gemäß § 17 des Netzausbaubeschleunigungsgesetzes Übertragungsnetz in den Bundesnetzplan aufgenommen ist, oder in einem durch Landesplanungen oder nach Landesrecht bestimmten Leitungsverlauf für Erdkabel zur Höchstspannungs-Gleichstrom-Übertragung eines weiteren Vorhabens realisiert werden sollen.**

(4) Dem Netzentwicklungsplan ist eine zusammenfassende Erklärung beizufügen über die Art und Weise, wie die Ergebnisse der Beteiligungen nach § 12a Absatz 2 Satz 2 und § 12b Absatz 3 Satz 1 in dem Netzentwicklungsplan berücksichtigt wurden und aus welchen Gründen der Netzentwicklungsplan nach Abwägung mit den geprüften, in Betracht kommenden anderweitigen Planungsmöglichkeiten gewählt wurde.

(5) **Die Betreiber von Übertragungsnetzen mit Regelzonenverantwortung legen den konsultierten und überarbeiteten Entwurf des Netzentwicklungsplans der Regulierungsbehörde unverzüglich nach Fertigstellung, jedoch spätestens zehn Monate nach Genehmigung des Szenariorahmens gemäß § 12a Absatz 3 Satz 1, vor.**

Übersicht

	Rn.
A. Allgemeines	1
I. Inhalt	1
II. Zweck	4
III. Anwendungsprobleme	6
B. Netzentwicklungsplan	8
I. Adressat der Pflicht	8
II. Grundlagen	10
1. Szenariorahmen nach § 12a	11
2. Der gemeinschaftsweite Netzentwicklungsplan	14
3. Offshore-Netzanbindung	15
III. Inhalt (Abs. 1 und 2)	19
1. NOVA-Prinzip	21
2. Maßnahmenbegriff	23
3. Pilotprojekte	30
4. Alternativenprüfung	32
5. Terminschiene für Netzausbaumaßnahmen	35
6. Umsetzungsstand vorheriger Netzentwicklungspläne und Verzögerungsgründe	36
7. Angaben der zu verwendenden Übertragungstechnologie	37
8. Maßnahmenauswahl (Abs. 2)	39

	Rn.
IV. Verfahren (Abs. 3, 4 und 5)	50
1. Öffentliche Konsultation durch die Übertragungsnetzbetreiber	50
2. Fristen	57
3. Ergebnis der Übertragungsnetzbetreiber	60
4. Aufgabe der BNetzA	63
C. Sonstige Informationspflichten (Abs. 3a)	68

Literatur: *Antweiler,* Planungsrechtliche Defizite im Netzentwicklungsplan Strom 2012, ZNER 12, 586; *Elspaß/Schwoon,* Energiewende ohne Erdkabel?, NVwZ 2012, 1066; *Ruge,* Zur Alternativenprüfung im Netzentwicklungsplan und Bundesbedarfsplan, ER 2013, 143; *Sailer,* Die allgemeine Netzausbaupflicht aus § 11 Abs. 1 Satz 1 EnWG, RdE 2016, 444; *Weyer,* Wer plant die Energienetze?, in Baur/Sandrock/Scholtka/Shapira (Hrsg.), Festschrift für Gunther Kühne, 2009, S. 423.

A. Allgemeines

I. Inhalt

§ 12b beschreibt zum einen detailliert den Prozess der **Erstellung des nationalen Netzentwicklungsplans** (im Folgenden NEP) für das Übertragungsnetz bis zur Übergabe an die Regulierungsbehörde. Die Pflichten der Übertragungsnetzbetreiber (im Folgenden ÜNB) mit Regelzonenverantwortung (→ § 12a Rn. 20f.) und der Betreiber von Elektrizitätsversorgungsnetzen in diesem Prozess werden normiert. Zum anderen legt § 12b in Abs. 1 und 2 den notwendigen Inhalt des Netzentwicklungsplans fest. Die Regelung dient auch der Umsetzung von Art. 22 Abs. 1 und 2 Elt-RL 09. Dabei geht die Regelung aber über die europäisch zwingenden Vorgaben hinaus. Enger an den europäischen Vorgaben orientiert sich das Parallelverfahren für die Gasfernleitungsnetze in § 15a. Seit der durch Art. 1 des Gesetzes zur Änderung des Energiewirtschaftsrechts im Zusammenhang mit dem Klimaschutz-Sofortprogramm und zu Anpassungen im Recht der Endkundenbelieferung in Kraft getretenen EnWG-Novelle 2022 (BGBl. 2022 I S. 1214) enthält § 12b in Abs. 3a die neben der Erstellung des Netzentwicklungsplans stehende Verpflichtung der Übertragungsnetzbetreiber zur Übermittlung von **Angaben zu Bündelungsmöglichkeiten** für die dort genannten Maßnahmen an die BNetzA.

Im Einklang mit den Vorgaben zur Erarbeitung des Szenariorahmens durch die ÜNB mit Regelzonenverantwortung nach § 12a wurde das **Verfahren zur Erstellung des Netzentwicklungsplans** seit 2016 von einem jährlichen auf einen alle **zwei Jahre** stattfindenden Prozess der Bedarfsermittlung umgestellt, um die mit dem bis dahin vorgesehenen jährlichen Prozess in der Praxis einhergehenden Belastungen der ÜNB, der BNetzA, der Öffentlichkeit und der Träger öffentlicher Belange abzumildern (vgl. BT-Drs. 18/6383, 14). Der bisher fixe Zeitpunkt zur Vorlage des NEP wurde flexibilisiert und an den Verlauf des Verfahrens zur Genehmigung des Szenariorahmens angepasst (BT-Drs. 18/6383, 17). Durch das Erste Gesetz zur Änderung des Energieverbrauchskennzeichnungsgesetzes und zur Änderung weiterer Bestimmungen des Energiewirtschaftsrechts (BGBl. 2015 I S. 2194) wurde das Verfahren der Bedarfsermittlung durch eine klare zeitliche fristgebundene Abfolge der Verfahrensschritte strukturiert (vgl. BT-Drs. 18/6383, 14f.). Weitere Änderungen des § 12b betrafen die Ergänzung des notwendigen **Inhalts des Netzentwicklungsplans** um Pilotprojekte und die Darlegungspflicht zu

§ 12b
Teil 3. Regulierung des Netzbetriebs

anderen in Betracht kommenden Planungsmöglichkeiten von Netzausbaumaßnahmen, die teilweise Überführung des Offshore-Netzentwicklungsplans in den NEP sowie, gemeinsam mit dem Flächenentwicklungsplan (§§ 4ff. des Gesetzes zur Entwicklung und Förderung der Windenergie auf See, WindSeeG), die Verzahnung des Ausbaus der Offshore-Anbindungsleitungen mit dem Übertragungsnetz an Land (vgl. BT-Drs. 18/8832, 334; BGBl. 2016 I S. 2258) und schließlich die Berücksichtigung der Regeln zur Spitzenkappung im NEP (BGBl. 2016 I S. 1786).

3 **Querverweise** auf die Norm finden sich in den Vorschriften zur Entflechtung von Transportnetzbetreibern in der Rechtsgestalt des unabhängigen Systembetreibers und des unabhängigen Transportnetzbetreibers in §§ 9 Abs. 2 und 4, 10b Abs. 2 und 10d Abs. 2; in der Grundnorm zu den Aufgaben des Betreibers von Energieversorgungsnetzen in § 11 Abs. 1; zum Szenariorahmen § 12a und der Folgevorschrift in § 12c; in der Parallelvorschrift für den Offshore-Netzentwicklungsplan nach § 17b; bei der Umsetzung von NEP und Flächenentwicklungsplan nach § 17d sowie in den auszugleichenden Kosten im Rahmen des Belastungsausgleichs nach § 17f; in den Vorschriften zum Monitoring der BNetzA in § 35 Abs. 1 Nr. 8 sowie zum Monitoring der Versorgungssicherheit in § 51; in der Organisationsnorm für die BNetzA in § 59 Abs. 1; in der Berichtspflicht des § 63 Abs. 1 und den Ordnungswidrigkeiten in § 95 Abs. 1 Nr. 3b sowie schließlich in der Übergangsregelung zum Umfang der Aufnahme von Testfeld-Anbindungsleitungen in den NEP bis zum 31.12.2023 in § 118 Abs. 26.

II. Zweck

4 Während der von der BNetzA genehmigte Szenariorahmen die erste Stufe der koordinierten energiewirtschaftlichen Bedarfsplanung für die Übertragungsnetze Strom darstellt (→ § 12a Rn. 1, 2), stellt der Netzentwicklungsplan, der von den ÜNB im Verfahren nach und mit dem in § 12b festgelegten Inhalt erstellt und von der BNetzA im Verfahren nach § 12c überprüft und bestätigt wird, die **zweite Stufe der Bedarfsplanung** dar. Dieser mündet schließlich im Bundesbedarfsplan (§ 12e; Anlage zu § 1 Abs. 1 Bundesbedarfsplangesetz – BBPlG), der die dritte Stufe der energiewirtschaftlichen Bedarfsplanung darstellt.

5 Der erklärte Zweck der Vorschrift ist die **transparente** und möglichst zuverlässige **Feststellung des energiewirtschaftlichen Netzausbaubedarfs des Übertragungsnetzes** in Deutschland. Dahinter steht die Erwartung, dass ein entsprechend ermittelter Netzausbaubedarf gesellschaftlich auf mehr **Akzeptanz** stößt, als dies in der jüngeren Vergangenheit der Fall war. Nicht mehr als Anstoß gebend waren die europarechtlichen Vorgaben für Übertragungsnetzbetreiber in der Struktur eines weiterhin vertikal integrierten Netzbetreibers (allg. auch Independent Transmission Operator (ITO) oder Unabhängiger Transportnetzbetreiber (UTB) nach § 10b genannt), einen transparenten Netzentwicklungsplan aufzustellen (Art. 22 Abs. 1 Elt-RL 09) sowie die Vorgaben zu europäischen (Art. 8 Abs. 3 lit. a der VO (EG) Nr. 714/2009) und regionalen (Art. 12 Abs. 1 der (VO) EG Nr. 714/2009) Netzentwicklungsplänen zur Verwirklichung des Binnenmarktes. Während die Vorgaben aus der Elt-RL 09 das Ziel verfolgen, Wettbewerbsverstöße vertikal integrierter Energieversorgungsunternehmen in Form von systematischer Marktabschottung zu verhindern oder aufzudecken, verfolgen die vorliegenden Regelungen zur Netzentwicklungsplanung den Zweck eines energiewirtschaftlich bedarfsgerechten Netzausbaus im Zuge der Energiewende. Sie sind im **Zusammenhang** mit den Vorschriften zum Bundesbedarfsplan und den weitergehenden

Erstellung des Netzentwicklungsplans **§ 12 b**

Regelungen des Netzausbaubeschleunigungsgesetzes (NABEG), die alle Teil der Energiewendegesetzgebung 2011 waren, zu lesen.

III. Anwendungsprobleme

Der Zweck der Missbrauchsbekämpfung vertikal integrierter Energieversorgungsunternehmen (EVU) durch Marktabschottung ist sehr in den Hintergrund getreten. Im Zentrum der Regelungen steht die Bewältigung der netzseitigen Folgen der **Energiewende,** die die bisherige Netzstruktur, bei der Erzeugung und Verbrauch räumlich nah beieinander lagen, aufhebt und dadurch einen **erhöhten Bedarf an Transportkapazität im Übertragungsnetz** hervorruft. Dieser wird namentlich durch den Ausstieg aus der Atomenergie und die erforderliche Integration hoher, fluktuierender und zumeist verbrauchsfern erzeugter Leistung von Windenergie Onshore und Offshore erzeugt. Mit den Vorgaben des § 12b soll zugleich die **Akzeptanz** der Bedarfsermittlung und -planung durch Transparenz im Verfahren und die öffentliche Konsultation erhöht werden. Diese hohe Erwartungshaltung wird sich als Schwierigkeit bei allen Regelungen erweisen. Schon in der Gesetzesformulierung wird dies zum Teil deutlich, wenn **sehr abstrakte Aufgaben** sich mit sehr konkreten Vorgaben vermischen. Ein Beispiel für eine systematisch schwierige konkrete Vorgabe sind die Regelungen zu **Pilotprojekten** (§ 12b Abs. 1 S. 4 Nr. 3). Pilotprojekte sind *konkrete* Leitungsvorhaben, die der NEP im Allgemeinen nicht enthalten muss und kann. Der NEP stellt eine energiewirtschaftliche **Bedarfsplanung** dar, **ohne konkrete räumliche Festlegungen** für konkrete Vorhaben zu treffen. Dh, er enthält weder Anlagenstandorte für Erzeugungsanlagen noch Trassenkorridore für das Übertragungsnetz; abgebildet werden lediglich die **Netzknoten** (Anfangs- und Endpunkte, zwischen denen Übertragungsbedarf festgestellt wird, dh die künftigen Leitungsverläufe). Zudem ist die Regelung dauerhaft angelegt, der NEP muss alle zwei Jahre aufgestellt werden. Die Regelung zu den Pilotprojekten zielt zB auf die 2011 geführte Diskussion zur technischen Eignung bestimmter Übertragungstechnologien ab. Eine turnusmäßige neue Aufnahme von HGÜ- oder HTLS-Piloten ist weder möglich noch sinnvoll. Die Natur des Pilotprojekts ist seine Realisierung mit Erfahrungsauswertung zur Überführung der Technologie in die anerkannten Regeln der Technik. Hier muss das Gesetz in der regelmäßigen Anwendung teleologisch reduziert werden.

Form und Inhalt der Netzentwicklungspläne der Übertragungsnetzbetreiber setzen den Trend fort, die Stromnetzbetreiber, insbesondere die Übertragungsnetzbetreiber, treuhänderisch mit öffentlichen Aufgaben quasi zu beleihen. Beispielhaft wird dies an dem Abwägungsvorgang in Abs. 4 deutlich. Da es sich durchgängig um privatrechtlich organisierte und überwiegend im privaten Eigentum befindliche Netzbetreiberunternehmen handelt, ist es erstaunlich, dass die Frage der Verletzung der Grundrechte aus Art. 12 und 14 dieser Unternehmen so wenig diskutiert wird (BVerfG Beschl. v. 20.3.1984 – 1 BvL 28/82, BVerfGE 66, 248 ff.; Isensee/Kirchhof StaatsR-HdB/*Schmidt-Preuß* § 93; zur Grundrechtsfähigkeit → § 11 Rn. 62; BerlKommEnergieR/*Schmidt-Preuß* Einl. C Rn. 290).

B. Netzentwicklungsplan

I. Adressat der Pflicht

8   Alle Betreiber von Übertragungsnetzen mit Regelzonenverantwortung, das sind derzeit alle vier deutschen Übertragungsnetzbetreiber, werden als besondere Ausprägung ihrer **Kooperationspflicht** gemeinsam verpflichtet, einen nationalen Netzentwicklungsplan vorzulegen. Das ist im Interesse eines effizienten, umweltschonenden und bedarfsgerechten Netzausbaus nach den Zielen des § 1 nur sachgerecht. Denn die Übertragungsnetze sind eng vermascht. Die Investition in ein Übertragungsnetz kann daher eine parallele Investition in ein benachbartes Übertragungsnetz erforderlich oder unnötig machen (BT-Drs. 17/6072, 68). Die Verpflichtung zur Aufstellung eines NEP ist mit der Entflechtungsvorgabe des unabhängigen Transportnetzbetreibers verbunden (→ Rn. 5).

9   Die Betreiber von Elektrizitätsversorgungsnetzen nach § 3 Nr. 2, dh alle natürlichen oder juristischen Personen oder rechtlich unselbstständigen Organisationseinheiten eines Energieversorgungsunternehmens, die Betreiber von Übertragungs- oder Elektrizitätsverteilernetzen sind, trifft die **Pflicht zur Zusammenarbeit** mit den Übertragungsnetzbetreibern in dem zur sachgerechten Erstellung des Netzentwicklungsplans erforderlichen Umfang (vgl. § 12b Abs. 3 S. 4). Die Pflicht zur Zusammenarbeit umfasst insbesondere die Pflicht, unverzüglich (vgl. § 121 Abs. 1 S. 1 BGB) die für die Erstellung des NEP notwendigen Informationen zur Verfügung zu stellen, die die ÜNB bei den Elektrizitätsversorgungsnetzbetreibern anfordern.

II. Grundlagen

10   Gem. § 12b Abs. 1 S. 1 muss der gemeinsame nationale Netzentwicklungsplan der ÜNB alle wirksamen Maßnahmen zur bedarfsgerechten Optimierung, Verstärkung und zum Ausbau des Netzes enthalten, die in den nächsten zehn und höchstens 15 Jahren sowie mit Blick auf das Jahr 2045 für einen sicheren und zuverlässigen Netzbetrieb erforderlich sind. Der Netzentwicklungsplan hat drei Eingangsgrößen:

11   **1. Szenariorahmen nach § 12a.** Der Szenariorahmen nach § 12a bildet die Grundlage der Netzberechnungen für den NEP. Die Netzberechnungen müssen seit Inkrafttreten der Änderungen der Klimaschutz-Sofortprogramm-Novelle den Transportbedarf der mindestens nächsten zehn Jahre und höchstens 15 Jahre sowie den für das Jahr 2045 aus den mindestens sechs Szenarien des Szenariorahmens entwickeln (zur Anzahl der zu erstellenden Szenarien → § 12a Rn. 25 ff.). Zuvor war neben dem Transportbedarf der mindestens nächsten zehn und höchstens 15 Jahre der Transportbedarf der mindestens nächsten 15 und höchstens zwanzig Jahre aus den (mindestens) drei Szenarien, die der Szenariorahmen enthielt, zu entwickeln.

12   Die am 29.7.2022 in Kraft getretene **Übergangsregelung** des § 118 Abs. 41 stellt klar, dass die der Neuregelung des § 12a Abs. 1 entstammenden erweiterten Betrachtungszeiträume bereits bei der Prüfung und Bestätigung des Netzentwicklungsplans nach § 12b und § 12c, der sich an die Genehmigung des am 10.1.2022 von den ÜNB vorgelegten Szenariorahmens anschließt, einbezogen werden müssen. Dieser von der BNetzA am 8.7.2022 und damit **vor** Inkrafttreten der Neuregelung durch die Klimaschutz-Sofortprogramm-Novelle genehmigte Szenario-

Erstellung des Netzentwicklungsplans **§ 12 b**

rahmen 2023–2037/2045 berücksichtigt die erweiterten Betrachtungszeiträume nach eigenen Angaben (s. BNetzA, Genehmigung des Szenariorahmens 2023–2037/2045 vom 8.7.2022, S. 14, 17 f. abrufbar unter www.netzentwicklungsplan.de) und vermeidet so Friktionen im Verfahren der Erstellung (und Bestätigung) des Netzentwicklungsplans 2037/2045.

Der sich aus den Netzberechnungen ergebene Transportbedarf aus allen Szenarien kann ganz oder teilweise identisch sein. Solche Maßnahmen werden allgemein als **„No regret"-Maßnahmen** bezeichnet, da sie in jedem Fall erforderlich werden, egal, welches Szenario eintritt. Weichen die Transportbedarfe für die Szenarien ab, so sind hier Entscheidungen zu treffen (→ Rn. 39 ff.). Trotz der mindestens sechs Szenarien im Szenariorahmen kann es immer nur *einen* nationalen NEP geben. 13

2. Der gemeinschaftsweite Netzentwicklungsplan. Der gemeinschaftsweite NEP (im Folgenden als **TYNDP** für Ten-Year Network Development Plan bezeichnet) des European Network of Transmission System Operators for Electricity (im Folgenden ENTSO-E) nach Art. 8 Abs. 3 b Stromhandels-VO 09 ist nach § 12 b Abs. 1 S. 6 zu berücksichtigen. Dieser von den europäischen ÜNB gemeinschaftlich alle zwei Jahre aufgestellte Plan enthält die verbindlichen nationalen Netzentwicklungspläne mit den nationalen Annahmen zur Entwicklung der Netzlasten sowie die jährlichen Ausblicke auf die Systemadäquanz des europäischen Stromsystems unter Einbeziehung eines europäischen Marktmodells (Scenario Outlook and System Adequacy Forecast). Der TYNDP ist – anders als der NEP nach § 12 b – nicht verbindlich. Erwgr. 9 der Stromhandels-VO 09 bezeichnet den TYNDP ausdrücklich als „nicht verbindlich", dies wird auch in der Stromhandels-VO 09 durchgehend betont. Daran hat sich mit der Ablösung der Stromhandels-VO 09 durch die Verordnung (EU) 2019/943 des Europäischen Parlaments und des Rates vom 5. Juni 2019 über den Elektrizitätsbinnenmarkt (ABl. 2019 L 158, 54) nichts geändert. Vielmehr hat sich der europäische Plan in dem iterativen Prozess gegenseitiger Rücksichtnahme nach den verbindlichen Festlegungen des nationalen NEP zu richten (Art. 8 Abs. 10 S. 2 lit. a Stromhandels-VO 09, Art. 48 Elektrizitätsbinnenmarkt-VO 19). Der TYNDP hat jedoch faktisch großes Gewicht. Dafür sorgen schon das Berücksichtigungsgebot für die Mitgliedstaaten in Art. 22 Abs. 3 Elt-RL 09 (jetzt Art. 51 Elt-RL 19) und Art. 8 Abs. 11 Stromhandels-VO 09 mit der Überprüfungsbefugnis durch ACER (Art. 8 Abs. 11 und Art. 9 Abs. 2 der Stromhandels-VO 09, Art. 32 Elektrizitätsbinnenmarkt-VO 19). Auch tragen die zeitlichen Abläufe dazu bei, dass der gemeinschaftsweite Plan alle zwei Jahre jeweils vor dem nationalen NEP im März eines Jahres vorliegt, sodass er fast zwangsläufig eine Grundlage des nationalen NEP bildet. Da § 12 b Abs. 1 S. 6 (nur) ein **Berücksichtigungsgebot** und keine aus einer Beachtenspflicht folgende Anpassungspflicht statuiert, ist nicht erforderlich, dass der nationale NEP dem TYNDP entspricht. 14

3. Offshore-Netzanbindung. Die Anbindungsleitungen für Offshore-Windenergieanlagen sind kraft gesetzlicher Fiktion in § 17 d Abs. 1 S. 3 Teil des Übertragungsnetzes. Im Übrigen sind sie technisch gesehen **Kraftwerksanschlussleitungen**, auf die sich insbesondere die Anforderungen an die Systemsicherheit nicht in gleicher Weise erstrecken wie auf das Übertragungsnetz an Land. So gibt es bislang **kein n-1-Kriterium** für die Anbindungsleitung Offshore. Dieses würde bei ohnehin knappen Kapazitäten zu redundanten Anbindungen führen (so ausdr. BT-Drs. 17/6073, 33, Begründung zum Offshore-Netzplan in Art. 2 Nr. 3 des NABEG Artikelgesetzes). Vielmehr hat der Gesetzgeber die Haftung und Entschädigung für Offshore-Windparks in §§ 17 e ff. besonders geregelt. 15

§ 12 b   Teil 3. Regulierung des Netzbetriebs

16   Gem. § 12b Abs. 1 S. 6 berücksichtigt der NEP auch vorhandene **Offshore-Netzpläne**. Der zunächst eigenständig zu erstellende Offshore-Netzplan nach § 17a wurde durch die EnWG-Novelle 2012 durch den Offshore-Netzentwicklungsplan (im Folgenden O-NEP) ersetzt. Danach wurde für die Offshore-Anbindungsleitungen nach § 17b ein eigenständiger Offshore-Netzentwicklungsplan als energiewirtschaftlicher Bedarfsplan durch die ÜNB aufgestellt. Das Bundesamt für Seeschifffahrt und Hydrographie (BSH) erstellt zudem gem. § 17a einen Bundesfachplan Offshore als Offshore-Netzplan für die ausschließliche Wirtschaftszone der Bundesrepublik Deutschland. Das Ergebnis der Abstimmungen an den Anbindungsleitungen für die Offshore-Windenergieanlagen schlägt sich in **Anschlussleistungen** an den landseitigen Netzverknüpfungspunkten nieder. Die Offshore-Kraftwerke werden wie andere Kraftwerke in das Übertragungsnetz eingebunden; hier begann nach der bisherigen gesetzlichen Systematik der NEP. Auch der O-NEP muss bereits seit dem 1.1.2018 nicht mehr von den ÜNB vorgelegt werden (§ 17b Abs. 5). Der O-NEP 2030 Version 2017 ist der letzte Offshore-Netzentwicklungsplan, der von den ÜNB erstellt wurde. Der O-NEP wurde durch den **Flächenentwicklungsplan**, der nach den §§ 4 ff. **WindSeeG** zu erstellen ist, und den **Netzentwicklungsplan nach § 12 b** abgelöst (vgl. § 7 Nr. 2 WindSeeG).

17   Daran anknüpfend normiert nun § 12b Abs. 1 S. 4 Nr. 7 die Pflicht zur Berücksichtigung aller wirksamen Maßnahmen zur bedarfsgerechten Optimierung, Verstärkung und zum Ausbau (zum NOVA-Prinzip → Rn. 21 f.) von **Offshore-Anbindungsleitungen** in der ausschließlichen Wirtschaftszone und im Küstenmeer im Netzentwicklungsplan. Damit werden Teile des bisherigen O-NEP in den NEP überführt.

18   Gemeinsam mit dem Flächenentwicklungsplan nach dem WindSeeG kommt dem NEP eine zentrale Steuerungsfunktion für die Planung der erforderlichen Netzanbindungskapazitäten ab dem Jahr 2025 zu (BT-Drs. 18/8860, 332). Die Neuregelung dient der besseren **Verzahnung** des Ausbaus der Offshore-Anbindungsleitungen mit dem Netz an Land. Zugleich dient sie der Abstimmung des Ausbaus der Windenergieanlagen mit den Anbindungsleitungen für diese Anlagen. Darüber hinaus wird dem erklärten Zweck der § 12b (→ Rn. 5), die Transparenz der Netzentwicklungsplanung zu stärken, Rechnung getragen, da ein konsolidierter Netzentwicklungsplan zum Ausbau der seeseitigen und der landseitigen Stromnetze von den Übertragungsnetzbetreibern vorgelegt wird (BT-Drs. 18/8860, 332).

III. Inhalt (Abs. 1 und 2)

19   Der **notwendige Inhalt** des Netzentwicklungsplans ist in § 12b Abs. 1 und 2 festgelegt. Zu diesem zählt neben der Berücksichtigungspflicht des TYNDP (→ Rn. 14) und der Offshore-Netzanbindung (→ Rn. 15 ff.) sowie der Zugrundelegung des genehmigten Szenariorahmens (→ Rn. 11 ff.), dass bei der Netzplanung die Regelungen zur **Spitzenkappung** nach § 11 Abs. 2 anzuwenden sind (hierzu → § 12a Rn. 45). Darüber hinaus muss er alle nach dem **NOVA-Prinzip** wirksamen Maßnahmen enthalten, die spätestens zum Ende des jeweiligen Betrachtungszeitraums der Szenarien des Szenariorahmens für einen sicheren und zuverlässigen Netzbetrieb erforderlich sind, sowie die im **Katalog** des § 12b Abs. 1 S. 4 aufgelisteten Angaben.

20   Die Maßnahmen des NEP sind aus den Szenarien des Szenariorahmens zu entwickeln. Die Entwicklung des konkreten Ausbaubedarfs ist ein **planerischer Abwägungsprozess** (BT-Drs. 17/6072, 68). Bei der Erarbeitung des NEP nutzen die

Erstellung des Netzentwicklungsplans §12b

ÜNB eine geeignete und für einen sachkundigen Dritten nachvollziehbare **Modellierung** des Elektrizitätsversorgungsnetzes (bisheriger Wortlaut: „deutschen Übertragungsnetzes").

1. NOVA-Prinzip. Der NEP enthält alle Maßnahmen, die erforderlich sind, damit die ÜNB ihren Pflichten nach § 11 zur **bedarfsgerechten** Optimierung, Verstärkung und zum Ausbau des Netzes (Abs. 1 S. 2) nachkommen können. Dieser Dreiklang beschreibt das inzwischen allgemein zitierte **NOVA-Prinzip** (NEP der ÜNB 2012 in der überarbeiteten Fassung v. 15.8.2012, S. 100). Das NOVA- Prinzip steht für eine ausbauminimierte und effiziente Netzentwicklung. Zur Befriedigung des Transportbedarfs sollen vorrangig Optimierungsmöglichkeiten im bestehenden Netz eingesetzt werden, die Netzerweiterung, die mit einer Rauminanspruchnahme und allen ihren ökologischen und gesellschaftlichen Begleiteffekten einhergeht, soll erst nachrangig eingesetzt werden (**N**etz-**O**ptimierung vor -**V**erstärkung vor -**A**usbau). Zu den konkreten Maßnahmen der Netzoptimierung, -verstärkung und dem -ausbau → § 11 Rn. 82 ff. 21

Mit der (teilweisen) Überführung der Inhalte des O-NEP in den NEP nach § 12b (→ Rn. 15 ff.) ist dieser keine Grundlage des gemeinsamen nationalen Netzentwicklungsplans der ÜNB mehr, sondern Bestandteil desselben geworden. Dementsprechend ist in § 12b Abs. 1 S. 4 Nr. 4 geregelt, dass das NOVA-Prinzip auch für die Offshore-Anbindungsleitungen einschließlich der Netzverknüpfungspunkte an Land gilt. 22

2. Maßnahmenbegriff. Die Bindung des Inhalts des Netzentwicklungsplans an das NOVA-Prinzip hat Rückwirkungen auf den **Maßnahmenbegriff** des Netzentwicklungsplans. Der NEP enthält daher auch Netzoptimierungsmaßnahmen und Netzverstärkungsmaßnahmen, die Veränderungen an Bestandsleitungen zum Inhalt haben (→ § 11 Rn. 85). Diese können punktueller Natur sein und müssen nicht zusammenhängende Vorhaben mit einer flächenmäßigen Ausdehnung darstellen. 23

§ 12b Abs. 1 S. 2 gibt vor, dass die Maßnahmen zur bedarfsgerechten Optimierung, Verstärkung und zum Ausbau des Netzes **wirksam** und für einen sicheren und zuverlässigen Netzbetrieb **erforderlich** sein müssen. 24

a) Wirksamkeit. Die Maßnahmen Onshore und Offshore müssen wirksam sein. Eine Maßnahme gilt nach den bestätigten Planungskriterien der ÜNB dann als wirksam, „wenn sie eine drohende Überlastsituation im Übertragungsnetz verhindert, die nicht auf andere Weise zu vermeiden wäre". Berücksichtigt werden dabei **(n-0)- und (n-1)-Überlastungen**, also nur solche, die entweder schon im Grundzustand des Übertragungsnetzes oder aber bei Ausfall eines Betriebsmittels (zB einer Leitung, eines Umspannwerks usw) auftreten (BNetzA, Bestätigung des Netzentwicklungsplans Strom 2019–2030 v. 20.12.2019, S. 49). Die so getroffene Definition der Wirksamkeit im Zuge der NEP-Prüfung überträgt sich auch auf Maßnahmen des Übertragungsnetzes gegenüber anderen Netzebenen. Eine Ausbaumaßnahme im Übertragungsnetz kann aus Effizienzgründen auf der Ebene des Übertragungsnetzes ergriffen werden, um die unterlagerten Spannungsebenen zu entlasten. Weiterhin wird eine Maßnahme auch dann als wirksam eingestuft, wenn sie zu einer Stärkung des europäischen Stromhandels führt. Dies ist offensichtlich bei den grenzüberschreitenden Leitungsbauvorhaben der Fall. Aber auch innerdeutsche Maßnahmen können dergestalt wirken. Die Erhöhung der grenzüberschreitenden Transportkapazitäten zur Intensivierung des europäischen Strombin- 25

Busch 415

nenmarktes entspricht dem Zweck des § 1 Abs. 3 (BNetzA, Bestätigung des NEP 2013, S. 70). Da grenzüberschreitende Maßnahmen in der Regel nicht der Versorgungssicherheit dienen, werden diese dann als wirksam eingestuft, wenn ihr Nutzen ihre Kosten übersteigt (BNetzA, Bestätigung des Netzentwicklungsplans Strom 2019–2030 v. 20.12.2019, S. 49, 54).

26 **b) Erforderlichkeit.** Die Maßnahmen müssen zudem für einen **sicheren und zuverlässigen Netzbetrieb** iSv § 11 Abs. 1 S. 1 **erforderlich** sein (s. zur allgemeinen Netzausbaupflicht *Sailer* RdE 2016, 444). Der Sicherheitsbegriff stellt primär auf die Versorgungssicherheit, also auf die Sicherheit der qualitativen Versorgung mit elektrischer Energie ab. Unter dem Begriff der Zuverlässigkeit sind ua die Verwendung zuverlässiger technischer Netzbestandteile und Übertragungstechnologien sowie der Beitrag des Übertragungsnetzes zur zeitlich ununterbrochenen Belieferung mit elektrischer Energie zu verstehen (Theobald/Kühling/*Kober* EnWG § 12b Rn. 17). In der Praxis wird das Netz nach der allgemein anerkannten Regel der Technik grundsätzlich (n-1)-sicher geplant. Das **(n-1)-Kriterium** besagt, dass in einem Netz bei prognostizierten maximalen Übertragungs- und Versorgungsaufgaben die Netzsicherheit auch dann gewährleistet bleibt, wenn eine Komponente, etwa ein Transformator, Stromkreis oder Kraftwerk, ausfällt oder abgeschaltet wird. Das heißt, es darf in diesem Fall nicht zu unzulässigen Versorgungsunterbrechungen oder einer Ausweitung der Störung kommen. Außerdem muss die Spannung innerhalb der zulässigen Grenzen bleiben und die verbleibenden Betriebsmittel dürfen nicht überlastet werden (so BNetzA, Bestätigung des Netzentwicklungsplans Strom 2019–2030 v. 20.12.2019, S. 377).

27 Die BNetzA bewertet eine Maßnahme als erforderlich, wenn sie auch gegenüber Veränderungen der Netzentwicklungsplanung widerstandsfähig ist (BNetzA, Bestätigung des Netzentwicklungsplans Strom 2019–2030 v. 20.12.2019, S. 50). **Erforderlich** ist eine Maßnahme daher, wenn sie nicht nur in einer spezifischen Belastungs- oder Nutzungssituation, sondern **in allen betrachteten Szenarien** in mehreren Stunden wirksam ist. Der Zeithorizont, der dieser Betrachtung zugrunde zu legen ist, ergibt sich aus dem im genehmigten Szenariorahmen gewählten Betrachtungszeitraum zwischen zehn und 15 Jahren sowie im Jahr 2045.

28 Die **Erforderlichkeit von Offshore-Anbindungsleitungen** bemisst sich nach dem Gesetzeswortlaut zudem am Kapazitätsbedarf zum Weitertransport des auf See erzeugten Stroms sowie der Erforderlichkeit für eine Anbindung von Testfeldern. Der geplante Inbetriebnahmetermin von Offshore-Anbindungsleitung und Windenergieanlage wird im **Flächenentwicklungsplan** festgelegt (§ 5 Abs. 1 S. 1 Nr. 4 WindSeeG); dieser Termin wird nachrichtlich in den NEP übernommen, da die ÜNB im NEP den Ausbau der Offshore-Anbindungsleitungen in der AWZ und im Küstenmeer bis zu den Netzverknüpfungspunkten an Land darstellen. Um den Ausbau der Offshore-Anbindungsleitungen mit dem landseitigen Stromnetz besser zu verzahnen, werden auch alle wirksamen Maßnahmen zum Weitertransport des auf See erzeugten Stroms im Netzentwicklungsplan, insbesondere Maßnahmen an den Netzverknüpfungspunkten an Land und dem Übertragungsnetz, aufgeführt (BT-Drs. 18/8860, 333).

29 Die **typische Maßnahme** des NEP ist die Ermittlung eines energiewirtschaftlichen, dh kapazitativen **Netzausbaubedarfs zwischen verschiedenen Lastzentren** (Erzeugungs- wie Verbrauchslasten). Durch die aus unterschiedlichen Unternehmen gewachsene Struktur des deutschen Übertragungsnetzes ist der Vermaschungsgrad dieses Netzes regional sehr unterschiedlich. Die erste Aufgabe des

Erstellung des Netzentwicklungsplans **§ 12 b**

NEP ist es, notwendige Übertragungskapazitäten aus den Lastszenarien zu ermitteln und Netzentwicklungsbedarfe darzustellen. Ein quasi planfeststellungsfähiges Vorhaben muss damit nicht verbunden sein. Die Übertragungsbedarfe können mit unterschiedlichen technischen Mitteln befriedigt werden. So stehen zB für Erdkabel und Freileitungslösungen technisch sehr unterschiedliche Übertragungsleistungen zur Verfügung. Während für Freileitungsübertragung in Drehstromtechnologie Kabel mit Leistungen von bis zu 1.200 kV zur Verfügung stehen, sind für Erdkabellösungen bislang Leistungen von maximal 380 kV verfügbar. Unter Einbeziehung der Gleichstromtechnologie ergeben sich wieder andere Möglichkeiten. Dieses Beispiel verdeutlicht, dass aus einem Ausbaubedarf nach elektrischer Übertragungsleistung nicht eine einzige Vorhabenvariante folgt. Eine konkrete Maßnahme ist mithin erkennbar nicht der typische Gegenstand des Netzentwicklungsplans. Der NEP ist ein **energiewirtschaftlicher Bedarfsplan,** der keine konkreten räumlichen Festlegungen für konkrete Vorhaben trifft. Sprich, er enthält weder Anlagenstandorte für Erzeugungsanlagen noch Trassenkorridore für das Übertragungsnetz; abgebildet werden lediglich die **Netzknoten** (Anfangs- und Endpunkte, zwischen denen Übertragungsbedarf festgestellt wird, dh die künftigen Leitungsverläufe). Der NEP ist daher zu unterscheiden von flächenbezogenen Plänen wie den Raumordnungsplänen, Flächennutzungsplänen oder den folgenden Bundesfachplänen.

3. Pilotprojekte. Ungeachtet des Vorgesagten verpflichtet § 12 b Abs. 1 S. 4 **30** Nr. 3 die Netzbetreiber zur Aufnahme von **Pilotprojekten,** dh von konkreten Leitungsvorhaben in den Netzentwicklungsplan (zu den Anwendungsproblemen → Rn. 6). Es handelt sich um „Pilotprojekte", da die anzuwendende Technik noch nicht den allgemein anerkannten Regeln der Technik entspricht, nach denen die ÜNB ihr Netz grundsätzlich errichten und betreiben müssen (vgl. § 49 Abs. 1) (→ Rn. 37). Darzustellen sind:
– Netzausbaumaßnahmen als Pilotprojekte für eine verlustarme Übertragung hoher Leistungen über große Entfernungen
– der Einsatz von Hochtemperaturleiterseilen als Pilotprojekt
– Ergebnisse der Prüfung des Einsatzes von neuen Technologien als sonstige Pilotprojekte
Die verlustarme Übertragungstechnik über große Entfernungen (§ 12 b Abs. 1 S. 4 Nr. 3 a) beschreibt die sog. Hochspannungsgleichstromübertragung (**HGÜ-Technik).** Eine weitere technisch verfügbare Variante der Leitungserrichtung besteht im Einsatz von **Hochtemperaturleiterseilen** (Nr. 3 b). Diese Kabeltechnik erlaubt eine technisch höhere Erhitzung der Kabel und ermöglicht so eine größere Übertragungskapazität. Im Gegenzug sind aufgrund des tieferen Durchhangs der Leitungen möglicherweise höhere Masten erforderlich und die Auswirkungen auf Vögel umstritten. Zur Erforschung der technischen und wirtschaftlichen Durchführbarkeit ist daher ein Pilotprojekt (Einzahl) vorzusehen. Die im Jahr 2015 nachträglich erfolgte Ergänzung des Katalogs um **sonstige Pilotprojekte** (Nr. 3 c) ist als Öffnungsklausel zu verstehen, die die ÜNB verpflichtet, kontinuierlich neue Technologien auf eine mögliche Einsatzfähigkeit im Übertragungsnetz zu überprüfen und gegebenenfalls als Pilotprojekte in die Planung einzubeziehen. Auf diese Weise soll gewährleistet werden, dass auch weiterhin neue technische Entwicklungen, die zur Minimierung des Ausbaubedarfs führen könnten, in der Netzentwicklungsplanung berücksichtigt und bewertet werden (BT-Drs. 18/4655, 31). Im NEP Strom 2019–2030 wurden beispielsweise sog. Netzbooster-Pilotanlagen

§ 12b
Teil 3. Regulierung des Netzbetriebs

zur höheren Auslastung des Übertragungsnetzes geprüft (BNetzA, Bestätigung des Netzentwicklungsplans Strom 2019–2030 v. 20.12.2019, S. 58 ff.).

31 Eine Bewertung der technischen Durchführbarkeit sowie eine **Wirtschaftlichkeitsbetrachtung** sieht das Gesetz zwar nur bei Hochtemperaturleiterseilen und sonstigen Pilotprojekten vor; die Wirtschaftlichkeitsbetrachtung ist aber vor dem Hintergrund, dass Netzoptimierung, -verstärkung und -ausbau nach § 11 Abs. 1 S. 1 an die wirtschaftliche Zumutbarkeit geknüpft sind, auch bei HGÜ-Pilotprojekten sinnvoll. Deren wirtschaftliche Betrachtung ist zudem seitens des Gesetzgebers intendiert (vgl. BT-Drs. 17/6072, 68).

32 **4. Alternativenprüfung.** Auch im Netzentwicklungsplan ist eine **Alternativenprüfung** erforderlich. Denn zu den Pflichtinhalten des NEP gehört auch die Darlegung von in Betracht kommenden **anderweitigen Planungsmöglichkeiten** von Netzausbaumaßnahmen durch die ÜNB (§ 12b Abs. 1 S. 4 Nr. 6). Ziel dieser klarstellenden Regelung ist erneut die Steigerung der Akzeptanz des Netzausbaus (BT-Drs. 18/4655, 31).

33 Inhaltlich erstreckt sich diese Alternativenprüfung zum einen auf die anderweitigen Planungsmöglichkeiten, die sich aus den Szenarien des Szenariorahmens ergeben. Des Weiteren sind nach der Gesetzesbegründung auch anderweitige Planungsmöglichkeiten von Netzausbaumaßnahmen im NEP darzulegen. Die Regelung bezieht sich damit auf **naheliegende** anderweitige Planungsmöglichkeiten von Netzverknüpfungspunkten. Gemeint sind vor allem anderweitige Planungsmöglichkeiten von Netzverknüpfungspunkten, an denen die jeweiligen Netzausbaumaßnahmen beginnen und enden, sowie Netzoptimierungs- oder -verstärkungsmaßnahmen, die einen Neubau verzichtbar machen (BT-Drs. 18/4655, 31). Im Detaillierungsgrad der Alternativenprüfung schlägt sich nieder, dass der NEP keine Trassenkorridore festlegt (→ Rn. 6, 29).

34 Die Pflicht zur Darlegung in Betracht kommender anderweitiger Planungsmöglichkeiten steht im Zusammenhang mit den umweltfachlichen Anforderungen an die Alternativenprüfung im Rahmen der Strategischen Umweltprüfung nach § 12c Abs. 2 (BT-Drs. 18/6383, 17). Der Maßnahmenbegriff hat daher unmittelbare Auswirkungen auf die Strategische Umweltprüfung nach § 12c Abs. 2. Der Untersuchungsgegenstand der Umweltauswirkungen im Umweltbericht richtet sich nach der Darstellung der Maßnahmen im NEP (→ § 12c Rn. 51, 61).

35 **5. Terminschiene für Netzausbaumaßnahmen.** Aus den vorstehend genannten Vorgaben ergibt sich, dass der NEP sehr unterschiedliche Maßnahmen enthalten kann. Dies hat Auswirkungen auf die Kennzeichnungspflicht der Maßnahmen im Hinblick auf die Bundesfachplanung in § 12e. Alle Maßnahmen sollen energiewirtschaftlich nach ihrer **zeitlichen Dringlichkeit** oder Notwendigkeit priorisiert werden (§ 12b Abs. 1 S. 4 Nr. 1 und 2). Der NEP hat daher zunächst alle Netzausbaumaßnahmen zu benennen, die in den drei Jahren nach Bestätigung des NEP durch die BNetzA für einen sicheren und zuverlässigen Netzbetrieb erforderlich sind. In dem Plan sollen zudem mit einem Zeithorizont von zehn bis 15 Jahren – je nach Betrachtungszeitraum des Szenariorahmens – alle Maßnahmen mit einem Zeitplan versehen werden. In der Folge kann jede notwendige Maßnahme beobachtet und mit einem dreijährigen Vorlauf auch wirksam sanktioniert werden (§ 65 Abs. 2a). Die Frist von drei Jahren ergibt sich ebenfalls aus dem Europarecht. Auf Basis der NEPs im Rahmen der Überwachung vertikal integrierter Transportnetzbetreiber in Art. 22 Elt-RL 09/Art. 51 Elt-RL 19 soll die Regulierungsbehörde die in den jeweils nächsten drei Jahren fälligen Vorhaben durchsetzen

Erstellung des Netzentwicklungsplans **§ 12 b**

können. Diese Vorgabe findet sich auch mit dieser Frist in § 65 Abs. 2 a wieder und begründet die Notwendigkeit, entsprechende Vorhaben identifizieren zu können.

6. Umsetzungsstand vorheriger Netzentwicklungspläne und Verzöge- 36 rungsgründe. Dem Netzentwicklungsplan ist ebenfalls ein **Monitoring** der Umsetzung seiner Vorgänger immanent. Die ÜNB berichten der BNetzA demnach vom Umsetzungsstand des vorherigen Netzentwicklungsplans und begründen eingetretene Verzögerungen (§ 12 b Abs. 1 S. 4 Nr. 4). Diese Regelung ist im Zusammenhang mit § 12 d Abs. 1 zu lesen, der die Umsetzungsberichterstattung aus dem Netzentwicklungsplan fortschreibt (BT-Drs. 18/6383, 18); in der Zusammenschau sind die ÜNB mithin dazu verpflichtet, **jährlich** einen gemeinsamen Umsetzungsbericht vorzulegen, der ua Angaben zum Stand der Umsetzung des zuletzt bestätigten NEP sowie die maßgeblichen Gründe für eintretende Verzögerungen enthalten muss. Dies erlaubt der Regulierungsbehörde, den Umsetzungsstand der Investitionen kontinuierlich zu überwachen und bei Bedarf Maßnahmen zur Durchsetzung des Netzentwicklungsplans zu ergreifen. Die Angabe der Verzögerungsgründe ermöglicht es der Regulierungsbehörde zu überprüfen, ob die Verzögerungen aus vom Netzbetreiber zu vertretenden Gründen eingetreten sind, da sie nur in diesen Fällen den Netzbetreiber nach § 65 Abs. 2 a zur Durchführung der Investition auffordern oder ein Ausschreibungsverfahren einleiten kann, an dessen Ende Dritte die Investition durchführen (s. dazu insgesamt BT-Drs. 17/6072, 68).

7. Angaben der zu verwendenden Übertragungstechnologie. Ebenfalls 37 im Berichtsteil des NEP sollen Angaben der „zu verwendenden Übertragungstechnologie" gemacht werden, § 12 Abs. 1 S. 4 Nr. 5. Es fällt auf, dass keine Angaben der in den Maßnahmen „verwendeten" Übertragungstechnologie erforderlich sind. Dies ist folgerichtig vor dem Hintergrund der oben gemachten Ausführungen zur Technologieoffenheit der dargestellten Maßnahmen. Nach § 49 Abs. 1 sind die ÜNB verpflichtet, die Anlagen nach den anerkannten Regeln der Technik zu errichten und zu betreiben. Die anerkannten Regeln der Technik beinhalten einen Technikstandard, der in der Praxis erprobt ist. Das unterscheidet tatsächlich zur Verfügung stehende Übertragungstechnologien von Technologien, die in Pilotprojekten zum Einsatz kommen können. Die ÜNB sollen in diesem frühen Stadium der Netzentwicklung darstellen, welche technischen Möglichkeiten es nach den **anerkannten Regeln der Technik** gibt, um den ermittelten Transportbedarf zu befriedigen, und welche neuen Technologien sie in Pilotprojekten einsetzen wollen.

Da die Erstellung des Netzentwicklungsplans einen frühen Schritt hin zum Aus- 38 bau des Übertragungsnetzes Strom darstellt (→ § 12 a Rn. 1), sind im Netzentwicklungsplan zunächst nur Angaben zur Übertragungstechnologie (Gleichstrom oder Wechselstrom), – ausgenommen Pilotprojekte –, aber nicht zur konkreten Ausführungsart der Leitung beispielsweise als Freileitung oder als Erdkabel vorzunehmen (s. auch Steinbach/Franke/*Heimann* EnWG § 12 b Rn. 31; Theobald/Kühling/*Kober* EnWG § 12 b Rn. 29).

8. Maßnahmenauswahl (Abs. 2). a) Allgemein. Aus den nach § 12 a zu 39 erarbeitenden Szenarien muss am Ende des Verfahrens *ein* Netzentwicklungsplan entwickelt werden. Die Netzberechnungen für den NEP müssen zunächst den Transportbedarf in den nächsten zehn bis 15 Jahren aus dem Szenariorahmen entwickeln. Der sich daraus ergebene Transportbedarf kann in allen Szenarien ganz oder teilweise identisch sein. Solche Maßnahmen werden allgemein als **„No regret"-Maßnahmen** bezeichnet, da sie in jedem Fall erforderlich werden, egal,

Busch 419

§ 12b Teil 3. Regulierung des Netzbetriebs

welches Szenario eintritt. Weichen die Transportbedarfe für die Szenarien ab, so ist eine Auswahl zu treffen, ob auf einzelne Maßnahmen einzelner Szenarien verzichtet werden kann. Diese Auswahl ist durch die Betreiber des Übertragungsnetzes zu treffen und durch die BNetzA ähnlich wie eine behördliche Planungsentscheidung iRd § 40 VwVfG zu überprüfen (Kopp/Ramsauer/*Ramsauer* VwVfG § 40 Rn. 151). Den ÜNB kommt dabei ein nur eingeschränkt überprüfbarer **planerischer Gestaltungsspielraum** zu, da ihnen nach §§ 11 und 12 Betrieb, Wartung und Ausbau eines sicheren und bedarfsgerechten Übertragungsnetzes obliegt (vgl. *Kment* RdE 2011, 341 (343); BerlKommEnergieR/*Ruge* EnWG § 12b Rn. 23). **Entscheidungsleitend** sind dabei zwei Grundsätze: das NOVA-Prinzip aus § 11 (→ Rn. 21 f.) und die Sicherheit sowie die Zuverlässigkeit des Netzbetriebs (§ 12b Abs. 2 S. 2) (→ Rn. 23 ff.). In der Gesamtabwägung müssen die gesetzlichen Ziele aus § 1 unter Beachtung des Verhältnismäßigkeitsgrundsatzes untereinander optimiert werden.

40 **b) Regionalisierung.** Die Informationen aus dem Szenariorahmen müssen als Grundlage der Berechnung von **Lastflüssen** und **Netznutzungsfällen** regionalisiert und die Ein- und Ausspeiselasten in jeder Stunde des Jahres auf Basis eines Marktmodells prognostiziert werden (vgl. Überblick im NEP 2013 der ÜNB, S. 24; abrufbar unter www.netzentwicklungsplan.de). Die **Regionalisierung** ordnet die Erzeugung und die Entnahmelasten konkreten Netzknoten des Höchstspannungsnetzes zu (→ § 12a Rn. 54 ff.; s. dazu auch BNetzA, Bestätigung des Netzentwicklungsplans Strom 2021–2035 v. 14.1.2022, S. 24 ff.).

41 **c) Marktmodellierung.** Neben der regionalen Zuordnung von Erzeugung und Verbrauch ist zu berücksichtigen, dass Erzeugung und Verbrauch von Strom Schwankungen unterliegen, die in Einklang gebracht werden müssen. Das Übertragungsnetz wird daher auch in zeitlicher Hinsicht unterschiedlichen Belastungssituationen ausgesetzt; Leitungen sind mal stärker, mal schwächer ausgelastet. Deshalb werden in der Netzplanung Stromangebot und -nachfrage für jede einzelne Stunde des Zieljahres unter den gegebenen Marktbedingungen ermittelt und durchgespielt. Auf Basis eines **Marktmodells** werden Einspeisezeitreihen für jede Erzeugungsanlage prognostiziert. Die Nachfrage wird anhand der modellierten Lastverteilung und dem Nettostrombedarf des betrachteten Szenarios abgeschätzt. Das Marktmodell berücksichtigt den gesetzlichen Einspeisevorrang von Erneuerbare-Energien-Anlagen und KWK-Anlagen. Aus den Erzeugungszeitreihen der EE- und KWK-Anlagen und den Lastzeitreihen ergibt sich die Residuallast, dh der noch zu deckende Anteil an Stromnachfrage oder ein Stromüberschuss. Der Transportbedarf des Übertragungsnetzes wird sodann durch eine Nachbildung des europäischen Strommarktes modelliert, in die alle preisrelevanten Faktoren wie die Preisentwicklung für Rohstoffe und Emissionszertifikate und die sich daraus ergebenden erwarteten Börsenpreise für Strom sowie reale Kraftwerksparameter einfließen (BNetzA, Bestätigung des Netzentwicklungsplans Strom 2019–2030 v. 20.12.2019, S. 32; BNetzA, Bestätigung des Netzentwicklungsplans Strom 2021–2035 v. 14.1.2022, S. 26 f.).

42 Über die Szenarien des Szenariorahmens hinausgehend werden im Marktmodell der **grenzüberschreitende Stromhandel** und der **Kraftwerkspark im Ausland** berücksichtigt, da sich diese ebenfalls auf die Netzbelastung auswirken. Soweit erforderlich, sind die nachgelagerten Verteilernetzbetreiber nach Abs. 3 S. 4 zur Mitwirkung verpflichtet. Angesichts schwankender klimatischer Rahmenbedingungen ist entweder ein **Referenzjahr** oder ein Durchschnittswert mehrerer Jahre zugrunde zu legen. Damit wird sichergestellt, dass in der Marktmodellierung nur typische Situationen und kein Zusammentreffen mehrerer Extremwetterereignisse abgebildet werden, da diese zu einer Überdimensionierung des Netzes führen könnten. Durch die Ergebnisse der Regionalisierung und der Marktsimulation entstehen **stunden- und netzknotenscharfe Modelle,** an welchen Orten im Zieljahr zu welchen Zeitpunkten wie viel Strom produziert und verbraucht bzw. importiert oder exportiert wird. Im Ergebnis definiert die Marktmodellierung damit für alle Stunden des modellierten Jahres die Transportaufgabe, deren Auswirkung auf das Netz in der Netzberechnung ermittelt werden kann (so BNetzA, Bestätigung des Netzentwicklungsplans Strom 2019–2030 v. 20.12.2019, S. 34). Auf dieser Basis werden besonders **relevante Nutzungsfälle** ermittelt (verschiedene Stunden im Jahr, die zu Maximalbelastungen führen). Für diese Nutzungsfälle werden die Maßnahmen zur Optimierung und zum Ausbau des Netzes und ihre Wechselwirkungen ermittelt. Dabei hat jede Maßnahme Auswirkungen auf das Gesamtsystem.

Die **Ergebnisse der Marktmodellierung** beschreiben die Übertragungsaufgaben, die das Übertragungsnetz erfüllen muss (BNetzA, Bestätigung des Netzentwicklungsplans Strom 2019–2030 v. 20.12.2019, S. 35; BNetzA, Bestätigung des Netzentwicklungsplans Strom 2021–2035 v. 14.1.2022, S. 29). **43**

d) Netzberechnung und Planung. Die Netzberechnung gibt an, zu welchen **44** **Betriebszuständen** es im Übertragungsnetz auf Grundlage der modellierten Einspeise- und Verbrauchssituationen kommen wird (BNetzA, Bestätigung des Netzentwicklungsplans Strom 2019–2030 v. 20.12.2019, S. 35; BNetzA, Bestätigung des Netzentwicklungsplans Strom 2021–2035 v. 14.1.2022, S. 29). Grundlage der Berechnungen ist ein **Netzmodell,** welches das Übertragungsnetz mit allen Netzknoten, Ein- und Ausspeisepunkten und Parametern abbildet. Die ÜNB sind verpflichtet, bei der Erarbeitung des NEP eine geeignete und für einen sachkundigen Dritten nachvollziehbare Modellierung des (gesamten) Elektrizitätsversorgungsnetzes, dh des Übertragungs- und Verteilnetzes (bis zum 28.7.2022 nur des „deutschen Übertragungsnetzes") zu nutzen (→ Rn. 48). Diese Grundlage ist iRd § 12f auch an sachkundige Dritte herauszugeben, um die Netzberechnungen nachvollziehen zu können.

Auf Grundlage des bisherigen Gesetzeswortlauts, der ausdrücklich nur eine Modellierung des „deutschen Übertragungsnetzes" forderte, wurde wie folgt vorgegangen: Im Netzmodell ist von dem **existierenden Übertragungsnetz** auszugehen. Ebenfalls müssen im Interesse einer sachlich richtigen Ausgangslage solche Trassen als vorhanden unterstellt werden, die **planfestgestellt** sind oder aktuell **errichtet** werden. Bei normativer Betrachtung gehören auch solche Maßnahmen, deren energiewirtschaftlicher Bedarf gesetzlich festgestellt ist, im Netzmodell zu den vorhandenen Maßnahmen. Dies erfasst die Projekte in Anlage 1 des **EnLAG** sowie Maßnahmen, die im Bundesbedarfsplan gesetzlich festgestellt sind. **45**

Als Ausgangspunkt des Netzmodells verwenden die ÜNB den Begriff des **Start-** **46** **netzes.** Darin werden das vorhandene Übertragungsnetz, die sich in Errichtung befindlichen Vorhaben (planfestgestellt oder im Bau befindlich) sowie die EnLAG- und Bundesbedarfsplan-Projekte zusammengefasst (s. bspw. BNetzA, Bestätigung des Netzentwicklungsplans Strom 2019–2030 v. 20.12.2019, S. 35). Offshore-Anbindungsleitungen werden mit der Beauftragung des Anbindungssystems zu einem Teil des Startnetzes (BNetzA, Bestätigung des Netzentwicklungsplans Strom 2021–2035 v. 14.1.2022, S. 30). Es muss allerdings methodisch sichergestellt sein, dass auch das Startnetz/Bestandsnetz im Zuge der regelmäßigen Neuberechnungen auf seine energiewirtschaftliche Notwendigkeit untersucht wird. So sieht auch das EnLAG in § 3 die Überprüfung der Notwendigkeiten im Abstand von drei Jahren vor. Die Methodik muss erlauben, dass Netzentwicklung nicht immer nur den Ausbau von Leitungen beinhaltet, sondern **auch den Rückbau** oder die Streichung überflüssig gewordener Projekte. Alle übrigen Maßnahmen werden im NEP als Zubaumaßnahmen bezeichnet und bilden das sog. **Zubaunetz.** Das Startnetz und das Zubaunetz ergeben zusammen genommen das sog. **Zielnetz.** Die Netzmodellierung hat die Regelungen zur Spitzenkappung nach § 11 Abs. 2 anzuwenden.

47 Die ÜNB wenden bei der Netzmodellierung bisher die Grundsätze für die Ausbauplanung des deutschen Übertragungsnetzes an, die auf den Webseiten der Übertragungsnetzbetreiber veröffentlicht sind (zuletzt Stand Juli 2020). Dabei kommen ua das (n-1)-Kriterium (→ Rn. 26) und das NOVA-Prinzip (→ Rn. 21 f.) zur Anwendung.

48 Mit der Änderung des § 12b Abs. 1 S. 5 durch die Klimaschutz-Sofortprogramm-Novelle (BGBl. 2022 I S. 1214) lenkt der Gesetzgeber den Fokus darauf, dass die ÜNB in der Marktmodellierung das **gesamte Elektrizitätsversorgungsnetz** einschließlich des europäischen Stromnetzes und der nachgelagerten Netze für die Modellierung in den Blick nehmen sollen, da diese von zunehmender Bedeutung für den sicheren Betrieb des Übertragungsnetzes in Deutschland sind. Hierzu seien insbesondere „die für den Betrieb des Übertragungsnetzes relevanten Informationen zur Netzinfrastruktur in den nagelagerten Netzen, deren Betriebsweise sowie auch die Anforderungen, die die nachgelagerten Netze an den sicheren Netzbetrieb des Übertragungsnetzes stellen, und die aktiven Beiträge (insbesondere Systemdienstleistungen), die die nachgelagerten Netze für den sicheren Übertragungsnetzbetrieb bereitstellen können" mit einzubeziehen (BT-Drs. 20/1599, 52). Inwieweit dies zu grundlegenden Anpassungen des Marktmodells oder Änderungen in der Netzberechnung führt, bleibt abzuwarten.

49 Das **Ergebnis der Netzberechnung** sind die wirksamen Maßnahmen zur bedarfsgerechten Optimierung, Verstärkung und zum Ausbau des Netzes, die spätestens zum Ende des Betrachtungszeitraums des Szenariorahmens für einen sicheren und zuverlässigen Netzbetrieb erforderlich sind (→ Rn. 24 ff.).

IV. Verfahren (Abs. 3, 4 und 5)

50 **1. Öffentliche Konsultation durch die Übertragungsnetzbetreiber.** Der Entwurf des Netzentwicklungsplans der ÜNB ist vor der Vorlage des konsultierten und überarbeiteten Entwurfs bei der Bundesnetzagentur **durch die Übertragungsnetzbetreiber** im Internet zu veröffentlichen und zu konsultieren (§ 12b Abs. 3 S. 1, Abs. 5). Hierzu ist der **Öffentlichkeit** einschließlich tatsächlicher oder potenzieller Netznutzer, den nachgelagerten Netzbetreibern sowie den **Trägern öffentlicher Belange** und den Energieaufsichtsbehörden der Länder Gelegenheit zur **Stellungnahme** zu geben. Mit dem Entwurf des NEP sind auch „alle weiteren erforderlichen Informationen" von den ÜNB im Internet bereitzustellen. Die Veröffentlichung findet derzeit auf der gemeinsamen Internetseite der Übertragungsnetzbetreiber www.netzentwicklungsplan.de statt.

51 Nach herrschender Auffassung enthalten die Grundlagen der Netzberechnungen im weitesten Sinne auch „sensible" Daten. Insbesondere können sicherheitsrelevante Informationen und wirtschaftlich sensible Daten Dritter enthalten sein. Daher ist fraglich, welche Informationen von dieser allgemeinen Veröffentlichungspflicht erfasst sind. Angesichts der zusätzlich geschaffenen Möglichkeit des § 12f ist

Erstellung des Netzentwicklungsplans §12b

erkennbar, dass die Veröffentlichungspflicht des Abs. 3 S. 2 dahinter zurückbleibt. Erfasst § 12f Abs. 2 die Möglichkeit, unter strengen Auflagen auch solche Informationen, die für digitale Netzberechnungen erforderlich sind, an Dritte herauszugeben, so kann § 12b Abs. 3 S. 2 diese nicht enthalten. Angesichts der Elemente des Netzentwicklungsplans kann die Verpflichtung zB Gutachten zu verschiedenen Übertragungstechnologien, Fachbeiträge des VDE, Kostenanalysen und weitere Vorgehensbeschreibungen erfassen, die nicht schon im NEP selbst dargestellt sind.

Nach der Intention der öffentlichen Konsultation sollen gerade auch sachkun- 52 dige Bürger, Vereinigungen und Interessenvertreter die Annahmen zur Netzentwicklung nachvollziehen können und in den Stand versetzt werden, gezielte Nachfragen im Rahmen der beiden Konsultationen stellen zu können.

Das Gesetz erwähnt hier insbesondere die aktuellen oder potenziellen Netznut- 53 zer, nachgelagerte Netzbetreiber sowie Träger öffentlicher Belange und – anders als bei § 12a ausdrücklich auch – die Energieaufsichtsbehörden der Länder. Der Kreis der **aktuellen und potenziellen Netznutzer** ist nach der Vorstellung des Gesetzgebers enger als die allgemeine Öffentlichkeit (BT-Drs. 17/6072, 74 zu § 15a). Der Begriff der **Träger öffentlicher Belange** kommt aus dem Anlagenerrichtungsrecht. Er erfasst Behörden und Vereinigungen. Der Beitrag dieser Gruppen geht dabei sowohl in die Verbesserung der Annahmen des NEP ein als auch in die Verbreitung und Vermittlung der Inhalte in der Zivilgesellschaft im Sinne einer Akzeptanz. Den Energieaufsichtsbehörden der Länder, die dem Kreis der Träger öffentlicher Belange zuzuordnen sind, kommt ua die Aufgabe der technischen Aufsicht nach § 49 Abs. 5 zu.

Im Ergebnis richtet sich die Konsultation an die allgemeine Öffentlichkeit. Es 54 ist keine individuelle Bekanntmachungspflicht mit der Konsultation verbunden. Den Betreibern von Elektrizitätsversorgungsnetzen, insbesondere Verteilernetzen, kommt darüber hinaus noch eine besondere **Obliegenheit** zur Mitwirkung zu, um die Datengrundlage des Netzentwicklungsplans zu verbessern.

Die Öffentlichkeitsbeteiligung kann auf **Änderungen** gegenüber dem zuletzt 55 bestätigten NEP **beschränkt** werden; allerdings ist alle vier Jahre sowie bei wesentlichen Änderungen des NEP eine öffentliche Konsultation zum gesamten Entwurf des NEP durchzuführen (§ 12c Abs. 6). Wann eine **wesentliche Änderung** des NEP vorliegt, liegt im Ermessen der Behörde. Eine Veränderung des Szenariorahmens, die zu keiner Änderung bestehender Maßnahmen führt, ist in jedem Fall unwesentlich. Kriterien für neue Maßnahmen können die Zahl, die geografische Ausdehnung, die Größe und die Kosten der Maßnahme sein, die bei einer Veränderung zur vollständigen erneuten Würdigung führen können. Neue technische Möglichkeiten des Transports oder der Speicherung von Elektrizität können zu einer vollständigen erneuten Überarbeitung des Netzentwicklungsbedarfs führen.

Die BNetzA ist berechtigt, das **Verfahren** der Öffentlichkeitsbeteiligung durch 56 **nähere Bestimmungen** näher auszugestalten (§ 12c Abs. 7) (→ Rn. 64).

2. Fristen. Das Verfahren der Bedarfsermittlung im Strombereich wurde ab 57 dem Jahr 2016 von einem jährlichen auf einen zweijährigen Turnus umgestellt und flexibilisiert; die bisherige Stichtagsregelung zur Vorlage des NEP in der konsultierten Fassung bei der Regulierungsbehörde wurde abgeschafft (→ Rn. 2). Das Verfahren zur Netzentwicklungsplanung durch die ÜNB wurde an den Verlauf des Verfahrens zur Genehmigung des Szenariorahmens angepasst; die Genehmigung des Szenariorahmens durch die BNetzA ist nicht fristgebunden (vgl. § 12a Abs. 3 S. 1). Das Verfahren zur Erstellung des Netzentwicklungsplans durch die Übertragungsnetzbetreiber dauert – beginnend mit der Genehmigung des Szenariorahmens durch die BNetzA – längstens **zehn Monate**.

58   Der **Entwurf des NEP** (sog. 1. Entwurf) soll von den ÜNB spätestens bis zum 10. Dezember eines jeden geraden Kalenderjahres (beginnend mit dem Jahr 2016) veröffentlicht werden. Einen gesetzlichen Rahmen für die **Fristen der Konsultation** gibt es nicht. Diese muss so bemessen sein, dass sie eine fundierte Stellungnahme seitens der interessierten Öffentlichkeit und der Träger öffentlicher Belange zulässt. Der sich daraus ergebene Zeitraum ist im Wesentlichen abhängig davon, ob der NEP wesentliche Abweichungen und neue Informationen im Vergleich zu vorherigen Netzentwicklungsplänen enthält.

59   Zu berücksichtigen ist bei der vorstehenden Fristberechnung aber auch, dass der **konsultierte und überarbeitete Entwurf des NEP** (sog. 2. Entwurf) der Regulierungsbehörde unverzüglich nach dessen Fertigstellung, spätestens jedoch zehn Monate nach Genehmigung des Szenariorahmens vorzulegen ist. Erst die Vorlage dieses überarbeiteten, konsultierten Entwurfs des Netzentwicklungsplans bei der BNetzA ist **fristwahrend** (§ 12b Abs. 5).

60   **3. Ergebnis der Übertragungsnetzbetreiber.** Die Übertragungsnetzbetreiber legen der BNetzA den **konsultierten und überarbeiteten Entwurf des NEP** vor. Diesen veröffentlichen die Übertragungsnetzbetreiber üblicherweise ebenfalls auf ihrer gemeinsamen Internetseite www.netzentwicklungsplan.de.

61   Gem. § 12b Abs. 4 ist dem NEP eine **zusammenfassende Erklärung** beizufügen über die Art und Weise, wie die Ergebnisse der Beteiligungen nach § 12a Abs. 2 S. 2 und § 12b Abs. 3 S. 1 im NEP berücksichtigt wurden und aus welchen Gründen der Netzentwicklungsplan nach Abwägung mit den geprüften, in Betracht kommenden anderweitigen Planungsmöglichkeiten gewählt wurde. Die Regelung enthält ein **Abwägungsgebot**.

62   Wie dargestellt verantworten die ÜNB die Auswahl der in den NEP aufgenommen Maßnahmen. Die Auswahl erfolgt unter den zuvor ermittelten erforderlichen Maßnahmen als Ergebnis der Abwägungsentscheidung. Mit der Übermittlung des NEP an die BNetzA ist gem. § 12b Abs. 4 die Verpflichtung verbunden, in einer zusammenfassenden Erklärung darzulegen, wie mit den Stellungnahmen aus den Konsultationen nach § 12a Abs. 2 S. 2 und § 12b Abs. 3 S. 1 methodisch umgegangen worden ist und welche Gesichtspunkte zur Neubewertung von Maßnahmen geführt haben oder auch nicht. So wird sichergestellt, dass die Unternehmen sich auch nach außen erkennbar und für die Behörde nachvollziehbar mit den Stellungnahmen auseinandersetzen, zu deren Berücksichtigung sie gesetzlich verpflichtet sind. Darzulegen sind ferner die Gründe für die Auswahl der in den NEP aufgenommenen Maßnahmen unter Berücksichtigung der geprüften Alternativen.

63   **4. Aufgabe der BNetzA.** An der Konsultation der ÜNB nimmt die BNetzA nicht aktiv teil. Es ist zweckmäßig für die Behörde, öffentliche Diskussionen und Anhörungen wahrzunehmen und gegebenenfalls auch den Gesamtprozess kommunikativ zu begleiten. Allerdings kommt ihr eine **neutrale Position** in der Prüfung des NEP zu, die sie nicht durch vorzeitige Festlegungen tatsächlich oder vermeintlich gefährden darf.

64   Die Behörde kann das **Verfahren** zur Aufstellung des NEP, gerade auch zur Beteiligung der Öffentlichkeit, durch **nähere Bestimmungen** ausgestalten (§ 12c Abs. 7). Beispielsweise wäre es möglich, dass die Behörde Mindestfristen für die Konsultation vorsähe, wenn dafür ein Bedarf bestünde. Seit den mit der Klimaschutz-Sofortprogramm-Novelle (BGBl. 2022 I S. 1214) in das EnWG aufgenom-

Erstellung des Netzentwicklungsplans **§ 12 b**

menen Änderungen ist dafür kein gesondertes förmliches Festlegungsverfahren nach § 29 Abs. 1 mehr erforderlich. Die BNetzA kann entsprechende Bestimmungen unmittelbar in das Verfahren zur Erstellung des Netzentwicklungsplans integrieren (BT-Drs. 20/1599, 54). Auch diese Verfahrenserleichterung dient der Beschleunigung der unter dem Eindruck der Klimakrise und infolge der mit dem Ukraine-Krieg einhergehenden Versorgungsengpässen noch mehr unter Druck geratenen Netzausbaubedarfsplanung und deren Umsetzung.

Kommen die ÜNB ihren Verpflichtungen gem. § 12b nicht nach, kann die BNetzA **Aufsichtsmaßnahmen** nach § 65 ergreifen. **65**

Darüber hinaus handelt nach § 95 Abs. 1 Nr. 3b **ordnungswidrig**, wer vorsätzlich oder fahrlässig entgegen § 12b Abs. 5 einen NEP(-Entwurf) nicht oder nicht rechtzeitig vorlegt. Die Ordnungswidrigkeit kann mit einer Geldbuße bis zu 100.000 EUR geahndet werden (§ 95 Abs. 2 S. 1). **66**

Im Gegensatz dazu ist in anderen Vorschriften auch die „nicht vollständige" Vorlage einer Unterlage ausdrücklich erwähnt (bspw. § 95 Abs. 1 Nr. 1b, Abs. 1 Nr. 2, Abs. 1 Nr. 3a und 3c). Dieser Wortlaut und die Systematik legen somit nahe, dass die nicht vollständige Vorlage des Netzentwicklungsplans nicht bußgeldbewehrt ist. **67**

C. Sonstige Informationspflichten (Abs. 3 a)

Mit dem Gesetz zur Änderung des Energiewirtschaftsrechts im Zusammenhang mit dem Klimaschutz-Sofortprogramm und zu Anpassungen im Recht der Endkundenbelieferung v. 19.7.2022 (BGBl. 2022 I S. 1214) wurde § 12b Abs. 3a neu in das EnWG aufgenommen (zur EnWG-Novelle auch → § 12c Rn. 91). Eine ergänzende Klarstellung erfolgte durch das Gesetz zur Änderung des Energiesicherungsgesetzes und anderer energiewirtschaftlicher Vorschriften v. 8.10.2022 (BGBl. 2022 I S. 1726). Danach sind die Übertragungsnetzbetreiber nunmehr verpflichtet, zum Zeitpunkt der Veröffentlichung des 1. Entwurfs des Netzentwicklungsplans auf ihren Internetseiten, dh zu Beginn des Konsultationsverfahrens durch die Übertragungsnetzbetreiber (→ Rn. 50ff.), der BNetzA die in § 12b Abs. 3a benannten **Informationen** zu Bündelungsoptionen zu übermitteln. Die dort normierten Informationspflichten sind **nicht Bestandteil des Netzentwicklungsplans** bzw. dessen Entwurf (s. auch BT-Drs. 20/1599, 52). Diese sind folglich nicht zu veröffentlichen oder zu konsultieren. **68**

Die Übertragungsnetzbetreiber haben der BNetzA Angaben zu **Bündelungsmöglichkeiten** von Netzausbaumaßnahmen zur Höchstspannungs-Gleichstrom-Übertragung bzw. zu den landseitigen Teilen von länderübergreifenden Offshore-Anbindungsleitungen zu übermitteln. Dazu haben sie darzulegen, wenn solche Maßnahmen vollständig oder weit überwiegend in einem Trassenkorridor verlaufen, der bereits in den Bundesnetzplan aufgenommen ist (s. § 17 NABEG), oder wenn solche Maßnahmen in einem durch Landesplanungen oder nach Landesrecht bestimmten Leitungsverlauf für Erdkabel zur Höchstspannungs-Gleichstrom-Übertragung eines weiteren Vorhabens realisiert werden sollen. Bündelungsmöglichkeiten bestehen nach der Gesetzesbegründung insbesondere für Maßnahmen, deren Netzverknüpfungspunkte denjenigen eines im Bundesnetzplan bereits vorhandenen Vorhabens entsprechen. Des Weiteren bestehen Bündelungsmöglichkeiten für Maßnahmen, bei denen aufgrund der Lage der Netzverknüpfungspunkte eine vollständige oder weit überwiegende Bündelung mit einem im Bundesnetzplan vorhandenen Vorhaben in Betracht kommt (so BT-Drs. 20/1599, 52). **69**

Busch

§ 12 c   Teil 3. Regulierung des Netzbetriebs

70   Die vorgenannten **Netzausbaumaßnahmen,** für die Bündelungsmöglichkeiten bestehen, sind – wie auch Netzausbaumaßnahmen zur Höchstspannungs-Gleichstrom-Übertragung bzw. zu den landseitigen Teilen von länderübergreifenden Offshore-Anbindungsleitungen, für die keine Bündelungsoptionen gesehen werden – **auch** in den **Netzentwicklungsplan(-Entwurf)** aufzunehmen (vgl. § 12 c Abs. 2 a S. 1; s. auch BT-Drs. 20/1599, 52) und werden als solche der Öffentlichkeitsbeteiligung zugeführt.

71   Die Ausweisung von Bündelungsmöglichkeiten für die vorgenannten Maßnahmen sind **präjudiziell für das weitere Verfahren:** Für diejenigen Maßnahmen, für die keine Bündelungsmöglichkeit besteht, ist eine **Präferenzraumermittlung** nach § 12 c Abs. 2 a durchzuführen (→ § 12 c Rn. 91 ff.); der Präferenzraum ist ua dem Umweltbericht zugrunde zu legen (§ 12 c Abs. 2 a S. 1). Die Präferenzraumermittlung zieht einen Verzicht auf die Bundesfachplanung kraft Gesetzes nach sich (s. § 5 a Abs. 4 a NABEG). Bestehen hingegen Bündelungsmöglichkeiten mit den beschriebenen Bestandsvorhaben, entfällt die Präferenzraumermittlung (s. § 12 c Abs. 2 a S. 1). Diese Maßnahmen sollen bei Übernahme des Vorhabens in den Bundesbedarfsplan eine „G-Kennzeichnung" erhalten, mit der Folge, dass für diese Vorhaben ein **gesetzlicher Verzicht auf die Bundesfachplanung** (vgl. §§ 4 ff. NABEG) nach § 2 Abs. 7 BBPlG iVm § 5 a Abs. 4 NABEG greift (BT-Drs. 20/159, 53).

§ 12 c Prüfung und Bestätigung des Netzentwicklungsplans durch die Regulierungsbehörde

(1) ¹**Die Regulierungsbehörde prüft die Übereinstimmung des Netzentwicklungsplans mit den Anforderungen gemäß § 12 b Absatz 1, 2 und 4.** ²**Sie kann Änderungen des Entwurfs des Netzentwicklungsplans durch die Betreiber von Übertragungsnetzen mit Regelzonenverantwortung verlangen.** ³**Die Betreiber von Übertragungsnetzen mit Regelzonenverantwortung stellen der Regulierungsbehörde auf Verlangen die für ihre Prüfungen erforderlichen Informationen zur Verfügung.** ⁴**Bestehen Zweifel, ob der Netzentwicklungsplan mit dem gemeinschaftsweit geltenden Netzentwicklungsplan in Einklang steht, konsultiert die Regulierungsbehörde die Agentur für die Zusammenarbeit der Energieregulierungsbehörden.**

(2) ¹**Zur Vorbereitung eines Bedarfsplans nach § 12 e erstellt die Regulierungsbehörde frühzeitig während des Verfahrens zur Erstellung des Netzentwicklungsplans nach § 12 b einen Umweltbericht, der den Anforderungen des § 40 des Gesetzes über die Umweltverträglichkeitsprüfung entsprechen muss.** ²**Der Umweltbericht nach Satz 1 bezieht den Umweltbericht zum Flächenentwicklungsplan nach § 6 Absatz 4 des Windenergie-auf-See-Gesetzes ein und kann auf zusätzliche oder andere als im Umweltbericht zum Flächenentwicklungsplan nach § 6 Absatz 4 des Windenergie-auf-See-Gesetzes enthaltene erhebliche Umweltauswirkungen beschränkt werden.** ³**Der Umweltbericht nach Satz 1 kann sich auf den Bereich des Festlands und des Küstenmeeres beschränken.** ⁴**Die Betreiber von Übertragungsnetzen mit Regelzonenverantwortung stellen der Regulierungsbehörde die hierzu erforderlichen Informationen zur Verfügung.**

(2a) ¹**Enthält der nach § 12 b Absatz 5 vorgelegte Netzentwicklungsplan eine Neubaumaßnahme zur Höchstspannungs-Gleichstrom-Übertragung, die noch nicht im Netzentwicklungsplan bestätigt wurde und für**

Bestätigung des Netzentwicklungsplans durch die Regulierungsbehörde § 12 c

die keine Bündelungsoption nach § 12 b Absatz 3 a besteht, hat die Regulierungsbehörde anhand von vorhandenen Daten zur großräumigen Raum- und Umweltsituation für diese Maßnahme einen Präferenzraum im Sinne des § 3 Nummer 10 des Netzausbaubeschleunigungsgesetzes Übertragungsnetz zu ermitteln und dem Umweltbericht zugrunde zu legen. [2]Liegen die Voraussetzungen des Satzes 1 im Fall einer Neubaumaßnahme für den länderübergreifenden landseitigen Teil einer Offshore-Anbindungsleitung vor, kann die Regulierungsbehörde Satz 1 entsprechend anwenden. [3]Die Ermittlung von Präferenzräumen nach Satz 1 hat keine unmittelbare Außenwirkung und ersetzt nicht die Entscheidung über die Zulässigkeit der Netzausbaumaßnahme. [4]Die Ermittlung von Präferenzräumen kann nur im Rahmen des Rechtsbehelfsverfahrens gegen die Zulassungsentscheidung für die jeweilige Netzausbaumaßnahme überprüft werden. [5]Sofern Geodaten über die verbindlichen Festlegungen der Landes- und Regionalplanung benötigt werden, legt die Bundesnetzagentur die Daten des Raumordnungsplan-Monitors des Bundesinstituts für Bau-, Stadt- und Raumforschung zugrunde, die ihr für diesen Zweck zur Verfügung zu stellen sind. [6]Für diese und andere Geodaten gilt § 31 Absatz 4 des Netzausbaubeschleunigungsgesetzes Übertragungsnetz entsprechend. [7]Die Ermittlung von Präferenzräumen stellt keine raumbedeutsame Planung und Maßnahme im Sinne des § 3 Absatz 1 Nummer 6 des Raumordnungsgesetzes vom 22. Dezember 2008 (BGBl. I S. 2986), das zuletzt durch Artikel 3 des Gesetzes vom 20. Juli 2022 (BGBl. I S. 1353) geändert worden ist, dar.

(3) [1]Nach Abschluss der Prüfung nach Absatz 1 beteiligt die Regulierungsbehörde unverzüglich die Behörden, deren Aufgabenbereich berührt wird, und die Öffentlichkeit. [2]Maßgeblich sind die Bestimmungen des Gesetzes über die Umweltverträglichkeitsprüfung, soweit sich aus den nachfolgenden Vorschriften nicht etwas anderes ergibt. [3]Gegenstand der Beteiligung ist der Entwurf des Netzentwicklungsplans und in den Fällen des § 12 e der Umweltbericht. [4]Die Unterlagen für die Strategische Umweltprüfung sowie der Entwurf des Netzentwicklungsplans sind für eine Frist von sechs Wochen am Sitz der Regulierungsbehörde auszulegen und darüber hinaus auf ihrer Internetseite öffentlich bekannt zu machen. [5]Die betroffene Öffentlichkeit kann sich zum Entwurf des Netzentwicklungsplans und zum Umweltbericht bis einen Monat nach Ende der Auslegung äußern.

(4) [1]Die Regulierungsbehörde soll den Netzentwicklungsplan unter Berücksichtigung des Ergebnisses der Behörden- und Öffentlichkeitsbeteiligung mit Wirkung für die Betreiber von Übertragungsnetzen spätestens bis zum 31. Dezember eines jeden ungeraden Kalenderjahres, beginnend mit dem Jahr 2017, bestätigen. [2]Die Bestätigung ist nicht selbstständig durch Dritte anfechtbar.

(5) Die Betreiber von Übertragungsnetzen mit Regelzonenverantwortung sind verpflichtet, den entsprechend Absatz 1 Satz 2 geänderten Netzentwicklungsplan der Regulierungsbehörde unverzüglich vorzulegen.

(6) [1]Bei Fortschreibung des Netzentwicklungsplans kann sich die Beteiligung der Öffentlichkeit, einschließlich tatsächlicher und potenzieller Netznutzer, der nachgelagerten Netzbetreiber sowie der Träger öffentlicher Belange nach § 12a Absatz 2, § 12b Absatz 3 und § 12c Absatz 3 auf Änderungen gegenüber dem zuletzt genehmigten Szenariorahmen oder

§ 12 c Teil 3. Regulierung des Netzbetriebs

dem zuletzt bestätigten Netzentwicklungsplan beschränken. ²Ein vollständiges Verfahren nach den §§ 12a bis 12c Absatz 1 bis 5 muss mindestens alle vier Jahre sowie in den Fällen des § 12e Absatz 1 Satz 3 durchgeführt werden.

(7) Die Regulierungsbehörde kann nähere Bestimmungen zu Inhalt und Verfahren der Erstellung des Netzentwicklungsplans sowie zur Ausgestaltung des nach Absatz 3, § 12a Absatz 2 und § 12b Absatz 3 durchzuführenden Verfahrens zur Beteiligung der Öffentlichkeit treffen.

(8) ¹Die Regulierungsbehörde kann bei Bestätigung des Netzentwicklungsplans oder durch gesonderte Entscheidung bestimmen, wer für die Durchführung einer im Netzentwicklungsplan bestätigten Maßnahme als Vorhabenträger ganz oder teilweise verantwortlich ist. ²Hierbei berücksichtigt die Regulierungsbehörde ausschließlich Belange, die im öffentlichen Interesse eine möglichst zügige, effiziente und umweltschonende Durchführung der Maßnahmen erwarten lassen. ³Dazu gehören Vorschläge im Netzentwicklungsplan und etwaige Vereinbarungen von Übertragungsnetzbetreibern zur Bestimmung eines oder mehrerer Vorhabenträger; in diesem Fall ist durch die Übertragungsnetzbetreiber darzulegen, dass durch eine solche anteilige Zuweisung eine möglichst zügige und effiziente Durchführung der Maßnahme erreicht werden kann. ⁴Darüber hinaus kann sie insbesondere berücksichtigen
1. ob ein Vorhabenträger bereits für ein Vorhaben nach dem Energieleitungsausbaugesetz oder dem Bundesbedarfsplangesetz verantwortlich ist und die bestätigte Maßnahme mit diesem Vorhaben gemeinsam realisiert werden soll,
2. ob durch die Durchführung einer Maßnahme durch einen Vorhabenträger oder durch eine gemeinsame Durchführung der Maßnahme durch mehrere Vorhabenträger die Ziele nach Satz 2 besser erreicht werden können,
3. die personelle, technische und wirtschaftliche Leistungsfähigkeit und Zuverlässigkeit eines Vorhabenträgers,
4. die bisherigen Fortschritte eines Vorhabenträgers bei der Realisierung von Vorhaben nach dem Energieleitungsausbaugesetz und dem Bundesbedarfsplangesetz,
5. in welchem Umfang der Vorhabenträger neben der Durchführung der Maßnahme im Übrigen für Netzausbauvorhaben verantwortlich ist oder sein wird.

⁵Vorhabenträger für im Netzentwicklungsplan bestätigte Leitungen zur Höchstspannungs-Gleichstrom-Übertragung, für welche noch kein Antrag auf Bundesfachplanung nach § 6 Absatz 1 Netzausbaubeschleunigungsgesetz oder in den Fällen des § 5a des Netzausbaubeschleunigungsgesetzes kein Antrag auf Planfeststellungsbeschluss für das Gesamtvorhaben oder Teile davon gestellt wurde, ist im Geltungsbereich des Netzausbaubeschleunigungsgesetzes der Übertragungsnetzbetreiber, in dessen Regelzone der südliche Netzverknüpfungspunkt der Leitung gelegen ist. ⁶Vorhabenträger für im Netzentwicklungsplan bestätigte Offshore-Anbindungsleitungen ist entsprechend § 17d Absatz 1 der Übertragungsnetzbetreiber, in dessen Regelzone der landseitige Netzverknüpfungspunkt gelegen ist. ⁷Die Bundesnetzagentur kann bei der Bestätigung des Netzentwicklungsplans oder

Bestätigung des Netzentwicklungsplans durch die Regulierungsbehörde § 12 c

durch gesonderte Entscheidung abweichend von den Sätzen 5 und 6 den Vorhabenträger nach den Sätzen 1 bis 4 bestimmen, um eine möglichst zügige, effiziente und umweltschonende Durchführung der Maßnahmen sicherzustellen.

Übersicht

	Rn.
A. Allgemeines	1
I. Inhalt	1
II. Zweck	6
B. Bestätigung des Netzentwicklungsplans	11
I. Zuständigkeit	11
1. Zuständige Behörde	11
2. Beteiligung von ACER	12
II. Verfahren und materieller Prüfungsmaßstab	13
1. Vorlage durch die ÜNB	13
2. Öffentlichkeits- und Behördenbeteiligung	15
3. Eingeschränkte Öffentlichkeits- und Behördenbeteiligung bei Fortschreibung des NEP	23
4. Prüfung der Grundlagen und Gegenstände des NEP	27
5. Änderungsverlangen	36
III. Form und Frist	42
C. Strategische Umweltprüfung zum Bundesbedarfsplan	45
I. Einordnung und Überblick	45
II. Inhalt	48
1. Allgemein	48
2. Speziell	51
III. Verfahren	65
1. Scoping	65
2. Öffentlichkeits- und Behördenbeteiligung	66
D. Vorhabenträgerschaft und Zuweisungsbefugnis der BNetzA	74
E. Rechtsfolgen	81
I. Energiewirtschaftliche Verbindlichkeit	81
II. Verhältnis zum Bundesbedarfsplan	83
III. Durchsetzung	84
1. Ersatzvornahme gem. § 65 Abs. 2a	84
2. Zertifizierung gem. § 4a	85
3. Ordnungswidrigkeit	86
F. Rechtsschutz	87
I. Rechtsschutz gegen den NEP	87
II. Rechtsschutz aus den SUP-Vorschriften	89
G. Präferenzraumermittlung	91
I. Inhalt	92
II. Verfahren	95
III. Rechtsfolgen	98
IV. Rechtsschutz	101

Literatur: *Antweiler*, Planungsrechtliche Defizite im Netzentwicklungsplan Strom 2012, ZNER 2012, 586; *Antweiler*, Bedarfsplanung für das Stromnetz – Rechtsverstöße und Rechtsfolgen, NZBau 2013, 337; *Balla et al.*, Forschungsvorhaben des BMVBS zur SUP im Rahmen

§ 12c Teil 3. Regulierung des Netzbetriebs

der Bundesverkehrswegeplanung 2007–2010, Zusammenfassung unter UVP-report 2011, S. 37; *Calliess/Dross,* Alternativenprüfungen im Kontext des Netzausbaus, ZUR 2013, 76; *EU-Kommission,* Umsetzung der Richtlinie 2001/42/EG des Europäischen Parlaments und Rates über die Prüfung der Umweltauswirkungen bestimmter Pläne und Programme, 2003; *Lambrecht,* Die Erforderlichkeit einer FFH-Verträglichkeitsprüfung für den Bundesverkehrswegeplan und die Bedarfspläne, NuR 2002, 265; *Ruge,* Zur Alternativenprüfung im Netzentwicklungsplan und Bundesbedarfsplan, ER 2013, 143; *Ruge,* Änderungsverlangen zum Netzentwicklungsplan Strom und Rechtsschutzmöglichkeiten, EnWZ 2020, 99; *Säcker,* Der beschleunigte Ausbau des Höchstspannungsnetzes als Rechtsproblem, 2009; *Säcker,* Netzausbau- und Kooperationsverpflichtung der ÜNB nach Inkrafttreten des EnLAG und der StromRL 2009/72 vom 13.7.2009, RdE 2009, 305; *Senders/Wegner,* Die Bedarfsplanung von Energienetzinfrastrukturen, EnWZ 2021, 243; *Stüer,* Strategische Umweltprüfung in der Verkehrsweg-, Landes- und Regionalplanung, UPR 2003, 97; *Wulfhorst,* Die Untersuchung von Alternativen im Rahmen der Strategischen Umweltprüfung, NVwZ 2011, 1099.

A. Allgemeines

I. Inhalt

1 § 12c beschreibt das **behördliche Verfahren zur Prüfung und Bestätigung des nationalen Netzentwicklungsplans** und normiert Vorgaben für die **Vorhabenträgerschaft** der im Netzentwicklungsplan enthaltenen Maßnahmen. Das Verfahren wird in den Abs. 1, 2 und 3 sowie in Abs. 6 ausgestaltet. Ergänzend sind die Regelungen zur Strategischen Umweltprüfung nach dem UVPG zu beachten. Die zuvor in § 12d normierten Bestimmungen zur vereinfachten Beteiligung der Öffentlichkeit und der Träger öffentlicher Belange bei Fortschreibung des Netzentwicklungsplans regelt nun Abs. 6. Die Regulierungsbehörde kann Änderungen des Entwurfs des Netzentwicklungsplans verlangen; der geänderte Netzentwicklungsplan ist unverzüglich vorzulegen (Abs. 5). Der Netzentwicklungsplan wird von der Regulierungsbehörde bestätigt (Abs. 4). Für verbleibende Unklarheiten zu Inhalt und Verfahren der Aufstellung des Netzentwicklungsplans und seiner in §§ 12a und 12b geregelten Entwicklungsschritte hat die BNetzA in Abs. 7 eine Regelungskompetenz. Abs. 8 sieht vor, dass die Regulierungsbehörde Bestimmungen über die Vorhabenträgerschaft für die Durchführung der im Netzentwicklungsplan enthaltenen Maßnahmen treffen kann (§ 12c Abs. 8 S. 1 bis 4). Zudem kann sie abweichend von der in Abs. 8 S. 5 und 6 gesetzlich vorgegebenen Vorhabenträgerschaft Ausnahmen bestimmen (§ 12c Abs. 8 S. 7); die Norm listet die jeweils berücksichtigungsfähigen Belange exemplarisch auf. Die mit dem Gesetz zur Änderung des Energiewirtschaftsrechts im Zusammenhang mit dem Klimaschutz-Sofortprogramm und zu Anpassungen im Recht der Endkundenbelieferung (BGBl. 2022 I S. 1214) – im Folgenden „Klimaschutz-Sofortprogramm-Novelle" – im Sommer 2022 neu in § 12c eingefügte Regelung zur parallel zum Verfahren der Prüfung und Bestätigung des Netzentwicklungsplans stattfindenden **Präferenzraumermittlung** findet sich in Abs. 2a.

2 Während der Erstellung des Netzentwicklungsplans ist in Vorbereitung eines gesetzlichen und verbindlichen Bundesbedarfsplans eine **Strategische Umweltprüfung** durchzuführen. Hierbei zu beachtende Vorgaben setzt, neben den §§ 33ff. UVPG, § 12c Abs. 2. Ein Bundesbedarfsplanentwurf ist spätestens alle vier Jahre der Bundesregierung vorzulegen (§ 12e Abs. 1).

3 Der durch die EnWG-Novelle 2012 für den Bereich der **Offshore-Netzanbindung** eingeführte Bedarfsplan nach § 17b, der nach § 12c Abs. 2 S. 1 aF

ebenfalls einer Strategischen Umweltprüfung (im Folgenden als SUP bezeichnet) zu unterziehen war, wurde durch das Gesetz zur Änderung des Bundesbedarfsplangesetzes und anderer Vorschriften (BGBl. I 2021 S. 298) gestrichen, da der Offshore-Netzentwicklungsplan seit dem 1.1.2018 nicht mehr zu erstellen ist. Auch der Bundesfachplan-Offshore, dessen Umweltbericht nach § 12c Abs. 2 S. 2 aF in den Umweltbericht nach § 12c Abs. 1 S. 1 aF mit einzubeziehen war, wird seit dem 31.12.2017 nicht mehr erstellt. Nunmehr ist der Umweltbericht zum Flächenentwicklungsplan nach dem WindSeeG in den Umweltbericht zum Bundesbedarfsplan einzubeziehen (BT-Drs. 19/23491, 35).

Querverweise auf die Norm finden sich in den Vorschriften zur Entflechtung 4 von Transportnetzbetreibern in der Rechtsgestalt des unabhängigen Systembetreibers und des unabhängigen Transportnetzbetreibers in §§ 9 Abs. 2 und 4, 10b Abs. 2 und 10d Abs. 2, in der Grundnorm zu den Aufgaben des Betreibers von Energieversorgungsnetzen in § 11 Abs. 1, in der Vorschrift zum Bundesbedarfsplan (§ 12e), in den Regelungen für den Bundesfachplan Offshore in § 17a Abs. 4 sowie dem Offshore-Netzentwicklungsplan in § 17c, in der mit der EnWG-Novelle 2021 eingefügten Vorschriften für selbstständige Betreiber von grenzüberschreitenden Elektrizitätsverbindungsleitungen in § 28d, in den Vorschriften zum Monitoring der BNetzA in § 35 Abs. 1 Nr. 8 sowie der Organisationsnorm für die BNetzA in § 59 Abs. 1 und in der Befugnisnorm des § 65 Abs. 2a.

Die BNetzA erhebt gem. § 91 Abs. 1 S. 1 Nr. 4 **Kosten** für Amtshandlungen 5 aufgrund des § 12c EnWG.

II. Zweck

Die Bestätigung des Netzentwicklungsplans durch die Regulierungsbehörde ist 6 ein weiterer Verfahrensschritt der **koordinierten energiewirtschaftlichen Bedarfsplanung** für die Übertragungsnetze Strom. Der von der BNetzA genehmigte Szenariorahmen stellt die erste Stufe dieser Bedarfsplanung dar (→ § 12a Rn. 1). Der Netzentwicklungsplan wird von den Übertragungsnetzbetreibern im Verfahren nach und mit dem in § 12b festgelegten Inhalt erstellt (→ § 12b Rn. 1 ff.) und von der BNetzA im Verfahren nach § 12c überprüft und bestätigt. Hierbei handelt es sich um die **zweite Stufe der Bedarfsplanung.** Der bestätigte Netzentwicklungsplan mündet schließlich im Bundesbedarfsplan (§ 12e; Anlage zu § 1 Abs. 1 BBPlG), der die dritte Stufe der energiewirtschaftlichen Bedarfsplanung darstellt. Damit dient die Regelung der Vorbereitung der gesetzlichen Feststellung eines Bundesbedarfsplans Onshore als **gesetzlichem Bedarfsplan.**

Die Vorschrift dient der Objektivierung des **energiewirtschaftlichen Be-** 7 **darfsplans** der Übertragungsnetzbetreiber durch eine öffentliche Institution: der Regulierungsbehörde. Die äußerst komplexen Verfahren zur Bestimmung des Netzausbaubedarfs sind der allgemeinen Öffentlichkeit nur eingeschränkt zugänglich, zumal immer auch Netzsicherheitsaspekte sowie Betriebs- und Geschäftsgeheimnisse der angeschlossenen Marktteilnehmer einer uneingeschränkten Transparenz der Netzdaten entgegenstehen (s. §§ 12f und 12g). Durch das transparente Verfahren und die behördliche Beeinflussung sowie die Bestätigung der Netzentwicklungsplanung sollen **Transparenz** und **Akzeptanz** des notwendigen Netzausbaus gefördert werden.

Zur Feststellung des gesetzlichen Bedarfsplans nach § 12e verlangt § 12c Abs. 2 8 S. 1 frühzeitig die Erstellung eines Umweltberichts nach § 40 UVPG und damit die Einleitung einer Strategischen Umweltprüfung. Ziel ist es, mögliche erhebliche

§ 12 c   Teil 3. Regulierung des Netzbetriebs

Umweltauswirkungen bei Durchführung der Bundesbedarfsplanvorhaben zu ermitteln, zu beschreiben und zu bewerten. Verbindliche Entscheidungen von Plänen und Programmen mit solcher Tragweite sollen frühzeitig auf ihre Umweltfolgen untersucht und die Erkenntnisse in die Entscheidung einbezogen werden.

9   Die Notwendigkeit zur verbindlichen Aufstellung des Netzentwicklungsplans durch die Übertragungsnetzbetreiber und der Bestätigung durch die Regulierungsbehörde ergibt sich aus Art. 22 Elt-RL 09 sowie den Vorgaben zu gemeinschaftsweiten (Art. 8 Abs. 3 lit. a Stromhandels-VO 09) und regionalen (Art. 12 Abs. 1 Stromhandels-VO 09) Netzentwicklungsplänen zur Verwirklichung des Binnenmarktes. Die Elt-RL 09 schweigt allerdings zu umweltrechtlichen Begleitfragen. Der deutsche Gesetzgeber lässt durch die ausdrückliche Regelung in § 35 Abs. 1 Nr. 1 UVPG iVm Nr. 1.10 der Anlage 5 zum UVPG keinen Zweifel daran, dass im Rahmen der Verabschiedung eines Bundesbedarfsplans durch den Deutschen Bundestag nach § 12e eine Strategische Umweltprüfung nach dem UVPG erforderlich ist. Auch die Durchführung der Strategischen Umweltprüfung und die Erstellung der erforderlichen Umweltberichts sind, wie gezeigt, zentraler Regelungsinhalt der vorliegenden Vorschrift.

10   Die seitens der BNetzA im Zuge der Bedarfsermittlung stattfindende **Ermittlung der Präferenzräume** nach Abs. 2a bezweckt die weitere Beschleunigung der nachfolgenden Genehmigungsverfahren für die von Abs. 2a erfassten Maßnahmen (BT-Drs. 20/1599, 53f.). Die Präferenzraumermittlung ist von der Netzentwicklungsplanung entkoppelt; sie findet parallel zu dieser statt (BT-Drs. 20/1977, 32). Sie erfolgt auf der Grundlage vorhandener Geodaten.

B. Bestätigung des Netzentwicklungsplans

I. Zuständigkeit

11   **1. Zuständige Behörde.** Die BNetzA ist die für die Netzentwicklungsplanung der ÜNB zuständige Regulierungsbehörde (§ 54 Abs. 1). Die Bestätigung des Netzentwicklungsplans ist nach § 59 Abs. 1 S. 2 Nr. 4 von den Entscheidungen ausgenommen, die zwingend durch Beschlusskammern getroffen werden müssen, dh, diese Entscheidung kann auch im Verwaltungsverfahren durch einen Einzelentscheider getroffen werden.

12   **2. Beteiligung von ACER.** Der **gemeinschaftsweite Netzentwicklungsplan (TYNDP)** ist eine zu berücksichtigende Grundlage des NEP. Die BNetzA hat zu prüfen, ob der nationale Netzentwicklungsplan mit dem gemeinschaftsweiten Netzentwicklungsplan in Einklang steht. Erst wenn Zweifel daran bestehen, konsultiert die Regulierungsbehörde die Agentur zur Kooperation der Europäischen Energieregulierungsbehörden (ACER). ACER hat ihrerseits die selbstständige Pflicht, die nationalen Netzentwicklungspläne zu prüfen (Art. 8 Abs. 11 und Art. 9 Abs. 2 Stromhandels-VO 09 bzw. Art. 48 Abs. 2 Elektrizitätsbinnenmarkt-VO 2019/943/EU).

II. Verfahren und materieller Prüfungsmaßstab

13   **1. Vorlage durch die ÜNB.** Die Übertragungsnetzbetreiber legen der BNetzA gem. § 12b Abs. 5 den konsultierten und überarbeiteten **Entwurf des Netzentwicklungsplans** (sog. 2. Entwurf) vor. Bis zur Vorlage dieses Entwurfs hat der Netz-

Bestätigung des Netzentwicklungsplans durch die Regulierungsbehörde **§ 12 c**

entwicklungsplan schon die Konsultation des Szenariorahmens (Schritt 1), die Genehmigung des Szenariorahmens durch die BNetzA (Schritt 2) und die Konsultation des Netzentwicklungsplans durch die Übertragungsnetzbetreiber (Schritt 3) durchlaufen. Mit der Vorlage des Netzentwicklungsplans der Übertragungsnetzbetreiber sind der Regulierungsbehörde auf Verlangen alle **erforderlichen Informationen** zur Verfügung zu stellen, die benötigt werden, um die Angaben im Netzentwicklungsplan nachzuvollziehen (Abs. 1 S. 3). Die Informationspflicht ist auf den Prüfungsumfang des Abs. 1 S. 1 reduziert. Denn es ist Aufgabe der BNetzA, die Übereinstimmung des Netzentwicklungsplans mit den Anforderungen gem. § 12 b Abs. 1, 2 und 4 zu prüfen. Zu den erforderlichen Informationen können ausweislich der Gesetzesbegründung ua Informationen zu Einspeise- und Lastdaten sowie zu Impedanzen und Kapazitäten von Stromkreisen, Schaltanlagen, Transformatoren und sonstigen Netzbetriebsmitteln gehören (BT-Drs. 17/6072, 69). In der dem NEP-Entwurf beizufügenden **zusammenfassenden Erklärung** ist durch die ÜNB darzulegen, wie mit den Stellungnahmen aus der öffentlichen Konsultation umgegangen worden ist; die Maßnahmenauswahl des NEP ist zu begründen (§ 12 b Abs. 4).

Die **Übergangsregelung** des § 118 Abs. 41 stellt klar, dass die der Klimaschutz- **14** Sofortprogramm-Novelle vom 29.7.2022 entstammenden erweiterten Betrachtungszeiträume bei der Prüfung und Bestätigung des Netzentwicklungsplans nach § 12 b und § 12 c, der sich an die Genehmigung des am 10. Januar 2022 von den ÜNB vorgelegten Szenariorahmens anschließt, einbezogen werden. Der von der BNetzA am 8. Juli 2022 genehmigte Szenariorahmen 2023–2037/2045 berücksichtigt nach eigenen Angaben bereits die erweiterten Betrachtungszeiträume (s. BNetzA, Genehmigung des Szenariorahmens 2023–2037/2045 vom 8.7.2022, S. 14, 17 f., www.netzentwicklungsplan.de) und vermeidet so Friktionen im Verfahren der Erstellung und Bestätigung des Netzentwicklungsplans 2037/2045.

2. Öffentlichkeits- und Behördenbeteiligung. a) Zuständigkeit. § 12 c **15** Abs. 3 S. 1 sieht eine Öffentlichkeits- und Behördenbeteiligung zum Entwurf des Netzentwicklungsplans und gegebenenfalls zum Umweltbericht vor (→ Rn. 66), die unverzüglich (s. § 121 Abs. 1 S. 1 BGB) nach Prüfung des energiewirtschaftlichen Bedarfs und der Vereinbarkeit mit dem gemeinschaftsweiten Netzentwicklungsplan erfolgt. Zuständig für die Durchführung der Öffentlichkeits- und Behördenbeteiligung ist die **Bundesnetzagentur** als hier zuständige Regulierungsbehörde.

b) Beteiligte. Zu beteiligen sind die **Behörden**, deren Aufgabenbereich vom **16** Entwurf des Netzentwicklungsplans oder dem Umweltbericht berührt werden. Den Kreis der zu beteiligenden Behörden stellt die BNetzA als Regulierungsbehörde nach pflichtgemäßem Ermessen fest. Zu beteiligen ist ferner **„die Öffentlichkeit"**, dh jedermann. Wie auch nach dem UVPG ist die Öffentlichkeit als solche zu beteiligen, wohingegen äußerungsberechtigt nur die „betroffene Öffentlichkeit" ist (§ 12 c Abs. 3 S. 1, 5 EnWG, § 42 Abs. 3 S. 1 UVPG).

c) Verfahren. Gegenstand des Anhörungsverfahrens sind der **Entwurf des** **17** **Netzentwicklungsplans** und der **Umweltbericht**; letzterer jedoch nur, wenn der gegenständliche Netzentwicklungsplan der Bundesregierung als Entwurf für einen Bundesbedarfsplan übermittelt werden soll (vgl. § 12 e EnWG). Ein vollständiges Anhörungsverfahren ist mindestens alle **vier Jahre** sowie in den Fällen des § 12 e Abs. 1 S. 3 durchzuführen (→ Rn. 23). Mit der Klimaschutz-Sofortprogramm-Novelle (BGBl. 2022 I S. 1214) wurde das Erfordernis der „Gleichzeitig-

§ 12 c Teil 3. Regulierung des Netzbetriebs

keit" der Beteiligung zum Entwurf des Netzentwicklungsplans und des Umweltberichts, das zuvor in § 12 c Abs. 3 S. 3 normiert war, gestrichen. Dies eröffnet die Möglichkeit, die Beteiligung zum Netzentwicklungsplan und zum Umweltbericht getrennt und unabhängig voneinander durchzuführen (BT-Drs. 20/2402, 41). Eine Verpflichtung zur verfahrensrechtlichen Trennung resultiert hieraus nicht. Es bleibt abzuwarten, in welchen Fällen sich diese als Vorzugslösung darstellen wird.

18 Die Durchführung des **Beteiligungsverfahrens** erfolgt nach den Fristen und Regeln der Strategischen Umweltprüfung gem. §§ 41 ff. UVPG (→ Rn. 65 ff.), soweit das EnWG in § 12 c Abs. 3 ff. keine vorrangigen Sonderregelungen trifft. Dies gilt nach Abs. 3 S. 2 auch für ein Beteiligungsverfahren in den Jahren, in denen aufgrund von § 12 e Abs. 5 EnWG iVm § 37 S. 1 UVPG keine SUP zwingend vorgeschrieben ist, weil kein neuer Entwurf eines Bundesbedarfsplans vorgelegt wird, und auch dann, wenn die Beteiligung zum Entwurf des Netzentwicklungsplans und zum Umweltbericht entkoppelt ist. Bei grenzüberschreitenden Sachverhalten (s. § 2 Abs. 3 UVPG) sind zusätzlich die §§ 60, 61 UVPG zu berücksichtigen.

19 § 12 c Abs. 3 sieht vor, dass die Unterlagen für die SUP und den Entwurf des Netzentwicklungsplans für eine Frist von sechs Wochen am Sitz der Regulierungsbehörde **auszulegen** sind. Zusätzlich sind diese Unterlagen auf der **Internetseite** der Regulierungsbehörde **öffentlich bekannt zu machen.** Unter den Voraussetzungen des § 3 des Gesetzes zur Sicherstellung ordnungsgemäßer Planungs- und Genehmigungsverfahren während der COVID-19-Pandemie **(PlanSiG)**, kann die Auslegung dieser Unterlagen vollständig durch eine Veröffentlichung im Internet ersetzt werden, wenn die jeweilige Auslegungsfrist spätestens mit Ablauf des 31.12.2022 endet.

20 Die **betroffene Öffentlichkeit** kann sich gem. § 12 c Abs. 3 S. 5 zum Entwurf des Netzentwicklungsplans und zum Umweltbericht bis einen Monat nach Ende der Auslegung **äußern.** Zur betroffenen Öffentlichkeit zählen gem. § 2 Abs. 9 UVPG diejenigen, deren Belange durch einen Plan berührt werden, einschließlich der Vereinigungen, deren satzungsmäßiger Aufgabenbereich durch einen Plan berührt wird. Zu diesen können wiederum auch Vereinigungen zur Förderung des Umweltschutzes gehören.

21 Den zu **beteiligenden Behörden** ist der Entwurf des Netzentwicklungsplans (und gegebenenfalls der Umweltbericht) zu übermitteln. Hierzu haben diese Behörden **Stellungnahmen** abzugeben. Die BNetzA setzt diesen Behörden eine angemessene Stellungnahmefrist von mindestens einem Monat (§ 41 UVPG).

22 Gem. § 12 c Abs. 7 kann die BNetzA **nähere Bestimmungen** nicht nur zu Inhalt und Verfahren der Erstellung des Netzentwicklungsplans, sondern auch zur Ausgestaltung des Verfahrens der Öffentlichkeitsbeteiligung nach § 12 c Abs. 3 treffen. Seit Inkrafttreten der Klimaschutz-Sofortprogramm-Novelle (BGBl. 2022 I S. 1214) ist sie dafür nicht mehr an die Rechtsform der Festlegung (vgl. § 29 Abs. 1) gebunden. Vielmehr sollen die vorgenannten Bestimmungen aus Beschleunigungsgründen unmittelbar in das Verfahren der Netzentwicklungsplanung integriert werden (BT-Drs. 20/1599, 54). Eine entsprechende Festlegung der BNetzA war zuvor nicht erfolgt.

23 **3. Eingeschränkte Öffentlichkeits- und Behördenbeteiligung bei Fortschreibung des NEP.** Eine **Verfahrenserleichterung** sieht § 12 c Abs. 6 S. 1 vor, wonach die Öffentlichkeits- und Behördenbeteiligung bei der Fortschreibung des Netzentwicklungsplans auf **Änderungen** gegenüber dem zuletzt genehmigten Szenariorahmen oder dem zuletzt bestätigten Netzentwicklungsplan **beschränkt**

werden kann. Diese zunächst in § 12 d enthaltene Regelung wurde zu Beginn des Jahres 2016 in § 12 c überführt (s. Art. 2 des Ersten Gesetzes zur Änderung des Energieverbrauchskennzeichnungsgesetzes und zur Änderung weiterer Bestimmungen des Energiewirtschaftsrechts, BGBl. 2016 I S. 2194). Die Verfahrenserleichterung erfasst die Verfahren der Öffentlichkeitsbeteiligung nach §§ 12a Abs. 2, 12b Abs. 3 und 12c Abs. 3. Diese Regelungen betreffen neben der Konsultation zum Entwurf des Netzentwicklungsplans durch die BNetzA auch die Beteiligung durch die BNetzA im Rahmen der Konsultation des Szenariorahmens sowie die Beteiligung durch die Übertragungsnetzbetreiber im Rahmen der Konsultation des 1. Entwurfs des Netzentwicklungsplans.

Nach § 12 c Abs. 6 S. 1 ist die BNetzA berechtigt, die Öffentlichkeit einschließ- 24
lich tatsächlicher und potenzieller Netznutzer, die nachgelagerten Netzbetreiber sowie die Träger öffentlicher Belange bei Fortschreibung des NEP nur hinsichtlich der Änderungen im vorgenannten Sinn (→ Rn. 23) zu beteiligen. Die Regelung erlaubt der BNetzA sowie den Übertragungsnetzbetreibern in der Folge, nur Stellungnahmen zu den Änderungen des Szenariorahmens bzw. zu den Änderungen des Entwurfs des Netzentwicklungsplans zu würdigen.

§ 12 c Abs. 6 S. 1 weicht hinsichtlich der zu **beteiligenden Kreise** von den in 25
den Bezugsnormen Genannten ab. § 12 b Abs. 3 nennt auch noch die **Energieaufsichtsbehörden** der Länder. Dabei handelt es sich allem Anschein nach um ein **Redaktionsversehen** des Gesetzgebers. Die Erweiterung auf Energieaufsichtsbehörden in § 12 b Abs. 3 wurde erst im Laufe des Gesetzgebungsverfahrens ergänzt (BR-Drs. 343/11, 3), die Ergänzung in § 12 d augenscheinlich vergessen, der insoweit unverändert in § 12 c Abs. 6 überführt wurde. Das Beteiligungsverfahren in § 12 b Abs. 3 ist ein internetbasiertes und damit öffentliches Verfahren. Eine individuelle Bekanntmachung und Zustellung der Unterlagen ist nicht vorgesehen. Es ist nicht wahrscheinlich, dass in der Erleichterungsvorschrift des § 12 d (bzw. nun § 12 c Abs. 6) erstmals eine individuelle Beteiligung mit allen zur Verfügung stehenden Berechnungsunterlagen für die Energieaufsichtsbehörden der Länder eingeführt werden sollte.

Eine Rückausnahme von der Verfahrenserleichterung des § 12 c Abs. 6 S. 1 ent- 26
hält S. 2: Alle **vier Jahre** sowie bei **wesentlichen Änderungen** (vgl. § 12 e Abs. 1 S. 3) des Entwurfs des Szenariorahmens bzw. Netzentwicklungsplans im Vergleich zum zuletzt genehmigten Szenariorahmen oder zum zuletzt bestätigten Netzentwicklungsplan ist ein vollständiges Anhörungsverfahren durchzuführen (so auch NK-EnWG/*Posser* § 12 c Rn. 45 i ff.; aA Theobald/Kühling/*Kober* EnWG § 12 c Rn. 47 h).

4. Prüfung der Grundlagen und Gegenstände des NEP. Die Netzentwick- 27
lungsplanung ist ein **fachlich getriebener** Prozess im Rahmen der **Pflichten der Übertragungsnetzbetreiber** nach §§ 11 und 12. Die Unternehmen müssen ein sicheres, zuverlässiges, leistungsfähiges und bedarfsgerechtes Netz bereitstellen und betreiben (s. zur allgemeinen Relevanz der Bedarfsgerechtigkeit auch *Senders/Wegner* EnWZ 2021, 243 (245)). Diese Anforderung misst sich an einer Fortschreibung erkennbarer Entwicklungen und nicht anhand politisch vorgegebener Ziele (→ § 12 a Rn. 11 ff.). In diesem Planungsprozess der Übertragungsnetzbetreiber bestehen **Beurteilungsspielräume**. Das Verfahren selbst ist durch die §§ 12 a–12 c gestaltet. Der Netzentwicklungsplan bedarf der Bestätigung der Regulierungsbehörde. Diese prüft die Einhaltung der rechtlichen und energiewirtschaftlichen Anforderungen des Gesetzes an die **Netzentwicklungsplanung der Übertra-**

§ 12 c Teil 3. Regulierung des Netzbetriebs

gungsnetzbetreiber. Der Netzentwicklungsplan entfaltet – genauso wenig wie der Szenariorahmen – keine steuernde Wirkung über die Entwicklung oder räumliche Verteilung der Erzeugungsstruktur (aA *Hermes* Planungsrechtliche Sicherung S. 71 (78).

28 Um die Prüfungstiefe der behördlichen Überprüfung zu erfassen, ist es also wichtig zu verstehen, dass es sich bei der Aufstellung des Netzentwicklungsplans seitens der gesetzlichen Rollenverteilung um eine **Planungsentscheidung der Übertragungsnetzbetreiber** mit gesetzlich bestimmten Verfahrensregelungen und mit einer Prüfung der Regulierungsbehörde handelt. Die ÜNB sind keine öffentlichen Unternehmen. Der Betrieb ihrer Netze ist durch umfangreiche gesetzliche Reglungen im Sinne von Inhalts- und Schrankenbestimmung gestaltet (s. Isensee/Kirchhof StaatsR-HdB/*Schmidt-Preuß* § 93). Um einen Prüfungsmaßstab der Regulierungsbehörde zu finden, liegt der Vergleich mit der gerichtlichen Überprüfbarkeit von behördlichen Prognose- und Planungsentscheidungen als Maßstab nahe. Dabei darf jedoch nicht verkannt werden, dass es sich um **Planungs- und Investitionsentscheidungen eines Unternehmens** handelt.

29 Überträgt man die Maßstäbe öffentlich-rechtlicher Planungsvorgänge auf die Netzentwicklungsplanung, gilt Folgendes: In der verwaltungsgerichtlichen Rechtsprechung ist anerkannt, dass in der gestaltenden Verwaltung grundsätzlich ein Gestaltungsermessen besteht. Dabei ergibt sich gerade bei **Prognoseentscheidungen** einer Behörde ein gerichtlich nur eingeschränkt zu überprüfender **Entscheidungsspielraum** (BVerwGE 62, 107). Eine andere Auffassung betrachtet Prognoseentscheidungen als Unterfall der **Planungsentscheidungen** (Kopp/Ramsauer/*Ramsauer* VwVfG § 40 Rn. 32 mwN). In jedem Fall sind die Grundlagen der Entscheidung vollständig zu ermitteln und Methoden sorgfältig anzuwenden. Die zu stellenden Anforderungen an die Tatsachenermittlung sowie Alternativenprüfung und -bewertung sind dabei umso strenger, je gewichtiger ein **Eingriff** in die Rechte eines Dritten ist (Kopp/Ramsauer/*Ramsauer* VwVfG § 40 Rn. 32a). Die Aufstellung des NEP ist eine **technisch-wirtschaftlich komplexe Prognoseentscheidung**, die eine Vielzahl von untereinander abhängigen Parametern berücksichtigen muss. Anders als in den meisten Fällen öffentlicher Prognoseentscheidungen ist mit ihr außerdem die **unmittelbare Verantwortung** für den sicheren Netzbetrieb nach § 11 und grundsätzlich auch eine **Haftung** des Netzbetreibers aus dem Betrieb seines Netzes verbunden (zur Haftung → § 11 Rn. 169 ff.). Dies muss bei der Bewertung der behördlichen Prüfungstiefe gegenüber den Übertragungsnetzbetreibern berücksichtigt werden.

30 Ein Prüfungsmaßstab der behördlichen Bestätigung ist neben der Erfüllung der **formellen Anforderungen** angesichts der gemeinschaftlichen Aufstellung des Plans durch mindestens vier Übertragungsnetzbetreiber der **Effizienzmaßstab**. Angesichts eines Übertragungsnetzes mit vier Betreibern kommt dieser Prüfung besondere Bedeutung zu. Es muss sichergestellt werden, dass für verschiedene Alternativen in Netzen verschiedener Übertragungsnetzbetreiber die in der Gesamtbetrachtung effizienteste Maßnahme bestimmt wird. Diese muss nicht immer die Maßnahme sein, die sich bei alleinstehender Planung eines Übertragungsnetzbetreibers für seine Regelzone ergeben würde. Art und Zeitpunkt von Investitionen der Unternehmen können von ganz unterschiedlichen Faktoren beeinflusst sein (zB kalkulatorische Restwerte des verzinslichen Eigenkapitals, verbleibende Dauer einer Regulierungsperiode oder betriebswirtschaftliche Liquiditätsaspekte). Die Verpflichtung zu einer effizienten Netzentwicklung schlägt sich schließlich in dem Anspruch auf Anerkennung der Maßnahme **dem Grunde** nach in den nach-

folgenden Verfahren insbesondere zu **Investitionsmaßnahmen** nach § 23 ARegV nieder. Die Behörde ist durch ihre Entscheidung über den energiewirtschaftlichen Bedarf dem Grunde nach bei der Kostenregulierung gebunden. Denn die Prüfung der Bedarfsgerechtigkeit nach § 23 Abs. 1 S. 1 ARegV erfolgt bei Maßnahmen, die von den Übertragungsnetzbetreibern gem. § 12b Abs. 1 S. 2 verpflichtend in den Netzentwicklungsplan einzubringen sind, nach Maßgabe der §§ 12a ff. EnWG (OLG Düsseldorf Beschl. v. 6.5.2020 – VI-3 Kart 739/19 (V) Ls. 1). Ein anderer Prüfungsmaßstab ist die Einhaltung des **NOVA-Prinzips** (→ § 12b Rn. 21 f.). Häufig herrscht die Vorstellung, dass Netzverstärkungs- und -optimierungsmaßnahmen auch die wirtschaftlich effizientere Variante der Netzentwicklung darstellen. Das muss aber nicht immer so sein.

a) Berücksichtigung der Grundlagen aus § 12b. Formal und inhaltlich muss 31 sich der NEP an den **Vorgaben des § 12b** messen lassen. Er muss auf Grundlage des **Szenariorahmens** erstellt sein. Die Schritte der Netz- und Marktmodellierung sowie der Regionalisierung des Szenariorahmens (→ § 12b Rn. 39 ff.; → § 12a Rn. 37 ff.) sind der **methodischen Überprüfung** zugänglich. Der gemeinsame nationale Netzentwicklungsplan muss **konkrete Maßnahmen** zur bedarfsgerechten Optimierung, Verstärkung und zum Ausbau des Netzes enthalten und die Regelungen zur Spitzenkappung (§ 11 Abs. 2) anwenden. Der NEP muss darüber hinaus folgende Angaben enthalten (im Detail → § 12b Rn. 30 ff.):
– alle Netzausbaumaßnahmen, die in den nächsten **drei Jahren** ab Feststellung des Netzentwicklungsplans durch die Regulierungsbehörde für einen sicheren und zuverlässigen Netzbetrieb erforderlich sind
– einen **Zeitplan** für alle Netzausbaumaßnahmen
– Netzausbaumaßnahmen als **Pilotprojekte** für eine verlustarme Übertragung hoher Leistungen über große Entfernungen, den Einsatz von Hochtemperaturleiterseilen als Pilotprojekt mit einer Bewertung ihrer technischen Durchführbarkeit und Wirtschaftlichkeit sowie das Ergebnis der Prüfung des Einsatzes von neuen Technologien als Pilotprojekte einschließlich einer Bewertung der technischen Durchführbarkeit und Wirtschaftlichkeit
– den **Stand der Umsetzung** des vorhergehenden Netzentwicklungsplans und im Falle von Verzögerungen die dafür maßgeblichen Gründe der Verzögerungen
– Angaben zu der zu verwendenden **Übertragungstechnologie**
– zur Darlegung der in Betracht kommenden **anderweitigen Planungsmöglichkeiten von Netzausbaumaßnahmen**
– beginnend mit der Vorlage des ersten Entwurfs des Netzentwicklungsplans im Jahr 2018 alle **wirksamen Maßnahmen zur bedarfsgerechten Optimierung, Verstärkung und zum Ausbau der Offshore-Anbindungsleitungen** in der ausschließlichen Wirtschaftszone und im Küstenmeer einschließlich der **Netzanknüpfungspunkte** an Land, die bis zum Ende der jeweiligen Betrachtungszeiträume nach § 12a Abs. 1 für einen schrittweisen, bedarfsgerechten und wirtschaftlichen Ausbau sowie einen sicheren und zuverlässigen Betrieb der Offshore-Anbindungsleitungen sowie zum Weitertransport des auf See erzeugten Stroms oder für eine Anbindung von Testfeldern iSd § 3 Nr. 9 des Windenergie-auf-See-Gesetzes (Testfeld-Anbindungsleitungen) erforderlich sind. Diesbezüglich sind Angaben zum geplanten Zeitpunkt der Fertigstellung zu machen, denen die Festlegungen des zuletzt bekannt gemachten Flächenentwicklungsplans nach den §§ 4 bis 8 WindSeeG zugrunde zu legen sind

§ 12 c Teil 3. Regulierung des Netzbetriebs

32   **b) Planerische Abwägung.** Während der Netzentwicklungsplan der Übertragungsnetzbetreiber als Netzbetreiberplan einen **energiewirtschaftlichen** und als Investitionsplan eines Unternehmens einen **betriebswirtschaftlichen** Schwerpunkt hat, kommt mit dem Umweltbericht das öffentliche Interesse an einer umweltverträglichen leitungsgebundenen Energieversorgung explizit hinzu. Das heißt nicht, dass **Umweltaspekte** in der Planung der Übertragungsnetzbetreiber keine Rolle spielen. Als primär öffentliches Interesse soll aber durch § 12c der Berücksichtigung von Umweltfolgen in Vorbereitung der gesetzlichen Bedarfsplanung ein besonderes Gewicht gegeben werden. In der Genehmigungsphase wird der BNetzA als zuständiger Behörde eine Überprüfungs- und Berücksichtigungspflicht auferlegt (§ 43 UVPG). Sie überprüft die Darstellungen und Bewertungen des Umweltberichts nach Abschluss der Behörden- und Öffentlichkeitsbeteiligung auf der Grundlage der eingegangenen Stellungnahmen. Das Ergebnis ist im Verfahren zur Aufstellung bzw. Änderung des NEP zu berücksichtigen, dh in die planerische Abwägung einzubeziehen (vgl. § 43 Abs. 2 UVPG). Dies bedeutet auch, dass die BNetzA an die Ergebnisse des Umweltberichts **nicht gebunden** ist (Hoppe/Beckmann/Kment/*Beckmann* UVPG § 43 Rn. 18). Entscheidend ist, dass sie in die **planerische Abwägung** eingehen, in der die Behörde den Netzentwicklungsplan an den Zielen des § 1, einer „möglichst sicheren, preisgünstigen, verbraucherfreundlichen, effizienten, umweltverträglichen und treibhausgasneutralen leitungsgebundenen Versorgung der Allgemeinheit mit Elektrizität, die zunehmend auf erneuerbaren Energien beruht", messen muss. Eine solche Gesamtabwägung der Ziele des EnWG hat in der Behördenentscheidung auch zu erfolgen, wenn kein Bundesbedarfsplan und demnach kein Umweltbericht nach UVPG zu erstellen ist.

33   **c) Bedarfsgerechtigkeit.** Der im Netzentwicklungsplan betrachtete Zeitraum von zehn bis 15 Jahren entspricht noch dem üblichen Planungshorizont einer strategischen Netzplanung. Angesichts der Unsicherheit bezüglich der in zehn oder sogar zwanzig Jahren geltenden gesetzlichen oder sonstigen energiewirtschaftlichen Rahmenbedingungen hat die BNetzA ein Prüfkonzept entwickelt, welches das Kriterium der **Robustheit** der Planung mit in die Bedarfsgerechtigkeit einbezieht.

34   Aus den sich energiewirtschaftlich ergebenden Kriterien 1. der Bedarfsgerechtigkeit einer Maßnahme, die überhaupt einen Transportbedarf bedienen muss, und 2. der Wirksamkeit der Maßnahme, die geeignet sein muss, diesen Transportbedarf zu befriedigen, sieht sich die Behörde aus Gründen der **Verhältnismäßigkeit** veranlasst, nur solche Maßnahmen in den Bedarfsplan aufzunehmen, die gegenüber einer möglichst großen Anzahl von Szenarien und auch gegenüber Veränderungen von gesetzlichen und anderweitigen Rahmenbedingungen robust sind (BNetzA, Bestätigung des NEP 2012 v. 25.11.2012, S. 105 f.; BNetzA, Bestätigung Netzentwicklungsplan Strom 2019–2030 v. 20.12.2019, S. 53, 79 ff.; BNetzA, Bestätigung Netzentwicklungsplan Strom 2021–2035 v. 14.1.2022, S. 41). Im Ergebnis handelt es sich dabei auch um eine **Alternativenprüfung** iSd SUP. Beispielsweise sind die gravierenden Auswirkungen der Errichtung einer Höchstspannungstrasse nicht gerechtfertigt, wenn aus Robustheitserwägungen für vorgeschlagene Maßnahmen die Nullvariante gewählt und diese Maßnahme nicht bestätigt wird.

35   Um die Erforderlichkeit im Rahmen einer Prüfung **quantifizierbar** zu machen, zieht die Behörde die Auslastung von Leitungen als Kriterium heran. Die Auslastung stellt dar, in welchem Umfang die Leitung beansprucht wird. Je höher die Beanspruchung einer Leitung ist, desto stärker ist die Entlastung des umgebenden Netzes. Je stärker das Netz durch eine Maßnahme entlastet wird, desto höher ist ihr Nutzen im

Wechselstromnetz für das Gesamtsystem. Für die Bewertung wird unterschieden zwischen Gleichstrom- und Wechselstrommaßnahmen. Dabei zieht die BNetzA als Indikator für eine hinreichende Robustheit eine Auslastung von 20 Prozent heran, weil unterhalb dieser Auslastung technisch gesehen auch eine 110 kV-Hochspannungsleitung zur Bewältigung des Transportbedarfs infrage kommt (BNetzA, Bestätigung des NEP 2012 v. 25.11.2012, S. 109; BNetzA, Bestätigung Netzentwicklungsplan Strom 2019–2030 v. 20.12.2019, S. 50; BNetzA, Bestätigung Netzentwicklungsplan Strom 2021–2035 v. 14.1.2022, S. 41).

5. Änderungsverlangen. Bereits nach Abs. 1 S. 2 kann die Regulierungsbehörde Änderungen des Entwurfs des Netzentwicklungsplans von den Übertragungsnetzbetreibern verlangen. Das **Änderungsverlangen** kann sich zunächst auf alle erforderlichen Änderungen zur Herstellung der Übereinstimmung des Netzentwicklungsplans mit den in Abs. 1 genannten Anforderungen gem. § 12b Abs. 1, 2 und 4 beziehen. Das ergibt sich zwar nicht aus dem ausdrücklichen Wortlaut von Abs. 1 S. 2, aber aus dem Gesamtkontext der in § 12b Abs. 1 S. 1–3 enthaltenen Regelungen (vgl. auch NK-EnWG/*Posser* EnWG § 12c Rn. 10). 36

Dieses Änderungsverlangen steht *vor* der Öffentlichkeitsbeteiligung, der Prüfung der energiewirtschaftlichen Rechtfertigung der Maßnahmen und der Strategischen Umweltprüfung. In Art. 22 Abs. 5 Elt-RL 09 steht das Änderungsverlangen hingegen am Ende des Konsultationsprozesses. Da die Regulierungsbehörde den Netzentwicklungsplan einerseits gem. Abs. 4 S. 1 unter Berücksichtigung des Ergebnisses der Behörden- und Öffentlichkeitsbeteiligung bestätigt und es nicht ausgeschlossen ist, dass sich aus der Anhörung Änderungsbedarf für den Netzentwicklungsplan ergibt, und das Gesetz andererseits davon ausgeht, dass die BNetzA Änderungen des Netzentwicklungsplans nicht selbst vornehmen kann (§ 12c Abs. 5), können sich Änderungsverlangen der BNetzA als zuständiger Regulierungsbehörde auch aus dem **Konsultationsprozess** ergeben (weitergehend wohl → 3. Aufl., § 12c Rn. 9, wonach die Regulierungsbehörde mit der Genehmigung des NEP im Lichte von Öffentlichkeitsbeteiligung und Umweltbericht den NEP teilweise ablehnen oder mit Änderungen genehmigen kann). 37

Als Ergebnis der Prüfung und der Behörden- und Öffentlichkeitsbeteiligung der Regulierungsbehörde können **andere Maßnahmen** stehen als diejenigen, die die Übertragungsnetzbetreiber in ihrem NEP entwickelt haben. Dies ist insbesondere dort möglich, wo der Netzentwicklungsplan der Übertragungsnetzbetreiber oder eigene Berechnungen **Maßnahmenalternativen** anbieten. Angesichts der unter → Rn. 28 gemachten Ausführungen zur Rollenverteilung und der Verantwortung für die Netzbetriebsführung der Übertragungsnetzbetreiber müssen die Alternativen zu einem **gleichen Niveau** an Versorgungssicherheit führen. Führen netztechnisch gleichwertige Alternativen unter Ansehung der Umweltauswirkungen und Kosten zu geringeren Auswirkungen, so kann diese Maßnahme abweichend gewählt werden. Damit tritt eine Selbstbindung der BNetzA dem Grunde nach im Rahmen der Verfahren nach § 21a EnWG und § 23 ARegV zur Kostenregulierung, zum Effizienzvergleich und zur Anerkennung von Investitionsmaßnahmen ein. Gehen die Beurteilungen des zu erreichenden Sicherheitsniveaus zwischen Übertragungsnetzbetreiber und Regulierungsbehörde auseinander, so liegt die Ursache mit hoher Wahrscheinlichkeit in der unterschiedlichen Bewertung der zugrunde liegenden methodischen Annahmen. Diese sind durch die Behörde voll überprüfbar. 38

Die BNetzA geht entgegen der überwiegenden Auffassung in der Literatur (vgl. NK-EnWG/*Posser* § 12c Rn. 11; Theobald/Kühling/*Kober* EnWG § 12c Rn. 12) 39

§ 12 c Teil 3. Regulierung des Netzbetriebs

davon aus, dass ihr bei der Prüfung des Netzentwicklungsplans ein eigenes **Gestaltungsermessen** eingeräumt ist (vgl. BNetzA Beschl. v. 29.10.2019 – 8571-5 NEP Strom 2019–2030 in *Ruge* EnWZ 2020, 99 (100f.); → 3. Aufl., § 12c Rn. 21; BeckOK EnWG/*Fischer* § 12c Rn. 14). Infolgedessen sieht sich die BNetzA berechtigt, ein Änderungsverlangen hinsichtlich des vorgelegten Plans auszusprechen oder den Antrag der Übertragungsnetzbetreiber teilweise abzulehnen (BNetzA Beschl. v. 29.10.2019 – 8571-5 NEP Strom 2019–2030 in *Ruge* EnWZ 2020, 99 (101)); sie sei jedoch nicht berechtigt, den abgelehnten Teil durch eigene Entscheidungen zu ersetzen (aA → 3. Aufl., § 12c Rn. 21).

40 Das Änderungsverlangen stellt einen Eingriff in die Rechte des Übertragungsnetzbetreibers dar, da mit dem Netzentwicklungsplan **Investitionspflichten** für die einzelnen Netzbetreiber verbunden sind. Für die Netzbetreiber werden Investitionen, die nicht im Netzentwicklungsplan abgebildet sind, nicht als energiewirtschaftlich notwendig und effizient betrachtet. Beide Möglichkeiten stellen eine belastende Regelung gegenüber dem verpflichteten Übertragungsnetzbetreibern dar, die den Rechtsweg eröffnen (→ Rn. 87).

41 Die ÜNB sind bei einem Änderungsverlangen verpflichtet, der Regulierungsbehörde unverzüglich, dh ohne schuldhaftes Zögern (s. § 121 Abs. 1 S. 1 BGB), einen neuen, einheitlichen NEP unter Berücksichtigung des Änderungsverlangens der Behörde vorzulegen.

III. Form und Frist

42 Die Regulierungsbehörde **bestätigt** den Netzentwicklungsplan unter Berücksichtigung des Ergebnisses der Behörden- und Öffentlichkeitsbeteiligung. Mit der Bestätigung des Netzentwicklungsplans wird das Verfahren seiner Erstellung formell abgeschlossen. Es wird festgestellt, dass der vorgelegte Netzentwicklungsplan den Anforderungen gem. § 12b Abs. 1, 2 und 4 entspricht.

43 Die Bestätigung entfaltet **Bindungs- und Regelungswirkung** gegenüber den Übertragungsnetzbetreibern. Die Entscheidung über den Netzentwicklungsplan hat mithin **Verwaltungsaktqualität**. Zwar ist sie als energiewirtschaftliche Bedarfsplanung ein stark planerischer Vorgang der Netzbetreiberunternehmen, aber sie konkretisiert im Ergebnis die Ausübung gesetzlicher Pflichten – die Pflicht zum sicheren Netzbetrieb und zum bedarfsgerechtem Netzausbau aus § 11. Sie enthält eigene abschließende Regelungen, in denen die Entscheidung den ÜNB eine bestimmte Modellierung und Optimierung des Netzes gestattet. Die Feststellung einer Maßnahme als notwendig im NEP hat zwangsläufig Rückwirkungen auf die Genehmigung von **Investitionsmaßnahmen** nach § 23 ARegV sowie auf nachfolgende Planfeststellungs- und Raumordnungsverfahren. Im Einzelfall kann diese Feststellung andere Maßnahmen ausschließen. Sie bedingt im Einzelfall in den nächsten drei Jahren gegenüber den Übertragungsnetzbetreibern (Außenwirkung) auch eine Investitionspflicht (s. § 65 Abs. 2a). Die Regulierungsbehörde kann in dem gemeinsamen NEP feststellen, **welches Unternehmen** für eine notwendige Maßnahme verantwortlich ist (→ Rn. 74 ff.). Im Grundsatz soll der NEP selbst **konkrete Maßnahmen** und den zur Durchführung verpflichteten Netzbetreiber vorsehen.

44 § 12c Abs. 4 S. 1 sieht nunmehr eine **Bestätigungsfrist** für die Behörde bis zum 31. Dezember eines jeden ungeraden Kalenderjahres vor. Erstmals war der Netzentwicklungsplan 2017 zu bestätigen. So kann eine Überschneidung der Verfahrensschritte nach § 12a und § 12c in der Regel ausgeschlossen werden.

C. Strategische Umweltprüfung zum Bundesbedarfsplan

I. Einordnung und Überblick

Anders als bei § 12c Abs. 1, 3–8 ist Bezugspunkt des § 12c Abs. 2 nicht der zu 45 prüfende und zu bestätigende Netzentwicklungsplan, sondern der **Bundesbedarfsplan**. Für den Bundesbedarfsplan nach § 12e ist die Durchführung einer Strategischen Umweltprüfung gem. § 35 Abs. 1 Nr. 1 UVPG iVm Nr. 1.10 der Anlage 5 zum UVPG **obligatorisch**. Aus diesem Grund verpflichtet § 12c Abs. 2 die BNetzA, frühzeitig, während des Verfahrens zur Erstellung des Netzentwicklungsplans nach § 12b, eine SUP durchzuführen und in deren Rahmen einen Umweltbericht zu erstellen, wenn der bestätigte Netzentwicklungsplan Grundlage für einen Bundesbedarfsplan nach § 12e sein wird. Eine **Ausnahme** gilt gem. § 12e Abs. 5 jedoch bei der Änderung des Bundesbedarfsplans: Soweit sich aus § 37 S. 1 UVPG für die Änderung des Bundesbedarfsplans keine SUP-Pflicht ergibt, ist die BNetzA auch nicht zur Durchführung einer SUP nach § 12c Abs. 2 verpflichtet.

Die Strategische Umweltprüfung ist im UVPG in den §§ 33–46 und §§ 60–63 46 normiert. Bereits danach ist ein **Umweltbericht** (§ 40 UVPG) zu erstellen. Der Verweis des § 12c Abs. 2 S. 1 entfaltet daher insoweit allenfalls klarstellende Wirkung.

Die BNetzA hat im August 2021 einen **Leitfaden** herausgebracht, der die für 47 den Umweltbericht zur Bedarfsermittlung 2019–2030 entwickelte Methode zur Ermittlung, Beschreibung und Bewertung der voraussichtlichen erheblichen Umweltauswirkungen erläutert (s. BNetzA, Die Methode der Strategischen Umweltprüfung zum Bundesbedarfsplan, August 2021, abrufbar unter www.netzausbau.de/SharedDocs/Downloads/DE/Methodik/SUP-Methode.pdf?__blob=publicationFile). Dieser Leitfaden soll auch die methodische Basis für die Umweltberichte der folgenden Jahre bilden.

II. Inhalt

1. Allgemein. Bei der verbindlichen energiewirtschaftlichen Bedarfsplanung 48 handelt es sich um einen zukunftsbezogenen Prozess mit entsprechenden Prognoseentscheidungen. Die Strategische Umweltprüfung ist ein planungsbezogenes **Instrument des integrativen Umweltschutzes**. Sie soll sicherstellen, dass bei bestimmten Vorhaben, Plänen und Programmen zur wirksamen Umweltvorsorge nach einheitlichen Grundsätzen die erheblichen Auswirkungen auf die Umwelt im Rahmen von Umweltprüfungen umfassend ermittelt, beschrieben und bewertet werden (vgl. § 3 UVPG). Umweltprüfungen werden unter Beteiligung der Öffentlichkeit durchgeführt. Die Ergebnisse der Umweltprüfung sollen bei der Aufstellung oder Änderung von Plänen und Programmen so früh wie möglich berücksichtigt werden.

Die SUP ist nach § 33 UVPG ein **unselbstständiger Teil** behördlicher Ver- 49 fahren zur Aufstellung oder Änderung von Plänen und Programmen. Pläne oder Programme im Sinne des UVPG sind nur die in § 2 Abs. 7 UVPG abschließend benannten bundesrechtlich oder durch Rechtsakte der Europäischen Union vorgesehenen Pläne und Programme. Die SUP wird demnach in ein sog. **Trägerverfahren** integriert. Das vorliegende Trägerverfahren ist der Bundesbedarfsplan nach § 12e, nicht der Netzentwicklungsplan.

Die SUP umfasst gem. § 3 S. 1 iVm § 2 Abs. 1, 2 UVPG die Ermittlung, 50 Beschreibung und Bewertung der unmittelbaren und mittelbaren erheblichen

§ 12 c Teil 3. Regulierung des Netzbetriebs

Auswirkungen eines Plans oder Programms auf die **Schutzgüter des UVPG**, dh auf
- Menschen, insbesondere die menschliche Gesundheit
- Tiere, Pflanzen und die biologische Vielfalt
- Fläche, Boden, Wasser, Luft, Klima und Landschaft
- kulturelles Erbe und sonstige Sachgüter
- die Wechselwirkung zwischen den vorgenannten Schutzgütern.

51 **2. Speziell. a) Festlegung des Untersuchungsrahmens.** Zunächst hat die BNetzA den **Untersuchungsrahmen** der Strategischen Umweltprüfung festzulegen (§ 39 UVPG). Bestandteil dieses sog. **Scoping** sind auch Festlegungen zum Umfang und zum Detaillierungsgrad der in den Umweltbericht (§ 40 UVPG) aufzunehmenden Angaben. Die Festlegungen des Scoping haben demnach unmittelbare Auswirkungen auf den Inhalt des Umweltberichts (s. auch Hoppe/Beckmann/Kment/*Kment* § 40 Rn. 15). Maßgeblich für den Inhalt des Untersuchungsrahmens der SUP ist der Inhalt des zu prüfenden Plans oder Programms. Entscheidend ist die Frage, welche konkreten inhaltlichen Aussagen bzw. Festlegungen des Trägerverfahrens (vorliegend der Bundesbedarfsplan) den Prüfgegenstand der SUP bilden, dh auf Umweltauswirkungen zu prüfen sind. Das UVPG gibt hierzu nur eine **Orientierung.** Der Untersuchungsrahmen der SUP bestimmt sich nach den Rechtsvorschriften, die für die Ausarbeitung des Plans maßgebend sind (§ 39 Abs. 2 S. 1 UVPG). Dh, die SUP richtet sich nach Inhalt und Detaillierungsgrad des Plans (Hoppe/Beckmann/Kment/*Kment* UVPG § 39 Rn. 14). Dabei ist auch die Sonderregelung des § 12c Abs. 2 a S. 1 zu beachten, wonach die ermittelten Präferenzräume dem Umweltbericht für die dort genannten Maßnahmen als Untersuchungsraum zugrunde zu legen sind.

52 Das EnWG definiert in § 12b eine ganze Reihe von Inhalten des NEP. Es ist nicht festgelegt, welche Maßnahmen zu berücksichtigen sind, die sich nicht gleichzeitig aus allen drei gerechneten Szenarien ergeben. Hier ist eine Auswahl zu treffen. In der Abwägung, welche Maßnahmen aufgenommen werden, hat die Netzsicherheit ausdrücklich Priorität (§ 12b Abs. 2 S. 2).

53 Zu berücksichtigen ist in diesem Zusammenhang auch § 39 Abs. 3 UVPG, der **mehrstufige Planungs- und Zulassungsprozesse** in den Blick nimmt, um die es mit den Stufen der Bedarfsplanung, der Bundesfachplanung bzw. Raumordnung und der Planfeststellung auch hier geht (→ § 12a Rn. 1). Bei diesen soll im Scoping zur Vermeidung von Mehrfachprüfungen bestimmt werden, auf welcher Planungs- und Zulassungsstufe bestimmte Umweltauswirkungen schwerpunktmäßig geprüft werden sollen. Dabei sind Art und Umfang der Umweltauswirkungen, fachliche Erfordernisse sowie Inhalt und Entscheidungsgegenstand des Plans oder Programms zu berücksichtigen. Bei nachfolgenden Plänen und Programmen sowie bei der nachfolgenden Zulassung von Vorhaben, für die der Plan oder das Programm einen Rahmen setzt, soll sich die Umweltprüfung dann auf zusätzliche oder andere erhebliche Umweltauswirkungen sowie auf erforderliche Aktualisierungen und Vertiefungen beschränken.

54 **b) Umweltbericht.** Die BNetzA erstellt **frühzeitig** während der Erstellung des Netzentwicklungsplans durch die Übertragungsnetzbetreiber einen **Umweltbericht** (§ 12c Abs. 2 S. 1 EnWG, § 40 UVPG). § 12c Abs. 2 S. 1 konkretisiert den Frühzeitigkeitsbegriff aus § 40 Abs. 1 S. 1 UVPG dahin gehend, dass der Umweltbericht „während des Verfahrens zur Erstellung des Netzentwicklungsplans

Bestätigung des Netzentwicklungsplans durch die Regulierungsbehörde **§ 12 c**

nach § 12 b" zu erstellen ist. Die hierfür erforderlichen Informationen stellen die
Übertragungsnetzbetreiber zur Verfügung.

§ 12 c Abs. 2 S. 2, 3 enthält die **Mindestinhalte des Umweltberichts** nach § 40   55
Abs. 2 UVPG ergänzende Mindestangaben. Danach hat der Umweltbericht nach
§ 40 UVPG den Umweltbericht zum Flächenentwicklungsplan nach § 6 Abs. 4
WindSeeG mit einzubeziehen; er kann auf zusätzliche oder andere als im Umweltbericht zum Flächenentwicklungsplan nach § 6 Abs. 4 WindSeeG enthaltene
erhebliche Umweltauswirkungen beschränkt werden. Ferner kann sich der Umweltbericht nach § 12 c Abs. 1 S. 1 EnWG iVm § 40 UVPG auf das deutsche Staatsgebiet beschränken. Zudem hat der Umweltbericht die voraussichtlichen Umweltauswirkungen der nach § 12 c Abs. 2a ermittelten Präferenzräume zu ermitteln,
beschreiben und bewerten.

Neben diesen Angaben enthält der Umweltbericht nach § 40 Abs. 2 UVPG fol-   56
gende Mindestangaben:
– Kurzdarstellung des Inhalts und der wichtigsten Ziele des Plans sowie der Beziehung zu anderen relevanten Plänen und Programmen
– Darstellung der für den Plan geltenden Ziele des Umweltschutzes sowie die Art,
  wie diese Ziele und sonstige Umwelterwägungen bei der Ausarbeitung des Plans
  berücksichtigt wurden
– Darstellung der Merkmale der Umwelt, des derzeitigen Umweltzustands sowie
  dessen voraussichtliche Entwicklung bei Nichtdurchführung des Plans
– Angabe der derzeitigen für den Plan bedeutsamen Umweltprobleme, insbesondere der Probleme, die sich auf ökologisch empfindliche Gebiete nach Nr. 2.6
  der Anlage 6 zum UVPG beziehen, dh auf Natura 2000-Gebiete, Naturschutzgebiete, Nationalparke und Nationale Naturmonumente, Biosphärenreservate
  und Landschaftsschutzgebiete, Naturdenkmäler, geschützte Landschaftsbestandteile einschließlich Alleen und gesetzlich geschützte Biotope nach den §§ 23 ff.
  BNatSchG, Wasserschutzgebiete (§ 51 WHG), Heilquellenschutzgebiete (§ 53
  Abs. 4 WHG), Risikogebiete nach § 73 Abs. 1 WHG sowie Überschwemmungsgebiete nach § 76 WHG
– Beschreibung der voraussichtlichen erheblichen Auswirkungen auf die Umwelt
  nach § 3 iVm § 2 Abs. 1 und 2 UVPG
– Darstellung der Maßnahmen, die geplant sind, um erhebliche nachteilige Umweltauswirkungen aufgrund der Durchführung des Plans oder des Programms
  zu verhindern, zu verringern und so weit wie möglich auszugleichen
– Hinweise auf Schwierigkeiten, die bei der Zusammenstellung der Angaben aufgetreten sind, zB technische Lücken oder fehlende Kenntnisse
– Kurzdarstellung der Gründe für die Wahl der geprüften Alternativen sowie eine
  Beschreibung, wie die Umweltprüfung durchgeführt wurde
– Darstellung der geplanten Überwachungsmaßnahmen gem. § 45 UVPG

Im Umweltbericht werden die voraussichtlichen **erheblichen Umweltauswir-**   57
kungen der Durchführung des Plans sowie vernünftige Alternativen ermittelt, beschrieben und bewertet. Dem Umweltbericht ist eine **allgemein verständliche,
nichttechnische Zusammenfassung** beizufügen.

Inhaltlich besteht der Umweltbericht aus einem **deskriptiven** (§ 40 Abs. 2   58
UVPG) und einem **bewertenden** Teil (§ 40 Abs. 3 UVPG). Zum deskriptiven Teil
gehört insbesondere die Beschreibung der voraussichtlichen erheblichen Auswirkungen auf die Umwelt nach § 3 S. 1 iVm § 2 Abs. 1, 2 UVPG, also die unmittelbaren und mittelbaren Auswirkungen auf die Schutzgüter sowie die Wechselwirkungen zwischen den Schutzgütern. Im bewertenden Teil sind neben den

Busch 443

§ 12 c   Teil 3. Regulierung des Netzbetriebs

Maßstäben der Regelungen zum Zweck der Umweltprüfung und den Auswirkungen auf die Schutzgüter auch die Bewertungsmaßstäbe des Fachrechts relevant. Der Umweltbericht enthält (nur) die Angaben, die mit zumutbarem Aufwand ermittelt werden können, und berücksichtigt dabei den gegenwärtigen Wissensstand und der Behörde bekannte Äußerungen der Öffentlichkeit, allgemein anerkannte Prüfungsmethoden und eben den Inhalt und Detaillierungsgrad des Plans sowie dessen Stellung im Entscheidungsprozess (§ 39 Abs. 2 S. 2 UVPG). Der Bericht muss so gefasst sein, dass er für Dritte die Beurteilung ermöglicht, ob und in welchem Umfang sie von den Umweltauswirkungen des Plans oder Programms betroffen werden können.

59 Das Gesetz spricht von „Netzausbaumaßnahmen", die im Netzentwicklungsplan darzustellen sind. Der Netzentwicklungsplan enthält konkret realisierbare Maßnahmen, die zur bedarfsgerechten Optimierung, Verstärkung und zum Ausbau des Netzes im Zieljahr für einen sicheren und zuverlässigen Netzbetrieb erforderlich sind. Streckenmaßnahmen sind mindestens mit ihren **Anfangs- und Endpunkten** benannt (so auch BNetzA, Bestätigung des NEP 2012 v. 25.11.2012; BNetzA, Bestätigung Netzentwicklungsplan Strom 2019–2030 v. 20.12.2019, S. 24; BNetzA, Bestätigung Netzentwicklungsplan Strom 2021–2035 v. 14.1.2022, S. 16). Durch solche Festlegungen von Verbindungspunkten ist der räumliche Verlauf eines Projekts grob bestimmbar. Die Festlegung dient dabei ausschließlich der Bedarfsfeststellung. Konkrete Trassenverläufe oder konkrete Standorte für Nebenanlagen wie Konverter oder neue Umspann- oder Schaltanlagen sind damit nicht vorweggenommen (so BNetzA, Bestätigung Netzentwicklungsplan Strom 2019–2030 v. 20.12.2019, S. 24; BNetzA, Bestätigung Netzentwicklungsplan Strom 2021–2035 v. 14.1.2022, S. 16). Die Standortfestlegung ist dem konkreten Genehmigungsverfahren vorbehalten, das im relevanten Suchraum den geeigneten und genehmigungsfähigen Standort für eine Anlage mit der notwendigen energiewirtschaftlichen Wirkung feststellen muss. Dementsprechend ist auch die Aussagekraft des Umweltberichts insoweit beschränkt. Orientiert an den Informationen der Übertragungsnetzbetreiber im Netzentwicklungsplan, nimmt die BNetzA bei der Erstellung des Umweltberichts aber eine **Unterscheidung der Ausbauformen** vor, dh, sie differenziert danach, ob es sich um eine Netzausbaumaßnahme oder eine (und welche) Netzoptimierungs- oder Netzverstärkungsmaßnahme handelt (s. BNetzA, Die Methode der Strategischen Umweltprüfung zum Bundesbedarfsplan, August 2021, S. 50f.).

60 Zur Erstellung des Umweltberichts muss die BNetzA neben den voraussichtlichen erheblichen Umweltauswirkungen bei der Durchführung des Plans auch die **vernünftigen Alternativen** ermitteln, beschreiben und schließlich bewerten. Der Umweltbericht muss unter Beachtung der Maßgaben des § 39 UVPG auch eine Kurzdarstellung der Gründe für die Wahl der geprüften Alternativen sowie eine Beschreibung der durchgeführten Prüfung enthalten. Für eine effektive Umweltvorsorge ist es erforderlich, dass Alternativen in einem möglichst frühen Planungsstadium untersucht werden, sodass die gewonnenen Erkenntnisse frühzeitig im Planungsprozess Berücksichtigung finden können (Hoppe/Beckmann/Kment/ *Kment* UVPG § 40 Rn. 18). Die **Alternativenprüfung** wird für die aus dem Netzentwicklungsplan abgeleiteten vernünftigen Alternativen durchgeführt. Um eine vernünftige, dh eine zumutbare, nicht offensichtlich fernliegende Alternative (s. hierzu im Detail Hoppe/Beckmann/Kment/ *Kment* UVPG § 40 Rn. 20ff.) handelt es sich im Einklang mit Art. 5 Abs. 1 SUP-RL bei allen Alternativen, mit denen die durch den Plan verfolgten Ziele erreicht werden können (sog. **Planzielkonfor-**

mität), wobei gewisse Abstriche vom Zielerreichungsgrad hinzunehmen sind (so auch BNetzA, Die Methode der Strategischen Umweltprüfung zum Bundesbedarfsplan, August 2021, Kap. 4.8.1, S. 61). Die Alternativen sind daher am **Maßstab** des § 1 Abs. 1 EnWG zu messen, dh daran, ob sie jeweils eine möglichst sichere, preisgünstige, verbraucherfreundliche, effiziente, umweltverträgliche und treibhausgasneutrale leitungsgebundene Versorgung der Allgemeinheit mit Elektrizität, die zunehmend auf erneuerbaren Energien beruht, gewährleisten; denn gem. § 12e Abs. 2 S. 3 EnWG entsprechen die in den Bundesbedarfsplan aufgenommenen Vorhaben – denen die SUP dient – den Zielen des § 1 Abs. 1 (Steinbach/Franke/*Heimann* § 12c Rn. 31). Wie sich aus § 39 Abs. 2 S. 2 UVPG ergibt, müssen auch die zu prüfenden Alternativen mit zumutbarem Aufwand ermittelt werden können und dem Detaillierungsgrad des Bundesbedarfsplans entsprechen.

Die BNetzA betrachtet sowohl **Konzeptalternativen** in Form eines statistischen und textlichen Vergleichs der im Netzentwicklungsplan benannten möglichen Entwicklungen (Szenarien) als auch **räumliche Alternativen** zu den Einzelmaßnahmen. Die geprüften Alternativen werden einander gegenübergestellt und in eine aus umweltfachlicher Sicht zu bevorzugende Reihung gebracht. Auf Netzebene wird geprüft, ob ein Vergleich der unterschiedlichen Netze der Szenarien zu aussagekräftigen Ergebnissen führt, sodass diese im Umweltbericht dargestellt werden müssen. Der Vergleich auf Maßnahmenebene knüpft an § 12b Abs. 1 S. 4 Nr. 6 EnWG an. Im Netzentwicklungsplan sind die „in Betracht kommenden anderweitigen Planungsmöglichkeiten von Netzausbaumaßnahmen" darzustellen. Diese anderweitigen Planungsmöglichkeiten zieht die BNetzA auf Maßnahmenebene zum Vergleich der räumlichen Alternativen heran (s. zur Alternativenprüfung im Umweltbericht im Detail BNetzA, Die Methode der Strategischen Umweltprüfung zum Bundesbedarfsplan, August 2021, Kap. 4.8, S. 61ff.). Für die nach § 12c Abs. 2a ermittelten Präferenzräume sollen im Umweltbericht mindestens dann räumliche Alternativen geprüft werden, wenn alternative Netzverknüpfungspunkte in Betracht kommen (BT-Drs. 20/1599, 53f.). 61

Außerhalb der Alternativenprüfung von Verbindungen zur Deckung eines konkreten Transportbedarfs könnten zwischen allen Anfangs- und Endpunkten sog. **Raumwiderstandsuntersuchungen** gemacht werden (s. auch BNetzA, Die Methode der Strategischen Umweltprüfung zum Bundesbedarfsplan, August 2021, S. 28ff.). Dabei wird in einem theoretischen Trassenraum untersucht, welche Raumwiderstände erkennbar sind. Eine Raumwiderstandsuntersuchung ist dann verpflichtend, wenn der NEP zwischen den Anfangs- und Endpunkten einen möglichen Trassenverlauf wahrscheinlich erscheinen lässt. 62

Raumwiderstandsuntersuchungen könnten punktuell geboten sein, wenn die künftige Trassenführung sich konkret als alternativlos abzeichnet. Dies kann der Fall sein bei Maßnahmen zwischen Anfangs- und Endpunkten, die nur wenige Kilometer erfassen, oder bei der Weiterführung von anlandenden und ausgewiesenen Offshore-Anbindungsleitungen bzw. Interkonnektoren bis zum nächsten Netzknoten. Hier wäre dann eine Raumwiderstandsuntersuchung in einem vorgegebenen und engen Trassenraum möglich. 63

Gegenstand der Alternativenprüfung können ferner nur solche Parameter sein, die zum Prüf- und Entscheidungsprogramm des zu bewertenden Plans gehören. Vielfach gefordert, aber nicht zum Prüf- und Entscheidungsprogramm gehörend, ist eine Prüfung eines alternativen Energiemixes oder seiner regionalen Verteilung. Dieser wird durch den separat bestätigten Szenariorahmen vorgegeben. 64

III. Verfahren

65 **1. Scoping.** Den ersten Verfahrensschritt der Strategischen Umweltprüfung bildet das sog. **Scoping** (→ Rn. 51 f.). Die BNetzA legt hier den Untersuchungsrahmen für die SUP fest (§ 39 UVPG). Festgelegt werden ferner der Umfang und der Detaillierungsgrad der in den Umweltbericht nach § 40 UVPG aufzunehmenden Angaben. Am Scoping-Verfahren sind die Behörden, deren umwelt- und gesundheitsbezogener Aufgabenbereich durch den Plan berührt wird, zu **beteiligen**. Ihnen wird auf der Grundlage geeigneter Informationen Gelegenheit zu einer Besprechung oder zur Stellungnahme über die zu treffenden Festlegungen gegeben. Darüber hinaus können Sachverständige, betroffene Gemeinden, bei grenzüberschreitenden Sachverhalten die zuständigen Behörden des anderen Staates, nach § 3 UmwRG anerkannte Umweltvereinigungen und sonstige Dritte hinzugezogen werden. Sofern die zu beteiligenden Behörden über Informationen verfügen, die für den Umweltbericht zweckdienlich sind, sind sie verpflichtet, diese der BNetzA zur Verfügung zu stellen.

66 **2. Öffentlichkeits- und Behördenbeteiligung.** Die SUP selbst wird unter Beteiligung der Öffentlichkeit durchgeführt (§ 3 S. 2 UVPG). Spezielle Regelungen zur **Behörden- und Öffentlichkeitsbeteiligung** zum Umweltbericht enthalten §§ 41, 42 sowie §§ 60, 61 UVPG. Neben den vorgeschriebenen Beteiligungsformen sollten elektronische Kommunikationsmittel genutzt werden, um das Verfahren praktikabel und effizient durchzuführen. Seit Inkrafttreten der Klimaschutz-Sofortprogramm-Novelle (BGBl. 2022 I S. 1214) am 29.7.2022 ist es nicht mehr verpflichtend, dass die Öffentlichkeits- und Behördenbeteiligung zum Umweltbericht gleichzeitig mit der Beteiligung zum Entwurf des Netzentwicklungsplans durch die BNetzA stattfindet.

67 Im Rahmen der **Behördenbeteiligung** übermittelt die BNetzA den Behörden, deren umwelt- und gesundheitsbezogener Aufgabenbereich durch den Plan berührt wird, den Entwurf des Plans sowie den Umweltbericht und holt zur Stellungnahmen dieser Behörden ein. Den Behörden ist für die Abgabe ihrer Stellungnahmen eine **angemessene Frist** zu setzen, die mindestens einen Monat beträgt. Zu den zu beteiligenden Behörden, deren umwelt- oder gesundheitsbezogener Aufgabenbereich durch den nationalen Netzentwicklungsplan berührt wird, gehören beispielsweise betroffene Bundesbehörden aus den im weitesten Sinne verstandenen Bereichen Umwelt und Umweltfolgeneinschätzung, zB Bundesamt für Naturschutz, Umweltbundesamt, Physikalisch-Technische Bundesanstalt, Bundesamt für Seeschifffahrt und Hydrografie, Bundesamt für Materialforschung oder Bundesamt für Strahlenschutz. Auf Länderebene sind aufgrund der großräumigen Darstellungen im Netzentwicklungsplan die obersten Landesbehörden für Umwelt und Gesundheit zu beteiligen.

68 Die **Öffentlichkeitsbeteiligung** nach § 42 UVPG wird durch die Regelung des Fachrechts ergänzt. Die Mindestauslegungsfrist von einem Monat wird durch ebendiese konkretisiert. Nach § 12c Abs. 3 sind die Unterlagen für die SUP sowie der Entwurf des Netzentwicklungsplans für eine Frist von sechs Wochen am Sitz der Regulierungsbehörde **auszulegen** und darüber hinaus auf ihrer **Internetseite öffentlich bekannt zu machen**. Erfasst sind auch solche Unterlagen, deren Einbeziehung die BNetzA als zuständige Behörde für zweckmäßig hält. Die betroffene Öffentlichkeit kann sich zum Entwurf des Netzentwicklungsplans und zum Umweltbericht bis einen Monat nach Ende der Auslegung **äußern**.

Das UVPG sieht zudem hinsichtlich der Öffentlichkeitsbeteiligung vor, dass die 69
Auslegungsorte so zu wählen sind, dass eine wirksame Beteiligung der betroffenen
Öffentlichkeit gewährleistet ist. Die „betroffene Öffentlichkeit" umfasst nach der
Legaldefinition des § 2 Abs. 9 UVPG alle Personen, deren Belange durch den Plan
berührt werden; hierzu gehören auch Vereinigungen, deren satzungsmäßiger Aufgabenbereich durch den Plan berührt wird, darunter auch Vereinigungen zur Förderung des Umweltschutzes.

Ein Erörterungstermin ist durchzuführen, soweit dies durch Rechtsvorschriften 70
des Bundes vorgegeben ist (§ 42 Abs. 3 S. 5 UVPG). Im Rahmen der Bundesbedarfsplanung ist ein Erörterungstermin nicht festgeschrieben und daher nicht
zwingend erforderlich.

Zur **grenzüberschreitenden Behörden- und Öffentlichkeitsbeteiligung** 71
finden sich Sonderregelungen in § 60f. UVPG. Diese sind insbesondere einschlägig, wenn ein Plan erhebliche Umweltauswirkungen in einem anderen Staat haben kann.

Ergeben sich im Verfahren **Änderungen des Planentwurfs,** soll eine erneute 72
Öffentlichkeitsbeteiligung gem. § 42 Abs. 1 iVm § 22 Abs. 2 UVPG nur durchgeführt werden, wenn zusätzliche oder andere erhebliche Umweltauswirkungen
zu besorgen sind. Bei der Fortschreibung des Netzentwicklungsplans kann sich die
Beteiligung der Behörden und der Öffentlichkeit gem. § 12c Abs. 6 S. 1 auf Änderungen gegenüber dem zuletzt genehmigten Szenariorahmen oder dem zuletzt bestätigten Netzentwicklungsplan beschränken. Ein vollständiges Verfahren ist mindestens alle vier Jahre oder bei wesentlichen Änderungen durchzuführen. Bei
Änderungen des Bedarfsplans ist eine SUP nur unter den Voraussetzungen des
UVPG erneut durchzuführen (§ 12e Abs. 5 EnWG iVm § 37 S. 1 UVPG).

Nach Abschluss der Behörden- und Öffentlichkeitsbeteiligung **überprüft** die 73
zuständige Behörde die Darstellungen und Bewertungen des Umweltberichts im
Hinblick auf eine wirksame Umweltvorsorge unter Berücksichtigung der im Rahmen der Öffentlichkeits- und Behördenbeteiligung übermittelten Stellungnahmen
und Äußerungen. Das **Ergebnis** der Überprüfung und somit der Strategischen
Umweltprüfung ist sodann im Verfahren zur Aufstellung oder Änderung des Bundesbedarfsplans und damit auch im Verfahren der Erstellung des Netzentwicklungsplans zu **berücksichtigen** (→ Rn. 32) (s. auch NK-EnWG/*Posser* § 12c Rn. 38f.
sowie Hoppe/Beckmann/Kment/*Kment* UVPG § 40 Rn. 10).

D. Vorhabenträgerschaft und Zuweisungsbefugnis der BNetzA

Im Zuge der Novellierung des EnWG durch das Gesetz zur Umsetzung unions- 74
rechtlicher Vorgaben und zur Regelung reiner Wasserstoffnetze im Energiewirtschaftsrecht vom 16.7.2021 (BGBl. I S. 3026) wurde § 12c Abs. 8 neu gefasst und
erweitert. Dieser erfuhr im Gesetzgebungsverfahren – gemeinsam mit dem zunächst nicht vorgesehenen neuen, letztlich aber nicht in das EnWG aufgenommenen § 12c Abs. 9 – erhebliche Änderungen (vgl. BT-Drs. 19/27453, 17, 97 sowie BT-Drs. 19/30899, 8f.). § 12c Abs. 8 schafft eine **Verbindung** zwischen dem
Verfahren der Bestätigung des Netzentwicklungsplans und den nachfolgenden
Bundesfachplanungs-, Raumordnungs- und Planfeststellungsverfahren, indem er
Bestimmungen zur Vorhabenträgerschaft der Übertragungsnetzbetreiber in diesen,

der gesetzlichen Bedarfsplanung nachgelagerten Verfahrensstufen trifft, und damit festlegt, wer für die **konkretisierende Planung und Realisierung des jeweiligen Projekts im Einzelfall zuständig** ist. So sieht § 3 Nr. 9 NABEG vor, dass **Vorhabenträger** im Sinne des NABEG der für die Durchführung einer Maßnahme im bestätigten Netzentwicklungsplan aufgeführte oder der nach § 12 c Abs. 8 bestimmte Übertragungsnetzbetreiber ist. Auch die Vorhabenträgerschaft nach den §§ 43 ff. kann nach § 12 c Abs. 8 S. 1–4 durch die BNetzA bestimmt werden. Zugleich ist damit eine **Investitionsentscheidung** (→ Rn. 30, 32) verbunden.

75 Die BNetzA als zuständige Regulierungsbehörde kann **bei Bestätigung** des Netzentwicklungsplans bestimmen, wer für die Durchführung einer im Netzentwicklungsplan bestätigten Maßnahme als Vorhabenträger verantwortlich ist (§ 12 c Abs. 8 S. 1). Die Verbindung dieser Entscheidung mit der Bestätigung des Netzentwicklungsplans ist jedoch nicht zwingend. Möglich ist auch, dass sie die Entscheidung zur Vorhabenträgerschaft in einer der Bestätigung **nachgelagerten Entscheidung** trifft. Ferner hat die BNetzA die Möglichkeit, die Vorhabenträgerschaft zwischen mehreren Übertragungsnetzbetreibern **aufzuteilen** (BT-Drs. 19/31009, 12).

76 Bei der **Auswahl** des Vorhabenträgers hat die BNetzA die **ermessenslenkenden Vorgaben** des § 12 c Abs. 8 S. 2–4 zu berücksichtigen, wonach sie ausschließlich Belange berücksichtigen darf, die **im öffentlichen Interesse** eine möglichst zügige, effiziente und umweltschonende Durchführung der Maßnahmen erwarten lassen. Diese Belange werden in Abs. 8 S. 3 und 4 nicht abschließend benannt („darüber hinaus kann sie insbesondere"). Berücksichtigungsfähig sind demnach ua:
– **Vorschläge** im Netzentwicklungsplan und etwaige **Vereinbarungen** von Übertragungsnetzbetreibern zur Bestimmung eines oder mehrerer Vorhabenträger
– ob ein Vorhabenträger bereits für ein Vorhaben nach dem EnLAG oder dem BBPlG verantwortlich ist und die bestätigte Maßnahme mit diesem Vorhaben **gemeinsam realisiert** werden soll
– ob durch die Durchführung einer Maßnahme durch einen Vorhabenträger oder durch eine gemeinsame Durchführung der Maßnahme durch mehrere Vorhabenträger die möglichst zügige, effiziente und umweltschonende Durchführung der Maßnahme besser erreicht werden können
– die personelle, technische und wirtschaftliche **Leistungsfähigkeit und Zuverlässigkeit** eines Vorhabenträgers
– die bisherigen **Fortschritte** eines Vorhabenträgers bei der Realisierung von Vorhaben nach dem EnLAG und dem BBPlG
– in welchem Umfang der Vorhabenträger neben der Durchführung der Maßnahme im Übrigen **für Netzausbauvorhaben verantwortlich** ist oder sein wird

Sollen aufgrund der Vorschläge im Netzentwicklungsplan oder aufgrund von Vereinbarungen zwischen den Übertragungsnetzbetreibern mehrere Vorhabenträger bestimmt werden, haben die Übertragungsnetzbetreiber darzulegen, dass durch eine solche anteilige Zuweisung eine möglichst zügige und effiziente Durchführung der Maßnahme erreicht werden kann (s. dazu bspw. BNetzA, Bestätigung Netzentwicklungsplan Strom 2021–2035 v. 14.1.2022, S. 9, 97).

77 Bei Ausübung ihres **Auswahlermessens** anhand der vorstehenden Kriterien wird die BNetzA zu berücksichtigen haben, dass die Realisierungsquote eines Übertragungsnetzbetreibers zwar einerseits Rückschlüsse auf die Leistungsfähigkeit

des Vorhabenträgers ermöglichen kann (vgl. auch BT-Drs. 19/27453, 97), der Fortschritt der Übertragungsnetzbetreiber bei der Realisierung von Vorhaben andererseits aber auch nur in Teilen von diesen beeinflusst werden kann. Denn die Verfahrensführung der Planfeststellungs- und Raumordnungsverfahren sowie der Bundesfachplanung obliegt den jeweils zuständigen Behörden. Wird die aufschiebende Wirkung einer Klage gegen einen Planfeststellungsbeschluss oder eine Plangenehmigung angeordnet (vgl. § 43e EnWG), steht dies der Baudurchführung (zumindest) für die Dauer des Verfahrens entgegen. Eine solche differenzierte Herangehensweise stünde auch im Einklang mit § 65 Abs. 2a, wonach nur Verzögerungen, die vom Netzbetreiber zu vertreten sind, zu einem aufsichtsrechtlichen Einschreiten der Regulierungsbehörde führen können. Zudem würde dies der Tatsache Rechnung tragen, dass die Regulierungsbehörde gem. § 12b Abs. 4 S. 4 Nr. 4, § 12d die Umsetzung der NEP-Maßnahmen und die Gründe für deren Verzögerungen bei der Umsetzung überwacht, dh Kenntnis von den beeinflussbaren oder nicht beeinflussbaren Hintergründen der Verzögerung(en) hat.

Seit der EnWG-Novelle 2021 sieht § 12c Abs. 8 S. 5 zudem eine **gesetzliche** 78 **Regelung zur Vorhabenträgerschaft** vor, von der die BNetzA unter den Voraussetzungen des § 12c Abs. 8 S. 7 bei Bestätigung des Netzentwicklungsplans oder durch gesonderte Entscheidung abweichen kann. Nach § 12c Abs. 8 S. 5 ist im Geltungsbereich des NABEG der Übertragungsnetzbetreiber Vorhabenträger für die **gesamte Leitung,** in dessen Regelzone der südliche Netzverknüpfungspunkt der Leitung liegt. Voraussetzung ist ferner, dass für das Vorhaben, sollte eine Bundesfachplanung durchzuführen sein, noch kein Antrag auf Bundesfachplanung nach § 6 S. 1 NABEG gestellt wurde bzw. dass in den Fällen, in denen auf eine Bundesfachplanung verzichtet werden kann (vgl. § 5a NABEG), das Planfeststellungsverfahren weder für das Gesamtvorhaben noch für Teile davon begonnen hat (vgl. § 19 S. 1 NABEG). Da der Gesetzgeber die in der Praxis übliche Abschnittsbildung und Trennung der Vorhabenträgerschaft an der Regelzonengrenze des jeweiligen Übertragungsnetzbetreibers nicht als geeignetes Kriterium für die eindeutige Bestimmung der Vorhabenträgerschaft ansieht, das zudem regelmäßig zu einer gesetzgeberisch nicht gewollten Trennung der Vorhabenträgerschaft entsprechend den in den jeweiligen Regelzonen belegenen Vorhabenabschnitte führt (vgl. BT-Drs. 19/31009, 12f.), legt er die **Lage des südlichen Netzverknüpfungspunkts** der Leitung als ausschlaggebendes Kriterium für die gesetzliche Zuweisung der Vorhabenträgerschaft fest. Ob sich die vom Gesetzgeber anhand der bisherigen Praxis bemängelte Verschlechterung der Prozesseffizienz bei geteilter Vorhabenträgerschaft wegen des damit einhergehenden permanenten Abstimmungsbedarfs zwischen den beteiligten Übertragungsnetzbetreibern dadurch lösen lässt, dass ein Übertragungsnetzbetreiber in der Regelzone eines anderen Netzbetreibers ein Leitungsvorhaben plant und errichtet, wird abzuwarten sein. Denn Abstimmung und Koordination zwischen den Übertragungsnetzbetreibern bleiben gleichsam erforderlich (s. *Kühling/Rasbach/Busch* EnergieR S. 63).

Der Gesetzgeber bezweckt mit der **Einheits-Vorhabenträgerschaft** (s. *Küh-* 79 *ling/Rasbach/Busch* EnergieR S. 63) eine klare Zuordnung der Verantwortlichkeit bei regelzonenübergreifenden HGÜ-Vorhaben, um diese Frage im Sinne eines möglichst zügigen Netzausbaus zu lösen. Dem vom Gesetzgeber bezweckten **Beschleunigungsgedanken** widerspricht es dem Grunde nach, dass die gesetzliche Bestimmung der Vorhabenträgerschaft gem. § 12c Abs. 8 S. 7 durch die BNetzA abweichend bestimmt werden kann, um eine möglichst zügige, effiziente und umweltschonende Durchführung der Maßnahmen sicherzustellen. Dies ist

§ 12 c Teil 3. Regulierung des Netzbetriebs

nach der Gesetzesbegründung der Fall, wenn der Beschleunigungsgedanke nicht greift oder die gesetzlich bestimmte Vorhabenträgerschaft zu unangemessenen Ergebnissen führt, wie dies bei einvernehmlichen Planungs- und Realisierungsvereinbarungen zwischen Übertragungsnetzbetreibern der Fall sei (BT-Drs. 19/31009, 13). Dies mag der Idee nach zutreffen. Dass Planungs- und Realisierungsvereinbarungen zwischen den ÜNB bereits vor Bestätigung des NEP und damit bevor der Ausbaubedarf feststeht, abgeschlossen werden, steht soweit ersichtlich im Widerspruch zur Praxis. Da die **Abweichungsentscheidung** der BNetzA über die Erwägungen des Gesetzgebers hinaus auch dann statthaft ist, wenn diese aus anderen Gründen erforderlich ist, um eine möglichst zügige, effiziente und umweltschonende Durchführung der Maßnahmen sicherzustellen, bleibt abzuwarten, ob sich an künftige Abweichungsentscheidungen der BNetzA dem Beschleunigungsgedanken zuwiderlaufende Rechtsstreitigkeiten um die Vorhabenträgerschaft anschließen werden.

80 Eine weitere gesetzliche Zuweisung der Vorhabenträgerschaft enthält § 12 c Abs. 8 S. 6 für im Netzentwicklungsplan bestätigte Offshore-Anbindungsleitungen. Maßgebliches Zuweisungskriterium ist in diesen Fällen die **Lage des landseitigen Netzverknüpfungspunkts**. Für diese Vorhaben ist entsprechend § 17 d Abs. 1 der Übertragungsnetzbetreiber, in dessen Regelzone dieser Netzverknüpfungspunkt liegt, Vorhabenträger. Auch von dieser gesetzlichen Zuweisung der Vorhabenträgerschaft kann die BNetzA unter den Voraussetzungen des § 12 c Abs. 8 S. 7 abweichen.

E. Rechtsfolgen

I. Energiewirtschaftliche Verbindlichkeit

81 Der Netzentwicklungsplan als solcher (nicht nur als Bedarfsplan nach § 12 e) entfaltet **Bindungswirkung** gegenüber den Übertragungsnetzbetreibern, denen gegenüber eine ausdrückliche Durchsetzungsbefugnis zur Durchführung der betreffenden Investition in § 65 Abs. 2 a besteht. Die Bestätigung des Netzentwicklungsplans stellt wie gezeigt auch einen unternehmerischen Investitionsplan dar. Jedes Änderungsverlangen verändert daher die Investitionsplanung des Unternehmens. Gleichzeitig entfaltet der Netzentwicklungsplan eine Bindungswirkung gegenüber der Regulierungsbehörde in Fragen der Pflichterfüllung aus § 11 und der effizienten Netzplanung dem Grunde nach im Rahmen der Kostenregulierung.

82 Eine weitergehende Verbindlichkeit gegenüber Dritten löst der Netzentwicklungsplan nicht aus. Die Systematik des Gesetzes ergibt recht klar, dass mit der Bestätigung des Netzentwicklungsplans noch **keine behördliche Bedarfsplanung** verbunden ist. Würde die Bestätigung des Netzentwicklungsplans dem Plan eine eigenständige Bindungswirkung verleihen, so wäre der Netzentwicklungsplan nach § 35 Abs. 2 S. 1 UVPG selbst SUP-pflichtig (Hoppe/Beckmann/Kment/*Leidinger* UVPG § 35 Rn. 35 ff.). Das ist ausdrücklich nicht der Fall. Der Netzentwicklungsplan selbst hat zwar eine hohe Legitimationswirkung, entfaltet aber – anders als der Bundesbedarfsplan – keine Bindungswirkung in den nachfolgenden Planfeststellungsverfahren.

Bestätigung des Netzentwicklungsplans durch die Regulierungsbehörde **§ 12c**

II. Verhältnis zum Bundesbedarfsplan

Nach § 12e Abs. 1 übermittelt „die Regulierungsbehörde *den* Netzentwicklungsplan (...) als Entwurf für einen Bundesbedarfsplan" an die Bundesregierung. Der im Ergebnis des behördlichen Anhörungsverfahrens und im Lichte des Umweltberichts bestätigte Netzentwicklungsplan stellt mithin im Wesentlichen den Inhalt und die Begründung des Bundesbedarfsplans dar. 83

III. Durchsetzung

1. Ersatzvornahme gem. § 65 Abs. 2a. Kommt ein Übertragungsnetzbetreiber seinen Maßnahmenverpflichtungen aus einem bestätigten Netzentwicklungsplan **schuldhaft** nicht nach, die in den drei Jahren ab Bestätigung des Plans durchgeführt werden müssen, so fordert die Regulierungsbehörde das verpflichtete Unternehmen zur Durchführung der Maßnahme binnen angemessener Frist auf (§ 65 Abs. 2a S. 1). Die Pflicht erstreckt sich immer auf ein konkretes der vier ÜNB-Unternehmen. Es besteht keine gesellschaftsrechtliche oder gesamtschuldnerische Verpflichtung der ÜNB, obwohl diese gemeinsam einen Plan vorlegen müssen (*Säcker* RdE 2009, 305 (308)). Kommt dieses Unternehmen der Verpflichtung während der gesetzten Frist nicht nach, so kann die Behörde den Übertragungsnetzbetreiber verpflichten, die Investition eines Dritten in seinem Netz zu dulden. Der Dritte wird entweder im Wege eines Ausschreibungsverfahrens ermittelt oder die Regulierungsbehörde verpflichtet den Übertragungsnetzbetreiber, eine Kapitalerhöhung im Hinblick auf die Finanzierung der notwendigen Investitionen durchzuführen, wodurch unabhängigen Investoren eine Kapitalbeteiligung ermöglicht wird. 84

2. Zertifizierung gem. § 4a. Die Fähigkeit, die sich aus dem NEP ergebenden Investitionen auch zu tätigen, ist Gegenstand der Zertifizierung im Rahmen der Entflechtung. Dies betrifft den Netzeigentümer im Entflechtungsmodell des Unabhängigen Systembetreibers nach § 9 Abs. 4 sowie des Unabhängigen Transportnetzbetreibers nach § 10b Abs. 4. Die Aufstellung des Netzentwicklungsplans ist als besonders diskriminierungsanfällige Netzbetreiberaufgabe durch § 10b Abs. 2 und § 10d Abs. 2 S. 3 der Einflusssphäre des vertikal integrierten Unternehmens im UTB vollständig entzogen. 85

3. Ordnungswidrigkeit. Wird dem Änderungsverlangen der BNetzA nach § 12c Abs. 1 S. 2 nicht nachgekommen, stellt dies eine **Ordnungswidrigkeit** der Übertragungsnetzbetreiber dar, § 95 Abs. 1 Nr. 3. a). Ordnungswidrig handeln diese auch, wenn der geänderten Netzentwicklungsplan nach § 12c Abs. 5 nicht oder nicht rechtzeitig, dh nicht unverzüglich vorlegt wird, § 95 Abs. 1 Nr. 3b. Die Ordnungswidrigkeit kann mit einer Geldbuße bis zu 100.000 EUR geahndet werden (§ 95 Abs. 2 S. 1). 86

F. Rechtsschutz

I. Rechtsschutz gegen den NEP

Die Bestätigung des Netzentwicklungsplans, die Bestimmung des verantwortlichen Übertragungsnetzbetreibers sowie Änderungen des Netzentwicklungsplans sind als belastende Verwaltungsakte im Wege der Anfechtungs- oder Verpflich- 87

§ 12c

Teil 3. Regulierung des Netzbetriebs

tungsbeschwerde nach §§ 75 ff. **durch die Übertragungsnetzbetreiber** angreifbar.

88 Die Bestätigung des Netzentwicklungsplans ist gem. § 12c Abs. 4 S. 2 hingegen **durch Dritte** nicht selbstständig anfechtbar.

II. Rechtsschutz aus den SUP-Vorschriften

89 Mit der klaren Vorgabe einer Strategischen Umweltprüfung für das Bundesbedarfsplangesetz geht das EnWG über die europarechtlichen Vorgaben zum NEP in der Elt-RL 09 hinaus. Auch ist mit dem UVPG die SUP-Richtlinie ordnungsgemäß in deutsches Recht umgesetzt. Damit scheidet ein europäischer Rechtsschutz gegen vermeintliche Mängel der SUP aus. Dieser könnte sich nur auf eine fehlerhafte Umsetzung europäischer Vorgaben beziehen.

90 Da die SUP unselbstständiger Teil des behördlichen Verfahrens zur Aufstellung oder Änderung des Bundesbedarfsplans ist, bestehen gegen diese bzw. den Umweltbericht keine eigenständigen Rechtsschutzmöglichkeiten. Das Ergebnis der behördlichen Überprüfung des Netzentwicklungsplans und das Trägerverfahren für die SUP, in deren Rahmen der Umweltbericht erstellt wird, ist der Bundesbedarfsplan nach § 12e. Das Bundesbedarfsplangesetz stellt die energiewirtschaftliche Notwendigkeit und den vordringlichen Bedarf für die darin enthaltenen Vorhaben fest (§ 12e Abs. 3). Der Rechtsschutz gegen das Gesetz unterliegt den hohen Anforderungen der Verfassungsbeschwerde. Im Ergebnis bleibt der Rechtsschutz gegen weitere Verfahrensschritte der Bundesfachplanung oder Planfeststellung aufgrund möglicher Fehler der SUP bei der Erstellung des Bundesbedarfsplangesetzes (dazu auch *Antweiler* NZBau 2013, 337 ff.).

G. Präferenzraumermittlung

91 Das Gesetz zur Änderung des Energiewirtschaftsrechts im Zusammenhang mit dem Klimaschutz-Sofortprogramm und zu Anpassungen im Recht der Endkundenbelieferung (BGBl. 2022 I S. 1214), das am 29.7.2022 in Kraft trat, ist Teil des sog. **„Osterpakets"** der Bundesregierung. Ziel der gesetzlichen Neuregelungen, die insbesondere das EnWG, das BBPlG und das NABEG betreffen, ist es ua, die rechtlichen Rahmenbedingungen dafür zu schärfen, dass Deutschland seine **Klimaschutzziele** erreicht und spätestens im Jahr 2045 klimaneutral ist. In diesem Zusammenhang kommt dem Ausbau der Stromnetze wie auch dem Ausbau der erneuerbaren Energien eine zentrale Bedeutung zu. Wegen des daraus resultierenden weiterhin hohen Netzausbaubedarfs auf Höchstspannungsebene wird die Netzplanung auf das Ziel der Treibhausgasneutralität im Jahr 2045 ausgerichtet (BT-Drs. 20/1599, 28f.). Zugleich steht das „Osterpaket" unter dem Eindruck der als Folge des russischen Angriffskriegs auf die Ukraine entstehenden **Versorgungsengpässe.** Beides trägt dazu bei, dass die Netzausbaubedarfsplanung und deren Umsetzung, die bisher nur schleppend vorangeht, weiter unter Druck geraten. Dementsprechend ist die nun neu in das EnWG und das NABEG aufgenommene Präferenzraumermittlung von dem Gedanken der **Beschleunigung** der Genehmigungsverfahren durch Vereinfachung der Verwaltungsverfahren getragen (BT-Drs. 20/1599, 33, 53). Ob dieses Ziel mit der Einführung eines weiteren Instruments, das nur für die in § 12c Abs. 2a genannten begrenzten Anwendungsfälle greift, erreicht werden kann, das einerseits zwar die zeitintensive Bundesfachplanung ablöst, dem es andererseits aber im Hinblick auf die Genehmigungsverfahren an Kontur und Verbindlichkeit mangelt, wird mit Bedenken gesehen (s. dazu auch die Kritik des Bundesrats in BT-Drs. 20/1977, 5f.). Dies gilt umso mehr, als die neue Regelung des § 12c Abs. 2a bereits im Oktober 2022 durch das Gesetz zur Änderung des Energiesicherungsgesetzes und anderer energiewirtschaftlicher Vorschriften vom 8.10.2022 (BGBl. 2022 I S. 1726) geändert wurde. Die Anwendbarkeit dieses neuen Planungsinstruments ist daher nicht durch Beständigkeit und damit auch nicht von Rechtssicherheit geprägt.

I. Inhalt

Der Begriff des Präferenzraums ist in § 3 Nr. 10 NABEG legaldefiniert. Zusammengefasst handelt es sich um einen **Gebietsstreifen,** der besonders geeignete, konfliktarme Räume für die Durchführung der betrachteten Maßnahme zwischen deren Anfangs- und Endpunkt ausweist (BT-Drs. 20/1599, 20, 22, 53). Die ermittelten Präferenzräume werden **kartografisch** dargestellt. In Abgrenzung zu den in der Bundesfachplanung oder der Raumordnung betrachteten Trassenkorridoren soll der Präferenzraum keine gleichbleibende Breite aufweisen. Die Gesetzesbegründung versteht den Präferenzraum vielmehr als einen „mäandrierenden Gebietsstreifen, aus dem inselförmige Bereiche mit erwartbar höherer Konfliktlage ausgenommen sein können" (BT-Drs. 20/1599, 53). Regelmäßig soll der Präferenzraum eine Breite von fünf bis zehn Kilometern aufweisen. Auf die damit einhergehenden erheblichen Unschärfen bei der Betrachtung von Raumwiderständen und Umweltkonflikten weist die Gesetzesbegründung an vorgenannter Stelle selbst hin. Die Prüfung, ob das (spätere) Vorhaben mit den Erfordernissen der Raumordnung vereinbar ist, erfolgt erst im Rahmen der Planfeststellung (§ 18 Abs. 4 NABEG). Der nachträglich angefügte § 12c Abs. 2a S. 7 stellt klar, dass im Zuge der Präferenzraumermittlung kein Raumordnungsverfahren nach § 15 ROG durchzuführen ist (s. auch BT-Drs. 20/3497, 36). 92

Die Ermittlung von Präferenzräumen findet für **zwei Arten von Maßnahmen** statt: neue Maßnahmen der Höchstspannungs-Gleichstrom-Übertragung (HGÜ) und die landseitigen Teile von länderübergreifenden Offshore-Anbindungsleitungen. Während die Präferenzraumermittlung für die HGÜ-Maßnahmen – beim Vorliegen der nachfolgend genannten Voraussetzungen – **obligatorisch** ist, steht diese bei den genannten Teilen der Offshore-Anbindungsleiten im **pflichtgemäßen Ermessen** der Behörde. Weitere Voraussetzung der Präferenzraumermittlung ist, dass die in Betracht kommenden Maßnahmen noch **nicht im Netzentwicklungsplan bestätigt** wurden und dass für diese auch **keine Bündelungsmöglichkeit** besteht. Von einer Bündelungsmöglichkeit wird ausgegangen, wenn die Maßnahme nach § 12c Abs. 2a vollständig oder zu einem Großteil in einem Trassenkorridor verläuft, der bereits in den Bundesnetzplan aufgenommen ist (s. § 17 NABEG), oder wenn die Maßnahme vollständig oder weit überwiegend in dem Leitungsverlauf eines Erdkabels zur Höchstspannungsgleichstromübertragung eines weiteren Vorhabens realisiert werden soll, das durch Landesplanung oder nach Landesrecht bestimmt ist (§ 12b Abs. 3a) (→ § 12b Rn. 68ff.). Wenn absehbar ist, dass das Vorhaben vollständig oder abschnittsweise gebündelt verlaufen kann, ist kein Präferenzraum zu ermitteln. Die zugehörige Untersuchung im Umweltbericht entfällt damit ebenfalls (BT-Drs. 20/1599, 54). 93

Die Präferenzraumermittlung erfolgt auf der Grundlage **vorhandener Daten** zur großräumigen Raum- und Umweltsituation (§ 12c Abs. 2a S. 1) sowie vorhan- 94

§ 12 c   Teil 3. Regulierung des Netzbetriebs

dener Geodaten des Raumordnungsplan-Monitors (§ 12 c Abs. 2a S. 5), die grundsätzlich zur Verfügung zu stellen sind (§ 31 Abs. 4 NABEG). Problematisch ist, dass nicht alle Bundesländer und Regionen die erforderlichen Geodaten zur Verfügung stellen, weshalb die Daten des **Raumordnungsplan-Monitors** – je nach Belegenheit der Maßnahme – lückenhaft sein werden (BT-Drs. 20/1599, 53; BT-Drs. 20/1977, 6). Des Weiteren sind die gemeldeten Daten nicht durchweg aktuell (BT-Drs. 20/1977, 6). Ob diese Datenlücken und Unschärfen von der BNetzA im Rahmen der Präferenzraumermittlung (gegebenenfalls zeitaufwendig) händisch geschlossen werden oder ob dies dazu führt, dass diese Bereiche bei der Präferenzraumermittlung ausgeblendet werden, bleibt abzuwarten. Während Ersteres der mit der Regelung bezweckten Verfahrensbeschleunigung zuwiderliefe, liefe mit Zweiterem die bezweckte Verfahrenserleichterung in diesen Bereichen ins Leere. Der Gesetzgeber geht davon aus, dass jedenfalls die Ziele der Raumordnung, mit denen das Vorhaben absehbar unvereinbar sein wird, bei der Ermittlung der Präferenzräume einbezogen werden und eine Konfliktvermeidung im so gezogenen breiten Rahmen des Präferenzraums (fünf bis zehn Kilometer) möglich sein wird (BT-Drs. 20/1977, 32).

II. Verfahren

95   **Zuständig** für die Ermittlung der Präferenzräume ist die BNetzA. Sie beginnt mit der Präferenzraumermittlung, wenn ihr die Daten nach § 12b Abs. 3a erstmals von den Übertragungsnetzbetreibern übermittelt werden.

96   Das **Verfahren** der Präferenzraumermittlung ist von der Netzentwicklungsplanung entkoppelt; es findet parallel zu dieser statt (BT-Drs. 20/1977, 32). Da die Präferenzräume dem Umweltbericht zugrunde zu legen sind (§ 12c Abs. 2a S. 1), durchlaufen sie das Verfahren der Strategischen Umweltprüfung (→ Rn. 45 ff.), insbesondere die Öffentlichkeits- und Behördenbeteiligung.

97   Ein Verfahren zur **Anpassung oder Abänderung** des ermittelten Präferenzraums bei nachträglicher Änderung der Sach- oder Rechtslage ist nicht vorgesehen. Entsprechende Anpassungen sind im Rahmen der Planfeststellung – notfalls durch Abweichung vom Präferenzraum (→ Rn. 100) – vorzunehmen (BT-Drs. 20/1977, 32).

III. Rechtsfolgen

98   Den so ermittelten Präferenzräumen kommt keine unmittelbare Außenwirkung zu; es handelt sich um eine **verwaltungsinterne gutachterliche Einschätzung** der BNetzA (vgl. BT-Drs. 20/1599, 54). Lediglich klarstellenden Charakter kommt damit dem gesetzlichen Hinweis zu, wonach die Ermittlung des Präferenzraums nicht die Entscheidung über die Zulässigkeit der Netzausbaumaßnahme ersetzt (§ 12 c Abs. 2a S. 3).

99   Gem. § 5a Abs. 4a NABEG **entfällt die Bundesfachplanung** nach den §§ 4 ff. NABEG für Vorhaben, für die ein Präferenzraum entwickelt wurde, kraft Gesetzes. (Auch für die Vorhaben, für die nach § 12b Abs. 3a eine Bündelungsmöglichkeit angegeben wurde, wird auf die Bundesfachplanung verzichtet. Der gesetzliche Verzicht auf die Bundesfachplanung folgt bei diesen Vorhaben aus der „G-Kennzeichnung" im Bundesbedarfsplan iVm § 2 Abs. 7 BBPlG und § 5a Abs. 4 NABEG.)

100   Der ermittelte Präferenzraum entfaltet **Bindungswirkung** für die nachfolgende **Planfeststellung.** Gem. § 18 Abs. 3c NABEG sind die Trasse sowie die infrage kommenden Alternativen auf der Grundlage des Präferenzraums zu ermitteln. Das Verlassen des Präferenzraums im Planfeststellungsverfahren ist aus **zwingenden Gründen** möglich (§ 18 Abs. 3c S. 2 iVm Abs. 3a S. 3 NABEG). In diesem Zusammenhang fällt ins Gewicht, dass der Präferenzraum gerade solche Gebiete, in denen besonders hohes Konfliktpotenzial herrscht und in denen damit eine Vorabschichtung sinnvoll erschiene, ausklammern darf (→ Rn. 92); dies gilt auch für den Fall unüberwindbarer Konflikte. Da in diesen Fällen punktuell kein Präferenzraum bestimmt wurde, weicht die Alternativenprüfung in der Planfeststellung auch nicht von diesem ab. Allerdings ist nicht ausgeschlossen, dass in diesen Fällen zugleich ein (gegebenenfalls weiträumiges) Verlassen des Präferenzraums zur Konfliktlösung erforderlich werden kann. Abhängig davon, wie häufig diese besonders konfliktträchtigen Bereiche aus der Präferenzraumfeststellung ausgeklammert werden, dürfte auch das Ziel der Verfahrensbeschleunigung durch die Präferenzraumfeststellung (→ Rn. 91) unerreicht bleiben; Vorhabenträger und Behörden dürften in den Zulassungsverfahren für diese Vorhaben hingegen vor neue Planungsherausforderungen gestellt werden.

IV. Rechtsschutz

Als reines Verwaltungsinternum ist die gutachterliche Einschätzung zu den Präferenzräumen **nicht selbstständig anfechtbar.** Sie kann nur im Rahmen des Rechtsbehelfsverfahrens gegen die Zulassungsentscheidung für die jeweilige Netzausbaumaßnahme, dh gegen den Planfeststellungsbeschluss, überprüft werden (§ 12c Abs. 2a S. 4). 101

§ 12d Umsetzungsbericht der Übertragungsnetzbetreiber und Monitoring durch die Regulierungsbehörde

(1) ¹**Die Betreiber von Übertragungsnetzen mit Regelzonenverantwortung legen der Regulierungsbehörde jeweils spätestens bis zum 30. September eines jeden geraden Kalenderjahres, beginnend mit dem Jahr 2018, einen gemeinsamen Umsetzungsbericht vor, den diese prüft.** ²**Der Umsetzungsbericht muss folgende Angaben enthalten:**
1. **Angaben zum Stand der Umsetzung des zuletzt bestätigten Netzentwicklungsplans,**
2. **im Fall von Verzögerungen der Umsetzung die dafür maßgeblichen Gründe,**
3. **Angaben zu den Risiken, die Verzögerungen hervorrufen können, und Vorschläge für Maßnahmen, um diese Risiken zu verringern, und**
4. **Angaben zu Möglichkeiten, um die Umsetzung zu beschleunigen, und Vorschläge für Maßnahmen, um diese Möglichkeiten zu nutzen.**

³**Die Regulierungsbehörde veröffentlicht den Umsetzungsbericht und gibt allen tatsächlichen und potenziellen Netznutzern Gelegenheit zur Äußerung.**

(2) ¹**Die Regulierungsbehörde führt fortlaufend ein Monitoring über die Planung und den Stand der Umsetzung der Maßnahmen zur Optimierung, zur Verstärkung und zum Ausbau des Übertragungsnetzes durch und informiert hierüber regelmäßig die Öffentlichkeit.** ²**Die Betreiber von Übertragungsnetzen und die Behörden stellen der Regulierungs-**

§ 12 d   Teil 3. Regulierung des Netzbetriebs

behörde die für das Monitoring notwendigen Informationen in geeigneter Form zur Verfügung.

Literatur: *Franke/Karrenstein,* Neue Instrumente zur Beschleunigung des Netzausbaus, EnWZ 2019, 195.

A. Allgemeines

I. Inhalt

1   Die Vorschrift wurde mit Wirkung zum 1.1.2016, im Zuge der Umstellung des zunächst jährlichen erfolgenden auf den nunmehr alle zwei Jahre stattfindenden Prozess der koordinierten energiewirtschaftlichen Bedarfsplanung neu gefasst. Sie gewährleistet eine weiterhin **jährlich stattfindende Umsetzungsberichterstattung:** in geraden Kalenderjahren nach § 12d Abs. 1, in ungeraden Kalenderjahren im Netzentwicklungsplan nach § 12b Abs. 1 S. 4 Nr. 4.

2   § 12b Abs. 1 verpflichtet die Übertragungsnetzbetreiber zur Vorlage eines **Umsetzungsberichts** zum Sachstand des Netzausbaus und regelt Inhalt und Verfahren der Berichterstattung. Im Umsetzungsbericht werden alle laufenden Umsetzungsvorhaben aus dem zuletzt bestätigten Netzentwicklungsplan, insbesondere die Vorhaben, die für die nächsten drei Jahre nach dem Umsetzungsbericht ausgewiesen sind, der tatsächliche Planungsstand und bei Verzögerungen die Gründe hierfür, betrachtet. Darüber hinaus sind Verzögerungsrisiken, bspw. aufgrund zwischenzeitlich vorliegender konkreter Ergebnisse der in der Planfeststellung durchzuführenden umweltfachlichen Prüfungen, sowie Beschleunigungschancen zu benennen (BT-Drs. 19/7375). Dieser Bericht wird von der BNetzA als zuständiger Regulierungsbehörde veröffentlicht und konsultiert.

3   Daneben sieht § 12b Abs. 2, der – wie auch ein Teil der Pflichtangaben nach § 12d Abs. 1 S. 2 – erst durch das Gesetz zur Beschleunigung des Energieleitungsausbaus (BGBl. 2019 I S. 706) eingeführt wurde, konkretisierende Vorgaben für das **Monitoring** der BNetzA zum Stromnetzausbau vor, dass Planung und Realisierung der Maßnahmen zum Netzausbau, zu dessen Verstärkung und Optimierung beobachtet.

II. Zweck

4   Mit der Einführung der Vorgaben zur Erstellung des Umsetzungsberichts in § 12b Abs. 1 soll die Umsetzungsberichterstattung aus dem Netzentwicklungsplan (vgl. § 12b Abs. 1 S. 4) fortgeschrieben werden. Die Gesetzesbegründung geht ferner davon aus, dass mit § 12b Abs. 1 den unionsrechtlichen Entflechtungsvorgaben an die jährliche Feststellung des Marktverschlusses durch vertikal integrierte Transportnetzbetreiber (vgl. Art. 22 Elt-RL 09) Rechnung getragen wird. Dabei wird übersehen, dass diese Pflicht in der Elt-RL 09 abhängig von der gewählten Entflechtungsoption ist und nur für unabhängige Transportnetzbetreiber gilt (s. NK-EnWG/*Posser* § 12d Rn. 4f.). Schließlich soll der Umsetzungsbericht zur **Überwachung** der Durchführung des **gemeinschaftsweiten Netzentwicklungsplans** (TYNDP) dienen (BT-Drs. 18/6838, 15f.).

5   Die Erkenntnisse aus den Umsetzungsberichten und das Ergebnis der Beteiligung durch die BNetzA zum Umsetzungsbericht kann in Vorgaben zum nächsten Netzentwicklungsplan einfließen (vgl. BT-Drs. 18/6383, 16). Der Umsetzungs-

bericht soll der BNetzA, der Öffentlichkeit und der Politik eine **effektive Kontrolle und Überprüfung des Netzausbaus** ermöglichen (BT-Drs. 19/7375, 51; s. auch *Franke/Karrenstein* EnWZ 2019, 195 (200)).

Die nachträglich zu Klarstellungszwecken eingeführte Vorschrift zum Monitoring der BNetzA nach Abs. 2 wurde um das Monitoring zur Netzverstärkung und zur Netzoptimierung ergänzt, um den Einsatz fortschrittlicher Technologien zu beobachten und die Erforderlichkeit weiterer Maßnahmen identifizieren zu können (BT-Drs. 19/7375, 51). Auch das Monitoring dient demnach der **Überwachung** des Fortgangs von Netzausbau, -optimierung und -verstärkung. 6

B. Im Einzelnen

I. Umsetzungsbericht der Übertragungsnetzbetreiber

Adressat der Verpflichtung zu Erstellung des Umsetzungsberichts sind alle 7 Übertragungsnetzbetreiber mit Regelzonenverantwortung (→ § 12a Rn. 20f.) gemeinsam. Damit wird die Zusammenarbeitspflicht der Übertragungsnetzbetreiber im Rahmen der Netzentwicklungsplanung fortgeführt (s. dazu §§ 12a Abs. 1 S. 1, 12b Abs. 1 S. 1). Der Umsetzungsbericht ist der BNetzA als zuständiger Regulierungsbehörde vorzulegen.

Den **Inhalt** des Umsetzungsberichts schreibt § 12d Abs. 1 S. 2 verbindlich fest. 8 Dieser muss Angaben zum Stand der Umsetzung der zuletzt im Netzentwicklungsplan bestätigten Vorhaben, dh zum tatsächlichen Planungs- und Realisierungsstand, und im Fall von Verzögerungen der Umsetzung der Maßnahmen die maßgeblichen Gründe hierfür enthalten. Ein besonderer **Fokus** liegt laut der Gesetzesbegründung auf den Vorhaben, deren Umsetzung im Netzentwicklungsplan für die **nächsten drei Jahre** ausgewiesen ist (vgl. § 12b Abs. 1 S. 4 Nr. 1). Darüber hinaus sind erkannte Verzögerungsrisiken (§ 12d Abs. 1 S. 2 Nr. 3) und Chancen zur Beschleunigung der Umsetzung der Maßnahmen (§ 12d Abs. 1 S. 2 Nr. 4) zu benennen. Verzögerungsrisiken können sich bspw. aufgrund zwischenzeitlich vorliegender konkreter Ergebnisse der in der Planfeststellung durchzuführenden umweltfachlichen Prüfungen ergeben (BT-Drs. 19/7375, 51), wie sie sich aus einer erheblichen Beeinträchtigung eines Natura 2000-Gebiets, die nicht durch die Wahl einer alternativen Trassenführung vermieden werden kann, ergeben kann. Die Angaben zu Verzögerungsrisiken und Beschleunigungschancen müssen nur pauschalisiert dargestellt werden (BT-Drs. 19/7375, 51). Die Angaben zum Umsetzungsstand und den Verzögerungen müssen hingegen einen gewissen Detaillierungsgrad aufweisen. Für den Umsetzungsbericht sind keine neuen Bedarfsberechnungen durchzuführen (BT-Drs. 18/6386, 16). Insgesamt sollen die Angaben des Umsetzungsberichts der BNetzA, der Öffentlichkeit und der Politik ein **effektives Instrument zur Planung, Steuerung und Kontrolle des Netzausbaus** an die Hand geben (BT-Drs. 19/7357, 51). Der Umsetzungsbericht dient der Fortschreibung der gem. § 12b Abs. 1 S. 4 Nr. 4 im Netzentwicklungsplan enthaltenen Verpflichtung zur Umsetzungsberichterstattung.

Zu den im **Bundesbedarfsplan** mit „B" bis „H" gekennzeichneten Vorhaben 9 ist gem. § 5 Abs. 1 BBPlG jährlich ein **Bericht** zu erstellen. Der Bericht ist erstmals im zweiten Jahr nach Inbetriebnahme des ersten Teilabschnitts eines solchen Vorhabens vorzulegen. Die Berichtspflicht trifft – anders als für den gemeinsame Umsetzungsbericht nach § 12d Abs. 1 (→ Rn. 7) – den für das jeweilige Vorhaben zuständigen Übertragungsnetzbetreiber. In dem Bericht sind die technische Durch-

§ 12 d
Teil 3. Regulierung des Netzbetriebs

führbarkeit, die Wirtschaftlichkeit und die Umweltauswirkungen der genannten Vorhaben zu bewerten. Es ist statthaft, diesen Bericht mit dem gemeinsamen Umsetzungsbericht nach § 12 d Abs. 1 zu **verbinden** (§ 5 Abs. 2 BBPlG).

10 Das **Verfahren** der Umsetzungsberichterstattung ist ebenfalls in § 12 d Abs. 1 geregelt. Die Übertragungsnetzbetreiber erstellen den Umsetzungsbericht gemeinsam und legen ihn der BNetzA als nach § 54 Abs. 1 zuständiger Regulierungsbehörde in jedem geraden Kalenderjahr – erstmals im Jahr 2018 – vor. Im Gleichlauf mit dem BBPlG-Quartalsmonitoring der Übertragungsnetzbetreiber hat die Vorlage spätestens zum 30. September zu erfolgen. Die BNetzA trifft entsprechend dem Zweck des Umsetzungsberichts – der effektiven Planung, Steuerung und Kontrolle des Netzausbaus – eine **Prüfpflicht** hinsichtlich des Umsetzungsberichts. Der Umsetzungsbericht ist von der BNetzA zu **veröffentlichen.** Die BNetzA veröffentlicht den Umsetzungsbericht im Internet auf der Webseite www.netzausbau.de.

11 Die BNetzA ist verpflichtet, allen tatsächlichen und potenziellen Netznutzern Gelegenheit zur **Äußerung** zum Umsetzungsbericht zu geben. Die Erkenntnisse aus den Umsetzungsberichten und das Ergebnis der Beteiligung durch die BNetzA zum Umsetzungsbericht kann in Vorgaben zum nächsten Netzentwicklungsplan oder in andere Regulierungsverfahren einfließen (vgl. BT-Drs. 18/6383, 16).

II. Monitoring der BNetzA

12 § 12 d Abs. 2 enthält Vorgaben zum durch die BNetzA durchzuführenden Monitoring zum Sachstand des Netzausbaus und zu den Mitwirkungspflichten der Übertragungsnetzbetreiber. Die Vorschrift steht damit im Kontext zum **Quartalsmonitoring** für die Vorhaben aus dem Bundesbedarfsplan (Anlage zu § 1 BBPlG) und den Vorhaben aus dem EnLAG (Anlage zum EnLAG). Das Quartalsmonitoring der BNetzA überwacht den Fortschritt des Netzausbaus hinsichtlich dieser Vorhaben; mit der Aufnahme in § 12 d Abs. 2 wird klargestellt, dass auch die Maßnahmen zur Netzverstärkung und zur Netzoptimierung Gegenstand dieses Monitorings sind. Gerade bei den Vorhaben zur Netzoptimierung kommt der Nutzung von Technologien, wie dem Freileitungsmonitoring oder der Hochtemperaturbeseilung zur höheren Netzauslastung eine große Bedeutung zu. Das Monitoring soll die Erforderlichkeit weiterer Maßnahmen zur Netzoptimierung identifizieren. Es soll neben dem jeweiligen **Status Quo** kontinuierlich den **Umsetzungsstand** und die **erwartete Fertigstellung** der laufenden und geplanten Maßnahmen erfassen (BT-Drs. 19/7375, 51).

13 Die **Übertragungsnetzbetreiber** sind verpflichtet, der BNetzA die für das Monitoring **erforderlichen Informationen** für ihr jeweiliges Netzgebiet vorzulegen. Ausweislich der Gesetzesbegründung stellen sie der BNetzA insbesondere **Geodaten** zu bestehenden Höchstspannungsleitungen sowie zu beantragten und festgelegten Trassenkorridoren und Trassen, die sie zur Verwendung in den Planungs- und Genehmigungsverfahren nach dem EnLAG und dem BBPlG erstellen, für die Erstellung von Karten zur Verfügung (BT-Drs. 19/7375, 51). Vorlageverpflichtet sind darüber hinaus auch „die Behörden" (§ 12 d Abs. 2 S. 2). Gemeint sind **Behörden,** die an den Planungs- und Genehmigungsverfahren – bspw. als Raumordnungs- oder als Anhörungs- und Planfeststellungsbehörde – beteiligt sind. Die **BNetzA** ist verpflichtet, die Öffentlichkeit über die Monitoringergebnisse zu **informieren.** Diese Informationen finden derzeit auf der Webseite www.netzausbau.de statt.

§ 12e Bundesbedarfsplan

(1) ¹Die Regulierungsbehörde übermittelt den Netzentwicklungsplan mindestens alle vier Jahre der Bundesregierung als Entwurf für einen Bundesbedarfsplan. ²Die Bundesregierung legt den Entwurf des Bundesbedarfsplans mindestens alle vier Jahre dem Bundesgesetzgeber vor. ³Die Regulierungsbehörde hat auch bei wesentlichen Änderungen des Netzentwicklungsplans gemäß Satz 1 zu verfahren.

(2) ¹Die Regulierungsbehörde kennzeichnet in ihrem Entwurf für einen Bundesbedarfsplan die länderübergreifenden und grenzüberschreitenden Höchstspannungsleitungen sowie die Anbindungsleitungen von den Offshore-Anbindungsleitungen. ²Dem Entwurf ist eine Begründung beizufügen. ³Die Vorhaben des Bundesbedarfsplans entsprechen den Zielsetzungen des § 1 dieses Gesetzes.

(3) [aufgehoben]

(4) ¹Mit Erlass des Bundesbedarfsplans durch den Bundesgesetzgeber wird für die darin enthaltenen Vorhaben die energiewirtschaftliche Notwendigkeit und der vordringliche Bedarf festgestellt. ²Die Feststellungen sind für die Betreiber von Übertragungsnetzen sowie für die Planfeststellung und die Plangenehmigung nach den §§ 43 bis 43d und §§ 18 bis 24 des Netzausbaubeschleunigungsgesetzes Übertragungsnetz verbindlich.

(5) ¹Für die Änderung von Bundesbedarfsplänen gilt § 37 Satz 1 des Gesetzes über die Umweltverträglichkeitsprüfung. ²Soweit danach keine Pflicht zur Durchführung einer Strategischen Umweltprüfung besteht, findet § 12c Absatz 2 keine Anwendung.

Übersicht

	Rn.
A. Allgemeines	1
I. Inhalt	1
II. Zweck	3
III. Entstehungsgeschichte	5
B. Bundesbedarfsplangesetz	9
I. Zuständigkeit	10
II. Verfahren	11
III. Inhalt	20
IV. Feststellende Wirkung	27
C. Rechtsschutz	32

Literatur: *Appel,* Neues Recht für neue Netze – das Regelungsregime zur Beschleunigung des Stromnetzausbaus nach EnWG und NABEG, UPR 2011, 406; *Durner,* Vollzugs- und Verfassungsfragen des NABEG, NuR 2012, 369; *Franke/Recht,* Räumliche Steuerung im Energierecht, ZUR 2021, 15; *Hermes,* Planungsrechtliche Sicherung einer Energiebedarfsplanung, in Faßbender/Köck (Hrsg.), Versorgungssicherheit in der Energiewende, S. 71; *Hermes,* Planungsrechtliche Sicherung einer Energiebedarfsplanung, ZUR 2014, 259; *Kment,* Rechtliche Folgen der Bundesbedarfsplanung für nachfolgende Genehmigungsverfahren insbesondere unter Berücksichtigung der Flexibilisierung von Netzverknüpfungspunkten, EnWZ 2022, 3; *Moench/Ruttloff,* Netzausbau in Beschleunigung, NVwZ 2011, 1040; *Schmitz/Jornitz,* Regulierung des deutschen und des europäischen Energienetzes, NVwZ 2012, 332; *Schmitz/Uibeleisen,* Netz-

§ 12e Teil 3. Regulierung des Netzbetriebs

ausbau – Planung und Genehmigung, 2016; *Sellner/Fellenberg*, Atomausstieg und Energiewende 2011, NVwZ 2011, 1025.

A. Allgemeines

I. Inhalt

1 § 12e setzt mit den Vorgaben für die Bundesbedarfsplanung den **Schlusspunkt** der in den §§ 12a ff. normierten koordinierten energiewirtschaftlichen Bedarfsplanung für die Übertragungsnetze Strom und kennzeichnet zugleich den **Übergang** zu den Zulassungsverfahren für die Netzausbauvorhaben. § 12e sieht, wie dies auch aus anderen Infrastrukturplanungsrechtsgebieten wie dem Eisenbahnrecht (§ 1 Bundesschienenwegeausbaugesetz – BSWAG iVm Anlage zu § 1 BSWAG) oder dem Fernstraßenrecht (§ 1 Fernstraßenausbaugesetz – FStrAbG iVm Anlage zu § 1 Abs. 1 S. 2 FStrAbG) bekannt ist, eine **gesetzliche Bedarfsplanung** vor.

2 Die Vorschrift normiert den **Inhalt des Bundesbedarfsplans** und das **Verfahren** zu seiner Annahme durch förmliches Gesetzgebungsverfahren. Die BNetzA ist danach verpflichtet, der Bundesregierung mindestens alle vier Jahre den Entwurf für einen Bundesbedarfsplan vorzulegen. Grundlage für die Erarbeitung des Entwurfs ist der aktuelle Netzentwicklungsplan. Die BNetzA prüft den jeweiligen Netzentwicklungsplan hinsichtlich der Notwendigkeit, eine Änderung des Bundesbedarfsplans vorzunehmen. Im Falle **wesentlicher Änderungen** des Netzentwicklungsplans hat die Regulierungsbehörde der Bundesregierung bereits vor Ablauf der Frist von vier Jahren einen überarbeiteten Entwurf des Bundesbedarfsplans vorzulegen, damit der Gesetzgeber angemessen reagieren kann. Der Bundesbedarfsplan wird vom Bundesgesetzgeber beschlossen. Abs. 2 bestimmt, dass die Regulierungsbehörde in ihrem Entwurf für einen Bundesbedarfsplan die länderübergreifenden und grenzüberschreitenden Höchstspannungsleitungen und die Anbindungsleitungen von den Offshore-Windpark-Umspannwerken zu den Netzverknüpfungspunkten an Land (ab 1.1.2023: Offshore-Anbindungsleitungen) kennzeichnet und dem Entwurf hierzu eine Begründung beifügt. Abs. 3 regelte zunächst, dass nur ein einzelnes Pilotprojekt mit HGÜ-Technologie in Ausführung als Erdkabel ausgewiesen werden kann. Durch Änderung vom 27.7.2013 (BGBl. I S. 2546) wurde dann eine Teilerdverkabelung auf *zwei* Pilotprojekttrassen ermöglicht. Im Zuge der weiteren Novellierung des EEG wurde Abs. 3 schließlich gänzlich gestrichen und eine Ausweitung der Erdverkabelungsoption auf den HGÜ-Pilotstrecken im BBPl eingeführt (EEGReformG 2014, Art. 11). Abs. 4 bestimmt die Rechtswirkungen des Bundesbedarfsplans. Abs. 5 stellt klar, dass im Falle von Änderungen des Bundesbedarfsplans eine Pflicht zur Durchführung einer Strategischen Umweltprüfung nur nach Maßgabe des § 37 S. 1 UVPG besteht (vgl. BT-Drs. 17/6072, 69,70). **Querverweise** auf die Norm finden sich in der Vorschrift zur Prüfung und Bestätigung des Netzentwicklungsplans in § 12c.

II. Zweck

3 Durch die Verabschiedung des Bundesbedarfsplans als Bundesgesetz wird der Netzentwicklungsplan nach § 12c **demokratisch legitimiert und rechtsverbindlich.** Die energiewirtschaftliche Notwendigkeit und der vordringliche Bedarf der Vorhaben des Bundesbedarfsplans werden festgestellt. Daraus ergeben sich **Bindungen** für das Planfeststellungs- bzw. Plangenehmigungsverfahren, in denen die

Bundesbedarfsplan § 12 e

Planrechtfertigung, die ein ungeschriebenes Erfordernis jeder Fachplanung darstellt und die nach der ständigen Rechtsprechung des BVerwG vorliegt, wenn für das beabsichtigte Vorhaben, gemessen an den Zielen des zugrunde liegenden Fachplanungsrechts ein Bedarf besteht, die geplante Maßnahme unter diesem Blickwinkel also vernünftigerweise geboten ist (s. BVerwG Urt. v. 6.4.2017 − 4 A 2.16 Rn. 32), grundsätzlich nachgewiesen werden muss (→ Rn. 28). Bei den Bundesbedarfsplanvorhaben steht gesetzlich fest, dass der Plan gerechtfertigt ist; die energiewirtschaftliche Notwendigkeit dieser Vorhaben kann im Rahmen des Planfeststellungsverfahrens nicht mehr mit Erfolgsaussicht infrage gestellt werden.

Die Kennzeichnung der länderübergreifenden und grenzüberschreitenden 4 Höchstspannungsleitungen nach Abs. 2 schafft die **Voraussetzungen für die Bundesfachplanung** nach den §§ 4 ff. NABEG.

III. Entstehungsgeschichte

Wie alle Regelungen zum Netzausbau war auch § 12 e im Gesetzgebungsverfahren im Jahr 2011 Gegenstand intensiver Bund-Länder-Diskussionen. Die Länder forderten im Gesetzgebungsverfahren eine **Zustimmungsbedürftigkeit** des Gesetzes nach § 12 e aufzunehmen (BR-Drs. 343/11, 4). Dem ist der Bundesgesetzgeber nicht nachgekommen (Gegenäußerung der Bundesregierung BT-Drs. 17/6248, 22). Angenommen wurde allerdings die Forderung der Bundesländer im Hinblick auf das NABEG, die **Kennzeichnung von Maßnahmen** „*von überregionaler oder europäischer Bedeutung, insbesondere bundesländer- und grenzüberschreitender Leitungen*" (BT-Drs. 17/6072, 22, diese Formulierung findet sich in der Gesetzesbegründung) in Maßnahmen, die „*länderübergreifend [...] und grenzüberschreitend [...]*" sind, umzustellen (BT-Drs. 17/6365, 7). Davon versprach man sich eine Konkretisierung der NABEG-Maßnahmen, da auch sehr punktuelle Ausbaumaßnahmen im Übertragungsnetz länderübergreifende Wirkung und Bedeutung haben können.

Ebenfalls umstritten und im Ergebnis erkennbar missglückt war die Regelung zu 6 möglichen HGÜ-Erdkabel-Pilotprojekten. Die Aufnahme als solche in die §§ 12 c und 12 e war systematisch schwierig. Zum einen enthält der Netzentwicklungsplan als energiewirtschaftlicher Bedarfsplan im Allgemeinen keine Aussagen zur zu verwendenden Übertragungstechnologie. Zum anderen war die Regelung in ihrer Intention auf Dauer angelegt. Dass Pilottechnologien des Jahres 2011 in den folgenden Jahren zu anerkannten Regeln der Technik iSd § 49 Abs. 1 werden und daher nicht mehr als Pilotprojekte in einen Plan aufgenommen werden müssen, ist wahrscheinlich. Diesen Hinweis gaben auch die Bundesländer erfolglos. In der hitzigen Erdkabeldiskussion forderten die Bundesländer eine **Erweiterung der Technologievorgaben für Projekte** im Bundesbedarfsplan. Es sollten neben den HGÜ-Erdkabeln auch Hochtemperaturleiterseile im Bundesbedarfsplan als konkrete Projekte aufgenommen werden (BR-Drs. 343/11, 4). Die Bundesregierung und im Ergebnis auch der Bundestag lehnten diese Forderungen damals ab. Der Vorschlag des Bundesrats habe nicht der Technologieoffenheit und einer effizienten Netzplanung entsprochen, wenn geregelt werde, dass bestimmte Projekte bei Vorliegen der Voraussetzungen des EnLAG stets als Erdkabel- oder Hochtemperaturleitung zu errichten sind (BT-Drs. 17/6248, 22).

§ 12 e Abs. 3, der die Regelung zu den **Erdkabel-Pilotprojekten** enthielt, 7 wurde durch das Gesetz zur grundlegenden Reform des Erneuerbare-Energien-Gesetzes und zur Änderung weiterer Bestimmungen des Energiewirtschaftsrechts

§ 12 e   Teil 3. Regulierung des Netzbetriebs

vom 21.7.2014 (BGBl. I 2014 S. 1066) gestrichen und (zunächst) in § 2 Abs. 2 BBPlG überführt. Seit der Novellierung des Bundesbedarfsplans im Jahr 2015 (→ Rn. 8) sind Erdkabel-(Pilot-)Projekte im Bundesbedarfsplan gesondert gekennzeichnet („E" oder „F"). Danach sind Erdkabel für Leitungen zur Höchstspannungs-Gleichstrom-Übertragung (HGÜ) iSv § 2 Abs. 5 BBPlG nunmehr vorrangig als Erdkabel zu errichten (vgl. § 3 BBPlG), wohingegen bei Vorhaben zur Höchstspannungs-Drehstrom-Übertragung (HDÜ) iSv § 2 Abs. 6 BBPlG die Errichtung von Erdkabeln nur für die im Bundesbedarfsplan gekennzeichneten Pilotprojekte in Betracht kommt (vgl. § 4 BBPlG).

8   Das erste Bundesbedarfsplangesetz wurde am 25.4.2013 verabschiedet (BT-Drs. 17/13258) und ist mit Wirkung vom 27.6.2013 in Kraft getreten (BGBl. 2013 I S. 2543). Der Bundesbedarfsplan wurde im Jahr 2015 neu gefasst (vgl. Gesetz zur Änderung von Bestimmungen des Rechts des Energieleitungsbaus, (BGBl. 2015 I S. 2490; s. auch BT-Drs. 18/6909, 28 ff.). Während seitdem nur geringfügige Änderungen und Ergänzungen des Bundesbedarfsplans erfolgten, wurden im Rahmen der Änderung des Bundesbedarfsplans im Februar 2021 durch das Gesetz zur Änderung des Bundesbedarfsplangesetzes und anderer Vorschriften v. 25.2.2021 (BGBl. 2021 I S. 298) 35 neue Netzausbauvorhaben in den Bundesbedarfsplan aufgenommen. Acht bereits bisher im Bundesbedarfsplan enthaltene Vorhaben wurden geändert. Bereits Ende Juli 2022 wurde das Bundesbedarfsplangesetz durch Art. 8 des Gesetzes zur Änderung des Energiewirtschaftsrechts im Zusammenhang mit den Klimaschutz-Sofortprogramm und zu Anpassungen im Recht der Endkundenbelieferung (BGBl. 2022 I S. 1214) erneut novelliert. Im Zuge dessen wurde ein Vorhaben aufgehoben und 19 bereits im Bundesbedarfsplan enthaltene Vorhaben wurden geändert. 19 weitere Vorhaben wurden dem Bundesbedarfsplan hinzugefügt. Durch das Gesetz zur Änderung des Energiesicherungsgesetzes und anderer energiewirtschaftlicher Vorschriften v. 8.10.2022 (BGBl. 2022 I S. 1726) wurde die Kennzeichnung eines Vorhabens geändert (genauer: gestrichen).

B. Bundesbedarfsplangesetz

9   Der Bundesbedarfsplan wird als formales Gesetz erlassen. Er findet sich in der Anlage zu § 1 Abs. 1 des Bundesbedarfsplangesetzes (BBPlG). Die Zuständigkeit, das Verfahren zu seinem Erlass und sein Inhalt sind im Einzelnen wie folgt ausgestaltet:

I. Zuständigkeit

10 Der Bundesbedarfsplan wird dem Bundesgesetzgeber vorgelegt (Abs. 1 S. 2) und von diesem – in der Handlungsform eines Bedarfsplangesetzes – erlassen (Abs. 4 S. 1). Die Zuständigkeit lässt sich auch aus der Diskussion über eine Zustimmungspflicht oder nicht (→ Rn. 5) ableiten. Da es sich um einen rein energiewirtschaftlichen Bedarfsplan handelt, ergibt sich die **Gesetzgebungskompetenz des Bundes** aus dem „Recht der Wirtschaft" in Art. 74 Abs. 1 Nr. 11 GG iVm Art. 72 Abs. 2 GG. Wegen der länderübergreifenden Versorgungsaufgabe des Übertragungsnetzes Strom, des regionalen Auseinanderfalls von Einspeisung und Entnahme sowie der Struktur der Aufteilung des Übertragungsnetzes bedarf es zur Wahrung der Wirtschafts- und Rechtseinheit einer bundeseinheitlichen Bedarfs-

Bundesbedarfsplan **§ 12e**

feststellung (BR-Drs. 819/12, 11f.; so erneut BT-Drs. 20/1599, 31). Das Gesetz bedarf nicht der Zustimmung durch den Bundesrat.

II. Verfahren

Die BNetzA übermittelt den nach § 12c Abs. 4 bestätigten Netzentwicklungsplan unverändert als Entwurf des Bundesbedarfsplans an die Bundesregierung. Dabei **kennzeichnet** sie die länderübergreifenden und grenzüberschreitenden Höchstspannungsleitungen sowie die Offshore-Anbindungsleitungen (s. § 3 Nr. 29c EnWG iVm § 3 Nr. 5 WindSeeG). Der Entwurf ist zu begründen. In der **Begründung** ist insbesondere auch das **Ergebnis der Strategischen Umweltprüfung** nach § 12c Abs. 2 darzustellen. Nach § 12c Abs. 2 erstellt die BNetzA zur Vorbereitung des Bundesbedarfsplans bereits während des Verfahrens zur Erstellung des Netzentwicklungsplans nach § 12b einen Umweltbericht, der den Anforderungen des § 40 UVPG entspricht. Bei unwesentlichen Änderungen entfällt unter den Voraussetzungen des § 37 S. 1 UVPG die Pflicht zur Durchführung einer Strategischen Umweltprüfung; in diesem Fall hat die BNetzA gem. § 12e Abs. 5 S. 2 auch keinen Umweltbericht nach § 12c Abs. 2 zu erstellen. 11

Der Bundesbedarfsplanentwurf enthält die Netzausbaumaßnahmen des Netzentwicklungsplans. Das Bestandsnetz oder auch die EnLAG-Projekte sind nicht erneut Gegenstand der gesetzlichen Bedarfsfeststellung. 12

Die Übermittlung erfolgt **mindestens alle vier Jahre.** Der Turnus wurde Ende 2015 als Folgeänderung der Anpassung des Planungsturnus für den Netzentwicklungsplan von zunächst drei auf nun vier Jahre erhöht (BT-Drs. 18/6383, 19). Da der Netzentwicklungsplan in einem zweijährigen Turnus bestätigt wird (§ 12c Abs. 4), wird jedenfalls jeder zweite Netzentwicklungsplan als Entwurf für einen Bundesbedarfsplan an die Bundesregierung übermittelt. Ergeben sich zuvor, dh in dem Netzentwicklungsplan, der nach dem vorgelegten Netzentwicklungsplan erstellt wurde, wesentliche Änderungen des Netzentwicklungsplans, erfolgt die Übermittlung des Entwurfs für einen Bundesbedarfsplan ausnahmsweise in einem zweijährigen Turnus. 13

Die Pflicht zur Überprüfung des jeweils bestätigten Netzentwicklungsplans auf das Vorliegen **wesentlicher Änderungen** und damit auf die Erforderlichkeit der Vorlage eines neuen Entwurfs für den Bundesbedarfsplan trifft die BNetzA. Wann eine Änderung des bestätigten Netzentwicklungsplans als wesentlich einzuordnen ist, definiert das EnWG nicht. Der Netzentwicklungsplan wird daraufhin zu prüfen sein, ob sich im Vergleich zur Vorgängerfassung Änderungen ergeben, die ein anderes Gesamtbild des Netzausbaubedarfs zur Folge haben, wie sie bei Hinzukommen oder Entfall von energiewirtschaftlich notwendigen Vorhaben auftreten können (NK-EnWG/*Posser* § 12e Rn. 11). 14

Die **Bundesregierung** ist nach Erhalt des Entwurfs für einen Bundesbedarfsplan verpflichtet, den Entwurf des Bundesbedarfsplans dem **Bundesgesetzgeber vorzulegen.** Die Vorlagepflicht besteht ebenfalls in einem vierjährigen Turnus (§ 12e Abs. 1 S. 2). Anders als bei der Vorlagepflicht der BNetzA ist die Bundesregierung nicht verpflichtet, den Entwurf des Bundesbedarfsplans bei wesentlichen Änderungen außerhalb des vierjährigen Turnus vorzulegen. Mit den weitgehenden, mit der gesetzlichen Bedarfsplanung einhergehenden Rechtsfolgen (→ Rn. 3, 27) wäre es jedoch unvereinbar, wenn die energiewirtschaftliche Notwendigkeit und der vordringliche Bedarf für Vorhaben festgestellt würden, die in einer aktualisierten Fassung des Netzentwicklungsplans nicht mehr enthalten sind (vgl. auch 15

§ 12e Teil 3. Regulierung des Netzbetriebs

Theobald/Kühling/*Henze* EnWG § 12e Rn. 31). Die Bundesregierung ist daher auch bei wesentlichen Änderungen zur Vorlage an den Bundesgesetzgeber verpflichtet.

16 Der Bundesregierung steht es kompetenzrechtlich frei, **Änderungen** an einem behördlichen Entwurf vorzunehmen (s. hierzu ausf. NK-EnWG/*Posser* § 12e Rn. 13ff.). Änderungen an der Vorlage müssen sich jedoch an den Ergebnissen aus dem Umweltbericht und der Strategischen Umweltprüfung messen lassen. Die Bundesregierung kann hier möglicherweise zu anderen Bewertungen kommen. Substanzielle Änderungen würden jedoch die Pflicht zur teilweisen Durchführung einer neuen **Strategischen Umweltprüfung** auslösen.

17 Nach Vorlage des Entwurfs des Bundesbedarfsplans an den Bundesgesetzgeber schließt sich das **Gesetzgebungsverfahren** zu dessen Erlass an (vgl. § 12e Abs. 4 S. 1) (→ Rn. 9). Der Deutsche Bundestag ist in seiner Entscheidung als Legislative natürlich frei (*Appel* UPR 2011, 406 (408); *Moench/Ruttloff* NVwZ 2011, 1040 (1042)). Ob der Bundestag angesichts der komplexen Gesamtzusammenhänge der Netzplanung, der Voraussetzung einer Strategischen Umweltprüfung für die planerische Festlegung und der unternehmerischen Verantwortung für die Sicherheit des Netzbetriebs der ÜNB tatsächlich Gestaltungsspielräume hat, wird auch infrage gestellt (*Durner* NuR 2012, 369 (371); *Hermes* Planungsrechtliche Sicherung S. 71 (86)). Richtig an der Kritik ist, dass sich die Physik nicht durch politische Beschlüsse beeinflussen lässt und daher der vorgelegte Entwurf in der Regel kein „Baukastensystem" ist, aus dem einzelne Projekte herausgenommen, Anfangs- oder Endpunkte verschoben oder Prämissen verändert werden können. Allerdings bietet die Vorgabe von energiepolitischen Rahmenbedingungen durch Beschlüsse und Gesetze ein Instrumentarium, um das Prüfprogramm für die Akteure zu beeinflussen. Auch das Prüfprogramm der Strategischen Umweltprüfung mit einer Alternativenprüfung bietet allerdings Anknüpfungspunkte für umwelt- und energiepolitische Wertungen. Es bleibt in jedem Fall eine große Herausforderung, auf einer qualifizierten fachlichen Prognose zu demokratisch legitimierten Entscheidungen zu kommen.

18 Mit dem **Bundesbedarfsplangesetz** vom 23.7.2013 (BGBl. 2013 I S. 2543; 2014 I S. 148) wurde der Netzentwicklungsplan 2012 erstmals in ein Gesetz überführt. Der Bundesbedarfsplan wurde im Jahr 2015 neu gefasst (vgl. Gesetz zur Änderung von Bestimmungen des Rechts des Energieleitungsbaus, (BGBl. I S. 2490); s. auch BT-Drs. 18/6909, 28ff.). Die BNetzA hat den am 20.12.2019 bestätigten NEP 2019–2030 der Bundesregierung als Entwurf für einen Bundesbedarfsplan vorgelegt (vgl. BT-Drs. 19/23491, 23). Infolgedessen wurde der Bundesbedarfsplan durch Art. 1 Nr. 5 des Gesetzes zur Änderung des Bundesbedarfsplangesetzes und anderer Vorschriften vom 25.2.2021 (BGBl. I S. 298) geändert und deutlich auf dann 79 Vorhaben erweitert. Kurz darauf, Ende Juli 2022, wurde der Bundesbedarfsplan durch Art. 8 des Gesetzes zur Änderung des Energiewirtschaftsrechts im Zusammenhang mit dem Klimaschutz-Sofortprogramm und zu Anpassungen im Recht der Endkundenbelieferung (BGBl. 2022 I S. 1214) erneut umfassend geändert und um weitere 19 Vorhaben ergänzt. Es handelt sich um Vorhaben, die im Netzentwicklungsplan 2021–2035 von der BNetzA bestätigt wurden (BT-Drs. 20/1599, 75). Eine weitere, punktuelle Anpassung erfolgte Mitte Oktober 2022 (s. BGBl. 2022 I S. 1726). Der Bundesbedarfsplan umfasst derzeit 96 Vorhaben (dazu auch → Rn. 8).

19 Änderungen am Bundesbedarfsplangesetz können hinsichtlich technologiespezifischer Regelungen auch ohne Vorlage eines neuen Gesamtplanentwurfs vorgenommen werden. So geschehen durch Art. 11 des Gesetzes über die grundlegende

Reform des EEG und zur Änderung weiterer Bestimmungen des Energiewirtschaftsrechts (EEGReformG 2014) hinsichtlich der Regelung von Teil-Erdverkabelung auf HGÜ-Pilotvorhaben in § 2 Abs. 2 BBPlG.

III. Inhalt

In dem Entwurf der BNetzA sind die **länderübergreifenden und grenzüberschreitenden Höchstspannungsleitungen** sowie die **Offshore-Anbindungsleitungen** zu kennzeichnen (Abs. 2 S. 1). Dies dient der Identifikation der Projekte, die dem Anwendungsbereich des NABEG unterfallen (vgl. § 2 Abs. 1 und 5 NABEG). Hierfür ist allerdings die Kennzeichnung im späteren Bundesbedarfsplan ausschlaggebend. Die Zulassung dieser Vorhaben erfolgt im gestuften Verfahren der Bundesfachplanung nach §§ 4 ff. NABEG und der Planfeststellung nach §§ 18 ff. NABEG. Sowohl für die Bundesfachplanung als auch für die Planfeststellung nach dem NABEG ist die BNetzA zuständig (s. dazu auch *Franke/Recht* ZUR 2021, 15 ff.). 20

Vorhaben, die nicht als länderübergreifend oder grenzüberschreitend gekennzeichnet sind und bei denen es sich auch nicht um Offshore-Anbindungsleitungen handelt, werden – nachdem sie gegebenenfalls ein Raumordnungsverfahren durchlaufen haben – nach den §§ 43 ff. EnWG planfestgestellt. Zuständig sind in diesem Fall die Landesbehörden (s. zu den rechtlichen Folgen der Bundesbedarfsplanung für nachfolgende Genehmigungsverfahren auch *Kment* EnWZ 2022, 3 ff.). 21

Aus dem Umstand, dass ein Vorhaben eine (Landes-)Grenze überschreitet, folgt nicht automatisch eine Kennzeichnung als länderübergreifendes oder grenzüberschreitendes Vorhaben im Bundesbedarfsplan. So wurde eine entsprechende Kennzeichnung bereits geändert, um Verfahren, die bei den Landesbehörden begonnen wurden, dort fortführen und Verfahrensverzögerungen und Verzögerungen des Netzausbaus durch eine Übertragung der Zuständigkeit auf die BNetzA vermeiden zu können (BT-Drs. 18/8915, 44 f.). Eine solche Konstellation kann auftreten, wenn Vorhaben erst nachdem das Planfeststellungsverfahren begonnen wurde, in den Bundesbedarfsplan aufgenommen werden (BT-Drs. 18/8915, 44). 22

Länderübergreifende Höchstspannungsleitungen sind jedenfalls solche, die als konkrete Maßnahmen an einer bestehenden Trasse oder zur Errichtung einer neuen Trasse über das **geografische Gebiet** eines Bundeslands hinausreichen. Schwieriger wird es, wenn Ertüchtigungsmaßnahmen anderer Art im NEP vorgeschlagen werden, die zu punktuellen Maßnahmen im Übertragungsnetz führen. Der NEP als energiewirtschaftlicher Bedarfsplan ist dem Grunde nach **nicht** darauf angelegt, **konkrete Leitungsprojekte** auszuweisen. Vielmehr geht es um die Darstellung von Transportbedarf zwischen Netzregionen oder konkreten Netzverknüpfungspunkten, die energietechnisch über verschiedenste Maßnahmen erreicht werden können. Vorstellbar sind hier zB Kombinationen von Maßnahmen wie Hochtemperaturleiterseile und die Verstärkung von Stationen und einzelnen Trassenabschnitten, die als Gesamtmaßnahme zu einer Erhöhung der Transportkapazität führen. Länderübergreifende Höchstspannungsleitungen sind im Bundesbedarfsplan mit „A1" gekennzeichnet. 23

Der Begriff **grenzüberschreitende** Höchstspannungsleitung erfasst jedenfalls die **Verbindungsleitungen** zwischen Deutschland und den Nachbarstaaten. Diese sind im Bundesbedarfsplan mit „A2" gekennzeichnet. Die Erfassung von Verbindungsleitungen mit Nachbarstaaten ist für Landverbindungen unproblematisch, da diese immer in das Übertragungsnetz und die Bewirtschaftung der Regelzonen eingebunden sind. Anders ist die Situation bei **Seekabelverbindungen** zwischen Mit- 24

§ 12e Teil 3. Regulierung des Netzbetriebs

gliedstaaten, die zum Teil als alleinstehende Übertragungsleitungen (sog. „merchant lines") betrieben werden. Im Ergebnis handelt es sich bei diesen Verbindungsleitungen um Übertragungsleitungen, die dem Energietransport dienen. In diesem Fall sind auch solche Höchstspannungsleitungen gegebenenfalls als grenzüberschreitende Leitungen im Bedarfsplan auszuweisen. Dass auch solche Höchstspannungsleitungen als grenzüberschreitend zu kennzeichnen sind, die lediglich das deutsche Staatsgebiet verlassen und nicht die Grenze zu einem Nachbarstaat überschreiten, wie dies bei Leitungen der Fall ist, die in der deutschen und gegebenenfalls der ausschließlichen Wirtschaftszone (AWZ) anderer Länder liegen, dürfte sich aus dem Wortlaut des § 12e Abs. 2 S. 1 ergeben, der lediglich auf die Grenzüberschreitung, dh das Verlassen des deutschen Hoheitsgebiets, als solche abstellt. Andererseits sind Offshore-Anbindungsleitungen als separat zu kennzeichnende Leitung aufgeführt. Da eine Mehrfachkennzeichnung möglich ist und Offshore-Anbindungsleitungen nicht zwingend die Staatsgrenze überschreiten, zB wenn sie einen Windpark anbinden, der in der Zwölf-Seemeilen(sm)-Zone liegt (vgl. auch § 2 Abs. 3 S. 2 BBPlG; vgl. § 3 Nr. 29c EnWG iVm § 3 Nr. 5 WindSeeG), spricht einiges dafür, dass die Überschreitung einer Staatsgrenze für die Kennzeichnung als grenzüberschreitende Leitung ausreicht (s. auch NK-EnWG/*Posser* § 12e Rn. 25).

25 Der ab dem 1.1.2023 in den Wortlaut des § 12e Abs. 2 S. 1 EnWG aufgenommene Begriff der Offshore-Anbindungsleitung wird mit dem Zweiten Gesetz zur Änderung des Windenergie-auf-See-Gesetzes und anderer Vorschriften v. 20.7.2022 (BGBl. 2022 I S. 1325) (WindSeeG 2022) aufgrund des technischen Fortschritts neu und für das EnWG, das BBPlG, das NABEG und das WindSeeG einheitlich definiert (BT-Drs. 20/1634, 71). **Offshore-Anbindungsleitungen** sind gem. § 3 Nr. 29c EnWG iVm § 3 Nr. 5 WindSeeG legaldefiniert als die Anbindungsleitungen von den Netzverknüpfungspunkten an Land – entweder zu den Verknüpfungspunkten zur direkten Anbindung von Windenergieanlagen auf See an die Konverter- oder Umspannplattformen der Übertragungsnetzbetreiber – oder zu den Umspannanlagen der Betreiber von Windenergieanlagen auf See, jeweils einschließlich der land- und seeseitig erforderlichen technischen und baulichen Nebeneinrichtungen, die unmittelbar und ausschließlich der Errichtung und dem Betrieb der Anbindungsleitungen iSd § 17d Abs. 1 S. 1 EnWG dienen. Die Offshore-Anbindungsleitungen erhalten im Bundesbedarfsplan die Kennzeichnung „C". Derzeit enthält der Bundesbedarfsplan kein Vorhaben, das diese Kennzeichnung erhalten hat. Die weiteren im Bundesbedarfsplan enthaltenen **Kennzeichnungen** beispielsweise für Erdkabel-Pilotprojekte oder für den Verzicht auf die Bundesfachplanung gehen nicht auf § 12e zurück.

26 Für die Auswahl der Projekte im Hinblick auf die §§ 43ff. EnWG und die §§ 4ff., 18ff. NABEG kommt es maßgeblich auf den **Vorhabenbegriff** des Bundesbedarfsplans an. Das Gesetz spricht zunächst von den zu kennzeichnenden „Höchstspannungsleitungen" (§ 12e Abs. 2 S. 1). Abs. 2 S. 3 und Abs. 4 verwenden den Begriff des „Vorhabens". Als Maßnahmen aus dem energiewirtschaftlichen Bedarfsplan sind daher alle jene Maßnahmen im NEP zu einem Vorhaben zusammengefasst, die einen gemeinsamen, selbstständigen energiewirtschaftlichen Zweck haben. Das jeweilige Vorhaben muss einen eigenständigen Beitrag zur Lösung der Gesamtnetzentwicklungsplanung auslösenden Kapazitätsprobleme darstellen. § 1 Abs. 2 S. 1 BBPlG stellt klar, dass zu den in den Bundesbedarfsplan aufgenommenen Vorhaben auch die für den Betrieb von Energieleitungen notwendigen Anlagen einschließlich der notwendigen Änderungen an den Netzverknüpfungspunkten gehören.

Bundesbedarfsplan § 12 e

IV. Feststellende Wirkung

Für alle im Bundesbedarfsplan enthaltenen Vorhaben werden sowohl die **ener-** 27 **giewirtschaftliche Notwendigkeit** als auch der **vordringliche Bedarf** mit Bindungswirkung für die nachfolgenden Planfeststellungs- bzw. Plangenehmigungsverfahren nach §§ 18 ff. NABEG, §§ 43 ff. EnWG festgestellt, § 12 e Abs. 4. Damit wird eine wesentliche Entscheidung für die anschließenden Planungsverfahren getroffen, in denen die **Planrechtfertigung,** die ein ungeschriebenes Erfordernis jeder Fachplanung darstellt und die nach der ständigen Rechtsprechung des BVerwG vorliegt, wenn für das beabsichtigte Vorhaben, gemessen an den Zielen des zugrunde liegenden Fachplanungsrechts, ein Bedarf besteht, die geplante Maßnahme unter diesem Blickwinkel also vernünftigerweise geboten ist (s. BVerwG Urt. v. 6.4.2017 – 4 A 2.16 Rn. 32), grundsätzlich nachgewiesen werden muss: Mit der Feststellung des § 12 e Abs. 4 ist auf den nachfolgenden Planungsstufen über das „Ob" eines Leitungsvorhabens nicht erneut zu befinden. Es steht gesetzlich fest, dass der Plan erforderlich und damit gerechtfertigt ist. Alle nachfolgend befassten Behörden müssen eine entsprechende Prüfung nicht mehr vornehmen – vielmehr sind sie an diese gesetzliche Feststellung gebunden (*Appel* UPR 2011, 406 (413)). Die Feststellung bindet grundsätzlich auch die Gerichte in Rechtsmittelverfahren gegen Planfeststellungsbeschlüsse (stRspr BVerwG Urt. v. 6.4.2017 – 4 A 2.16 Rn. 32; Urt. v. 18.7.2013 – 7 A 4.12 Rn. 35). Die energiewirtschaftliche Notwendigkeit dieser Vorhaben kann im Rahmen der Planfeststellungs- und nachfolgender Gerichtsverfahren grundsätzlich nicht mehr mit Erfolgsaussicht infrage gestellt werden.

Nach der Rechtsprechung des BVerwG kann die Planrechtfertigung trotz ge- 28 setzlicher Bedarfsfeststellung nur in Fällen einer **evident unsachlichen Bedarfsfeststellung** abgelehnt werden (BVerwG Urt. v. 9.3.2008 – 9 A 3.06 Rn. 43; Urt. v. 9.6.2010 – 9 A 20.08 Rn. 38). Dass der Gesetzgeber mit der Bedarfsfeststellung die Grenzen seines gesetzgeberischen Ermessens überschritten hat, davon wäre nur auszugehen, wenn die Bedarfsfeststellung evident unsachlich wäre, weil es für die Aufnahme des Vorhabens in den Bedarfsplan im Hinblick auf die bestehende oder künftig zu erwartende Entwicklung an jeglicher Notwendigkeit fehlte oder wenn sich die Verhältnisse seit der Bedarfsentscheidung des Gesetzgebers so grundlegend gewandelt hätten, dass das angestrebte Planungsziel unter keinen Umständen auch nur annähernd erreicht werden könnte. Für diese Feststellung reicht es nach der Rechtsprechung des BVerwG in der Verkehrswegeplanung nicht aus, dass die zugrunde liegenden Prognosen nicht regelmäßig aktualisiert worden sind.

Für Vorhaben aus dem Netzentwicklungsplan, die aus welchen Gründen auch 29 immer **keine Abbildung im Bundesbedarfsplan** gefunden haben, ergibt sich aus dem Vorgesagten, dass ihnen die Planrechtfertigung nicht abgesprochen wurde. Dieser Bedarf wird auch durch die Feststellungen im Netzentwicklungsplan belegt. Es bedeutet nur, dass die Planrechtfertigung durch den Vorhabenträger im Planfeststellungsverfahren begründet und nachgewiesen werden muss. Dies kann durch die Berechnungen und Darlegungen im Netzentwicklungsplan geschehen. Der Planfeststellungsbehörde obliegt es in diesen Fällen allerdings, die Planrechtfertigung zu prüfen.

Für die im Bundesbedarfsplan enthaltenen Vorhaben steht zugleich fest, dass sie 30 den **Zielen des § 1 entsprechen** (§ 12 e Abs. 2 S. 3). Die Bedarfsplan-Vorhaben dienen daher einer möglichst sicheren, preisgünstigen, verbraucherfreundlichen, effizienten, umweltverträglichen und treibhausgasneutralen leitungsgebundenen Ver-

§ 12f   Teil 3. Regulierung des Netzbetriebs

sorgung der Allgemeinheit mit Elektrizität, die zunehmend auf erneuerbaren Energien beruht.

31   Durch die Kennzeichnung der länderübergreifenden oder grenzüberschreitenden Vorhaben sowie der Offshore-Anbindungsleitungen im Bundesbedarfsplan stellt das Bundesbedarfsplangesetz zudem die Bundesfachplanung und Planfeststellung nach dem NABEG als durchzuführende Verfahren fest (vgl. § 2 Abs. 1, 3 NABEG) (→ Rn. 20). Für den Vorhabenträger bedeutet dies, dass er grundsätzlich spätestens 18 Monate nach Aufnahme des Vorhabens in den Bundesbedarfsplan den Antrag auf Bundesfachplanung stellen muss (s. § 6 S. 2, 3 NABEG).

C. Rechtsschutz

32   Beim Rechtsschutz ist zwischen dem Rechtsschutz gegen das Bundesbedarfsplangesetz und dem Rechtsschutz gegen die Zulassung der im Bundesbedarfsplan enthaltenen Vorhaben zu differenzieren.

33   Der **Bundesbedarfsplan** wird als förmliches Bundesgesetz erlassen; gegen dieses wird unmittelbar nur der eingeschränkte verfassungsgerichtliche Rechtsschutz nach Art. 93 Abs. 1 Nr. 2 GG statthaft sein (s. im Detail NK-EnWG/*Posser* § 12e Rn. 47f.; s. auch *Schmitz/Uibeleisen* Netzausbau Rn. 164).

34   Das Bundesbedarfsplangesetz kann ausweislich der Gesetzesbegründung eine erst- und letztinstanzliche Rechtswegzuweisung zum BVerwG enthalten (BT-Drs. 17/6072, 70). Auf dieser Grundlage hat der Gesetzgeber die Streitigkeiten, die Planfeststellungsverfahren und Plangenehmigungsverfahren für **Vorhaben des Bundesbedarfsplans** betreffen, mit dem Zweiten Gesetz über Maßnahmen zur Beschleunigung des Netzausbaus Elektrizitätsnetze im Jahr 2013 einer erst- und letztinstanzlichen Prüfung des BVerwG in § 50 Abs. 1 Nr. 6 VwGO unterworfen (Art. 4 des Gesetzes v. 23.7.2013, BGBl. 2013 I S. 2543).

§ 12f   Herausgabe von Daten

(1) **Die Regulierungsbehörde stellt dem Bundesministerium für Wirtschaft und Energie sowie dem Umweltbundesamt Daten, die für digitale Netzberechnungen erforderlich sind, insbesondere Einspeise- und Lastdaten sowie Impedanzen und Kapazitäten von Leitungen und Transformatoren, einschließlich unternehmensbezogener Daten und Betriebs- und Geschäftsgeheimnisse zur Verfügung, soweit dies zur Erfüllung ihrer jeweiligen Aufgaben erforderlich ist.**

(2) **¹Die Regulierungsbehörde gibt auf Antrag insbesondere netzknotenpunktscharfe Einspeise- und Lastdaten sowie Informationen zu Impedanzen und Kapazitäten von Leitungen und Transformatoren an Dritte heraus, die die Fachkunde zur Überprüfung der Netzplanung und ein berechtigtes Interesse gegenüber der Regulierungsbehörde nachweisen sowie die vertrauliche Behandlung der Informationen zusichern oder die Berechtigung zum Umgang mit Verschlusssachen mit einem Geheimhaltungsgrad nach § 12g Absatz 4 in Verbindung mit § 4 des Sicherheitsüberprüfungsgesetzes haben. ²Die Daten sind in einem standardisierten, elektronisch verarbeitbaren Format zur Verfügung zu stellen. ³Daten, die**

Betriebs- und Geschäftsgeheimnisse darstellen, dürfen von der Regulierungsbehörde nicht herausgegeben werden. ⁴In diesem Fall hat die Regulierungsbehörde typisierte und anonymisierte Datensätze an den Antragsteller herauszugeben.

Übersicht

	Rn.
A. Allgemeines	1
I. Inhalt	1
II. Zweck	3
B. Verfahren	5
I. Herausgabe an andere Behörden nach Abs. 1	5
II. Herausgabe an Dritte nach Abs. 2	11
1. Verfahren	12
2. Gegenstand	15
3. Formatvorgaben	20
4. Verhältnis zu anderen Herausgabeansprüchen	21
III. Rechtsschutz	25

A. Allgemeines

I. Inhalt

§ 12f steht im Zusammenhang mit dem Netzentwicklungsplan (im Folgenden 1 NEP) und soll bestimmten Bundesbehörden in Abs. 1 – dem Bundesministerium für Wirtschaft und Energie (jetzt Bundesministerium für Wirtschaft und Klimaschutz – BMWK) und dem Umweltbundesamt – sowie der interessierten Öffentlichkeit in Abs. 2 unter Wahrung der privaten und öffentlichen Interessen an der Vertraulichkeit der sensiblen Netzdaten und Netzkundendaten größtmögliche Nachvollziehbarkeit der Berechnungen zum NEP ermöglichen. Dazu wird die Bundesnetzagentur verpflichtet, den Behörden nach Absatz 1 und der interessierten Öffentlichkeit nach Abs. 2, die die Fachkunde zur Überprüfung der Netzplanung und ein berechtigtes Interesse gegenüber der Bundesnetzagentur nachweisen sowie die vertrauliche Behandlung der Informationen zusichern oder die Berechtigung zum Umgang mit Verschlusssachen haben, bestimmte **Informationen auf Antrag herauszugeben.**

Verweise auf diese Norm finden sich in den Vorschriften zu den unabhängigen 2 Systembetreibern (§ 9 Abs. 2, 4) und unabhängigen Transportnetzbetreibern (§ 10b Abs. 2, § 10d Abs. 2) und zur Organisation der Bundesnetzagentur (§ 59 Abs. 2 S. 2 Nr. 4). Die Herausgabe von Daten nach § 12f Abs. 2 ist nach § 91 Abs. 1 S. 1 Nr. 8, Abs. 6 S. 1 Nr. 3 **gebührenpflichtig.**

II. Zweck

Die Vorschrift gehört zu den im Jahr 2011 neu in das EnWG aufgenommenen 3 **Transparenzvorschriften,** welche die **Akzeptanz** der erforderlichen Netzentwicklungsplanung unterstützen sollen. Sie dient nicht der Umsetzung europäischen Rechts, sondern ist der deutschen Diskussion um Transparenz und Akzeptanz geschuldet. Eine Vorbildregelung findet sich in § 5 KraftNAV, die ebenfalls im Wege der Gutachterlösung einem Netzanschlusspetenten das Recht auf Informationszugang zu den Daten eröffnet, die für die Nachvollziehbarkeit der Netzberechnungen erforderlich waren.

4 Die Durchführung dieser Vorschrift stellt die Bundesnetzagentur vor nicht unerhebliche Probleme. Die Netzberechnungen der Übertragungsnetzbetreiber und der Bundesnetzagentur erfolgen nicht in einem allgemein verfügbaren **Datenformat**. Es existieren auch frei verfügbare Softwarelösungen. Allerdings führen Datenumwandlungen in den komplexen Datensätzen immer zu Abweichungen. Werden dann im Rahmen des Abs. 2 noch schützenswerte Informationen herausgelöscht bzw. durch typisierte Werte ersetzt, so verändert auch dies die Ergebnisse. Veränderte Datensätze führen in den damit durchgeführten Berechnungen möglicherweise schon aus diesem Grund zu abweichenden und erklärungsbedürftigen Ergebnissen. Die Anwendung der Regelung muss daher die Vergleichbarkeit der Ergebnisse im Interesse einer nachfolgenden Diskussion gewährleisten.

B. Verfahren

I. Herausgabe an andere Behörden nach Abs. 1

5 Dem Bundesministerium für Wirtschaft und Energie (jetzt: BMWK) und dem Umweltbundesamt sind die Daten, die für digitale Netzberechnungen erforderlich sind, von der Bundesnetzagentur als gem. § 54 Abs. 1 zuständiger Regulierungsbehörde zur **Erfüllung ihrer Aufgaben** herauszugeben. Mit der **Herausgabepflicht** der Bundesnetzagentur korrespondiert ein **Herausgabeanspruch** der genannten Bundesbehörden, der durch den Aufgabenbereich der Behörden limitiert wird („soweit dies zur Erfüllung ihrer jeweiligen Aufgaben **erforderlich** ist"). Anders als § 12f Abs. 2 macht Abs. 1 keine Vorgaben zum Verfahren.

6 Die Gesetzesbegründung zu § 12f Abs. 1 scheint irreführenderweise davon auszugehen, dass ein „berechtigtes Interesse" an der Herausgabe von Daten und die Erforderlichkeit zur Aufgabenerfüllung identisch sind (vgl. BT-Drs. 17/6072, 70). Dem ist entgegenzuhalten, dass die Geltendmachung eines berechtigten Interesses regelmäßig eine Abwägung der widerstreitenden Interessen fordert, die der Gesetzgeber in Abs. 1 aber bereits zugunsten des Informationsinteresses der genannten Bundesbehörden entschieden hat (Theobald/Kühling/*Henze* EnWG § 12f Rn. 11). Folgerichtig müssen das Bundesministerium für Wirtschaft und Energie bzw. jetzt das BMWK oder das Umweltbundesamt keinen Nachweis eines berechtigten Interesses an der Datenherausgabe erbringen.

7 Die Aufstellung des Netzentwicklungsplans gehört nicht zu den **Aufgaben dieser Behörden.** Die Aufgaben der Ministerien sind jedoch unmittelbar berührt, wenn der NEP als Entwurf des Bundesbedarfsplans der Bundesregierung nach § 12e Abs. 1 übergeben wird. Insbesondere die Ressorts für Umwelt und Wirtschaft müssen dann die Herleitung des Netzausbaubedarfs und somit ua die Netzberechnungen nachvollziehen können. Zu diesem Zweck können sie daher die notwendigen Daten anfordern. Die Aufgaben der genannten Behörden, zu deren Erfüllung die Übermittlungspflicht besteht, sind aber nicht auf den Nachvollzug des Netzentwicklungsplans begrenzt. Die Begründung führt als Zweck der Regelung an, die Datenübermittlung solle erfolgen, „insbesondere um wissenschaftliche Analysen, Lösungen und Strategien zur sicheren, wirtschaftlichen und klimaverträglichen Energieversorgung und der Systemintegration erneuerbarer Energien zu erarbeiten" (BT-Drs. 17/6072, 70). Damit ist ein sehr **weiter, energiepolitischer Anwendungsbereich** der Vorschrift eröffnet.

Herausgabe von Daten § 12f

Die Datenübermittlung erfolgt inklusive aller vertraulichen oder als Betriebs- 8
und Geschäftsgeheimnisse gekennzeichneten Daten. Durch die Regelung besteht
eine gesetzliche Befugnis zur Weitergabe der Daten an die genannten Behörden
isd § 30 VwVfG. Diese sind ihrerseits zur **Wahrung der Vertraulichkeit** nach
§ 30 VwVfG verpflichtet. Die Gesetzesbegründung geht davon aus, dass damit ein
„angemessener Ausgleich zwischen dem behördlichen Informationsinteresse und
dem berechtigten Schutz von Betriebs- und Geschäftsgeheimnissen" gewährleistet
ist (BT-Drs. 17/6072, 70).

Gegenstand der Übermittlungspflicht sind alle **Daten**, die für **digitale Netz-** 9
berechnungen erforderlich sind. Neben der Erforderlichkeit der Datenherausgabe zur Aufgabenerfüllung (→ Rn. 5 ff.) knüpft der Anspruch aus § 12f Abs. 1 hier
an ein zweites Erforderlichkeitskriterium, der Erforderlichkeit der Daten für die digitale Netzberechnung an. Die folgende Aufzählung ist, wie der Wortlaut des § 12f
Abs. 1 („insbesondere") zeigt, nicht abschließend. Es ist ein weites Verständnis zu
Grunde zu legen, das den tatsächlichen Nachvollzug der Berechnungen im Netzentwicklungsplan ermöglicht. Dazu gehören

– **Einspeise- und Lastdaten:** Erforderlich sind Einspeise- und Entnahmeleistungen an den Ein- und Ausspeisepunkten im Übertragungsnetz. Im Rahmen der
  Markt- und Netzmodellierung (→ § 12b Rn. 40, 41 ff., 44 ff.) werden aus diesen
  Daten aber auch Nutzungsfälle errechnet, die ein Zusammenspiel aller Einspeise- und Lastdaten zu bestimmten Zeitpunkten ergeben. Die für die Netzberechnung maßgeblichen Netznutzungsfälle sind folglich ebenso darzustellen.
– **Impedanzen** sind die Wechselstromwiderstände elektrischer Bauelemente, zB
  einer Leitung.
– **Kapazitäten von Leitungen und Transformatoren** beschreiben die Transportleistung, die unterhalb einer Maximalleistung wiederum nicht statisch, sondern von äußeren Umständen abhängig ist, wie zB Witterungsbedingungen. Die
  Kapazität von Leitungen ist daher als Auslegungskapazität und im Rahmen der
  Netznutzungsfälle auszuweisen, um die Netzberechnungen nachzuvollziehen.

Nicht Gegenstand der Datenübermittlung ist das Marktmodell (dazu → § 12b
Rn. 41 ff.), wohl aber alle netzauslegungsrelevanten Nutzungsfälle, die sich aus
dem Marktmodell der Übertragungsnetzbetreiber ergeben.

Im Unterschied zu Abs. 2 macht Abs. 1 auch keine Vorgaben zum **Format der** 10
Daten. Wie dargestellt (→ Rn. 4) erfolgen die Netzberechnungen der ÜNB und
der Bundesnetzagentur nicht in einem allgemein verfügbaren Datenformat. Es existieren auch frei verfügbare Softwarelösungen, eine Datenumwandlung führt in den
komplexen Datensätzen allerdings immer zu Abweichungen. Die im Unterschied
zu Abs. 2 nicht einschränkende Formulierung und der sich aus der Begründung
ergebende Zweck für wissenschaftliche Analysen deutet darauf hin, dass den in
Abs. 1 aufgeführten Behörden die Originaldaten im Originalformat der Netzberechnungen zu übergeben sind, mit denen einschlägige Gutachter und Institute
auch rechnen können müssen.

II. Herausgabe an Dritte nach Abs. 2

Neben zwei Bundesbehörden sind Daten zur Überprüfung und Nachberech- 11
nung der Ergebnisse des NEP der Übertragungsnetzbetreiber von der Bundesnetzagentur auch an Dritte herauszugeben. Hintergrund der Regelung ist es, mehr
Transparenz in der Netzplanung unter Wahrung der privaten und öffentlichen
Vertraulichkeitsbedürfnisse zu schaffen (BT-Drs. 17/6072, 70).

§ 12f — Teil 3. Regulierung des Netzbetriebs

12 **1. Verfahren.** Als Voraussetzung für die Datenherausgabe ist ein formloser **Antrag** bei der Bundesnetzagentur erforderlich. § 12f Abs. 2 S. 1 fasst den Kreis der **Anspruchsberechtigten** („Dritte") zunächst weit; anspruchsberechtigt können beispielsweise natürliche Personen, dh der einzelne Bürger oder juristische Personen wie Forschungsinstitute, Bürgerinitiativen, Umweltverbände sowie andere betroffene Interessenträger sein (BT-Drs. 17/6072, 70). Hierzu gehören auch die nicht in Abs. 1 genannten Behörden (Theobald/Kühling/*Henze* EnWG § 12f Rn. 9). Einschränkend wirkt, dass der Nachweis der nötigen Fachkunde zur Überprüfung der Netzplanung, eines berechtigten Interesses sowie eine **Vertraulichkeitserklärung** beizubringen sind. Die Berechtigung zum Umgang mit Verschlusssachen ist anstelle der Vertraulichkeitserklärung ausreichend. Die Voraussetzungen müssen in der Person des **Antragstellers** vorliegen. Da hier ein rein wissenschaftliches und kommerzielles Interesse des Antragstellers nicht ausreicht (→ Rn. 14), können die Fachkunde und das berechtigte Interesse personell auseinanderfallen. In diesem Fall kann die Fachkunde eines Dritten dem Antragsteller zugerechnet werden. Die Datenherausgabe erfolgt in diesem Fall zweckmäßig nur an die natürliche Person, welche die nötige Fachkunde nachgewiesen hat. Dies lässt sich daraus ableiten, dass nur eine solche fachkundige Person überhaupt mit den Daten tatsächlich Netzberechnungen durchführen kann. Aus Gründen der **Datensicherheit** im Sinne der **Datensparsamkeit** ist dann der Kreis der Personen, die zu potenziell sensiblen Netzdaten Zugang hat, so klein wie möglich zu halten. Nur die Person mit der nötigen Fachkunde muss dann zu einem vertraulichen Umgang mit den Daten inhaltlich verpflichtet werden. Im Falle von **Hochschulen** und wissenschaftlichen Instituten ist eine Vertraulichkeitserklärung des Instituts erforderlich. Der Antragsteller erhält die Ergebnisse der Berechnungen nach seinen Vorgaben, aber nicht die Datensätze.

13 An die **Fachkunde** zur Überprüfung von Netzberechnungen sind hohe Anforderungen zu stellen. Beispiele für Anforderungen an die Fachkunde finden sich zB in § 7 der Verordnung über Immissionsschutz- und Störfallbeauftragte (5. BImSchV). Auch § 122 GWB und § 69 Abs. 2 S. 2 TKG enthalten die Anforderung der Fachkunde. Diese ist dann erfüllt, wenn der Antragsteller die Gewähr dafür bietet, dass er für die Ausübung der aufgrund dieser Normen erteilten Rechte erforderlichen Kenntnisse, Erfahrungen und Fertigkeiten verfügt (Geppert/Schütz/*Schütz* TKG § 69 Rn. 11; Immenga/Mestmäcker/*Kling* GWB § 122 Rn. 46ff.). Daraus lässt sich für § 12f ableiten, dass ein einschlägiger Universitätsabschluss erforderlich ist. Dies wäre im Bereich der Netzplanung ein Diplom-Ingenieur der Elektrotechnik oder ein vergleichbarer Abschluss. Darüber hinaus kann eine mehrjährige Erfahrung in der Netzplanung von Elektrizitätsnetzen verlangt werden, legt man die Maßstäbe anderer Fachkundenachweise zu Grunde. Die Fachkunde ist nachzuweisen zB durch Ausbildungs- und Arbeitszeugnisse, Mitwirkung an einschlägigen Studien oder Fortbildungen mit Bezug zum Thema Netzplanung. Wegen der in § 12f Abs. 2 S. 1 normierten Nachweispflicht trifft die **Darlegungslast** hinsichtlich der Fachkunde den Antragsteller.

14 Dies gilt auch hinsichtlich des **berechtigten Interesses,** das ebenfalls gegenüber der Bundesnetzagentur „nachgewiesen" werden muss. Dieses kann, so die Gesetzesbegründung, beispielsweise im Fall einer „Beauftragung durch eine Bürgerinitiative, einen Umweltverband oder einen anderen betroffenen Interessenträger" oder im Fall einer Beauftragung des Antragstellers durch das Bundeswirtschaftsministerium, das Bundesumweltministerium oder das Umweltbundesamt vorliegen (BT-Drs. 17/6072, 70). Der Zusammenhang mit der notwendigen Fachkundebeschreibung („zur Überprüfung der Netzplanung") und der Zweck der Vorschrift legen nahe, dass das berechtigte Interesse im unmittelbaren Zusammenhang mit den Verfahren zur Aufstellung der Netzentwicklungspläne mit seinen diversen öffentlichen Konsultationen stehen muss; eine Zusammenhang mit einem gegenwärtig laufenden Verfahren zur Aufstellung eines NEP oder einer Konsultation dürfte hingegen nicht gefordert werden können (aA wohl → 3. Aufl., § 12f Rn. 11). An Hochschulen dürfte ein solches berechtigtes Interesse beispielsweise bei der Durchführung eines Forschungsvorhabens mit Bezug zur Netzplanung belegt sein.

2. Gegenstand. Der Auskunftsanspruch erstreckt sich im Grundsatz auf die **Daten,** 15 die in Abs. 1 ebenfalls aufgezählt sind (→ Rn. 9), allerdings **ohne Betriebs- und Geschäftsgeheimnisse.** Betriebs- und Geschäftsgeheimnisse sind alle auf ein Unternehmen bezogenen Tatsachen, Umstände und Vorgänge, die nicht offenkundig, sondern nur einem begrenzten Personenkreis zugänglich sind und an deren Nichtverbreitung der Rechtsträger ein berechtigtes Interesse hat. Betriebsgeheimnisse umfassen im Wesentlichen technisches Wissen; Geschäftsgeheimnisse betreffen vornehmlich kaufmännisches Wissen (BVerfG Beschl. v. 14.3.2006 – 1 BvR 2087/03, 1 BvR 2111/03 Rn. 87, NVwZ 2006, 1041; BVerwG Urt. v. 24.9.2009 – 7 C 2.09 Rn. 50, NVwZ 2010, 189). Ein Geschäfts- oder Betriebsgeheimnis setzt neben dem Mangel an Offenkundigkeit der zugrunde liegenden Informationen ein berechtigtes Interesse des Unternehmens an deren Nichtverbreitung voraus. Ein solches Interesse besteht, wenn die Offenlegung der Information geeignet ist, exklusives technisches oder kaufmännisches Wissen den Marktkonkurrenten zugänglich zu machen und so die Wettbewerbsposition des Unternehmens nachteilig zu beeinflussen (BVerwG Urt. v. 24.9.2009 – 7 C 2.09 Rn. 50, NVwZ 2010, 189). Betriebs- und Geschäftsgeheimnisse können daher Informationen eines in- und ausländischen Übertragungsnetzbetreibers, insbesondere auch Netzkundendaten, erfassen. Insbesondere sind in anschlussscharfen Darstellungen von Leistungen und Lastdaten ggf. auch Informationen von Einspeise- und Ausspeisekunden des Netzbetreibers enthalten, die in wettbewerblichen Märkten aktiv sind. Für diese Daten hat die Behörde **typisierte und anonymisierte Datensätze** herauszugeben.

Dies kann es beispielsweise erforderlich machen, in der Darstellung von Um- 16 spannwerken Standorte knotenpunktscharf je Spannungsebene anzugeben, ohne die Sammelschienenbelegung zu nennen oder Netzknoten an Schnittstellen zum Ausland, zu Kraftwerken oder zu nachgelagerten Netzen mathematisch zu reduzieren. Auf die **Probleme durch standardisierte Datenweitergabe** ist unter → Rn. 4 hingewiesen worden. Durch die Reduktion von Daten darf der Zweck der Regelung, den Nachvollzug der Netzplanung zu ermöglichen, nicht aufgehoben werden.

Trotz der Bereinigung muss der Adressat der Datenübermittlung zum **Umgang** 17 **mit Verschlusssachen berechtigt** sein oder die **vertrauliche Behandlung der Daten zusichern.** Die Bundesnetzagentur verwendet für die Zusicherung in der Regel eine Vertraulichkeitserklärung mit Vertragsstrafen.

Einen Sonderfall liegt vor, wenn von den Daten auch solche erfasst sind, die di- 18 rekt oder indirekt unter die **Verschlusssacheneinstufung** nach dem **Sicherheitsüberprüfungsgesetz (SÜG)** fallen. In diesem Fall hat der Antragsteller zusätzlich eine Erklärung zur Einhaltung der Vorgaben gemäß der Einstufung nach § 4 SÜG abzugeben. Nach dem Sicherheitsüberprüfungsgesetz vom 20.4.1994 (BGBl. 1994 I S. 867), das zuletzt durch Art. 4 des Gesetzes vom 5.7.2021 (BGBl. 2021 I S. 2274) geändert worden ist, lautet § 4 SÜG:

§ 12f

„**§ 4 Allgemeine Grundsätze zum Schutz von Verschlusssachen, Mitwirkung des Bundesamtes für Sicherheit in der Informationstechnik**

(1) Verschlusssachen sind im öffentlichen Interesse, insbesondere zum Schutz des Wohles des Bundes oder eines Landes, geheimhaltungsbedürftige Tatsachen, Gegenstände oder Erkenntnisse, unabhängig von ihrer Darstellungsform. Verschlusssachen können auch Produkte und die dazugehörenden Dokumente sowie zugehörige Schlüsselmittel zur Entschlüsselung, Verschlüsselung und Übertragung von Informationen sein (Kryptomittel). Geheimhaltungsbedürftig im öffentlichen Interesse können auch Geschäfts-, Betriebs-, Erfindungs-, Steuer- oder sonstige private Geheimnisse oder Umstände des persönlichen Lebensbereichs sein.

(1a) Von einer Verschlusssache dürfen nur Personen Kenntnis erhalten, die auf Grund ihrer Aufgabenerfüllung Kenntnis haben müssen. Keine Person darf über eine Verschlusssache umfassender oder eher unterrichtet werden, als dies aus Gründen der Aufgabenerfüllung notwendig ist.

(2) Verschlusssachen werden entsprechend ihrer Schutzbedürftigkeit von einer amtlichen Stelle des Bundes oder auf deren Veranlassung in folgende Geheimhaltungsgrade eingestuft:
1. STRENG GEHEIM, wenn die Kenntnisnahme durch Unbefugte den Bestand oder lebenswichtige Interessen der Bundesrepublik Deutschland oder eines ihrer Länder gefährden kann,
2. GEHEIM, wenn die Kenntnisnahme durch Unbefugte die Sicherheit der Bundesrepublik Deutschland oder eines ihrer Länder gefährden oder ihren Interessen schweren Schaden zufügen kann,
3. VS-VERTRAULICH, wenn die Kenntnisnahme durch Unbefugte für die Interessen der Bundesrepublik Deutschland oder eines ihrer Länder schädlich sein kann,
4. VS-NUR FÜR DEN DIENSTGEBRAUCH, wenn die Kenntnisnahme durch Unbefugte für die Interessen der Bundesrepublik Deutschland oder eines ihrer Länder nachteilig sein kann.

(3) Wer auf Grund dieses Gesetzes oder sonst in berechtigter Weise Zugang zu einer Verschlusssache erlangt,
1. ist zur Verschwiegenheit über die ihm dadurch zur Kenntnis gelangten Informationen verpflichtet und
2. hat durch Einhaltung der Schutzmaßnahmen, die auf Grund dieses Gesetzes erlassen worden sind, dafür Sorge zu tragen, dass keine unbefugte Person Kenntnis von der Verschlusssache erlangt.

(4) Behörden und sonstige öffentliche Stellen des Bundes sind verpflichtet, Verschlusssachen durch Maßnahmen des materiellen Geheimschutzes nach der jeweils für sie geltenden allgemeinen Verwaltungsvorschrift, die nach § 35 zu erlassen ist, so zu schützen, dass Durchbrechungen ihrer Vertraulichkeit entgegengewirkt wird, und darauf hinzuwirken, dass solche Versuche erkannt und aufgeklärt werden können. Dies gilt auch für die Weitergabe von Verschlusssachen an nichtöffentliche Stellen. Die eine Verschlusssache herausgebende Stelle kann weitere Vorgaben zum Schutz der Verschlusssache treffen.

(5) Bei der Durchführung der nach § 35 Absatz 1 erster Halbsatz zu erlassenden allgemeinen Verwaltungsvorschrift zum materiellen Geheimschutz wirkt das Bundesamt für Sicherheit in der Informationstechnik mit. Bei der Durchführung der nach § 35 Absatz 3 zu erlassenden allgemeinen Verwaltungsvorschrift zum materiellen Geheimschutz wirkt der Militärische Abschirmdienst mit. Bei der Betreuung der nichtöffentlichen Stellen im materiellen Geheimschutz sowie bei den Nachrichtendiensten des Bundes wirkt das Bundesamt für Sicherheit in der Informationstechnik auf Ersuchen der jeweils zuständigen Behörde mit.

(6) Das Bundesamt für Verfassungsschutz, der Militärische Abschirmdienst und der Bundesnachrichtendienst teilen dem Bundesamt für Sicherheit in der Informationstechnik

nichtpersonenbezogene Erkenntnisse, die für den Schutz von Verschlusssachen oder die Aufrechterhaltung des Geheimschutzes von Bedeutung sein können, unverzüglich mit. Das gilt nicht, soweit die Erkenntnisse einem Weitergabeverbot unterliegen. § 23 des Bundesverfassungsschutzgesetzes gilt entsprechend."

Sind die angeforderten Daten aufgrund ihrer Schutzbedürftigkeit als Verschlusssache nach § 4 SÜG eingestuft und verfügt der Antragsteller nicht über die Berechtigung zum Umgang mit Verschlusssachen, steht dies der Datenherausgabe entgegen. Ob der Antragsteller zum Umgang mit Verschlusssachen berechtigt ist, wird anhand der diesbezüglichen speziellen Verfahren beurteilt (s. Allgemeine Verwaltungsvorschrift des Bundesministeriums des Innern zum materiellen und organisatorischen Schutz von Verschlusssachen (VS-Anweisung – VSA)). Besteht nach der spezialgesetzlichen Regelung des § 12f Abs. 2 kein Anspruch auf Datenherausgabe, richtet sich die Herausgabe der Daten gemäß der Gesetzesbegründung dann aber nach den jeweils einschlägigen Verfahren für die **Weitergabe von Verschlusssachen** im öffentlichen Bereich. Der damit verbundene Aufwand ist durch das öffentliche Interesse an einer sicheren und zuverlässigen Stromversorgung gerechtfertigt (BT-Drs. 17/6072, 70).

3. Formatvorgaben. Hinsichtlich der Übergabe der Daten lautet die gesetzliche Vorgabe, dass ein **standardisiertes, elektronisch verarbeitbares Format** zu verwenden ist. Es kann bei den Adressaten in Absatz 2 nicht davon ausgegangen werden, dass diese mit einem kommerziellen Netzplanungsprogramm arbeiten. Die Übergabe der Daten hat daher in einem allgemein maschinenlesbaren Format (zB Comma-separated values-Format, csv) zu erfolgen. Standardisierungsbemühungen unternimmt auch die ENTSO-E mit einem CIM-Standard zum Datenaustausch (abrufbar unter www.entsoe.eu/digital/common-information-model/#develo ping-cim-standards). Dabei ist zulässig, auch für diese Datenherausgabe behördlicherseits ein standardisiertes Verfahren und Format vorzusehen und nicht individuelle Datensätze und -formate zusammenzustellen. Dies lässt sich verwaltungspraktisch nicht darstellen und gefährdet die Funktionsfähigkeit der Verwaltung, jedenfalls soweit sie auf Basis der betroffenen Datensätze selbst in einem laufenden Prüfungs- und Entscheidungsverfahren befindet.

4. Verhältnis zu anderen Herausgabeansprüchen. Die Herausgabeansprüche nach Abs. 2 sind in ihrem Anwendungsbereich von **Akteneinsichtsansprüchen** für Beteiligte am Verfahren nach § 66 iVm § 29 VwVfG, von **Informationsrechten** nach dem Informationsfreiheitsgesetz des Bundes (IFG) und dem **Zugang zu Umweltinformationen** nach dem Umweltinformationsgesetzes (UIG) abzugrenzen.

§ 29 Abs. 1 S. 1 VwVfG wird regelmäßig unanwendbar sein, da es sich bei den die Herausgabe von Daten nach § 12f Abs. 2 fordernden Dritten nicht um Verfahrensbeteiligte handelt (NK-EnWG/*Posser* § 12f Rn. 26).

Der **IFG-Anspruch**, der sich auf amtlich verfügbare Informationen bezieht und kein berechtigtes Interesse an den Informationen voraussetzt, ist hingegen nach § 1 Abs. 3 IFG subsidiär; die Klausel dient der Sicherung des Vorrangs des Fachrechts vor dem Auskunftsanspruch nach IFG (*Schoch* IFG § 1 Rn. 287ff.). Das IFG wird durch Normen verdrängt und ist diesen gegenüber subsidiär, die einen mit § 1 Abs. 1 IFG identischen sachlichen Regelungsgegenstand aufweisen (BVerwG Urt. v. 3.11.2011 – 7 C 4.11 Rn. 9, NVwZ 2012, 251). Dh, soweit es um Informationen zur Prüfung der Netzplanung nach § 12f Abs. 2 S. 1 geht, besteht kein Anspruch nach dem IFG.

§ 12 g   Teil 3. Regulierung des Netzbetriebs

24   Der Anwendungsbereich des **Umweltinformationsgesetzes** könnte allenfalls im Bereich der durchzuführenden Strategischen Umweltprüfung eröffnet sein. In der Regel dürfte es sich bei den nach § 12f herauszugebenden Netzberechnungsdaten aber nicht um Umweltinformationen iSd § 2 Abs. 3 UIG handeln (so auch Theobald/Kühling/*Henze* EnWG § 12f Rn. 38). Der Kreis der Anspruchsberechtigten ist in § 3 Abs. 1 UIG mit Jedermann weit gefasst; ein rechtliches Interesse an den Umweltinformationen (vgl. § 2 Abs. 3 UIG) muss nicht vorliegen. Der Anspruch richtet sich an informationspflichtige Stellen nach § 2 Abs. 1 UIG, zu denen die Bundesnetzagentur als sog. Stelle der öffentlichen Verwaltung gehört. Auch der Anspruch nach dem UIG ist aber grundsätzlich nicht auf die Zugänglichmachung von Betriebs- und Geschäftsgeheimnissen gerichtet (vgl. § 9 Abs. 1 UIG).

III. Rechtsschutz

25   **Antragstellern** steht gerichtlicher Rechtsschutz zur Durchsetzung des Informationsrechts in Form der Beschwerde nach § 75 zur Verfügung. Dies ist insbesondere die Verpflichtungsbeschwerde auf Informationsbereitstellung und die Anfechtungsbeschwerde hinsichtlich der (teilweisen) Ablehnung eines Antrags. Auch den **Übertragungsnetzbetreibern** steht die Beschwerde offen, die sich gegen die Herausgabe der Daten an Dritte durch die Bundesnetzagentur richtet (Drittanfechtung). Da es sich um Entscheidungen der Bundesnetzagentur handelt, ist der Kartellsenat des OLG Düsseldorf für die Beschwerden zuständig (§§ 75 Abs. 4, 106 EnWG).

§ 12g   Schutz europäisch kritischer Anlagen, Verordnungsermächtigung

(1) ¹Zum Schutz des Übertragungsnetzes bestimmt die Regulierungsbehörde alle zwei Jahre diejenigen Anlagen oder Teile von Anlagen des Übertragungsnetzes, deren Störung oder Zerstörung erhebliche Auswirkungen in mindestens zwei Mitgliedstaaten der Europäischen Union haben kann (europäisch kritische Anlage). ²Die Bestimmung erfolgt durch Festlegung nach dem Verfahren des § 29. ³Zur Vorbereitung der Festlegung haben die Betreiber von Übertragungsnetzen der Regulierungsbehörde einen Bericht vorzulegen, in dem Anlagen ihres Netzes, deren Störung oder Zerstörung erhebliche Auswirkungen in mindestens zwei Mitgliedstaaten haben kann, vorgeschlagen werden und dies begründet wird. ⁴Der Bericht kann auch von allen Betreibern gemeinsam erstellt und vorgelegt werden.

(2) Betreiber von Übertragungsnetzen haben zum Schutz ihrer gemäß Absatz 1 Satz 1 bestimmten Anlagen Sicherheitspläne zu erstellen sowie Sicherheitsbeauftragte zu bestimmen und der Regulierungsbehörde nachzuweisen.

(3) Die Bundesregierung wird ermächtigt, durch Rechtsverordnung ohne Zustimmung des Bundesrates Einzelheiten zu dem Verfahren der Festlegung und zum Bericht gemäß Absatz 1 sowie zu den Sicherheitsplänen und Sicherheitsbeauftragten nach Absatz 2 zu regeln.

(4) Die für die Festlegung gemäß Absatz 1 Satz 2 erforderlichen Informationen, der Bericht der Betreiber nach Absatz 1 Satz 3 sowie die Sicherheitspläne nach Absatz 2 sind als Verschlusssache mit dem geeigneten Ge-

Schutz europäisch kritischer Anlagen, Verordnungsermächtigung § 12 g

heimhaltungsgrad im Sinne von § 4 des Sicherheitsüberprüfungsgesetzes einzustufen.

Literatur: *Ackermann/Rudy,* „Blackout im Münsterland" – Krisenkommunikation bei Stromausfällen im RWE-Netz, in: Roselieb/Dreher (Hrsg.), Krisenmanagement in der Praxis. Von erfolgreichen Krisenmanagern lernen., S. 15–27; *Bundesministerium des Innern,* Schutz Kritischer Infrastrukturen – Basisschutzkonzept, Empfehlungen für Unternehmen, 2005; *Bundesministerium des Innern,* Nationale Strategie zum Schutz Kritischer Infrastrukturen (KRITIS-Strategie), 2009; *Bundesministerium des Innern,* Schutz Kritischer Infrastrukturen – Risiko- und Krisenmanagement (Leitfaden für Unternehmen und Behörden), 2011; *Bundesministerium des Innern,* Allgemeine Verwaltungsvorschrift zum personellen Geheimschutz und zum vorbeugenden personellen Sabotageschutz – SÜG-Ausführungsvorschrift (SÜG-AVV) v. 15.2.2018, zuletzt geändert durch Art. 1 Zweite ÄndVwV vom 8.6.2022; *Bundesministerium des Innern, für Bau und Heimat,* Allgemeine Verwaltungsvorschrift zum materiellen Geheimschutz (Verschlusssachenanweisung – VSA) v. 10.8.2018; *Innenministerium Baden-Württemberg und Bundesamt für Bevölkerungsschutz und Katastrophenhilfe (BBK),* Krisenhandbuch Stromausfall. Langfassung. Krisenmanagement bei einer großflächigen Unterbrechung der Stromversorgung am Beispiel Baden-Württemberg, 2011; *Huerkamp,* Sicherer Netzbetrieb und Terrorabwehr – Zur Pflicht der Betreiber von Elektrizitätsversorgungsnetzen zum Schutz ihrer Anlagen vor terroristischen Angriffen, RdE 2016, 280.

A. Allgemeines

I. Inhalt

Mit Abs. 1 wird die Bundesnetzagentur verpflichtet, durch Festlegung Anlagen 1 oder Teile von Anlagen des Stromübertragungsnetzes zu identifizieren, deren **Störung oder Zerstörung erhebliche Auswirkungen in mindestens zwei Mitgliedstaaten der EU** hätte. Von einer erheblichen Auswirkung ist zumindest dann auszugehen, wenn nachhaltig wirkende Versorgungsengpässe, erhebliche Störungen der öffentlichen Sicherheit oder andere dramatische Folgen zu befürchten wären. Durch die Bedingung, dass mindestens zwei Mitgliedstaaten betroffen sind, ist klargestellt, dass nur Anlagen mit einer europäischen „Dimension" relevant sind. Die Bestimmung einer Infrastruktur als **europäisch kritische Anlage** soll im Wege der Festlegung erfolgen, da eine Festlegung weitergehende, belastende Entscheidungen etwa zu den Anforderungen an Sicherheitspläne und Sicherheitsbeauftragte ermöglicht, ohne selbst neu erlassen werden zu müssen (Festlegung als standardisierende (Teil-)Vorabklärung nach § 29) (BT-Drs. 17/6072, 70 f.).

Um die Bundesnetzagentur mit den für die Entscheidung notwendigen Informationen auszustatten, werden die Übertragungsnetzbetreiber, bei denen grundsätzlich die Verantwortung für die Sicherheit des Netzes liegt (vgl. § 11 Abs. 1 iVm § 12 Abs. 1), verpflichtet, eine **Vorprüfung** durchzuführen. Es sollen Anlagen vorgeschlagen werden, deren Ausfall europaweit erhebliche Auswirkungen haben kann. Um eine einheitliche Herangehensweise zu garantieren, wird den Übertragungsnetzbetreibern die Möglichkeit eröffnet, einen gemeinsamen **Bericht** anzufertigen. Näheres zum Bericht kann gemäß Abs. 3 in einer Verordnung geregelt werden. Die Verordnung nach Abs. 3 kann das genaue Verfahren der Festlegung und Näheres zum Verfahren und zum Inhalt des Berichts sowie Näheres zu den Sicherheitsplänen und Sicherheitsbeauftragten regeln (BT-Drs. 17/6072, 70, 71). Durch den Erlass der **Verordnung zum Schutz von Übertragungsnetzen**

§ 12g   Teil 3. Regulierung des Netzbetriebs

(ÜNSchutzV) v. 6.1.2012 (BGBl. 2012 I S. 69), geändert durch Art. 315 der VO v. 31.8.2015 (BGBl. 2015 I S. 1474) wurde von der Verordnungsermächtigung in Abs. 3 Gebrauch gemacht. Der Bericht und alle weiteren im Rahmen des Festlegungsverfahrens notwendigen Informationen werden mindestens als „VS – nur für den Dienstgebrauch" gem. § 4 Abs. 2 des Sicherheitsüberprüfungsgesetzes (SÜG) eingestuft.

3   Der Bestimmung einer Anlage oder eines Anlagenteils als *europäisch kritische Anlage* im Wege der Festlegung folgt dann die Pflicht des Übertragungsnetzbetreibers, die **Schutzmaßnahmen** iSv Abs. 2 umzusetzen.

4   Gem. § 91 Abs. 1 S. 1 Nr. 6 sind Amtshandlungen auf Grund einer Rechtsverordnung nach § 12g Abs. 3 **kostenpflichtig.** Die Verletzung der Pflichten zu den Sicherheitsberichten und -plänen sowie zur (rechtzeitigen) Bestellung eines Sicherheitsbeauftragten sind nach § 95 Abs. 1 Nr. 3c und 3d als **Ordnungswidrigkeit** bußgeldbewehrt.

II. Zweck

5   Mit § 12g wird die **EPSKI-RL** für den Teilsektor der Stromübertragungsnetze umgesetzt. Durch die EPSKI-RL wurde ein Verfahren zur Ermittlung und Ausweisung europäischer kritischer Infrastrukturen eingeführt und ein Grundstein zur Verbesserung ihres Schutzes gelegt. Die Mitgliedstaaten sind verpflichtet einen Prozess zur **Ermittlung** potenzieller europäischer kritischer Infrastrukturen (EKI) zu durchlaufen. Die Mitgliedstaaten sollten zur Ermittlung dieser potenziellen EKI eine Reihe von Kriterien anwenden. Die **sektorübergreifenden Kriterien** umfassen mögliche Opfer, wirtschaftliche Folgen und Auswirkungen auf die Öffentlichkeit, die beim Ausfall einer EKI auftreten können, während die sektorspezifischen Kriterien die Besonderheiten einzelner Sektoren mit EKI berücksichtigen. Die Richtlinie betrifft derzeit nach Art. 3 Abs. 3 S. 1 nur den **Energie- und Verkehrssektor** mit ihren jeweiligen Teilsektoren, die Anhang I bestimmt.

6   Jeder Mitgliedstaat ist verpflichtet in einem gemeinsamen Prozess potenzielle EKI **auszuweisen**, die sich auf seinem Hoheitsgebiet befinden. Dies geschieht für den Sektor der Elektrizitätsübertragungsnetze nach § 12g Abs. 1 durch die Bundesnetzagentur. Die Ermittlung und Ausweisung von EKI durch die Mitgliedstaaten war bis zum 12.1.2011 abzuschließen. Mit der einmaligen Ausweisung hat es nicht sein Bewenden; der Prozess der Ermittlung (und Ausweisung) potenzieller EKI ist kontinuierlich fortzusetzen. Der Mitgliedstaat, in dessen Hoheitsgebiet sich eine EKI befindet, hat die Kommission jährlich über die Anzahl der potenziellen und ausgewiesenen EKI in jedem Sektor zu **unterrichten**. Alle zwei Jahre sind allgemeine Daten über die unterschiedlichen Risikoarten, Bedrohungen und Schwachstellen an die Kommission zu übermitteln.

7   Die Mitgliedstaaten haben dafür Sorge zu tragen, dass **Sicherheitspläne** oder gleichwertige Maßnahmen für alle ausgewiesenen EKI vorhanden sind. Zweck des Sicherheitsplanprozesses ist es, die kritischen Anlagen der EKI sowie die zu deren Schutz vorhandenen Sicherheitslösungen zu ermitteln. Die Mitgliedstaaten haben ferner dafür Sorge zu tragen, dass für jede EKI ein Sicherheitsbeauftragter benannt ist. Der Umsetzung dieser Vorgabe dient Abs. 2.

8   Mit vertraulichen Informationen über den Schutz von EKI dürfen nur Personen umgehen, die eine angemessene Sicherheitsüberprüfung durchlaufen haben; diese Informationen dürfen zu keinem anderen Zweck als dem ursprünglich vorgesehenen verwendet werden. Hierfür schafft Abs. 4 die nötigen Voraussetzungen.

Die Umsetzung des Europäischen Programms für den Schutz kritischer Infra- 9
strukturen auf der nationalen Ebene wird vom Bundesministerium des Inneren gemeinsam mit dem Bundesamt für Bevölkerungsschutz und Katastrophenhilfe verantwortet. Die Bundesnetzagentur ist nur in dem Teilsektor Transportnetze Elektrizität fachlich tätig.

B. Verfahren

I. Bestimmung europäisch kritischer Anlagen im Übertragungsnetz

Die **Bestimmung von Anlagen oder Teilen von Anlagen** des Übertragungs- 10
netzes, deren Störung oder Zerstörung erhebliche Auswirkungen in mindestens zwei Mitgliedstaaten der Europäischen Union haben kann **(europäisch kritische Anlage)**, erfolgt seit 2012 alle zwei Jahre durch die Bundesnetzagentur auf Basis der in § 1 Abs. 2 ÜNSchutzV genannten aktuellen Gefährdungsszenarien und eines Berichts der Übertragungsnetzbetreiber, dessen Mindestinhalt § 12g Abs. 1 S. 3 iVm § 1 ÜNSchutzV regelt. Die **Gefährdungsszenarien** werden vom Bundesamt für Bevölkerungsschutz und Katastrophenhilfe im Einvernehmen mit der Bundesnetzagentur erstellt und regelmäßig aktualisiert. Die Gefährdungsszenarien werden von der Bundesnetzagentur rechtzeitig vor der Erstellung des Berichts an die Übertragungsnetzbetreiber übermittelt (vgl. § 1 Abs. 2 ÜNSchutzV). In dem Bericht müssen die Übertragungsnetzbetreiber begründet darlegen, welche Anlagen bzw. Anlagenteile ihres Netzes im Fall einer Störung oder Zerstörung erhebliche Auswirkungen in mindestens zwei Mitgliedstaaten haben kann (sog. **Vorprüfung**).

Die Ausweisung einer Anlage als europäisch kritische Anlage erfolgt im Wege 11
der Festlegung durch die Bundesnetzagentur. Die Festlegung ist eine **Entscheidung der Regulierungsbehörde** nach § 29 und wird nach § 59 Abs. 1 S. 1 durch eine **Beschlusskammer** getroffen. Das **Festlegungsverfahren** ist in § 2 ÜNSchutzV näher geregelt. Soll eine Anlage erstmals als europäisch kritische Anlage bestimmt werden, sieht § 2 Abs. 2 ÜNSchutzV besondere verfahrensrechtliche Anforderungen vor, die bei einer erneuten Ausweisung als europäisch kritische Anlage nicht mehr zu berücksichtigen sind (vgl. § 2 Abs. 1 ÜNSchutzV). Neben den allgemein-verwaltungsverfahrensrechtlichen Möglichkeiten von Rücknahme und Widerruf nach §§ 48, 49 VwVfG eröffnet die Festlegung der Bundesnetzagentur die Möglichkeit, die festgelegten Bedingungen und Methoden auch nachträglich zu ändern, wenn und soweit die Änderung erforderlich ist, um sicherzustellen, dass die Voraussetzungen für eine Festlegung weiterhin vorliegen (§ 29 Abs. 2).

Das Verfahren zur Festlegung europäisch kritischer Anlagen dient der Identifizie- 12
rung entsprechender Anlagen und ist **ergebnisoffen**. Die Stromübertragungsnetze sind zweifellos lebenswichtige Infrastrukturen in industriellen Gesellschaften, die den Anforderungen, die Art. 2 lit. a der EPSKI-RL an „kritische Infrastrukturen" stellt, entsprechen. Es ist jedoch denkbar, dass es keine solchen Anlagen im Übertragungsnetz gibt, deren individuelle Störung oder Zerstörung entsprechende Folgen hätte; dies auch deshalb, weil das Netz von vornherein (n-1)-sicher auszulegen ist.

Von einer **erheblichen Auswirkung** ist dann auszugehen, wenn nachhaltig 13
wirkende Versorgungsengpässe, erhebliche Störungen der öffentlichen Sicherheit oder andere dramatische Folgen zu befürchten wären (vgl. BT-Drs. 17/6072, 70). Die sektorübergreifenden Kriterien nach Art. 3 Abs. 2 EPSKI-RL umfassen:

Busch

§ 12 g

- **Opfer** (bewertet anhand der möglichen Anzahl von Toten oder Verletzten),
- **wirtschaftliche Folgen** (bewertet anhand des wirtschaftlichen Verlusts und/ oder der Minderung der Qualität von Erzeugnissen oder Dienstleistungen, einschließlich möglicher Auswirkungen auf die Umwelt),
- **Auswirkungen auf die Öffentlichkeit** (bewertet anhand der Auswirkungen auf das Vertrauen der Öffentlichkeit, des physischen Leids und der Störung des täglichen Lebens, einschließlich des Ausfalls wesentlicher Dienstleistungen).

II. Form

14   Die Entscheidung hat gegenüber dem verpflichteten Übertragungsnetzbetreibern Regelungswirkung im Außenverhältnis mit belastender Wirkung.

III. Rechtsfolgen

15   Die Übertragungsnetzbetreiber haben für die als EKI identifizierten Anlagen oder Anlagenteile **Sicherheitspläne** zu erstellen sowie **Sicherheitsbeauftragte** zu bestimmen und der Bundesnetzagentur nachzuweisen. Eine vergleichbare Pflicht ist in anderen Rechtsgebieten ebenfalls üblich. So muss zB nach Kap. 1.10 ADR ein „Sicherungsplan", nach § 109 Abs. 4 TKG ein „Sicherheitskonzept" und nach Art. 12 RL 2012/18/EU des Europäischen Parlaments und des Rates vom 4. Juli 2012 zur Beherrschung der Gefahren schwerer Unfälle mit gefährlichen Stoffen, zur Änderung und anschließenden Aufhebung der Richtlinie 96/82/EG des Rates (Seveso III-RL) ein „Notfallplan" erstellt werden. Für Betreiber von Energieversorgungsnetzen besteht noch eine weitere gesetzlich konkretisierte Sicherheitspflicht beim Betrieb der Netze in § 11 Abs. 1a. Die Pflicht nach § 12 g geht über die allen Betreibern von Energieversorgungsnetzen auferlegte Verpflichtung des sicheren Betriebs der **Netzsteuerung** mit Telekommunikations- und Datenverarbeitungssystemen aus **§ 11 Abs. 1 a** hinaus.

16   **Mindestinhalte zu den Sicherheitsplänen** ergeben sich aus Anhang II EPSKI-RL/§ 4 ÜNSchutzV. Demnach führt der Sicherheitsplan die kritischen Infrastrukturanlagen sowie die zu ihrem Schutz bestehenden oder durchgeführten Sicherheitsmaßnahmen auf. Dazu ist erforderlich, eine **Risikoanalyse** vorzunehmen, die die wichtigsten Gefährdungsszenarien, die Schwachstellen der einzelnen kritischen Infrastrukturen und die möglichen Auswirkungen erfasst. Die Gefährdungen, denen sich Betreiber von kritischen Infrastrukturen gegenübersehen, lassen sich in (1) Gefährdungen durch natürliche Ereignisse, (2) Gefährdungen durch menschliches oder technisches Versagen und (3) Gefährdungen durch Terrorismus und kriminelle Handlungen einteilen (BMI, Schutz kritischer Infrastrukturen – Basisschutzkonzept, S. 10).

17   Darüber hinaus enthält der Sicherheitsplan die Ermittlung, Auswahl und Rangfolge von **Gegenmaßnahmen** und Verfahren. Dabei ist zu unterscheiden zwischen
- **permanenten Sicherheitsvorkehrungen,** die unerlässliche Sicherheitsinvestitionen und Vorkehrungen umfassen, welche jederzeit anzuwenden sind. Hierunter fallen Informationen über Maßnahmen allgemeiner Art, wie technische Maßnahmen (ua die Einführung von Erkennungssystemen, Zugangskontrollen sowie Schutz- und Präventivmaßnahmen), organisatorische Maßnahmen (ua Verfahren für den Alarmfall und die Krisenbewältigung), Überwachungs- und Überprüfungsmaßnahmen, Kommunikation, Sensibilisierung und Ausbildung sowie die Sicherung von Informationssystemen; und

– **abgestuften Sicherheitsvorkehrungen,** die je nach Ausmaß des Risikos und der Bedrohung ergriffen werden können.

Der **Sicherheitsbeauftragte** dient als Kontaktstelle zwischen dem Eigentümer/Betreiber einer EKI und der Bundesnetzagentur bzw. den zuständigen Stellen für die Krisenvorsorge und -bewältigung. Er soll über den Bericht der Übertragungsnetzbetreiber und die Sicherheitspläne Auskunft geben können (§ 3 Abs. 2 ÜNSchutzV). Hierdurch soll ein Austausch von Informationen über die Risiken und Bedrohungen in Verbindung mit der EKI ermöglicht werden. Wird der Sicherheitsbeauftragte der Aufgabe als Kontaktperson in Sicherheitsfragen nicht gerecht, kann die Bundesnetzagentur den Anlagenbetreiber auffordern, für die erforderliche Qualifikation des Sicherheitsbeauftragten zu sorgen oder eine andere Person als Sicherheitsbeauftragten zu bestimmen (§ 5 Abs. 3 ÜNSchutzV). 18

C. Sicherheitsüberprüfung

Die für die Bestimmung nach Abs. 1 S. 1 erforderlichen Unterlagen und die daraus resultierenden Maßnahmen werden in die geeignete **Vertraulichkeitskategorie** nach § 4 Abs. 2 SÜG eingestuft (s. zum Wortlaut → § 12f Rn. 18). Für die Einstufung gibt es eine Verwaltungsvorschrift des Bundesministeriums des Innern, für Bau und Heimat (Allgemeine Verwaltungsvorschrift zum materiellen Geheimschutz (Verschlusssachenanweisung – VSA) v. 10.8.2018), mit deren Bekanntgabe der bisherige Erlass des BMI zum materiellen und organisatorischen Schutz von Verschlusssachen vom 31.1.2006 außer Kraft trat. 19

Personen, die mit einer sicherheitsempfindlichen Tätigkeit betraut werden sollen und also im Rahmen ihrer Tätigkeit Zugriff auf die in die Vertraulichkeitskategorien nach § 4 Abs. 2 Nr. 1–3 SÜG eingestuften Unterlagen erhalten, sind einer Sicherheitsüberprüfung zu unterziehen. Die **Sicherheitsüberprüfung** kann auch Mitarbeiterinnen und Mitarbeiter **privater** Einrichtungen wie der ÜNB betreffen. Für Sicherheitsüberprüfungen von Beschäftigten von Wirtschaftsunternehmen sind in §§ 24–31 SÜG besondere Regelungen getroffen, die auch auf Personen Anwendung finden, die an einer sicherheitsempfindlichen Stelle innerhalb einer lebens- oder verteidigungswichtigen Einrichtung beschäftigt sind oder werden sollen (BMI, Allgemeine Verwaltungsvorschrift zum personellen Geheimschutz und zum vorbeugenden personellen Sabotageschutz – SÜG-Ausführungsvorschrift (SÜG-AVV) v. 15.2.2018, Punkt 6.4). Zuständige Stelle für die Sicherheitsüberprüfung ist dasjenige Bundesministerium, dessen Zuständigkeit für die nichtöffentliche Stelle in einer Rechtsverordnung gem. § 34 SÜG festgelegt ist. Die Mindesteinstufung ist „VS-nur für den Dienstgebrauch". Erst ab der nächsthöheren Sicherheitsstufe „VS – Vertraulich", ist eine einfache Sicherheitsüberprüfung nach § 8 SÜG erforderlich. Welche Informationen, Berichte und Sicherheitspläne nach Abs. 4 als Verschlusssache einzustufen sind, entscheidet die Bundesnetzagentur (§ 6 ÜNSchutzV). 20

§ 12h Marktgestützte Beschaffung nicht frequenzgebundener Systemdienstleistungen

(1) ¹Betreiber von Übertragungsnetzen mit Regelzonenverantwortung und Betreiber von Elektrizitätsverteilernetzen sind verpflichtet, für ihr jeweiliges Netz in einem transparenten, diskriminierungsfreien und marktgestützten Verfahren folgende Systemdienstleistungen zu beschaffen:
1. Dienstleistungen zur Spannungsregelung,
2. Trägheit der lokalen Netzstabilität,
3. Kurzschlussstrom,
4. dynamische Blindstromstützung,
5. Schwarzstartfähigkeit und
6. Inselbetriebsfähigkeit.

²Dabei darf die Beschaffung dieser Systemdienstleistungen nur erfolgen, soweit diese für einen sicheren, zuverlässigen und effizienten Netzbetrieb erforderlich sind.

(2) Betreiber von Elektrizitätsverteilernetzen haben diese Systemdienstleistungen nur zu beschaffen, soweit sie diese in ihrem eigenen Netz benötigen oder die Systemdienstleistungen im Einvernehmen mit den Betreibern von Übertragungsnetzen mit Regelzonenverantwortung beschafft werden.

(3) Die Verpflichtung nach Absatz 1 Satz 1 ist nicht für Systemdienstleistungen aus vollständig integrierten Netzkomponenten anzuwenden.

(4) ¹Die Bundesnetzagentur kann Ausnahmen von der Verpflichtung der marktgestützten Beschaffung von Systemdienstleistungen nach § 29 Absatz 1 festlegen, wenn diese wirtschaftlich nicht effizient ist; sie kann auch einzelne Spannungsebenen ausnehmen. ²Erstmalig trifft die Bundesnetzagentur Entscheidungen über Ausnahmen bis zum 31. Dezember 2020 ohne Anhörung. ³Gewährt sie eine Ausnahme, überprüft sie ihre Einschätzung spätestens alle drei Jahre und veröffentlicht das Ergebnis.

(5) ¹Soweit die Bundesnetzagentur keine Ausnahmen nach Absatz 4 festlegt, hat sie die Spezifikationen und technischen Anforderungen der transparenten, diskriminierungsfreien und marktgestützten Beschaffung der jeweiligen Systemdienstleistung, vorbehaltlich des Absatzes 4, nach § 29 Absatz 1 festzulegen. ²Die Spezifikationen und technischen Anforderungen müssen sicherstellen, dass sich alle Marktteilnehmer wirksam und diskriminierungsfrei beteiligen können; dies schließt Anbieter erneuerbarer Energien, Anbieter dezentraler Erzeugung, Anbieter von Laststeuerung und Energiespeicherung sowie Anbieter ein, die in der Aggregierung tätig sind. ³Die Spezifikationen und technischen Anforderungen sollen sicherstellen, dass die marktgestützte Beschaffung der jeweiligen Systemdienstleistung nicht zu einer Reduzierung der Einspeisung vorrangberechtigter Elektrizität führt. ⁴Die Spezifikationen und technischen Anforderungen wirken auf eine größtmögliche Effizienz der Beschaffung und des Netzbetriebs hin.

(6) ¹Statt einer Festlegung nach Absatz 5 kann die Bundesnetzagentur die Betreiber von Übertragungs- und Verteilernetzen auffordern, jeweils gemeinsam Spezifikationen und technische Anforderungen in einem

transparenten Verfahren, an dem alle relevanten Netznutzer und Betreiber von Elektrizitätsversorgungsnetzen teilnehmen können, zu erarbeiten oder zu überarbeiten. ²Diese Spezifikationen und technischen Anforderungen sind der Bundesnetzagentur zur Genehmigung vorzulegen; dabei sind die Anforderungen nach Absatz 5 Satz 2 bis 4 entsprechend anzuwenden. ³Die Bundesnetzagentur hat von ihr genehmigte Spezifikationen und technische Anforderungen zu veröffentlichen.

(7) Die Verpflichtungen zur marktgestützten Beschaffung von Systemdienstleistungen nach Absatz 1 sind ausgesetzt, bis die Bundesnetzagentur die Spezifikationen und technischen Anforderungen erstmals nach Absatz 5 festgelegt oder nach Absatz 6 genehmigt hat.

(8) Die Betreiber von Elektrizitätsversorgungsnetzen sind verpflichtet, alle erforderlichen Informationen untereinander auszutauschen und sich abzustimmen, damit die Ressourcen optimal genutzt sowie die Netze sicher und effizient betrieben werden und die Marktentwicklung erleichtert wird.

(9) ¹Hat die Bundesnetzagentur für Systemdienstleistungen nach Absatz 1 Satz 1 Nummer 5 eine Ausnahme nach Absatz 4 festgelegt oder, sofern sie von einer Ausnahme abgesehen hat, noch keine Spezifikationen und technischen Anforderungen nach Absatz 5 festgelegt oder nach Absatz 6 genehmigt, sind die Betreiber von Übertragungsnetzen mit Regelzonenverantwortung und die Betreiber von Elektrizitätsverteilernetzen berechtigt, Betreiber von Erzeugungsanlagen oder Anlagen zur Speicherung elektrischer Energie zur Vorhaltung der Schwarzstartfähigkeit ihrer Anlagen zu verpflichten. ²Die Verpflichtung zur Vorhaltung der Schwarzstartfähigkeit umfasst auch die Durchführung von Schwarzstartversuchen und Betriebsversuchen im Sinne der genehmigten vertraglichen Modalitäten für Anbieter von Systemdienstleistungen zum Netzwiederaufbau nach Artikel 4 Absatz 2 Buchstabe b und Absatz 4 der Verordnung (EU) 2017/2196 der Kommission vom 24. November 2017 zur Festlegung eines Netzkodex über den Notzustand und den Netzwiederaufbau des Übertragungsnetzes (ABl. L 312 vom 28.11.2017, S. 54). ³Die Verpflichtung der Betreiber der Erzeugungsanlagen oder Anlagen zur Speicherung elektrischer Energie ist erforderlich, sofern andernfalls die Sicherheit oder Zuverlässigkeit des Elektrizitätsversorgungssystems gefährdet wäre. ⁴Im Falle der Verpflichtung nach Satz 1 kann der Betreiber der Erzeugungsanlage oder der Anlage zur Speicherung elektrischer Energie eine angemessene Vergütung geltend machen, die entsprechend § 13 c Absatz 1 bestimmt wird. ⁵§ 13 c Absatz 5 ist entsprechend anzuwenden.

Übersicht

	Rn.
A. Übersicht	1
I. Inhalt	1
II. Zweck	3
III. Allgemeines	5
B. Einzelerläuterungen	9
I. Verpflichtung zur Beschaffung von nfSDL (Abs. 1)	9
1. Übersicht zu den einzelnen nfSDL	16

	Rn.
2. Erforderlichkeit der Beschaffung für den Netzbetrieb	38
II. Beschaffung von nfSDL durch VNB (Abs. 2)	42
III. Vollständig integrierte Netzkomponenten (Abs. 3)	43
IV. Ausnahmen von der Verpflichtung zur marktgestützten Beschaffung (Abs. 4)	51
V. Spezifikationen und technische Anforderungen durch BNetzA oder ÜNB (Abs. 5 und 6)	60
1. Formale Voraussetzungen des Verfahrens nach Abs. 5	62
2. Formale Voraussetzungen des Verfahrens nach Abs. 6	63
3. Materielle Verfahrensvoraussetzungen der Verfahren nach Abs. 5 und Abs. 6	65
VI. Suspendierung der Verpflichtung (Abs. 7)	70
VII. Informationsaustausch und Abstimmung zwischen Netzbetreibern (Abs. 8)	72
VIII. Verpflichtungsanspruch zur Vorhaltung von Schwarzstartfähigkeit (Abs. 9)	73
C. Rechtsschutz	80

Literatur: *Agora Energiewende und Energynautics,* Toolbox für die Stromnetze – Für die künftige Integration von Erneuerbaren Energien und für das Engpassmanagement. Studie im Auftrag von Agora Energiewende, Januar 2018; *BNetzA,* Bericht über Sicherheit, Zuverlässigkeit und Leistungsfähigkeit der Elektrizitätsversorgungsnetze gemäß § 51 Abs. 4b Satz 4 des Energiewirtschaftsgesetzes, Dezember 2020; *BNetzA,* Blindleistungsbereitstellung für den Netzbetrieb, 13.6.2018; *consentec,* Netzwiederaufbaukonzepte vor dem Hintergrund der Energiewende Bericht für die deutschen Übertragungsnetzbetreiber 50 Hertz Transmission GmbH, Amprion GmbH, Tennet TSO GmbH, TransnetBW GmbH, 7.7.2020; *ef.Ruhr GmbH/EWI,* Entwicklung der Momentanreserve und Abschätzung des Bedarfes an Fast Frequency Response im Europäischen Verbundsystem, Dezember 2019; *Knauff,* Münchener Kommentar Europäisches und Deutsches Wettbewerbsrecht, 4. Aufl. 2021 (zit. MüKoWettbR); *OTH Regensburg/Institut für Netz- und Anwendungstechnik GmbH,* Endbericht zum Dienstleistungsauftrag „Zukünftige Bereitstellung von Blindleistung und anderen Maßnahmen für die Netzsicherheit" im Auftrag des BMWi, 9.9.2016; *OTH Regensburg/Institut für Netz- und Anwendungstechnik GmbH,* Endbericht zum Dienstleistungsauftrag „Zukünftige Beschaffung von Blindleistung II" im Auftrag des BMWi, 25.6.2021; *Schlecht/Wagner/Lehnert/Bucksteeg/Schinke-Nendza,* Effizienzprüfung marktgestützter Beschaffung von nichtfrequenzgebundenen Systemdienstleistungen (NF-SDL) Bericht im Vorhaben „SDL-Zukunft", 18.8.2020 (zit. Effizienzprüfung); *Stiftung Umweltenergierecht,* Ein neues Beschaffungsverfahren für Blindleistung durch § 12h EnWG, 23.4.2021; *Schoch/Schneider,* VwVfG, 2021 (zit. Schoch/Schneider); *Schwab,* Elektroenergiesysteme, 6. Auflage 2019 (zit. *Schwab*); *Wagner/Schlecht/Bucksteeg,* Marktgestützte Beschaffung von Schwarzstartfähigkeit, 30.10.2020.

A. Übersicht

I. Inhalt

1 § 12h legt den ÜNB mit Regelzonenverantwortung sowie den VNB die Verpflichtung auf, für ihr jeweiliges Netz die in Abs. 1 S. 1 genannten **nicht frequenzgebundenen Systemdienstleistungen** (nfSDL) in einem **transparenten, diskriminierungsfreien und marktgestützten Verfahren** zu beschaffen, soweit die BNetzA nicht im Wege einer Festlegung nach § 29 Abs. 1 Ausnahmen von dieser Verpflichtung erlässt. Eine solche Ausnahme kommt dann in Betracht, wenn die marktgestützte Beschaffung der jeweiligen nfSDL wirtschaftlich nicht effizient wäre.

Gem. § 110 Abs. 1 EnWG gilt die Verpflichtung jedoch nicht für den Betrieb geschlossener Verteilernetze. Eine weitere Ausnahme gem. Abs. 3 besteht für den Fall, dass der Netzbetreiber die jeweilige **nfSDL aus vollständig integrierten Netzkomponenten** (VINK) bezieht; für diesen Fall ist die Verpflichtung aus Abs. 1 S. 1 nicht anzuwenden. Die Verpflichtung zur marktgestützten Beschaffung ist des Weiteren so lange gem. Abs. 7 **ausgesetzt,** bis die BNetzA für die jeweilige nfSDL die Spezifikationen und technischen Anforderungen im Wege einer Festlegung nach § 29 Abs. 1 beschlossen hat bzw. diese auf Aufforderung durch die BNetzA von den ÜNB und VNB erarbeitet und von der BNetzA nach Abs. 6 genehmigt worden sind. 2

II. Zweck

Die Vorschrift dient der Umsetzung der Art. 31 Abs. 6–8 und Art. 40 Abs. 5–7 iVm Abs. 1 und 4 der Elt-RL 19 in deutsches Recht und zielt zum einen darauf ab, dass nfSDL nicht mehr, wie bislang vornehmlich üblich, im Rahmen von Netzanschlussverträgen über die **TAB,** sondern durch marktgestützte Verfahren durch die Netzbetreiber beschafft werden. Zum anderen bezweckt die Vorschrift, dass sich auch neue Marktakteure und Technologien wie insbesondere erneuerbare Energien, Speicher, Aggregatoren und Lastmanagement an der Vermarktung von nfSDL beteiligen können. 3

Bisher wurden nfSDL vor allem von konventionellen Kraftwerken im Übertragungsnetz bezogen, die aber aufgrund der ambitionierten Klimapolitik der Bundesrepublik Deutschland (insbesondere durch den parallelen Kohle- und Kernenergieausstieg) und der EU nicht mehr wie im gewohnten Umfang für die Bereitstellung von nfSDL herangezogen werden können (vgl. dazu BT-Drs. 19/21979, 13 f.). Alle der in Abs. 1 genannten nfSDL weisen zudem eine regionale Komponente auf (vgl. etwa *BNetzA,* Blindleistungsbereitstellung für den Netzbetrieb hinsichtlich Blindleistung und BT-Drs. 19/21979, 16 zur nfSDL Schwarzstartfähigkeit). Aufgrund technischer Restriktionen und Notwendigkeiten reicht es nicht aus, wenn die Anlagen zur Erbringung der nfSDL irgendwo im Netz vorhanden sind, sondern sie müssen auch richtig regional verteilt und mit Wirkung auf die richtigen Netzknoten und -gebiete vorhanden sein (vgl. *Effizienzprüfung* S. 74 hinsichtlich der Bereitstellung von Blindleistung sowie *Wagner/Schlecht/Bucksteeg* Markgestützte Beschaffung S. 6 (hinsichtlich Schwarzstartfähigkeit)). Die Einführung marktgestützter und damit wettbewerblicher Beschaffungsverfahren soll zumindest langfristig zu **Preissenkungen** führen und damit im Ergebnis auch den Verbrauchern zugutekommen. Insgesamt dient § 12h damit gleichsam den Zielen des § 1 Abs. 1 (→ § 1 Rn. 24 ff.) und insbesondere auch dessen Abs. 4 Nr. 1 (→ § 1 Rn. 66 ff.). 4

III. Allgemeines

§ 12h stellt eine Konkretisierung der **Netzbetriebspflichten** aus § 11, wie bereits durch den Verweis in § 11 Abs. 1 S. 2 deutlich wird, sowie der **Aufgaben von Betreibern von Elektrizitätsversorgungsnetzen** nach § 12 Abs. 1 S. 1 dar (grundlegend → § 11 Rn. 119 ff. sowie → § 12 Rn. 22 ff.): Für den in § 11 Abs. 1 S. 1 und § 12 Abs. 1 S. 1 geforderten sicheren, zuverlässigen und leistungsfähigen 5

Kemper

§ 12h

Betrieb eines Elektrizitätsversorgungsnetzes ist der Einsatz von nfSDL zwingend notwendig.

6   Aufgrund des zwingenden Bedarfs an nfSDL für eine sichere und zuverlässige Systemführung muss § 12h des Weiteren im Zusammenhang mit der aus den §§ 13 und 14 resultierenden Systemverantwortung der Netzbetreiber gelesen werden. Im Verhältnis zu § 13 ist dabei jedoch zwischen dem **Einsatz** von nfSDL und deren **Beschaffung** (dazu auch → § 13 Rn. 198f.) zu differenzieren: Während insbesondere § 13 bestimmt, wie und in welcher Rangfolge Gefährdungen und Störungen des Elektrizitätsversorgungssystems zu beheben sind, verhält sich § 12h allein zur Art und Weise der Beschaffung der ua für Maßnahmen nach § 13 Abs. 1 benötigten nfSDL.

7   Abhängig davon, ob die jeweilige nfSDL auf Basis markgestützter Verfahren entsprechend der Verpflichtung aus Abs. 1 oder über die Errichtung von VINK beschafft wird, handelt es sich entweder um **netzbezogene** (VINK) oder **marktbezogene** Maßnahmen iSv § 13 Abs. 1. Denn marktbezogene Maßnahmen nach § 13 Abs. 1 setzen voraus, dass neben dem Netzbetreiber Dritte mit einbezogen werden (→ § 13 Rn. 49).

8   Im Verhältnis zur durch § 13 Abs. 1 statuierten **Rangfolge** hinsichtlich des Einsatzes von Maßnahmen (→ § 13 Rn. 269ff.) ließen sich Überlegungen dahin gehend anstellen, ob diese Rangfolge ein Präjudiz für die Beschaffung von nfSDL darstellt und damit nfSDL vorzugsweise von den Netzbetreibern über VINK zu beschaffen sind. Dies ist jedoch im Ergebnis abzulehnen, da es allein auf die unter Abwägung aller maßgeblichen Gründe **effizientere** Form der Beschaffung ankommt (dazu → Rn. 38ff.).

B. Einzelerläuterungen

I. Verpflichtung zur Beschaffung von nfSDL (Abs. 1)

9   Abs. 1 S. 1 der Vorschrift statuiert die **Verpflichtung zur marktgestützten Beschaffung** der dort abschließend enumerativ aufgezählten nfSDL (im Einzelnen → Rn. 11ff.). Adressaten der Verpflichtung sind die ÜNB mit Regelzonenverantwortung und die VNB. Letztere sind gem. Abs. 2 jedoch nur dann zur Beschaffung verpflichtet, soweit die entsprechende nfSDL in deren eigenen Netz benötigt wird oder diese im Einvernehmen mit den ÜNB mit Regelzonenverantwortung beschafft werden (→ Rn. 42). Einzig ausgenommen von der Verpflichtung zur marktgestützten Beschaffung von nfSDL sind gem. § 110 Abs. 1 Betreiber geschlossener Verteilernetze.

10   Nicht in der Elt-RL 19 definiert und vom deutschen Gesetzgeber ebenfalls nicht weiter ausgeführt ist der Begriff **„marktgestützt"**. Semantisch ließe sich zwar argumentieren, dass marktgestützt nicht mit *marktlich* gleichzusetzen ist, sondern der Markt nur flankierend (oder mit anderen Worten *stützend*) zu anderen Beschaffungsverfahren heranzuziehen ist. Allerdings grenzt Erwgr. 39 Elt-RL 19 die Bezeichnung marktgestützt zu regulatorischen Grundsätzen ab (vgl. dazu auch Effizienzprüfung S. 21 ff.). Zudem wird auch in Art. 5 Elt-RL 19 *(Marktgestützte Lieferpreise)* der Begriff *markgestützt* verwendet und setzt dort den Wettbewerb zwischen Stromversorgern voraus, Art. 5 Abs. 6 Elt-RL 19. Aus der Gesetzesbegründung zu § 12h geht darüber hinaus hervor, dass der Gesetzgeber zumindest hinsichtlich der nfSDL Schwarzstartfähigkeit davon ausgeht, dass der Abschluss von

bilateralen Verträgen zur Beschaffung als marktgestützt anzusehen ist (BT-Drs. 19/21979, 11).

11 Aufgrund der ähnlichen Zielrichtung der Elt-RL 19 und jener der EB-VO nämlich der Etablierung eines nfSDL-Marktes einerseits und eines Regelleistungsmarktes andererseits –erscheint es konsequent, den Begriff **marktgestützt mit marktbasiert** aus der EB-VO gleichzusetzen (vgl. zum Begriff „marktgestützt" auch *Stiftung Umweltenergierecht*, Ein neues Beschaffungsverfahren für Blindleistung durch § 12h EnWG, 23.4.2021, S. 6ff.). Danach wäre die am Markt zu erfolgende Beschaffung der jeweiligen nfSDL als Regelfall anzusehen und eine anderweitige Beschaffung käme nur in Ausnahmefällen in Betracht (grundlegend → § 13 Rn. 269ff.).

12 NfSDL sind abzugrenzen von **frequenzgebundenen Dienstleistungen,** die für den **Systemausgleich** iSv. Art. 2 Abs. 2 EB-VO und Art. 2 Nr. 10 VO (EU) 2019/943 benötigt werden. Damit ist vor allem die Regelenergie, die gem. EB-VO ohnehin bereits marktgestützt beschafft werden muss, nicht vom Begriff der nfSDL erfasst. Gleichwohl ist der Begriff der Nichtfrequenzgebundenheit nicht ganz trennscharf, da sich einzelne nfSDL wie etwa die Trägheit der lokalen Netzstabilität *(Momentanreserve)* auf die Netzfrequenz auswirken können. Aus der Einschränkung in § 14c Abs. 1 S. 3 (→ § 14c Rn. 23f.) ergibt sich zudem, dass es sich bei Flexibilitätsdienstleistungen ebenfalls nicht um nfSDL handelt.

13 Des Weiteren fällt das **Engpassmanagement** (→ § 13 ab Rn. 117) gem. Art. 3 Nr. 48 und 49 Elt-RL 19 **nicht unter den Begriff der Systemdienstleistung** (SDL) und ist damit ebenfalls **nicht als nfSDL** im Sinne der hiesigen Vorschrift anzusehen. Dies stellt eine Abweichung zur Regelung des Art. 55 lit. c SO-VO dar, die das Engpassmanagement noch neben anderen SDL erfasst hatte. Ausweislich von Art. 2 Nr. 22 VO (EU) 2019/943 stellen **Kapazitätsmechanismen** der europäischen Mitgliedstaaten ebenfalls keine SDL und damit auch **keine nfSDL** dar. Während Kapazitätsmechanismen gem. Art. 2 Nr. 22 VO (EU) 2019/943 eine vorübergehende Maßnahme zur Gewährleistung der Versorgungssicherheit darstellen (in Deutschland handelt es sich dabei vor allem um die Kapazitätsreserve iSd. § 13e iVm. der KapResV, aber auch die Netzreserve nach § 13d iVm. der NetzResV stellt nach Ansicht der Com. einen Kapazitätsmechanismus in Form einer strategischen Reserve dar, vgl. COM (2016) 8742 final Rn. 48), handelt es sich bei SDL um Maßnahmen, die vom Netzbetreiber kontinuierlich für den sicheren Betrieb des Netzes einzusetzen oder vorzuhalten sind.

14 Hinsichtlich der Vorgabe der **Transparenz** dürfte es entscheidend darauf ankommen, dass das entsprechende Verfahren zur Beschaffung der jeweiligen nfSDL für die Marktteilnehmer **keine „Black Box"** darstellt (vgl. BGH Urt. v. 11.12.2016 – EnVR 21/18 Rn. 31). Damit müsste ein marktgestütztes Verfahren derart ausgestaltet sein, dass allen sich beteiligenden Marktteilnehmern zumindest alle Rahmenbedingungen ex ante bekannt sind, die für das Zustandekommen einer Kontrahierung mit den Netzbetreibern maßgeblich sind. Dies dürfte bei der praktischen Ausgestaltung von Verfahren zur Beschaffung von nfSDL in Anlehnung der zu § 97 Abs. 1 GWB entwickelten Praxis auch die Einhaltung von Ausschreibungs-, Informations- und Bekanntmachungspflichten bedeuten (vgl. zum Begriff der Transparenz iSv § 97 Abs. 1 GWB MüKoWettbR/*Knauff/Kühnast/Säcker/Ganske* GWB § 97 Rn. 17ff. sowie zum Begriff der Transparenz im Rahmen des Netzzugangs → § 21 Rn. 51). Zudem dürfen sich diese Bedingungen während eines laufenden Verfahrens zur Beschaffung der betreffenden nfSDL nicht ändern.

15 Da sich die Vorgabe zur Einhaltung der Transparenz jedoch auf das Verfahren zur marktgestützten Beschaffung als solcher und nicht auf die Marktteilnehmer oder gar

§ 12 h Teil 3. Regulierung des Netzbetriebs

die Netzbetreiber bezieht, wird damit eine **Offenlegung von Betriebs- und Geschäftsgeheimnissen** unter den sich beteiligenden Marktteilnehmern gerade **nicht verbunden** sein. Bei der Vorgabe der Transparenz handelt es sich um ein Mittel, den Wettbewerbsgrundsatz selbst zu effektivieren, und bezweckt nicht die Herbeiführung eines Informationsaustauschs zwischen den Wettbewerbern (MüKoWettbR § 97 Rn. 18); er gilt damit vertikal im Verhältnis von der ausschreibenden Stelle zu den einzelnen Marktteilnehmern und nicht horizontal zwischen den Marktteilnehmern selbst. Als größte Herausforderung könnte sich die Einhaltung einer umfassenden Transparenz im Beschaffungsverfahren besonders im Bereich der nfSDL *Schwarzstart-* und *Inselbetriebsfähigkeit* darstellen, da diese beiden nfSDL im Rahmen des Netzwiederaufbaus nicht nur von Betriebs- und Geschäftsgeheimnissen geprägt sind, sondern zudem von einem staatlichen Geheimhaltungsbedürfnis.

16 **1. Übersicht zu den einzelnen nfSDL.** Die in der Aufzählung **verwendeten Begriffe stimmen nicht vollständig mit jenen aus der Begriffsbestimmung in Art. 2 Nr. 49 Elt-RL 19 überein**, da diese nach Ansicht des deutschen Gesetzgebers die physikalischen Eigenschaften der vom europäischen Richtliniengeber gemeinten nfSDL nicht adäquat abbildeten (BT-Drs. 19/21979, 14). Deshalb wurden für die einzelnen nfSDL Bezeichnungen gewählt, welche in Deutschland zum einen üblich seien und zum anderen auch in anderen Rechtsakten der EU genutzt würden allerdings ohne dass in der Gesetzesbegründung auf diese Quellen konkret Bezug genommen würde. Problematisch ist dies insoweit vor allem bei der nfSDL nach Abs. 1 S. 1 Nr. 1, da statt des Begriffs der „statischen Spannungsregelung" die semantisch weiterreichende Formulierung „Dienstleistungen zur Spannungsregelung" gewählt wurde (→ Rn. 18).

17 **a) Dienstleistungen zur Spannungsregelung.** Die Bezeichnung **Dienstleistungen zur Spannungsregelung** korreliert mit jener der **statischen Spannungsregelung** in Art. 2 Nr. 49 Elt-RL 19. **Abzugrenzen** sind Dienstleistungen zur Spannungsregelung von der **dynamischen Blindstromstützung** nach Abs. 1 S. 1 Nr. 3 (→ Rn. 30 ff.).

18 Prinzipiell ist die **Bezeichnung der Elt-RL 19 zunächst präziser**, da semantisch bereits die unterschiedlichen Einsatzbereiche von statischer Spannungshaltung bzw. -regelung und dynamischer Spannungs-/Blindstromstützung deutlich werden. Während die dynamische Spannungsstützung (bzw. *dynamische Netzstützung* nach VDE AR-N-4120) im Fehlerfall, etwa beim Ausfall einer Spannungsquelle oder Stromleitung, Anwendung findet, sind statische Spannungsregelungen bereits für den Normalbetrieb des Netzes erforderlich (www.vde.com/de/fnn/arbeitsgebiete/sicherer-betrieb-dez/spannungshaltung) und dienen der Einhaltung der im Systemschutzplan der ÜNB definierten Spannungsgrenzwerte (www.netztransparenz.de/portals/1/Systemschutzplan_der_ÜNB_2020-Hauptdokument.pdf).
Den **Oberbegriff** zur stationären Spannungshaltung und dynamischen Spannungsstützung stellt die **Spannungshaltung** dar, der etwa auch in § 13 d Abs. 1 S. 1 und § 34 Abs. 1 S. 1, Abs. 2 S. KVBG verwendet wird (zum Begriff vgl. auch Transmission Code 2007, S. 84).

19 Stationäre und dynamische Maßnahmen zur Spannungshaltung unterscheiden sich insbesondere hinsichtlich ihrer **Reaktionszeit** und des Umstands, ob Synchrongeneratoren (dynamische Blindleistungskompensation) zur Bereitstellung oder Abnahme der erforderlichen Blindleistung benötigt werden. Dementsprechend fasst die Gesetzesbegründung „Regelungshandlungen, mit dem Ziel einen vom Netzbetreiber vorgegebenen Spannungs- oder Blindleistungssollwert ein-

zuhalten" (BT-Drs. 19/21979, 14) unter die Dienstleistungen zur Spannungsregelung iSd Abs. 1 S. 1 Nr. 1. Damit entspricht der Begriff der Spannungsregelung iSd hiesigen Vorschrift inhaltlich weitestgehend der Begriffsbestimmung in Art. 3 Abs. 2 Nr. 21 SO-VO.

Nicht als Fehlerfall iSd dynamischen Blindleistungs- bzw. Spannungsstützung 20 ist dagegen die **Ausregelung einer veränderten Blindleistungsbilanz, ausgelöst durch Fahrplansprünge oder (n-1)-Fälle**, anzusehen. Diese werden laut der Gesetzesbegründung ebenfalls der Spannungsregelung zugeordnet (BT-Drs. 19/21979, 14). Ausgehend davon dürfte es für die Differenzierung zwischen Dienstleistungen zur Spannungsregelung und der dynamischen Blindstromstützung darauf ankommen, ob die Blindleistungsbereitstellung im Einzelfall dazu dient, einen Fehlerfall gar nicht erst eintreten zu lassen (Spannungsregelung) oder einen bereits eingetretenen Fehlerfall zu kompensieren bzw. diesen zu beheben (dynamische Blindleistungsstützung nach Abs. 1 S. 1 Nr. 4).

Da die Gesetzesbegründung ebenfalls die **Beherrschbarkeit von dyna-** 21 **mischen Spannungsänderungen** unter den Begriff der Spannungsregelung subsumiert, handelt es sich bei der Geschwindigkeit der jeweils zu behebenden Spannungsstörung um kein taugliches Abgrenzungskriterium zwischen Dienstleistungen zur Spannungsregelung und der dynamischen Blindstromstützung im Sinne der hiesigen Vorschrift. Ebenfalls dürfte nicht allein darauf abgestellt werden können, auf welche Art und Weise die Blindleistungsbereitstellung erfolgt (entweder stationär/statisch, etwa durch Drosselspulen und/oder Kondensatoren, oder dynamisch durch eine rotierende Phasenschieberanlage), wobei zumindest im Rahmen der Gesetzesbegründung zu Abs. 1 S. 1 Nr. 4 darauf abgestellt wird, dass die Einspeisung des Stroms im Falle der dynamischen Blindstromstützung durch nichtsynchrone Energieerzeugungsanlagen oder nichtsynchrone Speicher zu erfolgen hat (BT-Drs. 19/21979, 14). Stellte man lediglich auf die Art und Weise der Blindleistungsbereitstellung ab, würde es allein vom jeweils eingesetzten Betriebsmittel abhängen, ob die Blindleistungsbereitstellung als Dienstleistung zur Spannungshaltung oder dynamische Blindstromstützung zu qualifizieren wäre. Damit wären dann aber Betriebsmittel wie STATCOM bzw. STATCOM-fähige Anlagen oder rotierende Phasenschieber vom Anwendungsbereich des Abs. 1 S. 1 Nr. 1 ausgenommen, obschon diese Betriebsmittel im Wege quasistationärer Blindleistungsbereitstellung auch im Rahmen des Normalbetriebs ihren Nutzen entfalten können (vgl. zum Begriff „quasistationär" *OTH Regensburg*, Zukünftige Beschaffung von Blindleistung II, S. 52 ff.).

Insgesamt lassen sich Dienstleistungen zur Spannungsregelung in drei Katego- 22 rien einteilen: die **direkte Beeinflussung der Spannung**, etwa durch die Stufung von Transformatoren und von Längsreglern, für die keine Erhöhung oder Reduktion der Blindleistungseinspeisung erforderlich ist; die **indirekte Spannungsregelung** über die Steuerung der Blindleistungsflüsse durch die Bereitstellung von Blindleistung durch Energieerzeugungs- oder Blindleistungskompensationsanlagen wie STATCOM oder rotierende Phasenschieber; die **Reduktion von Blindleistungsflüssen** über Drosselspulen (Effizienzprüfung S. 72). Dabei haben die Kategorien der indirekten Spannungsregelung und der Reduktion von Blindleistungsflüssen gemeinsam, dass Gegenstand der konkret durch den Netzbetreiber durchzuführenden Maßnahmen jeweils die Beeinflussung der **Blindleistungseinspeisung** bzw. der **Blindleistungsströme** ist. Aus diesem Grund haben die Autoren des vom BMWi in Auftrag gegebenen Gutachtens zur „Effizienzprüfung marktgestützter Beschaffung von nichtfrequenzgebundenen Systemdienstleistung"

§ 12 h Teil 3. Regulierung des Netzbetriebs

(www.bmwi.de/Redaktion/DE/Downloads/E/ergebnispapier-effizienzprüfung-nf-sdl.pdf?__blob=publicationFile&v=2) ihre Betrachtungen allein auf die marktgestützte Beschaffung von Blindleistung gelegt, da die direkte Beeinflussung der Spannung durch Transformatoren und andere Netzkomponenten nicht durch andere Marktakteure erfolgen könne (Effizienzprüfung S. 72).

23 Der **spannungsbedingte Redispatch** hingegen fällt nicht unter den Begriff der *Dienstleistungen zur Spannungsregelung* (zu netz- und marktbezogenen Maßnahmen → § 13 Rn. 48 ff. und 24 ff.). Laut der Gesetzesbegründung sollen Notfallmaßnahmen wie der spannungsbedingte Redispatch neben einer marktgestützten Beschaffung opportun bleiben. Daraus ergibt sich im Umkehrschluss, dass es sich nach dem Willen des Gesetzgebers beim spannungsbedingten Redispatch selbst nicht um eine nfSDL handelt. Notfallmaßnahmen können denklogisch schon nicht marktgestützt beschafft werden, da ein Eingriff in den Kraftwerksfahrplan schon der Definition nach auf unfreiwilliger Basis erfolgt. Denkbar wären jedoch bilaterale Verträge – je nach Ausgestaltung des entsprechenden Beschaffungskonzepts gem. Abs. 5 oder 6 –, in denen die Einspeisung von Blindleistung im Rahmen der Wirkleistungseinspeisung zu bestimmten Konditionen vereinbart wird. Dies wäre allerdings nur dann notwendig, wenn die Anlage nicht über **STATCOM-Fähigkeit** (vgl. *Schwab* S. 417) verfügt und damit nicht zur isolierten Blindleistungsbereitstellung oder -aufnahme in der Lage ist.

24 Insgesamt dürfte die mit Wirkleistungseinspeisung verbundene Blindleistungseinspeisung zumindest bei konventionellen Kraftwerken nicht unter Abs. 1 S. 1 Nr. 1 zu subsumieren sein, da im Rahmen der Gesetzesbegründung zu Abs. 5 darauf abgestellt wird, dass fossile Kraftwerke nur als Blindleistungsquelle agieren können sollen, wenn eine **Bereitstellung von Blindleistung ohne Wirkleistungseinspeisung** möglich ist (BT-Drs. 19/21979, 15). Selbiges dürfte aufgrund der gesetzgeberischen Intention zur Förderung regenerativer Energien nicht für die mit der Wirkleistungseinspeisung verbundenen Blindleistungsbereitstellung aus EE-Anlagen gelten.

25 Eine weitere Differenzierung erscheint im Verhältnis zur Verpflichtung von Erzeugungsanlagen zur Einhaltung bestimmter Spannungsbänder geboten zu sein, die vom VDE FNN in den **technischen Anschlussregeln (TAR)** für die verschiedenen Spannungsebenen festgelegt sind (VDE-AR-N 4100 und 4105 für die Niederspannung und Erzeugungsanlagen am Niederspannungsnetz, VDE-AR-N 4110 für die Mittelspannung, VDE-AR-N 4120 für die Hochspannung, VDE-AR-N 4130 sowie VDE-AR-N 4130 für die Höchstspannung). Im Rahmen der TAR ist zu beachten, dass unterschiedliche Maßgaben für Erzeugungsanlagen hinsichtlich der statischen Spannungshaltung (vgl. etwa Abschnitt 10.2.2 der VDE-AR-N 4130; entspricht der nfSDL Dienstleistungen zur Spannungsregelung iSv Abs. 1 S. 1 Nr. 1) und der dynamischen Netzstützung (vgl. etwa Abschnitt 10.2.3 der VDE-AR-N 4130; entspricht der nfSDL dynamische Blindstromstützung iSv Abs. 1 S. 1 Nr. 4) in Bezug auf die Einhaltung eines bestimmten Spannungsbandes existieren.

26 **b) Trägheit der lokalen Netzstabilität.** Bei der **Trägheit der lokalen Netzstabilität** handelt es sich um eine inhärente oder regelungstechnisch umgesetzte Reaktion auf ein Wirkleistungsungleichgewicht, um eine Überschreitung von Grenzwerten der Frequenzhaltung, die für die Netzstabilität kritisch sein kann, zu verhindern (BT-Drs. 19/21979, 14). Sie ist abzugrenzen von der Regelleistung als frequenzgebundene SDL (→ § 13 Rn. 87 ff.) und umfasst vor allem die **Momentanreserve,** bei der es sich wiederum um eine inhärente Eigenschaft direkt gekoppelter Synchronmaschinen (sog. Schwungmasse) oder netzbildender Umrichter (sog. synthetische Schwungmasse) im Falle von erneuerbaren Energien handelt. Auch Netzbetriebsmittel wie HGÜ-Konverter sind dazu fähig, Momentanreserve bereitzustellen (EWI/ef.Ruhr, Entwicklung der Momentanreserve und Abschätzung des Bedarfes an Fast Frequency Response im Europäischen Verbundsystem, S. 4). Allerdings werden die Begriffe *Trägheit der lokalen Netzstabilität* und *Momentanreserve* häufig synonym gebraucht (BNetzA Beschl. v. 31.12.2020 – BK6-20-298, S. 7).

Im Falle eines **Wirkleistungsungleichgewichts** fungieren die rotierenden 27 Massen der jeweiligen Synchronmaschine bzw. des netzbildenden Umrichters als übergangsweise Leistungsreserve, indem die in den rotierenden Massen enthaltene kinetische Energie im Falle eines Frequenzabfalls aufgrund der Kopplung von Synchronmaschine und der Frequenz in das Netz abgegeben wird und damit das Energiedefizit kompensieren kann (vgl. BNetzA, Bericht über Sicherheit, Zuverlässigkeit und Leistungsfähigkeit der Elektrizitätsversorgungsnetze gemäß § 51 Abs. 4b Satz 4 des Energiewirtschaftsgesetzes, Dezember 2020, S. 17 sowie www.enargus.de/pub/bscw.cgi/d7612-2/*/*/Momentanreserve.html?op=Wiki.getwiki). Die Momentanreserve kommt damit noch vor dem Regelenergieeinsatz schon durch inhärente Eigenschaften der jeweiligen Synchronmaschine selbst zum Einsatz und stabilisiert das Gleichgewicht zwischen Stromeinspeisung und -entnahme (BNetzA Beschl. v. 31.12.2020 BK6-20-298, S. 5). Sofern regenerative Energieerzeugungsanlagen über **netzbildende Umrichter** an das Netz angeschlossen sind, können diese die Eigenschaft der rotierenden Massen konventioneller Kraftwerke gewissermaßen nachahmen und damit ebenfalls Momentanreserve für das Netz zur Verfügung stellen.

c) Kurzschlussstrom. Als **Kurzschlussstrom** bezeichnet die Gesetzesbe- 28 gründung die **Einspeisung von Strom, die aufgrund einer durch einen Fehler verursachten Spannungsabweichung** erfolgt (BT-Drs. 19/21979, 14). In einer solchen Konstellation weist der entsprechende Stromkreis keinen Widerstand auf, sodass der Strom gewissermaßen ungehindert die Leitung passiert. Ist der Widerstand hingegen zu gering, bezeichnet man dies als *kurzschlussähnlichen Vorgang*. In der Folge weist Kurzschlussstrom auch eine ungemein höhere Spannung auf, die ihrerseits zu Beschädigungen von Stromleitungen oder angeschlossenen Geräten führen kann.

Trotz dieser negativen Eigenschaften des Kurzschlussstroms wird der Einsatz 29 desselben für den sicheren Netzbetrieb benötigt. So ist gem. 3.3.13.5 Abs. 5 des Transmission Code 2007 während einer Fehlerdauer Kurzschlussstrom in das Netz einzuspeisen, um den konkreten Netzfehler ausfindig zu machen oder um sicherzustellen, dass etwa ans Netz angeschlossene Kondensatoren entladen sind. Prinzipiell handelt es sich damit beim Kurzschlussstrom ebenfalls um eine nfSDL zur Regelung der Spannungshaltung. Allerdings fällt ohne mit nicht unter den Anwendungsbereich von Abs. 1 S. 1 Nr. 1, da die Gesetzesbegründung die Einspeisung von Kurzschlussstrom im Fehlerfall explizit davon ausnimmt (BT-Drs. 19/21979, 14). Für die Erbringung von Kurzschlussstrom kommen insbesondere **Synchronmaschinen, rotierende Phasenschieber und gegebenenfalls Grid-Forming-Inverter** infrage (Effizienzprüfung S. 37).

d) Dynamische Blindstromstützung. Ausweislich der Gesetzesbegründung 30 ist unter **dynamischer Blindstromstützung** die **Einspeisung eines Blindstroms aus nichtsynchronen Stromerzeugungsanlagen oder einem HGÜ-**

§ 12h

Teil 3. Regulierung des Netzbetriebs

System während einer durch einen elektrischen Fehler verursachten Spannungsabweichung zu verstehen (BT-Drs, 19/21979, 14). Die Formulierung entspricht weitestgehend jener in Art. 2 Nr. 49 Elt-RL 19 *(Einspeisung von dynamischem Blindstrom)*. Der Begriff der dynamischen Blindstromstützung ist gleichbedeutend mit jenem der dynamischen Spannungsstützung.

31   **Abgrenzungsschwierigkeiten** bestehen jedoch im Verhältnis zum Begriff der *Dienstleistungen zur Spannungsregulierung* nach Abs. 1 S. 1 Nr. 1 (→ Rn. 12 ff.). Im Rahmen der Gesetzesbegründung wird hinsichtlich der dynamischen Blindstromstützung allein auf die Einspeisung von Strom aus nichtsynchronen Stromerzeugungsanlagen und Speichern oder HGÜ-Systemen abgestellt, nicht jedoch auf die Abnahme von Strom durch selbige. Dies dürfte daher rühren, dass auch eine Reduktion der Blindleistungseinspeisung mit der Einspeisung von Wirkleistung einhergeht, soweit dies durch Energieerzeugungsanlagen geschieht (vgl. BNetzA, Blindleistungsbereitstellung für den Netzbetrieb, S. 19). Es ändert sich lediglich das Verhältnis von eingespeister Blind- zu eingespeister Wirkleistung; eine (Blind-)Stromeinspeisung findet nach wie vor statt (vgl. dazu BNetzA, Blindleistungsbereitstellung für den Netzbetrieb, 13.6.2018, S. 9 ff.).

32   Der Fokus auf **nichtsynchrone Stromerzeugungsanlagen und -speicher** dürfte dadurch bedingt sein, dass die Generatoren solcher Anlagen auch **im Fehlerfall unabhängig von der Frequenz** im Netz drehen und somit auch unabhängig von Veränderungen in der Netzebene agieren können (vgl. zum umgekehrten Fall des Synchronismus von Erzeugungsanlagen *Schwab* S. 791 f.). Solche Anlagen können im Fehlerfall am Netz verbleiben und müssen nicht unmittelbar abgeschaltet werden, sodass sie mittels ihrer Blindleistungseinspeisung dem (weiteren) Spannungseinbruch entgegenwirken (vgl. Effizienzprüfung S. 43). Maßgeblich für die Einordnung als nfSDL zur dynamischen Blindstromstützung dürfte der Umstand sein, dass die konkrete Blindleistungseinspeisung im Fehlerfall zur Kompensation desselben eingesetzt wird. Findet die Blindleistungskompensation zu anderen Zwecken statt, so handelt es sich um eine Dienstleistung zur Spannungsregelung nach Abs. 1 S. 1 Nr. 1.

33   **e) Schwarzstartfähigkeit.** Schwarzstartfähige Anlagen sind dazu in der Lage, bei einem Ausfall des Stromnetzes **ohne Spannungsvorgabe von außen und ohne die externe Zufuhr elektrischer Energie angefahren** werden zu können und so einen vorgegebenen Netzabschnitt aus einem vollständig abgeschalteten Zustand innerhalb eines festgelegten Zeitraums wieder unter Spannung zu setzen sowie dabei zur Spannungs- und Frequenzhaltung beizutragen (vgl. BT-Drs. 19/16714, 1; BT-Drs. 19/21979, 14 f.). Für die nfSDL Schwarzstartfähigkeit wurde von der BNetzA keine Ausnahme nach § 12h Abs. 4 S. 1 und 2 festgelegt. Mithin sind die Spezifikationen und technischen Anforderungen an ein Konzept zur Beschaffung von Schwarzstartfähigkeit von der BNetzA gem. Abs. 5 festzulegen oder nach Abs. 6 zu genehmigen Zur Ermittlung eines Beschaffungskonzepts von Schwarzstartfähigkeit hat das BMWi ebenfalls ein Gutachten bei dem bereits für die *Effizienzprüfung* verantwortlichen Gutachterkonsortium in Auftrag gegeben. Dieses kam wie auch die BNetzA zu dem Schluss, dass die Beschaffung von Schwarzstartfähigkeit im Wege von Ausschreibungen nach regional differenzierten Kriterien erfolgen könne (vgl. *Wagner/Schlecht/Bucksteeg* Marktgestützte Beschaffung von Schwarzstartfähigkeit S. 6 f.).

34   In diesem strengen Sinne schwarzstartfähig sind an sich nur **Gas-, Pumpspeicher- und Wasserkraftwerke,** die auch den Großteil der zum 22.1.2020 für

Schwarzstartfähigkeit kontrahierten Anlagen ausmachten (BT-Drs. 19/16714, 3). Jedoch können auch andere konventionelle Anlagen mit Hilfsstromquellen wie etwa Dieselgeneratoren schwarzstartfähig gemacht werden (vgl. insoweit auch BT-Drs. 19/21979, 15).

Nicht ohne Weiteres schwarzstartfähig sind dargebotsabhängige und dezentrale 35 Erzeugungsanlagen aufgrund der volatilen Erzeugung, der häufig mangelnden schwarzfallfesten Kommunikationsfähigkeit und dem Anschluss auf den unteren Netzebenen (consentec Netzwiederaufbaukonzepte S. 25). Vor dem Hintergrund der der Elt-RL 19 und des § 12 zugrunde liegenden Zielsetzung zur Förderung dezentraler Marktakteure dürften aber auch unter Zuhilfenahme von Hilfsmaßnahmen im weitesten Sinne schwarzstartfähig gemachte erneuerbare Erzeugungsanlagen von Abs. 1 S. 1 Nr. 5 erfasst sein, da die in der Gesetzesbegründung erwähnte Zuhilfenahme von Hilfsstromquellen an sich nur für konventionelle Anlagen wie Kohlekraft- und Kernkraftwerke in Betracht kommt (vgl. BT-Drs. 19/21979, 15). Nicht zu vergessen ist zudem, dass schwarzstartfähige Wasser- und Pumpspeicherkraftwerke ebenfalls den erneuerbaren Energien zuzuordnen sind. Zudem werden bereits Möglichkeiten erforscht, auch Windenergieanlagen für den Schwarzstart einzusetzen bzw. diese schwarzstartfähig zu machen (www.bab-bremen.de/de/pag e/aktuelles-presse/erfolgsgeschichten/schwarzstart-windenergie-blackouts-wind2 grid). Schwarzstartfähige Anlagen sind für den **Versorgungswiederaufbau** iSv § 13d Abs. 1 S. 1 bzw. dem diesen vorgelagerten **Netzwiederaufbau** vonnöten.

f) Inselbetriebsfähigkeit. Bei dieser nfSDL ist zwischen Netzinselbetriebs- 36 fähigkeit sowie **Eigenbedarfsinselbetriebsfähigkeit** zu differenzieren, wobei Anlagen, die über **Netzinselbetriebsfähigkeit** verfügen, in der Regel auch eigenbedarfsinselbetriebsfähig sind (vgl. OTH Regensburg/INA, Endbericht zum Dienstleistungsauftrag „Zukünftige Bereitstellung von Blindleistung und anderen Maßnahmen für die Netzsicherheit" im Auftrag des BMWi, S. 176f.). Da Inselbetriebsfähigkeit im Rahmen der Gesetzesbegründung als „Fähigkeit zur Regelung von Spannung und Frequenz bei dem unabhängigen Betrieb eines ganzen Netzes oder eines Teils eines Netzes, das nach der Trennung vom Verbundnetz isoliert ist" (BT-Drs. 19/21979, 15) beschrieben wird, ist davon auszugehen, dass der Gesetzgeber den weiteren Begriff der Netzinselbetriebsfähigkeit mit Abs. 1 S. 1 Nr. 6 erfassen wollte.

Eine eigenbedarfsinselbetriebsfähige Anlage ist in der Lage, sich bei Störungen 37 im vorgelagerten Netz selbst versorgen zu können und so eine Insel innerhalb des Netzes zu bilden. Der Begriff der Netzinselbetriebsfähigkeit hingegen ist insoweit weiter, als dieser voraussetzt, dass sich eine Anlage im Eigenbedarfsinselbetrieb mit weiteren im Eigenbedarfsinselbetrieb befindlichen Anlagen synchronisieren kann, damit eine noch größere Netzinsel gebildet werden kann, um so das Netz bzw. den globalen Netzbetrieb insgesamt oder größtenteils wiederherzustellen (Effizienzprüfung S. 63f.). Damit ist auch die Inselbetriebsfähigkeit eine nfSDL, die im Rahmen des **Netz- und Versorgungswiederaufbaus** iSv. § 13d Abs. 1 S. 1 benötigt wird.

2. Erforderlichkeit der Beschaffung für den Netzbetrieb. Nach Abs. 1 S. 2 38 darf die jeweilige nfSDL nur beschafft werden, wenn diese für einen sicheren, **zuverlässigen und effizienten Netzbetrieb erforderlich** ist. In diesem Sinne dürfte sich die Tatbestandsvoraussetzung „effizient" (zumindest auch) auf die (energie)wirtschaftliche Effizienz der jeweiligen nfSDL-Bereitstellung beziehen: Zum einen stellt die Gesetzesbegründung darauf ab, dass die Beschaffung der nfSDL nur

§ 12h

Teil 3. Regulierung des Netzbetriebs

„im notwendigen Umfang" – und damit nicht im Übermaß –zu erfolgen hat (BT-Drs. 19/21979, 15). Zum anderen wird unter dem Begriff der *Effizienz* in §§ 1, 1a Abs. 4 sowie 12 Abs. 2 ebenfalls eine wirtschaftliche Effizienz als ausgewogenes Kosten-Nutzen-Verhältnis verstanden (→ § 12 Rn. 51 und § 13 Rn. 59). Auch die Verwendungen des Begriffs der Effizienz in Abs. 4 deuten auf einen wirtschaftlichen Kontext hin (→ Rn. 53ff.). Zudem scheint auch der Gesetzgeber unter Effizienz hauptsächlich wirtschaftliche Effizienz zu verstehen (vgl. BT-Drs. 19/27453, 97 zur Abwägungspflicht nach § 12 Abs. 3 S. 2). Mit Blick auf die in § 1 definierten Ziele und insbesondere auch auf die Vorschrift des § 1a Abs. 4 (→ § 1a Rn. 7) dürfte es aber vor allem die **volkswirtschaftliche Effizienz** der jeweiligen Art der Beschaffung sein, die bei der Abwägung maßgeblich ist. Stellte man nur auf die betriebswirtschaftliche Effizienz der nfSDL-Beschaffung ab, könnten sich daraus falsche Optimierungsanreize für die Netzbetreiber ergeben (etwa dergestalt, dass im Einzelfall unabhängig vom energetischen Nutzen die Form der Beschaffung gewählt wird, die im Rahmen der Kostenregulierung für den Netzbetreiber vorzugswürdiger ist). Zudem gewährleistet eine volkswirtschaftliche Abwägung etwa auch, dass Multi-use-Optionen (zum Begriff in Bezug auf Energiespeicher vgl. Agora Energiewende und Energynautics (2018) Toolbox für die Stromnetze S. 43) von Netzbetriebsmitteln angemessen berücksichtigt werden können.

39 Aus der **kumulativen Aufzählung der Tatbestandsvoraussetzungen** ergibt sich, dass eine Beschaffung der jeweiligen nfSDL nur erfolgen darf, wenn alle Tatbestandsvoraussetzungen des Abs. 1 S. 2 erfüllt sind. Danach kann eine Beschaffung nur dann erfolgen, wenn diese nicht nur für die Sicherheit und Zuverlässigkeit des Netzbetriebs iSv § 12 Abs. 1 erforderlich ist, sondern dies zudem mit wirtschaftlich vertretbarem Aufwand – mit anderen Worten effizient – erfolgen kann.

40 Systematisch nicht völlig eindeutig ist, ob die Voraussetzung des Abs. 1 S. 2 nur für die marktgestützte Beschaffung oder **auch für die Beschaffung der jeweiligen nfSDL durch VINK** iSv Abs. 3 gelten soll. Dies ließe sich jedoch im Wege eines Erst-recht-Schlusses bejahen: Wenn schon der Regelfall der marktgestützten Beschaffung nur dann erfolgen darf, soweit dies für den sicheren, zuverlässigen und effizienten Netzbetrieb erforderlich ist, so müsste dies mindestens im gleichen Maße für die Bereitstellung von nfSDL über VINK gelten. Stützen ließe sich dies über eine entsprechende Formulierung innerhalb der Gesetzesbegründung des § 12h zu VINK, in der davon die Rede ist, dass der Netzbetreiber im Falle von VINK die entsprechende nfSDL bei sich selbst beschaffen würde (BT-Drs. 19/21979, 1 und 15). Auf der anderen Seite gilt es entgegen dem Vorstehenden zu sagen, dass auch ein Verbot mit Erlaubnisvorbehalt zur Errichtung von VINK durch die Netzbetreiber in Widerspruch mit der Systemverantwortung der Netzbetreiber aus § 11 geraten könnte, wenn die Beschaffung von nfSDL über die Errichtung von VINK unter weitere Voraussetzungen gestellt wird und so einen bedarfsgerechten Netzausbau behindern könnte. In Extremfällen könnte ein solches Verbot mit Erlaubnisvorbehalt abhängig von der gesellschaftlichen Struktur des Netzbetreibers zudem einen Eingriff in dessen Rechte aus Art. 12 und 14 GG darstellen. Dies gilt auch vor dem Hintergrund, dass sich ein Netzbetreiber nur dann für die Errichtung von VINK entscheiden wird, wenn dies aus Gründen der Netzsicherheit und -zuverlässigkeit geboten erscheint.

41 Fraglich erscheint, in welchem Rahmen die **Erforderlichkeit der Beschaffung** der jeweiligen nfSDL **geprüft** werden soll. Dabei stellt sich jedoch die unmittelbaren Anschlussfrage, ob es sich um einen Ex-ante- oder Ex-post-Prüfungsprozess handeln müsste und wer für diesen verantwortlich wäre. Denkbar wäre etwa, dass ein solcher Ex-ante-Vergleichsprozess in einem Beschaffungskonzept nach Abs. 5 oder 6 näher konkretisiert wird. In jedem Fall ist die Betriebsnotwendigkeit von Kosten ex post Gegenstand der Prüfungsverfahren gem. StromNEV/GasNEV und im Effizienzvergleich nach § 12 bzw. 22 ARegV. Damit erscheint es angezeigt, die Beschaffungskonzepte für nfSDL derart auszugestalten, dass ex ante eine Gewährleistung dafür besteht, nur nfSDL im erforderlichen Umfang zu kontrahieren (etwa durch eine mengenmäßige Beschränkung der nfSDL im Rahmen einer Ausschreibung). Die sich darauf beziehende Kostenprüfung im Rahmen des Effizienzvergleichs nach §§ 12, 22 ARegV könnte hieran dann ex post anknüpfen. Da die Ex-ante-Prüfung der Erforderlichkeit der Beschaffung vornehmlich regulatorischer Natur ist und somit zunächst konzeptionell mit dem Begriff einer marktgestützten Beschaffung kollidiert und diese behindern könnte, dürfte eine nachgelagerte Kostenprüfung für die Etablierung markgestützter Beschaffungsverfahren im Bereich der nfSDL zuträglicher und vorzugswürdiger sein.

II. Beschaffung von nfSDL durch VNB (Abs. 2)

Aufgrund des Umstands, dass die meisten nfSDL, insbesondere Schwarzstart- und Inselbetriebsfähigkeit, von Anlagen, die am Übertragungsnetz angeschlossen sind, bereitgestellt werden (→ § 11 Rn. 61 f.), sieht Abs. 2 vor, dass VNB zur Beschaffung von nfSDL nur dann verpflichtet sind, wenn sie diese in ihrem eigenen Netz benötigen oder die jeweiligen nfSDL im Einvernehmen mit den ÜNB mit Regelzonenverantwortung beschafft werden. Denn grundsätzlich liegt die Systemverantwortung für das Energieversorgungssystem bei den ÜNB, was sich systematisch bereits aus dem Verhältnis der §§ 12 und 14 zueinander ergibt (→ § 12 Rn. 20 bzw. → § 14 Rn. 9 ff.). Zudem wird in der Gesetzesbegründung ausgeführt, dass die nfSDL *Trägheit der lokalen Netzstabilität* (Momentanreserve) ausschließlich von den ÜNB zu beschaffen ist (BT-Drs. 19/21979, 15). Die Überprüfung des Vorliegens der Voraussetzungen des Abs. 2 dürfte im Wege einer Ex-ante-Prüfung zweckmäßig sein, da nur so gewährleistet werden kann, dass unstatthafte Investitionen der ÜNB ausgeschlossen werden können. Dieser Schluss ist auch vor dem **Ausnahmecharakter der Beschaffung von nfSDL durch die VNB** plausibel: Aus den Ausführungen zur Beschaffung von Schwarzstart- und Inselbetriebsfähigkeit in der Gesetzesbegründung geht klar hervor, dass die Beschaffung durch die VNB nur den absoluten Ausnahmefall darstellt und nur erfolgen soll, wenn diese Beschaffung zu einer schnelleren Bereitstellung der jeweiligen nfSDL führt, die ebenso sicher und kosteneffizient wie eine Beschaffung durch einen ÜNB ist. Die Kosten dafür müssen dann selbstverständlich der örtliche VNB und seine Netznutzer tragen.

III. Vollständig integrierte Netzkomponenten (Abs. 3)

Die Verpflichtung zur markgestützten Beschaffung von nfSDL gilt nicht, soweit sich der Netzbetreiber die entsprechende nfSDL über **vollständig integrierte Netzkomponenten (VINK)** beschafft. Diese werden vom Netzbetreiber selbst errichtet, sodass eine marktgestützte Beschaffung schon denklogisch ausscheidet. In der Gesetzesbegründung wird insoweit darauf abgestellt, dass der Netzbetreiber keine nfSDL bei sich selbst marktgestützt beschaffen kann (BT-Drs. 19/21979, 1 und 15).

Im Zuge des durch die jüngste EnWG-Novelle (vgl. BR-Drs. 165/20, 6) eingefügten § 3 Nr. 38a werden VINK im Rahmen der Begriffsbestimmungen als

§ 12h

„Netzkomponenten, die in das Übertragungs- oder Verteilernetz integriert sind, einschließlich Energiespeicheranlagen, und die ausschließlich der Aufrechterhaltung des sicheren und zuverlässigen Netzbetriebs und nicht der Bereitstellung von Regelenergie oder dem Engpassmanagement dienen" definiert. Als Beispiele für VINK werden in Erwgr. 63 der Elt-RL 19 **Schwungräder und Kondensatoren** genannt. Die Nennung von Schwungrädern und Kondensatoren, bei denen es sich um bereits seit Langem etablierte Netzbetriebsmittel handelt, als Beispiele für VINK zeigt dabei auch, dass der Begriff der VINK keineswegs nur gänzlich neue bzw. innovative Betriebsmittel erfasst. Vielmehr dürfte die Einführung der VINK-Definition dem Umstand geschuldet sein, dass die Einführung marktgestützter Verfahren eine rechtliche und technische Differenzierung aufgrund der Vielzahl der potenziellen Marktteilnehmer erforderlich gemacht hat.

45 Ausgehend davon und aufgrund der Voraussetzung, dass VINK ihrem Namen nach bereits in das Netz integriert sein müssen, lässt sich folgern, dass nur solche Netzbetriebsmittel VINK darstellen, die wie Schwungräder und Kondensatoren **unmittelbarer Teil eines Stromkreises bzw. -netzes** sind und nicht wie etwa rotierende Phasenschieberanlagen oder ganze Kraftwerke respektive besondere netztechnische Betriebsmittel iSv § 11 Abs. 3 aF (→ § 11 Rn. 20) lediglich an einen solchen/s angeschlossen sind. Insbesondere erscheint es bei Letzteren auch als schwer vertretbar, diese nur als einzelne *Komponente* des Netzes selbst darzustellen; diese sind nicht allein ein Bestandteil des gesamten Netzes, sondern vielmehr mit diesem verbunden.

46 Obschon die Eigentumsverhältnisse an VINK weder Eingang in die Definition in Art. 2 Nr. 51 Elt-RL 19 noch in die Begriffsbestimmung in § 3 Nr. 38b gefunden haben, scheint es der Vorstellung des Gesetzgebers zu entsprechen, dass nur solche Betriebsmittel als VINK angesehen werden können, die im Eigentum des jeweiligen Netzbetreibers stehen (BT-Drs. 19/21979, 2). Dieser Umstand dürfte im Falle der überwiegenden Anzahl von Netzkomponenten ohnehin der Fall sein. Entscheidend dürften die Eigentumsverhältnisse an der entsprechenden Netzkomponente jedoch im Falle von Umrüstungen zu Betriebsmitteln zur Bereitstellung von Blind- oder Kurzschlussleistung nach den §§ 12 Abs. 1 S. 2 Nr. 8, 26 Abs. 4 S. 1 KVBG sein. Da der Anspruch aus §§ 12 Abs. 1 S. 2 Nr. 9, 26 Abs. 4 S. 1 KVBG dem ÜNB nicht das Eigentum an dem zu einem Betriebsmittel zur Bereitstellung von Blind- oder Kurzschlussleistung umgerüsteten Kraftwerk verschafft, dürfte eine Einordnung dieser so durch Umrüstungen geschaffenen Betriebsmittel als VINK ausscheiden.

47 So ließe sich etwa vertreten, dass es sich bei sog. **Netzboostern** (www.bmwi-energiewende.de/EWD/Redaktion/Newsletter/2020/02/Meldung/direkt-erklaert.html), die im Grunde genommen Batteriespeicher mit unterschiedlichen Einsatzmöglichkeiten darstellen, um VINK iSv § 3 Nr. 38b EnWG-Entwurf bzw. des hiesigen Abs. 3 handelt. Netzbooster-Projekte werden von den Netzbetreibern selbst realisiert (vgl. etwa BNetzA, Bestätigung des Netzentwicklungsplans Strom 2019, S. 311 ff.). Für die Einbeziehung von Netzboostern unter den Begriff der VINK spricht zudem, dass ausweislich der Begriffsbestimmung des EnWG-Entwurfs auch Energiespeicheranlagen als VINK gelten sollen. Des Weiteren erscheint dies auch vor der Motivation der Elt-RL 19 und des § 12h, insbesondere Speicher auf dem Gebiet der Bereitstellung von nfSDL zu fördern, mit der richtlinien- und gesetzgeberischen Intention vereinbar. Ferner umfasst die Definition von VINK in Art. 2 Nr. 51 Elt-RL 19 ausdrücklich auch Energiespeicheranlagen. Stark gegen eine Klassifikation von Netzboostern als VINK spricht jedoch die Einschränkung der VINK-Definition in Art. 2 Nr. 51 Elt-RL 19, dass VINK allein der Aufrechterhaltung des sicheren und zuverlässigen Betriebs des Übertragungs- oder Verteilernetzes und nicht dem Systemausgleich- oder Engpassmanagement dienen dürfen. Hauptanwendungsfeld von Netzboostern ist ihrer Konzeption nach jedoch das Engpassmanagement (www.bmwi-energiewende.de/EWD/Redaktion/Newsletter/2020/02/Meldung/direkt-erklaert.html).

Entsprechend der obigen Ausführungen (→ Rn. 31 ff.) erscheint es konsequent, dass auch eine Beschaffung von nfSDL über VINK nur unter den **Voraussetzungen des Abs. 1 S. 2** erfolgen kann. Andernfalls bestünde für Netzbetreiber die Möglichkeit, ihren Bedarf an nfSDL allein über VINK zu beschaffen und so die Verpflichtung aus Abs. 1 leerlaufen zu lassen. **48**

In der Praxis muss gewährleistet werden, dass der Netzbetreiber bei der Abwägung zwischen einer marktgestützten Beschaffung von nfSDL durch Dritte und einer Beschaffung über eigene VINK die kostengünstigere Option wählt. Dies hängt jedoch auch maßgeblich von der Ausgestaltung der Beschaffungskonzepte nach den Abs. 5 oder 6 ab. Insoweit kann die jeweilige VINK-Lösung eine implizite, rein **faktische Preisobergrenze** zur marktgestützten Beschaffung darstellen, da der Netzbetreiber sich in der Regel für die günstigere Beschaffungsoption entscheiden wird. **49**

Eine gesetzliche **Pflicht zur Abwägung der marktgestützten Beschaffung** findet sich nunmehr in § 12 Abs. 1 S. 2 und 3 nF, der mit der EnWG-Novelle 2021 ins EnWG eingefügt wurde. Diese Pflicht bezieht sich jedoch ganz allgemein auf Netzbetriebsmittel und nicht allein auf VINK. Sie soll gewährleisten, dass eine Beschaffung von SDL aus eigenen Netzbetriebsmitteln nur dann erfolgt, wenn diese wirtschaftlicher und damit effizienter ist als eine marktgestützte Beschaffung. Wie dieser Abwägungsprozess ausgestaltet sein soll oder ob eine Überprüfung der Abwägung, etwa durch die BNetzA, stattfinden soll, dazu nimmt die Vorschrift selbst sowie die Gesetzesbegründung keine Stellung. **50**

IV. Ausnahmen von der Verpflichtung zur marktgestützten Beschaffung (Abs. 4)

Gem. Abs. 4 kann die BNetzA Ausnahmen von der Pflicht zur marktgestützten Beschaffung von nfSDL durch Festlegung nach § 29 festlegen, wenn die marktgestützte Beschaffung der jeweiligen nfSDL **wirtschaftlich nicht effizient** wäre. Dabei kann sie auch einzelne Spannungsebenen von der Verpflichtung zur marktgestützten Beschaffung ausnehmen, wobei es dabei auch darauf ankommen dürfte, dass die marktgestützte Beschaffung auf der jeweiligen Spannungsebene wirtschaftlich effizient ist. Zur Evaluation der unterschiedlichen Effizienzpotenziale der einzelnen nfSDL nach Abs. 1 S. 1 hat das BMWi ein Gutachterkonsortium um ef.Ruhr, HEMF, Neon, bbh und Re-expertise mit der Erstellung einer Analyse der potenziellen nfSDL-Märkte beauftragt (→ Rn. 10). **51**

In dieser *Effizienzprüfung* kamen die Gutachter des BMWi zu dem Schluss, dass nur bei den nfSDL *Dienstleistungen zur Spannungsregelung* und *Schwarzstartfähigkeit* die wirtschaftliche Effizienz der marktgestützten Beschaffung zu konstatieren sei (Effizienzprüfung S. 5), da nur bei diesen nfSDL unter Berücksichtigung der Faktoren **Marktgröße, Transaktionskosten, geschaffene Anreize, Auswirkungen auf Strommärkte und -preise, Systemsicherheit sowie Umweltverträglichkeit** gewährleistet werden können, dass der volkswirtschaftliche Nutzen die durch die marktgestützte Beschaffung bedingten Transaktionskosten übersteige und zu weiteren Effizienzgewinnen führen könne (vgl. Effizienzprüfung S. 55 ff. **52**

Kemper

und 72 ff.). Bei den anderen nfSDL würden diese nach Ansicht der Gutachter entsprechend den diesbezüglichen Ausführungen in der Gesetzesbegründung (vgl. BT-Drs. 19/21979, 15) aktuell noch in ausreichendem Maße als inhärente Eigenschaft von Erzeugungsanlagen (insbesondere die Momentanreserve, vgl. Effizienzprüfung S. 48 ff.) erbracht bzw. könne über die TAB in Netzanschlussverträgen in ausreichendem Maße erbracht von den Netzbetreibern beschafft werden.

53 Die erste **Entscheidung der BNetzA** über die Festlegung von Ausnahmen zur marktgestützten Beschaffung musste gem. Abs. 4 S. 2 bis zum 31.12.2020 getroffen werden. Die Verpflichtung der BNetzA zur Anhörung der von diesen Festlegungen Betroffenen sollte nach der gesetzgeberischen Intention aufgrund der für die Festlegungen sehr kurzen Vorlaufzeit von Inkrafttreten des § 12h am 27.11.2020 (BGBl. I S. 2464 Nr. 54) bis zur Festlegung der ersten Ausnahmen zum 31.12.2020 entfallen (BT-Drs. 19/21979, 15).

54 Die Bundesnetzagentur legte mit Ausnahme der nfSDL *Dienstleistungen zur Spannungsregelung* und *Schwarzstartfähigkeit* für die übrigen nfSDL *Kurzschlussstrom* **Ausnahmen von der Verpflichtung zur marktgestützten Beschaffung** fest (BNetzA Beschl. v. 31.12.2020 – BK6-20-295), *dynamische Blindstromstützung* (BNetzA Beschl. v. 31.12.2020 – BK6-20-296), *Inselbetriebsfähigkeit* (BNetzA Beschl. v. 31.12.2020 – BK6-20-297) und *Trägheit der lokalen Netzstabilität* (BNetzA Beschl. v. 31.12.2020 – BK6-20-298). Dies entspricht im Ergebnis auch den weitestgehend der Einschätzung des vom BMWi beauftragten Gutachtens (Effizienzprüfung S. 5). Diese nfSDL können also zunächst weiterhin über die TAB im Rahmen von Netzanschlussverträgen bzw. allgemein in nicht marktgestützten Verfahren durch die Errichtung von VINK beschafft werden. Natürlich sind die Anforderungen der Diskriminierungsfreiheit und Effizienz aus § 11 Abs. 1 bei einer so erfolgenden Beschaffung einzuhalten.

55 Dabei ist allerdings zu betonen, dass die Möglichkeit, auch diese nfSDL über marktgestützte Verfahren zu beschaffen, unabhängig von der Festlegung der BNetzA besteht. Die Ausnahme betrifft lediglich die Verpflichtung zur marktgestützten Beschaffung und **nicht die marktgestützte Beschaffung an sich.** Mithin dürften die allgemeinen Anforderungen an die marktgestützte Beschaffung von nfSDL – insbesondere jene in Abs. 1 S. 2 und Abs. 2 – auch für den Fall gelten, dass sich ein Netzbetreiber trotz Befreiung von der Verpflichtung nach Abs. 1 S. 1 zu einer solchen entscheidet.

56 Die von der BNetzA festgelegten Ausnahmen sind gem. Abs. 4 S. 2 spätestens alle **drei Jahre** einer erneuten **Überprüfung** zu unterziehen. Zudem hat die BNetzA das Ergebnis dieser Überprüfung zu veröffentlichen. Grund für diese Verpflichtung der BNetzA ist, dass nach Ansicht des Gesetzgebers aufgrund der sich **ändernden Erzeugungslandschaft** und der steigenden Bedeutung neuer Marktakteure insbesondere im Bereich der Speichertechnologien und des Lastenmanagements auch das Angebot und die Nachfrage nach nfSDL ändern werden (BT-Drs. 19/21979, 15). So wird etwa die Beschaffung von nfSDL über die TAB im Rahmen von Netzanschlussverträgen vornehmlich nur noch bei anzuschließenden Gaskraftwerken und regenerativen Erzeugungsanlagen der Fall sein, da aufgrund der Verbote in § 53 KVBG und § 7 Abs. 1 S. 2 AtG Kohle- und Kernkraftwerke nicht mehr errichtet werden dürfen.

57 Dabei könnte eine Verpflichtung der BNetzA zu einer **Überprüfung der wirtschaftlichen Effizienz der nfSDL,** für die zuvor eine Ausnahme festgelegt wurde, vor Ablauf der Drei-Jahres-Frist bestehen, wenn sich der BNetzA zum entsprechenden Zeitpunkt die wirtschaftliche Effizienz oder zumindest eine beacht-

Beschaffung nicht frequenzgebundener Systemdienstleistungen **§ 12 h**

liche potenzielle Effizienzsteigerung bzw. der entsprechenden nfSDL geradezu aufdrängt und insoweit eine **Ermessensreduktion auf null** anzunehmen ist (zum Begriff und den Voraussetzungen einer Ermessenreduktion auf null vgl. Schoch/Schneider/*Geis* VwVfG § 40 Rn. 37 ff.). Ob und wann dies konkret der Fall ist, hängt von den Umständen des Einzelfalls ab. Dies könnte beispielsweise dann der Fall sein, wenn ein erneutes Gutachten, das von staatlicher Seite aus in Auftrag gegeben und hinreichend von allen relevanten Marktakteuren plausibilisiert wurde, zu diesem Ergebnis kommt. Ein denkbarer Ansatz wären zudem Erfahrungswerte aus anderen Mitgliedstaaten der EU, wobei aufgrund des regionalen Charakters einzelner nfSDL solche Erfahrungswerte nicht zwangsläufig auf die Begebenheiten des deutschen Netzes übertragbar sein dürften. Weiterhin könnten sich solche Erkenntnisse, welche eine erneute Überprüfung der wirtschaftlichen Effizienz der nfSDL notwendig machen, aus dem Monitoring der BNetzA nach § 35 oder § 51 ergeben.

Nicht explizit geregelt ist, ob die BNetzA auch zu einer regelmäßigen Überprüfung der wirtschaftlichen Effizienz derjenigen nfSDL verpflichtet ist, für die keine Ausnahme nach Abs. 4 S. 1 festgelegt wurde und die deshalb in einem marktgestützten Verfahren beschafft werden müssen. Allerdings ist die Ermächtigung in Abs. 4 S. 1 selbst schon zeitlich nicht beschränkt, sodass die BNetzA bereits aufgrund dessen zu einem späteren Zeitpunkt dazu ermächtigt ist, weitere Ausnahmen von der Verpflichtung nach Abs. 1 S. 1 zu erlassen. Die Festlegung bis zum 31.12.2020 gilt explizit nur für die erstmalige Gewährung von Ausnahmen, sodass es für die BNetzA grundsätzlich möglich sein muss, bei sich **ändernder Struktur der Erzeugungslandschaft** auch **korrigierende Ausnahmen** zu erlassen. Obschon in diesem Zusammenhang die Pflicht zur regelmäßigen Überprüfung ihrem Wortlaut nach keine Anwendung findet, erscheint dies aufgrund von Sinn und Zweck der Vorschrift geboten. Mithin sollte die wirtschaftliche Effizienz auch derjenigen nfSDL spätestens alle drei Jahre erneut bzw. dann evaluiert werden, wenn sich dieser Schluss der BNetzA geradezu aufdrängt und insoweit eine Ermessensreduktion auf null anzunehmen ist. Aus der Vorschrift des Abs. 1 S. 2 sowie dem Sinn und Zwecks des Abs. 4 selbst und dem Verhältnis der marktgestützten Beschaffung von nfSDL zu Notfallmaßnahmen (vgl. BT-Drs. 19/21979, 9 und 14) geht hervor, dass der sichere Netzbetrieb bzw. die Sicherheit und Zuverlässigkeit des Elektrizitätsversorgungssystems im Verhältnis der Etablierung von nfSDL-Märkten der Vorzug zu geben ist. Aufgrund der regionalen Komponente von nfSDL kann so auch geboten sein, dass Ausnahmen von der Verpflichtung zur marktgestützten Beschaffung in einzelnen Regionen festgelegt werden müssen, wenn in diesen spezifischen Regionen eine marktgestützte Beschaffung nicht effizient ist. 58

Fraglich ist insoweit, ob eine Ermessensreduktion auf null im Falle eines **Marktversagens** angenommen werden kann, wenn etwa die Einführung einer marktgestützten Beschaffung dazu führt, dass sich die Marktteilnehmer nicht an einem Beschaffungsverfahren beteiligen oder die marktgestützte Beschaffung selbst zu horrenden Preissteigerungen (zB infolge von Monopolstellungen einzelner Marktteilnehmer für die Bereitstellung der entsprechenden nfSDL in bestimmten Regionen) führt. Hier dürfte danach zu differenzieren sein, ob die jeweilige Ausgestaltung des Beschaffungskonzepts iSv Abs. 5 oder 6 kausal für das Marktversagen gewesen ist oder die marktgestützte Beschaffung der nfSDL selbst. Im ersten Falle könnte einem Marktversagen als milderes Mittel zur Festlegung einer Ausnahme nach Abs. 4 S. 1 eine Änderung des Beschaffungskonzepts nach Abs. 5 oder 6 begegnet werden. Beruht das Marktversagen hingegen darauf, dass die marktgestützte Be- 59 schaffung der nfSDL entgegen der ersten Einschätzung selbst schlichtweg ineffizient ist und somit ihrem Wesen nach eine Monopolstellung einzelner Marktteilnehmer mit sich zieht, muss auch die nachträgliche Festlegung einer Ausnahme für diese nfSDL möglich sein. Selbiges muss auch gelten, wenn die marktgestützte Beschaffung nur in bestimmten Regionen oder Spannungsebenen zu einem Marktversagen führt.

V. Spezifikationen und technische Anforderungen durch BNetzA oder ÜNB (Abs. 5 und 6)

60 Für alle nfSDL, für welche keine Ausnahme nach Abs. 4 festgelegt wurde, hat die BNetzA nach Abs. 5 die **Spezifikationen und technischen Anforderungen** ebenfalls im Wege einer **Festlegung** gem. § 29 Abs. 1 zu erlassen. Im Ergebnis soll damit ein konkretes Beschaffungskonzept für die jeweilige nfSDL aufgestellt werden. Statt selbst die Festlegung zu treffen, kann die BNetzA gem. Abs. 6 die Übertragungsnetzbetreiber dazu auffordern, solche Spezifikationen und technischen Anforderungen zu erarbeiten und ihr zur Genehmigung vorzulegen.

61 Während die formellen Voraussetzungen an die Verfahren zur Aufstellung der Spezifikationen und technischen Anforderungen je nach erarbeitender Stelle (BNetzA im Falle des Abs. 5 oder Netzbetreiber im Falle des Abs. 6) in formaler Hinsicht (nicht zwangsläufig aber im Ergebnis) variieren, sind die **inhaltlichen Anforderungen** an das zu erarbeitende Beschaffungskonzept aufgrund des Verweises in Abs. 6 S. 2 Hs. 2 dieselben. Sie unterscheiden sich insoweit nur hinsichtlich des Gegenstands der Entscheidung (Genehmigung oder Festlegung), die veröffentlicht werden muss.

62 **1. Formale Voraussetzungen des Verfahrens nach Abs. 5.** Im Falle einer Festlegung nach Abs. 5 wird selbige von der BNetzA veröffentlicht Während in formeller Hinsicht für die BNetzA die Anforderungen das **Festlegungsverfahren iSv § 29** (→ § 29) betreffend einzuhalten sind, gelten für die ÜNB strengere Anforderungen. Im Übrigen wird auf die Ausführungen zu § 29 (→ § 29) verwiesen.

63 **2. Formale Voraussetzungen des Verfahrens nach Abs. 6.** So müssen diese gem. Abs. 6 ihren **Genehmigungsvorschlag** für die BNetzA in einem Verfahren erarbeiten, an dem alle relevanten Netznutzer und Betreiber von Elektrizitätsversorgungsnetzen teilnehmen können. *Überarbeiten* impliziert insoweit auch, dass einerseits **Nachbesserungen und Anpassungen** des gemeinsamen ÜNB- und VNB-Vorschlags von Seiten der BNetzA im zugrunde liegenden Genehmigungsverfahren verlangt werden können. Andererseits deutet die Verwendung dieses Wortes darauf hin, dass in gewissen zeitlichen Abständen von der BNetzA eine Überarbeitung des zuvor genehmigten Beschaffungskonzepts verlangt werden kann.

64 Zu einer solchen Einschätzung könnte die BNetzA etwa im Rahmen einer **regelmäßigen Überprüfung** der gem. Abs. 4 festgelegten Ausnahmen gelangen. In diesem Zusammenhang dürften auch die Ausführungen zur Pflicht zu einer vorherigen Überprüfung nach Abs. 4 S. 2 (→ Rn. 59) zu berücksichtigen sein, da aufgrund dieser und daraus unter Umständen auch ein berechtigtes Bedürfnis der BNetzA an der Überarbeitung des von ÜNB und VNB vorgelegten Beschaffungskonzepts entstehen könnte. Ebenso lässt sich dies mit dem der Vorschrift des § 29 Abs. 2 S. 1 innewohnenden Rechtsgedanken rechtfertigen, da ansonsten sogar ein gegebenenfalls rechtswidriger Zustand aufrechterhalten würde. Andernfalls müsste die BNetzA sehenden Auges entgegen ihrer aus § 65 (→ § 65) resultierenden allgemeinen Aufsichtsverpflichtung einen Zustand dulden, den sie mit einer Feststellung nach Abs. 4 selbst hätte regeln können. Dies dürfte umso mehr vor dem Hintergrund gelten, dass der BNetzA bei einer Festlegung nach Abs. 5 mit der Vorschrift des § 29 Abs. 2 (→ § 29 Rn. 28 ff.) ebenfalls ein Mittel zur Hand gegeben wurde, um festgelegte Methoden oder Bedingungen nachträglich zu ändern.

3. Materielle Verfahrensvoraussetzungen der Verfahren nach Abs. 5 und 65
Abs. 6. Die materiellen Anforderungen an das von der BNetzA festzulegende **Beschaffungskonzept** sind in Abs. 5 S. 2 bis 4 dargelegt und gelten über den Verweis in Abs. 6 S. 2 ebenfalls für das von den Netzbetreibern zur Genehmigung vorzulegende Beschaffungskonzept.

Nach Abs. 5 S. 2 müssen die von der BNetzA festzulegenden Spezifikationen 66 und technischen Anforderungen **gewährleisten,** dass sich alle Marktteilnehmer **wirksam** und **diskriminierungsfrei beteiligen** können. Abs. 5 S. 2 Hs. 2 stellt dabei klar, dass dies Anbieter erneuerbarer Energien, dezentraler Erzeugung, von Laststeuerung (engl. Demand Side Response), Energiespeicherung und Aggregation umfasst. Die explizite Nennung dieser vergleichsweise neuen Marktakteure soll ermöglichen, dass das Beschaffungskonzept zukunftsfähig ausgestaltet wird und nicht zu einer „Blockade" von neuen durch alte Technologien führt (BT-Drs. 19/21979, 15). Damit wird gleichermaßen gewährleistet, dass die Bereitstellung der entsprechenden nfSDL nicht mehr – wie bislang vornehmlich üblich – allein durch konventionelle Kraftwerke erfolgt.

Zudem darf die Ausgestaltung des Beschaffungskonzepts nach Abs. 5 S. 3 **nicht** 67 **dazu führen,** dass es durch die Beschaffung der jeweiligen nfSDL entgegen der Vorgabe aus § 11 EEG 21 zu einer **Reduzierung der Einspeisung vorrangberechtigter Elektrizität** kommt. Andernfalls könnten mittels des jeweiligen nfSDL-Beschaffungskonzepts die Vorschriften des EEG umgangen bzw. konterkariert und so ein Regelungskomplex geschaffen werden, der auch dem in § 1 Abs. 1 statuierten Ziel zur Förderung erneuerbarer Energien zuwiderlaufen würde. Laut der Gesetzesbegründung soll das Beschaffungskonzept daher so ausgestaltet werden, dass eine eventuelle Erhöhung des netztechnisch erforderlichen Minimums iSv § 13 Abs. 3 S. 2 (→ § 13 Rn. 432 f.) nur soweit erfolgt, dass eine Reduktion der vorrangberechtigten Einspeisung nicht zusätzlich dazu erfolgen muss. Aufgrund des technisch bedingten Umstands, dass eine Blindleistungsbereitstellung durch Erzeugungsanlagen im Regelfall nicht ohne (partielle) Wirkleistungseinspeisung möglich ist, fällt die Wirkleistungsreduktion infolge der Blindleistungsbereitstellung durch vorrangberechtigte Stromerzeugungsanlagen iSv § 11 EEG 21 nicht unter Abs. 5 S. 3 (BT-Drs. 19/21979, 15 f.).

Keinen direkten Niederschlag im Gesetz selbst hat die Maßgabe der Gesetzes- 68 begründung zu Abs. 5 S. 3 erfahren, die besagt, dass **fossile Kraftwerke** nur dann weiterhin zur Blindleistungsbereitstellung herangezogen werden können, wenn diese ohne Wirkleistungseinspeisung möglich ist (BT-Drs. 19/21979, 15). Möglich ist dies nur mittels fossiler Kraftwerke mit STATCOM-Fähigkeit (vgl. *Schwab* S. 417). Diese Vorgabe bezieht sich auf Beschaffungskonzepte der nfSDL *Dienstleistungen zur Spannungsregelung* und der *dynamischen Blindstromstützung*. Dies ist insoweit verwunderlich, als eine solche Maßgabe auf den ersten Blick nicht unmittelbar aus dem Begriff der Diskriminierungsfreiheit selbst hervorgeht. Gleichwohl dient eine solche Vorgabe hinsichtlich der Blindleistungsbereitstellung mittels fossiler Kraftwerke durchaus der Herstellung und Etablierung eines diskriminierungsfreien

Marktes, wenn man bedenkt, dass in der bisherigen Praxis eine Blindleistungsbereitstellung durch erneuerbare Energien – anders als bei konventionellen Kraftwerken – überwiegend ohne Vergütung erfolgte (vgl. BT-Drs. 19/11422, 6f.). Insoweit ist die „Vorrangstellung" der konventionellen Kraftwerke hinsichtlich der Blindleistungsbereitstellung im Verhältnis zu den erneuerbaren Energien zur Erreichung eines diskriminierungsfreien Marktes zu einem gewissen Grad abzubauen. Gleichzeitig bedeutet dies aber auch, dass ein Beschaffungskonzept so ausgestaltet sein muss, dass sich konventionelle Kraftwerke ohne STATCOM-Fähigkeit nach der Vorstellung des Gesetzgebers nicht im Rahmen eines marktgestützten Beschaffungsverfahrens zur Blindleistungsbereitstellung beteiligen dürfen.

69   Zuletzt müssen die Spezifikationen und technischen Anforderungen des Beschaffungskonzepts gewährleisten, dass eine **größtmögliche Effizienz** der Beschaffung und des Netzbetriebs erzielt werden kann. Mithin darf das entsprechende Beschaffungskonzept nicht derart ausgestaltet sein, dass die Netzsicherheit nicht mehr gewährleistet werden kann oder die Netzkunden im Vergleich zum Status quo mit unnötigen Kosten belastet werden.

VI. Suspendierung der Verpflichtung (Abs. 7)

70   Die Verpflichtung zur marktgestützten Beschaffung von nfSDL ist so lange **ausgesetzt,** bis die BNetzA erstmalig ein Beschaffungskonzept nach Abs. 5 selbst festgelegt oder nach Abs. 6 genehmigt hat. Durch diese Vorgabe wird gewährleistet, dass bis zu diesem Zeitpunkt kein Zustand der Rechtsunsicherheit eintritt; die maßgeblichen Marktakteure, insbesondere die Netzbetreiber, also Sicherheit darüber haben, ab welchem Zeitpunkt nfSDL nach marktgestützten Verfahren zu beschaffen sind (BT-Drs. 19/21979, 16). Durch die Übergangsregelung des Abs. 7 soll gewährleistet werden, dass BNetzA, Netzbetreibern und Marktteilnehmern eine angemessene Umsetzungsfrist zur Umstellung auf marktgestützte Beschaffungsverfahren zukommt, um nicht durch eine Ad-hoc-Verpflichtung zur marktgestützten Beschaffung vor Festlegung oder Genehmigung eines Beschaffungskonzepts einen rechtsunsicheren Zustand zu schaffen (BT-Drs. 19/21979, 16).

71   Durch die Verwendung des Begriffs **„erstmalig"** wird klargestellt, dass die Verpflichtung nach Abs. 1 im Grundsatz nicht wieder von Gesetzes wegen ausgesetzt wird. Diskussionswürdig erscheint jedoch die Konstellation, dass ein bereits festgelegtes oder genehmigtes Beschaffungskonzept infolge dessen Rechtswidrigkeit überarbeitet oder gänzlich neu gestaltet werden muss. Aus dem Zusammenspiel von Abs. 1 und Abs. 5 bzw. 6 ergibt sich, dass der marktgestützten Beschaffung nach dem Willen des Gesetzgebers ein staatlich legitimiertes Beschaffungskonzept zugrunde liegen soll. Ausgehend davon ließe sich vertreten, dass zumindest im Falle eines nichtigen oder gerichtlich aufgehobenen Beschaffungskonzepts der Regelungszustand des Abs. 7 ex nunc wieder eintritt und die Verpflichtung nach Abs. 1 bis zur Neuregelung der Spezifikationen und technischen Anforderungen wieder ausgesetzt wird. Andernfalls müsste eine marktgestützte Beschaffung im Verlauf dieser Schwebezeit auf Grundlage eines rechtswidrigen Beschaffungskonzepts erfolgen.

VII. Informationsaustausch und Abstimmung zwischen Netzbetreibern (Abs. 8)

Abs. 8 statuiert eine Verpflichtung von ÜNB und VNB zum **gegenseitigen** 72 **Informationsaustausch und zur Abstimmung** (grundlegend → § 12 Rn. 46 ff.). Obschon dies nicht ausdrücklich adressiert wird, dürfte diese Verpflichtung sowohl im Rahmen des Beschaffungsvorgangs selbst (vgl. BT-Drs. 19/21979, 16) als auch im Falle der Erstellung eines Beschaffungskonzepts nach Abs. 6 gelten. Die Verpflichtung gilt aufgrund der offenen Formulierung („Betreiber von Elektrizitätsversorgungsnetzen") nicht allein im Verhältnis von ÜNB zu VNB, sondern auch zwischen den einzelnen ÜNB bzw. VNB selbst. Durch die Verpflichtung zum Informationsaustausch und zur Abstimmung untereinander sollen eine optimale Nutzung der Ressourcen, die Netzsicherheit selbst sowie die Etablierung der jeweiligen nfSDL-Märkte gewährleistet werden.

VIII. Verpflichtungsanspruch zur Vorhaltung von Schwarzstartfähigkeit (Abs. 9)

Mit Abs. 9 besteht eine weitere Ausnahmeregelung für die nfSDL *Schwarzstart-* 73 *fähigkeit*. Abs. 9 S. 1 sieht vor, dass ÜNB und VNB bis zu einer Festlegung nach Abs. 5 bzw. einer Genehmigung nach Abs. 6 berechtigt sind, Betreiber von Erzeugungsanlagen oder Anlagen zur Speicherung von Energie zur **Vorhaltung der Schwarzstartfähigkeit ihrer Anlagen zu verpflichten.** Damit stellt Abs. 9 S. 1 eine eigenständige Anspruchsgrundlage der Netzbetreiber dar, die zur Begründung eines gesetzlichen Schuldverhältnisses zwischen Netzbetreiber und Anlagenbetreiber führt. Der Anspruch besteht auch für den Fall, dass für die nfSDL *Schwarzstartfähigkeit* eine Ausnahme nach Abs. 4 gewährt wurde.

Da die nfSDL *Schwarzstartfähigkeit* von integraler Bedeutung im Rahmen des 74 Netz- und Versorgungswiederaufbaus ist, kann auf das Vorhandensein von schwarzstartfähigen Anlagen zu keinem Zeitpunkt verzichtet werden. Mithin muss für die Netzbetreiber eine Möglichkeit bestehen, diese nfSDL notfalls auch **zwangsweise zu beschaffen,** damit im Falle eines Blackouts die Wiederherstellung der Stromversorgung gewährleistet ist (vgl. BT-Drs. 19/21979, 16). Von den ÜNB bereits kontrahierte schwarzstartfähige Anlagen sind auf Grundlage von § 15 der von der BNetzA genehmigten (BNetzA Beschl. v. 20.5.2020 – BK6-18-249) vertraglichen Modalitäten für Anbieter von Systemdienstleistungen zum Netzwiederaufbau gem. Art. 4 Abs. 2 lit. b iVm Art. 4 Abs. 4 des NC ER zur Durchführung von regelmäßigen Betriebsversuchen verpflichtet.

Fraglich erscheint, ob eine analoge Anwendung von Abs. 9 S. 1 für den Fall in 75 Betracht kommt, dass ein Beschaffungskonzept nach Abs. 5 oder 6 zwar festgelegt oder genehmigt wurde, eine marktgestützte Beschaffung von Schwarzstartfähigkeit jedoch aufgrund mangelnder Beteiligung der maßgeblichen Marktakteure ausscheidet. Eine **planwidrige Regelungslücke** könnte insoweit anzunehmen sein, als diese Konstellation dem Gesetzgeber erkennbar nicht vorgeschwebt hat. Die **vergleichbare Interessenlage** dürfte bereits aus dem Umstand resultieren, dass es aus Gründen der Sicherheit und Zuverlässigkeit des Elektrizitätsversorgungssystems gerade unbeachtlich ist, weshalb schwarzstartfähige Anlagen nicht von den Netzbetreibern kontrahiert werden konnten; entscheidend ist allein, dass die Netzbetreiber für den Fall eines Blackouts über ausreichend schwarzstartfähige Anlagen in netztechnisch sinnvoller regionaler Verteilung zugreifen können, da ansonsten das

§ 12h Teil 3. Regulierung des Netzbetriebs

Gelingen eines Netz- und Versorgungswiederaufbaus nicht zu bewerkstelligen ist. Dem Gesetzgeber dürfte dieser Fall zumindest auch vorgeschwebt haben, da in der Gesetzesbegründung ausdrücklich auf die Konstellation abgestellt wird, dass aufgrund des regionalen Charakters der nfSDL *Schwarzstartfähigkeit* wirtschaftliche Angebote im Rahmen der (marktgestützten) Beschaffung ausbleiben könnten (BT-Drs. 19/21979, 16).

76 Der mit der Beschlussempfehlung zum Gesetz zur Umsetzung unionsrechtlicher Vorgaben und zur Regelung reiner Wasserstoffnetze im Energiewirtschaftsrecht (BT-Drs. 19/30899, 9) **nachträglich eingefügte Abs. 9 S. 2** konkretisiert die Verpflichtung zur Vorhaltung von Schwarzstartfähigkeit nach Abs. 1 S. 1 dahin gehend, dass diese auch die Durchführung von Betriebsversuchen beinhaltet. Nur durch eine regelmäßige Überprüfung der Schwarzstartfähigkeit der jeweiligen Anlage kann gewährleistet werden, dass diese auch im Falle eines Blackouts wirksam zum Netzwiederaufbau herangezogen werden kann (vgl. BT-Drs. 19/31009, 13).

77 Abs. 9 S. 3 legt fest, dass die Verpflichtung nach Abs. 9 S. 1 erforderlich ist, sofern andernfalls die Sicherheit und Zuverlässigkeit des Elektrizitätsversorgungssystems gefährdet wäre. Diese Voraussetzung dürfte praktisch immer erfüllt sein, da das Vorhandensein von schwarzstartfähigen Anlagen in ausreichend redundantem Umfang zur Gewährleistung eines erfolgreichen Netzwiederaufbaus geradezu unumgänglich erscheint. Damit stellt sich jedoch gleichzeitig der **Zweck der Vorschrift** des Abs. 9 S. 3. So könnte dieser einerseits darin liegen, als zusätzliche Anspruchsvoraussetzung des Abs. 9 S. 1 zu fungieren. Andererseits kann die Feststellung der Erforderlichkeit einer Verpflichtung nach Abs. 9 S. 3 auch so zu verstehen sein, dass in diesem Falle eine Pflicht des betreffenden Netzbetreibers zur zwangsweisen Kontrahierung von Schwarzstartfähigkeit besteht. Laut der Gesetzesbegründung handelt es sich bei der Schwarzstartfähigkeit um das „Kernstück der Krisenvorsorge" (BT-Drs. 19/21979, 16). Verfügt der Netzbetreiber also über zu wenig schwarzstartfähige Anlagen, um einen sicheren und zuverlässigen Netzwiederaufbau zu gewährleisten, so besteht für ihn die Pflicht, von seinem Anspruch aus Abs. 9 S. 1 Gebrauch zu machen. Im Ergebnis dürfte der Gesetzgeber beiden genannten Aspekten mit Blick auf die in den §§ 11 Abs. 1, 12 Abs. 1 und 14 statuierten Pflichten der Netzbetreiber mit der Regelung des Abs. 9 S. 3 Rechnung getragen haben: So verhindert der Maßstab der Erforderlichkeit zum einen, dass zu viele schwarzstartfähige Anlagen zwangsweise kontrahiert werden und damit die Kosten für die Netznutzer unnötig in die Höhe getrieben werden. Zum anderen führt Abs. 9 S. 3 ebenfalls dazu, dass der Netzbetreiber zu wenig schwarzstartfähige Anlagen kontrahiert und so das Gelingen des Netz- und Versorgungswiederaufbaus gefährdet wäre.

78 Nach Abs. 9 S. 4 hat der verpflichtete Anagenbetreiber einen **Anspruch auf angemessene Vergütung** entsprechend der Vorschrift des § 13c Abs. 1. Durch den Anspruch auf eine angemessene Vergütung wird die Verhältnismäßigkeit der Verpflichtung sichergestellt, die aufgrund ihres zwangsweisen Charakters einen Eingriff in die Rechte der Anlagenbetreiber aus Art. 12 und 14 GG darstellt. Der Anspruch auf angemessene Vergütung nach Abs. 9 S. 4 iVm § 13c Abs. 1 muss vom verpflichteten Anlagenbetreiber gegenüber demjenigen ÜNB oder VNB geltend gemacht werden, welcher ihn zur Vorhaltung der Schwarzstartfähigkeit auch verpflichtet hat. Der Anspruch auf angemessene Vergütung umfasst damit die Betriebsbereitschafts- und Erhaltungsauslagen § 13c Abs. 1 Nr. 1 und 2 sowie den anteiligen Wertverbrauch nach § 13c Abs. 1 Nr. 3.

79 Der Netzbetreiber, demgegenüber der Anspruch aus Abs. 9 S. 1 geltend gemacht wird, hat seinerseits einen Anspruch unter entsprechender Anwendung des § 13c

Abs. 5 darauf, dass die ihm aus der Verpflichtung entstehenden Kosten auf Grundlage einer **freiwilligen Selbstverpflichtung** zu **verfahrensregulierten Kosten** erklärt werden (BT-Drs. 19/21979, 16).

C. Rechtsschutz

Gegen die Festlegungen der BNetzA nach Abs. 5 bzw. die Genehmigung nach Abs. 6 ist das Rechtsmittel der **Beschwerde** nach § 75 zulässig. Maßstab der materiellen Rechtmäßigkeit der Festlegung bzw. Genehmigung sind vor allem die Maßgaben nach Abs. 5 S. 2–4 (→ Rn. 62 ff.). 80

§ 13 Systemverantwortung der Betreiber von Übertragungsnetzen

(1) ¹Sofern die Sicherheit oder Zuverlässigkeit des Elektrizitätsversorgungssystems in der jeweiligen Regelzone gefährdet oder gestört ist, sind die Betreiber der Übertragungsnetze berechtigt und verpflichtet, die Gefährdung oder Störung zu beseitigen durch
1. netzbezogene Maßnahmen, insbesondere durch Netzschaltungen,
2. marktbezogene Maßnahmen, insbesondere durch den Einsatz von Regelenergie, Maßnahmen nach § 13a Absatz 1, vertraglich vereinbarte abschaltbare und zuschaltbare Lasten, Information über Engpässe und das Management von Engpässen sowie
3. zusätzliche Reserven, insbesondere die Netzreserve nach § 13d und die Kapazitätsreserve nach § 13e.

²Bei strom- und spannungsbedingten Anpassungen der Wirkleistungserzeugung oder des Wirkleistungsbezugs sind abweichend von Satz 1 von mehreren geeigneten Maßnahmen nach Satz 1 Nummer 2 und 3 die Maßnahmen auszuwählen, die voraussichtlich insgesamt die geringsten Kosten verursachen. ³Maßnahmen gegenüber Anlagen zur Erzeugung oder Speicherung von elektrischer Energie mit einer Nennleistung unter 100 Kilowatt, die durch einen Netzbetreiber jederzeit fernsteuerbar sind, dürfen die Betreiber von Übertragungsnetzen unabhängig von den Kosten nachrangig ergreifen.

(1a) ¹Im Rahmen der Auswahlentscheidung nach Absatz 1 Satz 2 sind die Verpflichtungen nach § 11 Absatz 1 und 3 des Erneuerbare-Energien-Gesetzes einzuhalten, indem für Maßnahmen zur Reduzierung der Wirkleistungserzeugung von Anlagen nach § 3 Nummer 1 des Erneuerbare-Energien-Gesetzes kalkulatorische Kosten anzusetzen sind, die anhand eines für alle Anlagen nach § 3 Nummer 1 des Erneuerbare-Energien-Gesetzes einheitlichen kalkulatorischen Preises zu bestimmen sind. ²Der einheitliche kalkulatorische Preis ist so zu bestimmen, dass die Reduzierung der Wirkleistungserzeugung der Anlagen nach § 3 Nummer 1 des Erneuerbare-Energien-Gesetzes nur erfolgt, wenn dadurch in der Regel ein Vielfaches an Reduzierung von nicht vorrangberechtigter Erzeugung ersetzt werden kann (Mindestfaktor). ³Der Mindestfaktor nach Satz 2 beträgt mindestens fünf und höchstens fünfzehn; Näheres bestimmt die Bundesnetzagentur nach § 13j Absatz 5 Nummer 2.

(1b) [aufgehoben]

§ 13
Teil 3. Regulierung des Netzbetriebs

(1c) ¹Im Rahmen der Auswahlentscheidung nach Absatz 1 Satz 2 sind bei Maßnahmen zur Erhöhung der Erzeugungsleistung von Anlagen der Netzreserve nach § 13d kalkulatorische Kosten anzusetzen, die anhand eines für alle Anlagen einheitlichen kalkulatorischen Preises zu bestimmen sind. ²Übersteigen die tatsächlichen Kosten die kalkulatorischen Kosten, sind die tatsächlichen Kosten anzusetzen. ³Der einheitliche kalkulatorische Preis ist so zu bestimmen, dass ein Einsatz der Anlagen der Netzreserve in der Regel nachrangig zu dem Einsatz von Anlagen mit nicht vorrangberechtigter Einspeisung erfolgt und in der Regel nicht zu einer höheren Reduzierung der Wirkleistungserzeugung der Anlagen nach § 3 Nummer 1 des Erneuerbare-Energien-Gesetzes führt als bei einer Auswahlentscheidung nach den tatsächlichen Kosten. ⁴Der einheitliche kalkulatorische Preis entspricht mindestens dem höchsten tatsächlichen Preis, der für die Erhöhung der Erzeugungsleistung von Anlagen mit nicht vorrangberechtigter Einspeisung, die nicht zur Netzreserve zählen, regelmäßig aufgewendet wird.

(2) ¹Lässt sich eine Gefährdung oder Störung der Sicherheit oder Zuverlässigkeit des Elektrizitätsversorgungssystems durch Maßnahmen nach Absatz 1 nicht oder nicht rechtzeitig beseitigen, so sind die Betreiber der Übertragungsnetze im Rahmen der Zusammenarbeit nach § 12 Absatz 1 berechtigt und verpflichtet, sämtliche Stromerzeugung, Stromtransite und Strombezüge in ihren Regelzonen den Erfordernissen eines sicheren und zuverlässigen Betriebs des Übertragungsnetzes anzupassen oder diese Anpassung zu verlangen. ²Soweit die Vorbereitung und Durchführung von Anpassungsmaßnahmen nach Satz 1 die Mitwirkung der Betroffenen erfordert, sind diese verpflichtet, die notwendigen Handlungen vorzunehmen. ³Bei einer erforderlichen Anpassung von Stromerzeugung und Strombezügen sind insbesondere die betroffenen Betreiber von Elektrizitätsverteilernetzen und Stromhändler – soweit möglich – vorab zu informieren.

(3) ¹Soweit die Einhaltung der in den Absätzen 1 und 2 genannten Verpflichtungen die Beseitigung einer Gefährdung oder Störung verhindern würde, kann ausnahmsweise von ihnen abgewichen werden. ²Ein solcher Ausnahmefall liegt insbesondere vor, soweit die Betreiber von Übertragungsnetzen zur Gewährleistung der Sicherheit und Zuverlässigkeit des Elektrizitätsversorgungssystems auf die Mindesteinspeisung aus bestimmten Anlagen angewiesen sind und keine technisch gleich wirksame andere Maßnahme verfügbar ist (netztechnisch erforderliches Minimum). ³Bei Maßnahmen nach den Absätzen 1 und 2 sind die Auswirkungen auf die Sicherheit und Zuverlässigkeit des Gasversorgungssystems auf Grundlage der von den Betreibern der Gasversorgungsnetze nach § 12 Absatz 4 Satz 1 bereitzustellenden Informationen angemessen zu berücksichtigen.

(4) Eine Gefährdung der Sicherheit oder Zuverlässigkeit des Elektrizitätsversorgungssystems in der jeweiligen Regelzone liegt vor, wenn örtliche Ausfälle des Übertragungsnetzes oder kurzfristige Netzengpässe zu besorgen sind oder zu besorgen ist, dass die Haltung von Frequenz, Spannung oder Stabilität durch die Betreiber von Übertragungsnetzen nicht im erforderlichen Maße gewährleistet werden kann.

(5) ¹Im Falle einer Anpassung nach Absatz 2 Satz 1 ruhen bis zur Beseitigung der Gefährdung oder Störung alle hiervon jeweils betroffenen Leistungspflichten. ²Satz 1 führt grundsätzlich nicht zu einer Aussetzung der

Abrechnung der Bilanzkreise durch den Betreiber eines Übertragungsnetzes. ³Soweit bei Vorliegen der Voraussetzungen nach Absatz 2 Maßnahmen getroffen werden, ist insoweit die Haftung für Vermögensschäden ausgeschlossen. ⁴Im Übrigen bleibt § 11 Absatz 3 unberührt. ⁵Die Sätze 3 und 4 sind für Entscheidungen des Betreibers von Übertragungsnetzen im Rahmen von § 13b Absatz 5, § 13f Absatz 1 und § 16 Absatz 2a entsprechend anzuwenden.

(6) ¹Die Beschaffung von Ab- oder Zuschaltleistung über vertraglich vereinbarte ab- oder zuschaltbare Lasten nach Absatz 1 Satz 1 Nummer 2 erfolgt durch die Betreiber von Übertragungsnetzen in einem diskriminierungsfreien und transparenten Ausschreibungsverfahren, bei dem die Anforderungen, die die Anbieter von Ab- oder Zuschaltleistung für die Teilnahme erfüllen müssen, soweit dies technisch möglich ist, zu vereinheitlichen sind. ²Die Betreiber von Übertragungsnetzen haben für die Ausschreibung von Ab- oder Zuschaltleistung aus ab- oder zuschaltbaren Lasten eine gemeinsame Internetplattform einzurichten. ³Die Einrichtung der Plattform nach Satz 2 ist der Regulierungsbehörde anzuzeigen. ⁴Die Betreiber von Übertragungsnetzen sind unter Beachtung ihrer jeweiligen Systemverantwortung verpflichtet, zur Senkung des Aufwandes für Ab- und Zuschaltleistung unter Berücksichtigung der Netzbedingungen zusammenzuarbeiten.

(6a) ¹Die Betreiber von Übertragungsnetzen können mit Betreibern von KWK-Anlagen vertragliche Vereinbarungen zur Reduzierung der Wirkleistungseinspeisung aus der KWK-Anlage und gleichzeitigen bilanziellen Lieferung von elektrischer Energie für die Aufrechterhaltung der Wärmeversorgung nach Absatz 1 Satz 1 Nummer 2 schließen, wenn die KWK-Anlage
1. technisch unter Berücksichtigung ihrer Größe und Lage im Netz geeignet ist, zur Beseitigung von Gefährdungen oder Störungen der Sicherheit oder Zuverlässigkeit des Elektrizitätsversorgungssystems aufgrund von Netzengpässen im Höchstspannungsnetz effizient beizutragen,
2. sich im Zeitpunkt des Vertragsabschlusses innerhalb der Bundesrepublik Deutschland, aber außerhalb der Südregion nach der Anlage 1 des Kohleverstromungsbeendigungsgesetzes vom 8. August 2020 (BGBl. I S. 1818), das zuletzt durch Artikel 26 Absatz 2 des Gesetzes vom 3. Juni 2021 (BGBl. I S. 1534) geändert worden ist, befindet,
3. vor dem 14. August 2020 in Betrieb genommen worden ist und
4. eine installierte elektrische Leistung von mehr als 500 Kilowatt hat.

²In der vertraglichen Vereinbarung nach Satz 1 ist zu regeln, dass
1. die Reduzierung der Wirkleistungseinspeisung und die bilanzielle Lieferung von elektrischer Energie zum Zweck der Aufrechterhaltung der Wärmeversorgung abweichend von § 3 Absatz 1 und 2 des Kraft-Wärme-Kopplungsgesetzes und als Maßnahme nach Absatz 1 Satz 1 Nummer 2 durchzuführen ist,
2. für die Maßnahme nach Nummer 1 zwischen dem Betreiber des Übertragungsnetzes und dem Betreiber der KWK-Anlage unter Anrechnung der bilanziellen Lieferung elektrischer Energie ein angemessener finanzieller Ausgleich zu leisten ist, der den Betreiber der KWK-Anlage wirtschaftlich weder besser noch schlechter stellt, als er ohne die Maßnahme stünde, dabei ist § 13a Absatz 2 bis 4 entsprechend anzuwenden, und

§ 13
Teil 3. Regulierung des Netzbetriebs

3. die erforderlichen Kosten für die Investition für die elektrische Wärmeerzeugung, sofern sie nach dem Vertragsschluss entstanden sind, vom Betreiber des Übertragungsnetzes einmalig erstattet werden.

³Die Betreiber der Übertragungsnetze müssen sich bei der Auswahl der KWK-Anlagen, mit denen vertragliche Vereinbarungen nach den Sätzen 1 und 2 geschlossen werden, auf die KWK-Anlagen beschränken, die kostengünstig und effizient zur Beseitigung von Netzengpässen beitragen können. ⁴Die vertragliche Vereinbarung muss mindestens für fünf Jahre abgeschlossen werden und kann höchstens eine Geltungsdauer bis zum 31. Dezember 2028 haben; sie ist mindestens vier Wochen vor dem Abschluss der Bundesnetzagentur und spätestens vier Wochen nach dem Abschluss den anderen Betreibern von Übertragungsnetzen zu übermitteln. ⁵Sie dürfen nur von Übertragungsnetzbetreibern aufgrund von Engpässen im Übertragungsnetz abgeschlossen werden, § 14 Absatz 1 Satz 1 findet insoweit keine Anwendung. ⁶Die installierte elektrische Leistung von Wärmeerzeugern, die aufgrund einer vertraglichen Vereinbarung mit den KWK-Anlagen nach den Sätzen 1 und 2 installiert wird, darf 2 Gigawatt nicht überschreiten.

(6b) ¹Um eine Abregelung von Anlagen nach § 3 Nummer 1 des Erneuerbare-Energien-Gesetzes zu vermeiden, nehmen Betreiber von Übertragungsnetzen nach Absatz 6 bis zum 31. Dezember 2030 gemeinsam eine Ausschreibung für den Strombezug für zuschaltbare Lasten vor. ²Die Ausschreibung nach Satz 1 erfolgt erstmals zum 1. Juli 2023. ³Über den Umfang der jeweiligen Ausschreibung aufgrund von Netzengpässen entscheidet der Betreiber von Übertragungsnetzen nach Maßgabe der für den jeweiligen Ausschreibungszeitraum erwarteten Reduktion der Erzeugungsleistung aus erneuerbaren Energien. ⁴Teilnahmeberechtigt an Ausschreibungen nach Satz 1 sind zuschaltbare Lasten, sofern

1. für die angebotene Abnahmeleistung innerhalb der letzten zwölf Monate vor Beginn und innerhalb des jeweiligen Ausschreibungszeitraums kein Strombezug an Strommärkten erfolgt,
2. bei Strombezug aus einer verbundenen KWK-Anlage im Fall eines Abrufs deren Stromerzeugung in mindestens dem gleichen Umfang wie der Höhe des Strombezugs der zuschaltbaren Last verringert wird, wobei dem Betreiber der KWK-Anlage die verringerte eigenerzeugte Strommenge bilanziell erstattet wird,
3. die Anlage technisch unter Berücksichtigung ihrer Größe und Lage im Netz geeignet ist, zur Beseitigung von Gefährdungen oder Störungen der Sicherheit oder Zuverlässigkeit des Elektrizitätsversorgungssystems aufgrund von Netzengpässen im Höchstspannungsnetz beizutragen,
4. sich die Anlage innerhalb der Bundesrepublik Deutschland, aber außerhalb der Südregion nach der Anlage 1 des Kohleverstromungsbeendigungsgesetzes vom 8. August 2020 (BGBl. I S. 1818), das zuletzt durch Artikel 13 des Gesetzes vom 16. Juli 2021 (BGBl. I S. 3026) geändert worden ist, befindet,
5. die jederzeitige Verfügbarkeit im Ausschreibungszeitraum gewährleistet wird,
6. die Zuschaltung nach Maßgabe der Ausschreibungsbedingungen und, sobald die Messstelle mit einem intelligenten Messsystem ausgestattet

wurde, über ein Smart-Meter-Gateway nach § 2 Satz 1 Nummer 19 des Messstellenbetriebsgesetzes fernsteuerbar ist,
7. das Gebot eine Mindestgröße von 100 Kilowatt aufweist, wobei eine Zusammenlegung kleinerer Lasten durch Dritte zulässig ist, und
8. für die abzunehmende Strommenge ein Gebotspreis in Euro je Megawattstunde abgegeben wird; negative Gebote sind unzulässig.

⁵Die Nichteinhaltung der Bedingungen nach Satz 4 Nummer 1, 2 und 5 wird mit dem Ausschluss von den Ausschreibungen für die Dauer von drei Monaten belegt. ⁶Nicht teilnahmeberechtigt sind zuschaltbare Lasten, die unmittelbar oder bilanziell Strom aus Anlagen zur Erzeugung von erneuerbarer Energie beziehen oder innerhalb der letzten zwölf Monate bezogen haben. ⁷Für aus dem Netz bezogenen Strom nach Satz 1 werden die Umlagen nach § 17f Absatz 5, nach § 26 Absatz 1 des Kraft-Wärme-Kopplungsgesetzes, nach § 18 Absatz 1 der Abschaltbare-Lasten-Verordnung sowie nach § 19 Absatz 2 Satz 15 der Stromnetzentgeltverordnung nicht erhoben. ⁸Die Bundesnetzagentur kann im Wege einer Festlegung nach § 29 Absatz 1 über eine Reduzierung der Netzentgelte bis auf null für diesen Strombezug sowie über den Ausschreibungszeitraum nach Satz 1 entscheiden. ⁹An Ausschreibungen nach Satz 1 können sich Betreiber von Verteilernetzen beteiligen, sofern sie dadurch eine Abregelung von Anlagen nach § 3 Nummer 1 des Erneuerbare-Energien-Gesetzes vermeiden können und nachweisen, dass das Netz weder im erforderlichen Umfang nach dem Stand der Technik optimiert, verstärkt oder ausgebaut werden konnte noch andere geeignete Maßnahmen zur effizienten Beseitigung des Engpasses verfügbar sind. ¹⁰Der Bedarf an Zuschaltungen durch Übertragungsnetzbetreiber geht dem Bedarf in Verteilernetzen voraus. ¹¹Der Betreiber einer zuschaltbaren Last darf nicht im Sinne des Artikels 3 Absatz 2 der Verordnung (EG) Nr. 139/2004 des Rates vom 20. Januar 2004 über die Kontrolle von Unternehmenszusammenschlüssen (ABl. L 24 vom 29.1.2004, S. 1) mit dem Betreiber eines Verteilernetzes verbunden sein.

(7) ¹Über die Gründe von durchgeführten Anpassungen und Maßnahmen sind die hiervon unmittelbar Betroffenen und die Regulierungsbehörde unverzüglich zu informieren. ²Auf Verlangen sind die vorgetragenen Gründe zu belegen.

(8) Reichen die Maßnahmen nach Absatz 2 nach Feststellung eines Betreibers von Übertragungsnetzen nicht aus, um eine Versorgungsstörung für lebenswichtigen Bedarf im Sinne des § 1 des Energiesicherungsgesetzes abzuwenden, muss der Betreiber von Übertragungsnetzen unverzüglich die Regulierungsbehörde unterrichten.

(9) ¹Zur Vermeidung schwerwiegender Versorgungsstörungen müssen die Betreiber von Übertragungsnetzen alle zwei Jahre eine Schwachstellenanalyse erarbeiten und auf dieser Grundlage notwendige Maßnahmen treffen. ²Das Personal in den Steuerstellen ist entsprechend zu unterweisen. ³Über das Ergebnis der Schwachstellenanalyse und die notwendigen Maßnahmen hat der Betreiber eines Übertragungsnetzes alle zwei Jahre jeweils zum 31. August der Regulierungsbehörde zu berichten.

(10) ¹Die Betreiber von Übertragungsnetzen erstellen jährlich gemeinsam für die nächsten fünf Jahre eine Prognose des Umfangs von Maßnah-

§ 13 Teil 3. Regulierung des Netzbetriebs

men nach den Absätzen 1 und 2, die aufgrund von Netzengpässen notwendig sind, und übermitteln diese jedes Jahr spätestens zum 1. Juli an die Bundesnetzagentur. ²Die zugrunde liegenden Annahmen, Parameter und Szenarien für die Prognose nach Satz 1 sind der im jeweiligen Jahr erstellten Systemanalyse und den in dem jeweiligen Jahr oder einem Vorjahr erstellten ergänzenden Analysen nach § 3 Absatz 2 der Netzreserveverordnung zu entnehmen. ³Die Prognose nach Satz 1 enthält eine Schätzung der Kosten. ⁴Die Bundesnetzagentur veröffentlicht die Prognose nach Satz 1.

Übersicht

	Rn.
A. Allgemeines	1
I. Inhalt	1
II. Zweck	4
B. Gefährdung oder Störung der Systemsicherheit (Abs. 1, 2 und 4)	12
I. Kritische Netz- oder Systemzustände	14
II. Besorgnis von kritischen Netz- oder Systemzuständen	19
C. Oberbegriff Systemsicherheitsmaßnahmen (Abs. 1 und 2)	22
D. Netzbezogene Maßnahmen (Abs. 1 S. 1 Nr. 1)	24
I. Rangfolge der Nutzung von netzbezogenen Maßnahmen	25
II. Schalthandlungen und Ausnutzen von Toleranzbändern	27
III. Vollständig integrierte Netzkomponenten	30
1. Erzeugungsunabhängige Netztechnik	32
2. Netzkomponenten mit Energiespeicherfunktion	35
IV. Erhöhte Netzauslastung mit Netzboostern	38
1. Ansatz der reaktiven Netzbetriebsführung	38
2. Beschaffung und Betrieb von Stromspeichern als Netzbooster-Anlagen	40
E. Marktbezogene Maßnahmen (Abs. 1 S. 1 Nr. 2)	48
I. Rangfolge der Nutzung von marktbezogenen Maßnahmen	48
II. Marktbezogene Maßnahmen auf gesetzlicher oder vertraglicher Grundlage (Abs. 1 S. 1 Nr. 2)	51
1. Gesetzliches Schuldverhältnis	52
2. Vertragliches Schuldverhältnis	55
III. Beschaffung von marktbezogenen Maßnahmen auf vertraglicher Basis (Abs. 1 S. 1 Nr. 2)	58
1. Effizienzmaßstab	58
2. Europarechtliche Vorgaben zur Beschaffung	63
3. Nationale Vorgaben zur Beschaffung	80
IV. Benannte Beispiele und unbenannte Fälle einer marktbezogenen Maßnahme (Abs. 1 S. 1 Nr. 2)	84
V. Regelenergie (Abs. 1 S. 1 Nr. 2 iVm §§ 6 ff. StromNZV)	86
1. Leistungsungleichgewichte und Netzfrequenz-Probleme	86
2. Bilanzkreissystem – Vermeidung von Leistungsungleichgewichten	89
3. Marktliche Beschaffung der Regelenergie	97
4. Einsatz der Regelenergie	102
5. Rangfolge bei Netzfrequenz-Problemen	104
VI. Gesetzliches Schuldverhältnis nach § 13a Abs. 1 S. 1 Nr. 2 iVm § 13a Abs. 1	106
1. Hauptanwendungsfall Redispatch	108

Systemverantwortung der Betreiber von Übertragungsnetzen §13

Rn.
- 2. Rangfolge und Auswahlentscheidung bei Maßnahmen nach § 13a Abs. 1 ... 111
- VII. Countertrading (Abs. 1 S. 1 Nr. 2) ... 113
- VIII. „Management von Engpässen" und Abgrenzung zum „Engpassmanagement" ... 117
  - 1. „Management von Engpässen" (Abs. 1 S. 1 Nr. 2) ... 117
  - 2. „Engpassmanagement" (§ 15 StromNZV, Art. 16 Elt-VO 19) ... 118
- IX. Ab- und Zuschaltvereinbarungen mit Lasten ... 131
  - 1. Strukturelle Schwierigkeiten bei fremdgesteuerten Lastanpassungen ... 134
  - 2. Möglichkeiten zur Nutzung von Lastflexibilitäten ... 138
  - 3. Vorgaben zur Beschaffung von ab- und zuschaltbaren Lasten (Abs. 6) ... 153
  - 4. Abschaltbare Lasten (Abs. 1 S. 1 Nr. 2 iVm Abs. 6 und AbLaV) ... 156
  - 5. Zuschaltbare Lasten (Abs. 1 S. 1 Nr. 2 iVm Abs. 6) ... 164
- X. KWK-Ersatzwärmevereinbarung (Abs. 1 S. 1 Nr. 2 iVm Abs. 6a) ... 175
  - 1. Sinn und Zweck von KWK-Ersatzwärmevereinbarungen ... 176
  - 2. Voraussetzungen einer KWK-Ersatzwärmevereinbarung ... 184
  - 3. Vorgegebene Inhalte einer KWK-Ersatzwärmevereinbarung ... 190
- XI. Systemdienstleistungen nach § 12h (Abs. 1 S. 1 Nr. 2 iVm § 12h) ... 198
- XII. „Informationen über Netzengpässe" (Abs. 1 S. 1 Nr. 2) ... 200
- F. Zusätzliche Reserven (Abs. 1 S. 1 Nr. 3) ... 202
  - I. Rangfolge zwischen zusätzlichen Reserven und marktbezogenen Maßnahmen (Abs. 1 S. 1) ... 203
    - 1. Grundsatz: Nachrangiger Einsatz der zusätzlichen Reserven ... 203
    - 2. Ausnahme: Gleichrangiger Einsatz der zusätzlichen Reserven ... 204
  - II. Netzreserve (Abs. 1 S. 1 Nr. 3 iVm § 13d und NetzResV) ... 206
    - 1. Beschaffung der Netzreserve ... 207
    - 2. Einsatz der Netzreserve ... 210
  - III. Kapazitätsreserve (Abs. 1 S. 1 Nr. 3 iVm § 13e und KapResV) ... 213
    - 1. Beschaffung der Kapazitätsreserve ... 214
    - 2. Einsatz der Kapazitätsreserve ... 218
- G. Strom- oder spannungsbedingte Anpassungen (Abs. 1 S. 2 iVm Abs. 1a–1c) ... 224
  - I. Strom- oder spannungsbedingte Gefährdung oder Störung (Abs. 1 S. 2 iVm Abs. 4) ... 227
    - 1. Gefährdung und Störung auch bei (mit) ursächlichen Netzertüchtigungsmaßnahmen ... 229
    - 2. Sonderfall einer vollständigen Netztrennung ohne Einspeisemöglichkeit ... 234
    - 3. Keine vollständige Netztrennung bei anfänglichen Einspeisebeschränkungen ... 237
  - II. Strom- oder spannungsbedingte Anpassungsmaßnahmen (Abs. 1 S. 2) ... 244
    - 1. Anpassungsmaßnahmen (Abs. 1 S. 2) ... 244
    - 2. Anpassung der Wirkleistungserzeugung oder des -bezugs (Abs. 1 S. 2) ... 248
  - III. Rangfolge bei strom- oder spannungsbedingten Gefährdungen oder Störungen (Abs. 1 und 2) ... 269

	Rn.
1. Gleichrangige Berücksichtigung von marktbezogenen Maßnahmen und zusätzlichen Reserven (Abs. 1 S. 1 Nr. 2 und 3 iVm S. 2)	269
2. Rangfolge „Redispatch 2.0"-System	270
IV. Kostenbasierte Auswahl von strom- oder spannungsbasierten Anpassungsmaßnahmen (Abs. 1 S. 2)	273
1. Datengrundlage für die Auswahl	276
2. Auswahl der insgesamt günstigsten Maßnahmenkombination (Abs. 1 S. 2)	294
V. Abregelung von EE-Strom (Abs. 1 S. 2 iVm Abs. 1a)	310
1. Einspeisevorrang von EE-Strom (§ 11 EEG iVm Abs. 1 S. 2, Abs. 1a und Art. 13 Abs. 6 Elt-VO 19)	310
2. Berücksichtigung der EE-Abregelungspotenziale nach kalkulatorischen EE-Kosten (Abs. 1a S. 1)	317
VI. Abregelung von KWK-Strom (Abs. 1 S. 2)	329
1. Beschränkter Einspeisevorrang von KWK-Strom (§ 3 KWKG iVm Abs. 1 S. 2 und Art. 13 Abs. 6 Elt-VO 19)	329
2. Berücksichtigung der KWK-Anpassungspotenziale nach den tatsächlichen Kosten (Abs. 1 S. 2)	338
VII. Abregelung einer Selbstversorgung mit EE- oder KWK-Strom (Art. 13 Abs. 6 Elt-VO 19)	354
VIII. Hochfahren der Netzreserve (Abs. 1 2 iVm 1c)	358
1. Beschränkte Nachrangigkeit der Netzreserve (Abs. 1c)	358
2. Kalkulatorische und tatsächliche Netzreserve-Kosten (Abs. 1c)	361
IX. Optionale Nachrangigkeit von Anlagen < 100 kW (Abs. 1 S. 3)	371
1. Sinn und Zweck der Nachrangigkeits-Option	372
2. Fernsteuerbare Anlagen < 100 kW	374
3. Ausübung der Nachrangigkeits-Option	380
4. Nachrangiger Einsatz von fernsteuerbaren Anlagen < 100 kW	386
H. Notfallmaßnahmen (Abs. 2 und 5)	391
I. Nachrangiger Einsatz von Notfallmaßnahmen (Abs. 2 S. 1)	394
II. Anpassung von Stromerzeugung, -transiten und -bezügen (Abs. 2 S. 1)	403
1. Stromerzeugung	404
2. Stromtransite	406
3. Strombezüge	407
4. „Anpassung" (Abs. 2 S. 1)	408
5. Koordinierter Einsatz	411
III. Haftungserleichterungen bei Notfallmaßnahmen (Abs. 5)	412
1. Ruhen von betroffenen Leistungspflichten (Abs. 5 S. 1)	414
2. Kein Ruhen der Bilanzierungspflichten (Abs. 5 S. 2)	418
3. Haftungsbeschränkungen (Abs. 5 S. 3 und 4)	422
I. Abweichen von der Rangfolge und Berücksichtigung des Gasversorgungssystems (Abs. 3)	428
I. Abweichen von der Rangfolge (Abs. 3 S. 1 und 2)	428
II. Berücksichtigung des Gasversorgungssystems (Abs. 3 S. 3)	434
J. Informations- und Meldepflichten (Abs. 2, 7 und 8)	437
I. Informationspflichten gegenüber. den Betroffenen und der Regulierungsbehörde (Abs. 7)	437
II. Informationspflichten bei Notfallmaßnahmen (Abs. 2 S. 2)	448
III. Meldung schwerwiegender Versorgungsstörungen (Abs. 8)	454

Systemverantwortung der Betreiber von Übertragungsnetzen §13

Rn.
K. Schwachstellenanalyse und Fünf-Jahres-Prognose (Abs. 9 und 10) 455
    I. Schwachstellenanalyse (Abs. 9) 455
    II. Fünf-Jahres-Prognose zu engpassbedingten Maßnahmen (Abs. 10) .. 461

Literatur: *AGFW,* Arbeitsblatt FW 308, Zertifizierung von KWK-Anlagen – Ermittlung des KWK-Stromes, September 2015; *BDEW,* Leitfaden zur Informationsbereitstellung bei Einspeisemanagementmaßnahmen, 18.7.2017; *Berzel/Sötebier/Zerres,* Haftungsrecht und Risikoverteilung als sinnvolle Ergänzung des Energie-Regulierungsrechts, in Ehricke (Hrsg.), Handlungsfreiheit und Haftungsverantwortung in den regulierten Bereichen des Energiesektors, 2015; *BMWi,* Aktionsplan Gebotszone, 8.1.2020; *BNetzA,* Bericht nach Art. 19 Abs. 5 S. 2 Elt-VO 19 – Erlöse aus grenzüberschreitendem Engpassmanagement im Zeitraum vom 1. Januar 2019 bis 31. Dezember 2019; *BNetzA,* Bericht über die Mindesterzeugung 2019, 7.10.2019; *BNetzA,* Feststellung des Bedarfs an Netzreserve für den Winter 2021/2022 sowie das Jahr 2023/2024, 28.4.2021; *BNetzA,* Hinweis 2019/1 EE-Stromspeicher: Registrierungspflichten, Amnestie, Förderung und Abgrenzung, 19.12.2019; *BNetzA,* Hinweis 2021/2 zur kaufmännisch-bilanziellen Einspeisung, 31.3.2021; *BNetzA,* Leitfaden zum EEG-Einspeisemanagement, Version 3.0, 25.6.2018; *BNetzA,* Leitfaden zum Messen und Schätzen, 8.10.2020; *BNetzA,* Leitfaden zur Eigenversorgung v. 11.7.2016; *BNetzA,* Mitteilung Nr. 7 zum Redispatch 2.0, 23.9.2021; *BNetzA,* Positionspapier Bilanzkreistreue, 28.5.2020; *Gabler,* Redispatch im Spannungsfeld zwischen nationalem und europäischem Recht, REE 2019, 165; *Lamy/Lehnert,* Redispatch 2.0: Eine vertiefte Analyse zum Hintergrund und zu wichtigen Praxisfragen, EnWZ 2021, 208; *Neon, consentec et al.,* Abschlussbericht im Auftrag des BMWi „Kosten- oder Marktbasiert? Zukünftige Redispatch-Beschaffung in Deutschland, 7.10.2019; *VDN,* TransmissionCode 2007, Netz- und Systemregeln der deutschen Übertragungsnetzbetreiber, Version 1.1, August 2007; *Weyer/Iversen,* Grundzüge des Redispatch 2.0, RdE 2021, 1.

A. Allgemeines

I. Inhalt

Bei § 13 handelt es sich um die zentrale Norm zur Aufrechterhaltung der **Netz-** 1
und Systemsicherheit in Deutschland. Die systemverantwortlichen ÜNB werden in einem gestuften System mit den erforderlichen Maßnahmen ausgestattet, um Gefährdungen und Störungen des Gesamtsystems der Elektrizitätsversorgung zu vermeiden oder zu beseitigen. § 13 gibt darüber hinaus vor, in welcher **Rangfolge** die Maßnahmen auszuwählen sind und wie der Einspeisevorrang für vorrangberechtigten EE- und KWK-Strom dabei einzuhalten ist. Eine zentrale Bedeutung für den Umgang mit strom- und spannungsbedingten Gefährdungen und Störungen spielt dabei der kostenbasierte Mechanismus für die Auswahlentscheidungen im System des **„Redispatch 2.0"**, das zum 1.10.2021 in Kraft getreten ist.

Den **Übertragungsnetzbetreibern** obliegt es, durch Maßnahmen im Netz so- 2
wie gegenüber Erzeugern und Verbrauchern Gefährdungen und Störungen vorzubeugen und im Störungsfall zur Schadensbegrenzung beizutragen (Begr.RegE BT-Drs. 15/3917, 56f.). Sie verfügen über den besten Überblick und die zentralen technischen Einwirkungsmöglichkeiten, um Störungen des Systems bereits im Vorfeld zu unterbinden. Denn sie können die Wechselwirkungen zwischen den Netzkomponenten und den angeschlossenen Anlagen unter Berücksichtigung der verbundenen europäischen Netze und des Handels erfassen. Sie müssen diese Wechselwirkungen und den Zustand des Elektrizitätsversorgungssystems in seiner

Sötebier 513

Gesamtheit beurteilen und ihre Netzführung in den Leitstellen daran ausrichten. Deshalb weist § 13 den ÜNB die Verantwortung nicht nur für die Netzsicherheit im Übertragungsnetz, sondern für das Funktionieren des weiter gefassten Elektrizitätsversorgungssystems zu (Begr.RegE BT-Drs. 15/3917, 56f.; *Ehricke* et 2005, 242 (245)). Im Folgenden wird in der Regel nicht nach möglichen Abstufungen zwischen Netz- und Systemsicherheit unterschieden, sondern vereinfachend allein der weiterreichende Begriff der **„Systemsicherheit"** bzw. der **„Systemsicherheitsmaßnahme"** verwendet.

3 Die Bestimmungen finden auf **Verteilernetzbetreiber** mit gewissen Einschränkungen entsprechende subsidiäre Anwendung, soweit sie nach § 14 Abs. 1 S. 1 für die Sicherheit und Zuverlässigkeit der Elektrizitätsversorgung in ihrem Netz selbst verantwortlich sind oder nach § 14 Abs. 1c dazu verpflichtet sind, auf Anforderung eines vorgelagerten Netzbetreibers Maßnahmen im Verteilernetz zu ergreifen.

II. Zweck

4 Die Regelungen zu den verschiedenen Systemsicherheitsmaßnahmen nach § 13 dienen vor allem dem **Zweck** einer sicheren leitungsgebundenen Versorgung mit Elektrizität nach § 1 Abs. 1 im Rahmen der Grundsätze nach § 1a, also kurzgefasst der **Systemsicherheit** in einem wettbewerblichen Stromversorgungssystem. Die Norm zielt jedoch nicht auf eine isolierte Betrachtung einer sicheren Versorgung mit Strom. Insbesondere die Vorgaben zur generellen Rangfolge und zur konkreten Auswahlentscheidung, welche Maßnahmen vorrangig zu ergreifen sind, dienen zugleich dem Ausgleich mit den weiteren Zielen des energiewirtschaftlichen Zielkanons nach § 1 Abs. 1, namentlich einer **umweltverträglichen** und **preisgünstigen** Versorgung.

5 Die Regelungen nach § 13 konkretisieren die in den §§ 11 und 12 umrissenen Rechte und Pflichten der Übertragungsnetzbetreiber zur Gewährleistung der Systemsicherheit in ihrer Regelzone. Die in § 13 vorgesehenen Maßnahmen werden teilweise wiederum in den darauffolgenden Bestimmungen der **§§ 13a ff.**, in **Verordnungen** (zB AbLaV, NetzResV, KapResV) sowie in mehreren **Festlegungen** der BNetzA konkretisiert. Die separaten Bestimmungen im EEG zur Abregelung von EE- und KWK-Strom per **Einspeisemanagement** (§§ 14, 15 EEG 2021) sind mit dem System des **Redispatch 2.0** entfallen. Diese vorrangberechtigte Erzeugung ist seit dem 1. 10. 2021 nach Maßgabe des § 13 bei den Auswahlentscheidungen für Redispatch-Maßnahmen nach § 13a unmittelbar mit zu berücksichtigen. § 13 und die konkretisierenden Regelungen dienen auch der Umsetzung und konkretisierenden Ausgestaltung von **europarechtlichen Vorgaben** nach der Elt-VO 19 und der Elt-RL 19 (→ Rn. 63 ff., 310 ff. und 327 ff.). Für den Bereich der strom- und spannungsbedingten Anpassungen hat sich die Bundesrepublik Deutschland dabei für die europarechtliche Option eines **nichtmarktbasierten Redispatch-Systems** entschieden (→ Rn. 168 ff.).

6 Durch die Vorgaben nach § 13 werden nicht nur die **Netzbetreiber** in die Pflicht genommen, die die Systemsicherheit aufrechterhalten müssen, sondern auch diejenigen, die das Netz unmittelbar oder mittelbar nutzen. Unmittelbar adressiert werden insbesondere **Erzeuger und Verbraucher,** wobei Anpassungen ihrer Erzeugung und ihres Bezugs mittelbar auch andere Marktteilnehmer und Netznutzer wie Lieferanten und Bilanzkreisverantwortliche betreffen können. Die Betroffenen müssen dulden bzw. teilweise auch aktiv daran mitwirken, dass die Netzbetreiber insbesondere die Erzeugung und den Bezug an das systemverträgli-

che Maß anpassen können, um die Elektrizitätsversorgung zugunsten der Gesamtheit der Netznutzer aufrechtzuerhalten. Damit werden ua die Netzzugangsrechte nach § 20 durch § 13 beschränkt (BGH Beschl. v. 1.9.2020 – EnVR 7/19 Rn. 15 ff. – Baltic Cable AB II).

Der Staat nimmt mit den Systemsicherheitsregelungen der §§ 13 ff. seine **Ge-** **7** **währleistungsverantwortung** im Bereich der Elektrizitätsversorgung wahr (→ § 11; *Berzel/Sötebier/Zerres*, Haftungsrecht und Risikoverteilung als sinnvolle Ergänzung des Energie-Regulierungsrechts, S. 54–57). Die Strom- und Gasversorgung gehört als *„öffentliche Aufgabe von größter Bedeutung"* zum Bereich der **Daseinsvorsorge** und stellt ein Gemeinschaftsgut dar, das *„weitergehende staatliche Interventionen* [rechtfertigt], *als sie auf anderen Wirtschaftsgebieten üblich und zulässig sind"* (vgl. BVerfG Beschl. v. 16.3.1971 – 1 BvR 52/66, BVerfGE 30, 292 Rn. 82; Beschl. v. 20.3.1984 – 1 BvL 28/82, BVerfGE 66, 248 Rn. 37; Beschl. v. 10.9.2008 – 1 BvR 1914/02 Rn. 12). Da der Staat infolge der Liberalisierung der Energiewirtschaft die Versorgungssicherheit zum Großteil nicht eigenhändig gewährleisten kann, kann und muss er durch gesetzliche Vorgaben sicherstellen, dass alle Energieversorgungsunternehmen in privater oder öffentlicher Hand dieser Verantwortung gerecht werden (vgl. BVerwG Urt. v. 11.7.2002 – 4 C 9.00, NJW 2003, 230 Rn. 18). Die Netzbetreiber werden daher nach § 13 nicht nur dazu berechtigt, sondern zugleich dazu verpflichtet, die erforderlichen Maßnahmen zu ergreifen, um die Sicherheit und Zuverlässigkeit des Elektrizitätsversorgungssystems aufrechtzuerhalten.

Die **Anforderungen an das Elektrizitätsversorgungssystem** ändern sich **8** fortlaufend. Es gibt naturgemäß viele verschiedene Veränderungen, die einen stetig vorausschauenden Prüf- und Anpassungsbedarf der Netzbetreiber mit sich bringen. Die **Energiewende** löst diesen Bedarf nicht aus, verstärkt ihn jedoch: Die Netzbetreiber müssen ihre Netze und ihren Netzbetrieb an die Veränderungen, die das Auslaufen der konventionellen Stromerzeugung durch Kern- und Kohlekraftwerke, der erforderliche Ausbau an fluktuierender Einspeisung aus Solar- und Windenergieanlagen sowie der vermehrte Einsatz von Stromspeichern mit sich bringen, vorausschauend anpassen.

Die bisher erzielten Steigerungen des Anteils der erneuerbaren Energien am **9** Stromverbrauch in Deutschland von rund sechs Prozent im Jahr 2000 auf rund 42 Prozent im Jahr 2019 zeigen, dass einerseits eine möglichst weitgehende **Integration in den Strommarkt** und andererseits eine frühzeitige **Ertüchtigung der Netze** besonders wirksame Instrumente sind, um einer Überforderung der Netze und somit ausufernden Systemsicherheitseingriffen vorzubeugen. Dort, wo neuralgische Engpässe insbesondere durch Netzausbau beseitigt werden konnten, sanken die Eingriffe der Netzbetreiber deutlich.

Das **Gesamtniveau an Systemsicherheitsmaßnahmen** unterliegt deutlichen **10** Schwankungen, konnte in den letzten Jahren jedoch insgesamt stabilisiert werden (vgl. BNetzA, Quartalsberichte Netz- und Systemsicherheit zu den Jahren 2015– 2020, aktuelle Berichte stets unter www.bundesnetzagentur.de → Presse → Mediathek →Berichte). Wie sich die Zahlen „unter dem Strich" künftig entwickeln werden, lässt sich naturgemäß schwer abschätzen. Zu einer spürbaren Steigerung des Bedarfs an Systemsicherheitsmaßnahmen könnten zunächst die verschärften europarechtlichen Vorgaben zur Gewährleistung von grenzüberschreitenden **Mindesthandelskapazitäten für den EU-Strombinnenmarkt** (Art. 14 ff. Elt-VO 19) beitragen. Ebenso plausibel erscheint es, dass die Umstellung auf das System des **Redispatch 2.0** zu einem Anstieg der *sichtbar* ausgewiesenen Systemsicherheitsmaßnahmen in den Statistiken führen wird. Das System wird zwar insgesamt effizienter und kann somit den realen Gesamtaufwand durchaus dämpfen. Ein Teil der Effekte, die dem Netzbetreiber aufgrund des fehlenden bilanziellen Ausgleichs für Einspeisemanagement-Maßnahmen bisher nicht zugeordnet waren, wird mit der Umstellung jedoch erstmals als „Redispatch"-Mengen sichtbar. Zugleich wird insbesondere die Fertigstellung der **Netzausbauprojekte im Höchstspannungs- und HGÜ-Bereich** zu einer Verringerung des Eingriffsbedarfs beitragen.

11 Der Einsatz von **Systemsicherheitsmaßnahmen** bleibt auch perspektivisch wichtig, um die Netze stets in einem zulässigen Betriebszustand zu halten. Sie dürfen jedoch **nicht als Dauerlösung** ohne fortlaufende Prüfung des Netzertüchtigungsbedarfes missverstanden werden: Die Netzbetreiber bleiben dazu verpflichtet, ihre Netze durch bedarfsgerechte Ertüchtigungsmaßnahmen an die sich verändernden Anforderungen anzupassen (vgl. § 11 Abs. 1) und somit ihren Bedarf an Systemsicherheitsmaßnahmen selbst einzuschränken. Solche Maßnahmen benötigen jedoch nicht selten erhebliche Planungs- und Umsetzungszeiten und schließen zudem nicht automatisch aus, dass Systemsicherheitsmaßnahmen zB aufgrund weiterer künftiger Veränderungen oder einer zulässig eingeplanten Spitzenkappung (§ 11 Abs. 2) erforderlich bleiben bzw. wieder erforderlich werden. Eine „bedarfsgerechte" Ertüchtigung erfordert nicht zwangsläufig einen Ausbau „für die letzte Kilowattstunde".

B. Gefährdung oder Störung der Systemsicherheit (Abs. 1, 2 und 4)

12 Die verschiedenen Systemsicherheitsmaßnahmen des § 13 setzen als zentrales Tatbestandsmerkmal voraus, dass die Sicherheit oder Zuverlässigkeit des Elektrizitätsversorgungssystems gefährdet oder gestört ist. Eine **Gefährdung** der Sicherheit und Zuverlässigkeit des Elektrizitätsversorgungssystems in einer Regelzone liegt nach der Legaldefinition des Abs. 4 vor, wenn örtliche Ausfälle des Übertragungsnetzes oder kurzfristige Netzengpässe zu befürchten sind. Eine Gefährdung besteht ferner dann, wenn zu befürchten ist, dass die Haltung von Frequenz, Spannung oder Stabilität durch die Übertragungsnetzbetreiber nicht in dem erforderlichen Maß gewährleistet werden kann.

13 Der in verschiedenen Absätzen genannte Fall der **Störung** der Sicherheit und Zuverlässigkeit ist von der Definition in Abs. 4 zwar nicht unmittelbar umfasst, lässt sich jedoch daraus ableiten. Eine Störung liegt vor, sobald sich eine der in Abs. 3 genannten Gefahren verwirklicht hat (vgl. *Salje* EnWG § 13 Rn. 10).

I. Kritische Netz- oder Systemzustände

14 Abs. 4 umschreibt anhand verschiedener Kriterien **kritische Netz- und Systemzustände,** die im Fall ihrer „Besorgnis" eine „Gefährdung" (und im Fall ihres Eintritts eine „Störung") der Netz- und Systemsicherheit begründen. Diese kritischen Netz- und Systemzustände setzen *nicht* voraus, dass das Elektrizitätsversorgungssystem insgesamt betroffen sein muss oder dass sie über eine längere Zeitdauer zu befürchten sind. Um Störungen der Sicherheit oder Zuverlässigkeit des Elektrizitätsversorgungssystems zuverlässig zu vermeiden, setzt die Definition einer Gefährdung deutlich früher an.

15 *„Örtliche Ausfälle"* des Netzes oder *„kurzfristige Netzengpässe"* sind bereits dann zu befürchten, wenn das Netz noch einwandfrei funktioniert, aber für einzelne Betriebsmittel oder Knotenpunkte keine hinreichenden Reserven mehr bestehen. Für

Systemverantwortung der Betreiber von Übertragungsnetzen　　§ 13

eine Gefährdung reicht es ausdrücklich aus, dass „kurzfristige" Engpässe zu erwarten sind. Längerfristige Engpässe sind im Erstrechtschluss ebenfalls erfasst.

Das erforderliche Sicherheitsniveau und somit auch die vorzuhaltenden Sicherheitsreserven sind nicht in allen Netzen und Netzebenen gleich hoch. Insbesondere für die Ebene der Übertragungsnetze erfordert das Kriterium der **(n-1)-Sicherheit,** dass bei dem Ausfall einer Komponente genügend Reserven verfügbar sind, um den Eintritt einer Störung zu verhindern. Der TransmissonCode 2007 definiert als Engpass auch die begründete Erwartung des ÜNB, dass bei Akzeptanz aller bereits bekannten oder prognostizierten Fahrplananmeldungen ohne Sondermaßnahmen das betriebliche (n-1)-Kriterium nicht eingehalten werden kann (VDN, TransmissionCode 2007, S. 48 und 76). Je nach erforderlichem Sicherheitsniveau kann auch die Absicherung gegen systemrelevante **Mehrfachfehler,** dh die Absicherung gegen den Ausfall von mehr als einer Komponente, erforderlich sein (vgl. § 2 Abs. 2 S. 3 NetzResV → Rn. 207). 16

Neue Konzepte zur Einführung einer **reaktiven Netzbetriebsführung** zielen darauf ab, durch die netzinterne Vorhaltung von schnell aktivierbaren „**Netzbooster**"-Anlagen eine höhere Netzauslastung zu ermöglichen, als sie nach einer klassischen Anwendung des (n-1)-Kriteriums möglich wäre. Es handelt sich insoweit um eine Weiterentwicklung des (n-1)-Prinzips (→ Rn. 37 ff.). 17

Darüber hinaus erfasst Abs. 4 alle Fälle, in denen die Haltung der „**Frequenz, Spannung oder Stabilität**" nicht in dem erforderlichen Maß gewährleistet werden kann, als kritische Netz- und Systemzustände, die eine Gefährdung begründen können. Das „*erforderliche Maß*" für die Haltung von „*Frequenz und Spannung*" ergibt sich aus etablierten, den anerkannten Stand der Technik entsprechenden Methoden und Kenngrößen, die nach dem einschlägigen **technischen Regelwerk Grenzwertbereiche** und **betrieblich zulässige Spannungsbänder** vorgeben (→ § 49). Die Einhaltung dieser Parameter ist zugleich für die „*Stabilität*" entscheidend. Eine darüber hinausgehende, eigenständige Bedeutung des Begriffs der „*Stabilität*" für ein gefährdungsfreies Elektrizitätsversorgungssystem ist für die Anwendung in der Praxis nicht ersichtlich. 18

II. Besorgnis von kritischen Netz- oder Systemzuständen

Eine Gefährdung setzt nach Abs. 4 voraus, dass die in der Vorschrift genannten Netzzustände zu **befürchten** sind. Die bloße Möglichkeit ihres Eintritts reicht nicht aus. Andererseits ist es nicht notwendig, dass sie mit Sicherheit zu erwarten sind. Abs. 4 verlangt vielmehr das Vorliegen einer hinreichenden **Wahrscheinlichkeit.** Wie groß die Wahrscheinlichkeit (der Grad der Besorgnis) sein muss, lässt sich nicht abstrakt mathematisch festlegen. Es muss im Einzelfall aufgrund der gegebenen Umstände darauf geschlossen werden können, dass es ohne ein Eingreifen der Übertragungsnetzbetreiber bei ungehindertem Verlauf zu den unerwünschten Netzzuständen kommt. Dabei sind ähnlich der **Gefahrenlehre** des Polizei- und Ordnungsrechts die Wahrscheinlichkeit des Gefahreneintritts, die zeitliche Nähe des Gefahreneintritts und das zu erwartende Ausmaß des möglichen Schadens zu bewerten. Deshalb ist bei Netzzuständen, die zu Großstörungen führen können, ein deutlich geringeres Maß an Wahrscheinlichkeit zu verlangen als bei lokal begrenzten Störungen. 19

Um festzustellen, ob eine Gefährdung der Sicherheit und Zuverlässigkeit des Elektrizitätsversorgungssystems vorliegt, müssen die Übertragungsnetzbetreiber eine **Prognose** erstellen. Diese muss schlüssig sein. Die relevanten Tatsachen – die Prognosebasis – sind zu ermitteln, um eine sachgerechte Bewertung nach der kon- 20 kret gegebenen Netzsituation vornehmen zu können. Dabei ist zu berücksichtigen, dass es sich notwendigerweise um Ex-ante-Einschätzungen handelt und die Netzbetreiber ihre Entscheidungen mitunter auch bei komplexen Sachverhalten unter erheblichem Zeitdruck treffen müssen (Begr. RegE BT-Drs. 15/3917, 57). Es sind daher keine überzogenen Anforderungen zu stellen: Es kann aus Ex-ante-Sicht durchaus auch dann die Besorgnis einer Gefährdung bestehen, wenn sich ex post herausstellt, dass die Störung bzw. Gefahr auch ohne Gegenmaßnahmen ausgeblieben wäre oder sich nur in geringerem Umfang verwirklicht hätte (zur hinreichenden Wahrscheinlichkeit und Prognose vgl. auch OLG Düsseldorf Beschl. v. 28.4.2015 – VI-3 Kart 357/12 (V) Rn. 123).

21 Die Übertragungsnetzbetreiber müssen geeignete **technische und organisatorische Vorkehrungen** treffen, um die Prognose und – je nach Ausmaß der Gefährdung – die erforderlichen Maßnahmen auch in komplexen und zeitkritischen Situationen jederzeit treffen zu können. Dies erfordert unter anderem die Einführung von geeigneten **IT-Systemen und automatisierten Abläufen** für den massengeschäftstauglichen Austausch (ua mit anderen Netzbetreibern, Anlagenbetreibern, Einsatzverantwortlichen, Bilanzkreisverantwortlichen etc), für die Bewertung aller erforderlichen Informationen sowie für die Auswahl geeigneter Maßnahmen. Die Anforderungen treffen auf Verteilernetzbetreiber im Rahmen ihrer Pflichten nach § 14 Abs. 1 und 1c in entsprechender Weise zu.

C. Oberbegriff Systemsicherheitsmaßnahmen (Abs. 1 und 2)

22 Ist die Sicherheit oder Zuverlässigkeit des Elektrizitätsversorgungssystems gefährdet oder gestört (→ Rn. 12 ff.), sind die ÜNB nicht nur **berechtigt,** sondern zugleich dazu **verpflichtet,** die erforderlichen Gegenmaßnahmen zu ergreifen. Ihnen stehen nach den Abs. 1 und 2 im Zusammenspiel mit ergänzenden Bestimmungen im EnWG, in nachgelagerten Verordnungen sowie im Europarecht eine Reihe unterschiedlicher Maßnahmen zur Verfügung, um die Systemsicherheit aufrechtzuerhalten und auf verschiedene Probleme zu reagieren. Die Maßnahmen stehen den VNB im Rahmen ihrer Verantwortlichkeiten nach § 14 Abs. 1 und 1c in entsprechender Weise zur Verfügung. Da die umfassende Systemverantwortung der ÜNB jedoch über die Verantwortlichkeiten der VNB deutlich hinausgehen, bleiben einige der Maßnahmen wie beispielsweise der Abruf von Regelenergie den ÜNB vorbehalten.

23 Im Rahmen der folgenden Erläuterungen zu den einzelnen Systemsicherheitsmaßnahmen werden **allgemeine Vorgaben zur Rangfolge** zugleich mit dargestellt. Die **spezielleren Vorgaben zur Rangfolge** und zur Auswahlentscheidung im Fall von strom- und spannungsbedingten Anpassungen der Wirkleistungserzeugung und des Wirkleistungsbezugs werden im Anschluss eigenständig erläutert (→ Rn. 224 ff.). Die speziellen Vorgaben gelten unter anderem für das erweiterte System des **Redispatch 2.0** und erfassen in der Praxis den Großteil der Systemsicherheitsmaßnahmen.

D. Netzbezogene Maßnahmen (Abs. 1 S. 1 Nr. 1)

24 Als netzbezogene Maßnahmen iSv Abs. 1 S. 1 Nr. 1 gelten solche, die dem Netzbetreiber **innerhalb des Netzbetriebs** zur Verfügung stehen. Auch netzbezogene Maßnahmen zur netzübergreifenden Entlastung in Kooperation mit anderen Netz-

Systemverantwortung der Betreiber von Übertragungsnetzen **§ 13**

betreibern sind zu berücksichtigen und netzübergreifende Auswirkungen erforderlichenfalls abzustimmen (BerlKommEnergieR/*König* EnWG § 13 Rn. 20). Wesentliches Merkmal einer „netzbezogenen" Maßnahmen ist, dass sie innerhalb des Netzbetriebs wirkt und die Rechte und Pflichten **Dritter** (insbesondere Erzeuger, Verbraucher, Netznutzer) durch die Maßnahme **nicht eingeschränkt** werden (BGH Beschl. v. 1. 9. 2020 – EnVR 7/19 Rn. 22 – Baltic Cable AB II). Soweit Schaltungen hingegen durchgeführt werden, um die Erzeugung oder den Bezug von Strom anzupassen, handelt es sich grundsätzlich nicht um netzbezogene Maßnahmen, sondern im Zweifel um marktbezogene Maßnahmen bzw. den Einsatz zusätzlicher Reserven nach Abs. 1 S. 1 Nr. 2, 3 oder um Notfallmaßnahmen nach Abs. 2.

I. Rangfolge der Nutzung von netzbezogenen Maßnahmen

Stehen geeignete netzbezogene Maßnahmen zur Beseitigung der Gefährdung 25 oder Störung zur Verfügung, sind sie auf der **ersten Stufe** und somit vorrangig vor allen anderen Maßnahmen zu ergreifen (vgl. OLG Düsseldorf Beschl. v. 28. 4. 2015 – VI-3 Kart 357/12 (V) Rn. 97 f.; NK-EnWG/*Tüngler* § 13 Rn. 33 ff.; Theobald/Kühling/*Hartmann/Weise* EnWG § 13 Rn. 16; Elspas/Graßmann/Rasbach/*Riese/Killius* EnWG § 13 Rn. 12). Dem Wortlaut ist die gestufte Rangfolge innerhalb des § 13 Abs. 1 S. 1 zwar nicht ausdrücklich zu entnehmen. Die Rangfolge ergibt sich jedoch aus der gesetzessystematischen Abstufung zwischen den nach den Nr. 1–3 gegliederten Maßnahmen.

Der Gesetzgeber ging sowohl bei der ursprünglichen Einführung des § 13 (Begr. 26 RegE BT-Drs. 15/3917, 57) als auch bei den Anpassungen für das Redispatch 2.0 ausdrücklich davon aus, dass mit der gestuften **Reihenfolge der Nummern** eine Rangfolge vorgegeben wird (Begr. RegE BT-Drs. 19/7357, 52). Daher hat er in Abs. 1 S. 2 eine von S. 1 „*abweichende*" Vorgabe zur grundsätzlich gleichrangigen Berücksichtigung der Nr. 2 und 3 in einer gemeinsamen Auswahlentscheidung vorgesehen (→ Rn. 204). Dieses Verständnis, vorrangig „netzintern" wirksame Maßnahmen zu nutzen, ergibt sich zudem aus dem Verhältnismäßigkeitsgrundsatz: Zunächst sind netzintern wirkende Maßnahmen zu ergreifen, bevor durch weitergehende Maßnahmen Rechte und Pflichten von Dritten beeinträchtigt werden und zusätzliche Kosten anfallen.

II. Schalthandlungen und Ausnutzen von Toleranzbändern

Abs. 1 Nr. 1 nennt „*insbesondere*" *Netzschaltungen* als gängiges Beispiel für netz- 27 bezogene Maßnahmen. Dadurch wird zugleich deutlich, dass neben Netzschalthandlungen auch andere netzbetriebsinterne Maßnahmen in Betracht kommen. Der TransmissionCode sieht in Anhang A.1 insbesondere *Topologiemaßnahmen* und die *Ausnutzung betrieblich zulässiger Toleranzbänder* (Strom und Spannung) als netzbezogene Maßnahmen vor. Unter **„Topologiemaßnahmen"** werden **Schalthandlungen** im Netzgebiet einschließlich der Kuppelleitungen verstanden, durch die die Lastflüsse im Netz beeinflusst werden, zB um sie gleichmäßiger zu verteilen oder um unerwünschte Lastflüsse wie zum Beispiel die sog. „Loopflows" über ausländische Netze zu vermeiden. Die Schalthandlungen können beispielsweise auch durch den Einsatz von Phasenschiebern und ähnlichen **integrierten Netzkomponenten** umgesetzt werden (→ Rn. 30 ff.).

Durch die **„Ausnutzung der betrieblich zulässigen Toleranzbänder"** kön- 28 nen in technisch vertretbarem Rahmen Betriebsmittel teilweise kurzfristig überlas-

Sötebier

tet werden (VDN, TransmissionCode 2007, Anhang A.1 S. 1). Dies erfolgt in der Praxis beispielsweise im Rahmen eines sog. **„Freileitungs-Temperatur-Monitorings"**, das dem Netzbetreiber ermöglicht, seine Freileitungen in Abhängigkeit von Umwelteinflüssen wie Temperatur und Wind über ihre Nennkapazität hinaus zu belasten. Auch reaktive Betriebsführungsansätze wie die geplanten **„Netzbooster"-Konzepte** bezwecken eine abgesicherte Höherauslastung des Netzes.

29 Soweit derartige Konzepte auf eine kontrollierte Netznutzung *innerhalb der betrieblich zulässigen Grenzwerte* ausgerichtet sind, handelt es sich bei der Höherauslastung an sich allerdings (noch) nicht um *„netzbezogene Maßnahmen"*, da insoweit keine *Gefährdung oder Störung* der Sicherheit oder Zuverlässigkeit des Elektrizitätsversorgungssystems iSv Abs. 1 S. 1 iVm Abs. 4 zu beseitigen ist (zur Gefährdung oder Störung → Rn. 12 ff.). Für die Anwendungspraxis dürfte eine exakte Grenzziehung zwischen Vorkehrungen zur gefährdungsfreien Netznutzung und netzbezogenen Maßnahmen zur Beseitigung von Gefährdungen oder Störungen jedoch weitgehend entbehrlich sein (ausf. zum Einsatz von sog. „Netzbooster-Anlagen" → Rn. 37 f., 47).

III. Vollständig integrierte Netzkomponenten

30 Die Nutzung von **„vollständig integrierten Netzkomponenten"** iSv § 3 Nr. 38b stellt eine „netzbezogene" Maßnahme dar. Sie sind legaldefiniert als

„Netzkomponenten, die in das Übertragungs- oder Verteilernetz integriert sind, einschließlich Energiespeicheranlagen, und die ausschließlich der Aufrechterhaltung des sicheren und zuverlässigen Netzbetriebs und nicht der Bereitstellung von Regelenergie oder Engpassmanagement dienen."

31 Es handelt sich demnach um *„Netzkomponenten"*, die nach ihrer Funktion und tatsächlichen Nutzung so *„vollständig"* in das Netz *„integriert"* sind, dass sie – vergleichbar mit anderen Netzbetriebsmitteln – als Teil des Netzes erscheinen. Der Einsatz durch den Netzbetreiber erfolgt somit *„netzbezogen"* innerhalb des Netzes und nicht *„marktbezogen"* mit Auswirkungen auf das Marktgeschehen außerhalb des Netzbetriebs (→ Rn. 49). Die Nutzung für marktbezogene *„Regelenergie-"* und *„Engpassmanagement"*-Maßnahmen ist zudem nach der Legaldefinition ausdrücklich ausgeschlossen. Nach dem Sinn und Zweck ist der Begriff des „Engpassmanagements" hier in einem erweiterten (über § 15 StromNZV und Art. 14 ff. Elt-VO 19 hinausgehenden) Sinn zu verstehen, der insbesondere „strom- und spannungsbedingte Anpassungen" nach Abs. 1 S. 2 einschließt (zum „Engpassmanagement" ieS → Rn. 118 ff.).

32 **1. Erzeugungsunabhängige Netztechnik.** Von dem mit der EnWG-Novelle 2021 neu eingeführten Begriff der „vollständig integrierten Netzkomponenten" sind insbesondere **„geeignete technische Anlagen" ohne Erzeugungsfunktion** (erzeugungsunabhängige Netztechnik) iSv § 12 Abs. 3 S. 2 erfasst, soweit sie netzintern im oben genannten Sinn genutzt werden. Entsprechend der damaligen Gesetzesbegründung zur Einführung des § 12 Abs. 3 S. 2 können dazu insbesondere Komponenten wie *„Kondensatorenanlagen, Kompensationsspulen, FACTS oder Phasenschiebergeneratoren ggf. in Kopplung mit Schwungradspeichern"* zählen (BT-Drs. 17/6072, 66). Auch in der Begründung zur neuen Definition der vollständig integrierten Netzkomponenten werden *„Kondensatoren oder Schwungräder"*, die insbesondere zu einer *„Synchronisierung unterschiedlicher Teile des Systems"* beitragen können, als Beispiele angeführt (BT-Drs. 19/27453, 90 f.).

Nach ihren energiewirtschaftlichen Funktionen werden diese Anlagen weder 33
„zur Erzeugung von elektrischer Energie" (Voraussetzung einer erzeugungsunabhängigen Netztechnik nach § 12 Abs. 3 S. 2) noch zum Verbrauch von elektrischer Energie *„zum Zwecke der Zwischenspeicherung"* im Sinne einer Energiespeicheranlage nach § 3 Nr. 15d eingesetzt (zu den Funktionen einer Energiespeicheranlage im Sinne eines Stromspeichers oder einer Power-to-X-Anlage →Rn. 68). Sie können und konnten bereits vor Einführung des neuen Begriffs der vollständig integrierten Netzkomponenten (→ 3. Aufl., § 13 Rn. 24) von Netzbetreibern betrieben und für netzbezogene Maßnahmen genutzt werden.

Hinsichtlich der **Beschaffung und Nutzung von vollständig integrierten** 34
Netzkomponenten gelten die allgemeinen Kriterien insbesondere zur *Eignung* und *Effizienz* (→Rn. 58ff.). Sofern geeignete Alternativen verfügbar sind, sind sie bei der Beurteilung der Effizienz mit zu berücksichtigen (vgl. § 12 Abs. 3 S. 2 zum ausdrücklichen Abwägungsgebot zwischen der Nutzung von erzeugungsunabhängiger Netztechnik und von nichtfrequenzgebundenen Systemdienstleistungen nach § 12h). Soweit es bei der vollständig integrierten Netzkomponente um eine *„Energiespeicheranlage"* geht, sind darüber hinaus spezielle Beschaffungs- und Entflechtungsvorgaben zu beachten (insbesondere §§ 11a und 11b →Rn. 40ff.)

2. Netzkomponenten mit Energiespeicherfunktion. Auch **Energiespei-** 35
cheranlagen können grundsätzlich als *„vollständig integrierte Netzkomponenten"* in Betracht kommen. Sie sind in § 3 Nr. 15d legaldefiniert als „Anlagen, die elektrische Energie zum Zwecke der elektrischen, chemischen, mechanischen oder physikalischen Zwischenspeicherung verbrauchen und als elektrische Energie erzeugen oder in einer anderen Energieform wieder abgeben". Der Begriff der *Energiespeicheranlage* umfasst somit nicht nur **Stromspeicher,** sondern auch **Power-to-X-Anlagen** (zu den Begriffen und den jeweiligen energiewirtschaftlichen Funktionen →Rn. 68). Dies ändert sich auch nicht durch die Anpassung der Formulierung der Legaldefinition einer Energiespeicheranlage, die zum 1.7.2023 in Kraft treten soll (ausf. zum Verständnis einer Energiespeicheranlage →Rn. 68).

Entsprechend den europarechtlichen Rahmenvorgaben (Art. 36 Abs. 1 und 36
Art. 54 Abs. 1 Elt-RL 19) wurde in den deutschen Entflechtungsregelungen klargestellt, dass der **Betrieb von Elektrizitätsversorgungsnetzen** und der **Betrieb von Energiespeicheranlagen** strikt voneinander zu **trennen** sind (zur Einhaltung des Entflechtungsrechts und im Bereich der Systemsicherheit vgl. →Rn. 81f.). Betreiber von Elektrizitätsversorgungsnetzen dürfen grundsätzlich *keine* Energiespeicheranlage errichten, verwalten oder betreiben und scheiden auch als Eigentümer solcher Anlagen aus (§ 7 Abs. 1 S. 2, § 8 Abs. 2 S. 3 und § 10b Abs. 3 S. 4).

Diese entflechtungsrechtlichen Vorgaben sind der Grund für die Einführung des 37
neuen Begriffs der vollständig integrierten Netzkomponenten: Denn für den Fall, dass es sich bei einer *„Energiespeicheranlage, die elektrische Energie erzeugt"* (im Folgenden vereinfachend *„Stromspeicher"*) zugleich um eine *„vollständig integrierte Netzkomponente"* handelt, kann die BNetzA per Festlegung nach § 11b Abs. 1 Nr. 6 gestatten, dass Netzbetreiber diese Anlagen **selbst betreiben** können. Bei dieser Sonderregelung für **vollständig in das Netz integrierte Stromspeicher** (iSe „vollständig integrierten Netzkomponente" nach § 3 Nr. 38b) handelt es sich um eine von verschiedenen Varianten für die Beschaffung und den Betrieb von Stromspeichern nach den §§ 11a und 11b. Diese Regelungen sind auf die Einführung von sog. „Netzboostern" zugeschnitten (→Rn. 38ff.).

IV. Erhöhte Netzauslastung mit Netzboostern

38 **1. Ansatz der reaktiven Netzbetriebsführung.** Die geplanten „Netzbooster"-Konzepte sehen die Einführung einer **reaktiven Netzbetriebsführung** vor, die durch die Vorhaltung von **schnell aktivierbaren Netzbooster-Anlagen** eine höhere Netzauslastung ohne Einbußen hinsichtlich des Sicherheitsniveaus ermöglichen soll. Die Netzbooster-Anlagen dienen nach diesem Ansatz ausschließlich der Systemabsicherung zur Ermöglichung der höheren Auslastung, indem sie im Fehlerfall die Einhaltung der betrieblich zulässigen Grenzwerte unmittelbar wiederherstellen. Ihr Einsatz zur *reaktiven unmittelbaren Wiederherstellung* ist eine **netzbezogene Maßnahme** nach Abs. 1 S. 1 Nr. 1 (zur Wechselwirkung mit der Ausnutzung betrieblich zulässiger Toleranzbänder vgl. → Rn. 28 f.). Sie sollen allein zur Überbrückung der sehr kurzen Zeitspanne bis zur Aktivierung der marktbezogenen Maßnahmen bzw. zusätzlichen Reserven nach Abs. 1 S. 1 Nr. 2 und 3 zum Einsatz kommen.

39 In dem von der BNetzA bestätigten „Netzentwicklungsplan Strom 2019–2030" sind zwei **Netzbooster-Pilotanlagen** auf ÜNB-Ebene vorgesehen. Die BNetzA ordnet den Ansatz einer reaktiven Netzbetriebsführung mit Netzboostern in ihrem Beschluss treffend als eine **Weiterentwicklung des (n–1)-Prinzips** ein (BNetzA, Bestätigung des Netzentwicklungsplans Strom 2019–2030 vom 20.12.2019, Az. 613–8571/1/3, S. 58 f.; zum (n–1)-Prinzip → Rn. 16 f.):

> *„Im Gegensatz zur klassischen präventiven Auslegung des (n–1)-Kriteriums, bei der das Übertragungsnetz nach Eintreten eines Ausfalls keine Überlastungen aufweisen darf, lassen reaktive Betriebsführungsansätze wie das Netzbooster-Konzept eine kurzfristige Überlastung im Fehlerfall zu. Die Einhaltung der (n–1)-Sicherheit erfolgt dabei reaktiv durch schnell aktivierbare Anlagen und ermöglicht somit eine höhere Auslastung im Normalbetrieb (n–0). (…)*
> *Insgesamt bedeutet die großflächige Anwendung des Konzepts eine Weiterentwicklung des (n–1)-Prinzips und macht damit eine neue Form der Netzbetriebsführung erforderlich. Dieses Konzept ist noch nicht Stand der Technik und seine Umsetzung noch mit einer Vielzahl von Fragen verbunden."*

40 **2. Beschaffung und Betrieb von Stromspeichern als Netzbooster-Anlagen.** Zur Gewährleistung der technischen Anforderungen sind in beiden Pilotprojekten schnell aktivierbare **Batteriespeicher als Netzbooster-Anlagen** vorgesehen. Da es somit um die Beschaffung und den Betrieb von Stromspeichern geht, die wiederum unter den Begriff der „*Energiespeicheranlagen*" iSv § 3 Nr. 15d fallen (→ Rn. 35), stellt sich die Frage, ob der Netzbetreiber diese Netzbooster-Anlagen selbst betreibt (im Folgenden „*selbst betriebene Stromspeicher*") oder von Dritten betreiben lässt (im Folgenden „*drittbetriebene Stromspeicher*"). Grundsätzlich muss der Netzbetreiber einen Dritten mit der Errichtung, der Verwaltung und dem Betrieb beauftragen, weil Betreibern von Elektrizitätsversorgungsnetzen der Betrieb von und das Eigentum an Energiespeicheranlagen entflechtungsrechtlich untersagt ist (→ Rn. 36).

41 **a) Ausschreibung von drittbetriebenen Stromspeichern (§ 11a).** Entsprechend des entflechtungsrechtlichen Grundsatzes sieht § 11a die **Beschaffung von drittbetriebenen Stromspeichern** (umschrieben als „*Energiespeicheranlagen, die elektrische Energie erzeugen*") per Ausschreibung durch den Netzbetreiber vor.

42 Die Beschränkung auf ein **exklusives Ausschreibungsverfahren allein für Stromspeicher** steht im Widerspruch zum europarechtlichen Leitbild einer „dis-

kriminierungsfreien Marktteilnahme" *aller* Marktteilnehmer (→ Rn. 65 ff.).
§ 11 a trägt dem Rechnung, indem das Ausschreibungsverfahren nur dann zur Anwendung kommen darf, wenn der Einsatz der Stromspeicher tatsächlich „notwendig" ist, damit der Netzbetreiber seine grundlegenden Netzbetriebspflichten nach § 11 Abs. 1 S. 1 *„in effizienter Weise"* erfüllt (§ 11 a Abs. 1 S. 1).

Für die **Effizienz** kommt es kurzgefasst auf die tatsächlichen Gesamtkosten zu- 43 lasten der Stromverbraucher in Relation zu geeigneten Alternativen an (ausf. zum Effizienzmaßstab → Rn. 59 ff.). Die **Notwendigkeit** des *Einsatzes* der Stromspeicher setzt ua voraus, dass (insbesondere aufgrund spezieller technischer Anforderungen) keine gleich geeigneten oder gleich effizienten Alternativen (beispielsweise in Form anderer Erzeugungsanlagen oder Verbrauchseinrichtungen) in Betracht kommen. Die Vorgaben zur Beschaffung von drittbetriebenen Stromspeichern nach § 11 a stellen bereits hinsichtlich der *Zuschlagserteilung* strikte Anforderungen an die Effizienz. Der Netzbetreiber darf den Zuschlag nicht erteilen, wenn der Dritte die Leistung nicht rechtzeitig oder nicht zu *„angemessenen Kosten"* erbringt (§ 11 a Abs. 1 S. 2). Die Kosten dürfen zudem die Kosten eines hypothetisch vom Netzbetreiber selbst betriebenen Stromspeichers nicht übersteigen (§ 11 a Abs. 1 S. 3).

b) Vom Netzbetreiber selbst betriebene Stromspeicher (§ 11 b). Die 44 BNetzA kann nach § 11 b Abs. 1 Nr. 1 per **Festlegung** generell gegenüber allen Netzbetreibern oder gegenüber einer Gruppe von Netzbetreibern gestatten, dass diese bestimmte, für den Netzbetrieb benötigte Stromspeicher abweichend von dem oben genannten entflechtungsrechtlichen Grundsatz (→ Rn. 36) ausnahmsweise selbst errichten, verwalten und betreiben sowie Eigentümer dieser Anlagen sein dürfen. Es handelt sich dann um vom **Netzbetreiber selbst betriebene Stromspeicher.** Diese Möglichkeit ist auf Stromspeicher beschränkt, die als *„vollständig integrierte Netzkomponenten"* eingesetzt werden (→ Rn. 29 ff.). Ergänzend besteht nach § 11 b Abs. 1 Nr. 1 grundsätzlich die Möglichkeit einer entsprechenden **Einzelfall-Genehmigung** durch die BNetzA auf Antrag eines Netzbetreibers.

Der Gesetzgeber zeichnet mit den Vorgaben der §§ 11 a und 11 b im Wesent- 45 lichen die europarechtliche Regel-Ausnahmesystematik zum Betrieb von Energiespeicheranlagen nach (vgl. Art. 36 Abs. 2–4 und Art. 54 Abs. 2–5 Elt-RL 19). Die gesetzlichen Vorgaben des § 11 b sind, wie auch die Vorgaben zur Beschaffung von drittbetriebenen Stromspeichern nach § 11 a, **auf schnell aktivierbare Netzbooster-Anlagen** zugeschnitten. Der Gesetzgeber nennt daher in der Begründung zur Einführung der §§ 11 a und 11 b allein die beiden oben genannten Netzbooster-Pilotanlagen, die *„nach aktuellem Kenntnisstand (...) unter die Bestimmungen dieser Regelung fallen"* (BT-Drs. 19/27453, 66).

Der deutsche Gesetzgeber sich bei der Umsetzung nah an die verschachtelte 46 Systematik der EU-Richtlinie gehalten und somit eine Vorentscheidung vermieden, welche der Varianten nach §§ 11 a und 11 b letztlich für die Umsetzung der Netzbooster-Projekte entscheidend sein werden. Sofern es sich bei den Stromspeichern *nicht* um *„vollständig integrierte Netzkomponente"* handeln sollte, greifen die zusätzlichen Anforderungen nach § 11 Abs. 2 und 3, die ua sicherstellen sollen, dass die Stromspeicher für einen effizienten Netzbetrieb tatsächlich erforderlich sind und nicht in geeigneter und effizienter Weise durch Dritte betrieben werden können.

Dass auch die Möglichkeit einer Einzelfall-Genehmigung nach § 11 b Abs. 1 47 Nr. 1 iVm Abs. 2–4 auf die Nutzung von selbst betriebenen Stromspeichern im Rahmen von Netzbooster-Konzepten zugeschnitten ist (soweit die Nutzung nicht bereits durch eine Festlegung nach § 11 b Abs. 1 Nr. 2 geregelt ist), verdeutlicht ua

§ 11b Abs. 4 S. 1 Nr. 2 iVm S. 2: Diese Regelung zur vorübergehenden Aussetzung des sog. „zweiten Markttests" bei selbst betriebenen Stromspeichern, die auf Basis einer frühzeitigen Investitionsentscheidung beschafft werden, stellt klar, dass die Stromspeicher in dem Fall exklusiv als **Netzbooster-Anlagen** der Umsetzung einer reaktiven Netzbetriebsführung dienen müssen. Sie dürfen nach diesen Vorgaben ausschließlich zur „*reaktiven unmittelbaren Wiederherstellung des sicheren und zuverlässigen Netzbetriebs durch **netzbezogene Maßnahmen***" in der kurzen Zeitspanne zwischen dem „*Eintritt der Störung*" und den „*Maßnahmen gemäß § 13 Absatz 1 Nummer 2 und 3*" eingesetzt werden (zum Einsatz von Netzbooster-Anlagen zur reaktiven Netzbetriebsführung → Rn. 38).

E. Marktbezogene Maßnahmen (Abs. 1 S. 1 Nr. 2)

I. Rangfolge der Nutzung von marktbezogenen Maßnahmen

48   Auf der **zweiten Rangstufe** der Systemsicherheitsmaßnahmen sind geeignete marktbezogene Maßnahmen nach § 13 Abs. 1 S. 1 Nr. 2 zu ergreifen (zum Vorrang von „netzbezogenen" gegenüber „marktbezogenen" Maßnahmen → Rn. 25).

49   Bei **marktbezogenen Maßnahmen** werden im Unterschied zu den netzbezogenen Maßnahmen auch Dritte (insbesondere Erzeuger, Verbraucher, Netznutzer) einbezogen. Ihre Rechte werden vorübergehend insbesondere durch Anpassungen der Erzeugung oder des Bezugs eingeschränkt oder sie werden vorübergehend zu einem netzdienlichen Verhalten verpflichtet. Im Gegenzug erhalten sie dafür in der Regel – je nach Maßnahme – eine vertraglich oder gesetzlich bestimmte Gegenleistung. Die Maßnahmen sind somit „**markt***bezogen*", da sie sich auf das Marktgeschehen außerhalb des reinen Netzbetriebs auswirken. Sie enthalten darüber hinaus marktähnliche Merkmale aufgrund des synallagmatischen schuldrechtlichen Verhältnisses zwischen dem Netzbetreiber und dem jeweiligen Dritten sowie durch die kostenbasierte Maßnahmenauswahl nach der effizientesten Gesamtlösung.

50   Begrifflich davon zu unterscheiden ist jedoch die „**markt***gestützte*" bzw. „**markt***basierte*" Beschaffung im Sinne des europarechtlichen Leitbilds einer effizienten, möglichst marktgestützten Beschaffung (→ Rn. 74 ff.).

II. Marktbezogene Maßnahmen auf gesetzlicher oder vertraglicher Grundlage (Abs. 1 S. 1 Nr. 2)

51   Marktbezogene Maßnahmen der Netzbetreiber können auf einem gesetzlichen (→ Rn. 52 ff.) oder auf einem vertraglichen Schuldverhältnis (→ Rn. 55 ff.) beruhen.

52   **1. Gesetzliches Schuldverhältnis.** Ein weitreichendes gesetzliches Schuldverhältnis, das in der Praxis einen Großteil der anfallenden Systemsicherheitsmaßnahmen abdeckt, besteht nach § 13a zwischen Netzbetreibern und den Betreibern von Erzeugungsanlagen und Stromspeichern: Der Netzbetreiber kann im Rahmen dieser „**Maßnahmen nach § 13a**" die Erzeugung und den Bezug der Anlagen anpassen (ausf. zur Einordnung von Maßnahmen nach § 13a als *marktbezogene Maßnahmen* → Rn. 106 ff.; ausf. zum Einsatz für *strom- und spannungsbedingte* Anpassungen insbesondere für *Redispatch* → Rn. 245). Das gesetzliche Schuldverhältnis für „Maßnahmen nach § 13a" ist nicht einseitig, sondern synallagmatisch ausgestaltet: Die wechselseitigen Anpassungsrechte einerseits sowie die finanziellen und bilanziellen Ausgleichspflichten andererseits sind durch die Regelung des § 13a unmit-

telbar gesetzlich vorgegeben, sodass es **keiner vertraglichen Bestätigung** für die Durchführung dieser marktbezogenen Maßnahmen bedarf.

Es bleibt den Parteien jedoch grundsätzlich unbenommen, zB in einem **Durch-** 53 **führungsvertrag** nähere Modalitäten zur konkreten Abwicklung innerhalb des gesetzlich vorgegebenen Rahmens zu vereinbaren. Rechtsgrundlage für die Systemsicherheitsmaßnahme bleibt jedoch auch beim Abschluss eines Durchführungsvertrags stets das gesetzliche Schuldverhältnis.

Auch aus den Vorgaben der europäischen **Network Codes** (→ Rn. 78 f.) oder 54 sonstigen **europarechtlichen und nationalen Vorgaben** können sich wechselseitige Rechte und Pflichten zwischen Netzbetreibern und verschiedenen Marktteilnehmern ergeben, die je nach Ausgestaltung unmittelbare Ansprüche begründen oder im Rahmen von vertraglichen Vereinbarungen und einbezogenen technischen Regelwerken zu beachten sind.

2. Vertragliches Schuldverhältnis. Im Fall eines vertraglichen Schuldverhält- 55 nisses können Anpassungsrechte und Gegenleistungen in einem **eigenständigen Vertrag** geregelt sein, sie können jedoch auch **Teil einer anderweitigen Vereinbarung** sein. In der Praxis finden sich beispielsweise auch in Netzanschlussvereinbarungen und einbezogenen technischen **Anschlussbedingungen** Vorgaben für die Anpassung von Netzeinspeisungen bzw. -entnahmen für den Fall einer Gefährdung oder Störung der Sicherheit oder Zuverlässigkeit des Elektrizitätsversorgungssystems.

Die Einordnung als marktbezogene Maßnahme auf vertraglicher Basis nach 56 Abs. 1 S. 1 Nr. 2 **hängt nicht davon ab**, ob und in welcher Weise eine **Gegenleistung** für die vereinbarten Anpassungsrechte vereinbart wird. Es ist dafür insbesondere nicht zwingend erforderlich, dass die Vereinbarung einen finanziellen Ausgleich für die Vorhaltung und jeweilige Inanspruchnahme vorsieht (vgl. BGH Beschl. v. 1.9.2020 – EnVR 7/19 Rn. 24, 26 – Baltic Cable AB II). Inwieweit der Netzbetreiber eine solche Vereinbarung in der Praxis (zB im Rahmen eines Netzanschlussvertrags) einfordern und legitim ohne Missbrauch seiner natürlichen Monopolstellung durchsetzen kann, ist eine vorgelagerte Frage, die über die Auslegung des § 13 hinausgeht. Sie ist im Einzelfall nach den jeweiligen regulatorischen Vorgaben für einen diskriminierungsfreien Netzanschluss bzw. Netzzugang unter Berücksichtigung der einschlägigen technischen Regelwerke auf europäischer und nationaler Ebene zu beantworten.

Die gesetzlichen Vorgaben zur **Rangfolge und zum Einspeisevorrang** vorrang- 57 berechtigter Erzeugung sind unabhängig davon einzuhalten, inwieweit verschiedene Maßnahmen auf Basis eines vertraglichen oder eines gesetzlichen Schuldverhältnisses zur Verfügung stehen. Die Vorgaben dienen Gemeinwohl-Zielen und stehen insoweit **nicht zur Disposition der Vertragsparteien.** Der Netzbetreiber darf insbesondere keine Vereinbarungen abschließen, die die gesetzlichen Vorgaben zur Rangfolge und zur Auswahlentscheidung faktisch umgehen oder unterlaufen würden.

III. Beschaffung von marktbezogenen Maßnahmen auf vertraglicher Basis (Abs. 1 S. 1 Nr. 2)

Wie im sonstigen Geschäftsverkehr steht es Netzbetreibern auch hinsichtlich der 58 Erfüllung ihrer Verantwortlichkeiten zur Wahrung der Systemsicherheit grundsätzlich frei, sich Leistungen Dritter zu bedienen und entsprechende **vertragliche Vereinbarungen über Dienstleistungen für Systemsicherheitsmaßnahmen** (im Folgenden *„Systemdienstleistungen"*) zu treffen. Solange die jeweiligen gesetzlichen Vorgaben eingehalten werden (zu den europarechtlichen → Rn. 63 ff. und nationalen Vorgaben → Rn. 80 ff.), ist für die Auswahl unter verschiedenen geeigneten Maßnahmen letztlich insbesondere die **Effizienz** entscheidend (zum Effizienzmaßstab → Rn. 59). Als Grundvoraussetzung für die Beschaffung und den Einsatz von marktbezogenen Maßnahmen nach Abs. 1 S. 1 Nr. 2 ist dabei stets zu beachten: Nur Maßnahmen, die dazu **geeignet** sind, die jeweiligen Gefährdungen oder Störungen zuverlässig zu beseitigen, kommen als effiziente Maßnahmen in Betracht.

59 1. **Effizienzmaßstab. Maßstab für die Effizienz** von verschiedenen Maßnahmen bzw. Maßnahmenkombinationen der Netzbetreiber zur Wahrnehmung ihrer Netzbetriebspflichten nach den §§ 11 ff. und insbesondere ihrer Netz- und Systemverantwortung nach § 13 (bei VNB iVm § 14 Abs. 1 und 1 c) sind die **tatsächlichen Gesamtkosten, die zulasten der Allgemeinheit** anfallen. Effiziente Netz- und Systemsicherheitsmaßnahmen sind nach ihrem Sinn und Zweck nicht auf eine betriebswirtschaftliche Optimierung zugunsten einzelner Netzbetreiber ausgerichtet, sondern auf eine *Gesamtoptimierung* zugunsten einer effizienten Stromversorgung (zum Zweck der Preisgünstigkeit der leitungsgebundenen Versorgung mit Elektrizität nach § 1 Abs. 1 → Rn. 5). Das gilt sowohl für die *Beschaffung* von Systemsicherheitsmaßnahmen als auch für ihren *Einsatz*. Für den Effizienzgrundsatz ist die *„gesamtwirtschaftliche Effizienz des Systems"* entscheidend (vgl. BT-Drs. 19/27453, 70).

60 Für die Ermittlung der tatsächlichen Gesamtkosten zulasten der Allgemeinheit kommt es auf den **Kostensaldo** an: Maßnahmen, die zu **Belastungen an einer Stelle** führen (zB durch höhere Netzentgelte bei einem Netzbetreiber), können sich – im Vergleich zu den geeigneten Alternativen – durchaus als *effizient* erweisen, wenn sie zugleich **an einer anderen Stelle zu Entlastungen** führen (zB durch niedrigere Netzentgelte bei anderen Netzbetreibern, durch eine niedrigere EEG-Umlage bzw. – ab dem Entfallen der Umlage – durch geringere Ausgleichszahlungen aus dem Bundeshaushalt oder durch niedrigere sonstige Umlagen). Umgekehrt sind Maßnahmen, die insgesamt zu höheren tatsächlichen Gesamtkosten zulasten der Allgemeinheit führen als andere gleich geeignete Maßnahmen, auch dann *ineffizient*, wenn sie bei isolierter Betrachtung der Kosten des einzelnen Netzbetreibers günstiger wären. So wäre es beispielsweise ineffizient, wenn ein Netzbetreiber marktbezogene Maßnahmen auf vertraglicher Basis kontrahieren würde, die insgesamt zu höheren Kosten zulasten der Allgemeinheit führen als gleich geeignete Maßnahmen, die ihm **ohnehin auf Basis eines gesetzlichen Schuldverhältnisses** (zB als Maßnahmen nach § 13 a) zur Verfügung stehen.

61 Der Netzbetreiber kann die erforderlichen Kosten für geeignete Maßnahmen zur Erfüllung seiner Netzbetriebspflichten im Rahmen der Anreizregulierung grundsätzlich über die **Netzentgelte wälzen,** soweit sie sich im Rahmen eines **effizienten Netzbetriebs** halten. Soweit er hingegen Leistungen kontrahieren und einsetzen würde, die ineffizienter sind als sonst verfügbare, gleich geeignete Maßnahmen, kann ein Netzbetreiber grundsätzlich Gefahr laufen, unnötige Mehrkosten einer weniger effizienten Maßnahme nicht zulasten der Netzentgeltzahler bzw. letztlich zulasten der Stromverbraucher wälzen zu können. Zudem werden durch Zu- und Abschläge bei der Festlegung der Erlösobergrenzen der ÜNB nach § 17 iVm Anlage 5 ARegV Anreize zur Verringerung der Kosten für strom- und spannungsbedingte Anpassungsmaßnahmen (→ Rn. 244 ff.) gesetzt. Diese Maßnahmen werden in der genannten ARegV-Regelung abweichend vom europarechtlich geprägten Begriff des „Engpassmanagements" im engeren Sinne (→ Rn. 129 f.) vereinfachend als *„Engpassmanagementkosten"* im weiteren Sinne zusammengefasst.

Systemverantwortung der Betreiber von Übertragungsnetzen **§ 13**

In der Praxis wird ein Netzbetreiber daher von seinen grundsätzlichen Möglich- 62
keiten zur **Kontrahierung von marktbezogenen Maßnahmen** auf vertraglicher
Basis verständlicher- und richtigerweise insoweit Gebrauch machen, als er damit
seine Verantwortlichkeiten insbesondere **effizienter** wahrnehmen kann als durch
andere, gleich geeignete Maßnahmen, die ihm aufgrund von gesetzlichen Vorgaben
ohnehin zur Verfügung stehen oder die er anderweitig beschaffen kann.

2. Europarechtliche Vorgaben zur Beschaffung. Europarechtliche Vor- 63
gaben ergeben sich insbesondere aus der **Elt-VO 19** und der **Elt-RL 19**. Sowohl in der unmittelbar geltenden Verordnung (Elt-VO 19) als auch in der Richtlinie
(Elt-RL 19) finden sich teilweise **Vorgaben zur Beschaffung** von bestimmten
Dienstleistungen für Systemsicherheitsmaßnahmen („Systemdienstleistungen"). Beispiele, die dieses Leitbild verdeutlichen, finden sich ua in Vorgaben zur Regelenergie
(Art. 6 Abs. 1 und Abs. 2 S. 2 Elt-VO 19 iVm Art. 40 Abs. 4 Elt-RL 19), zum Redispatch (Art. 13 Elt-VO) und zu „nichtfrequenzgebundenen Systemdienstleistungen"
(Art. 31 Abs. 7 und Art. 40 Abs. 4–6). Die europarechtlichen Vorgaben werden durch
spezielle nationale Vorgaben umgesetzt bzw. konkretisiert (→ Rn. 80 ff.).

Auch wenn die Formulierungen der verschiedenen europarechtlichen Vorgaben 64
im Detail variieren, liegt ihnen das gleiche Grundverständnis zugrunde: Netzbetreiber sollen Systemdienstleistungen insbesondere
– *diskriminierungsfrei* (europarechtliches **Leitbild des diskriminierungsfreien Marktzugangs** → 65 ff.) und
– *effizient* – möglichst durch „*marktgestützte*" bzw. „*marktbasierte*" Verfahren oder Mechanismen – beschaffen (europarechtliches **Leitbild der effizienten, möglichst marktgestützten Beschaffung** → Rn. 74 ff.).

a) Leitbild des diskriminierungsfreien Marktzugangs. Die Vorgaben zur 65
diskriminierungsfreien Beschaffung von Systemdienstleistungen sind Teil eines Geflechts an verschiedenen Einzelregelungen der Elt-VO 19, der Elt-RL 19 und der
EE-RL 19, deren Zweck und Wirkung sich am anschaulichsten anhand des Leitbilds zeigen lässt, das den Einzelregelungen zugrunde liegt: Nach diesem europarechtlichen Leitbild des diskriminierungsfreien Marktzugangs sollen grundsätzlich
alle geeigneten Marktteilnehmer diskriminierungsfrei nach ihren jeweiligen
energiewirtschaftlichen Funktionen am Strommarkt teilnehmen können.

In vielen verschiedenen europarechtlichen Normen, von denen das Themenfeld 66
der Systemsicherheit einen Bruchteil ausmacht, werden daher neben etablierten
auch potenzielle neue Marktteilnehmer aufgeführt: Je nach Regelung werden
neben anderen Marktteilnehmern beispielsweise unter ausdrücklich von *Betreiber von
EE-Anlagen, Letztverbraucher, Lasten, aktive Kunden, Prosumer, EE-Eigenversorger, gemeinsam handelnde EE-Eigenversorger, Erneuerbare-Energie-Gemeinschaften, Bürgerenergiegemeinschaften, Betreiber von Energiespeicheranlagen* sowie *Aggregatoren* als mögliche
Marktteilnehmer genannt.

Für die Möglichkeiten zur Teilnahme am Strommarkt soll es nicht auf das „äu- 67
ßere Gewand", sondern auf die Eignung nach den **tatsächlichen energiewirtschaftlichen Funktionen** ankommen: Auch weniger etablierte Marktteilnehmer
sollen ihre jeweiligen energiewirtschaftlichen Funktionen am Strommarkt ausüben
können und den natürlichen Monopolbereich des Netzes dafür diskriminierungsfrei nutzen können. Die verschiedenen energiewirtschaftlichen Funktionen beziehen sich letztlich insbesondere darauf, dass Strom *erzeugt*, ins Netz *eingespeist*, *gehandelt*, *geliefert*, aus dem Netz *entnommen*, *gespeichert* und *verbraucht* wird.

68

Sötebier

Exkurs: Stromspeicher und Energiespeicheranlagen
Soweit keine Sonderregelungen greifen, können Stromspeicher diese energiewirtschaftlichen Funktionen diskriminierungsfrei nach denselben Rechten und Pflichten, die für alle Verbrauchs- und Erzeugungsanlagen gelten, nutzen und als Speicherfunktion kombinieren.

Die **energiewirtschaftlichen Funktionen einer "Speicherung"** bestehen im Falle von **Stromspeichern** einerseits in dem *Verbrauch* von Strom beim Einspeichern und in der *Erzeugung* von Strom zu einem späteren Zeitpunkt beim Ausspeichern. Bei Stromspeichern handelt es sich kurzgefasst um Anlagen, die elektrische Energie zum Zweck der elektrischen, chemischen, mechanischen oder physikalischen Zwischenspeicherung und der späteren Erzeugung von elektrischer Energie verbrauchen. Bei **"Power-to-X"-Anlagen,** die elektrische Energie zwar in ähnlicher Weise zum Zweck der Zwischenspeicherung, nicht aber zur späteren Stromerzeugung, sondern zur Abgabe in einer anderen Energieform verbrauchen, beschränkt sich ihre energiewirtschaftliche Funktion am Strommarkt auf den *Verbrauch* des Stroms zu den genannten Speicherzwecken (zum Einsatz von Stromspeichern und Power-to-X-Anlagen zur Laststeuerung → Rn. 131). In beiden Fällen handelt es sich um eine **"Energiespeicheranlage"** iSv § 3 Nr. 15d.

Exkurs: Anpassung der Legaldefinition einer "Energiespeicheranlage"
Dieses Grundverständnis **ändert sich nicht** durch die Anpassung der Formulierung der Legaldefinition einer "Energiespeicheranlage", die kurzfristig im Zuge des Klimaschutz-Sofortprogramm-Novelle eingefügt wurde zum 1.7.2023 in Kraft treten soll. Bei der Anpassung handelt es lediglich um eine *sprachliche Anpassung an die Terminologie der Elt-RL 19*, mit der zugleich die *besondere Bedeutung im Energiesystem unterstrichen* werden soll (BT-Drs. 20/2402, 38). Auch wenn in der neu formulierten Legaldefinition die zugrunde liegenden Vorgänge des *Verbrauchs* und – im Fall der Nutzung als Stromspeicher – der *Erzeugung* von Strom in der Energiespeicheranlage nicht mehr ausdrücklich erwähnt werden, können und sollen die Anlagen durch die allgemeiner gefasste Formulierung nicht ihrer tatsächlichen energiewirtschaftlichen Funktionen beraubt werden, die ihre Teilnahme am Strommarkt und ihre – auch europarechtlich zwingende – Bilanzierung im Energiesystem ermöglichen.

69 Exkurs: Elektromobile
Auch die energiewirtschaftlichen Funktionen eines Elektromobils können diskriminierungsfrei genutzt werden: In aller Regel werden **Elektromobile** (wie auch andere Verbrauchsgeräte mit Akku) als **"geschlossene *Verbrauchsgeräte* mit Akku"** genutzt. Denn sie werden in ihrer gewöhnlichen Betriebsweise ausschließlich zum Zweck des Ladens mit einem Netz verbunden und verwenden den mit dem Akku erzeugten Strom ausschließlich zur Deckung ihres üblichen Betriebsverbrauchs (sprich vor allem zum Fahren). Im Ausnahmefall einer "bidirektionalen" Betriebsweise, bei der die Erzeugungsfunktion des Akkus darüber hinaus zur Deckung von weiteren Stromverbräuchen genutzt wird, indem der erzeugte Strom beispielsweise zur Einspeisung in ein Netz oder eine Kundenanlage verwendet wird, können Elektromobile grundsätzlich auch in der energiewirtschaftlichen Funktion einer *Erzeugungsanlage* bzw. eines *Stromspeichers* genutzt werden (vgl. BNetzA, Leitfaden zum Messen und Schätzen bei EEG-Umlagepflichten vom 8.10.2020, S. 19f.). Im Rahmen des EnWG wird der Strombezug für den Ladestrom allerdings nicht dem Elektromobil, sondern dem jeweiligen **Ladepunkt als dessen Letztverbrauch** zugerechnet (Letztverbrauchs-Fiktion nach § 3 Nr. 25; zur Frage der Berücksichtigung im Rahmen von Redispatch-Maßnahmen nach § 13a Abs. 1 → § 13a Rn. 17).

70 Betreiber von Erzeugungsanlagen und Letztverbraucher (inkl. Betreiber von Stromspeicher) müssen ihre energiewirtschaftlichen Funktionen nicht eigenständig am Strommarkt anbieten. Sie können auch Verträge mit **"Aggregatoren"** abschließen, deren Geschäftsmodell darin besteht, Erzeugungs- und Lastflexibilitäten dritter Personen zu poolen und gebündelt zu vermarkten (zu den Anforderungen an solche Verträge → § 41 e). Sie dürfen jedoch keinen „Vertrag zulasten Dritter" abschließen: Damit die aggregierten Dienstleistungen in Form von „Mehr- oder Mindererzeugung" sowie von „Mehr- oder Minderverbrauch" *nicht* **auf Kosten anderer Marktteilnehmer** erbracht werden, sind insbesondere die Vorgaben nach § 41 d zu beachten. Die Regelung stellt einerseits sicher, dass diese Dienstleistungen auch über einen unabhängigen Aggregator und „einen anderen Bilanzkreis" vermarktet und erbracht werden können. Andererseits müssen Beeinträchtigungen, die ua durch Bilanzkreisabweichungen infolge der Erzeugungs- oder Lastanpassung zulasten von Bilanzkreisverantwortlichen, Lieferanten und Großhändlern eintreten können, durch eine viertelstundengenaue Messung erfasst und durch ein „angemessenes Entgelt" ausgeglichen werden. Die BNetzA soll nach § 41 d Abs. 3 iVm § 118 Abs. 30 die wechselseitigen Rechte und Pflichten bis Ende 2022 durch eine Festlegung konkretisieren (zur Erbringung von Regelenergie durch Letztverbraucher und Aggregatoren BNetzA Beschl. v. 14. 9. 2017 – BK6-17-046).

Die **Diskriminierungsfreiheit** zielt darauf, sowohl **sachwidrige Ungleichbehandlungen** von gleichen Sachverhalten (insbesondere von gleichen energiewirtschaftlichen Funktionen) als auch **sachwidrige Gleichbehandlungen** von ungleichen Sachverhalten auszuschließen. Sachgerechte Differenzierungen bleiben möglich bzw. erforderlich. *Nicht sachgerecht* wäre insbesondere eine Behandlung, die darauf abzielt, im Geschäftsmodell eines Anbieters verankerte **Wettbewerbsnachteile einseitig auszugleichen**, denn dies würde eine Diskriminierung der anderen Marktteilnehmer darstellen und dem Ziel der Kostengünstigkeit bzw. Effizienz zuwiderlaufen. Auch eine gleichrangige Berücksichtigung von geeigneten und **ungeeigneten** (bzw. von deutlich weniger geeigneten) Dienstleistungen wäre *diskriminierend* (sowie ungeeignet und ineffizient). 71

Eine diskriminierungsfreie Teilhabe an Rechten setzt zudem stets voraus, dass die Marktteilnehmer die Pflichten und Verantwortlichkeiten, die mit der Ausübung ihrer jeweiligen energiewirtschaftlichen Funktion einhergehen, diskriminierungsfrei tragen. Dies gilt ua für die Bilanzkreisverantwortung: Jeder Marktteilnehmer muss – zumindest mittelbar über einen BKV – die **Verantwortung für die bilanziellen Auswirkungen** seiner jeweiligen energiewirtschaftlichen Funktion übernehmen (vgl. Art. 5 Elt-VO 19 und zB Art. 15 Abs. 2 lit. f, Art. 16 Abs. 3 S. 1 lit. c, Art. 17 Abs. 3 lit. d Elt-RL 19). 72

Im Bereich der Systemsicherheitsmaßnahmen kann das Leitbild des diskriminierungsfreien Marktzugangs in zweierlei Richtungen relevant sein: Einerseits im Hinblick auf eine (unerwünschte) **Heranziehung zu belastenden Maßnahmen** und andererseits im Hinblick auf eine (erwünschte) Berücksichtigung bei der **Beschaffung potenziell lukrativer Systemdienstleistungen** durch den Netzbetreiber. Die europarechtlichen Vorgaben der Elt-VO 19 und der Elt-RL 19 legen den Schwerpunkt auf den zweiten Aspekt: Sofern Netzbetreiber bestimmte Systemdienstleistungen in Anspruch nehmen, die von verschiedenen Marktteilnehmern mit geeigneten energiewirtschaftlichen Funktionen effizient geleistet werden können, soll eine vertragliche Beschaffung **nicht zugunsten eines willkürlich eingeschränkten Teilnehmerkreises** oder gar zugunsten verbundener Unternehmen erfolgen. Letzteres ergibt sich auch aus den Grundsätzen der **Entflechtung**. 73

b) Leitbild der effizienten, möglichst marktgestützten Beschaffung. 74
Nach dem europarechtlichen Leitbild, das den einzelnen Bestimmungen der Elt-

§ 13
Teil 3. Regulierung des Netzbetriebs

VO 19 und der Elt-VO 19 zugrunde liegt, soll die Beschaffung von Systemsicherheitsmaßnahmen bzw. von Dienstleistungen für diese Maßnahmen im Grundsatz nach Möglichkeit auf der Basis von **„marktgestützten Verfahren"** bzw. von **„marktbasierten Mechanismen"** erfolgen. Dadurch soll einerseits eine **diskriminierungsfreie** Teilnahmemöglichkeit aller Marktteilnehmer mit jeweils geeigneten energiewirtschaftlichen Funktionen (→ Rn. 65 ff.) und andererseits vor allem eine **effiziente** Beschaffung sichergestellt werden. Die beiden Begriffe „marktgestützt" und „marktbasiert" werden weitgehend synonym verwendet.

75   Dieses Leitbild einer möglichst marktgestützten Beschaffung orientiert sich an dem **Idealfall,** dass die Netzbetreiber bestimmte Systemsicherheitsmaßnahmen bzw. Dienstleistungen für solche Maßnahmen **in geeigneter und effizienter Weise** „am Markt" beschaffen können. In diesem Idealfall können die Anforderungen in austauschbarer, geeigneter und effizienter Weise von vielen verschiedenen Marktteilnehmern und durch verschiedene energiewirtschaftliche Funktionen erfüllt werden, sodass ein ausreichendes Wettbewerbsniveau mit **wirksamem Wettbewerb** gewährleistet ist. Diese Voraussetzungen treffen beispielsweise grundsätzlich auf die Beschaffung von Regelenergie zu, die die ÜNB im Wege von Ausschreibungen beschaffen, an denen sich alle geeigneten Marktteilnehmer mit ihren jeweiligen energiewirtschaftlichen Funktionen beteiligen können (→ Rn. 97 ff.).

76   Soweit die erforderlichen Voraussetzungen für marktgestützte bzw. marktbasierte Verfahren hingegen nicht vorliegen, müssen bzw. sollen sie nach den jeweiligen europarechtlichen Bestimmungen der Elt-VO 19 und der Elt-RL 19 auch nicht zur Anwendung kommen. Wenn bestimmte **Maßnahmen** an sich oder den Weg einer **marktgestützten bzw. marktbasierten Beschaffung** insbesondere **nicht geeignet** (zur Grundvoraussetzung der Eignung → Rn. 80) oder **nicht effizient** sind, dann sollen die Netzbetreiber auch nach den europarechtlichen Vorgaben nicht dazu gezwungen werden, ungeeignete (und dadurch potenziell systemgefährdende) oder ineffiziente Maßnahmen bzw. Beschaffungsverfahren zu verwenden. Im Gegenteil: Durch die europarechtlichen Vorgaben soll gerade sichergestellt werden, dass die Netzbetreiber geeignete Maßnahmen auf effiziente (und diskriminierungsfreie) Weise beschaffen und einsetzen. Im Einklang mit den europäischen Vorgaben wurde daher beispielsweise das *Redispatch-System* in Deutschland nicht auf eine *„marktbasierte"* Beschaffung umgestellt, sondern ein *„nichtmarktbasiertes"* System beibehalten (ausf. zu dieser Grundsatzentscheidung → Rn. 168 ff.). Auch verschiedene *nichtfrequenzgebundene Systemdienstleistungen* werden in Deutschland – abweichend von dem grundsätzlichen europarechtlichen Leitbild – mangels Eignung bzw. Effizienz nicht *„marktgestützt"* beschafft (→ Rn. 198).

77   Hinsichtlich der europarechtlichen **Effizienzanforderungen** kann auf die obigen Ausführungen zum Effizienzmaßstab entsprechend verwiesen werden (→ Rn. 59 ff.). Auch im europarechtlichen Kontext bemisst sich die Effizienz verschiedener Maßnahmen bzw. Maßnahmenkombinationen nach den **tatsächlichen Gesamtkosten,** die **zulasten der Allgemeinheit** anfallen und nicht nach einer betriebswirtschaftlichen Kostenoptimierung zugunsten einzelner Netzbetreiber oder Marktteilnehmer.

78   Soweit die unmittelbar anwendbaren europäischen **Network Codes** spezielle (insbesondere technische) Anforderungen und Leistungen im Verhältnis zwischen Marktteilnehmern und Netzbetreibern abschließend und verpflichtend vorgeben, dürften marktgestützte Beschaffungen ebenfalls ausscheiden. Die zusätzliche marktliche Beschaffung einer ohnehin verfügbaren Leistung wäre ineffizient, sofern dadurch zusätzliche Kosten anfallen (→ Rn. 60).

Systemverantwortung der Betreiber von Übertragungsnetzen § 13

Exkurs: Network Codes 79
Bei den Network Codes handelt es sich um Regelwerke, die auf Basis der Elt-VO (Art. 58–62 Elt-VO 19) als „Netzkodizes" bzw. „Leitlinien" in Form von unmittelbar geltenden EU-Verordnungen erlassen werden. Die Network Codes zielen auf ein „Mindestmaß an Harmonisierung" (Art. 58 Abs. 2 Elt-VO 19), um insbesondere technische Voraussetzungen für eine effiziente Abwicklung des grenz- und gebotszonenüberschreitenden Stromhandels im EU-Binnenmarkt sicherzustellen. Es bleibt den Mitgliedstaaten grundsätzlich unbenommen, detailliertere nationale Regelungen zur konkreten Umsetzung der Network Codes vorzusehen (Art. 62 Elt-VO 19) oder für den nicht gebotszonen-übergreifenden Stromhandel abweichende nationale Regelungen aufzustellen (Art. 58 Abs. 2 lit. b Elt-VO 19).

3. Nationale Vorgaben zur Beschaffung. Soweit eine Beschaffung von Sys- 80
temdienstleistungen auf vertraglicher Basis erforderlich ist, erfolgt die Beschaffung vor allem nach ihrer **Effizienz** (zum Effizienzmaßstab → Rn. 59 ff.). Die Auswahl ist dabei allerdings von vornherein auf geeignete Maßnahmen beschränkt. Die **Eignung** ist eine wesentliche Grundvoraussetzung sowohl für die Beschaffung als auch für den Einsatz einer jeden Systemsicherheitsmaßnahme. Dass die Maßnahmen in technischer, rechtlicher und sonstiger Hinsicht geeignet sein müssen, den jeweils vorgesehenen Beitrag zur Wahrung der Systemsicherheit effektiv und zuverlässig zu erfüllen, ergibt sich unmittelbar aus den Anforderungen an eine Systemsicherheitsmaßnahme nach § 13 (zum Zweck der Systemsicherheit nach § 1 Abs. 1 → Rn. 5). Als allgemeine energiewirtschaftsrechtliche Grundprinzipien sind neben der Effizienz und Eignung insbesondere die **Diskriminierungsfreiheit** und die **Entflechtung** zu beachten.

Die Vorgaben zur **Entflechtung** zwischen dem Netzbetrieb und den anderen, 81
wettbewerblichen Tätigkeitsbereichen der Energieversorgung (§§ 6 ff.) gelten auch für den Bereich der Systemsicherheit. Auch dann, wenn der Betreiber eines Elektrizitätsversorgungsnetzes für Systemsicherheitsmaßnahmen nach § 13 (bei VNB iVm § 14) beispielsweise den Zugriff auf bestimmte **Erzeugungsanlagen** oder **Stromspeicher** (→ Rn. 68) benötigt, darf er sie *nicht* selbst im Rahmen seines Netzbetriebs betreiben. Eine Nutzung zu Systemsicherheitszwecken rechtfertigt keinen Entflechtungsverstoß.

Das hat der Gesetzgeber nicht nur im Hinblick auf Stromspeicher klargestellt, son- 82
dern zugleich im Hinblick auf den – weiter gefassten – Begriff der **„Energiespeicheranlage"**, der neben Stromspeichern insbesondere sog. „Power-to-X-Anlagen" erfasst (→ Rn. 35), ausdrücklich geregelt: Netzbetreiber dürfen diese Anlagen weder errichten noch verwalten noch betreiben noch Eigentümer sein (§ 7 Abs. 1 S. 2, § 8 Abs. 2 S. 3 und § 10b Abs. 3 S. 4). Ausnahmen sind nur in eng gesteckten Rahmen nach § 11b vorgesehen (→ Rn. 44). Auch andere wettbewerbliche Tätigkeiten der Energieversorgung wie der **Stromhandel und Vertrieb** müssen vom Netzbetrieb grundsätzlich getrennt bleiben. Die Teilnahme der Netzbetreiber am Strommarkt ist auf das für die konkreten Systemsicherheitsmaßnahmen erforderliche Maß begrenzt (beispielsweise für das Countertrading → Rn. 113 oder für den Sonderfall einer börslichen Beschaffung von energetischen Ausgleichsmengen → Rn. 296).

Die europarechtlichen Vorgaben zur Beschaffung (→ Rn. 63 ff.) werden im deut- 83
schen Recht für verschiedene Systemsicherheitsmaßnahmen differenziert nach jeweiliger Eignung und Effizienz umgesetzt bzw. konkretisiert. Vorgaben für eine marktgestützte Beschaffung finden sich ua zur Kontrahierung von **Regelenergie** (→ Rn. 97 ff.), von **zu- und abschaltbaren Lasten** (→ Rn. 153 ff.) und von **„nicht frequenzgebundenen Systemdienstleistungen"** nach § 12h (→ Rn. 198). Die Vorgaben zur „marktgestützten Beschaffung von **Flexibilitätsdienstleistungen**

§ 13 Teil 3. Regulierung des Netzbetriebs

im Elektrizitätsverteilernetz" nach § 14c lassen die Systemsicherheits-Regelungen nach §§ 13, 13a, 14 Abs. 1 und 1a ausdrücklich unberührt, sodass für eine Beschaffung von Systemsicherheitsmaßnahmen über § 14c kein Raum verbleibt (→ Rn. 152). Für den Bereich der Redispatch-Maßnahmen hat der deutsche Gesetzgeber aufgrund mangelnder Eignung und Effizienz eines „marktbasierten" Systems von der europarechtlich vorgesehenen Ausnahmemöglichkeit eines **„nichtmarktbasierten Redispatchs"** nach Art. 13 Abs. 3 Elt-VO 19 Gebrauch gemacht (→ Rn. 168).

IV. Benannte Beispiele und unbenannte Fälle einer marktbezogenen Maßnahme (Abs. 1 S. 1 Nr. 2)

84 In Abs. 1 S. 1 Nr. 2 werden als marktbezogene Maßnahmen insbesondere **Regelenergie** (→ Rn. 86 ff.), **Maßnahmen nach § 13a Abs. 1** (→ Rn. 106 ff.), Maßnahmen gegenüber **abschaltbaren und zuschaltbaren Lasten** (→ Rn. 153 ff.), **Informationen über Engpässe** (→ Rn. 200) sowie das **Management von Engpässen** (→ Rn. 117 ff.) aufgeführt. Die Formulierung „*insbesondere*" macht deutlich, dass die Auflistung der genannten Beispiele nicht abschließend zu verstehen ist.

85 Auch andere geeignete Maßnahmen zur Beseitigung von Gefährdungen und Störungen der Sicherheit oder Zuverlässigkeit des Elektrizitätsversorgungssystems auf Basis eines vertraglichen Schuldverhältnisses können als **„unbenannter" Fall** eine marktbezogene Maßnahme darstellen. Die Unterscheidung zwischen den verschiedenen aufgeführten Beispielsfällen an marktbezogenen Maßnahmen ist für die Anwendungspraxis nur dann relevant, wenn unterschiedliche Vorgaben für ihre Beschaffung oder Anwendung zu beachten sind.

V. Regelenergie (Abs. 1 S. 1 Nr. 2 iVm §§ 6ff. StromNZV)

86 Bei dem Einsatz von *Regelenergie* handelt es sich um ein ausdrücklich benanntes Beispiel einer marktbezogenen Maßnahme nach Abs. 1 S. 1 Nr. 2.

87 **1. Leistungsungleichgewichte und Netzfrequenz-Probleme.** Die Übertragungsnetzbetreiber setzen **Regelenergie** ein, um Leistungsungleichgewichte in den vier Regelzonen in Deutschland auszugleichen (vgl. die Legaldefinition von „Regelenergie" nach § 2 Nr. 9 StromNZV) (→ Vor § 22). Es handelt sich um eine speziell geregelte Systemsicherheitsmaßnahme zur Verhinderung und Beseitigung von Gefährdungen oder Störungen der Sicherheit und Zuverlässigkeit des Elektrizitätsversorgungssystems durch Abweichungen von der zulässigen Netzfrequenz.

88 Um die Stromversorgung stabil zu halten, müssen sich die Erzeugung und der Verbrauch stets die Waage halten. **Bilanzungleichgewichte** zwischen den zeitgleichen Einspeisungen in und den Entnahmen aus dem Netz führen hingegen zu Abweichungen von der Netzfrequenz. Im deutschen und europäischen **Verbundnetz** gilt eine einheitliche **Netzfrequenz von 50 Hertz.** Es gehört zu den originären Kernaufgaben der Systemverantwortung (→ § 12), diese Netzfrequenz in dem sehr engen systemtechnisch vertretbaren Toleranzbereich zu halten. Die Übertragungsnetzbetreiber tragen diese Regelverantwortung nicht nur für ihre eigenen Netze, sondern üben sie in enger Zusammenarbeit mit allen ÜNB des Verbundnetzes aus. Das Bahnstromfernleitungsnetz ist dagegen kein Teil des Verbundnetzes und wird mit der Frequenz von 16,7 Hertz betrieben, für deren Einhaltung der Betreiber des Bahnstromnetzes und nicht die ÜNB die Verantwortung tragen.

2. Bilanzkreissystem – Vermeidung von Leistungsungleichgewichten.

a) Bilanzkreisverantwortung. Die Regelungen des deutschen Bilanzkreissystems zielen darauf, die Einspeisungen und Entnahmen möglichst im Gleichgewicht zu halten und Frequenzabweichungen dadurch von vornherein zu vermeiden. Die **Bilanzierungsverantwortung** tragen in diesem System die Bilanzkreisverantwortlichen (BKV). Sie schließen Bilanzkreisverträge mit den ÜNB ab und sind für eine ausgeglichene Bilanz zwischen den Einspeisungen in ihren Bilanzkreis und den Entnahmen aus ihrem Bilanzkreis in jeder Viertelstunde verantwortlich (§ 4 Abs. 2 StromNZV). Die wesentlichen Inhalte des abzuschließenden Bilanzkreisvertrags werden von der BNetzA durch die Festlegung eines entsprechenden Standardvertrags vorgegeben (die ab 1.8.2020 anzuwendende Fassung beruht auf BNetzA Beschl. v. 12.4.2019 – BK6-18-061).

Damit das Bilanzierungssystem funktioniert, müssen *ausnahmslos* alle Einspeisungen in das Netz und alle Entnahmen aus dem Netz bilanziert werden. Der bilanzielle Ausgleich ist daher zugleich eine maßgebliche Grundvoraussetzung für den Netzzugang (§ 20 Abs. 1a S. 5). *Jede* **Einspeise- und Entnahmestelle** im deutschen Stromnetz muss zwingend einem Bilanzkreis (BK) zugeordnet sein (§ 4 Abs. 3 S. 1 StromNZV). „**Wilde**" **Einspeisungen und Entnahmen** ohne bilanzielle Zuordnung sind unzulässig. Erforderlichenfalls können sie vom Netzbetreiber durch eine Unterbrechung der Netznutzung und Trennung des Netzanschlusses unterbunden werden (vgl. § 10 Nr. 3 lit. d Standard-Netznutzungsvertrag).

Durch die sorgfältige **Bewirtschaftung der Bilanzkreise** kann und muss ein **wesentlicher Beitrag im Markt** geleistet werden, um Bilanzungleichgewichte von vornherein zu vermeiden. Diese zentrale Bedeutung des Bilanzkreis- und Ausgleichsenergiesystems für die Elektrizitätsversorgungssicherheit entspricht den wesentlichen Grundsätzen des Strommarktes (§ 1a Abs. 2). Dass eine unausgeglichene BK-Bewirtschaftung umgekehrt zu erheblichen Gefährdungen für die Systemsicherheit sowie zu teuren Verwerfungen für die Marktteilnehmer und letztlich für die Stromkunden führen kann, haben nicht zuletzt die Systemungleichgewichte gezeigt, die im Juni 2019 im deutschen Stromnetz wiederholt aufgetreten sind. Die BNetzA hat daraufhin die BKV-Pflichten zum Ausgleich ihrer Bilanzkreise durch die „Festlegung der Verpflichtung zum Bilanzkreisausgleich" verschärft (vgl. BNetzA Beschl. v. 11.12.2019 – BK6-19-212) und grundlegende Anforderungen an eine sorgfaltsgerechte BK-Bewirtschaftung veröffentlicht (vgl. BNetzA, Positionspapier Bilanzkreistreue v. 28.5.2020 – BK6-20-147).

Ein wesentlicher Teil der Bilanzierungsverantwortung besteht zudem darin, dass der BKV die **finanzielle Verantwortung für die Ausgleichsenergie** trägt, die anfällt, wenn Bilanzkreis-Ungleichgewichte letztlich seitens der ÜNB ausgeglichen werden müssen. Während es bei der **Regelenergie** um den physikalischen Ausgleich von Abweichungen, also im Kern um den Strom geht, geht es bei der Ausgleichsenergie um die finanzielle Verantwortung für den bilanziellen Ausgleich, also das Geld. Abgerechnet wird viertelstundenscharf anhand des „regelzonenübergreifenden einheitlichen Ausgleichsenergiepreises" (reBAP). Die Methodik der reBAP-Ermittlung ist durch mehrere Entscheidungen der BNetzA vorgegeben (vgl. im Detail www.regelleistung.net/ext/static/rebap). Ausgleichsenergiezahlungen, die sich der Höhe nach nicht prognostizieren lassen, stellen einen wichtigen **Anreiz** dar, BK-Ungleichgewichte zu vermeiden. Die **Pflicht** zur Minimierung von BK-Ungleichgewichten besteht jedoch unabhängig von diesen Anreizen.

93 **b) Gleichgewicht eines Bilanzkreises.** Für das **Gleichgewicht eines BK** kommt es darauf an, dass die Summe aller **Einspeisungen** aus zugeordneten Einspeisestellen in den BK, aller **Entnahmen** an zugeordneten Entnahmestellen aus dem BK sowie aller **Fahrplangeschäfte** in andere BK und aus anderen BK bei vorzeichenrichtiger Saldierung in jeder Viertelstunde null ergibt. Die bilanzierungsrelevanten Einspeise- und Entnahmemengen werden grundsätzlich für jede Viertelstunde separat gemessen, die Fahrpläne und die Entnahmemengen für die Belieferung von SLP-Kunden (iSv § 12 StromNZV) gehen hingegen ohne Messung in die Bilanz ein (→ § 22 Rn. 81).

94 **c) Exkurs: Kaufmännisch-bilanzielle Einspeisung und Entnahme.** Im Fall einer „**kaufmännisch-bilanziellen**" **Einspeisung** aus dezentralen Erzeugungsanlagen sind die entsprechend korrigierten **Einspeise- und Entnahmewerte bilanzierungsrelevant**. Für die ordnungsgemäße Anwendung dieser generellen energiewirtschaftlichen Bilanzierungsoption ist in der Praxis insbesondere darauf zu achten, dass bei „kaufmännisch-bilanziell" erhöhten Einspeisemengen zwangsläufig auch entsprechend höhere Entnahmemengen bilanziert und abgerechnet werden müssen (BGH Beschl. v. 13.12.2016 – EnVR 38/15, RdE 2017, 185 – Individuelles Netzentgelt II; BGH Beschl. v. 12.7.2013 – EnZR 73/12, RdE 2013, 433; Beschl. v. 27.3.2012 – EnVR 8/11, EnWZ 2012, 31).

95 Diese spiegelbildliche Wirkung einer „kaufmännisch-bilanziellen" Einspeisung und Entnahme fasst die BNetzA in ihrem „Hinweis zur kaufmännisch-bilanziellen Einspeisung" treffend zusammen:

> „*Zu Abrechnungs- und Bilanzierungszwecken werden sowohl die physikalischen Einspeisemengen in das Elektrizitätsversorgungsnetz als auch – in entsprechender Weise – die physikalischen Entnahmemengen aus dem Elektrizitätsversorgungsnetz bilanziell so korrigiert, als sei der gesamte erzeugte Strom in das Elektrizitätsversorgungsnetz eingespeist und dementsprechend zugleich auch mehr Strom zur bilanziellen Deckung der Stromverbräuche in der Kundenanlage (einschließlich der Leitungs- und Transformatorverluste innerhalb der Kundenanlage) aus dem Elektrizitätsversorgungsnetz bezogen worden.*"

(BNetzA, Hinweis 2021/2 v. 31.3.2021).

96 **d) Bilanzungleichgewichte.** Trotz einer sorgfältigen Prognose und BK-Bewirtschaftung lassen sich **Bilanzungleichgewichte** in der Praxis nicht vollständig vermeiden. Dies folgt bereits daraus, dass die Bilanzkreisabrechnung viertelstundenscharf erfolgt. Ungleichgewichte können sich ferner zB aus kurzfristigen Kraftwerksausfällen, unvermeidlichen Abweichungen zwischen prognostizierter und tatsächlich gemessener, bilanzrelevanter Einspeisung (insbesondere bei wetterabhängig fluktuierender Erzeugung aus Wind- und PV-Anlagen), „Rampen" beim An- und Abfahren von Kraftwerken sowie aus Abweichungen zwischen prognostizierter und tatsächlich gemessener, bilanzrelevanter Stromentnahme ergeben. Die ÜNB müssen daher verschiedene **Regelenergieprodukte** beschaffen (→ Rn. 97 ff.) und zum Ausgleich verbleibender Ungleichgewichte einsetzen (→ Rn. 102 f.).

97 **3. Marktliche Beschaffung der Regelenergie.** Die vier deutschen ÜNB mit Regelzonenverantwortung beschaffen die Regelenergie im Netzregelverbund über gemeinsame **regelzonenübergreifende Ausschreibungen** (→ § 22 Abs. 2 EnWG und § 6 StromNZV). Im Unterschied zu den Redispatch-Maßnahmen, bei denen der Standort der Erzeugungsanlagen eine wesentliche Rolle spielt, kommt es für den Ausgleich von Leistungsungleichgewichten im deutschen Netzregelverbund

grundsätzlich nicht darauf an, wo die technischen Einrichtungen stehen und angeschlossen sind, die für die Regelenergie genutzt werden. Diese grundsätzlich gleiche Eignung ermöglicht es, die Anbieter nach dem jeweils günstigsten Angebot auszuwählen (vgl. § 7 S. 1 StromNZV). Das stärkt den Wettbewerb unter den verschiedenen Anbietern und trägt zu einer **diskriminierungsfreien und effizienten „marktgestützten" Beschaffung** der Regelenergieprodukte bei (zu den europarechtlichen Leitbildern des „diskriminierungsfreien Marktzugangs" → Rn. 65 ff. sowie der „effizienten, möglichst marktgestützten Beschaffung" → Rn. 74 ff.).

Auf dem Regelenergiemarkt wird zum einen zwischen der **Regelarbeit** (vom Anbieter bereitgestellte und von ÜNB für den Systemausgleich genutzte Energie) und der **Regelleistung** (vom Anbieter bereitgehaltene Kapazität, auf die der ÜNB gesichert zurückgreifen kann) unterschieden. Zum anderen gibt es auf nationaler und europäischer Ebene drei verschiedene Regelenergiequalitäten: die **Primärregelreserve** (PRL bzw. FCR – „Frequency Containment Reserves"), die **Sekundärregelreserve** (SRL bzw. aFRR – „automatic Frequency Restoration Reserves") und die **Minutenreserve** (MRL bzw. mFRR – „manual Frequency Restoration Reserves"). Die Qualitäten unterscheiden sich ua dadurch, wie viele Sekunden bzw. Minuten maximal zwischen dem Abruf und der Bereitstellung verstreichen dürfen. 98

Regelenergie anbieten können sowohl Betreiber von **Erzeugungsanlagen** als auch **Letztverbraucher**. **Stromspeicher** können ebenfalls entsprechend ihrer technischen Eignung und energiewirtschaftlichen Funktionalitäten als Erzeugungsanlage und Verbrauchseinrichtung zur Erbringung von Regelenergie (in der Regel Primärregelreserve) genutzt werden. Darüber hinaus können auch **„Aggregatoren"**, die Zugriff auf einen Pool an entsprechenden technischen Einrichtungen haben („virtuelle Kraftwerke"), Erzeugungs- und Lastflexibilitäten gebündelt am Regelenergiemarkt anbieten. Auch in diesem Fall darf die aggregierte Vermarktung jedoch nicht auf Kosten Dritter (zB zulasten des BKV oder des Lieferanten) erfolgen (zu den Vorgaben nach §§ 41 d und 41 e → Rn. 70; zur Erbringung von Regelenergie durch Letztverbraucher und Aggregatoren → BNetzA Beschl. v. 14. 9. 2017 – BK6-17-046). 99

Wesentliche Voraussetzung für alle Teilnehmer am Regelenergiemarkt ist, dass die ÜNB im Bedarfsfall zuverlässig auf das jeweilige Regelenergie-Produkt zurückgreifen können. Dies müssen Anbieter durch die Erfüllung entsprechender **Präqualifikationsanforderungen** gegenüber den ÜNB nachweisen (vgl. § 6 Abs. 5 StromNZV). 100

Für die Beschaffung der Regelenergie sind die speziellen Vorgaben der **§§ 6 ff. StromNZV** und die europarechtlichen Vorgaben der **EB-GL** („Leitlinie über den Systemausgleich im Elektrizitätsversorgungssystem" – VO 2017/2195) zu beachten. Die EU-Vorgaben sehen insbesondere gemeinsame Grundsätze für die Beschaffung und abgestimmte Aktivierung von Regelenergieprodukten für den Systemausgleich im europäischen Elektrizitätsversorgungssystem vor. Die Vorgaben werden durch verschiedene **Festlegungen der BNetzA** für die Regelenergie-Beschaffung der ÜNB im deutschen Netzregelverbund umgesetzt, konkretisiert und ergänzt (zur Übersicht der Beschlüsse www.bundesnetzagentur.de – Systemdienstleistungen/-sicherheit – Regelenergie/Ausgleichsenergie). 101

4. Einsatz der Regelenergie. Soweit sich die Abweichungen verschiedener BK sich nicht wechselseitig ausgleichen, müssen die ÜNB im Regelzonensaldo verbleibende Leistungsungleichgewichte durch den Einsatz von Regelenergieprodukten physikalisch ausgleichen, um die Netzfrequenz stabil zu halten. Sind die Regelzonen in einer Viertelstunde insgesamt unterspeist, so fordern sie **„positive** 102

Regelenergie" an, dh, es muss zusätzlicher Strom einspeist oder weniger Strom verbraucht werden. Sind die Regelzonen hingegen unterspeist, so bedarf es **„negativer Regelenergie"**, dh, die Einspeisung muss gedrosselt oder der Verbrauch von Strom erhöht werden.

103 Die Dimensionierung, Beschaffung und der Einsatz der Regelenergie erfolgt nicht mehr regelzonenscharf für die einzelne Regelzone, sondern regelzonenübergreifend im gemeinsamen **„Netzregelverbund"** der vier deutschen ÜNB („Grid Control Cooperation" – GCC). Der Verbund dient einer effizienten Vorhaltung und Verwendung der Regelenergie, indem technische und wirtschaftliche Synergien genutzt und ein „Gegeneinander-Regeln" der Regelzonen vermieden werden. Das gilt in entsprechender Weise für die europäische **„International Grid Control Cooperation"** (IGCC). Es handelt sich dabei um eine Plattform, an der – neben den vier deutschen ÜNB – inzwischen der Großteil der europäischen ÜNB beteiligt ist, um durch eine Verrechnung von Bilanzungleichgewichten zwischen ihren Regelzonen den erforderlichen Regelenergie-Einsatz so gering wie möglich zu halten. Nur saldiert verbleibende Bilanzungleichgewichte müssen von den ÜNB durch Regelenergie ausgeglichen werden.

104 **5. Rangfolge bei Netzfrequenz-Problemen.** Die ÜNB setzten die verschiedenen speziell geregelten **Regelenergieprodukte** auf der Rangstufe der **marktbezogenen Maßnahmen** nach Abs. 1 S. 1 Nr. 2 ein, um Bilanzungleichgewichte und damit einhergehende Gefährdungen oder Störungen der Netzfrequenz zu beheben. Daneben können grundsätzlich weitere marktbezogene Maßnahmen zum Einsatz kommen, soweit sie dafür geeignet und der Einsatz von der jeweiligen Grundlage gedeckt ist (zB abschaltbare Lasten → Rn. 163).

105 Der Einsatz der **„zusätzlichen Reserven"** nach Abs. 1 S. 1 Nr. 3, dh der Netzreserve (§ 7 NetzResV, → Rn. 210) und der Kapazitätsreserve (§ 24 KapResV, → Rn. 218), steht ihnen zu diesen Zwecken ergänzend zur Verfügung. Erforderlichenfalls können sie nach Abs. 2 nachrangig auch den **Notfall-Maßnahmen** zurückgreifen.

VI. Gesetzliches Schuldverhältnis nach § 13 a Abs. 1 S. 1 Nr. 2 iVm § 13 a Abs. 1

106 *„Maßnahmen nach § 13a Abs. 1"* sind marktbezogene Maßnahmen. Sie werden in nach § 13 Abs. 1 S. 1 Nr. 2 als ausdrücklich benanntes Beispiel aufgeführt. Maßnahmen nach § 13 a Abs. 1 erfassen sämtliche Systemsicherheitsmaßnahmen, bei denen die Wirkleistungs- oder Blindleistungserzeugung oder der Wirkleistungsbezug von **Anlagen zur Erzeugung oder zur Speicherung von Strom** auf Basis des gesetzlichen Schuldverhältnisses nach § 13 a Abs. 1 angepasst werden.

107 Im Gegensatz zu den marktbezogenen Maßnahmen auf vertraglicher Basis sind die wechselseitigen Rechte und Pflichten zwischen den Anlagen- und Netzbetreibern in diesem Fall durch das **gesetzliche Schuldverhältnis nach § 13 a** vorgegeben (grundlegend zu marktbezogenen Maßnahmen auf Basis von vertraglichen und gesetzlichen Schuldverhältnissen → Rn. 51 ff.). Bei den „Maßnahmen nach § 13 a Abs. 1" handelt es sich um weitreichende Systemsicherheitsbefugnisse der Netzbetreiber mit hoher Praxisrelevanz.

108 **1. Hauptanwendungsfall Redispatch.** „Maßnahmen nach § 13 a Abs. 1" werden hauptsächlich zu Redispatch-Zwecken eingesetzt. Der Begriff des Redispatch ist im EnWG jedoch nicht näher definiert und rechtlich nicht maßgeblich.

Gleichwohl wird in der Praxis häufig auf den Begriff zurückgegriffen. Im engeren Sinn werden als **„Redispatch"** Maßnahmen verstanden, bei denen Netzüberlastungen durch die gezielte Anpassung von Stromerzeugungsanlagen „vor" und „hinter" Netzengpässen energetisch neutral entlastet werden: **Redispatch im engeren Sinne.**

Soweit teilweise das gesamte, zum 1.10.2021 neu justierte System von strom- und spannungsbedingten Systemsicherheitsmaßnahmen mit einheitlichem Auswahl-Mechanismus nach Abs. 1 S. 2 vereinfachend als *„Redispatch 2.0"*-System bezeichnet wird, umfasst dies genauer betrachtet allerdings nicht nur Redispatch-Maßnahmen in diesem engen Sinn. Der Anwendungsfall des Redispatch im engeren Sinne wird in diesem Kontext häufig vereinfachend als „pars pro toto" angeführt oder auch der Begriff des Redispatch schlicht weiter gefasst: **Redispatch im weiteren Sinne.** Den europarechtlichen Vorgaben, die als Regelfall ein „marktbasiertes" Redispatch-System vorsehen, liegt beispielsweise ein weit gefasstes Begriffsverständnis zugrunde, das gezielte *„Veränderungen des Erzeugungs- oder des Lastmusters"* erfasst (Art. 2 Nr. 26 Elt-VO 19). 109

Für die Anwendungspraxis in Deutschland können diese Unterscheidungen zwischen enger oder weiter gefassten Redispatch-Begriffen dahinstehen. Denn weder der Anwendungsbereich von **„strom- und spannungsbedingten Anpassungen"** nach Abs. 1 S. 2, der insbesondere aber nicht allein Redispatch-Maßnahmen im engeren Sinne umfasst (→Rn. 224 ff.), noch der Anwendungsbereich von **„Maßnahmen nach § 13a Abs. 1"** knüpfen an den Begriff des „Redispatch" an und sind daher weder begrifflich noch inhaltlich durch ein engeres oder weiteres *„Redispatch"*-Verständnis begrenzt. Für die Einordnung als Maßnahme nach § 13a Abs. 1 (iVm § 13 Abs. 1 S. 1 Nr. 2) ist allein entscheidend, ob die Maßnahme im Rahmen dieses gesetzlichen Schuldverhältnisses erfolgt. Inwieweit es sich dabei begrifflich zugleich um *„Redispatch"* handelt oder nicht, ist nach deutschem Recht letztlich nicht relevant. 110

2. Rangfolge und Auswahlentscheidung bei Maßnahmen nach § 13a Abs. 1. „Maßnahmen nach § 13a Abs. 1" werden für **„strom- oder spannungsbedingte Anpassungen"** nach § 13 Abs. 1 S. 2 eingesetzt, sodass die besonderen gesetzlichen Vorgaben zur **Rangfolge** und zur **Auswahlentscheidung** für solche Anpassungsmaßnahmen zu beachten sind. Auf die ausführlichen Erläuterungen zu strom- und spannungsbedingten Anpassungen wird verwiesen: zur Rangfolge → Rn. 269 ff. und zur kostenbasierten Auswahlentscheidung → Rn. 273 ff. 111

„Maßnahmen nach § 13a Abs. 1" bilden zwar einen vergleichsweise häufig genutzten Anwendungsfall der Maßnahmen, die bei der Auswahlentscheidung für strom- oder spannungsbedingte Anpassungen nach § 13 Abs. 1 S. 2 zu berücksichtigen sind. Der Anwendungsbereich dieser Auswahlentscheidung ist jedoch nicht auf „Maßnahmen nach § 13a Abs. 1" beschränkt, sondern erfasst darüber hinaus **weitere Anpassungsmaßnahmen** (→Rn. 244 ff.), die bei der Auswahl der effizientesten Maßnahmenkombination neben den Maßnahmen nach § 13a zu berücksichtigen sind (→Rn. 294 ff.). 112

VII. Countertrading (Abs. 1 S. 1 Nr. 2)

Bei *Countertrading*-Maßnahmen handelt es sich unstreitig um marktbezogene Maßnahmen iSv Abs. 1 S. 1 Nr. 2. Beim Countertrading werden Handelsgeschäfte vorgenommen, mit denen die ÜNB für die jeweilige Viertelstunde in einer Gebotszone Strom kaufen oder verkaufen (vgl. Art. 2 Nr. 27 Elt-VO 19). 113

§ 13   Teil 3. Regulierung des Netzbetriebs

114   Im Unterschied zum gezielten Redispatch, bei dem einzelne Anlagen gezielt angepasst werden, ist im Fall des Countertradings nur eine **mittelbare Entlastung von Engpässen** möglich: Welche Anlagen innerhalb der Gebotszone infolge des Börsengeschäfts ihre Erzeugung oder ihren Bezug entsprechend anpassen, lässt sich in dem Rahmen nicht steuern.

115   In der Regel erfolgen zeitgleich zwei Countertrading-Maßnahmen, indem zur Entlastung von **Engpässen zwischen Gebotszonen** in der einen Gebotszone Strom gekauft und energetisch neutral in der anderen Gebotszone für dieselbe Viertelstunde verkauft wird. Das ist jedoch nicht zwingend. Je nach Konstellation kann es sich auch als effizienter erweisen, auf der einen Seite des Engpasses eine Countertrading- und auf der anderen Seite eine gegenläufige Maßnahme nach § 13a (positives oder negatives Redispatch) vorzunehmen. Beide Maßnahmen (Countertrading und Maßnahmen nach § 13a) zielen im Kern auf eine strom- oder spannungsbedingte Anpassung der Wirkleistungserzeugung oder des Wirkleistungsbezugs. Sie können auch im Rahmen einer **„gemischten" Maßnahmenkombination** zum Einsatz kommen (zur Auswahlentscheidung der effizientesten Maßnahmenkombination nach Abs. 1 S. 2 → Rn. 294 ff.).

116   Die **Stromhandelsgeschäfte** für die Countertrading-Maßnahmen müssen auf das erforderliche Maß begrenzt bleiben und dürfen von den ÜNB **allein zur Wahrung der Systemsicherheit** nach Abs. 1 genutzt werden. Naturgemäß handelt es sich dabei um einen entflechtungssensiblen Bereich, der ein diskriminierungsfreies Vorgehen der Netzbetreiber erfordert.

VIII. „Management von Engpässen" und Abgrenzung zum „Engpassmanagement"

117   **1. „Management von Engpässen" (Abs. 1 S. 1 Nr. 2).** Als Beispiel für marktbezogene Maßnahmen führt Abs. 1 S. 1 Nr. 2 zudem das *„Management von Engpässen"* an. Es dürfte sich dabei letztlich um eine Art **Auffangtatbestand** handeln, der grundsätzlich alle marktbezogenen Maßnahmen erfasst, die zur Vermeidung bzw. Behebung eines Netzengpasses geeignet und erforderlich sind. Da die dafür einschlägigen Maßnahmen jedoch spezieller geregelt sind, dürfte für eine eigenständige Bedeutung in der Praxis wenig Raum verbleiben.

118   **2. „Engpassmanagement" (§ 15 StromNZV, Art. 16 Elt-VO 19).** Die Formulierung *„Management von Engpässen"* ist trotz des ähnlichen Wortlauts *nicht* mit dem Begriff des **„Engpassmanagements"** nach § 15 StromNZV und Art. 14 bis 19 Elt-VO 19 gleichzusetzen. Denn beim „Engpassmanagement" geht es im Kern *nicht* um „Systemsicherheitsmaßnahmen" nach § 13 (zum Verhältnis der beiden Begriffe → Rn. 129 f.), sondern um vorgelagerte Weichenstellungen insbesondere zu der Beschränkung von Netzzugangskapazitäten für den Stromhandel zwischen Gebotszonen sowie um die marktliche Bewirtschaftung dieser beschränkten Kapazitäten. Die hierfür geltenden Regelungen sind durch die europarechtlichen Vorgaben nach Art. 14 ff. Elt-VO 19 grundlegend neu gestaltet worden, was bei der Anwendung der Engpassmanagement-Regelungen nach § 15 StromNZV zu beachten ist.

119   **a) Aufteilung von Gebotszonen.** Langfristige **strukturelle Engpässe** sollen nach den europarechtlichen Vorgaben von vornherein durch einen optimalen **Zuschnitt der Gebotszonen** vermieden werden (Art. 14 Abs. 1 Elt-VO 19). Die Aufteilung in verschiedene Gebotszonen bringt naturgemäß zugleich eine Beschränkung der Handelskapazitäten zwischen den Gebotszonen mit sich. Innerhalb

der Gebotszonen sollen hingegen grundsätzlich keine strukturellen Engpässe vorliegen und erst recht **nicht** zulasten der zonenübergreifenden Handelskapazitäten „**an die Außengrenzen**" **verlagert** werden (Art. 14 Abs. 1 S. 2 Elt-VO 19).

Das Europarecht sieht einen eigenen **Überprüfungs- und Anpassungs-** 120 **mechanismus** zur Optimierung der Gebotszonenaufteilung vor (Art. 14 Abs. 3 bis 11 Elt-VO 19). Werden strukturelle Engpässe festgestellt, ist grundsätzlich die Aufteilung der **Gebotszonen anzupassen** (Art. 14 Abs. 7 und 8 Elt-VO 19). Im Übrigen müssen die strukturellen Engpässe mittels eines nationalen oder multinationalen **Aktionsplans** innerhalb konkreter Zeitpläne sukzessive verringert werden (Art. 14 Abs. 7, Art. 15 Elt-VO 19).

Innerhalb dieser Übergangsphase bis Ende 2025 werden die sog. „**Mindestkapazitä-** 121 **ten**" für den gebotszonenüberschreitenden Handel (zu den Mindestkapazitäten vgl. → Rn. 122 ff.) erst nach und nach auf das vorgesehene Zielniveau erhöht (Art. 15 Abs. 2 Unterabsatz 2 Elt-VO 19). Die Bundesrepublik Deutschland hat von dieser Möglichkeit Gebrauch gemacht und der Europäischen Kommission sowie ACER am 28.12.2019 den „**Aktionsplan Gebotszone**" vorgelegt. Verbleiben zum Ablauf eines Aktionsplans strukturelle interne Engpässe, die ein Mitgliedstaat nicht durch eine Anpassung der Gebotszone angeht, sollen die Kosten für weiterhin erforderliche Entlastungsmaßnahmen zulasten dieses Mitgliedstaates gehen (Art. 15 Abs. 6 Elt-VO 19).

b) Mindestkapazitäten zwischen Gebotszonen. Nach den europarecht- 122 lichen Vorgaben zum Engpassmanagement müssen die ÜNB den Marktteilnehmern stets die im Rahmen der Sicherheitsnormen (ohne Gefährdung oder Störung des Netzbetriebs) **maximal verfügbaren Kapazitäten** für Handelsgeschäfte zwischen den Gebotszonen zur Verfügung stellen und dürfen Transaktionen mit entlastender Wirkung nicht einschränken (vgl. Art. 16 Abs. 4 und Abs. 11 EltVO). Transaktionen dürfen nur in Notfällen eingeschränkt werden, wenn Redispatch oder Countertrading nicht möglich sind (Art. 16 Abs. 2 Elt-VO 19).

Treten (trotz der Vorgaben zur Aufteilung von Gebotszonen →Rn. 119 ff.) 123 **Engpässe innerhalb der Gebotszone** auf, so dürfen die ÜNB die Verbindungskapazitäten zwischen den Gebotszonen *nicht* beschränken, um diese internen Engpässe zu beheben (Art. 16 Abs. 8 S. 1 Elt-VO 19). Vielmehr müssen sie nach Art. 16 Abs. 8 Elt-VO 19 – vereinfacht zusammengefasst – **Mindestkapazitäten in Höhe von 70 Prozent** der physikalischen Übertragungskapazität zwischen den Gebotszonen für den gebotszonenüberschreitenden Stromhandel verfügbar halten.

Ist dies aufgrund von gebotszoneninternen Engpässen nicht möglich, müssen die 124 ÜNB insbesondere **Redispatch oder Countertrading** einsetzen, um die vorgegebene Mindestkapazität gleichwohl einzuhalten (Art. 16 Abs. 4 S. 1 Elt-VO). Das bedeutet im Umkehrschluss jedoch zugleich, dass eine über die **Mindesthandelskapazität hinausgehende Kapazitätsmaximierung** durch Systemsicherheitsmaßnahmen *nicht* **erforderlich** ist.

Die Regelungen zum Engpassmanagement nach Art. 14 ff. Elt-VO 19 sind bei 125 der Anwendung der deutschen Regelungen zum **Engpassmanagement nach § 15 StromNZV** als vorrangiges EU-Recht zu beachten. Gemäß der allgemein gehaltenen Vorgabe nach § 15 Abs. 1 StromNZV sollen die Netzbetreiber die Bereitstellung der Kapazitäten „*im Rahmen des wirtschaftlich Zumutbaren*" auch „*mit Hilfe von netzbezogenen und marktbezogenen Maßnahmen*" ermöglichen. Gemeint ist damit der Einsatz der Systemsicherheitsmaßnahmen nach § 13 Abs. 1 EnWG. § 15 Abs. 1 StromNZV entspricht insoweit den inhaltlichen Vorgaben nach § 13 EnWG (vgl. BGH Beschl. v. 1.9.2020 – EnVR 7/19 Rn. 32 – Baltic Cable AB II).

§ 13 Teil 3. Regulierung des Netzbetriebs

126 Der **Rahmen des Zumutbaren** wird nunmehr durch die europarechtlich vorgegebene Mindesthandelskapazität bestimmt (→ Rn. 123): Es ist den ÜNB zuzumuten, insbesondere „strom- und spannungsbedingte Anpassungen" nach § 13 Abs. 1 S. 2 (→ Rn. 244ff.) zu ergreifen, um die Mindesthandelskapazität nach Art. 16 Abs. 8 Elt-VO 19 auch im Engpassfall einzuhalten. Eine darüber hinausgehende Maximierung der gebotszonenüberschreitenden Kapazitäten durch Systemsicherheitsmaßnahmen würde den Rahmen des wirtschaftlich Zumutbaren hingegen überschreiten. Die Vorgaben zum Engpassmanagement konkretisieren somit, inwieweit **Netzzugangskapazitäten** im Fall von langfristigen, strukturellen Engpässen zwischen Gebotszonen eingeschränkt und somit teilweise verweigert werden können (vgl. § 20 Abs. 2).

127 **c) Kapazitätsbewirtschaftung zwischen Gebotszonen.** Die oben genannten Vorgaben zur Mindesthandelskapazität in Höhe von 70 Prozent der physikalischen Übertragungskapazität zwischen den Gebotszonen beeinflussen nicht nur mittelbar den Bedarf an Systemsicherheitsmaßnahmen (§ 13 Abs. 1), sondern sie konkretisieren zugleich den Umfang des **Engpassmanagements durch Kapazitätsbewirtschaftung**. Denn der Schwellenwert hinsichtlich der sicherzustellenden Mindestkapazität hat unmittelbaren Einfluss auf die verbleibende Höhe der naturgemäß beschränkten Handelskapazitäten zwischen den Gebotszonen.

128 Diese beschränkten Kapazitäten sind von den ÜNB nach den Vorgaben zum Engpassmanagement *„nach marktorientierten und transparenten Verfahren diskriminierungsfrei zu bewirtschaften"* (§ 15 Abs. 2 StromNZV). Die **Kapazitätsbewirtschaftung** zwischen Gebotszonen erfolgt in der Praxis gemäß den europarechtlichen Vorgaben zum Engpassmanagement nach Art. 16 Abs. 4–7 Elt-VO 19 in Form von **impliziten und expliziten Auktionen** im Rahmen einer Marktkopplung (vgl. BNetzA, Bericht zu Erlösen aus grenzüberschreitendem Engpassmanagement).

129 **d) „Engpassmanagement" im engen und im erweiterten Sinn.** Die im Zuge eines Engpassmanagements *mittelbar* ausgelösten und zugunsten der marktlichen Kapazitätsbewirtschaftung beschränkten **„Systemsicherheitsmaßnahmen"** sind – sowohl national als auch europäisch – eigenständig geregelt (vgl. insbesondere „strom- und spannungsbedingte Anpassungen" iSv § 13 Abs. 1 S. 2 sowie „Redispatch" iSv Art. 13 Elt-RL) und gehören somit *nicht* **zum eigentlichen „Engpassmanagement" im engeren Sinne** (und iSv § 15 Abs. 2 StromNZV und Art. 14–19 Elt-VO 19).

130 Gleichwohl wird der Begriff des Engpassmanagements in der Praxis teilweise auch (abweichend von den genannten Regelungen) in einem sehr viel weiteren Sinn als eine Art Sammelbegriff mit uneinheitlich gehandhabter Reichweite verwendet **(„Engpassmanagement" im erweiterten Sinn).** Je nach Kontext geht es dabei zum Teil allgemein um Engpässe und um verschiedene Maßnahmen, wie Netzbetreiber auf Engpässe reagieren können (insbesondere um „strom- und spannungsbedingte Anpassungen" nach Abs. 1 S. 2, teilweise auch um bedarfsgerechten Netzausbau nach § 11 Abs. 1 und ähnliche Maßnahmen).

IX. Ab- und Zuschaltvereinbarungen mit Lasten

131 Durch eine gezielte Anpassung ihres Stromverbrauchs können grundsätzlich auch Lasten zur Systemsicherheit beitragen. Zu den *Lasten* zählen neben sonstigen **Letztverbrauchern** auch Betreiber von **Stromspeichern** hinsichtlich ihres Stromverbrauchs beim Einspeichern sowie Betreiber von **„Power-to-X"-An-**

lagen hinsichtlich ihres Stromverbrauchs für die Umwandlung in eine andere speicherbare Energieform (zB in Wärme, Wasserstoff etc). Sie sind von den Regelungen für Letztverbraucher bzw. Lasten hinsichtlich dieser energiewirtschaftlichen Funktion mit erfasst, soweit keine spezielleren Bestimmungen (zB § 13 a Abs. 1) greifen.

Letztverbrauchern (und Aggregatoren) stehen grundsätzlich **diverse Möglichkeiten offen, mit Lastflexibilitäten zur Systemsicherheit beizutragen:** Neben der mittelbar systemstützenden Nutzung von Lastflexibilitäten über den Strommarkt (→ Rn. 138 ff.) können geeignete Lastflexibilitäten grundsätzlich für verschiedene Systemdienstleistungen und somit auch für marktbezogene Maßnahmen genutzt werden, sofern ihr Einsatz nach Maßgabe der jeweiligen Beschaffungsvorgaben effizient erscheint. Zu den diversen Einsatzmöglichkeiten auf Anforderung eines Netzbetreibers → Rn. 141 ff. Zu den strukturellen Schwierigkeiten, die die Nutzung von fremdgesteuerten Lastanpassungen erschweren, → Rn. 134. 132

Sofern Netzbetreiber erwägen, über diese diversen Einsatzmöglichkeiten hinaus **weitere vertragliche Vereinbarungen** über zu- und abschaltbare Lasten abzuschließen, sind für die Beschaffung zusätzliche gesetzliche Vorgaben zu beachten: Dazu zählen zum einen die Vorgaben zur Beschaffung von ab- und zuschaltbaren Lasten nach Abs. 6 (→ Rn. 153 ff.) und zum anderen spezielle Vorgaben für die Beschaffung sowie den Einsatz von abschaltbaren Lasten (→ Rn. 156 ff.) bzw. von zuschaltbaren Lasten → Rn. 164 ff.). Bei den *„vertraglich vereinbarten abschaltbaren und zuschaltbaren Lasten"* handelt es sich um einen in Abs. 1 Nr. 2 ausdrücklich benannten und durch ergänzende Vorgaben nach Abs. 6 näher ausgestalteten Unterfall einer marktbezogenen Maßnahme. 133

1. Strukturelle Schwierigkeiten bei fremdgesteuerten Lastanpassungen. 134
Die Nutzung von Lastflexibilitäten bringt einige Besonderheiten und **strukturelle Schwierigkeiten** mit sich, die einer pauschalen Einbindung insbesondere in Form von fremdgesteuerten Zugriffen durch den Netzbetreiber entgegenstehen oder sie zumindest deutlich erschweren. Insbesondere **„fremdgesteuerte"** (konkreter „netzbetreibergesteuerte") Lastanpassungen, bei denen der Steuerungsknopf für den Stromverbrauch bildlich gesprochen in die Hände des Netzbetreibers gelegt wird, entsprechen nach den bisherigen Praxiserfahrungen in vielen Fällen nicht den Bedürfnissen und Erwartungen der Verbraucher.

Unternehmen möchten in aller Regel selbst eine „Hand am Steuerungsknopf" behalten und ihre Produktion und damit den Stromverbrauch steuern. Das ist jedoch nur im Rahmen von **„eigengesteuerten"** und nicht im Rahmen von „fremdgesteuerten" Lastanpassungen durch den Netzbetreiber möglich. Einen Dritten unabhängig von jeweiligen Strompreis und den internen Bedürfnissen anhand von netztechnischen Erfordernissen darüber entscheiden zu lassen, wann man wie viel Strom verbraucht, kann – je nach Verbrauchskonstellation – mit deutlichen Einschränkungen im Betriebsablauf und erheblichen Belastungen verbunden sein. In aller Regel sind Lasten nach ihrem Geschäftszweck nicht in erster Linie am Strommarkt aktiv, sondern nutzen den Strom vielmehr für ihre eigentliche wirtschaftliche Betätigung. Das trifft in entsprechender Weise auf die meisten Privatpersonen zu. 135

Effiziente und konkurrenzfähige **Potenziale an geeigneten fremdgesteuerten Lastflexibilitäten** sind nach dem bisherigen Stand der Praxis zumindest deutlich begrenzt. In verschiedenen Verfahren zur marktgestützten Beschaffung von Systemdienstleistungen zeigt sich jedenfalls nach den bisherigen Erfahrungen ein **Mangel an konkurrenzfähigen Angeboten** für regelbare Lasten. Die konkurrenzfähigen Laststeuerungs-Potenziale verteilen sich zudem auf verschiedene paral- 136 lele Beschaffungsverfahren für unterschiedliche „marktbezogene Maßnahmen" und „Reserven", wodurch die Liquidität einzelner Verfahren – je nach Anforderungen und Wettbewerbsdruck – vergleichsweise gering ausfällt. In Verfahren, in denen ein Mangel an Angeboten zur Laststeuerung nach den einschlägigen Vorgaben auch nicht durch andere Anbieter ausgeglichen werden kann, kann es dadurch – insbesondere im Fall einer Beschaffungs*pflicht* – zugleich zu einem **Mangel an wirksamem Wettbewerb** für eine effektive marktgestützte Beschaffung kommen.

137 Je nach Systemsicherheitsmaßnahme können darüber hinaus **zusätzliche Besonderheiten** bestehen, die eine marktgestützte Beschaffung bzw. den fremdgesteuerten Einsatz von Lasten ungeeignet oder ineffizient erscheinen lassen. Aufgrund derartiger zusätzlicher Schwierigkeiten hat sich der deutsche Gesetzgeber beispielsweise für ein *nicht*marktbasiertes **Redispatch-System** entschieden (→ Rn. 168 ff.).

138 **2. Möglichkeiten zur Nutzung von Lastflexibilitäten. a) Nutzung von Lastflexibilitäten über den Strommarkt.** Verbraucher haben **verschiedene Möglichkeiten,** mit ihren energiewirtschaftlichen Funktionen am **Strommarkt** teilzunehmen und mit Lastflexibilitäten zu einer stabilen Elektrizitätsversorgung beizutragen. Die Lastflexibilitäten müssen dabei nicht zwingend von dem jeweiligen Verbraucher oder seinem Lieferanten vermarktet werden. Sie können grundsätzlich auch von (unabhängigen) **Aggregatoren** mit weiteren Flexibilitäten gepoolt werden, solange die Nutzung nicht auf Kosten Dritter erfolgt (zu den Vorgaben nach §§ 41 d und 41 e → Rn. 70; zur Erbringung von Regelenergie durch Letztverbraucher und Aggregatoren vgl. BNetzA Beschl. v. 14. 9. 2017 – BK6-17-046).

139 Die größten und am einfachsten effektiv nutzbaren Potenziale dürften in Form von **eigengesteuerten Lastanpassungen** bestehen. Diese erfolgen insbesondere als unmittelbare **Reaktion auf Marktsignale des Strommarktes** oder zum gezielten **Ausgleich von Bilanzungleichgewichten.** Sobald die Marktpreise fallen, beispielsweise weil die Sonne scheint oder der Wind weht und ein entsprechend großes Stromangebot die Preise drückt, kann der Letztverbraucher – in Abwägung mit aktuellen Bedürfnissen – seinen Verbrauch steigern und umgekehrt bei steigenden Preisen mäßigen. Diese effektive Form der Marktteilnahme wird in der Praxis allerdings nicht selten durch wirkmächtige Anreize zur marktentkoppelten Verbrauchsoptimierung deutlich gehemmt (zB durch Anreize zur Verbrauchsoptimierung anhand von Eigenverbrauchs- und Netzentgeltprivilegien – insbesondere nach § 19 Abs. 2 StromNEV).

140 Eine Lastanpassung kann jedoch nur dann energiewirtschaftlich-bilanziell eine tatsächliche Wirkung entfalten, wenn der Verbraucher *nicht* per **Standardlastprofil** (SLP nach § 12 StromNZV) beliefert wird. Denn bei einem SLP-Letztverbraucher ist der Stromlieferant dazu verpflichtet, Lastanpassungen faktisch zu ignorieren und weiterhin die nach dem SLP vorgesehene Strommenge als bilanziell wirksame Entnahmemenge in der jeweiligen Viertelstunde zu liefern.

141 **b) Nutzung von Lastflexibilitäten als Regelenergie.** Eine energiewirtschaftlich naheliegende Möglichkeit besteht darüber hinaus in der Vermarktung von **Lastflexibilitäten als Regelenergie.** Letztverbraucher können grundsätzlich an den Ausschreibungsverfahren der Übertragungsnetzbetreiber für Regelenergie teilnehmen (vgl. Ausschreibungs-Plattform der ÜNB, www.regelleistung.net → Rn. 97 ff.). Das ist auch über einen **Aggregator** möglich, solange die Dienstleistung nicht auf Kosten Dritter erfolgt (zu den Vorgaben nach §§ 41 d und 41 e → Rn. 70; zur Erbringung von Regelenergie durch Letztverbraucher und Aggregatoren in Stromlieferverträgen s. BNetzA Beschl. v. 14. 9. 2017 – BK6-17-046).

Systemverantwortung der Betreiber von Übertragungsnetzen §13

Die Präqualifikationsvoraussetzungen der ÜNB wurden bereits angepasst, um 142 eine Teilnahme von Lasten am Regelenergiemarkt zu erleichtern. Gleichwohl ist die Teilnahme von Letztverbrauchern in der Praxis bisher überschaubar geblieben. Die oben genannten strukturellen Schwierigkeiten für konkurrenzfähige (fremdgesteuerte) Systemdienstleistungen auf der Basis Lastflexibilitäten werden am wettbewerblichen Regelenergiemarkt besonders deutlich (→ Rn. 134ff.).

c) Nutzung von Lastflexibilitäten als Kapazitätsreserve. Für regelbare Las- 143 ten, die ihren Wirkleistungsbezug zuverlässig um eine bestimmte Leistung reduzieren können und die Teilnahmevoraussetzungen nach § 9 KapResV erfüllen, besteht alternativ zB die Möglichkeit, diese Abschaltleistung im Rahmen der Ausschreibung der ÜNB für die **Kapazitätsreserve** nach § 6 KapResV anzubieten. Im Fall der Zuschlagserteilung kann ihre Lastflexibilität dann von den ÜNB als „zusätzliche Reserve" nach § 13 Abs. 1 S. 1 Nr. 3, § 13e iVm §§ 24ff. KapResV eingesetzt werden (→ Rn. 220).

d) Nutzung von Lastflexibilitäten für Anpassungen nach § 13a und nach 144 **§ 13 Abs. 2.** Anders als im Fall der Erzeugungsanlagen (inkl. Stromspeichern), deren Erzeugungsflexibilitäten den Netzbetreibern ab einer elektrischen Nennleistung von 100 kW (im Folgenden vereinfachend „≥ 100 kW") nach § 13a auch ohne vertragliche Vereinbarung als marktbezogene Maßnahmen zur Verfügung stehen (zzgl. fernsteuerbarer Anlagen < 100 kW), hat der Gesetzgeber im Wesentlichen davon **abgesehen, auch bestimmte Verbraucher** über ein **gesetzliches Schuldverhältnis** zu fremdgesteuerten Lastanpassungen zu verpflichten.

Maßnahmen nach § 13a ermöglichen zwar auch die Anpassung des **Wirkleis-** 145 **tungs*bezugs*** und somit eine Laststeuerung. Da das gesetzliche Schuldverhältnis jedoch ausschließlich Anlagen zur Erzeugung und Speicherung von Strom erfasst, ist die Möglichkeit zur unmittelbaren Laststeuerung nach § 13a Abs. 1 nur für die **Stromspeicher** in ihrer Funktion als Verbrauchseinrichtungen relevant (zum Verständnis eines „Stromspeichers" → Rn. 68). Darüber hinaus können Maßnahmen nach § 13a zur Abregelung von wärmegekoppelter Stromerzeugung eine kombinierte **Lastzuschaltung** mit auslösen, sofern eine **elektrische Ersatzwärmeversorgung** zur Verfügung steht (→ Rn. 147, 183, 245).

Von Maßnahmen nach § 13a zu unterscheiden sind **Notfallmaßnahmen nach** 146 **§ 13 Abs. 2.** Im Rahmen dieser nachrangigen Maßnahmen können die Netzbetreiber auch ohne vertragliche Vereinbarung auf alle geeigneten Lasten zugreifen (→ Rn. 407).

e) Erzeugungsabregelung mit gekoppelter Lastzuschaltung für elektri- 147 **sche Ersatzwärmeversorgung nach Abs. 6a oder nach § 13a.** Eine Möglichkeit zur fremdgesteuerten Lastanpassung, die praxistauglich ohne die beschriebenen strukturellen Schwierigkeiten (→ Rn. 134) genutzt werden kann, besteht häufig im Fall von **elektrischen Ersatzwärmeanlagen,** auf die der Netzbetreiber in Kombination mit wärmegekoppelten Erzeugungskapazitäten zurückgreifen kann (zB KWK- oder Biogasanlagen). Regelt der Netzbetreiber nach § 13a die wärmegekoppelte Erzeugung ab, so wird die elektrische Ersatzwärmeanlage zugleich angeschaltet. Die **gekoppelte Zuschaltung** der elektrischen Ersatzwärmeanlage erfüllt durch den zusätzlichen Stromverbrauch die Funktion einer **zuschaltbaren Last.** Die Ersatzwärmeversorgung trägt in diesem Fall zielgerichtet zur Engpassentlastung bei.

KWK-Anlagenbetreiber, die mit dem ÜNB eine **KWK-Ersatzwärmeverein-** 148 **barung** nach Abs. 6a zur Finanzierung ihrer neuen Ersatzwärmeanlage abschließen,

§ 13 Teil 3. Regulierung des Netzbetriebs

müssen sich in dem Vertrag ausdrücklich gegenüber dem ÜNB zu einem kombinierten Abruf der KWK-Strom-Abregelung und der Ersatzwärme-Zuschaltung verpflichten (→ Rn. 191 ff.). Seit dem Inkrafttreten der Regelungen zum „Redispatch 2.0" ist dieser kombinierte Abruf jedoch auch **auf Basis des gesetzlichen Schuldverhältnisses nach § 13a** möglich, *ohne* dass es dafür einer solchen KWK-Ersatzwärmevereinbarung bedarf. Der Einsatz der elektrischen Ersatzwärmeversorgung mit ihrem zusätzlichen Stromverbrauch ist im Fall einer Maßnahme nach § 13a von den Regelungen zum bilanziellen und finanziellen Ausgleich mit erfasst (→ Rn. 183).

149 **f) Lastflexibilitäten durch steuerbare Verbrauchseinrichtungen nach § 14a.** Weitere Möglichkeiten zur Nutzung von Lastflexibilitäten können sich in Niederspannungsnetzen durch **steuerbare Verbrauchseinrichtungen nach § 14a** ergeben. Die „netzdienliche Steuerung" erfordert, dass die steuerbare Verbrauchseinrichtung (zB ein Elektromobil) zeitweilig weniger und gegebenenfalls zu anderen Zeiten mehr Strom verbraucht. Die Verbrauchseinrichtungen erfüllen damit die Funktion von **ab- und gegebenenfalls zuschaltbaren Lasten** (→ § 14a).

150 **g) Nutzung von Lastflexibilitäten für nichtfrequenzgebundene Systemdienstleistungen nach § 12h.** Soweit die Beschaffung von *nichtfrequenzgebundenen Systemdienstleistungen* iSv § 12h wirtschaftlich effizient durch „marktgestützte Verfahren" erfolgen kann (→ Rn. 198), muss durch die jeweils festzulegenden „Spezifikationen und technischen Anforderungen" nach den gesetzlichen Vorgaben sichergestellt werden, dass sich **alle geeigneten Marktteilnehmer** diskriminierungsfrei an diesen Verfahren beteiligen können (§ 12h Abs. 5 S. 2). Neben anderen potenziellen Marktteilnehmern schließt dies ausdrücklich auch *„Anbieter von Laststeuerung"* mit ein.

151 Die **diskriminierungsfreie Teilnahme** von Lasten (und anderen Marktteilnehmern) erfordert auch nach den europarechtlichen Vorgaben *keine* Besserstellung (das wäre ein Verstoß gegen das Diskriminierungsverbot), sondern eine diskriminierungsfreie Berücksichtigung der verschiedenen Anbieter mit ihrer jeweiligen energiewirtschaftlichen Funktion (zum europarechtlichen Leitbild des „diskriminierungsfreien Marktzugangs" → Rn. 65 ff.). Inwieweit Lasten (und andere Marktteilnehmer) geeignet und effizient zur zuverlässigen Behebung der jeweiligen Gefährdung oder Störung des Elektrizitätsversorgungssystems beitragen können, richtet sich nach den Erforderlichkeiten der einzelnen „nichtfrequenzgebundenen Systemdienstleistung" und lässt sich somit nicht pauschal beantworten.

152 **h) Flexibilitätsdienstleistungen im Verteilernetz nach § 14c.** Da die Vorgaben gegenüber VNB nach § 14c zur Beschaffung von *„Flexibilitätsdienstleistungen im Elektrizitätsverteilernetz"* die **Systemsicherheitsregelungen der §§ 13, 13a, 14 Abs. 1 und 1c sowie § 14a ausdrücklich unberührt lassen** (§ 14c Abs. 1 S. 3), verbleibt kein Raum für die Beschaffung von Lastflexibilitäten als „Flexibilitätsdienstleistung" iSv § 14c, soweit der Anwendungsbereich dieser Regelungen betroffen ist (→ § 14c Rn. 17 ff.). Die speziellen Regelungen insbesondere zur Beschaffung, zur Auswahl, zur Rangfolge und zum Einsatz von Maßnahmen für die Beseitigung von Gefährdungen und Störungen der Sicherheit und Zuverlässigkeit des Elektrizitätsversorgungssystems nach §§ 13, 13a, 14 Abs. 1 und 1c sowie § 14a bleiben vorrangig anzuwenden und begrenzen von vornherein den Anwendungsbereich, der für „Flexibilitätsdienstleistungen" zur Effizienzverbesserung „bei Betrieb und Ausbau" von Verteilernetzen iSv § 14c verbleibt (Begr. RegE BT-Drs. 19/27453, 68 (100)).

Systemverantwortung der Betreiber von Übertragungsnetzen § 13

3. Vorgaben zur Beschaffung von ab- und zuschaltbaren Lasten (Abs. 6). 153
Die gesetzlichen **Vorgaben nach Abs. 6** geben die Rahmenbedingungen für die **Beschaffung** von *vertraglich vereinbarten ab- oder zuschaltbare Lasten* vor. Sie enthalten *keinen* Beschaffungszwang, sondern allgemeine Mindestanforderungen, die die Netzbetreiber einhalten müssen, sofern sie Abschaltvereinbarungen (oder Zuschaltvereinbarungen) mit Lasten abschließen (zur Beschaffungspflicht nach der Verordnung zu abschaltbaren Lasten – AbLaV – im Folgenden auch „Abschaltverordnung" →Rn. 156).

Mit den Beschaffungsvorgaben nach Abs. 6 werden unter anderem die europa- 154 rechtlichen Anforderungen an eine diskriminierungsfreie und effiziente Beschaffung umgesetzt und konkretisiert (zu den europarechtlichen Leitbildern des „diskriminierungsfreien Marktzugangs" →Rn. 65 ff. sowie der „effizienten, möglichst marktgestützten Beschaffung" →Rn. 74 ff.). Nach Abs. 6 S. 1 und 2 muss die Beschaffung insbesondere durch **diskriminierungsfreie und transparente Ausschreibungsverfahren** mit möglichst standardisierten Teilnahmevoraussetzungen über eine **gemeinsame Internetplattform** der ÜNB erfolgen. Eine *individuelle Beschaffung* von vertraglichen Vereinbarungen über Ab- und Zuschaltleistung auf bilateraler Basis ist damit *ausgeschlossen* (BerlKommEnergieR/*König* EnWG § 13 Rn. 42).

In der Praxis nutzen die ÜNB ihre Internetplattform auf der Webseite www.re 155 gelleistung.net sowohl für die Ausschreibung von Regelenergieprodukten, als auch für die Ausschreibung von **„sofort" und „schnell abschaltbaren Lasten"** nach der Abschaltverordnung. Da die Abschaltverordnung aufgrund der Grundsatzentscheidung zugunsten eines nichtmarktbasierten Redispatch-Systems auf abschaltbare Lasten beschränkt ist (→Rn. 168 ff.), werden in der Praxis keine zuschaltbaren Lasten auf der Basis von Abs. 6 ausgeschrieben (zur Beschaffung von zuschaltbaren Lasten durch „KWK-Ersatzwärmevereinbarungen" →Rn. 175 ff.; zur kombinierten Erzeugungsabregelung mit gekoppelter Lastzuschaltung →Rn. 147).

4. Abschaltbare Lasten (Abs. 1 S. 1 Nr. 2 iVm Abs. 6 und AbLaV). 156
a) Beschaffung von abschaltbaren Lasten. Die allgemeinen Beschaffungsvorgaben nach § 13 Abs. 6 werden hinsichtlich der Beschaffung und des Einsatzes von abschaltbaren Lasten durch konkrete Vorgaben der **Abschaltverordnung** ausgestaltet (Verordnung zu abschaltbaren Lasten vom 16.8.2016, BGBl. I S. 1984, gem. § 20 Abs. 2 AbLaV tritt die VO am 1.7.2022 außer Kraft). Entsprechend der Verordnungsermächtigung nach § 13i Abs. 1 und 2 sieht die Verordnung insbesondere Pflichten der ÜNB vor, abschaltbare Lasten regelmäßig auszuschreiben (§ 8 AbLaV) und auf der Basis von Rahmenverträgen zu bezuschlagen (§§ 9 und 11 AbLaV). Die AbLaV geht insofern über § 13 Abs. 6 hinaus und begründet im Ergebnis eine (bedingte und begrenzte) **Beschaffungspflicht** für abschaltbare Lasten. Die Regelungen der AbLaV gelten ausschließlich für ÜNB und nicht für VNB (§ 1 AbLaV).

Einseitige Beschaffungs*pflichten* bringen naturgemäß **rechtliche und tat-** 157 **sächliche Probleme** mit sich. Wenn der Netzbetreiber den Umfang und die Wahl von vorgehaltenen Systemsicherheitsmaßnahmen aufgrund einer Beschaffungspflicht nicht nach der tatsächlichen Gefährdungslage sowie je nach Eignung und Kosten verschiedener Alternativen abwägen kann, dann können sich grundsätzlich Widersprüche insbesondere im Hinblick auf das allgemeine und europarechtliche **Effizienzgebot** und das **Diskriminierungsverbot** ergeben (→Rn. 58 ff.). Denn der Netzbetreiber kann durch die Beschaffungspflicht gezwungen sein, Kapazitäten an Abschaltleistung auch dann zu kontrahieren, wenn der Umfang der vorgeschriebenen Beschaffung über den tatsächlichen Bedarf hinausgeht, wenn am Standort der

Last beispielsweise keine Engpässe zu befürchten sind, wenn andere Systemsicherheitsmaßnahmen zielgenauer einsetzbar und damit geeigneter wären, wenn es an einem wirksamen Wettbewerb mangelt oder wenn andere Leistungen günstiger und damit effizienter beschafft werden könnten.

158 Die Beschaffungspflicht des Netzbetreibers kann dadurch faktisch als **Förderung** zugunsten von Anbietern abschaltbarer Lasten bzw. als „zusätzliche Einnahmequelle für stromintensive Unternehmen" wirken (vgl. BerlKommEnergieR/*König* EnWG § 13, Rn. 60). Es handelt sich insofern jedenfalls um eine Besserstellung von abschaltbaren Lasten gegenüber anderen Marktteilnehmern, die ihre energiewirtschaftliche Funktion zB als positive Regelenergie zu anspruchsvolleren Voraussetzungen und in der Regel niedrigeren Preisen am Markt für Regelenergie anbieten (vgl. ÜNB, Bericht der Übertragungsnetzbetreiber zu abschaltbaren Lasten gem. § 8 Abs. 3 AbLaV vom 29.6.2020, S. 14 und 15). Die Europäische Kommission hat die initiale Einführung der AbLaV gleichwohl beihilferechtlich genehmigt (DG COMP Entscheidung v. 24.10.2016, Beihilfesache SA.43735).

159 **Strukturelle Schwierigkeiten** ergeben sich im Fall der **abschaltbaren Lasten** darüber hinaus aus den vergleichsweise weniger verlässlichen und zeitlich beschränkten Verfügbarkeiten (energieintensive Verbraucher wollen und müssen nach den AbLaV-Vorgaben nicht jederzeit ihre Prozesse anpassen), der mitunter sehr unterschiedlichen tatsächlichen „Brauchbarkeit" (zB je nach Lage und Wirksamkeit auf Engpässe), dem übersichtlichen Kreis potenzieller Anbieter von Abschalt-Kapazitäten (mit Stand 27.5.2021 weisen die ÜNB lediglich vier Rahmenverträge für „sofort" und 13 für „schnell abschaltbare Lasten" aus, s.www.regelleistung.net/ext/static/abla), dem entsprechend beschränkten Wettbewerb in der Ausschreibung und der vergleichsweise weniger passgenauen Übereinstimmung zwischen den vorgegebenen Einsatzverfügbarkeiten und den verschiedenen tatsächlichen Einsatzzwecken (vgl. ÜNB, Bericht der Übertragungsnetzbetreiber zu abschaltbaren Lasten gem. § 8 Abs. 3 AbLaV vom 29.6.2020).

160 In der Abschaltverordnung sind verschiedene Regelungen vorgesehen, die die Beschaffungspflichten und die möglichen Folgeprobleme zumindest eingrenzen. Zum einen entfallen die Vorgaben mit dem Außerkrafttreten der Abschaltverordnung zum 1.7.2022 (§ 20 Abs. 2 S. 1 AbLaV). Zum anderen werden die Pflichten zur Ausschreibung und Bezuschlagung ua durch Vorgaben zum **Ausschreibungsvolumen** (§ 8 Abs. 1 AbLaV – wöchentliche Ausschreibung von je 750 MW an „sofort" und an „schnell abschaltbaren Lasten), zu allgemeinen **technischen Anforderungen** (§ 5 AbLaV), zu **Rahmenvereinbarungen** mit speziellen Leistungsanforderungen (§ 9 AbLaV) und zu **Höchstpreisen** (§ 4 Abs. 2 S. 2 und 3 AbLaV – Leistungspreis max. 500 EUR/MW und Arbeitspreis max. 400 EUR/MWh) begrenzt. Anbieter bzw. Angebote, die den Vorgaben der AbLaV nicht entsprechen, bleiben unberücksichtigt.

161 **b) Einsatz von abschaltbaren Lasten.** Soweit die Abschaltleistung nach der Abschaltverordnung als verfügbar gemeldet wurde, kann sie vom ÜNB als marktbezogene Maßnahme nach § 13 Abs. 1 S. 1 Nr. 2 iVm Abs. 6 EnWG iVm § 13 Abs. 2 S. 1 AbLaV abgerufen werden. Zu welchen Systemsicherheits-Zwecken die kontrahierten abschaltbaren Lasten konkret eingesetzt werden, ist in der AbLaV nicht vorgegeben.

162 Je nach Eignung kann die Abschaltung einer Last (mit einhergehender Reduzierung der Stromentnahme aus dem Netz) einerseits für **„positiven Redispatch"** „hinter" einem Engpass genutzt werden. Die tatsächliche Eignung der Lasten für diesen Zweck hängt jedoch von ihrer jeweiligen Lage und Wirksamkeit auf die Engpässe ab. Soweit sich nach AbLaV verfügbare Abschaltleistungen für positive Redispatch-Maßnahmen eignen, sind sie im Rahmen der **Auswahlentscheidung für „strom- und spannungsbedingte Anpassungen"** nach Abs. 1 S. 2 mit zu berücksichtigen (→ Rn. 295).

Die Abschaltung einer Last kann des Weiteren grundsätzlich auch zur Frequenzhaltung durch den Ausgleich von Systembilanzabweichungen beitragen. Die Lastabschaltung erfüllt in dem Fall die **Funktion von positiver Regelenergie**. Abschaltbare Lasten, die ihre Abschaltleistung unmittelbar am Regelenergiemarkt vermarkten, werden von den ÜNB nach den üblichen Einsatzkriterien für das jeweilige Regelenergie-Produkt abgerufen. Abschaltbare Lasten, die nach der AbLaV verfügbar sind, werden von den ÜNB teilweise **in Ergänzung zu bestimmten Regelenergie-Produkten** eingesetzt (→ Rn. 104). Auch hier sind die tatsächlichen Einsatzmöglichkeiten in der Praxis jedoch beschränkt, da die Zugriffsmöglichkeiten nach der AbLaV deutlich weniger auf die technischen Erforderlichkeiten zur Wahrung der Systembilanz und Frequenzhaltung abgestimmt sind als die dafür ansonsten vorgesehenen Regelenergie-Produkte (vgl. ÜNB, Bericht der Übertragungsnetzbetreiber zu abschaltbaren Lasten gem. § 8 Abs. 3 AbLaV v. 29.6.2020, S. 14f.). 163

5. Zuschaltbare Lasten (Abs. 1 S. 1 Nr. 2 iVm Abs. 6). Für die Nutzung von Lastflexibilitäten in Form von zuschaltbaren Lasten bestehen grundsätzlich die **verschiedenen oben dargestellten Möglichkeiten** (vgl. „Möglichkeiten zur Nutzung von Lastflexibilitäten" → Rn. 138ff.). 164

a) Keine Zuschaltverordnung. Für eine darüber hinausgehende Beschaffung von vertraglichen Vereinbarungen über Zuschaltleistung gelten die oben geschilderten Vorgaben nach Abs. 6 (→ Rn. 153). Der Verordnungsgeber hat jedoch davon **abgesehen**, die Abschaltverordnung nach § 13i Abs. 1 und 2 zusätzlich um ein **Ausschreibungsverfahren für zuschaltbare Lasten** im Sinne einer „**Zuschaltverordnung**" zu ergänzen. 165

Die Entscheidung, keinen eigenständigen Markt für zuschaltbare Lasten über eine **gemeinsame Internetplattform** der ÜNB nach Abs. 6 einzuführen, entspricht den **europarechtlichen Anforderungen**. Die europäischen Vorgaben zur „effizienten, möglichst marktgestützten Beschaffung" (→ Rn. 74ff.) erfassen zwar ausdrücklich auch Letztverbraucher bzw. Lasten. Auch sie sollen mit ihren energiewirtschaftlichen Funktionen diskriminierungsfrei am Strommarkt teilnehmen können (→ Rn. 65ff.). Dementsprechend sollen Netzbetreiber bei der effizienten, möglichst „marktgestützten" bzw. „marktbasierten" Beschaffung von Systemsicherheitsmaßnahmen bzw. Dienstleistungen grundsätzlich auch geeignete Möglichkeiten zur „**Laststeuerung**" berücksichtigen (zB bei der Beschaffung von Regelenergie nach Art. 6 Abs. 1 lit. a Elt-VO 19, von „marktbasiertem" Redispatch nach Art. 13 Abs. 1 und 2 Elt-VO 19 und von „Flexibilitätsleistungen" in Verteilernetzen nach Art. 32 Abs. 1 S. 2 Elt-RL 19). Die diskriminierungsfreie Teilnahme von Lasten am **deutschen Regelenergiemarkt** ist gewährleistet: Auch Verbraucher können mit geeigneten Lastflexibilitäten an den Ausschreibungsverfahren der ÜNB teilnehmen (→ Rn. 99, 141). Es handelt sich um eine „marktbasierte Beschaffung" iSv Art. 6 Elt-VO 19. 166

b) Grundsatzentscheidung für ein nichtmarktbasiertes Redispatch (Art. 13 Abs. 3 Elt-VO 19). Von der Einführung einer „**marktbasierten**" Beschaffung von Lastflexibilitäten für Redispatch bzw. für „strom- und spannungsbedingte Anpassungen" nach Abs. 1 S. 2 (→ Rn. 224ff.) hat der deutsche Ge- 167

§ 13   Teil 3. Regulierung des Netzbetriebs

setzgeber hingegen bewusst abgesehen. Denn die Vorteile einer marktbasierten Integration von zusätzlichen Potenzialen, insbesondere von „flexiblen Verbrauchern", in das Redispatch würde von gravierenden Nachteilen deutlich übertroffen (Neon, consentec et al., Abschlussbericht „Kosten- oder Marktbasiert? Zukünftige Redispatch-Beschaffung in Deutschland" S. 3f.). Die Umstellung auf ein marktbasiertes Redispatch wäre in Deutschland *weder geeignet* für die Systemsicherheit *noch effizient* (vgl. OLG Düsseldorf Beschl. v. 12.8.2020 – VI-3 Kart 895/18 (V), Abschnitte 3.1.2.2 und 4 der Begründung). Die europarechtlichen Voraussetzungen für ein *„nichtmarktbasiertes"* Redispatch-System liegen vor: Die Bundesrepublik Deutschland hat die beiden **Ausnahmegründe nach Art. 13 Abs. 3 lit. c und d Elt-VO 19** (*unzureichender Wettbewerb* sowie der Engpassverschärfung durch strategisches Bietverhalten) geltend gemacht und sich für **die Beibehaltung des kostenbasierten Redispatch-Systems** *ohne* „marktbasierte" Beschaffung (ua von Lastflexibilitäten) entschieden (BMWi, Aktionsplan Gebotszone vom 8.1.2020, S. 20–22).

168   In dem genannten Abschlussbericht zu den Auswirkungen einer Umstellung auf ein marktbasiertes System in Deutschland heben die Gutachter von den verschiedenen strukturellen Problemen insbesondere zwei grundlegende Hindernisse hervor. Zum einen legen sie dar, dass die Einführung von Redispatch-Märkten, die aufgrund der unterschiedlichen Wirksamkeit je nach Lage zu den Engpässen notwendigerweise regional bzw. lokal wären, den eigentlichen (zonalen) Strommarkt beschädigen und ua durch systemimmanente **Fehlanreize für problemverschärfendes Verhalten** (insbesondere durch *„Increase-Decrease-Verhalten"*, kurz „Inc-Dec") zu einer erheblichen Verschärfung der Engpässe und deutlich höheren Kosten zulasten der Stromverbraucher in Deutschland führen würde. Nach den Simulationen der Gutachter für das Jahr 2030 wäre allein schon aufgrund dieser **„Rückkopplungs"-Probleme** mit einer **Erhöhung des Redispatch-Volumens um 300–700 Prozent** und mit **Kostensteigerungen um 300 Prozent** zu rechnen. Die Aussichten für eine regulatorische Eindämmung dieser „fundamentalen" Probleme seien zudem „wenig aussichtsreich".

169   *Zusätzliche* Probleme und Kostensteigerungen wären aufgrund der hohen lokalen **Marktmacht** zu erwarten, die einzelne Marktteilnehmer je nach Lage und Wirksamkeit ihrer Anlagen zulasten anderer Marktteilnehmer, des Netzbetreibers und letztlich zulasten der Stromverbraucher ausüben könnten. Im Fall von **Verflechtungen** (zB aufgrund konzernrechtlicher Verbindungen) oder anderen **Interessenkonflikten** (zB aufgrund sonstiger Vertragsbeziehungen) zwischen lokalen Marktteilnehmern und einem EVU mit vertikal integriertem Netzbetrieb (zB einem Stadtwerk) könnten lokale Märkte zudem Interessenkonflikte und **strukturelle Fehlanreize** zulasten einer effizienten, schnellen und nachhaltigen Behebung von Engpässen (insbesondere durch Netzausbau) mit sich bringen.

170   Ein weiteres strukturelles Hindernis für eine ergänzende „marktbasierte" Beschaffung (zB von zuschaltbaren Lasten) für strom- und spannungsbedingte Maßnahmen liegt in dem **Einspeisevorrang** zugunsten von EE- und KWK-Strom. Die europarechtlichen Vorgaben zum Einspeisevorrang nach Art. 13 Abs. 6 Elt-VO 19 werden im deutschen Recht durch die **„kalkulatorischen" EE-Preise** nach Abs. 1 S. 2 iVm Abs. 1a umgesetzt (→ Rn. 270 und 310ff.). Da die Netzbetreiber jede Abregelung von EE-Strom bei der *Auswahl* der günstigsten Maßnahmenkombination (*nicht* hingegen beim tatsächlichen finanziellen Ausgleich) mit diesen extrem hohen und öffentlich bekannten („Mond"-) Preisen ansetzen müssen, um den Einspeisevorrang einzuhalten, wäre es für Teilnehmer eines ergänzenden marktbasierten Redispatch-Marktes einfach und naheliegend, ihre Gebote anhand

Systemverantwortung der Betreiber von Übertragungsnetzen § 13

dieser „kalkulatorischen" Auswahlpreise zu optimieren. Dieses Vorgehen würde einem wettbewerblichen Verfahren widersprechen und potenziell zu deutlichen Kostensteigerungen zulasten der Stromverbraucher führen.

c) Effizienzmaßstab am Beispiel einer zuschaltbaren Last. In der Diskus- 171
sion zu lokalen Redispatch-Märkten wird bisweilen angenommen, dass es (unter Ausblendung der genannten strukturellen Kostensteigerungen → Rn. 169–171) effizient erscheine, wenn der Netzbetreiber anderenfalls abzuregelnde „Überschuss"-Mengen „vor" dem Engpass (vorzugsweise aus EE-Anlagen) einer zuschaltbaren Last zuzüglich eines **Flexibilitätsentgelts** geben würde, solange das Entgelt geringer als die Marktprämie ausfalle, die im Fall einer (unterstellt gleich wirksamen) EE-Abregelung finanziell auszugleichen wäre. Dieser Vorstellung liegen mehrere Missverständnisse zugrunde: Zum einen gibt es **keinen (EE-)„Überschuss-Strom"**. Alle erzeugten Strommengen gehören dem jeweiligen Anlagenbetreiber und werden von diesem (bzw. seinem Direktvermarkter) vermarktet. Im Engpassfall müsste ein Netzbetreiber daher für den Ausgleich von zusätzlichen Stromverbräuchen durch zuschaltbare Lasten „vor" dem Engpass – wie bei sonstigen negativen Redispatch-Maßnahmen – auf die in der Regel (konventionellen) Strommengen aus positivem Redispatch zurückgreifen.

Zum anderen wäre es, wie die folgende Beispielrechnung veranschaulicht, in 172
dem skizzierten Szenario einer Flexibilitätsentgelt-Zahlung vom Netzbetreiber an die Last für die Stromverbraucher in Deutschland nicht günstiger, sondern **teurer.**

Beispielfall: Netzbetreiber zahlt Flexibilitätsentgelt. Im Falle der Abregelung einer EE-Anlage „vor" dem Engpass wäre durch den Netzbetreiber eine entgangene **Marktprämie von 5 ct/kWh** finanziell auszugleichen. Würde der Netzbetreiber stattdessen eine zuschaltbare Last abrufen (mit unterstellt gleicher Wirksamkeit auf den Engpass), an die Entnahmestelle der Last Graustrom aus positivem Redispatch zur Deckung des „zusätzlichen" Strombedarfs liefern und ein **Flexibilitätsentgelt von 4 ct/kWh** zahlen, dann entstünden betriebswirtschaftliche Optimierungsvorteile allein zugunsten des Netzbetreibers (seine Netzentgelte würden iHv 1 ct/kWh entlastet) und des „zuschaltbaren" Verbrauchers (er würde Strom und Geld erhalten). Für die Allgemeinheit würde es hingegen teurer: Die Verbraucher in Deutschland müssten **in Summe 9 ct/kWh** (5 ct/kWh über die EEG-Umlage bzw. ab dem Entfallen der EEG-Umlage über den Bundeshaushalt für die Förderung der nicht abgeregelten EE-Anlage *und* 4 ct/kWh über die Netzentgelte für den finanziellen Ausgleich) und damit nahezu **doppelt so viel** wie im Fall der Abregelung der EE-Anlage zahlen.

Da sich die Effizienz für Maßnahmen nach § 13 nicht an einer betriebswirt- 173
schaftlichen Optimierung zugunsten des einzelnen Netzbetreibers, sondern an den tatsächlichen Gesamtkosten zulasten der Allgemeinheit bemisst (zum Effizienzmaßstab → Rn. 59 ff.), wird in dem dargestellten Beispielfall bereits angesichts der sichtbaren Kostensteigerungen deutlich, dass es in dem Fall wohl **ineffizient** wäre, anstelle der EE-Abregelung die Last gegen Zahlung eines Flexibilitätsentgelts zuzuschalten. Schwieriger wäre die Beurteilung, wenn der Verbraucher – abweichend von dem Beispielfall – einen angemessenen Strompreis an den Netzbetreiber für den bilanziellen Ausgleich seiner „zugeschalteten" Verbrauchsmengen zahlen würde. In dem Fall sind zusätzlich die gravierenden Probleme und einhergehenden Kostensteigerungen zu berücksichtigen, die den deutschen Gesetzgeber dazu bewogen haben, von der Einführung lokaler oder regionaler Redispatch-Märkte abzusehen und stattdessen ein einheitliches kostenbasiertes Redispatch-System beizubehalten (zu den simulierten Kostensteigerungen um 300 Prozent durch problemverschärfendes Verhalten → Rn. 169; zu naheliegenden weiteren Kostensteigerungen ua

durch Marktmacht und den Auswahlmechanismus im kostenbasierten Redispatch-System → Rn. 170 f.). Sofern diese strukturellen Probleme nicht zuverlässig ausgeschlossen werden können, erscheint es daher – auch bei Zahlung eines angemessenen Strompreises durch den „zuschaltbaren" Verbraucher – **fraglich,** ob relevante Spielräume für eine **geeignete und effiziente Kontrahierung von zuschaltbaren Lasten** auf der Basis von Abs. 6 verbleiben (zu den verschiedenen anderen Möglichkeiten zur Nutzung von Lastflexibilitäten → Rn. 138 ff.).

174 d) **Ausschreibung von zuschaltbaren Lasten ohne Strombezug an Strommärkten (Abs. 1 S. 1 Nr. 2 iVm Abs. 6 iVm Abs. 6 b).** Die Regelungen nach Abs. 6 sind im Zuge der Klimaschutz-Sofortprogramm-Novelle äußerst kurzfristig um einen neuen Absatz ergänzt worden: Die **neue Regelung des Abs. 6 b** sieht vor, dass die ÜNB ab dem 1. 7. 2023 **gemeinsame Ausschreibungen nach Abs. 6 „für den Strombezug von zuschaltbaren Lasten"** vornehmen sollen, um EE-Abregelungen zu vermeiden. Der neue Abs. 6 b macht diverse grundsätzliche, teilweise auch sehr detaillierte Vorgaben zu der Ausschreibung und schränkt den in Betracht kommenden Anwendungsbereich deutlich ein. Dadurch sollen verschiedene Probleme vermieden und insbesondere Gelegenheiten für *„strategisches Bieterverhalten"* entgegengewirkt werden (BT-Drs. 20/2402, 12; ausf. zu diesem gravierenden Problem → Rn. 168 ff.). Die Regelungen betreffen ua Vorgaben zu den in Betracht kommenden Lasten (zB ausschließlich Lasten *ohne Strombezug an Strommärkten*), zu den Standorten (zB ausschließlich im Norden Deutschlands bzw. *außerhalb der Südregion*), zu technischen Mindestanforderungen (zB müssen die Lasten *jederzeit verfügbar* sein), zu den Geboten (die Lasten müssen bieten, wie viel Geld sie dem Netzbetreiber im Abruffall *für den bezogenen Strom zahlen* – negative Gebote sind ausgeschlossen), zu dem Verfahren (ua *gemeinsame Ausschreibung der ÜNB nach Abs. 6;* zu den Anforderungen nach Abs. 6 → Rn. 153 ff.) sowie zu vielen weiteren Aspekten. Inwieweit die angestrebten Ziele durch diese Neuregelung erreicht und ungewollte Folgewirkungen ausreichend vermieden werden können, bleibt abzuwarten. Die Vorgaben nach Abs. 6 b dürften jedenfalls nicht alle Fragen schlüssig und vollständig beantworten, die vor dem Beginn einer Ausschreibung und Nutzung von Systemsicherheitsmaßnahmen geklärt sein müssen. Die Regelungen scheinen unter hohem Zeitdruck entstanden zu sein und werfen ihrerseits diverse **Auslegungs- und Folgefragen** auf. Diese betreffen sowohl das Verständnis der Vorgaben nach Abs. 6 b als auch das Verhältnis zu anderen Regelungen und die Einbindung in die Systematik und Prozesse des Redispatch 2.0. Angesichts der Kurzfristigkeit ist eine tiefergehende Kommentierung dieser Neuregelung nicht möglich.

X. KWK-Ersatzwärmevereinbarung (Abs. 1 S. 1 Nr. 2 iVm Abs. 6 a)

175 Eine „KWK-Ersatzwärmevereinbarung" nach Abs. 6 a ermöglicht dem ÜNB eine KWK-Strom-Abregelung mit gezielter zeitgleicher Lastzuschaltung einer elektrischen Ersatzwärmeversorgung auf vertraglicher Basis. Es handelt sich bei der Lastzuschaltung um eine marktbezogene Maßnahme iSv Abs. 1 S. 1 Nr. 2.

176 **1. Sinn und Zweck von KWK-Ersatzwärmevereinbarungen.** Die Regelung des Abs. 6 a dient im Wesentlichen zwei Zielen: Zum einen soll durch KWK-Ersatzwärmevereinbarungen der **Zubau von elektrischen Ersatzwärmeanlagen** an KWK-Anlagen mit besonders effizienter Wirkung auf längerfristige Netzengpässe im Höchstspannungsnetz gefördert werden. Dazu sind eine **Erstattung**

der **Investitionskosten** und nähere Anforderungen insbesondere an die **Eignung und Effizienz** der Anlage vorgesehen.

Zum anderen soll sichergestellt werden, dass die Potenziale für die KWK-Strom- 177
Abregelung mit gezielter zeitgleicher Lastzuschaltung der elektrischen Ersatzwärmeversorgung im laufenden Netzbetrieb zuverlässig abgerufen werden können. Daher muss eine KWK-Ersatzwärmevereinbarung zugleich bestimmte Mindestvorgaben insbesondere im Hinblick auf den **kombinierten Abruf** der Anpassungspotenziale und ihren **bilanziellen und finanziellen Ausgleich** einhalten.

Die **erstgenannte Zielsetzung des Zubaus** wird voraussichtlich **an Bedeu-** 178
tung gewinnen, da der Bedarf an elektrischen Ersatzwärmekapazitäten perspektivisch deutlich steigen dürfte. Dazu tragen ua der neue europarechtliche Einspeisevorrang von EE- Strom gegenüber KWK-Strom sowie die Konkretisierungen zur Auswahlentscheidung nach den neuen Regelungen des „Redispatch 2.0" bei: Die Netzbetreiber werden geeignete Potenziale zur Abregelung von wärmegekoppeltem KWK-Strom deutlich häufiger nutzen müssen (→ Rn. 340 f.).

Die Entscheidung, ob und auf welche Weise die Betreiber von KWK-Anlagen 179
eine Ersatzwärmeversorgung vorhalten und einsetzen, liegt in ihrer Entscheidungshoheit und Risikosphäre (zu etwaigen Schadensminderungspflichten → Rn. 286, 351). Aufgrund der Vorzüge einer elektrischen Ersatzwärmeversorgung für die Flexibilisierung und die betriebswirtschaftliche Gesamtoptimierung der Erzeugung und des Verbrauchs dürfte es vielfach durchaus auch aus Sicht des Betreibers attraktiv sein, seine KWK-Anlage mit einer *elektrischen* statt mit einer *konventionellen Ersatzwärmeversorgung* auszustatten.

Nach den energiewirtschaftlichen **Gemeinwohlzielen** erscheint es jedenfalls 180
deutlich vorzugswürdig, in geeigneten Fällen elektrische statt konventionelle Ersatzwärmekapazitäten vorzuhalten: Für die **Systemsicherheit** ist von Vorteil, dass die Entlastungspotenziale einer günstig gelegenen KWK-Anlage „vor" dem Engpass durch die gekoppelte zeitgleiche Lastzuschaltung für eine elektrische Ersatzwärmeversorgung deutlich erhöht und die gravierenden strukturellen Schwierigkeiten von Lastzuschaltungen für Redispatch-Zwecke (→ Rn. 168 ff.) in diesen Konstellationen deutlich leichter vermieden werden können. Der gezielte zusätzliche Stromverbrauch wirkt aufgrund der gleichen günstigen Lage im Netz ebenso engpassentlastend wie die Abregelung der Erzeugung.

Auf die **Umweltverträglichkeit** wirkt sich zum einen positiv aus, dass durch die 181
zusätzliche Engpassentlastung in vielen Fällen die Abregelung EE-Strom vermieden werden kann. Darüber hinaus kann durch die strombasierte Ersatzwärmeerzeugung die Verbrennung von umweltschädlichen Energieträgern für eine konventionelle Ersatzwärmeversorgung vermieden werden. Zwar fallen auch für die Erzeugung des Stroms, der für die elektrische Ersatzwärmeversorgung benötigt wird, CO_2-Emissionen an. Sofern die Anlage eine besonders gute Wirkung auf die relevanten Engpässe hat, sinken jedoch die insgesamt benötigen Mengen für den (in der Regel konventionell erzeugten) bilanziellen Ausgleich oder fallen zumindest nicht höher aus als bei alternativen Maßnahmen. Da bei einer elektrischen Ersatzwärmeversorgung insoweit keine zusätzlichen Aufwendungen für den Einsatz einer konventionellen Ersatzwärmeversorgung (bzw. keine entgangenen Wärmelöse) im Rahmen des finanziellen Ausgleichs zu erstatten sind, kann sich der Einsatz an engpasswirksamen Standorten grundsätzlich auch positiv auf die **Preisgünstigkeit** auswirken.

Die **zweitgenannte Zielsetzung des kombinierten Abrufs** hat mit dem In- 182
krafttreten der neuen „Redispatch 2.0"-Regelungen an praktischer **Bedeutung verloren.** Denn mit der Integration des vormals separat geregelten Einspeise-

§ 13 Teil 3. Regulierung des Netzbetriebs

managements ist das ursprüngliche Problem, dass die Abregelung des KWK-Stroms und die Lastzuschaltung auf verschiedenen Rangstufen zu berücksichtigen waren, entfallen.

183 Nach dem neuen Rechtsrahmen ist die *kombinierte Abregelung* von wärmegekoppelter Erzeugung (zB einer KWK- oder einer Biogasanlage) mit *zeitgleicher Lastzuschaltung* einer elektrischen Ersatzwärmeversorgung (soweit vorhanden) **auch auf Basis des gesetzlichen Schuldverhältnisses nach § 13 a** möglich: Eine Maßnahme nach § 13 a Abs. 1 richtet sich zwar (auch im Fall einer elektrischen Ersatzwärmeversorgung) im Kern auf die Abregelung der Wirkleistungserzeugung der Erzeugungsanlage. Diese bewirkt jedoch unmittelbar kausal die zeitgleiche Lastzuschaltung der elektrischen Ersatzwärmeversorgung, sodass dieser zusätzliche Stromverbrauch von dem bilanziellen und finanziellen Ausgleich nach § 13 a Abs. 1 a und 2 mit erfasst und bei der Auswahlentscheidung für strom- und spannungsbedingte Anpassungen nach § 13 Abs. 1 S. 2 mit zu berücksichtigen ist (BNetzA Beschl. v. 6.11.2020 – BK6-20-059, S. 59; zur Auswahlentscheidung → Rn. 245).

184 **2. Voraussetzungen einer KWK-Ersatzwärmevereinbarung.** KWK-Ersatzwärmevereinbarungen *können* von **ÜNB** mit Betreibern von KWK-Anlagen geschlossen werden (Abs. 6 a S. 1). Keine der beiden Parteien ist zur Kontrahierung verpflichtet. Das Verfahren zur Beschaffung von KWK-Ersatzwärmevereinbarungen unterliegt einer wirksamen Verfahrensregulierung nach Maßgabe von freiwilligen Selbstverpflichtungen der ÜNB (BNetzA Beschl. v. 12.1.2018 – BK8-17/0009-A). **VNB** sind *nicht* befugt, KWK-Ersatzwärmevereinbarungen abzuschließen, § 14 Abs. 1 S. 1 findet insoweit ausdrücklich keine Anwendung (Abs. 6 a S. 5). Die BNetzA kann unter engen Voraussetzungen von dieser gesetzlichen Vorgabe abweichen und durch eine entsprechende Festlegung ermöglichen, dass auch ein (nicht mit dem KWK-Anlagenbetreiber verbundener) VNB in bestimmten Ausnahmekonstellationen eine KWK-Ersatzwärmevereinbarung abschließen kann (§ 13j Abs. 7).

185 Für den Abschluss einer KWK-Ersatzwärmevereinbarung muss die KWK-Anlage *geeignet* sein, *effizient* zur Entlastung von *Netzengpässen* im Höchstspannungsnetz beizutragen (Abs. 6 a S. 1 Nr. 1 und S. 3). Hinsichtlich der **Eignung** sind insbesondere die *Größe* und *Lage* der KWK-Anlage zu berücksichtigen. Hinsichtlich der Größe ist ergänzend zu beachten, dass die installierte elektrische Leistung der KWK-Anlage jedenfalls **> 500 kW** betragen muss (Abs. 6 a S. 1 Nr. 4). Mit der Lage ist insbesondere die netztopologische Einbindung in das Netz gemeint.

186 Für die **Effizienz** einer KWK-Anlage dürfte insbesondere maßgeblich sein, inwieweit die Potenziale zur Abregelung ihrer wärmegekoppelten KWK-Strom-Erzeugung und zur zeitgleichen Lastzuschaltung der geplanten elektrischen Ersatzwärmeversorgung im Rahmen der kostenbasierten **Auswahlentscheidung** für strom- und spannungsbedingte Anpassungen nach Abs. 1 S. 2 zu einer effizienten Entlastung der **Netzengpässe im Höchstspannungsnetz** der ÜNB und somit zu Einsparungen beitragen können (zur kostenbasierten Auswahl nach Abs. 1 S. 2 → Rn. 273 ff.).

187 Für einen effizienten Beitrag der KWK-Anlage sind insofern vor allem die **tatsächlichen Kosten** relevant, die voraussichtlich bei einem Abruf dieser Potenziale anfallen. Die tatsächlichen Kosten richten sich wiederum nach der **Wirksamkeit** (Sensitivität) der KWK-Anlage auf die relevanten Netzengpässe im Höchstspannungsnetz sowie nach den **tatsächlichen Preisen,** die für die Abregelung von KWK-Strom und für den zusätzlichen Stromverbrauch durch die Ersatzwärmeerzeugung voraussichtlich anfallen (zur Abschätzung von tatsächlichen Kosten für die Auswahlentscheidung → Rn. 298). In der freiwilligen Selbstverpflichtung der ÜNB ist eine konkretisierende

Effizienzbetrachtung als Voraussetzung für einen Vertragsabschluss vorgesehen (BNetzA Beschl. v. 12.1.2018 – BK8-17-0009-A Anl. S. 2).

Der Abschluss einer KWK-Ersatzwärmevereinbarung setzt des Weiteren voraus, 188 dass der Standort der KWK-Anlage *außerhalb der Südregion* gelegen ist (Abs. 6a S. 1 Nr. 2). Die **Südregion** umfasst alle kreisfreien Städte, Stadtkreise, Kreise und Landkreise in Deutschland, die in der Anl. 1 des Kohleverstromungsbeendigungsgesetzes (KVBG) aufgeführt sind. Da in Abs. 6a S. 1 Nr. 2 auf eine konkrete Fassung des KVBG verwiesen wird, dürfte es sich hierbei (abweichend von den sonstigen dynamischen Verweisen im §13 auf Normen des EEG und des KWKG) um einen statischen Verweis handeln. Hintergrund der geografischen Einschränkung ist, dass der Zubau von elektrischen Ersatzwärmevereinbarungen nach Abs. 6a nur an Standorten **„vor"** den relevanten Netzengpässen im Höchstspannungsnetz der ÜNB (also vereinfacht „nördlich" der wesentlichen ÜNB-Engpässe) gefördert werden soll. Denn die Lastzuschaltung einer elektrischen Ersatzwärmeversorgung kann nur „vor" einem Engpass als negatives Redispatch-Vermögen zu seiner Entlastung beitragen. Eine Lastzuschaltung „hinter" einem Engpass kann diesen hingegen verstärken.

Ein Vertragsabschluss nach § 13 Abs. 6a ist darüber hinaus nur möglich, wenn die 189 betreffende KWK-Anlage **vor dem 14.8.2020 in Betrieb** genommen worden ist (Abs. 6a S. 1 Nr. 3). Für Betreiber von KWK-Anlagen, die *nach dem 31.12.2024* in Dauerbetrieb genommen werden, kann hingegen eine Förderung nach § 7b KWKG 2020 in Betracht kommen: Diese KWKG-Regelung sieht – unter weiteren Voraussetzungen – einen **Bonus für elektrische Wärmeerzeuger** vor, wenn die KWK-Anlage mit einer neuen elektrischen Wärmeerzeugungsanlage ausgestattet wird.

3. Vorgegebene Inhalte einer KWK-Ersatzwärmevereinbarung. a) In- 190 **vestitionskosten-Erstattung für elektrische Ersatzwärmeversorgung.** Der Zweck der **Zubauförderung** (→ Rn. 176, 178 ff.) wird erreicht, indem in der KWK-Ersatzwärmevereinbarung geregelt sein muss, dass der ÜNB dem Betreiber der KWK-Anlage die **erforderlichen Kosten für die Investition** für die elektrische Wärmeerzeugung einmalig erstattet (Abs. 6a S. 2 Nr. 3). Eine Erstattung von Kostenanteilen, die über das erforderliche Maß hinausgehen, ist demnach ausgeschlossen. Die erstattungsfähigen Kosten müssen zudem nach Vertragsschluss entstanden sein.

b) Kombinierter Abruf mit bilanziellem und finanziellem Ausgleich. 191 Der Zweck des kombinierten Abrufs (→ Rn. 177, 182 f.) wird dadurch abgesichert, dass die Parteien in der KWK-Ersatzwärmevereinbarung bestimmten Vorgaben zur **Durchführung der Maßnahme** berücksichtigen müssen, die **für die gesamte Vertragsdauer** gelten. Die Vertragslaufzeit beträgt **mindestens fünf Jahre**, wobei die längste mögliche Geltungsdauer auf den 31.12.2028 begrenzt ist (Abs. 6a S. 4). Nach dem 31.12.2023 sind keine weiteren Vertragsabschlüsse nach Abs. 6a mehr möglich. Die Norm ist ab dem 1.1.2024 nicht mehr anzuwenden, zuvor abgeschlossene Verträge laufen jedoch bis zum Ende ihrer Vertragslaufzeit weiter (§ 118 Abs. 22).

Die KWK-Ersatzwärmevereinbarung muss ein **eigenständiges vertragliches** 192 **Recht** vorsehen, auf dessen Basis der ÜNB die Wirkleistungseinspeisung der KWK-Anlage **abregeln** und – damit gekoppelt – zugleich die Last der elektrischen Ersatzwärmeversorgung für die Aufrechterhaltung der Wärmeversorgung **zuschalten** kann. Die Vorgaben zur inhaltlichen Ausgestaltung des KWK-Ersatzwärmevertrages nach Abs. 6a S. 2 Nr. 1 und 2 ersetzen weder die rechtliche Ausgestaltung der Maßnahme noch der konkreten Abwicklung. Es handelt sich insoweit um Mindestvorgaben, die zwar bestimmte Aspekte vorprägen, jedoch zugleich weitere vertragliche Regelungen voraussetzen.

§ 13 Teil 3. Regulierung des Netzbetriebs

193 So erfasst die Mindestvorgabe nach Abs. 6a S. 2 Nr. 1 beispielsweise nach dem Wortlaut unmittelbar nur die **Reduzierung** (sprich Abregelung) der Wirkleistungseinspeisung. Sie setzt aber sowohl nach dem Sinn und Zweck als auch nach der Regelungssystematik voraus, dass der ÜNB durch die Abregelung zugleich die entsprechende **Lastzuschaltung** im verfügbaren Umfang mit auslösen kann. Die Netzbetreiber müssen sich sowohl für ihre Maßnahmendimensionierung und Auswahlentscheidung nach Abs. 1 S. 2 als auch für die Beschaffung der bilanziellen Ausgleichsmengen darauf verlassen können, dass geeignete und verfügbare Potenziale zur elektrischen Ersatzwärmeerzeugung bei einer Abregelung der wärmegekoppelten Erzeugung mit abgerufen werden können. Das gilt für ihre Anpassungsmöglichkeiten nach dem gesetzlichen Schuldverhältnis nach § 13a (→ Rn. 183, 245) und erst recht für KWK-Ersatzwärmevereinbarungen nach Abs. 6a.

194 Dementsprechend muss in dem Vertrag nach Abs. 6a S. 2 Nr. 1 zwingend vereinbart werden, dass der ÜNB den **Strom,** der **für die Lastzuschaltung** der elektrischen Ersatzwärmeversorgung zur Aufrechterhaltung der Wärmeversorgung benötigt wird, durch eine Lieferung dieser Strommengen **bilanziell ausgleicht.** Ob diese Lieferung an den Betreiber der KWK-Anlage oder an den BKV der betroffenen Entnahmestelle (in der Regel also seinen Stromlieferanten) erfolgt, ist nicht vorgegeben. Als naheliegende Lösung dürfte es sich anbieten, eine entsprechende Anwendung der Regelungen und Prozesse für den bilanziellen Ausgleich nach § 13a Abs. 1a zu vereinbaren.

195 Das gilt auch für den **bilanziellen Ausgleich der abgeregelten Erzeugungsmengen.** Der bilanzielle Ausgleich dieser Strommengen ist nach den inhaltlichen Mindestvorgaben gem. Abs. 6a S. 2 Nr. 1 wiederum nicht ausdrücklich vorgegeben, entspricht jedoch den wesentlichen Grundprinzipien des „Redispatch 2.0"-Systems und wird nach den Vorgaben gem. Abs. 6a S. 2 Nr. 2 implizit vorausgesetzt: Nach diesen Vorgaben müssen die Parteien für den Einsatz der Maßnahme einen angemessenen **finanziellen Ausgleich** unter **Anrechnung des bilanziellen Ausgleichs** vereinbaren, durch den der Betreiber der KWK-Anlage im Ergebnis wirtschaftlich weder besser noch schlechter gestellt wird, als er ohne die Maßnahme stünde. Diese Anforderung bezieht sich auf die kombinierte Gesamtmaßnahme aus Erzeugungsabregelung und Lastzuschaltung. Die **entsprechende Anwendung der Regelungen zum finanziellen Ausgleich** von Maßnahmen auf Grundlage des gesetzlichen Schuldverhältnisses nach § 13a Abs. 2 bis 4 ist in diesem Fall zwingend vorgeben (Abs. 6a S. 2 Nr. 2).

196 Zu welchen Zwecken die ÜNB die Anpassungspotenziale **einsetzen** dürfen, ergibt sich ebenfalls nicht unmittelbar aus den inhaltlichen Mindestvorgaben. Abs. 6a S. 2 Nr. 1 gibt lediglich vor, dass ein Abruf auf Basis der KWK-Ersatzwärmevereinbarung als **marktbezogene Maßnahme** nach Abs. 1 S. 1 Nr. 2 erfolgt. Nach dem Sinn und Zweck (→ Rn. 176 ff.) sowie den Eignungsvoraussetzungen an die KWK-Anlagen (→ Rn. 185 ff.) muss ein Einsatz jedenfalls für die Beseitigung von **strom- oder spannungsbedingten Gefährdungen oder Störungen** nach Abs. 1 S. 2 möglich sein. Eine Einschränkung des Einsatzes auf strom- oder spannungsbedingte Gefährdungen oder Störungen, die ausschließlich oder anteilig auf *Engpässen im Höchstspannungsnetz* beruhen, wäre hingegen weder praktikabel noch sinnvoll und nach den inhaltlichen Vertragsvorgaben gem. Abs. 6a S. 2 auch nicht geboten. Die entsprechenden Beschränkungen nach Abs. 6a S. 1 Nr. 1 und S. 5 beziehen sich allein auf die Voraussetzungen, *ob* ein Vertrag (mit entsprechender Förderung) abgeschlossen werden darf.

197 Sofern nach Abs. 6a kontrahierte KWK-Anlagen an das Netz eines VNB angeschlossen ist, sind bei einem Abruf durch den ÜNB die allgemeinen **Koopera-**

tions- und **Abstimmungspflichten** zu beachten. Der Abschluss einer KWK-Ersatzwärmevereinbarung mit dem ÜNB schließt grundsätzlich nicht aus, dass beispielsweise der **Anschluss-VNB** die kombinierten Anpassungspotenziale **auf Basis des gesetzlichen Schuldverhältnisses** nach § 13a nutzt (→Rn. 183, 245). Auch in diesem Fall bedarf es einer Kooperation bzw. Abstimmung zwischen den Netzbetreibern (vgl. § 11 Abs. 1 S. 4 und § 13a Abs. 5 S. 1 und 2).

XI. Systemdienstleistungen nach § 12h (Abs. 1 S. 1 Nr. 2 iVm § 12h)

Zu den marktbezogenen Maßnahmen nach § 13 Abs. 1 Nr. 2 zählen grundsätzlich 198
auch die verschiedenen in § 12h Abs. 1 S. 1 aufgeführten **nicht frequenzgebundenen Systemdienstleistungen**. Die Beschaffungsvorgaben nach § 12h dienen der Umsetzung und Konkretisierung der europarechtlichen Leitbilder des „diskriminierungsfreien Marktzugangs" (→Rn. 65ff.) und der „effizienten, möglichst marktgestützten Beschaffung" (→Rn. 74ff.). Die Verpflichtung der Netzbetreiber zur Beschaffung dieser Systemdienstleistungen mittels „marktgestützter Verfahren" ist ua beschränkt durch die Vorgaben, dass die jeweilige Dienstleistung **für einen sicheren, zuverlässigen und effizienten Netzbetrieb erforderlich** sein muss.

Die BNetzA hat die wirtschaftliche Effizienz einer marktgestützten Beschaffung 199
für die nicht frequenzgebundenen Systemsicherheitsmaßnahmen nach § 12h Abs. 4 untersucht und aufgrund **fehlender Effizienz Ausnahmen von der marktgestützten Beschaffung** festgelegt für die „Trägheit der lokalen Netzstabilität" (BNetzA Beschl. v. 18.12.2020 – BK6-20-298), die „Inselbetriebsfähigkeit" (BNetzA Beschl. v. 18.12.2020 – BK6-20-297), die „dynamische Blindstromstützung" (BNetzA Beschl. v. 18.12.2020 – BK6-20-296) und den „Kurzschlussstrom" (BNetzA Beschl. v. 18.12.2020 – BK6-20-295). Zur marktgestützten Beschaffung von „Dienstleistungen zur Spannungsregelung" und zur „Schwarzstartfähigkeit" wird die BNetzA voraussichtlich nähere Vorgaben nach § 12h Abs. 5 festlegen.

XII. „Informationen über Netzengpässe" (Abs. 1 S. 1 Nr. 2)

Als „*Informationen über Engpässe*", die als vorletztes Beispiel einer marktbezoge- 200
nen Maßnahme nach § 13 Abs. 1 S. 1 Nr. 2 aufgeführt sind, kommen beispielsweise Veröffentlichungen des Netzbetreibers in Betracht, anhand derer potenziell Betroffene möglichst frühzeitig abschätzen können, bei welchen Netzregionen bzw. Netzbetriebsmitteln voraussichtlich mit Überlastungen zu rechnen ist. Solche Informationen können zum einen zB in „Stauwarnungen" bestehen, die der Netzbetreiber als **fortlaufend aktualisierte Vorhersagen** für anstehende Viertelstunden-Zeiträume zur Verfügung stellt (zu den speziellen Vorab-Informationspflichten im Hinblick auf geplante Maßnahmen auf Basis des gesetzlichen Schuldverhältnisses vgl. § 13a Abs. 1a S. 4). Zum anderen können „*Informationen über Engpässe*" auch in Informationen (ua in Form von Netzkarten) bestehen, anhand derer auch bereits potenzielle neue Anlagenbetreiber im Rahmen der Projektierung absehen können, wo und in welchem Umfang **Netzengpässe** nach den bisherigen Erfahrungen auftreten und mit welchen **Veränderungen** nach aktuellem Informationsstand künftig beispielsweise aufgrund von Netzausbau oder Anlagenzubau zu rechnen ist.

Solche Informationen können bestenfalls im Vorfeld dazu beitragen, Engpass- 201
belastungen zu mindern. Sofern jedoch eine konkrete Gefährdung oder Störung der Sicherheit oder Zuverlässigkeit des Elektrizitätsversorgungssystems durch einen Netzengpass eintritt, reichen „Informationen" allein nicht aus: In dem Fall bedarf es

§ 13 Teil 3. Regulierung des Netzbetriebs

insbesondere konkreter Anpassungsmaßnahmen nach Abs. 1 S. 2, um den Engpass zu entlasten (zu strom- und spannungsbedingten Anpassungen → Rn. 224 ff.)

F. Zusätzliche Reserven (Abs. 1 S. 1 Nr. 3)

202 Als „zusätzliche Reserven" werden in § 13 Abs. 1 S. 1 Nr. 2 insbesondere die **„Netzreserve"** nach § 13 d (→ Rn. 206 ff.) und die **„Kapazitätsreserve"** nach § 13 e (→ Rn. 213) angeführt. Bei der **„Sicherheitsbereitschaft" von stillzulegenden Braunkohlekraftwerken** nach § 13 g Abs. 2 (mitunter auch „Braunkohlereserve" genannt) handelt es sich *nicht* um eine „zusätzliche Reserve", da sie nicht als Systemsicherheitsmaßnahme nach § 13, sondern ausschließlich zur Deckung des lebenswichtigen Bedarfs an Elektrizität in einer Versorgungskrise (im sog. „EnSiG-Fall") nach § 1 Abs. 6 EltSiV eingesetzt werden könnte.

I. Rangfolge zwischen zusätzlichen Reserven und marktbezogenen Maßnahmen (Abs. 1 S. 1)

203 **1. Grundsatz: Nachrangiger Einsatz der zusätzlichen Reserven.** Das Rangverhältnis zwischen „zusätzlichen Reserven" und „marktbezogenen Maßnahmen" richtet sich nach der Art der Gefährdung oder Störung des Elektrizitätsversorgungssystems, die zu beseitigen ist. Grundsätzlich sind *zusätzliche Reserven* nach Abs. 1 S. 1 Nr. 3 **nachrangig** nach Ausschöpfung von geeigneten *marktbezogenen Maßnahmen* einzusetzen. Diese Rangfolge ergibt sich ua aus der gesetzessystematischen Abstufung zwischen den nach den Nr. 1–3 gegliederten Maßnahmen (→ Rn. 25 f.).

204 **2. Ausnahme: Gleichrangiger Einsatz der zusätzlichen Reserven.** *„Abweichend"* von diesem Rangverhältnis nach Abs. 1 S. 1 sind zusätzliche Reserven hingegen im Fall von **strom- und spannungsbedingten Anpassungen"** nach **Abs. 1 S. 2** nicht nachrangig, sondern grundsätzlich **gleichrangig** bei der Auswahl der günstigsten Maßnahmenkombination zu berücksichtigen (zur Rangfolge bei strom- und spannungsbedingten Anpassungen → Rn. 269 ff.).

205 Die Gleichrangigkeit wird für Maßnahmen zur Erhöhung der Erzeugungsleistung von Anlagen der *Netzreserve* allerdings wiederum relativiert, indem diese Maßnahmen im Rahmen der Auswahlentscheidung nach Abs. 1 S. 2 auf der Grundlage von **„kalkulatorischen"** Netzreserve-Kosten anzusetzen sind, sofern die tatsächlichen Kosten nicht höher liegen. Dadurch bleibt eine **relativiert nachrangige Aktivierung** von Netzreserve-Kraftwerken gegenüber Markt-Kraftwerken gewahrt (→ Rn. 358 ff.).

II. Netzreserve (Abs. 1 S. 1 Nr. 3 iVm § 13 d und NetzResV)

206 Bei der „Netzreserve" handelt es sich um **(zusätzliche) Erzeugungskapazitäten**, auf die die ÜNB auf der Grundlage von Netzreserve-Verträgen mit den jeweiligen Betreibern zugreifen können. Obgleich die Netzreserve auf einem „vertraglichen Schuldverhältnis" beruht (§ 1 Abs. 2 S. 1 NetzResV), stellt sie nach der gesetzlichen Einordnung *keine* „marktbezogene Maßnahme" nach Abs. 1 S. 1 Nr. 2, sondern eine „zusätzliche Reserve" nach Abs. 1 S. 1 Nr. 3 dar. Nähere Vorgaben zu den technischen Anforderungen, der Beschaffung und dem Einsatz der Netzreserve sind insbesondere in der **Netzreserve-Verordnung** geregelt.

Systemverantwortung der Betreiber von Übertragungsnetzen **§ 13**

1. Beschaffung der Netzreserve. Die BNetzA veröffentlicht jährlich einen **Bericht,** in dem sie auf Grundlage einer ebenfalls jährlich von den ÜNB erstellten Systemanalyse den **Bedarf an Erzeugungskapazität** für die Netzreserve bestimmt (vgl. zB BNetzA, „Feststellung des Bedarfs an Netzreserve für den Winter 2021/2022 sowie das Jahr 2023/2024" v. 28.4.2021). Maßstab für die Analyse und die Bedarfsfeststellung ist der *(Haupt-)Einsatzzweck* der vorgehaltenen Netzreserve, nämlich die zuverlässige Vermeidung von Systemsicherheitsgefährdungen durch **Redispatch-Maßnahmen** zur Entlastung von Engpässen (§ 3 Abs. 1 NetzResV). Dies soll insbesondere auch während des jeweiligen Winterhalbjahres gewährleistet sein, in dem die Übertragungsnetze häufig besonders hohen Belastungen ausgesetzt sind. Da nach § 2 Abs. 2 S. 3 NetzResV auch systemrelevante „Mehrfachfehler" angemessen beherrscht werden sollen, wird die Netzreserve für ein **Schutzniveau** dimensioniert, das über den (n–1)-sicheren Netzbetrieb hinausgeht. 207

Soweit sich nach der Feststellung der BNetzA ein zusätzlicher Bedarf an Netzreserve ergibt, der von den bestehenden Verträgen der ÜNB (unter Berücksichtigung auch von geeigneten Kapazitätsreserveanlagen nach § 5 Abs. 2 KapResV) noch nicht hinreichend abgedeckt ist, veröffentlichen die ÜNB die erforderlichen Anforderungen und kontrahieren nach Abstimmung mit der BNetzA weitere Erzeugungskapazitäten nach ihrer jeweiligen **Eignung** (zB nach Lage, Wirksamkeit auf Engpässe, Anfahrzeiten, Laständerungsgradienten etc) und **Preisgünstigkeit.** Die Anbieter haben keinen Anspruch auf Abschluss eines Netzreserve-Vertrags gegenüber den ÜNB (§ 4 NetzResV). 208

Für die Vorhaltung von Erzeugungsanlagen im Inland kommen nach § 5 Abs. 2 NetzResV *keine* **„Marktkraftwerke",** sondern ausschließlich Erzeugungsanlagen in Betracht, die bereits **vorläufig stillgelegt** sind oder deren Stilllegung nach § 13b Abs. 1 S. 1 angezeigt ist (nach Ablauf der zwölfmonatigen Anzeigefrist). Es muss sich des Weiteren insbesondere um ein **„systemrelevantes"** Kraftwerk iSv § 13b Abs. 2 S. 2 handeln und der Betreiber muss sich dazu verpflichten, die Anlage auch nach Ablauf des Netzreserve-Vertrags bis zu ihrer endgültigen Stilllegung **nicht mehr an den Strommärkten einzusetzen** (Rückkehr-Verbot). Erforderlichenfalls können die ÜNB auch gleich geeignete und mindestens ebenso preisgünstige (effiziente) Anlagen im EU-Ausland und in der Schweiz kontrahieren (§ 5 Abs. 3 NetzResV). 209

2. Einsatz der Netzreserve. Die Anlagen, die als Netzreserve vorgehalten werden, dürfen nicht zu Marktzwecken genutzt werden. Nach § 7 Abs. 1 NetzResV dürfen sie **ausschließlich für Systemsicherheitsmaßnahmen** des ÜNB **außerhalb der Strommärkte** eingesetzt werden. 210

Die ÜNB setzen die Netzreserve-Kraftwerke entsprechend ihres **(Haupt-) Zwecks** (§ 2 Abs. 1 NetzResV) vor allem für **„positiven"** Redispatch im Rahmen von **„strom- und spannungsbedingten Anpassungen"** durch die „Erhöhung ihrer Erzeugungsleistung" nach Abs. 1 S. 2 iVm Abs. 1c ein. Die Anlagen werden regelmäßig als **„Kaltreserve"** gefahren, sodass je nach Anlage und Betriebszustand unterschiedlich lange Vorlaufzeiten erforderlich sein können, um zunächst die Betriebsbereitschaft herzustellen. Auch der Abruf aus dem Kaltzustand, in dem die Anlage zuvor keinen Strom erzeugt, stellt eine „Erhöhung" ihrer Erzeugungsleistung iSv Abs. 1c dar, sodass dafür bei der Maßnahmenauswahl nach Abs. 1 S. 2 die „kalkulatorischen" Netzreserve-Kosten zu berücksichtigen sind (zum Ansatz von „kalkulatorischen" Netzreserve-Kosten im Rahmen der Auswahlentscheidung → Rn. 361 ff.). 211

Die Netzreserve-Anlagen sind nicht auf ihren (Haupt-)Einsatzzweck der Engpass-Entlastung per Redispatch beschränkt. Sie können von den ÜNB erforder- 212

Sötebier

lichenfalls auch zur Beseitigung weiterer Gefährdungen der Sicherheit und Zuverlässigkeit des Elektrizitätsversorgungssystems nach § 2 Abs. 2 NetzResV eingesetzt werden. Soll die Netzreserve beispielsweise **zur Haltung der Frequenz** genutzt werden, so kommt der Einsatz ergänzend zu den „marktbezogenen" Regelenergie-Maßnahmen in Betracht (→ Rn. 105)

III. Kapazitätsreserve (Abs. 1 S. 1 Nr. 3 iVm § 13 e und KapResV)

213 Bei der „Kapazitätsreserve" handelt es sich um eine weitere „zusätzliche Reserve" nach Abs. 1 S. 1 Nr. 3 in Form einer technologieneutralen **Reserveleistung** auf vertraglicher Basis. Nähere Vorgaben zu der Beschaffung durch die ÜNB, den Teilnahmevoraussetzungen, dem Einsatz und der Abrechnung sind insbesondere in der **Kapazitätsreserveverordnung** geregelt.

214 **1. Beschaffung der Kapazitätsreserve.** Die ÜNB sind nach § 6 KapResV dazu verpflichtet, die Kapazitätsreserve in einem wettbewerblichen, transparenten und diskriminierungsfreien **Ausschreibungsverfahren** gemeinsam zu beschaffen (zu den europarechtlichen Leitbildern des „diskriminierungsfreien Marktzugangs" → Rn. 65 ff. sowie der „effizienten, möglichst marktgestützten Beschaffung" → Rn. 74 ff.). Es handelt sich um eine **Beschaffungspflicht** (zu den strukturellen Schwierigkeiten, die einseitige Beschaffungspflichten mit sich bringen können → Rn. 157).

215 An der Ausschreibung können sowohl **Erzeugungsanlagen, Stromspeicher** als auch **regelbare Lasten** teilnehmen, soweit sie die technischen Anforderungen und sonstigen **Teilnahmevoraussetzungen** erfüllen (vgl. § 9 KapResV). Dazu zählen auch die Standardbedingungen der ÜNB zur Kapazitätsreserve, in der von der BNetzA genehmigten Fassung (BNetzA, Genehmigung vom 23.7.2019, Az. 8121-19). Durch die Voraussetzungen soll vor allem sichergestellt werden, dass die unterschiedlichen Anlagen mit ihren jeweiligen energiewirtschaftlichen Funktionen (Erzeugungs- und Lastflexibilitäten) im Abruffall zuverlässig und in geeigneter Weise zur Behebung der Gefährdung beitragen.

216 Der Umfang der zu beschaffenden Reserveleistung ist nach § 7 KapResV iVm § 13 e Abs. 2 und 5 vorgegeben und beträgt für die Leistungserbringung ab dem Winterhalbjahr 2020/2021 zwei Gigawatt, soweit der Wert nicht per Verordnung oder Festlegung angepasst wird. Für den ersten Erbringungszeitraum (1.10.2020 bis 30.9.2022) **fehlte** es an einem **wirksamen Wettbewerb** für die Durchführung eines „*wettbewerblichen*" Verfahrens und für eine „*effiziente*" Beschaffung: Die Ausschreibung war mit einer bezuschlagten Leistung von gut einem Gigawatt (1.056 MW) deutlich **unterdeckt.**

217 Die BNetzA hat daher zwei **Festlegungen** erlassen, um den Wettbewerb für die Ausschreibung der Kapazitätsreserve im Rahmen ihrer Festlegungsbefugnisse zu stärken. Dafür hat sie einerseits die technischen Anforderungen an die Anlagen und somit die Teilnahmevoraussetzungen abgesenkt (BNetzA, Festlegung v. 5.5.2021, 4.12.05.03/003) und andererseits den Gebotstermin für den zweiten Erbringungszeitraum (1.10.2022 bis 30.9.2024) vom 1.4. auf den 1.12.2021 verschoben (BNetzA, Festlegung v. 16.12.2020, 4.12.05.03/001).

218 **2. Einsatz der Kapazitätsreserve.** Die ÜNB dürfen die Kapazitätsreserve **ausschließlich für Systemsicherheitsmaßnahmen** einsetzen (§ 24 Abs. 1 iVm § 3 Abs. 2 S. 1 und 2 KapResV). Auch der Betreiber der jeweiligen Kapazitätsreserveanlage darf **weder die Leistung noch die Arbeit** der Anlage bis zu ihrer endgültigen Stilllegung **auf den Strommärkten** veräußern und auch nicht für einen Eigenver-

Systemverantwortung der Betreiber von Übertragungsnetzen §13

brauch nutzen (§ 3 Abs. 2 KapResV). Zugunsten des Betreibers einer regelbaren Last greift eine Ausnahme: Sie dürfen die Leistung oder Arbeit ihrer Last nach dem Ende der Vertragslaufzeit weiterhin auf den Strommärkten veräußern. Allein Ausschreibungen nach der Abschaltverordnung (AbLaV, → Rn. 156 ff.) und – sofern es sie gäbe – nach einer Zuschaltverordnung (→ Rn. 165 ff.) bleiben ausgeschlossen (§ 3 Abs. 4 KapResV).

Die Kapazitätsreserve dient nach ihrer **Hauptfunktion** als **Reserveleistung** für 219 den Fall, dass das Stromangebot an den Börsen für die jeweilige Viertelstunde nicht ausreichen sollte, um die Nachfrage zu decken. Die ÜNB müssen sie in vorgegebenen Fällen eines *unvollständigen Ausgleichs von Angebot und Nachfrage* an den börslichen Strommärkten **(ausbleibende „Markträumung")** aktivieren, um entstehende **Leistungsbilanzdefizite** auszugleichen und somit insbesondere eine Gefährdung oder Störung der Systemsicherheit durch Frequenzabweichungen zu verhindern (§ 13e Abs. 1 S. 1 iVm § 25 KapResV).

Die ÜNB dürfen die Kapazitätsreserve erforderlichenfalls auch **gleichrangig** 220 neben den regulären **Regelenergieprodukten** abrufen (§ 26 Abs. 1 S. 2).

Da die Einsatzvoraussetzungen der Hauptfunktion ein außergewöhnliches Aus- 221 nahmeszenario abbilden, das bisher noch nicht eingetreten ist, wird die Kapazitätsreserve in der Praxis bisher ausschließlich in ihrer **Nebenfunktion** genutzt. Diese ermöglicht es den ÜNB, geeignete Anlagen der Kapazitätsreserve faktisch **als „Netzreserve"** und somit insbesondere im Rahmen von „strom- und spannungsbedingten Maßnahmen" für **(positiven) Redispatch einzusetzen** (§ 13 Abs. 1 S. 2, Abs. 1c EnWG iVm § 24 Abs. 4 KapResV iVm § 7 NetzResV).

Auch diese Potenziale der Kapazitätsreserve sind daher bei der Auswahlent- 222 scheidung für die günstigste Maßnahmenkombination nach Abs. 1 S. 2 grundsätzlich **gleichrangig** mit marktbezogenen Maßnahmen zu berücksichtigen (→ Rn. 269 ff.). Die Vorgaben zum Ansatz der **„kalkulatorischen"** Netzreserve-Kosten nach Abs. 1c dürften jedoch zumindest analoge Anwendung auf Kapazitätsreserveanlagen finden, die wie „Anlagen der Netzreserve" für positiven Redispatch eingesetzt werden (zum Ansatz von „kalkulatorischen" Netzreserve-Kosten im Rahmen der Auswahlentscheidung → Rn. 361 ff.).

Die Potenziale zur Nutzung von Kapazitätsreserveanlagen in dieser Nebenfunk- 223 tion als Netzreserve sind jedoch letztlich beschränkt auf **Erzeugungsanlagen** (inklusive Stromspeicher in ihrer energiewirtschaftlichen Funktion beim Ausspeichern → Rn. 68), die an „geeigneten Standorten", dh mit geeigneter Wirkung auf relevante Netzengpässe, „einspeisen". **Lasten** (inklusive Stromspeicher in ihrer energiewirtschaftlichen Funktion beim Einspeichern) können generell keine Einspeisung erbringen, die die ÜNB nach § 24 Abs. 4 KapResV iVm § 7 NetzResV anfordern könnten. Auch im Rahmen der Kapazitätsreserve ergeben sich – je nach Einsatzfunktion – erhebliche Unterschiede im Hinblick auf die Eignung und Effizienz der verschiedenen Anlagen.

G. Strom- oder spannungsbedingte Anpassungen (Abs. 1 S. 2 iVm Abs. 1a–1c)

Bei **„strom- und spannungsbedingten Anpassungen"** nach Abs. 1 S. 2 han- 224 delt es sich um einen für die Anwendungspraxis **zentralen Oberbegriff**. Dieser erfasst alle *marktbezogenen Maßnahmen* (Abs. 1 S. 1 Nr. 2) und *zusätzliche Reserven*

Sötebier 559

§ 13 Teil 3. Regulierung des Netzbetriebs

(Abs. 1 S. 1 Nr. 3), die sich dazu eignen, durch eine Anpassung der *Wirkleistungserzeugung* oder des *Wirkleistungsbezugs* (→ Rn. 248 ff.) *strom- und spannungsbedingte Gefährdungen oder Störungen* der Sicherheit oder Zuverlässigkeit des Elektrizitätsversorgungssystems (→ Rn. 227 ff.) zu beseitigen. Maßnahmen zur alleinigen Anpassung der *Blindleistungserzeugung,* die zB ebenfalls nach § 13 a möglich sind, unterliegen hingegen *nicht* der Auswahlentscheidung nach Abs. 1 S. 2.

225 Strom- und spannungsbedingte Anpassungen werden in der Praxis häufig vereinfachend als „Redispatch" und der Auswahlmechanismus nach Abs. 1 S. 2 dementsprechend als **„Redispatch 2.0"**-System bezeichnet. Der Begriff des *„Redispatch"* ist jedoch nach den gesetzlichen Vorgaben gem. §§ 13, 13 a nicht maßgeblich. Die Auswahlentscheidung nach Abs. 1 S. 2 ist insbesondere weder auf „Redispatch" im engeren Sinne noch auf „Maßnahmen nach § 13 a" beschränkt (zum uneinheitlichen „Redispatch"-Verständnis → Rn. 108 ff.), sondern erfasst **alle geeigneten Anpassungsmaßnahmen** zur Beseitigung von strom- oder spannungsbedingten Gefährdungen oder Störungen (→ Rn. 244 ff.).

226 Die Vorgaben nach Abs. 1 S. 2 bezwecken eine **gesamtoptimierte Auswahlentscheidung** zwischen den verschiedenen verfügbaren Optionen (zur Auswahlentscheidung → Rn. 273 ff., 294 ff.). Für die Einhaltung des Einspeisevorrangs zugunsten von **EE-Strom** sind im Rahmen dieser Auswahlentscheidung zudem spezielle Vorgaben (Abs. 1 S. 2 iVm Abs. 1 a) zu beachten (zur Abregelung von vorrangberechtigtem EE- und KWK-Strom → Rn. 310 ff. und 329 ff.). Auch **Netzreserveanlagen** sind bei der Auswahlentscheidung nach Maßgabe von speziellen Vorgaben (Abs. 1 S. 2 iVm Abs. 1 c) zu berücksichtigen, die einen relativiert nachrangigen Einsatz dieser Anlagen vorsehen (zum Hochfahren der Netzreserve → Rn. 358 ff.).

I. Strom- oder spannungsbedingte Gefährdung oder Störung (Abs. 1 S. 2 iVm Abs. 4)

227 Maßnahmen nach Abs. 1 S. 2 erfolgen zur Beseitigung von Gefährdungen und Störungen der Sicherheit oder Zuverlässigkeit des Elektrizitätsversorgungssystems iSv Abs. 4 durch *strom- oder spannungsbedingte* **Überlastungen von Betriebsmitteln** oder **Verletzungen betrieblich zulässiger Spannungsbänder** unter Berücksichtigung des jeweils erforderlichen Sicherheitsniveaus einschließlich akuter Überlastungen oder Spannungsgrenzwertverletzungen (zu „betrieblich zulässigen Spannungsbändern" und zum Kriterium der „(n–1)-Sicherheit" → Rn. 16 ff.). Die erfassten Gefährdungen und Störungen entsprechen den Fallgestaltungen, die insbesondere im vorhergehenden System des „Redispatch 1.0" auch als *„strom- und spannungsbedingter Redispatch"* bezeichnet wurden. Andere, *nicht* strom- oder spannungsbedingte Gefährdungen oder Störungen wie zB Frequenzwertverletzungen infolge von Leistungsungleichgewichten sind nicht erfasst (zum Anwendungsbereich von strom- und spannungsbedingtem Redispatch vgl. OLG Düsseldorf Beschl. v. 28. 4. 2015 – VI-3 Kart 357/12 (V) Rn. 3 5, 122 ff.).

228 In den typischen Anwendungskonstellationen für Maßnahmen nach Abs. 1 S. 2 reichen die Kapazitäten eines oder mehrerer Betriebsmittel nicht aus, um die nach dem Marktergebnis gewünschten Stromflüsse ohne Verletzung von strom- oder spannungsbedingten Parametern für einen sicheren Netzbetrieb (insbesondere hinsichtlich Stromstärke und Spannung) zu bewältigen. Ob die strom- oder spannungsbedingte Gefährdung oder Störung zugleich einen **„Netzengpass"** begründet, **kann für die praktische Anwendung dahinstehen.** Denn weder die Vorgaben für „Maßnahmen nach § 13 a" noch die Vorgaben für die Auswahl von

„strom- und spannungsbedingten Anpassungen" nach § 13 Abs. 1 S. 2 erfordern nach ihren Tatbestandsmerkmalen einen *Netzengpass*.

1. Gefährdung und Störung auch bei (mit) ursächlichen Netzertüchtigungsmaßnahmen. Die ehemaligen, zum 1.10.2021 außer Kraft getretenen Bestimmungen zur Abregelung von vorrangberechtigtem EE- und KWK-Strom per **„Einspeisemanagement"** hatten einen drohenden *„Netzengpass"* vorausgesetzt (zum zuletzt gültigen Stand vgl. § 14 Abs. 1 S. 1 Nr. 1 EEG 2021 aF). Teilweise wurde infrage gestellt, ob ein *„Netzengpass"* in Sinne dieser ehemaligen Einspeisemanagement-Regelungen auch dann vorliege, wenn die strom- oder spannungsbedingte Gefährdung oder Störung im Wesentlichen nicht durch die Höhe der Einspeisung, sondern durch Netzausbau oder andere netzseitige Maßnahmen mit zeitweiligen Kapazitätseinschränkungen (zB infolge von spannungsfrei geschalteten Betriebsmitteln) verursacht bzw. anteilig mit verursacht wurde (zu diesem engen „Netzengpass"-Verständnis vgl. OLG Brandenburg Urt. v. 30.7.2019 – 6 U 27/18 Rn. 49 ff.; OLG Naumburg Urt. v. 5.10.2018 – 7U 15/18 Rn. 37 ff.). 229

Diesem engen Verständnis ist der BGH jedoch in seiner Grundsatzentscheidung zum weiten Verständnis eines Netzengpasses vom 11.2.2020 entgegengetreten. Wie das Gericht überzeugend ausführt, ist es für das Vorliegen eines Netzengpasses **unerheblich, auf welcher Ursache die Überlastung beruht** (BGH Beschl. v. 11.2.2020 – XIII ZR 27/19 Rn. 17 ff. (20); weiter konkretisiert durch Beschl. v. 26.1.2021 – XIII ZR 17/19 Rn. 19). 230

Dies gilt mit dem Inkrafttreten des neuen „Redispatch 2.0"-Systems *erst recht* für **strom- und spannungsbedingte Anpassungen** nach Abs. 1 S. 2: Die Netzbetreiber sind auch dann dazu berechtigt (und nach Maßgabe der gesetzlichen Rangfolge dazu verpflichtet), strom- und spannungsbedingte Anpassungsmaßnahmen zu ergreifen, wenn die strom- oder spannungsbedingte Gefährdung oder Störung beispielsweise aufgrund von **Netzausbau-, Reparatur-, Wartungs-, Instandhaltungs- oder sonstigen Maßnahmen** ausgelöst bzw. verschärft wird oder kurzfristige Störungen auftreten. Der Wortlaut sieht keine Einschränkungen oder Differenzierungen nach (anteiligen) Kausalbeiträgen von Erzeugern, Verbrauchern, Netzbetreibern oder anderer Personen zur Entstehung einer Gefährdung oder Störung vor. Dies entspricht auch dem Sinn und Zweck der Systemsicherheitsmaßnahmen nach § 13: Um die Netz- und Systemsicherheit aufrechtzuerhalten, kommt es allein darauf an, ob eine *Gefährdung oder Störung* vorliegt und nicht, welche Ursachen in welchen Anteilen dazu beigetragen haben. 231

Beispiel einer zwischenzeitigen Engpassverschärfung durch Netzausbau: Da die Kapazitäten in einem Netzbereich stark beansprucht und zeitweise überlastet sind, tauscht der Netzbetreiber im Rahmen seiner Pflichten zur bedarfsgerechten Netzertüchtigung nach § 11 Abs. 1 Leiterseile aus. Durch die zeitversetzte Spannungsfreischaltung parallel nutzbarer Betriebsmittel für die Baumaßnahme werden die jeweils noch in Betrieb befindlichen Betriebsmittel in dieser Zeit umso stärker beansprucht und häufiger überlastet. Die **Einspeisung** von Strom – beispielsweise aus einem Müllheizkraftwerk und einem Windpark – bleibt in dem Netzbereich jedoch **physikalisch grundsätzlich weiterhin möglich,** die Erzeugungsanlagen sind *nicht* vollständig vom Netz abgeschnitten (zum Sonderfall einer vollständigen Netztrennung → Rn. 234 ff.). 232

Die während der Baumaßnahme auftretenden „strom- und spannungsbedingten Gefährdungen oder Störungen" muss der Netzbetreiber – wie sonst auch – **durch „strom- und spannungsbedingte Anpassungen"** nach Abs. 1 S. 2 beseitigen. Ob und inwieweit die Baumaßnahme oder andere Ursachen zu der Überlastung in der jeweiligen Viertelstunde anteilig beigetragen haben, ist dafür irrelevant. Der Netzbetreiber trifft daher eine kostenoptimierte 233

§ 13   Teil 3. Regulierung des Netzbetriebs

Auswahlentscheidung nach Abs. 1 S. 2 und fordert beispielsweise eine Anpassung der Wirkleistungserzeugung des Müllheizkraftwerks auf Basis des gesetzlichen Schuldverhältnisses nach § 13a (mit bilanziellem und finanziellem Ausgleich) an. Strom- und spannungsbedingte Anpassungen sind kein immanenter Teil der Netzausbaumaßnahme (§ 11 Abs. 1), sondern Systemsicherheitsmaßnahmen (§ 13).

234   **2. Sonderfall einer vollständigen Netztrennung ohne Einspeisemöglichkeit.** Von dem Standardfall der grundsätzlichen physikalischen Einspeise*möglichkeit* zu unterscheiden sind die **Sonderfälle einer vollständigen Netztrennung der Erzeugungsanlage** *ohne* grundsätzliche physikalische Einspeisemöglichkeit: Wenn zwischenzeitlich *jegliche* Stromeinspeisung bereits physikalisch unmöglich ist, da das netzseitige **Betriebsmittel, über welches diese Stromeinspeisung** üblicherweise erfolgt (zB das Umspannwerk am Netzanschlusspunkt oder die anschließende Leitung), durch Abschaltung **außer Funktion** gesetzt ist, und daher technisch keinen Strom aufnehmen, transportieren und verteilen kann, dann scheidet eine strom- oder spannungsbedingte Anpassung der Wirkleistungserzeugung mangels Wirksamkeit auf das Netz naturgemäß aus. Das gilt gleichermaßen, wenn der gesamte **Netzbereich,** in welchen die Stromeinspeisung üblicherweise erfolgt, durch Abschaltung außer Funktion gesetzt ist (vgl. zum Nicht-Vorliegen eines Netzengpasses in dem Fall BGH Beschl. v. 26.1.2021 – XIII ZR 17/19 Rn. 20; Beschl. v. 11.2.2020 – XIII ZR 27/19 Rn. 22).

235   Dieser Ausnahmefall einer vollständigen Netztrennung der Erzeugungsanlage kann beispielsweise eintreten, indem ein solches Betriebsmittel oder ein solcher Netzbereich aufgrund von Netzausbau-, Reparatur-, Wartungs- oder Instandhaltungs- oder sonstigen Maßnahmen nach § 11 Abs. 1 zwischenzeitlich vollständig **spannungsfrei** geschaltet werden muss.

Beispiel einer vollständigen Netztrennung: Wenn zB ein Windpark allein über einen Netzverknüpfungspunkt an das Elektrizitätsversorgungsnetz des Anschlussnetzbetreibers angeschlossen ist und der Netzbetreiber das anschließende Leiterseil im Zuge seiner Netzertüchtigungspflichten nach § 11 Abs. 1 austauscht, dann muss er dieses Betriebsmittel in der Zeit spannungsfrei schalten. Die Abschaltung des Leiterseils und die damit zwangsläufig verbundene vollständige Netztrennung der Windkraftanlagen führt faktisch zu einer vorübergehenden Trennung des Netzanschlusses, den der Anlagenbetreiber als Anschlussnehmer dulden muss. Die Netztrennung tritt in diesem Fall als unvermeidliche Folge der Netzertüchtigungsmaßnahme nach § 11 Abs. 1 ein. Sie erfolgt *nicht* zur Beseitigung einer Gefährdung oder Störung der Sicherheit oder Zuverlässigkeit des Elektrizitätsversorgungssystems und stellt somit auch *keine* Systemsicherheitsmaßnahme iSv § 13 dar.

236   Die Netzbetreiber müssen vollständige Netztrennungen – auch im Rahmen von Netzertüchtigungsmaßnahmen nach § 11 Abs. 1 – nach Möglichkeit **vermeiden.** Eine vollständige Netztrennung dürfte sich im Regelfall vergleichsweise einfach vermeiden lassen, sofern eine zeitversetzte Abschaltung von parallel nutzbaren Betriebsmitteln möglich ist. Im Übrigen sind vollständige Netztrennungen auf den notwendigen Zeitraum zu beschränken. Zu den **Rücksichtnahmepflichten** des Netzbetreibers (§ 241 Abs. 2, § 242 BGB) zählt darüber hinaus, die Interessen der angeschlossenen Betreiber bei der Organisation und technischen Durchführung der Maßnahmen zu berücksichtigen und Beeinträchtigungen im Rahmen des Zumutbaren zu vermeiden. Die Ergreifung von zusätzlichen Maßnahmen, die die Netzertüchtigung zulasten der übrigen Netznutzer verteuern würde, sind dem Netzbetreiber jedoch im Regelfall nicht zuzumuten. (vgl. BGH Beschl. v. 26.1.2021 – XIII ZR 17/19 Rn. 50–25; Beschl. v. 11.5.2016 – VIII ZR 123/15 Rn. 28).

3. Keine vollständige Netztrennung bei anfänglichen Einspeisebeschrän- 237
kungen. Die im vorhergehenden Abschnitt beschriebene Sonderkonstellation einer **vollständigen Netztrennung** *ohne* grundsätzliche physikalische Einspeisemöglichkeit trifft auch auf Fälle zu, in denen die Erzeugungsanlagen **noch gar nicht** (oder nicht mehr) an ein Elektrizitätsversorgungsnetz unmittelbar oder mittelbar **angeschlossen** sind. Denn ohne Netzanschluss und den dadurch eröffneten Netzzugang besteht naturgemäß keinerlei Möglichkeit, dass der Betreiber der Erzeugungsanlage den erzeugten Strom einspeist. Strom- und spannungsbedingte Anpassungen nach Abs. 1 S. 2 scheiden daher auch in der Konstellation mangels Wirksamkeit auf das Netz von vornherein aus (→ Rn. 234).

Dieser Sonderfall einer **vollständigen Netztrennung endet** jedoch, sobald 238 (und solange) die Erzeugungsanlage (zB eine EE-Anlage nach § 8 Abs. 1 S. 1 iVm Abs. 4 EEG 2021) unmittelbar oder mittelbar (zB über eine Kundenanlage) an ein Elektrizitätsversorgungsnetz **angeschlossen** wird und dadurch eine grundsätzliche physikalische Einspeisemöglichkeit besteht. Das gilt auch dann, wenn der Netzbetreiber die Einspeisung direkt ab Herstellung des Netzanschlusses beschränkt.

Beispiel einer anfänglichen Einspeisebeschränkung ab Netzanschluss: Eine neue große 239 Solaranlage (Freiflächenanlage deutlich > 100 kW) ist in einem Netzbereich anzuschließen, dessen Kapazitäten bereits – ua durch die Einspeisungen aus einer KWK-Anlage und einer weiteren Freiflächenanlage – zeitweise stark ausgelastet oder überlastet sind. In diesem Beispiel sind zwei Fragen zu trennen: zum einen die vorgelagerte Frage, an welchem *Verknüpfungspunkt* die Anlage anzuschließen ist (→ Rn. 240), und zum anderen die Frage, welche *Maßnahmen* auf welcher Grundlage zu ergreifen sind, wenn die Netzkapazitäten nach dem Anschluss zeitweilig nicht ausreichen (→ Rn. 241).

Zur Frage des günstigsten Verknüpfungspunkts: Der Netzbetreiber wägt für die Bestimmung des 240 technisch und wirtschaftlich günstigsten Verknüpfungspunkts die Alternativen ab. Da – nach den Annahmen für dieses Beispiel – die Variante, die ohne nennenswerten Netzausbau möglich wäre, eine extrem lange Anschlussleitung mit sehr hohen Kosten mit sich bringen würde, erweist sich eine näher gelegene Stelle (trotz des in diesem Fall erforderlichen Netzausbaus und der bis dahin anfallenden Kosten für strom- oder spannungsbedingte Maßnahmen) als günstigster Verknüpfungspunkt (§ 8 Abs. 1 EEG 2021). Die Solaranlage wird daher bereits an dieser Stelle angeschlossen, auch wenn eine bedarfsgerechte Einspeisung des Solarstroms erst nach dem Abschluss des Netzausbaus möglich sein wird (§ 8 Abs. 1 S. 1 iVm Abs. 4 EEG 2021).

Zur Frage strom- oder spannungsbedingter Anpassungen nach dem Anschluss: Soweit nach dem Netz- 241 anschluss „strom- und spannungsbedingten Gefährdungen oder Störungen" auftreten, ist der Netzbetreiber – wie sonst auch – dazu berechtigt und verpflichtet, diese **durch „strom- und spannungsbedingte Anpassungen"** nach Abs. 1 S. 2 zu beseitigen. Für seine Auswahlentscheidung hat er einerseits die Möglichkeit zur Anpassung der Wirkleistungserzeugung der neu angeschlossenen Solaranlage nach § 13a (mit bilanziellem und finanziellem Ausgleich), andererseits aber auch verfügbare Alternativen, wie insbesondere Anpassungsmaßnahmen nach § 13a gegenüber der KWK-Anlage und gegenüber der anderen Freiflächenanlage zu berücksichtigen. Die Auswahl erfolgt nach den gesetzlichen Maßgaben einer kostenbasierten Optimierung gem. Abs. 1 S. 2 iVm Abs. 1a – 1c und insbesondere *nicht* danach, in welcher zeitlichen Reihenfolge der Netzanschluss hergestellt wurde. Eine einseitige starre **Pauschalbegrenzung der Einspeiseleistung** zulasten der neu angeschlossenen Solaranlage wäre mit diesen Vorgaben nicht vereinbar.

Mit dem Inkrafttreten der weiter gefassten **Neuregelungen des „Redispatch** 242 **2.0"**-Systems wird somit die Frage, ob eine solche einseitige starre Pauschalbegrenzung zulasten einer neu angeschlossenen EE-Anlage nach den **vormaligen Einspeisemanagement-Regelungen** „aus Netzkapazitätsgründen" zulässig war und ob es sich dabei um eine entschädigungspflichtige „Regelung" der Anlage im Sinne des Einspeisemanagements nach § 14 EEG 2021 aF handelte oder nicht, jedenfalls für die neue Rechtslage dahinstehen können.

243 Hinsichtlich der vormaligen Einspeisemanagement-Regelungen hatte das OLG Brandenburg die Zulässigkeit einer solchen starren Einspeisebeschränkung vorausgesetzt und die Einordnung als Einspeisemanagement-Maßnahme abgelehnt, da bei einer von Anfang an greifenden Beschränkung nicht von einer „Reduzierung" die Rede sein könne (vgl. OLG Brandenburg Urt. v. 20. 6. 2017 – 6 U 58/15 Rn. 2, 17 ff.). Demgegenüber wertete das OLG Hamm eine von Anfang an greifende Einspeisebeschränkung als Einspeisemanagement-Maßnahme, wobei es sich in dem Fall um eine dynamische und nicht um eine starre Beschränkung handelte (OLG Hamm Urt. v. 16. 1. 2015 – I-7 U 42/14 Tenor-Ziffer 2 und Rn. 8).

II. Strom- oder spannungsbedingte Anpassungsmaßnahmen (Abs. 1 S. 2)

244 **1. Anpassungsmaßnahmen (Abs. 1 S. 2).** Um strom- oder spannungsbedingte Gefährdungen oder Störungen der Sicherheit oder Zuverlässigkeit des Elektrizitätsversorgungssystems zu beseitigen, müssen die Netzbetreiber bei ihrer Auswahlentscheidung nach § 13 Abs. 1 S. 2 alle geeigneten **marktbezogenen Maßnahmen** (Abs. 1 S. 1 Nr. 2) und **zusätzliche Reserven** (Abs. 1 S. 1 Nr. 3) berücksichtigen, die durch eine Anpassung der Wirkleistungserzeugung oder des Wirkleistungsbezugs (→ Rn. 248 ff.) dazu beitragen können. Welche Maßnahmen konkret zu berücksichtigen sind, hängt davon ab, in welchem Umfang die Netzbetreiber – zusätzlich zum *gesetzlichen Schuldverhältnis* nach § 13 a – *weitere marktbezogene Maßnahmen* auf vertraglicher Basis kontrahiert haben und inwieweit sie auf *zusätzliche Reserven* zurückgreifen können.

245 Ein Großteil der strom- und spannungsbedingten Anpassungen erfolgt in der Praxis gegenüber Erzeugungsanlagen auf Basis des **gesetzlichen Schuldverhältnisses nach § 13 a**. Soweit der Netzbetreiber eine wärmegekoppelte Wirkleistungserzeugung anpasst (zB gegenüber einer KWK- oder Biogasanlage), die über eine elektrische Ersatzwärmeversorgung verfügt, umfasst die Maßnahme nach § 13 a faktisch zugleich die **Lastzuschaltung** durch den zusätzlichen Stromverbrauch für die **Ersatzwärmeversorgung** (→ Rn. 183). Dieser kombinierte „Doppel"-Effekt der Maßnahme ist bei der Auswahlentscheidung nach Abs. 1 S. 2 zu berücksichtigen. Das gilt gleichermaßen für den kombinierten Abruf einer KWK-Strom-Abregelung mit Ersatzwärme-Zuschaltung auf Basis einer **KWK-Ersatzwärmevereinbarung** nach Abs. 6 a (→ Rn. 191 ff., 334).

246 Sofern die Netzbetreiber auf weitere geeignete Potenziale zugreifen können, sind sie im Rahmen der Auswahlentscheidung nach Abs. 1 S. 2 mit zu berücksichtigen. Weitere Potenziale für strom- und spannungsbedingte Anpassungen können zB gegenüber **abschaltbaren Lasten** bestehen: Soweit den ÜNB Abschaltleistung nach der Abschaltverordnung zur Verfügung steht, können sie den Wirkleistungsbezug dieser Anlagen nach § 13 Abs. 1 S. 1 Nr. 2 iVm Abs. 6 EnWG iVm § 13 Abs. 2 S. 1 AbLaV auch reduzieren, um strom- und spannungsbedingte Gefährdungen oder Störungen zu beseitigen (→ Rn. 162).

247 Das gilt in entsprechender Weise für die Möglichkeiten, eine Erhöhung der Wirkleistungserzeugung von Anlagen der **Netzreserve** (§ 13 Abs. 1 S. 2 iVm Abs. 1 c EnWG iVm § 7 NetzResV → Rn. 211) oder von Anlagen der **Kapazitätsreserve** (§ 13 Abs. 1 S. 2, Abs. 1 c EnWG iVm § 24 Abs. 4 KapResV iVm § 7 NetzResV → Rn. 221 f.) als positives Redispatch-Vermögen anzufordern. Darüber hin-

aus sind beispielsweise auch **Countertrading-Maßnahmen** zu berücksichtigen, die ebenfalls zur Beseitigung von strom- oder spannungsbedingten Gefährdungen oder Störungen eingesetzt werden (→ Rn. 115).

2. Anpassung der Wirkleistungserzeugung oder des -bezugs (Abs. 1 S. 2). Bei der Auswahlentscheidung nach Abs. 1 S. 2 sind die geeigneten und verfügbaren Potenziale für strom- und spannungsbedingte Anpassungen *vollständig* zu berücksichtigen. Wie weit die Potenziale konkret reichen, richtet sich nach den Regelungen der jeweiligen marktbezogenen Maßnahmen bzw. zusätzlichen Reserven. Die Formulierung „**Anpassungen der Wirkleistungserzeugung oder des Wirkleistungsbezugs**" ist weit gefasst, um alle relevanten Potenziale zur Beseitigung von strom- oder spannungsbedingten Gefährdungen auf der Basis von marktbezogenen Maßnahmen und zusätzlichen Reserven zu erfassen. 248

Strom- und spannungsbedingte Anpassungen der *Wirkleistungserzeugung* nach Abs. 1 S. 2 sind gegenüber **Erzeugungsanlagen** möglich. Eine Anpassung des *Wirkleistungsbezugs* erfolgt gegenüber **Lasten**. Anpassungen gegenüber **Stromspeichern** sind sowohl in ihrer Funktion als Erzeugungsanlagen beim Ausspeichern als auch in ihrer Funktion als Verbrauchseinrichtungen (Lasten) beim Einspeichern möglich (zu Stromspeichern → Rn. 68). 249

a) „Anpassung" (Abs. 1 S. 2). Bei dem Begriff der „*Anpassung*" handelt es sich um einen weit gefassten Begriff, der in den Regelungen zur Systemsicherheit mehrfach verwendet wird, um Vorgaben eines Netzbetreibers insbesondere zur Stromerzeugung von Anlagenbetreibern und zum Strombezug von Lasten zu ermöglichen (zB im Rahmen von Maßnahmen nach § 13a). Im Rahmen von Abs. 1 S. 2 umfassen die Potenziale zur **Anpassung** sämtliche *Vorgaben* eines Netzbetreibers zur Wirkleistungserzeugung und zum Wirkleistungsbezug, die nach den marktbezogenen Maßnahmen und zusätzlichen Reserven zur Beseitigung von strom- und spannungsbedingten Gefährdungen oder Störungen verfügbar sind. 250

Häufig zielen die Anpassungsvorgaben auf eine Reduzierung oder Steigerung der jeweiligen Erzeugung (Abregelung oder Hochfahren) bzw. des jeweiligen Strombezugs. „Anpassungen" schließen **Betriebsbereitschaftsmaßnahmen** mit ein, die erforderlich sind, um sicherzustellen, dass eine Erzeugungsanlage (bzw. Last) in dem prognostizierten Gefährdungszeitraum in der Höhe Strom einspeist oder einspeisen kann (bzw. Strom bezieht oder beziehen kann), die für die Beseitigung der Gefährdung oder Störung erforderlich ist. Entsprechend der Klarstellungen in § 13a Abs. 1 S. 2 ist eine „Anpassung" daher unabhängig vom aktuellen Betriebsstatus möglich und erfasst insbesondere auch Vorgaben zur Erzeugung (bzw. zum Bezug) von Anlagen, die zuvor keinen Strom erzeugen (bzw. beziehen) und gegebenenfalls erst betriebsbereit gemacht werden müssen. 251

Soweit für die Gewährleistung der Betriebsbereitschaft und den zuverlässigen Abruf beispielsweise **testweise Einsätze** erforderlich sind, sind auch diese grundsätzlich als Anpassungen im Sinne der jeweiligen Maßnahme und iSd Abs. 1 S. 2 mit erfasst. Solche Anpassungen zu Testzwecken sind jedoch sowohl zeitlich als auch hinsichtlich ihres Umfangs auf das notwendige Maß zu begrenzen und nach Möglichkeit in Zeiträumen vorzunehmen, in denen eine entsprechende Anpassung ohnehin erforderlich ist. 252

Eine Anpassung führt nicht zwingend zu einer Veränderung gegenüber der aktuellen Erzeugung (bzw. des aktuellen Bezugs). Die Vorgabe kann auch dem aktuellen Betriebszustand entsprechen: Beispielsweise kann es erforderlich sein, dem Betreiber einer bereits heruntergefahrenen oder auf niedrigem Niveau erzeu- 253

§ 13 Teil 3. Regulierung des Netzbetriebs

genden Anlage vorzugeben, die Erzeugung in einem bestimmten Zeitraum **auf diesem Niveau zu belassen** oder zumindest **nicht über ein gewisses Niveau hinaus** zu erhöhen. Umgekehrt kann es auch erforderlich sein, dem Betreiber vorzugeben, seine Anlage in einem bestimmten Zeitraum **nicht außer Betrieb zu nehmen** oder die Erzeugung zumindest **nicht unter ein gewisses Niveau abzusenken**. Eine Anpassung kann gegebenenfalls auch die **Verschiebung einer geplanten Revision** erfordern (vgl. § 13a Abs. 1 S. 2 Nr. 2).

254   b) **Keine Begrenzung auf Netzeinspeisung.** Durch den Bezug auf die gesamte „**Wirkleistungserzeugung**" hat der Gesetzgeber im Zuge der „Redispatch 2.0"-Novelle klargestellt, dass „die Wirkleistungserzeugung grundsätzlich vollständig geregelt werden kann, auch wenn sie ganz oder teilweise nicht in ein Elektrizitätsversorgungsnetz, sondern beispielsweise in eine Kundenanlage eingespeist wird" (Begr. RegE BT-Drs. 19/7375, 52). Die Anpassung einer Erzeugungsanlage ist grundsätzlich *nicht* auf die **in das Netz eingespeisten Erzeugungsmengen begrenzt.**

255   Die Potenziale zur Abregelung einer Erzeugungsanlage schließen daher grundsätzlich auch Erzeugungsmengen mit ein, die der Betreiber beispielsweise für die Deckung von **Eigenverbräuchen** oder für eine **Direktbelieferung von Dritten** innerhalb der Kundenanlage nutzt. Kommt es dadurch zu einem *zusätzlichen Strombezug* aus dem Netz, ist dieser vom bilanziellen und finanziellen Ausgleich für Maßnahmen nach § 13a mit erfasst. Soweit die Erzeugungsmengen für eine „**Selbstversorgung mit EE- oder KWK-Strom**" genutzt werden, sind die Abregelungsmöglichkeiten jedoch nach den europarechtlichen Vorgaben nach Art. 13 Abs. 6 lit. c Elt-VO 19 deutlich eingeschränkt (→ Rn. 354 ff.).

256   Die begriffliche Klarstellung zur Wirkleistungserzeugung betrifft nicht nur die Auswahlentscheidung nach Abs. 1 S. 2 iVm Abs. 1a–1c: Der vormals verwendete Begriff der „*Wirkleistungseinspeisung*", dessen Auslegung umstritten war, wurde in den gesetzlichen Systemsicherheitsregeln umfassend durch den Begriff der „*Wirkleistungserzeugung*" ersetzt. Die praktischen Auswirkungen der Klarstellung betreffen insbesondere den Umfang der Potenziale zur Abregelung von Erzeugungsanlagen auf Grundlage des **gesetzlichen Schuldverhältnisses nach § 13a**.

257   Durch die Berücksichtigung der gesamten Wirkleistungserzeugung sollen **Abregelungspotenziale mit hoher Wirksamkeit und geringen Kosten besser genutzt** werden. Denn für die Entlastung eines Netzelements macht es physikalisch keinen Unterschied, ob die abgeregelte Erzeugungsmenge anderenfalls in das Netz eingespeist oder vor Ort in der Kundenanlage verbraucht worden wäre. Durch die Berücksichtigung der gesamten Erzeugungsmengen kann daher die Abregelung von weniger wirksamen bzw. von teureren Erzeugungsanlagen vermieden werden (zur Berücksichtigung von zusätzlichen Strombezügen im Rahmen des bilanziellen und finanziellen Ausgleichs → § 13a).

258   Dieses Vorgehen dient nicht nur dem energiewirtschaftlichen Ziel der **Preisgünstigkeit** durch geringere Kosten, sondern zugleich den Zielen der **Umweltverträglichkeit** und **Systemsicherheit** (vgl. Begr. BT-Drs. 19/7375, 52). Denn die vollständige Nutzung von besonders wirksamen Anlagen mit dementsprechend geringeren Abregelungsbedarf führt zugleich zu geringeren (konventionellen) Hochfahrmengen für den energetischen Ausgleich. Die vollständige Nutzung von Potenzialen mit besonders niedrigen Kosten führt darüber hinaus tendenziell zu höheren Abregelungsmengen aus konventionellen und zu geringeren Abregelungsmengen aus EE-Anlagen, da die Abregelung konventioneller Erzeugung im Vergleich der tatsächlichen und kalkulatorischen Kosten strukturell in der Regel preiswerter ist.

c) **Keine willkürliche Lastzuschaltung anstelle einer Erzeugungsabregelung.** Eine strom- oder spannungsbedingte Anpassung des Netzbetreibers nach Abs. 1 S. 2 bezieht sich stets auf die Wirkleistungserzeugung einer Erzeugungsanlage (inklusive Stromspeicher) oder auf den Wirkleistungsbezug einer Last (inklusive Stromspeicher). Stehen **hinter einem Netzverknüpfungspunkt sowohl Potenziale zur Erzeugungs- als auch zur Lastanpassung** zur Verfügung, so können und müssen die *Netzbetreiber* – sofern sie über entsprechende Anpassungsmöglichkeiten nach Abs. 1 S. 1 Nr. 2 oder 3 verfügen – **beide Potenziale** im Rahmen der Auswahlentscheidung berücksichtigen. 259

Die *Betreiber* der Erzeugungsanlagen und der Verbrauchseinrichtungen sind auch in einer solchen Konstellation, in denen ihre Anlagen hinter demselben Netzverknüpfungspunkt angeschlossen sind, dazu verpflichtet, die strom- und spannungsbedingten Maßnahmen der Netzbetreiber entsprechend der konkreten Vorgabe zur Anpassung der *Wirkleistungserzeugung* oder zur Anpassung des *Wirkleistungsbezugs* zu erfüllen. Sie sind **nicht** dazu berechtigt, **anstelle einer angeforderten Erzeugungsanpassung eine Lastanpassung** vorzunehmen oder umgekehrt (vgl. BNetzA Beschl. v. 6. 11. 2020 – BK6-20-059, S. 39). 260

Beispiel: Werksgelände mit KWK-Anlage und Stromspeicher oder Elektrolyseur. Eine Firma betreibt innerhalb der Kundenanlage auf ihrem Werksgelände eine KWK-Anlage > 100 kW, eine elektrische Ersatzwärmeanlage, einen Stromspeicher > 100 kW, einen Elektrolyseur zur Herstellung von Wasserstoff sowie diverse Verbrauchsgeräte für ihren gewöhnlichen Geschäftszweck. Aufgrund der netztopologischen Lage „vor" einem Netzengpass können grundsätzlich sowohl eine Reduzierung der Stromerzeugung als auch eine Steigerung des Stromverbrauchs auf dem Werksgelände zur Engpassentlastung beitragen. 261

Wenn der Netzbetreiber die Potenziale zur Anpassung der **Wirkleistungs*erzeugung*** unter Berücksichtigung der verfügbaren Angaben zur geplanten Erzeugung sowie zur Selbstversorgung mit KWK-Strom nutzt (zu den Mitteilungspflichten → Rn. 278 ff., 287) und die Firma als Betreiberin der KWK-Anlage sowie des Stromspeichers > 100 kW nach § 13a Abs. 1 dazu anweist, die **Wirkleistungs*erzeugung*** dieser Anlagen für einen bestimmten Zeitraum abzuregeln, muss die Firma dieser Vorgabe Folge leisten. Sie ist nicht dazu berechtigt, die Erzeugungsanlagen weiterlaufen zu lassen und anstelle der geforderten Abregelung eine Lastzuschaltung auf dem Werksgelände vorzunehmen. 262

Eine **nachträgliche Steigerung der selbst verbrauchten Strommengen** durch eine Lastzuschaltung (beispielsweise durch eine Steigerung der Stromverbräuche mit dem Elektrolyseur oder mit sonstigen Verbrauchseinrichtungen auf dem Werksgelände) bleibt zwar grundsätzlich unbenommen, führt jedoch *nicht* zu einer rückwirkenden Einschränkung des verfügbaren Abregelungspotenzials ggü. gegenüber der KWK-Anlage nach Art. 13 Abs. 6 lit. c EltVO 19 (zur „Selbstversorgung mit KWK-Strom" → Rn. 354 ff.), sondern zu erhöhten (zusätzlich engpassentlastenden) Strombezügen aus dem Netz. Denn die **Anweisung des Netzbetreibers** nach § 13a Abs. 1 entfaltet eine **Sperrwirkung:** Mit der Anweisung verliert der Betreiber der Erzeugungsanlage insoweit die Hoheit über den Einsatz der Anlage. Er darf keine Einsatzweise wählen, die der Anweisung zuwiderläuft (→ § 13a Rn. 73 und 78). Die KWK-Anlage steht insoweit für eine gesteigerte Eigenversorgung nicht mehr zur Verfügung. Da es sich im vorliegenden Beispiel nicht um einen reinen *EE-Stromspeicher* im Sinne einer EE-Anlage nach § 3 Nr. 1 EEG 2021, sondern um einen *sonstigen Stromspeicher* handelt (zur Unterscheidung zwischen EE-Stromspeicher und sonstigen Stromspeichern vgl. BNetzA, Hinweis 2019/1, S. 8 f.), ist die Anpassung seiner Wirkleistungserzeugung allerdings ohnehin nicht durch eine „Selbstversorgung mit EE- oder KWK-Strom" eingeschränkt. 263

Soweit der Netzbetreiber über Möglichkeiten zur Steigerung des **Wirkleistungsbezugs** für die Stromverbräuche auf dem Werksgelände verfügt, sind diese **zusätzlich** zu den Potenzialen zur Abregelung der Wirkleistungs*erzeugung* bei der Auswahlentscheidung nach Abs. 1 S. 1 zu 264 berücksichtigen. In der vorliegenden Konstellation betrifft dies beispielsweise die Potenziale zur Anpassung des Wirkleistungsbezugs für den Stromspeicher > 100 kW in seiner Funktion als Verbrauchsgerät nach § 13a (zu den energiewirtschaftlichen Funktionen eines Stromspeichers → Rn. 68). Darüber hinaus ist bei der Auswahl und Maßnahmendimensionierung zu berücksichtigen, dass die Abregelung der KWK-Strom-Erzeugung nach § 13a zugleich zu einer gekoppelten Lastzuschaltung durch den zusätzlichen Stromverbrauch für die elektrische Ersatzwärmeanlage auf dem Werksgelände führt (→ Rn. 245, 334).

265 **d) Energetisch neutrale Anpassungen.** In der typischen *strombedingten* Redispatch-Konstellation wird Wirkleistungserzeugung „vor" einem Engpass reduziert („negatives Redispatch") und zugleich Wirkleistungserzeugung „hinter" dem Engpass hochgefahren („positives Redispatch"). Die Entlastung kann grundsätzlich aber auch dadurch erzielt werden, dass Wirkleistungsbezug „vor" dem Engpass zugeschaltet oder „hinter" dem Engpass abgeschaltet wird.

266 Anpassungen der Wirkleistungserzeugung oder des Wirkleistungsbezugs nach Abs. 1 S. 2 müssen stets **energetisch neutral** erfolgen, um Leistungsungleichgewichte zu vermeiden. Das geschieht in der geschilderten Standardkonstellation eines strombedingten Redispatch, indem die Maßnahmen vor und hinter dem Engpass aufeinander abgestimmt werden und sich energetisch in jeder Viertelstunde ausgleichen. Zu der engpassentlastenden Wirkung können – je nach netztopologischer Lage – die Anpassungen auf beiden Seiten des Engpasses beitragen. Die für den **energetischen Ausgleich** erforderlichen Strommengen werden zugleich für den **bilanziellen Ausgleich** von betroffenen Bilanzkreisen genutzt (→ § 13a Rn. 49ff.). Die Netzbetreiber müssen nach den näheren Vorgaben gem. § 11a StromNZV einen gesonderten **Redispatch-Bilanzkreis** für die Durchführung des energetischen und bilanziellen Ausgleichs von Maßnahmen nach § 13 Abs. 1 S. 2 führen.

267 Es handelt sich bei den **Anpassungen** vor und hinter dem Engpass jedoch jeweils um **eigenständige Maßnahmen,** die bei der Auswahlentscheidung für die kostengünstigste Maßnahmenkombination nach Abs. 1 S. 2 zu berücksichtigen sind (zur Berücksichtigung der Potenziale und Kosten für *beide Seiten einer energetisch ausgeglichenen Maßnahmenkombination,* zur Nutzung unterschiedlicher Maßnahmen für *„gemischte" Maßnahmenkombinationen* und zum energetischen Ausgleich durch eine *börsliche Beschaffung* in geeigneten Fällen → Rn. 295ff.).

268 Bei *spannungsbedingten* Gefährdungen oder Störungen kann die *Wirkleistungserzeugung* beispielsweise auch angepasst werden, um den **Einsatz von Blindleistung** aus der Erzeugungsanlage in ausreichender Menge **zu gewährleisten.** So kann zB die Wirkleistungserzeugung einer Erzeugungsanlage, die in dem Zeitraum nach dem Marktergebnis eigentlich nicht in Betrieb wäre, auf ein Mindestwirkleistungsniveau erhöht werden, um sie zur Blindleistungserzeugung nutzen zu können. Ebenso kann es zB erforderlich sein, die Wirkleistungserzeugung einer Anlage zu reduzieren, um das zulässige Blindleistungsband ausschöpfen zu können. Der energetische Ausgleich von spannungsbedingten Maßnahmen erfolgt häufig durch börsliche Handelsgeschäfte. Maßnahmen zur unmittelbaren Anpassung der *Blindleistungserzeugung* selbst zählen hingegen *nicht* zu den „strom- und spannungsbedingten Maßnahmen" im Sinne der Auswahlentscheidung nach Abs. 1 S. 2. Für die Anwendungspraxis kommt es nicht auf eine Unterscheidung zwischen zeitgleich auftretenden strom- oder spannungsbedingten Gefährdungen oder Störungen an. Entscheidend ist, dass die energetische Neutralität insgesamt gewahrt bleibt. So können sich zB auch strombedingter negativer Redispatch und spannungsbedingter positiver Redispatch gegenseitig energetisch ausgleichen.

III. Rangfolge bei strom- oder spannungsbedingten Gefährdungen oder Störungen (Abs. 1 und 2)

1. Gleichrangige Berücksichtigung von marktbezogenen Maßnahmen und zusätzlichen Reserven (Abs. 1 S. 1 Nr. 2 und 3 iVm S. 2). Für die Beseitigung von strom- oder spannungsbedingten Gefährdungen oder Störungen des Elektrizitätsversorgungssystems gelten die genannten Besonderheiten zur Rangfolge zwischen „*marktbezogenen Maßnahmen*" nach Abs. 1 S. 1 Nr. 2 und „*zusätzlichen Reserven*" nach Abs. 1 S. 1 Nr. 3 (→ Rn. 204 f.). Die Netzbetreiber sollen in diesem Fall – abweichend von der gestuften Rangfolge nach Abs. 1 S. 1 – beide Arten an Systemsicherheitsmaßnahmen grundsätzlich **gleichrangig** bei der Auswahlentscheidung berücksichtigen (zur beschränkten Nachrangigkeit der Netzreserve nach Abs. 1c → Rn. 258 ff.).

2. Rangfolge „Redispatch 2.0"-System. Die gesetzliche Rangfolge für die Beseitigung von strom- oder spannungsbedingten Gefährdungen oder Störungen des Elektrizitätsversorgungssystems ist mit der Einführung des **„Redispatch 2.0"- Systems** deutlich schlanker geworden. Nach den neuen Regelungen sind in diesen Konstellationen im Wesentlichen **nur noch drei Rangstufen** zu unterscheiden.

269

270

1. Netzbezogene Maßnahmen - netzbetriebsintern	§ 13 I 1 Nr. 1
2. Strom- oder spannungsbedingte Anpassungsmaßnahmen - marktbezogene Maßnahmen und zusätzliche Reserven - kostenoptimierte Auswahl der günstigsten Kombination - Einspeisevorrang durch kalkulatorische EE-/KWK-Preise - Vertrag oder - gesetzliches Schuldverhältnis (EE, KWK & konventionell ≥ 100 kW oder fernsteuerbar) mit bilanziellem & finanziellem Ausgleich - fernsteuerbare Anlagen < 100 kW optional nachrangig	§ 13 I 1 Nr. 2 und Nr. 3, 2 iVm. Ia, Ib, Ic (ges. Schuldverhältnis: iVm. § 13a)
3. Notfallmaßnahme - insbes. Lastabwürfe - ohne Entschädigung	§ 13 II

Abb. 1: Rangfolge strom- und spannungsbedingter Systemsicherheitsmaßnahmen im System des „Redispatch 2.0"

Demgegenüber waren nach den Vorgaben des ehemaligen **„Redispatch 1.0"- Systems**, die auf das EnWG, das EEG und das KWKG verteilt waren, mindestens **sechs Rangstufen** in einer solchen Konstellation zu beachten.

271

§ 13 Teil 3. Regulierung des Netzbetriebs

1. **Netzbezogene Maßnahmen** - netzbetriebsintern	§ 13 I Nr. 1 a.F.
2. **Marktbezogenes Redispatch** - Anpassung konventioneller Erzeugung - Vertrag oder - gesetzliches Schuldverhältnis (konventionell ≥ 10 MW) mit „angemessener Vergütung" = bilanzieller & finanzieller Ausgleich	§ 13 I Nr. 2 (ges. Schuldverhältnis: iVm. § 13a a.F.)
3. **Marktbezogene EE-/KWK-Vereinbarungen** - ohne Umgehung des Einspeisevorrangs - i.E. nicht praxisrelevant	§ 13 I Nr. 2, III 2 EnWG a.F. iVm. § 11 III EEG a.F.
4. **Notfallmaßnahme ggü. konventioneller Erzeugung** - Anpassung ohne Entschädigung	§ 13 II, III 1 a.F.
5. **Notfallmaßnahme ggü. EE-/KWK-Strom** - Abregelung von vorrangberechtigter Erzeugung - Abregelung von KWK-Strom aus ausgeschriebenen KWK-Anlagen grds. vor EE-Strom - idR. per Einspeisemanagement mit Entschädigung	§ 13 II, III 3 EnWG a.F. iVm. §§ 14, 15 EEG a.F., iVm. § 3 II 1, 2 KWKG a.F.
6. **Notfallmaßnahme – Lastabwürfe** - ohne Entschädigung	§ 13 II

Abb. 2: Rangfolge strom- und spannungsbedingter Systemsicherheitsmaßnahmen im ehemaligen System des „Redispatch 1.0"

272   Die erheblichen strukturellen Änderungen, die die Umstellung vom System des „Redispatch 1.0" auf das System des „Redispatch 2.0" mit sich gebracht hat, werden bei einem Vergleich der in den Abb. 1 und 2 skizzierten jeweiligen Rangfolge der Systemsicherheitsmaßnahmen deutlich. Die ehemaligen Rangstufen zwei bis fünf sind im neuen Rechtsrahmen unter der neuen zweiten Rangstufe der „strom- oder spannungsbedingten Anpassungsmaßnahmen" zusammengefasst worden. Durch die Zusammenlegung wird insbesondere das ehemals separat im EEG geregelte **„Einspeisemanagement"** gegenüber vorrangberechtigtem EE- und KWK-Strom in das System des Redispatch 2.0 integriert. Auch kleinere **konventionelle Erzeugungsanlagen ≥ 100 kW und < 10 MW**, die von dem gesetzlichen Schuldverhältnis zuvor nicht erfasst waren, sind nunmehr integriert und erhalten im Fall einer Anpassungsmaßnahme nach § 13a einen bilanziellen und finanziellen Ausgleich.

IV. Kostenbasierte Auswahl von strom- oder spannungsbasierten Anpassungsmaßnahmen (Abs. 1 S. 2)

273   Mit dem Systemwechsel zum „Redispatch 2.0" sind die starren rechtlichen Vor- und Nachrangigkeits-Regelungen des „Redispatch 1.0"-Systems, die sich in der Praxis nicht immer als sachgerecht und praxistauglich erwiesen hatten, weitgehend entfallen bzw. relativiert worden (ausf. zur Rangfolge → Rn. 270f.). Durch die breit aufgestellten Möglichkeiten für *„strom- und spannungsbedingte Anpassungsmaßnahmen"* auf der zweiten Rangstufe des Redispatch 2.0-Systems kommt der **Auswahlentscheidung innerhalb dieser Rangstufe** ein umso höheres Gewicht zu.

274   Wie der Gesetzgeber in der Gesetzesbegründung hervorhebt, bildet der kostenbasierte Auswahlmechanismus nach Abs. 1 S. 2 iVm Abs. 1a–1c den *„Kern der Neuregelung"* des Redispatch 2.0-Systems und *„konkretisiert den Grundsatz des effizienten Netzbetriebs"* (BT-Drs. 19/7375, 52). Neben den Zielen eines **effizienten Netzbetriebs** dienen die gesetzlichen Vorgaben zugleich einer Konkretisierung und praxistauglichen Umsetzung des **Einspeisevorrangs** zugunsten von EE- und

Systemverantwortung der Betreiber von Übertragungsnetzen **§ 13**

KWK-Strom (zum Ansatz von kalkulatorischen EE-Kosten und Netzreserve-Kosten nach Abs. 1a und 1c → Rn. 310ff. und → Rn. 358ff.).

Die Netzbetreiber sind nach Abs. 1 S. 2 verpflichtet, unter den *geeigneten Maßnahmen* zur Beseitigung von strom- oder spannungsbedingten Gefährdungen oder Störungen diejenigen auszuwählen, *„die voraussichtlich insgesamt die geringsten Kosten verursachen"*. Ungeeignete Potenziale sind hingegen nicht zu berücksichtigen. **Ungeeignet** sind nicht nur Maßnahmen, die **mangels hinreichender Wirkung** keinen geeigneten Beitrag zur Beseitigung der strom- oder spannungsbedingten Gefährdung oder Störung leisten können, sondern auch Maßnahmen, die zwar grundsätzlich zur Beseitigung einer Gefährdung oder Störung beitragen könnten, dadurch jedoch zugleich eine **andere Gefährdung oder Störung** (zB an anderer Stelle oder in anderer Hinsicht) auslösen oder verschärfen würden. Für die Eignung einer Maßnahme sind die Gesamtwirkungen auf die Sicherheit und Zuverlässigkeit des Elektrizitätsversorgungssystems zu berücksichtigen (*Weyer/Iversen* RdE 2021, 1 (6)). 275

1. Datengrundlage für die Auswahl. Um die kostenbasierte Auswahlentscheidung nach Abs. 1 S. 2 treffen zu können, müssen die Netzbetreiber ausreichende Kenntnisse insbesondere darüber haben, welche Potenziale grundsätzlich zur Beseitigung der jeweiligen Gefährdung oder Störung *geeignet* sind, in welchem Umfang sie voraussichtlich *verfügbar* sind und welche *tatsächlichen Kosten* ihr Einsatz voraussichtlich verursacht. Damit diese **Grundlagen für die Auswahlentscheidungen** im laufenden Netzbetrieb für jede Viertelstunde vollständig vorliegen, müssen die erforderlichen Stamm-, Planungs- und Echtzeitdaten rechtzeitig erhoben, fortlaufend aktualisiert und zwischen den betroffenen Netzbetreibern ausgetauscht werden. 276

Dies setzt in der praktischen Umsetzung geeignete **massengeschäftstaugliche Prozesse** für die Datenerhebung und den Datenaustausch voraus. Die Implementierung des „Redispatch 2.0"-Systems bringt somit zwangläufig einen erheblichen **Digitalisierungsschub** für den Netzbetrieb und eine Intensivierung der **Kooperation** unter den Netzbetreibern mit sich. 277

a) Informationspflichten der Anlagenbetreiber. Der Netzbetreiber kann Informationen, die er für die Planung, Auswahl und Durchführung von Systemsicherheitsmaßnahmen nach § 13 benötigt, von den jeweiligen Marktteilnehmern auf Basis des **allgemeinen Informationsanspruchs nach § 12 Abs. 4** verlangen. Das gilt auch für Daten, die die Netzbetreiber für die kostenbasierte Auswahlentscheidung nach Abs. 1 S. 2 benötigen. In der Regel wird die Bereitstellung der erforderlichen Daten jedoch durch **speziellere Informationspflichten** abgesichert und konkretisiert. Sofern den Netzbetreibern strom- oder spannungsbedingte Anpassungsmaßnahmen auf **vertraglicher Basis** zur Verfügung stehen, ergeben sich die Mitteilungspflichten (zB zu den Verfügbarkeiten) in aller Regel unmittelbar aus dem Vertrag oder den zugrunde liegenden Regelungen (zB sind abschaltbare Lasten nach § 12 AbLaV zur Meldung ihrer Verfügbarkeiten verpflichtet). 278

Betreiber von Erzeugungsanlagen (inklusive Stromspeichern) ≥ 100 kW (zu den Maßstäben für die Leistung einer Anlage iSd BNetzA-Festlegungen → Rn. 378f.), deren Wirkleistungserzeugung (und Wirkleistungsbezug) auf Grundlage des **gesetzlichen Schuldverhältnisses** nach § 13a strom- oder spannungsbedingt angepasst werden kann, sind nach den Vorgaben der **Festlegung zur Informationsbereitstellung** für Redispatch-Maßnahmen (BNetzA Beschl. v. 23.3.2021 – BK6-20-061) verpflichtet, dem Anschlussnetzbetreiber bestimmte Stammdaten, Planungsdaten, Daten zu Nichtbeanspruchbarkeiten sowie Echtzeitdaten zu übermitteln. Hinsichtlich der Form des Datenaustausches sind darüber hinaus die ergänzend 279 festgelegten „Kommunikationsprozesse Redispatch" zu beachten (BNetzA Beschl. v. 6.11.2020 – BK6-20-059, Anl. 2). Er muss die Daten nicht eigenhändig liefern, sondern kann sich auch der Hilfe eines Dritten bedienen (zB eines „Einsatzverantwortlichen", der zugleich die Einsatzführung der Anlage übernimmt). Für Betreiber bestimmter größerer Anlagen ergeben sich entsprechende Mitteilungspflichten aus den – auf diese Anlagen vorrangig anwendbaren – Regelungen zum Datenaustausch auf Grundlage der europäischen „System Operation Guideline" (insbes. Art. 40 Abs. 5 SO GL iVm der Genehmigung des ÜNB-Vorschlags zur Anwendbarkeit und zum Umfang des Datenaustauschs mit Verteilernetzbetreibern und signifikanten Netznutzern, BNetzA Beschl. v. 20.12.2018 – BK6-18-122).

280 Zu den **Stammdaten** von Erzeugungsanlagen und Stromspeichern zählen nach den Vorgaben der Festlegung neben einem massengeschäftstauglichen Identifikator (für die einzelne Anlage ist dies in der Regel die MaStR-Nummer aus dem Marktstammdatenregister) insbesondere **grundlegende technische Angaben,** die Einfluss auf die grundsätzlichen Möglichkeiten zur Anpassung ihrer Wirkleistungserzeugung oder ihres Wirkleistungsbezugs haben (vgl. Datenpunkte 1.1–1.17). Diese Daten ergänzen die über das **Marktstammdatenregister** verfügbaren Stammdaten.

281 Soweit der Betreiber seine Anlagen dem sog. „Planwertmodell" zugeordnet hat (zu den Bilanzierungsmodellen des „Planwert-" und des „Prognosemodells" vgl. Anl. 1 der Festlegung zum bilanziellen Ausgleich, BNetzA Beschl. v. 6.11.2020 – BK6-20-059) muss er dem Anschlussnetzbetreiber auch **Planungsdaten** mitteilen. Die Planungsdaten sind als Zeitreihen in viertelstündlicher Auflösung zu liefern. Sie umfassen verschiedene **Angaben zum voraussichtlichen Einsatz** der Anlage, die Einfluss auf die konkreten Möglichkeiten zur Anpassung der Wirkleistungserzeugung oder des Wirkleistungsbezugs in der jeweiligen Viertelstunde haben (vgl. Datenpunkte 2.1.–2.21). Die Verpflichtung zur Lieferung von Plandaten aufgrund von Art. 40 Abs. 5 SO GL gilt dagegen unabhängig vom gewählten Bilanzierungsmodell.

282 Als eigenständige Datenpunkte sind ua Angaben zum konkreten positiven und negativen „*Redispatch-Vermögen*" (vgl. Datenpunkte 2.8–2.10) mitzuteilen. Das zu meldende **Redispatch-Vermögen** richtet sich nach den tatsächlichen **technischen Möglichkeiten** und nicht nach den Kosten. Auch *hohe tatsächliche Kosten* einer potenziellen Maßnahme führen *nicht* zu einer Minderung des grundsätzlich verfügbaren Redispatch-Vermögens. Nach den Vorgaben zur kostenoptimierten Auswahlentscheidung nach Abs. 1 S. 2 ist die Frage, ob eine grundsätzlich geeignete Maßnahme verfügbar ist, strikt von der Frage zu trennen, welche tatsächlichen Kosten sie verursachen würde. Durch die Auswahl nach den geringsten Gesamtkosten bleibt sichergestellt, dass eine teure Maßnahme nur dann zum Einsatz kommt, wenn die verfügbaren Alternativen zu noch höheren Kosten führen würden.

283 Sofern sich erhebliche Kostenunterschiede je nach Umfang der Anpassung gegenüber derselben Anlage ergeben, kann es für die kostenoptimierte Auswahl sinnvoll bzw. auch erforderlich sein, zwischen **unterschiedlich teurem Redispatch-Vermögen derselben Anlage** zu unterscheiden (→ Rn. 300). Im Fall einer hocheffizienten **KWK-Anlage** muss beispielsweise zwischen dem „*negativen Redispatchvermögen*", das ohne eine Einschränkung der gekoppelten Wärmeerzeugung abgerufen werden kann, (Datenpunkt 2.9) und dem „*negativen Redispatch-Vermögen für KWK-Strom*" (Datenpunkt 2.10) unterschieden werden (zur getrennten Berücksichtigung des wärmegekoppelten und des ungekoppelten Abregelungspotentials gegenüber KWK-Anlagen nach ihren unterschiedlich hohen tatsächlichen Kosten → Rn. 348f.).

284 Darüber hinaus muss der Anlagenbetreiber als eigenständiges Planungsdatum die voraussichtlichen „*Kosten nicht-EEG-vergüteter Anlagen*" (Datenpunkt 2.21) für jede

Viertelstunde mitteilen. Relevant dafür sind allein die anlagenspezifischen **tatsächlichen Kosten** iSv Abs. 1 S. 2, die unmittelbar kausal aufgrund eines Abrufs des positiven oder negativen Redispatch-Vermögens anfallen würden.

Bei dieser Kostenabschätzung handelt es sich *nicht* um eine rechtlich bindende Zusage oder Kostenobergrenze des Anlagenbetreibers. Nach dem Sinn und Zweck der Auswahlentscheidung ist auch keine scheingenau vorweggenommene Detailabrechnung eines finanziellen Ausgleichs für jede Viertelstunde erforderlich, sondern eine **möglichst robuste, aber auch handhabbare Kostenindikation.** Soweit bereits geeignete Praxiserfahrungen zur Abrechnung vorliegen, werden sich die Angaben zu den voraussichtlichen Kosten in aller Regel an diesen Werten orientieren können. Soweit hingegen noch keine Praxiserfahrungen vorliegen, wird häufig eine Abstimmung mit dem Netzbetreiber erforderlich sein, um die Höhe der Zahlungen des Netzbetreibers im Fall einer Anpassung realistisch abschätzen zu können. Auch dann, wenn die Nutzung des Anpassungspotenzials zu **sehr hohen tatsächlichen Kosten** führen würde, entbindet das den *Anlagenbetreiber* nicht von seiner Pflicht, diese Potenziale – bei erheblichen Kostenunterschieden erforderlichenfalls auch separiert – mitzuteilen (zur Abschätzungspflicht der Netzbetreiber ua bei fehlenden oder unplausiblen Angaben → Rn. 301 f.).

Zwingende behördliche oder gesetzliche Vorgaben (zB immissionsschutzrechtliche Auflagen) können grundsätzlich zu einer Einschränkung der tatsächlich verfügbaren Anpassungspotenziale aufgrund **rechtlicher Unmöglichkeit** führen. Der Anlagenbetreiber kann das Redispatch-Vermögen jedoch grundsätzlich **nicht durch zivilrechtliche Vereinbarungen** mit anderen Personen zulasten des Netzbetreibers beschränken oder verteuern. Die allgemeinen zivilrechtlichen Grundsätze zur Unzulässigkeit von *Verträgen zulasten Dritter* und zur *Schadensminderungspflicht* sind auch im Rahmen des gesetzlichen Schuldverhältnisses nach § 13a zu beachten. **Prohibitive Kostenansätze** sind weder im Rahmen des tatsächlichen finanziellen Ausgleichs nach § 13a Abs. 2 noch für die Kostenabschätzung im Rahmen der Auswahlentscheidung nach Abs. 1 S. 2 zulässig.

Zusätzlich zu den genannten Stamm- und Planungsdaten muss der Anlagenbetreiber dem Netzbetreiber Informationen zu Nichtbeanspruchbarkeiten (Datenpunkte 3.1–3.2) und Echtzeitdaten (Datenpunkte 4.1–4.3) seiner Anlage zur Verfügung stellen. **Nichtbeanspruchbarkeiten** können sich insbesondere aus technischen Gründen (zB Wartung der Anlage) oder verbindlichen gesetzlichen bzw. behördlichen Rahmenbedingungen (zB Umweltauflagen) ergeben. Auch Erzeugungsleistung, die in der jeweiligen Viertelstunde für eine **„Selbstversorgung mit EE- oder KWK-Strom"** iSv Art. 13 Abs. 6 lit. c Elt-VO benötigt wird, kann im Rahmen der Nichtbeanspruchbarkeiten gemeldet werden (Datenpunkt 3.1; zur Selbstversorgung mit EE- oder KWK-Strom → Rn. 354 ff.). **Echtzeitdaten** betreffen insbesondere die jeweils aktuelle Wirkleistung am Einspeisepunkt sowie aktuelle Veränderungen der Fahrweise aufgrund von marktbedingten Einsatzentscheidungen oder behördlichen Auflagen. Der Anschlussnetzbetreiber kann die Echtzeitdaten nach den Vorgaben der Festlegung in einem Zeitintervall ≤ *60 Sekunden* verlangen. Es bleibt ihm jedoch unbenommen, in Abstimmung mit den betroffenen Netzbetreibern in geeigneten Konstellationen eine *viertelstündlichen Auflösung* der Echtzeitdaten ausreichen zu lassen – beispielsweise aufgrund geringer Wirksamkeit der Anlage hinsichtlich etwaiger Engpässe und zur Vermeidung von technischen Nachrüstungen für die Erfüllung eines Zeitintervalls ≤ 60 Sekunden (vgl. BNetzA, Mitteilung Nr. 7 zum Redispatch 2.0 v. 23.9.2021).

288 **b) Koordinierungspflichten zwischen den Netzbetreibern.** *„Betroffene Netzbetreiber",* auf deren Netz sich die strom- und spannungsbedingten Anpassungen netzübergreifend auswirken können (in der Regel der Anschlussnetzbetreiber inklusive aller vorbelagerten Netzbetreiber), müssen **eng kooperieren** und sich gegenseitig unterstützten (zu den für das „Redispatch 2.0" ausdrücklich bekräftigten Kooperationspflichten vgl. insbesondere § 11 Abs. 1 S. 4 und § 13a Abs. 5 S. 1). Um netzübergreifend die günstigste Maßnahmenkombination aussuchen zu können, müssen sie sich untereinander die dafür erforderlichen Informationen zur Verfügung stellen. Dazu sind sie auch nach den **allgemeinen Informationspflichten** für den sicheren und effizienten Netzbetrieb nach § 12 Abs. 2 und Abs. 4 S. 1 Nr. 3 verpflichtet.

289 **Spezielle Informationspflichten** für den Datenaustausch zwischen betroffenen Netzbetreibern ergeben sich insbesondere aus der **Festlegung zur Netzbetreiberkoordinierung** bei der Durchführung von Redispatch-Maßnahmen (BNetzA Beschl. v. 12.3.2021 – BK6-20-060). Bildlich gesprochen handelt es sich bei dieser Festlegung um das ergänzende Puzzleteil zu der oben genannten Festlegung zur Informationsbereitstellung (BNetzA Beschl. v. 23.3.2021 – BK6-20-061 → Rn. 279ff.). Während es bei den oben erläuterten Informationspflichten um die Bereitstellung von Daten seitens der Anlagenbetreiber an den jeweiligen Anschlussnetzbetreiber geht, zielen die Koordinierungspflichten darauf ab, dass jeder Anschlussnetzbetreiber wiederum Daten zu den an sein Netz angeschlossenen Anlagen im erforderlichen Umfang an die „betroffenen" (in der Regel jedenfalls alle vorgelagerten) Netzbetreiber weitergibt und durch zusätzliche Informationen zu seinem Netz ergänzt.

290 Mitzuteilen sind neben Stammdaten vor allem Informationen zu *Flexibilitätsbeschränkungen,* Anpassungspotenzialen, voraussichtlicher Einspeisung, Planungsdaten, Nichtbeanspruchbarkeiten, marktbedingten Anpassungen sowie zu geplanten und angewiesenen *Redispatch-Maßnahmen* (vgl. Tenorziffern 2–6). Der Begriff der **Redispatch-Maßnahme** bezieht sich im Rahmen der Festlegung auf Anpassungen auf Grundlage des gesetzlichen Schuldverhältnisses nach § 13a (vgl. Begriffsbestimmungen nach Tenorziffer 1). Die Bewegungsdaten sind in einem **fortlaufenden Meldezyklus** viertelstundenscharf mitzuteilen, wobei die initiale Meldung für den jeweiligen Erfüllungszeitpunkt mit einem Vorlaufhorizont von 33,5 Stunden beginnt (Tenorziffer 7).

291 **Flexibilitätsbeschränkungen** beziehen sich auf *netzseitige* Einschränkungen, die erforderlich sind, um die Entstehung zusätzlicher Gefährdungen oder Störungen infolge der Anpassungsmaßnahmen zu verhindern (zB an anderer Stelle oder in anderer Hinsicht). Die Beschränkung kann auch erforderlich sein, wenn die Anpassung die Beseitigung einer bestehenden Gefährdung oder Störung im Einzelnen verhindern würde. Da die Anpassungen insoweit *nicht „geeignet"* sind, bleiben sie bei der Auswahlentscheidung nach Abs. 1 S. 2 unberücksichtigt (zur Nichtberücksichtigung aufgrund fehlender Eignung auch → Rn. 430f.).

292 Eine besonders wichtige Information für die Auswahlentscheidung ist die Wirksamkeit der Anlagen auf Engpässe. Um diese **Sensitivitäten** netzübergreifend abschätzen zu können, muss der Anschlussnetzbetreiber den betroffenen Netzbetreibern mitteilen, wie die an sein Netz angeschlossenen Anlagen auf Netzverknüpfungspunkte der vorgelagerten und benachbarten Netze sowie auf bilateral abgestimmte Netzelemente wirken (vgl. Tenorziffer 4).

293 Die verschiedenen Informationen werden von den anderen Netzbetreibern in aller Regel nicht anlagenscharf benötigt. Daher beziehen sich die Meldungen entweder auf die jeweilige *„steuerbare Ressource"* (die nach bestimmten Vorgaben mehrere Anlagen umfassen kann, vgl. Begriffsdefinition in Tenorziffer 1) oder optional

Systemverantwortung der Betreiber von Übertragungsnetzen § 13

auf sog. „*Cluster*". Zur Vereinfachung der Koordinierung zwischen den Netzbetreibern können Verteilernetzbetreiber in Abstimmung mit den direkt vorgelagerten Netzbetreibern mehrere steuerbare Ressourcen zu Clustern zusammenfassen. Diese Möglichkeit ist jedoch auf Konstellationen beschränkt, in denen die steuerbaren Ressourcen zumindest annähernd gleiche tatsächliche (bzw. gleiche kalkulatorische) Kosten aufweisen und auch die Sensitivitäten (innerhalb abgestimmter Bänder) ähnlich sind. Richtschnur für den Zuschnitt des Clusters und die Grenzen der Wirkungsbandbreite ist Abs. 1 S. 2: Die gesetzlichen Vorgaben zur kostenoptimierten Auswahl dürfen durch die Zusammenfassung nicht unterlaufen werden.

2. Auswahl der insgesamt günstigsten Maßnahmenkombination (Abs. 1 S. 2). a) Netzübergreifende Maßnahmenkombinationen. Die Auswahl der Maßnahmen mit den „*insgesamt*" geringsten Kosten erfordert eine **netzübergreifende Gesamtoptimierung** unter Berücksichtigung aller geeigneten und verfügbaren Anpassungsmaßnahmen (→ Rn. 244) und somit eine enge Kooperation und Abstimmung zwischen den Netzbetreibern. Die Vorgabe nach Abs. 1 S. 2 bezieht sich auf die **insgesamt günstigste Maßnahmenkombination** zur Beseitigung der (zeitgleich) auftretenden strom- oder spannungsbedingten Gefährdungen oder Störungen. Sie ist hingegen *nicht* auf die Auswahl einer einzelnen Maßnahme, nicht auf die Beseitigung einer einzelnen Gefährdung oder Störung, *nicht* auf eine Seite eines Netzengpasses und *nicht* auf die Entscheidung eines einzelnen Netzbetreibers für sein Netz beschränkt. Die günstigste Gesamtlösung kann sich vielmehr auch aus der Kombination von verschiedenen energetisch insgesamt ausgeglichenen Maßnahmen verschiedener Netzbetreiber ergeben. Dies gilt insbesondere in Situationen, in denen mehrere strom- oder spannungsbedingte Gefährdungen oder Störungen auftreten. 294

Im dem typischen Redispatch-Fall einer **Engpassentlastung** sind alle Maßnahmen auf beiden Seiten des Engpasses zu betrachten (vgl. *Gabler* REE 2019, 165 (167)). Es sind mithin sowohl die „negativen Redispatch-Maßnahmen" (vor dem Engpass) als auch die „positiven Redispatch-Maßnahmen" (hinter dem Engpass) bei der Auswahl der günstigsten Maßnahmenkombination zu berücksichtigen. Obgleich sie einander für den energetisch neutralen Ausgleich bedingen und aufeinander abgestimmt werden müssen, handelt es sich bei den Anpassungen auf beiden Seiten des Engpasses um eigenständige Maßnahmen. Die insgesamt günstigste Kombination kann daher auch in einer „**gemischten**" **Maßnahmenkombination** bestehen, bei der vor dem Engpass andere Maßnahmen zur Anwendung kommen als hinter dem Engpass. Neben dem oben genannten Beispiel der Kombination einer *Countertrading*-Maßnahme mit einer *Maßnahme nach § 13a* (→ Rn. 115) kommen verschiedene weitere Maßnahmen-Kombinationen in Betracht. Zu den verschiedenen **Anpassungsmaßnahmen**, die je nach Verfügbarkeit und Eignung bei der Ermittlung der günstigsten Kombination zu berücksichtigen sind → Rn. 244 ff. 295

Es besteht grundsätzlich auch die Möglichkeit, den *energetischen* Ausgleich zu negativen Redispatch-Maßnahmen in dafür geeigneten Fällen durch die **Beschaffung an einer Strombörse** vorzunehmen (zur Abwicklung des *bilanziellen* Ausgleichs mithilfe der energetischen Ausgleichsmengen → Rn. 266). Diese Möglichkeit kann beispielsweise in Betracht kommen, wenn ein VNB Abregelungen zur Entlastung eines Engpasses in seinem Verteilernetz vornimmt und es kein korrespondierendes hochfahrendes Kraftwerk gibt, das sich für den effizienten Ausgleich ohne eine Verschärfung anderer Engpässe (zB in vorgelagerten Netzen) eignet. **Andere Handelsgeschäfte außerhalb der Strombörse** eines nominierten Strommarktbetreibers nach Art. 4 Nr. 1 der VO (EU) 2015/1222 (sog. NEMO – 296

Sötebier 575

"Nominated Electricity Market Operator") sind zu diesem Zweck hingegen nicht zulässig (§ 11a Abs. 2 und 3 StromNZV).

297 Sofern sich die börsliche Beschaffung eines VNB nachteilig auf Engpässe im Übertragungsnetz auswirken kann (zB infolge einer Steigerung engpassbelastender Erzeugungskapazitäten), können die ÜNB im Rahmen der Netzbetreiberkoordination einen **Beschaffungsvorbehalt** anmelden, um sich mit dem VNB abzustimmen, inwieweit beispielsweise der ÜNB die vom VNB benötigten Strommengen für den energetischen und den bilanziellen Ausgleich im Rahmen ihrer positiven Redispatch-Maßnahmen mit beschafft (BNetzA Beschl. v. 12.3.2021 – BK6-20-060, Tenorziffer 5).

298 **b) Ermittlung und Berücksichtigung der tatsächlichen Kosten.** Für die Abschätzung der günstigsten Maßnahmenkombination nach Abs. 1 S. 2 kommt es auf die voraussichtlichen tatsächlichen **Gesamtkosten** an, die netzübergreifend **zulasten der Allgemeinheit** anfallen. Die kostenoptimierte Auswahlentscheidung dient dem Zweck einer effizienten – und somit möglichst preisgünstigen – leitungsgebundenen Stromversorgung (→ Rn. 274). Der oben genannte allgemeine **Effizienzmaßstab** für Netz- und Systemsicherheitsmaßnahmen gilt nicht nur für die Beschaffung von marktbezogenen Maßnahmen, sondern auch für die konkrete Auswahlentscheidung im laufenden Netzbetrieb. Für die Abschätzung der Gesamtkosten, die zulasten der Allgemeinheit anfallen, sind daher beispielsweise auch entlastende **Saldierungseffekte** zugunsten und zulasten der Stromkunden (bzw. mit Entfallen der EEG-Umlage auch zulasten des Bundeshaushalts) zu berücksichtigen (zum Effizienzmaßstab → Rn. 59 ff.).

299 Die voraussichtlichen *tatsächlichen Kosten* sind die Kosten, die **unmittelbar kausal aufgrund des Abrufs** der jeweiligen Maßnahmen anfallen (zum Gegenbegriff der *kalkulatorischen Kosten* → Rn. 317 ff.). Passt der Netzbetreiber beispielsweise die Wirkleistungserzeugung einer Anlage auf Grundlage des gesetzlichen Schuldverhältnisses nach § 13a an, so fallen unmittelbar kausal Kosten für den finanziellen Ausgleich an (vgl. nachfolgenden Beispielfall → Rn. 303 ff.). Die **Kosten für den energetisch-bilanziellen Ausgleich** sind bei der Abschätzung der tatsächlichen Gesamtkosten mit zu berücksichtigen. Dieser Ausgleich erfolgt jedoch durch eigenständige Maßnahmen, deren Kosten dementsprechend als Teil der Maßnahmenkombination *eigenständig* zu berücksichtigen sind (→ Rn. 266 f. und 295).

300 Sofern sich erhebliche Kostenunterschiede je nach Umfang der Anpassung gegenüber derselben Anlage ergeben, kann es für die kostenoptimierte Auswahl sinnvoll bzw. auch erforderlich sein, zwischen **unterschiedlich teuren Anpassungspotentialen derselben Anlage** zu unterscheiden (→ Rn. 283). Solche anteiligen Potenziale mit unterschiedlich hohen Kosten (aufgrund von unterschiedlich hohen tatsächlichen oder kalkulatorischen Preisen in EUR/MWh) können dann – wie getrennte Anlagen – jeweils eigenständig bei der Auswahlentscheidung nach Abs. 1 S. 2 berücksichtigt werden. Bei KWK-Anlagen muss zB stets zwischen der (kostengünstigeren) Abregelung des ungekoppelten Kondensationsstroms und der (vergleichsweise teureren) Abregelung des wärmegekoppelten KWK-Stroms unterschieden werden (→ Rn. 348 f.).

301 Für Anlagen, die dem Planwertmodell zugeordnet sind, bietet das Planungsdatum der *„Kosten nicht-EEG-vergüteter Anlagen"* in der Regel einen praxistauglichen Anhaltspunkt für die Abschätzung der tatsächlichen Kosten (zu den Mitteilungspflichten des Anlagenbetreibers → Rn. 284 f.). Die Lieferung dieser Information seitens des Anlagenbetreibers entbindet den **Netzbetreiber** jedoch nicht von seiner **Pflicht zur Er-**

mittlung der erforderlichen Informationen einschließlich einer **Abschätzung der tatsächlichen Kosten** nach Abs. 1 S. 2. Um die günstigste Maßnahmenkombination bestimmen und den Einspeisevorrang von EE- und KWK-Strom einhalten zu können, müssen die Netzbetreiber sicherstellen, dass sie über die erforderlichen Informationen verfügen und diese massengeschäftstauglich austauschen und verarbeiten können. Dafür dürfte ua ein systematischer Abgleich (auch anhand des Marktstammdatenregisters) erforderlich sein, ob die erforderlichen Informationen zu allen an ihr Netz angeschlossenen und für die Auswahlentscheidung relevanten Anlagen vorliegen und regelmäßig aktualisiert werden.

Soweit ein Anlagenbetreiber entgegen seiner Informationspflichten keine oder **302** keine ausreichenden Daten zu einer relevanten Anlage mitteilt, die Angaben von den Erfahrungen oder der Einschätzung des Netzbetreibers abweichen oder sonstige **Anhaltspunkte für unplausible oder ungewöhnlich hohe Kosten** (oder zu anderen relevanten Angaben) vorliegen, wird der Netzbetreiber nicht umhinkommen, erforderlichenfalls die Informationspflichten durchzusetzen, Nachweise anzufordern und notfalls eine **eigenständige Abschätzung** vorzunehmen. Er ist nicht an die Einschätzung des Anlagenbetreibers gebunden. Erforderlichenfalls lassen sich die tatsächlichen Kosten einer Maßnahme (auch für weitere künftige Auswahlentscheidungen) im Rahmen der tatsächlichen Abrechnung konkretisieren.

c) Beispielfall: Auswahl nach den tatsächlichen Kosten. **303**

Beispiel: Abregelung eines Kohle- oder eines Gaskraftwerks Dem Netzbetreiber stehen zur Entlastung eines drohenden Engpasses in seinem Netz als negatives Redispatch-Vermögen zwei Optionen zur Verfügung: Es reicht voraussichtlich aus, entweder die Wirkleistungserzeugung eines Kohle- oder eines Gaskraftwerks durch eine „Maßnahme nach § 13a" anteilig zu reduzieren. Nach den extrem vereinfachenden Annahmen für dieses Beispiel bestehen keinerlei Wechselwirkungen mit anderen Gefährdungen oder Störungen und mit anderen Systemsicherheitsmaßnahmen.

Die voraussichtlichen **tatsächlichen Kosten (EUR)** für die Abregelung der jeweiligen An- **304** lage ergeben sich als Produkt aus der abzuregelnden „*Menge*" und dem „*Preis*" der Maßnahme (Menge × Preis). Mit der **Menge (MWh)** ist die Strommenge gemeint, die abgeregelt werden müsste, um den Engpass zu entlasten. Bei dem **Preis (EUR/MWh)** handelt es sich um die tatsächlichen Kosten, die je abgeregelter Strommenge zulasten der Stromverbraucher anfallen.

Wenn nach den Annahmen des Beispielfalls das Kohlekraftwerk aufgrund seiner Lage im **305** Netz eine vergleichsweise höhere **Wirksamkeit auf den Engpass** („Sensitivität") hat als das Gaskraftwerk, würde bei einer Reduzierung der Wirkleistungserzeugung des Kohlekraftwerks folglich eine geringere *Menge* an (energetisch und bilanziell auszugleichender) Ausfallarbeit anfallen als im Fall des Gaskraftwerks.

Da der Betreiber des Kohlekraftwerks im Fall der Abregelung seiner Anlage nach § 13a seine **306** ersparten Aufwendungen insbesondere für den Kohle-Brennstoff und die Emissionszertifikate gegenüber dem Netzbetreiber erstatten muss (marktneutraler finanzieller Ausgleich unter Anrechnung des bilanziellen Ausgleichs nach § 13a Abs. 2 S. 1 iVm S. 4), fällt der **Preis für den finanziellen Ausgleich** insgesamt **sehr günstig, nämlich negativ** aus. Das gilt in entsprechender Weise für den Betreiber des konventionellen Gaskraftwerks: Auch er muss insbesondere aufgrund seiner ersparten Aufwendungen für den Gas-Brennstoff und die Emissionsrechte im Saldo Geld an den Netzbetreiber zahlen, wenn er aufgrund einer Abregelung nach § 13a Strommengen als bilanziellen Ausgleich vom Netzbetreiber erhält.

Nach den Annahmen des Beispielfalls ist der Preis für die Reduzierung der Wirkleistungs- **307** erzeugung des Gaskraftwerks aufgrund einer höheren Erstattung an ersparten Aufwendungen günstiger (noch negativer) als im Fall des Kohlekraftwerks. Da folglich im Fall des (weniger engpasswirksamen) Gaskraftwerks eine höhere *Strommenge* zu einem niedrigeren negativen *Preis* abzuregeln ist, fallen in diesem Beispielfall – bei isolierter Betrachtung – die *Kosten* für negatives Redispatch gegenüber dem Gaskraftwerk geringer aus als gegenüber dem Kohlekraftwerk. Aus Sicht des Netzbetreibers handelt es sich bei den Zahlungen der konventionellen Kraftwerksbetreiber um **negative tatsächliche Kosten** iSv Abs. 1 S. 2 und somit um **Einnahmen.**

308 Für die Auswahl der insgesamt kostengünstigsten Maßnahmenkombination nach Abs. 1 S. 2 muss der Netzbetreiber jedoch **zusätzlich** die eigenständigen **tatsächlichen Kosten für den energetischen Ausgleich** berücksichtigen (→ Rn. 266 f., 295, 299). Dies gilt unabhängig davon, ob er die entsprechende Maßnahme selbst vornimmt oder ein anderer Netzbetreiber. Auch hierfür kommen regelmäßig verschiedene Maßnahmen mit unterschiedlich hohen Kosten in Betracht. Erfolgt der Ausgleich nach den vereinfachenden Annahmen dieses Beispielfalls durch das gezielte Hochfahren eines Kohlekraftwerks nach § 13 a hinter dem Engpass, dann ergeben sich die tatsächlichen Kosten dieser Anpassungsmaßnahme (in EUR/MW) ebenfalls als das Produkt aus der (zusätzlich erzeugten) *Strommenge* (in MWh) und dem dafür anfallenden *Preis* (in EUR/MWh). Aufgrund des finanziellen Ausgleichs, den der Netzbetreiber für das Hochfahren dieses vergleichsweise teuren Kraftwerks, das nach dem Marktergebnis nicht laufen würde, leisten muss, fallen die Kosten für das Hochfahren je MWh (positives Redispatch) höher aus als die *Einnahmen* für die Reduzierung je MWh (negatives Redispatch).

309 Ob es in dem Beispielfall letztlich insgesamt kostengünstiger ist, das Gas- oder das Kohlekraftwerk abzuregeln, lässt sich ohne konkrete Angaben zu den Mengen und Preisen nicht beantworten. Allgemein lässt sich jedoch sagen: Je unterschiedlicher die Anlagen auf den Engpass wirken und je größer somit die Unterschiede hinsichtlich der abzuregelnden und dementsprechend zeitgleich hochzufahrenden *Strommengen* ausfallen, desto eher kann der Punkt erreicht sein, an dem es nach den *Gesamtkosten* der Maßnahmenkombination günstiger ist, trotz eines höheren *Preises* die Wirkleistungserzeugung der Anlage anzupassen, die besser auf den Engpass wirkt (in diesem Beispiel das Kohlekraftwerk).

V. Abregelung von EE-Strom (Abs. 1 S. 2 iVm Abs. 1 a)

310 **1. Einspeisevorrang von EE-Strom (§ 11 EEG iVm Abs. 1 S. 2, Abs. 1 a und Art. 13 Abs. 6 Elt-VO 19). a) EE-Strom.** Der EE-Einspeisevorrang bezieht sich auf *Strom aus erneuerbaren Energien oder aus Grubengas* (EE-Strom). Sofern es sich im konkreten Fall nicht um eine EE-Anlage iSv § 3 Nr. 1 EEG handelt oder der Betreiber (zB aufgrund einer Mischverbrennung von konventionellen und erneuerbaren Einsatzstoffen oder aufgrund einer sonstigen Vermischung) keine konkreten Strommengen darlegen kann, die ausschließlich mit erneuerbaren Energien erzeugt werden, können die Erzeugungsmengen nicht als vorrangberechtigter EE-Strom berücksichtigt werden. So genießt beispielsweise die Wirkleistungserzeugung eines **Müllheizkraftwerks**, das Strom aus der thermischen Verwertung von Müll erzeugt, auch dann keinen EE-Einspeisevorrang, wenn biogene Anteile mitverbrannt werden (vgl. OLG Naumburg Urt. v. 20.3.2020 – 7 Kart 2/19 Rn. 62).

311 **b) EE-Vorrang.** EE-Strom genießt sowohl nach nationalen (§ 11 Abs. 1 S. 1, Abs. 3 EEG 2021 iVm Abs. 1 S. 2 Abs. 1 a) als auch nach europarechtlichen Vorgaben (Art. 13 Abs. 6 lit. a Elt-VO 19) Einspeisevorrang. Der EE-Vorrang dient dem **Gemeinwohl:** Er soll sicherstellen, dass begrenzt verfügbare Netzkapazitäten vorrangig zugunsten der **umweltfreundlichsten Stromerzeugung** genutzt werden, um die klimaschädliche Erzeugung aus konventionellen Anlagen und KWK-Anlagen zu substituieren. Es soll grundsätzlich die größtmögliche Strommenge aus erneuerbaren Energien einspeisen können. Der Einspeisevorrang dient somit primär dem Zweck einer umweltverträglichen Stromversorgung.

Systemverantwortung der Betreiber von Übertragungsnetzen § 13

Der Vorrang entspricht im Regelfall jedoch nicht nur der ökologisch, sondern zugleich auch der ökonomisch günstigsten bzw. **effektivsten Lösung:** Da bei der Abregelung von Erzeugungsanlagen mit konventionellen Brennstoffen aufgrund der ersparten Aufwendungen für Brennstoffe und Emissionszertifikate in aller Regel negative tatsächliche Kosten (also Einnahmen aus Sicht des Netzbetreibers) anfallen (→ Rn. 306 f.), führt die nachrangige Abregelung von EE-Strom (bei ähnlicher Wirksamkeit) zu geringeren Gesamtkosten zulasten der Stromverbraucher. Der Einspeisevorrang dient somit sekundär zugleich dem Zweck der preisgünstigen Stromversorgung. 312

Relevant ist der Einspeisevorrang, wenn der Netzbetreiber Anpassungsmaßnahmen ergreifen muss, um strom- oder spannungsbedingte Gefährdungen oder Störungen zu beseitigen. Die EE-Stromerzeugung, die sich nach den Marktergebnissen (unabhängig vom Zeitpunkt und den genutzten Handelsplätzen) einstellen würde, soll bei unzureichenden netzseitigen Kapazitäten vorrangigen Netzzugang genießen (vorrangige *„physikalische Abnahme"* iSv § 11 Abs. 1 S. 1 EEG 2021) und dadurch vor einer **Abregelung** durch Netzbetreiber („negatives Redispatch") geschützt werden (vgl. Art. 13 Abs. 6 lit. a Elt-VO 19). Der Einspeisevorrang hat hingegen *keine* Relevanz für das **Hochfahren** der Wirkleistungserzeugung von vorrangberechtigter EE-Stromerzeugung. Hochfahrpotenziale kommen in der Praxis allerdings vor allem bei konventionellen Anlagen und KWK-Anlagen, teilweise auch bei nicht fluktuierender EE-Stromerzeugung (zB aus Biogas) und in der Regel deutlich weniger bei fluktuierender EE-Stromerzeugung (insbesondere aus Wind und Sonne) in Betracht. 313

Entgegen gelegentlicher Missverständnisse hat der Einspeisevorrang iSv § 11 Abs. 1 S. 1, Abs. 3 EEG 2021 und Art. 13 Abs. 6 Elt-VO 19 *keinen* Einfluss auf die Entscheidung, ob und in welchem Umfang die Betreiber einer EE-Anlage (bzw. sein Direktvermarkter) verfügbare Erzeugungskapazitäten in der jeweiligen Viertelstunde tatsächlich nutzen möchte. Alle Betreiber von konventionellen und von vorrangberechtigten Erzeugungskapazitäten können frei darüber entscheiden, welche Kapazitäten sie für ihre Zwecke einsetzen möchten. Diese **marktliche Dispatch-Entscheidung** erfolgt ungeachtet etwaiger netztechnischer Beschränkungen. Der Einspeisevorrang kommt allein dann zum Tragen, wenn Netzbetreiber in das Ergebnis, das sich nach dem marktlichen *„Dispatch"* ergeben würde, eingreifen und im ursprünglichsten Wortsinn ein *„Redispatch"* vornehmen müssen. 314

Wenn sich der Betreiber eines konventionellen Kraftwerks oder einer KWK-Anlage beispielsweise aufgrund von impliziten Eigenverbrauchsvorteilen dazu entschließt, seine Anlage auch in Zeiten mit deutlich **negativen Marktpreisen** weiterlaufen zu lassen, während sich der Betreiber (bzw. Direktvermarkter) eines benachbarten Windparks im Rahmen seiner „Make or buy"-Entscheidung zu einer marktbasierten Abregelung entscheidet, dann handelt es sich zwar durchaus um ein klimaschädliches und volkswirtschaftlich ineffizientes Ergebnis. Dem Betreiber des Kraftwerks bzw. der KWK-Anlage kann jedoch nicht zum Vorwurf gemacht werden, dass er gesetzlich eingeräumte implizite Förderanreize nutzt. Da es insoweit um die vorgelagerte Dispatch-Entscheidung geht, ist der Einspeisevorrang nicht berührt und erst recht nicht verletzt (zur preisunelastischen Erzeugung ua aufgrund von Eigenverbrauchsanreizen vgl. BNetzA, Bericht über die Mindesterzeugung 2019 v. 7.10.2019). 315

Auch die EU-Vorgaben zu einem **vorrangigen Dispatch** zugunsten von kleineren EE-Anlagen (Art. 12 Abs. 2 und 3) sind von Fragen zur Systemsicherheit und zum Einspeisevorrang zu trennen. Sie werden im deutschen Recht durch die *„kaufmännische Abnahme"* des EE-Stroms aus einspeisevergüteten EE-Anlagen durch den Anschlussnetzbetreiber und die grundsätzlich preisunabhängige Börsenvermark- 316

Sötebier 579

§ 13 Teil 3. Regulierung des Netzbetriebs

tung über die ÜNB sichergestellt (§ 19 Abs. 1 Nr. 2, § 21 Abs. 1 iVm § 11 Abs. 1 S. 2 iVm §§ 56 ff. EEG 2021 iVm § 2 EEV iVm § 1 EEAV).

317 **2. Berücksichtigung der EE-Abregelungspotenziale nach kalkulatorischen EE-Kosten (Abs. 1 a S. 1). a) Kalkulatorische EE-Kosten.** Der Einspeisevorrang zugunsten von EE-Strom ist im System des Redispatch 2.0 jedoch nicht strikt ausgestaltet. Dies entspricht den europarechtlichen Grundsätzen (→ Rn. 325). Der EE-Vorrang wird durch die speziellen Vorgaben nach § 13 Abs. 1 a moderat relativiert und **praxistauglich konkretisiert** (vgl. Begr. BT-Drs. 19/7375, 52–54). Die Netzbetreiber haben den Vorrang einzuhalten, indem sie die Potenziale zur **Abregelung von EE-Strom** im Rahmen ihrer Auswahlentscheidung für strom- oder spannungsbedingte Anpassungen nach Abs. 1 S. 2 iVm Abs. 1 a *nicht* mit ihren *tatsächlichen Kosten*, sondern ausschließlich mit ihren *kalkulatorischen Kosten* ansetzen. Dies gilt nicht für Potenziale zum **Hochfahren von EE-Strom.** Diese sind – wie alle Potenziale ohne Sonderregelung – nach den *tatsächlichen Kosten* anzusetzen. Der EE-Vorrang ist beim Hochfahren nicht betroffen (→ Rn. 313).

318 Der Ansatz von **kalkulatorischen EE-Kosten** ermöglicht es, die Potenziale zur Abregelung von vorrangberechtigter Erzeugung gemeinsam mit anderen marktbezogenen Maßnahmen und zusätzlichen Reserven auf derselben Rangstufe zu berücksichtigen, ohne den Einspeisevorrang infrage zu stellen (zur Integration des vormals eigenständig geregelten Einspeisemanagements in die Systematik des Redispatch 2.0 → Rn. 270 ff.). Für die praktische Anwendung bringt der Ansatz zudem erhebliche **Vereinfachungen** mit sich. Die Netzbetreiber berücksichtigen die EE-Abregelungspotenziale gemeinsam mit allen anderen geeigneten Anpassungsmöglichkeiten **innerhalb derselben Auswahlmechanik** nach Abs. 1 S. 2 (zur Auswahlmechanik → Rn. 273 ff.) anhand eines für alle EE-Anlagen einheitlich vorgegebenen *kalkulatorischen EE-Preises*. Der kalkulatorische EE-Preis ist als fiktive Kostengröße **ausschließlich für die Auswahlentscheidung** anzusetzen. Für die Abrechnung im Fall einer tatsächlichen Anpassung ist er irrelevant.

319 Die voraussichtlichen **kalkulatorischen Kosten (EUR)** für die Abregelung der jeweiligen EE-Anlage *("kalkulatorische EE-Kosten")* ergeben sich – wie bei der Abschätzung der tatsächlichen Kosten (→ Rn. 304) – als Produkt aus der abzuregelnden Menge und dem Preis der Maßnahme. Mit der **Menge (MWh)** ist in diesem Fall die bevorrechtigte Strommenge gemeint, die abgeregelt werden müsste *("EE-Strommenge")*. Als **Preis (EUR/MWh)** ist einheitlich für alle EE-Anlagen derselbe kalkulatorische Abregelungspreis anzusetzen *(kalkulatorischer EE-Preis)*. Kurzgefasst ergeben sich die kalkulatorischen Abregelungskosten einer EE-Anlage daher wie folgt:

Kalkulatorische EE-Kosten = EE-Strommenge × kalkulatorischer EE-Preis

320 Welche **EE-Strommenge** jeweils abgeregelt werden müsste, um in der Kombination mit weiteren Anpassungen die strom- oder spannungsbedingte Gefährdung oder Störung zu beseitigen, bestimmt sich auch im Fall von EE-Anlagen nach ihrer jeweiligen **Wirksamkeit** auf die relevanten Netzelemente (Sensitivität). Je besser die EE-Anlagen nach ihrer Lage und netztopologischen Einbindung beispielsweise auf einen Engpass wirken, desto weniger Strom muss insgesamt abgeregelt und auf der anderen Seite des Engpasses heraufgeregelt werden. Weil nach Abs. 1 a für jede EE-Anlage derselbe kalkulatorische EE-Preis anzusetzen ist, richtet sich die Auswahl zwischen verschiedenen EE-Abregelungspotenzialen im Ergebnis allein nach der Wirksamkeit der jeweiligen EE-Anlagen. Ob und in welcher Höhe im Rahmen des finanziellen Ausgleichs tatsächliche Kosten für entgangene Förderzahlun-

gen nach dem EEG anfallen, ist daher (unabhängig von den Saldierungseffekten durch entsprechend geringere EEG-Umlage-Kosten → Rn. 60) für die Auswahlentscheidung irrelevant und kein zulässiges Differenzierungskriterium.

Der einheitliche **kalkulatorischen EE-Preis** wird von den ÜNB jährlich bestimmt. Nach den Vorgaben der Mindestfaktor-Festlegung müssen sie den Preis mit Wirkung ab dem 1. Oktober des jeweiligen Kalenderjahres bestimmen und mindestens einen Monat vorher veröffentlichen (BNetzA Mindestfaktor-Festlegung v. 30.11.2020 – PGMF-8116-EnWG § 13j, Tenorziffer 3). Für den Zeitraum vom 1.10.2021 bis zum 30.9.2022 haben die ÜNB einen einheitlichen kalkulatorischen EE-Preis von **590,60 EUR/MWh** bestimmt und veröffentlicht (www.netztransparenz.de). Für die Anwendungspraxis im laufenden Netzbetrieb reicht es aus, die kalkulatorischen Kosten der verfügbaren EE-Strom-Abregelungen anhand dieses veröffentlichten *kalkulatorischen EE-Preises* (in Kombination mit der abzuregelnden EE-Strommenge je nach Wirksamkeit) abzuschätzen und im Rahmen der Auswahlentscheidung anzusetzen. Denn nach Abs. 1a S. 1 halten die Netzbetreiber den Einspeisevorrang ein, *„indem"* sie so vorgehen (zu dem zugrunde liegenden EE-Mindestfaktor → Rn. 323). 321

Soweit die Netzbetreiber Algorithmen für die kostenbasierte Auswahlentscheidung nach Abs. 1 S. 2 verwenden, „liegt es in ihrer Verantwortung, die Algorithmen bzw. Inputparameter so zu parametrieren, dass die vorgegebenen Mindestfaktoren in der Praxis in der Regel eingehalten werden" (vgl. BNetzA Mindestfaktor-Festlegung, Beschl. v. 30.11.2020 – PGMF-8116-EnWG § 13j, S. 42). Dies ist insbesondere zu beachten, sofern die Netzbetreiber beispielsweise *Strafterme* verwenden, um sicherzustellen, dass die Berechnungen nicht zu einer Marktoptimierung nach konventionellen Kraftwerkskosten führen (vgl. BNetzA, Begleitdokument zur Mindestfaktor-Festlegung, S. 5). Die Wirkung des EE- und KWK-Mindestfaktors darf dadurch nicht untergraben werden, sondern muss in entsprechender Weise gewahrt bleiben. 322

b) Grundlage: EE-Mindestfaktor (Abs. 1a S. 2 und 3). Die ÜNB müssen den einheitlichen *kalkulatorischen EE-Preis* so bestimmen, dass der von der BNetzA festgelegte *EE-Mindestfaktor von 10* eingehalten wird (BNetzA, Mindestfaktor-Festlegung v. 30.11.2020 – PGMF-8116-EnWG § 13j, Tenorziffer 1). Der EE-Mindestfaktor von 10 bedeutet, dass die Wirkleistungserzeugung von bevorrechtigtem EE-Strom nur dann für die Beseitigung von strom- oder spannungsbedingten Gefährdungen oder Störungen abgeregelt werden soll, wenn dadurch in der Regel mindestens das Zehnfache an Abregelung der Erzeugungsleistung von nicht vorrangberechtigter Erzeugung ersetzt werden kann (Abs. 1a S. 2). 323

Dieses Mindestfaktor-Verhältnis muss *nicht* bei jeder einzelnen Auswahlentscheidung oder in jeder Viertelstunde gewahrt sein. Es handelt sich dabei auch *nicht* um eine Vorgabe, die die Netzbetreiber im Rahmen ihrer jeweiligen Auswahlentscheidung unmittelbar zu beachten haben. Das ist nach der gesetzlichen Mechanik weder erforderlich noch möglich. Der Mindestfaktor wirkt lediglich mittelbar auf die konkrete Auswahlentscheidung, indem er den entscheidenden **Maßstab für die Bestimmung des kalkulatorischen EE-Preises** setzt. Es ist die Aufgabe der ÜNB, den kalkulatorischen EE-Preis jährlich so zu berechnen, dass der EE-Mindestfaktor *„in der Regel"* eingehalten oder übertroffen wird (Abs. 1a S. 2). Dies erfordert keine dynamische Anpassung des kalkulatorischen EE-Preises, sondern eine *pauschalierende* Berücksichtigung der Mindestfaktor-Vorgaben (vgl. Begr. BT-Drs. 19/7375, 53). 324

Der EE-Mindestfaktor **konkretisiert den Einspeisevorrang** in zulässiger Weise. § 11 Abs. 1 S. 1 EEG 2021 gewährt den Einspeisevorrang zugunsten von 325

§ 13

Strom aus erneuerbaren Energien „*vorbehaltlich*" der konkretisierenden Systemsicherheitsregelungen nach § 13 EnWG. Auch die europarechtlichen „*Grundsätze*" für nichtmarktbasierte negative Redispatch-Maßnahmen lassen Spielraum für die in Abs. 1a EnWG vorgesehenen Konkretisierungen: Nach Art. 13 Abs. 6 lit. a Elt-VO 19 sollen die Netzbetreiber vorrangberechtigten EE-Strom nur dann abregeln,

> „*wenn es keine Alternative gibt oder wenn andere Lösungen zu erheblich unverhältnismäßig hohen Kosten führen oder die Netzsicherheit erheblich gefährden würden*".

326 Es bedarf einer Konkretisierung, um die verschiedenen Zielsetzungen (Einspeisevorrang, Umweltverträglichkeit, Effizienz und Systemsicherheit) abzuwägen und die europarechtlichen Grundsätze im täglichen Netzbetrieb praxistauglich umsetzen zu können. Diese Konkretisierungsaufgabe ist nach § 13 Abs. 1a S. 3 iVm § 13j Abs. 6 der BNetzA zugewiesen, indem sie den Mindestfaktor für die Abregelung von EE-Strom in einem vorgegebenen Rahmen zwischen fünf und 15 festlegt.

327 Ein höherer *EE-Mindestfaktor* führt nach der gesetzlichen Mechanik zu einem höheren *kalkulatorischen EE-Preis,* der wiederum zu dem Ansatz höherer *kalkulatorischer EE-Kosten*) beiträgt und dementsprechend seltener die Abregelung von EE-Anlagen als Teil der kostengünstigsten Maßnahmenkombination erscheinen lässt. Kurzgefasst bedeutet ein höherer Mindestfaktor daher einen strikteren Einspeisevorrang und spiegelbildlich ein niedrigerer Mindestfaktor eine stärkere Relativierung des Vorrangs.

328 Durch den von der BNetzA festgelegten EE-Mindestfaktor von 10 bleiben die europarechtlichen Vorgaben zum Einspeisevorrang des EE-Stroms sowohl gegenüber konventioneller Erzeugung als auch gegenüber KWK-Strom gewahrt (zur Einhaltung der Vorgaben nach Art. 13 Abs. 6 Elt-VO 19 und zur Berücksichtigung der energiewirtschaftlichen Zieltrias nach § 1 vgl. BNetzA, Mindestfaktor-Festlegung v. 30.11.2020 – PGMF-8116-EnWG § 13j). Insbesondere ist durch die dementsprechend hohen kalkulatorischen Kosten für EE-Abregelungen sichergestellt, dass sie nur ergriffen werden, wenn es keine anderen geeigneten Lösungen gibt oder diese zu erheblich unverhältnismäßig hohen Kosten führen würden.

VI. Abregelung von KWK-Strom (Abs. 1 S. 2)

329 **1. Beschränkter Einspeisevorrang von KWK-Strom (§ 3 KWKG iVm Abs. 1 S. 2 und Art. 13 Abs. 6 Elt-VO 19). a) Wärmegekoppelter KWK-Strom aus hocheffizienten KWK-Anlagen.** Der (beschränkte) KWK-Einspeisevorrang bezieht sich auf die **wärmegekoppelte Erzeugung von KWK-Strom in einer hocheffizienten KWK-Anlage.** Bei der Erzeugung von Strom in einer nicht „*hocheffizienten*" KWK-Anlage handelt es sich folglich bei der gesamten Wirkleistungserzeugung der Anlage um eine **gewöhnliche konventionelle Erzeugung** ohne Einspeisevorrang.

330 Sofern es sich um eine *hocheffiziente* KWK-Anlage handelt, ist zu differenzieren: Der KWK-Vorrang bezieht sich allein auf die **wärmegekoppelte KWK-Strom-Erzeugung,** also den Anteil an der Erzeugung der KWK-Anlage, dessen Abregelung zugleich eine Beeinträchtigung der gekoppelten Wärmeerzeugung mit sich bringt. Keinen Einspeisevorrang genießen hingegen ungekoppelte Stromerzeugungsanteile einer KWK-Anlage, die ohne eine Beeinträchtigung der Wärmeerzeugung abgeregelt werden können. Bei diesen *nicht wärmegekoppelt* erzeugten **„Kondensationsstrom"**-Anteilen handelt es sich um **gewöhnliche konventionelle Erzeugung** ohne Einspeisevorrang.

Für die Unterscheidung zwischen wärmegekoppeltem KWK-Strom im Sinne 331 des Einspeisevorrangs und ungekoppeltem Kondensationsstrom ist *nicht* entscheidend, ob es sich bei der Erzeugung um förderfähigen KWK-Strom handeln würde oder nicht. Maßgeblich für den KWK-Einspeisevorrang ist allein, ob durch die strom- oder spannungsbedingte Abregelung zugleich in die Wärmeerzeugung eingegriffen würde oder nicht (vgl. BNetzA Beschl. v. 23.3.2021 – BK6-20-061, S. 22).

b) Beschränkter KWK-Vorrang. Die wärmegekoppelte KWK-Strom-Er- 332 zeugung einer hocheffizienten KWK-Anlage genießt nach den nationalen (§ 3 Abs. 2 KWKG 2020 iVm Abs. 1 S. 2) und europarechtlichen Vorgaben (Art. 13 Abs. 6 lit. b Elt-VO 19) nur noch einen deutlich **eingeschränkten Einspeisevorrang.** Wie beim EE-Vorrang ist der KWK-Vorrang allein für die *Abregelung,* nicht hingegen für das *Hochfahren* der Erzeugung relevant (zur Wirkweise eines Einspeisevorrangs vgl. die Ausführungen zum EE-Vorrang → Rn. 310ff.).

Der KWK-Einspeisevorrang ist seit dem Inkrafttreten der Elt-VO 19 zum 333 1.1.2020 nicht mehr gleichrangig mit dem Einspeisevorrang zugunsten von EE-Strom, sondern deutlich beschränkt: Er besteht allein gegenüber nicht bevorrechtigten Erzeugungsmengen, sprich insbesondere **gegenüber ungekoppelter konventioneller Erzeugung** (auch aus KWK-Anlagen). Der Einspeisevorrang des EE-Stroms (→ Rn. 310ff.) gilt hingegen auch gegenüber wärmegekoppelter KWK-Strom-Erzeugung aus hocheffizienten KWK-Anlagen (vgl. Art. 13 Abs. 6 lit. a und b Elt-VO 19).

Dieses gestufte Verhältnis zwischen dem **stärkeren EE-Vorrang** gegenüber 334 dem **schwächeren KWK-Vorrang** wurde im nationalen Recht entsprechend der europarechtlichen Grundsätze nachvollzogen und konkretisiert (§ 3 KWKG 2020 und § 11 EEG 2021, jeweils iVm § 13 EnWG): Die vormals postulierte *„Gleichrangigkeit"* der fachgesetzlichen Regelungen im EEG zum EE-Vorrang und im KWKG zum KWK-Vorrang ist entfallen.

Stattdessen wird in beiden fachgesetzlichen Vorrangregelungen auf § 13 verwie- 335 sen: Der Vorrang gilt jeweils *„vorbehaltlich des § 13 des Energiewirtschaftsgesetzes".* Für die praxistaugliche Konkretisierung und Umsetzung sind daher letztlich die Regelungen zur **Auswahlentscheidung nach Abs. 1 S. 2 iVm Abs. 1a maßgeblich** (zur Umsetzung des beschränkten KWK-Vorrangs durch den Ansatz der „tatsächlichen Kosten" → Rn. 338ff.).

Ziel des KWK-Einspeisevorrangs und der Beschränkungen zugunsten des stär- 336 keren EE-Einspeisevorrangs ist das **Gemeinwohl,** insbesondere in Form einer möglichst umweltverträglichen Stromversorgung. Die wärmegekoppelte Stromerzeugung aus hocheffizienten KWK-Anlagen soll bei begrenzten Netzkapazitäten zwar **gegenüber ungekoppelter konventioneller Stromerzeugung** grundsätzlich Vorrang genießen, um die Umwelt zumindest weniger stark durch Emissionen zu belasten. Kommen jedoch sowohl EE- als auch KWK-Strom-Potenziale für eine strom- oder spannungsbedingte Abregelung in Betracht, soll die **umweltfreundlichere EE-Erzeugung** Vorrang haben.

Denn **KWK-Strom ist deutlich klimaschädlicher** als EE-Strom. Die Klima- 337 schädlichkeit geht damit einher, dass KWK-Anlagen in aller Regel konventionelle Energieträger einsetzen und die Einsparungen gegenüber einer getrennten konventionellen Strom- und Wärmeerzeugung selbst bei *„hocheffizienten"* KWW-Anlagen vergleichsweise gering ausfallen: Während bei der EE-Erzeugung 100 Prozent der konventionellen Primärenergie eingespart werden, gelten KWK-Anlagen bereits als hocheffizient, wenn durch die gekoppelte KWK-Strom-Erzeugung im Ver-

§ 13

gleich zur getrennten Erzeugung von Strom und Wärme **10 Prozent an Primärenergie eingespart** wird. Bei KWK-Klein- und Kleinstanlagen reichen sogar Primärenergieeinsparungen ab null Prozent (§ 2 Nr. 8a KWKG 2020 iVm Anh. II lit. a Energieeffizienz-RL).

338 **2. Berücksichtigung der KWK-Anpassungspotenziale nach den tatsächlichen Kosten (Abs. 1 S. 2).** Die *Netzbetreiber* müssen geeignete **Potenziale zur Anpassung der Wirkleistungserzeugung aus KWK-Anlagen** im Rahmen der Netzbetreiberkoordination und der konkreten Auswahlentscheidung nach Abs. 1 S. 2 **systematisch ermitteln** und im Rahmen ihrer Auswahlentscheidung für strom- oder spannungsbedingte Anpassungen nach Abs. 1 S. 2 **nach ihren *tatsächlichen Kosten* berücksichtigen.** Dies gilt sowohl für die Potenziale zum Hochfahren als auch zur Abregelung dieser Stromerzeugung.

339 Zum Verständnis und Umfang der *„tatsächlichen Kosten"* wird auf die Ausführungen zur „Ermittlung und Berücksichtigung der tatsächlichen Kosten" im Rahmen der Auswahlentscheidung nach 1. S. 2 verwiesen → Rn. 298 ff. iVm → Rn. 59 ff.

340 Vor dem Inkrafttreten des Redispatch 2.0 wurden die Potenziale zur Anpassung von Erzeugung aus KWK-Anlagen faktisch nur in geringem Umfang genutzt. Insofern erfordern die Neuregelungen sowohl von den *Netzbetreibern* als auch von den *KWK-Anlagenbetreibern* eine deutliche Anpassung ihrer bisherigen Praxis: Geeignete **KWK-Potenziale** müssen nach den neuen Vorgaben bei der Auswahl konsequent berücksichtigt und im Ergebnis wohl **deutlich häufiger genutzt** werden.

341 Diese Anpassungen der Redispatch-Praxis sind nicht nur rechtlich geboten, sondern zudem eine Konsequenz der voranschreitenden Energiewende: Je mehr ungekoppelte konventionelle Erzeugungskapazitäten durch fluktuierende erneuerbare Energien ersetzt werden, desto weniger steuerbare konventionelle Alternativen bestehen neben den KWK-Anlagen.

342 Die allgemeinen Pflichten zur **systematischen Meldung, Ermittlung und Berücksichtigung von KWK-Anpassungspotenzialen** nach den tatsächlichen Kosten gelten sowohl für Potenziale zum *Hochfahren* (positives Redispatch) als auch für Potenziale zum *Abregeln* (negatives Redispatch) der Stromerzeugung aus KWK-Anlagen (zu den Informationspflichten der Anlagenbetreiber → Rn. 278 ff.; zu den Berücksichtigungs- → Rn. 244 und 294, Koordinierungspflichten → Rn. 288 ff. und Ermittlungspflichten der Netzbetreiber → Rn. 301 f.).

343 Die ehemalige **Sonderregelung des Abs. 1b aF zur** *Abregelung* von wärmegekoppelt erzeugtem KWK-Strom aus hocheffizienten KWK-Anlagen ist im Zuge der Novelle zum ErsatzkraftwerkeG 2022 **entfallen.** Sämtliche geeigneten Potenziale zur Anpassung von Erzeugung aus KWK-Anlagen unterliegen seitdem der allgemeinen Regelung zur Auswahlentscheidung für strom- und spannungsbedingte Anpassungen nach Abs. 1 S. 2 und sind daher – wie jede andere Maßnahme ohne Sonderregelung – **ausschließlich nach den *tatsächlichen Kosten*,** die voraussichtlich zulasten der Allgemeinheit anfallen, zu berücksichtigen.

344 Die Streichung der Sonderregelung dient dazu, die – nach Abs. 1b aF teilweise erhöhten – **Einsatzschwellen für die Abregelung von KWK-Anlagen zu senken** und damit ein potenzielles Hemmnis für die Nutzung aller geeigneten und effizienten KWK-Potenziale zu beseitigen. Der vermehrte Einsatz von KWK-Anlagen für negatives Redispatch soll nach der Gesetzesbegründung ua dazu beitragen, den Verbrauch von konventionellem *Gas in KWK-Anlagen einzusparen.* Die häufigere Inanspruchnahme von geeigneten KWK-Anlagen soll die Betreiber darüber hinaus zu einer *dauerhaft flexiblen und netzdienlichen Fahrweise* anreizen. Sie sollen insbeson-

dere darin bestärkt werden, *dauerhaft eine flexible und nach Möglichkeit elektrische Ersatzwärmeversorgung sicherzustellen* (vgl. BT-Drs. 20/2356, 20).

Die kalkulatorischen *KWK-Preise und KWK-Kosten,* die nach Abs. 1 b Nr. 2 aF im Hinblick auf die Abregelung von wärmegekoppelter KWK-Strom-Erzeugung hocheffizienter KWK-Anlagen unter bestimmten Voraussetzungen (wenn kein Fall nach Abs. 1 b Nr. 1 aF vorlag) statt der *tatsächlichen Kosten* bei der Auswahlentscheidung nach Abs. 1 S. 2 anzusetzen waren (wenn sie diese überstiegen), spielen seit der Streichung des Abs. 1 b keine Rolle mehr. Das gilt auch für den *KWK-Mindestfaktor,* den die BNetzA auf Grundlage der ehemaligen Regelung festgelegt hatte (BNetzA, Mindestfaktor-Festlegung v. 30.11.2020 – PGMF-8116-EnWG § 13j, Tenorziffer 2). Der zugleich festgelegte *EE-Mindestfaktor* findet hingegen unverändert Anwendung (→ Rn. 323 ff.). 345

Der beschränkte **Einspeisevorrang** von wärmegekoppelter KWK-Strom-Erzeugung aus hocheffizienten KWK-Anlagen (→ Rn. 329 ff.) bleibt durch die Berücksichtigung der *tatsächlichen Kosten* **gewahrt.** Da durch die Abregelung einer wärmegekoppelten KWK-Strom-Erzeugung zwangsläufig zugleich die Wärmeerzeugung beeinträchtigt wird, fallen **strukturell höhere tatsächliche Kosten** an. Durch die Berücksichtigung von entgangenen Einnahmen aus Wärmeerlösen bzw. von zusätzlichen Aufwendungen für den Einsatz einer Ersatzwärmeversorgung im Rahmen des finanziellen Ausgleichs nach § 13a Abs. 2 S. 3 Nr. 5 (→ § 13a Rn. 143, 146 f.) sind die tatsächlichen Kosten in diesem Fall zwangsläufig höher als bei der Abregelung einer vergleichbaren ungekoppelten Erzeugung (vgl. Begr. BT-Drs. 20/2356, 20). 346

Dieses Verständnis lag bereits der Sonderregelung nach Abs. 1 b Nr. 1 aF zugrunde, nach der die Abregelungspotenziale in Konstellationen, in denen die Betreiber der KWK-Anlagen bestimmte Zahlungen in Anspruch genommen hatten (im Rahmen von KWK-Ausschreibungen und KWK-Ersatzwärmevereinbarungen), auch bisher ausschließlich nach ihren *tatsächlichen Kosten* (und nicht nach kalkulatorischen KWK-Kosten) zu berücksichtigen waren (vgl. Begr. RegE BT-Drs. 19/7375, 53 f.). 347

Um eine kostenoptimierte Auswahl zu treffen und den (beschränkten) KWK-Vorrang zu wahren, müssen die *Netzbetreiber* bei der Ermittlung und Berücksichtigung der Abregelungspotenziale zwischen **wärmegekoppelter** und von **ungekoppelter** Stromerzeugung aus KWK-Anlagen unterscheiden: Werden KWK-Anlagen sowohl zur wärmegekoppelten Erzeugung von KWK-Strom als auch zur ungekoppelten Erzeugung von Kondensationsstrom genutzt, müssen diese **Abregelungspotenziale getrennt erfasst** und entsprechend ihrer **unterschiedlich hohen tatsächlichen Kosten** bei der Auswahlentscheidung nach Abs. 1 S. 2 **getrennt berücksichtigt** werden. 348

Betreiber von KWK-Anlagen im Planwertmodell sind dementsprechend ua verpflichtet, den Anschlussnetzbetreibern im Rahmen der Planungsdaten einerseits das **„negative Redispatch-Vermögen",** das sich *ohne* einen Eingriff in die Wärmeerzeugung abregeln lässt, und andererseits das **„negative wärmegeführte Redispatch-Vermögen",** das sich nur *mit* einem Eingriff in die gekoppelte Wärmeerzeugung abregeln lässt, gesondert für jede Viertelstunde mitzuteilen. Als **„positives Redispatch-Vermögen"** sind darüber hinaus die Potenziale zur Erhöhung der Wirkleistungserzeugung der KWK-Anlage zu melden (BNetzA Beschl. v. 23.3.2021 – BK6-20-061, Datenpunkte 2.8–2.10; soweit KWK-Anlagen von der SO-GL erfasst sind, sind die entsprechenden europarechtlichen Vorgaben zu beachten). Die Hochfahrpotenziale umfassen auch Potenziale, die zu einer Erhöhung der gekoppelten Wärmeerzeugung führen würden. Der KWK-Vorrang ist bei einem 349

Hochfahren von KWK-Strom-Erzeugung (positives Redispatch) nicht betroffen, da er ausschließlich auf den Fall einer Abregelung (negatives Redispatch) bezieht.

350 Soweit eine **elektrische Ersatzwärmeversorgung** verfügbar ist, die im Fall der Abregelung des wärmegekoppelten KWK-Stroms die Wärmeversorgung vollständig oder anteilig aufrechterhält, ist die entlastende Wirkung dieses zusätzlichen Stromverbrauchs bei der Abschätzung des **Anpassungspotenzials mit zu berücksichtigen** (→ Rn. 245). Ob der kombinierte Abruf der KWK-Strom-Abregelung mit zeitgleicher Ersatzwärme-Zuschaltung und der bilanzielle Ausgleich inklusive des zusätzlichen Stromverbrauchs auf Basis einer *KWK-Ersatzwärmevereinbarung* nach Abs. 6a (→ Rn. 192) oder auf Basis des *gesetzlichen Schuldverhältnisses* nach § 13a erfolgt (→ Rn. 183), ist dafür nicht entscheidend.

351 Inwieweit der Betreiber einer KWK-Anlage über eine **Ersatzwärmeversorgung** verfügt oder nicht, ist im Übrigen für die Bestimmung des grundsätzlich verfügbaren Potenzials zur Abregelung von wärmegekoppeltem KWK-Strom nicht relevant und kann einer Abregelung generell **nicht entgegengehalten** werden (vgl. Begr. BT-Drs. 19/7375, 57). Die Entscheidung, ob und auf welche Weise der Betreiber der KWK-Anlage eine Ersatzwärmeversorgung vorhält, liegt in seiner Entscheidungshoheit und Risikosphäre. Entsprechend der **allgemeinen Schadensminderungspflichten** kann im Einzelfall gegebenenfalls eine Obliegenheit des Anlagenbetreibers bestehen, durch die Vorhaltung und den Einsatz einer geeigneten Ersatzwärmeversorgung dazu beizutragen, hohe Kosten durch *zusätzliche Aufwendungen* für eine teure Ersatzwärmeversorgung bzw. durch *entgangene Einnahmen* aus Wärmeerlösen infolge einer fehlenden oder beschränkten Ersatzwärmeversorgung abzuwenden bzw. zu mindern.

352 **Auch dann,** wenn die Nutzung des Abregelungspotenzials gegenüber wärmegekoppeltem KWK-Strom zu **sehr hohen tatsächlichen Kosten** führen würde, entbindet das den *Anlagenbetreiber* nicht von seiner Pflicht, diese Potenziale **mitzuteilen**, und den Netzbetreiber nicht von seiner Pflicht, diese Potenziale bei der Auswahlentscheidung nach Abs. 1 S. 2 zu **ermitteln** (erforderlichenfalls auch abweichend von den Angaben des Anlagenbetreibers **abzuschätzen**) und zu **berücksichtigen** (zur Abschätzungspflicht der Netzbetreiber ua bei fehlenden oder unplausiblen Angaben → Rn. 301 f.).

353 Die strikte Trennung zwischen der Frage, welche Anpassungspotenziale grundsätzlich bestehen, und der Frage, zu welchen Kosten sie genutzt werden können, ist für die Funktion der gesetzlichen Auswahlmechanik essenziell: Nur durch die **Berücksichtigung aller verfügbaren Potenziale** kann netzübergreifend die insgesamt kostengünstigste Maßnahmenkombination ermittelt und der Einspeisevorrang gewahrt werden. Dabei kann sich beispielsweise auch die Nutzung sehr teurer, aber besonders wirksamer Potenziale als – nach Maßgabe der tatsächlichen Kosten – effizient bzw. schlicht als notwendig erweisen, um strom- oder spannungsbedingten Gefährdungen oder Störungen zu beseitigen. Durch die Berücksichtigung der tatsächlichen KWK-Kosten und durch die gesamtkostenoptimierte Auswahl nach Abs. 1 S. 2 bleibt sichergestellt, dass teure Potenziale aber nur dann genutzt werden, wenn andere Potenziale zu (noch) höheren Gesamtkosten führen würden.

VII. Abregelung einer Selbstversorgung mit EE- oder KWK-Strom (Art. 13 Abs. 6 Elt-VO 19)

354 Nach den Vorgaben des deutschen Gesetzgebers im Zuge der Redispatch 2.0-Novelle beziehen sich die Möglichkeiten der Netzbetreiber zur Anpassung von

Erzeugungsanlagen (inklusive Stromspeichern) grundsätzlich auf ihre **gesamte Wirkleistungserzeugung** und erfassen somit insbesondere auch Eigenverbrauchsmengen, die der Anlagenbetreiber vor Ort selbst verbraucht (ausf. zum Umfang der Wirkleistungserzeugung → Rn. 254 ff.).

Soweit jedoch der Betreiber einer EE-Anlage selbst erzeugten EE-Strom (zum EE-Strom → Rn. 310) nicht in ein *Elektrizitätsversorgungsnetz* einspeist (also auch nicht in ein geschlossenes Verteilernetz iSv § 110), sondern vor Ort (zB innerhalb einer Kundenanlage oder einer Kundenanlage zur betrieblichen Eigenversorgung iSv § 3 Nr. 24a oder 24b) für eine **Selbstversorgung mit EE-Strom** nutzt, dürfen die Netzbetreiber diesen Anteil der Wirkleistungserzeugung nach dem europarechtlichen Vorrangigkeits-Grundsatz gem. Art. 13 Abs. 6 lit. c Elt-VO 19 nur abregeln, wenn keine andere geeignete Maßnahme zur Verfügung steht. Das gilt in entsprechender Weise auch für den Betreiber einer KWK-Anlage, soweit dieser selbst und wärmegekoppelt erzeugten KWK-Strom aus einer hocheffizienten KWK-Anlage nicht in ein *Elektrizitätsversorgungsnetz* einspeist, sondern vor Ort für eine **Selbstversorgung mit KWK-Strom** nutzt. Diese spezielle Ausnahme nach Art. 13 Abs. 6 lit. c Elt-VO 19 ist bei der Anwendung der Auswahlvorgaben nach § 13 Abs. 1 S. 2 iVm Abs. 1 a–1 c als vorrangige europarechtliche Vorgabe zu beachten. 355

Für die Umsetzung ist der Netzbetreiber auf hinreichende Angaben angewiesen. Die **Darlegungs- und Beweislast**, ob die Voraussetzungen einer Selbstversorgung mit EE- oder KWK-Strom iSv Art. 13 Abs. 6 lit. c Elt-VO 19 vorliegen, trägt der jeweilige *Anlagenbetreiber*. Soweit dieser keine hinreichenden Angaben und erforderlichenfalls Nachweise darlegt, wird der Netzbetreiber im Zweifel davon ausgehen müssen, dass es sich bei der entsprechenden Wirkleistungserzeugung nicht um Selbstversorgungsmengen im Sinne der Ausnahmeregelung handelt. 356

Im Rahmen der Festlegung zur **Informationsbereitstellung** ist die Möglichkeit vorgesehen, dass der Anlagenbetreiber dem Netzbetreiber die Erzeugungsleistung, die in der jeweiligen Viertelstunde für eine „*Selbstversorgung mit EE- oder KWK-Strom*" iSv Art. 13 Abs. 6 lit. c Elt-VO 19 benötigt wird, mitteilt (BNetzA, Anlage zum Beschluss BK6-20-061 v. 23.3.2021, Datenpunkte 2.18 und 3.1; zu den Informationspflichten für strom- und spannungsbedingte Anpassungen → Rn. 287). Die Netzbetreiber können Selbstversorgungsmengen bei ihrer Auswahlentscheidung nach Abs. 1 S. 2 nur berücksichtigen, soweit ihnen dazu plausible Meldungen vorliegen (zum Umgang mit unplausiblen Angaben → Rn. 302). Eine nachträgliche Steigerung der selbst verbrauchten Strommengen durch eine Lastzuschaltung seitens des Anlagenbetreibers nach einer Abregelungsanweisung führt nicht zu einer rückwirkenden Einschränkung des verfügbaren Abregelungspotenzials nach Art. 13 Abs. 6 lit. c Elt-VO 19 (→ Rn. 263). 357

VIII. Hochfahren der Netzreserve (Abs. 1 S. 2 iVm 1 c)

1. Beschränkte Nachrangigkeit der Netzreserve (Abs. 1 c). § 13 Abs. 1 c konkretisiert das geschachtelte Regel-Ausnahme-Verhältnis zum nachrangigen Einsatz der Netzreserve. Nach der gesetzlichen Ausgangslage sollen die „zusätzlichen Reserven", zu denen auch die Netzreserve zählt, grundsätzlich **nachrangig** zu den marktbezogenen Maßnahmen zum Einsatz kommen (Abs. 1 S. 1 → Rn. 203). Davon abweichend sieht Abs. 1 S. 2 für strom- und spannungsbedingte Maßnahmen eine **gleichrangige** Berücksichtigung der „zusätzlichen Reserven" nach ihren tatsächlichen Kosten vor (→ Rn. 204). 358

359 Für die Erhöhung der Wirkleistungserzeugung von Erzeugungsanlagen der Netzreserve sind jedoch wiederum spezielle Vorgaben zum Ansatz von *kalkulatorischen Netzreserve-Kosten* im Rahmen der Auswahlentscheidung zu berücksichtigen (Abs. 1 S. 2 iVm Abs. 1 c). Diese bewirken im Ergebnis eine **deutliche Relativierung der Nachrangigkeit** im Rahmen von strom- und spannungsbedingten Maßnahmen, ohne die Hochfahrpotenziale gegenüber Netzreserve-Anlagen mit Marktkraftwerken gleichzusetzen.

360 Die Netzbetreiber erfüllen diese Vorgaben zur beschränkten Nachrangigkeit, indem sie bei der Auswahlentscheidung die Potenziale zum Hochfahren der Netzreserve-Anlagen nach Maßgabe von Abs. 1 c mit kalkulatorischen bzw. tatsächlichen Kosten ansetzen.

361 **2. Kalkulatorische und tatsächliche Netzreserve-Kosten (Abs. 1 c).** Die Potenziale zum Hochfahren von Netzreserve-Anlagen sind im Rahmen der Auswahlentscheidung nach Abs. 1 S. 2 iVm Abs. 1 c S. 1 grundsätzlich mit ihren **kalkulatorischen Netzreserve-Kosten** anzusetzen. Sofern die voraussichtlichen tatsächlichen Kosten jedoch die kalkulatorischen Kosten übersteigen, sind nach Abs. 1 c S. 2 diese **tatsächlichen Kosten** anzusetzen (zum Verständnis der tatsächlichen Kosten → Rn. 298 ff.).

362 Für die Ermittlung und den Ansatz der kalkulatorischen Netzreserve-Kosten kann grundsätzlich auf die obigen Ausführungen zu den kalkulatorischen EE-Kosten verwiesen werden (→ Rn. 317 ff.). Die voraussichtlichen **kalkulatorischen Kosten (EUR)** für das Hochfahren der jeweiligen Netzreserve-Anlage (*„kalkulatorische Netzreserve-Kosten"*) ergeben sich als Produkt aus der zusätzlich erzeugten Strommenge und dem Preis dafür. Mit der **Menge (MWh)** ist in diesem Fall die Strommenge gemeint, die durch die Erhöhung der Erzeugungsleistung einer Netzreserve-Anlage erzeugt würde (*„Netzreserve-Strommenge"*). Als **Preis (EUR/MWh)** ist einheitlich für alle Netzreserve-Anlagen derselbe kalkulatorische Hochfahrpreis anzusetzen (*„kalkulatorischer Netzreserve-Preis"*). Kurzgefasst ergeben sich die kalkulatorischen Hochfahrkosten einer Netzreserve-Anlage daher wie folgt:

$$Kalkulatorische\ Netzreserve\text{-}Kosten = Netzreserve\text{-}Strommenge \times kalkulatorischer\ Netzreserve\text{-}Preis$$

363 Welche **Netzreserve-Strommenge** jeweils erzeugt werden müsste (positiver Redispatch), um in der Kombination mit weiteren Anpassungen die strom- oder spannungsbedingte Gefährdung oder Störung zu beseitigen und negative Redispatch-Maßnahmen energetisch auszugleichen (→ Rn. 265 ff.), bestimmt sich nach der Wirksamkeit der jeweiligen Netzreserve-Anlage auf die relevanten Netzelemente (Sensitivität).

364 Der einheitliche **kalkulatorische Netzreserve-Preis** ist ebenfalls von den ÜNB nach den Vorgaben der Mindestfaktor-Festlegung jährlich zu bestimmen und zu veröffentlichen (BNetzA, Mindestfaktor-Festlegung v. 30.11.2020 – PGMF-8116-EnWG § 13j, Tenorziffer 3). Für den Zeitraum vom 1.10.2021 bis zum 30.9.2022 haben die ÜNB einen einheitlichen kalkulatorischen Netzreserve-Preis von **251,09 EUR/MWh** bestimmt und veröffentlicht (www.netztransparenz.de). Im Unterschied zu dem kalkulatorischen EE- und dem KWK-Preis erfolgt die Bestimmung nicht auf Basis eines Mindestfaktors, sondern nach den gesetzlichen Vorgaben gem. Abs. 1 c S. 3 und 4, solange die BNetzA keine näheren inhaltlichen Vorgaben zur Bestimmung des Preises nach § 13j Abs. 5 Nr. 2 festlegt.

Systemverantwortung der Betreiber von Übertragungsnetzen **§ 13**

Die Vorgaben nach Abs. 1 c S. 3 sind für die konkrete Bestimmung des kalkulato- 365
rischen Netzreserve-Preises in der Praxis nur bedingt hilfreich. Zum einen sollen die
Potenziale zum Hochfahren der Netzreserve-Anlagen in der Regel **nachrangig** zu
den nicht in der Netzreserve gebundenen und nicht vorrangberechtigten Erzeugungsanlagen (im Folgenden **„konventionelle Marktkraftwerke"**) zum Einsatz
kommen. Zum anderen soll eine nachrangige Berücksichtigung der Netzreserve
aber in der Regel *nicht* dazu führen, dass **mehr EE-Strom abgeregelt** wird.

Es handelt sich dabei um zwei widersprüchliche Ziele. Denn jede Vorgabe einer 366
nachrangigen Nutzung von Netzreserve-Anlagen trägt grundsätzlich dazu bei, dass
eine weniger effektive Gesamtkombination aus positiven und negativen Redispatch-Maßnahmen zum Einsatz kommt und es insgesamt zu einer **höheren Abregelungen von EE-Strom** kommt, um den Einsatz von Netzreserve-Anlagen
zu vermeiden (vgl. consentec/BBH/Ecofys, „Entwicklung von Maßnahmen zur
effizienten Gewährleistung der Systemsicherheit im deutschen Stromnetz" v.
27.4.2018, S. 5, 8, 49 und 51). Die beiden Ziele lassen sich daher nicht gleichzeitig
umsetzen, sondern allenfalls durch eine Gewichtung der Vorgaben unter Berücksichtigung des übergeordneten Rechtsrahmens gegeneinander abwägen.

Angesichts dieser widersprüchlichen Ziele nach Abs. 1 c S. 3 kommt es für die 367
Anwendungspraxis umso mehr auf die deutlich konkretere Bestimmung des
Abs. 1 c S. 4 an. Nach dieser Vorgabe soll der einheitliche kalkulatorische Netzreserve-Preis mindestens dem **höchsten tatsächlichen Preis** für das Hochfahren
von **konventionellen Marktkraftwerken** entsprechen, der von den Netzbetreibern *regelmäßig* aufgewendet wird.

Der übergeordnete europäische und nationale Rechtsrahmen spricht grundsätz- 368
lich dafür, die Möglichkeiten für einen **effektiven Einsatz der Netzreserve nicht
bzw. möglichst wenig einzuschränken** und daher innerhalb des Auslegungsrahmens im Zweifel einen niedrigen kalkulatorischen Netzreserve-Preis anzusetzen
(→ Rn. 369 ff.). Die Voraussetzung der **„Regelmäßigkeit"** iSv Abs. 1 c S. 4 ist folglich eng auszulegen: Es liegt nahe, für die Bestimmung des Mindestpreises nach
Abs. 1 c S. 4 allein die konventionellen Marktkraftwerke zu berücksichtigen, deren
positive Redispatch-Potenziale Teil der regelmäßigen Anwendungspraxis sind, die
also nicht nur hin und wieder, sondern **häufig mit signifikanten Anteilen** für
strom- oder spannungsbedingte Anpassungen nach Abs. 1 S. 2 genutzt werden. Es
dürfte darüber hinaus nicht zu rechtfertigen sein, bei der Bestimmung des kalkulatorischen Netzreserve-Preises über den „Mindestpreis" nach Abs. 1 c S. 4 hinauszugehen.

Für eine europarechtskonforme Auslegung der beschränkten Netzreserve-Nach- 369
rangigkeit ist vor allem der Einspeisevorrang des EE-Stroms zu beachten. Erhöhte
EE-Abregelungen infolge einer nachrangigen Berücksichtigung von Netzreserve-Anlagen lassen sich nach dem **europarechtlichen EE-Einspeisevorrang** gem.
Art. 13 Abs. 6 lit. a Elt-VO 19 nur rechtfertigen, „wenn es keine Alternative gibt
oder wenn andere Lösungen zu erheblich unverhältnismäßig hohen Kosten führen
oder die Netzsicherheit erheblich gefährden würden". Da die nachrangige Berücksichtigung von effizienten Netzreserve-Kapazitäten strukturell nicht nur zu höheren
Abregelungen von umweltverträglichem EE-Strom (→ Rn. 366), sondern zugleich
zu höheren Gesamtkosten beiträgt und die Systemsicherheit jedenfalls nicht steigert,
erscheinen die Nachrangigkeits-Vorgaben aus Abs. 1 c fragwürdig und dürften allenfalls bei einer engen Auslegung zu rechtfertigen sein. Sowohl die europarechtlichen
Vorgaben als auch die energiewirtschaftlichen Ziele einer **umweltverträglichen,
effizienten und sicheren Stromversorgung** (§ 1 Abs. 1) sprechen grundsätzlich

gegen die Einschränkungen durch kalkulatorische Netzreserve-Kosten und für einen Einsatz der Netzreserve nach ihren tatsächlichen Kosten.

370 Die **Zielsetzung** eines (beschränkt) **nachrangigen Einsatzes** der Netzreserve dürfte insbesondere damaligen Befürchtungen bei der Einführung der Netzreserve geschuldet sein, dass sich unprofitable Kraftwerke „in die Netzreserve flüchten" und bei einer gleichrangigen Berücksichtigung für Redispatch-Zwecke die Teilnahmechancen der verbleibenden Marktkraftwerke an einem Redispatch-Markt marktverzerrend schmälern könnten. Da sich der deutsche Gesetzgeber jedoch inzwischen gegen die Einführung eines Redispatch-Marktes und für das System des *nichtmarktbasierten Redispatch* nach Art. 13 Abs. 3 Elt-VO 19 entschieden hat (→ Rn. 168 ff.), dürften die ursprünglichen Befürchtungen deutlich an Relevanz verloren haben: Durch eine Berücksichtigung von Netzreserve-Anlagen entgehen den Marktkraftwerken keine marktlichen Verdienstmöglichkeiten.

IX. Optionale Nachrangigkeit von Anlagen < 100 kW (Abs. 1 S. 3)

371 Nach Abs. 1 S. 3 können Netzbetreiber die Entscheidung treffen, Erzeugungsanlagen und Stromspeicher mit einer Nennleistung < *100 kW*, die durch einen Netzbetreiber jederzeit *fernsteuerbar* sind, bei der kostenbasierten Auswahl nach Abs. 1 S. 2 unberücksichtigt zu lassen und diese Anlagen unabhängig von den Kosten lediglich nachrangig für strom- und spannungsbedingte Maßnahmen zu berücksichtigen.

372 **1. Sinn und Zweck der Nachrangigkeits-Option.** Die Regelung bezweckt eine **Vereinfachung und Entlastung,** die die Netzbetreiber nach den jeweiligen tatsächlichen Erforderlichkeiten in ihren Netzen optional nutzen können. In vielen Netzgebieten **reichen die Potenziale zur Anpassung von Anlagen ≥ 100 kW in der Regel problemlos** aus, um strom- oder spannungsbedingten Gefährdungen oder Störungen zuverlässig und effizient zu beseitigen. Die Netzbetreiber sollen in derartigen Konstellationen die Möglichkeit haben, den Aufwand für sich und die betroffenen Marktteilnehmer durch eine nachrangige Berücksichtigung der Anlagen < 100 kW außerhalb der kostenbasierten Auswahlentscheidung deutlich zu verringern.

373 In Konstellationen, in denen Netzbetreiber hingegen – beispielsweise aufgrund der Netztopologie oder fehlender Alternativen – auf die Anpassung von **fernsteuerbaren Anlagen < 100 kW regelmäßig angewiesen** sind, um strom- oder spannungsbedingte Gefährdungen oder Störungen zuverlässig und effizient zu beseitigen, wäre eine nachrangige Berücksichtigung wohl weder mit den Verantwortlichkeiten für einen sicheren Netzbetrieb (→ Rn. 22) noch mit den Grundsätzen eines effizienten Netzbetriebs (→ Rn. 59 ff.) vereinbar.

374 **2. Fernsteuerbare Anlagen < 100 kW.** Die Option zur nachrangigen Berücksichtigung nach Abs. 1 S. 3 besteht ausschließlich im Hinblick auf Anpassungen gegenüber *„Anlagen zur Erzeugung oder Speicherung von elektrischer Energie mit einer Nennleistung unter 100 Kilowatt, die durch einen Netzbetreiber jederzeit fernsteuerbar sind".* Für die Erfassung als fernsteuerbare Anlagen sind die Vorgaben des EEG zur **technischen Ertüchtigung von EE- und KWK-Anlagen** maßgeblich (vgl. Begr. BT-Drs. 19/7375, 55).

375 Seit dem Inkrafttreten des EEG 2021 gelten die technischen Vorgaben nach **§ 9 EEG 2021.** Die Norm gibt ua vor, welche EE- und KWK-Anlagen ferngesteuert regelbar sein müssen. Für zuvor in Betrieb genommene EE- und KWK-Anlagen gelten entsprechende Vorgängerregelungen nach Maßgabe der Übergangsregelungen gem. § 100 Abs. 4 EEG 2021. Stromspeicher können als *EE-Anlagen* iSv § 3 Nr. 1 Hs. 2

Systemverantwortung der Betreiber von Übertragungsnetzen § 13

EEG 2021 von den technischen Vorgaben zur Fernsteuerbarkeit mit erfasst sein, wenn die Energie, die sie zur Speicherung verbrauchen, ausschließlich aus erneuerbaren Energien oder Grubengas stammt (zur Abgrenzung von „EE-Stromspeichern" und sonstigen Stromspeichern vgl. BNetzA, Hinweis 2019/1 v. 19. 12. 2019, S. 8 ff.).

Von den Pflichten zur technischen Ertüchtigung (inklusive Fernsteuerbarkeit) nach dem EEG waren in dem für die Nachrangigkeits-Option maßgeblichen Segment der **EE- und KWK-Anlagen ≤ 100 kW** über viele Jahre hinweg allein **Solaranlagen** ≤ 100 kW erfasst (nach näheren Vorgaben der jeweils anzuwendenden EEG-Fassung). Die übrigen EE- und KWK-Anlagen waren lediglich ab einer installierten Leistung > 100 kW zur Fernsteuerbarkeit verpflichtet. Seit dem Inkrafttreten des EEG 2021 fallen jedoch auch zunehmend mehr EE- und KWK-Anlagen < 100 kW unter die technischen Ertüchtigungspflichten. Grundsätzlich müssen nunmehr alle **EE- und KWK-Anlagen > 25 kW** fernsteuerbar sein (§ 9 Abs. 1 und Abs. 2 S. 1 Nr. 1 und 2 EEG 2021). Für die bereits in Betrieb genommen Bestandsanlagen gelten Übergangsregelungen mit Maßgabe von § 100 Abs. 4–4b EEG 2021. 376

Perspektivisch werden die Pflichten zur technischen Ertüchtigung (inklusive Fernsteuerbarkeit) mit dem **Rollout der intelligenten Messsysteme** noch deutlich mehr Anlagen < 100 kW erfassen. Ab dem Zeitpunkt einer künftigen *Markterklärung des BSI,* mit der es die technische Möglichkeit zum Einbau intelligenter Messsysteme nach § 30 MsbG auch für Konstellationen mit Erzeugungsanlagen iSv § 9 EEG 2021 feststellt (die Feststellung des BSI vom 31. 1. 2020 bezieht sich allein auf „Messtellen bei Letztverbrauchern" – BSI, Allgemeinverfügung 610 01 04/2019_001), sind von den Pflichten zur technischen Ertüchtigung auch **EE- und KWK-Anlagen ≤ 25 kW** erfasst, sofern hinter demselben Netzanschluss **zugleich eine steuerbare Verbrauchseinrichtung** nach § 14a betrieben wird (§ 9 Abs. 1 EEG 2021). Darüber hinaus greifen die Anforderungen nach § 9 Abs. 1 EEG 2021 ab dem *Einbau eines intelligenten Messsystems* auch gegenüber der jeweiligen **EE- oder KWK-Bestandsanlage**. Sofern diese Anlage eine installierte Leistung > 25 kW aufweist oder hinter demselben Netzanschluss eine steuerbare Verbrauchseinrichtung betrieben wird, muss sie fernsteuerbar ertüchtigt werden (§ 100 Abs. 4 S. 1 iVm § 9 Abs. 1 EEG 2021). 377

Maßstäbe für die Leistung einer Anlage im Rahmen von § 13 Abs. 1 S. 3. Für die genannten **Leistungsschwellen** gelten die üblichen Maßstäbe nach § 9 (und § 100 Abs. 4 bis 4b) EEG 2021, nach denen es in diesem Zusammenhang *nicht* auf die Leistung der einzelnen *Stromerzeugungsanlage* (§ 3 Nr. 43b EEG 2021), sondern auf die installierte elektrische Leistung der jeweiligen **EE-Anlage** (§ 3 Nr. 1 EEG 2021) bzw. **KWK-Anlage** (§ 3 Nr. 32 EEG 2021 iVm § 2 Nr. 14 KWKG 2020) ankommt. Für *Solaranlagen* ist zudem die Regelung des § 9 Abs. 3 EEG 2021 zu beachten, nach der gemeinsam verbaute Solarmodule nach bestimmten Kriterien zusammenzurechnen sind und für die Bestimmung der Leistung als eine EE-Anlage gelten. 378

Soweit es sich bei einer EE- oder KWK-Anlage nach diesen **Maßstäben des § 9 EEG** um eine **Anlage ≥ 100 kW** handelt, scheidet eine nachrangige Berücksichtigung als fernsteuerbare Anlage < 100 kW iSv Abs. 1 S. 3 nach dem Sinn und Zweck der Nachrangigkeitsoption und der gesetzessystematischen Wechselwirkung mit den Fernsteuerbarkeits-Vorgaben nach § 9 EEG 2021 aus. *Solaranlagen* (und andere *EE- oder KWK-Anlagen*), die nach den Zusammenrechnungsmaßstäben des § 9 EEG 2021 eine installierte Leistung ≥ 100 kW aufweisen, müssen daher – auch wenn der Anschlussnetzbetreiber von der Nachrangigkeitsoption in seinem Netz Gebrauch macht – weiterhin unmittelbar (und nicht nachrangig) im Rahmen der Auswahlentscheidung nach § 13 Abs. 1 S. 2 berücksichtigt werden. Das gilt erst recht für alle Erzeugungsanlagen (inklusive Stromspeichern), bei denen es sich nach den **EnWG-Maßstäben** um eine Anlage ≥ 100 kW handelt (zu den EnWG-Maßstäben → § 13a Rn. 20 ff.). 379

Sötebier

380 **3. Ausübung der Nachrangigkeits-Option.** In aller Regel wird die **Entscheidung über die Nutzung** der Nachrangigkeits-Option nach Abs. 1 S. 3 von dem jeweiligen Netzbetreiber zu treffen sein, an dessen Netz die fernsteuerbaren Anlagen < 100 kW unmittelbar oder mittelbar angeschlossen sind **(Anschlussnetzbetreiber).** Dieser muss bei seiner Entscheidung entsprechend den Kooperations- und Unterstützungspflichten grundsätzlich auch die Belange von anderen betroffenen Netzbetreibern berücksichtigen (§ 11 Abs. 1 S. 4 und § 13a Abs. 5). Dass ein vorgelagerter Netzbetreiber auf Unterstützungsmaßnahmen nach § 14 Abs. 1c gegenüber fernsteuerbaren Anlagen < 100 kW in nachgelagerten Netzen angewiesen ist, dürfte nach dem derzeitigem Stand der Praxis allerdings allenfalls in Ausnahmekonstellationen in Betracht kommen. Es besteht kein Anspruch der betroffenen Anlagenbetreiber oder sonstiger Marktteilnehmer, dass der Netzbetreiber von der Option Gebrauch macht.

381 Die zunehmenden Bestrebungen, immer mehr und immer kleinere Anlagen ua „intelligent" erfassbar und „netzdienlich" regelbar zu machen (zu den technischen Vorgaben nach § 9 EEG → Rn. 376f.), stehen in einem gewissen Widerspruch zu den **Praxisbedürfnissen** einer möglichst praktikablen und aufwandsarmen Berücksichtigung von kleineren Anlagen, die zur Einführung der Nachrangigkeitsoption des Abs. 1 S. 3 geführt haben. Nach den bisher ersichtlichen Reaktionen aus der Branche dürfte damit zu rechnen sein, dass **viele Netzbetreiber die Vereinfachungsoption nutzen werden,** um – gemäß ihrer Einschätzung der absehbaren Bedarfe an strom- oder spannungsbedingten Anpassungen – unnötigen bzw. ineffizienten Aufwand zu vermeiden.

382 Denn für die praktische Umsetzung werden bei einer nachrangigen Berücksichtigung der fernsteuerbaren Anlagen < 100 kW außerhalb der kostenbasierten Auswahlentscheidung deutlich weniger **Informationen** zu diesen Anlagen benötigt. Zudem kann dadurch – je nach Konstellation – der Aufwand für eine kleinteilige **Einzelabrechnung** mit vielen geringfügigen bilanziellen Ausgleichsmengen und finanziellen Ausgleichsbeträgen gegenüber einer Vielzahl von unterschiedlichen Anlagenbetreibern und Bilanzkreisverantwortlichen zumindest eingeschränkt werden.

383 **Maßstäbe für die Leistung einer Anlage iSd BNetzA-Festlegungen.** Die BNetzA hat dementsprechend ihre **Festlegungen** zum bilanziellen Ausgleich (→ § 13a Rn. 60), zur Informationsbereitstellung seitens der Anlagenbetreiber (→ Rn. 279) und zur Koordinierung zwischen den Netzbetreibern (→ Rn. 289) jeweils auf **Anlagen ≥ 100 kW beschränkt** (BNetzA Beschlüsse BK6-20-059 v. 6.11.2020, BK6-20-060 v. 12.3.2021 und BK6-20-061 v. 23.3.2021).

384 Durch die Vermeidung einer verpflichtenden Einbeziehung der Anlagen < 100 kW in die Abwicklungsprozesse sollen die *„unnötige volkswirtschaftliche Kosten"* vermieden werden. Wie die in der Begründung angeführte Auswertung aus dem Marktstammdatenregister verdeutlicht, umfasst beispielsweise das Segment der Anlagen mit einer Leistung zwischen 30 kW und 100 kW zwar sehr viele Anlagen, die allerdings nur mit einer vergleichsweise geringen Leistung zum Redispatch-Potenzial beitragen können. Die BNetzA ging bei ihren Festlegungen davon aus, dass voraussichtlich viele Netzbetreiber von der Nachrangigkeitsoption nach Abs. 1 S. 3 Gebrauch machen (BNetzA Beschl. v. 6.11.2020 – BK6-20-059, S. 11f.).

385 Für die Abgrenzung, welche Anlagen aufgrund einer elektrischen Nennleistung ≥ 100 kW von den **Festlegungen** erfasst sind, werden daher – vorbehaltlich einer behördlichen Konkretisierung – die gleichen Maßstäbe anzusetzen sein wie im Rahmen von Abs. 1 S. 3: Erfasst sind sowohl alle Anlagen, die nach den üblichen **EnWG-Maßstäben die Leistungsschwelle von ≥ 100 kW** erreichen als auch alle EE- und KWK-Anlagen, bei denen es sich nach den **Maßstäben des § 9 EEG** um eine Anlage ≥ 100 kW handelt (vgl. *Lamy/Lehnert* EnWZ 2021, 208 (213); ausf. zur Bestimmung der Leistung im Rahmen von Abs. 1 S. 3 → Rn. 378f.).

4. Nachrangiger Einsatz von fernsteuerbaren Anlagen < 100 kW. Sofern 386
ein Netzbetreiber von der Option nach Abs. 1 S. 3 Gebrauch macht, darf er Maßnahmen gegenüber den fernsteuerbaren Anlagen < 100 kW (→ Rn. 374 ff.) *„unabhängig von den Kosten nachrangig ergreifen"*. Die Loslösung von den Kosten nach S. 3 bezieht sich auf den vorhergehenden S. 2 und ermöglicht es somit, diese kleineren Anlagen bei der **kostenbasierten Auswahl** für strom- und spannungsbedingte Anpassungsmaßnahmen nach Abs. 1 S. 2 iVm Abs. 1 a–c **unberücksichtigt** zu lassen.

Die Netzbetreiber bleiben in dem Fall jedoch dazu berechtigt und verpflichtet, 387
geeignete und verfügbare Maßnahmen gegenüber den fernsteuerbaren Anlagen
< 100 kW erforderlichenfalls **nachrangig** zu ergreifen. Es ist nach den gesetzlichen Vorgaben zur Systemsicherheit **nicht möglich,** die Nutzung von geeigneten und verfügbaren Anpassungspotentialen **generell auszuschließen.** Das gilt auch dann, wenn ein Netzbetreiber von der Nachrangigkeits-Option nach Abs. 1 S. 3 Gebrauch macht. Der nachrangige Rückgriff auf Anpassungspotenziale gegenüber fernsteuerbaren Anlagen < 100 kW dürfte in den Konstellationen, die sich für eine Nutzung der Option nach Abs. 1 S. 3 eignen, jedoch vergleichsweise **selten erforderlich** sein (→ Rn. 372 f.).

Für einen nachrangigen Einsatz nach Abs. 1 S. 3 stehen in der Praxis insbesondere 388
die Potenziale für **Anpassungen nach § 13 a** zur Verfügung. Denn diese Maßnahmen umfassen auch Anpassungen gegenüber fernsteuerbaren Anlagen < 100 kW (zum insoweit identischen Wortlaut und Anwendungsbereich → § 13 a Rn. 20 ff.). Das gesetzliche Schuldverhältnis nach § 13 a besteht ohne Zutun der Netz- und Anlagenbetreiber (→ Rn. 52 und 106) und somit auch unabhängig von der Entscheidung des Netzbetreibers zur Nutzung der Nachrangigkeit-Option nach Abs. 1 S. 3.

Auch bei einer Nutzung der Nachrangigkeits-Option nach § 13 Abs. 1 S. 3 389
bleibt es erforderlich, dass der Netzbetreiber die **Anpassungspotenziale gegenüber ferngesteuerten Anlagen < 100 kW** zumindest kennt und in **geeigneter Weise erfasst** (zB Stammdaten etc). Je nach den konkreten Gegebenheiten können weitere Informationen erforderlich sein, um beispielsweise den nachrangigen Einsatz dieser Anlagen sicherzustellen und abzuwickeln. Sofern der Netzbetreiber von der Nachrangigkeits-Option nach Abs. 1 S. 3 *keinen* Gebrauch macht, werden deutlich mehr Daten benötigt.

Auch wenn die Vorgaben der drei **BNetzA-Festlegungen zur Abwicklung** 390
der neuen Redispatch 2.0-Prozesse nur auf Anlagen ≥ 100 kW unmittelbar anwendbar sind (→ Rn. 383), bleibt es den betroffenen Parteien unbenommen, diese Regelungen im Hinblick auf fernsteuerbare Anlagen < 100 kW **entsprechend zu nutzen** (vgl. BNetzA Beschl. v. 6.11.2020 – BK6-20-059, S. 12). Die Netzbetreiber können darüber hinaus die **erforderlichen Informationen,** die sie – je nach Nicht-nutzung oder Nutzung der Nachrangigkeits-Option – entweder für die Auswahlentscheidung nach Abs. 1 S. 2 oder für die Sicherstellung bzw. die Abwicklung nachrangiger Maßnahmen nach Abs. 1 S. 3 benötigen, **nach § 12 Abs. 4** ua von den jeweiligen Anlagenbetreibern verlangen (→ Rn. 278; vgl. auch BNetzA Beschl. v. 23.3.2021 – BK6-20-061, S. 9).

H. Notfallmaßnahmen (Abs. 2 und 5)

Reichen die netz- und marktbezogenen Maßnahmen sowie die zusätzlichen 391
Reserven nach Abs. 1 nicht aus, um eine Gefährdung oder Störung des Elektrizi-

tätsversorgungssystems zu beseitigen, stehen den ÜNB (bzw. den VNB iRv § 14 Abs. 1 und 1 c) nach Abs. 2 sog. **Notfallmaßnahmen** zur Verfügung.

392 Im Vergleich zu den intern wirkenden netzbezogenen Maßnahmen und den vertraglich oder gesetzlich austarierten marktbezogenen Maßnahmen und zusätzlichen Reserven greifen die Notfallmaßnahmen nach Abs. 2 am intensivsten in die Rechte der betroffenen Marktteilnehmer und Netznutzer ein. Es handelt sich faktisch um **Zwangsmaßnahmen**, die die ÜNB (und iRv § 14 Abs. 1 und 1c auch die VNB) erforderlichenfalls **auch gegen den Willen** der Betroffenen ergreifen können und müssen. Die Auswirkungen zulasten der Betroffenen werden **weder bilanziell noch finanziell ausgeglichen**. Auch sonstige Zahlungen wie zB Entschädigungs- oder Vergütungszahlungen sind nicht vorgesehen.

393 Der Staat nimmt durch die Rechte und Pflichten nach Abs. 2 sowohl die Netzbetreiber in die Pflicht, die die Netz- und Systemsicherheit aufrechterhalten müssen, als auch insbesondere alle unmittelbar und mittelbar angeschlossenen **Stromerzeuger** und **Verbraucher**. Sie müssen dulden und erforderlichenfalls auch aktiv ermöglichen, dass die Netzbetreiber ihre Erzeugung und ihren Strombezug an das systemverträgliche Maß anpassen, um die Elektrizitätsversorgung zugunsten der vielen anderen Netznutzer und Marktteilnehmer aufrechtzuerhalten. Der Staat nimmt mit den Regelungen seine **Gewährleistungsverantwortung** für die Daseinsvorsorge im Bereich der Elektrizitätsversorgung wahr (→ Rn. 7).

I. Nachrangiger Einsatz von Notfallmaßnahmen (Abs. 2 S. 1)

394 Der Einsatz einer Notfallmaßnahme nach Abs. 2 S. 1 setzt voraus, dass eine Gefährdung oder Störung durch Maßnahmen nach Abs. 1 nicht, nicht vollständig oder nicht rechtzeitig beseitigt werden kann. Geeignete und verfügbare **netz- und marktbezogene Maßnahmen** sowie **zusätzliche Reserven** iSv Abs. 1 S. 1 Nr. 1 bis 3 müssen daher **vorrangig** ausgeschöpft werden. Diese Vorgabe zum nachrangigen Einsatz von Notfallmaßnahmen gilt sowohl für den Fall, dass strom- oder spannungsbedingte Gefährdungen oder Störungen vorliegen (Abb. 1, → Rn. 270), als auch für den Fall von sonstigen Gefährdungen oder Störungen.

395 Den Notfallmaßnahmen nach Abs. 2 kommt im System der Neuregelungen des Redispatch 2.0 eine **„Auffangfunktion"** zu (Begr. RegE BT-Drs. 19/7375, 54). Sowohl die Ausweitung des gesetzlichen Schuldverhältnisses nach § 13a als auch die zunehmenden Optionen (und Pflichten) zur Beschaffung von marktbezogenen Maßnahmen und zusätzlichen Reserven führen dazu, dass für Maßnahmen nach Abs. 2 ein **zusehends kleinerer Anwendungsbereich** verbleibt. Dies entspricht der gesetzgeberischen Zielsetzung, dass Systemsicherheitsmaßnahmen nach den jeweiligen gesetzlichen Vorgaben beschafft und eingesetzt werden.

396 Allerdings ist die Pflicht zur vorrangigen Nutzung beschränkt auf **geeignete** Maßnahmen nach Abs. 1, die für die Netzbetreiber – auch im Rahmen ihrer wechselseitigen Kooperations- und Unterstützungspflichten – in der jeweiligen Konstellation tatsächlich **verfügbar** sind. Die Netzbetreiber sind nicht dazu verpflichtet, marktbezogene Maßnahmen zu unangemessenen Konditionen zu kontrahieren und vorrangig zu nutzen, um Notfallmaßnahmen um jeden Preis zu vermeiden (Begr. RegE BT-Drs. 17/6072, 71).

397 *Soweit* nach der Gefahren- und Einsatzprognose des Netzbetreibers (→ Rn. 19 ff.) zu befürchten ist, dass die geeigneten und verfügbaren Maßnahmen nach Abs. 1 **nicht, nicht vollständig** oder **nicht rechtzeitig** zur Beseitigung der Gefährdung oder Störung ausreichen, können und müssen die Netzbetreiber (auch unmittelbar im Rahmen der Einsatzplanung) auf erforderliche Notfallmaßnahmen zurückgreifen. Der Einsatz der Notfallmaßnahmen ist jedoch inhaltlich und zeitlich auf den Umfang zu begrenzen, der nach dem Stand der Erkenntnisse durch die geeigneten und verfügbaren Maßnahmen nach Abs. 1 nicht oder nicht mehr rechtzeitig abgedeckt wird.

Die Notwendigkeit, eine Gefährdung oder Störung des Elektrizitätsversorgungssystems auf der Basis von **kurzfristig verfügbaren Planwerten** oder auch auf der Basis von aktuellen **Ist-Werten** beseitigen zu müssen, rechtfertigt allein keinen Einsatz einer Notfallmaßnahme nach Abs. 2. Es gehört vielmehr zu den üblichen Abläufen im Bereich der Systemsicherheit, dass die Netzbetreiber ihre Prognosen, Einsatzplanungen und Maßnahmendimensionierungen auf der Basis der verfügbaren Plan- und Ist-Werte fortlaufend aktualisieren und dabei auch kurzfristige Veränderungen berücksichtigen. In der praktischen Umsetzung dürfte es häufig sogar einfacher und zuverlässiger sein, auch bei kurzfristigem oder akutem Handlungsbedarf die **etablierten und massengeschäftstauglichen Prozesse und Maßnahmen nach Abs. 1** zu nutzen. Soweit sich kurzfristig oder akut festgestellte Gefährdungen oder Störungen bzw. Abweichungen gegenüber dem zuvor prognostizierten Umfang der Gefährdungen oder Störungen durch Maßnahmen nach Abs. 1 rechtzeitig beseitigen lassen, besteht weder Bedarf noch Raum für eine Notfallmaßnahme nach Abs. 2. 398

Dies gilt insbesondere auch für die Anpassungspotenziale auf Basis des gesetzlichen Schuldverhältnisses: Die wechselseitigen **Rechte und Pflichten nach § 13a** gelten *„unabhängig davon, ob die Aufforderung oder Regelung durch den Netzbetreiber aufgrund einer plandatenbasierten Prognose oder aufgrund von akut festgestellten Netzzuständen erfolgt"* (Begr. RegE BT-Drs. 19/7375, 55). Das gilt auch für die **Vorgaben der Festlegungen** zum bilanziellen Ausgleich (BNetzA Beschl. BK6-20-059 v. 6.11.2020), zur Informationsbereitstellung (BNetzA Beschl. v. 23.3.2021 – BK6-20-061) und zur Netzbetreiberkoordinierung (BNetzA Beschl. v. 12.3.2021 – BK6-20-060) für die Durchführung von Redispatch-Maßnahmen. Der Anwendungsbereich der Festlegungen ist – entsprechend den Rechten und Pflichten nach § 13a – *„nicht davon abhängig, dass der Netzbetreiber bis zu einem bestimmten Zeitpunkt handelt"* (BNetzA Beschl. v. 6.11.2020 – BK6-20-059, S. 16). 399

Es steht einem *Netzbetreiber* **nicht** zu, die Pflichten zum bilanziellen und finanziellen Ausgleich von Maßnahmen auf Basis des gesetzlichen Schuldverhältnisses **willkürlich zu unterlaufen,** indem er auf der Basis von § 13a (iVm § 13 Abs. 1 S. 1 Nr. 2) verfügbare Potenziale stattdessen (ohne Ausgleich) nach Abs. 2 anfordert (vgl. BNetzA Beschl. v. 6.11.2020 – BK6-20-059, S. 17). Damit würde er zugleich ua die gesetzlichen Vorgaben zur kostenbasierten Auswahlentscheidung mit konkretisiertem Einspeisevorrang nach Abs. 1 S. 2 iVm Abs. 1a–c unterlaufen und gegen die Anforderungen an einen nachrangigen Einsatz von Notfallmaßnahmen nach Abs. 2 S. 1 verstoßen. 400

Zweifel an der rechtlichen Einordnung des Netzbetreibers als Notfallmaßnahme nach Abs. 2 berechtigen den *Anlagenbetreiber* jedoch **nicht** dazu, die konkreten **Anpassung zu verweigern.** Er muss einerseits seine Informations- und Mitwirkungspflichten erfüllen, damit der Netzbetreiber die Potenziale zur Anpassung seiner Anlage nach § 13a bei der Auswahlentscheidung rechtzeitig berücksichtigen kann, und andererseits einer Anpassung (trotz etwaiger Zweifel) zunächst zwingend Folge leisten bzw. die Anpassung dulden. 401

Soweit Zweifel an der Einordung als entschädigungslose Notfallmaßnahme verbleiben, können die betroffenen Parteien etwaige **Ansprüche auf einen bilanziellen und finanziellen Ausgleich** nach § 13a Abs. 1a–4 bzw. auf entsprechenden **Schadensersatz** im Nachgang klären (erforderlichenfalls auch in einem 402

§ 13　Teil 3. Regulierung des Netzbetriebs

zivilgerichtlichen Verfahren). Bei Verletzungen der §§ 13, 13a oder der dazu ergangenen Festlegungen können grundsätzlich – je nach Konstellation – auch **Aufsichts-** bzw. **Verwaltungsvollstreckungsmaßnahmen** der BNetzA (nach ihrem Aufgreifermessen) in Betracht kommen.

II. Anpassung von Stromerzeugung, -transiten und -bezügen (Abs. 2 S. 1)

403　Im Rahmen von Notfallmaßnahmen sind die ÜNB dazu berechtigt und verpflichtet, *sämtliche Stromerzeugung, Stromtransite und Strombezüge* in ihrer Regelzone anzupassen.

404　**1. Stromerzeugung.** Anpassungen der **Stromerzeugung** sind grundsätzlich im Hinblick auf alle geeigneten Erzeugungsanlagen (inklusive Stromspeichern) möglich und können sich sowohl auf Vorgaben zur *Wirkleistungserzeugung* als auch zur *Blindleistungserzeugung* beziehen. Der Gesetzgeber hat im Zuge der Redispatch 2.0-Novelle an mehreren Stellen durch sprachliche Anpassungen der Systemsicherheitsregelungen klargestellt, dass nicht nur eine anteilige Einspeisung in das Netz, sondern grundsätzlich die gesamte *Stromerzeugung* angepasst werden kann.

405　In Abs. 2 wurde daher der Begriff „Stromeinspeisungen" durch „Stromerzeugung" ausgetauscht. Durch die sprachliche Anpassung soll auch für Notfallmaßnahmen insbesondere klargestellt werden, *„dass die **Wirkleistungserzeugung** grundsätzlich vollständig geregelt werden kann, auch wenn sie ganz oder teilweise nicht in ein Elektrizitätsversorgungsnetz, sondern beispielsweise in eine Kundenanlage eingespeist wird"* (Begr. RegE BT-Drs. 19/7375, 54). Eine Anpassung kann daher grundsätzlich auch Erzeugungsmengen betreffen, die der Betreiber der Erzeugungsanlage beispielsweise für die Deckung von **Eigenverbräuchen** oder für eine **Direktbelieferung von Dritten** innerhalb der Kundenanlage nutzt (die obigen Ausführungen zur grundsätzlichen Reichweite von Erzeugungsanpassungen gelten entsprechend → Rn. 254ff.).

406　**2. Stromtransite.** Eine Anpassung von Stromtransiten bezieht sich auf die Übertragung von Strom zwischen Regelzonen: Bei **Stromtransiten** handelt es sich um die Übertragung von Elektrizität, bei der sowohl der liefernde als auch der empfangende Bilanzkreis in nicht benachbarten Regelzonen liegen, die Übertragung also durch dazwischen liegende Übertragungsnetze erfolgt (VDN, TransmissionCode 2007, S. 68). Zum *Engpassmanagement* bei beschränkten Netzzugangskapazitäten für den Stromhandel zwischen Gebotszonen und zu den europarechtlichen Vorgaben → Rn. 118ff.

407　**3. Strombezüge.** Eine Anpassung der **Strombezüge** kann gegenüber allen geeigneten Lasten (Letztverbraucher inklusive Stromspeicherbetreibern) erfolgen. Eine Anpassung des Strombezugs ist grundsätzlich sowohl im Hinblick Verbräuche mit bestimmten *Verbrauchseinrichtungen* als auch im Hinblick auf Bezugsmengen an bestimmten *Entnahmestellen* aus dem Netz oder auch im Hinblick auf sämtliche Verbräuche in bestimmten *Netzbereichen* denkbar. Da die Auswirkungen zulasten der betroffenen Letztverbraucher besonders gravierend sein können, sind in Notfallplänen oftmals rollierende Lastabschaltungen (zB von verschiedenen Städten oder Stadtteilen) vorgesehen, um die Auswirkungen zulasten der betroffenen Letztverbraucher zu verteilen und zumindest zwischenzeitige Strombezüge zu ermöglichen.

408　**4. „Anpassung" (Abs. 2 S. 1).** Bei dem Begriff der **„Anpassung"** handelt es sich um einen weit gefassten Begriff, der in den Regelungen zur Systemsicherheit mehrfach verwendet wird. Im Rahmen von Abs. 2 umfassen die Potenziale zur Anpassung sämtliche Vorgaben eines Netzbetreibers zu Stromerzeugungen, Stromtransiten oder Strombezügen in einer deutschen Regelzone. Zu dem weiten Verständnis einer Anpassung gelten die obigen Ausführungen zu Abs. 1 S. 2 in entsprechender Weise → Rn. 250 ff.

Soweit der Netzbetreiber dazu in der Lage ist, kann er die Anpassungen grundsätzlich *selbst vornehmen*. Ist er dagegen auf die Mitwirkung eines Betroffenen angewiesen, kann er von diesem die entsprechenden Anpassungen *verlangen*. 409

5. Koordinierter Einsatz. Abs. 2 S. 1 sieht ausdrücklich vor, dass Notfallmaßnahmen *im Rahmen der Zusammenarbeit nach* § 12 getroffen werden. § 12 Abs. 1 S. 1 verpflichtet die ÜNB zu einem Betrieb ihrer Netze im nationalen und internationalen Verbund. Durch den Verweis auf diese Zusammenarbeit (mit entsprechenden wechselseitigen Informationspflichten nach § 12 Abs. 2 und 4) soll sichergestellt werden, dass auch die Durchführung von Notfallmaßnahmen nach Abs. 2 zwischen den betroffenen Netzbetreibern **im nationalen bzw. internationalen Verbundnetz abgestimmt** wird. 410

Gefährdungen oder Störungen der Sicherheit oder Zuverlässigkeit des Elektrizitätsversorgungssystems sollen über die Grenzen eines Netzes oder einer Regelzone hinaus betrachtet und effizient behoben werden. Dafür sollen die geeigneten und verfügbaren Maßnahmen der verschiedenen Netzbetreiber auch in Notfallsituationen möglichst **koordiniert eingesetzt** werden. Dies erfordern auch die allgemeinen **Kooperations- und Unterstützungspflichten** der Netzbetreiber (§ 11 Abs. 1 S. 4). 411

III. Haftungserleichterungen bei Notfallmaßnahmen (Abs. 5)

Durch die Regelungen nach § 13 Abs. 5 werden die Haftungsrisiken der Netzbetreiber für die Vornahme von Notfallmaßnahmen nach Abs. 2 beschränkt. Das geschieht zum einen durch eine *Ruhendstellung von betroffenen Leistungspflichten* nach Abs. 5 S. 1 (→ Rn. 414 ff.) und zum anderen durch *Haftungsbeschränkungen* nach Abs. 5 S. 3 und 4 (→ Rn. 422 ff.). 412

Den Regelungen liegt die Überlegung zugrunde, dass ÜNB (bzw. VNB im Rahmen einer entsprechenden Anwendung des § 14 Abs. 1 oder 1 c) mitunter auch in komplexen Situationen und unter hohem Zeitdruck über Notfallmaßnahmen entscheiden müssen, die ein hohes Schadenspotenzial mit sich bringen können. Nach dem **Sinn und Zweck** des Abs. 5 sollen die Haftungsbeschränkungen die Handlungsfähigkeit der Netzbetreiber in Notfallsituationen sicherstellen und verhindern, dass sie aufgrund unabsehbarer Risiken und Regressansprüche trotz einer Gefährdung der Sicherheit oder Zuverlässigkeit des Elektrizitätsversorgungssystems untätig bleiben (vgl. Begr. RegE BT-Drs. 15/3917, 57). 413

1. Ruhen von betroffenen Leistungspflichten (Abs. 5 S. 1). Nach Abs. 5 S. 1 ruhen im Falle einer Notfallfallmaßnahme nach Abs. 2 bis zur Beseitigung der Gefährdung oder Störung **die jeweils betroffenen Leistungspflichten.** Notfallmaßnahmen lassen demnach die von den angepassten Stromerzeugungen, Stromtransiten oder Strombezügen betroffenen *Schuldverhältnisse* in ihrem Bestand **unberührt.** Die aus den Schuldverhältnissen folgenden *Leistungspflichten* müssen jedoch, soweit sie von der Anpassung im Einzelfall betroffen sind, nach Abs. 5 S. 1 zeitweilig nicht erfüllt werden. 414

Die Formulierung, dass die Leistungspflichten *bis zur Beseitigung der Gefährdung oder Störung* ruhen, bezieht sich nach dem Sinn und Zweck und der Gesetzessyste- 415 matik auf die Beseitigung derjenigen Gefährdungen oder Störungen, die den Einsatz der Notfallmaßnahmen nach Abs. 2 erfordern. Die vertraglichen Leistungspflichten leben daher wieder auf, sobald diese Erforderlichkeit entfällt und die **Notfallmaßnahmen beendet** sind.

416 Ruhend gestellt werden die von den Anpassungen **unmittelbar betroffenen wechselseitigen Leistungspflichten** aus dem Schuldverhältnis zwischen dem Netzbetreiber, der die Notfallmaßnahme ergreift, und dem jeweils betroffenen Marktteilnehmer bzw. Netznutzer. Etwaige Rückwirkungen auf Leistungspflichten aus **mittelbar** betroffenen Schuldverhältnissen *ohne Beteiligung des Netzbetreibers* sind nach dem Sinn und Zweck der Norm nicht erfasst. Durch die Ruhendstellung wird insbesondere sichergestellt, dass insoweit **keine Pflichtverletzung** des Netzbetreibers gegen die betroffenen Leistungspflichten während der Notfallmaßnahme in Betracht kommt.

417 Unterbricht der Netzbetreiber im Rahmen einer Notfallmaßnahme nach Abs. 2 beispielsweise die **Strombezüge eines Letztverbrauchers** an einer Entnahmestelle, so ruhen insbesondere alle dadurch etwaig betroffenen wechselseitigen Leistungspflichten aus dem *Anschlussnutzungsverhältnis* gegenüber dem Anschlussnutzer (Letztverbraucher), dem *Netzanschlussverhältnis* gegenüber dem Anschlussnehmer (zB Letztverbraucher oder Vermieter) und dem *Netznutzungsverhältnis* (Lieferantenrahmenvertrag) gegenüber dem Stromlieferanten des Letztverbrauchers.

418 **2. Kein Ruhen der Bilanzierungspflichten (Abs. 5 S. 2).** Die **Bilanzierungspflichten** sind von der Ruhendstellung nach Abs. 5 S. 1 **ausdrücklich ausgenommen**. Abs. 5 S. 2 stellt klar, dass Notfallmaßnahmen grundsätzlich nicht zur einer Aussetzung der Bilanzkreisabrechnung führen. Die *Bilanzkreisverantwortlichen,* deren Bilanzkreise durch Anpassungen einer Stromerzeugung, eines Stromtransits oder eines Strombezugs betroffen sind, bleiben dazu verpflichtet, ihren **Bilanzkreis ausgeglichen zu halten** (zur Bilanzkreisverantwortung inklusive der finanziellen Verantwortung für die Inanspruchnahme von Ausgleichsenergie → Rn. 89 ff.).

419 Die ÜNB bleiben ihrerseits dazu berechtigt und verpflichtet, Gefährdungen oder Störungen infolge von bilanziellen Ungleichgewichten insbesondere durch den Einsatz von **Regelenergie** zu beseitigen. In dem Ausnahmeszenario, dass die Regelenergie und andere nach Abs. 1 verfügbare Maßnahmen (zB die Kapazitätsreserve) dafür nicht ausreichen, können erforderliche Anpassungen ergänzend auch durch Notfallmaßnahmen nach Abs. 2 erfolgen (zB durch Lastabwürfe).

420 Durch die gesetzliche Klarstellung zur fortlaufenden Bilanzkreisverantwortung der BKV sollen die **Pflichten zur Bilanzkreiskreistreue** auch in solchen Notfallkonstellationen sichergestellt bleiben. Zugleich sollen die **Anreize** der Marktteilnehmer gestärkt werden, ausreichende **Vorsorge** zu treffen und ihre Stromlieferverpflichtungen hinreichend abzusichern (vgl. Begr. RegE BT-Drs. 18/7317, 86). Gerade auch im Hinblick auf das Szenario einer zeitweise unzureichenden Deckung der Stromversorgung in Deutschland bestehen dadurch starke Anreize, **ausreichende Erzeugungskapazitäten** oder sonstige Flexibilitätsoptionen **vorzuhalten**, um die potenziell extrem hohen Kosten einer Unterdeckung zu vermeiden.

421 Die uneingeschränkte Aufrechterhaltung der Bilanzierungsverantwortung in derartigen Notfallkonstellationen nach Abs. 5 S. 2 ist ein wesentlicher Baustein zur Absicherung der Entscheidung des Gesetzgebers, in Deutschland **keinen Kapazitätsmarkt** einzuführen, sondern die Vorzüge des **„Energy-Only-Marktes"** auch für eine marktgetriebene Kapazitätsvorhaltung zu nutzen (vgl. „Strommarktgesetz"-Novelle v. 26.7.2016). Die Risiken der Bilanzierungsverantwortung –

Systemverantwortung der Betreiber von Übertragungsnetzen § 13

auch und gerade in dem Szenario einer **Unterdeckung mit ausbleibender Markträumung an den Strombörsen** infolge unzureichender Kapazitäten – sollen dazu beitragen, dass am Markt letztlich nicht allein die Energie, sondern auch die **Vorhaltung von gesicherten Leistungskapazitäten** (oder sonstigen Flexibilitätsoptionen) nachgefragt und vergütet wird. Zur zusätzlichen Absicherung ua durch die Vorhaltung einer Kapazitäts- → Rn. 213 ff. und einer Netzreserve seitens der ÜNB → Rn. 206 ff.).

3. Haftungsbeschränkungen (Abs. 5 S. 3 und 4).

Abs. 5 S. 3 ergänzt den Schutz der Netzbetreiber durch die ruhenden Leistungspflichten nach Abs. 5 S. 1 (→ Rn. 414 ff.), indem ihre Haftung für **Vermögensschäden** durch Notfallmaßnahmen nach Abs. 2 ausgeschlossen wird. Nach dem Wortlaut der Regelung entfällt die Haftung, *soweit bei Vorliegen der Voraussetzungen nach Abs. 2* entsprechende Notfallmaßnahmen eingesetzt werden. Der Haftungsausschluss soll daher grundsätzlich nur Anpassungen erfassen, die von den gesetzlichen Voraussetzungen für Notfallmaßnahmen nach Abs. 2 *objektiv gedeckt* sind (zur Nachrangigkeit → Rn. 394 ff. und zur Reichweite möglicher Anpassungen nach Abs. 2 → Rn. 403 ff., insbes. → Rn. 408 iVm → Rn. 250 ff.). **422**

Als problematisch können sich daher Konstellationen erweisen, in denen der Netzbetreiber zum Zeitpunkt der Einsatzentscheidung die Lage fehlerhaft beurteilt und sich erst nachträglich herausstellt, dass die Voraussetzungen nach Abs. 2 *objektiv* nicht vorgelegen haben. Es stellt sich in dem Fall die Frage, wie sich das **Fehleinschätzungsrisiko** auf die Haftungsbeschränkung auswirkt. Dabei sind die *folgenden beiden Fallvarianten* einer Fehleinschätzung zu unterscheiden. **423**

Fallvariante 1: Der Netzbetreiber hat eine **sachgerechte Gefährdungs- und Einsatzprognose** vorgenommen (zu den allg. Prognoseanforderungen → Rn. 20 ff.) und unter Berücksichtigung der verfügbaren Erkenntnisquellen aus **Ex-ante-Sicht zutreffend** angenommen, dass die Voraussetzungen für die Notfallmaßnahme vorliegen. In diesem Fall greift die Haftungsbegrenzung auch dann, wenn die *Ex-post-Beurteilung* ergibt, dass die Voraussetzungen nach Abs. 2 objektiv nicht vorgelegen haben. **424**

Gegen diese Auslegung spricht zwar auf den ersten Blick, dass der Wortlaut nicht ausdrücklich zwischen der Ex-ante- und der Ex-post-Sicht unterscheidet. Soweit der Netzbetreiber jedoch alles Erforderliche getan hat, um zu einer zutreffenden Beurteilung zu gelangen, kann ihm kein Ex-post-Wissen angelastet werden, das ex ante von ihm nicht antizipiert werden konnte. Das wäre mit dem Sinn und Zweck, die Handlungsfähigkeit des Netzbetreibers zu bewahren, nicht vereinbar. Zu den erforderlichen Vorkehrungen für eine sachgerechte Gefährdungs- und Einsatzprognose gehören auch hinreichende **organisatorische, technische und personelle Vorkehrungen,** um in Gefährdungs- und Störungssituationen schnell, massengeschäftstauglich und rechtskonform die notwendigen Maßnahmen ergreifen zu können. **425**

Fallvariante 2: Wenn der Netzbetreiber hingegen **keine sachgerechte Gefährdungs- und Einsatzprognose** vorgenommen hat oder unter Berücksichtigung der verfügbaren Erkenntnisquellen aus **Ex-ante-Sicht unzutreffend** angenommen hat, dass die Voraussetzungen für die Notfallmaßnahme vorliegen, kann er sich insoweit nicht auf die Haftungsbegrenzung nach Abs. 5 S. 3 berufen. **426**

Zusätzliche **Haftungserleichterungen** nach verordnungsrechtlichen Sonderregelungen auf der Basis von § 11 Abs. 3 bleiben im Übrigen ausdrücklich unberührt (§ 13 Abs. 5 S. 3). Diese Fälle beziehen sich insbesondere auf Haftungsbeschränkungen bei Störungen der Anschlussnutzung (§ 18 NAV) und der Netznutzung (§ 25a StromNZV iVm § 18 NAV), die auch im regulären Netzbetrieb gelten. Die Sonder- **427** regelungen zur Haftung nach § 13 Abs. 5 S. 3 und 4 finden wiederum entsprechende Anwendung auf bestimmte Systemsicherheitsinstrumente der ÜNB nach § 13b Abs. 5, § 13f Abs. 1 und § 16 Abs. 2a (§ 13 Abs. 4 S. 4).

I. Abweichen von der Rangfolge und Berücksichtigung des Gasversorgungssystems (Abs. 3)

1. Abweichen von der Rangfolge (Abs. 3 S. 1 und 2)

428 Die Netzbetreiber sind nur unter engen Voraussetzungen befugt, ausnahmsweise von den **in Abs. 1 und 2 genannten Pflichten zur Rangfolge** und **zur kostenbasierten Auswahl der Systemsicherheitsmaßnahmen mit konkretisiertem Einspeisevorrang** abzuweichen: Abs. 3 S. 1 ermöglicht eine Abweichung von diesen Pflichten, soweit die Einhaltung die *Beseitigung einer Gefährdung oder Störung verhindern würde*. Ein solcher Ausnahmefall kann nach Abs. 3 S. 2 insbesondere dann vorliegen, wenn die Netzbetreiber zur Gewährleistung der Systemsicherheit auf die *Mindesteinspeisung aus bestimmten Anlagen angewiesen* sind und keine technisch gleich wirksame andere Maßnahme verfügbar ist (sog. **netztechnisch erforderliches Minimum**).

429 Durch die Umstellungen im Zuge des Redispatch 2.0-Novelle ist der Bezug auf die Verpflichtungen zur Einhaltung der *Rangfolge* nicht mehr so deutlich erkennbar wie zuvor. In der vorhergehenden Gesetzesfassung war der Bezug dieser Ausnahmeregelungen (§ 13 Abs. 3 S. 4 und 5 aF) deutlicher, da die konkretisierenden Vorgaben zur Rangfolge der Systemsicherheitsmaßnahmen und zur Umsetzung des Einspeisevorrangs von EE- und KWK-Strom im gleichen Absatz als vorhergehende Sätze geregelt waren. Da die Vorgaben zur Rangfolge und zur Auswahlentscheidung nunmehr in Abs. 1 und 2 geregelt sind, wurde der Bezug dementsprechend auf die *„in den Abs. 1 und 2 genannten Verpflichtungen"* angepasst. Eine inhaltliche Änderung des Ausnahmebereichs ist damit – auch nach dem ausdrücklichen Willen des Gesetzgebers – nicht verbunden (Begr. BT-Drs. 19/7375, 55).

430 Die Ausnahmeregelung nach Abs. 3 S. 1 und 2 dient vor allem der Klarstellung, dass **ungeeignete Maßnahmen nicht eingesetzt** werden müssen. Der Einsatz einer Maßnahme, die zur Beseitigung einer Gefährdung oder Störung des Elektrizitätsversorgungssystems nichts beitragen oder aber andere Gefährdungen oder Störungen hervorrufen würde, ist zum Einsatzzweck einer Systemsicherheitsmaßnahme nach Abs. 1 und 2 nicht geeignet. Die Netzbetreiber können eine Maßnahme, soweit sie in diesem Sinne ungeeignet ist, bei der Einsatzplanung und Auswahlentscheidung von vornherein unberücksichtigt lassen.

431 Der Maßstab für die Eignung einer Maßnahme erfordert eine **netzübergreifende bzw. systemweite** Betrachtung ihrer Wirkungen: Würde ihr Einsatz zur Beseitigung der einen Gefährdung zugleich dazu führen, dass eine andere Gefährdung (für das gleiche oder ein anderes Netz) entsteht bzw. nicht beseitigt werden kann, kann dies – je nach Gefährdungslage und verfügbaren Alternativen – ein Abweichen nach Abs. 3 S. 1 rechtfertigen oder auch erfordern. Die Maßnahme bleibt hingegen erforderlich und möglich, soweit keine geeignete Alterative verfügbar ist.

Beispiel: Die Abregelung von Erzeugungsanlagen in einem Verteilernetz würde zwar einen Engpass im Höchstspannungsnetz entlasten, brächte jedoch das Verteilernetz selbst in einen gefährdeten Betriebszustand. Der ÜNB kann und muss dieses Maßnahme nach Abs. 3 S. 1 bei der Auswahlentscheidung nach Abs. 1 S. 2 unberücksichtigt lassen.

Die konkretisierende Regelung nach Abs. 3 S. 2 verdeutlicht ebenfalls den netzübergreifenden bzw. systemweiten Maßstab: Soweit es für die Gewährleistung der Sicherheit oder Zuverlässigkeit des Elektrizitätsversorgungssystems (auch über die Grenzen einzelner Netz hinweg) erforderlich ist, dass eine bestimmte Erzeugungsanlage in einem bestimmten Zeitraum mangels geeigneter Alternativen weiterhin eine **Mindesteinspeisung** erbringt (zB für die Gewährleistung der Abrufbarkeit einer vom ÜNB kontrahierten Leistungsvorhaltung für positive oder negative *Regelleistung* oder die Bereitstellung von Blindleistung), zählt diese Einspeisung zum *netztechnisch erforderlichen Minimum*. Sie soll nach Abs. 3 S. 2 auf diesem erforderlichen Mindestniveau grundsätzlich weiterhin einspeisen können (zu den Informationspflichten der Anlagenbetreiber zur jeweiligen Leistungsvorhaltung für verschiedene Regelleistungsprodukte vgl. BNetzA Beschl. v. 23.3.2021 – BK6-20-061, Datenpunkte 2.11 bis 2.16 der Anl. sowie S. 22ff. des Beschl.; vgl. auch § 38 Abs. 5 der Modalitäten für Regelreserveanbieter, BNetzA Beschl. v. 2.10.2019 – BK6-18-004-RAM, S. 41ff.). 432

Abs. 3 S. 2 erfasst ausschließlich die Aufrechterhaltung einer Mindesteinspeisung, auf die die *Netzbetreiber* aufgrund der **netztechnischen Erforderlichkeit** zur Gewährleistung der Systemsicherheit angewiesen sind. Die Erforderlichkeit einer Einspeisung zu *anderen Zwecken* (beispielsweise zu marktlichen Zwecken) oder zugunsten zu einer *anderen Person* (zB des Anlagenbetreibers) reicht hingegen nicht aus. Die Mindesteinspeisung kann – je nach Konstellation – aus einer konventionellen Anlage, einer EE- oder einer KWK-Anlage stammen. Der grundsätzliche Schutz vor einer Abregelung unter das Niveau der erforderlichen Mindesteinspeisung nach Abs. 3 S. 2 gilt mit anderen Worten nicht nur für konventionelle, sondern erst recht **auch für vorrangberechtigte Erzeugung von EE- oder KWK-Strom.** 433

II. Berücksichtigung des Gasversorgungssystems (Abs. 3 S. 3)

Zur Aufrechterhaltung der Systemsicherheit im Strom- und Gasbereich kann in ungewöhnlichen Konstellationen eine **spartenübergreifende Betrachtung** der Systemsicherheitsmaßnahmen erforderlich sein. Abs. 3 S. 3 verpflichtet daher die *Stromnetzbetreiber*, im Rahmen ihrer Systemsicherheitsmaßnahmen nach Abs. 1 und 2 auch **Auswirkungen auf die Sicherheit und Zuverlässigkeit des Gasversorgungssystems** angemessen zu *berücksichtigen*. Da die *Maßnahmen nach Abs. 1 und 2* alle Unterfälle von netz- und marktbezogenen Maßnahmen und zusätzlichen Reserven und Notfallmaßnahmen einschließen, gilt das Berücksichtigungsgebot im Ergebnis für alle Systemsicherheitsmaßnahmen. 434

Um etwaige Auswirkungen auf den Gasbereich abschätzen zu können, sind die Stromnetzbetreiber jedoch auf entsprechende **Informationen der Gasnetzbetreiber** angewiesen. Ihr Informationsanspruch „auf Verlangen" nach § 12 Abs. 4 S. 1 Nr. 4 umfasst daher auch systemsicherheitsrelevante Informationen gegenüber den Betreibern von Gasversorgungsnetzen. Die Berücksichtigungspflicht nach Abs. 3 S. 3 bezieht sich ausdrücklich auf die Auswirkungen, die *auf Grundlage dieser nach § 12 Abs. 4 S. 1 Nr. 4 bereitzustellenden Informationen* erkennbar bzw. prognostizierbar sind. Die Übertragungsnetzbetreiber müssen diese Informationen ihrerseits verlangen, um die angemessene Berücksichtigung sicherzustellen. Die Pflicht zur **angemessenen Berücksichtigung** verlangt keinen verpflichtenden Vorrang zugunsten der Sicherheit und Zuverlässigkeit des Gasversorgungssystems, sondern eine sachgerechte Abwägung der strom- und gasseitigen Auswirkungen. 435

Die spartenübergreifende Berücksichtigung ist jedoch keine „Einbahnstraße". Umgekehrt sind auch die systemverantwortlichen Gasnetzbetreiber dazu verpflich- 436 tet, bei gasversorgungsseitigen Systemsicherheitsmaßnahmen die Auswirkungen auf die Sicherheit und Zuverlässigkeit des *Elektrizitätsversorgungssystems* angemessen zu berücksichtigen (§ 16 Abs. 2 a S. 1).

J. Informations- und Meldepflichten (Abs. 2, 7 und 8)

I. Informationspflichten gegenüber den Betroffenen und der Regulierungsbehörde (Abs. 7)

437 Nach Abs. 7 S. 1 sind die ÜNB dazu verpflichtet, die von ihren Systemsicherheitsmaßnahmen *unmittelbar Betroffenen* und die *Regulierungsbehörde* über Gründe für die durchgeführten Anpassungen und Maßnahmen zu **informieren.** Auch diese Regelung findet auf VNB im Rahmen ihrer Aufgaben nach § 14 Abs. 1 und 1 c entsprechende Anwendung. Der Netzbetreiber muss seine Informationspflicht *unverzüglich,* also ohne schuldhaftes Zögern, erfüllen.

438 **Unmittelbar Betroffene** sind nach der Gesetzesbegründung jedenfalls die Adressaten der jeweiligen Maßnahmen (Begr. BT-Drs. 15/3917, 57). Wird eine Stromerzeugung angepasst, ist jedenfalls der *Betreiber der Erzeugungsanlage* unmittelbar betroffen. Wird ein Strombezug angepasst, ist jedenfalls der *Letztverbraucher* unmittelbar betroffen. In beiden Fällen ist zugleich der BKV unmittelbar betroffen, dessen Bilanzkreis die jeweilige Einspeise- bzw. Entnahmestelle zugeordnet ist. Soweit die Anpassung auf Basis des gesetzlichen Schuldverhältnisses erfolgt, greifen gegenüber dem jeweils betroffenen Anlagenbetreiber und BKV die spezielleren unverzüglichen Informationspflichten nach § 13 a Abs. 1 S. 5. Der BKV der betroffenen Einspeise- oder Entnahmestelle ist darüber hinaus nach § 13 a Abs. 1 a S. 4 vorab zu informieren.

439 Gegenstand der Informationspflicht sind nach Abs. 7 S. 1 die *Gründe von durchgeführten Anpassungen und Maßnahmen.* Erfasst sind **alle Systemsicherheitsmaßnahmen nach § 13** und somit alle netzbezogenen Maßnahmen, marktbezogenen Maßnahmen und zusätzlichen Reserven nach Abs. 1 sowie Notfallmaßnahmen nach Abs. 2 (vgl. Begr. zu § 13 Abs. 5 S. 3, BT-Drs. 17/6072, 73). Im Fall einer Notfallmaßnahme sind darüber hinaus die Informationspflichten nach Abs. 2 S. 2 zu beachten (→ Rn. 448).

440 Der erforderliche **Umfang der Informationspflicht** wird in Abs. 7 S. 1 nicht näher vorgegeben. Nach dem Sinn und Zweck der Regelung dürfen im Interesse der zuverlässigen, effizienten und massengeschäftstauglichen Abwicklung einerseits **keine überzogenen Anforderungen** an die Darlegung der Gründe für jede einzelne Maßnahme gestellt werden. Andererseits müssen sich die *Betroffenen* anhand der Informationen unverzüglich ein **hinreichendes Bild** insbesondere darüber machen können, welche Maßnahme aufgrund welcher Gefährdung oder Störung in welchem Zeitraum gegenüber welcher Anlage ergriffen wurde.

441 Soweit nicht bereits in vertraglich vereinbarten oder gesetzlich bzw. behördlich (zB per Festlegung) vorgegebenen Bestimmungen zu den jeweiligen Maßnahmen Modalitäten zur Information vorgesehen sind, kann beispielsweise der *Betreiber einer Erzeugungsanlage* zwingend **auf Informationen nach § 13 Abs. 7 S. 1 angewiesen** sein, um unverzüglich erkennen zu können, dass kein technisches Problem vorliegt, sondern der Netzbetreiber in die Fahrweise seiner Anlage eingreift. Er benötigt die Information möglicherweise darüber hinaus, um erkennen zu können, ob ihm aufgrund der Maßnahme Ansprüche zustehen (beispielsweise auf einen finanziellen Ausgleich nach § 13 a Abs. 2–4).

Abs. 7 S. 1 verpflichtet die Netzbetreiber, die Betroffenen aktiv zu *informieren*. 442
Dafür dürfte es – vorbehaltlich einer entsprechenden Verständigung – insbesondere
nicht ausreichen, die Informationen ohne einen aktiven Hinweis lediglich auf einer
Webseite des Netzbetreibers zu veröffentlichen und es somit den Betroffenen zu
überlassen, diese Veröffentlichungen zu überwachen, um sich selbst zu informieren.
Es steht dem Netzbetreiber und den Betroffenen jedoch frei, sich darauf zu verständigen, auf welchem Weg die Information erfolgt. Dies schließt beispielsweise auch
die Möglichkeit ein, sich auf die Bereitstellung der Informationen über Dienstleister
zu verständigen (zB gegenüber dem Direktvermarkter des Anlagenbetreibers).

Für die Meldungen der Netzbetreiber nach Abs. 7 S. 1 gegenüber der **BNetzA** 443
hat die Behörde **elektronische Erhebungsbögen** veröffentlicht, durch die eine
effiziente und massengeschäftstaugliche Übermittlung sichergestellt werden soll.
Diese ermöglichen es, dass der jeweilige Netzbetreiber die Informationen zu verschiedenen Maßnahmen nicht ad hoc einzeln mitteilt, sondern nach den Vorgaben
für die Erhebungsbögen (zB für einen Monat) gesammelt übermittelt. Die Behörde
konkretisiert damit, welcher Zeitraum und welche Detailtiefe aus ihrer Sicht zugunsten einer massengeschäftstauglichen Abwicklung als „unverzügliche" Information gegenüber der Regulierungsbehörde ausreichen.

Die **BNetzA** hat die elektronischen **Erhebungsbögen** ohne formale Festlegung 444
veröffentlicht. Sie verfügt nach § 13j Abs. 2 Nr. 1 jedoch über die Möglichkeit, nähere Bestimmungen dazu **festzulegen**, in welchem Umfang, in welcher Form und
innerhalb welcher Frist die Netzbetreiber der Behörde Informationen zu ihren Maßnahmen nach § 13 Abs. 1 und 2 sowie zu Gründen mitteilen. Sie kann die Netzbetreiber darüber hinaus verpflichten, die vertraglichen Regelungen mitzuteilen,
die den Maßnahmen zugrunde liegen, und Vorgaben zur Veröffentlichung der
Informationen auf einer gemeinsamen Internetplattform der Netzbetreiber einführen. Von diesen Befugnissen hat die BNetzA bislang keinen Gebrauch gemacht.

Nach Abs. 7 S. 2 können sowohl die unmittelbar *Betroffenen* als auch die *Regulie-* 445
rungsbehörde von dem Netzbetreiber verlangen, die in der Information nach Abs. 7
S. 1 vorgetragenen **Gründe zu belegen**. Die Entscheidung darüber, wie die
Gründe im Einzelfall belegt werden, steht grundsätzlich dem Netzbetreiber zu.
Seine Darlegungen müssen geeignet sein, die Gründe für die Erforderlichkeit, den
Umfang und die Qualität der Maßnahme nachträglich zumindest nachvollziehen
zu können (vgl. BerlKommEnergieR/*König* EnWG § 13 Rn. 152). Als Anhaltspunkt können insbesondere Aufzeichnungen über kritische Netzzustände in Betracht kommen, die Anlass der Maßnahmen waren.

Aufwendige **Detailnachweise zur Auswahlentscheidung** für eine gesamt- 446
optimierte Beseitigung der Gefährdungen und Störungen in der jeweiligen Viertelstunde sowie zur Einhaltung aller Vorgaben zur Vor- und Nachrangigkeit einzelner
Anpassungsoptionen (Abs. 1 S. 2 iVm Abs. 1 a–c) sind von den Informationsansprüchen nach Abs. 7 jedoch *nicht* gedeckt. Die entsprechenden gesetzlichen Vorgaben
gehen über die Belange der jeweiligen Einzelmaßnahme deutlich hinaus. Der einzelne Betroffene „*kann nicht verlangen, dass die Einhaltung dieser Regelungen, die in erster Linie nicht seinem Schutz, sondern öffentlichen Interessen dienen, ihm gegenüber im Einzelfall dargelegt und bewiesen wird*" (vgl. Begr. 19/7375, 55). Das gilt auch im Rahmen
der Informationspflicht nach Abs. 7.

Die *Regulierungsbehörde* kann **weitere Auskünfte** ua auf Basis der behördlichen 447
Verfahrensrechte nach §§ 65 ff. verlangen und die Einhaltung der Regelungen im
öffentlichen Interesse erforderlichenfalls auch durch **Aufsichtsmaßnahmen**
durchsetzen. Die Einhaltung der Vorgaben einer Festlegung (vgl. insbesondere die

oben genannten Festlegungen der BNetzA zu den Mindestfaktoren, zum Bilanzausgleich, zur Informationsbereitstellung und zur Netzbetreiberkoordinierung) kann sie zudem im Wege der **Verwaltungsvollstreckung** durchsetzen (zur Verwaltungsvollstreckung mittels Zwangsgeldern vgl. § 94).

II. Informationspflichten bei Notfallmaßnahmen (Abs. 2 S. 2)

448 Nach Abs. 2 S. 2 müssen Netzbetreiber bei **Notfallmaßnahmen zur Anpassung einer Stromerzeugung oder eines Strombezugs** insbesondere die *betroffenen Betreiber von Elektrizitätsverteilernetzen* (VNB) und die *betroffenen Stromhändler* – soweit möglich – vorab informieren. Diese spezielle Informationspflicht zu Notfallmaßnahmen ergänzt die allgemeine Informationspflicht zu Systemsicherheitsmaßnahmen nach Abs. 7 (→ Rn. 437 ff.). Die allgemeinere Regelung bleibt ergänzend anwendbar, da der speziellere Regelungsbereich den allgemeineren nur zum Teil abdeckt: Während es bei der allgemeinen Pflicht um die nachträgliche Information – auch zu den Gründen – geht, zielt die speziellere Pflicht darauf, die Adressaten **möglichst frühzeitig vorab** zu informieren, dass eine Notfallmaßnahme (ohne bilanziellen Ausgleich) ergriffen wird. Da für Notfallmaßnahmen nach Abs. 2 durch die deutlich erweiterten Möglichkeiten zur Nutzung von marktbasierten Maßnahmen und zusätzlichen Reserven wenig Raum verbleibt (→ Rn. 395), haben die Informationspflichten nach Abs. 2 S. 2 kaum praktische Bedeutung.

449 Als **betroffene VNB** kommen die Netzbetreiber in Betracht, auf deren Netze sich die Notfallmaßnahme auswirkt. Ergreifen VNB Notfallmaßnahmen nach Abs. 2 iVm § 14 Abs. 1 oder 1 c, sind im Rahmen der entsprechenden Normanwendung auch *betroffene ÜNB* zu informieren.

450 Die unpräzise Formulierung der **betroffenen „Stromhändler"** erfasst nach dem Sinn und Zweck der Norm jedenfalls die **BKV der betroffenen Einspeise- und Entnahmestellen.** Im Fall der Anpassung einer *Stromerzeugung* oder eines *Strombezugs* wirken sich die reduzierten bzw. erhöhten Einspeise- oder Bezugsmengen unmittelbar auf den Bilanzkreis aus, dem die Einspeise- oder Entnahmestelle zugeordnet ist. Da Notfallmaßnahmen nach Abs. 2 S. 1 ohne einen bilanziellen Ausgleich erfolgen (→ Rn. 392) und die Bilanzierungspflichten nach Abs. 5 S. 2 nicht ausgesetzt werden (→ Rn. 418 ff.), drohen diese Bilanzkreise ohne *rechtzeitige Ausgleichsmaßnahmen der betroffenen BKV* in eine Schieflage zu geraten. Es ist daher wichtig, dass der Netzbetreiber insbesondere diese betroffenen BKV möglichst frühzeitig vorab informiert.

451 Die beispielhafte Nennung der betroffenen VNB und Stromhändler in § 12 Abs. 2 S. 2 („insbesondere") macht deutlich, dass die Pflicht des Netzbetreibers zur rechtzeitigen Information über Notfallmaßnahmen nicht auf diese beiden Personengruppen beschränkt ist, sondern grundsätzlich gegenüber allen von der Anpassung unmittelbar *Betroffenen* besteht. Nimmt der Netzbetreiber eine entschädigungslose Anpassung gegenüber einer Stromerzeugung vor, so sind zumindest auch die **Betreiber der Erzeugungsanlagen** unmittelbar betroffen und möglichst frühzeitig zu informieren. Das gleiche gilt für die Information von **Letztverbrauchern**, die durch eine entschädigungslose Anpassung ihrer Strombezüge unmittelbar betroffen werden.

452 Der Netzbetreiber muss die Adressaten nach Abs. 2 S. 2 soweit wie möglich bereits **vorab** über eine (geplante) Notfallmaßnahme informieren. Die Information bzw. Ankündigung soll nach dem Sinn und Zweck der Regelung so frühzeitig erfolgen, dass den Betroffenen noch **ausreichend Zeit für Ausgleichsmaßnahmen und Vorkehrungen** verbleibt (insbesondere seitens betroffener BKV und Letztverbraucher). Soweit der Netzbetreiber diesen zeitlichen Mindestvorlauf in

einer Notfallsituation ausnahmsweise nicht einhalten kann, bleibt er verpflichtet, so frühzeitig wie möglich – notfalls auch unverzüglich nach dem Beginn der Maßnahme – zu informieren. Die Netzbetreiber sind generell verpflichtet, ihrerseits die **erforderlichen organisatorischen und technischen Vorkehrungen** zu treffen, damit eine frühzeitige Information grundsätzlich gewährleistet werden kann

Der Zielkonflikt zwischen einer möglichst frühzeitigen und einer möglichst verlässlichen Ankündigung der Maßnahmen lässt sich in der Praxis zB durch **Vorankündigungen** (gegebenenfalls mit späterem Konkretisierungsbedarf) teilweise entschärfen. In einem anderem Kontext wurde vorgeschlagen, dass Vorankündigungen möglichst am Vortag, mindestens jedoch 60 Minuten vor dem voraussichtlichen Beginn der Maßnahme erfolgen sollten (vgl. BDEW, Leitfaden zur Informationsbereitstellung bei Einspeisemanagementmaßnahmen v. 18.7.2017, S. 7). Verbindliche zeitliche Vorgaben für eine Mindestvorlaufzeit sind jedoch nicht ersichtlich. 453

III. Meldung schwerwiegender Versorgungsstörungen (Abs. 8)

Eine zusätzliche Meldepflicht regelt § 13 Abs. 8: Die ÜNB müssen die BNetzA unverzüglich unterrichten, wenn nach ihrer Feststellung selbst Notfallmaßnahmen nach Abs. 2 nicht ausreichen, um eine *Versorgungsstörung für lebenswichtigen Bedarf iSv § 1 EnSiG* abzuwenden. Dadurch soll der Regulierungsbehörde die Prüfung ermöglicht werden, ob Maßnahmen nach dem EnSiG notwendig sind (Begr. BT-Drs. 15/3917, 57). 454

K. Schwachstellenanalyse und Fünf-Jahres-Prognose (Abs. 9 und 10)

I. Schwachstellenanalyse (Abs. 9)

Abs. 9 S. 1 verpflichtet die ÜNB, *zur Vermeidung von schwerwiegenden Versorgungsstörungen* alle zwei Jahre eine **Schwachstellenanalyse** zu erarbeiten und auf dieser Grundlage **notwendige Maßnahmen** zu treffen. Als Schwachstellen können insbesondere technische Betriebsmittel verstanden werden, aber auch sonstige Faktoren im Netzbetrieb (Organisation, Personal, Schulung etc), die zu schwerwiegenden Versorgungsstörungen führen können. 455

Die Verpflichtung bezweckt im Kern nicht, Netzausbaupflichten der ÜNB zu unterstützen. Vielmehr sollen nach den Zielen des Gesetzgebers Vorkehrungen getroffen werden, damit identifizierte Schwachstellen des Systems rechtzeitig beseitigt oder in einem **Gefährdungs- oder Störungsfall** zumindest mit den verfügbaren Maßnahmen nach Abs. 1 oder 2 ausgeglichen werden können (Begr. BT-Drs. 15/3917, 57). Entsprechend der Zielsetzung der vorausschauenden Gefahrenvermeidung ist die Analyse nicht auf bestehende Schwachstellen beschränkt, sondern kann auch die Prognose künftiger Entwicklungen und zusätzlicher Schwachstellen einschließen (BerlKommEnergieR/*König* EnWG § 13 Rn. 20). Da die Schwachstellenanalyse **schwerwiegende Versorgungsstörungen** vermeiden soll, geht es jedoch nicht um die flächendeckende Analyse jeglicher Schwachstellen, sondern um die Identifikation derjenigen Schwachstellen, die potenziell erhebliche Auswirkungen haben können. 456

Die ÜNB müssen nach Abs. 9 S. 1 auf der Grundlage der Analyseergebnisse die **notwendigen Maßnahmen** ergreifen, um den identifizierten Schwachstellen 457 strukturell entgegenzuwirken und um vor allem die erforderlichen **Vorkehrungen zu treffen**, damit die Schwachstellen auch künftig mit den verfügbaren Systemsicherheitsmaßnahmen beherrschbar bleiben. Die erforderlichen Vorkehrungen richten sich insofern auch auf notwendige Maßnahmen zur Sicherstellung der ausreichenden **Vorhaltung und Einsatzfähigkeit von geeigneten Systemsicherheitsmaßnahmen.**

458 Dies erfordert, wie Abs. 9 S. 2 klarstellt, ua eine entsprechende **Unterweisung des Personals** in den Steuerstellen der Netzbetreiber. Die für die Systemsicherheitsmaßnahmen verantwortlichen Personen (insbesondere in den Leitwarten) müssen mit den Ergebnissen der Schwachstellenanalyse vertraut sein, die identifizierten Schwachstellen kennen und zur ausreichenden Vorhaltung und Einsatzfähigkeit von geeigneten Systemsicherheitsmaßnahmen beitragen. Sie sollen durch regelmäßige Schulungen, Simulationen und Training darauf vorbereitet sein, auch in außergewöhnlichen Gefährdungs- oder Störungskonstellationen mit hohem Zeitdruck und Koordinierungsbedarf die notwendigen Maßnahmen zu treffen (vgl. Begr. BT-Drs. 15/3917, 57).

459 Dem Personal müssen dafür auch **geeignete organisatorische und technische Strukturen** zur Verfügung stehen. Dazu sind ua belastbare automatisierte Systeme für die Gefahrenprognose und Einsatzplanung sowie massengeschäftstaugliche Kommunikationssysteme erforderlich, die eine schnelle Koordination und Reaktion auch in Notfällen sicherstellen. Zudem müssen die Prozessvorgaben und -abläufe den gesetzlichen Vorgaben zur Rangfolge der Systemsicherheitsmaßnahmen und zur netzübergreifend kostenbasierten Auswahlentscheidung entsprechen, um rechtssichere Entscheidungen auch bei kurzfristigen und schwerwiegenden Gefährdungen oder Störungen mit hohem Schadenspotenzial zu gewährleisten.

460 Abs. 9 S. 3 verlangt darüber hinaus, dass die ÜNB der **BNetzA** alle zwei Jahre jeweils bis zum 31.8. über die *Schwachstellenanalyse* und die *notwendigen Maßnahmen* **berichten.** Ausreichend ist die Vorlage der Ergebnisse.

II. Fünf-Jahres-Prognose zu engpassbedingten Maßnahmen (Abs. 10)

461 Nach Abs. 10 S. 1 sind die ÜNB verpflichtet, jährlich gemeinsam eine **Prognose** für die folgenden fünf Jahre zu erstellen, in welchem **Umfang** es voraussichtlich notwendig sein wird, Systemsicherheitsmaßnahmen nach Abs. 1 und 2 *zur Entlastung von Netzengpässen* einzusetzen. Die Prognose soll zudem eine Schätzung der tatsächlichen **Kosten** dieser Maßnahmen enthalten (Abs. 10 S. 3). Die ÜNB müssen die gemeinsame Prognose bis zum 1.7. des jeweiligen Jahres an die BNetzA übermitteln. Die BNetzA ist ihrerseits dazu verpflichtet, die Prognose nach S. 1 zu veröffentlichen (Abs. 10 S. 4).

462 Die jährlich zu aktualisierende Fünf-Jahres-Prognose soll die **Transparenz** steigern, in welchem Umfang die bestehenden und prognostizierten **Netzengpässe** *Systemsicherheitsmaßnahmen* und damit zugleich *fortlaufende Kosten* zulasten der Stromverbraucher auslösen (im Gegensatz zu in der Regel einmalig anfallenden Netzausbaukosten). Die Entlastung von Netzengpässen erfolgt in der Praxis durch den Einsatz von **strom- und spannungsbedingten Maßnahmen** nach Abs. 1 S. 2 (zur kostenoptimierten Kombination von engpassentlastenden Maßnahmen → Rn. 294).

463 Die Annahmen, Parameter und Szenarien, die die ÜNB der Prognose zugrunde legen, müssen dementsprechend auch absehbare Entwicklungen, die sich auf die

Kapazitäten und die Auslastung der Netze auswirken, berücksichtigen. Dies ist gewährleistet, indem die ÜNB bestimmte *Annahmen, Parameter und Szenarien* zugrunde legen, die auch im Rahmen der **Bedarfsermittlung für die Netzreserve** Anwendung finden: Sie entnehmen diese Prognosegrundlagen nach Abs. 10 S. 2 zum einen der *Systemanalyse* aus dem jeweiligen Jahr (§ 3 Abs. 2 S. 1 Nr. 2 NetzResV) und zum anderen aus etwaigen *ergänzenden Analysen* (§ 3 Abs. 2 S. 3) aus dem jeweiligen Jahr oder dem Vorjahr.

§ 13a Erzeugungsanpassung und ihr bilanzieller und finanzieller Ausgleich

(1) ¹Betreiber von Anlagen zur Erzeugung oder Speicherung von elektrischer Energie mit einer Nennleistung ab 100 Kilowatt sowie von Anlagen zur Erzeugung oder Speicherung von elektrischer Energie, die durch einen Netzbetreiber jederzeit fernsteuerbar sind, sind verpflichtet, auf Aufforderung durch Betreiber von Übertragungsnetzen die Wirkleistungs- oder Blindleistungserzeugung oder den Wirkleistungsbezug anzupassen oder die Anpassung zu dulden. ²Eine Anpassung umfasst auch die Aufforderung einer Einspeisung oder eines Bezugs an Anlagen, die
1. derzeit keine elektrische Energie erzeugen oder beziehen und erforderlichenfalls erst betriebsbereit gemacht werden müssen oder
2. zur Erfüllung der Anforderungen einer Erzeugung oder eines Bezugs eine geplante Revision verschieben müssen.

(1a) ¹Der Bilanzkreisverantwortliche der betroffenen Einspeise- oder Entnahmestelle hat einen Anspruch auf einen bilanziellen Ausgleich der Maßnahme gegen den Übertragungsnetzbetreiber, der den Betreiber der Anlage nach Absatz 1 zur Anpassung aufgefordert oder die Anpassung durchgeführt hat. ²Der Übertragungsnetzbetreiber hat einen Anspruch gegen den Bilanzkreisverantwortlichen auf Abnahme des bilanziellen Ausgleichs. ³Ist der Strom nach § 57 des Erneuerbare-Energien-Gesetzes zu vermarkten, erfolgt der bilanzielle Ausgleich abweichend von Satz 1 mit dem Bilanzkreis, über den der Übertragungsnetzbetreiber die Vermarktung durchführt. ⁴Der Übertragungsnetzbetreiber muss den Bilanzkreisverantwortlichen unverzüglich über den geplanten Zeitpunkt, den Umfang und die Dauer der Anpassung unterrichten. ⁵Der Übertragungsnetzbetreiber muss den Bilanzkreisverantwortlichen und den Betreiber der Anlage nach Absatz 1 unverzüglich über die tatsächlichen Zeitpunkte, den jeweiligen Umfang, die Dauer und die Gründe der Anpassung unterrichten.

(2) ¹Eine nach Absatz 1 Satz 1 vorgenommene Anpassung ist zwischen dem Betreiber des Übertragungsnetzes und dem Betreiber der Anlage zur Erzeugung oder Speicherung von elektrischer Energie angemessen finanziell auszugleichen. ²Der finanzielle Ausgleich ist angemessen, wenn er den Betreiber der Anlage unter Anrechnung des bilanziellen Ausgleichs nach Absatz 1a wirtschaftlich weder besser noch schlechter stellt, als er ohne die Maßnahme stünde. ³Ein angemessener finanzieller Ausgleich nach Satz 1 umfasst folgende Bestandteile, wenn und soweit diese durch die jeweilige Anpassung der Wirkleistungs- oder Blindleistungserzeugung oder des Wirkleistungsbezugs auf Anforderung des Betreibers eines Übertragungsnetzes verursacht worden sind:

§ 13 a

1. die notwendigen Auslagen für die tatsächlichen Anpassungen der Erzeugung (Erzeugungsauslagen) oder des Bezugs,
2. den Werteverbrauch der Anlage für die tatsächlichen Anpassungen der Erzeugung oder des Bezugs (anteiligen Werteverbrauch),
3. die nachgewiesenen entgangenen Erlösmöglichkeiten, wenn und soweit diese die Summe der nach den Nummern 1 und 2 zu erstattenden Kosten übersteigen,
4. die notwendigen Auslagen für die Herstellung der Betriebsbereitschaft nach Absatz 1 Satz 2 Nummer 1 oder die Verschiebung einer geplanten Revision nach Absatz 1 Satz 2 Nummer 2 und
5. im Fall der Reduzierung der Wirkleistungserzeugung aus Anlagen nach § 3 Nummer 1 des Erneuerbare-Energien-Gesetzes oder von KWK-Strom im Sinne des § 3 Absatz 2 des Kraft-Wärme-Kopplungsgesetzes die entgangenen Einnahmen zuzüglich der zusätzlichen Aufwendungen.

[4]Ersparte Aufwendungen erstattet der Anlagenbetreiber an den zuständigen Betreiber eines Übertragungsnetzes. [5]Abweichend von Satz 2 ist der bilanzielle Ausgleich nach Absatz 1a nicht anzurechnen, wenn der Strom nach § 57 des Erneuerbare-Energien-Gesetzes zu vermarkten ist.

(3) Grundlage für die Bestimmung des anteiligen Werteverbrauchs nach Absatz 2 Satz 2 Nummer 2 sind die handelsrechtlichen Restwerte und handelsrechtlichen Restnutzungsdauern in Jahren; für die Bestimmung des anteiligen Werteverbrauchs für die Anlage oder Anlagenteile ist als Schlüssel das Verhältnis aus den anrechenbaren Betriebsstunden im Rahmen von Maßnahmen nach Absatz 1 Satz 1 und den für die Anlage bei der Investitionsentscheidung betriebswirtschaftlich geplanten Betriebsstunden zugrunde zu legen.

(4) Weitergehende Kosten, die dem Anlagenbetreiber auch ohne die Anforderung nach Absatz 1 Satz 1 entstehen, insbesondere Betriebsbereitschaftsauslagen und eine Verzinsung des gebundenen Kapitals, werden nicht erstattet.

(5) [1]Maßnahmen nach Absatz 1 erfolgen in Abstimmung mit dem Betreiber desjenigen Netzes, in das die Anlage eingebunden ist, und allen zwischengelagerten Netzbetreibern, durch die das Anschlussnetz mit dem Netz des anfordernden Netzbetreibers verbunden ist, sowie allen vorgelagerten Netzbetreibern, die durch die Maßnahme betroffen sind. [2]Trifft ein nachgelagerter Netzbetreiber in seinem Netz Maßnahmen nach Absatz 1 und konkurrieren diese Maßnahmen mit Maßnahmen des vorgelagerten Netzbetreibers nach Absatz 1, so sollen insoweit die Maßnahmen des nachgelagerten Netzbetreibers in der Regel Vorrang haben. [3]Der Betreiber eines Übertragungsnetzes, in dessen Netz die Ursache für eine Maßnahme nach Absatz 1 liegt, muss dem Netzbetreiber, der die Maßnahme ausführt oder nach § 14 Absatz 1c Satz 1 zu ihr auffordert, die Kosten für den bilanziellen und finanziellen Ausgleich nach Abzug entstandener Erlöse ersetzen, soweit kein Anspruch nach § 14 Absatz 1c Satz 2 besteht.

Erzeugungsanpassung und ihr bilanzieller und finanzieller Ausgleich **§ 13a**

Übersicht

	Rn.
A. Allgemeines	1
I. Inhalt	1
II. Zweck	8
B. Anpassungen auf Basis des gesetzlichen Schuldverhältnisses (Abs. 1)	13
I. Gesetzliches Schuldverhältnis (Abs. 1 S. 1)	13
1. Betreiber von Erzeugungs- und Speicheranlagen (Abs. 1 S. 1)	15
2. Anweisender Netzbetreiber (Abs. 1 S. 1)	27
II. Anpassung der Erzeugung oder des Bezugs (Abs. 1 S. 1)	32
1. Anpassung (Abs. 1 S. 1)	33
2. Einsatz für strom- und spannungsbedingte Anpassungen (Abs. 1 S. 1 iVm § 13 Abs. 1)	46
C. Bilanzieller Ausgleich (Abs. 1a)	49
I. Zweck und Funktion des bilanziellen Ausgleichs	50
II. Bilanzieller Ausgleich zwischen Netzbetreiber und betroffenem BKV (Abs. 1a S. 1)	52
III. Betroffene Einspeise- und Entnahmebilanzkreise (Abs. 1a S. 1)	54
IV. Durchführung des bilanziellen Ausgleichs (Abs. 1a S. 1)	60
1. Durchführung im Planwertmodell	61
2. Durchführung im Prognosemodell	66
V. Umfang des bilanziellen Ausgleichs (Abs. 1a S. 1)	70
1. Umfang im Planwertmodell	72
2. Umfang im Prognosemodell	76
VI. Abnahme des bilanziellen Ausgleichs (Abs. 1a S. 2)	80
VII. Bilanzieller Ausgleich bei EE-Anlagen in der Einspeisevergütung (Abs. 1a S. 3)	81
VIII. Informationspflichten des Netzbetreibers (Abs. 1a S. 4, 5)	83
1. Vorab-Unterrichtung des betroffenen BKV (Abs. 1a S. 4)	83
2. Ex-post-Unterrichtung des betroffenen BKV und des Anlagenbetreibers (Abs. 1a S. 5)	87
D. Finanzieller Ausgleich (Abs. 2–4)	89
I. Zweck und Funktion des finanziellen Ausgleichs	89
II. Finanzieller Ausgleich zwischen Netz- und Anlagenbetreiber (Abs. 2 S. 1)	90
III. Gebot der Marktneutralität (Abs. 2 S. 2)	92
IV. Anrechnung des bilanziellen Ausgleichs (Abs. 2 S. 2 und 5)	97
1. Grundsatz: Anrechnung des bilanziellen Ausgleichs (Abs. 2 S. 2)	97
2. Ausnahme: Keine Anrechnung bei EE-Anlagen in der Einspeisevergütung (Abs. 2 S. 5)	99
V. Umfang des finanziellen Ausgleichs (Abs. 2 S. 3 Nr. 1–4 und S. 4, Abs. 3 und 4)	101
1. Verursachungsprinzip (Abs. 2 S. 3)	105
2. Festlegung FSV Redispatch	106
3. Notwendige Erzeugungsauslagen (Abs. 2 S. 3 Nr. 1)	111
4. Anteiliger Werteverbrauch (Abs. 2 S. 3 Nr. 2, Abs. 3)	114
5. Entgangene Erlösmöglichkeiten (Abs. 2 S. 3 Nr. 3)	123
6. Notwendige Auslagen für Betriebsbereitschaftsherstellung oder Revisionsverschiebung (Abs. 2 S. 3 Nr. 4)	127

Sötebier

§ 13 a — Teil 3. Regulierung des Netzbetriebs

	Rn.
7. Ersparte Aufwendungen (Abs. 2 S. 4)	129
8. Ausschluss von Sowieso-Kosten (Abs. 4)	132
VI. Umfang des finanziellen Ausgleichs bei EE- und KWK-Strom-Abregelungen (Abs. 2 S. 3 Nr. 5 und S. 4)	134
1. Abregelung von vorrangberechtigtem EE- oder KWK-Strom	135
2. Kostenpositionen bei EE- und KWK-Strom-Abregelungen (Abs. 2 S. 3 Nr. 5 und S. 4)	137
E. Abstimmung und finanzieller Ausgleich zwischen den Netzbetreibern (Abs. 5)	154
I. Abstimmung zwischen den Netzbetreibern (Abs. 5 S. 1)	154
II. Vorrang des nachgelagerten Netzbetreibers (Abs. 5 S. 2)	157
III. Ersatzanspruch gegenüber verantwortlichem Netzbetreiber (Abs. 5 S. 3)	158

Literatur: Vgl. die Hinweise zu § 13.

A. Allgemeines

I. Inhalt

1   § 13 a regelt ein **gesetzliches Schuldverhältnis,** auf dessen Basis Netzbetreiber die Stromerzeugung und den Strombezug von bestimmten Erzeugungsanlagen und Stromspeichern anpassen können und die betroffenen BKV und Anlagenbetreiber einen *bilanziellen und finanziellen Ausgleich* erhalten. Das Schuldverhältnis besteht kraft Gesetzes zwischen den jeweiligen Anlagen- und Netzbetreibern. ÜNB sind unmittelbar von § 13 a erfasst, auf VNB finden die Rechte und Pflichten im Rahmen ihrer Verantwortlichkeiten für Netz- und Systemsicherheit nach § 14 Abs. 1 und 1 c entsprechende Anwendung.

2   Bei Maßnahmen nach § 13 a handelt es sich um *marktbezogene Maßnahmen* iSv § 13 Abs. 1 S. 1 Nr. 2 (→ § 13 Rn. 106). Die Netzbetreiber berücksichtigen die Potenziale für **Anpassungen nach § 13 a Abs. 1** bei der kostenbasierten Auswahl für strom- und spannungsbedingte Maßnahmen nach § 13 Abs. 1 S. 2. In der Anwendungspraxis hat das gesetzliche Schuldverhältnis eine **hohe Relevanz für die Systemsicherheit** und wird insbesondere zur Entlastung von Netzengpässen regelmäßig eingesetzt. Die Regelung des § 13 a bildet einen wesentlichen Eckpfeiler des nichtmarktbasierten **„Redispatch 2.0"-Systems.**

3   Mit dem Inkrafttreten des „Redispatch 2.0" zum 1.10.2021 wurde die **Reichweite dieses gesetzlichen Schuldverhältnisses deutlich erweitert:** Während der Anwendungsbereich der Vorgängerregelung auf größere konventionelle Erzeugungsanlagen ≥ 10 MW beschränkt war (vgl. § 13 a Abs. 1 S. 1 EnWG aF), sind nach Abs. 1 nunmehr auch *kleinere Anlagen* einschließlich vorrangberechtigter *EE- und KWK-Strom-Erzeugung* erfasst. Das ehemals eigenständig geregelte *„Einspeisemanagement"* gegenüber vorrangberechtigter EE- und KWK-Strom-Erzeugung (vgl. §§ 14, 15 EEG 2021 aF iVm § 13 Abs. 1 Nr. 2 und Abs. 3 S. 3 EnWG aF) wurde in das gesetzliche Schuldverhältnis nach § 13 a überführt.

4   Mit den Änderungen im Zuge der „Redispatch 2.0"-Novelle wurde ua sichergestellt, dass ein **bilanzieller Ausgleich** nicht mehr allein bei der Anpassung von konventioneller Erzeugung, sondern auch bei der Anpassung von vorrangberechtig-

ter EE- und KWK-Strom-Erzeugung erfolgt. Der in **Abs. 1a** geregelte Anspruch auf einen bilanziellen Ausgleich kommt dem **Bilanzkreisverantwortlichen (BKV)** der jeweils betroffenen Einspeise- oder Entnahmestelle zugute. Im Fall einer Erzeugungsabregelung liefert der Netzbetreiber entsprechende Ausgleichsmengen in den betroffenen Bilanzkreis des BKV und im Fall einer Erzeugungssteigerung liefert der BKV entsprechende Ausgleichsmengen aus dem betroffenen Bilanzkreis an den Netzbetreiber. Wird der Strombezug nach Abs. 1 angepasst, erfolgt ein entsprechender Ausgleich gegenüber dem betroffenen Entnahme-Bilanzkreis.

Die wechselseitigen Pflichten zum bilanziellen Ausgleich nach Abs. 1a S. 1–3 werden durch spezielle **Informationspflichten** nach Abs. 1a S. 4 und 5 flankiert: Der Netzbetreiber ist insbesondere dazu verpflichtet, den betroffenen BKV möglichst frühzeitig vor der Durchführung über die geplante Maßnahme zu unterrichten. Diese *Vorab-Information gegenüber dem BKV* ist wichtig, damit dieser den bilanziellen Ausgleich seitens des Netzbetreibers rechtzeitig einplant und nicht selbst Ausgleichsmaßnahmen ergreift. Dies dient nicht nur dem Interesse des BKV, seinen Bilanzkreis ausgeglichen zu bewirtschaften, sondern auch der Systemsicherheit, weil durch die Vorab-Information Risiken für die Systembilanz vermieden werden.

Die Parteien des gesetzlichen Schuldverhältnisses sind darüber hinaus nach **Abs. 2–4** dazu verpflichtet, eine vorgenommene Anpassung **finanziell auszugleichen**. Die Ausgleichspflicht wirkt in beide Richtungen: Da der Anlagenbetreiber durch die Maßnahme nach § 13a weder besser noch schlechter gestellt werden soll und der bilanzielle Ausgleich angerechnet werden muss, können je nach Konstellation entweder *Ausgleichszahlungen des Netzbetreibers* an den Anlagenbetreiber oder umgekehrt *Ausgleichszahlungen des Anlagenbetreibers* an den Netzbetreiber (für ersparte Brennstoffkosten und ähnliche Aufwendungen) erforderlich sein. Die Einzelheiten zur Höhe des finanziellen Ausgleichs sind in Abs. 2–4 geregelt.

Abs. 5 enthält schließlich nähere Vorgaben dazu, wie die Netzbetreiber den Einsatz der Anpassungspotenziale nach Abs. 1 untereinander abstimmen und nutzen. Diese speziellen Vorgaben ergänzen die *allgemeinen* **Kooperations- und Unterstützungspflichten der Netzbetreiber** zur Planung und Durchführung von Systemsicherheitsmaßnahmen. Abs. 5 S. 3 sieht darüber hinaus einen Ersatzanspruch zwischen Netzbetreibern vor, um auch für spezielle Konstellationen sicherzustellen, dass die Kosten für den bilanziellen und finanziellen Ausgleich einer Maßnahme letztlich von dem Netzbetreiber getragen werden, der für die Ursache (beispielsweise für einen noch nicht umgesetzten Netzausbau) verantwortlich ist.

II. Zweck

Das gesetzliche Schuldverhältnisses nach § 13a soll eine zuverlässige und effiziente Nutzung aller geeigneten Potenziale zur Anpassung von Erzeugungsanlagen und Stromspeichern (außer gegenüber nicht fernsteuerbaren Anlagen < 100 kW) für die Beseitigung von strom- und spannungsbedingten Gefährdungen oder Störungen sicherstellen. Ein zentrales, aber nicht das alleinige Ziel ist insofern die *Systemsicherheit*. Denn die **Netzbetreiber sind** auf zuverlässig nutzbare Möglichkeiten zur **Anpassung dieser Anlagen zwingend angewiesen**, um die Sicherheit und Zuverlässigkeit des Elektrizitätsversorgungssystems gewährleisten zu können.

Durch das gesetzliche Schuldverhältnis werden diese benötigten **Zugriffsrechte sichergestellt:** Die Anlagenbetreiber sollen sich der Verantwortung, ihren Beitrag zu einer sicheren Elektrizitätsversorgung iSd energiewirtschaftlichen Ziele nach § 1 zu leisten (zur grundlegenden EVU-Pflicht vgl. auch § 2 Abs. 1), *nicht*

§ 13 a   Teil 3. Regulierung des Netzbetriebs

durch eine *Verweigerung* von notwendigen Anpassungen oder die Forderung von *unverhältnismäßigen Gegenleistungen* entziehen können (vgl. bereits die Begr. zur Einführung der Vorläuferregelung des gesetzlichen Schuldverhältnisses als § 13 Abs. 1a aF, BT-Drs. 17/6072, 71). Der Staat kommt mit der Regelung seiner **Gewährleistungsverantwortung** für die Elektrizitätsversorgung nach (zur Gewährleistungsverantwortung → § 13 Rn. 7).

10 Das gesetzliche Schuldverhältnis dient zugleich der Umsetzung der Grundsatzentscheidung, in Deutschland kein „marktbasiertes" Redispatch-System einzuführen, sondern ein kostenbasiertes bzw. **nichtmarktbasiertes Redispatch-System** nach Art. 13 Abs. 3–7 Elt-VO 19 beizubehalten und europarechtskonform fortzuentwickeln („Redispatch 2.0"). Durch die gesetzliche Absicherung der Zugriffsrechte nach Abs. 1 sollen nicht nur strukturelle Marktmacht- und Wettbewerbsprobleme vermieden werden, die in Deutschland bei einer marktbasierten Beschaffung von Redispatch-Potenzial drohen würden, sondern auch systemimmanente Fehlanreize für problemverschärfendes Verhalten (insbesondere durch sog. „Inc-Dec"), das zu einer gravierenden Verschärfung von Engpassproblemen und zu erheblichen Kostensteigerungen führen kann (ausf. zur Entscheidung für ein kostenbasiertes Redispatch-System → § 13 Rn. 168ff.). Insofern dient die Regelung sowohl der *Systemsicherheit* als auch der *Preisgünstigkeit*.

11 Darüber hinaus dient die Regelung mittelbar auch dem Ziel der *Umweltverträglichkeit:* Denn nur durch die (gesetzlich abgesicherte) Anpassungsmöglichkeit gegenüber *allen* vorrangberechtigten, nicht vorrangberechtigten Erzeugungsanlagen (außer gegenüber nichtfernsteuerbaren Anlagen < 100 kW) können die Netzbetreiber bei ihrer Auswahlentscheidung den – auch europarechtlich gebotenen – **Einspeisevorrang zugunsten von EE- und KWK-Strom** einhalten (zur Umsetzung des Einspeisevorrangs im Rahmen der Auswahlentscheidung nach § 13 Abs. 1 S. 2 iVm Abs. 1a–1c → § 13 Rn. 310ff.).

12 Das gesetzliche Schuldverhältnis entfaltet zugleich eine **doppelte Schutzfunktion** zugunsten der *Anlagenbetreiber:* Zum einen werden sie durch das gesetzliche Schuldverhältnis nach § 13a faktisch **vor entschädigungslosen Notfallmaßnahmen geschützt**. Denn die Netzbetreiber müssen verfügbare Anpassungsmaßnahmen nach § 13a als sog. „marktbezogene Maßnahmen" iSv § 13 Abs. 1 S. 1 Nr. 2 vorrangig vor Notfallmaßnahmen nach § 13 Abs. 2 nutzen (→ § 13 Rn. 394). Zum anderen werden die Anlagenbetreiber (und die jeweils betroffenen BKV) durch den **bilanziellen und finanziellen Ausgleich** vor unangemessenen Belastungen geschützt. Der bilanzielle und der finanzielle Ausgleich dienen der **Marktneutralität** der netzseitig ausgelösten Eingriffe nach Abs. 1 und somit dem Gesetzesziel der freien Preisbildung durch wettbewerbliche Mechanismen (vgl. § 1 Abs. 4 Nr. 1 und § 1a Abs. 1). Der bilanzielle Ausgleich stützt darüber hinaus die Systembilanz und dient somit der **Systemsicherheit** (→ Rn. 49f.).

B. Anpassungen auf Basis des gesetzlichen Schuldverhältnisses (Abs. 1)

I. Gesetzliches Schuldverhältnis (Abs. 1 S. 1)

13 Die Rechte des Netzbetreibers zur Anpassung der Erzeugung und des Bezugs sowie die spiegelbildlichen Pflichten des Anlagenbetreibers nach Abs. 1 setzen ein Schuldverhältnis zwischen dem jeweiligen Netz- und Anlagenbetreiber voraus.

Dieses Schuldverhältnis kommt **kraft Gesetzes ohne weiteres Zutun** der Parteien zustande und bedarf für die Wirksamkeit auch keiner vertraglichen Bestätigung. Es handelt sich daher um ein **gesetzliches Schuldverhältnis**. Gleichwohl kann es in der Praxis durchaus hilfreich sein, innerhalb des vorgegebenen Rahmens für die konkrete Umsetzung ergänzende Regelungen *vertraglich* zu vereinbaren (sog. **Durchführungsvertrag**).

Das gesetzliche Schuldverhältnis erfasst nach Abs. 1 S. 1 alle *Betreiber von Anlagen* **14** *zur Erzeugung oder Speicherung* von elektrischer Energie, die entweder eine *Nennleistung* ≥ *100 kW* aufweisen oder die durch einen Netzbetreiber jederzeit *fernsteuerbar* sind.

1. Betreiber von Erzeugungs- und Speicheranlagen (Abs. 1 S. 1). **15**
a) Erzeugungs- und Speicheranlagen. Die Umschreibung als Anlage zur Erzeugung von elektrischer Energie entspricht der Legaldefinition einer **Erzeugungsanlage** in § 3 Nr. 18.

Stromspeicher sind als *Anlagen zur Speicherung von elektrischer Energie* ausdrück- **16** lich erfasst. Bei Stromspeichern handelt es sich kurz gefasst um Anlagen, die elektrische Energie zum Zweck der elektrischen, chemischen, mechanischen oder physikalischen Zwischenspeicherung und der späteren *Erzeugung* von elektrischer Energie *verbrauchen* (→ § 13 Rn. 68). Im Hinblick auf ihre Funktion zur Erzeugung von Strom (aus der zwischengespeicherten Energie) handelt es sich bei einem Stromspeicher zugleich um eine **Erzeugungsanlage**. Die zusätzliche Nennung der *Anlagen zur Speicherung* in § 13a Abs. 1 S. 1 neben den *Anlagen zur Erzeugung* von elektrischer Energie dient – wie in verschiedenen anderen Regelungszusammenhängen – vor allem der Klarstellung. Die folgenden Ausführungen zu Anpassungen gegenüber „Erzeugungsanlagen" schließen „Stromspeicher" in ihrer Erzeugungsfunktion stets mit ein, auch wenn sie nicht eigenständig genannt werden. Die eigenständige Nennung der Stromspeicher im Gesetzestext macht darüber hinaus deutlich, dass diese nicht nur in ihrer Funktion als Erzeugungsanlage beim „Ausspeichern", sondern zugleich in ihrer energiewirtschaftlichen Funktion als **Verbrauchseinrichtung** beim „Einspeichern" vom gesetzlichen Schuldverhältnis erfasst sind.

„Power-to-X"-Anlagen, die elektrische Energie nicht zur späteren Stromerzeu- **17** gung, sondern zur Abgabe in einer anderen Energieform verbrauchen (zB in Form von Wärme, Wasserstoff etc), können zwar ebenfalls für die Speicherung von Energie genutzt werden und sind insofern von dem Begriff der *„Energiespeicheranlage"* iSv § 3 Nr. 15d erfasst. Da sie jedoch keine elektrische Energie erzeugen, sind sie *nicht* als *Anlagen zur Speicherung von elektrischer Energie* iSv § 13a erfasst, sondern stellen reine Verbrauchseinrichtungen von elektrischer Energie dar (ausf. zu Stromspeichern und Energiespeicheranlagen → § 13 Rn. 68f. und 131). **Elektromobile** werden in aller Regel allein als *Verbrauchseinrichtung* mit Akku betrieben (→ § 13 Rn. 69). Sie sind aber auch dann nicht *Anlagen zur Speicherung von elektrischer Energie* iSv 13a erfasst, wenn sie ausnahmsweise „bidirektional" zur Rückspeisung von Strom genutzt werden: Der Strombezug für den Ladestrom wird nicht dem Elektromobil, sondern dem jeweiligen Ladepunkt als Letztverbrauch zugerechnet (Letztverbrauchs-Fiktion nach § 3 Nr. 25). Die Nichtberücksichtigung erscheint auch angemessen, um die zwangsweise Inanspruchnahme von Elektromobilen für Redispatch-Maßnahmen zu vermeiden: Denn anderenfalls müssten die Nutzer ua damit rechnen, dass ihr Auto am Ladepunkt nicht geladen, sondern im Engpassfall zur Stromerzeugung eingesetzt und somit zunächst sogar weiter entladen wird (ausführlicher zu Elektromobilen → § 13 Rn. 69).

§ 13 a

18 Mit dem Inkrafttreten der Neuregelungen zum „Redispatch 2.0" ist die ehemalige Beschränkung auf nicht vorrangberechtigte Erzeugung entfallen. Das gesetzliche Schuldverhältnis nach Abs. 1 erfasst nunmehr nicht nur **konventionelle Erzeugung**, sondern auch vorrangberechtigte Erzeugung von **EE-Strom** aus EE-Anlagen (inklusive EE-Stromspeichern → § 13 Rn. 372) und von wärmegekoppeltem **KWK-Strom** aus „hocheffizienten" KWK-Anlagen. Die entsprechende Erweiterung des gesetzlichen Schuldverhältnisses um vorrangberechtigten EE- und KWK-Strom bildet die Basis für die Integration des ehemaligen *Einspeisemanagements* (§§ 14, 15 EEG 2021 aF) in die Systematik des „Redispatch 2.0" (zur Umsetzung des *Einspeisevorrangs* im Rahmen der Auswahlentscheidung → § 13 Rn. 316 ff. und 338 ff.).

19 Auf welcher **Netzebene** die jeweilige Anlage angeschlossen ist, ist für das Bestehen des gesetzlichen Schuldverhältnisses unerheblich. Erfasst sind nicht nur Erzeugungsanlagen und Stromspeicher, die **unmittelbar** an ein Elektrizitätsversorgungsnetz angeschlossen sind (beispielsweise an ein geschlossenes Verteilernetz), sondern auch Anlagen, die **mittelbar** (zB über eine Kundenanlage) an ein Elektrizitätsversorgungsnetz angeschlossen sind.

20 b) Anlagen ≥ 100 kW und fernsteuerbare Anlagen. Von dem gesetzlichen Schuldverhältnis nach Abs. 1 S. 1 sind alle Erzeugungsanlagen und Stromspeicher mit einer **Nennleistung ≥ 100 kW** erfasst. Durch die Herabsetzung des Schwellenwertes im Zuge der „Redispatch 2.0"-Novelle von vormals 10 MW auf 100 kW werden auch kleinere konventionelle Anlagen in das gesetzliche Schuldverhältnis integriert (für EE- und KWK-Anlagen galt schon zuvor eine 100 kW-Schwelle für die Teilnahme am Einspeisemanagement nach § 9 iVm § 14 EEG 2021 aF).

21 Durch den herabgesetzten einheitlichen Nennleistungswert von 100 kW soll zum einen sichergestellt werden, dass auch diese **kleineren konventionellen Anpassungspotenziale** bei der Auswahlentscheidung nach § 13 Abs. 1 S. 2 massengeschäftstauglich berücksichtigt werden und der Einspeisevorrang zugunsten von EE- und KWK-Strom zuverlässig gewahrt bleibt. Zum anderen verbessert die Einbeziehung in das gesetzliche Schuldverhältnis die rechtliche Lage der Betreiber dieser kleineren konventionellen Anlagen, da sie dadurch von dem bilanziellen und finanziellen Ausgleich nach Abs. 1 a–4 mit profitieren und insoweit keine entschädigungslose Anpassung nach § 13 Abs. 2 mehr fürchten müssen.

22 Nach der Rechtsprechung zum Verständnis einer früheren Fassung der Regelung zum gesetzlichen Schuldverhältnis soll sich der **Nennleistungswert** im Hinblick auf die elektrische Erzeugungsleistung von **konventionellen Anlagen** in Ermangelung einer ausdrücklichen Verklammerungsregelung auf die jeweilige *„Einzelanlage"* bzw. das jeweilige *„Kraftwerk"* iSe *„Erzeugungseinheit"* beziehen (vgl. OLG Düsseldorf Beschl. v. 28. 4. 2015 – VI-3 Kart 357/12 (V) Rn. 104 ff.).

23 Ob und mit welchen Ergebnissen diese EnWG-Maßstäbe auf die nunmehr einheitlich von § 13a erfassten **EE- und KWK-Anlagen** sinnvoll übertragen werden können, erscheint zumindest problematisch. Für die Ermittlung der Nennleistung eines Solarparks wäre beispielsweise die Frage zu klären, ob es sich bei der Freiflächenanlage nach den genannten Maßstäben um eine gemeinsam zu betrachtende funktionale *„Erzeugungseinheit"* handelt (mit einer Leistung deutlich > 100 kW) oder ob jedes Solarmodul eine *„Einzelanlage"* darstellt (mit einer Leistung deutlich < 100 kW). Im Ergebnis dürfte klar sein, dass ein Solarpark auf Basis des gesetzlichen Schuldverhältnisses regelbar ist (vgl. *Lamy/Lehnert* EnWZ 2021, 208 (214)). Dieses Ergebnis ist jedoch bereits dadurch sichergestellt, dass § 13 a Abs. 1 S. 1 *neben*

Erzeugungsanpassung und ihr bilanzieller und finanzieller Ausgleich **§ 13 a**

Anlagen ≥ 100 kW jedenfalls auch *alle fernsteuerbaren Anlagen* erfasst. Für die praktische Anwendung wird die Frage der Übertragbarkeit der oben genannten EnWG-Maßstäbe auf EE- und KWK-Anlagen daher in aller Regel dahinstehen können.

Für die Erfassung als **fernsteuerbare Anlagen** sind die Vorgaben des EEG zur 24 technischen Ertüchtigung von EE- und KWK-Anlagen maßgeblich (vgl. Gesetzesbegründung, BT-Drs. 19/7375, 55). Seit dem Inkrafttreten des EEG 2021 gelten die **technischen Vorgaben nach § 9 EEG 2021:** Die Norm gibt ua vor, welche EE- und KWK-Anlagen ferngesteuert regelbar sein müssen. Für zuvor in Betrieb genommene EE- und KWK-Anlagen gelten entsprechende Vorgängerregelungen nach Maßgabe der Übergangsregelungen gem. § 100 Abs. 4 EEG 2021.

Für die nähere Darstellung, welche EE- und KWK-Anlagen (insbesondere 25 ≤ 100 kW) von den technischen Fernsteuerbarkeitsvorgaben (aktuell und perspektivisch) erfasst sind und wie die elektrische Leistung einer EE- und KWK-Anlage iSd **Leistungsschwellen nach § 9 EEG 2021** zu bestimmen ist, wird auf die Ausführungen zu § 13 Abs. 1 S. 3 verwiesen (→ § 13 Rn. 374 ff.). In dem genannten Beispiel eines Solarparks sind die verbauten Solarmodule für die Ermittlung der installierten Gesamtleistung nach Maßgabe von § 9 Abs. 3 EEG 2021 zusammenzurechnen.

c) Anlagenbetreiber. Die Anpassungspflichten auf Basis des gesetzlichen 26 Schuldverhältnisses nach Abs. 1 adressieren den **Betreiber der betreffenden Erzeugungs- oder Speicheranlage.** Es steht dem Anlagenbetreiber grundsätzlich frei, sich auch für die Abwicklung der Rechte und Pflichten nach § 13 a der Hilfe eines Dritten (zB als Erfüllungsgehilfe oder Dienstleister) zu bedienen und beispielsweise mit den Aufgaben als **„Einsatzverantwortlichem"** für seine Anlage (bzw. für die „steuerbare Ressource") zu beauftragen. Dies ändert jedoch nichts an seiner rechtlichen Stellung als berechtigter und verpflichteter *Anlagenbetreiber* im Sinne des gesetzlichen Schuldverhältnisses und der einschlägigen Abwicklungsbestimmungen. Die vorliegenden Darlegungen beziehen sich auf die jeweiligen Rechte und Pflichten als *„Anlagenbetreiber"* ohne Differenzierung, inwieweit dieser selbst als *„Einsatzverantwortlicher"* auftritt oder einen Dritten mit der Abwicklung beauftragt.

2. Anweisender Netzbetreiber (Abs. 1 S. 1). Die Rechte zur Anpassung der 27 Erzeugung und des Bezugs nach Abs. 1 stehen den **ÜNB** zu. Sie sind zugleich zum bilanziellen und finanziellen Ausgleich nach Abs. 1 a–4 verpflichtet. Die Rechte und Pflichten des gesetzlichen Schuldverhältnisses finden auf **VNB** entsprechende Anwendung im Rahmen ihrer Verantwortlichkeiten nach § 14 Abs. 1 und 1 c.

Um die verschiedenen energiewirtschaftlichen Funktionen **eines Netzbe-** 28 **treibers** zu unterscheiden, ist es hilfreich, sich an den entsprechenden Begriffsdefinitionen und Marktrollen, die die BNetzA in ihren Festlegungen zum bilanziellen Ausgleich, zur Informationsbereitstellung und zur Netzbetreiberkoordinierung verwendet, zu orientieren (BNetzA Beschl. v. 6.11.2020 – BK6-20-059, v. 23.3.2021 – BK6-20-061 und v. 12.3.2021 – BK6-20-060). Die verschiedenen Funktionen schließen sich nicht gegenseitig aus. Ein Netzbetreiber erfüllt häufig mehrere Marktrollen:

– Der Netzbetreiber, der den Anlagenbetreiber (bzw. den Einsatzverantwortlichen) auf Basis des gesetzlichen Schuldverhältnisses nach Abs. 1 dazu *anweist,* die Erzeugung oder den Bezug der Anlage anzupassen (Aufforderungsfall), oder die Anpassung selbst ausführt (Duldungsfall) wird als **„anweisender Netzbetreiber"** bezeichnet.

Sötebier

§ 13 a

- Der Netzbetreiber, der eine Gefährdung oder Störung in seinem Netzgebiet identifiziert und einen anderen Netzbetreiber nach § 14 Abs. 1 c zu Maßnahmen nach § 13 Abs. 1 oder 2 auffordert, wird als **„anfordernder Netzbetreiber"** bezeichnet.
- Als **„Anschlussnetzbetreiber"** wird der Netzbetreiber bezeichnet, an dessen Netz die jeweilige Anlage entweder unmittelbar oder mittelbar über eine Kundenanlage oder Kundenanlage zur betrieblichen Eigenversorgung angeschlossen ist.

Der *Anlagenbetreiber* ist nach Abs. 1 gegenüber dem jeweils *anweisenden Netzbetreiber* zur Anpassung bzw. zur Duldung der Anpassung verpflichtet.

29 Der Gesetzgeber hat **Spielräume für unterschiedliche Modelle der Zusammenarbeit** zwischen den Netzbetreibern belassen. In der Praxis werden die Anpassungspotenziale in nachgelagerten Netzen in aller Regel über Anforderungen nach § 14 Abs. 1 c an die jeweils nachgelagerten Netzbetreiber genutzt (**Kaskaden-Anforderung** → § 14 Rn. 28 ff.). Das folgende Schaubild bildet exemplarisch den Fall der Anweisung eines nachgelagerten gegenüber einem Anlagenbetreiber nach § 13 a Abs. 1 auf eine Kaskaden-Anforderung seines vorgelagerten Netzbetreibers nach § 14 Abs. 1 c ab.

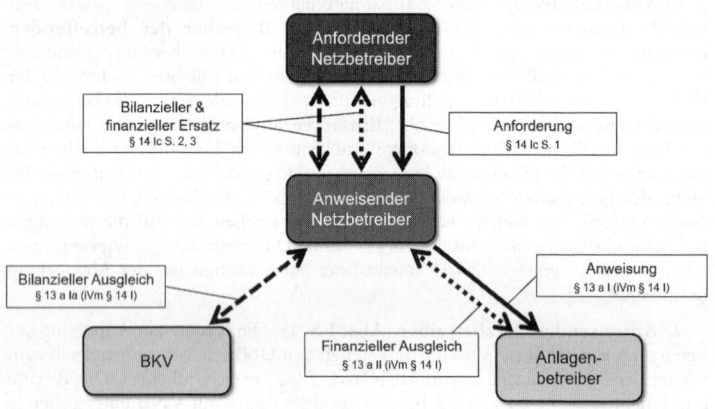

Abb. 1: Übersicht zur Abwicklung des bilanziellen und finanziellen Ausgleichs im Fall einer Kaskaden-Anforderung nach § 14 Abs. 1 c

30 In der Praxis tritt in aller Regel der jeweilige **Anschlussnetzbetreiber** als *anweisender Netzbetreiber* auf. Der Gesetzgeber hat es jedoch bewusst vermieden, die Regelungen nach § 13 a allein auf den Anschlussnetzbetreiber zu beziehen. Auch ein **vorgelagerter Netzbetreiber** kann grundsätzlich als *anweisender Netzbetreiber* auftreten und die Erzeugung bzw. den Bezug von „Anlagen in nachgelagerten Netzen" auf Basis des gesetzlichen Schuldverhältnisses nach Abs. 1 „direkt selbst" anpassen bzw. den Anlagenbetreiber zur Anpassung auffordern (vgl. Gesetzesbegründung zu § 14 Abs. 1 c BT-Drs. 19/7375, 58 f). Von dieser Möglichkeit einer **„zentralen" Nutzung** von Redispatch-Potenzialen **in nachgelagerten Netzen** durch vorgelagerte Netzbetreiber wurde bereits im vorherigen Regelungsrahmen des

„Redispatch 1.0" in Einzelfällen Gebrauch gemacht (bspw. für direkte Anweisungen gegenüber bestimmten Kraftwerken im nachgelagerten Verteilernetz).

Durch die grundsätzlichen Zugriffsmöglichkeiten der vorgelagerten Netzbetreiber bleibt im Regelungsrahmen des „Redispatch 2.0" sichergestellt, dass die Potenziale in nachgelagerten Netzen erforderlichenfalls auch dann genutzt werden können, wenn der **nachgelagerte (Anschluss-) Netzbetreiber vorübergehend nicht in der Lage** sein sollte, die erforderlichen Maßnahmen selbst durchzuführen. Der vorgelagerte Netzbetreiber muss derartige Maßnahmen nach Abs. 5 S. 1 ua mit dem nachgelagerten Anschlussnetzbetreiber abstimmen (ausf. zur Abstimmung unter den Netzbetreibern nach Abs. 5 S. 1 und dem Vorrang von Maßnahmen des nachgelagerten Netzbetreibers → Rn. 151 ff. und 154). 31

II. Anpassung der Erzeugung oder des Bezugs (Abs. 1 S. 1)

Der Anlagenbetreiber ist nach Abs. 1 S. 1 verpflichtet, auf Aufforderung des anweisenden Netzbetreibers die Wirkleistungs- oder Blindleistungserzeugung oder den Wirkleistungsbezug anzupassen (Aufforderungsfall) oder eine entsprechende Anpassung durch den Netzbetreiber zu dulden (Duldungsfall). 32

1. Anpassung (Abs. 1 S. 1). Anpassungen der **Wirkleistungs-** und der **Blindleistungserzeugung** nach Abs. 1 sind gegenüber *Erzeugungsanlagen* möglich (inklusive Stromspeichern in ihrer Funktion als Erzeugungsanlagen beim Ausspeichern; → § 13 Rn. 68). Das Recht, den **Wirkleistungsbezug** anzupassen, ist ergänzt worden, um die *Stromspeicher* auch nach ihrer Funktion als Verbrauchseinrichtungen (Lasten) beim Einspeichern zu erfassen. Das OLG Düsseldorf hatte die unklarer gefasste Vorgängernorm dafür nicht als ausreichend angesehen (vgl. OLG Düsseldorf Beschl. v. 28. 4. 2015 – VI-3 Kart 357/12 (V) Rn. 113 ff.). Durch die anschließende Gesetzesänderung ist diese Befugnis nunmehr ausdrücklich geregelt. 33

Bei dem Begriff der **„Anpassung"** handelt es sich um einen weit gefassten Begriff, der in den Regelungen zur Systemsicherheit mehrfach verwendet wird, um Vorgaben eines Netzbetreibers zur Stromerzeugung von Anlagenbetreibern und zum Strombezug von Lasten zu ermöglichen (zB im Rahmen von strom- und spannungsbedingten Maßnahmen nach § 13 Abs. 1 S. 2 und von Notfallmaßnahmen nach § 13 Abs. 2). IRv § 13 a Abs. 1 umfassen die *Vorgaben* eines Netzbetreibers zur Wirkleistungserzeugung, zur Blindleistungserzeugung und zum Wirkleistungsbezug gegenüber den von dem gesetzlichen Schuldverhältnis erfassten Anlagen. 34

Regelmäßig zielen die Anpassungsvorgaben auf eine Reduzierung oder Steigerung der jeweiligen Erzeugung (Abregelung oder Hochfahren) bzw. des jeweiligen Strombezugs (Lastzuschaltung oder Lastabschaltung). Abs. 1 S. 2 Nr. 1 stellt klar, dass *Anpassungen* auch gegenüber Anlagen möglich sind, die aktuell keinen Strom erzeugen oder beziehen und erforderlichenfalls **erst betriebsbereit gemacht** werden müssen. Ergänzend wird in Abs. 1 S. 2 Nr. 2 klargestellt, dass die Anpassungsvorgaben auch die **Verschiebung einer geplanten Revision** erfordern können. Für die nähere Darstellung des **weiten Verständnisses** von möglichen **Vorgaben im Sinne einer „Anpassung"** (einschließlich *Betriebsbereitschaftsmaßnahmen* und *testweisen Einsätzen*) wird auf die Ausführungen zu § 13 Abs. 1 S. 2 verwiesen (→ § 13 Rn. 244 ff.). 35

a) Keine Begrenzung auf Netzeinspeisung. Der Gesetzgeber hat im Zuge der „Redispatch 2.0"-Novelle auch im Hinblick auf **„Anpassungen"** nach Abs. 1 36 durch den Bezug auf die gesamte „**Wirkleistungs- oder Blindleistungserzeugung**" klargestellt, dass die Erzeugung „grundsätzlich vollständig geregelt werden kann, auch wenn sie ganz oder teilweise nicht in ein Elektrizitätsversorgungsnetz, sondern beispielsweise in eine Kundenanlage eingespeist wird" (vgl. Gesetzesbegründung zu der sprachlich entsprechenden Klarstellung in § 13 Abs. 1 S. 2, BT-Drs. 19/7375, 52). Das Recht zur Anpassung einer Erzeugungsanlage ist grundsätzlich *nicht* auf die **in das Netz eingespeisten Erzeugungsmengen** begrenzt.

37 Die Potenziale zur Abregelung einer Erzeugungsanlage schließen daher grundsätzlich auch Erzeugungsmengen mit ein, die der Betreiber bspw. für die Deckung von **Eigenverbräuchen** oder für eine **Direktbelieferung von Dritten** innerhalb der Kundenanlage nutzt. Kommt es dadurch zu einem *zusätzlichen Strombezug* aus dem Netz, ist dieser vom bilanziellen und finanziellen Ausgleich nach Abs. 1 a–4 mit erfasst. Soweit die Erzeugungsmengen für eine „**Selbstversorgung mit EE- oder KWK-Strom**" genutzt werden, sind die Abregelungsmöglichkeiten jedoch gemäß der europarechtlichen Vorgaben nach Art. 13 Abs. 6 lit. c Elt-VO 19 deutlich eingeschränkt (→ § 13 Rn. 354 ff.).

38 Für die nähere Darstellung der gesetzlichen Klarstellungen in den Systemsicherheitsregelungen der §§ 13, 13a zur grundsätzlichen Reichweite von *Erzeugungsanpassungen* und den bezweckten Vorteilen zugunsten der energiewirtschaftlichen Ziele der **Preisgünstigkeit, Umweltverträglichkeit** und **Systemsicherheit** wird auf die Ausführungen zu § 13 Abs. 1 S. 2 verwiesen (→ § 13 Rn. 257 f.).

39 **b) Lastzuschaltung für elektrische Ersatzwärmeversorgung.** Soweit sich das Anpassungspotenzial auf die Abregelung einer wärmegekoppelten Wirkleistungserzeugung bezieht (beispielsweise mit einer KWK- oder einer Biogasanlage) und eine *elektrische* Ersatzwärmeversorgung für den Ausgleich der beeinträchtigten Wärmeerzeugung zur Verfügung steht, kann der Netzbetreiber – auch ohne eine KWK-Ersatzwärmevereinbarung nach § 13 Abs. 6a (→ § 13 Rn. 175 ff.) – auf der Basis von Abs. 1 faktisch auf eine **kombinierte Erzeugungsabregelung mit zeitgleicher Lastzuschaltung** zugreifen (→ § 13 Rn. 183).

40 Die Anpassung nach Abs. 1 bezieht sich in der genannten Konstellation zwar auf die *Abregelung der Wirkleistungserzeugung* der Erzeugungsanlage. Diese bewirkt jedoch unmittelbar kausal zugleich die *Lastzuschaltung* der elektrischen Ersatzwärmeversorgung, sodass dieser zeitgleiche **zusätzliche Stromverbrauch** von dem *bilanziellen und finanziellen Ausgleich* nach Abs. 1 a und 2 mit erfasst und die **zusätzliche Entlastungswirkung** durch die Lastzuschaltung auf das überlastete Netzbetriebsmittel bei der *Auswahlentscheidung* und Maßnahmendimensionierung für strom- und spannungsbedingte Anpassungen nach § 13 Abs. 1 S. 2 mit zu berücksichtigen ist (BNetzA Beschl. v. 6.11.2020 – BK6-20-059, S. 59).

41 Der mit der Erzeugungsabregelung gekoppelt ausgelöste Einsatz der elektrischen Ersatzwärmeanlage dürfte sowohl dem Eigeninteresse des Anlagenbetreibers als auch seinen Schadensminderungspflichten entsprechen (→ § 13 Rn. 335). Der Netzbetreiber muss auf den gekoppelten Einsatz nicht nur im Hinblick auf die *Engpassentlastung,* sondern auch im Hinblick auf die von ihm bereitzustellenden und vom BKV abzunehmenden *Strommengen für den bilanziellen Ausgleich* vertrauen können. Ausführlich zur Erzeugungsabregelung mit gekoppelter Lastzuschaltung einer elektrischen Ersatzwärmeversorgung → § 13 Rn. 147, 183, 245 und 334.

42 **c) Keine willkürliche Lastzuschaltung anstelle einer Erzeugungsabregelung.** Fordert der anweisende Netzbetreiber den Anlagenbetreiber auf Basis des gesetzlichen Schuldverhältnisses nach Abs. 1 dazu auf, die *Wirkleistungserzeugung*

Erzeugungsanpassung und ihr bilanzieller und finanzieller Ausgleich **§ 13 a**

einer Erzeugungsanlage (oder eines Stromspeichers) anzupassen oder eine entsprechende Anpassung durch den Netzbetreiber zu dulden, ist der Anlagenbetreiber exakt dazu nach den Vorgaben des Netzbetreibers verpflichtet. Er ist nicht dazu berechtigt, von den Vorgaben des Netzbetreibers abzuweichen. Das gilt auch dann, wenn hinter einem Netzverknüpfungspunkt sowohl Potenziale zur Erzeugungs- als *auch zur Lastanpassung* zur Verfügung stehen (beispielsweise in Form von Power-to-X-Anlagen, Stromspeichern oder sonstigen Verbrauchseinrichtungen).

Der Anlagenbetreiber ist insbesondere **nicht** dazu berechtigt, *anstelle* **einer an-** 43 **geforderten Erzeugungsanpassung eine Lastanpassung** vorzunehmen (oder umgekehrt). Ausführlicher zur *getrennten* Berücksichtigung von verschiedenen Potenzialen für Erzeugungs- und Lastanpassungen anhand eines Beispielfalls → § 13 Rn. 259 ff. Zu den grundsätzlichen Möglichkeiten und den strukturellen Grenzen, Lastflexibilitäten *zusätzlich* zu Erzeugungsflexibilitäten in der Form von zuschaltbaren Lasten zu nutzen → § 13 Rn. 164–174.

d) Anpassungen auf der Basis von Plan- und Istwerten. Das Recht des 44 Netzbetreibers für Anpassungen nach Abs. 1 besteht „unabhängig davon, ob die Aufforderung oder Regelung durch den Netzbetreiber aufgrund einer *plandatenbasierten Prognose* oder aufgrund von *akut festgestellten Netzzuständen* erfolgt" (Begr. BT-Drs. 19/7375, 55). Das Anpassungsrecht nach § 13 a ist zum einen ohnehin gesetzessystematisch von den Tatbestandsvoraussetzungen für den Einsatz von strom- und spannungsbedingten Anpassungen nach § 13 Abs. 1 entkoppelt (→ Rn. 47). Zum anderen ist auch für die Auswahlentscheidung nach § 13 Abs. 1 S. 2 nicht entscheidend, ob der Umfang einer strom- oder spannungsbedingten Gefährdung oder Störung und somit der Umfang der erforderlichen Anpassungsmaßnahmen bereits auf der Basis von **Planwerten** absehbar ist oder erst auf der Basis von aktuellen **Istwerten** abschließend bestimmt werden kann.

Die Potenziale für Anpassungen nach Abs. 1 (mit bilanziellem und finanziellem 45 Ausgleich nach Abs. 1 a–4) sind **in beiden Fällen nutzbar** und müssen dementsprechend von den Netzbetreibern bei ihrer Auswahlentscheidung nach § 13 Abs. 1 S. 2 berücksichtigt werden. *Soweit* sich kurzfristig oder akut festgestellte Gefährdungen oder Störungen bzw. Abweichungen gegenüber dem zuvor prognostizierten Umfang der Gefährdungen oder Störungen durch Maßnahmen nach § 13 Abs. 1 – beispielsweise auch durch Anpassungen nach § 13 a – rechtzeitig beseitigen lassen, verbleibt weder Bedarf noch Raum für eine Notfallmaßnahme nach Abs. 2. Durch die Ausweitung des gesetzlichen Schuldverhältnisses nach § 13 a im Zuge der „Redispatch 2.0"-Novelle hat der Gesetzgeber somit den verbleibenden Anwendungsbereich für (entschädigungslose) Notfallmaßnahmen deutlich eingeschränkt (→ § 13 Rn. 394 ff.).

2. Einsatz für strom- und spannungsbedingte Anpassungen (Abs. 1 S. 1 46 **iVm § 13 Abs. 1).** Bei Maßnahmen auf Basis des gesetzlichen Schuldverhältnisses nach § 13 a handelt es sich ausdrücklich um sog. **marktbezogene Maßnahmen** iSv § 13 Abs. 1 S. 1 Nr. 2. Die Netzbetreiber haben die verfügbaren und geeigneten Potenziale zur Anpassung der *Wirkleistungserzeugung* und des *Wirkleistungsbezugs*, auf die sie nach § 13 a Abs. 1 zugreifen können, bei ihrer Auswahlentscheidung zur Beseitigung von **strom- und spannungsbedingten Gefährdungen oder Störungen** nach § 13 Abs. 1 S. 2 mit zu berücksichtigen (→ § 13 Rn. 245). Fernsteuerbare Anlagen < 100 kW können sie nach § 13 Abs. 1 S. 3 optional auch nachrangig berücksichtigen (→ § 13 Rn. 371). Die Anpassungspotenziale werden in der Praxis insbesondere als positives und negatives Redispatch-Vermögen zur Entlastung von

Netzengpässen eingesetzt (strom- und spannungsbedingte Gefährdungen setzen jedoch nicht zwingend einen „*Netzengpass*" voraus → § 13 Rn. 228 ff.).

47 Das Vorliegen einer strom- oder spannungsbedingten Gefährdung oder Störung (→ § 13 Rn. 227 ff.), die Einhaltung der Rangfolge (§ 13 Rn. 269 ff.) und die ordnungsgemäße Auswahl von Anpassungsmaßnahmen nach § 13 Abs. 1 S. 2 iVm Abs. 1a–1c (→ § 13 Rn. 273 ff.) sind **keine Tatbestandsvoraussetzungen** für das gesetzliche Schuldverhältnis nach § 13a Abs. 1. Der Gesetzgeber hat die Anpassungspflicht nach § 13a bewusst von § 13 entkoppelt (vgl. Begr. BT-Drs. 19/7375, 55). **Etwaige Zweifel** an der Gefährdungslage, der Einhaltung der Rangfolge oder der Auswahlentscheidung berechtigen den Anlagenbetreiber *nicht* zu einer **Verweigerung der Anpassung**. Umgekehrt bleibt der Netzbetreiber zum **bilanziellen und finanziellen Ausgleich** nach Abs. 1 und 2–4 auch dann verpflichtet, wenn sich im Nachhinein herausstellen sollte, dass Vorgaben nach § 13 verletzt wurden.

48 Die speziellen Anforderungen zur Auswahl von strom- und spannungsbedingten Maßnahmen nach § 13 Abs. 1 S. 2 ist auf Anpassungen der Wirkleistungserzeugung und des Wirkleistungsbezugs beschränkt. Die Potenziale zur Anpassung der *Blindleistungserzeugung* auf Basis des gesetzlichen Schuldverhältnisses nach § 13a Abs. 1 können von den Netzbetreibern als marktbezogene Maßnahmen nach den allgemeinen Vorgaben gem. § 13 Abs. 1 S. 1 Nr. 2 eingesetzt werden.

C. Bilanzieller Ausgleich (Abs. 1a)

49 Die Anpassung von Erzeugungs- bzw. Bezugsmengen nach Abs. 1 hat zwangsläufig bilanzielle Auswirkungen: Wird eine Erzeugungsanlage abgeregelt bzw. hochgefahren, so wird in dem Zeitraum dementsprechend weniger bzw. mehr Strom in den Bilanzkreis eingespeist, dem die *Einspeisestelle* zugeordnet ist (Einspeisebilanzkreis). Wird der Strombezug für das Laden eines Stromspeichers zu- bzw. abgeschaltet, so wird in dem Zeitraum dementsprechend mehr bzw. weniger Strom aus dem Netz und dem Bilanzkreis entnommen, dem die *Entnahmestelle* zugeordnet ist (Entnahmebilanzkreis). Es bedarf eines **koordinierten bilanziellen Ausgleichs**, um Schiefstände dieser betroffenen Einspeise- und Entnahmebilanzkreise und somit zugleich Leistungsungleichgewichte zulasten der Systembilanz zu vermeiden (→ § 13 Rn. 88 ff.).

I. Zweck und Funktion des bilanziellen Ausgleichs

50 Zweck und Funktion des bilanziellen Ausgleichs ist es daher, **Ungleichgewichte der Systembilanz** und der betroffenen **Bilanzkreise** zu vermeiden. Dies dient zum einen der *Systemsicherheit* und zum anderen einer klaren Zuordnung der *Verantwortlichkeiten* für die bilanziellen Folgewirkungen von Anpassungsmaßnahmen nach Abs. 1.

51 Die Eingriffe des Netzbetreibers aufgrund unzureichender Netzkapazitäten sollen darüber hinaus (auch in bilanzieller Hinsicht) **marktneutral** erfolgen: Durch den bilanziellen Ausgleich sollen die jeweils betroffenen Bilanzkreise und BKV weder besser noch schlechter, sondern „*so gestellt werden, wie sie stünden, wenn es die Maßnahme nicht gegeben hätte*" (Begr. BT-Drs. 19/7375, 56). Mit dieser Funktion wird ua sichergestellt, dass die geplanten Handelsgeschäfte trotz der Anpassung der Wirkleistungserzeugung oder des -bezugs durchgeführt werden können und die **freie wettbewerbliche Preisbildung am Strommarkt** unbeeinträchtigt bleibt (vgl. § 1 Abs. 4 Nr. 1 und § 1a Abs. 1).

II. Bilanzieller Ausgleich zwischen Netzbetreiber und betroffenem BKV (Abs. 1a S. 1)

Der bilanzielle Ausgleich erfolgt nach Abs. 1a S. 1 zwischen dem BKV des jeweils *betroffenen Einspeise- oder Entnahmebilanzkreises* (**betroffener BKV**) und dem **anweisenden Netzbetreiber** (→ Rn. 28), der den Anlagenbetreiber zur Anpassung nach Abs. 1 angewiesen hat (sog. Aufforderungsfall) oder die Anpassung selbst vorgenommen hat (sog. Duldungsfall). Die Regelung ist als **Anspruch des BKV** gegen den anweisenden Netzbetreiber formuliert. Der bilanzielle Ausgleich selbst kann jedoch **in beide Richtungen** erforderlich sein und umfasst sowohl die Bereitstellung von Strom vom Netzbetreiber an den betroffenen BKV als auch umgekehrt vom betroffenen BKV an den Netzbetreiber (→ Rn. 54 ff.). Der Anspruch korrespondiert mit einer entsprechenden Pflicht zur Abnahme der bilanziellen Ausgleichsmengen (→ Rn. 74 ff.). 52

Im Gegensatz zu der vorhergehenden Rechtslage des „Redispatch 1.0", nach der der bilanzielle Ausgleich als Teil der „angemessenen Vergütung" gegenüber dem **Anlagenbetreiber** abgewickelt wurde (→ 3. Aufl., § 13 Rn. 47), erfolgt der bilanzielle Ausgleich nunmehr unmittelbar gegenüber dem betroffenen BKV. Der Anlagenbetreiber hat keinen eigenen Anspruch auf bilanziellen Ausgleich nach Abs. 1a. Für ihn gilt die (wechselseitige) finanzielle Ausgleichspflicht nach Abs. 2 unter Anrechnung des bilanziellen Ausgleichs (→ Rn. 97 ff.). 53

III. Betroffene Einspeise- und Entnahmebilanzkreise (Abs. 1a S. 1)

In welche Richtung der bilanzielle Ausgleich erfolgt, hängt davon ab, ob der betroffene Bilanzkreis des BKV aufgrund der Anpassung nach Abs. 1 mehr oder weniger Strom aufweist. Sofern der betroffene Bilanzkreis aufgrund von **negativem Redispatch** weniger Strom aufweist, erfolgt der bilanzielle Ausgleich, indem die insofern **„fehlenden" Strommengen** aus dem Redispatch-Bilanzkreis des *Netzbetreibers* in den jeweils *betroffenen Bilanzkreis des BKV* geliefert werden. Eine Anpassung für „negativen Redispatch" erfolgt in der Regel durch die Abregelung von Erzeugungsanlagen (inklusive Stromspeichern in ihrer Erzeugungsfunktion), kann jedoch auch durch die Steigerung eines Strombezugs (insbesondere für Stromspeicher in ihrer Verbrauchsfunktion) bewirkt werden. 54

Sofern der betroffene Bilanzkreis aufgrund von **positivem Redispatch** mehr Strom aufweist, erfolgt der bilanzielle Ausgleich, indem diese insofern **„zusätzlichen" Strommengen** aus dem *betroffenen Bilanzkreis des BKV* in den *Redispatch-Bilanzkreis des Netzbetreibers* geliefert werden. Eine Anpassung für „positiven Redispatch" kann einerseits durch das Hochfahren von Erzeugungsanlagen (inklusive Stromspeichern in ihrer Erzeugungsfunktion) oder andererseits durch die Reduzierung des Strombezugs für Stromspeicher (in ihrer Verbrauchsfunktion) erfolgen. 55

Wird eine **Stromerzeugung** abgeregelt oder hochgefahren, so erfolgt der bilanzielle Ausgleich grundsätzlich gegenüber dem Bilanzkreis, dem die betroffene Einspeisestelle zugeordnet ist (**„Einspeisebilanzkreis";** zB der Bilanzkreis eines Direktvermarkters). Wird eine direktvermarktete EE-Anlage abgeregelt, kann es für die klare Unterscheidung hilfreich sein, die vom Netzbetreiber gelieferten „Graustrom"-Mengen nicht in den „sortenreinen" EE-Bilanzkreises zu buchen, sondern in einen gesonderten Unterbilanzkreis (§ 20 Nr. 3 lit. a EEG 2021). Da die Einstellung der bilanziellen Ausgleichsmengen in den EE-Bilanzkreis jedoch weder vom 56

Anlagenbetreiber noch vom Direktvermarkt „zu vertreten" ist, gefährdet auch eine Einstellung in denselben EE-Bilanzkreis nicht den Marktprämienanspruch (§ 20 Nr. 3 lit. b EEG 2021; vgl. BNetzA Beschluss v. 6.11.2020 – BK6-20-059, S. 11).

57 Wird der **Strombezug** für die Verbräuche eines Stromspeichers gesteigert oder gedrosselt (zB durch Anweisungen zum Pumpbetrieb bei Pumpspeicherkraftwerken), erfolgt der bilanzielle Ausgleich gegenüber dem Bilanzkreis, dem die betroffene Entnahmestelle zugeordnet ist („**Entnahmebilanzkreis**"; in der Regel der Bilanzkreis des Stromlieferanten). Soweit die *Abregelung einer wärmegekoppelten Stromerzeugung* zugleich die Zuschaltung einer **elektrischen Ersatzwärmeversorgung** mit auslöst, betreffen diese *zusätzlichen Strombezüge* ebenfalls eine Entnahmestelle und sind für den bilanziellen Ausgleich mit zu berücksichtigen. Wenn diese Strombezüge aus demselben Bilanzkreis gedeckt werden, in den auch die Einspeisung erfolgt und der Einspeise- somit dem Entnahmebilanzkreis entspricht, kann der bilanzielle Ausgleich für die Gesamtmaßnahme (Erzeugungsabreglung mit gekoppelter Zuschaltung der elektrischen Ersatzwärmeversorgung) auch gegenüber demselben Bilanzkreis erfolgen.

58 Soweit die *Abregelung einer Stromerzeugung* über die Netzeinspeisung hinausgeht und somit zu zusätzlichen Strombezügen zur Deckung von Verbräuchen innerhalb der Kundenanlage führt, die ohne die Abregelung bilanziell durch die Stromerzeugung „vor Ort" gedeckt worden wäre (als **Eigenversorgung** im Hinblick auf eigene Verbräuche des Anlagenbetreibers und als **Direktbelieferung** im Hinblick auf Drittverbräuche), betreffen diese *zusätzlichen Strombezüge* ebenfalls eine Entnahmestelle. Zur grundsätzlichen Regelbarkeit der gesamten Stromerzeugung und zu den Einschränkungen gegenüber einer „Selbstversorgung mit EE- oder KWK-Strom" → Rn. 33 ff.

59 Die Netzbetreiber müssen den bilanziellen Ausgleich nach Abs. 1 a über ihren *„Bilanzkreis für den energetischen und bilanziellen Ausgleich von Systemsicherheitsmaßnahmen"* abwickeln (vereinfachend **„Redispatch-Bilanzkreis"**). Sie dürfen den energetischen und den bilanziellen Ausgleich von strom- und spannungsbedingten Maßnahmen nach Abs. 1 S. 2 (→ § 13 Rn. 244 ff.) *ausschließlich* über diesen gesonderten Bilanzkreis durchführen (§ 11 a Abs. 1 und 2 StromNZV). Auch Strommengen, die anfordernde Netzbetreiber den anweisenden Netzbetreibern als *bilanziellen Ersatz* nach § 14 Abs. 1 c S. 2 zur Verfügung stellen, sind über den Redispatch-Bilanzkreis abzuwickeln und werden vom anweisenden Netzbetreiber für den bilanziellen Ausgleich gegenüber dem BKV nach Abs. 1 a genutzt (vgl. Übersicht → Rn. 29 Abb. 1). Zum *energetischen Ausgleich* von strom- und spannungsbedingten Anpassungsmaßnahmen und zur Nutzung dieser Strommengen für den bilanziellen Ausgleich → § 13 Rn. 265 ff.

IV. Durchführung des bilanziellen Ausgleichs (Abs. 1 a S. 1)

60 Der bilanzielle Ausgleich erfolgt nach Maßgabe der **Festlegung zum bilanziellen Ausgleich von Redispatch-Maßnahmen** (BNetzA Beschl. v. 6.11.2020 – BK6-20-059). Die konkrete Durchführung richtet sich danach, welchem **Bilanzierungsmodell** die jeweilige Anlage zugeordnet ist. Alle Erzeugungsanlagen und Stromspeicher, die auf Basis des gesetzlichen Schuldverhältnisses nach Abs. 1 geregelt werden können (→ Rn. 15 ff., 20 ff.), müssen einem der beiden vorgegebenen Bilanzierungsmodelle zugeordnet werden: dem Planwertmodell (→ Rn. 55) oder dem Prognosemodell (→ Rn. 60).

Erzeugungsanpassung und ihr bilanzieller und finanzieller Ausgleich   § 13 a

1. Durchführung im Planwertmodell. Das **Planwertmodell** ist Anlagen 61 vorbehalten, für die gewährleistet ist, dass **Fahrpläne** sowie **Planungsdaten in ausreichender Prognosegüte** geliefert werden. Bestimmte größere Anlagen (≥ 10 MW oder Anschluss am Übertragungsnetz), für deren Einspeisung die Anlagenbetreiber ohnehin zur Übermittlung von Fahrplänen verpflichtet sind, *müssen* dem Planwertmodell zugeordnet werden (zu den speziell geregelten Meldepflichten nach Art. 40 Abs. 5 SO GL → § 13 Rn. 279). Im Übrigen *können* Anlagen auf Vorschlag des Anlagenbetreibers dem Planwertmodell zugeordnet werden, wenn die Voraussetzungen des „Kriterienkatalogs Planwertmodell" erfüllt sind (BNetzA Beschl. v. 6.11.2020 – BK6-20-059, Anlage 1 S. 12).

Der **bilanzielle Ausgleich** erfolgt im Planwertmodell „*ex ante*" (vor dem Erfül- 62 lungszeitpunkt) durch die Anmeldung korrespondierender **Fahrpläne** zum Austausch der entsprechenden Strommenge zwischen dem Redispatch-Bilanzkreis des Netzbetreibers und dem Bilanzkreis des betroffenen BKV (zur Betroffenheit des jeweiligen Einspeise- oder Entnahmebilanzkreises und seines zugeordneten BKV → Rn. 48 ff.). Nach Abs. 1 a S. 1 erfolgt der bilanzielle Ausgleich gegenüber dem *anweisenden Netzbetreiber*, also dem Netzbetreiber, der den Anlagenbetreiber nach Abs. 1 anweist (→ Rn. 28). Durch diese Zuordnung soll sichergestellt werden, dass jeder Netzbetreiber die Verantwortung für die von ihm angewiesenen Anpassungen übernimmt.

Soweit der anweisende Netzbetreiber die Anpassungsmaßnahme nach Abs. 1 auf 63 Anforderung eines vorgelagerten Netzbetreibers nach § 14 Abs. 1 c S. 1 anweist, ist dieser *anfordernde Netzbetreiber* wiederum gegenüber dem *anweisenden Netzbetreiber* in der Verantwortung, ihm nach § 14 Abs. 1 c S. 2 **bilanziellen Ersatz** (für den bilanziellen Ausgleich) zur Verfügung zu stellen (vgl. die Übersicht zur Abwicklung des bilanziellen und finanziellen Ausgleichs im Fall einer Kaskaden-Anforderung nach § 14 Abs. 1 c → Rn. 29 Abb. 1).

Da im **Planwertmodell** die bilanziell nach § 14 Abs. 1 c S. 2 zu ersetzenden und 64 nach § 13 a Abs. 1 a S. 1 auszugleichenden Strommengen ex ante bekannt sind, kann der Ersatz und Ausgleich in der praktischen Umsetzung grundsätzlich „**abgekürzt**" werden, indem die auszugleichende Strommenge unmittelbar aus dem Redispatch-Bilanzkreis des *anfordernden Netzbetreibers* in den Bilanzkreis des *betroffenen BKV* per Fahrplan geliefert wird (BNetzA Beschl. v. 6.11.2020 – BK6-20-059, Anlage 3 S. 2). Soweit die Anweisung nach Abs. 1 gegenüber Anlagen erfolgt, die zu einem gemeinsam steuerbaren „**Cluster**" zusammengefasst sind (→ § 13 Rn. 293), bleibt jedoch ein mindestens zweistufiger Ausgleich erforderlich: einerseits durch eine Fahrplan-Lieferung aus dem Redispatch-Bilanzkreis des *anfordernden Netzbetreibers* an den *clusternden Netzbetreiber* und andererseits durch den Ausgleich seitens des *clusternden Netzbetreibers* gegenüber den betroffenen BKV bzw. gegenüber nachgelagerten Netzbetreibern, soweit deren Cluster eingebunden sind (BNetzA Beschl. v. 6.11.2020 – BK6-20-059, Anlage 3 S. 6).

Soweit der *anweisende Netzbetreiber* nicht auf Anforderung eines vorgelagerten 65 Netzbetreibers nach § 14 Abs. 1 c, sondern aufgrund von Netzengpässen in seinem eigenen Netz eine Anweisung nach Abs. 1 vornimmt, nimmt er sinngemäß zugleich die Marktrolle als *anfordernder Netzbetreiber* wahr und unterliegt insoweit auch den entsprechenden Rechten und Pflichten nach der Festlegung zum bilanziellen Ausgleich.

2. Durchführung im Prognosemodell. Auf alle Erzeugungsanlagen und 66 Stromspeicher, die Anpassungsmaßnahmen nach Abs. 1 unterliegen (→ Rn. 15 ff.

und 20 ff.) und *nicht* dem *Planwertmodell* zugeordnet sind, findet das **Prognosemodell** Anwendung.

67 Der **bilanzielle Ausgleich** erfolgt im Prognosemodell „*ex post*" (nach dem Erfüllungszeitpunkt) durch **nachträgliche Überführungszeitreihen** zwischen dem Redispatch-Bilanzkreis des Netzbetreibers und dem Bilanzkreis des betroffenen BKV (→ Rn. 48 ff.). Die Buchung der Ausfallarbeit in den Bilanzkreis des betroffenen BKV erfolgt konkret durch die Übermittlung der „*monatlichen Ausfallarbeitsüberführungszeitreihe*" AAÜZ (BNetzA Beschl. v. 6.11.2020 – BK6-20-059, Anlage 3 S. 28 ff.). Die Gegenbuchung erfolgt in den Redispatch-Bilanzkreis des *Anschlussnetzbetreibers,* der in aller Regel als *anweisender Netzbetreiber* zum bilanziellen Ausgleich nach Abs. 1 a verpflichtet ist (BNetzA Beschl. v. 6.11.2020 – BK6-20-059, Anlage 3 S. 28, 37).

68 Um **Leistungsungleichgewichte** und **Schiefstände ihrer Redispatch-Bilanzkreise zu vermeiden,** müssen die Netzbetreiber bereits ex ante im Rahmen ihrer Einsatzplanung und netzübergreifenden Auswahlentscheidung nach § 13 Abs. 1 S. 2 die **Ausfallarbeit sorgfältig prognostizieren,** die sie insgesamt auslösen und im Fall von Anweisungen gegenüber Anlagen im Prognosemodell ex post bilanziell ausgleichen müssen. Die sorgfältige Prognose ist zugleich erforderlich, um sicherzustellen, dass die strom- und spannungsbedingten Anpassungsmaßnahmen (vereinfacht „positiver und negativer Redispatch") in der Summe energetisch ausgeglichen sind (→ § 13 Rn. 265 ff.).

69 Durch die getrennt geregelten Rechte und Pflichten zum *bilanziellen Ausgleich des anweisenden Netzbetreibers* gegenüber dem betroffenen BKV einerseits (Abs. 1 a) und zum *bilanziellen Ersatz des anfordernden Netzbetreibers* gegenüber dem nachgelagerten Netzbetreiber andererseits (§ 14 Abs. 1 c S. 2) bleibt sichergestellt, dass auch im Fall von Kaskaden-Anforderungen **jeder Netzbetreiber die Verantwortung für die von ihm ausgelösten Maßnahmen** und für etwaige **Ausgleichsenergie-Kosten** trägt, soweit Schiefstände in seinem Redispatch-Bilanzkreis auftreten (vgl. die Übersicht zur Abwicklung des bilanziellen und finanziellen Ausgleichs im Fall einer Kaskaden-Anforderung nach § 14 Abs. 1 c → Rn. 29 Abb. 1). Die energiewirtschaftliche Verantwortung und die Kostenverantwortung sollen nicht auseinanderfallen, sondern stets denselben Netzbetreiber in seiner jeweiligen Marktrolle treffen. Bei einer Kaskaden-Anforderung nach § 14 Abs. 1 c ist im **Prognosemodell** daher auch **keine „abgekürzte" Abwicklung** durch eine Gegenbuchung in den Redispatch-Bilanzkreis des anfordernden Netzbetreibers zulässig (vgl. BNetzA Beschl. v. 6.11.2020 – BK6-20-059, S. 57; zur grundsätzlich anwendbaren „Abkürzung" im Planwertmodell → Rn. 58). Der bilanzielle Ersatz zwischen dem Anschlussnetzbetreiber und dem anfordernden Netzbetreiber im Fall einer Kaskaden-Anforderung nach § 14 Abs. 1 c S. 2 erfolgt im Prognosemodell eigenständig (zur Abwicklung im Wege von monatlichen Ausfallüberführungszeitreihen zwischen den Redispatch-Bilanzkreisen von anfordernden und anweisenden Netzbetreibern vgl. BNetzA Beschl. v. 6.11.2020 – BK6-20-059, Anlage 3 S. 46, 55).

V. Umfang des bilanziellen Ausgleichs (Abs. 1 a S. 1)

70 Der Umfang des bilanziellen Ausgleichs nach Abs. 1 a richtet sich danach, welche Strommengen zwischen dem Redispatch-Bilanzkreis des Netzbetreibers und dem Bilanzkreis des betroffenen BKV ausgetauscht werden müssen, um den **Bilanzkreis des betroffenen BKV** weder besser noch schlechter, sondern **so zu stellen, wie**

er stünde, wenn es die Anweisung nach Abs. 1 nicht gegeben hätte (zum Ziel der **Marktneutralität** → Rn. 45).

Für den bilanziellen Ausgleich sind daher alle in dem Ausgleichszeitraum unmit- 71
telbar kausal **durch die Anweisung nach Abs. 1** „weniger" und „zusätzlich" im jeweils betroffenen Bilanzkreis anfallenden Strommengen zu berücksichtigen (zu den Auswirkungen auf die betroffenen Einspeise- oder Entnahme-Bilanzkreise – auch durch zusätzliche Strombezüge zB für eine elektrische Ersatzwärmeversorgung → Rn. 48 ff.). Der **Ausgleichszeitraum** umfasst dabei den Zeitraum, in dem die Wirkleistungserzeugung oder der Wirkleistungsbezug durch eine Anweisung nach Abs. 1 angepasst ist, sowie gegebenenfalls durch die Anpassung verursachte Rampen vor und nach der Maßnahme (BNetzA Beschl. v. 6.11.2020 – BK6-20-059, Anlage 1 S. 3).

1. Umfang im Planwertmodell. Da im Planwertmodell durch die **Ex-ante-** 72
Fahrpläne eine verbindliche Aussage dazu vorliegt, welche Wirkleistungseinspeisung oder -entnahme ohne die Anweisung nach Abs. 1 erfolgt wäre, lässt sich der Umfang des bilanziellen Ausgleichs vergleichsweise einfach aus der **Differenz** zwischen der **geplanten Einspeisung** und der vom Netzbetreiber nach Abs. 1 **vorgegebenen Einspeisung** bestimmen (BNetzA Beschl. v. 6.11.2020 – BK6-20-059, Anlage 1 S. 3). Der Begriff der *„geplanten Einspeisung"* erfasst dabei sowohl die *Einspeisung* ins Netz (und somit in den betroffenen Einspeisebilanzkreis) als auch die *Entnahme* aus dem Netz (und somit aus dem betroffenen Entnahmebilanzkreis).

Für den Umfang des bilanziellen Ausgleichs ist nach der zugrunde liegenden Be- 73
griffsdefinition der Festlegung stets der Wert als **geplante Einspeisung** maßgeblich, der sich *aus dem letzten, vor der Anweisung übermittelten Ex-ante-Fahrplan* ergibt. Denn die **Anweisung** nach Abs. 1 entfaltet eine **Sperrwirkung** gegenüber späteren Änderungen der geplanten Einspeisung (zB zum Zwecke des Intraday-Handels): Mit der Anweisung nach Abs. 1 verliert der Betreiber der Erzeugungsanlage insoweit die Hoheit über den Einsatz der Anlage. Er darf keine Einsatzweise wählen, die der Anweisung zuwiderläuft, und er darf insbesondere die Anpassung nach Abs. 1 nicht nachträglich durch eine marktgetriebene Regelung der Anlage ersetzen (→ Rn. 78 sowie → § 13 Rn. 263; zum Fall einer Aufforderung mit „einseitiger Fixierung" ebenfalls → Rn. 78).

Bei **Anlagen mit nichtfluktuierender Erzeugung** kann und muss im Plan- 74
wertmodell für den bilanziellen Ausgleich davon ausgegangen werden, dass die *theoretische Einspeisung,* die sich ohne eine Anweisung nach Abs. 1 ergeben hätte, der *geplanten Einspeisung* entspricht. Bei **Anlagen mit fluktuierender Erzeugung** kann es hingegen – trotz sorgfältiger Prognosen für die Fahrplananmeldung – zu Abweichungen zwischen der *theoretischen Einspeisung* und der *geplanten Einspeisung* kommen. Da sich solche Abweichungen jedoch erst *ex post* ermitteln lassen (zur Ermittlung der Ausfallarbeit → Rn. 76 ff.), können sie im Rahmen des bilanziellen Ausgleichs durch *Ex-ante*-Fahrpläne (→ Rn. 56) naturgemäß nicht mit berücksichtigt werden.

Soweit sich in diesen Fällen von Anlagen mit fluktuierender Einspeisung Abwei- 75
chungen zwischen dem **bilanziellen Ausgleich per Ex-ante-Fahrplan** und der **ex post ermittelten Ausfallarbeit** ergeben, sind diese **Differenzen** nach den festgelegten Vorgaben zum bilanziellen Ausgleich nicht bilanziell, sondern anhand eines angemessenen Preis-Index (ID-AEP) wechselseitig **finanziell** nach Abs. 2 auszugleichen (BNetzA Beschl. v. 6.11.2020 – BK6-20-059, S. 19 ff. und Anlage 1 S. 4). Denn durch den bilanziellen Ausgleich per Ex-ante-Fahrplan werden nicht

nur die betroffenen Bilanzkreise ausgeglichen, sondern auch energetische Ungleichgewichte wirksam vermieden. Eine nachträgliche bilanzielle „Korrektur" würde dieses für die Systemsicherheit sehr vorteilhafte Ergebnis zunichtemachen. Die Berücksichtigung der Abweichungen zwischen theoretischer Ausfallarbeit und bilanziellem Ausgleich im Rahmen des finanziellen Ausgleichs stellt sicher, dass der Anlagenbetreiber weder besser noch schlechter gestellt wird (BNetzA Beschl. v. 6.11.2020 – BK6-20-059, S. 19).

76 **2. Umfang im Prognosemodell.** Im Prognosemodell erfolgt der bilanzielle Ausgleich in Höhe der ex post zu ermittelnden **Ausfallarbeit**. Die Ausfallarbeit ergibt sich aus der Differenz zwischen der *theoretischen Einspeisung* und dem vom Netzbetreiber durch die Anweisung nach Abs. 1 vorgegebenen *Wert der Leistungslimitierung*. Im Fall von Anpassungen für *negativen Redispatch* hat die Ausfallarbeit einen *positiven Wert* und im Fall von Anpassungen für *positiven Redispatch* einen *negativen Wert*. Es handelt sich im zweiten Fall daher um *Mehrarbeit*.

77 Bei der Ermittlung der Ausfallarbeit ist zu beachten, dass sich der Anspruch nach Abs. 1 a auf *„den bilanziellen Ausgleich der Maßnahme"* bezieht, also auf den Ausgleich von bilanziellen Auswirkungen gegenüber betroffenen Bilanzkreisen, die **unmittelbar kausal durch die Anweisung** nach Abs. 1 ausgelöst werden. Der betroffene Bilanzkreis soll durch den bilanziellen Ausgleich so gestellt werden wie er ohne die Anweisung des Netzbetreibers stünde (→ Rn. 64 f.).

78 Soweit die Wirkleistungserzeugung oder der Wirkleistungsbezug der Anlage **aus anderen Gründen** (zB marktliche Entscheidungen, technische oder rechtliche Restriktionen wie geplante und ungeplante Nichtverfügbarkeiten, Starkwindabschaltungen, genehmigungsrechtliche Auflagen etc) ohnehin *eingeschränkt* sind, ohnehin vom Anlagenbetreiber (oder seinem Direktvermarkter) angepasst werden oder ohnehin der Anweisung des Netzbetreibers *entsprechen,* ergeben sich keine Abweichungen gegenüber dem Zustand, der ohne die Anweisung eingetreten wäre. Insoweit entsteht somit **keine Ausfallarbeit.** Das gilt bspw. auch für den Fall, dass der Anlagenbetreiber im *Aufforderungsfall mit „einseitiger Fixierung"* über die Anweisung des Netzbetreibers hinausgeht (vgl. BNetzA Beschl. v. 6.11.2020 – BK6-20-059, S. 30). Allerdings ist auch bei Anlagen im Prognosemodell die mit der Anweisung nach Abs. 1 eintretende **Sperrwirkung** zu beachten: Der Anlagenbetreiber verliert ab diesem Zeitpunkt insoweit die Hoheit über den Einsatz seiner Anlage. Er darf keine Einsatzweise wählen, die der Anweisung zuwider läuft, und er darf insbes. die Anpassung nach Abs. 1 nicht nachträglich durch eine marktgetriebene Regelung der Anlage ersetzen (→ Rn. 73).

79 Für die konkrete **Bestimmung der Ausfallarbeit** sind die Vorgaben der Festlegung zum bilanziellen Ausgleich zu beachten (BNetzA Beschl. v. 6.11.2020 – BK6-20-059, Anlage 1 Kapitel 3, S. 5 ff.). Die Vorgaben entsprechen weitgehend den Darlegungen der BNetzA zur Ermittlung der Ausfallarbeit für die Einspeisemanagement-Entschädigung nach der ehemaligen Rechtslage gem. § 15 EEG aF (BNetzA, Leitfaden zum Einspeisemanagement, Version 3.0 v. 25.6.2018, Kapitel 2.3). Für Anlagen mit *fluktuierender Erzeugung* (Windenergieanlagen an Land und auf See sowie Solaranlagen) wurden die bereits aus dem Leitfaden geläufigen Modelle zur **„Spitzabrechnung"** (auf der Grundlage von gemessenen Wetterdaten der Anlage) und zur **„Pauschal-Abrechnung"** (Fortschreibung der letzten Werte vor der Anweisung) durch das Modell einer **„vereinfachten Spitzabrechnung"** (auf der Grundlage von Referenzmesswerten oder Wetterdaten für den Standort der Anlage) ergänzt. Für *Anlagen mit nicht-fluktuierender Erzeugung* richtet sich das anzuwendende Modell nach dem Bilanzierungsmodell: Im Einspeisemodell ist ein Spitzabrechnungsverfahren vorgegeben und im Prognosemodell ein Pauschalabrechnungsverfahren.

VI. Abnahme des bilanziellen Ausgleichs (Abs. 1 a S. 2)

Korrespondierend zu dem Anspruch des betroffenen BKV gegenüber dem anweisenden Netzbetreiber auf bilanziellen Ausgleich nach Abs. 1 a S. 1 besteht nach S. 2 ein **Anspruch** des *anweisenden Netzbetreibers* gegenüber dem *betroffenen BKV* auf **Abnahme des bilanziellen Ausgleichs.** Da der bilanzielle Ausgleich sowohl die Bereitstellung von Strom vom Netzbetreiber an den betroffenen BKV als auch umgekehrt vom betroffenen BKV an den Netzbetreiber erfasst (→ Rn. 46, 54 ff.), ist auch die spiegelbildliche Abnahmepflicht entsprechend weit zu verstehen und umfasst – in vorzeichenrichtiger Anwendung – sowohl die **(positive) Abnahme** von Strom *in den betroffenen Bilanzkreis* des BKV als auch die **(negative) Abnahme** (sprich Bereitstellung) von Strommengen *aus dem betroffenen Bilanzkreis* des BKV.

80

VII. Bilanzieller Ausgleich bei EE-Anlagen in der Einspeisevergütung (Abs. 1 a S. 3)

Eine Besonderheit ist für die Abwicklung des bilanziellen Ausgleichs bei Anpassungen von **einspeisevergüteten EE-Anlagen** zu beachten. In diesen Konstellationen vermarkten die Anlagenbetreiber ihren erzeugten EE-Strom nicht im Wege einer geförderten oder sonstigen *„Direktvermarktung"*, sondern haben die Vermarktungsform einer *„Einspeisevergütung"* nach § 19 Abs. 1 Nr. 2 EEG 2021 gewählt. In diesem Fördermodell wird der ins Netz eingespeiste EE-Strom im Wege einer „kaufmännischen Abnahme" vom *Anschlussnetzbetreiber* abgenommen (§ 11 Abs. 1 S. 2 EEG 2021), in seinem (EEG-)Bilanzkreis bilanziert (vgl. § 11 StromNZV), im Rahmen des EEG-Ausgleichsmechanismus nach § 56 EEG 2021 an den vorgelagerten ÜNB weitergegeben und von den ÜNB nach § 59 EEG 2021 (in Verbindung mit Vorgaben nach der EEV und der EEAV) an den Strombörsen vermarktet.

81

Wird die Wirkleistungserzeugung einer solchen einspeisevergüteten EE-Anlage nach Abs. 1 angepasst, sieht Abs. 1 a S. 3 für den bilanziellen Ausgleich dieses „nach § 59 des Erneuerbare-Energien-Gesetzes" zu vermarktenden Stroms eine **Abkürzung** vor: Der bilanzielle Ausgleich soll in diesem Fall zur Abwicklungsvereinfachung **direkt gegenüber dem EEG-Bilanzkreis des vorgelagerten ÜNB** erfolgen, über den der ÜNB den einspeisevergüteten EE-Strom und die bilanziellen Ausgleichsmengen nach § 59 EEG 2021 zugunsten des EEG-Kontos vermarktet. Der „Umweg" über den (EEG-)Bilanzkreis des Anschlussnetzbetreibers ist in diesem Fall nicht notwendig (vgl. BT-Drs. 19/7375, 56).

82

VIII. Informationspflichten des Netzbetreibers (Abs. 1 a S. 4, 5)

1. Vorab-Unterrichtung des betroffenen BKV (Abs. 1 a S. 4). Der *anweisende Netzbetreiber* ist nach Abs. 1 a S. 4 verpflichtet, den *betroffenen* BKV unverzüglich über den geplanten Zeitpunkt, den Umfang und die Dauer der Anpassung nach Abs. 1 zu unterrichten. Die Unterrichtung über die **„geplante"** Anpassungsmaßnahme erfordert eine rechtzeitige **Vorab-Mitteilung** vor dem Erfüllungszeitpunkt, zu dem die Maßnahme wirksam wird.

83

84 Die Pflicht zur **„unverzüglichen"** Unterrichtung macht zugleich deutlich, dass der betroffene BKV ohne schuldhaftes Verzögern *so früh wie möglich* über die bevorstehenden Auswirkungen auf seinen Bilanzkreis informiert werden soll, um zu verhindern, dass dieser seinerseits bilanzielle Ausgleichsmaßnahmen zB durch eine Ersatzbeschaffung am Markt ergreift (vgl. Begr. BT-Drs. 19/7375, 56). Denn in diesem Fall bestünde die Gefahr, dass der energetische und bilanzielle Ausgleich doppelt erfolgt, was ua aus Gründen der Systemsicherheit dringend zu vermeiden ist. Die rechtzeitige Vorab-Information gegenüber dem BKV ist daher für die praktische Umsetzung des bilanziellen Ausgleichs **außerordentlich wichtig.**

85 Soweit der Netzbetreiber beispielsweise aufgrund von Ist-Wert-basierten Ad-hoc-Anpassungen den zeitlichen Mindestvorlauf ausnahmsweise nicht einhalten kann, bleibt er dazu verpflichtet, unverzüglich – notfalls auch so früh wie möglich nach dem Beginn der Maßnahme – zu informieren. Die Netzbetreiber sind generell dazu verpflichtet, ihrerseits die **erforderlichen organisatorischen und technischen Vorkehrungen** zu treffen, damit sie die Pflichten zur unverzüglichen (Vorab-)Information nach Abs. 1a S. 4 zuverlässig einhalten können.

86 Die praktische Abwicklung der Informationspflicht nach Abs. 1a S. 4 wird durch die von der BNetzA in der Festlegung zum bilanziellen Ausgleich mit vorgegebenen „Kommunikationsprozesse Redispatch" konkretisiert: Die Information über eine Anweisung nach Abs. 1 erfolgt nach den Vorgaben zu den **Abrufprozessen** vom *anweisenden Netzbetreiber* über den *„Lieferanten"* zum *„BKV des Lieferanten"* (BNetzA Beschl. v. 6.11.2020 – BK6-20-059, S. 47 und Anlage 2 S. 23 und 25). Die Marktrolle des „Lieferanten" umfasst im Sinne der Festlegung nicht nur die Belieferung einer Marktlokation mit Strom, sondern auch die Abnahme von eingespeistem Strom – zB als Direktvermarkter). Bei dem *„BKV des Lieferanten"* handelt es sich um den *betroffenen BKV* iSv § 13a Abs. 1a. Nicht selten fällt die Marktrolle des „Lieferanten" mit der Marktrolle des „BKV des Lieferanten" zusammen. Sofern sie auseinanderfallen, wird der rechtzeitige Informationsfluss an den betroffenen BKV nach den Abrufprozessen über den „Lieferanten" sichergestellt.

87 **2. Ex-post-Unterrichtung des betroffenen BKV und des Anlagenbetreibers (Abs. 1a S. 5).** Nach dem Abschluss einer Anpassungsmaßnahme nach Abs. 1 muss der anweisende Netzbetreiber nach Abs. 1a S. 5 sowohl den *Anlagenbetreiber* als auch den *betroffenen BKV* unverzüglich über die Zeitpunkte, den Umfang, die Dauer und die Gründe der Anpassung unterrichten. Im Gegensatz zu der Vorab-Information gegenüber dem BKV nach S. 4 zu der *geplanten* Anpassung, bezieht sich die **Ex-post-Unterrichtung** nach S. 5 auf die *tatsächlich* durchgeführte Anpassung.

88 Neben den konkreten Angaben, **wann, wie lange und in welchem Umfang** die Stromerzeugung bzw. der Strombezug angepasst wurde, sind auch die Gründe für die Anweisung zu nennen. Hinsichtlich der Pflicht zur **aktiven Information** und zum **Umfang der Begründung** wird auf die entsprechenden Ausführungen zur generellen Informationspflicht gegenüber den Betroffenen einer Systemsicherheitsmaßnahme nach § 13 Abs. 7 S. 1 verwiesen (→ § 13 Rn. 440 ff.).

D. Finanzieller Ausgleich (Abs. 2–4)

I. Zweck und Funktion des finanziellen Ausgleichs

Die Anpassung von Erzeugungs- bzw. Bezugsmengen nach Abs. 1 hat trotz (oder 89 zum Teil auch wegen) des geschilderten bilanziellen Ausgleichs (→ Rn. 48 ff.) in der Regel darüber hinaus finanzielle Auswirkungen. Diese werden durch den **finanziellen Ausgleich nach Abs. 2–4** glattgestellt. Zweck und Funktion des finanziellen Ausgleichs ist die **Marktneutralität**: Die Eingriffe des Netzbetreibers aufgrund unzureichender Netzkapazitäten sollen nicht nur in bilanzieller, sondern auch in finanzieller Hinsicht marktneutral erfolgen (ausf. zum Gebot der Marktneutralität → Rn. 91 ff.).

II. Finanzieller Ausgleich zwischen Netz- und Anlagenbetreiber (Abs. 2 S. 1)

Der finanzielle Ausgleich erfolgt nach Abs. 2 S. 1 zwischen dem **anweisenden** 90 **Netzbetreiber** (→ Rn. 28) und dem **Anlagenbetreiber.** Die vorgenommene Anpassung ist im Anschluss *angemessen finanziell auszugleichen.*

Der finanzielle Ausgleich ist nicht als einseitiger Anspruch, sondern ausdrücklich 91 als **wechselseitige Ausgleichspflicht** zwischen diesen beiden Parteien gestaltet. Je nach den konkreten Auswirkungen muss entweder der Netzbetreiber Geld an den Anlagenbetreiber oder umgekehrt der Anlagenbetreiber Geld an den Netzbetreiber zahlen.

III. Gebot der Marktneutralität (Abs. 2 S. 2)

Abs. 2 S. 2 macht die **Marktneutralität** zum **zentralen Maßstab für die An-** 92 **gemessenheit** und somit für den Umfang des finanziellen Ausgleichs: Die Pflicht zum *angemessenen* finanziellen Ausgleich nach S. 1 erfordert, dass der Ausgleich den Anlagenbetreiber (unter Anrechnung des bilanziellen Ausgleichs → Rn. 97) *„weder besser noch schlechter stellt, als er ohne die Maßnahme stünde".* Der Anlagenbetreiber soll mit anderen Worten wirtschaftlich so gestellt werden, wie er stünde, wenn der Netzbetreiber die Anpassung nach Abs. 1 nicht vorgenommen hätte.

Das Gebot der Marktneutralität dient als maßgeblicher *„Eckpfeiler",* an dem sich 93 die Auslegung der konkretisierenden Bestimmungen zum **Umfang des finanziellen Ausgleichs** nach Abs. 2 S. 3–5, Abs. 3 und 4 ausrichten muss. Der Gesetzgeber hat diese Vorgabe eingeführt, um sicherzustellen, dass die Anlagenbetreiber durch Anpassungen nach Abs. 1 einerseits keine wirtschaftlichen Nachteile erleiden, andererseits aber auch keine wirtschaftlichen Vorteile genießen. Denn jede Besser- oder Schlechterstellung könnte zu einer *„nicht unerheblichen Verzerrung des Strommarktes führen und ist daher zu vermeiden"* (Begr. BT-Drs. 18/7317, 87).

Eine **Schlechterstellung** von Anlagenbetreibern durch Anpassungen nach 94 Abs. 1 würde das Risiko von Problemen im Netz auf einzelne Teilnehmer des Strommarktes verlagern und ihre Wettbewerbsstellung gegenüber den nicht betroffenen Marktteilnehmern schwächen. Die Notwendigkeit für strom- und spannungsbedingte Anpassungen hängt insbesondere davon ab, wie vorausschauend und zügig die Netzbetreiber ihren Pflichten für eine bedarfsgerechte Ertüchtigung ihrer Netze nach § 11 Abs. 1 S. 1 nachkommen. Diese Pflichten sind der Verantwor-

§ 13 a   Teil 3. Regulierung des Netzbetriebs

tung und Risikosphäre der Netzbetreiber zugewiesen und sollen nicht durch eine systematische Schlechterstellung auf die betroffenen Anlagenbetreiber übertragen werden.

95   Umgekehrt würde eine **Besserstellung** von Anlagenbetreibern durch Anpassungen nach Abs. 1 ihre Wettbewerbsstellung gegenüber den übrigen Marktteilnehmern unzulässig stärken. Deutlich gravierender wären jedoch die darüber hinausgehenden **Risiken zulasten des Strommarktes und der Systemsicherheit:** Denn im Fall einer systematischen Besserstellung bestünden wirkmächtige Fehlanreize für problemverschärfendes strategisches Verhalten der Anlagenbetreiber. So könnte beispielsweise der Betreiber eines Kraftwerks, auf dessen Stromerzeugung die Netzbetreiber in hinreichend prognostizierbaren Konstellationen für die Entlastung eines Engpasses durch positives Redispatch angewiesen sind, seine Erlöse dadurch steigern, dass er – trotz auskömmlicher Marktpreise – seine Kapazitäten zunächst am Markt zurückhält, um sich vom Netzbetreiber – gegen einen „besserstellenden" finanziellen Ausgleich – nach Abs. 1 hochfahren zu lassen (vgl. BerlKommEnergieR/*König* EnWG § 13 a Rn. 52). Umgekehrt könnte der Betreiber eines Kraftwerks, der in hinreichend prognostizierbaren Konstellationen davon ausgehen kann, für negatives Redispatch herangezogen zu werden, seine Erlöse dadurch steigern, dass er – trotz nicht auskömmlicher Marktpreise unter seinen Grenzkosten – seine Kapazitäten zunächst am Markt anbietet, um sich gegen einen „besserstellenden" finanziellen Ausgleich vom Netzbetreiber abregeln zu lassen. Derartige Fehlanreize würden nicht nur den *Strommarkt stören,* sondern zugleich Engpässe verschärfen sowie die *Redispatch-Mengen* und *-Kosten* deutlich erhöhen.

96   Diese Gefahren sollen durch das **Gebot der Marktneutralität** ausgeschlossen werden. Der Gesetzgeber hat die Vorgabe in Reaktion auf die Auslegung des OLG Düsseldorf zur vorhergehenden Rechtslage eingeführt: Das Gericht hatte in mehreren Beschlüssen vom 28.4.2015 geurteilt, dass der – nach dem damaligen Wortlaut – bestehende Anspruch des Anlagenbetreibers auf eine *„angemessene Vergütung"* in einem weitergehenden, über einen *„bloßen Auslagenersatz"* hinausgehenden Sinn zu verstehen sei (vgl. OLG Düsseldorf Beschl. v. 28.4.2015 – VI-3 Kart 313/12 (V) Rn. 115ff.). Seit der Konkretisierung des Angemessenheits-Maßstabes durch das Gebot der Marktneutralität (im Zuge der „Strommarktgesetz"-Novelle) ist jedoch klargestellt, dass so weit wie möglich allein ein Ausgleich der unmittelbar kausal verursachten Nachteile erfolgen soll und alle darüber hinausgehenden Vorteile vermieden werden müssen (vgl. BerlKommEnergieR/*König* EnWG § 13 a Rn. 51f.). Die Ersetzung des weiter gefassten Begriffs der *„angemessenen Vergütung"* durch den engeren Begriff des *„angemessenen finanziellen Ausgleichs"* (im Zuge der „Redispatch 2.0"-Novelle) unterstreicht diese Auslegung zusätzlich, wobei damit nach der Gesetzesbegründung keine materielle Änderung verbunden ist (vgl. Begr. BT-Drs. 19/7375, 57).

IV. Anrechnung des bilanziellen Ausgleichs (Abs. 2 S. 2 und 5)

97   **1. Grundsatz: Anrechnung des bilanziellen Ausgleichs (Abs. 2 S. 2).** Der **finanzielle Ausgleich** zwischen dem Netzbetreiber und dem Anlagenbetreiber ist nach Abs. 2 S. 2 unter **Anrechnung des bilanziellen Ausgleichs** zwischen dem Netzbetreiber und dem *betroffenen BKV* zu bestimmen. Bei der Ermittlung des angemessenen finanziellen Ausgleichs wird der Anlagenbetreiber mit anderen Worten so gestellt, als sei der bilanzielle Ausgleich nach Abs. 1a gegenüber ihm selbst erfolgt. Das gilt sowohl für den Fall, dass der *Anlagenbetreiber* tatsächlich selbst als

BKV des betroffenen Einspeise- oder Entnahmebilanzkreis auftritt, als auch für den Fall, dass ein *Dritter* (zB ein Direktvermarkter) als BKV betroffen ist. In beiden Fällen fällt der finanzielle Ausgleich gleich hoch aus (vgl. Begr. BT-Drs. 19/7375, 56). Dies ist interessengerecht, weil aufgrund des bilanziellen Ausgleichs der betroffene BKV seine Geschäfte im Wesentlichen wie geplant durchführen konnte.

Beispiel Direktvermarktung: Im Fall eines Direktvermarktungsvertrags zwischen dem Betreiber einer Erzeugungsanlage und einem Direktvermarkter, der die Einspeisung bilanziert und vermarktet, wird der *Direktvermarkter als betroffener BKV* so gestellt, als habe der Anlagenbetreiber den Strom ungestört erzeugt und eingespeist. Es wäre daher unangemessen, den Anlagenbetreiber so zu behandeln, als habe es keinen bilanziellen Ausgleich gegeben. Es bleibt den Parteien im Innenverhältnis unbenommen, auf welche Weise sie den bilanziellen Ausgleich bei der zivilrechtlichen Gestaltung ihres Direktvermarktungsvertrags berücksichtigen. Auswirkungen auf den finanziellen Ausgleich nach Abs. 2 haben diese vertraglichen Abreden jedoch nicht. 98

2. Ausnahme: Keine Anrechnung bei EE-Anlagen in der Einspeisevergütung (Abs. 2 S. 5). Eine Ausnahme von der Anrechnung des bilanziellen Ausgleichs nach Abs. 2 S. 2 greift im Fall von Anpassungen gegenüber **EE-Anlagen in der Vermarktungsform der Einspeisevergütung** (§ 19 Abs. 1 Nr. 2 EEG): Nach Abs. 2 S. 5 ist der bilanzielle Ausgleich nach Abs. 1a nicht anzurechnen, *wenn der Strom nach § 59 EEG zu vermarkten ist*. 99

Dies ist bei der Einspeisung von einspeisevergüteten EE-Anlagen der Fall, da dieser Strom vom Anschlussnetzbetreiber „kaufmännisch abgenommen" (§ 11 Abs. 1 S. 2 EEG), an den vorgelagerten ÜNB weitergegeben (§ 56 EEG) und von den ÜNB nach § 59 EEG an den Strombörsen vermarktet wird. Der bilanzielle Ausgleich nach Abs. 1a kommt in diesem Fall dem EEG-Bilanzkreis der ÜNB zugute (→ Rn. 81 f.) und wird von diesen zugunsten des EEG-Kontos nach § 59 EEG mit vermarktet. In dieser Sonderkonstellation profitiert daher allein das von den ÜNB geführte EEG-Konto, nicht jedoch der Anlagenbetreiber von dem bilanziellen Ausgleich (vgl. Begr. BT-Drs. 19/7375, 56). 100

V. Umfang des finanziellen Ausgleichs (Abs. 2 S. 3 Nr. 1–4 und S. 4, Abs. 3 und 4)

Die Pflicht zum **angemessenen finanziellen Ausgleich** zwischen dem anweisenden Netzbetreiber und dem angewiesenen Anlagenbetreiber nach Abs. 2 S. 1 und 2 wird durch zusätzliche Vorgaben konkretisiert: In Abs. 2 S. 3 und 4 werden konkrete **Bestandteile enumerativ aufgezählt,** die für einen angemessenen finanziellen Ausgleich zu berücksichtigen sind. 101

Zu berücksichtigen sind demnach (unter den im Folgenden näher dargestellten Voraussetzungen): 102
– notwendige *Erzeugungsauslagen* (S. 3 Nr. 1)
– anteilige *Werteverbräuche* (S. 3 Nr. 2)
– nachgewiesene *entgangene Erlösmöglichkeiten* (S. 3 Nr. 3)
– notwendige Auslagen für die *Herstellung der Betriebsbereitschaft* oder die *Verschiebung einer geplanten Revision* (S. 3 Nr. 4)
– *ersparte Aufwendungen* des Anlagenbetreibers (S. 4)

Die Erstattung von **weitergehenden („Sowieso"-)Kosten** ist nach Abs. 4 ausdrücklich **ausgeschlossen.** Dazu zählen insbesondere: 103
– *Betriebsbereitschaftsauslagen*
– eine *Verzinsung* des gebundenen Kapitals

§ 13 a Teil 3. Regulierung des Netzbetriebs

104 *Sonderfall:* Sofern die Anpassung nach Abs. 1 in der **Abregelung von vorrangberechtigtem EE- oder KWK-Strom** besteht, werden die zu berücksichtigenden Kostenpositionen für den angemessenen finanziellen Ausgleich jedoch – abweichend von den genannten Kostenpositionen nach Abs. 2 S. 3 Nr. 1–4 – durch **spezielle Vorgaben eigenständig konkretisiert** (Abs. 2 S. 3 Nr. 5). Zum finanziellen Ausgleich für die Abregelung von EE- und KWK-Strom → Rn. 134 ff.

105 **1. Verursachungsprinzip (Abs. 2 S. 3).** Nach Abs. 2 S. 3 sind allein die Auswirkungen bzw. Bestandteile für den finanziellen Ausgleich zu berücksichtigen, wenn und soweit diese unmittelbar kausal *durch die Anpassung nach Abs. 1 verursacht* worden sind. Durch dieses **strikte Verursachungsprinzip** soll das **Gebot der Marktneutralität** (→ Rn. 92 ff.) zusätzlich abgesichert werden. Die Berücksichtigung von **Sowieso-Kosten**, die ohnehin zulasten des Anlagenbetreibers anfallen und somit nicht durch die Anpassung des Netzbetreibers verursacht werden, ist nach dem Verursachungsprinzip ausgeschlossen. Die **Beweislast** für ausgleichsbedürftige Auswirkungen, die durch die Anpassung zulasten des Anlagenbetreibers verursacht werden, liegt bei diesem (vgl. Begr. BT-Drs. 19/7375, 57).

106 **2. Festlegung FSV Redispatch.** Großes Gewicht für die Anwendungspraxis entfaltet faktisch die **Festlegung FSV Redispatch** der BNetzA (BNetzA Beschl. v. 19.5.2021 – BK8-18/0007-A). Durch den Beschluss wird festgestellt, dass *das Verfahren zur Beschaffung und Vergütung von Maßnahmen nach § 13 Abs. 1 Nr. 2 EnWG* entsprechend den **freiwilligen Selbstverpflichtungen der ÜNB** (FSV, Anlage 2, Stand Mai 2021) einer *wirksamen Verfahrensregulierung* unterliegt und die nach dieser Maßgabe entstehenden Kosten und Erlöse bzw. Erträge bei der Bestimmung der Erlösobergrenzen der ÜNB als *dauerhaft nicht beeinflussbare Kostenanteile* iSv § 11 Abs. 2 S. 2 und 4 ARegV gelten. Die Festlegung gilt für die Dauer der dritten Regulierungsperiode bis zum 31.12.2023.

107 Der Umfang der finanziellen Ausgleichspflicht richtet sich weiterhin nach den gesetzlichen Vorgaben gem. Abs. 2–4, die für alle ÜNB, VNB und Anlagenbetreiber verbindlich sind. Die BNetzA hat von ihrer **Befugnis zur Festlegung von rechtsverbindlichen Vorgaben zur Bestimmung des finanziellen Ausgleichs** nach § 13j Abs. 1 S. 2 bisher *keinen* Gebrauch gemacht und stattdessen „nur" ihre **Befugnis zur Festlegung einer wirksamen Verfahrensregulierung** nach § 32 Abs. 1 Nr. 4 iVm § 11 Abs. 2 S. 2–4 ARegV gegenüber den ÜNB genutzt. Diese Auswahl zwischen den unterschiedlichen Festlegungsbefugnissen ist von dem **Regulierungsermessen** der Behörde gedeckt (vgl. OLG Düsseldorf Beschl. v. 12.8.2020 – VI-3 Kart 895/18 (V), Abschnitt 1.5 der Begründung).

108 Die **unmittelbaren Rechtsfolgen** der Festlegung FSV Redispatch betreffen formal *allein die ÜNB* hinsichtlich der „Wälzbarkeit" der entstehenden Kosten über ihre Netzentgelte (unter Berücksichtigung der Erlöse bzw. Erträge). Um **ineffiziente Ausgaben** und die damit einhergehenden Risiken für die Refinanzierbarkeit über ihre Netzentgelte zu vermeiden, liegt es jedoch auch ohne formale Rechtsverbindlichkeit nahe, dass *sowohl ÜNB als auch VNB* keine finanziellen Ausgleichszahlungen akzeptieren werden, die zugunsten des Anlagenbetreibers über das nach der Festlegung angemessene Niveau hinausgehen (→ § 13 Rn. 60 f).

109 Auch wenn die in Bezug genommenen Begriffe und Prozesse zum Teil nicht ganz deckungsgleich sind (zur Reichweite von „strom- und spannungsbedingten Maßnahmen" → § 13 Rn. 244 ff.; zum „Redispatch"-Begriff → § 13 Rn. 108 ff.), geht es bei den *Selbstverpflichtungen* der ÜNB (FSV) im Kern darum, wie sie die gesetzlichen Vorgaben zur **„angemessenen Vergütung"** von **Anpassungsmaß-**

nahmen auf Basis des gesetzlichen Schuldverhältnisses (nach § 13a aF) konkret umsetzen (vgl. Punkt 5.1 der FSV). Zu den in Bezug genommenen Anlagen zählt ua der *Branchenleitfaden zur Vergütung von Redispatchmaßnahmen,* der den Inhalt der FSV inhaltlich in weiten Teilen determiniert (BDEW-Branchenleitfaden v. 18.4.2018).

Die Formulierungen der *Festlegung,* der *FSV* und der in Bezug genommenen **110** *Anlagen* beziehen sich noch auf die **frühere Rechtslage** vor dem Inkrafttreten des „Redispatch 2.0" und somit auf die Bestandteile zur Bestimmung einer „angemessenen Vergütung" nach § 13a aF. Da die nunmehr geltenden Vorgaben zu den Bestandteilen eines *„angemessenen finanziellen Ausgleichs"* (§ 13a Abs. 2 S. 3 Nr. 1–4 und S. 4 sowie Abs. 3 und 4) den zuvor geltenden Vorgaben zu den Bestandteilen einer *„angemessenen Vergütung"* (§ 13a Abs. 2 S. 2 und 3 sowie Abs. 3 und 4 a. F.) weitgehend entsprechen, dürften die Aussagen zu diesen Bestandteilen **grundsätzlich entsprechend übertragbar** sein. Der Gesetzgeber ging davon aus, dass sich hinsichtlich dieser Bestandteile keine materiellen Änderungen ergeben und die Summe aus bilanziellem und finanziellem Ausgleich insofern der ehemaligen angemessenen Vergütung entspricht (Begr. BT-Drs. 19/7375, 57). Bereits der ehemalige Anspruch auf eine angemessene Vergütung umfasste in der praktischen Abwicklung des „Redispatch 1.0" gegenüber konventioneller Erzeugung sowohl bilanzielle Ausgleichsmengen als auch wechselseitige Geldzahlungen (→ 3. Aufl., § 13 Rn. 46 f.).

3. Notwendige Erzeugungsauslagen (Abs. 2 S. 3 Nr. 1). Als **Erzeugungs- 111 auslagen** sind nach Abs. 2 S. 3 Nr. 1 die *notwendigen Auslagen* des Anlagenbetreibers für die tatsächlichen Anpassungen der Erzeugung oder des Bezugs nach Abs. 1 erfasst. Wird beispielsweise die Erzeugung eines Kraftwerks gesteigert, zählen zu den notwendigen Auslagen insbesondere die *zusätzlichen Kosten für Brennstoff und CO_2-Emissionsrechte*. Auch Mehrkosten für die *zusätzliche Instandhaltung* und den *zusätzlichen Verschleiß* aufgrund einer Anpassung sind zu berücksichtigen (vgl. Begr. BT-Drs. 19/7317, 87).

Darüber hinaus werden in der damaligen Gesetzesbegründung auch „Mehrkos- **112** ten, die zur alternativen Wärmeerzeugung aufgewendet werden müssen" als Erzeugungsanlagen aufgeführt, „wenn und soweit diese unmittelbar auf Grund der jeweiligen Redispatch-Maßnahme entstehen" (vgl. Begr. BT-Drs. 19/7317, 87). Für eine Anwendung von Abs. 2 S. 3 Nr. 1 verbleibt nach bestehender Rechtslage jedoch nur Raum im Fall der Abregelung einer **nichtvorrangberechtigten KWK-Strom-Erzeugung** aus einer **nichthocheffizienten KWK-Anlage.** Im Fall der Abregelung einer wärmegekoppelten KWK-Strom-Erzeugung aus einer „hocheffizienten" KWK-Anlage oder einer EE-Strom-Erzeugung greift hingegen die speziellere und somit vorrangige Regelung nach Abs. 2 S. 3 Nr. 5. Die Regelungen nach Abs. 2 S. 3 Nr. 1–4 sind „auf die Abregelung von EE-Anlagen und [vorrangberechtigter] KWK-Stromerzeugung nicht anwendbar" (Begr. BT-Drs. 19/7375, 57; vgl. auch → Rn. 134).

Erstattungsfähig sind nach Abs. 2 S. 3 Nr. 1 nur **Erzeugungsauslagen,** die ob- **113** jektiv *„notwendig"* für die tatsächliche Anpassung sind. Nicht notwendige Mehrkosten, die der Anlagenbetreiber zumutbar vermeiden kann, gehören hingegen nicht dazu. Die allgemeinen zivilrechtlichen Grundsätze zur **Schadensminderungspflicht** (zB durch die Vorhaltung und Nutzung von Möglichkeiten zur Minderung der Erzeugungsauslagen) und zur **Unzulässigkeit von Verträgen zulasten Dritter** (zB durch prohibitive oder unangemessene Kostenansätze, die zu

Sötebier

§ 13 a   Teil 3. Regulierung des Netzbetriebs

erhöhten Erzeugungsauslagen führen würden) sind auch im Rahmen des gesetzlichen Schuldverhältnisses nach § 13a zu beachten (→ § 13 Rn. 286 und 335). Nach der FSV Redispatch richtet sich die Ermittlung der notwendigen Erzeugungsauslagen nach dem BDEW-Branchenleitfaden (Anlage 2 zur Festlegung FSV Redispatch).

114   **4. Anteiliger Werteverbrauch (Abs. 2 S. 3 Nr. 2, Abs. 3).** Nach Abs. 2 S. 3 Nr. 2 ist für den angemessenen finanziellen Ausgleich darüber hinaus der **anteilige Werteverbrauch** der Erzeugungsanlage bzw. des Stromspeichers für die tatsächlichen Anpassungen der Erzeugung oder des Bezugs nach Abs. 1 zu berücksichtigen. Die Bestimmung des anteiligen Werteverbrauchs ist in Abs. 3 vorgegeben.

115   Nach Abs. 3 Hs. 1 bilden die *handelsrechtlichen Restwerte* und die *handelsrechtlichen Restnutzungsdauern* in Jahren die Grundlage für die Bestimmung. Aus dem Verhältnis dieser Werte ist eine **„Jahresabschreibung"** abzuleiten, *„die dem **Werteverbrauch** der Anlage bei normaler Auslastung entspricht"*. Als anteiliger Werteverbrauch soll nach der Vorstellung des Gesetzgebers wiederum der **Anteil an der Jahresabschreibung** berücksichtigt werden, *„der durch die jeweilige Redispatch-Maßnahme verursacht worden ist"* (Begr. BT-Drs. 18/7317, 87). Dieser Anteil bemisst sich gem. Abs. 3 Hs. 2 nach dem Verhältnis zwischen den *„anrechenbaren Betriebsstunden"* im Rahmen von Anpassungsmaßnahmen nach Abs. 1 und den *„geplanten Betriebsstunden"*, die bei der Investitionsentscheidung für die Anlage betriebswirtschaftlich zugrunde gelegt wurden.

116   Da es sich bei den Jahresabschreibungen um *„Sowieso-Kosten"* handelt, die *„unabhängig von der Nutzung der Anlage"* ohnehin zulasten des Anlagenbetreibers anfallen (OLG Düsseldorf Beschl. v. 12.8.2020 – VI-3 Kart 895/18 (V), Abschnitt 2.2.2.1 der Begründung), besteht ein **Widerspruch** zwischen der Ausweisung des anteiligen Werteverbrauchs als **Bestandteil des finanziellen Ausgleichs** einerseits (Abs. 2. S. 3 Nr. 2 und Abs. 3) und dem **Verursachungsprinzip** (Abs. 2. S. 3 → Rn. 105), dem **Gebot der Marktneutralität** (Abs. 2 S. 2 → Rn. 92 ff.) sowie dem **Ausschluss von Sowieso-Kosten** (Abs. 4 → Rn. 132) andererseits: Der Werteverbrauch in Form von Abschreibungen wird *„nicht durch den Redispatch-Einsatz verursacht"* und der Anlagenbetreiber wird durch einen anteiligen finanziellen Ausgleich dieser Fixkosten *„wirtschaftlich besser [ge]stellt, als er ohne die Maßnahme stünde"* (OLG Düsseldorf Beschl. v. 12.8.2020 – VI-3 Kart 895/18 (V), 2.2.2.1 und 2.2.2.2 der Begründung).

117   Dieser Widerspruch lässt sich nicht spannungsfrei auflösen: Wenn man das Verursachungsprinzip, das in der oben zitierten Gesetzesbegründung (→ Rn. 115) ausdrücklich als Maßstab für die anteilige Jahresabschreibung genannt wird, das Gebot der Marktneutralität und den Ausschluss von Sowieso-Kosten ernst nimmt, läuft die Kostenposition des anteiligen Werteverbrauchs von vornherein leer. Anteilige Mehrkosten durch *zusätzliche Instandhaltung* und *zusätzlichen Verschleiß* werden nicht als „anteiliger Werteverbrauch" iSv Abs. 3, sondern ohnehin bereits als „notwendige Erzeugungsauslagen" nach Abs. 2 S. 3 Nr. 1 erfasst (→ Rn. 111).

118   Da der Gesetzgeber den anteiligen Werteverbrauch gleichwohl als eigenständige Kostenposition ausdrücklich aufführt und somit eine grundsätzliche *Berücksichtigungsfähigkeit* postuliert, erscheint es zumindest gut vertretbar, eine anteilige Jahresabschreibung **trotz der Widersprüche bei der Bestimmung des finanziellen Ausgleichs zu berücksichtigen** (so iE auch OLG Düsseldorf Beschl. v. 12.8.2020 – VI-3 Kart 895/18 (V), 2.2.2.1 und 2.2.2.2 der Begründung). Die damit einhergehende **Verletzung der genannten Prinzipien** muss dann jedoch bei der konkreten Umsetzung zumindest **so gering wie möglich** gehalten werden.

Die nach der **ursprünglichen Festlegung FSV Redispatch** (BNetzA Beschl. v. 10.10.2018, BK8-18/0007-A) iVm dem BDEW-Branchenleitfaden vorgesehene Beschränkung auf anteilige Wertverbräuche im Rahmen von Anpassungen für *positiven* (und nicht von Anpassungen für *negativen*) Redispatch war jedoch nach der Rechtsprechung des OLG Düsseldorf rechtswidrig (vgl. OLG Düsseldorf Beschl. v. 12.8.2020 – VI-3 Kart 895/18 (V), 2.2. der Begründung). Das Gleiche gilt für die im Branchenleitfaden vorgesehene Kürzung des nach Abs. 3 vorgegebenen Quotienten aus anrechenbaren Betriebsstunden und handelsrechtlichen Restwerten um den *Quotienten aus angeforderter Redispatch-Leistung und Nettonennleistung der Erzeugungsanlage* (vgl. OLG Düsseldorf Beschl. v. 12.8.2020 – VI-3 Kart 895/18 (V), 2.3 der Begründung). 119

Die BNetzA hat bei der **Neufassung ihrer Festlegung FSV Redispatch** (BNetzA Beschl. v. 19.5.2021 – BK8-18/0007-A) den vom OLG Düsseldorf aufgezeigten Auslegungsspielräumen und -grenzen Rechnung getragen: Der anteilige Werteverbrauch wird nunmehr – abweichend vom BDEW-Branchenleitfaden – **sowohl bei positiven als auch bei negativen Redispatch-Einsätzen** berücksichtigt (vgl. Anlage 5 zur Festlegung FSV Redispatch: „Anlage Quotierung von anteiligem Werteverbrauch bei positivem und negativem Redispatch"). 120

Zudem erfolgt die **Quotierung** zur Ermittlung der anrechenbaren Betriebsstunden für den anteiligen Werteverbrauch aufgrund von Anpassungen des Netzbetreibers nach Abs. 1 nach der Neufassung in Abhängigkeit von einem Markttest. Durch die Voraussetzung eines **bestandenen Markttests** soll sichergestellt werden, dass die *„neue"* Quotierungsmethodik, die strukturell zu höheren anrechenbaren Anteilen zugunsten des Anlagenbetreibers führt, nur dann zum Einsatz kommt, wenn nach einem pauschalisierenden Abgleich zwischen dem Marktpreis und den Grenzkosten (exakter dem „Strikepreis") der Anlage *„auf den ersten Blick **kein strategisches Bietverhalten** (...) erkannt werden kann"* (vgl. Anlage 5 zur Festlegung FSV Redispatch, S. 2). 121

Zur Minderung der genannten Gefahren für den Strommarkt, den unverfälschten Wettbewerb und die Systemsicherheit durch Fehlanreize zu strategischem Verhalten (→ Rn. 95; vgl. auch OLG Düsseldorf Beschl. v. 12.8.2020 – VI-3 Kart 895/18 (V), 2.2.4.3 und 2.3 der Begründung) greift hingegen im Fall eines **nicht bestandenen Markttests** die *„alte"* Quotierungsmethodik nach dem BDEW-Branchenleitfaden. Die konkreten Auswirkungen der beiden Quotierungsmethodiken im Wechselspiel mit dem Markttest lassen sich am anschaulichsten anhand der verschiedenen in Anlage 1 zur Festlegung FSV Redispatch skizzierten Fallgestaltungen nachvollziehen. 122

5. Entgangene Erlösmöglichkeiten (Abs. 2 S. 3 Nr. 3). Als weiterer Bestandteil für die Bestimmung des angemessenen finanziellen Ausgleichs sind nach Abs. 2 S. 3 Nr. 3 zudem **nachgewiesene entgangene Erlösmöglichkeiten** zu berücksichtigen. Aufgrund des *bilanziellen Ausgleichs* nach Abs. 1a, der dem Anlagenbetreiber nach Abs. 2 S. 2 zusteht, stehen dem Anlagenbetreiber bzw. dem betroffenen BKV (zB dem Direktvermarkter eingespeister Erzeugungsmengen) grundsätzlich die Strommengen für seine marktlichen Aktivitäten zur Verfügung, die ihm auch ohne die Anpassung nach Abs. 1 zur Verfügung gestanden hätten. *Insoweit* kann er seine **Erlösmöglichkeiten am Strommarkt ohne Einbußen wahrnehmen.** 123

§ 13 a Teil 3. Regulierung des Netzbetriebs

124 Die entgangenen Erlösmöglichkeiten iSv Nr. 3 beziehen sich daher allein auf die Erlöse, die der Anlagenbetreiber während der Anpassung nach Abs. 1 an den Strommärkten hätte erzielen können, wenn und soweit seine Möglichkeiten zur flexiblen Nutzung der Anlage nicht durch die Anpassung eingeschränkt worden wären (vgl. Begr. BT-Drs. 18/7317, 87) und die Erlösmöglichkeiten nicht bereits durch den anzurechnenden bilanziellen Ausgleich gewahrt bleiben. Derartige Restriktionen können sich insbesondere dann ergeben, wenn und soweit der Anlagenbetreiber aufgrund der Vorgaben des Netzbetreibers nach Abs. 1 daran **gehindert ist, kurzfristige zusätzliche Erlösmöglichkeiten** (insbesondere am Intraday-Markt) **durch flexible Änderungen gegenüber der geplanten Fahrweise** zu nutzen (→ Rn. 73). Es handelt sich dabei um sog. *"Opportunitätskosten"*.

125 Zur Minderung der Gefahren einer Besserstellung des Anlagenbetreibers durch den finanziellen Ausgleich (zum Gebot der Marktneutralität und den Gefahren von Schlechter- und Besserstellungen → Rn. 92 ff., 95) dürfen nach Nr. 3 nur entgangene Erlösmöglichkeiten berücksichtigt werden, *wenn und soweit diese die Summe der nach Nr. 1 und 2 auszugleichenden Kosten übersteigt.* Anderenfalls käme es zu einer Mehrfacherstattung. Allein der **übersteigende Anteil** wird zusätzlich zu den Kostenbestandteilen nach Nr. 1 und 2 berücksichtigt (vgl. Begr. BT-Drs. 18/7317, 87).

126 Es muss sich zudem um *„nachgewiesene"* entgangene Erlösmöglichkeiten handeln. Der Anlagenbetreiber muss hinreichend darlegen, dass er ohne die Anpassung nach Abs. 1 höhere Erlöse erzielt hätte, als er vom Netzbetreiber durch den finanziellen Ausgleich für notwendige Erzeugungsauslagen (Nr. 1 → Rn. 111) und für den anteiligen Werteverbrauch (Nr. 2 → Rn. 114) – unter Anrechnung des bilanziellen Ausgleichs (Abs. 2 S. 2 → Rn. 97) – erhält (vgl. BerlKommEnergieR/*König* EnWG § 13a Rn. 56). Nach der FSV Redispatch richtet sich die Ermittlung der entgangenen Erlösmöglichkeiten nach dem BDEW-Branchenleitfaden (Anlage 2 zur Festlegung FSV Redispatch) iVm dem in Bezug genommenen „Weber-Gutachten" (Anlage 4 zur Festlegung FSV Redispatch).

127 **6. Notwendige Auslagen für Betriebsbereitschaftsherstellung oder Revisionsverschiebung (Abs. 2 S. 3 Nr. 4).** Durch die eigenständige Nennung in Abs. 2 S. 3 Nr. 4 wird klargestellt, dass auch notwendige Auslagen für die **Herstellung der Betriebsbereitschaft** und für die **Verschiebung einer geplanten Revision** als Kostenpositionen bei der Bestimmung des angemessenen finanziellen Ausgleichs zu berücksichtigen sind. Beide Maßnahmen sind von den Möglichkeiten für „Anpassungen" nach Abs. 1 S. 2 Nr. 1 und 2 ausdrücklich umfasst (→ Rn. 35).

128 Erstattungsfähig sind nach Abs. 2 S. 3 Nr. 4 nur **Auslagen,** die objektiv *„notwendig"* sind. Auf die Ausführungen zu *nicht notwendigen Mehrkosten* sowie zur Beachtung der allgemeinen zivilrechtlichen Grundsätze der *Schadensminderungspflicht* und der *Unzulässigkeit von Verträgen zulasten Dritter* wird auf die Ausführungen zu notwendigen Erzeugungsauslagen verwiesen (→ Rn. 113). Nach der FSV Redispatch richtet sich die Ermittlung der notwendigen Auslagen iSv Abs. 2 S. 3 Nr. 4 nach dem BDEW-Branchenleitfaden (Anlage 2 zur Festlegung FSV Redispatch).

129 **7. Ersparte Aufwendungen (Abs. 2 S. 4).** Nach Abs. 2 S. 4 ist der *Anlagenbetreiber* verpflichtet, **ersparte Aufwendungen** an den *anweisenden Netzbetreiber* zu **erstatten.** Erfasst sind alle Aufwendungen des Anlagenbetreibers, die aufgrund der Anpassung nach Abs. 1 nicht anfallen. Die Formulierung als eigenständige Erstattungspflicht des Anlagenbetreibers unterstreicht, dass der finanzielle Ausgleich eine *wechselseitige* Berücksichtigung der Auswirkungen auf beide Parteien erfordert und im Saldo – je nach konkreter Konstellation – entweder zu einer Zahlung des Netzbetreibers oder des Anlagenbetreibers führt (→ Rn. 91).

Die ersparten Aufwendungen sind **spiegelbildlich zu den Erzeugungsauslagen** nach Abs. 2 S. 3 Nr. 1 zu ermitteln (→ Rn. 111). Wird beispielsweise die Erzeugung eines Kraftwerks nach Abs. 1 abgeregelt, zählen zu den ersparten Aufwendungen insbesondere die *ersparten Kosten für Brennstoff und CO_2-Emissionsrechte*. Auch die (anteilig) *ersparte Instandhaltung* und der *reduzierte Anlagenverschleiß* aufgrund der Anpassung sind zu berücksichtigen (vgl. OLG Düsseldorf Beschl. v. 12. 8. 2020 – VI-3 Kart 895/18 (V), Abschnitt 2.2.2 der Begründung). 130

Der Anlagenbetreiber erspart diese Aufwendungen auch dann, wenn der bilanzielle Ausgleich nach Abs. 1 a (im Fall einer Anpassung für negativen Redispatch also die Bereitstellung von Strommengen durch den Netzbetreiber) nicht gegenüber ihm selbst, sondern gegenüber einer anderen Person (zB seinem Direktvermarkter) als betroffenem BKV erfolgt. Der Anlagenbetreiber ist aufgrund der **Anrechnung des bilanziellen Ausgleichs** nach Abs. 2 S. 2 so zu stellen, als sei der bilanzielle Ausgleich gegenüber ihm selbst erfolgt (→ Rn. 97). Nach der FSV Redispatch richtet sich die Ermittlung der ersparten Aufwendungen nach dem BDEW-Branchenleitfaden (Anlage 2 zur Festlegung FSV Redispatch). 131

8. Ausschluss von Sowieso-Kosten (Abs. 4). Nach Abs. 4 darf der anweisende Netzbetreiber **„weitergehende Kosten"**, die dem Anlagenbetreiber auch *ohne die Anpassung nach Abs. 1 entstehen*, **nicht erstatten**. Als Beispiele für derartige Sowieso-Kosten werden in Abs. 4 insbesondere *Betriebsbereitschaftsauslagen* und eine *Verzinsung des gebundenen Kapitals* aufgeführt. 132

Dass **Sowieso-Kosten** für einen angemessenen finanziellen Ausgleich keine Berücksichtigung finden dürfen, folgt bereits aus dem **Gebot der Marktneutralität** (Abs. 2 S. 2 → Rn. 92ff.) und dem **Verursachungsprinzip** (Abs. 2 S. 3 → Rn. 105). Kosten, die unabhängig von der konkreten Anpassung des Netzbetreibers beispielsweise durch die grundsätzliche Teilnahme an den Strommärkten anfallen, sind *nicht* durch die Anpassung *verursacht*. Ein finanzieller Ausgleich dieser Kosten würde den Anlagenbetreiber *besser stellen*, als er ohne die Anpassung stünde, und somit zu einem *strategischen Verhalten* anreizen, welches die genannten Gefahren für den Strommarkt, den unverfälschten Wettbewerb und die Systemsicherheit mit sich brächte (→ Rn. 95). 133

VI. Umfang des finanziellen Ausgleichs bei EE- und KWK-Strom-Abregelungen (Abs. 2 S. 3 Nr. 5 und S. 4)

Im Fall einer Abregelung von **vorrangberechtigtem EE-** oder **KWK-Strom** richtet sich die konkrete Bestimmung des angemessenen finanziellen Ausgleichs nach den **speziell geregelten Vorgaben** gem. Abs. 1 S. 3 Nr. 5 iVm S. 4. Diese Vorgaben entsprechen weitgehend der *Entschädigungsregelung nach § 15 EEG aF* für die Abregelung von vorrangberechtigter EE- und KWK-Strom-Erzeugung im Rahmen des *ehemaligen Einspeisemanagements*. Mit der Integration des Einspeisemanagements in das gesetzliche Schuldverhältnis nach § 13a im Zuge der „Redispatch 2.0"-Novelle wurde die Entschädigungsregelung entsprechend übertragen. Die **Kostenpositionen nach Abs. 2 S. 3 Nr. 1–4** sind daher aufgrund des *Anwendungsvorrangs der spezielleren Vorgaben nach Nr. 5* auf die Abregelung von EE-Anlagen und (vorrangberechtigter) KWK-Stromerzeugung **nicht anwendbar** (Begr. BT-Drs. 19/7375 S. 57). 134

§ 13 a

Teil 3. Regulierung des Netzbetriebs

135 **1. Abregelung von vorrangberechtigtem EE- oder KWK-Strom.** Die speziellen Vorgaben nach Abs. 2 S. 3 Nr. 5 beziehen sich auf die Reduzierung der Wirkleistungserzeugung aus einer Anlage nach § 3 Nr. 1 EEG oder von KWK-Strom iSd § 3 Abs. 1 KWKG. Erfasst ist somit die Abregelung von **vorrangberechtigtem EE-Strom** aus einer EE-Anlage (zum Einspeisevorrang von EE-Strom → § 13 Rn. 310ff.) sowie von **vorrangberechtigtem, wärmegekoppeltem KWK-Strom** aus einer „hocheffizienten" KWK-Anlage (zum beschränkten Einspeisevorrang von KWK-Strom → § 13 Rn. 327).

136 Der Verweis auf KWK-Strom iSd § 3 *Abs. 1* KWKG ist mittlerweile unpräzise, da der Einspeisevorrang zugunsten von KWK-Strom aus „hocheffizienten" KWK-Anlagen durch eine spätere Anpassung des § 3 KWKG nicht mehr in Abs. 1 S. 1 Nr. 2, sondern mittlerweile in Abs. 2 geregelt ist. Trotz der versäumten Folgeanpassung des Verweises in Abs. 2 S. 3 Nr. 5 bleibt der beabsichtigte Bezug auf die Abregelung von vorrangberechtigtem KWK-Strom aus hocheffizienten KWK-Anlagen klar erkennbar.

137 **2. Kostenpositionen bei EE- und KWK-Strom-Abregelungen (Abs. 2 S. 3 Nr. 5 und S. 4).** Der für den finanziellen Ausgleich zu zahlende Betrag ergibt sich im Fall der Abregelung von vorrangberechtigtem EE- oder KWK-Strom nach Abs. 2 S. 3 Nr. 5 und S. 4 aus den *entgangenen Einnahmen* zuzüglich der *zusätzlichen Aufwendungen* abzüglich der *ersparten Aufwendungen* des Anlagenbetreibers:

Finanzieller Ausgleich = entgangene Einnahmen + zusätzliche Aufwendungen − ersparte Aufwendungen

Sofern die *ersparten Aufwendungen*, die nach Abs. 2 S. 4 zugunsten des Netzbetreibers zu erstatten sind, die Summe aus *entgangenen Einnahmen* und *zusätzlichen Aufwendungen* nach Abs. 2 S. 3 Nr. 5, die zugunsten des Anlagenbetreibers zu berücksichtigen sind, übersteigen und der finanzielle Ausgleich somit (aus Sicht des Netzbetreibers) „negativ" ist, muss der Anlagenbetreiber den entsprechenden Betrag an den Netzbetreiber zahlen.

138 Da die genannten Kostenpositionen wortgleich der ehemaligen Entschädigungsregelung nach § 15 EEG aF entsprechen, bleiben die zum Einspeisemanagement entwickelten Methoden zur Bestimmung der „Entschädigungshöhe", wie sie durch den **Einspeisemanagement-Leitfaden der BNetzA** etabliert sind, für die Bestimmung des finanziellen Ausgleichs entsprechend anwendbar (vgl. Begr. BT-Drs. 19/7375, 57). Obgleich es sich bei dem Leitfaden nicht um eine rechtsverbindliche Festlegung handelt, wird er in der Praxis weitgehend als angemessener Maßstab für die Ermittlung der Entschädigungshöhe (bzw. nunmehr des finanziellen Ausgleichs) anerkannt. Für Netzbetreiber ergibt sich aus der Einhaltung der Vorteil einer erleichterten Darlegung im Rahmen der Netzentgeltprüfung, dass die anfallenden Kosten und Erlöse sachgerecht ermittelt wurden (BNetzA, Leitfaden zum Einspeisemanagement 3.0 v. 25.6.2018, S. 49).

139 **a) Entgangene Einnahmen (Abs. 2 S. 3 Nr. 5).** Als „**entgangene Einnahmen**" iSv Abs. 2 S. 3 Nr. 5 sind Zahlungen zu berücksichtigen, die der Anlagenbetreiber aufgrund der Abregelung seiner vorrangberechtigten EE- oder KWK-Strom-Erzeugung nach Abs. 1 nicht erhält. Der Schaden in Form der entgangenen Einnahmen muss **unmittelbar kausal** durch die Abregelung entstehen. Der Anlagenbetreiber ist dabei nach den Grundsätzen der allgemeinen zivilrechtlichen **Schadensminderungspflicht** gehalten, seine entgangenen Einnahmen so gering wie möglich zu halten. Soweit er diese Obliegenheit verletzt, ist sein Anspruch auf

Entschädigung entsprechend gekürzt (vgl. BNetzA, Leitfaden zum Einspeisemanagement 3.0 v. 25.6.2018, S. 30; dazu auch → Rn. 113).

Um ermitteln zu können, welche Einnahmen dem Anlagenbetreiber durch die 140 Abregelung entgangen sind, muss im ersten Schritt die Ausfallarbeit aufgrund der Abregelung nach Abs. 1 bestimmt werden. Dafür kann nunmehr – abweichend von der ehemaligen Rechtslage zum Einspeisemanagement – auf die Ergebnisse zur **Bestimmung der Ausfallarbeit** nach den Vorgaben der **Festlegung zum bilanziellen Ausgleich** zurückgegriffen werden (BNetzA Beschl. v. 6.11.2020 – BK6-20-059, Anlage 1 Kap. 3, S. 5 ff.; dazu auch → Rn. 76 ff.). Ein Rückgriff auf die – weitgehend entsprechenden – Darlegungen in Kapitel 2.3 des Einspeisemanagement-Leitfadens erübrigt sich seit dem Inkrafttreten des „Redispatch 2.0".

Abweichend von der ehemaligen Entschädigungsregelung für Einspeisemanage- 141 ment-Maßnahmen sind die entgangenen Einnahmen nach Abs. 2 S. 3 Nr. 5 **ohne Abzug eines Selbstbehalts** zu 100 Prozent anzusetzen. Der Selbstbehalt (in Form einer grundsätzlichen Kürzung auf 95 Prozent der entgangenen Einnahmen) war mit den europarechtlichen Grundsätzen nach Art. 13 Abs. 7 Elt-VO 19 nicht vereinbar und wurde daher noch vor dem Inkrafttreten der „Redispatch 2.0"-Änderungen sowohl in Abs. 2 als auch in § 15 Abs. 1 EEG aF gestrichen.

Im Fall einer Abregelung von EE-Strom ist zwischen EE-Anlagen in der Ein- 142 speisevergütung und EE-Anlagen in der Direktvermarktung zu differenzieren. Da der bilanzielle Ausgleich im Fall der Abregelung der Einspeisung aus einer **einspeisevergüteten EE-Anlage** zugunsten des EEG-Bilanzkreises erfolgt (Abs. 1 a S. 3 → Rn. 81 f.) und daher im Rahmen des finanziellen Ausgleichs ausnahmsweise nicht anzurechnen ist (Abs. 2 S. 5 → Rn. 99 f.), entgeht dem Betreiber der Anlage die **Einspeisevergütung** grundsätzlich in voller Höhe bzw. exakter in der Höhe der Zahlung, die er – ohne die Abregelung – für den ins Netz eingespeisten EE-Strom nach den einschlägigen Regelungen des EEG unter Berücksichtigung etwaiger Regelungen zugunsten (zB Bonus-Ansprüche) und zuungunsten des Anlagenbetreibers (zB verringerte Zahlungsansprüche aufgrund von Pflichtverstößen, negativen Preisen etc) erhalten hätte (vgl. BNetzA, Leitfaden zum Einspeisemanagement 3.0 v. 25.6.2018, S. 31).

Im Fall der Abregelung der Einspeisung aus einer EE-Anlage, die der Veräuße- 143 rungsform der **geförderten Direktvermarktung** mit Marktprämie zugeordnet ist, entgeht dem Betreiber der Anlage die **Marktprämie**. Aufgrund des *bilanziellen Ausgleichs* nach Abs. 1 a, der dem Anlagenbetreiber nach Abs. 2 S. 2 anzurechnen ist, stehen den Anlagenbetreiber bzw. dem betroffenen BKV (zB dem Direktvermarkter) die Strommengen für seine marktlichen Aktivitäten zur Verfügung, die ihm auch ohne die Abregelung nach Abs. 1 zur Verfügung gestanden hätten. Insoweit kann er seine **Erlöse am Strommarkt ohne Einbußen erzielen.** Da ihm insoweit keine Einnahmen entgehen, scheidet eine über die Marktprämie hinausgehende Kompensation (zB in Höhe des *anzulegenden Wertes*) aus (vgl. BNetzA, Leitfaden zum Einspeisemanagement 3.0 v. 25.6.2018, S. 36).

Im Fall der Abregelung der Einspeisung aus einer EE-Anlage, die der Veräuße- 144 rungsform der ungeförderten **sonstigen Direktvermarktung** zugeordnet ist, entgehen dem Anlagenbetreiber aufgrund des vorgenommenen bilanziellen Ausgleichs aus den gleichen Gründen keine Erlöse am Strommarkt. Da kein Förderanspruch nach dem EEG besteht, entgehen insoweit auch keine Einnahmen (vgl. BNetzA, Leitfaden zum Einspeisemanagement 3.0 v. 25.6.2018 S. 36).

Im Fall der Abregelung von wärmegekoppeltem **KWK-Strom** aus einer 145 „hocheffizienten" KWK-Anlage gelten die genannten Grundsätze in entsprechen-

§ 13 a

der Weise (vgl. BNetzA, Leitfaden zum Einspeisemanagement 3.0 v. 25.6.2018 S. 43ff.). Die Berücksichtigung von Förderansprüchen nach dem KWKG als entgangene Einnahmen kommt jedoch nur in Betracht, sofern bei der Ermittlung der Dauer der entsprechenden Förderzahlungen (und der verbleibenden förderfähigen Vollbenutzungsstunden) die Ausfallarbeit genauso in Ansatz gebracht wird, als wäre sie erzeugt worden. Ohne Anrechnung der Ausfallarbeit auf die **förderberechtigten Vollbenutzungsstunden** der KWK-Anlage entgehen diese Einnahmen nicht, sondern fallen lediglich später – am Ende der Förderdauer – an (vgl. BNetzA, Leitfaden zum Einspeisemanagement 3.0 v. 25.6.2018 S. 45). Insoweit dürfen allenfalls Zinseffekte zu berücksichtigen sein.

146 Durch die Abregelung einer **wärmegekoppelten Stromerzeugung** (zB einer KWK- oder Biogasanlage) wird zwangsläufig zugleich die gekoppelte Wärmeerzeugung reduziert. Soweit dem Anlagenbetreiber dadurch **Wärmeerlöse entgehen,** können diese ebenfalls als entgangene Einnahmen berücksichtigt werden (vgl. BNetzA, Leitfaden zum Einspeisemanagement 3.0 v. 25.6.2018, S. 31f. und 45).

147 **b) Zusätzliche Aufwendungen (Abs. 2 S. 3 Nr. 5).** Als „zusätzliche Aufwendungen" sind nach Abs. 2 S. 3 Nr. 5 Aufwendungen des Anlagenbetreibers erfasst, die aufgrund der Abregelung seiner Anlage nach Abs. 1 *zusätzlich notwendig* wurden und ohne die Anweisung des Netzbetreibers nicht angefallen wären. Die obigen Ausführungen zur erforderlichen *unmittelbaren Kausalität* und zur Beachtung der *Schadensminderungspflicht* (→ Rn. 137) gelten in entsprechender Weise für die Berücksichtigung von zusätzlichen Aufwendungen für den finanziellen Ausgleich (vgl. BNetzA, Leitfaden zum Einspeisemanagement 3.0 v. 25.6.2018, S. 33).

148 Kosten, die unabhängig von der Anpassung anfallen *(Sowieso-Kosten)* bzw. den originären (Abrechnungs-)*Aufgaben des Anlagenbetreibers* zuzuordnen sind, können keine Berücksichtigung finden (vgl. BNetzA, Leitfaden zum Einspeisemanagement 3.0 v. 25.6.2018, S. 35; dazu auch → Rn. 132f.). Als Beispiele für nicht berücksichtigungsfähige Kosten werden im Leitfaden ua genannt:
– zeitunabhängige Kosten wie beispielsweise Zinsen, Tilgung und Abschreibungen
– Abrechnungskosten für die Abwicklung der Entschädigungsansprüche
– anteilige Kosten für ohnehin vorzuhaltende Einrichtungen wie Messeinrichtungen und Ähnliches

149 Zusätzliche Aufwendungen können bei der Abregelung einer **wärmegekoppelten Stromerzeugung** (zB einer KWK- oder Biogasanlage) insbesondere durch den Einsatz einer angemessenen Ersatzwärmeversorgung zum Ausgleich der zwangsläufig mit beeinträchtigten gekoppelten Wärmeerzeugung entstehen (vgl. BNetzA, Leitfaden zum Einspeisemanagement 3.0 v. 25.6.2018, S. 33f.). Im Fall einer *thermischen* **Ersatzwärmeversorgung** können zusätzliche Aufwendungen insbesondere für *Brennstoffe und CO_2-Zertifikate* anfallen (die spiegelbildlich ersparten Aufwendungen durch die Abregelung der wärmegekoppelten Stromerzeugung werden separat nach Abs. 2 S. 4 verrechnet → Rn. 129ff.).

150 Im Fall einer *elektrischen* **Ersatzwärmeversorgung** können zusätzliche Aufwendungen insbesondere durch **zusätzliche Strombezüge** zur Deckung der Verbräuche für die elektrische Wärmeerzeugung entstehen (zur *kombinierten Abregelung* von wärmegekoppelter Erzeugung mit *zeitgleicher Lastzuschaltung* einer elektrischen Ersatzwärmeversorgung nach Abs. 1 → Rn. 39ff.). Dabei ist allerdings zu berücksichtigen, dass die zusätzlichen Bezugsmengen für die Lastzuschaltung der elektrischen Ersatzwärmeversorgung vom Netzbetreiber bereits **bilanziell** nach Abs. 1a gegenüber dem betroffenen Entnahmebilanzkreises (in der Regel der Bilanzkreis des Stromlieferanten) ausgeglichen werden (→ Rn. 40 und 57). Der Anlagenbetreiber muss sich diesen Ausgleich nach Abs. 2 S. 2 anrechnen lassen. Für eine darüber hinausgehende Berücksichtigung im Rahmen des **finanziellen** Ausgleichs bleibt folglich nur Raum, soweit unter Anrechnung der Strommengen für den bilanziellen Ausgleich unmittelbar kausal *zusätzliche Aufwendungen* zulasten des Anlagenbetreibers durch den zusätzlichen Strombezug entstehen (zB Mehrkosten aufgrund von Netzentgelten, EEG-Umlage und Ähnliches).

Das gilt in gleicher Weise für den Fall, dass die Abregelung über die Netzeinspei- 151 sung hinausgeht und somit zu **zusätzlichen Strombezügen** zur Deckung von Verbräuchen innerhalb der Kundenanlage führt, die ohne die Abregelung bilanziell durch die EE- oder KWK-Strom-Erzeugung „vor Ort" gedeckt worden wäre (als **Eigenversorgung** im Hinblick auf eigene Verbräuche des Anlagenbetreibers und als **Direktbelieferung** im Hinblick auf Drittverbräuche → Rn. 58). Zur grundsätzlichen Regelbarkeit der gesamten Stromerzeugung → Rn. 36 ff. Im hier relevanten Fall der Abregelung von vorrangberechtigtem EE- oder KWK-Strom sind jedoch die europarechtlichen Einschränkungen gegenüber der Abregelung einer *„Selbstversorgung mit EE- oder KWK-Strom"* zu beachten (→ § 13 Rn. 354 ff.).

c) **Ersparte Aufwendungen (Abs. 2 S. 4).** Auch für den Fall der **Abregelung** 152 **von vorrangberechtigtem EE- oder KWK-Strom** iSv Abs. 2 S. 3 Nr. 5 gelten die obigen Ausführungen zur Ermittlung der **ersparten Aufwendungen** nach Abs. 2 S. 4 und zu ihrer Berücksichtigung im Rahmen des finanziellen Ausgleichs als eigenständiger Erstattungsanspruch des Anlagenbetreibers gegenüber dem anweisenden Netzbetreiber (→ Rn. 129 ff.). Sofern die *ersparten Aufwendungen* die Summe aus *entgangenen Einnahmen* und *zusätzlichen Aufwendungen* übersteigen, muss der Anlagenbetreiber den entsprechenden Betrag an den Netzbetreiber zahlen (→ Rn. 137).

Für die Ermittlung **eingesparter Brennstoffkosten** ist in diesen Konstella- 153 tionen zu beachten, dass nicht nur eingesparte *konventionelle Brennstoffe,* sondern grundsätzlich auch eingesparte *erneuerbare Brennstoffe* zu berücksichtigen sind. Ersparte Aufwendungen können sich beispielsweise auch dadurch ergeben, dass bestimmte **Zahlungspflichten** eines Anlagenbetreibers (zB *Pachtzinsen*) **in Abhängigkeit von den tatsächlich erzeugten EE- oder KWK-Strommengen** anfallen und somit durch die Abregelung gemindert werden (vgl. BNetzA, Leitfaden zum Einspeisemanagement 3.0 v. 25.6.2018, S. 35 und 47).

E. Abstimmung und finanzieller Ausgleich zwischen den Netzbetreibern (Abs. 5)

I. Abstimmung zwischen den Netzbetreibern (Abs. 5 S. 1)

Die Regelungen nach Abs. 5 konkretisieren die allgemeinen **Kooperations-** 154 **und Unterstützungspflichten** zwischen den Netzbetreibern (vgl. § 11 Abs. 1 S. 4) im Hinblick auf den netzübergreifend koordinierten Einsatz von Anpassungen nach Abs. 1. Betroffene Netzbetreiber, auf deren Netz sich die strom- und spannungsbedingten Anpassungen netzübergreifend auswirken können, müssen eng kooperieren und sich gegenseitig unterstützten. Eine massengeschäftstaugliche **Ab-**

§ 13 a

stimmung zwischen den Netzbetreibern über die voraussichtlichen Probleme, die verfügbaren Maßnahmen und den koordinierten Einsatz der Maßnahmen bildet die unerlässliche Grundvoraussetzung für die *netzübergreifend optimierte Auswahl der insgesamt günstigsten Maßnahmenkombination* nach § 13 Abs. 1 S. 2 (→ § 13 Rn. 288) und die Sicherstellung eines *energetisch ausgeglichenen* Einsatzes für negativen und positiven Redispatch (→ § 13 Rn. 265 ff.).

155   Abs. 5 S. 1 stellt daher klar, dass die Netzbetreiber Anpassungsmaßnahmen nach Abs. 1 mit allen **betroffenen Netzbetreibern abstimmen** müssen (vgl. Begr. BT-Drs. 19/9027, 12). In dem Regelfall, dass es sich bei dem *anweisenden Netzbetreiber* um den *Anschlussnetzbetreiber* handelt, zählen regelmäßig alle *vorgelagerten Netzbetreiber* zu den betroffenen Netzbetreibern. Für den Ausnahmefall, dass nicht der *Anschlussnetzbetreiber,* sondern ein *vorgelagerter Netzbetreiber* die Anpassung als *anweisender Netzbetreiber* vornimmt (→ Rn. 30), stellt Abs. 5 S. 1 klar, dass die Maßnahme darüber hinaus sowohl mit dem *Anschlussnetzbetreiber,* in dessen Netz die Anlage eingebunden ist, als auch mit allen *zwischengelagerten Netzbetreibern* abzustimmen ist (zu den verschiedenen Netzbetreiber-Begriffen und Marktrollen → Rn. 28 ff.).

156   Die **Abstimmung** erfordert eine aktive wechselseitige *Information* zwischen den Netzbetreibern sowie eine *Koordinierung,* wer welche verfügbaren Potenziale für Anpassungen nutzt. Diese Pflichten werden insbesondere durch die **Festlegung zur Netzbetreiberkoordinierung** bei der Durchführung von Redispatch-Maßnahmen (BNetzA Beschl. v. 12.3.2021 – BK6-20-060) weiter konkretisiert (→ § 13 Rn. 289 ff.). Im Rahmen der Abstimmung sind die Auswirkungen auf die anderen betroffenen Netzbetreiber sowie deren verfügbare Potenziale, Planungen und berechtigte Interessen zu berücksichtigen. Ein *Vetorecht* ist mit der Abstimmungspflicht jedoch *nicht* verbunden.

II. Vorrang des nachgelagerten Netzbetreibers (Abs. 5 S. 2)

157   Für den Fall, dass die Maßnahmen eines *nachgelagerten Netzbetreibers* nach Abs. 1 mit Maßnahmen eines *vorgelagerten Netzbetreibers* **konkurrieren,** soll nach Abs. 5 S. 2 insoweit die **Maßnahme des nachgelagerten Netzbetreibers in der Regel Vorrang** haben. Eine solche Maßnahmen-Konkurrenz kann insbesondere auftreten, sofern sich die Maßnahmen des nach- und des vorgelagerten Netzbetreibers auf **dieselbe Anlage** beziehen (vgl. Begr. BT-Drs. 19/9027, 12). Die Regelung trägt der Tatsache Rechnung, dass auf den tieferen Netzebenen meist weniger technische Alternativen zur Verfügung stehen als auf den höheren Netzebenen.

III. Ersatzanspruch gegenüber verantwortlichem Netzbetreiber (Abs. 5 S. 3)

158   Abs. 5 S. 3 sieht einen (finanziellen) **Ersatzanspruch unter den Netzbetreibern** vor, der jedoch nur in speziellen Sonderkonstellationen ergänzend greift, um sicherzustellen, dass im Fall von Maßnahmen nach Abs. 1 die anfallende **Kostenlast für den bilanziellen und finanziellen Ausgleich** letztlich von dem **verantwortlichen Netzbetreiber** getragen wird, *in dessen Netz die Ursache für die Maßnahme liegt.* Die Regelung überführt den ehemaligen Ersatzanspruch nach § 15 Abs. 1 S. 2 EEG 2021 aF in die Systematik der bilanziellen und finanziellen Ausgleichs- und Ersatzansprüche im „Redispatch 2.0" (vgl. Begr. BT-Drs. 19/9027, S. 12).

159   Die **Ursache** für eine Maßnahme nach Abs. 1 liegt in dem Netz, das nicht oder noch nicht hinreichend ertüchtigt ist. Bei dem **verantwortlichen Netzbetreiber**

iSv Abs. 5 S. 3 handelt es sich folglich – verschuldensunabhängig – um den Netzbetreiber, der nach den Netzentwicklungspflichten *zur bedarfsgerechten Ertüchtigung des Netzes verpflichtet* ist (§§ 11 ff.) und somit den ursächlichen *Netzengpass beseitigen* muss oder im Fall einer *„Spitzenkappung"* (§ 11 Abs. 2) von der Begrenzung seiner Netzausbauplanung durch geringere Netzausbaukosten profitiert (vgl. Begr. BT-Drs. 19/9027, S. 12; ausf. zur entsprechenden Vorläuferregelung →3. Aufl., § 13 Rn. 165 ff.).

Durch das **Grundprinzip der Kostenverantwortung** soll sichergestellt werden, dass die Folgekosten eines (noch) nicht bedarfsgerecht ausgebauten Netzes von dem Netzbetreiber getragen werden, der dafür verantwortlich ist. Kurz gefasst sollen die *Ausbauverantwortung* (für die nachhaltige Beseitigung von Engpässen) und die *Kostenverantwortung* (für Redispatch-Maßnahmen bis zur nachhaltigen Beseitigung) in einer Hand bleiben. Etwaige *Fehlanreize,* Netzausbaukosten zulasten der Systemsicherheit und zulasten erhöhter Systemsicherheitskosten anderer Netzbetreiber zu vermeiden oder zu verzögern, sollen ausgeschlossen werden. 160

Dieses Grundprinzip der Kostenverantwortung ist im **Regelfall** bereits durch die **bilanziellen und finanziellen Ausgleichspflichten** des *anweisenden Netzbetreibers* nach Abs. 1 a und 2 sowie – im Fall einer Kaskaden-Anforderung – durch die entsprechenden **Ersatzpflichten** des *anfordernden Netzbetreibers* nach § 14 Abs. 1 c S. 2 gewahrt. Denn den Netzbetreiber, der aufgrund einer strom- oder spannungsbedingten Gefährdung oder Störung *in seinem Netz* eigene Maßnahmen nach Abs. 1 anweist bzw. – im Fall einer Kaskaden-Anforderung – entsprechende Maßnahmen nachgelagerter Netzbetreiber anfordert, trifft in aller Regel zugleich die Verantwortung zur nachhaltigen Beseitigung des Engpasses nach den genannten Netzentwicklungspflichten. 161

In **Ausnahmefällen** kann die **gesamtwirtschaftlich effizienteste Netzertüchtigung** jedoch auch in der Ertüchtigung bzw. dem Ausbau des Netzes eines *anderen* **Netzbetreibers** bestehen, obgleich der zu beseitigende Engpass nicht in dessen Netz auftritt. Dieser andere Netzbetreiber trägt in dem Fall die Verantwortung zur Beseitigung des Engpasses nach den genannten Netzentwicklungspflichten. Da die Ursache für die Maßnahme nach Abs. 1 insoweit in seinem Netz liegt, ist er als *verantwortlicher Netzbetreiber* nach Abs. 5 S. 3 dazu verpflichtet, dem *anweisenden Netzbetreiber* die Kosten für den bilanziellen und finanziellen **Ausgleich gegenüber den betroffenen BKV und Anlagenbetreibern** (Abs. 1 und 2–4) sowie – im Fall einer Kaskaden-Anweisung – dem *anfordernden Netzbetreiber* die Kosten für den bilanziellen und finanziellen **Ausgleich (exakter „Ersatz") gegenüber den nachgelagerten Netzbetreibern** (§ 14 Abs. 1 c S. 2) zu ersetzen. In beiden Fällen sind die Kosten *um entstandene Erlöse zu kürzen* (vgl. Begr. BT-Drs. 19/9027, 12). 162

Der Ersatzanspruch hat jedoch lediglich eine **ergänzende Auffangfunktion:** Er besteht nur, soweit der *anweisende* bzw. der *anfordernde* Netzbetreiber seinerseits **keinen Anspruch auf bilanziellen und finanziellen Ersatz** gegenüber einem anfordernden Netzbetreiber nach § 14 Abs. 1 c S. 2 geltend machen kann. 163

§ 13 b Stilllegungen von Anlagen

(1) ¹Betreiber von Anlagen zur Erzeugung oder Speicherung elektrischer Energie mit einer Nennleistung ab 10 Megawatt sind verpflichtet, vorläufige oder endgültige Stilllegungen ihrer Anlage oder von Teilkapazitäten ihrer Anlage dem systemverantwortlichen Betreiber des Übertra-

§ 13 b

gungsnetzes und der Bundesnetzagentur möglichst frühzeitig, mindestens aber zwölf Monate vorher anzuzeigen; dabei ist anzugeben, ob und inwieweit die Stilllegung aus rechtlichen, technischen oder betriebswirtschaftlichen Gründen erfolgen soll. ²Vorläufige und endgültige Stilllegungen ohne vorherige Anzeige und vor Ablauf der Frist nach Satz 1 sind verboten, wenn ein Weiterbetrieb technisch und rechtlich möglich ist. ³Eine Stilllegung von Anlagen vor Ablauf der Frist nach den Sätzen 1 und 2 ist zulässig, wenn der Betreiber eines Übertragungsnetzes hierdurch keine Gefährdung oder Störung der Sicherheit oder Zuverlässigkeit des Elektrizitätsversorgungssystems erwartet und er dem Anlagenbetreiber dies nach Absatz 2 Satz 1 mitgeteilt hat.

(2) ¹Der systemverantwortliche Betreiber des Übertragungsnetzes prüft nach Eingang der Anzeige einer Stilllegung nach Absatz 1 Satz 1 unverzüglich, ob die Anlage systemrelevant ist, und teilt dem Betreiber der Anlage und der Bundesnetzagentur das Ergebnis seiner Prüfung unverzüglich schriftlich oder elektronisch mit. ²Eine Anlage ist systemrelevant, wenn ihre Stilllegung mit hinreichender Wahrscheinlichkeit zu einer nicht unerheblichen Gefährdung oder Störung der Sicherheit oder Zuverlässigkeit des Elektrizitätsversorgungssystems führen würde und diese Gefährdung oder Störung nicht durch andere angemessene Maßnahmen beseitigt werden kann. ³Die Begründung der Notwendigkeit der Ausweisung einer systemrelevanten Anlage im Fall einer geplanten vorläufigen oder endgültigen Stilllegung soll sich aus der Systemanalyse der Betreiber von Übertragungsnetzen oder dem Bericht der Bundesnetzagentur nach § 3 der Netzreserveverordnung ergeben. ⁴Die Begründung kann sich auf die Liste systemrelevanter Gaskraftwerke nach § 13 f Absatz 1 stützen.

(3) ¹Mit Ausnahme von Revisionen und technisch bedingten Störungen sind vorläufige Stilllegungen Maßnahmen, die bewirken, dass die Anlage nicht mehr anfahrbereit gehalten wird, aber innerhalb eines Jahres nach Anforderung durch den Betreiber eines Übertragungsnetzes nach Absatz 4 Satz 3 wieder betriebsbereit gemacht werden kann, um eine geforderte Anpassung ihrer Einspeisung nach § 13 a Absatz 1 umzusetzen. ²Endgültige Stilllegungen sind Maßnahmen, die den Betrieb der Anlage endgültig ausschließen oder bewirken, dass eine Anpassung der Einspeisung nicht mehr innerhalb eines Jahres nach einer Anforderung nach Absatz 4 erfolgen kann, da die Anlage nicht mehr innerhalb dieses Zeitraums betriebsbereit gemacht werden kann.

(4) ¹Vorläufige Stilllegungen von Anlagen, die nach Absatz 1 Satz 1 zur vorläufigen Stilllegung angezeigt wurden, sind auch nach Ablauf der in der Anzeige genannten Frist nach Absatz 1 Satz 1 verboten, solange und soweit der systemverantwortliche Betreiber des Übertragungsnetzes die Anlage nach Absatz 2 Satz 2 als systemrelevant ausweist. ²Die Ausweisung erfolgt für eine Dauer von 24 Monaten; zeigt der Betreiber einer Anlage für den Zeitraum nach Ablauf der 24 Monate die geplante vorläufige Stilllegung nach § 13 b Absatz 1 Satz 1 erneut an und wird das Fortbestehen der Systemrelevanz der Anlage durch eine Prüfung des regelzonenverantwortlichen Betreibers eines Übertragungsnetzes festgestellt, erfolgt jede erneute Ausweisung der Anlage als systemrelevant jeweils für einen Zeitraum von bis zu 24 Monaten. ³Der Betreiber einer Anlage, deren vor-

Stilllegungen von Anlagen **§ 13 b**

läufige Stilllegung nach Satz 1 verboten ist, muss die Betriebsbereitschaft der Anlage für Anpassungen der Einspeisung nach § 13 a Absatz 1 weiter vorhalten oder wiederherstellen. [4]Der Betreiber einer vorläufig stillgelegten Anlage, die nach Absatz 2 Satz 2 systemrelevant ist, muss für die Durchführung von Maßnahmen nach § 13 Absatz 1 Nummer 2 und 3 und § 13 a Absatz 1 auf Anforderung durch den Betreiber des Übertragungsnetzes und erforderlichenfalls in Abstimmung mit dem Betreiber desjenigen Netzes, in das die Anlage eingebunden ist, die Anlage betriebsbereit machen.

(5) [1]Endgültige Stilllegungen von Anlagen zur Erzeugung oder Speicherung elektrischer Energie mit einer Nennleistung ab 50 Megawatt sind auch nach Ablauf der in der Anzeige genannten Frist nach Absatz 1 Satz 1 verboten, solange und soweit

1. der systemverantwortliche Betreiber des Übertragungsnetzes die Anlage als systemrelevant ausweist,
2. die Ausweisung durch die Bundesnetzagentur genehmigt worden ist und
3. ein Weiterbetrieb technisch und rechtlich möglich ist.

[2]Der Betreiber des Übertragungsnetzes hat den Antrag auf Genehmigung der Ausweisung nach Prüfung der Anzeige einer Stilllegung unverzüglich bei der Bundesnetzagentur zu stellen und zu begründen. [3]Er hat dem Anlagenbetreiber unverzüglich eine Kopie von Antrag und Begründung zu übermitteln. [4]Die Bundesnetzagentur hat den Antrag zu genehmigen, wenn die Anlage systemrelevant nach Absatz 2 Satz 2 ist. [5]Die Genehmigung kann unter Bedingungen erteilt und mit Auflagen verbunden werden. [6]Hat die Bundesnetzagentur über den Antrag nicht innerhalb einer Frist von drei Monaten nach Vorliegen der vollständigen Unterlagen entschieden, gilt die Genehmigung als erteilt, es sei denn,

1. der Antragsteller hat einer Verlängerung der Frist zugestimmt oder
2. die Bundesnetzagentur kann wegen unrichtiger Angaben oder wegen einer nicht rechtzeitig erteilten Auskunft keine Entscheidung treffen und sie hat dies den Betroffenen vor Ablauf der Frist unter Angabe der Gründe mitgeteilt.

[7]Die Vorschriften des Verwaltungsverfahrensgesetzes über die Genehmigungsfiktion sind entsprechend anzuwenden. [8]Die Ausweisung erfolgt in dem Umfang und für den Zeitraum, der erforderlich ist, um die Gefährdung oder Störung abzuwenden. [9]Sie soll eine Dauer von 24 Monaten nicht überschreiten, es sei denn, die Systemrelevanz der Anlage wird durch eine Systemanalyse des regelzonenverantwortlichen Betreibers eines Übertragungsnetzes für einen längeren Zeitraum oder für einen Zeitpunkt, der nach dem Zeitraum von 24 Monaten liegt, nachgewiesen und von der Bundesnetzagentur bestätigt. [10]Der Betreiber des Übertragungsnetzes hat dem Betreiber der Anlage die Ausweisung mit der Begründung unverzüglich nach Genehmigung durch die Bundesnetzagentur mitzuteilen. [11]Der Betreiber einer Anlage, deren endgültige Stilllegung nach Satz 1 verboten ist, muss die Anlage zumindest in einem Zustand erhalten, der eine Anforderung zur weiteren Vorhaltung oder Wiederherstellung der Betriebsbereitschaft nach Absatz 4 ermöglicht, sowie auf Anforderung des Betreibers eines Übertragungsnetzes die Betriebsbereitschaft der An-

lage für Anpassungen der Einspeisung weiter vorhalten oder wiederherstellen, soweit dies nicht technisch oder rechtlich ausgeschlossen ist.

(6) ¹Die Absätze 1 bis 5 gelten nicht für die stillzulegenden Anlagen nach § 13 g. ²§ 42 des Kohleverstromungsbeendigungsgesetzes bleibt unberührt.

Übersicht

	Rn.
A. Allgemeines	1
I. Inhalt	1
II. Zweck	3
III. Systematische Einordnung	4
B. Pflicht zur Anzeige von Stilllegungen (Abs. 1)	6
I. Anzeigepflicht und Vorlauffrist	6
II. Verbot vorzeitiger Stilllegungen	9
III. Ordnungswidrigkeit	10
C. Prüfung der Systemrelevanz (Abs. 2)	11
D. Stilllegungsbegriff (Abs. 3)	15
E. Verbot vorläufiger Stilllegungen (Abs. 4)	16
F. Verbot endgültiger Stilllegungen (Abs. 5)	18
I. Voraussetzungen der Stilllegungsuntersagung	18
1. Mindestnennleistung	18
2. Genehmigte Systemrelevanzausweisung	20
3. Technische und rechtliche Möglichkeit des Weiterbetriebs	24
II. Rechtsfolgen der Stilllegungsuntersagung	26
III. Unternehmerische Freiheiten und Daseinsvorsorge	30
G. Rechtsschutz	32

Literatur: *Rutloff,* Redispatch und „angemessene Vergütung" – Präjudizien für den Strommarkt 2.0?, NVwZ 2015, 1086; *VDN,* TransmissionCode 2007, Netz- und Systemregeln der deutschen Übertragungsnetzbetreiber, Version 1.1, August 2007.

A. Allgemeines

I. Inhalt

1 Bei § 13b handelt es sich um eine **besondere Systemsicherheitsregelung** zum Umgang mit der Stilllegung von Kraftwerken. Die Regelung dient in erster Linie den Gemeinwohlinteressen der System- und Versorgungssicherheit. Der Staat nimmt mit der Regelung seine Gewährleistungsverantwortung im Rahmen der Daseinsvorsorge wahr und sowohl die Netzbetreiber als auch vor allem die Betreiber systemrelevanter Erzeugungsanlagen dafür in die Pflicht (zur Gewährleistungsverantwortung → Rn. 28 f.).

2 Die Stilllegung von Erzeugungsanlagen kann je nach Standort und des ansonsten zur Verfügung stehenden Kraftwerksparks erhebliche Auswirkungen auf die Sicherheit und Zuverlässigkeit des Elektrizitätsversorgungssystems haben. Die systemverantwortlichen ÜNB sind zur Aufrechterhaltung der Systemsicherheit darauf angewiesen, rechtzeitig **über geplante Stilllegungen informiert** zu werden und diese falls erforderlich abwenden zu können. Wird eine Anlage stillgelegt, so kann

Stilllegungen von Anlagen § 13 b

sie (im Falle einer vorläufigen Stilllegung jedenfalls temporär) keinen Beitrag mehr zur Systemsicherheit leisten. Soweit die ÜNB für die Aufrechterhaltung der Systemsicherheit zwingend auf die Erzeugungsanlage angewiesen sind, kann die **endgültige Stilllegung** einer solchen „systemrelevanten" Anlage daher unter den Voraussetzungen von § 13 b im erforderlichen Umfang verboten werden.

II. Zweck

Die in der Norm angelegten Regelungen sind durch das „Dritte Gesetz zur Neuregelung energiewirtschaftsrechtlicher Vorschriften" vom 20. 12. 2012 (BGBl. 2012 I S. 2730) als Teil der sogenannten „Winterpaket"-Änderungen eingefügt worden (damals als § 13 Abs. 1 b und 13 a). Diese Änderungen betrafen neben den besonderen Systemsicherheitsanforderungen bei vorläufigen und endgültigen Kraftwerksstilllegungen auch Regelungen zur Versorgung von Gaskraftwerken, die für die Elektrizitätsversorgung systemrelevant sind, in den §§ 13 ff. aF. Mit dem StromMG wurden die §§ 13 ff. umfassend reformiert. Das Vorgehen von der Anzeige bis ggf. hin zur **Untersagung von vorläufigen oder endgültigen Stilllegungen,** die zuvor in § 13 Abs. 1 b und 13 a aF separat adressiert waren, wurde im neu gefassten § 13 b gebündelt geregelt. Die in §§ 13 Abs. 1 b, 13 a Abs. 3 aF sowie §§ 6, 11 der ResKV aF enthaltenen Bestimmungen zur Vergütung bei untersagten Stilllegungen sind hiervon separat im neu gefassten § 13 c angelegt worden.

III. Systematische Einordnung

Die Norm ist eingebettet in eine Reihe von Vorschriften zur Wahrung der Sicherheit und Zuverlässigkeit des **Elektrizitätsversorgungssystems** in §§ 13 ff. Anlagen, denen die Stilllegung nach § 13 b verboten wird, bleiben dem regelzonenverantwortlichen ÜNB für die Dauer der Systemrelevanzausweisung für Maßnahmen nach § 13 Abs. 1 S. 1 Nr. 2 oder 3 verfügbar. Ob die Anlagen in die Netzreserve nach §§ 13 Abs. 1 S. Nr. 3, 13 c f. übergehen, hängt dabei gem. § 13 c Abs. 2 S. 1, Abs. 4 S. 1 von der Inanspruchnahme von Betriebsbereitschaftsauslagen durch die Anlagenbetreiber ab (→ § 13 c Rn. 23, 37 ff.) Damit ergänzt § 13 b das Instrumentarium, das den systemverantwortlichen ÜNB nach § 13 zur Aufrechterhaltung der Systemsicherheit zur Verfügung steht. Die Norm zählt zu den gesetzlichen Netzbetreiberaufgaben nach § 11 Abs. 1 S. 1 und 2.

In Abs. 6 wird das Verhältnis der Norm zu den mit dem Braunkohleausstieg befassten Vorschriften adressiert. Nach Abs. 6 S. 1 bleibt § 13 g unberührt. Eine Systemrelevanzprüfung und ggf. daran anknüpfend eine Stilllegungsuntersagung nach Abs. 1 bis 5 kommt bei den in § 13 g genannten Braunkohleanlagen damit nicht in Betracht. Mit Art. 4 des Kohleausstiegsgesetzes vom 8. 8. 2020 (BGBl. 2020 I S. 1818) wurde Abs. 6 S. 2 ergänzt, demzufolge **§ 42 KVBG von der Norm unberührt bleibt.** Gem. § 42 Abs. 1 und 2 KVBG hat eine Systemrelevanzprüfung und ggf. Stilllegungsuntersagung nach Maßgabe der Abs. 1 bis 5 zu erfolgen, wenn der Betreiber einer Braunkohleanlage entschieden, diese vor dem in Anlage 2 zum KVBG genannten endgültigen Stilllegungsdatum oder vor dem dort genannten Datum der Überführung in die zeitlich gestreckte Stilllegung stillzulegen, nicht aber wenn die endgültige Stilllegung auf eines dieser Daten fällt. Bei Abs. 6 S. 2 handelt es sich lediglich um eine Klarstellung. Die Berücksichtigung von § 42 KVBG bei der (Nicht)Anwendung der §§ 13 b f. ergibt sich schon aus dem Grundsatz *lex posterior derogat legi priori*.

B. Pflicht zur Anzeige von Stilllegungen (Abs. 1)

I. Anzeigepflicht und Vorlauffrist

6 Betreiber von **Anlagen zur Erzeugung oder Speicherung** elektrischer Energie mit einer Nennleistung ab 10 MW dürfen ihre Anlagen nur nach den besonderen Vorgaben des § 13b vorläufig oder endgültig stilllegen. In der weiteren Kommentierung werden die betroffenen Anlagen entsprechend der Legaldefinition gem. § 13 Abs. 1a S. 1 unter dem **Oberbegriff der „Erzeugungsanlagen"** zusammengefasst. Gemeint sind damit grundsätzlich sowohl reine Erzeugungsanlagen als auch Stromspeicheranlagen.

7 Nach Abs. 1 S. 1 Hs. 1 sind die Betreiber dazu verpflichtet, Stilllegungen mindestens zwölf Monate vorher dem systemverantwortlichen ÜNB (zur Systemverantwortung s. § 13) anzuzeigen. Da es sich bei Kraftwerksstilllegungen um Informationen handelt, auf die die ÜNB für die Wahrnehmung ihrer Verantwortung für die Sicherheit und Zuverlässigkeit des Elektrizitätsversorgungssystems angewiesen sind, dürften die Betreiber bereits nach dem allgemeinen Informationsanspruch des § 12 Abs. 4 S. 1 zur **rechtzeitigen Mitteilung** auf Verlangen verpflichtet sein (→ § 12 Rn. 74).

8 Mit Abs. 1 S. 1 Hs. 1 wird eine **eigenständige Anzeigepflicht** eingeführt. Die Regelung bleibt damit deutlich unter der im TransmissionCode 2007 für vorübergehende oder endgültige Stilllegungen vorgesehenen Mitteilungsfrist „möglichst" zwei Jahre im Voraus (VDN, TransmissionCode 2007, Ziff. 7.2.5, S. 50). Die **Vorlauffrist** nach § 13b Abs. 1 S. 1 Hs. 1 ist allerdings deutlich strikter formuliert. Die Anzeige muss nach dem Sinn und Zweck hinreichend bestimmt und verbindlich sein (vgl. Gesetzesbegründung zu § 13a Abs. 1, BT-Drs. 17/11705, 25). Zeigt er eine endgültige Stilllegung an, so wird er darüber hinaus alle für die Systemrelevanz-Prüfung erforderlichen Angaben bereitstellen müssen. Mit anzugeben sind gemäß der durch das StromMG neu eingeführten Verpflichtung in Abs. 1 S. 1 Hs. 2 die Stilllegungsgründe, weil sie für das Monitoring der Versorgungssicherheit gem. § 51 von Bedeutung sind (BT-Drs. 18/7317, 88).

II. Verbot vorzeitiger Stilllegungen

9 Durch Abs. 1 S. 2 wird ausdrücklich klargestellt, dass eine Stilllegung **ohne vorherige Anzeige und ohne Ablauf der Vorlauffrist verboten** ist, wenn der Weiterbetrieb der Anlage rechtlich und technisch möglich bleibt. Auch wenn eine Formulierung als Negativausnahme eindeutiger wäre, wird durch die systematische Verknüpfung mit der Anzeige- und Vorlauffrist nach S. 1 und dem Sinn und Zweck der Regelung hinreichend klar, dass grundsätzlich von der Möglichkeit zum Weiterbetrieb auszugehen ist. Beruft sich ein Betreiber darauf, dass der Weiterbetrieb **ausnahmsweise rechtlich oder technisch unmöglich** sei, so trägt er dafür die **Beweislast**. Mit S. 3 wurde die Regelung des § 10 Abs. 5 ResKV aF in das Gesetz gehoben. Danach kann eine Stilllegung bereits **vor Ablauf der 12-Monatsfrist** erfolgen, wenn der Anlagenbetreiber vom ÜNB über das Nichtbestehen der Systemrelevanz nach Abs. 2 S. 1 in Kenntnis gesetzt wurde. Dies ist folgerichtig, um die Verhältnismäßigkeit des Stilllegungsverbots zu gewährleisten, wird doch der systemsicherheitswahrende Zweck des Verbots mit Kenntnis über das Fehlen der Systemrelevanz hinfällig.

Stilllegungen von Anlagen   §13b

III. Ordnungswidrigkeit

Ein Betreiber, der eine Stilllegung entgegen Abs. 1 S. 1 nicht, nicht richtig oder 10
nicht rechtzeitig anzeigt oder entgegen Abs. 1 S. 2f. seine Anlage vorzeitig stilllegt,
handelt ordnungswidrig (§ 95 Abs. 1 Nr. 3e und 3f). Der **Bußgeldrahmen** für die
Ordnungswidrigkeit einer unzulässigen vorzeitigen Stilllegung beträgt **bis zu fünf
Mio. EUR** (§ 95 Abs. 2 S. 1), im Übrigen bis zu 100.000 EUR. Daneben kommen
zivilrechtliche Schadensersatzansprüche in Betracht.

C. Prüfung der Systemrelevanz (Abs. 2)

Wenn die geplante Stilllegung einer Erzeugungsanlage angezeigt wird, ist der 11
systemverantwortliche ÜNB nach Abs. 2 S. 1 dazu verpflichtet, unverzüglich die
Systemrelevanz der Anlage zu prüfen und das Ergebnis seiner Prüfung dem
Anlagenbetreiber und der BNetzA mitzuteilen. Der Begriff der Systemrelevanz
wird im Folgesatz legaldefiniert. Entscheidend für die Systemrelevanz eines Kraftwerks sind im Ergebnis seine Bedeutung für den Erhalt der Systemsicherheit und
das Fehlen von Alternativen zur Absicherung des endgültigen Wegfalls (vgl. Gesetzesbegründung zu § 13a Abs. 2, BT-Drs. 17/11705, 25).

Die gem. Abs. 2 S. 2 für die Systemrelevanz einer Anlage (mindestens) erforder- 12
liche Gefährdung der Sicherheit oder Zuverlässigkeit des Elektrizitätsversorgungssystems ist in § 13 Abs. 4 legaldefiniert. Eine solche Gefährdung liegt demnach vor,
wenn örtliche Ausfälle des Übertragungsnetzes oder kurzfristige Netzengpässe zu
besorgen sind oder zu besorgen ist, dass die Haltung von Frequenz, Spannung oder
Stabilität durch die Betreiber von Übertragungsnetzen nicht im erforderlichen
Maße gewährleistet werden kann. Neben der Gefährdung führt, wie in Abs. 2 S. 2
niedergelegt, naturgemäß auch eine bereits eingetretene Störung zur Systemrelevanz
der Anlage. Für die **Beurteilung der hinreichenden Wahrscheinlichkeit des
Gefährdungs- bzw. Störungseintritts** und der damit einhergehenden Prognoseanforderungen kann grundsätzlich auf die Maßstäbe der Gefahrenabwehr nach dem
Polizei- und Ordnungsrecht zurückgegriffen werden (ausführlicher zu Prognoseanforderungen → § 13 Rn. 19f.). Es sind insbesondere die Wahrscheinlichkeit des
Gefahreneintritts, die zeitliche Nähe des Gefahreneintritts und das zu erwartende
Ausmaß des möglichen Schadens in Beziehung zueinander zu setzen.

Zu beachten ist indes, dass nicht jede Gefährdung der Systemsicherheit oder -zu- 13
verlässigkeit für eine Ausweisung als systemrelevant genügt. Vielmehr muss sich die
hinreichende Wahrscheinlichkeit gem. Abs. 2 S. 2 auf **nicht unerhebliche Gefährdungen oder Störungen** beziehen. Angesichts der starken Einschränkung
der unternehmerischen Freiheit, die aus einem Stilllegungsverbot resultiert, ist davon auszugehen, dass das Tatbestandsmerkmal „nicht unerheblich" dabei auch auf
tatsächliche Störungen zu beziehen ist. Je gravierender das mögliche Schadensszenario ausfällt (bis hin zum großflächigen Blackout mit mittelbaren Gefährdungen
für Leib, Leben und erhebliche Sachwerte), desto geringere Anforderungen sind an
die Wahrscheinlichkeit zu stellen, dass die Gefährdung ohne die Aufrechterhaltung
der Anforderungsmöglichkeit gegenüber der geplant stillzulegenden Anlage eintritt. Die Möglichkeiten anlagenscharfer Einzelbetrachtungen dürften dabei jedoch
beschränkt sein, sodass im Hinblick auf eine einzelne Anlage keine überzogenen
Kausalitätsanforderungen zu stellen sind. Eine Anlage ist nicht systemrelevant,
wenn die Gefährdung oder Störung mit hinreichender Wahrscheinlichkeit bereits

Qureischie 649

§ 13 b Teil 3. Regulierung des Netzbetriebs

durch „**andere angemessene Maßnahmen**" abgewendet werden kann. Als vorrangige Alternativen kommen grundsätzlich alle zur Verfügung stehenden und für eine Gesamtlösung angemessenen Systemsicherheitsmaßnahmen in Betracht.

14 Mit Abs. 2 S. 3 und 4 wurde § 12 Abs. 1 ResKV aF durch das StromMG in das das Gesetz gehoben. Danach soll sich die **Begründung der Notwendigkeit der Ausweisung** einer systemrelevanten Anlage im Fall einer geplanten vorläufigen oder endgültigen Stilllegung aus der Systemanalyse der Betreiber von Übertragungsnetzen oder dem Bericht der BNetzA nach § 3 NetzResV ergeben. Die Begründung kann sich nach S. 4 auf die Liste systemrelevanter Gaskraftwerke nach § 13f Abs. 1 stützen.

D. Stilllegungsbegriff (Abs. 3)

15 Die Begriffe der vorläufigen und endgültigen Stilllegung sind in Abs. 3 legaldefiniert. Diese **Begriffsbestimmungen** waren vor dem StromMG in § 13a Abs. 1 S. 3f. aF enthalten. Beiden „Arten" der Stilllegung gemein ist, dass sie den Betrieb der Anlage ausschließen. Während hinsichtlich der zeitlichen Komponente zur **Abgrenzung von vorläufiger und endgültiger Stilllegung** in § 13a Abs. 1 S. 3f aF noch eine Unschärfe bestand, wurde mit dem StromMG eine klare Regelung geschaffen. Demnach liegt eine vorläufige Stilllegung – mit Ausnahme von Revisionen und technisch bedingten Störungen – vor, wenn eine Anlage nicht mehr anfahrbereit gehalten wird, aber innerhalb eines Jahres nach Anforderung durch den ÜNB nach Abs. 4 S. 3 wieder betriebsbereit gemacht werden kann, um eine geforderte Anpassung ihrer Einspeisung nach § 13a Abs. 1 umzusetzen, Abs. 3 S. 1. Ist eine Herstellung der Betriebsbereitschaft innerhalb eines Jahres nicht möglich, liegt nach dem Folgesatz eine endgültige Stilllegung vor. Ein redaktioneller Fehler besteht wohl, soweit das Gesetz die „Jahresfrist" nach Abs. 3 S. 1 zur Definition einer vorläufigen Stilllegung von einer Anforderung iSv Abs. 4 S. 3 abhängen lässt. Denn Abs. 4 S. 3 regelt gerade Anforderungen an die Betriebsbereitschaft von Anlagen, deren vorläufige Stilllegung verboten wurde. Richtigerweise hätte Abs. 4 S. 4 in Bezug genommen werden müssen. Gleichwohl ist der normative Gehalt aber in der Gesamtschau hinreichend klar, sodass die Abgrenzung von vorläufiger und endgültiger Stilllegung trennscharf gelingt. Vorläufige Stilllegungen können indes mehrere Jahre andauern. Eine zeitliche Begrenzung gibt das Gesetz nicht vor. Der Anlagenbetreiber kann den Zeitpunkt der Wiederherstellung der Betriebsbereitschaft von der Entwicklung des Strommarktes abhängig machen. Auch eine spätere Anzeige der endgültigen Stilllegung ohne zwischenzeitliche Marktrückkehr ist möglich.

E. Verbot vorläufiger Stilllegungen (Abs. 4)

16 In Abs. 4 werden die Modalitäten und Rechtsfolgen der **Untersagung einer vorläufigen Stilllegung** geregelt. Nach S. 1 darf die Anlage auch über die Jahresfrist nach Abs. 1 hinaus nicht stillgelegt werden, wenn sie als systemrelevant ausgewiesen wird. Gem. Abs. 4 S. 2 Hs. 1 hat die erste Systemrelevanzausweisung für einen Zeitraum von 24 Monaten zu gelten. Nach Ablauf der 24 Monate kann die Anlage nicht ohne weiteres stillgelegt werden. Vielmehr muss der Anlagenbetreiber, so er weiterhin eine Stilllegung beabsichtigt, diese erneut gem. Abs. 1 S. 1 anzeigen. Etwaige erneute Systemrelevanzausweisungen infolge einer weiteren An-

Stilllegungen von Anlagen **§ 13 b**

zeige der vorläufigen Stilllegung können gem. Abs. 4 S. 2 Hs. 2 auch weniger als 24 Monate umfassen.

Gem. Abs. 4 S. 3 muss der Betreiber einer Anlage, deren vorläufige Stilllegung 17 verboten ist, die Betriebsbereitschaft der Anlage **für Anpassungen der Einspeisung nach § 13 a Abs. 1 weiter vorhalten** oder wiederherstellen. In der Folge erwächst ihm ein Vergütungsanspruch nach § 13 c Abs. 1. Mit **Inanspruchnahme von Betriebsbereitschaftsauslagen** nach § 13 c Abs. 1 S. 1 Nr. 1 greift das Marktverbot nach § 13 c Abs. 2 S. 1 (→ § 13 c Rn. 37). Nimmt der Betreiber einer Anlage, deren vorläufige Stilllegung untersagt wurde, keine Betriebsbereitschaftsauslagen in Anspruch, darf er die Anlage weiter am Strommarkt einsetzen. Ausschlaggebend ist lediglich, dass die Anlage für Anforderungen des ÜNB zur Wahrung der Systemsicherheit bereitsteht. Mit vorläufig stillgelegten Anlagen, die erst nach der Stilllegung systemrelevant werden, befasst sich Abs. 4 S. 4 (vgl. BT-Drs. 18/7317, 90). Sie sind auf Anforderung des ÜNB betriebsbereit zu machen.

F. Verbot endgültiger Stilllegungen (Abs. 5)

I. Voraussetzungen der Stilllegungsuntersagung

1. Mindestnennleistung. Abs. 5 beinhaltet die Voraussetzungen und Rechts- 18 folgen der **Untersagung einer endgültigen Stilllegung**, die vor dem StromMG in § 13 a Abs. 2 aF geregelt waren. Zur Wahrung der Verhältnismäßigkeit und aufgrund der tendenziell geringeren Systemrelevanz von kleineren Erzeugungsanlagen besteht diese Möglichkeit abweichend von der Anzeigepflicht nach Abs. 5 S. 1 nicht bereits gegenüber Erzeugungsanlagen mit einer Nennleistung ab 10 Megawatt, sondern erst **ab einer Nennleistung von 50 Megawatt** (vgl. Gesetzesbegründung zu § 13 a Abs. 2 aF, BT-Drs. 17/11705, 51).

Nach dem Sinn und Zweck der Regelung erscheint es naheliegend, die maß- 19 gebliche Nennleistung nicht auf einzelne Blöcke oder Generatoren zu beziehen, sondern zumindest auf „die **Summe der Netto-Nennwirkleistungen aller an einem Netzknoten angeschlossenen Anlagen** zur Erzeugung oder Speicherung elektrischer Energie eines Betreibers". Denn die Summe der Nennleistung an einem Netzknoten ist für die potenzielle Systemrelevanz und die Verhältnismäßigkeit der Einschränkungen in erster Linie entscheidend, nicht die dahinterliegende Anlagenstruktur.

2. Genehmigte Systemrelevanzausweisung. Ausgangspunkt für die Still- 20 legungsuntersagung ist die Prüfung der Systemrelevanz (→ Rn. 11 ff.). Kommt der ÜNB zum Ergebnis, dass die Stilllegung zu einer nicht unerheblichen Gefährdung oder Störung der Sicherheit oder Zuverlässigkeit des Elektrizitätsversorgungssystems führt, weist er die zur Stilllegung angezeigte Anlage als systemrelevant aus. Dies ist nach Abs. 5 S. 1 Nr. 1 die **erste Voraussetzung für das Stilllegungsverbot.** Anders als bei der vorläufigen Stilllegung kann der ÜNB über die Untersagung der endgültigen Stilllegung nicht alleine entscheiden. Vielmehr bedarf es nach Abs. 5 S. 1 Nr. 2 zusätzlich der **Genehmigung der Systemrelevanzausweisung** durch die BNetzA. Diese muss der ÜNB gem. Abs. 5 S. 2 unverzüglich nach der Prüfung beantragen. Er muss den Antrag hinreichend begründen (Abs. 5 S. 2) und dem betroffenen Betreiber der Anlage eine Kopie des Antrags inklusive Begründung übermitteln (Abs. 5 S. 3).

§ 13 b

21 Bei der Genehmigung dürfte es sich um einen **begünstigenden Verwaltungsakt mit drittbelastender Wirkung** handeln. Abs. 5 S. 5 stellt ausdrücklich klar, dass die Genehmigung auch mit Nebenbestimmungen wie Bedingungen oder Auflagen versehen werden kann (vgl. § 36 Abs. 1 VwVfG). Entscheidet die BNetzA über den Antrag nicht innerhalb von drei Monaten nach Vorliegen der vollständigen Unterlagen, so tritt nach Abs. 5 S. 6 grundsätzlich eine **Genehmigungsfiktion** ein. Zu den vollständigen Unterlagen dürften jedenfalls die für die Beurteilung der Systemrelevanz erforderlichen Angaben zählen. Die Genehmigung gilt mit Fristablauf als erteilt, es sei denn der Antragsteller (ÜNB) hat einer Verlängerung der Frist zugestimmt oder die BNetzA kann wegen unrichtiger Angaben oder einer nicht rechtzeitig erteilten Auskunft keine Entscheidung treffen. Im letzteren Fall muss sie dies den Betroffenen (ÜNB und Anlagenbetreiber) vor Fristablauf mitteilen und begründen. Die Verfahrensvorschriften zu den Nebenbestimmungen und zu der Genehmigungsfiktion entsprechen weitgehend wortgleich den Regelungen zur Genehmigung von Netzentgeltanträgen gem. § 23 a Abs. 4. Soweit keine abweichenden Besonderheiten bestehen, erscheint daher ein Rückgriff auf die entwickelte Auslegung und Rechtsprechung zu diesen Bestimmungen naheliegend.

22 Nach Abs. 5 S. 7 finden die Vorschriften des VwVfG zu Genehmigungsfiktionen entsprechende Anwendung. Der Verweis dürfte zumindest in erster Linie als Klarstellung und Betonung zu verstehen sein, da die Vorschriften des VwVfG in Verwaltungsverfahren der Regulierungsbehörden ohnehin subsidiär anwendbar sind. § 42 a VwVfG regelt allg. Rechtsfolgen von Genehmigungsfiktionen (Abs. 1), die Zulässigkeit von Fristverlängerungen (Abs. 2) sowie die Bescheinigung einer Fiktionswirkung (Abs. 3). Die Befugnis der Behörde zur einmaligen, angemessenen **Fristverlängerung** in schwierigen Fällen setzt nach Abs. 5 S. 7 iVm § 42 a Abs. 2 S. 3 VwVfG keine Zustimmung des Antragstellers voraus. Nach dem Wortlaut kann diese Option daher neben der Möglichkeit einer Fristverlängerung mit Zustimmung des Antragstellers nach Abs. 5 S. 6 Nr. 1 bestehen. Sieht man das Zustimmungserfordernis nach der EnWG-Regelung hingegen als vorrangige und abschließende Regelung zur Fristverlängerung, so scheidet eine ergänzende Anwendung des § 42 a Abs. 2 VwVfG insoweit aus.

23 Wiederholte Ausweisungen als systemrelevant von Anlagen, die zur endgültigen Stilllegung angezeigt wurden, sind grundsätzlich genehmigungsfähig, wenn die **Systemrelevanz nach Ablauf eines Ausweisungszeitraums** weiterbesteht. Dies entspricht auch der Praxis (Ersichtlich aus den Berichten der BNetzA zur Feststellung des Netzreservekraftwerksbedarfs, www.bundesnetzagentur.de/DE/Sachgebiete/ElektrizitaetundGas/Unternehmen_Institutionen/Versorgungssicherheit/Netzreserve/start.html). Aus dem Umstand, dass dies – anders als in Abs. 4 in Bezug auf zur vorläufigen Stilllegung angezeigte Anlagen (→ Rn. 16) – keine ausdrückliche Formulierung erfährt, kann nichts Gegenteiliges geschlussfolgert werden. Denn der Regelung in Abs. 4 wohnt der Gedanke inne, dass zur vorläufigen Stilllegung angezeigte Anlagen nach Austritt aus dem Markt in selbigen auch wieder zurückgeführt werden können. Aus der Formulierung wird deutlich, dass der Gesetzgeber die Marktrückkehr nach Ablauf eines Ausweisungszeitraums als Grundsatzfall annimmt und eine erneute Anzeigepflicht nach Abs. 1 S. 1 besteht, sofern der Betreiber nach diesem Zeitraum die vorläufige Stilllegung plant. In diesem Kontext wird in Abs. 4 eine Regelung der Dauer von Folgeausweisungen geschaffen – auch um eine gewisse Flexibilität im Hinblick auf die Marktrückkehrmöglichkeit zu schaffen. Für zur endgültigen Stilllegung angezeigte Anlagen besteht nach Erreichen des angezeigten Stilllegungsdatums – dies macht die Gesetzessystematik deutlich – **keine Möglichkeit einer Marktrückkehr**. Das gilt unabhängig davon, ob die Anlage mit Eintritt des Datums tatsächlich stillgelegt oder in der Netzreserve gebunden wird. Somit beinhaltet Abs. 5 auch keine Regelung für den tatsächlich ausgeschlossenen Fall einer erneuten Stilllegungsanzeige. Der ÜNB wird die Anlage ungeachtet dessen erneut als systemrelevant ausweisen müssen, wenn die Systemsicherheit dies erfordert.

3. Technische und rechtliche Möglichkeit des Weiterbetriebs. Eine weitere Voraussetzung für die Stilllegungsuntersagung ist nach Abs. 5 S. 1 Nr. 3, dass der Weiterbetrieb der Anlage rechtlich und technisch möglich ist. Für die rechtliche Möglichkeit des Weiterbetriebs ist es erforderlich, dass die gesetzlichen und genehmigungsrechtlichen **Anforderungen an den Betrieb der Anlage erfüllt** sind bzw. die Anlage sich jedenfalls in einem materiell genehmigungsfähigen Zustand befindet (Dies wird durch § 5 Abs. 2 Nr. 4 NetzResV auch zur Voraussetzung für den Schluss eines Netzreservevertrags mit dem Betreiber einer systemrelevanten Anlage gemacht). Die technische Möglichkeit des Weiterbetriebs erfordert nicht, dass die Anlage frei von jeglichem Reparatur- und Instandsetzungsbedarf ist. Dies wird schon daraus deutlich, dass Betreibern, denen die endgültige Stilllegung untersagt wurde, gem. § 13c Abs. 3 S. 1 Nr. 2, Abs. 1 S. 1 Nr. 1a) ein Anspruch auf die Erstattung von Kosten zur Wiederherstellung der Betriebsbereitschaft zusteht. Die Voraussetzung nach Abs. 5 S 1 Nr. 3 ist deshalb so zu verstehen, dass **kein unverhältnismäßiger Aufwand für die Herstellung der technischen Betriebsmöglichkeit** erforderlich sein darf. 24

Indes scheint es systematisch wenig sinnhaft, dass eine eigene Nummer hinsichtlich der rechtlichen und technischen Möglichkeit des Weiterbetriebs in Abs. 5 S. 1 Nr. 3 aufgenommen wurde. Aus der Norm wird nicht deutlich, in wessen Zuständigkeit die Prüfung des Vorliegens dieser Voraussetzung liegt. Richtigerweise sollte der Punkt bereits in die Erwägungen von ÜNB und BNetzA über die (Genehmigung der) Systemrelevanzausweisung nach Nr. 1 und 2 eingehen, auch im Hinblick auf die **Kosten und Nutzen** etwaiger erforderlicher Maßnahmen für die Herstellung der Betriebsbereitschaft einer Anlage. 25

II. Rechtsfolgen der Stilllegungsuntersagung

Die endgültige Stilllegung der Erzeugungsanlage bleibt gem. Abs. 5 S. 1 auch nach Ablauf der Jahresfrist (Abs. 1 S. 1) weiterhin verboten, solange und soweit der ÜNB sie mit Genehmigung der BNetzA als systemrelevant ausweist und ein Weiterbetrieb technisch und rechtlich möglich bleibt. Die Ausweisung hat gem. Abs. 5 S. 8 in dem **Umfang und für den Zeitraum** zu erfolgen, der erforderlich ist, um die Gefährdung oder Störung abzuwenden. Ein unverhältnismäßiger Eingriff in die unternehmerische Freiheit des Anlagenbetreibers ist unbedingt zu vermeiden (vgl. Begründung zu § 13a aF, BT-Drs. 17/11705, 51). Den Zeitraum konkretisierend regelt Abs. 5 S. 9, dass die Ausweisung eine Dauer von 24 Monaten nicht überschreiten soll, es sei denn, die Systemrelevanz der Anlage wird durch eine Systemanalyse des regelzonenverantwortlichen Betreibers eines Übertragungsnetzes für einen längeren Zeitraum oder für einen Zeitpunkt, der nach dem Zeitraum von 24 Monaten liegt nachgewiesen und von der BNetzA bestätigt. Die Möglichkeit einer **Ausweisung für mehr als 24 Monate** wurde in Abweichung von der alten Rechtslage durch das StromMG geschaffen. Der Gesetzgeber sah einen weiterreichenden Zeitraum als angemessen, um den Bedürfnissen der Praxis Rechnung zu 26 tragen, indem Kraftwerksbetreiber das in einem zur endgültigen Stilllegung angezeigten Kraftwerk für die (längere) Dauer der Systemrelevanz weiter beschäftigen können (BT-Drs. 18/7317, 90). Mit der EnWG-Novelle 2021 wurde in Abs. 5 S. 9 klargestellt, dass eine Ausweisung für mehr als 24 Monate auch dann erfolgen kann, wenn die Systemrelevanz einer Anlage noch nicht vorliegt, aber für einen über diesen Horizont hinausgehenden Zeitraum prognostiziert wird.

27 Infolge der wiederholten Ausweisung von Anlagen als systemrelevant (→ Rn. 23) und durch die Ausweitungen der Möglichkeit längerer Ausweisungszeiträume verliert das Instrument der Stilllegungsuntersagung zur Bindung in der Netzreserve immer mehr seine ursprüngliche Charakteristik einer **Überbrückungslösung** (zur ursprünglichen Befristung vgl. Art. 2 Nr. 4 iVm Art. 8 Abs. 2 des Dritten Gesetzes zur Neuregelung energiewirtschaftsrechtlicher Vorschriften v. 20.12.2012, BGBl. 2012 I S. 2730). Dies kann praktische Probleme aufwerfen. Gerade zur endgültigen Stilllegung angezeigte Anlagen dürften mit voranschreitender Zeit immer schwerer instand zu halten sein und für den Betrieb erforderliche Genehmigungen können auslaufen (vgl. BNetzA, Bericht – Feststellung des Bedarfs an Netzreserve für den Winter 2020/2021 sowie das Jahr 2024/2025, S. 77 f., aufrufbar unter www.bundesnetzagentur.de/DE/Sachgebiete/ElektrizitaetundGas/Unternehmen_Institutionen/Versorgungssicherheit/Netzreserve/start.html).

28 Unmittelbar nach der Genehmigung durch die BNetzA hat der ÜNB dem Betreiber der Anlage die Ausweisung nach Abs. 5 S. 10 mit der Begründung mitzuteilen. Gem. Abs. 5 S. 11 ist der Betreiber damit verpflichtet, seine Anlage zumindest in einem Zustand erhalten, der eine Anforderung zur weiteren Vorhaltung oder Wiederherstellung der Betriebsbereitschaft nach Abs. 4 ermöglicht, sowie auf Anforderung des Betreibers eines Übertragungsnetzes die Betriebsbereitschaft der Anlage für Anpassungen der Einspeisung weiter vorhalten oder wiederherstellen, soweit dies nicht technisch oder rechtlich ausgeschlossen ist. Die Verhinderung der endgültigen Stilllegung stellt das mildeste geeignete Mittel zur Wahrung der Anforderungsmöglichkeiten gegenüber einer systemrelevanten Erzeugungsanlage dar. Es entspricht daher dem Gebot der **Verhältnismäßigkeit**, dass sich die unmittelbaren Rechtsfolgen des Stilllegungsverbots nach Abs. 5 S. 11 darauf beschränken und den Betreiber **nicht zugleich bereits zur weiteren Vorhaltung der Betriebsbereitschaft verpflichten.** Das Stilllegungsverbot sichert nur die Voraussetzungen für Anforderungen der Betriebsbereitschaft und Einspeisung, ersetzt diese jedoch nicht. Angesichts der festgestellten Systemrelevanz dürfte regelmäßig jedoch damit zu rechnen sein, dass der ÜNB eine solche Anlage, die aufgrund eines Stilllegungsverbots allenfalls vorläufig stillgelegt werden darf, darüber hinaus für erforderliche Zeiträume auch zur weiteren Vorhaltung oder **Herstellung der Betriebsbereitschaft** und Anpassung der Einspeisung **anfordern** wird.

29 Die Verpflichtung auf Anforderung des ÜNB die Betriebsbereitschaft der Anlage für Anpassungen der Einspeisung weiter vorzuhalten oder wiederherzustellen, besteht nach Abs. 5 S. 11, **soweit dies nicht ausnahmsweise technisch oder rechtlich ausgeschlossen** ist. Wie auch beim Verbot einer vorzeitigen Stilllegung vor Ablauf der Vorlauffrist nach Abs. 1 S. 1 f. (→ Rn. 8 f.) ist nach der Gesetzessystematik und dem Sinn und Zweck grundsätzlich davon auszugehen, dass der Weiterbetrieb möglich ist. Die Regelung zur Erhaltungspflicht bringt dieses Verhältnis zwischen Grundsatz und Ausnahme mit der Formulierung „soweit nicht" deutlicher zum Ausdruck als die Formulierung zum Stilllegungsverbot. Beruft sich ein Betreiber darauf, dass die Erfüllung seiner Pflichten ausnahmsweise rechtlich oder technisch unmöglich sei, so trägt er dafür die **Beweislast.**

III. Unternehmerische Freiheiten und Daseinsvorsorge

Durch ein Stilllegungsverbot nach Abs. 4 und 5 werden die **unternehmerischen Freiheiten** betroffener Anlagenbetreiber erheblich eingeschränkt. Diese Einschränkung lässt sich mit der Gewährleistung der **Daseinsvorsorge** als einem Gemeinwohlinteresse höchsten Ranges rechtfertigen. Der öffentlichen Aufgabe einer sicheren Energieversorgung wird auch in einem liberalisierten Marktumfeld zu Recht eine überragende Bedeutung beigemessen (BVerwG Urt. v. 11.7.2002 – 4 C 9.00, BVerwGE 116, 365 ff. Rn. 11, 15, 18 = ZfBR 2003, 59; vgl. auch BVerfG Beschl. v. 20.3.1984 – 1 BvL 28/82, BVerfGE 66, 248 ff. Rn. 34–38 = NJW 1984. 1872). Der Staat ist verpflichtet, die Stromversorgung im Rahmen der Daseinsvorsorge sicherzustellen. Gewährleistet er die Versorgung nicht durch staatliche Unternehmen, sondern öffnet diesen Bereich für private Anbieter, so muss er zumindest sicherstellen, dass die daseinsvorsorgenden Funktionen von diesen nachhaltig erfüllt werden (Gewährleistungsverantwortung BVerwG Urt. v. 11.7.2002 – 4 C 9.00, BVerwGE 116, 365 ff. Rn. 11, 15, 18 = ZfBR 2003, 59; zur Verantwortungsteilung zwischen Staat und Unternehmen im Bereich der Daseinsvorsorge vgl. auch Isensee/Kirchhof StaatsR-HdB/*Rüfner* IV. 3 § 96). 30

Die Rechtsstellung von Energieversorgungsunternehmen wird im Energiewirtschaftsrecht daher von vornherein durch eine besondere Versorgungsverantwortung im Interesse der Daseinsvorsorge eingeschränkt. So sind sie allgemein nach § 2 Abs. 1 dazu verpflichtet, zur Versorgung im Sinne der energiewirtschaftlichen Ziele nach § 1 beizutragen. Zu diesen Kernzielen zählt insbesondere auch eine sichere Elektrizitätsversorgung. Da Betreiber von Erzeugungsanlagen den Strom in aller Regel zumindest teilweise an Dritte liefern und nicht personenidentisch vollständig selbst verbrauchen, sind sie insoweit auch Energieversorgungsunternehmen (§ 3 Nr. 18). Die Einschränkungen unternehmerischer Freiheiten bei der Stilllegung systemrelevanter Kraftwerke können als **Konkretisierung ihrer besonderen Verantwortung** verstanden werden. Sie erscheinen in Abwägung mit dem hohen Gemeinwohlinteresse an einer sicheren Energieversorgung gerechtfertigt. 31

G. Rechtsschutz

Die Untersagung von Stilllegungen nach § 13b ist eng verzahnt mit den §§ 13 Abs. 1 Nr. 3, 13d zum Einsatz der Anlagen in der Netzreserve auf Anweisung eines ÜNB. Zwischen ÜNB und Anlagenbetreiber besteht insofern ein **gesetzliches Schuldverhältnis** (zum Bestehen des gesetzlichen Schuldverhältnisses bei der Bildung der Netzreserve *Ruttloff* NVwZ 2015, 1086 (1089)). Mithin ist für den Rechtsschutz gegen die Systemrelevanzausweisung der Zivilrechtsweg eröffnet. Insofern dürfte die Beseitigung einer **Eigentumsstörung** (§ 1004 Abs. 1 BGB) durch Rücknahme der Ausweisung im Wege der Leistungsklage geltend zu machen sein. Gegenstand zivilrechtlicher Auseinandersetzungen wird indes eher die Vergütung für die Vorhaltung der Anlage (§ 13c) als die Ausweisung als solche sein. Wird eine endgültige Stilllegung untersagt, ist auch die Anfechtungsbeschwerde nach § 75 Abs. 1 gegen den drittbelastenden Genehmigungsbescheid der BNetzA (→ Rn. 21) für den Anlagenbetreiber statthaft. Im hier bestehenden **Dreiecksverhältnis zwischen Anlagenbetreiber, ÜNB und BNetzA** ist dies auch der sinnigste Weg. 32

§ 13 c Teil 3. Regulierung des Netzbetriebs

33   Wird ein Antrag auf Genehmigung der Systemrelevanzausweisung nach Abs. 5 S. 2 durch die BNetzA abgelehnt, kann der ÜNB Verpflichtungsbeschwerde nach § 75 Abs. 3 erheben.

§ 13 c Vergütung bei geplanten Stilllegungen von Anlagen

(1) ¹Fordert der Betreiber eines Übertragungsnetzes den Betreiber einer Anlage, die andernfalls auf Grund einer vorläufigen Stilllegung im erforderlichen Zeitraum nicht anfahrbereit wäre, nach § 13 b Absatz 4 dazu auf, die Betriebsbereitschaft der Anlage für Anpassungen der Einspeisung weiter vorzuhalten oder wiederherzustellen, kann der Betreiber als angemessene Vergütung geltend machen:

1. die für die Vorhaltung und die Herstellung der Betriebsbereitschaft notwendigen Auslagen (Betriebsbereitschaftsauslagen); im Rahmen der Betriebsbereitschaftsauslagen

   a) werden die einmaligen Kosten für die Herstellung der Betriebsbereitschaft der Anlage berücksichtigt; Kosten in diesem Sinn sind auch die Kosten erforderlicher immissionsschutzrechtlicher Prüfungen sowie die Kosten der Reparatur außergewöhnlicher Schäden, und

   b) wird ein Leistungspreis für die Bereithaltung der betreffenden Anlage gewährt; hierbei werden die Kosten berücksichtigt, die dem Betreiber zusätzlich und fortlaufend auf Grund der Vorhaltung der Anlage für die Netzreserve nach § 13 d entstehen; der Leistungspreis kann als pauschalierter Betrag (Euro je Megawatt) zu Vertragsbeginn auf Grundlage von jeweils ermittelten Erfahrungswerten der Anlage festgelegt werden; die Bundesnetzagentur kann die der Anlage zurechenbaren Gemeinkosten eines Betreibers bis zu einer Höhe von 5 Prozent der übrigen Kosten dieser Nummer pauschal anerkennen; der Nachweis höherer Gemeinkosten durch den Betreiber ist möglich;

2. die Erzeugungsauslagen und
3. den anteiligen Werteverbrauch.

²Betriebsbereitschaftsauslagen nach Satz 1 Nummer 1 sind zu erstatten, wenn und soweit diese ab dem Zeitpunkt der Ausweisung der Systemrelevanz der Anlage durch den Betreiber eines Übertragungsnetzes anfallen und der Vorhaltung und dem Einsatz als Netzreserve im Sinne von § 13 d Absatz 1 Satz 1 zu dienen bestimmt sind. ³Grundlage für die Bestimmung des anteiligen Werteverbrauchs nach Satz 1 Nummer 3 sind die handelsrechtlichen Restwerte und handelsrechtlichen Restnutzungsdauern in Jahren; für die Bestimmung des anteiligen Werteverbrauchs für die Anlage oder Anlagenteile ist als Schlüssel das Verhältnis aus den anrechenbaren Betriebsstunden im Rahmen von Maßnahmen nach § 13 a Absatz 1 Satz 2 und den für die Anlage bei der Investitionsentscheidung betriebswirtschaftlich geplanten Betriebsstunden zugrunde zu legen. ⁴Im Rahmen der Erzeugungsauslagen wird ein Arbeitspreis in Form der notwendigen Auslagen für eine Einspeisung der Anlage gewährt.

(2) ¹Nimmt der Betreiber der Anlage im Sinn von § 13 b Absatz 4 Satz 1 den Betreiber des Übertragungsnetzes auf Zahlung der Betriebsbereitschaftsauslagen nach Absatz 1 Satz 1 Nummer 1 in Anspruch, darf ab diesem Zeitpunkt die Anlage für die Dauer der Ausweisung der Anlage als

systemrelevant durch den Betreiber eines Übertragungsnetzes ausschließlich nach Maßgabe der von den Betreibern von Übertragungsnetzen angeforderten Systemsicherheitsmaßnahmen betrieben werden. ²Wird die Anlage nach Ablauf der Dauer der Ausweisung als systemrelevant wieder eigenständig an den Strommärkten eingesetzt, ist der Restwert der investiven Vorteile, die der Betreiber der Anlage erhalten hat, zu erstatten. ³Maßgeblich ist der Restwert zu dem Zeitpunkt, ab dem die Anlage wieder eigenständig an den Strommärkten eingesetzt wird.

(3) ¹Der Betreiber einer Anlage, deren endgültige Stilllegung nach § 13 b Absatz 5 Satz 1 verboten ist, kann als angemessene Vergütung für die Verpflichtung nach § 13 b Absatz 5 Satz 11 von dem jeweiligen Betreiber eines Übertragungsnetzes geltend machen:
1. die Kosten für erforderliche Erhaltungsmaßnahmen nach § 13 b Absatz 5 Satz 11 (Erhaltungsauslagen),
2. die Betriebsbereitschaftsauslagen im Sinn von Absatz 1 Satz 1 Nummer 1 und Satz 2,
3. Erzeugungsauslagen im Sinne von Absatz 1 Satz 1 Nummer 2 und Satz 4 und
4. Opportunitätskosten in Form einer angemessenen Verzinsung für bestehende Anlagen, wenn und soweit eine verlängerte Kapitalbindung in Form von Grundstücken und weiterverwertbaren technischen Anlagen oder Anlagenteilen auf Grund der Verpflichtung für die Netzreserve besteht.

²Erhaltungs- und Betriebsbereitschaftsauslagen nach Satz 1 Nummer 1 und 2 sind zu erstatten, wenn und soweit diese ab dem Zeitpunkt der Ausweisung der Systemrelevanz durch den Betreiber eines Übertragungsnetzes nach § 13 b Absatz 5 anfallen und der Vorhaltung und dem Einsatz als Netzreserve zu dienen bestimmt sind. ³Der Werteverbrauch der weiterverwertbaren technischen Anlagen oder der Anlagenteile ist nur erstattungsfähig, wenn und soweit die technischen Anlagen in der Netzreserve tatsächlich eingesetzt werden; für die Bestimmung des anteiligen Werteverbrauchs ist Absatz 1 Satz 3 anzuwenden. ⁴Weitergehende Kosten, insbesondere Kosten, die auch im Fall einer endgültigen Stilllegung angefallen wären, sind nicht erstattungsfähig.

(4) ¹Nimmt der Betreiber der Anlage, deren endgültige Stilllegung nach § 13 b Absatz 5 Satz 1 verboten ist, den Betreiber des Übertragungsnetzes auf Zahlung der Erhaltungsauslagen oder der Betriebsbereitschaftsauslagen nach Absatz 3 Satz 1 Nummer 1 und 2 sowie Satz 2 in Anspruch, darf die Anlage bis zu ihrer endgültigen Stilllegung ausschließlich nach Maßgabe der von den Betreibern von Übertragungsnetzen angeforderten Systemsicherheitsmaßnahmen betrieben werden. ²Wird die Anlage endgültig stillgelegt, so ist der Restwert der investiven Vorteile bei wiederverwertbaren Anlagenteilen, die der Betreiber der Anlage im Rahmen der Erhaltungsauslagen nach Absatz 3 Satz 1 Nummer 1 und der Betriebsbereitschaftsauslagen im Sinne von Absatz 1 Satz 1 Nummer 1 erhalten hat, zu erstatten. ³Maßgeblich ist der Restwert zu dem Zeitpunkt, ab dem die Anlage nicht mehr als Netzreserve vorgehalten wird. ⁴Der Umfang der Vergütung nach Absatz 3 wird in den jeweiligen Verträgen zwischen den Betreibern der Anlagen und den Betreibern der Übertragungsnetze auf

§ 13 c

Grundlage der Kostenstruktur der jeweiligen Anlage nach Abstimmung mit der Bundesnetzagentur festgelegt.

(5) Die durch die Absätze 1 bis 4 entstehenden Kosten der Betreiber von Übertragungsnetzen werden durch Festlegung der Bundesnetzagentur zu einer freiwilligen Selbstverpflichtung der Betreiber von Übertragungsnetzen nach § 11 Absatz 2 Satz 4 und § 32 Absatz 1 Nummer 4 der Anreizregulierungsverordnung in der jeweils geltenden Fassung als verfahrensregulierte Kosten nach Maßgabe der hierfür geltenden Vorgaben anerkannt.

(6) Die Absätze 1 bis 5 gelten nicht für die stillzulegenden Anlagen nach § 13 g.

Übersicht

	Rn.
A. Allgemeines	1
I. Inhalt	1
II. Entstehungsgeschichte; Verhältnis zu den Vergütungsregelungen der NetzResV	3
III. Zweck, Beihilferelevanz	7
B. Vergütung von Anlagen in der Netzreserve	10
I. Vergütung von zur vorläufigen Stilllegung angezeigten Anlagen	11
1. Voraussetzungen des Vergütungsanspruchs (Abs. 1 S. 1)	11
2. Vergütungspositionen	14
3. Beginn und Art des Einsatzes in der Netzreserve (Abs. 2 S. 1; § 7 NetzResV)	37
4. Erstattung des Restwerts der investiven Vorteile (Abs. 2 S. 2 und S. 3)	43
II. Vergütung von zur endgültigen Stilllegung angezeigten Anlagen	52
1. Voraussetzungen des Vergütungsanspruchs (Abs. 3 S. 1)	53
2. Vergütungspositionen (Einordnung Abs. 3; Abs. 4 S. 4; §§ 6, 10 NetzResV)	55
3. Beginn und Art des Einsatzes in der Netzreserve (Abs. 4 S. 1; § 7 NetzResV)	83
4. Erstattung des Restwertes der investiven Vorteile (Abs. 4 S. 2 und S. 3)	89
C. Refinanzierung der Kosten über die Netzentgelte (Abs. 5)	97
D. Weitere Anwendungsbereiche und Verweise auf die Netzreservevergütungsregelungen (Abs. 6 und Weiteres)	100
I. Regelungen im EnWG	100
II. Regelungen im KVBG	102
E. Rechtsschutz	104

Literatur: *BDEW*, Branchenleitfaden Vergütung von Redispatch-Maßnahmen, 18.4.2018 (zit. BDEW Redispatch Branchenleitfaden 2018); *BMWi*, Bericht des Bundesministeriums für Wirtschaft und Energie nach § 63 Absatz 2a EnWG zur Wirksamkeit und Notwendigkeit der Maßnahmen nach den §§ 13a bis 13f sowie 13h bis 13j und § 16 Absatz 2a EnWG, Stand Dezember 2020 (zit. BMWi Bericht 2020 § 63 Abs. 2a); *BNetzA*, Bericht Feststellung des Bedarfs an Netzreserve für den Winter 2020/2021 sowie das Jahr 2024/2025, 30.4.2020 (zit. BNetzA Netzreservebedarf 2020), www.bundesnetzagentur.de/Fachthemen/Elektrizität und Gas/Versorgungssicherheit/Netzreserve; *BNetzA Beschlusskammer 8*, Hinweis für Übertragungsnetzbetreiber bezüglich dem Umgang mit den Kosten der Herstellung der Betriebsbereitschaft nach § 13c Abs. 1 S. 1 Nr. 1 lit. a EnWG, Stand 7. Februar 2018 (zit. BK 8 Hinweis Herstellungskosten Netzreserve), www.bundesnetzagentur.de/Beschlusskammern/Beschlusskammer 8/Kraft werksthemen/inländische Netzreserve); *BNetzA Beschlusskammer 8*, Hinweis bezüglich dem Umgang mit den Opportunitätskosten nach § 13c Abs. 3 S. 1 Nr. 4 EnWG, Stand 16. Juli 2020 (zit. BK 8 Hinweis Opportunitätskosten Netzreserve),www.bundesnetzagentur.de/Beschlusskammern/Beschlusskammer 8/Kraftwerksthemen/inländische Netzreserve); *BReg*, Entwurf zur: Verordnung zur Regelung des Verfahrens der Beschaffung einer Netzreserve sowie zur Regelung des Umgangs mit geplanten Stilllegungen von Energieerzeugungsanlagen zur Gewährleistung der Sicherheit und Zuverlässigkeit des Elektrizitätsversorgungssystems, finale Version mit 27 Seiten (zit. Entwurf ResKV); *Riewe*, Kapazitätsmechanismen – Perspektiven des Wettbewerbs- und Kartellrechts, EWeRK 3/2016, 229; *Rosin/Michaelis/Spiekermann/Will*, Rechts- und Anwendungsfragen des Strommarktgesetzes, in Rosin/Uhle (Hrsg.), Festschrift für Ulrich Büdenbender, 2018, S. 561 (zit. *Rosin et al.* FS Büdenbender); *Ruttloff*, Die energierechtlichen Instrumentarien der Kapazitätsreserve, der Netzreserve und der Sicherheitsbereitschaft als Garanten zur Gewährleistung von Versorgungssicherheit und Klimaschutz?, WiVerw 2020, 89; *Schmidt-Preuß*, Das Recht der Energieversorgungssicherheit am Beispiel der Netzreserve, in Franke/Theobald (Hrsg.), Festschrift für Wolfgang Danner, 2019, S. 279 (zit. *Schmidt-Preuß* FS Danner).

A. Allgemeines

I. Inhalt

§ 13c regelt die Vergütung von im Inland zur vorläufigen oder endgültigen Stilllegung angezeigten Anlagen, die aufgrund ihrer Systemrelevanz nicht stillgelegt werden durften, sondern der Netzreserve zur Verfügung stehen (zur Zusammensetzung der Netzreserve → § 13d Rn. 20 ff.). Normiert ist der Vergütungsanspruch von Anlagenbetreibern gegenüber dem system- und regelzonenverantwortlichen ÜNB für zur **vorläufigen** Stilllegung angezeigte systemrelevante Anlagen in der Netzreserve (Abs. 1), für zur **endgültigen** Stilllegung angezeigte systemrelevante Anlagen in der Netzreserve (Abs. 3) sowie jeweils weitere Modalitäten und für den Anlagenbetreiber zu beachtende Rechtsfolgen (Abs. 2 und Abs. 4). Zudem bestimmt Abs. 5, wie die den Übertragungsnetzbetreibern durch die Vergütung der Anlagen in der Netzreserve entstehenden Kosten verfahrensreguliert und damit über die Netzentgelte refinanzierungsfähig werden. 1

Allgemein zur Netzreserve → § 13d Rn. 1 ff. § 13c adressiert allgemein gehalten **„Anlagen"**, die Gegenstand geplanter Stilllegungen sind. Maßgeblich für den Anlagenbegriff ist insoweit die Begriffsbestimmung nach § 13b Abs. 1 S. 1, was durch die Bezugnahmen in § 13c Abs. 1 und Abs. 3 deutlich wird. Demnach kommen grundsätzlich Anlagen zur Erzeugung oder Speicherung elektrischer Energie ab 10 MW (§ 13c Abs. 1) bzw. ab 50 MW (§ 13c Abs. 3) in Betracht (→ § 13b Rn. 6; vgl. auch BT-Drs. 18/8915, 43). Obwohl folglich auch Speicheranlagen adressiert sind, muss konstatiert werden, dass es sich hierbei bisher um eine bloß theoretische Variante handelt. Bis dato befinden sich in der inländischen Netzreserve keine Speicheranlagen, sondern nur fossile Kraftwerke mit den (Haupt-)Energieträgern Gas, Kohle oder Öl (vgl. BNetzA Netzreservebedarf 2020 S. 59; zu den Energieträgern s. Kraftwerksliste der Bundesnetzagentur, die fortlaufend aktualisiert wird, www. bundesnetzagentur.de/Fachthemen/Elektrizität und Gas/Versorgungssicherheit/ Erzeugungskapazitäten/Kraftwerksliste). 2

II. Entstehungsgeschichte; Verhältnis zu den Vergütungsregelungen der NetzResV

3 § 13c wurde in seiner jetzigen Fassung durch das StromMG neu eingefügt. Die an dieser Stelle zuvor normierte Regelung zu systemrelevanten Gaskraftwerken ist seither in § 13f beheimatet. Bis zur Neuregelung durch das Strommarktgesetz waren die Vergütungsregelungen von zur vorläufigen und zur endgültigen Stilllegung angezeigten systemrelevanten Anlagen in §§ 13 Abs. 1b S. 2, 13a Abs. 3 S. 2 idF mWv 28.12.2012 (BGBl. 2012 I S. 2730) sowie detaillierter in den §§ 6, 11 und 12 der am 6.7.2013 in Kraft getretenen Reservekraftwerksverordnung (ResKV; BGBl 2013 I S. 1947) geregelt. Die Reservekraftwerksverordnung wurde im Zuge des Strommarktgesetzes in Netzreserveverordnung (NetzResV) umbenannt und umfangreich geändert (BT-Drs. 18/7317, 45 ff.; 138 ff.).

4 Wesentliche Regelungen zur Netzreserve im Ganzen enthält § 13d (Überblick über die NetzResV → § 13d Rn. 9 ff.). Nach § 13b Abs. 1 Nr. 1 lit. e idF mWv 28.12.2012 umfasste die Verordnungsermächtigung ua, Bestimmungen zu treffen „zu den Kriterien einer angemessenen Vergütung nach § 13 Abs. 1a und 1b und § 13a Abs. 3" aF. Im Zuge des Strommarktgesetzes wurde durch § 1 Abs. 1 S. 1 NetzResV der Anwendungsbereich der Verordnung geändert (BT-Drs. 18/7317, 138). Die Änderung des § 1 Abs. 1 S. 2 NetzResV, der auch die Vergütungsregelungen umfasst, werde jedoch nur eine redaktionelle Folgeänderung durch die Neuordnung der Paragrafen (BT-Drs. 18/7317, 45, 138). Nach § 1 Abs. 1 S. 2 NetzResV **präzisiert** die NetzResV die Bestimmungen zum Umgang mit geplanten Stilllegungen von Anlagen auf Grundlage von § 13a Abs. 1, der §§ 13b–13d sowie 13i Abs. 3 Nr. 1.

5 Bei den Vergütungsregelungen in § 13c sind die §§ 6, 7, 9 und 10 NetzResV mit zu berücksichtigen. Ein **Netzreservevertrag** ist keine generelle Anwendungsvoraussetzung für die NetzResV, auch wenn einzelne Normen der NetzResV nur Bestimmungen für – bzw. bei Vorliegen von – Netzreserveverträgen treffen. § 6 NetzResV trifft unmittelbar Kostenerstattungsregelungen nur bei Vorliegen eines Netzreservevertrags (s. Wortlaut und Verweis auf § 5 NetzResV). Aufgrund des Rechtsfolgenverweises in § 10 NetzResV gelten für Anlagen, denen die endgültige Stilllegung nach § 13b Abs. 5 S. 1 verboten ist, jedoch die §§ 6 und 7 NetzResV auch ohne Vorliegen eines Netzreservevertrages (vgl. BerlKommEnergieR/*Ruttloff/Lippert* NetzResV § 10 Rn. 2). Für Anlagen, denen die vorläufige Stilllegung nach § 13b Abs. 4 S. 1 verboten ist, enthält § 9 Abs. 1 S. 1 NetzResV einen Rechtsfolgenverweis auf § 7 NetzResV sowie § 9 Abs. 2 S. 2 Nr. 1 NetzResV einen Rechtsfolgenverweis auf § 6 Abs. 3 Nr. 1 NetzResV, sodass auch hier in beiden Fällen eine Anwendung mit und ohne Vorliegen eines Netzreservevertrags erfolgt (vgl. BerlKommEnergieR/*Ruttloff/Lippert* NetzResV § 9 Rn. 5 und Rn. 7). Umgekehrt gilt zudem, dass die gesetzlichen Regelungen im EnWG zur Netzreserve, insbesondere die §§ 13–13d, nicht vertraglich abdingbar sind (→ § 13d Rn. 40). Die in weiten Teilen vorhandene Parallelstruktur von Regelungen in § 13c und der NetzResV ist historisch bedingt, da die ResKV detailliertere Regelungen traf, bevor es § 13c gab (→ Rn. 3).

6 Nach § 13d Abs. 3 S. 1 erfolgen **unbeschadet der gesetzlichen Verpflichtungen** die Bildung der Netzreserve und der Einsatz der Anlagen der Netzreserve auf Grundlage der Netzreserveverträge (→ § 13d Rn. 39 ff.). Unter Beachtung dieses Umstands und der Tatsache, dass die NetzResV als Rechtsverordnung der Bundesregierung ebenfalls im Zuge des Strommarktgesetzes umfangreich angepasst wurde,

Vergütung bei geplanten Stilllegungen von Anlagen　　　　　　　　　§ 13 c

ist zu konstatieren, dass die Vergütungsregelungen der NetzResV keine dem § 13 c widersprechenden Regelungen enthalten bzw. enthalten sollen, sondern **präzisierende,** was auch in § 1 Abs. 1 S. 2 NetzResV klargestellt ist. So heißt es treffenderweise auch im Gesetzesentwurf zum Strommarktgesetz zu Abs. 1 S. 2: „Im Übrigen trifft § 11 Absatz 2 Satz 2 NetzResV nähere Vorgaben" (BT-Drs. 18/7317, 91). Zu Abs. 1 S. 4 wird auch auf § 9 und 6 NetzResV verwiesen (BT-Drs. 18/7317, 92 gemeint ist § 9 → Rn. 19), was verdeutlicht, dass auch § 6 NetzResV, obwohl er Netzreserveverträge voraussetzt, bei den Vergütungsregelungen nach § 13c mit zu berücksichtigen ist. Durch diese enge Verzahnung des § 13c mit der NetzResV (vormals ResKV) haben auch die Wertungen der Begründung des Entwurfes zur ResKV weiterhin erhebliche Bedeutung für die NetzResV und die Netzreserveregelungen im EnWG, insbesondere wenn der Norminhalt nicht verändert wurde.

III. Zweck, Beihilferelevanz

Die ÜNB sind zur Gewährleistung der **Systemsicherheit** berechtigt und ver- 7 pflichtet bei (Redispatch-)Bedarf auf Anlagen in der Netzreserve zurückzugreifen (vgl. § 13 Abs. 1 S. 1 Nr. 3; → § 13d Rn. 15ff.). § 13c hat eine **Ausgleichsfunktion.** Die Anlagenbetreiber sollen eine „angemessene Vergütung" im Gegenzug für ein ihnen gegenüber aufgrund § 13b aus Systemsicherheitsgründen auferlegtes Verbot zur vorläufigen oder endgültigen Stilllegung ihrer systemrelevanten Anlagen erhalten. Damit steht § 13c im Einklang mit den in § 1 Abs. 1 verankerten energiewirtschaftlichen Zwecken, eine möglichst sichere und preisgünstige Energieversorgung zu gewährleisten.

Die Terminologie **„angemessene Vergütung"** bedeutet in der Netzreserve 8 nicht, dass neben Kosten auch ein (entgangener) Gewinnanteil erfasst ist. Grundlegend zur Einordnung des Vergütungsanspruchs ist auch der Ausgangspunkt, dass die Anlagenbetreiber freiwillig ihre Anlage stilllegen wollten und zwar in der Regel aus betriebswirtschaftlichen Gründen. Die Regelungen zur Kostenerstattung wurden geschaffen, um einen Anlagenbetreiber kostenseitig so zu stellen, als hätte es die Kontrahierung für die Netzreserve nicht gegeben (vgl. BT-Drs. 17/11705, 50). Im Grundsatz sind variable und fixe Kostenbestandteile erstattungsfähig, die durch die Nutzung der Anlage in der Netzreserve entstehen (vgl. § 6 Abs. 1 S. 1 NetzResV; OLG Düsseldorf Beschl. v. 28.4.2015 – VI-3 Kart 332/12 (V), BeckRS 2015, 13249 Rn. 123). Ursprünglich sollte die Vergütung generell ohne Berücksichtigung von Opportunitätsbetrachtungen in tatsächlicher Höhe gezahlt werden (BT-Drs. 17/11705, 50; dies war nach dem OLG Düsseldorf nachvollziehbar, OLG Düsseldorf Beschl. v. 28.4.2015 – VI-3 Kart 332/12 (V), BeckRS 2015, 13249 Rn. 121–123). Durch die Einführung der Erstattung von – der Art nach begrenzten – Opportunitätskosten in § 13c Abs. 3 S. 1 Nr. 4 (→ Rn. 72ff.) bei zur endgültigen Stilllegung angezeigten Anlagen in der Netzreserve durch das Strommarktgesetz findet nun insoweit eine Opportunitätsbetrachtung statt. Ebenfalls hinzugekommen ist die Berücksichtigung des anteiligen Werteverbrauchs, der nicht in die Kategorie von tatsächlich anfallenden Kosten (bzw. Auslagen) passt (→ Rn. 31 ff.; → Rn. 80ff.). Durch das Strommarktgesetz wurde jedoch zur Vermeidung von Wettbewerbsverzerrungen auch die Pflicht für die Anlagenbetreiber zur Rückerstattung des Restwerts der investiven Vorteile eingeführt, wenn sie an den Markt zurückkehren bzw. die Anlage endgültig stilllegen (→ Rn. 43ff.; → Rn. 89ff.). Insgesamt betrachtet ist in der Netzreserve weiterhin eine **kostenbasierte Vergütung** intendiert, dh, nur die aufgrund der Netzreserve zusätzlich verursachten Kosten sol-

Leuthe　　　　　　　661

len erstattet werden, nicht diejenigen, die auch im Fall einer vorläufigen oder endgültigen Stilllegung angefallen wären (vgl. Abs. 1 S. 1 Nr. 1 und S. 2, Abs. 3 S. 4; § 6 Abs. 1 S. 1 und S. 2 NetzResV sowie § 9 Abs. 2 S. 2 Nr. 2 NetzResV; Entwurf ResKV, 2, 19). Im Kern gilt daher weiterhin der **"Grundsatz der Kostenerstattung"** (§ 11 Abs. 2. S. 2 ResKV; Entwurf ResKV, 19, 2), der jedoch rein terminologisch nun **"Grundsatz der Auslagenerstattung"** heißt (§ 9 Abs. 2 S. 2 Nr. 2 NetzResV; BT-Drs. 18/7317, 144; vgl. *Ruttloff* WiVerw 2020, 89 (102)). Nach dem OLG Düsseldorf ist der Begriff der *"angemessenen Vergütung"* in der Netzreserve nach § 13 Abs. 1 b idF mWv 28.12.2012 (BGBl. 2012 I S. 2730) einengend auf *"Auslagen"* eingeschränkt (OLG Düsseldorf Beschl. v. 28.4.2015 – VI-3 Kart 332/12 (V), BeckRS 2015, 13249 Rn. 119). Mit der an den meisten für die Netzreserve relevanten Normen vollzogenen terminologischen Umbenennung durch das Strommarktgesetz von „Kosten" zu „Auslagen" ist keine inhaltliche Änderung verbunden (vgl. *Rosin et al.* FS Büdenbender S. 561 (604)). Weder im EnWG noch in der NetzResV sind die Begriffe „Kosten", „Vergütung" und „Auslagen" definiert. Solange das spezielle materielle Recht – wie in der Netzreserve – keine Legaldefinition dieser Begriffe enthält, ist in erster Linie nicht die Begriffsverwendung entscheidend, sondern welche Positionen der Anspruch konkret umfasst (→ Rn. 10 ff.).

9 Im Zuge des Strommarktgesetzes wurde in § 118 Abs. 18 S. 1 Nr. 1 aF ein beihilferechtlicher Genehmigungsvorbehalt für die Vergütung bei geplanten Stilllegungen von Anlagen nach den §§ 13 b bis 13 d eingeführt, da die Bundesregierung ua diese Regelungen zur Prüfung auf ihre beihilferechtliche Vereinbarkeit bei der Europäischen Kommission angemeldet, aber diese zum Zeitpunkt der Verabschiedung des Strommarktgesetzes noch nicht abschließend hierüber entschieden hatte (BT-Drs. 18/8915, 40). Am 20.12.2016 hat die Europäische Kommission beschlossen, „keine Einwände gegen die Netzreserve zu erheben, die am 26. Juli 2016 als vorübergehende Maßnahme bis zum 30.6.2020 in das deutsche Recht eingeführt wurde, da sie auf der Grundlage des Artikels 107 Absatz 3 Buchstabe c AEUV mit dem Binnenmarkt vereinbar ist" [Staatliche Beihilfe SA.42955 (2016/N-2) v. 20.12.2016, COM(2016) 8742 final, Rn. 128]. Mit dem Gesetz zur Änderung des Gesetzes über Energiedienstleistungen und andere Energieeffizienzmaßnahmen vom 20.11.2019 (BGBl. 2019 I S. 1719) wurde § 118 Abs. 18 aF und damit auch der beihilferechtliche Genehmigungsvorbehalt aufgehoben. Hintergrund war das EuGH-Urteil zum EEG 2012 (EuGH Urt. v. 28.3.2019 – C-405/16 P, ECLI:EU: C:2019:268). Dieses ist nach Auffassung des Ausschusses für Wirtschaft und Energie des Bundestages mit seiner grundsätzlichen Argumentation auf spätere Fassungen des EEG und auch auf das KWKG sowie weitere Vorschriften übertragbar (BT-Drs. 19/11186 (neu), 12). Dem ist auch in Bezug auf die Netzreserve zuzustimmen. **Die Netzreservevergütung ist keine staatliche Beihilfe** iSv Art. 107 Abs. 1 AEUV, sodass es der Ausnahme nach Art. 107 Abs. 3 lit. c AEUV nicht Bedarf (ebenso *Schmidt-Preuß* FS Danner S. 279 (293 f.)). Der Grund hierfür ist, dass die Netzreservevergütung nicht unmittelbar oder mittelbar aus staatlichen Mitteln gewährt wird und auch nicht dem Staat zuzurechnen ist, sondern durch die ÜNB gezahlt wird und – unter den Bedingungen des Abs. 5 – über die Netzentgelte refinanziert werden kann. Von einer Verlängerung der beihilferechtlichen Genehmigung zur Netzreserve, also einem erneuten Antrag auf Prüfung der beihilferechtlichen Vereinbarkeit (Notifizierung), hat die Bundesregierung mit Blick auf das EuGH-Urteil zum EEG 2012 (EuGH Urt. v. 28.3.2019 – C-405/16 P, ECLI:EU:C:2019:268) Abstand genommen (BMWi Bericht 2020 § 63 Abs. 2a,

S. 9). Ob die Europäische Kommission diese Auffassung teilt, bleibt abzuwarten. Zuletzt hat sie im Rahmen der Genehmigung der Steinkohleausschreibungen nach dem KVBG angemerkt: „Ferner stellt dieser Beschluss keine stillschweigende Verlängerung der Genehmigung der staatlichen Beihilfe für die Kapazitätsreserve oder die Netzreserve dar" (Staatliche Beihilfe SA.58181 (2020/N) v. 25.11.2020, COM (2020) 8065 final, Rn. 18).

B. Vergütung von Anlagen in der Netzreserve

§ 13c regelt unmittelbar die Vergütung von Anlagen der **inländischen Netzreserve,** die sich nach § 13d Abs. 1 S. 2 Nr. 2 gebildet hat (→ § 13d Rn. 22ff.). Bei systemrelevanten Anlagen der inländischen Netzreserve muss zwischen den zur vorläufigen Stilllegung angezeigten Anlagen und den zur endgültigen Stilllegung angezeigten Anlagen unterschieden werden.

I. Vergütung von zur vorläufigen Stilllegung angezeigten Anlagen

1. Voraussetzungen des Vergütungsanspruchs (Abs. 1 S. 1). Voraussetzung für einen Vergütungsanspruch nach § 13c Abs. 1 S. 1 ist, dass der Betreiber eines Übertragungsnetzes den Betreiber einer Anlage, die andernfalls aufgrund einer vorläufigen Stilllegung im erforderlichen Zeitraum nicht anfahrbereit wäre, nach § 13b Abs. 4 dazu auffordert, die Betriebsbereitschaft der Anlage für Anpassungen der Einspeisung weiter vorzuhalten oder wiederherzustellen und der Anlagenbetreiber hierfür eine Vergütung geltend macht. Im Detail ergeben sich hieraus folgende **vier Voraussetzungen: Erstens** muss es sich aufgrund der Inbezugnahme des § 13b Abs. 4 um eine Anlage zur Erzeugung oder Speicherung elektrischer Energie handeln (→ Rn. 1), für die, **zweitens,** der Anlagenbetreiber nach § 13b Abs. 1 S. 1 die vorläufige Stilllegung der Anlage (oder einer Teilkapazität) dem regelzonenverantwortlichen ÜNB (→ § 3 Nr. 10a) und der BNetzA angezeigt hat. **Drittens** muss der ÜNB die Anlage ganz oder teilweise als systemrelevant ausgewiesen haben (§ 13b Abs. 4 S. 1 iVm § 13b Abs. 2 S. 2). Die Systemrelevanzausweisung beinhaltet die Aufforderung, die Betriebsbereitschaft der Anlage für Anpassungen der Einspeisung weiter vorzuhalten oder wiederherzustellen (vgl. § 13b Abs. 4 S. 3). **Viertens** muss der Anlagenbetreiber die Vergütung gegenüber dem regelzonenverantwortlichen ÜNB geltend machen (→ Rn. 13). Liegen diese vier Voraussetzungen nach § 13c Abs. 1 S. 1 vor, entsteht ein **gesetzliches Schuldverhältnis,** das durch den Abschluss eines Vertrags, der zwischen dem regelzonenverantwortlichen ÜNB und dem Anlagenbetreiber in Abstimmung mit der BNetzA geschlossen wird, durch ein vertragliches Schuldverhältnis flankiert wird (→ § 13d Rn. 39ff.).

Im Gegensatz zu dem Vergütungsanspruch bei zur endgültigen Stilllegung angezeigten Anlagen nach Abs. 3 bedarf es bei den zur vorläufigen Stilllegung angezeigten Anlagen keiner Genehmigung des Systemrelevanzausweisung durch die BNetzA nach § 13b Abs. 5 S. 1 Nr. 2.

Um eine Erstattungsfähigkeit der jeweiligen Vergütungspositionen sicherzustellen, muss der Anlagenbetreiber zu Darlegungs- und Beweiszwecken gegenüber dem regelzonenverantwortlichen ÜNB die jeweiligen Vergütungspositionen durch eine ausdrückliche, nachweisfähige Willenserklärung geltend machen. Besondere Bedeutung kommt der **Geltendmachung der Betriebsbereitschaftsauslagen** nach Abs. 1 S. 1 Nr. 1 zu, da dies zugleich – synonym – auch deren Inanspruchnahme iSd Abs. 2 S. 1 und damit ein befristetes Markt- und Rückkehrverbot bedeutet (→ Rn. 23 f.; → Rn. 37 ff.).

14 **2. Vergütungspositionen.** Die Vergütungspositionen von zur vorläufigen Stilllegung angezeigten Anlagen in der Netzreserve bestimmen sich nach Abs. 1. Zudem sind die §§ 9 Abs. 2, 6 Abs. 3 Nr. 1 NetzResV zu beachten (zur Anwendung der NetzResV → Rn. 5). § 6 Abs. 3 Nr. 2 und Nr. 3 setzen einen Netzreservevertrag nach § 5 Abs. 2 NetzResV voraus, aber diese Vergütungspositionen sind inhaltlich ohnehin durch § 13c Abs. 1 S. 1 Nr. 1 abgedeckt. Anders als bei geplanten endgültigen Stilllegungen nach Abs. 3 werden bei den zur vorläufigen Stilllegung angezeigten Anlagen in der Netzreserve **keine Opportunitätskosten** erstattet, da eine Anschlussverwendung der Grundstücke und Anlagen oder Anlagenteile im Strommarkt bei Verlassen der Netzreserve grundsätzlich möglich ist (BT-Drs. 18/7317, 145). Der Abschluss eines Netzreservevertrags ändert daran nichts (aA BerlKomm-EnergieR/*Ruttloff/Lippert* NetzResV § 10 Rn. 4), da § 13c nicht vertraglich abdingbar ist (→ § 13d Rn. 40) und § 6 Abs. 1 S. 3 und S. 4 NetzResV nur die zur endgültigen Stilllegung angezeigten Anlagen in der Netzreserve betrifft (BT-Drs. 18/7317, 141; dazu auch → Rn. 32). Die Erstattung von Opportunitätskosten für zur vorläufigen Stilllegung angezeigte Anlagen in der Netzreserve würde zu erheblichen Marktverzerrungen führen (BT-Drs. 18/7317, 145).

15 **a) Betriebsbereitschaftsauslagen (Abs. 1 S. 1 Nr. 1 und S. 2; § 9 Abs. 2 S. 2 Nr. 2 NetzResV).** Die Betriebsbereitschaftsauslagen umfassen die notwendigen Auslagen für die Anlage zur fortlaufenden **Bereithaltung** in der Netzreserve und der erforderlichen **Herstellung** der Betriebsbereitschaft. Es gilt nach § 9 Abs. 2 Nr. 2 Hs. 2 NetzResV der Grundsatz der Auslagenerstattung. Der Begriff der Betriebsbereitschaftsauslagen hat iRd § 13c und der NetzResV eine andere Bedeutung als im Rahmen des § 13a, da dort zwar die Auslagen für die Herstellung der Betriebsbereitschaft ersetzt werden (§ 13a Abs. 2 S. 3 Nr. 4), aber nach § 13a Abs. 4 keine „Betriebsbereitschaftsauslagen". Die notwendigen Auslagen für die Anlage zur fortlaufenden Bereithaltung fallen demnach nur im Rahmen der Netzreserve unter den Begriff „Betriebsbereitschaftsauslagen".

16 **aa) Herstellungskosten (Abs. 1 S. 1 Nr. 1 lit. a).** Zu den Kosten der Herstellung bzw. Wiederherstellung der Betriebsbereitschaft (**Herstellungskosten**) nach Abs. 1 S. 1 Nr. 1 lit. a (§ 9 Abs. 2 S. 2 Nr. 2 NetzResV) zählen alle Kosten, die einmalig ab dem Zeitpunkt der Systemrelevanzausweisung durch den ÜNB anfallen und dazu dienen, die Anlage in einen Zustand der Betriebsbereitschaft zu versetzen. Hierzu gehören insbesondere auch die Kosten erforderlicher immissionsschutzrechtlicher Prüfungen sowie die Kosten für die Reparatur außergewöhnlicher Schäden nach Abs. 1 S. 1 Nr. 1 lit. a Hs. 2. Ein **außergewöhnlicher Schaden** kann nur bei einem besonderen nicht vorhersehbaren Ereignis vorliegen (höhere Gewalt oÄ), keinesfalls bei gewöhnlichem Verschleiß. Unter Herstellungskosten fallen auch Kosten für notwendige Revisionen und die zur Herstellung der Betriebsbereitschaft erforderlichen Vorräte an Roh-, Hilfs- und Betriebsstoffen (vgl. BK 8 Hinweis Herstellungskosten Netzreserve; BNetzA Beschl. v. 24.6.2019 – BK8-17/4001-R, BK8-17/4003-R, BK8-18/4001-R – Anlage 2 (Netzreservevertrag), Anhang 5, www.bundesnetzagentur.de/Beschlusskammern/Beschlussdatenbank). In dem Hinweis (BK 8 Hinweis Herstellungskosten Netzreserve) wird auch das von der Beschlusskammer 8 der Bundesnetzagentur berücksichtigte sog.

Vergütung bei geplanten Stilllegungen von Anlagen **§ 13 c**

Vier-Stufen-Modell bei der Prüfung der Nachweisführung hinsichtlich der Kosten der Herstellung der Betriebsbereitschaft beschrieben.

bb) Leistungsvorhaltekosten (Abs. 1 S. 1 Nr. 1 lit. b). Für die Kosten zur 17 fortlaufenden Bereithaltung (Vorhaltung) der Anlage in der Netzreserve **(Leistungsvorhaltekosten)** wird nach Abs. 1 S. 1 Nr. 1 lit. b ein Leistungspreis gewährt. Zu den Leistungsvorhaltekosten zählen insbesondere die Kosten für das zur Betriebsbereitschaft der Anlage erforderliche Personal (vgl. Entwurf ResKV, 20), sowie Kosten für erforderliche Maßnahmen im Zuge regelmäßiger Wartung und Instandhaltung (vgl. auch → Rn. 29; Rechtsvergleich zu § 13e Abs. 3 S. 2 Nr. 1). Dies erfasst auch die Kosten für eine etwaig hierfür erforderliche Drittbeauftragung (zB Wartungsverträge) sowie die zur Wartung und Instandhaltung erforderlichen Ersatzteile und Verbrauchsmaterialien (vgl. BNetzA Beschl. v. 7.11.2019 – BK8-17/2001-R – Anlage 2 (Netzreservevertrag), Anhang 3). Nach der Norm gehören auch die der Anlage zurechenbaren Gemeinkosten eines Betreibers zu den Leistungsvorhaltekosten. **Gemeinkosten** (Overhead-Kosten) sind dem Betreiber anfallende Kosten für innerbetriebliche Leistungen, die dem Betrieb der betreffenden Anlage nicht direkt zuzuordnen sind wie beispielsweise die Nebenkosten der allgemeinen Verwaltung, auch anteilig in Bezug auf das dort für die Anlage tätige Personal (vgl. Entwurf ResKV, 20).

Die Anlagenbetreiber haben die Möglichkeit die **Gemeinkosten** einzeln ab- 18 zurechnen und nachzuweisen. Zur Verwaltungsvereinfachung kann die Bundesnetzagentur nach Abs. 1 S. 1 Nr. 1 lit. b Hs. 3 auch die der Anlage zurechenbaren Gemeinkosten eines Betreibers bis zu einer Höhe von 5 Prozent der übrigen Kosten nach Abs. 1 S. 1 Nr. 1 lit. b **pauschal** anerkennen. Bemessungsgrundlage für diese pauschale Regelung sind nur die übrigen Kosten nach Abs. 1 S. 1 Nr. 1 lit. b, also ohne Gemeinkosten und Herstellungskosten. Die Formulierung nach „dieser Nummer" in Abs. 1 S. 1 Nr. 1 lit. b Hs. 3 ist insoweit missverständlich. Deutlich wird dies durch die inhaltsgleiche Regelung in § 6 Abs. 3 Nr. 3 Hs. 4 NetzResV, wo aber die Bezugnahme „Nummer" richtig ist, da in dieser nur die Leistungsvorhaltekosten geregelt sind und die Herstellungskosten in § 6 Abs. 3 Nr. 2 NetzResV (vgl. auch Entwurf ResKV, 20). Wahrscheinlich wurde diese Regelung im Gesetzgebungsprozess schlicht redaktionell fehlerhaft in Abs. 1 S. 1 Nr. 1 lit. b kopiert, ohne zu bedenken, dass die Bezifferung dort anders ist. Mit „anerkennen" dieser Kosten meint Abs. 1 S. 1 Nr. 1 lit. b Hs. 3 das Verfahren nach Abs. 5 (→ Rn. 97 ff.), aber wie durch § 6 Abs. 3 Nr. 3 iVm Abs. 2 NetzResV deutlich wird, betrifft dies auch die Verträge, die zwischen dem Anlagenbetreiber und dem ÜNB in Abstimmung mit der BNetzA geschlossen werden.

cc) Kostenzusammenhang; Anspruchsbeginn (Abs. 1 S. 2). Nach Abs. 1 19 S. 2 sind die Betriebsbereitschaftsauslagen nur zu erstatten, **wenn und soweit** diese ab dem Zeitpunkt der Ausweisung der Systemrelevanz durch den ÜNB anfallen und dem Netzreservebetrieb zu dienen bestimmt sind. Hierzu trifft § 9 Abs. 2 S. 2 Nr. 2 NetzResV nähere Vorgaben (BT-Drs. 18/7317, 91: da die §§ 8 und 9 Netz-ResV nach 3. Beratung im BT aufgehoben wurden, bezieht sich der Verweis in der BT-Drs. 18/7317, 91, der § 11 NetzResV nennt, tatsächlich auf § 9 NetzResV, vgl. BT-Drs. 18/8915, 25).

§ 9 Abs. 2 S. 2 Nr. 2 Hs. 3 NetzResV präzisiert Abs. 1 S. 2 dahin gehend, dass im 20 Rahmen der Betriebsbereitschaftsauslagen ausschließlich solche Kosten berücksichtigt werden können, die dem Anlagenbetreiber zusätzlich aufgrund der Bereitstellung für von dem ÜNB angeforderte Systemsicherheitsmaßnahmen entstehen.

§ 13 c   Teil 3. Regulierung des Netzbetriebs

Nicht erstattungsfähig sind insbesondere **„Sowieso"-Kosten,** also Auslagen die auch im Fall einer vorläufigen Stilllegung oder im Hinblick auf eine spätere Rückkehr an die Strommärkte angefallen wären (§ 9 Abs. 2 S. 2 Nr. 2 Hs. 4 NetzResV; vgl. auch BT-Drs. 18/7317, 173; Theobald/Kühling/*Lülsdorf* EnWG § 13 c Rn. 11).

21   Das Bedürfnis für Betriebsbereitschaftsauslagen, den Zeitpunkt ausdrücklich festzulegen, ab dem sie im Rahmen der Netzreserve erstattungsfähig sind, ergibt sich daraus, dass gerade Kosten für die Vorhaltung einer Anlage auch ohne konkreten Einsatz entstehen. Aufgrund dessen muss klar abgegrenzt werden, welche Kosten insoweit noch während der Zeit angefallen sind, zu dem die Anlage noch am Strommarkt eingesetzt wurde oder hätte eingesetzt werden können, und welche Kosten ab dem Beginn der Netzreserve (→ Rn. 37) entstanden sind.

22   Nach der Rechtslage vor dem Strommarktgesetz konnte der Anspruch auf Erstattung der Betriebsbereitschaftsauslagen erst nach Ablauf der zwölfmonatigen Stilllegungsanzeigefrist entstehen (vgl. auch BT-Drs. 18/7317, 91 f.; die Frist ist nun in § 13b Abs. 1 S. 1 geregelt). Durch die Änderung (Abs. 1 S. 2) kann der Anlagenbetreiber nunmehr einen Anspruch auf Erstattung der Betriebsbereitschaftsauslagen ab dem Zeitpunkt **geltend machen,** ab dem der Betreiber eines Übertragungsnetzes die Systemrelevanzprüfung abgeschlossen und die Anlage als systemrelevant ausgewiesen hat (BT-Drs. 18/7317, 91 f.; zu Abs. 3 S. 2 → Rn. 64 ff.). Nach § 13b Abs. 2 S. 1 muss der regelzonenverantwortliche ÜNB unverzüglich dem Anlagenbetreiber und der BNetzA das Ergebnis seiner Systemrelevanzprüfung **schriftlich oder elektronisch** mitteilen. Der **Zugang** der Mitteilung über eine erfolgte Systemrelevanzausweisung beim Anlagenbetreiber ist folglich der **frühest mögliche Zeitpunkt,** ab dem er einen Anspruch auf Erstattung der Betriebsbereitschaftsauslagen unbedingt geltend machen kann. Vor Zugang dieser Mitteilung kann der Anlagenbetreiber den Anspruch nur **bedingt** für den Fall einer Systemrelevanzausweisung (Zugang der Mitteilung) geltend machen (in diesem Fall treten auch die Rechtsfolgen nach Abs. 2 S. 1 mit Eintritt der Bedingung ein). Nicht möglich ist die rückwirkende Geltendmachung von Betriebsbereitschaftsauslagen, also irgendwann nach Systemrelevanzausweisung für den Zeitraum ab Systemrelevanzausweisung, da sonst der Zeitpunkt des Anspruchsbeginns und der Beginn des ausschließlichen Zugriffsrechts des Übertragungsnetzbetreibers entgegen Abs. 2 S. 1 auseinanderfallen würden und Wettbewerbsverzerrungen nicht ausgeschlossen wären. Der Zeitpunkt der Mitteilung über eine erfolgte Systemrelevanzausweisung muss nicht derselbe Zeitpunkt sein (und ist es in der Praxis regelmäßig auch nicht), zu dem der Ausweisungszeitraum der Systemrelevanzausweisung auf Grundlage des § 13b Abs. 4 S. 2 beginnt. Der Anspruchsbeginn nach Abs. 1 S. 2 kann also vor Ablauf der Anzeigefrist nach § 13 b Abs. 1 S. 1 und vor dem Beginn des Ausweisungszeitraums der Systemrelevanzausweisung (§ 13b Abs. 4 S. 2) liegen.

23   Der Zeitpunkt des Anspruchsbeginns nach Abs. 1 S. 2 ist derselbe Zeitpunkt, ab dem auch die Pflichten für die Netzreserve und die damit einhergehenden Einschränkungen nach Abs. 2 S. 1 beginnen (→ Rn. 37; vgl. BT-Drs. 18/7317, 92 und BT-Drs. 18/8915, 32). Aufgrund dessen hat die **Geltendmachung** der Betriebsbereitschaftsauslagen nach Abs. 1 S. 1 Nr. 1, was zugleich – synonym – auch deren Inanspruchnahme iSd Abs. 2 S. 1 ist, maßgebliche Bedeutung.

24   Dem Anlagenbetreiber obliegt es im Rahmen seines zivilrechtlichen Verhältnisses gegenüber dem jeweiligen ÜNB die Tatsachen zur Begründung der von ihm geltend gemachten Zahlungsansprüche nach § 13c darzulegen und zu beweisen (allgemeine Beweislastregel, sog. Rosenbergsche Formel). Um eine Erstattungsfähigkeit der Betriebsbereitschaftsauslagen nach Abs. 1 S. 1 Nr. 1 sicherzustellen,

Vergütung bei geplanten Stilllegungen von Anlagen **§ 13 c**

muss die **Geltendmachung** des Anlagenbetreibers gegenüber dem regelzonenverantwortlichen ÜNB daher zu Darlegungs- und Beweiszwecken durch eine **ausdrückliche, nachweisfähige Willenserklärung** erfolgen. Den Übertragungsnetzbetreibern obliegt es wiederum, im Rahmen des Verwaltungsverfahrens aufgrund Abs. 5 gegenüber der BNetzA darzulegen und zu beweisen, dass die von ihnen geltend gemachten Netzreservekosten dem Grunde und der Höhe nach berechtigt sind (→ Rn. 106).

Nach einer Stilllegungsanzeige darf ein Anlagenbetreiber während des Stilllegungsverbots nach § 13b Abs. 1 S. 2, also auch nach Vorliegen eines Stilllegungsverbots aufgrund einer Systemrelevanzausweisung nach § 13b Abs. 4 S. 1 zwar seine Anlage nicht stilllegen, aber er darf weiterhin Strom vermarkten, solange er nicht im Falle der Systemrelevanzausweisung Betriebsbereitschaftsauslagen geltend macht, denn erst dann greift das befristete Markt- und Rückkehrverbot nach Abs. 2 S. 1 (→ Rn. 37 ff.). Der Anlagenbetreiber hat demnach auch nach Stilllegungsanzeige und Systemrelevanzausweisung den **Beginn der Netzreserve** (→ Rn 37) für seine Anlage selbst in der Hand (zu Kohleanlagen, die im Zusammenhang mit dem KVBG Bestandteil der Netzreserve werden können → § 13d Rn. 27 ff.). Dies gefährdet nicht die Systemsicherheit und bewirkt auch kein Kostenerstattungsproblem. Im Falle des Stilllegungsverbots nach § 13b Abs. 4 S. 1 kann ein Anlagenbetreiber am Strommarkt tätig bleiben, solange er keine Betriebsbereitschaftsauslagen geltend macht. Der ÜNB kann in einem solchen Fall zur Gewährleistung der Systemsicherheit den Anlagenbetreiber weiterhin nach § 13a zum Redispatch anfordern (s. auch § 13b Abs. 4 S. 3) sowie verpflichten, die Wirkleistungs- oder Blindleistungseinspeisung über den Wirkleistungsbezug anzupassen, und muss den Anlagenbetreiber dann auch nach § 13a vergüten. Wenn der Anlagenbetreiber jedoch im Falle des Stilllegungsverbots nach § 13b Abs. 4 S. 1 Betriebsbereitschaftsauslagen geltend macht, darf er aufgrund Abs. 2 S. 1 nicht mehr am Strommarkt tätig sein, sondern er ist in der Netzreserve gebunden und seine Vergütung richtet sich nach Abs. 1. Vor der Stilllegungsanzeige und ebenfalls so lange nur das Stilllegungsverbot nach § 13b Abs. 1 S. 2 gilt, findet § 13a Anwendung, wenn eine entsprechende Anforderung des Übertragungsnetzbetreibers erfolgt. Da ein Anlagenbetreiber nicht grundlos eine Stilllegung anzeigt, macht er im Falle einer Systemrelevanzausweisung regelmäßig auch zügig Betriebsbereitschaftsauslagen geltend, was dann den Beginn der Netzreserve für die Anlage bedeutet (→ Rn. 37). 25

Aufgrund Abs. 1 S. 1 und Abs. 2 S. 1 sollten Anlagenbetreiber demnach den genauen Zeitpunkt der **Geltendmachung (Inanspruchnahme) von Betriebsbereitschaftsauslagen** – insbesondere wenn dies erstmalig erfolgt – gründlich abwägen und bei Entscheidung für eine Geltendmachung gegenüber dem ÜNB eine nachweisfähige Willenserklärung abgeben. Der Anspruch auf Betriebsbereitschaftsauslagen beginnt erst und ist auch nur gerechtfertigt, wenn die Anlage ab dem Zeitpunkt der Geltendmachung der Vergütung nach Abs. 2 S. 1 nachweislich nur noch auf Anforderung des Übertragungsnetzbetreibers zu Systemsicherheitsmaßnahmen betrieben werden durfte und nicht, wenn noch eine Option zur Vermarktung von Strom bestand oder tatsächlich vermarktet wurde. Ein Vergütungsanspruch für einen Zeitraum in der Vergangenheit, für den rechtlich mangels Inanspruchnahme gar kein Marktverbot bestand, besteht daher auch dann nicht, wenn nachweislich (ex post betrachtet) kein Markteinsatz erfolgt ist, da auch eine **Option zu einem Markteinsatz geldwert und wettbewerblich relevant** ist (→ Rn. 38). Die Meldung eines Anlagenbetreibers nach Art. 4 Abs. 1 REMIT-VO zur Nichtverfügbarkeit, Nutzungsänderung oÄ einer Anlage kann nicht konkludent als Inanspruch- 26 nahme von Betriebsbereitschaftsauslagen gewertet werden, insbesondere, weil eine solche Meldung wieder geändert werden kann. Wenn es um den zweiten oder einen danach liegenden Systemrelevanzausweisungszeitraum geht (§ 13b Abs. 4 S. 2), ist der Nachweis der Geltendmachung von Betriebsbereitschaftsauslagen regelmäßig kein Problem. In diesem Fall schließen sich die Systemrelevanzausweisungszeiträume für eine Anlage nahtlos aneinander an, wenn jeweils erneut die Anzeige zur Stilllegung der Anlage abgegeben wurde. Die ÜNB vereinbaren daher mit den Anlagenbetreibern in der Regel Abschlagszahlungen – unter dem Vorbehalt einer inhaltlichen Prüfung – für den Fall einer erneuten Systemrelevanzausweisung, womit (abhängig von der Ausgestaltung) der Nachweis der Geltendmachung von Betriebsbereitschaftsauslagen möglich ist (vgl. etwa BNetzA Beschl. v. 24.6.2019 – BK8-17/4001-R, BK8-17/4003-R, BK8-18/4001-R – Anlage 2 (Netzreservevertrag) Ziffer 6.12).

27 **b) Erzeugungsauslagen (Abs. 1 S. 1 Nr. 2 und S. 4; §§ 9 Abs. 2 S. 2 Nr. 1, 6 Abs. 3 Nr. 1 NetzResV).** Erzeugungsauslagen sind alle notwendigen Auslagen für tatsächliche Anpassungen der Einspeisung (Abs. 1 S. 4 iVm §§ 9 Abs. 2 S. 2 Nr. 1, 6 Abs. 3 Nr. 1 NetzResV; zur NetzResV → Rn. 5). Es handelt sich um dieselbe Kostenkategorie wie in → § 13a Abs. 2 S. 3 Nr. 1, was durch den Verweis in § 9 Abs. 2 S. 2 Nr. 1 NetzResV deutlich wird. Für die Netzreserve wird ausdrücklich bestimmt, dass im Rahmen der Erzeugungsauslagen ein **Arbeitspreis** in Form der notwendigen Auslagen für eine Einspeisung der Anlage gewährt wird (Abs. 1 S. 4; §§ 9 Abs. 2 S. 2 Nr. 1, 6 Abs. 3 Nr. 1 NetzResV).

28 Bei den Erzeugungsauslagen handelt es sich um **variable Kosten**, die notwendigerweise aufgrund der tatsächlich auf Anforderung des Übertragungsnetzbetreibers stattgefundenen Einspeisung oder Anpassung entstehen (BT-Drs. 17/11705, 50). Unter Erzeugungsauslagen fallen dementsprechend zB die Kosten für die einsatzabhängigen Brennstoffe sowie sonstige einsatzabhängige Roh-, Hilfs- und Betriebsstoffe, das Anfahren der Anlage (insbesondere Stromeigenbedarf), eine etwaig erforderliche alternative Wärmeerzeugung (Heizungs- und Hilfsdampfkosten) und CO_2-Zertifikate/Emissionen (vgl. BT-Drs. 18/7317, 87; Entwurf ResKV, 19; BNetzA Beschl. v. 7.11.2019 – BK8-17/2001-R – Anlage 2 (Netzreservevertrag), Anhang 3). Ebenfalls erfasst sind die Kosten für die Nutzung des Strom- bzw. Gasnetzes, auch für (Gas-)Kapazitätsbuchungen (vgl. Entwurf ResKV, 19). Falls die Anlage in der Netzreserve gleichzeitig ein systemrelevantes Gaskraftwerk ist (→ § 13f), können die Kosten für eine Maßnahme (etwa für Gaskapazitätsbuchungen) nur einem der beiden Systeme unterfallen. Maßstab für die Bestimmung der Erzeugungsauslagen sind die jeweiligen Wiederbeschaffungskosten (BT-Drs. 18/7317, 91 (87)).

29 Wie iRd § 13a sollen in der Netzreserve nach § 13c zu den Erzeugungsauslagen auch die Mehrkosten zählen, die durch **zusätzliche Instandhaltung und zusätzlichen Verschleiß** aufgewendet werden müssen, wenn und soweit diese unmittelbar aufgrund der jeweiligen Anpassung der Einspeisung entstehen (BT-Drs. 18/7317, 91). Bei diesen Mehrkosten soll es sich um variable Instandhaltungskosten handeln, die „zusätzlich", also nur durch die tatsächliche Anpassung der Einspeisung auf Anforderung des Übertragungsnetzbetreibers, entstanden sind (BT-Drs. 18/7317, 87 (91, 173, 174)). Nur der allein durch die Betriebsbereitschaft entstehende Verschleiß soll dagegen über die Betriebsbereitschaftsauslagen erstattet werden (BT-Drs. 18/7317, 173). Bei Lektüre der Gesetzesmaterialien (BT-Drs. 18/7317, 87 (91, 173f.)) wird deutlich, dass das Bedürfnis sich auch iRd § 13c aus-

drücklich zur Erstattungsfähigkeit von „variablen Instandhaltungskosten" zu äußern, durch die Diskussionen im Rahmen der Vergütung von Redispatchmaßnahmen nach § 13a entstanden ist. Auch im Branchenleitfaden des BDEW zur Vergütung von Redispatch-Maßnahmen werden bei den Erzeugungsauslagen unter der Kategorie „Sonstige im Einzelfall belegbare Zusatzkosten" ausdrücklich „variable Instandhaltungskosten" aufgeführt (BDEW Redispatch Brachendleitfaden 2018 S. 9). Im Rahmen der Netzreserve bedarf es jedoch keiner Zuordnung von (variablen) Instandhaltungskosten zu den Erzeugungsauslagen und entspricht auch nicht der Systematik des § 13c, da anders als nach § 13a die Leistungsvorhaltung vergütet wird. Das gegebenenfalls iRd § 13b bestehende praktische Problem, ob im Falle eines Schadens das schadensbegründende Ereignis durch einen tatsächlichen Abruf verursacht wurde oder gewöhnlichem Verschleiß geschuldet war, hat im Rahmen der Netzreserve keinen Einfluss auf die Erstattungsfähigkeit. Im Rahmen der Netzreserve können vielmehr jegliche Reparaturkosten entweder Kosten sein, die dem Betreiber zusätzlich und fortlaufend aufgrund der Vorhaltung der Anlage für die Netzreserve entstehen (erforderliche Maßnahmen im Zuge regelmäßiger Wartung und Instandhaltung) und daher zu den Leistungsvorhaltekosten nach Abs. 1 S. 1 Nr. 1 lit. b zählen oder Kosten zur (Wieder-)Herstellung der Betriebsbereitschaft der Anlage nach Abs. 1 S. 1 Nr. 1 lit. a. sein, was typischerweise im Falle größerer oder unvorhersehbarer Ereignisse zutrifft (s. auch BK 8 Hinweis Herstellungskosten Netzreserve).

Anders als für Betriebsbereitschaftsauslagen nach Abs. 1 S. 2 (→ Rn. 19 ff.) ist der **Anspruchsbeginn** für Erzeugungsauslagen nicht ausdrücklich geregelt. Da jedoch Erzeugungsauslagen ohnehin nur bei einer auf Anforderung des Übertragungsnetzbetreibers tatsächlich stattgefundenen Einspeisung oder Anpassung erstattet werden, ist der Anspruchsbeginn insoweit auch unproblematisch. Bei einer auf Anforderung des Übertragungsnetzbetreibers tatsächlich stattgefundenen Einspeisung sind die Erzeugungsauslagen nach dem Beginn der Netzreserve (Abs. 2 S. 1; → Rn. 37) gem. § 13c Abs. 1 S. 1 Nr. 2 erstattungsfähig. Solange die Anlage noch am Markt tätig ist oder sein darf, kann bei einer tatsächlichen Anpassung der Einspeisung auf Anforderung des Übertragungsnetzbetreibers ein Anspruch nach § 13a Abs. 2 S. 3 Nr. 1 bestehen. 30

c) Anteiliger Werteverbrauch (Abs. 1 S. 1 Nr. 3 und S. 3; § 9 Abs. 2 S. 2 Nr. 3 NetzResV). Die Vergütung des anteiligen Werteverbrauchs nach Abs. 1 S. 1 Nr. 3 und § 9 Abs. 2 S. 2 Nr. 3 NetzResV wurde erst durch das Strommarktgesetz eingeführt (BT-Drs. 18/7317, 91 (144)). Der Anspruch wird in § 9 Abs. 2 S. 2 Nr. 3 NetzResV dahin gehend präzisiert, dass nur der anteilige Werteverbrauch der technischen Anlagen oder Anlagenteile zu erstatten ist, wenn und soweit die technischen Anlagen in der Netzreserve tatsächlich eingesetzt werden. 31

Die Einschränkung nach Abs. 3 S. 3 auf die **Weiterverwertbarkeit** – „weiterverwertbaren technischen Anlagen oder Anlagenteile" – besteht nur bei einer geplanten endgültigen Stilllegung. Irreführend ist insoweit § 6 Abs. 1 S. 4 NetzResV, da dieser nicht zwischen geplanten vorläufigen und endgültigen Stilllegungen unterscheidet. § 6 Abs. 1 S. 1 NetzResV adressiert durch die Inbezugnahme des § 5 NetzResV alle Anlagen, für die ein Netzreservevertrag geschlossen wird. § 6 Abs. 1 S. 2 bis S. 4 NetzResV gelten jedoch nur für die zur endgültigen Stilllegung angezeigten Anlagen in der Netzreserve, was sich für S. 2 bereits aus dem Wortlaut und für S. 3 und S. 4 ausdrücklich aus den Gesetzesmaterialien ergibt (BT-Drs. 18/7317, 141; generell → Rn. 5). 32

33 Das konkrete Verfahren zur **Ermittlung** des erstattungsfähigen anteiligen Werteverbrauchs richtet sich nach Abs. 1 S. 3 iVm § 13a Abs. 1 S. 2. Nach Abs. 1 S. 3 Hs. 1 sind als Grundlage für die Bestimmung des anteiligen Werteverbrauchs der technischen Anlagen oder Anlagenteile die handelsrechtlichen Restwerte und handelsrechtlichen Restnutzungsdauern in Jahren maßgeblich. Nach Abs. 1 S. 3 Hs. 2 ist für die Bestimmung des anteiligen Werteverbrauchs für die Anlage oder Anlagenteile als Schlüssel das Verhältnis aus den anrechenbaren Betriebsstunden im Rahmen von Maßnahmen nach § 13a Abs. 1 S. 2 und den für die Anlage bei der Investitionsentscheidung betriebswirtschaftlich geplanten Betriebsstunden zugrunde zu legen. Die Erstattung des anteiligen Werteverbrauchs der technischen Anlagen oder Anlagenteile setzt voraus, dass die technischen Anlagen in der Netzreserve **tatsächlich eingesetzt wurden** und erfolgt nur für diesen Zeitraum (§ 9 Abs. 2 S. 2 Nr. 3 NetzResV „wenn und soweit"). Aus der Präzisierung in § 9 Abs. 2 S. 2 Nr. 3 NetzResV wird am anschaulichsten deutlich, dass nur bei tatsächlichen Einsätzen in der Netzreserve berücksichtigungsfähige, „anrechenbare Betriebsstunden" vorliegen. Bei am Markt tätigen Anlagen ist die Erstattungsfähigkeit an eine tatsächliche Anpassung der Einspeisung oder des Bezugs geknüpft (§ 13a Abs. 2 S. 3 Nr. 2). Ein tatsächlicher Einsatz in der Netzreserve liegt zweifelfrei bei einer auf Anforderung des Übertragungsnetzbetreibers stattgefundenen tatsächlichen Anpassung der Einspeisung oder des Bezugs vor, was auch durch die Inbezugnahme des § 13a Abs. 1 S. 2 in Abs. 1 S. 3 deutlich wird. Daneben dürften auch mit den Übertragungsnetzbetreibern abgestimmte erforderliche Probe- und Testfahrten von Anlagen in der Netzreserve als tatsächlicher Einsatz in der Netzreserve anzusehen sein und damit zu anrechenbaren Betriebsstunden führen. Hierfür spricht, dass Anlagen in der Netzreserve – anders als Anlagen am Markt – ausschließlich nach Maßgabe der von den Übertragungsnetzbetreibern angeforderten Systemsicherheitsmaßnahmen betrieben werden dürfen (Abs. 2 S. 1 bzw. Abs. 4 S. 1) und Probe- sowie Testfahrten in bestimmten Intervallen zur Gewährleistung einer sicheren Einsatzbereitschaft erforderlich sind.

34 Die **bloße Betriebsbereitschaft** stellt dagegen keinen tatsächlichen Einsatz in der Netzreserve dar. Folglich ist ein eventuell durch die bloße Betriebsbereitschaft entstehender Werteverbrauch (Stellungnahme des Bundesrates zum Entwurf des Strommarktgesetzes, BT-Drs. 18/7317, 161) nicht erstattungsfähig, denn ein zusätzlich zum tatsächlichen Einsatz in der Netzreserve etwaig entstehender Werteverbrauch wäre auch entstanden, wenn die Anlage stillgelegt worden wäre, sodass es sich insoweit um nicht erstattungsfähige **„Sowieso"-Kosten** handelt (vgl. Gegenäußerung der BReg, BT-Drs. 18/7317, 173f.). Es ist folglich nicht Wille des Gesetzgebers, neben den weiteren Vergütungspositionen nach Abs. 1, zusätzlich eine pauschale Erstattung der vollen handelsrechtlichen Abschreibungen zu bewirken.

35 Durch Übernahme der Formulierungen des § 13a Abs. 3 und die konkrete Inbezugnahme des § 13a Abs. 1 S. 2 in Abs. 1 S. 3 wird deutlich, dass für die **rechnerische Berücksichtigung der anrechenbaren Betriebsstunden** sowie insgesamt zur Berechnung des anteiligen Werteverbrauchs für Anlagen in der Netzreserve dieselben Methoden anzuwenden sind wie für Anlagen am Markt bei Redispatcheinsätzen nach § 13a. Umgesetzt wurden diese Methoden maßgeblich im Redispatch Branchendleitfaden (BDEW Redispatch Branchenleitfaden 2018, 14ff.). Der Redispatch Branchenleitfaden ist – als Anlage zu den freiwilligen Selbstverpflichtungen der ÜNB – Bestandteil des Beschlusses der BNetzA vom 10.10.2018 (BK8-18/0007-A) zur Feststellung einer wirksamen Verfahrensregulierung der Kosten und Erlösen bzw. Erträgen aus der Beschaffung und Vergütung von Redispatch-Maßnahmen nach § 13 Abs. 1 Nr. 2. Dieser Beschluss der BNetzA wurde vom OLG

Düsseldorf aufgehoben (OLG Düsseldorf Beschl. v. 12.8.2020 – VI-3 Kart 894/18 (V), 3 Kart 894/18 (V)). Gegen die Entscheidung des OLG Düsseldorf haben die BNetzA und die Übertragungsnetzbetreiber 50 Hertz Transmission GmbH, Amprion GmbH und TransnetBW GmbH Rechtsbeschwerde zum BGH eingelegt. Das Verfahren vor dem BGH wurde ruhend gestellt und mit Beschluss vom 19.5.2021 (BK8-18/0007-A) der Beschluss vom 10.10.2018 aufgehoben und eine neue Festlegung zur Feststellung einer wirksamen Verfahrensregulierung der Kosten und Erlösen bzw. Erträgen aus der Beschaffung und Vergütung von Redispatch-Maßnahmen nach §§ 13 Abs. 1 Nr. 2 getroffen (ABl. BNetzA Nr. 10/2021, 585 ff.; → § 13a Rn. 120 ff.).

Anders als für Betriebsbereitschaftsauslagen nach Abs. 1 S. 2 (→ Rn. 19 ff.) ist der **36** Anspruchsbeginn für den anteiligen Werteverbrauch genauso wie für die Erzeugungsauslagen nicht ausdrücklich geregelt. Da die Vergütung des anteiligen Werteverbrauchs erst durch das Strommarktgesetz eingeführt wurde, kann es vor dem Inkrafttreten des Strommarktgesetzes am 30.7.2016 keine Vergütung des anteiligen Werteverbrauchs geben. Diesbezüglich gilt dasselbe wie für Opportunitätskosten nach Abs. 3 S. 1 Nr. 4 (→ Rn. 79). Seit 30.7.2016 und nach Beginn der Netzreserve (Abs. 2 S. 1, → Rn. 37) ist der anteilige Werteverbrauch bei einem tatsächlichen Einsatz der Anlage gem. § 13c Abs. 1 S. 1 Nr. 3 erstattungsfähig. Solange die Anlage noch am Markt tätig ist oder sein darf, kann bei einem tatsächlichen Einsatz der Anlage auf Anforderung des Übertragungsnetzbetreibers ein Anspruch nach § 13a Abs. 2 S. 3 Nr. 2 bestehen.

3. Beginn und Art des Einsatzes in der Netzreserve (Abs. 2 S. 1; § 7 **37** NetzResV).

Die Bestimmungen in Abs. 2 S. 1 sowie § 7 NetzResV (→ Rn. 5) treffen Regelungen zur Art des Einsatzes von Anlagen in der Netzreserve. Die Regelung in Abs. 2 S. 1 richtet sich an Anlagenbetreiber iSd § 13b Abs. 4 S. 1, also an solche, denen eine vorläufige Stilllegung einer Anlage aufgrund einer Systemrelevanzausweisung des regelzonenverantwortlichen Übertragungsnetzbetreibers verboten ist. Für diese bestimmt Abs. 2 S. 1 neben der Art des Einsatzes in der Netzreserve auch den maßgeblichen Zeitpunkt, ab dem eine Anlage dem regelzonenverantwortlichen ÜNB ausschließlich für Systemsicherheitsmaßnahmen zur Verfügung steht. Wenn eine Anlage nach Abs. 2 S. 1 (bzw. Abs. 4 S. 1 → Rn. 83) in der Netzreserve gebunden ist, kann dies als **Beginn der Netzreserve** für eine solche Anlage bezeichnet werden (→ Rn. 19– 26).

Nimmt der Betreiber einer zur vorläufigen Stilllegung angezeigten systemrele- **38** vanten Anlage den regelzonenverantwortlichen ÜNB auf Zahlung der Betriebsbereitschaftsauslagen nach Abs. 1 S. 1 Nr. 1 in Anspruch, darf er die Anlage nach Abs. 2 S. 1 für die Dauer der Systemrelevanzausweisung ausschließlich nach Maßgabe der von den Übertragungsnetzbetreibern angeforderten Systemsicherheitsmaßnahmen betreiben. Diese Vorgabe bedeutet für die Anlagenbetreiber im Hinblick auf den Betrieb der Anlagen am Strommarkt auch ein **befristetes Markt- und Rückkehrverbot (zur Möglichkeit der befristeten Teilnahme am Strommarkt nach § 1 StaaV iVm § 50a → Rn. 39).** Ein Marktverbot insofern, weil dem Anlagenbetreiber ab der Inanspruchnahme von Betriebsbereitschaftsauslagen nach Abs. 1 S. 1 Nr. 1 ein Betrieb der Anlage zum Zweck der Vermarktung auf dem Strommarkt nicht mehr erlaubt ist. Der **Zeitraum des befristeten Markt- und Rückkehrverbots** an den Strommarkt hängt von der Dauer der Systemrelevanzausweisung ab (BT-Drs. 18/8915, 32), die auf Grundlage des § 13b Abs. 4 S. 2 in der Praxis je Ausweisung des Übertragungsnetzbetreibers – auch bei

Leuthe

§ 13 c

Folgeausweisungen – regelmäßig 24 Monate beträgt. Im Falle einer Folgeausweisung verlängert sich das befristete Markt- und Rückkehrverbot entsprechend (vgl. BT-Drs. 18/8915, 32). Sinn und Zweck des befristeten Markt- und Rückkehrverbots ist es, Marktverzerrungen und Missbräuche zu vermeiden (BT-Drs. 18/7317, 92; BT-Drs. 18/8915, 32). Die Anlagenbetreiber sollen durch die Erstattung der Betriebsbereitschaftsauslagen keinen Anreiz haben, ihre Anlagen zur vorläufigen Stilllegung anzumelden (BT-Drs. 18/7317, 92; BT-Drs. 18/8915, 32). Dies soll sicherstellen, dass nicht in Zeiten geringer wirtschaftlicher Erlösmöglichkeiten am Strommarkt eine vorläufige Stilllegung angezeigt wird, um sich in der Netzreserve zu optimieren und anschließend kurzfristig wieder an den Strommarkt zu wechseln, da dies zu höheren Kosten für den Netznutzer und einer Diskriminierung nicht systemrelevanter Anlagen führen kann (vgl. BT-Drs. 18/8915, 32). Daher gilt das befristete Markt- und Rückkehrverbot für den auf Grundlage des § 13b Abs. 4 S. 2 bestimmten Zeitraum der Systemrelevanzausweisung (vgl. BT-Drs. 18/8915, 32). Das befristete Markt- und Rückkehrverbot schützt somit den Wettbewerb am Strommarkt (vgl. *Riewe* EWeRK 3/2016, 229 (230)). Die Verlässlichkeit dieser Regelung ist auch für Konkurrenzunternehmen am Markt wichtig.

39 Nachdem die Bundesregierung aufgrund einer Ausnahmesituation am Gasmarkt mit Erlass der StaaV am 13.7.2022 von ihrer Verordnungskompetenz nach § 50a Abs. 1 S. 1 Gebrauch gemacht hat, haben Betreiber von Anlagen, die nach § 13b Abs. 4, Abs. 5 und § 13d sowie nach Maßgabe der NetzResV in der Netzreserve vorgehalten werden und kein Erdgas zur Erzeugung elektrischer Energie einsetzen, die Möglichkeit zur befristeten Teilnahme am Strommarkt (§ 1 StaaV (BAnz AT 13.7.2022 V1), → § 50a; → §§ 50a–50j Rn. 6–10). Während einer solchen befristeten Teilnahme am Strommarkt ist der Betreiber der Anlage von den Beschränkungen des § 13c Abs. 2 S. 1, Abs. 4 S. 1, des § 13d Abs. 3 und des § 7 Abs. 1 NetzResV sowie von dem Verbot der Kohleverfeuerung nach § 51 Abs. 1 S. 1 KVBG ausgenommen (§ 50a Abs. 3 S. 1). Mit der Beendigung oder der vorzeitigen Beendigung der befristeten Teilnahme am Strommarkt gelten wieder die Rechte und Pflichten, die aufgrund der Vorhaltung in der Netzreserve gemäß. § 13c Abs. 2 S. 1, Abs. 4 S. 1, § 13d Abs. 3 und § 7 NetzResV bestehen (§ 50c Abs. 3 S. 1). Dies bedeutet insbesondere das befristete Markt- und Rückkehrverbot aufgrund Abs. 2 S. 1 (→ Rn. 38) und das dauerhafte Markt- und Rückkehrverbot aufgrund des Abs. 4 S. 1 (→ Rn. 84) gelten dann wieder, außer die Anlage ist nicht mehr als systemrelevant ausgewiesen (§ 50c Abs. 3 S. 2, siehe zur Rechtsfolge → § 50c Abs. 3 S. 3). Die Möglichkeit der befristeten Teilnahme am Strommarkt nach § 1 StaaV iVm § 50a bewirkt folglich nur eine in jeder Hinsicht befristete Ausnahmeregelung zum Markt- und Rückkehrverbot (zu Abs. 4 S. 1 auch → Rn. 85). An der Befristung des Markt- und Rückkehrverbots aufgrund des Abs. 2 S. 1 bei zur vorläufigen Stilllegung angezeigten Anlagen in der Netzreserve ändert sich nichts, wenn ein Netzreservevertrag iSd § 13d Abs. 3 S. 1, § 1 Abs. 2 S. 1, § 5 Abs. 1 und Abs. 2 NetzResV geschlossen wird. Die Regelung in § 5 Abs. 2 Nr. 2 NetzResV, wonach sich ein Anlagenbetreiber vertraglich verpflichten muss, die für die Netzreserve genutzte Anlage nach Ablauf des Vertrags bis zur endgültigen Stilllegung nicht mehr an den Strommärkten einzusetzen, also ein dauerhaftes Rückkehrverbot an den Strommarkt („No-Way-Back"), gilt nur für zur endgültigen Stilllegung angezeigte Anlagen in der Netzreserve. Insoweit sind die vorrangige gesetzliche Regelung in Abs. 2 S. 1 sowie auch die Gesetzesmaterialien eindeutig (vgl. BT-Drs. 18/7317, 92; BT-Drs. 18/8915, 32; ebenso BNetzA Beschl. v. 7.11.2019 – BK8-17/2001-R – S. 7).

Die Präzisierung in Bezug auf den **Strommarkt** ergibt sich ausdrücklich aus § 7 40
Abs. 1 NetzResV (→ Rn. 5), worin es heißt: „Anlagen der Netzreserve dürfen ausschließlich außerhalb der Strommärkte nach Maßgabe der von den Übertragungsnetzbetreibern angeforderten Systemsicherheitsmaßnahmen eingesetzt werden"
(vgl. auch BT-Drs. 18/7317, 92f.). Vor der Neuregelung durch das Strommarktgesetz hieß es in § 7 Abs. 1 NetzResV statt „Strommarkt" noch „Energiemarkt".
Diese Änderung erfolgte jedoch nur zur Herstellung einer einheitlichen Wortwahl
im EnWG und der NetzResV. Der Begriff Energiemarkt war auch missverständlich, da „Energie" nach § 3 Nr. 14 Elektrizität und Gas erfasst, soweit sie zur leitungsgebundenen Energieversorgung verwendet werden, aber die Netzreserve nur
den Bereich Elektrizität betrifft (→ § 13d Rn. 15ff.). Für den Zeitraum des Marktverbots nicht erlaubt ist eine Vermarktung von Strom in jedweder Form, was insbesondere den Stromgroßhandel (Energy-Only-Markt mit Spot-Markt, Intra-Day-Markt, börslicher wie außerbörslicher Terminmarkt), den Markt für die Regelenergieprodukte Primärregelenergie und Sekundärregelenergie sowie die
Minutenreserve erfasst (vgl. Entwurf ResKV, 20; s. zum Begriff „Strommarkt"
auch § 1 a und www.smard.de/page/home/wiki-article/446/384).

Ein Verstoß des Anlagenbetreibers gegen das befristete Markt- und Rückkehr- 41
verbot nach Abs. 2 S. 1 ist in dem Ordnungswidrigkeitenkatalog nach § 95 nicht
aufgeführt. Dies überrascht, da im Rahmen der Kapazitätsreserve nach § 13e ein
Verstoß gegen das Vermarktungsverbot oder das Rückkehrverbot als Ordnungswidrigkeit in § 95 Abs. 1 Nr. 3g bzw. 3h aufgeführt ist. Diese wurden im Zuge des
Strommarktgesetzes eingeführt, damit der Wettbewerb auf dem Strommarkt nicht
verzerrt wird (BT-Drs. 18/7317, 126). Da auch das befristete Markt- und Rückkehrverbot nach Abs. 2 S. 1 den Zweck hat, Marktverzerrungen und Missbräuche
zu vermeiden (→ Rn. 38), ist kein sachlicher Grund für die unterschiedliche Handhabung ersichtlich.

Die ÜNB setzen die Anlagen in der Netzreserve auf Grundlage der ihnen zur 42
Verfügung stehenden Prognosen unter Berücksichtigung der technischen Randbedingungen ein (§ 7 Abs. 2 NetzResV → Rn. 5). Der Einsatz erfolgt nachrangig
zu geeigneten netzbezogenen Maßnahmen nach § 13 Abs. 1 S. 1 Nr. 1. Nach Einführung des Redispatch 2.0 erfolgt der Einsatz der Netzreserveanlagen jedoch nicht
mehr pauschal nachrangig zu marktbezogenen Maßnahmen nach § 13 Abs. 1 S. 1
Nr. 2 – was auch Maßnahmen nach § 13a Abs. 1 umfasst – wobei praktisch doch
vielfach eine Nachrangigkeit der Netzreserve vorliegt aufgrund höherer Kosten
(§ 13 Abs. 1 S. 2 iVm § 13 Abs. 1c; im Detail → § 13 Rn. 203ff.).

4. Erstattung des Restwerts der investiven Vorteile (Abs. 2 S. 2 und S. 3). 43
Die Pflicht des Anlagenbetreibers nach Abs. 2 S. 2, im Falle einer Marktrückkehr
den Restwert der investiven Vorteile zu erstatten, wurde in der jetzigen Form durch
das Strommarktgesetz neu eingeführt und kommt daher mWv 30.7.2016 zur Anwendung. Die NetzResV enthält keine Regelung zur Erstattung des Restwerts der
investiven Vorteile (§ 11 Abs. 4 ResKV ist ersatzlos weggefallen). Nach alter
Rechtslage (§ 13 Abs. 1b S. 3 idF mWv 28.12.2012, BGBl. 2012 I S. 2730) sollten
alle erhaltenen Betriebsbereitschaftsauslagen zurückerstattet werden, jedoch nicht
erhaltene Erzeugungsauslagen (BT-Drs. 17/11705, 50f.). Nach den Gesetzesmaterialien hat sich diese Regelung „als zu weitgehend erwiesen" (BT-Drs. 18/7317,
92). Dieser Annahme wird wohl eine rechnerische Prognose zugrunde liegen, da
tatsächlich bis zum Inkrafttreten des Strommarktgesetzes keine zur vorläufigen Stilllegung angezeigte Anlagen aus der Netzreserve wieder an den Strommarkt zurück-

§ 13 c Teil 3. Regulierung des Netzbetriebs

gekehrt ist. Vielmehr sind erstmals zum 1.10.2020 zwei Anlagen aus der Reserve wieder an den Markt zurückgekehrt, und zwar die Kraftwerke Irsching 4 und Irsching 5 (BMWi Bericht 2020 § 63 Abs. 2a, S. 11).

44 Der **Sinn und Zweck** der Erstattungspflicht hat sich durch das Strommarktgesetz nicht verändert. Es soll sichergestellt werden, dass ein Anlagenbetreiber bei einer Rückkehr an die Strommärkte keine Vorteile erhält, die weit überwiegend investiver Natur sind und ihn gegenüber anderen Marktteilnehmern privilegieren würden (BT-Drs. 18/7317, 92). Durch das Vermeiden von Fehlanreizen für einen vorübergehenden Einsatz einer Anlage in der Netzreserve sollen demnach **Wettbewerbsverzerrungen** vermieden werden (vgl. auch BT-Drs. 17/1705, 51; → 3. Aufl., § 13 Rn. 67; Entwurf ResKV S. 26).

45 Nach Abs. 2 S. 2 gilt für zur vorläufigen Stilllegung angezeigte Anlagen in der Netzreserve, falls sie nach Ablauf der Dauer der Systemrelevanzausweisung (§ 13b Abs. 4 S. 2) wieder eigenständig an den Strommärkten eingesetzt werden, dass der Restwert der investiven Vorteile, die der Betreiber der Anlage erhalten hat, zu erstatten ist. Maßgeblich ist nach Abs. 2 S. 3 der Restwert zu dem Zeitpunkt, ab dem die Anlage wieder eigenständig an den Strommärkten eingesetzt wird. Die Regelung selbst konkretisiert nicht näher, was unter dem Restwert der investiven Vorteile und einem eigenständigen Einsatz an den Strommärkten verstanden wird.

46 Ein **eigenständiger Einsatz** einer Anlage an den Strommärkten liegt jedenfalls mit der ersten nicht auf Anforderung des ÜNB oder VNB erfolgten Stromeinspeisung nach Ablauf der Dauer der Systemrelevanzausweisung vor. Hiervon ist auch eine aufgrund von Eigenverbrauch erfolgte Stromeinspeisung erfasst, da diese ebenfalls marktrelevant ist und andernfalls beim Anlagenbetreiber ein gegenüber anderen Marktteilnehmern ungerechtfertigter Vorteil verbliebe.

47 Aus der Historie der Norm und den Gesetzesmaterialen wird deutlich, dass nur der Restwert von Vorteilen gemeint ist, die der Anlagenbetreiber durch die Betriebsbereitschaftsauslagen nach Abs. 1 S. 1 Nr. 1 für die Vorhaltung und notwendige Herstellung der Betriebsbereitschaft erhalten hat (BT-Drs. 18/7317, 92; vgl. auch Abs. 4 S. 2). Weitere Konkretisierungen zur Art des Restwerts der investiven Vorteile sind den Gesetzes- und Verordnungsmaterialien nicht zu entnehmen.

48 Was der Restwert der vom Anlagenbetreiber erhaltenen investiven Vorteile im Sinne der Norm ist, kann nur nach dem Sinn und Zweck der Regelung, Vorteile abzuschöpfen, die weit überwiegend investiver Natur sind, dem Anlagenbetreiber nur aufgrund der Netzreserve zugeflossen sind und die nach einer Rückkehr an den Strommarkt zu Wettbewerbsverzerrungen führen könnten, eruiert werden. Bevor der Restwert bestimmt werden kann, muss ermittelt werden, welche Vorteile gemeint sind. Ein zu berücksichtigender **investiver Vorteil** kann jeder Vermögenswert sein, den der Anlagenbetreiber durch die Betriebsbereitschaftsauslagen nach Abs. 1 S. 1 Nr. 1 erhalten hat, unter wirtschaftlichen Gesichtspunkten der Anlage zugeordnet werden kann und sich in der Verbesserung mindestens eines technischen Parameters und in der damit einhergehenden potenziellen Erhöhung des Wiederverkaufswerts der Anlage oder eines Teils derselben perpetuiert hat. Die Zuordnung nach wirtschaftlichen Gesichtspunkten ermöglicht es, nicht nur Neuwerte, sondern auch die durch eine Reparatur entstandenen Mehrwerte zu erfassen.

49 Für die **Ermittlung des erstattungspflichtigen Restwerts** der investiven Vorteile zu dem Zeitpunkt, ab dem die Anlage wieder eigenständig an den Strommärkten eingesetzt wird, sind mehrere Optionen vorstellbar. Hierbei sind auch die Kosten für die Ermittlung dieses Anspruchs des Übertragungsnetzbetreibers im Verhältnis zur voraussichtlichen Anspruchshöhe zu berücksichtigen. Soweit eine tatsächliche Verwertung eines Anlagenteils – sei es als Gebrauchsgegenstand oder sei es als Quelle der Materialverwertung („Verschrottung") – stattgefunden hat, kann der Anlagenbetreiber dem ÜNB die entsprechende Vermarktung dem Grunde und der Höhe nach durch Beibringung tauglicher Unterlagen (Kaufvertragsurkunde, Bestellschein, Rechnung etc) nachweisen (BNetzA Beschl. v. 24.6.2019 – BK8-17/4001-R, BK8-17/4003-R, BK8-18/4001-R – Anlage 2 (Netzreservevertrag), Anhang 5). Soweit keine tatsächliche Verwertung stattgefunden hat, aber eine über die Betriebsbereitschaftsauslagen abgedeckte Investition zuordnungsfähig beim Anlagenbetreiber bilanziert wurde (insbesondere Anschaffungs- und Herstellungskosten), bietet es sich an, den Restwert dieser Investition zu dem Zeitpunkt, ab dem die Anlage wieder eigenständig am Strommarkt eingesetzt wird, nach einer Abschreibungstabelle für die Absetzung für Abnutzung (AfA-Tabelle) des BMF zu bestimmen. Falls die über die Betriebsbereitschaftsauslagen abgedeckte Investition nicht zuordnungsfähig in der Bilanz bestimmt werden kann oder in keiner AfA-Tabelle des BMF ein geeigneter Vergleichswert vorhanden ist, bleibt nur noch eine gutachterliche Ermittlung.

Der ermittelte Restwert der investiven Vorteile ist dem ÜNB vom Anlagenbetreiber nach Abs. 2 S. 2 zu erstatten. Der Erstattungsanspruch mindert die refinanzierungsfähigen Kosten des Übertragungsnetzbetreibers und ist **netzkostenmindernd** bei diesem anzusetzen. Die Feststellung eines negativen Restwerts scheidet begriffsnotwendig und naturgemäß von vornherein aus. Der Anspruch des Übertragungsnetzbetreibers gegen den Anlagenbetreiber auf Erstattung des Restwerts des investiven Vorteils kann nicht in sein Gegenteil verkehrt und zu einem weiteren Kompensationsanspruch des Anlagenbetreibers gegen den ÜNB umgedeutet werden.

Der Erstattungsanspruch erübrigt sich nicht, wenn die Anlage nach Ablauf der Dauer der Systemrelevanzausweisung (§ 13b Abs. 4 S. 2) nicht wieder eigenständig an den Strommärkten eingesetzt wird. Wenn eine endgültige Stilllegung angestrebt wird, muss diese nach § 13b Abs. 1 S. 1 angezeigt werden. Falls die Anlage nach §§ 13b Abs. 5, 13c Abs. 4 S. 1 Bestandteil der Netzreserve bleibt, besteht ein Erstattungsanspruch nach Abs. 4 S. 2 und S. 3 (→ Rn. 89ff.). Wenn eine Anlage nach einem Zeitraum als zur vorläufigen Stilllegung angezeigte Anlage ohne erneuten Einsatz an den Strommärkten endgültig stillgelegt wird und damit nicht mehr Bestandteil der Netzreserve ist, muss der Restwert zu dem Zeitpunkt, ab dem die Anlage nicht mehr als Netzreserve vorgehalten wird, erstattet werden. Dies entspricht dem Sinn und Zweck der Regelung, Wettbewerbsverzerrungen zu vermeiden, und ergibt sich aus einem *Erst-recht-Schluss* zu Abs. 4 S. 3. Wenn schon eine zur endgültigen Stilllegung angezeigte Anlage der Netzreserve den Restwert der investiven Vorteile nach Abs. 4 S. 3 zu dem Zeitpunkt, ab dem die Anlage nicht mehr als Netzreserve vorgehalten wird, zu erstatten hat, muss dies erst recht für zur vorläufigen Stilllegung angezeigte Anlagen der Netzreserve gelten, die nicht mehr an den Markt zurückkehren.

II. Vergütung von zur endgültigen Stilllegung angezeigten Anlagen

In vielerlei Hinsicht gilt für die Vergütung bei zur endgültigen Stilllegung angezeigten Anlagen in der Netzreserve dasselbe, wie für die zur vorläufigen Stilllegung angezeigten Anlagen in der Netzreserve. Insbesondere, weil bei den zur endgültigen Stilllegung angezeigten Anlagen in der Netzreserve eine Marktrück-

§ 13 c   Teil 3. Regulierung des Netzbetriebs

kehr gesetzlich ausgeschlossen ist, gibt es auch unterschiedliche Regelungen, etwa die Erstattung von Opportunitätskosten nach § 13 c Abs. 3 S. 1 Nr. 4.

53   **1. Voraussetzungen des Vergütungsanspruchs (Abs. 3 S. 1).** Voraussetzung für einen Vergütungsanspruch nach § 13 c Abs. 3 S. 1 ist, dass der Betreiber einer Anlage, deren endgültige Stilllegung gem. § 13 b Abs. 5 S. 1 verboten ist, für die aus Gründen der Systemsicherheit bestehende Verpflichtung nach § 13 b Abs. 5 S. 11 von dem jeweiligen Betreiber eines Übertragungsnetzes eine Vergütung geltend macht. Im Detail ergeben sich hieraus folgende vier Voraussetzungen: **Erstens** muss es sich aufgrund der Inbezugnahme des § 13 b Abs. 5 um eine Anlage zur Erzeugung oder Speicherung elektrischer Energie mit einer Nennleistung ab 50 MW handeln, für die **zweitens** der Anlagenbetreiber nach § 13 b Abs. 5 S. 1 die endgültige Stilllegung der Anlage (oder einer Teilkapazität) dem regelzonenverantwortlichen ÜNB und der BNetzA angezeigt hat. **Drittens** muss die endgültige Stilllegung der Anlage (oder einer Teilkapazität) verboten sein nach § 13 b Abs. 5 S. 1, also der ÜNB die Anlage ganz oder teilweise als systemrelevant ausgewiesen haben, eine Genehmigung der BNetzA oder eine Genehmigungsfiktion (§ 13 b Abs. 5 S. 6) zu dieser Ausweisung vorliegen und ein Weiterbetrieb technisch und rechtlich möglich sein. **Viertens** muss der Anlagenbetreiber die Vergütung gegenüber dem regelzonenverantwortlichen ÜNB geltend machen (→ Rn. 54). Liegen diese vier Voraussetzungen nach § 13 c Abs. 3 S. 1 vor, entsteht ein **gesetzliches Schuldverhältnis**, das durch den Abschluss eines Vertrags, der zwischen dem system- und regelzonenverantwortlichen ÜNB und dem Anlagenbetreiber in Abstimmung mit der BNetzA geschlossen wird, durch ein vertragliches Schuldverhältnis flankiert wird (→ § 13 d Rn. 39 ff.).

54   Um eine Erstattungsfähigkeit der jeweiligen Vergütungspositionen sicherzustellen, muss der Anlagenbetreiber zu Darlegungs- und Beweiszwecken gegenüber dem regelzonenverantwortlichen ÜNB die jeweiligen Vergütungspositionen durch eine ausdrückliche, nachweisfähige Willenserklärung geltend machen. Besondere Bedeutung kommt der **Geltendmachung der Betriebsbereitschaftsauslagen** nach Abs. 3 S. 1 Nr. 2 (Abs. 1 S. 1 Nr. 1 und S. 2) zu, da dies zugleich – synonym – auch deren Inanspruchnahme iSd Abs. 4 S. 1 und damit ein dauerhaftes Markt- und Rückkehrverbot bedeutet (→ Rn. 83 ff.; zur Möglichkeit der befristeten Teilnahme am Strommarkt nach § 1 StaaV iVm § 50 a → Rn. 39 und → §§ 50 a–50 j Rn. 6–10; zu den Erhaltungsauslagen → Rn. 58 ff.).

55   **2. Vergütungspositionen (Einordnung Abs. 3; Abs. 4 S. 4; §§ 6, 10 NetzResV).** Die Vergütungspositionen von zur endgültigen Stilllegung angezeigten Anlagen in der Netzreserve bestimmen sich nach § 13 c Abs. 3. Aufgrund des Rechtsfolgenverweises in § 10 NetzResV gelten für Anlagen, denen die endgültige Stilllegung nach § 13 b Abs. 5 S. 1 verboten ist, die §§ 6 und 7 NetzResV mit und ohne Vorliegen eines Netzreservevertrags (→ Rn. 5).

56   Durch Abs. 3 S. 4 wird klargestellt, dass die **Nennung der Vergütungspositionen in Abs. 3 abschließend** ist und keine weitergehenden Kosten, insbesondere solche, die auch im Fall einer endgültigen Stilllegung angefallen wären, erstattungsfähig sind. Dies entspricht dem Grundsatz der Kosten- bzw. Auslagenerstattung (→ Rn. 8).

57   Nach Abs. 4 S. 4 wird der Umfang der Vergütung nach Abs. 3 in den jeweiligen Verträgen zwischen den Übertragungsnetz- und Anlagenbetreibern auf Grundlage der Kostenstruktur der jeweiligen Anlage nach Abstimmung mit der Bundesnetzagentur festgelegt (→ § 13 d Rn. 39 ff.).

Vergütung bei geplanten Stilllegungen von Anlagen § 13 c

a) Erhaltungsauslagen (Abs. 3 S. 1 Nr. 1). Unter Erhaltungsauslagen fallen 58 nach Abs. 3 S. 1 Nr. 1 die Kosten für erforderliche Erhaltungsmaßnahmen nach § 13 b Abs. 5 S. 11. Danach muss der Betreiber einer Anlage, deren endgültige Stilllegung nach § 13 b Abs. 1 S. 1 verboten ist, die Anlage zumindest in einem Zustand erhalten, der eine Anforderung zur weiteren Vorhaltung oder Wiederherstellung der Betriebsbereitschaft nach § 13 b Abs. 4 ermöglicht, sowie auf Anforderung des Übertragungsnetzbetreibers die Betriebsbereitschaft der Anlage für Anpassungen der Einspeisung weiter vorhalten oder wiederherstellen, soweit dies nicht technisch oder rechtlich ausgeschlossen ist.

Eine Maßnahme, die iSd § 13 b Abs. 5 S. 11 eine Anlage zumindest in einem Zu- 59 stand erhält, der eine Anforderung zur weiteren Vorhaltung oder Wiederherstellung der Betriebsbereitschaft nach § 13 b Abs. 4 ermöglicht, ist zwingenderweise ein „Weniger" zur Vorhaltung oder Wiederherstellung der Betriebsbereitschaft selbst. Durch diese Überschneidung gehen die erstattungsfähigen Erhaltungsauslagen in den Betriebsbereitschaftsauslagen auf (so schon → 3. Aufl., § 13 a Rn. 38). Von den Betriebsbereitschaftsauslagen nach Abs. 3 S. 1 Nr. 2 iVm Abs. 1 S. 1 Nr. 1 und S. 2 sind folglich bereits alle Kosten für erstattungsfähige Erhaltungsmaßnahmen nach § 13 b Abs. 5 S. 11 erfasst. Die Erhaltungsauslagen nach Abs. 3 S. 1 Nr. 1 haben aufgrund der Einführung der Betriebsbereitschaftsauslagen **keinen eigenständigen Anwendungsbereich** mehr, denn eine doppelte Erstattung derselben Maßnahme scheidet aus. Auch in zeitlicher Hinsicht bestätigt sich dies (siehe Abs. 3 S. 2 und Abs. 4 S. 1; → Rn. 63 ff.).

Dass die Erhaltungsauslagen überflüssigerweise in Abs. 3 S. 1 Nr. 1 aufgeführt 60 sind, liegt offensichtlich an der Gesetzgebungshistorie. Ursprünglich hatten Betreiber, denen die endgültige Stilllegung ihrer Anlage verboten war, als fixen Vergütungsbestandteil den Anspruch auf Erhaltungsauslagen nach § 13 a Abs. 3 S. 2 idF mWv 28.12.2012 und nur im Falle der Anforderung der Betriebsbereitschaft ergänzend Anspruch auf Betriebsbereitschaftsauslagen und Erzeugungsauslagen nach § 13 Abs. 1 b S. 1 idF mWv 28.12.2012 (BT-Drs. 17/11705, 50; → 3. Aufl., § 13 Rn. 69 f.). Mit Inkrafttreten der ResKV mWv 6.7.2013 waren dann nach § 12 iVm § 6 Abs. 2 Nr. 1 und Nr. 2 ResKV auch die ohne Anforderung einer Betriebsbereitschaft anfallenden Betriebsbereitschaftsauslagen erstattungsfähig (vgl. auch Entwurf ResKV S. 20). In diesem Zuge und auch im Rahmen der Novellierung durch das Strommarktgesetz wurde offensichtlich nicht berücksichtigt, dass die Erhaltungsauslagen durch die Änderung von den Betriebsbereitschaftsauslagen erfasst sind.

Materiell werden Erhaltungsauslagen und Betriebsbereitschaftsauslagen nach 61 Abs. 3 und Abs. 4 S. 1 gleich behandelt, sodass man eine Abgrenzung nach als nicht erforderlich einstufen könnte (BerlKommEnergieR/*König* EnWG § 13 c Rn. 19). Der Anlagenbetreiber muss jedoch eine kostenverursachende Maßnahme einer konkreten Kostenposition zuweisen. Nicht nur zu eigenen Zwecken, sondern auch zum Nachweis gegenüber dem ÜNB, insbesondere weil eine doppelte Erstattung für ein und dieselbe Maßnahme ausscheidet.

Soweit sich ein Anlagenbetreiber dennoch dafür entscheidet, kostenverursa- 62 chende Erhaltungsmaßnahmen nicht den Betriebsbereitschaftsauslagen, sondern den Erhaltungsauslagen zuzuweisen, gelten zum Kostenzusammenhang und Anspruchsbeginn (Abs. 3 S. 2) die Ausführungen zu den Betriebsbereitschaftsauslagen entsprechend (→ Rn. 63 ff.).

b) Betriebsbereitschaftsauslagen, Kostenzusammenhang und An- 63 **spruchsbeginn (Abs. 3 S. 1 Nr. 2 und S. 2).** Für zur endgültigen Stilllegung an-

§ 13 c Teil 3. Regulierung des Netzbetriebs

gezeigte Anlagen in der Netzreserve können nach Abs. 3 S. 1 Nr. 2 Betriebsbereitschaftsauslagen iSv Abs. 1 S. 1 Nr. 1 und S. 2 geltend gemacht werden. Aufgrund dieses Verweises gelten für die **Herstellungskosten** die Ausführungen unter → Rn. 16 und zu den **Leistungsvorhaltekosten** die Ausführungen unter → Rn. 17 und 18.

64   Nach Abs. 3 S. 2 sind Betriebsbereitschaftsauslagen nach Abs. 3 S. 1 Nr. 1 zu erstatten, **wenn und soweit** diese ab dem Zeitpunkt der Ausweisung der Systemrelevanz durch den ÜNB nach § 13b Abs. 5 anfallen und der Vorhaltung und dem Einsatz als Netzreserve zu dienen bestimmt sind. Nicht erstattungsfähig sind insbesondere „**Sowieso**"**-Kosten**, also Auslagen, die auch im Fall einer endgültigen Stilllegung angefallen wären (Abs. 3 S. 4, § 6 Abs. 1 S. 2 NetzResV → Rn. 5; vgl. auch BT-Drs. 18/7317, 173; Theobald/Kühling/*Lülsdorf* EnWG § 13c Rn. 11). Aufgrund der eigenständigen Regelung in Abs. 3 S. 2 bewirkt der Verweis in Abs. 3 S. 1 Nr. 2 auf die parallele Regelung in Abs. 1 S. 2 keine ergänzende Regelung, macht aber den gewünschten Gleichlauf deutlich.

65   Das Bedürfnis, für Erhaltungs- und Betriebsbereitschaftsauslagen den Zeitpunkt ausdrücklich festzulegen, ab dem sie im Rahmen der Netzreserve erstattungsfähig sind, ergibt sich daraus, dass gerade Kosten für die Vorhaltung einer Anlage auch ohne konkreten Einsatz entstehen. Aufgrund dessen muss klar abgegrenzt werden, welche Kosten insoweit noch während der Zeit angefallen sind, zu dem die Anlage noch am Strommarkt eingesetzt wurde oder hätte eingesetzt werden können, und welche Kosten ab dem Beginn der Netzreserve (→ Rn. 83) entstanden sind.

66   Wenn ein Anlagenbetreiber Betriebsbereitschaftsauslagen (und Erhaltungsauslagen) erst nach oder bedingt für den Fall des Zugangs der Genehmigung der BNetzA nach § 13b Abs. 5 S. 1 Nr. 2 oder nach Eintritt der Genehmigungsfiktion nach § 13b Abs. 5 S. 6 geltend macht, gibt es im Hinblick auf Abs. 3 S. 1 und S. 2 sowie Abs. 4 S. 1 in zeitlicher Hinsicht keine Unklarheiten. Für einen Anlagenbetreiber, dem die endgültige Stilllegung nach § 13b Abs. 5 S. 1 verboten ist, gilt nach Abs. 4 S. 1 ein dauerhaftes Markt- und Rückkehrverbot, wenn er den ÜNB auf Zahlung der Betriebsbereitschaftsauslagen (oder Erhaltungsauslagen) in Anspruch nimmt (→ Rn. 83 ff.), sodass der **Anspruchsbeginn und der Zeitpunkt des Beginns der Pflichten und Einschränkungen in der Netzreserve** in diesem Fall der Zeitpunkt der Geltendmachung der Erhaltungs- oder Betriebsbereitschaftsauslagen ist (zur Möglichkeit der befristeten Teilnahme am Strommarkt nach § 1 StaaV iVm § 50a → Rn. 39 und → §§ 50a–50j Rn. 6–10).

67   Nach einer Stilllegungsanzeige darf ein Anlagenbetreiber während des Stilllegungsverbots nach § 13b Abs. 1 S. 2 als auch nach Vorliegen eines Stilllegungsverbots nach § 13b Abs. 5 S. 1 (Systemrelevanzausweisung, Genehmigung sowie technisch und rechtlich möglicher Weiterbetrieb) zwar seine Anlage nicht stilllegen, aber er darf weiterhin Strom vermarkten, solange er nicht Erhaltungs- oder Betriebsbereitschaftsauslagen geltend macht, denn erst dann greift das dauerhafte Markt- und Rückkehrverbot nach Abs. 4 S. 1 (→ Rn. 83 ff.). Der Anlagenbetreiber hat demnach auch nach Vorliegen eines Stilllegungsverbots nach § 13b Abs. 5 S. 1 den Beginn der Netzreserve (→ Rn 83) für seine Anlage selbst in der Hand (zu Kohleanlagen, die im Zusammenhang mit dem KVBG Bestandteil der Netzreserve werden können → § 13d Rn. 27 ff.). Dies gefährdet nicht die Systemsicherheit und bewirkt auch kein Kostenerstattungsproblem. Im Falle des Stilllegungsverbots nach § 13b Abs. 5 S. 1 kann ein Anlagenbetreiber am Strommarkt tätig bleiben, solange er keine Erhaltungs- oder Betriebsbereitschaftsauslagen geltend macht und der ÜNB kann zur Gewährleistung der Systemsicherheit den Anlagenbetreiber weiterhin nach § 13a anfordern (s. auch § 13b Abs. 5 S. 11) sowie verpflichten, die Wirk-

leistungs- oder Blindleistungseinspeisung oder den Wirkleistungsbezug anzupassen, und muss den Anlagenbetreiber dann auch nach § 13a vergüten. Wenn der Anlagenbetreiber jedoch im Fall des Stilllegungsverbots nach § 13b Abs. 5 S. 1 Erhaltungs- oder Betriebsbereitschaftsauslagen geltend macht, darf er aufgrund von § 13c Abs. 4 S. 1 nicht mehr am Strommarkt tätig sein, sondern er ist in der Netzreserve gebunden und seine Vergütung richtet sich nach § 13c Abs. 3. Vor Stilllegungsanzeige und ebenfalls solange nur das Stilllegungsverbot nach § 13b Abs. 1 S. 2 gilt, findet § 13a Anwendung, wenn eine entsprechende Anforderung des Übertragungsnetzbetreibers erfolgt. Da ein Anlagenbetreiber nicht grundlos eine Stilllegung anzeigt, macht er im Falle eines Stilllegungsverbots nach § 13b Abs. 5 S. 1 regelmäßig auch zügig Erhaltungs- oder Betriebsbereitschaftsauslagen geltend, was dann den Beginn der Netzreserve für die Anlage bedeutet (→ Rn. 83).

Aufgrund Abs. 3 S. 1 und Abs. 4 S. 1 sollten Anlagenbetreiber demnach den ge- **68** nauen Zeitpunkt der Geltendmachung (Inanspruchnahme) der Erhaltungs- oder Betriebsbereitschaftsauslagen gründlich abwägen und bei Entscheidung für eine Geltendmachung gegenüber dem ÜNB eine nachweisfähige Willenserklärung abgeben. Der Anspruch auf Erhaltungs- und Betriebsbereitschaftsauslagen beginnt erst und ist auch nur gerechtfertigt, wenn die Anlage ab dem Zeitpunkt der Inanspruchnahme der Vergütung nach Abs. 4 S. 1 nachweislich nur noch vom ÜNB zu Systemsicherheitsmaßnahmen betrieben werden durfte und nicht, wenn noch eine Option zur Vermarktung von Strom bestand oder tatsächlich vermarktet wurde. Ein Vergütungsanspruch für einen Zeitraum in der Vergangenheit, für den rechtlich mangels Geltendmachung von Erhaltungs- oder Betriebsbereitschaftsauslagen gar kein Marktverbot bestand, besteht daher auch dann nicht, wenn (ex post betrachtet) nachweislich kein Markteinsatz erfolgt ist, da auch eine **Option zu einem Markteinsatz geldwert und wettbewerblich relevant** ist. Die Meldung eines Anlagenbetreibers nach Art. 4 Abs. 1 REMIT-VO zur Nichtverfügbarkeit, Nutzungsänderung oÄ einer Anlage kann nicht konkludent als Inanspruchnahme von Erhaltungs- oder Betriebsbereitschaftsauslagen gewertet werden, insbesondere weil eine solche Meldung wieder geändert werden kann.

Der Fall, dass ein Anlagenbetreiber eine endgültige Stilllegung seiner Anlage an- **69** zeigt und schon nach oder für den Fall des Zugangs der Mitteilung des Übertragungsnetzbetreibers über die Ausweisung der Systemrelevanz (§ 13b Abs. 2 S. 1) Erhaltungs- und/oder Betriebsbereitschaftsauslagen geltend macht, ist aufgrund des Genehmigungserfordernisses nach § 13b Abs. 5 S. 1 Nr. 2 gesondert zu betrachten. Ein Verbot der endgültigen Stilllegung nach § 13b Abs. 5 S. 1 ist in zeitlicher Hinsicht erst gegeben, wenn auch eine Genehmigung der BNetzA vorliegt. Nach Abs. 3 S. 1 kann ein Betreiber, dessen endgültige Stilllegung nach § 13b Abs. 5 S. 1 verboten ist, als angemessene Vergütung ua Erhaltungs- und/oder Betriebsbereitschaftsauslagen geltend machen und dann darf die Anlage nach Abs. 4 S. 1 nur noch ausschließlich nach Maßgabe der vom ÜNB angeforderten Systemsicherheitsmaßnahmen betrieben werden. Andererseits sollen Erhaltungs- und Betriebsbereitschaftsauslagen nach Abs. 3 S. 2 schon erstattungsfähig sein, wenn und soweit diese ab dem Zeitpunkt der Ausweisung der Systemrelevanz durch den Betreiber eines Übertragungsnetzes nach § 13b Abs. 5 (S. 1 Nr. 1) anfallen und der Vorhaltung und dem Einsatz als Netzreserve zu dienen bestimmt sind. Diese unterschiedlichen Anknüpfungspunkte werfen die Frage auf, wie ein Anspruch ab dem Zeitpunkt der Systemrelevanzausweisung bestehen kann, wenn er erst ab dem Verbot der Stilllegung, also auch dem Vorliegen der Genehmigung, geltend gemacht werden kann und zudem nach Abs. 4 S. 1 die Geltendmachung ab dem Verbot der Stilllegung Be-

§ 13c

dingung dafür ist, dass die Anlage nur noch ausschließlich nach Maßgabe der vom ÜNB angeforderten Systemsicherheitsmaßnahmen betrieben werden darf.

70 Bei isolierter Betrachtung von Abs. 3 S. 1, Abs. 4 S. 1 und § 13b Abs. 5 S. 1 könnte man zu dem Schluss kommen, dass Erhaltungs- und Betriebsbereitschaftsauslagen erst nach Vorliegen sämtlicher Voraussetzungen für ein Stilllegungsverbot nach § 13b Abs. 5 S. 1, also auch der Genehmigung der BNetzA, geltend gemacht und erstattet werden können. Der Gesetzgeber hat jedoch durch Abs. 3 S. 2 zum Ausdruck gebracht, dass, wie bei zur vorläufigen Stilllegung angezeigten Anlagen der Netzreserve, Betriebsbereitschaftsauslagen (und nach Abs. 3 S. 2 auch Erhaltungsauslagen) bereits ab dem Zeitpunkt der Ausweisung der Systemrelevanz durch den ÜNB (hier § 13b Abs. 5 S. 1 Nr. 1) erstattungsfähig sein sollen, also noch bevor die Genehmigung der BNetzA vorliegt. Es ist Wille des Gesetzgebers, einen zeitlichen Gleichlauf des Kostenerstattungsanspruches der Betreiber, die eine vorläufige Stilllegung ihrer Anlage anzeigen, und der Betreiber, die eine endgültige Stilllegung ihrer Anlage anzeigen, sicherzustellen (BT-Drs. 18/7317, 91). Eine Lösung, um im Sinne des Gesetzgebers eine Gleichbehandlung der Anlagenbetreiber hinsichtlich des Vergütungszeitraums und dem ausschließlichen Zugriffsrecht des Übertragungsnetzbetreibers auf den Betrieb der Anlage zu erreichen, könnte durch zwei sich bedingende Auslegungen erreicht werden. Erstens könnte für den Zeitraum bis zum Vorliegen der Genehmigung der BNetzA Abs. 3 S. 1 und Abs. 4 S. 1 im Lichte von Abs. 3 S. 2 so ausgelegt werden, dass auch Anlagenbetreiber, deren zur endgültigen Stilllegung angezeigte Anlage als systemrelevant ausgewiesen wurde, den ÜNB schon ab dem Zeitpunkt der Systemrelevanzausweisung (aber nicht rückwirkend, dazu auch → Rn. 22 ff.) auf Zahlung der Betriebsbereitschaftsauslagen (und Erhaltungsauslagen) in Anspruch nehmen können, aber das Bestehen des Anspruchs unter der aufschiebenden Bedingung steht, dass das Verbot der endgültigen Stilllegung iSd § 13b Abs. 5 S. 1 eintritt, also auch die Genehmigung der BNetzA erteilt wird. Wenn man dies annimmt, muss aber zweitens auch eine Gleichbehandlung hinsichtlich der Verpflichtung des Anlagenbetreibers erfolgen. Hierfür könnte Abs. 4 S. 1 aufgrund Abs. 3 S. 2 im Lichte des Abs. 2 S. 1 so ausgelegt werden, dass bei Inanspruchnahme von Erhaltungs- oder Betriebsbereitschaftsauslagen schon ab dem Zeitpunkt der Systemrelevanzausweisung zunächst (nur) ein befristetes Markt- und Rückkehrverbot eintritt, das sich mit Einritt des Verbots der endgültigen Stilllegung – Zugang der Genehmigung der BNetzA – zu einem dauerhaften Markt- und Rückkehrverbot nach Abs. 4 S. 1 umwandelt. Einen Vergütungsanspruch in der Netzreserve für einen Zeitraum zu gewähren, zu dem die Anlage noch am Markt tätig sein konnte und nicht ausschließlich dem ÜNB zu Systemsicherheitsmaßnahmen zur Verfügung stand (isoliert Auslegung eins), würde den gesetzlichen Regelungen widersprechen (vgl. Abs. 4 S. 1 und Abs. 3 S. 1 sowie Abs. 1 S. 1 und Abs. 2 S. 1) und zu einer Wettbewerbsverzerrung führen (→ Rn. 68, 86).

71 **c) Erzeugungsauslagen (Abs. 3 S. 1 Nr. 3, §§ 10, 6 Abs. 3 Nr. 1 NetzResV).** Nach Abs. 3 S. 1 Nr. 3 können Erzeugungsauslagen iSv Abs. 1 S. 1 Nr. 2 und S. 4 geltend gemacht werden, also genauso wie bei zur vorläufigen Stilllegung angezeigten Anlagen in der Netzreserve (daher → Rn. 27–29). Bei einer auf Anforderung des Übertragungsnetzbetreibers tatsächlich stattgefundenen Einspeisung sind die Erzeugungsauslagen nach dem Beginn der Netzreserve (Abs. 4 S. 1 → Rn. 83) erstattungsfähig (dazu auch → Rn. 30).

72 **d) Opportunitätskosten (Abs. 3 S. 1 Nr. 4, §§ 10, 6 Abs. 1 S. 3 NetzResV).** Die Erstattungsfähigkeit von spezifischen Opportunitätskosten bei zur endgültigen

Stilllegung angezeigten Anlagen der Netzreserve wurde nachträglich durch das Strommarktgesetz eingeführt (→ Rn. 8). Bei zur vorläufigen Stilllegung angezeigten Anlagen der Netzreserve gibt es diese Vergütungsposition nicht (→ Rn. 14).

Nach Abs. 3 S. 1 Nr. 4 sind Opportunitätskosten in Form einer angemessenen **73** Verzinsung für bestehende Anlagen erstattungsfähig, wenn und soweit eine verlängerte Kapitalbindung in Form von Grundstücken und weiterverwertbaren technischen Anlagen oder Anlagenteilen aufgrund der Verpflichtung für die Netzreserve besteht. § 6 Abs. 1 S. 3 NetzResV enthält eine inhaltsgleiche Regelung (zur Anwendung → Rn. 5). Durch die Formulierung „wenn und soweit" ergibt sich eine klare Einschränkung des Anspruchs. Etwaig bestehende, nicht durch Abs. 3 S. 1 Nr. 4 adressierte Opportunitäten sind nicht erstattungsfähig (vgl. Abs. 3 S. 4; BT-Drs. 18/7317, 93). Zudem muss der Anlagenbetreiber nach Abs. 3 S. 1 die entsprechende verlängerte Kapitalbindung der Sache und der Höhe nach geltend machen und nachweisen (vgl. auch BT-Drs. 18/7317, 93; BK 8 Hinweis Opportunitätskosten Netzreserve S. 2 ff.).

Systematisch kann danach differenziert werden, ob erstens eine berücksichtigungsfähige verlängerte Kapitalbindung gegeben ist und zweitens, in welcher **74** Höhe für die damit einhergehenden Opportunitätskosten ein Vergütungsanspruch des Anlagenbetreibers in Form einer angemessenen Verzinsung im Verzinsungszeitraum besteht (vgl. BK 8 Hinweis Opportunitätskosten Netzreserve S. 1).

Die nach Abs. 3 S. 1 Nr. 4 für eine verlängerte Kapitalbindung berücksichti- **75** gungsfähigen Grundstücke, technischen Anlagen und Anlagenteile müssen weiterverwertbar sein (BT-Drs. 18/7317, 93). Nur „wenn" dies der Fall ist, stellt sich die Frage, in welcher Höhe Kapital gebunden ist („soweit"). Die für die Verzinsung maßgebliche Höhe der Kapitalbindung kann durch den Verkehrswert bestimmt werden. Für die durch die Netzreserveanlage gebundenen Grundstücke kann zur Ermittlung und als Nachweis der Weiterverwertbarkeit und des Werts ein individuelles, vollständiges Verkehrswertgutachten (§ 194 BauGB) herangezogen werden (BK 8 Hinweis Opportunitätskosten Netzreserve S. 3).

Technische Anlagenteile sind jedenfalls **weiterverwertbar,** wenn sie nach der **76** endgültigen Stilllegung der Anlage ausgebaut und in einer anderen Energieerzeugungsanlage verwendet werden können (BT-Drs. 18/7317, 93). Auch eine Verschrottung ist eine Form der Weiterverwertung, sodass ein Schrottwert als Verzinsungsbasis berücksichtigt werden kann (BK 8 Hinweis Opportunitätskosten Netzreserve S. 2). Technische Anlagen und Anlagenteile, die im Fall einer endgültigen Stilllegung einer Weiterverwertung in keiner Weise zugänglich sind, können keine Berücksichtigung finden, da diese auch im Fall der sofortigen Stilllegung keinen Wert mehr hätten (vgl. BT-Drs. 18/7317, 93). Da der Anspruch aufgrund der Verpflichtung in der Netzreserve besteht, kann nicht auf eine tatsächliche Veräußerung oder Verschrottung abgestellt werden, außer wenn es zum Zeitpunkt der Anspruchsermittlung bereits hierzu gekommen ist. Als Nachweis der Weiterverwertbarkeit und des Marktwerts kommt daher in der Regel nur ein Sachverständigengutachten oder eine tatsächliche Veräußerung bzw. Verschrottung vergleichbarer Anlagen(teile) in Betracht (vgl. BK 8 Hinweis Opportunitätskosten Netzreserve S. 3). Eine Wertminderung, die im Rahmen des Anspruchs auf Erstattung des anteiligen Werteverbrauchs der weiterverwertbaren technischen Anlagen(teile) berücksichtigt wird (Abs. 3 S. 3, → Rn. 80 ff.), dürfte auch zu einer Verringerung des durch diese Anlagenteile gebundenen Kapitals führen.

Eine Erstattungsfähigkeit setzt nach Abs. 3 S. 1 Nr. 4 auch voraus, dass die verlän- **77** gerte Kapitalbindung „auf Grund der Verpflichtung für die Netzreserve besteht".

Dies ist der Fall, wenn ein **kausaler Zusammenhang** zwischen der Verpflichtung für die Netzreserve und der werthaltigen entgangenen Verwendungsmöglichkeit in Bezug auf das Anlagengrundstück, die technische Anlage oder Anlagenteile besteht (vgl. BK 8 Hinweis Opportunitätskosten Netzreserve S. 3).

78 Der Anspruch bezieht sich auf eine **marktangemessene Verzinsung** für das im Anlagengrundstück und den weiterverwertbaren technischen Anlagen(teilen) berücksichtigungsfähige gebundene Kapital (vgl. BT-Drs. 18/7317, 93). Die BNetzA stellt für die Refinanzierungsfähigkeit der den Übertragungsnetzbetreibern aufgrund Abs. 3 S. 1 Nr. 4 entstehenden Kosten (Abs. 5) prinzipiell auf einen Zinssatz in Höhe der durchschnittlichen Eigenkapitalrendite der letzten zehn Jahre vor dem jeweiligen Berechnungsjahr nach den Daten der Bundesbank für deutsche Unternehmen im Wirtschaftszweig Energieversorgung ab (dies ergibt zB für das Jahr 2018 eine Verzinsung in Höhe von bis zu 11,68 Prozent, BK 8 Hinweis Opportunitätskosten Netzreserve S. 4f.).

79 Anders als für Betriebsbereitschaftsauslagen nach Abs. 3 S. 2 ist der **Anspruchsbeginn** für Opportunitätskosten nach Abs. 3 S. 1 Nr. 4 nicht ausdrücklich geregelt. Der frühest mögliche Anspruchsbeginn ist der 30.7.2016, wenn der Zeitraum der Systemrelevanzausweisung (§ 13b Abs. 5 S. 8 und S. 9) zu diesem Zeitpunkt begonnen hat oder bereits lief (vgl. BK 8 Hinweis Opportunitätskosten Netzreserve S. 5f.). Vor diesem Zeitpunkt ist keine Vergütung von Opportunitätskosten möglich, da dieser Anspruch erst mit Inkrafttreten des Strommarktgesetzes am 30.7.2016 eingeführt wurde. Es besteht auch keine Rückwirkungsregelung und eine Rückwirkung des Gesetzes liegt ebenfalls nicht vor (vgl. BK 8 Hinweis Opportunitätskosten Netzreserve S. 5f.). Seit 30.7.2016 sind Opportunitätskosten gem. Abs. 3 S. 1 Nr. 4 ab dem Beginn des Zeitraums der Systemrelevanzausweisung (§ 13b Abs. 5 S. 8 und S. 9) erstattungsfähig, soweit der Anlagenbetreiber vorher oder gleichzeitig Betriebsbereitschaftsauslagen (oder Erhaltungsauslagen) in Anspruch genommen hat (Abs. 4 S. 1 → Rn. 83). Da der Gesetzgeber den Zeitpunkt der Ausweisung der Systemrelevanz durch den ÜNB (§ 13b Abs. 2 S. 1) bewusst nicht als Anspruchsbeginn für die Erstattung von Opportunitätskosten gewählt hat, ist es sachgerecht, an den Beginn des Zeitraums der Systemrelevanzausweisung (§ 13b Abs. 5 S. 8 und S. 9) anzuknüpfen (vgl. BK 8 Hinweis Opportunitätskosten Netzreserve S. 6).

80 **e) Anteiliger Werteverbrauch (Abs. 3 S. 3; § 6 Abs. 1 S. 4 NetzResV).** Nach Abs. 3 S. 3 ist der anteilige Werteverbrauch der weiterverwertbaren technischen Anlagen oder Anlagenteile nur erstattungsfähig, wenn und soweit die technischen Anlagen in der Netzreserve tatsächlich eingesetzt werden. Die identische Regelung findet sich nochmals in § 6 Abs. 1 S. 4 Hs. 1 NetzResV (zur Anwendung → Rn. 5). Durch die Regelung sollen Werteverbräuche von Anlagen, die im Fall einer endgültigen Stilllegung weiterverwertet werden könnten und durch Abnutzung in der Netzreserve einen Werteverbrauch erleiden, in angemessener Weise ausgeglichen werden (BT-Drs. 18/7317, 93).

81 Bei zur endgültigen Stilllegung angezeigten Anlagen der Netzreserve können im Rahmen des Anspruchs auf anteiligen Werteverbrauch nur **weiterverwertbare** technische Anlagen oder Anlagenteile berücksichtigt werden. Wie im Rahmen der Opportunitätskosten nach Abs. 3 S. 1 Nr. 4 ist entscheidend, ob eine Weiterverwertung im Fall einer sofortigen endgültigen Stilllegung möglich wäre und nun aufgrund der Verpflichtung für die Netzreserve nicht möglich ist (vgl. BT-Drs. 18/7317, 93; → Rn. 76). Das im Vergleich gegenüber zur vorläufigen Stilllegung

angezeigten Anlagen der Netzreserve zusätzliche Erfordernis der Weiterverwertbarkeit wird sich monetär wohl nur auswirken, wenn nicht weiterverwertbare technische Anlagen oder Anlagenteile einen handelsrechtlichen Rest(buch)wert haben. Dies kommt eventuell für Verschleißteile in Betracht, die zwar noch eine Restnutzungsdauer und damit für den Anlagenbetreiber noch einen Restwert bei einer Rückkehr an den Markt hätten, aber im Falle einer endgültigen Stilllegung keiner Vermarktung oder Verwendung in einer anderen Anlage zugänglich sind. In diesem Fall läge keine Weiterverwertbarkeit vor, sodass eine Berücksichtigung nach Abs. 3 S. 4 ausscheidet. Falls bei nicht weiterverwertbaren Anlagen(teilen) ein Restwert eines investiven Vorteils vorliegt, muss dieser im Gegenzug im Fall einer endgültigen Stilllegung auch nicht nach Abs. 4 S. 2 erstattet werden (→ Rn. 92).

Für das konkrete Verfahren zur Bestimmung des erstattungsfähigen anteiligen Werteverbrauchs verweist Abs. 3 S. 3 Hs. 2 (genauso wie § 6 Abs. 1 S. 4 Hs. 2 NetzResV) vollständig auf Abs. 1 S. 3. Folglich gelten hierzu die Ausführungen unter → Rn. 33– 36, wobei sich die Anforderung des tatsächlichen Einsatzes in der Netzreserve aus Abs. 3 S. 3 ergibt und für den Beginn der Netzreserve hier Abs. 4 S. 1 maßgeblich ist.

3. Beginn und Art des Einsatzes in der Netzreserve (Abs. 4 S. 1; § 7 NetzResV). Abs. 4 S. 1 sowie § 7 NetzResV (→ Rn. 5) treffen Regelungen zur Art des Einsatzes von Anlagen in der Netzreserve. Die Regelung in Abs. 4 S. 1 richtet sich an Anlagenbetreiber, denen die endgültige Stilllegung ihrer Anlage aufgrund einer Systemrelevanzausweisung des regelzonenverantwortlichen Übertragungsnetzbetreibers und Genehmigung durch die Bundesnetzagentur nach § 13b Abs. 5 S. 1 verboten ist. Für diese bestimmt Abs. 4 S. 1 neben der Art des Einsatzes in der Netzreserve auch den maßgeblichen Zeitpunkt, ab dem eine Anlage ausschließlich für Systemsicherheitsmaßnahmen dem regelzonenverantwortlichen ÜNB zur Verfügung steht, was für eine solche Anlage als **Beginn der Netzreserve** bezeichnet werden kann.

Nimmt der Betreiber der Anlage, deren endgültige Stilllegung nach § 13b Abs. 5 S. 1 verboten ist, den ÜNB auf Zahlung der Erhaltungsauslagen oder der Betriebsbereitschaftsauslagen nach Abs. 3 S. 1 Nr. 1 u. 2 sowie S. 2 in Anspruch, darf die Anlage bis zu ihrer endgültigen Stilllegung ausschließlich nach Maßgabe der von den Übertragungsnetzbetreibern angeforderten Systemsicherheitsmaßnahmen betrieben werden. Diese Vorgabe bedeutet für die Anlagenbetreiber im Hinblick auf den Betrieb der Anlagen am Strommarkt auch ein **dauerhaftes Markt- und Rückkehrverbot (zur Möglichkeit der befristeten Teilnahme am Strommarkt nach § 1 StaaV iVm § 50a → Rn. 39 und → Rn. 85).** Aufgrund dessen hat die Geltendmachung der Erhaltungs- oder Betriebsbereitschaftsauslagen, was zugleich – synonym – auch deren Inanspruchnahme iSd Abs. 4. S. 1 ist, maßgebliche Bedeutung.

Wie sich insbesondere aus der Formulierung „*bis zu ihrer endgültigen Stilllegung*" in Abs. 4 S. 1 ergibt, gilt das Markt- und Rückkehrverbot **dauerhaft und unumkehrbar**. Diese Regelung galt schon nach § 13a Abs. 3 S. 3 idF mWv 28.12.2012. Bei Abschluss eines Netzreservevertrags muss der Anlagenbetreiber sich zur Nichtrückkehr an den Markt (deklaratorisch) auch vertraglich verpflichten, § 5 Abs. 2 Nr. 2 NetzResV (→ § 13d Rn. 41). Das **dauerhafte Markt- und Rückkehrverbot** kann treffenderweise auch als „No-Way-Back-Regelung" bezeichnet werden (Entwurf ResKV, 18f.). Auch wenn die Anlage nicht mehr als systemrelevant ausgewiesen oder genehmigt werden sollte, bleibt es beim dauerhaften Markt- und Rückkehrverbot. Falls ein Anlagenbetreiber sich eine Marktrückkehr offenhalten will, muss er eine vorläufige, anstatt eine endgültige Stilllegung seiner Anlage nach § 13b Abs. 1 S. 1 anzeigen. Die **Möglichkeit der befristeten Teilnahme am Strommarkt nach § 1 StaaV iVm § 50a** eröffnet für zur endgültigen Stilllegung angezeigte Anlagen keine Möglichkeit dauerhaft wieder an den Markt zurückzukehren (vgl. § 50c Abs. 3), sodass das No-Way-Back-Prinzip nur befristet unterbrochen, aber nicht dauerhaft durchbrochen ist (siehe zur Möglichkeit der befristeten Teilnahme am Strommarkt nach § 1 StaaV iVm § 50a auch → Rn. 39).

86 **Sinn und Zweck** des dauerhaften Markt- und Rückkehrverbots ist es, Marktverzerrungen und Missbräuche zu vermeiden (BT-Drs. 18/7317, 93; ebenso wie bei Abs. 2 S. 1, BT-Drs. 18/7317, 92; BT-Drs. 18/8915, 32). Es sollen keine Fehlanreize für Kraftwerksstilllegungen gesetzt werden (Entwurf ResKV, 18 f.; BT-Drs. 18/7317, 93 iVm 92). Der Wettbewerb am Strommarkt wird durch das dauerhaftes Markt- und Rückkehrverbot geschützt (vgl. *Riewe* EWeRK 3/2016, 229 (230)). Die Verlässlichkeit dieser Regelung ist auch für Konkurrenzunternehmen am Markt wichtig. Die Präzisierung in Bezug auf den **Strommarkt** ergibt sich ausdrücklich aus § 7 Abs. 1 NetzResV (vgl. auch BT-Drs. 18/7317, 92 und 93; näher im Detail → Rn. 40). Die Anlagen in der Netzreserve werden nachrangig zu netzbezogenen Maßnahmen eingesetzt, aber nicht pauschal nachrangig zu marktbezogenen Maßnahmen (→ Rn. 42).

87 Zu den Besonderheiten, wenn ein Anlagenbetreiber eine endgültige Stilllegung seiner Anlage anzeigt und schon nach oder für den Fall des Zugangs der Mitteilung des Übertragungsnetzbetreibers über die Ausweisung der Systemrelevanz (§ 13b Abs. 2 S. 1) Betriebsbereitschaftsauslagen (oder Erhaltungsauslagen) geltend macht, siehe die Ausführungen unter → Rn. 69 f.

88 Ein Verstoß des Anlagenbetreibers gegen das dauerhafte Markt- und Rückkehrverbot nach Abs. 4 S. 1 ist in dem Ordnungswidrigkeitenkatalog nach § 95 nicht aufgeführt (→ Rn. 41).

89 **4. Erstattung des Restwertes der investiven Vorteile (Abs. 4 S. 2 und S. 3).**
Die Pflicht des Anlagenbetreibers nach Abs. 4 S. 2 im Falle einer endgültigen Stilllegung, also nach dem Ende der Netzreservezeit, den Restwert der investiven Vorteile bei wiederverwertbaren Anlagenteilen zu erstatten, wurde durch das Strommarktgesetz neu eingeführt und kam mWv 30.7.2016 zur Anwendung. Die NetzResV enthält auch für zur endgültigen Stilllegung angezeigte Anlagen keine Regelung zur Erstattung des Restwertes der investiven Vorteile (→ Rn. 43). Bislang (Stand 2021) ist keine zur endgültigen Stilllegung angezeigte Anlage aus der Netzreserve heraus tatsächlich endgültig stillgelegt worden, sodass es noch keinen Präzedenzfall gibt.

90 Der **Sinn und Zweck** der Erstattungspflicht ist im Prinzip derselbe wie bei zur vorläufigen Stilllegung angezeigten Anlagen der Netzreserve (→ Rn. 44). Zwar findet hier keine Marktrückkehr statt, aber eine Wettbewerbsverzerrung muss auch hier im Hinblick auf andere Marktteilnehmer vermieden werden. Ein Anlagenbetreiber soll kostenseitig nicht besser stehen, als er im Fall einer endgültigen Stilllegung ohne zeitweiligen Betrieb seiner Anlage in der Netzreserve gestanden hätte (vgl. Abs. 3 S. 4). Investive Vorteile, welche dem Anlagenbetreiber aufgrund der Netzreserve zugeflossen sind, müssen daher abgeschöpft werden.

91 Wird die Anlage endgültig stillgelegt, so ist nach Abs. 4 S. 2 der Restwert der investiven Vorteile bei wiederverwertbaren Anlagenteilen, die der Anlagenbetreiber im Rahmen der Betriebsbereitschaftsauslagen (Abs. 3 S. 1 Nr. 2 iVm Abs. 1 S. 1 Nr. 1) und der Erhaltungsauslagen (Abs. 3 S. 1 Nr. 1, → Rn. 58 ff.) erhalten hat, zu erstatten.

Anders als bei zur vorläufigen Stilllegung angezeigten Anlagen in der Netzreserve 92
ist zur Ermittlung des Anspruchs nur auf die **wiederverwertbaren** Anlagenteile abzustellen. Wiederverwertbar sind demnach insbesondere alle technischen Anlagenteile, die nach der endgültigen Stilllegung der Anlage ausgebaut und in einer anderen Energieerzeugungsanlage verwendet werden können (BT-Drs. 18/7317, 93). Für das Kriterium „wiederverwertbar" gilt dasselbe wie zu dem synonym verwendeten Begriff „weiterverwertbar" beim anteiligen Werteverbrauch (→ Rn. 81) und den Opportunitätskosten nach Abs. 3 S. 1 Nr. 4 (→ Rn. 76); demnach ist auch eine werthaltige Verschrottung eines Anlagenteils eine Form von Wiederverwertung.

Maßgeblich ist nach Abs. 4 S. 3 der Restwert zu dem **Zeitpunkt,** ab dem die 93
Anlage nicht mehr als Netzreserve vorgehalten wird. Solange der Betrieb der Anlage technisch und rechtlich möglich ist, ist dies das Ende der genehmigten Systemrelevanzausweisung, wenn keine Folgeausweisung erfolgt. Das Ende der durch den Netzreservevertrag bestimmten Bindungsdauer (vgl. BT-Drs. 18/7317, 93) ist derselbe Zeitpunkt. Die Regelung selbst konkretisiert nicht näher, was unter dem Restwert der investiven Vorteile verstanden wird.

Was der Restwert der vom Anlagenbetreiber erhaltenen investiven Vorteile im 94
Sinne der Norm ist, kann nur nach dem Sinn und Zweck der Regelung, Vorteile abzuschöpfen, die weit überwiegend investiver Natur sind, dem Anlagenbetreiber nur aufgrund der Netzreserve zugeflossen sind und die nach dem Ausscheiden aus der Netzreserve zu Wettbewerbsverzerrungen führen könnten, eruiert werden. Bevor der Restwert bestimmt werden kann, muss ermittelt werden, welche Vorteile gemeint sind. Ein zu berücksichtigender **investiver Vorteil** kann jeder Vermögenswert sein, den der Anlagenbetreiber durch die Betriebsbereitschaftsauslagen nach Abs. 3 S. 1 Nr. 2 iVm Abs. 1 S. 1 Nr. 1 (und die Erhaltungsauslagen nach Abs. 3 S. 1 Nr. 1 → Rn. 58 ff.) erhalten hat, der unter wirtschaftlichen Gesichtspunkten einem wiederverwertbaren Anlagenteil zugeordnet werden kann und sich in der Verbesserung mindestens eines technischen Parameters und in der damit einhergehenden potenziellen Erhöhung des Wiederverkaufswerts eines wiederverwertbaren Anlagenteils perpetuiert hat. Die Zuordnung nach wirtschaftlichen Gesichtspunkten ermöglicht es, nicht nur Neuwerte, sondern auch die durch eine Reparatur entstandenen Mehrwerte zu erfassen.

Für die **Ermittlung des erstattungspflichtigen Restwerts** der investiven 95
Vorteile sind die unter → Rn. 49 beschriebenen Optionen vorstellbar, nur dass der Anspruch hier ausschließlich die wiederverwertbaren Anlagenteile erfasst und nach Abs. 4 S. 3 auf den Zeitpunkt, ab dem die Anlage nicht mehr als Netzreserve vorgehalten wird, abzustellen ist. Im Falle der endgültigen Stilllegung hat die Verwertung eines Anlagenteils – sei es als Gebrauchsgegenstand oder sei es als Quelle der Materialverwertung („Verschrottung") – naturgemäß eine größere Bedeutung.

Der Restwert der investiven Vorteile, im Falle einer Verwertung der erlöste 96
Geldbetrag, ist dem ÜNB vom Anlagenbetreiber nach Abs. 4 S. 2 zu erstatten. Der Erstattungsanspruch mindert die refinanzierungsfähigen Kosten des Übertragungsnetzbetreibers und ist **netzkostenmindernd** bei diesem anzusetzen.

C. Refinanzierung der Kosten über die Netzentgelte (Abs. 5)

Abs. 5 bestimmt, wie die den Übertragungsnetzbetreibern durch die Vergütung 97
der Anlagen in der Netzreserve entstehenden Kosten verfahrensreguliert und damit über die Netzentgelte refinanzierungsfähig werden.

§ 13 c

98 Auf Grundlage des Abs. 5 werden die den Übertragungsnetzbetreibern durch die Vergütung der Anlagen in der Netzreserve entstehenden Kosten (Abs. 1 bis 4) durch Festlegung der BNetzA zu einer freiwilligen Selbstverpflichtung der ÜNB nach § 11 Abs. 2 S. 4 und § 32 Abs. 1 Nr. 4 ARegV als **verfahrensregulierte, dauerhaft nicht beeinflussbare Kostenanteile** nach Maßgabe der hierfür geltenden Vorgaben anerkannt. Für die zur vorläufigen Stilllegung angezeigten Anlagen in der Netzreserve findet sich die Regelung des Abs. 5 auch in § 9 Abs. 5 NetzResV. Wenn ein Netzreservevertrag nach § 5 NetzResV besteht, gilt für die Refinanzierung der Kosten der inländischen Netzreserve zusätzlich und für die Kosten der ausländischen Netzreserve ausschließlich die inhaltsgleiche Regelung nach § 6 Abs. 2 S. 2 NetzResV.

99 In den Netzreserveverträgen, welche die ÜNB und die Anlagenbetreiber in Abstimmung mit der BNetzA abschließen (→ § 13 d Rn. 39 ff.), wird neben dem Einsatz der Anlagen in der Netzreserve insbesondere auch der Umfang der Kostenerstattung für die Nutzung der Anlagen im Rahmen der Netzreserve festgelegt (§ 6 Abs. 2 S. 1 NetzResV). Wenn ein Netzreservevertrag vorliegt, bezieht sich die freiwillige Selbstverpflichtung eines Übertragungsnetzbetreibers gegenüber der BNetzA auf die Einhaltung des Netzreservevertrags, also auch auf die Leistung der darin bestimmten Vergütung an den Anlagenbetreiber (vgl. zB BNetzA Beschl. v. 24.6.2019 – BK8-17/4001-R, BK8-17/4003-R, BK8-18/4001-R – Anlage 1). Die nach Maßgabe einer freiwilligen Selbstverpflichtung einem Übertragungsnetzbetreiber entstehenden Kosten werden durch Festlegung der BNetzA als verfahrensregulierte, dauerhaft nicht beeinflussbare Kostenanteile iSd § 11 Abs. 2 S. 4 ARegV anerkannt (vgl. zB BNetzA Beschl. v. 7.11.2019 – BK8-17/2001-R). Infolgedessen kann der ÜNB seine Erlösobergrenze entsprechend anpassen (vgl. § 4 ARegV). Die Kosten der Netzreserve werden also Bestandteil der Netzentgelte, die auf die Netznutzer umgelegt werden **(Kostenwälzung)**. Die Kosten der Netzreserve begründen nur einen kleinen Teil der Netzentgelte, aber prinzipiell können höhere Netzreservekosten zB für einen Haushaltskunden auch höhere Stromkosten bedeuten (vgl. Monitoringbericht 2020, S. 155 ff.).

D. Weitere Anwendungsbereiche und Verweise auf die Netzreservevergütungsregelungen (Abs. 6 und Weiteres)

I. Regelungen im EnWG

100 Abs. 6 stellt deklaratorisch fest, dass die Netzreservevergütungsregelungen nicht für die Sicherheitsbereitschaft, also die nach § 13 g stillzulegenden Anlagen, gelten. Zum Verhältnis zur Kapazitätsreserve siehe § 13 d Abs. 2 (→ § 13 d Rn. 30 ff.).

101 Falls Betreiber von Erzeugungsanlagen oder Anlagen zur Speicherung elektrischer Energie vom regelzonenverantwortlichen ÜNB oder dem Betreibers des Elektrizitätsverteilernetzes nach § 12 h Abs. 9 S. 1 berechtigterweise zur Vorhaltung der Schwarzstartfähigkeit ihrer Anlagen verpflichtet werden, können diese gem. § 12 h Abs. 9 S. 4 eine angemessene Vergütung geltend machen, die entsprechend den zur vorläufigen Stilllegung angezeigten Anlagen in der Netzreserve nach § 13 c Abs. 1 bestimmt wird. Nach § 12 h Abs. 9 S. 5 findet für die Refinanzierung dieser Kosten § 13 c Abs. 5 entsprechende Anwendung.

Vergütung bei geplanten Stilllegungen von Anlagen **§ 13 c**

II. Regelungen im KVBG

Zu Kohleanlagen, die im Zusammenhang mit dem KVBG Bestandteil der Netzreserve werden können, → § 13 d Rn. 27 ff. Für Anlagen, die in der ersten Ausschreibung zur Reduzierung der Kohleverstromung einen Zuschlag erhalten haben, enthält die Sonderregelung in § 52 Abs. 2 S. 2 KVBG einen Verweis auf § 13 c. **102**

Wird ein Generator einer Steinkohleanlage oder Braunkohle-Kleinanlage, für die ein Anlagenbetreiber einen Zuschlag in einer Ausschreibung zur Reduzierung der Kohleverstromung erhalten hat, aufgrund Systemrelevanz unter den Voraussetzungen des § 26 Abs. 4 S. 1 KVBG zu einem Betriebsmittel zur Bereitstellung von Blind- und Kurzschlussleistung (in der Regel **rotierende Phasenschieber**) umgerüstet, hat der Anlagenbetreiber nach § 26 Abs. 4 S. 2 KVBG gegen den ÜNB einen Anspruch auf Erstattung der nachgewiesenen Kosten für die Umrüstung seiner Anlage und auf eine angemessene Vergütung entsprechend den zur endgültigen Stilllegung angezeigten Anlagen in der Netzreserve nach § 13 c Abs. 3. Für in Anlage 2 zum KVBG aufgeführte (große) Braunkohleanlagen enthält § 42 Abs. 3 KVBG eine parallele Regelung **103**

E. Rechtsschutz

Die Anlagenbetreiber und ÜNB können Streitigkeiten, die das gesetzliche und vertragliche Schuldverhältnis betreffen, auf dem **Zivilrechtsweg** durchsetzen (vgl. auch *Schmidt-Preuß* FS Danner S. 279 (284)). Der Vergütungsanspruch des Anlagenbetreibers nach Abs. 1 oder Abs. 3 sowie aus einem diesen Anspruch konkretisierenden Netzreservevertrag besteht gegenüber dem jeweiligen ÜNB, sodass in einem diesbezüglichen Streitfall eine zivilrechtliche Zahlungsklage möglich ist. Wie bei jeder anderen Zahlungsklage auch trägt der Anlagenbetreiber als klagende Partei insoweit in Bezug auf die anspruchsbegründenden Tatsachen die Darlegungs- und Beweislast, hier für die Voraussetzungen des Vergütungsanspruchs nach § 13 c. Daran ändert sich nichts, wenn die BNetzA im Rahmen der Abstimmung eines Netzreservevertrags, welcher den Umfang der Kostenerstattung für die Nutzung einer Anlagen im Rahmen der Netzreserve umfasst (§ 6 Abs. 2 S. 1 NetzResV), dem Anlagenbetreiber und dem ÜNB die Höhe der ihrer Ansicht nach über die Netzentgelte refinanzierungsfähigen Kosten mitteilt (→ § 13 d Rn. 43 ff.). Die BNetzA kann einem Anlagenbetreiber keine Vergütung auszahlen und ist daher für eine Zahlungsklage der falsche Klagegegner. **104**

Falls ein Anlagenbetreiber seinen Pflichten in Bezug auf den Betrieb der Anlage in der Netzreserve nicht nachkommt, kann hieraus ein Rechtsschutzbedürfnis des Übertragungsnetzbetreibers gegenüber dem Anlagenbetreiber resultieren, auch weil der ÜNB seinerseits gesetzlich die Regel- und Systemverantwortung trägt (vgl. §§ 12, 13). **105**

Soweit zwischen einem ÜNB und der BNetzA ein Dissens über die Höhe von refinanzierungsfähigen Netzreservekosten entsteht (Abs. 5), kann der ÜNB insoweit Rechtsschutz suchen. Streitgegenständlich kann insoweit auch das Verfahren zur Genehmigung eines Regulierungskontosaldos und der Verteilung durch Zu- und Abschläge auf die Erlösobergrenzen der entsprechenden Kalenderjahre werden (§ 5 ARegV). Dem ÜNB obliegt es in dem Rechtsverhältnis, gegenüber der BNetzA darzulegen und zu beweisen, dass die von dem Anlagenbetreiber geltend gemachten Zahlungsansprüche dem Grund und der Höhe nach berechtigt sind, so- **106**

§ 13 d

fern und soweit der ÜNB diese Kosten über die Netzentgelte refinanzieren will. In dem Verwaltungsverfahren mit der BNetzA trägt der ÜNB die Darlegungs- und Beweislast dafür, welche Kosten ihm durch die Vergütung der Anlagenbetreiber in der Netzreserve entstanden sind. Die grundsätzliche Pflicht der Behörde, den Sachverhalt in eigener Verantwortung aufzuklären (§ 68; § 24 VwVfG) ändert daran nichts, da dieser Pflicht Obliegenheiten des Übertragungsnetzbetreibers zur Ermittlung des Sachverhalts gegenüberstehen (§ 69; § 26 VwVfG). Die Mitwirkungslast des Übertragungsnetzbetreibers begrenzt die Amtsaufklärungspflicht der Behörde. Die Verwaltungsbehörde braucht entscheidungserhebliche Tatsachen nicht zu ermitteln, die der Betroffene ihr zu unterbreiten hat (BGH Beschl. v. 3.3.2009 – EnVR 79/07 Rn. 21; vgl. auch BVerwG Urt. v. 7.11.1986 – 8 C 27.85, NVwZ 1987, 404). **Demnach können nicht nachgewiesene Kosten nicht berücksichtigt werden** (vgl. OLG Düsseldorf Beschl. v. 24.10.2007 – VI-3 Kart 472/06 (V) = OLGR Düsseldorf 2008, 419–422 = BeckRS 2008, 5917 Rn. 12; vgl. auch BGH Beschl. v. 3.3.2009 – EnVR 79/07). Vom ÜNB nicht nachgewiesene Netzreservekosten sind folglich nicht über die Netzentgelte refinanzierungsfähig.

§ 13d Netzreserve

(1) ¹**Die Betreiber von Übertragungsnetzen halten nach § 13b Absatz 4 und 5 sowie nach Maßgabe der Netzreserveverordnung Anlagen zum Zweck der Gewährleistung der Sicherheit und Zuverlässigkeit des Elektrizitätsversorgungssystems insbesondere für die Bewirtschaftung von Netzengpässen und für die Spannungshaltung und zur Sicherstellung eines möglichen Versorgungswiederaufbaus vor (Netzreserve).** ²**Die Netzreserve wird gebildet aus**
1. **Anlagen, die derzeit nicht betriebsbereit sind und auf Grund ihrer Systemrelevanz auf Anforderung der Betreiber von Übertragungsnetzen wieder betriebsbereit gemacht werden müssen,**
2. **systemrelevanten Anlagen, für die die Betreiber eine vorläufige oder endgültige Stilllegung nach § 13b Absatz 1 Satz 1 angezeigt haben, und**
3. **geeigneten Anlagen im europäischen Ausland.**

(2) ¹**Betreiber von bestehenden Anlagen, die als Netzreserve zur Gewährleistung der Sicherheit und Zuverlässigkeit des Elektrizitätsversorgungssystems verpflichtet worden sind, können unter den Voraussetzungen des § 13e und den Regelungen der Rechtsverordnung nach § 13h auch an dem Verfahren der Beschaffung der Kapazitätsreserve teilnehmen.** ²**Sind bestehende Anlagen der Netzreserve im Rahmen des Beschaffungsverfahrens erfolgreich, erhalten sie ihre Vergütung ausschließlich nach den Bestimmungen zur Kapazitätsreserve.** ³**Sie müssen weiterhin auf Anweisung der Betreiber von Übertragungsnetzen ihre Einspeisung nach § 13a Absatz 1 sowie § 7 der Netzreserveverordnung anpassen.**

(3) ¹**Unbeschadet der gesetzlichen Verpflichtungen erfolgen die Bildung der Netzreserve und der Einsatz der Anlagen der Netzreserve auf Grundlage des Abschlusses von Verträgen zwischen Betreibern von Übertragungsnetzen und Anlagenbetreibern in Abstimmung mit der Bundesnetzagentur nach Maßgabe der Bestimmungen der Netzreserveverordnung.** ²**Erzeugungsanlagen im Ausland können nach den Vorgaben der Rechtsverordnung nach § 13i Absatz 3 vertraglich gebunden werden.**

Netzreserve **§ 13 d**

Übersicht

	Rn.
A. Allgemeines	1
I. Inhalt	1
II. Entstehungsgeschichte	7
III. Überblick NetzResV	9
B. Zweck und Zusammensetzung der Netzreserve	15
I. Zweck der Netzreserve (Abs. 1 S. 1; § 2 NetzResV)	15
II. Zusammensetzung der Netzreserve (Abs. 1 S. 2)	20
1. Wieder betriebsbereit zu machende Anlagen (Abs. 1 S. 2 Nr. 1)	21
2. Zur vorläufigen oder endgültigen Stilllegung angezeigte systemrelevante Anlagen (Abs. 1 S. 2 Nr. 2)	22
3. Geeignete Anlagen im europäischen Ausland (Abs. 1 S. 2 Nr. 3)	26
4. Anlagen, die im Rahmen des Kohleausstiegs Bestandteil der Netzreserve werden können (§§ 26, 37 KVBG)	27
C. Verhältnis der Netzreserve zur Kapazitätsreserve (Abs. 2; §§ 5, 20 KapResV)	30
I. Teilnahme mit Netzreserveanlagen am Beschaffungsverfahren der Kapazitätsreserve (Abs. 2 S. 1; §§ 5, 20 KapResV)	30
II. Vergütung bei erfolgreichem Gebot mit einer Netzreserveanlage für die Kapazitätsreserve (Abs. 2 S. 1; §§ 19, 20 KapResV)	34
III. Pflichten für die Netzreserve bei erfolgreichem Gebot mit einer Netzreserveanlage für die Kapazitätsreserve (Abs. 2 S. 3; § 20 Abs. 2 und Abs. 3 KapResV)	35
D. Netzreserveverträge für Anlagen im In- und Ausland (Abs. 3)	39
I. Netzreserveverträge für Anlagen im Inland (Abs. 3 S. 1; §§ 1 Abs. 2, 5 Abs. 1 und 2 NetzResV)	39
II. Netzreserveverträge für Anlagen im Ausland; Interessenbekundungsverfahren (Abs. 3 S. 2; §§ 4, 5 Abs. 1 und 3 NetzResV)	46

Literatur: *BMWi*, Bericht des Bundesministeriums für Wirtschaft und Energie nach § 63 Absatz 2a EnWG zur Wirksamkeit und Notwendigkeit der Maßnahmen nach den §§ 13a bis 13f sowie 13h bis 13j und § 16 Absatz 2a EnWG, Stand Dezember 2020 (zit. BMWi Bericht 2020 § 63 Abs. 2a); *BMWi*, Referentenentwurf: Verordnung zur Regelung des Verfahrens der Beschaffung, des Einsatzes und der Abrechnung einer Kapazitätsreserve, 30.4.2018 (zit. Referentenentwurf KapResV), www.bmwk.de/Redaktion/DE/Artikel/Service/Gesetzesvorhaben/kapazitaetsreserveverordnung.html; *BNetzA*, Bericht Feststellung des Bedarfs an Netzreserve für den Winter 2020/2021 sowie das Jahr 2024/2025, 30.4.2020 (zit. BNetzA Netzreservebedarf 2020), www.bundesnetzagentur.de/Fachthemen/Elektrizität und Gas/Versorgungssicherheit/Netzreserve; *BNetzA*, Bericht Feststellung des Bedarfs an Netzreserve für den Winter 2021/2022 sowie das Jahr 2023/2024, 28.4.2021 (zit. BNetzA Netzreservebedarf 2021); *BNetzA*, Bericht Feststellung des Bedarfs an Netzreserve für den Winter 2022/2023 sowie den Betrachtungszeitraum April 2023 bis März 2024, 29.4.2022 (zit. BNetzA Netzreservebedarf 2022); *BReg*, Entwurf zur: Verordnung zur Regelung des Verfahrens der Beschaffung einer Netzreserve sowie zur Regelung des Umgangs mit geplanten Stilllegungen von Energieerzeugungsanlagen zur Gewährleistung der Sicherheit und Zuverlässigkeit des Elektrizitätsversorgungssystems, finale Version mit 27 Seiten (zit. Entwurf ResKV); *Däuper/Voß*, Die Netzreserve nach der neuen Reservekraftwerksverordnung – Chancen und Risiken für Kraftwerksbetreiber, IR 2013, 170; *Rosin/Michaelis/Spiekermann/Will*, Rechts- und Anwendungsfragen des Strommarktgesetzes, in Rosin/Uhle (Hrsg.), Festschrift für Ulrich Büdenbender, 2018, S. 561 ff. (zit. Rosin et al. FS Büdenbender); *Schmidt-Preuß*, Das Recht der Energieversorgungssicherheit am Beispiel der Netzreserve, in Franke/Theobald (Hrsg.), Festschrift für Wolfgang Danner, 2019, S. 279 ff. (zit. *Schmidt-Preuß* FS Danner); *Übertragungsnetzbetreiber,* Abschlussbericht Systemanalysen 2020, 24.4.2020 (zit. ÜNB Systemanalysen 2020), www.bundesnetzagentur.de/Fachthemen/Elektrizität und Gas/Versorgungssicherheit/Netzreserve.

A. Allgemeines

I. Inhalt

1 § 13 d enthält wesentliche Regelungen zur Netzreserve und dem Verhältnis zur Kapazitätsreserve. In Abs. 1 ist eine **Legaldefinition** der Netzreserve normiert und es werden deren Zweck und Zusammensetzung bestimmt. Durch Abs. 2 wird das grundlegende Verhältnis der Netzreserve zur Kapazitätsreserve geregelt. **Ausgangspunkt** für die Bildung der Netzreserve durch Verträge zwischen den Übertragungsnetz- und Anlagenbetreibern in Abstimmung mit der BNetzA im In- und Ausland ist Abs. 3, der für weitere Bestimmungen hierzu ausdrücklich auf die NetzResV Bezug nimmt.

2 Die sog. **inländische Netzreserve** besteht aus Anlagen in Deutschland (→ Rn. 22; Rn → 27). Die sog. **ausländische Netzreserve** wird bei zusätzlichem Redispatchbedarf aus Anlagen im europäischen Energiebinnenmarkt und in der Schweiz gebildet (→ Rn. 26 und → Rn. 46 ff.).

3 Um in dem **Übergangszeitraum** bis zur (vollständigen) Realisierung der **Netzausbauvorhaben** eine Gefährdung der Sicherheit und Zuverlässigkeit des Elektrizitätsversorgungssystems aufgrund von Netzengpässen auszuschließen, können die ÜNB Maßnahmen zum Management von Engpässen ergreifen. Hierzu gehört insbesondere sog. präventiver Redispatch aus Marktkraftwerken sowie ergänzend gegebenenfalls der Netzreserve (BT-Drs. 18/12999, 16; → Rn. 15 ff.). Redispatch kann strom- als auch spannungsbedingt auftreten (→ § 13 Rn. 227), sodass auch beide Gründe für die Begründung eines Bedarfs für die Netzreserve auftreten können (→ Rn. 15 ff.). Für die Elektrizitätsversorgung (Stromversorgung) führt die Netzreserve zu einem Zuwachs an Versorgungssicherheit (vgl. BT-Drs. 18/7317, 58).

4 Netzreservekraftwerke werden nicht wegen mangelnder Erzeugungskapazitäten benötigt, sondern wenn wegen zu hohen Stromtransports aus dem Norden in den Süden eine **Überlastung** einzelner Abschnitte des Übertragungsnetzes droht oder entsteht (BNetzA Netzreservebedarf 2020 S. 9). Dieser Zustand kann durch den Stromtransport aus dem Norden Deutschlands in die Lastzentren Süddeutschlands und gleichzeitig oder alternativ wegen der Einfuhr elektrischer Energie aus den nördlichen Nachbarländern und Skandinavien sowie der Ausfuhr in das benachbarte südliche Ausland eintreten (BNetzA Netzreservebedarf 2020 S. 8 f.).

5 Das BMWi veröffentlicht nach § 63 Abs. 2 a S. 1 mindestens alle zwei Jahre einen Bericht über die Wirksamkeit und Notwendigkeit der Netzreserve und weiterer Maßnahmen einschließlich der dafür entstehenden Kosten (BMWi Bericht 2020 § 63 Abs. 2 a). Die Wirksamkeit der Netzreserve und das in der NetzResV geregelte Verfahren haben sich bewährt, um das für die Systemsicherheit der Übertragungsnetze erforderliche Redispatchpotenzial zu sichern (vgl. BMWi Bericht 2020 § 63 Abs. 2 a S. 3). Die Netzreserve bleibt weiterhin erforderlich und ist insbesondere aufgrund der Energiewende und des Netzausbaus auch in den nächsten Jahren eine wesentliche Komponente des Netzengpassmanagements (vgl. BMWi Bericht 2020

Netzreserve **§ 13 d**

§ 63 Abs. 2a, S. 3 und S. 27; BNetzA Netzreservebedarf 2020 S. 54ff.). Die Aufhebung der Befristung der NetzResV am 31.12.2017 (§ 14 ResKV) durch das Strommarktgesetz hat sich als richtig erwiesen (wie prognostiziert BT-Drs. 18/7371, 145). Netzreserveanlagen, welche kein Erdgas zur Erzeugung elektrischer Energie einsetzen, haben aufgrund der durch das ErsatzkraftwerkeG 2022 eingeführten Möglichkeit zur befristeten Marktteilnahme eine neue Bedeutung erlangt (→ §§ 50a–50j Rn. 1 ff.).

Der in einem Jahr jeweils für den kommenden Winter (t+1) festgestellte **Netz-** **6** **reservebedarf** hatte sich im Durchschnitt in den letzten Jahren erhöht, von 3.091 MW für den Winter 2014/2015 auf 8.264 MW für den Winter 2022/2023 (vgl. auch zu Aktualisierungen die Übersicht „festgestellter Bedarf an Reservekraftwerksleistung für die Winter bzw. Jahre (in MW)", www.bundesnetzagentur.de/Fachthemen/Elektrizität und Gas/Versorgungssicherheit/Netzreserve). Der verringerte Bedarf für den Winter 2020/2021 in Höhe von 5.670 MW war maßgeblich auf die Marktrückkehr der Kraftwerke Irsching 4 und Irsching 5 im Jahr 2020 aus der Netzreserve zurückzuführen (vgl. BNetzA Netzreservebedarf 2021 S. 38ff.). Für den Winter 2022/2023 sind 24 inländische Anlagen bzw. Blöcke mit einer gesamten Einspeiseleistung von derzeit 7.012 MW in der Netzreserve gebunden bzw. stehen als potenzielle Netzreservekraftwerke zur Verfügung (BNetzA Netzreservebedarf 2022, S. 50f.). Der verbleibende Bedarf für den Winter 2022/2023 in Höhe von 1.424 MW soll über ausländische Kraftwerksleistung gedeckt werden (BNetzA Netzreservebedarf 2022, S. 50; → Rn. 46ff.). Bei den inländischen Netzreserveanlagen handelt es sich ausschließlich um fossile Kraftwerke mit den (Haupt-)Energieträgern Gas, Kohle oder Öl (zu den Energieträgern siehe Kraftwerksliste der Bundesnetzagentur, die fortlaufend aktualisiert wird, www.bundesnetzagentur.de/Fachthemen/Elektrizität und Gas/Versorgungssicherheit/Erzeugungskapazitäten/Kraftwerksliste). Der festgestellte Bedarf an Netzreserve für einen kommenden Winter bedeutet nicht, dass keine höhere Reserveleistung in der Netzreserve gebunden werden kann, wenn dies aufgrund einer geänderten Sachlage zur Sicherung des Elektrizitätsversorgungssystems erforderlich werden sollte. Die vorläufigen Kosten für die Netzreserve im Jahr 2021 betragen 490,6 Mio. EUR (BNetzA Netzreservebedarf 2022, S. 11). Die jeweils aktuellen Daten zu den Netzengpassmanagementmaßnahmen sowie den Kosten können dem jeweiligen Quartalsbericht Netzengpassmanagement der Bundesnetzagentur entnommen werden (bis 2020 Quartalsbericht Netz- und Systemsicherheit; abrufbar über den Pfad: www.bundesnetzagentur.de/Fachthemen/Elektrizität und Gas/Versorgungssicherheit//Netzengpassmanagement). Die Kosten der ÜNB werden von der BNetzA geprüft (→ § 13c Rn. 97ff.).

II. Entstehungsgeschichte

§ 13d wurde durch das **Strommarktgesetz** vom 29.7.2016 neu in das EnWG **7** eingefügt. Bis zur Neuregelung durch das Strommarktgesetz waren die Regelungsinhalte des § 13d Abs. 1 und Abs. 3 zur Netzreserve teilweise in dem die Verordnungsermächtigung zur ResKV regelnden § 13b Abs. 1 Nr. 2 idF mWv 28.12.2012 (BGBl. 2012 I S. 2730) aufgeführt und später in der ResKV selbst normiert, insbesondere in § 1 und 2 ResKV. Im Zuge des Strommarktgesetzes wurde die ResKV in NetzResV umbenannt und umfangreich geändert (BT-Drs. 18/7317, 45ff.; 138ff.). In § 13d wurden vor allem davor schon vorhandene Regelungsinhalte als übergreifende Eckpunkte der Netzreserve zusammengefasst, ohne dass damit wesentliche inhaltliche Änderungen verbunden sind (vgl. BT-Drs. 18/7317, 94).

Leuthe 691

§ 13 d
Teil 3. Regulierung des Netzbetriebs

8   Bevor es die Regelungen zur Netzreserve und Reservekraftwerken nach dem EnWG und der ResKV gab, wurden, veranlasst durch die plötzlichen Veränderungen aufgrund des **Atom-Moratoriums** vom 14.3.2011 und initiiert durch die BNetzA, zur Gewährleistung der System- und Versorgungssicherheit individuelle Verträge (Reservevorhaltungsverträge) zwischen Anlagenbetreibern, deren Anlagen aus wirtschaftlichen Gründen vorübergehend konserviert waren **(Kaltreserve)** oder werden sollten, und den Übertragungsnetzbetreibern geschlossen (vgl. BNetzA, Bericht zum Zustand der leitungsgebundenen Energieversorgung im Winter 2011/2012, 3.5.2012, S. 13f. und S. 42f.; BNetzA, Bericht zum Zustand der leitungsgebundenen Energieversorgung im Winter 2012/2013, 20.6.2013, S. 7, 12; *Däuper/Voß* IR 2013, 170). Insoweit für die Winter 2011/2012 und 2012/2013 abgeschlossene Verträge blieben durch die ResKV unberührt (nun § 1 Abs. 3 NetzResV). Diese Reservevorhaltungsverträge waren eine von mehreren entscheidenden Maßnahmen durch die die BNetzA von der Möglichkeit der Anordnung eines stillzulegenden Kernkraftwerks zur Reservevorhaltung keinen Gebrauch machen musste (BNetzA, Bericht zum Zustand der leitungsgebundenen Energieversorgung im Winter 2011/2012, 3.5.2012, S. 12f.). Die ResKV wurde geschaffen, um die seit 2011/2012 bestehende Praxis der vertraglichen Bindung von Reservekraftwerken sowie den Umgang mit geplanten Stilllegungen systemrelevanter Anlagen zu systematisieren und kodifizieren und damit Transparenz und Planungssicherheit zu verbessern (Entwurf ResKV S. 14).

III. Überblick NetzResV

9   Die NetzResV ist eine Rechtsverordnung der Bundesregierung, die nicht der Zustimmung des Bundesrates bedurfte (sowie bedarf) und die auf Grundlage des § 13b Abs. 1 und Abs. 2 idF mWv 28.12.2012 erlassen wurde. Aktuell beruht die NetzResV auf der Verordnungsermächtigung nach § 13i Abs. 3 Nr. 2 und wohl auch Nr. 1 (lit. c, lit. d), was durch § 1 Abs. 1 NetzResV deutlich wird. Sie trifft Regelungen zum Verfahren der Beschaffung der Netzreserve sowie zu den Anforderungen und dem Einsatz von Anlagen in der Netzreserve nach § 13d Abs. 1 (vgl. § 1 Abs. 1 S. 1 NetzResV, § 13i Abs. 3 Nr. 2). Zudem enthält die NetzResV Präzisierungen zum Umgang mit geplanten Stilllegungen von Erzeugungsanlagen nach dem EnWG und den Kriterien einer angemessenen Vergütung von Netzreserveanlagen (vgl. § 1 Abs. 1 NetzResV, § 13i Abs. 3 Nr. 1 und Nr. 2; zum Verhältnis der Vergütungsregelungen zum EnWG → § 13c Rn. 3ff.).

10 Die NetzResV richtet sich nur noch an bereits errichtete **(„bestehende")** **Erzeugungsanlagen.** Noch in der ResKV enthaltene Regelungen zur Beschaffung **neu zu errichtender Anlagen** für die Netzreserve sind in der NetzResV nicht mehr enthalten und wurden auch nicht in § 13d aufgenommen (→ Rn. 32).

11 Die NetzResV enthält Vorgaben zur **Prüfung** und **Bestätigung des Bedarfs** an Erzeugungskapazität für die Netzreserve. Die ÜNB müssen **jährlich** gemeinsam eine Analyse zur Ermittlung des Bedarfs an Netzreserve erstellen (§ 3 Abs. 2 NetzResV; s. zB ÜNB Systemanalysen 2020). Die **BNetzA** muss den Bedarf an Netzreserve auf Grundlage dieser Analyse bis spätestens zum 30.4. eines jeden Jahres **prüfen,** einen eventuell bestehenden Bedarf **bestätigen** und hierzu einen Bericht veröffentlichen (§ 3 Abs. 1 NetzResV; s. zB BNetzA Netzreservebedarf 2020).

12 Für die Bildung der inländischen Netzreserve enthält die NetzResV Regelungen zum Abschluss von Netzreserveverträgen zwischen Übertragungsnetz- und

Netzreserve **§ 13 d**

Anlagenbetreibern **nach Abstimmung** mit der BNetzA (§§ 1 Abs. 2, 5 Abs. 1 und Abs. 2 NetzResV; § 13 d Abs. 3 → Rn. 39 ff.). Für die **inländische Netzreserve** sind die **Vergütungsregelungen** in §§ 6, 9 und 10 NetzResV neben den gesetzlichen Vorgaben des § 13 c zu berücksichtigen (→ § 13 c Rn. 3 ff.). Für Betreiber von Anlagen im Inland enthält § 8 NetzResV zudem präzisierende und ergänzende Vorgaben zu einer gegebenenfalls bestehenden Anzeigepflicht und einem etwaigen Stilllegungsverbot bei geplanten Stilllegungen von Anlagen.

Zur Beschaffung einer **ausländischen Netzreserve** im europäischen Energiebinnenmarkt und in der Schweiz sieht die NetzResV im Bedarfsfall ein **Interessenbekundungsverfahren** vor und enthält Vorgaben zum Vertragsabschluss (§§ 4, 5 Abs. 1, Abs. 3 NetzResV → Rn. 26 und → Rn. 46 ff.). Für Anlagen der ausländischen Netzreserve gibt es ausschließlich in der NetzResV Regelungen zur Kostenerstattung, nicht im EnWG (§§ 6 Abs. 1 S. 1 und Abs. 2 S. 1 NetzResV). Dies betrifft auch die Refinanzierung der den Übertragungsnetzbetreibern durch eine ausländische Netzreserve entstehenden Kosten (§ 6 Abs. 2 S. 2 NetzResV → Rn. 46; BT-Drs. 18/8915, 44). 13

Für inländische- und ausländische Anlagen der Netzreserve enthält § 7 NetzResV **Vorgaben** zur zulässigen **Art des Einsatzes,** die neben den Vorgaben im EnWG zu beachten sind (insbesondere § 13 Abs. 1 und 2; nur für die inländische Netzreserve auch § 13 c Abs. 2 und Abs. 4). 14

B. Zweck und Zusammensetzung der Netzreserve

I. Zweck der Netzreserve (Abs. 1 S. 1; § 2 NetzResV)

In Abs. 1 S. 1 wird eine **Legaldefinition** der Netzreserve aufgestellt. Danach unterfallen der Netzreserve Anlagen, die nach § 13 b Abs. 4 und Abs. 5 sowie nach Maßgabe der Netzreserveverordnung von den Betreibern von Übertragungsnetzen zum Zweck der Gewährleistung der Sicherheit und Zuverlässigkeit des Elektrizitätsversorgungssystems vorgehalten werden (→ Rn. 20 ff.). Eine Vorhaltung in der Netzreserve liegt nur vor, wenn die Anlage **ausschließlich** der Netzreserve zur Verfügung steht (→ Rn. 20 ff.; → § 13 c Rn. 37, 83). Die Definition der Netzreserve in Abs. 1 S. 1 zählt zudem auf, welche **drei Zwecke** die Vorhaltung der Netzreserve zu Gewährleistung der Sicherheit und Zuverlässigkeit des Elektrizitätsversorgungssystems insbesondere verfolgt. Diese sind erstens die Vorhaltung zur Bewirtschaftung von Netzengpässen, zweitens die Vorhaltung zur Spannungshaltung (insbesondere Blindleistungsbereitstellung → Vor § 17 Rn. 66 f.) und drittens die Vorhaltung zur Sicherstellung eines möglichen Versorgungswiederaufbaus im Falle eines großflächigen Stromausfalls (Blackout). 15

Originäre und vorrangige **Ziele** der **Netzreserve** sind seit deren Schaffung die Vorhaltung zur Bewirtschaftung von Netzengpässen und zur Spannungshaltung. Dies kam schon in § 2 Abs. 2 S. 1 ResKV zum Ausdruck und ist auch heute noch unverändert in § 2 Abs. 2 S. 1 NetzResV normiert. Die Regelung wiederholt die Definition in → § 13 Abs. 4. Demnach liegt eine **Gefährdung der Sicherheit und Zuverlässigkeit** des Elektrizitätsversorgungssystems vor, wenn örtliche **Ausfälle** des Übertragungsnetzes oder kurzfristige **Netzengpässe** zu befürchten sind oder die Sorge besteht, dass die **Haltung** von **Frequenz, Spannung** oder **Stabilität** durch die Übertragungsnetzbetreiber nicht im erforderlichen Maße gewährleistet werden kann. 16

Leuthe 693

§ 13 d Teil 3. Regulierung des Netzbetriebs

17 Die Vorhaltung der Netzreserve zur Bewirtschaftung von Netzengpässen und zur Spannungshaltung dient der Gewährleistung eines sicheren Netzbetriebs und damit der Systemsicherheit (vgl. § 2 Abs. 2 S. 2 und S. 3 NetzResV; BNetzA Netzreservebedarf 2020 S. 32f.). Wenn die Sicherheit oder Zuverlässigkeit des Elektrizitätsversorgungssystems wegen eines Netzengpasses oder kritischer Spannung gefährdet oder gestört ist, werden Netzreserveanlagen zum **Redispatch,** konkret zur Anpassung der Wirkleistungs- oder Blindleistungseinspeisung, eingesetzt. Der Einsatz erfolgt nachrangig zu geeigneten netzbezogenen Maßnahmen nach § 13 Abs. 1 S. 1 Nr. 1. Nach Einführung des Redispatch 2.0 erfolgt der Einsatz der Netzreserveanlagen jedoch nicht mehr pauschal nachrangig zu marktbezogenen Maßnahmen nach § 13 Abs. 1 S. 1 Nr. 2 – was auch Maßnahmen nach § 13a Abs. 1 umfasst – wobei praktisch doch vielfach eine Nachrangigkeit der Netzreserve vorliegt aufgrund höherer Kosten (§ 13 Abs. 1 S. 2 iVm § 13 Abs. 1c; im Detail → § 13 Rn. 203ff.). Dass die Vermeidung einer Gefährdung der Sicherheit und Zuverlässigkeit des Elektrizitätsversorgungssystems durch die Vorhaltung von Erzeugungskapazitäten, insbesondere als Redispatchpotenzial, vorrangiger Zweck der Netzreserve ist, zeigt sich auch daran, dass dies Maßstab der nach § 3 NetzResV durchzuführenden Analysen der ÜNB und der Prüfung der BNetzA ist (§ 3 Abs. 3 S. 1 NetzResV).

18 **Redispatch** bezeichnet nach Art. 2 Nr. 26 Elt-VO 19 eine Maßnahme einschließlich einer Einschränkung, die von einem oder mehreren Übertragungs- oder Verteilernetzbetreibern durch die Veränderung des Erzeugungs- oder des Lastmusters oder von beidem aktiviert wird, um die physikalischen Lastflüsse im Stromsystem zu ändern und physikalische Engpässe zu mindern oder anderweitig für Systemsicherheit zu sorgen (→ § 13 Rn. 106–110). Unter Redispatch fallen sowohl Anpassungen der Wirkleistungseinspeisung zur Bewirtschaftung von Netzengpässen als auch Anpassungen der Blindleistungseinspeisung zur Spannungshaltung (vgl. BNetzA Netzreservebedarf 2020 S. 8 und 17).

19 Im Zuge des Strommarktgesetzes wurde in Abs. 1 S. 1 klargestellt, dass die Vorhaltung der Netzreserve auch die Sicherstellung eines möglichen Versorgungswiederaufbaus bezweckt (BT-Drs. 18/7317, 94). Da dies auch vorher der Gewährleistung der Sicherheit und Zuverlässigkeit des Elektrizitätsversorgungssystems unterfiel, ergänzt Abs. 1 S. 1 deklaratorisch die zuvor nur in § 2 Abs. 1 NetzResV explizit („insbesondere") aufgezählten Zwecke. Für den Zweck der Sicherstellung eines möglichen Versorgungswiederaufbaus werden in der Begründung zum Gesetzesentwurf die Bereitstellung der **Schwarzstartfähigkeit** und der **Inselbetriebsfähigkeit** (§ 12h) genannt (BT-Drs. 18/7317, 94).

II. Zusammensetzung der Netzreserve (Abs. 1 S. 2)

20 Nach Abs. 1 S. 2 gibt es **drei Fallgruppen** von Anlagen, aus der die Netzreserve „gebildet wird". Diese Formulierung darf nicht dahin gehend missverstanden werden, dass eine Anlage, die in eine dieser Fallgruppen fällt, per Gesetz automatisch schon der Netzreserve zur Verfügung steht. Die Formulierung „gebildet wird" muss vielmehr in dem Sinne verstanden werden, dass eine solche Anlage Teil der Netzreserve werden **kann**, die dann den Übertragungsnetzbetreibern zu Systemsicherheitszwecken zur Verfügung steht. Die Aufzählung in Abs. 1 S. 2 ist hinsichtlich Nr. 1 irreführend (→ Rn. 21) und aufgrund des Kohleausstiegs und des ErsatzkraftwerkeG 2022 unvollständig (→ Rn. 21 und → Rn. 27ff.). Die ausländische Netzreserve wird ausschließlich nach Abs. 1 S. 2 Nr. 3 gebildet.

Netzreserve **§ 13 d**

1. Wieder betriebsbereit zu machende Anlagen (Abs. 1 S. 2 Nr. 1). Nach 21
Abs. 1 S. 2 Nr. 1 soll die Netzreserve auch aus Anlagen gebildet werden, die derzeit
nicht betriebsbereit sind und aufgrund ihrer Systemrelevanz auf Anforderung
der Betreiber von Übertragungsnetzen **wieder betriebsbereit gemacht** werden
müssen. Für Abs. 1 S. 2 Nr. 1 gibt es jedoch **keinen eigenen Anwendungsbereich** (ebenso *Schmidt-Preuß* FS Danner S. 279 (281)): „lex imperfecta"). Dies
liegt daran, dass Anlagen, für die eine vorläufige oder endgültige Stilllegung nach
§ 13b Abs. 1 S. 1 angezeigt werden muss und systemrelevant sind, dem Abs. 1 S. 2
Nr. 2 unterfallen. Zwar enthält die Definition der Systemrelevanz in § 13b Abs. 2
S. 2 keinen MW-Schwellenwert, aber Anlagen unter 10 MW müssen eine Stilllegung nach § 13b Abs. 1 S. 1 nicht anzeigen, sodass gem. § 13b Abs. 2 S. 1 gar keine
Systemrelevanzprüfung stattfindet. Da auf erster Stufe nur die ÜNB das Recht und
die Pflicht zur Prüfung der Systemrelevanz haben und die BNetzA diese im Fall des
§ 13b Abs. 5 nur prüft, wenn die ÜNB sie vorab festgestellt haben, kann allein für
Anlagen unter 10 MW keine Systemrelevanz festgestellt werden, sodass diese folglich nicht durch Abs. 1 Nr. 1 adressiert sind. Hieran hat sich wohl auch nichts durch
das **KVBG** geändert. IRd §§ 26 Abs. 2 und 37 Abs. 2 KVBG geht es darum, für
welche Anlagen im Rahmen des Kohleausstiegs übergangsweise aufgrund ihrer
Systemrelevanz ein Verbot zur endgültigen Stilllegung gelten muss. Der Verweis in
§§ 26 Abs. 2 und 37 Abs. 2 KVBG auch auf § 13b Abs. 5 sowie das Erfordernis einer
Genehmigung der BNetzA nach §§ 26 Abs. 2 Nr. 3 bzw. 37 Abs. 2 Nr. 3 KVBG
iVm § 13b Abs. 5 EnWG sprechen dafür, dass – wie bei zur endgültigen Stilllegung
angezeigten Anlagen – insoweit nur ein Stilllegungsverbot für Anlagen ab 50 MW
in Betracht kommt. Auch über die NetzResV können Anlagen im Inland unter
10 MW nicht Bestandteil der Netzreserve werden, denn zum einen kann nach § 5
Abs. 2 Nr. 1 NetzResV ein Netzreservevertrag nur mit Anlagen geschlossen werden, deren Systemrelevanz festgestellt wurde, und zum anderen wird durch § 5
Abs. 2 Nr. 3 NetzResV deutlich, dass die Anlagen der Anzeigepflicht nach § 13b
Abs. 1 S. 1 unterfallen müssen, also mindestens 10 MW haben müssen. Die ausländische Netzreserve wird ausschließlich aus Abs. 1 S. 2 Nr. 3 gebildet. Auch aufgrund die durch das ErsatzkraftwerkeG 2022 eingeführten § 50a Abs. 4 S. 2 iVm
S. 1 ist kein Anwendungsbereich für Abs. 1 S. 2 Nr. 1 entstanden. Vielmehr werden
hiernach die in der dritten und vierten Ausschreibung nach dem KVBG bezuschlagten Anlagen „*in entsprechender Anwendung von § 13 d zum Zweck der Vorsorge
vor einer möglichen Gefährdung der Gasversorgung in der Netzreserve vorgehalten*". Diese
Anlagen sind regelmäßig bis zum Wirksamwerden des Kohleverfeuerungsverbots
noch am Markt – also *betriebsbereit* – und müssen, um gem. § 50a Abs. 4 S. 2 iVm
S. 1 zu unterfallen auch nicht systemrelevant sein (BT-Drs. 20/2356, 21). Durch
die Formulierung „*in entsprechender Anwendung von § 13 d*" wird auch deutlich, dass
diese Anlagen überhaupt keinem Fall des Abs. 1 S. 2 unterfallen.

2. Zur vorläufigen oder endgültigen Stilllegung angezeigte systemrele- 22
vante Anlagen (Abs. 1 S. 2 Nr. 2). Nach Abs. 1 S. 2 Nr. 2 wird die Netzreserve ua
aus systemrelevanten Anlagen gebildet, für welche die Betreiber eine **vorläufige
oder endgültige Stilllegung** nach § 13b Abs. 1 S. 1 angezeigt haben (zum Anlagenbegriff → § 13c Rn. 2). Durch die Formulierung „systemrelevant" wird
deutlich, dass eine Stilllegungsanzeige nicht ausreichend ist, sondern der ÜNB
auch die Systemrelevanz iSd § 13b Abs. 2 S. 2 festgestellt haben muss. Nach Abs. 1
S. 2 Nr. 2 können Anlagen Teil der inländischen Netzreserve werden. Da die Stilllegungsanzeigepflicht nach § 13b Abs. 1 S. 1 **nur für Erzeugungsanlagen im In-**

Leuthe 695

§ 13 d — Teil 3. Regulierung des Netzbetriebs

land gilt, kann die Netzreserve im Ausland nicht nach Abs. 1 S. 2 Nr. 2 gebildet werden.

23 Für zur endgültigen Stilllegung angezeigte Anlagen geht aus Abs. 1 S. 2 Nr. 2 allein nicht hervor, ob auch eine Genehmigung der Systemrelevanzausweisung durch die BNetzA vorliegen muss, damit aus ihnen die Netzreserve mitgebildet werden kann. Schon die Anknüpfung an § 13b Abs. 5 in der Definition der Netzreserve nach Abs. 1 S. 1 macht jedoch deutlich, dass im Falle einer endgültigen Stilllegungsanzeige neben der Systemrelevanz auch die Genehmigung der Systemrelevanzausweisung durch die BNetzA vorliegen muss, damit aus diesen Anlagen die Netzreserve mit gebildet werden kann.

24 Die Formulierung „gebildet wird", bedeutet, dass eine zur vorläufigen oder endgültigen Stilllegung angezeigte systemrelevante – und im Fall der endgültigen Stilllegungsanzeige auch als systemrelevant genehmigte Anlage – Teil der Netzreserve werden kann (→ Rn. 20). Eine solche Anlage ist Teil der Netzreserve, wenn sie nur noch **ausschließlich** nach Maßgabe der von den Übertragungsnetzbetreibern angeforderten Systemsicherheitsmaßnahmen **außerhalb des Strommarkts** betrieben werden darf. Dies ist nach § 13c Abs. 2 S. 1 bzw. Abs. 4 S. 1 erst der Fall, wenn der Anlagenbetreiber den ÜNB auf Zahlung der Betriebsbereitschaftsauslagen – oder im Fall einer endgültigen Stilllegungsanzeige alternativ Erhaltungsauslagen – in Anspruch genommen hat und kann dann als **Beginn der Netzreserve** für eine solche Anlage bezeichnet werden (→ § 13c Rn. 37, 83).

25 Für den Winter 2020/2021 waren 18 Anlagen bzw. Anlagenblöcke Teil der inländischen Netzreserve, die sich ausschließlich aus Anlagen nach Abs. 1 S. 2 Nr. 2 gebildet hat (vgl. BMWi Bericht 2020 § 63 Abs. 2a, S. 16f.).

26 **3. Geeignete Anlagen im europäischen Ausland (Abs. 1 S. 2 Nr. 3).** Nach Abs. 1 S. 2 Nr. 3 wird die Netzreserve auch aus geeigneten Anlagen im **europäischen Ausland** gebildet. Die Bindung von ausländischen Erzeugungskapazitäten in der Netzreserve (Abs. 3 S. 2) erfolgt über das Interessenbekundungsverfahren nach § 4 NetzResV, in dessen Folge ein ÜNB mit einem Betreiber einer Anlage im europäischen Energiebinnenmarkt und in der Schweiz unter den Bedingungen des § 5 Abs. 3 NetzResV einen Netzreservevertrag schließen kann (→ Rn. 46ff.).

27 **4. Anlagen, die im Rahmen des Kohleausstiegs Bestandteil der Netzreserve werden können (§§ 26, 37 KVBG).** Bisher (Stand 2022) nicht durch Abs. 1 S. 2 abgebildet ist, dass die inländische Netzreserve auch aus systemrelevanten Anlagen gebildet wird, für welche die Betreiber **keine Stilllegung anzeigen** mussten, sondern bei einer Ausschreibung zur Reduzierung der Kohleverstromung einen Zuschlag bekamen oder eine Anordnung der gesetzlichen Reduzierung erhalten haben (§§ 26, 37 KVBG).

28 Bis zum Zieldatum 2026 können nach § 12 KVBG teilnahmeberechtigte Betreiber von Steinkohleanlagen und Braunkohle-Kleinanlagen an den Ausschreibungen zur Reduzierung der Kohleverstromung teilnehmen und für eine Anlage im Gegenzug für das **Kohleverfeuerungs- und Vermarktungsverbot** (vgl. §§ 5, 19, 21, 23, 43, 51, 52 KVBG) einen Steinkohlezuschlag erhalten. Ab dem Zieldatum 2027 erfolgt die Reduzierung der Kohleverstromung ausschließlich durch die gesetzliche Reduzierung (§ 5 Abs. 1 Nr. 3 KVBG). Spätestens bis zum 31.12.2038 soll die Nettonennleistung von Steinkohleanlagen und Braunkohleanlagen am Strommarkt 0 GW betragen (§ 4 Abs. 1 S. 1 KVBG). Aufgrund § 26 Abs. 3 S. 3 KVBG müssen Anlagenbetreiber, die bei einer Ausschreibung zur Reduzierung der Kohleverstromung einen Zuschlag erhalten haben, eine Stilllegung nur anzeigen, wenn diese vor dem Zeitpunkt, zu dem das **Verbot der Kohleverfeuerung** gem. § 51 KVBG spätestens wirksam wird, erfolgen soll. Dasselbe gilt nach § 37 Abs. 3 S. 3 KVBG auch für Anlagen, die eine Anordnung der gesetzlichen Reduzierung erhalten haben. Erfolgt eine Stilllegungsanzeige in diesem Zeitraum, kann die Anlage unter Abs. 1 S. 2 Nr. 2 fallen. Wenn hingegen die endgültige Stilllegung einer Steinkohleanlage zu dem Zeitpunkt erfolgt (bzw. ohne Systemrelevanzausweisung und Genehmigung erfolgen würde), zu dem auch das Verbot der Kohleverfeuerung gem. § 51 KVBG spätestens wirksam wird, besteht abweichend von § 13b Abs. 1 keine **Stilllegungsanzeigepflicht** (§§ 26 Abs. 3 S. 1, 37 Abs. 3 S. 1 KVBG). Obwohl eine Anlage dann nicht direkt einem Fall nach Abs. 1 S. 2 Nr. 1 bis Nr. 3 unterfällt, **kann sie Teil der Netzreserve** werden (wohl nur Anlagen ab 50 MW → Rn. 21).

Die Anlagen, für welche die Betreiber bei einer Ausschreibung zur Reduzierung 29 der Kohleverstromung einen Zuschlag erhalten haben, werden nach § 26 Abs. 2 Nr. 1 bzw. Nr. 2 KVBG von den Übertragungsnetzbetreibern daraufhin geprüft, ob sie ab dem Zeitpunkt des Wirksamwerdens des Vermarktungsverbots nach § 52 KVBG systemrelevant iSd § 13b Abs. 2 S. 2 sind. Solange und soweit eine Anlage, für die ein Betreiber bei einer Ausschreibung zur Reduzierung der Kohleverstromung einen Zuschlag erhalten hat, von den Übertragungsnetzbetreibern als systemrelevant ausgewiesen wird, die Systemrelevanzausweisung von der BNetzA genehmigt wird und ein Weiterbetrieb technisch und rechtlich möglich ist, ist die endgültige Stilllegung der Anlage nach § 26 Abs. 2 (Nr. 3) KVBG iVm § 13b Abs. 5 S. 1 EnWG verboten und die kann – ohne, dass eine Stilllegung angezeigt werden musste – Teil der Netzreserve werden (Abs. 1 S. 2 Nr. 2 analog). Ein Verbot zur endgültigen Stilllegung gilt nach § 37 Abs. 2 KVBG iVm § 13b Abs. 5 S. 1 auch für Anlagen, die eine Anordnung der gesetzlichen Reduzierung erhalten haben, solange und soweit deren Systemrelevanzausweisung genehmigt wurde und ein Weiterbetrieb technisch und rechtlich möglich ist. Die Regelungen im KVBG sprechen dafür, dass für den Zeitraum ab Wirksamwerden des Vermarktungsverbots nach § 52 KVBG die Geltendmachung der Betriebsbereitschaftsauslagen (oder Erhaltungsauslagen) – anders als nach § 13c Abs. 4 S. 1 (→ § 13c Rn. 83ff.) – nicht erforderlich ist für eine Bindung in der Netzreserve, sondern in diesen Fällen nur von der Entscheidung der ÜNB und der BNetzA nach §§ 26 Abs. 2 bzw. 37 Abs. 2 KVBG abhängig ist.

C. Verhältnis der Netzreserve zur Kapazitätsreserve (Abs. 2; §§ 5, 20 KapResV)

I. Teilnahme mit Netzreserveanlagen am Beschaffungsverfahren der Kapazitätsreserve (Abs. 2 S. 1; §§ 5, 20 KapResV)

Nach Abs. 2 S. 1 **können Betreiber** von bestehenden Anlagen, die als Netz- 30 reserve zur Gewährleistung der Sicherheit und Zuverlässigkeit des Elektrizitätsversorgungssystems verpflichtet sind, unter den Voraussetzungen des § 13e und den Regelungen der Rechtsverordnung nach § 13h (also der KapResV) **auch** an dem Verfahren der Beschaffung der **Kapazitätsreserve** teilnehmen. Betreiber von Anlagen in der Netzreserve können demnach ein Gebot bei einer Ausschreibung zur Kapazitätsreserve abgeben und einen Zuschlag erhalten, wenn sie alle technischen und sonstigen Anforderungen nach § 13e und der KapResV erfüllen

§ 13 d

(vgl. § 20 Abs. 1 S. 1 KapResV). Als **technische Anforderungen** sind hier insbesondere die **Teilnahmevoraussetzungen** nach § 9 KapResV sowie die Festlegung der BNetzA zur Änderung der Teilnahmevoraussetzungen und des Zuschlagsverfahrens der Kapazitätsreserveausschreibung ab dem zweiten Erbringungszeitraum zu beachten (BNetzA Festlegung v. 5.5.2021 – 4.12.05.03/003 – ABl. BNetzA Nr. 10/2021, 574). Die ÜNB veröffentlichen die Unterlagen zu einer Ausschreibung der Kapazitätsreserve sowie weitere Informationen auf einer gemeinsamen Internetplattform (www.netztransparenz.de/EnWG/Kapazitaetsreserve).

31 Betreiber von bestehenden Anlagen sind als Netzreserve zur Gewährleistung der Sicherheit und Zuverlässigkeit des Elektrizitätsversorgungssystems „verpflichtet" worden iSd Abs. 2 S. 1, wenn ein wirksamer Netzreservevertrag nach Abs. 3 iVm § 5 NetzResV geschlossen wurde oder auch schon vor Vertragsabschluss, wenn die Anlage nach § 13 c Abs. 2 S. 1 oder Abs. 4 S. 1 ausschließlich nach Maßgabe der von den Übertragungsnetzbetreibern angeforderten Systemsicherheitsmaßnahmen betrieben werden darf (→ § 13 c Rn. 37, 83). Bevor eine Anlage der Netzreserve „verpflichtet" ist, kann ein Anlagenbetreiber natürlich auch an einer Ausschreibung zur Kapazitätsreserve teilnehmen, wenn die Anlage die erforderlichen Anforderungen erfüllt.

32 Die Formulierung „bestehende" Anlagen sollte klarstellen, dass für die Netzreserve **neu errichtete Anlagen** nicht am Beschaffungsverfahren der Kapazitätsreserve teilnehmen können (vgl. BT-Drs. 18/7317, 96). Nach dem Gesetzesentwurf zum Strommarktgesetz enthielt Abs. 2 Regelungen für bis zu 2 GW neu zu errichtende Anlagen für die Netzreserve (BT-Drs. 18/7317, 20, 94). Diese Regelung wurde jedoch in dritter Beratung im BT aufgehoben (BT-Drs. 18/8915, 10). Nach derzeitiger Rechtslage ist die Neuerrichtung von Anlagen für die Netzreserve iSd § 13 d **nicht vorgesehen,** sodass die Einschränkung auf „bestehende" Netzreserveanlagen nicht zum Tragen kommt. Die von den ÜNB nach § 11 Abs. 3 EnWG aF für kurative Maßnahmen beschafften besonderen netztechnischen Betriebsmittel (→ § 118 Rn. 20) gehören nach Abs. 1 nicht zur Netzreserve iSd § 13 d (vgl. auch BT-Drs. 18/12999, 16; zum Verhältnis zur Netzreserve siehe BerlKomm-EnergieR/*Ruttloff/Lippert* NetzResV § 1 Rn. 16 ff.).

33 Genauso wie nach Abs. 2 S. 1 mit Anlagen in der Netzreserve an einer Ausschreibung zur Kapazitätsreserve teilgenommen werden kann, ist dies nach § 25 S. 1 KVBG mit Kohleanlagen möglich, die einen Zuschlag bei einer Ausschreibung zur Reduzierung der Kohleverstromung erhalten haben.

II. Vergütung bei erfolgreichem Gebot mit einer Netzreserveanlage für die Kapazitätsreserve (Abs. 2 S. 1; §§ 19, 20 KapResV)

34 Wenn eine Anlage der Netzreserve im Rahmen des Beschaffungsverfahrens der Kapazitätsreserve erfolgreich ist, erhält der Anlagenbetreiber nach Abs. 2 S. 1 die **Vergütung** für diese Anlage **ausschließlich** nach den **Bestimmungen zur Kapazitätsreserve.** Die Vergütung richtet sich dann also nicht mehr nach § 13 c und der NetzResV, sondern ausschließlich nach § 13 e Abs. 3 und § 19 KapResV (vgl. § 20 Abs. 1 S. 2 KapResV). Eine **doppelte Vergütung** aus beiden Reserven ist danach zur Vermeidung von Missbrauchsmöglichkeiten **ausgeschlossen** (BT-Drs. 18/7317, 96). Wenn ein Anlagenbetreiber mit einer Anlage der Netzreserve erfolgreich am Beschaffungsverfahrens der Kapazitätsreserve teilnimmt, erhält er

neben dem Zuschlagswert pro MW aus der Kapazitätsreserve nach § 19 Abs. 1 und Abs. 2 KapResV (Einheitspreisverfahren) gegen Nachweis im Einzelfall eine Vergütung für gewisse zusätzliche Kosten gesondert erstattet. Hierzu zählen nach § 19 Abs. 4 Nr. 1 KapResV insbesondere zusätzlich anfallende Kosten für die Erfüllung besonderer technischer Anforderungen aus der Netzreserve sowie für Einsätze in der Netzreserve (damit aber insbesondere nicht Kosten, die in der Netzreserve zur Vorhaltung erstattet würden).

III. Pflichten für die Netzreserve bei erfolgreichem Gebot mit einer Netzreserveanlage für die Kapazitätsreserve (Abs. 2 S. 3; § 20 Abs. 2 und Abs. 3 KapResV)

Falls sich ein Anlagenbetreiber mit einer Anlage in der Netzreserve im Rahmen des Beschaffungsverfahrens der Kapazitätsreserve erfolgreich beworben hat, muss er nach Abs. 2 S. 3 weiterhin auf Anweisung der ÜNB die Einspeisung dieser Anlage nach § 13a Abs. 1 sowie § 7 NetzResV anpassen. Eine solche Anlage muss für die Netzreserve weiterhin diejenige Leistung dauerhaft zur Verfügung stellen, die sie vor der Teilnahme an der Kapazitätsreserve zur Verfügung gestellt hat (§ 20 Abs. 2 S. 2 KapResV). Eine Netzreserveanlage, die Teil der Kapazitätsreserve wird, steht den Übertragungsnetzbetreibern also weiterhin zu **Netzreservezwecken,** insbesondere zur Bewirtschaftung von Netzengpässen und zur Spannungshaltung, zur Verfügung. Dadurch wird sichergestellt, dass Anlagen, die an netztechnisch günstigen Orten stehen, durch die ÜNB auch in den Fällen eingesetzt werden können, in denen es für die Systemsicherheit aufgrund von Netzengpässen erforderlich ist (BT-Drs. 18/7317, 96). Dies ist zudem konsequent, da auch Kapazitätsreserveanlagen, die vorher nicht in der Netzreserve waren, aber sich an für den Einsatz als Netzreserve geeigneten Standorten befinden, auf Anforderung der ÜNB nach § 7 NetzResV einspeisen müssen (§ 24 Abs. 4 KapResV). 35

Wenn sich ein Anlagenbetreiber mit einer Anlage in der Netzreserve erfolgreich im Rahmen des Beschaffungsverfahrens der Kapazitätsreserve beworben hat, müssen die ÜNB und die Anlagenbetreiber nach § 20 Abs. 3 S. 1 KapResV die zwischen ihnen **bestehenden Netzreserveverträge** hinsichtlich der Vergütung und der Einsatzmöglichkeit für die Netzreserve und Kapazitätsreserve entsprechend **anpassen.** Die vereinbarten technischen Anforderungen bleiben auf Anforderung der ÜNB erhalten (§ 20 Abs. 3 S. 2 KapResV). Dies betrifft insbesondere die konkret vereinbarten Einsatzparameter für Einsätze in der Netzreserve (Servicelevel etc), da die KapResV dies nicht in dieser Weise regelt (vgl. Referentenentwurf KapResV, S. 68). 36

Aus der Netzreserve heraus ist das Kraftwerk Thyrow mit den Blöcken A–E (183,5 MW) Teil der Kapazitätsreserve geworden. Wie in einem solchen Fall vorgesehen, kann es auch in der Netzreserve eingesetzt werden, insbesondere zum Schwarzstart, also Netzwiederaufbau im Fall eines großflächigen Netzzusammenbruchs (vgl. BMWi Bericht 2020 § 63 Abs. 2a, S. 16 Fn. 7). 37

Da Anlagen der Netzreserve, die Teil der Kapazitätsreserve werden, nach Abs. 2 S. 3 weiterhin den Übertragungsnetzbetreibern zu Netzreservezwecken zur Verfügung stehen, kann von einem **Wechsel** in die Kapazitätsreserve eigentlich nur **hinsichtlich der Vergütung** gesprochen werden (Abs. 2 S. 2). Diese Anlagen stehen vielmehr sowohl der Netzreserve als auch der Kapazitätsreserve zur Verfügung. Dies ist zur Gewährleistung der Sicherheit und Zuverlässigkeit des Elektrizitätsver- 38

§ 13 d

sorgungssystems und aus Gründen volkswirtschaftlicher Effizienz sinnvoll, da die Netzreserve und die Kapazitätsreserve aufgrund ihrer unterschiedlichen Zwecke grundsätzlich nicht gleichzeitig benötigt und ohnehin durch die ÜNB vorgehalten und vergütet werden. Die Netzreserve bezweckt insbesondere die Behebung von Netzengpässen durch präventiven Redispatch (vgl. BT-Drs. 18/7317, 96; BT-Drs. 18/12999, 16). Dies dient dazu, Leitungsüberlastungen im Übertragungsnetz zu vermeiden (vgl. BNetzA Netzreservebedarf 2020, S. 8). Auf die Ausgeglichenheit von Erzeugung und Last im Ganzen (Leistungsbilanz) haben Redispatcheinsätze keine Auswirkungen, da stets sichergestellt wird, dass abgeregelte Mengen durch gleichzeitiges Hochregeln bilanziell ausgeglichen werden (BNetzA Netzreservebedarf 2020, S. 8). Hier zeigt sich der **unterschiedliche Zweck** der Reserven, denn die Kapazitätsreserve dient dazu, im Fall einer Gefährdung oder Störung der Sicherheit oder Zuverlässigkeit des Elektrizitätsversorgungssystems Leistungsbilanzdefizite infolge des nicht vollständigen Ausgleichs von Angebot und Nachfrage an den Strommärkten im deutschen Netzregelverbund auszugleichen (§ 13e Abs. 1 S. 1). Die Kapazitätsreserve dient damit dazu, die Stromversorgung jederzeit durch einen kurzfristig einsetzbaren Kapazitätspuffer abzusichern und so auf kurzfristig auftretende außergewöhnliche Situationen reagieren zu können (BT-Drs. 18/7317, 96), währenddessen ein Netzreserveeinsatz zum präventiven Redispatch im Rahmen des Engpassmanagements grundsätzlich mit längerer Vorlaufzeit geplant wird (vgl. BT-Drs. 18/12999, 16). Soweit Kapazitätsreserveanlagen auch die Funktion der Netzreserve erfüllen können, berücksichtigen die ÜNB sie entsprechend beim Umfang der nach §§ 3 und 4 NetzResV zu beschaffenden Netzreserve (§ 5 Abs. 2 KapResV). Wenn sich eine Anlage der Netzreserve erfolgreich für die Kapazitätsreserve bewirbt, ergeben sich regelmäßig nutzbare Synergieeffekte (vgl. BT-Drs. 18/7317, 95; Referentenentwurf KapResV, S. 49).

D. Netzreserveverträge für Anlagen im In- und Ausland (Abs. 3)

I. Netzreserveverträge für Anlagen im Inland (Abs. 3 S. 1; §§ 1 Abs. 2, 5 Abs. 1 und 2 NetzResV)

39 Nach Abs. 3 S. 1 erfolgen die Bildung der Netzreserve und der Einsatz der Anlagen der Netzreserve unbeschadet der gesetzlichen Verpflichtungen auf **Grundlage des Abschlusses von Verträgen** zwischen Übertragungsnetzbetreibern und Anlagenbetreibern **in Abstimmung** mit der Bundesnetzagentur **nach Maßgabe** der Bestimmungen der NetzResV. Gegenüber der davor schon nach der ResKV bestehenden Rechtslage ist mit dieser Regelung keine Änderung verbunden (BT-Drs. 18/7317, 96). Abs. 3 S. 1 gilt auch für die ausländische Netzreserve, aber aufgrund der Unterschiede ist diese separat zu betrachten (→ Rn. 46 ff.).

40 Durch den Abschluss eines Vertrags zwischen Übertragungsnetz- und Anlagenbetreibern in Abstimmung mit der Bundesnetzagentur über die Nutzung bestimmter Anlagen gemäß den Bestimmungen der §§ 2–9 NetzResV (Netzreservevertrag)) entsteht ein **vertragliches Schuldverhältnis** (§ 1 Abs. 2 S. 1 NetzResV). Nach § 1 Abs. 2 S. 3 NetzResV erfolgt die Bildung der Netzreserve durch den Abschluss von Netzreserveverträgen vorrangig zur Nutzung der gesetzlichen Bestimmungen zum Umgang mit geplanten Stilllegungen von Anlagen. Die NetzResV ist ein Gesetz im materiellen Sinn (vgl. *Rosin et al.* FS Büdenbender S. 561 (585)).

Netzreserve **§ 13 d**

§ 1 Abs. 2 S. 3 NetzResV stellt demnach (deklaratorisch) auch klar, dass für die Anwendung der gesetzlichen Bestimmungen, was auch die §§ 2–9 NetzResV als gesetzliche Normen im materiellen Sinn umfasst, **ein Netzreservevertrag keine generelle Anwendungsvoraussetzung** ist, auch wenn einzelne Normen der NetzResV nur Bestimmungen für – bzw. bei Vorliegen von – Netzreserveverträgen treffen. Durch Abs. 3 S. 1 wird klargestellt, dass die gesetzlichen Verpflichtungen „unbeschadet", also unabhängig vom Abschluss von Netzreserveverträgen gelten, was auch verdeutlicht, dass sie **vertraglich nicht abdingbar** sind (vgl. *Rosin et al.* FS Büdenbender S. 561 (585)). Die für die Netzreserve zu beachtenden gesetzlichen Regelungen, im EnWG insbesondere die §§ 13–13d, gelten also unabhängig vom Abschluss eines Netzreservevertrags nach Maßgabe der Bestimmungen der NetzResV. Durch Abs. 3 S. 1 wird daher auch auf die Verpflichtungen nach dem **gesetzlichen Schuldverhältnis** Bezug genommen, das nach den §§ 13b und 13c zustande kommt (im Detail → § 13c Rn. 11; → § 13c Rn. 53). Wenn es zu keinem Netzreservevertrag kommt, kann eine Anlage auch auf Grundlage des gesetzlichen Schuldverhältnisses eingesetzt werden (BNetzA Netzreservebedarf 2021 S. 37; aA *Rosin et al.* FS Büdenbender S. 561 (586)). Hierfür spricht § 1 Abs. 2 S. 3 NetzResV. Ein gesetzliches Schuldverhältnis nach den §§ 13b und 13c kann nur für Anlagen im **Inland** entstehen.

Nach § 5 Abs. 1 S. 1 iVm Abs. 2 NetzResV darf der (system- und) **regelzonenverantwortliche ÜNB** mit einem Betreiber einer Anlage im **Inland** einen Netzreservevertrag in Abstimmung mit der BNetzA unter vier Voraussetzungen abschließen: **Erstens,** die Anlage muss **systemrelevant** iSv § 13b Abs. 2 S. 2 sein (§ 5 Abs. 2 Nr. 1 NetzResV). Anlagen in diesem Sinne können nur Anlagen zur Erzeugung oder Speicherung elektrischer Energie mit einer Nennleistung ab 10 MW sein, da sich § 13b Abs. 2 S. 2 nur auf Anlagen nach § 13b Abs. 1 S. 1 bezieht. **Zweitens,** der Betreiber muss sich verpflichten, die für die Netzreserve genutzte Anlage nach Ablauf des Vertrags bis zur endgültigen Stilllegung nicht mehr an den Strommärkten einzusetzen (§ 5 Abs. 2 Nr. 2 NetzResV). Diese Vorgabe bewirkt ein dauerhaftes Rückkehrverbot an den Strommarkt (**„No-Way-Back"**) und gilt daher nur für die zur endgültigen Stilllegung angezeigten Anlagen in der Netzreserve, also nicht für die zur vorläufigen Stilllegung angezeigten Anlagen in der Netzreserve. Dies wird insbesondere durch die gesetzlichen Regelungen in § 13c Abs. 2 S. 1 und Abs. 4 S. 1 deutlich (→ § 13c Rn. 37ff.; → § 13c Rn. 83ff.; zur Möglichkeit der befristeten Teilnahme am Strommarkt nach § 1 StaaV iVm § 50a → § 13c Rn. 39 und → §§ 50a–50j Rn. 6–10). **Drittens,** nach § 5 Abs. 2 Nr. 3 NetzResV ist Bedingung, dass die **Anzeigefrist** nach § 13b Abs. 1 S. 1 zum Beginn des geplanten Einsatzes in der Netzreserve verstrichen oder die Anlage bereits vorläufig stillgelegt ist. Zum Zeitpunkt der Einführung dieser Regelung (§ 5 Abs. 2 Nr. 3 ResKV) hat sie die damalige Rechtslage widergespiegelt, nach der eine zur endgültigen Stilllegung angezeigte systemrelevante Anlage dem ÜNB nicht vor Ablauf der Stilllegungsanzeigepflicht als Netzreserveanlage zur Verfügung stehen konnte (§ 13a Abs. 3 iVm Abs. 2 idF mWv 28.12.2012, BGBl. 2012 I S. 2730). Nach aktueller Rechtslage 2022 können dem ÜNB sowohl die zur vorläufigen als auch die zur endgültigen Stilllegung angezeigten Anlagen bereits vor dem Zeitpunkt des Ablaufs der Stilllegungsanzeigefrist unter den Voraussetzungen von § 13c Abs. 2 S. 1 (→ § 13c Rn. 37ff.) bzw. § 13c Abs. 4 S. 1 (→ § 13c Rn. 83ff.) zur Verfügung stehen. Dies spricht dafür, dass ein Netzreservevertrag auch zu dem Zeitpunkt des Beginns des Zugriffsrechts des Übertragungsnetzbetreibers nach § 13c Abs. 2 S. 1 bzw. Abs. 4 S. 1 geschlossen werden kann. Eine andere Möglichkeit ist

41

§ 13 d

Teil 3. Regulierung des Netzbetriebs

es, § 5 Abs. 2 Nr. 3 NetzResV so zu verstehen, dass ein Vertragsabschluss erst nach Ablauf der Stilllegungsanzeigefrist möglich ist, aber der Vertrags- und Vergütungszeitraum entsprechend den gesetzlichen Vorgaben (§ 13 c Abs. 2 S. 1 bzw. Abs. 4 S. 1) früher beginnen kann (ex tunc). Die **vierte Voraussetzung** zum Abschluss eines Netzreservevertrags im Inland ist nach § 5 Abs. 2 Nr. 4 NetzResV, dass **alle gesetzlichen und genehmigungsrechtlichen Anforderungen** an den Betrieb der Anlage für die Vertragsdauer **erfüllt** sind oder sich die Anlage in einem materiell genehmigungsfähigen Zustand befindet. Zu denken ist hier insbesondere an die immissionsschutzrechtliche Genehmigung nach den §§ 4–6 BImSchG.

42 Nach § 5 Abs. 1 S. 3 NetzResV kann die Vertragsdauer **bis zu 24 Monate,** in begründeten Fällen auch länger betragen. Da die Anlage für einen Vertragsabschluss nach § 5 Abs. 2 Nr. 1 NetzResV systemrelevant sein muss, ist für die Vertragsdauer die Dauer der Systemrelevanzausweisung zu beachten (§§ 13 b Abs. 4 S. 2, Abs. 5 S. 9, → § 13 b Rn. 16, 20). Im Falle einer erneuten (genehmigten) Systemrelevanzausweisung bedarf es daher auch eines neuen Netzreservevertrages. Die NetzResV enthält insgesamt nur Mindestvorgaben für die Netzreserveverträge. In der Praxis treffen die Netzreserveverträge detailliertere Regelungen. Die Netzreserveverträge enthalten in der Regel allgemeine, für Verträge typische Klauseln etwa zum generellen Inhalt, Vertragsdauer, Kosten, Haftung und Gerichtsstand sowie für die Netzreserve spezifische Regelungen, zB betreffend die (Wieder-)Herstellung und Vorhaltung der Betriebsbereitschaft, den Einsatz der Anlagen, die technischen Randbedingungen (Servicelevel) und Beschaffung sowie gegebenenfalls Bevorratung von Brennstoffen (vgl. jeweils Anlage 2 zu einem Beschluss der Beschlusskammer 8 der BNetzA zu einem Verfahren nach § 13 c Abs. 5, zB Beschl. v. 7.11.2019 – BK8-17/2001-R; Beschl. v. 24.6.2019 – BK8-17/4001-R, BK8-17/4003-R, BK8-18/4001-R, www.bundesnetzagentur.de/Beschlusskammern/Beschlussdatenbank/erweiterte Suche).

43 Die nach Abs. 3 S. 1 (sowie §§ 1 Abs. 2 S. 1, 5 Abs. 1 S. 1, 6 Abs. 2 S. 1 NetzResV) vorgesehene **trilaterale Abstimmung** von Netzreserveverträgen zwischen Übertragungsnetz- und Anlagenbetreibern mit der BNetzA ist ein relativ neues und **innovatives Rechtsinstitut** (vgl. *Schmidt-Preuß* FS Danner S. 279 (285)). Diese Abstimmung erfolgt mit der bei der BNetzA für die Regulierung der Netzentgelte Elektrizität zuständigen Beschlusskammer 8. Es handelt sich hierbei nicht um einen Zustimmungs- oder Genehmigungsvorbehalt (ebenso *Schmidt-Preuß* FS Danner S. 279 (285)); nach aA ist eine Genehmigungsbefugnis bzw. -pflicht naheliegend, *Rosin et al.* FS Büdenbender S. 561 (594 f. und 621)). In den Gesetzesmaterialien gibt es keinen Anhaltspunkt, der die Annahme eines Zustimmungs- oder Genehmigungsvorbehalts stützen würde. Dies ist auch nicht überraschend, da der Gesetzgeber sich dann sicherlich nach den §§ 182, 184 BGB hinlänglich bekannten Rechtsinstitute bedient hätte.

44 Im Energierecht wird und wurde die Formulierung „in Abstimmung" schon anderweitig vom Gesetz- und Verordnungsgeber verwendet, aber weit überwiegend nur für **bilaterale Abstimmungen,** etwa zwischen Netzbetreibern, zwischen Behörden oder zwischen BNetzA und ÜNB und nicht im Verhältnis zweier Vertragsparteien zu einer dritten Partei (vgl. §§ 13 b Abs. 4 S. 4, 13 g Abs. 8 S. 2, 17 c, 35 Abs. 1 Nr. 1, 51 Abs. 1; §§ 37 Abs. 1, 23 Abs. 1 KapResV). Zu der von der BNetzA in einem Beschluss vorgesehenen bilateralen Abstimmung der ÜNB mit ihr (BK8-12-019 v. 30.10.2012, Tenorziffer 5) hat das OLG Düsseldorf festgestellt, dass die Bezeichnung „abzustimmen" nicht eindeutig juristisch einzuordnen sei (OLG Düsseldorf Beschl. v. 28.4.2015 – VI-3 Kart 332/12 (V) = BeckRS 2015, 13249

Netzreserve **§ 13 d**

Rn. 241). Soweit ersichtlich wird im EnWG nur nach § 17 a Abs. 1 S. 1 eine trilaterale Abstimmung gefordert und hier wird durch die Formulierung „im Einvernehmen mit der Bundesnetzagentur und in Abstimmung mit (…)" deutlich, dass ein Abstimmungserfordernis **nicht** bedeutet, dass auch ein **Konsens** oder Einverständnis Bedingung ist, was dagegen ein Erklärender bei einem **Einvernehmen,** einer Zustimmung oder einer Genehmigung jedenfalls bestätigt. Vielmehr muss bei einem Abstimmungserfordernis eine Einbindung in die betreffende Frage und Gelegenheit zur Stellungnahme erfolgen. Durch das Erfordernis der Abstimmung im Rahmen der Netzreserve finden zwischen Übertragungsnetzbetreibern, Anlagenbetreibern und Bundesnetzagentur bilaterale und trilaterale Gespräche statt. Es ist es daher naheliegend, anzunehmen, dass der Gesetzgeber durch die Vorgabe einer trilateralen Abstimmung die Chance für einen gemeinsamen Konsens erhöhen und das Aufkommen von Rechtsstreitigkeiten senken wollte. Die energiewirtschaftliche Materie ist komplex. Die ÜNB sind aufgrund ihrer Regel- und Systemverantwortung sehr vertraut mit den Anlagen in der Netzreserve. Trotz der konsequenten Entflechtung der Interessen bei den ÜNB durch Teil 2 Abschnitt 3 des EnWG (→ §§ 8–10) wird aufgrund der Wälzbarkeit der Kosten als dauerhaft nicht beeinflussbare Kostenanteile iRd § 11 Abs. 2 S. 4 ARegV der Bedarf gesehen, seitens der Regulierungsbehörde die den Übertragungsnetzbetreibern entstehenden Kosten ex ante mit zu bewerten. Eine reine Ex-post-Kontrolle im Zuge der Prüfung von Regulierungskonten (§ 5 ARegV) oder anderen Aufsichtsverfahren kann angesichts der Dimension der Kosten für die ÜNB zu erheblichen wirtschaftlichen Belastungen führen, die es zu vermeiden gilt (s. zur Kostendimension den jeweiligen Quartalsbericht Netzengpassmanagement der Bundesnetzagentur, www.bundesnetzagentur.de/Fachthemen/Elektrizität und Gas/Versorgungssicherheit/Netzengpassmanagement). Die Abstimmung kann folglich als eine Maßnahme mit dem Ziel der **Prävention gerichtlicher Auseinandersetzungen** angesehen werden. Gleichwohl bleiben die gesetzlich determinierten Rechtsverhältnisse getrennt. Der Gesetzgeber hat den Abschluss von Netzreserveverträgen vorgesehen und sich insoweit für ein unberührtes Privatrechtsverhältnis zwischen Übertragungsnetz- und Anlagenbetreibern sowie für ein davon getrenntes Verwaltungsrechtsverhältnis allein zwischen Übertragungsnetzbetreibern und BNetzA hinsichtlich der Refinanzierung der Netzreservekosten entschieden (aA *Rosin et al.* FS Büdenbender S. 561 (600)).

Die nach Abs. 3 S. 1 vorgesehene Abstimmung mit der Bundesnetzagentur hinsichtlich der zwischen den Übertragungsnetz- und Anlagenbetreibern zu schließenden Verträge umfasst die **Vertragsmodalitäten** insgesamt, **insbesondere** aber nach § 6 Abs. 2 S. 1 NetzResV auch den Umfang der Kostenerstattung, mithin die **angemessene Vergütung** iSd § 13 c Abs. 1 bzw. Abs. 3 (sowie §§ 6, 9 und 10 NetzResV, → § 13 c Rn. 5). Im Hinblick auf die Netzreservekosten dient diese Abstimmung insbesondere dazu, dem jeweiligen ÜNB rechtzeitig vor dem Entstehen vertraglicher Verbindlichkeiten die Auffassung der BNetzA zum Umfang der über die Netzentgelte **refinanzierungsfähigen Kosten** im Verfahren aufgrund § 13 c Abs. 5 mitzuteilen. Im Rahmen der Abstimmung der Netzreserveverträge prüft die BNetzA daher auch die vom Anlagenbetreiber mitgeteilten Kosten, gibt diesem die Möglichkeit zu Erläuterungen und teilt schließlich dem Anlagenbetreiber und dem ÜNB die Höhe der ihrer Ansicht nach über die Netzentgelte refinanzierungsfähigen Kosten im Verfahren nach § 13 c Abs. 5 mit. Diese Mitteilung ist aber für den jeweiligen ÜNB nicht bindend und stellt daher auch **keinen Verwaltungsakt** dar (ebenso *Schmidt-Preuß* FS Danner S. 279 (285)); aA *Rosin et al.* FS Büdenbender 45

§ 13 d   Teil 3. Regulierung des Netzbetriebs

S. 561 (600)). Abstimmung und Mitteilung sind demnach grundlegend zu unterscheiden von einer durch Verwaltungsakt erfolgenden Festsetzung der Vergütung wie zB im Rahmen der Sicherheitsbereitschaft nach § 13g Abs. 7 S. 1 (→ § 13g Rn. 43). Die ÜNB können den Anlagenbetreibern auch Kosten in höherem Umfang anerkennen, als die BNetzA im Rahmen der Abstimmung als refinanzierungsfähig eingestuft hat, aber in diesem Fall müssen die ÜNB damit rechnen, die Differenz im Verwaltungsverfahren aufgrund von § 13c Abs. 5 nicht als über die Netzentgelte refinanzierungsfähig anerkannt zu bekommen. Gegen eine solche Entscheidung der BNetzA können die ÜNB Rechtsschutz suchen (→ § 13c Rn. 106). Ein Anlagenbetreiber wiederum kann zivilrechtlich gegen einen ÜNB vorgehen, wenn er der Ansicht ist, der ÜNB zahle ihm nicht die nach § 13c angemessene Vergütung (→ § 13c Rn. 104; vgl. *Rosin et al.* FS Büdenbender S. 561 (599)). Das Rechtsinstitut der Abstimmung nach Abs. 3 S. 1 und § 1 Abs. 2 S. 1 NetzResV ist folglich Sinnbild und Bestätigung des gesetzlich determinierten **Dreiecksverhältnisses** zwischen Übertragungsnetzbetreibern, Anlagenbetreibern und BNetzA und führt nicht zu einem Durchgriffsrecht des Anlagenbetreibers gegenüber der BNetzA. Übertragungsnetzbetreiber und Anlagenbetreiber sind folglich nicht gezwungen, der Ansicht der Bundesnetzagentur im Rahmen der Abstimmung der Netzreserveverträge zu folgen (ebenso *Schmidt-Preuß* FS Danner S. 279 (285)).

II. Netzreserveverträge für Anlagen im Ausland; Interessenbekundungsverfahren (Abs. 3 S. 2; §§ 4, 5 Abs. 1 und 3 NetzResV)

46   Nach Abs. 3 S. 2 können Erzeugungsanlagen im Ausland nach den Vorgaben der Rechtsverordnung nach § 13i Abs. 3, also der NetzResV, vertraglich gebunden werden. Damit wird klargestellt, dass die Bindung von ausländischen Erzeugungskapazitäten über das **Interessenbekundungsverfahren** nach § 4 NetzResV weiterhin möglich ist (vgl. BT-Drs. 18/7317, 96). Die Bildung der ausländischen Netzreserve erfolgt ebenfalls auf Grundlage des Abschlusses von Verträgen zwischen Übertragungsnetz- und Anlagenbetreibern in Abstimmung mit der BNetzA (Abs. 3 S. 1, § 1 Abs. 2 S. 1 NetzResV). Eine durch Abs. 3 S. 1 auch für die ausländische Netzreserve adressierte gesetzliche Verpflichtung durch das EnWG ist etwa die sich aus § 13 Abs. 1 iVm Abs. 1c ergebende Rangfolge für einen Redispatcheinsatz durch die ÜNB (→ Rn. 17). Im Übrigen ergeben sich jedoch einige Unterschiede im Vergleich zur inländischen Netzreserve (→ Rn. 39ff.). Grundlage für die **Refinanzierung** der Übertragungsnetzbetreibern durch die Vergütung von Anlagen in der ausländischen Netzreserve entstehenden Kosten ist § 6 Abs. 2 S. 2 NetzResV (vgl. zB BNetzA Beschl. v. 15.2.2018 – BK8-17/2005-R; die diesbezügliche freiwillige Selbstverpflichtung der ÜNB – Anlage 1 des Beschlusses – enthält auch eine Verfahrensbeschreibung des Beschaffungsverfahrens, www.bundesnetzagentur.de/Beschlusskammern/Beschlussdatenbank).

47   Wenn nach § 4 NetzResV wegen eines zusätzlichen Bedarfs an Erzeugungskapazität für die Netzreserve ein **Interessenbekundungsverfahren** durchgeführt werden muss, kann in der Folge ein ÜNB mit einem Betreiber einer Anlage im europäischen Energiebinnenmarkt und in der Schweiz unter den Bedingungen des § 5 Abs. 1 und Abs. 3 NetzResV einen Vertrag zur Bereitstellung von Netzreserve schließen und so zusätzliches Redispatchpotenzial sichern.

Netzreserve § 13 d

§ 5 Abs. 1 S. 1, S. 2 iVm Abs. 3 NetzResV enthält vier Voraussetzungen, unter **48** denen der (system- und) **regelzonenverantwortliche** ÜNB mit einem Betreiber einer Anlage im europäischen Energiebinnenmarkt und in der Schweiz einen Vertrag in Abstimmung mit der BNetzA schließen darf. Die Anlage muss geeignet sein, zur Lösung der konkreten Systemsicherheitsprobleme in Deutschland beizutragen (§ 5 Abs. 3 Nr. 1 NetzResV), die jeweils nach nationalem Recht zuständigen Behörden des betroffenen Staates erheben keine Einwände im Hinblick auf die Gewährleistung der Versorgungssicherheit (§ 5 Abs. 3 Nr. 2 NetzResV), die Bindung ist für den erforderlichen Zeitraum gesichert (§ 5 Abs. 3 Nr. 3 NetzResV) und die Anlage ist bei gleicher technischer Eignung mindestens genauso preisgünstig wie die Nutzung von Erzeugungsanlagen in Deutschland (§ 5 Abs. 3 Nr. 4 NetzResV). Nach § 5 Abs. 1 S. 3 NetzResV kann die Vertragsdauer bis zu 24 Monate, in begründeten Fällen auch länger betragen.

Maßgeblich für das Zustandekommen eines Interessenbekundungsverfahrens **49** sind die §§ 3 und 4 NetzResV. Die ÜNB erstellen nach § 3 Abs. 2 S. 1 NetzResV jährlich gemeinsam eine Analyse zur Ermittlung des Bedarfs an Netzreserve (§ 3 Abs. 2 NetzResV). Wenn die ÜNB im Rahmen dieser Analyse feststellen, dass der prognostizierte Bedarf an positiver Redispatchleistung nicht durch am Markt agierende Kraftwerke mit Standort in Deutschland (§ 13 a), Netzreserveanlagen in Deutschland und gegebenenfalls für den Betrachtungszeitraum bereits kontrahierte Kapazität im Ausland gedeckt werden kann, stellen sie einen zusätzlichen Bedarf an Erzeugungskapazität für die Netzreserve fest (vgl. ÜNB, Abschlussbericht Systemanalysen 2017, 24. 4. 2017, S. 14; BNetzA, Feststellung des Bedarfs an Netzreserve für den Winter 2017/2018 sowie das Jahr 2018/2019 vom 28.4.2017, S. 57, allg. S. 22). Falls die BNetzA bei ihrer nach § 3 Abs. 1 S. 1 NetzResV jährlich bis spätestens zum 30.4. durchzuführenden Prüfung ebenfalls zu diesem Ergebnis gelangt und einen zusätzlichen Bedarf an Erzeugungskapazität für die Netzreserve bestätigt, beginnen die Übertragungsnetzbetreiber mit der Durchführung des Interessenbekundungsverfahrens. Hierzu veröffentlicht der jeweils betroffene ÜNB für die Interessenbekundung bis spätestens zum 30.4. des betreffenden Jahres die Anforderungen an die erforderlichen Anlagen einschließlich eventueller Anforderungen an den Standort und die technischen Parameter (§ 4 Abs. 1 S. 1 NetzResV).

Netzreserve im Ausland musste wegen eines festgestellten zusätzlichen Bedarfs an Erzeu- **50** gungskapazität für den Winter 2017/2018 kontrahiert werden (vgl. BNetzA Netzreservebedarf 2020 S. 11 f.). Für den Winter 2018/2019 und 2020/2021 bedurfte es zur Deckung des Netzreservebedarfs keines Interessenbekundungsverfahrens für ausländische Kraftwerke (BMWi Bericht 2020 § 63 Abs. 2a, S. 11). Im Winter 2021/2022 konnte der Netzreservebedarf mit Anlagen im Inland gedeckt werden (vgl. BNetzA Netzreservebedarf 2021 S. 57). Für den Winter 2022/2023 fand erneut ein Interessenbekundungsverfahren statt (BNetzA Netzreservebedarf 2022, S. 18, 50; zB Aufforderung zur Interessenbekundung der Amprion GmbH, abrufbar über den Pfad: www.amprion.net/Strommarkt/Marktplattform/Netzreserve/IBV 2022 für 2022/2023).

Das Interessenbekundungsverfahren hat einen **Ausschreibungscharakter** auf- **51** grund der Veröffentlichung des Bedarfs, der Teilnahmeaufforderung sowie der Tatsache, dass – unter Würdigung der Risikostreuung – nach § 4 Abs. 2 S. 2 NetzResV bei gleicher technischer Eignung mehrerer angebotener Anlagen im Hinblick auf die Gewährleistung der Sicherheit und Zuverlässigkeit des Elektrizitätsversorgungssystems vom ÜNB das preisgünstigste Angebot berücksichtigt wird. Im Falle eines stattfindenden Interessenbekundungsverfahrens können die Anlagenbetreiber bis

§ 13 e Teil 3. Regulierung des Netzbetriebs

spätestens zum 15.5. des betreffenden Jahres ihr Interesse am Abschluss eines Vertrags zur Aufnahme ihrer Anlage in die Netzreserve bekunden (§ 4 Abs. 2 S. 1 NetzResV). Die ÜNB beginnen sodann die Verhandlungen mit den Anlagenbetreibern und schließen bis spätestens zum 15.9.Verträge über die Nutzung der Anlagen für die Netzreserve ab, sofern diese Anlagen im folgenden Winterhalbjahr benötigt werden (§ 4 Abs. 3 S. 1 NetzResV). Verträge über die Nutzung der Anlagen für die Netzreserve, die frühestens im übernächsten Winterhalbjahr benötigt werden, sollen bis spätestens zum 15.12. abgeschlossen werden (§ 4 Abs. 3 S. 2 NetzResV). Ein **Rechtsanspruch** auf Abschluss eines Vertrags **besteht nicht** (§ 4 Abs. 2 S. 3 NetzResV).

52 Nach dem Wortlaut des § 4 Abs. 2 S. 1 NetzResV können sich alle Anlagenbetreiber am Interessenbekundungsverfahren beteiligen. Faktisch richtet sich das Interessenbekundungsverfahren jedoch aufgrund der aktuellen Rechtslage nur an Betreiber einer Anlage im europäischen Energiebinnenmarkt und in der Schweiz. Dies liegt daran, dass alle Anlagen in Deutschland in den Systemanalysen der ÜNB und der Prüfung der BNetzA bereits bei dem prognostizierten Bedarf an positiver Redispatchleistung berücksichtigt sind, sodass ein festgestellter zusätzlicher Bedarf an Erzeugungskapazität für die Netzreserve nur durch die Kontrahierung geeigneter Anlagen im Ausland gedeckt werden kann (vgl. Übertragungsnetzbetreiber, Abschlussbericht Systemanalysen 2017, 24.4.2017, S. 14; BNetzA, Feststellung des Bedarfs an Netzreserve für den Winter 2017/2018 sowie das Jahr 2018/2019, 28.4.2017, S. 57; BNetzA Netzreservebedarf 2022, S. 18). **Für Anlagenbetreiber in Deutschland erübrigt sich ein Interessenbekundungsverfahren** aufgrund ihrer gesetzlichen Verpflichtungen (§§ 13–13c). Der Übertragungsnetzbetreiber Amprion hat zB für das Interessenbekundungsverfahren für den Winter 2017/2018 zutreffend festgestellt: „Der Bedarf für die Interessenbekundungsverfahren berücksichtigt bereits die zur Verfügung stehende deutsche Netzreserve. Vor diesem Hintergrund ergibt sich aktuell keine Teilnahme von deutschen Kraftwerken am vorliegenden Interessenbekundungsverfahren" (Amprion GmbH, Unterlagen für eine Interessenbekundung zur Aufnahme von Anlagen zur Erzeugung oder Speicherung elektrischer Energie (Anlagen) in die Netzreserve gemäß NetzResV vom 27.6.2013, Ziffer 4.1, www.amprion.net/Strommarkt/Marktplattform/Netzreserve/IBV-2017-f%C3%BCr-2017-2018.html).

53 Dass § 4 Abs. 2 S. 1 NetzResV nach dem Wortlaut alle Anlagenbetreiber adressiert, begründet sich durch die Entstehungsgeschichte. Als § 4 Abs. 2 ResKV ursprünglich eingeführt wurde, richtete sich das Interessenbekundungsverfahren auch noch an Anlagenbetreiber in Deutschland, da es damals im Jahr 2013 noch Anlagen in der Kaltreserve gab (→ Rn. 8), die zur Kontrahierung in Betracht kamen (vgl. Entwurf ResKV S. 18).

§ 13e Kapazitätsreserve

(1) ¹**Die Betreiber von Übertragungsnetzen halten Reserveleistung vor, um im Fall einer Gefährdung oder Störung der Sicherheit oder Zuverlässigkeit des Elektrizitätsversorgungssystems Leistungsbilanzdefizite infolge des nicht vollständigen Ausgleichs von Angebot und Nachfrage an den Strommärkten im deutschen Netzregelverbund auszugleichen (Kapazitätsreserve).** ²**Die Kapazitätsreserve wird ab dem Winterhalbjahr 2020/2021 außerhalb der Strommärkte gebildet.** ³**Die Anlagen der Kapazitätsreserve speisen ausschließlich auf Anforderung der Betreiber von Übertragungs-**

Kapazitätsreserve § 13 e

netzen ein. ⁴Für die Kapazitätsreserve steht die Reduktion des Wirkleistungsbezugs der Einspeisung von Wirkleistung gleich.

(2) ¹Die Bildung der Kapazitätsreserve erfolgt im Rahmen eines wettbewerblichen Ausschreibungsverfahrens oder eines diesem hinsichtlich Transparenz und Nichtdiskriminierung gleichwertigen wettbewerblichen Verfahrens (Beschaffungsverfahren). ²Die Betreiber der Übertragungsnetze führen das Beschaffungsverfahren ab dem Jahr 2019 in regelmäßigen Abständen durch. ³In der Kapazitätsreserve werden Anlagen mit folgender Reserveleistung gebunden:
1. für die Leistungserbringung ab dem Winterhalbjahr 2020/2021 eine Reserveleistung von 2 Gigawatt,
2. für die Leistungserbringung ab dem Winterhalbjahr 2022/2023 eine Reserveleistung in Höhe von 2 Gigawatt vorbehaltlich einer Anpassung nach Absatz 5.

⁴Anlagen können wiederholt an dem Beschaffungsverfahren teilnehmen und in der Kapazitätsreserve gebunden werden.

(3) ¹Die Betreiber der Anlagen der Kapazitätsreserve erhalten eine jährliche Vergütung, deren Höhe im Rahmen des Beschaffungsverfahrens nach Absatz 2 ermittelt wird. ²Die Vergütung umfasst alle Kosten, soweit sie nicht aufgrund einer Verordnung nach § 13 h gesondert erstattet werden, einschließlich der Kosten für
1. die Vorhaltung der Anlage, die auch die Kosten für den Stromverbrauch der Anlage selbst, für auf Grund anderer gesetzlicher Vorschriften notwendige Anfahrvorgänge sowie für die Instandhaltung der Anlage und Nachbesserungen umfassen, sowie
2. den Werteverbrauch durch den Einsatz der Anlage.

³Die Betreiber von Übertragungsnetzen dürfen die ihnen auf Grund der Durchführung der Rechtsverordnung nach § 13 h entstehenden Kosten nach Abzug der entstehenden Erlöse über die Netzentgelte geltend machen. ⁴Die Kosten nach Satz 3 gelten als dauerhaft nicht beeinflussbare Kostenanteile nach § 11 Absatz 2 Satz 1 der Anreizregulierungsverordnung. ⁵Die Betreiber von Übertragungsnetzen müssen den unterschiedlichen Umfang der nach Satz 3 bei jedem Betreiber eines Übertragungsnetzes verbleibenden Kosten nach Maßgabe der von ihnen oder anderen Netzbetreibern im Bereich ihres Übertragungsnetzes an Letztverbraucher gelieferten Strommengen über eine finanzielle Verrechnung untereinander ausgleichen. ⁶Betreiber von Übertragungsnetzen, die bezogen auf die an Letztverbraucher gelieferten Strommengen im Bereich ihres Netzes höhere Zahlungen zu leisten hatten, als es dem Durchschnitt aller Letztverbraucher entspricht, haben einen finanziellen Anspruch auf Belastungsausgleich, bis alle Betreiber von Übertragungsnetzen eine Belastung tragen, die dem Durchschnitt aller Betreiber von Übertragungsnetzen entspricht.

(4) ¹Die Betreiber von Anlagen, die in der Kapazitätsreserve gebunden sind,
1. dürfen die Leistung oder Arbeit dieser Anlagen weder ganz noch teilweise auf den Strommärkten veräußern (Vermarktungsverbot) und
2. müssen diese Anlagen endgültig stilllegen, sobald die Anlagen nicht mehr in der Kapazitätsreserve gebunden sind (Rückkehrverbot), wobei

Qureischie

Absatz 2 Satz 4 sowie die Regelungen zur Stilllegung von Erzeugungsanlagen nach den §§ 13 b und 13 c sowie zur Netzreserve nach § 13 d unberührt bleiben; Betreiber von Lasten müssen diese nicht endgültig stilllegen, dürfen aber mit den Lasten endgültig nicht mehr an den Ausschreibungen auf Grund einer Verordnung nach § 13i Absatz 1 und 2 teilnehmen.

²Das Vermarktungsverbot und das Rückkehrverbot gelten auch für Rechtsnachfolger des Betreibers sowie im Fall einer Veräußerung der Anlage für deren Erwerber sowie für die Betreiber von Übertragungsnetzen.

(5) ¹Das Bundesministerium für Wirtschaft und Energie überprüft den Umfang der Kapazitätsreserve bis zum 31. Oktober 2018 und dann mindestens alle zwei Jahre auf Basis des Berichts zum Monitoring der Versorgungssicherheit nach § 63 Absatz 2 Satz 1 Nummer 2 und entscheidet, ob eine Anpassung des Umfangs erforderlich ist. ²Die Entscheidung ist zu begründen und zu veröffentlichen. ³Eine eventuell erforderliche Anpassung des Umfangs der Kapazitätsreserve erfolgt durch oder auf Grund der Rechtsverordnung nach § 13h oder durch Festlegung der Bundesnetzagentur nach § 13j Absatz 4. ⁴Eine Entscheidung, durch die die gebundene Reserveleistung 5 Prozent der durchschnittlichen Jahreshöchstlast im Gebiet der Bundesrepublik Deutschland übersteigen würde, darf nur durch Rechtsverordnung nach § 13h ergehen; diese Rechtsverordnung bedarf der Zustimmung des Bundestages. ⁵Der zugrunde zu legende Wert der durchschnittlichen Jahreshöchstlast errechnet sich als Durchschnittswert aus der für das Gebiet der Bundesrepublik Deutschland für das Jahr, in dem die Erhöhung erstmals stattfinden soll, sowie das Folgejahr prognostizierten Jahreshöchstlast. ⁶Die Prognosen sind aus dem jährlichen Bericht der Bundesnetzagentur nach § 3 Absatz 1 der Netzreserveverordnung zu entnehmen. ⁷Der Jahreshöchstlastwert umfasst auch Netzverluste.

(6) Schließen die Betreiber von Übertragungsnetzen innerhalb von drei aufeinanderfolgenden Jahren keine neuen wirksamen Verträge für den Einsatz von Anlagen in der Kapazitätsreserve, dürfen sie keine Beschaffungsverfahren nach Absatz 2 durchführen.

Übersicht

	Rn.
A. Allgemeines	1
I. Entstehungsgeschichte	1
II. Zweck	3
III. Europarechtliche Bezüge	6
IV. Systematische Einordnung	9
B. Bildung der Kapazitätsreserve	12
I. Ausschreibungsverfahren	12
II. Auszuschreibendes Volumen	15
III. Vergütung	18
IV. Vermarktungs- und Marktrückkehrverbot	22
C. Monitoring	26
D. Beendigung der Kapazitätsreserve	27

Kapazitätsreserve § 13 e

Literatur: *Riewe*, Perspektiven des Wettbewerbs- und Kartellrechts, EWeRK 2016, 229; *Schwarz*, Integration erneuerbarer Energien in den Strommarkt, ZNER 2014; 337; *Voß/Krischnick*, Der Entwurf zum neuen Strommarktgesetz im Überblick, ZNER 2016, 7.

A. Allgemeines

I. Entstehungsgeschichte

Die Norm wurde durch das StromMG eingefügt. Sie soll den ÜNB dauerhaft 1 Erzeugungskapazitäten außerhalb der Strommärkte zur Verfügung stellen, um schnell auf Leistungsbilanzdefizite infolge des nicht vollständigen **Ausgleichs von Angebot und Nachfrage an den Strommärkten** reagieren zu können (BR-Drs. 542/15, 81). Mit der Einführung einer Kapazitätsreserve hat sich der Gesetzgeber gegen einen Kapazitätsmarkt entschieden. Dieser Entscheidung war eine mehrjährige Diskussion um die Notwendigkeit eines solchen Marktes zur Sicherung der Stromversorgung im Zuge von Atomausstieg und Übergang zu erneuerbaren Energien vorangegangen.

Das BMWi griff das Thema im Jahr 2011 mit der Beauftragung der Studie „Un- 2 tersuchung zu einem zukunftsfähigen Strommarktdesign" des EWI (Energiewirtschaftliches Institut an der Universität zu Köln) erstmals auf. Später hat das BMWi hierzu einen Grün- und Weißbuchprozess nach europäischem Vorbild initiiert (*Voß/Krischnick* ZNER 2016, 7). Im Weißbuch „Ein Strommarkt für die Energiewende" fiel letztlich die Grundsatzentscheidung für einen **„Energy-only-Market"**, wo ausschließlich Strommengen gehandelt werden und keine vorgehaltenen Kapazitäten (zum Begriff des Energy-only-Market: *Schwarz* ZNER 2014, 337 (338); *Riewe* EWeRK 2016, 229 (230); BerlKommEnergieR/*Ruttloff/Lippert* EnWG § 13e Rn. 3 mwN). Die Verfügbarkeit hinreichender Kapazitäten soll sich durch die Mechanismen des Marktes einstellen (Grünbuch „Ein Strommarkt für die Energiewende", S. 40 f.). Durch eine Reihe von Maßnahmen, die im Weißbuch vorgesehen waren, soll der Energy-only-Market zum sog. „Strommarkt 2.0" weiterentwickelt werden. Zu diesen Maßnahmen zählt insbesondere die Kapazitätsreserve, die eine zusätzliche Absicherung bildet (Weißbuch „Ein Strommarkt für die Energiewende", S. 2, 80).

II. Zweck

Gem. Abs. 1 S. 1 der Norm halten die ÜNB Reserveleistung vor, um im Fall 3 einer Gefährdung oder Störung der Sicherheit oder Zuverlässigkeit des Elektrizitätsversorgungssystems Leistungsbilanzdefizite infolge des nicht vollständigen Ausgleichs von Angebot und Nachfrage an den Strommärkten im deutschen Netzregelverbund auszugleichen. Die vom StromMG vorgesehen Maßnahmen zur Weiterentwicklung des Strommarktes im Hinblick auf die Kapazitätssicherung im Zuge der Energiewende (Flexibilisierung der Märkte und Stärkung der Bilanzkreistreue) können nicht vorhersehbare Extremsituationen, in denen zusätzliche Kapazitäten benötigt werden, nicht mit vollständiger Sicherheit ausschließen (BT-Drs. 18/7317, 55). Die Kapazitätsreserve dient als **jederzeit kurzfristig einsetzbarer Kapazitätspuffer** zur Reaktion auf solche kurzfristig auftretenden, außergewöhnlichen Situationen (BT-Drs. 18/7317, 96). Sofern es trotz freier Preisbildung am Großhandelsmarkt wider Erwarten einmal nicht zur Deckung von Angebot und Nachfrage kommen sollte, wird mit der vorgehaltenen Kapazität die Stromversor-

Qureischie

§ 13 e Teil 3. Regulierung des Netzbetriebs

gung aller Verbraucher sichergestellt (Weißbuch „Ein Strommarkt für die Energiewende", S. 2, 80) Hierin unterscheidet sich die Kapazitäts- von der Netzreserve, die nach § 13d Abs. 1 S. 1 insbesondere für die Bewirtschaftung von Netzengpässen und für die Spannungshaltung und zur Sicherstellung eines möglichen Versorgungswiederaufbaus vorgehalten wird, jedoch nicht für einen Einsatz im Falle von Leistungsbilanzdefiziten (vgl. NK-EnWG/*Tüngler* § 13e Rn. 2).

4   Die Kapazitätsreserve wird nach Abs. 1 S. 2 ab dem Winterhalbjahr 2020/2021 außerhalb der Strommärkte gebildet. Gemäß dem Folgesatz speisen die darin gebundenen Anlagen ausschließlich auf Anforderungen der ÜNB ein. Durch die strikte Separierung der an der Kapazitätsreserve beteiligten Erzeugungsanlagen aus dem Strommarkt (auch über die Reservedauer hinaus, dazu → Abs. 4 Nr. 2) soll selbiger vor Verzerrungen geschützt werden (BT-Drs. 18/7317, 97), die insbesondere aus der gesetzlichen Vergütung nach Abs. 3 resultieren würden. Die Anlagen der Kapazitätsreserve dürfen dementsprechend nach Abs. 1 S. 3 **ausschließlich auf Anforderung der ÜNB einspeisen.**

5   Zum Einsatz der Kapazitätsreserve soll es indes erst nach Abschluss aller auf den Strommärkten möglichen Handelsgeschäfte kommen, um nicht die Möglichkeiten von Anlagen, flexiblen Verbrauchen und Speichern zu beschneiden, um auf Marktsignale zu reagieren (BT-Drs. 18/7317, 99; Referentenentwurf KapResV, 2, www.bmwi.de/Redaktion/DE/Downloads/J-L/kapazitaetsreserve-referentenentwurf.pdf?__blob=publicationFile&v=4). Der **Begriff der Strommärkte** umfasst dabei neben dem börslichen und außerbörslichen Terminmarkt sowie dem börslichen und außerbörslichen vor- und untertägigen Spotmarkt auch den Regelenergiemarkt (BT-Drs. 18/7317, 99).

III. Europarechtliche Bezüge

6   Die Kapazitätsreserve wurde – wie auch die überarbeitete Netzreserve – von der Bundesregierung gem. Art. 108 Abs. 3 AEUV bei der Europäischen Kommission als Beihilfe angemeldet (BT-Drs. 18/7317, 57; COM(2016) 8742 final, 1). Das StromMG stellte die Regelungen vor diesem Hintergrund durch den neu in das EnWG eingefügten § 118 Abs. 18 unter den **Vorbehalt einer beihilferechtlichen Genehmigung** durch die EU-Kommission. Diese wurde für die Kapazitätsreserve am 20.12.2016, befristet bis zum 30.9.2025, erteilt (COM(2018) 612). In Folge des Urteils des EuGH zum EEG 2012 (EuGH Urt. v. 28.3.2019 – C-405/16 P, ECLI:EU:C:2019:268) wurde § 118 Abs. 8 durch Art. 2 des Gesetzes zur Änderung des Gesetzes über die Energiedienstleistungen und andere Energieeffizienzmaßnahmen (BGBl. 2019 I S. 1719 (Nr. 41)) vom 20.11.2019 gestrichen. Der EuGH hatte entschieden, dass es sich beim EEG nicht um eine Beihilfe handele, weil die mit der EEG-Umlage erwirtschafteten Mittel keine staatlichen Mittel darstellten und der Staat auch keine Verfügungsgewalt über diese von den ÜNB verwalteten Gelder hat. Die Argumentation ist – ungeachtet der Frage nach ihrer Stichhaltigkeit – auf die Kapazitäts- und Netzreserve übertragbar, deren Vergütung durch die ÜNB aus den Netzentgelten generiert wird. Mit der Streichung des § 118 Abs. 18 hat der Gesetzgeber zum Ausdruck gebracht, die Kapazitäts- und Netzreserve nicht (mehr) als Beihilfen zu verstehen. § 13e gilt nunmehr zeitlich unbegrenzt.

7   Mit Inkrafttreten der Elt-VO am 1.1.2020 ist die Kapazitätsreserve nun wohl wiederum als Beihilfe qualifiziert. Die Elt-VO knüpft in ihren Art. 20ff. Bedingungen an die Einführung und Ausgestaltung von Kapazitätsmechanismen, die nach Art. 21 Abs. 1 Elt-VO „gemäß Art. 107, 108 und 109 AEUV" eingeführt werden

können. Durch den Bezug auf die primärrechtlichen Beihilferegelungen werden sämtliche **unter den Begriff „Kapazitätsmechanismus" subsumierbaren Instrumente als Beihilfen eingeordnet.** Ein Kapazitätsmechanismus ist nach Art. 2 Nr. 22 Elt-VO eine vorübergehende Maßnahme zur Erreichung des notwendigen Maßes an Angemessenheit der Ressourcen, in deren Rahmen Ressourcen für ihre Verfügbarkeit vergütet werden, mit Ausnahme von Systemdienstleistungen betreffende Maßnahmen oder Engpassmanagement. Die Regelung des § 13e ist hierunter zu subsumieren. Die Kapazitätsreserve ist dabei den strategischen Reserven iSv Art. 22 Abs. 2 Elt-VO zuzuordnen, welche eine Unterkategorie der Kapazitätsmechanismen bilden. Da die Elt-VO eine Vergütung unmittelbar aus Staatsmitteln für die Qualifikation eines Kapazitätsmechanismus als Beihilfe nicht vorausgesetzt hat, ist die EuGH-Entscheidung zum EEG 2012 auf die Kapazitätsreserve nicht mehr übertragbar. Sofern sich eine weitere Vorhaltung der Kapazitätsreserve über den 30.9.2025 als erforderlich erweist, wird also ungeachtet der Streichung von § 118 Abs. 18 eine neuerliche beihilferechtliche Genehmigung einzuholen sein.

Bereits bestehende Kapazitätsmechanismen sollten im Lichte der Elt-VO über- **8** prüft werden (Erwgr. 48). Dies ist gilt unabhängig vom Vorhandensein einer beihilferechtlichen Genehmigung. Aus dem **Katalog der Gestaltungsgrundsätze in Art. 22 Abs. 1 Elt-VO** fällt hier das Erfordernis einer Befristung (lit. a) ins Auge, welche die Kapazitätsreserve nicht vorweist. Im Rahmen der Ausschreibungen werden insbesondere die Art. 22 Abs. 4 Elt-VO enthaltenen CO_2-Emissionsgrenzwerte zu beachten sein.

IV. Systematische Einordnung

Der Einsatz der Kapazitätsreserve zählt zu den Maßnahmen, die den ÜNB als **9** Systemverantwortlichen gem. § 13 Abs. 1 zur Verfügung stehen, um Gefährdungen oder Störungen der Sicherheit oder Zuverlässigkeit des Elektrizitätsversorgungssystems in der jeweiligen Regelzone zu beseitigen. Sie wird in § 13 Abs. 1 Nr. 3 als eine der **zusätzlichen Reserven** benannt, auf die die ÜNB zurückgreifen können. Die Nummerierung bringt hier eine Subsidiarität der Reserven zu den netz- und marktbezogenen Maßnahmen nach Abs. 1 Nr. 2 und 3 zum Ausdruck (→ § 13 Rn. 25; BerlKommEnergieR/*König* EnWG § 13 Rn. 71). Diese wird in §§ 24 Abs. 2 S. 2, 26 Abs. 1 S. 1 der aufgrund von § 13h erlassenen KapResV noch mal explizit formuliert.

Von der ebenfalls in § 13 Abs. 1 Nr. 3 genannten und außerhalb der Strommärkte **10** gebildeten Netzreserve unterscheidet sich die Kapazitätsreserve in ihrem Anwendungsbereich: Während die Kapazitätsreserve geschaffen wurde, um einen nicht vollständigen Ausgleich von Angebot und Nachfrage an den Strommärkten im deutschen Netzregelverbund auszugleichen, steht die Netzreserve für die Bewirtschaftung von Netzengpässen und für die Spannungshaltung (strom- und spannungsbedingter Redispatch) und zur Sicherstellung eines möglichen Versorgungswiederaufbaus zur Verfügung, jedoch nicht für einen Einsatz im Falle von Leistungsbilanzdefiziten (NK-EnWG/*Tüngler* § 13e Rn. 2). Indessen sieht der Gesetzgeber eine effiziente Verzahnung beider Instrumente und die Nutzung von Synergieeffekten vor (BT-Drs. 18/7317, 95). So können Anlagen, die in der Netzreserve vorgehalten werden, gem. § 13d Abs. 2 S. 1 auch an dem Verfahren der Beschaffung der Kapazitätsreserve teilnehmen. Gemäß den Folgesätzen müssen Netzreserveanlagen, die in dem Beschaffungsverfahren erfolgreich waren, weiterhin auf Anweisung des ÜNB ihre Einspeisung nach § 13a Abs. 1 und nach der NetzResV

§ 13 e Teil 3. Regulierung des Netzbetriebs

anpassen, werden aber – unabhängig vom Einsatzzweck – ausschließlich nach Maßgabe von § 13 e und aufgrund der KapResV vergütet. Die KapResV sieht überdies vor, dass die in der Kapazitätsreserve gebundenen Anlagen so weit wie möglich **auch die Funktion der Netzreserve übernehmen,** also für den Redispatch eingesetzt werden, § 24 Abs. 4 KapResV (vgl. Referentenentwurf KapResV, 2, www.bmwi.de/Redaktion/DE/Downloads/J-L/kapazitaetsreserve-referentenentwurf.pdf?__blob=publicationFile&v=4). Dementsprechend sind Kapazitätsreserveanlagen, die auch die Funktion der Netzreserve erfüllen können, nach § 5 Abs. 2 KapResV von den ÜNB beim Umfang der nach den §§ 3 und 4 NetzResV zu beschaffenden Netzreserve entsprechend zu berücksichtigen. Dadurch reduziert sich die für die Netzreserve zu beschaffende Leistung. Fraglich bleibt, wie im Rahmen der Bedarfsplanungen mit Unsicherheiten umgegangen wird, ob etwaige systemrelevante Anlagen, die in der Kapazitätsreserve gebunden und zur Erfüllung von Netzreservezwecken geeignet sind, auch für den folgenden Erbringungszeitraum einen Zuschlag erhalten. Da Anlagen wiederholt und nicht zwingend nur in aufeinanderfolgenden Erbringungszeiträumen beteiligt sein können, greift im Übrigen auch nicht ohne Weiteres das Stilllegungsgebot nach Abs. 4 S. 1 Nr. 2 (→ Rn. 22 ff.), sobald eine Anlage nicht mehr in der Kapazitätsreserve gebunden ist. Demzufolge kann auch nicht ohne Weiteres das an die bevorstehende Stilllegung anknüpfende Verfahren der Systemrelevanzausweisung zur Bindung in der Netzreserve nach § 13b initiiert werden. Angesichts dieser Unsicherheiten ist die Sinnhaftigkeit der Regelung zweifelhaft, zumal sich für die Netznutzer hieraus kein Mehrwert ergibt. Die zusätzlichen Kosten für die Erfüllung technischer Anforderungen der Netzreserve und für Netzreserveeinsätze werden unabhängig von der Bindung einer Anlage im Netzreserveregime nach Maßgabe von Abs. 3 Abs. 3 iVm § 19 KapResV auf ihn gewälzt (→ Rn. 19).

11 Nachrangig zur Kapazitätsreserve einzusetzen ist die durch das StromMG ebenfalls eingeführte sog. Sicherheitsbereitschaft nach § 13g, die zur Erreichung der Klimaziele Braunkohlekraftwerke sukzessive überführt und nach vierjährigem Verbleib endgültig stillgelegt werden (BT-Drs. 18/7317, 55). Auf die Anlagen in der Sicherheitsbereitschaft kann nur als letzte Absicherung der Stromversorgung zurückgegriffen werden, wenn es nicht zu einem Ausgleich von Angebot und Nachfrage kommt, zB bei nicht vorhersehbaren länger andauernden Wetterextremen, etwa wenn aufgrund von zu hohen Temperaturen oder zu niedrigen Pegelständen der Flüsse ein Kühlwassermangel in Kraftwerken absehbar ist oder durch lang anhaltend zugefrorene Flüsse die Brennstoffversorgung von Kraftwerken eingeschränkt wird (BT-Drs. 18/7317, 55 und 96). Sie zählt nicht zu den nach § 13 Abs. 1 Nr. 3 abrufbaren zusätzlichen Reserven, sondern kann gem. § 13g Abs. 2 S. 1 nur nach Maßgabe von § 1 Abs. 6 der Elektrizitätssicherungsverordnung angefordert werden. Damit ist klargestellt, dass die **Sicherheitsbereitschaft nachrangig zur Kapazitätsreserve einzusetzen** ist und gar nur herangezogen werden darf, wenn auch Maßnahmen nach § 13 Abs. 2 nicht ausreichen, um eine Versorgungsstörung für lebenswichtigen Bedarf iSd § 1 des Energiesicherungsgesetzes abzuwenden und eine Gefährdung oder Störung der Energieversorgung eingetreten ist (BT-Drs. 18/7317, 103).

B. Bildung der Kapazitätsreserve

I. Ausschreibungsverfahren

Die politische Grundsatzentscheidung für einen Energy-only-Market umsetzend schreibt Abs. 1 S. 2 vor, dass die Kapazitätsreserve ab dem Winterhalbjahr 2020/2021 außerhalb der Strommärkte gebildet wird. Dies erfolgt gem. Abs. 2 S. 1 im Rahmen eines wettbewerblichen Ausschreibungsverfahrens oder eines diesem hinsichtlich Transparenz und Nichtdiskriminierung gleichwertigen wettbewerblichen Verfahrens (Beschaffungsverfahren). Mit dem **wettbewerblichen Beschaffungsverfahren** wird dem Grundsatz der Diskriminierungsfreiheit und der Kosteneffizienz Rechnung getragen (BT-Drs. 18/7317, 97). 12

Nach Abs. 2 S. 2 werden Beschaffungsverfahren durch die ÜNB ab dem Jahr 2019 in regelmäßigen Abständen durchgeführt. Näheres regelt die KapResV. Mit § 6 S. 2 KapResV wird klargestellt, dass die ÜNB die Ausschreibungen gemeinsam durchführen. Der zeitliche Ablaufplan ist in § 8 KapResV konkretisiert. Der erste Gebotstermin war gem. § 8 Abs. 1 Nr. 1 KapResV der 1.12.2019 für den **Erbringungszeitraum** vom 1.10.2020 bis zum 30.9.2022. Seit 2021 und dann alle zwei Jahre ist Gebotstermin nach § 8 Abs. 1 Nr. 2 KapReV jeweils der 1.4. für den Erbringungszeitraum, der am 1.10. des auf den Gebotstermin folgenden Kalenderjahres beginnt und jeweils zwei Jahre beträgt. 13

Genauere Vorgaben zur Vorbereitung und Durchführung der Ausschreibungen beinhaltet § 37 KapResV. Gem. § 37 Abs. 1 KapResV ergreifen die ÜNB unverzüglich in Abstimmung mit der BNetzA alle hierfür erforderlichen Maßnahmen, insbesondere die Erarbeitung von **Standardbedingungen für den Vertragsschluss** nach § 21 KapResV (Kapazitätsreservevertrag) einschließlich Vorgaben zur Abwicklung der gesonderten Erstattung von Kosten nach § 19 Abs. 4 bis 6 KapResV, die Bestimmung von Formatvorgaben für die Gebote nach § 14 einschließlich Vorgaben zur Erfüllung des § 14 Abs. 2 S. 1 sowie von sonstigen formalen Vorgaben und die Entscheidung darüber, ob das Ausschreibungsverfahren postalisch oder elektronisch stattfindet, einschließlich der für die Umsetzung notwendigen Arbeiten. Die Standardbedingungen für die Kapazitätsreserveverträge sind aufgrund ihrer erheblichen Bedeutung für den Ausschreibungsprozess gem. § 37 Abs. 2 S. 1 KapResV von der BNetzA zu genehmigen (Referentenentwurf KapResV, 82, www.bmwi.de/Redaktion/DE/Downloads/J-L/kapazitaetsreserve-referentenentwurf.pdf?__blob=publicationFile&v=4). § 37 Abs. 2 S. 2 regelt, dass die ÜNB den Antrag auf Genehmigung der Standardbedingungen spätestens zwei Monate vor der jeweiligen Bekanntmachung nach § 11 KapResV der BNetzA stellen. Damit wird auch klargestellt, dass es **für jeden Gebotstermin einer neuerlichen Genehmigung der Standardbedingungen** bedarf. Mit § 37 Abs. 2 S. 3 KapResV wird eine Genehmigungsfiktion für den Fall aufgestellt, dass die BNetzA nicht innerhalb einer Frist von zwei Monaten nach Eingang der vollständigen Antragsunterlagen die Genehmigung versagt. Die Genehmigung ist gem. § 37 Abs. 2 S. 4 zu versagen, wenn die Standardbedingungen den Betreiber der Kapazitätsreserveanlage entgegen den Geboten von Treu und Glauben unangemessen benachteiligen. Eine unangemessene Benachteiligung kann sich nach dem Folgesatz auch daraus ergeben, dass eine Bestimmung nicht klar und verständlich ist. 14

II. Auszuschreibendes Volumen

15 Das zu bindende Volumen beträgt nach Abs. 2 S. 2 Nr. 1 für die Leistungserbringung seit dem Winterhalbjahr 2020/2021 eine Reserveleistung von 2 GW. Dieses Ziel wurde wohl in Ermangelung hinreichender Gebote deutlich verfehlt, die avisierte Absicherung der Leistungsbilanz damit nicht erreicht. Für den ersten Erbringungszeitraum konnten lediglich 1,056 GW gebunden werden (s. www.Netztransparenz.de/EnWG/Kapazitätsreserve). Für solche Fälle sieht § 23 Abs. 1 Nr. 3 KapResV eine Nachbeschaffung vor, die aber ausblieb, weil die Ergebnisse aus dem Monitoringbericht zur Versorgungssicherheit des BMWi für die Folgejahre eine allzeitige Deckung der Stromnachfrage bestätigten (Pressemitteilung BNetzA v. 28.2.2020, www.bundesnetzagentur.de/SharedDocs/Pressemitteilungen/DE/2020/20200228_KAPRES.html). Tatsächlich ist der Erfolg einer solchen Nachbeschaffung bei bereits **mangelndem Wettbewerb im regulären Beschaffungsverfahren** fraglich. Um eine ausreichende Angebotsmenge zu gewährleisten (BT-Drs. 19/17342, 127), ermöglicht der Gesetzgeber mit § 23 KVBG die Beteiligung von Steinkohleanlagen, die einen Zuschlag im Rahmen eines Ausschreibungsverfahrens nach dem dritten Teil des KVBG erhalten haben. Mit der Verordnung zur Änderung der KapResV vom 16.10.2020 (BGBl. 2020 I S. 2202) hat das BMWi zudem die Möglichkeit einer Anpassung der Teilnahmevoraussetzungen durch die BNetzA geschaffen, mit der der Kreis beteiligungsfähiger Anlagen erweitert werden kann. Die zu diesem Zweck geänderten §§ 42 Nr. 2, 9 Abs. 4 KapResV hat die BNetzA zur Grundlage genommen, um zunächst eine Festlegung nach § 29 Abs. 1 zur Verschiebung des Gebotstermins für die zweite Ausschreibungsrunde vom 1.4.21 auf den 1.12.21 zu erwirken (Festlegung 4.12.05.03/001 v. 16.12.2020, www.bundesnetzagentur.de/DE/Sachgebiete/ElektrizitaetundGas/Unternehmen_Institutionen/Versorgungssicherheit/KapRes/kapres-node.html). Hierdurch soll die Erreichung der angestrebten Reserveleistung gewährleistet werden, indem es für mehr Bieter möglich und attraktiv wird, an der Ausschreibung teilzunehmen (Festlegung 4.12.05.03/001 v. 16.12.2020, S. 4, www.bundesnetzagentur.de/DE/Sachgebiete/ElektrizitaetundGas/Unternehmen_Institutionen/Versorgungssicherheit/KapRes/kapres-node.html). Weiterhin wurde begründet, so stehe auch ausreichend Zeit zur Verfügung, um mit einer Festlegung zu den technischen Teilnahmevoraussetzungen die Teilnehmeranzahl und den Wettbewerb für den zweiten Erbringungszeitraum zu erhöhen (Festlegung. 4.12.05.03/001 v. 16.12.2020, S. 5, www.bundesnetzagentur.de/DE/Sachgebiete/ElektrizitaetundGas/Unternehmen_Institutionen/Versorgungssicherheit/KapRes/kapres-node.html). Eine entsprechende Festlegung wurde am 5.5.2021 erlassen (Festlegung 4.12.05.03/003, bekanntgegeben unter www.bundesnetzagentur.de/DE/Sachgebiete/ElektrizitaetundGas/Unternehmen_Institutionen/Versorgungssicherheit/KapRes/kapres-node.html).

16 Für die Leistungserbringung ab dem Winterhalbjahr 2022/2023 beträgt das zu bindende Volumen nach Abs. 2 S. 2 Nr. 2 grundsätzlich eine Reserveleistung in Höhe von 2 GW, ab dann aber vorbehaltlich einer Anpassung nach Abs. 5. Eine **Anpassung des Umfangs** erfolgt demnach, wenn die in vorgesehene regelmäßige Überprüfung der Kapazitätsreserve im Rahmen des Monitorings der Versorgungssicherheit nach § 63 Abs. 2 S. 1 Nr. 2 zu dem Ergebnis führt, dass dies erforderlich ist.

17 Das Erreichen des zu bindenden Volumens kann nicht nur durch die Vorhaltung von Erzeugungsleistung, sondern auch von regelbaren Lasten erfolgen. Dies ergibt sich aus Abs. 1 S. 4, wonach für die Kapazitätsreserve die **Reduktion des Wirkleis-**

tungsbezugs der Einspeisung von Wirkleistung gleichsteht. Dementsprechend umfasst der Begriff der „Anlage" im Sinne der Kapazitätsreserve gem. § 2 Nr. 5 KapResV Erzeugungsanlagen, regelbare Lasten und Speicheranlagen. Voraussetzungen für die Teilnahme der Anlagen an der Kapazitätsreserve ergeben sich aus § 9 KapResV. Die Anlagen dürfen nach Abs. 2 S. 4 indes auch wiederholt an den Beschaffungsverfahren teilnehmen und in der Kapazitätsreserve gebunden werden.

III. Vergütung

Die Anlagenbetreiber erhalten nach Abs. 3 S. 1 eine jährliche Vergütung. Die 18 Höhe der Vergütung ist dabei im Beschaffungsverfahren zu ermitteln. Hierdurch soll eine wettbewerbliche Preisbildung und damit Kosteneffizienz im Interesse des Netznutzers gewährleistet werden. Anders als im Zwangsregime der Netzreserve werden die Anlagen in der Kapazitätsreserve also nicht nach ihren tatsächlichen Kosten vergütet. Die Vergütungshöhe entspricht gem. § 19 Abs. 1 S. 1 KapResV vielmehr dem Produkt aus Zuschlagswert und Gebotsmenge. Der so ermittelte Betrag deckt nach Abs. 3 S. 2 alle Kosten, soweit sie nicht aufgrund der KapResV gesondert erstattet werden. Lediglich beispielhaft klarstellend ist demnach die Aufzählung der **von der jährlichen Vergütung umfassten Kostenpositionen** in Abs. 3 S. 2 Hs. 2 Nr. 1 und 2, der zufolge die in Nr. 1 genauer umschriebenen Kosten für die Vorhaltung sowie – gem. Nr. 2 – der Werteverbrauch durch den Einsatz der Anlage umfasst sind. So gelten nach dem die Norm konkretisierenden § 19 Abs. 3 Nr. 1 KapResV auch Einsatzkosten – etwa für die erforderlichen Brennstoffe – für bis zu 16 Einsätze in der Kapazitätsreserve pro Vertragsjahr mit einer Dauer des Abrufs von jeweils bis zu zwölf Stunden als ebenfalls in der jährlichen Vergütung enthalten. Zu den von der Vergütung umfassten Kostenpositionen zählen nach § 19 Abs. 3 Nr. 2–4 KapResV weiterhin Kosten für Funktionstests nach § 28 KapResV (zur Überprüfung der Erfüllung der Teilnahmevoraussetzungen aus § 9 KapResV), für Probeaufrufe nach § 29 KapResV und für erforderliche Nachbesserungen nach § 30 KapResV (weil eine Anlage vertraglich vereinbarte Leistungen nicht rechtzeitig oder vollständig erbringt).

Nicht von der jährlichen Vergütung umfasst und damit **gesondert zu erstatten** 19 sind nach § Abs. 3 S. 2 Hs. 1 iVm dem weitere Details regelnden § 19 Abs. 4 Nr. 1 KapResV zusätzlich anfallende Kosten für die Erfüllung besonderer technischer Anforderungen aus der Netzreserve, für Einsätze in der Netzreserve sowie für Einsätze in der Kapazitätsreserve, die über die nach § 19 Abs. 3 Nr. 1 KapResV abgegoltene Anzahl von Einsätzen hinausgehen. Die gesonderte Erstattung von Kosten für die Erfüllung technischer Anforderungen aus der Netzreserve und für Einsätze in der Netzreserve ist auf die gesetzgeberisch gewollte effiziente Verzahnung von Netz- und Kapazitätsreserve zurückzuführen (zur gesetzgeberisch gewollten effizienten Verzahnung BT-Drs. 18/7317, 95). Die Vergütung bestehender Netzreserveanlagen, die auch in der Kapazitätsreserve gebunden sind, richtet sich gem. § 13 d Abs. 2 S. 2 ausschließlich nach den Bestimmungen der Kapazitätsreserve. Folglich kann ab Beginn des Erbringungszeitraums auch keine Wälzung von Netzreservekosten iSv § 13 c Abs. 1 oder 3 durch den ÜNB aufgrund einer Festlegung der BNetzA zur Anerkennung der Kosten für die Vorhaltung und den Einsatz der Anlage nach § 13 c Abs. 5 als verfahrensregulierte Kosten iSd §§ 11 Abs. 2 S. 4, 32 Abs. 1 Nr. 4 ARegV erfolgen. Der zivilrechtliche Vergütungsanspruch der Anlagenbetreiber auf Vergütung solcher Kosten aus § 13 c Abs. 1 oder 3 in Verbindung mit dem Netzreservevertrag erlischt mit Schluss des Kapazitätsreservevertrags, soweit

§ 13 e

Teil 3. Regulierung des Netzbetriebs

der Zeitraum der Systemrelevanzausweisung und der Erbringungszeitraum sich überschneiden. Folgerichtig regelt § 19 Abs. 4 Nr. 1 KapResV, dass zusätzliche Kosten für die Erfüllung technischer Anforderungen oder für den Einsatz zu Netzreservezwecken, die schon aufgrund der schweren Kalkulierbarkeit der Anzahl von Einsätzen in der Netzreserve nicht in die Gebotserstellung einkalkuliert werden können (Referentenentwurf KapResV, S. 66, www.bmwi.de/Redaktion/DE/Downloads/J-L/kapazitaetsreserve-referentenentwurf.pdf?__blob=publicationFile &v=4), gesondert erstattet werden. Die Regelung des § 19 Abs. 4 Nr. 1 KapResV greift auch für die Vergütung von Anlagen, die nicht in der Netzreserve gebunden sind, aber gleichwohl für die Zwecke der Netzreserve eingesetzt werden. Unter § 19 Abs. 4 Nr. 1 KapResV sind nach S. 1 des Folgeabsatzes insbesondere Kosten für Anpassungen der Einspeisung von Wirkleistung oder Blindleistung oder der für die Reduktion des Wirkleistungsbezugs benötigten Brennstoffe, Emissionszertifikate und sonstigen Roh-, Hilfs- und Betriebsstoffe, start- oder betriebsstundenabhängige Instandhaltungskosten sowie im Falle regelbarer Lasten Opportunitätskosten zu subsumieren. Gesondert erstattet werden darüber hinaus nach § 19 Abs. 4 Nr. 2–4 KapResV

– Kosten, die dadurch entstehen, dass auf Anforderung der ÜNB die Schwarzstartfähigkeit einer Anlage hergestellt oder aufrechterhalten wird (Nr. 2)
– Kosten, die dadurch entstehen, dass auf Anforderung der ÜNB die Fähigkeit zur Blindleistungseinspeisung ohne Wirkleistungseinspeisung hergestellt oder aufrechterhalten wird (Nr. 3)
– Kosten für die Ausgleichsenergie, die während Einspeisungen oder Reduktionen des Wirkleistungsbezugs auf Anforderung der ÜNB im Rahmen der Bewirtschaftung des Bilanzkreises nach § 24 Abs. 5 S. 1 entstehen, soweit sie nicht ausdrücklich vom Anlagenbetreiber zu tragen sind; Erlöse aus dieser Bewirtschaftung sind von den Kosten abzuziehen und im Falle von Überschüssen an die ÜNB zu erstatten (Nr. 4)
– Kostenwälzung

20 Die Kosten für die Vergütung der Kapazitätsreserveanlagen dürfen die ÜNB gem. Abs. 3 S. 3 nach Abzug der entstehenden Erlöse über die Netzentgelte geltend machen. Sie gelten nach dem Folgesatz als **dauerhaft nicht beeinflussbare Kostenteile** nach § 11 Abs. 2 S. 1 ARegV. Dies ist auf den Gedanken zurückzuführen, dass die Kosten im Zusammenhang mit der Kapazitätsreserve durch die KapResV im Wesentlichen vorfestgelegt werden und durch die ÜNB nicht gesteuert werden können (BT-Drs. 18/7317, 99). Diese Erwägung ist treffend. Denn die Kapazitätsreserve dient als Absicherung des Strommarkts und nicht der Netzstabilität. Das zu bindende Volumen ist aufgrund der gesetzlichen Vorgaben genau wie die sich aus den Beschaffungsverfahren ergebende Vergütung der Anlagen nicht durch die ÜNB beeinflussbar. Dementsprechend wurde mit dem StromMG die neue Nr. 16 in den Katalog des § 11 Abs. 2 S. 2 ARegV aufgenommen, wonach ua die Kosten und Erlöse aus den Vorschriften der Kapazitätsreserve und der Rechtsverordnung nach § 13h EnWG als dauerhaft nicht beeinflussbare Kostenteile gelten. Mithin können die ÜNB ihre Erlösobergrenze jährlich im Hinblick auf die jeweiligen Kosten der Kapazitätsreserve anpassen. Nach § 4 Abs. 3 S. 1 Nr. 2 ARegV ist bei dieser Anpassung auf das Kalenderjahr abzustellen, auf das die Erlösobergrenze anzuwenden sein soll. Das bedeutet, dass **die Kostendeckung keinem Zeitverzug unterliegt**. Vielmehr können zu Beginn eines Jahres die für dieses Jahr zu erwartenden Kosten für die Kapazitätsreserve als Plansätze in der Erlösobergrenze berücksichtigt werden. Nach Ablauf des jeweiligen Jahres erfolgt ein Plan-Ist-Abgleich. Die

Kapazitätsreserve **§ 13 e**

sich hieraus ergebende Differenz geht gem. § 5 Abs. 1 S. 2 ARegV in den Regulierungskontosaldo ein.

In Abs. 3 S. 5 f. ist der sog. horizontale Belastungsausgleich vorgesehen. Abs. 3 S. 5 besagt, dass die ÜNB den unterschiedlichen Umfang der nach S. 3 bei jedem ÜNB verbleibenden Kosten nach Maßgabe der von ihnen oder anderen Netzbetreibern im Bereich ihres Übertragungsnetzes an Letztverbraucher gelieferten Strommengen über eine finanzielle Verrechnung untereinander ausgleichen. ÜNB, die bezogen auf die an Letztverbraucher gelieferten Strommengen im Bereich ihres Netzes höhere Zahlungen zu leisten hatten, als es dem Durchschnitt aller Letztverbraucher entspricht, haben gem. Abs. 3 S. 6 einen **finanziellen Anspruch auf Belastungsausgleich,** bis alle ÜNB eine Belastung tragen, die dem Durchschnitt aller Betreiber von Übertragungsnetzen entspricht. Mit dieser Regelung wird klargestellt, dass insofern ein zivilrechtlicher Anspruch auf den horizontalen Belastungsausgleich besteht. Kosten, die die ÜNB nach Abs. 3 S. 3 über die Netzentgelte geltend machen können, sind also die Nettokosten für die Kapazitätsreservevergütung abzüglich der Erlöse bzw. zuzüglich der Kosten aus dem horizontalen Belastungsausgleich. Gemäß der Begründung zum StromMG wurde der horizontale Belastungsausgleich eingeführt, da die Kapazitätsreserve für Fälle von deutschlandweiten Leistungsbilanzdefiziten vorgehalten wird und die durch die Vorhaltung entstehenden Kosten gleichmäßig auf alle Netznutzer verteilt werden sollen (BT-Drs. 18/7317, 99). Diese Argumentation trifft nicht auf Kosten für den Einsatz von Kapazitätsreserveanlagen zu Netzreservezwecken bzw. Kosten zur Erfüllung zusätzlicher technischer Anforderungen der Netzreserve zu, die nicht der Absicherung des gesamtdeutschen Marktes dienen, sondern in unmittelbarem Zusammenhang mit der Engpasssituation der jeweiligen Regelzone stehen. Gleichwohl haben Gesetzes- und Verordnungsgeber insofern keine Ausnahme geschaffen. Auch diese Kosten gehen also in den horizontalen Belastungsausgleich ein, obgleich sie letztlich zu einem großen Teil auf **Ineffizienzen beim Netzausbau der einzelnen ÜNB zurückzuführen und damit originäre Kosten einer Regelzone** sind. Damit besteht einstweilen auch eine unterschiedliche Wälzung von Netzreserveeinsätzen der Kapazitätsreserveanlagen zu denjenigen Anlagen, die (nur) im Netzreserveregime vorgehalten werden. Denn die Regelungen der Netzreserve sehen keinen horizontalen Belastungsausgleich vor. Für den Netznutzer ergeben sich aus dieser unsachgerechten Kostenallokation angesichts der schrittweisen Einführung des bundeseinheitlichen Übertragungsnetzentgelts nach §§ 14a ff. StromNEV aber keine negativen Auswirkungen.

IV. Vermarktungs- und Marktrückkehrverbot

Die Betreiber von Kapazitätsreserveanlagen unterliegen nach Abs. 4 S. 1 Nr. 1 einem Vermarktungs- und Marktrückkehrverbot. Hiermit wird eine Sicherung der Funktionsweise der Strommärkte bezweckt. Der in der Norm verwendete Begriff der Strommärkte wird in § 2 Nr. 31 KapResV konkretisiert und umfasst danach die Gesamtheit der Märkte und sonstigen Vertriebswege, über die ein Betreiber die Leistung oder die Arbeit einer Anlage veräußern kann; dies umfasst insbesondere den vor- und untertägigen börslichen und außerbörslichen Handel, börsliche und außerbörsliche Termingeschäfte, sonstige Vereinbarungen im außerbörslichen Handel sowie die Märkte für Regelenergie und regelbare Lasten. Die Betreiber am Markt teilnehmender Erzeugungsanlagen sollen Planungssicherheit bei der Refinanzierung ihrer Investitionen behalten, indem gewährleistet wird,

§ 13 e   Teil 3. Regulierung des Netzbetriebs

dass **Kapazitätsreserveanlagen zu keinem Zeitpunkt (wieder) als Wettbewerber auftreten** werden (BT-Drs. 18/7317, 99). Das Vermarktungsverbot nach Abs. 4 S. 1 Nr. 1 besagt, dass Betreiber von Erzeugungsanlagen, die in der Kapazitätsreserve gebunden sind, die gesamte Erzeugungsleistung und Erzeugungsarbeit dieser Anlagen nicht auf den Strommärkten veräußern dürfen. Vielmehr dürfen sie gem. § 3 Abs. 1 S. 1 KapResV ausschließlich auf Anweisung des ÜNB einspeisen. Hierdurch soll sichergestellt werden, dass die Anlagen ausschließlich für den Zweck der Absicherung der Stromversorgung vorgehalten werden und von ihnen keine Beeinträchtigung der Strommärkte ausgeht (BT-Drs. 18/7317, 99). Sobald die Anlagen nicht mehr in der Kapazitätsreserve gebunden sind, müssen sie **aufgrund des Marktrückkehrverbots in Abs. 4 S. 1 Nr. 2 Hs. 1 endgültig stillgelegt werden.** Das Vermarktungs- und das Marktrückkehrverbot werden in § 3 KapResV konkretisiert. Unberührt vom Gebot der ausschließlichen Einspeisung auf Weisung des ÜNB bleiben die nach § 3 Abs. 1 KapResV aufgrund gesetzlicher Vorgaben notwendigen Anfahrvorgänge. Diese Anfahrvorgänge sind dem Netzbetreibern aber unverzüglich mitzuteilen und können im Rahmen des rechtlich und technisch Möglichen auf Verlangen des ÜNB verschoben werden, § 3 Abs. 1 S. 3 f. KapResV. Erzeugungsanlagen und Speichern ist auch die Deckung des Stromeigenbedarfs aus der eigenen Anlage gem. § 3 Abs. 2 S. 2 KapResV untersagt.

23 Abs. 4 S. 1 Nr. 2 Hs. 1 stellt klar, dass vom Stilllegungsgebot sowohl Abs. 2 S. 4 als auch die Regelungen zu Stilllegung von Erzeugungsanlagen nach §§ 13b–13d unberührt bleiben. Durch den Verweis auf Abs. 2 S. 4 wird klargestellt, dass das Stilllegungsgebot erst greift, wenn eine Anlage endgültig nicht mehr an der Kapazitätsreserve teilnimmt. Wiederholte Teilnahmen bleiben den Betreibern unbenommen. Vor diesem Hintergrund stellt § 3 Abs. 2 S. 4 KapResV klar, dass die Teilnahme an einem Beschaffungsverfahren zur Kapazitätsreserve auch keiner verbotenen Veräußerung von Leistung oder Arbeit gleichkommt. Nach dem Ende eines Erbringungszeitraums ist auch eine zwischenzeitliche vorläufige Stilllegung und spätere Teilnahme an einem Beschaffungsverfahren möglich (BT-Drs. 18/7317, 100). Der Vorbehalt im Hinblick auf die §§ 13b–13d dient zur Sicherstellung, dass systemrelevante Anlagen iSv § 13b Abs. 2 S. 2 **nach dem Ende ihrer Bindung in der Kapazitätsreserve in der Netzreserve vorgehalten werden können.** Dies ist zur Gewährleistung der Systemsicherheit erforderlich und angesichts der ebenfalls außermarktlichen Bildung der Netzreserve an sich unproblematisch. Zur strikten Raushaltung systemrelevanter vormaliger Kapazitätsreserveanlagen aus den Strommärkten genügt der Verweis in Abs. 4 S. 1 Nr. 2 Hs. 1 auf §§ 13b–13d jedoch nicht, weil das Marktverbot der Netzreserve nach § 13c Abs. 2 S. 1, Abs. 4 S. 1 nur greift, wenn der Betreiber einer als systemrelevant ausgewiesenen Anlage seinen Anspruch gegen den ÜNB auf Erhaltungs- oder Betriebsbereitschaftsauslagen iSv § 13c Abs. 1 S. 1 Nr. 1, Abs. 3 S. 1 Nr. 1 und 2 sowie S. 2 geltend macht (vgl. BerlKomm-EnergR/*König* EnWG § 13c Rn. 13; NK-EnWG/*Tüngler* § 13c Rn. 10). Nimmt er diese Vergütung nicht in Anspruch, darf er die Anlage zwar nicht stilllegen, sie aber weiterhin am Markt einsetzen. Da § Abs. 4 S. 1 Nr. 2 Hs. 2 keine Einschränkung vornimmt, sondern die Regelungen der Netzreserve gänzlich vom Rückkehrverbot unberührt lässt, eröffnet der Gesetzeswortlaut die Möglichkeit von Markteinsätzen für systemrelevante Erzeugungsanlagen nach Beendigung ihrer Bindung in der Kapazitätsreserve. Dies steht sicherlich im krassen Kontrast zum gesetzgeberisch Gewollten. Eine teleologische Reduktion des Verweises dürfte angesichts der grundrechtsbeschränkenden Wirkung des Vermarktungsverbots und des klaren Wortlauts jedenfalls fraglich sein.

Kapazitätsreserve **§ 13 e**

Betreiber von regelbaren Lasten, die an der Kapazitätsreserve teilnehmen, unter- 24
liegen ebenfalls dem Vermarktungsverbot auf den Strommärkten. Dies ergibt sich
zunächst daraus, dass das Vermarktungsverbot gem. Abs. 4 S. 1 generell die in der
Kapazitätsreserve gebundenen Anlagen betrifft. Zwar deutet die Wortwahl in
Abs. 4 S. 1 Nr. 1, wonach die „Leistung oder Arbeit dieser Anlagen" nicht vermarktet werden darf, eher auf einen Bezug auf Erzeugungsanlagen und Speicher. Jedoch ist das Verbot – auch vor dem Hintergrund der Gleichsetzung von Einspeisung und Bezugsreduktion in Abs. 1 S. 4 – weit zu fassen. Noch mal ganz ausdrücklich wurde das **Vermarktungsverbot für regelbare Lasten** in § 3 Abs. 1 S. 5 KapResV formuliert. Das Marktrückkehrverbot gilt für regelbare Lasten insoweit, als sie infolge einer Bindung in der Kapazitätsreserve gem. Abs. 4 S. 1 Nr. 2 Hs. 2 endgültig nicht mehr an den Ausschreibungen aufgrund einer Verordnung nach § 13i Abs. 1 und 2 teilnehmen dürfen. Hierbei handelt es sich um die Verordnung über Vereinbarungen zu abschaltbaren Lasten (AbLaV). Ein Einsatz an den Strommärkten ist im Übrigen gem. § 3 Abs. 4 KapResV nach Ende des Erbringungszeitraums gestattet. Der Einsatz auf den Märkten für Regelenergie unterliegt jedoch nach § 3 Abs. 5 KapResV Restriktionen. Betreiber regelbarer Lasten können nach § 3 Abs. 5 S. 1 KapResV wählen, ob sie einmalig Reserveleistung für die Kapazitätsreserve bereitstellen wollen und ab Beendigung ihrer Teilnahme ohne Restriktionen an den Märkten für Regelenergie veräußern dürfen (Nr. 1) oder ob sie für zwei direkt aufeinanderfolgende Erbringungszeiträume Reserveleistung für die Kapazitätsreserve bereitstellen wollen und nach Beendigung ihrer Teilnahme für den Zeitraum von zwölf Monaten nicht an den Märkten für Regelenergie veräußern dürfen (Nr. 2).

Mit Abs. 4 S. 2 wird eine **Umgehung von Vermarktungs- und Rückkehr-** 25
verbot ausgeschlossen, indem die Verbote explizit auf die Rechtsnachfolger der
Betreiberunternehmen und auf spätere Erwerber der Anlagen erstreckt werden.
Zudem wird hier klargestellt, dass auch den im Rahmen der Kapazitätsreserve ausschließlich zur Anweisung von Einspeisungen befugten ÜNB keine Vermarktung
erlaubt ist.

C. Monitoring

Ab dem zweiten Erbringungszeitraum steht die Festsetzung des zu bindenden 26
Volumens in Höhe von 2 GW gem. Abs. 2 S. 3 Nr. 2 unter dem Vorbehalt einer
Anpassung. Die Modalitäten dieser Anpassung sind in Abs. 5 geregelt. Zunächst
gibt dessen S. 1 vor, dass das BMWi im Rahmen des Monitorings nach § 63 Abs. 2
S. 1 Nr. 2 erstmals am 31.10.2018 und danach alle zwei Jahre entscheidet, ob eine
Anpassung zu erfolgen hat. Hierdurch soll sichergestellt werden, dass Reserveleistung in dem jeweils erforderlichen Umfang beschafft wird und die gebundene Leistung bei Bedarf angepasst werden kann (BT-Drs. 18/7317, 100). Gemäß dem Folgesatz ist die Entscheidung zu begründen und zu veröffentlichen. Sofern die
Entscheidung für ein Abweichen vom Grundsatz des Abs. 2 S. 3 Nr. 2 fällt, erfolgt
die materiell-gesetzliche Anpassung nach Abs. 5 S. 3 durch oder aufgrund der
Rechtsverordnung nach § 13h oder durch Festlegung der BNetzA nach § 13j
Abs. 4. Die aufgrund von § 13h erlassene KapResV sieht in ihrem § 42 Nr. 1 eine
Festlegungskompetenz der BNetzA zur Änderung der Größe der Kapazitätsreserve vor. Die BNetzA kann aber keine Entscheidung treffen, durch die die
gebundene Reserveleistung fünf Prozent der durchschnittlichen Jahreshöchstlast im
Gebiet der Bundesrepublik Deutschland übersteigen würde, weil eine solche Ent-

Qureischie 719

scheidung gem. Abs. 5 S. 4 nur durch Rechtsverordnung nach § 13h mit Zustimmung des Bundesrats ergehen darf. Die S. 5 bis 7 befassen sich mit der Berechnung der Fünf-Prozent-Hürde.

D. Beendigung der Kapazitätsreserve

27 Mit der Klimaschutz-Sofortprogramm-Novelle ist Abs. 6 eingefügt worden, demzufolge die ÜNB **keine Beschaffungsverfahren mehr durchführen** dürfen, wenn sie innerhalb von drei aufeinanderfolgenden Jahren keine neuen wirksamen Verträge für den Einsatz von Anlagen in der Kapazitätsreserve schließen. Dies dient der Durchführung von Art. 21 Abs. 7 Elt-VO (BT-Drs. 20/1599, 32). Die Verordnungsregelung sieht ebendies vor, um eine „effiziente administrative Abschaffung" des Kapazitätsmechanismus sicherzustellen. Warum gerade Art. 21 Abs. 7 Elt-VO mit einem gewissen Nachlauf Berücksichtigung durch den Bundesgesetzgeber gefunden hat, während andere Anforderungen des europäischen Rechts an Kapazitätsmechanismen weiterhin verfehlt werden (→ Rn. 8), ist nicht ersichtlich.

§ 13f Systemrelevante Gaskraftwerke

(1) ¹Betreiber von Übertragungsnetzen können eine Anlage zur Erzeugung von elektrischer Energie aus Gas mit einer Nennleistung ab 50 Megawatt ganz oder teilweise als systemrelevantes Gaskraftwerk ausweisen, soweit eine Einschränkung der Gasversorgung dieser Anlage mit hinreichender Wahrscheinlichkeit zu einer nicht unerheblichen Gefährdung oder Störung der Sicherheit oder Zuverlässigkeit des Elektrizitätsversorgungssystems führt. ²Die Ausweisung erfolgt in dem Umfang und für den Zeitraum, der erforderlich ist, um die Gefährdung oder Störung abzuwenden. ³Sie soll eine Dauer von 24 Monaten nicht überschreiten, es sei denn, die Systemrelevanz der Anlage wird durch eine Systemanalyse des regelzonenverantwortlichen Betreibers eines Übertragungsnetzes für einen längeren Zeitraum nachgewiesen und von der Bundesnetzagentur bestätigt. ⁴Die Ausweisung bedarf der Genehmigung der Bundesnetzagentur. ⁵Der Betreiber des Übertragungsnetzes hat den Antrag auf Genehmigung unverzüglich nach der Ausweisung bei der Bundesnetzagentur zu stellen und zu begründen. ⁶Er hat dem Anlagenbetreiber unverzüglich eine Kopie von Antrag und Begründung zu übermitteln. ⁷Die Bundesnetzagentur hat den Antrag zu genehmigen, wenn die Anlage systemrelevant im Sinne der Sätze 1 und 2 ist. ⁸§ 13b Absatz 5 Satz 5 bis 7 ist entsprechend anzuwenden. ⁹Der Betreiber des Übertragungsnetzes hat die Ausweisung eines systemrelevanten Gaskraftwerks nach Genehmigung durch die Bundesnetzagentur unverzüglich dem Betreiber der Anlage, den betroffenen Betreibern von Gasversorgungsnetzen sowie dem Betreiber des Elektrizitätsversorgungsnetzes, an das die Anlage angeschlossen ist, mitzuteilen und zu begründen. ¹⁰Die Betreiber von Übertragungsnetzen haben eine Liste mit den systemrelevanten Kraftwerken aufzustellen, diese Liste, falls erforderlich, zu aktualisieren und der Bundesnetzagentur unverzüglich vorzulegen.

(2) ¹Soweit die Ausweisung einer Anlage genehmigt worden ist, sind Betreiber der Erzeugungsanlagen verpflichtet, soweit technisch und rechtlich möglich sowie wirtschaftlich zumutbar, eine Absicherung der Leistung im erforderlichen Umfang durch Inanspruchnahme der vorhandenen Möglichkeiten für einen Brennstoffwechsel vorzunehmen. ²Fallen bei dem Betreiber der Erzeugungsanlage in diesem Zusammenhang Mehrkosten für einen Brennstoffwechsel an, sind diese durch den jeweiligen Betreiber eines Übertragungsnetzes zu erstatten. ³Soweit ein Brennstoffwechsel nicht möglich ist, ist dies gegenüber der Bundesnetzagentur zu begründen und kurzfristig darzulegen, mit welchen anderen Optimierungs- oder Ausbaumaßnahmen der Kapazitätsbedarf befriedigt werden kann. ⁴Die durch den Brennstoffwechsel oder andere Optimierungs- oder Ausbaumaßnahmen entstehenden Kosten des Betreibers von Übertragungsnetzen werden durch Festlegung der Bundesnetzagentur zu einer freiwilligen Selbstverpflichtung der Betreiber von Übertragungsnetzen nach § 11 Absatz 2 Satz 4 und § 32 Absatz 1 Nummer 4 der Anreizregulierungsverordnung in ihrer jeweils geltenden Fassung als verfahrensregulierte Kosten nach Maßgabe der hierfür geltenden Vorgaben anerkannt.

Übersicht

	Rn.
A. Allgemeines	1
I. Entstehungsgeschichte	1
II. Inhalt und Zweck	5
III. Systematische Einordnung	8
B. Genehmigung einer Anlage als systemrelevantes Gaskraftwerk	11
I. Ausweisung systemrelevanter Gaskraftwerke	11
II. Verfahren	16
III. Rechtsfolgen	27
1. Rechtsfolgen für den ÜNB	27
2. Rechtsfolgen für den Anlagenbetreiber	30
IV. Rechtsschutz gegen die Entscheidung	36
V. Festlegungsermächtigung der BNetzA	37

A. Allgemeines

I. Entstehungsgeschichte

Um Inhalt und Zweck der Regelung richtig einzuordnen, muss man die Entste- 1
hungsgeschichte der Norm wahrnehmen. Die in der Norm angelegten Regelungen sind durch das „Dritte Gesetz zur Neuregelung energiewirtschaftsrechtlicher Vorschriften" vom 20.12.2012 (BGBl. 2012 I S. 2730) eingefügt worden (damals als § 13c). Diese Änderungen betrafen neben der Regelung zur Versorgung von Gaskraftwerken, die für die Elektrizitätsversorgung systemrelevant sind, auch besondere Systemsicherheitsanforderungen bei vorläufigen und endgültigen Kraftwerksstilllegungen, in den §§ 13ff. aF Sie sind eine Reaktion auf die kritischen Netzsituationen, die im besonders kalten Winter 2011/2012 aufgetreten sind (s. dazu Bericht zum Zustand der leitungsgebundenen Energieversorgung im Winter

§ 13 f

2011/2012 v. 7.5.2012, abrufbar unter www.bundesnetzagentur.de/SharedDocs/ Mediathek/Berichte/2012/NetzBericht_ZustandWinter11_12pdf.html).

2   Im Zuge des Ausstiegs aus der Atomenergie und der wachsenden Erzeugung von Elektrizität aus Erneuerbaren Energien (EE) tritt der systemstabilisierende Beitrag von konventionellen Erzeugungsanlagen zur Spannungshaltung und Frequenzstützung für die Übertragungsnetze deutlicher hervor. Dieser ist regional erforderlich und wird von den Anlagen zur Erzeugung von Energie aus Sonne und Wind derzeit nicht erbracht.

3   Gaskraftwerke sind traditionell Spitzenlastkraftwerke, die nur einen Bruchteil der 8.760 Stunden im Jahr Energie erzeugen. Sie konkurrieren mit anderen Gasnetznutzern um die Gasnetzkapazitäten. Es ist eine wirtschaftliche Entscheidung für einen Betreiber, ob dieser bei knappen Gasnetzkapazitäten und entsprechenden Preissignalen gesicherte Netzkapazität bucht. Auch ist im Winter 2012 aufgrund der sehr lange, sehr kalten Temperaturen die Situation eingetreten, dass Überlegungen zur Reduzierung der Belieferung von Gasnetzkunden angestellt werden mussten, die auch Gaskraftwerke hätten betreffen können.

4   Aufgrund dieser Erfahrung hat sich der Gesetzgeber zu Anpassungen des Rechtsrahmens veranlasst gesehen, um die Stabilität des Energiesystems zu schützen (BT-Ausschuss für Wirtschaft und Technologie, Ausschuss-Drs. 17(9)970 v. 17.10.2012, 1). Mit den Regelungen sind Eingriffe in die Entscheidungsfreiheit von Anlagenbetreibern verbunden, weshalb es gesetzlicher Regelungen bedurfte. Mit dem StromMG vom 26.7.2016 (BGBl. 2016 I S. 1786) wurden die §§ 13 ff. umfassend reformiert. Die Regelung zur Versorgung systemrelevanter Gaskraftwerke findet sich seither in § 13 f.

II. Inhalt und Zweck

5   Unter den Anlagen zur Erzeugung von elektrischer Energie mit Bedeutung für die Stabilität des Übertragungsnetzes kommt durch § 13 f den Gaskraftwerken mit einer Nennleistung von mehr als 50 MW eine besondere Behandlung zu. Die Vorschrift soll die **ÜNB** in ihrer Aufgabe zur Sicherstellung der Versorgungssicherheit **unterstützen.** ÜNB können Gaskraftwerke ab einer Nennleistung von 50 MW grundsätzlich als systemrelevant ausweisen. Es handelt sich dabei um Anlagen, die im kommerziellen Normalbetrieb sind, soweit sie nicht später infolge einer Stilllegungsanzeige gem. §§ 13b und 13d Bestandteil der Netzreserve werden (→ Rn. 20 ff.). Werden solche Anlagen zur Stilllegung angezeigt, treten etwaige Ausweisungen der Systemrelevanz nach § 13b neben die Ausweisung als systemrelevantes Gaskraftwerk.

6   Die systemrelevante Leistung muss auf den minimalen Umfang beschränkt werden, der erforderlich ist, um die Gefährdung oder Störung abzuwenden. Dabei soll die Ausweisung einen Zeitraum von 24 Monaten nicht überschreiten. Mit dem StromMG wurde die zuvor zwingende Beschränkung der Systemrelevanzausweisung auf einen Zeitraum von maximal 24 Monaten gelockert. Eine längere Ausweisung ist nunmehr möglich, wenn die Systemrelevanz durch eine Systemanalyse des regelzonenverantwortlichen Betreibers eines Übertragungsnetzes für einen längeren Zeitraum nachgewiesen und von der BNetzA bestätigt wird. Durch diese Anpassung der Vorgaben zum Ausweisungszeitraum hat der Gesetzgeber einen Gleichklang zur Regelung bezüglich der Systemrelevanzausweisung von zur endgültigen Stilllegung angezeigten Kraftwerken nach § 13b Abs. 5 S. 9 hergestellt. Hiermit zielte er auf eine Vereinheitlichung der Regelungssystematiken ab (BT-

Drs. 18/7317, 101). Die Notwendigkeit einer solchen Vereinheitlichung ist indes nicht ersichtlich, da die Erwägungen, die der Formulierung von § 13b Abs. 5 S. 9 zugrunde liegen – wie die Gesetzesbegründung selbst feststellt (BT-Drs. 18/7317, 101) – nicht auf die weiterhin am Markt agierenden systemrelevanten Gaskraftwerke übertragbar sind.

Jede Ausweisung einer Anlage als systemrelevant, muss nach Abs. 1 S. 4 von der BNetzA im Einzelfall genehmigt werden. Denn mit der Eigenschaft „systemrelevantes Gaskraftwerk" sind für den Betreiber Verpflichtungen verbunden. Der **Anlagenbetreiber** muss die systemrelevante Stromerzeugung in besonderer Weise sichern. Dafür kommt die Verpflichtung in Betracht, gesicherte Gastransportkapazität vorzuhalten oder eine alternative Brennstoffversorgung zu ermöglichen. Die Verpflichtung, seine Feuerungsanlage bivalent zu erhalten oder aufzurüsten und entsprechend Ersatzbrennstoffe vorzuhalten, ist als Primärpflicht genannt. Soweit ein Brennstoffwechsel rechtlich oder technisch unmöglich oder wirtschaftlich nicht zumutbar ist, findet die Kapazitätsfrage Erwähnung (BT-Ausschuss für Wirtschaft und Technologie, Ausschuss-Drs. 17(9)970 v. 17.10.2012, 33). Dabei geht es um gesicherte Transportkapazität. 7

III. Systematische Einordnung

Die Norm steht im Kanon der alten und neuen **Systemsicherheitsvorschriften** der ÜNB der §§ 12ff. Sie ergänzt dabei die Verpflichtung der ÜNB, Gefährdungen oder Störungen der Sicherheit oder Zuverlässigkeit des Elektrizitätsversorgungssystems durch marktbezogene Maßnahmen nach § 13 Abs. 1 S. 1 Nr. 2 zu beseitigen. Die Absicherung der Leistung, die nach Abs. 2 S. 1 Rechtsfolge einer Systemrelevanzausweisung ist, gewährleistet die Verfügbarkeit der Anlagen, insbesondere für Redispatch-Einsätze nach § 13 Abs. 1 Nr. 2 iVm § 13a (vgl. OLG Düsseldorf Beschl. v. 19.12.2018 – 3 Kart 117/17 (V), Rn. 69, EnWZ 2019, 115 (118)). Die Norm steht dabei in keiner Beziehung zu den Systemrelevanzausweisungen infolge von Stilllegungsanzeigen nach § 13b. Die Stilllegung einer Erzeugungskapazität von mehr als 10 MW ist auch im Falle eines systemrelevanten Gaskraftwerks iSd der vorliegenden Norm nach § 13b Abs. 1 S. 1 dem ÜNB anzuzeigen. 8

Die Norm erfasst – anders als § 13b – Gaskraftwerke, die sich **im kommerziellen Betrieb** befinden. Ihre Regelungswirkung entfaltet sich durch Abs. 2 gegenüber dem Anlagenbetreiber unmittelbar und besonders gegenüber den Betreibern der Gasfernleitungsnetze im Rahmen der Maßnahmen nach § 16. Denn als systemrelevant ausgewiesene Gaskraftwerke können praktisch nicht mehr zu Gasnetzsicherheitsmaßnahmen herangezogen werden. 9

Verweise auf die Norm finden sich in § 11 Abs. 4 S. 3 mit einer Ermächtigung zur Haftungsfreistellung des ÜNB, § 16 Abs. 2a S. 2 im Entscheidungsprogramm für Systemsicherheitsmaßnahmen der Fernleitungsnetzbetreiber, § 59 Abs. 1 S. 2 Nr. 5 als Organisationsnorm für die Entscheidungen der BNetzA und in § 63 Abs. 2a mit einer Berichtspflicht des BMWi. Zur Ausgestaltung des Verfahrens und der Pflichten sind Festlegungskompetenzen der BNetzA in § 13j Abs. 2 Nr. 5–9 vorgesehen. 10

B. Genehmigung einer Anlage als systemrelevantes Gaskraftwerk

I. Ausweisung systemrelevanter Gaskraftwerke

11 ÜNB können bei der BNetzA beantragen, **wenn und soweit** sie es für erforderlich halten, Anlagen zur Erzeugung elektrischer Energie aus Erdgas mit einer Nennleistung ab 50 MW als systemrelevantes Kraftwerk auszuweisen.

12 Die ÜNB sind gemeinschaftlich verpflichtet, eine **Liste** mit systemrelevanten Gaskraftwerken aufzustellen (Abs. 1 S. 10). Diese Liste entfaltet **keine eigene Regelungswirkung** gegenüber den Betreibern. Sie ist nach dem Wortlaut von Abs. 1 S. 10 auch nicht zwingend öffentlich oder den Betreibern der Anlage mitzuteilen, sondern nur der BNetzA vorzulegen. Es findet sich aber eine Liste der von den ÜNB als systemrelevant geführten Gaskraftwerke im Gas-Netzentwicklungsplan (zuletzt Gas-NEP 2020–2030, Entwurf der Fernleitungsnetzbetreiber v. 1.6.2020, S. 40). Zudem führt die BNetzA auf ihrer Website eine Liste ihrer Genehmigungen von Systemrelevanzausweisungen nach § 13 f (www.bundesnetzagentur.de/DE/Sachgebiete/ElektrizitaetundGas/Unternehmen_Institutionen/Versorgungssicherheit/Erzeugungskapazitaeten/Systemrelevante_KW/Systemrel_KW_node.html).

13 Die Funktion der Liste im Gas-NEP könnte darin liegen, die auf Basis regelmäßiger Systemanalysen als systemrelevant erkannten Gaskraftwerke zu kennen. Dies ermöglicht es den ÜNB, sich im gezielten Informationsaustausch mit den Fernleitungsnetzbetreibern oder Anlagenbetreibern (§ 12 Abs. 4 S. 1) über die gebuchten Gastransportkapazitäten und die Möglichkeiten der Ersatzbrennstoffversorgung auszutauschen. Wenn auf Basis dieser regelmäßigen Analysen die Einschränkung der Gasversorgung einer identifizierten Anlage nicht als hinreichend wahrscheinlich erscheint, könnte eine weitere Ausweisung einer Anlage bzw. ihre Genehmigung durch die BNetzA unverhältnismäßig sein.

14 Erfasst werden alle Gaskraftwerke mit einer Nennleistung ab 50 MW, unabhängig von der Spannungsebene des Anschlusses. Es spielt auch keine Rolle, ob der Betrieb des Kraftwerks ausschließlich zur Erzeugung von Elektrizität oder auch zur **Wärmeauskopplung** zB für Zwecke einer Fernwärmeversorgung erfolgt.

15 Die **Nennleistung** bezeichnet die höchste Dauerleistung einer Erzeugungsanlage unter Nennbedingungen, die eine Anlage zum Übergabezeitpunkt erreicht. Bei Kraft-Wärme-Kopplungsanlagen ist die Nennleistung die elektrische Wirkleistung (VGB PowerTech: VGB-Standard, Elektrizitätswirtschaftliche Grundbegriffe, VGB-Standard – S 002-2011-DE, Essen, 1. Ausgabe 2011).

II. Verfahren

16 Jeder regelzonenverantwortliche ÜNB kann eine Anlage zur Erzeugung von elektrischer Energie aus Erdgas mit einer Erzeugungskapazität von mehr als 50 MW gegenüber der BNetzA als systemrelevant anzeigen. Die Anlage muss nicht an sein Netz angeschlossen sein, sie kann zB auf einer unterlagerten Netzebene angeschlossen sein. Die Ausweisung darf sich nur auf die Kapazität und Zeiträume beziehen, für die die Systemrelevanz festgestellt ist. Die Ausweisung kann durch neuerlichen Antrag wiederholt erfolgen.

Systemrelevante Gaskraftwerke § 13 f

Voraussetzung ist die Systemrelevanz für das Übertragungsnetz. § 13 f enthält 17 keine eigene **Definition für die Systemrelevanz.** Diese findet sich in § 13b Abs. 2 S. 2. Demnach ist eine Anlage systemrelevant, wenn „ihre dauerhafte Stilllegung mit hinreichender Wahrscheinlichkeit zu einer nicht unerheblichen Gefährdung oder Störung der Sicherheit oder Zuverlässigkeit des Elektrizitätsversorgungssystems führt und diese Gefährdung oder Störung nicht durch andere angemessene Maßnahmen beseitigt werden kann" (dazu → § 13b Rn. 12f.). Diese Definition findet für die Systemrelevanzprüfung der ÜNB von Gaskraftwerken entsprechende Anwendung.

Während § 13b die Gefährdung des Elektrizitätsversorgungssystems für den Fall 18 einer vorläufigen oder endgültigen Stilllegung einer Anlage zum Gegenstand hat, kann es vorliegend nur um den Fall der Gefährdung durch eine **zeitweise Nichtverfügbarkeit** einer Anlage in bestimmten Netznutzungssituationen gehen, denn die betroffenen Anlagen befinden sich im kommerziellen Normalbetrieb. Es ist also zu prüfen, ob in den relevanten Netznutzungsfällen, eine Nichtverfügbarkeit einer Anlage durch fehlende Gasversorgung zu einer nicht unerheblichen Gefährdung oder Störung des Elektrizitätsversorgungssystems führen kann. Dieser Fall muss mit hinreichender Wahrscheinlichkeit vorliegen.

Als Maßstab dieser doppelten Prognose können die Maßstäbe der Gefahren- 19 abwehr aus dem Polizei- und Ordnungsrecht herangezogen werden. In der Exante-Betrachtung müssen die ÜNB nach diskriminierungsfreien Maßstäben und nach den Regeln der Technik (§ 49 Abs. 1) eine sorgfältige Prognose erstellen. Die Anforderungen müssen mit der Schwere der Schäden durch einen teilweisen Ausfall des Übertragungsnetzes in einem angemessenen Verhältnis stehen, um den Eingriff in die Freiheit der Anlagenbetreiber zu rechtfertigen. Angesichts der hohen, durch einen Netzausfall eintretenden Schäden mit Gefahren auch für Leib und Leben von Menschen, genügt eine verhältnismäßig niedrige Eintrittswahrscheinlichkeit, um die Voraussetzungen als erfüllt anzusehen.

Wird die Ausweisung einer Anlage im Einzelfall der BNetzA zur Genehmigung 20 vorgelegt, so sind die Maßstäbe der Prognoseentscheidung und die Verhältnismäßigkeit des Eingriffs Prüfungsgegenstand der Entscheidung der BNetzA.

Die BNetzA hat den Antrag des ÜNB zu genehmigen, wenn die Anlage nach 21 den dargelegten Maßstäben (→Rn. 20 und auch → § 13b Rn. 12 „Prüfung der Systemrelevanz") systemrelevant ist. Sie ist in ihrer Entscheidung gebunden, wenn die Voraussetzungen vorliegen. Die Genehmigung ergeht gegenüber dem ÜNB als begünstigender Verwaltungsakt mit drittbelastender Wirkung gegenüber dem Anlagenbetreiber. Aus dem Verweis in Abs. 1 S. 8 auf § 13b Abs. 5 S. 5 ergibt sich die Klarstellung, dass die Genehmigung mit Bedingungen oder Auflagen versehen werden kann (vgl. § 36 Abs. 1 VwVfG).

Die Regelung kann nicht herangezogen werden, um Anlagen, die technisch 22 nicht verfügbar sind und nur mit erheblichem finanziellen und technischen Aufwand wieder einsetzbar gemacht werden können, technisch zu **ertüchtigen,** sofern weitere Anlagen in der Netzreserve allgemein (nach § 13d) zur Verfügung stehen (BNetzA Bescheid v. 18.11.2013 – 608-13-13c-1, S. 8).

Bescheidet die BNetzA den Antrag nicht innerhalb von drei Monaten nach Vor- 23 liegen der vollständigen Unterlagen, so tritt grundsätzlich eine **Genehmigungsfiktion** ein, Abs. 2 S. 8 iVm § 13b Abs. 5 S. 6f. (→ § 13b Rn. 21 f.).

Mit der Fiktionswirkung sind normalerweise **gegenüber Dritten** besondere 24 Fragestellungen verbunden, da diese in Ermangelung einer förmlichen Entscheidung der Behörde von der sie betreffenden Belastung keine **Kenntnis** erlangt ha-

§ 13 f Teil 3. Regulierung des Netzbetriebs

ben (s. etwa Stelkens/Bonk/Sachs/*Stelkens* VwVfG § 42a Rn. 55 ff.). Mithin beginnen gegenüber dem Dritten keine **Rechtsmittelfristen** zu laufen. Es gelten für den Dritten jedoch auch die Grundsätze der **Verwirkung**, wenn der Dritte Gelegenheit gehabt hätte, von der Existenz des Verwaltungsaktes Kenntnis zu nehmen und den Begünstigten und den Dritten ein gewisses Gemeinschaftsverhältnis verbindet (Stelkens/Bonk/Sachs/*Stelkens* VwVfG § 42a Rn. 57). Im Einzelnen ist hier auch im allgemeinen Verwaltungsrecht zu dem Instrument der Genehmigungsfiktion mit Drittwirkung noch Einiges offen.

25 Abs. 1 S. 6 sieht vor, dass der ÜNB den betroffenen Anlagenbetreiber über die Ausweisung als systemrelevantes Gaskraftwerk und den Antrag bei der BNetzA durch eine **Kopie des Antrags** und der Begründung informiert. In Kenntnis der gesetzlichen Regelungen eröffnet dies dem Anlagenbetreiber die Möglichkeit der Kenntnisnahme des Verfahrens und auch der Entscheidung der BNetzA. Aufgrund der Genehmigungsfiktion muss der Anlagenbetreiber grundsätzlich davon ausgehen, dass seine Anlage nach spätestens drei Monaten als systemrelevant ausgewiesen ist. Auch die Rechtsfolgen der Entscheidung (→ Rn. 27 ff.) führen dazu, dass der Anlagenbetreiber von der Entscheidung gegenüber dem ÜNB spätestens durch nachfolgende Anfragen des ÜNB Kenntnis erlangen wird.

26 Ob die BNetzA ihre Entscheidung dem betroffenen Anlagenbetreiber gegenüber bekannt gibt, steht in ihrem Ermessen, das im Falle des Verlangens des ÜNB im Regelfall auf null reduziert sein wird (Stelkens/Bonk/Sachs/*Stelkens* VwVfG § 42a Rn. 57).

III. Rechtsfolgen

27 **1. Rechtsfolgen für den ÜNB.** Durch die Entscheidung der BNetzA erhält der ÜNB ein Instrument des **präventiven** Netzsicherheitsmanagements, da er von der gesicherten Verfügbarkeit der Anlagen ausgehen kann. Ihn trifft die Obliegenheit, den Versorgungsstatus mit dem Anlagenbetreiber auszutauschen. Der Anlagenbetreiber ist unterdessen nach Abs. 2 S. 1 verpflichtet, soweit technisch und rechtlich möglich sowie wirtschaftlich zumutbar, eine Absicherung der Leistung im erforderlichen Umfang durch Inanspruchnahme der vorhandenen Möglichkeiten für einen Brennstoffwechsel vorzunehmen. Dies umfasst erforderlichenfalls auch Nachrüstungen. Soweit ein Brennstoffwechsel nicht möglich ist, ist dies nach Abs. 2 S. 3 gegenüber der BNetzA zu begründen und kurzfristig darzulegen, mit welchen anderen Optimierungs- oder Ausbaumaßnahmen der Kapazitätsbedarf befriedigt werden kann. Der Anlagenbetreiber hat nach Abs. 2 S. 2 gegen den jeweiligen ÜNB einen Anspruch auf Erstattung der Mehrkosten für einen Brennstoffwechsel. Die dem ÜNB hierdurch (oder durch anderweitige Optimierungs- oder Ausbaumaßnahmen) entstehenden Kosten sind gem. Abs. 2 S. 4 durch Festlegung der BNetzA zu einer freiwilligen Selbstverpflichtung nach § 11 Abs. 2 S. 4 und § 32 Abs. 1 Nr. 4 ARegV in seine Erlösobergrenze wälzbar. Die Anerkennung als verfahrensregulierte Kosten wurde mit dem StromMG vorgegeben.

28 Soweit auch Anlagenbetreiber unmittelbar durch die Entscheidung verpflichtet werden (→ Rn. 35) stellt sich die Frage, ob den ÜNB eine Obliegenheit trifft, aktive Maßnahmen zur Durchsetzung der Rechtsfolgen und zur Erreichung der gesetzlichen Ziele zu treffen. Angesichts der Gefährdung des gesetzlichen und unternehmerischen Auftrags der ÜNB, die Versorgungssicherheit zu gewährleisten, ist dies zu bejahen. Daraus folgt, dass die ÜNB in den aktiven Informationsaustausch mit den Anlagenbetreibern und den FLNB treten müssen, um die Brennstoffsitua-

tion zu analysieren. § 12 Abs. 4 gibt den ÜNB die notwendigen Informationsansprüche. Das Gas-Kapazitätsbuchungen nach der KoV terminlich gebunden sind ist dabei zu beachten. Anschließend unterliegen die Fernleitungsnetzbetreiber gem. § 15 Abs. 3 dem Bewirtschaftungsgebot und müssen nicht gebuchte Kapazitäten optimal weitervermarkten.

Der ÜNB ist darüber hinaus berechtigt, im Falle eines Versorgungsengpasses im Erdgassystem die nachrangige Abschaltung des Gaskraftwerks im Rahmen des Sicherheitsmanagements der Gasversorgungsnetzbetreiber nach § 16 Abs. 2a S. 2 anzuordnen. Dies kann dazu führen, dass ein Kraftwerk oder dessen Gaslieferant, die nur über einen unterbrechbaren Kapazitätsvertrag verfügen, im Rahmen marktbezogener Maßnahmen des Fernleitungsnetzbetreibers weiter versorgt werden müssen, während Kunden mit gesicherten Kapazitätsverträgen als Notfallmaßnahme in der Versorgung unterbrochen werden (dazu → § 16 Rn. 12). Um diese Entscheidung mit der notwendigen Sorgfalt treffen zu können, ist der ÜNB wohl auch darüber hinaus verpflichtet, mit dem Fernleitungsnetzbetreiber, an den das Kraftwerk gasseitig angeschlossen ist, die notwendigen Informationen auszutauschen und Notfallpläne aufzustellen. 29

2. Rechtsfolgen für den Anlagenbetreiber. Mit der Entscheidung sind für den Anlagenbetreiber Verpflichtungen verbunden. Nach Abs. 2 ist der Betreiber der Erzeugungsanlage verpflichtet, die erforderliche Leistung (gemeint ist hier die Erzeugungsleistung) abzusichern. Dies soll in erster Linie durch Inanspruchnahme der **vorhandenen Möglichkeiten** des Brennstoffwechsels erfolgen. Wenn dies nicht technisch oder rechtlich möglich bzw. wirtschaftlich zumutbar ist, soll die Absicherung der Leistung auf andere Art und Weise erfolgen. Dies ist gegenüber der BNetzA darzulegen. 30

Ausweislich des durch die BNetzA bestätigten Szenariorahmens für den NEP Gas 2020–2030 (BNetzA Entsch. v. 5.12.2019 – 8615-NEP Gas 2020–2030, 65, aufrufbar unter www.google.de/url?sa=t&rct=j&q=&esrc=s&source=web&cd=&ved=2ahUKEwjAsIf3ue3wAhWyhv0HHaOqA9sQFjAAegQIBRAD&url=https%3A%2F%2Fwww.bundesnetzagentur.de%2FSharedDocs%2FDownloads%2FDE%2FSachgebiete%2FEnergie%2FUnternehmen_Institutionen%2FNetzentwicklungUndSmartGrid%2FGas%2FNEP_2020%2FNEP_Gas2020_Bestaetigung_BNetzA.pdf%3F__blob%3DpublicationFile%26v%3D2&usg=AOvVaw0lyLjqK_e9h7T_F2qScBPe) verfügen eine Reihe von Gaskraftwerken über die Möglichkeit des Brennstoffwechsels. Solche Möglichkeiten sind im Falle der Ausweisung als systemrelevantes Gaskraftwerk in Abstimmung mit dem ÜNB zu erhalten und auch in bestimmten Netzsituationen (zB bestimmte Witterungslagen in Wintermonaten) vorzuhalten. 31

Die genannten **Alternativen** bleiben unbestimmt. Der Anlagenbetreiber hat darzulegen, mit welchen anderen Optimierungs- oder Ausbaumaßnahmen der Kapazitätsbedarf befriedigt werden kann. Weder der Wortlaut noch die Gesetzesbegründung erhellen hier die weitergehenden Verpflichtungen. Denkbar ist zunächst die **Buchung fester Kapazitäten** im Gasversorgungsnetz, jedenfalls in den relevanten Zeiträumen. Für Kraftwerke, die auf Verteilernetzebene an ein Gasnetz angeschlossen sind, entspricht dem die Beschaffung einer gesicherten Versorgung des Anschlusspunkts durch den Kraftwerksbetreiber beim Gasverteilernetzbetreiber. 32

Sofern die gesicherte Kapazität nicht verfügbar ist ergeben sich notwendige **Ausbaumaßnahmen.** Zu diesen ist jedoch allenfalls der **Fernleitungsnetz-** 33

§ 13 f Teil 3. Regulierung des Netzbetriebs

betreiber im Zuge des bedarfsgerechten Netzausbaus verpflichtet. Notwendige Ausbaumaßnahmen müssen sich grundsätzlich im Netzentwicklungsplan nach § 15a niederschlagen. Dabei ist jedoch zu berücksichtigen, dass die Maßnahmen im Rahmen des § 13f grundsätzlich einen Zeitraum von 24 Monaten nicht überschreiten sollen. Der Ausbauhorizont des Gas-NEP geht mit einer Betrachtung des Bedarfs in zehn Jahre darüber hinaus. Möglicherweise können aber **intelligente Kapazitätsprodukte** die Versorgungslage des systemrelevanten Gaskraftwerks verbessern.

34 Anspruch auf **Erstattung von Mehrkosten** gegenüber dem ÜNB hat nur der Anlagenbetreiber. Er kann mithin über die Vorratshaltung von Ersatzbrennstoff, notwendige Umrüstungen für einen Brennstoffwechsel oder die Buchung fester Kapazität mit dem ÜNB eine Vereinbarung treffen. Nicht anspruchsberechtigt ist der FLNB für etwaige Optimierungs- oder Ausbaumaßnahmen. Diese gehören zu seinen Netzbetreiberpflichten nach §§ 11 und 15.

35 Die Verpflichtung zur Nutzung vorhandener Möglichkeiten des Brennstoffwechsels steht unter dem Vorbehalt **wirtschaftlicher Zumutbarkeit.** Die Maßnahme muss für den **Anlagenbetreiber** wirtschaftlich zumutbar sein. Dies müsste für den Anlagenbetreiber immer dann der Fall sein, wenn er seine Mehrkosten durch den ÜNB erstattet bekommt. Unzumutbarkeit mag dann vorliegen, wenn über die reinen Mehrkosten der alternativen Brennstoffversorgung wirtschaftliche Folgen hinsichtlich des Primärzwecks der Anlage, zB in der Versorgung bestimmter Kunden zu bestimmten Zeiten, gefährdet werden, weil die Anlage zu Systemsicherheitszwecken die Brennstoffvorräte verwenden müsste. Möglicherweise impliziert diese Formulierung auch, dass der **ÜNB** nicht jegliche denkbaren Mehrkosten erstatten muss, sondern ihm die wirtschaftliche Zumutbarkeit im Sinne der Prüfung anderer, effizienterer Maßnahmen zugänglich ist.

IV. Rechtsschutz gegen die Entscheidung

36 Gegen die Entscheidung der BNetzA kann der Anlagenbetreiber gerichtlichen Rechtsschutz in Form einer Anfechtungsbeschwerde erheben. Wie gegen alle Entscheidungen der BNetzA ist ihm der Rechtsweg ohne Widerspruchsverfahren zum OLG Düsseldorf gem. § 75 Abs. 4 eröffnet. Ist die Entscheidung dem Dritten gegenüber nicht bekannt gemacht worden, gilt nicht die Beschwerdefrist von einem Monat nach § 78 Abs. 1 (zur Frage der Verwirkung → Rn. 28 und 29.) Die Beschwerde hat keine aufschiebende Wirkung (§ 76 Abs. 1), dh der Anlagenbetreiber muss zunächst die notwendigen Maßnahmen nach Abs. 2 einleiten, auch wenn er Rechtsmittel einlegt.

V. Festlegungsermächtigung der BNetzA

37 Die BNetzA kann gem. § 13j durch Festlegung nach § 29 Abs. 1 nähere Bestimmungen treffen
1. zu den Kriterien eines systemrelevanten Gaskraftwerks (§ 13j Abs. 2 Nr. 5),
2. zur Form der Ausweisung, zur nachträglichen Anpassung an neuere Erkenntnisse (§ 13j Abs. 2 Nr. 6),
3. zur Begründung und Nachweisführung des ÜNB (§ 13j Abs. 2 Nr. 7),
4. zur angemessenen Erstattung von Mehrkosten, die auch nach pauschalierten Maßgaben erfolgen kann (§ 13j Abs. 2 Nr. 98) sowie
5. zur Konkretisierung der Verpflichteten (§ 13j Abs. 2 Nr. 9).

§ 13g Stilllegung von Braunkohlekraftwerken

(1) ¹Als Beitrag zur Erreichung der nationalen und europäischen Klimaschutzziele müssen die folgenden Erzeugungsanlagen bis zu dem genannten Kalendertag vorläufig stillgelegt werden (stillzulegende Anlagen), um die Kohlendioxidemissionen im Bereich der Elektrizitätsversorgung zu verringern:
1. bis zum 1. Oktober 2016: Kraftwerk Buschhaus,
2. bis zum 1. Oktober 2017:
   a) Block P des Kraftwerks Frimmersdorf und
   b) Block Q des Kraftwerks Frimmersdorf,
3. bis zum 1. Oktober 2018:
   a) Block E des Kraftwerks Niederaußem,
   b) Block F des Kraftwerks Niederaußem und
   c) Block F des Kraftwerks Jänschwalde,
4. bis zum 1. Oktober 2019:
   a) Block C des Kraftwerks Neurath und
   b) Block E des Kraftwerks Jänschwalde.

²Die stillzulegenden Anlagen dürfen jeweils ab dem in Satz 1 genannten Kalendertag für vier Jahre nicht endgültig stillgelegt werden. ³Nach Ablauf der vier Jahre müssen sie endgültig stillgelegt werden.

(2) ¹Die stillzulegenden Anlagen stehen jeweils ab dem in Absatz 1 Satz 1 genannten Kalendertag bis zu ihrer endgültigen Stilllegung ausschließlich für Anforderungen der Betreiber von Übertragungsnetzen nach Maßgabe des § 1 Absatz 6 der Elektrizitätssicherungsverordnung zur Verfügung (Sicherheitsbereitschaft). ²Dabei dürfen die Betreiber von Übertragungsnetzen die stillzulegenden Anlagen nur entsprechend den zeitlichen Vorgaben nach Absatz 3 Satz 1 anfordern.

(3) ¹Während der Sicherheitsbereitschaft müssen die Betreiber der stillzulegenden Anlagen jederzeit sicherstellen, dass die stillzulegenden Anlagen die folgenden Voraussetzungen erfüllen:
1. die stillzulegenden Anlagen müssen bei einer Vorwarnung durch den zuständigen Betreiber eines Übertragungsnetzes innerhalb von 240 Stunden betriebsbereit sein und
2. die stillzulegenden Anlagen müssen nach Herstellung ihrer Betriebsbereitschaft ab Anforderung durch den zuständigen Betreiber eines Übertragungsnetzes innerhalb von 11 Stunden auf Mindestteilleistung und innerhalb von weiteren 13 Stunden auf Nettonennleistung angefahren werden können.

²Die Betreiber der stillzulegenden Anlagen müssen dem zuständigen Betreiber eines Übertragungsnetzes vor Beginn der Sicherheitsbereitschaft nachweisen, dass ihre stillzulegenden Anlagen die Voraussetzungen nach Satz 1 Nummer 2 erfüllen.

(4) ¹Während der Sicherheitsbereitschaft darf in den stillzulegenden Anlagen Strom nur im Fall eines Einsatzes nach Absatz 2 Satz 1 oder im Fall eines mit dem zuständigen Betreiber eines Übertragungsnetzes abgestimmten Probestarts erzeugt werden. ²Die Betreiber von Übertragungsnetzen müssen die aus den stillzulegenden Anlagen eingespeisten

§ 13 g

Strommengen in ihren Bilanzkreisen führen, dürfen die Strommengen aber nicht auf den Strommärkten veräußern. ³Die Betreiber von Übertragungsnetzen informieren die Marktteilnehmer unverzüglich und auf geeignete Art und Weise über die Vorwarnung und die Anforderung zur Einspeisung einer stillzulegenden Anlage.

(5) ¹Die Betreiber der stillzulegenden Anlagen erhalten für die Sicherheitsbereitschaft und die Stilllegung einer Anlage eine Vergütung nach Maßgabe des Absatzes 7 Satz 1 bis 4 in Höhe der Erlöse, die sie mit der stillzulegenden Anlage in den Strommärkten während der Sicherheitsbereitschaft erzielt hätten, abzüglich der kurzfristig variablen Erzeugungskosten. ²Die Höhe der Vergütung für jede stillzulegende Anlage ergibt sich aus der Formel in der Anlage zu diesem Gesetz. ³Wenn eine stillzulegende Anlage bei einer Vorwarnung durch den Betreiber eines Übertragungsnetzes nicht innerhalb von 288 Stunden ab der Vorwarnung nach Absatz 3 Satz 1 Nummer 1 betriebsbereit ist oder nicht innerhalb der Anfahrzeiten nach Absatz 3 Satz 1 Nummer 2 die angeforderte Leistung im Bereich der üblichen Schwankungen einspeist, verringert sich die Vergütung für die stillzulegende Anlage
1. auf null ab dem 13. Tag, wenn und solange die Voraussetzungen aus arbeitsschutz- oder immissionsschutzrechtlichen Gründen nicht erfüllt werden, oder
2. um jeweils 10 Prozent in einem Jahr der Sicherheitsbereitschaft, wenn die Voraussetzungen aus anderen Gründen nicht erfüllt werden.

⁴Wenn eine stillzulegende Anlage die Voraussetzungen der Sicherheitsbereitschaft vorübergehend nicht erfüllen kann, verringert sich die Vergütung ebenfalls ab dem 13. Tag solange auf null, bis die Voraussetzungen wieder erfüllt werden können. ⁵Dies gilt nicht für mit dem Betreiber eines Übertragungsnetzes abgestimmte Wartungs- und Instandsetzungsarbeiten. ⁶Unbeschadet der Sätze 1 bis 5 werden den Betreibern der stillzulegenden Anlagen nach Maßgabe des Absatzes 7 Satz 5 die im Fall einer Vorwarnung oder der Anforderung zur Einspeisung durch den Betreiber eines Übertragungsnetzes oder im Fall eines Probestarts entstehenden Erzeugungsauslagen erstattet.

(6) ¹Eine stillzulegende Anlage kann abweichend von Absatz 1 Satz 2 mit Ablauf des ersten Jahres der Sicherheitsbereitschaft endgültig stillgelegt werden, wenn der Betreiber das dem zuständigen Betreiber eines Übertragungsnetzes spätestens ein halbes Jahr vorher anzeigt. ²Der Betreiber der vorzeitig endgültig stillgelegten Anlage erhält nach der vorzeitigen endgültigen Stilllegung nur noch eine einmalige Abschlussvergütung nach Maßgabe des Absatzes 7 Satz 1, 2 und 6. ³Diese Abschlussvergütung wird pauschal festgesetzt und entspricht der Vergütung, die dem Betreiber für die stillzulegende Anlage im ersten Jahr der Sicherheitsbereitschaft erstattet wurde. ⁴Unbeschadet des Satzes 1 kann eine stillzulegende Anlage auf Antrag des Betreibers und nach Genehmigung durch die Bundesnetzagentur jederzeit endgültig stillgelegt werden, wenn sie die Voraussetzungen der Sicherheitsbereitschaft dauerhaft nicht oder nur unter unverhältnismäßigem Aufwand erfüllen kann; in diesem Fall entfällt mit Wirkung ab der endgültigen Stilllegung der Vergütungsanspruch nach Absatz 5 für

§ 13 g

diese stillzulegende Anlage; die Sätze 2 und 3 finden in diesem Fall keine Anwendung.

(7) ¹Die Höhe der Vergütung nach Absatz 5 oder 6 wird durch die Bundesnetzagentur festgesetzt. ²Der Betreiber einer stillzulegenden Anlage hat gegen den zuständigen Betreiber eines Übertragungsnetzes einen Vergütungsanspruch in der von der Bundesnetzagentur festgesetzten Höhe. ³Die Vergütung nach Absatz 5 Satz 1 und 2 wird jährlich im Voraus gezahlt, zahlbar monatlich in zwölf gleichen Abschlägen. ⁴Die endgültige Abrechnung eines Bereitschaftsjahres erfolgt – soweit erforderlich – spätestens zum 1. Januar des folgenden Kalenderjahres. ⁵Die Erzeugungsauslagen nach Absatz 5 Satz 6 werden von den Betreibern der Übertragungsnetze nach Ablauf eines Bereitschaftsjahres spätestens zum 1. Januar des folgenden Kalenderjahres gesondert erstattet. ⁶Die Vergütung nach Absatz 6 wird nach Ablauf des ersten Bereitschaftsjahres spätestens zum 1. Januar des folgenden Kalenderjahres abgerechnet. ⁷Die Betreiber von Übertragungsnetzen rechnen Bilanzkreisunterspeisungen und Bilanzkreisüberspeisungen für die Fahrplanviertelstunden, in denen eine Anforderung zur Einspeisung erfolgt ist, im Rahmen der Ausgleichsenergieabrechnung nach § 8 Absatz 2 der Stromnetzzugangsverordnung ab. ⁸Die Betreiber von Übertragungsnetzen dürfen die ihnen nach den Absätzen 5 und 6 entstehenden Kosten nach Abzug der entstehenden Erlöse über die Netzentgelte geltend machen. ⁹Die Kosten mit Ausnahme der Erzeugungsauslagen nach Absatz 5 Satz 6 gelten als dauerhaft nicht beeinflussbare Kostenanteile nach § 11 Absatz 2 Satz 1 der Anreizregulierungsverordnung. ¹⁰Im Übrigen ist § 13 e Absatz 3 Satz 5 und 6 entsprechend anzuwenden.

(8) ¹Das Bundesministerium für Wirtschaft und Energie überprüft im Einvernehmen mit dem Bundesministerium für Umwelt, Naturschutz und nukleare Sicherheit bis zum 30. Juni 2018, in welchem Umfang Kohlendioxidemissionen durch die Stilllegung der stillzulegenden Anlagen zusätzlich eingespart werden. ²Sofern bei der Überprüfung zum 30. Juni 2018 absehbar ist, dass durch die Stilllegung der stillzulegenden Anlagen nicht 12,5 Millionen Tonnen Kohlendioxidemissionen ab dem Jahr 2020 zusätzlich eingespart werden, legt jeder Betreiber von stillzulegenden Anlagen bis zum 31. Dezember 2018 in Abstimmung mit dem Bundesministerium für Wirtschaft und Energie einen Vorschlag vor, mit welchen geeigneten zusätzlichen Maßnahmen er beginnend ab dem Jahr 2019 jährlich zusätzliche Kohlendioxidemissionen einsparen wird. ³Die zusätzlichen Maßnahmen aller Betreiber von stillzulegenden Anlagen müssen insgesamt dazu führen, dass dadurch zusammen mit der Stilllegung der stillzulegenden Anlagen 12,5 Millionen Tonnen Kohlendioxid im Jahr 2020 zusätzlich eingespart werden, wobei die Betreiber gemeinsam zusätzlich zu den Einsparungen durch die Stilllegung der stillzulegenden Anlagen nicht mehr als insgesamt 1,5 Millionen Tonnen Kohlendioxid einsparen müssen. ⁴Sofern keine Einigung zu den zusätzlichen Maßnahmen erreicht wird, kann die Bundesregierung nach Anhörung der Betreiber durch Rechtsverordnung nach § 13i Absatz 5 weitere Maßnahmen zur Kohlendioxideinsparung in der Braunkohlewirtschaft erlassen.

§ 13 g

Anlage
(zu § 13 g)

Berechnung der Vergütung

1. Die Entschädigung der Betreiber von stillzulegenden Anlagen nach § 13 g wird nach folgender Formel festgesetzt:

$$V_{it} = \left[P_t + RD_i + RE_i + O_i + W_i - \left(RHB_i + \frac{C_i}{E_i} \cdot EUA_t \right) \right] \cdot E_i + (H_{it} + FSB_{it} - FHIST_i)$$

2. Ergibt sich bei der Berechnung der Summe aus Hit + FSB_{it} – $FHIST_i$ ein Wert kleiner null, wird der Wert der Summe mit null festgesetzt.
3. Im Sinne dieser Anlage ist oder sind:

Vit   die Vergütung, die ein Betreiber für eine stillzulegende Anlage i in einem Jahr t der Sicherheitsbereitschaft erhält, in Euro,

P_t der rechnerisch ermittelte jahresdurchschnittliche Preis aller verfügbaren Handelstage im Zeitraum vom 1. Oktober 2014 bis zum 30. September 2015 für die beiden für das jeweilige Jahr der Sicherheitsbereitschaft t relevanten Phelix-BaseFutures am Terminmarkt der Energiebörse European Energy Exchange AG in Leipzig für die jeweilige Preiszone in Euro je Megawattstunde; der Preis für die Lieferung im ersten für das jeweilige Sicherheitsbereitschaftsjahr relevanten Kalenderjahr geht dabei zu einem Viertel und der Preis für die Lieferung im darauffolgenden Kalenderjahr zu drei Vierteln in die Berechnung ein; soweit an der Energiebörse noch kein Preis des Futures für ein relevantes Lieferjahr ermittelt wurde, wird der Preis für das letzte verfügbare relevante Lieferjahr in Ansatz gebracht,

RD_i die für eine stillzulegende Anlage i von dem Betreiber nachgewiesenen Erlöse für Anpassungen der Einspeisung nach § 13 a als jährlicher Durchschnitt der Jahre 2012 bis 2014 in Euro je Megawattstunde,

RE_i die für eine stillzulegende Anlage i von dem Betreiber nachgewiesenen Regelenergieerlöse als jährlicher Durchschnitt der Jahre 2012 bis 2014 in Euro je Megawattstunde,

O_i die für eine stillzulegende Anlage i von dem Betreiber nachgewiesenen Optimierungsmehrerlöse in den Jahren 2012 bis 2014 gegenüber dem jahresdurchschnittlichen Spotmarktpreis als jährlicher Durchschnitt der Jahre 2012 bis 2014 in Euro je Megawattstunde,

W_i die für eine stillzulegende Anlage i von dem Betreiber nachgewiesenen Wärmelieferungserlöse als jährlicher Durchschnitt der Jahre 2012 bis 2014 in Euro je Megawattstunde,

RHB_i die für eine stillzulegende Anlage i von dem Betreiber nachgewiesenen kurzfristig variablen Betriebskosten für Brennstoffe, Logistik sowie sonstige Roh-, Hilfs- und Betriebsstoffe zur Erzeugung einer Megawattstunde Strom als jährlicher Durchschnitt der Jahre 2012 bis 2014 in Euro je Megawattstunde; bei konzernintern bezogenen Lieferungen und Leistungen bleiben etwaige Margen außer Betracht (Zwischenergebniseliminierung); wenn Kraftwerksbetrieb und Tagebaubetrieb bei verschiedenen Gesellschaften liegen, sind für Brennstoffe und Logistik die variablen Förder- und Logistikkosten der Tagebaugesellschaften zu berücksichtigen; im Falle eines Eigentümerwechsels in den Jahren 2012 oder 2013 kann der Betreiber auf die Daten aus dem Jahr 2014 abstellen, wobei konzerninterne Eigentümerwechsel nicht berücksichtigt werden; bei den variablen Logistikkosten kann ausnahmsweise auf die Belieferung mit Braunkohle aus dem nächstgelegenen Tagebau abgestellt werden, sofern die Belieferung in dem maßgeblichen Zeitraum zu mehr als 60 Prozent aus diesem Tagebau erfolgte; bei den variablen Brennstoffkosten kann bei einer Mischbelieferung aus verschiedenen Tagebauen ein Tagebau unberücksichtigt bleiben, wenn dieser Tagebau im maßgeblichen Zeitraum zu mehr als 90 Prozent ausgekohlt war,

C_i die für eine stillzulegende Anlage i von dem Betreiber nachgewiesenen Kohlendioxidemissionen als jährlicher Durchschnitt der Jahre 2012 bis 2014 in Tonnen Kohlendioxid; im Falle eines Eigentümerwechsels in den Jahren 2012 oder 2013 kann der Betreiber auf die Daten aus dem Jahr 2014 abstellen, wobei konzerninterne Eigentümerwechsel nicht berücksichtigt werden,

E_i die für eine stillzulegende Anlage i von dem Betreiber nachgewiesene an das Netz der allgemeinen Versorgung und in Eigenversorgungsnetze abgegebene Strommenge der stillzulegenden Anlage (Netto-Stromerzeugung) als jährlicher Durchschnitt der Jahre 2012 bis 2014 in Megawattstunden; im Falle eines Eigentümerwechsels in den Jahren 2012 oder 2013 kann der Betreiber auf die Daten aus dem Jahr 2014 abstellen, wobei konzerninterne Eigentümerwechsel nicht berücksichtigt werden,

EUA_t der rechnerisch ermittelte jahresdurchschnittliche Preis aller verfügbaren Handelstage im Zeitraum vom 1. Oktober 2014 bis zum 30. September 2015 für die beiden für das jeweilige Jahr der Sicherheitsbereitschaft t relevanten Jahresfutures für Emissionsberechtigungen (EUA) am Terminmarkt der Energiebörse European Energy Exchange AG in Leipzig für die jeweilige Preiszone in Euro je Tonne Kohlendioxid; der Preis für die Lieferung im ersten für das jeweilige Sicherheitsbereitschaftsjahr relevanten Kalenderjahr geht dabei zu einem Viertel und der Preis für die Lieferung im darauffolgenden Kalenderjahr zu drei Vierteln in die Berechnung ein; soweit an der Energiebörse noch kein Preis des Jahresfutures für ein relevantes Lieferjahr ermittelt wurde, wird der Preis für das letzte verfügbare relevante Lieferjahr in Ansatz gebracht,

H_{it} die für eine stillzulegende Anlage i in einem Jahr t der Sicherheitsbereitschaft von dem Betreiber nachgewiesenen Kosten zur Herstellung der Sicherheitsbereitschaft mit Blick auf die Stilllegung in Euro; in der Sicherheitsbereitschaft werden auch nachgewiesene Kosten zur Herstellung der Sicherheitsbereitschaft berücksichtigt, die vor Beginn der Sicherheitsbereitschaft entstanden sind,

§ 13g Teil 3. Regulierung des Netzbetriebs

FSB_{it} die für eine stillzulegende Anlage i in einem Jahr t der Sicherheitsbereitschaft von dem Betreiber nachgewiesenen fixen Betriebskosten während der Sicherheitsbereitschaft in Euro; in der Sicherheitsbereitschaft werden auch nachgewiesene fixe Betriebskosten der Sicherheitsbereitschaft berücksichtigt, die vor Beginn der Sicherheitsbereitschaft entstanden sind,

$FHIST_i$ die für eine stillzulegende Anlage i von dem Betreiber nachgewiesenen fixen Betriebskosten ohne Tagebau und Logistik als jährlicher Durchschnitt der Jahre 2012 bis 2014 in Euro; im Falle eines Eigentümerwechsels in den Jahren 2012 oder 2013 kann der Betreiber auf die Daten aus dem Jahr 2014 abstellen, wobei konzerninterne Eigentümerwechsel nicht berücksichtigt werden,

i die jeweilige stillzulegende Anlage und

t das jeweilige Jahr der Sicherheitsbereitschaft, das sich jeweils auf den Zeitraum vom 1. Oktober bis 30. September erstreckt.

Übersicht

	Rn.
A. Allgemeines	1
I. Inhalt	1
II. Entstehungsgeschichte, Zweck, Beihilfe	2
III. Zusammenhang mit dem KVBG	6
B. Stillzulegende Anlagen und Modalitäten in der Sicherheitsbereitschaft (Abs. 1 – Abs. 4)	8
I. Stillzulegende Anlagen (Abs. 1)	8
II. Sicherheitsbereitschaft (Abs. 2)	11
III. Anforderungen in der Sicherheitsbereitschaft (Abs. 3)	15
IV. Vorgaben zur Stromeinspeisung (Abs. 4)	18
C. Vergütung, vorzeitige endgültige Stilllegung und Refinanzierung (Abs. 5 – Abs. 7)	21
I. Vergütungssystematik, -positionen und -höhe (Abs. 5 S. 1, S. 2 sowie die Anlage zum EnWG	21
II. Vergütungsverringernde Umstände (Abs. 5 S. 3–5)	32
III. Erzeugungsauslagen (Abs. 5 S. 6)	36
IV. Vorzeitige endgültige Stilllegung (Abs. 6)	38
V. Festsetzung der Vergütung durch die BNetzA und Abrechnungsmodalitäten (Abs. 7 S. 1 – S. 6)	43
VI. Refinanzierung der den ÜNB durch die Sicherheitsbereitschaft entstehenden Kosten (Abs. 7 S. 7 – S. 10)	48
D. Monitoring zur Kohlendioxideinsparung (Abs. 8)	50

Literatur: *BMWi,* Evaluierung der Braunkohle-Sicherheitsbereitschaft – Bericht des Bundesministeriums für Wirtschaft und Energie im Einvernehmen mit dem Bundesministerium für Umwelt, Naturschutz und nukleare Sicherheit nach § 13g Absatz 8 des Energiewirtschaftsgesetzes, www.bmwk.de/Redaktion/DE/Publikationen/Industrie/evaluierung-der-braunkohle-sicherheitsbereitschaft.html (zit. BMWi Evaluierung Sicherheitsbereitschaft); *Öko Institut e. V./Prognos AG,* Evaluierung der Emissionsminderungen der Braunkohle-Sicherheits-Bereitschaft – Studie im Auftrag des Bundesministeriums für Wirtschaft und Energie – Dezember 2018, www.bmwk.de/Redaktion/DE/Publikationen/Industrie/evaluierung-der-emissions

minderungen-der-braunkohle-sicherheits-bereitschaft.html (zit. Öko Institut/Prognos Emissionsminderungen Sicherheitsbereitschaft); *Rosin/Michaelis/Spiekermann/Will,* Rechts- und Anwendungsfragen des Strommarktgesetzes, in: Recht und Energie, Liber Amicorum für Ulrich Büdenbender zum 70. Geburtstag, Hrsg. Rosin/Uhle, 2018, S. 561 ff. (zit. *Rosin et al.* FS Büdenbender).

A. Allgemeines

I. Inhalt

§ 13g enthält Regelungen zur Stilllegung und Sicherheitsbereitschaft von **Braunkohlekraftwerken.** Abs. 1 benennt die Braunkohlekraftwerksblöcke, die aus Klimaschutzgründen von den Betreibern zunächst vorläufig und nach Ablauf von vier Jahren in der Sicherheitsbereitschaft endgültig stillgelegt werden müssen. Abs. 2 enthält eine Legaldefinition der Sicherheitsbereitschaft. Abs. 3 trifft Vorgaben zur Betriebs- und Anfahrbereitschaft für die Braunkohleanlagen in der Sicherheitsbereitschaft. In Abs. 4 werden ein Vermarktungsverbot und weitere Modalitäten während der Sicherheitsbereitschaft geregelt. Abs. 5 trifft iVm der Anlage des EnWG zu § 13g Regelungen zur Vergütung der Anlagenbetreiber für die Sicherheitsbereitschaft und die anschließende endgültige Stilllegung eines Braunkohlekraftwerks. Abs. 6 betrifft die Möglichkeit Anlagen vor dem Ablauf von vier Jahren in der Sicherheitsbereitschaft vorzeitig endgültig stillzulegen sowie die diesbezüglichen Modalitäten. Abs. 7 enthält die Rechtsgrundlage für die BNetzA zur Festsetzung der von den Übertragungsnetzbetreibern zu zahlenden Vergütung für die Anlagen in der Sicherheitsbereitschaft sowie Einzelheiten zum Vergütungsanspruch der Anlagenbetreiber. Zudem trifft Abs. 7 Vorgaben zur Refinanzierung der den Übertragungsnetzbetreibern entstehenden Kosten durch die Vergütung der Anlagenbetreiber für die Sicherheitsbereitschaft. Abs. 8 enthält Vorgaben zur Überprüfung der Wirksamkeit des § 13g in Bezug auf die Reduzierung von Kohlendioxidemissionen und benennt Maßnahmen für den Fall der Zielverfehlung.

II. Entstehungsgeschichte, Zweck, Beihilfe

§ 13g wurde durch das Strommarktgesetz als Beitrag zur Erreichung der nationalen und europäischen **Klimaschutzziele** eingeführt (BT-Drs. 18/7317, 53; vgl. auch Abs. 1, → Rn. 8). Vorangegangen war das von der Bundesregierung am 3.12.2014 beschlossene **Aktionsprogramm Klimaschutz 2020** (BT-Drs. 18/3484). Das Aktionsprogramm Klimaschutz wurde verabschiedet, weil der Bundesrepublik Deutschland drohte ohne weitere Maßnahmen das nationale Ziel zur Reduktion von Treibhausgasemissionen für das Jahr 2020 zu verfehlen (BT-Drs. 18/7317, 53). Dieses Ziel sah vor, dass Deutschland die Treibhausgasemissionen bis zum Jahr 2020 um 40 Prozent im Vergleich zum Jahr 1990 verringert (BT-Drs. 18/7317, 53; BT-Drs. 18/3484, 7). Das Aktionsprogramm Klimaschutz 2014 sieht vor, dass alle Sektoren einen Beitrag zur Emissionsminderung erbringen müssen. Unter anderem sollen danach 22 Mio. t Kohlendioxid unter besonderer Berücksichtigung des Stromsektors und des europäischen Zertifikatehandels eingespart werden (BT-Drs. 18/3484, 22; BT-Drs. 18/7317, 53).

Durch die Stilllegung von älteren und ineffizienteren Braunkohlekraftwerksblöcken nach § 13g sollen die Kohlendioxidemissionen im Bereich der Elektrizitätsversorgung und insbesondere in der Braunkohlewirtschaft verringert werden, da

Braunkohlekraftwerke besonders hohe spezifische Kohlendioxidemissionen aufweisen (vgl. BT-Drs. 18/7317, 101 f.). Zudem sollen die Braunkohleanlagen in der Sicherheitsbereitschaft für länger andauernde und mit einer gewissen Vorlaufzeit vorhersehbare Extremsituationen eine letzte zusätzliche Absicherung **(ultima ratio)** für die Stromversorgung sein (vgl. BT-Drs. 18/7317, 53 (96, 103); → Rn. 13).

4 Auf Grundlage des § 13g werden ca. 13 Prozent der 2016 installierten Braunkohleleistung aus dem Markt genommen, indem acht Braunkohlekraftwerksblöcke mit einer Nettonennleistung von insgesamt 2.730 MW schrittweise zunächst in die Sicherheitsbereitschaft überführt und nach einem Zeitraum von vier Jahren endgültig stillgelegt werden (BMWi Evaluierung Sicherheitsbereitschaft, S. 2; BT-Drs. 18/7317, 102; zu der **Versorgungsreserve** für manche Blöcke → Rn. 11). 18/7317, 102). Mit der Einführung des § 13g im Jahr 2016 wurde als Ziel avisiert, durch die Stilllegung der acht Braunkohleblöcke nach Abs. 1 S. 1 in Deutschland zusätzlich 12,5 Mio. t Kohlendioxid ab dem Jahr 2020 einzusparen (vgl. Abs. 8, → Rn. 50 ff.; BT-Drs. 18/7317, 101 (111)). Die Evaluierung der Sicherheitsbereitschaft 2018 ergab, dass dieses Ziel für das untersuchte Jahr 2020 je nach zugrunde gelegter Berechnungsmethode mit 11,8 bzw. 11,9 Mio. t Kohlendioxideinsparung knapp verfehlt oder mit 14,6 bzw. 15,0 Mio. t Kohlendioxideinsparung sogar übertroffen werden wird (vgl. Öko Institut/Prognos Emissionsminderungen Sicherheitsbereitschaft, 44; BMWi Evaluierung Sicherheitsbereitschaft, S. 4 f.; → Rn. 50 ff.).

5 Am 27.5.2016 hat die EU-Kommission festgestellt, dass die von Deutschland geplante Maßnahme (§ 13g), die in der Gewährung einer Vergütung für die zunächst vorläufige und schließlich endgültige Stilllegung von Braunkohlekraftwerksblöcken besteht, auf der Grundlage des Art. 107 Abs. 3 lit. c AEUV **mit dem Binnenmarkt vereinbar** ist (staatliche Beihilfe SA.42536, 27.5.2016, C(2016) 3124 final, 18).

III. Zusammenhang mit dem KVBG

6 Da die durch § 13g adressierten acht Braunkohleblöcke nicht in Anlage 2 des KVBG aufgeführt sind, bleibt die Regelung des § 13g durch das KVBG unberührt (vgl. § 1 Abs. 2 KVBG). Die Stilllegung der durch § 13g adressierten Braunkohleblöcke richtet sich folglich ausschließlich nach dem EnWG.

7 Nach dem Kohleausstiegsgesetz (BGBl. 2020 I S. 1818) sollten die Braunkohleblöcke Jänschwalde A und B sowie Niederaußem H oder G vor ihrer endgültigen Stilllegung in eine Sicherheitsbereitschaft nach Maßgabe des § 13g Abs. 9 aF überführt werden (vgl. § 40 Abs. 1 KVBG iVm Anlage 2 des KVBG idF vom 8.8.2020). Der im Rahmen des Kohleausstiegsgesetzes eingeführte § 13g Abs. 9 sowie die diesbezügliche Anlage 2 zum EnWG (BGBl. 2020 I S. 1818 (1849, 1851)) sind jedoch mit Gesetz vom 21.12.2020 (BGBl. 2020 I S. 3138) aufgehoben worden. Für die Braunkohleblöcke Jänschwalde A und B sowie Niederaußem H oder G gilt seitdem, dass sie zu den in Anlage 2 zum KVBG bestimmten Zeitpunkten zunächst vorläufig stillgelegt und damit in eine **zeitlich gestreckte Stilllegung** überführt und anschließend endgültig stillgelegt werden (§ 50 Abs. 1 S. 1 KVBG). Die Regelung zur zeitlich gestreckten Stilllegung nach § 50 KVBG ist stark an die Regelung des § 13g angelehnt. Die Anlagen stehen in beiden Fällen nur in Extremsituationen nach Maßgabe des § 1 Abs. 6 EltSV nachrangig zum Abruf zur Verfügung (§ 50 Abs. 2 KVBG; → Rn. 11 ff.). Unterschiede der Sicherheitsbereitschaft zur zeitlich gestreckten Stilllegung gibt es etwa in Bezug auf den jeweiligen Zeitpunkt und die Dauer der Anlagen in den Systemen sowie die Vergütungsformel.

B. Stillzulegende Anlagen und Modalitäten in der Sicherheitsbereitschaft (Abs. 1 – Abs. 4)

I. Stillzulegende Anlagen (Abs. 1)

Als Beitrag zur Erreichung der nationalen und europäischen Klimaschutzziele 8 müssen acht mit Braunkohle befeuerte Erzeugungsanlagen zu dem in Abs. 1 S. 1 genannten Kalendertag vorläufig stillgelegt werden (stillzulegende Anlagen), um die Kohlendioxidemissionen im Bereich der Elektrizitätsversorgung zu verringern. Abs. 1 S. 1 enthält damit auch eine **Legaldefinition** der nach § 13g **stillzulegenden Anlagen**. Die stillzulegenden Anlagen dürfen jeweils ab dem in Abs. 1 S. 1 genannten Kalendertag für vier Jahre nicht endgültig stillgelegt werden (Abs. 1 S. 2). Sie werden mit der vorläufigen Stilllegung vollständig konserviert (BT-Drs. 18/7317, 102). Nach Ablauf der vier Jahre müssen sie endgültig stillgelegt werden (Abs. 1 S. 3) und zwar iSd § 13b Abs. 3 S. 2 Alt. 1 (BT-Drs. 18/7317, 102; zu der Versorgungsreserve für manche Blöcke →Rn. 11).

Die nachfolgende Tabelle enthält eine **Übersicht** der Beteiligten, den nach 9 Abs. 1 S. 1 stillzulegenden Braunkohleanlagen einschließlich deren Nummer in der Kraftwerksliste der BNetzA (BNA-Nummer), dem jeweiligen Datum des Beginns der Sicherheitsbereitschaft sowie dem Datum der endgültigen Stilllegung nach Ablauf von vier Jahren in der Sicherheitsbereitschaft (vgl. BT-Drs. 18/7317, 102):

ÜNB	Kraftwerksbetreiber	Braunkohleanlage	Netto-Nennleistung[1]	Beginn Sicherheitsbereitschaft/ vorläufige Stilllegung	Datum endgültige Stilllegung (vorbehaltlich Abs. 6)
TenneT TSO GmbH	HSR GmbH (MIBRAG)	**Buschhaus** Abs. 1 S. 1 Nr. 1 (BNA0439)	352 MW	1.10.2016	30.9.2020
Amprion GmbH	RWE Power AG	**Frimmersdorf Block P** Abs. 1 S. 1 Nr. 2a) (BNA0313)	284 MW	1.10.2017	30.9.2021
Amprion GmbH	RWE Power AG	**Frimmersdorf Block Q** Abs. 1 S. 1 Nr. 2b) (BNA314)	278 MW	1.10.2017	30.9.2021

---

[1] Entsprechend der Kraftwerksliste der Bundesnetzagentur (bundesweit; alle Netz- und Umspannebenen) Stand 19.1.2021, abrufbar über den Pfad: www.bundesnetzagentur.de/Fachthemen/Elektrizität und Gas/Versorgungssicherheit/Erzeugungskapazitäten/Kraftwerksliste; nach der Kraftwerksliste der BNetzA vom 31.5.2022 haben die Blöcke Jänschwalde E und F 500 MW Nettonennleistung. Fraglich ist, wie diese Erhöhung nach Überführung in die Sicherheitsbereitschaft iRd § 13g zu behandeln ist.

ÜNB	Kraftwerksbetreiber	Braunkohleanlage	Netto-Nennleistung[1]	Beginn Sicherheitsbereitschaft/ vorläufige Stilllegung	Datum endgültige Stilllegung (vorbehaltlich Abs. 6)
Amprion GmbH	RWE Power AG	**Niederaußem Block E** Abs. 1 S. 1 Nr. 3a) (BNA0713)	295 MW	1.10.2018	30.9.2022
Amprion GmbH	RWE Power AG	**Niederaußem Block F** Abs. 1 S. 1 Nr. 3b) (BNA0706)	299 MW	1.10.2018	30.9.2022
Amprion GmbH	RWE Power AG	**Neurath Block C** Abs. 1 S. 1 Nr. 4a) (BNA0698)	292 MW	1.10.2019	30.9.2023
50 Hertz Transmission GmbH	LEAG	**Jänschwalde Block F** Abs. 1 S. 1 Nr. 3c) (BNA0790)	465 MW	1.10.2018	30.9.2022
50 Hertz Transmission GmbH	LEAG	**Jänschwalde Block E** Abs. 1 S. 1 Nr. 4b) (BNA0789)	465 MW	1.10.2019	30.9.2023
			2730 MW Gesamt		

10 Falls ein Anlagenbetreiber vorsätzlich oder fahrlässig entgegen Abs. 1 S. 1 oder S. 3 eine dort genannte Anlage nicht oder nicht rechtzeitig stilllegt, handelt er ordnungswidrig nach § 95 Abs. 1 Nr. 3h (vorbehaltlich eines Verbleibs in der Versorgungsreserve, → Rn. 11).

II. Sicherheitsbereitschaft (Abs. 2)

11 Nach Abs. 2 S. 1 stehen die stillzulegenden Anlagen jeweils ab dem in Abs. 1 S. 1 genannten Kalendertag (→ Rn. 9, Spalte Beginn Sicherheitsbereitschaft) bis zu ihrer endgültigen Stilllegung ausschließlich für Anforderungen der ÜNB nach Maßgabe des § 1 Abs. 6 EltSV zur Verfügung (Sicherheitsbereitschaft). Abs. 2 S. 1 enthält folglich eine **Legaldefinition der Sicherheitsbereitschaft**. Abweichend zu den Vorgaben in § 13g sieht § 50d Abs. 1 S. 1 aufgrund der Ausnahmesituation am Gasmarkt vor, dass die Anlagen nach § 13g Abs. 1 S. 1 Nr. 3 und 4, also Niederaußem Block E und F, Jänschwalde Block E und F sowie Neurath Block C ab dem 1.10.2022 bis zum 31.3.2024 in eine „*Versorgungsreserve*" überführt werden. Nach Abs. 2 S. 1 stehen die stillzulegenden Anlagen jeweils ab dem in Abs. 1 S. 1 genannten Kalendertag (→ Rn. 9, Spalte Beginn Sicherheitsbereitschaft) bis zu ihrer end-

Stilllegung von Braunkohlekraftwerken § 13 g

gültigen Stilllegung ausschließlich für Anforderungen der ÜNB nach Maßgabe des § 1 Abs. 6 EltSV zur Verfügung (Sicherheitsbereitschaft). Abs. 2 S. 1 enthält folglich eine Legaldefinition der Sicherheitsbereitschaft. Abweichend zu den Vorgaben in § 13g sieht § 50d Abs. 1 S. 1 aufgrund der Ausnahmesituation am Gasmarkt vor, dass die Anlagen nach § 13g Abs. 1 S. 1 Nr. 3 und 4, also Niederaußem Block E und F, Jänschwalde Block E und F sowie Neurath Block C ab dem 1.10.2022 bis zum 31.3.2024 in eine „Versorgungsreserve" überführt werden. Die Europäische Kommission hat die beihilferechtliche Genehmigung für die befristete Versorgungsreserve Braunkohle erteilt (State Aid SA.103662 (2022/N) v. 30.9.2022 C(2022) 7105 final). Durch diese Genehmigung ist § 50d am 30.9.2022 in Kraft getreten (Art. 6 Abs. 2 ErsatzkraftwerkeG 2022). Die Bundesregierung hat noch an demselben Tag von ihrer Verordnungskompetenz nach § 50d Abs. 2 S. 2 Gebrauch gemacht und bestimmt, dass im Zeitraum vom 1.10.2022 bis zum 30.6.2023 die Anlagen in der Versorgungsreserve während der aktivierten Alarm- oder Notfallstufe des Notfallplans Gas am Strommarkt teilnehmen dürfen (§ 1 VersResAbV; dazu auch → §§ 50a – 50j Rn. 24ff.).

Nach § 1 Abs. 6 EltSV sind die ÜNB **zur Deckung des lebenswichtigen Be-** **12** **darfs an Elektrizität** (§ 1 Abs. 1 EltSV) berechtigt und verpflichtet, die Gefährdung oder Störung nach Maßgabe des § 13g Abs. 2 EnWG durch den Abruf von stillzulegenden Anlagen während der Sicherheitsbereitschaft der stillzulegenden Anlagen zu beseitigen, soweit der Lastverteiler keine gegenteilige Verfügung erlassen hat. Sinn und Zweck sowie die Art des Verweises des Abs. 2 S. 1 auf den § 1 Abs. 6 EltSV („nach Maßgabe des") sprechen dafür, dass diese Regelung unabhängig von der Anwendbarkeit der EltSV nach § 6 Abs. 2 EltSV zu beachten ist.

Aufgrund Abs. 2 S. 1 und des Verweises auf § 1 Abs. 6 EltSV darf ein Einsatz der **13** stillzulegenden Anlagen in der Sicherheitsbereitschaft nur als **ultima ratio** für die Gewährleistung der Systemstabilität erfolgen (s. BT-Drs. 18/7317, 103). In der Rangfolge bedeutet dies, dass ein Einsatz von Anlagen in der Sicherheitsbereitschaft erst in Frage kommt, wenn selbst Maßnahmen nach § 13 Abs. 2 S. 1 nicht ausreichen, um eine zur Deckung des lebenswichtigen Bedarfs an Elektrizität vorliegende Gefährdung abzuwenden oder eine bereits eingetretene Störung zu beseitigen (s. BT-Drs. 18/7317, 103; → § 13 Rn. 202). Zu solchen nicht anders lösbaren Extremsituationen dürfte es nur in Fällen höherer Gewalt kommen können, etwa bei andauernden Wetterextremen, „z. B. wenn auf Grund von zu hohen Temperaturen oder zu niedrigen Pegelständen der Flüsse ein Kühlwassermangel in Kraftwerken absehbar ist oder durch lang anhaltende zugefrorene Flüsse die Brennstoffversorgung von Kraftwerken eingeschränkt wird" (BT-Drs. 18/7317, 96). Ein Einsatz von Anlagen in der Sicherheitsbereitschaft für die Netz- oder Kapazitätsreserve scheidet unter anderem aufgrund Abs. 2 S. 1 aus (s. auch BT-Drs. 18/7317, 103).

Die ÜNB dürfen die stillzulegenden Anlagen in der Sicherheitsbereitschaft nur **14** entsprechend den zeitlichen Vorgaben nach Abs. 3 S. 1 anfordern (Abs. 2 S. 2).

III. Anforderungen in der Sicherheitsbereitschaft (Abs. 3)

Während der gesamten Dauer der Sicherheitsbereitschaft müssen die Anlagen- **15** betreiber jederzeit sicherstellen, dass die stillzulegenden Anlagen zwei Voraussetzungen erfüllen, damit in einer Extremsituation ein Einsatz erfolgen kann (vgl. Abs. 3 S. 1; BT-Drs. 18/7317, 103). Die erste Voraussetzung ist, dass die stillzulegenden Anlagen bei einer Vorwarnung durch den zuständigen ÜNB innerhalb von 240 Stunden betriebsbereit sein müssen (Abs. 3 S. 1 Nr. 1). Innerhalb dieser **Vor-**

§ 13 g

warnzeit muss den Anlagen auch die Braunkohle zugeführt werden (vgl. BT-Drs. 18/7317, 103). Die Vorwarnzeit soll den Betreibern der Anlagen in der Sicherheitsbereitschaft genügend Zeit geben, die konservierten Anlagen in Betriebsbereitschaft zu versetzen und die notwendigen Maßnahmen zur Einhaltung aller rechtlichen Anforderungen (etwa der BetrSichV) vorzunehmen (vgl. BT-Drs. 18/7317, 103).

16 Die zweite Anforderung ist, dass die Anlagen in der Sicherheitsbereitschaft nach **Herstellung ihrer Betriebsbereitschaft** (Abs. 3 S. 1 Nr. 1) ab Anforderung durch den für die Regelzone zuständigen ÜNB innerhalb von 11 Stunden auf Mindestteilleistung und innerhalb von weiteren 13 Stunden auf Nettonennleistung angefahren werden können (Abs. 3 S. 1 Nr. 2). Dabei sind die Zeitpunkte zum Anfahren auf Mindestteilleistung bzw. Nettonennleistung minutengenau einzuhalten und die Abweichung der Leistung darf nur im Bereich der üblichen Schwankungen liegen (einstelliger Prozentbereich, s. BT-Drs. 18/7317, 103).

17 Die Betreiber der stillzulegenden Anlagen müssen dem regelzonenverantwortlichen ÜNB vor Beginn der Sicherheitsbereitschaft **nachweisen,** dass ihre stillzulegenden Anlagen die Anforderung zur Anfahrbereitschaft (Abs. 3 S. 1 Nr. 2) erfüllen (Abs. 3 S. 2). Hierfür soll kein Probestart, sondern ein Funktionstest der Anlage noch während des Betriebs am Strommarkt vor Überführung in die Sicherheitsbereitschaft durchgeführt werden (s. BT-Drs. 18/7317, 103).

IV. Vorgaben zur Stromeinspeisung (Abs. 4)

18 Während der Sicherheitsbereitschaft darf in den stillzulegenden Anlagen Strom nur im Fall eines Einsatzes nach Abs. 2 S. 1 (→ Rn. 11 ff.) oder im Falle eines mit dem zuständigen ÜNB abgestimmten Probestarts erzeugt werden (Abs. 4 S. 1). Grundsätzlich gibt es keinen Bedarf für Probestarts während der Sicherheitsbereitschaft (vgl. BT-Drs. 18/7317, 104). Falls ein Anlagenbetreiber vorsätzlich oder fahrlässig entgegen Abs. 4 S. 1 Strom erzeugt, handelt er ordnungswidrig nach § 95 Abs. 1 Nr. 3i (nicht einschlägig in der Versorgungsreserve, → Rn. 11).

19 Nach Abs. 4 S. 2 müssen die ÜNB die aus den stillzulegenden Anlagen eingespeisten Strommengen – sollte es zu solchen kommen – in ihren Bilanzkreisen führen, dürfen die Strommengen aber nicht auf den Strommärkten veräußern. Demnach gilt für etwaig mit den Anlagen in der Sicherheitsbereitschaft erzeugten Strom ein **Vermarktungsverbot** für die Betreiber und die ÜNB (Abs. 4 S. 1 iVm S. 2; vgl. BT-Drs. 18/7317, 103 f.; nicht einschlägig in der Versorgungsreserve, → Rn. 11).

20 Abs. 4 S. 3 gibt den ÜNB vor, die Marktteilnehmer unverzüglich und auf geeignete Art und Weise über die Vorwarnung und die Anforderung zur Einspeisung einer stillzulegenden Anlage zu informieren. Hierfür haben die ÜNB eine Veröffentlichung auf ihrer gemeinsamen Homepage netztransparenz.de vorgesehen (www.netztransparenz.de/EnWG/Sicherheitsbereitschaft). Da bisher noch keine Vorwarnung oder Anforderung zur Einspeisung einer Anlage in der Sicherheitsbereitschaft durch einen ÜNB erforderlich war, ist auf der Homepage kein Eintrag vorhanden (Stand 5. 12. 2022).

C. Vergütung, vorzeitige endgültige Stilllegung und Refinanzierung (Abs. 5 – Abs. 7)

I. Vergütungssystematik, -positionen und -höhe (Abs. 5 S. 1, S. 2 sowie die Anlage zum EnWG)

Der Vergütungsanspruch wird in Abs. 5 S. 1 grob beschrieben. Die genaue Berechnung der Vergütungshöhe ergibt sich aus der Formel in der **Anlage zum EnWG** (Abs. 5 S. 2; vgl. BT-Drs. 18/7317, 104). Grob kann man sagen, die Anlagenbetreiber erhalten vom jeweils regelzonenverantwortlichen ÜNB als Entschädigung für die Sicherheitsbereitschaft und die endgültige Stilllegung eines nach Abs. 1 S. 1 stillzulegenden Braunkohlekraftwerks (→Rn. 9) eine von der BNetzA festgesetzte Vergütung (nach Maßgabe des Abs. 7 S. 1 bis 4) in Höhe der Erlöse, die sie – berechnet auf Grundlage gesetzlich festgelegter Zeiträume in der Vergangenheit – mit der stillzulegenden Anlage an den Strommärkten während der Sicherheitsbereitschaft erzielt hätten, abzüglich der (ersparten) kurzfristig variablen Erzeugungskosten (Abs. 5 S. 1 iVm Abs. 7 S. 2). Die Ermittlung der Vergütungsanspruchshöhe basiert laut der Berechnungsformel in der Anlage zum EnWG auf einer Prognose auf Basis historischer Werte. Die jeweils historischen Einnahmen und Ausgaben aus der jüngeren Vergangenheit sind für die Ermittlung der entgangenen Erlöse und ersparten Aufwendungen der Sicherheitsbereitschaftsjahre maßgeblich. Der maßgebliche Referenzzeitraum für die Bestimmung der entgangenen Strommarkteinnahmen am Terminmarkt (P_t) und für die Bestimmung des Preises für den Erwerb von Emissionsberechtigungen (EUA_t) ist gemäß Ziffer 3 der Anlage zum EnWG statisch der historische Handelszeitraum vom 1.10.2014 bis zum 30.9.2015. Die anderen Kostenpositionen der Berechnungsformel sind grundsätzlich unter Zugrundelegung jährlicher Durchschnittswerte der Jahre 2012 bis 2014 zu bestimmen. Daneben erhalten die Anlagenbetreiber die im Falle eines Einsatzes entstehenden Erzeugungsauslagen (Abs. 5 S. 6 →Rn. 36f.). Die Vergütung ist für die Anlagenbetreiber die **Kompensation** für die durch § 13g auferlegten Verpflichtungen, welche auch eine **staatliche Indienstnahme** darstellen (vgl. BerlKommEnergieR/*Ruttloff*/*Lippert* EnWG § 13g Rn. 12 und Rn. 23; *Rosin et al.* FS Büdenbender, S. 561 (583)). 21

Die genaue Höhe der **Vergütung** für jede stillzulegende Anlage (→Rn. 9) wird nach der Formel in Ziffer 1 der **Anlage zum EnWG** berechnet: 22

$$V_{it} = \left[P_t + RD_i + RE_i + O_i + W_i - \left(RHB_i + \frac{C_i}{E_i} \cdot EUA_t \right) \right] \cdot E_i + (H_{it} + FSB_{it} - FHIST_i)$$

In Ziffer 3 der Anlage zum EnWG werden die Formelbestandteile legaldefiniert. In der Formel steht „V_{it}" für die Vergütung, die ein Betreiber für eine stillzulegende Anlage („i") in einem Jahr der Sicherheitsbereitschaft („t") in EUR erhält. Das jeweilige Jahr der Sicherheitsbereitschaft, also ein **Sicherheitsbereitschaftsjahr** („t") erstreckt sich beginnend mit dem jeweiligen Eintrittsjahr nach Abs. 1 S. 1 (→Rn. 9) jeweils auf den Zeitraum vom 1.10. bis zum 30.9. des Folgejahres (vgl. letzte Zeile der Ziffer 3 der Anlage zum EnWG). **Gesamthaft ausgedrückt,** besteht der Vergütungsanspruch nach dieser Formel in Höhe der Erlöse, die ein Anlagenbetreiber mit der stillzulegenden Anlage auf den Strommärkten und für die Erbringung von Systemdienstleistungen während der Sicherheitsbereitschaft erzielt

§ 13 g   Teil 3. Regulierung des Netzbetriebs

hätte, abzüglich der kurzfristig variablen Erzeugungskosten (vgl. Abs. 5 S. 1) und gegebenenfalls zuzüglich einer Auslagenerstattung (vgl. BNetzA Beschl. v. 28.5.2018 – BK8-17/3006-R, S. 9, abrufbar über den Pfad www.bundesnetzagentur.de/Be schluskammern/Beschlussdatenbank). Indem das Gesetz dergestalt als repräsentativ bewertete Kosten und Erlöse der Vergangenheit zum Maßstab der stilllegungs- und sicherheitsbereitschaftsbedingten Kosten- und Erlösbestimmung erhebt, überwindet es im Interesse der Rechtssicherheit die Schwierigkeit der Darlegung und des Beweises hypothetischer Geschehensabläufe. Dabei obliegt die Darlegung und der Nachweis der angefallenen repräsentativen historischen Kosten und Erlöse nach dem klaren Wortlaut zu den einzelnen Formelbestandteilen in Ziffer 3 der Anlage zum EnWG („nachgewiesenen" – Kosten und Erlöse –) dem Anlagenbetreiber.

23   Die Vergütungsformel kann in drei Bestandteile unterteilt werden. Der **erste Teil der Vergütungsformel** in Ziffer 1 der Anlage zum EnWG („$P_t + RD_i + RE_i + O_i + W_i$") besteht aus den möglichen Erlösen die ein Anlagenbetreiber mit der stillzulegenden Anlage auf den Strommärkten und für die Erbringung von Systemdienstleistungen oder für Wärmelieferungen während der Sicherheitsbereitschaft erzielt hätte, also den entgangenen Einnahmen. Nicht alle Erlösquellen sind für alle Anlagen einschlägig. Hierbei steht „P_t" für die entgangenen Einnahmen aus dem Terminmarkt, „RD_i" für die entgangenen Einnahmen aus Redispatch-Einsätzen. Beim Redispatch ist davon auszugehen, dass die Einspeisung des konkreten Kraftwerksblocks in einer bestimmten Stunde entweder erhöht oder, im Falle des negativen Redispatch, eingesenkt wird. Vergleicht man die stündlichen Redispatchmengen und Einspeisungen so kann es bei der Vermarktung von Kraftwerkspools hier zu Unschärfen kommen (BNetzA Beschl. v. 2.10.2020, BK8-18/1001-R, S. 14ff.). Nicht möglich ist es aber zB für der Ermittlung der entgangenen Erlöse anzunehmen, dass die maximale Einspeisung die Nennleistung des Kraftwerksblocks überschreitet.

24   In der Vergütungsformel steht „RE_i" für die entgangenen Regelenergieerlöse, „O_i" für die entgangenen Optimierungsmehrerlöse und „W_i" für die entgangenen Wärmelieferungserlöse, wobei auch hier jeweils auf die nach Ziffer 3 der Anlage zum EnWG maßgeblichen Betrachtungszeiträume abzustellen ist (vgl. BNetzA Beschl. v. 28.5.2018 – BK8-17/3006-R, S. 10).

25   Das Gesetz enthält keine abschließende Definition des Begriffs „Optimierungsmehrerlöse". In Abgrenzung zu den entgangenen Erlösen am Strommarkt für langfristige Produkte, dem Stromterminmarkt, und in Abgrenzung zu den Erlösen an den Märkten für spezifische Systemdienstleistungen, den Regelenergiemärkten, handelt es sich nach herrschender Praxis der BNetzA bei den Optimierungsmehrerlösen um solche Erlöse, die der Braunkohlekraftwerksbetreiber am Strommarkt für kurzfristige Handelsprodukte, dem Spotmarkt, erwirtschaftet hat (BNetzA Beschl. v. 28.5.2018 – BK8-17/3006-R, S. 16). Wie von der BNetzA herausgearbeitet, spricht hierfür auch der vom Gesetz vorgegebene Vergleichsmaßstab:

> „*Der durchschnittliche Preis am Spotmarkt eines bestimmten Zeitraums der jüngeren Vergangenheit. Dieser indiziert bereits, dass mit Optimierungsmehrerlösen die entgangenen Mehreinnahmen aus dem Handel an eben diesem Spot Markt gemeint sein müssen. Dasselbe folgt auch daraus, dass der Referenzzeitraum für die fiktiven Mehreinnahmen und der Referenzzeitraum des zu seiner Ermittlung vom Gesetz aufgestellten Vergleichsmaßstabs, die durchschnittlichen Spotmarktpreise an der Strombörse, identisch sind, nämlich der Zeitraum der Jahre 2012 bis 2014*" (BNetzA Beschl. v. 28.5.2018 – BK8-17/3006-R, S. 16).

Gesamthaft betrachtet, sieht das Gesetz also mit der Erlöskomponente O_i eine Kompensation für entgangene Erlöse aus kurzfristigen Optimierungen am Spot-

Stilllegung von Braunkohlekraftwerken § 13g

markt vor (so BNetzA Beschl. v. 28.5.2018 – BK8-17/3006-R, S. 16, s. dort S. 14ff. auch in Auseinandersetzung mit einer abweichenden Berechnungsmöglichkeit).

Nach dem **zweiten Teil der Vergütungsformel** in Ziffer 1 der Anlage zum 26 EnWG (RHB$_i$ + C$_i$ ÷ E$_i$ * EUA$_t$) werden die von den entgangenen Einnahmen abzuziehenden ersparten Aufwendungen in Form der kurzfristig variablen Erzeugungskosten, die ohne Sicherheitsbereitschaft angefallen wären, berechnet (vgl. BNetzA Beschl. v. 28.5.2018 – BK8-17/3006-R, S. 10). Hierbei steht „RHB$_i$" für die für eine stillzulegende Anlage „i" von dem Betreiber nachgewiesenen kurzfristig variablen Betriebskosten für Brennstoffe, Logistik sowie sonstige Roh-, Hilfs- und Betriebsstoffe zur Erzeugung einer Megawattstunde Strom – grundsätzlich – als jährlicher Durchschnitt der Jahre 2012 bis 2014 in EUR je MWh (s. Ziffer 3 der Anlage zum EnWG). Die Herausforderung besteht darin, die kurzfristig variablen Betriebskosten von den fixen Betriebskosten des Anlagenbetreibers abzugrenzen. Für die Abgrenzung müssen die Umstände des Kraftwerks im Einzelfall berücksichtigt werden. Übergreifend kann man jedoch sagen, dass die Kostenanteile, welche unmittelbar kausal dem einzelnen Stromerzeugungsvorgang zuzurechnen sind – also in unmittelbaren Zusammenhang mit der Fahrweise des Kraftwerks stehen – variable Betriebskosten iSd § 13g darstellen. Demgegenüber sind Kostenanteile, welche lediglich mittelbar der Stromproduktion dienenden betrieblichen Maßnahmen zuzurechnen sind fixe Betriebskosten iSd § 13g (BNetzA Beschl. v. 28.5.2018 – BK8-17/3006-R, S. 20). Diese Abgrenzungsweise ergibt sich aus Ziffer 3 der Anlage zum EnWG, in der nicht nur ausdrücklich zwischen „kurzfristig variablen Betriebskosten" (RHB$_i$) und „fixen Betriebskosten" (FHISt$_i$) unterschieden wird, sondern durch die Formulierung „zur Erzeugung einer Megawattstunde Strom" (RHB$_i$) auch der maßgebliche Zusammenhang deutlich wird.

Die kurzfristig variablen Betriebskosten für Brennstoffe (variable Brennstoff- 27 kosten) sind die Kosten für die Förderung des Primärenergieträgers Braunkohle als Brennstoff für die Stromerzeugung, also die Kosten der Tagebauförderung (BNetzA Beschl. v. 28.5.2018 – BK8-17/3006-R, S. 21). Auch hier kommt es wiederum auf die Verhältnisse des für die Stromerzeugung der konkreten Anlage herangezogenen Tagebaus an und macht eine Betrachtung des Einzelfalls erforderlich. Für die Berechnung der variablen Brennstoffkosten sind richtigerweise die verbrauchsabhängigen Anteile der Instandhaltungs- und sonstigen unmittelbar zur Gewinnung einer t Kohle anfallenden Kosten der Arbeitskosten, insbesondere betreffend den Stromeigenverbrauch des Tagebaus, sowie der Personalkosten zu berücksichtigen (BNetzA Beschl. v. 28.5.2018 – BK8-17/3006-R, S. 21). Nicht im unmittelbaren Zusammenhang mit der einsatzbedingten Kohleförderung stehende Kosten, also kurz- bzw. mittelfristig unveränderbare Kosten, zB Gemeinkosten, Abschreibungen und Rückstellungen können im Rahmen der variablen Brennstoffkosten nicht berücksichtigt werden; gleiches gilt für die mittelfristig fixen Betriebskosten eines Tagebaus, wie etwa die Kosten der Rekultivierung, der Wasserwirtschaft und des Lärmschutzes (BNetzA Beschl. v. 28.5.2018 – BK8-17/3006-R, S. 21 ff.).

Der Wert „C$_i$" steht für die für eine stillzulegende Anlage („i") von dem Betrei- 28 ber nachgewiesenen Kohlendioxidemissionen und „E$_i$" für die für eine stillzulegende Anlage („i") von dem Betreiber nachgewiesene an das Netz der allgemeinen Versorgung und in Eigenversorgungsnetze abgegebene Strommenge der stillzulegenden Anlage (Netto-Stromerzeugung), wobei jeweils auf die nach Ziffer 3 der Anlage zum EnWG maßgeblichen Betrachtungszeiträume abzustellen ist. Der Wert „EUA$_t$" steht für den rechnerisch ermittelten jahresdurchschnittlichen Preis

§ 13 g   Teil 3. Regulierung des Netzbetriebs

aller verfügbaren Handelstage im Zeitraum vom 1.10.2014 bis zum 30.9.2015 für die beiden für das jeweilige Jahr der Sicherheitsbereitschaft („t") relevanten Jahresfutures für Emissionsberechtigungen (EUA) am Terminmarkt der Energiebörse European Energy Exchange AG in Leipzig für die jeweilige Preiszone in EUR je t Kohlendioxid (im Detail Ziffer 3 der Anlage zum EnWG). Die Bestimmung von an Marktplätzen bestimmten Preisen wird durch die historische Betrachtung aufgelöst und vereinfacht. Gerade bei einem CO_2 – Preis ist angesichts steigender CO_2 – Kosten und erst recht nach Einführung einer fixen CO_2 – Abgabe die historische Betrachtung ausgesprochen vorteilhaft für die Anlagenbetreiber.

29 Das Ergebnis nach Abzug der ersparten Aufwendungen (RHB_i + C_i ÷ E_i ★ EUA_t) von den entgangenen Einnahmen (P_t + RD_i + RE_i + O_i + W_i) beziffert den errechneten **entgangenen Erlös** des Anlagenbetreibers und ist der wesentliche Vergütungsbestandteil.

30 Nach dem dritten **Teil der Vergütungsformel** in Ziffer 1 der Anlage zum EnWG (H_{it} + FSB_{it} – $FHIST_i$) kann der Vergütung für den errechneten entgangenen Erlös des Anlagenbetreibers eine **Auslagenerstattung** hinzukommen. Der Auslagenerstattungsanspruch führt für ein Sicherheitsbereitschaftsjahr jedoch nur dann zu einer Mehrvergütung, wenn die Kosten für die Herstellung der Sicherheitsbereitschaft („H_{it}") und die fixen Betriebskosten während des jeweiligen Jahres der Sicherheitsbereitschaft („FSB_{it}"), die angenommenen historischen (vermiedenen) fixen Betriebskosten der Anlage – grundsätzlich als jährlicher Durchschnitt der Jahre 2012 bis 2014 – ($FHIST_i$) übersteigen (vgl. BNetzA Beschl. v. 17.7.2019 – BK8-17/3009-R, S. 12).

31 In der Begründung des Gesetzentwurfs ist eine umfangreiche Tabelle enthalten, welche wesentliche berücksichtigungsfähige Kostenpositionen der Herstellung der Sicherheitsbereitschaft („H_{it}") in den Zeilen 2.1, 5 und 8.1, der fixen Betriebskosten („FSB_{it}") in der Zeile 2.2 sowie nicht berücksichtigungsfähige Kostenpositionen in den Zeilen 3, 6, 8.2 und 9 aufführt (vgl. BT-Drs. 18/7317, 104 sowie die Tabelle auf S. 105–109).

II. Vergütungsverringernde Umstände (Abs. 5 S. 3–5)

32 Falls ein Anlagenbetreiber die Anforderungen in der Sicherheitsbereitschaft nach Abs. 3 erheblich verletzt, verringert sich seine nach der Anlage zum EnWG von der BNetzA festgesetzte Vergütung in Abhängigkeit von der Schwere des Verstoßes nach Abs. 5 S. 3. Danach gilt, wenn eine stillzulegende Anlage bei einer Vorwarnung durch den ÜNB nicht innerhalb von 288 Stunden ab der Vorwarnung nach Abs. 3 S. 1 Nr. 1 betriebsbereit ist **oder** nicht innerhalb der Anfahrzeiten nach Abs. 3 S. 1 Nr. 2 die angeforderte Leistung im Bereich der üblichen Schwankungen einspeist, verringert sich die Vergütung für die stillzulegende Anlage **auf null** ab dem 13. Tag, wenn und solange die Voraussetzungen aus **arbeitsschutz- oder immissionsschutzrechtlichen Gründen** nicht erfüllt werden (Abs. 5 S. 3 Nr. 1), **oder** um **jeweils 10 Prozent** in einem Jahr der Sicherheitsbereitschaft, wenn die Voraussetzungen **aus anderen Gründen** nicht erfüllt werden (Abs. 5 S. 3 Nr. 2).

33 Eine Einspeisung im Bereich der üblichen Schwankungen iSd Abs. 5 S. 3 liegt vor, wenn die Abweichung von der angeforderten Leistung im einstelligen Prozentbereich liegt (BT-Drs. 18/7317, 104). Bei mehrfachen Verstößen in einem Jahr der Sicherheitsbereitschaft muss die Vergütung auch entsprechend mehrfach gekürzt werden; ein Ermessen wird insoweit gesetzlich nicht eingeräumt (missverständlich BT-Drs. 18/7317, 104). Der Vergütungsanspruch kann sich nach Abs. 5

Stilllegung von Braunkohlekraftwerken § 13 g

S. 3 maximal auf null verringern, aber sich nicht in eine Zahlungsverpflichtung des Betreibers umkehren (vgl. BT-Drs. 18/7317, 104). Im Falle einer Vergütungsminderung können die ÜNB auch nur die entsprechend geminderte Vergütung im Rahmen ihrer Erlösobergrenze über die Netzentgelte refinanzieren (im Detail BNetzA Beschl. v. 28.5.2018 – BK8-17/3006-R, S. 34).

Die Regelung in **Abs. 5 S. 4** worin es heißt: „wenn eine stillzulegende Anlage 34 die Voraussetzungen der Sicherheitsbereitschaft vorübergehend nicht erfüllen kann, verringert sich die Vergütung ebenfalls ab dem 13. Tag solange auf null, bis die Voraussetzungen wieder erfüllt werden können", bezieht sich nur auf den Abs. 5 S. 3 Nr. 2 (bzw. ist nur für diesen konstitutiv). Dies wird durch die Formulierung „**ebenfalls** ab dem 13. Tag solange auf null" deutlich, wodurch eindeutig auf den Abs. 5 S. 3 Nr. 1 Bezug genommen wird, welcher diese zeitliche Regelungswirkung bereits in sich trägt: „ab dem 13. Tag, wenn **und solange**". Falls ein Anlagenbetreiber also die Voraussetzungen in der Sicherheitsbereitschaft aus anderen Gründen als arbeitsschutz- oder immissionsschutzrechtlichen (Abs. 5 S. 3 Nr. 2) **vorübergehend** nicht erfüllt, verringert sich die Vergütung ebenfalls ab dem 13. Tag solange auf null, bis die Voraussetzungen wieder erfüllt werden können. Was eine vorübergehende Nichterfüllung in diesem Sinne sein soll, wird in § 13 g nicht erläutert. Die Systematik der Norm spricht dafür, dass die Vergütungsverringerung um jeweils 10 Prozent in einem Jahr der Sicherheitsbereitschaft nach Abs. 5 S. 3 Nr. 2 den Fall einer **dauerhaften Nichterfüllung** der Voraussetzungen in einem Jahr der Sicherheitsbereitschaft betrifft. Dies spricht dafür eine **vorübergehende Nichterfüllung** iSd Abs. 5 S. 4 solange anzunehmen, wie eine Verringerung der Vergütung ab dem 13. Tag des Verstoßes auf null in Summe nicht die Schwelle von 10 Prozent der Vergütung in einem Jahr der Sicherheitsbereitschaft erreicht hat.

In **Abs. 5 S. 5** heißt es etwas unpräzise: „Dies gilt nicht für mit dem Betreiber 35 eines Übertragungsnetzes abgestimmte Wartungs- und Instandsetzungsarbeiten". Nach dem Sinn und Zweck dürfte dies so zu verstehen sein, dass es für mit dem regelzonenverantwortlichen ÜNB abgestimmte Wartungs- und Instandsetzungsarbeiten zu keiner Verringerung der Vergütung kommt, also für diesen Fall Abs. 5 S. 3 und S. 4 keine Anwendung finden.

III. Erzeugungsauslagen (Abs. 5 S. 6)

Nach Abs. 5 S. 6 werden den Betreibern der stillzulegenden Anlagen (→ Rn. 9) 36 unbeschadet der S. 1 bis 5 des Abs. 5 nach Maßgabe des Abs. 7 S. 5 die im Fall einer Vorwarnung oder der Anforderung zur Einspeisung durch den ÜNB oder im Fall eines Probestarts entstehenden **Erzeugungsauslagen** erstattet. Durch die Formulierung „unbeschadet" wird deutlich, dass die einsatzbedingten Erzeugungsauslagen, welche durch eine Anweisung des ÜNB entstehen, nicht durch die Vergütung nach Abs. 5 S. 1 bzw. S. 2 iVm der Anlage zum EnWG abgedeckt sind, sondern zusätzlich erstattet werden (vgl. BT-Drs. 18/7317, 105). Zudem wird dadurch klargestellt, dass die Erzeugungsauslagen nicht nach Abs. 5 S. 3 und S. 4 verringert werden können (vgl. auch BT-Drs. 18/7317, 104).

Die Erzeugungsauslagen sind die **einsatzbedingten Kosten** des Betreibers (BT- 37 Drs. 18/7317, 105). Darunter fallen die notwendigen Auslagen eines Betreibers für: eine konkrete Einspeisung, die zugehörige Logistik (anteilig) sowie (anteilig) die angeschlossenen Tagebausysteme (BT-Drs. 18/7317, 105 sowie die Zeilen 1, 4 und 7 der Tabelle dort auf S. 105 ff.). Zudem fallen die Kosten für die Entkonservierung vor und die Wiederkonservierung nach einem Abruf bzw. einem Probestart unter die Erzeugungsauslagen nach Abs. 5 S. 6 (BT-Drs. 18/7317, 105 sowie in der Tabelle dort Zeile 1 nebst Fn. 6)

IV. Vorzeitige endgültige Stilllegung (Abs. 6)

38 Abs. 6 bestimmt zwei Fälle in denen eine stillzulegende Anlage vor Ablauf der nach Abs. 1 S. 2 vorgesehenen vier Jahre in der Sicherheitsbereitschaft und damit **„vorzeitig"** endgültig stillgelegt werden darf. Der erste Fall ist in Abs. 6 S. 1 geregelt. Danach darf eine stillzulegende Anlage abweichend von Abs. 1 S. 2 **mit Ablauf des ersten Jahres der Sicherheitsbereitschaft** endgültig stillgelegt werden, wenn der Betreiber das dem zuständigen ÜNB spätestens ein halbes Jahr vorher **anzeigt**. Durch die Anzeigepflicht und die in diesem Fall geltende Mindestbereitschaftszeit in der Sicherheitsbereitschaft von einem Jahr wird gewährleistet, dass die Auswirkungen einer solchen vorzeitigen endgültigen Stilllegung auf das Elektrizitätsversorgungssystem vom ÜNB rechtzeitig erkannt werden können (vgl. BT-Drs. 18/7317, 109).

39 Im Falle der vorzeitigen endgültigen Stilllegung nach Anzeige (Abs. 6 S. 1) erhält der Betreiber eine einmalige **Abschlussvergütung** nach Maßgabe des Abs. 7 S. 1, S. 2 und S. 6 (Abs. 6 S. 2.). Diese Abschlussvergütung wird von der BNetzA pauschal festgesetzt und entspricht der Vergütung, die dem Betreiber für die stillzulegende Anlage im ersten Jahr der Sicherheitsbereitschaft erstattet wurde (Abs. 6 S. 3).

40 Der zweite Fall einer vorzeitigen endgültigen Stilllegung ist in Abs. 6 S. 4 Hs. 1 geregelt. Danach kann unbeschadet des Abs. 6 S. 1 eine stillzulegende Anlage **auf Antrag des Betreibers und nach Genehmigung durch die BNetzA jederzeit** endgültig stillgelegt werden, wenn sie die Voraussetzungen der Sicherheitsbereitschaft dauerhaft nicht oder nur unter unverhältnismäßigem Aufwand erfüllen kann. Dass eine stillzulegende Anlage die Voraussetzungen der Sicherheitsbereitschaft dauerhaft nicht oder nur unter unverhältnismäßigem Aufwand erfüllen kann, ist eine relativ hohe Hürde. Ein „unverhältnismäßiger Aufwand" in diesem Sinne kann etwa bei erheblichem Umrüstungsbedarf aufgrund von nachträglichen gesetzlichen, regulatorischen oder behördlichen Änderungen für den Anlagenbetrieb vorliegen (BT-Drs. 18/7317, 110). Im Unterschied zu dem ersten Fall nach Abs. 6 S. 1 müssten in diesem zweiten Fall, die nach Abs. 1 S. 1 stillzulegenden Anlagen theoretisch noch nicht einmal in die Sicherheitsbereitschaft überführt worden sein, bevor sie vorzeitig endgültig stilllegen. Da zwischenzeitlich jedoch alle nach Abs. 1 S. 1 stillzulegenden Anlagen in die Sicherheitsbereitschaft überführt und teilweise sogar schon endgültig stillgelegt wurden (→ Rn. 9) ist es zu einer vorzeitigen endgültigen Stilllegung ohne Sicherheitsbereitschaft in der Praxis nicht gekommen.

41 Falls eine stillzulegende Anlage die Voraussetzungen der Sicherheitsbereitschaft vorübergehend oder dauerhaft nicht oder nur unter unverhältnismäßigem Aufwand erfüllen kann, muss der Betreiber die BNetzA **unverzüglich informieren** (vgl. BNetzA Beschl. v. 28.5.2018 – BK8-17/3006-R, S. 36; BT-Drs. 18/7317, 110). Zudem darf eine vorzeitige endgültige Stilllegung nach Abs. 6 S. 4 Hs. 1 nur auf Antrag des Betreibers und nach Genehmigung durch die BNetzA erfolgen.

42 Im Falle einer vorzeitigen endgültigen Stilllegung nach Abs. 6 S. 4 Hs. 1 entfällt mit Wirkung ab der endgültigen Stilllegung der Vergütungsanspruch nach Abs. 5 für diese stillzulegende Anlage (Abs. 6 S. 4 Hs. 2). Nach Abs. 6 S. 4 Hs. 3 finden Abs. 6 S. 2 und S. 3 in diesem Fall keine Anwendung, dh eine Abschlussvergütung gibt es für den Fall einer vorzeitigen endgültigen Stilllegung nach Abs. 6 S. 4 Hs. 1 nicht.

V. Festsetzung der Vergütung durch die BNetzA und Abrechnungsmodalitäten (Abs. 7 S. 1 – S. 6)

Nach Abs. 7 S. 1 wird die Höhe der Vergütung nach Abs. 5 oder Abs. 6 durch die 43
BNetzA festgesetzt. Abs. 7 S. 1 ist damit die **Rechtsgrundlage für die BNetzA zur Festsetzung der Vergütung** durch Bescheid (vgl. BT-Drs. 18/7317, 110; zB BNetzA Beschl. v. 28.5.2018 – BK8-17/3006-R). Die BNetzA setzt für eine stillzulegende Anlage zunächst die für die vierjährige Sicherheitsbereitschaft zu zahlende Vergütung für die Erlöse, welche einem Betreiber aufgrund einer nach Abs. 1 gesetzlich vorgeschriebenen Stilllegung entgehen, abzüglich der ersparten Aufwendungen fest (→ Rn. 29; vgl. BNetzA Beschl. v. 28.5.2018 – BK8-17/3006-R, Tenorziffer 1). Gleichzeitig werden für jede stillzulegende Anlage die historischen fixen Betriebskosten der Anlage (FHIST$_i$) festgesetzt (→ Rn. 30; vgl. BNetzA Beschl. v. 28.5.2018 – BK8-17/3006-R, Tenorziffer 2). Falls ein Anlagenbetreiber nach einem vollendeten Sicherheitsbereitschaftsjahr nachweist, dass seine Kosten für die Herstellung der Sicherheitsbereitschaft („H$_{it}$") und die fixen Betriebskosten während des jeweiligen Jahres der Sicherheitsbereitschaft („FSB$_{it}$"), die historischen fixen Betriebskosten der Anlage – grundsätzlich als jährlicher Durchschnitt der Jahre 2012 bis 2014 – (FHIST$_i$) übersteigen, setzt die BNetzA diese **Auslagenerstattung** durch gesonderten Beschluss fest (BNetzA Beschl. v. 17.7.2019 – BK8-17/3009-R).

Der regelzonenverantwortliche ÜNB ist der **Schuldner** einer durch die 44
BNetzA nach Abs. 7 S. 1 festgesetzten Vergütung. Der Betreiber einer stillzulegenden Anlage hat folglich gegen den zuständigen ÜNB einen Vergütungsanspruch in der von der BNetzA festgesetzten Höhe (Abs. 7 S. 2). Die Anspruchsgrundlage des Betreibers einer stillzulegenden Anlage gegen den regelzonenverantwortlichen ÜNB ist folglich im Gesetz selbst, in Abs. 7 S. 2 (vgl. BT-Drs. 18/7317, 110). Eine vertragliche **Vereinbarung zur Vergütung** zwischen dem regelzonenverantwortlichen ÜNB und dem Betreiber der stillzulegenden Anlage ist nicht erforderlich (BT-Drs. 18/7317, 110).

Die Vergütung nach Abs. 5 S. 1 und S. 2 wird jährlich im Voraus gezahlt, zahlbar 45
monatlich in zwölf gleichen Abschlägen (Abs. 7 S. 3). Die endgültige Abrechnung eines Bereitschaftsjahrs erfolgt – soweit erforderlich – spätestens zum 1.1. des folgenden Kalenderjahrs (Abs. 7 S. 4).

Die im Falle eines Einsatzes anfallenden Erzeugungsauslagen (Abs. 5 S. 6, 46
→ Rn. 36 f.) werden dem Anlagenbetreiber vom regelzonenverantwortlichen ÜNB gesondert erstattet, also nach Rechnungsstellung abgerechnet (BT-Drs. 18/7317, 110). Nach Abs. 7 S. 5 erfolgt dies gesondert nach Ablauf eines Bereitschaftsjahrs (→ Rn. 22) spätestens zum 1.1. des folgenden Kalenderjahrs.

Im Falle einer vorzeitig endgültig stillgelegten Anlage nach Abs. 6 S. 1 (→ Rn. 38) 47
wird die Abschlussvergütung nach Abs. 6 S. 2 und S. 3 durch die BNetzA festgesetzt (Abs. 7 S. 1) und nach Ablauf des ersten Bereitschaftsjahrs spätestens zum 1.1. des folgenden Kalenderjahrs abgerechnet (Abs. 7 S. 6).

VI. Refinanzierung der den ÜNB durch die Sicherheitsbereitschaft entstehenden Kosten (Abs. 7 S. 7 – S. 10)

Nach Abs. 7 S. 7 rechnen die ÜNB Bilanzkreisunterspeisungen und Bilanzkreis- 48
überspeisungen für die Fahrplanviertelstunden, in denen eine Anforderung zur Einspeisung erfolgt ist, im Rahmen der **Ausgleichsenergieabrechnung** nach § 8

Abs. 2 StromNZV ab. Dies betrifft die im Fall einer Vorwarnung oder der Anforderung zur Einspeisung durch den ÜNB oder im Fall eines Probestarts entstehenden Erzeugungsauslagen, → Rn. 36 f. (vgl. BT-Drs. 18/7317, 110).

49 Die ÜNB dürfen die ihnen nach Abs. 5 S. 1 bis S. 5 iVm mit der Formel nach Ziffer 1 der Anlage zum EnWG (→ Rn. 22 und → Rn. 43) oder durch eine Abschlussvergütung nach Abs. 6 S. 1 und S. 2 entstehenden Kosten nach Abzug der entstehenden Erlöse über die Netzentgelte geltend machen (Abs. 7 S. 8). Diese Kosten gelten als **dauerhaft nicht beeinflussbare Kostenanteile** nach § 11 Abs. 2 S. 1 Nr. 16 ARegV und werden über die Netzentgelte gewälzt (vgl. Abs. 7 S. 9; BT-Drs. 18/7317, 110). Für die Erzeugungsauslagen nach Abs. 5 S. 6 gilt dies nicht (Abs. 7 S. 9). Nach Abs. 7 S. 10 ist im Übrigen § 13e Abs. 3 S. 5 und S. 6 entsprechend anzuwenden, dh zwischen den ÜNB findet der sog. horizontale Belastungsausgleich Anwendung (→ § 13e Rn. 21; vgl. BT-Drs. 18/7317, 111).

D. Monitoring zur Kohlendioxideinsparung (Abs. 8)

50 Abs. 8 S. 1 normiert eine **Prüfpflicht** für das BMWi. Dieses musste im Einvernehmen mit dem Bundesministerium für Umwelt, Naturschutz und nukleare Sicherheit bis zum 30. Juni 2018 überprüfen, in welchem Umfang Kohlendioxidemissionen durch die Stilllegung der stillzulegenden Anlagen (→ Rn. 8) zusätzlich eingespart werden. Das BMWi hat zur Umsetzung dieses gesetzlichen Auftrags das **Öko Institut e. V. und die Prognos AG beauftragt,** welche eine Evaluierung der Emissionsminderungen der Braunkohle-Sicherheits-Bereitschaft erstellt haben (www.bmwk.de/Redaktion/DE/Publikationen/Industrie/evaluierung-der-emissi onsminderungen-der-braunkohle-sicherheits-bereitschaft.html). Unter Berücksichtigung der Evaluierung des Öko Instituts e.V. und der Prognos AG hat das BMWi im Einvernehmen mit dem Bundesministerium für Umwelt, Naturschutz und nukleare Sicherheit einen Bericht nach Abs. 8 verfasst (www.bmwk.de/Redak tion/DE/Publikationen/Industrie/evaluierung-der-braunkohle-sicherheitsbereit schaft.html).

51 Mit der Überprüfung sollte festgestellt werden, ob das mit der Einführung des § 13g im Jahr 2016 bezweckte Ziel absehbar erreicht wird, durch die Stilllegung der Braunkohleblöcke nach Abs. 1 S. 1 (→ Rn. 9) in Deutschland zusätzlich **12,5 Mio. t Kohlendioxid jährlich ab dem Jahr 2020** einzusparen (vgl. Abs. 8 S. 2 und S. 3; BT-Drs. 18/7317, 101 (111); Theobald/Kühling/*Lülsdorf* EnWG § 13g Rn. 49). Für die Überprüfung war auf die voraussichtlichen Kohlendioxideinsparungen im Jahr 2020 abzustellen (vgl. Abs. 8 S. 3; BMWi Evaluierung Sicherheitsbereitschaft, S. 3). Maßnahmen, die nur einmalig zu einer Kohlendioxideinsparung im Jahr 2020 führen, waren mangels Nachhaltigkeit nicht zu berücksichtigen (vgl. BT-Drs. 18/7317, 111; Theobald/Kühling/*Lülsdorf* EnWG § 13g Rn. 49).

52 Das **Öko Institut e. V. und die Prognos AG** haben in ihrem Gutachten beide dieselben unterschiedlichen Szenarien (Alternativen) untersucht und jeweils getrennt mit unterschiedlichen Strommarktmodellen berechnet (Öko Institut/Prognos Emissionsminderungen Sicherheitsbereitschaft, S. 32 ff.). Maßgeblich für die **Untersuchung unterschiedlicher Alternativen** war, ob und wie viele der nach Abs. 1 S. 1 stillzulegenden Anlagen ohne die Überführung in die Sicherheitsbereitschaft am Markt weiterbetrieben worden wären oder bis 2020 marktgetrieben stillgelegt worden wären (vgl. BMWi Evaluierung Sicherheitsbereitschaft, S. 4; Öko Institut/Prognos Emissionsminderungen Sicherheitsbereitschaft, S. 32 ff.).

Stilllegung von Braunkohlekraftwerken § 13 g

Der untersuchten **Alternative 1** liegt die Annahme zugrunde, dass bis 2020 **53** ohne die Braunkohle-Sicherheitsbereitschaft 0,6 GW Braunkohleleistung marktgetrieben stillgelegt worden wären (BMWi Evaluierung Sicherheitsbereitschaft, S. 4f.). Maßgeblich hierfür sind die Annahmen des sog Mit-Maßnahmen-Szenarios (MMS) des Projektionsberichts 2015 (Bericht gemäß der VO (EU) Nr. 525/2013), da in der Begründung des Gesetzentwurfes darauf abgestellt wird, dass 12,5 Mio. t Kohlendioxid zusätzlich im Vergleich zum Projektionsbericht 2015 eingespart werden müssen (BT-Drs. 18/7317, 111; BMWi Evaluierung Sicherheitsbereitschaft, S. 4). Der untersuchten **Alternative 2** liegt dagegen die Annahme zugrunde, dass es ohne Braunkohle-Sicherheitsbereitschaft keine marktgetriebene Stilllegung von Braunkohleleistung bis 2020 gegeben hätte (BMWi Evaluierung Sicherheitsbereitschaft, S. 4f.). Maßgeblich für diese Annahme ist, dass es für die acht stillzulegenden Braunkohleblöcke nach Abs. 1 S. 1 (→ Rn. 9) kein Anzeichen für marktgetriebene Stilllegungen gab, da für keines von diesen zuvor bei der BNetzA eine Stilllegung angezeigt wurde, was jedoch gemäß → § 13b Abs. 1 S. 1 hätte erfolgen müssen, wenn eine Stilllegung zuvor beabsichtigt gewesen wäre (vgl. BMWi Evaluierung Sicherheitsbereitschaft, S. 4).

Da das Öko Institut e.V. und die Prognos AG mit **unterschiedlichen Strom-** **54** **marktmodellen** gerechnet haben, kommen sie zu **unterschiedlichen Ergebnissen** was die Einsparung von Kohlendioxid (in Mio. t.) durch die Stilllegung der acht Braunkohleblöcke nach Abs. 1 S. 1 (→ Rn. 9) im Jahr 2020 anbelangt:

Prognose Einsparung CO_2 Emissionen in Mio. t. durch § 13 g im Jahr 2020	Öko Institut e. V.	Prognos AG
Alternative 1	11,8	11,9
Alternative 2	15,0	14,6
Quellen: BMWi Evaluierung Sicherheitsbereitschaft, S. 4; Öko Institut/Prognos Emissionsminderungen Sicherheitsbereitschaft, S. 44		

Die Überprüfung nach Abs. 8 hat demnach gezeigt, dass die Sicherheitsbereitschaft nach § 13 g im Jahr **2020 voraussichtlich eine Kohlendioxideinsparung von 11,8 bis 15,0 Mio. t.** erbringen wird (vgl. BMWi Evaluierung Sicherheitsbereitschaft, S. 5). Abs. 8 S. 2 bis S. 4 regelt zusätzliche Maßnahmen und Maßgaben falls zum Zeitpunkt der Überprüfung dieses Ziel absehbar verfehlt worden wäre. Da die Überprüfung keine absehbare Zielverfehlung festgestellt hat, sind die Regelungen in Abs. 8 S. 2 bis S. 4 nicht zur Anwendung gekommen.

Unklar ist, wie es sich in Europa ausgewirkt hat, dass die **Emissionszertifikate,** **55** welche bei einem Weiterbetrieb der durch § 13 g adressierten Braunkohlekraftwerksblöcke hätten erworben werden müssen, im EHS-Zertifikatemarkt verblieben sind, da dies nicht Gegenstand der Evaluierung war (vgl. dazu staatliche Beihilfe SA.42536 27.5.2016, C(2016) 3124 final, Rn. 70–73). Für durch das Kohleausstiegsgesetz (BGBl. 2020 I S. 1818) adressierte Anlagen sieht § 8 Abs. 1 S. 2 TEHG demgegenüber grundsätzlich vor, dass im Fall des Verbots der Kohleverfeuerung nach Teil 6 des KVBG Berechtigungen aus der zu versteigernden Menge an Berechtigungen in dem Umfang gelöscht werden, der der zusätzlichen Emissionsminderung durch die Stilllegung der Stromerzeugungskapazitäten entspricht.

§ 13 h Verordnungsermächtigung zur Kapazitätsreserve

(1) Zur näheren Bestimmung der Kapazitätsreserve nach § 13e wird das Bundesministerium für Wirtschaft und Energie ermächtigt, durch Rechtsverordnung, die nicht der Zustimmung des Bundesrates bedarf, insbesondere Regelungen vorzusehen

1. zur Konkretisierung der Anlagen, aus denen Reserveleistung für die Kapazitätsreserve gebunden werden kann,
2. zu der Menge an Reserveleistung, die in der Kapazitätsreserve gebunden wird, und zu den Zeitpunkten der Leistungserbringung, abweichend von § 13e Absatz 2 Satz 3 und bis zur Grenze nach § 13e Absatz 5 Satz 4,
3. zur Anpassung des Umfangs der Kapazitätsreserve in Ergänzung zu den Anforderungen in § 13e Absatz 5,
4. zum Verhältnis der Kapazitätsreserve zu netz- und marktbezogenen Maßnahmen nach § 13 sowie zu den Anlagen der Netzreserve im Sinne des § 13d Absatz 1,
5. zu der Aktivierung und dem Abruf (Einsatz) der Anlagen, insbesondere um zu gewährleisten, dass die Anlagen der Kapazitätsreserve elektrische Energie ausschließlich auf Anforderung der Betreiber von Übertragungsnetzen einspeisen und die Betreiber der Anlagen die Reserveleistung nicht an den Strommärkten veräußern,
6. zu Art, Zeitpunkt, Zeitraum sowie Häufigkeit, Form und Inhalt des Beschaffungsverfahrens, insbesondere
   a) zu der jeweils zu beschaffenden Reserveleistung,
   b) zur zeitlichen Staffelung der zu beschaffenden Reserveleistung in Teilmengen,
   c) zu den Vorlaufzeiten und zu den Zeitpunkten der tatsächlichen Bereitstellung der Reserveleistung, die nach bestehenden oder neu zu errichtenden Kapazitätsreserveanlagen differenziert werden können,
   d) zur Preisbildung für die Bereitstellung und die Verfügbarkeit der Reserveleistung, einschließlich der Festlegung von Mindest- und Höchstpreisen,
   e) zum Ablauf des Beschaffungsverfahrens,
   f) zur Nachbeschaffung von Reserveleistung, insbesondere wenn die insgesamt zu beschaffende Reserveleistung voraussichtlich nicht erreicht wird, ein Vertrag während der Verpflichtung zur Vorhaltung der Reserveleistung beendet wird oder die Funktionsprüfung trotz Nachbesserungsmöglichkeit nicht erfolgreich ist,
7. zu den Anforderungen für die Teilnahme an dem Beschaffungsverfahren und für die Anlagen, insbesondere
   a) Mindestanforderungen an die Eignung der Teilnehmer,
   b) Anforderungen an die Lage, Größe und die Eignung der Anlagen oder Teilkapazitäten der Anlage, um die Sicherheit und Zuverlässigkeit des Elektrizitätsversorgungssystems im Fall von Leistungsbilanzdefiziten zu gewährleisten,
   c) Anforderungen zur Netz- oder Systemintegration der Anlagen der Kapazitätsreserve,

§ 13 h

d) Anforderungen an das Vorliegen von Genehmigungen bei Anlagen,
e) Anforderungen an die Anlagen zur Einhaltung des Rückkehrverbotes sowie zu Art, Form, Inhalt und Höhe von Sicherheiten, die von allen Teilnehmern des Beschaffungsverfahrens oder im Fall der Zuschlagserteilung zu leisten sind, um eine Inbetriebnahme sowie die Vorhaltung und den Einsatz der Anlage der Kapazitätsreserve sicherzustellen und zu gewährleisten, dass die Anlagen der Kapazitätsreserve bis zu ihrer endgültigen Stilllegung auch im Fall einer Veräußerung der Anlage nur außerhalb der Strommärkte eingesetzt werden, sowie Anforderungen an die entsprechenden Regelungen zur teilweisen oder vollständigen Rückgewährung dieser Sicherheiten,
f) festzulegen, wie Teilnehmer an dem Beschaffungsverfahren die Einhaltung der Anforderungen nach den Buchstaben a bis e nachweisen müssen,

8. zu Form, Inhalt und Zeitpunkt der Zuschlagserteilung bei einem Beschaffungsverfahren und zu den Kriterien für die Zuschlagserteilung,
9. zur Berücksichtigung der durch die Kapazitätsreserve entstehenden Kosten der Betreiber von Übertragungsnetzen und zu den Anforderungen an einen Kostenausgleichsmechanismus zwischen den Betreibern der Übertragungsnetze,
10. zu der durch einen Zuschlag vergebenen Vergütung einschließlich der Vergütungsbestandteile, insbesondere zu regeln, dass die Vergütung für die Vorhaltung der Reserveleistung als Leistungspreis in Euro pro Megawatt zu zahlen ist,
11. zu den Kosten, die den Betreibern von Anlagen der Kapazitätsreserve gesondert zu erstatten sind, zur Abgrenzung zwischen erstattungsfähigen Kostenpositionen, nicht erstattungsfähigen Kostenpositionen und Vergütungsbestandteilen sowie zur Abgeltung der Kosten durch einen pauschalen Vergütungssatz,
12. zum Verfahren der Abrechnung der Kosten für die Vorhaltung und den Einsatz der Anlagen der Kapazitätsreserve durch die Betreiber der Übertragungsnetze,
13. zum Verfahren der Anpassung bestehender Verträge bei der Erteilung eines Zuschlags für Anlagen, die nach § 13 a Absatz 1, § 13 b oder § 13 d sowie der Netzreserveverordnung als Netzreserve verpflichtet und an das Netz angeschlossen sind,
14. zur Dauer der vertraglichen Verpflichtung bei bestehenden und neu zu errichtenden Anlagen der Kapazitätsreserve,
15. zu der Art, den Kriterien, den Bedingungen, dem Umfang und der Reihenfolge des Einsatzes der Anlagen der Kapazitätsreserve, einschließlich des Einsatzes geeigneter Anlagen der Kapazitätsreserve für die Netzreserve, durch die Betreiber der Übertragungsnetze,
16. zur Sicherstellung, dass die Anlagen der Kapazitätsreserve den Betreibern der Übertragungsnetze im Bedarfsfall für den Einsatz zur Verfügung stehen, sowie zur Vermeidung von Wettbewerbsverzerrungen auf den Strommärkten, einschließlich der Untersagung des Betriebs der Anlage,

§ 13 h

17. zu den Anforderungen, die bei Anlagen der Kapazitätsreserve sicherstellen sollen, dass die Anlagen von den Betreibern der Übertragungsnetze im Bedarfsfall eingesetzt werden können, insbesondere für den Fall, dass eine Anlage nicht oder verspätet aktiviert worden ist oder nicht in einem ausreichenden Umfang einspeist, und zu den Anforderungen, die bei neu zu errichtenden Anlagen die Inbetriebnahme sicherstellen sollen, insbesondere für den Fall, dass eine Anlage nicht oder verspätet in Betrieb genommen worden ist,
    a) zu einem Verfahren für Probeabrufe, für einen Funktionstest der Anlagen und für Nachbesserungen in angemessener Frist, um die Betriebsbereitschaft und rechtzeitige Aktivierbarkeit der Anlagen zu gewährleisten, insbesondere
        aa) die Möglichkeit vorzusehen, einen Vertrag mit einem Betreiber einer Anlage bei Vorliegen wichtiger Gründe zu beenden,
        bb) Regelungen zur nachträglichen Beschaffung von Anlagen der Kapazitätsreserve vorzusehen und
        cc) eine Pflicht zu einer Geldzahlung oder zur Reduzierung der Vergütung vorzusehen und deren Höhe und die Voraussetzungen für die Zahlungspflicht zu regeln,
    b) zum Vorgehen bei erfolglosen Probeabrufen, Funktionstests oder Einsätzen, insbesondere
        aa) bei der unterlassenen oder verspäteten Aktivierung einer Anlage oder bei der unterlassenen Inbetriebnahme einer neu errichteten Anlage eine Pflicht zu einer Geldzahlung vorzusehen und deren Höhe und die Voraussetzungen für die Zahlungspflicht zu regeln,
        bb) Kriterien für einen Ausschluss von Bietern bei künftigen Beschaffungen der Kapazitätsreserve zu regeln und
        cc) die Möglichkeit vorzusehen, die im Rahmen des Beschaffungsverfahrens zu zahlende Vergütung nach Ablauf einer angemessenen Frist nicht mehr zu zahlen oder zu verringern und danach die Reserveleistung erneut zu vergeben, oder die Dauer oder Höhe der Vergütung nach Ablauf einer angemessenen Frist zu verringern,
18. zu der Art, der Form und dem Inhalt der Veröffentlichungen der Bekanntmachung von Beschaffungsverfahren, der abgegebenen Gebote und den Ergebnissen der Beschaffungsverfahren,
19. zu den Informationen, die zur Durchführung der Nummern 1 bis 14 zu übermitteln sind, und zum Schutz der in diesem Zusammenhang übermittelten Betriebs- und Geschäftsgeheimnisse,
20. zur Bestimmung, wie der nach § 13 e Absatz 5 Satz 5 bis 7 zugrunde zu legende Wert der durchschnittlichen Jahreshöchstlast berechnet wird und worauf er sich bezieht,
21. welche Daten übermittelt werden müssen und wer als Verantwortlicher zur Übermittlung verpflichtet ist,
22. zur Gewährleistung von Datensicherheit und Datenschutz; dies umfasst insbesondere Regelungen zum Schutz personenbezogener Daten im Zusammenhang mit den nach Nummer 18 zu übermittelnden Daten einschließlich Aufklärungs-, Auskunfts- und Löschungspflichten,

Verordnungsermächtigung zur Kapazitätsreserve § 13 h

23. zu Art und Form der Veröffentlichung und Zustellung von Entscheidungen der Bundesnetzagentur im Anwendungsbereich der Rechtsverordnung nach diesem Absatz, insbesondere eine öffentliche Bekanntmachung vorzusehen.

(2) Das Bundesministerium für Wirtschaft und Energie wird ermächtigt, durch Rechtsverordnung, die nicht der Zustimmung des Bundesrates bedarf, die Bundesnetzagentur zu ermächtigen, im Anwendungsbereich der Kapazitätsreserve zur näheren Bestimmung der Regelungen nach Absatz 1 Nummer 1 bis 20 Festlegungen nach § 29 Absatz 1 zu treffen.

Übersicht

	Rn.
A. Allgemeines	1
B. Verordnungsermächtigung (Abs. 1)	3
I. Konkretisierung der Anlagen, aus denen Reserveleistung für die Kapazitätsreserve gebunden werden kann (Nr. 1)	3
II. Menge der Kapazitätsreserve und Zeitpunkte der Leistungserbringung (Nr. 2)	4
III. Anpassung des Umfangs der Kapazitätsreserve in Ergänzung zu den Anforderungen in § 13 e Abs. 5 (Nr. 3)	6
IV. Verhältnis zu netz- und marktbezogenen Maßnahmen nach § 13 sowie zu den Anlagen der Netzreserve iSd § 13 d Abs. 1 (Nr. 4)	7
V. Einsatz und Vermarktungsverbot (Nr. 5)	9
VI. Modalitäten des Beschaffungsverfahrens (Nr. 6)	11
VII. Anforderungen für die Teilnahme an dem Beschaffungsverfahren für die Anlagen (Nr. 7)	15
VIII. Zuschlagserteilung (Nr. 8)	16
IX. Kostenwälzung (Nr. 9)	18
X. Jährliche Vergütung (Nr. 10)	19
XI. Gesonderte Kostenerstattung (Nr. 11)	20
XII. Kostenabrechnung (Nr. 12)	21
XIII. Anpassung von Netzreserveverträgen (Nr. 13)	22
XIV. Vertragsdauer (Nr. 14)	23
XV. Art und Umfang des Einsatzes (Nr. 15)	24
XVI. Sicherstellung der Leistungsverfügbarkeit (Nr. 16)	25
XVII. Betriebsbereitschaft der Anlagen (Nr. 17)	26
XVIII. Bekanntmachungen (Nr. 18)	27
XIX. Informationserhebung und Schutz von Betriebs- und Geschäftsgeheimnissen (Nr. 19)	28
XX. Berechnung der durchschnittlichen Jahreshöchstlast (Nr. 20)	29
XXI. Zu übermittelnde Daten und Datenverantwortlicher (Nr. 21)	30
XXII. Datensicherheit und Datenschutz (Nr. 22)	31
XXIII. Veröffentlichung und Zustellung von Entscheidungen der BNetzA (Nr. 23)	32
C. Festlegungsermächtigung der BNetzA (Abs. 2)	33

A. Allgemeines

1 Die Norm wurde durch das StromMG eingefügt. Sie enthält eine umfassende Verordnungsermächtigung zu Gunsten des BMWi zur Konkretisierung der durch das StromMG neu geschaffenen Kapazitätsreserve nach § 13e (→ § 13e Rn. 1 f.).

2 Der Gesetzgeber sah die konkretisierenden Bestimmungen der Verordnung als erforderlich an, um unter anderem das durchzuführende Beschaffungsverfahren die Vorhaltung und den Einsatz der Kapazitätsreserve zeitnah, rechtssicher, transparent und diskriminierungsfrei einzuführen und auszugestalten (BT-Drs. 18/7317, 111). Mit den auf Empfehlung des Ausschusses für Wirtschaft und Energie als Nrn. 1 bis 3 aufgenommenen Kompetenzen sollte zudem die Möglichkeit geschaffen werden, Regelungen in der **Kapazitätsreserveverordnung** vorzusehen, um die EU-beihilferechtliche Vereinbarkeit der Kapazitätsreserve zu gewährleisten, indem die Anforderungen der Europäischen Kommission an die Ausgestaltung der Kapazitätsreserve berücksichtigt werden (BT-Drs. 18/8915, 34). Aufgrund der Norm hat das BMWi die KapResV vom 28.1.2019 erlassen (BGBl. 2019 I S. 58).

B. Verordnungsermächtigung (Abs. 1)

I. Konkretisierung der Anlagen, aus denen Reserveleistung für die Kapazitätsreserve gebunden werden kann (Nr. 1)

3 Mit Nr. 1 wurde die Möglichkeit zur genaueren Bestimmung geschaffen, welche Anlagen in der Kapazitätsreserve gebunden werden können. Vorgegeben ist insofern in § 13e Abs. 1 S. 4, dass sowohl Erzeugungsanlagen als auch Lasten an der Kapazitätsreserve teilnehmen können (→ § 13e Rn. 17). Die Kompetenz hat der Verordnungsgeber zunächst mit § 2 Nr. 5 KapResV genutzt, der den Begriff der **Anlage iSd Kapazitätsreserve** als Erzeugungsanlage, regelbare Last oder Speicheranlage definiert. Sodann stellt § 9 Abs. 1 S. 1 KapResV technische Anforderungen an die Anlagen auf. Diese dürfen die ÜNB nach § 9 Abs. 1 S. 2 KapResV in Abstimmung mit der BNetzA konkretisieren. Weitere technische Anforderungen müssen nach § 9 Abs. 2 KapResV gemeinsam durch die ÜNB in Abstimmung der BNetzA einheitlich festgelegt werden.

II. Menge der Kapazitätsreserve und Zeitpunkte der Leistungserbringung (Nr. 2)

4 Nach Nr. 2 können Regelungen zur Menge an Reserveleistung, die in der Kapazitätsreserve gebunden wird, und zu den Zeitpunkten der Leistungserbringung getroffen werden. Dabei erlaubt der Gesetzgeber eine Abweichung von den Vorgaben zum zu bindenden Volumen nach § 13e Abs. 2 S. 3 bis zur Obergrenze nach § 13e Abs. 5 S. 4. Zu binden sind nach § 13e Abs. 2 S. 3 jeweils zwei GW pro Erbringungszeitraum. Die Möglichkeit der **Volumenanpassung** ist in § 13e Abs. 2 S. 3, Abs. 5 ab dem Winterhalbjahr 2022/2023 bereits angelegt. Eine etwaige erforderliche Anpassung kann gem. § 13e Abs. 5 S. 3 entweder durch oder aufgrund der Verordnung nach § 13h oder durch Festlegung der BNetzA nach § 13j Abs. 4 erfolgen.

5 Mit § 42 Nr. 1 KapResV wurde letztlich eine Kompetenz der BNetzA zur Anpassung des Volumens bis zur Obergrenze nach § 13e Abs. 5 S. 4 geschaffen. Eine solche **Anpassung des zu bindenden Volumens** könnte die Behörde derweil auch aufgrund von § 13j Abs. 4 vornehmen. Ein Rangverhältnis zwischen beiden Ermächtigungsgrundlagen ist nicht ersichtlich. Etwaige weitere Einschränkungen der Kompetenz, die in der KapResV durch das BMWi hätten vorgenommen werden können oder in der Zukunft vorgenommen werden (zB eine zusätzliche Begrenzung des Anpassungsspielraums) kann die BNetzA indes aufgrund ihrer Bindung an das untergesetzliche Recht nicht durch den Rückgriff auf § 13j Abs. 4 aushebeln. Dass § 13j Abs. 4 ausdrücklich nur zur Anpassung „nach Maßgabe der Rechtsverordnung nach § 13h" ermächtig, ist lediglich eine Klarstellung.

III. Anpassung des Umfangs der Kapazitätsreserve in Ergänzung zu den Anforderungen in § 13e Abs. 5 (Nr. 3)

Gem. Nr. 3 können in der Rechtsverordnung Regelungen zur Anpassung des in 6
der Kapazitätsreserve zu bindenden Volumens in Ergänzung zu den Anforderungen in § 13e Abs. 5 vorgenommen werden. Während Nr. 2 materielle Anpassungen des Volumens ermöglicht (→ Rn. 4f.), betrifft Nr. 2 das Verfahren zu einer solchen Anpassung. Von den Anforderungen nach § 13e Abs. 5 darf dabei nach dem eindeutigen Wortlaut nicht abgewichen werden. Vielmehr dürfen sie nur Ergänzungen erfahren. Insofern wurde in § 23 Abs. 1 Nr. 1 KapResV geregelt, dass die ÜNB in Abstimmung mit der BNetzA **Reserveleistung nachbeschaffen** sollen, wenn nach § 13e Abs. 5 eine Anpassung der Größe der Kapazitätsreserve erfolgt, die nicht im regulären, periodisch durchzuführenden Verfahren nach § 8 KapResV umgesetzt werden kann.

IV. Verhältnis zu netz- und marktbezogenen Maßnahmen nach § 13 sowie zu den Anlagen der Netzreserve iSd § 13d Abs. 1 (Nr. 4)

Die Nr. 4 ermächtigt zur Konkretisierung des Verhältnisses der Kapazitätsreserve 7
zu Maßnahmen nach § 13 sowie zur Netzreserve iSd § 13d Abs. 1. Die Kapazitätsreserve zählt indes selbst ausdrücklich zu den Reserven iSv § 13 Abs. 1 Nr. 3, sodass das **Verhältnis zu den anderen Maßnahmen** nach dieser Norm in deren Systematik bereits vorgezeichnet ist (dazu → § 13 Rn. 25; → § 13e Rn. 9). Gleichwohl wurde mit §§ 24 Abs. 2 S. 2, 26 Abs. 1 S. 1 KapResV die Nachrangigkeit der Kapazitätsreserve zu den Maßnahmen nach § 13 Abs. 1 Nr. 1 und 2 nochmal explizit formuliert. Auch die Abgrenzung der Kapazitätsreserve von der Netzreserve sowie die Möglichkeit von Schnittmengen zwischen den Anlagen, die den beiden Mechanismen zugeordnet sind, sind bereits im EnWG adressiert (→ § 13e Rn. 10). In § 5 Abs. 2 KapResV ist hierzu ergänzend geregelt, dass Kapazitätsreserveanlagen, die auch die Funktion der Netzreserve erfüllen können, von den ÜNB beim Umfang der nach den §§ 3 und 4 NetzResV zu beschaffenden Netzreserve entsprechend zu berücksichtigen sind. Diese Anlagen müssen gem. § 24 Abs. 4 ohnehin auf Anforderung der ÜNB auch nach § 7 NetzResV einspeisen und müssen dann nicht zwingend in beiden Regimen gebunden werden. Die Gefahr, dass die Anlagen nach dem Ende eines Erbringungszeitraums nicht mehr für Systemsicherheitszwecke zur Verfügung stehen, besteht nicht. Denn sobald eine Anlage nicht mehr in der Kapazitätsreserve gebunden ist, kann sie durch den ÜNB nach den Maßgaben des § 13b als systemrelevant ausgewiesen und folglich in der Netzreserve gebunden werden (→ § 13e Rn. 23).

Qureischie

§ 13 h

8 § 20 Abs. 1 KapResV regelt die Teilnahmevoraussetzungen für Anlagen der Netzreserve an der Kapazitätsreserve sowie die ausschließliche Abwicklung der Vergütung nach den Maßgaben von § 13e Abs. 3 und der KapResV. Mit § 20 Abs. 2 S. 1 KapResV wird klargestellt, dass die Verpflichtung zur Einspeisung nach § 7 NetzResV auch im Falle einer Bindung in der Kapazitätsreserve bestehen bleibt. Nach dem Folgesatz muss die in der Netzreserve gebundene Leistung auch während der Bindung in der Kapazitätsreserve bereitgestellt werden.

V. Einsatz und Vermarktungsverbot (Nr. 5)

9 Gem. Nr. 5 ist der Verordnungsgeber ermächtigt, Regelungen zum Einsatz der Anlagen auf Anforderung der ÜNB sowie zum Vermarktungsverbot zu treffen. Das Gebot zur Einspeisung ausschließlich auf **Anforderung** der ÜNB aus § 13e Abs. 1 S. 3 wird durch § 3 Abs. 1 S. 1 KapResV wiederholt. In den Folgesätzen finden sich Regelungen zu den von dem Gebot unberührten Anfahrvorgängen aufgrund gesetzlicher Vorgaben. Hierzu zählen etwa immissionsschutzrechtliche Mess- und Prüffahrten (Referentenentwurf KapResV, S. 45, www.bmwi.de/Redaktion/DE/Downloads/J-L/kapazitaetsreserve-referentenentwurf.pdf?__blob=publicationFile&v=4). Die ÜNB dürfen die Kapazitätsreserve indes gem. § 24 Abs. 1 KapResV ausschließlich als Systemdienstleistung einsetzen und die Strommengen nicht vermarkten. Die Aktivierung der Kapazitätsreserve auf Anforderung der ÜNB wird in § 25 KapResV geregelt. In Abs. 1 der Norm werden die Fallkonstellationen genannt, in denen die ÜNB zur Aktivierung der Reserve verpflichtet sind, während der Folgeabsatz die Auswahl der Anlagen betrifft. Der Umgang mit den bei der Aktivierung entstehenden Mengen ist in § 25 Abs. 3 KapResV geregelt. Mit § 25 Abs. 4 KapResV wird klargestellt, dass Maßnahmen, die nach § 13 Abs. 2 in Notsituationen erforderlich sind, auch ohne Vorliegen einer der Fallkonstellationen nach dem ersten Abs. ergriffen werden können.

10 Das **Vermarktungsverbot** gegenüber Betreibern von Kapazitätsreserveanlagen aus § 13e Abs. 4 S. 1 Nr. 1 wird in § 3 Abs. 2 S. 1 KapResV zunächst wiederholt. Der Folgesatz stellt klar, dass das Verbot im Falle von Erzeugungsanlagen und Speichern auch den Eigenverbrauch umfasst. Beide Regelungen gelten gem. § 24 Abs. 1 S. 2 KapResV auch für die ÜNB. Hinsichtlich der regelbaren Lasten wird zudem in § 9 Abs. 3 S. 1 und 2 KapResV vorgegeben, dass eine Teilnahme an der Kapazitätsreserve auch ausgeschlossen ist, wenn sie innerhalb von 36 Monaten vor der Bekanntmachung nach § 11 KapResV im Rahmen der Teilnahme an den Märkten der Regelenergie oder an Ausschreibungen nach der AbLaV einen Zuschlag erhalten haben. Nach § 3 Abs. 2 S. 3 KapResV dürfen die Anlagen indes wiederholt an Beschaffungsverfahren der Kapazitätsreserve teilnehmen. Ab dem Ende des Erbringungszeitraums bis zur endgültigen Stilllegung der Anlage gilt das Vermarktungsverbot gem. § 3 Abs. 2 S. 4 KapResV weiter, zumal dann das Marktrückkehrverbot nach § 13e Abs. 4 S. 1 Nr. 2 greift.

VI. Modalitäten des Beschaffungsverfahrens (Nr. 6)

11 Nach Nr. 6 ist der Verordnungsgeber ermächtigt, Regelungen zu Art, Zeitpunkt, Zeitraum sowie Häufigkeit, Form und Inhalt des Beschaffungsverfahrens zu treffen. Von der Kompetenz umfasst sind nach Nr. 6a) auch Regelungen zu der jeweils zu beschaffenden Reserveleistung. Insofern liegt eine Überschneidung zu

Verordnungsermächtigung zur Kapazitätsreserve **§ 13 h**

Nr. 2 vor, die eine Kompetenz für denselben Regelungsgegenstand beinhaltet (→ Rn. 4).

Die **Erbringungszeiträume** wurden in § 8 KapResV – der sich aus § 13 e Abs. 2 **12** S. 3 Nr. 1 und 2 ergebenden Systematik folgend – auf die Dauer von jeweils zwei Jahren festgelegt. Die Erbringungszeiträume beginnen mit dem Start der Kapazitätsreserve im Jahr 2020 gem. § 8 Abs. 1 KapResV jeweils am 1.10. und dauern zwei Jahre. Gebotstermin ist dabei jeweils der 1.4. des vorangehenden Jahres. Gem. §§ 8 Abs. 2, 42 Nr. 2 KapResV kann die BNetzA aber abweichende Regelungen treffen. Auf dieser Grundlage hat die BNetzA den Gebotstermin für den zweiten Erbringungszeitraum auf den 1.12.2021 verschoben, um den Wettbewerb in der Ausschreibung zu erhöhen (hierzu → § 13 e Rn. 15). Sodann schreibt § 14 Abs. 1 KapResV vor, dass für jeden Gebotstermin ein Ausschreibungsverfahren für die gesamte in diesem Gebotstermin zu beschaffende Reserveleistung zu erfolgen hat. Zuständig sind nach § 6 KapResV die ÜNB gemeinsam. Gegenstand der Beschaffung ist dabei gem. § 7 KapResV die nach § 13 e Abs. 2 und 5 bestimmte Größe der Kapazitätsreserve für den jeweiligen Erbringungszeitraum in MW abzüglich der für diesen Erbringungszeitraum bereits gebundenen Reserveleistung. § 7 KapResV nimmt nicht Bezug auf etwaige Festlegungen der BNetzA zur Änderung des Volumens aufgrund von § 42 Nr. 1 KapResV. Diese wären gleichwohl maßgeblich für die jeweilige Beschaffung, zumal sie in der Systematik des § 13 e angelegt sind (→ § 13 e Rn. 26).

Gem. § 12 Abs. 1 KapResV unterliegt der **Gebotswert** einer Obergrenze **13** (Höchstwert), die nach Abs. 2 S. 1 der Norm grundsätzlich bei 100.000 EUR liegt. Abweichungen hiervon können sich entweder aufgrund von Unterschreitung des Höchstwerts um jeweils mehr als 10 Prozent durch das letzte zum Zuge kommende Gebot in den jeweiligen drei vorausgegangenen Ausschreibungen (§ 12 Abs. 2 S. 2 KapResV) oder durch Festlegung der BNetzA (§ 12 Abs. 3 KapResV) ergeben. Die Fristen zur Gebotsabgabe und die Bindung an die Gebote sind in § 13 KapResV geregelt. Die weiteren Modalitäten der Gebotsabgabe finden sich in § 14 Abs. 2–7 KapResV.

Genauere Vorgaben zur Vorbereitung und Durchführung der **Ausschreibun-** **14** **gen** beinhaltet § 37 KapResV. Gem. § 37 Abs. 1 KapResV ergreifen die ÜNB unverzüglich in Abstimmung mit der BNetzA alle hierfür erforderlichen Maßnahmen, insbesondere die Erarbeitung von Standardbedingungen für den Vertragsschluss nach § 21 KapResV (Kapazitätsreservevertrag), einschließlich Vorgaben zur Abwicklung der gesonderten Erstattung von Kosten nach § 19 Abs. 4 bis 6 KapResV, die Bestimmung von Formatvorgaben für die Gebote nach § 14, einschließlich Vorgaben zur Erfüllung des § 14 Abs. 1 sowie von sonstigen formalen Vorgaben und die Entscheidung darüber, ob das Ausschreibungsverfahren postalisch oder elektronisch stattfindet, einschließlich der für die Umsetzung notwendigen Arbeiten. Die Standardbedingungen bedürfen gem. § 37 Abs. 2 S. 1 KapResV der Genehmigung durch die BNetzA.

VII. Anforderungen für die Teilnahme an dem Beschaffungsverfahren für die Anlagen (Nr. 7)

Der Verordnungsgeber wird mit Nr. 7 ermächtigt, Regelungen zu den Anfor- **15** derungen für die Teilnahme am Beschaffungsverfahren und für die Anlagen der Kapazitätsreserve zu treffen. Technische **Voraussetzungen für die Teilnahme** an der Kapazitätsreserve beinhaltet § 9 Abs. 1 S. 1 KapResV. Diese können gemäß dem

Qureischie

Folgesatz durch die ÜNB in Abstimmung mit der BNetzA konkretisiert werden. Nach § 9 Abs. 2 KapResV sind die ÜNB verpflichtet, in Abstimmung mit der BNetzA zusätzliche Anforderungen festzulegen. Nach § 9 Abs. 4 KapResV können die Teilnahmebedingungen durch Festlegung der BNetzA erforderlichenfalls präzisiert oder geändert werden. Voraussetzungen im Hinblick auf die durch die Bieter zu leistenden Sicherheiten finden sich in § 10 KapResV. Die Sicherheiten dienen der Vergewisserung, dass der Bieter seine Verpflichtungen tatsächlich erfüllt und – im Falle der Nichterfüllung – zur Durchsetzung der Vertragsstrafen (Referentenentwurf KapResV, S. 54, aufrufbar unter www.bmwi.de/Redaktion/DE/Down loads/J-L/kapazitaetsreserve-referentenentwurf.pdf?__blob=publicationFile&v =4). Die Modalitäten der Zurückerstattung oder des endgültigen Einbehalts der Sicherheiten sind in § 40 KapResV geregelt. Unterschieden wird zwischen der Erstsicherheit iSv § 10 Abs. 1 KapResV und der Zweitsicherheit nach § 10 Abs. 2 KapResV. Erstgenannte ist zurückzuerstatten, wenn der Bieter keinen Zuschlag erhalten hat (es sei denn dies ist auf Nichtleistung der Zweitsicherheit zurückzuführen) oder er die Zweitsicherheit geleistet hat, § 40 Abs. 1 KapResV. Der endgültige Einbehalt der Erstsicherheit wird vorgeschrieben, soweit der Bieter die Zweitsicherheit nicht, nicht rechtzeitig oder nicht vollständig geleistet hat. Die Rückgabe der Zweitsicherheit richtet sich gem. § 40 Abs. 3 S.1 KapResV nach dem Erfolg des Funktionstests nach § 28 Abs. 1 oder 3 KapResV. In Fällen des § 28 Abs. 3 KapResV ist zudem die Vertragsstrafe nach § 34 Abs. 1 KapResV zu leisten, bevor eine Erstattung erfolgt. Der zurückzugebende Betrag ist jedoch nach § 40 Abs. 3 S. 2 KapRsV mit der Höhe einer möglichen Strafzahlung nach § 34 Abs. 4 S. 1 KapResV zu verrechnen, um den Aufwand für die Beteiligten zu reduzieren (Referentenentwurf KapResV, S. 85, www.bmwi.de/Redaktion/DE/Downloads/ J-L/kapazitaetsreserve-referentenentwurf.pdf?__blob=publicationFile&v=4). Eine vollständige Rückerstattung erfolgt gem. § 40 Abs. 3 S. 3 KapResV, wenn der Vertrag beendet ist und der Anschluss-ÜNB keine Forderungen mehr gegen den Bieter aufgrund des Kapazitätsreservevertrags oder der KapResV hat.

VIII. Zuschlagserteilung (Nr. 8)

16 In Nr. 8 ist eine Kompetenz zur Regelung von Form, Inhalt und Zeitpunkt der **Zuschlagserteilung** bei einem Beschaffungsverfahren und zu den Kriterien für die Zuschlagserteilung enthalten. Entsprechende Regelungen finden sich in §§ 17 f. KapResV. Auszuschließen sind demnach zunächst Gebote, die nach § 17 Abs. 3 S. 2 KapResV unzulässig sind, sowie Bieter und deren Gebote, sofern Verdachtsfälle iSv § 17 Abs. 4 KapResV vorliegen. Die Zuschlagserteilung hat sodann gem. § 18 Abs. 1 S. 1 KapResV spätestens 75 Tage nach dem jeweiligen Gebotstermin zu erfolgen. Nach § 18 Abs. 2 und 7 KapResV ist mit der Zuschlagserteilung ein Vertrag nach den Standardbedingungen unter der aufschiebenden Bedingung zu schließen, dass der Bieter die Zweitsicherheit nach § 10 Abs. 2 KapResV fristgerecht und vollständig leistet, und der Bieter unverzüglich über den Vertragsschluss zu unterrichten. In § 18 Abs. 4 bis 6 KapResV wird das Vorgehen im Falle einer Überschreitung der zu beschaffenden Menge durch die Gebotsmengen aller zulässigen Gebote geregelt.

17 Ist die Zweitsicherheit nach § 10 Abs. 2 KapResV nicht, nicht vollständig oder nicht rechtzeitig geleistet worden, so müssen die ÜNB das Verfahren gem. § 18 Abs. 8 KapResV wiedereröffnen. Unterschreitet die Summe der Gebotsmengen aller wirksam geschlossenen Verträge den Umfang der zu bindenden Menge, sollen

Verordnungsermächtigung zur Kapazitätsreserve **§ 13 h**

die ÜNB nach dem Folgeabsatz innerhalb eines angemessenen Zeitraums eine Nachbeschaffung nach § 23 KapResV durchführen.

IX. Kostenwälzung (Nr. 9)

Der Verordnungsgeber wird in Nr. 9 ermächtigt, die in § 13e Abs. 4 S. 3 f. vorgezeichnete Berücksichtigung der **Kosten in den Erlösobergrenzen** der ÜNB zu konkretisieren. Dies ist mit § 33 KapResV geschehen, dessen S. 1 zufolge die ÜNB die Erlöse aus der Kapazitätsreserve von deren Kosten in Abzug bringen müssen. Hierdurch werden die insgesamt in die Netzentgelte zu wälzenden Kosten gemindert (Referentenentwurf KapResV, S. 78, www.bmwi.de/Redaktion/DE/Downloads/J-L/kapazitaetsreserve-referentenentwurf.pdf?__blob=publication File&v=4). Bei der Norm handelt es sich – wie auch bei § 13e Abs. 3 S. 3, wo die Verrechnung von Kosten und Erlösen bereits angelegt ist – letztlich nur um eine Klarstellung. Die kostensenkende Berücksichtigung korrespondierender Erlöse wäre aus betriebswirtschaftlicher Sicht ohnehin geboten und bedarf für die Regulierungspraxis keiner materiell-gesetzlichen Regelung. Um die Bildung des Saldos für die BNetzA nachvollziehbar zu machen (Referentenentwurf KapResV, S. 78, www.bmwi.de/Redaktion/DE/Downloads/J-L/kapazitaetsreserve-referentenentwurf.pdf?__blob=publicationFile&v=4), sind die Kosten und Erlöse gem. § 33 S. 2 KapResV ihr gegenüber gesondert auszuweisen.

18

X. Jährliche Vergütung (Nr. 10)

Gem. § 13e Abs. 3 S. 1 wird den Betreibern der bezuschlagten Anlagen eine jährliche Vergütung gezahlt. Aufgrund von Nr. 10 können Regelungen hierzu getroffen werden. Diese Kompetenz ist in § 19 KapResV genutzt worden. So regelt § 19 Abs. 1 S. 1 KapResV, dass sich die jährliche Vergütung aus dem Produkt aus Zuschlagswert und Gebotsmenge ergibt. Der Zuschlagswert entspricht nach § 19 Abs. 2 iVm § 2 Nr. 14 KapResV dem höchsten bezuschlagten Gebotswert in EUR pro MW. In Ergänzung zur nicht abschließenden Aufzählung des § 13e Abs. 3 S. 2 Hs. 2 benennt § 19 Abs. 3 KapResV durch die jährliche Vergütung abgegoltene Kostenpositionen. Schuldner der jährlichen Vergütung ist gem. § 31 Abs. 1 S. 1 KapResV der ÜNB, an dessen Netz die Anlage angeschlossen ist.

19

XI. Gesonderte Kostenerstattung (Nr. 11)

Gem. Nr. 11 können Regelungen zu den Kosten, die den Betreibern von Anlagen der Kapazitätsreserve gesondert zu erstatten sind, zur Abgrenzung zwischen erstattungsfähigen Kostenpositionen, nicht erstattungsfähigen **Kostenpositionen** und Vergütungsbestandteilen sowie zur Abgeltung der Kosten durch einen pauschalen Vergütungssatz getroffen werden. Der Verordnungsgeber hat die gegen Nachweis gesondert zu erstattenden Kostenpositionen in § 19 Abs. 4 KapResV abschließend aufgezählt. Nach § 19 Abs. 4 Nr. 1 KapResV etwa sind zusätzlich anfallende Kosten für die Erfüllung besonderer technischer Anforderungen aus der Netzreserve, für Einsätze in der Netzreserve sowie für Einsätze in der Kapazitätsreserve ab dem 17. Einsatz eines Jahres (weil bis zu 16 Einsätze von der jährlichen Vergütung abgegolten sind, § 19 Abs. 3 Nr. 1 KapResV) gesondert zu erstatten. § 19 Abs. 5 KapResV konkretisiert unter Nennung von Beispielen die unter Abs. 4 Nr. 1 fallenden Aufwendungen. Demnach zählen dazu ua start- oder betriebsstun-

20

Qureischie

§ 13 h Teil 3. Regulierung des Netzbetriebs

denabhängige Instandhaltungskosten. Gem. § 19 Abs. 6 KapResV kann die Zuordnung dieser variablen Instandhaltungskosten zu den verschiedenen Einsatzzwecken, also zu den ersten 16 Einsätze eines Jahres für die Kapazitätsreserve, den in dem Jahr darüberhinausgehenden Einsätzen für die Kapazitätsreserve und der Netzreserve (vgl. Referentenentwurf KapResV, S. 67, www.bmwi.de/Redaktion/DE/Down loads/J-L/kapazitaetsreserve-referentenentwurf.pdf?__blob=publicationFile&v =4), anhand eines Abrechnungsschlüssels erfolgen. Mit § 19 Abs. 7 wird klargestellt, dass betriebsunabhängige Kosten nicht gesondert erstattungsfähig sind (Referentenentwurf KapResV, S. 67, www.bmwi.de/Redaktion/DE/Downloads/J-L/kapa zitaetsreserve-referentenentwurf.pdf?__blob=publicationFile&v=4). Schuldner der gesonderten Kostenerstattung ist nach § 31 Abs. 2 KapResV der ÜNB, an dessen Netz die Anlage angeschlossen ist.

XII. Kostenabrechnung (Nr. 12)

21 Aufgrund von Nr. 12 kann das Verfahren der Abrechnung der Kosten für die Vorhaltung und den Einsatz der Anlagen der Kapazitätsreserve durch die Betreiber der ÜNB geregelt werden. Damit können Regelungen erlassen werden, damit die ÜNB die Kosten zB den Nutzern der Übertragungsnetze oder als Ausgleichsenergie den Bilanzkreisverantwortlichen in Rechnung stellen können (BT-Drs. 18/7317, 112). Mit § 32 KapResV wurde die Abrechnung zwischen den ÜNB und den **Bilanzkreisverantwortlichen** geregelt. Nach § 32 Abs. 1 KapResV erfolgt die Abrechnung im Rahmen der Ausgleichsenergieabrechnung nach § 8 Abs. 2 StromNZV. Der Folgeabsatz bestimmt, dass Preise für die Ausgleichsenergie mindestens das Zweifache des im unterjährigen Börsenhandel höchstens zulässigen Gebotspreises betragen, wenn der für die Bilanzkreisabrechnung veröffentlichte Saldo des deutschen Netzregelverbundes für die entsprechende Fahrplanviertelstunde größer als die für die Übertragungsnetzbetreiber zu diesem Zeitpunkt insgesamt verfügbare positive Sekundärregelleistung und positive Minutenreserveleistung war und ein Abruf der Kapazitätsreserve erfolgt ist. Die hieraus generierten Erlöse der ÜNB zählen zu den nach § 33 S. 1 KapResV von den in die Netzentgelte wälzbaren Kosten der Kapazitätsreserve abzuziehenden Erlösen.

XIII. Anpassung von Netzreserveverträgen (Nr. 13)

22 Nach Nr. 13 können Regelungen zu dem Verfahren der Anpassung **bestehender Netzreserveverträge** bei Zuschlagserteilung an eine in der Netzreserve gebundene Anlage getroffen werden. Hierdurch besteht die Möglichkeit, die Anlagen aus der Netzreserve mit der Kapazitätsreserve zu verzahnen (BT-Drs. 18/7317, 113). Ein „Verfahren" zur Anpassung der Netzreserveverträge wird in der KapResV nicht konstituiert, was angesichts des rein zivilrechtlichen Charakters dieser Verträge auch richtig ist. Es besteht aber eine Pflicht zur Anpassung der Netzreserveverträge in § 20 Abs. 3 KapResV. Die Anpassung der Verträge ist notwendig, um etwaige Doppelansätze von Kosten der Netz- und Kapazitätsreserve beim ÜNB zu verhindern, weil die Netzreserveverträge gem. §§ 13 d Abs. 3 S. 1, 13 c Abs. 5 mittelbar maßgeblich für die Wälzung von Netzreservekosten in deren EOG sind. Dass Nr. 13 von Anlagen spricht, die nach „§ 13 a Abs. 1, § 13 b oder § 13 d sowie der Netzreserveverordnung" als Netzreserve verpflichtet sind, ist wohl auf ein redaktionelles Versehen zurückzuführen. Denn § 13 a trifft keine Regelungen zur Netz-

reserve und §§ 13b und 13d bilden keine Alternativen, sondern ein zusammenhängendes Regelwerk für die Bindung von Anlagen in der Netzreserve.

XIV. Vertragsdauer (Nr. 14)

Durch Nr. 14 wurde eine Kompetenz zur Regelung der **Dauer der vertrag-** 23
lichen Verpflichtung bei bestehenden und neu zu errichtenden Anlagen der Kapazitätsreserve geschaffen. Der Vertragsschluss erfolgt gem. § 18 Abs. 2 KapResV mit Erteilung des Zuschlags unter der aufschiebenden Bedingung, dass der Bieter die Zweitsicherheit nach § 10 Abs. 2 fristgerecht und vollständig leistet. Vom Zeitpunkt des Vertragsschlusses zu unterscheiden ist indes der Geltungsbeginn des Vertrags und der damit einhergehenden Rechte und Pflichten. Der Geltungsbeginn könnte an den Beginn des jeweiligen Erbringungszeitraums geknüpft werden. Jedoch tritt der Vertrag gem. Ziffer 15.1 der durch die BNetzA genehmigten Standardbedingungen für den ersten Erbringungszeitraum bereits mit dem Vertragsschluss in Kraft (www. BNetzA.de/DE/Sachgebiete/ElektrizitaetundGas/Unternehmen_Institutionen/ Versorgungssicherheit/KapRes/kapres-node.html). Ebenfalls in Ziffer 15.1 ist geregelt, dass der Vertrag automatisch mit dem Ende des Erbringungszeitraums endet. Eine vorzeitige Kündigung des Vertrags kann gem. § 22 Abs. 1 KapResV nach § 314 BGB oder aufgrund eines Kündigungsgrundes nach § 22 Abs. 2 KapResV erklärt werden.

XV. Art und Umfang des Einsatzes (Nr. 15)

Gem. Nr. 15 können Regelungen zu der Art, den Kriterien, den Bedingungen, 24
dem Umfang und der Reihenfolge des Einsatzes der Anlagen der Kapazitätsreserve, einschließlich des Einsatzes geeigneter Anlagen der Kapazitätsreserve für die Netzreserve, durch die ÜNB, erlassen werden. Einzelheiten zum Einsatz der Kapazitätsreserve regelt der ebenso betitelte Teil 3 der KapResV. Nr. 15 umfasst gem. der Gesetzesbegründung auch die Kompetenz, „das Verhältnis des Einsatzes von Anlagen nach § 13 oder nach § 13a zu regeln" (BT-Drs. 18/7317, 113). Hierfür bedarf es der Nutzung von Abs. 1 Nr. 15 aber nicht, weil insofern Abs. 1 Nr. 4 als speziellere Regelung zu sehen ist (→ Rn. 7f.).

XVI. Sicherstellung der Leistungsverfügbarkeit (Nr. 16)

Aufgrund von Nr. 16 können Regelungen getroffen werden, die sicherstellen, 25
dass die Anlagen im Bedarfsfall tatsächlich zur Verfügung stehen, sowie zur Vermeidung von Wettbewerbsverzerrungen auf den Strommärkten. Laut der Gesetzesbegründung können insoweit Vorgaben gemacht werden, dass eine Vermarktung der Leistung unzulässig ist (BT-Drs. 18/7317, 113). Dies ergibt sich indes bereits aus dem Vermarktungs- und Marktrückkehrverbot nach § 13e Abs. 4. In der KapResV werden die Verbote durch eine Legaldefinition des Begriffs der Strommärkte mit § 2 Nr. 31 konkretisiert. Weitere Einzelheiten zum Vermarktungsverbot ergeben sich aus § 3 KapResV.

XVII. Betriebsbereitschaft der Anlagen (Nr. 17)

Die Kompetenz aus Nr. 17 ermöglicht es, Regelungen zur Sicherstellung der 26
Betriebsbereitschaft der Anlagen und zum Verfahren bei einer nicht (rechtzeitigen) **Aktivierungsfähigkeit** der Anlagen zu treffen. Damit soll die Bindung nicht be-

triebsbereiter Bestandsanlagen in der Kapazitätsreserve vermieden und die Inbetriebnahmefähigkeit neu zu errichtende Anlagen sichergestellt werden (BT-Drs. 18/7317, 113). Zur Gewährleistung der Erfüllung der technischen Voraussetzungen sehen §§ 28 f. KapResV vor Beginn des Erbringungszeitraums Funktionstests sowie währenddessen Probeabrufe auf Anforderung des Anschluss-ÜNB vor. Außerdem können Anlagenbetreiber gem. § 29 Abs. 3 KapResV auf eigene Kosten Testfahren vornehmen. Sofern sich im Rahmen von Aktivierung (§ 25 KapResV), Abruf (§ 26 KapResV) oder Probeabruf (§ 29 Abs. 1 KapResV) Leistungsmängel zeigen, sieht § 30 KapResV eine Nachbesserung innerhalb angemessener Frist vor. Das Ausbleiben oder nicht fristgemäße Vornehmen der Nachbesserung zählt – wie auch das Nichtbesehen eines Funktionstests nach § 28 Abs. 2 S. 4 KapResV – zu den Kündigungsgründen gem. § 22 Abs. 2 KapResV. Als zusätzlicher Anreiz zur Sicherung der Funktionstüchtigkeit fallen gem. §§ 34 ff. KapResV bei Pflichtverletzungen Vertragsstrafen an (Referentenentwurf KapResV, S. 78, www.bmwi.de/Redaktion/DE/Downloads/J-L/kapazitaetsreserve-referentenentwurf.pdf?__blob=publicationFile&v=4). Die Vertragsstrafen ermitteln sich anhand prozentualer Anteile an der Vergütung eines Erbringungszeitraums und variieren je nach der Art der Pflichtverletzung.

XVIII. Bekanntmachungen (Nr. 18)

27 Nach Nr. 18 können die **Bekanntmachungen im Beschaffungsverfahren** geregelt werden. Regelungen zur Bekanntmachung der Beschaffung durch die ÜNB wurden in § 11 KapResV aufgestellt. Weiterhin verpflichtet § 38 Abs. 1 KapResV die ÜNB zur Veröffentlichung der Teilnahmevoraussetzungen und Festlegungen nach § 9 Abs. 2 KapResV, der Standardbedingungen nach § 37 Abs. 1 Nr. 1 KapResV sowie der Entscheidung über die Zuschläge und die Höhe des Zuschlagswerts nach § 18 KapResV.

XIX. Informationserhebung und Schutz von Betriebs- und Geschäftsgeheimnissen (Nr. 19)

28 Gem. Nr. 19 sind Regelungen zur Erhebung von Informationen bei den beteiligten Unternehmen und zum Umgang mit Betriebs- und Geschäftsgeheimnissen vorgesehen. Die KapResV sieht an verschiedenen Stellen **Informationspflichten** der Betreiber von beteiligten Anlagen vor, etwa in § 4 (Anzeige- und Mitteilungspflichten) oder in §§ 14 und 16 (Gebote). Die Auskunftspflichten der BNetzA und der ÜNB gegenüber dem BMWi nach § 44 KapResV bezüglich dieser Informationen sind auf nicht personenbezogene Form sowie auf eine Auskunftserteilung ausschließlich für Zwecke der Erfüllung der Aufgaben nach § 13 e begrenzt.

XX. Berechnung der durchschnittlichen Jahreshöchstlast (Nr. 20)

29 Aufgrund von Nr. 20 können Bestimmungen zur Berechnung der **durchschnittlichen Jahreshöchstlast** nach § 13 e Abs. 5 S. 5–7 getroffen werden. Die durchschnittliche Jahreshöchstlast im Gebiet der Bundesrepublik Deutschland ist gem. § 13 e Abs. 5 S. 5 maßgeblich für die Feststellung, bis zu welcher Höhe erforderliche Größenanpassungen der Kapazitätsreserve aufgrund einer Verordnung nach § 13 h oder durch Festlegung der BNetzA gem. § 13 j Abs. 4 erfolgen können. In die KapResV haben hierzu keine Regelungen Eingang gefunden.

XXI. Zu übermittelnde Daten und Datenverantwortlicher (Nr. 21)

Durch Nr. 21 wird eine Regelung dazu ermöglicht, welche Daten zur Durch- 30
führung der Verordnung an die ÜNB und die BNetzA zu übermitteln sind sowie die Bestimmung der übermittlungspflichtigen Person, also des sog. **Datenverantwortlichen** (BT-Drs. 18/7317, 114). Damit besteht ein enger Sinnzusammenhang mit Nr. 19 (→ Rn. 28), die Regelungen für die Erhebung von Informationen und zum Umgang mit übermittelten Betriebs- und Geschäftsgeheimnissen vorsieht (BT-Drs. 18/7317, 113) und mit Nr. 22, die Datensicherheit und -schutz betrifft (→ Rn. 31). Während Nr. 19 Grundlage für Vorgaben zum Vorgang der Erhebung und Verarbeitung der Daten ist, erlaubt Nr. 21 die inhaltliche **Bestimmung der zu übermittelnden Daten.** Zudem ist Nr. 21 auch Grundlage für den Auskunftsanspruch des BMWi bezüglich dieser Daten (BT-Drs. 18/7317, 114), der in § 44 KapResV Niederschlag gefunden hat.

XXII. Datensicherheit und Datenschutz (Nr. 22)

Nr. 22 ermächtigt zum Erlass von Regelungen bezüglich der Gewährleistung 31
von Datensicherheit und -Schutz. Sie ist damit den Nr. 19 (→ Rn. 28) und Nr. 21 (→ Rn. 30) inhaltsverwandt, die insbesondere die Konkretisierung der zu übermittelnden Daten und Regelungen zum Schutz von Betriebs- und Geschäftsgeheimnissen vorsehen. Von Nr. 22 umfasst sind ua **Löschungspflichten.** Dementsprechend verpflichtet § 45 KapResV die BNetzA und die ÜNB etwaige aufgrund der KapResV gespeicherten Daten unverzüglich zu löschen, wenn sie für Erfüllung der Aufgaben nach der Verordnung nicht mehr erforderlich sind.

XXIII. Veröffentlichung und Zustellung von Entscheidungen der BNetzA (Nr. 23)

Durch Nr. 23 ist der Verordnungsgeber ermächtigt, Regelungen zur Art und 32
Form der Veröffentlichung sowie zur Zustellung von Entscheidungen der BNetzA im Anwendungsbereich der Verordnung vorzunehmen. Entsprechende Regelungen haben keinen Eingang in die KapResV gefunden.

C. Festlegungsermächtigung der BNetzA (Abs. 2)

Durch Abs. 2 wird der Verordnungsgeber ermächtigt, die BNetzA zur näheren 33
Bestimmung der Regelungen nach Abs. 1 Nr. 1 bis 20 durch Festlegungen nach § 29 Abs. 1 zu ermächtigen. Entsprechende Kompetenzen finden sich in § 42 KapResV.

§ 13i Weitere Verordnungsermächtigungen

(1) ¹**Die Bundesregierung kann zur Verwirklichung einer effizienten Beschaffung und zur Verwirklichung einheitlicher Anforderungen im Sinne von § 13 Absatz 6 Satz 1 in einer Rechtsverordnung ohne Zustimmung des Bundesrates und mit Zustimmung des Bundestages Regeln für ein sich wiederholendes oder für einen bestimmten Zeitraum geltendes**

§ 13 i

Ausschreibungsverfahren zur Beschaffung von Ab- und Zuschaltleistung vorsehen. ²Die Zustimmung des Bundestages gilt mit Ablauf der sechsten Sitzungswoche nach Zuleitung des Verordnungsentwurfs der Bundesregierung an den Bundestag als erteilt. ³In der Rechtsverordnung können insbesondere Regelungen getroffen werden

1. zu technischen Anforderungen an Ab- oder Zuschaltleistung aus ab- oder zuschaltbaren Lasten,
2. zu Anforderungen an eine Rahmenvereinbarung, die zur Teilnahme an einem Ausschreibungsverfahren berechtigt,
3. zum Verfahren der Angebotserstellung und der Zuschlagserteilung,
4. zum Abruf der Ab- oder Zuschaltleistung und
5. für einen rückwirkenden Wegfall der Vergütung für ab- oder zuschaltbare Lasten bei vorsätzlicher oder grob fahrlässiger Verletzung der Pflichten nach dieser Rechtsverordnung.

⁴Daneben können in der Rechtsverordnung den Anbietern von Ab- oder Zuschaltleistung aus ab- oder zuschaltbaren Lasten Meldepflichten bezüglich der Verfügbarkeit der Ab- oder Zuschaltleistung gegenüber den Betreibern von Übertragungsnetzen auferlegt werden. ⁵Zudem können zivilrechtliche Regelungen für den Fall einer vorsätzlichen oder grob fahrlässigen Verletzung der Pflichten nach dieser Rechtsverordnung vorgesehen werden.

(2) ¹Die Bundesregierung kann die Betreiber von Übertragungsnetzen durch Rechtsverordnung mit Zustimmung des Bundestages verpflichten, Ausschreibungen nach § 13 Absatz 6 Satz 1 für wirtschaftlich und technisch sinnvolle Angebote wiederholend oder für einen bestimmten Zeitraum durchzuführen und auf Grund der Ausschreibungen eingegangene Angebote zum Erwerb von Ab- oder Zuschaltleistung aus ab- oder zuschaltbaren Lasten bis zu einer Gesamtab- oder Zuschaltleistung von jeweils 3 000 Megawatt anzunehmen; die Rechtsverordnung bedarf nicht der Zustimmung des Bundesrates. ²Die Zustimmung des Bundestages gilt mit Ablauf der sechsten Sitzungswoche nach Zuleitung des Verordnungsentwurfs der Bundesregierung an den Bundestag als erteilt. ³Als wirtschaftlich sinnvoll gelten Angebote zum Erwerb der Lasten, für die eine Vergütung zu zahlen ist, die die Kosten für die Versorgungsunterbrechungen nicht übersteigt, zu denen es ohne die Nutzung der zu- oder abschaltbaren Lasten kommen könnte. ⁴Als technisch sinnvoll gelten Angebote über ab- und zuschaltbare Lasten, durch die Ab- und Zuschaltungen für eine Mindestleistung von 5 Megawatt innerhalb von maximal 15 Minuten herbeigeführt werden können und die geeignet sind, zur Sicherheit und Zuverlässigkeit des Elektrizitätsversorgungssystems in der jeweiligen Regelzone beizutragen. ⁵In der Rechtsverordnung können auch näher geregelt werden

1. die technischen Anforderungen an Ab- oder Zuschaltleistung aus ab- oder zuschaltbaren Lasten,
2. die Anforderungen an die Verträge über den Erwerb von Ab- und Zuschaltleistung aus ab- und zuschaltbaren Lasten,
3. Rechte und Pflichten der Vertragsparteien,
4. die Kriterien für wirtschaftliche und technisch sinnvolle Angebote im Sinn der Sätze 3 und 4,

§ 13i

5. Regelungen zur näheren Ausgestaltung von Berichtspflichten der Bundesnetzagentur gegenüber dem Bundesministerium für Wirtschaft und Energie über die Anwendung der Verordnung und
6. die Ausgestaltung und Höhe der Vergütung.

[6]Zahlungen und Aufwendungen der Betreiber von Übertragungsnetzen, die im Zusammenhang mit der Ausschreibung und dem Erwerb von Ab- oder Zuschaltleistung aus ab- oder zuschaltbaren Lasten stehen, gleichen die Betreiber von Übertragungsnetzen über eine finanzielle Verrechnung monatlich untereinander aus, ein Belastungsausgleich erfolgt dabei entsprechend den §§ 26, 28 und 30 des Kraft-Wärme-Kopplungsgesetzes in der am 31. Dezember 2022 geltenden Fassung; Näheres zum Belastungsausgleich und zu seiner Abwicklung regelt die Rechtsverordnung nach Satz 1. [7]In der Rechtsverordnung nach Satz 1 können dabei auch Bestimmungen vorgesehen werden, dass die Bundesnetzagentur durch Festlegung nach § 29 Absatz 1 Entscheidungen trifft über
1. Einzelheiten der Ermittlung und Verrechnung der Zahlungen und zur Erhebung der Umlage nach Satz 6,
2. die Änderung der vorgegebenen Gesamtabschaltleistung,
3. die geographische Beschränkung von Ausschreibungen und
4. die Veröffentlichung von Daten zur Schaffung von Markttransparenz.

(3) Die Bundesregierung wird ermächtigt, durch Rechtsverordnungen, die nicht der Zustimmung des Bundesrates bedürfen,
1. Bestimmungen zu treffen
   a) zur näheren Bestimmung des Adressatenkreises nach § 13a Absatz 1 und § 13b Absatz 4 und 5,
   b) zur näheren Bestimmung der Kriterien einer systemrelevanten Anlage nach § 13b Absatz 2 Satz 2,
   c) zu den Kriterien vorläufiger und endgültiger Stilllegungen und zu dem Umgang mit geplanten Stilllegungen von Erzeugungsanlagen nach den §§ 13b und 13c,
   d) zu den Verpflichtungen der Betreiber von Anlagen zur Erzeugung oder Speicherung elektrischer Energie im Sinne von § 13a Absatz 1 und § 13b Absatz 4 und 5,
   e) zu der Vergütung bei geplanten Stilllegungen von Anlagen, abweichend von § 13c, und den Kriterien einer angemessenen Vergütung bei geplanten Stilllegungen von Erzeugungsanlagen nach § 13c,
   f) zum Einsatz von Anlagen in dem Vierjahreszeitraum nach § 13c Absatz 2 sowie
   g) zur Berechnung des finanziellen Ausgleichs nach § 13a Absatz 2 Satz 3 Nummer 5,
2. Regelungen vorzusehen für ein transparentes Verfahren zur Bildung und zur Beschaffung einer Netzreserve aus Anlagen nach § 13d Absatz 1 zum Zwecke der Gewährleistung der Sicherheit und Zuverlässigkeit des Elektrizitätsversorgungssystems, zu den Kriterien einer angemessenen Vergütung, zu den Anforderungen an diese Anlagen sowie zu dem Einsatz der Anlagen in der Netzreserve; hierbei können für die Einbeziehung neu zu errichtender Anlagen auch regionale Kernanteile und Ausschreibungsverfahren vorgesehen werden,

§ 13i Teil 3. Regulierung des Netzbetriebs

3. Regelungen zu vertraglichen Vereinbarungen nach § 13 Absatz 6a vorzusehen, insbesondere Regelungen für die Auswahl der geeigneten KWK-Anlagen festzulegen.

(4) In Rechtsverordnungen nach Absatz 3 können der Bundesnetzagentur Kompetenzen übertragen werden im Zusammenhang mit der Festlegung des erforderlichen Bedarfs an Netzreserve sowie zum Verfahren und zu möglichen Präqualifikationsbedingungen für den in Absatz 3 Nummer 2 genannten Beschaffungsprozess.

(5) ¹Die Bundesregierung wird ermächtigt, durch Rechtsverordnung, die nicht der Zustimmung des Bundesrates bedarf, Regelungen zur weiteren Einsparung von bis zu 1,5 Millionen Tonnen Kohlendioxid zusätzlich im Jahr 2020 in der Braunkohlewirtschaft nach Maßgabe des § 13g Absatz 8 vorzusehen, wenn und soweit das zur Erreichung der angestrebten Kohlendioxideinsparung in der Braunkohlewirtschaft von 12,5 Millionen Tonnen zusätzlich im Jahr 2020 erforderlich ist. ²Durch die Regelungen der Verordnung muss sichergestellt werden, dass die zusätzliche Einsparung von 12,5 Millionen Tonnen Kohlendioxid im Jahr 2020 so weit wie möglich erreicht wird, die Betreiber gemeinsam aber insgesamt nicht mehr als 1,5 Millionen Tonnen Kohlendioxid zusätzlich im Jahr 2020 einsparen müssen.

Übersicht

	Rn.
A. Übersicht	1
I. Inhalt	1
II. Entstehungsgeschichte und Zweck	3
B. Einzelerläuterungen	6
I. Verordnungsermächtigung für Lastmanagement	7
1. Verwirklichung einer effizienten Beschaffung sowie einheitlicher Anforderungen iSv § 13 Abs. 6 S. 1	9
2. Ausgestaltung von Ausschreibungen zur Beschaffung von ab- und zuschaltbaren Lasten	16
II. Verordnungsermächtigung für systemrelevante Anlagen	31
1. Nähere Bestimmung des Adressatenkreises nach § 13a Abs. 1 und § 13b Abs. 4 und 5	34
2. Nähere Bestimmung der Kriterien einer systemrelevanten Anlage nach § 13b Abs. 2 S. 2	37
3. Kriterien vorläufiger und endgültiger Stilllegungen und zu dem Umgang mit geplanten Stilllegungen von Erzeugungsanlagen nach den §§ 13b und 13c	39
4. Verpflichtung der Betreiber von Anlagen zur Erzeugung oder Speicherung elektrischer Energie iSv § 13a Abs. 1 und § 13b Abs. 4 und 5	41
5. Vergütung bei geplanten Stilllegungen von Anlagen abweichend von § 13c und den Kriterien einer angemessenen Vergütung bei geplanten Stilllegungen von Erzeugungsanlagen nach § 13c	43
6. Einsatz von Anlagen in dem Vierjahreszeitraum nach § 13c Abs. 2	46

	Rn.
7. Berechnung des finanziellen Ausgleichs nach § 13a Abs. 2 S. 3 Nr. 5	50
8. Regelungen vorzusehen für ein transparentes Verfahren zur Bildung und zur Beschaffung einer Netzreserve aus Anlagen nach § 13d Abs. 1	51
9. Regelungen zu vertraglichen Vereinbarungen nach § 13 Abs. 6a	54
III. Übertragung von Kompetenzen an die BNetzA	55
IV. Verordnungsermächtigung für Braunkohleanlagen	56

Literatur: *BNetzA,* Feststellung des Bedarfs an Netzreserve für den Winter 2021/2022 sowie für das Jahr 2023/2024 vom 28.4.2021; *dena,* Roadmap Demand Side Management. Industrielles Lastmanagement für ein zukunftsfähiges Energiesystem, Juni 2016 (zit. dena DSM-Studie 2016); *Verband Schweizerischer Elektrizitätsunternehmen,* Flexibilitäten, August 2016.

A. Übersicht

I. Inhalt

In § 13i werden die **Verordnungsermächtigungen,** welche die Anforderungen an die Systemverantwortung der ÜNB hinsichtlich **ab- und zuschaltbarer Lasten** sowie des Umgangs mit **vor- und/oder endgültig stillzulegenden Anlagen** iSv § 13b respektive ihrer Bindung im Rahmen der **Netzreserve** iSv § 13d konkretisieren, gebündelt aufgeführt. Die Vorschrift befindet sich aus diesem Grund auch systematisch im ersten Abschnitt *(Aufgaben der Netzbetreiber)* des dritten Teils *(Regulierung des Netzbetriebs)* des EnWG. 1

Mit Einführung und Weiterentwicklung der **AbLaV** und **NetzResV** hat die Bundesregierung von den Ermächtigungen der Abs. 1 bis 3 bereits Gebrauch gemacht. Allein von der Verordnungsermächtigung des Abs. 5 wurde bislang kein Gebrauch gemacht. Die Vorschrift dürfte ungeachtet des Zeitablaufs mit Abschluss des Jahres 2020 auch aufgrund der **Einführung des Kohleverstromungsbeendigungsgesetz** vom 8.8.2020 (BGBl. I S. 1818), das zuletzt durch Art. 1 26 Abs. 2 des Gesetzes vom 3.6.2021 (BGBl. I S. 1534) geändert worden ist (KVBG), vollständig obsolet geworden sein. 2

II. Entstehungsgeschichte und Zweck

Im Zuge des StromMG wurden die Vorschriften der §§ 13 ff. grundlegend redigiert und insbesondere auch aus Gründen der Übersichtlichkeit und besseren Lesbarkeit neu strukturiert (vgl. BT-Drs. 18/7317, 85 ff.). Daher wurden auch die bislang über die §§ 13 ff. aF verteilten Verordnungsermächtigungen in den Vorschriften der §§ 13h und 13i **gebündelt zusammengefasst.** Konkret enthält § 13i die Verordnungsermächtigungen des § 13 Abs. 4a und 4b aF sowie des § 13b aF. Während § 13h Vorgaben zur näheren Ausgestaltung an die Kapazitätsreserve nach § 13e enthält, befasst sich § 13i mit den Vorschriften der §§ 13a Abs. 1, 13b, 13c, 13d und 13g. 3

Aufgrund der Komplexität der jeweiligen Materie konnten etwa für das Institut der Netzreserve im EnWG selbst nur „Eckpunkte" (vgl. BT-Drs. 18/7317, 94) festgelegt werden. Aus diesem Grund ist eine **Konkretisierung** der Regelungen zu 4

§ 13i

ab- und zuschaltbaren Lasten sowie zum Umgang mit systemrelevanten Anlagen respektive der Netzreserve erforderlich geworden (vgl. schon BT-Drs. 17/11705, 51 f. zu § 13 aF und § 13b aF). Die Vorschrift des Abs. 5 hingegen wurde mit dem StromMG erst neu geschaffen und bezieht sich auf die Stilllegung von Braunkohleanlagen nach § 13g bzw. sollte die Bundesregierung in die Lage versetzen, über die Bestimmungen des § 13g hinaus die Emissionsreduzierung in der Braunkohlewirtschaft bis zum Jahr 2020 zu gewährleisten (BT-Drs. 18/7317, 114).

5 Alle Verordnungsermächtigungen ermächtigen als solche die Bundesregierung (nicht etwa das BMWi wie in §§ 13h oder 17j) und setzen nicht die Zustimmung des Bundesrates voraus. Als offen bezeichnet werden müssen die Auswirkungen des Urteils des EuGH vom 2.9.2021 zur normativen Regulierung auf die hiesigen Verordnungsermächtigungen (grundlegend → § 24 Rn. 4 ff.), da die Regelungsgegenstände des § 13i den Aufgabenkreis der Regulierungsbehörde gem. Art. 59 Elt-RL 19 tangieren.

B. Einzelerläuterungen

6 Abs. 1 regelt die Anforderungen an eine Rechtsverordnung zur **Verwirklichung einer effizienten Beschaffung und einheitlicher Anforderungen für ab- und zuschaltbare Lasten** iSv § 13 Abs. 6 S. 1 (→ Rn. 6 ff.). Zudem bestimmt Abs. 2, dass die Bundesregierung die ÜNB durch Rechtsverordnung Vorgaben zur **Ausgestaltung des Beschaffungsverfahrens für ab- und zuschaltbare Lasten** erlassen kann (→ Rn. 15 ff.). Gegenstand des Abs. 3 sind **systemrelevante Anlagen** nach § 13b (→ Rn. 29 ff.). Des Weiteren können der BNetzA nach Abs. 4 **Kompetenzen im Rahmen des Verfahrens zur Bildung und zur Beschaffung einer Netzreserve** übertragen werden (→ Rn. 55). Gegenstand des Abs. 5 ist eine Verordnung zur Gewährleistung der **Emissionsreduzierung in der Braunkohlewirtschaft bis 2020,** um die nationalen Klimaziele bis zum Jahr 2020 erreichen zu können (BT-Drs. 18/7317, 2; → Rn. 56).

I. Verordnungsermächtigung für Lastmanagement

7 Es ist die allgemeine Erwartung, dass die Bedeutung von ab- und zuschaltbaren Lasten zunehmen wird, um den Netzbetrieb durchzuführen. Während die Abschaltung von Lasten faktisch einer Erhöhung der Wirkleistungseinspeisung gleichkommt (BerlKommEnergieR/*Ruttloff/Lippert* EnWG § 13i Rn. 10) und damit einen Beitrag zur **Versorgungssicherheit** leistet, dient die Ab- und Zuschaltung von Lasten insgesamt insbesondere der **Frequenzhaltung** (vgl. dazu dena DSM-Studie 2016 S. 30 f.). Gebräuchlich ist auch die Bezeichnung als **Flexibilitäten** von Stromverbrauchern für ab- und zuschaltbare Lasten (vgl. etwa Verband Schweizerischer Elektrizitätsunternehmen, Flexibilitäten, August 2016, S. 3).

8 Hinsichtlich der Steuerung von ab- und zuschaltbaren Lasten ist zwischen dem **Lastmanagement** (engl. Demand Side Management; DSM) einerseits und der **Laststeuerung** (engl. Demand Side Response/Demand Response; DSR/DR) andererseits zu unterscheiden. Während Lastmanagement als Systemdienstleistung (SDL) zur Bereitstellung von Regelleistung angesehen wird und damit auf Anforderung der Netzbetreiber erfolgt, handelt es sich bei der Laststeuerung um eine Optimierung auf Stromverbraucherseite (www.wsw-online.de/happy-power-hour/wissensbereich/demand-side-management-vs-demand-response/; → § 51a Rn. 2).

Weitere Verordnungsermächtigungen **§ 13 i**

Unter dem Begriff des Lastmanagements wird die gezielte Steuerung der Stromnachfrage durch das aufgrund von Marktsignalen resultierende Ab- und Zuschalten von Lasten von Stromverbrauchern verstanden (www.dena.de/themen-projekte/energiesysteme/flexibilitaet-und-speicher/demand-side-management). Eine Definition der Laststeuerung findet sich in Art. 2 Nr. 20 Elt-RL 19. Die Vorschrift des § 13i jedoch bezieht sich auf das Lastmanagement als Aufgabe der ÜNB.

1. Verwirklichung einer effizienten Beschaffung sowie einheitlicher Anforderungen iSv § 13 Abs. 6 S. 1. Abs. 1 ermächtigt die Bundesregierung, die Verpflichtung der ÜNB aus § 13 Abs. 6 S. 1 (→ § 13 Rn. 153 ff.) im Rahmen einer Rechtsverordnung zu **konkretisieren**. 9

a) Inhalt der Regelung. Während § 13 Abs. 6 S. 6 den ÜNB erste Vorgaben zur Beschaffung von Zu- und Abschaltleistung über ein Ausschreibungsverfahren mit den Anbietern derselben macht, sieht die Verordnungsermächtigung aus Abs. 1 die weitere **Ausgestaltung dieses Verfahrens** vor. Während § 13 Abs. 6 etwa offenlässt, ob die Ausschreibung zur Beschaffung von Ab- und Zuschaltleistung einmalig oder turnusmäßig stattzufinden hat, ermöglicht Abs. 1 die Einführung sich wiederholender oder für einen bestimmten Zeitraum geltender Ausschreibungsverfahren. 10

Die Rechtsverordnung nach Abs. 1 bedarf der **Zustimmung des Bundestages,** nicht jedoch jener des Bundesrates, da das EnWG selbst nicht der Zustimmung des Bundesrates bedurfte, vgl. Art. 74 Abs. 1 Nr. 11, Abs. 2 GG iVm Art. 80 Abs. 2 GG. Mit Abs. 1 S. 2 enthält die Vorschrift zudem eine **Zustimmungsfiktion** für den Fall, dass der Bundestag der Bundesregierung mit Ablauf der sechsten Sitzungswoche nach Zuleitung des Verordnungsentwurfs seine Ablehnung des Entwurfs nicht mitteilt. 11

Abs. 1 S. 3 führt Aspekte auf, die im Rahmen der Rechtsverordnung von der Bundesregierung geregelt werden können. Die **Aufzählung** ist **nicht abschließend** („insbesondere"). Möglich ist etwa die Festlegung von **Präqualifikationsvoraussetzungen** für die Anbieter von Ab- und Zuschaltleistung (Abs. 1 S. 3 Nr. 1 und 2), zum Verfahren der Angebotserstellung und Zuschlagserteilung im Rahmen des Ausschreibungsverfahrens (Abs. 1 S. 3 Nr. 1 und 2) sowie zum Abruf der Ab- oder Zuschaltleistung (Abs. 1 S. 3 Nr. 4). Zudem besteht für den Verordnungsgeber die Möglichkeit, **Sanktionen** für den Fall der Zuwiderhandlung gegen die Pflichten der zu erlassenden Rechtsverordnung festzulegen (Abs. 1 S. 3 Nr. 5). 12

Aufgrund des **nicht abschließenden Charakters** des Abs. 1 S. 3 dürfte es für die Bewertung der Rechtmäßigkeit der zu erlassenden Verordnung im Wesentlichen darauf ankommen, dass die Bestimmungen derselben gemäß der Vorgabe in Abs. 1 S. 1 geeignet, erforderlich und angemessen sind, um zur Verwirklichung einer effizienten Beschaffung von Ab- und Zuschaltleistung sowie einheitlicher Anforderungen iSv § 13 Abs. 6 S. 1 beitragen zu können. 13

b) Ausgestaltung in der AbLaV. Mit der Einführung der AbLaV hat die Bundesregierung von der Verordnungsermächtigung des Abs. 1 bereits Gebrauch gemacht. Diese regelt jedoch nur die Beschaffung von ab- und nicht von zuschaltbaren Lasten, da die Bundesregierung **Regelungen über Zuschaltungen** bis dato nur in Form der bis zum 31.12.2023 befristeten (vgl. § 118 Abs. 22 S. 1) Regelung **„Nutzen statt Abregeln"** gem. § 13 Abs. 6a für erforderlich hielt (→ § 13 Rn. 175 ff. sowie zu den Modalitäten der Beschaffung und der regulatorischen 14

Kemper 769

Anerkennung und Verrechnung der Kosten insbesondere BNetzA Beschl. v. 16.1.2018 – BK8-17/0009-A – Nutzen statt Abregeln).

15 Auch wenn die Zuordnung der Vorschriften der AbLaV zu § 13i Abs. 1 und 2 insgesamt schwierig ist (die Bestimmung des 3 AbLaV (Kriterien für wirtschaftlich und technisch sinnvolle Vereinbarungen) könnte aufgrund desselben Wortlauts in Abs. 1 S. 3 Nr. 1 und Abs. 2 S. 4 Nr. 1 wahlweise auf die Ermächtigung aus Abs. 1 oder 2 gestützt werden, wobei sich die Vorschrift des § 3 AbLaV streng genommen aufgrund der Bezugnahme auf die **Sinnhaftigkeit der Gebote** auf Abs. 2 S. 5 Nr. 4 stützen dürfte), dürften sich die Bestimmungen der §§ 5 (Technische Anforderungen an abschaltbare Lasten), 6 (Regeln für die Zusammenlegung), 10 (Angebotserstellung), 11 (Zuschlagserteilung) und 13 AbLaV (Abruf der Abschaltleistung) unmittelbar auf die Verordnungsermächtigung nach Abs. 1 zurückführen (vgl. zu den genannten Vorschriften der AbLaV BT-Drs. 18/8561, 23 ff.). Erstaunlich ist insoweit vor allem, dass gerade die AbLaV keine Vorschrift zur Ahndung von Zuwiderhandlungen (Abs. 1 S. 3 Nr. 5) gegen die aus ihr resultierenden Verpflichtungen festlegt.

16 **2. Ausgestaltung von Ausschreibungen zur Beschaffung von ab- und zuschaltbaren Lasten.** Obschon sich aus § 13 Abs. 6 S. 1 bereits ergibt, dass die Beschaffung von ab- und zuschaltbaren Lasten in Ausschreibungen zu erfolgen hat, wird die **konkrete Ausgestaltung und der Ablauf dieses bzw. dieser Ausschreibungsverfahren** offengelassen. Mit der Verordnungsermächtigung in Abs. 2 besteht für die Bundesregierung die Möglichkeit, hierzu weitere Regelungen zu treffen.

17 **a) Inhalt der Regelung.** Abs. 2 ermöglicht es der Bundesregierung, die ÜNB zu **verpflichten,** Ausschreibungen nach § 13 Abs. 6 S. 1 für wirtschaftlich und technisch sinnvolle Angebote wiederholend oder für einen bestimmten Zeitraum durchzuführen. Der gesamte Abs. 2 hat jedoch einen hybriden Charakter: Er enthält nicht allein die Ermächtigung zum Erlass der Rechtsverordnung selbst respektive Bestimmungen zur Ausgestaltung derselben. Er enthält auch Vorschriften mit eigenständigem Regelungscharakter wie etwa die Ausgleichspflicht zwischen den ÜNB in Abs. 2 S. 6. In systematischer Hinsicht wären die Bestimmungen mit eigenständigem Regelungscharakter wohl besser in § 13 Abs. 6 platziert.

18 Durch die Verpflichtung der ÜNB zur Durchführung der genannten Ausschreibungen übernimmt der Verordnungsgeber faktisch einen Teil der **Systemverantwortung** der ÜNB aus § 13, indem er über die Verpflichtung zumindest die Beschaffung einer konkreten marktbezogenen Maßnahme nach § 13 Abs. 1 Nr. 2 für die ÜNB obligat macht. Ob dieser potenziell weitreichenden Folge ist fraglich, ob das Entschließungsermessen der Bundesregierung („kann") zum Erlass einer solchen Verpflichtung nur in besonderen Konstellationen ausgeübt werden kann, etwa wenn das Potenzial von zunächst unwirtschaftlichen Technologien erprobt werden soll, da es sich dabei (auch) um eine politische Entscheidung handelt.

19 Des Weiteren kann in einer auf Abs. 2 gestützten Rechtsverordnung geregelt werden, dass die ÜNB Angebote zum Erwerb von Ab- oder Zuschaltleistung bis zu einer Gesamtleistung von jeweils 3.000 MW anzunehmen haben. Die Verpflichtung zur Annahme von Angeboten in der genannten Größenordnung ist insoweit beachtlich, als sie eine zulässige Ausprägung eines wirtschaftspolitischen Kontrahierungszwanges zur Kontrolle der marktbeherrschenden Stellung (vgl. MüKoBGB/ *Busche* § 145 Rn. 18) der ÜNB in ihren jeweiligen Regelzonen darstellt. Dieser **Kontrahierungszwang** kann nur mit der Gewährleistung der Versorgungssicher-

Weitere Verordnungsermächtigungen § 13i

heit gerechtfertigt werden (BT-Drs. 17/11705, 51). In der Vorgängervorschrift betrug die Grenze, bis zu der die ÜNB zur Annahme von Angeboten verpflichtet werden konnten, dagegen noch 3.500 MW. Die Reduzierung rührte daher, dass im Rahmen der bis zur Änderung durchgeführten Ausschreibungen lediglich Lasten in Höhe von 1.000 MW kontrahiert werden konnten (BT-Drs. 18/8915, 35). Zwar konnte zwischenzeitlich die volle Leistung von 3.000 MW kontrahiert werden, die jedoch in dieser Höhe nicht zum Einsatz kam (vgl. COM(2016) 8742 final, Fn. 28). Zuletzt kam es jedoch wieder zu einer erhöhten Beteiligung an den Ausschreibungen (www.bundesnetzagentur.de/DE/Beschlusskammern/1_GZ/BK4-GZ/2019/BK4-19-0001/BK4-19-0001_Konsultation_Ergaenzung.html?nn=269530).

Mit Abs. 2 S. 3 und 4 enthält die Vorschrift zudem eine Definition, ab wann ein 20 im Rahmen der Ausschreibungen abgegebenes **Angebot für den Erwerb von Lasten** als **wirtschaftlich und technisch sinnvoll** zu klassifizieren ist.

Danach gilt ein Angebot als **wirtschaftlich sinnvoll**, wenn für die Last(en) eine 21 Vergütung zu zahlen ist, die die Kosten der Versorgungsunterbrechungen, zu denen es ohne die Nutzung von Lastmanagement kommen könnte, nicht übersteigt. Dabei geht aus der Formulierung der Vorschrift im Konjunktiv hinsichtlich der Kosten für die Versorgungsunterbrechungen hervor, dass es sich um eine prognostische und keine empirische Abschätzung handelt.

Die technische Sinnhaftigkeit des Angebots setzt voraus, dass durch die Ab- und 22 Zuschaltungen für eine **Mindestleistung von 5 MW innerhalb von 15 Minuten** herbeigeführt werden und damit zur Sicherheit und Zuverlässigkeit des Elektrizitätsversorgungssystems beigetragen werden kann. Der Maßstab von 15 Minuten dürfte sich dabei an den Anforderungen für die Bereitstellung der Minutenreserve nach Abschnitt 5.2.2.3 Abs. 7 des Transmission Code 2007 orientieren.

Die Aufzählung in Abs. 2 S. 5 zu den Regelungsgegenständen, die im Rahmen 23 der zu erlassenden Rechtsverordnung adressiert werden können, ist **fakultativ** („auch"). Im Gegensatz zur Aufzählung in Abs. 1 S. 3 (→ Rn. 11) dürfte jene in Abs. 2 S. 4 damit **abschließend** sein.

Danach können im Rahmen der Rechtsverordnung die technischen Anfor- 24 derungen an die Ab- oder Zuschaltleistung (Abs. 2 S. 5 Nr. 1) und an die Ausgestaltung der Verträge über den Erwerb derselben (Abs. 2 S. 5 Nr. 2) sowie die Rechte und Pflichten im Vertragsverhältnis von ÜNB und den Anbietern von Ab- oder Zuschaltleistung näher konkretisiert werden. Auch die **Anforderungen an die wirtschaftliche und technische Sinnhaftigkeit der Angebote** iSv Abs. 2 S. 3 und 4 können in der Rechtsverordnung näher geregelt werden. Auch über die Ausgestaltung und Höhe der Vergütung für die Bereitstellung von ab- oder zuschaltbaren Lasten können nach Abs. 2 S. 5 Nr. 6 von der Bundesregierung im Rahmen der Rechtsverordnung Bestimmungen getroffen werden.

Die Vorschrift des Abs. 2 S. 5 Nr. 5, die es der Bundesregierung ermöglicht, nä- 25 here Regelungen über die **Berichtspflichten der BNetzA** gegenüber dem BMWi über die Anwendung der Rechtsverordnung zu statuieren, dürfte sich auf die Regelung des § 51a Abs. 1 S. 3 (→ § 51a Rn. 12) beziehen. Nach dieser Vorschrift kann das BMWi von der Regulierungsbehörde verlangen, dass Informationen iSv § 51a Abs. 1 S. 2 von der Regulierungsbehörde eingeholt und dem BMWi in angemessener Frist sowie in geeigneter Form zur Verfügung gestellt werden müssen.

Die Rechtsverordnung nach Abs. 2 bedarf ebenfalls der **Zustimmung des** 26 **Bundestages,** nicht jedoch jener des Bundesrates, da das EnWG selbst nicht der Zustimmung des Bundesrates bedurfte, vgl. Art. 74 Abs. 1 Nr. 11, Abs. 2 GG iVm

Kemper 771

§ 13i — Teil 3. Regulierung des Netzbetriebs

Art. 80 Abs. 2 GG. Mit Abs. 2 S. 2 enthält die Vorschrift zudem eine **Zustimmungsfiktion** für den Fall, dass der Bundestag der Bundesregierung mit Ablauf der sechsten Sitzungswoche nach Zuleitung des Verordnungsentwurfs seine Ablehnung des Entwurfs nicht mitteilt.

27 Mit Abs. 2 S. 6 besteht zudem eine eigenständige **Regelung über den finanziellen Ausgleich** für die Zahlungen und Aufwendungen, die den ÜNB im Zusammenhang mit den Ausschreibungen nach § 13 Abs. 6 S. 1 entstehen. Diese sind monatlich im Wege einer finanziellen Verrechnung in Form eines Belastungsausgleichs entsprechend der §§ 26, 28 und 30 KWKG unter den ÜNB auszugleichen. Abs. 2 S. 6 Hs. 2 ermächtigt die Bundesregierung ferner dazu, die nähere Ausgestaltung des Belastungsausgleichs im Rahmen der Rechtsverordnung festzulegen.

28 Aufgrund der Bestimmung des Abs. 2 S. 7 können im Rahmen der Rechtsverordnung Festlegungskompetenzen der BNetzA statuiert werden. Solche Festlegungskompetenz finden sich nunmehr in § 8 Abs. 4 AbLaV. Das am 20.2.2019 von der BNetzA eingeleitete Festlegungsverfahren zur **Anpassung der Gesamtabschaltleistung** für sofort und schnell abschaltbare Lasten gem. § 29 Abs. 1 EnWG iVm § 8 Abs. 4 Nr. 2 AbLaV (Az. BK4-19-001) wurde jedoch am 10.4.2019 vorläufig wiedereingestellt (www.bundesnetzagentur.de/DE/Beschlusskammern/1_GZ/BK4-GZ/2019/BK4-19-0001/BK4-19-0001_Konsultation_Ergaenzung.html?nn=269 530). Begründet wurde dies von Seiten der BNetzA damit, dass sich die durchschnittlichen Gebotsmengen im Rahmen der Ausschreibungen wesentlich erhöht hätten. Ausgehend von diesem Umstand hielt es die BNetzA für sinnvoll, vor einer Festlegung über eine Anpassung der Gesamtabschaltleistung die weiteren Entwicklungen auf Anbieterseite von schnell und sofort abschaltbaren Lasten abzuwarten.

29 **b) Ausgestaltung in der AbLaV.** Von der Ermächtigungsgrundlage des Abs. 2 hat die Bundesregierung ebenfalls mit Einführung der **AbLaV** Gebrauch gemacht. Die AbLaV stützt sich damit gleichermaßen auf die Verordnungsermächtigungen der Abs. 1 und 2.

30 Die §§ 3 (Kriterien für wirtschaftlich und technisch sinnvolle Vereinbarungen), 4 (Vergütung abschaltbarer Lasten), 8 Abs. 4 (Festlegungskompetenz der BNetzA), 14 (Einfluss der Verfügbarkeit auf die Vergütung), 15 (Rechte und Pflichten der Vertragsparteien), 17 (Bericht der Bundesnetzagentur) und 18 (Kostenregelung) dürften sich **unmittelbar** auf die in Abs. 2 genannten Aspekte zurückführen lassen.

II. Verordnungsermächtigung für systemrelevante Anlagen

31 Abs. 3 enthält weitere Verordnungsermächtigungen der Bundesregierung, die sich vornehmlich auf die nähere Ausgestaltung des Einsatzes **systemrelevanter Anlagen** zur Beseitigung von Gefährdungen oder Störungen für die Sicherheit und Zuverlässigkeit des Elektrizitätsversorgungssystems respektive der Vergütung solcher Einsätze beziehen.

32 Von den gesammelten Verordnungsermächtigungen des Abs. 3 Nr. 1 und 2 in Form hat die Bundesregierung mit Einführung der **NetzResV** Gebrauch gemacht, welche die ebenfalls aufgrund des § 13b aF erlassene Vorgängerregelung der Reservekraftwerksverordnung (ResKV) abgelöst hat. Die Verordnungsermächtigung in Abs. 3 Nr. 3 wurde dagegen bislang nicht aktiviert. Die NetzResV bezieht sich in ihrer Eingangsformel noch auf die alte Verordnungsermächtigung aus § 13b aF, greift dann aber in § 1 Abs. 1 S. 1 und 2 NetzResV die Verordnungsermächtigungen aus § 13i Abs. 3 Nr. 1 und 2 auf.

Damit besteht für die Bundesregierung die Möglichkeit, die Vorschriften der 33 §§ 13a bis 13d im Wege einer Rechtsverordnung zu **konkretisieren**. Zudem besteht für die Bundesregierung die Möglichkeit zur näheren Ausgestaltung der vertraglichen Vereinbarungen nach § 13 Abs. 6a (→ § 13 Rn. 184ff.).

1. Nähere Bestimmung des Adressatenkreises nach § 13a Abs. 1 und 34
§ 13b Abs. 4 und 5. Abs. 3 Nr. 1 ermöglicht es der Bundesregierung, durch Rechtsverordnung nähere Bestimmungen zum Adressatenkreis nach den §§ 13a, 13b Abs. 4 und 5 zu treffen. Adressaten der genannten Regelungen sind die Betreiber von Anlagen zur Erzeugung oder Speicherung elektrischer Energie mit einer **Nennleistung ab 10 MW** bzw. im Falle des § 13b Abs. 5 **ab 50 MW**. Im Rahmen der Rechtsverordnung dürfte aufgrund der Gesetzeshierarchie davon auszugehen sein, dass von den genannten Grenzwerten als unterer Schwellenwert nicht abgewichen werden dürfte.

Hinsichtlich der näheren Bestimmung des Adressatenkreises nach § 13a Abs. 1 35 steht die Norm in **Konkurrenz** mit der Vorschrift des § 13j Abs. 1 S. 1, die der BNetzA im Rahmen einer Festlegung ebenfalls eine Konkretisierung des Adressatenkreises ermöglicht. Von dieser Ermächtigung hat die BNetzA mit einer Festlegung vom 30.10.2012 (BNetzA Beschl. v. 30.10.2012 – BK6-11-098 – Festlegung zur Standardisierung vertraglicher Rahmenbedingungen für Eingriffsmöglichkeiten der Übertragungsnetzbetreiber in die Fahrweise von Erzeugungsanlagen) Gebrauch gemacht. Selbige wurde jedoch am 15.6.2015 (BNetzA Beschl. v. 15.6.2015 – BK6-11-098-A) wieder aufgehoben. Grund dafür waren Urteile des OLG Düsseldorf aufgrund zahlreicher Beschwerden gegen die Festlegung (vgl. exemplarisch OLG Düsseldorf Urt. v. 28.4.2015 – VI-3 Kart 331/12 (V)), infolge derer die Festlegung in zwölf Fällen aufgehoben wurde. Aus Gründen der Gleichbehandlung sah sich die BNetzA veranlasst, die Festlegung aus Gründen der Gleichbehandlung in Gänze aufzuheben.

Mit § 8 Abs. 1 NetzResV wurde der Adressatenkreis insoweit näher konkretisiert, 36 indem die Vorschrift bestimmt, dass Anlagen oder Teilkapazitäten von Anlagen eines Betreibers, bei denen die Summe der Netto-Nennwirkleistungen **aller an einem Netzknoten angeschlossenen Anlagen** den jeweiligen Schwellenwert überschreitet, als eine Anlage gelten. Diese Bestimmung könnte jedoch gleichfalls als eine Aktivierung der Verordnungsermächtigung aus Abs. 3 Nr. 1 lit. d angesehen werden.

2. Nähere Bestimmung der Kriterien einer systemrelevanten Anlage 37
nach § 13b Abs. 2 S. 2. Weiterhin besteht nach Abs. 3 Nr. 1 lit. b die Möglichkeit, im Wege einer Rechtsverordnung nähere Kriterien zur Einordnung systemrelevanter Anlagen iSv § 13b Abs. 2 S. 2 festzulegen. Danach sind Anlagen systemrelevant, wenn deren Stilllegung mit hinreichender Wahrscheinlichkeit zu einer **nicht unerheblichen Gefährdung oder Störung der Sicherheit oder Zuverlässigkeit des Elektrizitätsversorgungssystems** führen würde und diese Gefährdung oder Störung nicht durch andere angemessene Maßnahmen beseitigt werden kann (im Einzelnen → § 13b Rn. 12ff.). Eine Konkretisierung des Begriffs der Systemrelevanz würde sich zudem iRd §§ 26 und 37 KVBG auswirken, welche auf die Vorschrift des § 13b verweisen.

Der Begriff der Systemrelevanz iSv § 13b Abs. 2 S. 2 wird in § 2 Abs. 2 Netz- 38 ResV konkretisiert. Danach wird der Maßstab an die Systemrelevanz um die Berücksichtigung der **anerkannten Regeln der Technik** für den sicheren Netzbetrieb nach § 49 (→ § 49) erweitert. Zudem legt § 2 Abs. 2 S. 3 NetzResV fest, dass für einen sicheren Netzbetrieb auch **Mehrfachfehler** (auch „exceptional contingencies", vgl. BNetzA, Feststellung des Bedarfs an Netzreserve für den Winter 2021/2022 sowie für das Jahr 2023/2024 vom 28.4.2021, S. 21) angemessenen beherrscht werden müssen.

39 **3. Kriterien vorläufiger und endgültiger Stilllegungen und zu dem Umgang mit geplanten Stilllegungen von Erzeugungsanlagen nach den §§ 13 b und 13 c.** Darüber hinaus können nach Abs. 3 Nr. 1 lit. c im Rahmen einer Rechtsverordnung die Kriterien zur **Klassifizierung** von vorläufigen iSv § 13 b Abs. 3 S. 1 und Abs. 4 und/oder endgültigen Stilllegungen iSv § 13 b Abs. 3 S. 2 und Abs. 5 einer ausführlicheren Konkretisierung unterzogen werden. Nach den genannten Vorschriften handelt es sich bei vorläufigen Stilllegungen um Maßnahmen, die bewirken, dass die entsprechende Anlage nicht mehr anfahrbereit gehalten wird, aber innerhalb eines Jahres nach Anforderung durch den Betreiber eines Übertragungsnetzes nach § 13 b Abs. 4 S. 3 wieder betriebsbereit gemacht werden kann, um eine geforderte Anpassung ihrer Einspeisung nach § 13 a Abs. 1 umzusetzen. Ausgenommen davon sind Revisionen und technisch bedingte Störungen, die eine solche Nichtverfügbarkeit der Anlage nach sich ziehen (im Einzelnen → § 13 b Rn. 15).

40 Die Vorschrift ermöglicht zudem, weitere Regelungen zum **Umgang mit geplanten Stilllegungen** zu treffen. Ausgehend von den Bestimmungen des § 13 b Abs. 4 und 5 kann die Stilllegung von den ÜNB – im Falle des § 13 b Abs. 5 jedoch nur nach Genehmigung der BNetzA – verboten werden, wenn die Anlage als systemrelevant iSv § 13 b Abs. 2 S. 2 einzustufen ist (ausf. → § 13 b Rn. 11 ff.). Eine solche Regelung stellt etwa § 8 Abs. 3 NetzResV dar, die den Umgang mit sog. **saisonalen Stilllegungen** regelt.

41 **4. Verpflichtung der Betreiber von Anlagen zur Erzeugung oder Speicherung elektrischer Energie iSv § 13 a Abs. 1 und § 13 b Abs. 4 und 5.** Die Betreiber von Erzeugungsanlagen ab einer Nennleistung von 10 MW sind gem. der §§ 13 a Abs. 1, 13 b Abs. 4 S. 3, Abs. 5 S. 11 dazu verpflichtet, auf Anforderung der ÜNB die Wirkleistungs- ("klassischer" Redispatch zur Behebung von Netzengpässen, vgl. dazu auch BNetzA, Feststellung des Bedarfs an Netzreserve für den Winter 2021/2022 sowie das Jahr 2023/2024, S. 10 ff.) oder Blindleistungseinspeisung (sog. spannungsbedingter Redispatch) ihrer Anlage oder deren Wirkleistungsbezug anzupassen bzw. die Betriebsbereitschaft für solche Maßnahmen weiter vorzuhalten (vgl. dazu auch → § 13 a Rn. 32 ff. sowie → § 13 b Rn. 28 f.). Da die **konkrete Art und Weise** dieser Einsätze jedoch nicht in allen Einzelheiten in § 13 a Abs. 1 geregelt ist, besteht soweit ein etwaiger weiterer Bedarf und mit Abs. 3 Nr. 1 lit. d auch die gesetzliche Ermächtigung, selbige weiter auszugestalten.

42 Eine eigenständige Rechtsverordnung zur Konkretisierung von § 13 a Abs. 1 existiert bislang nicht. Die Bezugnahme auf § 13 a Abs. 1 in der NetzResV dürfte dem Umstand geschuldet sein, dass § 13 b Abs. 3 S. 1, Abs. 4 S. 3 und 4 seinerseits auf § 13 a Abs. 1 verweist. Jedoch enthält § 8 Abs. 1 NetzResV insoweit eine Konkretisierung der Verpflichtung aus § 13 b Abs. 4 und 5, als dieser bestimmt, dass Anlagen oder Teilkapazitäten von Anlagen eines Betreibers, bei denen die **Summe der Netto-Nennwirkleistungen** aller an einem Netzknoten angeschlossenen Anlagen den jeweiligen Schwellenwert überschreitet, als eine Anlage gelten.

43 **5. Vergütung bei geplanten Stilllegungen von Anlagen abweichend von § 13 c und den Kriterien einer angemessenen Vergütung bei geplanten Stilllegungen von Erzeugungsanlagen nach § 13 c.** Die Betreiber von Anlagen zur Erzeugung oder Speicherung elektrischer Energie, deren Stilllegung nach Maßgabe

Weitere Verordnungsermächtigungen **§ 13i**

des § 13b verboten ist, können vom jeweiligen ÜNB für die Aufrechterhaltung der Betriebsbereitschaft ihrer Anlage eine **angemessene Vergütung** nach den Bestimmungen des § 13c verlangen (im Einzelnen → § 13c Rn. 8). Abs. 3 Nr. 1 lit. e ermöglicht es der Bundesregierung von den Maßgaben des § 13c hinsichtlich der Vergütung bei der geplanten Stilllegung von Anlagen abweichende Regelungen zu treffen.

Die Vorgängervorschrift des § 13 Abs. 1a aF sah zum Zeitpunkt ihrer Geltung 44 noch vor, dass diese Vergütung durch eine **Festlegung der BNetzA** näher ausgestaltet werden konnte (vgl. dazu BerlKommEnergieR/*Ruttloff*/*Lippert* EnWG § 13i Rn. 23). Die nach damaliger Rechtslage (vgl. § 13 Abs. 1 Nr. 2 in der bis zum 28.12.2012 geltenden Fassung, der anders als in der heute gültigen Fassung den Einsatz zusätzlicher Reserven noch zu den marktbezogenen Maßnahmen zählte) entsprechende Festlegung der BNetzA (BNetzA Beschl. v. 30.10.2012 – BK8-12-019), die anstelle einer angemessenen Vergütung lediglich einen Aufwendungsersatz vorsah, wurde jedoch nach dreizehn erfolgreichen Beschwerden vor dem OLG Düsseldorf (vgl. exemplarisch OLG Düsseldorf Urt. v. 28.4.2015 – VI-3 Kart 332/12 (V)) in dreizehn Fällen aufgehoben. Infolge dieser Verfahren wurde die Festlegung von der zuständigen Beschlusskammer 8 insgesamt aufgehoben (vgl. BNetzA, Beschl. v. 19.8.2015 – BK8-12-019-A). Im Frühjahr 2021 wurde nunmehr von der BNetzA eine neue Festlegung zur wirksamen Verfahrensregulierung der Kosten und Erlöse/Erträge aus der **Beschaffung und Vergütung von marktbezogenen Redispatchmaßnahmen** nach § 13 Abs. 1 Nr. 2 getroffen (BNetzA Beschl. v. 19.5.2021 – BK8-18-0007-A). Mit dieser Festlegung reagierte die BNetzA auf die teilweise Aufhebung der Vorgängerfestlegung (BNetzA Beschl. v. 10.10.2018 – BK8-0007-A) durch das OLG Düsseldorf (vgl. exemplarisch OLG Düsseldorf Beschl. v. 12.8.2020 – 3 Kart 894/18).

Mit den §§ 6, 9 Abs. 2 S. 2 und 10 NetzResV hat der Verordnungsgeber die 45 Regelungen zur Vergütung von stillzulegenden Anlagen weiter ausgestaltet. In § 9 Abs. 2 S. 2 Nr. 1 NetzResV wird statuiert, dass sich die Erzeugungsauslagen iSv § 13c Abs. 1 Nr. 2 nach § 6 NetzResV richten. § 9 Abs. 2 S. 2 Nr. 2 NetzResV nimmt insbesondere **Opportunitätskosten** vom Begriff der Betriebsbereitschaftsauslagen nach § 13c Abs. 1 Nr. 1 aus. Die Bestimmung des § 9 Abs. 2 S. 2 Nr. 3 NetzResV konkretisiert die Vergütung des anteiligen Werteverbrauchs selbst nicht ferner, da sie ihrerseits auf § 13c Abs. 1 S. 3 (→ § 13c Rn. 31 ff.) verweist. § 10 NetzResV trifft hingegen keine eigenständigen mit § 9 Abs. 2 NetzResV vergleichbaren Bestimmungen, sondern verweist hinsichtlich der Vergütung von Anlagen, denen die endgültige Stilllegung verboten wurde, auf § 6 NetzResV.

6. Einsatz von Anlagen in dem Vierjahreszeitraum nach § 13c Abs. 2. 46

Der Verweis auf den Vier-Jahres-Zeitraum nach § 13c Abs. 2 aF ist mit Einführung des Strommarktgesetzes obsolet geworden (BGBl. I S. 1786, 1792). Insoweit handelt es sich bei der Bezugnahme auf den Vier-Jahres-Zeitraum in Abs. 3 Nr. 1 lit. f um ein **Redaktionsversehen** infolge der Beschlussempfehlung zum Strommarktgesetz (BT-Drs. 18/8915), das bislang nicht behoben wurde. § 13c Abs. 2 stellt nunmehr auf die Dauer der Ausweisung einer Anlage als systemrelevant ab.

Insoweit stellt sich die Frage, ob die Bundesregierung in Folge dieses Re- 47 daktionsversehen dennoch ermächtigt ist, mittels einer Rechtsverordnung Maßgaben zum Einsatz von Anlagen in dem in § 13c Abs. 2 bezeichneten Zeitraum zu erlassen. Dies dürfte zu bejahen sein, da sich im Wege der teleologischen Auslegung ergibt, dass es dem Gesetzgeber mit der Vorschrift des § 13c Abs. 2 darauf ankam,

Kemper 775

§ 13i
Teil 3. Regulierung des Netzbetriebs

das **Rückkehrverbot** zeitlich an die Ausweisung der Systemrelevanz und nicht mehr an einen starren Zeitraum anzuknüpfen (BT-Drs. 18/8915, 32). Zudem bezieht sich § 13c Abs. 2 allein auf die Vergütung und nicht den Einsatz solcher Anlagen.

48 Die Verordnungsermächtigung findet ihren Niederschlag in der Vorschrift des § 7 NetzResV. Die Vorschrift bestimmt, dass in der Netzreserve gebundene Anlagen ausschließlich **außerhalb der Strommärkte nach Maßgabe der ÜNB** eingesetzt werden dürfen. Des Weiteren regelt sie, dass die ÜNB die Netzreserveanlagen auf Grundlage der ihnen zur Verfügung stehenden Prognosen unter Berücksichtigung der technischen Randbedingungen einzusetzen haben.

49 Zudem dürften die Vorschriften der §§ 9 Abs. 2 S. 1 und 10 NetzResV aE ebenfalls auf Abs. 3 Nr. 2 fußen: Die Vorschriften verweisen jedoch hinsichtlich des Einsatzes von Anlagen, für die eine vorläufige Stilllegung angezeigt wurde auf § 7 NetzResV und weisen darüber hinaus hinsichtlich des Einsatzes **keine weiteren Anforderungen** auf.

50 **7. Berechnung des finanziellen Ausgleichs nach § 13a Abs. 2 S. 3 Nr. 5.**
Die Verordnungsermächtigung in lit. g wurde mit Art. 1 des Gesetzes zur Beschleunigung des Energieleitungsausbaus vom 13.5.2019 (BGBl. I S. 706) in § 13i eingefügt und ist gem. Art. 25 am 1.10.2021 in Kraft getreten. Aufgrund der Vorschrift können Bestimmungen zur Berechnung des finanziellen Ausgleichs nach § 13a Abs. 2 S. 3 Nr. 5 getroffen werden (→ § 13a Rn. 89ff.). Damit dient die Verordnungsermächtigung der weiteren Konkretisierung der Vorgaben des sog. Redispatch 2.0 (→ § 13 Rn. 270ff.). Bislang wurde von der Verordnungsermächtigung noch kein Gebrauch gemacht.

51 **8. Regelungen vorzusehen für ein transparentes Verfahren zur Bildung und zur Beschaffung einer Netzreserve aus Anlagen nach § 13d Abs. 1.** In die **Netzreserve** werden Anlagen überführt, die gem. § 13b Abs. 1 S. 1 ihre beabsichtigte Stilllegung angezeigt haben und denen nach Maßgabe von § 13b Abs. 4 oder 5 aufgrund ihrer Systemrelevanz die Stilllegung verboten wurde (→ § 13b Rn. 16ff.), vgl. insoweit auch § 13d Abs. 1 S. 2 (zur Netzreserve im Einzelnen: → § 13d Rn. 15ff.). Im Rahmen der Netzreserve werden solche Anlagen **außerhalb des Marktes** vorgehalten, um nach Maßgabe der in § 13 Abs. 1 bezeichneten Rangfolge (→ § 13 Rn. 224ff.) zum Zweck der Gewährleistung der Sicherheit und Zuverlässigkeit des Elektrizitätsversorgungssystems eingesetzt zu werden.

52 § 13d Abs. 1 verhält sich jedoch nicht zur **Dimensionierung des Umfangs der Netzreserve.** Diese ist spätestens seit dem gegen die Bundesrepublik eingeleiteten **beihilferechtlichen Verfahren** der EU-Kommission von maßgeblicher Bedeutung (COM(2016) 8742 final). In diesem wurde die Netzreserve als **Kapazitätsmechanismus in Form einer strategischen Reserve** nach Art. 2 Nr. 22 Elt-VO 19 iVm Art. 22 Abs. 2 Elt-VO 19 und staatlicher Beihilfe iSv Art. 107 Abs. 1 AEUV klassifiziert (COM(2016) 8742 final, Rn. 42ff.). Im Zuge des Beihilfeverfahrens verpflichtete sich die Bundesrepublik Deutschland, den Umfang der Netzreserve stückweise zu reduzieren, sofern dies nicht zur Gefährdung der Sicherheit und Zuverlässigkeit des deutschen Netzes führen würde (COM (2016) 8742 final, Rn. 96ff.).

53 Die Ausgestaltung des Verfahrens zur Bildung und Beschaffung der Netzreserve bietet die Verordnungsermächtigung des Abs. 3 lit. 2. In der NetzResV wurde insbesondere mit der Vorschrift des § 3 NetzResV von ihr Gebrauch gemacht, die im Wesentlichen schon der Vorgängervorschrift des § 3 ResKV entspricht (vgl. zur Di-

mensionierung der Netzreserve und der hierfür maßgeblichen Systemanalysen der ÜNB und deren Bestätigung durch die BNetzA → § 13d Rn. 11).

9. Regelungen zu vertraglichen Vereinbarungen nach § 13 Abs. 6a. Mit 54
Abs. 3 Nr. 3 besteht die Möglichkeit, Regelungen zu vertraglichen Vereinbarungen nach § 13 Abs. 6a für den **Einsatz von KWK-Anlagen für die Wärmeversorgung** vorzusehen (→ § 13 Rn. 184ff.). Dies umfasst insbesondere auch die Festlegung von Regelungen für die Auswahl der geeigneten KWK-Anlagen für die Bereitstellung von Wärme. Diese Verordnungsermächtigung wurde bislang nicht aktiviert. Jedoch werden die entsprechenden Regelungen durch eine Festlegung der BNetzA konkretisiert (BNetzA Beschl. v. 16.1.2018 – BK8-17/0009-A – Nutzen statt Abregeln).

III. Übertragung von Kompetenzen an die BNetzA

Nach Abs. 4 besteht die Möglichkeit, der BNetzA im Rahmen der Rechtsver- 55
ordnung(en) nach Abs. 3 **Festlegungskompetenzen** zur Dimensionierung der Netzreserve und für die Ausgestaltung Präqualifikationsvoraussetzungen für die Teilnahme zur Beschaffung der Erzeugungsleistung für die Netzreserve zu übertragen. Die NetzResV enthält solche Festlegungsermächtigungen indes nicht.

IV. Verordnungsermächtigung für Braunkohleanlagen

Die Verordnungsermächtigung nach Abs. 5 wurde **niemals genutzt** und dürfte 56
mit dem Ablauf des Jahres 2020, auf welches sich die Vorschrift bezieht, hinfällig geworden sein. Zudem trifft nunmehr das KVBG ausführliche Regelungen zur Reduzierung der Emissionen in der Braunkohlewirtschaft, sodass sich bereits durch die Einführung dieses Gesetzes die Frage nach dem Sinn und Zweck einer Verordnungsermächtigung stellt, die sich allein auf die Sicherheitsbereitschaft nach § 13g bezieht (zur Vorschrift des § 13g im Einzelnen → § 13g Rn. 1).

§ 13j Festlegungskompetenzen

(1) ¹**Die Regulierungsbehörde wird ermächtigt, nach § 29 Absatz 1 Festlegungen zu treffen zur näheren Bestimmung des Adressatenkreises nach § 13a Absatz 1 Satz 1, zu erforderlichen technischen Anforderungen, die gegenüber den Betreibern betroffener Anlagen aufzustellen sind, zu Methodik und Datenformat der Anforderung durch den Betreiber von Übertragungsnetzen.** ²**Zur Bestimmung des finanziellen Ausgleichs nach § 13a Absatz 2 kann die Regulierungsbehörde weitere Vorgaben im Wege einer Festlegung nach § 29 Absatz 1 machen, insbesondere**
1. **dass sich die Art und Höhe des finanziellen Ausgleichs danach unterscheiden, ob es sich um eine Wirk- oder Blindleistungseinspeisung oder einen Wirkleistungsbezug oder um eine leistungserhöhende oder leistungsreduzierende Maßnahme handelt,**
2. **zu einer vereinfachten Bestimmung der notwendigen Auslagen für die tatsächlichen Anpassungen der Einspeisung (Erzeugungsauslagen) oder des Bezugs nach § 13a Absatz 2 Satz 2 Nummer 1; der finanzielle Ausgleich nach § 13a Absatz 2 Satz 3 Nummer 1 kann ganz oder teilweise als Pauschale für vergleichbare Kraftwerkstypen ausgestaltet werden, wobei**

§ 13j

Teil 3. Regulierung des Netzbetriebs

der pauschale finanzielle Ausgleich die individuell zuzurechnenden Kosten im Einzelfall nicht abdecken muss; für die Typisierung sind geeignete technische Kriterien heranzuziehen; die Regulierungsbehörde kann vorsehen, dass in Einzelfällen, in denen der pauschale finanzielle Ausgleich eine unbillige Härte darstellen würde und ein Anlagenbetreiber individuell höhere zurechenbare Auslagen nachweist, die über die pauschale Vergütung hinausgehenden Kosten erstattet werden können,

3. zu der Ermittlung der anrechenbaren Betriebsstunden nach § 13a Absatz 3,
4. zu der Ermittlung und zu dem Nachweis der entgangenen Erlösmöglichkeiten nach § 13a Absatz 2 Satz 3 Nummer 3, wobei zwischen Erzeugungsanlagen und Anlagen zur Speicherung elektrischer Energie unterschieden werden kann,
5. zu der Bemessung der ersparten Erzeugungsaufwendungen nach § 13a Absatz 2 Satz 4 und
6. zu einer vereinfachten Bestimmung der zum Zeitpunkt der Investitionsentscheidung betriebswirtschaftlich geplanten Betriebsstunden nach § 13a Absatz 3; die betriebswirtschaftlich geplanten Betriebsstunden können als Pauschale für vergleichbare Kraftwerkstypen ausgestaltet werden; dabei sind die üblichen Betriebsstunden eines vergleichbaren Kraftwerkstyps zum Zeitpunkt der Investitionsentscheidung zugrunde zu legen.

[3]Die Regulierungsbehörde erhebt bei den Betreibern von Anlagen zur Erzeugung oder Speicherung elektrischer Energie die für die Festlegungen nach Satz 2 und für die Prüfung der angemessenen Vergütung notwendigen Daten einschließlich etwaiger Betriebs- und Geschäftsgeheimnisse. [4]Die Betreiber sind insoweit zur Auskunft verpflichtet. [5]Die Regulierungsbehörde kann Festlegungen nach § 29 Absatz 1 zu dem Umfang, Zeitpunkt und der Form der zu erhebenden und mitzuteilenden Daten, insbesondere zu den zulässigen Datenträgern und Übertragungswegen, treffen.

(2) Die Bundesnetzagentur kann durch Festlegung nach § 29 Absatz 1 nähere Bestimmungen treffen,
1. in welchem Umfang, in welcher Form und innerhalb welcher Frist die Netzbetreiber Maßnahmen nach § 13 Absatz 1 und 2, deren Gründe und die zugrunde liegenden vertraglichen Regelungen der Bundesnetzagentur mitteilen und auf einer gemeinsamen Internetplattform veröffentlichen müssen,
1a. in welchen Verfahren, Fristen und welcher Form die Unterrichtung nach § 13a Absatz 1a Satz 4 und 5 vorzunehmen ist,
2. zu den Kriterien für die nach § 13 Absatz 3 Satz 1 geltenden Ausnahmefälle,
3. zur näheren Ausgestaltung und Abgrenzung der Gründe für Stilllegungen nach § 13b Absatz 1 Satz 1 zweiter Halbsatz,
4. zur Ermittlung der anrechenbaren Betriebsstunden nach § 13c Absatz 1 Satz 3 und Absatz 3 Satz 3 zweiter Halbsatz,
5. zu den Kriterien eines systemrelevanten Gaskraftwerks nach § 13f Absatz 1,
6. zur Form der Ausweisung von systemrelevanten Gaskraftwerken nach § 13f Absatz 1 und zur nachträglichen Anpassung an neuere Erkenntnisse,

Festlegungskompetenzen **§ 13j**

7. zur Begründung und Nachweisführung nach § 13f,
8. zur angemessenen Erstattung von Mehrkosten nach § 13f Absatz 2 Satz 2, die auch nach pauschalierten Maßgaben erfolgen kann, und
9. zur näheren Bestimmung der Verpflichteten nach § 13f Absatz 2.

(3) ¹Solange und soweit der Verordnungsgeber nach § 13i Absatz 3 keine abweichenden Regelungen getroffen hat, wird die Regulierungsbehörde ermächtigt, nach § 29 Absatz 1 Festlegungen zu den in § 13i Absatz 3 Nummer 1 genannten Punkten zu treffen. ²Die Regulierungsbehörde wird darüber hinaus ermächtigt, nach § 29 Absatz 1 Festlegungen zu treffen
1. zu erforderlichen technischen und zeitlichen Anforderungen, die gegenüber den nach § 13a Absatz 1 und § 13b Absatz 1, 4 und 5 betroffenen Betreibern von Erzeugungsanlagen aufzustellen sind,
2. zur Methodik und zum Datenformat der Anforderung durch Betreiber von Übertragungsnetzen,
3. zur Form der Ausweisung nach § 13b Absatz 2 und Absatz 5 Satz 1 sowie zur nachträglichen Anpassung an neuere Erkenntnisse und
4. zur Begründung und Nachweisführung nach den §§ 13b und 13c.

(4) Die Bundesnetzagentur kann den Umfang der Kapazitätsreserve nach Maßgabe der Rechtsverordnung nach § 13h durch Festlegung nach § 29 Absatz 1 anpassen, wenn eine Entscheidung nach § 13e Absatz 5 dies vorsieht oder eine Entscheidung der Europäischen Kommission über die beihilferechtliche Genehmigung der Kapazitätsreserve einen geringeren Umfang vorsieht.

(5) Die Bundesnetzagentur kann durch Festlegungen nach § 29 Absatz 1 insbesondere unter Berücksichtigung der Ziele des § 1 frühestens mit Wirkung zum 1. Oktober 2021 nähere Bestimmungen treffen zu
1. einem abweichenden kalkulatorischen Mindestpreis nach § 13 Absatz 1c Satz 4 in der auf Grund des Artikels 1 Nummer 9 des Gesetzes vom 13. Mai 2019 (BGBl. I S. 706) ab dem 1. Oktober 2021 geltenden Fassung,
2. der Bestimmung der kalkulatorischen Kosten und kalkulatorischen Preise nach § 13 Absatz 1a bis 1c in der auf Grund des Artikels 1 Nummer 9 des Gesetzes vom 13. Mai 2019 (BGBl. I S. 706) ab dem 1. Oktober 2021 geltenden Fassung, einschließlich Vorgaben zur Veröffentlichung durch die Netzbetreiber, und
3. dem bilanziellen Ausgleich nach § 13a Absatz 1a in der auf Grund des Artikels 1 Nummer 10 des Gesetzes vom 13. Mai 2019 (BGBl. I S. 706) ab dem 1. Oktober 2021 geltenden Fassung.

(6) ¹Die Bundesnetzagentur erlässt durch Festlegungen nach § 29 Absatz 1 insbesondere unter Berücksichtigung der Ziele des § 1 nähere Bestimmungen zu dem Mindestfaktor nach § 13 Absatz 1a, wobei dieser nicht weniger als das Fünffache und nicht mehr als das Fünfzehnfache betragen darf. ²Die Festlegung des Mindestfaktors nach Satz 1 erfolgt im Einvernehmen mit dem Umweltbundesamt.

(7) ¹Die Bundesnetzagentur kann durch Festlegungen nach § 29 Absatz 1 unter besonderer Berücksichtigung der Ziele des § 1 abweichend von § 13 Absatz 6a Satz 5 bestimmen, dass Betreiber eines Elektrizitätsverteilernetzes, an das mindestens 100 000 Kunden unmittelbar oder mittel-

bar angeschlossen sind, vertragliche Vereinbarungen nach § 13 Absatz 6a unter entsprechender Anwendung der dortigen Vorgaben zur Beseitigung von Engpässen in ihrem Hochspannungsnetz schließen können. ²Hierzu kann sie nähere Bestimmungen zu Inhalt und Verfahren treffen, insbesondere

1. über Art und Umfang des Nachweises, ob die Anlage nach § 13 Absatz 6a Satz 1 Nummer 1 geeignet ist, zur Beseitigung von Gefährdungen oder Störungen der Sicherheit oder Zuverlässigkeit des Elektrizitätsversorgungssystems aufgrund von Netzengpässen im Hochspannungsnetz des Verteilernetzbetreibers effizient beizutragen,
2. über Ausnahmen von den Vorgaben des § 13 Absatz 6a Satz 1 Nummer 2,
3. über den Nachweis, dass weder das Netz während der Dauer der Vertragslaufzeit im erforderlichen Umfang nach dem Stand der Technik optimiert, verstärkt oder ausgebaut werden kann noch andere geeignete Maßnahmen zur effizienten Beseitigung des Engpasses verfügbar sind,
4. dass der Betreiber des Übertragungsnetzes, in dessen Netz das Elektrizitätsverteilernetz unmittelbar oder mittelbar technisch eingebunden ist, der Vereinbarung zustimmt, wobei die Zustimmung nur aus netztechnischen Gründen verweigert werden kann, und
5. dass der Betreiber der KWK-Anlage nicht im Sinne des Artikels 3 Absatz 2 der Verordnung (EG) Nr. 139/2004 des Rates vom 20. Januar 2004 über die Kontrolle von Unternehmenszusammenschlüssen (ABl. L 24 vom 29.1.2004, S. 1) mit dem Betreiber eines Elektrizitätsverteilernetzes verbunden sein darf.

³Die Ermächtigung nach Satz 1 ist darauf beschränkt, dass Netzengpässe im Sinne des § 13 Absatz 6a Satz 1 Nummer 1 und Satz 5 im Hochspannungsnetz auftreten.

Übersicht

	Rn.
A. Allgemeines	1
I. Inhalt der Norm	1
II. Entstehungsgeschichte	5
B. Einzelkommentierungen	8
I. Festlegungen zum finanziellen Ausgleich (Abs. 1)	8
II. Transparenz und Reserven (Abs. 2)	20
III. Redispatch und Netzreserve (Abs. 3)	25
IV. Festlegungskompetenz zur Kapazitätsreserve (Abs. 4)	26
V. Festlegungen zum Redispatch 2.0 (Abs. 5 und Abs. 6)	27
VI. Festlegungskompetenzen zu zuschaltbaren Lasten (Abs. 7)	33

A. Allgemeines

I. Inhalt der Norm

1 § 13j vereint ein ganzes **Bündel von Festlegungskompetenzen** (§ 29) im Zusammenhang mit den Vorschriften zur **Systemverantwortung der Übertragungsnetzbetreiber** (§ 13), insbesondere den notwendigen Eingriffen in die

Erzeugung von Elektrizität im Rahmen des Redispatch (→ § 13 Rn. 451) nach § 13a.

Einige der in Bezug genommenen Vorschriften gelten in Verbindung mit § 14 auch für **Elektrizitätsverteilernetzbetreiber** (§§ 13, 13a, 13b, 13c, 13i Abs. 3). Entsprechend gilt die Festlegungskompetenz zu den im Wege der durch Festlegung regelbaren Aufgaben auch für Verteilernetzbetreiber (s. auch BNetzA Beschl. v. 12.3.2021 – BK6-20-060, S. 4 – Festlegungsverfahren zum bilanziellen Ausgleich im Redispatch 2.0). 2

Gem. **§ 59 Abs. 1 Nr. 7** sind Festlegungen nach § 13j Abs. 2 Nr. 3 (Stilllegungsgründe), 5, 6 bis 7 und 9 (Entscheidungen zu systemrelevanten Gaskraftwerke nach § 13f), Abs. 3 S. 1 in Verbindung mit § 13i Abs. 3 Nr. 1 lit. a, b, c und f, § 13j Abs. 3 S. 2 hinsichtlich des § 13b (Fragen zur näheren Ausgestaltung des „Ob" insbesondere der Netzreserve) sowie nach § 13j Abs. 4 (Kapazitätsreserve), 5 (Ausgestaltung Redispatch 2.0 → § 13 Rn. 108 ff.), 7 Nr. 1 und 2 (Ausgestaltung zuschaltbarer Lasten nach § 13 Abs. 6a → Rn. 131) und Abs. 6 (Mindestfaktorfestlegung Redispatch 2.0 → Rn. 321) solche Entscheidungen nach dem EnWG, die **nicht notwendigerweise durch Beschlusskammern** getroffen werden müssen (→ § 59 Rn. 27). 3

Die Vorschrift wird direkt zitiert in §§ 13 und 13e, §§ 59 und 63, mittelbar in §§ 7a und 11 EnWG sowie § 63 MsbG. 4

II. Entstehungsgeschichte

Eingefügt durch das StromMG 2016 sind zunächst einige bestehende Festlegungskompetenzen aus §§ 13 ff. hier gebündelt, andere geschaffen worden. Dann hat es im Laufe der Jahre eine Reihe von Änderungen und Ergänzungen gegeben. Die zunächst bestehende Festlegungskompetenz zu **Netzstabilitätsanlagen** (→ § 11 Rn. 29) wurde mit der Überführung der Regelung des § 13k im § 11 gestrichen (Art. 1 Ges. v. 17.7.2017, BGBl. I S. 2503). Damit war die Ausgestaltung des Instruments weitgehend in die Hände der ÜNB gelegt. 5

Wichtig waren die Festlegungskompetenzen im Zusammenhang mit der Einführung des sog. **Redispatch 2.0** (→ § 13 Rn. 108 ff.) in Abs. 5 und 6 mit dem Gesetz zur Beschleunigung des Energieleitungsbaus (Art. 1 Ges. v. 13.5.2019 BGBl. I S. 706), von denen die BNetzA umfangreich Gebrauch gemacht hat. 6

Mit der EnWG-Novelle 2021 ergänzte Abs. 7 Abweichungs- und Ausgestaltungskompetenzen für zuschaltbare Lasten gem. § 13 Abs. 6a (Art. 1 Ges. v. 16.7.2021 BGBl. I S. 3026), die mittlerweile schon wieder als überholt gelten können (→ Rn. 33). Zudem wurde in Abs. 1 die Begrifflichkeit der „angemessenen Vergütung" zu einem **„finanziellen Ausgleich"** für Maßnahmen des Redispatch geändert. 7

B. Einzelkommentierungen

I. Festlegungen zum finanziellen Ausgleich (Abs. 1)

Die Festlegungskompetenz in Abs. 1 S. 1 war bis 2016 schon in § 13 Abs. 1a S. 3 EnWG aF geregelt (Begr. RegE BT-Drs. 18/7317, 115). Abs. 1 S. 1 gibt die Möglichkeit, den Adressatenkreis insbesondere hinsichtlich der Einbeziehung in den Redispatch nach § 13a näher zu bestimmen. § 13a regelt ein **gesetzliches Schuldverhältnis,** auf dessen Basis Netzbetreiber die Stromerzeugung und den Strom- 8 bezug von bestimmten Erzeugungsanlagen und Stromspeichern anpassen können und die betroffenen Bilanzkreisverantwortlichen und Anlagenbetreiber einen bilanziellen und finanziellen Ausgleich erhalten (→ § 13a Rn. 49ff.). Mit dem Inkrafttreten des „Redispatch 2.0" zum 1.10.2021 wurde der **Adressatenkreis** dieses gesetzlichen Schuldverhältnisses **ausgeweitet:** Während der Anwendungsbereich der Vorgängerregelung auf größere konventionelle Erzeugungsanlagen ≥ 10 MW beschränkt war, sind nunmehr auch kleinere Erzeugungs- und Speicheranlagen einschließlich vorrangberechtigter EE- und KWK-Strom-Erzeugung erfasst. § 13j Abs. 1 S. 1 eröffnet die Möglichkeit, nähere Bestimmungen zu diesem Adressatenkreis zu treffen.

9   Des Weiteren können
– die **technischen Anforderungen,** die berechtigterweise gegenüber den zur Redispatch herangezogenen Anlagenbetreiber gefordert werden können,
– die **Methodik der Anforderung,**
– die **Datenformate** in der Kommunikation zwischen Elektrizitätsversorgungsnetzbetreiber und Anlagenbetreiber
im Wege der Festlegung nach § 29 weiter ausgestaltet werden.

10 Es stellt sich die Frage, ob die Benennung des ÜNB iRd § 13a eine exklusive Ausgestaltung des Rechtsverhältnisses gegenüber dem ÜNB regelt oder ob die entsprechende Anwendbarkeit über § 14 auch die Rechtsverhältnisse **gegenüber den VNB** gestalten könnte. Es gibt aus der Gesetzeshistorie keinerlei Anhaltspunkte dafür, dass hier nur die Rechtsverhältnisse zum ÜNB geregelt werden sollen. Vielmehr ist die Schaffung des Redispatch 2.0 darauf angelegt, einen **netzbetreiberübergreifenden Redispatch** bis zu den in den Verteilernetzen angeschlossenen Anlagen ab 100 kW Leistung einzuführen. Daher ist eine entsprechende, gegebenenfalls analoge Anwendung der Vorschrift auf die Rechtsverhältnisse gem. §§ 14 iVm 13a mE zwingend.

11 Abs. 1 S. 2 gibt Festlegungskompetenzen zu den Fragen des **finanziellen Ausgleichs** im Rahmen des entstehenden gesetzlichen Schuldverhältnisses. Durch die Änderung der Begrifflichkeit (→ Rn. 7) macht das Gesetz deutlich, dass im Rahmen der zu treffenden Wertungen Anlagenbetreiber im Ergebnis nicht besser und nicht schlechter dastehen sollen als ohne die Redispatchmaßnahme (Maßstab aus § 13a Abs. 2 S. 2).

12 Gem. **Nr. 1** kann die BNetzA unterschiedliche Regelungen zum finanziellen Ausgleich für Redispatch einführen, je nachdem, ob es sich um strombedingten (Wirkleistungseinspeisung) oder spannungsbedingten (Blindleistungseinspeisung) Redispatch handelt (→ § 13a Rn. 46) und ob es sich um positiven Redispatch, bei dem Kraftwerke hochgefahren und eingesetzt werden, oder negativen Redispatch, bei dem Kraftwerke abgeregelt werden, handelt (Fragestellungen zT erkennbar in BNetzA Beschl. v. 10.10.2018 – BK8-18/0007A, dazu OLG Düsseldorf Beschl. v. 17.8.2020 – VI-3 Kart 894/18 – UNIPER Kraftwerke GmbH zur FSV Redispatch; gleichlautend VI-3 Kart 895/18 – Trianel Gaskraftwerk Hamm GmbH & Co. KG, VI-3 Kart 896/18 – Statkraft Markets GmbH, VI-3 Kart 897/18 – Knapsack Power GmbH & Co. KG).

13 **Nr. 2** bestand schon zuvor in § 13 Abs. 2a EnWG aF und ermöglicht ausdrücklich die vereinfachte Bestimmung der – hier legaldefinierten – **Erzeugungsauslagen** oder des Bezugs bei Anlagen zur Speicherung elektrischer Energie. Dabei kann der finanzielle Ausgleich nach § 13a Abs. 2 S. 3 Nr. 1 ganz oder teilweise **als Pauschale für vergleichbare Kraftwerkstypen** ausgestaltet werden. Detailliert regelt die Festlegungskompetenz weiter,

Festlegungskompetenzen §13j

- dass der pauschale finanzielle Ausgleich die individuell zuzurechnenden Kosten im Einzelfall **nicht abdecken** muss
- dass für die **Typisierung** geeignete technische Kriterien heranzuziehen sind
- dass die Regulierungsbehörde vorsehen kann, dass in Einzelfällen, in denen der pauschale finanzielle Ausgleich eine **unbillige Härte** darstellen würde und ein Anlagenbetreiber individuell höhere zurechenbare Auslagen nachweist, die über den pauschalen finanziellen Ausgleich hinausgehenden Kosten erstattet werden **können**

Dabei ist die Ermächtigung **als Ermessensentscheidung** ausgestaltet (Begr. RegE BT-Drs. 18/7317, 115).

Nach **Nr. 3** kann die Regulierungsbehörde Vorgaben zu der Ermittlung der anrechenbaren Betriebsstunden machen, die für die Bestimmung des anteiligen Werteverbrauchs relevant sind (s. auch Ziffer 6 → Rn. 17). Soweit die Begründung hier „insbesondere einen **möglicherweise erhöhten Verschleiß** der Anlagen beim Anfahren zu berücksichtigen" sieht (Begr. RegE BT-Drs. 18/7317, 115), so hat dies im Gesetzestext **keinen Niederschlag** gefunden. Selbst der Branchenleitfaden des BDEW zum Thema sieht zusätzlichen Verschleiß durch Anfahrvorgänge als abzugeltende Auslagen für die tatsächliche Anpassung der Erzeugung gem. § 13a Abs. 2 S. 2 Nr. 1 (Erzeugungsauslagen, s. BNetzA Beschl. v. 10.10.2018 – BK8-18/0007A, Anlage 3 – BDEW Branchenleitfaden, S. 15). Darüber hinaus wäre dieser zusätzliche Verschleiß auch als Erzeugungsauslage nachzuweisen und ist insgesamt bei einem Betrieb im Rahmen der üblichen betrieblichen Parameter einer Anlage schwer vorstellbar. 14

Nr. 4 gibt der Regulierungsbehörde die Möglichkeit, Vorgaben zu der Ermittlung und dem Nachweis der entgangenen Erlösmöglichkeiten **(Opportunitäten)** nach § 13a Abs. 2 S. 2 Nr. 3 zu machen. Dabei kann zwischen Erzeugungsanlagen und Anlagen zur Speicherung elektrischer Energie unterschieden werden. 15

Nr. 5 ermöglicht eine weitere Ausgestaltung der Regelung in § 13a Abs. 2 S. 3, nach der Betreiber von Anlagen, die ihre Wirk- oder Blindleistungseinspeisung vermindern, an den anweisenden Elektrizitätsversorgungsnetzbetreiber **ersparte Aufwendungen** (→ § 13a Rn. 129ff.) vergüten müssen. 16

Nr. 6 sieht die Möglichkeit vor, im Rahmen von der Erstattung **anteiligen Werteverbrauchs** einer Anlage (§ 13 Abs. 2 S. 3 Nr. 2) die bei der Investitionsentscheidung betriebswirtschaftlich geplanten Betriebsstunden **als Pauschale** für vergleichbare Kraftwerkstypen auszugestalten. Ziffer 6 wurde im Zuge des Gesetzgebungsverfahrens zum StromMG 2016 eingefügt (BT-Drs. 18/8915, 37) und **ergänzt die Nr. 3** (→ Rn. 14). Auch ein Einsatz im positiven Redispatch ist für den Anlagenbetreiber ein Kraftwerkseinsatz und soll *kraft Gesetzes* zur Erstattung eines anteiligen Werteverbrauchs führen. Nach § 13a Abs. 3 ist für die Bestimmung des anteiligen Werteverbrauchs der Anlage oder des Anlagenteils als Schlüssel das Verhältnis aus den im Rahmen von Redispatch-Maßnahmen anrechenbaren Betriebsstunden und den bei der Investitionsentscheidung für die Anlage betriebswirtschaftlich geplanten Betriebsstunden zugrunde zu legen. Theoretisch sind die von dem Anlagenbetreiber bei der Investitionsentscheidung zugrunde gelegten Betriebsstunden eine objektive Größe für eine wirtschaftliche Erwartung des Anlagenbetreibers. Tatsächlich liegen Investitionsentscheidungen insbesondere für ältere Kraftwerke teilweise sehr lange zurück und die bei der Investitionsentscheidung geplanten Betriebsstunden können daher nicht in allen Fällen nachgewiesen werden. Klargestellt wird, dass es bei der Festlegung der üblichen Betriebsstunden eines **vergleichbaren Kraftwerkstyps** auf den Zeitpunkt der Investitionsentscheidung an- 17 kommt (BT-Drs. 18/8915, 37). Eine entsprechende Regelung enthält die **Redispatch-Kostenfestlegung** der BNetzA (BNetzA Beschl. v. 10.10.2018 – BK8-18/0007A, Anlage 3).

18 Zum **Verhältnis dieser Festlegungskompetenzen und anderen Handlungsformen** der Regulierung siehe OLG Düsseldorf Beschl. v. 17.8.2020 – VI-3 Kart 894/18 – UNIPER Kraftwerke GmbH zur FSV Redispatch (BNetzA Beschl. v. 10.10.2018 – BK8-18/0007A; gleichlautend VI-3 Kart 895/18 – Trianel Gaskrafterk Hamm GmbH & Co. KG, VI-3 Kart 896/18 – Statkraft Markets GmbH, VI-3 Kart 897/18 – Knapsack Power GmbH & Co. KG). Eine Festlegungskompetenz nach § 13j Abs. 1 S. 2 sei **nicht als lex specialis** vorrangig vor anderen Handlungsformen, im konkreten Fall gegenüber der Möglichkeit der Festlegung einer freiwilligen Selbstverpflichtung der ÜNB als verfahrensregulierte Kosten.

19 S. 3 gibt der Regulierungsbehörde die Möglichkeit, bei den zum Redispatch herangezogenen Anlagenbetreibern die für die Festlegungen nach S. 2 und für die Prüfung des finanziellen Ausgleichs **notwendigen Daten** einschließlich etwaiger **Betriebs- und Geschäftsgeheimnisse** (→ § 71 Rn. 3) zu erheben. Im Rahmen der Abwicklung des gesetzlichen Schuldverhältnisses haben die Anlagenbetreiber gegenüber dem anfordernden Netzbetreiber die rechnungsbegründenden Tatsachen ohnehin vorzulegen, da es sich um eine zivilrechtliche Abwicklung handelt. Eine Prüfung der Regulierungsbehörde findet gegebenenfalls ex post **bei den Betreibern von Elektrizitätsversorgungnetzen** statt – die aufsichtsführende Behörde erhält hier die Ermächtigung, unmittelbar die notwendigen und wettbewerbsrelevanten Daten von den Dritten, den Anlagenbetreibern, zu erheben. Ohne diese Daten wäre eine wirksame Prüfung der angemessenen Vergütung nicht möglich. S. 4 verankert die Pflicht der Betreiber zur Erteilung einer Auskunft. Nach S. 5 kann die Regulierungsbehörde Festlegungen nach § 29 Abs. 1 zu Umfang, Zeitpunkt und Form der zu erhebenden und mitzuteilenden Daten, insbesondere zu den zulässigen Datenträgern und Übertragungswegen, treffen.

II. Transparenz und Reserven (Abs. 2)

20 **Nr. 1** enthält eine Festlegungskompetenz zur Transparenz von Netzsicherheitsmaßnahmen. Nach § 13 Abs. 7 S. 1 sind die ÜNB verpflichtet, die von ihren Systemsicherheitsmaßnahmen **unmittelbar Betroffenen** und die **Regulierungsbehörde** über Gründe für die durchgeführten Anpassungen und Maßnahmen zu **informieren**. Auch diese Regelung findet auf VNB im Rahmen ihrer Aufgaben nach § 14 Abs. 1 und 1c entsprechende Anwendung (→ § 13 Rn. 21). Der Netzbetreiber muss seine Informationspflicht **unverzüglich,** also ohne schuldhaftes Zögern, erfüllen. Die Gründe für die Anpassungen und Maßnahmen veröffentlichen die ÜNB weitgehend und ohne entsprechende Festlegung auf ihrem Internetportal www.netztransparenz.de/EnWG/Redispatch.

21 **Nr. 1a** überführt die bis 2019 in § 85 Abs. 2 Nr. 2 lit. d EEG 2017 geregelte Festlegungskompetenz in das EnWG (Begr. RegE BT-Drs. 20/7375 S. 58 ff.).

22 Gem. § 13 Abs. 3 S. 1 kann der ÜNB von den Regeln zum Redispatch nach § 13 Abs. 1 und 2 abweichen, wenn dadurch die Beseitigung einer Gefährdung oder Störung verhindert würde. Ein solcher Fall liegt gem. § 13 Abs. 3 S. 2 insbesondere vor, falls die ÜNB zur Gewährleistung der Sicherheit und Zuverlässigkeit des Elektrizitätsversorgungssystems auf die Mindesteinspeisung aus bestimmten Anlagen angewiesen sind und keine technisch gleich wirksame andere Maßnahme verfügbar ist

(netztechnisch erforderliches Minimum). Auch diese Ausnahme kann nach **Nr. 2** näher ausgestaltet werden.

Mit Hilfe der **Nr. 3, 4** können die Verpflichtungen der Kraftwerksbetreiber mit Anlagen > 10 MW (Adressatenkreis gem. § 13b Abs. 1 S. 1) zur Darlegung ihrer Stilllegungsgründe (Nr. 3) und die Erstattungen des anteiligen Werteverbrauchs für Anlagen in der Netzreserve (Nr. 4) näher ausgestaltet werden. 23

Die **Nr. 5, 6, 7, 8, 9** enthalten Festlegungskompetenzen zu Kriterien, Verfahren, Kostenerstattung und Adressatenkreis von sog. „systemrelevanten Gaskraftwerken" (→ § 13f Rn. 1 ff.). 24

III. Redispatch und Netzreserve (Abs. 3)

Mit Abs. 3 sollte mit dem StromMG 2016 die Festlegungskompetenz des § 13b Abs. 3 EnWG aF in § 13j überführt werden. Neben der Verordnungsermächtigung des 13i ist eine schwer zu lesende Vorschrift entstanden. Auch zu Abs. 2 gibt es scheinbar einzelne Überschneidungen. Es gibt eine Regelungskompetenz zur näheren Bestimmung des Adressatenkreises nach § 13a Abs. 1 und § 13b Abs. 4 und 5 (§ 13i Abs. 3 Nr. 1). Darüber hinaus bestehen Festlegungskompetenzen zur näheren Bestimmung des Stilllegungsanzeigeverfahrens der vorläufigen (§ 13b Abs. 4) und endgültigen (§ 13b Abs. 5) Stilllegung von Anlagen größer als 10 MW. Aus der hohen Kompetenzdichte kann jedenfalls abgeleitet werden, dass der Gesetzgeber hier Konfliktpotenziale gesehen hat. Auch handelt es sich beim Redispatch um Eingriffe in den Betrieb eines wettbewerblich agierenden und privaten Adressatenkreises. Trotzdem ist es dem Gesetzgeber wichtig, dass die Regulierungsbehörde hier unbedingt verbindliche Regelungen zur sicheren Durchführung der Maßnahmen vornehmen kann. 25

IV. Festlegungskompetenz zur Kapazitätsreserve (Abs. 4)

Gem. § 13e Abs. 1 S. 1 halten die ÜNB eine Reserve vor, um im Fall einer Gefährdung oder Störung der Sicherheit oder Zuverlässigkeit des Elektrizitätsversorgungssystems **Leistungsbilanzdefizite** infolge des nicht vollständigen Ausgleichs von Angebot und Nachfrage an den Strommärkten im deutschen Netzregelverbund auszugleichen. Dies beschreibt die sog. **Kapazitätsreserve** (detailliert → § 13e Rn. 1 ff.). Die Kapazitätsreserve wurde ebenfalls durch das StromMG unter dem **Vorbehalt einer beihilferechtlichen Genehmigung** durch die Europäische Kommission eingeführt. Diese wurde für die Kapazitätsreserve am 20.12.2016, befristet bis zum 30.9.2025, aber ohne Mengenrestriktion erteilt (COM(2018) 612) → § 13e Rn. 6. Die aufgrund von § 13h erlassene KapResV sieht in ihrem § 42 Nr. 1 ebenfalls eine Festlegungskompetenz der BNetzA zur Änderung der **Größe der Kapazitätsreserve** vor. Die BNetzA kann aber keine Entscheidung treffen, durch die die gebundene Reserveleistung fünf Prozent der durchschnittlichen Jahreshöchstlast im Gebiet der Bundesrepublik Deutschland übersteigen würde, weil eine solche Entscheidung gem. § 13e Abs. 5 S. 4 nur durch Rechtsverordnung nach § 13h ergehen darf (→ § 13e Rn. 26). 26

V. Festlegungen zum Redispatch 2.0 (Abs. 5 und Abs. 6)

In Abs. 5 und 6 finden sich Festlegungskompetenzen zur Ausgestaltung des **netzübergreifenden und integrierten** (konventionelle und erneuerbare Erzeu- 27

§ 13j

Teil 3. Regulierung des Netzbetriebs

gungsanlagen einbeziehenden) **Redispatch 2.0**, mit deren Hilfe eine verbindliche und gesamtoptimierte Merit-Order-Liste für die Heranziehung zum Redispatch gebildet werden soll.

28 Abs. 5 und 6 haben Anpassungen durch das Netzausbaubeschleunigungsgesetz (Art. 1 Ges. v. 13.5.2019 BGBl. I S. 706) erfahren (Beschlussempfehlung und Bericht des Wirtschaftsausschusses, BT-Drs. 19/8913 und Begr. WirtschaftsA BT-Drs. 19/9027). Es wurde klargestellt

> *"dass die Festlegungskompetenz der Bundesnetzagentur auch die Möglichkeit umfasst, den Netzbetreibern Vorgaben zur Veröffentlichung der kalkulatorischen Kosten und Preise zu machen. Einheitliche Vorgaben zur Veröffentlichung erhöhen die Transparenz der getroffenen Festlegungen, weil sie die einfache Auffindbarkeit für alle vom Netzengpassmanagement Betroffenen sicherstellen."*

29 **Abs. 5 Nr. 1** betrifft die Potenziale zum Hochfahren von Netzreserve-Anlagen. Sie sind im Rahmen der Auswahlentscheidung im Redispatch gem. § 13 Abs. 1 S. 2 iVm Abs. 1c S. 1 grundsätzlich mit ihren kalkulatorischen Netzreserve-Kosten anzusetzen. Die BNetzA hat von dieser Festlegung Gebrauch gemacht. Der einheitliche kalkulatorische Netzreserve-Preis ist von den ÜNB nach den Vorgaben der Mindestfaktor-Festlegung jährlich zu bestimmen und zu veröffentlichen (BNetzA Beschl. v. 30.11.2020 – PGMF-8116-EnWG § 13j, Tenorziffer 3 – Mindestfaktor-Festlegung → § 13 Rn. 361).

30 Gem. **Abs. 5 Nr. 2** kann die BNetzA durch Festlegungen unter Berücksichtigung der Ziele des § 1 nähere Bestimmungen zu der Bestimmung der kalkulatorischen Kosten und kalkulatorischen Preise nach § 13 Abs. 1a bis 1c treffen.

31 **Abs. 5 Nr. 3** ist die Rechtsgrundlage der Festlegung zum bilanziellen Ausgleich (→ § 13a Rn. 49ff.) von Redispatch-Maßnahmen (BNetzA Beschl. v. 6.11.2020 – BK6-20-059 – Festlegung zum bilanziellen Ausgleich von Redispatch-Maßnahmen).

32 Auf Basis der Festlegungskompetenz in **Abs. 6** hat die BNetzA nähere Bestimmungen zu den **Mindestfaktoren** nach § 13 Abs. 1a S. 2 (EE-Mindestfaktor) und nach § 13 Abs. 1b Nr. 2 EnWG (KWK-Mindestfaktor) getroffen (BNetzA Beschl. v. 30.11.2020 – PGMF-8116-EnWG § 13j – Mindestfaktor-Festlegung → § 13 Rn. 361). Die Mindestfaktoren dienen dazu, nach der Integration des bisherigen Einspeisemanagements nach dem EEG 2017 aF in das Redispatch 2.0-System seit dem 1.10.2021 **den Einspeisevorrang** für Strom aus erneuerbaren Energien und KWK praktisch umzusetzen und zu konkretisieren. Eine EE-/KWK-Abregelung ist insgesamt nur dann zulässig, wenn ein Vielfaches an konventioneller Erzeugung abgeregelt werden müsste, um die zusätzlich abgeregelte EE-Menge einsparen zu können. Dadurch kann in bestimmten Situationen und Stunden des Jahres das Gesamtvolumen der notwendigen Maßnahmen stark reduziert werden. Für den für EE-Strom geltenden Mindestfaktor (Abs. 6 S.1 Hs. 2) wurde ein Mindestfaktor von 10 festgelegt, für KWK-Strom ein Mindestfaktor von 5 (→ § 13 Rn. 345).

VI. Festlegungskompetenzen zu zuschaltbaren Lasten (Abs. 7)

33 Eingefügt durch die EnWG-Novelle 2021 (BT-Drs. 19/30899, 10) sollte Abs. 7 der BNetzA eine Festlegungskompetenz eröffnen,

> *"durch die **Elektrizitätsverteilernetzbetreiber** mit mindestens 100.000 unmittelbar oder mittelbar angeschlossenen Kunden abweichend von § 13 Absatz 6a Satz 5 die Möglichkeit zum Abschluss von Verträgen nach § 13 Absatz 6a für die Beseitigung von Eng-*

*pässen in **ihrem Hochspannungsnetz** erhalten. Diese Möglichkeit steht ansonsten **nur den Betreibern von Übertragungsnetzen** für Engpässe in Höchstspannungsnetzen zur Verfügung. Die durch die Anlage entstehenden Redispatchpotenziale sind in den regulären netzbetreiberübergreifenden Redispatch-Prozess einzubinden. Die Regelungen, die für den Abschluss der Verträge gelten, sollen auch bei den Elektrizitätsverteilernetzbetreibern zur Anwendung kommen, sofern § 13j Absatz 7 Satz 2 nichts Abweichendes bestimmt. Die Festlegung soll besonders die Vorgaben aus § 1 EnWG berücksichtigen, also eine sichere, preisgünstige, verbraucherfreundliche, effiziente und umweltverträgliche leitungsgebundene Versorgung im Blick haben.*

*In § 13j Absatz 7 Satz 2 wird geregelt, dass die Bundesnetzagentur nähere Bestimmungen zu Inhalt und Verfahren treffen kann. Das gilt insbesondere für die Art und den Umfang der Nachweise, dass die KWK-Anlage technisch geeignet ist, also z. B. am richtigen Ort steht, aber auch für Verfahrensvorgaben wie dieser Nachweis zu erbringen ist **(Nummer 1)**.*

*Die Beseitigung von Gefährdungen oder Störungen der Sicherheit oder Zuverlässigkeit des Elektrizitätsversorgungssystems aufgrund von Netzengpässen im Hochspannungsnetz des Verteilernetzbetreibers muss zudem **effizient, also insbesondere auch kostengünstig** erfolgen. § 13 Absatz 6a bestimmt, dass die Regelungen nur außerhalb der Südregion nach der Anlage 1 des Kohleverstromungsbeendigungsgesetzes vom 8. August 2020 gelten (→ § 13 Rn. 174). Die Bundesnetzagentur kann für die Elektrizitätsverteilernetzbetreiber hiervon abweichende Ausnahmen festlegen, also eine Anwendung auf KWK-Anlagen in der Südregion ermöglichen **(Nummer 2)**.*

*Es soll jedoch ausgeschlossen bleiben, dass durch eine Ausnahme anderweitige Netzengpässe auf Ebene des Übertragungsnetzes zusätzlich belastet werden. Die Maßnahmen nach § 13 Absatz 6a müssen sich mit den anderen Maßnahmen zur Behebung eines Engpasses messen lassen. Sie sind z. B. dann nicht das Mittel der Wahl, wenn der Engpass in gleicher Zeit durch Maßnahmen zur bedarfsgerechten Ertüchtigung des Netzes (insb. Ausbau, Verstärkung und Optimierung des Netzes) nachhaltiger behoben werden kann oder andere Maßnahmen zur Beseitigung effizient zur Verfügung stehen **(Nummer 3)**.*

*Dabei ist zu berücksichtigen, dass der Netzbetreiber bereits auf Grundlage des gesetzlichen Schuldverhältnisses nach § 13 Absatz 1 Satz 1 Nummer 2 i. V. m. § 13a die Erzeugung der KWK-Anlage anpassen kann und nach den neuen Regelungen des „Redispatch 2.0" auch die zusätzlichen Stromverbräuche für eine elektrische Ersatz-wärmeerzeugung von dem bilanziellen und finanziellen Ausgleich miterfasst sind. Die Effizienzvorteile eines Vertrags nach § 13 Absatz 6a müssen sich folglich insbesondere aus dem Zubau der elektrischen Ersatzwärmeerzeugung und dem regelmäßigen Zugriff auf die KWK-Anlage inkl. Ersatzwärmeerzeugung für strom- oder spannungsbedingte Anpassungen nach § 13 Absatz 1 Satz 2, Absatz 1b Nummer 1 i. V. m. § 13a ergeben. Ein Elektrizitätsverteilernetzbetreiber darf nur dann eine Vereinbarung schließen, wenn der regelzonenverantwortliche Übertragungsnetzbetreiber dieser Vereinbarung zugestimmt hat, wobei die Zustimmung nur aus netztechnischen Gründen verweigert werden kann **(Nummer 4)**.*

Netztechnische Gründe mit denen die Verweigerung der Zustimmung begründet werden kann, liegen insbesondere dann vor, wenn die Kontrahierung der KWK-Anlage durch den Verteilnetzbetreiber und die Ausstattung mit einer elektrischen Wärmeerzeugung zur Aufrechterhaltung der Wärmeversorgung geeignet ist, Engpässe in vorgelagerten Netzen einschließlich des Übertragungsnetzes sowie sonstige Gefahren für die Sicherheit und Zuverlässigkeit der Energieversorgungssysteme hervorzurufen oder wenn die KWK-Anlage wegen Engpässen im Übertragungsnetz vom Übertragungsnetzbetreiber selbst kontrahiert

§ 13k

werden soll. Schließlich kann die Bundesnetzagentur festlegen, dass der Betreiber der KWK-Anlage nicht mit dem Betreiber eines Elektrizitätsverteilernetzes verbunden sein darf **(Nummer 5).**
Durch die Vereinbarung mit dem KWK-Anlagenbetreiber entsteht **erhebliches Diskriminierungspotenzial im vertikal integrierten Energieversorgungsunternehmen.** *Für die Übertragungsnetzbetreiber gibt es strenge Vorgaben in den §§ 8ff., die für Verteilernetzbetreiber aber nicht gelten. Die Vorgaben in Nummer 5 schließen diese Lücke. Es bleibt dem Betreiber der KWK-Anlage jedoch auch in dem Fall unbenommen, bei entsprechender Eignung einen Vertrag nach § 13 Absatz 6a mit dem Übertragungsnetzbetreiber abzuschließen.*
§ 13j Absatz 7 Satz 3 bestimmt, dass die Festlegungskompetenz nur für solche Netzbetreiber eröffnet wird, in deren Hochspannungsnetz die Netzengpässe nach § 13 Absatz 6a Satz 1 Nummer 1 auftreten. Ein Engpass unterhalb dieser Spannungsebene – insbesondere auch in der Umspannebene Hochspannung/Mittelspannung – eröffnet die Möglichkeiten des Satz 1 nicht."

(BT-Drs. 19/30899, 10, Hervorhebungen durch den Verf.)

34 Die Regelungen nach Abs. 6 sind im Zuge der Klimaschutz-Sofortprogramm-Novelle äußerst kurzfristig um einen neuen Absatz ergänzt worden. Der neu eingefügte Abs. 6b löst perspektivisch die Regelung in Abs. 6a ab. Es habe sich gezeigt, dass auch die 2021 vorgenommene Anpassung von Abs. 6a mit dem Ziel der Akquisition zusätzlicher KWK-Anlagen für Zwecke der Nutzung von ansonsten abzuregelndem Strom absehbar nicht zu den gewünschten Ergebnissen führe (Begr. BT-Drs. 20/2402, 42). Daher ist es unwahrscheinlich, dass die Festlegungskompetenzen noch ausgefüllt werden. Zur neuen Regelung des Abs. 6b in aller Kürze → § 13 Rn. 176 ff.

§ 13k *(aufgehoben)*

§ 14 Aufgaben der Betreiber von Elektrizitätsverteilernetzen

(1) ¹**Die §§ 12, 13 bis 13c und die auf Grundlage des § 13i Absatz 3 erlassenen Rechtsverordnungen gelten für Betreiber von Elektrizitätsverteilernetzen im Rahmen ihrer Verteilungsaufgaben entsprechend, soweit sie für die Sicherheit und Zuverlässigkeit der Elektrizitätsversorgung in ihrem Netz verantwortlich sind.** ²**§ 13 Absatz 9 ist mit der Maßgabe anzuwenden, dass die Betreiber von Elektrizitätsverteilernetzen nur auf Anforderung der Regulierungsbehörde die Schwachstellenanalyse zu erstellen und über das Ergebnis zu berichten haben.**

(1a) **(weggefallen)**

(1b) **(weggefallen)**

(1c) ¹**Die Betreiber von Elektrizitätsverteilernetzen sind verpflichtet, auf Aufforderung eines Betreibers von Übertragungsnetzen oder eines nach Absatz 1 Satz 1 verantwortlichen Betreibers von Elektrizitätsverteilernetzen, in dessen Netz sie unmittelbar oder mittelbar technisch eingebunden sind, nach dessen Vorgaben und den dadurch begründeten Vorgaben eines Betreibers von vorgelagerten Elektrizitätsverteilernetzen in ihrem Elektrizitätsverteilernetz eigene Maßnahmen nach § 13 Absatz 1** und 2 auszuführen; dabei sind die §§ 12 und 13 bis 13 c entsprechend anzuwenden. ²Soweit auf Grund der Aufforderung nach Satz 1 strom- und spannungsbedingte Anpassungen der Wirkleistungserzeugung oder des Wirkleistungsbezugs nach § 13 a Absatz 1 durchgeführt werden, hat der Betreiber des Elektrizitätsverteilernetzes einen Anspruch gegen den ihn auffordernden Netzbetreiber auf bilanziellen und finanziellen Ersatz entsprechend den Vorgaben nach Satz 1. ³Der ihn auffordernde Netzbetreiber hat einen Anspruch auf Abnahme des bilanziellen Ersatzes.

(2) ¹Betreiber von Elektrizitätsverteilernetzen haben in Ergänzung zur Berichtspflicht nach § 14 d oder in begründeten Einzelfällen auf Verlangen der Regulierungsbehörde innerhalb von zwei Monaten einen Bericht über den Netzzustand und die Umsetzung der Netzausbauplanung zu erstellen und ihr diesen vorzulegen. ²Die Regulierungsbehörde kann Vorgaben zu Frist, Form, Inhalt und Art der Übermittlung des Berichts machen. ³Die Regulierungsbehörde kann den Bericht auf bestimmte Teile des Elektrizitätsverteilernetzes beschränken. ⁴Die Regulierungsbehörde kann durch Festlegung nach § 29 Absatz 1 zum Inhalt des Berichts nähere Bestimmungen treffen.

(3) ¹Die Betreiber von Elektrizitätsverteilernetzen haben für ihr Netzgebiet in Zusammenarbeit mit den Betreibern von Fernwärme- und Fernkältesystemen mindestens alle vier Jahre das Potenzial der Fernwärme- und Fernkältesysteme für die Erbringung marktbezogener Maßnahmen nach § 13 Absatz 1 Satz 1 Nummer 2 zu bewerten. ²Dabei haben sie auch zu prüfen, ob die Nutzung des ermittelten Potenzials gegenüber anderen Lösungen unter Berücksichtigung der Zwecke des § 1 Absatz 1 vorzugswürdig wäre.

Übersicht

	Rn.
A. Allgemeines	
I. Inhalt	1
II. Zweck	6
B. Rechte und Pflichten der VNB im Bereich der Regel- und Systemverantwortung (Abs. 1 und 1 c)	8
I. Normadressaten: Betreiber von Elektrizitätsverteilernetzen	9
II. Rechte und Pflichten zur Regel- und Systemverantwortung im eigenen Verteilernetz (Abs. 1)	12
1. Entsprechende Anwendung der §§ 12, 13–13 c (Abs. 1 S. 1)	12
2. Schwachstellenanalyse auf Anforderung (Abs. 1 S. 2)	25
III. Systemsicherheitsmaßnahmen auf Anforderung von vorgelagerten Netzbetreibern (Abs. 1 c)	26
1. Kaskaden-Anforderung (Abs. 1 c S. 1)	28
2. Bilanzieller und finanzieller Ersatz (Abs. 1 c S. 2 und 3)	32
3. Haftung und Aufsicht	37
C. Ergänzende Netzzustands- und Netzbauberichte (Abs. 2)	46
I. Bericht auf Verlangen (Abs. 2 S. 1)	47
II. Vorgaben und Festlegungsbefugnisse (Abs. 2 S. 2–4)	49
D. Nutzung von Fernwärme- und Fernkältesystemen (Abs. 3)	50

§ 14

A. Allgemeines

I. Inhalt

1   § 14 konkretisiert die allgemeinen Netzbetriebspflichten nach § 11 im Hinblick auf die Aufgaben der **Betreiber von Elektrizitätsverteilernetzen**. Nach der generellen Bestimmung des § 11 Abs. 1 S. 1 sind alle Netzbetreiber (im Strombereich also ÜNB und VNB) dazu verpflichtet, ein sicheres, zuverlässiges und leistungsfähiges Netz zu betreiben, zu warten sowie bedarfsgerecht zu optimieren, zu verstärken und auszubauen. § 11 Abs. 1 S. 2 stellt klar, dass für die Umsetzung der Netzbetriebspflichten *„insbesondere"* die speziellen Regelungen der §§ 12–16a, dh für Betreiber von Elektrizitätsverteilernetzen insbesondere die §§ 14, 14a und 14c–14e, zu erfüllen sind. Im Rahmen von § 11 Abs. 1 S. 5 ist neben dem Netzbetreiber auch die **Leitung eines vertikal integrierten Energieversorgungsunternehmens** nach § 11 Abs. 1 S. 1, 2 iVm §§ 14ff. verpflichtet.

2   **Abs. 1** stattet die VNB in beschränktem Umfang mit den Rechten und Pflichten der ÜNB nach §§ 12 und 13 bis 13c sowie nach auf der Grundlage von § 13i Abs. 3 erlassenen Rechtsverordnungen aus, soweit sie sich im konkreten Einzelfall in einer vom Aufgabenzuschnitt und den tatsächlichen Einwirkungsmöglichkeiten vergleichbaren Situation befinden wie ein ÜNB. Die genannten Regelungen sind insoweit entsprechend anwendbar, als der jeweilige VNB für die **Sicherheit und Zuverlässigkeit der Elektrizitätsversorgung** in seinem Verteilernetz selbst verantwortlich ist. Die entsprechende Anwendung der Regelungen nach Abs. 1 berechtigt und verpflichtet ihn insbesondere zur Vornahme von **Systemsicherheitsmaßnahmen** nach den §§ 13 iVm 13a, um Gefährdungen oder Störungen der Sicherheit und Zuverlässigkeit **in seinem Netz** zu beseitigen.

3   **Abs. 1c** verpflichtet die Betreiber von Elektrizitätsverteilernetzen darüber hinaus dazu, **Systemsicherheitsmaßnahmen** im Fall einer „**Kaskaden-Anforderung**" eines *vorgelagerten ÜNB oder VNB* nach dessen Vorgaben zu ergreifen. Die systematische netzübergreifende Berücksichtigung dieser Potenziale trägt wesentlich zu den Optimierungszielen des neuen „**Redispatch 2.0**" bei. Soweit der VNB auf Anforderung eines vorgelagerten Netzbetreibers Maßnahmen nach § 13a einsetzt, greifen darüber hinaus besondere Regelungen zum bilanziellen und finanziellen Ersatz in der Kaskade.

4   **Abs. 2** enthält die Ermächtigungsgrundlage für die zuständige Regulierungsbehörde, im Einzelfall über die Berichtspflichten des § 14d hinausgehende **Berichte über den Netzzustand** oder den **Stand der Netzausbauplanung** einzufordern. **Abs. 3** sieht darüber hinaus eine **Potenzialanalyse** für die Zusammenarbeit mit den Betreibern von Fernwärme- und Fernkältesystemen vor, wie es Art. 24 Abs. 8 EE-RL 18 verlangt. Abs. 3 soll sicherstellen, dass etwaige Potenziale in den Fernwärme- und Kältenetzen zur Erbringung von marktbezogenen Systemdienstleistungen, erkannt werden.

5   **Querbezüge** zu § 14 finden sich maßgeblich in den §§ 11ff. und in den Vorschriften, die auf die Netzbetriebspflichten Bezug nehmen (zB § 2 Abs. 2, § 23b Abs. 1; § 54 Abs. 2 EnWG, § 66 MsbG, § 11a StromNZV), in der Vorschrift zu den Aufgaben nach dem EnWG in § 59 Abs. 1 Nr. 8, die nicht zwingend von einer Beschlusskammer wahrgenommen werden müssen, in der Berichtsnorm der Bundesregierung an den Bundestag (wobei der Bezug auf Abs. 1a und 1b leer läuft), in

Aufgaben der Betreiber von Elektrizitätsverteilernetzen § 14

dem Ausnahmekatalog für geschlossene Verteilernetze in § 110 Abs. 1 S. 1, in der SINTEG-V sowie in § 16 der AbLaV.

II. Zweck

§ 14 konkretisiert die **Netzbetriebspflichten** nach § 11 im Hinblick auf den Betrieb von Elektrizitätsverteilernetzen. Die Regelungen zur entsprechenden Anwendbarkeit von bestimmten Rechten und Pflichten zur Regel- und Systemverantwortung nach Abs. 1 und 1c dienen insbesondere der **Netz- und Systemsicherheit:** Die VNB werden mit ihrer Befähigung zur Durchführung von bestimmten Systemsicherheitsmaßnahmen zugleich in die Verantwortung genommen, mit den verfügbaren Potenzialen nicht nur die Sicherheit und Zuverlässigkeit der Elektrizitätsversorgung in ihrem eigenen Netz zu wahren, sondern – auf Anforderung von vorgelagerten Netzbetreibern – auch zur Beseitigung von Gefährdungen oder Störungen in anderen Netzen beizutragen. Die Regelungen bezwecken insoweit zugleich die **Integration der Redispatch-Potenziale auf VNB-Ebene** in das **nicht-marktbasierte System des „Redispatch 2.0".** Zum Zweck der *„kostenbasierten"* Redispatch-Regelungen und der damit verbundenen Umsetzung von europarechtlichen Vorgaben nach der Elt-VO 19 und der Elt-RL 19 → § 13 Rn. 4ff. und → § 13a Rn. 8ff. Die Berücksichtigung der (Redispatch-)Potenziale auf Verteilernetzebene ist zudem für die netzübergreifende Einhaltung des **Einspeisevorrangs** von EE- und KWK-Strom erforderlich (→ § 13 Rn. 310ff.). Die Regelungen in Abs. 2 dienen darüber hinaus der Gewährleistung einer **bedarfsgerechten Netztüchtigung** (insbesondere durch Netzausbau) und Abs. 3 setzt europarechtliche Vorgaben nach Art. 24 Abs. 8 der EE-RL 18 um. 6

§ 14 wurde mit dem *EnWG 2005* eingeführt (BGBl. 2005 I S. 1970) und ist seitdem mehrfach überarbeitet worden, wobei Abs. 1 und 2 materiell nur unerheblich verändert wurden. Im Zuge der *„Redispatch 2.0"-Novelle* sind insbesondere die Kooperations- und Unterstützungspflichten der VNB im Rahmen von Kaskaden-Anforderungen verschärft und konkretisiert worden. Mit der *EnWG-Novelle 2021* wurden die Regelungen zu den Netzausbauplänen der VNB mit 110 kV Netz aus den Abs. 1a und 1b in die eigenständige Regelung des § 14d überführt und im § 14 aufgehoben. Die zuvor in Abs. 1a aF geregelte Berichtspflicht wurde in Abs. 2 integriert. Der Abs. 2 wurde neu gefasst und Abs. 3 neu hinzugefügt. 7

B. Rechte und Pflichten der VNB im Bereich der Regel- und Systemverantwortung (Abs. 1 und 1c)

Sowohl nach Abs. 1 als auch nach Abs. 1c findet ein Teil der Rechte und Pflichten zur Regel- und Systemverantwortung, die unmittelbar nur die ÜNB adressieren, entsprechende Anwendung auf **Betreiber von Elektrizitätsverteilernetzen** (→ Rn. 9ff.). Im Rahmen von Abs. 1 geht es um die entsprechende Anwendung der Regelungen zur Wahrung der Sicherheit und Zuverlässigkeit der **Elektrizitätsversorgung im eigenen Verteilernetz** (→ Rn. 12ff.). Im Rahmen von Abs. 1c geht es hingegen um die entsprechende Anwendung der Regelungen zur Wahrung der Sicherheit und Zuverlässigkeit der Elektrizitätsversorgung bzw. des **Elektrizitätsversorgungssystems auch jenseits des eigenen Verteilernetzes** (→ Rn. 26ff.). 8

§ 14 Teil 3. Regulierung des Netzbetriebs

I. Normadressaten: Betreiber von Elektrizitätsverteilernetzen

9 Normadressaten der Rechte und Pflichten nach § 14 sind alle **Betreiber von Elektrizitätsverteilernetzen** im Anwendungsbereich des EnWG. Die Rechte und Pflichten zum gesetzlichen Schuldverhältnis einer Kaskaden-Anforderung nach Abs. 1c können darüber hinaus auch **ÜNB** unmittelbar betreffen, soweit sie Maßnahmen von nachgelagerten VNB anfordern (→ Rn. 26 ff. und 35). Nach der Legaldefinition gem. § 3 Nr. 3 sind als *„Betreiber von Elektrizitätsverteilernetzen" natürliche oder juristische Personen oder rechtlich unselbständige Organisationseinheiten eines Energieversorgungsunternehmens* erfasst, *„die die Aufgabe der Verteilung von Elektrizität wahrnehmen und verantwortlich sind für den Betrieb, die Wartung sowie erforderlichenfalls den Ausbau des Verteilernetzes in einem bestimmten Gebiet und gegebenenfalls der Verbindungsleitungen zu anderen Netzen".*

10 Welche Netze der *Verteilung von Elektrizität* dienen, ergibt sich aus § 3 Nr. 37: Danach handelt es sich bei der **„Verteilung"** um *den Transport von Elektrizität mit hoher, mittlerer oder niedriger Spannung über Elektrizitätsverteilernetze, um die Versorgung von Kunden (§ 3 Nr. 24) zu ermöglichen, nicht aber um die Belieferung der Kunden selbst.*

11 Als *Betreiber von Elektrizitätsverteilernetzen* sind auch **Betreiber von geschlossenen Verteilernetzen** nach § 110 erfasst. Betreiber von *Kundenanlagen* und von *Kundenanlagen zur betrieblichen Eigenversorgung* iSv § 3 Nr. 24a und 24b sind hingegen nicht erfasst.

II. Rechte und Pflichten zur Regel- und Systemverantwortung im eigenen Verteilernetz (Abs. 1)

12 **1. Entsprechende Anwendung der §§ 12, 13–13c (Abs. 1 S. 1).** Nach Abs. 1 S. 1 finden die – auf die **Regel- und Systemverantwortung** der ÜNB zugeschnittenen – Rechte und Pflichten nach den **§§ 12, 13–13c** (und nach auf Grundlage von § 13i Abs. 3 erlassenen Rechtsverordnungen) auf *Betreiber von Elektrizitätsverteilernetzen* in dem eingeschränkten Rahmen ihrer **Verteilungsaufgaben** entsprechende Anwendung, *soweit* diese für die Sicherheit und Zuverlässigkeit der **Elektrizitätsversorgung in ihrem Verteilernetz** verantwortlich sind. Abs. 1 S. 1 trägt damit dem Aufgabenzuschnitt und den Einwirkungsmöglichkeiten der VNB Rechnung. Nur **„soweit"** im Einzelfall bei einem VNB **vergleichbare eigenständige Aufgaben und Fähigkeiten** wie bei einem ÜNB vorliegen, finden die Normen zur Regel- und Systemverantwortung entsprechende Anwendung (Begr. BT-Drs. 15/3917, 57). Mit den entsprechenden *Rechten* treffen den VNB zugleich auch die entsprechenden *Pflichten*.

13 Eine entsprechende Anwendung ist gesperrt, soweit die jeweiligen Rechte und Pflichten aufgrund ausdrücklicher Zuweisung oder aufgrund ihrer umfassenden *Regelverantwortung für die gesamte Regelzone* und ihrer *Systemverantwortung für das gesamte Elektrizitätsversorgungssystem* zwingend von den ÜNB selbst wahrzunehmen sind. Die Rechte (und Pflichten) nach §§ 12 und 13–13c stehen den VNB insoweit nur **subsidiär** zur Verfügung (vgl. Elspas/Graßmann/Rasbach/Pfeifle EnWG § 14 Rn. 8).

14 Durch die entsprechende Anwendung der Rechte und Pflichten zur **Regelverantwortung** nach Abs. 1 S. 1 iVm **§ 12** werden die VNB insbesondere in die Pflicht genommen, ihr Verteilernetz in *Kooperation* mit dem ÜNB, in dessen Regelzone ihr Netz eingebunden ist, und mit anderen verbundenen VNB *sicher und zuverlässig zu betreiben* und zu einer sicheren Energieversorgung beizutragen (vgl. § 12

Abs. 1 S. 1). Dafür müssen sie ua durch eine vorausschauende Ertüchtigung (inklusive Ausbau) dauerhaft Fähigkeit ihres Verteilernetzes zur *bedarfsgerechten Verteilung von Elektrizität* sicherstellen (vgl. § 12 Abs. 3). Die Regelverantwortung im umfassenden Sinn für die **Regelzone** bleibt jedoch dem jeweiligen *ÜNB* vorbehalten.

Auch die **Informationspflichten** gegenüber anderen Netzbetreibern (§ 12 Abs. 2) finden auf VNB im Rahmen ihrer Verantwortlichkeiten entsprechende Anwendung. Die **Informationsansprüche** gegenüber verschiedenen Marktteilnehmern und Netzbetreibern (§ 12 Abs. 4 iVm 5 Nr. 1) stehen den VNB bereits in direkter Anwendung zu, da sich die Regelung nicht nur auf ÜNB, sondern auf alle *Betreiber von Elektrizitätsversorgungsnetzen* bezieht. Das gleich gilt für die **Berichts-** und **Datenübermittlungspflichten** gegenüber der Regulierungsbehörde nach § 12 Abs. 3c und 5, die ebenfalls die Elektrizitäts-VNB unmittelbar adressieren, sodass es insofern keiner entsprechenden Anwendung nach § 14 bedarf. 15

Durch die entsprechende Anwendung der Rechte und Pflichten zur **Systemverantwortung** nach Abs. 1 S. 1 iVm §§ 13–13c haben die VNB, soweit sie im Rahmen ihrer Verteilungsaufgaben eine eigenständige Regelung ihres Netzes vornehmen, auch die Verantwortung für die Sicherheit und Zuverlässigkeit der **Elektrizitätsversorgung in ihrem Verteilernetz**. Die Systemverantwortung im umfassenden Sinn für die Sicherheit und Zuverlässigkeit des **Elektrizitätsversorgungs*systems* in der Regelzone** bleibt jedoch dem jeweiligen *ÜNB* vorbehalten. 16

Wird die *Sicherheit und Zuverlässigkeit der Elektrizitätsversorgung in dem Verteilernetz* gefährdet oder gestört, ist der VNB in entsprechender Anwendung der **Systemsicherheitsregelungen nach § 13** dazu berechtigt und verpflichtet, die Gefährdung oder Störung durch **netzbezogene** und **marktbezogene Maßnahmen** zu beseitigen (§ 13 Abs. 1 S. 1 Nr. 1 und 2). Maßnahmen der VNB erfolgen in aller Regel aufgrund von **strom- und spannungsbedingten Gefährdungen oder Störungen**. Die VNB müssen für die Beseitigung solcher Gefährdungen und Störungen in ihren Verteilernetzen die neuen Vorgaben zur *Auswahl der netzübergreifend günstigsten Maßnahmenkombination* unter Berücksichtigung des gesetzlich konkretisierten Einspeisevorrangs zugunsten von EE- und KWK-Strom einhalten (§ 13 Abs. 1 S. 2 iVm Abs. 1a–1c; zu strom- und spannungsbedingten Anpassungen im **„Redispatch 2.0"** → § 13 Rn. 224 ff.). 17

Für eigene strom- und spannungsbedingte **(Redispatch-)Maßnahmen** stehen den VNB insbesondere die Anpassungspotenziale gegenüber den Betreibern von Erzeugungsanlagen und Stromspeichern auf Grundlage des **gesetzlichen Schuldverhältnisses nach § 13a** zur Verfügung. Die Vorgaben nach § 13 zur Beschaffung und zum Einsatz von weiteren marktbezogenen Maßnahmen (→ § 13 Rn. 58 ff. und 84 ff.) finden auf VNB im Rahmen von Abs. 1 S. 1 entsprechende Anwendung, soweit die Maßnahmen nicht aufgrund der eingeschränkten Verantwortlichkeiten des VNB, der umfassenderen Regel- und Systemverantwortung der ÜNB oder aufgrund konkretisierender Bestimmungen den ÜNB vorbehalten sind. 18

Da bspw. die Regelverantwortung für die *Frequenzhaltung* in den Regelzonen ausschließlich den ÜNB zugewiesen ist, sind allein sie dazu berechtigt und verpflichtet, **Regelenergie** zu beschaffen und einzusetzen. Auch *zusätzliche Reserven* in Form der **Netzreserve** und der **Kapazitätsreserve** (§ 13 Abs. 1 S. 1 Nr. 3) stehen den VNB nicht zur Verfügung. Die einschlägigen Regelungen zur Beschaffung und zum Einsatz beziehen sich allein auf die ÜNB (§ 13d iVm NetzResV und § 13e iVm KapResV). Diese Bestimmungen sind von dem Verweis in Abs. 1 S. 1 nicht erfasst. 19

§ 14   Teil 3. Regulierung des Netzbetriebs

20   Hinsichtlich der Beschaffung und des Einsatzes von **Lastflexibilitäten** als marktbezogene Maßnahmen stehen den VNB grundsätzlich verschiedene Möglichkeiten im Rahmen von entsprechend oder ausdrücklich auf VNB anwendbaren Regelungen zur Verfügung (ausf. zur Nutzung von Lastflexibilitäten → § 13 Rn. 131 ff.). Dazu zählen insbesondere:
- die Anpassung des Strombezugs von *Stromspeichern* nach § 13a (→ § 13 Rn. 145),
- die Abregelung einer wärmegekoppelten Erzeugung mit kombinierter Lastzuschaltung für eine *elektrische Ersatzwärmeversorgung* nach § 13a (→ § 13 Rn. 147 f.)
- die Anpassung einer *steuerbaren Verbrauchseinrichtung* nach § 14a (→ § 13 Rn. 149) sowie
- die Nutzung von Lastflexibilitäten im Rahmen von *nicht frequenzgebundenen Systemdienstleistungen,* soweit eine marktgestützte Beschaffung – auch im Hinblick auf den jeweiligen VNB – nach § 12h Abs. 2 eröffnet ist (→ § 13 Rn. 150 f.).

„*Flexibilitätsdienstleistungen im Elektrizitätsverteilernetz*" iSv § 14c scheiden hingegen als Systemsicherheitsmaßnahmen zur Beseitigung von Gefährdungen oder Störungen nach § 13 aus (→ § 13 Rn. 152 und § 14c Rn. 17 ff.).

21   Im Übrigen sind die Möglichkeiten und Grenzen einer Beschaffung von vertraglich vereinbarten **ab- oder zuschaltbare Lasten** für den Einsatz als marktbezogene Maßnahme in § 13 Abs. 6 *abschließend geregelt*. Nach diesen gesetzlichen Vorgaben (ua Ausschreibungsverfahren mit *einheitlichen Anforderungen* über eine *gemeinsame Plattform der ÜNB*) und den verordnungsrechtlichen Konkretisierungen auf der Basis von § 13i Abs. 1 und 2 (Beschaffung von abschaltbaren Lasten nach der *AbLaV* ausschließlich seitens der ÜNB und Absehen von der Schaffung einer *ZuLaV*) **scheidet** die eigenständige **Kontrahierung von ab- und zuschaltbaren Lasten** für marktbezogene Maßnahmen eines VNB nach § 13 Abs. 1 S. 1 Nr. 2 iVm § 14 in der Praxis **aus.**

22   Dies entspricht der Grundsatzentscheidung des deutschen Gesetzgebers, keine „*marktbasierte*" *Beschaffung von Lastflexibilitäten* für strom- und spannungsbedingte Anpassungen einzuführen, sondern die europarechtlich eröffnete Ausnahme eines **„nicht-marktbasierten" Redispatch-Systems** zu wählen. Nach den maßgeblichen Gründen für diese Entscheidung wäre eine marktbasierte Beschaffung von Redispatch-Potenzialen (zB durch die Ausschreibung von Lastflexibilitäten) in Deutschland *ungeeignet* für die Systemsicherheit, *ineffizient* im Hinblick auf die Gesamtkosten sowie *schädlich* für den Strommarkt und den Wettbewerb (→ § 13 Rn. 168 ff. und 172 ff.). Bei der Eignung und Effizienz handelt es sich sowohl nach nationalem als auch nach europäischem Recht um allgemeine Grundvoraussetzungen für die Beschaffung von marktbezogenen Maßnahmen (→ § 13 Rn. 63 ff. und 80).

23   Reichen die netz- und marktbezogenen Maßnahmen nicht aus, um die Gefährdung oder Störung der Sicherheit und Zuverlässigkeit der Elektrizitätsversorgung in dem Verteilernetz zu beseitigen, ist der VNB dazu berechtigt und verpflichtet, auch geeignete **Notfallmaßnahmen** (nachrangig zu den verfügbaren Maßnahmen nach § 13 Abs. 1) zu ergreifen (§ 13 Abs. 2, dazu auch → § 13 Rn. 391 ff.). Die Haftungserleichterungen nach § 13 Abs. 5 finden in dem Fall entsprechende Anwendung. Das gleiche gilt bspw. für die **Informationspflichten** über die Gründe der durchgeführten Systemsicherheitsmaßnahmen (nach § 13 Abs. 1 und 2) gegenüber den unmittelbar Betroffenen und der Regulierungsbehörde (§ 13 Abs. 2 S. 2 und Abs. 5).

24   Die Rechte und Pflichten zur **Systemrelevanz-Prüfung und -Ausweisung** im Fall von Anlagen-Stilllegungen nach **§ 13b und § 13c** können nach Abs. 1 S. 1

ebenfalls entsprechende Anwendung im Rahmen der Verteilungsaufgaben des VNB finden, soweit die Verantwortlichkeiten des VNB durch die angezeigte Stilllegung konkret berührt sind. Die Rechte und Pflichten der ÜNB für eigene Systemrelevanz-Prüfungen und -Ausweisungen bleiben dadurch unberührt. Im Rahmen der entsprechenden Anwendung auf einen VNB geht es allein um eine ergänzende Prüfung (und gegebenenfalls Ausweisung) im Hinblick auf die Sicherheit und Zuverlässigkeit der *Elektrizitätsversorgung in seinem Verteilernetz*.

2. Schwachstellenanalyse auf Anforderung (Abs. 1 S. 2). Nach Abs. 1 S. 2 25 findet die Verpflichtung zur Erstellung einer **Schwachstellenanalyse** gem. § 13 Abs. 9 nur eingeschränkte Anwendung auf VNB, auch wenn sie iSv Abs. 1 S. 1 für die Elektrizitätsversorgung in ihrem Verteilernetz verantwortlich sind. Nach dieser Einschränkung sind die Betreiber von Elektrizitätsverteilernetzen nicht von sich aus, sondern **nur auf Anforderung** der Regulierungsbehörde zu einer Schwachstellenanalyse verpflichtet.

III. Systemsicherheitsmaßnahmen auf Anforderung von vorgelagerten Netzbetreibern (Abs. 1 c)

Neben der Verantwortung für ihr eigenes Netz nach Abs. 1 (→ Rn. 12 ff.) haben 26 VNB nach Abs. 1 c zudem die Aufgabe, mit ÜNB und mit vorgelagerten VNB, in deren Netz ihr Verteilernetz technisch eingebunden ist, zu kooperieren und auf deren Anforderung eigene Systemsicherheitsmaßnahmen auszuführen. Auch Betreiber **mehrfach nachgelagerter Verteilernetze** sind dazu verpflichtet, soweit ihr Netz zumindest *„mittelbar"* technisch eingebunden ist.

Abs. 1 c konkretisiert die allgemeinen **Kooperations- und Unterstützungs-** 27 **pflichten** zwischen den Netzbetreibern (vgl. § 11 Abs. 1 S. 4) und begründet ein **gesetzliches Schuldverhältnis zwischen dem vor- und dem nachgelagerten Netzbetreiber** mit synallagmatischen Rechten und Pflichten (Ausführen angeforderter Systemsicherheitsmaßnahmen nach S. 1 gegen bilanziellen und finanziellen Ersatz nach S. 2 und 3).

1. Kaskaden-Anforderung (Abs. 1c S. 1). Betreiber von Elektrizitätsvertei- 28 lernetzen sind gem. Abs. 1c S. 1 dazu verpflichtet, auf Anforderung eines vorgelagerten ÜNB oder VNB **Systemsicherheitsmaßnahmen** nach § 13 Abs. 1 (netz- und marktbezogene Maßnahmen) oder Abs. 2 (Notfallmaßnahmen) *nach dessen Vorgaben auszuführen*. Das folgende Schaubild bildet exemplarisch den Fall einer solchen **Kaskaden-Anforderung** eines vorgelagerten *„anfordernden Netzbetreibers"* gegenüber einem nachgelagerten *„anweisenden Netzbetreiber"* ab. Den Ausführungen liegen die zu § 13a dargestellten Begriffe und Marktrollen zugrunde → § 13a Rn. 28 ff.

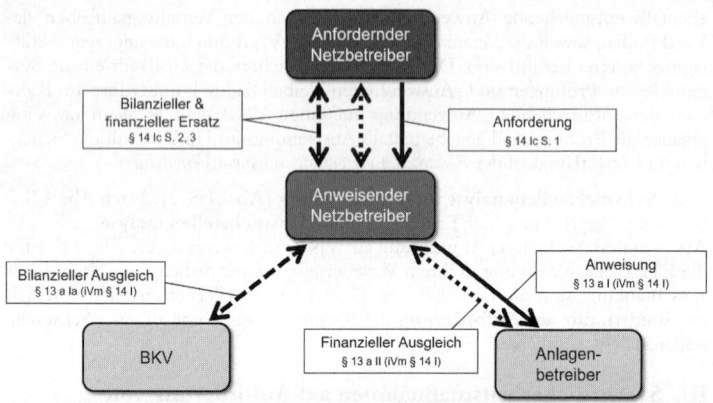

Abb. 1: Übersicht: Kaskaden-Anforderung einer Redispatch-Maßnahme nach § 14 Abs. 1 c iVm § 13 a

29 Es bleibt dem *vorgelagerten Netzbetreiber* grundsätzlich unbenommen, bei strom- und spannungsbedingten Gefährdungen oder Störungen auch *selbst* Anlagen in nachgelagerten nach § 13a „zentral" anzupassen (Begr. BT-Drs. 19/7375, 59, → § 13a Rn. 30). In der Praxis greifen die Netzbetreiber in aller Regel jedoch auf die Kaskaden-Anweisung zurück. Die **Kaskade** kann sich über **mehrere Netzebenen** erstrecken: Denn der nach Abs. 1 c *angeforderte VNB* kann sowohl eigene Maßnahmen nach § 13a gegenüber an sein Netz angeschlossenen Anlagen *anweisen* als auch seinerseits Maßnahmen gegenüber ihm wiederum nachgelagerten VNB nach Abs. 1 c *anfordern* (vgl. Begr. BT-Drs. 19/7375, 58).

30 Die konkrete Auswahl, welche **strom- und spannungsbedingten Anpassungen** auf welcher Netzebene genutzt werden, erfolgt im *„Redispatch 2.0"* nach Maßgabe von § 13 Abs. 1 S. 2 iVm Abs. 1 a–1 c: An diese Vorgaben zur **netzübergreifend kostenoptimierten Auswahl** der insgesamt günstigsten (und energetisch neutralen) Maßnahmenkombination unter Beachtung des **Einspeisevorrangs** durch den Ansatz von „kalkulatorischen Kosten" sind die betroffenen vor- und nachgelagerten Netzbetreiber auch im Fall einer Kaskaden-Anweisung nach Abs. 1 c S. 1 gebunden. Bei ihren Planungen und Entscheidungen müssen sie daher alle geeigneten und verfügbaren *Potenziale für Systemsicherheitsmaßnahmen auf den verschiedenen VNB-Ebenen* zu berücksichtigen (besonders praxisrelevant: das Redispatch-Vermögen nach § 13a). Auf die Ausführungen zu den entsprechenden Ermittlungs-, Informations-, Kooperations-, Planungs-, Auswahl- und Einsatzpflichten wird verwiesen, → § 13 Rn. 224ff. Die Rechte und Pflichten nach §§ 12 und 13–13c finden auch im Rahmen einer Kaskaden-Anweisung nach Abs. 1c S. 1 zweiter Hs. entsprechende Anwendung (zur beschränkten entsprechenden Anwendbarkeit auf VNB → Rn. 12ff.).

31 Der nachgelagerte VNB ist nach Abs. 1 c S. 1 dazu verpflichtet, die angeforderten Maßnahmen **nach den Vorgaben des anfordernden Netzbetreibers** (und den dadurch begründeten Vorgaben im Zuge von Folge-Anforderungen vorgelagerter VNB in der Kaskade) auszuführen. Der vorgelagerte Netzbetreiber spannt mit den Vorgaben seiner Anforderung einen *verbindlichen Rahmen* auf, innerhalb dessen der nachgelagerte Netzbetreiber die Maßnahmen ergreifen muss. Der vorgelagerte Netzbetreiber muss seinerseits, die wechselseitigen **Kooperationspflichten** und die Erforderlichkeiten zur **Wahrung der Sicherheit und Zuverlässigkeit** der Elektrizitätsversorgung in den nachgelagerten Verteilernetzen beachten (vgl. Begr. BT-Drs. 19/7375, 59; zu den ausdrücklichen Abstimmungspflichten bei Maßnahmen nach § 13a → § 13a Rn. 151 ff.).

2. Bilanzieller und finanzieller Ersatz (Abs. 1 c S. 2 und 3). Im Fall von 32 strom- und spannungsbedingten Anpassungen der Stromerzeugung oder des Strombezugs nach § 13a ist der *anweisende Netzbetreiber* zum **bilanziellen und finanziellen Ausgleich** gegenüber dem *betroffenen BKV* und dem *Anlagenbetreiber* nach § 13a Abs. 1a–4 verpflichtet (→ § 13a Rn. 52 ff. und 90 ff.). Das gilt auch dann, wenn der anweisende Netzbetreiber die (Redispatch-)Maßnahme aufgrund der Kaskaden-Anforderung eines vorgelagerten Netzbetreibers nach Abs. 1c S. 1 vornimmt (vgl. Begr. BT-Drs. 19/7375, 59; zu den Möglichkeiten und Grenzen für Abwicklungsvereinfachungen im Rahmen des bilanziellen Ausgleichs → § 13a Rn. 64 und 69).

Der *angeforderte Netzbetreiber* hat seinerseits nach Abs. 1c S. 2 einen Anspruch auf 33 **bilanziellen und finanziellen Ersatz** gegenüber dem *vorgelagerten Netzbetreiber*, der ihn nach Abs. 1c S. 1 angefordert hat. Dieser Anspruch umfasst grundsätzlich sowohl den Ersatz des bilanziellen und finanziellen *Ausgleichs*, den er (als anweisender Netzbetreiber) nach § 13a leisten muss, als auch den Ersatz des bilanziellen und finanziellen *Ersatzes*, den er seinerseits einem nachgelagerten Netzbetreiber schuldet, soweit er diesen – aufgrund der Anforderung des vorgelagerten Netzbetreibers – nach Abs. 1c S. 1 *anfordert* (vgl. Begr. BT-Drs. 19/7375, 59). Der Ersatzanspruch des nachgelagerten Netzbetreibers gegenüber dem vorgelagerten Netzbetreiber ist Teil der wechselseitigen Rechte und Pflichten im Rahmen ihres **gesetzlichen Schuldverhältnisses** nach Abs. 1c (→ Rn. 27 und 37).

Durch die getrennt geregelten Rechte und Pflichten zum bilanziellen und finan- 34 ziellen Ausgleich einerseits (§ 13a Abs. 1a–4) und zum bilanziellen und finanziellen Ersatz in der Kaskade andererseits (Abs. 1c S. 2) soll sichergestellt werden, dass **jeder Netzbetreiber** die **Verantwortung für** *seine* **Anweisungen und Anforderungen** trägt. Soweit der jeweilige Netzbetreiber bspw. die *Umsetzungsverantwortung* für die konkrete Maßnahme oder die *Prognoseverantwortung* für die verfügbaren Potenziale und die anfallende Ausfallarbeit trägt (zur Prognoseverantwortung bei einer Zusammenfassung von Anlagen zu Clustern und bei Anlagen im Prognosemodell → § 13a Rn. 64 und 68 f.), soll er auch die wirtschaftliche Verantwortung für den bilanziellen und finanziellen Ausgleich bzw. Ersatz tragen. Allgemeiner formuliert sollen die energiewirtschaftliche Verantwortung und die Kosten-Verantwortung „Hand in Hand gehen" und denselben Netzbetreiber in seiner jeweiligen Marktrolle treffen.

Daher richtet sich die konkrete **Höhe des Ersatzanspruchs** gem. Abs. 1c S. 2 35 nach den jeweiligen **Vorgaben des vorgelagerten Netzbetreibers** im Zuge seiner Anweisung nach Abs. 1 S. 1 (*„Ersatz entsprechend den Vorgaben"*). Soweit der vorgelagerte Netzbetreiber dem nachgelagerten Netzbetreiber konkret vorgibt, welche Maßnahmen in welchem Umfang zu ergreifen sind, muss er sich daran auch bei dem Ersatzanspruch festhalten lassen. Treffen die entsprechenden Verantwortlichkeiten hingegen den nachgelagerten Netzbetreiber, gilt das Gleiche umgekehrt: Weicht die tatsächliche Durchführung einer angeforderten Anpassung nach § 13a oder Kaskaden-Anforderung nach Abs. 1c S. 1 bspw. von den Prognosen des nach-

§ 14 Teil 3. Regulierung des Netzbetriebs

gelagerten Netzbetreibers für seine Einsatzplanung oder für die anfallende Ausfallarbeit ab, so beruht diese Differenz nicht auf der Anforderung des vorgelagerten Netzbetreibers und ist daher von dem Ersatzanspruch nach Abs. 1 c S. 2 nicht mit erfasst (vgl. Begr. BT-Drs. 19/7375, 59).

36 Der *vorgelagerte Netzbetreiber,* der nach Abs. 1 c S. 2 zum bilanziellen Ersatz verpflichtet ist, hat spiegelbildlich nach Abs. 1 c S. 3 gegen den *nachgelagerten Netzbetreiber* einen korrespondierenden **Anspruch auf Abnahme des bilanziellen Ersatzes.** Durch den Anspruch auf Abnahme des bilanziellen Ausgleichs soll auch der vorgelagerte Netzbetreiber vor Schiefständen seines Redispatch-Bilanzkreises geschützt werden (zur vorgegebenen Abwicklung des bilanziellen Ausgleichs und des bilanziellen Ersatzes über das Redispatch-Konto nach § 11 a StromNZV → § 13 a Rn. 59).

37 **3. Haftung und Aufsicht. a) Haftungsrechtliche Risiken.** Der *nachgelagerte VNB* ist nach Abs. 1 c S. 1 dazu **verpflichtet,** auf die Kaskaden-Anforderung des vorgelagerten Netzbetreibers nach dessen Vorgaben Systemsicherheitsmaßnahmen zu ergreifen. Die Pflicht des nachgelagerten VNB korrespondiert mit dem spiegelbildlichen **Anspruch** des *vorgelagerten Netzbetreibers* gegenüber dem nachgelagerten VNB, auf die Ausführung der angeforderten Maßnahmen nach § 13 Abs. 1 und 2. Ähnlich wie § 13 a ein gesetzliches Schuldverhältnis zwischen dem Netz- und dem Anlagenbetreiber vorgibt, begründet Abs. 1 c ein **gesetzliches Schuldverhältnis zwischen dem vor- und dem nachgelagerten Netzbetreiber** mit synallagmatischen Rechten und Pflichten (→ Rn. 27 und 33).

38 Etwaige Zweifel an der Rechtmäßigkeit der Anforderung des vorgelagerten Netzbetreibers berechtigen den nachgelagerten VNB **nicht** dazu, die konkret **angeforderten Maßnahmen zu verweigern.** Er muss einer Anforderung zunächst Folge leisten. Soweit Zweifel an der Rechtmäßigkeit der Anforderung oder an der Höhe des Anspruches auf bilanziellen und finanziellen Ersatz verbleiben, können die betroffenen Parteien die Höhe der Ersatzansprüche nach Abs. 1 c S. 2 und 3 sowie etwaige Ansprüche auf Schadensersatz im Nachgang klären (erforderlichenfalls in einem zivilgerichtlichen Verfahren; zur parallelen Fragestellungen im Rahmen von § 13 Abs. 2 und von § 13 a Abs. 1 → § 13 Rn. 401 f. und → § 13 a Rn. 47).

39 Verletzt der nachgelagerte VNB seine Pflichten nach Abs. 1 c S. 1, so setzt er sich potenziell **hohen Haftungsrisiken** aus. Insbesondere die Haftungsrisiken gegenüber den *vorgelagerten Netzbetreibern* dürften mit dem Inkrafttreten des „Redispatch 2.0" gestiegen sein: Während der nachgelagerte VNB nach der vorhergehenden Fassung des § 14 Abs. 1 c aF lediglich dazu verpflichtet war, Maßnahmen des vorgelagerten Netzbetreibers durch eigene Maßnahmen zu unterstützen, kann der vorgelagerte Netzbetreiber nunmehr konkrete Systemsicherheitsmaßnahmen nach § 13 Abs. 1 und 2 verbindlich anfordern.

40 Mit diesen Anpassungen trägt der Gesetzgeber den **gestiegenen Anforderungen im „Redispatch 2.0"** und der steigenden Bedeutung der Verteilernetze im Zuge der Energiewende durch den Zuwachs an dezentraler Einspeisung Rechnung: Für einen gesetzeskonformen, netzübergreifend optimierten Einsatz von strom- und spannungsbedingten Anpassungen und die Einhaltung der Einspeisevorrangs nach § 13 Abs. 1 S. 2 iVm Abs. 1 a–1 c sind die Netzbetreiber wechselseitig darauf angewiesen, dass die Kooperations- und Unterstützungspflichten eingehalten werden. Vorgelagerte Netzbetreiber sind insbesondere darauf angewiesen, dass nachgelagerte Netzbetreiber auf eine Anforderung nach Abs. 1 c S. 1 die System-

Aufgaben der Betreiber von Elektrizitätsverteilernetzen § 14

sicherheitsmaßnahmen ordnungsgemäß nach ihren Vorgaben umsetzen und ihrerseits geeignete Potenziale in nachgelagerten Netzen anfordern.

Das *Anforderungsrecht* des vorgelagerten Netzbetreibers und die korrespondierende *Pflicht* des nachgelagerten VNB zur Vornahme der angeforderten Systemsicherheitsmaßnahmen dienen daher – zumindest seit dem Inkrafttreten des gesetzlichen Schuldverhältnisses nach Abs. 1 c im Zuge der „Redispatch 2.0"-Novelle – auch dem **Schutz des anfordernden Netzbetreibers** (aA zur vorherigen Rechtslage Theobald/Kühling/*Hartmann/Weise* EnWG § 14 Rn. 38; warnend vor möglichen haftungsrechtlichen Risiken Elspas/Graßmann/Rasbach/*Pfeifle* EnWG § 14 Rn. 23). Umgekehrt dient der synallagmatische *Ersatzanspruch* nach Abs. 1 c S. 2 dem **Schutz des nachgelagerten Netzbetreibers**. 41

b) Aufsicht der BNetzA. Bei Verletzungen der gesetzlichen Vorgaben nach §§ 13, 13a iVm § 14 Abs. 1 c und der dazu ergangenen Festlegungen (vgl. insbesondere die Festlegungen der BNetzA zum bilanziellen Ausgleich, zur Informationsbereitstellung, zur Netzbetreiberkoordinierung und zu den Mindestfaktoren) können darüber hinaus – je nach Konstellation – auch **Aufsichts- und Verwaltungsvollstreckungs-Maßnahmen** der BNetzA in Betracht kommen (zu den allgemeinen Aufsichtsbefugnissen → § 65 Rn. 1 ff.; zur Verwaltungsvollstreckung mittels Zwangsgelder → § 94 Rn. 1 ff.). Inwieweit die Behörde tätig wird, liegt grundsätzlich in ihrem Aufgreifermessen. 42

Zuständige Aufsichtsbehörde nach § 65 über *Systemsicherheitsmaßnahmen* nach den §§ 13–13 c (einschließlich *Kaskaden-Anforderungen* nach § 14 Abs. 1 c) ist die **BNetzA**. Das gilt auch dann, wenn ein *VNB*, der nach § 54 Abs. 2 hinsichtlich des dort aufgeführten Aufgabenkatalogs in die Zuständigkeit einer *Landesregulierungsbehörde* fällt, Systemsicherheitsmaßnahmen im Rahmen seiner Verantwortlichkeiten nach § 14 ausführt, zur Ausführung aufgrund der Kaskaden-Anforderung eines vorgelagerten Netzbetreibers verpflichtet ist oder selbst Maßnahmen eines nachgelagerten Netzbetreibers anfordert. Durch die Streichung des Verweises in § 54 Abs. 2 S. 1 Nr. 5 auf § 14 Abs. 1 und 3 im Zuge der „Redispatch 2.0"-Novelle wollte der Gesetzgeber ausdrücklich sicherstellen, dass die BNetzA nach der Streichung ihrer speziellen Aufsichtsbefugnis zum Einspeisemanagement in § 85 Abs. 1 Nr. 3 lit. a EEG aF die entsprechenden Aufsichtsbefugnisse nach § 65 EnWG über die integrierten Systemsicherheitsregelungen nach § 13f. wahrnimmt (Begr. BT-Drs. 19/7375, 65 f.). 43

Die Gesetzesbegründung führt dazu aus: 44

„Die Integration des bisher in § 14 des Erneuerbare-Energien-Gesetzes geregelten Einspeisemanagements in den Redispatchprozess nach den §§ 13, 13 a EnWG verändert die Zusammenarbeit zwischen den Übertragungsnetzbetreibern und den Verteilernetzbetreibern sowie zwischen den Verteilernetzbetreibern untereinander. Das Verfahren des Einspeisemanagements als Teil des Redispatch, das auch durch Verteilernetzbetreiber ausgeführt werden kann, wird in § 14 Absatz 1 c – neu – geregelt. Um zu gewährleisten, dass die netzübergreifenden Auswahl- und Planprozesse im Rahmen des neuen Redispatch einheitlich organisiert und der energetische und bilanzielle Ausgleich netzübergreifend umgesetzt wird, soll die Bundesnetzagentur für die Überwachung der Vorschriften zur Systemverantwortung nach den §§ 13 und 13 a einheitlich zuständig sein. Das schließt auch die Fälle ein, in denen die Systemsicherheitsregelungen aufgrund des Verweises nach § 14 Absatz 1 oder 1 c auf Verteilernetzbetreiber Anwendung finden."

§ 14

45 Der Änderungsbefehl aus der „Redispatch 2.0"-Novelle zur Klarstellung der Zuständigkeiten wurde allerdings in der Übergangszeit bis zu seinem Inkrafttreten zum Teil durch einen Änderungsbefehl aus der EnWG-Novelle 2021 „überschrieben", sodass in der aktuellen Fassung des § 54 Abs. 2 S. 1 Nr. 5 zwar nicht mehr § 14 Abs. 1 c, wohl aber § 14 Abs. 1 genannt wird. Es dürfte sich insoweit um ein Redaktionsversehen im Zuge der Folgeänderungen durch die Neustrukturierung der Abs. zu den Berichtspflichten in § 14 handeln (→ Rn. 7).

C. Ergänzende Netzzustands- und Netzausbauberichte (Abs. 2)

46 Die Pflichten der Betreiber von Elektrizitätsverteilernetzen zur Erstellung von Netzausbauvorhaben richten sich seit der EnWG-Novelle 2021 nach § 14d. Ergänzend dazu kann die zuständige Regulierungsbehörde gem. Abs. 2 von allen oder in begründeten Einzelfällen bei einzelnen Verteilernetzbetreiber, über ihr je gesamtes oder gem. S. 3 beschränkt auf bestimmte Teile des Verteilernetzes, Berichte über den Netzzustand oder die Umsetzung der erforderlichen Netzausbauvorhaben verlangen. Abs. 2 S. 1 idF 2021 enthält die bis dahin in Abs. 1a geregelte Berichtspflicht.

I. Bericht auf Verlangen (Abs. 2 S. 1)

47 Wenn die Vorlage entweder für das gesamte Verteilernetz oder für bestimmte Teile des Netzes Abs. 2 S. 3 verlangt wird, ist der Betreiber dazu verpflichtet, einen Bericht über den **Netzzustand** und über die **Netzausbauplanung** zu erstellen. Konkrete Anforderungen an den Inhalt der Berichte bleiben nach Abs. 2 S. 4 einer Festlegung durch die Regulierungsbehörde vorbehalten. Im Grundsatz gilt, dass die Berichte die Informationen enthalten müssen, die erforderlich sind, damit die Regulierungsbehörde die Erfüllung Netzentwicklungspflichten nach § 11 Abs. 1 S. 1, 2 iVm § 14 Abs. 2 überprüfen kann. Sie muss insbesondere erkennen können, ob die Versorgungssicherheit nachhaltig gewährleistet ist.

48 Da VNB künftig gem. § 14d Abs. 1 die **Netzausbaupläne** nur in **einem zweijährlichen Turnus** zu erstellen haben, soll die Regulierungsbehörde iSd Umsetzungsberichts nach § 12d auch zwischen den Jahren im Falle von Änderungen oder Aktualisierungen bereits getätigter Angaben im regulären Netzausbaubericht nachfragen können (Begr. RegE, BT-Drs. 19/27453, 99). Die zuständige Regulierungsbehörde kann auf dieser Grundlage insbesondere Informationen zum Netzzustand, zur Umsetzung der Netzausbauplanung oder zu einzelnen Anpassungen, die sich in Bezug auf den regulären, zweijährlichen Netzausbaubericht ergeben, jederzeit – und insbesondere auch im auf das reguläre Berichtsjahr folgende Jahr – verlangen. Dies gilt beispielsweise für den voraussichtlichen Zeitpunkt des Baubeginns von Maßnahmen, den voraussichtlichen Zeitpunkt der Inbetriebnahme, Verzögerungsgründe, Kosten oder den Projektstatus (Begr. RegE, BT-Drs. 19/27453, 99).

II. Vorgaben und Festlegungsbefugnisse (Abs. 2 S. 2–4)

49 Abs. 2 S. 2 ermöglicht der Regulierungsbehörde, sowohl konkrete **inhaltliche Vorgaben** zu machen, als auch **das Verfahren** vorzugeben und zu standardisieren. Die Regelberichterstattung erfolgt seit 2021 über den § 14d. Daher handelt es sich hier um besondere Fragestellungen, zu denen entweder alle VNB ergänzend herangezogen werden, oder zu denen bei einzelnen VNB behördlicher Aufklärungsbedarf besteht. Für solche ergänzenden Berichte können die Behörden über § 29 verbindliche Vorgaben zum Inhalt machen (nochmal explizit in Abs. 2 S. 4), Termine setzen und Berichtsformen etablieren. Dies schließt beispielsweise nähere Vorgaben zur elektronischen Form ebenso ein wie detaillierte Frist- und Formularvorgaben, welche durch die verpflichteten Betreiber von Elektrizitätsverteilernetzen einzuhalten sind.

D. Nutzung von Fernwärme- und Fernkältesystemen (Abs. 3)

Der neu eingefügte Abs. 3 dient der Umsetzung des Art. 24 Abs. 8 der EE-RL 18. Danach sind die Mitgliedstaaten gehalten, von den VNB zu verlangen, dass sie in Zusammenarbeit mit den Betreibern von Fernwärme- und Fernkältesystemen in dem jeweiligen Gebiet mindestens alle vier Jahre eine Bewertung des Potenzials der angeschlossenen Fernwärme- und Fernkältesysteme **für die Erbringung von Bilanzierungs- und anderen Systemdiensten** vornehmen, darunter Nachfragesteuerung und Speicherung „überschüssiger Energie" aus erneuerbaren Quellen, und dass sie prüfen, ob die Nutzung des ermittelten Potenzials gegenüber alternativen Lösungen ressourcenschonender und kostengünstiger wäre (Begr. RegE, BT-Drs. 19/27453, 100). Zur Effizienzbetrachtung und dem verbreiteten Missverständnis „überschüssiger" EE-Erzeugung → § 13 Rn. 172. 50

Bei **„Fernwärme"** oder **„Fernkälte"** handelt es sich die Verteilung thermischer Energie in Form von Dampf, heißem Wasser oder kalten Flüssigkeiten von zentralen oder dezentralen Produktionsquellen über ein Netz an mehrere Gebäude oder Anlagen zur Nutzung von Raum- oder Prozesswärme oder -kälte (Art. 2 Nr. 19 EE-RL 18). 51

Dabei handelt es sich um eine rein interne Bewertung, aus der keine unmittelbare Berichtspflicht gegenüber einem Dritten, einer Institution oder der Öffentlichkeit folgt. 52

[bis 31.12.2022 geltende Fassung]

§ 14a *Steuerbare Verbrauchseinrichtungen in Niederspannung; Verordnungsermächtigung*

¹Betreiber von Elektrizitätsverteilernetzen haben denjenigen Lieferanten und Letztverbrauchern im Bereich der Niederspannung, mit denen sie Netznutzungsverträge abgeschlossen haben, ein reduziertes Netzentgelt zu berechnen, wenn mit ihnen im Gegenzug die netzdienliche Steuerung von steuerbaren Verbrauchseinrichtungen, die über einen separaten Zählpunkt verfügen, vereinbart wird. ²Als steuerbare Verbrauchseinrichtung im Sinne von Satz 1 gelten auch Elektromobile. ³Die Bundesregierung wird ermächtigt, durch Rechtsverordnung mit Zustimmung des Bundesrates die Verpflichtung nach den Sätzen 1 und 2 näher zu konkretisieren, insbesondere einen Rahmen für die Reduzierung von Netzentgelten und die vertragliche Ausgestaltung vorzusehen sowie Steuerungshandlungen zu benennen, die dem Netzbetreiber vorbehalten sind, und Steuerungshandlungen zu benennen, die Dritten, insbesondere dem Lieferanten, vorbehalten sind. ⁴Sie hat hierbei die weiteren Anforderungen des

§ 14a

Messstellenbetriebsgesetzes an die Ausgestaltung der kommunikativen Einbindung der steuerbaren Verbrauchseinrichtungen zu beachten.

[zur Fassung ab 1.1.2023 → Rn. 9]

Übersicht

	Rn.
A. Allgemeines	1
I. Inhalt	1
II. Entstehungsgeschichte	5
III. Zweck	11
B. Steuerung von steuerbaren Verbrauchseinrichtungen	16
I. Adressaten	16
II. Steuerbare Verbrauchseinrichtungen	18
III. Technische Steuerungsmöglichkeit	21
IV. Vertrag über eine spezielle marktbezogene Maßnahme	23
V. Umfang der Steuerungseingriffe	26
VI. Separater Zählpunkt	33
VII. Netzentgeltermäßigung	37
VIII. Ausgestaltung und Überwachung	45

Literatur: *Antoni,* Rechtsfragen zu Zugang und Nutzung von Stromverteilernetzen im Kontext der Energie- und Verkehrswende, IR 2020, 2; *Bundesnetzagentur,* Bericht zur Netzentgeltsystematik 2015; *Ecofys,* Studie für Agora Energiewende, Juni 2014: Der Spotmarktpreis als Index für eine dynamische EEG-Umlage – Vorschlag für eine verbesserte Integration Erneuerbarer Energien durch Flexibilisierung der Nachfrage; *Consentec,* Netzentgeltreform: Netzentgelte verbraucherfreundlich gestalten – Gutachten für Verbraucherzentrale Bundesverband (vzbv) – Abschlussbericht – Zusammenfassung v. 5.6.2020; *EY/BET/WiK* „Gutachten Digitalisierung der Energiewende, Toptheme 2: Regulierung, Flexibilisierung und Sektorkopplung" im Auftrag des BMWi 2019 (zit. BMWi Barometer Digitalisierung 2019); *Schweizer,* Neues Netzentgeltmodell ante portas, ET 2019, Nr 11, 81–82; *VDE|FNN* Anwendungshilfe VDE AR-N 4400 – Marktkommunikation v. 9.10.2019 (Version 1.0) (zit. VDE|FNN Anwendungshilfe Marktkommunikation); *Weise/Hartmann/Wöldeke,* Energiewende und Netzstabilität – die neuen rechtlichen Rahmenbedingungen für Übertragungs- und Verteilernetzbetreiber nach §§ 13, 14 EnWG, RdE 2012, 181.

A. Allgemeines

I. Inhalt

1   Nach § 14a sind Elektrizitätsverteilernetzbetreiber dazu verpflichtet, ein **reduziertes Netzentgelt** für den Strombezug von steuerbaren Verbrauchseinrichtungen **in der Niederspannung** zu berechnen, wenn ihnen dafür im Gegenzug gestattet wird, **diese Einrichtungen „netzdienlich" zu steuern.** Die Steuerung umfasst jedenfalls vorübergehende zumutbare Unterbrechungen, also Abschaltungen oder Leistungsreduzierungen der Verbrauchseinrichtungen und denkbar auch die Zuschaltung. Die Steuerung kann entweder direkt durch den Netzbetreiber selbst oder indirekt durch einen Dritten wie beispielsweise dem Lieferanten, Aggregator oder Messstellenbetreiber erfolgen. Die von § 14a geschaffene Möglichkeit wird im MsbG als „Flexibilitätsmechanismus" bezeichnet (§ 66 Abs. 1 Nr. 5 MsbG).

Steuerbare Verbrauchseinrichtungen in Niederspannung § 14 a

Voraussetzung ist einerseits, dass zwischen Netzbetreiber und dem Lieferanten 2
oder Letztverbraucher eine **Vereinbarung** über die Steuerbarkeit besteht und dass
die Verbrauchseinrichtung über einen **separaten Zählpunkt** verfügt.

Das **Leitbild** dieser Regelung ist der Umgang mit in großer Zahl erwarteter Ver- 3
brauchseinrichtungen bei Haushaltskunden in der der Niederspannung, die einen
höheren Stromverbrauch als üblich (der durchschnittliche Stromverbrauch eines
Haushalts in Deutschland liegt bei ca. 3.500 kWh/a) und vor allem eine **höhere
Gleichzeitigkeit** erwarten lassen. Dies gilt insbesondere für Wärmepumpen,
Nachtspeicherheizungen und **Elektromobile**. Wenn es zu einem deutlichen Zubau der Elektromobilität kommt und in einem Straßenzug bzw. Netzbereich künftig
viele Elektromobile gleichzeitig aufzuladen sind, kann der Ortsnetzstrang dadurch
womöglich an Kapazitätsgrenzen stoßen (vgl. BMWi Barometer Digitalisierung,
S. 3; auch schon Begr. RegE BT-Drs. 17/6072, 73). Betroffene Verteilernetze müssten nach § 11 Abs. 1 ausgebaut werden, um die jederzeitige Aufladung einer Vielzahl
von Elektromobilen sicherzustellen, soweit Lastspitzen nicht durch eine flexible Verteilung der Aufladezeiträume vermieden werden können. Der **Grundgedanke** des
Flexibilitätsmechanismus mit Blick auf das Elektrizitätsverteilernetz besteht darin,
man könne die Nutzungszeiten (Ladezyklen bei Elektromobilen) womöglich netzentlastend (=netzdienlich) staffeln, weil es für die betroffenen Verbraucher nicht entscheidend sei, wann ihre Elektromobile aufgeladen oder die Wärmepumpen betrieben werden, solange gewährleistet ist, dass sie rechtzeitig wieder einsatzbereit sind
oder die erwartete Raumtemperatur gehalten wird.

Auf die Vorschrift wird umfangreich Bezug genommen: im **EnWG** in § 54, der 4
allgemeinen Zuständigkeitsnorm mit einer Zuweisung der Aufgaben nach § 14 a an
Landesregulierungsbehörden für Verteilernetzbetreiber mit weniger als 100.000
unmittelbar oder mittelbar angeschlossenen Kunden, den Vorgaben für die Beschaffung für Flexibilitätsdienstleistungen im Elektrizitätsverteilernetz in § 14 c, in
den Ausnahmen in § 110 Abs. 1 S. 1 für geschlossene Verteilernetze. Vor allem aber
im **MsbG** bei den Funktionalitäten des intelligenten Messsystems in §§ 21, 23, 25,
den Einbaupflichten aus §§ 29, 31, den Datenkommunikationsregeln aus dem
Smart-Meter-Gateway in §§ 50, 55, 56, 66 MsbG. Darüber hinaus auch in § 9
EEG bei den technischen Vorgaben für den Anschluss von KWK-Anlagen. Keine
Bezüge gibt es in der **StromNEV,** ebenso ist die in S. 3 und 4 vorgesehene VO
(Stand 2022) noch nicht erlassen worden.

II. Entstehungsgeschichte

§ 14 a ist durch das „Gesetz zur Neuregelung energiewirtschaftsrechtlicher Vor- 5
schriften" vom 26.7.2011 (BGBl. 2011 I S. 1554) neu eingefügt worden. Erklärter
Zweck war es, eine sog. **intelligente Netzsteuerung** im Bereich der Verteilernetze zu ermöglichen. Die Vorschrift wurde im Zusammenhang mit der Liberalisierung des Messwesens durch §§ 21 b ff. EnWG aF und der Förderung variabler
Stromtarife an Kunden als sinnvoll und erforderlich angesehen. Zunächst wurden
Wärmepumpen als modernes Potenzial zur Netzentlastung und Vermeidung von
Lastspitzen in der Niederspannung gesehen. Die Vorschrift sollte in ihrer ersten Fassung Netzbetreiber verpflichten, denjenigen Lieferanten und Verbrauchern, mit
denen sie Netznutzungsverträge abgeschlossen haben und die- ohne dazu gesetzlich
verpflichtet zu sein – eine Steuerung ihrer *unterbrechbaren* (Formulierung bis 2016)
Verbrauchseinrichtungen technisch ermöglichen, ein reduziertes Netzentgelt einrichtungsbezogen zu gewähren (Begr. RegE BT-Drs. 17/6072, 73f.). Die Netzent-

Bourwieg 803

§ 14a

geltreduzierung sollte dazu führen, dass Verbrauchern mit solchen Verbrauchseinrichtungen besonders interessante Verträge über die Belieferung von Strom gemacht werden können. Schon in der Ausgangsfassung fanden in S. 2 Elektromobile als potenzielle Anspruchsinhaber der Regelung ihren Niederschlag.

6 Neu gefasst wurde § 14a im Jahr 2016 mit dem *Gesetz zur Digitalisierung der Energiewende, dass auch die §§ 21b ff. aus dem EnWG in das MsbG überführte.* Mit der Änderung sollten die Möglichkeiten einer Flexibilisierung der Abnahmeseite im Verteilernetz auf Niederspannungsebene, die durch die intelligenten Messsysteme gesehen werden, erweitert werden.

7 Im Jahr 2021 wurde ein Referentenentwurf für eine Neufassung der Regelung und diverse Folgeänderung auf Verordnungsebene während der Ressort- und Verbändeanhörung durch das BMWi zurückgezogen (www.electrive.net/2021/01/18/wirtschaftsministerium-zieht-gesetzentwurf-zur-spitzenglaettung-zurueck/). Inhalt der Neuregelung war die Schaffung der sog. „Spitzenglättung" (Darstellung des Ansatzes in BMWi Barometer Digitalisierung, S. 75 ff.; krit. Auseinandersetzung bei consentec Netzentgelte S. 1 Rn. 37).

8 Im Juli 2022 wurde durch die Beschlussempfehlung des zuständigen Bundestagsausschusses zum EE-SofortmaßnahmenG 2022 ein kompletter Neuentwurf des § 14a (BT-Drs. 20/2580, 213) eingebracht und verabschiedet, der zum 1.1.2023 in Kraft treten soll (BT-Drs. 20/2580, 269, Art. 20 Abs. 1). Dieser lautet wie folgt:

9 **§ 14a Netzorientierte Steuerung von steuerbaren Verbrauchseinrichtungen und steuerbaren Netzanschlüssen; Festlegungskompetenzen.** (1) Die Bundesnetzagentur kann durch Festlegung nach § 29 Absatz 1 bundeseinheitliche Regelungen treffen, nach denen Betreiber von Elektrizitätsverteilernetzen und diejenigen Lieferanten oder Letztverbraucher, mit denen sie Netznutzungsverträge abgeschlossen haben, verpflichtet sind, nach den Vorgaben der Bundesnetzagentur Vereinbarungen über die netzorientierte Steuerung von steuerbaren Verbrauchseinrichtungen oder von Netzanschlüssen mit steuerbaren Verbrauchseinrichtungen (steuerbare Netzanschlüsse) im Gegenzug für Netzentgeltreduzierungen abzuschließen. Dabei kann die netzorientierte Steuerung über wirtschaftliche Anreize, über Vereinbarungen zu Netzanschlussleistungen und über die Steuerung einzelner steuerbarer Verbrauchseinrichtungen erfolgen. Die Festlegung kann insbesondere spezielle Regelungen beinhalten zu:

1. der Vorrangigkeit des Einsatzes wirtschaftlicher Anreize und von Vereinbarungen zu Netzanschlussleistungen gegenüber der Steuerung einzelner Verbrauchseinrichtungen in der netzorientierten Steuerung,
2. der Staffelung des Einsatzes mit direkter Regelung von Verbrauchseinrichtungen oder Netzanschlüssen bei relativ wenigen Anwendungsfällen und zu der verstärkten Verpflichtung zu marktlichen Ansätzen bei steigender Anzahl von Anwendungsfällen in einem solchen Markt,
3. der Verpflichtung des Netzbetreibers, sein Netz im Falle von netzorientierter Steuerung präziser zu überwachen und zu digitalisieren,
4. Definitionen und Voraussetzungen für steuerbare Verbrauchseinrichtungen oder steuerbare Netzanschlüsse,
5. Voraussetzungen der netzorientierten Steuerung durch den Netzbetreiber, etwa durch die Vorgabe von Spannungsebenen, und zur diskriminierungsfreien Umsetzung der netzorientierten Steuerung, insbesondere mittels der Vorgabe maximaler Entnahmeleistungen,
6. Spreizung, Stufung sowie netztopologischer und zeitlicher Granularität wirtschaftlicher Anreize sowie zu Fristen der spätesten Bekanntgabe von Änderungen wirtschaftlicher Anreize, um Fehlanreize im vortägigen Stromhandel zu vermeiden,

7. von einer Rechtsverordnung nach § 18 abweichenden besonderen Regelungen für den Netzanschluss und die Anschlussnutzung, insbesondere zu Anschlusskosten und Baukostenzuschüssen,
8. Methoden für die bundeseinheitliche Ermittlung von Entgelten für den Netzzugang für steuerbare Verbrauchseinrichtungen und steuerbare Netzanschlüsse im Sinne des Satzes 1,
9. Netzzustandsüberwachung und Bilanzierung durch den Netzbetreiber sowie Vorgaben zur Messung.

(2) Bis zur Festlegung bundeseinheitlicher Regelungen nach Absatz 1 haben Betreiber von Elektrizitätsverteilernetzen denjenigen Lieferanten und Letztverbrauchern im Bereich der Niederspannung, mit denen sie Netznutzungsverträge abgeschlossen haben, ein reduziertes Netzentgelt zu berechnen, wenn mit ihnen im Gegenzug die netzorientierte Steuerung von steuerbaren Verbrauchseinrichtungen, die über einen separaten Zählpunkt verfügen, vereinbart wird. Die Bundesnetzagentur kann durch Festlegung nach § 29 Absatz 1 Regelungen zu Definition und Voraussetzungen für steuerbare Verbrauchseinrichtungen, zum Umfang einer Netzentgeltreduzierung nach Satz 1 oder zur Durchführung von Steuerungshandlungen treffen und Netzbetreiber verpflichten, auf Verlangen Vereinbarungen gemäß Satz 1 nach diesen Regelungen anzubieten.

(3) Als steuerbare Verbrauchseinrichtungen im Sinne von Absatz 1 und 2 gelten insbesondere Wärmepumpen, nicht öffentlich-zugängliche Ladepunkte für Elektromobile, Anlagen zur Erzeugung von Kälte oder zur Speicherung elektrischer Energie und Nachtstromspeicherheizungen, solange und soweit die Bundesnetzagentur in einer Festlegung nach Absatz 1 oder 2 nichts Anderes vorsieht.

(4) Sobald die Messstelle mit einem intelligenten Messsystem ausgestattet wurde, hat die Steuerung entsprechend den Vorgaben des Messstellenbetriebsgesetzes und der konkretisierenden Technischen Richtlinien und Schutzprofile des Bundesamtes für Sicherheit in der Informationstechnik sowie gemäß den Festlegungen der Bundesnetzagentur über ein Smart-Meter-Gateway nach § 2 Satz 1 Nummer 19 des Messstellenbetriebsgesetzes zu erfolgen. Die Bundesnetzagentur kann Bestands- und Übergangsregeln für Vereinbarungen treffen, die vor Inkrafttreten der Festlegungen geschlossen worden sind.

Die durch Gesetz vom 20.7.2022 (BGBl. I S. 1237) mit Wirkung zum 1.1.2023 **10** erfolgte Änderung des § 14a konnte in der Kommentierung noch nicht berücksichtigt werden. Hierzu hat die BNetzA mit Datum vom 24.11.2022 zwei Festlegungsverfahren mit einem gemeinsamen Eckpunktepapier unter den Aktenzeichen BK6-22-300 und BK8–22/010-A zur Ausgestaltung der Integration von steuerbaren Verbrauchseinrichtungen und steuerbaren Netzanschlüssen nach § 14a EnWG zur Gewährleistung der Versorgungssicherheit eingeleitet (www.bundesnetzagentur. de/DE/Beschlusskammern/1_GZ/BK6-GZ/2022/BK6-22-300/BK6-22-300_ Eroeffnung_Festlegungsverfahren.html?nn=1091642).

III. Zweck

Die Vorschrift erlaubt außerhalb des Kanons von § 17 StromNEV ein ermäßigtes **11** Netzentgelt. Denn grundsätzlich sind im Geltungsbereich der StromNEV „andere als in dieser Verordnung genannten Entgelte nicht zulässig" (§ 17 Abs. 9 StromNEV). Für die Entgeltbildung schreibt § 21 vor:

(1) Die Bedingungen und Entgelte für den Netzzugang müssen angemessen, diskriminierungsfrei, transparent und dürfen nicht ungünstiger sein, als sie von den Betreibern der Energieversorgungsnetze in vergleichbaren Fällen für Leistungen innerhalb ihres Unternehmens oder gegenüber verbundenen oder assoziierten Unternehmen angewendet und tatsächlich oder kalkulatorisch in Rechnung gestellt werden.

§ 14a Teil 3. Regulierung des Netzbetriebs

(2) Die Entgelte werden auf der Grundlage der Kosten einer Betriebsführung, die denen eines effizienten und strukturell vergleichbaren Netzbetreibers entsprechen müssen, unter Berücksichtigung von Anreizen für eine effiziente Leistungserbringung und einer angemessenen, wettbewerbsfähigen und risikoangepassten Verzinsung des eingesetzten Kapitals gebildet, [...]

(3) Betreiber von Energieversorgungsnetzen sind verpflichtet, die für ihr Netz geltenden Netzentgelte auf ihren Internetseiten zu veröffentlichen und auf Anfrage jedermann unverzüglich in Textform mitzuteilen. [...]

Das in der Normhierarchie über der Verordnung stehende EnWG schafft in § 14a einen Ermäßigungstatbestand für bestimmte Kunden, der sich nur an diesen gesetzlichen Maßstäben messen lassen muss.

12 Nach ihrem **Sinn und Zweck** sollte die Bestimmung Möglichkeiten schaffen, verbrauchsseitige Flexibilitäten stärker zur **Entlastung der Niederspannungsnetze** zu nutzen. Es sollen die Grundlagen für eine „**intelligente Netzsteuerung**" gelegt werden (Begr. RegE BT-Drs. 17/6072, 73). Unklar ist, ob die Verteilernetzbetreiber im Ergebnis dazu **verpflichtet werden,** angebotene Steuerungsmöglichkeiten gegen eine Vergütung in Form des Nachlasses auf die Netzentgelte anzunehmen – unabhängig davon, ob sie diese Fähigkeit in ihrem Netz überhaupt benötigen. Das Verständnis einer Kontrahierungspflicht sollte die Unterbrechbarkeit zu einer Art Standardprodukt machen, das im Massenmarkt des Energievertriebs an Haushaltskunden weitgehend standardisiert für Lieferverträge mit last- und zeitvariablen Tarifen genutzt werden könnte. Die Gesetzesbegründung geht davon aus, dass die Stromlieferanten die **Standardisierungs- und Netzentgeltvorteile** auch an die Verbraucher weitergegeben, sodass im Ergebnis unterbrechbare Verbrauchseinrichtungen gefördert werden (Begr. RegE BT-Drs. 17/6072, 73).

13 Eine Ausgestaltung durch die Verordnung gibt es aufgrund zahlreicher damit verbundener **Fragestellungen** bis heute nicht, ua weil **die Zwecksetzung** der Regelung sehr unterschiedlich interpretiert wird. Die Diskussionspunkte seit der ersten Fassung sei 2011 sind:

– Dient die Regelung dem **Schutz der Solidargemeinschaft** der Netzkunden vor Netzausbaukosten durch Lastspitzen einzelner neuer Letztverbraucher mit hohen Leistungen und höheren Gleichzeitigkeiten? Dabei besteht weitgehend Einigkeit in Expertenkreisen, dass jede Steuerungsregelung nur dem Zweck dienen kann, den notwendigen Netzausbau zu strecken und zu ermöglichen. Der Netzausbau kann letztlich in vielen Fällen nicht vermieden werden, um künftige Marktteilnahmen der Prosumer am europäischen Strommarkt nicht zu behindern und keine systematischen Interessen einzelner Kunden an Engpässen im Verteilernetz zu erzeugen.

– Dient die Regelung der **Förderung oder „Anreizsetzung" neuer elektrischer Stromanwendungen** wie Elektromobilität und Wärmepumpen, die aufgrund ihrer Leistungsmerkmale höhere Netzentgelte zahlen würden? Wie ist dann damit umzugehen, dass eine Reaktion auf Marktpreise eines Haushaltskunden einen Lieferantentarif außerhalb des Standardlastprofils (SLP) und ein entsprechendes Messgerät voraussetzt, was zusätzliche Kosten verursacht. Die Einsparpotentiale durch Reaktion auf Preisspreads am Großhandelsmarkt müssen zur Kosten-Nutzen-Bewertung für den Letztverbraucher gegen diese Mehrkosten gerechnet werden.

– Ist ein **Netzbetreiber verpflichtet,** eine Ermäßigung anzubieten, auch wenn er aufgrund seines Ausbauzustandes seines Netzes keinen Steuerungsbedarf hat? Gibt es mithin eine Kontrahierungspflicht des Netzbetreibers?

- Ist ein **Anschlussnutzer verpflichtet,** eine Vereinbarung abzuschließen, wenn ein Netzbetreiber in einem Ortsnetzstrang Bedarf an punktueller Steuerung hat? Kann ein relevanter zeitlich streckender Effekt auf den Netzausbau eintreten, ohne dass die Anschlussnehmer zur dauerhaften Mitwirkung verpflichtet werden? Gibt es mithin eine Kontrahierungspflicht des Anschlussnehmers?
- Wie werden die Strommengen im Rahmen der **Bilanzierung** behandelt? Gibt es eine Informationspflicht des Netzbetreibers an den Lieferanten? In welchen Fällen kann das Standardlastprofil weiter angewendet werden? In welchem Verhältnis steht § 14a zum Smart-Meter-Rollout?

Ein wichtiger, praktischer Zweck der Regelung liegt darin, Kunden in der Nie- **14** derspannung ermäßigte Netzentgelte für ihre **Nachtspeicherheizungen** zu ermöglichen. Nahezu 100 Prozent der steuerbaren Verbrauchseinrichtungen dienen der elektrischen Wärmeerzeugung, darunter eine hohe Zahl von Nachtspeicherheizungen (BNetzA, Monitoringbericht 2020, S. 52). Die dort geltenden HT/NT Netztarife gelten weiterhin als unterbrechbare Verbrauchseinrichtungen und so schützt die Vorschrift faktisch die ca. 1 Mio. Kunden mit Nachtspeicherheizungen einigermaßen vor Steigerungen ihrer historisch ermäßigten Netzentgelte. Diese haben vielfach aus der integrierten Welt vor 2005 kommende günstige Strombezugskonditionen, die in dieser Form in der Energiewirtschaft nach Entflechtung durch §§ 6 ff. nicht mehr angeboten wurden. Der Lieferantenwechsel gestaltet sich schwierig. Nach wie vor ist diese schutzbedürftige Kundengruppe ist mit 66 Prozent die größte, die von den bestehenden Entgelten nach § 14a profitiert (BNetzA Monitoringbericht 2020, S. 194).

Zweck der Spitzenlastkappung und netzdienlichen Steuerung von Verbrauchs- **15** einrichtungen ist letztlich die **Einsparung von Netzausbaukosten.** Netzausbaukosten können allerdings nur dann dauerhaft vermieden werden, wenn die Entscheidung eines Anschlussnehmers für die Steuerbarkeit dauerhaft (gemessen an Planungszeiträumen für Stromnetze ist hier an Zeiträume von mindestens zehn Jahren zu denken) und verlässlich zur Planungsgrundlage für den Anschlussnetzbetreiber gemacht werden kann.

B. Steuerung von steuerbaren Verbrauchseinrichtungen

I. Adressaten

Die Pflicht zur Gewährung eines ermäßigten Netzentgeltes betrifft ausschließ- **16** lich Betreiber von **Elektrizitätsverteilernetzen;** die steuerbare Verbrauchseinrichtung muss **in Niederspannung** versorgt werden. § 14a idF ab dem 1.1.2023 (→ Rn. 9) gilt die Begrenzung des Adressatenkreises auf die Niederspannung nur noch in Abs. 2. Abs. 1 eröffnet eine Abweichungsmöglichkeit im Rahmen von Festlegungen nach § 29 auch für andere Spannungsebenen. **Übertragungsnetzbetreiber,** die nach §§ 12, 13 für die Systemsicherheit verantwortlich sind, sind hingegen nicht aus dieser Norm zur Kontrahierung von Steuerungsmöglichkeiten verpflichtet. Für sie gelten die Regelungen zu Ab- und Zuschaltvereinbarungen mit Lasten nach § 13 Abs. 6 – 6b, die eine gewisse Parallelität zu § 14a aufweisen. Denn bei beiden Bestimmungen geht es letztlich um die Steuerung des Strombezugs von Letztverbrauchern (Lasten) zum Zweck der System- bzw. Netzstabilität.

Die Steuerbarkeit kann nach Abs. 1 S. 1 nur derjenige anbieten, der die Netznut- **17** zung kontrahiert hat und daher die Netzentgelte für den von der Verbrauchseinrichtung bezogenen Strom zahlt. Das ist im Regelfall in der Niederspannung der **Lieferant,** der die Verbrauchseinrichtung im Rahmen eines All-inclusive-Vertrags versorgt. Lieferanten sind nach § 41a gesetzlich dazu verpflichtet, auch Tarife anzubieten, die Anreize zur Steuerung des Energieverbrauchs setzen und insbesondere last- und zeitvariable Entgelte vorsehen. Solche Verträge kommen grundsätzlich wohl auch für die Belieferung von steuerbaren Verbrauchseinrichtungen in Betracht. Nur in dem Ausnahmefall, dass der **Letztverbraucher selbst** die Netznutzung kontrahiert, gestattet er die Steuerung nach § 14a unmittelbar selbst gegenüber dem Netzbetreiber.

II. Steuerbare Verbrauchseinrichtungen

18 § 14 Abs. 1 S. 1 setzt voraus, dass es sich um eine steuerbare Verbrauchseinrichtung handelt, deren Strombezug über einen separaten Zählpunkt erfasst wird. Der Begriff der **Verbrauchseinrichtung** umfasst nach dem Wortlaut zunächst jeden Gegenstand oder jede funktionale Einheit von mehreren Gegenständen, der bzw. die Strom verbraucht. Nach dem oben dargestellten Sinn und Zweck der Regelung sollen vor allem solche Verbrauchseinrichtungen erfasst werden, deren Strombezug typischer Weise in einem gewissen zeitlichen Rahmen verlagert werden kann, ohne die Funktion der Einrichtung wesentlich zu stören. Darunter fallen insbesondere Verbrauchseinrichtungen wie **Elektromobile** und **Wärmepumpen** (beide ausdrücklich genannt in Begr.RegE, BT-Drs. 17/6072, 73), aber auch Einrichtungen wie **Nachtspeicherheizungen, Wandheizungen, stationäre Stromheizungen** und **Klimaanlagen.** § 14a Abs. 3 idF ab dem 1.1.2023 (→ Rn. 9) enthält eine Liste von Regelbeispielen für steuerbare Verbrauchseinrichtungen. Diese enthält neben den genannten auch Anlagen zur Speicherung elektrischer Energie (→ § 13 Rn. 68). Diese bringen neben der Eigenschaft des „Verbrauchens" von Energie bei der Einspeicherung auch die mögliche Erzeugung von Energie bei der Einspeisung mit. Damit tritt die Fassung ab dem 1.1.2023 neben § 19 Abs. 3 StromNEV mit einem individuellen Entgelt für Stromspeicher (→ Rn. 20).

19 Es stellt sich daher die **Frage,** ob von vornherein nur ein **objektiv benennbarer Katalog von Verbrauchseinrichtungen,** die sich besonders gut für zeitweilige Unterbrechungen eignen, in Betracht kommt **oder die Eignung der subjektiven Einschätzung** des Verbrauchers überlassen bleibt. Im letzten Fall wäre letztlich jede Verbrauchseinrichtung erfasst, solange sie einen **separaten Zählpunkt** hat, der Verbraucher ihre Steuerung „gestattet" und sie damit als steuerbar deklariert. Eine sachgerechte Antwort hängt von mehreren Weichenstellungen ab. Insbesondere ist zu berücksichtigen, dass es nach heutigem Stand sehr viele Verteilernetzbereiche geben wird, in denen die Verbraucher aufgrund ausreichender Netzkapazitäten mit an Sicherheit grenzender Wahrscheinlichkeit davon ausgehen können, dass das Angebot, ihre Stromeinrichtungen zu unterbrechen, nicht genutzt würde. Da § 14a keinen Anhaltspunkt für mögliche Ausnahmen bietet, muss der VNB wohl selbst in solchen Fällen die für ihn **unbrauchbare Steuerbarkeit** kontrahieren. Die weitreichende Kontrahierungspflicht spricht dafür, zumindest den Anwendungsbereich auf einen abschließenden Katalog objektiv besonders geeigneter Verbrauchseinrichtungen zu beschränken.

20 Steuerbare Verbrauchseinrichtungen, die gem. § 14a in den Genuss eines reduzierten Netzentgelts kommen, sind von Energiespeicheranlagen nach § 3 Nr. 15d (im Folgenden „Stromspeicheranlagen") abzugrenzen. Neue Stromspeicheranlagen sind unter den Voraussetzungen des § 118 Abs. 6 für 20 Jahre vollständig von ihrer

Netzentgeltpflicht befreit oder erhalten ein individuelles Netzentgelt nach § 19 Abs. 4 StromNEV. Sowohl von steuerbaren Verbrauchseinrichtungen als auch von Stromspeicheranlagen wird der bezogene Strom letztverbraucht (zum Letztverbrauch von Stromspeicheranlagen vgl. BGH Urt. v. 17.11.2009 – EnVR 56/08, NVwZ-RR 2010, 431 – Netzentgeltpflicht von Pumpspeicherkraftwerken). § 14 S. 2 stellt klar, dass **Elektromobile** den **steuerbaren Verbrauchseinrichtungen** zuzurechnen sind. Sie können zwar ebenfalls Strom in ihren Batterien speichern. Der wesentliche Unterschied dürfte jedoch darin bestehen, dass **Stromspeicheranlagen** iSv § 118 Abs. 7 nicht nur elektrische Energie speichern, sondern den damit zeitversetzt erzeugten Strom wieder in das Netz der allgemeinen Versorgung zurückspeisen. Diese besonders netzdienliche Funktion erfüllen Elektromobile, die Strom im Regelfall lediglich auf dem Weg zum eigenen Letztverbrauch (wie jedes Endgerät mit Akku) zwischenspeichern, nicht. Das Beispiel macht aber deutlich, wie schwierig die Subsumtion im Einzelfall ist.

III. Technische Steuerungsmöglichkeit

Bislang gilt, dass das „**Steuern**" des Verbrauchsverhaltens in den wenigsten 21 Fällen ein wirklich gezieltes und anlassbezogenes Eingreifen in die Netznutzung in Kenntnis des jeweiligen Netzzustandes bedeutet (BNetzA, Monitoringbericht 2021, ab S. 200). Bei Nachtspeicherheizungen und Wärmepumpen sind die verschiedenen technischen Möglichkeiten zur Steuerung nahezu gleich verteilt. Jeweils knapp 60 Prozent der VNB senden 2020 Signale über die **Rundsteuertechnik**. Die modernere Fernwirktechnik wird hingegen nur von einem Prozent der Netzbetreiber eingesetzt. Zwischen zwei und fünf Prozent der Netzbetreiber verbauen überhaupt keine Steuerungstechnik. Hingegen setzt etwa ein Drittel der Netzbetreiber Zeitschaltungen (HT/NT) ein. Bei der Steuerung von Ladeeinrichtungen für Elektromobile sieht das Bild deutlich anders aus. Auf die Rundsteuertechnik setzt hier nur etwa ein Drittel der Netzbetreiber, die Verwendung der Fernwirktechnik liegt auch hier nur etwa bei zwei Prozent, es sind aber nur bei etwas über 14 Prozent der Netzbetreiber Zeitschaltungen verbaut.

Intelligente Messsysteme nach dem MsbG sollen hier neue technische Mög- 22 lichkeiten eröffnen. Durch das BSI zertifizierte Technik, mit dem auch eine sichere Steuerung erfolgen kann, gibt es Stand 2022 noch nicht (Aktuelle Themen und Planungen des BSI zu finden unter: https://www.bsi.bund.de/DE/Themen/Unternehmen-und-Organisationen/Standards-und-Zertifizierung/Smart-metering/Roadmap-Prozess/roadmap-prozess_node.html). Bis auf Weiteres wird daher ein technisch niedrigeres Niveau der Steuerungsmöglichkeit zur Voraussetzung einer Regelung nach § 14a gemacht werden müssen, will man die Möglichkeiten nutzen. Die (IT-) Sicherheit des Netzbetriebs darf dadurch nicht gefährdet werden (→ Rn. 29).

IV. Vertrag über eine spezielle marktbezogene Maßnahme

Ein Verteilernetzbetreiber, dem die Steuerung einer steuerbare Verbrauchsein- 23 richtung zum Zweck der Netzführung nach § 14a S. 1 gestattet wird, ist zur Berechnung eines reduzierten Netzentgelts verpflichtet. Im Gegenzug ist er berechtigt, die Steuerung der Verbrauchseinrichtung nach Maßgabe von S. 1 netzdienlich einzusetzen. Die **rechtsdogmatische Einordnung** dieses Rechtsverhältnisses ist mittlerweile eindeutig: Die Ermäßigung ist zu gewähren, wenn die Steuerung „vereinbart wird" (s. auch Begr. RegE BT-Drs. 18/7555, 111). Daher ist die Voraussetzung für die Ermäßigung das Vorliegen einer Vereinbarung zwischen den Parteien. Problematisch erscheint jedoch, dass wesentliche Konditionen wie die Höhe der Netzentgeltreduzierung sich allenfalls bedingt aus der Norm ableiten lassen. Sowohl das „Ob" (gibt es eine Kontrahierungspflicht?) und das „Wie" einer solchen Vereinbarung ist unklar.

24 Festgehalten werden kann, dass die Standards für eine Netzzugangsgewährung und die allgemeinen Preisbildungsprinzipien (→ Rn. 8) für den VNB einzuhalten sind. Der Inhalt des Vertrags bedarf daher für die praktische Umsetzung konkretisierender Vorgaben durch eine Rechtsverordnung oder ergänzende vertragliche Regelungen. Der Gesetzgeber selbst ging davon aus, dass der Abschluss einer Vereinbarung mit dem Netzbetreiber nach den Regeln, die eine „Lastmanagement-Verordnung", zu deren Erlass S. 3 ermächtigt, „zwingend" sei (Begr. RegE BT-Drs. 17/7555, 94).

25 Inhaltlich handelt es sich bei dem Schuldverhältnis zwischen dem Verteilernetzbetreiber und dem Letztverbraucher beziehungsweise dessen Stromlieferanten um eine **speziell geregelte marktbezogene Maßnahme** iSv § 13 Abs. 1 Nr. 2. Denn der Netznutzer gewährt freiwillig eine Einschränkung seiner Netznutzungsrechte zum Zweck der Netzführung und erhält dafür einen finanziellen Vorteil in Form ermäßigter Netzentgelte. Es spricht einiges dafür, dass die Befugnis zur Steuerung steuerbarer Verbrauchseinrichtung daher als marktbezogene Maßnahme zu behandeln ist, die sowohl für Netzsicherheitsmaßnahmen nach § 13 Abs. 1 Nr. 2 iVm § 14 Abs. 1 als auch für Unterstützungsmaßnahmen nach § 13 Abs. 1 Nr. 2 iVm § 14 Abs. 1 c EnWG eingesetzt werden kann. Sie ist nach der Rangfolge der Systemsicherheitsmaßnahmen bereits auf der **zweiten Rangstufe** der marktbezogenen Maßnahmen mitzunutzen (→ § 13 Rn. 48 ff.).

V. Umfang der Steuerungseingriffe

26 Der Umfang der Steuerungsmöglichkeit ist durch S. 1 nicht näher bestimmt. Dauer, Tiefe und Häufigkeit der Fremdsteuerung der Kundeneinrichtung eröffnen aber erhebliche **Gestaltungsspielräume,** die angemessen, transparent, diskriminierungsfrei und gleich ausgestaltet werden müssen. Die Novelle des § 14a im Jahr 2021 ist letztlich daran gescheitert, dass den VNB das Recht eingeräumt werden sollten, Wallboxen oder Wärmepumpen für bis zu 1,5 Stunden am Tag in der Leistung zu reduzieren oder vom Netz zu nehmen (www.electrive.net/2021/01/18/wirtschaftsministerium-zieht-gesetzentwurf-zur-spitzenglaettung-zurueck/). Hier gibt es also erheblich Ausgestaltungsspielräume und Interessenkonflikte.

27 Die **netzdienliche „Steuerung"** einer Verbrauchseinrichtung setzt voraus, dass ihr Strombezug vorübergehend angepasst werden kann. Insbesondere muss es – im zumutbaren Rahmen – möglich sein, den Strombezug ganz oder teilweise zu unterbrechen und die Last damit **abzuschalten.** Um wirklich zu einer Vermeidung von Leitungsausbaumaßnahmen zu kommen, muss dieses Steuerungsrecht für einen **Zeitraum** zuverlässig eingeräumt werden, der sich spürbar auf übliche Planungshorizonte in der Netzentwicklung auswirkt. Diese liegen – je nach Spannungsebene und betroffenen Interessen – kaum unter zehn Jahren.

28 Der weite Begriff der „Steuerung" legt nahe, dass der Strombezug – im zumutbaren Rahmen – grundsätzlich auch erhöht werden kann, sodass Last **zugeschaltet** wird. Nach der Gesetzesbegründung 2011 sollen „Zuschaltungen und ähnliche Maßnahmen (…) dagegen **dem Netzbetreiber vorenthalten** und **dem wettbewerblichen Bereich vorbehalten** bleiben. Sie sollen in variable Tarife iSv § 40

§ 14a

(heute 41 a) integriert werden und Angebote ermöglichen, die zu einer intelligenten Netzauslastung beitragen, indem beispielsweise die Stromabnahme zu windstarken Zeiten belohnt wird." (Begr. RegE BT-Drs. 17/6072, 74). Dieser vollständige Ausschluss der Zuschaltbarkeit findet in der Norm selbst jedoch keine hinreichende Stütze. Allerdings steht es dem Netzbetreiber nicht frei, Flexibilitätspotenziale des Strommarkts oder Reaktion auf Preissignale zu steuern. Die Zuschaltung kann auf Anweisung des ÜNB oder vorgelagerten VNB im Rahmen der Maßnahmen nach § 13 erfolgen. Im Übrigen sind die Beschränkungen für Marktteilnahme durch den Netzbetreiber durch die Entflechtung und die Maßstäbe der transparenten, gleichen, diskriminierungsfreien Gewährung von Netzentgelte zu beachten (→ Rn. 8).

Die Steuerung einer „steuerbaren Verbrauchseinrichtung" ist durch den Netzbetreiber nur zulässig, um dadurch eine **Gefährdung oder Störung** der Sicherheit oder Zuverlässigkeit der Elektrizitätsversorgung zu beseitigen. Diese Einschränkung ergibt sich zum einen aus § 14a Abs. 1 S. 1, wonach die Steuerung netzdienlich sein muss. Zum anderen folgt sie aus der dargelegten Einordnung als marktbezogene Maßnahme (→ Rn. 19), die von VNB nur unter den Voraussetzungen der Netzsicherheits- und Unterstützungsmaßnahmen nach § 13 Abs. 1 Nr. 2 iVm § 14 Abs. 1 und 1 c angewendet werden kann. Schon nach der Gesetzesbegründung 2011 sind Steuerungshandlungen „in der Regel" auf Fälle „fehlender Durchleitungskapazitäten", dh wohl insbesondere auf die gängigen **Netzengpass**-Fälle, zu beschränken (Begr. RegE BT-Drs. 17/6072, 74). Da die Norm selbst keine Einschränkung auf bestimmte Netz- und Systemsicherheitsprobleme vorsieht, dürfte der Hinweis mit aller Vorsicht so zu verstehen sein, dass steuerbare Verbrauchseinrichtungen nicht als Konkurrenz für Regelenergieprodukte gedacht sind. Denn zur Behebung von Frequenzproblemen bei bilanziellen Ungleichgewichten der Regelzone stehen den ÜNB für diesen Zweck Regelenergieprodukte zur Verfügung. Jedenfalls solange diese spezielle und damit vorrangig geregelte Option zur Verfügung steht, scheidet ein Rückgriff auf steuerbare Verbrauchseinrichtungen grundsätzlich aus.   29

Die grundsätzliche Frage, ob Lastverlagerungspotenziale von Verbrauchern besser durch eine Steuerung des Netzbetreibers nach § 14a oder besser durch den wettbewerblichen Bereich in Reaktion auf Preissignale erschlossen und genutzt werden können, stellt sich nicht allein für die Zuschaltung, sondern auch für die Abschaltungen von Lasten. Grundsätzlich besteht die **Gefahr,** dass durch regulatorische Anreize wie nach § 14a der verbleibende Spielraum für intelligente und effiziente **demand-side-management-Lösungen im Wettbewerbsbereich** eingeschränkt wird.   30

Das Gesamtpotenzial für marktpreisgetriebene, vom Verbraucher **eigengesteuerte Lastverlagerungsoptimierungen** („Steuerungsknopf" für den Stromverbrauch verbleibt in den Händen des Verbrauchers) dürfte bei ausreichend spürbaren Marktpreissignalen erheblich größer und effizienter nutzbar sein als das Potenzial für **fremdgesteuerte Lastanpassungen** („Steuerungsknopf" für den Stromverbrauch wird in die Hände des Netzbetreibers gelegt). Denn fremdgesteuerte Lastanpassungen, wie sie auch § 14a für steuerbare Verbrauchseinrichtungen vorsieht, sind für den Verbraucher strukturell mit höheren Risiken verbunden. Er wird allenfalls in deutlich begrenztem Umfang bereit sein, einen Dritten unabhängig vom aktuellen Strompreis und seinen internen Bedürfnissen darüber entscheiden zu lassen, wann er wie viel Strom verbraucht. § 14a trägt dem Rechnung, indem die Steuerung des Netzbetreibers von vornherein auf bestimmte, separat gemessene Verbrauchseinrichtungen beschränkt wird. Weitere Beispiele für fremdgesteuerte   31

§ 14 a

Lastanpassungen sind abschaltbare Lasten und als Regelenergie vermarktete Lastflexibilitäten.

32 Die Bedeutung von Lastverlagerungsmöglichkeiten wird im Zuge der Energiewende mit steigenden Anteilen an wetterabhängiger Erzeugung aus Wind- und Photovoltaik-Anlagen absehbar zunehmen. Um diese fluktuierenden Strommengen effizient in den Markt zu integrieren, kann die Flexibilisierung der Nachfragekurve auf dem Strommarkt durch preisgetriebene, eigengesteuerte Lastverlagerungen einen wertvollen Beitrag leisten. Es stellt sich insofern auch die Frage, ob und auf welche Weise die bestehenden Marktsignale verstärkt werden können und sollten, um **marktbasierte, eigengesteuerte Lastverlagerungen und variable Tarife** massengeschäftstauglich zu erschließen. Inwieweit dem Letztverbraucher (bzw. Lieferant) einer steuerbaren Verbrauchseinrichtung, der dem Netzbetreiber die Steuerung nach § 14a gestattet, zugleich noch eine eigengesteuerte Lastverlagerung nach Preissignalen möglich bliebe, ist eine zentrale Frage, die zu beantworten ist.

VI. Separater Zählpunkt

33 Die steuerbare Verbrauchseinrichtung muss über einen separaten Zählpunkt verfügen. **Zählpunkt** bezeichnet den Punkt, an dem ein Energiefluss in einem Netz gemessen wird. Er stammt aus der VDE-AR-N 4400:2019-07 „Messwesen Strom (Metering Code)" (VDE|FNN Anwendungshilfe Marktkommunikation, S. 4). Zählpunkt ist eine physikalische Betrachtungsweise, der in der administrativen Prozessbeschreibung der Marktkommunikation durch die BNetzA verwendete Begriff ist die **Messlokation**. Er ist nicht vollständig deckungsgleich (VDE|FNN Anwendungshilfe Marktkommunikation, S. 5) – vorliegend bedeutet Abs. 1 S. 1, dass die steuerbare Verbrauchseinrichtung über ein eigenes Messgerät verfügen muss, das separat angesteuert werden kann.

34 Bislang verfügen die steuerbaren Verbrauchseinrichtungen noch nicht über ein **intelligentes Messsystem**. Ausweislich des Monitoringberichts der BNetzA werden 2020 ca. 60 Prozent der Anlagen über **Rundsteuersignale** des VNB gesteuert, ca. 30 Prozent setzen **Zeitschaltungen** ein, nur etwa 2 Prozent verfügen über moderne Fernwirktechnik (BNetzA, Monitoringbericht 2020, S. 195/196), die allerdings noch nicht dem intelligenten Messsystem gem. MsbG entspricht.

35 §§ 21 Abs. 1 Nr. 1b, 23 MsbG zählt die Zählerstandsgangmessung und die „zuverlässige Administration und Fernsteuerbarkeit" von „Anlagen im Sinne von § 14a EnWG" zu den Mindestanforderungen an ein intelligentes Messgerat (mit einer Rückausnahme in § 21 Abs. 2 für Nicht-Pflichteinbaufälle). Verbrauchseinrichtungen, für die eine Vereinbarung iSd S. 1 abgeschlossen wurde, gehören zu den **Pflichteinbaufällen** für ein intelligentes Messsystem (§ 29 Abs. 1 Nr. 1 MsbG), wenn der Einbau technische machbar und wirtschaftlich vertretbar ist. **Wirtschaftlich vertretbar** ist der Einbau eines intelligenten Messsystems, wenn die Messeinrichtung dem Anschlussnutzer nicht mehr als **100 EUR jährlich** kosten (§ 31 Abs. 1 Nr. 5 MsbG). Verpflichteter ist der grundzuständige Messstellenbetreiber für moderne Messeinrichtungen und intelligente Messsysteme.

36 Trotz Ausstattung mit einem intelligenten Messsystem wird standardmäßig aus einer steuerbaren Verbrauchseinrichtung nur ein Zählerstandsgang übermittelt nur bei Verbrauchseinrichtung mit einem Jahresstromverbrauch ab mehr als 10.000 kWh an den VNB (§ 60 Abs. 3 Nr. 1b, Nr. 2b, 3b und 4b MsbG). Bei steuerbaren Verbrauchseinrichtungen mit einem geringeren Jahresstromverbrauch bedeutet dies, dass der Kunde aktiv der Datenübermittlung zustimmen muss.

Steuerbare Verbrauchseinrichtungen in Niederspannung § 14a

VII. Netzentgeltermäßigung

Der Netzbetreiber ist verpflichtet, dem Netznutzer, der ihm die Steuerung der 37
Verbrauchseinrichtung gestattet hat, „ein reduziertes Netzentgelt zu berechnen".
Es ist – wie alle Netzentgelte – netzbetreiberspezifisch und führt somit nicht bundesweit zu identischen Entlastungseffekten für bestimmte Kundengruppen. Trotz
des weit gefassten Wortlauts, der grundsätzlich alle Netzentgeltforderungen gegenüber dem Netznutzer einschließen könnte, ist die Ermäßigung allein für die **Netzentgelte,** die sich auf den **Strombezug der steuerbaren Verbrauchseinrichtung** beziehen, zu gewähren. Diese Einschränkung ergibt sich zwingend aus dem
Sinn und Zweck der Ermäßigung als Gegenleistung für die Steuerungsmöglichkeit
der Verbrauchseinrichtung und der expliziten Anforderung an einen separaten
Zählpunkt in S. 1 aE.

Die Vorschrift bietet keine eindeutige Vorgabe zum Umfang der einzuräumen- 38
den Steuerbarkeit oder zur Bildung der reduzierten Netzentgelte. Wie generell im
Rahmen der Anreizregulierung wird auch ein Entgelt nach § 14a nicht ex ante
durch die Regulierungsbehörde genehmigt. Anders wäre es nur im Rahmen des
§ 23a Abs. 1. Sie ist allerdings ex post im Rahmen der allgemeinen Aufsichtsmöglichkeiten der Regulierungsbehörden nach §§ 30, 31 und 65 überprüfbar und ist
dann an den allgemeinen Maßstäben für die Preisbildung (→ Rn. 8) zu messen.
Die Höhe der Netzentgeltermäßigung, die **die übrigen Netznutzer** zwangsläufig
durch entsprechend höhere Netzentgelte **ausgleichen,** muss in einem **angemessenen Verhältnis** zu den gestatteten Steuerungsmöglichkeiten stehen. Die Landesregulierungsbehörde Baden-Württemberg hat einmal die Grenze der Angemessenheit bei einer (mittelbar aus der Ermäßigung folgende) Erhöhung der Netzentgelte
für die übrigen Netznutzer durch die Ermäßigungen nach § 14a Abs. 1 von
5 Prozent gezogen (LRegBeh Baden-Württemberg, Rundschreiben 2012/08 zu
Mitteilungspflichten ab § 28 Nr. 1, 3 und 4 ARegV, 11).

Der Verteilernetzbetreiber könnte nach einem sehr weiten Verständnis des Abs. 1 39
S. 1 bei Vorliegen der sonstigen Voraussetzungen (→ Rn. 18) selbst dann **zur Kontrahierung** der angebotenen Steuerbarkeit **verpflichtet** sein, wenn aufgrund ausreichender Netzkapazitäten mit an Sicherheit grenzender Wahrscheinlichkeit davon
auszugehen ist, dass er **die Steuerungsmöglichkeit nicht braucht.** Der sehr geringe Nutzen für den Netzbetreiber und das sehr geringe Risiko für den Verbraucher müsste sich dann in einem solchen Fall zumindest ausgleichend bei der Höhe
einer angemessenen Netzentgeltermäßigung zu berücksichtigen sein.

Aufgrund der dargestellten Effekte auf die Netzentgelte scheint es überzeugen- 40
der, dass ein VNB anders als noch nach der Vorversion des § 14a (idF vor dem
2.9.2016 geltenden Fassung) bei Engpassfreiheit in seinem Verteilernetz die Kontrahierung der angebotenen Steuerbarkeit **ablehnen kann.** Es ist mit dem **allgemeinem Effizienzgebot** für einen Netzbetreiber nicht vereinbar, eine Entlastung einer Kundengruppe und eine Belastung einer anderen Kundengruppe zu
vereinbaren, wenn aufgrund ausreichender Netzkapazitäten mit an Sicherheit grenzender Wahrscheinlichkeit davon auszugehen ist, dass er die Steuerungsmöglichkeit
nicht einsetzen wird. **Entscheidet** sich ein Netzbetreiber für ein Preiselement nach
§ 14a, dann hat er dieses diskriminierungsfrei und gleich seinen Netzkunden anzubieten.

Die Betreiber von steuerbaren Verbrauchseinrichtungen in der Niederspannung 41
entrichten durch die Sonderregelung ein *fixes Netzentgelt,* das historisch bei den
Netzentgelten für Nachtspeicherheizungen ca. 50 Prozent des Arbeitspreises für

§ 14a

SLP-Kunden in der Niederspannung entspricht des jeweiligen Verteilernetzbetreibers. Im Gegenzug für die tatsächliche und vermeintliche Steuerbarkeit gewähren die Netzbetreiber nach Erkenntnissen im Monitoringbericht (BNetzA, Monitoringbericht 2021, ab S. 200) eine durchschnittliche Reduzierung des Netznutzungsentgeltes von ca. 57 Prozent. Die Höhe der möglichen Vergünstigung ist nicht regulatorisch vorgegeben, sodass eine hohe Bandbreite zwischen den Netzbetreibern zu beobachten ist. Der höchste Rabatt beträgt 2021 84 Prozent des allgemeinen Netznutzungsentgeltes, der niedrigste hingegen nur fünf Prozent, wobei die Höhe der regulären Entgelte ebensolche Spannbreiten aufweist. Dagegen sind die Unterschiede zwischen den verschiedenen Verbrauchseinrichtungen vernachlässigbar gering. 50 Prozent des Arbeitspreises für SLP-Kunden in der Niederspannung entspricht (BNetzA Bericht Netzentgeltsystematik 2015 S. 69; BNetzA Monitoringbericht 2020, S. 195 weist 57 Prozent Ermäßigung im Schnitt aus). Die Landesregulierungsbehörde von Baden-Württemberg hat einmal unter bestimmten Voraussetzungen einen Nachlass von bis zu 80 Prozent gegenüber dem allgemein gültigen Netzentgelt genannt (LRegBeh Baden-Württemberg, Rundschreiben 2012/08 zu Mitteilungspflichten nach § 28 Nr. 1, 3 und 4 ARegV, 11). Ob dies noch aktuell ist, ist nicht bekannt.

42 Das ermäßigte Netzentgelt nach § 14a darf nicht verwechselt werden, mit den ebenfalls viel diskutierten „variablen Netzentgelten" (Übersicht einer Vielzahl von Entgeltsystematik-bezogener Studien in BMWi Barometer Digitalisierung, S. 39ff.; Forderung solcher Netzentgelte in consentec, Netzentgeltreform, S. 4ff.). Das Entgelt nach § 14a ist ein ex ante **auf einem Preisblatt** für jeden kWh der separat gemessenen Verbrauchseinrichtung ausgewiesenes Entgelt. Es reagiert nicht auf tatsächlich Lastsituationen im Netz (krit. zu solchen variablen Netzentgelten BNetzA Bericht zur Netzentgeltsystematik 2015, 67ff.).

43 Das Entgelt nach § 14a kann auch nicht gleichgesetzt werden mit einem individuellen Netzentgelt nach § 19 Abs. 2 StromNEV. In einer (später aufgehobenen) Festlegung der BNetzA zur § 19-Umlage hat die Behörde festgestellt, dass eine Einbeziehung entgangener Erlöse der Entgelte nach § 14a in die bundesweite Umlage nach § 19 StromNEV nicht sachgerecht sei. § 14a mache deutlich, dass für unterbrechbare Verbrauchseinrichtungen ein eigenes Preissegment zu schaffen sei. Daher seien unterbrechbare Verbrauchseinrichtungen iSd § 14a dem unmittelbaren Anwendungsbereich des § 19 Abs. 2 StromNEV entzogen (BNetzA Beschl. v. 14.12.2011 – BK8-11-024, zitierend BNetzA Beschl. v. 5.12.2012 – BK4-12-1656, 25; so auch Theobald/Kühling/*Missling* EnWG § 14a Rn. 9).

44 Das zwischenzeitlich (→ Rn. 7) verfolgte Konzept der Spitzenglättung (BMWi Barometer Digitalisierung, S. 75ff.) setzte schon früher an. Schon auf Ebene des Netzanschlusses und der Anschlussnutzung sollte zwischen **der unbedingt verfügbaren Leistung** und dem Teil der Anschlussleistung differenziert werden, der **unter der Bedingung** der jeweiligen Netzsituation bereitsteht. Denn die nutzbare Leistung ist der maßgebliche Kostentreiber der Infrastruktur. Betreiber von steuerbaren Verbrauchseinrichtungen sollten weiterhin standardmäßig an der Spitzenglättung teilnehmen. Dazu sollte eine bedingte Anschlussleistung eingeführt werden, die zur Vermeidung von Netzengpässen in begrenztem Umfang steuerbar wäre. Ein Anschlussnehmer sollte sich gegen Mehrkosten allerdings auch gegen die Spitzenglättung entscheiden können und hätte dann unbedingte Leistung bestellen müssen. Die Verpflichtung betraf ebenfalls nur den Stromverbrauch der separat gemessenen steuerbaren Verbrauchseinrichtung. Der übrige, klassische Haushaltsverbrauch, sollte ist von der Regelung nicht betroffen sein.

VIII. Ausgestaltung und Überwachung

Die Bundesregierung ist nach § 14a S. 3 dazu ermächtigt, im Rahmen einer 45
Rechtsverordnung die Verpflichtung nach S. 1 und S. 2 näher auszugestalten, insbesondere zur Entgeltgestaltung, den erforderlichen Verträgen und den möglichen Steuerungshandlungen. Die Ausgestaltung als Netzentgelt lässt es im Lichte der EuGH Entscheidung 2021 zur normativen Regulierung (→ § 24 Rn. 4ff.) fraglich erscheinen, ob eine solche Verordnung jedenfalls hinsichtlich der Gestaltung der Netzentgelte noch möglich ist – daher sind in der Neufassung ab dem 1.1.2023 auch Festlegungskompetenzen vorgesehen (→ Rn. 9).

Die Überwachung bzw. Gestaltung der Regelung gem. § 14a findet sich auch in 46
der **geteilten Zuständigkeit von Bundes- und Landesregulierung** in § 54 Abs. 2 Nr. 2 und Nr. 5 wieder. § 14a Abs. 1 idF ab dem 1.1.23 sieht nunmehr eine Festlegungskompetenz für bundeseinheitliche Methoden zur Bestimmung der Entgeltermäßigung für steuerbare Verbrauchseinrichtungen vor. Es kann nicht ausgeschlossen werden, dass in der Geschwindigkeit der Gesetzgebung durch das EE-SofortmaßnahmenG 2022 (BT-Drs. 20/2580, 213) diese Überschneidung übersehen wurde. Es könnte sich die Überwachung durch die Landesregulierungsbehörden (§ 54 As. 2 Nr. 5) dann auf die Einhaltung der entsprechenden Vorgaben beziehen, soweit und sofern es eine bundesweite Festlegung gibt. Das Verhältnis zur Festlegungskompetenz in § 54 Abs. 2 Nr. 2 wäre dann eng auszulegen.

Eine weitere Verordnungsermächtigung mit Bezug zu § 14a sieht § 46 Nr. 10 47
MsbG vor. Diese bezieht sich auf die Anforderungen an die kommunikative Einbindung und den Messstellenbetrieb bei unterbrechbaren (= Formulierung bis 2016) Verbrauchseinrichtungen und die Zentralisierung der Steuerbarkeit auf das sichere Smart-Meter Gateway.

§ 14b Steuerung von vertraglichen Abschaltvereinbarungen, Verordnungsermächtigung

¹**Soweit und solange es der Vermeidung von Engpässen im vorgelagerten Netz dient, können Betreiber von Gasverteilernetzen an Ausspeisepunkten von Letztverbrauchern, mit denen eine vertragliche Abschaltvereinbarung zum Zweck der Netzentlastung vereinbart ist, ein reduziertes Netzentgelt berechnen.** ²**Das reduzierte Netzentgelt muss die Wahrscheinlichkeit der Abschaltung angemessen widerspiegeln.** ³**Die Betreiber von Gasverteilernetzen haben sicherzustellen, dass die Möglichkeit von Abschaltvereinbarungen zwischen Netzbetreiber und Letztverbraucher allen Letztverbrauchern diskriminierungsfrei angeboten wird.** ⁴**Die grundsätzliche Pflicht der Betreiber von Gasverteilernetzen, vorrangig nicht unterbrechbare Verträge anzubieten und hierfür feste Bestellleistungen nachzufragen, bleibt hiervon unberührt.** ⁵**Die Bundesregierung wird ermächtigt, durch Rechtsverordnung, die nicht der Zustimmung des Bundesrates bedarf, zur näheren Konkretisierung der Verpflichtung für Betreiber von Gasverteilernetzen und zur Regelung näherer Vorgaben für die vertragliche Gestaltung der Abschaltvereinbarung Bestimmungen zu treffen**
1. **über Kriterien, für Kapazitätsengpässe in Netzen, die eine Anpassung der Gasausspeisungen zur sicheren und zuverlässigen Gasversorgung durch Anwendung der Abschaltvereinbarung erforderlich macht,**

§ 14b

2. über Kriterien für eine **Unterversorgung der Netze**, die eine Anpassung der Gasausspeisungen zur sicheren und zuverlässigen Gasversorgung durch Anwendung der Abschaltvereinbarung erforderlich macht und
3. für die **Bemessung des reduzierten Netzentgelts**.

Übersicht

	Rn.
A. Allgemeines	1
I. Inhalt und Zweck	1
II. Entstehungsgeschichte	2
III. Systematische Einordnung	4
B. Entgeltregelung	8
I. Vermeidung von Engpässen in vorgelagerten Netz	8
II. Vertragliche Abschaltvereinbarung	14
III. Höhe des reduzierten Netzentgelts	18
C. Verordnungsermächtigung	23

Literatur: *BDEW* Positionspapier Vertragliche Abschaltvereinbarungen – Vorschlag zur Anpassung des § 14b EnWG Berlin, 16.11.2016; *BNetzA*, Hinweise für Verteilernetzbetreiber Gas zur Veröffentlichung von Netzentgelten zum 15.10.2020 sowie zur Anpassung der Erlösobergrenze und Bildung der Netzentgelte für das Kalenderjahr 2021; *LRegB Baden-Württemberg*, Rundschreiben 2020-02, Hinweise der LRegB zur Anpassung der Erlösobergrenze und zur Bildung der Netzentgelte für das Kalenderjahr 2021; *Thole/Dietzel*, Versorgungssicherheit Gas, EnWZ 2013, 543.

A. Allgemeines

I. Inhalt und Zweck

1   Die Regelung dient der vertraglichen Nachfragesteuerung in nachgelagerten Gasversorgungsnetzen, um Engpässe in vorgelagerten Fernleitungsnetzen zu vermeiden. Sie ermöglicht Gasverteilernetzbetreibern, Anschlussnutzern ein reduziertes Netzentgelt zu berechnen. Voraussetzung ist, dass der Anschlussnutzer eine Vereinbarung abschließt, die dem Netzbetreiber erlaubt, die Gasversorgung des Anschlussnutzers zu unterbrechen. Gasverteilernetzbetreiber dürfen eine solche Vereinbarung nur anbieten, „soweit und solange" die Unterbrechbarkeit des Anschlussnutzers der Vermeidung von Engpässen **im vorgelagerten Gasversorgungsnetz** dient. Macht der vorgelagerte Gasversorgungsnetzbetreiber von der Zuordnung unterbrechbarer Anschlusskapazitäten Gebrauch, so kann der nachgelagerte VNB mit einem vertraglichen Instrument reagieren. Die Vereinbarung von reduzierten Netzentgelten soll einen wirtschaftlichen Anreiz für Kunden setzen, solche Abschaltvereinbarungen abzuschließen. Zudem können dadurch wirtschaftlich Möglichkeiten zB für die Schaffung alternativer, zeitweiser Wärmeversorgung geschaffen werden. Das reduzierte Netzentgelt hat der tatsächlichen Wahrscheinlichkeit der Abschaltung Rechnung zu tragen. S. 5 enthält eine eigenständige Verordnungsermächtigung, von der bis 2022 kein Gebrauch gemacht wurde.

II. Entstehungsgeschichte

2   Der vorliegende Paragraph ist im Laufe des Gesetzgebungsverfahrens 2012 im Bundestag eingefügt worden, als Teil der Reaktion auf witterungsbedingte Versor-

gungsengpässe im Jahr 2012. Er findet sich erstmals in der Ergänzung des Entwurfs der Bundesregierung durch die Beschlussempfehlung des **Wirtschaftsausschusses** des Bundestags (BT-Drs. 17/11705).

Ob es einer solchen Regelung bedurfte, war umstritten. Überwiegend wurde 3 vertreten, dass unterbrechbare Kapazitäten in Gasverteilernetzen nicht möglich waren (vgl. Stellungnahme bdew, Ausschussdrucks. 17(9)975 des Ausschusses für Wirtschaft und Technologie v. 18.10.2012, S. 46). Die Landesregulierungsbehörde Baden-Württemberg hatte bis 2017 in einer Festlegung vom 8.3.2013 einzelnen VNB gesonderte Netznutzungsentgelte für unterbrechbare Gasnetzanschlussverträge als marktbezogene Maßnahmen nach § 16a iVm § 16 Abs. 1 Nr. 2 und in Abweichung von § 15 GasNEV gem. § 29 Abs. 1 EnWG iVm § 30 Abs. 2 Nr. 8 GasNEV genehmigt. Alle entsprechende Verfügungen wurden zum Ende 2017 aufgehoben. Mittlerweile wird das Instrument von Lastflusszusagen in Form von Abschaltverträgen (LiFa, zB www.terranets-bw.de/gastransport/gasnetz-informationen-fernleitungsnetz/#_temporresproduktlifa) angeboten. Dieses wird über ein Ausschreibungsverfahren seitens des FNLB beschafft.

III. Systematische Einordnung

Die Vorschrift beinhaltet die Ermächtigung zur Bildung von Sonderentgelten. 4 Allgemeine Bestimmungen zur Bildung von Netzentgelten für Gasversorgungsnetze enthalten § 20 Abs. 1, 1b, die Verordnungsermächtigung § 24 S. 1 Nr. 1 (Regelverfahren) und Nr. 3 (individuelle Netzentgelte) sowie S. 2 Nr. 4. Diese Vorgaben werden durch § 14b ergänzt und erweitern den Rahmen für die Verordnungsermächtigung in § 24. Der Weg von den Netzkosten zu Netzentgelten beschreiben die §§ 13–20 GasNEV.

Die Entgeltermittlung hängt unmittelbar mit dem **Netzzugangsmodell** zu- 5 sammen (§ 13 Abs. 1 GasNEV). Das Netzzugangsmodell geht dabei grundsätzlich von **Ein- und Ausspeiseentgelten** aus, vgl. § 20 Abs. 1b EnWG iVm § 13 Abs. 2 GasNEV. Im Grundsatz werden die Entgelte nach § 13 Abs. 2 S. 2 GasNEV für ein Jahr gebildet. Nach § 13 Abs. 2 S. 3 GasNEV sind auch Entgelte für monatliche, wöchentliche und tägliche Verträge sowie Jahresverträge mit abweichendem Laufzeitbeginn zu ermitteln und zu veröffentlichen. Ferner sind Entgelte für **feste und unterbrechbare Kapazitäten** auszuweisen. Die Wahrscheinlichkeit einer Unterbrechung muss sich schon in dieser allgemeinen Regel der Entgeltbildung angemessen widerspiegeln. Ein Preissystem aus Ein- und Ausspeiseentgelten für feste und unterbrechbare Kapazitäten gibt es nur für **Netznutzer der Fernleitungsebene**. Nachgelagerte Netzbetreiber buchen im Rahmen der sog. „**internen Bestellung**" ihre Anschlusskapazitäten beim vorgelagerten Fernleitungsnetzbetreiber ebenfalls nach diesem Modell, allerdings bestellen sie immer feste Kapazitäten. Falls nicht ausreichend feste Kapazität am Übergabepunkt zum nachgelagerten Verteilernetz vorhanden ist, wird dem Netzbetreiber dann anteilig nur unterbrechbare Kapazität zugeteilt. Von dem vorliegenden Instrument kann der nachgelagerte VNB überhaupt nur Gebrauch machen, wenn er nicht zu 100 Prozent feste Kapazität in der internen Bestellung erhält.

Dieses Entgeltsystem gilt nicht für den Zugang zu **örtlichen Gasverteilnetzen.** 6 Die Entgeltermittlung für örtliche Verteilernetze beruht, abweichend von den in §§ 13–16 GasNEV beschriebenen Grundsätzen, auf einem **transaktionsunabhängigen Punktmodell,** vgl. § 18 GasNEV. Für die Einspeisung des Gases in die örtlichen Verteilernetze sind keine Netzentgelte zu entrichten. Die Ausspeiseent-

§ 14b

gelte – um die geht es in § 14b – teilen sich in einen leistungsbezogenen Entgeltanteil und einen arbeits(mengen)bezogenen Entgeltanteil (Cent pro kWh). Die Leistungsentgelte sind durchgängig als Jahresleistungsentgelt zu bilden. Ausnahmen gelten für Verbraucher ohne Leistungsmessung. Das sind Letztverbraucher bis zu einer maximalen stündlichen Ausspeiseleistung von 500 kWh pro Stunde und bis zu einer jährlichen Entnahme von 1,5 Millionen kWh (§ 58 Abs. 1 Nr. 2 MsbG iVm § 24 Abs. 1 GasNZV).

7 Dieser Zusammenhang erklärt die systematische Anbindung der Abschaltvereinbarung an die interne Bestellung beim Fernleitungsnetzbetreiber. Grundsätzlich ist der nachgelagerte VNB verpflichtet, beim vorgelagerten Netzbetreiber **feste Kapazität zu bestellen.** Dies gilt für Kapazitäten zur Versorgung von Haushaltskunden schon aufgrund der gesetzlichen Verpflichtung aus § 53a. Zur effizienteren Kapazitätsplanung ist der nachgelagerte Gasversorgungsnetzbetreiber gem. § 21 Nr. 1 der KoV XI verpflichtet, einmal jährlich die im Rahmen von Abschaltvereinbarungen nach § 14b enthaltenen Leistungsreduzierungen an den vorgelagerten Netzbetreiber zu melden. Das Verfahren der internen Bestellung zwischen den Netzbetreibern regelt im Übrigen Teil 3 Abschnitt I der KoV. Die Vereinbarung von Flexibilitäten bettet sich jedoch auch ein in das System der Netzsicherheitsmaßnahmen nach § 16 Abs. 1 und 2.

B. Entgeltregelung

I. Vermeidung von Engpässen im vorgelagerten Netz

8 Ein reduziertes Netzentgelt ist nur dann und in dem Umfang zulässig, sofern dies der Vermeidung von Engpässen **im vorgelagerten Fernleitungsnetz** dient (*Thole/Dietzel* EnWZ 2013, 543 (544)). Dies bedeutet, dass die Vereinbarung nur zur Unterstützung des vorgelagerten Netzes eingesetzt werden kann. Sie kann im Umkehrschluss nicht zur Netzoptimierung ausschließlich des nachgelagerten Netzes eingesetzt werden. Der nachgelagerte Netzbetreiber kann sein Netz nicht auf derartige Vereinbarungen auslegen. Nach dem Wortlaut von S. 1 kann der VNB Abschaltvereinbarungen mit einem reduzierten Netzentgelt auch nicht im Rahmen eigener marktbezogener Maßnahmen nach § 16a iVm § 16 Abs. 1 Nr. 2 einsetzen.

9 Die Unterstützung des vorgelagerten Netzes liegt einerseits vor, wenn der Netzbetreiber vom vorgelagerten Netzbetreiber im Rahmen der **internen Bestellung** vorhandene Abschaltpotenziale gemeldet hat. Dies beschreibt den „planbaren" Engpassfall der vorgelagerten Netzebene. In diesem Fall ist der vorgelagerte Netzbetreiber vertraglich bzw. aus der KoV berechtigt, die Versorgung des nachgelagerten Netzbetreibers (teilweise) zu unterbrechen.

10 Kein Fall für § 14b ist die zwangsweise Reduzierung der Einspeisung in **nicht planbaren** und selten vorkommenden Netzsituationen. In unvorhersehbaren Engpasssituationen kann die vertraglich feste Einspeisung an Netzkoppelpunkten oder Ausspeisepunkten des vorgelagerten Netzbetreibers zwangsweise im Rahmen von **Notfallmaßnahmen nach § 16 Abs. 2** reduziert werden. Der betroffene nachgelagerte Netzbetreiber hat dann im Rahmen eines eigenen Netzmanagements nach § 16a, die Möglichkeit netz- und marktbezogene Maßnahmen oder Notfallmaßnahmen zu ergreifen. Da diese aber dann nur der Vermeidung von Engpässen im eigenen Netz dienen, sind Vereinbarungen nach § 14b davon nach dem Wortlaut nicht erfasst. Dies scheint auch sachgerecht. Notfallmaßnahmen ergehen nach

§ 16 Abs. 3 **entschädigungslos**. Im Rahmen eines ermäßigten Netzentgelts nach S. 1 erhält der Anschlussnehmer bzw. Anschlussnutzer durch die Ermäßigung allerdings eine Entschädigung, die ihn bei dem Erhalt oder der Investition in Flexibilitäten der Gasabnahme, zB durch eine befristete bivalente Befeuerung, unterstützen soll.

Wie stets in netzbezogenen Planungsprozessen müssen die Kapazitäten zu den für das vorgelagerte Netz **relevanten Zeitpunkten** und mit der **notwendigen Sicherheit** vorliegen. Die Unterstützung des vorgelagerten Netzes liegt auch nur dann vor, wenn die Abschaltung eines Letztverbrauchers aufgrund seines prognostizierten Abnahmeverhaltens (Lastverlaufs) **einen potenziellen Beitrag** zur Aufrechterhaltung der Versorgungssicherheit in kritischen Situationen oder zur Optimierung von Lastspitzen erwarten lässt. Das ist nicht der Fall bei reinen Saisonbetrieben oder wenn die Bezugshochlast offenkundig außerhalb der Monate sein wird, in denen die **Höchstlastzeitfenster** zu erwarten sind. 11

Ein ermäßigtes Entgelt nach S. 1 tritt neben ein **Sonderentgelt nach § 20 Abs. 2 GasNEV**. § 20 Abs. 2 GasNEV soll durch die Gewährung eines Sonderentgelts die Errichtung volkswirtschaftlich ineffizienter Leitungsinfrastrukturen vermeiden, die zusätzliche Kosten verursachen, ohne einen Zuwachs der Kapazitäten zu bewirken. Gleichzeitig wird eine Mindestbeteiligung privilegierter Anschlussnehmer an den Netzkosten sichergestellt. Ein ermäßigtes Entgelt nach S. 1 soll den Flexibilitätsbeitrag des Kunden für den vorgelagerten Netzbetreiber abbilden. Das Verhältnis der beiden Vorschriften bedarf der Klarstellung im Rahmen der Verordnung, denn angesichts der unterschiedlichen Ziele des § 20 Abs. 2 GasNEV und der Vereinbarungen nach S. 1 können diese Vorschriften auch komplementär zueinander gesehen werden. 12

Die Regelung findet in geringem Umfang Anwendung. Der jährliche Monitoringbericht der BNetzA und des BKartA weist einen Anteil der unterbrechbaren Kapazitäten an den insgesamt intern bestellten Kapazitäten von unter fünf Prozent im Jahr 2019 aus. 13

II. Vertragliche Abschaltvereinbarung

Liegen die Tatbestandsvoraussetzungen vor, können VNB ihren Anschlussnehmern diskriminierungsfrei unterbrechbare Ausspeiseverträge anbieten. S. 5 spricht im Rahmen der Verordnungsermächtigung von der Konkretisierung einer „Verpflichtung" der Gasnetzbetreiber. Diese lässt sich aus S. 1 aber nicht entnehmen. Ein **Anspruch eines Anschlusskunden** auf ein solches Entgelt besteht nur im Rahmen der Diskriminierungsfreiheit, dh der Gleichbehandlung aller Anschlussnehmer. Die Voraussetzungen und die Kalkulationsmethodik müssen demnach **transparent** gemacht werden. Auch individuell ausgewiesene reduzierte Netzentgelte sind zu veröffentlichen, um allen Lieferanten die notwendige Kalkulationsgrundlage zu bieten. Wird das ermäßigte Entgelt nur bis zu der vom vorgelagerten Netzbetreiber als unterbrechbar bestätigten Kapazität in einer Ausspeisezone angeboten und ist mehr Nachfrage vorhanden, sind Mechanismen einzuhalten, die zu einer diskriminierungsfreien und wirtschaftlich effizienten Vergabe der Abschaltvereinbarungen führen. Da unmittelbar keine Netzkosten im Sinne eines Weniger an Investition erspart werden und durch Sonderentgelte mehr Netzkosten auf die übrigen Netznutzer umgelegt werden (→ Rn. 22), ist in der Regel der Netzkunde mit der geringsten Ermäßigung auszuwählen, es sei denn, es gibt überwiegende andere Gesichtspunkte. 14

§ 14b

15 Hat der Letztverbraucher mehrere Abnahmestellen, so ist sicherzustellen, dass die zugesagte Reduzierung bei einer Abnahmestelle nicht durch eine Erhöhung der bezogenen Leistung an einer anderen Abnahmestelle kompensiert wird.

16 Die Regelung ist auf den jeweiligen Anschlussnutzer bezogen, dh muss diesem unabhängig von seinem Lieferanten angeboten werden. Andernfalls würde der Lieferantenwechsel unzulässig behindert. Netzentgelte werden in der Regel auch bei leistungsgemessenen Kunden zwischen dem Netzbetreiber und dem Lieferanten im Rahmen eines Lieferantenrahmenvertrags (§ 20 Abs. 1b S. 4) vereinbart. Mithin bedarf es hier der Kommunikation in der Regelung im Dreiecksverhältnis zwischen Netzbetreiber, Anschlussnutzer und Lieferant. Die Ausgestaltung ist potenziell diskriminierungsanfällig. Da die Auslösung der Reduzierung vom Netzbetreiber ausgeht, ist der Lieferant rechtzeitig zu informieren, um gegebenenfalls noch Renominierungen vorzunehmen und Bilanzabweichungen zu vermeiden.

17 Regelungsinhalte sind Zeitfenster, Höhe und Dauer der möglichen Versorgungseinschränkung sowie die administrative Abwicklung wie Vorlauffristen für die Unterbrechung. Wie bei allen Vereinbarungen mit dem kundenseitigen Versprechen zur eingeschränkten Nutzung von Netzkapazität muss Gegenstand des Verfahrens die Haftung bzw. die Sanktion des Anschlussnutzers bei Zuwiderhandlung gegen die Unterbrechungsaufforderung sein.

III. Höhe des reduzierten Netzentgelts

18 Das reduzierte Netzentgelt hat der tatsächlichen Wahrscheinlichkeit der Abschaltung Rechnung zu tragen. Hierbei darf der Gesamtbetrag der vom VNB gewährten Reduzierungen nicht höher sein als der vom vorgelagerten Netzbetreiber bei der Fakturierung der unterbrechbaren Bestellleistungen gewährte Abschlag auf das Netzentgelt für feste Bestellleistungen (BT-Drs. 17/11705, 26).

19 Da die Abschaltvereinbarung mit dem Letztverbraucher getroffen wird, ist das reduzierte Netzentgelt bei einem Lieferantenwechsel auch dem neuen Lieferanten zu gewähren (BT-Drs. 17/11705, 26).

20 Nach Auslegung der BNetzA ist eine Netzentgeltreduzierung für Letztverbraucher maximal in dem Umfang sachgerecht, in dem beim VNB im Rahmen der internen Bestellung durch die Gewährung unterbrechbarer Kapazitäten geringere Kosten im Vergleich zur Gewährung fester Kapazitäten entstehen. Auf diese Weise würde der gesetzlichen Vorgabe Genüge getan, mit der Entgeltreduzierung die Wahrscheinlichkeit der Unterbrechung der Gasbelieferung abzubilden. (BNetzA Hinweise für Verteilernetzbetreiber Gas S. 15).

21 Einen anderen Ansatz bezüglich der Netzentgeltreduzierungen für Letztverbraucher im Gasbereich verfolgte die LRegB Baden-Württemberg. Diese hatte bereits weit vor Inkrafttreten des § 14b die Praxis, den in ihre Zuständigkeit fallenden VNB Vereinbarungen über reduzierte Netzentgelte im Einzelfall in analoger Anwendung von § 19 StromNEV iVm § 30 Abs. 2 Nr. 8 GasNEV zu genehmigen (LRegB Baden-Württemberg Rundschreiben 2012-06). Hierbei sah sie eine Leistungspreisreduktion meist von 50 oder 80 Prozent für die bereitgestellte Abschaltleistung, abhängig von der vereinbarten Abschaltdauer, als angemessen an. Dieses Produkt wurde mittlerweile durch die genannten Lastflusszusagen in Form von Abschaltvereinbarungen (→ Rn. 3) ersetzt.

22 Die Reduzierung des Netzentgelts für abschaltbare Letztverbraucher kann nach den allgemeinen Grundsätzen der GasNEV als Mindereinnahme in der Erlösobergrenze berücksichtigt werden. Damit werden die verbleibenden Kosten von den übrigen Netznutzern des Anschlussnetzbetreibers getragen. Eine Wälzung in andere Netze ist nicht vorgesehen (BerlKommEnergieR/*Thole* EnWG § 14b Rn. 14; BNetzA Hinweise für Verteilernetzbetreiber S. 15; LRegB Baden-Württemberg Rundschreiben 2020-02 S. 14).

C. Verordnungsermächtigung

S. 5 ermächtigt die Bundesregierung dazu, die gesetzlichen Bestimmungen 23 durch Rechtsverordnung zu konkretisieren. Üblicherweise erfolgen Vorgaben zur Entgeltbildung in der Gasnetzentgeltverordnung. Diese beruht auf § 24 und § 29 als Verordnung mit Zustimmung des Bundesrates. Die Regelungen nach S. 5 können durch Verordnung der Bundesregierung ohne Zustimmung des Bundesrates erfolgen.

Nr. 1 ermöglicht die Ausgestaltung von Kriterien für Kapazitätsengpässe in 24 Netzen, die eine Anpassung der Gasausspeisungen zur sicheren und zuverlässigen Gasversorgung durch Anwendung der Abschaltvereinbarung erforderlich macht. Angesichts der systematischen Anbindung an die interne Bestellung beim vorgelagerten Netzbetreiber können demnach Kriterien für Versorgungssituationen in vorgelagerten Netzen, die durch Flexibilitätsmaßnahmen in nachgelagerten Netzen beeinflusst werden, definiert werden.

Nr. 2 ermächtigt zur Ausgestaltung von Kriterien für eine Unterversorgung der 25 Netze, die eine Anpassung der Gasausspeisungen zur sicheren und zuverlässigen Gasversorgung durch Anwendung der Abschaltvereinbarung erforderlich macht.

Nr. 3 betrifft die Ausgestaltung der Entgeltbildung. Dies muss die Vertrags- 26 inhalte und Methodik der Entgeltbildung betreffen. Denn nur die Vertragsinhalte können die in S. 2 verlangte Abbildung der „Wahrscheinlichkeit der Abschaltung" beschreiben.

§ 14c Marktgestützte Beschaffung von Flexibilitätsdienstleistungen im Elektrizitätsverteilernetz; Festlegungskompetenz

(1) ¹**Betreiber von Elektrizitätsverteilernetzen, die Flexibilitätsdienstleistungen für ihr Netz beschaffen, um die Effizienz bei Betrieb und Ausbau ihres Verteilernetzes zu verbessern, haben dies in einem transparenten, diskriminierungsfreien und marktgestützten Verfahren durchzuführen.** ²**Die §§ 13, 13a, 14 Absatz 1 und 1c sowie § 14a bleiben unberührt.** ³**Dienstleistungen nach § 12h sind keine Flexibilitätsdienstleistungen im Sinne des Satzes 1.**

(2) ¹**Spezifikationen für die Beschaffung von Flexibilitätsdienstleistungen müssen gewährleisten, dass sich alle Marktteilnehmer wirksam und diskriminierungsfrei beteiligen können.** ²**Die Betreiber von Elektrizitätsverteilernetzen haben in einem transparenten Verfahren Spezifikationen für die Beschaffung von Flexibilitätsdienstleistungen und für geeignete standardisierte Marktprodukte zu erarbeiten, die von der Bundesnetzagentur zu genehmigen sind.**

(3) **Abweichend von Absatz 2 kann die Bundesnetzagentur durch Festlegung nach § 29 Absatz 1 Spezifikationen für die Beschaffung von Flexibi-**

§ 14c

litätsdienstleistungen und geeignete standardisierte Marktprodukte vorgeben.

(4) **Die Bundesnetzagentur kann für bestimmte Flexibilitätsdienstleistungen eine Ausnahme von der Verpflichtung zur marktgestützten Beschaffung festlegen, sofern eine solche Beschaffung nicht wirtschaftlich effizient ist oder zu schwerwiegenden Marktverzerrungen oder zu stärkeren Engpässen führen würde.**

Übersicht

	Rn.
A. Allgemeines	1
I. Inhalt	1
II. Zweck	5
B. Beschaffungsvorgaben für Flexibilitätsdienstleistungen (Abs. 1–3)	7
I. Allgemeine Beschaffungsvorgaben (Abs. 1 S. 1)	8
II. Anwendungsbereich (Abs. 1)	10
1. Effizienzsteigernde Flexibilitätsdienstleistungen (Abs. 1 S. 1)	10
2. Negativabgrenzungen (Abs. 1 S. 2 und 3)	16
III. Besondere Beschaffungsvorgaben durch Spezifikationen und Marktprodukte (Abs. 2 und 3)	25
1. Diskriminierungsfreie Spezifikationen und geeignete standardisierte Marktprodukte (Abs. 2)	26
2. Erarbeitung und Genehmigung oder Festlegung (Abs. 2 S. 2 und Abs. 3)	28
C. Ausschluss einer marktgestützten Beschaffung (Abs. 4)	32

A. Allgemeines

I. Inhalt

1 § 14c verpflichtet die Betreiber von Elektrizitätsverteilernetzen zur Einhaltung von bestimmten **Beschaffungsvorgaben,** *sofern* sie eine effizienzsteigernde **Flexibilitätsdienstleistung** im Sinne dieser Regelung für ihr Verteilernetz beschaffen **und** die BNetzA zuvor Spezifikationen für die Beschaffung dieser Dienstleistung einschließlich eines **standardisierten Marktprodukts** genehmigt oder durch eine Festlegung vorgegeben hat. § 14c regelt somit **nicht das „Ob"** der Beschaffung von Flexibilitätsdienstleistungen, sondern **lediglich das „Wie" einer etwaigen Beschaffung.** Der Anwendung von § 14c ist daher stets die Frage vorgelagert, ob der VNB die jeweilige Flexibilitätsdienstleistung überhaupt benötigt. Hinsichtlich der praktischen Umsetzung bleibt abzuwarten, ob und wann die genannten Voraussetzungen für eine Anwendung erfüllt sein werden. Bis dahin sind die Beschaffungsvorgaben nach § 14c **ausgesetzt** (§ 118 Abs. 28).

2 Für den Fall, dass die genannten Voraussetzungen für die Beschaffung einer konkreten Flexibilitätsdienstleistung künftig vorliegen sollten, sieht Abs. 1 S. 1 **allgemeine Beschaffungsvorgaben** im Hinblick auf ein *transparentes, diskriminierungsfreies und marktgestütztes Verfahren* vor. Abs. 1 S. 2 stellt dabei sicher, dass die Beschaffung und der Einsatz von **Systemsicherheitsmaßnahmen** iSv §§ 13, 13a, 14 und 14a ausschließlich nach diesen unberührt bleibenden Systemsicherheitsregelungen und somit *nicht nach § 14c* erfolgt. Beschaffungsvorgaben für **nichtfre-**

quenzgebundene Systemdienstleistungen iSv § 12h scheiden ebenfalls aus, da es sich dabei gem. Abs. 1 S. 3 *nicht* um Flexibilitätsdienstleistungen iSv Abs. 1 S. 1 handelt.

Die Beschaffungsvorgaben werden nur dann ausgelöst, *wenn und soweit* die 3 BNetzA **besondere Beschaffungsvorgaben** in Form von **Spezifikationen** für die Beschaffung von bestimmten Flexibilitätsdienstleistungen einschließlich geeigneter **standardisierter Marktprodukte** genehmigt oder festlegt. Abs. 2 S. 1 sieht vor, dass diese Spezifikationen insbesondere eine *diskriminierungsfreie Teilnahme aller geeigneten Marktteilnehmer* gewährleisten müssen. Abs. 2 S. 2 regelt das Verfahren zur Erarbeitung von besonderen Beschaffungsvorgaben durch die Betreiber von Elektrizitätsversorgungsnetzen und die *Genehmigung* durch die BNetzA. Abs. 3 enthält die Befugnis zur eigenständigen *Festlegung* von besonderen Beschaffungsvorgaben durch die BNetzA.

Nach Abs. 4 kann die BNetzA darüber hinaus auch **generelle Ausnahmen von** 4 **der marktgestützten Beschaffung** bestimmter Flexibilitätsdienstleistungen **festlegen,** sofern ihr Einsatz *wirtschaftlich nicht effizient* wäre oder zu *schwerwiegenden Marktverzerrungen* oder zu *stärkeren Engpässen* führen würde.

II. Zweck

§ 14c dient der Umsetzung von Art. 32 Abs. 1 und 2 Elt-RL 19. Die Regelung 5 soll vor allem die Hebung von **Effizienzpotenzialen** im Netzbetrieb und Netzausbau durch eine marktgestützte Beschaffung von effizienzsteigernden Flexibilitätsdienstleistungen nach einheitlichen Spezifikationen und Marktprodukten ermöglichen. Die Zielsetzung entspricht insoweit dem europarechtlichen **Leitbild einer effizienten, möglichst marktgestützten Beschaffung** (→ § 13 Rn. 74 ff.).

Die materiellen Anforderungen zur konkreten Ausgestaltung der Beschaffungs- 6 vorgaben in geeigneten und effizienten Anwendungsfällen dienen zugleich auch der Gewährleistung eines diskriminierungsfreien Marktzugangs aller geeigneten Marktteilnehmer nach ihren jeweiligen Funktionen. Diese Zielsetzung entspricht insoweit dem europarechtlichen **Leitbild des diskriminierungsfreien Marktzugangs** (→ § 13 Rn. 65 ff.).

B. Beschaffungsvorgaben für Flexibilitätsdienstleistungen (Abs. 1–3)

Wenn und soweit die BNetzA **Spezifikationen** einschließlich **standardisierter** 7 **Marktprodukte** für die Beschaffung von bestimmten effizienzsteigernden „**Flexibilitätsdienstleistungen**" (→ Rn. 10 ff.) genehmigt oder festlegt, sind *Betreiber von Elektrizitätsverteilernetzen* (zur Reichweite dieser Netzbetreiberdefinition → § 14 Rn. 9 ff.), die solche Dienstleistungen für ihr Netz beschaffen, dazu verpflichtet, die jeweiligen Beschaffungsvorgaben einzuhalten. Dazu zählen sowohl die **allgemeinen Beschaffungsvorgaben** nach Abs. 1 (→ Rn. 8 ff.) als auch die **besonderen Beschaffungsvorgaben** für die jeweilige Flexibilitätsdienstleitung nach Abs. 2 und 3 (→ Rn. 25 ff.).

§ 14c   Teil 3. Regulierung des Netzbetriebs

I. Allgemeine Beschaffungsvorgaben (Abs. 1 S. 1)

8   Nach den *allgemeinen Beschaffungsvorgaben* gem. Abs. 1 S. 1 haben die Elektrizitäts-VNB eine solche Beschaffung in einem **transparenten, diskriminierungsfreien und marktgestützten Verfahren** durchzuführen. Diese Anforderungen der Transparenz und Diskriminierungsfreiheit entsprechen dem europarechtlichen **Leitbild des diskriminierungsfreien Marktzugangs;** die Anforderung eines marktgestützten Verfahrens entspricht dem europarechtlichen **Leitbild der effizienten, möglichst marktgestützten Beschaffung.** Auf die Ausführungen zu den allgemeinen europarechtlichen Beschaffungsvorgaben (→ § 13 Rn. 63 ff.) und den beiden genannten Leitbildern wird verwiesen (→ § 13 Rn. 65 ff. und 74 ff.).

9   Dass die Vorgaben nach Abs. 1 S. 1 nur dann greifen, *wenn und soweit* die BNetzA besondere Beschaffungsvorgaben für bestimmte Flexibilitätsdienstleistungen genehmigt oder festlegt und der VNB diese Dienstleistungen für sein Netz beschafft, ergibt sich aus dem inhaltlichen und systematischen Zusammenspiel zwischen Abs. 1 S. 1 iVm Abs. 2 und 3 und einer Übergangsregelung: Abs. 1 S. 1 regelt *keine Beschaffungspflicht,* sondern **allgemeine Standards,** die einzuhalten sind, wenn und soweit der jeweilige VNB bestimmte Flexibilitätsdienstleistungen iSv. Abs. 1 für sein Netz beschafft. Nach Abs. 2 und 3 bedarf es zusätzlich jedoch verbindlicher **Konkretisierungen,** die vorab vorgegeben sein müssen, um ein geeignetes, diskriminierungsfreies Verfahren zu gewährleisten und die VNB zur Einhaltung der Beschaffungsvorgaben zu verpflichten. § 118 Abs. 28 stellt daher klar, dass die Pflichten zur Einhaltung von Beschaffungsvorgaben nach Abs. 1 iVm. Abs. 2 und 3 bis zu einer entsprechenden Genehmigung oder Festlegung der BNetzA für die jeweilige Flexibilitätsdienstleistung **ausgesetzt** sind.

II. Anwendungsbereich (Abs. 1)

10   **1. Effizienzsteigernde Flexibilitätsdienstleistungen (Abs. 1 S. 1).** Der potenzielle Anwendungsbereich für Beschaffungsvorgaben nach § 14c ist auf effizienzsteigernde **„Flexibilitätsdienstleistungen"** iSv Abs. 1 beschränkt. Da *keine Legaldefinition* dieses Begriffs vorgesehen ist, sind zum einen die Umschreibungen nach Abs. 1 S. 1 und zum anderen die *negativen Abgrenzungen* nach Abs. 1 S. 2 und 3 maßgeblich (→ Rn. 16 ff.).

11   Nach dem Wortlaut von Abs. 1 S. 1 kommen Beschaffungsvorgaben nach Abs. 1 iVm Abs. 2 und 3 für *Flexibilitätsdienstleistungen* in Betracht, welche die VNB beschaffen, *um die Effizienz bei Betrieb und Ausbau ihres Verteilernetzes zu verbessern.* Diese Umschreibung entspricht weitgehend dem Wortlaut der zugrunde liegenden europarechtlichen Harmonisierungsvorgabe nach Art. 32 Abs. 1 Elt-RL 19. Durch die Bezeichnung als „Flexibilitäts*dienst*leistung" kommt in § 14c sprachlich noch klarer zum Ausdruck, dass es sich um von Dritten beschaffte Dienstleistungen handeln muss. Den in der Richtlinie vorgesehenen Einschub „*einschließlich Engpassmanagement*" hat der deutsche Gesetzgeber aufgrund der Grundsatzentscheidung für ein **„nichtmarktbasiertes" Redispatch-System nach Art. 13 Abs. 3 iVm Abs. 6 und 7 Elt-VO 19** bewusst weggelassen. Zum ausdrücklichen Ausschluss von Systemsicherheitsmaßnahmen nach Abs. 1 S. 2 → Rn. 17 ff.

12   Nach dem umschreibenden *Wortlaut* kommt grundsätzlich eine Vielzahl von **Dienstleistungen auch *jenseits* der nach Abs. 1 S. 2 und 3 ausgeschlossenen Systemsicherheitsmaßnahmen** und nichtfrequenzgebundenen Systemdienstleistungen in Betracht. Dafür spricht auch die Formulierung in Art. 32 Abs. 1 Elt-

RL 19, die das *Engpassmanagement* als *Teilbereich* denkbarer Flexibilitätsleistungen aufführt und beispielsweise auch *Maßnahmen zur Energieeffizienz* erwähnt. Es dürfte jedoch *unverhältnismäßig* und mit dem *Sinn und Zweck* der Norm nicht vereinbar sein, die VNB für beliebige Dienstleistungen, die zur Steigerung ihrer Flexibilität und Effizienz bei der Wahrnehmung ihrer Netzbetriebs- und der Netzausbaupflichten beitragen können, zur Durchführung von marktgestützten Beschaffungsverfahren mit für alle VNB einheitlichen Spezifikationen und Marktprodukten zu verpflichten. Das liefe mehr oder weniger auf die Einführung einer Art **Sondervergaberecht** für die geschäftlichen Kernbereiche eines VNB hinaus (zu den Netzbetriebs- und Netzausbaupflichten vgl. § 11 Abs. 1) und wäre von den Zielen der Regelung nicht mehr gedeckt.

Sowohl nach § 14c als auch nach den zugrunde liegenden europarechtlichen Anforderungen sollen die Beschaffungsvorgaben nur dann zum Einsatz kommen, wenn die wesentlichen Grundvoraussetzungen der **Eignung** und **Effizienz** sowohl im Hinblick auf die jeweilige *Dienstleistung* als auch im Hinblick auf ihre *Beschaffung* mittels marktgestützter Beschaffungsverfahren erfüllt sind (→ Rn. 27 und 34; zu den Grundvoraussetzungen der Eignung und Effizienz → § 13 Rn. 58ff. und 80). Die Gesetzesbegründung führt dazu ua aus (BT-Drs. 19/27453, 70 und 100):   13

> *„Entsprechend des Effizienzgrundsatzes nach Absatz 4 sollen Flexibilitätsdienstleistungen **nur dann marktlich beschafft werden, wenn** diese Beschaffungsart wirtschaftlich effizient ist. Entscheidend ist dabei die gesamtwirtschaftliche Effizienz des Systems."*
> *(...) „Standardisierte Marktprodukte sind nach der Richtlinie **nur zu spezifizieren, soweit** ein Bedarf hierfür besteht und sie **in geeigneter Weise** in Betracht kommen."*

Eine Beschaffung nach § 14c setzt daher im Hinblick auf die Effizienz dreierlei voraus: Erstens muss überhaupt ein **Bedarf** des VNB an der Beschaffung der jeweiligen *Flexibilitätsdienstleistung* bestehen. § 14c regelt nicht das „Ob" der Beschaffung, sondern lediglich das „Wie". Zweitens muss die Flexibilitätsdienstleitung geeignet sein, die Effizienz des Netzbetriebs oder des Netzausbaus zu steigern und im Vergleich zu geeigneten Alternativen zu **geringeren tatsächlichen Gesamtkosten** zugunsten der Stromverbraucher führen. Ein VNB, der Flexibilitätsdienstleistungen beschafft, die er nicht (oder nicht zusätzlich zu ohnehin verfügbaren oder anderweitig beschaffbaren Leistungen) benötigt, würde nicht effizient handeln, sodass er Gefahr liefe, die dadurch entstehenden Mehrkosten nicht über die Netzentgelte wälzen zu können (zum Effizienzmaßstab → § 13 Rn. 59ff.). Drittens muss die *marktgestützte Beschaffung* wirtschaftlich effizient sein (→ Rn. 26f.). Dafür ist insbesondere ein **wirksamer Wettbewerb** unter geeigneten Marktteilnehmern erforderlich (zu dieser Grundvoraussetzung für den Einsatz von marktgestützten Beschaffungsverfahren → § 13 Rn. 75, 136, 168 und 216).   14

Die Grundvoraussetzungen der Eignung und Effizienz sind sowohl bei der Auslegung zu berücksichtigen, welche konkreten Dienstleistungen als *effizienzsteigernde Flexibilitätsdienstleistungen* iSv Abs. 1 S. 1 in Betracht kommen, als auch bei der Auslegung der konkretisierenden Voraussetzungen zu *Spezifikationen mit wirksamen Beteiligungsmöglichkeiten* und zu *geeigneten Marktprodukten* nach Abs. 2. Inwieweit ein **Umsetzungsbedarf** für Beschaffungsvorgaben nach § 14c in der praktischen Anwendung verbleibt, hat der Gesetzgeber **offengelassen** (BT-Drs. 19/27453, 68f.):   15

§ 14 c Teil 3. Regulierung des Netzbetriebs

> *„Auf Seiten der betroffenen Unternehmen führt die Norm **nur dann zu einem Erfüllungsaufwand, wenn ein Bedarf** für die Spezifikation von solchen Flexibilitätsdienstleistungen besteht und die Beschaffung solch einer Dienstleistung wirtschaftlich umsetzbar ist. Nach aktuellem Kenntnisstand ist der Bedarf für eine Anwendung des neuen § 14c schwer abzuschätzen."*

16 **2. Negativabgrenzungen (Abs. 1 S. 2 und 3).** Die **Negativabgrenzungen** nach Abs. 1 S. 2 und 3 geben vor, welche Dienstleistungen für eine Beschaffung und den Einsatz als „Flexibilitätsdienstleistungen" nach § 14c Abs. 1 S. 1 ausdrücklich ausscheiden.

17 **a) Ausschluss von Systemsicherheitsmaßnahmen (Abs. 1 S. 2).** § 14 Abs. 1 S. 2 gibt vor, dass die **Systemsicherheitsregelungen** nach §§ 13, 13a, 14 Abs. 1 und 1c sowie § 14a *unberührt bleiben*. Bei dem ursprünglich enthaltenen Verweis auf § 14 *Abs. 1a* anstelle des – für Systemsicherheitsmaßnahmen der VNB relevanten – § 14 *Abs. 1c* handelte es sich um ein offenkundiges *Redaktionsversehen* bei der Einführung des § 14c und der zeitgleichen Neustrukturierung des § 14 im Zuge der EnWG-Novelle 2021. Dieses wurde im Zuge der Klimaschutz-Sofortprogramm-Novelle (BT-Drs. 20/1599, 12) beseitigt.

18 Mit der Formulierung, dass die genannten Systemsicherheitsregelungen **„unberührt bleiben",** hat der Gesetzgeber eine inhaltliche Positionierung vermieden, ob es sich dabei um eine **Klarstellung** handelt, dass eine *„Berührung"* der Systemsicherheitsregelungen aufgrund eines engen Verständnisses der in Betracht kommenden „Flexibilitätsdienstleistungen" iSv § 14c *ohnehin ausgeschlossen* ist, oder um eine **Vorrangregelung** (bzw. Klarstellung), dass die Systemsicherheitsregelungen (als speziellere Regelungen ohnehin) vorrangige Anwendung finden. In der Gesetzesbegründung heißt es dazu (vgl. BT-Drs. 19/27453, 68 und 100):

> *„Der Anwendungsbereich der Norm ist begrenzt, da §§ 13, 13a, 14 Absatz 1c und 14a **vorrangig** anzuwenden sind." (...) „Absatz 1 Satz 2 stellt klar, dass die **speziellen Regelungen** der §§ 13, 13a, 14 Absatz 1 und 1a sowie 14a gegenüber § 14c **vorrangig** anzuwenden sind, **soweit** die dort besonders geregelten Maßnahmen oder Dienstleistungen nach den Vorgaben der Richtlinie (EU) 2019/944 **unter den Begriff der Flexibilitätsdienstleistungen zu fassen wären."***

19 Nach dem Wortlaut des zugrunde liegenden (jedoch nicht unmittelbar anwendbaren) Art. 32 Abs. 1 Elt-RL 19 *(„einschließlich Engpassmanagement")* erscheint es naheliegend, dass der europarechtliche Begriff der *„Flexibilitätsleistung"* grundsätzlich auch *„Engpassmanagement"*-Maßnahmen iwS von *„Redispatch"*-Maßnahmen nach Art. 13 Elt-VO 19 umfassen kann (zum engen *„Engpassmanagement"*-Begriff iSv Maßnahmen der ÜNB im Rahmen der Engpassbewirtschaftung zwischen Gebotszonen nach Art. 14ff. Elt-VO 19 und dem zT *erweiterten Begriffsverständnis* in anderen Regelungszusammenhängen → § 13 Rn. 129f.).

20 Für die Anwendungspraxis in Deutschland kann die Frage dahinstehen, ob dementsprechend der Begriff der *„Flexibilitätsdienstleistung"* iSv § 14c grundsätzlich auch *„strom- und spannungsbedingte Anpassungen"* iSv § 13 Abs. 1 S. 2 (iVm § 13a und § 14 Abs. 1 oder 1c) oder andere Maßnahmen iSv §§ 13, 13a, 14 oder 14a mit einschließt oder nicht: In beiden Fällen **scheidet die Beschaffung und der Einsatz von Maßnahmen im Sinne der genannten Systemsicherheitsregelungen als „Flexibilitätsdienstleistungen" nach § 14c aus.**

Im Fall von denkbaren Überschneidungen genießen die nach Abs. 1 S. 2 *unberührt bleibenden* Vorgaben zur Beschaffung und zum Einsatz von Systemsicherheitsmaßnahmen jedenfalls **Anwendungsvorrang** und *sperren* insoweit eine Anwendung von § 14 c. Somit ist beispielsweise auch die Beschaffung und der Einsatz von **Redispatch-Potenzialen** gegenüber Erzeugungsanlagen und Lasten (inkl. Stromspeichern) aufgrund der spezielleren und abschließenden Regelungen in den genannten Systemsicherheitsregelungen ausgeschlossen. Zu den Möglichkeiten und Grenzen der Beschaffung und des Einsatzes von **Systemsicherheitsmaßnahmen durch VNB** im Rahmen ihrer Verantwortlichkeiten nach § 14 Abs. 1 und 1 c → § 14 Rn. 16 ff. Diese Möglichkeiten und Grenzen sollen nicht durch eine Beschaffung nach § 14 c unterlaufen werden. 21

Der Ausschluss einer marktgestützten Beschaffung von Systemsicherheitsmaßnahmen nach Abs. 1 S. 2 deckt sich zudem mit der Grundsatzentscheidung des deutschen Gesetzgebers, keine marktgestützte bzw. marktbasierte Beschaffung von Redispatch-Potenzialen einzuführen, sondern die europarechtliche Ausnahme eines **nichtmarktbasierten Redispatch-Systems** nach Art. 13 Abs. 3 Elt-VO 19 in Anspruch zu nehmen. Diese Entscheidung beruht auf gutachterlichen Untersuchungen, wonach eine marktbasierte Beschaffung von Redispatch-Potenzialen in Deutschland *ungeeignet* für die Systemsicherheit, *ineffizient* im Hinblick auf die Gesamtkosten sowie *schädlich* für den Strommarkt und den Wettbewerb wäre (→ § 13 Rn. 168 ff. und 172 ff.). Die strukturellen Probleme von *„lokalen Redispatch-Märkten"* beziehen sich auch auf Verteilernetze. Die Entscheidung für ein nichtmarktbasiertes Redispatch und die damit einhergehenden – unmittelbar anwendbaren – **europarechtlichen Rechtsfolgen** nach Art. 13 Abs. 3 iVm Abs. 6 und 7 gelten für das gesamte deutsche *Elektrizitätsversorgungssystem* und somit auch für die *VNB*. 22

b) Ausschluss von nichtfrequenzgebundenen Systemdienstleistungen (Abs. 1 S. 3). Abs. 1 S. 3 stellt darüber hinaus klar, dass es sich bei **nichtfrequenzgebundenen Systemdienstleistungen** nach § 12h *nicht* um Flexibilitätsdienstleistungen iSv Abs. 1 S. 1 handelt. Die Beschaffung und der Einsatz von solchen Systemdienstleistungen als Flexibilitätsdienstleistungen nach § 14 c sind somit ebenfalls **ausgeschlossen**. 23

Die gegenüber Abs. 1 S. 2 abweichende Formulierung erklärt sich dadurch, dass der Gesetzgeber im Fall der eigenständig geregelten nichtfrequenzgebundenen Systemdienstleistungen die Frage einer möglichen Überschneidung mit dem Begriff einer „Flexibilitätsdienstleistung" nicht offengelassen, sondern in diesem Fall vorausgesetzt hat, dass „*§ 12h nicht berührt wird*" (BT-Drs. 19/27453, S. 68). Insofern handelt es sich bei Abs. 1 S. 3 nach der Einordnung des Gesetzgebers allein um eine *Klarstellung* und nicht – wie bei Abs. 1 S. 2 – um eine Klarstellung oder Vorrangregelung (vgl. → Rn. 18). Die Abgrenzung nach Abs. 1 S. 3 entspricht den europarechtlich ebenfalls getrennt geregelten Harmonisierungsvorgaben zur Beschaffung von nichtfrequenzgebundenen Systemdienstleistungen durch VNB einerseits (Art. 31 Abs. 7 Elt-RL 19) und zur Beschaffung von Flexibilitätsleistungen durch VNB andererseits (Art. 32 Abs. 1 und 2 Elt-RL 19). 24

III. Besondere Beschaffungsvorgaben durch Spezifikationen und Marktprodukte (Abs. 2 und 3)

25   Die Pflicht zur Einhaltung der allgemeinen und besonderen Vorgaben für die marktgestützte Beschaffung einer bestimmten Flexibilitätsdienstleistung nach Abs. 1 iVm Abs. 2 und 3 wird ausgelöst, *wenn und soweit* die BNetzA **besondere Beschaffungsvorgaben** in Form von diskriminierungsfreien Spezifikationen für die Beschaffung dieser Flexibilitätsdienstleistung einschließlich geeigneter standardisierter Marktprodukte *genehmigt oder festlegt*.

26   **1. Diskriminierungsfreie Spezifikationen und geeignete standardisierte Marktprodukte (Abs. 2).** Die materiellen Anforderungen an die besonderen Beschaffungsvorgaben ergeben sich aus Abs. 2. Die **Spezifikationen** für die Beschaffung einer bestimmten Flexibilitätsdienstleistung müssen nach Abs. 2 S. 1 einen diskriminierungsfreien und wirksamen Wettbewerb gewährleisten. Alle Marktteilnehmer sollen sich *wirksam und diskriminierungsfrei* beteiligen können. Zu den Anforderungen einer **diskriminierungsfreien Teilnahmemöglichkeit** aller geeigneten Marktteilnehmer nach ihren jeweiligen Funktionen wird auf die Ausführungen zum diskriminierungsfreien Marktzugang verwiesen → § 13 Rn. 65 ff. und 80. Zu der Grundvoraussetzung eines **wirksamen Wettbewerbs** für die Effizienz eines marktgestützten Beschaffungsverfahrens → Rn. 14.

27   Die Spezifikationen müssen nach Abs. 2 S. 2 darüber hinaus *geeignete standardisierte Marktprodukte* vorsehen. Die Marktprodukte müssen sowohl im Hinblick auf die *Flexibilitätsdienstleistung* als auch im Hinblick auf ihre *Beschaffung* dazu *geeignet* sein, die **Ziele** einer Beschaffung nach § 14 c effizient umzusetzen und dabei alle **Anforderungen nach Abs. 1 und Abs. 2** wirksam sicherzustellen. Durch die Auswahl und den Zuschnitt muss insbesondere eine effiziente Beschaffung in einem transparenten, diskriminierungsfreien und marktgestützten Beschaffungsverfahren mit wirksamem Wettbewerb sichergestellt sein. Die Anforderung der **Standardisierung** erfordert **einheitliche Marktprodukte** für die Beschaffung der jeweiligen Flexibilitätsdienstleistung, die für *alle Verteilernetze im Anwendungsbereich des EnWG* verbindlich sind. Auch Art. 32 Abs. 2 S. 1 Elt-RL 19 setzt voraus, dass entsprechende Marktprodukte *„mindestens auf Ebene der Mitgliedstaaten vereinheitlicht"* werden.

28   **2. Erarbeitung und Genehmigung oder Festlegung (Abs. 2 S. 2 und Abs. 3).** Die **Erarbeitung von besonderen Beschaffungsvorgaben** ist nach Abs. 2 S. 2 allen *Betreibern von Elektrizitätsverteilernetzen* im Anwendungsbereich des EnWG als gemeinsame Aufgabe zugeordnet. Sie haben bei Bedarf in einem transparenten Verfahren einen **gemeinsamen einheitlichen Vorschlag** für Spezifikationen einschließlich geeigneter Marktprodukte zur Beschaffung von konkreten effizienzsteigernden Flexibilitätsdienstleistungen nach den Anforderungen gem. Abs. 1 und 2 zu erarbeiten.

29   Dieser Aufwand ist jedoch nur dann erforderlich, *wenn ein Bedarf an der Spezifikation von Flexibilitätsdienstleistungen besteht* (vgl. Begr. BT-Drs. 19/27453, 68). Ein solcher Bedarf kann sich beispielsweise aus einer entsprechenden *Aufforderung* der BNetzA ergeben. Die VNB können jedoch auch aus *eigener Initiative* einen gemeinsamen Vorschlag erarbeiten und der BNetzA zur Genehmigung vorlegen BT-Drs. 19/27453, 100). An dem transparenten Verfahren und der Verabschiedung des Vorschlags muss nicht jeder VNB eigenständig teilnehmen; er kann sich auch vertreten lassen (vgl. Begr. BT-Drs. 19/27453, 69).

Die „*Herrschaft über das Verfahren*", ob und in welcher Weise die VNB durch be- 30
sondere Beschaffungsvorgaben zu bestimmten Flexibilitätsdienstleistungen verpflichtet werden, liegt nach Abs. 2–4 in den Händen der *BNetzA* (BT-Drs.
19/27453, 100). Sofern die VNB einen gemeinsamen Vorschlag erarbeitet und der
BNetzA vorgelegt haben, ist dieser von der Behörde nach Abs. 2 S. 2 zu prüfen und
grundsätzlich – sofern alle formellen und materiellen Voraussetzungen nach Abs. 1
und 2 erfüllt sind – zu **genehmigen.** Der Genehmigungsvorbehalt soll die BNetzA
auch in die Lage versetzen, einen vorgelegten Vorschlag der VNB „*ggf. abzuändern
und in geänderter Form zu genehmigen*" (BT-Drs. 19/27453, 100).

Die BNetzA hat nach Abs. 3 darüber hinaus die Möglichkeit, abweichend von 31
Abs. 2 selbst besondere Beschaffungsvorgaben zu bestimmten Flexibilitätsdienstleistungen durch eine **Festlegung** nach § 29 Abs. 1 verbindlich vorzugeben. Sie kann
die Inhalte wahlweise *selbst erarbeiten,* Vorschläge der VNB nach Abs. 2 S. 2 in einem
eigenen Verfahren *aufgreifen* oder bereits *bestehende (genehmigte oder festgelegte)* Spezifikationen *überarbeiten und aufheben* (BT-Drs. 19/27453, 100).

C. Ausschluss einer marktgestützten Beschaffung (Abs. 4)

Die BNetzA kann eine **marktgestützte Beschaffung für bestimmte Flexi-** 32
bilitätsdienstleistungen auch durch eine **Festlegung** nach Abs. 4 generell **ausschließen,** sofern eine solche Beschaffung nicht wirtschaftlich effizient wäre oder
zu schwerwiegenden Marktverzerrungen oder zu stärkeren Engpässen führen
würde. Der Wortlaut, wonach die Festlegung „*eine Ausnahme von der Verpflichtung
zur marktgestützten Beschaffung*" darstelle, ist ungenau formuliert, da er sprachlich
noch auf eine frühere Entwurfsfassung aus dem Gesetzgebungsverfahren Bezug
nimmt, die in Abs. 1 eine *Beschaffungspflicht* (statt Vorgaben für den Fall der Beschaffung von bestimmten Flexibilitätsdienstleistungen) vorsah.

Aus dem systematischen Zusammenhang mit den Beschaffungsvorgaben nach 33
Abs. 1 und 2, die ohnehin nur dann ausgelöst werden, *wenn und soweit* die BNetzA
eine entsprechende Genehmigung oder Festlegung nach Abs. 2 oder 3 erlässt, und
dem Sinn und Zweck des Abs. 4, ungeeignete, ineffiziente oder schädliche „marktgestützte Beschaffungsverfahren" zu verhindern, wird trotz des ungenauen Wortlautes hinreichend deutlich, dass sich die Festlegungsbefugnis in diesen Fällen auf
den **generellen Ausschluss einer marktgestützten Beschaffung** iSv. Abs. 1 bezieht. Vorschläge der VNB nach Abs. 2 S. 2, die sich auf Flexibilitätsdienstleistungen
beziehen, deren Beschaffung durch eine Festlegung nach Abs. 4 ausgeschlossen ist,
sind von vornherein nicht genehmigungsfähig.

Die verschiedenen Tatbestandsvarianten, die nach Abs. 4 zu dem generellen 34
Ausschluss führen können, bestätigen die Grundvoraussetzungen der **Eignung**
und **Effizienz:** Marktgestützte Beschaffungsverfahren für Dienstleistungen sollen
nicht zum Einsatz kommen, wenn diese *nicht effizient* oder ungeeignet sind. Sie
sind insbesondere dann ungeeignet (und in der Regel zugleich ineffizient), wenn
ihr Einsatz voraussichtlich zu *schwerwiegenden Marktverzerrungen* oder zu einer *Verschärfung von Engpässen* führen würde. Eine marktgestützte Beschaffung würde in
diesen Fällen auch den europarechtlichen Vorgaben und Leitbildern zum *diskriminierungsfreien Marktzugang* und zur *effizienten, möglichst marktgestützten Beschaffung* widersprechen (vgl. ua Art. 32 Abs. 1 S. 1 Elt-RL 19 und Art. 13 Abs. 3 lit. c und d Elt-VO 19; zu den allgemeinen europarechtlichen Vorgaben insbesondere im Bereich
der Systemsicherheit → § 13 Rn. 63 ff.).

§ 14d Netzausbaupläne, Verordnungsermächtigung; Festlegungskompetenz

(1) ¹Betreiber von Elektrizitätsverteilernetzen haben der Regulierungsbehörde erstmals zum 30. April 2024 und dann alle zwei Jahre jeweils zum 30. April eines Kalenderjahres einen Plan für ihr jeweiliges Elektrizitätsverteilernetz (Netzausbauplan) vorzulegen. ²Der Netzausbauplan wird auf der Grundlage des nach Absatz 3 zu erstellenden Regionalszenarios erarbeitet, um eine integrierte und vorausschauende Netzplanung zu gewährleisten. ³Die Regulierungsbehörde kann Anpassungen des Netzausbauplans verlangen.

(2) ¹Zur Erstellung eines Netzausbauplans teilen die Betreiber von Elektrizitätsverteilernetzen das Gebiet der Bundesrepublik Deutschland in geographisch abgrenzbare und räumlich zusammenhängende Gebiete (Planungsregionen) auf. ²Innerhalb einer Planungsregion haben sich die Betreiber von Elektrizitätsverteilernetzen zu den Grundlagen ihrer Netzausbauplanung abzustimmen. ³Die Regulierungsbehörde kann auf Antrag oder von Amts wegen die Aufnahme eines Betreibers eines Elektrizitätsverteilernetzes in eine Planungsregion anordnen.

(3) ¹Betreiber von Elektrizitätsverteilernetzen einer Planungsregion erstellen unter Einbeziehung der Übertragungsnetzbetreiber ein Regionalszenario, welches gemeinsame Grundlage der jeweiligen Netzausbaupläne der Betreiber von Elektrizitätsverteilernetzen in der Planungsregion ist. ²Das Regionalszenario besteht aus einem Entwicklungspfad, der sowohl die für das langfristige Zieljahr 2045 gesetzlich festgelegten sowie weitere klima- und energiepolitische Ziele der Bundesregierung als auch die wahrscheinlichen Entwicklungen für die nächsten fünf und zehn Jahre berücksichtigt. ³Das Regionalszenario beinhaltet
1. Angaben zu bereits erfolgten, erwarteten und maximal möglichen Anschlüssen der verschiedenen Erzeugungskapazitäten und Lasten,
2. Angaben zu den zu erwartenden Ein- und Ausspeisungen sowie
3. Annahmen zur Entwicklung anderer Sektoren, insbesondere des Gebäude- und Verkehrssektors.

⁴Das Regionalszenario ist durch die Betreiber von Elektrizitätsverteilernetzen spätestens zehn Monate bevor der jeweilige Netzausbauplan der Regulierungsbehörde vorzulegen ist, fertigzustellen.

(4) ¹Der Netzausbauplan enthält insbesondere folgende Angaben:
1. Netzkarten des Hochspannungs- und Mittelspannungsnetzes und der Umspannstationen auf Mittelspannung und Niederspannung mit den Engpassregionen des jeweiligen Netzes,
2. Daten, die dem nach Absatz 3 angefertigten Regionalszenario zugrunde liegen,
3. eine Darlegung der voraussichtlichen Entwicklung der Verteilungsaufgabe bis 2045 einschließlich voraussichtlich erforderlicher Maßnahmen zur Optimierung, zur Verstärkung, zur Erneuerung und zum Ausbau des Netzes sowie notwendiger Energieeffizienz- und Nachfragesteuerungsmaßnahmen,

Netzausbaupläne, Verordnungsermächtigung; Festlegungskompetenz § 14 d

4. die geplanten Optimierungs-, Verstärkungs-, Erneuerungs- und Ausbaumaßnahmen sowie notwendige Energieeffizienz- und Nachfragesteuerungsmaßnahmen in den nächsten fünf und zehn Jahren, wobei anzugeben ist, inwieweit für die Umsetzung dieser Maßnahmen öffentlich-rechtliche Planungs- oder Genehmigungsverfahren notwendig sind, sowie den jeweiligen Stand dieser Verfahren und die Angabe, ob und zu welchem Zeitpunkt durch den Betreiber eines Elektrizitätsverteilernetzes bereits Investitionsentscheidungen bezüglich dieser Maßnahmen getroffen wurden und bis zu welchem Zeitpunkt der Betreiber des Elektrizitätsverteilernetzes von der tatsächlichen Durchführung einer Maßnahme ausgeht,
5. eine detaillierte Darlegung der engpassbehafteten Leitungsabschnitte und der jeweilig geplanten Optimierungs-, Verstärkungs- und Ausbaumaßnahmen,
6. den Bedarf an nicht frequenzgebundenen Systemdienstleistungen und Flexibilitätsdienstleistungen im Sinne des § 14 c sowie die geplante Deckung dieses Bedarfs und
7. den Umfang, in dem von dem Instrument der Spitzenkappung nach § 11 Absatz 2 Gebrauch gemacht werden soll.

[2]Die Darstellung der Angaben nach Satz 1 muss so ausgestaltet sein, dass ein sachkundiger Dritter nachvollziehen kann,
1. welche Veränderungen der Kapazitäten für Leitungstrassen und Umspannstationen sowie welche Veränderungen bei nicht frequenzgebundenen Systemdienstleistungen mit den geplanten Maßnahmen einhergehen,
2. welche Alternativen der Betreiber von Elektrizitätsverteilernetzen geprüft hat,
3. welcher Bedarf an Systemdienstleistungen und Flexibilitätsdienstleistungen nach Realisierung der geplanten Maßnahmen verbleibt und
4. welche Kosten voraussichtlich entstehen.

[3]Die Regulierungsbehörde kann Vorgaben zu Frist, Form, Inhalt und Art der Übermittlung des Netzausbauplans machen.

(5) Die Regulierungsbehörde kann durch Festlegung nach § 29 Absatz 1 nähere Bestimmungen zu den Absätzen 1 bis 4 treffen.

(6) Die Betreiber von Elektrizitätsverteilernetzen haben zumindest den Netznutzern der Mittel- und Hochspannungsebene sowie den Betreibern von Übertragungsnetzen zu den sie betreffenden Netzausbauplänen Gelegenheit zur Stellungnahme zu geben.

(7) [1]Bei der Erstellung der Netzausbaupläne haben Betreiber von Elektrizitätsverteilernetzen die Möglichkeiten von Energieeffizienz- und Nachfragesteuerungsmaßnahmen zu berücksichtigen und für Niederspannungsnetze die langfristig erwarteten Anschlüsse von Erzeugungskapazitäten und Lasten anzusetzen. [2]Die Bundesregierung wird ermächtigt, durch Rechtsverordnung ohne Zustimmung des Bundesrates allgemeine Grundsätze für die Berücksichtigung der in Satz 1 genannten Belange festzulegen.

(8) [1]Die Absätze 1 bis 4 sowie 6 und 7 sind nicht anzuwenden auf Betreiber von Elektrizitätsverteilernetzen, an deren Elektrizitätsverteilernetz

§ 14d   Teil 3. Regulierung des Netzbetriebs

weniger als 100 000 Kunden unmittelbar oder mittelbar angeschlossen sind. ²Abweichend von Satz 1 sind die Absätze 1 bis 4 sowie 6 und 7 auf Betreiber nach Satz 1 anzuwenden, wenn in dem Elektrizitätsverteilernetz die technisch mögliche Stromerzeugung der beiden vorherigen Jahre aus Windenergie an Land oder aus solarer Strahlungsenergie aus den an das Elektrizitätsverteilernetz angeschlossenen Anlagen auf Veranlassung des Betreibers eines Elektrizitätsverteilernetzes um jeweils mehr als 3 Prozent gekürzt wurde.

(9) ¹Betreiber von Elektrizitätsverteilernetzen nach Absatz 8 Satz 1 sind verpflichtet, Daten nach Absatz 4 Satz 1 Nummer 1 und 2 an den vorgelagerten Betreiber von Elektrizitätsverteilernetzen zu übermitteln. ²Die Betreiber von Elektrizitätsverteilernetzen nach Absatz 1 stimmen sich zumindest innerhalb einer Planungsregion zu den Anforderungen an die zu übermittelnden Daten ab. ³Dabei haben sie den Betreibern von Elektrizitätsverteilernetzen nach Absatz 8 Satz 1 Gelegenheit zur Stellungnahme zu geben.

(10) Die Errichtung und der Betrieb von Elektrizitätsverteilernetzen mit einer Nennspannung von 110 Kilovolt liegen im überragenden öffentlichen Interesse und dienen der öffentlichen Sicherheit.

Übersicht

	Rn.
A. Inhalt	1
B. Entstehungsgeschichte und europarechtlicher Hintergrund	8
C. Die Regelung im Einzelnen	15
I. Adressaten (Abs. 1 iVm Abs. 8 und 9)	15
II. Planungsregionen (Abs. 2)	20
III. Regionalszenario (Abs. 3)	24
IV. Inhalte der Netzausbaupläne (Abs. 4 und 7)	26
V. Abstrakte Bedarfsfeststellung für Hochspannungsleitungen	40
D. Verfahren und Durchsetzung	41

Literatur: *Büchner/Katzfey/Flörcken et al.,* Abschlussbericht Moderne Verteilernetze für Deutschland, Forschungsprojekt Nr. 44/12 vom 12.9.2014 im Auftrag des BMWi (BMWi-Verteilernetzstudie); *Senders/Wegner,* Die Bedarfsplanung von Energieinfrastrukturen, EnWZ 2021, 243.

A. Inhalt

1   Für eine erfolgreiche Umsetzung der Energiewende ist der **Netzausbau** von höchster Bedeutung. Und dies gilt nicht nur auf Ebene der Übertragungsnetze (§§ 12a–12c), sondern auch bezüglich des Ausbaus und Zustands der Stromverteilernetze. Nach den **europäischen Vorgaben** der Elt-RL 19 ist ein Regelungsrahmen zu schaffen, der die Betreiber von Elektrizitätsverteilernetzen dazu verpflichtet, Netzentwicklungspläne für die Elektrizitätsverteilernetze aufzustellen (→ Rn. 8). Diese unterscheiden sich in Bezug auf den Prozess jedoch deutlich von den „**Netzentwicklungsplänen**" der Übertragungsnetze, sodass zur Abgrenzung hier von „**Netzausbauplänen**" die Rede ist.

2   Diese Netzausbaupläne sind zu erstellen, um das Voranschreiten **der Energiewende zu fördern** und den **Netznutzern eine größtmögliche Transparenz**

Netzausbaupläne, Verordnungsermächtigung; Festlegungskompetenz **§ 14 d**

über erwartete Netzerweiterungen oder Netzmodernisierungen bereitzustellen. Grundlegend ist auch im Erstellungsprozess der Netzausbaupläne das **NOVA-Prinzip** (→ § 12b Rn. 21) anzuwenden. Allerdings sind die Anforderungen angesichts von knapp 900 Elektrizitätsverteilernetzbetreibern (Monitoringbericht 2021 der Bundesnetzagentur und des Bundeskartellamts nach § 35 EnWG, S. 39) im Verteilernetzbetrieb sehr viel heterogener als im Übertragungsnetz (BMWi-Verteilernetzstudie S. 5). Das Gesetz versucht ein Gleichgewicht zwischen öffentlicher Information bzw Monitoring der Situation und der Bürokratisierung des Prozesses (RegE BT-Drs. 19/27453, 102) im Rahmen des 2021 eingeführten und im Jahr 2022 schon verschärften § 14d zu finden. Vorläufervorschrift dazu war der § 14 Abs. 1a und 1b EnWG aF.

Demnach legen Elektrizitätsverteilernetzbetreiber **mit mehr als 100.000 angeschlossenen Kunden** (→ Rn. 15 ff.) der Regulierungsbehörde **alle zwei Jahre** einen Plan über die Netzentwicklung ihres je eigenen Verteilernetzes vor (Abs. 1). Durch den zweijährlichen Turnus will das Gesetz die Formalisierung des Prozesses begrenzen. Die ersten Netzausbaupläne sind 2024 vorzulegen. Die **Übergangsregelung in § 118 Abs. 29,** nach der die Netzausbaupläne erstmals 2022 zu erstellen sind, läuft nach der Überarbeitung durch die Klimaschutz-Sofortprogramm-Novelle 2022 leer. 3

Die **Inhalte** werden in Abs. 3 und 4 genauer spezifiziert. Grundsätzlich erfasst die Verpflichtung das gesamte **geografische Netz** und alle betriebenen **Netzebenen** (→ Rn. 23). Jeder Netzausbauplan in einer gemeinsam bestimmen Planungsregion (Abs. 2) beruht auf einem abgestimmten Regionalszenario (Abs. 3). Die Erstellung solcher Szenarien ist sowohl ein Bottom-up- als auch ein Top-down-Prozess. Die lokalen Entwicklungen kennen nur die Netzbetreiber vor Ort, jedoch hat jede regionale Entwicklung und jeder regionale Engpass häufig auch Auswirkung in nachgelagerten Netzebenen. Deshalb sind an diesem Regionalszenario **alle VNB** – ohne De-minimis-Ausnahme – zur Mitwirkung verpflichtet (Abs. 9). Die zuständige Regulierungsbehörde kann gem. Abs. 2 S. 3 Netzbetreiber einer Planungsregion zwangsweise zuordnen und gem. Abs. 5 weitergehende Vorgaben zu den Inhalten nach den Abs. 1–4 in Form von Festlegungen machen. Abs. 6 sieht eine Verfahrensvorschrift in Form von **Beteiligungsrechten** der Netznutzer und der Übertragungsnetzbetreiber bei den Prozessen der Netzbetreiber vor. Hinsichtlich der Planung von Energieeffizienz- und Nachfragesteuerungsmaßnahmen macht Abs. 7 die Vorgabe, dass die VNB diese bei ihren Netzausbauplanungen zu berücksichtigen haben. Abs. 7 S. 2 sieht eine Verordnungsermächtigung der Bundesregierung zu näheren Ausgestaltung allgemeiner Grundsätze vor. Weder eine entsprechende Festlegung noch eine Verordnung sind Stand 2022 erlassen worden. 4

Darüber hinaus sind die VNB gehalten, im Rahmen ihrer aus §§ 11, 12 und 20 Abs. 1 S. 3 und 4 (→ § 11 Rn. 39 und § 20 Rn. 162 f.) erwachsenen **Kooperationspflichten** in einer Weise zusammenzuarbeiten, dass **Planungsregionen und Regionalszenarien** (beachte Abs. 9) entstehen, die aus technisch-energiewirtschaftlichen Gründen **unabhängig von Eigentumsgrenzen** im Interesse einer effizienteren Netzentwicklung gemeinsam entwickelt werden müssen. Die nach § 14e Abs. 1 iVm Abs. 4 gemeinsam vorzunehmende Internetveröffentlichung zur Netzentwicklung der VNB ersetzt die bis 2020 jährlich veröffentlichten Berichte über den Zustand und Ausbau der Verteilernetze der BNetzA (www.bundesnetzagentur.de/DE/Sachgebiete/ElektrizitaetundGas/Unternehmen_Institutionen/NetzentwicklungSmartGrid/Zustand_VN/ZustandVN_node.html). 5

Bourwieg

§ 14d

6   Durch die Beschränkung des **Adressatenkreises** in Abs. 8 auf VNB mit mehr als 100.000 angeschlossenen Kunden ist behördenseitig aufgrund der Zuständigkeitsabgrenzung in § 54 Abs. 1 nur die **BNetzA** Adressatin der Pläne. Werden durch einen Verteilernetzbetreiber unterhalb dieser Schwelle zwei Jahre in Folge mehr als drei Prozent der **technisch möglichen** Stromerzeugung (dh wohl Energiemenge, nicht Leistung) aus Windenergie- und Solaranlagen im Rahmen der Maßnahmen nach § 13 abgeregelt, dann müssen auch diese Verteilernetzbetreiber einen Netzausbauplan bei ihrer zuständigen Regulierungsbehörde vorlegen.

7   Die Vorschrift wird direkt zitiert in §§ 14, 14e, in dem die Beteiligung der Netznutzer gem. Abs. 4 S. 2 über die gemeinsame Internetplattform stattfinden muss, mittelbar in den Bezugnahmen in §§ 7a und 11 sowie 35, in den Gebührentatbeständen des § 91, in dem Ausnahmekatalog der Zuständigkeitsregelungen des § 59 und für Betreiber geschlossener Verteilernetze in § 110 und der Übergangsregelung des § 118 (→ Rn. 3).

B. Entstehungsgeschichte und europarechtlicher Hintergrund

8   Mit dieser Vorschrift wird **Art. 32 Abs. 3 Elt-RL 19** umgesetzt und mit den zuvor bereits in § 14 Abs. 1a und 1b aF bestehenden nationalen Regelungen für die Berichtspflicht zur Netzausbauplanung der VNB vereint.

9   Abs. 1 S. 1 statuiert die regelmäßige Pflicht, einen Netzausbauplan zu erstellen, die ursprünglich in § 14 Abs. 1b aF angelegt war. Die Norm verlängert den ursprünglichen jährlichen Turnus, in Ausübung des in Art. 32 Abs. 3 Elt-RL eröffneten Ermessensspielraums, auf einen zweijährlichen Turnus. Dies wird als ausreichend erachtet, da inhaltliche Änderungen der langfristigen Netzausbauplanung mit einem Planungshorizont von zehn Jahren bei jährlicher Aktualisierung grundsätzlich gering sind und Bedarfsanforderungen sowie spezifische Informationsanforderungen durch die Regulierungsbehörden über § 14 Abs. 2 jederzeit möglich sind (Begr.RegE BT-Drs. 19/27453, 101).

10   Abs. 1 S. 3 setzt die Vorgabe des Änderungsverlangens durch die Regulierungsbehörde aus Art. 32 Abs. 4 S. 3 Elt-RL 19 um.

11   Abs. 4 legt die wesentlichen Inhalte des Netzausbauplans fest und beruht zum einen auf der Umsetzung der Vorgaben des Art. 32 Abs. 3 Elt-RL 19 sowie auf der Integration von bisher in § 14 Abs. 1b aF geregelten Vorgaben. Auch Abs. 4 S. 2 setzt eine Anforderung des Art. 32 Abs. 3 Elt-RL 19 um und ergänzt diese um die in § 14 Abs. 1b aF eingeführten Inhalte.

12   Abs. 6 setzt die Vorgabe des Art. 32 Abs. 4 Elt-RL 19 zur Konsultation im Zuge von behördlichen Vorgaben für die Netzausbaupläne um. Die europäische Vorgabe selbst adressiert die **„relevanten" Netznutzer und Betreiber von Übertragungsnetzen.** Im Kontext der Erstellung eines konkreten Netzausbauplans werden zumindest die Netznutzer der Mittel- und Hochspannungsebene als relevant im Sinne der Richtlinie anzusehen sein. Abs. 7 entspricht § 14 Abs. 2 aF.

13   Abs. 8 S. 1 setzt die in Art. 32 Abs. 5 Elt-RL 19 eingeräumte Möglichkeit um, die Verpflichtung zur Erstellung eines Netzausbauplans nicht auf Betreiber von Elektrizitätsverteilernetzen mit weniger als 100.000 unmittelbar oder mittelbar angeschlossenen Kunden zu erstrecken. Erneut werden hier Gründe der Verhältnismäßigkeit angeführt. Eine Rückausnahme besteht für kleine Verteilernetzbetrei-

ber, wenn dieser zwei Jahre in Folge **mehr als drei Prozent** der technisch möglichen Stromerzeugung (dh wohl: Energiemenge, nicht Leistung) aus Windenergie- und Solaranlagen im Rahmen der Maßnahmen nach § 13 abregeln musste. Dann müssen auch diese Verteilernetzbetreiber einen Netzausbauplan bei ihrer zuständigen Regulierungsbehörde vorlegen. In der Fassung des § 14d aus der EnWG-Novelle 2021 fand sich noch eine **Fünf-Prozent-Schwelle,** angelehnt an die in Art. 13 Abs. 5a Elt-VO 19 niedergelegte europäische Anforderung an den bedarfsgerechten Netzausbau (Begr. RegE BT-Drs. 19/27453, 103). Diese Schwelle wurde mit der Neufassung der Klimaschutz-Sofortprogramm-Novelle 2022 auf drei Prozent abgesenkt. Die Schwelle kommt ebenfalls in der Spitzenkappung in § 11 Abs. 2 zur Anwendung. Wobei dort auf eine **Netzplanung** abgestellt wird, die auf die einzelne Anlage abstellt; hier geht es um drei Prozent der „**technisch möglichen Stromerzeugung**" aus Wind- und Sonnenenergie in den letzten zwei Jahren.

Mit der Klimaschutz-Sofortprogramm-Novelle 2022 wurde dann noch Abs. 10 **14** hinzugefügt. Damit wird das bedarfsbegründende überragende öffentliche Interesse an Planung und Errichtung von Hochspannungsleitungen (110 kV) gesetzlich festgestellt (Bericht und Beschlussempfehlung des BT-Ausschuss, BT-Drs. 20/2402, 14).

C. Die Regelung im Einzelnen

I. Adressaten (Abs. 1 iVm Abs. 8 und 9)

Abs. 8 S. 1 regelt, dass Betreiber von **kleineren Elektrizitätsverteilernetzen** **15** mit weniger als 100.000 angeschlossenen Kunden von den Berichtspflichten gänzlich ausgenommen sind. Allerdings sind auch diese durch Abs. 9 verpflichtet, Eingangsdaten für die Erstellung der Regionalszenarien an den jeweils vorgelagerten Verteilernetzbetreiber zu liefern. Dies betrifft insbesondere Planungsgrundlagen einschließlich gesonderter Angaben zum Anschluss neuer dezentraler Erzeugungskapazitäten sowie von Lasten und Ladepunkten für Elektrofahrzeuge für die in den nächsten fünf Jahren zu erwartenden Ein- und Auspeisungen.

Der Begriff der **„unmittelbar oder mittelbar angeschlossene Kunden"** ist **16** im EnWG und den daraus folgenden Verordnungen einheitlich zu verstehen. Insofern kann zur Bestimmung des Kundenbegriffs zB auf die Positionen zur Umsetzung der Entflechtungsbestimmungen zurückgegriffen werden (→ § 7 Rn. 43 ff.; „Gemeinsame Auslegungsgrundsätze der Regulierungsbehörden des Bundes und der Länder zu den Entflechtungsbestimmungen in §§ 6–10 EnWG vom 1.3.2006").

Die Anzahl der „angeschlossenen Kunden" ist anhand der im Netzgebiet vor- **17** handenen gemessenen Lieferstellen zu ermitteln, welche der Zahl aller **vorhandenen Zählpunkte** entspricht. Da die Anzahl der im Netzgebiet angeschlossenen Zähler grundsätzlich eine geeignete Kennzahl zur Bestimmung der im Wettbewerb stehenden Lieferstellen und damit der **energiewirtschaftlichen Bedeutung des Netzes** darstellt, wird zur Berechnung auf diese Zahl abgestellt (BNetzA Beschl. v. 28.8.2008 – BK6-07-031, S. 10). Auch aktive Zähler bei vorübergehenden Leerständen sind dabei zu berücksichtigen.

Im Verlauf der Begründung im genannten Beschluss tritt die BNetzA auch aus- **18** drücklich einer personenbezogenen Auslegung des Kundenbegriffs entgegen.

Nach Ansicht der Beschlusskammer spricht gegen eine solche Bündelung von verschiedenen Anschlüssen auf eine Person bzw. einen Kunden ua auch die Gesetzesbegründung, wenn dort zum Größenkriterium der 100.000 Kunden ausgeführt wird

> *„mit der Bestimmung der relevanten Kunden soll [...] sichergestellt werden, dass nicht einzelne größere Unternehmen mit einer scheinbaren Bündelung von Versorgungsverhältnissen auf wenige Kunden in den Genuss dieser Ausnahme gelangen (S. 7 mit Verweis auf Begr. RegE zu § 7 BT-Drs 15/3917, 53.)*

19 Diesem Ansatz folgend soll nach gefestigter Beschlusslage der BNetzA eine Bündelung verschiedener Versorgungsverhältnisse bzw. Lieferstellen auf eine einzelne Person für die Bestimmung der Zahl der unmittelbar oder mittelbar angeschlossenen Kunden nicht möglich sein (BerlKommEnergieR/ *Säcker/Schönborn* EnWG § 7 Rn. 11–16).

II. Planungsregionen (Abs. 2)

20 Abs. 2 trägt den erhöhten **Kooperationserfordernissen** auch der VNB Rechnung. Hintergrund dieser Regelung ist, dass eine Prognose des Zubaus von weiterer Erzeugung und Last auch mit verschiedenen Möglichkeiten eines effizienten Netzanschlusses und Transports der Energie einhergeht. Potenzielle Netzanschlusspunkte sind in einigen Regionen auch unterschiedlichen Netzbetreibern zuzuordnen. Erste Ansätze gibt es 2021 zwischen den ostdeutschen Flächennetzbetreibern in der ARGE VNB Ost (www.arge-fnb-ost.de/arbeitsfelder/netzausbauplan).

21 Mit den S. 1 und 2 werden **Planungsregionen** eingeführt, innerhalb derer ein Informationsaustausch zwischen den beteiligten Netzbetreibern stattfindet. Diese werden durch die beteiligten Betreiber von Elektrizitätsverteilernetzen im Grundsatz selbst konstituiert. Dabei sollten ausschließlich die **netztechnischen Gegebenheiten** ausschlaggebend sein. Es soll nicht die **Eigentumsgrenze** oder Betreibereigenschaft maßgeblich sein. So können Hochspannungsnetze eines Betreibers zu verschiedenen Planungsregionen gehören, wenn diese dort netztechnisch besser integriert sind. Zur Abstimmung des Netzausbauplans ist daher ein systematischer Informationsaustausch der regionalen Betreiber von Verteilernetzen zum jeweiligen Netzausbauszenario (zum Begriff → § 12a Rn. 22ff. und → § 15a Rn. 24ff.) und zum Netzausbaubedarf verpflichtend. Die Regelung trifft Vorgaben zur Abstimmung innerhalb von Planungsregionen.

22 Nach S. 3 kann die Behörde von Amts wegen oder auf Antrag in Ausübung ihres Ermessens die Aufnahme eines oder mehrerer Netzbetreiber in eine bestimmte Planungsregion ausnahmsweise auch anordnen.

23 Laut Gesetzesbegründung sollte die Anzahl der Planungsregionen fünf nicht unterschreiten und fünfzehn nicht überschreiten (RegE. BT-Drs. 19/27453, 103). Diese Überlegung hat allerdings im Gesetz **keinen Niederschlag** gefunden. Da in Netzen in den Netzebenen ab der Mittelspannung die galvanische Verknüpfung selten ist, knüpft die Idee der Regionalisierung wohl an den Hochspannungsnetzen an.

III. Regionalszenario (Abs. 3)

24 Nach Abs. 3 stimmen die Betreiber von Elektrizitätsverteilernetzen einer Planungsregion ein Regionalszenario ab, das die gemeinsame Grundlage der jeweiligen Netzausbaupläne der beteiligten VNB der jeweiligen Planungsregion ist. Der

Szenariobegriff zielt auf die regionale Prognose der Entwicklung von Erzeugung, Verbrauch, Systemdienstleistungspotenzialen etc (→ Rn. 31) ab, die man für eine Netzentwicklung braucht. Aufgrund der Wechselwirkungen zwischen den Netzentwicklungsplänen der ÜNB und den Netzausbauplänen der VNB sind die Regionalszenarien unter Einbeziehung der **relevanten ÜNB** zu entwickeln. Auch die ÜNB sowie die übrigen von den Pflichten ausgenommenen **De-minimis Unternehmen** müssen Planungsdaten beisteuern (Abs. 9). Die Zuständigkeit und Verantwortlichkeit für den jeweiligen Netzausbauplan und einem bedarfsgerechten Netzausbau verbleibt jedoch beim jeweiligen Betreiber des Elektrizitätsverteilernetzes.

Nach Abs. 4 Nr. 3 ist in den Netzausbauplänen auch die langfristige Entwicklung der Verteilungsaufgabe bis zum **Zieljahr der Treibhausgasneutralität 2045** und damit die Ausrichtung der Netzausbauplanung auf die Klimaschutzziele und Jahresemissionsmengen nach dem Bundes-Klimaschutzgesetz darzustellen (Begr. RegE BT-Drs. 20/1599, 55). Zusätzlich soll im Sinne einer integrierten, **sektorübergreifenden Planung** auch die Entwicklung insbesondere des Verkehrssektors mit der Entwicklung der Elektromobilität und der Wärme mit der Elektrifizierung der Gebäudeheizungen untersucht werden. 25

IV. Inhalte der Netzausbaupläne (Abs. 4 und 7)

In der ersten Weiterentwicklung von § 14 in § 14 d aus der EnWG-Novelle 2021 war noch der Versuch erkennbar, unterschiedliche Anforderungen bezogen auf die verschiedenen Spannungsebenen auszugestalten. So waren in der zwischenzeitlichen Fassung von Abs. 3 Nr. 1 aF **Netzkarten** mit Engpassregionen nur für die Hochspannung und Umspannung HS/MS anzufertigen. Gemäß der Begründung des RegE geschah dies, um die Verhältnismäßigkeit von Aufwand und Transparenz zu gewährleisten (Begr. RegE BT-Drs. 19/27453, 101 f.). Eine echte Beschränkung ist in der Fassung des Jahres 2022 kaum noch zu erkennen, auch wenn die Zeithorizonte der Planungsgrundlagen in Abs. 4 Nr. 2 weiterhin zwischen MS und HS unterscheiden. 26

Es sind die Planungsgrundlagen (Abs. 4 Nr. 2) sowie die Maßnahmen zur Optimierung, Verstärkung und zum Ausbau des Netzes (Abs. 4 Nr. 3) darzustellen. Außerdem ist darzulegen, mit welchen Maßnahmen die notwendige Kapazitätserweiterung erreicht wird, welche konkreten Investitionsentscheidungen (Unternehmensintern) und Planungsverfahren (öffentliche Verfahren) unternommen wurden. 27

Für die Hochspannungsebene als maßgebliche Netzebene für regionale Planungskoordinierung (110-kV-Netz) gibt die VDE-Anwendungsregel VDE-AR-N 4121 Maßstäbe zu Planungsgrundsätzen und Maßnahmen vor, die zu beachten und darzulegen sind (RegE BT-Drs. 19/27453, 101 f.). 28

Unter Netzoptimierungmaßnahmen werden unter anderem die Veränderung des Schaltzustandes, der witterungsabhängige Freileitungsbetrieb (Freileitungsmonitoring), die Nutzung von Lastmanagement (→ § 13 i Rn. 7 f.), die Spitzenkappung von Einspeisern (→ § 11 Rn. 159 ff.), Blindleistungsmanagement sowie aktive Betriebsführungskonzepte verstanden. Unter aktiven Betriebsführungskonzepten versteht man die situationsabhängige und gegebenenfalls automatisierte Beeinflussung der Netzbetriebsgrößen (zB Leistungsfluss und Spannung) zur Einhaltung der thermischen Belastbarkeiten von Betriebsmitteln und der Spannungsbänder (Begr. RegE BT-Drs. 19/27453, 101 f.). 29

§ 14 d   Teil 3. Regulierung des Netzbetriebs

30   Netzverstärkungsmaßnahmen umfassen eine Reihe von möglichen Maßnahmen wie den Wechsel der Beseilung von Freileitungen, die Masterhöhung zur Erhöhung der Trassierungstemperatur, und können zusätzliche Drehstromsysteme auf vorhandenen Leitungen, den Leitungsneubau auf bestehender Trasse sowie den Austausch von Betriebsmitteln (Belastbarkeit und Kurzschlussfestigkeit) umfassen (Begr. RegE BT-Drs. 19/27453, 101 f.). Netzausbaumaßnahmen sind beispielsweise der Neubau von Schaltanlagen, Umspannstationen, Leitungen und Kabeln, der Zubau von Transformatorleistung sowie Blindleistungskompensationsanlagen.

31   Abs. 4 S. 1 Nr. 5 sieht Darstellungen zum Bedarf an weiteren nicht-frequenzgebundene Systemdienstleistungen (→ § 12h Rn. 1 ff.) vor, wie zB einem effizienten **Blindleistungsmanagement,** das auf höheren Spannungsebenen und in regionaler Kooperation häufig effizienter durchzuführen ist.

32   Abs. 4 S. 1 Nr. 6 sieht die Einordnung des in § 11 Abs. 2 geschaffenen Instruments der **Spitzenkappung** in der Netzplanung vor. Dort bestehen eigene Transparenz- und Mitteilungspflichten (→ § 11 Rn. 166), die parallel bestehen. Spitzenkappung sieht aus Gründen einer volkswirtschaftlichen Gesamteffizienz die Planung eines strukturell unterdimensionierten Netzes vor. Bei dargebotsabhängigen Erzeugungsarten wie Wind- und Solarenergie werden in der Netzplanung Annahmen zur Einspeiseprofilen getroffen. Das Instrument der Spitzenkappung erlaubt einen Netzausbau, der zu Abregelungen von einzelnen Anlagen führt, die vielbeschworene „letzte Kilowattstunde" muss nicht transportiert werden. In der Netzberechnung darf die Schwelle von drei Prozent je Anlage nicht überschritten werden – kommt es im Betrieb zu höheren Abregelungen, so sind diese aus Sicherheitsgründen natürlich zulässig (→ § 13); sie lösen jedoch Ausbaubedarf zu einem pflichtgemäß bedarfsgerechten Netz aus, das sich in Netzausbauplänen nach § 14 d niederschlägt. Insoweit ist die 3 Drei-Prozent-Schwelle in § 14 d Abs. 8 S.2 nicht identisch mit der Drei-Prozent-Schwelle der Spitzenkappung. Denn hier geht es um drei Prozent der gesamten im Netzgebiet technisch möglichen Stromerzeugung aus Wind- und Solarenergie.

33   Abs. 4 S. 3 und Abs. 5 ermächtigen die Regulierungsbehörde, konkrete inhaltliche und formelle Vorgaben zu machen. Dies schließt beispielsweise nähere Vorgaben zu Datenformaten und elektronischer Verfahrensführung ein, ebenso Frist- und Formularvorgaben.

34   Abs. 4 S. 2 setzt **Maßstäbe** für die Anforderungen an die Darstellung durch die **Beschreibung des Zwecks** der Netzausbaupläne. Diese sollen es **jedem sachkundigen Dritten** möglich machen, die in S. 2 Nr. 1–4 genannten Kriterien nachzuvollziehen.

35   Dabei geht es in Nr. 1 und 2 um die **Interessen der Netznutzer** (Erzeuger, Lieferanten und Verbraucher), aber auch um **mögliche Anbieter** von sog. Flexibilitätsdienstleistungen (→ § 14c Rn. 1 ff.) in Nr. 1 und Nr. 3 und die **Kostenentwicklung** (Nr. 4). Dabei bleibt offen, ob mit „Kosten" die Investitionssummen gemeint sind oder – was für die im Übrigen adressierten Dritten wesentlich wichtiger sein dürfte – wie sich die Maßnahmen auf die Entwicklung der Netzkosten aus Sicht der entgeltzahlenden Netznutzer entwickeln werden.

36   Die in den Netzausbauplänen enthaltenen Investitionsbedarfe sind Prognosen der Netzbetreiber und daher nicht mit der tatsächlichen, aktuellen Investitionstätigkeit zu verwechseln. Insbesondere die unteren Spannungsebenen unterliegen wie beschrieben einem kürzeren Planungshorizont, sodass eine Vielzahl von kurzfristigen Netzausbaumaßnahmen nicht durch die Abfrage langfristiger Netzausbauprojekte erfasst werden kann.

Die tatsächliche Investitionstätigkeit wird durch die Anträge zum Kapitalkosten- 37
aufschlag (§ 10a ARegV) deutlich, in denen Verteilernetzbetreiber die getätigten
Investitionen seit dem Basisjahr und die in den nächsten zwei Jahren geplanten
Investitionen unmittelbar in die Erlösobergrenze einstellen und refinanzieren
können.

Dritte im Sinne der Regelung sind offenkundig die Nutznießer der Transparenz 38
und ihre Beauftragten. Dabei sind die **Anforderungen an die Sachkunde** nicht
zu überziehen. Sachkunde besteht in einem – nicht unbedingt professionellen –
die durchschnittliche Anteilnahme übersteigenden Informationsstand über Personen, Tatsachen und Ereignisse (Maunz/Schmidt-Bleibtreu/Klein/Bethge/*Bethge*
BVerfGG § 27a Rn. 7). Die Beurteilung der Sachkunde obliegt der Einschätzungsprärogative des Beurteilenden – in diesem Fall der aufsichtsführenden Behörde .
Wenn Regulierungsbehörden, Energieaufsichtsbehörden der Länder und energiepolitische Grundsatzreferate aus Ministerien aus den Netzausbauplänen die genannten Informationen ohne Weiteres ableiten könnten, dann wäre schon viel gewonnen.

Abs. 7 enthält wenig konkrete Vorgaben für die Planung des Verteilernetzaus- 39
baus. Danach haben VNB den Netzausbau **unter Berücksichtigung** von Energieeffizienz- und Nachfragesteuerungsmaßnahmen sowie dezentraler Erzeugungsanlagen zu planen (entspricht § 14 Abs. 1b aF). Ihre Berücksichtigung bei der
Ausbauplanung soll zur Kosteneffizienz im Bereich der Elektrizitätsverteilernetze
beitragen. Es darf dadurch jedoch nicht zu Abstrichen bei der Versorgungssicherheit
kommen (Begr. BT-Drs. 15/3917, 57 zu § 14 Abs. 1b aF). Nach Abs. 5 S. 2 kann die
Bundesregierung in einer **Rechtsverordnung** allgemeine Grundsätze für die Berücksichtigung genannten Belange bei der Planung des Verteilernetzausbaus festlegen.

V. Abstrakte Bedarfsfeststellung für Hochspannungsleitungen

Die Regelung unterstreicht die **Bedeutung der Hochspannungsebene** der 40
Verteilernetze (110 kV) für die Energiewende, bei der ein gesetzlicher Abwägungsvorrang helfen kann, die Planungs- und Genehmigungsverfahren für die für Hochspannungsnetze üblichen Freileitungen zu beschleunigen (Begr. Bericht und Beschluss BT-Ausschuss, BT-Drs. 20/2402, 42). Vergleichbare Regelungen bestehend
schon im Hinblick auf die Übertragungsnetze (§ 1 S. 3 NABEG). Die Regelung
trägt der Bedeutung der Anschlussebene Hochspannung bei Anschluss und Integration von Windenergie an Land und großen PV-Anlagen Rechnung, die erheblichen Ausbau- und Ertüchtigungsbedarf in der 110 kV – Ebene auslösen.

D. Verfahren und Durchsetzung

In den Abs. 1 und 2 sind Pflichten angelegt und Durchsetzungsmöglichkeiten 41
der Regulierungsbehörde vorgesehen: Abs. 1 S. 3 und Abs. 2 S. 3. Ergänzend können die zuständigen Regulierungsbehörden nach Abs. 5 und Abs. 4 S. 3 Festlegungen zum Verfahren und den Inhalten der Absätze 1–4, dh auch der Regionalszenarien und Netzausbaupläne, machen. Sonstige Pflichten können von Amts wegen
über die allgemeine Aufsichtsnorm des § 65 grundsätzlich durchgesetzt werden.

Entscheidungen nach § 14d sind gem. § 59 Abs. 1 Nr. 8 nicht zwingend durch 42
Beschlusskammern zu treffen, handelt es sich doch wie die Szenariorahmen und

§ 14 d
Teil 3. Regulierung des Netzbetriebs

Netzentwicklungspläne der Transportnetzbetreiber auch um stärker planerische als im engeren Sinne regulatorische Aufgaben. Eine Verbindung zu den **Entflechtungsvorschriften** in §§ 6 ff. bleibt immer erhalten, da durch die Planung eines engpassfreien Netzes auch strukturelle Interesse und lokale Marktmacht verhindert wird, die zu Quersubventionierung und Diskriminierung führen kann.

43 Die Erstellung der Planungsregionen und Regionalszenarien selbst ist ein eher **kooperativer Vorgang** zwischen den beteiligten Netzbetreibern. Abs. 6 sieht Beteiligungsrechte der Netznutzer der MS und HS sowie der vorgelagerten ÜNB zu den Netzausbauplänen vor. Das „Ob" der Aufstellung ist durchsetzbar, es wird ausgesprochen schwierig sein, einen bestimmten Standard in den Planungsregionen und Regionalszenarien durchzusetzen. § 14 d kann nicht Gegenstand eines besonderen Missbrauchsverfahrens nach § 31 sein. **Subjektive Rechte** der Netznutzer werden durch die Planungsinstrumente nicht berührt – es bleibt bei den individuell durchsetzbaren Ansprüchen auf Netzanschluss nach §§ 17 ff. EnWG und §§ 8 ff. EEG 2021 und Netzzugang nach §§ 20 ff. EnWG sowie den Pflichten aus § 12 EEG 2021 (*Senders/Wegner* EnWZ 2021, 243 (245)).

44 Zwangsmittel ergeben sich erst nach Verstoß gegen eine vollziehbare Anordnung aus § 94 sowie Ordnungswidrigkeiten bei Verstoß gegen eine vollziehbare Anordnung aus § 65 Abs. 1 gem. § 95 Abs. 1 Nr. 3 a).

45 Die gesetzliche Bestimmung des Abs. 10 zur Bedeutung des Vorhabens und seinem überragenden öffentlichen Interesse nimmt die **Abwägung der Genehmigungsbehörde** im Einzelfall nicht vorweg. Gerade gebiets- und artenschutzrechtlichen Regelungen auf Grundlage europäischer Vorgaben der FFH-Richtlinie und der Vogelschutz-Richtlinie sind dem nationalen Recht der Mitgliedstaaten weitgehend entzogen. Beeinträchtigungen eines gemeinschaftsrechtlich geschützten FFH- oder Vogelschutzgebiets oder einer geschützten Art oder eines geschützten Lebensraums können daher nicht aufgrund einer solchen generellen nationalen Vorrangregelung gerechtfertigt werden. (BerlKommEnergieR/*Appel* NABEG § 1 Rn. 15 mwN). Dennoch entfaltet diese Regelung ihre Wirkung als **Abwägungsdirektive** in notwendigen Planungsverfahren (BerlKommEnergieR/*Appel* NABEG § 1 Rn. 16 mwN). Im Fall widerstreitender öffentlicher und privater Belange stehen diese in einer ordentlichen Abwägung und bestmöglichen Optimierung aller Belange dem Leitungsbauvorhaben im Hochspannungsnetz nur dann letztlich entgegen, wenn sie im Einzelfall ein höheres Gewicht aufweisen. Dem kann – auch bei einem inflationären Gebrauch der Begründung von Vorhaben und Handlungen mit einem überragenden öffentlichen Interesse und der öffentlichen Sicherheit angesichts von Klimawandel und dem russischen Angriffskrieg auf die Ukraine 2022 – im Hinblick auf diese Infrastruktur zur Aufnahme und Transport von Energie nur beigepflichtet werden. Der Gesetzgeber hat sorgfältig differenziert, indem er **nur die Hochspannungsebene** in diesen Abwägungsvorrang erhebt. Diese Leitungsebene integriert tatsächlich einen sehr großen Anteil erneuerbarer (Energie in Leistung *und* Arbeit) und konventioneller Energieerzeugung in das europäische Stromsystem (BMWi Verteilernetzstudie, S. 13) und hat mehr als eine lokale Funktion in der sicheren Versorgung von Bevölkerung und Wirtschaft mit Elektrizität.

§ 14e Gemeinsame Internetplattform; Festlegungskompetenz

(1) Betreiber von Elektrizitätsverteilernetzen sind verpflichtet, ab dem 1. Januar 2023 zu den in den folgenden Absätzen genannten Zwecken eine gemeinsame Internetplattform einzurichten und zu betreiben.

(2) Betreiber von Elektrizitätsverteilernetzen haben spätestens ab dem 1. Januar 2024 sicherzustellen, dass Anschlussbegehrende von Anlagen gemäß § 8 Absatz 1 Satz 2 des Erneuerbare-Energien-Gesetzes sowie Letztverbraucher, einschließlich Anlagen nach § 3 Nummer 15d und 25, über die gemeinsame Internetplattform auf die Internetseite des zuständigen Netzbetreibers gelangen können, um dort Informationen für ein Netzanschlussbegehren nach § 8 des Erneuerbare-Energien-Gesetzes oder die im Rahmen eines Netzanschlusses nach § 18 erforderlichen Informationen zu übermitteln.

(3) Die Beteiligung nach § 14d Absatz 6 hat über die gemeinsame Internetplattform zu erfolgen.

(4) Betreiber von Elektrizitätsverteilernetzen veröffentlichen auf der gemeinsamen Internetplattform mindestens Folgendes:
1. das jeweilige Regionalszenario nach § 14d Absatz 3, spätestens vier Wochen nach Fertigstellung,
2. den jeweiligen Netzausbauplan nach § 14d Absatz 1, spätestens vier Wochen nach Fertigstellung und
3. die Stellungnahmen nach § 14d Absatz 6.

(5) Die Betreiber von Elektrizitätsverteilernetzen haben die Regulierungsbehörde auf die Veröffentlichungen nach Absatz 4 in Textform hinzuweisen.

(6) Die Regulierungsbehörde kann die Übermittlung einer Zusammenfassung der Stellungnahmen nach § 14d Absatz 6 in Textform verlangen.

(7) Die Regulierungsbehörde kann durch Festlegung nach § 29 Absatz 1 nähere Bestimmungen zu den Absätzen 1 bis 5 treffen.

Übersicht

	Rn.
A. Inhalt	1
B. Entstehungsgeschichte	3
C. Zweck	9
D. Einzelkommentierung	11
I. Kollektive Verpflichtung (Abs. 1)	11
II. Anschlussplattform (Abs. 2)	16
III. Beteiligung nach § 14d Abs. 6 (Abs. 3 und 4)	21
IV. Information der Regulierungsbehörde (Abs. 5 und Abs. 6)	23
V. Festlegungskompetenz (Abs. 7)	26
E. Durchsetzung	27

§ 14e

A. Inhalt

1 Betreiber von Elektrizitätsverteilernetzen (§ 3 Nr. 3) werden verpflichtet, ab dem 1.1.2023 in einer **branchenweiten Kooperation** eine gemeinsame **Internetplattform** aufzusetzen und zu betreiben. Die Betreiber der Elektrizitätsverteilernetze sollen regelmäßig die Unterlagen nach § 14d zur Netzausbauplanung (Regionalszenarios, Netzausbaupläne, eingegangene Informationen zu Netzanschlussbegehren von Netznutzern und Stellungnahmen) zentral veröffentlichen.

2 Darüber hinaus soll ab dem 1.1.2024 über die Plattform Letztverbrauchern und Betreibern von EE-Anlagen ein digitaler Zugang zu den Informationen über Netzanschlussbegehren und –bedingungen aller knapp 900 deutschen Verteilernetzbetreiber ermöglicht werden. Die Informationen müssen nicht auf der Internetplattform veröffentlicht werden. Es sollen aber über die Internetplattform zentral die aktuellen und individuellen Informationen von allen VNB verlinkt werden.

B. Entstehungsgeschichte

3 Die Veröffentlichungspflicht des § 14 Absatz 1b Satz 1 aF wird in den neuen § 14e Abs. 3 überführt. 14e wurde erstmals mit der EnWG Novelle 2021 eingeführt (Begr. RegE BT-Drs. 19/27453, S. 104f). Er dient gem. der Gesetzesbegründung der Umsetzung von Art. 32 der Elt-RL 19.

4 Art. 32 Elt-RL 19 befasst sich mit „Anreizen für die Nutzung von Flexibilität in Verteilernetzen". In transparenten und diskriminierungsfreien Verfahren sollen VNB in die Lage versetzt werden Flexibilitätsleistungen einschließlich Engpassmanagement in ihrem Bereich zu beschaffen, um die Effizienz bei Betrieb und Ausbau des Verteilernetzes zu verbessern (Art. 32 Abs. 1 Elt-RL 19). Dazu soll der Ausbauzustand der Netze transparent gemacht werden.

5 Art. 32 Abs. 3 Elt-RL 19 lautet:

> Der Ausbau eines Verteilernetzes beruht auf einem transparenten Netzentwicklungsplan, den der Verteilernetzbetreiber mindestens alle zwei Jahre veröffentlicht und der Regulierungsbehörde vorlegt. Der Netzentwicklungsplan sorgt für Transparenz bei den erforderlichen mittel- und langfristigen Flexibilitätsleistungen und enthält die in den nächsten fünf bis zehn Jahren geplanten Investitionen, mit besonderem Augenmerk auf die wesentliche Verteilerinfrastruktur, die erforderlich ist, um neue Erzeugungskapazitäten und neue Lasten, einschließlich Ladepunkten für Elektrofahrzeuge, anzuschließen. Der Netzentwicklungsplan thematisiert zudem die Nutzung von Laststeuerung, Energieeffizienz, Energiespeicheranlagen und anderen Ressourcen, auf die der Verteilernetzbetreiber als Alternative zum Netzausbau zurückgreift.

6 Damit sind insbesondere die Inhalte des § 14d umrissen. § 14e geht über die reine Umsetzung der europarechtlichen Vorgabe jedenfalls deutlich hinaus.

7 Der Bundesrat hat angeregt, in Abs. 2 auch Informationen zu verbrauchsseitigen Netzanschlüssen nach → § 17, also oberhalb der Niederspannung, in die Plattform einzubeziehen (BT-Drs. 20/1977, S. 6). Dies hat die Bundesregierung dann aber „angesichts der Zielsetzung der Einführung massentauglicher Prozesse in der Niederspannung" abgelehnt (BT-Drs. 201977, S. 32; → Rn. 18).

8 Eine von der Bundesregierung in Aussicht gestellte Klarstellung mit Verweis auf Ladepunkte für Elektromobile und Energiespeicheranlagen hat dann auch nicht

Gemeinsame Internetplattform; Festlegungskompetenz **§ 14 e**

den Weg in die Novelle gefunden. Die Stellungnahme der Bundesregierung ist allerdings weiterführend, weshalb hier zitiert werden soll (Hervorhebungen durch den Verfasser):

> *„Um aber Unsicherheiten in der Rechtsanwendung vorzubeugen wird eine Ergänzung durch einen Verweis auf § 3 Nummer 15d und Nummer 25 EnWG befürwortet. Durch die Ergänzung wird klargestellt, dass auch Ladepunkte für Elektromobile und Energiespeicheranlagen erfasst sind. Durch die Klarstellung wird jedoch **nicht unterstellt**, dass insbesondere **Energiespeicheranlagen nicht etwa als Letztverbraucher zu begreifen** seien. Gerade die **Verwendung des Letztverbraucherbegriffs sollte hierbei auch Speicher und Ladepunkte für Elektromobile einbeziehen**. Für Ladepunkte ergibt sich dies bereits aus der Legaldefinition des „Letztverbrauchers" in § 3 Nummer 25 EnWG. Aber auch Speicher **fallen unter den Begriff des „Letztverbrauchers"**, sofern sie Strom aus dem Netz beziehen, wie es sich auch aus dem Wort „verbrauchen" in § 3 Nummer 15d EnWG ergibt. Speicher, die ausschließlich Energie, die aus erneuerbaren Energien stammt, aufnehmen und in elektrische Energie umwandeln, fallen unter den Anlagenbegriff nach § 3 Nummer 1 EEG"* (BT-Drs. 20/1977, S. 32).

C. Zweck

Die Internetplattform soll dem **digitalen Informationsaustausch** der Vielzahl der Verteilernetzbetreiber mit den Netznutzern und der Transparenz dienen, von denen zahlreiche Netznutzer (zB Entwickler und Betreiber von EE-Anlagen oder Ladeinfrastruktur von Elektromobilen) Anschlussbegehren bundesweit oder jedenfalls in mehr als einem Netz durchführen müssen. **9**

Die Begründung des EE-SofortmaßnahmenG beschreibt den Zweck der um die Anschlusssachverhalte erweiterten Vorschrift wie folgt: **10**

> *„Angesichts des notwendigen massiven Ausbaus erneuerbarer Energien und des dynamischen Hochlaufs der Sektorenkopplung (Wärmepumpen, Ladeeinrichtungen für Elektrofahrzeuge) müssen massentaugliche Prozesse zur Vereinfachung und Beschleunigung von Netzanschlüssen eingeführt werden. Dieses „Massengeschäft" setzt eine konsequente Digitalisierung und Standardisierung von Prozessen voraus. In einem ersten Schritt gilt es, den Einstieg in den digitalen Netzanschlussprozess zu vereinfachen. Der vorliegende Regelungsentwurf sieht dazu einen zentralen Einstieg über die gemeinsame Internetplattform der Verteilernetzbetreiber vor. Diese sind bereits nach der geltenden Fassung des § 14e (Anm. d. Verf: aus der EnWG-Novelle 2021) zur Errichtung und zum Betrieb einer gemeinsamen Internetplattform verpflichtet. Der vorliegende Regelungsentwurf knüpft somit an den bestehenden Rechtsrahmen an und erweitert diesen um eine neue Funktionalität (zentraler Einstieg in den Netzanschlussprozess)."* (BegrRegE BT-Drs. 20/1599, S.56f.).

D. Einzelkommentierung

I. Kollektive Verpflichtung (Abs. 1)

In der elektrizitätswirtschaftlichen Praxis findet eine **Kooperation der Netzbetreiber** seit vielen Jahren auf verschiedenen Ebenen statt (→ 3. Aufl., § 20 Rn. 96 ff.). Auf **europäischer Ebene** wurde zunächst eine weitergehende Kooperation der europäischen Übertragungsnetzbetreiber und Gasfernleitungsnetzbetrei- **11**

§ 14 e

ber für erforderlich gehalten und ihre Zusammenarbeit durch Art. 5 Elt-VO 09 und Art. 4 Gas-VO 09 verbindlich angeordnet und ihnen materielle Regelungsaufgaben der Systemsicherheit und der Ausgestaltung des technischen Regelungsrahmens übertragen. Mit der Umsetzung der Elt-VO 19 wurde auch auf europäischer Ebene eine förmliche Kooperation in Form einer sog. **"EU DSO Entity"** geschaffen (www.eudsoentity.eu/). Auf **nationaler Ebene** erfolgt die Zusammenarbeit der Netzbetreiber vor allem über den BDEW, in dem 2007 ua der Verband der Netzbetreiber (VDN) neben anderen Fachverbänden aufgegangen ist. Der VDE ist gem. § 19 Abs. 4 ein Branchenverband mit formeller Betrauung zur Entwicklung technischer Mindestanforderungen (mit entsprechenden Folgefragen → § 19 Rn. 29). Daneben besteht der VkU als nationaler Interessenverband der kommunalen Unternehmen und weitere Unternehmensvereinigungen.

12 Ähnlich wie im Netzzugang sind vorliegend auch **alle Verteilernetzbetreiber gemeinsam verpflichtet.** Der Gesetzgeber geht selbst schlicht davon aus, *„dass die Betreiber von Elektrizitätsverteilernetzen – ggf. mit Unterstützung ihrer Verbände – gut dazu in der Lage sind, entsprechende Vereinbarungen zu treffen, um eine solche Plattform aufzusetzen und zu betreiben."* (Begr. RegE BT.-Drs. 19/27453, S. 104f.). Auch die **Verbändelandschaft ist heterogen,** der BDEW ist sicherlich der größte Branchenverband, es ist jedoch nicht sicher, dass alle deutschen Verteilernetzbetreiber hier Mitglied sind. Eine Verpflichtung dazu besteht wohl nicht. Es gibt Beispiele aus dem Netzzugang einer abstrakten, gesetzlichen Verpflichtung der gesamten Branche, die sich in der Kooperationsvereinbarung Gas (→ § 20 Rn. 14) niedergeschlagen haben. Ebenso bestehen **umfassende Kooperationspflichten der Netzbetreiber** untereinander aus § 11 Abs. 1 S. 4 und § 14 iVm § 12 Abs. 2, wenn dies für den sicheren, diskriminierungsfreien und effizienten Netzzugang erforderlich ist.

13 Abs. 1 adressiert nach Wortlaut und Sinn und Zweck allerdings ein im engeren Sinne regulatorisches Anliegen: eine **als Missstand empfundene Unübersichtlichkeit** über die Vielzahl der Verteilernetzbetreiber und ihre Anschlussinformationen und Netzplanungen wird über eine gesetzliche Anordnung einer gemeinsamen Informationsplattform adressiert. Bislang bestehen individuelle, **gesetzliche Veröffentlichungspflichten** in §§ 23c EnWG, § 4 NAV Abs. 2 für Netzanschlüsse nach § 18 EnWG sowie Informationsansprüche in § 8 Abs. 6 EEG 2021. Jeder, der diese Informationen einmal stichprobenartig auf den Internetseiten sucht, kann die Erfahrung machen, dass diesen Pflichten nicht überall nachgekommen wird. An diesem Zustand ändert sich durch die Schaffung einer zentralen Informationsplattform allenfalls mittelbar durch die potenziell höhere Aufmerksamkeit etwas.

14 Die Schaffung einer solchen Plattform verursacht **Kosten,** doch ist sie sicherlich verhältnismäßig, werden bei sinnvoller Ausgestaltung doch auch individuelle Aufwendungen in der Kundenbetreuung und durch die zu erwartenden Standardisierung erspart. Die noch in der EnWG-Novelle 2021 vorgesehene **De-minimis-Schwelle** für kleinere Netzbetreiber, ist mit dem EE-SofortmaßnahmenG entfallen (Klimaschutz-Sofortprogramm-Novelle 2022, Begr. RegE BT-Drs. 20/1599, S. 56f.).

15 *„Die Einbeziehung von Netzbetreibern mit weniger als 100.000 angeschlossenen Kunden ist geboten, da insbesondere auch kleinere Verteilernetzbetreiber mit geringerem Digitalisierungsgrad von einer einheitlichen Plattformlösung profitieren. Infolge der voranschreitenden Sektorenkopplung sind gerade in der Niederspannung massentaugliche Prozesse gefragt. Die Schaffung einer elektronischen Anmeldemöglichkeit für Netzanschlüsse ist daher ein erster Schritt in diese Richtung."*

Gemeinsame Internetplattform; Festlegungskompetenz § 14e

(Begr. RegE BT-Drs. 20/1599, S. 56 f.). Auch kann festgehalten werden, dass bei der überwiegenden Anzahl der Elektrizitätsverteilernetzbetreiber unterhalb von 100.000 angeschlossenen Kunden entsprechend der de-minimis Regelungen in § 14e Abs. 6 aF oder §§ 7 Abs. 2 und 7a Abs. 7 es sich **nicht um Kleinstunternehmen** oder **kleine Unternehmen** mit Mitarbeiterzahlen unter 49 oder Jahresumsätzen unter 10 Mio. EUR handelt (gem. Empfehlung der EU 2003/361/EG).

II. Anschlussplattform (Abs. 2)

Gemäß der Vorgabe von Abs. 2 S. 1 muss Anschlussbegehrenden iSd § 8 EEG sowie Letztverbrauchern (§ 3 Nr. 25) ermöglicht werden, über die **gemeinsame Internetplattform** der Verteilernetzbetreiber **auf die jeweilige Internetseite** des für den Netzanschlussprozess zuständigen Netzbetreibers zu gelangen. Sie gewährleistet dabei ausschließlich die Weiterleitung an den jeweiligen Netzbetreiber. Die eigentliche Übermittlung der für den Netzanschluss erforderlichen Informationen und die Stellung des Anschlussbegehrens selbst erfolgt dezentral auf der Internetseite des Anschlussnetzbetreibers, zB über eine Eingabemaske. 16

Begünstigt durch die Informationsplattform werden sollen Anschlussbegehrende gem. § 8 EEG 2021. Dieser lautet wie folgt: 17

§ 8 EEG 2021 Anschluss. (1) Netzbetreiber müssen Anlagen zur Erzeugung von Strom aus erneuerbaren Energien und aus Grubengas unverzüglich vorrangig an der Stelle an ihr Netz anschließen, die im Hinblick auf die Spannungsebene geeignet ist und die in der Luftlinie kürzeste Entfernung zum Standort der Anlage aufweist, wenn nicht dieses oder ein anderes Netz einen technisch und wirtschaftlich günstigeren Verknüpfungspunkt aufweist; bei der Prüfung des wirtschaftlich günstigeren Verknüpfungspunkts sind die unmittelbar durch den Netzanschluss entstehenden Kosten zu berücksichtigen. Bei einer oder mehreren Anlagen mit einer installierten Leistung von insgesamt höchstens 30 Kilowatt, die sich auf einem Grundstück mit bereits bestehendem Netzanschluss befinden, gilt der Verknüpfungspunkt des Grundstücks mit dem Netz als günstigster Verknüpfungspunkt.

(2) Anlagenbetreiber dürfen einen anderen Verknüpfungspunkt dieses oder eines anderen im Hinblick auf die Spannungsebene geeigneten Netzes wählen, es sei denn, die daraus resultierenden Mehrkosten des Netzbetreibers sind nicht unerheblich.

(3) Der Netzbetreiber darf abweichend von den Absätzen 1 und 2 der Anlage einen anderen Verknüpfungspunkt zuweisen, es sei denn, die Abnahme des Stroms aus der betroffenen Anlage nach § 11 Absatz 1 wäre an diesem Verknüpfungspunkt nicht sichergestellt.

(4) Die Pflicht zum Netzanschluss besteht auch dann, wenn die Abnahme des Stroms erst durch die Optimierung, die Verstärkung oder den Ausbau des Netzes nach § 12 möglich wird.

(5) Netzbetreiber müssen Anschlussbegehrenden nach Eingang eines Netzanschlussbegehrens unverzüglich einen genauen Zeitplan für die Bearbeitung des Netzanschlussbegehrens übermitteln. In diesem Zeitplan ist anzugeben,
1. in welchen Arbeitsschritten das Netzanschlussbegehren bearbeitet wird und
2. welche Informationen die Anschlussbegehrenden aus ihrem Verantwortungsbereich den Netzbetreibern übermitteln müssen, damit die Netzbetreiber den Verknüpfungspunkt ermitteln oder ihre Planungen nach § 12 durchführen können.

Übermitteln Netzbetreiber Anschlussbegehrenden im Fall von Anlagen mit einer installierten Leistung von bis zu 10,8 Kilowatt den Zeitplan nach Satz 1 nicht innerhalb von einem Monat nach Eingang des Netzanschlussbegehrens, können die Anlagen angeschlossen werden.

Bourwieg

§ 14e

(6) Netzbetreiber müssen Anschlussbegehrenden nach Eingang der erforderlichen Informationen unverzüglich, spätestens aber innerhalb von acht Wochen, Folgendes übermitteln:
1. einen Zeitplan für die unverzügliche Herstellung des Netzanschlusses mit allen erforderlichen Arbeitsschritten,
2. alle Informationen, die Anschlussbegehrende für die Prüfung des Verknüpfungspunktes benötigen, sowie auf Antrag die für eine Netzverträglichkeitsprüfung erforderlichen Netzdaten,
3. einen nachvollziehbaren und detaillierten Voranschlag der Kosten, die den Anlagenbetreibern durch den Netzanschluss entstehen; dieser Kostenvoranschlag umfasst nur die Kosten, die durch die technische Herstellung des Netzanschlusses entstehen, und insbesondere nicht die Kosten für die Gestattung der Nutzung fremder Grundstücke für die Verlegung der Netzanschlussleitung,
4. die zur Erfüllung der Pflichten nach § 9 Absatz 1 bis 2 erforderlichen Informationen.

Das Recht der Anlagenbetreiber nach § 10 Absatz 1 bleibt auch dann unberührt, wenn der Netzbetreiber den Kostenvoranschlag nach Satz 1 Nummer 3 übermittelt hat.

18 Es geht mithin nur um Anschlüsse an das Stromverteilernetz für natürliche oder juristische Personen, die einen Anschluss einer EE-Anlage realisieren wollen. Für diesen Adressatenkreis soll Zugang zu Informationen **in allen Spanungsebenen** erreicht werden.

19 Im Bereich der Anschlussinformationen für Letztverbraucher wird der Gegenstand insoweit **bewusst eingeschränkt** (→ Rn. 7), als das Zugang zu **Anschlussinformationen gem. § 18** erreicht werden sollen. § 18 ist die Anschlussregelung im Massenkundengeschäft in der **Niederspannung** und ohne Eigenerzeugungsanlage (§ 18 Abs. 3).

20 Um den Zweck der besseren Netznutzerinformation zu erfüllen, ist es voraussichtlich mit Namen bzw. der Firma der Netzbetreiber, der unter **Wahrung der Entflechtungsvorschriften** gem. § 7a Abs. 6 nicht mit dem häufig bekannteren vertikal integrierten Unternehmen vermischt werden darf, nicht getan. Welcher Netznutzer kennt schon seinen örtlichen, rechtlich entflochtenen Netzbetreiber? Hier muss mit intelligenten, geo-referenzierten und Postleitzahlen bezogene Suchfunktionen gearbeitet werden.

III. Beteiligung nach § 14d Abs. 6 (Abs. 3 und 4)

21 Nach § 14 Abs. 1b aF hatten Betreiber von Elektrizitätsverteilernetzen den entsprechenden Investitionsbericht auf ihrer Internetseite zu veröffentlichen. Nunmehr sind **die Beteiligung** am Netzausbauplanprozess nach § 14d Abs. 6 (erstmals im Jahr 2024) sowie **die Grundlagen** und die Stellungnahmen der Netzausbaupläne (auch) zentral zu veröffentlichen. Gem. § 14d Abs. 8 gibt es in der Netzbauplanung noch grundsätzlich eine De-minimis–Ausnahme.

22 Aus der Formulierung ist abzuleiten, dass die Stellungnahmen zwar auf der gemeinsamen Plattform für jeden Regionalplan (§ 14d Abs. 2) zu veröffentlichen. Der **Beteiligungsprozess** muss nicht, kann aber natürlich auch zentral stattfinden. Auch die Netzausbaupläne in den Planungsregionen sind kooperative Produkte, die keinem einzelnen Netzbetreiber „natürlich" zuzuordnen sind.

IV. Information der Regulierungsbehörde (Abs. 5 und Abs. 6)

Die Information der Regulierungsbehörde muss in Textform erfolgen. Gem. 23
§ 126b BGB ist Textform jede lesbare Erklärung, aus der die Person des Erklärenden genannt ist, auf einem dauerhaften Datenträger. Eine verhältnismäßige niedrige Anforderung an die Kenntnisgabe (MüKoBGB/*Einsele* § 126b Rn. 4–6).

Die **Person des Erklärenden** für die Regionalszenarien sowie den regionalen 24
Netzausbauplan ist denklogisch keine einzelne juristische Person, sondern eine Gruppe von Netzbetreibern. Jeder Erklärend ist in dieser gemeinsamen Erklärung erkennbar zu machen. Gibt ein Vertreter (zB einer der Netzbetreiber) als Vertreter der anderen die Erklärung ab (MüKoBGB/*Einsele* § 126b Rn. 7), so muss nach Sinn und Zweck der Regelung die Gruppe der vertretenen Verteilernetzbetreiber für die Regulierungsbehörde erkennbar werden.

Durch die bestehende De-minimis-Regelung gem. § 14d Abs. 8 ist Adressatin 25
der Erklärung in der Regel die Bundesnetzagentur als die für Verteilernetzbetreiber mit mehr als 100.000 unmittelbar oder mittelbar angeschlossenen Kunden zuständige Behörde Adressatin der Informationen.

V. Festlegungskompetenz (Abs. 7)

Für den gesamten Anwendungsbereich kann die Regulierungsbehörde gem. 26
§ 29 Abs. 1 durch Festlegung gegenüber einem Netzbetreiber, einer Gruppe von oder allen Netzbetreibern oder den sonstigen jeweiligen Absatz Verpflichteten weitergehende Regelungen treffen. § 54 Abs. 2 Nr. 5 spart den § 14e aus. Eine Festlegung hinsichtlich der Plattform dürfte daher ebenfalls zentral der Bundesnetzagentur obliegen.

E. Durchsetzung

§ 14e klärt nicht ausdrücklich, ob **der Netznutzer** einen Anspruch auf die im 27
Rahmen der Zusammenarbeit zu erbringenden Leistungen der anderen Netzbetreiber hat, der etwa im Wege des zivilgerichtlichen Rechtsschutzes geltend gemacht werden könnte. Ein eigenes Vertragsverhältnis besteht insoweit nicht, da der Anschlussnehmer gem. § 8 EEG bzw. 18 EnWG nur mit dem Anschlussnetzbetreiber einen Vertrag schließt. Sofern man nicht in die informellen, gegebenenfalls vertraglich auszugestaltenden Beziehungen der Netzbetreiber untereinander Wirkungen zugunsten des Netznutzers hineinkonstruieren möchte, fehlt es mithin an den Voraussetzungen eines vertraglichen Anspruchs des Anschlussbegehrenden gegenüber den anderen Netzbetreibern.

Das Vorliegen eines **Missbrauchs gem. § 30 Abs. 1 Nr. 2, 3 oder 4** wäre zu 28
prüfen, wenn ein Netzbetreiber gegen seine Zusammenarbeitspflicht verstößt. § 31 Abs. 2 ist wegen des Bezugsrahmens des besonderen Missbrauchsverfahrens auf die Abschnitte 2 und 3 nicht eröffnet.

Praktisch dürfte die **Verweigerung der Zusammenarbeit** im Rahmen eines 29
Aufsichtsverfahrens nach § 65 festzustellen und eine Verpflichtung der Zusammenarbeit auszusprechen sein. Auch § 54 Abs. 2 Nr. 6 sieht die Zuständigkeit der Landesregulierungsbehörden für Netzanschlussfragen vor, so dass eine Durchsetzung der individuellen Kooperationspflicht auf Basis § 65 auch der zuständigen Regulierungsbehörde obliegt.

§ 15 Aufgaben der Betreiber von Fernleitungsnetzen

(1) Betreiber von Fernleitungsnetzen haben den Gastransport durch ihr Netz unter Berücksichtigung der Verbindungen mit anderen Netzen zu regeln und mit der Bereitstellung und dem Betrieb ihrer Fernleitungsnetze im nationalen und internationalen Verbund zu einem sicheren und zuverlässigen Gasversorgungssystem in ihrem Netz und damit zu einer sicheren Energieversorgung beizutragen.

(2) [1]Um zu gewährleisten, dass der Transport und die Speicherung von Erdgas in einer mit dem sicheren und effizienten Betrieb des Verbundnetzes zu vereinbarenden Weise erfolgen kann, haben Betreiber von Fernleitungsnetzen, Speicher- oder LNG-Anlagen jedem anderen Betreiber eines Gasversorgungsnetzes, mit dem die eigenen Fernleitungsnetze oder Anlagen technisch verbunden sind, die notwendigen Informationen bereitzustellen. [2]Betreiber von Übertragungsnetzen sind verpflichtet, Betreibern von Fernleitungsnetzen unverzüglich die Informationen einschließlich etwaiger Betriebs- und Geschäftsgeheimnisse bereitzustellen, die notwendig sind, damit die Fernleitungsnetze sicher und zuverlässig betrieben, gewartet und ausgebaut werden können. [3]Die Betreiber von Fernleitungsnetzen haben sicherzustellen, ihnen nach Satz 2 zur Kenntnis gelangte Betriebs- und Geschäftsgeheimnisse ausschließlich so zu den dort genannten Zwecken zu nutzen, dass deren unbefugte Offenbarung ausgeschlossen ist.

(3) Betreiber von Fernleitungsnetzen haben dauerhaft die Fähigkeit ihrer Netze sicherzustellen, die Nachfrage nach Transportdienstleistungen für Gas zu befriedigen und insbesondere durch entsprechende Transportkapazität und Zuverlässigkeit der Netze zur Versorgungssicherheit beizutragen.

Übersicht

	Rn.
A. Allgemeines	1
I. Inhalt	1
II. Zweck	4
III. Technische Sicherheit	5
B. Normadressat: Betreiber von Fernleitungsnetzen	6
C. Gastransport und -versorgung (Abs. 1)	9
I. Abgrenzung von der Systemverantwortung nach § 16	13
II. Gastransport	15
1. Regelung des Gasnetzzugangs	16
2. Verbindung mit anderen Netzen	18
III. Bereitstellung und Betrieb von Fernleitungsnetzen	22
IV. Beitrag zur sicheren Gasversorgung	24
D. Informationspflicht (Abs. 2)	29
I. Verpflichtete: Betreiber von Fernleitungsnetzen, Gasspeicher- oder LNG-Anlagen	30
II. Berechtigte: Betreiber technisch verbundener Gasversorgungsnetze	31
III. Notwendige Informationen	32

	Rn.
IV. Sektorübergreifender Informationsaustausch/Informationspflicht der Übertragungsnetzbetreiber	34
V. Durchsetzung	37
E. Nachfragegerechte Netzkapazität (Abs. 3)	38

Literatur: *Stratmann*, Antizipierende Allokations-Anpassungen: Ein innovativer Ansatz zur Beschaffung externer Regelenergie im deutschen Gasmarkt, Promotion am Institut für Erdöl- und Erdgastechnik der TU Clausthal, 12.1.2010, https://d-nb.info/1001669495/34.

A. Allgemeines

I. Inhalt

Die Fernleitungsnetzbetreiber (FLNB) haben im Gasbereich eine den Übertragungsnetzbetreibern im Stromsektor vergleichbare Regelungsaufgabe und unterliegen mithin vergleichbaren Pflichten. Sie regeln den Gastransport. Die Aufgaben der FLNB sind Gegenstand von Art. 13 Gas-RL 09 und SoS-VO 2017. § 15 setzt die sich daraus ergebenden europarechtlichen Vorgaben zum Teil in nationales Recht um (explizit nur Bezug auf § 15 Abs. 2, der durch die Änderung der Gas-RL im April 2019 unberührt geblieben ist. Dazu BT-Drs. 15/3917, 57 noch in Bezug zur Vorgängervorschrift Art. 8 Gas-RL 03). Der Gesetzgeber hat allerdings die Aufgaben der FLNB in den §§ 15, 15a und – soweit es um die Systemverantwortung der FLNB geht – in § 16 weiter ausgeformt. Die Regelungen stellen die Ausprägung der allgemeinen Pflicht eines Betreibers von Energieversorgungsnetzen nach § 11 Abs. 1 zum diskriminierungsfreien Betrieb, der Wartung und der Entwicklung eines sicheren, zuverlässigen und leistungsfähigen Energieversorgungsnetzes dar. Die Pflichten aus § 11 Abs. 1 S. 3 treffen neben der Netzbetreibergesellschaft das ganze vertikal integrierte Unternehmen (→ § 11 Rn. 120). Die Betriebspflicht eines FLNBs wird in den Regelungen in Abschnitt 2 (Netzanschluss) und Abschnitt 3 (Netzzugang) weiter konkretisiert. 1

Abs. 1 verpflichtet die Betreiber von Fernleitungsnetzen zur Regelung des Gastransports unter Berücksichtigung der Verbindungen mit anderen Netzen. Sie müssen durch den Betrieb und die Bereitstellung der Fernleitungsnetze zu einer sicheren Energieversorgung beitragen. Nach Abs. 2 haben Betreiber von Fernleitungsnetzen sowie von Gasspeicher- oder LNG-Anlagen den Betreibern technisch verbundener Gasversorgungsnetze die für einen sicheren und effizienten Betrieb des Verbundnetzes erforderlichen Informationen bereitzustellen. Abs. 3 verlangt von den FLNB dauerhaft die Fähigkeit ihrer Netze sicherzustellen, dh, die Nachfrage nach Transportdienstleistungen für Gas diskriminierungsfrei und wirtschaftlich effizient zu befriedigen. 2

Die Vorschrift wird direkt zitiert in §§ 16 und 16a und in Bezug genommen in den §§ 7a, 11, 35 und 54. 3

II. Zweck

Die Regelung gehört zusammen mit den Entflechtungsregeln des Teils 2 zu den grundlegenden Instrumenten der **Liberalisierung des Gasmarkts.** Während Unternehmen nach den allgemeinen Regeln des Wettbewerbsrechts gerade keine abgestimmten Verhaltensweisen und Vereinbarungen untereinander oder über Ver- 4 bände schließen dürfen (§ 1 GWB), weil und soweit diese eine Verhinderung, Verfälschung oder Einschränkung des Wettbewerbs bedeuten, wird dies von den Netzbetreibern im regulierten Umfeld ausdrücklich verlangt. Da jedes Netz ein natürliches Monopol bildet, das mit den angrenzenden Netzen nicht in einem Wettbewerbsverhältnis steht, ist es für den Wettbewerb in den vor- und nachgelagerten Märkten eine „essential facility" (BKartA, Arbeitsunterlage „Zugang zu Netzen und anderen wesentlichen Einrichtungen als Bestandteil der kartellrechtlichen Mißbrauchsaufsicht, 22.9.1997). Sie sollen in einer Weise agieren, aus der sich ein möglichst effizientes Gasversorgungssystem ergibt.

III. Technische Sicherheit

5   Die Aufgaben der FLNB werden durch das vorhandene technische Regelwerk konkretisiert; dies gilt insbesondere für die Verfahren, die für die Sicherheit des Netzbetriebs einzuhalten sind (→ § 19 und § 49). Von Bedeutung sind vor allem die **technischen Regeln des DVGW** (vgl. die Übersicht unter www.dvgw.de) und die europäischen Netzkodizes nach Art. 6 iVm Art. 8 Abs. 6 Erdgas-VO 09. An ihnen kann oder muss sich auch die Regulierungsbehörde orientieren. Rechtlich verbindlich ist das technische Regelwerk des DVGW jedoch nicht. Deshalb muss sich die Regulierungsbehörde vergewissern, ob es den gesetzlichen Vorgaben entspricht. Es muss den aktuellen Stand der technischen Entwicklung widerspiegeln und mit den Wertungen des Gesetzgebers in Einklang stehen (dazu → § 11 Rn. 62 und → § 49 Rn. 33 ff.).

B. Normadressat: Betreiber von Fernleitungsnetzen

6   § 15 ist an die Betreiber von Fernleitungsnetzen adressiert. Durch § 16a werden die Pflichten des § 15 aber auch auf die Betreiber von Gasverteilernetzen entsprechend erstreckt. Abs. 2 regelt darüber hinaus Informationspflichten auch für Betreiber von Gasspeicher- oder LNG-Anlagen (dazu → Rn. 30). Nach **§ 3 Nr. 5** sind wesentliche Tatbestandsmerkmale eines FLNB
a) der Betrieb von Netzen mit **Grenz- oder Marktgebietsübergangspunkten** zur Einbindung großer europäischer Importleitungen in das deutsche Fernleitungsnetz oder
b) der Betrieb, Wartung und Ausbau eines Gasversorgungsnetzes, das
   aa) der Anbindung inländischer Produktion oder von LNG-Anlagen dient und es sich dabei nicht um ein vorgelagertes Rohrleitungsnetz iSv § 3 Nr. 39 handelt oder
   bb) an Grenz- oder Marktgebietsübergangspunkten Buchungspunkte oder -zonen aufweist, für die Transportkunden Kapazitäten buchen können.
Darüber hinaus müssen FLNB gem. §§ 10 ff. entflechtungskonform organisiert und zertifiziert sein und an dem gemeinsamen Netzentwicklungsplan nach § 15a mitwirken. Eine Fernleitung ist nach § 3 Nr. 19 der Transport von Erdgas durch ein Hochdruckfernleitungsnetz, mit Ausnahme von vorgelagerten Rohrleitungsnetzen, um die Versorgung von Kunden (§ 3 Nr. 24) zu ermöglichen, nicht jedoch die Versorgung von Kunden selbst.

7   Anders als im Strombereich gibt es **kein klares Abgrenzungskriterium** dafür, ob ein Netz als Gasverteilernetz oder als Gasfernleitungsnetz eingestuft wird. Viele Funktionen und Rollen, die im Strombereich den Übertragungsnetzbetreibern zu-

Aufgaben der Betreiber von Fernleitungsnetzen **§ 15**

kommen, werden im Gasbereich von den „**Marktgebietsverantwortlichen**" wahrgenommen, die als gemeinsames, entflochtenes Unternehmen von mehreren FLNB gegründet und finanziert werden. Nur FLNB können sich bei dem Marktgebietsverantwortlichen beteiligen. Die von den einzelnen Netzbetreibern betriebenen Netze sind jeweils eigentumsrechtlich zu unterscheiden. Das gesamte Gasversorgungsnetz in Deutschland umfasst verschiedene Druckstufen (→ § 20 Rn. 119). Für die Druckstufen gibt es keine regulatorisch relevanten Definitionen. Gastechnisch wird die Obergrenze für „Niederdruck" mit 1 bar angegeben, aber auch diese Grenze ist unscharf. Die Abgrenzung fällt daher technisch nicht so leicht wie die Unterscheidung nach Spannungsebenen im Elektrizitätsbereich.

Festmachen kann man es an der gemeinsamen Aufgabe, den nationalen **Netz-** 8 **entwicklungsplan Gas** zu erstellen; in dessen Rahmen werden folgende Betreiber von Fernleitungsnetzen gemeinsam tätig (Stand 2021):
– bayernets GmbH
– Ferngas Netzgesellschaft mbH
– Fluxys Deutschland (FNLB der ENI-Gruppe)
– Fluxys TENP GmbH
– GASCADE Gastransport GmbH (FNLB der Wingas- Gruppe)
– Gastransport Nord GmbH (FNLB der ewe-Gruppe)
– Gasunie Deutschland Transport Services GmbH
– GRTgaz Deutschland GmbH
– NEL Gastransport GmbH
– Nowega GmbH (FNLB der Erdgas Münster-Gruppe)
– ONTRAS Gastransport GmbH (FNLB der VNG-Gruppe)
– Open Grid Europe GmbH
– terranets bw GmbH (FNLB der EnBW – Gruppe)
– Thyssengas GmbH

Hinzu kommen die Lubmin-Brandov Gastransport GmbH sowie die OPAL Gastransport GmbH & Co. KG, die sich als neue FLNB am Netzentwicklungsplan Gas beteiligen (www.fnb-gas.de/media/2020_04_30_fnb_gas_2020_nep_konsultation_de.pdf, Konsultationsfassung des NEP 2020–2030 v. 4.5.2020, S. 2).

C. Gastransport und -versorgung (Abs. 1)

Abs. 1 verpflichtet die FLNB zur Regelung des Gastransports durch ihr Netz. Darüber hinaus verlangt Abs. 1, dass die FLNB mit der Bereitstellung und dem Betrieb ihrer Netze im nationalen und internationalen Verbund zu einem sicheren und zuverlässigen Gasversorgungssystem in ihrem Netz und damit zu einer sicheren Energieversorgung beitragen. Beide Pflichten sind Teil der Betreiberpflichten (→ Rn. 22). 9

In der traditionellen Betrachtung der Gaswirtschaft wird darauf verwiesen, dass 10 aufgrund historischer und **technischer Gegebenheiten** das internationale Gasnetz nicht im gleichen Sinne wie im Stromübertragungsnetz als Verbundnetz betrachtet werden kann (BerlKommEnergieR/*Barbknecht* EnWG § 15 Rn. 18). Diese technischen Restriktionen seien bei der Interpretation der Normen weiterhin zu berücksichtigen. Nach heutiger Betrachtung hat diese Argumentation vor allem einen **historischen Kontext.** Mit der Einführung der Regulierung im Jahr 2005 war – anders als bei Strom – kein wettbewerbliches Gasnetzzugangsmodell erarbeitet worden, auf das der Gesetzgeber hätte aufsetzen können. Ein solches Modell

§ 15
Teil 3. Regulierung des Netzbetriebs

kristallisierte sich in den Folgejahren vor allem auf Basis der Festlegungen der Bundesnetzagentur (→ § 20 Rn. 120 ff.) und der Novelle der GasNZV heraus.

11 Durch die Bildung von mittlerweile nur einem Marktgebiet in Deutschland und das Netzzugangssystem nach § 20 Abs. 1 b und der KoV haben sich hier die Verhältnisse national gewandelt (*Stratmann* S. 6). Die Vorgabe zur Bildung des einen deutschen Marktgebiets zum 1.4.2022 durch Art. 1 der VO vom 11.8.2017, BGBl. I S. 3194 hat ausdrückliche **Hinweise auf technische Restriktionen** und daraus folgende Kapazitätsbeschränkungen sowie Investitionsbedarfe **verworfen** und setzt noch einmal verstärkt den Gedanken des Verbundnetzes durch (s. Branchendialog und Gutachten Marktintegration 2017 bei der Bundesnetzagentur: www.bundesnetzagentur.de/DE/Sachgebiete/ElektrizitaetundGas/Unternehmen_Institutionen/Netzzugang_Messwesen/NetzzugangGas_KOV/gas-node.html).

12 Europäisch ist angesichts vor allem osteuropäischer Sorgen vor der Abhängigkeit von russischem Erdgas die innereuropäische Vernetzung und Sicherung der Erdgasversorgung betrieben worden (SoS-VO 2017). Darüber hinaus führt mittlerweile eine Vielzahl von europäischen Rechtsverordnungen in Form von **Netzkodizes** dazu, dass die Fernleitungsregulierung Gas bis hin zur Entgeltbildung ganz maßgeblich von ACER gestaltet wird (§ 20 Abs. 1 b, → § 20 Rn. 126 ff.). Zu den maßgeblichen Regelwerken gehören:

1. Verordnung (EU) 2015/703 der Kommission vom 30. April 2015 zur Festlegung eines Netzkodex mit Vorschriften für die Interoperabilität und den Datenaustausch (NC INTEROP)
2. Verordnung (EU) 2017/459 der Kommission vom 16. März 2017 zur Festlegung eines Netzkodex über Mechanismen für die Kapazitätszuweisung in Fernleitungsnetzen und zur Aufhebung der Verordnung (EU) Nr. 984/2013 (NC CAM)
3. Beschluss (EU) 2015/715 der Kommission vom 30. April 2015 zur Änderung von Anhang I der Verordnung (EG) Nr. 715/2009 des Europäischen Parlaments und des Rates über die Bedingungen für den Zugang zu den Erdgasfernleitungsnetzen (Erdgasfernleitungsnetzzugangs-Beschluss 2015)
4. Verordnung (EU) 2017/460 der Kommission vom 16. März 2017 zur Festlegung eines Netzkodex über harmonisierte Fernleitungsentgeltstrukturen (NC TAR)
5. Verordnung (EU) Nr. 312/2014 der Kommission vom 26. März 2014 zur Festlegung eines Netzkodex für die Gasbilanzierung in Fernleitungsnetzen (Gasbilanzierungs-Netzkodex-VO)
6. Verordnung (EU) Nr. 182/2011 des Europäischen Parlaments und des Rates vom 16. Februar 2011 zur Festlegung der allgemeinen Regeln und Grundsätze, nach denen die Mitgliedstaaten die Wahrnehmung der Durchführungsbefugnisse durch die Kommission kontrollieren (ABl. 2011 L 55, 13)

Sie alle und die daraus folgenden Entscheidungen der nationalen Regulierungsbehörden sind beim Netzbetrieb verbindlich zu beachten (zB OLG Düsseldorf Beschl. v. 26.10.2016 – VI-3 Kart 36/15 (V)).

I. Abgrenzung von der Systemverantwortung nach § 16

13 Ebenso wie beim Betrieb der Übertragungsnetze ist fraglich, ob die Regelung des Betriebs der Fernleitungsnetze in zwei unterschiedlichen Vorschriften den Bedürfnissen der Praxis entspricht. § 16 konkretisiert die Pflichten aus § 15 weiter. So ist die Abgrenzung der Aufgaben der FLNB gem. § 15 einerseits und der Systemverantwortung nach § 16 andererseits erforderlich, da – im Gegensatz zu § 16 – in § 15 Befugnisse der FLNB anderen Marktteilnehmern gegenüber nicht geregelt

Aufgaben der Betreiber von Fernleitungsnetzen §15

sind. Außerdem schließt § 16 Abs. 3 S. 2 bei bestimmten Maßnahmen die Haftung der FLNB aus. § 15 enthält dagegen keine Haftungsregelungen.

Die Aufgaben der FLNB nach Abs. 1 beschreiben abstrakt die Maßnahmen, die 14 in den Anwendungsbereich von § 16 fallen. Wie im Strombereich auch (→ § 12 Rn. 23) ist im Grundsatz von folgender Unterscheidung auszugehen: Nach § 16 haben die FLNB in ihrem Netz dafür zu sorgen, dass die für den Gastransport erforderlichen **Systembedingungen** vorliegen. Dazu haben sie mit netz- und marktbezogenen Maßnahmen (zB Ausgleichsleistungen, Abschaltung und Einsatz von Gasspeichern) sowie – falls diese nicht ausreichen – mit Notfallmaßnahmen (Anpassung von Gaseinspeisungen, -transporten und -ausspeisungen) eine Gefährdung oder Störung des Gasversorgungssystems zu vermeiden. Abs. 1 beschreibt dagegen den Betrieb **dieses Systems** als Ganzes. Dazu gehören die von § 16 umfassten Maßnahmen, die zentrale Bereiche des Betriebs der Fernleitungsnetze betreffen, mit denen die FLNB in der Praxis die ihnen durch § 15 Abs. 1 zugewiesenen Aufgaben erfüllen.

II. Gastransport

Gem. Abs. 1 haben Betreiber von Fernleitungsnetzen den Gastransport durch ihr 15 Netz unter Berücksichtigung der **Verbindungen mit anderen Netzen** zu regeln. Der Begriff des „Regelns" ist für die Durchführung von Gastransporten eher unüblich; dass er an dieser Stelle vom Gesetzgeber verwendet wird, dürfte an der Parallelität zu § 12 Abs. 1 liegen. Für den Gasbereich erscheint dieser Begriff zumindest unvollständig, weil der Gastransport nicht nur der Regelung (im Elektrizitätsbereich würde man Schalthandlungen gegenüber Betriebsmitteln oder Lasten darunter verstehen) bedarf, sondern zB auch des Betriebs von Verdichtern. Vom Gastransport zu unterscheiden ist der Zugang der Transportkunden zu den Gasversorgungsnetzen. Diese haben keinen direkten Anspruch auf den Transport des Gases, sondern gem. § 20 Abs. 1b (insbesondere S. 2 und 3) und § 3 Abs. 3 GasNZV auf unabhängige Ein- und Ausspeisung des Gases. Der Transport des Gases in den Gasversorgungsnetzen dient in diesem Sinne den Netzbetreibern dazu, gemeinsam ihre Fähigkeit sicherzustellen, diese Rechte der Transportkunden zu erfüllen. Wie diese Regelungsaufgabe zu erfüllen ist, wird durch
- § 20 insgesamt
- die GasNZV
- die sog. Kooperationsvereinbarung gem. § 8 Abs. 6 GasNZV (abrufbar unter: www.bdew.de/Energienetze und Regulierung/Gasnetzzugang; dazu BNetzA Beschl. v. 17.11.2006 – BK7-06-74 – GeLiGas)
- Festlegungen der BNetzA (insbesondere BK7-14-020 Festlegung zu GaBi-Gas 2.0 und Festlegungsverfahren zur Kapazitätsregelungen Gas (Umsetzung Netzkodex Kapazitätszuweisung, „KARLA Gas 1.1") (BK7-15-001 mit späteren Ergänzungen), www.bundesnetzagentur.de/Beschlusskammern/Beschlusskammer 7/Kapazitätsmanagement)

konkretisiert.

1. Regelung des Gasnetzzugangs. Im Zentrum der Regelungen des Gas- 16 netzzugangs steht die Verwirklichung des Zweivertragsmodells nach § 20 Abs. 1b, das die Unabhängigkeit der Ein- und Ausspeisung sicherstellt. Wichtiges Instrument im Zusammenhang mit der Regelung des Gasnetzzugangs ist die **Bildung von Marktgebieten** auf Basis von § 20 Abs. 1b S. 7, konkretisiert in der KoV

Bourwieg 853

§ 15 Teil 3. Regulierung des Netzbetriebs

(→ § 20 Rn. 164). Die Vertragspartner der KoV legen danach im Rahmen ihrer Kooperationspflichten für den netzübergreifenden Transport Marktgebiete fest. Ein Marktgebiet besteht aus über Netzkopplungspunkte miteinander verbundenen, vor- und nachgelagerten Netzen, in denen ein Transportkunde Ein- und Ausspeisepunkte in einheitliche Bilanzkreise einbringen kann.

17 Das Grundmodell der Ausgleichsleistungs- und Bilanzierungsregeln im Gassektor wird in der Festlegung zu GaBi-Gas 2.0 (BNetzA Beschl. v. 19.12.2014 – BK7-14-020) zusammenhängend und im Einklang mit den europäischen Vorgaben beschrieben (OLG Düsseldorf Beschl. v. 26.10.2016 – VI-3 Kart 36/15 (V)). Dieses Modell enthält Regelungen sowohl für die Bilanzierung von Gasmengen und die Abrechnung von Ausgleichsenergie des Bilanzkreisnetzbetreibers gegenüber den Bilanzkreisverantwortlichen als auch für die Beschaffung und den Einsatz von Regelenergie. Das Regel- und Ausgleichsenergiesystem der sog. Gabi-Gas dient ua der Sicherstellung von Netzstabilität und Netzintegrität (auch regional) und damit auch den Zielen des Abs. 1.

18 **2. Verbindung mit anderen Netzen.** Die FLNB haben den Gastransport unter Berücksichtigung der Verbindungen mit anderen Netzen zu regeln. Was unter Verbindungen zu verstehen ist, sagt Abs. 1 nicht ausdrücklich. Die Vorschrift verlangt von den FLNB zum einen die Berücksichtigung des grenzüberschreitenden Gastransports. Erfasst werden also **Verbindungsleitungen** gem. § 3 Nr. 34. Dabei handelt es sich um Fernleitungen, die eine Grenze zwischen Mitgliedstaaten queren und die einzig dem Zweck dienen, die nationalen Fernleitungsnetze dieser Mitgliedstaaten zu verbinden (→ § 3 Rn. 91). Abs. 1 verlangt von den FLNB mithin die Berücksichtigung des grenzüberschreitenden Gastransports.

19 Dass es hier zu Auseinandersetzungen und Abwägung bei nationalen und grenzüberschreitenden Transporten und ihrer Bepreisung kommen kann, zeigen die Verfahren um die Festlegungen REGENT 2020 und AMELIE 2020 (BNetzA Beschl. v. 29.3.2019 – BK9-18/611-GP und Anhang; OLG Düsseldorf Beschl. v. 16.9.2020 – VI-3 Kart 750, 751, 753, 754, 758–761/19 (V)).

20 Zum anderen sind die durch **Netzkopplungspunkte** bestehenden Verbindungen mit anderen Netzen zu berücksichtigen. Dies betrifft die Netzkopplungspunkte innerhalb des Marktgebiets, aber auch die Verbindung zwischen bestehenden Marktgebieten. Die Bedeutung der Vorschrift zur Berücksichtigung der Verbindung mit anderen Netzen wird aus den ansonsten an keiner Stelle im EnWG oder den dazu erlassenen Verordnungen im Zusammenhang mit Gasnetzen verwendeten Begriff „Verbund" bzw. „Verbundnetz" (vgl. § 15 Abs. 2 und § 3 Nr. 35) und aus dem Verweis aus § 16 Abs. 2 deutlich. Vorgegeben ist eine **enge technische Zusammenarbeit der Netzbetreiber,** sodass die Energieversorgung einerseits „sicher und zuverlässig" (Abs. 1) und andererseits „sicher und effizient" (Abs. 2) erfolgt, auch wenn viele Einzelnetze gemeinsam daran beteiligt sind. Bei der Konkretisierung des Zweivertragsmodells hätte auch der Begriff des Verbundnetzes anstelle des Begriffs des „Marktgebiets" verwendet werden können. § 20 Abs. 1 b nennt weder den einen noch den anderen Begriff ausdrücklich.

21 Die Kooperationspflicht der Netzbetreiber aus Abs. 1 findet sich zusätzlich in § 24 S. 2 Nr. 2 als Gegenstand der Verordnungsermächtigung, die sich ausdrücklich nur auf die §§ 20–23 bezieht. Diese Ermächtigung wird von der GasNZV ua durch die Regelungen des Teils 3 und 4 aufgegriffen und durch die Verpflichtung zur Bildung von **nur noch einem Marktgebiet** (ab 2021, § 21 GasNZV) und zum Abschluss einer **Kooperationsvereinbarung** in § 8 Abs. 6 GasNZV konkretisiert.

Aufgaben der Betreiber von Fernleitungsnetzen **§ 15**

Auf diese Regelung wird in der Ausgestaltung des Gasnetzzugangsmodells und der Kooperationsvereinbarung regelmäßig Bezug genommen.

III. Bereitstellung und Betrieb von Fernleitungsnetzen

Der Betrieb von Energieversorgungsnetzen umfasst alle für den Transport von Energie erforderlichen Tätigkeiten. Technisch unterteilt sich der Netzbetrieb in die Themenkomplexe **Netzführung** und **Netzbereitstellung** (→ § 11 Rn. 63). Abs. 1 verpflichtet die FLNB neben der Netzführung (= Regelung des Gastransports) daher auch zur Bereitstellung und zum Betrieb der Fernleitungsnetze **im nationalen und internationalen Verbund**. Die **Bereitstellungsverpflichtung** wird in Abs. 3 (→ Rn. 38) sowie den Netzanschluss- und Netzzugangsregeln der §§ 17 ff. und 20 ff. näher beschrieben. Die **Betriebspflicht** gem. Abs. 1 wird in § 16 hinsichtlich der für die sichere und zuverlässige Netzführung notwendigen Pflichten und Befugnisse des Netzbetreibers konkretisiert. 22

Ebenso wie § 12 Abs. 1 hat § 15 Abs. 1 insofern eigenständige Bedeutung, als die Vorschrift die Notwendigkeit des Betriebs und der Bereitstellung der Fernleitungsnetze **im nationalen und internationalen Verbund** betont. Das Gasverbundnetz nach § 3 Nr. 35 ist eine Anzahl von Gasversorgungsnetzen, die miteinander verbunden sind. Daher bildet die Betriebspflicht im Verbund eine Grundlage der in § 20 Abs. 1b konkretisierten Kooperationspflicht, die sich im Zuge der Neuordnung des Gasnetzzugangsmodells über Marktgebiete (→ § 20 Rn. 151) in einen stark integrierten Netzbetrieb entwickelt hat. Dies bedeutet, dass die FLNB ihre Netze so bereitstellen und betreiben müssen, dass diese ihre Funktion im Verbund mit anderen Netzen erfüllen können. Diese Vorgabe ist für den Bereich der Gasnetze weniger selbstverständlich als für Stromnetze, die nur in einer engen technischen Kooperation miteinander verbunden werden können. Gasnetze sind ua wegen ihrer Entstehungsgeschichte und wegen der Speicherfähigkeit technisch deutlich weniger auf eine enge Kooperation angewiesen (Berl-KommEnergieR/*Barbknecht* EnWG § 15 Rn. 18 und → Rn. 29 ff.). Die Zusammenarbeitspflichten des Abs. 1 gehen damit deutlich über die bis zum Erlass dieser Regelung geltende Praxis hinaus. Durch die Bildung und Zusammenlegung der Marktgebiete und durch die Übertragung eines Teils der Systemverantwortung an die Bilanzkreisnetzbetreiber wurde die technische Zusammenarbeit inzwischen deutlich intensiviert. 23

IV. Beitrag zur sicheren Gasversorgung

Durch die Regelung des Gastransports sowie die dafür erforderliche Bereitstellung und den Betrieb der Fernleitungsnetze haben die FLNB gem. Abs. 1 und 2 zu einem sicheren und zuverlässigen Gasversorgungssystem in ihrem Netz und damit zu einer sicheren Energieversorgung beizutragen. Zum Gasversorgungssystem gehören entsprechend der Regelungsaufgabe der FLNB neben anderen Gasversorgungsnetzen (§ 3 Nr. 20) die Erzeugerseite (Import und Förderung), Erdgasspeicher und die Energieverbraucher. Die Anforderungen an den Beitrag der FLNB zu einem sicheren und zuverlässigen Gasversorgungssystem sowie einer sicheren Energieversorgung entsprechen den Pflichten der Übertragungsnetzbetreiber gem. § 12 Abs. 1 (dazu näher → § 12 Rn. 18). Die **Sicherheit** des Netzbetriebs umfasst die Aspekte der Versorgungssicherheit und der technischen Anlagensicherheit (→ § 11 Rn. 46). 24

Bourwieg

25 Die Verpflichtung zum Betrieb eines sicheren und zuverlässigen Gasversorgungssystems im **internationalen Verbund** hat durch die SoS-VO 2017 eine besondere Ausprägung erfahren. Die Umsetzung der Pflichten der Mitgliedstaaten aus der SoS-VO 2017 dient im Sinne einer Aufgabenverteilung → § 54a. Art. 5 SoS-VO 2017 schafft einen **Infrastrukturstandard** mit Ausbaupflichten für FLNB aus Gründen der europäischen Versorgungssicherheit.

26 Diese Verordnung dient der Stärkung des Erdgasbinnenmarkts und der Vorsorge für den Fall einer Versorgungskrise. Sie sieht einen umfassenden Maßnahmenkatalog und die nationale Implementierung eines dreistufigen Eskalationssystems (Frühwarn-, Alarm- und Notfallstufe) für den Fall einer Versorgungskrise vor. Darüber hinaus werden die Mitgliedstaaten verpflichtet, im Rahmen von Präventions- und Notfallplänen das vorgesehene Krisenmanagement nebst präventiven Maßnahmen vorab festzulegen.

27 National sind die Vorgaben der SoS-VO 2017 umgesetzt in
- §§ 11, 15, 15a, 16, 64a EnWG
- Gesetz zur Sicherung der Energieversorgung (Energiesicherungsgesetz – EnSiG)
- Verordnung zur Sicherung der Gasversorgung in einer Versorgungskrise (Gassicherungsverordnung – GasSV).

Die BNetzA ist gem. § 54a EnWG für die Durchführung der Risikoanalyse bezüglich der Sicherheit der Erdgasversorgung in Deutschland zuständig.

28 Die Aufgaben im Rahmen des Verfahrens gem. Anhang 3 der SoS-VO 2017 zur Schaffung **permanenter bidirektionaler Kapazitäten** durch FLNB auf allen Verbindungsleitungen zwischen Mitgliedstaaten sind an die Bundesnetzagentur übertragen (§ 54a). Unter bestimmten Voraussetzungen kann auf Antrag eine Ausnahme von dieser Verpflichtung gewährt werden, wovon Gebrauch gemacht wurde (BNetzA Beschl. v. 5.2.2020 – BK609-18-64 – Reverse Flow Entscheidung).

D. Informationspflicht (Abs. 2)

29 Abs. 2 regelt eine Informationspflicht der Betreiber von Fernleitungsnetzen, Gasspeicher- oder LNG-Anlagen gegenüber Betreibern anderer Gasversorgungsnetze, die mit den eigenen Fernleitungsnetzen oder Anlagen technisch verbunden sind. Sie schlägt sich zB in Teil 3 der KoV nieder, die sich unmittelbar an den Vorgaben der GasNZV orientiert.

I. Verpflichtete: Betreiber von Fernleitungsnetzen, Gasspeicher- oder LNG-Anlagen

30 Neben **Betreibern von Fernleitungsnetzen und Gasverteilernetzen** (§ 16a) sind nach Abs. 2 auch **Betreiber von Gasspeicher- oder LNG-Anlagen** zur Bereitstellung von Informationen verpflichtet, da auch von ihren Anlagen der sichere und effiziente Betrieb des Verbundnetzes abhängt. Es fehlt die ausdrückliche Erwähnung der **Betreiber von Produktionsanlagen** und **vorgelagerten Rohrleitungsnetzen** (§§ 26 f.), für die nach Sinn und Zweck nichts anderes gelten kann.

II. Berechtigte: Betreiber technisch verbundener Gasversorgungsnetze

Die Informationspflicht der Betreiber von Fernleitungsnetzen, Verteilernetz- **31** betreiber (§ 16a) und Gasspeicher- oder LNG-Anlagen besteht gegenüber jedem anderen Betreiber eines Gasversorgungsnetzes, mit dem die eigenen Fernleitungsnetze oder Anlagen technisch verbunden sind. Einen **Informationsanspruch** (→ § 12 Rn. 82) gem. Abs. 2 haben demnach Betreiber anderer Fernleitungsnetze, Gasverteilernetze und LNG-Anlagen oder Gasspeicheranlagen. Erforderlich ist eine **technische Verbindung** zwischen den Gasversorgungsnetzen und dem Fernleitungsnetz oder der Gasspeicher- oder LNG-Anlage des Betreibers, von dem Informationen verlangt werden. Eine solche Verbindung wird über Netzkopplungspunkte hergestellt (vgl. § 7 GasNZV). Aus dem Wortlaut von Abs. 2 („jedem anderen") folgt, dass sich auch Betreiber von Gasversorgungsnetzen außerhalb Deutschlands auf den Informationsanspruch gem. Abs. 2 berufen können. Dies ist konsequent, da Abs. 1 die FLNB zur Bereitstellung und Betrieb ihrer Netze nicht nur im nationalen, sondern auch im internationalen Verbund verpflichtet.

III. Notwendige Informationen

Bereitzustellen sind nach Abs. 2 die Informationen, die für den Transport und **32** die Speicherung von Erdgas in einer mit dem **sicheren und effizienten Betrieb** des Verbundnetzes zu vereinbarenden Weise erforderlich sind. Die Informationspflicht dient zur Koordinierung der den Betreibern von Gasversorgungsnetzen gem. §§ 11, 15 ff. im Verbund obliegenden Aufgaben. Die Informationen sind, soweit nicht ein regelmäßiger Informationsaustausch stattfindet, **auf Verlangen** der anderen Netzbetreiber bereitzustellen. Insbesondere für die Abwicklung des netzübergreifenden Gasnetzzugangs bestehen regelmäßig wechselseitige Informationspflichten, für welche die KoV (derzeit insbesondere §§ 26, 28, 41 der KoV XI idFv 31.3.2021) standardisierte Verfahren für den Datenaustausch vorsieht. Da jeder Netzbetreiber der Effizienzpflicht nach § 21 unterliegt, soll der Informationsaustausch auch solche Informationen erfassen, die dritte Netzbetreiber benötigen, um ihrerseits den Netzbetrieb effizient zu gestalten. Der koordinierte Netzausbau ist anders als in § 12 hier nicht erwähnt, dieser ist allerdings für die FLNB in § 15a durch Aufstellung eines **gemeinsamen Netzentwicklungsplans** zweifelsfrei geregelt. Für Verteilernetzbetreiber kann jedoch keine andere Wertung des Gesetzgebers abgeleitet werden (→ § 12 Rn. 48).

Die Bereitstellung von Betriebs- und Geschäftsgeheimnissen ist ausdrücklich mit **33** erfasst (→ § 71 Rn. 3). Dies ist angesichts der Bedeutung der Kooperation der Unternehmen untereinander für die Versorgungssicherheit angemessen. Aus der ausdrücklichen Erwähnung des Informationsaustauschs inklusive Betriebs- und Geschäftsgeheimnissen (aA mit verfassungsrechtlichen Bedenken BerlKomm-EnergieR/*Barbknecht* EnWG § 15 Rn. 26 unter Hinweis auf BVerfG Beschl. v. 14.3.2006 – 1 BvR 2087/03). Die Informationen werden durch die gegenseitige Bereitstellung auch nicht (ver)öffentlich(t). Zudem fehlt es an einem Wettbewerbsverhältnis der Netzbetreiber untereinander. Ein Wettbewerbsverhältnis ist kraft Natur des entflochtenen Gasversorgungsnetzbetreibers als natürliches Monopol nicht berührt. Daher kann man die Auffassung vertreten, dass der Gesetzgeber die notwendige Abwägung der Schutzinteressen (dazu auch BGH Beschl. v. 11.12.2018 – EnVR 1/18) in der Regelung ausreichend vorgenommen hat.

Bourwieg

§ 15 Teil 3. Regulierung des Netzbetriebs

IV. Sektorübergreifender Informationsaustausch/Informationspflicht der Übertragungsnetzbetreiber

34 Durch das dritte Gesetz zur Neuregelung energiewirtschaftlicher Vorschriften vom 20.12.2012 (BGBl. I S. 2730) wurde in Abs. 2 S. 2 und 3 eine **Informationspflicht der Übertragungsnetzbetreiber** gegenüber den Fernleitungsnetzbetreibern ergänzt. Entgegen der Überschrift von § 15 handelt es sich also nicht um eine Pflicht *des* Fernleitungsnetzbetreibers, sondern um einen **Informationsanspruch** des FLNB gegenüber dem Betreiber von Elektrizitätsübertragungsnetzen mit einer gesetzlichen Verpflichtung zum Schutz von Betriebs- und Geschäftsgeheimnissen.

35 Eingeführt wurden die neuen Vorschriften zur Gewährleistung der Versorgungssicherheit mit Gaskraftwerken aufgrund der Erfahrungen im Winters 2011/12 (Bericht der BNetzA zur Versorgungssicherheit v. 3.5.2012, http://pfbach.dk/firma_pfb/bundesnetzagentur_netzbericht_zustandwinter11_12.pdf). Durch eine Kaltwetterlage drohten Engpässe in der Gasversorgung und in deren Folge die Nichtverfügbarkeit von mit Erdgas befeuerten Kraftwerken. Die **sektorübergreifende Betrachtung** der Versorgungssicherheit war bis dahin nicht Gegenstand der gesetzlichen Anordnungen zum Pflichtenkatalog der Elektrizitäts- oder Gasversorgungsnetzbetreiber. Dies wurde nachgeholt. Kern war die Einführung der Ausweisung systemrelevanter Gaskraftwerke in § 13f, die verbindliche Pflicht zur Anzeige der Stilllegung von Kraftwerken mit ausreichender Frist und das Stilllegungsverbot sowie die Absicherung des Gasbezugs systemrelevanter Gaskraftwerke (BT-Drs. 17/11705 – Beschlussempfehlung und Bericht).

36 Die notwendigen Informationen können insbesondere Informationen zu Gaskraftwerken sowie zu regionalen Leistungsbilanzen beinhalten, die der FLNB für die Entwicklung des Netzentwicklungsplans nach § 15a sowie für Entscheidungen iRv § 16 Abs. 1 und 2 einbeziehen muss.

V. Durchsetzung

37 Soweit die Information zu Unrecht verweigert wird, kann der Anspruchsinhaber auf dem ordentlichen Rechtsweg seine Ansprüche durchsetzen. Die **Regulierungsbehörde** kann den FLNB nach § 65 verpflichten, die notwendigen Informationen bereitzustellen. §§ 30, 31 kommen nicht in Betracht, da diese ausschließlich für die Abschnitte 2 und 3 zur Verfügung stehen.

E. Nachfragegerechte Netzkapazität (Abs. 3)

38 Betreiber von Fernleitungsnetzen haben nach Abs. 3 dauerhaft die Fähigkeit ihrer Netze sicherzustellen, die Nachfrage nach Transportdienstleistungen für Gas zu befriedigen und insbesondere durch entsprechende Transportkapazität und Zuverlässigkeit der Netze zur Versorgungssicherheit beizutragen. Dies bedeutet, dass die vorhandenen Fernleitungsnetze durch **Wartung, Instandhaltung und Instandsetzung** auf einem technischen Stand gehalten werden müssen, der eine sichere und zuverlässige Fernleitung gewährleistet. Abs. 3 wird durch § 16 konkretisiert. Darüber hinaus gehört es zu den ureigenen Pflichten des FLNB, durch ihre Betriebsorganisation nachhaltig technisch und organisatorisch den Transportbedarf zu decken. Das bezieht sich in jedem Fall auf den aktuellen Zustand des Netzes, wo zu diesen gesetzlichen Pflichten vertragliche Verpflichtungen gegenüber den Transportkunden hinzutreten. Der technische Zustand des Netzes unterliegt den Anforderungen des § 49 hinsichtlich der technischen Sicherheit. Die **technische Sicherheit** ist ein Teil dessen, was der Betreiber von Fernleitungsnetzen durch organisatorische Maßnahmen nach Abs. 3 sicherzustellen hat (BerlKEnergieR/ *Barbknecht* EnWG § 15 Rn. 28).

Darüber hinaus müssen FLNB ihre Netze bei einer sich verändernden Nachfrage 39 nach Transportkapazitäten entsprechend um- und ausbauen. Eine generelle **Ausbaupflicht** der FLNB besteht bereits nach § 11 Abs. 1. Die sich aus § 11 Abs. 1 an den Netzausbau ergebenden Anforderungen wiederholen sich in den in Abs. 3 konkretisierten Pflichten (→ § 11 Rn. 86 ff.). Beide Vorschriften haben für die FLNB vor dem Hintergrund der **Netzentwicklungspläne** gem. § 15a keine eigenständige Rechtsanwendung mehr.

Anders als § 11 Abs. 1 (→ § 11 Rn. 34) fordert Abs. 3 Maßnahmen, die Voraus- 40 setzung für die **Erfüllung konkreter Netzzugangsansprüche** sind. Zu Beginn der Liberalisierung war iRv § 6 aF umstritten, ob Netzbetreiber zur Erweiterung der Netzkapazität verpflichtet waren, wenn nur so Netznutzungsansprüche befriedigt werden konnten. Dem wurde entgegengehalten, dass es dazu im Hinblick auf die betroffenen Grundrechte der Netzbetreiber aus Art. 14 Abs. 1 und 12 Abs. 1 GG einer ausdrücklichen gesetzlichen Regelung des Gesetzgebers bedurft hätte (*Koenig/Kühling/Winkler* WuW 2003, 228 ff.; *Schulze et* 2001, 816 ff.).

Ein solcher Anspruch kann in Abs. 3 für **bestehende Transportkapazitäten** 41 jedenfalls gesehen werden. Eine Veränderung bestehender technischer Kapazitäten kann sich aus dem zusätzlichen Bedarf neuer Anschlussnehmer, bei zusätzlichen Anbindungen von Aufkommensquellen oder Ausspeisungen in angrenzende Netze, Lastflussänderungen (zB bei der Marktgebietszusammenführung), durch Aus- oder Rückbau der Netze und ihrer Komponenten (zB Verdichter) sowie zu gering dimensionierten Netzkoppelpunkten ergeben (grundsätzlich in BerlKommEnergieR/*Barbknecht* EnWG § 15 Rn. 30).

Nach der **Schutznormlehre** ist eine Norm dann drittschützend, wenn sie eine 42 Verhaltenspflicht enthält, die nicht ausschließlich dem öffentlichen Interesse, sondern zumindest auch dem Schutz des Individualinteresses zu dienen bestimmt ist. Und dies derart, dass die Geschützten die Einhaltung des Rechtssatzes verlangen können sollen (OLG Düsseldorf Beschl. v. 23.9.2009 – VI-3 Kart 25–08 (V)). Da Abs. 3 auf die dauerhafte Fähigkeit zur Befriedigung der Nachfrage nach Transportdienstleistungen abstellt, kann der Vorschrift ein Anspruch vorhandener Netznutzer entnommen werden, bestehende Kapazitätsrechte nicht zu verlieren, sondern veränderte technische Rahmenbedingungen zB durch Ausbau auszugleichen. Der Anspruch, bestehende (feste) Kapazitäten nicht zu verlieren, ergibt sich allerdings in der Regel schon aus den vertraglichen Regelungen, die gegebenenfalls im Lichte des § 15 auszulegen sind. Um einen individuellen Anspruch auf einen bedarfsgerechten Netzausbau neuer Zugangspetenten, also künftige „Nachfrage", daraus abzuleiten, dafür scheint die Norm zu wenig konkret. Hier ist auf § 11 (→ Rn. 93) zu verweisen.

§ 15a Netzentwicklungsplan der Fernleitungsnetzbetreiber

(1) ¹**Die Betreiber von Fernleitungsnetzen haben in jedem geraden Kalenderjahr einen gemeinsamen nationalen Netzentwicklungsplan zu erstellen und der Regulierungsbehörde unverzüglich vorzulegen, erstmals zum**

§ 15a

Teil 3. Regulierung des Netzbetriebs

1. April 2016. ²Dieser muss alle wirksamen Maßnahmen zur bedarfsgerechten Optimierung, Verstärkung und zum bedarfsgerechten Ausbau des Netzes und zur Gewährleistung der Versorgungssicherheit enthalten, die in den nächsten zehn Jahren netztechnisch für einen sicheren und zuverlässigen Netzbetrieb erforderlich sind. ³Insbesondere ist in den Netzentwicklungsplan aufzunehmen, welche Netzausbaumaßnahmen in den nächsten drei Jahren durchgeführt werden müssen, und ein Zeitplan für die Durchführung aller Netzausbaumaßnahmen. ⁴Bei der Erarbeitung des Netzentwicklungsplans legen die Betreiber von Fernleitungsnetzen angemessene Annahmen über die Entwicklung der Gewinnung, der Versorgung, des Verbrauchs von Gas und seinem Austausch mit anderen Ländern zugrunde und berücksichtigen geplante Investitionsvorhaben in die regionale und gemeinschaftsweite Netzinfrastruktur sowie in Bezug auf Gasspeicheranlagen und LNG-Wiederverdampfungsanlagen einschließlich der Auswirkungen denkbarer Störungen der Versorgung sowie der gesetzlich festgelegten klima- und energiepolitischen Ziele der Bundesregierung (Szenariorahmen). ⁵Der Netzentwicklungsplan berücksichtigt den gemeinschaftsweiten Netzentwicklungsplan nach Artikel 8 Absatz 3b der Verordnung (EG) Nr. 715/2009. ⁶Die Betreiber von Fernleitungsnetzen veröffentlichen den Szenariorahmen und geben der Öffentlichkeit und den nachgelagerten Netzbetreibern Gelegenheit zur Äußerung, sie legen den Entwurf des Szenariorahmens der Regulierungsbehörde vor. ⁷Die Regulierungsbehörde bestätigt den Szenariorahmen unter Berücksichtigung der Ergebnisse der Öffentlichkeitsbeteiligung.

(2) ¹Betreiber von Fernleitungsnetzen haben der Öffentlichkeit und den nachgelagerten Netzbetreibern vor der Vorlage des Entwurfs des Netzentwicklungsplans bei der Regulierungsbehörde Gelegenheit zur Äußerung zu geben. ²Hierzu stellen die Betreiber von Fernleitungsnetzen die erforderlichen Informationen auf ihrer Internetseite zur Verfügung. ³Betreiber von Fernleitungsnetzen nutzen bei der Erarbeitung des Netzentwicklungsplans eine geeignete und allgemein nachvollziehbare Modellierung der deutschen Fernleitungsnetze. ⁴Dem Netzentwicklungsplan ist eine zusammenfassende Erklärung beizufügen über die Art und Weise, wie die Ergebnisse der Öffentlichkeitsbeteiligung in dem Netzentwicklungsplan berücksichtigt wurden und aus welchen Gründen der Netzentwicklungsplan nach Abwägung mit den geprüften, in Betracht kommenden anderweitigen Planungsmöglichkeiten gewählt wurde. ⁵Der aktuelle Netzentwicklungsplan muss den Stand der Umsetzung des vorhergehenden Netzentwicklungsplans enthalten. ⁶Haben sich Maßnahmen verzögert, sind die Gründe der Verzögerung anzugeben.

(3) ¹Die Regulierungsbehörde hört zum Entwurf des Netzentwicklungsplans alle tatsächlichen und potenziellen Netznutzer an und veröffentlicht das Ergebnis. ²Personen und Unternehmen, die den Status potenzieller Netznutzer beanspruchen, müssen diesen Anspruch darlegen. ³Die Regulierungsbehörde ist befugt, von den Betreibern von Fernleitungsnetzen sämtliche Daten zu verarbeiten, die zur Prüfung erforderlich sind, ob der Netzentwicklungsplan den Anforderungen nach Absatz 1 Satz 2 und 5 sowie nach Absatz 2 entspricht. ⁴Bestehen Zweifel, ob der Netzentwicklungsplan mit dem gemeinschaftsweit geltenden Netzentwicklungsplan in

Einklang steht, konsultiert die Regulierungsbehörde die Agentur für die Zusammenarbeit der Energieregulierungsbehörden. ⁵Die Regulierungsbehörde kann innerhalb von drei Monaten nach Veröffentlichung des Konsultationsergebnisses von den Betreibern von Fernleitungsnetzen Änderungen des Netzentwicklungsplans verlangen, diese sind von den Betreibern von Fernleitungsnetzen innerhalb von drei Monaten umzusetzen. ⁶Die Regulierungsbehörde kann bestimmen, welcher Betreiber von Fernleitungsnetzen für die Durchführung einer Maßnahme aus dem Netzentwicklungsplan verantwortlich ist. ⁷Verlangt die Regulierungsbehörde keine Änderungen innerhalb der Frist nach Satz 3 und 4, ist der Netzentwicklungsplan für die Betreiber von Fernleitungsnetzen verbindlich.

(4) Betreiber von Gasverteilernetzen sind verpflichtet, mit den Betreibern von Fernleitungsnetzen in dem Umfang zusammenzuarbeiten, der erforderlich ist, um eine sachgerechte Erstellung der Netzentwicklungspläne zu gewährleisten; sie sind insbesondere verpflichtet, den Betreibern von Fernleitungsnetzen für die Erstellung des Netzentwicklungsplans erforderliche Informationen unverzüglich zur Verfügung zu stellen.

(5) Die Regulierungsbehörde kann durch Festlegung nach § 29 Absatz 1 zu Inhalt und Verfahren des Netzentwicklungsplans sowie zur Ausgestaltung der von den Fernleitungsnetzbetreibern durchzuführenden Konsultationsverfahren nähere Bestimmungen treffen.

(6) ¹Nach der erstmaligen Durchführung des Verfahrens nach Absatz 1 und 2 kann sich die Öffentlichkeitsbeteiligung auf Änderungen gegenüber dem zuletzt bestätigten Szenariorahmen oder dem zuletzt veröffentlichten Netzentwicklungsplan beschränken. ²Ein vollständiges Verfahren muss mindestens alle vier Jahre durchgeführt werden.

Übersicht

	Rn.
A. Allgemeines	1
I. Inhalt	1
II. Zweck	9
1. Transparenz und Akzeptanz	9
2. Europäische Vorgaben	12
3. Vorgaben für die Netzplanung der FLNB	18
III. Übergreifende Fragen der Bedarfsplanung	20
B. Szenariorahmen	24
I. Adressat	24
II. Inhalt	25
1. Zeithorizont	25
2. Angemessene Annahmen	26
3. Incremental-Capacity-Verfahren/Austausch mit anderen Ländern	34
4. Gemeinschaftsweite und regionale Netzentwicklungspläne	44
III. Verfahren für den Szenariorahmen	46
1. Konsultation durch die Fernleitungsnetzbetreiber	46
2. Bestätigung des Szenariorahmens durch die Bundesnetzagentur	47
3. Rechtsschutz	57
C. Netzentwicklungsplan	63
I. Inhalt	63

	Rn.
1. Gemeinsamer Plan	63
2. Markt- und Netzmodell	64
3. Wirksame Maßnahmen	68
4. Zeitliche Staffelung	74
5. Gemeinschaftsweiter Netzentwicklungsplan	75
6. Internes Monitoring	76
7. Festlegungsbefugnis (Abs. 5)	77
II. Schritte zu einem NEP	78
1. Zuständigkeit	78
2. Verfahren	79
3. Form	89
4. Änderungsverlangen	94
5. Rechtsfolgen	96
6. Rechtsschutz	98

Literatur: *Ahnis/Kirschnick,* Gasnetzausbau zwischen volkswirtschaftlicher Effizienz und individuellen Netznutzeransprüchen, EnWZ 2013, 352; *Bauer,* Konsultationen als kooperatives Element im Regulierungsprozess, EnWZ 2012, 71; *BDEW/GEODE/VKU,* Kooperationsvereinbarung zwischen den Betreibern von in Deutschland gelegenen Gasversorgungsnetzen, www.bdew.de/media/documents/20190429_Hauptteil_KoV_X-1_Anpassungen_clean_1.pdf; *BNetzA,* Beschl. v. 20.5.2008 mAnm *Schwaibold,* IR 2008, 162; *BNetzA,* Bestätigung des Szenariorahmens für den Netzentwicklungsplan Gas 2020–2030, www.bundesnetzagentur.de/SharedDocs/Downloads/DE/Sachgebiete/Energie/Unternehmen_Institutionen/Netzentwicklung UndSmartGrid/Gas/NEP_2020/NEP_Gas2020_Bestaetigung_BNetzA.pdf?__blob =publicationFile&v=2; *BNetzA,* Beschl. v. 19.3.2021 – 8615-NEP Gas 2020–2030 – Änderungsverlangen NEP Gas 2020–2030; *BNetzA,* Beschl. v. 25.3.2019 BK7-19-0037 – KAP+, www.bundesnetz-agentur.de/DE/Service-Funktionen/Beschlusskammern/1_GZ/BK7-GZ/2019/BK7-19-0037/BK7-19-0037_VerfEinleit.html; *BVEG,* Erhebung für den Netzentwicklungsplan Gas – Produktionsvorausschätzung der Erdgasförderung für die Jahre 2019–2030; *dena,* dena-Leitstudie Integrierte Energiewende, www.dena.de/integrierte-energiewende/; *Fest/Nebel,* Das Gesetz zur Änderung von Bestimmungen des Rechts des Energieleitungsbaus, NVwZ 2016, 177; *FLNB,* Netzentwicklungsplan Gas 2020–2030, Konsultation Stand: 4.5.2020; *FLNB Gas,* Umsetzungsbericht zum Netzentwicklungsplan Gas 2018–2028 der Fernleitungsnetzbetreiber vom 1.4.2019, www.fnb-gas.de/media/2019_04_01_umsetzungsbericht_2019_1.pdf; *Knauff,* Verfahrensrecht als Gestaltungsinstrument, VerwArchiv 2019, 388; *Kühling/Pisal,* Die Umsetzung der EU-Entflechtungsvorgaben im EnWG 2011, 4; 2012, 127; *Ringel,* Netzentwicklungsplan Gas: Optimierung der Infrastruktur oder Investitionszwang für Netzbetreiber, gwf-Gas 2011, 684; *Saß/Fürstenau,* Gasnetzberechnungen auf Fernleitungsebene mittels unterschiedlicher Modellierungsansätze, bbr 2016, Heft 06/07, 26.

A. Allgemeines

I. Inhalt

1 Im Rahmen der 2011 eingeführten **koordinierten Bedarfsplanung** für die Energietransportnetze enthält § 15a die Parallelregelung der §§ 12a–12d.

2 Abs. 1 enthält die generelle Verpflichtung für Fernleitungsnetzbetreiber (FLNB), alle zwei Jahre einen **gemeinsamen nationalen** Netzentwicklungsplan (im Folgenden NEP) zu erstellen. Wegen des Ziels der Schaffung weniger nationaler Marktgebiete, der Gewährleistung eines diskriminierungsfreien Netzzugangs und eines transportpfadunabhängigen Netzzugangs (→ § 20 Rn. 138) muss eine gemeinsame nationale Planung erfolgen. Die FLNB sind verpflichtet, bei ihren Planungen bestimmte Basisszenarien, ua über die Entwicklung von Angebot und Nachfrage, zugrunde zu legen. Der Szenariorahmen ist von der Bundesnetzagentur zu bestätigen. Der Begriff **Szenariorahmen** macht bereits deutlich, dass die Netzbetreiber bei der Erstellung der Pläne mehr als ein Szenario berücksichtigen müssen. Die Prüfung und **Bestätigung durch die BNetzA** gewährleistet, dass die grundsätzlichen und zentralen Annahmen bereits zu Beginn des Verfahrens geklärt werden und nicht erst zu einem späteren Zeitpunkt beanstandet werden (BT-Drs. 17/6072, 74).

Abs. 1 enthält Regelungen für die bei der Netzplanung zu berücksichtigende 3 Gesichtspunkte, namentlich die Entwicklungen bei Gewinnung, Versorgung, Verbrauch und Austausch von Gas mit anderen Ländern. Aspekte der **Versorgungssicherheit** und seit 2022 auch die **klima- und energiepolitischen Ziele** der Bundesregierung werden besonders hervorgehoben. Der NEP ist somit ein Bestandteil der Vorsorgemaßnahmen iSd SoS-VO 2017 und der Vorläuferregelungen (BT-Drs. 17/6072, 48).

Die FLNB **konsultieren** ihren **Szenariorahmen** öffentlich selbst (www.fnb-g 4 as.de/netzentwicklungsplan) und legen das Ergebnis der Konsultation der Regulierungsbehörde zur Bestätigung vor (Abs. 2). Anschließend wird der eigentliche **Bedarfsplan** (NEP) nochmals durch die FLNB und anschließend eigenständig durch die Regulierungsbehörde konsultiert (www.bundesnetzagentur.de/Elektrizität und Gas/Netzentwicklung und Intelligente Systeme/Netzausbau Gas). Zuständig ist auch hier die BNetzA. Es gibt mithin eine **dreifache** breite Beteiligung der Öffentlichkeit und der interessierten Wirtschaftskreise.

Es werden besondere **Zusammenarbeitspflichten** der Verteilernetzbetreiber 5 mit den Fernleitungsnetzbetreibern im Rahmen der Erstellung des NEP in Abs. 4 vorgesehen. Abs. 5 und 6 enthalten **Verfahrensvorschriften** zur Festlegung von Inhalten und zur Standardisierung des Verfahrens der Aufstellung des NEP bei den FLNBn sowie zur Verfahrenserleichterung, sofern nur kleinere Änderungen erkennbar sind. Ein umfassendes Verfahren muss mindestens **alle vier Jahre** durchgeführt werden, wenn die Veränderungen am Markt für die Netzplanung nichts anderes gebietet.

Mit dem ersten Gesetz zur Änderung des Energieverbrauchskennzeichnungs- 6 gesetzes und zur Änderung weiterer Bestimmungen des Energiewirtschaftsrechts (Ges. v. 10.12.2015, BGBl. 2015 I S. 2194ff.). wurde im Jahr 2015 der ursprünglich jährliche Turnus des NEP-Prozesses sowohl für Elektrizität als auch für Gas auf einen **zweijährigen Rhythmus** umgestellt. Dadurch sollten aufgetretene zeitliche Überschneidungen und Überforderungen (*Knauff* VerwArchiv 2019, 388 (402); *Fest/Nebe*, NVwZ 2016, 177 (179)) bei der Erstellung der Netzentwicklungspläne und der Erarbeitung der Szenariorahmen für den darauffolgenden Netzentwicklungsplan vermieden werden. In der Praxis hatten die jährlichen Planungen zu zeitlichen Überschneidungen geführt, wenn bereits vor Bestätigung eines Netzentwicklungsplans ein neues Szenario für den nachfolgenden NEP konsultiert wurde (BT-Drs. 18/6383, 13–14).

Stattdessen sind die Transportnetzbetreiber nunmehr verpflichtet, in den Kalen- 7 derjahren, in denen kein Netzentwicklungsplan aufzustellen ist, einen **Umsetzungsbericht** vorzulegen (→ § 15b Rn. 4). Dieser dient der Umsetzung der europarechtlichen Anforderungen an die jährliche Überprüfung von Marktabschottung durch vertikal integrierte Transportnetzbetreiber. Der Umsetzungsbericht soll im Wesentlichen eine Fortschreibung der Umsetzungsberichterstattung aus den Netzentwicklungsplänen sein.

8   Querverweise auf die Norm finden sich in den Kompetenzvorschriften als Ausnahme für eine Beschlusskammerentscheidung in § 59, in § 65 Abs. 2a sowie in den Bußgeldvorschriften des § 95 zur Durchsetzung notwendiger Investitionen durch die Regulierungsbehörde, in den §§ 9 Abs. 2 und 4 sowie 10b Abs. 2 und 10d Abs. 2 zu den Entflechtungsmodellen Unabhängiger Systembetreiber und Unabhängiger Transportnetzbetreiber, in der neuen Vorschrift zum Umstellung von Gasleitungen auf Wasserstoff in § 113b sowie als Übergangsvorschrift für das Jahr 2015 in § 118 Abs. 7. Die Ermittlung des langfristigen Kapazitätsbedarfs für den Netzentwicklungsplan wird in § 17 Abs. 1 GasNZV weiter ausgeformt, subjektive Anschlussansprüche auf Basis der in § 15a allgemein ermittelten Ausbaubedarfe werden in § 39 GasNZV geregelt. Der NEP ist gem. § 91 gebührenpflichtig.

II. Zweck

9   **1. Transparenz und Akzeptanz.** Jede technische Netzberechnung muss eine Vielzahl von **Annahmen** zur Entwicklung des Systems treffen. Die erste Annahme besteht in der **Prognose der den Transportbedarf** bestimmenden Parameter wie der Gewinnung von Erdgas, der Quellen und des Verbrauchs sowie des Austauschs von Gas mit Nachbarstaaten. Die Regelung zur **Aufstellung** und **Konsultation** des **Szenariorahmens** ist ein wichtiger Baustein zur **Transparenz** des energiewirtschaftlichen Bedarfs an Fernleitungsnetzen. Die Konsultation des Szenariorahmens (Abs. 1) und des Netzentwicklungsplans (Abs. 2) mit den einschlägigen Interessenträgern soll die Angemessenheit der geplanten Netzinvestitionen gewährleisten, dient aber mindestens gleichberechtigt dazu, die Öffentlichkeit angemessen zu beteiligen und die Akzeptanz der entsprechenden Vorhaben in der Bevölkerung zu erhöhen, indem der Planungs- und Konsultationsprozess transparent gestaltet wird (*Knauff* VerwArchiv 2019, 388 (392f.)).

10   Da allerdings Erdgasleitungen nahezu ausschließlich **unterirdisch verlegt** werden, verursachen sie nicht in gleichem Maße gesellschaftliche Widerstände wie insbesondere Freileitungen für die Stromversorgung. Der Aspekt der **Akzeptanzförderung** durch Transparenz für die allgemeine Öffentlichkeit steht daher im Gassektor nicht so sehr im Vordergrund.

11   Die Vorschriften ordnen sich stärker in ihren europarechtlichen Zweck ein (→ Rn. 12). Die Transparenz entsteht insbesondere für die Marktteilnehmer, die Entwickler und Betreiber von Erdgasspeichern, LNG-Terminals oder Kraftwerken, nachgelagerte Gasverteilernetzbetreiber, die Händler und Letztverbraucher.

12   **2. Europäische Vorgaben.** Europarechtlich steht bei der Regelung zu den Netzentwicklungsplänen nicht so sehr die gesellschaftliche Akzeptanz von notwendigen Netzausbaumaßnahmen im Vordergrund, sondern die Vermeidung von **struktureller Diskriminierung** durch vertikal integrierte FLNB, die durch Verzögerung von Netzausbaumaßnahmen **Marktabschottung** betreiben können. Die Regelung des § 15a orientiert sich eng an Art. 22 Gas-RL 09, deren Umsetzung er dient.

13   Die Verpflichtung zur Aufstellung eines NEP gilt in Deutschland unabhängig von dem jeweils gewählten Entflechtungsmodell. Die Richtlinie sieht die Erstellung eines Netzentwicklungsplans nur für solche FLNB vor, die nicht eigentumsrechtlich entflochten sind (§ 8) vor, doch hat sich der deutsche Gesetzgeber ent-

schieden, aufgrund der vielgestaltigen Netzbetreiberstruktur auf der Transportebene alle FLNB unabhängig von der jeweils gewählten Entflechtungsform zur Erstellung eines solchen Plans zu verpflichten (BT-Drs. 17/6072, 74). Dies ist auch erforderlich, um die Konsistenz mit den regionalen wie gemeinschaftsweiten Plänen nach der EU-Verordnung zu wahren (so auch *Kühling/Pisal* et 2012, 127 (130)).

Europarechtlich müssten die Lastparameter im Rahmen der Konsultation des NEP diskutiert werden. Diesen Schritt hat die Umsetzung des EnWG abgeschichtet und die vorgegebenen Inhalte des NEP mit dem Abs. 1 S. 4, 6 und 7 wortgleich als Inhalte des Szenariorahmens übernommen sowie einer separaten Konsultation durch die verpflichteten FLNB unterzogen. Diese Maßnahme dient dazu, die ohnehin komplexen Diskussionen besser zu strukturieren. 14

Die Effektivität der **Entflechtung** ist bezogen auf Investitionen nach Vorgabe der Gas-RL 2009 daran zu messen, inwieweit selektive Investitionen zugunsten verbundener Unternehmen verhindert werden. Nach der Richtlinie soll dies im Wesentlichen durch zwei verschiedene Vorkehrungen erreicht werden: Zum einen sollen sich die potenziell einer Diskriminierungsgefahr ausgesetzten Marktteilnehmer im Prozess der Investitionsplanung äußern können, um so auf ihre Belange hinzuweisen. Zum anderen ist die Regulierungsbehörde aufgefordert, diese Hinweise zum Teil ihrer eigenen Überprüfung des Investitionsverhaltens zu machen, um unter Umständen Änderungen zu verlangen oder Durchsetzungsmaßnahmen (§ 65 Abs. 2 und 2a) zu ergreifen. Die nationalen Regulierungsbehörden sind darüber hinaus verpflichtet, die Durchführung des zehnjährigen Netzentwicklungsplans zu überwachen (Art. 22 Abs. 6 und 7, Art. 41 Abs. 1 lit. g Gas-RL 09; *Fest/Nebel* NVwZ 2016, 177 (179)). 15

Die Umsetzungsberichte der FLNB in § 15b dienen der Umsetzung der Anforderungen an die jährliche Feststellung des Marktverschlusses durch vertikal integrierte Transportnetzbetreiber in Art. 22 der Gas-RL 2009. 16

Durch das zweite Datenschutz-Anpassungs- und Umsetzungsgesetz EU (Ges. v. 20.11.2019 – BGBl I 2019 S. 1626) wurden die Begrifflichkeiten zur Datenverarbeitung im Zuge des NEP-Prozesses der Öffentlichkeitsbeteiligung an die VO (EU) 2016/679 angepasst („zu verarbeiten" statt „zu erheben, zu verarbeiten und zu nutzen"). 17

3. Vorgaben für die Netzplanung der FLNB. Wie beim Netzentwicklungsplan der Übertragungsnetzbetreiber Strom auch, handelt es sich bei den Szenarien für den NEP um **Referenzszenarien**, nicht um Zielszenarien. Ein Referenzszenario stellt eine Entwicklung dar, die sich einstellen könnte, wenn die bislang angelegten Politiken, das geltende Recht und die anerkannten Regeln der Technik in die Zukunft fortgeschrieben werden. Dabei fließen auch nichtstatische Rahmenbedingungen ein. Künftige Veränderungen müssen sich aber aus den Trends der Vergangenheit **plausibel fortschreiben** lassen. Neue Technologien nach Stand der Technik können in die Planung einfließen. **Zielszenarien** dagegen untersuchen, ob ein vorgegebenes Ziel unter realistischen Bedingungen erreichbar ist. Dabei werden aber der Eintritt bestimmter, auch erheblicher Änderungen der Rahmenbedingungen unterstellt (gut aufbereitet die Abgrenzung durch *Dr. Ulrich Fahl* (IER Stuttgart), „Annahmen, Methodik und Ergebnisse für Energieszenarien für Deutschland", Vortrag auf der 2. Göttinger Energietagung der BNetzA und dem EFZN, 15.4.2010, www.efzn.de/veranstaltungen/Göttinger Energietagung). Diese Unterscheidung ist wichtig für das Verständnis der Norm. 18

§ 15 a Teil 3. Regulierung des Netzbetriebs

19 Die Netzentwicklungsplanung ist ein **fachlich getriebener** Prozess im Rahmen der Pflichten der FLNB nach §§ 11 und 15. Die Unternehmen müssen ein sicheres, bedarfsgerechtes und effizientes Netz bereitstellen und betreiben. Diese Anforderungen bemessen sich anhand einer Fortschreibung erkennbarer Entwicklungen. Mit der Klimaschutz-Sofortprogramm-Novelle 2022 sind die **gesetzlich festgelegten** klima- und energiepolitischen **Ziele der Bundesregierung** ausdrücklich ergänzt worden. In diesem Planungsprozess der FLNB bestehen für sie **Beurteilungsspielräume**. Das Verfahren zur Durchführung dieses komplexen Prozesses ist durch den § 15 a gestaltet. Der BNetzA kommt bei der Durchführung dieser Aufgabe eine Kontroll- und Entscheidungsfunktion im Hinblick auf die Methodik zur Ermittlung der Annahmen und zur Entscheidung von Alternativen des Netzausbaus zu (NOVA-Prinzip → § 11 Rn. 2 und → § 12 b Rn. 21). Dies ergibt sich auch aus der Notwendigkeit der **Missbrauchsaufsicht** sowie der **Kostenregulierung** der Unternehmen. Die Behörde ist durch ihre Entscheidung im NEP dem Grunde nach bei der Kostenregulierung gebunden (OLG Düsseldorf Beschl. v. 6. 5. 2020 – 3 Kart 739/19 (V), RdE 2021, 31).

III. Übergreifende Fragen der Bedarfsplanung

20 Bei Einführung des Instruments der Bedarfsplanung im EnWG stand die Frage im Raum, ob die Aufstellung eines Szenariorahmens und des NEP nach § 14 b Abs. 2 und 3 UVPG die Pflicht zur **strategischen Umweltprüfung** auslöst. Angesichts der Qualität des Szenariorahmens als Referenzszenario, das vorhandene Rahmenbedingungen fortschreibt sowie schlicht abbildet und diese nicht selbst setzt oder präjudiziert, kann dies für Klimafolgen aus den Szenarioannahmen ausgeschlossen werden. Anders kann die Frage beantwortet werden, ob der NEP selbst nicht einer strategischen Umweltprüfung unterzogen werden muss. Dies ist für das Bundesbedarfsplangesetz Strom in §§ 12 c und e durch Anlage 3 Ziff. 1.10 des UVPG ausdrücklich vorgesehen. Für die ausschließlich mit der Behörde der BNetzA abgestimmten oder von dieser bestätigten **Netzentwicklungspläne** Strom und Gas geht allerdings derzeit niemand davon aus, dass diese einer strategischen Umweltprüfung unterliegen. Auch diese Pläne haben eine hohe Verbindlichkeit. Die Durchsetzung der vorgesehenen Investitionen kann behördlich sanktioniert werden (§ 65 Abs. 2 a).

21 Die Inhalte selbst sind fachlich höchst komplex (Einblick in die notwendigen Modellierungen bei *Saß/Fürstenau* bbr 2016, 26). Das **Netzzugangsmodell** Gas nach KoV wird ständig weiterentwickelt und schafft durch neue Kapazitätsprodukte und Preisgestaltungen den Rahmen, der die Ausnutzung vorhandener Transportkapazitäten veränderlich gestaltet. Während die Nutzung von Erdgas in privaten Haushalten eher sinkt, werden steigende Zahlen für Gaskraftwerke zur Stromerzeugung als erforderlich angesehen, die allerdings ein schwieriges Strommarktumfeld und seit 2022 auch eine unsichere Erdgasversorgung vorfinden (zu Kapazitätsmärkten → § 53 a Rn. 13). **Neue Quellen** in Form von LNG- Terminals kommen hinzu oder die Potenziale für den Transport von **Wasserstoff** in Gasfernleitungen als Beimischung oder durch Umwidmung zu Wasserstoffleitungen werden analysiert (NEP Gas 2020–2030, S. 130 ff.), → § 113 b Rn. 1 ff. Zudem sind Annahmen für europäische Gasflüsse und insbesondere zu verschiedenen Kapazitätsprodukten zu treffen, die sich zum Teil statisch in den gemeinschaftsweiten Netzentwicklungsplänen niedergeschlagen haben.

22 Nach herrschender Meinung ist der Neubau einer reinen **Wasserstofffernleitung** derzeit nicht vom Regelungsbereich des § 15 a umfasst (BNetzA, Regulierung

Netzentwicklungsplan der Fernleitungsnetzbetreiber § 15a

von Wasserstoffnetzen Bestandsaufnahme, Juli 2020, S. 33), da das Fernleitungsnetz auf den Transport von Erdgas durch ein Hochdruckfernleitungsnetz beschränkt ist (→ § 3 Rn. 49). Durch die EnWG-Novelle 2021 hat das Gesetz der möglichen Umwidmung in § 113b Rechnung getragen, zudem werden Beimischungs- und Grüngasszenarien im GasNEP bereits im NEP 2020−2030 untersucht. Dabei verzahnt sich der NEP **sektorübergreifend** mit dem NEP Strom 2019−2030, der die entsprechenden Kapazitäten für Elektrolyseure zu modellieren versucht (weiterführend *dena,* dena-Leitstudie Integrierte Energiewende).

Natürlich kann ein Bedarfsplan nicht **gesetzliche Vorgaben** außer Acht lassen, 23 die die Klimaneutralität Deutschlands bis 2045 vorgeben (§ 3 Abs. 2 KSG 2021). Dies wird durch eine Einfügung in Abs. 1 mit Verweis auf die gesetzlich verfestigten energie- und klimapolitischen Ziele der Bundesregierung ausdrücklich hervorgehoben, müsste allerdings selbst in einem Entwicklungsszenario auch ohne eine solche Erwähnung gelten. Die Herausforderung für die Bedarfsplanung wird dadurch jedoch nicht kleiner, denn es kommt für die Netzentwicklung maßgeblich auf die erkennbaren Maßnahmen und nicht nur auf ein gesetzliches Zieldatum an.

B. Szenariorahmen

I. Adressat

Adressat der Verpflichtung sind alle Betreiber von Fernleitungsnetzen **gemein-** 24 **sam**. Die Fernleitungsnetzbetreibereigenschaft lässt sich aus § 3 Nr. 5 ableiten (Liste der FLNB → § 15 Rn. 8). Die Pflicht zur Aufstellung eines gemeinsamen Plans ist eine besondere Ausprägung der Kooperationspflicht aus §§ 11 Abs. 1, 15 Abs. 1 und 2. Zur Schwierigkeit der Bestimmung der FLNB-Eigenschaft → § 15 Rn. 1 ff.

II. Inhalt

1. Zeithorizont. Der Zeithorizont des Szenariorahmens lässt sich aus der Vor- 25 gabe für den NEP ableiten und beträgt **zehn Jahre**. Die Verpflichtung für einen weiteren Ausblick auf 15−20 Jahre, wie er im § 12a Abs. 1 für den Szenariorahmen Strom vorgesehen ist, fehlt für die FLNB. Die energie- und klimapolitischen Vorgaben aus § 3 Abs. 1 und 2 KSG 2021 strahlen natürlich in diesen Zeitraum aus.

2. Angemessene Annahmen. Dem NEP sind **angemessene Annahmen** 26 über die Entwicklung der Gewinnung, der Versorgung, den Verbrauch von Gas und seinen Austausch mit anderen Ländern zugrunde zu legen. Obwohl das Gesetz in diesem Fall keine Mindestzahl verschiedener Szenarien vorgibt (anders als in § 12a), ist auch hier von einem Szenariorahmen die Rede. **Szenariorahmen** bedeutet eine Mehrzahl unterschiedlicher Szenarien. Es entspricht auch einem sorgfältigen Vorgehen für Prognosen, nicht nur einen Entwicklungspfad anzunehmen, sondern verschiedene Entwicklungen abzubilden. So ergibt sich aus der Regelung nur, dass mehrere Entwicklungen in die Grundlage des NEP einzustellen sind. Eine Zahl größer zwei lässt sich aus dem Gesetz nicht zwingend ableiten.

Angemessene Annahmen sind in der Fortschreibung der vorgefundenen und 27 sachlich zutreffenden Ausgangslage zu treffen (BNetzA Beschl. v. 2.2.2012 – Abt. 6 6−1/2011/Szenariorahmen NEP Gas, 13). Dabei ist eine Abstimmung der Annahmen zur Netzentwicklungsplanung Strom vorzunehmen, insbesondere hinsichtlich der Gaskraftwerkskapazitäten, zukünftig aber auch hinsichtlich von P2G-Anlagen.

Bourwieg

§ 15 a

Fraglich ist, an welchen Maßstäben die Angemessenheit der Annahmen zu messen ist. Maßstab für die Angemessenheit der Annahmen sind in jedem Fall die sorgfältige Erhebung der zugrunde liegenden **Daten** und eine wissenschaftlich-**methodisch saubere Vorgehensweise** in der Entwicklung der Annahmen. Geltende Gesetze sind abzubilden, zB der Kapazitätsbedarf der geplanten Investitionsvorhaben nach §§ 38, 39 GasNZV für (neue) Gasspeicher und Gaskraftwerke (zum Verhältnis von § 15 a zu § 39 GasNZV OLG Düsseldorf Beschl. v. 24.3.2021 – VI-3 Kart 2/20; BNetzA Beschl. v. 29.4.2013 – BK4-12-2172, EnWZ 2013, 382 mAnm *Thole* EnWZ 2013, 384). Dabei sollte es ausreichen, auf die **Anschlussbegehren nach §§ 38 und 39 GasNZV** abzustellen. Das dort vorgesehen Verfahren sichert die Ernsthaftigkeit der Anschlussansprüche zu – eine materiell abgeschlossene Prüfung des Anschlussbegehrens ist keine Voraussetzung der Berücksichtigung im NEP.

28 Zu den Grundlagen des Szenariorahmens gehören auch die **Verpflichtungen,** die Deutschland im Rahmen europäischer Verträge und Entscheidungen eingegangen ist. Gesetzesentwürfe dürfen in ihren Wirkungen allenfalls berücksichtigt werden, wenn sie einen Realisierungsgrad erreicht haben, der ihr unverändertes Inkrafttreten wahrscheinlich erscheinen lässt. Ob eine **neue technische Entwicklung,** zB neue Speichertechnologien, in die Betrachtung einzubeziehen ist, muss und kann nur zum Zeitpunkt der Aufstellung des Szenariorahmens anhand des Stands der Technik beurteilt werden. Hier kommt die Eigenschaft des Szenariorahmens als ein Referenzszenario (→ Rn. 18) zum Tragen. Der Szenariorahmen ist Grundlage der sicheren Betriebsführung der FLNB. Diese sind nach **§ 49 Abs. 1** zur Planung auf Basis anerkannter Regeln der Technik verpflichtet.

29 **a) Gewinnung.** Die Gewinnung von Erdgas ist hier als Förderung im **Inland** zu verstehen, da der Import von Erdgas unter die Annahme zum Austausch mit anderen Ländern fällt. Die Gewinnung von Erdgas im Inland unterteilt sich in die Inlandsförderung von **Erdgas** und **Erdölgas** sowie die Einspeisung von **Biogas oder Wasserstoff** als Beimischung. Um angemessene Annahmen für die Gewinnung von Erdgas zu treffen, ist von der zum Zeitpunkt der Aufstellung geförderten bzw. erzeugten (Biogas) Menge auszugehen. Für die Inlandsförderung von Erdgas bestehen Prognosen über die (zurückgehende) Förderung, hinsichtlich der Gewinnung von Erdölgas sind Annahmen zu treffen. Für die Gewinnung von konventionellem Erdgas im Inland sind die regionalen Förderstätten und ihre Netzeinbindung bekannt und damit unmittelbar Teil des Szenariorahmens.

30 Maßgeblich wird die notwendige **Marktraumumstellung** von L- auf H-Gas in Deutschland über den NEP gesteuert (§ 19 a). Die Umstellungsbereiche werden im NEP festgelegt. Eine Auflistung aller direkt und indirekt angeschlossenen Verteilernetzbetreiber und deren Zuordnung zu den Umstellungsbereichen befindet sich in der sog. NEP-Gas-Datenbank (www.nep-gas-datenbank.de/app/#!/).

31 Die bis 2014 in § 31 GasNZV bestehenden Biogasziele (BT-Drs. 18/1891, 225) wurden durch die EEG- Novelle 2014 aufgehoben (BGBl. 2014 I S. 1066, 1121).

32 **b) Versorgung.** Ausweislich der Definition der Versorgung in § 3 Nr. 36 und in Art. 2 Nr. 7 Gas-RL 09 umfasst der Begriff der Versorgung alle Wertschöpfungsstufen der Energieversorgung und ist ein Sammelbegriff. Er schließt Gewinnung, Energiehandel, Energiebelieferung und Netzbetrieb ein.

33 **c) Verbrauch von Gas.** Der Verbrauch von Gas ist für das **Inland** zu bestimmen. Der Austausch mit dem Ausland stellt keinen Verbrauch dar und ist separat er-

Netzentwicklungsplan der Fernleitungsnetzbetreiber § 15 a

fasst. Der Gasverbrauch ist die maßgebliche Kenngröße zur Bestimmung des Bedarfs, der den Betrieb und die Entwicklung nach § 11 Abs. 1 S. 1 bestimmt. Der Gasbedarf setzt sich aus den Einzelergebnissen der Entwicklungspfade zum **Endenergiebedarf**, zum **nichtenergetischen** Verbrauch, zum Gaseinsatz im **Umwandlungssektor** (Strom- und Wärmeerzeugung) und zum **Eigenverbrauch** des Umwandlungssektors zusammen. Der Bedarf an Gas tritt nicht nur zur Umwandlung in Wärme und Strom auf.

3. Incremental-Capacity-Verfahren/Austausch mit anderen Ländern. 34
Weiterhin sind angemessene Annahmen über den Gasaustausch mit anderen Ländern darzustellen. Hier sind Prognosen über den Gasaustausch **innerhalb der EU**, der gemeinschaftsweiten Entwicklung der Förderung von Erdgas, den Verbrauch und den Import von Erdgas aus den Förderländern **außerhalb der EU** zu berücksichtigen. Dies sind für Deutschland insbesondere Russland und Norwegen. Die Gasmengen sind im NEP in Kapazitäten in den Fernleitungsnetzen „übersetzen". Die Grenzübergangspunkte stellen eine Basis für eine **Regionalisierung** schon im Szenariorahmen dar.

Der Austausch von Gas mit anderen Ländern ergibt sich nicht wie die Lastflüsse 35 bei Strom maßgeblich anhand von Börsenpreisen und technischen Leitungskapazitäten. Durch die Speicherbarkeit von Erdgas, starken saisonalen Verbrauchsschwankungen und der starken Abhängigkeit von Importen außerhalb der EU sind allenfalls langfristige Preisentwicklungen maßgeblich für den Austausch mit anderen Ländern.

Die VO (EU) 2017/459 (allgemein als NC CAM bezeichnet) sieht seit 2017 ein 36 sog. **Incremental-Capacity-Verfahren** zur marktbasierten Ermittlung des Bedarfs und gegebenenfalls die Schaffung von zusätzlichen Gastransportkapazitäten an Grenz- und Marktgebietsübergangspunkten vor. (Art. 22 bis 31 VO (EU) 2017/459). Das Incremental-Verfahren dient insbesondere der Bestimmung des Netzausbaubedarfs an den europäischen Grenzen zur Schaffung des Binnenmarkts. Die Ergebnisse des Verfahrens dienen als gesicherte Grundlage zur Ermittlung des Netzausbaubedarfs durch die FLNB und zur Prüfung des NEP durch die BNetzA. Das Verfahren lässt sich in folgende Schritte untergliedern:

a) Bedarfsanalyse. In ungeraden Jahren führen die FLNB eine Auktion für 37 Jahreskapazität durch. Potenzielle Netznutzer können **unverbindliche** Nachfragen nach zusätzlichen Gastransportkapazitäten an Marktgebietsgrenzen bei den FLNB abgeben. Diese Nachfragen bewerten die FLNB in einer regulär alle zwei Jahre stattfindenden Bedarfsanalyse. Spätestens acht Wochen nach Beginn der Auktion für Jahreskapazität erstellen die betroffenen FLNB gemeinsame Berichte zur Marktnachfrageanalyse. (Art. 26 VO (EU) 2017/459) und sechzehn Wochen nach Beginn der Auktion für die Jahreskapazität. Die Berichte werden auf der Internetseite des Verbands der FLNB Gas veröffentlicht (www.fnb-gas-capacity.de). Durch die zeitlichen Abläufe ist die Bedarfsfeststellung recht gut auf den deutschen NEP- Prozess abgestimmt.

b) Planung und Genehmigung. Ergibt die Marktnachfrageanalyse, dass eine 38 Nachfrage nach neu zu schaffender Gastransportkapazität besteht und diese auch nicht durch die bestehenden Gastransportkapazitäten erfüllt werden können, beginnen die FLNB mit der **Planungsphase** (Art. 27 VO (EU) 2017/459). Diese Phase beinhaltet ua die Modellierung und Konzeption eines eventuell erforderlichen Netzausbaus in **technischen Studien,** die **öffentliche Konsultation** der

§ 15 a
Teil 3. Regulierung des Netzbetriebs

technischen Studien und die **Abstimmung und Genehmigung** durch die nationale Regulierungsbehörde.

39 Nach Art. 28 VO (EU) 2017/459 legen die FLNB der BNetzA die **Projektvorschläge** zur Genehmigung vor. Die Genehmigung beinhaltet im Wesentlichen das **Design des Projekts** und den gegebenenfalls notwendigen Netzausbaubedarf, die **Parameter der Wirtschaftlichkeitsprüfung** sowie die **Details der diskriminierungsfreien Kapazitätszuweisung.**

40 Praxistipp:
    Da bereits in dieser Phase Kostenschätzungen und der f-Faktor zu konsultieren sind, hat die BNetzA gemeinsam mit den FLNB eine Methodik der Berechnung der Wirtschaftlichkeitsprüfung erarbeitet und in ein Berechnungstool überführt. Diese ist auf der Homepage der BNetzA veröffentlicht (www.bundesnetzagentur.de/Elektrizität und Gas/Netzentwicklung und Intelligente Systeme/Netzausbau Gas/Incremental Capacity).

41 **c) Auktion und Markttest.** Nach der Genehmigung durch die nationale Regulierungsbehörde werden die neuen Gastransportkapazitäten den Marktteilnehmern – zusammen mit gegebenenfalls vorhandenen Bestandskapazitäten – zur **verbindlichen Buchung** angeboten.

42 Die Durchführung der Wirtschaftlichkeitsprüfung für neu zu schaffende Kapazitäten gem. Art. 22 der VO (EU) 2017/459 erfolgt unmittelbar nach Abschluss der Jahresauktion auf Basis der Festlegung „**INKA**" (BNetzA Beschl. v. 19.7.2017 – BK9-17/609) zu Vorgaben zur Implementierung der Netzkodizes über harmonisierte Fernleitungsentgeltstrukturen.

43 Nach der verbindlichen Buchung müssen die FLNB in Abstimmung mit den betroffenen ausländischen FLNB feststellen, ob für das grenzüberschreitende Projekt **insgesamt** ausreichende Kapazitäten gebucht wurden, die zur Wirtschaftlichkeit auf beiden Seiten führen.

44 **4. Gemeinschaftsweite und regionale Netzentwicklungspläne.** Grundlage des NEP sind auch die **gemeinschaftsweiten** (Art. 8 Abs. 3b Erdgas-VO 09) **und regionalen Netzentwicklungspläne** von ENTSO-G. Diese enthalten in einem iterativen Prozess die verbindlichen nationalen NEP mit den nationalen Annahmen zur Entwicklung der Netzlasten sowie die jährlichen Ausblicke auf die Systemadäquanz der Europäischen Gassysteme (Summer and Winter Supply Outlook).

45 Die Berücksichtigung von „geplanten Investitionsvorhaben in die regionale und gemeinschaftsweite Netzinfrastruktur" knüpft an der Entwicklung von Netzkapazitäten mit dem europäischen Ausland an. Diese Größe ist für die Netzberechnungen für den NEP maßgeblich, allerdings nicht für den Szenariorahmen.

III. Verfahren für den Szenariorahmen

46 **1. Konsultation durch die Fernleitungsnetzbetreiber.** Der Szenariorahmen wird von den FLNBn nach Abs. 1 S. 6 und 7 gemeinsam erarbeitet (Schritt 1). Anders als in § 12a wird er dann aber durch die FLNB auch **selbst** konsultiert (Schritt 2). Abs. 2 verpflichtet FLNB, den Netzentwicklungsplan vor seiner Vorlage bei der BNetzA zunächst mit der Öffentlichkeit und nachgelagerten Verteilernetzbetreibern zu konsultieren. Die **Adressaten** umfassen einerseits die explizit genannten nachgelagerten Verteilernetzbetreiber und andererseits alle anderen betroffenen Interessengruppen wie zB Händler, Anlagenbetreiber, vom Leitungsbau betroffene Bürger oder Umweltverbände. Der gleiche Adressatenkreis ist bei der

Netzentwicklungsplan der Fernleitungsnetzbetreiber § 15 a

Konsultation des Szenariorahmens adressiert. Unter Würdigung der Stellungnahmen im Konsultationsverfahren wird der Szenariorahmen dann der BNetzA übergeben und ist von dieser zu prüfen sowie **zu bestätigen** (Schritt 3). Anders als im Stromsektor bleibt die energiewirtschaftliche Bedarfsplanung stärker ein Teil der Betriebs- und Kooperationspflicht der Netzbetreiber aus den §§ 11 und 15. Es gibt keinen gesetzlichen Rahmen für die Fristen der Konsultation. Die Konsultation muss so bemessen sein, dass sie fundierte Stellungnahmen seitens der interessierten Öffentlichkeit und der Verteilernetzbetreiber ermöglicht.

2. Bestätigung des Szenariorahmens durch die Bundesnetzagentur.
a) Rechtsnatur der Bestätigung. Abs. 1 S. 7 spricht von einer „**Bestätigung**" des Szenariorahmens durch die BNetzA. Dies weicht von der Beschreibung zum Szenariorahmen Strom in § 12a ab, wo in Abs. 3 von der „**Genehmigung**" die Rede ist. Nach dem üblichen juristischen Sprachgebrauch handelt es sich bei behördlichen „Bestätigungen" nicht zwingend um einen Verwaltungsakt. So sind zB Bestätigungen des Eingangs oder Vorliegens von Unterlagen keine Verwaltungsakte. Die Gesetzesbegründung spricht von einem „**Einvernehmen**" (BT-Drs. 17/6072, 74), einem Begriff aus dem zwischenbehördlichen Regelungszusammenhang. Eine systematische Einordnung in den Gesamtprozess der Gas-Netzentwicklungsplanung anhand des Wortlauts hilft nicht weiter.

Das Gesetz vermeidet eine klare Begrifflichkeit im Ergebnis des gesamten NEP in Abs. 3, obwohl die BNetzA hier sogar ein eigenes Anhörungsverfahren durchführt. Dort gilt der NEP durch Zeitablauf als verbindlich, wenn die Behörde keine Änderungen verlangt. Es kommt daher auf den Inhalt und die Regelungswirkung der Bestätigung des Szenariorahmens im Außenverhältnis an.

Um die Regelungswirkung zu erfassen, stellt sich die Frage nach dem Prüfungsmaßstab im Rahmen der behördlichen Beteiligung an dem Verfahren. Es handelt sich bei der Aufstellung des Szenariorahmens von der gesetzlichen Rollenverteilung her um eine **Planungsentscheidung der FLNB** mit gesetzlich bestimmten Verfahrensregelungen und unter Mitwirkung der Regulierungsbehörde. Die FLNB sind keine öffentlichen Unternehmen. Der Betrieb ihrer Netze ist durch umfangreiche gesetzliche Regelungen im Sinne von **Inhalts- und Schrankenbestimmung** gestaltet. Um einen Prüfungsmaßstab der Regulierungsbehörde zu finden, liegt der Vergleich mit der gerichtlichen Überprüfbarkeit von behördlichen Prognose- und Planungsentscheidungen als Maßstab nahe. Dabei darf nicht verkannt werden, dass es sich um Planungs- und Investitionsentscheidungen eines Unternehmens handelt. In der verwaltungsgerichtlichen Rechtsprechung ist anerkannt, dass in der gestaltenden Verwaltung grundsätzlich ein Gestaltungsermessen besteht. Dabei ergibt sich gerade bei **Prognoseentscheidungen** einer Behörde ein gerichtlich nur schwer zu überprüfender **Entscheidungsspielraum** (BVerwG Urt. v. 26.3.1981 – 3 C 134.79 Rn. 38, BVerwGE 62, 107). Eine andere Auffassung betrachtet Prognoseentscheidungen als Unterfall einer **Planungsentscheidung** (*Kopp/Ramsauer* VwVfG § 40 Rn. 18 mwN). In jedem Fall sind die Grundlagen der Entscheidung vollständig zu ermitteln und Methoden sorgfältig anzuwenden. Die zu stellenden Anforderungen an die Tatsachenermittlung und Alternativenprüfung und -bewertung sind dabei umso strenger, je gewichtiger ein **Eingriff** in die Rechte eines Dritten ist (*Kopp/Ramsauer* VwVfG § 40 Rn. 19).

Die Aufstellung des Szenariorahmens ist eine **technisch-wirtschaftlich komplexe Prognoseentscheidung,** die eine Vielzahl von untereinander abhängigen Parametern berücksichtigen muss. Anders als in den meisten Fällen öffentlicher

§ 15a

Prognoseentscheidungen ist mit ihr auch die **unmittelbare Verantwortung** und **Haftung** des Netzbetreibers aus dem Betrieb seines Netzes verbunden. Allerdings kann eine **Drittbetroffenheit** vorliegend nicht in jedem Fall ausgeschlossen werden, da hier grundlegende Vorentscheidungen zu Modellierung von Kapazitäten getroffen werden (→ Rn. 58).

51 Es kann daher mit guten Argumenten vertreten werden, dass schon die Bestätigung des Szenariorahmens eigene, abschließende **Regelungswirkungen** entfaltet (so NK-EnWG/*Posser* § 15a Rn. 22; im Ergebnis wohl auch Theobald/Kühling/*Däuper* EnWG § 15a Rn. 26ff.): Sie gestattet den FLNB, auf Grundlage der genehmigten Szenarien den NEP zu erarbeiten. Gleichzeitig werden durch die Bestätigung andere denkbare Szenarien, die nicht Gegenstand der Bestätigung sind, für die Erarbeitung des NEP ausgeklammert. Damit greift die Bestätigung in die **Betriebsführung** der FLNB ein. Tatsächlich hat die BNetzA die Szenariorahmen stets rechtsförmlich bestätigt. Dies hat nunmehr das OLG Düsseldorf in einer erstinstanzlichen Entscheidung ausdrücklich so gesehen und bestätigt (OLG Düsseldorf Beschl. v. 24.3.2021 – VI-3 Kart 2/20).

52 Auch eine unmittelbare Betroffenheit in wirtschaftlichen Belangen von Dritten ist möglich. Ob eine belastende Drittwirkung vorliegt, hängt davon ab, ob unter Berücksichtigung der Ergebnisse der Öffentlichkeitsbeteiligung die von den FNB getroffenen Annahmen über die Entwicklung von Förderung, Versorgung und Verbrauch von Gas sowie dessen Austausch mit anderen Ländern angemessen sind und geplante Investitionsvorhaben sowie die Auswirkungen denkbarer Störungen der Versorgung ausreichend berücksichtigt wurden. Dem FLNB kommt dabei ein gewisser Prognosespielraum zu (OLG Düsseldorf Beschl. v. 24.3.2021 – VI-3 Kart 2/20).

53 Gegen ein Verständnis der Bestätigung des Szenariorahmens als einen Verwaltungsakt spricht, dass die Bestätigung des Szenariorahmens der FLNB eine vorbereitende Handlung für die Berechnung und Genehmigung des anschließenden NEP darstellt. Im Sinne der **beim Netzbetreiber verbleibenden Verantwortung** für den sicheren Netzbetrieb stellt die Bestätigung eine **unselbstständige Teilentscheidung** ohne abschließende Regelungswirkung dar. Auch weist der Umstand, dass die Öffentlichkeitsbeteiligung der Entscheidung **bei den FLNB** durchgeführt wird, nicht auf ein förmliches Verwaltungsverfahren hin. Der Verweis aus § 59 hilft bei der Entscheidung nicht weiter. § 59 Abs. 1 S. 2 nennt zwar die Aufgaben nach § 15a im Kanon der Entscheidungen, die nicht zwingend durch eine Beschlusskammer der Bundesnetzagentur getroffen werden müssen. § 15a enthält allerdings sowohl die Bestätigung des Szenariorahmens als auch die Genehmigungsfiktion für den NEP. Es spricht einiges dafür, dass die Bestätigung ein unselbstständiger Bestandteil des Verfahrens der FLNB zur Erarbeitung und Vorlage des NEPs ist (*Ahnis/Kirschnick* EnWZ 2013, 352 (354)). Das als Einvernehmen der Behörde bezeichnete Handeln bestünde darin, die Plausibilität der Annahmen zu prüfen und der Würdigung der Einwendungen aus der Öffentlichkeitsbeteiligung Gewicht zu verleihen. Diese zurückhaltende Bewertung des Verwaltungshandelns in diesem Stadium ist insbesondere dann richtig, wenn sich der Szenariorahmen eng an die gesetzlich beschriebenen Inhalte hält.

54 **b) Zuständigkeit.** Für eine förmliche Entscheidung zum Szenariorahmen ist die Bundesnetzagentur nach § 54 Abs. 1 die zuständige Behörde. Die Genehmigung des Szenariorahmens ist nach § 59 Abs. 1 S. 2 von den Entscheidungen ausgenommen, die zwingend durch Beschlusskammern getroffen werden müssen.

Die ersten Genehmigungen wurden mithin auch im normalen Verwaltungsverfahren erlassen.

c) Nebenbestimmungen. Der Erlass von Nebenbestimmungen zum Szenariorahmen ist nicht ausdrücklich vorgesehen. Demnach sind Nebenbestimmungen neben § 36 Abs. 2 nach § 36 Abs. 1 VwVfG zulässig, wenn sie **sicherstellen,** dass die gesetzlichen Voraussetzungen des Verwaltungsakts erfüllt werden. Darüber hinaus kann die BNetzA nach Abs. 5 **Festlegungen** zum Inhalt und Verfahren der Erstellung des NEP und zu dem von den FLNBn durchzuführenden Konsultationsverfahren treffen. Das beinhaltet auch Vorgaben zum Inhalt und Verfahren des Szenariorahmens und könnte mit der Entscheidung zum Szenariorahmen verbunden werden. Die BNetzA bestätigt die Szenariorahmen der FLNB regelmäßig mit Nebenbestimmungen (zuletzt BNetzA Beschl. v. 5.12.2019 – 8615-NEP Gas 2020–2030 – Bestätigung Szenariorahmen). 55

Umstritten war ebenfalls, ob die BNetzA den Szenariorahmen nur unverändert bestätigen bzw. **als Ganzes** ablehnen kann oder ob ihr auch schon zum Szenariorahmen ein Recht auf **Änderungsverlangen** zukommt. Nach dem Wortlaut erfolgt die Bestätigung „unter Berücksichtigung der Ergebnisse der Öffentlichkeitsbeteiligung". Eine Berücksichtigungspflicht seitens der Behörde beinhaltet ihrerseits ein wertendes Element, das die Behörde ausfüllen muss. Es widerspräche den Zielen der Regelung, durch Transparenz Akzeptanz zu fördern und Marktabschottung zu verhindern, wenn die FLNB durch die Annahmen im Szenariorahmen sich die Grundlage des folgenden NEP selbst schaffen würden. Dies könnte die Behörde nur durch die Verweigerung der Bestätigung verhindern, allerdings handelt es sich dabei um eine für den Gesamtmarkt einschneidende Maßnahme, die den ganzen Planungsprozess aufhält und mithin bestehende Marktverschlüsse zeitlich zementiert, bis ein genehmigungsfähiger Szenariorahmen vorgelegt würde. Gegenüber der vollständigen Ablehnung stellt die Bestätigung mit Modifizierungen durch die Behörde ein notwendiges und zulässiges **milderes Mittel** dar. Geht man von einem verwaltungsförmlichen Handeln bei der Bestätigung des Szenariorahmens aus, muss ein Änderungsverlangen möglich sein. Angesichts des Prognosespielraums der FLNB kann die BNetzA allerdings lediglich überprüfen, ob den Anforderungen an rechtlichen und energiewirtschaftlichen Grundlagen und Methoden der Prognosen durch die FLNB genügt worden sei. Die BNetzA ist nicht befugt, eigene, für angemessen erachtete Annahmen anzusetzen (OLG Düsseldorf Beschl. v. 24.3.2021 – VI-3 Kart 2/20). 56

3. Rechtsschutz. Geht man von der Qualität als Verwaltungsakt aus, dann ist Rechtsschutz gegen die Bestätigung des Szenariorahmens grundsätzlich möglich. Die FLNB sind Adressaten der Bestätigung nach Abs. 1 S. 7. Sie haben mit der Vorlage des gemeinsamen Entwurfs eines Szenariorahmens dessen formelle Bestätigung beantragt. Sollte die Bestätigung versagt oder mit einem abweichenden Inhalt (zB Nebenbestimmung) erteilt werden, dann stehen ihnen hiergegen die einschlägigen Rechtsschutzmöglichkeiten zu. In Betracht kommt eine Verpflichtungsbeschwerde gegen die Versagung. Eine Anfechtungsbeschwerde gegen eine Nebenbestimmung ist dann möglich, wenn die Nebenbestimmung isoliert anfechtbar ist und nicht den Charakter der Entscheidung grundlegend verändert. 57

Die Zulässigkeit von gerichtlichen Beschwerden durch Dritte – insbesondere deren Beschwerdebefugnis – beurteilt sich nach den §§ 75 ff. Das OLG Düsseldorf hält eine Beschwerde grundsätzlich für zulässig. Eine Regelung wie in § 12c Abs. 4 S. 2, der für den NEP Strom eine Beschwerde mit Ausnahme der ÜNB ausschließe, 58

§ 15a

fehle im Gasbereich. Die Einschränkung im Strombereich greife zudem nur für den Netzentwicklungsplan selbst, nicht jedoch für den Szenariorahmen. Für die erforderliche doppelte Analogie (vom Netzentwicklungsplan auf den Szenariorahmen und vom Strombereich auf den Gasbereich) fehle es an einer Regelungslücke. Der Gesetzgeber habe lediglich für eine der vier Fallgestaltungen ein Beschwerderecht ausgeschlossen, sodass die Annahme, die anderen drei Fallgestaltungen seien versehentlich nicht adressiert worden, unwahrscheinlich ist (OLG Düsseldorf Beschl. v. 24. 3. 2021 – VI-3 Kart 2/20).

59 Die Beschwerdebefugnis in energiewirtschaftsrechtlichen Beschwerdeverfahren unterliegt weniger strengen Voraussetzungen als die Klagebefugnis in verwaltungsgerichtlichen Klageverfahren nach der VwGO.

60 Im Lichte der Rechtsprechung des BGH zu den §§ 75 Abs. 2, 66 Abs. 2 Nr. 3 ist von einer Beschwerdebefugnis Dritter, die nicht Adressat der Verwaltungsentscheidung sind, in vier Konstellationen auszugehen:

a) Beschwerdebefugt ist ein Dritter gem. § 75 Abs. 2 dann, wenn er gem. § 66 Abs. 2 Nr. 3 auf seinen Antrag hin zum Verwaltungsverfahren beigeladen wurde. Erforderlich hierfür ist lediglich, dass der Dritte erheblich in seinen **Interessen berührt** wird, wobei zB wirtschaftliche oder ökologische Interessen ausreichen (→ § 66 Rn. 27).

b) In erweiternder Auslegung dieser Vorschriften sind nach der Rechtsprechung des BGH Dritte auch dann beschwerdebefugt, wenn sie trotz Vorliegens der Beiladungsvoraussetzungen aus **verfahrensökonomischen Gründen** nicht beigeladen worden sind und geltend machen können, durch die Maßnahme unmittelbar und individuell betroffen zu sein; auch insoweit reichen erhebliche wirtschaftliche Interessen aus (BGH Beschl. v. 11. 11. 2008 – EnVR 1/08, RdE 2009, 185; BGH Beschl. v. 7. 11. 2006 – KVR 37/05, NJW 2007, 607; OLG Düsseldorf Beschl. v. 24. 3. 2021 – VI-3 Kart 2/20).

c) In gleicher Weise beschwerdebefugt sind Dritte, die **unverschuldet** nicht rechtzeitig einen Beiladungsantrag stellen konnten (BGH Beschl. v. 11. 11. 2008 – EnVR 1/08, RdE 2009, 185). Dieser Fall ist auch einschlägig, wenn angesichts rechtlicher Unklarheiten über die Rechtsnatur der Bestätigung (→ Rn. 47 ff.) bei der Erstanwendung der Vorschriften in Kenntnis des Verfahrens und möglicherweise der Teilnahme an der Konsultation kein **Beiladungsantrag** bei der Behörde gestellt worden ist.

d) Schließlich sind Dritte auch dann beschwerdebefugt, wenn sie zu **Unrecht** nicht beigeladen worden sind und durch die Maßnahme unmittelbar in ihren Rechten berührt werden (BGH Beschl. v. 22. 2. 2005 – KVZ 20/04, WuW DE-R 1544 – „Zeiss/Leica"; OLG Düsseldorf Beschl. v. 23. 9. 2009 – 3 Kart 25/08, BeckRS 2009, 87780).

Liegen diese Fallgruppen nicht vor und hat ein Betroffener auf eine Beiladung verzichtet, ist die Beschwerdebefugnis **ausgeschlossen.**

61 Ob die Genehmigung des Szenariorahmens Dritte unmittelbar in ihren Rechten berühren kann, hängt von seiner **konkreten Wirkung im Einzelfall** ab. Der Szenariorahmen dürfte in der Regel einen hohen Abstraktionsgrad aufweisen, sodass unmittelbare Auswirkungen auf konkrete Rechtspositionen Dritter vermutlich nur schwer auszumachen sind. Werden schon im Szenariorahmen Annahmen festgelegt, die sich im Einzelfall auf Interessen Dritter konkret auswirken, so kann es erforderlich sein, Betroffene auf Antrag an einem förmlichen Verfahren zu beteiligen und ihnen den Rechtsweg zu öffnen. Dass ein Dritter (Speicherbetreiber, Kraftwerksbetreiber oder Industriekunde) durch eine förmliche Bestätigung des

Szenariorahmens **erheblich in seinen wirtschaftlichen Interessen** berührt ist, kann nicht ausgeschlossen werden. Denn der Szenariorahmen entfaltet Bindungswirkung für den darauf aufbauenden NEP. So handelt ein FLNB nicht rechtswidrig, wenn er die Vorgaben des Szenariorahmens im Netzentwicklungsplan umsetze. Ein **späteres Missbrauchsverfahren** gegen den FLNB biete dem Ausbaupetenten daher keine erfolgversprechenden Aussichten. Es bleibe nur die Möglichkeit, den Ausbaubedarf in einem der späteren Szenariorahmen erneut anzubringen. Eine unmittelbare Betroffenheit der Beschwerdeführerin durch die Modellierungen im Szenariorahmen kann daher auftreten (OLG Düsseldorf Beschl. v. 24.3.2021 – VI-3 Kart 2/20).

Im einzigen bislang entschiedenen Streitfall hat das OLG Düsseldorf den **Ge-** 62 **genstandswert** auf 500.000 EUR festgesetzt (§ 50 Abs. 1 Nr. 2 GKG, § 3 ZPO). Bei einer Beschwerde eines Dritten gegenüber der Bestätigung der BNetzA hat das Gericht **keine besonderen Umstände** für die FLNB an der Verfahrensbeteiligung gesehen, die zu einer Erstattung der außergerichtlichen Kosten des FLNB als Nebenbeteiligten gem. § 90 führt (OLG Düsseldorf Beschl. v. 24.3.2021 – VI-3 Kart 2/20, Rn. 38).

C. Netzentwicklungsplan

I. Inhalt

1. Gemeinsamer Plan. Der NEP ist als gemeinsamer Plan aller FLNB vorzu- 63 legen. Die Verpflichtung gilt marktgebietsübergreifend und ist eine Konkretisierung der allgemeinen Kooperationspflicht zum Zwecke eines sicheren und effizienten Betriebs des Verbundnetzes aus § 15 Abs. 2.

2. Markt- und Netzmodell. Für die Annahmen der Netzentwicklungspla- 64 nung ist die Annahme, auf welchen Netzkoppelungspunkt eine Last sich auswirkt, eine ganz wesentliche Information. Diesen Prozess nennt man im Gassektor auch „Regionalisierung". Dabei sind Ein- und Ausspeisekapazitäten an den wichtigen Netzkoppelungspunkten, auch an Speichern und Übergangspunkten in ausländische Netze und zwischen Marktgebieten, konkret zuzuordnen. Diese Einordnung findet in hohem Maße schon im Szenariorahmen statt, da die Zahl der Grenzübergangspunkte überschaubar ist und die wichtigen Ein- und Ausspeisepunkte für die Ermittlung der Import- und Verbrauchsentwicklung feststehen.

Die **Modellierung von Lastflussszenarien** und des daraus resultierenden 65 langfristigen Kapazitätsbedarfs ist ein aufwendiges und variantenreiches Verfahren (*Saß/Fürstenau* bbr 2016, Heft 06/07, 26ff.). Stärker noch als im Stromsektor hängt die Bedarfsentwicklung von der Modellierung der zur Verfügung stehenden Kapazitäten ab. Diese Annahmen sind für die anderen Marktteilnehmer die zentralen Informationen. Dadurch ist schon durch die Festlegungen im NEP zum Teil die Buchbarkeit bestimmter Kapazitäten (zB fester Ausspeisekapazitäten eines Gasspeichers) erkennbar oder ausgeschlossen.

Die FLNB sind daher 2012 dazu übergegangen, **mit dem Szenariorahmen** 66 unmittelbar auch **Modellierungsfragen** des Netzes im ersten Schritt zu konsultieren, mit dem Argument, dass erst auf diesen Annahmen konkrete Netzberechnungen stattfinden können, die dann zu konkreten Ausbaumaßnahmen führen. Möglicherweise werden dabei Eingangsparameter und das Ergebnis des NEP aber vertauscht. Wie dargestellt können alternative Kapazitätsbewirtschaftungsmecha-

§ 15 a   Teil 3. Regulierung des Netzbetriebs

nismen, die den Netzausbau ersetzen, bei Abwägung der Vor- und Nachteile eine Maßnahme des NEP darstellen. Diese Schlussfolgerung würde aber vorweggenommen, wenn ausschließlich neue Kapazitätsprodukte dem NEP zugrunde gelegt würden.

67   Eine **Verschiebung** von Inhalten wäre insbesondere dann bedenklich, wenn dadurch Aufsichts- und Beteiligungsrechte der BNetzA und der zu beteiligenden Öffentlichkeit verkürzt oder ausgeschlossen würden. Geht man mit der BNetzA davon aus, dass auch die Bestätigung des Szenariorahmens in Form eines Verwaltungsakts erfolgen muss, so ist die **Kontrolldichte** unbeeinträchtigt.

68   **3. Wirksame Maßnahmen.** Der NEP muss wirksame Maßnahmen zur bedarfsgerechten **Optimierung, Verstärkung und zum bedarfsgerechten Ausbau** des Netzes (sog. NOVA-Prinzip) und zur Gewährleistung der Versorgungssicherheit enthalten. Auch hier lohnt sich ein genauer Blick auf den **Maßnahmenbegriff.** Offensichtlich ist das Ziel des NEP die Ermittlung des Ausbaubedarfs zur Befriedigung der Kapazitätsnachfrage von Netznutzern in den nächsten zehn Jahren.

69   Auch für den Betreiber eines Fernleitungsnetzes gilt das in § 11 Abs. 1 niedergelegte NOVA-Prinzip für die Netzplanung – das Netz optimieren, verstärken und ausbauen (→ § 11 Rn. 2). Dem Optimierungsgebot wohnt es auch inne, dass in einem Markt mit zurückgehender Nachfrage Maßnahmen der Netzentwicklung auch **Stilllegungs- und Rückbaumaßnahmen** einzelner Leitungsabschnitte oder Betriebsmittel vorgesehen werden können, wenn dadurch ein insgesamt bedarfsgerechtes und effizientes Versorgungssystem gewährleistet werden kann. Die Entwicklung des Gasbedarfs wird durch die Energiewende in den überwiegenden Szenarien als langfristig rückläufig betrachtet (FLNB, Szenariorahmen zum NEP 2020–2030, S. 42 ff.). Die BNetzA vertritt in ihrer Genehmigungspraxis die Auffassung, bei einem „Rückbau" in Form der Herausnahme zum Zwecke der Umstellung oder Stilllegung handele es sich nicht um einen „Ausbau" des Gasnetzes iSd § 15 a. Solche Maßnahmen seien nach dem jetzigen rechtlichen Rahmen nicht genehmigungspflichtig im Rahmen des NEP (Änderungsverlangen NEP Gas 2020–2030, S. 32). Der NEP im Sinne eines „Bedarfsplanes" und für Zwecke der notwendigen Netzmodellierungen müsste zurückzubauende Leitungen zwangsläufig enthalten.

70   Der Transportbedarf im Erdgasnetz kann aufgrund der Speicherbarkeit von Erdgas in noch stärkerem Maße als im Elektrizitätssektor durch Maßnahmen der **Kapazitätsbewirtschaftung** beeinflusst werden. Darunter fallen Kapazitätsprodukte wie feste und unterbrechbare Transportkapazitäten, aber auch Kapazitätsprodukte, die immer oder zeitweise eine bestimmte Flussrichtung des Gases beinhalten. Diese Möglichkeiten fallen unter den Begriff der Optimierungsmaßnahmen und können im Rahmen des **NOVA-Prinzips** eine Alternative zum Netzausbau darstellen.

71   Die Möglichkeit der Kapazitätsbewirtschaftung ist normativ stark beeinflusst durch die Regelungen aufgrund der europäischen Vorgaben, aus § 20 Abs. 1 b, der GasNZV, der Festlegungen der BNetzA und der jeweils geltenden Kooperationsvereinbarung. Die Kapazitätsprodukte können teilweise durch vertragliche Vereinbarungen (zB Lastflusszusagen) hergestellt werden, zum Teil müssen auch technische Änderungen an Betriebsmitteln vorgenommen werden, die eine bestimmte Fahrweise des Netzes erst ermöglichen. Zu berücksichtigen ist, dass bei weiterhin verbreitet bestehender **vertikaler Integration** der Netzbetreiberunternehmen und weiterhin bestehender Dominanz einzelner Transportkunden in einzelnen Netzen Produkte unter Umständen nur von einem einzigen Transportkunden angeboten werden können. Daher ist die Einstellung des zugrunde liegenden **Marktmodells** eine zentrale Frage. Hier muss durch die Regulierungsbehörde ein Marktmodell festgelegt werden, das den Kriterien der wirtschaftlichen Effizienz und der Diskriminierungsfreiheit genügt. Durch Veränderungen der Markt- und Netzstrukturen ist dies ein dynamischer Prozess.

Die Festlegung der in die Netzberechnungen einzubeziehenden Kapazitätsprodukte ist Gegenstand der Netzmodellierung (→ Rn. 64). Sie stellen eine Alternative zum Netzausbau dar und können als Maßnahmen im Rahmen des NEP genehmigt werden. Erforderliche Investitionsmaßnahmen zur technischen Anwendung des Marktmodells sind ebenfalls Maßnahmen des NEP. 72

Der sich aus den Ergebnissen der Modellierung ergebende zusätzliche Kapazitätsbedarf wird in Netzausbaumaßnahmen umgesetzt. Die FLNB sind verpflichtet, die mit den Netzausbaumaßnahmen verbundenen Investitionen maßnahmenscharf anzugeben. Für eine Vergleichbarkeit der Maßnahmen werden einheitliche Plankostenansätze verwendet. Dabei wird von Standardkosten ausgegangen und ein pauschaler Risikoaufschlag angesetzt. Die tatsächlichen Kosten einer Maßnahme können und werden idR von den Angaben im NEP aufgrund der Besonderheiten der jeweiligen Maßnahmen abweichen. Die FLNB legen die Standardkostenannahmen im NEP offen (NEP 2020–2030, 152). Die gem. §§ 11 und 15a erforderliche Gesamtabwägung, welche Maßnahmen auch unter wirtschaftlichen Gesichtspunkten bedarfsgerecht, erforderlich und verhältnismäßig sind, erfolgt im Rahmen des NEP, wenn alle gekannten Parameter bekannt sind (OLG Düsseldorf Beschl. v. 24.3.2021 – VI-3 Kart 2/20). 73

4. Zeitliche Staffelung. Im NEP sind konkrete Netzentwicklungsmaßnahmen darzustellen und zeitlich zu staffeln. Alle Maßnahmen sollen energiewirtschaftlich nach zeitlicher Dringlichkeit (Abs. 1 S. 3) oder Notwendigkeit priorisiert werden. Es sollen in dem Plan mit einem Zeithorizont von zehn Jahren alle Maßnahmen mit einem Zeitplan versehen werden, sodass jede notwendige Maßnahme beobachtet und mit einem **dreijährigen Vorlauf** auch wirksam sanktioniert werden kann. Die Frist von drei Jahren ergibt sich aus dem Europarecht. Auf der Basis der Netzentwicklungspläne im Rahmen der Überwachung vertikal integrierter Transportnetzbetreiber nach Art. 22 Gas-RL 09 soll die Regulierungsbehörde die in den jeweils nächsten drei Jahren fälligen Vorhaben durchsetzen können. Diese Vorgabe findet sich in § 65 Abs. 2a wieder und begründet die Notwendigkeit, entsprechende Vorhaben auch identifizieren zu können. 74

5. Gemeinschaftsweiter Netzentwicklungsplan. Der nationale NEP berücksichtigt nach Abs. 1 S. 5 den gemeinschaftsweiten Netzentwicklungsplan (im Folgenden als **TYNDP** für Ten-Year-Network-Development-Plan bezeichnet) der ENTSO-G nach Art. 8 Abs. 3b Erdgas-VO 09. Dieser von den europäischen Fernleitungsnetzbetreibern gemeinschaftlich aufgestellte Plan hat nicht die **Verbindlichkeit** wie der NEP nach § 15a. Erwgr. 18 GasfernleitungsVO bezeichnet den TYNDP ausdrücklich als „nicht verbindlich", dies wird in der VO durchgehend betont. Vielmehr hat sich der europäische Plan in dem iterativen Prozess gegenseitiger Rücksichtnahme nach den verbindlichen Festlegungen des nationalen NEP zu richten (Art. 8 Abs. 10 S. 2 lit. a Erdgas-VO). Der TYNDP hat jedoch faktisch großes Gewicht. Dafür sorgen schon das Berücksichtigungsgebot für die Mitgliedstaaten in Art. 22 Abs. 3 Gas-RL 09 und Art. 8 Abs. 11 Erdgas-VO mit der 75

§ 15a Teil 3. Regulierung des Netzbetriebs

Überprüfungsbefugnis durch ACER (Art. 8 Abs. 6 und Art. 9 Abs. 2 der Erdgas-VO). Auch tragen die zeitlichen Abläufe dazu bei, dass der gemeinschaftsweite Plan alle zwei Jahre jeweils vor dem nationalen NEP im April eines Jahres vorliegt, s dass er eine fast zwangsläufig eine Grundlage des nationalen Netzentwicklungsplans bildet.

76 **6. Internes Monitoring.** Inhalt des NEP ist gem. Abs. 2 S. 4 und 5 ebenfalls ein internes Monitoring der Umsetzung seiner Vorgänger. Die FLNB berichten demnach über den Umsetzungsstand des vorherigen NEP und begründen eingetretene Verzögerungen. Alle zwei Jahre erscheint nur der Umsetzungsbericht gem. → § 15 b. So ist jährlich ein Umsetzungsstand zu dokumentieren und der Regulierungsbehörde vorzulegen. Die Beteiligung der Öffentlichkeit erstreckt sich nach Abs. 6 nicht zwingend auf diesen Teil des NEP.

77 **7. Festlegungsbefugnis (Abs. 5).** Die BNetzA als zuständige Regulierungsbehörde kann nach durch Festlegung nach § 29 Abs. 1 zu **Inhalt** und **Verfahren** des NEP sowie zur Ausgestaltung der von den FLNB durchzuführenden **Konsultationsverfahren** nähere Bestimmungen treffen. Diese Regelung erfasst Festlegungen zur Darstellung der Inhalte des Netzentwicklungsplans. Zu den Inhalten des NEP zählen nach der gesetzlichen Aufzählung auch seine Grundlagen, insbesondere die angemessenen Annahmen über die Gewinnung, die Versorgung und den Verbrauch. Dies bedeutet nicht, dass die Ergebnisse festgelegt werden können. Jedoch können die Methoden zur Ermittlung angemessener Annahmen im Szenariorahmen durch die BNetzA festgelegt werden.

II. Schritte zu einem NEP

78 **1. Zuständigkeit.** Für die Verfahren zur Bestätigung eines NEP ist die BNetzA zuständig. In der internen Zuständigkeitsverteilung erlaubt § 59 Abs. 1 Nr. 9 eine Zuordnung außerhalb der Beschlusskammern. Davon hat die Behörde Gebrauch gemacht, sodass die Entscheidungen zum Szenariorahmen und NEP durch die Energieabteilung getroffen werden. Entscheidungen zu §§ 38, 39 GasNZV im Rahmen von besonderen Missbrauchsverfahren sind einer Beschlusskammer vorbehalten.

79 **2. Verfahren. a) Konsultation durch die Fernleitungsnetzbetreiber.** Der NEP ist durch die FLNB zu konsultieren. **Adressatenkreis** sind die allgemeine Öffentlichkeit und die nachgelagerten Verteilernetzbetreiber in besonderer Weise. Die Konsultation kann durch die Veröffentlichung im Internet und die Gelegenheit der Stellungnahmen geschehen. Die FLNB haben ein **gemeinsames Internetportal** (www.fnb-gas.de) eingerichtet, um diesen Prozess dauerhaft durchzuführen. Jeder kann in diesem Prozess Stellung nehmen.

80 Mit dem NEP sind die Informationen zu veröffentlichen, die erforderlich sind, um die Annahmen und die Ergebnisse des NEP **nachvollziehen** zu können. Die Verpflichtung erfasst alle Grundlagen des NEP. Gleiches gilt für die zugrunde gelegte Netzmodellierung, die „allgemein nachvollziehbar" sein muss und sich wie dargelegt aus dem Szenariorahmen ergibt (→ Rn. 62).

81 Die FLNB haben in ihrem finalen Dokument darzulegen, wie sie mit den **Stellungnahmen aus der Konsultation** umgegangen sind und welche Gründe es für die Festlegungen im NEP gegeben hat. Soweit ernsthafte Alternativen zu konkreten Maßnahmen oder Maßnahmenbündeln bestanden haben, sind diese ebenfalls darzustellen und die Entscheidung zu begründen.

Netzentwicklungsplan der Fernleitungsnetzbetreiber § 15 a

b) Konsultation der BNetzA. Abs. 3 sieht vor, dass die BNetzA nach Vorlage 82
des NEP durch die Netzbetreiber zu diesem Plan nochmals alle „tatsächlichen und
potenziellen Netznutzer" beteiligt. Der in dieser Konsultationsrunde angesprochene **Adressatenkreis** ist nach der Vorstellung des Gesetzgebers enger als in den ersten Konsultationen durch die Netzbetreiber (BT-Drs. 17/6072, 74). Potenzielle Netznutzer müssen nach S. 2 als Voraussetzung der Beteiligung diesen Anspruch sogar darlegen. Die Ergebnisse des Beteiligungsverfahrens sind dann allerdings wieder zu veröffentlichen, also allgemein bekannt zu machen.

Festzuhalten bleibt, dass die BNetzA nicht verpflichtet ist, jedermann an der 83
Konsultation des NEP zu beteiligen. Sie kann den Kreis der Beteiligten auf den Kreis der aktuellen und potenziellen Netznutzer beschränken. In diesen Kreis der Personen, die den Netzanschluss und Netznutzungsverträge (Bilanzkreisverträge) mit den FLNBn geschlossen haben oder darlegen können, dass sie dies beabsichtigen (s. dazu Vertragsverhältnisse in der KoV), gehören nachgelagerte Verteilernetzbetreiber und Gasspeicherbetreiber. **In der Praxis** ist die Konsultation bislang allgemein und öffentlich, mithin kann dort jedermann Stellungnahmen einreichen.

Die Behörde konsultiert das von den FLNB vorgelegte Entwurfsdokument eines 84
NEP mit einem Begleitdokument mit konkreten Fragestellungen für die behördliche Bewertung und Entscheidung.

c) Beteiligung von ACER. Im Falle von Zweifeln der Vereinbarkeit des NEP 85
mit dem gemeinschaftsweiten Netzentwicklungsplan ist die BNetzA verpflichtet, die europäische Agentur für die Zusammenarbeit der Energieregulierungsbehörden **(ACER)** zu beteiligen. Diese hat nach Art. 8 Abs. 11 Erdgas-VO eine eigene **Kohärenzprüfungspflicht** der nationalen Pläne mit dem gemeinschaftsweiten Netzentwicklungsplan und kann nach Abs. 11 iVm Art. 22 Abs. 7 Gas-RL 09 die nationale Regulierungsbehörde auffordern, Änderungen zu verlangen und durchzusetzen.

d) Verfahrensbeteiligte. Die Frage der Verfahrensbeteiligung hängt unmittel- 86
bar mit der Rechtsform der behördlichen Entscheidung zusammen. In der Verwaltungspraxis ergehen die Entscheidungen als verbindliche Verwaltungsentscheidungen gegenüber den FLNB als unmittelbar Verpflichtete.

Die Beteiligung weiterer Marktteilnehmer wird sehr restriktiv gehandhabt. Der 87
NEP entfaltet nach der gesetzgeberischen Konzeption gem. Abs. 3 S. 5 ausschließlich unmittelbare Rechtswirkungen zwischen den diesen erarbeitenden FLNB sowie der BNetzA, die Änderungen verlangen kann. Weitergehende Ansprüche zugunsten einzelner Netznutzer resultieren aus dem NEP nicht. Ein potenzieller Kapazitätsausbauanspruch aus § 39 Abs. 1 GasNZV ergibt sich erst bei Vorliegen der entsprechenden Voraussetzungen aus § 39 Abs. 1 GasNZV. Der NEP selbst sichert Dritten, zB den Betreibern einer Gasspeicheranlage, noch keinen subjektiven Anspruch zum Ausbau zur Bereitstellung der benötigten Kapazitäten zu (BNetzA Beschl. v. 29.4.2013 – BK4-12-2172, EnWZ 2013, 382 mAnm *Thole*; BNetzA Beschl. v. 2.11.2020 – 8615-NEP Gas 2020–2030 – Ablehnung der Beiladung EnBW Energie Baden-Württemberg AG). Daher ist eine notwendige Beiladung wohl ausgeschlossen.

Eine einfache Beiladung steht im pflichtgemäßen Ermessen der Behörde 88
(→ § 66 Rn. 20). Angesichts der wiederholten Beteiligungsmöglichkeiten in den Konsultationen des Verfahrens geht die BNetzA in ihrer Entscheidungspraxis regelmäßig davon aus, dass eine weitere Verfahrensförderung von einer Beiladung nicht zu erwarten ist. Vielmehr sieht die Behörde die Einhaltung des Zeitplans als domi-

§ 15 a Teil 3. Regulierung des Netzbetriebs

nanten abwägungsrelevanten Gesichtspunkt und verweist zu Recht auf die Wiederholung des Gesamtprozesses alle zwei Jahre (BNetzA Beschl. v. 2.11.2020 – 8615-NEP Gas 2020–2030 – Ablehnung der Beiladung EnBW AG, S. 6)

89 **3. Form.** Nach Abschluss ihres Beteiligungsverfahrens kann die BNetzA Änderungen des NEP verlangen. Das sieht auch Art. 22 Abs. 5 Gas-RL 09 vor. Dieses Änderungsverlangen kann sich zB auf Modellierungsansätze oder die Auswahl bei bestimmten Handlungsalternativen beziehen. Sie dürfen nicht willkürlich und müssen sachlich gerechtfertigt sein. Das Änderungsverlangen stellt einen Eingriff in die Rechte des FLNB dar, da mit dem NEP entweder **Investitionspflichten** für einzelne Netzbetreiber verbunden sind oder für andere wieder Investitionshindernisse, wenn die Investitionsmaßnahme nicht im NEP abgebildet ist und damit nicht als energiewirtschaftlich notwendig und effizient betrachtet wird. In die Verfügungsbefugnis über das Eigentum der Unternehmen wird demnach stark eingegriffen.

90 Die FLNB sind verpflichtet, binnen drei Monaten einen angepassten NEP vorzulegen. Die Anordnung kann als **unvertretbare Handlung** nach § 94 mit Zwangsgeld von bis zu 10 Mio. EUR durchgesetzt werden. Die gemeinschaftlich verpflichteten FLNB haften für die Durchführung als Gesamtschuldner.

91 Die „Bestätigung" des NEP Strom in § 12c hat ohne Zweifel Regelungswirkung gegenüber den Übertragungsnetzbetreibern. Dies wird daraus abgeleitet, dass der NEP iRd § 65 Abs. 2a mit Zwangsmaßnahmen durchgesetzt werden kann. Dieser Grad an Verbindlichkeit besteht ebenfalls für den NEP der FLNB. Werden zudem die Netzzugangsbedingungen durch Maßnahmen des NEP beschränkt, enthält der NEP auch konkrete Regelungswirkungen gegenüber einzelnen Netznutzern.

92 Die Regulierungsbehörde kann in dem gemeinsamen NEP feststellen, **welche Unternehmen** für eine notwendige Maßnahme verantwortlich sind. Im Grundsatz soll der NEP selbst **konkrete Maßnahmen** und den oder die zur Durchführung verpflichteten Netzbetreiber vorsehen. Angesichts der bestehenden Struktur von Fernleitungsnetzen kann es auch im Falle von Infrastrukturen, die bislang von Beteiligungsgesellschaften geführt waren und an denen mehrere FNB beteiligt sind, sachgerecht sein, dass mehrere Netzbetreiber zur Durchführung verpflichtet werden.

93 Der NEP gilt als genehmigt, wenn die BNetzA nicht innerhalb von drei Monaten nach der Vorlage Änderungen verlangt. Nach dem Wortlaut des Gesetzes ist von einer Verbindlichkeit für die Netzbetreiber die Rede. Aufgrund der einschneidenden Folgen für den Netzbetreiber stellt diese Regelung eine **Genehmigungsfiktion** nach § 42a VwVfG dar (OLG Düsseldorf Beschl. v. 24.3.2021 – VI-3 Kart 2/20).

94 **4. Änderungsverlangen.** Regelmäßig macht die Behörde von ihrer Möglichkeit eines Änderungsverlangens Gebrauch. Die Voraussetzungen eines Änderungsverlangens sind gesetzlich nicht präzisiert und müssen daher aus der **funktionalen Aufgabenteilung** der Akteure des NEP-Prozesses abgeleitet werden. Dies sind einerseits die rechtlichen Inhaltsvorgaben, andererseits die Würdigung der Ergebnisse der behördlichen Konsultation. Daraus kann sich die Notwendigkeit sehr konkreter Änderungen ergeben; diese sind allerdings so zu fassen, dass sie die planerischen Spielräume der verantwortlichen FLNB nicht gänzlich abschneiden (so auch NK-EnWG/*Posser* § 15a Rn. 44). Durch das Änderungsverlangen stellt sich die Frage der finalen Gestalt des NEP. Soweit der NEP in seinen Maßnahmen teilbar ist, können die Maßnahmen, die unbeanstandet bleiben, als bestätigt gelten. Angesichts der zahlreichen Abhängigkeiten der Lastflüsse in einem übergreifend betriebenen Netz ist die **Teilbarkeit** allerdings positiv festzustellen. Die gegenseitigen Abhängigkeiten sind im Stromsektor sicherlich größer als bei Gasnetzen.

Nach Bekanntgabe eines Änderungsverlangens haben die FLNB die geforderten 95 Änderungen gem. Abs. 3 S. 5 innerhalb von **drei Monaten** umzusetzen. Die BNetzA vertritt die Auffassung, der NEP wird mit Bekanntgabe des Änderungsverlangens gegenüber den FLNB **verbindlich** (BNetzA Beschl. v. 20.12.2018 – 8615-NEP Gas 2018–2028 – Änderungsverlangen NEP Gas 2018–2028, 64). Dies folgert sie aus einem **Umkehrschluss** aus Abs. 3 S. 7 der unbedingten Umsetzungspflicht des Änderungsverlangens durch die FLNB gem. Abs. 3 S. 5. Dies ist in Fällen der Änderung mit **Umsetzungsvarianten** jedenfalls nicht möglich. Rollengemäß wäre nicht die eigenständige Änderung des NEP durch die Behörde, sondern die Verpflichtung zur Änderung, die letztlich durch die FLNB zu erfolgen hat. Unter praktischen Erwägungen ist die grundsätzliche Haltung der Behörde nachvollziehbar, da ansonsten möglicherweise ein neues Konsultationsverfahren erforderlich werden würde. In der Praxis veröffentlichen die FLNB überarbeitete NEP gemäß Änderungsverlangen, was das Verfahren abschließt. Dogmatisch blieben da einige Fragen zu klären. Offenbar haben auch die regelmäßigen Überarbeitungen des NEP alle zwei Jahre dazu geführt, dass es **keine Beschwerden** gegen diese Praxis gegeben hat (Stand 2021).

5. Rechtsfolgen. Die Entscheidung über den NEP mit oder ohne Änderungs- 96 verlangen hat in der Regulierungspraxis Verwaltungsaktqualität. Zwar ist der NEP als energiewirtschaftliche Bedarfsplanung ein stark planerischer Vorgang der Netzbetreiberunternehmen, konkretisiert im Ergebnis jedoch die Ausübung gesetzlicher Pflichten – die Pflicht zum sicheren Netzbetrieb und bedarfsgerechten Netzausbau aus § 11. Er enthält eigene abschließende Regelungen, indem er den FLNB eine bestimmte Modellierung und Optimierung des Netzes gestattet. Die Feststellung einer Maßnahme als notwendig im NEP hat nach gängiger Entscheidungspraxis **Rückwirkungen** auf die Betriebsnotwendigkeit und somit Genehmigungsfähigkeit von **Investitionsmaßnahmen** nach § 23 ARegV (idF bis 25.7.2021) oder künftig des Kapitalkostenaufschlags nach § 10a ARegV (idF ab 27.7.2021) (OLG Düsseldorf Beschl. v. 6.5.2020 – 3 Kart 739/19 (V), RdE 2021, 31, aA wohl *Ahnis/Kirschnick* EnWZ 2013, S. 352 (355)) und auf nachfolgende Planfeststellungs- und Raumordnungsverfahren. Maßnahmen, die grundsätzlich im NEP abgebildet werden sollen oder gar durch die behördliche Bestätigung abgelehnt worden sind, könnten keine betriebsnotwendigen Erweiterungsinvestitionen sein. Die Genehmigung einer Investitionsmaßnahme scheidet aus (OLG Düsseldorf Beschl. v. 6.5.2020 – 3 Kart 739/19). Gleichzeitig bedingt der NEP für Maßnahmen in den nächsten drei Jahren gegenüber den FLNB (Außenwirkung) auch eine **Investitionspflicht** (s. § 65 Abs. 2a).

Gemäß der geltenden Regelungen zu Investitionsmaßnahmen nach § 23 97 ARegV unterliegen auch diese Maßnahmen nach Inbetriebnahme dem **Effizienzvergleich**. Gleiches gilt erst recht im KKauf (§ 10a ARegV). Es ist systematisch daher nicht ausgeschlossen, dass eine im NEP festgestellte Maßnahme des NEP sich negativ auf den Effizienzwert eines FLNB auswirkt. Eine Effizienzmessung ex ante ist behördlicherseits faktisch unmöglich, auch regelt der NEP allenfalls das „Ob" einer Maßnahme, aber keineswegs das „Wie" der effizienten Ausführung. Fraglich könnte sein, ob dies auch für Maßnahmen gelten kann, zu denen ein Netzbetreiber nach Abs. 3 S. 5

§ 15 a

durch die Regulierungsbehörde verpflichtet wird. Für eine Ausnahme vom Effizienzvergleich könnte sprechen, dass die Maßnahme sich möglicherweise für keinen Netzbetreiber als „bedarfsgerecht" iSd § 11 darstellt, weshalb es zu einer behördlichen Verpflichtung kommen musste. Diese Überlegung führt allerdings in die Irre. Sie würde dazu führen, dass gerade in einem eigentumsübergreifenden Marktgebietssystem möglichst wenige Maßnahmen mehr von den FLNB einem Netzbetreiber zugeordnet und sich die Unternehmen bevorzugt regulatorisch anweisen ließen, um auf diese Weise Effizienzrisiken auszuschließen. Den Druck des Effizienzvergleichs braucht es aber, um die Netzbetreiberunternehmen zu einer optimierten Gesamtplanung zu bringen. Die Maßnahmen im NEP mit und ohne eindeutig zugeordnetem Netzbetreiber können daher nicht unterschiedlich behandelt werden. Im Gegenzug muss der Effizienzvergleich sicherstellen, dass sich nach Stand der Technik und Wissenschaft geplante Netze nicht negativ auf den Effizienzwert auswirken.

98 **6. Rechtsschutz. a) Fernleitungsnetzbetreiber.** Gegen ein Änderungsverlangen, die Erteilung von selbstständig anfechtbaren Nebenbestimmungen oder die Festlegung von Ausbaupflichten für einen konkreten FLNB durch die BNetzA haben das oder die betroffenen Unternehmen einschlägige Möglichkeiten des Rechtsschutzes (zB Verpflichtungsbeschwerde gegen ein Änderungsverlangen oder isolierte Anfechtungsbeschwerde gegen eine Nebenbestimmung).

99 Da Beschwerden gegen Verwaltungsentscheidungen nach dem EnWG gem. § 76 Abs. 1 EnWG keine aufschiebende Wirkung haben, müssten die Netzbetreiber zusätzlich einstweiligen Rechtsschutz begehren, um zumindest eine vorläufige gerichtliche Entscheidung vor Ablauf der Frist zur Vorlage oder Durchführung des NEP zu erhalten.

100 **b) Dritte.** Da ein gesetzlicher Ausschluss von **Rechtsschutzmöglichkeiten für Dritte** gegen die Genehmigungsfiktion des NEP nicht geregelt ist (anders als in § 12 c Abs. 4 S. 2) beurteilt sich die Zulässigkeit von gerichtlichen Beschwerden durch Dritte – insbesondere deren Beschwerdebefugnis – nach den §§ 75 ff. Dabei ist festzustellen, dass die Beschwerdebefugnis in energiewirtschaftsrechtlichen Beschwerdeverfahren weniger strengen Voraussetzungen unterliegt als die Klagebefugnis in verwaltungsgerichtlichen Klageverfahren nach der VwGO. Für die §§ 75 Abs. 2, 66 Abs. 2 Nr. 3 gelten nach der Rechtsprechung des BGH zur Beschwerdebefugnis Dritter, die nicht Adressat der Verwaltungsentscheidung sind, die gleichen Voraussetzungen wie unter → Rn. 60 dargestellt.

101 Dass die Genehmigung des NEP Dritte unmittelbar in ihren Rechten berühren kann, jedenfalls ihn in seinen wirtschaftlichen Interessen, erscheint nicht ausgeschlossen, sofern Festlegungen auch zu Netzmodellierungen und zur Kapazitätsbewirtschaftung mit unmittelbarer Wirkung für Dritte getroffen würden. Wegen des hohen Abstrahierungsgrades des NEP entfaltet er aber nur im Ausnahmefall unmittelbare Auswirkungen auf konkrete Rechtspositionen Dritter (*Ahnis/Kirschnick* EnWZ 2013, 352 (355)).

102 Hinsichtlich der **Rechtsmittelfristen** gelten für Dritte die allgemeinen Regeln für Verwaltungsakte, die nicht förmlich bekannt gemacht worden sind (*Kopp/Ramsauer* VwVfG § 42 a Rn. 21). Potenziell drittbetroffenen Netznutzern sind durch die Beteiligung an der Konsultation der BNetzA und die anschließende Veröffentlichung des NEP zeitnah mit der Entscheidung der Behörde, die Möglichkeiten der Kenntnisnahme ebenfalls eröffnet.

§ 15b Umsetzungsbericht der Fernleitungsnetzbetreiber

¹Betreiber von Fernleitungsnetzen legen der Regulierungsbehörde in jedem ungeraden Kalenderjahr, erstmals zum 1. April 2017, einen gemeinsamen Umsetzungsbericht vor, den diese prüft. ²Dieser Bericht muss Angaben zum Stand der Umsetzung des zuletzt veröffentlichten Netzentwicklungsplans und im Falle von Verzögerungen der Umsetzung die dafür maßgeblichen Gründe enthalten. ³Die Regulierungsbehörde veröffentlicht den Umsetzungsbericht und gibt allen tatsächlichen und potenziellen Netznutzern Gelegenheit zur Äußerung.

Literatur: *Fest/Nebel*, Das Gesetz zur Änderung von Bestimmungen des Rechts des Energieleitungsbaus, NVwZ 2016, 177; *Hirsbrunner*, Die EU-Regeln zur Förderung von Investitionen in die Netze – eine kritische Bestandsaufnahme, et 2010, 64; *Knauff*, Verfahrensrecht als Gestaltungsinstrument, VerwArchiv 2019, 388; *Kühling/Pisal*, Die Umsetzung der EU-Entflechtungsvorgaben im EnWG 2011, et 2012, 127.

A. Zweck

Die Vorschrift dient der Gewährleistung der Anforderung aus den **Entflechtungsvorschriften** gem. Art. 22 Gas-RL 09. Demnach muss die Regulierungsbehörde jährlich die Durchführung der im Netzentwicklungsplan für die nächsten drei Jahre als notwendig identifizierten Investitionen überwachen (Art. 22 Abs. 6 Gas-RL 09). In den Jahren zwischen den vollständigen und gemeinsamen Netzentwicklungsplänen, die alle zwei Jahre durchzuführen sind (§ 15a Abs. 1), liegt dieser Umsetzungsbericht. Im NEP sind alle notwendigen Investitionen auf die nächsten zehn Jahre, allerdings gem. Art. 22 Abs. 7 S. 1 Gas-RL 09 auch im Hinblick auf die Netzausbaumaßnahmen der nächsten drei Jahre auszuweisen (§ 15a Abs. 1 S. 3). Für große Infrastrukturprojekte sind drei Jahre eine kurze Zeit, sodass die unverzügliche Umsetzung durch die FLNB unmittelbar überwacht werden soll. 1

Damit fügt sich § 15b in die spezifisch deutsche Umsetzung der europäischen Vorgaben ein: Angesichts der Vielzahl der FLNB sieht das EnWG gegenüber Art. 22 Gas-RL 09 überschießend einen gemeinsamen Netzentwicklungsplan und Umsetzungsplan aller FLNB vor. Viele EU-Mitgliedstaaten sind überhaupt nicht in der Situation, mehr als einen FLNB zu regulieren. Der gemeinsame NEP ist dabei nur zweijährlich zu erstellen, die Umsetzung allerdings jährlich zu überwachen. 2

Die Vorschrift wird zitiert als Teil der Betriebspflichten in §§ 11 Abs. 1, des Monitoring in § 35 Abs. 1 Nr. 8, der Zuständigkeitsnorm des § 54 Abs. 2 Nr. 5 – wobei eine Anwendbarkeit des § 15b auf VNB iVm § 16 nicht denkbar ist –, der Ausnahme von den zwingenden Beschlusskammerentscheidungen in § 59 Abs. 1 Nr. 9 sowie in den Gebührenvorschriften des § 91 Abs. 1 Nr. 4. 3

B. Entstehungsgeschichte

In der ersten Umsetzung der Regelungen des 3. BMP 2011 gab es den Umsetzungsbericht noch nicht. Vielmehr war dort in überschießender, nationaler Umsetzung ein jährlicher Netzentwicklungsplan in § 15a vorgesehen, der die Bericht- 4

§ 15b
Teil 3. Regulierung des Netzbetriebs

erstattung über die jeweilige Umsetzung enthielt (Begr.RegE BT-Drs. 17/6072, 74).

5 Mit dem ersten Gesetz zur Änderung des Energieverbrauchskennzeichnungsgesetzes und zur Änderung weiterer Bestimmungen des Energiewirtschaftsrechts (Ges. v. 10.12.2015, BGBl. I 2015 (2194ff.)) wurde im Jahr 2015 der ursprünglich jährliche Turnus des NEP-Prozesses sowohl für Elektrizität als auch für Gas auf einen **zweijährigen Rhythmus** umgestellt. Dadurch sollten aufgetretene zeitliche Überschneidungen und Überforderungen (*Knauff* VerwArchiv 2019, 388 (402); *Fest/Nebel* NVwZ 2016, 177 (179)) bei der Erstellung der Netzentwicklungspläne und der Erarbeitung der Szenariorahmen für den darauffolgenden Netzentwicklungsplan vermieden werden. In der Praxis hatten die jährlichen Planungen zu zeitlichen Überschneidungen geführt, wenn bereits vor Bestätigung eines Netzentwicklungsplans ein neues Szenario für den nachfolgenden NEP konsultiert wurde (BT-Drs. 18/6383, 13–14).

6 Die Effektivität der **Entflechtung** ist bezogen auf Investitionen nach Vorgabe der Gas-RL 2009 daran zu messen, inwieweit selektive Investitionen zugunsten verbundener Unternehmen verhindert werden. Nach der Richtlinie soll dies im Wesentlichen durch zwei verschiedene Vorkehrungen erreicht werden: Zum einen sollen sich die potenziell einer Diskriminierungsgefahr ausgesetzten Marktteilnehmer im Prozess der Investitionsplanung äußern können, um so auf ihre Belange hinzuweisen. Zum anderen ist die Regulierungsbehörde aufgefordert, diese Hinweise zum Teil ihrer eigenen Überprüfung des Investitionsverhaltens zu machen, um unter Umständen Änderungen zu verlangen oder Durchsetzungsmaßnahmen (§ 65 Abs. 2 und 2a) zu ergreifen. Die nationalen Regulierungsbehörden sind darüber hinaus verpflichtet, die Durchführung des zehnjährigen Netzentwicklungsplans zu überwachen (Art. 22 Abs. 6 und 7, Art. 41 Abs. 1 lit. g Gas-RL 09; *Fest/Nebel* NVwZ 2016, 177 (179)). Daher wurde § 15b eingeführt, um die jährliche Beteiligung des Markts und Überwachung durch die Regulierungsbehörde zu ermöglichen (Begr. der Beschlussempfehlung und Bericht, BT-Drs. 18/6383, 15).

7 Die zeitlichen Abläufe, beginnend mit dem ersten Umsetzungsbericht zum 1.4.2017 nach der genannten Gesetzesnovelle 2015, fielen zunächst sehr gut mit dem parallelen europäischen **Bedarfsfeststellungsprozess des TYNDP** (Ten-Year Network Development Plan) der ENTSO-G zusammen. Zunächst war es so, dass in den ungeraden Jahren die europäische Bedarfsfeststellung (www.entsog.eu/tyndp#) und der nationale Umsetzungsbericht des letzten NEP gestaffelt waren. In den geraden Jahren fand dann der TYNDP Niederschlag im nationalen neuen NEP. Seit 2018 hat der TYNDP allerdings zu den geraden Jahren gewechselt, sodass europäischer TYNDP und nationaler NEP Prozess nebeneinander laufen.

8 Seither werden die jährlichen Umsetzungsberichte durch die Bundesnetzagentur konsultiert und veröffentlicht (www.bundesnetzagentur.de/DE/Sachgebiete/ElektrizitaetundGas/Unternehmen_Institutionen/NetzentwicklungSmartGrid/Gas/NEP_Gas2020/Umsetzungsbericht2021/Umsetzung2021.html). Das Echo ist allgemein eher gering und geht in den allgemeinen Prozessen zur zweijährigen Netzentwicklungsplan gem. § 15a auf. Nichtsdestotrotz ermöglich die Berichterstattung der BNetzA einen kontinuierlichen und zeitnahen Blick auf die Umsetzung der festgestellten Netzausbaubedarfe.

C. Inhalt

In den Berichten müssen Angaben zum Stand der Umsetzung der **zuletzt ver-** 9
öffentlichten und festgestellten Netzentwicklungspläne dargestellt werden. Damit
wird allen Marktteilnehmenden der Projektstand bekannt gemacht. Kommt es zu
Verzögerungen, sind die maßgeblichen Gründe dafür durch den Vorhabenträger,
dh den für das Projekt verantwortlichen FLNB, anzugeben. Gerade weil die Ursachenanalyse bei der Verzögerung von Planungsprojekten schwierig ist, soll durch
die **Transparenz für den Marktteilnehmenden** ermöglich werden, der Regulierungsbehörde Hinweise auf mögliche strategische Versäumnisse der Vorhabenträger zu geben. Diese sind dann zu prüfen und zu würdigen. Über § 65 Abs. 2 und 2a
stehen der Behörde die in der Gas-RL 09 vorgesehenen Mittel zur Abhilfe formal
zur Verfügung.

Nach der Gesetzesbegründung sollen insbesondere solche Vorhaben Gegenstand 10
des Umsetzungsberichts werden, die für die nächsten drei Jahre ausgewiesen sind.
Das Gesetz orientiert sich hierbei ersichtlich an dem dreijährigen Betrachtungszeitraum des NEP-Gas nach § 15a Abs. 1 S. 1 und den Vorgaben aus Art. 22 Abs. 7 Gas-RL09. Die Umsetzungsberichte sollen zudem rein deskriptiv den aktuellen Stand
(und etwaige Verzögerungen) darstellen; zusätzliche Bedarfsberechnungen sollen
ausdrücklich nicht stattfinden, sondern bleiben dem NEP-Gas vorbehalten (Begr.
der Beschlussempfehlung und Bericht, BT-Drs. 18/6383, 19).

Nach dem ersten Umsetzungsbericht 2017 enthält die Norm **kein fixes Da-** 11
tum, zu dem der Bericht regelmäßig vorzulegen ist. Dies gibt den FLNB und der
Behörde einen gewissen Spielraum. Das unterscheidet die Vorschrift aber vom parallelen Umsetzungsbericht Strom gem. § 12d Abs. 1 S. 1, den 30.9. als Vorlagetermin vorsieht.

§ 16 Systemverantwortung der Betreiber von Fernleitungsnetzen

(1) **Sofern die Sicherheit oder Zuverlässigkeit des Gasversorgungssystems in dem jeweiligen Netz gefährdet oder gestört ist, sind Betreiber von Fernleitungsnetzen berechtigt und verpflichtet, die Gefährdung oder Störung durch**
1. **netzbezogene Maßnahmen und**
2. **marktbezogene Maßnahmen, wie insbesondere den Einsatz von Ausgleichsleistungen, vertragliche Regelungen über eine Abschaltung und den Einsatz von Speichern,**
zu beseitigen.

(2) ¹Lässt sich eine Gefährdung oder Störung durch Maßnahmen nach Absatz 1 nicht oder nicht rechtzeitig beseitigen, so sind Betreiber von Fernleitungsnetzen im Rahmen der Zusammenarbeit nach § 15 Abs. 1 berechtigt und verpflichtet, sämtliche Gaseinspeisungen, Gastransporte und Gasausspeisungen in ihren Netzen den Erfordernissen eines sicheren und zuverlässigen Betriebs der Netze anzupassen oder diese Anpassung zu verlangen. ²Soweit die Vorbereitung und Durchführung von Anpassungsmaßnahmen nach Satz 1 die Mitwirkung der Betroffenen erfordert, sind diese verpflichtet, die notwendigen Handlungen vorzunehmen. ³Bei einer

§ 16 Teil 3. Regulierung des Netzbetriebs

erforderlichen Anpassung von Gaseinspeisungen und Gasausspeisungen sind die betroffenen Betreiber von anderen Fernleitungs- und Gasverteilernetzen und Gashändler soweit möglich vorab zu informieren.

(2a) ¹Bei Maßnahmen nach den Absätzen 1 und 2 sind Auswirkungen auf die Sicherheit und Zuverlässigkeit des Elektrizitätsversorgungssystems auf Grundlage der von den Betreibern von Übertragungsnetzen nach § 15 Absatz 2 bereitzustellenden Informationen angemessen zu berücksichtigen. ²Der Gasbezug einer Anlage, die als systemrelevantes Gaskraftwerk nach § 13f ausgewiesen ist, darf durch eine Maßnahme nach Absatz 1 nicht eingeschränkt werden, soweit der Betreiber des betroffenen Übertragungsnetzes die weitere Gasversorgung der Anlage gegenüber dem Betreiber des Fernleitungsnetzes anweist. ³Der Gasbezug einer solchen Anlage darf durch eine Maßnahme nach Absatz 2 nur nachrangig eingeschränkt werden, soweit der Betreiber des betroffenen Übertragungsnetzes die weitere Gasversorgung der Anlage gegenüber dem Betreiber des Fernleitungsnetzes anweist. ⁴Eine Anweisung der nachrangigen Einschränkbarkeit systemrelevanter Gaskraftwerke nach Satz 3 ist nur zulässig, wenn der Betreiber des betroffenen Übertragungsnetzes zuvor alle verfügbaren netz- und marktbezogenen Maßnahmen nach § 13 Absatz 1 ausgeschöpft hat und eine Abwägung der Folgen weiterer Anpassungen von Stromeinspeisungen und Stromabnahmen im Rahmen von Maßnahmen nach § 13 Absatz 2 mit den Folgen weiterer Anpassungen von Gaseinspeisungen und Gasausspeisungen im Rahmen von Maßnahmen nach Absatz 2 eine entsprechende Anweisung angemessen erscheinen lassen.

(3) ¹Im Falle einer Anpassung nach Absatz 2 ruhen bis zur Beseitigung der Gefährdung oder Störung alle hiervon jeweils betroffenen Leistungspflichten. ²Satz 1 führt nicht zu einer Aussetzung der Abrechnung der Bilanzkreise durch den Marktgebietsverantwortlichen. ³Soweit bei Vorliegen der Voraussetzungen nach den Absätzen 2 und 2a Maßnahmen getroffen werden, ist insoweit die Haftung für Vermögensschäden ausgeschlossen. ⁴Im Übrigen bleibt § 11 Absatz 3 unberührt.

(4) ¹Über die Gründe von durchgeführten Anpassungen und Maßnahmen sind die hiervon unmittelbar Betroffenen und die Regulierungsbehörde unverzüglich zu informieren. ²Auf Verlangen sind die vorgetragenen Gründe zu belegen.

(4a) Reichen die Maßnahmen nach Absatz 2 nach Feststellung eines Betreibers von Fernleitungsnetzen nicht aus, um eine Versorgungsstörung für lebenswichtigen Bedarf im Sinne des § 1 des Energiesicherungsgesetzes abzuwenden, muss der Betreiber von Fernleitungsnetzen unverzüglich die Regulierungsbehörde unterrichten.

Übersicht

	Rn.
A. Inhalt	1
B. Gefährdung oder Störung der Sicherheit oder Zuverlässigkeit	10
C. Netz- und marktbezogene Maßnahmen (Abs. 1)	17
D. Notfallmaßnahmen (Abs. 2)	22
I. Gegenstand von Notfallmaßnahmen (Abs. 2 S. 1)	23
II. Informationspflicht (Abs. 2 S. 2)	28

	Rn.
E. Notfallmaßnahmen zum Schutz des Stromversorgungssystems (Abs. 2a)	29
F. Rechtsfolgen von Notfallmaßnahmen (Abs. 3)	34
I. Ruhen von Leistungspflichten (Abs. 3 S. 1 und 2)	35
II. Haftungsausschluss (Abs. 3 S. 3)	38
G. Unterrichtung über Gründe für Maßnahmen (Abs. 4)	39
H. Drohende Lage nach dem EnSiG (Abs. 4a)	41

Literatur: *BDEW,* Kooperationsvereinbarung zwischen den Betreibern von in Deutschland gelegenen Gasversorgungsnetzen, Anlage Leitfaden Krisenvorsorge Erdgas, Stand 31.3.2021; *Beus,* Der Beitrag von Gasspeichern zur Versorgungssicherheit, IR 2013, 194; *BMWi,* Bericht zum Stand und zur Entwicklung der Versorgungssicherheit im Bereich der Versorgung mit Erdgas-Monitoring-Bericht nach § 63 EnWG vom 15.6.2020 (zit. Monitoringbericht zur Versorgungssicherheit mit Erdgas, www.bmwi.de/Redaktion/DE/Publikationen/Energie/bericht-zum-stand-und-zur-entwicklung-der-versorgungssicherheit-im-bereich-der-versorgung-mit-erdgas.pdf?__blob=publicationFile&v=4); *BMWi,* Präventionsplan Gas für die Bundesrepublik Deutschland, Juni 2019 (zit. Präventionsplan Gas 2019); BMWi; Notfallplan Gas für die Bundesrepublik Deutschland, Stand September 2019 (zit. Notfallplan Gas 2019); *BNetzA,* Bericht zu Gasflüssen und Speicherständen im Januar 2009, www.bundesnetzagentur.de/Publikationen/Berichte; *BNetzA,* Bericht zum Zustand der leitungsgebundenen Energieversorgung im Winter 2011/2012 vom 7.5.2012, www.bundesnetzagentur.de/Publikationen/Berichte/2012 (zit. Winterbericht); *Bourwieg,* Notfallmaßnahmen nach § 16 Abs. 2 EnWG durch Gasnetzbetreiber, ER 2022, 229; *Hohaus,* Versorgungssicherheit Erdgas nach europäischem Recht, insbesondere die Verordnung über Maßnahmen der sicheren Erdgasversorgung, in Baur/Salje/Schmidt-Preuß (Hrsg.), Regulierung in der Energiewirtschaft, 2. Aufl. 2016, Kap. 16; *Möller-Klapperich,* Versorgungssicherheit und Importabhängigkeit im Gassektor, NJ 2022, 337; *Nordmann,* Integrierte Energie- und Klimapolitik: Die Sicherstellung der Erdgasversorgung, Dissertation 2012; *Thole/Dietzel,* Versorgungssicherheit Gas, EnWZ 2013, 543; *Thole/Almes,* Versorgungssicherheit Gas: Notfallmaßnahmen der Gasnetzbetreiber und Gasmangelverwaltung durch den Bundeslastverteiler – Überblick und praktische Umsetzung, IR 2022, 161.

A. Inhalt

In Gasnetzen können Situationen auftreten, in denen die technischen Grenzen **1** des Systems, insbesondere die Druckgrenzen, über- oder unterschritten werden oder in denen eine solche Grenzwertverletzung droht. Solche Situationen treten meist räumlich begrenzt auf, können aber auch ein Netz als Ganzes betreffen. Abstufungen hinsichtlich regionaler, nationaler, grenzüberschreitender oder europaweiter Gefährdungslagen sind vorstellbar. Die große Sorge vor einer Gasmangellage nach dem russischen Überfall auf die Ukraine im Jahr 2022 stellt die größte denkbare Ausprägung des Risikos dar, auf das § 16 Anwendung findet.

§ 16 überträgt den Fernleitungsnetzbetreibern (im Folgenden FLNB) die Ver- **2** antwortung für die Funktionsfähigkeit des Gesamtsystems der Gasversorgung in ihrem Netz. Der Begriff des **Gasversorgungssystems** suggeriert eine übergreifende Weite, die jedoch durch den Einschub „in dem jeweiligen Netz" in Abs. 1 S. 1 auf das betriebene Netz eingeschränkt wird. Es ist das technische System gemeint, das zentral ausgeregelt wird (BerlKommEnergieR/*Barbknecht* EnWG § 16 Rn. 6).

Soweit im Rahmen des Gasnetzzugangsmodells Aufgaben netzübergreifend **3** wahrgenommen werden, kann es sich um ein netzübergreifendes „System" zB mit nachgelagerten Netzen handeln. Durch die Abhängigkeit verhältnismäßig weniger

§ 16

großer Produktionsstätten bzw. **Importpunkte** aus den großen Gasförderländern können durch technische oder politische Probleme an wenigen Punkten großräumige Gefährdungen der Versorgungslage auftreten. Die Betreiber haben gem. Art. 3 SoS-VO 2017 und § 16 die Aufgabe, durch Maßnahmen im Netz und gegenüber Transportkunden Gefährdungen und Störungen des Gasversorgungssystems vorzubeugen und im Störungsfall zur Schadensbegrenzung beizutragen (vgl. entsprechend Begr. zu § 13 BT-Drs. 15/3917, 56f.).

4 Zu diesem Zweck sieht § 16 ein **Stufensystem** vor (*Thole/Almes* IR 2022, 161). Auf einer ersten Stufe müssen die FLNB netz- oder marktbezogene Maßnahmen ergreifen (Abs. 1). Die Formulierung ist mit Ausnahme der Regelbeispiele in Nr. 1 und 2 mit § 13 identisch. Insoweit gilt das dort Gesagte entsprechend. Eine Vorrangregelung wie für EEG-Strom fehlt, da die Biogaseinspeisung bislang nicht selbstständig gefördert wird (nur in Verbindung mit der Verstromung – §§ 44ff. EEG). Der **bevorzugte Netzzugang** für Biogas aus § 34 Abs. 1 GasNZV fließt in den allgemeinen Abwägungsvorgang der Auswahl geeigneter Maßnahmen ein. Soweit diese Maßnahmen auf der ersten Stufe zur Beseitigung der Gefährdung oder Störung nicht ausreichen, sind sie auf einer zweiten Stufe zu Notfallmaßnahmen – entsprechend zu § 13 Abs. 2 – berechtigt und verpflichtet (Abs. 2).

Dies ist nicht zu verwechseln mit dem **Stufensystem nach EnSiG** und dem Notfallplan Gas im Vorfeld drohender Störungen oder kurzzeitiger Unterbrechungen des Gasbezugs, bestehend aus Frühwarnstufe, Alarmstufe und Notfallstufe (dazu www.bundesnetzagentur.de/DE/Fachthemen/ElektrizitaetundGas/Versorgungssicherheit/Krisenmanagement_Krisenvorsorge/start.html).

5 Die in § 16 Abs. 1 und 2 netzbetreiberbezogenen Pflichten erfüllen die Adressaten (→ § 15 Rn. 6) im Rahmen des aktuellen **Netzzugangsmodells** auf Basis des § 20 Abs. 1b und der KoV, bezogen auf die Bilanzierung und Ausregelung des Netzes, nicht mehr vollständig selbst, sondern durch *einen* **Marktgebietsverantwortlichen** je Marktgebiet (→ § 20 Rn. 120ff.). Diese Zusammenfassung der Zuständigkeit für die Netzstabilität ist durch die Regelung nach GaBi-Gas (BNetzA Beschl. v. 19.12.2014 – BK7-14-020 – GaBi Gas 2.0) erfolgt, wodurch die Abwicklung der gesamten Bilanzierung in jedem Marktgebiet neu geregelt wurde. Zugleich bleibt die Verantwortung für die Netzstabilität Sache des Marktgebietsverantwortlichen, der er teils durch die Mitwirkung an der marktgebietsweiten Koordinierung, teils aber auch durch den Einsatz sog. Lastflusszusagen gem. § 9 Abs. 3 Nr. 1 GasNZV nachkommt oder durch Anwendung von Beschränkungen der freien Zuordenbarkeit von Kapazitäten gem. § 9 Abs. 3 GasNZV.

6 Abs. 3 regelt – wortgleich mit § 13 Abs. 4 – für diesen Fall das **Ruhen von Leistungspflichten** und einen **Haftungsausschluss** für Vermögensschäden. Abs. 4 verpflichtet die FLNB zur Information an den betroffenen Netznutzer und die Regulierungsbehörde über durchgeführte Maßnahmen (vgl. § 13 Abs. 5). Nach Abs. 5 müssen die FLNB eine **Schwachstellenanalyse** erarbeiten und erforderliche Abhilfemaßnahmen treffen. Diese Verpflichtung ist etwas weniger konkret ausgestaltet als der vergleichbare § 13 Abs. 7. Über das Ergebnis der Schwachstellenanalyse und ihre Folgen ist der BNetzA nur auf Anforderung zu berichten.

7 Durch die kritischen Netzzustände im Gasnetz im Winter 2012 wurden die **Interdependenzen** zwischen der Gasversorgung von Kraftwerken und der **Stabilität des Stromnetzes** deutlich (BNetzA Winterbericht). Daraus wuchs die Erkenntnis, dass es zu den Aufgaben der FLNB auch gehört, die Versorgungssicherheit insbesondere im Übertragungsnetz mit in die Betrachtung einzubeziehen. Durch die EnWG-Novelle 2012 ist in **Abs. 2a** eine rechtliche Verzahnung der Netzsicherheitsmaßnahmen zwischen dem Fernleitungsnetz und dem Übertragungsnetz hergestellt worden, wobei die ÜNB das Weisungsrecht und die Kostentragung zukommt. Solange die Regelung besteht, ist das BMWi gem. § 63 Abs. 2a alle zwei Jahre zu einem Bericht über die Wirksamkeit und Notwendigkeit der Maßnahmen (BMWi Netzreservebericht 2020, www.bmwi.de/Redaktion/DE/Publikationen/Energie/be richt-zur-netz-und-kapazitaetsreserve.pdf?__blob=publicationFile&v=10).

Bis zur EnWG Novelle 2021 war in Abs. 5 eine jährliche Schwachstellenanalyse 8 der FLNB vorgesehen. Zur Vermeidung schwerwiegender Versorgungsstörungen sah Abs. 5 vor, dass von den FLNB jährlich eine Schwachstellenanalyse erarbeitet wird, wobei der Schwachstellenbegriff nicht auf Kapazitätsengpässe beschränkt war, sondern auch sonstige für die Betriebsführung notwendige Personal- und Sachmittel, Telekommunikations- und Datenverarbeitungssysteme (§ 11 Abs. 1a), Informations- und Notfallprozesse erfasst hat. Diese nationale Regelung konnte gestrichen werden, da die zwischenzeitlich eingeführten Berichtspflichten auf EU-Ebene eingeführt wurden und Doppelbelastungen vermieden werden sollten (Begr. RegE BT-Drs. 165/21, 119). Hier kann die Risikobewertung gem. Art. 7 SoS-VO 17 gemeint sein.

Die Vorschrift wird **in Bezug** genommen als Teil der Entflechtungsziele in § 7a, 9 in den Betriebspflichten der FLNB in § 11 Abs. 1, bei den Regelungen der Notfallkompetenzen der ÜNB in § 13 Abs. 5, bei den Aufgaben der Betreiber von Gasverteilernetzen in § 16a und bezogen darauf in der Kompetenzverteilung zwischen BNetzA und Landesregulierungsbehörden in § 54 Abs. 2 Nr. 5, bei den Regelungen für die Beschaffung von Ausgleichsleistungen nach § 22, den Monitoringpflichten nach § 35, in § 35d sowie in einer Berichtspflicht des BMWi in § 63 Abs. 2a.

B. Gefährdung oder Störung der Sicherheit oder Zuverlässigkeit

Anders als § 13 Abs. 3 für den Stromsektor enthält § 16 **keine gesetzliche Defi-** 10 **nition** der Gefährdung oder Störung der Sicherheit und Zuverlässigkeit des Gasversorgungssystems. Die stark technische Definition aus § 13 Abs. 3 war offensichtlich auf die Gasversorgung nicht einfach übertragbar. Dem entspricht, dass Störungen der Gasversorgung für den Kunden durch die Speicherbarkeit und Pufferwirkung des Netzes nicht so unmittelbar spürbar werden wie im Elektrizitätssektor (→ § 52 Rn. 14). Wie im Strom hat die Versorgungssicherheit mit Erdgas regelmäßig zwei Dimensionen (dazu auch *Möller-Klapperich* NJ 2022, 337):
1. die Sicherheit des **technischen Energieversorgungssystems.** Dh, es ist genug Energie vorhanden, aber der Transport derselben zu den Letztverbrauchern ist gestört oder droht gestört zu werden (Netzführung im Rahmen der Betriebspflicht).
2. die Sicherheit der **wirtschaftlichen Versorgung** mit Energie. Angesichts des hohen Anteils des Imports von Erdgas wird in einem überschaubaren System von Transitleitungen überwiegend aus Ländern außerhalb der EU (Importabhängigkeit und Transitmengen: BNetzA und BKartA Monitoringbericht 2022 S. 366) und wiederholter „Ukraine-Krisen" war die nationale und europäische Diskussion der Erdgasversorgungssicherheit auch schon vor dem russischen Angriffskrieg gegen die Ukraine im Februar 2022 keine primär technische, sondern eine Versorgungskrisendiskussion.

§ 16 Teil 3. Regulierung des Netzbetriebs

(BeckOK EnWG/*Hartung* § 16 Rn. 8 grenzt die technische von der wirtschaftlichen Dimension der Versorgungssicherheit als „Betriebssicherheit" ab, die mE eine weitere Dimension ist, die eher in § 49 verankert ist.) Auf die wirtschaftliche Versorgungssicherheit haben die entflochtenen Netzbetreiber jedoch nur sehr beschränkt Einfluss. Allerdings bedingen sich beide Dimensionen auch im Erdgas, da nicht jeder beliebige Ausspeisepunkt von jedem Einspeisepunkte erreichbar ist. Daher setzt die Versorgungssicherheit immer auf den Transportkapazitäten des Netzes auf. § 16 ist – auch durch den ausdrücklichen Bezug auf das Gasversorgungs*system* – als Pflicht zur sicheren Netzführung zur Gewährleistung der Versorgung als Systemverantwortung zu verstehen.

11 Auf nationaler und europäischer Ebene werden **Standards für die Versorgungssicherheit** definiert, an denen eine Gefährdung oder Störung der Versorgungssicherheit zu bemessen ist. In Deutschland gilt der Infrastrukturstandards (N-1 100%) gem. Art. 5 der SoS-VO 2017 (Präventionsplan Gas 2019 S. 17). Die Einhaltung des Infrastrukturstandards richtet sich danach, ob – bei einem unterstellten Ausfall der Gaslieferungen am Importpunkt mit der größten Einspeiseleistung nach Deutschland – über die verbleibenden Transportkapazitäten so viel Gas nach Deutschland eingespeist werden kann, dass der errechnete maximale Tagesbedarf gedeckt werden könnte (Präventionsplan Gas 2019 S. 21).

12 Wie in Stromnetzen gibt es auch in Gasnetzen technische Parameter, die nicht unter- oder überschritten werden dürfen, wenn die Sicherheit der Netze nicht gefährdet werden soll. Dies ist zunächst der **Maximaldruck**, auf den die Komponenten ausgelegt sind. Auch der **Minimaldruck** kann allerdings zu gravierenden technischen Problemen führen, da in jedem Netzabschnitt sichergestellt sein muss, dass in den Leitungen der Atmosphärendruck nicht unterschritten wird. Anderenfalls kann Luft ins System eindringen und es können explosionsfähige Gemische entstehen.

13 Ob eine Gefährdung oder Störung des Gasnetzsystems vorliegt, ist ua an dem Kriterium zu messen, ob die vorhandenen Kapazitäten ausreichen, um alle Kunden im Rahmen des vertraglich Vereinbarten mit Gas zu versorgen. Zum Gasversorgungssystem gehören neben den Gasversorgungsnetzen auch Anlagen der Energieverbraucher. § 16 setzt Betriebszustände des Fernleitungsnetzes voraus, die eine sichere und zuverlässige Gasversorgung gefährden oder stören. Dies können – wie nach § 13 Abs. 3 auch – örtliche **Netzausfälle** (zB durch Baggerschäden) oder kurzfristige **Netzengpässe** sein (zu Versorgungsunterbrechungen Erdgas → § 52 Rn. 1 ff.). Durch außergewöhnlich niedrige Temperaturen und die Einschränkung von Erdgaslieferungen im Rahmen vertraglicher Vereinbarungen an Einspeisepunkten in Süddeutschland ist die technische Versorgungssicherheit zum Thema geworden (BNetzA Winterbericht S. 80 ff.).

14 Abs. 1 S. 1 bezieht die Betreiberpflichten ausdrücklich nur auf den sicheren und zuverlässigen Betrieb des **Gasversorgungssystems.** Die sektorübergreifende Berücksichtigung der Sicherheit des **Stromversorgungssystems** ist nunmehr durch Abs. 2a ausdrücklich miterfasst.

15 Während bei einer **Störung** die vorstehend genannten Netzzustände bereits eingetreten sind, erfordert eine **Gefährdung** eine entsprechende **Besorgnis** (dazu im Einzelnen → § 13 Rn. 12). Dies bedeutet, dass die Netzzustände mit einer gewissen **Wahrscheinlichkeit** zu erwarten sein müssen. Dies lässt sich durch die ständigen und räumlich verteilten Messungen des Gasdrucks recht genau und zuverlässig vorab erkennen. Auch die dann jeweils zu ergreifenden Maßnahmen sind vorab bekannt. Da Gasnetze im Unterschied zu Stromnetzen in einer großen Spannweite zulässiger Betriebszustände betrieben werden können und weil die Reaktionszeiten in den Gasnetzen relativ lang sind, kommt es selten zu akut kritischen Zuständen. Anders ist die Situation insbesondere bei von außen einwirkenden Störungen wie Baggerschäden, die auch bei großen Fernleitungen auftreten können.

Die KoV beinhaltet einen Leitfaden „Krisenvorsorge Gas". Dieser Leitfaden beinhaltet die konkrete Umsetzung der Aufgaben des nationalen Notfallplans für die Prozesse in Engpasssituationen und die gegenseitigen Informationspflichten sowie Kommunikationswege zwischen den Netzbetreibern für Maßnahmen nach § 16 und § 16a. Ebenso gibt es eine Verpflichtung zur Kooperation zwischen Gas- und Stromnetzbetreiber gem. Art. 10 Abs. 1 lit. e SoS-VO 2017 hinsichtlich erforderlicher Maßnahmen zur Sicherung der Versorgung mit Gas und Strom. Übertragungs- und FLNB haben hierzu ein Kommunikationskonzept erarbeitet (Notfallplan Gas 2019 S. 12). 16

C. Netz- und marktbezogene Maßnahmen (Abs. 1)

Bei Vorliegen einer Gefährdung oder Störung der Sicherheit oder Zuverlässigkeit des Gasversorgungssystems müssen FLNB nach Abs. 1 auf einer **ersten Stufe** mit netz- oder marktbezogenen Maßnahmen reagieren. Im Hinblick auf die Durchführung und Auswahl der Maßnahmen gelten die zu § 13 Abs. 1 (→ § 13 Rn. 25) erläuterten Grundsätze entsprechend (NK-EnWG/*Tüngler* § 16 Rn. 9). Aufgrund der sich aus Abs. 1 ergebenden **Berechtigung** der FLNB zur Durchführung netz- oder marktbezogener Maßnahmen sind diese von den Regulierungsbehörden in der Entgeltregulierung dem Grunde nach anzuerkennen. Das Kriterium der Wirtschaftlichkeit und Effizienz ist über §§ 21 und 21a auch auf Maßnahmen nach Abs. 1 anzuwenden. FLNB *müssen* bei Vorliegen einer Gefährdung oder Störung netz- oder marktbezogene Maßnahmen ergreifen, da Abs. 1 sie dazu nicht nur berechtigt, sondern auch **verpflichtet**. Sie haben die Maßnahmen zu treffen, mit denen die Gefährdung oder Störung **rechtzeitig** und **effektiv** beseitigt werden kann. Soweit alternativ verschiedene Maßnahmen in Betracht kommen, haben sie diejenige auszuwählen, die mit den **geringsten Auswirkungen** auf die Gasversorgung und die Netznutzer verbunden ist. Da auch diese Verpflichtung nur gemeinsam erfüllt werden kann, gilt für netz- und marktbezogene Maßnahmen nach Abs. 1 auch die **Kooperationspflicht** gem. § 15 Abs. 1. Während Abs. 2 explizit auf § 15 Abs. 1 Bezug nimmt, ist dies in Abs. 1 nicht angesprochen. Gerade Maßnahmen auf Fernleitungsebene sind aber vielfach nur gemeinsam und unter Einbindung des Markgebietsverantwortlichen zu erfüllen. Auch die Pflicht zur wechselseitigen Information der Netzbetreiber gem. § 15 Abs. 2 dürfte die Maßnahmen nach Abs. 1 umfassen. 17

Bei **netzbezogenen Maßnahmen** handelt es sich um technische Maßnahmen, die innerhalb des Fernleitungsnetzes durchgeführt werden (s. auch BeckOK EnWG/*Hartung* § 16 Rn. 29). Die Netznutzer sind an diesen Maßnahmen nicht beteiligt. Hierzu gehört die Aufforderung an nachgelagerte VNB unterbrechbare Kapazitätsverträge zu unterbrechen (→ § 14b Rn. 1 ff.), alle verfügbaren dem Netz zugeordneter Gasspeicher zur Einspeisung in das Netz zu nutzen und weitere den Bezug reduzierende Maßnahmen zu ergreifen (so geschehen in der Februarsituation 2012, BNetzA Winterbericht S. 86). Soweit mit netzbezogenen Maßnahmen Gaseinspeisungen, Gastransporte oder Gasausspeisungen von Netznutzern ohne vertragliche Vereinbarung angepasst werden, sind diese Maßnahmen als Notfallmaßnahmen nach Abs. 2 einzuordnen (dazu → Rn. 22). 18

19 **Marktbezogene Maßnahmen** werden unter Einbeziehung der Netznutzer durchgeführt. § 16 Abs. 1 Nr. 2 nennt beispielhaft den Einsatz von Ausgleichsleistungen – also Regelenergie – sowie vertragliche Regelungen über eine Abschaltung und den Einsatz von Gasspeichern. Im aktuellen Gasnetzzugangsmodell wird die Regelenergie allerdings nicht mehr durch jeden FLNB selbst beschafft und eingesetzt. Es handelt sich um eine **durch den Marktgebietsverantwortlichen** in jedem Marktgebiet zentralisierte Funktion (BNetzA, Hinweise zu Marktlichen Maßnahmen vor und in einer Gasmangellage vom 20.6.2022, www.bundesnetzagentur.de/DE/Fachthemen/ElektrizitaetundGas/Versorgungssicherheit/aktuelle_gasversorgung/HintergrundFAQ/MarktlicheMassnahmen.pdf?__blob=publicationFile&v=2).

20 Darüber hinaus kommen als marktbezogene Maßnahmen die Unterbrechung unterbrechbarer Kapazitäten, Lastflusszusagen an Ein- und Ausspeisepunkten oder die Beschränkung der freien Zuordenbarkeit in Betracht. Anders als nach Abs. 2 erhalten die Marktparteien für ihre Mitwirkung der Systemführung **eine Vergütung.** Diese beruht auf einem **vertraglichen** oder **gesetzlichen** Schuldverhältnis. Zwar verpflichtet Abs. 1 Nr. 2 die FLNB nicht dazu, aus den zur Verfügung stehenden Mitteln bestimmte oder alle vertraglich vorzusehen, die FLNB sind aber gut beraten, sich für erforderliche marktbezogene Maßnahmen einen angemessenen vertraglichen Spielraum zu verschaffen. Auch Marktteilnehmer sollten daran ein Interesse habe, da Notfallmaßnahmen auf der nächsten Stufe entschädigungslos ergriffen werden können.

21 Bei der vertraglichen Absicherung der marktbezogenen Maßnahmen ergeben sich allerdings erhebliche **Diskriminierungsrisiken.** Einzelnen Anschlussnehmern können wirtschaftliche Vorteile entstehen, unzureichend entflochtene Unternehmen könnten diese Instrumente zur rechtswidrigen Kundenbindung vertriebsseitig einsetzen. Bei Lastflusszusagen kann zB eine nicht unerhebliche Angebotsmacht bestehen, wenn nur wenige Anschlussnehmer die notwendige Flexibilität haben, bestimmte Lastflüsse zuzusagen. § 22 Abs. 1 nennt diese Risiken bei der Beschaffung von Ausgleichsleistungen ausdrücklich. Die Diskriminierungsfreiheit ist jedoch ein allgemeines Betriebsprinzip nach § 11 Abs. 1, weshalb davon auszugehen ist, dass die Mechanismen aus § 22 Abs. 1 für sämtliche denkbaren marktbezogenen Maßnahmen gelten. Während die netzbezogenen Maßnahmen in der Regel kostenlos erbracht werden, können für marktbezogene Maßnahmen erhebliche Kosten entstehen, die in der einen oder anderen Weise auf die Netznutzer umgelegt werden. Dennoch enthält Abs. 1 keine zwingende Hierarchisierung der Maßnahmen. Der Maßstab ist neben der **Wirksamkeit** auch die **Preiswürdigkeit** der Maßnahmen.

D. Notfallmaßnahmen (Abs. 2)

22 Soweit netz- oder marktbezogene Maßnahmen nicht ausreichen, um eine Gefährdung oder Störung des Gasversorgungssystems rechtzeitig zu beseitigen, berechtigt und verpflichtet Abs. 2 die FLNB auf einer **zweiten Stufe** zu Notfallmaßnahmen. Für die Auswahl der Maßnahmen gelten die Grundsätze zu netz- und marktbezogenen Maßnahmen entsprechend (→ Rn. 17). Das Verhältnis von Notfallmaßnahmen des FLNB zu Krisen- und Notfallmaßnahmen bei einer drohenden Gasmangellage verdeutlicht der mit dem EnSiG 2022 eingeführte § 4a. Reichen die Maßnahmen nach Abs. 2 nach Feststellung eines FLNB nicht aus, um eine Versorgungsstörung für lebenswichtigen Bedarf iSd § 1 EnSiG abzuwenden, muss der FLNB unverzüglich die Regulierungsbehörde unterrichten. Die Maßnahmen nach Abs. 2 finden grundsätzlich im Vorfeld von Krisenbewältigungsmechanismen nach SoS-VO 2017 und EnSiG statt. Allerdings gelten die Rechte und Pflichten nach Abs. 2 bis 4 auch im Rahmen der dann nachfolgenden Maßnahmen weiter.

I. Gegenstand von Notfallmaßnahmen (Abs. 2 S. 1)

Nach Abs. 2 sind bei Notfallmaßnahmen den Erfordernissen eines sicheren und 23 zuverlässigen Betriebs der Fernleitungsnetze entsprechend die Gaseinspeisungen, Gastransporte und Gasausspeisungen anzupassen. Soweit die FLNB zu solchen Anpassungen nicht selbst in der Lage sind, sind sie berechtigt und verpflichtet, diese von den jeweiligen Netznutzern **zu verlangen.** Dies betrifft zB die Ein- und Ausspeisungen aus Gasspeichern und die Ausspeisung an Letztverbraucher. Auf besondere zivilrechtliche Fragestellungen bei der Einbeziehung von Speicherbetreibern weist BeckOK EnWG/*Hartung* § 16 Rn. 48 zu Recht hin. Gemäß der Systemverantwortung von Gasnetzbetreibern und der netzbetreiberübergreifenden Zusammenarbeitspflicht aller Gasnetzbetreiber nach § 20 Abs. 1 b bzw. § 8 Abs. 6 GasNZV reicht der dem FLNB nachgelagerte Netzbetreiber die Maßnahmen nach Abs. 2 anteilig an seine nachgelagerten Netzbetreiber weiter. Hierfür sieht die KoV entsprechende Regelungen vor (§ 31 Nr. 2 KoV).

Notfallmaßnahmen kommen erst dann in Betracht, wenn eine Gefährdung oder 24 Störung durch netz- oder marktbezogene Maßnahmen nicht oder nicht rechtzeitig beseitigt werden kann. Allerdings reicht das Vorliegen einer **Gefährdungslage** aus, wenn die sorgfältige Bewertung des FLNB ex ante zu dem Ergebnis führt, dass der Eintritt der Störung nur durch Notfallmaßnahmen abzuwenden ist (→ § 13 Rn. 19).

Aufgrund der sich aus Abs. 2 ergebenden **Berechtigung** der FLNB zur Durch- 25 führung von Notfallmaßnahmen sind diese von den betroffenen Netznutzern als rechtmäßig hinzunehmen. Dem Anpassungsverlangen der FLNB steht eine Verpflichtung der Netznutzer gegenüber, entsprechende Anpassungen vorzunehmen. Ohne eine solche Berechtigung könnten die FLNB die ihnen durch § 15 übertragene Systemverantwortung nicht effektiv und rechtzeitig wahrnehmen (*Bourwieg* ER 2022, 229 (230)). Da im Gaszugang zwischen **fest und unterbrechbar** gebuchten Kapazitäten (§ 11 Abs. 1 S. 1 GasNZV) unterschieden wird, gilt die Unterbrechungsmöglichkeit im Rahmen der Notfallmaßnahmen nur für fest gebuchte Kapazitäten, unterbrechbare Kapazitäten gehören zu den marktbezogenen Maßnahmen nach Abs. 1.

Das Risiko, im Notfall einseitig und **entschädigungslos** in Maßnahmen ein- 26 bezogen zu werden, stellt einen Anreiz dar, sich im Rahmen vertraglicher Vereinbarungen an marktbezogenen Maßnahmen zu beteiligen. Soweit die Maßnahmen erforderlich und diskriminierungsfrei ausgestaltet sind, hat dabei der FLNB eine Definitionshoheit der Maßnahmen, da er diese gerade ohne Einwilligung der Netznutzer durchzuführen berechtigt ist.

Abs. 2 S. 1 regelt, dass Notfallmaßnahmen von den Netzbetreibern im Rahmen 27 der **Zusammenarbeit nach § 15 Abs. 1** getroffen werden. § 15 Abs. 1 verpflichtet FLNB zu einem Betrieb ihrer Netze im nationalen und internationalen Verbund. Weitere Regelungen zur Kommunikation bei außerordentlichen Ereignissen an Netzkopplungsverträgen der FLNB in Europa trifft der NC INTEROP (VO (EU) 2015/703 v. 30. April 2015). Notfallmaßnahmen müssen mit den Betreibern ande-

§ 16 Teil 3. Regulierung des Netzbetriebs

rer Gasversorgungsnetze abgestimmt werden, um eine Gefährdungs- oder Störungslage über die Grenzen eines einzelnen Fernleitungsnetzes hinaus beseitigen zu können. Maßnahmen nach Abs. 2 sind insbesondere auch solche, die zur Sicherstellung der Versorgung von Haushaltskunden mit Erdgas gem. § 53a ergriffen werden.

II. Informationspflicht (Abs. 2 S. 2)

28   Nach Abs. 2 S. 2 haben FLNB bei einer Anpassung von **Gaseinspeisungen** und **Gasausspeisungen** die betroffenen Betreiber anderer Fernleitungs- und Gasverteilernetze sowie Gashändler soweit wie möglich vorab zu informieren. Bei einer Anpassung von Gastransporten ist eine vorherige Information nicht erforderlich. Da im Einzelfall über Notfallmaßnahmen unter erheblichem Zeitdruck entschieden werden muss, steht die Informationspflicht unter dem Vorbehalt, dass ihre Erfüllung im Einzelfall möglich ist.

E. Notfallmaßnahmen zum Schutz des Stromversorgungssystems (Abs. 2 a)

29   Abs. 2a verändert die Reihenfolge der Maßnahmen nach Abs. 1 und Abs. 2 sowie innerhalb der jeweiligen Abs. zum Schutz des Stromversorgungssystems. FLNB – und über § 16a auch nachgelagerte Verteilernetzbetreiber – müssen auf Anweisung eines Übertragungsnetzbetreibers die Gasversorgung von Gaskraftwerken sicherstellen.

30   Voraussetzungen einer solchen Anweisung sind,
– dass das Gaskraftwerk durch die ÜNB nach § 13f Abs. 1 als systemrelevant ausgewiesen worden ist und diese Ausweisung durch die Bundesnetzagentur genehmigt wurde und
– dass die Anordnung im Hinblick auf die eintretenden Schäden gegenüber einem Ausfall des Stromversorgungssystems verhältnismäßig ist und
– dass der ÜNB seinerseits zuvor alle netz- und marktbezogenen Maßnahmen nach § 13 Abs. 1 ausgeschöpft hat. Dies schließt die Maßnahmen nach § 13 Abs. 1a im Rahmen des gesetzlichen Schuldverhältnisses von Kraftwerksbetreibern ein.

31   Das Kriterium der Systemrelevanz bestimmt sich nach § 13f Abs. 1 und beruht dort wiederum auf § 13b Abs. 2 (dazu → § 13b Rn. 11). Systemrelevanz liegt vor, wenn die Einschränkung der Gasversorgung der Anlage mit hinreichender Wahrscheinlichkeit zu einer nicht unerheblichen Gefährdung oder Störung des Elektrizitätsversorgungssystems führt.

32   Das Entscheidungsrecht zur Anweisung liegt allein bei den ÜNB. Damit obliegt diesen auch die **Folgenabschätzung,** bei der die Folgen einer Unterbrechung der Gasversorgung dritter Kunden zugunsten des systemrelevanten Gaskraftwerks mit den Folgen eines Ausfalls des Elektrizitätsversorgungssystems durch den Stillstand des systemrelevanten Gaskraftwerks ins Verhältnis gesetzt werden müssen. Um diese Entscheidung zu treffen, unterliegen die FLNB nach § 12 Abs. 4 S. 1 einer Informationspflicht, die den Übertragungsnetzbetreibern ermöglicht, eine Folgenabschätzung vorzunehmen. Dabei sind die FLNB verpflichtet, den ÜNB alle notwendigen Informationen – einschließlich eigener Betriebs- und Geschäftsgeheimnisse sowie erforderlicher Betriebs- und Geschäftsgeheimnisse Dritter An-

schlusskunden – zur Verfügung zu stellen. Dies kann naturgemäß nicht erst zum Zeitpunkt der Versorgungskrise geschehen, sondern verlangt einen regelmäßigen und planenden **Informationsaustausch** zwischen den Betreibern.

In der Abschaltreihenfolge kann ein Konflikt zwischen der Unterbrechung der 33 Gasversorgung für ein als **systemrelevant ausgewiesenes Gaskraftwerk** und den **geschützten Kunden nach § 53a** auftreten. Das Ergebnis, dass die geschützten Endkunden nach § 53a in der Abschaltreihenfolge vor den als systemrelevant ausgewiesenen Gaskraftwerken nach § 13f zu unterbrechen wären, scheint sowohl mit dem Sinn und Zweck der Regelungen als auch mit den Rechtsgrundlagen für § 53a besser verträglich zu sein. Die Regelung des Abs. 2a verfolgt das Ziel eines Ausgleichs der verschiedenen Interessenlagen unter Berücksichtigung der Wechselwirkungen zwischen Strom- und Gasversorgungsnetzen und der Folgen für die betroffenen Kundengruppen. Die Folgen eines großflächigen Stromausfalls und seine Risiken für Leib und Leben der betroffenen Bevölkerung müssen mit einem Ausfall der Gasversorgung abgewogen werden können. Diese Abwägung wäre abgeschnitten, wenn eine bestimmte Kundengruppe bereits vorab ausgenommen würde. Die europäischen Normen stehen diesem Ergebnis nicht entgegen, vielmehr adressiert Erwgr. 25 der SoS-VO 2017 diese Situation ausdrücklich und lässt eine Abwägung zu. Die Regelung des § 53a geht zurück auf Art. 6 der SoS-VO 17 (→ § 53a Rn. 2), welcher ohnehin ausschließlich die Lieferanten und Händler im Falle einer Gefährdung der Bedarfsdeckungssicherheit verpflichtet. Zumal diese Kundengruppe durch eine systematische Privilegierung im Ergebnis voraussichtlich nicht geschützt würde. Geschützt werden sollen insbesondere Heizgaskunden in bestimmten Witterungsbedingungen (→ § 53a Rn. 6). Die handelsüblichen Gasthermen in privaten Haushalten benötigen aber oftmals Elektrizität für ihren Betrieb. Das Verfahren im grenzüberschreitenden, regionalen oder nationalen Krisenfall beschreibt die SoS-VO 2017, der Notfallplan Gas 2019 sowie der Leitfaden „Krisenvorsorge" im Rahmen der KoV.

F. Rechtsfolgen von Notfallmaßnahmen (Abs. 3)

Abs. 3 bestimmt die Rechtsfolgen, die sich bei Notfallmaßnahmen nach Abs. 2 34 im Hinblick auf die davon betroffenen Leistungspflichten und die Haftung der FLNB ergeben. Die Vorschrift ist wortgleich mit § 13 Abs. 5 (dazu → § 13 Rn. 414).

I. Ruhen von Leistungspflichten (Abs. 3 S. 1 und 2)

Bei Notfallmaßnahmen iSv Abs. 2 ruhen bis zur Beseitigung der Gefährdung 35 oder Störung alle von der Notfallmaßnahme betroffenen Leistungspflichten. Bei einer sehr weiten Auslegung der „betroffenen Leistungspflichten" könnten **alle Leistungspflichten** in der Gaslieferkette darunter verstanden werden. Ruhend gestellt sind nur unmittelbar wechselseitige Leistungspflichten aus dem Schuldverhältnis zwischen dem Netzbetreiber, der die Notfallmaßnahme ergreift, und den dadurch betroffenen Netznutzern, Anschlussnetzbetreibern oder Anschlussnehmern.

Durch die Ergänzung von S. 2 wird konkretisiert, was auch nach alter Rechtslage 36 schon galt: Nicht alle Leistungspflichten ruhen. Gerade auch die **Pflicht zur Bilanzkreisführung** und -bewirtschaftung für den marktgebietsverantwortlichen, aber auch den bilanzkreisverantwortlichen Händler ruhen nicht oder jedenfalls nicht vollständig (Begr. RegE StrommarktG, BT-Drs. 18/7317, 86 und 116). Dem Bilanzkreisverantwortlichen, dessen Bilanzkreis gegenüber eine Notfallmaßnahme greift, bleibt offenbar zur Bezahlung von Ausgleichsenergie verpflichtet, denn sonst macht es keinen Sinn, weiterhin eine Bilanzkreisabrechnung durchzuführen. Es ist im Einzelfall, bezogen auf die Dimension der Störung, zu gewährleisten, dass Netznutzer durch eine andernfalls entfallende Ausgleichsenergiebepreisung nicht sogar bessergestellt würden als im Rahmen der angemessenen Vergütung, die im Rahmen marktbezogener Maßnahmen zu leisten ist (zum Ruhen der Leistungspflichten → § 13 Rn. 414).

37 Die von einer Anpassung der Gaseinspeisungen, Gastransporten und Gasausspeisungen betroffenen Vertragsverhältnisse können modifiziert werden und müssen daher **zeitweilig nicht erfüllt** werden. Dies gilt für Leistungspflichten der FLNB ebenso wie für Pflichten der Transportkunden. Sie ruhen bis zur Beseitigung der Gefährdung oder Störung. Soweit zusätzlich netz- oder marktbezogene Maßnahmen zur Gefährdungs- oder Störungsbeseitigung erforderlich sein sollten, setzen sich die vertraglichen Leistungspflichten bereits nach Abschluss der Notfallmaßnahmen wieder fort (BeckOK EnWG/*Hartung* § 16 Rn. 63f.).

II. Haftungsausschluss (Abs. 3 S. 3)

38 Abs. 3 S. 3 schließt die Haftung der FLNB für **Vermögensschäden** vollständig aus. Die Haftung der FLNB richtet sich nach den gleichen Grundsätzen, die für den Haftungsausschluss zugunsten der Übertragungsnetzbetreiber gem. § 13 Abs. 4 S. 2 gelten (dazu näher → § 13 Rn. 422).

G. Unterrichtung über Gründe für Maßnahmen (Abs. 4)

39 Die FLNB müssen über Gründe für durchgeführte Anpassungen und Maßnahmen gem. Abs. 1 und 2 die hiervon unmittelbar Betroffenen und die Regulierungsbehörde unverzüglich zu unterrichten. **Unmittelbar Betroffene** iSv Abs. 4 S. 1 sind Transportkunden und Netzbetreiber, die an der Durchführung einer Maßnahme beteiligt sind. Ferner gehören unabhängig davon auch die Netznutzer dazu, auf die sich die Maßnahmen unmittelbar auswirken. Der **Umfang der Informationspflicht** richtet sich nach den Auswirkungen der Maßnahmen auf die davon Betroffenen und das Gasversorgungssystem insgesamt. Deshalb machen Notfallmaßnahmen in der Regel eine umfangreichere Begründung als netz- oder marktbezogene Maßnahmen erforderlich. Letztere sind in der Regel vorab vereinbart und bedürfen daher keiner zusätzlichen Begründung.

40 Die Regelung verpflichtet die FLNB, auf Verlangen die vorgetragenen **Gründe zu belegen.** Das Verlangen kann von den gem. Abs. 4 S. 1 unmittelbar Betroffenen und der Regulierungsbehörde geäußert werden. Wie die Gründe im Einzelfall belegt werden, ist den FLNB überlassen.

H. Drohende Lage nach dem EnSiG (Abs. 4 a)

41 Das Energiesicherungsgesetz ist ein Gesetz, welches erst mit **Feststellung des Krisenfalls** seine Wirkung entfaltet. Dies ist für das Energiesicherungsgesetz 1975 bis zur Novellierung 2022 nie der Fall gewesen. Der Krisenfall ist per Rechtsverord-

nung festzustellen und alle Maßnahmen auf dieser Grundlage sind befristet. Ergänzend zu beachten ist die SoS-VO 2017. Diese unmittelbar geltende EU-Verordnung regelt, wie der Krisenfall bei einer europäischen Gasmangellage durch Solidaritätsmaßnahmen zwischen den Mitgliedstaaten bewältigt werden soll. Die BNetzA ist gem. § 10 Abs. 1 EnSiG im Krisenfall sogenannter **Bundeslastverteiler.** Bei nur regionalen Krisenfällen ist jeweils das Land bzw. die Länder zuständige Behörde.

Eine systematische Kommentierung und Einordnung der Rechte und Pflichten der FLNB in den verschiedenen Stadien der Krisenvorsorge und -abwendung war angesichts der Dynamik der gesetzlichen Änderungen und der Entwicklungen im Jahr 2022 nicht mehr möglich. Die mit der EnSiG-Novelle 2022 eingefügte Informationspflicht in Abs. 4a macht deutlich, dass die hohe Betriebsverantwortung der FLNB dann nicht ausreicht, wenn eine Versorgungsstörung für den lebenswichtigen Bedarf iSd § 1 EnSiG droht. Die Eingriffsrechte der FLNB zur Gewährleistung der Versorgungssicherheit enden dann allerdings nicht (*Thole/Almes* IR 2022, 161 (164)), sondern sie werden **durch hoheitliche Maßnahmen komplementiert** und legitimiert, die aus der SoS-VO 17 und dem EnSiG begründet werden können. Gegen die ausdrückliche Anordnung des Bundeslastverteilers ist eine Maßnahme des FLNB nicht mehr zulässig – andererseits ist die physische Nähe des FLNB zur Systemsicherheit und der Netztechnik deutlich größer, weshalb es auf eine umfassende Kooperation der verantwortlichen Akteure der FLNB, MGV und öffentlicher Stellen ankommt. 42

Dies zumal gemäß dem „Notfallplan Gas für die Bundesrepublik Deutschland" auch in den **Warnstufen** in der sich anbahnenden Krise noch so **lange wie möglich Marktmechanismen** greifen sollen (www.bundesnetzagentur.de/DE/Fachthemen/ElektrizitaetundGas/Versorgungssicherheit/aktuelle_gasversorgung/HintergrundFAQ/start.html). 43

1. Frühwarnstufe: In der ersten Stufe tritt ein Krisenteam beim Bundeswirtschaftsministerium zusammen, das aus Behörden und den Energieversorgern besteht. Die Gasversorger, der Marktgebietsverantwortliche und die FLNB werden ua verpflichtet, regelmäßig die Lage für die Bundesregierung einzuschätzen. Gerade in dieser Phase ergreifen Gashändler und -lieferanten, Fernleitungs- und Verteilnetzbetreiber **netz- und marktbezogene Maßnahmen gem. Abs. 1,** um die Gasversorgung aufrechtzuerhalten. 44

2. Alarmstufe: Auch in der zweiten Stufe, der Alarmstufe, geht die Steuerung über netz- und marktbezogene Maßnahmen weiter. Diese wird ausgerufen, wenn eine Störung der Gasversorgung festgestellt wird, die zu einer erheblichen Verschlechterung der Gasversorgungslage führt. Es besteht eine **steigende Gefahr, dass Marktmechanismen nicht mehr greifen,** zB weil einzelne Akteure durch die Preisentwicklungen in ihrer wirtschaftlichen Leistungsfähigkeit bedroht sind. Dann kann die Bundesregierung, um die Versorgungssicherheit zu gewährleisten, unterstützend tätig werden, etwa indem sie Unternehmen der Gasversorgungskette hilft, bei starken Preisanstiegen zahlungsfähig zu bleiben, oder weitere Maßnahmen nach dem EnSiG ergreift. 45

3. Notfallstufe: Erst in der dritten Stufe, der Notfallstufe, kommen die marktbezogenen Maßnahmen zum Erliegen. Mit diesem Schritt kann die Bundesregierung gem. EnSiG schnell umfangreiche Verordnungen zum Einsatz, zur Verteilung, zum Transport und zur Einsparung von Energie erlassen. Zudem kann die BNetzA als „Bundeslastverteiler" eingesetzt werden, wenn die Gasmärkte nicht mehr funktionieren. Der BNetzA obliegt dann in enger Abstimmung mit den Netzbetreibern die Verteilung von Gas. Dabei sind bestimmte Verbrauchergruppen gesetzlich be- 46

§ 16a

sonders geschützt, dh, diese sind möglichst bis zuletzt mit Gas zu versorgen. Zu diesen geschützten Verbrauchern (§ 53a) gehören Haushalte, soziale Einrichtungen wie etwa Krankenhäuser und Gaskraftwerke, die zugleich auch der Wärmeversorgung von Haushalten dienen. Die Notfallstufe liegt dann vor, wenn eine „außergewöhnlich hohe Nachfrage nach Gas, eine erhebliche Störung der Gasversorgung oder eine andere erhebliche Verschlechterung der Versorgungslage" festgestellt wird.

§ 16a Aufgaben der Betreiber von Gasverteilernetzen

¹Die §§ 15 und 16 Abs. 1 bis 4 gelten für Betreiber von Gasverteilernetzen im Rahmen ihrer Verteilungsaufgaben entsprechend, soweit sie für die Sicherheit und Zuverlässigkeit der Gasversorgung in ihrem Netz verantwortlich sind. ²§ 16 Abs. 5 ist mit der Maßgabe anzuwenden, dass die Betreiber von Gasverteilernetzen nur auf Anforderung der Regulierungsbehörde eine Schwachstellenanalyse zu erstellen und über das Ergebnis zu berichten haben.

Literatur: *Thole/Dietzel*, Versorgungssicherheit Gas, EnWZ 2013, 543.

A. Inhalt

1   § 16a S. 1 erklärt die §§ 15 und 16 Abs. 1–4 auf Betreiber von Gasverteilernetzen für entsprechend anwendbar, soweit sie für die Sicherheit und Zuverlässigkeit der Gasversorgung in ihrem Netz verantwortlich sind. Deshalb betreffen die sich aus den §§ 15 und 16 Abs. 1–4 ergebenden Pflichten auch die Gasverteilernetzbetreiber. Dies gilt jedoch nur unter der einschränkenden Voraussetzung, dass sie entsprechend der **Funktion ihrer Netze** und ihren **Einwirkungsmöglichkeiten** diese Aufgaben auch wahrnehmen können. Ist dies der Fall, sind Betreiber von Gasverteilernetzen dazu verpflichtet, ihre Netze den Anforderungen der §§ 15 und 16 Abs. 1–4 entsprechend zu betreiben und auszubauen. Sie haben dabei speziell für den Betrieb der Verteilernetze geltende Regelungen (zB § 8 GasNZV) zu beachten.

2   Der Verweis in S. 2 auf die Schwachstellenanalyse ist mittlerweile ein redaktionelles Versehen, nachdem durch die EnWG-Novelle 2021 § 16 Abs. 5 unter Verweis auf europäische Berichtspflichten gestrichen wurde (→ § 16 Rn. 8).

3   Die Vorschrift knüpft an die in Art. 25 Gas-RL 09 normierten Aufgaben der Verteilernetzbetreiber. Für diese werden umfangreiche Aufgaben in eigener Verantwortung für den Betrieb eines sicheren, zuverlässigen und leistungsfähigen Netzes festgehalten, die dem unternehmerischen Selbstverständnis der Netzbetreiber entsprechen. Dabei lassen sich die Pflichten zum sicheren Netzbetrieb, zum Austausch der notwendigen Informationen mit anderen Netzbetreibern, um einen sicheren und effizienten Netzbetrieb zu ermöglichen (§ 15 Abs. 2), und die Bewältigung von Engpässen (§ 16) auf die Verteilernetzbetreiber übertragen. Auch sind die überwiegende Zahl von geschützten Kunden iSd § 53a in Verteilernetzen angeschlossen. Die Richtlinie sieht vor:

4   **Art. 25 Gas-RL 09 Aufgaben der Verteilernetzbetreiber.** (1) Jeder Verteilernetzbetreiber trägt die Verantwortung dafür, auf lange Sicht die Fähigkeit des Netzes sicherzustellen, eine angemessene Nachfrage nach Verteilung von Erdgas zu befriedigen sowie unter wirt-

schaftlichen Bedingungen und unter gebührender Beachtung des Umweltschutzes und der Energieeffizienz in seinem Gebiet ein sicheres, zuverlässiges und leistungsfähiges Netz zu betreiben, zu warten und auszubauen.

(2) Der Verteilernetzbetreiber hat sich jeglicher Diskriminierung von Netzbenutzern oder Kategorien von Netzbenutzern, insbesondere zugunsten der mit ihm verbundenen Unternehmen, zu enthalten.

(3) Jeder Verteilernetzbetreiber hat jedem anderen Betreibereines Verteilernetzes, eines Fernleitungsnetzes, einer LNG-Anlage und/oder einer Speicheranlage ausreichende Informationen zu liefern, um zu gewährleisten, dass der Transport und die Speicherung von Erdgas in einer mit dem sicheren und effizienten Betrieb des Verbundnetzes zu vereinbarenden Weise erfolgt.

(4) Der Verteilernetzbetreiber stellt den Netzbenutzern die Informationen bereit, die sie für einen effizienten Netzzugang einschließlich der Nutzung des Netzes benötigen.

(5) Sofern einem Verteilernetzbetreiber der Ausgleich des Erdgasverteilernetzes obliegt, müssen die von ihm zu diesem Zweck festgelegten Regelungen objektiv, transparent und nichtdiskriminierend sein, einschließlich der Regelungen über die von den Netzbenutzern für Energieungleichgewichte zu zahlenden Entgelte. Die Bedingungen für die Erbringung dieser Leistungen durch die Netzbetreiber einschließlich Regelungen und Tarife werden gemäß einem mit Artikel 41 Absatz 6 zu vereinbarenden Verfahren in nichtdiskriminierender Weise und kostenorientiert festgelegt und veröffentlicht.

Die Norm wird zitiert in den §§ 7a (Entflechtung), 11, 22, 35, 54 (Zuständigkeit 5 der Landesregulierungsbehörden).

B. Im Einzelnen

I. Normadressat: Betreiber von Gasverteilernetzen

Betreiber von Gasverteilernetzen sind in § 3 Nr. 37 definiert. Nach § 3 Nr. 37 6 handelt es sich bei Verteilung um den Transport über **örtliche oder regionale Leitungsnetze,** um die Versorgung von Kunden (§ 3 Nr. 24) zu ermöglichen, nicht aber um die Belieferung der Kunden selbst.

II. Entsprechende Geltung der §§ 15, 16 Abs. 1–4 (S. 1)

1. Netzleistungsfähigkeit im Verteilnetz. § 16a iVm § 16 Abs. 1 bzw. iVm 7 § 15 Abs. 3 können für die Frage herangezogen werden, welche Vorsorgemaßnahmen ein Gasverteilungsnetzbetreiber gegenüber geplanten oder ungeplanten Unterbrechungen der Netzkoppelung mit dem vorgelagerten Netzbetreiber treffen muss. Es obliegt jedem Verteilernetzbetreiber, der nur über einen Netzkoppelpunkt mit dem vorgelagerten Netz verbunden ist, in eigener Verantwortung und auf eigene Rechnung für Wartungsfälle des vorgelagerten Netzes eine temporäre Flüssiggasversorgung zu gewährleisten oder alternativ einen Zwei-Wege-Anschluss vorzuhalten. Notfallmaßnahmen nach § 16 Abs. 2 kommen insoweit nur als ultima ratio in Betracht, wenn mindestens eine der beiden genannten Möglichkeiten, die auf Basis sachlich-energiewirtschaftlicher Maßstäbe geplant war, ausgeschöpft ist.

2. Kooperationspflichten. Gem. § 16a iVm § 15 Abs. 1 haben Betreiber von 8 Gasverteilernetzen den Gastransport durch ihr Netz unter Berücksichtigung der Verbindungen mit anderen Netzen zu regeln. Vom Gastransport zu unterscheiden ist der Zugang der Transportkunden zu den Gasversorgungsnetzen (→ § 15

§ 16a

Rn. 16). Die genannte Pflicht bewegt sich auf der Ebene des Netzbetriebs, der im Gasnetzzugangsmodell zwischen den Netzbetreibern stattfindet. Dort werden die Kooperationspflichten zunächst über den § 20 Abs. 1b und die KoV abgebildet. Die Kooperationspflichten betreffen auch dort einerseits den sicheren und zuverlässigen Betrieb des Netzes (§ 15 Abs. 1 und 2 Alt. 1) und andererseits den effizienten Netzbetrieb (§ 15 Abs. 2 Alt. 2). Während die Kooperation für einen sicheren Netzbetrieb eine geübte Praxis der Netzbetreiber untereinander ist, ist die Kooperation zur Effizienzsteigerung eine neue Dimension. Sie schlägt sich beispielsweise in der jährlich zu buchenden maximal vorzuhaltenden festen Ausspeisekapazität an den Netzkopplungspunkten des vorgelagerten Netzes nach § 11 KoV nieder. Diese muss nach sorgfältiger Ermittlung erfolgen, um eine optimale Kapazitätsallokation im gesamten Marktgebiet zu ermöglichen.

Abschnitt 2. Netzanschluss

Vorbemerkung

Übersicht

	Rn.
A. Besondere Abgrenzung von Netzzugang und Netzanschluss im deutschen Energierecht	1
B. Gegenstand der Anschlussregelung	13
C. Allgemeine und besondere Netzanschlussregeln	17
I. § 17 Grundnorm des Netzanschlusses	17
II. § 18 Allgemeine Anschlusspflicht in Niederdruck und Niederspannung	26
III. NAV/NDAV	27
IV. KraftNAV	46
V. § 33 GasNZV Biogasanschlüsse	53
VI. §§ 17a ff. Offshore-Anschlussregime	55
VII. § 19a Umstellung von Anschlüssen der Gasqualität	56
VIII. §§ 39a ff. GasNZV Anschlüsse für Flüssiggasanlagen	58
IX. Anschluss von Anlagen nach dem EEG	60
D. Nationale und europäische technische Regeln des Netzanschlusses	61
I. Verordnung (EU) 2016/631 der Kommission vom 14. April 2016 zur Festlegung eines Netzkodex mit Netzanschlussbestimmungen für Stromerzeuger (ABl. 2016 L 112, 1) – NC RfG	77
II. Verordnung (EU) 2016/1388 der Kommission vom 17. August 2016 zur Festlegung eines Netzkodex für den Lastanschluss (ABl. 2016 L 223, 10) – NC DCC	82
III. Verordnung (EU) 2016/1447 der Kommission vom 26. August 2016 zur Festlegung eines Netzkodex mit Netzanschlussbestimmungen für Hochspannungs-Gleichstrom-Übertragungssysteme und nichtsynchrone Stromerzeugungsanlagen mit Gleichstromanbindung (ABl. 2016 L 241, 1) – NC HVDC	85
E. Rolle des Netzbetreibers bei der Herstellung und Unterhaltung der Netzanschlussleitung	89
F. Anschlusskosten und Entgelte	99
I. Netzanschlusskosten	99
II. Singulär genutzte Betriebsmittel gem. § 19 Abs. 3 StromNEV	108
III. Baukostenzuschüsse	114
IV. Der Anschluss entscheidet über die Netzentgelte	127
V. Zuordnung des Sachanlagevermögens der Anschlussleitungen	130

Literatur: *Beckmerhagen,* Die essential facilities doctrine im US-amerikanischen und europäischen Kartellrecht, 2002; *Blumenthal-Barby/Hartmann,* Erhebung von Baukostenzuschüssen im Bereich Strom, EnWZ 2013, 108; *BNetzA,* Positionspapier zur Netzanbindungsverpflichtung nach § 17 IIa EnWG 2009 und Annex vom Januar 2011; *BNetzA,* Blindleistungsbereitstellung für den Netzbetrieb, Diskussionspapier 2017; *Bönning,* Netzanschluss-/Netzausbaukosten – Überblick über die Rechtsprechung, ZNER 2003, 296; *Boesle,* Sind Ladepunkte für Elektrofahrzeuge Letztverbraucher?, RdE 2015, 449; *Boesche,* Die zivilrechtsdogmatische Struktur des

Vor § 17 Teil 3. Regulierung des Netzbetriebs

Anspruchs auf Zugang zu Energieversorgungsnetzen, 2002; *Boesche,* Keine Verpflichtungen zum Abschluss von Netznutzungsverträgen, ZNER 2003, 33; *Büdenbender,* Grundlagen und Grenzen eines Anspruchs von Niederspannungskunden auf einen Wechsel zu einem Anschluss in Mittelspannung, RdE 2005, 285; *Buntscheck,* Der Anspruch auf Anschluss an die Energieversorgungsnetze nach § 17 EnWG, WuW 2006, 30; *Burgi,* Das subjektive Recht im Energie-Regulierungsverwaltungsrecht, DVBl 2006, 269; *de Wyl/Hartmann/Bergmann,* Brennpunkt Netzanschluss – das neue Positionspapier der Bundesnetzagentur zur Erhebung von Baukostenzuschüssen, IR 2009, 26 (Teil 1) und 53 (Teil 2); *de Wyl/Hartmann/Hilgenstock,* Wettbewerb auf dem Erzeugermarkt? – Zur Netzeinbindung von Großkraftwerken, IR 2006, 199 (Teil 1); *de Wyl/Hartmann/v. Petz,* Die Kraftwerks-Netzanschlussverordnung – Eine Chance für Newcomer auf dem deutschen Stromerzeugermarkt, ZNER 2007, 132; *de Wyl/Weise/Blumenthal-Barby,* Netzintegration von zentralen Batteriegroßspeichern, RdE 2015, 507; *Feller/de Wyl/Missling,* Ladestationen für Elektromobilität – regulierter Netzbereich oder Wettbewerb?, ZNER 2010, 240; *Fette,* EU-Grid Codes/VDE|FNN TAR verstehen, EWeRK 2021, 26; *Forum Netztechnik/Netzbetrieb im VDE,* Umsetzung der Europäischen Network Codes, Hotspot-Themen – Technische und juristische Hintergründe, März 2018; *Graßmann,* Die vorrangige Einspeisung von Biogas in Erdgasnetze – Rechtliche Grundlagen in Energiewirtschaftsgesetz und Gasnetzzugangsverordnung, ZNER 2006, 12; *Graßmann/Reinhardt,* Die Bypass-Lösung als kapazitätserhöhende Maßnahme zum Netzanschluss von Biogasanlagen, REE 2012, 210; *Günther/Brucker,* Rechtssetzung durch Netzkodizes – Hintergrund und Stand, RdE 2016, 216; *Gussone/Wünsch,* Zugang zu Kundenanlagen nach dem Energiewirtschafts- und Kartellrecht, WuW 2013, 464; *Halbig,* Die Bereitstellung und Vergütung von Blindleistung durch EE-Anlagen, ER 2019, 59; *v. Hammerstein,* Netzanschluss und Netzzugang für Kohle- und Gaskraftwerke, ZNER 2006, 110; *Hartmann,* Anlage des Anschlussnehmers, Netzanschluss, Netz-Begriffe im Wandel der Gesetze und Verordnung, in Franke/Theobald (Hrsg.), Festschrift für Wolfgang Danner, 2019, S 207; *Hempel,* Die Rechtsbeziehung des Verteilnetzbetreibers bei der „Durchleitung" elektrischer Energie – Zur Notwendigkeit von Netznutzungs- und Anschlussnutzungsverträgen, ZNER 2004, 140; *Hermes,* Staatliche Infrastrukturverantwortung, 1998; *Holznagel/Schumacher,* Netzanschluss, Netzzugang und Grundversorgung im EnWG 2005, ZNER 2006, 218; *Höppner,* Die Kraftwerks-Netzanschlussverordnung, ZNER 2008, 25; *Höppner,* Netzveränderungen und Zugangskonzept, 2009; *Kupko/Schulz,* Das neue Verfahren zur Zuweisung und zum Entzug von Offshore-Netzanschlusskapazitäten, EnWZ 2014, 457; *Leffler/Fischerauer,* EU-Netzkodizes und Kommissionsleitlinien, 2017; *Markert,* Die Verweigerung des Zugangs zu „wesentlichen Einrichtungen" als Problem der kartellrechtlichen Missbrauchsaufsicht, WuW 1995, 560; *Meinhold,* Netzanschluss von Areal- und Objektnetzen nach „Mainova" und dem neuen EnWG, ZNER 2005, 196 ff.; *Rosch/Hartmann/van der Velden,* Streit um BKZ in höheren Spannungsebenen, IR 2010, 170 (Teil 1) und 194 (Teil 2); *Schau,* Wann ist ein Netz ein Netz?, IR 2007, 98 (Teil 1) und 122 (Teil 2); *Schiller,* Staatliche Gewährleistungsverantwortung und die Sicherstellung von Anschluss und Versorgung im Bereich der Energiewirtschaft, 2012; *Schimansy/Pielow,* Rechtsprobleme der Erzeugung von Biogas und der Einspeisung in das Erdgasnetz – ein Überblick, UPR 2008, 129; *Schulte-Beckhausen/Ungemach,* Wirtschaftliche Unzumutbarkeit und allgemeine Anschlusspflicht unter den Prämissen der Anreizregulierung, in Kühne/Baur/Sandrock/Scholtka/Shapira (Hrsg.), Festschrift für Gunther Kühne, 2009, S. 365; *Thau,* Das Recht zur Abgrenzung einer Gasverbindungsleitung bei Wechsel des Gaslieferanten, ZNER 2006, 360; *Thiemann,* Anregungen für den deutschen Verordnungsgeber – Die Regelungen des Netzanschlusses in den Niederlanden, RdE 2006, 41; *Weise/Ahnis/Clausen,* Besondere Netzanschlusssituationen bei Baustellen, Jahrmärkten und Co. – rechtliche Rahmenbedingungen und Praxisprobleme, IR 2014, 81; *Weise/Bartsch/Hartmann,* Energierechtlichen Einordnung von Umspannkunden, IR 2015, 2.

A. Besondere Abgrenzung von Netzzugang und Netzanschluss im deutschen Energierecht

Der Netzanschluss ist – noch vor dem Netzzugang – die tatsächliche und technische Voraussetzung für die Teilnahme am europäischen Wettbewerb und an den europäischen Märkten für Strom und Erdgas (BGH Beschl.v. 1.9.2020 – EnVR 7/19 Rn 34). Ein Netzanschluss- oder Netzanschlussnutzungsverhältnis ist Voraussetzung für den Netzzugang (BGH Beschl. v. 12.11.2013 – EnVZ 11/13 mAnm *Weise/Voß* IR 2014, 62 zu Nichtzulassungsbeschwerde gegen OLG Düsseldorf Beschl.v.16.1.2013 – VI-3 Kart 163/11 (V), EnWZ 2013, 132 mAnm *Weise* EnWZ 2013, 136). Mit der Investition in eine Anlage zur Entnahme oder der Einspeisung von Energie ist in der Regel einmalig der Netzanschluss herzustellen. Im weiteren Zeitverlauf werden alle Fragen mit der Bepreisung und Abwicklung des Netzzugangs und der Netznutzung (§§ 20ff.) verbunden. 1

Allerdings hat sich der Fokus im europäischen Energiesystem spätestens seit den 2010er-Jahren primär vom Wettbewerb um die Belieferung von Letztverbrauchern zu einem **Teilhabewettbewerb** verschiedener Energieträger bei begrenzten Transport- und Verteilungskapazitäten des Netzes weiterentwickelt. Die von der Netznutzungsmöglichkeit losgelöste Netzanschlussherstellung hat zur unkoordinierten Entwicklung von Erzeugung, insbesondere durch erneuerbare Energien, entfernt von den Verbrauchszentren geführt. Daraus folgt ein erheblicher Ausbaubedarf insbesondere der Stromnetze. 2

Bei der Entwicklung der Erdgasinfrastruktur hat sich früh gezeigt, dass die reine Ausrichtung an einer Bedarfsabfrage zu einer Überdimensionierung der Erdgasnetze führen würde. Deshalb unterliegen Kapazitätsnachfragen von Transportkunden nach dem Netzkodex Kapazitätszuweisung (VO (EU) 2017/459) einem frühzeitigen Buchungssystem und einer Wirtschaftlichkeitsprüfung im Rahmen des NEP Prozesses (→ § 15a Rn. 34), in dem neu zu schaffende Kapazitäten in einem Umfang gebucht sein müssen, der einen angemessenen Teil der voraussichtlichen Projektkosten deckt (sog. Incremental Capacity, www.fnb-gas-capacity.de/unser Vorhaben). 3

Das EnWG gibt seit 2005 dem Netzanschluss in Teil 3 Abschnitt 2 systematisch und regulatorisch ein eigenständiges Gewicht, das über die europäische Systematik der Richtlinie hinausgeht. 4

Die Elt-RL 2019 enthält nur einige ausdrückliche Sonderregelungen für den diskriminierungsfreien Anschluss von neuen Kundengruppen (Art. 15 Abs. 5 für aktive Kunden oder Art. 33 Abs. 1 für Ladepunkte für Elektromobilität) und ordnet im Übrigen die Anschlussfragen nur allgemein der Regulierungsbefugnis der nationalen Regulierungsbehörde (Art. 59 Abs. 7). 5

Darüber hinaus hat die Europäische Union seit 2016 allerdings ein umfangreiches Regelwerk zu Anschlussbedingungen in Form von Netzkodizes geschaffen (→ Rn. 61). Diese gelten überwiegend, aber nicht nur, für die Übertragungsnetze. 6

Ähnlich ist die Grundstruktur der Gas-RL 09, welche die Anschlussregulierung ebenfalls in die allgemeine Regulierungsgrundnorm des Art. 23 einordnet und Regelungen zu technischen Anschlussvorschriften vorsieht (Art. 8). 7

Das EnWG trägt damit deutlicher der Öffnung der Energiemärkte und der Entflechtung des Netzbetriebs von den Wettbewerbsbereichen Energieerzeugung und Energievertrieb Rechnung als das Europarecht, steht aber keinesfalls im 8

Widerspruch dazu. Denn einerseits ist aus dem Verhältnis zwischen Kunden und dem ehemals integrierten Energieversorger ein dreiseitiges Verhältnis zwischen Anschlussnehmer, Netznutzer und Netzbetreiber geworden. Der Netznutzer tritt als Lieferant eines Letztverbrauchers, als Einspeiser von erzeugter Energie oder in Hybridformen dieser Marktrollen auf (zB die Bezeichnung des Aggregators (→ § 41 Rn. 3) ist eine solche Hybridform, ohne eigene Marktrolle im engeren Sinn).

9 Mit der Elt-RL 2019 kam der sog. aktive Verbraucher im Kleinkundensegment dazu (Art. 15 iVm 2 Nr. 8), der sowohl als Letztverbraucher als auch als Erzeuger am Markt teilnehmen will. Im Segment der Industrie- und Gewerbekunden mit teilweiser Eigenerzeugung gibt es diese Kundenart schon lange.

10 Auch die Anschlussbegehren von Erzeugern von Elektrizität aller Art und auf allen Netzebenen steigen an, im Gassektor sind es LNG-Terminals oder Biogasanlagenbetreiber, die schon auf der Ebene des Netzanschlusses neue Fragestellungen aufwerfen. Häufig stellen sich Fragen der Kostentragung und der Vergabe von begrenzter Netzkapazität für den Abtransport der eingespeisten Energie.

11 Denn mit dem Netzanschluss ist bislang die Erwartung der uneingeschränkten Netznutzung verbunden. Das europäische Netzzugangsmodell sowohl strom- wie gasseitig ist **entfernungsunabhängig** und überlässt die jederzeitige Bereitstellung der gebuchten Entnahmekapazität der Betriebsführung der Netzbetreiber untereinander. Dieses System ist als Marktdesign essenziell und richtig für den Wettbewerb, technisch kommt das System mittlerweile (vorübergehend) an seine Grenzen. Art. 42 Elt-RL 2019 erkennt die Unterscheidung von Netzanschluss und Netzzugang insoweit ausdrücklich an, dass fehlende Netzkapazität (Engpässe) kein Anschlussverweigerungsgrund an das Übertragungsnetz sein kann, wohl aber ein Netzzugangsverweigerungsgrund gem. Art. 6 Abs. 2. Es ist erkennbar, dass der Bewirtschaftung auch der Anschlusskapazität heute eine höhere Bedeutung zukommt, zumal die Netzausbaukosten in hohem Maße auf den Teil der Netznutzer sozialisiert werden, die nach den geltenden Regeln Netzentgelte zahlen.

12 Das Regelungssystem im EnWG geht von der Anschlussgrundnorm in § 17 aus. § 17 gibt im Verhältnis zwischen Netznutzern (§ 3 Nr. 28) und Netzbetreibern – sowie im Verhältnis von Netzbetreibern untereinander – einen grundsätzlichen Anschlussanspruch und ordnet grundlegende Fragen der Rechte und Pflichten des Anschlusspetenten gegenüber dem Monopol Netzbetrieb. Alle Sonderfälle sind in Abgrenzung von dieser Regel zu verstehen und auszulegen.

B. Gegenstand der Anschlussregelung

13 Der Begriff des Netzanschlusses bezieht sich auf die Herstellung und Aufrechterhaltung der physikalischen Verbindung einschließlich aller zum Betrieb der Übertragung bzw. Verteilernetze erforderlichen Anlagen zwischen Stromerzeugungsanlagen, dem Netz und Letztverbraucher (EuGH Urt. v. 9.10.20019, C-239-07, Slg. 2008, I-7523 Rn 41 f. – Sabatauskas; BGH Beschl. v. 1.9.2020 – EnVR 7/19 zu OLG Düsseldorf Beschl. v. 9.1.2019 – 3 Kart 81/16 (V), BeckRS 2019, 1359 Rn. 115 – Baltic Cable). Der Netzanschluss umfasst die Anbindung der Anlage des Kunden zur Entnahme oder Einspeisung von Energie bis zum nächsten geeigneten Anschlusspunkt des Netzes der allgemeinen Versorgung (OLG Stuttgart Beschl. v. 27.5.2010 – 202 EnWG 1/10, IR 2010, 158 f.).

14 Der Netzanschluss beginnt an der Abzweigstelle des Netzes, das regelmäßig der Verfügungsgewalt (Eigentum oder Pacht) des Netzbetreibers zur Versorgung von

Kunden liegt und endet in einer Form der Sicherungseinrichtung beim Kunden. Im Strom ist dies die Hausanschlusssicherung (ausdrücklich in § 5 NAV) oder einer Absperreinrichtung oder einem Hausdruckregelgerät im Gas (so § 5 NDAV). Zum Wandel der Begrifflichkeit im Energierecht instruktiv *Hartmann* FS Danner S. 207 (210).

Die technische Verortung des Übergangs vom Netz zum Netzanschluss ge- 15 schieht häufig in Transformatoren, Stationen sowie an Sammelschienen und muss die Konfiguration der Schutzeinrichtungen und -schalter mit berücksichtigen. Die Eigentumsgrenze und -zuordnungen sind sehr heterogen, sodass die Abgrenzung im Einzelfall vorgenommen werden muss und sich als durchaus schwierig erweisen kann (BGH Urt. v. 1.10.2008 – VIII ZR 21/07 Rn. 19; am Beispiel der Herstellung eines Anschlusses von WEA OLG Brandenburg Urt. v. 7.7.2020 – 6 U 164/18, BeckRS 2020, 19549). Dies kann im Hinblick auf Kostentragungsaspekte und die Anwendung des § 19 Abs. 3 StromNEV aber nicht unwesentliche Auswirkungen haben (→ Rn. 108).

Hinter der Anschlusssicherung des Kunden liegt die Kundenanlage (§ 3 Nr. 24 16 und 24a). In dieser findet sich regelmäßig noch die geeichte Messeinrichtung, die zu Abrechnungszwecken zwingend ist und als Betriebsmittel im Eigentum eines Dritten, des Messstellenbetreibers oder des Anschlussnutzers, liegt. Der Anschlussnutzer ist für die Anlage hinter der Hausanschlusssicherung verantwortlich (OLG Brandenburg Urt. v. 5.3.2019 – 6 U 26/18, BeckRS 2019, 4958). Dies gilt auch für die Änderungen an **Zählerplätzen,** die für den Einbau moderner Messeinrichtungen und intelligenter Messsysteme mit Smart Meter Gateways erforderlich werden (BT-Drs. 18/7555, 137).

C. Allgemeine und besondere Netzanschlussregeln

I. § 17 Grundnorm des Netzanschlusses

Die im Verhältnis zwischen Netznutzern (§ 3 Nr. 28) und Netzbetreibern, sowie 17 im Verhältnis von Netzbetreibern untereinander, relevanten Fragen des Netzanschlusses sind Gegenstand einer **grundsätzlichen Ordnung** durch § 17 (genauer → § 17 Rn. 10).

Zweck der Vorschrift ist es, die Liberalisierung der Energieversorgungsmärkte zu 18 fördern. Das soll durch einen Anspruch auf „angemessenen, diskriminierungsfreien und transparenten" Anschluss erreicht werden, der nur unter sehr engen Voraussetzungen des § 17 Abs. 2 verweigert werden darf. Dies gilt sowohl für den Erstanschluss als auch für den Wechsel der Netzebene (→ § 17 Rn. 41) oder Änderungen eines bestehenden Anschlusses.

Die Pflicht zum Netzanschluss wiederum umfasst nur die Herstellung des tat- 19 sächlichen Verbindungspunkts in dem Bereich des Netzes, in dem die jeweilige Anbindungsleitung ankommt. Im Rahmen der Anschlussverpflichtung nach § 17 ist der Netzbetreiber dazu verpflichtet, dem Anschlusspetenten einen geeigneten Netzanschlusspunkt (Ein- und/oder Ausspeisepunkt) zur Verfügung zu stellen und dort die physikalische Verbindung mit dem Netz vorzunehmen oder zu dulden (BNetzA Beschl. v. 27.10.2015 – BK6-12-152, 8; BNetzA Beschl. v. 20.12.2018 – 8615 NEP Gas 2018–2028, 46 – Änderungsverlangen). Er ist jedoch nicht aus dieser Vorschrift heraus verpflichtet, die **Anbindungsleitung herzustellen.** Hieraus folgt der **Grundsatz,** dass grundsätzlich der Anschlusspetent zum Netz kommen muss, nicht aber das Netz zum Anschlusspetenten.

Vor § 17 Teil 3. Regulierung des Netzbetriebs

20   Die Errichtung der Anbindungsleitung selbst gehört nicht zu der Pflicht des Netzbetreibers nach § 17 (BNetzA Beschl. v. 27.10.2015 – BK6-12-152, 8). Etwas anderes gilt nur, wenn dies explizit im Gesetz geregelt ist. So gehört beispielsweise nach der spezialgesetzlichen Regelung des § 33 Abs. 1 S. 1, Abs. 7 S. 3 GasNZV iVm § 32 Nr. 2 GasNZV die Herstellung einer Leitung, die eine Biogasaufbereitungsanlage mit dem bestehenden Gasversorgungsnetz verbindet, zum Pflichtenkreis des Fernleitungsnetzbetreibers.

21   Denkbar ist aber auch, dass die Errichtung einer physischen **Verbindung zwischen vor- und nachgelagertem Netz** auf die gesetzliche Netzausbauverpflichtung eines Netzbetreibers zurückzuführen ist. In diesem Fall wäre die Errichtung der Leitung nicht durch das Anschlussbegehren nach § 17 verursacht (Verursacherprinzip), sondern diente der Erfüllung der gesetzlichen Verpflichtung des Netzbetreibers, über einen bedarfsgerechten Netzausbau zu einem sicheren und zuverlässigen Strom- oder Gasversorgungssystem in seinem Netz und damit zu einer sicheren Energieversorgung beizutragen, vgl. §§ 11 Abs. 1, 12 Abs. 1, 15 Abs. 1 und 3, 14, 16 a. Die Frage, wer die Verbindung zu errichten hat, hängt dann in dem Fall entscheidend davon ab, ob in der konkreten Situation der vorgelagerte oder der nachgelagerte Netzbetreiber zum Netzausbau gesetzlich verpflichtet ist.

22   Diese grundsätzliche Pflichtenzuweisung zur Herstellung des Netzanschlusses durch den Anschlussnehmer schließt nicht aus, dass der Netzbetreiber auch anschlussbezogene Betriebsmittel errichtet. Dies ist vielfach im volkswirtschaftlichen Gesamtinteresse sinnvoll, da somit weitere Anschlüsse an denselben Netzanschluss leichter möglich sind, Netzbetreiber die technische Sicherheit aus Rückwirkungen auf das Netz aus einer Hand gewährleisten können und Doppelverlegung von Infrastrukturen vermieden werden.

23   Auch einzelne Betriebsmittel wie die **Gas-Druckregel- und Messanlage (GDRMA)** beim Gasanschluss oder das Schaltfeld beim Anschluss von Maschinenleitungen eines Kraftwerks haben vielfach eine doppelte Funktion, was bei der Zuordnung der Errichtungsverpflichtung, Kostentragung und Eigentumszuordnung berücksichtigt werden kann.

24   Der GDRMA kommt grundsätzlich im Rahmen des Netzanschlusses eine Doppelfunktion zu. Auch hier kann man wie bei der Anbindungsleitung zwischen dem Pflichtenkreis des Anschlussnehmers und dem des Fernleitungsnetzbetreibers unterscheiden. Anschlussnehmer haben nach § 19 GasNZV und im Rahmen vertraglicher Druckzusagen (Netzanschlussverträge mit dem FNLB) sicherzustellen, dass das zur Einspeisung anstehende Gas den allgemein anerkannten Regeln der Technik entspricht. Um den so geforderten Druck und die entsprechende Qualität zu gewährleisten, braucht es eine entsprechende GDRMA (BNetzA Beschl. v. 20.12.2018 – 8615-NEP Gas 2018–2028, 48 – Änderungsverlangen). Allerdings ist der FNLB nach § 19 Abs. 4 GasNZV verpflichtet, dem Anschlussnehmer ein Angebot zur Herstellung der Kompatibilität (durch eine eigene Anlage) zu machen. Daneben bedarf der FNLB, um seinen eigenen Verpflichtungen nach §§ 11 ff. für die Sicherheit, Zuverlässigkeit und Leistungsfähigkeit des Netzes nachzukommen, ebenfalls der Anlagentechnik, die dann ebenfalls Teil des Netzanschlusses wäre. Aus Effizienzgründen kann es daher sinnvoll sein, dass eine GDRMA durch den FNLB errichtet und betrieben wird und der Anschlusspetent anteilig entsprechend seinen eigenen Verpflichtungen an den Kosten (gegebenenfalls durch Inanspruchnahme einer entsprechenden Dienstleistung des FNLB) beteiligt wird.

25   Zahlreiche gesetzliche Sonderfälle und Einzelfragen werden daher im Anschluss überblicksartig dargestellt. Insbesondere die Verteilung der **Errichtungs- und**

Vorbemerkung   Vor § 17

Folgekosten muss in diesen Fällen sachgerecht erfolgen, da, wie dargestellt, die Betriebsmittel für die Herstellung des Netzanschlusses im individuellen Interesse des Anschlussnehmers liegen und die Errichtung nicht vom Anspruch aus § 17 erfasst ist.

II. § 18 Allgemeine Anschlusspflicht in Niederdruck und Niederspannung

Im **Massenkundenbereich** der Haushaltskunden in der **Niederspannung** 26 **und im Niederdruck** gibt es schon in den Vorgängerfassungen des EnWG (s. § 10 EnWG v. 24.4.1998, BGBl. 1998 I S. 730) erweiterte allgemeine Anschlusspflichten für Netzbetreiber in Verbindung mit dem Betrieb des Netzes der allgemeinen Versorgung, der üblicherweise über einen Konzessionsvertrag mit der Kommune als Teil der Daseinsvorsorge verbunden ist. Hier gelten gegenüber dem reinen Letztverbraucher erweiterte Anschlusspflichten, die durch Verordnungen (→ Rn. 27) ausgestaltet sind. Damit verbunden ist auch die grundsätzliche Verpflichtung zur Herstellung des Hausanschlusses (§ 6 Abs. 1 NAV/NDAV) und die **grundsätzliche Zuordnung in das Anlagevermögen** des Netzbetreibers, unabhängig von der weiterhin bestehenden Kostentragungspflicht durch den Anschlussnehmer.

III. NAV/NDAV

Durch die Anschlussverordnungen für den Anschluss in Niederspannung und 27 Niederdruck ist das unübersichtliche Verhältnis der Herstellung, Erhaltung und Nutzung des Netzanschlusses für Haushaltskunden für die Entnahme von Energie im Interesse beider Seiten und der technischen Sicherheit nunmehr durchnormiert. **Anschlusspflichten** und **gegenseitige Mitwirkungsobliegenheiten** sowie Informationspflichten sind gesetzlich zugeordnet oder ergeben sich aus den jeweiligen Einflusssphären. Dies ist notwendig, da es sich bei der Herstellung des Anschlusses um eine Einmalleistung handelt (Schneider/Theobald EnergieWirtschaftsR-HdB/ de Wyl/Thole/Bartsch § 17 Rn. 52). Vor und hinter dem Anschluss kommt es im Lauf der Zeit allerdings zu einer Fülle von Veränderungen mit Folgen für Netzbetreiber und Anschlussnutzer.

Aufgrund der detaillierten Regelungen können die Vorschriften der NAV/ 28 NDAV **Vorbildwirkung** auch für die Interpretation von Anschlussverhältnissen auf anderen Spannungsebenen haben, soweit die rechtlichen und wirtschaftlichen Verhältnisse ähnlich gelagert sind. In den Fällen oberhalb der Niederspannung/ Niederdruck wird das Verhältnis nur durch den Netzanschlussvertrag geregelt, dessen Pflichtenverteilung sich häufig an den NAV/NDAV-Regelungen messen lassen muss. Daher sollen einige wesentliche Regelungen hier am Beispiel der NAV kurz dargestellt werden:
i) Das Anschlussverhältnis ist unabhängig vom Bestehen eines Belieferungsvertrags 29 (§ 3 Abs. 1 NAV).

§ 3 Anschlussnutzungsverhältnis. (1) Inhalt der Anschlussnutzung ist das Recht zur Nutzung des Netzanschlusses zur Entnahme von Elektrizität. Die Anschlussnutzung umfasst weder die Belieferung des Anschlussnutzers mit Elektrizität noch den Zugang zu den Elektrizitätsversorgungsnetzen im Sinne des § 20 des Energiewirtschaftsgesetzes. Das Anschlussnutzungsverhältnis besteht zwischen dem jeweiligen Anschlussnutzer und dem Netzbetreiber.

Vor § 17 Teil 3. Regulierung des Netzbetriebs

(2) Das Anschlussnutzungsverhältnis kommt dadurch zustande, dass über den Netzanschluss Elektrizität aus dem Verteilernetz entnommen wird, wenn
1. der Anschlussnutzer spätestens im Zeitpunkt der erstmaligen Entnahme einen Vertrag über den Bezug von Elektrizität abgeschlossen hat oder die Voraussetzungen einer Ersatzversorgung nach § 38 des Energiewirtschaftsgesetzes vorliegen und
2. dem Anschlussnutzer oder dessen Lieferanten ein Recht auf Netzzugang nach § 20 des Energiewirtschaftsgesetzes zusteht.

Bei Kenntnis über den Wegfall der Voraussetzungen nach Satz 1 Nr. 2 ist der Netzbetreiber verpflichtet, den Anschlussnutzer und den Grundversorger hierüber unverzüglich in Textform zu unterrichten und den Anschlussnutzer auf die Grundversorgung nach § 36 des Energiewirtschaftsgesetzes und die Ersatzversorgung nach § 38 des Energiewirtschaftsgesetzes hinzuweisen.

(3) Der Anschlussnutzer ist verpflichtet, dem Netzbetreiber die Aufnahme der Nutzung des Netzanschlusses zur Entnahme von Elektrizität unverzüglich mitzuteilen. Der Netzbetreiber hat dem Anschlussnutzer die Mitteilung unverzüglich in Textform zu bestätigen. In der Bestätigung ist auf die Allgemeinen Bedingungen einschließlich der ergänzenden Bedingungen des Netzbetreibers und auf die Haftung des Netzbetreibers nach § 18 hinzuweisen.

30   Mit dem Anschluss verbundene Kosten entstehen dem Anschlussnehmer eben auch, wenn eine Liegenschaft leer steht, solange der Anschluss besteht.

31   ii) Die Herstellung des Hausanschlusses ist schon aus Gründen der technischen Sicherheit dem Netzbetreiber zugeordnet, die berechtigten Interessen des Anschlussnehmers sind besonders zu berücksichtigen (§ 6 NAV/NDAV). Damit verbunden ist das Eigentum des Netzbetreibers an den Netzanschlüssen (§ 8 Abs. 1 NAV/NDAV, → Rn. 130).

32   **§ 6 Herstellung des Netzanschlusses.** (1) Netzanschlüsse werden durch den Netzbetreiber hergestellt. Die Herstellung des Netzanschlusses soll vom Anschlussnehmer in Textform in Auftrag gegeben werden; auf Verlangen des Netzbetreibers ist ein von diesem zur Verfügung gestellter Vordruck zu verwenden. Der Netzbetreiber hat dem Anschlussnehmer den voraussichtlichen Zeitbedarf für die Herstellung des Netzanschlusses mitzuteilen.

(2) Art, Zahl und Lage der Netzanschlüsse werden nach Beteiligung des Anschlussnehmers und unter Wahrung seiner berechtigten Interessen vom Netzbetreiber nach den anerkannten Regeln der Technik bestimmt. Das Interesse des Anschlussnehmers an einer kostengünstigen Errichtung des Netzanschlusses ist dabei besonders zu berücksichtigen.

(3) Auf Wunsch des Anschlussnehmers hat der Netzbetreiber die Errichter weiterer Anschlussleitungen sowie der Telekommunikationslinien im Sinne des § 3 Nr. 26 des Telekommunikationsgesetzes im Hinblick auf eine gemeinsame Verlegung der verschiedenen Gewerke zu beteiligen. Er führt die Herstellung oder Änderungen des Netzanschlusses entweder selbst oder mittels Nachunternehmer durch. Wünsche des Anschlussnehmers bei der Auswahl des durchführenden Nachunternehmers sind vom Netzbetreiber angemessen zu berücksichtigen. Der Anschlussnehmer ist berechtigt, die für die Herstellung des Netzanschlusses erforderlichen Erdarbeiten auf seinem Grundstück im Rahmen des technisch Möglichen und nach den Vorgaben des Netzbetreibers durchzuführen oder durchführen zu lassen. Der Anschlussnehmer hat die baulichen Voraussetzungen für die sichere Errichtung des Netzanschlusses zu schaffen; für den Hausanschlusskasten oder die Hauptverteiler ist ein nach den anerkannten Regeln der Technik geeigneter Platz zur Verfügung zu stellen; die Einhaltung der anerkannten Regeln der Technik wird insbesondere vermutet, wenn die Anforderungen der DIN 18012 (Ausgabe: November 2000)*) eingehalten sind.

Vorbemerkung **Vor § 17**

§ 8 Betrieb des Netzanschlusses. (1) Netzanschlüsse gehören zu den Betriebsanlagen 33 des Netzbetreibers. Er hat sicherzustellen, dass sie in seinem Eigentum stehen oder ihm zur wirtschaftlichen Nutzung überlassen werden; soweit erforderlich, ist der Anschlussnehmer insoweit zur Mitwirkung verpflichtet. Netzanschlüsse werden ausschließlich von dem Netzbetreiber unterhalten, erneuert, geändert, abgetrennt und beseitigt. Sie müssen zugänglich und vor Beschädigungen geschützt sein. Der Anschlussnehmer darf keine Einwirkungen auf den Netzanschluss vornehmen oder vornehmen lassen.

(2) Jede Beschädigung des Netzanschlusses, insbesondere ein Schaden an der Hausanschlusssicherung oder das Fehlen von Plomben, ist dem Netzbetreiber unverzüglich mitzuteilen.

(3) Änderungen des Netzanschlusses werden nach Anhörung des Anschlussnehmers und unter Wahrung seiner berechtigten Interessen vom Netzbetreiber bestimmt.

iii) Der Netzbetreiber kann den Anschlussnehmer an den durch den Netzanschluss ver- 34 ursachten Netzausbaukosten in Form von Baukostenzuschüssen beteiligen (§ 11 NAV/ NDAV)

§ 11 Baukostenzuschüsse. (1) Der Netzbetreiber kann von dem Anschlussnehmer 35 einen angemessenen Baukostenzuschuss zur teilweisen Deckung der bei wirtschaftlich effizienter Betriebsführung notwendigen Kosten für die Erstellung oder Verstärkung der örtlichen Verteileranlagen des Niederspannungsnetzes einschließlich Transformatorenstationen verlangen, soweit sich diese Anlagen ganz oder teilweise dem Versorgungsbereich zuordnen lassen, in dem der Anschluss erfolgt. Baukostenzuschüsse dürfen höchstens 50 vom Hundert dieser Kosten abdecken.

(2) Der von dem Anschlussnehmer als Baukostenzuschuss zu übernehmende Kostenanteil bemisst sich nach dem Verhältnis, in dem die an seinem Netzanschluss vorzuhaltende Leistung zu der Summe der Leistungen steht, die in den im betreffenden Versorgungsbereich erstellten Verteileranlagen oder auf Grund der Verstärkung insgesamt vorgehalten werden können. Der Durchmischung der jeweiligen Leistungsanforderungen ist Rechnung zu tragen. Der Baukostenzuschuss kann auf der Grundlage der durchschnittlich für vergleichbare Fälle entstehenden Kosten pauschal berechnet werden.

(3) Ein Baukostenzuschuss darf nur für den Teil der Leistungsanforderung erhoben werden, der eine Leistungsanforderung von 30 Kilowatt übersteigt.

(4) Der Netzbetreiber ist berechtigt, von dem Anschlussnehmer einen weiteren Baukostenzuschuss zu verlangen, wenn der Anschlussnehmer seine Leistungsanforderung erheblich über das der ursprünglichen Berechnung zugrunde liegende Maß hinaus erhöht. Der Baukostenzuschuss ist nach den Absätzen 1 und 2 zu bemessen.

(5) Der Baukostenzuschuss und die in § 9 geregelten Netzanschlusskosten sind getrennt zu errechnen und dem Anschlussnehmer aufgegliedert auszuweisen.

(6) § 9 Abs. 2 gilt entsprechend.

Dazu → Rn. 114

iv) Die Haftungsbeschränkung des Netzbetreibers bei Unregelmäßigkeiten bei der 36 technischen Stromversorgung über den Anschluss (§ 18 NAV/NDAV) haben über § 25a StromNZV bzw. § 5 GasNZV Eingang in das allgemeine Netzzugangsrecht gefunden. Die Haftung bei Störung der Netznutzung für Netzbetreiber ist durch die gesetzliche Regelung sehr eingeschränkt. Es obliegt dem Netzbetreiber auch nicht, in der Erde verlegte Anschlusskabel alter Liegenschaften periodisch aufzugraben und auf ihren Zustand zu überprüfen, um Überspannungsschäden zu verhindern (OLG Brandenburg (6. Zivilsenat) Urt. v. 5.3.2019 – 6 U 26/18, BeckRS 2019, 4958).

Bourwieg

Vor § 17 Teil 3. Regulierung des Netzbetriebs

37 § 18 Haftung bei Störungen der Anschlussnutzung. (1) Soweit der Netzbetreiber für Schäden, die ein Anschlussnutzer durch Unterbrechung oder durch Unregelmäßigkeiten in der Anschlussnutzung erleidet, aus Vertrag, Anschlussnutzungsverhältnis oder unerlaubter Handlung haftet und dabei Verschulden des Unternehmens oder eines Erfüllungs- oder Verrichtungsgehilfen vorausgesetzt wird, wird
1. hinsichtlich eines Vermögensschadens widerleglich vermutet, dass Vorsatz oder grobe Fahrlässigkeit vorliegt,
2. hinsichtlich der Beschädigung einer Sache widerleglich vermutet, dass Vorsatz oder Fahrlässigkeit vorliegt.

Bei Vermögensschäden nach Satz 1 Nr. 1 ist die Haftung für sonstige Fahrlässigkeit ausgeschlossen.

(2) Bei weder vorsätzlich noch grob fahrlässig verursachten Sachschäden ist die Haftung des Netzbetreibers gegenüber seinen Anschlussnutzern auf jeweils 5.000 Euro begrenzt. Die Haftung für nicht vorsätzlich verursachte Sachschäden ist je Schadensereignis insgesamt begrenzt auf
1. 2,5 Millionen Euro bei bis zu 25.000 an das eigene Netz angeschlossenen Anschlussnutzern;
2. 10 Millionen Euro bei 25.001 bis 100.000 an das eigene Netz angeschlossenen Anschlussnutzern;
3. 20 Millionen Euro bei 100.001 bis 200.000 an das eigene Netz angeschlossenen Anschlussnutzern;
4. 30 Millionen Euro bei 200.001 bis einer Million an das eigene Netz angeschlossenen Anschlussnutzern;
5. 40 Millionen Euro bei mehr als einer Million an das eigene Netz angeschlossenen Anschlussnutzern.

In diese Höchstgrenzen werden auch Schäden von Anschlussnutzern in vorgelagerten Spannungsebenen einbezogen, wenn die Haftung ihnen gegenüber im Einzelfall entsprechend Satz 1 begrenzt ist.

(3) Die Absätze 1 und 2 sind auch auf Ansprüche von Anschlussnutzern anzuwenden, die diese gegen einen dritten Netzbetreiber im Sinne des § 3 Nr. 27 des Energiewirtschaftsgesetzes aus unerlaubter Handlung geltend machen. Die Haftung dritter Netzbetreiber im Sinne des § 3 Nr. 27 des Energiewirtschaftsgesetzes ist je Schadensereignis insgesamt begrenzt auf das Dreifache des Höchstbetrages, für den sie nach Absatz 2 Satz 2 eigenen Anschlussnutzern gegenüber haften. Hat der dritte Netzbetreiber im Sinne des § 3 Nr. 27 des Energiewirtschaftsgesetzes keine eigenen an das Netz angeschlossenen Anschlussnutzer im Sinne dieser Verordnung, so ist die Haftung insgesamt auf 200 Millionen Euro begrenzt. In den Höchstbetrag nach den Sätzen 2 und 3 können auch Schadensersatzansprüche von nicht unter diese Verordnung fallenden Kunden einbezogen werden, die diese gegen das dritte Unternehmen aus unerlaubter Handlung geltend machen, wenn deren Ansprüche im Einzelfall entsprechend Absatz 2 Satz 1 begrenzt sind. Der Netzbetreiber ist verpflichtet, seinen Anschlussnutzern auf Verlangen über die mit der Schadensverursachung durch einen dritten Netzbetreiber im Sinne des § 3 Nr. 27 des Energiewirtschaftsgesetzes zusammenhängenden Tatsachen insoweit Auskunft zu geben, als sie ihm bekannt sind oder von ihm in zumutbarer Weise aufgeklärt werden können und ihre Kenntnis zur Geltendmachung des Schadensersatzes erforderlich ist.

(4) Bei grob fahrlässig verursachten Vermögensschäden ist die Haftung des Netzbetreibers, an dessen Netz der Anschlussnutzer angeschlossen ist, oder eines dritten Netzbetreibers, gegen den der Anschlussnutzer Ansprüche geltend macht, gegenüber seinen Anschlussnutzern auf jeweils 5.000 Euro sowie je Schadensereignis insgesamt auf 20 vom Hundert der in Absatz 2 Satz 2 sowie Absatz 3 Satz 2 und 3 genannten Höchstbeträge begrenzt. Absatz 2 Satz 3 sowie Absatz 3 Satz 1, 4 und 5 gelten entsprechend.

(5) Übersteigt die Summe der Einzelschäden die jeweilige Höchstgrenze, so wird der Schadensersatz in dem Verhältnis gekürzt, in dem die Summe aller Schadensersatzansprüche zur Höchstgrenze steht. Sind nach Absatz 2 Satz 3 oder nach Absatz 3 Satz 4, jeweils auch in Verbindung mit Absatz 4, Schäden von nicht unter diese Verordnung fallenden Kunden in die Höchstgrenze einbezogen worden, so sind sie auch bei der Kürzung nach Satz 1 entsprechend einzubeziehen. Bei Ansprüchen nach Absatz 3 darf die Schadensersatzquote nicht höher sein als die Quote der Kunden des dritten Netzbetreibers.

(6) Die Ersatzpflicht entfällt für Schäden unter 30 Euro, die weder vorsätzlich noch grob fahrlässig verursacht worden sind.

(7) Der geschädigte Anschlussnutzer hat den Schaden unverzüglich dem Netzbetreiber oder, wenn dieses feststeht, dem ersatzpflichtigen Unternehmen mitzuteilen.

Diese Haftungsbegrenzung schützt nicht in allen Fällen vor der Haftung des Netzbetreibers nach dem Produkthaftungsgesetz. Der BGH bejaht eine Haftung des Netzbetreibers nach § 1 ProdHaftG bei Überspannungsschäden, da der Netzbetreiber das Produkt Elektrizität mit der Belieferung über den Netzanschluss in Verkehr gebracht hat (BGH Urt. v. 25.2.3014 – VI ZR 144/13, EnWZ 2014, 321; *Blumenthal-Barby/Eisenschmidt* IR 2014, 109). Wobei gerade die gesetzliche Zuordnung der Anschlussanlagen zum Netzbetreiber durch NAV/NDAV in der Argumentation eine Rolle spielt. Fälle der Unterbrechung des Anschlusses betreffen AG Wernigerode Urt.v.6.6.2019 – 10 C 19/19, Beil. Recht und Steuer im Gas- und Wasserfach 2021, 17; AG Papenburg Urt. v. 13.5.2020 – 3 C 358/19, Beil. Recht und Steuern im Gas- und Wasserfach 2021, 18. 38

v) Bei Änderungen obliegt dem Anschlussnehmer oder auch dem Anschlussnutzer die Mitteilung an den Netzbetreiber (§ 19 Abs. 2 NAV/NDAV), soweit sich dadurch die vorzuhaltende Leistung erhöht oder mit Netzrückwirkungen zu rechnen ist. Dies betrifft gerade solche flexiblen Verbrauchseinrichtungen, die zu einer Erhöhung der Gleichzeitigkeit führen (→ § 14a Rn. 3). 39

§ 19 Betrieb von elektrischen Anlagen, Verbrauchsgeräten und Ladeeinrichtungen, Eigenanlagen. (1) Anlage und Verbrauchsgeräte sind vom Anschlussnehmer oder -nutzer so zu betreiben, dass Störungen anderer Anschlussnehmer oder -nutzer und störende Rückwirkungen auf Einrichtungen des Netzbetreibers oder Dritter ausgeschlossen sind. 40

(2) Erweiterungen und Änderungen von Anlagen sowie die Verwendung zusätzlicher Verbrauchsgeräte sind dem Netzbetreiber mitzuteilen, soweit sich dadurch die vorzuhaltende Leistung erhöht oder mit Netzrückwirkungen zu rechnen ist. Auch Ladeeinrichtungen für Elektrofahrzeuge sind dem Netzbetreiber vor deren Inbetriebnahme mitzuteilen. Deren Inbetriebnahme bedarf darüber hinaus der vorherigen Zustimmung des Netzbetreibers, sofern ihre Summen-Bemessungsleistung 12 Kilovoltampere je elektrischer Anlage überschreitet; der Netzbetreiber ist in diesem Fall verpflichtet, sich innerhalb von zwei Monaten nach Eingang der Mitteilung zu äußern. Stimmt der Netzbetreiber nicht zu, hat er den Hinderungsgrund, mögliche Abhilfemaßnahmen des Netzbetreibers und des Anschlussnehmers oder -nutzers sowie einen hierfür beim Netzbetreiber erforderlichen Zeitbedarf darzulegen. Einzelheiten über den Inhalt und die Form der Mitteilungen kann der Netzbetreiber regeln.

(3) Vor der Errichtung einer Eigenanlage hat der Anschlussnehmer oder -nutzer dem Netzbetreiber Mitteilung zu machen. Der Anschlussnehmer oder -nutzer hat durch geeignete Maßnahmen sicherzustellen, dass von seiner Eigenanlage keine schädlichen Rückwirkungen in das Elektrizitätsversorgungsnetz möglich sind. Der Anschluss von Eigenanlagen ist mit dem Netzbetreiber abzustimmen. Dieser kann den Anschluss von der Einhaltung der von ihm nach § 20 festzulegenden Maßnahmen zum Schutz vor Rückspannungen abhängig machen.

Vor § 17 Teil 3. Regulierung des Netzbetriebs

41 Diese Vorschrift erlangt aktuell ganz neue Bedeutung, wenn Letztverbraucher zB Ladeeinrichtungen für Elektrofahrzeuge installieren, die die Gleichzeitigkeit der häuslichen Entnahme und damit die gesamte Netzauslegung im Niederspannungsstrang, an dem sie angeschlossen sind, substanziell verändern können. § 19 Abs. 2 Satz 2 NAV stellt dies für Ladeeinrichtungen und damit auch private Wallboxen klar. Die Verpflichtung gilt auch für andere Anwendungen wie Wärmepumpen, Nachtspeicherheizungen oder Speicher.

42 vi) Auch die Unterbrechung der Anschlussnutzung bei Zahlungsverzug des Kunden gegenüber dem Lieferanten kann nur am Anschluss stattfinden, weshalb sich in § 24 Abs. 3 NAV/NDAV dazu Regelungen finden:

43 (3) Der Netzbetreiber ist berechtigt, auf Anweisung des Lieferanten des Anschlussnutzers die Anschlussnutzung zu unterbrechen, soweit der Lieferant dem Anschlussnutzer gegenüber hierzu vertraglich berechtigt ist und der Lieferant das Vorliegen der Voraussetzungen für die Unterbrechung gegenüber dem Netzbetreiber glaubhaft versichert und den Netzbetreiber von sämtlichen Schadensersatzansprüchen freistellt, die sich aus einer unberechtigten Unterbrechung ergeben können; dabei ist auch glaubhaft zu versichern, dass dem Anschlussnutzer keine Einwendungen oder Einreden zustehen, die die Voraussetzungen der Unterbrechung der Anschlussnutzung entfallen lassen."

44 Die Prüfung der Kundenschutzvorschriften zur Verhältnismäßigkeit und Angemessenheit der Sperrung der Versorgung obliegt demnach dem Lieferanten (s. § 19 Abs. 2 GVV). Zur Vorbildwirkung dieser Regelung für Standardverträge der Netznutzung OLG Düsseldorf Beschl. v. 15.7.2017 – VI-3 Kart 106/15 (V) Rn. 51–55.

45 Weitere Regelungen für die Grundstücksbenutzung (§ 12 NAV/NDAV) und die Betretungsrechte (§ 21 NAV/NDAV) sind vorgesehen.

IV. KraftNAV

46 Eine erste Sonderregelung für die Herstellung bestimmter Netzanschlüsse stellt die KraftNAV aus dem Jahr 2007 dar (VO v. 26.6.2007, BGBl. 2007 I S. 1187). Diese erging als Sonderregelungen zu den allgemeinen Anschlussregelungen in § 17 auf Basis der Verordnungsermächtigung in § 17 Abs. 3. Sie regelte in einer Zeit, als noch eine Vielzahl von konventionellen **Erzeugungsanlagen** errichtet werden sollten, Nutzungskonflikte bei Anschlussbegehren von Anlagen zur Erzeugung von elektrischer Energie mit einer **Nennleistung ab 100 MW** an Elektrizitätsversorgungsnetze mit einer Spannung von mindestens 110 kV.

47 Der potenzielle Anschlussnetzbetreiber hat ein transparentes und diskriminierungsfreies Anschlussverfahren vorzuhalten, der Anschlussnehmer muss die Ernsthaftigkeit seines Anschlussbegehrens durch Beteiligung an den Kosten für notwendige Netzberechnungen (§ 3 KrafNAV) und einer Reservierungsgebühr (§ 4 Abs. 1 KraftNAV) untermauern.

48 Es entsteht ein gesetzlicher Netzanschlussanspruch, der verfällt, wenn der Netzanschlussvertrag nicht zustande kommt (§ 4 Abs. 3 KraftNAV).

49 Ausdrücklich normiert § 6 Abs. 2 KraftNAV die Anordnung aus Art. 42 Abs. 2 Elt-RL 19 (auch schon Art. 23 der Elt-RL 09), dass der Anschluss nicht aufgrund von bestehenden oder drohenden Netzengpässen in bestimmten Netznutzungsfällen verweigert werden kann.

50 **§ 6 KraftNAV Netzanschluss.** (1) Die Gewährung des Netzanschlusses nach § 17 Abs. 2 des Energiewirtschaftsgesetzes ist insbesondere dann unzumutbar, wenn der begehrte Netzanschlusspunkt technisch nicht zur Aufnahme des erzeugten Stroms geeignet ist und

Vorbemerkung Vor § 17

die Eignung nicht durch dem Netzbetreiber mögliche und zumutbare Maßnahmen zur Ertüchtigung des Netzanschlusspunktes oder zum Ausbau des Netzes bis zum nächsten Netzknoten hergestellt werden kann. Eine fehlende Eignung ist insbesondere dann anzunehmen, wenn trotz zumutbarer Maßnahmen nach Satz 1 der Anschlusspunkt nicht über
1. eine ausreichende Kurzschlussleistung oder
2. einen ausreichenden Abfuhrquerschnitt
verfügt.

(2) Ein Netzanschluss kann nicht mit dem Hinweis darauf verweigert werden, dass in einem mit dem Anschlusspunkt direkt oder indirekt verbundenen Netz Kapazitätsengpässe auftreten oder auftreten werden.

(3) Wird der Anschluss an dem begehrten Anschlusspunkt verweigert, so hat der Netzbetreiber dem Anschlussnehmer gleichzeitig einen anderen Anschlusspunkt vorzuschlagen, der im Rahmen des wirtschaftlich Zumutbaren die geäußerten Absichten des Anschlussnehmers bestmöglich verwirklicht.

(4) Der Anschlussnehmer kann den Netzanschluss von einem fachkundigen Dritten oder dem Netzbetreiber vornehmen lassen."

§ 6 Abs. 4 KraftNAV normiert darüber hinaus das Recht des Anschlussnehmers, **51** den Netzanschluss nicht zwingend durch den Anschlussnetzbetreiber errichten zu lassen. Dieses Recht des Anschlussnehmers steht in Abgrenzung zu § 18 (→ Rn. 32) für den allgemeinen Anschlussanspruch des § 17 insgesamt. Ein Betreiber einer Erzeugungsanlage größer als 100 MW kann durchaus in der Lage sein, eine Maschinenleitung selbst zu errichten, auch geht in diesen Fällen das Eigentum an den Leitungsanlagen sowie die nachlaufende Instandhaltungspflicht nicht kraft Gesetzes an den Netzbetreiber über. Abweichende Vereinbarungen sind möglich, wobei sich der Anschlussnetzbetreiber diskriminierungsfrei verhalten muss und sich die Frage stellt, warum der Netzbetreiber die Folgekosten für die Maschinenleitung etc. übernehmen sollte.

Die Formulierung in § 6 Abs. 4 kann wohl auch so verstanden werden, dass der **52** Netzbetreiber auf Verlangen des Anlagenbetreibers sehr wohl verpflichtet ist, den Netzanschluss dienstleistend zu errichten.

V. § 33 GasNZV Biogasanschlüsse

Eine differenzierte Regelung gegenüber der Grundregel, dass der Anschlussneh- **53** mer, sei es Letztverbraucher oder Erzeugungsanlage, den Netzanschluss zu errichten und zu bezahlen hat, stellt seit 2010 die Biogaseinspeisungsregelung des Teils 6 der GasNZV dar. Orientiert an dem Anschlussverfahren mit Realisierungsfahrplan der KraftNAV bei knappen Anschlusskapazitäten, gilt für Biogasanschlussleitungen eine gesetzliche Kostenteilung mit Kostendeckel für den Anlagenbetreiber, wobei die Anschlussleitung in das Eigentum des Netzbetreibers übergeht (detailliert Schneider/Theobald EnergieWirtschaftsR-HdB/*de Wyl/Thole/Bartsch* § 17 Rn. 464 ff. mwN zu diesem Themenkreis).

Eine Anschlussverweigerung kann neben der reinen Leitungskapazität aus- **54** nahmsweise durch die Gasqualität begründet sein (BNetzA Beschl. v. 7.12.2010 – BK7-10-191, 26). Eine Beimischung von Biogas ist gerade in lastschwachen Sommermonaten nicht in jedem Erdgasnetz uneingeschränkt technisch möglich. Daher kann ein Anschlusspunkt ungeeignet sein (detailliert Schneider/Theobald EnergieWirtschaftsR-HdB/*de Wyl/Thole/Bartsch* § 17 Rn. 476 ff.).

Bournvieg

VI. §§ 17a ff. Offshore-Anschlussregime

55　Die Durchbrechung der Grundregel, dass der Anschlussnehmer, sei es Letztverbraucher oder Erzeugungsanlage, den Netzanschluss zu errichten und zu bezahlen hat, stellt seit 2012 das Offshore-Anschlussregime dar. Zur Beschleunigung des Netzanschlusses von erforderlichen Offshore-Windenergieanlagen sowie zur besseren Koordinierung der mit der Bautätigkeit für die Anbindungsleitungen verbundenen Eingriffe in Natur und Landschaft, insbesondere im Nationalpark Wattenmeer, wurde seitdem ein durchnormiertes Bewirtschaftungssystem mit dem Offshore-Netzentwicklungsplan gestaltet, dessen Umsetzung durch die Übertragungsnetzbetreiber zu erfolgen hat (§ 17d Abs. 1). Mithin errichtet der Netzbetreiber seitdem die Netzanschlüsse für die Offshore-Windenergieanlagen und trägt die Kosten dafür. Die Offshore-Anschlusskosten werden seit 2017 über die Offshore-Umlage als Aufschlag auf die allgemeinen Netzentgelte durch die ÜNB gewälzt (§ 17f Abs. 5).

VII. § 19a Umstellung von Anschlüssen der Gasqualität

56　Eine weitere Besonderheit der Anschlussherstellung stellt § 19a dar. Die Vorschrift regelt die dauerhafte Umstellung der Gasqualität in einem Netz von L-Gas auf H-Gas. Die Umstellung ist erforderlich, wenn und weil Netze von L- auf H-Gas umgestellt werden, um ein dauerhaftes Ungleichgewicht von Ein- und Ausspeisung zu vermeiden oder zu verringern. Vor dem Hintergrund einer rückläufigen L-Gas-Produktion aus den Niederlanden werden entsprechende Umstellungen in qualitätsübergreifenden Marktgebieten zunehmend notwendig. War die frühere Umstellung von Gasqualitäten des sog. „Stadtgases" noch durch die Vertriebe erfolgt (Zenke/Schäfer Energiehandel/*Diem* § 13 Rn. 41 ff.), ist die Aufgabe in der entflochtenen Welt nunmehr durch die marktgebietsaufspannenden Netzbetreiber oder Marktgebietsverantwortlichen durchzuführen, damit es sicher, schnell und wirtschaftlich effizient abläuft (Begründung zur Einführung BT-Drs. 17/6072, 75).

57　Da durch die Umstellung der Gasqualität technische Anpassungen der Netzanschlüsse und sogar an Kundenanlagen und Verbrauchsgeräten notwendig werden können, erhält der Gasnetzbetreiber hier sogar die Verpflichtung zur Umstellung der Kundenanlage, für die im Übrigen stets der Anschlussnehmer bzw. Anschlussnutzer zuständig ist (siehe § 19 NDAV). Diese Anpassungen hat der Netzbetreiber, in dessen Netz die Gasqualität geändert wird, auf seine Kosten vorzunehmen. Da es sich nicht um originäre Kosten des Netzes handelt, werden die Kosten auf alle Gasversorgungsnetze bundesweit umgelegt.

VIII. §§ 39a ff. GasNZV Anschlüsse für Flüssiggasanlagen

58　Eine an der Regelung für den Anschluss von Biogasaufbereitungsanlagen orientierte ausdrückliche Sonderregelung zur Kostentragung besteht durch die Verordnung zur Verbesserung der Rahmenbedingungen für den Aufbau der LNG-Infrastruktur in Deutschland vom 13.6.2019 (BGBl. I S. 786) nunmehr auch für Anbindungsleitungen für LNG-Anlagen nach den §§ 39a ff. GasNZV. Bis zu dieser Rechtsänderung galt auch für LNG-Anbindungsleitung das allgemeine Anschlussregime (so entschieden im Änderungsverlangen zum NEP Gas 2018–2028, BNetzA Beschl. v. 20.12.2018 – 8615-NEP Gas 2018–2028).

59　Für diese Technologie wird erneut eine von den zuvor genannten allgemeinen Grundsätzen abweichende ausdrückliche Bestimmung des Begriffs Netzanschluss

Vorbemerkung **Vor § 17**

von LNG-Anlagen vorgenommen. Nach § 39a Nr. 2 GasNZV ist unter Netzanschluss von LNG-Anlagen die Herstellung der Anbindungsleitung, die die LNG-Anlage mit dem bestehenden Fernleitungsnetz verbindet, und deren Verknüpfung mit dem bestehenden Fernleitungsnetz zu verstehen. Nach § 39a Nr. 3 EnWG gehört auch die Gasdruckregelmess-Anlage und die sonstigen zur Anbindung erforderlichen Betriebsmittel zum Netzanschluss einer LNG-Anlage. Nach § 39b Abs. 1 GasNZV ist der Fernleitungsnetzbetreiber zum Anschluss der LNG-Anlage und damit auch zur Errichtung der Anbindungsleitung verpflichtet. Gem. § 39b Abs. 4 EnWG ist er Eigentümer der für den Netzanschluss der LNG-Anlage erforderlichen Infrastruktur inklusive Anbindungsleitung.

IX. Anschluss von Anlagen nach dem EEG

Einen eigenen Anspruch zum Anschluss an das Energieversorgungsnetz haben auch Erzeugungsanlagen nach dem EEG gem. § 8 EEG 2021. Dieser besteht sogar dann, wenn die Einspeisung des Stroms erst durch eine Optimierung, Verstärkung oder Ausbau des Netzes hierfür erforderlich ist (§ 8 Abs. 4 EEG 2021). Diese Erweiterungspflicht besteht gem. § 12 EEG 2021 auch für den Betreiber eines vorgelagerten Netzes bis einschließlich der Hochspannung (BeckOK EEG/*Woltering* EEG 2017 § 12 Rn 13 (14)). Dabei wird durch eine gesetzliche Fiktion die Abgrenzung von Netz und Anschluss ausdrücklich vorgenommen (BeckOK EEG/*Woltering* EEG 2017 § 12 Rn 24). **60**

D. Nationale und europäische technische Regeln des Netzanschlusses

Wird der Anschluss an das Energieversorgungsnetz vielfach nur als einmaliges technisches Ereignis wahrgenommen, so zeigt ein Blick in die mittlerweile umfassende Normierung der technischen Anschlussregelungen, dass hier natürlich ein **Dauerschuldverhältnis** begründet wird, dass im Zeitablauf zahlreichen Änderungen unterliegt. Das wird im Zuge der Energiewende deutlicher als zuvor und will gestaltet werden. **61**

Von Beginn der Liberalisierung waren die technischen Anschlussregelungen Gegenstand der Aufsicht der nationalen Regulierungsbehörden. Technische Anschlussbedingungen haben das **Potenzial der Diskriminierung** neuer Marktteilnehmer durch vertikal integrierte Unternehmen (BGH Beschl. v. 14.4.2015 – EnVR 45/13, EnWZ 2015, 411 – Zuhause Kraftwerk). Daher müssen sie transparent und diskriminierungsfrei ausgestaltet sein (→ § 19). **62**

Darüber hinaus haben technische Normen das Potenzial, die **Harmonisierung des europäischen Binnenmarkts** für Energie zu behindern. Daher enthielt schon Art. 5 der Elt-RL 03 die Anforderung der Interoperabilität (→ § 19 Rn. 7) und seitdem enthält der Kompetenzkanon der nationalen Regulierungsbehörden die Aufsicht über die Anschlussregelungen (beginnend mit Art. 23 Elt-RL 03). Zur Entwicklung auf europäischer Ebene siehe ausführlich BerlKommEnergieR/*Säcker/Barbknecht* EnWG § 19 Rn. 7 ff. **63**

Gleichzeitig kommt allerdings dem technisch sicheren Anschluss von Anlagen hohe Bedeutung für die **technische Versorgungssicherheit** beim Betrieb der Netze zu. Daher müssen die Netzbetreiber die technischen Regelungen für den sicheren Anschluss von Anlagen aller Art an ihre Netze definieren. Dabei gehen die **64**

Vor § 17 Teil 3. Regulierung des Netzbetriebs

Regelungen nach den Europäischen Network Codes weit über den sicheren Netzanschluss hinaus, sondern betreffen alle Betriebsphasen des Systems (s. Fette EWeRK 2021, 26, der die erheblichen Auswirkungen auf Anschlussnehmer ausf. beleuchtet). Jedenfalls sehen die NC die Möglichkeit zur Anpassung bestehender Anschlussverträge unter bestimmten Umständen ausdrücklich vor (Art. 71 Abs. 2 iVm § 4 NC RfG, Art. 58 Abs. 2 iVm 4, 58 Abs. 3 NC DCC).

65 Besonderheiten bestehen für die **Niederspannungsebene** und die **Niederdruckstufe** nach § 20 NAV/NDAV. Demnach ist der Netzbetreiber **nicht verpflichtet**, sondern lediglich berechtigt, in Form von technischen Anschlussbedingungen weitere technische Anforderungen an den Netzanschluss und andere Anlagenteile sowie an den Betrieb der Anlage einschließlich der Eigenanlage festzulegen, „soweit dies aus Gründen der sicheren und störungsfreien Versorgung, insbesondere im Hinblick auf die Erfordernisse des Verteilernetzes, notwendig ist". Diese Anforderungen müssen auch für diesen Anschlussbereich den allgemein **anerkannten Regeln der Technik** und dem geltenden Recht, **neu seit 2016** insbesondere in Form der **Netzkodizes**, entsprechen. Sofern der Netzbetreiber von dieser Berechtigung nach § 20 NAV/NDAV Gebrauch macht, sind die jeweiligen technischen Netzanschlussbedingungen (TAB) Bestandteil der Ergänzenden Bedingungen des Netzbetreibers zur NAV/NDAV. Dies hat zur Folge, dass für Änderungen der TAB die näheren Bestimmungen des § 4 Abs. 3 NAV/NDAV gelten. Insbesondere werden danach Änderungen der technischen Anschlussbedingungen erst wirksam, wenn sie zuvor der zuständigen Regulierungsbehörde mitgeteilt worden sind (BDEW/DVGW/VKU Landesgruppen NRW, Leitfaden „Veröffentlichung von technischen Mindestanforderungen und technischen Anschlussbedingungen der Strom- und Gasnetzbetreiber 2010, www.dvgw.de/medien/dvgw/regional/nrw/pdf/leitfaden-tma-tab.2009.pdf). Die Anschlussfragen inklusive § 19 gehören zu den **geteilten Zuständigkeiten** gem. § 54 Abs. 2.

66 Diese Vorgaben haben unmittelbare Auswirkungen auf die technischen Fähigkeiten und damit die Wirtschaftlichkeit von Kundenanlagen. Beispielhaft kann die Anforderung zur **Blindleistungsbereitstellung** von Kundenanlagen genannt werden.

67 Damit Strom im Wechselstromnetz überhaupt fließen kann, muss 50-mal pro Sekunde ein Magnetfeld auf- und abgebaut werden. Weil die Leistung zum Aufbau eines Feldes bei dessen Abbau wieder an das Netz zurückgegeben wird, bezeichnet man diese Leistung als Blindleistung (www.amprion.net/Übertragungsnetz/physikalische-Grundlagen/Blind-Wirkleistung/). Grundsätzlich müssen Netze so dimensioniert sein, dass sie neben der Wirkleistung auch die pendelnde Blindleistung transportieren können. Bei steigendem Anteil von Blindleistung im Netz verringert sich die verbleibende Kapazität für die Wirkleistung – gleiches gilt für Kundenanlagen, deren Anlagen größer oder kleiner dimensioniert sein müssen, je nachdem, in welchem Umfang sie Blindleistung bereitstellen müssen.

68 Schon in den Vorgängerregelungen in Form der AVBElt macht der Netzbetrieb ab der Niederspannung Vorgaben für den Leistungsfaktor zwischen Wirk- und Blindleistung (Theobald/Kühling/*Hartmann/Blumenthal-Barby,* 107. EL, Stand Juli 2020, NAV § 16 Rn. 8–10). Der Verschiebungsfaktor der Kundenanlage bei Nutzung des Netzanschlusses ist in § 16 Abs. 2 NAV explizit geregelt, darüber hinaus kann der Netzbetreiber gem. § 19 NAV weitere technische Anschlussbedingungen aufstellen und bei Nichteinhaltung den Anschluss von Verbrauchsgeräten untersagen.

69 Entsprechende Vorgaben finden sich in den technischen Anschlussregelungen (TAR) anderer Netzebenen gem. § 19. Diese sind mittlerweile Umsetzungsakte

Vorbemerkung Vor § 17

der europäischen technischen Anschlussregelungen, wie im Falle vom Anschluss von Letztverbrauchern und Verteilernetzbetreibern untereinander seit 2016 auch in Art. 15 NC DCC

Seit 2008 müssen Erzeugungsanlagen in der Mittelspannung und seit 2012 auch **70** in der Niederspannung ein Blindleistungsvermögen besitzen (FNN-Hinweis, Blindleistungsmanagement in Verteilungsnetzen, November 2014). Die meisten Verteilnetzbetreiber verlangen aktuell von anzuschließenden Erzeugungsanlagen, dass diese Blindleistung für das Netz zur Verfügung stellen.

Die Vorgaben zum Blindleistungsvermögen und zum Blindleistungsverhalten **71** finden sich in den Netzanschlussbedingungen der einzelnen Netzbetreiber, die überwiegend auf Grundlage der TAR des VDE|FNN erstellt werden. Das Blindleistungsvermögen beschreibt die Leistungsfähigkeit der Erzeugungsanlage zur Bereitstellung der Blindleistung. Das Blindleistungsverhalten beschreibt die situativ bereitgestellte Blindleistung in Abhängigkeit zur jeweiligen Wirkleistung, zur Spannung am Netzverknüpfungspunkt oder entsprechend den Anforderungen des Netzbetreibers.

Die Vorgabe an das Blindleistungsvermögen der Erzeugungsanlagen wird in der **72** Regel durch den Leistungsfaktor cos (φ) vorgegeben. Dieser entspricht dem Verhältnis von eingespeister Wirkleistung zur Scheinleistung. Ein niedrigerer Leistungsfaktor bedeutet somit ein höheres Vermögen zur induktiven bzw. kapazitiven Blindleistungsbereitstellung.

Diese Bereiche der Blindleistungsbereitstellung werden von Netzbetreibern ge- **73** nutzt, um die Spannungshaltung in ihrem Netz zu verbessern und spannungsbedingten Netzausbau zu reduzieren (Bundesnetzagentur, Blindleistungsbereitstellung für den Netzbetrieb, Diskussionspapier 2017).

Die Bereitstellung von Blindleistung ist unmittelbar wirtschaftlich relevant für **74** die Auslegung der Anlagen **(Investitionskosten)** und die Auslastung von Betriebsmitteln **(Verlustenergie).** Soll zB eine Solaranlage bei maximaler Wirkleistungseinspeisung eine höhere Blindleistung bereitstellen können (Blindleistungsvermögen), muss beispielsweise der Wechselrichter größer dimensioniert werden. Wenn tatsächlich mehr Blindleistung abgerufen wird (Blindleistungsverhalten), erhöht sich der Stromfluss durch den Wechselrichter und damit die Verlustenergie, die in der Solaranlage entsteht, nicht in das Netz eingespeist wird und damit dem Anlagenbetreiber im Rahmen der EE-Förderung nicht vergütet wird. Hier kommen die gesetzlichen Anforderungen der angemessenen, diskriminierungsfreien und auch nachhaltigen Ausgestaltung der technischen Anschlussbedingungen zum Tragen.

Daher finden sich die technischen Anforderungen mittlerweile auch in der euro- **75** päischen Gesetzgebung. Die Anforderungen an Erzeugungsanlagen sind im NC RfG und für am Übertragungsnetz angeschlossene Letztverbraucher und Weiterverteiler im NC DCC formuliert.

§ 19 Abs. 4 kann entnommen werden, dass die technische Regulierung in **76** Deutschland weiterhin durch **technische Normungsverbände,** insbesondere den VDE, erfolgen soll. Die Regulierungsbehörde kann in dem Verfahren gem. § 49 Abs. 2 Einfluss nehmen, Ergebnisse sind ihr gem. § 19 Abs. 5 mitzuteilen.

Vor § 17 Teil 3. Regulierung des Netzbetriebs

I. Verordnung (EU) 2016/631 der Kommission vom 14. April 2016 zur Festlegung eines Netzkodex mit Netzanschlussbestimmungen für Stromerzeuger (ABl. 2016 L 112, 1) – NC RfG

77 Der NC RfG stellt europaweit technische Mindestanforderungen für Stromerzeuger ab 0,8 kW und in allen Spannungsebenen auf, die vor deren Anwendbarkeit auf nationaler Ebene konkretisiert werden müssen und um nationale Sachverhalte erweitert werden können (→ § 19 Rn. 26). Die Vorschriften enthalten zB Anforderungen an Fähigkeiten zur **Frequenzstützung**, zur **Bereitstellung von Blindleistung** (→ Rn. 66) bis hin zur **Schwarzstartfähigkeit** größerer Anlagen. Im Grundsatz gelten die Regelungen nur für neue Stromerzeugungsanlagen (Leffler/Fischerauer/Netzkodizes-HdB/*Vallone* § 3 Rn. 6 ff.).

78 Mit der nationalen Umsetzung der VO wurde abweichend von der Regelzuweisung an die nationale Regulierungsbehörde in Art. 7 Abs. 1 NC RfG der VDE|FNN wurde durch das Bundesministerium für Wirtschaft und Energie beauftragt (→ § 19 Abs. 4 iVm § 49 Abs. 2 bis 4).

79 Die Anforderungen an Erzeugungsanlagen des NC RfG wurden in **folgenden VDE-Anwendungsregeln** umgesetzt: VDE-AR-N 4105 (Erzeugungsanlagen an der Niederspannung), VDE-AR-N 4110 (Technische Anschlussregel Mittelspannung); VDE-AR-N 4120 (Technische Anschlussregel Hochspannung); VDE-AR-N 4130 (Technische Anschlussregel Höchstspannung). Neben den Anforderungen aus dem NC RfG enthalten diese Anschlussregeln weitere Anforderungen.

80 Die VDE-Anwendungsregeln Erzeugungsanlagen an der Niederspannung, TAR Mittelspannung, TAR Hochspannung und TAR Höchstspannung wurden in der EU-Kommission notifiziert und wurden am 19.10.2018 in das VDE Vorschriftenwerk aufgenommen. Die Technische Anschlussregel Niederspannung (VDE-AR-N 4100) wurde am 8.3.2019 veröffentlicht. In Einzelfragen hat der FNN als zuständige Stelle Korrekturen am NC RfG in der nationalen Umsetzung begründet (FNN im VDE Umsetzung der Europäischen Network Codes, Hotspot-Themen – Technische und juristische Hintergründe).

81 Die Schwellenwerte für die erfasste Maximalkapazität von Erzeugungsanlagen wurde gem. Art. 5 Abs. 3 NC RfG durch die Bundesnetzagentur bestimmt (BNetzA Beschl. v. 24.4.2018 – BK6-16-166). Auch für die Einstufung als aufkommende Technologie gem. Art. 68f NC RfG gibt es eine Reihe von Beispielen aus dem Jahr 2016 (www.bnetza.de/Beschlusskammer 6/Netzanschluss EU-Verordnungen zu Netzanschlussbedingungen; Leffler/Fischerauer Netzkodizes-HdB/*Vallone* § 3 Rn. 18 f).

II. Verordnung (EU) 2016/1388 der Kommission vom 17. August 2016 zur Festlegung eines Netzkodex für den Lastanschluss (ABl. 2016 L 223, 10) – NC DCC

82 Der NC DCC enthält europäisch harmonisierte Vorschriften für den Netzanschluss von **Verbrauchsanlagen** und **Verteilernetze**. Adressiert werden ua das Blindleistungsmanagement, Kurzschlussfestigkeit, erforderliche Schutzeinrichtungen beim Netzanschluss, automatische Lastabwurf bei Unterfrequenz, das Betriebserlaubnisverfahren bei Anschluss an das Übertragungsnetz, das Lastmanagement, lastseitige Anpassungen und Demand Side Response (Überblick Leffler/Fischerauer Netzkodizes-HdB/*Vallone* § 4 Rn. 37 ff.).

83 Der Anwendungsbereich der Verordnung ist auf **neue** Verbrauchsanlagen mit Übertragungsnetzanschluss, neue Verteilernetzanlagen mit Übertragungsnetzan-

Vorbemerkung **Vor § 17**

schluss, neue Verteilernetze und neue Verbrauchseinheiten beschränkt, die von einer Verbrauchsanlage oder einem geschlossenen Verteilernetz genutzt werden, um für relevante Netzbetreiber und ÜNB Laststeuerungsdienste zu erbringen (Leffler/Fischerauer Netzkodizes-HdB/*Vallone* § 4 Rn. 10 ff.). Die Anforderungen der Verordnung sind auch nicht auf neue oder bestehende Verbrauchsanlagen anzuwenden, die auf Verteilernetzebene angeschlossen sind, außer wenn sie Laststeuerungsdienste für relevante Netzbetreiber und relevante ÜNB erbringen oder wenn der Netzanschluss grundlegend modernisiert wird (Art. 4 Abs. 1a NC DCC).

Mit der nationalen Umsetzung der VO wurde abweichend von der Regelzuweisung an die nationale Regulierungsbehörde in Art. 6 Abs. 1 NC DCC der VDE|FNN durch das Bundesministerium für Wirtschaft und Energie beauftragt (EnWG § 19 Abs. 4 iVm § 49 Abs. 2 bis 4). **84**

III. Verordnung (EU) 2016/1447 der Kommission vom 26. August 2016 zur Festlegung eines Netzkodex mit Netzanschlussbestimmungen für Hochspannungs-Gleichstrom-Übertragungssysteme und nichtsynchrone Stromerzeugungsanlagen mit Gleichstromanbindung (ABl. 2016 L 241, 1) – NC HVDC

Der NC HVDC beschreibt Netzanschlussbestimmungen für Hochspannungs-Gleichstrom-Übertragungssysteme (HGÜ) und nichtsynchrone Stromerzeugungsanlagen mit Gleichstromanbindung. Er enthält Vorschriften ua für die Verbindung zwischen verschiedenen Synchrongebieten und die Netzanbindung von Erneuerbare-Energie-Anlagen mittels Gleichstrom, beispielsweise von Offshore-Windparks (Leffler/Fischerauer Netzkodizes/*Menze* § 5 Rn. 6). **85**

Mit der nationalen Umsetzung der VO wurde ebenfalls abweichend von der Regelzuweisung an die nationale Regulierungsbehörde in Art. 5 Abs. 1 NC HVDC der VDE|FNN durch das Bundesministerium für Wirtschaft und Energie beauftragt (§ 19 Abs. 4 iVm § 49 Abs. 2 bis 4 EnWG). **86**

Mit der Anwendungsregel „Technische Regeln für den Anschluss von HGÜ-Systemen und über HGÜ-Systeme angeschlossene Erzeugungsanlagen" (VDE-AR-N 4131) wurden einheitliche Anforderungen für diese Systeme erstmals in Deutschland umgesetzt. Der Stromtransport per Hochspannungs-Gleichstrom-Übertragung (HGÜ) gewinnt mit der wachsenden Nutzung sowohl von Offshore- als auch von Onshore-Windenergieanlagen an Bedeutung. Die großräumigen Netzausbauprojekte im Netzentwicklungsplan gem. §§ 12a ff. sehen mehrere HGÜ Trassenkorridore vor. Im Gegensatz zur Drehstromtechnik verursacht ein großräumiger Stromtransport mit Gleichstromtechnik weniger Verluste, allerdings muss diese neue Technologie in das vorhandene Drehstromnetz integriert werden. **87**

Zusätzlich zu geringeren Verlusten können HGÜ-Systeme auch zur Netzstabilisierung beitragen. Bislang bilden konventionelle Großkraftwerke das Rückgrat der Energieversorgung und stellen nebengesicherte Leistung, aber auch wichtige Systemdienstleistungen zur Verfügung. Im Rahmen der Energiewende werden Großkraftwerke zunehmend durch erneuerbare Anlagen ersetzt. Das bedeutet, dass Ersatz auch für die bisher konventionell erbrachten Systemdienstleistungen notwendig ist. Hier können die HGÜ Konverteranlagen, die vielfach an ehemaligen Kraftwerksstandorten entstehen, als netzeigene Betriebsmittel eine wichtige Funktion einnehmen. **88**

Vor § 17 Teil 3. Regulierung des Netzbetriebs

E. Rolle des Netzbetreibers bei der Herstellung und Unterhaltung der Netzanschlussleitung

89 Die Netzanschlussverpflichtung in § 17 legt lediglich fest, dass Netzbetreiber Letztverbraucher, gleich- oder nachgelagerte Energieversorgungsnetze und andere Anschlussnehmer anschließen müssen.

90 Der Netzbetreiber ist danach grundsätzlich nur verpflichtet, dem Anschlussnehmer einen geeigneten Netzanschlusspunkt zur Verfügung zu stellen und dort die physikalische Verknüpfung vorzunehmen oder zu dulden. Für alles Weitere, insbesondere die Planung, Beschaffung der Anlagen oder erforderlicher Wegerechte, Errichtung und Wartung der bis zum Anschlusspunkt erforderlichen Betriebsmittel ist der Anschlussnehmer verantwortlich.

91 Aus § 6 Abs. 4 KraftNAV wird vorliegend gefolgert, dass der Netzbetreiber den Netzanschluss für Erzeugungsanlagen größer als 100 MW errichten soll, wenn dieser es verlangt. Es kann diskutiert werden, ob der Netzbetreiber aufgrund der größeren Sachnähe verpflichtet ist, einen Dienstleistungsvertrag zu angemessenen Bedingungen in einem solchen Fall abzuschließen.

92 Entscheidet sich der Anschlussnehmer für den Netzbetreiber, so ist dieser nach § 17 Abs. 1 zur Herstellung des Netzanschlusses auf Kosten des Anschlussnehmers verpflichtet. Mit dieser Pflicht korrespondiert die Möglichkeit der Anordnung des Netzanschlusses im Rahmen des Missbrauchsverfahrens nach § 30 Abs. 2 S. 3 Nr. 2. Dem Anschlussnehmer, der eine Anbindungsleitung in eigenem Namen und auf eigene Kosten errichtet, betreibt und im Eigentum hält, steht es nach hiesiger Auffassung frei, im Rahmen des Netzanschlussvertrags den Netzbetreiber mit dem „Geschäft des Anschlussnehmers" für die bauliche Errichtung der Anschlüsse zu angemessenen Bedingungen zu beauftragen.

93 Beim Anschluss größerer Anlagen enden die Maschinenleitungen in einem Transformator des Übertragungsnetzbetreibers, weshalb dieser für notwendige Schalthandlungen und Arbeiten an der Anlage ein Interesse am direkten Zugriff auf das Schaltfeld der Anschluss- oder Maschinenleitung haben kann. Also ist schon die sorgfältige Abgrenzung der Eigentumsgrenze der zum Netzanschluss gehörenden Anlagen im Einzelfall zu betrachten und sorgfältig vertraglich zu gestalten.

94 Ohne eine solche vertragliche Regelung besteht aber keine Pflicht des Netzbetreibers, die Errichtung einer Anbindungsleitung zu übernehmen (BNetzA Beschl. v. 27.10.2015– BK6-12-152, 8).

95 Insbesondere ist damit auch nicht die Verpflichtung enthalten, dass der Netzbetreiber die Kosten für die erstmalige Investition zur Herstellung des Netzanschlusses oder eine spätere Erneuerung trägt.

96 Zunehmend streitig wird auch die Frage behandelt, wer die Kosten für eine **Änderung des Netzanschlusses** trägt, die durch eine **Änderung des Anschlussnetzes** bedingt ist. Dies kann zB der Fall sein, wenn die 220 kV Ebene des Übertragungsnetzes nahezu flächendeckend nunmehr durch 380 kV Leitungen umgerüstet wird, was zu Änderungen der unmittelbar an das Übertragungsnetz angeschlossenen Industrieanschlüssen führt. Maßgeblich ist in diesen Fällen zunächst immer die Regelung im vorhandenen Netzanschlussvertrag, der regelmäßig Klauseln zur Änderung des Anschlusses enthält. Ist der Fall der Spannungsumstellung nicht geregelt, ist im Wege der Auslegung zu ermitteln, ob es Aufgabe der Solidargemeinschaft der Netzentgeltzahlenden ist, eine solche Änderung an Anschlüssen von

Vorbemerkung **Vor § 17**

Letztverbrauchern wirtschaftlich zu tragen oder ob das in die Sphäre des Anschlussnehmers gehört.

Dabei wird von Gerichten die Risikoverteilung gem. § 9 Abs. 1 NAV zur 97 Auslegung herangezogen (LG Wiesbaden Urt. v. 2.10.2020 – 3 O 153/20). Die erforderliche Spannungsumstellung kommt nicht aus der Sphäre des Anschlussnehmers, ist jedoch durch die Veränderung der Versorgungsaufgabe geboten und durch den Netzentwicklungsplan gem. § 12a festgestellt. Auch ist in den Blick zu nehmen, dass – anders als in der NAV – die Anlagen für den Netzanschluss nicht mit der Rechtsfolge der Instandhaltungs- und Wiederherstellungsverpflichtung in das Eigentum des Netzbetreibers übergehen, sondern durch den Anschlussnehmer im Zweifel binnen weniger Jahre vollständig abgeschrieben worden sind und es sich somit wirtschaftlich für den Anschlussnehmer um einen Neuanschluss handelt.

Selbst die Frage der Kostentragung für erforderliche Änderungen in der Kun- 98 denanlage infolge von Spannungsumstellungen ist zum Teil streitig. Die BNetzA vertritt hier mit BGHZ 24, 148ff. die Auffassung, dass dies **durch den Anschlussnehmer**/Kundenanlagenbetreiber selbst zu tragen ist (so auch *Hartmann* FS Danner S. 207 (217)).

F. Anschlusskosten und Entgelte

I. Netzanschlusskosten

Netzanschlusskosten sind die Kosten für die technische Anbindung oder Ver- 99 änderung der Anlage des Anschlussnehmers an das Netz des Netzbetreibers an einem geeigneten Verknüpfungspunkt einschließlich aller in diesem Zusammenhang für den sicheren Netzbetrieb erforderlichen, direkt zurechenbaren Einrichtungen.

Dabei hat der Anschlussnehmer, außer iRd § 18, ein Wahlrecht, ob er den Netz- 100 betreiber oder einen fachkundigen Dritten mit der Herstellung des Netzanschlusses beauftragen will (→ Rn. 90f.). Insoweit sind § 7 Abs. 1 S. 1 EEG und § 6 Abs. 4 KraftNAV als Bestätigung dieses Prinzips zu sehen (anders wohl *Salje* EnWG § 17 Rn. 30).

Errichtet der Netzbetreiber den Netzanschluss dienstleistend, erhebt er dafür 101 Entgelte, die nach allgemeinen Prinzipien angemessen und diskriminierungsfrei sein müssen.

In § 9 Abs. 1 NAV/NDAV ist vorgesehen, dass Netzbetreiber für die Herstellung 102 des Netzanschlusses gem. § 18 die Erstattung der bei wirtschaftlicher Betriebsführung notwendigen Kosten verlangen können. Aufgrund der Vielzahl der Anschlüsse ist in der Niederspannung/Niederdruck eine **angemessene Pauschalierung** zulässig. In der Niederspannung/Niederdruck sorgt die gesetzliche Anordnung in § 8 Abs. 1 NAV/NDAV dafür, dass die Anschlussleitungen zur wirtschaftlichen Nutzung dem Netzbetreiber überlassen sind.

Diese Regelanordnung lässt Ausnahmen von der Eigentumszuordnung auch in 103 der Niederspannung zu. Wenn der Netzkunde auch in der Niederspannung die Anschlussleitung in sein Eigentum übernehmen will, kann ihm dies seitens des Netzbetreibers ermöglicht werden. Die hiermit verbundenen Folgefragen (Wegerechte, Wartung etc) wären dann durch den Netzkunden entsprechend zu klären. Ebenfalls wäre der Netzbetreiber nach dem **Grundsatz des freien Netzebenenwahlrechts** auch verpflichtet, eine vom Anschlussnehmer errichtete und im Eigen-

Vor § 17 Teil 3. Regulierung des Netzbetriebs

tum des Anschlussnehmers stehende Anschlussleitung an eine Ortsnetzstation anzuschließen. Unzulässig ist indes, wenn der Netzbetreiber im Geltungsbereich der NAV seiner Anschlussverpflichtung nur unter der Bedingung nachkommen will, dass der Anschlussnehmer die Anschlussleitung in sein Eigentum übernimmt (vgl. hierzu BNetzA Beschl. v. 1.3.2021 – BK6-20-193).

104 Dies sollte die Ausnahme bleiben. Da in der Niederspannung und Umspannebene zur Niederspannung es häufiger zu Veränderungen der Entnahmesituation kommt, ist die gesetzliche Zielvorstellung der Verordnung die Integration der Anschlussleitungen in die Betriebsmittel des Netzbetreibers, bei gleichzeitiger Kostentragung durch den Anschlussnehmer. Kommt es innerhalb von zehn Jahren nach Herstellung des Netzanschlusses zu einem Anschluss eines weiteren Kunden an den vom Anschlussnehmer gezahlten Netzanschluss, so sieht § 9 Abs. 3 NAV/NDAV hierfür einen anteiligen Kostenerstattungsanspruch an den ersten Anschlussnehmer vor.

105 Für **Letztverbraucher in höheren Spannungsebenen** und **Einspeiser** (§ 1 Abs. 1 Satz 4 NAV) gibt es eine entsprechende Anordnung nicht. Grundsätzlich müssen die Netzanschlusskosten dem Verursachungsprinzip entsprechen und sind vom Anschlussnehmer zu tragen (*Buntscheck* WuW 2006, 30 (34)). In höheren Spannungsebenen sollen im Interesse der Netznutzer im Übrigen die tatsächlichen Kosten selbst getragen werden.

106 Für Anschlüsse von Letztverbrauchern und auch nachgelagerten Verteilernetzen ist der Anschluss durch ein zum Leitungssystem des (Anschluss-)Netzbetreibers gehörendes Betriebsmittel nicht unüblich. Es gibt auch hier ein allgemeines Interesse, dass die Netzinfrastruktur nicht unnötig zersplittert und grundsätzlich bei den Netzbetreibern der allgemeinen Versorgung geführt wird. In einem solchen Fall ist § 19 Abs. 3 StromNEV zu beachten, der nachfolgend kurz erläutert wird.

107 Für Erzeugungsanlagen, die neben NAK keine weiteren Finanzierungsbeiträge zum Versorgungsnetz liefern, und Netzanschlüsse im Eigentum des Anschlussnehmers ergibt sich aus der Zusammenschau der Anschlussvorschriften, dass ihre Investitionskosten und Folgekosten ihrer Netzanschlüsse nicht auf die Netznutzer gewälzt werden können.

II. Singulär genutzte Betriebsmittel gem. § 19 Abs. 3 StromNEV

108 Die Eigentumszuordnung spielt nicht nur bei der Beantwortung der Frage, wer die Anlagen aktiviert und abschreibt und damit für eine Erneuerung der Anlage verantwortlich ist, sondern auch bei der Frage, an welcher Netzebene Letztverbraucher angeschlossen sind und welches Netzentgelt sie bei der Entnahme von Elektrizität zu entrichten haben, eine Rolle.

109 Denn eine singulär genutzte Leitung im Eigentum des Netzbetreibers fällt unter die Sonderregelung in § 19 Abs. 3 StromNEV (im Gas gibt es eine ähnliche Regelung unter § 20 GasNEV). Ein singulär genutztes Betriebsmittel zeichnet sich dadurch aus, dass eine eindeutige Zuordnung zu einem Kunden möglich ist und das Netzentgelt für die individuell genutzte Netzebenen nicht nach den allgemeinen Kalkulationsgrundsätzen der ganzen Ebene gebildet und abgerechnet wird, sondern individuell. Dabei kann es sich auch nur um ein Transformatorenschaltfeld handeln, das die Umspannebene HöS/HS bildet. Durch diese entgeltseitige Sonderregelung wird die Netzebene der Entnahme nicht verändert.

110 Der Netzbetreiber vereinbart ein gesondertes Netzentgelt mit dem Kunden, das auf das allgemeine Entgelt an der Entnahmestelle der singulär genutzten Leitung in

Vorbemerkung **Vor § 17**

deren Anschlussebene addiert wird. Zu § 19 Abs. 3 StromNEV gibt es eine umfangreiche entgeltbezogene Entscheidungspraxis der Regulierungsbehörden und der Rechtsprechung, die hier nicht dargestellt werden kann (ausf.r BerlKommEnergieR/*Mohr* StromNEV § 19 Rn. 27ff.). Grundsätzlich sollen in dem Entgelt nach § 19 Abs. 3 StromNEV die konkreten oder typisierten Anschaffungs- und Herstellungskosten des Betriebsmittels sowie angemessene Betriebskosten abgebildet werden (Holznagel/Schütz/*Henn* ARegV § 17 Rn. 48–50).

Die Regelungen werden damit begründet, dass ungewollter doppelter Leitungs- 111 bau (in der GasNEV: Direktleitungsbau) für den Anschluss von Kundenanlagen vermieden werden soll, die bei relativ kurzen Stichleitungen für große singuläre Nutzer eine wirtschaftliche Alternative darstellen. Durch die individuellen Kalkulationsprinzipien werden weiterhin Finanzierungsbeiträge zu den allgemeinen Netzkosten geleistet. Dadurch sollen die wirtschaftlichen Interessen der Anschlussnehmer und der Allgemeinheit der Netznutzer angemessen ausgeglichen werden.

Derartige Anschlusskonstellationen mit dauerhafter individueller Zurechnung 112 können überhaupt nur in höheren Spannungsebenen auftreten. In der Niederspannung werden Anschlussleitungen trotz Kostentragung des Anschlussnehmers kraft gesetzlicher Anordnung grundsätzlich dem Netzbetreiber zugeordnet (→ Rn. 131). Im Lichte einer Entscheidung des BGH zum Anspruch von Anschlussnehmern auf Einräumung des individuellen Netzentgelts (BGH Beschl. v. 15.12.2015 – EnVR 70/14, RdE 2016, 134) wurde im Jahr 2020 klargestellt, dass § 19 Abs. 3 StromNEV überhaupt nur in höheren Spannungsebene MS/NS anwendbar ist (Entwurf der BReg mit Begründung BR-Drs 13/19, 17, ergänzt um die Umspannebene MS/NS durch BR-Drs. 13/1/19 und so in Kraft getreten).

In beiden Fällen trägt bei Eigentumszuordnung beim Netzbetreiber der An- 113 schlussnehmer die Kosten der Anschlussbetriebsmittel – einmal mittels eines an den individuellen Kosten kalkulierten Entgelts nach § 19 Abs. 3 StromNEV, in der Niederspannung durch den Netzanschlusskostenbeitrag. IRd § 19 Abs. 3 StromNEV kommt noch eine dauerhafte Entlastung des Anschlussnutzers hinzu, da nur die regulären Entgelte der nächsthöheren Spannungsebenen mit der Netznutzung zur Abrechnung kommen.

III. Baukostenzuschüsse

Baukostenzuschüsse sind einmalige Aufwendungen für die Erstellung oder Ver- 114 stärkung von Verteilungsanlagen des Netzes bei wirtschaftlich effizienter Betriebsführung. Die Kosten werden dem Netzanschluss leistungsanteilig zugerechnet.

Anders als ein Netzentgelt wird der Baukostenzuschuss einmalig vom Anschluss- 115 nehmer und nicht über den Verbrauch vom Netznutzer gezahlt. Sie senken die Kosten des Netzbetriebs, die im Rahmen der Kalkulation der Netzentgelte zugrunde gelegt werden, und kommen damit der Gesamtheit der Energiekunden zugute (OLG Düsseldorf Beschl. v. 25.1.2012 – VI-3 Kart 136/10 (V), BeckRS 2012, 19722). Netzbetreiber haben über die Baukostenzuschüsse also keine zusätzliche Finanzierungsquelle, da die Baukostenzuschüsse in der Kostenprüfung als kostenmindernde Erlöse anzurechnen sind (§ 9 Abs. 1 Nr. 4 StromNEV bzw. GasNEV).

Die wesentliche Funktion von Baukostenzuschüssen liegt in ihrer Lenkungs- 116 oder Steuerungswirkung.

Die Erhebung von Baukostenzuschüssen ist nur für die untersten Netzebenen in 117 den §§ 11 NAV und NDAV ausdrücklich geregelt. Trotzdem ist die Erhebung von Baukostenzuschüssen auch in den höheren Netzebenen allgemein üblich und

Bourwieg 923

Vor § 17 Teil 3. Regulierung des Netzbetriebs

rechtlich anerkannt (BGH Beschl. v. 9.10.2012 – EnVZ 14/12, BeckRS 2013, 3080, OLG Düsseldorf Beschl. v. 8.11.2006 – VI-3 Kart 291/06 (V) Rn. 25f), auch zivilrechtlich OLG Düsseldorf (27. Zivilsenat) Urt. v. 17.4.2019 – 27 U 9/18 Rn 55, BeckRS 2019, 14305).

118 Aus Gründen der Verursachungsgerechtigkeit erscheint die Erhebung für einen im Sinne des Gebots in § 21 Abs. 2 effizient und kostenorientiert handelnden Netzbetreibers auch geboten. Angesichts des unstreitigen energiewirtschaftlichen Befundes, dass die Netzanschlusskapazität der ganz wesentliche Kostentreiber für die langfristigen Netzkosten ist (beispielhaft und im Befund richtig *Consentec/Fraunhofer ISI*, Optionen zur Weiterentwicklung der Netzentgeltsystematik für eine sichere, umweltgerechte und kosteneffiziente Energiewende, Studie im Auftrag des BMWi, Schlussbericht v. 11.6.2018, S. 40), würde der Verzicht eines Versuchs, Anschlussnehmer an diesen Kosten zu beteiligen, zu unangemessenen Entgelten für die Netznutzer führen. Da individuelle Verursachungsbeiträge nicht oder kaum ermittelt werden können, ist eine Pauschalierung der Berechnungsansätze ausreichend.

119 Den Baukostenzuschüssen kommt eine wichtige Lenkungsfunktion für die Nachfrage nach Netzanschlusskapazität zu. Über die Baukostenzuschüsse kann der Netzbetreiber steuern, dass er seine Netze nicht über den tatsächlichen Bedarf hinaus ausbauen muss (BGH Urt. v. 12.12.12 – VIII ZR 341/11, ER 2013, 79 (81)). Der Kapazitäts- und damit Ausbaubedarf des Netzes orientierte sich auch an der Anschlussleistung seiner Kunden. Durch die Baukostenzuschüsse werden Anschlussnehmer angehalten, die Nachfrage nach Anschlusskapazität an ihrem tatsächlichen Bedarf zu bemessen.

120 Für die Erhebung von Baukostenzuschüssen ist die Feststellung der Angemessenheit, der Diskriminierungsfreiheit und der Transparenz besonders wichtig, eben weil der Nutzen der Ausbaumaßnahmen dem einzelnen Anschlussnehmer nur sehr eingeschränkt zugeordnet werden kann.

121 In der Entscheidungspraxis des OLG Düsseldorf kommt dem Baukostenzuschuss ausschließlich diese Lenkungsfunktion zu; keine zulässige Funktion sei die Finanzierung des Netzausbaus, der im Rahmen der Regulierung über die allgemeinen Netzentgelte stattfinde (*Anis/Nohl* IR 2014, 184).

122 Gleichzeitig hat der BGH zu § 11 NAV/NDAV festgestellt, dass bei Bestehen von mehreren Methoden bei der Bestimmung der Berechnungsweise das Versorgungsunternehmen nicht immer die Berechnungsmethode anzuwenden habe, die zu einem für den Anschlussnehmer geringeren Baukostenzuschuss führe; es solle eine für alle Versorgungskunden kostengünstige Energieversorgung gewährleistet werden (BGH Urt. v. 12.12.12 – VIII ZR 341/11, ER 2013, 79 (81)).

123 Die **Methodenauswahl** rührt aus der vom BDEW zur Verfügung gestellten VDN-Handlungsempfehlung „Einheitliche Berechnungsmethode für Baukostenzuschüsse" vom 19.4.2007 her, die mehre Berechnungsmethoden dokumentiert. Sie betrifft nur den Anschluss an die Elektrizitätsversorgungsnetze in der Niederspannung.

124 Die BNetzA orientiert sich in ihrer Rechtsanwendung weiterhin für Netzebenen oberhalb der Niederspannung an einem Positionspapier (BNetzA, Positionspapier zur Erhebung von BKZ für Netzanschlüsse im Bereich von Netzebenen oberhalb der Niederspannung vom BK6p-06-003 aus dem Jahr 2006, BNetzA Beschl. v. 29.3.2010 – BK6-09-001, IR 2010, 161), der ein reines Leistungspreismodell vorsieht.

125 Die Baukostenzuschüsse werden einmal bei Herstellung des Netzanschlusses erhoben. Ändert sich der bestehende Netzanschluss zB durch Ortswechsel des An-

schlussnehmers, Leistungserhöhung oder bei Wechsel der Anschlussnetzebene, so kann dieser erneut erhoben werden (OLG Düsseldorf Beschl. v. 25.1.2012 – VI-3 Kart 136/10 (V), BeckRS 2012, 19722; BNetzA Beschl. v. 11.2.2008 – BK6-07-043, dazu *Krüger* IR 2008, 92).

Auch die vollständige Bezahlung der vom Anschlusskunden singulär genutzten **126** Betriebsmittel schließt einen Baukostenzuschuss nicht aus (BNetzA Beschl. v. 29.3.2010 – BK6-09-001).

IV. Der Anschluss entscheidet über die Netzentgelte

Anschlussbezogene Netzentgelte werden neben den Netzanschlusskostenbeiträ- **127** gen und Baukostenzuschüssen von Letztverbrauchern nicht erhoben. Ihre Finanzierungsbeiträge für das Versorgungsnetz ergibt sich aus den Netzentgelten für die Nutzung des Netzes gemäß ihrer Entnahme (s. § 21) und nicht nach der vertraglich zur Verfügung gestellten Netzanschlusskapazität. Dabei ist die vertraglich zugesicherte Netzanschlusskapazität netzdimensionierend und der zentrale Kostentreiber. Dies führt in einer Phase knapper Netzkapazitäten zur Frage des Entzugs ungenutzter Netzanschlusskapazität (→ § 17 Rn. 41).

Die Netzentgelte von Letztverbrauchern richten sich nach der Anschlussnetz- **128** ebene der Entnahmestelle (§ 17 Abs. 1 StromNEV). Ein weiterer Bezug zum Netzanschluss ergibt sich durch die Netzentgeltkomponente des Leistungspreises. Dieser richtetet sich regelmäßig nach der an der Entnahmestelle entnommenen Jahreshöchstlast. Die Ausnahme stellt das gem. § 17 Abs. 2a StromNEV zulässige Pooling von Netzanschlüssen im Rahmen der Entgeltbildung dar.

Erzeuger von Elektrizität, die in das Netz einspeisen, zahlen bislang keine Bau- **129** kostenzuschüsse und kein allgemeines Netzentgelt (§ 15 Abs. 1 Satz 2 StromNEV). Dies geht auf die Logik der bisherigen Energiewirtschaft zurück, nach der die Entnahme netzdimensionierend gewirkt hat – durch die Ansiedlung kleiner und mittlerer Erzeugungsanlagen in lastfernen Gebieten ist diese Logik nicht mehr uneingeschränkt richtig. Vielfach wirkt die Rückspeisung der Energie aus unteren Spannungsebenen und der Transport in die laststarken Regionen als wesentlicher Treiber für Netzausbau mit den damit verbundenen Infrastrukturkosten.

V. Zuordnung des Sachanlagevermögens der Anschlussleitungen

Mit der Zuordnung des Anlagevermögens geht die Abschreibung und damit die **130** wirtschaftliche Möglichkeit und Verpflichtung zur Erneuerung des Anschlusses einher. Beim Netzbetreiber ist das Sachanlagevermögen wesentliche Grundlage der Eigenkapitalverzinsung (→ § 21 Rn. 122). Daher ein kurzer Abschnitt zu diesem Thema.

Der Struktur des Niederspannungs- und Niederdrucknetzes ist die Regelung **131** geschuldet, dass trotz „Fremdnützigkeit" im Interesse des Anschlussnehmers und Kostentragung durch diesen, gem. § 8 Abs. 1 NAV/NDAV in das Eigentum des Netzbetreibers übergehen. Sie werden **Teil des Versorgungsnetzes** (*Hartmann* FS Danner S. 207 (209)). Für diese gesetzliche Anordnung lässt sich eine Reihe guter Gründe finden: Vielfach liegt der Abzweig vom Versorgungsnetz noch im öffentlichen Straßenraum, was die Nutzung des Konzessionsvertrags ermöglicht. Die Gewährleistung der technischen Sicherheit der Netzanschlüsse im Massenkundengeschäft wird durch die Zuordnung ebenfalls besser gewährleistet. Die technische Sicherheit der Anlagen ist dauerhaft nur schwer zu gewährleisten, wenn es zB wegen der Frage der Kostentragung der Folgekosten für Wartung, Instandhaltung und Erneuerung der Anlage zwischen Anschlussnehmer und einer möglichen Vielzahl von Anschlussnutzern (Mietern) einer Liegenschaft zu Verzögerungen käme. Diese Aufgabe und Kosten gehen nach der initialen Finanzierung somit auch auf den Netzbetreiber über. Dieser aktiviert das für die Anschlüsse notwendige Sachanlagevermögen, erhält daraufhin die kalkulatorische Eigenkapitalverzinsung, erhält Abschreibungen, die ihn in die Lage versetzen, die Reinvestition aus eigenem Vermögen zu tätigen. Die Netzanschlusskostenbeiträge werden als zinsloses Fremdkapital gem. § 7 Abs. 2 Nr. 4 StromNEV als Abzugskapital eigenkapitalmindernd angesetzt. Entsprechend folgt auch aus Anlage 3, Nr. 7 (zu § 14 Abs. 3 StromNEV, entsprechend in der GasNEV), dass die Kosten der Niederspannungsebene auch die „Hausanschlussleitungen und Hausanschlüsse" umfassen. Eine entsprechende Regelung gibt es nur für die **unterste Netzebene.**

132 Eine vergleichbare Regelung der Eigentumszuordnung fehlt oberhalb der Netzebene Niederspannung/Niederdruck. Die Zuordnung des Sachanlagevermögens für Netzanschlüsse ist durch jahrzehntelange Praxis und die Ausgestaltung der Anschlussverträge im Einzelfall geprägt. Auch bei Maschinenleitungen können Fallgruppen jedenfalls vor und nach Inkrafttreten der KraftNAV unterschieden werden.

133 Einen Automatismus der Aktivierung des für die Netzanschlüsse notwendigen Sachanlagevermögens und die Übernahme der Folgekosten durch den Netzbetreiber ist im Rahmen der Regelungen von § 17 jedenfalls nicht gegeben. Hier gilt vielmehr zunächst die Grundentscheidung zur Herstellung, Erhaltung und Kostentragung durch den Anschlussnehmer, vorbehaltlich angemessener, diskriminierungsfreier, abweichender Vereinbarung in Netzanschlussverträgen.

134 Umgekehrt gibt es dementsprechend auch keinen grundsätzlichen Anspruch des Anschlussnetzbetreibers auf Übereignung von Anschlussbetriebsmitteln. Die Forderung, den Anschluss nur bei Übereignung der vom Anschlussnehmer finanzierten Anschlussbetriebsmittel außerhalb des Geltungsbereichs von N(D)AV vorzunehmen, ist rechtswidrig.

135 Für Erzeugungsanlagen > 100 MW ist nach Inkrafttreten der KraftNAV eine Zuordnung Maschinenleitung zum Netzbetreiber eher ausgeschlossen. Mit der Zuordnung ins Eigentum des Netzbetreibers geht die Wartungs- und Instandhaltungspflicht auf den Netzbetreiber über. Dieser Nachteil muss gegebenenfalls durch Vorteile bei der Integration der Maschinenleitung in das Versorgungsnetz aufgewogen und vertraglich vereinbart werden.

136 Für Letztverbraucher ist in einem vermaschten Netz die Errichtung auch singulär genutzter Betriebsmittel durch den Netzbetreiber vorstellbar. In diesem Fall liegt eine Aktivierung als gewöhnliches Netzbetriebsmittel und eine Abrechnung über das individuelle Netzentgelt nach § 19 Abs. 3 StromNEV (→ Rn. 108) vor.

§ 17 Netzanschluss, Verordnungsermächtigung

(1) ¹**Betreiber von Energieversorgungsnetzen haben Letztverbraucher, gleich- oder nachgelagerte Elektrizitäts- und Gasversorgungsnetze sowie -leitungen, Ladepunkte für Elektromobile, Erzeugungs- und Gasspeicheranlagen sowie Anlagen zur Speicherung elektrischer Energie zu technischen und wirtschaftlichen Bedingungen an ihr Netz anzuschließen, die angemessen, diskriminierungsfrei, transparent und nicht ungünstiger sind, als sie von den Betreibern der Energieversorgungsnetze in vergleich-**

baren Fällen für Leistungen innerhalb ihres Unternehmens oder gegenüber verbundenen oder assoziierten Unternehmen angewendet werden. ²Diese Pflicht besteht nicht für Betreiber eines L-Gasversorgungsnetzes hinsichtlich eines Anschlusses an das L-Gasversorgungsnetz, es sei denn, die beantragende Partei weist nach, dass ihr der Anschluss an ein H-Gasversorgungsnetz aus wirtschaftlichen oder technischen Gründen unmöglich oder unzumutbar ist. ³Hat die beantragende Partei diesen Nachweis erbracht, bleibt der Betreiber des L-Gasversorgungsnetzes berechtigt, den Anschluss an das L-Gasversorgungsnetz unter den Voraussetzungen von Absatz 2 zu verweigern. ⁴Die Sätze 2 und 3 sind nicht anzuwenden, wenn der Anschluss bis zum 21. Dezember 2018 beantragt wurde.

(2) ¹Betreiber von Energieversorgungsnetzen können einen Netzanschluss nach Absatz 1 Satz 1 verweigern, soweit sie nachweisen, dass ihnen die Gewährung des Netzanschlusses aus betriebsbedingten oder sonstigen wirtschaftlichen oder technischen Gründen unter Berücksichtigung des Zwecks des § 1 nicht möglich oder nicht zumutbar ist. ²Die Ablehnung ist in Textform zu begründen. ³Auf Verlangen der beantragenden Partei muss die Begründung im Falle eines Kapazitätsmangels auch aussagekräftige Informationen darüber enthalten, welche Maßnahmen und damit verbundene Kosten zum Ausbau des Netzes im Einzelnen erforderlich wären, um den Netzanschluss durchzuführen; die Begründung kann nachgefordert werden. ⁴Für die Begründung nach Satz 3 kann ein Entgelt, das die Hälfte der entstandenen Kosten nicht überschreiten darf, verlangt werden, sofern auf die Entstehung von Kosten zuvor hingewiesen worden ist.

(3) ¹Die Bundesregierung wird ermächtigt, durch Rechtsverordnung mit Zustimmung des Bundesrates
1. Vorschriften über die technischen und wirtschaftlichen Bedingungen für einen Netzanschluss nach Absatz 1 Satz 1 oder Methoden für die Bestimmung dieser Bedingungen zu erlassen und
2. zu regeln, in welchen Fällen und unter welchen Voraussetzungen die Regulierungsbehörde diese Bedingungen oder Methoden festlegen oder auf Antrag des Netzbetreibers genehmigen kann.

²Insbesondere können durch Rechtsverordnungen nach Satz 1 unter angemessener Berücksichtigung der Interessen der Betreiber von Energieversorgungsnetzen und der Anschlussnehmer
1. die Bestimmungen der Verträge einheitlich festgesetzt werden,
2. Regelungen über den Vertragsabschluss, den Gegenstand und die Beendigung der Verträge getroffen werden und
3. festgelegt sowie näher bestimmt werden, in welchem Umfang und zu welchen Bedingungen ein Netzanschluss nach Absatz 2 zumutbar ist; dabei kann auch das Interesse der Allgemeinheit an einer möglichst kostengünstigen Struktur der Energieversorgungsnetze berücksichtigt werden.

§ 17 Teil 3. Regulierung des Netzbetriebs

Übersicht

	Rn.
A. Allgemeines	1
B. Normadressat	8
C. Anspruch auf Netzanschluss (Abs. 1)	10
I. Rechtsnatur des Anspruchs	13
II. Anspruchsberechtigte	19
1. Letztverbraucher und Ladepunkte für Elektromobile	20
2. Gleich- oder nachgelagerte Elektrizitäts- und Gasversorgungsnetze sowie -leitungen	25
3. Erzeugungs- und Speicheranlagen sowie Anlagen zur Speicherung elektrischer Energie	32
III. Festlegung der Spannungsebene oder Druckstufe	41
IV. Bedingungen des Netzanschlusses	49
1. Angemessen	50
2. Diskriminierungsfrei	59
3. Transparent	63
4. Sonstige Bedingungen	66
D. Verweigerung des Netzanschlusses (Abs. 2)	69
I. Grundsätzliches	69
II. Verweigerungsgründe (Abs. 2 S. 1)	79
1. Technische Gründe	80
2. Wirtschaftliche Gründe	82
E. Unterbrechung und Kündigung des Netzanschlussverhältnisses	86
F. Durchsetzung der Anschlusspflicht	95
G. Festlegungs- und VO-Ermächtigung	105

Literatur: *BNetzA,* Positionspapier zur Netzanbindungsverpflichtung nach § 17 IIa EnWG 2009 und Annex vom Januar 2011; *Büdenbender,* Grundlagen und Grenzen eines Anspruchs von Niederspannungskunden auf einen Wechsel zu einem Anschluss in Mittelspannung, RdE 2005, 285 ff.; *Buntscheck,* Der Anspruch auf Anschluss an Energieversorgungsnetze nach § 17 EnWG, WuW 2006, 30 ff.; *Meinhold,* Netzanschluss von Areal- und Objektnetzen nach „Mainova" und dem neuen EnWG – Auftrieb für Kraft-Wärme-Kopplung (KWK) und Contracting?, ZNER 2005, 196 ff.; *Schulte-Beckhausen/Ungemach,* Wirtschaftliche Unzumutbarkeit und allgemeine Anschlusspflicht unter den Prämissen der Anreizregulierung, in Kühne/Baur/Sandrock/Scholtka/Shapira (Hrsg.), Festschrift für Gunther Kühne, S, 2009, S. 365; *Weise/Ahnis/Clausen,* Besondere Netzanschlusssituationen bei Baustellen, Jahrmärkten und Co. – rechtliche Rahmenbedingungen und Praxisprobleme, IR 2014, 81; vgl. auch die Hinweise zu Vor § 17.

A. Allgemeines

1 § 17 dient der Gewährleistung der Anforderungen aus Art. 59 Abs. 2 Elt-RL 19 (entspricht Art. 37 Abs. 2 Elt-RL 09 und Art. 23 Abs. 2 Elt-RL 03) sowie Art. 41 Gas-RL 09 (entspricht Art. 25 Abs. 2 Gas-RL 03). Abs. 1 regelt die grundsätzliche Verpflichtung der Betreiber von Energieversorgungsnetzen zum Netzanschluss. In § 17 und § 18 enthält das EnWG eine systematisch über die europarechtlichen Vorgaben hinausgehende eigenständige Regelung des Netzanschlusses.

2 Vor Schaffung des § 17 wurden Ansprüche auf Netzanschluss auf die kartellrechtlichen Missbrauchsvorschriften der §§ 19, 20 GWB gestützt; im Mittelpunkt stand der Anschluss sog. Arealnetze. Auf die §§ 19, 20 GWB konnten sich – ebenso

wie auf den Durchleitungstatbestand des § 6 EnWG aF – jedoch nur Unternehmen berufen. Dagegen räumt § 17 auch Privaten einen Anspruch auf Netzanschluss ein
Der Netzanschluss umfasst die physikalische Anbindung der Anlage des Kunden 3 zur Entnahme oder Einspeisung von Energie bis zum nächsten geeigneten Anschlusspunkt des Netzes der allgemeinen Versorgung.

Die Vorschrift ist die **Grundnorm des Netzanschlussanspruchs.** Der An- 4 schluss von Letztverbrauchern (§ 3 Nr. 25, → § 3 Rn. 67) an Energieversorgungsnetze der allgemeinen Versorgung (§ 3 Nr. 17, → § 3 Rn. 42) in **Niederspannung bzw. Niederdruck** ist in § 18 besonders geregelt.

Über die allgemeinen Pflichten aus den §§ 17, 18 gehen die besonderen An- 5 schlusspflichten (→ **Vor § 17**) nach §§ 17a ff. (Offshore-Windenergieanlagen) hinaus, EEG 2021, 3 KWKG, 33 sowie 39a GasNZV (Anschlussregeln für Biogas- und LNG-Anlagen).

Abs. 2 enthält die Regelung, unter der ein Netzanschluss verweigert werden 6 kann. Eine besondere Ausnahme von der Anschlusspflicht findet sich schon in Abs. 1 S. 2 und 3, sofern es sich um neue Gasanschlüsse in einem L-Gasversorgungsnetz. Hintergrund ist hier die Marktraumumstellung (→ § 19a).

Verweise auf die Norm finden sich in der Grundnorm der Netzbetriebspflicht in 7 § 11, den Anschlussvorschriften der §§ 18 und 19, in der Ermächtigungsgrundlage zur Festlegungskompetenz in § 29 Abs. 1 sowie in den Zuständigkeitsregelungen des § 54 Abs. 2. Die Bußgeldvorschriften in § 95 laufen mangels ausgeübter Verordnungsermächtigung leer. §§ 115 und 118 enthalten eine Übergangsvorschriften für Altverträge. Netzausbaumaßnahmen, die dem Anschluss von Stromerzeugungsanlage nach § 17 Abs. 1 dienen sowie für den Anschluss von LNG – Anlagen gelten als Regelbeispiele für Investitionsmaßnahmen für Transportnetzbetreiber gem. § 23 Abs. 1 ARegV.

B. Normadressat

§ 17 verpflichtet die Betreiber von Energieversorgungsnetzen (→ § 3 Rn. 41). 8 Die Vorschrift gilt gem. § 3 Nr. 4 demnach für Betreiber von **Elektrizitätsversorgungsnetzen,** ebenso wie für Betreiber von **Gasversorgungsnetzen,** und zwar unabhängig von der Spannungsebene oder Druckstufe. Daher sind im Strombereich neben Betreibern von Elektrizitätsverteilernetzen auch Betreiber von Übertragungsnetzen zum Netzanschluss gem. § 17 verpflichtet (§ 3 Nr. 2). Im Gasbereich besteht eine Netzanschlussverpflichtung für Betreiber von Fernleitungsnetzen, Gasverteilernetzen, bestimmten LNG-Anlagen und Gasspeicheranlagen (§ 3 Nr. 6 und 20). Auch Betreiber von **geschlossenen Verteilernetzen** sind Verteilernetzbetreiber und auch gem. § 110 Abs. 1 nicht von der Anschlusspflicht nach § 17 ausgenommen. Der Adressatenkreis von § 17 deckt sich insofern mit dem von § 11. Die Ausführungen zu § 11, insbesondere zur Rechtsform der Netzbetreiber und zum Betreiberbegriff, gelten deshalb entsprechend (→ § 11 Rn. 36).

Die Netzanschlusspflicht trifft immer **nur den verpflichteten Netzbetreiber** 9 als Vertragspartner des Anlagenbetreibers. Betreiber von **Kundenanlagen** sind nicht nach § 17 verpflichtet, den Netzanschluss bereitzustellen. Sie sind nach ständiger Rechtsprechung des BGH allerdings verpflichtet, bestehenden Anschlussnutzern eine Drittbelieferung in der Kundenanlage zu ermöglichen. Andernfalls betreiben sie keine Kundenanlage, sondern sind Netzbetreiber und mithin auch anschlussverpflichtet nach § 17 (*Weise/Voß* IR 2014, 62).

C. Anspruch auf Netzanschluss (Abs. 1)

10 Nach Abs. 1 sind Betreiber von Energieversorgungsnetzen verpflichtet, Letztverbraucher, gleich- oder nachgelagerte Elektrizitäts- und Gasversorgungsnetze sowie -leitungen, Ladepunkte für Elektromobile, Erzeugungs- und Speicheranlagen sowie Anlagen zur Speicherung elektrischer Energie zu technischen und wirtschaftlichen Bedingungen an ihr Netz anzuschließen.

11 Über die Nennung von Betreibern von Anlagen zur **Speicherung elektrischer Energie** entfaltet die Regelung keine besonderen Rechtswirkungen, die über die ohnehin bestehende Anschlusspflicht als einerseits Letztverbraucher bei der Entnahme und Erzeugungsanlagen bei der Einspeisung von Energie hinausgeht (→ Rn. 35).

12 Ein Anschlusspetent, der nicht von Abs. 1 oder einer anderen Vorschrift erfasst ist, zB ein vorgelagerter Netzbetreiber, hat keinen gesetzlichen Anspruch auf Abschluss eines Anschlussvertrags und Netzanschluss. § 111 Abs. 1 und 2 schließen einen Anspruch auf Anschluss an ein Netz zu angemessenen Bedingungen nach §§ 19, 20 GWB durch die Kartellbehörden aus. Es liegt ein Fall der allgemeinen Missbrauchsaufsicht nach dem EnWG gem. § 30 Abs. 1 Nr. 2 vor.

I. Rechtsnatur des Anspruchs

13 Die Rechtsnatur des Anspruchs auf Netzanschluss ist in Abs. 1 nicht geregelt. Es stellte sich deshalb die schon im Zusammenhang mit § 6 EnWG aF umstrittene Frage (zum Meinungsstand vgl. BerlKommEnergieR/*Säcker/Boesche* EnWG § 17 Rn. 6), ob Abs. 1 S. 1 einen **unmittelbaren Anspruch** auf Netzanschluss einräumt oder einen auf den Abschluss eines Netzanschluss- bzw. Anschlussnutzungsvertrages gerichteten **Kontrahierungszwang** der Netzbetreiber regelt.

14 Für die allgemeine Anschlusspflicht nach § 18 geht der Gesetzgeber von einer differenzierenden Lösung aus. Danach soll das Netzanschlussverhältnis (Anschluss der Kundenanlage an das Netz) durch Vertrag zwischen Anschlussnehmer und Netzbetreiber mit Kontrahierungszwang begründet werden. Dagegen soll das Anschlussnutzungsverhältnis (Bereitstellung des Netzanschlusses zur Entnahme von Energie) kraft Gesetzes zustande kommen (Begr. BT-Drs. 15/3917, 58 f.). Entsprechende Regelungen enthalten die §§ 2 Abs. 2, 3 Abs. 2 NAV/NDAV.

15 Auf den **Netzanschluss und die Anschlussnutzung** nach Abs. 1 ist diese Systematik nicht ohne Weiteres übertragbar. Die Gesetzesbegründung für den Bereich der allgemeinen Anschlusspflicht weist auf die Interessen des Kundenschutzes und den Massengeschäftscharakter hin (Begr. BT-Drs. 15/3917, 59). Anders als § 18 Abs. 3 S. 1 Nr. 2 sieht die Verordnungsermächtigung in Abs. 3 auch nicht vor, dass Regelungen über die Begründung des Rechtsverhältnisses der Anschlussnutzung getroffen werden können. Vielmehr ermächtigt Abs. 3 S. 2 Nr. 2 nur zu Regelungen über den Abschluss, den Gegenstand und die Beendigung von Verträgen. Dies lässt sich so deuten, dass nach der Vorstellung des Gesetzgebers iRv § 17 das Anschlussnutzungsverhältnis nicht als gesetzliches Schuldverhältnis, sondern – wie das Netzanschlussverhältnis auch – durch Vertrag begründet werden soll.

16 Es zeigt sich auch, dass der **Wortlaut** von Abs. 1 (*„zu technischen und wirtschaftlichen Bedingungen an ihr Netz anzuschließen"*) nicht unbedingt für die Annahme eines unmittelbaren Netzanschlussanspruchs spricht. Insofern unterscheidet sich die Regelung auch vom Wortlaut in § 18 Abs. 1 S. 1 (*„zu diesen (vorab veröffentlichten*

Netzanschluss, Verordnungsermächtigung **§ 17**

und von der Verordnung gebundenen, allgemeinen Bedingungen, Anm. d. Verf.) Bedingungen jedermann an ihr Energieversorgungsnetz anzuschließen und die Nutzung zu gestatten") geht der Gesetzgeber hier vom Zustandekommen des Netzanschlussverhältnisses durch Vertrag und dementsprechend von einem **Kontrahierungszwang** aus.

Eine unmittelbare Vollzugsfähigkeit von Abs. 1 ist mangels Ausgestaltung der 17 Netzanschlussbedingungen durch eine der NAV bzw. NDAV vergleichbare Rechtsverordnung trotz der umfangreichen, als europäisches Sekundärrecht ausgestalteten **Netzkodizes** (→ Vor § 17 Rn. 61) für Netzanschlüsse auch weiterhin nicht gegeben. Es fehlen zahlreiche auszugestaltende Inhalte wie das der Eigentumsgrenze, Mitwirkungs- und Folgeobliegenheiten und Informationspflichten. Auch aus diesem Grund scheint eine vertragliche Vereinbarung zwischen Netzbetreiber und Anschlussnehmer weiterhin notwendig (so auch BerlKommEnergieR/*Säcker/Boesche* EnWG § 17 Rn. 7 und NK-EnWG/*Gerstner* EnWG § 17 Rn. 9). Vor diesem Hintergrund liegt es nahe, die Regelung in **Abs. 1 als Kontrahierungszwang** der Netzbetreiber zu verstehen. Eine Behinderung des Wettbewerbs muss darin nicht liegen, wenn zur Durchsetzung des Anspruchs eine unmittelbar auf die Durchführung des Netzanschlusses gerichtete Leistungsbeschwerde zugelassen wird (→ Rn. 96).

Ferner fordert Abs. 1 für die Nutzung des Netzanschlusses zum Bezug von Ener- 18 gie einen **Anschlussnutzungsvertrag** zwischen Netzbetreiber und Anschlussnutzer. Jedenfalls bei bereits bestehenden Netzanschlüssen wurde im Hinblick auf § 6 EnWG aF bemängelt, dass darin eine unangemessene Barriere für den Netzzugang liege (BerlKommEnergieR/*Säcker/Boesche* EnWG § 17 Rn. 88). Ein „Erst-recht-Schluss" aus der gesetzlichen Regelung in § 18 NAV/NDAV scheint nicht zulässig, da es sich bei Anschlüssen oberhalb der Niederspannung und Niederdruck regelmäßig um die energiewirtschaftlich komplexeren Anschlussnutzungsverhältnisse mit potenziell höheren Auswirkungen auf die Netzstabilität handelt. Nach überzeugenderer Ansicht ist daher ein Anschlussnutzungsvertrag erforderlich, um die Rechtsbeziehungen zwischen Anschlussnehmer und Netzbetreiber zu regeln (Schneider/Theobald EnergieWirtschaftsR-HdB/*Theobald/Zenke/Dessau* § 16 Rn. 36ff.).

II. Anspruchsberechtigte

Nach Abs. 1 haben Betreiber von Energieversorgungsnetzen Letztverbraucher, 19 gleich- oder nachgelagerte Elektrizitäts- und Gasversorgungsnetze sowie -leitungen, Ladepunkte für Elektromobile, Erzeugungs- und Speicheranlagen sowie Anlagen zur Speicherung elektrischer Energie an das Netz anzuschließen. Die Regelung vermischt Anspruchsberechtigte und an das Netz anzuschließende Anlagen. Letztverbraucher haben Anspruch auf Netzanschluss der entsprechenden Grundstücke oder Gebäude. Inhaber des Anspruchs auf Anschluss der genannten Netze, Leitungen und Anlagen sind deren Betreiber.

1. Letztverbraucher und Ladepunkte für Elektromobile. Letztverbraucher 20 sind gem. § 3 Nr. 25 Kunden, die Energie **für den eigenen Verbrauch** kaufen (→ § 3 Rn. 67). Umfasst sind natürliche oder juristische Personen. Im Hinblick auf die Unterscheidung von Netzanschluss und Anschlussnutzung ist ein **Anschlussnehmer** nach Abs. 1 auch dann anspruchsberechtigt, wenn er den Anschluss nicht selbst zur Entnahme von Energie nutzen will, es sich aber bei dem **Anschlussnutzer** um einen Letztverbraucher handelt. Unter dieser Voraussetzung hat der Anschlussnutzer selbst gem. Abs. 1 Anspruch auf Gestattung der Anschlussnutzung.

Bounwieg

§ 17 Teil 3. Regulierung des Netzbetriebs

21   Für den Fall der Vermietung von Grundstücken oder Gebäuden hat die Unterscheidung zwischen Netzanschluss und Anschlussnutzung – anders als im Rahmen der allgemeinen Anschlusspflicht nach § 18 (→ § 18 Rn. 15) – jedoch keine große praktische Bedeutung. Der Vermieter kann sich im Fall von Abs. 1 auch auf die Pflicht des Netzbetreibers zum Anschluss von Versorgungsleitungen berufen (→ Rn. 14). Betreiber von **Kundenanlagen** nach § 3 Nr. 24a und 24b sind wie Letztverbraucher zu behandeln, da sie gem. § 3 Nr. 16 keine Energieversorgungsnetze sind.

22   **Ladepunkte für Elektromobile** gelten im EnWG gem. § 3 Nr. 25 als Letztverbraucher, insoweit handelt es sich nur um eine Hervorhebung, um ihre Bedeutung zu betonen.

23   Von der Anschlusspflicht statuiert Abs. 1 S. 2 eine Ausnahme für ein Anschlussbegehren an die ohnehin zur Umstellung vorgesehene **L-Gasversorgungsnetze** (§ 19a) nach dem 21.12.2018. Unter der Voraussetzung von Abs. 2 S. 1 kann der Netzanschluss zwar auch verweigert werden. Dazu hätte der Betreiber des L-Gasversorgungsnetzes aber in jedem Einzelfall nachzuweisen, dass ihm der Netzanschluss aus betriebsbedingten oder sonstigen wirtschaftlichen oder technischen Gründen nicht möglich oder nicht zumutbar ist. Der Gesetzgeber hat allerdings Neuanschlüsse an das L-Gasnetz bei zurückgehender Verfügbarkeit der Mengen als Risiko für die Versorgungssicherheit bewertet, die Ablehnung eines Anschlusses ist unter erleichterten Bedingungen möglich.

24   Durch die Regelung ist ein Betreiber eines L-Gasversorgungsnetzes **im Grundsatz von der Pflicht zur Gewährung des Anschlusses an sein L-Gasversorgungsnetz entbunden.** Dadurch soll klargestellt werden, dass es keinen Anspruch auf Belieferung mit einer bestimmten Gasqualität gibt. Die Regelung richtet sich an Industrie- und Gewerbekunden, die sich nunmehr nach geeigneten Anschlusspunkten in einem H-Gasnetz orientieren müssen, um nicht alsbald gem. § 19a umgerüstet zu werden. Für Haushaltskunden ist in § 18 eine eigene Regelung vorgesehen. Um in besonderen Härtefällen die Verhältnismäßigkeit zu wahren, wird Anschlusspetenten der Nachweis gestattet, dass ihm der Anschluss an das H-Gasversorgungsnetz seinerseits aus wirtschaftlichen oder technischen Gründen unmöglich oder unzumutbar ist. Damit wird sprachlich an die durch Abs. 2 S. 1 bekannte Terminologie zum Anschlussverweigerungsrecht angeknüpft. Ein Fall der (technischen) Unmöglichkeit dürfte nur gegeben sein, wenn überhaupt kein H-Gasversorgungsnetz erreichbar ist. Kann der Anschluss an den nächsten Netzverknüpfungspunkt zwar hergestellt werden, wäre dies aber mit unverhältnismäßig hohen Kosten verbunden, kann ein Fall der (wirtschaftlichen) Unzumutbarkeit vorliegen. Angesichts der drohenden Gefahren für das Allgemeingut der Versorgungssicherheit, die mit dem Anschluss neuer L-Gas-Kunden verbunden sind und die im ungünstigsten Fall zu einer ganz oder teilweisen Unterbrechung der L-Gasversorgung führen könnten, gelten insoweit hohe Anforderungen. Allein der Umstand, dass der Anschluss an ein H-Gasversorgungsnetz mit **deutlich höheren Kosten** verbunden wäre, führt für sich genommen noch nicht zur Annahme wirtschaftlicher Unzumutbarkeit. Erforderlich ist vielmehr der Nachweis eines **besonderen Härtefalls,** der es rechtfertigt, die Interessen der Bestandskunden an der Aufrechterhaltung der Versorgungssicherheit hinter der Einzelinteressen des Neukunden zurücktreten (Begr. aus BT-Drs. 19/5523, 116f.).

25   **2. Gleich- oder nachgelagerte Elektrizitäts- und Gasversorgungsnetze sowie -leitungen.** Einen Anspruch auf Netzanschluss gem. Abs. 1 haben außer-

dem Betreiber **gleich- oder nachgelagerter Elektrizitäts- oder Gasversorgungsnetze oder -leitungen.** Selbst eine Ausnahme von der Regulierung gem. § 28a befreit nicht von der Netzanschlussverpflichtung (OLG Düsseldorf Beschl. v. 9.6.2010 – VI-3 Kart 193/09, BeckRS 2011, 21501). Nach dem Wortlaut von Abs. 1 sind alle Arten von Energieversorgungsnetzen nach § 3 Nr. 16 anspruchsberechtigt. Keine Voraussetzung ist, dass die Netze der allgemeinen Versorgung (§ 3 Nr. 17) dienen. Der Betreiber eines „**vorgelagerten Netzes**" hat nach dem Wortlaut in Abs. 1 keinen Anspruch auf Anschluss an das nachgelagerte Netz (LG Frankfurt a. M. Urt. v. 5.10.2006, ZNER 2006, 358).

Im Elektrizitätsbereich werden inklusive der Umspannebenen die Netzebenen 1 **26** (Höchstspannung in 220/380 kV) bis zu Netzebene 7 (Niederspannung mit 400 V) unterschieden. Im Gasnetzbetrieb ist die Abgrenzung nicht so klar, es wird üblicherweise eine Hoch- Mittel- und Niederdruckstufe unterschieden. Das EnwG enthält keine Definition der vor- und nachgelagerten Netze und setzt diese Netzebenenstruktur voraus. Man findet die Zählung abgebildet in der Anlage 3 (zu § 14 Abs. 3) StromNEV als Kostenträger für die Entgeltbildung Strom. Hier werden jeweils eigene Entgelte gebildet. Bei Gas gibt es nur die druckstufenbezogenen Kostenstellen in Anlage 2 (zu § 12 S. 1) GasNEV.

Gebräuchlich ist die Einordnung als nachgelagertes Netz mit der **Flussrichtung 27** der Elektrizität dergestalt, dass die jeweils höheren Spannungsebenen das vorgelagerte Netz darstellen. Gleichgelagert ist demnach ein Netz gleicher Spannungsebene, auch wenn es physikalisch vor dem Anschluss an die nächsthöhere Spannungsebene liegt. Hier findet in Teilbereichen gerade eine Veränderung insoweit statt, als dass in einer größer werdenden Zahl von Netzen oder Netzbereichen auf Verteilernetzebene in einer Mehrheit von Stunden im Jahr eine **Rückspeisung** von in den unteren Netzebenen erzeugtem Strom erfolgt. An der Einordnung von vor- und nachgelagerten Netzen ändert dies nichts.

Man stelle sich vor, Rückspeisenetzbetreiber A betrachte sich aufgrund der Rückspeisung als **28** vorgelagerter Netzbetreiber. Die Rückspeisung führt zu Ausbaubedarf auf der höheren Spannungsebene bei Netzbetreiber B. Entgelte werden für die Rückspeisung nicht gezahlt. Netzbetreiber B käme auf die Idee, den Netzanschluss zu kündigen (→ Rn. 86). Netzbetreiber A hat als vermeintlich vorgelagerter Netzbetreiber keinen Anschlussanspruch nach Abs. 1 (→ Rn. 25). Auf die Versorgungssicherheit und Kostenvorteile durch die Integration in das europäische und nationale Verbundnetz kann und will allerdings Netzbetreiber A nicht verzichten.

Zu Elektrizitätsversorgungsnetzen gehören Übertragungs- und Elektrizitätsver- **29** teilernetze (§ 3 Nr. 2, → § 3 Rn. 12). Anschlussberechtigt sind daher auch Betreiber geschlossener Verteilernetze. Auch bei diesen Netzen handelt es sich um Elektrizitätsverteilernetze (→ § 110 Rn. 12ff.). Gasversorgungsnetze sind gem. § 3 Nr. 20 Fernleitungsnetze, Gasverteilernetze, LNG-Anlagen und Speicheranlagen, wobei Letztere für den Zugang zur Fernleitung, zur Verteilung oder zu LNG-Anlagen erforderlich sind und einem oder mehreren Energieversorgungsunternehmen gehören oder von ihm bzw. von ihnen betrieben werden müssen (→ § 3 Rn. 39).

Das EnWG enthält keine Definition der nach Abs. 1 ebenfalls an das Netz an- **30** zuschließenden Elektrizitäts- oder Gasversorgungsleitungen. Erfasst werden Verbindungsleitungen, Stand-alone-Interkonnektoren und netzähnliche Installationen, die – ohne Energieversorgungsnetz zu sein – dem Transport von Elektrizität oder Gas dienen (*Buntscheck* WuW 2006, 30 (34)).

Stand-alone-Interkonnektoren, die insbesondere grenzüberschreitende Verbin- **31** dungsleitungen zwischen Mitgliedstaaten der EU gem. § 3 Nr. 34 darstellen und

Übertragungsnetzbetreiber sind (BGH Beschl. v. 7.3.2017 – EnVR 21/16, NVwZ-RR 2017, 492), fallen als gleichgelagertes Netz unter den Anspruch aus Abs. 1. Darüber hinaus ergibt sich die Pflicht zum Anschluss auch der europäischen Binnenmarktintegration, die in Art. 3 Abs. 1 und 2 Elt-RL 19 und Art. 3 Abs. 7 Gas-RL 09 Ausdruck gefunden haben.

32 **3. Erzeugungs- und Speicheranlagen sowie Anlagen zur Speicherung elektrischer Energie.** Betreiber von Energieversorgungsnetzen haben nach Abs. 1 ferner Erzeugungs- und Speicheranlagen sowie Anlagen zur Speicherung elektrischer Energie an ihr Netz anzuschließen. Trotz der Ungenauigkeit in der Formulierung ist davon auszugehen, dass sowohl Eigentümer als Anschlussnehmer als auch Betreiber als Anschlussnutzer den Anspruch innehaben (NK-EnWG/ *Gerstner* § 17 Rn. 30, BerlKommEnergieR/*Säcker/Boesche* EnWG § 17 Rn 17).

33 Erzeugungsanlagen sind alle Anlagen zur Gewinnung von Energie aus konventionellen oder regenerativen Quellen (Schneider/Theobald EnergieWirtschaftsR-HdB/*de Wyl/Thole/Bartsch* § 17 Rn. 189 ff.). Für Anlagen nach dem **EEG** oder dem **KWKG** unterfallende Anlagen sowie **Biogasanlagen** und **LNG –Anlagen** nach der GasNZV ist der Netzanschluss spezialgesetzlich geregelt. Gleiches gilt bei Erzeugungsanlagen mit einer Nennleistung ab 100 MW für den Anschluss an das Hoch- und Höchstspannungsnetz nach der **KraftNAV** (→ Vor § 17 Rn. 46 ff.).

34 Speicheranlagen kannte das EnWG bis 2022 nur als Gasspeicheranlagen (§ 3 Nr. 19c). Diese sind teilweise bereits als Gasversorgungsnetz anzuschließen (§ 3 Nr. 20). Deshalb hat die gesonderte Erwähnung von Speicheranlagen in Abs. 1 praktische Bedeutung vor allem für die Anlagen, welche die Voraussetzungen des § 3 Nr. 20 nicht erfüllen, also für reine für den Handel betriebene Gasspeicher. Dann wurde die Energiespeicheranlage in § 3 Nr. 15d ergänzt. Diese soll nunmehr die Anlagen zu Speicherung elektrischer Energie erfassen. In Abs. 1 S. 1 wurde die neue Definition allerdings noch nicht nachgezogen.

35 Abs. 1 ist eine von einer Vielzahl von Stellen im EnWG, in denen mittlerweile die **Anlagen zur Speicherung elektrischer Energie** separat genannt sind (ua auch in §§ 1 Abs. 4 Nr. 3, Abs. 3, 12 Abs. 4 Nr. 2, 13a Abs. 1, 13b, 13i, 13j Abs. 1 Nr. 4, 18 Abs. 2; 19, 31, 118 EnWG). Allerdings haben diese Vorschriften an keiner Stelle eine eigene Regelungswirkung hinsichtlich der Einordnung als Erzeugungsanlage oder Last mit Ausnahme der Befreiung von Netzentgelten in § 118.

36 § 118 Abs. 6 S. 3 kennt eine Legaldefinition von Anlagen zur Speicherung elektrischer Energie als ortsfeste Anlagen zur Speicherung elektrischer Energie. Dazu ist erforderlich, dass die Energie aus dem Netz der allgemeinen Versorgung entnommen wurde, zeitverzögert in dasselbe Netz eingespeist wurde und den Speicherprozess tatsächlich elektrisch, chemisch, mechanisch oder physikalisch durchlaufen hat.

37 Häufig wird argumentiert, dass Anlagen zur Speicherung elektrischer Energie eine **eigene Rolle** in der Energiewende hätten und daher eigenen Regeln unterworfen sein sollten. Eine je eigene Rolle kann allerdings auch für Erzeugungsanlagen je eigener Art beschrieben werden, sodass dargelegt werden müsste, dass bei energiewirtschaftlicher Betrachtung gerade aus Sicht des Netzes Anlagen zur Speicherung elektrischer Energie sich grundlegend anders verhielten als andere Erzeugungsanlagen oder Letztverbraucher. Dies hat der Gesetzgeber bislang als solches nicht erkennen lassen (ausdr. BT-Drs. 17/6365, 33).

38 Eine **Einordnung** als energiewirtschaftliche **Letztverbraucher** und **Erzeuger** wird gestützt durch die Rechtsprechung des BGH (BGH Beschl. v. 17.11.2009 –

EnVR 56/08, RdE 2010, 223, bestätigt durch BGH Beschl. v. 9.10.2012 – EnVR 47/11, RdE 2013, 169). In seiner Entscheidung führt der BGH zunächst aus, dass Betreiber von Pumpspeicherkraftwerken entgeltpflichtige Netznutzer iSd §§ 20f. seien. Das Pumpspeicherkraftwerk müsse als Letztverbraucher (§ 14 StromNEV) angesehen werden, weil durch das Hochpumpen des Wassers Strom verbraucht werde. Hieran ändere auch der Umstand nichts, dass mit dem Ablassen des Wassers wieder Strom zurückgewonnen werden könne, wenn auch nur in der Größenordnung von 75 bis 80 Prozent des eingesetzten Stroms. Zwar sei der gesamte Vorgang wirtschaftlich betrachtet ein System, in dem Energie gespeichert werden solle. Da die Energie zunächst jedoch verbraucht werde, indem sie in mechanische Energie umgewandelt werde, liege ein Letztverbrauch vor; der Zweck des Verbrauchs sei irrelevant. Das Nebeneinander von Weiterverteilung und Letztverbrauch als Form entgeltpflichtiger Netznutzung mache deutlich, dass die Nutzung der Energie maßgebend sei.

Abzustellen ist umgekehrt bei der Energieerzeugung daher alleinig darauf, dass **39** auf Basis eines anderen Energieträgers durch Rückumwandlung elektrische Energie erzeugt wird. Dabei ist unerheblich, dass keine einhundertprozentige Energieumwandlung erfolgt. Eine solche ist physikalisch, unabhängig von dem verwendeten Primärenergieträger, generell nicht möglich. In einem Batteriespeicher wird elektrische Energie letztlich auch nur in chemische Energie umgewandelt. Folglich handelt es sich auch bei einem Batteriespeicher um einen Letztverbraucher bei der Entnahme und eine Erzeugungsanlage bei der Einspeisung von Energie.

Diese Einordnung des BGH ist daher **energiewirtschaftlich wie technisch** **40** **weiterhin zutreffend.** In der Einspeicherung von elektrischer Energie durch Entnahme aus dem Netz liegt eine Netznutzung, ein Letztverbrauch vor. Das Stromnetz muss auf diese Entnahme zeitgleich mit allen anderen Lasten ausgelegt sein, um die vereinbarte Anschluss- und Entnahmeleistung bereitzustellen. Die Einspeisung in ein Netz aus einem Stromspeicher erfolgt dem entgegen stets zeitungleich zur Entnahme und wirkt auf das Netz wie jede andere Einspeisung. Daran ändert sich auch nichts, wenn mit der Anlage zur Speicherung elektrischer Energie zeitweise Systemdienstleistungen für das Übertragungsnetz erbracht werden. Dies erbringen Erzeugungsanlagen anderer Art auch. Mithin beansprucht die energierechtliche Einordnung im Sinne des BGH in seiner Entscheidung aus dem Jahr 2009 rechtlich, aber auch inhaltlich zu Recht Geltung. Vielmehr deuten die Änderung in § 13j Abs. 1 Nr. 4 oder in § 19 Abs. 4 StromNEV zu besonderen Netzentgelten für Stromspeicher darauf hin, dass das Gesetz weiterhin eine entsprechende Einordnung von Stromspeichern als Erzeugungsanlagen bzw. Letztverbrauchern trifft, die gegebenenfalls in geregelten Einzelfällen durchbrochen werden kann oder soll.

III. Festlegung der Spannungsebene oder Druckstufe

Nicht in allen Fällen steht fest, auf welcher Spannungsebene oder Druckstufe der **41** Netzanschluss nach elektrizitäts- oder gaswirtschaftlichen Grundsätzen zu erfolgen hat. Es gibt keine festen Grenzen, die eine eindeutige Zuordnung erlauben würden. Der DistributionCode 2007 sah in Ziff. 2.2. eine Richtlinie zur Prüfung der richtigen Anschlussebene vor, ohne die typische Leistung für die Versorgung aus der Mittelspannung zu konkretisieren. Hier gibt es keine technisch eindeutigen Parameter. Die bekannten Leistungsgrenzen liegen zwischen 3 MW und 10 MW (Monitoringbericht der BNetzA 2007, S. 57).

§ 17 Teil 3. Regulierung des Netzbetriebs

42 Die Netzebene, an die angeschlossen wird, hat **wirtschaftlich erhebliche Bedeutung.** Die Netzentgelte, die der Anschlussnutzer zu zahlen hat, bestimmten sich nach der Anschlussebene der Entnahmestelle (→ Vor § 17 Rn. 127). Diese bemisst sich nach der Leistungs- und Eigentumsgrenze, also dem Punkt, wo das vorgelagerte Netz endet und die Anlage des Kunden beginnt (BNetzA Beschl. v. 20.6.2011 – BK6-11-085, S. 4).

43 Die Art der Kostenwälzung hat immer zur Folge, dass die Netzkosten einer Ebene inklusive der zugewälzten Restkosten der vorgelagerten Netzebenen auf alle Netzanschlussnutzer umgelegt werden. Nachgelagerte Ebenen sind immer teurer als vorgelagerte Ebenen, die Verschiebung des Anschlusses in eine höhere Netzebene hat individuell ein niedrigeres Netzentgelt für den Anschlussnutzer zur Folge, für die in der nachgelagerten Netzebene verbleibenden Netznutzer wird es teurer.

44 Diese Kostenstrukturfrage hat nur unmittelbare Folgen für die übrigen Netznutzer des Netzbetreibers. Der Netzbetreiber selbst wird eventuell mittelbar durch eine veränderte Effizienz im Rahmen der Anreizregulierung bei Verschlechterung seiner Kostenstruktur betroffen. Daher gab es regelmäßig Auseinandersetzungen um das **Netzebenenwahlrecht** bei Neu- und Bestandsanschlüssen. Diese Diskussion ist mittlerweile jedoch weitgehend entschieden.

45 Auf welcher Spannungsebene oder Druckstufe der Netzanschluss erfolgen soll, bestimmt nach Abs. 1 der Anschlussnehmer (BGH Urt. v. 23.6.2009 – EnVR 48/08, ZNER 2009, 239). Dies gilt auch für Bestandskunden, die die Anschlussebene verändern wollen. Das Argument der negativen Veränderung der Kostenstruktur für alle anderen Anschlussnehmer wurde vorgebracht und gewürdigt. Es ist in der Konzeption des § 17 gem. Abs. 3 Nr. 3 allerdings einer Verordnung vorbehalten, die Zumutbarkeit der Anschlüsse unter Würdigung der Interessen der Allgemeinheit an einer möglichst kostengünstigen Struktur der Netze auszugestalten. Das schließt ein, dass dem Anschlussnehmer nach Abs. 1 im Grundsatz ein Bestimmungsrecht der Anschlussebene zukommt. (zur Geschichte der VO-Ermächtigung BNetzA Beschl. v. 23.8.2007 – BK6-07-013 Rn. 49).

46 Auch durch die Verwendung des einheitlichen Begriffs des „Netzes" in § 17 Abs. 1 kommt dieses Wahlrecht des Kunden zum Ausdruck (BGH Beschl. v. 23.6.2009 – EnVR 48/08 Rn. 12, ZNER 2009, 239). Erfolgt der Anschluss in Mittelspannung, hat der Arealnetzbetreiber selbst durch entsprechende Anlageninvestitionen für die erforderliche Umspannung zu sorgen. Soweit der Netzbetreiber einen entsprechenden Anschluss für nicht sachgerecht hält, kann er diesen nur unter den in Abs. 2 geregelten Voraussetzungen (→ Rn. 69ff.) verweigern. Eine Bedeutung hat dieser Regelungsmechanismus für die Darlegungs- und Beweislast. Sie liegt gem. Abs. 2 beim Netzbetreiber (*Buntscheck* WuW 2006, 30 (35)).

47 Nach der Entscheidungspraxis der BNetzA darf ein Anschlussebenenwechsel nur noch dann verweigert werden, wenn Netzinvestitionen aufgrund eines vom Kunden gesetzten Vertrauenstatbestandes getätigt wurden (BGH Beschl. v. 23.6.2009 – EnVR 48/08; BNetzA Beschl. v. 23.8.2007 und 5.9.2007 – BK6-07-013 Rn. 71 u. BK6-07-022, IR 2008, 44 (45)). Wird aufgrund der technischen Anschlussbedingungen des Netzbetreibers bei einem **kundeneigenen Trafo,** an den mehrere Letztverbraucher angeschlossen sind, erst niederspannungsseitig mit einem RLM-Zähler gemessen, so ändert dies die Anschlussebene nicht (BNetzA Beschl. v. 20.6.2011 – BK6-11-085, S. 5).

48 Die freie Wahl der Netzebenen ergibt sich nicht zwingend aus den **europarechtlichen Vorgaben** (EuGH Urt. v. 9.10.2008 – C 239/07, EuZW 2009, 12

(15)), demnach wäre auch die Beschränkung durch eine Verordnung auf Basis von Abs. 3 S. 2 Nr. 3 europarechtlich zulässig.

IV. Bedingungen des Netzanschlusses

Der Netzanschluss muss gem. Abs. 1 zu technischen und wirtschaftlichen Bedingungen erfolgen, die angemessen, diskriminierungsfrei und transparent sind. Sie betreffen das „Wie" der Anschlussgewährung und können sich im Einzelfall unterschiedlich ausprägen. Insbesondere dürfen die Bedingungen nicht ungünstiger sein als die, welche von den Betreibern der Energieversorgungsnetze innerhalb ihres Unternehmens oder gegenüber verbundenen oder assoziierten Unternehmen angewendet werden. Abs. 1 gilt für sämtliche Netzanschlussbedingungen, beispielsweise die Anforderungen an Kundenanlagen und andere Netze, Anschlusskosten, Baukostenzuschüsse, Haftungsfragen, Vereinbarungen über Leistungen des Netzbetreibers, Zahlungen, Laufzeiten etc. **49**

1. Angemessen. Welche Bedingungen **angemessen** sind, ist bis zum Erlass einer Rechtsverordnung gem. Abs. 3 nach allgemeinen Maßstäben zu bestimmen, da es an einer solchen Verordnung bislang fehlt. **50**

Netzbetreiber sind nach § 19 verpflichtet, technische Netzanschlussbedingungen festzulegen und im Internet zu veröffentlichen. Übertragungsnetzbetreiber und zum Teil auch Verteilernetzbetreiber sind durch europäische Netzanschlusskodizes für den Anschluss von Erzeugungsanlagen und Lasten (NC RfG, NC DCC und NC HVDC → Vor § 17 Rn. 61ff.) unmittelbar verpflichtet. Für den Anschluss von Windenergieanlagen ab der Mittelspannung gilt die SDLWindV. **51**

Für den Anschluss von Letztverbrauchern in Niederspannung bzw. in Niederdruck gelten die speziellen Regelungen der auf Grundlage § 18 Abs. 3 erlassenen Netzanschlussverordnungen in Niederspannung und Niederdruck. Diese können angesichts der Unterschiedlichkeit der Sachverhalte zwischen dem Anschluss an die unterste Netzebene und höhere Netzebenen nur eingeschränkte Vorbildwirkung haben. Die Netzanschlussbedingungen für Netze oberhalb der Niederspannung bzw. Niederdruck müssen jedenfalls guter fachlicher Praxis entsprechen. In technischer Hinsicht bedeutet dies, dass der Netzbetreiber grundsätzlich die im **technischen Regelwerk,** insbesondere den anerkannten Regeln der Technik nach § 49 enthaltenen Anschlussvoraussetzungen verlangen kann, soweit es sich um technisch veranlasste Vorgaben handelt (BNetzA Beschl. v. 19.3.2012 – BK6-11-113). Mangels rechtlicher Verbindlichkeit des Regelwerks hat der Anschlussnehmer nach Abs. 2 einen Anspruch auf davon abweichende Bedingungen, soweit die Anforderungen des technischen Regelwerks aufgrund besonderer Umstände des Einzelfalls unangemessen sind. **52**

In wirtschaftlicher Hinsicht geht es bei der Angemessenheit der Anschlussbedingungen um die Höhe der mit dem Netzanschluss verbundener Kosten. **53**

Netzanschlusskosten sind die Kosten für die **technische Anbindung** oder Veränderung der Anlage des Anschlussnehmers an das Netz des Netzbetreibers an einem geeigneten Verknüpfungspunkt einschließlich aller in diesem Zusammenhang für den sicheren Netzbetrieb erforderlichen, direkt zurechenbaren Einrichtungen. Diese sind grundsätzlich vom Anschlussnehmer zu tragen, wenn nicht einer der zahlreichen Sondervorschriften greift (→ Vor § 17 Rn. 19ff.) **54**

Regelmäßig werden neben den reinen Netzanschlusskosten zur Herstellung des Einzelanschlusses auch Baukostenzuschüsse vom Anschlussnehmern erhoben **55**

Bourwieg

§ 17 Teil 3. Regulierung des Netzbetriebs

(→ Vor § 17 Rn. 114). Hierbei handelt es sich um ein im Zuge der Anschlussstellung und -erweiterung vom Anschlussnehmer zu entrichtendes Entgelt für die dauerhafte **Bereitstellung von einer Anschlussleistung** durch den Netzbetreiber im eigenen Netz.

56 Die wesentliche Funktion von Baukostenzuschüssen liegt in ihrer Lenkungs- oder Steuerungswirkung. Die Erhebung von Baukostenzuschüssen ist nur für die untersten Netzebenen in den §§ 11 NAV und NDAV ausdrücklich geregelt. Trotzdem ist die Erhebung von Baukostenzuschüssen auch in den höheren Netzebenen als allgemein üblich und rechtlich anerkannt (BGH Beschl. v. 9.10.2012 – EnVZ 14/12, BeckRS 2013, 3080; OLG Düsseldorf Beschl. v. 8.11.2006 – VI-3 Kart 291/06 (V) Rn. 25f); auch zivilrechtlich (OLG Düsseldorf (27. Zivilsenat) Urt.v. 17.4.2019 – 27 U 9/18 Rn 55, BeckRS 2019, 14305).

57 Ein Baukostenzuschuss wird einmal bei Herstellung des Netzanschlusses erhoben. Ändert sich der bestehende Netzanschluss zB durch Ortswechsel des Anschlussnehmers, Leistungserhöhung oder bei Wechsel der Anschlussnetzebene, so kann dieser erneut erhoben werden (BNetzA Beschl. v. 11.2.2009 – BK6-07-043, dazu *Krüger* IR 2008, 92).

58 Hinsichtlich der Baukostenzuschüsse muss ihre Angemessenheit und Diskriminierungsfreiheit nachweisbar sein. Das bedeutet keineswegs, dass nicht mehrere Ermittlungswege zu Berechnung der angemessenen Baukostenzuschüsse möglich sind und pauschalierte Verfahren zu angemessenen Ergebnissen führen können. Der BGH hat zu § 11 NAV/NDAV festgestellt, dass bei der Bestimmung der Berechnungsweise bei Bestehen von mehreren Methoden das Versorgungsunternehmen nicht immer die Berechnungsmethode anzuwenden habe, die zu einem für den Anschlussnehmer geringeren Baukostenzuschuss führe, es solle eine für alle Versorgungskunden kostengünstige Energieversorgung gewährleistet werden (BGH Urt. v. 12.12.12 – VIII ZR 341/11, ER 2013, 79 (81)).

59 **2. Diskriminierungsfrei.** Die Bedingungen des Netzanschlusses müssen **diskriminierungsfrei** sein. Dieses Erfordernis zielt darauf ab, Netzanschlussbedingungen zu verhindern, die den Netzanschluss im Einzelfall unbillig erschweren oder einzelne Netzanschlussnehmer ohne sachlichen Grund bevorzugen. Dies könnte bei einer regelmäßigen Bereitstellung von höherer als der gebuchten Netzanschlusskapazität in Form von „bedingter Netzanschlusskapazität" der Fall sein (so auch BerlKommEnergieR/*Säcker/Boesche* EnWG § 17 Rn. 27), die gelegentlich vorgeschlagen wird (vgl. Gutachten Digitalisierung der Energiewende, Topthema 2: Regulierung, Flexibilisierung und Sektorkopplung, im Auftrag des BMWi, 2018).

60 Dabei sind die Umstände des Einzelfalls durchaus in den Blick zu nehmen. Nur die „diskriminierungsfreie", weil gleiche **Anwendung neuer Allgemeinen Geschäftsbedingungen** für Netzanschlüsse auch **auf Altverträge** mag als Nachweis der Diskriminierungsfreiheit nicht ausreichen (OLG Düsseldorf Beschl. v. 21.3.2012 – VI-2 U (Kart 7/11), BeckRS 2013, 3145).

61 Ein **Verzicht auf die Erhebung von Baukostenzuschüssen** für einzelne der genannten Nutzergruppen in Abs. 1 ohne gesetzliche Grundlage bei einem Netzbetreiber, der grundsätzlich Baukostenzuschüsse erhebt, zB für Ladepunkte für Elektrofahrzeuge oder Anlagen zur Speicherung elektrischer Energie, obwohl energiewirtschaftlich vergleichbare Sachverhalte vorliegen (→ Rn. 35ff.), muss ebenfalls als Diskriminierung betrachtet werden.

62 Nach Abs. 1 dürfen die Netzanschlussbedingungen nicht ungünstiger sein, als sie von den Netzbetreibern in vergleichbaren Fällen innerhalb ihres Unternehmens

oder gegenüber verbundenen oder assoziierten Unternehmen angewendet werden. Der Grund dieses **vertikalen Diskriminierungsverbots** ist die gängige und vor dem Hintergrund der Entflechtungsregeln der §§ 6 ff., insbesondere der Anforderungen an die Rechnungslegung und interne Buchführung gem. § 6b, rechtlich gebotene Praxis von Unternehmen, auch unternehmensintern sowie gegenüber verbundenen und assoziierten Unternehmen erbrachte Leistungen ebenso wie gegenüber fremden Unternehmen zu bewerten und zu berechnen. Der einzige Unterschied des vertikalen Diskriminierungsverbots zum allgemeinen Diskriminierungsverbot könnte darin liegen, dass es bei einer Besserstellung zugunsten eines Konzernunternehmens **nicht darauf ankäme,** ob die Ungleichbehandlung sachlich gerechtfertigt wäre (so BerlKommEnergieR/*Säcker/Boesche* EnWG § 17 Rn. 32).

3. Transparent. Das Gebot der **Transparenz** betrifft zwei Aspekte. Zunächst 63 geht es um die Möglichkeit der Anschlussnehmer zur **Kenntnisnahme** der Netzanschlussbedingungen (§ 14e). Anders als § 18 Abs. 1 erfordert § 17 Abs. 1 dazu nicht die Veröffentlichung der Bedingungen durch die Netzbetreiber. Zu veröffentlichen sind gem. § 19 jedoch technische Mindestanforderungen für den Netzanschluss. § 19 konkretisiert dadurch das Transparenzgebot nach Abs. 1 (*Buntscheck* WuW 2006, 30 (35)). Die sonstigen Bedingungen des Netzanschlusses müssen für die wesentlichen Anwendungsfälle durch den Netzbetreiber ausdrücklich niedergelegt sein (BerlKommEnergieR/*Säcker/Boesche* EnWG § 17 Rn. 39), sodass sie den Anschlussnehmern auf Verlangen in geeigneter Form zugänglich gemacht werden können.

Ein zweiter Aspekt des Transparenzgebots ist die Möglichkeit der Anschlussneh- 64 mer, die Netzanschlussbedingungen der Netzbetreiber **inhaltlich nachvollziehen** zu können. Praktische Bedeutung hat dieser Aspekt vor allem für die Bemessung der Netzanschlussentgelte und Baukostenzuschüsse. Insofern stellt sich die Frage, ob die Netzbetreiber den Anschlussnehmern oder jedenfalls einem sachkundigen Beauftragten des Anschlussnehmers auf Verlangen die Grundlagen der **Kalkulation der Netzanschlussentgelte** offenzulegen haben. Dies ist für die Anschlusskosten im Rahmen des Wahlrechts des Anschlussnehmers im üblichen Rahmen zu bejahen (in Abgrenzung zu § 18 so wohl auch BGH Urt. v. 12.12.2012 – VIII ZR 341/11).

Es kommt ein zivilrechtlicher Anspruch der Anschlussnehmer auf Offenlegung 65 der Kalkulationsgrundlagen der Netzanschlussentgelte in Betracht (vgl. BGH Urt. v. 15.7.2009 – VIII ZR 225/07, NJW 2009, 2662 (2666) zur Beweislast bei Gaspreiserhöhungen).

4. Sonstige Bedingungen. Grundsätzlich zulässig ist es auch, den Anschluss- 66 nehmer im Rahmen des Netzanschlussvertrags an die einmal bereitgestellte Leistung zu binden und ihn bei einer **Leistungsüberschreitung** vertraglich zu pönalisieren. Der Höhe nach muss sich eine solche **Vertragsstrafe** für Leistungsüberschreitung an den Grundsätzen des Abs. 1 messen lassen. Sie muss allerdings höher sein als ein sich sonst einstellender Leistungspreis, da ansonsten von ihr keine Sanktionswirkung ausgeht und strukturell unterdimensionierte Netzanschlüsse mit unabsehbaren Risiken für die Netzbetriebsführung bestellt werden könnten.

Eine Vertragsstrafe für eine dauerhafte **Leistungsunterschreitung** ist dagegen 67 wohl nicht angemessen. Eine Mindestabnahmeverpflichtung sieht § 17 nicht vor. Der Anschlussnehmer hat über Anschlusskosten und gegebenenfalls über Baukostenzuschüsse die Kosten der Leistungsbereitstellung für das Netz bezahlt. Die Pönalisierung der Nichtabnahme einer Leistung ist dem allgemeinen Vertragsrecht eher fremd (Rechtsgedanke aus § 309 Nr. 6 BGB), auch sieht die NAV eine solche Sanktion nicht vor. Allerdings hat der Netzbetreiber möglicherweise ein Interesse an der Korrektur der Leistungsbereitstellung (→ Rn. 94).

68 Die **Verletzung von Leistungsparametern** des Anschlusses ist jedenfalls keine Verantwortung des Lieferanten, sondern des Anschlussnehmers (Positionspapier der BNetzA v. 9.7.2008 im Rahmen BK6p-06-041, www.bundesnetzagentur.de/Beschlusskammern/Beschlusskammer 6 →Suche: BK6-06-041). Die Vorschrift gewährleistet auch keine Einspeisung mit einer gleichbleibend hohen Netzanschlusskapazität bei auftretenden **Engpässen bei der Netznutzung** (BGH Beschl. v. 1.9.2020 – EnVR 7/19 Rn. 34).

D. Verweigerung des Netzanschlusses (Abs. 2)

I. Grundsätzliches

69 Von der grundsätzlichen Verpflichtung zum Netzanschluss gem. Abs. 1 ausgehend, eröffnet Abs. 2 den Netzbetreibern die Möglichkeit, den Netzanschluss im Einzelfall zu verweigern. Die Netzbetreiber sind dazu nur berechtigt, wenn einer der in Abs. 2 S. 1 genannten Verweigerungsgründe vorliegt.

70 Ob die Gewährung des Netzanschlusses für den Netzbetreiber unzumutbar ist, lässt sich nur anhand der **konkreten Umstände des Einzelfalls** beurteilen. Erforderlich ist eine Abwägung aller im Einzelfall relevanten Belange. In die Abwägung einzubeziehen sind unter Berücksichtigung der Ziele des § 1 und der Grundsätze der Elt-RL und Gas-RL insbesondere die gegenläufigen Interessen des Netzbetreibers und Anschlussnehmers (seit BGH Urt. v. 23.6.2009 – EnVR 48/08, RdE 2009, 336 in ständiger Rspr).

71 Dabei sind **aufseiten des Netzbetreibers** unter anderem die **Kosten für die Herstellung** des Netzanschlusses, die grundsätzlich der Anschlussnehmer zu tragen hat (→ Vor § 17 Rn. 99), oder die **Folgekosten** wie etwa für einen Netzausbau bzw. Engpassbewirtschaftungsmaßnahmen zu berücksichtigen. Auch eine Erhöhung der Netzkosten und Verschlechterung der Effizienzbewertung im Rahmen der ARegV durch schlechtere Kapazitätsnutzung wird zu berücksichtigen sein. Dabei ist allerdings ein strenger Maßstab anzulegen, wann die Grenze der Unzumutbarkeit überschritten ist (zu weitgehend wohl Elspas/Graßmann/Rasbach/*Brodowski* EnWG § 17 Rn. 52).

72 **Aufseiten des Anschlussnehmers** spielt in der Abwägung insbesondere eine Rolle, in welchem Maße er für den Energiebezug auf den konkret gewünschten Anschluss angewiesen ist, ob alternative Anschlussmöglichkeiten bestehen oder ob es ihm nur um eine Kostenreduzierung geht. Hat ein nachgelagerter, ehemals integrierter Verteilernetzbetreiber seine Anschlusskapazität an das vorgelagerte Übertragungsnetz jahrelang bewusst unterdimensioniert, so kann er keine sofortige Anpassung der Anschlusskapazität verlangen (OLG Düsseldorf Urt. v. 15.3.2017 – VI-3 Kart 181/15 (V), RdE 2017, 363 – enervie), zumal ein nachgelagerter Netzbetreiber in der Regel Alternativen der Kapazitätsbewirtschaftung hat, die dem „gemeinen Letztverbraucher" nicht zur Verfügung stehen. Gerade angesichts der Langfristigkeit der Investitionsentscheidungen muss im Sinne der Kooperationspflicht aus § 11 und den Zielen des § 1 eine **vorausschauende Netzplanung** von Netzbetreibern untereinander erwartet werden.

73 Ein Verweigerungsrecht besteht nur dann, wenn den Interessen des Netzbetreibers in dieser Gesamtschau Vorrang vor denen des Anschlussnehmers zukommt.

Netzanschluss, Verordnungsermächtigung **§ 17**

Die tatsächlichen Voraussetzungen hat der Netzbetreiber zum Teil unter Würdigung von Sondervorschriften wie § 33 Abs. 8 GasNZV für den Anschluss von Biogasanlagen nachzuweisen (BGH Beschl. v. 11.12.2012 – EnVR 8/12, BeckRS 2013, 3161).

Zwischen der Anschlusspflicht nach Abs. 1 und der Verweigerung des Netzanschlusses gem. Abs. 2 besteht daher ein **Regel-Ausnahme-Verhältnis** (aA NK-EnWG/*Gerstner* § 17 Rn. 47). Daraus folgt zum einen, dass die Netzbetreiber für das Vorliegen von Verweigerungsgründen die **Darlegungs- und Beweislast** tragen (BerlKommEnergieR/*Säcker*/*Boesche* EnWG § 17 Rn. 53). Zum anderen ist Abs. 2 als ausnahmsweise Durchbrechung der grundsätzlich bestehenden Anschlusspflicht **restriktiv auszulegen.** Abs. 2 S. 2–4 enthält Anforderungen an die Begründung der Verweigerung des Netzanschlusses. 74

Kann die Anschlussnutzung nicht durch zumutbare Maßnahmen des Anschlussnetzbetreibers hergestellt werden, so besteht für den Netzbetreiber ein Verweigerungsgrund. Er ist jedenfalls im Bereich der Biogaseinspeisung sogar verpflichtet, Einspeiselösungen in Kooperation mit anderen Netzbetreibern zu realisieren (BGH Beschl. v. 11.12.2012 – EnVR 8/12, BeckRS 2013, 3161 Rn 16). 75

Mit dem Netzanschluss ist die Erwartung der **uneingeschränkten Netznutzung** verbunden. Das europäische Netzzugangsmodell sowohl strom- wie gasseitig ist **entfernungsunabhängig** und überlässt die jederzeitige Bereitstellung der gebuchten Entnahmekapazität der Betriebsführung der Netzbetreiber untereinander. Das System kommt mittlerweile an seine Grenzen. Art. 42 Elt-RL 19 erkennt die Unterscheidung von Netzanschluss und Netzzugang insoweit ausdrücklich an, dass fehlende Netzkapazität (Engpässe) kein Anschlussverweigerungsgrund an das Übertragungsnetz sein kann, wohl aber ein Netzzugangsverweigerungsgrund gem. Art. 6 Abs. 2. 76

Deshalb können Netzbetreiber den Netzanschluss nicht dauerhaft aufgrund von Umständen verweigern, die erst im Rahmen des Netzzugangs von Bedeutung sind. Anders ausgedrückt: Die nach Abs. 2 geltend gemachten Verweigerungsgründe müssen speziell den Netzanschluss betreffen (anders OLG Düsseldorf Beschl. v. 15.3.2017 – VI-3 Kart 181/15 (V), RdE 2017, 363 – enervie). Das OLG Düsseldorf stellt zu Recht fest, dass die Anschluss- und die Anschlussnutzungs- und damit Netzzugangsverhältnisse nicht gänzlich unabhängig voneinander betrachtet werden können. Ein technisch hergestellter Anschluss, der erkennbar nicht nennenswert in seiner Auslegungskapazität genutzt werden kann, ist kein sinnvoller Netzanschluss. Der Anspruch aus Abs. 1 würde entwertet, wenn nicht auch ein Anspruch auf Netzanschlusskapazität vermittelt würde (OLG Düsseldorf Beschl. v. 15.3.2017 – VI-3 Kart 181/15 (V), RdE 2017, 363 – enervie). 77

Auch erlaubt der Rückschluss aus Abs. 2 S. 3, wonach eine Ablehnung aufgrund eines Kapazitätsmangels substanziell begründet werden muss, dass der Kapazitätsmangel einen Anschlussverweigerungsgrund nach Vorstellung des deutschen Gesetzgebers darstellen soll. Dies ist mit den europarechtlichen Vorstellungen in Einklang zu bringen. Ob daher daraus geschlossen werden kann, dass den Netzbetreiber grundsätzlich keinerlei Ausbauverpflichtung zur Ermöglichung des Anschlusses trifft (so NK-EnWG/*Gerstner* § 17 Rn 50) darf bezweifelt werden. Es bleibt bei einer Einzelfallbetrachtung. 78

Bourwieg 941

II. Verweigerungsgründe (Abs. 2 S. 1)

79 Nach Abs. 2 S. 1 kann der Netzanschluss verweigert werden, wenn dieser für den Netzbetreiber aus betriebsbedingten, sonstigen wirtschaftlichen oder technischen Gründen nicht möglich oder zumutbar ist. Abs. 2 S. 1 unterscheidet demnach zwischen der **Unmöglichkeit** und der **Unzumutbarkeit** des Netzanschlusses.

80 **1. Technische Gründe.** Zunächst genannt sind die „betriebsbedingten" Gründe. Hieraus ergibt sich schon, dass es um negative Auswirkungen auf die energiewirtschaftlich, stark technisch geprägte Gesamtschau der **Betriebsführungsaufgabe des Netzbetreibers** aus § 11 geht muss. Der Netzanschluss ist unmöglich, wenn er objektiv und dauerhaft nicht gemäß den vom Anschlusspetenten gewünschten Bedingungen durchführbar ist, ohne die sichere Betriebsführung dauerhaft und erheblich zu beeinträchtigen. Nach der Rechtsprechung kommt es immer auf die Betrachtung des Einzelfalls an. Es sollte aufgrund des Diskriminierungsverbots des Netzbetreibers auch sehr sorgfältig auf negative Vorbildwirkung von Anschlusskonstellationen geschaut werden, die bei massenhafter Verbreitung die sichere Betriebsführung ernsthaft gefährden können (OLG Düsseldorf Beschl. v. 15.3.2017 – VI-3 Kart 181/15 (V), RdE 2017, 363 – enervie). Die Anforderungen an die Darlegungslast des Netzbetreibers bei so einer negativen Prognoseentscheidung sind hoch – nur weil etwas neu ist und gegebenenfalls Anpassungen in Betriebsabläufen erfordert, kann dies noch nicht als Anschlussverweigerungsgrund herhalten. Der drohende Kapazitätsmangel führt nicht bereits zur Unmöglichkeit des Netzanschlusses, da dies voraussetzen würde, dass er objektiv und dauerhaft nicht durchführbar ist.

81 Begehrt der Anschlusspetent angesichts seines erwarteten Verbrauchs den Anschluss an die „falsche" Netzebene, kann ein solcher Fall vorliegen (zu Netzebenen → Rn. 26). Im Falle einer dauerhaften technischen Unmöglichkeit kommt es auf die Frage der wirtschaftlichen Zumutbarkeit nicht mehr an.

82 **2. Wirtschaftliche Gründe.** Anders als die Unmöglichkeit hängt die Unzumutbarkeit des Netzanschlusses von einer Abwägung aller betroffenen Belange ab. Dazu gehören – wie der Verweis auf § 1 in Abs. 2 S. 1 zeigt – neben den Interessen des Netzbetreibers und des Anschlussnehmers insbesondere auch Aspekte der Versorgungssicherheit. Eine Verweigerung des Netzanschlusses kommt nur dann in Betracht, wenn der Anschluss unter Berücksichtigung jeder vernünftigen Anschlussvariante dauerhaft nicht zumutbar ist. Besteht die Unzumutbarkeit – was regelmäßig der Fall sein wird – bereits vor **Herstellung des Netzanschlusses,** kann dieser verweigert werden.

83 Abs. 2 S. 1 bestimmt ausdrücklich, dass der Netzanschluss verweigert werden kann, wenn dieser für den Netzbetreiber unzumutbar ist. Deshalb kommt es insbesondere nicht auf die wirtschaftlichen Verhältnisse des vertikal integrierten Energieversorgungsunternehmens als Ganzes an. Vielmehr ist allein auf die für den Netzbetrieb verantwortliche Gesellschaft abzustellen. Damit ist noch nicht die Frage beantwortet, ob der Bezugspunkt der Unzumutbarkeit die **wirtschaftliche Gesamtsituation** der Netzgesellschaft oder die Ausgewogenheit von **Leistung und Gegenleistung** des Vertragsverhältnisses mit dem jeweiligen Anschlussnehmer ist.

84 Es ist von einer Störung des Austauschverhältnisses zwischen Netzbetreiber und Anschlussnehmer als Bezugspunkt auszugehen. Ein Argument dafür ist, dass die Regelung sonst weitgehend leerlaufen würde, da das individuelle Anschlussverhältnis, das die wirtschaftliche Gesamtsituation des Netzbetreibers unzumutbar belastet, schwer vorstellbar ist. Für den individuellen Bezugspunkt spricht darüber hinaus, dass Abs. 3 S. 2 die Möglichkeit vorsieht, dass der Anschlussnehmer der wirtschaftlichen Unzumutbarkeit durch Maßnahmen abhilft. Dies setzt eine individuelle Betrachtung voraus.

Ausgangspunkt der Betrachtung ist immer der vom Anschlussnehmer gewünschte **Netzanschlusspunkt**. Dieser wird, jedenfalls in den höheren Spannungsebenen, regelmäßig zunächst vom Anschlussnehmer nach seinen Kenntnissen der Netztopologie bezeichnet. Dieser begehrte Netzanschlusspunkt kann sich als technisch unmöglich darstellen. Dann ist ein Anschluss zu verweigern. Häufiger ist der Fall, dass der Netzanschlusspunkt **technisch ertüchtigt** werden muss. Bei der individuellen Betrachtungsweise beginnt hier die Prüfung der wirtschaftlichen Zumutbarkeit. Soweit sich der Anschlussnehmer durch Baukostenzuschüsse an den notwendigen Netzausbaukosten im Anschlussnetz beteiligt, ist die Abwägung eine andere als gegenüber den Fällen, in denen dies nicht der Fall ist (→ Vor § 17 Rn. 117ff.). Bis zu einem Ausbau können sich hier Engpassmanagementkosten einstellen. Auf Transportnetzebene ist zu berücksichtigen, dass der als notwendig befundene Netzausbau durch die **Netzentwicklungspläne** nach §§ 12a und 15a festgestellt wird. Darüber hinaus gehender Netzausbau wird – soweit der Bedarf für eine Netzausbaumaßnahme grundsätzlich im Netzentwicklungsplan festgestellt werden kann und soll – regulatorisch als nicht betriebsnotwendig bewertet. Vergleichbare Netzentwicklungspläne gibt es auf Verteilernetzebene nicht. Wenn sich hier die Kosten im Verhältnis als unzumutbar darstellen, kann der Anschluss verweigert werden. Der Anschlussnehmer kann sich in diesem Fall an den Kosten beteiligen oder die Zuweisung eines anderen geeigneten Netzanschlusspunktes verlangen. Ein solcher zieht dann möglicherweise höhere Netzanschlusskosten für den Anschlussnehmer nach sich. Für diese Entscheidung sind möglicherweise komplexe Netzberechnungen erforderlich, weshalb Abs. 2 S. 4 eine Kostenbeteiligung des Anschlusspetenten an der Begründung ermöglicht.

E. Unterbrechung und Kündigung des Netzanschlussverhältnisses

§ 17 sieht keine Regelungen für die (zeitweise) Unterbrechung oder die ganze oder teilweise Kündigung des Netzanschlussverhältnisses vor (zu § 18 → § 18 Rn. 61). Die Verordnungsermächtigung in Abs. 3 S. 2 Nr. 2 sieht die Schaffung von Regelungen für die Kündigung des Anschlussverhältnisses grundsätzlich vor. Eine entsprechende Regelung ist bislang nicht geschaffen worden. Immerhin ist aus der Verordnungsermächtigung ein grundsätzliches Kündigungsrecht nach allgemeinen Grundsätzen bis zur Schaffung einer Spezialregelung ableitbar.

Eine vollständige oder teilweise Kündigung des Anschlussvertrags (Freigabe von Netzanschlusskapazität) **durch den Anschlussnehmer** ist im Rahmen der vertraglichen Regelungen ohne weitere Voraussetzungen möglich. Einen Anspruch auf Erhalt des Netzanschlusses seitens des Netzbetreibers gegenüber einem Anschlussnehmer, der Netzanschlusskosten und Baukostenzuschüsse gezahlt hat oder nach gesetzlicher Wertung nicht zahlen musste, ist nicht erkennbar.

Eine **zweitweise Unterbrechung** der Anschlussnutzung **durch den Netzbetreiber,** zB für notwendige Ausbau-, Instandhaltungs- und Wartungsarbeiten am vorlagerten Netz oder am Anschluss selbst ist ebenfalls als **Gegenstand des Anschlussvertrags** auszugestalten. Je nach Bedeutung des Netzanschlusses für den Anschlussnutzer sind hier Abstimmungs- und Rücksichtnahmepflichten der Vertragsparteien einzuhalten (BGH Urt. v. 11.5.2016 – VIII ZR 123/15, NVWZ-RR 2016, 731 Rn. 22 und 24). Die Bedeutung eines Netzanschlusses kann variieren, je nachdem, ob ein Anschlussnutzer über weitere Anschlusspunkte zur Versorgung oder eine Eigenerzeugungsanlage verfügt. Geplante Unterbrechungen seitens des vorgelagerten Netzbetreibers müssen so frühzeitig angekündigt werden, dass sich Anschlussnutzer darauf einstellen können. **Berechtigte Interessen** des Anschlussnutzers sind zu berücksichtigen – letztlich sind komplexe Planungsvorgänge zB beim Ausbau des Übertragungsnetzes allerdings nicht auf das Bedürfnis jedes Anschlussnehmers im Einzelfall auszurichten. Es kann erforderlich sein, dass Anschlussnehmer hier entsprechend der rechtzeitig angekündigten Bedürfnisse des Anschlussnetzbetreibers reagieren müssen.

89 Steht ein **Einspeiseanschluss** vorübergehend nicht zur Verfügung, stellt sich die Frage, ob es sich um eine entschädigungspflichtige Redispatchmaßnahme handelt. Hierzu gibt es eine umfangreiche Diskussion zur vorübergehenden Abregelung von **Anlagen nach dem EEG** (Altrock/Oschmann Theobald/*Wustlich/Hoppenbrock* EEG § 11 Rn. 35; *Schumacher* ZUR 2012, 17 (20); NK-EEG/*Schäfermeier* § 11 Rn. 14; *Hoffmann/Herz* REE 2016, 65 (67); *Kment* NVwZ 2016, 1438 (1442).

90 Der BGH in beginnender zivilrechtlicher Entscheidungspraxis unterscheidet danach, ob ein Engpass im vorlagerten Netz vorliegt oder ob die Abschaltung des Anschlusses aus anderen technischen Gründen erfolgt. Im ersten Fall wird eine Entschädigungspflicht nach dem EEG 2015 angenommen, im zweiten Fall nicht (BGH Urt. v. 11.2.2020 – XIII ZR 27/19, NVwZ-RR 2020, 1018 (1020); BGH Urt. v. 11.5.2016 – VIII ZR 123/15, NVWZ-RR 2016, 731 Rn. 33; *Lamy* IR 2016, 157; aA Altrock/Oschmann/Theobald *Wustlich/Hoppenbrock* EEG § 11 Rn. 35; *Schumacher* ZUR 2012, 17 (20))

91 Für reparatur-, wartungs- und instandhaltungsbedingte Netztrennungen hat der BGH entschieden, dass keine gesetzlich entschädigungspflichtige Maßnahme vorliegt. Beruht die Anlagentrennung auf dem Umstand, dass gerade das Betriebsmittel, über welches die Stromeinspeisung der betreffenden Anlage erfolgt – beispielsweise die Zuleitung von der Anlage zum Netz –, aufgrund der Reparatur-, Instandhaltungs- oder Netzausbaumaßnahmen außer Funktion gesetzt ist, kann eine Stromeinspeisung von der betreffenden Anlage unabhängig von den aktuellen Netzkapazitäten nicht erfolgen. Sobald eine Stromeinspeisung nämlich gänzlich unterbleibt, ist ein Netzbetrieb in dem betroffenen Netzbereich physikalisch nicht mehr möglich und es kann dementsprechend an dieser Stelle kein Netzengpass vorliegen. Ein solcher kann mithin auch nicht ursächlich für die unterbleibende Stromeinspeisung sein (BGH Urt. v. 11.2.2020 – XIII ZR 27/19, NVwZ-RR 2020, 1018 Rn. 22).

92 Die **Darlegungs- und Beweislast** dafür, dass eine die Stromeinspeisung betreffende Regelungsmaßnahme des Netzbetreibers auf einem drohenden Netzengpass beruht, liegt nach allgemeinen Grundsätzen beim anspruchsstellenden Anlagenbetreiber. Ist eine vollständige Trennung der Stromerzeugungsanlage vom Netz erfolgt und sind dem Anlagenbetreiber die Gründe hierfür nicht bekannt, wird – unbeschadet des materiell-rechtlichen Auskunftsanspruchs des Anlagenbetreibers – den Netzbetreiber eine sekundäre Darlegungslast treffen, die die Angaben dazu einschließt, ob im fraglichen Zeitraum in den betroffenen Netzabschnitt Strom eingespeist wurde (BGH Urt. v. 11.2.2020– XIII ZR 27/19, NVwZ-RR 2020, 1018 Rn. 48).

Von der vorübergehenden Unterbrechung des Anschlusses ist der **dauerhafte** 93
Entzug von Netzanschlusskapazität oder Kündigung des Netzanschlusses zu unterscheiden. Diese muss nach den Kriterien der Unzumutbarkeit der Herstellung des Netzanschlusses in Abs. 2 bewertet werden. Tritt die Unzumutbarkeit erst nach Herstellung des Netzanschlusses im Zuge der Anschlussnutzung auf, ist der Netzbetreiber berechtigt, die Fortsetzung der **Anschlussnutzung** zu verweigern (entsprechend zur Anschluss- und Versorgungspflicht nach § 10 EnWG aF *Büdenbender* EnWG § 10 Rn. 125 f.).

Ein solcher Fall ist auch angesichts des hohen Netzausbaubedarfs für den Fall 94
der dauerhaften Leistungsunterschreitung eines Anschlussnehmers vorstellbar
(→ Rn. 20). Eine saisonale oder auch konjunkturelle Nichtinanspruchnahme von vertraglicher Netzanschlusskapazität in voller Höhe kann ohne das Hinzutreten weiterer Umstände noch nicht zu einem Entzug von Netzanschlusskapazität führen. Auch ist dabei ist zu berücksichtigen, ob der Anschlussnehmer einen Baukostenzuschuss entrichtet hat. All dies, verbunden mit dem Zeitablauf seit Herstellung des Netzanschlusses, müsste für die Prüfung, ob eine Aufrechterhaltung des Netzanschlusses durch den Netzbetreiber zumutbar ist, herangezogen werden. Ein Entzug kann im Ausnahmefall zulässig sein, zB wenn der Netzbetreiber (1) einen konkreten Anlass hat (zB Reinvestition mit einem neuen, kleineren Trafo steht an oder anderweitiger Bedarf von Netzanschlusskapazität, die ohne Entzug nicht möglich ist) und (2) eine mehrjährige erhebliche Unterschreitung der Netzanschlusskapazität vorliegt. Es kommt auf die Situation im Einzelfall an, Regelungen, die einen Automatismus vorsehen (wenn x Jahre nicht mindestens y Nutzung, dann reduziert sich die Netzanschlusskapazität entsprechend) sind wohl eher ausgeschlossen. Der nicht unmittelbar übertragbare § 9 Abs. 3 NAV/NDAV sieht eine teilweise Kostenerstattung von Netzanschlusskosten bei Nutzung des Netzanschlusses durch weitere Netznutzer in den ersten zehn Jahren nach Herstellung des Netzanschlusses vor. Der Rechtsgedanke dieser Regelung könnte fruchtbar gemacht werden.

F. Durchsetzung der Anschlusspflicht

Wird dem Anschlusspetenten der begehrte Netzanschluss ganz oder teilweise 95
verweigert, bestehen Rechtsschutzmöglichkeiten nach dem EnWG oder auf dem ordentlichen Zivilrechtsweg (Theobald/Kühling/*Hartmann/Wagner* EnWG § 17 Rn. 164).

Der Netzanschlusspetent kann seinen Anspruch im **ordentlichen Rechtsweg** 96
durchsetzen (detailliert BerlKommEnergieR/*Säcker/Boesche* EnWG § 17 Rn. 96 – 104). Da Abs. 1 einen Kontrahierungszwang des Netzbetreibers regelt (→ Rn. 13), müsste grundsätzlich erst auf Abschluss des Netzanschluss- bzw. Anschlussnutzungsvertrags und dann auf dessen Erfüllung geklagt werden. Darin würde eine erhebliche Erschwerung der Rechtsdurchsetzung liegen. Für ähnliche Fallgestaltungen ist jedoch anerkannt, dass ein derartiges gestuftes Vorgehen nicht erforderlich, sondern eine unmittelbar **auf Erfüllung gerichtete Leistungsklage** zur Anschluss-, Abnahme und Vergütungspflicht nach dem EEG zulässig ist. Deshalb kann der Antragsteller unmittelbar auf Herstellung des Netzanschlusses bzw. Gestattung der Anschlussnutzung klagen. Die erforderliche Zustimmung des Netzbetreibers zum Abschluss eines Netzanschluss- bzw. Anschlussnutzungsvertrags wird durch ein stattgebendes Urteil inzident ersetzt. Die nähere Ausgestaltung der Vertragsbedingungen kann einem nach Maßstab des Abs. 1 auszuübenden Leistungsbestim-

§ 17 Teil 3. Regulierung des Netzbetriebs

mungsrechts (§ 315 BGB) des Netzbetreibers überlassen bleiben (BerlKommEnergieR/*Säcker/Boesche* EnWG § 17 Rn. 102–104). Häufig wird auch nur über die Folgefrage der Kostentragung gestritten (OLG Brandenburg Urt. v. 7.7.2020 – 6 U 164/18, BeckRS 2020, 19549).

97 Eine Verweigerung des Netzanschlusses kann im streitigen Verfahren von der Regulierungsbehörde nach § 31 im **besonderen Missbrauchsverfahren** auf Antrag von Personen oder Personenvereinigungen überprüft werden, deren Interessen durch das Verhalten des Netzbetreibers erheblich berührt werden. Die Regulierungsbehörde hat zu prüfen, ob das Verhalten des Netzbetreibers den Vorgaben in §§ 17, 18 und 19 oder den auf Basis dieser Vorschriften erlassenen Rechtsverordnungen oder der nach § 29 Abs. 1 festgelegten Bedingungen und Methoden für den Netzanschluss übereinstimmt. Über § 19 sind auch die **Anschlussnetzkodizes** (→ Vor § 17 Rn. 77 ff.) in den Rechtsschutz mit einbezogen.

98 Im Rahmen der **allgemeinen Aufsicht** über das EnWG kann die Regulierungsbehörde gem. § 65 von Amts wegen (→ § 65 Rn. 9 – kein Antragsverfahren) Unternehmen oder Vereinigungen von Unternehmen wie den VDE/FNN verpflichten, ein Verhalten abzustellen, das den Bestimmungen des EnWG oder den aufgrund des EnWG erlassenen Rechtsvorschriften entgegensteht.

99 Soweit der Netzanschluss oder die Anschlussnutzung zu Unrecht verweigert werden, kann die Regulierungsbehörde von Amts wegen den **Missbrauch der marktbeherrschenden Stellung** des Netzbetreibers nach § 30 Abs. 2 im Allgemeinen Missbrauchsverfahren prüfen und ihn gegebenenfalls verpflichten, die Zuwiderhandlung abzustellen. Dies erfasst auch Fälle, die nicht vom Anspruch nach Abs. 1 erfasst sind (→ Rn. 25).

100 Sie kann insbesondere den Netzanschluss anordnen, sofern sich das Anschlussbegehren energiewirtschaftlich hinreichend konkretisiert hat (OLG Düsseldorf Beschl. v. 25.6.2008 – VI-3 Kart 210/07 juris Rn. 47, ZNER 2008, 238) oder eine Änderung der Anschlussbedingungen verlangen.

101 Die von einem Netzbetreiber vorgetragene Unzumutbarkeit eines Netzanschlusses muss von der Regulierungsbehörde im Rahmen ihres **Amtsermittlungsgrundsatzes** nach § 68 überprüft werden. Das bedeutet allerdings nicht, dass die Regulierungsbehörde ihrerseits weitere – von den Verfahrensbeteiligten nicht erörterte – Varianten für einen Netzanschluss entwickeln und deren Realisierbarkeit prüfen muss. Drängen sich solche Varianten im Rahmen des Missbrauchsverfahrens auf, obliegt es weiterhin dem Netzbetreiber, deren Unzumutbarkeit nachzuweisen (BGH Beschl. v. 12.12.2012 – EnVR 8/12, BeckRS 2013, 3161).

102 Unter den in § 32 geregelten Voraussetzungen kommen **Unterlassungs- und Schadensersatzansprüche** des Antragstellers in Betracht.

103 Der Netzanschluss kann von der Regulierungsbehörde nicht unter dem Vorbehalt der technischen Realisierbarkeit angeordnet werden (OLG Düsseldorf Beschl. v. 14.12.2011 – VI-3 Kart 25/11 (V), IR 2012, 152).

104 **Zuständige Regulierungsbehörde** ist nach § 54 Abs. 2 Nr. 6 die für den Netzbetreiber jeweils zuständige Regulierungsbehörde. Eine **Ausnahme** gilt bei Streitigkeiten für den **Anschluss von Biogasanlagen**. Hier ist gem. § 54 Abs. 2 S. 3 seit 2011 ausschließlich die BNetzA die zuständige Behörde für Aufsichts- und Missbrauchsverfahren (zur Begr. s. BT-Drs. 17/6072, 89).

G. Festlegungs- und VO-Ermächtigung

Abs. 3 enthält eine Ermächtigung der Bundesregierung, durch Rechtsverord- **105** nung die technischen und wirtschaftlichen Bedingungen des Netzanschlusses oder die Methoden für deren Festlegung zu regeln. Von dieser Verordnungsermächtigung wurde bislang wiederholt für die GasNZV sowie die Kraftwerksnetzanschlussverordnung (KraftNAV) Gebrauch gemacht.

Die Bundesregierung kann die Netzanschlussbedingungen abschließend gestal- **106** ten. Sie kann sich aber auch auf eine Methodenregulierung beschränken und den Netzbetreibern Spielräume bei der Ausgestaltung der Bedingungen belassen. Gem. Abs. 3 S. 1 Nr. 2 kann per Rechtsverordnung festgelegt werden, in welchem Umfang inhaltlich abschließende Regelungen getroffen werden und inwiefern Raum für ergänzende Entscheidungen der **Regulierungsbehörde** durch Festlegung oder Genehmigung nach § 29 verbleibt (Begr. BT-Drs. 15/3917, 58).

Entscheidungen der Regulierungsbehörde gem. § 29 über Bedingungen und **107** Methoden des Netzanschlusses durch Festlegung oder Genehmigung setzen den Erlass einer Rechtsverordnung nach Abs. 3 voraus. Insoweit bestehen solche Festlegungskompetenzen derzeit nur in § 50 Abs. 1 Nr. 8 GasNZV (Biogasanschluss) und zu den Verfahren nach KraftNAV (§ 10 KrafNAV), von denen bislang (Stand Anfang 2021) keine Regulierungsbehörde Gebrauch gemacht hat.

Vorbemerkung

Literatur: *Boemke,* Die Regelungen des EEG 2017 im Überblick, NVwZ 2017, 1; *Boemke/ Uibeleisen,* Update: Erste Änderungen des EEG 2017 und des WindSeeG, NVwZ 2017, 286; *Böhme/Bukowski,* Auswirkungen der 0-Cent-Ausschreibungen, EnWZ 2019, 243; *Broemel,* Netzanbindung von Offshore-Windenergieanlagen, ZUR 2013, 408; *Butler/Heinickel/Hinderer,* Der Rechtsrahmen für Investitionen in Offshore-Windparks und Anbindungsleitungen, NVwZ 2013, 1377; *vom Dahl,* Zeitenwende für ein neues Energierecht?, N&R 2020, 66; *Dannecker/ Ruttloff,* Kein Vertrauensschutz für Offshore-Windparkprojekte?, EnWZ 2016, 490; *Doderer/ Metz,* Rechtlicher Überblick: Was hat sich 2017 für die nachhaltige Stromerzeugung geändert?, EnWZ 2018, 161; *Durner,* Umweltrechtliche Genehmigungen als Vergabeentscheidungen?, DVBl 2020, 149; *Geber,* Die Netzanbindung von Offshore-Anlagen im Europäischen Supergrid, 2014; *Gebert,* Investitionsvertrauen im Verfahren – Eine Einordnung des Senatsbeschlusses vom 30.6.2020, RdE 2021, 21; *Götz,* Der gerichtliche Rechtsschutz bei Ausschreibungen nach dem EEG 2017 und dem WindSeeG, NVwZ 2017, 17; *Kirch,* Gesetz zur Änderung des Windenergie-auf-See-Gesetzes, jurisPR-UmwR 8/2020, Anm. 1; *Kirch,* Verfassungswidrigkeit des Windenergie-auf-See-Gesetzes hinsichtlich fehlender Ausgleichsregulung für bestehende Planungen und Untersuchungen, jurisPR-UmwR 12/2020, Anm. 2; *Kirch/Huth,* Die Änderungen des Rechtsrahmens für die Offshore-Windenergie durch die Novellierung des WindSeeG, jurisPR-UmwR 3/2021, Anm. 1; *Klausmann,* Anmerkungen zur Entscheidung des BVerfG, Beschl. v. 30.6.2020. Zur Frage der Auswirkungen auf Wind-Offshoreprojekte im Küstenmeer, EnWZ 2020, 487; *Kment,* Grundstrukturen der Netzintegration Erneuerbarer Energien, UPR 2014, 81; *König/Herbold,* Pilotwindenergieanlagen nach dem EEG 2017 und dem Windenergie-auf-See-Gesetz, RdE 2017, 57; *Lennartz,* Vom Claim zum Plan: Zur Verfassungsmäßigkeit des WindSeeG, RdE 2018, 297; *Lutz-Bachmann,* Die Entscheidung des BVerfG vom 30.6.2020 zum WindSeeG als Maßstab für zukünftige Reformen im Energierecht, IR 2020, 266; *Plicht,* Gesetz zur Entwicklung und Förderung der Windenergieanlagen auf See, EnWZ 2016, 550;

Vor §§ 17a ff. Teil 3. Regulierung des Netzbetriebs

Salje, Anschluss- und Netzausbaupflichten der Übertragungsnetzbetreiber am Beispiel von Offshore-Windenergieanlagen, in Brinktrine/Harke/Ludwigs/Remien (Hrsg.), Rechtsfragen der Windkraft zu Lande und zur See, 2016, S. 53; *Schaefer,* Das Regulierungskonzept des EEG 2017 und des Windenergie-auf-See-Gesetzes, GewArch 2017, 361; *Schneider,* Effizienzsichernde Zumutbarkeitsanforderungen an die Netzanbindung von Offshore-Anlagen gem. § 17 IIa EnWG, IR 2008, 338 und IR 2009, 2; *Schulte/Kloos,* Zur Verfassungswidrigkeit des „neuen Rechts" der erneuerbaren Energien, DVBl. 2017, 596; *Schulz/Appel,* Das WindSeeG als neuer Rechtsrahmen für Offshore Windenergie, ER 2016, 231; *Spieth/Lutz-Bachmann,* Die Reform der Ausschreibungen für Offshore-Windenergie, EnWZ 2020, 243; *Uibeleisen,* Das neue WindSeeG, NVwZ 2017, 7; *Uwer/Meinzenbach,* Offshore-Windparkprojekte und Bestandsschutz, RdE 2015, 273; *Wetzer,* Die Netzanbindung von Windenergieanlagen auf See nach §§ 17a ff. EnWG, 2015.

A. Allgemeines

1   Die Netzanbindung von Windenergieanlagen auf See nimmt aus technischen und ökonomischen Gründen eine **Sonderstellung** im Anbindungsregime des EEG und des EnWG ein. Im Gegensatz zu den verschiedenen Anlagen der erneuerbaren Energie an Land ist die Herstellung des Anschlusses an einen bestehenden Netzübergabepunkt sowohl wegen der Entfernung als auch vor allem wegen technischer, verkehrs- und umweltbezogener Komplikationen besonders aufwendig (BMWi, Evaluierungsbericht gemäß § 17i EnWG, S. 2). Vor allem diese Schwierigkeiten erfordern zum einen Regelungen zur Koordination des Ausbaus der Windenergieanlagen und ihrer Anbindung, auch um Erwartungssicherheit als Grundlage für die Finanzierung zu schaffen. Zum anderen lösen die Schwierigkeiten mittelbar einen **Bedarf zur zeitlichen und räumlichen Koordination** des Ausbaus und der Anbindung aus, die neben Aspekten der Raumordnung und planerischen Abwägung divergierender Belange auch die Festlegung technischer Grundsätze und Eigenschaften als Prämissen der Planung beinhaltet.

2   Auf diesen besonderen Regelungsbedarf reagierte der Gesetzgeber sukzessiv mit der Folge, dass sich das rechtliche Regime der Netzanbindung von Windenergieanlagen auf See in **mehreren Phasen** entwickelte. Zunächst sind punktuelle Abweichungen von den allgemeinen Regelungen des EEG und des EnWG eingeführt worden (*Wustlich* ZUR 2007, 122 (126ff.)). Ein gesetzlicher Anspruch auf Anbindung vor Ort („Steckdose auf See") bei Fertigstellung der Windkraftanlage in § 17 Abs. 2a EnWG aF sollte der besonderen Schwierigkeiten des Ausbaus von Windenergieanlagen auf See Rechnung tragen (*Wustlich* ZUR 2007, 122 (127f.)), bot jedoch noch keinen angemessenen Rahmen zur Koordination des Ausbaus von Anbindungsleitung und Windkraftanlage. Der Gesetzgeber führte aus diesem Grund in den §§ 17a ff. EnWG ein selbstständiges Regime der Koordinierung von Ausbau und Anbindung ein (*Pries,* Rechtsfragen des Offshore Netzentwicklungsplans, in Brinktrine/Harke/Ludwigs/Remien (Hrsg.), Rechtsfragen der Windkraft zu Lande und zur See, 2016, S. 79 (81ff.)). Dieses Regime sieht zum einen mit dem Bundesfachplan Offshore eine räumliche, zeitliche und inhaltliche Planung des Ausbaus vor (*Ruge* EnWZ 2013, 3 (4ff.)). Zum anderen konkretisiert es die Verbindlichkeit des Anbindungsanspruchs und flankiert diesen durch Regelungen zur Entschädigung der Windparkbetreiber sowie zum Ausgleich unter den Netzbetreibern (*Ruge* EnWZ 2013, 3 (6f.)). Mit dem **WindSeeG** nahm der Gesetzgeber 2017 die Umstellung der EEG-Förderung auf ein Ausschreibungsmodell zum An-

lass, die Ausschreibung nicht nur auf die Höhe der Marktprämie nach § 19 EEG zu beziehen, sondern zugleich auch den Anbindungsanspruch sowie ein ausschließliches Recht auf Durchführung des entsprechenden Planfeststellungsverfahrens an dem jeweiligen Standort an den Zuschlag zu koppeln. Die noch nicht vergebenen Standorte werden einschließlich der Anbindungsleitung in einem Flächenentwicklungsplan geplant, einer Voruntersuchung einschließlich einer Eignungsprüfung unterzogen und unter Berücksichtigung des Ausbauzielpfads schrittweise mit bestimmten Volumina ausgeschrieben (*Plicht* EnWZ 2016, 550; *Uibeleisen* NVwZ 2017, 7). Mit dem WindSeeG 2022 hat der Gesetzgeber dieses Ausschreibungsmodell noch einmal reformiert und um ein zweites Verfahren ergänzt. Um den Ausbau angesichts angepasster Ausbauziele zu beschleunigen, tritt ab 2023 neben die Ausschreibung der zentral voruntersuchten Flächen (§§ 50 ff. WindSeeG) die Ausschreibung nicht zentral voruntersuchter Flächen (§§ 16 ff. WindSeeG). Ein Anspruch auf eine Marktprämie nach §§ 19, 20 EEG besteht dabei zukünftig nur noch nach einem Zuschlag in Ausschreibungen für nicht zentral voruntersuchte Flächen sowie in Ausschreibungen für bestehende Projekte, § 14 Abs. 1 WindSeeG; bei Ausschreibungen für voruntersuchte Flächen besteht der Anspruch nur auf der Grundlage eines Zuschlags nach § 23 WindSeeG aF. In zulassungsrechtlicher Hinsicht sind in den §§ 66 ff. WindSeeG in bestimmten Fällen Möglichkeiten der Zulassung durch Plangenehmigung anstatt durch Planfeststellung eingeführt worden.

B. Verlauf der Anbindungsregime

Im zeitlichen Verlauf dieser unterschiedlichen Anbindungsregime haben Windparkbetreiber **unterschiedliche Rechtspositionen** erworben, etwa Anbindungszusagen nach § 17 Abs. 2a EnWG aF oder Kapazitätszuweisungen nach § 17d EnWG, die bereits vor Inkrafttreten des WindSeeG erfolgt sind oder auf einen Zuschlag nach dem WindSeeG zurückgehen, wobei verschiedene Ausschreibungen für neue Projekte auf voruntersuchten Flächen bis Ende 2022, für voruntersuchte und nicht voruntersuchte Flächen ab 2023 sowie für bestehende Projekte vorgesehen sind (§§ 16 ff., 26 ff., §§ 50 ff. WindSeeG). Im zeitlichen Verlauf unterscheiden sich die Windpark-Projekte dadurch sowohl hinsichtlich der Modalitäten des Anbindungsanspruchs, der Planfeststellung sowie der EEG-Förderung. 3

I. Windparks mit Anbindungszusage nach § 17 Abs. 2a aF

Eine erste Gruppe betrifft Windparks, die bereits vor Inkrafttreten der §§ 17a ff. eine **Netzanbindungszusage erhalten** haben. Für diese besteht eine Übergangsregelung, nach der sowohl die Netzanbindungszusage als auch die gesetzliche Einspeisevergütung fortbesteht. Für Windenergieanlagen auf See mit einer bis zum 29.8.2012 erteilten Netzanbindungszusage besteht der Anbindungsanspruch bei Herstellung der technischen Betriebsbereitschaft aus § 17 Abs. 2a aF nach § 118 Abs. 12 fort. Im Fall einer bis zum Stichtag bedingt erteilten Netzanbindungszusage setzt die Übergangsregelung voraus, dass die Voraussetzungen für eine unbedingte Netzanbindungszusage bis zum 1.9.2012 nachgewiesen worden sind. 4

Vor §§ 17 a ff. Teil 3. Regulierung des Netzbetriebs

II. Windparks mit Anschlusskapazität nach § 17 d Abs. 3 aF

5   Windenergieanlagen auf See, denen vor der Umstellung des Anbindungsregimes auf ein Ausschreibungsmodell eine **Anschlusskapazität nach § 17 d Abs. 3 aF** zugewiesen wurde, bleibt ebenfalls sowohl der Anbindungsanspruch als auch die gesetzliche Einspeisevergütung erhalten.

III. Windenergieanlagen im Ausschreibungsmodell

6   Bei Windenergieanlagen, die nach dem 1.1.2021 in Betrieb gingen, hängt der Anbindungsanspruch von dem Zuschlag ab. Dabei sehen die Regelungen in §§ 26 ff. WindSeeG bestimmte Privilegierungen für sog. **bestehende Projekte** vor, die sich zum Zeitpunkt der Umstellung auf das zentrale Ausschreibungsmodell schon in einem fortgeschrittenen Planungsstadium befunden haben (§ 26 Abs. 2 WindSeeG). In den Jahren 2021 und 2022 wurden zentral voruntersuchte Flächen nach den §§ 16 ff. WindSeeG aF ausgeschrieben, die gem. § 102 Abs. 3 WindSeeG für die in den Jahren 2021 und 2022 bezuschlagten Anlagen weiterhin Anwendung finden. Ab 2023 werden die Ausschreibungen **zentral voruntersuchter Flächen** zu veränderten Konditionen fortgeführt (§§ 50 ff. WindSeeG) und parallel durch Ausschreibungen von **nicht zentral voruntersuchten Flächen** ergänzt (§§ 16 ff. WindSeeG).

7   **1. Übergangsregime für bestehende Projekte. Bestehende Projekte nach § 26 Abs. 2 WindSeeG** sind innerhalb des Ausschreibungsregimes insofern privilegiert, als allein sie nach § 26 Abs. 1 WindSeeG für die Ausschreibungen zu den Gebotsterminen am 1.4.2017 und 1.4.2018 zugelassen waren. Zudem ist in § 67 Abs. 2 Nr. 1 WindSeeG eine Verlängerung der in einem bestehenden Planfeststellungsbeschluss oder einer Genehmigung enthaltenen Frist vorgesehen. Laufende Planfeststellungs- und Genehmigungsverfahren bestehender Projekte sind nach § 67 Abs. 2 Nr. 2 WindSeeG ruhend zu stellen. Demgegenüber endeten nach § 67 Abs. 3 WindSeeG die Planfeststellungsverfahren und Genehmigungsverfahren von Vorhaben, die nicht als bestehende Projekte nach § 26 Abs. 2 WindSeeG einzuordnen sind (zur damit verbundenen Entwertung der Verfahrenspositionen BVerfG Beschl. v. 30.6.2020 – 1 BvR 1679/17, 1 BvR 2190/17 Rn. 141). Die Modalitäten zur Errichtung und dem Betrieb der Anbindungsleitungen richten sich noch nach dem vom Übertragungsnetzbetreiber vorgelegten Offshore-Netzentwicklungsplan, § 28 WindSeeG, §§ 17 b und 17 c EnWG. Der Zuschlag regelt die Höhe der Marktprämie nach §§ 19, 23, 23 a EEG und vermittelt zugleich den Anspruch auf Anschluss einschließlich der dem Zuschlag entsprechenden Netzanbindungskapazität, § 37 Abs. 1 Nr. 1 und 2 WindSeeG.

8   Zum anderen besteht für Inhaber von bestehenden Projekten nach §§ 60 Abs. 1, 61 Abs. 1 WindSeeG, die an den Übergangsausschreibungen teilgenommen haben, sich aber nicht durchsetzen konnten, ein **Eintrittsrecht** in einen Zuschlag, der im regulären Ausschreibungsverfahren bis zum 31.12.2030 erteilt worden ist und die Fläche des bestehenden Projekts betrifft. Die Begründung des Fraktionsentwurfs sieht insoweit einen Flächenanteil von mindestens 50 Prozent vor (BT-Drs. 18/8860, 305). Dieses Eintrittsrecht setzt unter anderem voraus, dass die Unterlagen und Daten aus dem Planfeststellungs- oder Genehmigungsverfahren sowie den entsprechenden Voruntersuchungen dem BSH zur weiteren Verwendung uneingeschränkt zur Verfügung gestellt werden, § 62 WindSeeG. Hinter der Regelung steht die Annahme, dass die vom Vorhabenträger erhobenen Daten im Rah-

Vorbemerkung **Vor §§ 17 a ff.**

men der Voruntersuchung im zentralen Modell weiter genutzt werden können und dadurch mittelbar allen Bietern zugutekommt (BT-Drs. 18/8860, 306.). Das Eintrittsrecht dient insoweit dem Ausgleich (BVerfG Beschl. v. 30.6.2020 – 1 BvR 1679/17, 1 BvR 2190/17 Rn. 155.).

Sofern sich bis zum Übergang in das Ausschreibungsmodell laufende Planfeststellungs- und Genehmigungsverfahren nicht auf bestehende Projekte nach § 26 Abs. 2 WindSeeG beziehen, sind sie nach § 67 Abs. 3 WindSeeG mit dem 1.1.2017 beendet worden. Zu diesem Zeitpunkt etwaig bestehende Planfeststellungsbeschlüsse oder Genehmigungen dürften durch Ablauf der als auflösende Bedingung vorgesehenen Fristen erloschen sein (so die Bestandsaufnahme in BVerfG Beschl. v. 30.6.2020 – 1 BvR 1679/17, 1 BvR 2190/17 Rn. 6). Diese mit der Einführung des Ausschreibungsmodells verbundene Änderung der Rechtslage und die damit einhergehende Entwertung bestehender Verfahrenspositionen stellen eine Form der **unechten Rückwirkung** dar, die zur Effektuierung der Planung im Wesentlichen verhältnismäßig ist (BVerfG Beschl. v. 30.6.2020 – 1 BvR 1679/17, 1 BvR 2190/17 Rn. 136 ff., Rn. 150 ff.). Unverhältnismäßig ist die Entwertung bereits durchgeführter Verfahrensschritte allerdings insoweit, als die notwendigen Kosten für die bereits durchgeführten Untersuchungen und Erkundungen nicht erstattet werden, obwohl die vorhandenen Untersuchungsergebnisse im Rahmen der Voruntersuchung im zentralen Modell weiter verwendbar wären und eine Erstattung der notwendigen Kosten für die öffentliche Hand sogar kostenneutral wäre (BVerfG Beschl. v. 30.6.2020 – 1 BvR 1679/17, 1 BvR 2190/17 Rn. 159; anders bei sog. Basisaufnahmen mit zeitlich begrenzter Verwertbarkeit, BVerfG Beschl. v. 30.6.2020 – 1 BvR 1679/17, 1 BvR 2190/17 Rn. 145 und 174). Die in der Entscheidung des BVerfG eingeforderte Ausgleichsregelung zur Erstattung von notwendigen Kosten für Untersuchungen hat der Gesetzgeber zwischenzeitlich in § 10a WindSeeG eingeführt (Ges. v. 3.12.2020, BGBl. 2020 I S. 2682; *Kirch/Huth* jurisPR-UmwR 3/2021, Anm. 1) und später für die Ausschreibungen nicht zentral voruntersuchter Flächen in § 10b WindSeeG ergänzt.

2. Ausschreibungen für voruntersuchte Flächen im zentralen Modell bis 2022. In den Jahren 2021 und 2022 konnten Projekte für Windenergieanlagen auf See, die weder über eine unbedingte Netzanbindungszusage verfügen noch nach § 17d Abs. 3 EnWG Anschlusskapazität zugewiesen erhalten haben und auch nicht unter die Übergangsregelung für bestehende Projekte iSd § 26 Abs. 2 WindSeeG fallen, durch die Teilnahme an **Ausschreibungen für voruntersuchte Flächen** nach den §§ 16 ff. WindSeeG aF einen Zuschlag erteilt bekommen. Gem. § 102 Abs. 3 WindSeeG findet auf diese Zuschläge das WindSeeG in der Fassung vom 31.12.2022 weiterhin Anwendung. Der Zuschlag legt nach § 24 Abs. 1 WindSeeG aF zum einen die Höhe des Anspruchs auf die Marktprämie fest und vermittelt zum anderen den Anspruch auf Anschluss an die Anbindungsleitung einschließlich der Zuweisung der Netzanbindungskapazität.

3. Ausschreibungen im zentralen Modell ab 2023. Das Ausschreibungsmodell wurde im Zuge der Novelle des WindSeeG 2022 reformiert und ergänzt. Ab 2023 werden neben den **zentral voruntersuchten Flächen** (§§ 50 ff. WindSeeG) auch **nicht zentral voruntersuchte Flächen** ausgeschrieben (§§ 16 ff. WindSeeG). Der Zuschlag vermittelt jeweils den Anspruch auf Anschluss an die Anbindungsleitung und Zuweisung von Netzanbindungskapazität (§§ 24, 55 WindSeeG). Ein Anspruch auf die Marktprämie nach § 19 EEG ist allerdings neben den bestehenden Projekten nur noch bei Ausschreibungen für nicht zentral voruntersuchte Flächen vorgesehen, §§ 14 Abs. 1, 24 Abs. 1 Nr. 2 WindSeeG. Umgekehrt enthalten die beiden Ausschreibungsverfahren in unterschiedlicher Form Regelungen zu Zahlungen, die Anlagenbetreiber bei Erhalt des Zuschlags leisten. Für die zentral voruntersuchten Flächen ist die Höhe einer solchen **Zahlung Bestandteil der Gebote** gem. § 51 Abs. 1 Nr. 3 WindSeeG und gem. § 53 Abs. 2 WindSeeG auch zentrales Auswahlkriterium. Die Zahlungsbereitschaft bildet mit 60 Prozent das wichtigste Kriterium zur Bestimmung des Zuschlagsberechtigten. Als weitere Kriterien werden nach § 53 WindSeeG der Einsatz von erneuerbaren Energien im Herstellungsprozess der Windparkanlage, der Abschluss von Stromlieferungsverträgen mit Unternehmen, Schallbelastung und Versiegelung des Meeresbodens und schließlich der Anteil der Auszubildenden im jeweiligen Unternehmen mit jeweils zehn Prozent berücksichtigt. Bei den nicht zentral voruntersuchten Flächen ist nach § 17 WindSeeG eine solche Zahlungsverpflichtung zwar zunächst nicht vorgesehen. Wenn allerdings mehrere 0-Cent-Gebote abgegeben werden, findet zur Entscheidung ein sog. **dynamisches Gebotsverfahren** nach den §§ 21ff. WindSeeG statt. In dessen Rahmen bildet eine sog. **zweite Gebotskomponente** die Bereitschaft der Bieter zur Leistung einer volumenabhängigen Zahlung ab. Die Zahlungen kommen jeweils in Höhe von 90 Prozent der Senkung der Offshore-Netzumlage und zu je fünf Prozent dem Meeresnaturschutz und der Förderung umweltschonender Fischerei zugute (§§ 23, 57–59 WindSeeG).

12 Dass Anlagenbetreiber künftig jedenfalls bei den Ausschreibungen zentral voruntersuchter Flächen abgesehen vom Anspruch auf Netzanbindung nicht mehr gefördert werden, sondern stattdessen abhängig von der Marktentwicklung Zahlungen leisten müssen, war im Gesetzgebungsverfahren – wie auch schon in der Vergangenheit (*Spieth/Lutz-Bachmann* EnWZ 2020, 243) – kontrovers diskutiert worden. Zum ersten Gesetzesentwurf waren zahlreiche Stellungnahmen von Verbänden und Unternehmen eingegangen, die davor gewarnt hatten, dass eine solche zweite Gebotskomponente die Finanzierbarkeit erschweren und durch die zusätzliche finanzielle Belastung auch die Risiken für eine Nichtvollendung der Anlagen erhöhen würde. Das Gesetz bezweckt demgegenüber erkennbar, den **Wettbewerb um die Flächen zu intensivieren** und durch Abschöpfung der Zahlungsbereitschaft der Anlagenbetreiber die Stromkosten senken zu können. Gegenüber dem ursprünglichen Gesetzesentwurf (BR-Drs. 163/22) wurden die wettbewerblichen Elemente sogar noch ausgeweitet – dieser hatte eine Zahlung der Bieter nur bei den nicht zentral voruntersuchten Flächen vorgesehen und für zentral voruntersuchte Flächen noch keine zweite Gebotskomponente genannt. Außerdem war in dem Entwurf noch die Einführung von sog. Contracts for Difference als neues Förderdesign für nicht zentral voruntersuchte Flächen enthalten. Darüber hinaus kann die Änderung der Konditionen auch den wirtschaftlichen Wert bestehender Rechtspositionen, vor allem bestehender Eintrittsrechte, beeinträchtigen (vgl. *Spieth/Lutz-Bachmann* EnWZ 2020, 243 (245)). Insbesondere wenn die veränderten Konditionen gewandelte wirtschaftliche Rahmenbedingungen reflektieren, dürften sie sich allerdings innerhalb der gesetzgeberischen Spielräume bewegen (BVerfG Beschl. v. 30.6.2020 – 1 BvR 1679/17, 1 BvR 2190/17 Rn. 133ff. und 162ff.) und als verhältnismäßig einzustufen sein.

§ 17a Bundesfachplan Offshore des Bundesamtes für Seeschifffahrt und Hydrographie

(1) ¹Das Bundesamt für Seeschifffahrt und Hydrographie erstellt in jedem geraden Kalenderjahr, beginnend mit dem Jahr 2016, im Einvernehmen mit der Bundesnetzagentur und in Abstimmung mit dem Bundesamt für Naturschutz und den Küstenländern einen Offshore-Netzplan für die ausschließliche Wirtschaftszone der Bundesrepublik Deutschland (Bundesfachplan Offshore). ²Der Bundesfachplan Offshore enthält Festlegungen zu:
1. Windenergieanlagen auf See im Sinne des § 3 Nummer 49 des Erneuerbare-Energien-Gesetzes, die in räumlichem Zusammenhang stehen und für Sammelanbindungen geeignet sind,
2. Trassen oder Trassenkorridoren für Anbindungsleitungen für Windenergieanlagen auf See,
3. den Orten, an denen die Anbindungsleitungen die Grenze zwischen der ausschließlichen Wirtschaftszone und dem Küstenmeer überschreiten,
4. Standorten von Konverterplattformen oder Umspannanlagen,
5. Trassen oder Trassenkorridoren für grenzüberschreitende Stromleitungen,
6. Trassen oder Trassenkorridoren zu oder für mögliche Verbindungen der in den Nummern 1, 2, 4 und 5 genannten Anlagen und Trassen oder Trassenkorridore untereinander,
7. standardisierten Technikvorgaben und Planungsgrundsätzen.

³Das Bundesamt für Seeschifffahrt und Hydrographie prüft bei der Erstellung des Bundesfachplans Offshore, ob einer Festlegung nach Satz 2 überwiegende öffentliche oder private Belange entgegenstehen. ⁴Es prüft insbesondere
1. die Übereinstimmung mit den Erfordernissen der Raumordnung im Sinne von § 3 Absatz 1 Nummer 1 des Raumordnungsgesetzes vom 22. Dezember 2008 (BGBl. I S. 2986), das zuletzt durch Artikel 9 des Gesetzes vom 31. Juli 2009 (BGBl. I S. 2585) geändert worden ist,
2. die Abstimmung mit anderen raumbedeutsamen Planungen und Maßnahmen im Sinne von § 3 Absatz 1 Nummer 6 des Raumordnungsgesetzes und
3. etwaige ernsthaft in Betracht kommende Alternativen von Trassen, Trassenkorridoren oder Standorten.

(2) ¹Soweit nicht die Voraussetzungen für eine Ausnahme von der Verpflichtung zur Durchführung einer strategischen Umweltprüfung nach § 37 des Gesetzes über die Umweltverträglichkeitsprüfung vorliegen, führt das Bundesamt für Seeschifffahrt und Hydrographie unverzüglich nach Einleitung des Verfahrens nach Absatz 1 einen Anhörungstermin durch. ²In dem Anhörungstermin sollen Gegenstand und Umfang der in Absatz 1 Satz 2 genannten Festlegungen erörtert werden. ³Insbesondere soll erörtert werden, in welchem Umfang und Detaillierungsgrad Angaben in den Umweltbericht nach § 40 des Gesetzes über die Umweltverträglichkeitsprüfung aufzunehmen sind. ⁴Der Anhörungstermin ist zugleich die Besprechung im Sinne des § 39 Absatz 4 Satz 2 des Gesetzes über die

§ 17a

Umweltverträglichkeitsprüfung. ⁵§ 7 Absatz 2 des Netzausbaubeschleunigungsgesetzes Übertragungsnetz gilt für den Anhörungstermin entsprechend mit der Maßgabe, dass der jeweiligen Ladung geeignete Vorbereitungsunterlagen beizufügen sind und Ladung sowie Übersendung dieser Vorbereitungsunterlagen auch elektronisch erfolgen können. ⁶Das Bundesamt für Seeschifffahrt und Hydrographie legt auf Grund der Ergebnisse des Anhörungstermins einen Untersuchungsrahmen für den Bundesfachplan Offshore nach pflichtgemäßem Ermessen fest.

(3) ¹Soweit nicht die Voraussetzungen für eine Ausnahme von der Verpflichtung zur Durchführung einer strategischen Umweltprüfung nach § 37 des Gesetzes über die Umweltverträglichkeitsprüfung vorliegen, erstellt das Bundesamt für Seeschifffahrt und Hydrographie frühzeitig während des Verfahrens zur Erstellung des Bundesfachplans Offshore einen Umweltbericht, der den Anforderungen des § 40 des Gesetzes über die Umweltverträglichkeitsprüfung entsprechen muss. ²Die Betreiber von Übertragungsnetzen und von Windenergieanlagen auf See stellen dem Bundesamt für Seeschifffahrt und Hydrographie die hierzu erforderlichen Informationen zur Verfügung.

(4) ¹Das Bundesamt für Seeschifffahrt und Hydrographie beteiligt die Behörden, deren Aufgabenbereich berührt ist, und die Öffentlichkeit zu dem Entwurf des Bundesfachplans Offshore und des Umweltberichts nach den Bestimmungen des Gesetzes über die Umweltverträglichkeitsprüfung. ²Bei Fortschreibung kann sich die Beteiligung der Öffentlichkeit sowie der Träger öffentlicher Belange auf Änderungen des Bundesfachplans Offshore gegenüber dem zuletzt öffentlich bekannt gemachten Bundesfachplan Offshore beschränken; ein vollständiges Verfahren nach Satz 1 muss mindestens alle vier Jahre durchgeführt werden. ³Im Übrigen ist § 12c Absatz 3 entsprechend anzuwenden.

(5) ¹Der Bundesfachplan Offshore entfaltet keine Außenwirkungen und ist nicht selbständig durch Dritte anfechtbar. ²Er ist für die Planfeststellungs- und Genehmigungsverfahren nach den Bestimmungen der Seeanlagenverordnung vom 23. Januar 1997 (BGBl. I S. 57) in der jeweils geltenden Fassung verbindlich.

(6) Die Bundesnetzagentur kann nach Aufnahme einer Leitung in den Bundesnetzplan nach § 17 des Netzausbaubeschleunigungsgesetzes Übertragungsnetz den nach § 17d Absatz 1 anbindungsverpflichteten Übertragungsnetzbetreiber durch Bescheid auffordern, innerhalb einer zu bestimmenden angemessenen Frist den erforderlichen Antrag auf Planfeststellung oder Plangenehmigung der Leitung nach den Bestimmungen der Seeanlagenverordnung zu stellen.

(7) Ab dem 31. Dezember 2017 erstellt das Bundesamt für Seeschifffahrt und Hydrographie keinen Bundesfachplan Offshore mehr.

Übersicht

	Rn.
A. Allgemeines	1
I. Inhalt	1
II. Zweck	2
B. Einzelerläuterungen	4

Bundesfachplan Offshore des BSH **§ 17 a**

Rn.
- I. Materiell-rechtliche Vorgaben an den Bundesfachplan Offshore
  (Abs. 1) 4
  1. Beteiligte Behörden 4
  2. Inhalt der Festsetzungen 5
  3. Prüfungsmaßstab (Abs. 1 S. 3, 4) 17
- II. Verfahren 18
  1. Anhörungstermin und Festlegung des Untersuchungsrahmens
    (Abs. 2) 18
  2. Umweltbericht (Abs. 3) 23
  3. Behörden- und Öffentlichkeitsbeteiligung (Abs. 4) 30
  4. Rechtsfolgen (Abs. 5) 36
- III. Gewährleistung des anschließenden Planfeststellungsverfahrens
  (Abs. 6) 39
- IV. Übergang in das zentrale Modell (Abs. 7) 44
- C. Rechtsschutz 45

Literatur: *Appel, I.,* Staat und Bürger in Umweltverwaltungsverfahren, NVwZ 2012, 1361; *Appel, M.,* Die Bundesfachplanung nach §§ 4 ff. NABEG, ER 2012, 3; *Appel, M.,* Neues Recht für neue Netze – das Regulierungsregime zur Beschleunigung des Stromnetzausbaus nach EnWG und NABEG, UPR 2011, 406; *Balla/Peters,* Die Vorprüfung des Einzelfalls zur Feststellung der SUP-Pflicht, ZUR 2006, 179; *Broemel,* Netzanbindung von Offshore-Windkraftanlagen, ZUR 2013, 408; *Buchholz/Krüger,* Der erste Raumordnungsplan des Bundesamtes für Seeschifffahrt und Hydrographie für die deutsche Ausschließliche Wirtschaftszone, 2008; *Büllesfeld/Koch/v. Stackelberg,* Das neue Zulassungsregime für Offshore-Windenergieanlagen in der ausschließlichen Wirtschaftszone (AWZ), ZUR 2012, 274; *Calliess/Dross,* Neue Netze braucht das Land, JZ 2012, 102; *v. Daniels/Uibeleisen,* Offshore-Windkraft und Naturschutz, ZNER 2011, 602; *Dietrich,* Offshore-Windparks vs. Landesverteidigung, NuR 2013, 628; *Durner,* Die aktuellen Vorschläge für ein Netzausbaubeschleunigungsgesetz (NABEG), DVBl. 2011, 853; *Durner,* Vollzugs- und Verfassungsfragen des NABEG, NuR 2012, 369; *Erbguth,* Energiewende: großräumige Steuerung der Elektrizitätsversorgung zwischen Bund und Ländern, NVwZ 2012, 326; *Fischerauer,* Die Verordnung zu Leitlinien für die transeuropäische Energieinfrastruktur, EnWZ 2013, 56; *Gärditz,* Die Entwicklung des Umweltrechts im Jahr 2011, ZfU 2012, 249; *Geber,* Die Netzanbindung von Offshore-Anlagen im europäischen Supergrid, 2014; *Gellermann/Stoll/Czybulka,* Handbuch des Meeresnaturschutzrechts in der Nord- und Ostsee, 2012; *Germelmann,* Der Ausbau der Offshore-Windenergie als Herausforderung für das Instrumentarium zum staatlichen Konfliktausgleichs, EnWZ 2013, 488; *Grigoleit/Weisensee,* Das neue Planungsrecht für Elektrizitätsnetze, UPR 2011, 401; *Hermes,* Planung von Erzeugungsanlagen und Transportnetzen, in Schneider/Theobald (Hrsg.), Recht der Energiewirtschaft, 4. Aufl. 2013, § 7; *Hermes,* Das neue System der Energienetzplanung, EnWZ 2013, 395; *Hinsch,* Netzanbindung von Offshore-Windenergieanlagen, ZNER 2009, 333; *Hofmann,* Die Modernisierung des Planungsrechts, JZ 2012, 701; *Kment,* Vorbote der Energiewende in der Bundesrepublik Deutschland: das Netzausbaubeschleunigungsgesetz, RdE 2011, 341; *Legler,* Die Novelle des EnWG zum Offshore-Ausbau, EWeRK 2013, 5; *Moench/Ruttloff,* Netzausbau in Beschleunigung, NVwZ 2011, 1040; *Pestke,* Offshore-Windfarmen in der Ausschließlichen Wirtschaftszone, 2008; *Pfeil/Töpfer,* Neuregelungen für die Genehmigungen von Offshore-Windkraftanlagen und Leitungssystemen, NordÖR 2011, 373; *Riese/Wilms,* Gesamtkonzept bei der Planung von Übertragungsnetzen und Netzanschlüssen, ZNER 2009, 107; *Schmidt,* Zur Diskussion über erweiterte Klagebefugnisse im Umweltschutzrecht, ZUR 2012, 210; *Schmitz/Jornitz,* Regulierung des deutschen und des europäischen Energienetzes, NVwZ 2012, 332; *Schneider,* Effizienzsichernde Zumutbarkeitsanforderungen an die Netzanbindung von Offshore-Anlagen gem. § 17 IIa EnWG, IR 2008, 338 und IR 2009, 2; *Schneider,* Aktuelle

§ 17a — Teil 3. Regulierung des Netzbetriebs

Rechtsprobleme von Offshore-Windenergieanlagen und ihrer Netzanbindung, in *Löwer* (Hrsg.), Neuere europäische Vorgaben für den Energiebinnenmarkt, 2010, S. 59; *Schneider,* Planungs-, genehmigungs- und naturschutzrechtliche Fragen des Netzausbaus und der untertägigen Speichererrichtung zur Integration erneuerbarer Energien in die deutsche Stromversorgung, Sachverständigenrat für Umweltfragen, Materialien zur Umweltforschung 43, Mai 2010; *Schomerus/Runge/Nehls/Busse/Nommel/Poszig,* Strategische Umweltprüfung für die Offshore-Windenergienutzung, 2006; *Schulz/Rohrer,* Die Auswirkungen der „Energiewende"-Gesetzgebung auf Offshore-Windparks, ZNER 2011, 494; *Sellmann/kleine Holthaus,* Die Anforderungen an Betreiber von Offshore-Windparks zur Gewährleistung der Sicherheit und Leichtigkeit des Schiffsverkehrs, NordÖR 2015, 45; *Sellner/Fellenberg,* Atomausstieg und Energiewende 2011 – das Gesetzespaket im Überblick, NVwZ 2011, 1025; *Spieth/Uibeleisen,* Netzanbindung von Offshore-Windparks, NordÖR 2012, 519; *Spieth/Uibeleisen,* Neues Genehmigungsregime für Offshore-Windparks, NVwZ 2012, 321; *Wagner,* Bundesfachplanung für Höchstspannungsleitungen, DVBl. 2011, 1453; *Wustlich,* Das Recht der Windenergie im Wandel, Teil 2: Windenergie auf See, ZUR 2007, 122; *Zabel,* Die Novelle der Seeanlagenverordnung, NordÖR 2012, 263.

A. Allgemeines

I. Inhalt

1 Abs. 1 konkretisiert die einzelnen **Festsetzungen** sowie den **Prüfungsmaßstab.** Abs. 2 enthält in Anlehnung an § 7 Abs. 1 NABEG Vorgaben für das Verfahren zur **strategischen Umweltprüfung** einschließlich der Durchführung eines Anhörungstermins. Die Abs. 3 und 4 sehen Regelungen zur Erstellung des Umweltberichts und der Beteiligung betroffener Behörden sowie der Öffentlichkeit vor, die sich an § 12c Abs. 2 und 3 orientieren. Abs. 5 regelt die Rechtswirkungen des Bundesfachplans Offshore für Planfeststellungs- und Genehmigungsverfahren nach der bis zum 21.12.2016 in Kraft befindlichen, nach § 102 Abs. 1 WindSeeG teilweise fortgeltenden SeeAnlV (→ Rn. 40). Abs. 6 ermächtigt die BNetzA, den anbindungsverpflichteten Übertragungsnetzbetreiber zur Beantragung einer nach § 17 NABEG in den Bundesnetzplan aufgenommenen Übertragungsleitung aufzufordern. Gem. Abs. 7 werden im Zuge der Umstellung auf das zentrale Modell nach dem WindSeeG nach dem 21.12.2017 keine Bundesfachpläne Offshore mehr erstellt. Im Zuge der Einführung des **zentralen Modells** nach dem WindSeeG erfolgt die Planung durch Flächenentwicklungspläne nach den §§ 4ff. WindSeeG. Der ebenfalls in die Zuständigkeit des BSH fallende Flächenentwicklungsplan enthält nach § 5 WindSeeG Festsetzungen im Grundsatz für den Zeitraum ab 2026 (erstmals BSH, Flächenentwicklungsplan 2019 für die deutsche Nord- und Ostsee, 28.6.2019). Ab diesem Zeitpunkt werden die in einem Bundesfachplan Offshore getroffenen Festlegungen nach § 7 Nr. 1 WindSeeG durch die Festlegungen aus dem Flächenentwicklungsplan abgelöst. § 17a tritt mit Ablauf des 31.12.2025 außer Kraft, Art. 25 Abs. 3 des Gesetzes vom 13.10.2016 (BGBl. 2016 I S. 2258).

II. Zweck

2 Der Bundesfachplan Offshore bildete vor Einführung des zentralen Ausschreibungsmodells durch das WindSeeG (→ Vor §§ 17a ff. Rn. 6ff.) die Grundlage für eine effektive **Koordination der räumlichen Anordnung** von Windkraftanlagen und Sammelanbindungen, indem er sowohl für Planfeststellungs- und Genehmigungsverfahren nach der bis Ende 2016 in Kraft befindlichen SeeAnlV (Abs. 5 S. 2) als auch für den Offshore-Netzentwicklungsplan der Übertragungsnetzbetreiber (§ 17b Abs. 1 S. 2) einen verbindlichen Rahmen vorgibt. § 17a knüpft an die mit dem Gesetz über Maßnahmen zur Beschleunigung des Netzausbaus Elektrizitätsnetze (Ges. v. 28.7.2011, BGBl. 2011 I S. 1690ff.) eingeführten Regelungen in § 17 Abs. 2a S. 3 und 4, Abs. 2b 1 EnWG aF zum Offshore-Netzplan an. § 17a ersetzt und ergänzt diese Regelungen um nähere Vorgaben zu den Festsetzungen und dem Verfahren. Die einzelnen Regelungen des § 17a zum Prüfungsmaßstab und zum Verfahren orientieren sich an Regelungen der Bundesfachplanung nach dem NABEG sowie dem Verfahren zur Bestätigung des Netzentwicklungsplans nach § 12c. Gleichwohl unterscheidet sich die Funktion des Bundesfachplans Offshore von derjenigen der Bundesfachplanung nach §§ 4ff. NABEG (Schneider/Theobald EnergieWirtschaftsR-HdB/*Hermes* § 7 Rn. 86; zur Fachplanung nach NABEG *Calliess/Dross* JZ 2012, 1002 (1003f.)). Der dem Netzentwicklungsplan vorgelagerte Bundesfachplan Offshore zielt nicht auf die Beschleunigung konkreter Verfahren durch Konzentration, sondern auf eine **koordinierte räumliche Umsetzung** des Zwecks und der Ziele des EEG bei der Entwicklung von Offshore-Windenergie (zuletzt BSH, Bundesfachplan Offshore für die deutsche ausschließliche Wirtschaftszone der Nordsee 2016/2017, 22.12.2017, S. 1f.; BSH, Bundesfachplan Offshore für die deutsche ausschließliche Wirtschaftszone der Ostsee 2016/2017, 22.12.2017, S. 1f.) Der Bundesfachplan Offshore leitet aus den in § 4 EEG vorgesehenen Ausbaupfaden sowie dem von der BNetzA genehmigten Szenariorahmen nach § 12a den Ausbaubedarf ab und entwickelt auf dieser Grundlage ein konsistentes Gesamtsystem (BSH, Bundesfachplan Offshore für die deutsche ausschließliche Wirtschaftszone der Nordsee 2016/2017, 22.12.2017, S. 13f.; BSH, Bundesfachplan Offshore für die deutsche ausschließliche Wirtschaftszone der Ostsee 2016/2017, 22.12.2017, S. 14f.). Er trägt dabei den Vorgaben der Raumordnung (Raumordnungspläne für die deutsche ausschließliche Wirtschaftszone in der Nordsee bzw. in der Ostsee, Anlage 1 zu § 1 AWZ Nordsee- bzw. Ostsee-ROV) Rechnung und schreibt die vorhergehende Planung in Abhängigkeit von der zwischenzeitlichen Entwicklung fort (vgl. BSH, Bundesfachplan Offshore für die deutsche ausschließliche Wirtschaftszone der Nordsee 2016/2017, 22.12.2017, S. 2f., S. 9f.). Zum Schutz der Planbarkeit vor den Wirkungen einzelner unkoordinierter Genehmigungen griff das BSH in der Vergangenheit auf Veränderungssperren nach § 10 SeeAnlV a. F. zurück (für die Nordsee Veränderungssperre v. 15.6.2012 sowie Verlängerung und Änderung der Veränderungssperre v. 15.6.2015). In dem zentralen Modell des WindSeeG ergibt sich eine vergleichbare Wirkung daraus, dass die Erteilung des Zuschlags ua das ausschließliche Recht zur Durchführung eines Planfeststellungsverfahrens bzw. Plangenehmigungsverfahrens auf der jeweiligen Fläche vermittelt, §§ 24 Abs. 1 Nr. 1 und 55 Abs. 1 Nr. 1 WindSeeG. § 17a EnWG ist seit seiner Einführung im Jahr 2012 redaktionell leicht geändert worden, aber im Wesentlichen unverändert geblieben.

Während der Modus der räumlichen Koordination des Ausbaus von Windenergieanlagen und der Netzanbindung nicht unionsrechtlich vorgegeben ist, enthält das Unionsrecht neben Vorgaben zur Durchführung einer **strategischen Umweltprüfung** (SUP-RL) inhaltliche Anforderungen an die **Umweltverträglichkeit** (Vogelschutz-RL, zuletzt geändert durch VO 2019/1010; RL 92/43/EWG idF der RL 2013/17/EU – FFH-RL; Meeresstrategierahmen-RL, zuletzt geändert durch RL 2017/845; RL 2000/60/EG, zuletzt geändert durch RL 2014/101/EU – Was-

§ 17 a   Teil 3. Regulierung des Netzbetriebs

serrahmen-RL). Daneben sind die Bestimmungen an eine gemeinschaftsweite Netzentwicklungsplanung durch den Europäischen Verbund der Übertragungsnetzbetreiber Strom (ENTSO-E) nach Art. 30 Abs. 1 lit. b, Art. 48 Elt-VO 19, vormals Art. 8 Elt-VO 19, zu berücksichtigen. Zudem enthält das Seerechtsübereinkommen der Vereinten Nationen (**SRÜ**) Vorgaben zur Behandlung der AWZ, insbesondere zur Nutzbarkeit anerkannter Verkehrswege oder zum Umgang mit archäologischen und historischen Gegenständen (Art. 60 Abs. 7 und 149 SRÜ). Schließlich führt die Verordnung zu Leitlinien für die transeuropäische Infrastruktur (Art. 1 Abs. 1 und Anhang I Ziff. 1.1 TEN-E-VO, zuletzt geändert durch VO 2020/389) das Offshore-Netz der nördlichen Meere als einen der vorrangigen Stromkorridore auf, innerhalb dessen Vorhaben von gemeinsamem Interesse mit Vorrangstatus festgelegt werden können (*Fischerauer* EnWZ 2013, 56 (57 ff.)). Der kürzlich von der Europäischen Kommission vorgelegte Vorschlag für eine neue TEN-E-VO (Vorschlag für eine Verordnung zu Leitlinien für die transeuropäische Energieinfrastruktur und zur Aufhebung der Verordnung (EU) Nr. 347/2013, COM(2020) 824 final) sieht eine gemeinsame Festlegung der Offshore-Stromengen innerhalb der festgelegten vorrangigen Offshore-Netzkorridore durch die Mitgliedstaaten sowie eine daran anknüpfende Erstellung der **integrierten Offshore-Netzentwicklungspläne** durch den ENTSO-E vor (Art. 14 des Vorschlags). Zudem enthält der Vorschlag eine Regelung zur Konkretisierung der Grundsätze für die grenzüberschreitende Kostenaufteilung der Offshore-Netze, Art. 15 des Vorschlags.

B. Einzelerläuterungen

I. Materiell-rechtliche Vorgaben an den Bundesfachplan Offshore (Abs. 1)

4   **1. Beteiligte Behörden.** Wie auch schon der Offshore-Netzplan nach § 17 Abs. 2a S. 3 EnWG aF und nachfolgend der Flächenentwicklungsplan nach §§ 4 ff. WindSeeG wird der Bundesfachplan Offshore vom BSH erstellt. Das BSH ist aufgrund seiner Sachnähe nach § 17 Abs. 1 S. 3 ROG zudem mit der Vorbereitung der Aufstellung des Raumordnungsplans betraut. Auch im Hinblick auf den engen Zusammenhang zur Bedarfsplanung nach §§ 12a ff. erfolgt die Bundesfachplanung im **Einvernehmen mit der BNetzA**, wohingegen das BfN und die Küstenländer lediglich zur Abstimmung in das Verfahren einbezogen sind. Damit kommt den Ländern eine vergleichbare Position wie im Verfahren zur Aufstellung des Raumordnungsplans für die deutsche AWZ nach § 17 Abs. 1 S. 4 ROG zu.

5   **2. Inhalt der Festsetzungen. a) Verbesserung des Koordinationspotenzials durch Bundesfachplanung.** Mit den Festsetzungen im Bundesfachplan Offshore gestaltet das BSH eine **koordinierte Entwicklung des Ausbaus von Windenergieanlagen und Netzanbindung.** Der Bundesfachplan Offshore zielt auf eine möglichst ökonomisch effiziente, umweltverträgliche und raumsparende räumliche Anordnung der Windkraftanlagen und Anbindungsleitungen, die zur Abdeckung der im Leitszenario B des Szenariorahmens nach §§ 12a ff. prognostizierten Kapazitätsentwicklung erforderlich sind. Dabei berücksichtigt er die Vorgaben aus dem jeweiligen Raumordnungsplan für die deutsche AWZ. Auf der Grundlage des nach § 17 Abs. 2a EnWG aF bestehenden projektakzessorischen An-

bindungsanspruchs entschied der Windparkbetreiber im Rahmen des planungsrechtlich Zulässigen über den Standort der jeweiligen Windkraftanlagen. Fragen des Raumverbrauchs oder der Gesamteffizienz aller Anbindungen waren dabei für ihn nicht unmittelbar entscheidungsrelevant (*Schneider* Rechtsprobleme S. 59, 75). Zudem erlaubte weder die Ausweisung von Vorranggebieten in den Raumordnungsplänen für die deutsche AWZ noch von Eignungsgebieten nach § 3 a SeeAnlV aF eine effektive räumliche Koordination der Standorte und ihrer Anbindung. Zusammen mit der Neufassung der damals in Kraft befindlichen SeeAnlV (Planfeststellungsverfahren für die Errichtung von Windkraftanlagen und Netzanbindungen sowie Veränderungssperren; näher *Spieth/Uibeleisen* NVwZ 2012, 321 ff.; *Zabel* NordÖR 2012, 263 (264 ff.)) verbesserte der Bundesfachplan Offshore die Möglichkeiten einer von BSH und BNetzA bereits auf der Grundlage der bisherigen Rechtslage erstrebten Koordinierung (*Schneider* Rechtsprobleme S. 59, 73 ff.).

b) Räumliche Festlegung von Clustern für Windparks (Abs. 1 S. 2 6 Nr. 1). aa) Begriff der Windenergieanlage auf See. Zur Bestimmung des Begriffs der **Windenergieanlage auf See** verweist § 17 a Abs. 1 S. 2 auf § 3 Nr. 49 EEG, der seinerseits auf § 3 Nr. 11 WindSeeG verweist. Danach handelt es sich um eine Anlage zur Erzeugung von Strom aus Windenergie, die auf See in einer Entfernung von mindestens drei Seemeilen gemessen von der Küstenlinie aus seewärts errichtet worden ist. Der Verweis soll klarstellen, dass es sich um Anlagen zur Erzeugung von Windenergie handelt und Anlage in diesem Sinne das einzelne Windrad und nicht den gesamten Windpark darstellt (zu § 17 a Abs. 1 S. 2 aF Gesetzesentwurf, BT-Drs. 17/10754, 23), auch wenn sich Festlegungen tatsächlich auf die räumliche Anordnung von Clustern beziehen. Durch das Merkmal „auf See" stellt die Definition auf die Küstenlinie des Festlands ab, ohne Inseln als Bezugspunkte der Entfernung einzubeziehen (*Schulz/Rohrer* ZNER 2011, 494 (496)).

bb) Räumlicher Zusammenhang und Eignung für Sammelanbindung. 7 Die Festsetzungen zu Windenergieanlagen auf See (§ 17 a Abs. 1 S. 2 Nr. 1) beziehen sich auf die Standorte von **Clustern** für OWP sowie deren angenommene Leistung. Die Methodik der Leistungsermittlung für die einzelnen Cluster unterscheidet sich danach, inwieweit für die einzelnen Cluster nach dem jeweiligen Planungsstand bereits Informationen über die Eigenschaften der Anlage und die Anbindungskapazität vorliegen (BSH, Bundesfachplan Offshore für die deutsche ausschließliche Wirtschaftszone der Nordsee 2016/2017, 22.12.2017, S. 18 f., sowie BSH, Bundesfachplan Offshore für die deutsche ausschließliche Wirtschaftszone der Ostsee 2013, 7.3.2014, S. 14 ff., auch zu einem Flächenansatz, der von konkreten Anlagen abstrahiert). Die **Anzahl** der festgesetzten Cluster sowie den Planungshorizont stimmt das BSH auf die im Szenariorahmen prognostizierte Kapazitätsentwicklung sowie auf die Zielvorgaben aus § 4 Nr. 2 EEG und die Regelung zur Verteilung des Zubaus aus § 27 Abs. 4 WindSeeG ab. In der Anfangsphase der Fachplanung bestimmte der Bundesfachplan Offshore anhand der **Zielgröße** für den Ausbau der Windenergienutzung und der angenommenen Leistung der einzelnen Windparks den gesamten Flächenbedarf und deckte diesen Bedarf mit den am besten geeigneten Flächen (BSH, Bundesfachplan Offshore für die deutsche ausschließliche Wirtschaftszone der Nordsee 2012, S. 13 ff.). In den nachfolgenden Bundesfachplänen führte das BSH die räumliche Bestimmung der Cluster in Abhängigkeit von der Bedarfsentwicklung fort (zuletzt BSH, Bundesfachplan Offshore für die deutsche ausschließliche Wirtschaftszone der Nordsee 2016/2017, 22.12.2017, S. 15 ff.).

§ 17a Teil 3. Regulierung des Netzbetriebs

8 Für die Eignung der Gebiete sind vor allem die bestehenden Schifffahrtswege, die Ausweisung im Raumordnungsplan als Vorranggebiet für Windkraftnutzung sowie die Abwesenheit von Zulassungshindernissen, insbesondere aus umweltrechtlichen oder militärischen Gründen, maßgeblich. Unter den danach grundsätzlich geeigneten Flächen legt das BSH im Wesentlichen zunächst die küstennäheren Standorte als Cluster fest. Für das Kriterium der **Küstennähe** sprechen aus Sicht des BSH vor allem die ökonomischen und technischen Nachteile größerer Anbindungsentfernungen sowie die höhere Qualität der bereits vorhandenen Datengrundlage zu Umwelt- und Baugrundverhältnissen in Küstennähe (zum Ganzen BSH, Bundesfachplan Offshore für die deutsche ausschließliche Wirtschaftszone der Nordsee 2012, S. 14–22). Inwieweit küstenfernere Standorte ein höheres Leistungspotenzial aufweisen, das einen größeren Anbindungsaufwand aufwiegt, wird das BSH im Rahmen von Fortschreibungen des Bundesfachplans prüfen (BSH, Bundesfachplan Offshore für die deutsche ausschließliche Wirtschaftszone der Nordsee 2012, S. 81f.; zum ähnlichen Konflikt bei der zeitlichen Staffelung der Anbindung im Netzentwicklungsplan Offshore → § 17b Rn. 10ff.). Mit der Umstellung vom projektakzessorischen zum kapazitätsabhängigen Anbindungsanspruch der Windparkbetreiber geht damit faktisch eine **Kontingentierung** der für die Offshore-Windenergie zur Verfügung stehenden Fläche einher. Um einen sparsamen Flächenverbrauch zu gewährleisten, beschränkt das BSH die Anzahl der ausgewiesenen Cluster auf das zur Erreichung der Zielkapazität erforderliche Maß. Dabei ordnet der Bundesfachplan Offshore die Einschätzung der Eignung potenzieller Cluster je nach Qualität der Datengrundlage als vorläufig ein. Auf der Grundlage eines laufenden Clustermonitorings können sich in Fortschreibungen Änderungen der räumlichen Festsetzung ergeben (BSH, Bundesfachplan Offshore für die deutsche ausschließliche Wirtschaftszone der Nordsee 2012, S. 23f.).

9 Bei der Festsetzung der Cluster legt das BSH eine an das Leitszenario B des Szenariorahmens orientierte, zeitlich gestaffelte Planung der Gesamtleistung aller geplanter Windparkcluster zugrunde, wobei Festlegungen zum Zeitpunkt oder der zeitlichen Reihenfolge der Realisierung einzelner Projekte nach § 17a Abs. 1 nicht Gegenstand des Bundesfachplans sind (BSH, Bundesfachplan Offshore für die deutsche ausschließliche Wirtschaftszone der Nordsee 2012, S. 80; ausdrücklich auch BSH, Bundesfachplan Offshore für die deutsche ausschließliche Wirtschaftszone der Nordsee 2016/2017, 22.12.2017, S. 15; abl. *Legler* EWeRK 2013, 5 (9)). Eine Einflussnahme auf die **zeitliche Abfolge der Realisierung** ermöglichte vielmehr zum einen die in § 4 Abs. 4 SeeAnlV aF vorgesehene Priorisierung bei der Bearbeitung von Planfeststellungsanträgen (auf diese Möglichkeit nimmt der Bundesfachplan Offshore der Nordsee zur Begründung des Kriteriums der Küstennähe unter anderem Bezug, BSH, Bundesfachplan Offshore für die deutsche ausschließliche Wirtschaftszone der Nordsee 2012, S. 20). Zum anderen enthält der vom Übertragungsnetzbetreiber ausgearbeitete und von der BNetzA bestätigte Offshore-Netzentwicklungsplan nach §§ 17b, 17c zeitliche Vorgaben (dazu → § 17b Rn. 10ff.). Demgegenüber sehen die Flächenentwicklungspläne nach § 5 Abs. 1 Nr. 3 WindSeeG für den Zeitraum ab dem Jahr 2026 auch Festlegungen zur zeitlichen Reihenfolge vor, in der die einzelnen Flächen zur Ausschreibung kommen sollen (BSH, Flächenentwicklungsplan 2019 für die deutsche Nord- und Ostsee, 28.6.2019, S. 99ff.).

10 **c) Planung der Anbindung.** Der **Bundesfachplan Offshore** legt durch Festsetzungen zu den Standorten und den technischen Eigenschaften der Konver-

Bundesfachplan Offshore des BSH §17a

terplattformen, der Gleichstrom-Seekabelsysteme zur Anbindung an das Festland und der Drehstrom-Seekabelsysteme zur windparkinternen Verkabelung die gesamte Netztopologie innerhalb der AWZ fest.

aa) Trassen(korridore) und Übergang ins Küstenmeer (Abs. 1 S. 2 Nr. 2 und 3). Gegenstand der Festlegungen können konkrete Trassen oder Trassenkorridore sein, also Gebietsstreifen, innerhalb derer der konkrete Trassenverlauf in dem nachfolgenden Planfeststellungsverfahren noch festgelegt werden muss. Während regelmäßig auf der Ebene der Bundesfachplanung die erforderlichen Informationen für eine sinnvolle konkrete Festlegung etwa zur Beschaffenheit des Grundes oder zu örtlich beschränkten Umweltauswirkungen fehlen werden, können bereits bei der Fachplanung absehbare Konflikte mit anderen Nutzungsarten zu einer Ausweisung konkreter Trassen führen (Gesetzesbegr., BT-Drs. 17/10754, 23). Der Bundesfachplan Offshore legt die Korridore für Seekabelsysteme unter Berücksichtigung der bereits gebauten oder genehmigten Seekabelsysteme und Datenkabel sowie der in den Landesraumordnungsprogrammen der Küstenländer vorgesehenen **Übergabepunkte** fest (vgl. zuerst BSH, Bundesfachplan Offshore für die deutsche ausschließliche Wirtschaftszone der Nordsee 2012, S. 52 ff.; zuletzt BSH, Bundesfachplan Offshore für die deutsche ausschließliche Wirtschaftszone der Nordsee 2016/2017, 22.12.2017, S. 57 f.). Bei der Festlegung der Grenzkorridore zwischen AWZ und Küstenmeer legt das BSH die bis zum Jahr 2030 anvisierte Gesamtkapazität zugrunde und berücksichtigt sowohl die Vorhaben, die bereits realisiert sind oder Vertrauensschutz genießen, wie auch die sich abzeichnende Raumordnungsplanung der angrenzenden Länder (BSH, Bundesfachplan Offshore für die deutsche ausschließliche Wirtschaftszone der Nordsee 2016/2017, 22.12.2017, S. 55 ff.; zuvor bereits BSH, Bundesfachplan Offshore für die deutsche ausschließliche Wirtschaftszone der Nordsee 2012, S. 44 ff.).

11

bb) Standorte von Konverterplattformen (Abs. 1 S. 2 Nr. 4). Die konkreten Standorte der noch nicht errichteten oder genehmigten Konverterplattformen werden überwiegend an der **Grenze** des jeweiligen Clusters zu einer Schifffahrtsroute oder einem Natura2000-Gebiet geplant, um die Erreichbarkeit per Schiff und Helikopter ohne die Notwendigkeit zusätzlicher Korridore sicherzustellen (vgl. BSH, Bundesfachplan Offshore für die deutsche ausschließliche Wirtschaftszone der Nordsee 2016/2017, 22.12.2017, S. 35 f.; BSH, Bundesfachplan Offshore für die deutsche ausschließliche Wirtschaftszone der Nordsee 2012, S. 40). Gleichwohl darf der Standort der Plattformen weder die Sicherheit des Verkehrs noch den Schutz der Natura2000-Gebiete beeinträchtigen (zu beidem BSH, Bundesfachplan Offshore für die deutsche ausschließliche Wirtschaftszone der Nordsee 2016/2017, 22.12.2017, S. 37 ff.). Zudem werden zur Erzielung von Synergieeffekten nach dem sog. **Mutter-Tochter-Konzept** nach Möglichkeit zwei mit einer Brücke verbundene Plattformen in räumlicher Nähe geplant (BSH, Bundesfachplan Offshore für die deutsche ausschließliche Wirtschaftszone der Nordsee 2016/2017, 22.12.2017, S. 32 f.).

12

cc) Grenzüberschreitende Kabelsysteme (Abs. 1 S. 2 Nr. 5). Neben bereits beantragten grenzüberschreitenden Stromleitungen berücksichtigt das BSH den vom ENTSO-E ausgearbeiteten, einen Zeitraum von zehn Jahren umfassenden Netzentwicklungsplan **(Ten-Year Network Development Plan).** Die auf das Gebiet der deutschen AWZ beschränkten Bundesfachpläne Offshore sichern den Raum für Trassen grenzüberschreitender Seekabelsysteme, die sich bereits in

13

Planung befinden oder sich abzeichnen (BSH, Bundesfachplan Offshore für die deutsche ausschließliche Wirtschaftszone der Nordsee 2016/2017, 22.12.2017, S. 74 ff.).

14 dd) Verbindungen von Anlagen oder Elementen untereinander (Abs. 1 S. 2 Nr. 6). Teil der Festlegung in der Bundesfachplanung sind auch Verbindungen von Elementen der Anbindungsinfrastruktur untereinander, insbesondere zwischen Konverterplattformen unterschiedlicher Cluster, die für sich genommen zur Anbindung nicht zwingend erforderlich sind. Eine solche Vermaschung zum Schutz gegen den Ausfall einer Netzkomponente ist im Gegensatz zu den Sicherheitsstandards bei Übertragungsnetzen an Land (sog. **n-1-Kriterium**) im Grundsatz nicht Aufgabe der Netzbetreiber (Gesetzesbegr., BT-Drs. 17/10754, 24; zurückhaltender noch Gesetzesbegr. zur Neufassung des § 17 Abs. 1 a und 1 b EnWG aF, BT-Drs. 17/6073, 33: Frage der Standards an Systemsicherheit gesetzgeberisch nicht entschieden). Bei der Regelung der Anbindungspflicht von Übertragungsnetzbetreibern wie auch den Kriterien für die Priorisierung des Ausbaus von Anbindungsinfrastruktur hat der Gesetzgeber ausdrücklich der zügigen Anbindung den Vorrang vor einer Vermaschung der Offshore-Anbindungen eingeräumt. Den Festsetzungen im Bundesfachplan Offshore kommt dabei nicht die Funktion zu, über den Grad der redundanten Vermaschung zu entscheiden, sondern lediglich die **planerischen Voraussetzungen für** eine entsprechende **Ausbauplanung** im Netzentwicklungsplan der Übertragungsnetzbetreiber zu schaffen (BSH, Bundesfachplan Offshore für die deutsche ausschließliche Wirtschaftszone der Nordsee 2016/2017, 22.12.2017, S. 82; zuvor bereits BSH, Bundesfachplan Offshore für die deutsche ausschließliche Wirtschaftszone der Nordsee 2012, S. 69 und 74). Über die Umsetzung der Verbindungen entscheidet das jeweilige Schadensminderungskonzept, das der anbindungsverpflichtete Netzbetreiber der BNetzA vorlegt (→ § 17 f Rn. 18 ff.).

15 ee) Standardisierte Technikvorgaben und Planungsgrundsätze (Abs. 1 S. 2 Nr. 7). Standardisierte Technikvorgaben bilden seit den ersten Bundesfachplan Offshore ein zentrales Instrument, um die Interoperabilität der Komponenten zu gewährleisten und zugleich den Raumbedarf zu optimieren (rückblickend BSH, Bundesfachplan Offshore für die deutsche ausschließliche Wirtschaftszone der Nordsee 2016/2017, 22.12.2017, S. 23 f.; zuerst BSH, Bundesfachplan Offshore für die deutsche ausschließliche Wirtschaftszone der Nordsee 2012, S. 28 ff.). Zudem erleichtert die Standardisierung eine standortunabhängige, beschleunigte sowie **kostengünstigere Planung** und kann Schadensminderungsmaßnahmen durch eine redundante Vermaschung fördern. Die standardisierten Technikvorgaben hängen von dem jeweils verfolgten Anbindungskonzept und den damit verbundenen Prämissen, etwa der Gleichstrom- oder Drehstromtechnologie, ab. Gleichzeitig birgt die Standardisierung das Risiko, die **Fortentwicklung** bestehender und alternativer Technologien zu beeinträchtigen, oder unerkannte Sicherheitsrisiken, etwa bei der Anordnung der Konverterplattformen, durch die Vereinheitlichung zu erhöhen. Die standardisierten Technikvorgaben bilden deshalb einen Schwerpunkt in den Konsultationen des BSH, sowohl im Vorfeld der erstmaligen Planung als auch in den folgenden Fortschreibungen, auch wenn sich im Ergebnis im Zuge der Fortschreibungen keine wesentlichen Änderungen ergeben haben (zur Diskussion alternativer Anbindungskonzepte BSH, Bundesfachplan Offshore für die deutsche ausschließliche Wirtschaftszone der Nordsee 2016/2017, 22.12.2017, S. 23 und 29 f.). Zu den wesentlichen Festlegungen von standardisierten Technik-

Bundesfachplan Offshore des BSH § 17 a

vorgaben im Hinblick auf das Anbindungskonzept zählt der Einsatz der **Gleichstromtechnologie** als selbst geführtes System mit einer Standardleistung von 900 MW und einer Übertragungsspannung von 320 kV bei der Netzanbindung in der **Nordsee** sowie der **Drehstromtechnologie** mit einer einheitlichen Übertragungsspannung von 220 kV bei Anbindungsleitungen in der AWZ der **Ostsee** (BSH, Bundesfachplan Offshore für die deutsche ausschließliche Wirtschaftszone der Nordsee 2016/2017, 22.12.2017, S. 24ff.; BSH, Bundesfachplan Offshore für die deutsche ausschließliche Wirtschaftszone der Ostsee 2016/2017, 22.12.2017, S. 25ff.). Zur Verbindung von Konverter- und Umspannplattformen ist für OWP in der AWZ der Nordsee der Einsatz der Drehstromtechnologie mit einer Übertragungsspannung von 155 kV vorgesehen (BSH, Bundesfachplan Offshore für die deutsche ausschließliche Wirtschaftszone der Nordsee 2016/2017, 22.12.2017, S. 27f., S. 60). Daneben beziehen sich die standardisierten Technikvorgaben vor allem auf Einzelheiten zur Gestaltung der Konverterplattformen, etwa zur räumlichen Nähe ihrer Errichtung nach dem sog. **Mutter-Tochter-Konzept**, zur Ausgestaltung und Belegung der Schaltfelder, zur Standardisierung sonstiger Netzkomponenten sowie zu den Voraussetzungen für die Verbindung von Konverterplattformen (BSH, Bundesfachplan Offshore für die deutsche ausschließliche Wirtschaftszone der Nordsee 2016/2017, 22.12.2017, S. 32ff.; BSH, Bundesfachplan Offshore für die deutsche ausschließliche Wirtschaftszone der Ostsee 2016/2017, 22.12.2017, S. 27ff.).

Mit den **Planungsgrundsätzen** stellt der Bundesfachplan Offshore Anforderungen vor allem an die räumliche Anordnung sowie an die Modalitäten der Errichtung einzelner Elemente auf. Sie beziehen sich vor allem auf Fragen der Erreichbarkeit, der Vermeidung von Störungen einzelner Komponenten des Anbindungssystems, der Umwelt oder konfligierender Nutzungsarten wie der Schifffahrt.

3. Prüfungsmaßstab (Abs. 1 S. 3, 4). Der in § 17a Abs. 1 S. 3 und 4 formulierte Prüfungsmaßstab orientiert sich am Prüfungsmaßstab der Fachplanung in § 5 Abs. 1 S. 2 und Abs. 2 NABEG. Gleichwohl bestehen Unterschiede in ihrem jeweiligen Verhältnis zur Raumordnung. Während nach § 28 S. 1 NABEG für Höchstspannungsleitungen im Anwendungsbereich des NABEG kein Raumordnungsverfahren stattfindet und die Fachplanung auch durch ihren an der Raumordnungsprüfung orientierten Maßstab Funktionen der Raumordnungsprüfung teilweise übernimmt (krit. *Durner* NuR 2012, 369 (370ff.); *Erbguth* NVwZ 2012, 326 (328f.)), legen die **Raumordnungspläne für die AWZ** der Nord- und Ostsee durch Ziele und Grundsätze einen Ausgleich der divergierenden Nutzungen weitgehend fest. Diesen Vorgaben der Raumordnungspläne ist bei der Ausarbeitung des Bundesfachplans Offshore Rechnung zu tragen, auch wenn die Bundesfachplanung zu einem gewissen Grad Anregung für die Anpassung und Fortentwicklung der Raumordnung geben kann (Gesetzesbegr., BT-Drs. 17/10754, 24; vgl. zum Verhältnis von Raumordnung und Fachplanung BSH, Bundesfachplan Offshore für die deutsche ausschließliche Wirtschaftszone der Nordsee 2012, S. 79). Im Übrigen zählen zu den öffentlichen und privaten Belangen, die bei der Abwägung in Rechnung zu stellen sind, insbesondere Belange der Schifffahrt, der Umwelt (*Germelmann* EnWZ 2013, 488 (493ff.)) und des Militärs (*Dietrich* NuR 2013, 628 (629ff.)). **Alternativen** von Trassen, Trassenkorridoren oder Standorten nach § 17a Abs. 1 S. 4 Nr. 3 lassen sich wegen feststehender Rahmenbedingungen oder fehlender Informationen für konkrete Standorte teilweise nur eingeschränkt prüfen (→ Rn. 26 für den Umweltbericht). Das BSH legt aus diesem Grund in Planungs-

§ 17 a   Teil 3. Regulierung des Netzbetriebs

grundsätzen typisierte Bewertungen möglicher Alternativen fest (BSH, Bundesfachplan Offshore für die deutsche ausschließliche Wirtschaftszone der Nordsee 2012, S. 83 f.).

II. Verfahren

18   **1. Anhörungstermin und Festlegung des Untersuchungsrahmens (Abs. 2).**
a) Strategische Umweltprüfung bei der Aufstellung des Bundesfachplans Offshore. Die in § 17 a Abs. 2–4 näher geregelte **Strategische Umweltprüfung** bildet einen unselbstständigen Teil des Verfahrens zur Aufstellung des Bundesfachplans Offshore, vgl. § 33 UVPG. Sie verfolgt entsprechend der Grundsätze aus § 3 UVPG das Ziel, Auswirkungen des Bundesfachplans auf die Umwelt frühzeitig und umfassend zu ermitteln, zu beschreiben sowie zu bewerten und diese Ergebnisse bei der Planaufstellung so früh wie möglich zu berücksichtigen. Die den § 7 Abs. 1 und 2 NABEG nachgebildete Regelung in § 17 a Abs. 2 EnWG passt die allgemein in § 39 UVPG normierte Festlegung des Untersuchungsrahmens in das Verfahren zur Aufstellung des Bundesfachplans Offshore ein. Soweit die Aufstellung oder Änderung des Plans zur Durchführung einer SUP verpflichtet, führt das BSH einen Anhörungstermin durch, in dem Gegenstand und Umfang sowohl der Festlegung im Bundesfachplan als auch des Umweltberichts erörtert werden. Auf dieser Grundlage legt das BSH nach § 17 a Abs. 2 S. 6 den Untersuchungsrahmen der SUP fest.

19   **b) Reichweite der UVP-Pflicht (Abs. 2 S. 1 EnWG, §§ 14 b, 14 d UVPG).** Bundesfachpläne Offshore unterliegen nach §§ 1 Abs. 1 Nr. 2, 35 Abs. 1 Nr. 1 iVm Nr. 1.14 der Anlage 5 zum UVPG grundsätzlich der SUP-Pflicht. Für geringfügige Änderungen oder die Festlegung der Nutzung **kleiner Gebiete auf lokaler Ebene** macht § 37 S. 1 die Durchführung einer SUP davon abhängig, ob eine Vorprüfung nach § 35 Abs. 4 UVPG voraussichtlich erhebliche Umweltauswirkungen des Vorhabens indiziert. Da das Merkmal der „Nutzung kleiner Gebiete auf lokaler Ebene" auf die kommunale Planung bezogen ist (HK-UVPG/*Peters/Balla/Hesselbarth* § 37 Rn. 4; Schink/Reidt/Mitschang/*Schink* UVPG § 37 Rn. 5, 6 a), kommt bei Fortschreibung eines Bundesfachplans nur das Merkmal der „geringfügigen Änderung" in Betracht. Diese Vorprüfung umfasst sowohl negative wie auch positive Umweltauswirkungen (HK-UVPG/*Peters/Balla/Hesselbarth* § 35 Rn. 21). Anlage 6 zum UVPG enthält Kriterien für diese Prüfung, bei der grundsätzlich auf der bestehenden Informationsgrundlage ohne weitere Sachverständigengutachten Eintrittswahrscheinlichkeit und prognostizierte Umwelteinwirkungen zueinander in Beziehung zu setzen sind (näher zu den Prüfschritten HK-UVPG/*Peters/Balla/Hesselbarth* § 35 Rn. 36; *Balla/Peters* ZUR 2006, 179 (182 f.)). In diese Einschätzung sind die anderen Behörden, deren umwelt- oder gesundheitsbezogener Aufgabenbereich berührt wird, einzubeziehen, § 35 Abs. 4 S. 3, 41 UVPG.

20   **c) Anhörungstermin.** Der von dem BSH anzuberaumende Anhörungstermin stellt ähnlich wie die Antragskonferenz nach § 7 Abs. 1 NABEG zugleich den sog. **Scoping-Termin** nach § 39 Abs. 4 S. 2 UVPG dar, § 17 a Abs. 2 S. 4. Dabei geht der Anhörungstermin über das nach § 39 UVPG erforderliche Maß hinaus, da zum einen nach § 17 a Abs. 2 S. 2 neben der Ausgestaltung der SUP auch Gegenstand und Umfang der Festlegung im Bundesfachplan Offshore Gegenstand der Anhörung sind. Zum anderen beschränkt sich die Beteiligung nicht auf die Behörden, deren umwelt- und gesundheitsbezogener Aufgabenbereich berührt ist, vgl. § 39 Abs. 4 S. 1 UVPG. Vielmehr sind nach § 17 a Abs. 2 S. 5 EnWG, §§ 7 Abs. 2 NABEG alle

Bundesfachplan Offshore des BSH   § 17 a

betroffenen Träger öffentlicher Belange und Vereinigungen zu laden und der Anhörungstermin auch der Öffentlichkeit offenzustehen (näher zu § 7 Abs. 2 NABEG BerlKommEnergieR/*Appel* NABEG § 7 Rn. 26).

d) Vorbereitung des Anhörungstermins. Das BSH lädt nach § 17 a Abs. 2 S. 5 iVm § 7 Abs. 2 S. 1 NABEG die betroffenen Träger öffentlicher Belange, insbesondere die nach Abs. 1 S. 1 an der Planaufstellung beteiligten Stellen, sowie nach § 3 Nr. 8 NABEG die nach § 3 UmwRG anerkannten, in ihrem satzungsmäßigen Aufgabenbereich berührten Umweltvereinigungen zu dem Anhörungstermin. Da dem Aufstellungsverfahren im Gegensatz zur Bundesfachplanung nach §§ 4 ff. NABEG kein Antrag eines Vorhabenträgers zugrunde liegt, fügt das BSH der Ladung nach § 17 a Abs. 2 S. 5 anderweitige **geeignete Vorbereitungsunterlagen** bei. Der Anhörungstermin ist in entsprechender Anwendung des § 7 Abs. 2 S. 3 NABEG öffentlich und wird auf der Homepage des BSH und in überörtlichen Tageszeitungen bekannt gemacht.   21

e) Festlegung des Untersuchungsrahmens (Abs. 2 S. 6). Auf der Grundlage der Ergebnisse des Anhörungstermins legt das BSH den Untersuchungsrahmen für den Bundesfachplan Offshore nach pflichtgemäßem Ermessen fest. Bei dieser Festlegung handelt es sich um eine unter dem **Vorbehalt weiterer Erkenntnisse stehende Entscheidung** (Schink/Reidt/Mitschang/*Schink* UVPG § 39 Rn. 6; zu § 7 Abs. 4 NABEG de Witt/Scheuten NABEG/*Durinke* § 7 Rn. 38; zu unterschiedlichen Auffassungen hinsichtlich des Regelungscharakters bei Festlegungen nach § 7 Abs. 4 NABEG näher BerlKommEnergieR/*Appel* NABEG § 7 Rn. 43 f.). Das BSH ist bei der Festlegung an die Ergebnisse des Anhörungstermins nicht gebunden, sondern trifft gegebenenfalls mit begründeten Abweichungen eine eigene Entscheidung (zu § 7 Abs. 4 NABEG de Witt/Scheuten/*Durinke* NABEG § 7 Rn. 38; BerlKommEnergieR/*Appel* NABEG § 7 Rn. 43).   22

2. Umweltbericht (Abs. 3). Die an § 12 c Abs. 2 angelehnte Regelung in § 17 a Abs. 3 S. 1 verpflichtet das BSH zur frühzeitigen Erstellung eines den Anforderungen des § 40 UVPG entsprechenden **Umweltberichts,** dem durch seine Dokumentations-, Informations- und Anstoßfunktion eine zentrale Bedeutung innerhalb der SUP zukommt (Schink/Reidt/Mitschang/*Schink* UVPG § 40 Rn. 1).   23

a) Frühzeitige Erstellung. Die sowohl in § 17 a Abs. 3 S. 1 EnWG als auch in § 40 Abs. 1 S. 1 UVPG geforderte frühzeitige Erstellung des Umweltberichts erhöht den Einfluss der ermittelten und bewerteten Informationen auf den Planungsprozess. Umgekehrt setzt ein aussagekräftiger Umweltbericht Informationen über die Konturen des Fachplans voraus. Der Prozess der **Planung** und der **SUP** bedingen sich also zu einem gewissen Grad gegenseitig.   24

b) Inhalt. aa) Beschreibung und Bewertung erheblicher Umweltauswirkungen. Der Umweltbericht beschreibt und bewertet nach § 40 Abs. 1 S. 2 UVPG die zuvor ermittelten Informationen über die voraussichtlichen erheblichen Umweltauswirkungen der Plandurchführung sowie der vernünftigen Alternativen. Die Prüfung erfolgt nach §§ 40 Abs. 2 und 3 in den **aufeinander aufbauenden Stufen** Ermittlung, Beschreibung sowie Bewertung erheblicher Umweltauswirkungen einschließlich der Alternativen (vgl. BSH, Umweltbericht zum Bundesfachplan Offshore für die deutsche ausschließliche Wirtschaftszone der Nordsee 2012, S. 15 ff., 85 ff. und 92 ff.).   25

§ 17a Teil 3. Regulierung des Netzbetriebs

26 **bb) Alternativenprüfung.** In Umsetzung der Vorgabe aus Art. 5 Abs. 1 SUP-RL sieht § 40 Abs. 1 S. 2 UVPG die Prüfung vernünftiger Alternativen und in Abs. 2 Nr. 3 die voraussichtliche Entwicklung des Umweltzustands bei Nichtdurchführung des Plans vor. In dem Umweltbericht zum Bundesfachplan Offshore spielt die Prüfung von Alternativen allerdings eine eher **untergeordnete Rolle** (vgl. zuletzt BSH, Umweltbericht zum Bundesfachplan Offshore für die deutsche ausschließliche Wirtschaftszone der Nordsee 2016/2017, 22.12.2017, S. 158 f.; BSH, Umweltbericht zum Bundesfachplan Offshore für die deutsche ausschließliche Wirtschaftszone der Nordsee 2012, S. 143 ff.). Hintergrund ist unter anderem, dass das BSH im Hinblick auf die bereits vorhandene oder zumindest genehmigte Infrastruktur die Vorgaben an den Ausbau sowie die Vorgaben aus dem Raumordnungsplan die Festlegungen des Bundesfachplans Offshore zu weiten Teilen als **alternativlos** betrachtet. So bestehen kaum strategische Alternativen; die Nullvariante ist keine Alternative und auch räumliche Alternativen sind kaum verfügbar (BSH, Umweltbericht zum Bundesfachplan Offshore für die deutsche ausschließliche Wirtschaftszone der Nordsee 2016/2017, 22.12.2017, S. 158 f.; BSH, Umweltbericht zum Bundesfachplan Offshore für die deutsche ausschließliche Wirtschaftszone der Nordsee 2012, S. 143). Teilweise ordnet das BSH die Prüfung der einzelnen Alternativen zu konkreten Trassen oder Standorten auf der abstrakten Ebene der Bundesfachplanung als unmöglich und nicht sinnvoll ein (BSH, Bundesfachplan Offshore für die deutsche ausschließliche Wirtschaftszone der Nordsee 2012, S. 84). Den im Bundesfachplan festgelegten Grundsätzen kommt aus Sicht des BSH deshalb die Funktion zu, **Bewertungskriterien** für im konkreten Einzelfall bestehende Alternativen bereitzustellen (BSH, Bundesfachplan Offshore für die deutsche ausschließliche Wirtschaftszone der Nordsee 2012, S. 84, und BSH, Umweltbericht zum Bundesfachplan Offshore für die deutsche ausschließliche Wirtschaftszone der Nordsee 2012, S. 143: „Vorprüfung" möglicher Alternativen). Die Prüfung konkreter Alternativen innerhalb des Umweltberichts beschränkt sich daher im Wesentlichen auf alternative Trassen grenzüberschreitender Seekabelsysteme (BSH, Umweltbericht zum Bundesfachplan Offshore für die deutsche ausschließliche Wirtschaftszone der Nordsee 2012, S. 144 f.; BSH, Umweltbericht zum Bundesfachplan Offshore für die deutsche ausschließliche Wirtschaftszone der Nordsee 2016/2017, 22.12.2017, S. 159).

27 Im Übrigen bezieht das BSH die Prüfung der sog. **Nullvariante** (krit. zu dem Begriff und näher zu dem divergierenden Begriffsverständnis *Wulfhorst* in Landmann/Rohmer UmweltR/*Wulfhorst* UVPG § 14g Rn. 41 f.), also die voraussichtliche Entwicklung bei Nichtdurchführung des Plans, auf den Ausbau ohne Koordinierung durch den Bundesfachplan Offshore (BSH, Bundesfachplan Offshore für die deutsche ausschließliche Wirtschaftszone der Nordsee 2012, S. 85 ff.; BSH, Umweltbericht zum Bundesfachplan Offshore für die deutsche ausschließliche Wirtschaftszone der Nordsee 2016/2017, 22.12.2017, S. 158). Diese Gegenüberstellung der Mehrbelastung bei unkoordinierter Inanspruchnahme der AWZ durch zusätzliche Kreuzungen und größeren Flächenbedarf trägt zu dem Ziel des Umweltberichts wenig bei.

28 **cc) Spezielle artenschutzrechtliche Prüfung und FFH-Verträglichkeitsprüfung.** Daneben enthält der Umweltbericht eine Untersuchung zur **speziellen artenschutzrechtlichen Prüfung** der Verbotstatbestände nach § 44 BNatSchG iVm Art. 12 FFH-RL sowie eine **FFH-Verträglichkeitsprüfung** nach §§ 34, 36 BNatSchG iVm Art. 6 Abs. 3 FFH-RL (vgl. BSH, Umweltbericht zum Bundes-

fachplan Offshore für die deutsche ausschließliche Wirtschaftszone der Nordsee 2016/2017, 22.12.2017, S. 134 ff., S. 139 ff.; BSH, Umweltbericht zum Bundesfachplan Offshore für die deutsche ausschließliche Wirtschaftszone der Nordsee 2012, S. 120 ff., 125 ff.).

c) Informationspflichten (Abs. 3 S. 2). Die Betreiber von Übertragungsnetzen sowie von Offshore-Anlagen sind nach § 17 a Abs. 3 S. 2 verpflichtet, dem BSH die für die Erstellung des Umweltberichts erforderlichen Informationen zur Verfügung zu stellen. Die Verpflichtung aus Abs. 3 S. 2 orientiert sich an der **Informationspflicht der Übertragungsnetzbetreiber** zur Erstellung des Umweltberichts im Rahmen der Aufstellung des Netzentwicklungsplans nach § 12 c Abs. 2 S. 2, der sich auf einen von den Übertragungsnetzbetreibern vorgelegten Entwurf des Netzentwicklungsplans bezieht. Für die Informationen finden die allgemeinen Regelungen zum Schutz von **Betriebs- und Geschäftsgeheimnissen** aus § 30 VwVfG (zur Anwendbarkeit des § 30 VwVfG als allg. Rechtsgedanken außerhalb von Verwaltungsverfahren iSd § 9 VwVfG *Kopp/Ramsauer* VwVFG § 30 Rn. 3 ff.; Stelkens/Bonk/Sachs/*Bonk/Kallerhoff* VwVFG § 30 Rn. 6; zur Anwendbarkeit auf die Bundesfachplanung nach §§ 4 ff. NABEG Steinbach/*Sangenstedt* NABEG § 7 Rn. 147) sowie zum Schutz personenbezogener Daten Anwendung.

3. Behörden- und Öffentlichkeitsbeteiligung (Abs. 4). a) Beteiligung nach den Vorschriften des UVPG (Abs. 4 S. 1). Nach der mit § 12 c Abs. 3 S. 1 und 2 vergleichbaren Regelung in § 17 a Abs. 4 S. 1 beteiligt das BSH die Behörden, deren Aufgabenbereich berührt ist, und die Öffentlichkeit nach den Bestimmungen des UVPG zu den Entwürfen des Bundesfachplans und des Umweltberichts. Die Vorschriften des UVPG differenzieren bei der Beteiligung im SUP-Verfahren zwischen der Beteiligung anderer Behörden nach § 41 UVPG und der Beteiligung der Öffentlichkeit nach § 42 UVPG.

aa) Beteiligung von Behörden. Nach § 41 UVPG holt die zuständige Behörde nach Übermittlung der Unterlagen innerhalb angemessener Frist von mindestens einem Monat die Stellungnahmen anderer in ihrem umwelt- und gesundheitsbezogenen Aufgabenbereich berührter Behörden ein. Während § 41 UVPG die Behördenbeteiligung auf solche Behörden beschränkt, deren umwelt- oder gesundheitsbezogener Aufgabenbereich berührt ist, sprechen die weitere Formulierung in § 17 a Abs. 4 und die über umweltbezogene Fragen hinausgehende Funktion des Anhörungstermins (→ Rn. 20) für eine weitergehende Beteiligung etwaiger weiterer **betroffener Behörden.**

Indem § 17 a Abs. 4 S. 1 auf den Begriff der „Behörde" abstellt, scheint er im Gegensatz zu dem in Abs. 2 S. 5 iVm § 7 Abs. 2 S. 1 NABEG und § 17 a Abs. 4 S. 2 verwendeten Begriff des **„Trägers öffentlicher Belange"** auch solche Private auszuschließen, die mit der Wahrnehmung öffentlicher Aufgaben betraut sind (für eine Berücksichtigung privater Rechtsträger in § 41 UVPG nur, wenn es sich um Beliehene handelt, Schink/Reidt/Mitschang/*Schink* UVPG § 41 Rn. 3). Angesichts der verzahnten, aufeinander Bezug nehmenden Regelungen in Abs. 2 S. 5 sowie Abs. 4 S. 1 und 2 dürfte diese Einschränkung ein redaktionelles Versehen darstellen.

bb) Beteiligung der Öffentlichkeit. Zur Beteiligung der Öffentlichkeit enthalten § 17 a Abs. 4 S. 1 und 3 unterschiedliche Verweise mit teilweise überschneidenden Regelungen. § 17 a Abs. 4 S. 1 verweist auf die Beteiligung der Öffentlichkeit nach § 42 UVPG, der in Abs. 2 und 3 Regelungen zur Art und Dauer der öffentlichen Auslegung enthält und im Übrigen in Abs. 1 auf die Öffentlichkeits-

§ 17a

beteiligung nach §§ 18 Abs. 1, 19, 21 Abs. 1 und 22 UVPG verweist. Der in § 17a Abs. 4 S. 3 in Bezug genommene § 12c Abs. 3 betrifft den Umgang der BNetzA mit dem geprüften Entwurf des Netzentwicklungsplans der Übertragungsnetzbetreiber, also eine andere Planungsebene. Er verweist in § 12c Abs. 3 S. 2 seinerseits nachrangig auf die Bestimmungen des UVPG, sieht aber in § 12c Abs. 3 S. 3–5 vorrangige Bestimmungen zur Beteiligung, insbesondere zu den Modalitäten der Auslegung und Beteiligung, vor. Obwohl der Verweis auf § 12c Abs. 3 in § 17a Abs. 4 S. 3 als nur subsidiär („im Übrigen") formuliert ist, dürften die in § 12c Abs. 3 S. 3–5 enthaltenen Regelungen zu den Modalitäten der Öffentlichkeitsbeteiligung die gegenüber § 42 UVPG spezielleren Regelungen darstellen. Das gilt zunächst für die **Fristen zur Auslegung und Stellungnahme.** Die in § 42 Abs. 2 und 3 UVPG vorgesehenen Mindestfristen von einem Monat werden in § 12c Abs. 3 S. 4 und 5 in einer Auslegungsfrist von sechs Wochen und einer Frist zur Stellungnahme von weiteren zwei Wochen nach Ende der Auslegung konkretisiert. In gleicher Weise dürfte die in § 12c Abs. 3 S. 4 vorgegebene Art der **Auslegung** am Sitz der Behörde sowie durch **Veröffentlichung im Internet** die allgemein gehaltenen Vorgaben aus § 42 Abs. 2 UVPG erfüllen.

34 Im Gegensatz zur Information der Öffentlichkeit ist das Recht zur **Stellungnahme** auf die **betroffene Öffentlichkeit** beschränkt (insofern übereinstimmend § 17a Abs. 4 S. 1 iVm § 42 Abs. 3 UVPG und § 17a Abs. 4 S. 3 iVm § 12c Abs. 3 S. 5), also nach § 2 Abs. 9 UVPG auf jede Person, deren Belange durch den Bundesfachplan berührt werden, insbesondere Vereinigungen zur Förderung des Umweltschutzes, deren satzungsmäßiger Aufgabenbereich berührt wird.

35 **b) Beschränkung der Beteiligung bei Fortschreibungen (Abs. 4 S. 2).** Für Fortschreibungen sieht § 17a Abs. 4 S. 2 eine **Beschränkung der Beteiligung** auf die geplanten Änderungen vor, sofern seit der letzten umfassenden Beteiligung noch keine drei Jahre vergangen sind. Die Regelung ist § 12d nachgebildet und trifft einen Ausgleich zwischen Verfahrensökonomie und Wirksamkeit der Beteiligung angesichts des mittel- bis langfristigen Planungshorizonts des Bundesfachplans. Die Beschränkung bezieht sich systematisch auf die Beteiligung der Öffentlichkeit und der Träger öffentlicher Belange nach Abs. 4 S. 1. Allerdings ist im Anwendungsbereich der RL 2001/42/EG ein Verzicht auf die Öffentlichkeitsbeteiligung nach Art. 3 Abs. 3 RL 2001/42/EG neben Plänen und Programmen, die die Nutzung kleiner Gebiete auf lokaler Ebene festlegen, **nur bei geringfügigen Änderungen zulässig.** § 12d trägt dem durch den Verweis auf § 12e Abs. 1 S. 3 Rechnung. In gleicher Weise ist auch § 17a Abs. 4 S. 2 unionsrechtskonform auszulegen. Fortschreibungen mit mehr als nur geringfügigen Änderungen (→ Rn. 19) unterliegen der vollständigen Öffentlichkeits- und Behördenbeteiligung (so auch die Praxis des BSH, vgl. BSH, Bundesfachplan Offshore für die deutsche ausschließliche Wirtschaftszone der Nordsee 2016/2017, 22.12.2017, S. 9f.).

36 **4. Rechtsfolgen (Abs. 5). a) Außenwirkung und Wirkung in Verfahren nach der SeeAnlV (Abs. 5 S. 1 und 2).** Nach § 17a Abs. 5 S. 1, der die vorhergehende Regelung in § 17 Abs. 2b S. 1 EnWG aF übernimmt, entfaltet der Bundesfachplan Offshore **keine Außenwirkung** und ist auch nicht selbstständig durch Dritte anfechtbar. Dem Bundesfachplan Offshore kommt allerdings insoweit eine mittelbare Wirkung zu, als er für Verfahren der **Planfeststellung und Genehmigung nach der SeeAnlV** aF und damit insbesondere für die Errichtung von Windkraftanlagen und von Anbindungsleitungen (§§ 1 Abs. 2 S. 1 Nr. 1 und 2; 2 Abs. 1 SeeAnlV) verbindlich ist, ohne dass es dafür einer Änderung des Raumord-

Bundesfachplan Offshore des BSH   § 17 a

nungsplans bedürfte (Schneider/Theobald EnergieWirtschaftsR-HdB/*Hermes* § 7 Rn. 86). Die Regelung führt zu einer Konzentration des Rechtsschutzes auf die Überprüfung der einzelnen Entscheidung im Planfeststellungs- oder Genehmigungsverfahren, innerhalb derer eine inzidente Kontrolle des Bundesfachplans Offshore erfolgen kann.

b) Verknüpfungen mit dem NABEG. aa) Aufnahme in den Bundes- 37
netzplan (§ 17 S. 1 NABEG). Die für Anbindungsleitungen und grenzüberschreitende Stromleitungen ausgewiesenen Trassen und Trassenkorridore werden nach § 17 S. 1 NABEG nachrichtlich in den **Bundesnetzplan** aufgenommen. Die Aufnahme hat zur Folge, dass die BNetzA nach § 17a Abs. 6 dem anbindungsverpflichteten Übertragungsnetzbetreiber eine Frist zur Antragstellung im Planfeststellungs- oder Plangenehmigungsverfahren stellen kann (→ Rn. 39).

bb) Anbindungsleitungen im Onshore-Bereich (§ 5 Abs. 1 S. 2 NABEG). 38
Nach § 2 Abs. 1 und 5 NABEG können Anbindungsleitungen von Offshore-Windpark-Umspannwerken zu den Netzverknüpfungspunkten an Land in den **Anwendungsbereich des NABEG** fallen, soweit die Leitungsabschnitte im Bereich des Küstenmeeres liegen (BerlKommEnergieR/*Appel* NABEG § 2 Rn. 12). Der Bundesfachplan Offshore ist nach § 5 Abs. 1 S. 2 NABEG bei der Durchführung der Bundesfachplanung für Anbindungsleitungen zu berücksichtigen.

III. Gewährleistung des anschließenden Planfeststellungsverfahrens (Abs. 6)

Die in § 17a Abs. 6 enthaltene Befugnis der BNetzA, dem anbindungsverpflich- 39
teten Übertragungsnetzbetreiber eine angemessene **Frist zur Stellung des Antrags** im Planfeststellungs- oder Plangenehmigungsverfahren zu setzen, ist der Regelung in § 12 Abs. 2 S. 3 NABEG nachgebildet. §§ 2 Abs. 1, 1 Abs. 2 S. 1 Nr. 1 und 2 SeeAnlV aF sahen insbesondere für die Errichtung von Anlagen, die der Erzeugung oder Übertragung von Energie aus Wind dienen, ein **Planfeststellungsverfahren** vor. Unter den Voraussetzungen der § 5 Abs. 1 SeeAnlV aF, § 74 Abs. 6 VwVfG konnte es durch ein Plangenehmigungsverfahren ersetzt werden (näher zum Zulassungsverfahren *Zabel* NordÖR 2012, 263 (264ff.); *Spieth/Uibeleisen* NVwZ 2012, 321ff.; *Spieth/Uibeleisen* NordÖR 2012, 519ff.; *Büllesfeld/Koch/v. Stackelberg* ZUR 2012, 274ff.). In diesen Verfahren ist das BSH sowohl Anhörungs- als auch Planfeststellungs- oder Plangenehmigungsbehörde, § 2 Abs. 2 SeeAnlV aF.

Im zentralen Modell des WindSeeG (→ Vor §§ 17a ff. Rn. 2) tritt an die Stelle 40
der Planfeststellung oder Plangenehmigung nach der bisherigen SeeAnlV für Windenergieanlagen auf See, sonstige Energiegewinnungsanlagen iSd § 3 Nr. 7 WindSeeG im Bereich der AWZ oder der Hohen See und die Anlagen zur Übertragung des Stroms und sonstiger Energieträger (etwa Wasserstoff) eine **Planfeststellung oder Plangenehmigung nach den §§ 65 ff. WindSeeG**. Gegenüber der bisherigen Regelung in § 44 Abs. 1 WindSeeG aF zum Geltungsbereich der Zulassungsregelungen erstreckt die neue Regelung in § 65 Abs. 1 WindSeeG den Geltungsbereich der Zulassungsregelungen nach dem WindSeeG auf die Errichtung, den Betrieb und die Änderung sonstiger Energiegewinnungsanlagen nach § 3 Nr. 7 WindSeeG, also insbesondere von Anlagen zur Erzeugung von Strom auf See aus Strömungsenergie. Allerdings sind die bestehenden Regelungen aus §§ 1 Abs. 2 S. 1 Nr. 1, 2 Abs. 1 SeeAnlG offenbar aufgrund eines redaktionellen Versehens nicht entsprechend angepasst worden. Für Anlagen zur meereskund-

Broemel

§ 17 a Teil 3. Regulierung des Netzbetriebs

lichen Untersuchung oder zu sonstigen wirtschaftlichen Zwecken bleibt es bei der Planfeststellung nach §§ 2 ff. **SeeAnlG**.

41 Vor Einführung des WindSeeG richtete sich die Zulassung nach den Regelungen der **SeeAnlV**, die mit Wirkung vom 1.1.2017 nach Art. 25 Abs. 2 des Gesetzes vom 13.10.2016 (BGBl. 2016 I S. 2258) im Grundsatz außer Kraft getreten ist. Da allerdings das WindSeeG die Zulassung, Errichtung und den Betrieb der Windenergieanlagen auf See einschließlich der Anbindungsleitung nach § 2 Abs. 1 Nr. 3 WindSeeG im Ausgangspunkt nur regelt, soweit sie nach dem 31.12.2020 in Betrieb genommen werden sind, ist in § 102 Abs. 1 WindSeeG eine Übergangsbestimmung vorgesehen. Danach sind für Windenergieanlagen auf See, sonstige Energiegewinnungsanlagen und die Anbindungsleitungen die Bestimmungen der SeeAnlV übergangsweise weiter anzuwenden, sofern sie entweder nach den Bestimmungen der SeeAnlV errichtet und vor dem 1.1.2017 in Betrieb genommen sind oder bis zum Ablauf des 31.12.2020 in Betrieb genommen werden sollten und im Fall einer Windenergieanlage auf See ihr ein Netzanbindungsanspruch (unbedingte Netzanbindungszusage nach § 118 Abs. 12 oder Anschlusskapazität nach § 17d Abs. 3 S. 1 aF) zustand. § 102 Abs. 1 WindSeeG erhält damit das Planfeststellungsregime der SeeAnlV für Windenergieanlagen auf See und ihre Anbindungsleitung aufrecht, die über einen Anbindungsanspruch verfügen, der sich noch nicht aus dem WindSeeG ergibt.

42 Die Befugnis der BNetzA zur Aufforderung soll einer Verzögerung der Antragstellung vorbeugen und zugleich den im Hinblick auf Umfang und Schwierigkeiten des jeweiligen Vorhabens unterschiedlichen Anforderungen an die Antragstellung flexibel Rechnung tragen (Begr. Gesetzesentwurf NABEG, BT-Drs. 17/6073, 26f.). Die Anordnung kann im Wege des **Zwangsgelds** nach § 94 S. 2 durchgesetzt werden.

43 Durch die Festlegung von Trassen oder Trassenkorridoren zur redundanten **Vermaschung** der Cluster oder Anbindungsleitungen untereinander sollen lediglich die planerischen Voraussetzungen für einen solchen Ausbau geschaffen werden, die Entscheidung über den Ausbau oder dem Netzentwicklungsplan vorbehalten bleiben (→ Rn. 14; BSH, Bundesfachplan Offshore für die deutsche ausschließliche Wirtschaftszone der Nordsee 2012, S. 69 und 74). § 17 NABEG schränkt aus diesem Grund die Übernahme in den Bundesnetzplan auf Trassen oder Trassenkorridore ein, die für Anbindungsleitungen oder grenzüberschreitende Stromleitungen ausgewiesen werden.

IV. Übergang in das zentrale Modell (Abs. 7)

44 Nach Abs. 7 erstellt das BSH **seit dem 31.12.2017 keinen Bundesfachplan Offshore** mehr. Wegen der Einschränkung der Fortschreibung in Abs. 1 S. 1 auf gerade Kalenderjahre sind die letzten Bundesfachpläne Offshore für das Jahr 2016/2017 erstellt worden (BSH, Bundesfachplan Offshore für die deutsche ausschließliche Wirtschaftszone der Nordsee bzw. der Ostsee 2016/2017, jeweils 22.12.2017). An die Stelle des Bundesfachplans Offshore tritt der Flächenentwicklungsplan nach §§ 4ff. WindSeeG (erstmalig BSH, Flächenentwicklungsplan 2019 für die deutsche Nord- und Ostsee, 28.6.2019), der weitergehend auch Festlegungen ua zur zeitlichen Reihenfolge der festgelegten Flächen zur Ausschreibung enthält und auch Meilensteine für den Realisierungsfahrplan nach § 17d Abs. 2 vorgeben kann, § 5 Abs. 1 S. 1 Nr. 3, S. 2 WindSeeG. Dabei beziehen sich die Festlegungen nach dem Flächenentwicklungsplan nach § 5 Abs. 1 S. 1 WindSeeG

Offshore-Netzentwicklungsplan § 17b

auf den Zeitraum ab dem Jahr 2026. Diese Festlegungen ab dem Jahr 2026 lösen nach § 7 Nr. 1 WindSeeG die Festlegungen des Bundesfachplans Offshore ab. Die Festlegungen der letzten Bundesfachpläne Offshore für die AWZ der Nord- und Ostsee gelten dadurch für einen Zeitraum von mehreren Jahren. Das BSH stellt allerdings in diesen Bundesfachplänen Offshore mehrfach klar, dass mit den Festlegungen keine verbindlichen Vorwirkungen für den nachfolgenden Flächenentwicklungsplan verbunden sind (zu den standardisierten Technikvorgaben und dem Anbindungskonzept etwa BSH, Bundesfachplan Offshore für die deutsche ausschließliche Wirtschaftszone der Nordsee 2016/2017, 22.12.2017, S. 23 und 89 ff.). § 17a tritt mit Ablauf des 31.12.2025 außer Kraft, Art. 25 Abs. 3 des Gesetzes vom 13.10.2016, BGBl. 2016 I S. 2258.

C. Rechtsschutz

§ 17a Abs. 5 S. 1 schließt die Anfechtbarkeit des Bundesfachplans Offshore durch 45
Dritte ausdrücklich aus. Von diesem Ausschluss sind auch Übertragungsnetzbetreiber erfasst, deren Ausbaupflichten durch die Eintragung der ausgewiesenen Trassen und Trassenkorridore beeinflusst werden. Den verfassungsrechtlichen Anforderungen an deren effektiven Rechtsschutz trägt die Möglichkeit einer **inzidenten Überprüfung** des Bundesfachplans Offshore im gerichtlichen Verfahren gegen die nachgelagerte Entscheidung hinreichend Rechnung (zu § 15 Abs. 3 NABEG Schneider/ Theobald EnergieWirtschaftsR-HdB/*Hermes* § 7 Rn. 110; *Hermes* EnWZ 2013, 395 (399); aA für bereits durch die Fachplanung nach §§ 4 ff. NABEG absehbar betroffene Grundstückseigentümer und Gemeinden *Moench/Rutloff* NVwZ 2011, 1040 (1043 f.)). Darüber hinaus stehen auch die **unionsrechtlichen Vorgaben** an die Rechtsschutzmöglichkeiten von Umweltverbänden bei auf konkrete Vorhaben bezogenen Genehmigungsentscheidungen (EuGH Urt. v. 12.5.2011 – C-115/09 – Trianel; eingehend *Schwerdtfeger* EuR 2012, 80 (81 ff.)) der Konzentration des Rechtsschutzes auf die dem Bundesfachplan Offshore nachgelagerten Entscheidungen nicht entgegen (zur Fachplanung nach § 15 Abs. 3 NABEG *Schmidt* ZUR 2012, 210 (213 f.); *Appel, M.* ER 2012, 3 (9 f.); Schneider/Theobald EnergieWirtschaftsR-HdB/*Hermes* § 7 Rn. 110; *Schmitz/Jornitz* NVwZ 2012, 332 (335); *Sellner/Fellenberg* NVwZ 2011, 1025 (1032); aA *Moench/Rutloff* NVwZ 2011, 1040 (1043) sowie in Bezug auf die Raumplanung *Heitsch* NuR 2004, 20 (25 ff.)). Unabhängig von der Frage, wie weit die Rügebefugnis von Umweltverbänden in einem gerichtlichen Verfahren reicht, lässt das Unionsrecht jedenfalls eine Konzentration des Rechtsschutzes auf die Abschlussentscheidung des Zulassungsverfahrens zu (Art. 11 Abs. 2 UVP-RL und Art. 25 Abs. 2 Industrieemissions-RL sowie bereits gleichlautend Art. 10a Abs. 2 UVP-RL und Art. 16 Abs. 2 VU-RL; zum Ganzen *Schmidt* ZUR 2012, 210 (214); *Appel, M.* ER 2012, 3 (9 f.)).

§ 17b Offshore-Netzentwicklungsplan

(1) ¹**Die Betreiber von Übertragungsnetzen legen der Regulierungsbehörde auf der Grundlage des Szenariorahmens nach § 12a einen gemeinsamen Offshore-Netzentwicklungsplan für die ausschließliche Wirtschaftszone der Bundesrepublik Deutschland und das Küstenmeer bis einschließlich der Netzanknüpfungspunkte an Land zusammen mit dem**

nationalen Netzentwicklungsplan nach § 12b zur Bestätigung vor. ²Der gemeinsame nationale Offshore-Netzentwicklungsplan muss unter Berücksichtigung der Festlegungen des jeweils aktuellen Bundesfachplans Offshore im Sinne des § 17a mit einer zeitlichen Staffelung alle wirksamen Maßnahmen zur bedarfsgerechten Optimierung, Verstärkung und zum Ausbau der Offshore-Anbindungsleitungen enthalten, die spätestens zum Ende des Betrachtungszeitraums im Sinne des § 12a Absatz 1 Satz 2 für einen schrittweisen, bedarfsgerechten und wirtschaftlichen Ausbau sowie einen sicheren und zuverlässigen Betrieb der Offshore-Anbindungsleitungen erforderlich sind. ³Dabei sind insbesondere die in § 4 Nummer 2 des Erneuerbare-Energien-Gesetzes sowie die in § 1 des Windenergie-auf-See-Gesetzes geregelten Ziele für einen stetigen und kosteneffizienten Ausbau der Windenergie auf See zugrunde zu legen und die Verteilung des Zubaus nach § 27 Absatz 4 des Windenergie-auf-See-Gesetzes zu berücksichtigen.

(2) ¹Der Offshore-Netzentwickungsplan enthält für alle Maßnahmen nach Absatz 1 Satz 2 Angaben zum geplanten Zeitpunkt der Fertigstellung und sieht verbindliche Termine für den Beginn der Umsetzung vor. ²Dabei legen die Betreiber von Übertragungsnetzen die im Szenariorahmen nach § 12a von der Regulierungsbehörde genehmigten Erzeugungskapazitäten zugrunde und berücksichtigen die zu erwartenden Planungs-, Zulassungs- und Errichtungszeiten sowie die am Markt verfügbaren Errichtungskapazitäten. ³Kriterien für die zeitliche Abfolge der Umsetzung können insbesondere der Realisierungsfortschritt der anzubindenden Windenergieanlagen auf See, die effiziente Nutzung der zu errichtenden Anbindungskapazität, die räumliche Nähe zur Küste sowie die geplante Inbetriebnahme der Netzanknüpfungspunkte sein. ⁴Bei der Aufstellung des Offshore-Netzentwicklungsplans berücksichtigen die Betreiber von Übertragungsnetzen weitgehend technische Standardisierungen unter Beibehaltung des technischen Fortschritts. ⁵Dem Offshore-Netzentwicklungsplan sind Angaben zum Stand der Umsetzung des vorhergehenden Offshore-Netzentwicklungsplans und im Falle von Verzögerungen die dafür maßgeblichen Gründe der Verzögerung beizufügen. ⁶Der Entwurf des Offshore-Netzentwicklungsplans muss im Einklang stehen mit dem Entwurf des Netzentwicklungsplans nach § 12b und hat den gemeinschaftsweiten Netzentwicklungsplan nach Artikel 8 Absatz 3b der Verordnung (EG) Nr. 714/2009 zu berücksichtigen.

(3) Der Offshore-Netzentwicklungsplan enthält Festlegungen, in welchem Umfang die Anbindung von bestehenden Projekten im Sinn des § 26 Absatz 2 des Windenergie-auf-See-Gesetzes ausnahmsweise über einen anderen in Bundesfachplan Offshore nach § 17a festgelegten Cluster gemäß § 17d Absatz 3 erfolgen kann.

(4) § 12b Absatz 3 bis 5 ist entsprechend anzuwenden.

(5) **Ab dem 1. Januar 2018 legen die Betreiber von Übertragungsnetzen keinen Offshore-Netzentwicklungsplan mehr vor.**

Literatur: *Broemel*, Netzanbindung von Offshore-Windkraftanlagen, ZUR 2013, 408; *Burgi*, Die Offshore-Anbindungs- und Haftungsregelungen auf dem verfassungsrechtlichen Prüfstand, WiVerw 2014, 76; *Buus*, Bedarfsplanung durch Gesetz, 2018; *Calliess/Dross*, Neue Netze braucht das Land, JZ 2012, 102; *Gärditz*, Regulierungsrechtliche Grundfragen des Legislativpakets für die europäischen Strom- und Gasbinnenmärkte, in Löwer (Hrsg.), Neuere europäische Vorgaben für den Energiebinnenmarkt, 2010, S. 23; *Geber,* Die Netzanbindung von Offshore-Anlagen im europäischen Supergrid, 2014; *Glaser,* Das Netzausbauziel als Herausforderung für das Regulierungsrecht, DVBl. 2012, 1283; *Greinacher,* Energieleitungsausbau: Tatsächliche Herausforderungen und rechtliche Lösungen, ZUR 2011, 305; *Grigoleit/Weisensee,* Das neue Planungsrecht für Elektrizitätsnetze, UPR 2011, 401; *Hermes,* Planung von Erzeugungsanlagen und Transportnetzen, in Schneider/Theobald (Hrsg.), Recht der Energiewirtschaft, 4. Aufl. 2013, § 7; *Hirsbrunner,* Die EU-Regeln zur Förderung von Investitionen in Netze – eine kritische Bestandsaufnahme, et 2010, 64; *Hofmann,* Die Modernisierung des Planungsrechts, JZ 2012, 701; *Hofmann,* Aktuelle Entwicklungen auf dem Stromerzeugungsmarkt im Jahr 2013, EnWZ 2014, 51; *Krawinkel,* Der Infrastrukturausbau im Rahmen der Energiewende benötigt umfassende Planungsinstrumente, ZNER 2012, 461; *Kühling,* Investitionspflichten beim Ausbau der Übertragungsnetze zwischen Veranlassung und Verantwortung, in Löwer (Hrsg.), Veranlassung und Verantwortung, 2012, S. 27; *Kühling/Pisal,* Investitionspflichten beim Ausbau der Energieinfrastrukturen zwischen staatlicher Regulierung und nachfrageorientierter Netzbewirtschaftung, ZNER 2011, 13; *Legler,* Die Novelle des EnWG zum Offshore-Ausbau, EWeRK 2013, 5; *Moench/Ruttloff,* Netzausbau in Beschleunigung, NVwZ 2011, 1040; *Moser/Linnemann/Kraemer,* Übertragungsnetzausbau für die Energiewende, et 2012, 52; *Pielow,* Die Energiewende auf dem Prüfstand des Verfassungs- und Europarechts, in Faßbender/Köck (Hrsg.), Versorgungssicherheit in der Energiewende, 2014, S. 45; *Pries,* Rechtsfragen des Offshore Netzentwicklungsplans, in Brinktrine/Harke/Ludwigs/Remien (Hrsg.), Rechtsfragen der Windkraft zu Lande und zur See, 2016, S. 79; *Säcker,* Netzausbau- und Kooperationsverpflichtungen der Übertragungsnetzbetreiber nach Inkrafttreten des EnLAG und der Dritten StromRL 2009/72/EG vom 13.7.2009, RdE 2009, 305; *Schneider,* Aktuelle Rechtsprobleme von Offshore-Windenergieanlagen und ihrer Netzanbindung, in Löwer (Hrsg.), Neuere europäische Vorgaben für den Energiebinnenmarkt, 2010, S. 59; *Schneider,* Planungs- und Genehmigungsverfahren zum Ausbau des Stromübertragungsnetzes, EnWZ 2013, 339; *Strobel,* Die Investitionsplanungs- und Investitionspflichten der Übertragungsnetzbetreiber, 2017; *Wiederholt/Bode/Reuter,* Rückenwind für den Ausbau der Offshore-Windenergie?, NVwZ 2012, 1207.

A. Allgemeines

I. Zweck

Die Einführung eines **Offshore-Netzentwicklungsplans** bildet gemeinsam 1
mit der Regelung zur Verteilung der Anbindungskapazitäten in § 17d die zentrale Regelung zum Wechsel von dem vorhergehenden System projektakzessorischer Anbindung zu einer abstrakten Planung des Ausbaus von Anbindungsleitungen. Im Zuge der Einführung eines zentralen Modells nach dem WindSeeG (→ Vor §§ 17a ff. Rn. 2) werden die Festlegungen aus den Offshore-Netzentwicklungsplänen durch die Festlegungen vor allem des Flächenentwicklungsplans nach §§ 4ff. WindSeeG sowie daneben des Netzentwicklungsplans nach den §§ 12b, 12c abgelöst.

Die Einführung eines dem Netzentwicklungsplan nach § 12b entsprechenden 2
Offshore-Netzentwicklungsplans zielte auf die Effektuierung der Netzanbindung durch die **systematische Planung von Sammelanbindungen**. Das vorhergehende Anbindungsregime erlaubte durch die Verpflichtung zu Sammelanbindungen und die Einführung eines Offshore-Netzplans in § 17 Abs. 2a S. 2 und 3 EnWG aF sowie die im Rahmen der Entgeltregulierung von der BNetzA aufgestellten Anbindungskriterien eine gewisse Koordination, die jedoch oftmals

§ 17 b

keine hinreichenden Zeiträume für den Ausbau der Anbindungsanlagen vorsah. Vor allem setzte der projektakzessorische Charakter des Anbindungsanspruchs aus § 17 Abs. 2 a EnWG aF der räumlichen und zeitlichen Koordination Grenzen. Die §§ 17 b f. **synchronisieren die Planung** der Anbindungsleitung von Offshore-Windparks mit der räumlichen Planung durch den Bundesfachplan Offshore, den Kapazitätszielen aus dem Szenariorahmen sowie aus der übrigen Netzentwicklungsplanung nach §§ 12 b f. Parallel zum Netzentwicklungsplan nach § 12 b legen die Übertragungsnetzbetreiber jährlich der BNetzA einen Offshore-Netzentwicklungsplan zur Bestätigung (§ 17 c) vor. Dieser Netzentwicklungsplan trägt sowohl den Kapazitätsvorgaben des Szenariorahmens als auch den Festsetzungen des Bundesfachplans Offshore Rechnung. Durch die Festlegung der erforderlichen Ausbaumaßnahmen, einschließlich geplanter Fertigstellungszeitpunkte und verbindlicher Termine für deren Umsetzungsbeginn sowie der Kriterien für die zeitliche Priorisierung der Anbindung von Clustern, dient der Netzentwicklungsplan als Grundlage für die Vergabe von Anbindungskapazitäten durch die BNetzA nach § 17 d.

3   Die Vorgaben zur Ausarbeitung eines Offshore-Netzentwicklungsplans sowie des Netzentwicklungsplans nach den §§ 12 b f. stehen in Zusammenhang mit den unionsrechtlichen Vorgaben an die mittelfristige Netzplanung durch die Netzbetreiber. Art. 51 Elt-RL 19 sieht eine Pflicht der Übertragungsnetzbetreiber zur Vorlage eines Netzentwicklungsplans im zweijährigen Rhythmus vor. Daneben ist der nach Art. 30 Abs. 1 lit. b, Art. 48 Abs. 1 Elt-VO 19 von dem Europäischen Netz der Übertragungsnetzbetreiber (Strom) (ENTSO (Strom)) zu erstellende unionsweiter Netzentwicklungsplan zu berücksichtigen.

II. Inhalt

4   Abs. 1 sieht neben der Pflicht zur Vorlage des Offshore-Netzentwicklungsplans Vorgaben zu den darin enthaltenen **Maßnahmen** vor. Im Zuge der Einführung des WindSeeG ist in Abs. 1 S. 3 eine Regelung eingeführt worden, die den Offshore-Netzentwicklungsplan auf die Ausbauziele aus § 4 Nr. 2 EEG iVm § 1 WindSeeG sowie auf die **Verteilung des Zubaus** nach § 27 Abs. 4 WindSeeG verpflichtet. Abs. 2 konkretisiert die Vorgaben vor allem zur **zeitlichen Abfolge**, zur **Standardisierung** und zur **Kohärenz** der unterschiedlichen Netzentwicklungspläne. Der zwischenzeitlich eingefügte Abs. 3 sieht die Möglichkeit von Festlegungen zur Anbindung von Windenergieanlagen auf See im fortgeschrittenen Planungsstand (bestehende Projekte nach § 26 Abs. 2 WindSeeG, → Vor §§ 17 a ff. Rn. 6 ff.) über Anbindungsleitungen anderer Cluster vor. Abs. 4 verweist auf die Regelungen des Netzentwicklungsplans nach § 12 b zum Inhalt und zur Konsultation des Entwurfs und zu den Modalitäten der späteren Veröffentlichung. Abs. 5 setzt mit Blick auf die Umstellung auf das zentrale Modell nach dem WindSeeG den Zeitraum für die letztmalige Erstellung eines Offshore-Netzentwicklungsplans fest.

B. Einzelerläuterungen

I. Einordnung der Netzentwicklungsplanung

5   Der Offshore-Netzentwicklungsplan dient wie auch der nationale Netzentwicklungsplan nach § 12 b der Umsetzung der Vorgaben aus Art. 51 Elt-RL 19. Bezugspunkt zur Ermittlung des Bedarfs, der dem Offshore-Netzentwicklungsplan

zugrunde zu legen ist, bilden neben dem Ausbauziel aus § 1 Abs. 2 WindSeeG sowie der Verteilung des Ausbauvolumens nach § 27 Abs. 4 WindSeeG die Kapazitätsprognosen aus dem **Szenariorahmen** nach § 12a. Über die Genehmigung durch die BNetzA gehen in diesen wiederum die Stellungnahmen der tatsächlichen und potenziellen Nutzer zu dem Entwurf der Übertragungsnetzbetreiber ein. Szenariorahmen und Netzentwicklungsplan nach §§ 12a, 12b sind auf eine **netzübergreifende Planung des Netzausbaus** unter Einfluss der Öffentlichkeit sowie der Regulierungsbehörde angelegt (zur „zunehmenden Publifizierung" der Netzausbauplanung bereits nach Art. 22 Elt-RL 19 *Kühling/Pisal* ZNER 2011, 13 (18f.)). Die Vorgaben an den Offshore-Netzentwicklungsplan begrenzen die Planungskompetenz des betroffenen Übertragungsnetzbetreibers und greifen dadurch in dessen Eigentums- und Berufsfreiheit ein (*Pielow* Energiewende auf dem Prüfstand S. 45, 61; *Glaser* DVBl. 2012, 1283 (1286ff.); weitgehend *Burgi* Offshore-Anbindungs- und Haftungsregelungen S. 76, 79ff.). Die Festlegungen des BSH bei der Aufstellung der Flächenentwicklungspläne nach §§ 4ff. WindSeeG (→ § 17a Rn. 1) schränken die Spielräume des anbindungsverpflichteten Übertragungsnetzbetreibers jedoch noch weitergehend ein.

§ 17b fügt die Ausbauplanung der Offshore-Netzanbindung in das **System der** 6 **§§ 12a ff.** ein, indem er die Übertragungsnetzbetreiber zur Vorlage eines Offshore-Netzentwicklungsplans auf der Grundlage des Szenariorahmens nach § 12a verpflichtet (*Pries* Rechtsfragen S. 79 (80f.)). Der Bedarf nach Anbindungskapazitäten ist anhand der Prognosen des Szenariorahmens nach § 12a, aber auch der Ausbauziele nach § 1 Abs. 2 WindSeeG sowie der Verteilung des Zubaus nach § 27 Abs. 4 WindSeeG zu ermitteln, Abs. 2 S. 2 und Abs. 1 S. 3. Insbesondere bei der räumlichen Anordnung, aber auch hinsichtlich etwaiger technischer Vorgaben hat die Planung im Gebiet der AWZ den Festsetzungen des Bundesfachplans Offshore Rechnung zu tragen. Durch diese **Abhängigkeit vom Bundesfachplan Offshore** unterscheidet sich der Offshore-Netzentwicklungsplan von der Netzentwicklungsplanung nach § 12b ff., die ihrerseits Grundlage der Bundesfachplanung nach §§ 4ff. NABEG ist (Schneider/Theobald EnergieWirtschaftsR-HdB/*Hermes* § 8 Rn. 71). Weiterhin verpflichtet Abs. 2 S. 6 die Übertragungsnetzbetreiber zur Konsistenz mit dem zeitgleich von ihnen auszuarbeitenden nationalen Netzentwicklungsplan nach § 12b. Zudem nimmt Abs. 2 S. 6 auf den gemeinschaftsweiten Netzentwicklungsplan nach Art. 8 Abs. 3b Elt-VO 09 Bezug, die durch die Elt-VO 19 über den Elektrizitätsbinnenmarkt ersetzt worden ist. Art. 30 Abs. 1 lit. b iVm 32 Abs. 2 und 48 Elt-VO 19 verpflichtet das Europäische Netz der Übertragungsnetzbetreiber (Strom) (ENTSO (Strom)) zur Vorlage eines unionsweiten zehnjährigen Netzentwicklungsplans unter Beteiligung der Kommission und der Agentur der Europäischen Union für die Zusammenarbeit der Energieregulierungsbehörden (ACER).

II. Festlegungen

1. Gebiet. Über seine amtliche Bezeichnung hinaus schließt der Offshore- 7 Netzentwicklungsplan auch das Gebiet des **Küstenmeeres** mit ein, zielt also auf eine lückenlose, konsistente Anbindung an den Netzentwicklungsplan nach § 12b. Dadurch unterliegt die Realisierung der im Offshore-Netzentwicklungsplan aufgeführten Anbindungsleitungen teilweise unterschiedlichen Zulassungsregimen. Während in dem Gebiet der AWZ die Planfeststellung oder Plangenehmigung von Anbindungsleitungen zumindest für bestehende Projekte nach §§ 26 Abs. 2, 102

§ 17 b Teil 3. Regulierung des Netzbetriebs

Abs. 1 WindSeeG während einer Übergangszeit noch nach der SeeAnlV aF erfolgt (→ § 17a Rn. 41), ist für Abschnitte der im Bundesbedarfsplan gekennzeichneten Anbindungsleitungen im Küstenmeer nach § 2 Abs. 1 und 5 NABEG der **Anwendungsbereich des NABEG** eröffnet (→ § 17a Rn. 38).

8 **2. Maßnahmen zum Netzausbau (Abs. 1 S. 2 und 3).** Entsprechend dem Netzentwicklungsplan nach § 12b enthält der Offshore-Netzentwicklungsplan Angaben über zukünftige Maßnahmen zur Optimierung, Verstärkung und vor allem zum Ausbau von Anbindungsleitungen einschließlich Angaben zur zeitlichen Staffelung. Während der Netzentwicklungsplan nach § 12b nach dem sog. **NOVA-Prinzip** die Optimierung der Verstärkung und die Verstärkung dem Ausbau vorzieht (Steinbach/*Heimann* EnWG § 12b Rn. 2), konzentriert sich der Offshore-Netzentwicklungsplan angesichts des derzeitigen Standes des Ist-Netzes auf den **Ausbau** der Anbindungsleitungen bei nur eingeschränkter Vermaschung. Den zukünftigen Ausbaubedarf leiten die Übertragungsnetzbetreiber zunächst nach § 17b Abs. 1 S. 1 im Wesentlichen aus den von der BNetzA genehmigten Prognosen im letzten **Szenariorahmen** ab. Durch den nachträglich eingeführten Hinweis in Abs. 1 S. 3 sind die gesetzlichen Ausbauziele aus § 1 Abs. 2 WindSeeG und der Verlauf der Ausschreibungsvolumina nach § 27 Abs. 4 WindSeeG maßgeblich zu berücksichtigen.

9 **3. Zeitliche Vorgaben. a) Umsetzungs- und Fertigstellungstermine.** Über die Vorgaben in § 12b Abs. 1 hinaus sieht § 17b Abs. 2 S. 1 die für die Planung von OWP besonders bedeutsamen **Zeitangaben** vor, die sowohl den geplanten Fertigstellungszeitpunkt als auch den verbindlichen Umsetzungstermin konkretisieren.

10 **b) Kriterien zur Priorisierung bei gestaffeltem Ausbau.** Die Übertragungsnetzbetreiber planten von Anfang an einen **zeitlich gestaffelten Ausbau** der Anbindungsleitungen (Offshore-Netzentwicklungsplan 2013, Erster Entwurf der Übertragungsnetzbetreiber, S. 66), schon um das Risiko sog. *stranded investments* durch nicht genutzte Anbindungskapazitäten sowie eine Erhöhung der Marktpreise für die Errichtungskapazitäten zu vermeiden. Die Kriterien der zeitlichen Staffelung beeinflussen unter dem bisherigen Regime den jeweiligen verbindlichen Fertigstellungstermin der Anbindung nach § 17d Abs. 2 und damit den Beginn der Nutzungsmöglichkeit eines einzelnen Clusters maßgeblich.

11 **aa) Effizienzorientierte Kriterien.** § 12b Abs. 2 S. 3 nennt als mögliche, nicht abschließende Kriterien den Realisierungsfortschritt der Offshore-Anlagen, die effiziente Nutzung der Anbindungskapazität, die räumliche Nähe zur Küste sowie die geplante Inbetriebnahme der Netzanknüpfungspunkte. Der Sache nach stehen sowohl hinter den zeitlichen Kriterien (Realisierungsfortschritt der anzubindenden Anlage und Fertigstellung des Netzanknüpfungspunktes) als auch hinter dem Kriterium der Küstennähe Effizienzgesichtspunkte. Leitgesichtspunkt der in § 17b Abs. 2 S. 2 enthaltenen Kriterien ist damit der möglichst **effiziente Ausbau** der Anbindungsinfrastruktur angesichts begrenzter Ausbaukapazitäten. Die Übertragungsnetzbetreiber sehen, ähnlich wie das BSH bei der räumlichen Bestimmung der Cluster (BSH, Bundesfachplan Offshore für die deutsche ausschließliche Wirtschaftszone der Nordsee 2012, S. 81 f.), die **Küstenentfernung** als das die Gesamtkosten der Netzanbindung maßgeblich bestimmende Kriterium an. Die aus dem Kriterium der Küstennähe abgeleitete Einteilung der im Bundesfachplan Offshore für die Nordsee ausgewiesenen Cluster in unterschiedlich küstennahe **Zonen** entspricht weitgehend den im Bundesfachplan Offshore zugrunde gelegten Planungshorizon-

ten für 2022 und 2030 (BSH, Bundesfachplan Offshore für die deutsche ausschließliche Wirtschaftszone der Nordsee 2012, S. 24 ff.).

Neben dem Kriterium der Küstennähe sehen die Übertragungsnetzbetreiber in dem **Erzeugungspotenzial** des jeweiligen Clusters einen wesentlichen Faktor für das Kriterium der effizienten Nutzung der zu errichtenden Anbindungskapazität. Daneben ziehen die Übertragungsnetzbetreiber das bereits in die räumliche Bestimmung der Cluster im Bundesfachplan Offshore eingegangene Kriterium der raumordnungsrechtlichen Ausweisung als Vorranggebiet für die Windenergie-Nutzung zur Priorisierung heran. Die BNetzA hat demgegenüber zutreffend darauf hingewiesen, dass die raumordnungsrechtlichen Gründe, die hinter der Ausweisung von Vorranggebieten stehen, für die Frage der Priorisierung bei der Anbindung nur begrenzt aussagekräftig sind und eine auf diesem Kriterium beruhende zeitliche Priorisierung deshalb nicht sachgerecht ist (näher *Pries* Rechtsfragen S. 79 (84 ff.)). Den Kriterien der geplanten Inbetriebnahme der Netzverknüpfungspunkte an Land sowie des **Realisierungsfortschritts** der anzubindenden OWP kommt nach dem Entwurf der Übertragungsnetzbetreiber im Wesentlichen korrigierende Funktion zu: Fehlt mit dem Netzverknüpfungspunkt an Land die Voraussetzung für die Offshore-Anbindung oder führen erhebliche Verzögerungen bei der Realisierung der OWP im anzubindenden Cluster zu grob unangemessenen Ergebnissen, sehen die Übertragungsnetzbetreiber eine Änderung der zeitlichen Reihenfolge vor. Zudem kann die Berücksichtigung des Realisierungsfortschritts auch dazu dienen, mit dem Regimewechsel (→ Vor §§ 17a ff. Rn. 4 ff.) verbundene unbillige Härten abzufedern (*Pries* Rechtsfragen S. 79 (88)). 12

bb) Realisierungsfortschritt und Vertrauensschutz. Bei Einführung des Planungsmodells nach den §§ 17a ff. stellen sich im Hinblick auf die in Planung befindlichen Projekte ähnliche Fragen des Übergangs und des Vertrauensschutzes wie bei der späteren Umstellung des Regimes auf das zentrale Modell nach dem WindSeeG (→ Vor §§ 17a ff. Rn. 2). Unter das Planungsmodell der §§ 17a ff. fallen Betreiber von Offshore-Windkraftanlagen, die in der Übergangsregelung aus § 118 Abs. 12 genannten Stichtagen über keine unbedingte Netzanbindungszusage verfügen oder bei einer bedingten Netzanbindungszusage den Nachweis für die Voraussetzungen einer unbedingten Anbindungszusage nicht erbringen können. Auch wenn die nicht unter die Übergangsregelung fallenden Windparkbetreiber unter Umständen bereits erhebliche Planungsleistungen erbracht haben, kann sich je nach Standort infolge der zeitlichen Staffelung ihr Anbindungszeitpunkt erheblich verschieben. Als Ausgleich der damit verbundenen Härten könnten Betreiber von Offshore-Anlagen, die den in § 118 Abs. 12 genannten Stichtag knapp verpasst haben, prioritär angebunden werden (Beschlussempfehlung und Bericht des Ausschusses für Wirtschaft und Technologie, BT-Drs. 17/11705, 27). Im Regelfall dürften diese **Vorhaben mit bereits weit fortgeschrittener Planung** in küstennahen Clustern liegen und bereits unter Effizienzgesichtspunkten hohe Priorität bei der Anbindung genießen. Sollte hingegen im Einzelfall ein nicht unter die Übergangsregelung fallendes Vorhaben mit den effizienzorientierten Anbindungskriterien nicht vereinbar sein, darf ein unterhalb der Schwelle der Übergangsregelung angesiedelter gleitender Vertrauensschutz den mit der Neuregelung verfolgten Zweck grundsätzlich nicht gefährden. 13

cc) Festlegung der BNetzA. Nach § 17b Abs. 1 und 2 fällt die Erstellung des Entwurfs für den Offshore-Netzentwicklungsplan einschließlich der zeitlichen Staffelung in den Aufgabenbereich der Übertragungsnetzbetreiber. Gleichwohl 14 konnte die BNetzA nach § 17 d Abs. 7 S. 1 Nr. 1 aF **Festlegungen zum Inhalt des Planes** treffen und auch weitere Kriterien der zeitlichen Staffelung vorgeben. Diese Festlegungen umfassten insbesondere etwaige Vorgaben zur **Gewichtung der einzelnen Kriterien.**

15 **4. Standardisierung (Abs. 2 S. 4).** Bereits der Bundesfachplan Offshore enthält Festsetzungen zur technischen Standardisierung, die nach § 17b Abs. 1 S. 2 bei der Ausarbeitung des Netzentwicklungsplans zu berücksichtigen sind. Die technische Standardisierung von Infrastrukturelementen flexibilisiert ihre Planung und reduziert dadurch Kosten. Die Übertragungsnetzbetreiber orientieren sich bei der Standardisierung weitgehend an den standardisierten Technikvorgaben und Planungsgrundsätzen aus dem jeweiligen Bundesfachplan Offshore (vgl. bereits Offshore-Netzentwicklungsplan 2014, Erster Entwurf der Übertragungsnetzbetreiber, S. 30f.). Mit dem Hinweis auf die „Beibehaltung des **technischen Fortschritts**" verpflichtet § 17b Abs. 2 S. 4 die Übertragungsnetzbetreiber auf den jeweiligen Stand der am Markt verfügbaren Technik, an dem sich das BSH im Rahmen der Bundesfachplanung Offshore ebenfalls orientiert (→ § 17a Rn. 15). Auch hier steht die Standardisierung in einem Spannungsverhältnis zur Weiterentwicklung des Stands der Technik durch dynamischen Wettbewerb zwischen alternativen Technologien im Entwicklungsstadium. Eine dem § 12b Abs. 1 S. 3 Nr. 3 entsprechende Verpflichtung zur Einplanung von Pilotprojekten sieht § 17b nicht vor.

16 **5. Evaluation (Abs. 2 S. 5).** Ebenso wie § 12b Abs. 1 S. 3 Nr. 4 verpflichtet § 17b Abs. 2 S. 5 die Übertragungsnetzbetreiber, im Netzentwicklungsplan die Umsetzung vorangegangener Netzentwicklungspläne zu **evaluieren** und etwaige **Verzögerungen** gegenüber der Planung zu **rechtfertigen.** Die Übertragungsnetzbetreiber tragen dadurch zu der nach Art. 51 Abs. 6 Elt-RL 19 (vormals Art. 23 Abs. 6 Elt-RL 09) den nationalen Regulierungsbehörden obliegenden Überwachung und Evaluation der Umsetzung des zehnjährigen Netzentwicklungsplans bei (vgl. Begründung zum RegE des § 12b, BT-Drs. 17/6072, 68). Die Gründe werden schließlich von der BNetzA bei der Entscheidung über Durchsetzungsmaßnahmen berücksichtigt.

III. Clusterübergreifende Anbindung (Abs. 3)

17 Nach der durch das Gesetz zur Einführung von Ausschreibungen für Strom aus erneuerbaren Energien und zu weiteren Änderungen des Rechts der erneuerbaren Energien (EEG 2016) eingefügten Regelung in Abs. 3 enthält der Offshore-Netzentwicklungsplan zudem Festlegungen über die **clusterübergreifende Anbindung** von bestehenden Projekten iSd § 26 Abs. 2 WindSeeG. Solche Festlegungen setzen eine entsprechende Möglichkeit nach dem Bundesfachplan Offshore voraus (BT-Drs. 18/880, 335). Zudem macht § 17d Abs. 3 S. 2 die clusterübergreifende Anbindung davon abhängig, dass sie für eine geordnete und effiziente Nutzung und Auslastung der Offshore-Anbindungsleitungen erforderlich ist.

IV. Verfahren (Abs. 4)

18 Mit dem Verweis auf die Vorschriften zur Behörden- und Öffentlichkeitsbeteiligung, zur Dokumentation des Planungsprozesses sowie zur Vorlagepflicht in § 12b Abs. 3–5 gewährleistet § 17b Abs. 4 zum einen, dass die Übertragungsnetzbetreiber bei der Ausarbeitung der Netzentwicklungspläne nach § 12b und § 17b

Synergieeffekte realisieren konnten (Begr. RegE, BT-Drs. 17/10754, 25). Zum anderen tragen die Beteiligungsregelungen den Anforderungen aus Art. 51 Abs. 1 Elt-RL 19 (vormals Art. 22 Abs. 1 Elt-RL 09) Rechnung. Nach §§ 17b Abs. 4, 12b Abs. 3–5 stellen die Übertragungsnetzbetreiber den Entwurf des Offshore-Netzentwicklungsplans auf ihre **Internetseiten** (www.netzentwicklungsplan.de), geben Gelegenheit zur **Äußerung** und legen der BNetzA den Entwurf des Offshore-Netzentwicklungsplans einschließlich einer zusammenfassenden Erklärung über die Auseinandersetzung mit den Stellungnahmen unverzüglich vor. Da infolge des Verweises die Pflicht zur unverzüglichen Vorlage des Entwurfs aus § 12b Abs. 5 auch für den Entwurf des Offshore-Netzentwicklungsplans gilt, findet bei Verstößen die **Bußgeldvorschrift** aus § 95 Abs. 1 Nr. 3 lit. b Anwendung. Daneben kann die BNetzA zur Durchsetzung Maßnahmen nach § 65 Abs. 2 anordnen.

V. Übergang zum zentralen Modell (Abs. 5)

Nach der Regelung in Abs. 5 legen die Übertragungsnetzbetreiber seit dem **Jahr 2018 keinen Offshore-Netzentwicklungsplan** mehr vor. Festlegungen des Offshore-Netzentwicklungsplans ab dem Jahr 2026 werden nach § 7 Nr. 2 WindSeeG durch die im Flächenentwicklungsplan nach §§ 4 ff. WindSeeG und im Netzentwicklungsplan nach §§ 12b ff. getroffenen Festlegungen abgelöst.

19

§ 17c Prüfung und Bestätigung des Offshore-Netzentwicklungsplans durch die Regulierungsbehörde sowie Offshore-Umsetzungsbericht der Übertragungsnetzbetreiber

(1) ¹**Die Regulierungsbehörde prüft in Abstimmung mit dem Bundesamt für Seeschifffahrt und Hydrographie die Übereinstimmung des Offshore-Netzentwicklungsplans mit den Anforderungen nach § 17b.** ²**Im Übrigen ist § 12c entsprechend anzuwenden.** ³**Die Bestätigung des Offshore-Netzentwicklungsplans erfolgt für Maßnahmen nach § 17b Absatz 1 Satz 2, deren geplanter Zeitpunkt der Fertigstellung nach dem Jahr 2025 liegt, unter dem Vorbehalt der entsprechenden Festlegung der jeweiligen Offshore-Anbindungsleitung im Flächenentwicklungsplan nach § 5 des Windenergie-auf-See-Gesetzes.**

(2) Die Regulierungsbehörde kann in Abstimmung mit dem Bundesamt für Seeschifffahrt und Hydrographie eine bereits erfolgte Bestätigung des Offshore-Netzentwicklungsplans nach Bekanntmachung der Zuschläge nach § 34 des Windenergie-auf-See-Gesetzes aus dem Gebotstermin vom 1. April 2018 ändern, soweit der anbindungsverpflichtete Übertragungsnetzbetreiber die betreffende Offshore-Anbindungsleitung noch nicht beauftragt hat und die Änderung für eine geordnete und effiziente Nutzung und Auslastung der Offshore-Anbindungsleitung erforderlich ist.

(3) ¹Die Betreiber von Übertragungsnetzen legen der Regulierungsbehörde jeweils spätestens bis zum 30. September eines jeden geraden Kalenderjahres, beginnend mit dem Jahr 2018, einen gemeinsamen Offshore-Umsetzungsbericht vor, den diese in Abstimmung mit dem Bundesamt für Seeschifffahrt und Hydrographie prüft. ²Dieser Bericht muss Angaben zum Stand der Umsetzung des zuletzt bestätigten Offshore-Netzentwicklungsplans und im Falle von Verzögerungen der Umsetzung die dafür maß-

§ 17 c Teil 3. Regulierung des Netzbetriebs

geblichen Gründe enthalten. ³Die Regulierungsbehörde veröffentlicht den Umsetzungsbericht und gibt allen tatsächlichen und potenziellen Netznutzern Gelegenheit zur Äußerung. ⁴Ab dem Jahr 2020 ist kein Offshore-Umsetzungsbericht mehr von den Übertragungsnetzbetreibern vorzulegen.

A. Allgemeines

I. Inhalt

1   § 17 c verweist hinsichtlich des Verfahrens zur Prüfung und Bestätigung des Offshore-Netzentwicklungsplans auf die entsprechende Regelung für den **Netzentwicklungsplan** in § 12c (Abs. 1 S. 2). Daneben sind im Zuge der Umstellung der Netzanbindung auf das zentrale Modell mehrere Regelungen zur Abstimmung und Verzahnung der beiden Regime in der Übergangszeit aufgenommen worden. Die Regelung in Abs. 1 S. 3 stellt Ausbaumaßnahmen mit einem Fertigstellungszeitpunkt ab dem Jahr 2025 unter den Vorbehalt einer entsprechenden Festlegung im Flächenentwicklungsplan nach dem WindSeeG. Die Regelung in Abs. 2 ermächtigt die BNetzA, den Offshore-Netzentwicklungsplan unter bestimmten Voraussetzungen in Reaktion auf eine Übergangsausschreibung für bestehende Projekte zu ändern. Die Regelung in Abs. 3 verpflichtet die Übertragungsnetzbetreiber, in dem Jahr 2018 einen Offshore-Umsetzungsbericht mit Angaben zum Stand der Umsetzung des letzten Offshore-Netzentwicklungsplans vorzulegen.

II. Zweck

2   Die Regelung dient zum einen dazu, analog zur Bestätigung des Netzentwicklungsplans nach § 12c einen **Maßstab** sowie ein **Verfahren** für die **Prüfung** und **Bestätigung** des **Offshore-Netzentwicklungsplans** bereitzustellen. Dabei modifiziert Abs. 1 S. 1 die Überprüfung des von den Übertragungsnetzbetreibern vorgelegten Entwurfs gegenüber der Regelung in § 12c punktuell. Der Verweis auf das in § 12c geregelte Verfahren dient zudem auch dazu, bei der Ausarbeitung des Netzentwicklungsplans Offshore und des Netzentwicklungsplans nach § 17b möglichst weitgehend Synergieeffekte zu ermöglichen (Begr. RegE, BT-Drs. 17/10754, 25). Mit der Vorgabe zum Umsetzungsbericht aus Abs. 3 soll zudem die Verlässlichkeit der Implementation gefördert werden. Zum anderen adressiert die Regelung Fragen zum **Übergang** von den Vorgaben des Offshore-Netzentwicklungsplans zu den Festlegungen des Flächenentwicklungsplans nach den §§ 4 ff. WindSeeG. Durch den Vorbehalt einer entsprechenden Festlegung im Flächenentwicklungsplan wird vermieden, dass der Flächenentwicklungsplan die vorhergehende, über das Jahr 2025 hinausreichende Planung aus den Offshore-Netzentwicklungsplänen nur noch nachzeichnen kann. Die an nähere Bedingungen geknüpfte Möglichkeit der nachträglichen Änderung des Offshore-Netzentwicklungsplans schafft Flexibilität für den Umgang mit der zunächst nicht vorhergesehenen Situation, die durch Ausschreibungen für bestehende Projekte nach § 26 Abs. 2 WindSeeG entstanden ist.

B. Einzelerläuterungen

I. Prüfungsmaßstab (Abs. 1 S. 1 und 3)

1. Anforderungen nach § 17b. Maßstab für die Überprüfung des von den Übertragungsnetzbetreibern vorgelegten Entwurfs sind nach Abs. 1 S. 1 die Anforderungen aus § 17b, also vor allem der im Szenariorahmen nach § 12a und nach den Ausbauvorgaben aus §§ 1 Abs. 2, 27 Abs. 4 WindSeeG **prognostizierte Bedarf** an Anbindungskapazität sowie die Angaben zur **zeitlichen Planung** der Ausbaumaßnahmen einschließlich der Staffelung unter Berücksichtigung der im Konsultationsverfahren eingegangenen Stellungnahmen. 3

2. Vorbehalt der Festlegungen des Flächenentwicklungsplans, Abs. 1 S. 3. Ebenso wie die Regelung in § 7 Nr. 2 WindSeeG soll der im Zuge der Einführung des WindSeeG eingefügte Vorbehalt in Abs. 1 S. 3 sicherstellen, dass für die Zeit ab dem Jahr 2025 die Ausbauplanung über den Flächenentwicklungsplan nach den §§ 4ff. WindSeeG sowie den Netzentwicklungsplan nach §§ 12b f. EnWG erfolgt (BT-Drs. 18/8860, 278). In der Sache liegt gleichwohl nahe, dass die **vorhergehende Planung** aus dem Bundesfachplan Offshore und dem Netzentwicklungsplan Offshore **im Grundsatz fortgeführt** wird (BT-Drs. 18/8860, 278). Der in Abs. 1 S. 3 zwingend vorgesehene Vorbehalt (NK-EnWG/*Schink* § 17c Rn. 4) soll gleichwohl den Planungsspielraum für Festlegungen im Flächenentwicklungsplan sichern (BT-Drs. 18/8860, 278). Mittelbar werden dadurch zugleich der Rahmenbedingungen für eine zumindest vorläufige Planung im letzten Offshore Netzentwicklungsplan geschaffen, die als Grundlage für den zwischenzeitlichen Ausbau dienen kann (NK-EnWG/*Schink* § 17c Rn. 4). 4

3. Abstimmung mit dem BSH. Die in Abs. 1 S. 1 vorgesehene Pflicht zur Abstimmung mit dem BSH ist inhaltlich auf die Fragen beschränkt, die den **Aufgabenbereich des BSH** betreffen, also insbesondere die Berücksichtigung der Festlegungen des Bundesfachplan Offshore nach § 17b Abs. 1 S. 2. 5

II. Verfahren und Befugnisse der BNetzA (Abs. 1 S. 2, 12c)

Der Verweis in § 17c Abs. 1 S. 2 auf § 12c bezieht sich auf unterschiedliche Regelungen zu den **Befugnissen der BNetzA** im Rahmen des Verfahrens der Bestätigung des Netzentwicklungsplans. Dazu zählt die Befugnis, nach § 12c Abs. 1 S. 2 **Änderungen an dem Netzentwicklungsplan** zu verlangen. Auch wenn die BNetzA den Entwurf des Offshore-Netzentwicklungsplans im Gegensatz zum Entwurf des Szenariorahmens nach § 12a nicht genehmigt, sondern lediglich bestätigt, spricht insbesondere die Festlegungsbefugnis aus § 17d Abs. 7 S. 1 Nr. 1 für eine weitreichende Befugnis der BNetzA, Änderungen zu verlangen. Änderungsverlangen führen nach § 12c Abs. 5 zu der Pflicht der Übertragungsnetzbetreiber, einen entsprechend geänderten Entwurf vorzulegen. Daneben haben die Übertragungsnetzbetreiber nach § 12c Abs. 1 S. 3 die zur Prüfung erforderlichen Informationen zur Verfügung zu stellen. Soweit eine Abstimmung mit dem BSH erforderlich ist, sind die **Informationen** bei entsprechender Anwendung auch dem BSH zur Verfügung zu stellen. Bei Zweifeln an der Vereinbarkeit mit dem **gemeinschaftsweit geltenden Netzentwicklungsplan** ist nach § 12c Abs. 1 S. 4 in Umsetzung des Art. 51 Abs. 5 S. 2 Elt-RL 19 (zuvor Art. 22 Abs. 5 S. 2 Elt-RL 09) die **ACER** zu 6

§ 17 c Teil 3. Regulierung des Netzbetriebs

konsultieren. Der von der BNetzA nach § 12c Abs. 2 zu erstellende **Umweltbericht** bezieht den bei der Aufstellung des Bundesfachplans Offshore erstellten Umweltbericht mit ein und kann sich nach § 12c Abs. 2 S. 2 auf in jenem Umweltbericht noch nicht enthaltene erhebliche Umweltbeeinträchtigungen beschränken. Die in § 12c Abs. 3 vorgesehene Beteiligung von Behörden und der Öffentlichkeit entspricht weitgehend derjenigen bei der Aufstellung des Bundesfachplans Offshore. Hinsichtlich der Wirkung der Bestätigung durch die BNetzA einschließlich der Rechtsschutzmöglichkeiten des betroffenen Übertragungsnetzbetreibers nach § 12c Abs. 4 ergeben sich keine Unterschiede zur Bestätigung des Netzentwicklungsplanentwurfs nach § 12b. Neben § 12c Abs. 7 sieht § 17d Abs. 7 Nr. 1 und 2 eine **Festlegungsbefugnis** der BNetzA zu Inhalt und Verfahren der Erstellung sowie zur Umsetzung des Offshore-Netzentwicklungsplans vor (→ § 17d Rn. 34).

III. Nachträgliche Änderung (Abs. 2)

7   Für bestehende Projekte iSd § 26 Abs. 2 WindSeeG (→ Vor §§ 17a ff. Rn. 6 ff.) sind in den §§ 26 ff. WindSeeG zu den Gebotsterminen im April 2017 und 2018 Ausschreibungen vorgesehen. Für die Umsetzung dieser Projekte ist der Offshore-Netzentwicklungsplan relevant. Ein Zuschlag in einem dieser Ausschreibungsverfahren führt nach § 37 Abs. 1 Nr. 2 WindSeeG zu einem Anspruch auf Anschluss der Windenergieanlagen auf See an die nach dem Offshore-Netzentwicklungsplan vorgesehene Anbindungsleitung ab dem verbindlichen Fertigstellungstermin nach § 17d Abs. 2 S. 8 sowie auf eine entsprechende Netzanbindungskapazität. Zudem erfolgen die Errichtung und der Betrieb der Offshore-Anbindungsleitungen zu den Clustern, in denen bestehende Projekte nach § 26 Abs. 2 WindSeeG liegen, gem. § 28 WindSeeG nach §§ 17b, 17c EnWG, also nach Maßgabe des Offshore-Netzentwicklungsplans (BT-Drs. 18/8860, 296). Gleichzeitig kann das Ergebnis der Ausschreibung dazu führen, dass sich die **Anbindungssituation** gegenüber der ursprünglichen Planung **verändert**. Die ebenfalls zeitgleich mit dem WindSeeG neu eingeführte Regelung in Abs. 2 soll vor diesem Hintergrund die Flexibilität schaffen, eine bereits vorbehaltlos erfolgte Bestätigung des letzten Offshore-Netzentwicklungsplans im Anschluss an den zweiten Gebotstermin der Übergangsausschreibung unter bestimmten Voraussetzungen noch zu ändern (BT-Drs. 18/8860, 278 f.). Als Anwendungsfall stand dem Gesetzgeber vor Augen, dass die bisherige Bestätigung nach den Ergebnissen der Ausschreibungen zu **vermeidbaren Leerständen** oder zu sonstigen Fehlentwicklungen beim Ausbau führt (BT-Drs. 18/8860, 336). Allerdings hat der anbindungsverpflichtete Übertragungsnetzbetreiber unter Umständen im Vertrauen auf die bisherige Planung und seine dadurch konkretisierte Ausbauverpflichtung bereits **Dispositionen getroffen.** Eine Änderung nach Abs. 2 setzt deshalb voraus, dass die betreffende Offshore-Anbindungsleitung noch nicht beauftragt worden und die Änderung zur Optimierung einer effizienten Anbindung erforderlich ist. Die Regelung in Abs. 2 vermittelt der BNetzA eine Befugnis zur Änderung, ohne sie zur Änderung zu verpflichten. Da die im Rahmen der Ermessensausübung zu berücksichtigenden Aspekte des Vertrauensschutzes einerseits und der Effizienz der Anbindung andererseits bereits im Tatbestand erhalten sind, dürfte eine Änderung unter den Voraussetzungen des Abs. 2 in der Regel zweckmäßig sein (weitergehend für eine erhebliche Ermessenseinschränkung NK-EnWG/*Schink* § 17c Rn. 7). Die Änderung hat in Abstimmung mit dem BSH zu erfolgen und macht, sofern es sich nicht nur um eine geringfügige Änderung nach § 37 UVPG handelt, eine vorhergehende Strategische

Umsetzung der Netzentwicklungspläne u. des Flächenentwicklungsplans **§ 17 d**

Umweltprüfung erforderlich (→ § 17a Rn. 19). Auch wenn sich der Verweis auf § 12c in Abs. 1 S. 2 systematisch nur auf die Prüfung und Bestätigung nach Abs. 1 S. 1 bezieht, lassen sich die Regelungen aus § 12c Abs. 2, 3, 6 und 7 entsprechend anwenden (NK-EnWG/*Schink* § 17c Rn. 7).

IV. Offshore-Umsetzungsbericht (Abs. 3)

Um der BNetzA, aber auch der Öffentlichkeit die laufende Beobachtung des 8 Ausbaus zu erleichtern, ist in Abs. 3 eine Pflicht der Übertragungsnetzbetreiber zur Vorlage eines Offshore-Netzentwicklungsplans eingeführt worden. Durch die Angaben zum Stand der Umsetzung des zuletzt bestätigten Offshore-Netzentwicklungsplans einschließlich der Gründe etwaiger Verzögerungen sowie die Veröffentlichung des Berichts und die Möglichkeit von Stellungnahmen der Netznutzer (Abs. 3 S. 2 und 3) ist der Umsetzungsbericht auf eine **öffentliche Beteiligung** angelegt. Die BNetzA veröffentlicht die zum Umsetzungsbericht abgegebenen Stellungnahmen auf einer Homepage zum Netzausbau (www.netzausbau.de). Praktisch fallen die Übersicht über den Stand der einzelnen Ausbaumaßnahmen sowie die Erläuterungen zu einzelnen Projekten allerdings übersichtlich aus (vgl. Umsetzungsbericht zum Netzentwicklungsplan Strom und Offshore-Netzentwicklungsplan 2030 (Version 2017), September 2018, S. 29–31). Mit den Änderungen des EEG 2016 ist Abs. 3 S. 4 eingefügt worden. Die Regelungen in Abs. 3 fanden dadurch lediglich auf den im Jahr 2018 erstellten Offshore-Netzentwicklungsplan Anwendung. In der Folgezeit werden die Angaben über die Umsetzung in den **Umsetzungsbericht nach § 12d** aufgenommen (BT-Drs. 18/8860, 336). Bereits der Umsetzungsbericht aus dem Jahr 2018 enthielt jeweils einen Abschnitt zum Netzentwicklungsplan Strom und einen Abschnitt zum Offshore-Netzentwicklungsplan.

§ 17 d Umsetzung der Netzentwicklungspläne und des Flächenentwicklungsplans

(1) ¹Betreiber von Übertragungsnetzen, in deren Regelzone die Netzanbindung von Windenergieanlagen auf See erfolgen soll (anbindungsverpflichteter Übertragungsnetzbetreiber), haben die Offshore-Anbindungsleitungen entsprechend den Vorgaben des Offshore-Netzentwicklungsplans und ab dem 1. Januar 2019 entsprechend den Vorgaben des Netzentwicklungsplans und des Flächenentwicklungsplans gemäß § 5 des Windenergie-auf-See-Gesetzes zu errichten und zu betreiben. ²Sie haben mit der Umsetzung der Netzanbindungen von Windenergieanlagen auf See entsprechend den Vorgaben des Offshore-Netzentwicklungsplans und ab dem 1. Januar 2019 entsprechend den Vorgaben des Netzentwicklungsplans und des Flächenentwicklungsplans gemäß § 5 des Windenergie-auf-See-Gesetzes zu beginnen und die Errichtung der Netzanbindungen von Windenergieanlagen auf See zügig voranzutreiben. ³Eine Offshore-Anbindungsleitung nach Satz 1 ist ab dem Zeitpunkt der Fertigstellung ein Teil des Energieversorgungsnetzes.

(1 a) ¹Es sind alle erforderlichen Maßnahmen zu ergreifen, damit die Offshore-Anbindungsleitungen, die im Flächenentwicklungsplan festgelegt sind, rechtzeitig zum festgelegten Jahr der Inbetriebnahme errich-

§ 17 d   Teil 3. Regulierung des Netzbetriebs

tet werden können. ²Insbesondere können mehrere Offshore-Anbindungsleitungen in einem Trassenkorridor pro Jahr errichtet werden. ³Für die Errichtung von Offshore-Anbindungsleitungen können alle technisch geeigneten Verfahren verwendet werden. ⁴Im Küstenmeer soll in den Jahren 2024 bis 2030 die Errichtung auch im Zeitraum vom 1. April bis zum 31. Oktober erfolgen, wenn dies mit dem Küstenschutz vereinbar ist.

(1 b) ¹Der Betrieb von Offshore-Anbindungsleitungen soll in der Regel nicht dazu führen, dass sich das Sediment im Abstand zur Meeresbodenoberfläche von 20 Zentimetern in der ausschließlichen Wirtschaftszone oder im Abstand von 30 Zentimetern im Küstenmeer um mehr als 2 Kelvin erwärmt. ²Eine stärkere Erwärmung ist zulässig, wenn sie nicht mehr als zehn Tage pro Jahr andauert oder weniger als 1 Kilometer Länge der Offshore-Anbindungsleitung betrifft. ³Die Sätze 1 und 2 sind sowohl auf bereits in Betrieb befindliche Offshore-Anbindungsleitungen als auch auf neu zu errichtende Offshore-Anbindungsleitungen anwendbar. ⁴Auf die parkinternen Seekabel und grenzüberschreitende Kabelsysteme sind die Sätze 1 bis 3 entsprechend anwendbar.

(2) ¹Der anbindungsverpflichtete Übertragungsnetzbetreiber beauftragt die Offshore-Anbindungsleitung so rechtzeitig, dass die Fertigstellungstermine in den im Flächenentwicklungsplan und im Netzentwicklungsplan dafür festgelegten Kalenderjahren einschließlich des Quartals im jeweiligen Kalenderjahr liegen. ²Der anbindungsverpflichtete Übertragungsnetzbetreiber beauftragt die Offshore-Anbindungsleitung, sobald die anzubindende Fläche im Flächenentwicklungsplan festgelegt ist. ³Der anbindungsverpflichtete Übertragungsnetzbetreiber hat spätestens nach Auftragsvergabe die Daten der voraussichtlichen Fertigstellungstermine der Offshore-Anbindungsleitung der Regulierungsbehörde bekannt zu machen und auf seiner Internetseite zu veröffentlichen. ⁴Nach Bekanntmachung der voraussichtlichen Fertigstellungstermine nach Satz 3 hat der anbindungsverpflichtete Übertragungsnetzbetreiber mit den Betreibern der Windenergieanlage auf See, die gemäß den §§ 20, 21, 34 oder 54 des Windenergie-auf-See-Gesetzes einen Zuschlag erhalten haben, einen Realisierungsfahrplan abzustimmen, der die zeitliche Abfolge für die einzelnen Schritte zur Errichtung der Windenergieanlage auf See und zur Herstellung des Netzanschlusses enthält. ⁵Dabei sind die Fristen zur Realisierung der Windenergieanlage auf See gemäß § 81 des Windenergie-auf-See-Gesetzes und die Vorgaben gemäß § 5 Absatz 1 Nummer 4 des Windenergie-auf-See-Gesetzes im Flächenentwicklungsplan zu berücksichtigen. ⁶Der anbindungsverpflichtete Übertragungsnetzbetreiber und der Betreiber der Windenergieanlage auf See haben sich regelmäßig über den Fortschritt bei der Errichtung der Windenergieanlage auf See und der Herstellung des Netzanschlusses zu unterrichten; mögliche Verzögerungen oder Abweichungen vom Realisierungsfahrplan nach Satz 6 sind unverzüglich mitzuteilen. ⁷Die bekannt gemachten voraussichtlichen Fertigstellungstermine können nur mit Zustimmung der Regulierungsbehörde im Benehmen mit dem Bundesamt für Seeschifffahrt und Hydrographie geändert werden; die Regulierungsbehörde trifft die Entscheidung nach pflichtgemäßem Ermessen und unter Berücksichtigung der Interessen der Beteiligten und der volkswirtschaftlichen Kosten. ⁸36 Monate vor Eintritt

Umsetzung der Netzentwicklungspläne u. des Flächenentwicklungsplans § 17 d

der voraussichtlichen Fertigstellung werden die bekannt gemachten Fertigstellungstermine jeweils verbindlich. [9]Die Sätze 2 und 4 sind nicht auf Testfeld-Anbindungsleitungen anzuwenden.

(3) [1]Betreiber von Windenergieanlagen auf See mit einem Zuschlag nach den §§ 20, 21, 34 oder 54 des Windenergie-auf-See-Gesetzes erhalten ausschließlich eine Kapazität auf der Offshore-Anbindungsleitung, die zur Anbindung des entsprechenden Clusters im Bundesfachplan Offshore nach § 17a oder der entsprechenden Fläche im Flächenentwicklungsplan nach § 5 des Windenergie-auf-See-Gesetzes vorgesehen ist. [2]Ausnahmsweise kann eine Anbindung über einen anderen im Bundesfachplan Offshore nach § 17a festgelegten Cluster erfolgen, sofern dies im Bundesfachplan Offshore und im Offshore-Netzentwicklungsplan ausdrücklich vorgesehen ist und dies für eine geordnete und effiziente Nutzung und Auslastung der Offshore-Anbindungsleitungen erforderlich ist.

(4) [1]Die Regulierungsbehörde kann im Benehmen mit dem Bundesamt für Seeschifffahrt und Hydrographie dem Betreiber einer Windenergieanlage auf See, der über zugewiesene Netzanbindungskapazität verfügt, die Netzanbindungskapazität entziehen und ihm Netzanbindungskapazität auf einer anderen Offshore-Anbindungsleitung zuweisen (Kapazitätsverlagerung), soweit dies einer geordneten und effizienten Nutzung und Auslastung von Offshore-Anbindungsleitungen dient und soweit dem die Bestimmungen des Bundesfachplans Offshore und ab dem 1. Januar 2019 des Netzentwicklungsplans und des Flächenentwicklungsplans gemäß § 5 des Windenergie-auf-See-Gesetzes nicht entgegenstehen. [2]Vor der Entscheidung sind der betroffene Betreiber einer Windenergieanlage auf See und der betroffene anbindungsverpflichtete Übertragungsnetzbetreiber zu hören.

(5) [1]Die zugewiesene Netzanbindungskapazität besteht, soweit und solange ein Planfeststellungsbeschluss oder eine Plangenehmigung für die Windenergieanlagen auf See wirksam ist. [2]Wird ein Zuschlag nach den §§ 20, 21, 34 oder 54 des Windenergie-auf-See-Gesetzes unwirksam, entfällt die zugewiesene Netzanbindungskapazität auf der entsprechenden Offshore-Anbindungsleitung, die zur Anbindung der Fläche vorgesehen ist. [3]Die Regulierungsbehörde teilt dem anbindungsverpflichteten Übertragungsnetzbetreiber unverzüglich die Unwirksamkeit eines Zuschlags mit und ergreift im Benehmen mit dem Bundesamt für Seeschifffahrt und Hydrographie angemessene Maßnahmen für eine geordnete und effiziente Nutzung und Auslastung der betroffenen Offshore-Anbindungsleitung. [4]Vor der Entscheidung ist der betroffene anbindungsverpflichtete Übertragungsnetzbetreiber zu hören.

(6) [1]Anbindungsverpflichtete Übertragungsnetzbetreiber sind gegenüber dem Inhaber einer Genehmigung zum Bau von Windenergieanlagen auf See im Küstenmeer nach dem Bundes-Immissionsschutzgesetz verpflichtet, die Netzanbindung von dem Umspannwerk der Windenergieanlagen auf See bis zu dem technisch und wirtschaftlich günstigsten Verknüpfungspunkt des nächsten Übertragungsnetzes auf die technisch und wirtschaftlich günstigste Art und Weise zu errichten und zu betreiben. [2]Inhaber einer Genehmigung zum Bau von Windenergieanlagen auf See im Küstenmeer nach dem Bundes-Immissionsschutzgesetz haben einen Anspruch auf Anbindung nach Satz 1 nur dann, wenn der auf der Fläche

§ 17d
Teil 3. Regulierung des Netzbetriebs

im Küstenmeer erzeugte Strom ausschließlich im Wege der sonstigen Direktvermarktung nach § 21a des Erneuerbare-Energien-Gesetzes veräußert wird und eine Sicherheit entsprechend § 21 des Windenergie-auf-See-Gesetzes bezogen auf die genehmigte Höhe der zu installierenden Leistung an die Bundesnetzagentur zur Sicherung von Ansprüchen des anbindungsverpflichteten Übertragungsnetzbetreibers nach Absatz 9 geleistet wurde. ³§ 31 Absatz 3 bis 5 des Erneuerbare-Energien-Gesetzes ist entsprechend anzuwenden. ⁴Absatz 2 Satz 3 ist entsprechend für Netzanbindungen nach Satz 1 anzuwenden. ⁵Die Anbindungsverpflichtung entfällt, wenn Vorgaben des Flächenentwicklungsplans entgegenstehen oder der anbindungsverpflichtete Übertragungsnetzbetreiber gegenüber der Bundesnetzagentur eine Stellungnahme nach Satz 4 und Absatz 2 Satz 5 abgibt. ⁶Eine Netzanbindung nach Satz 1 ist ab dem Zeitpunkt der Fertigstellung ein Teil des Energieversorgungsnetzes.

(7) ¹Nachdem die Bundesnetzagentur auf Antrag des Inhabers der Genehmigung bestätigt hat, dass der Nachweis über eine bestehende Finanzierung für die Errichtung von Windenergieanlagen auf See in dem Umfang der genehmigten Anlagen gegenüber der Bundesnetzagentur erbracht worden ist, beauftragt der anbindungsverpflichtete Übertragungsnetzbetreiber unverzüglich die Netzanbindung nach Absatz 6. ²Der anbindungsverpflichtete Übertragungsnetzbetreiber hat spätestens nach Auftragsvergabe den voraussichtlichen Fertigstellungstermin der Netzanbindung der Bundesnetzagentur bekannt zu machen und auf seiner Internetseite zu veröffentlichen. ³Der bekannt gemachte voraussichtliche Fertigstellungstermin kann nur mit Zustimmung der Regulierungsbehörde verschoben werden, dabei trifft die Regulierungsbehörde die Entscheidung nach pflichtgemäßem Ermessen und unter Berücksichtigung der Interessen der Beteiligten und der volkswirtschaftlichen Kosten. ⁴30 Monate vor Eintritt der voraussichtlichen Fertigstellung wird der bekannt gemachte Fertigstellungstermin verbindlich.

(8) ¹Nach Bekanntmachung des voraussichtlichen Fertigstellungstermins nach Absatz 7 Satz 4 hat der anbindungsverpflichtete Übertragungsnetzbetreiber mit dem Inhaber der Genehmigung zum Bau von Windenergieanlagen auf See im Küstenmeer nach dem Bundes-Immissionsschutzgesetz einen Realisierungsfahrplan abzustimmen, der die zeitliche Abfolge für die einzelnen Schritte zur Errichtung der Windenergieanlage auf See und zur Herstellung des Netzanschlusses einschließlich eines Anschlusstermins enthält. ²Der Inhaber der Genehmigung für die Errichtung der Windenergieanlagen auf See muss

1. spätestens sechs Monate vor dem verbindlichen Fertigstellungstermin gegenüber der Bundesnetzagentur den Nachweis erbringen, dass mit der Errichtung der Windenergieanlagen begonnen worden ist,
2. spätestens zum verbindlichen Fertigstellungstermin gegenüber der Bundesnetzagentur den Nachweis erbringen, dass die technische Betriebsbereitschaft mindestens einer Windenergieanlage auf See einschließlich der zugehörigen parkinternen Verkabelung hergestellt worden ist, und
3. innerhalb von sechs Monaten nach dem verbindlichen Fertigstellungstermin gegenüber der Bundesnetzagentur den Nachweis erbringen, dass die technische Betriebsbereitschaft der Windenergieanlagen auf

See insgesamt hergestellt worden ist; diese Anforderung ist erfüllt, wenn die installierte Leistung der betriebsbereiten Anlagen mindestens zu 95 Prozent der genehmigten installierten Leistung entspricht. ³Der anbindungsverpflichtete Übertragungsnetzbetreiber und der Betreiber der Windenergieanlage auf See haben sich regelmäßig über den Fortschritt bei der Errichtung der Windenergieanlage auf See und der Herstellung des Netzanschlusses zu unterrichten, dabei sind mögliche Verzögerungen oder Abweichungen vom Realisierungsfahrplan unverzüglich auch der Bundesnetzagentur mitzuteilen.

(9) ¹Der Inhaber der Genehmigung zum Bau von Windenergieanlagen auf See im Küstenmeer nach dem Bundes-Immissionsschutzgesetz muss an den anbindungsverpflichteten Übertragungsnetzbetreiber eine Pönale leisten, wenn er gegen die Fristen nach Absatz 8 Satz 2 verstößt. ²Die Höhe der Pönale entspricht
1. bei Verstößen gegen Absatz 8 Satz 2 Nummer 1 70 Prozent der nach Absatz 6 Satz 2 zu leistenden Sicherheit,
2. bei Verstößen gegen Absatz 8 Satz 2 Nummer 2 70 Prozent der verbleibenden Sicherheit und
3. bei Verstößen gegen Absatz 8 Satz 2 Nummer 3 dem Wert, der sich aus dem Betrag der verbleibenden Sicherheit multipliziert mit dem Quotienten aus der installierten Leistung der nicht betriebsbereiten Windenergieanlagen und der genehmigten zu installierenden Leistung ergibt.

³§ 88 des Windenergie-auf-See-Gesetzes ist entsprechend anzuwenden. ⁴Unbeschadet der Pönale nach Satz 1 entfällt der Anspruch nach Absatz 6 Satz 1 bei einem Verstoß gegen Absatz 8 Satz 2 Nummer 1. ⁵§ 59 Absatz 2a des Windenergie-auf-See-Gesetzes ist entsprechend anzuwenden.

(10) ¹Die Regulierungsbehörde kann durch Festlegung nach § 29 Absatz 1 nähere Bestimmungen treffen
1. zur Umsetzung des Netzentwicklungsplans und des Flächenentwicklungsplans gemäß § 5 des Windenergie-auf-See-Gesetzes, zu den erforderlichen Schritten, die die Betreiber von Übertragungsnetzen zur Erfüllung ihrer Pflichten nach Absatz 1 zu unternehmen haben, und zu deren zeitlicher Abfolge; dies schließt Festlegungen zur Ausschreibung und Vergabe von Anbindungsleitungen, zur Vereinbarung von Realisierungsfahrplänen nach Absatz 2 Satz 4, zur Information der Betreiber der anzubindenden Windenergieanlagen auf See und zu einem Umsetzungszeitplan ein, und
2. zum Verfahren zur Kapazitätsverlagerung nach Absatz 4 und im Fall der Unwirksamkeit des Zuschlags nach Absatz 5; dies schließt Festlegungen zur Art und Ausgestaltung der Verfahren sowie zu möglichen Sicherheitsleistungen oder Garantien ein.

²Festlegungen nach Nummer 2 erfolgen im Einvernehmen mit dem Bundesamt für Seeschifffahrt und Hydrographie.

(11) § 65 Absatz 2a ist entsprechend anzuwenden, wenn der anbindungsverpflichtete Übertragungsnetzbetreiber eine Leitung, die entsprechend den Vorgaben des Netzentwicklungsplans und des Flächenentwicklungsplans nach § 5 des Windenergie-auf-See-Gesetzes nach Absatz 1 errichtet werden muss, nicht entsprechend diesen Vorgaben errichtet.

Übersicht

	Rn.
A. Allgemeines	1
I. Inhalt	1
II. Zweck	2
B. Einzelerläuterungen	5
I. Ausbaupflicht (Abs. 1, 1a)	5
II. Temperaturbezogener Vorsorgewert zu Auswirkungen auf die Meeresumwelt (Abs. 1b)	6
III. Durchsetzungsbefugnis der BNetzA (Abs. 11)	7
IV. Koordination und Fertigstellungstermine (Abs. 2)	8
1. Voraussichtlicher Fertigstellungstermin	9
2. Zeitpunkt der Beauftragung der Anbindungsleitung (Abs. 2 S. 1–2)	11
3. Realisierungsfahrplan (Abs. 2 S. 4–5)	12
4. Informationspflichten zum Fortschritt (Abs. 2 S. 6)	14
5. Stellungnahme zur Verfügbarkeit landseitiger Maßnahmen (Abs. 2 S. 6 aF)	16
V. Clusterinterne Anbindung (Abs. 3)	17
VI. Kapazitätsverlagerung (Abs. 4)	18
1. Tatbestandliche Voraussetzungen der Kapazitätsverlagerung	18
2. Ermessen	20
3. Kapazitätsverlagerung bei Altanlagen	21
4. Verfahren und Rechtsschutz	22
VII. Wegfall der Anbindungskapazität (Abs. 5)	26
VIII. Netzanbindung von Windenergieanlagen auf See im Küstenmeer (Abs. 6–9)	29
1. Anbindungsanspruch (Abs. 6)	30
2. Beauftragung und Fertigstellungstermin (Abs. 7)	32
3. Koordinierung und Realisierungsfristen (Abs. 8)	33
4. Pönalen und Wegfall des Anbindungsanspruchs (Abs. 9)	34
IX. Festlegungen zur Erstellung und Umsetzung (Abs. 10)	35

Literatur: *Broemel,* Netzanbindung von Offshore-Windkraftanlagen, ZUR 2013, 408; *Burgi,* Die Offshore-Anbindungs- und Haftungsregelungen auf dem verfassungsrechtlichen Prüfstand, WiVerw 2014, 76; *Compes/Schneider,* Die Netzanbindung von Offshore-Windparks, IR 2011, 146; *Geber,* Die Netzanbindung von Offshore-Anlagen im europäischen Supergrid, 2014; *Hermes,* Das neue System der Energienetzplanung, EnWG 2013, 395; *Hermes,* Planungsrechtliche Sicherung einer Energiebedarfsplanung – ein Reformvorschlag, in Faßbender/Köck (Hrsg.), Versorgungssicherheit in der Energiewende, 2004, S. 71; *Hinsch,* Netzanbindung von Offshore-Windenergieanlagen, ZNER 2009, 333; *Hofmann,* Aktuelle Entwicklungen auf dem Stromerzeugungsmarkt im Jahr 2013, EnWG 2014, 51; *Kirch,* Die Netzanbindung von Windenergieanlagen auf See im Küstenmeer, IR 2021, 221; *Kirch/Huth,* Die Änderungen des Rechtsrahmens für die Offshore-Windenergie durch die Novellierung des WindSeeG, jurisPR-UmwR 3/2021 Anm. 1; *Legler,* Die Novelle des EnWG zum Offshore-Ausbau, EWeRK 2013, 5; *Ringel,* Die wirtschaftliche Zumutbarkeit im Energierecht, 2011; *Schneider,* Effizienzsichernde Zumutbarkeitsanforderungen an die Netzanbindung von Offshore-Anlagen gem. § 17 IIa EnWG, IR 2008, 338 und IR 2009, 2; *Schulz/Kupko,* Das neue Verfahren zur Zuweisung und zum Entzug von Offshore-Netzanschlusskapazitäten, EnWZ 2014, 457; *Schütte,* Planungsbeschleunigung und Erdkabelkompromiss, RdE 2007, 300; *Uwer/Meinzen-*

bach, Offshore-Windparkprojekte und Bestandsschutz, RdE 2015, 273; *Wetzer*, Die Netzanbindung von Windenergieanlagen auf See nach §§ 17 a ff. EnWG, 2015; *Wiederholt/Bode/Reuter*, Rückenwind für den Ausbau der Offshore-Windenergie?, NVwZ 2012, 1207; *Wustlich*, Das Recht der Windenergie im Wandel, Teil 2: Windenergie auf See, ZUR 2007, 122.

A. Allgemeines

I. Inhalt

Die Regelung in Abs. 1 enthält die grundlegende Verpflichtung des jeweils anbindungsverpflichteten Übertragungsnetzbetreibers zur **Errichtung** und zum **Betrieb der Anbindungsleitung**. Die im Oktober 2022 eingefügten Regelungen in den Abs. 1a und 1b konkretisieren die Anforderungen an die rechtzeitige Fertigstellung der Anbindungsleitung sowie an das zulässige Maß der Erwärmung von Sedimenten durch den Betrieb der Anbindungsleitungen, der parkinternen Seekabel und der grenzüberschreitenden Kabelsysteme. Abs. 2 enthält konkretisierende Regelungen vor allem zum zeitlichen Ablauf, zur Verbindlichkeit der Fertigstellungstermine sowie zur Koordinierung des Ausbaus von Anbindungsleitung und der Windenergieanlagen. Die Regelung in Abs. 3 beschränkt die dem Windparkbetreiber zugewiesene Anbindungskapazität im Grundsatz auf die fachplanerisch für den jeweiligen Cluster vorgesehene Anbindungsleitung. Die Regelung in Abs. 4 ermächtigt die BNetzA unter bestimmten Voraussetzungen zum Austausch der für ein bestimmtes Vorhaben vorgesehenen Anbindungskapazität (Kapazitätsverlagerung). Nach Abs. 5 ist die zugewiesene Anbindungskapazität jeweils an die Wirksamkeit eines Planfeststellungsbeschlusses, einer Plangenehmigung oder eines Zuschlags nach §§ 23, 34 WindSeeG für das jeweilige Vorhaben geknüpft. Die im Jahr 2021 neu eingeführte Regelung in Abs. 6 erstreckt die Anbindungspflicht des Übertragungsnetzbetreibers unter bestimmten Voraussetzungen auf **Windenergieanlagen auf See im Küstenmeer**. In Abs. 7 sind diesen Anbindungsanspruch konkretisierende Regelungen zum zeitlichen Ablauf und zur Verbindlichkeit des Fertigstellungstermins vorgesehen. Abs. 8 enthält Regelungen zur zeitlichen Koordinierung des Ausbaus der Windenergieanlage auf See im Küstenmeer und der für sie vorgesehenen Anbindungsleitung. Die Regelung in Abs. 9 belegt Verstöße gegen die zeitlichen Vorgaben an die Errichtung der Windenergieanlage auf See im Küstenmeer aus Abs. 8 mit Pönalen und sieht zudem bei bestimmten Verstößen den Wegfall des Anbindungsanspruchs vor. Abs. 10 enthält eine Ermächtigung der BNetzA zur Konkretisierung der Vorgaben an die Umsetzung der Fachplanung, der Kapazitätsverlagerung nach Abs. 4 sowie der Reallokation von Anbindungskapazität wegen Unwirksamkeit eines Zuschlags oder eines Planfeststellungsbeschlusses nach Abs. 5. Die Regelung in Abs. 11 verweist auf die Ermächtigung der BNetzA aus § 65 Abs. 2a, den Netzbetreiber zur Durchführung einer Investition aufzufordern und die Ausbaupflicht notfalls im Wege der Ausschreibung durchzusetzen.

II. Zweck

Die Regelungen in § 17d setzen einen **Rahmen für die Umsetzung der planerischen Vorgaben** für den Ausbau aus dem Offshore-Netzentwicklungsplan und dem nachfolgenden Flächenentwicklungsplan. Dadurch, dass der Flächenentwicklungsplan sowie die Zuweisung der Anbindungskapazität im zentralen Modell nach den Regelungen des WindSeeG erfolgen, bildet § 17 d zugleich die Schnittstelle dieser Regelungen zu der Errichtung und dem Betrieb der Anbindungsleitungen einschließlich einer Entschädigung für Verzögerungen und der Wälzung der Kosten unter den Netzbetreibern (vgl. die Verknüpfungen der Regelungsbereiche in §§ 5 Abs. 1 S. 2; 13; 14 Abs. 4; 24 Abs. 1 Nr. 3 und Abs. 2; 37 Abs. 1 Nr. 2 und Abs. 2; 55 Abs. 1 Nr. 2 und Abs. 3; 81 Abs. 1 WindSeeG). Die Umstellung des Anbindungsregimes auf ein **zentrales Ausschreibungsmodell** (→ Vor §§ 17 a ff. Rn. 2) machte dadurch Anpassungen und Änderungen der Umsetzungsregelung in § 17 d erforderlich (BT-Drs. 18/8860). Die Regelungen zur Verteilung und Zuweisung von Anbindungskapazität in Abs. 3 und 4 aF konnten wegen der Zuweisung über die zentrale Ausschreibung entfallen. Stattdessen sind unter anderem Regelungen zur Verzahnung mit den zeitlichen Vorgaben aus dem WindSeeG (Abs. 2 S. 5) und Ausnahmen vom Grundsatz der clusterbezogenen Anbindung (Abs. 3 S. 2) ergänzt worden. Die im Jahr 2020 neu eingeführte Regelung in Abs. 2 S. 6 aF zur Mitteilung im Fall einer unzureichenden landseitigen Anbindung nach § 12b Abs. 2 S. 1 EnWG ist im Zuge der Novellierung des WindSeeG 2022 wieder weggefallen. Zudem sollen die Offshore-Anbindungsleitungen zur Beschleunigung und Vereinheitlichung künftig nicht erst nach der Voruntersuchung, sondern generell bereits nach der Festlegung der Fläche im Flächenentwicklungsplan beauftragt werden (Abs. 2 S. 2).

3   Die Regelung zum **Ausgleich der Anbindungskosten** unter den Übertragungsnetzbetreibern nach Abs. 6 aF ist durch das Netzentgeltmodernisierungsgesetz (Ges. v. 17.7.2017, BGBl. 2017 I S. 2503) zu Beginn des Jahres 2019 entfallen, da die Anbindungskosten in den Belastungsausgleich nach § 17 f (→ § 17 f Rn. 4) überführt worden sind (BT-Drs. 18/12999, 18).

4   Über die Verzahnung mit den Regelungen des WindSeeG hinaus verfolgt § 17 d auch den Zweck, die Anbindung von **Windenergieanlagen auf See im Küstenmeer** zu gewährleisten (BT-Drs. 19/31009, 15). Die im Jahr 2021 neu eingeführten Abs. 6–9 sehen ein den Regelungen für Offshore-Windenergieanlagen nachempfundenes Regime zur Anbindung von Windenergieanlagen auf See im Küstenmeer vor. Es enthält sowohl einen Anbindungsanspruch der Genehmigungsinhaber als auch Regelungen zur Verbindlichkeit der Fertigstellungstermine, zur Koordination des Ausbaus einschließlich von Pönalen.

B. Einzelerläuterungen

I. Ausbaupflicht (Abs. 1, 1a)

5   Abs. 1 S. 1 definiert den anbindungsverpflichteten Übertragungsnetzbetreiber unter Hinweis auf den Bereich der Regelzone, knüpft also an die Verantwortlichkeit eines Übertragungsnetzbetreibers im Rahmen der Union für die Koordinierung des Transports elektrischer Energie (UCTE) für die Primärregelung, Sekundärregelung und für die Minutenreserve nach der Begriffsbestimmung in § 3 Nr. 30 an. Die Anbindungspflicht umfasst die **Errichtung und den Betrieb der Anbindungsleitung.** S. 2 konkretisiert die Ausbaupflicht dahin gehend, dass der Übertragungsnetzbetreiber die Anbindungsleitung nicht nur fertigzustellen, sondern die Umsetzung nach den Vorgaben des Netzentwicklungsplans und des Flächenentwicklungsplans nach § 5 WindSeeG sowie nach den vorhergehenden Vorgaben des Offshore-Netzentwicklungsplans zu beginnen und zügig voranzutreiben

hat. Die im Oktober 2022 eingefügten Regelungen aus Abs. 1 a bekräftigen diese Ausbauverpflichtung und sollen punktuell bestimmte Ursachen von Verzögerungen ausschließen. Mit der Pflicht aus Abs. 1 a S. 1, alle zur rechtzeitigen Fertigstellung erforderlichen Maßnahmen zu ergreifen, betont der Gesetzgeber die Relevanz der rechtzeitigen Verfügbarkeit der Anbindung (Begr. RegE, BT-Drs. 20/3497, 36, auch unter Hinweis auf § 1 Abs. 3 WindSeeG idF ab 1.1.2023). Nach der Gesetzesbegründung bezieht sich die Pflicht aus Abs. 1 a S. 1 umfassend auf Maßnahmen durch **alle Akteure** und auf **allen Ebenen** (Begr. RegE, BT-Drs. 20/3497, 37). Auch wenn sich die Anbindungspflicht aus Abs. 1 an den anbindungsverpflichteten Übertragungsnetzbetreiber richtet, adressiert die Gesetzesbegründung auch etwaige Hemmnisse im Verwaltungsvollzug (Begr. RegE, BT-Drs. 20/3497, 36). Dabei zielt die Neuregelung darauf, bestimmte Ursachen potenzieller Verzögerungen ausdrücklich auszuschließen. Nach Abs. 1 a S. 2 können ua mehrere Offshore-Anbindungsleitungen in einem Trassenkorridor pro Jahr errichtet werden. Ist eine solche **parallele Errichtung** zur rechtzeitigen Fertigstellung erforderlich, verdichtet sich die Möglichkeit nach Abs. 1 a S. 1 zur Pflicht (vgl. Begr. RegE, BT-Drs. 20/3497, 37). Die in Abs. 1 a S. 3 vorgesehene Möglichkeit, **alle technisch geeigneten Verfahren** zu verwenden, begründet ebenfalls eine Pflicht, unter den technisch geeigneten Verfahren die schneller verfügbaren Verfahren auszuwählen, wenn andernfalls die Fertigstellung nicht rechtzeitig erfolgt oder noch weiter verzögert wird (Begr. RegE, BT-Drs. 20/3497, 37). Nach der Gesetzesbegründung soll über den Maßstab der Erforderlichkeit hinaus eine Pflicht zur Wahl verschiedener Verfahren bereits dann bestehen, wenn dadurch die rechtzeitige Verlegung erleichtert wird (Begr. RegE, BT-Drs. 20/3497, 37). Zu den verschiedenen Verfahren zählt insbesondere der Einsatz unterschiedlicher technischer Geräte wie Spülschwerter, Bagger oder Fräsen (Begr. RegE, BT-Drs. 20/3497, 37). Nicht zu den technisch geeigneten Verfahren zählen soll allerdings nach einer Protokollerklärung einer der Regierungsfraktionen die Querung von Inseln in offener Bauweise (Beschlussempfehlung und Bericht des Ausschusses für Klimaschutz und Energie, BT-Drs. 20/3743, 19). Schließlich ist in Abs. 1 S. 4 vorgesehen, dass im Küstenmeer zumindest in den Jahren 2024 bis 2030 die Errichtung **während des gesamten Jahres** erfolgen soll, sofern die Errichtung in dem Zeitraum von Anfang April bis Ende Oktober mit dem Küstenschutz vereinbar ist. Mit der Zuordnung der fertiggestellten Anbindungsleitung zum Energieversorgungsnetz durch Abs. 1 S. 3 finden die §§ 20 ff. Anwendung (Beschlussempfehlung des Ausschusses für Verkehr, Bau und Stadtentwicklung zum Entwurf eines Gesetzes zur Vereinfachung und Beschleunigung von Zulassungsverfahren für Verkehrsprojekte, BT-Drs. 16/3158, 44).

II. Temperaturbezogener Vorsorgewert zu Auswirkungen auf die Meeresumwelt (Abs. 1 b)

Die ebenfalls im Oktober 2022 neu eingefügte Regelung in Abs. 1 b S. 1 legt 6 einen **naturschutzfachlichen Vorsorgewert** für den Regelfall gesetzlich fest. Dieser Vorsorgewert einer Sedimenterwärmung von 2 Kelvin im Abstand von 20 oder 30 Zentimetern zur Meeresbodenoberfläche bezieht sich inhaltlich auf Offshore-Anbindungsleitungen, auf die parkinterne Verkabelung sowie auf grenzüberschreitende Kabelsysteme (Abs. 1 b S. 4). Zeitlich bezieht er sich sowohl auf die bereits in Betrieb befindlichen als auch auf die neu zu errichtenden Leitungen (Abs. 1 b S. 3). Der Gesetzgeber ist dabei davon ausgegangen, dass die festgelegten Werte in der Sache naturschutzfachlich etabliert sind (Begr. RegE, BT-Drs.

20/3497, 37). Über den Wortlaut des Abs. 1 b S. 1 hinaus soll die Festlegung sowohl für den **Betrieb** als auch für die **Herstellung und Verlegung** des Kabels gelten (Begr. RegE, BT-Drs. 20/3497, 37). In Abs. 1 b S. 2 sind **Ausnahmen** wegen zeitlicher und räumlicher Geringfügigkeit vorgesehen. Überschreitungen des Vorsorgewerts an bis zu zehn Tagen pro Jahr lassen nach Einschätzung des Gesetzgebers keine abträglichen Auswirkungen auf die Meeresumwelt erwarten (Begr. RegE, BT-Drs. 20/3497, 37). Bei stärkeren Erwärmungen, die auch auf längeren Leitungen weniger als einen Kilometer Länge der Offshore-Anbindungsleitung betreffen, stünde die Einhaltung des Vorsorgewerts aus Sicht des Gesetzgebers in keinem angemessenen Verhältnis zu dem damit verbundenen Aufwand und der Reduktion der Anbindungskapazität (Begr. RegE, BT-Drs. 20/3497, 37). Greifen die Ausnahmen aus Abs. 1 b S. 2 nicht, bleibt es bei der Regelvorgabe aus Abs. 1 b S. 1, von der nach dem Wortlaut in atypischen **Sonderfällen weitere Ausnahmen** möglich sind.

III. Durchsetzungsbefugnis der BNetzA (Abs. 11)

7   Abs. 11 verweist auf die Befugnisse der BNetzA aus § 65 Abs. 2a, mit denen die Vorgaben aus Art. 51 Abs. 7 Elt-RL 19; zuvor Art. 22 Abs. 7 Elt-RL 09) umgesetzt werden. Dabei verschärft Abs. 11 die Durchsetzungsbefugnis gegenüber den Voraussetzungen aus § 65 Abs. 2a. Während dieser auf Investitionen, die innerhalb von drei Jahren nach Verbindlichkeit durchgeführt werden müssen, beschränkt ist, sanktioniert Abs. 11 grundsätzlich **jede Abweichung von den Vorgaben des Netzentwicklungsplans und des Flächenentwicklungsplans** bei der Errichtung einer Anbindungsleitung, sofern die Abweichung nicht aus zwingenden, vom Übertragungsnetzbetreiber nicht zu beeinflussenden Gründen erfolgt (Begr. RegE, BT-Drs. 17/100754, 25 f.). Mit dieser Verschärfung sichert die Durchsetzungsbefugnis die gegenüber den Netzentwicklungsplänen nach §§ 12 c, 15 a detaillierteren Festlegungen zu Umsetzungsbeginn und Fertigstellungszeitpunkten (→ § 17 b Rn. 2) ab. Dabei kann in den Vergabebedingungen sichergestellt werden, dass der Auftragnehmer die Pflichten des Übertragungsnetzbetreibers aus den §§ 17 d ff. übernimmt. Daneben kann die BNetzA zur Durchsetzung Maßnahmen nach § 65 Abs. 2 treffen (zu den Handlungsoptionen der BNetzA eingehend *Wetzer* Netzanbindung von Windenergieanlagen S. 144 ff.).

IV. Koordination und Fertigstellungstermine (Abs. 2)

8   Zur Gewährleistung einer rechtzeitigen Fertigstellung der Anbindung dienen in erster Linie die Vorgaben zur Veröffentlichung eines Fertigstellungszeitpunkts und seiner Verbindlichkeit sowie die Vorgaben an den Zeitpunkt der Beauftragung von Drittunternehmen mit der Errichtung der Anbindungsleitung. Die Regelung zum **Zeitpunkt der Beauftragungen** ist im Zuge der Umstellung auf das zentrale Anbindungsmodell ergänzt und zuletzt im Jahr 2022 modifiziert worden, um Verzögerungen zu vermeiden und um einen einheitlichen, von dem Ausschreibungsdesign unabhängigen Beauftragungszeitpunkt festzulegen. Daneben gibt die Regelung in Abs. 2 dem Übertragungsnetzbetreiber und dem Windparkbetreiber auf, den jeweiligen Ausbau zeitlich zu koordinieren und sich laufend über den Fortschritt zu informieren.

9   **1. Voraussichtlicher Fertigstellungstermin. a) Veröffentlichung (Abs. 2 S. 3).** Der Übertragungsnetzbetreiber ist nach Abs. 2 S. 3 spätestens nach Auftrags-

Umsetzung der Netzentwicklungspläne u. des Flächenentwicklungsplans § 17 d

vergabe, also nach Zuschlag der ausgeschriebenen Anbindungsleitung, zur Bekanntgabe des **voraussichtlichen Fertigstellungstermins** gegenüber der BNetzA sowie auf seiner Internetseite verpflichtet. Durch den Zuschlag ist der Übertragungsnetzbetreiber spätestens zu diesem Zeitpunkt zur Einschätzung eines Fertigstellungstermins in der Lage (Begr. RegE, BT-Drs. 17/10754, 25). § 18 Abs. 2 S. 1 Nr. 1 WindSeeG aF sah daran anschließend eine Koordination des Feststellungszeitpunkts mit der Ausschreibung nach § 19 WindSeeG vor: Wurde der voraussichtliche Fertigstellungstermin für die Anbindungsleitung nicht bis zur Bekanntmachung der Ausschreibung nach § 19 WindSeeG in dem jeweiligen Kalenderjahr bekannt gemacht, in dem die anzubindende Fläche nach dem Flächenentwicklungsplan zur Ausschreibung kommen sollte, musste die BNetzA nach § 18 Abs. 2 S. 1 Nr. 1 WindSeeG aF das Ausschreibungsvolumen verringern oder seine Verteilung verändern. Diese Regelung wurde jedoch im Zuge des WindSeeG 2022 gestrichen und auch für das neue Ausschreibungsmodell nach den §§ 16 ff. und §§ 50 ff. WindSeeG ist eine entsprechende Verzahnung von Fertigstellungszeitpunkt und Ausschreibung nicht mehr vorgesehen.

b) Änderungen des voraussichtlichen Fertigstellungstermins (Abs. 2 S. 7). Obwohl der Gesetzgeber den nach Abs. 2 S. 3 bekannt gegebenen Termin als „erste Einschätzung des voraussichtlichen Fertigstellungstermins" (Begr. RegE, BT-Drs. 17/10754, 25) einordnet, sind **Änderungen** dieses Termins nur mit Zustimmung der BNetzA im Benehmen mit dem BSH möglich. In dieser **Ermessensentscheidung** berücksichtigt die BNetzA neben den Interessen der Beteiligten und den volkswirtschaftlichen Kosten nach § 17 d Abs. 2 S. 7 Hs. 2 insbesondere den bisherigen Verlauf der Abstimmung zwischen den Beteiligten sowie die Frage, inwieweit die Verzögerung von den anbindungsverpflichteten Übertragungsnetzbetreibern oder einem von ihm beauftragten Unternehmen sowie dessen Subunternehmen zu vertreten ist. Regelmäßig wiederkehrende Ursachen einer Verzögerung sind in der Regel in dem Zeitraum bis zum ursprünglichen Fertigstellungstermins bereits berücksichtigt (NK-EnWG/*Schink* § 17 d Rn. 35). Änderungen in der Planung des Windanlagenbetreibers wie insbesondere Inhaberwechsel der öffentlich-rechtlichen Zulassung für die Windenergieanlage auf See bilden regelmäßig keinen Grund für eine Verschiebung des Fertigstellungstermins (zu entsprechenden Anfragen nach § 17 d Abs. 2 S. 4 EnWG aF, um einem Entzug von Anbindungskapazität vorzubeugen BNetzA, BK6-13-001, S. 7, S. 40). Der Zeitpunkt, ab dem der Fertigstellungstermin verbindlich wird, ist im Zuge des WindSeeG 2022 um sechs Monate auf 36 Monate vor voraussichtlicher Fertigstellung vorverlegt worden, Abs. 2 S. 8. Je dichter der voraussichtliche Fertigstellungstermin bereits an diese 36-Monats-Grenze gelangt ist, desto schwerer wiegt regelmäßig das Interesse an der Beibehaltung des ursprünglichen Termins.

2. Zeitpunkt der Beauftragung der Anbindungsleitung (Abs. 2 S. 1–2). Ein zentraler Faktor für die rechtzeitige Fertigstellung der Anbindungsleitung ist die rechtzeitige Beauftragung eines Dritten mit der Errichtung (so auch die Einschätzung in BT-Drs. 19/31009, 15). Die Regelung in Abs. 2 S. 1 verpflichtet den Übertragungsnetzbetreiber deshalb, die Beauftragung zu einem Zeitpunkt vorzunehmen, der eine auf das Quartal bezogene, rechtzeitige Fertigstellung gewährleistet. Der im Jahr 2022 neu gefasste S. 2 fordert dafür die Beauftragung, „sobald die anzubindende Fläche **im Flächenentwicklungsplan festgelegt** ist". Nach der bisherigen Regelung in Abs. 2 S. 2 war vor der Beauftragung zunächst abzuwarten, ob sich die betreffende Fläche in der Voruntersuchung nach § 12 WindSeeG als geeignet erwies. Eine Beauftragung vor der Feststellung der Eignung stufte der Gesetzgeber zunächst als nicht sinnvoll ein (BT-Drs. 18/8860, 336). Nach Sinn und Zweck sollte es dabei für die Beauftragung genügen, wenn sich bei der Voruntersuchung irgendeine über die Anbindungsleitung zur Anbindung vorgesehene Fläche als geeignet erwies (BT-Drs. 18/8860, 336). Klarstellend sah Abs. 2 S. 3 aF für diesen Fall die Beauftragung unverzüglich nach der Eignungsfeststellung vor. Zur Vermeidung von Verzögerungen wurde im Jahr 2021 in Abs. 2 S. 3 und 4 die Möglichkeit zur Beauftragung der Anbindungsleitung bereits nach der Bekanntmachung des Verfahrens zur Voruntersuchung vorgesehen, wenn die Fläche im Flächenentwicklungsplan festgelegt war und anderenfalls die Einhaltung der Fertigstellungstermine nicht gewährleistet wäre. Die nunmehr geltende Regelung zieht den Zeitpunkt der Beauftragung generell auf diesen Zeitpunkt der Festlegung im Flächennutzungsplan vor und sieht dadurch zugleich einen einheitlichen Beauftragungszeitpunkt unabhängig davon vor, ob die Ausschreibung nach §§ 16 ff. WindSeeG oder nach §§ 50 ff. WindSeeG erfolgt (vgl. BT-Drs. 20/1634, 112). Ausweislich der Begründung im Bericht des Ausschusses für Wirtschaft und Energie, auf dessen Beschlussempfehlung (BT-Drs. 19/30889, 11) die Änderung der ehemaligen S. 3 und 4 zurückgingen, werden die **Kosten** für die Beauftragung der Offshore-Anbindungsleitung auch bei einer Beauftragung vor Abschluss der Voruntersuchung im Belastungsausgleich nach § 17 f berücksichtigt (BT-Drs. 19/31009, 15). Demnach soll der Übertragungsnetzbetreiber das Kostenrisiko, dass sich die betreffende Fläche nach der Beauftragung der Anbindungsleitung als nicht geeignet herausstellt, nicht tragen.

12 **3. Realisierungsfahrplan (Abs. 2 S. 4–5).** Zur Gewährleistung der Koordination zwischen Windkraftanlagen- und Übertragungsnetzbetreiber sehen Abs. 2 S. 4 und 5 die Vereinbarung und laufende Überwachung eines **Realisierungsfahrplans** vor. Im Gegensatz zum Realisierungsfahrplan nach § 4 Abs. 5 S. 1 KraftNAV und dem Positionspapier der BNetzA zur Umsetzung der Anbindungspflicht nach § 17 Abs. 2a EnWG aF (BNetzA, Positionspapier zur Netzanbindungsverpflichtung gem. § 17 Abs. 2a EnWG, Oktober 2009, S. 9) sind für den Realisierungsfahrplan nach Abs. 2 S. 4 keine finanziellen Konsequenzen im Fall der Nichteinhaltung vorgesehen. Sanktionierende **Folgen von Verzögerungen** ergeben sich vielmehr zum einen aus der Entschädigungspflicht einschließlich der Bedingungen der Kostenwälzung nach §§ 17 e, 17 f (→ § 17 e Rn. 38 ff.; → § 17 f Rn. 7 ff.). Die Entschädigungspflicht knüpft allerdings an den verbindlichen Fertigstellungstermin an. Zum anderen sind die Meilensteine der Realisierungsfristen nach § 81 Abs. 2 WindSeeG nach § 82 WindSeeG sanktionsbewehrt. Diese Realisierungsfristen sowie die Festlegungen aus dem Flächenentwicklungsplan zum Quartal der Inbetriebnahme sind nach Abs. 2 S. 5 bei der Aufstellung des Realisierungsfahrplans zu berücksichtigen. So kann der Flächenentwicklungsplan nach § 5 Abs. 1 S. 2 WindSeeG wesentliche Zwischenschritte für den Realisierungsfahrplan vorgeben. Dem Realisierungsfahrplan nach Abs. 2 S. 4 und 5 kommt daher vor allem die Funktion zu, den **Realisierungsfortschritt transparent** zu machen und eine frühzeitige, verlässliche Abstimmung insbesondere bei Verzögerungen zu ermöglichen (Beschlussempfehlung Ausschuss für Wirtschaft und Technologie, BT-Drs. 17/11705, 28).

13 Obwohl Abs. 2 S. 4 die Abstimmung eines Realisierungsfahrplans dem Wortlaut nach nur einmalig zu Beginn der Planung vorsieht, liegt sein Sinn und Zweck insbesondere in der laufenden, gemeinsamen **Anpassung** des Fahrplans bei etwaigen Verzögerungen (Beschlussempfehlung Ausschuss für Wirtschaft und Technologie,

BT-Drs. 17/11705, 28). Eine solche einvernehmliche Abstimmung bei Verzögerungen im Rahmen des Realisierungsfahrplans wirkt sich zugleich in der Ermessensausübung durch die BNetzA bei der Entscheidung über die Änderung des Fertigstellungstermins aus (→ Rn. 11).

4. Informationspflichten zum Fortschritt (Abs. 2 S. 6).
Zur Gewährleistung der laufenden Abstimmung verpflichtet Abs. 2 S. 6 die Beteiligten zum einen zu regelmäßiger, mindestens halbjährlicher (Beschlussempfehlung Ausschuss für Wirtschaft und Technologie, BT-Drs. 17/11705, 28) Information über den **Realisierungsfortschritt** und zum anderen zur unverzüglichen, also ohne schuldhaftes Zögern (§ 121 Abs. 1 S. 1 BGB) erfolgenden Mitteilung über mögliche **Verzögerungen** oder **Abweichungen.** Nach dem Wortlaut („mögliche") und dem Sinn und Zweck, eine frühzeitige Abstimmung der Planung zu gewährleisten, setzt die Mitteilungspflicht bereits dann ein, wenn **konkrete Anhaltspunkte** für das Risiko von Verzögerungen auftreten.

14

Obwohl § 17e Abs. 2 Entschädigungen für Windkraftanlagenbetreiber vorrangig und grundsätzlich abschließend regelt und der Gesetzgeber den Realisierungsfahrplan aus Abs. 2 S. 4 als unverbindliche Vereinbarung konzipiert hat (Beschlussempfehlung Ausschuss für Wirtschaft und Technologie, BT-Drs. 17/11705, 28), sind auf das negative Interesse gerichtete **Schadensersatzansprüche** sowohl des Windkraftanlagenbetreibers als auch des Übertragungsnetzbetreibers **wegen Verletzung der Informationspflicht** aus Abs. 2 S. 6 im Einzelfall nicht ausgeschlossen. Abs. 2 S. 6 verpflichtet die am Realisierungsfahrplan Beteiligten zur unverzüglichen Mitteilung über mögliche Verzögerungen oder Abweichungen vom Plan, um den jeweils anderen Beteiligten vor Investitionsrisiken durch mangelnde Abstimmung zwischen den komplementären Investitionen zu schützen. Schuldhafte Verletzungen dieser Informationspflicht können zu Schadensersatzansprüchen nach § 32 Abs. 3 sowie aus § 280 Abs. 1 BGB führen, die auf das negative Interesse, also Ersatz des durch die Verzögerung der Mitteilung kausal und zurechenbar entstandenen Schadens, gerichtet sind. Dass es sich bei dem zugrunde liegenden Realisierungsfahrplan um eine unverbindliche Vereinbarung handelt, steht der Haftung auf das negative Interesse wegen der Verletzung gesetzlicher Mitteilungspflichten nicht entgegen. Auch sind diese bei der Abstimmung der Errichtung entstandenen Vertrauensschäden nicht durch die Haftung für das positive Interesse bei Verzögerungen in § 17e Abs. 2 abgedeckt, zumal § 17e lediglich Ansprüche des Windkraftanlagenbetreibers normiert.

15

5. Stellungnahme zur Verfügbarkeit landseitiger Maßnahmen (Abs. 2 S. 6 aF).
Mit dem Gesetz zur Änderung des WindSeeG im Jahr 2020 war zu den Informationspflichten noch eine **Pflicht** des Übertragungsnetzbetreibers hinzugekommen, die Regulierungsbehörde bis zum Zeitpunkt der Bekanntmachung einer Ausschreibung **zu informieren,** wenn die Anbindungskapazität erforderliche landseitige Anbindung zum voraussichtlichen Fertigstellungszeitpunkt der Offshore-Anbindungsleitung in wesentlichen Teilen nicht verfügbar sein würde. Die Stellungnahme des Übertragungsnetzbetreibers sollte die Informationsgrundlage der BNetzA zur Planung der Ausschreibungen nach dem WindSeeG verbessern (BT-Drs. 19/20429, 58). Gab der Netzbetreiber eine Stellungnahme mit dem Hinweis auf eine unzureichende landseitige Anbindung ab, musste die BNetzA nach § 18 Abs. 2 S. 1 Nr. 2 WindSeeG das Ausschreibungsvolumen verringern oder die Verteilung des Ausschreibungsvolumens auf die Flächen zu einem Gebotstermin ändern. Diese Regelung ist durch das WindSeeG 2022 wieder entfallen. Auch

16

für Ausschreibungen ab 2023 nach den §§ 16 ff. und §§ 50 ff. WindSeeG wurde die Regelung des § 18 Abs. 2 WindSeeG nicht übertragen.

V. Clusterinterne Anbindung (Abs. 3)

17 Die Regelung in Abs. 3 nimmt in S. 1 den **Grundsatz der clusterinternen Anbindung** auf und stellt in S. 2 Anforderungen für die Ausnahme einer clusterübergreifenden Anbindung auf. Voraussetzung einer clusterübergreifenden Anbindung ist zum einen eine ausdrückliche entsprechende Festlegung im Bundesfachplan Offshore und im Offshore-Netzentwicklungsplan. Diese Voraussetzung wird durch die in § 17b Abs. 3 vorgesehene Pflicht der Übertragungsnetzbetreiber flankiert, entsprechende Festlegungen zum möglichen Umfang einer clusterübergreifenden Anbindung zu treffen (→ § 17b Rn. 17). Zum anderen setzt die clusterübergreifende Anbindung die Erforderlichkeit für eine geordnete und effiziente Nutzung sowie Auslastung der Anbindungsleitung voraus. Die Gesetzgebungsmaterialien nennen insoweit die Vermeidung von unnötigen Leerständen als Beispiel (BT-Drs. 18/8860, 337).

VI. Kapazitätsverlagerung (Abs. 4)

18 **1. Tatbestandliche Voraussetzungen der Kapazitätsverlagerung.** Ebenso wie die Möglichkeit einer clusterübergreifenden Anbindung (→ Rn. 16) dient auch die Ermächtigung der BNetzA zur Kapazitätsverlagerung, also **den Austausch bereits zugewiesener Anbindungskapazität** gegen Anbindungskapazität auf einer anderen Anbindungsleitung, in Abs. 4 dazu, im Ausnahmefall eine geordnete und effiziente Nutzung und Auslastung der Anbindungsleitung zu gewährleisten. Das kann unter anderem dann der Fall sein, wenn die Kapazitätsverlagerung die Errichtung eines Anbindungssystems für ein Vorhaben entbehrlich macht, für das eine unbedingte Netzanbindungszusage besteht (BNetzA, BK6-14-127, S. 8 ff.). Bei der Entscheidung, wie eine geordnete und effiziente Nutzung und Auslastung der Anbindungsleitung im Einzelfall am besten zu erreichen ist, sind sowohl die Ausbauziele sowie die raum- und fachplanerischen Festlegungen als auch die bereits erfolgten und absehbar bevorstehenden Investitionen zu berücksichtigen. Der BNetzA steht insoweit eine weitreichende, sowohl die Tatbestands- als auch die Rechtsfolgenseite umfassende **Einschätzungsprärogative** zu (OLG Düsseldorf Beschl. v. 15.2.2017 – VI-3 Kart 84/15 (V), Rn. 79 ff.). Dabei sind die unterschiedlichen Kostenpositionen, die in einem Szenario mit und ohne Kapazitätsverlagerung für die unterschiedlichen Beteiligten entstehen würden, vergleichend zu berücksichtigen. In zeitlicher Hinsicht ist entsprechend der Planungszeitraum, für den der Offshore-Netzentwicklungsplan verbindliche Festlegungen enthält, maßgeblich (OLG Düsseldorf Beschl. v. 15.2.2017 – VI-3 Kart 84/15 (V), Rn. 86 f.).

19 Die Kapazitätsverlagerung setzt im Gegensatz zur clusterübergreifenden Anbindung nach Abs. 3 S. 2 keine ausdrückliche Festlegung einer entsprechenden Möglichkeit im Bundesfachplan Offshore und im **Offshore-Netzentwicklungsplan** oder im **Flächenentwicklungsplan** voraus, darf den dortigen Festlegungen aber nicht widersprechen. Die Möglichkeit einer Kapazitätsverlagerung besteht nach Wortlaut sowie Sinn und Zweck der Regelung auch bei einem bereits errichteten und physikalisch angeschlossenen Windpark (OLG Düsseldorf Beschl. v.

Umsetzung der Netzentwicklungspläne u. des Flächenentwicklungsplans **§ 17 d**

15.2.2017 – VI-3 Kart 84/15 (V), Rn. 75 f.; BNetzA Beschl. v. 23.3.2015 – BK6-14-127, S. 7 f.).

2. Ermessen. Die Kapazitätsverlagerung steht im Ermessen der BNetzA. In der 20 Ermessensausübung sind neben den Auswirkungen auf die Kapazitätsauslastung der in Betracht kommenden Anbindungsleitungen unter anderem etwaige Auswirkungen auf die **Ausbauziele**, die **technischen** und **genehmigungsrechtlichen Rahmenbedingungen**, die **Umweltbelange**, eine etwaige Beeinträchtigung der **Sicherheit** und **Leichtigkeit des Schiffsverkehrs** sowie die **Belange der Betroffenen** zu berücksichtigen. Zum Schutz des von der Kapazitätsverlagerung betroffenen Windparkbetreibers vor Verzögerungen bei der Errichtung der alternativen Anbindung kann die Kapazitätsverlagerung an aufschiebende Bedingungen geknüpft oder mit begleitenden Regelungen von Kapazitätsengpässen verbunden werden (BNetzA Beschl. v. 23.3.2015 – BK6-14-127, S. 2, S. 25).

3. Kapazitätsverlagerung bei Altanlagen. Für Windenergieanlagen auf See, 21 die über **unbedingte Netzanbindungszusage** nach § 118 Abs. 12 oder eine Kapazitätszuweisung nach § 17 d Abs. 3 EnWG aF verfügen, ist nach der Übergangsregelung in § 118 Abs. 21 die vergleichbare Vorgängerregelung in § 17 d Abs. 5 EnWG aF anwendbar. Über den Wortlaut hinaus erfasst die Regelung zur Kapazitätsverlagerung nach § 17 d Abs. 5 EnWG aF nach Sinn und Zweck sowie Systematik auch bedingte Netzanbindungszusagen, deren Voraussetzungen für eine unbedingte Netzanbindungszusage bis zum 1.9.2012 nachgewiesen worden sind, § 118 Abs. 12.

4. Verfahren und Rechtsschutz. a) Beiladung. Die Einleitung des Ver- 22 fahrens ist nach § 74 S. 1 zu **veröffentlichen** (in diese Richtung, aber im Ergebnis offengelassen in OLG Düsseldorf Beschl. v. 26.10.2016 – VI-3 Kart 83/16 (V), Rn. 38). **Notwendig beizuladen** sind die von der Regelungswirkung des Beschlusses unmittelbar erfassten Betroffenen (OLG Düsseldorf Beschl. v. 26.10.2016 – VI-3 Kart 83/16 (V), juris Rn. 34). Eine einfache Beiladung kommt auch unterhalb der Schwelle schutzwürdiger rechtlicher Interessen bereits bei einem eigenen wirtschaftlichen Interesse des Dritten an der Anbindungsentscheidung, etwa durch deren spürbare negative ökonomische Folgen, in Betracht (OLG Düsseldorf Beschl. v. 18.2.2015 – VI-3 Kart 186/14 (V), juris Rn. 29 f.).

Bei der Ausübung des Ermessens zu einer einfachen Beiladung Drittbetroffener 23 ist neben Aspekten der Verfahrensökonomie zu berücksichtigen, inwieweit eine Kapazitätsverlagerung rechtlich geschützte oder erhebliche wirtschaftliche **Interessen der Drittbetroffenen** berührt; zudem kann berücksichtigt werden, inwieweit von der Beiladung ein **verfahrensfördernder Beitrag** zu erwarten ist (OLG Düsseldorf Beschl. v. 15.2.2017 – VI-3 Kart 84/15 (V), Rn. 36; OLG Düsseldorf Beschl. v. 26.10.2016 – VI-3 Kart 83/16 (V), Rn. 40 ff.). Erhebliche wirtschaftliche Nachteile, die mit der Kapazitätsverlagerung für den Dritten verbunden wären, können unter Berücksichtigung des Aspekts der Verfahrensökonomie zu einer **Ermessensreduktion** und damit zu einem Anspruch auf Beiladung führen (OLG Düsseldorf Beschl. v. 15.2.2017 – VI-3 Kart 84/15 (V), Rn. 42).

b) Rechtsschutz. Die auf den geordneten und effizienten Ausbau der Wind- 24 energie auf See zielende Ermächtigung vermittelt weder Windpark- noch Netzbetreibern ein **subjektives öffentliches Recht auf Kapazitätsverlagerung** (Begr. RegE, BT-Drs. 18/1304, 295). **Dritte** sind gegen einen Beschluss zur Kapazitätsverlagerung beschwerdebefugt, wenn ihnen als **Beteiligten** nach § 75 Abs. 2

die Beschwerde zusteht und sie zudem **materiell beschwert** sind, also durch die Entscheidung über die Kapazitätsverlagerung in ihren wirtschaftlichen Interessen unmittelbar und individuell betroffen sind (OLG Düsseldorf Beschl. v. 15.2.2017 – VI-3 Kart 84/15 (V), Rn. 64). Dritte, die an dem Verfahren der Kapazitätsverlagerung nicht formal beteiligt waren, sind darüber hinaus jedenfalls dann beschwerdebefugt, wenn die Entscheidung sie in ihren subjektiven Rechten verletzt (→ § 75 Rn. 4f., auch zu weiteren Ausdehnungen des Kreises Beschwerdebefugter in der Rechtsprechung).

25 Die **gerichtliche Kontrolldichte** im Beschwerdeverfahren ist durch die Einschätzungsprärogative reduziert, die der BNetzA bei der Frage zukommt, wie eine geordnete und effiziente Nutzung und Auslastung der Anbindungsleitung im konkreten Fall zu erreichen ist (→ Rn. 17). Der sich daraus auf Tatbestandsseite ergebende Beurteilungsspielraum wird nach den allgemeinen Grundsätzen der gerichtlichen Kontrolle nur auf die Einhaltung der Verfahrensbestimmung, das abstrakt zutreffende Verständnis der gesetzlichen Vorgaben, die vollständige und zutreffende Ermittlung des Sachverhalts sowie die Einhaltung allgemeiner Wertungsmaßstäbe wie insbesondere das Willkürverbot überprüft (OLG Düsseldorf Beschl. v. 15.2.2017 – VI-3 Kart 84/15 (V), Rn. 81f.). Hinsichtlich der Ausübung des Regulierungsermessens umfasst die gerichtliche Kontrolle entsprechend den allgemeinen Grundsätzen eine Überprüfung auf einen Abwägungsausfall, auf ein Abwägungsdefizit, auf eine Abwägungsfehleinschätzung sowie auf eine Abwägungsdisproportionalität (OLG Düsseldorf Beschl. v. 15.2.2017 – VI-3 Kart 84/15 (V), Rn. 81f.).

VII. Wegfall der Anbindungskapazität (Abs. 5)

26 Die Anbindungskapazität ist nach Abs. 5 S. 1 und 2 **akzessorisch** zur Wirksamkeit eines Planfeststellungsbeschlusses oder einer Plangenehmigung der anzubindenden Windenergieanlagen auf See sowie zur Wirksamkeit des Zuschlags nach den §§ 20, 21, 34 oder 54 WindSeeG. Der Wegfall der Anbindungskapazität erfolgt automatisch **kraft Gesetzes.**

27 Ein solches Ende der Wirksamkeit eines Planfeststellungsbeschlusses oder einer Plangenehmigung folgt zunächst aus deren **Befristung.** Nach § 69 Abs. 7 S. 1 WindSeeG werden Plangenehmigung und Planfeststellungbeschluss grundsätzlich für einen Zeitraum von 25 Jahren erteilt. In § 69 Abs. 7 S. 4 WindSeeG ist unter bestimmten Voraussetzungen die Möglichkeit einer einmaligen Verlängerung um bis zu zehn Jahre vorgesehen. Während §§ 24 Abs. 2 S. 1, 37 Abs. 2 S. 1 und 55 Abs. 1 Nr. 2 WindSeeG die rechtlichen Wirkungen des Zuschlags grundsätzlich auf den Förderzeitraum nach § 25 Abs. 1 S. 2 EEG, also bis zum Ende des zwanzigsten Kalenderjahres, begrenzen, bleiben der nach §§ 24 Abs. 1 Nr. 3, 37 Abs. 1 Nr. 2 und 55 Abs. 1 Nr. 2 WindSeeG aus dem Zuschlag folgende Anspruch auf Anschluss sowie die Anbindungskapazität wegen des Verweises auf § 69 Abs. 7 WindSeeG bis zum Ablauf der Plangenehmigung oder des Planfeststellungsbeschlusses bestehen (HK-Offshore-WindenergieR/*Lutz-Bachmann* WindSeeG § 24 Rn. 15).

28 Darüber hinaus führt die Überschreitung der **Realisierungsfristen** aus § 81 Abs. 2 Nr. 1, 2, 3 oder 5 WindSeeG nach § 82 Abs. 3 S. 1 und 2 WindSeeG zum vollständigen oder teilweisen Widerruf des Zuschlags. Diese Sanktionierung der auf bestimmte Meilensteine bezogenen Realisierungsfristen (→ Rn. 11) setzt dadurch in Verbindung mit dem automatischen Wegfall der Anbindungskapazität in ähnlicher Weise ein **Use-it-or-loose-it-Prinzip** um wie die frühere Regelung zur Neuverteilung bereits zugeteilter Anbindungskapazität in § 17d Abs. 6 S. 3 EnWG aF. Im Gegensatz zur früheren Regelung der Neuverteilung von Kapazität, bei der der Gesetzgeber Aspekte der Effizienz und Verhältnismäßigkeit jeweils im Einzelfall berücksichtigt wissen wollte (BT-Drs. 17/10754, 25), ist der Widerruf des Zuschlags in § 82 Abs. 3 S. 1 und 2 WindSeeG als gebundene Entscheidung ausgestaltet. Stattdessen ist in § 83 Abs. 1 WindSeeG eine Ausnahme vorgesehen, wenn die Verzögerung vom Windparkbetreiber und den von ihm beauftragten Personen nicht verschuldet ist und der Windparkbetreiber nach Wegfall des Hindernisses den Windpark mit überwiegender Wahrscheinlichkeit unverzüglich errichten kann. Zudem besteht für den Fall der Insolvenz des Anlagenherstellers in § 81 Abs. 2a S. 3 WindSeeG die Möglichkeit einer begrenzten Verlängerung der Realisierungsfrist (BT-Drs. 19/20429, 56).

VIII. Netzanbindung von Windenergieanlagen auf See im Küstenmeer (Abs. 6–9)

Windenergieanlangen auf See, die im **Küstenmeer** errichtet werden, fallen 29 nicht in den Anwendungsbereich der Zulassungsregelungen nach den §§ 65ff. WindSeeG. Ihre Zulassung ist nicht an einen Zuschlag in einem Ausschreibungsverfahren nach dem WindSeeG geknüpft, sondern richtet sich regelmäßig nach § 4 BImSchG. Gleichwohl hat der Gesetzgeber mit dem Gesetz zur Umsetzung unionsrechtlicher Vorgaben und zur Regelung reiner Wasserstoffnetze im Energiewirtschaftsrecht im Jahr 2021 in § 17d Abs. 6–9 einen Anbindungsanspruch des Genehmigungsinhabers gegen den Übertragungsnetzbetreiber eingeführt, der sich mit einigen Abweichungen an § 17d Abs. 1–2 EnWG, §§ 81, 82 WindSeeG orientiert.

1. Anbindungsanspruch (Abs. 6). Der Anbindungsanspruch setzt zunächst 30 voraus, dass eine **Genehmigung nach dem BImSchG** zur Errichtung der Windenergieanlagen auf See im Küstenmeer besteht. Dabei beschränkt sich der Anbindungsanspruch auf Windenergieanlagen, für die **keine EEG-Förderung** in Anspruch genommen wird; er setzt also nach Abs. 6 S. 2 voraus, dass der auf der Fläche im Küstenmeer erzeugte Strom ausschließlich im Wege der Direktvermarktung nach § 21a EEG veräußert wird. Zudem setzt der Anbindungsanspruch nach Abs. 6 S. 2 weiter voraus, dass der Inhaber der Genehmigung nach § 21 WindSeeG Sicherheit für Pönalen leistet, die nach Abs. 9 etwaig an den Übertragungsnetzbetreiber zu zahlen sind (→ Rn. 33). Hinsichtlich der Modalitäten der Sicherheit gelten die allgemeinen Regelungen aus § 31 Abs. 3–5 EEG nach Abs. 6 S. 3 entsprechend.

Der anbindungsverpflichtete Übertragungsnetzbetreiber ist entsprechend der 31 Regelung in Abs. 2 S. 6 aF zur Abgabe einer Stellungnahme gegenüber der BNetzA verpflichtet, wenn es zu dem voraussichtlichen Fertigstellungstermin an der **landseitigen Anbindung fehlt,** die für eine Anbindung von mindestens 70 Prozent der vom Anbindungsanspruch erfassten Anbindungskapazität erforderlich ist. Bei dem Verweis auf Abs. 2 S. 3 in Abs. 6 S. 4 handelt es sich um ein doppeltes redaktionelles Versehen. Ausweislich des Berichts des Ausschusses für Wirtschaft und Energie (BT-Drs. 19/31009, 15) war mit dem Verweis, der sich zunächst auf Abs. 2 S. 5 aF bezog, die Pflicht zur Abgabe einer Stellungnahme im Fall der fehlenden landseitigen Anbindung nach Abs. 2 S. 6 aF gemeint (*Kirch* IR

2021, 221 (222)). Durch diesen Wegfall des Anbindungsanspruchs bei unzureichender landseitiger Anbindung wollte der Gesetzgeber sicherstellen, dass der landseitige Abtransport des erzeugten Stroms möglich ist (ausdrücklich BT-Drs. 19/31009, 15). Zudem sind die Bekanntgabe und Veröffentlichung des voraussichtlichen Fertigstellungstermins in Abs. 7 S. 2 geregelt. Das zweite redaktionelle Versehen ist dadurch entstanden, dass im Zuge der Novellierung des WindSeeG die in Bezug genommene Regelung in Abs. 2 S. 6 aF zur Beschleunigung gestrichen worden ist (→ Rn. 2). Die Regelung in Abs. 6 S. 4 und 5 ist allerdings nicht entsprechend angepasst, sondern der fehlerhafte Verweis auf die Veröffentlichungspflicht aus Abs. 2 S. 3 fortgeführt worden. Durch einzelne redaktionelle Anpassungen in Abs. 6 und 7 hat der Gesetzgeber allerdings zum Ausdruck gebracht, dass es im Übrigen bei dem Regelungsgehalt des Abs. 6 S. 5 bleiben soll, wonach der **Anbindungsanspruch** für Windenergieanlagen auf See im Küstenmeer entfällt, wenn der anbindungsverpflichtete Übertragungsnetzbetreiber eine Stellungnahme über das Fehlen einer hinreichenden landseitigen Anbindung abgibt. Ebenso wie die Offshore-Anbindungsleitung (→ Rn. 5) wird die Netzanbindung von Windenergieanlagen auf See im Küstenmeer nach Abs. 6 S. 6 ab der Fertigstellung Teil des Energieversorgungsnetzes.

32   **2. Beauftragung und Fertigstellungstermin (Abs. 7).** Der Zeitpunkt zur Beauftragung der Anbindung knüpft nach Abs. 7 S. 1 an den **Finanzierungsnachweis** für den gesamten Umfang der genehmigten Anlage an. Dieser Zeitpunkt bietet nach Einschätzung des Gesetzgebers die hinreichende Wahrscheinlichkeit einer späteren Errichtung der Windenergieanlagen. Die Beauftragung darf also nicht vorher, muss aber unverzüglich nach Vorlage des Finanzierungsnachweises erfolgen (BT-Drs. 19/31009, 15f.). Der Finanzierungsnachweis muss hierfür nicht mehr den Anforderungen des § 81 Abs. 2 S. 1 Nr. 2 genügen. Diese Änderung soll ausweislich der Begründung des Ausschusses für Klimaschutz und Energie, auf den die Änderung zurückgeht, der schnelleren Beauftragung der Netzanbindung dienen (BT-Drs. 20/2657 S. 18). Der nach dieser Beauftragung gem. Abs. 7 S. 2 bekannt zu machende voraussichtliche Fertigstellungstermin kann entsprechend der Regelung in Abs. 2 S. 7 nur mit Zustimmung der BNetzA verschoben werden und ist 30 Monate vor Eintritt der voraussichtlichen Fertigstellung verbindlich (zur Ermessensausübung durch die BNetzA → Rn. 9). Nicht durchgesetzt hat sich der Vorschlag, die Beauftragung unverzüglich nach Festlegung in einem Raumordnungsplan iSd § 13 Abs. 1 S. 1 Nr. 1 ROG erfolgen zu lassen. Im Zuge der Vorverlegung des Beauftragungszeitpunktes bei Offshore-Anbindungen in Abs. 1 S. 2 auf den Zeitpunkt der Festlegung im Flächenentwicklungsplan hatte der Bundesrat im Gesetzgebungsverfahren eine solche Änderung auch für Anlagen im Küstenmeer angeregt (BT-Drs. 20/1973, 5f.). Die Bundesregierung hatte demgegenüber eine solche Anknüpfung der Beauftragung an die Festlegung in einem Raumordnungsplan unter Hinweis auf die dann fehlenden zeitlichen Festlegungen abgelehnt (BT-Drs. 20/1973, 12).

33   **3. Koordinierung und Realisierungsfristen (Abs. 8).** Parallel zur Regelung in Abs. 2 S. 4 werden Übertragungsnetzbetreiber und der Inhaber der Genehmigung nach Abs. 8 S. 1 zur Abstimmung eines **Realisierungsfahrplans** (→ Rn. 11) verpflichtet. Entsprechend der Regelung in Abs. 2 S. 6 haben sie sich zudem nach Abs. 8 S. 3 über den Fortschritt der jeweiligen Errichtung regelmäßig zu unterrichten und mögliche Verzögerungen sowie Abweichungen sich gegenseitig sowie der BNetzA unverzüglich mitzuteilen (→ Rn. 13f., auch zu den Folgen verzögerter In-

formation). Darüber hinaus sind in Abs. 8 S. 2 für die Errichtung des Windparks drei konkrete, der Regelung in § 81 Abs. 2 S. 1 Nr. 3–5 WindSeeG entnommene **Meilensteine mit Realisierungsfristen** vorgesehen.

4. Pönalen und Wegfall des Anbindungsanspruchs (Abs. 9). Ebenfalls analog zur Regelung in § 82 Abs. 1 und 2 WindSeeG ist ein Verstoß gegen die Realisierungsfristen nach Abs. 9 S. 1 und 2 mit einer an den Übertragungsnetzbetreiber zu zahlenden **Pönale** belegt. Ein Verstoß gegen die Frist, den Nachweis des Errichtungsbeginns nach Abs. 8 S. 2 Nr. 1 spätestens sechs Monate vor dem verbindlichen Fertigstellungstermin zu erbringen, führt neben der Pönale nach Abs. 9 S. 4 zum automatischen **Wegfall des Anbindungsanspruchs**. Der Sinn und Zweck der Regelung legt es nahe, die in § 83 Abs. 1 WindSeeG vorgesehene Ausnahme von der Pflicht zur Zahlung der Pönale und dem Verlust des Anbindungsanspruchs analog anzuwenden. Diese Ausnahme ist auf den engen Ausnahmefall einer Verzögerung zugeschnitten, die vom Vorhabenträger in keiner Weise zu vertreten und voraussichtlich nur vorübergehender Natur ist (→ Rn. 27). Die Ausnahme würde also das Risiko, dass zwar eine Netzanbindung, aber keine Windenergieanlage auf See errichtet wird, nicht erhöhen, sondern eher weiter minimieren, da ein Dritter nach dem Wegfall des Anbindungsanspruchs voraussichtlich für die Genehmigung und Errichtung noch mehr Zeit benötigen würde. Zwar sprechen die Verweise in Abs. 9 S. 3 auf § 88 WindSeeG sowie in Abs. 9 S. 5 auf § 81 Abs. 2a WindSeeG im Umkehrschluss gegen eine planwidrige Regelungslücke. So hat der Gesetzgeber die Insolvenz des Anlagenherstellers als Grund für eine Verschiebung des voraussichtlichen Fertigstellungszeitpunkts (→ Rn. 7 ff.) übernommen. Jedoch sollten die Regelungen zu Pönalen ausweislich des Berichts des Ausschusses für Wirtschaft und Energie an die Regelungen im WindSeeG angelehnt sein (BT-Drs., 19/31009, 16). Die besseren Gründe sprechen deshalb dafür, dass die erst aufgrund der Beschlussempfehlung des Ausschusses für Wirtschaft und Energie (BT-Drs. 19/30899, 12) in den Gesetzesentwurf aufgenommene Regelung die Regelungen der §§ 81–83 WindSeeG insoweit unabsichtlich unvollständig übernommen hat. Schließlich ist nach Abs. 9 S. 3 iVm § 88 WindSeeG eine nach Realisierung des Vorhabens oder nach Zahlung der Pönale nicht mehr benötigte Sicherheit unverzüglich zurückzugeben.

IX. Festlegungen zur Erstellung und Umsetzung (Abs. 10)

Die in Abs. 10 normierten **Festlegungsbefugnisse** der BNetzA betreffen Einzelheiten zur Umsetzung der Netzentwicklungspläne und Flächenentwicklungspläne sowie zu den Verfahren der Kapazitätsverlagerung (→ Rn. 17 ff.) und zur Mitteilung der Unwirksamkeit des Zuschlags (→ Rn. 25 f.). Der BNetzA steht nach dem Wortlaut des Abs. 10 S. 1 bei der Festlegung dieser Kriterien ein weitreichender Spielraum zu. Für Festlegungen zum Verfahren der Kapazitätsverlagerung und zur Mitteilung der Unwirksamkeit des Zuschlags ist nach Abs. 10 S. 2 das Einvernehmen mit dem BSH erforderlich.

§ 17e Entschädigung bei Störungen oder Verzögerung der Anbindung von Offshore-Anlagen

(1) ¹Ist die Einspeisung aus einer betriebsbereiten Windenergieanlage auf See länger als zehn aufeinander folgende Tage wegen einer Störung der Netzanbindung nicht möglich, so kann der Betreiber der Windenergieanlage auf See von dem nach § 17d Absatz 1 und 6 anbindungsverpflichteten Übertragungsnetzbetreiber ab dem elften Tag der Störung unabhängig davon, ob der anbindungsverpflichtete Übertragungsnetzbetreiber die Störung zu vertreten hat, für entstandene Vermögensschäden eine Entschädigung in Höhe von 90 Prozent des nach § 19 des Erneuerbare-Energien-Gesetzes im Fall der Direktvermarktung bestehenden Zahlungsanspruchs abzüglich 0,4 Cent pro Kilowattstunde verlangen. ²Bei der Ermittlung der Höhe der Entschädigung nach Satz 1 ist für jeden Tag der Störung, für den der Betreiber der Windenergieanlage auf See eine Entschädigung erhält, die durchschnittliche Einspeisung einer vergleichbaren Anlage in dem entsprechenden Zeitraum der Störung zugrunde zu legen. ³Soweit Störungen der Netzanbindung an mehr als 18 Tagen im Kalenderjahr auftreten, besteht der Anspruch abweichend von Satz 1 unmittelbar ab dem 19. Tag im Kalenderjahr, an dem die Einspeisung auf Grund der Störung der Netzanbindung nicht möglich ist. ⁴Soweit der anbindungsverpflichtete Übertragungsnetzbetreiber eine Störung der Netzanbindung vorsätzlich herbeigeführt hat, kann der Betreiber der Windenergieanlage auf See von dem anbindungsverpflichteten Übertragungsnetzbetreiber abweichend von Satz 1 ab dem ersten Tag der Störung die Erfüllung des vollständigen, nach § 19 des Erneuerbare-Energien-Gesetzes im Fall der Direktvermarktung bestehenden Zahlungsanspruchs abzüglich 0,4 Cent pro Kilowattstunde verlangen. ⁵Darüber hinaus ist eine Inanspruchnahme des anbindungsverpflichteten Übertragungsnetzbetreibers für Vermögensschäden auf Grund einer gestörten Netzanbindung ausgeschlossen. ⁶Der Anspruch nach Satz 1 entfällt, soweit der Betreiber der Windenergieanlage auf See die Störung zu vertreten hat.

(2) ¹Ist die Einspeisung aus einer betriebsbereiten Windenergieanlage auf See nicht möglich, weil die Netzanbindung nicht zu dem verbindlichen Fertigstellungstermin nach § 17d Absatz 2 Satz 8 und Absatz 7 Satz 4 fertiggestellt ist, so kann der Betreiber der Windenergieanlage auf See ab dem Zeitpunkt der Herstellung der Betriebsbereitschaft der Windenergieanlage auf See, frühestens jedoch ab dem 91. Tag nach dem verbindlichen Fertigstellungstermin, eine Entschädigung entsprechend Absatz 1 Satz 1 und 2 verlangen. ²Soweit der anbindungsverpflichtete Übertragungsnetzbetreiber die nicht rechtzeitige Fertigstellung der Netzanbindung vorsätzlich herbeigeführt hat, kann der Betreiber der Windenergieanlage auf See von dem anbindungsverpflichteten Übertragungsnetzbetreiber abweichend von Satz 1 ab dem ersten Tag nach dem verbindlichen Fertigstellungstermin die Erfüllung des vollständigen, nach § 19 des Erneuerbare-Energien-Gesetzes im Fall der Direktvermarktung bestehenden Zahlungsanspruchs abzüglich 0,4 Cent pro Kilowattstunde verlangen. ³Darüber hinaus ist eine Inanspruchnahme des anbindungsverpflichteten Übertragungsnetzbetrei-

bers für Vermögensschäden auf Grund einer nicht rechtzeitig fertiggestellten Netzanbindung ausgeschlossen. [4]Für den Anspruch auf Entschädigung nach diesem Absatz ist von einer Betriebsbereitschaft der Windenergieanlage auf See im Sinne von Satz 1 auch auszugehen, wenn das Fundament der Windenergieanlage auf See und die für die Windenergieanlage auf See vorgesehene Umspannanlage zur Umwandlung der durch eine Windenergieanlage auf See erzeugten Elektrizität auf eine höhere Spannungsebene errichtet sind und von der Herstellung der tatsächlichen Betriebsbereitschaft zur Schadensminderung abgesehen wurde. [5]Der Betreiber der Windenergieanlage auf See hat sämtliche Zahlungen nach Satz 1 zuzüglich Zinsen zurückzugewähren, soweit die Windenergieanlage auf See nicht innerhalb einer angemessenen, von der Regulierungsbehörde festzusetzenden Frist nach Fertigstellung der Netzanbindung die technische Betriebsbereitschaft tatsächlich hergestellt hat; die §§ 286, 288 und 289 Satz 1 des Bürgerlichen Gesetzbuchs sind entsprechend anwendbar. [6]Dem verbindlichen Fertigstellungstermin nach § 17d Absatz 2 Satz 8 steht der Fertigstellungstermin aus der unbedingten Netzanbindungszusage gleich, wenn die unbedingte Netzanbindungszusage dem Betreiber der Windenergieanlage auf See bis zum 29. August 2012 erteilt wurde oder dem Betreiber der Windenergieanlage auf See zunächst eine bedingte Netzanbindungszusage erteilt wurde und er bis zum 1. September 2012 die Kriterien für eine unbedingte Netzanbindungszusage nachgewiesen hat. [7]Erhält der Betreiber einer Windenergieanlage auf See erst ab einem Zeitpunkt nach dem verbindlichen Fertigstellungstermin einen Zuschlag nach § 23 oder § 34 des Windenergie-auf-See-Gesetzes, so ist dieser Absatz mit der Maßgabe anzuwenden, dass der Zeitpunkt, ab dem nach § 24 Absatz 1 Nummer 2 oder § 37 Absatz 1 Nummer 1 des Windenergie-auf-See-Gesetzes der Anspruch auf die Marktprämie nach § 19 des Erneuerbare-Energien-Gesetzes frühestens beginnt, dem verbindlichen Fertigstellungstermin gleichsteht. [8]Auf Zuschläge nach § 34 des Windenergie-auf-See-Gesetzes ist Satz 1 in der am 9. Dezember 2020 geltenden Fassung anzuwenden.

(3) [1]Ist die Einspeisung aus einer betriebsbereiten Windenergieanlage auf See an mehr als zehn Tagen im Kalenderjahr wegen betriebsbedingten Wartungsarbeiten an der Netzanbindung nicht möglich, so kann der Betreiber der Windenergieanlage auf See ab dem elften Tag im Kalenderjahr, an dem die Netzanbindung auf Grund der betriebsbedingten Wartungsarbeiten nicht verfügbar ist, eine Entschädigung entsprechend Absatz 1 Satz 1 in Anspruch nehmen. [2]Bei der Berechnung der Tage nach Satz 1 werden die vollen Stunden, in denen die Wartungsarbeiten vorgenommen werden, zusammengerechnet.

(3a) Die Absätze 1 bis 3 sind für Windenergieanlagen auf See, die in einer Ausschreibung nach Teil 3 des Windenergie-auf-See-Gesetzes bezuschlagt wurden, mit der Maßgabe anzuwenden, dass die Entschädigung 90 Prozent des nach dem Windenergie-auf-See-Gesetz jeweils einschlägigen anzulegenden Werts, mindestens aber 90 Prozent des Monatsmarktwerts im Sinne der Anlage 1 Nummer 2.2.3 des Erneuerbare-Energien-Gesetzes beträgt.

(4) Die Entschädigungszahlungen nach den Absätzen 1 bis 3a einschließlich der Kosten für eine Zwischenfinanzierung sind bei der Ermitt-

§ 17 e   Teil 3. Regulierung des Netzbetriebs

lung der Kosten des Netzbetriebs zur Netzentgeltbestimmung nicht zu berücksichtigen.

(5) Auf Vermögensschäden auf Grund einer nicht rechtzeitig fertiggestellten oder gestörten Netzanbindung im Sinne des Absatzes 1 oder des Absatzes 2 ist § 32 Absatz 3 und 4 nicht anzuwenden.

(6) Der Betreiber der Windenergieanlage auf See hat dem anbindungsverpflichteten Übertragungsnetzbetreiber mit dem Tag, zu dem die Entschädigungspflicht des anbindungsverpflichteten Übertragungsnetzbetreibers nach Absatz 1 oder Absatz 2 dem Grunde nach beginnt, mitzuteilen, ob er die Entschädigung nach den Absätzen 1 bis 2 begehrt oder ob die Berücksichtigung der im Sinne des Absatzes 1 oder des Absatzes 2 verzögerten oder gestörten Einspeisung nach § 50 Absatz 4 Satz 1 des Erneuerbare-Energien-Gesetzes erfolgen soll.

Übersicht

	Rn.
A. Allgemeines	1
I. Inhalt	1
II. Zweck	2
B. Einzelerläuterungen	3
I. Entschädigung für Störungen im laufenden Betrieb (Abs. 1)	3
1. Störungsbedingt entgangene Zahlungsansprüche	4
2. Höhe der Entschädigung	18
3. Ausschluss der weitergehenden Haftung (Abs. 1 S. 5, Abs. 2 S. 3)	30
4. Vertretenmüssen des Windkraftanlagenbetreibers (Abs. 1 S. 6)	37
II. Verzögerung der Errichtung (Abs. 2)	38
1. Entschädigung für entgangene Einspeiseerlöse	40
2. Rückgewährpflicht bei verspäteter Errichtung der Windkraftanlage (Abs. 2 S. 5)	46
3. Ausschluss der weitergehenden Haftung (Abs. 2 S. 3)	54
4. Mitverschulden des Windkraftanlagenbetreibers	55
5. Entschädigungsregelung bei Altanlagen (Abs. 2 S. 6)	56
III. Entschädigung bei Wartungsarbeiten (Abs. 3)	58
IV. Modalitäten der Geltendmachung und Auszahlung	59
V. Regulatorische Behandlung der Entschädigungszahlungen (Abs. 4)	60
VI. Ausschluss der Regelungen zum Schadensersatz (Abs. 5)	61
VII. Verhältnis zur EEG-Förderung (Abs. 6)	62
1. Wahlrecht	62
2. Ausübung des Wahlrechts	65

Literatur: *Broemel,* Netzanbindung von Offshore-Windkraftanlagen, ZUR 2013, 408; *Broemel,* Verschuldenszurechnung, Sorgfaltsmaßstäbe und Präventionskonzepte bei der Anbindung von Windenergieanlagen auf See, ZUR 2015, 400; *Broemel,* Haftungsbegrenzung pro Schadensereignis bei der Netzanbindung von Windenergieanlagen auf See, EnWZ 2015, 213; *Burgi,* Die Offshore-Anbindungs- und Haftungsregelungen auf dem verfassungsrechtlichen Prüfstand, WiVerw 2014, 76; *Compes/Schneider,* Aktuelle Probleme beim Netzanschluss von Offshore-Windparks, KSzW 2011, 277; *Coors,* Haftung und Versicherung für reine Vermögensschäden aufgrund der Nichtverfügbarkeit der Netzanbindung von Offshore-Windenergieanlagen nach deutschem Recht, PHi 2015, 116; *Ertel,* § 17 e EnWG – Die Haftung des

Übertragungsnetzbetreibers beim Vorliegen einer Interimsanbindung, EnWZ 2000, 246; *Geber,* Die Netzanbindung von Offshore-Anlagen im europäischen Supergrid, 2014; *Gundel,* Haftung, Wälzung und Verschuldenszurechnung beim Offshore- Windkraftausbau, RdE 2016, 325; *Hampel,* Energieregulierung, RdE 2014, 48; *Herbold/Kirch,* Praxisfragen der Entschädigung bei gestörter Netzanbindung von Offshore-Windparks, EnWZ 2020, 392; *Herbold/Kirch,* Praxisfragen der Entschädigung bei verzögerter Netzanbindung von Offshore-Windparks, EnWZ 2019, 393; *Hinsch,* Netzanbindung von Offshore-Windenergieanlagen, ZNER 2009, 333; *Kersting,* Die Projektfinanzierung eines Offshore-Windparks, BKR 2011, 57; *Kirch,* Praxisfragen der Entschädigung bei Wartung der Netzanbindung von Offshore-Windparks, EnWZ 2022, 213; *Kirch,* Die Höhe des Entschädigungsanspruchs bei verspäteter Netzanbindung von Offshore-Windparks beträgt 19,4 ct/kWh, jurisPR-UmwR 11/2020 Anm. 4; *Kirch,* Entschädigungshöhe bei Verzögerungen der Netzanbindung von Windenergieanlagen auf See gemäß § 17e Abs. 2 Satz 1, Abs. 1 Satz 1 EnWG, jurisPR-UmwR 6/2020 Anm. 4; *Kirch,* Zeitpunkt der Beendigung der Verzögerung der Netzanbindung von Windenergieanlagen auf See gemäß § 17e Abs. 2 Satz 1 EnWG, jurisPR-UmwR 5/2020 Anm. 5; *Kirch/Huth,* Die Änderungen des Rechtsrahmens für die Offshore-Windenergie durch die Novellierung des WindSeeG, jurisPR-UmwR 3/2021 Anm. 1; *König,* Die Haftung der Übertragungsnetzbetreiber für den verzögerten Netzanschluss von Offshore-Windenergieanlagen, ZNER 2013, 113; *Lange,* Der Vorsatzbegriff in §§ 17e und 17f EnWG, RdE 2017, 225; *Otte,* Spezifika der Netzanbindung bei der Offshore-Energiegewinnung, in Kment (Hrsg.), Netzausbau zugunsten erneuerbarer Energien, 2013, S. 93; *Parche,* Rechtsfragen zum Entschädigungsregime des § 17e EnWG im Lichte der aktuellen Rechtsprechung – eine Zwischenbilanz, RdE 2020, 394; *Prall/Thomas,* Direktvermarktung vergessen? Zur Berechnung der Entschädigung bei Verzögerung, Störung oder Wartung der Netzanbindung von Offshore-Anlagen nach § 17e EnWG, ZNER 2015, 332; *Radtke,* Verfassungsrechtliche Zulässigkeit von rückwirkenden Regelungen im Recht der Erneuerbaren Energien am Beispiel der rückwirkenden Haftungsbeschränkung des § 17e Abs. 2 Satz 6 i.V.m. Satz 3 EnWG, RdE 2020, Sonderheft, 52; *Riedle,* Überwachung der Offshore-Haftungsregelungen, 2018; *Ring,* Schadensersatzansprüche wegen verzögerter Netzbindung, Anmerkung zu BGH EnZR 39/17, WuB 2019, 575; *Risse/Haller/Schilling,* Die Haftung des Netzbetreibers für die Anbindung von Offshore-Windenergieanlagen, NVwZ 2012, 592; *Ruge,* Die EnWG-Novelle 2012 ist da, EnWZ 2013, 3; *Schneider/Schulze,* Die Entschädigungsregelungen für Offshore-Windparks, IR 2019, 170; *Schulz/Gläsner,* Offshore-Windenergieanlagen in der AWZ, EnWZ 2013, 163; *Schulz/Rösler,* Der Leitfaden der BNetzA zur umlagefähigen Entschädigung von Offshore-Anlagen, EnWZ 2013, 531; *Thole,* Die zivilrechtliche Haftung des Netzbetreibers gegenüber dem Betreiber einer Offshore-Windenergieanlage für die verzögerte Netzanbindung, RdE 2013, 53; *Thole,* Die Reichweite der Übergangsvorschrift des § 118 Abs. 12 EnWG bei der Haftung des Übertragungsnetzbetreibers für die verzögerte Netzanbindung von Offshore-Anlagen, RdE 2013, 397; *Thole,* Zivilrechtliche Haftungsfragen bei Offshore-Windenergieanlagen, in Brinktrine/Harke/Ludwigs/Remien (Hrsg.), Rechtsfragen der Windkraft zu Lande und zur See, 2016, S. 65; *Thole,* Die vorsätzliche Herbeiführung des verzögerten Netzanbindung von Offshore-Windenergieanlagen, EnWZ 2018, 12; *Kirch,* Die Höhe des Entschädigungsanspruchs bei verspäteter und Bestandsschutz, RdE 2015, 273; *Wachovius/kleine Holthaus,* Die Haftung des Übertragungsnetzbetreibers für die verzögerte Netzanbindung von Offshore-Windparks, BayVBl. 2014, 458; *Wetzer,* Die Netzanbindung von Windenergieanlagen auf See nach §§ 17a ff. EnWG, 2015; *Wiederholt/Bode/Reuter,* Rückenwind für den Ausbau der Offshore-Windenergie?, NVwZ 2012, 1207; *Wülbeck,* Die fiktive Betriebsbereitschaft des Offshore-Windparks und die Fertigstellung der Netzanbindung i.S.d. § 17e Abs. 2 EnWG, EnWZ 2020, 440; *Wurmnest,* Windige Geschäfte? Zur Bestellung von Sicherungsrechten an Offshore-Windkraftanlagen, RabelsZ 72 (2008), 236; *Wustlich,* Das Recht der Windenergie im Wandel, ZUR 2007, 122.

§ 17e

A. Allgemeines

I. Inhalt

1 § 17e trifft eine Regelung zur **Entschädigung** bei **Störungen** oder **Verzögerungen** der Anbindung von Windenergieanlagen auf See, die dem Windkraftanlagenbetreiber an die Einspeisevergütung angelehnte Zahlungen auch bei Verzögerungen oder Störungen der Anbindungsleitung garantiert. Die Entschädigungsregelung setzt kein Verschulden voraus, sieht aber eine erhöhte Haftungsregelung bei Vorsatz des Übertragungsnetzbetreibers und eine Einschränkung der Haftung bei Verschulden des Windkraftanlagenbetreibers vor. Die Entschädigungsregel differenziert zwischen Störungen sowie betriebsbedingten Wartungsarbeiten im laufenden Betrieb (Abs. 1 und 3) und Verzögerungen bei der Fertigstellung der Anbindungsleitung (Abs. 2). Für Windenergieanlagen auf See, für die ein Zuschlag nach dem WindSeeG besteht, bildet der Zuschlag unter Berücksichtigung einer Kürzung im Grundsatz die Grundlage für die Bemessung des Entschädigungsanspruchs (Abs. 3a). Die aufgewendeten Schadensersatzzahlungen dürfen Netzbetreiber in der Netzentgeltbildung nicht berücksichtigen (Abs. 4); stattdessen sieht § 17f in Verbindung mit dem neuen EnFG ein System des **Belastungsausgleichs** unter den Übertragungsnetzbetreibern vor. Abs. 5 schließt die Anwendung der allgemeinen Schadensersatzregelungen aus § 32 Abs. 3 und 4 für Störungen oder Verzögerungen aus. In Abs. 6 ist das Verhältnis zwischen Entschädigungsregelung und der Verlängerung der Förderzeiträume infolge von Verzögerungen und Störungen nach § 50 Abs. 4 EEG aF geregelt. Danach hat der Windkraftanlagenbetreiber sein Wahlrecht am Tag der Entstehung des Entschädigungsanspruchs auszuüben. Die BNetzA hat in einem **Leitfaden** ihre beabsichtigte Praxis bei der Anerkennung von Kosten im Rahmen des Belastungsausgleichs nach § 17f dargelegt, die allerdings unter dem Vorbehalt abweichender letztinstanzlicher zivilrechtlicher Entscheidungen steht (Leitfaden zur Ermittlung einer umlagefähigen Entschädigung bei Störung, Verzögerung oder Wartung der Netzanbindung von Offshore-Anlagen v. 8.10.2013). Der Leitfaden legt das Verständnis der BNetzA zu Einzelheiten des Belastungsausgleichs, insbesondere zu den Voraussetzungen sowie der Höhe der Entschädigung nach § 17e, dar. Die im Leitfaden formulierten Rechtsansichten der BNetzA führen weder zu einer Konkretisierung noch einer sonstigen Bestimmung der Rechtslage, sondern sind in vollem Umfang an den gesetzlichen Maßstäben zu überprüfen (OLG Düsseldorf Beschl. v. 6.12.2017 – VI-3 Kart 123/16 (V), Rn. 76f.).

II. Zweck

2 Die Regelungen sollen die **Finanzierbarkeit** (bankability) von Offshore-Projekten gewährleisten (Begr. RegE, BT-Drs. 17/10754, 28). Die finanziellen Anreize für die Errichtung von Windenergieanlagen auf See beruhen auf den Zahlungsansprüchen nach dem EEG, die jedoch die tatsächliche Abnahme der vergüteten Elektrizität voraussetzen. Zur Realisierung der Vergütung ist der Betreiber der Windenergieanlagen auf See daher auf eine funktionsfähige Anbindung an das Übertragungsnetz angewiesen, sodass von Verzögerungen des Ausbaus der Anbindungsleitung erhebliche finanzielle Risiken für Investoren ausgehen. § 50 Abs. 4 EEG 2014 und später § 47 Abs. 4 EEG 2017 gewährleisteten dem Windkraftanlagenbetreiber durch eine Verlängerung der Förderdauer im Fall der Verzögerung

Entschädigung bei Störungen der Anbindung von Offshore-Anlagen § 17 e

oder Störung der Anbindungsleitung zwar im Wesentlichen die Länge des Förderzeitraums, zogen jedoch eine Verzögerung der zur Refinanzierung erforderlichen Finanzflüsse nach sich. Daneben konnten den Windparkbetreibern bei verzögerter Erfüllung des Anbindungsanspruchs aus § 17 Abs. 2a S. 1 EnWG aF **Schadensersatzansprüche** aus § 32 Abs. 3 EnWG oder §§ 280 ff. BGB zustehen, deren Reichweite allerdings umstritten ist (→ § 17 Rn. 47a; *Thole* RdE 2013, 53 (54 ff. und 56 ff.); *Wustlich* ZUR 2007, 122 (128); *Hinsch* ZNER 2009, 333 (338); *Compes/Schneider* KSzW 2011, 277 (281 f.); *Risse/Haller/Schilling* NVwZ 2012, 592 (593 ff.); *Otte* Spezifika der Netzanbindung S. 93, 94; LG Berlin Urt. v. 12.8.2013 – 99 O 127/11, RdE 2014, 35 ff.).

B. Einzelerläuterungen

I. Entschädigung für Störungen im laufenden Betrieb (Abs. 1)

Abs. 1 enthält eine Entschädigungsregelung für entgangene Einspeiseerlöse infolge von Störungen der Anbindungsleitung. Um die Planungssicherheit für Windkraftanlagenbetreiber und Investoren zu erhöhen, setzt Abs. 1 an die Stelle der teilweise schwer nachweisbaren (zu den Schwierigkeiten, ein Verschulden nachzuweisen *Ranke* PHi 2014, 60 (61)), in ihrer Reichweite umstrittenen zivilrechtlichen Schadensersatzansprüche einen **verschuldensunabhängigen Entschädigungsanspruch,** der allerdings in seiner Reichweite teilweise von den allgemeinen Grundsätzen des Schadensersatzrechts abweicht. Der Entschädigungsanspruch ist auf die kausal durch die Störung entgangenen Einspeiseerlöse beschränkt, regelmäßig mit einem Selbstbehalt des Windparkbetreibers verbunden und entfällt, wenn der Windparkbetreiber die Störung zu vertreten hat. Eine weitergehende Haftung auf Vermögensschäden wegen der Störung der Anbindungsleitung ist grundsätzlich ausgeschlossen. 3

1. Störungsbedingt entgangene Zahlungsansprüche. Um die Finanzierbarkeit von Windparkprojekten zu verbessern, zielt der Entschädigungsanspruch darauf, den Windkraftanlagenbetreiber abgesehen von etwaigen Selbstbehalten (→ Rn. 22 f.) im Grundsatz so zu stellen, als wäre die Einspeisung in das Übertragungsnetz möglich gewesen (OLG Düsseldorf Beschl. v. 6.12.2017 – VI-3 Kart 123/16 (V), Rn. 68). Auf den im Jahr 2021 in § 17d Abs. 6 und 7 neu aufgenommenen Anbindungsanspruch für **Windenergieanlagen auf See im Küstenmeer** (→ § 17d Rn. 28 ff.) findet der Entschädigungsanspruch ebenfalls Anwendung (BT-Drs. 19/31009, 16), allerdings sind die Regelungen zur Höhe der Entschädigung auf die Situation der Anbindung nach § 17d Abs. 6 anzupassen (→ Rn. 21). 4

a) Störung der Netzanbindung (Abs. 1 S. 1, 3). Der Entschädigungsanspruch setzt voraus, dass die Netzanbindung entweder an mehr als zehn aufeinanderfolgenden Tagen (Abs. 1 S. 1) gestört ist oder Störungen an insgesamt mehr als 18 Tagen im Kalenderjahr auftreten (Abs. 1 S. 3) und eine Einspeisung deshalb nicht möglich ist. 5

aa) Vorübergehende Störung. Bei der kumulativen Berücksichtigung kürzerer Störungen geht aus der Regelung nicht eindeutig hervor, ob auch solche Tage berücksichtigt werden, an denen die Anbindungsleitung nur für einige Stunden gestört war. Der auf das Auftreten von Störungen abstellende Wortlaut spricht dafür, auch Tage, an denen Störungen nur für einige Stunden aufgetreten sind, zu berück- 6

§ 17 e Teil 3. Regulierung des Netzbetriebs

sichtigen. Eine stundenscharfe Abrechnung würde zudem die Investitionssicherheit für die Windparkbetreiber erhöhen (LG Bayreuth Urt. v. 12.3.2020 – 31 O 717/16, S. 22). Andererseits setzt Abs. 1 S. 3 dem Wortlaut nach auch voraus, dass die Einspeisung an den 18 Tagen aufgrund der Störung nicht möglich war. Gegen eine Berücksichtigung kürzerer Störungen spricht zudem, dass der Ausschuss für Wirtschaft und Technologie in seiner Beschlussempfehlung Vorschlägen einer Berechnung der Störzeiten nach Stunden statt nach vollen Tagen (Stellungnahme des Offshore Forums Windenergie GbR, BT-Drs. 17/11705, 9) nicht gefolgt ist. Für die Entschädigung wegen Wartungen hat der Gesetzgeber hingegen eine Berechnung der Tage nach vollen Stunden in Abs. 3 S. 2 nachträglich eingeführt. Demnach finden nur solche Tage Berücksichtigung, an denen die Anbindung **während des gesamten Tages gestört** war (BNetzA, Leitfaden zur Ermittlung einer umlagefähigen Entschädigung bei Störung, Verzögerung oder Wartung der Netzanbindung von Offshore-Anlagen v. 8.10.2013, S. 5; NK-EnWg/*Schink* § 17 e Rn. 5; *Ruge* EnWZ 2013, 3 (6); aA LG Bayreuth Urt. v. 12.3.2020 – 31 O 717/16, S. 22: viertelstundenscharfe Abrechnung; *Parche* RdE 2020, 394 (399)).

7   Die **Störung** ist **beendet,** wenn die technische Betriebsbereitschaft der Netzanbindung wiederhergestellt ist. Arbeitsausfälle, die ab diesem Zeitraum darauf zurückgehen, dass die Windkraftanlage Zeit zur Wiederinbetriebnahme benötigt, fallen grundsätzlich nicht unter die Entschädigungsregelung (BNetzA, Leitfaden zur Ermittlung einer umlagefähigen Entschädigung bei Störung, Verzögerung oder Wartung der Netzanbindung von Offshore-Anlagen v. 8.10.2013, S. 6; *Schulz/Rösner* EnWZ 2013, 531 (534); zu Verzögerungen LG Bayreuth Urt. v. 14.11.2019 – 1 HK O 47/18 Rn. 65). Geht die verspätete Wiederinbetriebnahme allerdings auf eine verzögerte Information des Übertragungsnetzbetreibers zurück, kommt eine Schadensersatzpflicht wegen Nebenpflichtverletzung in Betracht.

8   **bb) Eingeschränkte Einspeisung.** Im Hinblick auf den Sinn und Zweck des Entschädigungsanspruchs, Zahlungsflüsse auch bei Störungen der Anbindungsleitung zu gewährleisten, liegt auch dann eine Störung iSd Abs. 1 vor, wenn die Einspeisung über das **übliche Maß an Schwankungen hinaus reduziert** ist (BNetzA, Leitfaden zur Ermittlung einer umlagefähigen Entschädigung bei Störung, Verzögerung oder Wartung der Netzanbindung von Offshore-Anlagen v. 8.10.2013, S. 5). Für Störungen der Offshore-Anbindung regelt § 17 e die Entschädigung abschließend. Gehen die Maßnahmen des Einspeisemanagements auf Ursachen aus dem Onshore-Netz zurück, finden die allgemeinen Regelungen zum EEG-Einspeisemanagement Anwendung (BNetzA, Leitfaden zur Ermittlung einer umlagefähigen Entschädigung bei Störung, Verzögerung oder Wartung der Netzanbindung von Offshore-Anlagen v. 8.10.2013, S. 5 und 16).

9   **b) Kausalität der Störung.** Der Entschädigungsanspruch setzt weiterhin die Kausalität der Störung für entstandene Vermögensschäden in Form der entgangenen Zahlungsansprüche voraus. Der Entschädigungsanspruch entfällt damit für Zeiträume, in denen die Anlage aus anderen Gründen, etwa wegen **Wartungsarbeiten,** ohnehin zur Einspeisung nicht in der Lage ist (Begr. RegE, BT-Drs. 17/10754, 26). Anreize für schadensmindernde Maßnahmen, beispielsweise durch vorgezogene Wartungsarbeiten, bestehen dadurch für den Windparkbetreiber lediglich durch den zeitlichen und höhenmäßigen Selbstbehalt. Dass von Windparkbetreibern in der Vergangenheit abgeschlossene Wartungsverträge oftmals auf einen Entschädigungsanspruch bei Ausfall der Anbindungsleitung nicht zugeschnitten

waren (*Rohrer/kleine Holthaus* ER 2014, 102 (104)), spricht nicht gegen das gesetzliche Entschädigungskonzept.

c) Bestimmung der Ausfallarbeit (Abs. 1 S. 2, Abs. 2 S. 1, Abs. 3). Die 10
Vorgabe in Abs. 1 S. 2, bei der Ermittlung der Höhe der Entschädigung für jeden Tag der Störung die **durchschnittliche Einspeisung** einer **vergleichbaren Anlage** in dem entsprechenden Zeitraum der Störung zugrunde zu legen, zielt darauf, die Ausfallarbeit nach den jeweiligen Umständen des Einzelfalls möglichst exakt und realitätsnah zu ermitteln (OLG Düsseldorf Beschl. v. 6.12.2017 – VI-3 Kart 123/16 (V), Rn. 70; *Riedle* Überwachung der Offshore-Haftungsregelungen S. 75). Die Datengrundlage hängt in der Regel wesentlich davon ab, inwieweit Wetterdaten zu dem konkreten Standort im relevanten Zeitraum und historische Daten zu den Leistungsmerkmalen der konkreten Anlagen vorliegen.

Bei einer Störung oder Wartung nach Inbetriebnahme liegen regelmäßig ein- 11
schlägige **Wetter-** und **Leistungsdaten** vor. Der Leitfaden der BNetzA sieht in diesem Fall auf der Grundlage einer Konsultation unterschiedlicher Methoden in Anlehnung an die Berechnung von Entschädigungszahlungen im Rahmen des EEG-Einspeisemanagements (inzwischen BNetzA, Leitfaden zum Einspeisemanagement, Version 3.0, Juni 2018, S. 15 f.) das sog. **Spitzabrechnungsverfahren** vor. Dabei bestimmt sich die Ausfallarbeit für jede Anlage im Viertelstundentakt nach der tatsächlichen Leistung und Windgeschwindigkeit der jeweiligen Anlage (BNetzA, Leitfaden zur Ermittlung einer umlagefähigen Entschädigung bei Störung, Verzögerung oder Wartung der Netzanbindung von Offshore-Anlagen v. 8.10.2013, S. 8 ff.; im Anschluss daran *Hampel* RdE 2014, 48 (50); *Schulz/Rösler* EnWZ 2013, 531 (535 f.)). Die Leistung wird anhand einer zertifizierten Leistungskennlinie des jeweiligen Anlagentyps unter Berücksichtigung eines anlagenbezogenen Korrekturfaktors ermittelt, der die tatsächlich gemessene Leistung unmittelbar vor der Störung zu der theoretischen Leistung nach der Leistungskennlinie in Beziehung setzt. Die Windgeschwindigkeit ist an der Gondel der jeweiligen Anlage im Viertelstundentakt mit einer Auflösung von 0,1 m/s zu messen (BNetzA, Leitfaden zur Ermittlung einer umlagefähigen Entschädigung bei Störung, Verzögerung oder Wartung der Netzanbindung von Offshore-Anlagen v. 8.10.2013, S. 8). Das von der BNetzA herangezogene Verfahren sieht damit eine möglichst exakte Berechnung der jeweiligen Ausfallarbeit vor, lässt jedoch im Einzelfall bei lückenhafter Datengrundlage einen Rückgriff auf Daten benachbarter, typgleicher Anlagen zu (BNetzA, Leitfaden zur Ermittlung einer umlagefähigen Entschädigung bei Störung, Verzögerung oder Wartung der Netzanbindung von Offshore-Anlagen v. 8.10.2013, S. 9).

Ist die Windkraftanlage bei Verzögerung der Anbindungsleitung zur Schadens- 12
minderung **noch nicht vollständig errichtet,** wird der Anlagenbetreiber über keine anlagenspezifischen Daten zur Windgeschwindigkeit sowie dem Leistungskorrekturfaktor verfügen. Zur Ermittlung der Windgeschwindigkeit ist in diesem Fall auf den Durchschnitt der Daten etwaig bereits installierter, benachbarter Anlagen, hilfsweise auf die Daten des nächstgelegenen FINO-Messmastes zurückzugreifen (BNetzA, Leitfaden zur Ermittlung einer umlagefähigen Entschädigung bei Störung, Verzögerung oder Wartung der Netzanbindung von Offshore-Anlagen v. 8.10.2013, S. 10 f.).

Gleiches gilt, wenn ein Messgerät (Anemometer) zwar auf der Gondel der 13
Windenergieanlagen auf See installiert ist, die gemessenen Werte allerdings weniger aussagekräftig sind als die Werte an einem FINO-Messmast, weil die Windenergieanlage auf See sich zur Schonung in einem sog. **Trudelbetrieb** befindet, bei dem

§ 17e

Teil 3. Regulierung des Netzbetriebs

die Gondel nicht dem Wind nachgeführt wird und das Anemometer deswegen nicht auf die Windrichtung ausgerichtet ist (OLG Düsseldorf Beschl. v. 6.12.2017 – VI-3 Kart 123/16 (V), Rn. 67 ff.; *Parche* RdE 2020, 394 (395)). Die in dem ohnehin nicht verbindlichen (→ Rn. 1) Leitfaden vorgesehene Methodik, in erster Linie auf Daten eines an der Windenergieanlage installierten Anemometer und nur hilfsweise auf Daten eines FINO-Messmasts zurückzugreifen, bringt eine typisierte Bewertung zur Eignung der jeweiligen Daten zum Ausdruck. Im Einzelfall können allerdings besondere Umstände dazu führen, dass eine grundsätzlich weniger geeignete Datenquelle die aussagekräftigeren Daten liefert. Diese Daten sind dann mit Blick auf den Sinn und Zweck der Regelung zugrunde zu legen (OLG Düsseldorf Beschl. v. 6.12.2017 – VI-3 Kart 123/16 (V), Rn. 74). Liegen hingegen aussagekräftige windparkspezifische Daten vor, weil eine Einspeisung über Interimsverbindungen zumindest teilweise möglich ist, gehen die konkreten Berechnungsmethoden dem Rückgriff auf allgemeine Vergleichsdaten vor (BNetzA, Leitfaden zur Ermittlung einer umlagefähigen Entschädigung bei Störung, Verzögerung oder Wartung der Netzanbindung von Offshore-Anlagen v. 8.10.2013, S. 11).

14 Für den Umfang der kausal durch die Störung entgangenen Einspeisung trifft den Windkraftanlagenbetreiber nach allgemeinen zivilrechtlichen Grundsätzen die **Darlegungs-** und **Beweislast** (OLG Düsseldorf Beschl. v. 6.12.2017 – VI-3 Kart 123/16 (V), Rn. 83; BNetzA, Leitfaden zur Ermittlung einer umlagefähigen Entschädigung bei Störung, Verzögerung oder Wartung der Netzanbindung von Offshore-Anlagen v. 8.10.2013, S. 13 f.). Der Windparkbetreiber ist allerdings im Fall der Fiktion der Betriebsbereitschaft nach Abs. 2 S. 4 nicht verpflichtet, Anemometer in geeigneter Höhe und Ausrichtung zu installieren, um den Nachweis erbringen zu können (OLG Düsseldorf Beschl. v. 6.12.2017 – VI-3 Kart 123/16 (V), Rn. 86).

15 Die Ermittlung des **anlagespezifischen Korrekturfaktors** setzt wegen Einflüssen des Windparks auf die Windgeschwindigkeit die Berücksichtigung der Windgeschwindigkeit sowie der tatsächlichen Einspeiseleistung der konkreten Anlage voraus. Fehlen anlagespezifische Winddaten, bleibt der Korrekturfaktor vorläufig unberücksichtigt. Liegen anlagebezogene Winddaten vor, lässt sich der Korrekturfaktor unter Umständen anhand der Leistungsdaten einer Vergleichsanlage, hilfsweise der zertifizierten Leistungskennlinie, bestimmen. Ist die Ausfallarbeit allerdings ohne Berücksichtigung eines anlagebezogenen, individuellen Korrekturfaktors berechnet worden, sieht die BNetzA die ermittelten Werte als lediglich vorläufig und die darauf geleisteten Zahlungen als Abschlagszahlungen an (BNetzA, Leitfaden zur Ermittlung einer umlagefähigen Entschädigung bei Störung, Verzögerung oder Wartung der Netzanbindung von Offshore-Anlagen v. 8.10.2013, S. 12). Der individuelle Korrekturfaktor ist in diesem Fall als monatlicher Durchschnittswert in dem entsprechenden Monat des nächsten Jahres, in dem anlagenbezogene Daten vorliegen, zu ermitteln.

16 Die sich daraus etwaig ergebenden Ausgleichszahlungen sind nicht zu verzinsen. Für Verzugszinsen nach § 288 BGB fehlt es an der verzugsbegründenden Bestimmbarkeit der geschuldeten Leistung (*Schulz/Rösner* EnWZ 2013, 531 (536)).

17 **d) Beschränkung auf Zahlungsanspruch aus Direktvermarktung.** Während ein zivilrechtlicher Schadensersatzanspruch den Geschädigten nach dem Grundsatz der Naturalrestitution so stellt, wie er ohne das schädigende Ereignis stehen würde, ist die Entschädigungsregelung auf die **entgangenen Zahlungs-**

ansprüche aus Direktvermarktung beschränkt (zur Berechnung näher *Prall/ Thomas* ZNER 2015, 332 (334f.)). An die Stelle eines umfassenden Vergleichs der Vermögenslagen im Rahmen der Differenzhypothese tritt eine auf den entgangenen Erlös beschränkte Betrachtung. Andere Schadensposten, die im Rahmen der Differenzhypothese zu berücksichtigen wären, etwa durch die Störung verursachte besondere **Erhaltungskosten,** finden dadurch keine Berücksichtigung. Die Obergrenze der Einspeiseerlöse ergibt sich aus der in der Netzanbindungszusage oder Kapazitätsvergabe vorgesehenen Einspeisekapazität (*Schulz/Rösler* EnWZ 2013, 531 (533); BNetzA, Leitfaden zur Ermittlung einer umlagefähigen Entschädigung bei Störung, Verzögerung oder Wartung der Netzanbindung von Offshore-Anlagen v. 8.10.2013, S. 5 und 6, missverständlich S. 7).

2. Höhe der Entschädigung. Die Entschädigungsregelung in Abs. 1 orientiert 18 sich an den Erlösen, die der Windkraftanlagenbetreiber bei Verfügbarkeit der Anbindung erzielt hätte. Zur Anpassung der Risikoverteilung zwischen Übertragungsnetz- und Windkraftanlagenbetreiber (Begr. RegE, BT-Drs. 17/10754, 27) sind jedoch unterschiedliche Selbstbehalte vorgesehen, die allerdings bei Vorsatz des Übertragungsnetzbetreibers entfallen.

a) Entgangene Zahlung (Abs. 1 S. 1). Die **Höhe des Entschädigungs-** 19 **anspruchs** hängt im Ausgangspunkt von der Höhe des im Fall der Direktvermarktung bestehenden Zahlungsanspruchs nach §§ 19, 20 Nr. 1, 23a iVm Anlage 1 EEG und damit von der Marktprämie und dem Marktpreis ab (zur Berechnung des Marktpreises näher *Prall/Thomas* ZNER 2015, 332 (334f.)). Die Marktprämie wird entweder auf der Grundlage der nach § 47 Abs. 1 S. 1 EEG aF gesetzlich festgelegten Höhe des anzulegenden Werts oder auf der Grundlage des Zuschlags nach dem WindSeeG gebildet. Für den letzteren Fall sieht Abs. 3a vor, dass bei einem Zuschlag in geringer Höhe zumindest der Monatsmarktwert iSd Anlage 1, Nummer 2.2.3 (inzwischen Anlage 1 Nummer 3.3.3), also der tatsächliche Monatsmittelwert des Marktwerts von entsprechendem Strom am Sportmarkt, heranzuziehen ist.

Die Höhe der Entschädigung ist jeweils auf **90 Prozent** dieses Werts **be-** 20 **schränkt.** Diese Kürzung um einen Anteil von zehn Prozent ist Ausdruck der vom Gesetzgeber vorgesehenen Risikoverteilung (BGH Urt. v. 13.11.2018 – EnZR 39/17, Rn. 25; Begr. RegE, BT-Drs. 17/10754, 27). Zudem ist eine Kürzung von 0,4 Cent/kWh vorgesehen (anders noch zu § 17e Abs. 1 S., Abs. 2 S. 1 EnWG 2014 und § 19 EEG 2014, OLG Nürnberg Beschl. v. 21.9.2020 – 3 U 1099/20 Rn. 43ff.; *Kirch* jurisPR-UmwR 11/2020 Anm. 4). Dieser im Jahr 2016 eingeführte Abzug soll berücksichtigen, dass der anzulegende Wert im Fall der Direktvermarktung einen entsprechenden Anteil für den Aufwand der Direktvermarktung (sog. Managementprämie) enthält, der im Fall einer Entschädigung ohne Direktvermarktung allerdings nicht anfällt (BT-Drs. 18/8860, 337).

Für **Windenergieanlagen auf See im Küstenmeer,** denen seit der Änderung 21 im Jahr 2021 ebenfalls ein Entschädigungsanspruch zusteht, passt der Verweis auf den Zahlungsanspruch im Fall der Direktvermarktung nach § 19 EEG nicht. Der Anbindungsanspruch von Windenergieanlagen auf See im Küstenmeer setzt nach § 17d Abs. 6 S. 2 voraus, dass der auf der Fläche im Küstenmeer erzeugte Strom ausschließlich im Wege der sonstigen Direktvermarktung nach § 21a EEG, also ohne Inanspruchnahme einer Zahlung nach § 19 Abs. 1 EEG, veräußert wird (→ § 17d Rn. 19). Der Entschädigungsanspruch nach § 17e Abs. 1 S. 1 und 3, Abs. 2 S. 1 entschädigt damit nicht für eine entgangene Marktprämie, sondern für den entgan-

§ 17 e Teil 3. Regulierung des Netzbetriebs

genen Veräußerungserlös. Entsprechend der Fälle, in denen die Höhe des Zuschlags nach dem WindSeeG unter das Niveau des jeweiligen Monatsmarktwerts fällt und die Marktprämie nach § 23 a EEG iVm Anlage 1 Nr. 3.1.2 null beträgt, ist analog der Regelung in Abs. 3 a der jeweilige Monatsmarktwert heranzuziehen.

22 **b) Selbstbehalte.** Darüber hinaus differenziert die Regelung in Abs. 1 S. 1 und 3 danach, für welchen Zeitraum die einzelne Störung andauert. Während bei **ununterbrochenen Störungen** die Entschädigungsregelung nach S. 1 bereits ab dem elften Tag eintritt, führen Störungen von kürzerer Dauer nach S. 3 erst ab dem 18. Tag zur Entschädigungspflicht. Nach dieser Differenzierung ist der in S. 1 geforderte Zeitraum bereits dann unterbrochen, wenn an einem der zehn Tage die Einspeisung zumindest teilweise möglich war (vgl. Begr. RegE, BT-Drs. 10/10754, 27; zur kumulativen Berücksichtigung kürzerer Störungen → Rn. 6). Die separate Regelung der Selbstbehaltsfristen für die unterschiedlichen Entschädigungsregelungen der Abs. 1–3 schließt eine Anrechnung zwischen den einzelnen Tatbeständen aus (BNetzA, Leitfaden zur Ermittlung einer umlagefähigen Entschädigung bei Störung, Verzögerung oder Wartung der Netzanbindung von Offshore-Anlagen v. 8.10.2013, S. 5f.; *Schulz/Rösler* EnWZ 2013, 531 (533)).

23 **c) Vorsatz (Abs. 1 S. 4, Abs. 2 S. 2).** Hat der Übertragungsnetzbetreiber die Störung oder Verzögerung (zumindest **bedingt) vorsätzlich herbeigeführt**, entfällt nach § 17e Abs. 1 S. 4 und § 17e Abs. 2 S. 2 der Selbstbehalt in Höhe von zehn Prozent des Zahlungsanspruchs nach § 19 EEG. Zudem besteht der Entschädigungsanspruch in diesem Fall ab dem ersten Tag der Störung oder Verzögerung. Die Entschädigungsregelung setzt damit zwar keinen Vorsatz voraus, berücksichtigt einen etwaigen Vorsatz aber als Kriterium für die Höhe des Entschädigungsanspruchs. Zugleich schließt der Vorsatz nach § 17f Abs. 2 S. 1 Nr. 1 den Anspruch des Übertragungsnetzbetreibers auf Belastungsausgleich für die Entschädigungszahlung nach § 17f Abs. 1 aus.

24 **aa) Anforderungen an vorsätzliches Handeln.** Vorsatz bedeutet nach der zivilrechtlichen Rechtsprechung das Wissen und Wollen des pflichtwidrigen Erfolgs (BGH Urt. v. 20.12.2011 – VI ZR 309/10, NJW-RR 2012, 404; Grüneberg/*Grüneberg* BGB § 276 Rn. 10). Da sich vor allem Verzögerungen regelmäßig bereits einige Zeit vor dem verbindlichen Fertigstellungstermin abzeichnen, bezieht sich die in der Literatur kontrovers geführte Diskussion vor allem auf die Frage, inwiefern eine sich abzeichnende Verzögerung oder Störung, die im Grundsatz vermieden oder zumindest verringert werden kann, von dem Übertragungsnetzbetreiber vorsätzlich verursacht wird (für ein weites Verständnis *Thole* EnWZ 2018, 12ff.; enger *Lange* RdE 2017, 225ff.). Diese Auseinandersetzung betrifft weniger die Anforderung an das kognitive und voluntative Element. Die bevorstehende Verzögerung ist typischerweise bekannt und wird billigend in Kauf genommen, aber allein die Tatsache, dass der Übertragungsnetzbetreiber eine sich abzeichnende Verzögerung erkannt und bewusst keine beschleunigenden Maßnahmen getroffen hat, begründet noch kein vorsätzliches Verhalten (BGH Urt. v. 13.11.2018 – EnZR 39/17 Rn. 72). Das zentrale Merkmal bildet vielmehr die **Pflichtwidrigkeit des Erfolgs**. Das für den Vorsatz erforderliche Bewusstsein von der Rechtswidrigkeit setzt eine Pflicht voraus, Maßnahmen zur Beschleunigung zu ergreifen (BGH Urt. v. 13.11.2018, EnZR 39/17 Rn. 73).

25 Für Altanlagen mit einer unbedingten Netzanbindungszusage hat der BGH insoweit auf Einschränkungen aus der Netzanbindungszusage abgestellt, nach denen der Fertigstellungstermin von vornherein unter dem Vorbehalt von Verzögerungen durch den beauftragten Dritten stand (BGH Urt. v. 13.11.2018 – EnZR 39/17 Rn. 74f.). Unabhängig von der Frage, inwieweit der Übertragungsnetzbetreiber nach der damaligen Rechtslage zu einer Einschränkung der Anbindungspflicht in der **Netzanbindungszusage** berechtigt war (krit., auch zu diesbezüglichen Unterschieden in den Netzanbindungszusagen *Hangebrauck/Kirch* IR 2019, 207), ist der anbindungsverpflichtete Übertragungsnetzbetreiber jedenfalls nach dem Regime der §§ 17 d ff. verpflichtet, alle möglichen und zumutbaren Maßnahmen zu ergreifen, um eine Verzögerung oder eine Störung zu verhindern oder zumindest zu mindern. Diese im Zusammenhang mit dem Belastungsausgleich in § 17 f Abs. 3 S. 1 ausdrücklich normierte Pflicht konkretisiert die Pflicht zur Errichtung und dem Betrieb der Anbindungsleitung aus § 17 d Abs. 1 (BGH Beschl. v. 12.7.2016 – EnVR 10/15 Rn. 23) und ist damit bei der Auslegung des § 17 e Abs. 1 und 2 ebenfalls heranzuziehen, zumal der Vorsatzbegriff in beiden Normen identisch ist (insoweit übereinstimmend *Thole* EnWZ 2018, 12 (13) und *Lange* RdE 2017, 225 (226)). Diese Pflicht zur Beschleunigung auch im Fall von nicht zu vertretenden Hindernissen hat der Gesetzgeber mit den zwischenzeitlich eingefügten Pflichten, die Errichtung der Anbindung nach § 17 d Abs. 1 S. 2 zügig voranzutreiben sowie die Anbindungsleitung nach § 17 d Abs. 2 S. 1 rechtzeitig zu beauftragen, weiter bekräftigt. Diese Auslegung des Vorsatzes einschließlich des zugrunde liegenden Pflichtenprogramms entspricht nicht zuletzt dem Sinn und Zweck der Ausnahmeregelungen in § 17 e Abs. 1 S. 4, Abs. 2 S. 2 und § 17 f Abs. 2 S. 1 Nr. 1. Die Sonderregelungen für vorsätzliches Verhalten des Übertragungsnetzbetreibers sollen Fehlanreize verhindern, wirtschaftlich vermeidbare Verzögerungen oder Störungen sehenden Auges hinzunehmen, weil die Kosten ohnehin über den Belastungsausgleich gewälzt werden. Erkennt der Übertragungsnetzbetreiber also, dass ein äußerer Umstand zu einer Störung oder Verzögerung führen wird, führt der zur Aufrechterhaltung des Betriebs oder zur Fertigstellung der Anbindung verpflichtete Übertragungsnetzbetreiber die Störung oder Verzögerung vorsätzlich herbei, wenn er es unterlässt, die zur Abwendung des drohenden Schadens **wirtschaftlich zumutbaren Maßnahmen** zu ergreifen.

Die **Darlegungs- und Beweislast** für die den Vorsatz begründenden Umstände 26 trifft den Windparkbetreiber als den Anspruchsteller (BGH Urt. v. 13.11.2018 – EnZR 39/17 Rn. 63ff.; NK-EnWG/*Schink* § 17 e Rn. 13; aA *Thole* EnWZ 2018, 12 (17f.). Die Abweichung von der allgemeinen Regelung aus § 280 Abs. 1 S. 2 BGB ergibt sich daraus, dass der Entschädigungsanspruch aus § 17 e Abs. 1 S. 1 und Abs. 2 S. 1 kein Verschulden voraussetzt und das Haftungskonzept der Entschädigungsansprüche aus § 17 e von dem Grundkonzept des § 280 Abs. 1 insofern abweicht (BGH Urt. v. 13.11.2018 – EnZR 39/17 Rn. 67ff.). Allerdings kann den Übertragungsnetzbetreiber eine sekundäre Darlegungslast treffen, wenn der Windparkbetreiber konkrete Anhaltspunkte dafür vorträgt, dass der Übertragungsnetzbetreiber eine Pflicht, beschleunigende Maßnahmen zu ergreifen, bewusst verletzt hat (BGH Urt. v. 13.11.2018 – EnZR 39/17 Rn. 79).

bb) Zurechnung des Verschuldens von Erfüllungsgehilfen. Daneben stellt 27 sich sowohl bei der Anwendung des § 17 e Abs. 1 S. 4, Abs. 2 S. 2 als auch im Rahmen des Belastungsausgleichs nach § 17 f Abs. 2 S. 1 Nr. 1 die Frage, ob ein vorsätzliches Verhalten eines vom Übertragungsnetzbetreibers mit der Errichtung **beauftragten Unternehmens** oder eines Subunternehmers dem Übertragungsnetzbetreiber zuzurechnen ist. Die grundsätzliche Frage der Zurechnung und ihre

§ 17 e Teil 3. Regulierung des Netzbetriebs

Reichweite wurden schon unter der vorherigen Rechtslage, bei der das Vertretenmüssen eine Voraussetzung der Haftung darstellte, kontrovers diskutiert (zur bisherigen Rechtslage bejahend → § 17 Rn. 47; *Wustlich* ZUR 2007, 122 (128); *Compes/Schneider* KSzW 2012, 277 (282f.); *Thole* RdE 2013, 53 (56f.); *Otte* Spezifika der Netzanbindung S. 93f.; verneinend *Risse/Haller/Schilling* NVwZ 2012, 592 (597); LG Berlin Urt. v. 12.8.2013 – 99 O 127/11, RdE 2014, 35 (39)). Dass zwischen dem anbindungsverpflichteten Übertragungsnetzbetreiber und dem Windparkbetreiber ein **gesetzliches Schuldverhältnis** besteht, innerhalb dessen ein Verschulden nach § 278 BGB zugerechnet werden kann, wird inzwischen, soweit ersichtlich, nicht mehr infrage gestellt. Umstritten sind allerdings zum einen die Reichweite der Pflichten in diesem Schuldverhältnis sowie zum anderen die Frage, ob eine Zurechnung vorsätzlichen Verhaltens durch Besonderheiten des § 17e Abs. 1 S. 4, Abs. 2 S. 2 ausgeschlossen ist.

28 Hinsichtlich der **Reichweite der Pflichten** aus dem Schuldverhältnis wird teilweise angenommen, der anbindungsverpflichtete Übertragungsnetzbetreiber schulde gegenüber dem Windparkbetreiber lediglich die Anbindung, nicht jedoch die dafür erforderliche Herstellung der Anbindungsleitung (*Gundel* RdE 2016, 325 (328)). Diese Argumentation greift eine Entscheidung des LG Berlin zur vorhergehenden Rechtslage (LG Berlin Urt. v. 12.8.2013 – 99 O 127/11, RdE 2014, 35 (39)) auf und stellt darauf ab, dass die Anbindungsleitung nach § 17d Abs. 1 S. 3 Teil des Energieversorgungsnetzes wird und dass der Windparkbetreiber über die Ausgestaltung der Anbindungsleitung nach §§ 17a ff., etwa als Sammelanbindung oder Stichleitung, nicht entscheiden kann (*Gundel* RdE 2016, 325 (328)). Der Anbindungsanspruch des Windparkbetreibers beinhaltet allerdings nicht nur die Herstellung des physikalischen Anschlusses, sondern vor allem auch die nach § 17d Abs. 3 S. 1 EnWG aF **zugewiesene Anschlusskapazität** auf der Anbindungsleitung bzw. die mit dem Zuschlag nach §§ 24 Abs. 1 Nr. 3b, 37 Abs. 1 Nr. 2b und 55 Abs. 1 Nr. 2b WindSeeG verbundene Netzanbindungskapazität. Entsprechend ist die Anbindungsleitung nach der Rechtsprechung entgegen der Auffassung des anbindungsverpflichteten Übertragungsnetzbetreibers nicht bereits dann fertiggestellt iSd § 17e Abs. 2, wenn der Anschluss physikalisch hergestellt ist. Vielmehr setzt die Fertigstellung voraus, dass die Anlage einspeisen kann (LG Bayreuth Urt. v. 14.11.2019 – 1 HK O 47/18 Rn. 42, 45 → Rn. 40). Eine Zurechnung des Verschuldens der mit der Errichtung beauftragten Unternehmen entspricht zudem dem Sinn und Zweck der Regelung. Der im verschuldensunabhängigen Entschädigungsanspruch vorgesehene Selbstbehalt von zehn Prozent des entgangenen Zahlungsanspruchs aus Direktvermarktung ist Ausdruck einer angemessenen Verteilung der Risiken, die mit der neuen Technologie typischerweise verbunden sind (→ Rn. 20). Bei vorsätzlichem Handeln entfällt der Selbstbehalt, da in diesem Fall eine Aufteilung der Risiken nicht angemessen wäre. Diese Risiken, aufgrund derer der Entschädigungsanspruch erlassen worden ist, beziehen sich in erster Linie auf den Prozess der Errichtung der Anbindungsleitung, nicht auf den Anschluss der Windenergieanlagen auf See an eine bereits errichtete Anbindungsleitung. Dass Modalitäten der Anbindungsleitung, etwa ihre Ausgestaltung als Sammelanbindung oder Stichleitung, in dem Bundesfachplan Offshore und dem Flächenentwicklungsplan festgelegt werden, ändert daran nichts. Die aus § 17 Abs. 2a S. 2 EnWG aF übernommene Regelung in § 17d Abs. 1 S. 3 soll das Verhältnis zwischen EEG und EnWG ausgestalten, vor allem im Hinblick auf die Verteilung der Kosten der Errichtung einer „Steckdose auf See" unter dem vorhergehenden Regime (*Wustlich* ZUR 2007, 122 (126f.)).

Weiterhin wird teilweise vertreten, dass der Haftung für vorsätzlich verursachte 29
Störungen oder Verzögerungen ein **Strafcharakter** zukomme und diese Haftung
deshalb ein eigenes Verschulden des anbindungsverpflichteten Übertragungsnetzbetreibers voraussetze (*Gundel* RdE 2016, 325 (328). Allerdings trifft schon die Prämisse eines Strafcharakters der Entschädigungsregelung auf Schäden, die aus vorsätzlich verursachten Verzögerungen oder Störungen entstanden sind, nicht zu.
Der Hintergrund der Regelung liegt darin, dass eine Aufteilung der Risiken einer
Verzögerung oder Störung nicht sachgerecht wäre, wenn die Verzögerung oder
Störung von einer Seite vorsätzlich verursacht worden ist. Auch die Auftragnehmer
des Übertragungsnetzbetreibers werden sich im Innenverhältnis von einer Haftung
für Vorsatz nicht freizeichnen lassen können (vgl. für das deutsche Recht § 276
Abs. 3 BGB). Die Regelung weist keinen Strafcharakter auf, sondern stellt, wie das
für eine Schadensersatzregelung typisch ist, den Windparkbetreiber lediglich so, wie
er ohne die vorsätzlich verursachte Störung oder Verzögerung stehen würde
(→ Rn. 2, 18). Die Anwendung des § 278 BGB ist schließlich auch nicht durch
den Wortlaut des § 17 e Abs. 1 S. 4, Abs. 2 S. 2 ausgeschlossen, der auf eine vorsätzliche Herbeiführung durch den Übertragungsnetzbetreiber abhebt. Im Gegensatz
etwa zu § 89b Abs. 3 Nr. 2 HGB, der einer Verschuldenszurechnung entgegensteht
(Grüneberg/*Grüneberg* BGB § 278 Rn. 4), stellt § 17 e Abs. 1 S. 4 nicht ausdrücklich
auf die Person des Geschäftsherrn ab.

3. Ausschluss der weitergehenden Haftung (Abs. 1 S. 5, Abs. 2 S. 3). Die 30
Regelungen in § 17 e Abs. 1 S. 5 und § 17 e Abs. 2 S. 3 schließen eine über den
Entschädigungsanspruch hinausgehende Haftung des anbindungsverpflichteten
Übertragungsnetzbetreibers für Vermögensschäden wegen einer gestörten oder
verzögerten Anschlussanbindung aus (BGH Urt. v. 13.11.2018 – EnZR 39/17
Rn. 23 ff.).

a) Im Grundsatz abschließende Haftung für Vermögensschäden. Das 31
Ziel des Gesetzgebers, mit dem Entschädigungsanspruch eine Regelung zu treffen,
die sowohl den Windkraftanlagen- als auch den Übertragungsnetzbetreibern eine
Kalkulation des Verzögerungsrisikos bei der Finanzierung ermöglicht, setzt
zum einen **Rechtssicherheit**, zum anderen aber auch eine **Begrenzung der
Haftung** voraus. Die Entschädigungsregelung wegen Vermögensschäden sowohl
durch Störungen als auch durch Verzögerungen ist daher nach § 17 e Abs. 1 S. 5,
Abs. 2 S. 3 grundsätzlich **abschließend** (BGH Urt. v. 13.11.2018 – EnZR 39/17
Rn. 23 ff.; Begr. RegE, BT-Drs. 17/10754, 27). Weitergehende Schäden, etwa
Kosten eines zur Instandhaltung der Windkraftanlagen erforderlichen Notbetriebs
oder sonstige Mehrkosten wegen einer verlängerten Bauzeit, sind demnach auch durch
andere Schadens- oder Aufwendungsersatzregelungen nicht ersatzfähig (BGH Urt.
v. 13.11.2018 – EnZR 39/17 Rn. 29; *Ruge* EnWZ 2013, 3 (6); krit. *Thole* RdE
2013, 53 (58)).

b) Schadensersatzansprüche bei Verzicht auf Entschädigungsregelung. 32
Optiert der Windkraftanlagenbetreiber im Fall einer länger als sieben Tage anhaltenden Störung für die Verlängerung des Vergütungszeitraums nach § 17 e Abs. 6,
§ 50 Abs. 4 EEG 2014/§ 47 Abs. 4 EEG 2017 und verzichtet er damit zugleich auf
die Entschädigung nach § 17 e Abs. 1, bleibt es gleichwohl bei dem in § 17 e Abs. 1
S. 5 geregelten Ausschluss weitergehender Schadensersatzansprüche (*König* ZNER
2013, 113 (116)). § 17 e Abs. 6, § 50 Abs. 4 EEG 2014/§ 47 Abs. 4 EEG 2017 sollen
dem Windkraftanlagenbetreiber die **Wahl** zwischen **Entschädigungsregelung**

und **verlängerter Förderungsdauer** einräumen. Die Gewährung weitergehender Schadensersatzansprüche nach den allgemeinen Regeln neben der Verlängerung der Förderungsdauer entspräche der Rechtslage vor Einführung des § 17 e, die der Gesetzgeber durch klare und grundsätzlich abschließende Haftungsregelungen ersetzen wollte (Begr. RegE, BT-Drs. 17/10754, 28).

33   c) **Nicht ausgeschlossene Schadensersatzansprüche. aa) Substanzschäden.** Allerdings erfasst der Ausschluss weitergehender Ansprüche lediglich störungsbedingte Vermögensschäden, also nicht Schäden an der Sachsubstanz. Für Substanzschäden bleiben die **allgemeinen Schadensersatzregelungen** unberührt.

34   bb) **Verletzung von Informations- und Koordinationspflichten.** Ebenfalls von dem Ausschluss nicht erfasst ist eine Haftung auf den **Vertrauensschaden** wegen der Verletzung von Informations- und Koordinationspflichten aus § 17d Abs. 2 S. 46 (*Broemel* ZUR 2013, 408 (413); *Wetzer* Netzanbindung von Windenergieanlagen auf See S. 105 ff.; allg. zur Haftung für Nebenpflichtverletzungen *Thole* RdE 2013, 397 (400); für eine Sperrwirkung des § 17 e Abs. 1 S. 5, Abs. 2 S. 3 demgegenüber wohl Thole RdE 2013, 53 (58)). Haftungsgrund ist hier nicht die Verzögerung an sich, sondern die Tatsache, dass der Windkraftanlagenbetreiber sich wegen unterbliebener oder verspäteter Mitteilung auf die veränderte Planung nicht rechtzeitig einstellen konnte (→ § 17d Rn. 14).

35   cc) **Haftung aus § 826 BGB.** Die Regelung in § 17 e Abs. 1 zielt mit ihrem verschuldensunabhängigen, aber begrenzten Entschädigungsanspruch auf einen angemessenen Ausgleich der Investitionsrisiken von Windkraftanlagen- und Übertragungsnetzbetreibern. Bei einer Verursachung der Störung im Wege einer **vorsätzlichen sittenwidrigen Schädigung** nach § 826 BGB entfällt über den Wortlaut des § 17 e Abs. 1 S. 5 hinaus der Grund, dem Geschädigten eine vollständige Naturalrestitution zu verwehren.

36   dd) **Schadensersatzansprüche gegen Dritte.** Der Ausschluss weitergehender Ansprüche lässt zudem etwaige **Schadensersatz- und Regressansprüche gegen Dritte** infolge der Beeinträchtigungen der Anbindungsleitung unberührt. Der Ausschluss bezieht sich mit anderen Worten nur auf das Verhältnis zwischen Übertragungsnetzbetreiber und Windkraftanlagenbetreiber.

37   4. **Vertretenmüssen des Windkraftanlagenbetreibers (Abs. 1 S. 6).** Nach § 17 e Abs. 1 S. 6 entfällt der Entschädigungsanspruch, soweit der Windkraftanlagenbetreiber die Störung zu vertreten hat, ihm also nach § 276 Abs. 1 BGB Vorsatz oder Fahrlässigkeit zur Last fällt. Folglich steht dem Windparkbetreiber kein Entschädigungsanspruch für denjenigen Arbeitsausfall zu, der vom Windparkbetreiber **zumindest leicht fahrlässig** verursacht worden ist (*Ruge* EnWZ 2013, 3 (6)). Diesem relativ strengen Wegfall des Entschädigungsanspruchs infolge leichter Fahrlässigkeit steht auch der Vergleich zur zivilrechtlichen Gefährdungshaftung nicht entgegen, bei der ein Aufeinandertreffen von verschuldensunabhängiger Gefährdungshaftung und leicht fahrlässigem Mitverschulden des Geschädigten zur Quotelung unter Berücksichtigung von Fahrlässigkeitsgrad einerseits und Betriebsgefahr andererseits führt (Grüneberg/*Grüneberg* BGB § 254 Rn. 67; Staudinger/*Schiemann* BGB § 254 Rn. 119 ff.). Vielmehr hat der Windparkbetreiber im Unterschied zum Mitverschulden nach § 254 Abs. 1 BGB nicht lediglich zur Verletzung eigener Rechtspositionen beigetragen, sondern schuldhaft eine Störung fremden Eigentums verursacht. Dem Übertragungsnetzbetreiber steht infolge dieser schuldhaften

Eigentumsverletzung gegen den Windparkbetreiber ohnehin regelmäßig ein Schadensersatzanspruch zu, der auch die Freistellung von Haftungsschäden abdeckt. Schließlich verfolgt der Entschädigungsanspruch den Zweck, den Windparkbetreiber vor dem für ihn **unbeeinflussbaren Risiko einer fehlenden Anbindung** zu schützen (Begr. RegE, BT-Drs. 17/10754, 26). Ein Schutz vor den Folgen eigenen Verschuldens ist davon nicht umfasst. Geht die Störung allerdings auf ein **beiderseitiges Verschulden** sowohl des Windanlagenbetreibers als auch des Übertragungsnetzbetreibers zurück, ist die Höhe des Entschädigungsanspruchs entsprechend der Verschuldensanteile zu quoteln (aA *Thole* RdE 2013, 53 (58); *Schulz/Rösler* EnWZ 2013, 531 (533 f.)). Zwar ist für den Entschädigungsanspruch die Prüfung eines Verschuldens des Übertragungsnetzbetreibers grundsätzlich entbehrlich (darauf abstellend *Schulz/Rösler* EnWZ 2013, 531 (533) Fn. 32). Die verschuldensunabhängige Haftung soll jedoch die Finanzierbarkeit für Anlagenbetreiber verbessern (→ Rn. 1), nicht den Übertragungsnetzbetreiber bei beiderseitigem Verschulden gegenüber allgemeinen Grundsätzen des Schadensrechts privilegieren.

II. Verzögerung der Errichtung (Abs. 2)

Abs. 2 sieht eine dem Abs. 1 entsprechende Entschädigung für die Verzögerung 38 der Errichtung der Anbindungsleitung vor. Mit Blick auf die Realisierungsfrist für den Windparkbetreiber aus § 81 Abs. 2 WindSeeG ist der zeitliche Selbstbehalt im Zuge der Novellierung des WindSeeG im Jahr 2020 **auf 90 Tage erhöht** worden (BT-Drs. 19/24039, 33; *Kirch/Huth*, jurisPR-UmwR 3/2021 Anm. 1). Auf Zuschläge in Übergangsausschreibungen für bestehende Projekte nach §§ 34, 26 WindSeeG bleibt es gem. § 17e Abs. 2 S. 8 bei dem bisherigen zeitlichen Selbstbehalt von zehn Tagen (BT-Drs. 19/25326, 37).

Die Entschädigungsregelung knüpft an den **verbindlichen Fertigstellungs-** 39 **termin** aus § 17d Abs. 2 S. 8 sowie für Windenergieanlagen auf See im Küstenmeer aus § 17d Abs. 7 S. 4 an. Unterliegt die Windenergieanlage auf See dem Ausschreibungsverfahren und bezieht sich der Zuschlag nach § 23 WindSeeG oder nach § 34 WindSeeG erst auf einen Zeitpunkt nach dem verbindlichen Fertigstellungstermin, ist nach Abs. 2 S. 7 auf den Zeitpunkt abzustellen, ab dem der **Anspruch auf die Marktprämie** nach § 19 EEG besteht. Der Anspruch setzt grundsätzlich die Betriebsbereitschaft der Anlage, zumindest aber die Errichtung des Umspannwerks sowie der Fundamente der Anlage voraus.

1. Entschädigung für entgangene Einspeiseerlöse. Wie die Entschädigung 40 aus Abs. 1 soll die Entschädigung aus Abs. 2 den Verlust der Einspeiseerlöse kompensieren, der durch die Verzögerung der Fertigstellung der Anbindungsleitung eingetreten ist. **Fertigstellung der Netzanbindung** bedeutet, dass die Möglichkeit der Einspeisung aus einer betriebsbereiten Windenergieanlage besteht und der Anlagenbetreiber nicht mehr mit kurzfristigen Unterbrechungen für Einstellungen oder sonstige Restarbeiten rechnen muss (LG Bayreuth Urt. v. 14.11.2019 – 1 HK O 47/18 Rn. 45; LG Bayreuth Urt. v. 12.3.2020 – 31 O 717/16, S. 20; ähnlich in einem anderen Kontext OLG Düsseldorf Beschl. v. 25.8.2021 – 3 Kart 211/20 Rn. 69). Dazu gehört grundsätzlich, wenn auch nicht zwingend, der auch bei Sammelanbindungen für jeden Offshore-Windpark gesondert durchzuführende Probebetrieb, da dieser die hinreichende Sicherheit einer Möglichkeit der Einspeisung vermittelt (*Herbold/Kirch* EnWZ 2019, 393 (397 f.); gegen eine Relevanz des Probebetriebs *Wülbeck* EnWZ 2020, 440 (443 f.)). Der erfolgreichen Durchführung des Probebetriebs kommt insoweit eine Indizwirkung zu (LG Bayreuth Urt. v. 14.11.2019 – 1 HK O 47/18 Rn. 47). Die Fertigstellung ist damit unabhängig von der vertraglichen Ausgestaltung des Probebetriebs im Verhältnis zwischen Netzbetreiber und dessen Auftragnehmern sowie von der Anbindung anderer Offshore-Windparks. Kommt es nach Fertigstellung zu Beeinträchtigungen der Anbindung infolge des Probebetriebs für andere Offshore-Windparks, liegt eine geplante Wartung nach Abs. 3 oder eine Störung nach Abs. 1 vor, mit der Folge, dass die entsprechenden, auf das Kalenderjahr bezogenen Selbstbehaltsfristen greifen. Unabhängig von dem Probebetrieb sieht die BNetzA die Anbindungsleitung vier Monate nach Bereitstellung der physikalischen Einspeisemöglichkeit als fertiggestellt an (zum Ganzen BNetzA, Leitfaden zur Ermittlung einer umlagefähigen Entschädigung bei Störung, Verzögerung oder Wartung der Netzanbindung von Offshore-Anlagen v. 8.10.2013, S. 6; *Schulz/Rösler* EnWZ 2013, 531 (534f.)). Einspeisungen, die bereits vor Fertigstellung möglich waren, etwa über **Interimsanbindungen** oder während des **Probebetriebs,** reduzieren den verzögerungsbedingten Arbeitsausfall (*Ertel* EnWZ 2020, 246 (250); *Kirch* jurisPR-UmwR 5/2020 Anm. 5; *Parche* RdE 2020, 394 (398); *Schneider/Schulze* IR 2019, 170 (172f.); *Wetzer* Netzanbindung von Windenergieanlagen auf See S. 184; anders offenbar *Wülbeck* EnWZ 2020, 440 (444)). Der Entschädigungsanspruch aus Abs. 2 S. 1 setzt ebenso wie der Anspruch aus Abs. 1 im Grundsatz voraus, dass der entschädigungspflichtige Arbeitsausfall ausschließlich auf die fehlende Verfügbarkeit der Netzanbindung zurückgeht.

41 a) **Kausalität der Verzögerung.** Der Entschädigungsanspruch setzt die **Kausalität** der Verzögerung für die entgangene Einspeisung voraus. Der Entschädigungsanspruch entfällt, wenn die Einspeisung aus **mehreren Gründen,** also auch unabhängig von der Verzögerung, nicht möglich ist (*Wetzer* Netzanbindung von Windenergieanlagen auf See S. 180). Geht ein Teil einer Kapazitätsreduktion, etwa im Fall einer **Interimsanbindung** mit geringerer Kapazität, auf die Verzögerung, ein weiterer Teil aber auf eine davon **unabhängige Ursache** zurück, deckt der Entschädigungsanspruch wegen verzögerter Netzanbindung lediglich den auf die Verzögerung rückführbaren Teil ab. Das gilt insbesondere dann, wenn die verfügbare Kapazität einer Interimsanbindung wegen eines landseitigen Netzengpasses nicht vollständig genutzt werden kann (*Schneider/Schulze* IR 2019, 170 (171f.); anders die Einschätzung in der Begründung des Regierungsentwurfs BT-Drs. 17/10754, 31). Der Gesetzgeber verknüpft mit den unterschiedlichen Ursachen der Verzögerung verschiedene Folgen, sowohl im Verhältnis zu den Windparkbetreibern als auch für die Wälzung der Kosten. Für die abweichende Einschätzung in der Gesetzesbegründung ergibt sich aus dem Wortlaut und der Systematik der Regelung kein Anhaltspunkt, zumal sie bei einem zeitweiligen Zusammentreffen der voneinander unabhängigen Ursachen zu zufälligen Ergebnissen führen würde. Ebenso wie der Entschädigungsanspruch aus Abs. 1 S. 2 erfordert der Anspruch wegen Verzögerungen in der Anbindung den **Nachweis der entgangenen Einspeisung** in dem entsprechenden Zeitraum, also insbesondere zu den jeweiligen Windbedingungen (zum Spitzabrechnungsverfahren → Rn. 11). Ist die Anlage zur Schadensminderung noch nicht vollständig errichtet worden, kann es an den erforderlichen Daten zur Windgeschwindigkeit sowie dem anlagespezifischen Korrekturfaktor fehlen, mit der Folge, dass die Ausfallarbeit unter Rückgriff auf Vergleichsdaten zum Teil vorläufig berechnet und zunächst Abschlagszahlungen auf die Entschädigungsansprüche geleistet werden (näher → Rn. 59).

b) Betriebsbereitschaft der Anlage. Von der Herstellung der nach Abs. 2 S. 1 42
grundsätzlich für eine Entschädigung erforderlichen Betriebsbereitschaft kann der
Windkraftanlagenbetreiber zur Schadensvermeidung nach Abs. 2 S. 4 absehen,
wenn das Umspannwerk sowie zumindest die Fundamente der Windkraftanlage errichtet sind.

aa) Erforderlicher Realisierungsgrad der Anlage. Die Anforderungen an 43
den Fertigstellungsgrad der Windkraftanlage für den Entschädigungsanspruch wegen Verzögerungen gehörten angesichts der teilweise absehbaren Verzögerungen
zu den umstrittenen Punkten der Regelung (vgl. die Stellungnahme der Offshore
Forum Windenergie GbR sowie der Trianel Windkraft Borkum GmbH, Beschlussempfehlung und Bericht des Ausschusses für Wirtschaft und Technologie,
BT-Drs. 17/11705, 9 und 10). Die vollständige Fertigstellung des Windkraftparks
trotz verzögerter Anbindung macht unter Umständen aufwendige Erhaltungsmaßnahmen durch Notstrombetrieb erforderlich und kann zum Beginn der Gewährleistungsfristen führen. Andererseits zieht der Verzicht auf die vollständige Fertigstellung das Risiko nach sich, dass der Windparkbetreiber infolge der verzögerten
Anbindung Entschädigungszahlungen erhält, obwohl er selbst nicht zur rechtzeitigen Fertigstellung in der Lage gewesen wäre. § 17e Abs. 2 S. 4 lässt aus diesem
Grund hinsichtlich der **Windkraftanlagen** die Errichtung der **Fundamente** ausreichen, fordert aber die **Errichtung der Umspannanlage** (weitergehend demgegenüber der Vorschlag des Offshore Forums Windenergie: Errichtung des Fundaments oder der Nachweis der Lieferbereitschaft des Umspannwerkes statt
vollständiger Errichtung, Beschlussempfehlung und Bericht des Ausschusses für
Wirtschaft und Technologie, BT-Drs. 17/11705, 9). Die vollständige Errichtung
der Umspannanlage setzt ihre Bereitschaft für den Einzug des Exportkabels des
Übertragungsnetzbetreibers sowie den Erwerb und die Verfügbarkeit der Innenparkkabel voraus (BNetzA, Leitfaden zur Ermittlung einer umlagefähigen Entschädigung bei Störung, Verzögerung oder Wartung der Netzanbindung von Offshore-Anlagen v. 8.10.2013, S. 4 und 14; *Wülbeck* EnWZ 2020, 440 (441 f.); NK-EnWG/
Schink § 17e Rn. 23; aA *Herbold/Kirch* EnWZ 2019, 393 (396 f.); zu den Nachweispflichten → Rn. 46). Nach einer Entscheidung des LG Bayreuth bezieht sich die
„Kabeleinzugsbereitschaft" auf die Installation der baulichen und anlagentechnischen Einrichtungen, nicht auf die weiteren logistischen Voraussetzungen oder
die Bemannung und Baufreiheit der Plattform (LG Bayreuth Urt. v. 12.3.2020 –
31 O 717/16, S. 17). Diese weiteren Voraussetzungen hängen zum Teil von dem
konkreten Zeitpunkt der Inbetriebnahme ab. Um missbräuchlicher Inanspruchnahme der Entschädigungsregelung vorzubeugen, sieht § 17e Abs. 2 S. 5 zudem
einen Rückforderungsanspruch vor (→ Rn. 46 ff.).

bb) Verzicht auf Fertigstellung zur Schadensminderung. Darüber hinaus 44
setzt die Betriebsbereitschaft nach § 17e Abs. 2 S. 4 voraus, dass der Windkraftanlagenbetreiber von der Herstellung tatsächlicher Betriebsbereitschaft **ausschließlich
aus Gründen der Schadensminderung** abgesehen hat. Der Herstellung tatsächlicher Betriebsbereitschaft durch den Windkraftanlagenbetreiber dürfen weder
rechtliche noch tatsächliche Hindernisse entgegenstehen. Nach der Begründung des Regierungsentwurfs soll die Fähigkeit zur Herstellung der Betriebsbereitschaft insbesondere den vorherigen Erwerb und die tatsächliche Verfügbarkeit sämtlicher Bestandteile der Offshore-Anlage voraussetzen (BT-Drs. 17/10754, 27 f.).
Die zur Finanzierung der Errichtung erfolgende Einräumung von **Sicherungsrechten** an den Anlagen oder den Anteilen der Haltegesellschaft (näher *Schulz/*

§ 17 e Teil 3. Regulierung des Netzbetriebs

Gläsner EnWZ 2013, 163 ff.; *Wurmnest* RabelsZ 72 (2008), 236 ff.) steht dem nicht entgegen.

45 **c) Selbstbehalt.** Ebenso wie der Entschädigungsanspruch in Abs. 1 ist der Entschädigungsanspruch grundsätzlich auf 90 Prozent des nach § 19 EEG erzielbaren Zahlungsanspruchs **begrenzt** und die ersten zehn Tage der Verzögerung sind von der Entschädigung ausgenommen, sofern dem Übertragungsnetzbetreiber hinsichtlich der Verzögerung kein Vorsatz zur Last fällt (→ Rn. 13 ff.).

46 **2. Rückgewährpflicht bei verspäteter Errichtung der Windkraftanlage (Abs. 2 S. 5).** Mit der Pflicht zur verzinsten **Rückgewähr der Entschädigungszahlungen** bei verspäteter Errichtung der Windkraftanlage beabsichtigt der Gesetzgeber, Missbrauch vorzubeugen und sicherzustellen, dass die Verzögerung bei der Herstellung der Anbindungsleitung tatsächlich den einzigen Grund für den Verlust der Einspeiseerlöse darstellt (Begr. RegE, BT-Drs. 17/10754, 28). Eine **Sicherheitsleistung** für etwaige Rückgewähransprüche ist zur Geltendmachung der Entschädigungszahlung grundsätzlich nicht erforderlich (BNetzA, Leitfaden zur Ermittlung einer umlagefähigen Entschädigung bei Störung, Verzögerung oder Wartung der Netzanbindung von Offshore-Anlagen v. 8.10.2013, S. 13).

47 **a) Angemessene Frist.** Die von der BNetzA zu setzende, angemessene **Frist zur Fertigstellung** der Windkraftanlage, für die der Betreiber nach § 17 e Abs. 2 S. 1 und 4 in der Vergangenheit Entschädigungszahlungen erhalten hat, ist so zu bemessen, dass ein Windkraftanlagenbetreiber, der bereits über die zur Fertigstellung erforderlichen Elemente verfügt (→ Rn. 31), die Fertigstellung bei derzeitiger Marktlage üblicherweise erreichen kann. Die BNetzA sieht einen Zeitraum von **18 Monaten** nach Fertigstellung der Netzanbindung die Errichtung der Windenergieanlage auf See als angemessen an (BNetzA, Leitfaden zur Ermittlung einer umlagefähigen Entschädigung bei Störung, Verzögerung oder Wartung der Netzanbindung von Offshore-Anlagen v. 8.10.2013, S. 13).

48 **b) Umfang der Rückgewähr. aa) Von der Rückgewähr erfasste Anlagen und Zeiträume.** Abs. 2 S. 5 trifft keine eindeutige Regelung darüber, welche Anlagen eines zumindest teilweise verspätet errichteten Windparks und welche Zeiträume von der Rückgewährpflicht betroffen sind. Einerseits legt der Hinweis auf „sämtliche Zahlungen nach Satz 1" nahe, dass die Rückgewährpflicht alle Windkraftanlagen des angeschlossenen Windparks in dem gesamten Zeitraum erfasst, in dem Zahlungen nach S. 1 erfolgt sind. Im Extremfall kann dies zur Rückabwicklung einer über mehrere Monate gewährten Entschädigungszahlung führen, obwohl die Frist nur knapp, unverschuldet oder nur für einen kleinen Teil des Windparks überschritten worden ist. Andererseits sieht Abs. 2 S. 5 die Rückgewährpflicht lediglich vor, „soweit" die Anlage nicht fristgerecht hergestellt ist. Betrifft die Verspätung **nur einen Teil der Windkraftanlagen** eines Windparks, umfasst die Rückgewährpflicht nicht die Entschädigungszahlungen, die für die entgangenen Einspeisungen rechtzeitig fertiggestellter Anlagen entrichtet worden ist (BNetzA, Leitfaden zur Ermittlung einer umlagefähigen Entschädigung bei Störung, Verzögerung oder Wartung der Netzanbindung von Offshore-Anlagen v. 8.10.2013, S. 13: „jeweilige Offshore-Anlage"; *Hampel* RdE 2014, 48 (51)). § 17 e Abs. 2 S. 5 soll einem möglichen Missbrauch vorbeugen und eine über den eingetretenen Schaden hinausgehende Kompensation vermeiden (Begr. RegE, BT-Drs. 17/10754, 28). Für den rechtzeitig errichteten Teil sind die Entschädigungen jedoch zu Recht geleistet worden und müssen daher nach Sinn und Zweck der Regelung

Entschädigung bei Störungen der Anbindung von Offshore-Anlagen **§ 17e**

nicht rückabgewickelt werden. Für den hinter der Regelung stehenden allgemeinen schadensrechtlichen **Grundsatz der Gewinnabwehr** hätte es freilich genügt, den Zeitraum, für den Entschädigungszahlungen rückabzuwickeln sind, entsprechend dem Zeitraum der Fristüberschreitung zu bemessen. Dem allgemeinen zivilrechtlichen Schadensersatzrecht kommt weder eine Straffunktion noch ein **Sanktionscharakter** zu (*Lange/Schiemann*, Schadensersatz, 3. Aufl. 2003, Einl. III 2., S. 13). Hingegen greift die in § 17e Abs. 2 S. 5 vorgesehene Rückabwicklung sämtlicher erhaltener Entschädigungszahlungen (Begr. RegE, BT-Drs. 17/10754, 28) dem Wortlaut nach unabhängig von der Dauer und Ursache der Fristüberschreitung. Das damit verbundene Risiko einer vollständigen Rückabwicklung auch bei geringfügiger oder unverschuldeter Fristüberschreitung beugt zwar Missbräuchen vor, beeinträchtigt aber auch die angezielte Finanzierbarkeit (→ Rn. 1; zur teleologischen Reduktion deshalb → Rn. 53).

bb) Verzinsung (Abs. 2 S. 5 Hs. 2). Auf den Rückgewähranspruch finden die 49 allgemeinen Regeln zum Verzug aus §§ 286, 288, 289 S. 1 BGB nach § 17e Abs. 2 S. 5 Hs. 2 entsprechende Anwendung. Freilich ist mit der nur entsprechenden Anwendung eine Modifikation der allgemeinen Verzugsregelung verbunden. Dazu zählt zunächst der Beginn der Verzinsungspflicht, die nicht erst mit fruchtlosem Ablauf der Frist zur Errichtung der Windkraftanlage einsetzt, sondern rückwirkend den gesamten Zeitraum der Rückgewähr erfasst. Der Verweis auf §§ 286, 288, 289 S. 1 BGB bezweckt keine Regulierung eines Verzögerungsschadens, sondern die möglichst **umfassende Rückabwicklung der Entschädigungszahlung.** Die empfangenen Entschädigungszahlungen sind daher im Falle der Rückgewährpflicht nach §§ 286, 288 BGB seit ihrer Gewährung mit einem Zinssatz nach § 288 Abs. 1 BGB in Höhe von fünf Prozentpunkten über dem Basiszinssatz zu verzinsen. Nach Teilen der Kommentarliteratur soll demgegenüber der höhere Zinssatz aus § 288 Abs. 2 BGB Anwendung finden (HK-Offshore-WindenergieR/*Böhme/Huerkamp* EnWG § 17e Rn. 32; wie hier NK-EnWG/*Schink* § 17e Rn. 28). Entgeltforderung iSd § 288 Abs. 2 BGB meint jedoch einen Anspruch auf Zahlung eines Entgelts für die Lieferung von Gütern oder die Erbringung von Dienstleistungen (BeckOK BGB/*Lorenz* § 286 Rn. 40; entsprechend ablehnend zu Schadensersatzansprüchen BGH NZM 2018, 333 (335 Rn. 26)). Zinseszinsen fallen nicht an, § 289 S. 1 BGB.

cc) Weitergehender Schaden. Darüber hinaus stellt sich die Frage, ob der 50 Übertragungsnetzbetreiber einen höheren, durch den Liquiditätsabfluss entstandenen Schaden, etwa Refinanzierungskosten, geltend machen kann. Schadensrechtlich schließt § 288 Abs. 4 BGB die Geltendmachung eines über die Verzugszinsen hinausgehenden Schadens ausdrücklich nicht aus. Jedoch zielt Abs. 2 S. 5 auf die umfassende Rückgewähr der empfangenen Leistung, nicht auf eine umfassende Entschädigung für die durch die Leistung entstandenen Kosten, die freilich auf der Grundlage **allgemeiner schadensersatzrechtlicher Ansprüche** auch nicht ausgeschlossen ist.

c) Verschuldensunabhängiger Rückabwicklungsanspruch. Während ein 51 Anspruch auf Ersatz des Verzögerungsschadens aus §§ 286, 288 BGB nach § 286 Abs. 4 BGB ausgeschlossen ist, wenn der Schuldner die nicht fristgerechte Leistung nicht zu vertreten hat, setzt Abs. 2 S. 5 für den Anspruch auf verzinste Rückgewähr der Zahlungen lediglich die fehlende Fertigstellung innerhalb der angemessenen Nachfrist voraus. Es handelt sich mit anderen Worten um einen **verschuldens-**

unabhängigen **Anspruch auf Rückgewähr** der Entschädigungszahlungen einschließlich Zinsen.

52 **d) Weitergehende Ansprüche nach unberechtigter Inanspruchnahme.** Weitergehende Schadensersatzansprüche wegen einer unberechtigten Inanspruchnahme der Entschädigung werden durch die Rückgewährpflicht in Abs. 2 S. 5 nicht ausgeschlossen. Stellt das in § 17 d konkretisierte Verhältnis zwischen Übertragungsnetz- und Windparkbetreiber ein gesetzliches Schuldverhältnis dar (→ Rn. 17), das unter anderem die Pflicht zur Fertigstellung zum verbindlichen Fertigstellungstermin sowie einen Entschädigungsanspruch bei Verzögerungen umfasst, kann in der unberechtigten Inanspruchnahme der Entschädigung je nach Umständen des Einzelfalls eine **schuldhafte Nebenpflichtverletzung** liegen. Bei vorsätzlich unberechtigter Inanspruchnahme kommen zudem deliktische Schadensersatzansprüche aus § 823 Abs. 2 BGB iVm § 263 Abs. 1 StGB und § 826 BGB in Betracht.

53 **e) Nachweis der früheren Fähigkeit zur Errichtung.** Der Rückgewähranspruch aus Abs. 2 S. 5 beruht auf der Prämisse, dass eine Anlage, die nicht binnen angemessener Frist fertiggestellt werden kann, auch zum ursprünglichen verbindlichen Fertigstellungstermin der Anbindungsleitung nicht hätte errichtet werden können. Aus dem Unvermögen des Windkraftanlagenbetreibers zur zeitnahen Fertigstellung der Windkraftanlage zieht die Regelung in Abs. 2 S. 5 den Schluss, dass die Verzögerung in der Anbindung für den Verlust der Einspeiseerlöse nicht kausal und die Entschädigungsforderung nicht berechtigt war. Ist das Hindernis für den Windparkbetreiber allerdings im Einzelfall erst nach Inanspruchnahme der Entschädigungszahlung eingetreten, führt Abs. 2 S. 5 zu einer vollständigen Rückabwicklung, obwohl dessen Sinn und Zweck sich darauf beschränkt, eine **missbräuchliche Forderung der Entschädigung** zu verhindern. Abs. 2 S. 5 ist daher **teleologisch zu reduzieren** auf eine in besonderen Einzelfällen **widerlegliche Vermutung**, dass ein Windparkbetreiber, der den Windpark nicht fristgerecht hergestellt, auch bei Inanspruchnahme der Entschädigungszahlung nicht zur Herstellung der Betriebsbereitschaft in der Lage gewesen wäre.

54 **3. Ausschluss der weitergehenden Haftung (Abs. 2 S. 3).** Entsprechend der Regelung in Abs. 1 S. 5 (→ Rn. 30 ff.) wird in Abs. 2 S. 3 die weitergehende Inanspruchnahme des Übertragungsnetzbetreibers wegen Vermögensschäden infolge der Verzögerung der Anbindungsleitung ausgeschlossen (BGH Urt. v. 13.11.2018 – EnZR 39/17 Rn. 23 ff.).

55 **4. Mitverschulden des Windkraftanlagenbetreibers.** Im Gegensatz zu Abs. 1 S. 6 enthalten die Bestimmungen zum Entschädigungsanspruch wegen Verzögerung der Anbindung in Abs. 2 keine ausdrückliche Regelung zu einem etwaigen Vertretenmüssen des Windkraftanlagenbetreibers. Geht die Verzögerung auf ein **Verschulden des Windparkbetreibers** zurück und steht dem Übertragungsnetzbetreiber wegen Eigentums- oder Nebenpflichtverletzung ein **Schadensersatzanspruch** gegen den Windparkbetreiber zu, führt der Schadensersatzanspruch zur Freistellung von Entschädigungsansprüchen wegen der Verzögerung. Hat der Windparkbetreiber zur Verzögerung beigetragen, ohne dass dem Übertragungsnetzbetreiber ein Schadensersatzanspruch zusteht, findet die **Wertung aus § 254 Abs. 1 BGB** auf den verschuldensunabhängigen Entschädigungsanspruch analoge Anwendung (*Riedle* Überwachung der Offshore-Haftungsregelungen S. 72; zum nachbarrechtlichen Ausgleichsanspruch aus § 906 Abs. 2 S. 2: BGH Urt. v. 18.9.1987 – V ZR 219/85, NJW-RR 1988, 136 (138)). Der Windkraftanlagen-

Entschädigung bei Störungen der Anbindung von Offshore-Anlagen § 17 e

betreiber muss sich dann eigene Verursachungsbeiträge und ein eigenes Verschulden, etwa bei der gegenseitigen Abstimmung der Planung im Rahmen des Realisierungsfahrplans, entgegenhalten lassen.

5. Entschädigungsregelung bei Altanlagen (Abs. 2 S. 6). Betreiber von 56 Offshore-Anlagen, denen bis zum 29.8.2012 eine unbedingte Netzanbindungszusage erteilt worden ist, oder die nach einer bedingten Netzanbindungszusage die Voraussetzungen für eine unbedingte Netzanbindungszusage bis zum 1.9.2012 nachgewiesen haben, fallen unter die Übergangsregelung aus § 118 Abs. 12. Ihnen steht nach § 17 Abs. 2a S. 1 EnWG aF ein Anspruch auf Netzanbindung zum Zeitpunkt der Herstellung der technischen Betriebsbereitschaft der Offshore-Anlage zu. § 17e Abs. 2 S. 6 setzt den Zeitpunkt der Herstellung der technischen Betriebsbereitschaft nach § 17 Abs. 2a EnWG aF mit dem verbindlichen Fertigstellungstermin nach § 17d Abs. 2 S. 8 gleich und stellt dadurch zugleich klar, dass sich der Entschädigungsanspruch aus § 17e Abs. 2 S. 1 auf die Altanlagen nach § 118 Abs. 12 erstreckt (BGH Urt. v. 13.11.2018 – EnZR 39/17 Rn. 37; Begr. RegE, BT-Drs. 17/10754, 28). Auch für sie tritt der Entschädigungsanspruch damit an die Stelle etwaiger anderer Ansprüche auf Ersatz des Vermögensschadens wegen Verzögerung der Netzanbindung. Entsprechend findet auch der in Abs. 2 S. 3 vorgesehene Ausschluss einer weitergehenden Haftung ebenfalls auf Anlagen Anwendung, die bereits vor Inkrafttreten dieser Regelung eine unbedingte Netzanbindungszusage erhalten haben (BGH Urt. v. 13.11.2018 – EnZR 39/17 Rn. 31ff., 38). Auch wenn §§ 17e Abs. 2 S. 6, 118 Abs. 12 lediglich auf die Netzanbindungszusage und nicht auf den Zeitpunkt der Schadensentstehung abstellen, finden die Übergangsregelungen auf Anbindungsleitungen, die vor dem Inkrafttreten der §§ 17d ff. fertiggestellt worden sind, keine Anwendung (Begr. RegE, BT-Drs. 17/10754, 28: Anwendbarkeit auf bei Inkrafttreten absehbare, aber noch nicht eingetretene Schäden; ebenso ohne nähere Begründung LG Berlin Urt. v. 12.8.2013 – 99 O 127/11, RdE 2014, 35ff.). Lag der Termin der bis zum 29.8.2021 erteilten Netzanbindungszusage nach dem Inkrafttreten, finden die Regelungen in Abs. 2 S. 3 und 6 auch dann Anwendung, wenn bereits vor dem Inkrafttreten eine Verzögerung absehbar war (BGH Urt. v. 13.11.2018 – EnRZ 39/17 Rn. 22ff.). Lag der Termin der Netzanbindungszusage vor dem Inkrafttreten, ist die Anbindungsleitung jedoch erst danach fertiggestellt worden, ist ein Teil des verzögerungsbedingten Schadens bereits vor Inkrafttreten entstanden. § 118 Abs. 12 und damit auch § 17e Abs. 2 S. 6 finden auf diesen Fall gleichwohl auf den gesamten Schaden einheitlich Anwendung. Die Erstreckung bezweckt eine **Klärung der Haftungsfragen für Altfälle** und eine **Gewährleistung der Finanzierung** von in der Planung befindlichen Projekten angesichts sich abzeichnender Verzögerungen bei der Netzanbindung (Begr. RegE, BT-Drs. 17/10754, 28f.). Während der Gesetzgeber diese Klärung als grundsätzlich zulässige sog. unechte Rückwirkung eingeordnet hat (Begr. RegE, BT-Drs. 17/10754, 28; ebenso BGH Urt. v. 13.11.2018 – EnZR 39/17 Rn. 49ff.), liegt nach einem zum Steuerrecht ergangenen Beschluss des BVerfG in der nachträglichen, klärenden Feststellung des geltenden Rechts durch den Gesetzgeber sog. echte Rückwirkung, wenn dadurch eine in der Fachgerichtsbarkeit offene Auslegungsfrage entschieden wird (BVerfG Beschl. v. 17.12.2013 – 1 BvL 5/08 Rn. 56). Die Erstreckung auf Altfälle in § 17e Abs. 2 S. 6 dürfte gleichwohl verfassungsrechtlich zulässig sein. Der Gesetzgeber bleibt legitimiert, eine Regelung für die umstrittenen Haftungsfragen zu treffen (*Lepsius* JZ 2014, 488 (491 ff.), abweichende Meinung *Masing,* BVerfG Beschl. v. 17.12.2013 – 1 BvL 5/08 Rn. 91 ff.; anders im Hinblick auf den Grundsatz der Gewaltenteilung Beschl. v. 17.12.2013 – 1 BvL 5/08 Rn. 52ff.), zumal ein großer Teil der von § 17e Abs. 2 S. 6 erfassten Verzögerungsschäden erst nach Inkrafttreten des Gesetzes eingetreten ist oder noch eintreten wird und der Fortschritt der bei Inkrafttreten verzögerten Projekte maßgeblich von der Haftung abhängt. Schon wegen dieser fortlaufenden Vertiefung des Schadens nimmt der BGH nach dem Grundsatz der Schadenseinheit an, dass im Fall einer bei Inkrafttreten noch andauernden Verzögerung noch kein abgeschlossener Sachverhalt vorliegt, jedenfalls wenn der Schaden zu diesem Zeitpunkt noch nicht im Wesentlichen absehbar ist (BGH Urt. v. 13.11.2018 – EnZR 39/17 Rn. 52ff.). Die Neuregelung beeinträchtigt weder die Windparkbetreiber noch den Netzbetreiber in unverhältnismäßiger Weise in ihrem schutzwürdigen Vertrauen auf den Bestand der Rechtslage. Für Windparkbetreiber tritt zwar an die Stelle eines potenziellen, auf Vollkompensation zielenden Schadensersatzanspruchs ein grundsätzlich auf 90 Prozent der entgangenen Einspeiseentgelte gedeckelter Entschädigungsanspruch (für eine verfassungsrechtlich unzulässige Rückwirkung deshalb *Herbold* jurisPR-UmwR 2/2013 Anm. 5; *Wachovius/kleine Holthaus* BayVBl. 2014, 458 (459f.): Klarstellung der zuvor geltenden Rechtslage als milderes Mittel; tendenziell auch *Thole* RdE 2013, 397 (399); aA *Radtke* RdE Sonderheft/2020, 52 (55f.)). Angesichts der erheblichen Unsicherheit, ob sich im Einzelfall ein Verschulden nachweisen lässt oder inwieweit die Rechtsprechung ein Verschulden der Auftragnehmer nach § 278 BGB dem Netzbetreiber zurechnen wird (→ Rn. 1), bietet der verschuldensunabhängige Entschädigungsanspruch jedoch keine wesentlich schlechtere, jedenfalls eine sicherere Finanzierungsgrundlage (BGH Urt. v. 13.11.2018 – EnZR 39/17 Rn. 59). Mit Blick auf die bisher ergangene Rechtsprechung (LG Berlin Urt. v. 12.8.2013 – 99 O 127/11, RdE 2014, 35ff.) spricht im Gegenteil manches dafür, dass die unter § 17e Abs. 2 S. 6 fallenden Windparkbetreiber gegenüber der bisherigen Rechtslage bessergestellt werden. Schließlich liegt in der Einbindung der Haftungsregelung in einen die Planung, Kapazitätsvergabe, Entschädigung und Kostenwälzung umfassenden Systemwechsel ein sachlicher Grund dafür, die bei Inkrafttreten teilweise bereits entstandenen, aber überwiegend noch nicht abgeschlossenen Verzögerungen einheitlich unter die Neuregelung zu fassen. Den Netzbetreiber belastet die Neuregelung schon im Hinblick auf die in § 17f vorgesehene Kostenwälzung nicht unverhältnismäßig.

57 Relativiert wird die von der Erstreckung ausgehende Rechtssicherheit allerdings dadurch, dass der Schadensersatzanspruch an den Zeitpunkt anknüpft, der vom Übertragungsnetzbetreiber in der **Netzanbindungszusage** als **Fertigstellungszeitpunkt** benannt ist. Während die BNetzA in ihrem Positionspapier von einem Zeitraum von 30 Monaten zwischen Zuschlag und Fertigstellung ausgeht (BNetzA, Positionspapier zur Netzanbindungsverpflichtung gemäß § 17 Abs. 2a EnWG, Oktober 2009, S. 13f.), weisen insbesondere die zuletzt erklärten Anbindungszusagen im Hinblick auf bereits absehbare Verzögerungen erheblich längere Zeitspannen aus (vgl. die im ersten Entwurf der Übertragungsnetzbetreiber zum Offshore-Netzentwicklungsplan 2013 veranschlagten Zeiträume zwischen Umsetzungsbeginn und Inbetriebnahme, S. 78, 82). Diese Differenz wirft die Frage auf, welcher Spielraum dem anbindungsverpflichteten Übertragungsnetzbetreiber bei der Benennung des nach Abs. 2 S. 6 maßgeblichen Zeitpunkts zukommt. Auch wenn der Wortlaut auf den in der Anbindungszusage genannten Termin abstellt, steht dem anbindungsverpflichteten Übertragungsnetzbetreiber im Hinblick auf Systematik sowie Sinn und Zweck der Regelung nicht zu, den Beginn des Entschädigungszeitraums nach eigenem Ermessen festzulegen. Windparkbetreibern, die unter die

Regelungen in §§ 17e Abs. 2 S. 6, 118 Abs. 12 fallen, steht nach § 17 Abs. 2a S. 1 EnWG aF ein Anbindungsanspruch zum Zeitpunkt der betriebsbereiten Erstellung der Windkraftanlagen zu. Mit dem Fertigstellungstermin in Abs. 2 S. 6 bezieht der Gesetzgeber sich implizit auf das **Anbindungskonzept der BNetzA** nach der damaligen Rechtslage (vgl. Begr. RegE, BT-Drs. 17/10754, 28; BNetzA Beschl. v. 5.3.2013 – BK6-13-031, 6). Dieses Konzept drückt die Wahrscheinlichkeit für die Realisierung des Windparks durch Anbindungskriterien aus und knüpft an ihre Erfüllung stufenweise Pflichten des Übertragungsnetzbetreibers. Durch die wechselseitige Koordinierung sowie die Verknüpfung mit den Effizienzkriterien der Entgeltregulierung konkretisiert das Konzept auf plausible Weise zumutbare Ausbaupflichten des Übertragungsnetzbetreibers (zur Zumutbarkeit als Grenze der Ausbaupflicht *Schneider*, Aktuelle Rechtsprobleme von Offshore-Windenergieanlagen und ihrer Netzanbindung, in Löwer (Hrsg.), Neuere europäische Vorgaben für den Energiebinnenmarkt, S. 60 (75 ff.)). Abweichungen von den im Konzept vorgesehenen Zeiträumen bedürfen der Rechtfertigung. Verzögernde Umstände, die der Übertragungsnetzbetreiber nicht nach §§ 276, 278 BGB zu vertreten hat, führt das Konzept zwar als Grund für eine Überschreitung des Errichtungszeitraums an (BNetzA, Positionspapier zur Netzanbindungsverpflichtung, S. 14). Auf die neue Rechtslage dürfte diese Rechtfertigung indes nicht übertragbar sein. Der Grund für diesen Ausweis eines verzögerten Fertigstellungszeitpunkts in der Netzanbindungszusage lag darin, dass der Übertragungsnetzbetreiber wegen Verletzung des Anbindungsanspruches aus § 17 Abs. 2a EnWG aF nur bei Verschulden haftete. Die Ersetzung des verschuldensabhängigen Schadensersatzanspruchs durch den verschuldensunabhängigen Entschädigungsanspruch in § 17e Abs. 2 S. 6 zielt jedoch insbesondere darauf, Rechtsunsicherheit bei der Zurechnung des Verschuldens von Erfüllungsgehilfen auszuräumen und Investitionsunsicherheit unter den Windparkbetreibern zu vermeiden (Begr. RegE, BT-Drs. 17/10754, 28). Demnach kann sich der Übertragungsnetzbetreiber auch bei **unverschuldeten Verzögerungen** dem Entschädigungsanspruch grundsätzlich nicht durch den Ausweis eines deutlich hinter den Vorgaben des Konzepts zurückbleibenden Fertigstellungszeitpunkts in der Netzanbindungszusage entziehen. Schließlich gewährt § 17f dem Übertragungsnetzbetreiber bei Entschädigungszahlungen infolge unverschuldeter Verzögerungen einen vollständigen Belastungsausgleich.

III. Entschädigung bei Wartungsarbeiten (Abs. 3)

Die Regelung in Abs. 3 sieht einen Entschädigungsanspruch des Windkraftanla- 58 genbetreibers für den Fall vor, dass eine Einspeisung infolge betriebsbedingter **Wartungsarbeiten** nicht möglich ist. Damit normiert Abs. 3 neben der Störung der Anbindungsleitung nach Abs. 1 einen besonderen Fall der Nichtverfügbarkeit der Anbindungsleitung (als Modifikation der Anspruchsgrundlage aus Abs. 1 verstanden in LG Bayreuth Urt. v. 12.3.2020 – 31 O 717/16, S. 21) und schränkt den Anbindungsanspruch des Windkraftanlagenbetreibers insofern ein, als ein Kontingent von zehn nicht unbedingt aufeinanderfolgenden Kalendertagen an Wartungsarbeiten entschädigungslos hinzunehmen ist. Wartung meint dabei auch den nachträglichen Ausbau, die Erweiterung und die Ertüchtigung einer Anbindungsleitung (LG Bayreuth Urt. v. 12.3.2020 – 31 O 717/16, S. 21: weiter Spielraum des Übertragungsnetzbetreibers), sofern die Netzanbindung zuvor bereits fertiggestellt worden ist (zu den Anforderungen an die Fertigstellung → Rn. 40). Mit dem später eingefügten Abs. 3 S. 2 wird klargestellt, dass der Zeitraum der Wartungsarbeiten **stundengenau**

berechnet wird (zum Hintergrund *Kirch* EnWZ 2022, 213 (217)). Ebenso wie der Entschädigungsanspruch aus Abs. 1 setzt der Entschädigungsanspruch wegen betriebsbedingter Wartungsarbeiten die **Betriebsbereitschaft** der Windkraftanlage voraus (→ Rn. 10). Nutzt der Windkraftanlagenbetreiber das Wartungsintervall des Übertragungsnetzbetreibers für eigene Wartungsarbeiten, besteht kein Entschädigungsanspruch aus Abs. 3. Anreize zur Abstimmung der Wartungsintervalle ergeben sich dadurch für den Windkraftanlagenbetreiber vor allem aus dem Selbstbehalt. Weiterhin fehlt in Abs. 3 zwar im Gegensatz etwa zum Entschädigungsanspruch aus Abs. 2 ein ausdrücklicher Hinweis auf § 17e Abs. 1 S. 2. Gleichwohl zielt der Entschädigungsanspruch darauf, dem Windkraftanlagenbetreiber die Einspeisevergütung in der Höhe, in der er sie ohne den Ausfall der Anbindungsleitung erzielt hätte, zu erhalten. Ebenso wie in Abs. 1 muss der Windkraftanlagenbetreiber daher nach dem sog. Spitzabrechnungsverfahren die **entgangene Einspeisung** der konkreten Anlage in dem entsprechenden Zeitraum darlegen (→ Rn. 11).

IV. Modalitäten der Geltendmachung und Auszahlung

59 Im Hinblick auf den Verweis in Abs. 1 S. 1 sowie die Funktion der Entschädigungszahlung, anstelle der entgangenen Einspeisevergütung Zahlungsflüsse zu gewährleisten, erfolgen die Entschädigungszahlungen entsprechend § 26 Abs. 1 S. 1 EEG in **monatlichen Abschlagszahlungen** (BNetzA, Leitfaden zur Ermittlung einer umlagefähigen Entschädigung bei Störung, Verzögerung oder Wartung der Netzanbindung von Offshore-Anlagen v. 8.10.2013, S. 12, zu § 16 EEG aF). In der monatlichen Rechnungsstellung hat der darlegungs- und nachweispflichtige Anlagenbetreiber sämtliche zur Bestimmung der Entschädigungshöhe erforderlichen Daten in einer für einen sachkundigen Dritten nachvollziehbaren Weise aufzuschlüsseln. Der Leitfaden der BNetzA nennt insoweit die über den EEG-Anlagenschlüssel der jeweiligen Anlage zugeordneten Daten über die Ausfallarbeit und deren Berechnungsgrundlagen, insbesondere die Windgeschwindigkeiten in den betroffenen Zeiträumen, die zertifizierte Leistungskennlinie, den individuellen Korrekturfaktor sowie die Höhe der entgangenen EEG-Einspeisevergütung (BNetzA, Leitfaden zur Ermittlung einer umlagefähigen Entschädigung bei Störung, Verzögerung oder Wartung der Netzanbindung von Offshore-Anlagen v. 8.10.2013, S. 12). Der Zeitraum von Störungen und Wartungen ist anhand von **Protokollen** von Überwachungs- und Steuerungssystemen sowie der **Betriebsdokumentation** oder **Mitteilungen des Übertragungsnetzbetreibers** nachzuweisen. Zudem ist die Betriebsbereitschaft der Anlage in dem entsprechenden Zeitraum zu versichern, im Fall der Verzögerung der Anbindungsleitung durch Testat eines unabhängigen Wirtschaftsprüfers bis zum 28.2. des Folgejahres (BNetzA, Leitfaden zur Ermittlung einer umlagefähigen Entschädigung bei Störung, Verzögerung oder Wartung der Netzanbindung von Offshore-Anlagen v. 8.10.2013, S. 14). Hat der Anlagenbetreiber in diesem Fall zur Schadensminderung von der vollständigen Errichtung der Anlage abgesehen (→ Rn. 43), sind als Nachweis Installations- und Abnahmeberichte einschließlich unterstützender Bilddokumentation, die Lieferverträge über die Anlagen sowie den Erwerb der Innerparkkabel oder Protokolle und Bilddokumentation über ihre Lieferung und Lagerung sowie eine eidesstattliche Versicherung über die Anpassung des Bauzeitenplans und ihrer Gründe erforderlich. Schließlich sieht der Leitfaden der BNetzA eine Jahresendabrechnung zum 28.2. des Folgejahres sowie eine Überprüfung der Höhe der Entschädigungszahlungen nach den Kriterien ihres Leitfadens durch Wirtschaftsprüfer oder vereidigte Buch-

Entschädigung bei Störungen der Anbindung von Offshore-Anlagen § 17 e

prüfer bis zum 30.4. vor (zum Ganzen BNetzA, Leitfaden zur Ermittlung einer umlagefähigen Entschädigung bei Störung, Verzögerung oder Wartung der Netzanbindung von Offshore-Anlagen v. 8.10.2013, S. 14).

V. Regulatorische Behandlung der Entschädigungszahlungen (Abs. 4)

Entschädigungszahlungen nach den Abs. 1–3 stellen nach Abs. 4 **keine Kosten** **60** **des Netzbetriebs** dar und sind damit von der Entgeltregulierung und der damit verbundenen **Effizienzprüfung** ausgenommen. Stattdessen stellt § 17 f iVm dem Energiefinanzierungsgesetz ein System des Belastungsausgleichs auf, nach dem abzüglich eines Selbstbehalts zunächst eine Verrechnung unter den Übertragungsnetzbetreibern und anschließend ein Aufschlag auf die Netzentgelte erfolgt.

VI. Ausschluss der Regelungen zum Schadensersatz (Abs. 5)

Die Regelung in Abs. 5 knüpft an den Ausschluss einer weitergehenden Haftung **61** in Abs. 1 S. 5 sowie Abs. 2 S. 3 an. Sie schließt die Anwendbarkeit des **Schadensersatzanspruches** aus § 32 Abs. 3 sowie entsprechende sog. **Follow-on-Klagen** nach § 32 Abs. 4, bei denen das Gericht im Schadensersatzprozess an die Feststellungen aus bestands- und rechtskräftigen Entscheidungen gebunden ist, aus. Der Ausschluss aus Abs. 5 beschränkt sich, ebenso wie die Regelungen in § 17 e Abs. 1 S. 5 und § 17 e Abs. 2 S. 3, auf Vermögensschäden (Begr. RegE, BT-Drs. 17/10754, 29).

VII. Verhältnis zur EEG-Förderung (Abs. 6)

1. Wahlrecht. a) Alternativität von Entschädigung und Verlängerung. **62**
Um für Betreiber von Windenergieanlagen auf See das finanzielle Risiko von Verzögerungen oder Störungen der Netzanbindung zu reduzieren, sah § 47 Abs. 4 S. 1 EEG 2017 (zuvor § 50 Abs. 4 S. 1 EEG 2014 sowie § 31 Abs. 4 S. 1 EEG 2012) eine **Verlängerung** der **Zeiträume besonderer Förderung** nach § 47 Abs. 2 und 3 EEG 2017 ab dem achten Tag einer anhaltenden, vom Netzbetreiber nicht zu vertretenden Störung oder Verzögerung vor. § 47 Abs. 4 S. 2 und 3 EEG 2017 stellen die Entschädigungsansprüche aus § 17 e Abs. 1 und 2 in ein **Alternativitätsverhältnis** zur Verlängerung des EEG-Förderzeitraums nach § 47 Abs. 4 EEG 2017. Diese Regelungen des § 47 EEG 2017 gelten für Windenergieanlagen auf See, die über eine vor dem 1.1.2017 erteilte, unbedingte Netzanbindungszusage nach § 118 Abs. 12 EnWG oder über eine Zuweisung von Anschlusskapazität nach § 17 d Abs. 3 EnWG aF verfügen und vor dem 1.1.2021 in Betrieb genommen worden sind (BeckOK EEG/*Leicht/Brunstamp/Büllesfeld/Schaube* EEG 2017 § 47 Rn. 9). Für Anlagen, bei denen eine solche Verlängerung der Förderungszeiträume nicht mehr vorgesehen ist, fallen sowohl das Wahlrecht als auch die Mitteilungspflicht weg.

Die Regelungen in § 50 Abs. 4 EEG 2014/§ 47 Abs. 4 EEG 2017, § 17 e Abs. 6 **63** sind darauf ausgerichtet, dem Windkraftanlagenbetreiber den zur Finanzierung erforderlichen Zeitraum erhöhter Förderung nach § 50 Abs. 2 und 3 EEG 2014/ § 47 Abs. 2 und 3 EEG 2017 einmal zur Verfügung zu stellen (näher zu den Finanzierungsbedingungen *Kersting* BKR 2011, 57 (58 ff.)). Treten Verzögerungen oder Störungen auf, hat der Windparkbetreiber die Wahl, ob er 90 Prozent der Vergütung als Entschädigung sofort realisiert, mit der Folge, dass der Zeitraum, für den Entschädigungszahlungen gewährt werden, auf den Förderzeitraum angerechnet wird. Alternativ kann der Windkraftanlagenbetreiber auf die Entschädigungszahlung nach § 17 e verzichten und für den nach § 50 Abs. 4 EEG 2014/§ 47 Abs. 4 EEG 2017 verlängerten Förderzeitraum die volle Einspeisevergütung nach § 50 Abs. 2 und 3 EEG 2014/§ 47 Abs. 2 und 3 EEG 2017 realisieren, allerdings erst zum Zeitpunkt der tatsächlichen Einspeisung. Dem Windkraftanlagenbetreiber steht insoweit ein **Wahlrecht** zu (Begr. RegE, BT-Drs. 17/10754, 35).

64 **b) Anpassung der Verlängerungsregelung in § 50 Abs. 4 S. 1 EEG.** Die in § 50 Abs. 4 S. 2 und 3 EEG 2014/§ 47 Abs. 4 S. 2 und 3 EEG 2017 sowie § 17 e Abs. 6 bezweckte Abstimmung von Entschädigungsregelung und Verlängerung des Förderzeitraums auf eine einheitliche Förderdauer zieht eine Anpassung der Auslegung von § 50 Abs. 4 S. 1 EEG 2014/§ 47 Abs. 4 S. 1 EEG 2017 nach sich. Über dessen Wortlaut hinaus ist die Verlängerung der Förderzeiträume **auch bei Vertretenmüssen** des Übertragungsnetzbetreibers anzuwenden. Während vor Inkrafttreten des § 17 e die Verlängerung durch § 50 Abs. 4 EEG 2014/§ 47 EEG 2017 den Windkraftanlagenbetreiber dagegen absichern sollte, den Förderzeitraum kompensationslos zu verlieren, tritt das Entschädigungsregime aus § 17 e Abs. 1 und 2 nunmehr an die Stelle etwaiger Schadensersatzansprüche wegen Vermögensschäden. Dem Windkraftanlagenbetreiber die Option zur Verschiebung der EEG-Förderzeiträume bei einem Verschulden des Übertragungsnetzbetreibers zu nehmen passt nicht in die dem § 50 Abs. 4 S. 2, 3 EEG iVm § 17 e Abs. 6 EnWG zugrunde liegende Konzeption. Diese räumt dem Windkraftanlagenbetreiber bei Störungen oder Verzögerungen generell die Wahl ein, die Förderdauer mit dem Selbstbehalt sofort oder ohne Selbstbehalt bei tatsächlicher Einspeisung zu nutzen (ebenso *König* ZNER 2013, 113 (116)).

65 **2. Ausübung des Wahlrechts. a) Anforderungen an die Ausübung des Wahlrechts (Abs. 6).** Nach Abs. 6 ist der Windparkbetreiber verpflichtet, sein Wahlrecht an dem Tag auszuüben, an dem die Entschädigungspflicht dem Grunde nach beginnt. Die Regelung trägt dem Bedürfnis nach **Rechtssicherheit**, insbesondere für den Übertragungsnetzbetreiber, Rechnung und verhindert, dass der Windkraftanlagenbetreiber das Wahlrecht im Nachhinein von den Wetterbedingungen abhängig macht.

66 Ist dem Windparkbetreiber im Einzelfall nicht bekannt, dass die Verzögerung oder Störung vom Übertragungsnetzbetreiber **vorsätzlich** herbeigeführt worden ist und die Entschädigungspflicht deshalb mit dem ersten Tag der Verzögerung oder Störung beginnt, kann die Ausübung des Wahlrechts zu dem Zeitpunkt erfolgen, in dem der Windparkbetreiber von den die Entschädigungspflicht auslösenden Tatsachen Kenntnis erhält. Hat der Windparkbetreiber zunächst die Verlängerung des EEG-Förderzeitraums in Anspruch genommen und erhält er anschließend Kenntnis davon, dass der Übertragungsnetzbetreiber die Störung oder Verzögerung vorsätzlich herbeigeführt hat, kann er die Entscheidung nach Abs. 6 in Kenntnis der **veränderten Entschädigungsregelung** (→ Rn. 21) neu treffen. Der Übertragungsnetzbetreiber, der infolge des Vorsatzes auch die Entschädigungszahlung nicht nach § 17 f abwälzen kann (→ § 17 f Rn. 8), ist insoweit nicht schutzwürdig.

67 **b) Konsequenzen der verspäteten Ausübung des Wahlrechts.** § 17 e Abs. 6 verpflichtet den Windparkbetreiber zur Ausübung des Wahlrechts, ohne eine ausdrückliche Regelung für den Fall zu treffen, dass der Windparkbetreiber zu Beginn des entschädigungspflichtigen Zeitraums keine Entscheidung erklärt. Jedoch gehen § 50 Abs. 4 S. 1 und 2 EEG davon aus, dass sich der **Förderzeitraum grundsätz-**

lich automatisch verlängert, sofern die Voraussetzungen des § 50 Abs. 4 S. 1 EEG erfüllt sind und der Windkraftanlagenbetreiber nicht die Entschädigung nach § 17e Abs. 1 oder 2 in Anspruch nimmt. Für die Ausübung des Wahlrechts folgt daraus, dass der Windkraftanlagenbetreiber die Entschädigungsregelung nach dem in Abs. 6 bestimmten Zeitpunkt grundsätzlich nicht mehr in Anspruch nehmen kann. Dem Wortlaut nach bezieht sich die Erklärung auf den gesamten Zeitraum, in dem die Verzögerung oder Störung andauert.

§ 17f Belastungsausgleich

(1) ¹Soweit sich aus den nachfolgenden Absätzen oder einer Rechtsverordnung nichts anderes ergibt, werden den Übertragungsnetzbetreibern nach den Vorgaben des Energiefinanzierungsgesetzes die Kosten erstattet
1. für Entschädigungszahlungen nach § 17e,
2. für Maßnahmen aus einem der Bundesnetzagentur vorgelegten Schadensminderungskonzept nach Absatz 3 Satz 2 und 3,
3. nach § 17d Absatz 1 und 6,
4. nach den §§ 17a und 17b,
5. nach § 12b Absatz 1 Satz 3 Nummer 7 und
6. für den Flächenentwicklungsplan nach § 5 des Windenergie-auf-See-Gesetzes.

²Zu den nach Satz 1 Nummer 1 erstattungsfähigen Kosten zählen auch die Kosten für eine Zwischenfinanzierung der Entschädigungszahlungen. ³Von den nach Satz 1 Nummer 1 erstattungsfähigen Kosten sind anlässlich des Schadensereignisses nach § 17e erhaltene Vertragsstrafen, Versicherungsleistungen oder sonstige Leistungen Dritter abzuziehen.

(2) ¹Soweit der anbindungsverpflichtete Übertragungsnetzbetreiber die Störung der Netzanbindung im Sinn von § 17e Absatz 1 oder die nicht rechtzeitige Fertigstellung der Anbindungsleistung im Sinn von § 17e Absatz 2 verursacht hat, werden die Kosten nach Absatz 1 Satz 1 nach den Vorgaben des Energiefinanzierungsgesetzes im Fall einer
1. vorsätzlichen Verursachung nicht erstattet,
2. fahrlässigen Verursachung nach Abzug eines Eigenanteils erstattet.

²Der Eigenanteil nach Satz 1 Nummer 2 darf bei der Ermittlung der Netzentgelte nicht berücksichtigt werden. ³Er beträgt pro Kalenderjahr
1. 20 Prozent für Kosten bis zu einer Höhe von 200 Millionen Euro,
2. 15 Prozent für Kosten, die 200 Millionen Euro übersteigen, bis zu einer Höhe von 400 Millionen Euro,
3. 10 Prozent für Kosten, die 400 Millionen Euro übersteigen, bis zu einer Höhe von 600 Millionen Euro,
4. 5 Prozent für Kosten, die 600 Millionen Euro übersteigen, bis zu einer Höhe von 1000 Millionen Euro.

⁴Bei fahrlässig, jedoch nicht grob fahrlässig verursachten Schäden ist der Eigenanteil des anbindungsverpflichteten Übertragungsnetzbetreibers nach Satz 2 auf 17,5 Millionen Euro je Schadensereignis begrenzt. ⁵Soweit der Betreiber einer Windenergieanlage auf See einen Schaden auf Grund der nicht rechtzeitigen Herstellung oder der Störung der Netzanbindung

§ 17 f

erleidet, wird vermutet, dass zumindest grobe Fahrlässigkeit des anbindungsverpflichteten Übertragungsnetzbetreibers vorliegt.

(3) ¹Der anbindungsverpflichtete Übertragungsnetzbetreiber hat alle möglichen und zumutbaren Maßnahmen zu ergreifen, um einen Schadenseintritt zu verhindern, den eingetretenen Schaden unverzüglich zu beseitigen und weitere Schäden abzuwenden oder zu mindern. ²Der anbindungsverpflichtete Übertragungsnetzbetreiber hat bei Schadenseintritt unverzüglich der Bundesnetzagentur ein Konzept mit den geplanten Schadensminderungsmaßnahmen nach Satz 1 vorzulegen und dieses bis zur vollständigen Beseitigung des eingetretenen Schadens regelmäßig zu aktualisieren. ³Die Bundesnetzagentur kann bis zur vollständigen Beseitigung des eingetretenen Schadens Änderungen am Schadensminderungskonzept nach Satz 2 verlangen. ⁴Eine Erstattung der Kosten nach Absatz 1 findet nur statt, soweit der anbindungsverpflichtete Übertragungsnetzbetreiber nachweist, dass er alle möglichen und zumutbaren Schadensminderungsmaßnahmen nach Satz 1 ergriffen hat. ⁵Der anbindungsverpflichtete Übertragungsnetzbetreiber hat bei Schadenseintritt, das der Bundesnetzagentur vorgelegte Schadensminderungskonzept nach Satz 2 und die ergriffenen Schadensminderungsmaßnahmen zu dokumentieren und darüber auf seiner Internetseite zu informieren.

(4) ¹Der rechnerische Anteil an der zur Erstattung der Kosten nach Absatz 1 nach § 12 Absatz 1 des Energiefinanzierungsgesetzes erhobenen Umlage, der auf die Kosten nach Absatz 1 Satz 1 Nummer 1 entfällt, darf höchstens 0,25 Cent pro Kilowattstunde betragen. ²Entschädigungszahlungen nach § 17 e, die wegen einer Überschreitung des zulässigen Höchstwerts nach Satz 1 in einem Kalenderjahr nicht erstattet werden können, werden einschließlich der Kosten des betroffenen anbindungsverpflichteten Übertragungsnetzbetreibers für eine Zwischenfinanzierung in den folgenden Kalenderjahren erstattet.

Übersicht

	Rn.
A. Allgemeines	1
I. Inhalt	1
II. Zweck	2
B. Einzelerläuterungen	4
I. Höhe des Belastungsausgleichs	4
1. In den Belastungsausgleich fallende Kosten (Abs. 1)	4
2. Selbstbehalt des anbindungsverpflichteten Übertragungsnetzbetreibers	7
II. Schadensminderungspflichten (Abs. 3)	13
1. Zumutbare Maßnahmen zur Schadensverhinderung und Schadensbegrenzung	14
2. Schadensminderungskonzepte (Abs. 3 S. 2–3)	18
3. Schadensminderung als Voraussetzung des Belastungsausgleichs (Abs. 3 S. 4)	24
4. Dokumentation und Veröffentlichung (Abs. 3 S. 5)	27
III. Deckelung der Umlage (Abs. 4)	28

§ 17f

Literatur: *Beste/Kuck,* Zur Netzentgeltbefreiung für stromintensive Unternehmen, EnWZ 2013, 195; *Bloch,* Beihilferechtliche Aspekte der Befreiung von Netzentgelten nach § 19 Abs. 2 Satz 2 StromNEV, RdE 2012, 241; *Broemel,* Haftungsbegrenzung pro Schadensereignis bei der Netzanbindung von Windenergieanlagen auf See, EnWZ 2015, 213; *Broemel,* Netzanbindung von Offshore-Windkraftanlagen, ZUR 2013, 408; *Burgi,* Die Offshore-Anbindungs- und Haftungsregelungen auf dem verfassungsrechtlichen Prüfstand, WiVerw 2014, 76; *Coors,* Haftung und Versicherung für reine Vermögensschäden aufgrund der Nichtverfügbarkeit der Netzanbindung von Offshore-Windenergieanlagen nach deutschem Recht, PHI 2015, 116; *Gawel,* Die EEG-Umlage: Preisregelung oder Sonderabgabe?, DVBl. 2013, 409; *Gebers,* Die Netzanbindung von Offshore-Anlagen im europäischen Supergrid, 2014; *König,* Die Haftung der Übertragungsnetzbetreiber für den verzögerten Netzanschluss von Offshore-Windenergieanlagen, ZNER 2013, 113; *Kreße,* Die beihilferechtliche Bewertung von umlagebasierten Maßnahmen zur Förderung erneuerbarer Energien, N&R 2020, 202; *Kühling/Klein,* Der Belastungsausgleich für Haftungen bei der Offshore-Windenergie, DÖV 2014, 103; *Manssen,* Die EEG-Umlage als verfassungswidrige Sonderabgabe, DÖV 2012, 499; *Manssen,* Die Verfassungsmäßigkeit von EEG-Umlage und besonderer Ausgleichsregelung im Erneuerbare Energien Gesetz, WiVerw 4/2012, 170; *Ruge,* Die EnWG-Novelle 2012 ist da, EnWZ 2013, 3; *Schulz/Rösler,* Der Leitfaden der BNetzA zur umlagefähigen Entschädigung von Offshore-Anlagen, EnWZ 2013, 531; *Viehweger,* KWKG-Umlage, StromNEV-Umlage und Offshore-Haftungsumlage, WPg 2018, 141; *Wagner/Bsaisou,* Beschleunigung der Energiewende durch Haftung, JZ 2014, 1031; *Waldhoff/Roßbach,* Das EEG zwischen Verfassungsrecht und Politik, WiVerw 2014, 1.

A. Allgemeines

I. Inhalt

§ 17f ergänzt die Entschädigungsregelung aus § 17e, indem er in Abs. 1 einen **Belastungsausgleich** zwischen den anbindungsverpflichteten und den anderen Übertragungsnetzbetreibern hinsichtlich der Entschädigungszahlungen vorsieht und den **Übertragungsnetzbetreibern** ermöglicht, sämtliche dem Belastungsausgleich unterliegenden Zahlungen über die Netzentgelte an die **Letztverbraucher** weiterzugeben. Die Regelung ist im Zuge der Einführung des Energiefinanzierungsgesetzes eingehend neu gefasst worden, ohne dass der Belastungsausgleich im Ergebnis geändert worden wäre (BT-Drs. 20/1630, 245). Allerdings sind die bislang in den Abs. 4–7 enthaltenen Regelungen zu den Modalitäten der jährlichen Wälzung in das **Energiefinanzierungsgesetz** überführt worden, welches die Finanzierung des Bedarfs nach dem EEG, dem KWKG sowie des Belastungsausgleichs nach § 17f EnWG eingehend regelt. In § 17f ist demgegenüber festgelegt, welche Kosten in den Belastungsausgleich fallen (Abs. 1) und unter welchen Voraussetzungen diese Kosten ganz oder teilweise wegen eines Verschuldens des Übertragungsnetzbetreibers nicht erstattet werden (Abs. 2). Zudem knüpft die Regelung in Abs. 3 den Belastungsausgleich an den Nachweis, dass der anbindungsverpflichtete Übertragungsnetzbetreiber alle möglichen und zumutbaren Schadensminderungsmaßnahmen ergriffen hat. Die Regelung in Abs. 4 begrenzt schließlich den rechnerischen Anteil der Umlage nach dem Energiefinanzierungsgesetz, der auf den Belastungsausgleich entfällt, mit Folge, dass die nicht abgedeckten Kosten einschließlich der Kosten der Zwischenfinanzierung in die Umlage nachfolgenden Kalenderjahre übernommen werden. Die BNetzA hat ihr Verständnis zu wesentlichen Einzelheiten der bisherigen Regelung, insbesondere den Vorausset-

1

zungen einer Umlage, den Berechnungsmethoden sowie den Nachweispflichten, in einem Leitfaden veröffentlicht (Leitfaden zur Ermittlung einer umlagefähigen Entschädigung bei Störung, Verzögerung oder Wartung der Netzanbindung von Offshore-Anlagen v. 8.10.2013).

II. Zweck

2   Die Regelung zum Belastungsausgleich bildet zum einen die **Ergänzung zu dem verschuldensunabhängigen Entschädigungsanspruch** wegen Störungen oder Verzögerungen der Anbindungsleitung nach § 17e Abs. 1 und 2. Die Regelungen des Belastungsausgleichs sollen dabei auf der einen Seite eine unverhältnismäßige Kostenbelastung des anbindungsverpflichteten Übertragungsnetzbetreibers vermeiden, aber auf der anderen Seite Anreize zur Einhaltung der Sorgfaltspflichten beim Ausbau und dem Betrieb der Anbindungsleitung setzen.

3   Zum anderen erweitert die Aufnahme der Kosten für die Errichtung der Anbindungsleitungen nach § 17d Abs. 1 und 6 sowie der Kosten nach den §§ 12b Abs. 1 S. 3 Nr. 7, 17a, 17b EnWG und § 5 WindSeeG die Zielsetzung des Belastungsausgleichs. Die Regelung bezweckt danach nicht nur eine **Verteilung und Wälzung der Kosten aus Entschädigungszahlungen,** sondern auch eine entgeltrechtliche **Privilegierung der Übertragungsnetzbetreiber** hinsichtlich der Kosten der regulären Errichtung und des Betriebs der Anbindungsleitung.

B. Einzelerläuterungen

I. Höhe des Belastungsausgleichs

4   **1. In den Belastungsausgleich fallende Kosten (Abs. 1).** In Abs. 1 S. 1 sind zunächst die Kostenpositionen aufgezählt, die im Grundsatz nach den Vorgaben des Energiefinanzierungsgesetzes dem anbindungsverpflichteten Übertragungsnetzbetreiber erstattet und als Offshore-Netzumlage gegenüber Letztverbrauchern auf die Netzentgelte aufgeschlagen werden. Neben den Kosten für Entschädigungszahlungen nach § 17e (Nr. 1) handelt es sich dabei wie auch nach der bisherigen Regelung um Kosten für Maßnahmen aus einem der BNetzA vorgelegten Schadensminderungskonzept nach Abs. 3 S. 2 (Nr. 2). Darüber hinaus sind die **Kosten für Anbindungen** von Windenergieanlagen auf See (Nr. 3) bereits im Jahr 2017 aus dem Regime der Anreizregulierung in den Belastungsausgleich überführt worden (BT-Drs. 18/12999, 18). Davon erfasst sind sowohl die **Kosten der Errichtung** als auch die **Kosten des Betriebs,** § 17d Abs. 1 S. 1, einschließlich Maßnahmen der Schadensminderung und der Kosten von Versicherungen nach § 17h. Auch wenn in der Regelung zum Belastungsausgleich ein Effizienzkriterium nicht ausdrücklich vorgesehen ist, setzt die Wälzung der Kosten jeweils deren **Erforderlichkeit** für die Netzanbindung voraus. Im Zuge der Einführung eines Anbindungsanspruchs für bestimmte Windenergieanlagen auf See im Küstenmeer in § 17d Abs. 6 ist der Belastungsausgleich auch auf diese Anbindungskosten erstreckt worden. Dieser Anbindungsanspruch beschränkt sich allerdings auf Windenergieanlagen auf See im Küstenmeer, für die keine Zahlungsansprüche nach § 19 EEG geltend gemacht werden (→ § 17d Rn. 29). Zu den wälzbaren Kosten der Netzanbindung zählen schließlich Kosten, die sich aus der Planung ergeben, nämlich nach dem Bundesfachplan Offshore, nach dem Offshore-Netzentwicklungsplan (Nr. 4), nach dem Netzentwick-

Belastungsausgleich **§ 17f**

lungsplan, soweit Offshore-Anbindungsleitungen betroffen sind (Nr. 5), sowie nach dem Flächenentwicklungsplan gem. § 5 WindSeeG (Nr. 6).

Zu den nach Abs. 1 S. 1 Nr. 1 in den Belastungsausgleich einzustellenden Kosten 5 für Entschädigungszahlungen gehören grundsätzlich sämtliche Kosten, die adäquat kausal durch die Zahlung von Entschädigungsleistungen nach § 17e entstanden sind. Dazu zählen insbesondere die Kosten der **Zwischenfinanzierung** (Abs. 1 S. 2).

Von den auszugleichenden Entschädigungszahlungen in Abzug zu bringen sind 6 **Zahlungen Dritter**, die auf die Störung oder die Verzögerung der Netzanbindung zurückgehen, wie insbesondere Zahlungen von Vertragsstrafen durch Lieferanten, Versicherungsleistungen oder Ersatzleistungen Dritter, Abs. 1 S. 3. Zu den Zahlungen Dritter zählen auch die Aufrechnung als Erfüllungssurrogat sowie etwaige nachträglich zwischen Übertragungsnetzbetreiber und Auftragnehmer verhandelte Vertragsstrafen oder Zahlungen. Dabei können für den anbindungsverpflichteten Übertragungsnetzbetreiber Anreize zur Vereinbarung von Vertragsstrafen für schuldhaftes Handeln des Auftragnehmers bestehen, welches über die Zurechnung nach § 278 BGB zu einem Selbstbehalt des Übertragungsnetzbetreibers führt. Zwar ist der Selbstbehalt nach Abs. 2 von vornherein vom Belastungsausgleich ausgenommen. Jedoch reduzieren nach Abs. 1 S. 1 jegliche anlässlich des Schadensereignisses nach § 17e erfolgten Zahlungen die Höhe des Belastungsausgleichs. Sie wirken sich dadurch mittelbar auf den prozentual berechneten Selbstbehalt nach Abs. 2 aus (Beschlussempfehlung Ausschuss für Wirtschaft und Technologie, BT-Drs. 17/11705, 28). Das gilt auch für Schadensversicherungen, die sich ausschließlich auf den Selbstbehalt beziehen (→ § 17h Rn. 2; *Coors* PHi 2015, 116 (128); aA HK-Offshore-WindenergieR/*Böhme/Huerkamp* EnWG § 17f Rn. 12). Bereits dem Wortlaut nach erfolgen die Leistungen aus solchen Versicherungen anlässlich eines Schadensereignisses nach § 17e. Vor allem würde eine Versicherung, die sich gezielt auf den Selbstbehalt nach Abs. 2 bezieht, dem Sinn und Zweck des Selbstbehalts widersprechen, Anreize zur Vermeidung schuldhaft verursachter Verzögerungen oder Störungen zu setzen. Hinzu kommt, dass die Versicherungsprämien als Kosten des Netzbetriebs ebenfalls dem Belastungsausgleich unterliegen (→ Rn. 4). Eine Schadensversicherung, die gezielt in den Selbstbehalt fallende Schäden abdeckt und deren Versicherungsprämien in den Belastungsausgleich fallen, würde den Selbstbehalt neutralisieren.

2. Selbstbehalt des anbindungsverpflichteten Übertragungsnetzbetrei- 7
bers. Von dem nach Abs. 1 zwischen den Übertragungsnetzbetreibern zu verrechnenden Belastungsausgleich nimmt Abs. 2 einen vom Verschuldensgrad abhängigen, in der Höhe gestaffelten und teilweise begrenzten Selbstbehalt aus.

a) Vorsätzlich verursachte Schäden (Abs. 2 S. 1 Nr. 1). Im Falle einer vor- 8
sätzlich verursachten Störung oder Verzögerung der Anbindungsleitung findet kein Belastungsausgleich der daraus resultierenden erhöhten Entschädigungszahlungen nach § 17e Abs. 1 S. 4, Abs. 2 S. 2 (→ § 17e Rn. 15) statt.

b) Fahrlässig verursachte Störungen oder Verzögerungen (Abs. 2 S. 2). 9
Für fahrlässig verursachte Störungen oder Verzögerungen sieht Abs. 2 S. 2 und 3 einen der Höhe nach **gestaffelten Eigenanteil** vor, der in der Gesamtbelastung infolge der Staffelung auf 110 Mio. EUR pro Kalenderjahr begrenzt ist.

c) Zurechnung des Verschuldens von Erfüllungsgehilfen. Ein etwaiges 10
vorsätzliches oder fahrlässiges Handeln eines Unternehmens, das der Übertragungs-

netzbetreiber mit der Errichtung der Anbindungsleitung beauftragt hat, wird dem Übertragungsnetzbetreiber im Rahmen des gesetzlichen Schuldverhältnisses aus § 17 d nach § 278 BGB zugerechnet (→ § 17 e Rn. 27; aA *Gundel* RdE 2016, 325 (329)). Die zu § 17 Abs. 2a S. 1 EnWG aF ergangene Rechtsprechung, die den Pflichtenkreis des Netzbetreibers unter Rückgriff auf die Differenzierung zwischen Ausbau- und Anbindungspflicht beschränkt (LG Berlin Urt. v. 12.8.2013 – 99 O 127/11, RdE 2014, 35), ist jedenfalls auf die gesetzliche Neuregelung in §§ 17 d ff. nicht übertragbar (näher → § 17 e Rn. 28). Eine **Zurechnung des Verschuldens** von Auftragnehmern unter Hinweis darauf abzulehnen, dass § 17 f nicht den Anbindungsanspruch regele und die gesetzlich intendierte Anreizstruktur nur bei dem eigenen Verschulden des Übertragungsnetzbetreibers ansetze (*Gundel* RdE 2016, 329), blendet die Verknüpfung des Entschädigungsanspruchs aus § 17 e Abs. 1 und 2 mit dem Belastungsausgleich ebenso aus wie die Anreize für den Übertragungsnetzbetreiber, sich vertraglich abzusichern. Sowohl die Begrenzung in der Höhe des Eigenanteils als auch des Selbstbehalts pro Schadensereignis bringen deutlich zum Ausdruck, dass der Gesetzgeber vor allem verzögerungsbedingte Schäden im Blick hatte, die maßgeblich im Einflussbereich der Auftragnehmer des Übertragungsnetzbetreibers liegen (Beschlussempfehlung und Bericht des Ausschusses für Wirtschaft und Technologie, BT-Drs. 17/11705, 54 f.). Entsprechend ist der Gesetzgeber ausdrücklich von der Zurechnung des Verschuldens von Erfüllungsgehilfen des Übertragungsnetzbetreibers ausgegangen (zu Abs. 2 S. 4 BT-Drs. 17/11705, 55).

11   **d) Begrenzung des Selbstbehalts pro Schadensereignis (Abs. 2 S. 4).** Da die Errichtung und Finanzierung der einzelnen Anbindungsleitung jeweils in gesonderten Projektgesellschaften erfolgt, ist für die Finanzierbarkeit eines einzelnen Anbindungsprojekts über die absolute Begrenzung der Haftung des Übertragungsnetzbetreibers hinaus die **Haftungsbegrenzung pro Projekt** von besonderer Bedeutung. Aus diesem Grund beschränkt Abs. 2 S. 4 den Eigenanteil bei nicht grob fahrlässig verursachten Schäden auf einen Betrag von 17,5 Mio. EUR pro Schadensereignis. Eine Definition des damit aufgeworfenen Begriffs „Schadensereignis" enthält § 17 f nicht. Im Versicherungsrecht kommt dem Begriff **„Schadensereignis"** eine kontextabhängige Bedeutung zu. In den Allgemeinen Bedingungen für die Haftpflichtversicherung (Ziff. 1.1 AHB 2016 sowie bereits AHB 2004) bezeichnet der Begriff nach der sog. Folgeereignistheorie nicht die Verursachung eines späteren Schadens, sondern das Ereignis, als dessen Folge die Schädigung des Dritten unmittelbar entstanden ist. Für den praktisch bedeutsamen Fall der **Verzögerung** der Fertigstellung einer Anbindung geht die Begründung des Regierungsentwurfs in diesem Sinn davon aus, dass die mehrfache Verschiebung des Fertigstellungszeitpunkts eine Verzögerung und damit ein einheitliches Schadensereignis darstellt (Begr. Beschlussempfehlung des Ausschusses für Wirtschaft und Technologie, BT-Drs. 17/11705, 54). Einer Übertragung dieser Folgeereignistheorie auf die Auslegung in Abs. 2 S. 4 stehen jedoch Unterschiede in der Funktion des jeweils in Abhängigkeit von dem Kontext und dem zu versichernden Risiko auszulegenden Begriffs entgegen (zur Kontextabhängigkeit *Seemayer/Materne* VW 2010, 356 (357); *Kretschmer* VW 2004, 1376). Der Begriff des Schadensereignisses in § 17 f Abs. 2 S. 4 markiert nicht wie in Ziff. 1.1 AHB den zeitlichen Anwendungsbereich des Versicherungsschutzes, sondern begrenzt ähnlich wie in Rückversicherungsverträgen (*Seemayer/ Materne* VW 2010, 356 (357 ff.)) zur Verbesserung der Kalkulierbarkeit die Grenze der Ersatzpflicht für unterschiedliche, aber auf ein einheitliches Ereignis zurück-

Belastungsausgleich **§ 17f**

gehende Schäden. Die Gleichsetzung von Verzögerung und Schadensereignis widerspricht zudem der Differenzierung zwischen unterschiedlichen Verschuldensgraden in § 17f Abs. 2 S. 1–4. Beruht die Verzögerung auf verschiedenen, voneinander **unabhängigen Ursachen,** die jeweils einen bestimmten Verzögerungszeitraum nach sich gezogen haben, beurteilt sich der Verschuldensgrad für jede Ursache getrennt. Schließlich kann es im Einzelfall vom Zufall abhängen, ob ein Ereignis eine bereits laufende Verzögerung verlängert oder zu einer Störung einer zwischenzeitlich in Betrieb genommenen Anbindung führt. Voneinander unabhängige Ursachen einer Verzögerung stellen damit unterschiedliche Schadensereignisse dar.

e) Vermutung grober Fahrlässigkeit (Abs. 2 S. 5). Abs. 2 S. 5 enthält eine an 12 § 18 Abs. 1 S. 1 Nr. 1 NAV angelehnte, auf Vorsatz und grobe Fahrlässigkeit beschränkte **Vermutungsregelung.** Danach obliegt es dem Übertragungsnetzbetreiber nachzuweisen, dass weder er noch einer seiner Erfüllungsgehilfen (→ § 17e Rn. 27) vorsätzlich oder grob fahrlässig gehandelt hat. Gelingt es dem anbindungsverpflichteten Übertragungsnetzbetreiber nicht, die Vermutung zu widerlegen, findet der Selbstbehalt nach Abs. 2 S. 1–3, aber nicht die Begrenzung aus Abs. 2 S. 4 Anwendung. Darüber hinaus wird eine einfache Fahrlässigkeit nach der vom Ausschuss für Wirtschaft und Technologie vorgeschlagenen Änderung des Abs. 2 S. 4 aF (vgl. Beschlussempfehlung, BT-Drs. 17/11705, 27 und 55) nicht vermutet.

II. Schadensminderungspflichten (Abs. 3)

Während nach allgemeinen Grundsätzen des Schadensrechts der für alle kausalen 13 und zurechenbaren Schäden haftende Schädiger ohnehin Anreize zu Maßnahmen der Schadensminderung hat und lediglich den Geschädigten Obliegenheiten zur Schadensminderung aus § 254 Abs. 2 BGB treffen, erfordern die Regelungen zur beschränkten Entschädigung beim Belastungsausgleich Pflichten des Übertragungsnetzbetreibers zur **Schadensminderung.** Von der Erfüllung dieser in Abs. 3 S. 1 aufgestellten Schadensminderungspflicht macht Abs. 3 S. 4 den Belastungsausgleich nach Abs. 1 abhängig. Zur Konkretisierung der Schadensminderungspflichten sehen Abs. 3 S. 2 und 3 die Entwicklung eines Schadensminderungskonzepts durch den Übertragungsnetzbetreiber vor, an dem die BNetzA Änderungen verlangen kann. Zur Effektuierung und Erhöhung der Transparenz sind eingetretene Schäden wie auch Schadensminderungskonzepte nach Abs. 3 S. 5 zu veröffentlichen.

1. Zumutbare Maßnahmen zur Schadensverhinderung und Schadens- 14 **begrenzung. a) Präventive Maßnahmen zur Verhinderung des Schadenseintritts.** Die Schadensminderungspflicht aus Abs. 3 S. 1 umfasst sowohl präventive Maßnahmen zur Verhinderung des Schadenseintritts als auch Maßnahmen zur Beseitigung eingetretener sowie Abwendung und Minderung weiterer Schäden.

aa) Präventive Maßnahmen. Angesichts des vom Gesetzgeber erstrebten zü- 15 gigen Ausbaus der Anbindung von Offshore-Windkraftanlagen sowie der begrenzten Ausbaukapazitäten unterscheiden sich die Anforderungen, die an die Zuverlässigkeit der Anbindungsleitungen gestellt werden, jedoch von den entsprechenden Standards von Übertragungsnetzen auf dem Festland. Insbesondere ist nicht jede Komponente nach dem sog. **n-1-Kriterium** redundant auszulegen (Begr. RegE, BT-Drs. 17/10754, 24 und 26, zu §§ 17a und 17e; ebenso Bundesregierung, BT-Drs. 17/11269, 33). Der Übertragungsnetzbetreiber ist damit grundsätzlich nicht verpflichtet, Windkraftanlagen oder Umspannwerke innerhalb eines Clusters oder

Anbindungsleitungen verschiedener Cluster untereinander zu verbinden (→ § 17a Rn. 14). Gleichwohl kann der Übertragungsnetzbetreiber gehalten sein, Vorkehrungen gegen den naheliegenden Ausfall zentraler Komponenten zu treffen.

16   **bb) Maßnahmen zur Minimierung bereits eingetretener oder konkret drohender Schäden.** Ist eine Verzögerung oder Störung der Anbindungsleitung bereits eingetreten oder ist der Eintritt nach der konkreten Entwicklung einer Situation absehbar, trifft den Übertragungsnetzbetreiber die Pflicht zu zumutbaren Maßnahmen der Schadensbegrenzung etwa durch vorübergehende Verbindung im Wege sog. **Interimslösungen** (Begr. RegE, BT-Drs. 17/10754, 24).

17   **b) Kosten der Schadensminderung und Zumutbarkeit.** Während die Kosten für Maßnahmen der Schadensminderung zunächst je nach Zeitpunkt als Kosten des Netzausbaus oder des Netzbetriebs in das Regime der **Entgeltregulierung** einschließlich der damit verbundenen Anforderungen an die **Effizienz** unterlagen (Begr. RegE, BT-Drs. 17/10754, 31), sind sie zwischenzeitlich nach Abs. 1 S. 1 und 2 in den Belastungsausgleich überführt worden. Diese Privilegierung verschiebt die Grenze der Zumutbarkeit von Maßnahmen der Schadensminderung. § 17j S. 2 Nr. 5 ermächtigt zur näheren Regelung durch Verordnung.

18   **2. Schadensminderungskonzepte (Abs. 3 S. 2–3).** Die Pflicht des Übertragungsnetzbetreibers aus Abs. 3 S. 1, zeitnah sämtliche zumutbaren Maßnahmen der Schadensverhinderung und -beseitigung zu treffen, ist umfassend, weit und zugleich allgemein und abstrakt formuliert. Für die Windkraftanlagenbetreiber ist sowohl im laufenden Betrieb eines Windparks als auch in der Planungsphase von erheblicher Bedeutung, welche Maßnahmen der Übertragungsnetzbetreiber in welchem Zeitraum zur Prävention potenzieller und zur Kompensation aktueller Ausfälle und Störungen trifft. Für den Übertragungsnetzbetreiber besteht durch die Verknüpfung der Schadensminderungspflicht mit dem Anspruch auf Belastungsausgleich in Abs. 3 S. 4 ein erhebliches Interesse an **Rechtssicherheit** über die Frage, welche präventiven und akuten Maßnahmen im Einzelnen gefordert und zugleich bei der Entgeltbildung berücksichtigungsfähig sind. Die auf eine Beschlussempfehlung des Ausschusses für Wirtschaft und Technologie (BT-Drs. 17/11705, 29) zurückgehende Pflicht der Übertragungsnetzbetreiber, ein Schadensminderungskonzept vorzulegen, und die Möglichkeit der BNetzA, Änderungen zu verlangen, zielen auf die effektive Umsetzung der Pflicht aus Abs. 3 S. 1 sowie die zeitnahe Erhöhung der Erwartungssicherheit unter den Betroffenen.

19   **a) Inhalt und Zweck des Schadensminderungskonzepts.** Das **Schadensminderungskonzept** soll **umfassend** alle geplanten Maßnahmen enthalten, die zur zügigen und vollständigen Schadensbeseitigung geeignet und volkswirtschaftlich sinnvoll sind (Beschlussempfehlung Ausschuss für Wirtschaft und Technologie, BT-Drs. 17/11705, 29). In zeitlicher Hinsicht greift die Pflicht zur Vorlage eines Schadensminderungskonzepts erst unverzüglich, also entsprechend § 121 Abs. 1 S. 1 BGB ohne schuldhaftes Zögern, nach Schadenseintritt ein, obwohl die Pflicht zu präventiven Maßnahmen aus Abs. 3 S. 1 bereits vorher besteht.

20   **b) Anpassungsverlangen.** Abs. 3 S. 3 ermächtigt die BNetzA, Anpassungen des Schadensminderungskonzepts auch noch während der laufenden Umsetzung zu verlangen.

Belastungsausgleich § 17f

aa) Inhalt. Während betroffene Unternehmen sich im Laufe des Gesetz- 21
gebungsverfahrens für eine förmliche Genehmigung des Schadensminderungskonzepts durch die BNetzA mit Bindungswirkung aussprachen (Stellungnahme BDEW, BT-Drs. 17/11705, 41), ermächtigte der Gesetzgeber die BNetzA zu **Anpassungsverlangen.** Diese können bis zur Grenze der Unzumutbarkeit (→ Rn. 17) grundlegende, aber auch detaillierte Anforderungen enthalten. Vorgaben der BNetzA zu Schadensminderungsmaßnahmen dürften regelmäßig mit einer entsprechenden Anerkennung ihrer **Erforderlichkeit** und **Effizienz** im Rahmen der Entgeltregulierung einhergehen, sofern die Ineffizienz nicht in der schuldhaften Verursachung des Schadens durch den Übertragungsnetzbetreiber liegt.

bb) Rechtsqualität und Rechtsschutz. Auch wenn das Anpassungsverlangen 22
die Schadensminderungspflicht des Übertragungsnetzbetreibers nicht unmittelbar konkretisiert, enthält Abs. 3 S. 3 eine Befugnis zum Erlass entsprechender **Verwaltungsakte.** Bereits der Begriff „Verlangen" indiziert eine Befugnis zur Regelung (BVerwG Urt. v. 7.12.2011 – 6 C 39.10 Rn. 22, NVwZ 2012, 1123 (1125)). Zwar sind Anpassungsverlangen nicht in gleicher Weise auf Vollstreckung ausgerichtet wie etwa Auskunftsverlangen nach §§ 23a Abs. 3 S. 6, 69 Abs. 1 Nr. 1. Auch ist die von den Anpassungsverlangen ausgehende Selbstbindung der BNetzA für die Anwendung des § 17f Abs. 3 S. 4 unabhängig von dem Regelungscharakter des Anpassungsverlangens. Jedoch ist der Übertragungsnetzbetreiber zur entsprechenden Anpassung des Konzepts verpflichtet.

Der **Übertragungsnetzbetreiber** kann das Anpassungsverlangen insbesondere 23
im Hinblick auf die Zumutbarkeitsgrenze nach Abs. 3 S. 1 nach § 75 Abs. 1 gerichtlich überprüfen lassen. **Dritten,** insbesondere den Windkraftanlagenbetreibern, steht hingegen **kein subjektives Recht** auf Anpassung des Schadensminderungskonzepts zu. Soweit sie über einen Anbindungsanspruch zum verbindlichen Fertigstellungstermin verfügen, wird die Verletzung dieses Anbindungsanspruchs durch die Entschädigungsansprüche aus § 17e Abs. 1, 2 grundsätzlich abschließend kompensiert. Systematisch gestalten die Pflichten zur Schadensminderung und Konzepterstellung in § 17f Abs. 3 nicht das Verhältnis zwischen Übertragungsnetz- und Windparkbetreiber aus, sondern regeln Modalitäten des Belastungsausgleichs unter Übertragungsnetzbetreibern.

3. Schadensminderung als Voraussetzung des Belastungsausgleichs 24
(Abs. 3 S. 4). § 17f Abs. 3 S. 4 macht die Inanspruchnahme des Belastungsausgleichs von der Erfüllung der Schadensminderungspflicht aus Abs. 3 S. 1 abhängig.

a) Partielle Verletzung der Schadensminderungspflicht. Erfüllt der Über- 25
tragungsnetzbetreiber die Schadensminderungspflicht aus Abs. 3 S. 1 nur teilweise, richtet sich die Höhe des Belastungsausgleichs nach Abs. 3 S. 4 nach dem Umfang, in dem der Übertragungsnetzbetreiber seiner Schadensminderungspflicht nachgekommen ist („soweit"). Dabei wäre zwar denkbar, sämtliche Schäden, auf die sich die verletzte Schadensminderungspflicht bezieht, von dem Belastungsausgleich auszunehmen. Näher liegt jedoch, den **Anteil der Schäden,** der durch Maßnahmen der Schadensminderung **vermeidbar** gewesen wäre, von dem Belastungsausgleich auszunehmen (Beschlussempfehlung des Ausschusses für Wirtschaft und Technologie, BT-Drs. 17/11705, 29). Die den Übertragungsnetzbetreiber treffende **Darlegungs- und Beweislast** umfasst den Nachweis, dass die jeweiligen für den Belastungsausgleich geltend gemachten Entschädigungszahlungen durch zumutbare Schadensminderungsmaßnahmen nicht vermeidbar gewesen sind.

§ 17f Teil 3. Regulierung des Netzbetriebs

26 **b) Indizwirkung der Schadensminderungskonzepte.** Abs. 3 S. 4 koppelt den Belastungsausgleich lediglich an die Erfüllung der Schadensminderungspflicht aus Abs. 3 S. 1, ohne auf das Schadensminderungskonzept oder das Anpassungsverlangen nach Abs. 3 S. 2 und 3 zu verweisen. Die Nichtbefolgung des Schadensminderungskonzepts oder eines Anpassungsverlangens der BNetzA stellt ein **Indiz** für die **Verletzung der Schadensminderungspflicht** aus Abs. 3 S. 1 dar (Beschlussempfehlung Ausschuss für Wirtschaft und Technologie, BT-Drs. 17/11705, 29). Umgekehrt lässt sich allein von der Befolgung eines von der BNetzA nicht beanstandeten Schadensminderungskonzepts nicht in gleicher Weise auf die Erfüllung der Schadensminderungspflicht schließen, da Anpassungsverlangen im **Ermessen** der BNetzA stehen. Einen im Raum stehenden Vorschlag zur Einführung einer Genehmigungspflicht für Schadensminderungskonzepte hat der Gesetzgeber nicht aufgegriffen (→ Rn. 21). In der Ermessensausübung hat die BNetzA jedoch den grundrechtlichen Schutz des Übertragungsnetzbetreibers in Rechnung zu stellen; durch die Überführung der Anbindungskosten in den Belastungsausgleich (→ Rn. 4) ist die Intensität des Grundrechtseingriffs freilich reduziert.

27 **4. Dokumentation und Veröffentlichung (Abs. 3 S. 5).** Um die **Transparenz** und **Planungssicherheit** unter den betroffenen Unternehmen zu erhöhen, sieht Abs. 3 S. 5 eine Pflicht des Übertragungsnetzbetreibers zur Dokumentation von Schäden, Schadensminderungskonzepten und ergriffenen Maßnahmen der Schadensminderung verbunden mit der Veröffentlichung im Internet vor. Die Dokumentation und Veröffentlichung dienen sowohl dazu, die Dauer laufender Störungen abzuschätzen, als auch eine Prognose des Störungsmanagements in künftigen, gleichgelagerten Fällen zu erstellen.

III. Deckelung der Umlage (Abs. 4)

28 Von den bislang in den Abs. 4–6 aF enthaltenen näheren Vorgaben zu den Modalitäten der Umlage ist in Abs. 4 lediglich die Regelung zur Deckelung des Anteils der Umlage verblieben, der auf die Entschädigungszahlungen nach § 17e entfällt. Während in früheren Fassungen Höchstgrenzen vorgesehen waren, die bei Letztverbrauchern nach der Höhe der jährlich abgenommenen Menge differenzieren und zudem stromintensiv produzierende Unternehmen besonders privilegierten (näher zur Bestimmung der maßgeblichen Zeiträume *Viehweger* WPg 2018, 141 (144f.)), sieht Abs. 4 S. 1 wie zuvor Abs. 5 S. 3 aF eine einheitliche **Begrenzung des Aufschlags** vor, die sich allerdings nur auf den Anteil für die **Haftungsumlage** bezieht. Ziel der Deckelung ist es, die Auswirkung der Umlage auf die Netzentgelte zu begrenzen und eine Gleichmäßigkeit in der Belastung herzustellen (zu der vorhergehenden Regelung Begr. RegE BT-Drs. 17/10754, 32).

29 Infolge dieser **Deckelung** besteht die Möglichkeit, dass nicht sämtliche grundsätzlich dem Belastungsausgleich unterliegenden Kosten in dem jeweiligen Kalenderjahr auf die Letztverbraucher abgewälzt werden können. Abs. 4 S. 2 sieht für diesen Fall entsprechend der bisherigen Regelung in Abs. 6 eine **Übertragung** der Differenz einschließlich der Finanzierungskosten in die Offshore-Netzumlage der nachfolgenden Kalenderjahre vor.

§ 17g Haftung für Sachschäden an Windenergieanlagen auf See

¹Die Haftung des anbindungsverpflichteten Übertragungsnetzbetreibers gegenüber Betreibern von Windenergieanlagen auf See für nicht vorsätzlich verursachte Sachschäden ist je Schadensereignis insgesamt begrenzt auf 100 Millionen Euro. ²Übersteigt die Summe der Einzelschäden bei einem Schadensereignis die Höchstgrenze nach Satz 1, so wird der Schadensersatz in dem Verhältnis gekürzt, in dem die Summe aller Schadensersatzansprüche zur Höchstgrenze steht.

Literatur: *Gundel,* Haftung, Wälzung und Verschuldenszurechnung beim Offshore-Windkraftausbau: Die Konsequenzen der Neuregelung vom Dezember 2012, RdE 2016, 325; *König,* Die Haftung der Übertragungsnetzbetreiber für den verzögerten Netzanschluss von Offshore-Windenergieanlagen, ZNER 2013, 113; *Ruge,* Die EnWG-Novelle 2012 ist da, EnWZ 2013, 3.

§ 17g S. 1 begrenzt die allgemeine Schadensersatzhaftung des Übertragungsnetz- 1
betreibers für Sachschäden je Schadensereignis und erleichtert dadurch die **Versicherbarkeit von Sachschäden** (Begr. RegE, BT-Drs. 17/10754, 32). Eine solche Haftung kann sich aus der Verletzung einer Nebenpflicht aus einem gesetzlichen Schuldverhältnis (zu den Rücksichtnahmepflichten des Übertragungsnetzbetreibers aus §§ 241 Abs. 2, 242 BGB BGH Beschl. v. 12.7.2016, EnVZ 10/15 Rn. 23) oder aus Deliktsrecht ergeben (HK-Offshore-WindenergieR/ *Böhme/Huerkamp* EnWG § 17g Rn. 1; dagegen auf das Deliktsrecht beschränkend NK-EnWG/ *Schink* § 17g Rn. 1). Für Vermögensschäden aufgrund einer gestörten, gewarteten oder verzögerten Anbindungsleitung sind die Entschädigungsregelungen aus § 17e abschließend, § 17e Abs. 1 S. 5, Abs. 2 S. 3 (zur Abgrenzung → § 17e Rn. 30 ff.). Ähnliche Haftungsbegrenzungen für nicht vorsätzlich verursachte Sachschäden je Schadensereignis finden sich in § 18 Abs. 2 NAV. Im Rahmen einer Schadensersatzhaftung wegen einer Nebenpflichtverletzung aus dem gesetzlichen Schuldverhältnis muss der Übertragungsnetzbetreiber sich ein etwaiges vorsätzliches Verhalten seines Erfüllungsgehilfen nach § 278 BGB **zurechnen** lassen (→ § 17e Rn. 30 ff.).

Die Haftungsbegrenzung umfasst sowohl Sachschäden als auch kausal und zu- 2
rechenbar durch die Sachschäden verursachte Folgeschäden an Offshore-Anlagen (Begr. RegE, BT-Drs. 17/10754, 32). Ausweislich der in S. 2 vorgesehenen anteiligen Kürzung bezieht sich die Haftungsbegrenzung in S. 1 jeweils auf ein Schadensereignis. Für mehrere Schadensereignisse findet demnach keine Gesamtbetrachtung statt, sondern der Übertragungsnetzbetreiber haftet für jedes Schadensereignis gesondert bis zur Höchstgrenze (Beschlussempfehlung Ausschuss Wirtschaft und Technologie, BT-Drs. 17/11705, 29; zur Differenzierung zwischen unterschiedlichen Schadensereignissen bei der Haftung für Vermögensschäden → § 17f Rn. 11). Die Haftungsbegrenzung greift jedoch, wenn ein Schadensereignis zu Sachschäden an **unterschiedlichen Windkraftanlagen** führt. Übersteigt die Summe dieser Einzelschäden die Höchstgrenze, erfolgt nach S. 2 eine anteilige Kürzung aller Ansprüche.

§ 17h Abschluss von Versicherungen

¹Anbindungsverpflichtete Übertragungsnetzbetreiber sollen Versicherungen zur Deckung von Vermögens- und Sachschäden, die beim Betreiber von Offshore-Anlagen auf Grund einer nicht rechtzeitig fertiggestellten oder gestörten Anbindung der Offshore-Anlage an das Übertragungsnetz des anbindungsverpflichteten Übertragungsnetzbetreibers entstehen, abschließen. ²Der Abschluss einer Versicherung nach Satz 1 ist der Regulierungsbehörde nachzuweisen.

Literatur: *Coors,* Haftung und Versicherung für reine Vermögensschäden aufgrund der Nichtverfügbarkeit der Netzanbindung von Offshore-Windenergieanlagen nach deutschem Recht, PHi 2015, 116; *Ranke,* Knock-for-Knock-Vereinbarungen im Öl-, Gas- und Offshoresektor und deren Auswirkungen auf den Versicherungsschutz, PHi 2014, 60; *Wagner/Bsaisou,* Beschleunigung der Energiewende durch Haftung, JZ 2014, 1031.

1 S. 1 fordert die anbindungsverpflichteten Übertragungsnetzbetreiber zur Versicherung von Vermögens- und Sachschäden auf, stellt ihnen aber die Entscheidung frei (Begr. RegE, BT-Drs. 17/10754, 32). Eine vom Bundesrat vorgeschlagene **Versicherungspflicht,** verbunden mit der hälftigen Berücksichtigung der Versicherungsprämien im Rahmen des Belastungsausgleichs, lehnte die Bundesregierung in ihrer Stellungnahme im Hinblick auf die **eingeschränkte Verfügbarkeit** von Versicherungsprodukten zur Abdeckung von Vermögensschäden und die Auswirkungen einer Versicherungspflicht auf die Prämien angesichts der beschränkten Zahl der Anbieter ab (Stellungnahme des Bundesrates und Gegenäußerung der BReg, BT-Drs. 17/11269, 4 und 34f.; zu den Auswirkungen haftungsfreistellender sog. Knock-for-knock-Vereinbarungen *Ranke* PHi 2014, 60 (65ff.)). Nach dem Evaluierungsbericht des BMWi waren auch drei Jahre nach Einführung des Haftungsregimes aus § 17e Versicherungen nur für solche Vermögensschäden auf dem Markt verfügbar, die auf einem vorangegangenen versicherten Sachschaden beruhen (BMWi, Evaluierungsbericht gemäß § 17i EnWG, S. 20). Die Mitteilungspflicht aus S. 2 dient vor diesem Hintergrund unter anderem dazu, der BNetzA einen Überblick über die am Markt verfügbaren Versicherungsprodukte zu verschaffen.

2 Anreize zum Abschluss einer entsprechenden Schadensversicherung ergeben sich für den Übertragungsnetzbetreiber mit Blick auf den Belastungsausgleich einschließlich des Selbstbehalts nach § 17f Abs. 2 nur dann, wenn die Versicherung den gesamten Schaden einschließlich des Selbstbehalts abdeckt. Andernfalls werden die Versicherungsleistungen nach § 17f Abs. 1 S. 3 auf die auszugleichenden Kosten angerechnet und der Selbstbehalt nach § 17f Abs. 2 bleibt bestehen. Das gilt auch für Versicherungen, die lediglich den Eigenanteil nach § 17f Abs. 2 abdecken sollen; auch Zahlungen aus solchen Versicherungen werden nach § 17f Abs. 1 S. 3 angerechnet (→ § 17f Rn. 6; *Coors* PHi 2015, 116 (128); aA HK-Offshore-WindenergieR/*Böhme/Huerkamp* EnWG § 17f Rn. 12). Eine Versicherung, die den gesamten Schaden abdeckt und damit auch den Selbstbehalt erfasst (BT-Drs. 17/10754, 32), nimmt dem Selbstbehalt allerdings die verhaltenssteuernde Wirkung, den Eintritt von Schäden zu vermeiden, zumal der Übertragungsnetzbetreiber die Kosten für die Prämie nicht trägt (*Wagner/Bsaisou* JZ 2014, 1031 (1039f.)). Die Versicherungskosten gingen nach der ursprünglichen Regelung als **Kosten des Netzbetriebs** in

die Netzentgelte ein (Begr. RegE, BT-Drs. 17/10754, 32); inzwischen fallen sie nach § 17f Abs. 1 S. 1 sogar in den Belastungsausgleich (→ § 17f Rn. 4).

§ 17i Evaluierung

¹**Das Bundesministerium für Wirtschaft und Energie überprüft im Einvernehmen mit dem Bundesministerium der Justiz und für Verbraucherschutz bis zum 31. Dezember 2015 die praktische Anwendung und die Angemessenheit der §§ 17e bis 17h.** ²**Die Evaluierung umfasst insbesondere die erfolgten Entschädigungszahlungen an Betreiber von Windenergieanlagen auf See, den Eigenanteil der anbindungsverpflichteten Übertragungsnetzbetreiber an Entschädigungszahlungen, die Maßnahmen und Anreize zur Minderung eventueller Schäden und zur Kostenkontrolle, das Verfahren zum Belastungsausgleich, die Höhe des Aufschlags auf die Netzentgelte für Letztverbraucher für Strombezüge aus dem Netz der allgemeinen Versorgung und den Abschluss von Versicherungen.**

Zum Regime der verschuldensunabhängigen Entschädigung, des daran anknüpfenden Belastungsausgleichs sowie der Begrenzung und Versicherung der Haftung lagen bei Einführung Ende des Jahres 2012 nur in begrenztem Umfang **praktische Erfahrungen** vor. Insbesondere war angesichts der sich bereits bei Einführung abzeichnenden Verzögerungen offen, ob die Beschränkungen und Selbstbehalte in der Haftung in § 17e sowie die Deckelung der Wälzung auf Endverbraucher in § 17f angemessen gesetzt sind (vgl. die Stellungnahme der BNetzA, Beschlussempfehlung und Bericht des Ausschusses für Wirtschaft und Technologie, BT-Drs. 17/11705, 12). S. 1 sieht deshalb eine Evaluierung dieser Regelungen nach einem Zeitraum von drei Jahren vor, um dem Gesetzgeber etwaigen **Änderungsbedarf** aufzuzeigen (Begr. RegE, BT-Drs. 17/10754, 32). S. 2 enthält eine nicht abschließende Aufzählung der zu evaluierenden Punkte. Berichts- und Monitoringpflichten der BNetzA sowie der Monopolkommission bleiben unberührt. 1

In dem **Evaluierungsbericht** beschreibt das BMWi das Entschädigungsregime nach §§ 17e ff. EnWG als weitestgehend **bewährt** (BMWi Evaluierungsbericht gemäß § 17i EnWG, 2015, 7 ff., 20). In der praktischen Umsetzung offene Fragen betreffen danach vor allem die Begutachtung der technischen Betriebsbereitschaft („doppelte Testierung") sowie die Methodik zur Bestimmung der Ausfallarbeit einschließlich der Berücksichtigung von Abschattungseffekten („Wake-Effekte"). Die ebenfalls im Evaluierungsbericht angeregte stundengenaue Berücksichtigung von Wartungszeiten im Rahmen des § 17e Abs. 3 sowie die Berücksichtigung von Schadensminderungsmaßnahmen, die nicht der eigentlichen Errichtung der Anbindungsleitung dienen, im Belastungsausgleich, sind zwischenzeitlich vom Gesetzgeber aufgegriffen worden. 2

§ 17j Verordnungsermächtigung

¹**Das Bundesministerium für Wirtschaft und Energie wird ermächtigt, im Einvernehmen mit dem Bundesministerium der Justiz und für Verbraucherschutz, durch Rechtsverordnung ohne Zustimmung des Bundesrates die nähere Ausgestaltung der Methode des Belastungsausgleichs nach § 17f sowie der Wälzung der dem Belastungsausgleich unterliegenden Kos-**

§ 17j Teil 3. Regulierung des Netzbetriebs

ten auf Letztverbraucher und ihre Durchführung sowie die Haftung des anbindungsverpflichteten Übertragungsnetzbetreibers und Vorgaben an Versicherungen nach § 17h zu regeln. ²Durch Rechtsverordnung nach Satz 1 können insbesondere Regelungen getroffen werden

1. zur Ermittlung der Höhe der Ausgleichsbeträge; dies schließt Regelungen ein
   a) zu Kriterien für eine Prognose der zu erwartenden Kosten für das folgende Kalenderjahr,
   b) zu dem Ausgleich des Saldos aus tatsächlichen und prognostizierten Kosten,
   c) zur Verwaltung der Ausgleichsbeträge durch die Übertragungsnetzbetreiber sowie
   d) zur Übermittlung der erforderlichen Daten;
2. zur Schaffung und Verwaltung einer Liquiditätsreserve durch die Übertragungsnetzbetreiber;
3. zur Wälzung der dem Belastungsausgleich nach § 17f unterliegenden Kosten der Übertragungsnetzbetreiber auf Letztverbraucher; dies schließt Regelungen zu Höchstgrenzen der für den Belastungsausgleich erforderlichen Aufschläge auf die Netzentgelte der Letztverbraucher ein;
4. zur Verteilung der Kostenbelastung zwischen Netzbetreibern; dies schließt insbesondere Regelungen zur Zwischenfinanzierung und zur Verteilung derjenigen Kosten ein, die im laufenden Kalenderjahr auf Grund einer Überschreitung der Prognose oder einer zulässigen Höchstgrenze nicht berücksichtigt werden können;
5. zu näheren Anforderungen an Schadensminderungsmaßnahmen einschließlich Regelungen zur Zumutbarkeit dieser Maßnahmen und zur Tragung der aus ihnen resultierenden Kosten;
6. zu Veröffentlichungspflichten der anbindungsverpflichteten Übertragungsnetzbetreiber hinsichtlich eingetretener Schäden nach § 17e Absatz 1 und 2, der durchgeführten Schadensminderungsmaßnahmen und der dem Belastungsausgleich unterliegenden Entschädigungszahlungen;
7. zu Anforderungen an die Versicherungen nach § 17h hinsichtlich Mindestversicherungssumme und Umfang des notwendigen Versicherungsschutzes.

A. Inhalt und Zweck

1 § 17j ermächtigt das Bundesministerium für Wirtschaft und Energie (jetzt BMWK) zur näheren **Ausgestaltung** des Belastungsausgleichs nach § 17f sowie der Vorgaben an die Versicherung von Vermögens- und Sachschäden nach § 17h im Einvernehmen mit dem Bundesministerium der Justiz und für Verbraucherschutz (BMJV). Einem Vorschlag des Bundesrats, den Erlass der Verordnung zustimmungsbedürftig zu machen (BT-Drs. 17/11269, 5), ist der Gesetzgeber im Hinblick auf den technischen Charakter der konkretisierenden Regelungen nicht gefolgt (vgl. Stellungnahme der BReg, BT-Drs. 17/11269, 35).

B. Einzelerläuterungen

I. Konkretisierung des Belastungsausgleichs

Während § 17f und das Energiefinanzierungsgesetz mit den grundsätzlichen Voraussetzungen des Belastungsausgleichs, den ausgleichsfähigen Kosten, der Methode sowie den Höchstgrenzen des Ausgleichs und des Selbstbehalts die wesentlichen Rahmenvorgaben des Belastungsausgleichs treffen, sehen § 17j S. 1 und 2 Nr. 1–4 die Regelung von Einzelfragen des Wälzungsmechanismus vor. Ziel ist eine **kosteneffiziente Ausgestaltung** mit einer über den Zeitverlauf **schwankungsfreien Höhe** der Aufschläge auf die Entgelte von Letztverbrauchern (Begr. RegE, BT-Drs. 17/10754, 32). 2

Die Ermächtigung zur Regelung der Zumutbarkeit und Kostentragung von **Schadensminderungsmaßnahmen** in § 17j S. 2 Nr. 5 geht über den Bereich des Belastungsausgleichs hinaus. Auch wenn § 17f Abs. 3 S. 4 den Belastungsausgleich an die Erfüllung der Schadensminderungspflicht aus § 17f Abs. 3 S. 1 koppelt, stellen die Reichweite der Schadensminderungspflicht und die Finanzierung der Maßnahmen zur Schadensminderung eher **Aspekte der Anbindungspflicht** als des Belastungsausgleichs dar. Gleichwohl bewegt sich auch § 17j S. 2 Nr. 5 im Rahmen der bereits in §§ 17d ff. getroffenen wesentlichen Entscheidungen. 3

II. Anforderungen an Versicherungsschutz nach § 17h

Mit der Ermächtigung zur Anpassung des in § 17h vorgesehenen Versicherungsschutzes trägt der Gesetzgeber den erwarteten Entwicklungen auf dem **Versicherungsmarkt** Rechnung (Begr. RegE BT-Drs. 17/10754, 32). Von einer vom Bundesrat vorgeschlagenen verbindlichen Pflicht zum Abschluss von Versicherungen gegen Vermögens- und Sachschäden in § 17h (BT-Drs. 17/11269, 4f.) ist der Gesetzgeber im Hinblick auf die derzeit unzureichende Verfügbarkeit von Versicherungsprodukten vor allem für Vermögensschäden nicht gefolgt (vgl. Gegenäußerung der BReg, BT-Drs. 17/11269, 34f.). 4

§ 18 Allgemeine Anschlusspflicht

(1) ¹Abweichend von § 17 haben Betreiber von Energieversorgungsnetzen für Gemeindegebiete, in denen sie Energieversorgungsnetze der allgemeinen Versorgung von Letztverbrauchern betreiben, allgemeine Bedingungen für den Netzanschluss von Letztverbrauchern in Niederspannung oder Niederdruck und für die Anschlussnutzung durch Letztverbraucher zu veröffentlichen sowie zu diesen Bedingungen jedermann an ihr Energieversorgungsnetz anzuschließen und die Nutzung des Anschlusses zur Entnahme von Energie zu gestatten. ²Diese Pflichten bestehen nicht, wenn

1. der Anschluss oder die Anschlussnutzung für den Betreiber des Energieversorgungsnetzes aus wirtschaftlichen Gründen nicht zumutbar ist oder
2. ab dem 21. Dezember 2018 der Anschluss an ein L-Gasversorgungsnetz beantragt wird und der Betreiber des L-Gasversorgungsnetzes nach-

weist, dass der beantragenden Partei auch der Anschluss an ein H-Gasversorgungsnetz technisch möglich und wirtschaftlich zumutbar ist. [3]In der Regel sind die Kosten für die Herstellung eines Anschlusses an ein H-Gasversorgungsnetz wirtschaftlich zumutbar im Sinne von Satz 2 Nummer 2, wenn sie die Kosten für die Herstellung eines Anschlusses an ein L-Gasversorgungsnetz nicht wesentlich übersteigen. [4]Satz 2 Nummer 2 und Satz 3 sind nicht anzuwenden, wenn der technische Umstellungstermin gemäß § 19a Absatz 1 Satz 5 im Gebiet des beantragten Anschlusses bereits zu veröffentlichen ist und der Gesamtbedarf an L-Gas in dem betreffenden L-Gasversorgungsnetz durch den Anschluss nur unwesentlich erhöht wird.

(2) [1]Wer zur Deckung des Eigenbedarfs eine Anlage zur Erzeugung von Elektrizität auch in Verbindung mit einer Anlage zur Speicherung elektrischer Energie betreibt oder sich von einem Dritten an das Energieversorgungsnetz anschließen lässt, kann sich nicht auf die allgemeine Anschlusspflicht nach Absatz 1 Satz 1 berufen. [2]Er kann aber einen Netzanschluss unter den Voraussetzungen des § 17 verlangen. [3]Satz 1 gilt nicht für die Deckung des Eigenbedarfs von Letztverbrauchern aus Anlagen der Kraft-Wärme-Kopplung bis 150 Kilowatt elektrischer Leistung und aus erneuerbaren Energien.

(3) [1]Die Bundesregierung kann durch Rechtsverordnung mit Zustimmung des Bundesrates die Allgemeinen Bedingungen für den Netzanschluss und dessen Nutzung bei den an das Niederspannungs- oder Niederdrucknetz angeschlossenen Letztverbrauchern angemessen festsetzen und hierbei unter Berücksichtigung der Interessen der Betreiber von Energieversorgungsnetzen und der Anschlussnehmer
1. die Bestimmungen über die Herstellung und Vorhaltung des Netzanschlusses sowie die Voraussetzungen der Anschlussnutzung einheitlich festsetzen,
2. Regelungen über den Vertragsabschluss und die Begründung des Rechtsverhältnisses der Anschlussnutzung, den Übergang des Netzanschlussvertrages im Falle des Überganges des Eigentums an der angeschlossenen Kundenanlage, den Gegenstand und die Beendigung der Verträge oder der Rechtsverhältnisse der Anschlussnutzung treffen und
3. die Rechte und Pflichten der Beteiligten einheitlich festlegen.

[2]Das Interesse des Anschlussnehmers an kostengünstigen Lösungen ist dabei besonders zu berücksichtigen. [3]Die Sätze 1 und 2 gelten entsprechend für Bedingungen öffentlich-rechtlich gestalteter Versorgungsverhältnisse mit Ausnahme der Regelung des Verwaltungsverfahrens.

Übersicht

	Rn.
A. Allgemeines	1
I. Inhalt	1
II. Zweck	4
III. Entstehungsgeschichte	7
B. Normadressat	11
I. Betreiber von Energieversorgungsnetzen	12
II. Energieversorgungsnetze der allgemeinen Versorgung	13

Allgemeine Anschlusspflicht **§ 18**

	Rn.
C. Netzanschluss (Abs. 1)	19
I. Allgemeine Anschlusspflicht (Abs. 1 S. 1)	20
1. Inhalt und Rechtsnatur des Anspruchs	20
2. Letztverbraucher als Anschlussberechtigte	25
3. Bedingungen für Netzanschluss und Anschlussnutzung	32
II. Vorbehalt der wirtschaftlichen Zumutbarkeit (Abs. 1 S. 2)	47
1. Allgemeines	47
2. Sonderfall der Herstellung eines Gasanschlusses im L-Gas-Gebiet	59
3. Sonstige Gründe wirtschaftlicher Unzumutbarkeit	61
4. Andere Gründe zur Unterbrechung des Anschlusses	67
5. Sonderleistungen des Anschlussnehmers	68
III. Beendigung des Anschlussverhältnisses	69
D. Ausnahmen von der allgemeinen Anschlusspflicht (Abs. 2)	72
E. Verordnungsermächtigung (Abs. 3)	75
F. Durchsetzung der allgemeinen Anschlusspflicht	77

Literatur: *Ahnis/de Wyl,* Maßgebliche Neuerungen der NAV/NDAV unter besonderer Berücksichtigung der Netzbetreiberhaftung, IR 2007, 77; *Berzel/Uxa,* Geschlossene Verteilernetze und Kundenanlagen, KSzW 2012, 427; *Eder/Ahnis,* Die neuen Verordnungen zum Netzanschluss und zur Anschlussnutzung – eine rechtspraktische Betrachtung, ZNER 2007, 123; *Eder/de Wyl/Becker/Hempel,* Von der Tarifkundenversorgung zur Grundversorgung, ZNER 2004, 117; *Hartmann,* Anlage des Anschlussnehmers, Netzanschluss, Netz – Begriffe im Wandel der Gesetze und Verordnungen, in Franke/Theobald (Hrsg.), Festschrift für Wolfgang Danner, S. 207; *Rauch,* Stilllegung von netzseitigen Betriebsmitteln, RdE 2011, 287; *Ritter/Bourwieg/Steinmann,* Regulierungsauftrag der Bundesnetzagentur für Universaldienste in der Fläche, IzR 2008, 71.

A. Allgemeines

I. Inhalt

§ 18 enthält eine eigenständige und im Verhältnis zu § 17 **spezielle Regelung** 1
des Netzanschlusses von Letztverbrauchern an das Niederspannungs- oder Niederdrucknetz. Adressaten der Anschlusspflicht gem. Abs. 1 sind Betreiber von Energieversorgungsnetzen der allgemeinen Versorgung von Letztverbrauchern. Sie müssen allgemeine Bedingungen für den Netzanschluss veröffentlichen und zu diesen Bedingungen **jedermann** an ihr Netz anschließen sowie die Anschlussnutzung zur Entnahme von Energie gestatten (Abs. 1 S. 1). Nach Abs. 1 S. 2 steht diese Verpflichtung unter dem Vorbehalt der **wirtschaftlichen Zumutbarkeit** für die Netzbetreiber, insbesondere im Falle des Anschlusses an ein **L-Gasversorgungsnetz**. Die L-Gasversorgung wird in Deutschland sukzessive bis 2030 auf H-Gas umgestellt (→ § 19a Rn. 1 ff.).

Abs. 2 regelt einen Ausschluss der allgemeinen Anschlusspflicht für die Fälle, in 2
denen **Eigenbedarfsanlagen** betrieben werden oder der Anschluss an das Energieversorgungsnetz durch Dritte erfolgt, wobei **kleine KWK**-Anlagen und **EEG-Anlagen** rückausgenommen werden. In Abs. 3 wird die Bundesregierung zum **Erlass von Rechtsverordnungen** ermächtigt, in denen allgemeine Bedingungen für den Netzanschluss und dessen Nutzung festgesetzt werden können. Von der

§ 18

Verordnungsermächtigung hat die Bundesregierung mit Erlass der NAV und der NDAV Gebrauch gemacht.

3   Verweise auf die Norm finden sich in der Grundnorm der Netzbetriebspflicht in § 11, als Adressaten für die Bestimmung des Grundversorgers in § 36 Abs. 2 sowie in den Zuständigkeitsregelungen des § 54 Abs. 2. § 110 Abs. 1 enthält eine Ausnahme von § 18 in geschlossenen Verteilernetzen, §§ 115 und 118 enthalten eine Übergangsvorschrift für Altverträge. Diverse Bezüge finden sich in den Anschlussverordnungen NAV und NDAV.

II. Zweck

4   Die Anschlusspflicht des Netzbetreibers dient allgemein der Herstellung von wirksamem Wettbewerb auf den vor- und nachgelagerten Energiemärkten unter Wahrung der technischen Sicherheit. Neben der Wettbewerbsförderung ist die Anschlusspflicht speziell in § 18 Ausdruck der **daseinsvorsorgenden Funktion** der Netze für die Versorgung mit Elektrizität und Erdgas im Haushaltskundenbereich mithin eine Verbraucherschutzvorschrift (NK-EnWG/*Gerstner* § 18 Rn. 2).

5   Die Unterscheidung zwischen Netzanschluss und Netzzugang sowie die Entflechtung des Netzbetriebs von den Wettbewerbsbereichen Energieerzeugung und Energievertrieb (dazu → Vor § 17 Rn. 8) führt auch bei der zuvor schon in § 10 EnWG aF geregelten allgemeinen Anschluss- und Versorgungspflicht zu einer Trennung beider Bereiche. Während § 18 die allgemeine **Anschlusspflicht** regelt, ist die **Grundversorgungspflicht** zur Belieferung mit Energie Gegenstand von § 36 (sektorübergreifend zu Grundversorgung *Ritter/Bourwieg/Steinmann* IzR 2008, 71). Die Regelungen des Netzanschlusses und der Anschlussnutzung gelten zwischen dem Netzbetreiber und dem Anschlussnehmer bzw. Anschlussnutzer unabhängig davon, wer der Netzzugang (im Sinne des Netznutzungsvertrags) vereinbart hat und von wem der Kunde Energie bezieht (BT-Drs. 15/3917, 59). Der Netzanschluss ist tatsächliche und rechtliche Voraussetzung für den Netzzugang und den Bezug von Energie.

6   Praktische Relevanz hat § 18 vor allem für **Haushaltskunden** und **kleinere Gewerbebetriebe** (Begr. BT-Drs. 15/3917, 58), denn sie sind die überwiegenden Anschlussnehmer in den Netzebenen Niederspannung und Niederdruck. Ihnen steht im Regelfall nur ein Energieversorgungsnetz zur Verfügung, an das der Netzanschluss erfolgen kann. Der Anschluss an mehr als ein Energieversorgungsnetz der allgemeinen Versorgung von Letztverbrauchern ist aufgrund der hohen Kosten für den Netzanschluss erst recht ausgeschlossen. Vor diesem Hintergrund ist die allgemeine Anschlusspflicht die Konsequenz des **natürlichen Monopols,** über das die Netzbetreiber auch nach und mit fortschreitender Öffnung der Energiemärkte verfügen (*Sieberg* in Bartsch/Röhling/Salje/Scholz Kap. 53 Rn. 4). Im Unterschied zu § 17 bestehen nach § 18 erhöhte Transparenzpflichten der Netzbetreiber (Begr. BT-Drs. 15/3917, 58).

III. Entstehungsgeschichte

7   Die allgemeine Anschlusspflicht bestand allerdings schon gemäß den Vorgaben des bis 2005 geltenden § 10 f. EnWG und der **AVBEltV** (BerlKommEnergieR/ *Bruhn* EnWG § 18 Rn. 8 ff.).

8   Durch das EnWG 2011 wurde in Abs. 2 S. 1 nach den Worten „Erzeugung von Elektrizität" der Einschub „auch in Verbindung mit einer **Anlage zur Speiche-**

Allgemeine Anschlusspflicht **§ 18**

rung elektrischer Energie" eingefügt. Diese Änderung kam aus der Beratung im Wirtschaftsausschuss (BT-Drs. 17/6365). Ausweislich der Begründung im Ausschuss soll die Einfügung einen Anschlussanspruch für Anlagen zur Speicherung von elektrischer Energie schaffen (BT-Drs. 17/6365, 33). Durch die Änderung werden jedenfalls alle Zweifel beseitigt, dass Anlagen zur Speicherung elektrischer Energie als Letztverbraucher ebenfalls einen Anschlussanspruch aus § 18 haben (→ § 17 Rn. 35 ff.).

Der besondere Anschlussanspruch insbesondere für Haushaltskunden ist jedenfalls im Elektrizitätssektor auch **europarechtlich geboten** gem. Art. 10 und 59 Abs. 1 und Abs. 7 Elt-RL 19 (zu Vorgängerregelungen BerlKommEnergieR/*Bruhn* EnWG § 18 Rn. 1–2). Art. 3 Abs. 2 iVm Anhang 1 Gas-RL 09 sieht eine Ermächtigungsnorm für allgemeine Bedingungen eines Erstanschlusses im Rahmen der Gemeinwohlverpflichtungen für die Mitgliedstaaten vor. **9**

Seit 2018 wird der Anwendungsbereich von Abs. 1 S. 2 um einen weiteren Fall ergänzt. Die neue Nr. 2 soll die Sicherheit der **L-Gasversorgung** gewährleisten (BT-Drs. 15/5523, 117). Danach entfallen die Pflichten aus S. 1 auch dann, wenn der Anschluss an ein L-Gasversorgungsnetz erst ab dem Inkrafttreten der Änderung am 21.12.2018 beantragt wird und der Betreiber des L-Gasversorgungsnetzes nachweist, dass dem Anschlusspetenten auch der Anschluss an ein H-Gasversorgungsnetz technisch möglich ist (→ Rn. 60). **10**

B. Normadressat

Die allgemeine Anschlusspflicht gem. § 18 gilt für Betreiber von Energieversorgungsnetzen in Gemeindegebieten, in denen sie Netze der allgemeinen Versorgung von Letztverbrauchern betreiben. **11**

I. Betreiber von Energieversorgungsnetzen

§ 18 ist auf Betreiber von Elektrizitätsversorgungsnetzen und Betreiber von Gasversorgungsnetzen gleichermaßen anwendbar (§ 3 Nr. 4). Die Vorschrift regelt jedoch nur den Netzanschluss an **Elektrizitätsverteilernetze in Niederspannung** und **Gasverteilernetze in Niederdruck**. Bei den Betreibern (zum Betreiberbegriff → § 11 Rn. 36) kann es sich um natürliche oder juristische Personen oder rechtlich unselbstständige Organisationseinheiten eines Energieversorgungsunternehmens handeln (vgl. auch § 3 sowie → § 14 Rn. 9 und → § 16a Rn. 6). **12**

II. Energieversorgungsnetze der allgemeinen Versorgung

Energieversorgungsnetze der allgemeinen Versorgung sind nach § 3 Nr. 17 solche, die der Verteilung von Energie an Dritte dienen und von ihrer Dimensionierung nicht von vornherein nur auf die Versorgung bestimmter, schon bei der Netzerrichtung feststehender oder bestimmbarer Letztverbraucher (→ § 3 Nr. 25) ausgelegt sind, sondern grundsätzlich für die Versorgung jedes Letztverbrauchers offenstehen (→ § 3 Rn. 42). **13**

Anbieter, die über **Direkt- oder Stichleitungen** nur bestimmte Abnehmer oder Abnehmergruppen versorgen, unterliegen nicht der allgemeinen Anschlusspflicht gem. Abs. 1 S. 1 (Hempel/Franke/*Hempel* EnWG § 18 Rn. 57), sondern leiten ihren Anschlussanspruch aus § 17 Abs. 1 ab. Gleiches gilt für Betreiber von **ge-** **14**

§ 18 Teil 3. Regulierung des Netzbetriebs

schlossenen Verteilernetzen (→ § 110 Rn. 20) wegen der dort ausdrücklich normierten Ausnahme. Auch innerhalb von als „Kundenanlage" (§ 3 Nr. 24 und 24a) deklarierten **„Quartieren"** (ein weit verbreiteter, aber energiewirtschaftlich gänzlich unbestimmter Begriff) würde § 18 auch nicht gelten, mithin eine ganz wichtige Kundenschutzvorschrift in Netzen der Niederspannung.

15 Die Bezugnahme auf „Gemeindegebiete" knüpft an die Konzessionsverträge nach § 46 an. Ein Netzbetreiber hat häufig nicht nur mit einer Gemeinde einen Konzessionsvertrag, sondern mit einer Reihe oder gar Vielzahl von Gemeinden Vereinbarungen über die Wegenutzung getroffen. Durch historische Entwicklungen wie zB Gebietsreformen kommt es auch dazu, dass in einer Gebietskörperschaft mehrere Konzessionsverträge getrennt voneinander geführt werden. Die Pflichten des Netzbetreibers zur Veröffentlichung allgemeiner Bedingungen für den Netzanschluss erstrecken sich aus dem **einheitlichen Netzbegriff des EnWG** betreiberbezogen und aus dem Diskriminierungsverbot des Betreibers auf alle Konzessionsgebiete eines Netzbetreibers in gleicher Weise (BerlKommEnergieR/*Bruhn* EnWG § 18 Rn. 19).

16 Der Annahme eines Energieversorgungsnetzes der allgemeinen Versorgung steht nicht entgegen, wenn der Anschluss einzelner Letztverbraucher von Netzbetreibern als **wirtschaftlich unzumutbar** abgelehnt wird (*Rosin* RdE 2006, 9 (16); *Boesche/Wolf* ZNER 2005, 285 (292)). Abs. 1 S. 2 stellt den Netzanschluss ausdrücklich unter den Vorbehalt der wirtschaftlichen Zumutbarkeit. IRv § 3 Nr. 17 ist auch ohne Bedeutung, ob für das jeweilige Energieversorgungsnetz ein **wirksamer Konzessionsvertrag** besteht. Diese Frage ist ausschließlich im Verhältnis zwischen Netzbetreiber und Gemeinde relevant. Sie betrifft nicht die Beziehung zwischen Netzbetreiber und Letztverbraucher (*Büdenbender* EnWG § 10 Rn. 38).

17 Die allgemeine Anschlusspflicht gilt für Netzbetreiber nur in **Gemeindegebieten,** in denen sie ein Energieversorgungsnetz der allgemeinen Versorgung betreiben. Davon ist einerseits das **Netzgebiet** eines von einem Netzbetreiber versorgte Gebiet zu unterscheiden, das häufig mehrere Gemeinden erfasst. Andererseits kann auch nur in Teilen eines Gemeindegebiets ein Netz der allgemeinen Versorgung vorliegen. Das Gebiet, in dem ein Energieversorgungsnetz der allgemeinen Versorgung betrieben wird, muss sich nicht mit Grenzen des Gemeindegebiets decken. Der Netzbetrieb kann auch über Gemeindegrenzen hinausgehen oder sich eben auf **Teile eines Gemeindegebiets** beschränken (Hempel/Franke/*Hempel* EnWG § 18 Rn. 59).

18 Für die Versorgung mit **Elektrizität** hat dies keine besondere praktische Bedeutung; sie erfolgt überwiegend flächendeckend. Dagegen ist die Bundesrepublik für die **Gasversorgung** nicht flächendeckend erschlossen. Deshalb kann der Betrieb von **Gasversorgungsnetzen** der allgemeinen Versorgung auf Teile eines Gemeindegebiets beschränkt sein (OLG Dresden Urt. v. 9.8.1999, NRW-RR 2000, 1083; *Büdenbender* EnWG § 10 Rn. 39). Anknüpfungspunkt ist zunächst das Bestehen eines Konzessionsvertrags mit einer Gemeinde für den Betrieb eines Gasversorgungsnetzes. Der gemeindliche Daseinsvorsorgeauftrag in Gebieten mit Gasversorgung schließt in der Regel dann die allgemeine Anschlusspflicht ein, es sei denn, es ist im Konzessionsvertrag etwas anderes geregelt oder es erweist sich im Einzelfall als wirtschaftlich unzumutbar.

C. Netzanschluss (Abs. 1)

Abs. 1 S. 1 regelt die Pflicht der Netzbetreiber, in Gemeindegebieten, in denen 19
sie Energieversorgungsnetze der allgemeinen Versorgung von Letztverbrauchern
betreiben, **jedermann** an ihr Netz anzuschließen und die Anschlussnutzung zu
gestatten. Demnach ist der Netzbetreiber nicht nur verpflichtet, die Anschlussherstellung durch den Kunden zu dulden, sondern auch **den Anschluss herzustellen** (BerlKommEnergieR/*Bruhn* EnWG § 18 Rn. 27). Von dieser grundsätzlich
bestehenden Verpflichtung macht Abs. 1 S. 2 für die Fälle Ausnahmen. Die Verteilung von Ansprüchen, Obliegenheiten und Pflichten des § 18 wird durch die **Anschlussverordnungen** (NAV/NDAV) detailliert konkretisiert (→ Vor § 17 Rn. 27,
→ Rn. 17 ff.)

I. Allgemeine Anschlusspflicht (Abs. 1 S. 1)

1. Inhalt und Rechtsnatur des Anspruchs. Die allgemeine Anschlusspflicht 20
gem. Abs. 1 S. 1 beinhaltet zum einen die Herstellung des Netzanschlusses und dessen weiteren Betrieb, wobei der Netzanschluss zunächst das Verteilernetz mit der
Kundenanlage verbindet (§§ 2 Abs. 1, 6 Abs. 1 NAV/NDAV), dann aber regelmäßig
in das Anlagevermögen des Verteilernetzbetreibers übergeht und somit **Teil des
Netzes der allgemeinen Versorgung** wird (→ Vor § 17 Rn. 27; § 8 Abs. 1
NAV/NDAV). Im Moment des Anschlussbegehrens besteht der Anspruch darin,
eine neue Kundenanlage eines Anschlussnehmers mit dem **nächsten geeigneten
Verknüpfungspunkt** des bestehenden Netzes der allgemeinen Versorgung zu verbinden.

Der **Netzanschluss** beginnt an der Abzweigstelle des Netzes, das regelmäßig 21
der Verfügungsgewalt (Eigentum oder Pacht) des Netzbetreibers zur Versorgung
von Kunden liegt und endet in einer Form der Sicherungseinrichtung beim Kunden. Im Strom ist dies die Hausanschlusssicherung (ausdrücklich in § 5 NAV) oder
einer Absperreinrichtung oder einem Hausdruckregelgerät im Gas (so § 5 NDAV).
Zum anderen kann nach Abs. 1 S. 1 die Gestattung der Nutzung dieses Anschlusses
verlangt werden. Die **Anschlussnutzung** hat die Entnahme von Energie über den
Netzanschluss zum Gegenstand (§§ 3 Abs. 1, 16 Abs. 1 NAV/NDAV).

Die Rechtsnatur des Anspruchs auf Netzanschluss und Anschlussnutzung ist in 22
§ 18 nicht ausdrücklich geregelt. Der Gesetzgeber geht jedoch von einer Begründung des **Netzanschlussverhältnisses** durch Vertrag zwischen Anschlussnehmer
und Netzbetreiber aus. Dagegen soll das **Anschlussnutzungsverhältnis** kraft Gesetzes zustande kommen (Begr. BT-Drs. 15/3917, 58 f.). Abs. 3 S. 1 Nr. 2 spiegelt
diese Systematik wider. Danach können in einer Rechtsverordnung Regelungen
über den Vertragsschluss, die Begründung des Anschlussnutzungsverhältnisses, den
Übergang des Netzanschlussvertrags sowie den Gegenstand und die Beendigung
der Verträge oder der Rechtsverhältnisse der Anschlussnutzung getroffen werden.
Auf dieser Grundlage sieht § 2 Abs. 2 NAV/NDAV die Entstehung des Netzanschlussverhältnisses durch Vertrag mit dem Anschlussnehmer vor, der die Herstellung des Netzanschlusses beantragt. Nach § 3 Abs. 2 NAV/NDAV kommt das Anschlussnutzungsverhältnis mit der Entnahme von Elektrizität bzw. Gas über den
Netzanschluss aus dem Verteilernetz zustande.

§ 18 regelt demnach bezogen auf den **Netzanschluss** einen **Kontrahierungs-** 23
zwang der Betreiber von Energieversorgungsnetzen der allgemeinen Versorgung

von Letztverbrauchern. Diese sind unter den in § 18 geregelten Voraussetzungen verpflichtet, mit dem Anschlussnehmer einen Vertrag über die Herstellung des Netzanschlusses abzuschließen. Dagegen ist ausgehend von § 3 Abs. 2 NAV/NDAV für die **Anschlussnutzung** ein Vertrag nicht erforderlich. Die Netzbetreiber sind gem. Abs. 1 S. 1 verpflichtet, die Nutzung des Anschlusses zu Entnahme von Energie zu gestatten.

24 Mit der Entnahme kommt ein **gesetzliches Schuldverhältnis** zwischen Netzbetreiber und Anschlussnutzer zustande. Für das Netzanschlussverhältnis und das Anschlussnutzungsverhältnis gelten die in der NAV/NDAV geregelten und ergänzend die von den Netzbetreibern nach Abs. 1 S. 1 veröffentlichten Bedingungen. Letztverbraucher sind ihrerseits nach dieser Vorschrift nicht verpflichtet, ihr Grundstück an das Energieversorgungsnetz der allgemeinen Versorgung anzuschließen (Hempel/Franke/*Hempel* EnWG § 18 Rn. 19; BerlKommEnergieR/*Bruhn* EnWG § 18 Rn. 28).

25 **2. Letztverbraucher als Anschlussberechtigte.** Nach dem Wortlaut von Abs. 1 S. 1 ist **jedermann** an das Netz anzuschließen. Aus der Vorschrift ergibt sich jedoch, dass die allgemeine Anschlusspflicht nur gegenüber Letztverbrauchern besteht. Abs. 1 S. 1 setzt den Betrieb von Energieversorgungsnetzen der allgemeinen Versorgung von **Letztverbrauchern** voraus. Ferner sind von den Netzbetreibern Bedingungen für den Netzanschluss von „Letztverbrauchern" zu veröffentlichen. Bei Letztverbrauchern handelt es sich gem. § 3 Nr. 25 um Kunden, die Energie für **den eigenen Verbrauch** kaufen. Der Anspruch nach Abs. 1 S. 1 hat deshalb zur Voraussetzung, dass ein eigener unmittelbarer Energiebedarf gedeckt werden soll.

26 Nicht gem. Abs. 1 S. 1 sind insbesondere **Weiterverteiler** von Energie anspruchsberechtigt; sie haben einen Anspruch auf einen Netzanschluss gem. § 17. Dies gilt vor allem für Betreiber anderer Energieversorgungsnetze, beispielsweise von geschlossenen Verteilernetzen oder auch im Falle von **Kundenanlagen,** die unter dem Stichwort der **„Quartiersversorgung"** ein eigenes Versorgungskonzept verfolgen (§ 3 Nr. 24a, → § 3 Rn. 62).

27 Die Veränderung der Versorgungsstrukturen bringt die Frage mit sich, ob § 18 sich nur auf solche Letztverbraucher bezieht, die ihren **ganzen Bedarf** an Energie für den eigenen Verbrauch aus dem Netz beziehen. Für diese Beschränkung auf Vollversorgungskunden (BerlKommEnergieR/*Bruhn* EnWG § 18 Rn. 42) spricht die eindeutige Ausnahme in Abs. 2 S. 1. Ein Anspruch nach § 18 besteht nicht, wenn eine **Eigenerzeugungsanlage** oder eine **Anlage zur Speicherung** elektrischer Energie vom Letztverbraucher in der Niederspannung (bei der Gasversorgung sind vergleichbare Fälle nicht vorstellbar) ebenfalls betrieben wird.

28 Nach Art. 15 der Elt-RL 19 müssen Mitgliedstaaten gewährleisten, dass sog. **aktiven Kunden** die Marktteilnahme ohne unverhältnismäßige oder diskriminierende technische Anforderungen (Art. 15 Abs. 1 Elt-RL 19) oder ohne besondere Hürden auch beim Netzanschluss (Art. 15 Abs. 5a) Elt-RL 19) ermöglicht wird. Ein „aktiver Kunde" ist gem. Art. 2 Nr. 8 u. a. ein „Endkunde (…) der an Ort und Stelle (…) **erzeugte Elektrizität** verbraucht oder **speichert** (…), sofern es sich dabei nicht um seine gewerbliche oder berufliche Haupttätigkeit handelt". Davon sind also reine Letztverbraucher **mit flexiblen Verbräuchen** wie einer **Wärmepumpe** oder auch ein elektrisch betriebenes Fahrzeug, das nicht gleichzeitig als Speicher mit Ein- und Ausspeisung genutzt würde, noch einmal zu unterscheiden. Auch diese können im Wortsinn „aktiv" am Strommarkt teilnehmen, sind aber keine aktiven Kunden iSd Elt-RL 19.

Allgemeine Anschlusspflicht §18

Für die Einordnung kann aus den europarechtlich geregelten zulässigen Erwartungen an „aktive Kunden" zB in Bezug auf Messung und Bilanzierung abgeleitet werden, dass die aktive Marktteilnahme von kleinen Letztverbrauchern **nicht** dem Letztverbraucher nach Abs. 1 entspricht. Auch können die europarechtlichen Anforderungen auch im Rahmen der Regelung des § 17 eingehalten werden. Daher bleibt es dabei, dass § 18 einheitliche wirtschaftliche Bedingungen des Netzanschlusses für eine homogene Gruppe von Letztverbrauchern schafft, die im Grundsatz ihren **eigenen Verbrauch vollständig** über das Energieversorgungsnetz der allgemeinen Versorgung in Niederspannung beziehen will (BerlKomm-EnergieR/*Bruhn* EnWG § 18 Rn. 23). Es kann demnach Letztverbraucher mit einer komplexeren Entnahmestruktur geben, die ebenfalls einen Anspruch auf Netzanschluss in Niederspannung oder Niederdruck geltend machen können, allerdings zu den Bedingungen des § 17. 29

Als Grundvoraussetzung des Anschlussanspruches muss die Absicht sowie rechtlich und tatsächlich die **Möglichkeit des Energiebezugs** bestehen (Hempel/Franke/*Hempel* EnWG § 18 Rn. 69). 30

Abs. 1 S. 1 unterscheidet zwischen Netzanschluss und Anschlussnutzung (→ Rn. 23). Die Vorschrift geht davon aus, dass Anschlussnehmer (§ 1 Abs. 2 NAV/NDAV) und Anschlussnutzer (§ 1 Abs. 3 NAV/NDAV) nicht identisch sein müssen. Deshalb kann sich auf die allgemeine Anschlusspflicht ein **Anschlussnehmer** auch dann berufen, wenn er den Anschluss nicht selbst zur Entnahme von Energie nutzen will, wenn er also nicht selbst Letztverbraucher iSd § 3 Nr. 25 ist. Voraussetzung eines Anspruchs nach Abs. 1 S. 1 ist in diesem Fall jedoch, dass es sich bei dem **Anschlussnutzer** um einen Letztverbraucher handelt. Unter dieser Voraussetzung hat der Anschlussnutzer gem. Abs. 1 S. 1 Anspruch auf Gestattung der Anschlussnutzung (zur Abwicklung der Lieferung mit und ohne Standardlastprofilen → § 23 Rn. 81. Praktische Bedeutung hat die Unterscheidung zwischen Netzanschluss und Anschlussnutzung vor allem für **vermietete Grundstücke** oder Gebäude. Dem Vermieter steht ein Anspruch auf Netzanschluss gem. Abs. 1 S. 1 zu, soweit der Anschluss vom Mieter zum Bezug von Energie für den eigenen Verbrauch genutzt werden soll. Der Mieter kann vom Netzbetreiber die Gestattung der Anschlussnutzung verlangen. 31

3. Bedingungen für Netzanschluss und Anschlussnutzung. Die der allgemeinen Anschlusspflicht unterliegenden Netzbetreiber haben gem. Absatz 1 S. 1 allgemeine Bedingungen für den Netzanschluss von den Abs. 1 unterliegenden Letztverbrauchern in Niederspannung oder Niederdruck und für die Anschlussnutzung zu veröffentlichen. „Allgemeine Bedingungen" sind semantisch zu unterscheiden von „allgemeinen Preisen". So sieht § 36 Abs. 1 für die Grundversorgung in der Belieferung mit Energie die Pflicht vor „allgemeine Bedingungen und allgemeine Preise" öffentlich bekannt zu machen. In der Praxis macht das keinen Unterschied, da die Netzbetreiber auch standardisierte Anschlusskosten veröffentlichen (→ Vor § 17 Rn. 102). 32

Zu diesen Bedingungen sind der Netzanschluss herzustellen und die Anschlussnutzung zu gestatten. Ein Anspruch auf Netzanschluss und Anschlussnutzung zu davon abweichenden Bedingungen besteht nach Abs. 1 S. 1 nicht (Hempel/Franke/*Hempel* EnWG § 18 Rn. 101). Die Bindungswirkung ist beidseitig (BNetzA Beschl. v. 27.7.2011 – BK6-11-109, S. 7). Für Bedingungen der Netzbetreiber ist jedoch nur Raum, soweit der **Verordnungsgeber** diese nicht in einer Rechtsverordnung gem. Abs. 3 geregelt hat (zur Reichweite → Rn. 34). 33

Bourwieg 1051

§ 18 Teil 3. Regulierung des Netzbetriebs

34 **a) NAV und NDAV.** Der Verordnungsgeber hat auf der Grundlage von Abs. 3 die NAV und die NDAV erlassen (zu Regelungen mit allgemeiner Vorbildwirkung → Vor § 17 Rn. 28 ff.). Diese Verordnungen gestalten das Anschlussverhältnis weitgehend abschließend aus und sind Bestandteil der Rechtsverhältnisse über den Netzanschluss und die Anschlussnutzung in der Niederspannung bzw. Niederdruckebene (§ 1 Abs. 1 S. 2 NAV/NDAV). Es spricht einiges dafür, dass auch **Umspannkunden** von der Mittel- in die Niederspannung vom Anwendungsbereich erfasst sind (*Eder/Ahnis* ZNER 2007, 23 (24)). Ihre Geltung hängt – soweit es um den Netzanschluss geht – nicht von der vertraglichen Einbeziehung in den Netzanschlussvertrag ab. Die NAV und die NDAV enthalten neben allgemeinen Vorschriften (Teil 1), Bestimmungen zum Netzanschluss (Teil 2) und zur Anschlussnutzung (Teil 3). Sie regeln den Betrieb von Anlagen, Rechte des Netzbetreibers, Anforderungen an die Fälligkeit von Zahlungen des Kunden sowie Rechtsfolgen von Verstößen gegen Zahlungspflichten und die Beendigung der Rechtsverhältnisse (Teil 4). Die Regelungen entsprechen zum Teil den in den Vorgängerregelungen für die AVBEltV und der AVBGasV zum Netzanschluss enthaltenen Bestimmungen.

35 **b) Sperrung des Anschlusses durch den Lieferanten.** Durch die Entflechtung und damit die Trennung der Energieversorgung in den Netzanschluss mit dem Netzbetreiber und die Belieferung durch einen Lieferanten (Grundversorger oder freier Lieferant) sind ganz neue Fragestellungen entstanden. So stehen die Betretungsrechte zur **Sperrung des Anschlusses** nach § 21 Abs. 1 NAV/NDAV dem Netzbetreiber zu. Der häufigste Fall der Sperrung tritt allerdings auf, wenn der Letztverbraucher gegenüber seinem Lieferanten oder auch dem Messstellenbetreiber in Zahlungsverzug kommt. Dieser fordert dann den Netzbetreiber auf, die Versorgung zu unterbrechen, wozu es der Sperrung des Anschlusses bedarf. Nach der Auffassung des OLG Celle (Urt. v. 20.8.2012 – 13 W 56/12, IR 2013, 14) hat das im Zuge der Entflechtung geschaffene Dreiecksverhältnis keine grundlegende Begrenzung der **Rechte des Lieferanten** zur Folge, sodass auch der Lieferant selbst in einem Prozess zur Duldung auf Zutritt zum Zwecke der Sperrung durch den Netzbetreiber prozessführungsbefugt ist.

36 **c) Bedingungen der Netzbetreiber.** Die NAV und die NDAV regeln – nach dem Willen des Gesetzgebers umfassend (Begr. BT-Drs. 15/3917, 59) – die Bedingungen, zu denen Netzbetreiber nach Abs. 1 jedermann an ihr Netz anzuschließen und den Anschluss zur Entnahme von Energie zur Verfügung zu stellen haben (§ 1 Abs. 1 S. 1 NAV/NDAV). Den Netzbetreibern bleibt zur Gestaltung der Bedingungen für den Netzanschluss und die Anschlussnutzung deshalb nur Spielraum für die NAV und die NDAV **ergänzende Regelungen** (BerlKommEnergieR/*Bruhn* EnWG § 18 Rn. 24 mwN).

37 Nach § 20 NAV/NDAV sind die Netzbetreiber berechtigt, in Form **technischer Anschlussbedingungen** (insbesondere **TAR des VDE|FNN**) weitere technische Anforderungen an den Netzanschluss und andere Anlagenteile sowie den Betrieb der Anlage festzulegen. Diese richten sich in der Regel nach dem technischen Regelwerk des VDE|FNN und seinen Technischen Anschlussregeln Niederspannung (TAR NS (VDE-AR-N 4100)). Die technischen Anschlussbedingungen müssen aus Gründen der sicheren und störungsfreien Versorgung insbesondere im Hinblick auf die Erfordernisse des Verteilernetzes notwendig sein und den allgemein anerkannten Regeln der Technik (§ 49 Abs. 1) entsprechen. Für Anschlussbedingungen, die nicht einmal dem einschlägigen technischen Regelwerk entspre-

Allgemeine Anschlusspflicht § 18

chen (TAB NS) – was zulässig ist – entfällt die Vermutung der geübten fachlichen Praxis (BNetzA Beschl. v. 19.3.2012 – BK6-11-113, S. 9).

Abs. 1 S. 1 selbst regelt keine **inhaltlichen Anforderungen** an ergänzende Bedingungen der Netzbetreiber. Es gelten die in der NAV und der NDAV getroffenen Regelungen sowie die in § 17 Abs. 1 geregelten Anforderungen. Die Bedingungen müssen daher angemessen, diskriminierungsfrei und transparent sein. 38

Ergänzende Bedingungen der Netzbetreiber sind ebenfalls zu veröffentlichen und müssen ausdrücklich in den Netzanschlussvertrag einbezogen werden. Auch für die Anschlussnutzung ist eine **Einbeziehungsvereinbarung** erforderlich. Ergänzende Bedingungen der Netzbetreiber werden ansonsten nicht Bestandteil des gesetzlichen, durch die NAV und die NDAV näher ausgestalteten Anschlussnutzungsverhältnisses. 39

Nach Abs. 1 S. 1 sind die Netzanschlussbedingungen und die Bedingungen für die Anschlussnutzung von den Netzbetreibern zu **veröffentlichen**. Da die Veröffentlichung der Transparenz der Bedingungen dient, muss sie so erfolgen, dass (potenzielle) Anschlussnehmer und Anschlussnutzer von den Bedingungen in zumutbarer Weise Kenntnis nehmen können. Insbesondere bietet sich eine Veröffentlichung im Internet an. Sie ist jedoch – anders als gem. § 20 Abs. 1 S. 1 bei Netzzugangsbedingungen – nicht zwingend vorgeschrieben und auch nicht ausreichend. 40

d) Netzanschluss und Messwesen nach MsbG. Die TAR NS erlangt im Rahmen der Liberalisierung des **Messwesens** (inzwischen außerhalb des EnWG im MsbG) besondere Bedeutung. Bis zur Liberalisierung des Messwesens und auch heute noch ist für den Netzbetreiber in seiner Rolle als grundzuständiger Messstellenbetreiber für konventionelle Messeinrichtungen der Messstellenbetrieb und die Messung **Teil der Netzzugangsleistung.** 41

Allerdings ist die Messung und die Zähleinrichtung nicht Teil des Netzanschlusses, der an der Hausanschlusssicherung endet. Messlokation und Anschluss können auseinanderfallen. Die Messeinrichtung ist jedoch **Voraussetzung für die Anschlussnutzung** durch einen Letztverbraucher. Der Anschlussnehmer ist nach § 22 NAV/NDAV verantwortlich, einen technisch geeigneten **Zählerplatz** vorzuhalten. Eine Messeinrichtung ist vorzuhalten und deren Installation hat zu regulierten Bedingungen zu erfolgen (BNetzA Beschl. v. 1.10.2017 – BK6-17-042, Messstellenbetreiberrahmenvertrag nach MsbG sowie BK7-17-06 bzw. BK7-17-050). 42

Für den Messstellenbetrieb ist nach Inkrafttreten des MsbG der Netzbetreiber allerdings nicht mehr zuständig (BerlKommEnergieR/*vom Wege* MsbG § 8 Rn. 5–12; Steinbach/Weise/*Bourwieg* MsbG § 1 Rn 42ff. und Steinbach/Weise/ *Weise/Becker* MsbG § 9 MsbG Rn 6ff.), sodass dem Netzbetreiber nach § 24 Abs. 1 Nr. 2 NAV/NDAV ein fristloses Unterbrechungsrecht zukommt, um eine Anschlussnutzung ohne Messeinrichtung zu verhindern. 43

Dabei dürfen die vertraglichen und technischen Bedingungen den Wettbewerb zwischen Messstellenbetreibern nicht behindern, müssen aber gleichzeitig bei häufigeren Wechseln der Messeinrichtung einen störungsfreien und sicheren Netzanschluss gewährleisten. Eine Vermutung von besonderer Darlegungspflicht hinsichtlich nicht missbräuchlicher Gestaltung von technischen Anschlussbedingungen liegt zB dann vor, wenn die aktuellen **TAR** der Fachverbände nicht eingehalten werden (§ 19). Als detaillierte Ausgestaltung von Netzanschlussbedingungen wenden sich die TAR primär an die Akteure im **Rechtsverhältnis zwischen Anschlussnehmer und Netzbetreiber.** 44

Bourwieg 1053

§ 18　Teil 3. Regulierung des Netzbetriebs

45　Angesichts des liberalisierten Messstellenbetriebs sind für den Messstellenbetreiber gesondert technische Regelungen aufzustellen, um bei einem potenziellen Messstellenbetreiber nicht den Eindruck zu erwecken, er habe nunmehr in eigener Person dafür einzustehen, dass Verhaltenspflichten aus dem Netzanschlussverhältnis dauerhaft eingehalten werden (BNetzA Beschl. v. 22. 4. 2010 – BK6-09-141, S, 12; BerlKommEnergieR/*vom Wege* MsbG § 8 Rn. 25). Dem tragen die VDN-Anwendungsregeln inzwischen Rechnung (VDN-Anwendungsregeln, zB VDE-AR-N 4400 – **Metering Code Strom**).

46　Gleiches gilt für weitere Beteiligte mit Interessen am Netzanschlussverhältnis (VDN-Anwendungsregeln zum **Anschluss von Erzeugungsanlagen** im Niederspannungsnetz, VDE-AR-N 4105). Auch wenn diese eingehalten werden, ist zu prüfen, ob die Regelungen technisch notwendig, diskriminierungsfrei und die **berechtigten Interessen des Anschlussnehmers** gewahrt sind, solange die „einwandfreie Messung" (§ 22 Abs. 2 S. 5 NAV) gewährleistet ist. § 22 Abs. 2 NAV/NDAV erlaubt keine kategorische Geltung ohne Ausnahme im Einzelfall. Ein solcher liegt zB vor, wenn ohne technischen Grund für **Einspeisezähler** eines Blockheizkraftwerks die Anbringung des Zählers ausschließlich im Anlagenschrank des Netzbetreibers vorgeschrieben wird (BNetzA Beschl. v. 19. 3. 2012 – BK6-11-113, S. 11, mAnm *Heitmann,* IR 2012, 140).

II. Vorbehalt der wirtschaftlichen Zumutbarkeit (Abs. 1 S. 2)

47　**1. Allgemeines.** Die allgemeine Anschlusspflicht gem. Abs. 1 S. 1 steht nach Abs. 1 S. 2 unter dem Vorbehalt der wirtschaftlichen Zumutbarkeit für die Netzbetreiber. Sonstige Aspekte der Zumutbarkeit sind iRv Abs. 1 S. 2 irrelevant (*Büdenbender* EnWG § 10 Rn. 99). Dabei sind allein die Zumutbarkeit des Netzanschlusses und der Anschlussnutzung von Bedeutung. Die Anschlussverordnungen unterscheiden daher die vorübergehende **Unterbrechung** des Anschlusses, für den auch andere Gründe tatbestandlich einschlägig sind (§ 24 NAV/NDAV) und die **Verweigerung oder Kündigung** des Netzanschlusses.

48　Die Formulierung stimmt mit dem EnWG 1998 und 1935 überein (/*Schulte-Beckhausen/Ungemach* FS Kühne S. 365 (366)). Der Grundsatz der **Wettbewerbsorientierung** (→ Vor § 17 Rn. 2) muss allerdings bei § 18 wie bei § 17 heute jedoch „mitgelesen" werden, sodass Literatur und Rechtsprechung zu den alten Vorschriften mit dieser Ergänzung zur Auslegung herangezogen werden können (Salje EnWG § 18 Rn. 53).

49　Die Anschlusspflicht stellt einen Eingriff in die Vertragsfreiheit der Netzbetreiber dar. Der Gesetzgeber trägt mit dem Vorbehalt der wirtschaftlichen Zumutbarkeit daher dem **Grundsatz der Verhältnismäßigkeit** Rechnung. Zwischen Abs. 1 S. 1 und der Ausnahme von der Anschlusspflicht nach Abs. 1 S. 2 besteht ein Regel-Ausnahme-Verhältnis. Daher haben die Netzbetreiber die **Darlegungs- und Beweislast** für das Vorliegen von Umständen, aus denen sich die wirtschaftliche Unzumutbarkeit ergibt (BerlKommEnergieR/*Bruhn* EnWG § 18 Rn. 34 mwN). Ferner ist Abs. 1 S. 2 als Ausnahmeregelung **restriktiv auszulegen** (vgl. *Büdenbender* EnWG § 10 Rn. 97).

50　Ob der Netzanschluss für Netzbetreiber wirtschaftlich unzumutbar ist, lässt sich nur anhand der konkreten Umstände des Einzelfalls beurteilen. Erforderlich ist eine **Abwägung** aller im Einzelfall relevanten Belange. Als allgemein geltender Auslegungsmaßstab sind dabei die Ziele des § 1 unabhängig davon zu berücksichtigen, dass darauf in Abs. 1 S. 2 nicht ausdrücklich Bezug genommen wird. Im Rahmen

Allgemeine Anschlusspflicht § 18

der **Daseinsvorsorge** durch die allgemeine Anschlusspflicht in Niederdruck und Niederspannung erweist sich der Maßstab der wirtschaftlichen Unzumutbarkeit aus den folgenden Überlegungen als besonders hohe Hürde:

Denn der technische Netzanschluss erfolgt auf Kosten des Anschlussnehmers (zu 51 Kosten im Überblick → Vor § 17 Rn. 99). Im Anwendungsbereich des § 9 NAV/NDAV erstreckt sich dieser Kostenerstattungsanspruch auf die „notwendigen" Kosten, ohne dass allgemeine Preise angelegt werden. § 9 Abs. 1 S. 2 NAV/NDAV erlaubt bei der Herstellung des Anschlusses (BNetzA Beschl. v. 27.7.2011 – BK6-11-109, S. 5) eine Ausnahme von der Berechnung im Einzelfall: Es können **pauschalierte Ansätze** gewählt werden.

Der Netzbetreiber ist verpflichtet, allgemeine Anschlussbedingungen zu ver- 52 öffentlichen und anzuwenden. Diese unterliegen keiner behördlichen Ex-ante-Kontrolle. Sie sind Gegenstand einer Billigkeitsprüfung nach § 315 (Schneider/Theobald EnergiewirtschaftsR-HdB/*de Wyl/Thole/Bartsch* Energiewirtschaft § 16 Rn. 64). Im Allgemeinen enthalten diese veröffentlichten Anschlussbedingungen Preise für die Anschlusserrichtung für den **„Normalfall"** und weisen bei außergewöhnlichen Anschlussleitungen (zB „Leitungslänge mehr als 15 m") auf eine individuelle Kalkulation hin. Sind auch für Sonderfälle die Anschlussbedingungen ausgewiesen, dann ist der Netzbetreiber an sein Preisblatt gebunden (BNetzA Beschl. v. 27.7.2011 – BK6-11-109).

Übrige Netzkosten werden durch die allgemeinen und regulierten Netzentgelte 53 von der Gesamtheit der Netznutzer getragen, mit Ausnahme zulässig ermittelter, einmaliger **Baukostenzuschüsse** des Anschlussnehmers (→ Vor § 17 Rn. 114). Aufgrund der ausdrücklichen Abweichung von § 17 Abs. 1 und der Ausgestaltung in §§ 11 N(D)AV gilt nach herrschender Rechtsprechung in der Niederspannung weiterhin ein **Wahlrecht des Versorgungsunternehmens** hinsichtlich der Berechnungsmethode für die Baukostenzuschüsse. Die vom VDN empfohlene „Einheitliche Modell zur Berechnung von Baukostenzuschüssen" aus dem Jahr 2007 ist ausdrücklich zulässig. Der BGH hat zu § 11 NAV/NDAV festgestellt, dass bei der Bestimmung der Berechnungsweise bei Bestehen von mehreren Methoden das Versorgungsunternehmen nicht immer die Berechnungsmethode anzuwenden habe, die zu einem für den Anschlussnehmer geringeren Baukostenzuschuss führe. Die Interessen des Anschlussnehmers würden durch die Begrenzung auf maximal 50 Prozent der entstehenden Ausbaukosten angemessen berücksichtigt, es solle auch eine für alle Versorgungskunden kostengünstige Energieversorgung gewährleistet werden (BGH Urt. v. 12.12.12 – VIII ZR 341/11, ER 2013, 79 (81)).

Anschlussnehmer bis 30 kW in der Niederspannung sind ohnehin nach § 11 54 Abs. 3 NAV von der Erhebung von Baukostenzuschüssen freigestellt. Damit soll historisch der Netzanschluss typischer Einfamilienhäuser mangels Lenkungswirkung vom Baukostenzuschuss freigestellt werden. Energiewirtschaftlich scheint es richtig, auf die Gesamtleistung am Hausanschluss zu schauen, um die Verpflichtung zu einem Baukostenzuschuss zu ermitteln, wenn über zwei Marktlokationen der Allgemeinstrom und eine Wärmepumpe angeschlossen sind oder nachträglich eine Ladeeinrichtung für Elektrofahrzeuge angeschlossen wird.

Abs. 1 S. 2 stellt darauf ab, ob der Netzanschluss für den Betreiber des Energie- 55 versorgungsnetzes wirtschaftlich unzumutbar ist. Dabei ist dem Begriff der „Unzumutbarkeit" immanent, dass er **nicht** auf einen **vollständigen Interessenausgleich** abstellt, sondern die Grenze des hinzunehmenden Ungleichgewichts beschreibt (OLG Brandenburg (6. Zivilsenat) Urt. v. 17.12.2019 – 6 U 58/18, BeckRS 2019, 37485; *Schulte-Beckhausen/Ungemach* FS Kühne S. 365 (368)).

56 Der Fall der wirtschaftlichen Unzumutbarkeit des einzelnen Anschlusses kann dann auftreten, wenn über die Erstattung der notwendigen Kosten des Anschlusses hinaus die tatsächlichen Kosten des Netzbetreibers in einem **krassen Missverhältnis** zu den durch Netzentgelte und Baukostenzuschüsse zu erwirtschaftenden Erlösen stehen. Dabei ist zu berücksichtigen, dass die Beschränkung des Anschlussanspruchs nach § 18 auf Vollversorgungskunden in Abs. 2 S. 1 dafür sorgt, dass mit einer regelmäßigen Netznutzung und Netznutzungsentgelten zu rechnen ist (BerlKommEnergieR/*Bruhn* EnWG § 18 Rn. 42).

57 **Betriebskosten** einer Anschlussleitung (Wartung, Unterhaltung), die nach § 8 Abs. 1 NAV/NDAV in das Eigentum des Netzbetreibers übergeht, sind allerdings nicht Gegenstand der Anschlusserrichtung, sondern gehen in den allgemeinen Netzentgelten auf, obwohl sie je nach Anschlussart sehr unterschiedlich sein können.

58 Da der Kalkulationsrahmen von den **örtlichen Verhältnissen** (städtisch bzw. ländlich geprägte Gebiete) abhängt, kommt es auf die Kalkulation für das jeweilige Gemeindegebiet an, in dem der Netzbetreiber ein Energieversorgungsnetz der allgemeinen Versorgung von Letztverbrauchern betreibt (Salje EnWG § 11 Rn. 70f. unter Heranziehung von BGHZ 74, 327).

59 **2. Sonderfall der Herstellung eines Gasanschlusses im L-Gas-Gebiet.** Aus Gründen der Versorgungssicherheit ist der Anwendungsbereich von Abs. 1 S. 2 EnWG um einen weiteren Fall ergänzt. Während der bisherige Regelungsgehalt in Nr. 1 aufgeht, soll die neue Nr. 2 die **Sicherheit der L-Gasversorgung** gewährleisten. Danach entfallen die Pflichten aus S. 1 auch dann, wenn der Anschluss an ein L-Gasversorgungsnetz erst ab 21.12.2018 beantragt wurde und der Betreiber des L-Gasversorgungsnetzes nachweist, dass dem Anschlusspetenten auch ein Anschluss an ein H-Gasversorgungsnetz technisch möglich ist. In diesem Fall ist der Betreiber des L-Gasversorgungsnetzes nicht mehr zur Durchführung des Netzanschlusses an das L-Gasversorgungsnetz verpflichtet. Der Anwendungsbereich des Abs. 1 S. 1 erstreckt sich zwar auf alle Letztverbraucher. Aufgrund der Beschränkung auf Netzanschlüsse in Niederdruck wirkt die Vorschrift jedoch in erster Linie für Haushaltskunden. Diese bedürfen eines höheren Schutzes als Letztverbraucher, die an andere Druckstufen als Niederdruck angeschlossen sind. Während § 17 Abs. 1 S. 2 der beantragenden Partei den Nachweis auferlegt, dass ihr der Anschluss an ein H-Gasversorgungsnetz aus wirtschaftlichen oder technischen Gründen unmöglich oder unzumutbar ist, kehrt der geänderte Abs. 1 S. 2 Nr. 2 die Beweislast zulasten des Netzbetreibers um. Damit sollen die Belastungen aus der Netzumstellung für diese besonders schutzwürdigen Letztverbraucher gemindert werden.

60 Die Beurteilung der wirtschaftlichen Zumutbarkeit erfolgt anhand der Umstände des Einzelfalls. S. 3 normiert hierfür ein Regelbeispiel. Danach soll ein Fall der wirtschaftlichen Zumutbarkeit in der Regel dann vorliegen, wenn die Kosten für die Herstellung des Anschlusses an ein H-Gasversorgungsnetz die Kosten für den Anschluss an ein L-Gasversorgungsnetz nicht wesentlich übersteigen. In Betracht kommen etwa die wirtschaftlichen Verhältnisse der beantragenden Partei oder der mit einem Anschluss an das H-Gasversorgungsnetz im Vergleich zum Anschluss an ein L-Gasversorgungsnetz verbundene Zeitaufwand (Begründung aus BT-Drs. 19/5523, 117f.).

61 **3. Sonstige Gründe wirtschaftlicher Unzumutbarkeit.** Die wirtschaftliche Unzumutbarkeit des Netzanschlusses nach Abs. 1 S. 2 kann sich auch aus anderen Gründen ergeben. Sie kann insbesondere vorliegen, wenn der Anschlussnehmer den **Anschluss nicht oder nicht mehr zur Entnahme von Energie** nutzen will.

Allgemeine Anschlusspflicht § 18

Dann steht der Vorhaltung des Netzanschlusses und entsprechender Netzkapazität möglicherweise kein wirtschaftliches Äquivalent gegenüber, das den Netzanschluss unter Berücksichtigung des Interesses der Letztverbraucher an einer preiswürdigen Energieversorgung wirtschaftlich zumutbar erscheinen lässt. Der Anschluss an ein Energieversorgungsnetz birgt zusätzlich technische Risiken, die sich aus der Vorhaltung eines Anschlusses für nicht genutzte oder bewohnte Gebäude ergeben können (Begr. BT-Drs. 15/3917, 58). Wenn nach einer aus Gründen der Verkehrssicherungspflicht rechtmäßigen Sperrung eines Netzanschlusses davon auszugehen war, dass die Nutzung des Anschlusses auf dem Hausgrundstück faktisch beendet worden war, kann ein Grund der wirtschaftlichen Unzumutbarkeit vorliegen (OLG Brandenburg (6. Zivilsenat) Urt. v. 17.12.2019 – 6 U 58/18, BeckRS 2019, 37485).

Ferner kommen Gründe in der **Person des Anschlussnehmers** hinzu. Dies 62 kann insbesondere der Fall sein, wenn der Anschlussnehmer die für die Herstellung des Netzanschlusses anfallenden Kosten **nicht bezahlt**. Ist dies zu besorgen, kann der Netzbetreiber ausnahmsweise nach § 9 Abs. 2 NAV/NDAV Vorauskasse verlangen.

Ob die Pflicht zur Grundversorgung nach § 36 Abs. 1 S. 2 zumutbar ist (dazu 63 → § 36 Rn. 29 ff.), spielt im Rahmen von Abs. 1 S. 2 keine Rolle. Insbesondere sind Zahlungsschwierigkeiten zwischen dem Anschlussnutzer als Letztverbraucher und seinem Lieferanten/Grundversorger kein Grund zur Verweigerung der Anschlussnutzung durch den Netzbetreiber, auch und gerade wenn diese einem vertikal integrierten Unternehmen entstammen. Der Netzbetreiber hat ein Netznutzungsverhältnis mit dem Lieferanten/Grundversorger und wird von diesem bezahlt, unabhängig von den Zahlungen des Letztverbrauchers an den Lieferanten.

Fraglich ist, wie Fälle zu behandeln sind, in denen die zur Erfüllung der allgemei- 64 nen Anschlusspflicht erforderliche **Netzkapazität nicht zur Verfügung steht.** Dies kann entnahmeseitig, aber auch einspeiseseitig durch den Zubau von privaten PV-Anlagen auftreten, für die eine Anschlusspflicht nach Abs. 1 iVm Abs. 2 S. 3 besteht. Während der Netzanschluss gem. § 17 Abs. 2 S. 3 aufgrund von Kapazitätsmängeln verweigert werden kann, eröffnet Abs. 1 S. 2 dem Netzbetreibern diese Möglichkeit nicht. Abs. 1 S. 2 ist die Aussage zu entnehmen, dass die Anschlusspflicht nach Abs. 1 S. 1 nur unter dem Vorbehalt der wirtschaftlichen Zumutbarkeit steht. Fehlende Netzkapazität soll nach der Vorstellung des Gesetzgebers daher kein Grund für den Ausschluss der allgemeinen Anschlusspflicht sein.

Dem liegt offenbar die Annahme zugrunde, dass Betreiber von Energieversor- 65 gungsnetzen der allgemeinen Versorgung von Letztverbrauchern die zur Erfüllung der allgemeinen Anschlusspflicht **erforderlichen Netzkapazitäten vorzuhalten** haben. Insofern konkretisiert § 18 mittelbar die sich aus § 11 Abs. 1 S. 1 ergebende Pflicht zu einem nachfragegerechten Ausbau der Energieversorgungsnetze (dazu → § 11 Rn. 31 ff.). Abs. 1 S. 2 schneidet deshalb Netzbetreibern den Einwand ab, die Erfüllung der allgemeinen Anschlusspflicht sei aufgrund von Kapazitätsmängeln wirtschaftlich unzumutbar.

Dies ändert nichts daran, dass von niemandem die Erbringung einer unmög- 66 lichen Leistung verlangt werden kann (§ 275 Abs. 1 BGB). Daher sind Netzbetreiber zu einem Netzanschluss nach Abs. 1 S. 1 dann nicht verpflichtet, wenn dieser aus technischen oder Kapazitätsgründen **unmöglich** ist. Sie müssen jedoch gem. §§ 11 Abs. 1 S. 1, 18 Abs. 1 vorhandene Kapazitätsengpässe unverzüglich (§ 121 Abs. 1 S. 1 BGB) beseitigen. Ferner kommen Schadensersatzansprüche der den Netzanschluss Beantragenden nach §§ 280, 823 Abs. 2 BGB iVm Abs. 1 in Betracht (*Büdenbender* EnWG § 10 Rn. 121).

67 **4. Andere Gründe zur Unterbrechung des Anschlusses.** Nicht unmittelbar aus Abs. 1, aber aus § 24 NAV/NDAV ergeben sich weitere Gründe, einen bestehenden Netzanschluss aus technischen Gründen zu unterbrechen, insbesondere aus Gründen der Verkehrssicherungspflicht (OLG Brandenburg (6. Zivilsenat) Urt. v. 17.12.2019 – 6 U 58/18, BeckRS 2019, 37485).

68 **5. Sonderleistungen des Anschlussnehmers.** Soweit der Netzanschluss gem. Abs. 1 S. 2 aus wirtschaftlichen Gründen unzumutbar ist, hat der Anschlussnehmer die Möglichkeit, durch zusätzliche Leistungen den Einwand der **Unzumutbarkeit auszuräumen.** In diesem Fall steht ihm uneingeschränkt ein Anspruch auf Netzanschluss nach Abs. 1 S. 1 zu (aA BerlKommEnergieR/*Bruhn* EnWG § 18 Rn. 39), der dann keinen Fall der allgemeinen Anschlusspflicht mehr sieht). Betrifft die wirtschaftliche Unzumutbarkeit die Herstellung eines weit entlegenen Anschlusses, der aus dem Rahmen der standardisiert kalkulierten Anschlussverhältnisse (→ Rn. 51) fällt, kommt eine Geldzahlung des Anschlussnehmers zum Ausgleich der erhöhten Anschlusskosten einschließlich etwaigen Unterhaltungsaufwands in Betracht (Hempel/Franke/H*empel* EnWG § 18 Rn. 143; *Büdenbender* EnWG § 10 Rn. 104).

III. Beendigung des Anschlussverhältnisses

69 Die Frage der wirtschaftlichen Unzumutbarkeit der Herstellung eines Netzanschlusses erlangt auch deshalb neue Bedeutung, da dieses Kriterium mittelbar auch Maßstab für die Aufrechterhaltung von bestehenden Netzanschlüssen ist (§§ 25 NAV bzw. NDAV). Für den Netzbetreiber besteht die **Kündigungsmöglichkeit** nur dann, wenn eine Pflicht zum Anschluss nach Abs. 1 S. 2 nicht bestünde (BerlKommEnergieR/*Bruhn* EnWG § 18 Rn. 29).

70 Der **demografische Wandel** mit der Entvölkerung ganzer Stadtteile und Landstriche oder die Förderungen der örtlichen **Fernwärmeversorgung** lassen erwarten, dass dieses Kriterium daher künftig insbesondere für **Gasnetzbetreiber** größere Bedeutung erlangen wird (*Rauch* RdE 2011, 287 (291)). Abs. 1 S. 1 ist Ausdruck der Verpflichtung zur Daseinsvorsorge der Netzbetreiber im Rahmen der Konzessionsverträge. Die Hürde für eine wirtschaftliche Unzumutbarkeit beim Anschluss für einen Haushaltskunden liegt demnach sehr hoch (OLG Brandenburg (6. Zivilsenat) Urt. v. 17.12.2019 – 6 U 58/18, BeckRS 2019, 37485). Stellt man auf die wirtschaftliche Belastung des Netzbetreibers ab, so sind bei einer Kündigung seine Möglichkeiten, die Kosten über die Netzentgelte zu sozialisieren, sowie gezahlte Netzentgelte der Vergangenheit oder gezahlte Baukostenzuschüsse und Anschlusskostenübernahmen belastungsmindernd zu berücksichtigen. Die **mangelnde Kostendeckung einer Leitung im Einzelfall** ist kein Kriterium für die wirtschaftliche Unzumutbarkeit der Aufrechterhaltung einer Versorgung iRd § 25 NAV/NDAV (→ Rn. 51). Die wirtschaftliche Unzumutbarkeit ist vom Unternehmen darzulegen und zu beweisen.

71 Der pauschale Vortrag, ein Netzrückbau sei zur Steigerung der Effizienz im Rahmen der **Anreizregulierung** erforderlich und daher der Weiterbetrieb von bestehenden Anschlüssen unzumutbar, stellt keine Begründung für die Kündigung von Anschlussverhältnissen iRd § 18 dar. Das ordentliche Kündigungsrecht der Netzbetreiber für bestehende Anschlüsse ist daher sehr eingeschränkt. Es ist nicht vorstellbar, dass ein Haushaltskunde durch eine einseitige, ordentliche Kündigung seitens des Netzbetreibers gezwungen ist, binnen eines Monats insbesondere den

Heizenergieträger zu wechseln. Aufgrund der hohen Umstellungskosten und fehlender rechtlicher Befugnisse für Mieter und einzelne Wohnungseigentümer ist dies vielfach nicht möglich. Daher besteht nach geltender BGH-Rechtsprechung auch kein Substitutionswettbewerb für Erdgas als Heizenergie (*Körber/Fricke* N&R 2009, 222). **Vertragliche Vereinbarungen** zwischen Netzbetreiber und Anschlussnehmer, bei denen der Netzbetreiber den Anschlussnutzer bei der Substitution unterstützt, bleiben unbenommen.

D. Ausnahmen von der allgemeinen Anschlusspflicht (Abs. 2)

Abs. 2 S. 1 schließt die allgemeine Anschlusspflicht an Elektrizitätsversorgungsnetze grundsätzlich aus, wenn der den Netzanschluss Beantragende eine **Eigenbedarfsanlage** betreibt (§ 3 Nr. 13). Dies gilt auch, wenn er die Anlage in Verbindung mit einer Anlage zur Speicherung elektrischer Energie betreibt (→ § 13 Rn. 255 ff.). Der Gesetzgeber geht von Ansprüchen nach Abs. 1 S. 1 nur unter der Voraussetzung aus, dass der **gesamte Bedarf** an Elektrizität aus dem Verteilernetz des Netzbetreibers gedeckt wird. Insofern werden bereits auf der Ebene des Netzanschlusses – und nicht erst im Rahmen der Grundversorgung gem. § 36 – Fragen des Energiebezugs relevant. Die allgemeine Anschlusspflicht ist nach Abs. 2 S. 1 auch dann ausgeschlossen, wenn sich der Anschlussnehmer **durch einen Dritten** an das Energieversorgungsnetz **anschließen lässt**. Die Regelung entspricht dem in § 10 Abs. 2 S. 1 EnWG aF und § 37 Abs. 1 S. 1 enthaltenen Anspruchsausschluss für den Fall der Energieversorgung durch Dritte. Es ist unklar, wie sie bezogen auf den Netzanschluss auszulegen ist. Abs. 2 S. 1 lässt sich so verstehen, dass der Anschluss an das Energieversorgungsnetz eines Dritten zum Ausschluss von Ansprüchen gem. Abs. 1 S. 1 führt. Dies entspricht dem Verständnis, dass über den Netzanschluss der gesamte Energiebedarf des Anschlussnutzers bzw. Anschlussnehmers gedeckt werden soll (→ Rn. 74). 72

Scheidet ein Anspruch auf den Netzanschluss nach Abs. 2 S. 1 aus, kann gem. Abs. 2 S. 2 ein Anschluss an das Energieversorgungsnetz **unter den Voraussetzungen des § 17** verlangt werden. Diese Regelung hat nur klarstellende Bedeutung. 73

Der Ausschluss von Ansprüchen gem. Abs. 2 S. 1 gilt nicht für die Deckung des Eigenbedarfs von Letztverbrauchern aus Anlagen der **Kraft-Wärme-Kopplung** bis 150 kW elektrischer Leistung und aus **erneuerbaren Energien** (Abs. 2 S. 3). Diese Anlagen werden durch Abs. 2 S. 3 gezielt privilegiert (Hempel/Franke/*Hempel* EnWG § 18 Rn. 178). Diesen Betreibern wird ein Anspruch auf den Netzanschluss gem. Abs. 1 S. 1 eingeräumt, obwohl über das Verteilernetz des Netzbetreibers in diesen Fällen nur eine **Reserveversorgung** stattfindet. § 3 Nr. 13 enthält keine abschließende Beurteilung, ob der Betrieb einer Eigenanlage nur die ausschließliche Eigenversorgung erfasst (abl. *Meinhold* ZNER 2005, 196 (202)). Der Betreiber einer **Eigenanlage** darf aber kein Energieversorgungsunternehmen (§ 3 Nr. 18) sein, was ausschließt, dass Energie an andere geliefert wird. Dass auch die Mitversorgung von anderen innerhalb einer Kundenanlage als Belieferung von Energie zu werten ist, ergibt sich im Rückschluss aus der Ausnahmevorschrift des § 5 S. 1 Hs. 2, die mit dem EnWG 2011 eingeführt wurde. Zu Fragen, die sich in Zusammenhang mit **Mieterstrommodellen** stellen können, s. OLG Düsseldorf Urt. v. 26. 2. 2020 3 Kart 729/19, EnWZ 2020, 234. 74

E. Verordnungsermächtigung (Abs. 3)

75 Abs. 3 S. 1 ermächtigt die Bundesregierung, durch Rechtsverordnung die **allgemeinen Bedingungen** für den Netzanschluss und dessen Nutzung durch die an das Niederspannungs- oder Niederdrucknetz angeschlossenen Letztverbrauchern angemessen festzusetzen. Die möglichen Inhalte der Rechtsverordnung werden in Abs. 3 S. 1 näher konkretisiert. Abs. 3 S. 2 hebt hervor, dass das Interesse des Anschlussnehmers an kostengünstigen Lösungen besonders zu berücksichtigen ist. Durch Abs. 3 S. 3 wird die Verordnungsermächtigung auf die Festlegung von Bedingungen für öffentlich-rechtlich gestaltete Versorgungsverhältnisse erstreckt.

76 Der Gesetzgeber selbst sieht in der Rechtsverordnung nach Abs. 3 eine Regelung vor, welche die Geschäftsbedingungen des Netzanschlusses von Letztverbrauchern **weitgehend abschließend** regeln soll. Dies sei im Interesse des erhöhten Kundenschutzes und angesichts der Besonderheiten des Massenkundengeschäfts geboten (BT-Drs. 15/3917, 59). Diesen Zweck erfüllen die von der Bundesregierung erlassene NAV und NDAV. Darin ist vorgesehen, dass die Verordnungen Bestandteil der Rechtsverhältnisse über den Netzanschluss und die Anschlussnutzung werden (§ 1 Abs. 1 NAV/NDAV); zum Inhalt → Rn. 20 und → Vor § 17 Rn. 27.

F. Durchsetzung der allgemeinen Anschlusspflicht

77 Die allgemeine Anschlusspflicht kann unter den gleichen Voraussetzungen zivilrechtlich durchgesetzt werden wie die Anschlusspflicht gem. § 17 (im Einzelnen → § 17 Rn. 95). Es handelt sich um eine Streitigkeit nach **§ 102 Abs. 1** mit Rechtswegzuweisung zum Landgericht (s. aA OLG Köln Beschl. v. 24.10.2007 – 8 W 80/07, RdE 2008, 58 zu § 102, wenn nur die Durchsetzung von Zahlungsverpflichtungen des Kunden nach § 36 Gegenstand ist). Der den Netzanschluss Begehrende hat die Möglichkeit, eine unmittelbar auf die Herstellung des Netzanschlusses gerichtete **Leistungsklage** zu erheben. Die erforderliche Zustimmung des Netzbetreibers zum Abschluss eines Netzanschlussvertrags wird durch ein stattgebendes Urteil inzident ersetzt. Auf Gestattung der Anschlussnutzung kann unmittelbar geklagt werden. Es kommt kraft Gesetzes als gesetzliches Schuldverhältnis zustande (→ Rn. 22).

78 Soweit der Netzanschluss oder die Anschlussnutzung zu Unrecht verweigert werden, kann die zuständige **Regulierungsbehörde** den Netzbetreiber nach § 30 Abs. 2 verpflichten, die Zuwiderhandlung abzustellen. Netzanschlussfragen inklusive der technischen Anschlussbedingungen der Netzbetreiber können auch Gegenstand der Überprüfung im Rahmen eines besonderen Missbrauchsverfahrens nach § 31 sein (BNetzA Beschl. v. 19.3.2012 – BK6-11-113; Beschl. v. 22.4.2010 – BK6-09-141; Beschl. v. 25.2.2011 – BK7-10-191).

79 Durch die Verortung der Vorschrift in Teil 3 Abschnitt 2 ist auch der Anwendungsbereich des zivilrechtlichen Beseitigungs- und Unterlassungsanspruchs nach § 32 Abs. 1 S. 1 und eines Schadensersatzanspruchs nach § 32 Abs. 3 S. 1 eröffnet.

80 Das Anschlusswesen unterfällt dabei der **geteilten Zuständigkeit** zwischen Bundes- und Landesregulierungsbehörden gem. § 54 Abs. 2. Rechtsschutz ist daher bei der für den Anschlussnetzbetreiber zuständigen Regulierungsbehörde zu suchen.

§ 19 Technische Vorschriften

(1) Betreiber von Elektrizitätsversorgungsnetzen sind verpflichtet, unter Berücksichtigung der nach § 17 festgelegten Bedingungen und der allgemeinen technischen Mindestanforderungen nach Absatz 4 für den Netzanschluss von Erzeugungsanlagen, Anlagen zur Speicherung elektrischer Energie, Elektrizitätsverteilernetzen, Anlagen direkt angeschlossener Kunden, Verbindungsleitungen und Direktleitungen technische Mindestanforderungen an deren Auslegung und deren Betrieb festzulegen und im Internet zu veröffentlichen.

(2) [1]Betreiber von Gasversorgungsnetzen sind verpflichtet, unter Berücksichtigung der nach § 17 festgelegten Bedingungen für den Netzanschluss von LNG-Anlagen, dezentralen Erzeugungsanlagen und Gasspeicheranlagen, von anderen Fernleitungs- oder Gasverteilernetzen und von Direktleitungen technische Mindestanforderungen an die Auslegung und den Betrieb festzulegen und im Internet zu veröffentlichen. [2]Betreiber von Gasversorgungsnetzen, an deren Gasversorgungsnetz mehr als 100 000 Kunden unmittelbar oder mittelbar angeschlossen sind oder deren Netz über das Gebiet eines Landes hinausreicht, haben die technischen Mindestanforderungen rechtzeitig durch Veröffentlichung auf ihrer Internetseite öffentlich zu konsultieren.

(3) [1]Die technischen Mindestanforderungen nach den Absätzen 1 und 2 müssen die Interoperabilität der Netze sicherstellen sowie sachlich gerechtfertigt und nichtdiskriminierend sein. [2]Die Interoperabilität umfasst insbesondere die technischen Anschlussbedingungen und die Bedingungen für netzverträgliche Gasbeschaffenheiten unter Einschluss von Gas aus Biomasse oder anderen Gasarten, soweit sie technisch und ohne Beeinträchtigung der Sicherheit in das Gasversorgungsnetz eingespeist oder durch dieses Netz transportiert werden können. [3]Für die Gewährleistung der technischen Sicherheit gilt § 49 Absatz 2 bis 4.

(4) [1]Die Betreiber von Elektrizitätsversorgungsnetzen erstellen gemeinsam allgemeine technische Mindestanforderungen. [2]Der Verband der Elektrotechnik Elektronik Informationstechnik e. V. wird als beauftragte Stelle bestimmt, um die allgemeinen technischen Mindestanforderungen zu verabschieden
1. nach Artikel 7 Absatz 1 der Verordnung (EU) 2016/631 der Kommission vom 14. April 2016 zur Festlegung eines Netzkodex mit Netzanschlussbestimmungen für Stromerzeuger (ABl. L 112 vom 27.4.2016, S. 1),
2. nach Artikel 6 Absatz 1 der Verordnung (EU) 2016/1388 der Kommission vom 17. August 2016 zur Festlegung eines Netzkodex für den Lastanschluss (ABl. L 223 vom 18.8.2016, S. 10) und
3. nach Artikel 5 Absatz 1 der Verordnung (EU) 2016/1447 der Kommission vom 26. August 2016 zur Festlegung eines Netzkodex mit Netzanschlussbestimmungen für Hochspannungs-Gleichstrom-Übertragungssysteme und nichtsynchrone Stromerzeugungsanlagen mit Gleichstromanbindung (ABl. L 241 vom 8.9.2016, S. 1).

(5) [1]Die Mindestanforderungen nach Absatz 4 sind der Regulierungsbehörde und dem Bundesministerium für Wirtschaft und Energie vor

deren Verabschiedung mitzuteilen. ²Das Bundesministerium für Wirtschaft und Energie unterrichtet die Europäische Kommission nach Artikel 4 und Artikel 5 der Richtlinie (EU) 2015/1535 des Europäischen Parlaments und des Rates vom 9. September 2015 über ein Informationsverfahren auf dem Gebiet der technischen Vorschriften und der Vorschriften für die Dienste der Informationsgesellschaft (ABl. L 241 vom 17.9.2015, S. 1). ³Die Verabschiedung der Mindestanforderungen darf nicht vor Ablauf der jeweils maßgeblichen Fristen nach Artikel 6 dieser Richtlinie erfolgen.

Übersicht

	Rn.
A. Allgemeines	1
I. Inhalt	1
II. Europarechtliche Grundlagen	7
III. Bezüge	11
B. Festlegung und Veröffentlichung technischer Mindestanforderungen	12
I. Anschluss an Elektrizitätsversorgungsnetze (Abs. 1)	12
II. Anschluss an Gasversorgungsnetze (Abs. 2)	15
C. Kriterien für technische Mindestanforderungen (Abs. 3)	18
D. Europäische Überformung der technischen Vorschriften für Betreiber von Elektrizitätsversorgungsnetzen	27
E. Durchsetzung	35

Literatur: *Fette,* EU-Grid Codes/VDE|FNN TAR verstehen, EWeRK 2021, 26; *Frenz,* Technische Regelwerke auf Unionsebene und Wettbewerbsrecht in der Energiewende, N&R 2018, 139; *Halbig,* Die Bereitstellung und Vergütung von Blindleistung durch EE-Anlagen, ER 2019, 59; *Leffler/Fischerauer,* EU-Netzkodizes und Kommissionsleitlinien, 2017; *Meier/Terboven,* Das Spannungsverhältnis zwischen wirksamer Einbeziehung und Urheberrecht von technischen Normen am Beispiel der Technischen Anwendungsregeln VDE-AR-N 4100ff. zur Konkretisierung der EU Network Codes, RdE 2020, 57; *Weise/Voß/Schüttke,* Technische Regelwerke und ihre rechtliche Relevanz am Beispiel der VDE-Anwendungsregel zur Kaskade, N&R 2018, 97; *Wyl/Wagner/Bartsch,* Die energie- und zivilrechtliche Bedeutung technischer Regeln gemäß § 49 EnWG für Netzbetreiber, Versorgungswirtschaft 2015, 204.

A. Allgemeines

I. Inhalt

1 § 19 knüpft direkt an die §§ 1, 2, 11 und 17 an, die die **Gewährleistung der Sicherheit der Netze** verlangen. Korrespondierend zum **Anspruch** auf jederzeitigen und diskriminierungsfreien Anschluss an ein Energieversorgungsnetz durch jedermann müssen die Anschlusspetenten **Mindeststandards** einhalten, die den sicheren und zuverlässigen Betrieb der Netze gewährleisten. Der Anschluss zum Zwecke von Durchleitung, Einspeisung oder des Verbrauchs hat immer auch eine technische Seite mit Anforderungen an Netz- und Anlagenbetreiber „vor" und „hinter" dem Anschluss. Den Prozess der technischen Normung generell, ua auch zum Netzanschluss, beschreibt § 49.

2 Die Vorschrift konkretisiert die Regelungen zur generellen Anschlusspflicht nach § 17 und konkretisiert die Anschlusspflicht wie auch das **Anschlussverweigerungsrecht** aus technischen Gründen gem. § 17 Abs. 2. Durch die gesetzliche Vorgabe dient die Regelung der Schaffung höherer Transparenz und Planbarkeit für tatsächliche oder potenzielle Anschlussnehmer. Als Vorschrift im zweiten Abschnitt des dritten Teils des EnWG ist die Vorschrift Teil der explizit in Abgrenzung von den Netzzugangsvorschriften geregelten Anschlussregelungen des EnWG (→ Vor § 17 Rn. 1 ff.). Die systematische Stellung des § 19 verdeutlicht, dass die Norm ausschließlich technische Vorgaben zum Netzanschluss trifft und nicht etwa allgemein für einen sicheren Netzbetrieb der Netzbetreiber.

Nach Abs. 1 und 2 sind Betreiber von Elektrizitätsversorgungsnetzen und Betreiber von Gasversorgungsnetzen verpflichtet, technische Mindestanforderungen an den Netzanschluss für Anschlussnehmer **festzulegen** und im Internet zu **veröffentlichen**. 3

Da technische Anschlussregelungen einerseits Rückwirkung auf den Netzbetrieb im Europäischen Verbund (insbesondere bei Elektrizität) haben können und andererseits das **Potenzial für Diskriminierung** und **Marktverschluss** im europäischen Binnenmarkt in sich tragen (→ Vor § 17 Rn. 62), regelt Abs. 3 S. 1 noch einmal ausdrücklich den Maßstab der Diskriminierungsfreiheit und Transparenz. Für die Anschlussregelungen an Elektrizitätsversorgungsnetze bettet sich die Aufstellung mittlerweile in ein detailliertes Regelwerk europäischer Normen ein (→ Vor § 17 Rn. 61 ff.). 4

Abs. 4 sieht vor, wie die Regelungen für den Anschluss an Elektrizitätsversorgungsnetze von **Erzeugern, Lasten** (Letztverbrauchern) sowie **HGÜ Leitungen** durch die Betreiber gemeinsam aufzustellen durch den technischen **Normungsverband VDE|FNN** zu verabschieden und bei der EU-Kommission zu notifizieren sind. Ein vergleichbares Verfahren **fehlt** für die Betreiber von Gasversorgungsnetzen. Die großen **Gasversorgungsnetzbetreiber** mit mehr als 100.000 angeschlossenen Kunden müssen nach Abs. 2 ihre technischen Anschlussbedingungen mit den Verbänden der Netznutzer **selbst konsultieren**. 5

Die **Notifizierung** erfolgt über das zuständige Ministerium der Bundesregierung und ist die Voraussetzung des Wirksamwerdens der technischen Anschlussregeln. Über die technischen Mindestanforderungen unterrichtet das Bundesministerium für Wirtschaft und Energie (Stand 2021) die Europäische Kommission. Auch die zuständige Regulierungsbehörde ist durch jeden Netzbetreiber über die technischen Mindestanforderungen zu **informieren** (Abs. 5). 6

II. Europarechtliche Grundlagen

§ 19 diente in der Vorversion der Umsetzung von Art. 5 Elt-RL 09 und Art. 8 der Gas-RL 09. Art. 5 Elt-RL 09 wurde nicht in die Elt-RL 19 überführt. Mittlerweile sind durch Art. 59 Elt-VO 19 und die darauf aufbauenden Leitlinien und Netzkodizes die Regelungen auf europäischer Ebene verbindlich ausgestaltet. Nach den Richtlinien-Artikeln waren/sind die Mitgliedstaaten verpflichtet, dafür zu sorgen, dass technische Vorschriften mit Mindestanforderungen an die „Auslegung und den Betrieb" von Anschlussnehmern und für die Interoperabilität der Netze ausgearbeitet und veröffentlicht werden, und ermöglicht der Behörde Überwachungsaufgaben der Einhaltung der Netzkodizes nach Art. 59 Abs. 1 lit. b Elt-RL 19. 7

Abs. 4 greift in S. 1 den seit 2016 für den Elektrizitätsbereich sehr weitgehend ausgeformten Regelungsrahmen der Europäischen Union zur Festlegung von Netzkodizes (Überblick → Vor § 17 Rn. 61 ff.) mit Netzanschlussbestimmungen für Stromerzeuger (NC RfG), für Lasten (NC DCC) und für HGÜ Verbindungen (NC HVDC) auf. 8

Bourwieg

§ 19 Teil 3. Regulierung des Netzbetriebs

9 Gem. Art. 59 Abs. 7 lit. a Elt-RL 19 obliegt den Regulierungsbehörden die **Genehmigung der Anschlussmethoden**. Diese Vorschrift wird verdrängt durch die **Spezialvorschriften** der Netzkodizes für den Anschluss (NC RfG, NC DCC und NC HVDC), die im jeweiligen Art. 7 die Normungsaufgaben in den Mitgliedstaaten auch einer **„beauftragten Stelle"** übertragen lassen können, wovon Deutschland durch Abs. 4 für die drei genannten Network Codes Gebrauch gemacht und den VDE | FNN als beauftragte Stelle benannt hat.

10 In Abs. 5 werden die Anforderungen bezüglich des Informationsverfahrens auf dem Gebiet der Normen und technischen Vorschriften nach der **RL (EU) 2015/1535** des Europäischen Parlaments und des Rates vom 9.9.2015 über ein Informationsverfahren auf dem Gebiet der technischen Vorschriften und der Vorschriften für die Dienste der Informationsgesellschaft umgesetzt.

III. Bezüge

11 Die Norm wird zitiert in den **Monitoringpflichten** in § 35, in § 54 Abs. 2 Nr. 7, der die parallelen **Zuständigkeiten** der Landesregulierungsbehörden für Netzbetreiber mit weniger als 100.000 angeschlossenen Kunden auflistet; in § 110 Abs. 1 – mithin besteht keine vergleichbar ausgestaltete Pflicht zur Aufstellung technischer Netzanschlussbedingungen für die Betreiber **geschlossener Verteilernetze**; in den **Veröffentlichungspflichten** in § 40 GasNZV für die besonderen Anschlussregelungen von Biogaseinspeisungen sowie in der Elektrotechnische-Eigenschaften-Nachweis-Verordnung vom 12.6.2017 (BGBl. I S. 1651 – **NELEV**), die den Nachweis der Einhaltung der allgemeinen technischen Mindestanforderungen nach § 19 für Erzeugungsanlagen und Anlagen zur Speicherung elektrischer Energie regelt.

B. Festlegung und Veröffentlichung technischer Mindestanforderungen

I. Anschluss an Elektrizitätsversorgungsnetze (Abs. 1)

12 Abs. 1 verpflichtet Betreiber von Elektrizitätsversorgungsnetzen, für den Netzanschluss von Erzeugungsanlagen → § 3 Rn. 47, Elektrizitätsverteilernetzen, Anlagen direkt angeschlossener Kunden, Anlagen zur Speicherung elektrischer Energie → § 3 Rn. 40, Verbindungsleitungen → § 3 Rn. 91 und Direktleitungen → § 3 Rn. 31 technische Mindestanforderungen an deren Auslegung und Betrieb **festzulegen**. Der Gegenstand der Verpflichtung ergibt sich aus den technischen Voraussetzungen der Anschlussherstellung: die Prüfung von Netzanschlusskapazität, Kurzschlussstrom oder Netzimpedanz. Gegebenenfalls sind Anpassungsvereinbarungen zu treffen und die Kostentragung zu regeln (BerlKommEnergieR/*Säcker/Barbknecht* EnWG § 19 Rn. 36).

13 **Festlegen** bedeutet in diesem Zusammenhang, dass die betroffenen Betreiber von Energieversorgungsnetzen die technischen Mindestanforderungen einseitig bestimmen können, soweit dies aus Gründen der sicheren und störungsfreien Versorgung notwendig ist (BNetzA Beschl. v. 6.4.2016 – BK6-15-174, S. 7). Für die Notwendigkeit gilt die Vermutungswirkung des § 49 Abs. 2, geht er darüber hinaus, trägt der Netzbetreiber die volle Darlegungs- und Beweislast. Die „Festlegung" erfolgt in der Regel durch Aufnahme in die AGB der Technischen An-

Technische Vorschriften **§ 19**

schlussbedingungen für die jeweilige Art des Anschlusses. Die Festlegung im rechtsförmlichen Sinne gem. § 29 ist dem behördlichen Verfahren vorbehalten. Dabei darf der Netzbetreiber allerdings nicht gegen höherrangiges Recht verstoßen (BGH Beschl. v. 14.4.2015 – EnVR 45/13, EnWZ 2015, 411 Rn. 23 – Zuhause-Kraftwerk).

Adressaten sind Betreiber von Elektrizitätsversorgungsnetzen **aller Span-** 14 **nungsebenen,** mit Ausnahme der Betreiber geschlossener Verteilernetze (§ 110). Es sind die Bedingungen für den Netzanschluss nach **§ 17 Abs. 1** zu berücksichtigen. Im Grunde ist es eher umgekehrt: Die Anschlussbedingungen des § 17 beinhalten im Rahmen des Bestimmungsrechts des Netzbetreibers die technischen Anschlussregeln. Somit gilt auch für die Bedingungen des § 19, dass sie angemessen, diskriminierungsfrei, transparent und nicht ungünstiger sein dürfen, als sie von den Betreibern der Energieversorgungsnetze in vergleichbaren Fällen für Leistungen innerhalb ihres Unternehmens oder gegenüber verbundenen oder assoziierten Unternehmen aufgestellt sind. Die Netzbetreiber müssen die von ihnen festgelegten technischen Mindestanforderungen **im Internet veröffentlichen.** Abs. 1 bezieht sich nicht auf **die allgemeine Anschlusspflicht gem. § 18,** sondern auf technische Mindestanforderungen für den Netzanschluss nach § 17. Für den Netzanschluss im Rahmen der allgemeinen Anschlusspflicht von Letztverbrauchern an das Niederspannungsnetz nach § 18 bildet § 20 NAV die maßgebliche Regelung (→ § 18 Rn. 34). Die Network Codes als **verbindliches Europarecht** müssen ebenfalls ihre Abbildung in allen Anschlussbedingungen finden.

II. Anschluss an Gasversorgungsnetze (Abs. 2)

Abs. 2 enthält die entsprechende Verpflichtung der Betreiber von Gasversor- 15 gungsnetzen. Sie haben unter Berücksichtigung der Bedingungen nach § 17 für den Netzanschluss von LNG-Anlagen → § 3 Rn. 68, dezentraler Erzeugungsanlagen (gemeint sind zB Biogasanlagen, dezentrale Gaserzeugungsanlagen finden sich nicht in § 3) und Gasspeicheranlagen → § 3 Rn. 52 sowie von anderen Fernleitungsnetzen → § 3 Rn. 49) und Gasverteilernetzen und von Direktleitungen → § 3 Rn. 31 technische Mindestanforderungen für deren Auslegung und Betrieb festzulegen und im Internet zu veröffentlichen.

Es fällt auf, dass – anders als in Abs. 1 – **direkt angeschlossene** Kunden und 16 mithin **Letztverbraucher** nicht in der Aufzählung enthalten sind. Es fällt schwer, dies für ein redaktionelles Versehen zu halten, zumal dies der Aufzählung in Art. 8 Gas-RL 09 entspricht. Andererseits bezieht sich Abs. 2 S. 2 auf Betreiber von Gasversorgungsnetzen mit mehr als 100.000 unmittelbar oder mittelbar angeschlossenen Kunden und Abs. 2 S. 2 sieht auch eine Konsultationspflicht mit den Verbänden der Netznutzer vor, die überwiegend Kundenverbände sind, die Letztverbraucher oder Händler vertreten. Letztlich bedeutet diese **gewisse Lücke** aber nur, dass Maßstab für die technischen Anschlussbedingungen für Gasverbraucher allein § 17 iVm § 49 ist. Im Bereich der Haushalte in Niederdruck gilt auch hier § 18 iVm § 20 NDAV als lex specialis.

S. 2 sieht anstelle des im Strombereich geltenden formalisierten Verfahrens nach 17 Abs. 4 eine **Konsultationspflicht** der großen Netzbetreiber in Bundeszuständigkeit (→ § 54 Abs. 2, auch zum Kundenbegriff dort Rn. 44) gegenüber den Verbänden der Netznutzer vor. Hier kommen angesichts des Kundenbegriffs in § 3 Nr. 24 Verbraucherverbände (eine Übersicht über Verbände in der Energiebranche: https://

Bourwieg 1065

energie.blog/verbaende-energiebranche/) in Betracht. Die praktische Bedeutung dieses Satzes scheint bislang gering.

C. Kriterien für technische Mindestanforderungen (Abs. 3)

18 Die technischen Mindestanforderungen für den Netzanschluss müssen gem. Abs. 3 S. 1 die **Interoperabilität der Netze** sicherstellen sowie sachlich gerechtfertigt und nicht diskriminierend sein.

19 Die **Interoperabilität der Netze** zielt auf den netzübergreifend technisch abgestimmten Netzbetrieb ab, zu dem die Betreiber von Energieversorgungsnetzen nach den §§ 11 ff. verpflichtet sind. Sie soll nicht durch technisch unterschiedliche Anforderungen an den Netzanschluss und die angeschlossenen Anlagen beeinträchtigt werden. Die Interoperabilität umfasst insbesondere die technischen Anschlussbedingungen, wirkt sich aber bis in die Anlagenkonfiguration der angeschlossenen Anlage aus (*Fette* EWeRK 2021, 26 (29 f.); BerlKommEnergieR/*Säcker/Barbknecht* EnWG § 19 Rn. 39 f.).

20 Was Interoperabilität der Netze in Anwendung auf technische Anschlussbedingungen bedeutet, bleibt unspezifisch. Die **Förderung der Interoperabilität** bezeichnet die „Verkoppelung" voneinander unabhängiger Netze zur Sicherung der Funktionsfähigkeit des Gesamtsystems. Durch Harmonisierung der technischen Normen oder Entwicklung spezieller technischer Einrichtungen sollen technische Inkompatibilitäten der nationalen Netze (zB unterschiedliche Spurweiten bei den Schienennetzen, Spannungsdifferenzen bei der Stromdurchleitung) kompensiert werden (Calliess/Ruffert/*Calliess* AEUV Art. 170 Rn. 19). Bei neuen technischen Entwicklungen soll von Anfang an auf die Kompatibilität der Normen geachtet werden (Hermes Infrastrukturverantwortung S. 201 (379)).

21 Angesichts des immer höher und schneller werdenden Datenaustauschs beim Betrieb von Netzen, betrifft Interoperabilität von Netzen auch die **Datenaustausch- und IT-Standards**. Bezieht man die Kooperationspflichten der Netzbetreiber untereinander aus §§ 12 Abs. 2, 15 Abs. 2 oder 16 Abs. 2 und 3 bei Notfallmaßnamen mit ein, so muss auch der Informationsaustausch in elektronischer Form auf der Grundlage international erarbeiteter internationaler Standards erfolgen (Baur/Salje/Schmidt-Preuß Energiewirtschaft/*Ruthig* Kap. 99 Rn. 6).

22 Ein wesentlicher Teil jedes Netzanschlusses stellt die **Messung** dar. Allerdings unterliegt das Messwesen mittlerweile einem eigenen gesetzlichen Rahmen im Messstellenbetriebsgesetz (MsbG) und eigenen Standards (Steinbach/Weise/*Haubrich* MsbG § 22 Rn. 42). Aber auch das MsbG stellt für seinen Anwendungsbereich gleichermaßen **Anforderungen für die Interoperabilität** der intelligenten Messsysteme und Smart-Meter-Gateways auf, die sektorübergreifend zum Einsatz kommen können sollen (§ 22 MsbG). Interoperabilität bedeutet in diesem Fall, dass Geräte und Systeme miteinander kommunizieren können. Dies erfordert, dass sowohl die Schnittstellen zwischen Geräten wie zB Zähler und Gateway, aber auch die Kommunikationsprotokolle kompatibel sein müssen. Daneben gehört dazu, dass die Gateways an der Smart-Meter-Public-Key-Infrastruktur teilnehmen müssen. Dies heißt, dass sie die gleichen Schlüsselarten und Verschlüsselungsverfahren einsetzen wie andere Teilnehmer, zB Lieferanten, Netzbetreiber und sonstige externe Marktteilnehmer (BerlKommEnergieR/*Schmidt* MsbG § 22 Rn. 256), was sich als besondere Herausforderung für die Normierung technischer Richtlinien darstellt (OVG NRW Beschl. v. 4.3.2021 – 21 B 1162/20).

Technische Vorschriften §19

Im Gassektor gehören zur Interoperabilität beim Netzanschluss ebenfalls die Bedingungen für netzverträgliche **Gasbeschaffenheiten** einschließlich Gas aus Biomasse und andere Gasarten, damit sie technisch und ohne Beeinträchtigung der Sicherheit in das Gasversorgungsnetz eingespeist oder durch dieses Netz transportiert werden können (Abs. 3 S. 2). 23

Daraus ist abzuleiten, dass es sowohl um die **technischen Anforderungen** an Anlagen inklusive der Messeinrichtungen geht, die an Elektrizitäts- oder Gasversorgungsnetze angeschlossen werden sollen, als auch um die **Qualitätsanforderungen des Produkts**, die insbesondere für die Einspeisung in die Versorgungsnetze über die technischen Anschlussregelungen mit definiert werden. 24

Die technischen Mindestanforderungen sind **sachlich gerechtfertigt**, wenn sie aus Gründen der sicheren und störungsfreien Versorgung notwendig sind und den allgemein anerkannten Regeln der Technik (→ § 49 Rn. 30) entsprechen. Insofern gelten für Abs. 3 S. 1 keine anderen als die in § 20 NAV/NDAV genannten Maßstäbe. Das Kriterium der **Nichtdiskriminierung** verlangt, dass unterschiedliche technische Mindestanforderungen einen sachlichen Grund in der Eigenart der an das Netz anzuschließenden Anlagen oder Netze und den Erfordernissen des Netzbetriebs gem. §§ 11 ff. haben müssen. Eine Ungleichbehandlung einzelner Anlagen oder Netze ohne sachlichen Grund ist unzulässig. Im Hinblick auf die Gewährleistung der **technischen Sicherheit** verweist Abs. 3 S. 3 auf die sich aus § 49 Abs. 2–4 ergebenden Anforderungen (→ § 49 Rn. 21). 25

Technische Mindestanforderungen an Anlagen und Netze für den Netzanschluss ergeben sich aus dem bestehenden **technischen Regelwerk**. Im Stromsektor sind dies insbesondere die **Technischen Anschlussregeln (TAR) des VDE**. Im Gasbereich legen die technischen **Regeln des DVGW** Anforderungen für den Netzanschluss fest. Gem. Abs. 3 S. 3 ist das technische Regelwerk nach § 49 bei technischen Mindestanforderungen der Maßstab und im Falle einer Überprüfung der technischen Vorschriften heranzuziehen (Begr. BT-Drs. 15/3917, 59). Dabei gehen, unabhängig vom vom Netzbetreiber verwendeten Regelwerk, im Streitfall die dem aktuellen **Stand der Technik entsprechende** technischen Anschlussbedingungen vor. Dem Maßstab der Diskriminierungsfreiheit kommt besondere Bedeutung zu, wenn sich die technischen Möglichkeiten schneller entwickeln als die Normen und Standards (OLG Düsseldorf Beschl. v. 12.6.2013 – VI-3 Kart 165/12 (V), RdE 2013, 478). Dies folgt darüber hinaus aus der nach § 49 Abs. 2 widerlegbaren Vermutung der Einhaltung der allgemein anerkannten Regeln der Technik, soweit die technischen Regeln des VDE und des DVGW beachtet werden (→ § 49 Rn. 33). Durch die Verrechtlichung mittels **unmittelbar geltender Network Codes** ist die bisherige Dynamik der Verweisung über § 49 Abs. 1 und 2 auf die allgemein anerkannten Regeln der Technik formalisiert worden. Zwar hat Deutschland über Abs. 4 geregelt, dass der VDE|FNN weiterhin die Anwendungsregeln erlässt und diese dann maßgeblich sind. Diese Anwendungsregeln müssen aber mit dem Gesetz (= NC RfG, DCC, HVDC) und nicht mehr (nur) mit dem flexiblen Moment der „allgemein anerkannten Regeln der Technik" vereinbar sein. 26

D. Europäische Überformung der technischen Vorschriften für Betreiber von Elektrizitätsversorgungsnetzen

27 Nach der Verabschiedung der **europäischen Network Codes für den Anschluss** von Lasten (NC DCC) und für HGÜ-Verbindungen (NC HVDC) sowie für Stromerzeugungsanlagen (NC RfG), alle 2016, musste § 19 stromseitig grundlegend überarbeitet werden (BT-Drs. 19/5523, 118). Denn die Network Codes sind als europäisches Sekundärrecht bei der Erstellung der allgemeinen technischen Mindestanforderungen und der technischen Mindestanforderungen der Netzbetreiber unmittelbar zu beachten (Überblick Leffler/Fischerauer Netzkodizes-HdB/*Vallone* § 3 und 4 und Leffler/Fischerauer Netzkodizes-HdB/*Menze* § 5).

28 Die europäischen Netzkodizes haben in erster Linie das Ziel (→ Rn. 4 ff.), mit **einheitlichen** Regeln für alle Marktteilnehmer die Umsetzung des europäischen Binnenmarkts für Elektrizität und Gas zu fördern. Spätestens mit Art. 59 Elt-VO 19 geht die Definition, welche **Angelegenheiten der grenzüberschreitenden Netze** und der Marktintegration von Bedeutung sind und somit durch Netzkodizes geregelt werden, weit über Regelung mit Geltung nur für ÜNB hinaus (so noch der Grundsatz in Art. 8 Abs. 7 Elt-VO 09). Die europäischen Netzkodizes entfalten Wirkung für Anschlüsse der Erzeuger **auf allen Netzebenen** und betreffen dadurch auch Verteilernetzbetreiber. Dies ist der hohen technischen Sensitivität von Erzeugung und Netzbetrieb sowie der Vorstellung von Systemdienstleistungen von Erzeugungsanlagen für das Transportnetz über alle Ebenen hinweg und der Anforderung auf Interoperabilität geschuldet (*Fette* EWeRK 2021, 26).

29 Für alle drei Netzkodizes werden in Abs. 4 S. 2 die Aufgaben der **„beauftragten Stelle"** im Rahmen der technischen Selbstverwaltung dem Verband der Elektrotechnik Elektronik Informationstechnik e. V. **(VDE|FNN)** anstatt der Bundesnetzagentur als nationale Regulierungsbehörde übertragen. Die Formulierung der Regelung stellt klar, dass mit dem Begriff der „allgemeinen technischen Mindestanforderungen" die Anforderungen gemeint sind, die von dem Verband konsultiert und dann verabschiedet werden. Damit wird das bewährte System zur Erstellung technischer Regelwerke im Wege der technischen Selbstverwaltung in Deutschland erhalten (BT-Drs. 18/9096, 375 f.). Die Bundesnetzagentur kann über § 49 Abs. 2 S. 2 **Einfluss auf die Verfahren** zu Erstellung der technischen Regelwerke nehmen. Dies ist ein wichtiges Verfahrensrecht angesichts von Risiken eines solchen Verbandsverfahrens (*Frenz* N&R 2018, 139 (150)). Zu den **urheberrechtlichen Folgen** der Bezugnahme auf privatrechtliche Normung s. *Meier/Terboven* RdE 2020, 57.

30 Der NC RfG regelt allgemeine Anforderungen an bestimmte Erzeugungsanlagen, die in die Betriebserlaubnis der Anlagen vor Netzanschluss ausstrahlen (Leffler/Fischerauer Netzkodizes-HdB/*Vallone* § 3 Rn. 35 ff.). Die Art. 15, 16 und 32 des NC RfG räumen den Mitgliedstaaten nationalen Ausgestaltungsspielraum ein, den Deutschland mit der **NELEV** (Elektrotechnische-Eigenschaften-Nachweis-Verordnung vom 12. Juni 2017 (BGBl. I S. 1651)) genutzt hat.

31 Ziel ist es, einschlägige technische Anforderungen an **Stromerzeugungsanlagen** als Voraussetzung für den Netzanschluss festzulegen, um so eine weitgehende Harmonisierung der technischen Netzanschlussregelungen zu erreichen. Neben den bundesweit geltenden TAR des VDE|FNN gibt es den Bedarf und die Gestaltungsmöglichkeit, dass die VNB für ihre jeweiligen eigenen Verteilernetze indivi-

Technische Vorschriften §19

duelle TAR parallel zu den bundesweit geltenden VDE | FNN-TAR beibehalten. Denn in den bundesweit geltenden TAR wird bei einigen technischen Fragen auf die Regelungen auf Netzbetreiber-Ebene verwiesen. Veröffentlicht der Netzbetreiber netzspezifische oder netzknotenscharfe Netzanschlussbedingungen, so ist dies nur im Rahmen der vorgegebenen Regelungen möglich. Diese unterliegen der allgemeinen behördlichen Aufsicht. Die Schlichtungs- und Aufsichtsfunktion der Regulierungsbehörden erfolgt darüber hinaus im Rahmen der allgemeinen Kompetenzen nach §§ 30, 31 und 65 sowie unmittelbar aus Art. 7 Abs. 5 und Abs. 8 NC RfG.

Nach Abs. 5 unterrichtet das Bundesministerium für Wirtschaft und Energie die **Europäische Kommission** gem. Art. 8 der RL 98/34/EG vom 22.6.1998 über ein Informationsverfahren auf dem Gebiet der Normen und technischen Vorschriften über die technischen Mindestanforderungen der Netzbetreiber. **32**

Angesichts der umfangreichen europäischen Regelungen kann trotzdem die Frage auftreten, ob und inwieweit man **über den Anforderungen** des NC RfG noch **hinausgehen** kann. Diese Frage stellt sich zB bei Anforderungen für das Verhalten von Erzeugungsanlagen am Niederspannungsnetz im Fehlerfall (Fault-Ride-Through-Fähigkeit), dh von Kleinanlagen und EE-Anlagen mit einer Leistung von 0,8 kW bis 100 kW. Der NC RfG sieht diese Fähigkeit nur für Anlagen ab 100 kV vor. Die Fähigkeit für Kleinstanlagen ist laut Einschätzung der ÜNB und VNB und Einschätzung des FNN angesichts von Tausenden von Kleinanlagen in Deutschland für die Systemsicherheit notwendig (VDE | FNN, Abschlussbericht Studie Weiterentwicklung des Verhaltens von Erzeugungsanlagen am Niederspannungsnetz im Fehlerfall, Dezember 2014, www.vde.com/de/fnn/arbeitsgebiete/sicherer-betrieb-dez/studien/studie-verhalten-im-fehlerfall). Art. 7 NC RfG scheint Regelungen, die nicht europaweit gelten, bei dargelegter Notwendigkeit und Einhaltung der sonstigen Anforderungen nicht im Wege zu stehen. Insbesondere gibt **Art. 62 Elt-VO 19** ausdrücklich den Mitgliedstaaten das Recht, „Maßnahmen beizubehalten oder einzuführen, die detailliertere Bestimmungen als diese Verordnung, die Leitlinien nach Artikel 61 oder die Netzkodizes nach Artikel 59 enthalten, sofern diese Maßnahmen mit dem Unionsrecht vereinbar sind". Quod erat demonstrandum. **33**

Auszuschließen werden muss, dass eine Beschränkung des freien Warenverkehrs auf dem Markt für Anlagenkomponenten entsteht (zu beachten sicherlich EuGH Urt. v. 12.7.2012 — C-171/11, ECLI:EU:C:2012:453 – DVGW; mAnm *Schweitzer* EuZW 2012, 765, *Fischerauer* IR 2013, 94). Die EU-Netzanschlussverordnungen basieren allerdings nach wie vor auf der Elt-VO 09, welche wiederum auf der **Einzelermächtigung des Art. 114 AEUV** (vormals Art. 95 EGV) zur Binnenmarktharmonisierung gründet. Auch ausweislich der Erwägungsgründe dort intendierte der Unionsgesetzgeber die Harmonisierung von Regeln für den **Binnenmarkt für Strom.** Dieser ist durch eine weitergehende Anforderung an technische Netzanschlussbedingungen nicht tangiert. Ein Binnenmarkt für Erzeugungsanlagenkomponenten (s. auch Erwgr. 3 Elt-VO 09). Entsprechendes gilt auch für die Elt-VO 19, welche die Elt-VO 09 ersetzt. Nahezu sämtliche Erwgr. der Elt-VO 19 beziehen sich auf den Elektrizitätsbinnenmarkt. Das gilt sowohl im Allgemeinen (s. Erwgr. 1–9 der Elt-VO 19) als auch im Besonderen mit Bezug zum NC RfG (s. Erwgr. 18 EltVO-19: „faire Wettbewerbsbedingungen im Elektrizitätsbinnenmarkt", „unionsweiter Stromhandel"). Erwgr. 18 des NC DCC steht hier ausdrücklich im Widerspruch, beruht aber auf der identischen Ermächtigungsgrundlage in der Elt-VO 19 und geht mithin darüber hinaus. **34**

E. Durchsetzung

35 Die technischen Regelwerke können oder müssen (Abs. 4) in die Vertragsbeziehung des Anschlussverhältnisses einbezogen werden. Auf die besonderen Schwierigkeiten der wirksamen Einbeziehung eines urheberrechtlich geschützten privatrechtlichen Regelwerks, für das ein Vervielfältigungsverbot besteht, das in Umsetzung der Network Codes gesetzlich verbindlichen Charakter bekommt, weisen *Meier/Terboven* RdE 2020, 57 hin. Es gibt allerdings in der Praxis wenig Auseinandersetzung über die wirksame Einbeziehung in die Anschlussverträge und AGB.

36 Nach § 65 Abs. 1 und gem. Art. 7 Abs. 8 NC RfG kann die zuständige Regulierungsbehörde **einen Netzbetreiber** verpflichten, ein **Verhalten abzustellen,** das den Bestimmungen von § 19 Abs. 1 bzw. Abs. 2 iVm Abs. 4 entgegensteht, oder Maßnahmen anordnen, die zu einer Einhaltung der Vorschriften führen. Ob dies auch hinsichtlich solcher technischen Regeln gilt, die von einer **„beauftragten Stelle"** verbindlich erlassen werden, ist bislang ungeklärt. Einerseits handelt es sich bei der Übertragung auf eine beauftragte Stelle um eine regelkonforme Entscheidung der Mitgliedstaaten. Zudem ist ein gewisser Einfluss auf die Verfahren des VDE|FNN durch → § 49 Abs. 2 S. 2 gewährleistet. §§ 30, 31 kommen gegenüber dem VDE|FNN als Vereinigung von Unternehmen jedenfalls nicht in Betracht, § 65 Abs. 1, als Aufsichtsmaßnahme von Amts wegen wiederum lässt die Kontrolle von **Vereinigungen von Unternehmen** durchaus zu. Jedenfalls im Zuge von Einzelverfahren gegenüber einem Netzbetreiber können die technischen Anschlussregeln einer Überprüfung unterzogen werden, implizit auch die TAR, für die dann allerdings die Vermutungswirkung nach § 49 Abs. 2 als auch die Umsetzung der Netzkodizes sprechen.

37 Bei missbräuchlicher Verwendung auch technischer Vorschriften kann die Regulierungsbehörde nach § 30 Abs. 2 von Amts wegen oder im besonderen **Missbrauchsverfahren** nach § 31 auf Antrag eines Anschlusspetenten gegenüber einem Betreiber von Energieversorgungsnetze vorgehen (OLG Düsseldorf Beschl. v. 12.6.2013 – VI-3 Kart 165/12 (V), RdE 2013, 478). Insbesondere handelt es sich auch bei den TAR um allgemeine Geschäftsbedingungen des Netzbetreibers, die von der Regulierungsbehörde im Missbrauchsverfahren überprüft werden können (BNetzA Beschl. v. 6.4.2016 – BK6-15-174, S. 7; *Wyl/Wagner/Bartsch* Versorgungswirtschaft 2015, 204 (205)).

38 § 4 NELEV (→ § 49 Rn. 50) verpflichtet Betreiber von Elektrizitätsversorgungsnetzen, eine endgültige Betriebserlaubnis nach Art. 32 Abs. 3 oder nach Art.l 36 des RfG zu verweigern, wenn der anschlussbegehrende Betreiber einer Erzeugungsanlage keinen der Vorgaben der Mindestanforderungen des § 19 entsprechenden Nachweis vorlegt.

§ 19a Umstellung der Gasqualität; Verordnungsermächtigung

(1) ¹Stellt der Betreiber eines Gasversorgungsnetzes die in seinem Netz einzuhaltende Gasqualität auf Grund eines von einem oder mehreren Fernleitungsnetzbetreibern veranlassten und netztechnisch erforderlichen Umstellungsprozesses dauerhaft von L-Gas auf H-Gas um, hat er die notwendigen technischen Anpassungen der Netzanschlüsse, Kundenanlagen und Verbrauchsgeräte auf eigene Kosten vorzunehmen. ²Diese Kosten werden

bis einschließlich 31. Dezember 2016 auf alle Gasversorgungsnetze innerhalb des Marktgebiets umgelegt, in dem das Gasversorgungsnetz liegt. ³Ab dem 1. Januar 2017 sind diese Kosten bundesweit auf alle Gasversorgungsnetze unabhängig vom Marktgebiet umzulegen. ⁴Die näheren Modalitäten der Berechnung sind der Kooperationsvereinbarung nach § 20 Absatz 1b und § 8 Absatz 6 der Gasnetzzugangsverordnung vorbehalten. ⁵Betreiber von Gasversorgungsnetzen haben den jeweiligen technischen Umstellungstermin zwei Jahre vorher auf ihrer Internetseite zu veröffentlichen und die betroffenen Anschlussnehmer entsprechend schriftlich zu informieren; hierbei ist jeweils auch auf den Kostenerstattungsanspruch nach Absatz 3 hinzuweisen.

(2) ¹Der Netzbetreiber teilt der zuständigen Regulierungsbehörde jährlich bis zum 31. August mit, welche notwendigen Kosten ihm im vorherigen Kalenderjahr durch die Umstellung entstanden sind und welche notwendigen Kosten ihm im folgenden Kalenderjahr planmäßig entstehen werden. ²Die Regulierungsbehörde kann Entscheidungen durch Festlegung nach § 29 Absatz 1 darüber treffen, in welchem Umfang technische Anpassungen der Netzanschlüsse, Kundenanlagen und Verbrauchsgeräte notwendig im Sinne des Absatzes 1 Satz 1 sind. ³Daneben ist die Regulierungsbehörde befugt, gegenüber einem Netzbetreiber festzustellen, dass bestimmte Kosten nicht notwendig waren. ⁴Der Netzbetreiber hat den erforderlichen Nachweis über die Notwendigkeit zu führen. ⁵Kosten, deren fehlende Notwendigkeit die Regulierungsbehörde festgestellt hat, dürfen nicht umgelegt werden.

(3) ¹Installiert der Eigentümer einer Kundenanlage oder eines Verbrauchsgeräts mit ordnungsgemäßem Verwendungsnachweis auf Grund des Umstellungsprozesses nach Absatz 1 ein Neugerät, welches im Rahmen der Umstellung nicht mehr angepasst werden muss, so hat der Eigentümer gegenüber dem Netzbetreiber, an dessen Netz die Kundenanlage oder das Verbrauchsgerät angeschlossen ist, einen Kostenerstattungsanspruch. ²Dieser Erstattungsanspruch entsteht nur dann, wenn die Installation nach dem Zeitpunkt der Veröffentlichung gemäß Absatz 1 Satz 5 und vor der Anpassung des Verbrauchsgeräts auf die neue Gasqualität im jeweiligen Netzgebiet erfolgt. ³Der Erstattungsanspruch beträgt 100 Euro für jedes Neugerät. ⁴Der Eigentümer hat gegenüber dem Netzbetreiber die ordnungsgemäße Verwendung des Altgeräts und die Anschaffung des Neugeräts nachzuweisen. ⁵Absatz 1 Satz 3 und Absatz 2 sind entsprechend anzuwenden. ⁶Das Bundesministerium für Wirtschaft und Energie wird ermächtigt, im Einvernehmen mit dem Bundesministerium der Justiz und für Verbraucherschutz durch Rechtsverordnung das Nähere zu darüber hinausgehenden Kostenerstattungsansprüchen für technisch nicht anpassbare Kundenanlagen oder Verbrauchsgeräte zu regeln. ⁷Das Bundesministerium für Wirtschaft und Energie kann die Ermächtigung nach Satz 6 durch Rechtsverordnung unter Sicherstellung der Einvernehmensregelung auf die Bundesnetzagentur übertragen. ⁸Die Pflichten nach den §§ 72 und 73 des Gebäudeenergiegesetzes vom 8. August 2020 (BGBl. I S. 1728) bleiben unberührt.

(4) ¹Anschlussnehmer oder -nutzer haben dem Beauftragten oder Mitarbeiter des Netzbetreibers den Zutritt zu ihrem Grundstück und zu ihren

Räumen zu gestatten, soweit dies für die nach Absatz 1 durchzuführenden Handlungen erforderlich ist. ²Die Anschlussnehmer und -nutzer sind vom Netzbetreiber vorab zu benachrichtigen. ³Die Benachrichtigung kann durch schriftliche Mitteilung an die jeweiligen Anschlussnehmer oder -nutzer oder durch Aushang am oder im jeweiligen Haus erfolgen. ⁴Sie muss mindestens drei Wochen vor dem Betretungstermin erfolgen; mindestens ein kostenfreier Ersatztermin ist anzubieten. ⁵Der Beauftragte oder Mitarbeiter des Netzbetreibers muss sich entsprechend ausweisen. ⁶Die Anschlussnehmer und -nutzer haben dafür Sorge zu tragen, dass die Netzanschlüsse, Kundenanlagen und Verbrauchsgeräte während der durchzuführenden Handlungen zugänglich sind. ⁷Soweit und solange Netzanschlüsse, Kundenanlagen oder Verbrauchsgeräte zum Zeitpunkt der Umstellung aus Gründen, die der Anschlussnehmer oder -nutzer zu vertreten hat, nicht angepasst werden können, ist der Betreiber des Gasversorgungsnetzes berechtigt, den Netzanschluss und die Anschlussnutzung zu verweigern. ⁸Hinsichtlich der Aufhebung der Unterbrechung des Anschlusses und der Anschlussnutzung ist §24 Absatz 5 der Niederdruckanschlussverordnung entsprechend anzuwenden. ⁹Das Grundrecht der Unverletzlichkeit der Wohnung (Artikel 13 des Grundgesetzes) wird durch Satz 1 eingeschränkt.

Übersicht

	Rn.
A. Allgemeines	1
I. Hintergrund	1
II. Zweck	4
III. Inhalt	7
IV. Entstehungsgeschichte	14
B. Durchführung und Kosten der Marktraumumstellung (Abs. 1)	18
C. Kostenwälzung (Abs. 2)	27
D. Umstellungszuschuss und Verordnungsermächtigung (Abs. 3)	37
E. Zutrittsrechte (Abs. 4)	45

Literatur: *BDEW/GEODE/VKU,* Leitfaden Marktraumumstellung, 28.6.2013; *BNetzA,* Leitfaden zur Umlage von Kosten für die notwendigen technischen Anpassungen der Netzanschlüsse, Kundenanlagen und Verbrauchsgeräte im Rahmen der Umstellung von Netzgebieten von L-Gas auf H-Gas nach § 19a EnWG vom November 2019 (*BNetzA,* Leitfaden MRU); *Döring/Sommers,* gwf gas/erdgas 12 (1972) H. 8, 378ff., *DVGW,* GT 680 (A), November 2011, Technische Regeln „Umstellung und Anpassung von Gasgeräten"; *Gelmke,* Umlagefähige Kosten der L-/H-Gas-Marktraumumstellung, ER 2017, 108.

A. Allgemeines

I. Hintergrund

1   § 19a wurde 2011 in das EnWG eingeführt. Ein **Teil des deutschen Gasmarkts** wird mit **niederkalorischem Erdgas (L-Gas)** versorgt, davon etwa ein Viertel der Haushaltskunden. L-Gas stammt ausschließlich aus Aufkommen in Deutschland und den Niederlanden. Die übrigen in Deutschland verfügbaren Aufkommen (Gas aus Dänemark, Norwegen/Nordsee, Russland bzw. von LNG-Ter-

Umstellung der Gasqualität; Verordnungsermächtigung § 19a

minals) liefern hochkalorisches Erdgas (H-Gas). Die beiden unterschiedlichen Gruppen müssen aus technischen und eichrechtlichen Gründen in getrennten Systemen transportiert werden (www.fnb-gas.de/versorgungssicherheit/marktraum umstellung/). Die Änderung des Energiewirtschaftsgesetzes erfolgt vor dem Hintergrund der **rückläufigen** niederländischen und einheimischen **L-Gas-Produktion**. Diese erfordert die dauerhafte Umstellung der Gasqualität von L-Gas auf H-Gas in qualitätsübergreifenden Marktgebieten, um ein dauerhaftes Ungleichgewicht von Ein- und Ausspeisung in bzw. aus dem Gasnetz zu vermeiden. Sollen Kunden künftig H-Gas statt L-Gas nutzen können, funktioniert dies erst nach einer entsprechenden Anpassung ihrer Gasgeräte.

Die Gasqualität ist im Grunde **Gegenstand des Lieferverhältnisses**. Die **Um- 2 stellungskosten** von Stadtgas in der Vergangenheit bei der Veränderung der Energieversorgung sind von den Letztverbrauchern zu tragen gewesen (BGH Urt. v. 30.4.1957 – VIII ZR 217/56, BGHZ 24, 148; LG Dresden Urt. v. 1.6.1993 – 42 C 111/92, RdE 1993, 203). Durch die neue Regelung ist der Netzbetreiber, in dessen Netz die Gasqualität geändert wird, verpflichtet, die Umstellungskosten zu übernehmen. Welche Gasqualität in einem Verteilernetz abgesetzt wird, ist aber eher eine historische Vorfindlichkeit. Eine Entscheidung für den Anschluss an die L-Gas-Versorgung, die in Zeiten integrierter Gebietsmonopole getroffen worden ist, kann der in der Regel vertikal integrierte Grundversorger praktisch nicht **diskriminierungsfrei** ändern. Die Entscheidung muss dagegen aus technischen Gründen einheitlich getroffen werden, weshalb die gesetzliche Grundsatzentscheidung für eine Umstellung durch den Netzbetreiber getroffen wurde. Qualitätsumstellungen, die durch einen **Lieferanten oder Händler** veranlasst sind, sind durch die Vorschrift nicht erfasst.

Der Umstellprozess wurde im Jahr 2014 gestartet und soll nach derzeitiger Bran- 3 chenplanung voraussichtlich **im Jahr 2030 abgeschlossen** sein (FLNB, Konsultationsdokument GasNEP 2020–2030, www.netzentwicklungsplan-gas.de). Von der Umstellung sind Bremen, Hessen, Niedersachsen, Nordrhein-Westfalen, Rheinland-Pfalz und Sachsen-Anhalt betroffen. „Das macht ca. ein Drittel des deutschen Gasmarkts (ca. 30 Mrd. Kubikmeter Verbrauch pro Jahr) aus. Insgesamt sind ca. 4,3 Mio. deutsche Haushalte mit 5,5 Mio. Geräten und darüber hinaus zahlreiche Industriebetriebe am L-Gas-Netz angeschlossen." (Begr.RegE, BT-Drs. 18/9950, 15).

II. Zweck

Die Umstellung von L- auf H-Gas muss **koordiniert** werden. Netze und Kun- 4 denanlagen können nur eine einheitliche Gasqualität transportieren und verarbeiten, sodass die Umstellung schon aus technischen Gründen nicht den Lieferanten überlassen werden kann. Aus diesem Grund sollen die Fernleitungsnetzbetreiber im Rahmen der **Netzentwicklungsplanung** den Prozess anstoßen und der betroffene Netzbetreiber ihn umsetzen. L-Gas-Gebiete können ohne individuelle Umstellung oder in bestimmten Fällen auch Austausch des einzelnen Endgeräts nicht mit H-Gas versorgt werden.

Eine Verzögerung des Umstellprozesses aufgrund ungeklärter gesetzlicher 5 Grundlagen und Rechtsunsicherheit bezüglich der mit der Umstellung verbundenen Kosten und Zutrittsrechten zu Netzanschlüssen und Verbrauchsgeräten würde den gesamten Prozess um Jahre verschieben. Damit wäre die Versorgungssicherheit der Endkunden gefährdet, weil die L-Gas-Mengen nicht ausreichen und H-Gas oder eine andere Bezugsalternative nicht zur Verfügung stehen. Daher wurden

Kostenerstattungsregelungen für die betroffenen Gasversorgungsnetzbetreiber und Anschlussnehmer getroffen. (Begr.RegE, BT-Drs. 18/9950, 15).

6 Da nur ein Bruchteil der Kunden mit L-Gas versorgt wäre, käme es zu einer ungleichen Belastung entweder von einzelnen Kundengruppen oder von einzelnen Netzbetreibern. Aus diesem Grund sieht das Gesetz eine mittlerweile **bundesweite Wälzung** der Umstellungskosten als Umlage auf die sonstigen Netzentgelte vor.

III. Inhalt

7 Die Vorschrift regelt die dauerhafte Umstellung der Gasqualität in einem Netz von L-Gas auf H-Gas im Sinne des **DVGW-Arbeitsblattes G260** „Gasbeschaffenheit" (Stand März 2013), wenn diese aufgrund eines Netzentwicklungsplans von den FLNB veranlasst und netztechnisch erforderlich ist.

8 Kommt es zu einer Umstellung bei einem **Verteilernetzbetreiber,** so ist er verpflichtet, die technischen Anpassungen der Netzanschlüsse, Kundenanlagen und Verbrauchsgeräte bei den Kunden vorzunehmen bzw. vornehmen zu lassen. Dieser Vorgang ist im Einzelfall mit **erheblichen Kosten** verbunden. Wesentliche **Kostentreiber** sind die umzustellenden Verbrauchsgeräte der Anschlusskunden. Hierfür entstehen zum einen Kosten für die Anpassung der Geräte an sich, also in der Regel der Austausch einer Düse. Zum anderen entstehen Personal- und Organisationskosten, da die Bevölkerung der betroffenen Gebiete durch Informationskampagnen auf die Umstellung vorbereitet und sodann technisches Personal sowohl für die Erfassung der vorhandenen Geräte, für die eigentliche Umstellung und schließlich für die Sicherheits-und Qualitätskontrolle (BGH Urt. v. 30.9.1986 – VI ZR 274/85, NJW-RR 147) jeweils innerhalb begrenzter Zeitfenster in jeden einzelnen Haushalt in einem Umstellungsgebiet entsendet werden muss (BNetzA Beschl. v. 29.3.2019 – BK9-18/610 Rn. 436).

9 Die Kosten übernimmt gem. S. 1 zunächst der Anschlussnetzbetreiber, der diese aber an die FLNB nach den S. 2 und 3 weitergeben kann. Sie werden dann in Form einer Umlage allen Netznutzern bundesweit in Rechnung gestellt. Wie bei jeder Kostenübernahme und -wälzung sind die technisch notwendigen, direkten Umstellungskosten an Netzanschlüssen, Kundenanlagen und Verbrauchsgeräten von sonstigen Kosten für den Unterhalt, Wartung und Instandhaltung der Geräte bzw. Anschlüsse und Kundenanlagen sorgfältig abzugrenzen.

10 **Anpassungen von Netzanschlüssen** aller Art sind vorzunehmen. Dies können die Anschlüsse von Letztverbrauchern sein. Die Maßnahmen nach Abs. 1 erfassen auch Anschlüsse auf höheren Druckebenen wie zB an den Fernleitungsnetzen angeschlossene Industriekunden. Auch die Versorgung von Gaskraftwerken ist umzustellen. Dies erfasst nach dem Wortlaut auch die Umstellung von Netzanschlüssen von nachgelagerten zu vorgelagerten Netzbetreibern. **Geräteeigentümer** sind **verpflichtet,** die Umstellung durchzuführen. Auch solche, die nur innerhalb einer Kundenanlage (zB Industriepark) **mittelbar an das öffentliche Netz** angeschlossen sind, sind zur Umstellung verpflichtet. Nach Sinn und Zweck der Umstellung sind diese im Rahmen der Marktraumumstellung wie eigene Anschlusskunden des Netzbetreibers der allgemeinen Versorgung zu behandeln.

11 Nachdem ursprünglich nur Haushaltskunden **von** den entstehenden **Umstellungskosten entlastet** werden sollten, wurde durch Änderung des Art. 1 Nr. 16 (Ges. v. 20.12.2012, BGBl. 2012 I S. 2730) die Kostenübernahme für Umstellungskosten bei allen Letztverbrauchern und Anschlussnehmern eingeführt und 2016 durch einen Zuschuss für notwendige Umstellungen an Anlagen erweitert (Abs. 3).

Da die Umstellung die **Augenscheinnahme** und gegebenenfalls eine Anpas- 12
sung von Verbrauchsgeräten erforderlich macht, regelt Abs. 5 das Betretungsrecht
unter ausdrücklicher **Einschränkung von Art. 13 GG.**
Die Vorschrift wird **in Bezug genommen** als Ausnahmen von der Anschluss- 13
pflicht nach § 18 Abs. 1 S. 4, als geteilte Zuständigkeit zwischen Bundes- und Landesregulierungsbehörden in § 54 Abs. 2 Nr. 10, in den Gebührenvorschriften des
§ 91 und § 1 der GasGKErstV.

IV. Entstehungsgeschichte

§ 19a ist erstmalig durch Gesetz vom 26. 7. 2011 (BGBl. I S. 1554) in das EnWG 14
eingefügt worden. Die Vorschrift steht im Einklang mit **Art. 8 Gas-RL 09,** der die
EU-Mitgliedstaaten unter anderem verpflichtet, zu gewährleisten, dass technische
Vorschriften für den Netzanschluss von Fernleitungs- und Verteilersystemen ausgearbeitet und veröffentlicht werden, die die **Interoperabilität der Netze** sicherstellen.

Die Regelung ist durch das Dritte Gesetz zur Neuregelung energiewirtschafts- 15
rechtlicher Vorschriften vom 20.12.2012 (BGBl. I S. 2730) erstmalig erweitert worden. Nachdem zunächst nur Haushaltskunden wirtschaftlich entlastet werden sollten, werden seitdem alle Letztverbraucher und Anschlussnehmer erfasst. Dies wird
damit begründet, dass die Umstellung der Gasqualität in einem Netz gerade auch
für Industrie- und Gewerbekunden kostenauslösende Anpassungsmaßnahmen erforderlich machen kann (Begr.RegE, BR-Drs. 520/12, 42).

Mit dem Gesetz zur Änderung von Vorschriften zur Bevorratung von Erdöl, zur 16
Erhebung von Mineralöldaten und zur Umstellung auf hochkalorisches Gas vom
14.12.2016 (BGBl. I S. 2874) erfuhr die Vorschrift eine umfassende Novellierung.
Es wurden die Abs. 2–4 eingefügt.

Aus der Begründung: „Der Entwurf [...] regelt die Änderung des derzeitigen 17
marktgebietsweiten Kostenwälzungsmechanismus hin zu einem **bundesweiten
Kostenwälzungsmechanismus.** Damit wird einer **ungleichen Verteilung** der
Belastung zwischen den beiden Gasmarktgebieten auf Grund der unterschiedlichen
Umstellzeitpunkte Rechnung getragen. Zudem wird durch die bundesweite Wälzung eine ungleiche **Belastung der Endverbraucher** beider Marktgebiete **vermieden** im Sinne einheitlicher Verhältnisse im gesamten Bundesgebiet. [...] Es
wird eine jährliche Meldefrist der Kosten der Netzbetreiber für den Umstellprozess
an die Regulierungsbehörde und ein Prüfrecht der Regulierungsbehörde zur Erforderlichkeit und Angemessenheit der Kosten normiert. Diese Änderung dient
der **Kosteneffizienz des Gesamtumstellprozesses,** so dass die Kosten der Netzkunden auf das für den Umstellprozess notwendige Maß beschränkt werden. Für
Kundenanlagen oder Verbrauchsgeräte, die im Rahmen der Umstellung gegen
Neuanlagen ausgetauscht werden, wird ein **gedeckelter Kostenerstattungsanspruch** vorgesehen. Damit wird eine **sozialverträgliche Regelung** getroffen,
da die Kosten des Gesamtprozesses niedrig gehalten werden und gleichwohl ein
kostenneutraler Zuschuss für den optionalen Erwerb eines Neugeräts ermöglicht
wird. Darüber hinaus ist in diesen Fällen durch den Austausch mit einem Neugerät
von einer **Effizienzsteigerung** auszugehen. [...] Um zu gewährleisten, dass der
Umstellprozess **ohne Verzögerungen** vonstattengehen kann, werden den Netzbetreibern und ihren Beauftragten Zutrittsrechte eingeräumt. Um sicherzustellen,
dass aufgrund fehlender Anpassung der Kundenanlagen oder Verbrauchsgeräte
keine Gefahr für Leib oder Leben entsteht, wird den Netzbetreibern unter den in

§ 19a Absatz 4 Satz 7 genannten Bedingungen das Recht eingeräumt, **den Gasanschluss** zu **sperren** (Begr.RegE, BT-Drs. 18/9950, 16).

B. Durchführung und Kosten der Marktraumumstellung (Abs. 1)

18 S. 1 verpflichtet den Gasverteilernetzbetreiber zur **Umstellung der Kundenanlage** und zur Kostentragung, in dem im Wesentlichen L-Gas aufgespeist wird und in dem der Kunde angeschlossen ist. Der Anschlussnetzbetreiber handelt auf Veranlassung eines oder mehrerer FLNB, die im Rahmen der Netzentwicklung Gas den Umstellungsprozess mit einer Öffentlichkeitsbeteiligung durch die BNetzA plant und festlegt (→ § 15a Rn. 30). Des Weiteren adressiert S. 5 den umstellenden Anschlussnetzbetreiber und verpflichtet ihn zu einer frühzeitigen und transparenten **Kundenkommunikation.**

19 S. 2 und 3 verpflichten alle Netznutzer und Letztverbraucher, die Kosten der Marktraumumstellung in einem **Umlagesystem** zu solidarisieren (→ Rn. 27). Die Umstellung von einer **zunächst marktgebietsbezogenen** Umlage auf eine **bundesweiter Wälzung** konnte nur zum 1. Januar eines Jahres erfolgen, da die Netzbetreiber gem. § 20 Abs. 1 S. 1 iVm GasNEV die Preisblätter mit den jeweiligen Entgelten zum 15. Oktober eines jeden Jahres mit Geltung für das Folgejahr veröffentlichen müssen.

20 Abs. 1 S. 1 verpflichtet den jeweiligen Netzbetreiber, die notwendigen technischen Anpassungen der Netzanschlüsse, Kundenanlagen und Verbrauchsgeräten vorzunehmen. Die Kosten werden dann gem. Abs. 1 S. 3 bundesweit auf alle Gasversorgungsnetze umgelegt. Die Umstellung von **Gasthermen, Heizungen, Kochstellen** und ähnlichen Anlagen privater Verbraucher stellt den eigentlichen Kernbereich der Marktraumumstellung dar.

21 Die Einzelheiten des Umlagemechanismus sind gem. Abs. 1 S. 4 durch die Branche festgelegt. Dies geschieht durch **§§ 9 und 10 KoV.** Darüber hinaus regelt Tenorziffer 5 der Festlegungen REGENT-NCG (BNetzA Beschl. v. 29.3.2019 – BK9-18/610) und REGENT-GP (BNetzA, Beschl. v. 29.3.2019 – BK9-18/611). Demnach werden die beim Verteilnetzbetreiber anfallenden Kosten zunächst von den jeweils vorgelagerten FLNB **auf Plankostenbasis** erstattet. Jeder betroffene VNB muss eine Planung vornehmen und wirtschaftlich bewerten. Der **Plan-Ist-Abgleich** erfolgt nicht über das Regulierungskonto (§ 5 ARegV), sondern mit der anstehenden Plankostenmeldung für die Umlage des Folgejahres. Die BNetzA hat 2019 einen **Leitfaden** zur Umlage von Kosten für die Marktraumumstellung herausgegeben, der zahlreiche Kostenfragen adressiert (www.bundesnetzagentur.de/SharedDocs/Downloads/DE/Sachgebiete/Energie/Unternehmen_Institutionen/Netzentgelte/Gas/Marktraumumstellung/Leitfaden_Marktraumumstellung.pdf;jsessionid=13060482A07877A9419B2C851B67E99C?__blob=publicationFile&v=1).

22 Die FLNB summieren die Gesamthöhe aller Umstellungskosten und ermitteln daraus mit ihrer Mengenprognose der voraussichtlich gebuchten Ausspeisekapazitäten, ohne MÜP und Speicher, den Wälzungsbetrag. Dieser wird in **EUR pro kWh/h/a** ausgewiesen (jährlich veröffentlicht unter www.bundesnetzagentur.de/SharedDocs/A_Z/M/Marktraumumstellungs-Umlage.html). S. 4 adressiert **alle Netzbetreiber,** im Rahmen der Kooperationsvereinbarung Abwicklungsmodalitäten zu treffen. Die Berechnung der zu wälzenden Kosten ist derzeit in §§ 9 und 10 der Kooperationsvereinbarung (KoV XI Änderungsfassung v. 1.10.2020) zwischen den Betreibern von Gasversorgungsnetzen geregelt. Hier werden die **Modalitäten der einheitlichen Kostenberechnung** der Marktraumumstellung bestimmt (modifizierend BNetzA Beschl. v. 29.3.2019 – BK9-18/610 Rn. 437).

Die Marktraumumstellungsumlage wird als **Systemdienstleistung** iSd Art. 4 der Verordnung (EU) Nr. 2017/460 eingestuft (BNetzA Beschl. v. 29.3.2019 – BK9-18/610 Tenorziffer 5 – REGENT-NCG). **23**

Die Anschlussnetzbetreiber haben den jeweiligen technischen Umstellungstermin **zwei Jahre vorher** öffentlich bekannt zu geben. Dabei sind Anschlussnehmer auf ihren Kostenerstattungsanspruch hinzuweisen. Der technische Umstellungstermin ist dabei entsprechend der Kooperationsvereinbarung der Zeitpunkt, ab dem H-Gas in das umzustellende Netzsegment des Fernleitungsnetzbetreibers eingespeist wird. In der Kooperationsvereinbarung ist mit § 8 Abs. 3 die **Vereinbarung eines Umstellungsfahrplans** spätestens zwei Jahre und acht Monate vor dem Umstellungszeitraum vorgesehen. Dieser Umstellungsfahrplan enthält unter anderem auch bereits den (voraussichtlichen) technischen Umstellungstermin. **24**

Der zwischen den Branchenverbänden BDEW/VKU/GEODE abgestimmte, aus zwei Teilen bestehende Leitfaden Marktraumumstellung beschreibt zudem die operativen Abläufe zwischen den Netzbetreibern und ihren Marktpartnern. Die hier insbesondere im Zeitplan angelegte Informationspflicht stellt für die Letztverbraucher eine wesentliche Information dar, um sich frühzeitig auf das Thema einzustellen. Diese Informationspflicht wurde, verknüpft mit einem zeitlichen Vorlauf von zwei Jahren vor der Umstellung, gesetzlich verankert. Damit soll für die betroffenen Letztverbraucher Klarheit hergestellt werden, die **Installation eines Neugeräts** mit anteiliger Kostenerstattung zu ermöglichen, um Umstellungskosten zu sparen und die Energieeffizienz zu verbessern. **25**

Folgende **technische Regelwerke** und Arbeitsdokumente des DVGW kommen zur Anwendung: **26**
– Arbeitsblatt G 680 2020-03 Erhebung, Umstellung und Anpassung von Gasgeräten
– Merkblatt G 107 2020-02 Qualifikationsanforderungen an Fachkräfte für die Qualitätssicherung im Rahmen einer Änderung der Gasbeschaffenheit; Schulungsplan
– Merkblatt G 106 2017-08 Qualifikationsanforderungen an Fachkräfte für den Gasgeräteumbau im Rahmen einer Änderung der Gasbeschaffenheit; Schulungsplan
– Gasfachliche Norm DIN EN 437 2019-04 Prüfgase – Prüfdrücke – Gerätekategorien
– Arbeitsblatt G 695 2019-03 Qualitätssicherung von Erhebungs-, Anpassungs- und Umstellungsmaßnahmen bei Gasgeräten
– Gas-Information Nr. 21 2015-09 Leitfaden L-H-Gas-Umstellung und Gasgeräteanpassung; Technische Sicherheit und Versorgungssicherheit im Zuge der L-H-Gas-Marktraumumstellung
– DVGW-Rundschreiben G 5/15 Sicherheit beim Betrieb von Erdgasanlagen auf Werksgelände – Erdgasanlagen auf Werksgelände sind infolge der Marktraumumstellung von Erdgas L auf Erdgas H anzupassen
– Arbeitsblatt G 260 2013-03 Gasbeschaffenheit

C. Kostenwälzung (Abs. 2)

27 Über die Umlage wälzbar sind alle **Kosten**, welche für die notwendigen technischen Anpassungen der Netzanschlüsse, Kundenanlage und Verbrauchsgeräte erforderlich sind. Die BNetzA **legt den Begriff** der technischen Anpassung **weit** aus (BNetzA, Leitfaden MRU, S. 8 ff.). Es können allerdings nur Kosten gewälzt werden, die **durch die Marktraumumstellung veranlasst** sind, die also nicht entfielen, wenn man die Umstellung hinwegdächte. Anerkennungsfähig sind nur Nettokosten **ohne Umsatzsteuer**.

28 Demnach sind nicht nur die **Personal-, Dienstleistungs- und Materialkosten** des eigentlichen Umstellungsvorgangs erfassbar. Zu den durchzuführenden Handlungen nach Abs. 1 zählen auch **vorbereitende Handlungen** zur Geräteerfassung, das Projektmanagement, die Kundenkommunikation und nachbereitende Handlungen zur Qualitätssicherung. Es kann auch weitere notwendige netztechnische Maßnahmen im Zuge der Qualitätsumstellung geben, die die BNetzA ebenfalls unter „Anpassung der Netzanschlüsse" subsumierbar hält (vgl. zu Kostenarten auch *Gelmke* ER 2017, 108).

29 Ihre Grenze findet die Kostenwälzung dort, wo die konkrete Umstellungspflicht des einzelnen Verteilernetzbetreibers noch **nicht begonnen** hat oder **endet**. So hat die BNetzA Kosten für Beratungen, die gegenüber einer größeren Gruppe von Netzbetreibern erbracht wurden, nicht anerkannt (BNetzA Beschl. v. 10.7.2018 – BK9-11/8162 MRU 17 und BK9-11/8166 MRT 17). Hier kommt es auf eine Betrachtung im Einzelfall an: **Frühzeitige Planungen,** die zu einem effizienten Ressourceneinsatz und zur Kostenminimierung führen und die im Umstellungsprozess ohnehin anfallen, sollten wälzbar sein. Maßnahmen, die zwar durch die zurückgehenden L-Gasmengen veranlasst sind, aber auf eine **Vermeidung oder Verzögerung der Umstellung** gerichtet sind, gelten nach behördlich geäußerter Auffassung nicht zu den Anpassungsmaßnahmen iSd Abs. 1 S. 1. Damit sind Kosten für Bau und Betrieb von Konvertierungsanlagen von der Wälzung ausgeschlossen. Auch Maßnahmen die, „in einem weiteren Sinne auf eine **allgemeine Verbesserung** oder Mitbeeinflussung der politischen, wirtschaftlichen oder technischen Rahmenbedingungen der L-/H-Gasumstellung" (BNetzA, Leitfaden MRU, S. 8). gerichtet sind, sind schon **aus europarechtlichen Gründen** nicht wälzbar (→ Rn. 34).

30 Das heißt nicht, dass nicht umlagefähige Kosten nicht im Zuge der **sonstigen Mechanismen der Kostenregulierung** in den Erlösobergrenzen abgebildet werden können. Mit Einführung des **Kapitalkostenabgleichs** (§ 10a ARegV) Gas im Jahr 2018 sind Kapitalkosten ohne Zeitverzug der allgemeinen Netzkosten zuzuordnen und nicht in die Umlage zu wälzen (BNetzA, Leitfaden MRU, S. 10). Ohnehin ist die Kostenabgrenzung gegenüber den im **Basisjahr** enthaltenen Kosten erforderlich. Die Umlage darf nicht dazu führen, dass Kosten doppelt oder Einmalkosten über eine ganze Periode mehrfach erstattet werden (zu den notwendigen **Nachweisen** BNetzA, Leitfaden MRU, S. 12). Einmalaufwendungen im Basisjahr in diesem einmaligen Umstellungsprozess sind mit hoher Wahrscheinlichkeit als **„Besonderheit des Geschäftsjahres"** einzustufen und zu bewerten.

31 Die Gesetzesbegründung beschreibt die **regulatorische Kontrolle** wie folgt:

> *„Absatz 2 sieht eine **jährliche Meldung** der den Netzbetreibern durch die Marktraumumstellung entstandenen Kosten an die Regulierungsbehörde vor. Er normiert die bereits ausgeübte Praxis zur Kostenmeldung. Der Regulierungsbehörde wird zudem **die Be-***

*fugnis eingeräumt, die Kosten der technischen Anpassungshandlungen zu **überprüfen** und eine **verbindliche Feststellung** gegenüber einem oder mehreren Netzbetreibern oder sonstigen in der jeweiligen Vorschrift Verpflichteten über die Notwendigkeit der Anpassungen bzw. der Kosten der Anpassungen zu treffen. Darüber hinaus kann die Regulierungsbehörde gegenüber einem Netzbetreiber feststellen, ob die für die jeweilige Maßnahme aufgewandten Kosten **dem Grunde und der Höhe nach** erforderlich und angemessen waren. Die **Beweislast** für die Notwendigkeit obliegt dem Netzbetreiber. So soll verhindert werden, dass Kosten ohne Bezug zur Marktraumumstellung oder das dafür notwendige Maß übersteigende Kosten auf die Netznutzer umgelegt werden können. Eine **Ex-Post-Kontrolle** dieser Kosten im Rahmen des fünfjährigen Kostenprüfungszyklus der Anreizregulierung ist hierfür **nicht ausreichend**. Es soll vielmehr sichergestellt werden, dass nur notwendige Kosten in die Marktraumumstellungsumlage fließen."* (Begr.RegE, BT-Drs. 18/9950, 16).

Bei **Kostenumlagen** gibt es immer die Möglichkeit, auf **festgestellte** und geprüfte Ist-Kosten abzustellen. In diesem Fall müssen Mittel verausgabt, im Jahresabschluss abgebildet und durch den Wirtschaftsprüfer testiert (→ § 6b) worden sein, bevor sie in die Entgelte oder Umlagen übernommen werden. Ein solches Vorgehen führt naturgemäß zu einem Zeitverzug von der Aufwendung bis zur Abbildung in Preisen von knapp zwei Kalenderjahren. Eine vielfach gesetzlich angeordnete Alternative ist die Umlage auf Plan- oder **Prognosebasis** mit anschließendem Ist-Abgleich. In diesem Fall müssen die Vorgänge im Unternehmen und bei den Regulierungsbehörden zweimal betrachtet werden, allerdings können Kosten schneller in die Erlösobergrenze oder Entgelte/Umlage überführt werden. 32

Vorliegend wurde der **Weg des Plankostenansatzes** mit Ist-Abgleich gewählt. Die vorliegenden Umstellungskosten werden prognostiziert und an die zuständige Regulierungsbehörde, insbesondere aber den FLNB zur Bestimmung der Umlage gemeldet. Nach Abschluss eines Kalenderjahrs werden die tatsächlichen Kosten festgestellt, mit den Jahresabschluss testiert und Abweichungen mit der nächsten Plankostenanmeldung saldiert. So werden die Kosten immer auf die tatsächlichen Kosten zurückgeführt. Die BNetzA hat eine Verzinsung gegenüber dem Netznutzer bei überschätzten Kosten oder gegenüber dem Netzbetreiber, wenn er seine Plankosten zu gering angesetzt hat, angeordnet (BNetzA Beschl. v. 29.3.2019 – BK9-18/610 – REGENT-NCG, Rn. 439). Dadurch wird einer strukturellen Über- oder Unterschätzung entgegengewirkt. 33

Die **Umlage** auf **alle Kunden** mit **Ausnahme** der Kopplungspunkte zwischen Marktgebieten und Ausspeisepunkten bei Speichern war europarechtlich umstritten (BNetzA Beschl. v. 29.3.2019 – BK9-18/610). Die grundlegende gesetzliche Anordnung in Abs. 1 S. 1, dass die notwendigen technischen Anpassungen der Netzanschlüsse, Kundenanlagen und Verbrauchsgeräte zu den zwingenden Aufgaben eines Netzbetreibers gehört, hat für sich genommen noch **keinen unmittelbaren Bezug zur Entgeltbildung** und liegt somit außerhalb des Anwendungsbereichs des NC TAR (VO (EU) Nr. 2017/460). Europarechtlich zu bewerten und an den Maßstäben des NC TAR zu messen ist die Umsetzung der gegebenen Kosten in Entgelte. 34

Letztlich hat die BNetzA entschieden, dass die Marktraumumstellungsumlage gem. Art. 4 Abs. 1 S. 2 NC TAR als Systemdienstleistung eingestuft wird und wie diese auf die unterschiedlichen Netznutzer zu wälzen ist (BNetzA Beschl. v. 29.3.2019 – BK9-18/610 Rn. 436; OLG Düsseldorf Beschl. v. 16.9.2020 – 3 Kart 750/19). 35

36 Nach Abs. 2 S. 4 hat der Netzbetreiber den Nachweis über die Notwendigkeit zu führen. Das Gesetz ordnet hier eine Beweislastumkehr zulasten des Netzbetreibers an. Wird die fehlende Notwendigkeit der Kosten festgestellt, dürfen diese nicht umgelegt werden. Die Entscheidung darüber, ob eine Festlegung (ex ante oder ex post) erlassen wird, liegt im Ermessen der Regulierungsbehörde (BerlKommEnergieR/*Thole* EnWG § 19a Rn. 22f.).

D. Umstellungszuschuss und Verordnungsermächtigung (Abs. 3)

37 Ein Teil der Kundenanlagen und Verbrauchsgeräte kann technisch nicht angepasst werden und muss daher ausgetauscht werden, um Risiken für Leib und Leben der Endverbraucher auszuschließen. Es handelt sich dabei vor allem um **Gasthermen.** Geräte, die technisch nicht angepasst werden können, können aus Sicherheitsgründen nicht weiter betrieben werden und müssen stillgelegt werden. Der „Austausch" eines Geräts ist begrifflich keine „Anpassung" mehr. Der Austausch obliegt dem Anschlussnehmer.

38 Die gesetzliche Regelung verfolgt **nicht das Ziel,** alle Anschlusskunden von jeglichen **wirtschaftlichen Nachteilen** zu **entlasten.** Durch die fehlende Verfügbarkeit eines bestimmten Energieträgers (L-Gas) materialisiert sich gerade für größere Verbrauchseinrichtungen und Industrieanlagen ein unternehmerisches Risiko. Es ist jedenfalls nicht ohne Weiteres eine gesellschaftliche Aufgabe, dem Endverbraucher solche Risiken gänzlich abzunehmen.

39 Dennoch erhält **jeder Gerätebetreiber** nach Abs. 3 S. 1 einen gewissen Kostenerstattungsanspruch. Dabei kommt es nach dem Wortlaut auf die Umstellbarkeit des Geräts nicht an. Auch alle anderen Eigentümer einer Kundenanlage oder eines Verbrauchsgeräts mit ordnungsgemäßem Verwendungsnachweis sollen die Möglichkeit erhalten, statt der technischen Anpassung ein in der Regel effizienteres Neugerät in Betrieb zu nehmen. Der Zuschuss wird als Teil des nationalen Energieeffizienz-Aktionsplans 2017 verstanden (BT-Drs. 18/119973, 6).

40 Beantragt der Eigentümer einer Kundenanlage oder eines Verbrauchsgeräts die Kostenerstattung, hat er den **ordnungsgemäßen Verwendungsnachweis** seines Altgeräts und die Neubeschaffung zu belegen. Die hierfür erforderlichen Dokumente stammen aus der Sphäre des Eigentümers und könnten nur schwerlich vom Netzbetreiber beigebracht werden.

41 Kein ordnungsgemäßer Verwendungsnachweis liegt insbesondere dann vor, wenn die Geräte nicht in Deutschland zugelassen sind, manipuliert wurden oder ohnehin aufgrund anderer rechtlicher Vorgaben wie der Energieeinsparverordnung ausgetauscht werden müssen. (Begr.RegE, BT-Drs. 18/9950, 16).

42 Die **Höhe des Erstattungsanspruchs** in Höhe von 100 EUR orientiert sich dabei an den durchschnittlichen Anpassungskosten eines vergleichbaren anpassbaren Gasverbrauchsgeräts abzüglich der Anpassungskosten, die, wie die Erfassung des Geräts etc, auch im Falle der Installation eines Neugeräts anfallen. (Begr.RegE, BT-Drs. 18/9950, 16). Bei nicht umstellbaren privaten Heizgeräten werden nach § 1 GasGKErsV (**Gasgerätekostenerstattungsverordnung** v. 22.6.2017 (BGBl. I S. 1936) Aufwendungen von bis zu 500 EUR erstattet. Mit weitergehenden Fragen der Kostenerstattung bei Industriekunden setzt sich der Leitfaden MRU der BNetzA auseinander (BNetzA, Leitfaden MRU, S. 17ff.)).

Das Bundesministerium für Wirtschaft und Energie wird ermächtigt, im Einvernehmen mit dem Verbraucherschutzministerium durch **Rechtsverordnung** darüber hinausgehende Kostenerstattungsansprüche zu schaffen. Die Verordnungsermächtigung erlaubt die Subdelegation an die BNetzA (S. 6). Von der Ermächtigungsgrundlage hat die Bundesregierung 2017 mit der GasGKErsV Gebrauch gemacht. Hierbei soll jedoch **vermieden werden,** dass die unvermeidbare Umstellung zum Anlass genommen wird, **umfangreiche Sanierungen,** die nichts mit der Umstellung zu tun haben, zulasten aller Endverbraucher zu wälzen (Begr. RegE, BT-Drs. 18/9950, 16). 43

Wenn Geräte aufgrund der **Vorgaben der Energieeinsparverordnung** ohnehin ausgetauscht werden müssen, sind die vorgenannten Erstattungsansprüche nach S. 1 und 6 ausgeschlossen. 44

E. Zutrittsrechte (Abs. 4)

Der Anspruch der Anschlussnehmer korrespondiert mit der **Obliegenheit von Anschlussnehmern** und -nutzern, an der Umstellung mitzuwirken. Dazu gehören die **Zugangsverschaffung** zu einer Anlage in einem **ordnungsgemäßen Zustand** und die Mitwirkung bei der notwendigen Anpassung. Da bei nicht ordnungsgemäßer Umstellung der Kundenanschluss nicht sicher betrieben werden kann, kommt es zu einer Verletzung der vom Netzbetreiber aufzustellenden technischen Anschlussbedingungen für Erdgasanschlüsse. Verstöße dagegen können zur berechtigten **Stilllegung** des Anschlusses führen. 45

Abs. 4 regelt in Anlehnung an bestehendes Recht gem. § 21 NDAV die **Zutrittsrechte** im Zusammenhang mit der Wahrnehmung der Verpflichtungen der Netzbetreiber gem. Abs. 1. 46

Für die **durchzuführenden Handlungen** im Rahmen der Anpassung der Geräte und Anlagen ist eine Inaugenscheinnahme und Prüfung durch den Netzbetreiber oder dessen Beauftragten und damit der Zutritt zum Grundstück bzw. den Räumen des Anschlussnehmers bzw. -nutzers erforderlich. Zu den durchzuführenden Handlungen nach Abs. 1 zählen auch vorbereitende Handlungen zur Geräteerfassung und nachbereitende Handlungen zur Qualitätssicherung. 47

Eine Regelung im sachlichen Zusammenhang zu § 19a ist notwendig, da sich der Anwendungsbereich des § 21 NDAV gem. § 1 Abs. 1 NDAV auf Rechtsverhältnisse des Anschlusses in **Niederdruck** bezieht. Die Maßnahmen nach Abs. 1 erfassen aber auch Anschlüsse auf **höheren Druckstufen** wie zB an den Fernleitungsnetzen angeschlossene Letztverbraucher. Darüber hinaus ist der **tatbestandliche Anwendungsbereich** des § 21 NDAV auf die Fälle der Prüfung der technischen Einrichtungen und Messeinrichtungen, den Austausch der Messeinrichtungen anlässlich eines Wechsels des Messstellenbetreibers, die Ablesung der Messeinrichtung oder zur Unterbrechung des Anschlusses und der Anschlussnutzung beschränkt (Begr.RegE, BT-Drs. 18/9950, 31). 48

Gleichzeitig mit den Zutrittsrechten werden dem **Netzbetreiber** verschiedene **Pflichten** bei der Durchführung der Umstellung **auferlegt.** Gem. Abs. 4 S. 2 und 3 hat der Netzbetreiber Anschlussnehmer und -nutzer vorab zu benachrichtigen. Die Benachrichtigung muss frühzeitig erfolgen (mindestens drei Wochen vor dem geplanten Betretungstermin) und es ist ein kostenfreier Ersatztermin anzubieten (Abs. 4 S. 4). Der Beauftragte oder Mitarbeiter des Netzbetreibers muss sich natürlich beim Betreten ausweisen (Abs. 4 S. 5). 49

§ 19a

50 Kann die Anpassung der Kundenanlage oder des Verbrauchsgeräts nicht erfolgen, hat der Netzbetreiber die Pflicht, keine Netzanschlüsse, Kundenanlagen oder Verbrauchsgeräte zu liefern, bei denen infolge fehlender Anpassung Gefahr für Leib oder Leben entstünde. Beruht die fehlende Anpassung auf einem vom Eigentümer zu vertretenden Grund, hat der Netzbetreiber das Recht, den Verbraucher ab der Umstellung nicht mehr zu beliefern. Für Privathaushalte gelten zwar in der Regel die Rechte zur **Sperrung** nach der NDAV. Abs. 4 S. 7 hat insoweit klarstellende Wirkung.

51 Maßgeblicher Zeitpunkt hierbei ist die tatsächliche Umstellung auf H-Gas. Falls es trotz Anbietens eines Ersatztermins nach S. 5 zu einer **Unterbrechung des Anschlusses** oder der Anschlussnutzung nach S. 7 kommt, gilt hinsichtlich der Aufhebung der Unterbrechung des Anschlusses und der Anschlussnutzung die Regelung des § 24 Abs. 5 NDAV entsprechend für alle Anschlussnehmer und -nutzer, unabhängig davon, ob sie der Niederdruckanschlussverordnung unterliegen oder nicht.

Abschnitt 3. Netzzugang

Vorbemerkung

Übersicht

Rn.
- A. Wettbewerbstheoretische und -politische Bedeutung des Netzzugangs — 1
- B. Technischer Sachverhalt des Netzzugangs — 5
- C. Entwicklung des deutschen Netzzugangsrechts — 6
  - I. Netzzugang vor 1998 — 6
  - II. Netzzugang nach EnWG 1998 — 8
  - III. Netzzugang nach dem Ersten EnWG-Änderungsgesetz 2003 — 11
  - IV. Änderungsbedarf infolge der EU-Beschleunigungsrichtlinien — 12
  - V. Drittes EU-Energiebinnenmarktpaket — 13
  - VI. EU-„Clean Energy"-Paket — 14
- D. Regulierter Netzzugang — 15
  - I. Festsetzung der Netzzugangsbedingungen als Regulierungsaufgabe — 15
  - II. Europarechtliche Vorgaben — 22
    - 1. Materielle Vorgaben — 22
    - 2. Zuständigkeit und Unabhängigkeit der Regulierungsbehörden — 25
  - III. Wesentliche Züge der Netzzugangsregulierung nach dem EnWG — 27

Literatur: *Arndt,* Vollzugssteuerung im Regulierungsverbund, DV 2006, 100; *Berringer,* Regulierung als Erscheinungsform der Wirtschaftsaufsicht, 2004; *Böhnel,* Wettbewerbsbegründende Durchleitungen in der Elektrizitätswirtschaft: richtlinienkonforme Durchsetzbarkeit nach deutschem Recht, Diss. Göttingen, 2001; *Britz,* Öffnung der Europäischen Strommärkte durch die Elektrizitätsbinnenmarktrichtlinie, RdE 1997, 85; *Britz,* Erweiterung des Instrumentariums administrativer Normsetzung zur Realisierung gemeinschaftsrechtlicher Regulierungsaufträge, EuZW 2004, 426; *Britz,* Markt(er)öffnung durch Regulierung – Neue Regulierungsaufgaben nach den Energie-Beschleunigungsrichtlinien und der Stromhandelsverordnung, in Aschke/Hase/Schmidt-De Caluwe (Hrsg.), Festschrift für Friedrich v. Zezschwitz 2005, S. 374; *Britz,* Vom Europäischen Verwaltungsverbund zum Regulierungsverbund?, EuR 2006, 46; *Broemel,* Strategisches Verhalten in der Regulierung, Diss. Hamburg, 2010; *Burgi,* Verfassungsrechtliche Grenzen behördlicher Entscheidungsspielräume bei der Festlegung der Eigenkapitalzinssätze, RdE 2020, 105; *v. Danwitz,* Was ist eigentlich Regulierung?, DÖV 2004, 977; *Drouet/Thye,* Neue Begriffsbestimmungen und Regelungen für Energievertrieb und Wasserstoffnetze durch die EnWG-Novelle 2021, IR 2021, 194; *Drouet/Thye,* Neue Regelungen für den Netzbetrieb und für selbständige Betreiber von Interkonnektoren durch die EnWG-Novelle 2021, IR 2021, 218; *Eickhof/Kreikenbaum,* Die Liberalisierung der Märkte für leitungsgebundene Energien, WuW 1998, 666; *Fleischer/Weyer,* Neues zur „essential facilities"-Doktrin im Europäischen Wettbewerbsrecht, WuW 1999, 350; *Franke,* Kooperationspflichten und Selbstverpflichtungen als Instrumente der Energieregulierung, in Joost/Oetker/Paschke (Hrsg.), Festschrift für Franz Jürgen Säcker, 2021, S. 416; *Gärditz,* Regulierungsermessen im Energierecht, DVBl 2016, 399; *Gundel,* Die Auswirkungen des Vertragsverletzungsurteils des EuGH zur Unabhängigkeit der Energieregulierung, NVwZ 2021, 339; *v. Hammerstein/Hertel,* Die gesetzliche Veredelung der Verbändevereinbarung Gas II – verfassungs- und europarechtliche Bewertung, ZNER 2002, 193; *Horstmann,* Netzzugang in der Energiewirtschaft, 2001; *Kasper,* Durchleitung von Strom: Pflichten und Verweigerungsmöglichkeiten der Elektrizitätsversorgungsunternehmen, Diss. Münster, 2001; *Klimisch/Lange,* Zugang zu Netzen und anderen wesentlichen Einrichtungen

Vor §§ 20 ff.   Teil 3. Regulierung des Netzbetriebs

als Bestandteil der kartellrechtlichen Missbrauchsaufsicht, WuW 1998, 15; *Klocker,* Verrechtlichung der Verbändevereinbarung gem. § 6 EnWG in der Rechtsprechung des OLG Düsseldorf, WuW 2003, 880; *Knieps,* Entgeltregulierung aus der Perspektive des disaggregierten Regulierungsansatzes, N&R 2004, 7; *Knieps,* Wettbewerbsökonomie. Regulierungstheorie, Industrieökonomie, Wettbewerbspolitik, 3. Aufl. 2008; *Kreuter-Kirchhof,* Unabhängigkeit der Regulierungsbehörde?, NVwZ 2021, 589; *Ludwigs,* Zeitenwende der nationalen Energieregulierung?, EnWZ 2019, 160; *Ludwigs,* Energieregulierung nach der Zeitenwende, N&R-Beil. Heft 6/2021, 1; *May,* Kooperative Gesetzeskonkretisierung am Beispiel der Verbändevereinbarung Strom. Kartell-, verfassungs- und europarechtliche Aspekte der Verbändevereinbarung Strom II plus, Diss. Osnabrück, 2004; *Meinzenbach/Klein/Uwer,* Grenzenlose Unabhängigkeit der nationalen Regulierungsbehörde?, N&R-Beil. Heft 1/2021, S. 1; *Mohr,* Energienetzregulierung als Zivilrechtsgestaltung, EuZW 2019, 229; *Mohr,* Die Verzinsung des Eigenkapitals von Energienetzbetreibern in der 3. Regulierungsperiode, N&R-Beil. Heft 1/2020; *Pause,* „Saubere Energie für alle Europäer" – Was bringt das Legislativpaket der EU?, ZUR 2019, 387; *Rieger,* Die „Xgen"-Entscheidung des BGH: Unabhängigkeit der Bundesnetzagentur bei der Methodenanwendung?, N&R-Beil. 1/2021, 10; *Säcker/Boesche,* Der Gesetzesbeschluss des Deutschen Bundestages zum Energiewirtschaftsgesetz vom 28. Juni 2002 – ein Beitrag zur „Verhexung des Denkens durch die Mittel unserer Sprache"?, ZNER 2002, 183; *Salje,* Bindung der Kartellbehörden nach Implementierung der VV II plus im Rahmen der EnWG Novelle, ET 53 (2003), 413; *Schmidt-Aßmann,* Das Allgemeine Verwaltungsrecht als Ordnungsidee, 2. Aufl. 2004; *Schmidt-Preuß,* Selbstregulative Verantwortung oder staatliche Steuerung – Zur Verrechtlichung der Verbändevereinbarung, ZNER 2002, 262; *Schmidt-Preuß,* Aktuelles zur Zukunft der normierenden Regulierung im Energiesektor, RdE 2021, 173; *Schneider,* Kooperative Netzzugangsregulierung und europäische Verbundverwaltung im Elektrizitätsbinnenmarkt, ZWeR 2003, 381; *Scholtka,* Das neue Energiewirtschaftsgesetz, NJW 2005, 2421; *Schwintowski,* Der Zugang zu wesentlichen Einrichtungen, WuW 1999, 842; *Seeger,* Die Durchleitung elektrischer Energie nach neuem Recht, Diss. Erlangen-Nürnberg, 2002; *Seidewinkel/Seifert/Wetzel,* Rechtsgrundlagen für den Netzzugang bei Erdgas, 2001; *Steinberg/Britz,* Der Energieliefer- und -erzeugungsmarkt, 1995; *Theobald,* Wettbewerb in Netzen als Ziel effizienten Rechts, WuW 2000, 231; *Trute,* Regulierung – am Beispiel des Telekommunikationsrechts, in Eberle/Ibler/Lorenz (Hrsg.), Festschrift für Winfried Brohm, 2002, S. 169 *Trute,* Der europäische Regulierungsverbund in der Telekommunikation – ein neues Modell europäisierter Verwaltung, in Osterloh/Schmidt/Weber (Hrsg.), Festschrift für Peter Selmer, 2004, S. 565; *Wellert,* Entwicklung eines europäischen Agentur(un)wesens im Energiebinnenmarkt? – Handeln der ACER auf Messers Schneide im Lichte der EuGH-Rechtsprechung, EuR 2021, 292.

A. Wettbewerbstheoretische und -politische Bedeutung des Netzzugangs

1   Das EnWG enthält **seit 1998** Regelungen über den Netzzugang, die im Zuge der Umsetzung der Elt-RL 96 entstanden und 2005 im Zuge der Umsetzung der Elt-RL 2003 und Gas-RL 2003 maßgeblich umgestaltet worden sind (→ Rn. 12). Vor dem EnWG 1998 beurteilten sich Durchleitungsansprüche allein nach dem GWB-Kartellrecht (→ Rn. 7). Hintergrund der (Neu-)Regelung des Netzzugangs war die fortschreitende Liberalisierung der Energiewirtschaft in der Europäischen Union. Mit der gesetzlichen Verankerung des Netzzugangs und der Aufhebung der Freistellung der Demarkations- und ausschließlichen Konzessionsverträge vom Kartellverbot erfolgte eine Abkehr von der jahrzehntelang herrschenden Doktrin, Energieversorgung könne nur unter weitestgehendem Ausschluss von Wettbewerb sicher und preisgünstig erfolgen. Durchgesetzt hat sich vielmehr auch in Deutschland die **ordnungspolitische Vorstellung,** im Energiesektor sei mehr Wett-

Vorbemerkung **Vor §§ 20 ff.**

bewerb möglich und wünschenswert (Begr. RegE zum EnWG 1998, BT-Drs. 13/7274, 9; *Schneider* Liberalisierung S. 132 ff. mwN).

Der Zugang zu den Energieversorgungsnetzen ist Voraussetzung dafür, dass es im **2** Energiesektor zu Wettbewerb kommen kann (*Kühling* Netzwirtschaften S. 182 ff.). Mithilfe des Rechts auf Netzzugang können Unternehmen mit Energie handeln, ohne selbst über Energieversorgungsnetze verfügen zu müssen. Der Energiesektor weist insofern eine Besonderheit gegenüber anderen Wirtschaftsbereichen auf, als der Handel mit Strom und Gas auf eine besondere Infrastruktur – Stromnetze und Gasnetze – angewiesen ist. Diese **Leitungsgebundenheit** ist ein natürliches Hindernis konkurrierender Energieversorgung. Es hat auch stets Einigkeit darüber bestanden, dass Wettbewerb kaum über konkurrierende Versorgungsleitungen entstehen könne. Wo ein Netzbetreiber bereits über ein umfassendes Leitungsnetz verfügt, ist es selten lohnend, ein konkurrierendes Netz zu errichten. Die hohen Investitionskosten machen Energieleitungen darum teilweise zu „**natürlichen Monopolen**" (*Eickhof/Kreikenbaum* WuW 1998, 666 (672 f.); *Knieps* Wettbewerbsökonomie S. 21 ff.; *Knieps* N&R 2004, 7 (9 ff.); *Theobald* WuW 2000, 231 (234 f.); *Theobald/Theobald,* Grundzüge des Energiewirtschaftsrechts, 2. Aufl. 2008, S. 15 ff.; *Broemel* Strategisches Verhalten in der Regulierung S. 54 ff.; allg. dazu *Leschke* in *Fehling/Ruffert* RegulierungsR § 6 Rn. 54 ff.). Lediglich bei Teilen der Gasversorgung wird Leitungswettbewerb für möglich gehalten (*Knieps* N&R 2004, 7 (10); *Theobald/Theobald,* Grundzüge, 2. Aufl., S. 81; verneint etwa von BNetzA Beschl. v. 22.9.2008 und 20.10.2008 –BK4 – 07/100 bis BK4 – 07/111, bestätigt durch OLG Düsseldorf Beschl. v. 25.11.2009 und Bechl. 13.1.2010 – VI-3 Kart [48/08 V, 57/08 V, 58/08 V, 59/08 V, 63/08 V, 72/08 V, 73/08 V, 74/08 V], dazu *Heßler* IR 2010, 88). Konkurrierende Energieversorgung kann darum im Wesentlichen nur über die bestehenden Versorgungsleitungen erfolgen. Unter ökologischen Gesichtspunkten ist der konkurrierende Leitungsbau im Übrigen auch nicht wünschenswert.

Die Ermöglichung des Netzzugangs hat im Energiebereich weitere wirtschaft- **3** liche Tätigkeitsfelder eröffnet. Mittels Netznutzung können nicht nur Stromerzeuger bzw. Gasförderer miteinander um Kunden konkurrieren. Vielmehr ist ein herstellerunabhängiger **(physischer) Strom- und Gashandel** durch unabhängige Energiehändler möglich (*Zenke/Schäfer* Energiehandel/*Erdmann* S. 9 ff.). Neben diese physische Energiegeschäfte sind **finanzielle Kontrakte** getreten, die nicht auf Lieferung von Energie, sondern auf finanziellen Ausgleich gerichtet sind (ausf. *Schneider/Theobald* EnergieWirtschaftsR-HdB/*Zenke/Dessau* § 14 Rn. 4 ff.).

Weil Gebietsversorger die eigenen Leitungen in der Regel nicht freiwillig von **4** ihren Konkurrenten mitnutzen lassen, blieb die Erleichterung des Netzzugangs gegen den Willen des Netzbetreibers unerlässliche Bedingung der Marktöffnung. Dies ist die Funktion der Vorschriften über den Netzzugang. Wettbewerbsrechtstheoretisch lässt sich diese Belastung der Netzbetreiber anhand der aus dem amerikanischen Kartellrecht ins deutsche Wettbewerbsrecht importierten „**Essential-Facilities-Doktrin**" (*Klimisch/Lange* WuW 1998, 15 ff.; *Schwintowski* WuW 1999, 842 ff.; *Fleischer/Weyer* WuW 1999, 350 ff.; *Kühling* Netzwirtschaften S. 207 ff.) erklären: Hinter der Netzzugangsregelung steht die Einsicht, dass durch (Infrastruktur-)Investitionen an den Bau von Energieversorgungsleitungen unter Umständen wesentliche Einrichtungen geschaffen werden, deren Nutzung Schlüssel für den Zutritt zu nachgelagerten Märkten ist. Wer mit der wesentlichen Einrichtung die Schlüsselposition innehat, kann über den Zutritt anderer zu nachgelagerten Märkten entscheiden. Der Kern der „Essential-Facilities-Doktrin" liegt darin, dass der nachgelagerte Markt für Wettbewerb geöffnet werden soll, indem die Verfügungs-

Vor §§ 20 ff. Teil 3. Regulierung des Netzbetriebs

macht des Inhabers der Schlüsselposition beschnitten und dem Konkurrenten Zugang zu der wesentlichen Einrichtung gewährt wird. Diese Doktrin ist expressis verbis auch ins deutsche Wettbewerbsrecht aufgenommen worden (§ 19 Abs. 2 Nr. 4 GWB). Die sektorspezifischen Netzzugangsregelungen der §§ 20 ff. beruhen auf demselben Gedanken.

B. Technischer Sachverhalt des Netzzugangs

5   Die Gewährung von Netzzugang lässt sich bei wirtschaftlich-praktischer Betrachtung sinnvoll als Transportdienstleistung bezeichnen. Bei technischer Betrachtung sind hingegen sowohl der Stromnetzzugang als auch der Gasnetzzugang kein Transportvorgang. Tatsächlich handelt es sich beim Netzzugang einerseits um eine **Einspeisung** von Energie ins Netz und andererseits um eine **Entnahme von Energie aus dem Netz**. Zwar erhält der Empfänger beim Stromtransport aus dem Versorgungsnetz die vereinbarte Menge Strom und der Anbieter speist an anderer Stelle auch die vereinbarte Menge Strom ein. Der Zusammenhang zwischen Einspeisung und Entnahme ist jedoch ein rechtlicher, kein tatsächlicher, weil der Empfänger nicht genau den Strom entnimmt, den der Anbieter einspeist. Beim Erdgastransport kommt es zwar tatsächlich zum Transport von Gasmolekülen. Allerdings muss auch hier keine Identität zwischen eingespeistem und entnommenem Erdgas bestehen (*Seidewinkel/Seifert/Wetzel*, Rechtsgrundlagen für den Netzzugang bei Erdgas, S. 112; *Bentzien* in Baur, Regulierter Wettbewerb, S. 47 f.). Der Netzzugang ist vom **Netzanschluss** zu unterscheiden, der ausschließlich die physische bzw. technische Netzanbindung darstellt, §§ 17 ff. Die Verwirklichung des Netzzugangs setzt außerdem die **Messung** der Energiemengen voraus, dh den Einsatz und Betrieb von Messeinrichtungen. Die hierfür erforderlichen Regelungen finden sich seit 2016 im MsbG (→ Rn. 31).

C. Entwicklung des deutschen Netzzugangsrechts

I. Netzzugang vor 1998

6   Es wurde lange diskutiert, ob sich **unmittelbar aus Art. 102 AEUV (vormals Art. 82 EG)** Durchleitungspflichten ergeben (*Seeger*, Die Durchleitung elektrischer Energie, S. 72 ff.; *Steinberg/Britz*, Der Energieliefer- und -erzeugungsmarkt, S. 156 ff.; *Theobald/Zenke* Stromdurchleitung S. 43 ff.; *Kasper*, Durchleitung von Strom, S. 164 ff.). Seit Erlass der beiden **ersten Energiebinnenmarktrichtlinien** 1997 und 1998 spielte das Primärrecht für die Marktorganisation in der Energiewirtschaft jedoch praktisch kaum noch eine Rolle. Bereits diese ersten Binnenmarktrichtlinien (Elt-RL 96 und Gas-RL 98) sahen für Gas und Strom Netzzugangsregelungen vor.

7   Das Energiewirtschaftsgesetz enthielt vor der Novelle durch das EnWG 1998 keine Bestimmung über den Netzzugang. Im **GWB** fand sich eine Bestimmung über den damals noch als Durchleitung bezeichneten Netzzugang im Zusammenhang mit den Ausnahmevorschriften für energiewirtschaftliche Kartellverträge: Nach § 103 Abs. 5 S. 1 Nr. 1, 2 Nr. 4 GWB aF konnte die Kartellbehörde im Rahmen der Missbrauchsaufsicht einschreiten, wenn ein Versorgungsunternehmen ein anderes Versorgungsunternehmen oder ein sonstiges Unternehmen im Absatz oder

im Bezug von Energie dadurch unbillig behinderte, dass es sich weigerte, mit diesem Unternehmen Verträge über die Einspeisung von Energie in sein Versorgungsnetz und eine damit verbundene Entnahme (Durchleitung) zu angemessenen Bedingungen abzuschließen. Diese Regelung kam praktisch kaum zur Anwendung. Die Möglichkeit, eine Durchleitung zu erzwingen, sollte durch die Änderung des § 103 Abs. 5 S. 2 Nr. 4 GWB aF im Rahmen der fünften GWB-Novelle 1989 erleichtert werden. Ursprünglich hatte die Vorschrift bestimmt, die Verweigerung einer Durchleitung sei in der Regel nicht unbillig, wenn die Durchleitung zur Versorgung eines Dritten im Gebiet des Versorgungsunternehmens führen würde, es sich also um eine wettbewerbsbegründende Durchleitung handelte. Damit war ein Wettbewerb um Kunden im Versorgungsgebiet praktisch ausgeschlossen. Diese Regelvermutung wurde gestrichen. Allerdings konnte sich in der Folgezeit auch die umgekehrte Regelvermutung, die Verweigerung sei grundsätzlich missbräuchlich, nicht durchsetzen: Der **BGH** vertrat die Ansicht, § 103 Abs. 5 S. 2 Nr. 4 GWB aF dürfe nicht dahin gehend ausgelegt werden, dass EVU grundsätzlich zur Durchleitung verpflichtet seien (BGH Beschl. v. 15.11.1994 – KVR 29/93, NJW 1995, 2718 (2732)). Im Ergebnis erwies sich die Durchleitungsregelung auch nach der Gesetzesänderung nicht als effektiv. Mithilfe des § 103 Abs. 5 S. 2 Nr. 4 GWB aF ist keine einzige Durchleitung erzwungen worden.

II. Netzzugang nach EnWG 1998

Die Netzzugangsregelung des § 6 EnWG 1998 bildete das Kernstück der Energierechtsnovelle von 1998. Der mittlerweile nicht mehr gebräuchliche Begriff der Durchleitung wurde (nur) in der Gesetzesüberschrift abgelöst durch den des Netzzugangs. Mit der Wahl der Bezeichnung Netzzugang ist eine Angleichung an die englische Terminologie (Third Party Access) erfolgt. Die Gesetzesnovelle setzte die **Vorgaben der Elt-RL 96** ins deutsche Recht um. Die Elt-RL 96 überließ den Mitgliedstaaten die Wahl zwischen einem Netzzugang auf Vertragsbasis und einem Alleinabnehmersystem. Charakteristikum des Netzzugangs auf Vertragsbasis war, dass der Netzbetreiber Netzzugangsinteressenten vertraglich ein Recht zur Netzbenutzung einräumen musste. Innerhalb des vertragsbasierten Netzzugangs wurde noch unterschieden zwischen „verhandeltem" Netzzugang (Regelfall) und „geregeltem" Netzzugang, bei dem das Netzzugangsrecht zu einem festgelegten und veröffentlichten Tarif gewährt wird (zu den Netzzugangsregelungen der damaligen Binnenmarktrichtlinien ausf. *Schneider* in: Schneider/Theobald EnergieWirtschaftsR-HdB 1. Aufl. 2003, § 2 Rn. 49 ff.; *Britz* RdE 1997, 85 (89 f.); *Böhnel* Wettbewerbsbegründende Durchleitungen S. 66 ff.; *Horstmann* Netzzugang S. 8 ff.; *Seidewinkel/Seifert/Wetzel*, Rechtsgrundlagen für den Netzzugang bei Erdgas, S. 19 ff.; *Seeger*, Die Durchleitung elektrischer Energie, S. 119 ff.; *Kasper*, Durchleitung von Strom, S. 13 ff.).

Der deutsche Gesetzgeber hat 1998 beim Strom zunächst von **beiden Netzzugangssystemen** Gebrauch gemacht. § 6 Abs. 1 EnWG 1998 gewährleistete den in der Praxis klar dominierenden **verhandelten Netzzugang auf Vertragsbasis**. § 6 Abs. 2 EnWG 1998 ermächtigte das Bundesministerium für Wirtschaft, durch Rechtsverordnung Kriterien zur Bestimmung von Durchleitungsentgelten festzulegen. Dies hätte zum geregelten Netzzugang auf Vertragsbasis geführt. Jedoch wurde von der Verordnungsermächtigung kein Gebrauch gemacht. Vielmehr wurden die Durchleitungsbedingungen, insbesondere die Preisbildungskriterien, in der privatrechtlichen Verbändevereinbarung (zuletzt VV II Strom Plus) ausgehandelt. §§ 7 ff. EnWG 1998 setzten das Alleinabnehmersystem in nationales Recht um.

Vor §§ 20 ff. Teil 3. Regulierung des Netzbetriebs

10 Das nach dem EnWG 1998 in der Praxis dominierende System des verhandelten Netzzugangs wies in den Augen der Kritiker **konzeptionelle Schwächen** auf, die verhinderten, dass der Netzzugang effektiv werden konnte. Zwar bestand gem. § 6 Abs. 1 S. 1 EnWG 1998 ein Kontrahierungszwang des Netzbetreibers. Die Betroffenen mussten jedoch selbst die **Bedingungen des Netzzugangs** aushandeln. § 6 Abs. 1 EnWG 1998 gab hierfür lediglich minimale Leitlinien vor. In der Praxis bildete sich zwar in Form der Verbändevereinbarungen ein Ersatz für die fehlende staatliche Regelung heraus. Auch diese wurden jedoch als nicht hinreichend effektiv angesehen. Als unzureichend galt daneben die verfahrens- und organisationsmäßige Ausgestaltung des Netzzugangs nach dem EnWG (*Schneider* Liberalisierung S. 468 ff.). Auffällig war die schwache Mitwirkung staatlicher Behörden. Dass die allgemeine Befugnisnorm des § 18 EnWG 1998 als Grundlage für die behördliche Durchsetzung des Netzzugangs verwendet werden könnte, wurde bestritten. Neben dem Problem der Schwäche behördlicher Befugnisnormen stellte sich das Problem fehlender inhaltlicher Aufsichtsmaßstäbe. Es zeigte sich, dass ein Netzzugangsanspruch wenig effektiv ist, solange nicht gewährleistet ist, dass der Netzzugang zu Bedingungen gewährt wird, die für den Netzzugangsinteressenten tragbar sind.

III. Netzzugang nach dem Ersten EnWG-Änderungsgesetz 2003

11 Durch das Erste Gesetz zur Änderung des Gesetzes zur Neuregelung des Energiewirtschaftsrechts vom 20.5.2003 (BGBl. I S. 686) erfolgte zum einen die längst überfällige Umsetzung der **Gas-RL 98**. Erst hierin wurde mit § 6a EnWG 1998 auch für den **Gassektor** eine **Netzzugangsregelung** getroffen, die ebenfalls das Modell des verhandelten Netzzugangs vorsah. Zudem wurde die rechtliche Wirkung der Verbändevereinbarungen Strom und Gas gestärkt, indem mit § 6 Abs. 1 S. 4, 5 und § 6a Abs. 2 S. 5 EnWG 1998 **Vermutungsregelungen** eingeführt wurden. Obwohl die Verbändevereinbarungen von vielen Seiten kritisiert worden waren, weil sie den Netzzugang nicht hinreichend effektiv ausgestalteten (*Theobald/Theobald*, Grundzüge des Energiewirtschaftsrechts, 1. Aufl. 2001, S. 183 ff.; *Kühling* Netzwirtschaften S. 397 ff.; für VVII Gas *v. Hammerstein/Hertel* ZNER 2002, 193 ff.; Bericht über die energiewirtschaftlichen und wettbewerblichen Wirkungen der Verbändevereinbarungen (Monitoring-Bericht, BT-Drs. 15/1510), wurde nach den Vermutungsregeln des EnWG 1998 die Rechtmäßigkeit der Netznutzungsentgelte vermutet, sofern die Kriterien der Verbändevereinbarungen für die Entgeltbildung eingehalten waren (aus der überwiegend krit. Lit. *Salje* et 53/2003, 413 ff.; *Säcker/Boesche* ZNER 2002, 183 (188 ff.); *Schmidt-Preuß* ZNER 2002, 262 ff.; *May,* Kooperative Gesetzeskonkretisierung am Beispiel der Verbändevereinigung Strom, 2004, insbesondere S. 212 ff.; *Ende/Kaiser* ZNER 2003, 118 (119 f.); *Klocker* WuW 2003, 880 ff.; *Schneider* ZWeR 2003, 381 (384 ff.)).

IV. Änderungsbedarf infolge der EU-Beschleunigungsrichtlinien

12 Das deutsche Netzzugangsmodell, das ganz überwiegend als verhandelter Netzzugang ausgestaltet war, wurde von der Kommission skeptisch beobachtet. Die beiden sog. Beschleunigungsrichtlinien von 2003 (Elt-RL 03, Gas-RL 03) haben dem verhandelten Netzzugang schließlich die Grundlage entzogen. Der **Übergang zum regulierten Netzzugang** wurde ebenso zwingend vorgegeben wie die Errichtung einer **Regulierungsbehörde**. Mit § 20 wurden die Vorgaben umgesetzt.

Vorbemerkung Vor §§ 20 ff.

V. Drittes EU-Energiebinnenmarktpaket

Die Strom- und Gasrichtlinien des Dritten EU-Energiebinnenmarktpakets aus 13
dem Jahr 2009 (hierzu umfassend Dauses/Ludwigs EU-WirtschaftsR-HdB/*Gundel*
Kap. M Rn. 111 ff.; Danner/Theobald/*Däuper* EnWG § 1 Rn. 35 ff.) hielten am
Modell des regulierten Netzzugangs fest. Dementsprechend waren zu ihrer Umsetzung im Bereich des Netzzugangs nur wenige Änderungen im deutschen Energiewirtschaftsrecht erforderlich (→ Rn. 30). Auch war die neue Vorgabe nach Art. 37
Abs. 8 Elt-RL 09 und Art. 41 Abs. 8 Gas-RL 09, die Netzentgeltregulierung an angemessenen Anreizen, insbesondere zur Steigerung der Effizienz, auszurichten,
durch die Bestimmungen zur Anreizregulierung nach § 21 a und dessen Konkretisierung durch die AReGV bereits erfüllt (*Busch* N&R 2011, 226 (232); hierzu
→ § 21 a Rn. 6 f.). Mit den Binnenmarktrichtlinien 2009 wurde auch die Unabhängigkeit der Regulierungsbehörde gestärkt (Art. 35 Elt-RL 09, Art. 39 Gas-RL 09).
Die Reichweite der Vorschriften ist dabei erst im Jahr 2021 durch Urteil des EuGH
deutlich geworden (→ Rn. 26).

VI. EU-„Clean Energy"-Paket

Mit den als **„Clean Energy"-Paket** bezeichneten EU-Rechtsetzungsvorhaben 14
(Überblick bei *Gundel* in Theobald/Kühling/*Gundel* Europäisches Energierecht
Rn. 73 ff.) wurde auch die Elt-RL im Jahr 2019 novelliert. Die Gas-RL 09 wurde
beginnend im Jahr 2021 einer Novellierung unterzogen, die Gas-RL 09 gilt also
vorerst fort. Die Elt-RL 19 hält in ihrem Art. 6 an den Grundanforderungen und
weitgehend auch der Formulierung des Art. 32 Elt-RL 09 fest. Hinzugekommen
ist die Aufnahme auch von Bürgerenergiegesellschaften als Verpflichteten, soweit
sie Verteilnetze betreiben (Art. 6 Abs. 3), die wegen der Definition der Energieversorgungsnetze im EnWG allerdings keinen Änderungsbedarf am EnWG auslöst.
Eine weitere Änderung betrifft den **Zugang zu Ladepunkten.** Art. 33 Elt-RL 19
untersagt es Verteilernetzbetreibern grundsätzlich, Eigentümer von Ladepunkten
für Elektrofahrzeuge zu sein oder diese Ladepunkte zu betreiben. Soweit die
BNetzA zulässigerweise eine Ausnahme gestattet hat, hat der Verteilernetzbetreiber
die Ladepunkte gem. Art. 6 auf der Grundlage des Zugangs Dritter zu betreiben.
Für diesen Fall sieht Art. 6 auch eine spezifische Informationspflicht für die Fälle
vor, in denen der Zugang zu Ladepunkten verweigert wurde. Mit § 7 c Abs. 2 S. 2
EnWG 2021 hat der Gesetzgeber diese Vorgaben umgesetzt. § 20 ist hingegen nicht
anwendbar, da das EnWG die Ladeinfrastruktur als Letztverbraucher und nicht als
Teil des Netzes definiert hat (§ 3 Nr. 25).

D. Regulierter Netzzugang

I. Festsetzung der Netzzugangsbedingungen als Regulierungsaufgabe

Aus den Erfahrungen mit dem verhandelten Netzzugang wurde gefolgert, dass 15
eine stärkere **Regulierung der Netzzugangsbedingungen** Voraussetzung für
eine größere Effektivität des Netzzugangsanspruchs ist. Die Netzbetreiber haben
strukturell bedingte Anreize, die Netzzugangsbedingungen an ihren eigenen wirtschaftlichen Interessen auszurichten. Zum einen besteht ein Anreiz, das Netzeigentum durch möglichst hohe Netznutzungspreise optimal zu vermarkten. Zum zwei-

ten besteht für vertikal integrierte Energieversorgungsunternehmen (§ 3 Nr. 38) ein Anreiz, den Netzzugang durch die Netznutzungsbedingungen zu erschweren, um so eigene Aktivitäten des Netzbetreibers auf vor- und nachgelagerten Märkten vor Durchleitungswettbewerb zu schützen bzw. querzusubventionieren. Letzterem kann durch das in § 21 Abs. 1 normierte „interne Diskriminierungsverbot" („Bedingungen und Entgelte ... dürfen nicht ungünstiger sein, als sie von den Betreibern der Energieversorgungsnetze in vergleichbaren Fällen für Leistungen innerhalb ihres Unternehmens oder gegenüber verbundenen oder assoziierten Unternehmen angewendet und tatsächlich oder kalkulatorisch in Rechnung gestellt werden.") und durch die in Teil 2 des Gesetzes angeordneten Entflechtungsgebote begegnet werden (s. aber zur Verschärfung des Entflechtungsregimes → Vor §§ 6ff.).

16 Allerdings kann es auch nicht das Ziel der Regulierung der Netzzugangsbedingungen sein, die damit verbundenen Netzzugangsschwellen schlicht zu nivellieren, um so den maximalen Netzzugang für Dritte zu ermöglichen. Die Bedingungen müssen vielmehr so gesetzt werden, dass es zu einem „gesamtwirtschaftlich optimierten Netzzugang" kommt; insbesondere müssen von den Netznutzungsentgelten **hinreichende Investitionsanreize** zur Erhaltung, Anpassung und Erweiterung des Netzes ausgehen (*Schneider* ZWeR 2003, 381 (383f.)). Dies bekräftigt für den Strombereich explizit auch Art. 58 lit. a Elt-RL 19, wonach die Regulierungsbehörde geeignete Bedingungen gewährleisten muss, damit Elektrizitätsnetze unter Berücksichtigung der langfristigen Ziele wirkungsvoll und zuverlässig betrieben werden. Art. 59 Abs. 7 lit. a Elt-RL 19 erklärt der Gewährleistung der **„Lebensfähigkeit der Netze"** als Maßgabe für die Festlegung der Bedingungen für den Anschluss an und den Zugang zu den nationalen Netzen durch die Regulierungsbehörde. Diese Vorgabe ist mit der Novelle des EnWG 2021 in § 21 Abs. 2 S. 3 gespiegelt worden. Art. 18 Abs. 2 Elt-VO 19 sieht die Unterstützung effizienter Investitionen vor, wozu auch Forschungstätigkeiten gehören und Innovationen im Interesse der Verbraucher in Bereichen wie Digitalisierung, Flexibilitätsdienste und Verbindungsleitungen. Die Regelungen statuieren das Erfordernis einer Sicherung des Investitionsbedarfs insbesondere auch mit Blick auf die Herausforderungen der Zukunft, namentlich der Energiewende und sind iRd § 21 unmittelbar zu beachten.

17 Bei der regulierenden Festsetzung der Netznutzungsbedingungen stößt der Regulator angesichts dieses Spannungsverhältnisses an **Wissensgrenzen:** Die Regulierung eines natürlichen Monopols ist grundsätzlich mit dem Problem asymmetrisch verteilter Informationen behaftet (dazu *Leschke* in Fehling/Ruffert RegulierungsR § 6 Rn. 60ff.). Um mittels der Vorgabe der Netznutzungsbedingungen die „richtigen Signale" an Netzbetreiber und Netznutzer aussenden zu können, müssten die konkreten technischen und ökonomischen Implikationen der Netznutzung bekannt sein. Sollen die Bedingungen hoheitlich festgesetzt werden, benötigt die Regulierungsinstanz darum Informationen, über die sie nicht ohne Weiteres verfügt (s. nur BNetzA Beschl. v. 6.6.2006 – BK 8-05/019, ZNER 2006, 177 (188)). Das regulierte Unternehmen kennt seine Gegebenheiten hingegen wesentlich besser, als es die Regulierungsinstanz jemals könnte.

18 Zur Vermeidung staatlicher Wissensanmaßung und Selbstüberforderung wurde darum für die Energienetzzugangsregulierung die Realisierung diverser Formen **selbstregulativer Regelsetzung durch die Marktakteure** gefordert (*Schneider* ZWeR 2003, 381 (384)). In der Praxis hat sich gezeigt, dass eine wirksame Netzzugangsregulierung tatsächlich vielfach auf einer kooperativen Wissensgenerierung aufbaut und Entscheidungen oder Vereinbarungen auf dieser Basis einen grundsätzlich angemessenen Interessenausgleich gewährleisten und eine hohe Akzeptanz erfahren. Ein Musterbeispiel ist die Kooperationsvereinbarung zum Gasnetzzugang (→ Rn. 162). Aber auch die Festlegungen zur Marktkommunikation sind ohne kooperative Erarbeitung kaum denkbar. Ein weiteres Beispiel ist die Festlegung der BNetzA für ein verbindliches System für die Beschaffung und Vergütung von Leistungen nach § 13 Abs. 1 Nr. 2 durch die ÜNB, die maßgeblich auf freiwilligen Selbstverpflichtungen der ÜNB und einem Branchenleitfaden des BDEW beruhen (BNetzA Beschl. v. 1010.2018 – BK8-18/0007-A). Zur **Kooperation** zwischen Regulator und Regulierungsadressaten wird es darum immer kommen, unabhängig davon, ob der Gesetzgeber förmliche Kooperationsformen vorsieht oder nicht.

Angesichts dynamischer und komplexer Wettbewerbsbedingungen dürfte ein **19** bestimmtes Maß an **Regulierungsflexibilität** erforderlich sein, um das Regulierungsziel des Netzzugangs effektiv erreichen zu können (für den Energiesektor *Schneider* Liberalisierung S. 36f.; *Schneider* ZWeR 2003, 381 (399ff.); allg. *Schmidt-Aßmann* Allgemeines Verwaltungsrecht S. 141; *Berringer* Regulierung S. 217f.; für den Telekommunikationssektor *Trute* FS Selmer S. 567; *Trute* FS Brohm S. 169 (172ff.); *Britz* EuR 2006, 46 (59f.)). Regulierungsmaßstäbe sind regelmäßig zu überdenken und an neue Erkenntnisse anzupassen, gegebenenfalls sogar die einmal getroffene Regulierungsentscheidung aufgrund praktischer Erfahrungen mit den regulativ vorgegebenen Netzzugangsbedingungen zu revidieren. Dies spricht dafür, die Regulierung nicht vollständig durch Gesetz vorzunehmen, sondern wesentliche Anteile der flexibleren **Verwaltungspraxis** zu überlassen. Mit seiner Entscheidung vom 2.9.2021 (C-718/18) hat der EuGH dem Gesetzgeber noch aus anderen Gründen eine Handlungsgrenze gesetzt (→ Rn. 26), sodass die Flexibilitätsanforderungen künftig vor allem europarechtlich determiniert sein werden. Flexibilität steht dabei in einem Spannungsverhältnis zum für die Regulierung ebenfalls besonders bedeutsamen Grundsatz der Rechts- und Investitionssicherheit, der sich auch in den Binnenmarktrichtlinien wiederfindet.

Ob besonders weitreichende exekutive Spielräume begriffsnotwendige Merk- **20** male von Regulierung sind, ist allerdings streitig (sehr krit. *v. Danwitz* DÖV 2004, 977ff.; *Gärditz* DVBl. 2016, 403) und stets auch im Kontext der Gewährung effektiven Rechtsschutzes zu sehen (→ Rn. 17).

Durch die Gewährung exekutiver Entscheidungsspielräume entsteht ein erheb- **21** liches Spannungsfeld mit dem **Rechtsschutzbedürfnis** der regulierten Unternehmen. Administrative (Letzt-)Entscheidungsbefugnisse führen zu einer **Zurücknahme gerichtlicher Kontrolldichte** und bedürfen insbesondere vor dem Hintergrund betroffener Grundrechte der regulierten Unternehmen einer verfassungsrechtlichen Rechtfertigung. Im Bereich der Entgeltregulierung hat der BGH in seiner Entscheidung zur Festlegung des Eigenkapitalzinssatzes für die dritte Regulierungsperiode Strom/Gas (BGH Beschl. v. 9.7.2019 – EnVR 52/18, RdE 2019, 456) der BNetzA ein weites Regulierungsermessen eingeräumt. Die Herleitung und Anwendung ist für diesen Anwendungsfall sowie darüber hinaus vielfach kritisiert worden (*Burgi* RdE 2020, 105; *Mohr* N&R-Beil. Heft 1/2020; bereits früher krit. zum Konzept eines Regulierungsermessens *Gärditz* DVBl. 2016, 399). Als besonders schwierig erweist sich in der gerichtlichen Überprüfung die Beurteilung ökonomischer Bewertungen und deren methodischer Grundlagen. Es ist dabei besonders rechtfertigungsbedürftig, die Auswahl und vor allem Anwendung und Ergebnisse bestimmter methodischer Ansätze mit umfassenden Letztentscheidungsbefugnissen der Regulierungsbehörde zu versehen. Insoweit hat auch die Entscheidung des BGH zum generellen sektoralen Produktivitätsfaktor für den Gasnetzbereich Kritik nach sich gezogen (BGH Beschl. v. 26.1.2021 – EnVR 7/20,

NVwZ-RR 2021, 440; N&R 2021, 174 mAnm *Richter; Rieger* N&R-Beil. 1/2021, S. 10 ff.). Der EuGH hat in seiner Entscheidung vom 2.9.2021 (C-718/18) ebenfalls hervorgehoben, dass es einer effektiven gerichtlichen Kontrolle der Entscheidungen der Regulierungsbehörden auch nach der EU-Grundrechtecharta bedarf. Die Elt-RL 09 und die Gas-RL 09 sehen ebenfalls ausdrücklich Überprüfungsmöglichkeiten vor, die von den nationalen Gerichten insoweit umfassend wahrzunehmen sind.

II. Europarechtliche Vorgaben

22 **1. Materielle Vorgaben.** Die Beschleunigungsrichtlinien erzwangen den Übergang zum regulierten Netzzugang und ließen das Modell eines rein privatvertraglich verhandelten Netzzugangs nicht mehr zu (→ § 20 Rn. 2 ff.). Regulierungsbedürftig sind seitdem die Netzzugangsbedingungen einschließlich der Netzentgeltregelungen. Gem. Art. 59 Abs. 7 Elt-RL 19 sowie Art. 41 Abs. 6 lit. a Gas-RL 09 (nahezu wortgleich bereits Art. 37 Abs. 6 lit. a Elt-RL 09; Art. 23 Abs. 2 Elt-RL 03 und Art. 25 Abs. 2 Gas-RL 03; Überblick über die Regulierungsaufgaben nach Elt-RL 03, Gas-RL 03 und StromhandelsVO 03 bei *Schneider* ZWeR 2003, 381 (389 ff.); *Britz* FS v. Zezschwitz S. 374 ff.) obliegt es den Regulierungsbehörden, zumindest die nationalen Methoden zur Berechnung oder Festlegung der **Bedingungen** des Anschlusses an und des Zugangs zu den nationalen Netzen sowie zu LNG-Anlagen vor deren Inkrafttreten **festzulegen oder zu genehmigen**, wobei hierunter auch die **Tarife** fallen. Als ausdrückliche Zielbestimmung müssen die notwendigen Investitionen in die Netze auf eine Art und Weise vorgenommen werden können, dass die **Lebensfähigkeit der Netze** (und LNG-Anlagen) gewährleistet ist (→ Rn. 14). In materiell-rechtlicher Hinsicht lässt das europäische Sekundärrecht dem Regulator im Übrigen viel Spielraum.

23 Ganz im Sinne der oben genannten Flexibilitätsanforderungen scheint das Sekundärrecht grundsätzlich von einer **administrativen Regulierung** der Netzzugangsbedingungen auszugehen (*Schneider* ZWeR 2003, 381 (394); *Britz* EuZW 2004, 462; *Britz* FS v. Zezschwitz S. 374 (378 ff.)). Die Richtlinien beinhalten selbst wenige Vorgaben. Mit der Elt-VO 19 sind ua für den Netzzugang und das Engpassmanagement einige sekundärrechtliche Bestimmungen getroffen worden (zB Art. 18 Elt-VO 19). Nach Art. 59 Elt-VO 19 (Art. 18 StromhandelsVO 09; Art. 23 GasfernleitungsVO 09) ist die EU-Kommission im Übrigen befugt, delegierte Rechtsakte zur Ergänzung der Verordnung durch Festlegung von **Netzkodizes** zu erlassen. Bei deren Erstellung wie bei der Überwachung ihrer Umsetzung durch die nationalen Regulierungsbehörden kommt insbesondere der Agentur für die Zusammenarbeit der Energieregulierungsbehörden (**ACER;** hierzu *Ludwigs* DVBl. 2011, 61 (62 ff.)) eine bedeutende Rolle zu.

24 Die Regelungen können sich auf eine Vielzahl von Bereichen erstrecken, darunter die der Netzsicherheit und -zuverlässigkeit, des Netzanschlusses, des Netzzugangs Dritter, des Datenaustauschs und der Abrechnung, der Interoperabilität, der Kapazitätsvergabe und des Engpassmanagements sowie der harmonisierten Entgeltstrukturen. Für die **Erstellung der Kodizes** bestehen jedoch materiell- und vor allem verfahrensrechtliche Vorgaben, die maßgebliche Einflussnahmemöglichkeiten der Kommission und der ACER umfassen (zu den Regelungen des 3. Binnenmarktpakets *Schulte-Beckhausen* RdE 2011, 78 f.; *Fischerauer* ZNER 2012, 453 (455 ff.); krit. zur Rolle von ACER *Wellert* EuR 2021, 292 ff.) sowie den Verbünden der ÜNB (ENTSO-E) und FNB (ENTSO-G) und im Strombereich der neu geschaffenen EU-VNBO (*Pause* ZUR 2019, 387 (395)) Aufgaben bei der Ausarbeitung zuweisen. Daneben werden auch bereits bislang bestehende Formen der Zusammenarbeit wie etwa die für Vertreter der gesamten Branche offenen Regulierungsforen von Madrid (Gas), Florenz (Elektrizität) und Dublin (Verbraucherinteressen, sog. „Citizen's Energy Forum"), weiterhin genutzt (näher zu den Foren *Arndt* DV 2006, 100 (106)).

2. Zuständigkeit und Unabhängigkeit der Regulierungsbehörden. Der 25 nationale Rechtsrahmen in Umsetzung der europarechtlichen Vorgaben zum Netzzugang ist von einer Anzahl an Gesetzes- und Verordnungsregelungen gekennzeichnet (StromNEV/GasNEV, ARegV, StromNZV, GasNZV; →Rn. 22). Diese bewusste Entscheidung des deutschen Gesetzgebers für eine **„normierende Regulierung"** oder auch „normativ vorstrukturierte" Regulierung hat sowohl für die Regulierungsbehörde als auch die regulierten Unternehmen den Vorteil eines in den Grundzügen vorhersehbaren, stabilen und mit einem konditionalen Prüfprogramm ausgestatten Rechtsrahmens, der außerdem über den Gesetz- bzw. Verordnungsgebungsprozess unmittelbar demokratisch legitimiert ist und so hohe Akzeptanz findet.

Der EuGH (Urt. v. 2.9.2021 – C-718/18) sieht in der Übertragung von Verord- 26 nungsgebungsbefugnissen an die Regierung und den Bundesrat, konkret in § 24, allerdings die **ausschließliche Zuständigkeit der Regulierungsbehörde** für Kernaufgaben der Regulierung und damit auch deren von den Richtlinien geforderte Unabhängigkeit verletzt. Die EU-Kommission hatte im Jahr 2018 im Rahmen eines Vertragsverletzungsverfahrens Klage zum EuGH erhoben. Der EuGH hat in seinem Urteil bestätigt, dass sich aus den Vorgaben der Elt-RL 09 zur **Unabhängigkeit** der Regulierungsbehörde (Art. 35) wie auch zu den Zuständigkeiten (Art. 37) sowie den parallelen Vorschriften der Gas-RL 09 (Art. 41, Art. 39) ergebe, dass es dem nationalen Gesetz- und Verordnungsgeber untersagt sei, der Regulierungsbehörde (detaillierte) normative Vorgaben zur Ausübung ihrer Regulierungsbefugnisse zu machen. Bereits vor Verkündung des Urteils war absehbar, dass die Folgen einer dementsprechenden Entscheidung des EuGH eine grundlegende Neugestaltung der bestehenden nationalen Vorgaben erforderlich machen könnten (zu den Folgen →§ 24 Rn. 4; s. auch *Schmidt-Preuß* RdE 2021, S. 173 ff.; *Kreuter-Kirchhof* NVwZ 2021, 589 ff.; *Ludwigs* EnWZ 2019, 160 ff.). Bis zu einer Neuregelung des rechtlichen Rahmens durch den Gesetzgeber sind Behörden und Gerichte vorerst weiter an das nationale Recht einschließlich der Verordnungen gebunden, denn sie sind nicht nichtig und bis zu einer Aufhebung durch den Verordnungsgeber weiter rechtsgültig (*Gundel* NVwZ 2021, 339 ff.; *Ludwigs* N&R-Beil. 6/2021, 1 ff.). Ob infolge des Urteils des EuGH das Demokratieprinzip verletzt ist, lässt sich erst anhand der konkreten Umsetzung im nationalen Recht abschließend beurteilen. Eine rechtsstaatlich unbedenkliche Umsetzung ist jedenfalls möglich.

III. Wesentliche Züge der Netzzugangsregulierung nach dem EnWG

Die grundlegenden europarechtlichen Vorgaben zum regulierten Netzzugang 27 entstammen den Beschleunigungsrichtlinien und wurden daher bereits durch das EnWG 2005 umgesetzt. Mit diesem wurde das „Primat der privatautonomen Zugangsverhandlung" (*Kühling* Netzwirtschaften S. 182) aufgegeben. Zwar liegen dem Netzzugang weiterhin privatrechtliche Verträge zugrunde (§ 20 Abs. 1a, 1b).

Wesentliche Aspekte der **Vertragsbedingungen** sind aber seither **hoheitlich reguliert** und werden von einer **Regulierungsbehörde** (§§ 54ff.) überwacht. Insbesondere werden die Netzzugangsentgelte durch Erlösobergrenzen der jeweiligen Netzbetreiber bestimmt (§ 21a). Die sonstigen Netzzugangsbedingungen oder Methoden zur Festsetzung dieser Bedingungen werden durch oder aufgrund von Verordnungen nach § 24 reguliert (zur Fortgeltung und zum Änderungsbedarf nach EuGH Urt. v. 2.9.2021 – C-718/18 → Rn. 21). Darüber hinaus kann die Regulierungsbehörde den Netzzugang gem. § 30 Abs. 2 S. 3 Nr. 2 im Fall der rechtswidrigen Zugangsverweigerung notfalls hoheitlich anordnen.

28 Dessen ungeachtet erfolgt die Netzzugangsregulierung weiterhin unter **Einbeziehung selbstregulativer Normierungselemente** (*Franke* FS Säcker 2021 S. 416); die Netzbetreiber werden intensiv an der konkreten Ausgestaltung des Netzzugangs beteiligt. Selbstregulative Züge tragen insbesondere die vielfältigen gesetzlichen Kooperationspflichten der Netzbetreiber (→ § 20 Rn. 29).

29 Spezialvorschriften finden sich für den Zugang zu **vorgelagerten Rohrleitungsnetzen** und **Speicheranlagen** im Gassektor in §§ 26–28a und seit dem EnWG 2021 auch zu **regulierten Wasserstoffnetzen** in § 28n und § 28o. Hier besteht künftig der Grundsatz des verhandelten Zugangs. Für regulierte Wasserstoffnetze hat der Gesetzgeber einige materielle Vorgaben gemacht (→ § 28 Rn. 1ff.).

30 Die Vorgaben zum Netzzugang blieben im Zuge der **EnWG-Novelle 2011** weitgehend unverändert. Mit dem neu eingefügten § 20a wurde aufgrund europarechtlicher Verpflichtung gem. Art. 3 Abs. 5a Elt-RL 09, Art. 3 Abs. 6a Gas-RL 09 eine dreiwöchige Höchstfrist für das Verfahren des Lieferantenwechsels gesetzlich festgeschrieben und der Wechselprozess darüber hinaus geregelt. Durch § 22 Abs. 2 S. 5 wurde die Möglichkeit geschaffen, dass die Regulierungsbehörde im Wege der Festlegung ein anderes Verfahren zur Beschaffung von Regelenergie neben dem bislang ausschließlich vorgesehenen Ausschreibungsverfahren vorgibt. Umfangreiche Änderungen erfolgten hinsichtlich der Bestimmungen zum Messwesen nach §§ 21bff., die aber inhaltlich und in ihrer Zielrichtung über die Gewährung eines effektiven und diskriminierungsfreien Netzzugangs hinausgingen und mit dem Messstellenbetriebsgesetz einem eigenen Gesetz zugeführt wurden (→ Rn. 29). Im Bereich des Zugangs zu Speicheranlagen erfolgten insbesondere Klarstellungen, welche Anlagen den Vorgaben nach dem neuen § 7b EnWG unterfallen. Erforderlich war dies, weil das Dritte Energiebinnenmarktpaket auch Vorgaben zur gesellschaftsrechtlichen und operationellen Entflechtung von bestimmten Speicheranlagen vorsah (hierzu Danner/Theobald/*Däuper* Eur. EnergieR Ia Rn. 64ff.). Abgrenzungen, welche Bereiche der Regulierung überhaupt oder jedenfalls in Teilen unterfallen, erfolgten auch auf allgemeinerer Ebene durch die Definition von Kundenanlagen (§ 3 Nr. 24a und 24b; vgl. zudem § 3 Nr. 18) und den Bestimmungen zu geschlossenen Verteilernetzen nach § 110 (Überblick zu den Gründen der Änderungen bei BT-Drs. 17/6072, 75ff.).

31 Mit dem **Messstellenbetriebsgesetz** hat der Gesetzgeber 2016 die bis dahin in den §§ 21b bis 21i enthaltenen Regelungen zum Messstellenbetrieb, dem Einbau von intelligenten Messsystemen, den allgemeinen Anforderungen an moderne Messeinrichtungen zur Erfassung elektrischer Energie sowie die damit verbundenen datenschutzrechtlichen Fragen aus dem EnWG herausgelöst und in einem eigenen Gesetz neu geordnet (Überblick bei *Steinbach/Weise* MsbG Einleitung Rn. 16ff.). Der **Messstellenbetrieb** (§ 3 MsbG) ist nunmehr dem Messstellenbetreiber als eigener Marktrolle zugeordnet und als **eigenständige Aufgabe** nicht mehr Teil des Netzbetriebs. Gleichwohl hat der Gesetzgeber angeordnet, dass der

Vorbemerkung **Vor §§ 20 ff.**

Messstellenbetrieb Aufgabe des „grundzuständigen Messstellenbetreibers" ist, der per Definition der Betreiber von Energieversorgungsnetzen ist (§ 2 Nr. 4 MsbG). Diese vom Gesetzgeber vorgenommene Zuordnung zum Netzbetreiber ist nicht zwingend, aber aufgrund der Bedeutung einer ordnungsgemäßen und zuverlässigen Messung für das Energiesystem insgesamt schlüssig (Steinbach/Weise/*Bourwieg* MsbG § 3 Rn. 10). Für den Bereich der **modernen Messeinrichtungen** und **intelligenten Messsysteme** kann der Netzbetreiber die Grundzuständigkeit auf ein anderes Unternehmen übertragen (§ 41 MsbG), das MsbG sieht außerdem ein eigenes Abrechnungssystem über Preisobergrenzen (§§ 31, 32 MsbG) sowie den Abschluss gesonderter Messstellenverträge (§ 9 MsbG) vor. Hier ist die Abkehr von der Zuordnung des Messstellenbetriebs zum Netzbetrieb mehr als deutlich vollzogen. Für den Bereich **konventioneller Messeinrichtungen** verbleibt es hingegen dauerhaft bei der Aufgabenwahrnehmung durch den Netzbetreiber, die Kosten verbleiben in den Erlösobergrenzen der Netzbetreiber (§ 7 MsbG) und die Leistung kann im Rahmen des Netznutzungsverhältnisses erbracht und abgerechnet werden (*Steinbach/Weise* MsbG § 9 Rn. 9; BNetzA Beschl. v. 20.12.2017 – BK6-17-168: Netznutzungs-/Lieferantenrahmenvertrag). In diesem Bereich ist der Messstellenbetrieb trotz der grundsätzlichen Neuordnung des Messwesens im MsbG im Übrigen weiterhin in § 20, insbesondere dessen Abs. 1a, §§ 21, 21a verankert und vom Netzzugangsanspruch des EnWG umfasst.

Die **EnWG-Novelle 2021,** die der Umsetzung des **EU-„CleanEnergy"-Pa- 32 kets** diente (→ Rn. 14), ließ § 20 im Kern unverändert (s. Überblicksaufsätze von *Drouet/Thye* IR 2021, 194 ff. sowie IR 2021, 218 ff.). Neu aufgenommen wurde die Verpflichtung für Verträge nach Abs. 1a, dass diese Verträge mit Aggregatoren nach § 41c ermöglichen müssen, sofern dem die technischen Anforderungen des Netzbetreibers nicht entgegenstehen. Diese Ergänzung von § 20 Abs. 1c dient der Umsetzung des Art. 17 Abs. 2 Elt-RL 19. § 20a Abs. 2 wurde um das Erfordernis ergänzt, dass ab 1.1.2026 der technische Vorgang des **Stromlieferantenwechsels** (oder des Aggregators) **binnen 24 Stunden** vollzogen und an jedem Werktag möglich sein muss. § 21 Abs. 2 wurde um einen S. 3 ergänzt, wonach die notwendigen Investitionen in die Netze so vorgenommen werden können müssen, dass die Lebensfähigkeit der Netze gewährleistet ist. § 21 Abs. 3 (neu) überführt die Verpflichtung zur Veröffentlichung der Netzentgelte nach § 27 Abs. 1 S. 1 StromNEV in das EnWG (→ § 21 Rn. 30) und ergänzt damit die Verpflichtung nach § 20 Abs. 1 S. 1 und 2, der hinsichtlich der Netzentgelte lediglich eine Veröffentlichungspflicht bis zum 15. Oktober eines Jahres für das Folgejahr regelt. Der bisherige § 21 Abs. 3 und 4, der eine rechtliche Grundlage für die Durchführung eines Vergleichsverfahrens zu den Netzentgelten durch die Regulierungsbehörde enthielt, ist wegen fehlender praktischer Relevanz aufgehoben. § 21a Abs. 5a (neu) enthält Ergänzungen zur Berücksichtigung von Engpassmanagementkosten in der Anreizregulierung. Ein neuer § 23b dient dem Ziel, das Verfahren und die Ergebnisse der Regulierung transparenter und nachvollziehbarer zu gestalten. § 23b übernimmt inhaltlich die bisher in § 31 Abs. 1 ARegV vorgesehenen Veröffentlichungspflichten und ergänzt diese. Anlass der Einfügung des § 23b ist die Rechtsprechung des Bundesgerichtshofs zu § 31 ARegV, dem es danach teilweise an einer ausreichenden gesetzlichen Grundlage fehlte (BGH Beschl. v. 11.12.2018 – EnVR 21/18, EnWZ 2019, 172 ff.; BGH Beschl. v. 8.10.2019 – EnVR 12/18, NVwZ-RR 2020, 117). Der neu eingefügte § 23c dient dem Zweck, die Veröffentlichungspflichten, welche die Betreiber von Energieversorgungsnetzen betreffen, transparenter zu gestalten. Bisher finden sich diese in verschiedenen Rechtsverordnungen. Neu eingefügt wurden Anschluss-

und Zugangsregelungen zu **reinen Wasserstoffnetzen** (§ 28n und § 28o). Der Netzzugang zu regulierten Wasserstoffnetzen (§ 28j) einschließlich der damit zusammenhängenden Aspekte des Netzanschlusses ist danach im Wege des verhandelten Zugangs zu gewähren. In §§ 28d ff. wurden Sondervorschriften für selbstständige Betreiber von **grenzüberschreitenden Elektrizitätsverbindungsleitungen** eingefügt, die vor allem die Netzkostenermittlung für den Zahlungsanspruch gegen den Betreiber von Übertragungsnetzen mit Regelzonenverantwortung betreffen.

§ 20 Zugang zu den Energieversorgungsnetzen

(1) [1]Betreiber von Energieversorgungsnetzen haben jedermann nach sachlich gerechtfertigten Kriterien diskriminierungsfrei Netzzugang zu gewähren sowie die Bedingungen, einschließlich möglichst bundesweit einheitlicher Musterverträge, Konzessionsabgaben und unmittelbar nach deren Ermittlung, aber spätestens zum 15. Oktober eines Jahres für das Folgejahr Entgelte für diesen Netzzugang im Internet zu veröffentlichen. [2]Sind die Entgelte für den Netzzugang bis zum 15. Oktober eines Jahres nicht ermittelt, veröffentlichen die Betreiber von Energieversorgungsnetzen die Höhe der Entgelte, die sich voraussichtlich auf Basis des Folgejahr geltenden Erlösobergrenze ergeben wird. [3]Sie haben in dem Umfang zusammenzuarbeiten, der erforderlich ist, um einen effizienten Netzzugang zu gewährleisten. [4]Sie haben ferner den Netznutzern die für einen effizienten Netzzugang erforderlichen Informationen zur Verfügung zu stellen. [5]Die Netzzugangsregelung soll massengeschäftstauglich sein.

(1a) [1]Zur Ausgestaltung des Rechts auf Zugang zu Elektrizitätsversorgungsnetzen nach Absatz 1 haben Letztverbraucher von Elektrizität oder Lieferanten Verträge mit denjenigen Energieversorgungsunternehmen abzuschließen, aus deren Netzen die Entnahme und in deren Netze die Einspeisung von Elektrizität erfolgen soll (Netznutzungsvertrag). [2]Werden die Netznutzungsverträge von Lieferanten abgeschlossen, so brauchen sie sich nicht auf bestimmte Entnahmestellen zu beziehen (Lieferantenrahmenvertrag). [3]Netznutzungsvertrag oder Lieferantenrahmenvertrag vermitteln den Zugang zum gesamten Elektrizitätsversorgungsnetz. [4]Alle Betreiber von Elektrizitätsversorgungsnetzen sind verpflichtet, in dem Ausmaß zusammenzuarbeiten, das erforderlich ist, damit durch den Betreiber von Elektrizitätsversorgungsnetzen, der den Netznutzungs- oder Lieferantenrahmenvertrag abgeschlossen hat, der Zugang zum gesamten Elektrizitätsversorgungsnetz gewährleistet werden kann. [5]Der Netzzugang durch die Letztverbraucher und Lieferanten setzt voraus, dass über einen Bilanzkreis, der in ein vertraglich begründetes Bilanzkreissystem nach Maßgabe einer Rechtsverordnung über den Zugang zu Elektrizitätsversorgungsnetzen einbezogen ist, ein Ausgleich zwischen Einspeisung und Entnahme stattfindet.

(1b) [1]Zur Ausgestaltung des Zugangs zu den Gasversorgungsnetzen müssen Betreiber von Gasversorgungsnetzen Einspeise- und Ausspeisekapazitäten anbieten, die den Netzzugang ohne Festlegung eines transaktionsabhängigen Transportpfades ermöglichen und unabhängig voneinander nutzbar und handelbar sind. [2]Zur Abwicklung des Zugangs zu den Gasversorgungsnetzen ist ein Vertrag mit dem Netzbetreiber, in dessen

Netz eine Einspeisung von Gas erfolgen soll, über Einspeisekapazitäten erforderlich (Einspeisevertrag). ³Zusätzlich muss ein Vertrag mit dem Netzbetreiber, aus dessen Netz die Entnahme von Gas erfolgen soll, über Ausspeisekapazitäten abgeschlossen werden (Ausspeisevertrag). ⁴Wird der Ausspeisevertrag von einem Lieferanten mit einem Betreiber eines Verteilernetzes abgeschlossen, braucht er sich nicht auf bestimmte Entnahmestellen zu beziehen. ⁵Alle Betreiber von Gasversorgungsnetzen sind verpflichtet, untereinander in dem Ausmaß verbindlich zusammenzuarbeiten, das erforderlich ist, damit der Transportkunde zur Abwicklung eines Transports auch über mehrere, durch Netzkopplungspunkte miteinander verbundene Netze nur einen Einspeise- und einen Ausspeisevertrag abschließen muss, es sei denn, diese Zusammenarbeit ist technisch nicht möglich oder wirtschaftlich nicht zumutbar. ⁶Sie sind zu dem in Satz 5 genannten Zweck verpflichtet, bei der Berechnung und dem Angebot von Kapazitäten, der Erbringung von Systemdienstleistungen und der Kosten- oder Entgeltwälzung eng zusammenzuarbeiten. ⁷Sie haben gemeinsame Vertragsstandards für den Netzzugang zu entwickeln und unter Berücksichtigung von technischen Einschränkungen und wirtschaftlicher Zumutbarkeit alle Kooperationsmöglichkeiten mit anderen Netzbetreibern auszuschöpfen, mit dem Ziel, die Zahl der Netze oder Teilnetze sowie der Bilanzzonen möglichst gering zu halten. ⁸Betreiber von über Netzkopplungspunkte verbundenen Netzen haben bei der Berechnung und Ausweisung von technischen Kapazitäten mit dem Ziel zusammenzuarbeiten, in möglichst hohem Umfang aufeinander abgestimmte Kapazitäten in den miteinander verbundenen Netzen ausweisen zu können. ⁹Bei einem Wechsel des Lieferanten kann der neue Lieferant vom bisherigen Lieferanten die Übertragung der für die Versorgung des Kunden erforderlichen, vom bisherigen Lieferanten gebuchten Ein- und Ausspeisekapazitäten verlangen, wenn ihm die Versorgung des Kunden entsprechend der von ihm eingegangenen Lieferverpflichtung ansonsten nicht möglich ist und er dies gegenüber dem bisherigen Lieferanten begründet. ¹⁰Betreiber von Fernleitungsnetzen sind verpflichtet, die Rechte an gebuchten Kapazitäten so auszugestalten, dass sie den Transportkunden berechtigen, Gas an jedem Einspeisepunkt für die Ausspeisung an jedem Ausspeisepunkt ihres Netzes oder, bei dauerhaften Engpässen, eines Teilnetzes bereitzustellen (entry-exit System). ¹¹Betreiber eines örtlichen Verteilernetzes haben den Netzzugang nach Maßgabe einer Rechtsverordnung nach § 24 über den Zugang zu Gasversorgungsnetzen durch Übernahme des Gases an Einspeisepunkten ihrer Netze für alle angeschlossenen Ausspeisepunkte zu gewähren.

(1c) ¹Verträge nach den Absätzen 1a und 1b dürfen das Recht zum Wechsel des Messstellenbetreibers nach den Vorschriften des Messstellenbetriebsgesetzes weder behindern noch erschweren. ²Verträge nach Absatz 1a müssen Verträge mit Aggregatoren nach den §§ 41d und 41e ermöglichen, sofern dem die technischen Anforderungen des Netzbetreibers nicht entgegenstehen.

(1d) ¹Der Betreiber des Energieversorgungsnetzes, an das eine Kundenanlage oder eine Kundenanlage zur betrieblichen Eigenversorgung angeschlossen ist, hat den Zählpunkt zur Erfassung der durch die Kundenanlage aus dem Netz der allgemeinen Versorgung entnommenen und in das Netz der allgemeinen Versorgung eingespeisten Strommenge (Summenzähler) sowie alle Zählpunkte bereitzustellen, die für die Gewährung des Netzzugangs für Unterzähler innerhalb der Kundenanlage im Wege der Durchleitung (bilanzierungsrelevante Unterzähler) erforderlich sind. [2]Bei der Belieferung der Letztverbraucher durch Dritte findet im erforderlichen Umfang eine Verrechnung der Zählwerte über Unterzähler statt. [3]Bei nicht an ein Smart-Meter-Gateway angebundenen Unterzählern ist eine Verrechnung von Leistungswerten, die durch standardisierte Lastprofile nach § 12 Absatz 1 der Stromnetzzugangsverordnung ermittelt werden, mit am Summenzähler erhobenen 15-minütigen Leistungswerten des Summenzählers aus einer registrierenden Lastgangmessung zulässig.

(2) [1]Betreiber von Energieversorgungsnetzen können den Zugang nach Absatz 1 verweigern, soweit sie nachweisen, dass ihnen die Gewährung des Netzzugangs aus betriebsbedingten oder sonstigen Gründen unter Berücksichtigung des Zwecks des § 1 nicht möglich oder nicht zumutbar ist. [2]Die Ablehnung ist in Textform zu begründen und der Regulierungsbehörde unverzüglich mitzuteilen. [3]Auf Verlangen der beantragenden Partei muss die Begründung im Falle eines Kapazitätsmangels auch aussagekräftige Informationen darüber enthalten, welche Maßnahmen und damit verbundene Kosten zum Ausbau des Netzes erforderlich wären, um den Netzzugang zu ermöglichen; die Begründung kann nachgefordert werden. [4]Für die Begründung nach Satz 3 kann ein Entgelt, das die Hälfte der entstandenen Kosten nicht überschreiten darf, verlangt werden, sofern auf die Entstehung von Kosten zuvor hingewiesen worden ist.

Übersicht

	Rn.
A. Allgemeines	1
I. Inhalt und Zweck	1
II. Europarecht	2
1. Richtlinien	2
2. Verordnungen	4
III. Entstehungsgeschichte	7
B. Netzzugang (Abs. 1)	9
I. Zugangsverpflichtete (Abs. 1 S. 1)	9
II. Zugangsberechtigte (Abs. 1 S. 1)	10
III. Anspruchsinhalt	11
IV. Netzzugangsbedingungen	13
1. Allgemeines	13
2. Gesetzliche Maßstäbe für die Netzzugangsbedingungen	15
3. Veröffentlichung	27
V. Durchsetzung des Anspruchs	28
VI. Zusammenarbeitspflicht (Abs. 1 S. 3)	29
VII. Informationspflicht (Abs. 1 S. 4)	32
VIII. Massengeschäftstauglichkeit, Standardangebote (Abs. 1 S. 5)	33
IX. Ermöglichung kurzfristigen (Börsen-)Handels	35
X. Ausnahmen von der Netzzugangspflicht	36
XI. Verhältnis zu anderen Vorschriften	37
C. Zugang zu den Stromversorgungsnetzen (Abs. 1a)	38
I. Vertragsverhältnisse nach Abs. 1a im Überblick	38

§ 20 Zugang zu den Energieversorgungsnetzen

Rn.

- II. Entstehungsgeschichte 42
- III. Technisch-organisatorischer Hintergrund des Netzzugangsmodells 45
  1. Technischer „Gesamtnetzcharakter" und organisatorischer „Individualisierungsbedarf" 47
  2. Nutzung mehrerer Teilnetze und „Ein-Vertrag-Modell" 50
  3. Ausgleichsmaßnahmen 54
- IV. Netznutzungs- und Lieferantenrahmenvertrag (Abs. 1a S. 1, 2) .. 69
  1. Netznutzungsvertrag 69
  2. Lieferantenrahmenvertrag 77
  3. Sonstige Verträge 78
  4. Vertragsschluss 79
  5. Lieferantenwechsel 80
- V. Zugang zum gesamten Elektrizitätsversorgungsnetz (Abs. 1a S. 3) 84
- VI. Zusammenarbeitspflicht (Abs. 1a S. 4) 85
  1. Inhalt 85
  2. Bestehende Zusammenarbeitsformen 89
  3. Durchsetzung der Zusammenarbeitspflicht 93
- VII. Einbeziehung in ein Bilanzkreissystem (Abs. 1a S. 5) 95
  1. Entstehung und Zweck des Bilanzkreissystems 95
  2. Bilanzkreis 97
  3. Bilanzkreise zur Abwicklung von Handelsgeschäften (§ 4 Abs. 1 S. 3 StromNZV) 100
  4. Bilanzkreisverantwortlicher (§ 4 Abs. 2 S. 1 StromNZV) 101
  5. Bilanzausgleich (§ 4 Abs. 2 S. 2 StromNZV) 102
  6. Unterbilanzkreis und Verrechnung der Salden verschiedener Bilanzkreise (§ 4 Abs. 1 S. 4, 5 StromNZV) 104
  7. Fahrplanabwicklung (§ 5 StromNZV) 105
- D. Zugang zu den Gasversorgungsnetzen (Abs. 1b) 112
  - I. Überblick 112
    1. Gaswirtschaftliche Besonderheiten für den Netzzugang 112
    2. Netzstruktur 118
    3. Netzzugang nach dem entry-exit System 120
  - II. Europarechtliche Vorgaben 121
    1. Richtlinien und Verordnungen 122
    2. Netzkodizes 126
  - III. Grundlagen des Netzzugangskonzepts nach Abs. 1b 134
    1. Entry-exit Modell 138
    2. Unabhängige Nutzbarkeit von Kapazitätsrechten 139
    3. Handelbarkeit von Kapazitätsrechten 140
    4. Zweivertragsgrundsatz 141
    5. Örtliche Verteilernetzebene (Abs. 1b S. 11) 144
    6. Vertragsabwicklung 145
  - IV. Marktgebiete 151
    1. Marktgebietsbildung 152
    2. Anzahl der Marktgebiete 154
    3. Marktgebietsverantwortlicher und Bilanzkreisverantwortlicher 158
    4. Qualitätsübergreifende Marktgebiete und Konvertierungsentgelt 160

		Rn.
V.	Kooperationspflichten (Abs. 1 b S. 5 bis 8)	162
	1. Gegenstände der Kooperationspflichten	163
	2. Kooperationsvereinbarung	164
	3. Kooperationspflichten als Ausdruck der Selbstregulierung	165
	4. Kooperationsvereinbarung und Kartellrecht	166
VI.	Kapazitätsmanagement	167
	1. Kapazitätsvergabe	169
	2. Handel von Kapazitätsrechten	176
	3. Handel von Gasmengen am virtuellen Handelspunkt (VHP)	177
	4. Überbuchungs- und Rückkaufsystem	178
	5. Rucksackprinzip (Abs. 1 b S. 9)	180
	6. Engpassmanagement für Gaskraftwerke, Speicher-, LNG- und Produktionsanlagen	184
E.	Verbot der Erschwerung des Messstellenbetreiberwechsels (Abs. 1 c)	185
I.	Regelungsgehalt (Abs. 1 c S. 1)	186
II.	Verträge mit Aggregatoren (Abs. 1 c S. 2)	190
F.	Pflicht zur Zählpunktstellung für Kundenanlagen (Abs. 1 d)	195
I.	Kundenanlagenbegriff und praktische Anwendungsfälle	197
II.	Verpflichtung des Netzbetreibers zur Installation von Zählpunkten	206
III.	Netzzugang und Bilanzierung von Energiemengen in Kundenanlagen	210
IV.	Verwendung von standardisierten Lastprofilen	213
G.	Zugangsverweigerung und Netzausbau (Abs. 2)	218
I.	Überblick	218
II.	Unmöglichkeit der Zugangsgewährung	219
	1. Technische Gründe	219
	2. Kapazitätsmangel	220
III.	Unzumutbarkeit	237
	1. Maßgebliche Interessen	237
	2. Konkurrierende Lieferverträge	239
	3. Reziprozität des Netzzugangs	240
	4. In der Person des Zugangspetenten liegende Gründe	242
IV.	Formelle Anforderungen	243
V.	Informationspflicht über Ausbaukosten	244

Literatur allgemein und zu Abs. 1: *Böhnel,* Wettbewerbsbegründende Durchleitungen in der Elektrizitätswirtschaft: richtlinienkonforme Durchsetzbarkeit nach deutschem Recht, Diss. Göttingen, 2001; *Boesche,* Monopolmarkt Elektromobilität? RdE 2019, 431; *Britz,* „Selbstregulative Zusammenarbeit" und „moderierende Regulierung" im EnWG, ZNER 2006, 91; *v. Hammerstein/Roegele,* Kartellrechtlicher Zugangsanspruch zu Ladesäulen – Zur Liberalisierung des Ladestrommarktes, EWerk 2019, 221; *Held/Zenke,* Rechtsfragen des Börsenhandels von Strom, in Becker/Held/Riedel/Theobald (Hrsg.), Energiewirtschaft im Aufbruch, 2001, S. 223; *Hermes,* Die Regulierung der Energiewirtschaft zwischen öffentlichem und privatem Recht, ZHR 2002, 433; *Horstmann,* Netzzugang in der Energiewirtschaft, 2001; *Kühling/el-Barudi,* Das runderneuerte Energiewirtschaftsgesetz, DVBl. 2005, 1470; *Kühne,* Der Netzzugang und seine Verweigerung im Spannungsfeld zwischen Zivilrecht, Energierecht und Kartellrecht, RdE 1999, 1; *Mohr,* Energienetzregulierung als Zivilrechtsgestaltung, EuZW 2019, 229; *Schneider,* Kooperative Netzzugangsregulierung und europäische Verbundverwaltung im Elektrizitätsbinnenmarkt, ZWeR 2003, 381; *Schneider/Prater,* Das europäische Energierecht im

Wandel, RdE 2004, 57; *Schulte-Beckhausen*, Netzkooperationen: Regulierung, politische Vorgaben, Szenarien, RdE 2011, 77; *Seeger*, Die Durchleitung elektrischer Energie nach neuem Recht, Diss. Erlangen-Nürnberg, 2002.

Literatur zu Abs. 1b (Gasnetzzugang): *Baumgart/Schulte/Berger/Lencz/Mansius/Schlund*, Der Regulierungsrahmen für Wasserstoffnetze, RdE 2021, 135; *BNetzA*, Monitoringbericht 2019; *BNetzA*, Positionspapier zur Anwendung der Vorschriften von Biogas auf die Einspeisung von Wasserstoff und synthetischem Methan in Gasversorgungsnetze, 2014; *BNetzA*, Marktgebietsbericht 2012; *BNetzA*, Marktdialog zur Weiterentwicklung der deutschen Marktgebiete – Schlussfolgerungen vom 27.4.2017; *Brüning-Pfeiffer*, Der Einfluss der EU-Netzkodizes für Elektrizität auf das deutsche Recht und erneuerbare Energien, in Rühmkorf (Hrsg.), Nachhaltige Entwicklung im deutschen Recht, 2018, S. 251; *v. Hammerstein/Fietze*, Gebündelte Kapazität nach der VO (EU) Nr. 984/2013, EnWZ 2014, 4; *Huber/Storr*, Der Transportkunde als Schlüsselfigur des regulierten Netzzugangs auf dem Gasmarkt, RdE 2007, 1; *Kemper*, Regulierung Gas, in Baur/Salje/Schmidt-Preuß (Hrsg.), Regulierung der Energiewirtschaft, 2. Aufl. 2016, Kap. 72; *Leffler/Fischerauer*, EU-Netzkodizes und Kommissionsleitlinien, 2017; *Ludwigs*, Gemeinwohlverfolgung und Regulierungsrecht vor neuen Herausforderungen?, in Zimmer/Kühling (Hrsg.), Neue Gemeinwohlherausforderungen – Konsequenzen für Wettbewerbsrecht und Regulierung, 2020, S. 11; *Merk*, Recht der gaswirtschaftlichen Netzregulierung, 2012; *Merk*, Aktuelle Probleme im Gasnetzzugang, RdE 2013, 349; *Merk*, Grenzen der Regulierung, in Ludwigs (Hrsg.), Festschrift für Matthias Schmidt-Preuß, 2018, S. 713; *Monopolkommission*, Sondergutachten Strom und Gas, BT-Drs. 16/14060 v. 15.9.2009; *Schmidt-Preuß*, Nach dem EuGH-Urteil vom 2.9.2021: das „Duale-Modell", EnWZ 2021, 337; *Schmidt-Preuß*, Aktuelles zur Zukunft der normierenden Regulierung im Energiesektor, RdE 2021, 173; *Schmidt-Preuß*, Das Regulierungsrecht als interdisziplinäre Disziplin – am Beispiel des Energierechts, in Baur/Sandrock/Scholtka/Schapira (Hrsg.), Festschrift für Gunther Kühne, 2009, S. 329; *Schmidt-Preuß*, Verwaltung und Verwaltungsrecht zwischen gesellschaftlicher Selbstregulierung und staatlicher Steuerung, VVDStRL 56 (1997), 160; *Schmidt-Preuß*, Private technische Regelwerke: Rechtliche und politische Fragen, in Kloepfer (Hrsg.), Selbstbeherrschung im technischen und ökologischen Bereich, 1998, S. 89; *Sieberg/Cesarano*, Regulierung von Wasserstoffnetzen, RdE 2021, 532; *Stegner*, Zur Verselbstständigung von Unionsagenturen, 2015.

Literatur zu Abs. 2: *Büdenbender*, Grundfragen des energierechtlichen Netzzugangs in der Gaswirtschaft nach der Gasnovelle (§ 6a EnWG), RdE 2001, 165; *Däuper/Schwaibold*, Kapazitätsallokation und Engpassmanagement im deutschen Gasmarkt, ZNER 2009, 12; *Fischer*, Langfristige Energieverträge und Kartellrecht, 2011; *Giermann*, Der diskriminierungsfreie Durchleitungsanspruch gemäß § 6 I EnWG und die Verweigerung der Durchleitung in der Praxis, RdE 2000, 222; *Hamdorf*, Die Verordnung (EG) Nr. 1228/2003 über die Netzugangsbedingungen für den grenzüberschreitenden Stromhandel, IR 2004, 245; *v. Hammerstein*, Netzanschluß und Netzzugang für Kohle- und Gaskraftwerke, ZNER 2006, 110; *Höffler*, Engpassmanagement und Anreize zum Netzausbau im leitungsgebundenen Energiesektor, 2009; *Knops/de Vries/Hakvoort*, Congestion Management in the European Electricity System, JoNI 2 (2001), 311; *Kühling*, Die neuen Engpass-Leitlinien der Kommission im grenzüberschreitenden Stromhandel, RdE 2006, 173; *Kühling/Hermeier*, Innovationsoffenheit des Unbundling-Regimes?, ZNER 2006, 27; *Kühne*, Der Netzzugang und seine Verweigerung im Spannungsfeld zwischen Zivilrecht, Energierecht und Kartellrecht, RdE 2000, 1; *Neveling*, Der neue Verordnungsentwurf zum Gasnetzzugang, et 2004, 611; *Pritzsche/Stephan/Pooschke*, Engpassmanagement durch marktorientierte Redispatching, RdE 2007, 36; *Ringel*, Die wirtschaftliche Zumutbarkeit im Energierecht, Diss. Würzburg, 2011; *Wendt*, Kapazitätsengpässe beim Netzzugang, Diss. Hamburg, 2012; *Wesseling*, Bilanzkreise: Der Bewirtschaftungsgrundsatz des „aktiven Mitregelns" und Transparenzpflichten der Übertragungsnetzbetreiber; RdE 2021, 69; *de Wyl/Hartmann/Hilgenstock*, Wettbewerb auf dem Erzeugermarkt?, IR 2006, 199 (Teil 1), 218

§ 20

(Teil 2); *Zimmer et al.*, Weiterentwicklung des grenzüberschreitenden Engpass-Managements im europäischen Stromnetz, et 2004, 786.

A. Allgemeines

I. Inhalt und Zweck

1 § 20 soll den Wettbewerb auf den dem Netzbereich vor- und nachgelagerten Märkten ermöglichen, indem die **Nutzung der Netze durch Dritte** ohne Diskriminierung und Erschwerung sichergestellt wird. Abs. 1 trifft die Kernregelung über den Netzzugang. Grundzüge des **Netzzugangsmodells** sind in Abs. 1a (Zugang zu den Stromnetzen) und in Abs. 1b (Zugang zu den Gasnetzen) geregelt. Konkrete Ausgestaltung erfährt der Netzzugang durch die StromNEV, GasNEV, StromNZV, GasNZV und die ARegV. Wie aus Abs. 1a und 1b hervorgeht, erfolgt der Netzzugang auf vertraglicher Grundlage. Abs. 1c enthält für diese Verträge die Vorgabe, dass sie das Recht zum Wechsel des Messstellenbetreibers nach dem Messstellenbetriebsgesetz weder behindern noch erschweren dürfen. Abs. 1d verpflichtet die Betreiber von Energieversorgungsnetzen, an die eine Kundenanlage oder Kundenanlagen zur betrieblichen Eigenversorgung angeschlossen sind, die erforderlichen Zählpunkte zu stellen, wobei bei der Belieferung der Letztverbraucher durch Dritte im erforderlichen Umfang eine Verrechnung der Zählwerte über Unterzähler erfolgt. Abs. 2 sieht für bestimmte Ausnahmefälle die Möglichkeit einer **Zugangsverweigerung** vor. Eine Konkretisierung dieser Ausnahmeregelung speziell für die Verweigerung des Gasnetzzugangs findet sich in § 25. Im Gassektor gelten eigenständige Netzzugangsregelungen für den Zugang zu den vorgelagerten Rohrleitungsnetzen und zu Speicheranlagen sowie zu reinen Wasserstoffnetzen (§§ 26ff.). § 20 ist insoweit nicht anwendbar.

II. Europarecht

2 **1. Richtlinien.** Abs. 1 diente der Umsetzung von Art. 9 lit. f, 14 Abs. 3, 20 Abs. 1 und 23 Abs. 4 Elt-RL 03 sowie Art. 8 Abs. 1 lit. d, 12 Abs. 4, 18 Abs. 1 und 25 Abs. 4 Gas-RL 03 (Begr. BT-Drs. 15/3917, 59). Die zentralen europarechtlichen Netzzugangsregelungen fanden sich in Art. 20 Abs. 1 S. 1 Elt-RL 03 und Art. 18 Abs. 1 S. 1 Gas-RL 03:

"Die Mitgliedstaaten gewährleisten die Einführung eines Systems für den Zugang Dritter zu den Übertragungs- und Verteilernetzen auf der Grundlage veröffentlichter Tarife; die Zugangsregelung gilt für alle zugelassenen Kunden und wird nach objektiven Kriterien und ohne Diskriminierung zwischen den Netzbenutzern angewandt."

(Art. 20 Abs. 1 S. 1 Elt-RL 03). Diese Vorgaben waren wortgleich in die jeweiligen Art. 32 Abs. 1 S. 1 Elt-RL 09 und Gas-RL 09 übernommen worden.

3 Abs. 2 diente zudem der Umsetzung von Art. 20 Abs. 2 S. 2 Elt-RL 03 und Art. 21 Abs. 1 S. 2 Gas-RL 03 (Begr. BT-Drs. 15/3917, 59). Die Vorgaben zum Netzzugang einschließlich der Verweigerung sind für die Stromnetze nach den Änderungen durch das **„Clean-Energy-Paket"** (→ Vor §§ 20ff. Rn. 14) nunmehr in Art. 6 Abs. 1 und Abs. 2 Elt-RL 19 geregelt. Es bleibt bei einem System für den **diskriminierungsfreien Zugang Dritter** zu den Übertragungs- und Verteilernetzen auf der Grundlage veröffentlichter Tarife. Der Übertragungs- oder Verteiler-

netzbetreiber kann den Netzzugang verweigern, wenn er nicht über die nötige Kapazität verfügt (→ § 13 Rn. 6 und → § 17 Rn. 76 ff.). Die **Verweigerung** ist hinreichend schlüssig zu begründen und auf objektive und technisch und wirtschaftlich begründete Kriterien zu stützen. Die Übertragungs- bzw. Verteilernetzbetreiber müssen bei Verweigerung des Netzzugangs aussagekräftige Informationen darüber geben, welche Maßnahmen zur Verstärkung des Netzes erforderlich wären, können hierfür aber eine angemessene Gebühr in Rechnung stellen. Die Elt-RL 19 stellt zudem klar, dass die Vorgaben auch für Bürgerenergiegemeinschaften gelten, die Verteilernetze betreiben.

2. Verordnungen. Seit dem 1.1.2020 gilt für den Stromsektor die **Elt-VO 19**, 4 die die Elt-VO aus dem Jahr 2009 abgelöst hat. Die Vorgaben sind unmittelbar anwendbar. Bereits die Elt-VO 09 enthielt Vorschriften über den Netzzugang, die weitestgehend aus der Elt-VO 03 übernommen wurden. Die Elt-VO 19 trifft in ihrem Kap. III Regelungen zum Netzzugang und **Engpassmanagement**, namentlich zur Kapazitätsvergabe, zu **Netzentgelten** und **Engpasserlösen**. Bestehende Netzkodizes und Leitlinien gelten weiter, eine Überprüfung dieser Verordnungen durch die EU-Kommission hat bis zum 1.7.2025 zu erfolgen. Zu nennen sind hier die **CACM-GL** aus dem Jahr 2015 zu Kapazitätsvergaben und Engpassmanagement sowie die **FCA-GL** aus dem Jahr 2016 zur Vergabe langfristiger Kapazität.

Die Regulierungsbehörde hat damit sowohl **nationales Recht** als auch die **Elt-** 5 **VO 19** unmittelbar anzuwenden. Die Entgeltregeln des Art. 18 Elt-VO 19 gelten nicht mehr nur für den Netzzugang zwecks grenzüberschreitender Übertragung wie noch nach der Elt-VO 09. Die bestehenden nationalen Vorgaben stehen insoweit aber mit den europarechtlichen Vorgaben im Einklang.

Auch die **Gasfernleitungs-VO 09** enthält Vorschriften über den Netzzugang. 6 Ziel der Gasfernleitungs-VO 09 ist nach deren Art. 1 UAbs. 1 lit. a und lit. b die Festlegung nichtdiskriminierender Regeln für die Bedingungen für den Zugang zu Erdgasfernleitungsnetzen und zu LNG-Anlagen und Speicheranlagen. Betont wird in Art. 1 UAbs. 1 lit. c darüber hinaus das Ziel der Schaffung von Mechanismen zur Harmonisierung der Regeln über den Netzzugang für den **grenzüberschreitenden** Gashandel. Die Gasfernleitungs-VO 09 hat gem. Art. 1 UAbs. 2 im Wesentlichen fünf Regelungsbereiche: die Festlegung der **Tarife** für den Zugang zu den Fernleitungsnetzen (Art. 13 Gasfernleitungs-VO 09 → § 21 Rn. 37), die Einrichtung von **Dienstleistungen für den Netzzugang** Dritter (Art. 14, 15 Gasfernleitungs-VO 09), harmonisierte Grundsätze der **Kapazitätszuweisungsmechanismen** und Verfahren für das **Engpassmanagement** (Art. 16 Gasfernleitungs-VO 09) sowie Regeln für den **Ausgleich** von Mengenabweichungen und Ausgleichsentgelte (Art. 21 Gasfernleitungs-VO 09, → § 22 Rn. 5) und den **Handel mit Kapazitätsrechten** (Art. 22 Gasfernleitungs-VO 09). Der Anwendungsbereich der Gasfernleitungs-VO 09 erfasst jeglichen (nicht nur den grenzüberschreitenden) Netzzugang zu Gasfernleitungen. Die Regulierungsbehörde hat die Vorgaben der Gasfernleitungs-VO beim Zugang zu Gasfernleitungen mithin immer zu beachten, ohne dass zwischen grenzüberschreitenden und rein innerstaatlichen Durchleitungssachverhalten zu differenzieren wäre. Im Übrigen gelten mit dem **NC CAM** und der VO (EU) Nr. 312/2014 vom 26.3.2014 **(NC BAL GAS)** die Vorgaben in Netzkodizes überwiegend unmittelbar.

§ 20

Teil 3. Regulierung des Netzbetriebs

III. Entstehungsgeschichte

7 § 20 Abs. 1 und 2 wurden mit dem **EnWG 2005** eingeführt und ähneln den Vorläuferregelungen in §§ 6, 6a EnWG 1998 (umfassende Darstellung bei Theobald/Kühling/*Hartmann/Wagner* EnWG § 20 Rn. 2–10). § 20 Abs. 1a und 1b sind erst später in den damaligen Gesetzentwurf aufgenommen worden, nachdem bereits der Bundesrat in seiner Stellungnahme angeregt hatte, die grundlegenden Aussagen über das Modell des Netzzugangs bei Strom und Gas in das Gesetz aufzunehmen (Stellungnahme BT-Drs. 15/3917, 82). Es wurden daraufhin die **Grundprinzipien** der Netzzugangsmodelle aus den Entwürfen für Rechtsverordnungen als § 20 Abs. 1a und 1b aufgenommen (Hempelmann-Bericht, S. 119).

8 Mit der **EnWG-Novelle 2011** wurden lediglich kleinere Änderungen vorgenommen. So wurden die in § 20 Abs. 1 bestehenden Veröffentlichungspflichten für Betreiber von Energieversorgungsnetzen präzisiert und erweitert. Zudem wurden die § 20 Abs. 1c und 1d als Klarstellung bzw. als Kodifizierung der bereits bestehenden Praxis neu eingefügt (BT-Drs. 17/6072, 75). § 20 Abs. 1d wurde mit dem Gesetz zur Förderung von Mieterstrom vom 17.7.2017 erweitert und präzisiert die Vorgaben zur Bereitstellung von Zählpunkten, Gewährung von Netzzugang für Unterzähler und zur Anwendbarkeit des MsbG auf Zähler innerhalb von Kundenanlagen (BT-Drs. 18/12355, 24). Mit der **EnWG-Novelle 2021** wurden nur geringfügige Ergänzungen des § 20 vorgenommen. Neu aufgenommen wurde etwa die Verpflichtung für Verträge nach Abs. 1a, dass diese Verträge mit Aggregatoren nach § 41c ermöglichen müssen, sofern dem die technischen Anforderungen des Netzbetreibers nicht entgegenstehen (→ Rn. 190ff.). Diese Ergänzung von § 20 Abs. 1c dient der Umsetzung des Art. 17 Abs. 2 Elt-RL 19.

B. Netzzugang (Abs. 1)

I. Zugangsverpflichtete (Abs. 1 S. 1)

9 Die Pflicht zur Gewährung des Netzzugangs trifft grundsätzlich alle **Betreiber von Energieversorgungsnetzen**. Zu den Energieversorgungsnetzen zählen gem. § 3 Nr. 16 sowohl die Elektrizitätsversorgungsnetze als auch die Gasversorgungsnetze. Als Gasversorgungsnetze sind neben den Fernleitungsnetzen und Gasverteilernetzen auch die weiteren in § 3 Nr. 20 genannten Anlagen anzusehen, für die allerdings teilweise nach §§ 26ff. Sonderregelungen gelten. Mit der EnWG-Novelle 2021 hat sich der Gesetzgeber bewusst entschieden, auch den Zugang zu reinen **Wasserstoffnetzen** einer Sonderregelung zuzuführen (→ § 28 Rn. 1ff.). Betreiber **öffentlicher Ladeinfrastruktur** unterliegen keinem Zugangsanspruch nach § 20, da die Ladeinfrastruktur als Letztverbraucher und nicht als Teil des Netzes definiert ist (§ 3 Nr. 25). Teilweise wird ein kartellrechtlicher Zugangsanspruch angenommen (*v. Hammerstein/Roegele* EWerk 2019, 221; aA *Boesche* RdE 2019, 431). Soweit Netzbetreiber Ladepunkte nach § 7c betreiben dürfen gilt § 7c Abs. 2 S. 2. Nachdem der Ausnahme von der Zugangspflicht für Betreiber von sog. **Objektnetzen** nach § 110 aF vom EuGH zumindest in Teilen für gemeinschaftswidrig erklärt wurde (EuGH Urt. v. 22.5.2008 – C-439/06, ECLI:EU:C:2008:298 = RdE 2008, 245 – citiworks; zu den Folgen BGH Beschl. v. 24.8.2010 – EnVR 17/09, ZNER 2010, 584), war der Bundesgesetzgeber aufgerufen, diese Regelung anzupassen (vgl. dazu auch *Ortlieb/Bier* N&R 2009, 143 (147f.) → § 110 Rn. 1–5). Vorgaben hierfür ent-

halten die jeweiligen Art. 38 Elt-RL 19 (Art. 28 Elt-RL 09) und Art. 28 Gas-RL 09. Nach der entsprechenden Neufassung des § 110 finden daher zwar bestimmte Paragraphen auf sog. **geschlossene Verteilernetze** keine Anwendung, sofern eine entsprechende Einstufung seitens der Regulierungsbehörde erfolgt ist. Anders als nach § 110 Abs. 1 aF, der den gesamten Teil 3 von der Anwendung auf Objektnetze ausnahm, gehört § 20 (und § 21) jedoch nicht hierzu (vgl. BT-Drs. 17/6072, 95; dazu *Schellberg/Böhme* ET 2011, 93 (96f.)). Keine Anwendung finden Abs. 1 und die Regulierungsvorgaben insgesamt auf **Kundenanlagen** iSd § 3 Nr. 24a und 24b, da diese nach § 3 Nr. 16 bereits aus der Definition der Energieversorgungsnetze ausgenommen sind und Betreiber solcher Kundenanlagen nach § 3 Nr. 18 auch keine Energieversorgungsunternehmen sind (zu den Ausnahmen weiterhin *Schwintowski* EWeRK 2012, 43; *Schalle* ZNER 2011, 406; *Vogt* RdE 2012, 95; *Jacobshagen/Kachel/Baxmann* IR 2012, 2). Ob angeschlossene Anlagennutzer einen Anspruch auf Netzzugang nach Abs. 1 gegen den Betreiber des vorgelagerten Energieversorgungsnetzes haben (so BNetzA Beschl. v. 7.11.2011 – BK6-10-208, S. 13) oder ob ein solcher nur dem Kundenanlagenbetreiber als Anschlussnehmer bzw. Vertragspartner des Netzbetreibers zusteht (OLG Düsseldorf Beschl. v. 16.1.2013 – VI-3 Kart 163/11 V, N&R 2013, 95 mkritAnm *v. Smuda/Hartmann* N&R 2013, 97), ist streitig.

II. Zugangsberechtigte (Abs. 1 S. 1)

Zugangsberechtigt ist **jedermann.** Dies können sowohl natürliche als auch juristische Personen sein (vgl. § 3 Nr. 28). Der Netznutzungsanspruch steht sowohl demjenigen zu, der sich mittels Netzzugangs beliefern lassen möchte, als auch demjenigen, der auf diese Weise einen anderen beliefern möchte. Ob ein **Übertragungsnetzbetreiber (ÜNB)** Zugangsberechtigter iSd Abs. 1 sein kann (ablehnend OLG Düsseldorf Beschl.v. 9.1.2019 – 3 Kart 81/16 (V) – Baltic Cable) muss nach der Entscheidung des BGH Beschl. v. 1.9.2020 – EnVR 7/19 Rn. 17– Baltic Cable offenbleiben. **10**

III. Anspruchsinhalt

Der Netzzugangsanspruch wird vertraglich begründet (→ Rn. 13), sein Inhalt ist jedoch durch Gesetz, Verordnungen und Festlegungen der BNetzA vorgezeichnet. Der Gesetzgeber hat den Zugangsanspruch vom Anspruch auf Netzanschluss (→ Vor § 17 Rn. 1 ff.) getrennt. Der Netzzugangsanspruch bezieht sich auf den „**Transport**" von Energie über das Netz (zum technischen Hintergrund des „Transports" → Vor §§ 20 ff. Rn. 5). Der Netzbetreiber schuldet dem Zugangsberechtigten den Zugang zu seinem Netz, also die Ermöglichung der Belieferung der vereinbarten Entnahmestelle. Tatsächlich besteht diese Leistung aus zahlreichen Einzelleistungen, deren Notwendigkeit sich teilweise bereits aus der Natur der Sache ergibt (vgl. OLG Dresden Urt. v. 13.9.2001 – U 1693/01, RdE 2002, 49 (50, 51); Langen/Bunte/*Schultz,* 10. Aufl., Anh. zum 5. Abschnitt, EnergieW, Rn. 63). Der Anspruchsinhalt wird durch die zulässigen Zugangsbedingungen konturiert (→ Rn. 15 ff.). Der Zugangsanspruch ist durch die Netzkapazitäten begrenzt (§ 3 Abs. 1 S. 2 StromNZV); der Netzbetreiber ist dem Zugangsberechtigten daher nicht nach Abs. 1 zum Ausbau seines Netzes verpflichtet (zustimmend *Wendt* Kapazitätsengpässe S. 160 mwN zur Diskussion; zur allg. Ausbaupflicht → § 11 Rn. 1 ff.). Die Bereitstellung und Abrechnung von sog. „Netzreservekapazität" ist nicht Teil **11** des gesetzlichen Netzzugangsanspruchs gem. Abs. 1, sondern der Netzentgeltregulierung nach § 21 zugeordnet (BGH Beschl. v. 23.11.2021 – EnVR 91/20 sowie EnVR 94/20).

12 Unter der Geltung des EnWG 1998 war sehr streitig, ob § 6 Abs. 1 S. 1 EnWG 1998 einen unmittelbaren **gesetzlichen Anspruch auf Netzzugang** oder lediglich einen Anspruch auf vertragliche Gewährung des Netzzugangs und damit einen **Kontrahierungszwang,** eventuell sogar bloß einen **Anspruch auf Durchführung von Vertragsverhandlungen** begründete (*Böhnel* Wettbewerbsbegründende Durchleitungen S. 275; *Hermes* ZHR 2002, 433 (453); *Horstmann* Netzzugang S. 37 ff.; *Kühling* S. 185 ff.; *Kühne* RdE 1999, 1 (2); *Theobald/Theobald* Grundzüge EnergiewirtschaftsR, 2. Aufl. 2008, S. 170 ff.; *Recknagel* in VWEW EnWG § 6 Rn. 3; *Seeger* Durchleitung elektrischer Energie S. 266). Auch Abs. 1 klärt diese Frage nicht ausdrücklich. Angesichts der intensiven Regulierung der Netzzugangsbedingungen durch Regulierungsbehörden fällt der Unterschied zwischen einem Anspruch auf Vertragsschluss und einem unmittelbaren Anspruch auf Netzzugang allerdings nicht mehr so sehr ins Gewicht, weil wesentliche Vertragsbedingungen aufgrund der Regulierungsentscheidungen bereits feststehen (→ Rn. 11, 14). In **prozessrechtlicher** Hinsicht ist unabhängig von der dogmatischen Einordnung des Anspruchsinhalts eine Klage unmittelbar auf Netzzugang möglich (überzeugend BGH Urt. v. 11.6.2003 – VIII ZR 161/02, ZNER 2003, 234 (239 f.).

IV. Netzzugangsbedingungen

13 1. **Allgemeines.** Netzzugangsbedingungen sind einerseits **Umstände und Pflichten auf Seiten des Netznutzers,** an die der Netzbetreiber die Gewährung des Netzzugangs knüpft, wie zB die Entrichtung des Netzentgelts. Andererseits betreffen die Netzzugangsbedingungen auch **Umstände und Pflichten auf Seiten des Netzbetreibers,** die von Bedeutung für die Abwicklung des Netzzugangs sind. Allerdings ist der **vertragliche Gestaltungsspielraum** durch Vorgaben des EnWG, auf Grundlage des EnWG ergangener Verordnungen und durch Entscheidungen der Regulierungsbehörde eingeschränkt. Reguliert ist insbesondere die Entgelthöhe, die genehmigt (§ 23a) oder durch Festlegung von Erlösobergrenzen (§ 21a) bestimmt wird und damit nicht verhandelbar ist.

14 Die BNetzA hat im Strombereich von ihrer Befugnis zur Festlegung eines **Netznutzungs-/Lieferantenrahmenvertrags** Gebrauch gemacht (jeweils aktualisierte Fassungen unter www.bundesnetzagentur.de/DE/Beschlusskammern/BK06/BK6_83_Zug_Mess/836_lrv_nnv/BK6_LRV_NNV_node_neu.html; →Rn. 69). Der Vertrag betrifft das entnahmeseitige Netznutzungsverhältnis zwischen Stromnetzbetreibern und entweder Lieferanten im Falle der sog. „All-inclusive"-Belieferung oder Letztverbrauchern selbst, im Falle von separaten Netznutzungsverträgen. Kern der Festlegung ist ein verbindlich **vorgegebener Vertragstext,** von dem lediglich einvernehmlich zwischen den Parteien unter strengen Transparenz- und Gleichbehandlungsanforderungen abgewichen werden kann. Die Regulierungsbehörde ist berechtigt, nicht nur einzelne Regelungen oder den erforderlichen Mindestinhalt vorzugeben, sondern auch ein vollständiges Vertragswerk (BGH Beschl. v. 13.11.2018 – EnVR 33/17, NVwZ-RR 2019, 319). Im **Gasbereich** sieht die **Kooperationsvereinbarung der Gasnetzbetreiber** (KoV) Musterverträge zur Abwicklung des Netzzugangs vor (→ Rn. 162 ff.). Auch die sonstigen Netzzugangsbedingungen sind nicht völlig frei aushandelbar, sondern unterliegen rechtlichen Vorgaben, obgleich sie nicht genehmigungsbedürftig sind. Soweit die

Bedingungen durch normative oder behördliche Regulierung vorgegeben sind, bilden sie zugleich den Inhalt einschließlich der Grenzen des gesetzlich vorgezeichneten vertraglichen Netzzugangsanspruchs.

2. Gesetzliche Maßstäbe für die Netzzugangsbedingungen. Zur Beurteilung der Rechtmäßigkeit der Netzzugangsbedingungen finden sich an unterschiedlichen Stellen des EnWG und auch außerhalb des EnWG einschlägige Maßstäbe. Im Vordergrund steht Abs. 1, der verlangt, dass **nach sachlich gerechtfertigten Kriterien diskriminierungsfrei** Netzzugang gewährt wird. Dies entspricht inhaltlich den EU-Vorgaben in Art. 6 Abs. 1 Elt-RL 19 und Ar. 32 Abs. 1 Gas-RL 09: „nach objektiven Kriterien und ohne Diskriminierung zwischen den Netzbenutzern".

a) Maßstäbe des Abs. 1 S. 1. aa) Sachlich gerechtfertigte Kriterien. Kriterien: Nach Abs. 1 S. 1 haben die Netzbetreiber jedermann nach sachlich gerechtfertigten Kriterien Netzzugang zu gewähren. Mit dem Wort „Kriterien" ist hier nichts anderes gemeint als mit der ansonsten im Gesetz verwendeten Bezeichnung „Bedingung". Das **Netzentgelt** ist eine wesentliche Bedingung des Netzzugangs. Darüber hinaus sind zahlreiche sonstige Aspekte des Netzzugangs als Kriterien iSd Abs. 1 S. 1 anzusehen. Dazu zählen ua **Vertragslaufzeiten,** Voraussetzungen des **Lieferantenwechsels, Zahlungstermine, Sicherheitsleistungen,** Rechtsfolgen bei **Vertragsstörungen** und sonstige **Haftungsfragen.** Grundsätzlich können auch technische Vertragsbedingungen Kriterien iSd Abs. 1 S. 1 sein, etwa die **technischen Anschlussbedingungen** (→ § 19) für Einspeisung und verwendete Datenformate oder Vereinbarungen über Systemdienstleistungen des Netzbetreibers wie die Frequenz- und Spannungshaltung, Reservestellung oder die Unterbrechbarkeit der Leistungen.

Seit dem EnWG 2005 besteht eine erhebliche durch Normen strukturierte **Regulierungsdichte.** Zahlreiche Fragen, insbesondere zur technischen Abwicklung des Netzzugangs, sind durch die Netzzugangsverordnungen und **Festlegungen der Regulierungsbehörde** verbindlich beantwortet bzw. können durch weitere Festlegungen seitens der Regulierungsbehörde beantwortet werden. Auch Abs. 1a–1d regeln bereits wichtige Aspekte der Ausgestaltung der sonstigen Netzzugangsbedingungen. §§ 11ff. konkretisieren die Aufgaben der Netzbetreiber, insbesondere deren Systemverantwortung. Der von der BNetzA festgelegte Netznutzungs-/Lieferantenrahmenvertrag ist verbindlich zu verwenden. Insoweit stehen die **Netzzugangsbedingungen nicht mehr zur Disposition** der Vertragspartner.

In systematischer Hinsicht lassen sich Netzzugangskriterien iSd Abs. 1 S. 1 nicht strikt von **Zugangsverweigerungsgründen** iSd Abs. 2 S. 1 unterscheiden. Grundsätzlich lassen sich gerechtfertigte Zugangsbedingungen ohne inhaltliche Änderung als Zugangsverweigerungsgründe umformulieren und umgekehrt. Die EU-Binnenmarktregeln differenzieren allerdings zwischen Zugangsregelungen und (echten) Verweigerungsgründen, die im Strombereich allein in nicht ausreichender Kapazität liegen (Art. 6 Abs. 2 Elt-RL 19) und im Gasbereich neben diesem Grund weitere Gründe umfassen (→ Rn. 230ff.).

Sachliche Rechtfertigung: Das Merkmal der sachlichen Rechtfertigung dürfte sich im Ergebnis weitgehend mit dem in § 21 Abs. 1 genannten Merkmal der Angemessenheit sowie dem EU-rechtlichen Begriff der **„objektiven Kriterien"** decken. Das Tatbestandsmerkmal der sachlichen Rechtfertigung macht jedoch noch deutlicher, dass grundsätzlich jede vom Netzbetreiber geforderte Bedingung neben dem Netznutzungsentgelt legitimierungsbedürftig ist. Eine Bedingung ist dann sachlich gerechtfertigt, wenn sie **erforderlich ist, um den Netzzugang technisch und organisatorisch sicher abzuwickeln.** Dies ist vom Netzbetreiber darzulegen. Die Bedingungen müssen dabei so gewählt sein, dass die Vertragsanbahnungskosten möglichst gering bleiben und ein Anbieterwechsel nicht unnötig erschwert wird (*Kühling/el-Barudi* DVBl. 2005, 1470 (1475)). Hingegen können Bedingungen beispielsweise nicht aus dem Gegenleistungsgedanken heraus gerechtfertigt werden. **Gegenleistung** für die Einräumung des Netzzugangs ist allein das Entgelt, das eigenen gesetzlichen Kriterien unterliegt (→ § 21 Rn. 1 ff.). Darum darf der Netzbetreiber keine sonstigen Bedingungen verwenden, die Gegenleistungscharakter haben.

20   Was sachlich gerechtfertigte Bedingungen sein können, wird insbesondere durch die **Netzzugangsverordnungen** näher ausgestaltet, die bislang ihre Grundlage in § 24 finden (zu den Wirkungen von EuGH Urt. v. 2. 9. 2021 → § 54 Rn. 5 ff.). Konkrete Bedingungen für den Zugang zu den Übertragungs-(Strom) und Fernleitungsnetzen (Gas) finden sich in den Bestimmungen über die organisatorische Abwicklung des Netzzugangs im Rahmen eines **Bilanzkreissystems** (§§ 4 f. StromNZV, §§ 22 f. GasNZV) und in den Regeln über die Verpflichtung der Netzbetreiber im Rahmen der Beschaffung und Erbringung der **Ausgleichsleistungen** (→ §§ 22, 23 EnWG iVm §§ 6 ff. StromNZV, §§ 27 ff. GasNZV). Separat normiert sind in der StromNZV und der GasNZV die Bedingungen für den Zugang zum Verteilernetz. Dort geregelt sind Fragen der Verwendung standardisierter **Lastprofile** (§§ 12 f. StromNZV, § 24 GasNZV) und Regelungen zum **Lieferantenwechsel** (§ 14 StromNZV; § 41 f. GasNZV). Insbesondere stellen § 14 Abs. 4 S. 1 StromNZV, § 41 Abs. 4 S. 1 GasNZV klar, dass die Netzbetreiber den Lieferantenwechsel nicht von anderen Bedingungen als den in den Verordnungen genannten abhängig machen dürfen. Weitere Bedingungen des Netzzugangs ergeben sich aus der Verpflichtung der Netzbetreiber zum **Engpassmanagement** (§§ 13 EnWG, 15 StromNZV, 13 GasNZV, auch → Rn. 220 ff.). Für den Gasbereich enthalten die Regelungen über die Veröffentlichung netzrelevanter **Daten** (§ 40 GasNZV) und zum Datenaustausch (§ 26 GasNZV) weitere wichtige Netzzugangsbedingungen.

21   **bb) Diskriminierungsverbot.** Abs. 1 S. 1 statuiert ein „**externes**" und ein „**internes" Diskriminierungsverbot**" (Verhältnis zu Leistungen innerhalb des Unternehmens oder gegenüber verbundenen Unternehmen) (→ § 21 Rn. 47 ff.; dazu auch BGH Beschl. v. 29. 4. 2008 – KVR 28/07 Rn. 26 ff.).

22   Obwohl die Netznutzungsentgelte nach §§ 21, 23 a, 21 a reguliert sind, hat das Diskriminierungsverbot in Abs. 1 S. 1 auch bezüglich der Entgelthöhe Bedeutung. Das Diskriminierungsverbot verbietet nicht nur die vereinzelte Forderung eines höheren als sich aus der Erlösobergrenze ergebenden Entgelts; dies folgt bereits aus der Obergrenze selbst. Das Diskriminierungsverbot **verbietet** vielmehr darüber hinaus **individuelle Abweichungen nach unten,** es sei denn, es besteht eine ausdrückliche Ermächtigung für typisierte Fallgestaltungen. Es ist demnach nicht zulässig, dass Netzbetreiber und Netzzugangsinteressent im Einzelfall ein im Vergleich geringeres Entgelt vereinbaren. Unbenommen bleibt dem Netzbetreiber aber, allgemein einen niedrigeren Tarif zu veranschlagen.

23   Das Diskriminierungsverbot des Abs. 1 S. 1 zwingt allerdings **nicht zu einer formalen Gleichbehandlung** (*Kühling/el-Barudi* DVBl. 2005, 1470 (1475)). Das EnWG (§ 118 Abs. 6) und die Netzentgelt- und Netzzugangsverordnungen (§ 19

Zugang zu den Energieversorgungsnetzen §20

StromNEV und § 20 GasNEV) sehen selbst Differenzierungen vor. Differenzierungen ermöglicht auch das zugrunde liegende EU-Recht, das ebenfalls nur ein Diskriminierungsverbot statuiert.

b) Sonstige Maßstäbe des EnWG. Weitere inhaltliche Vorgaben für die **Bildung der Netzzugangsbedingungen** finden sich in § 21 Abs. 1. § 21 Abs. 1 nennt als Kriterien für die Beurteilung der Netzzugangsbedingungen und -entgelte, dass diese angemessen, transparent und diskriminierungsfrei sein müssen. Hier fehlt das in Abs. 1 genannte Merkmal der sachlichen Rechtfertigung. Dieser Divergenz kommt keine Bedeutung zu. Das Merkmal der Angemessenheit ist vielmehr im gleichen Sinne zu deuten wie das der sachlichen Rechtfertigung (→ Rn. 16). Viele Fragen der Zulässigkeit von Netzzugangsbedingungen bezüglich Einbau, Betrieb, Wartung und Nutzung von **Messeinrichtungen** sind durch das **MsbG** geregelt (→ Vor § 20 Rn. 31). Regelungen zum Lieferantenwechsel finden sich in § 20a. 24

c) Maßstäbe des Gemeinschaftsrechts. § 20 setzt die Vorgaben der Binnenmarktrichtlinien ohne inhaltliche Widersprüche um. Die Richtlinien sind allerdings insbesondere bei der Nennung von Preisbildungskriterien für das Netznutzungsentgelt sehr zurückhaltend. Für den **Strombereich** ist mit dem „**Clean-Energy-Paket**" Art. 18 Elt-VO 19 geschaffen worden, der konkretere Vorgaben macht, die vor allem Transparenz, Kostenorientierung, Netzsicherheit, Flexibilität und Nichtdiskriminierung betreffen. Die Entgelte dürfen keine damit nicht zusammenhängenden Kosten zur Unterstützung damit nicht zusammenhängender politischer Ziele umfassen (Art. 18 Abs. 1 S. 2). Eine vergleichbare Regelung findet sich für den Zugang zu den Erdgasfernleitungsnetzen in Art. 13 **GasfernleitungsVO 09**. Die nach Art. 37 Abs. 8 Elt-RL 09 (s. auch Art. 18 Abs. 2 Elt-VO 19) und Art. 41 Abs. 8 Gas-RL 09 geschaffene Verpflichtung, im Rahmen der Entgeltregulierung angemessene Anreize für die hier genannten Zwecke zu setzen, sind durch die Bestimmungen zur **Anreizregulierung** nach § 21a und die ARegV erfüllt (*Busch* N&R 2011, 226 (232)). 25

Insbesondere zum **Kapazitätsmanagement**, das letztlich Netzzugangsmanagement darstellt, sind mehrere europäische Netzkodizes zu beachten und durch Festlegungen in das nationale Recht integriert worden. Für den Strombereich ist das die CACM GL (→ Rn. 227) und für den Gasbereich der NC CAM (→ Rn. 132 ff.). Für den Bereich der **Gasbilanzierung** ist der NC BAL zu beachten (→ Rn. 131 ff.). 26

3. Veröffentlichung. Die Netzzugangsbedingungen einschließlich der Musterverträge, Konzessionsabgaben und Entgelte sind gem. Abs. 1 S. 1 Hs. 2 im Internet zu veröffentlichen. Der **Zeitpunkt** der Veröffentlichung wird nur für die Entgelte bestimmt. Abs. 1 S. 1 Hs. 2 legt dazu fest, dass die Veröffentlichung der Entgelte unmittelbar nach ihrer Ermittlung erfolgen muss. Der **späteste Termin** für eine Veröffentlichung ist danach der 15.10. eines Jahres für das Folgejahr. Auf der Basis einer Festlegung der BNetzA haben die ÜNB ihre (vorläufigen) Entgelte zum 1.10. zu veröffentlichen (BNetzA Beschl. v. 11.9.2019 – BK 8-19/0001-A). Die gesetzliche und behördliche Regelung begründet sich mit der Bedeutung der Planungssicherheit für wettbewerbliche Vertriebe in Netzen integrierter Netzbetreiber. Zu diesen Zeitpunkten müssen die Netzbetreiber notfalls, sofern die Kostenbestandteile, die für die Entgeltbildung bis dahin noch nicht vollständig vorliegen, zumindest die vorläufigen Entgelte, die sich voraussichtlich auf Basis der für das Folgejahr geltenden Erlösobergrenze ergeben wird, veröffentlichen (Abs. 1 27

§ 20 Teil 3. Regulierung des Netzbetriebs

S. 2). Dies kann durch fehlende Entscheidungen der Regulierungsbehörden oder Prognoseunsicherheiten begründet sein. Diese Verpflichtungen werden durch die **Informationspflichten** nach S. 4 sowie nach § 23c ergänzt. Zudem kommt nach § 50 Abs. 5 GasNZV eine Ausweitung von Veröffentlichungspflichten in Betracht.

V. Durchsetzung des Anspruchs

28   Der Anspruch auf Netzzugang ist gegen den Willen des Netzbetreibers durch die **Regulierungsbehörde** nach § 30 Abs. 2 S. 3 Nr. 1 und 2 durchsetzbar. Zwar steht das Einschreiten der Behörde gegen den Netzbetreiber nach § 30 Abs. 2 im Ermessen der Regulierungsbehörde. Netzzugangsinteressenten können jedoch nach § 31 ein behördliches Einschreiten erzwingen, sofern deren Interessen durch das Verhalten des Netzbetreibers erheblich berührt werden (→ § 31 Rn. 9). Der Anspruch auf Netzzugang kann zudem **unmittelbar zivilrechtlich** geltend gemacht werden (Begr. BT-Drs. 15/3917, 46). Neben dem Anspruch auf Netzzugang steht dem Netzzugangsinteressenten gem. § 32 auch ein Beseitigungs- bzw. Unterlassungsanspruch gegen den unzulässigerweise den Netzzugang verweigernden Netzbetreiber zu (→ § 32 Rn. 1, 22 f.). Diese Ansprüche können ebenfalls unmittelbar zivilgerichtlich geltend gemacht werden. Da die Beseitigung einer aus unzulässiger Netzzugangsverweigerung resultierenden Beeinträchtigung durch Gewährung des Netzzugangs zu erfolgen hat, führen hier die Geltendmachung des positiven Netzzugangsanspruchs und des negativen Beseitigungsanspruchs zum selben Ergebnis. Auch der Schadensersatzanspruch nach § 32 Abs. 3 ist in diesem Fall auf Gewährung des Netzzugangs gerichtet (Naturalrestitution).

VI. Zusammenarbeitspflicht (Abs. 1 S. 3)

29   Eine ausdrückliche Verpflichtung der Netzbetreiber zur Zusammenarbeit ist durch das EnWG 2005 erstmals begründet worden. Der Gesetzgeber hielt dies angesichts der Vielzahl der Netzbetreiber für erforderlich, um einen **effizienten Netzzugang** zu gewährleisten (zum Vorschlag des WAR, eine virtuelle Netzgesellschaft zur Übertragung von Elektrizität zu bilden *Säcker* RdE 2009, 305 (308 ff.); zur Diskussion um eine „Deutsche Netz AG" *Schulte-Beckhausen* RdE 2011, 77 (81 f.)). Die Regelung lässt offen, in welcher Weise und in welchem Umfang eine solche Zusammenarbeit erfolgt (Begr. RegE BT-Drs. 15/3917, 59).

30   Durch das EnWG und die Netzzugangsverordnungen sind über Abs. 1 S. 3 hinaus **zahlreiche Zusammenarbeitspflichten** der Netzbetreiber begründet worden. Zum Teil sind diese generalklauselartig als allgemeine Zusammenarbeitspflichten anlässlich bestimmter Netzvorgänge normiert: Allgemeine Zusammenarbeitspflichten finden sich außer in § 20 Abs. 1 S. 3 auch in §§ 11 Abs. 1, 12 Abs. 1, 14, 14d, 15 Abs. 1 (Netzbetrieb), § 20 Abs. 1a Abs. 4, § 20 Abs. 1b S. 5–9 (Netzzugang), § 22 Abs. 2 S. 4 (Beschaffung von Regelenergie). Daneben finden sich spezielle Zusammenarbeitspflichten, die sich insbesondere auf die gegenseitige Bereitstellung von Informationen beziehen (§§ 12 Abs. 2 und 4, 12b Abs. 3 S. 3; 13 Abs. 2 S. 2 und Abs. 7, 15 Abs. 2, 15a Abs. 4, 16 Abs. 2 S. 2; zu neuen Kooperationspflichten der Netzbetreiber durch das EnWG 2011 *Salje* RdE 2011, 325 (326 f.)). Auch in den Netzzugangsverordnungen finden sich Zusammenarbeitspflichten (§ 4 Abs. 4, § 15 Abs. 1, § 16 StromNZV; § 8 Abs. 6, § 9 Abs. 2 S. 2, Abs. 3 S. 5, § 11 Abs. 1 S. 2, Abs. 2 S. 3, § 17 Abs. 1 S. 3; § 21 Abs. 1, § 26, § 33 Abs. 7 S. 1, 4 GasNZV).

Die Zusammenarbeitserfordernisse verlangen einerseits kooperatives Verhalten der Netzbetreiber bei der **technischen und organisatorischen Abwicklung** der Netznutzung (näher *Britz* ZNER 2006, 91 f.; Schneider/Theobald Energie-WirtschaftsR-HdB/*de Wyl/Thole/Bartsch* § 17 Rn. 282 f.). Andererseits ist im Vorfeld der konkreten Netznutzung die **kooperative Erstellung abstrakt-genereller Regelwerke** durch die Netzbetreiber erforderlich, anhand derer der Netzzugang praktisch und organisatorisch abgewickelt werden kann. Das gilt insbesondere für die Entwicklung gemeinsamer Vertragsstandards für den Gasnetzzugang. Hier erfolgt die Zusammenarbeit durch die **Kooperationsvereinbarung Gas**, die auf Verbändeebene erarbeitet wird, um das von Abs. 1 b vorgegebene Gasnetzzugangsmodell umzusetzen (→ Rn. 134 f.). Durch die gesetzliche und verordnungsrechtliche (§ 8 Abs. 6 GasNZV) Verankerung der Zusammenarbeitspflicht hat die Kooperationsvereinbarung Gas einen „gesetzlichen Aufhänger" erhalten. Gleichwohl sind die Regelwerke nach wie vor nicht als Rechtsnormen anzusehen. Sie bleiben **behördlich und gerichtlich überprüfbar**. So kann die Regulierungsbehörde im Rahmen des Missbrauchsverfahrens nach § 30 Abs. 2 ein Verhalten des Netzbetreibers beanstanden, auch wenn dieses den Vorschriften des Verbandsregelwerks entspricht. Dann muss allerdings gezeigt werden, dass das Regelwerk die gesetzlichen Anforderungen in unzulässiger Weise konkretisiert (näher *Britz* ZNER 2006, 91 (93 f.)).

VII. Informationspflicht (Abs. 1 S. 4)

Abs. 1 S. 4 verpflichtet die Betreiber von Energieversorgungsnetzen über die Pflicht zur Veröffentlichung ihrer Entgelte, Konzessionsabgaben und Geschäftsbedingungen nach S. 1 hinaus, den Netznutzern Informationen zur Verfügung zu stellen, die sie benötigen, um ihren Netzzugangsanspruch in effizienter Form wahrnehmen zu können. Eine nähere Ausgestaltung dieser Verpflichtung ist in § 23 c erfolgt.

VIII. Massengeschäftstauglichkeit, Standardangebote (Abs. 1 S. 5)

Die Netzzugangsregelung soll nach Abs. 1 S. 5 **massengeschäftstauglich** sein. Die Bedingungen der Netzzugangsgewährung sollen danach so ausgestaltet werden, dass der Aufwand für die beteiligten Akteure (im Massengeschäft) möglichst gering ist, dh nach Möglichkeit standardisiert und automatisiert. In der Praxis hat die BNetzA zur Sicherstellung der Massengeschäftstauglichkeit im Strom- und Gasbereich verschiedene **Festlegungen** erlassen, die **Geschäftsprozesse und Datenformate** für den Informationsaustausch bei der Belieferung von Kunden mit Energie, bei den Kundenwechselprozessen und bei der Bilanzierung der Energiemengen, verbindlich vorgeben (Einstieg über www.bundesnetzagentur.de/DE/Be schlusskammern/BK06/BK6_83_Zug_Mess/NetzZ.html. Zu nennen sind hier die Festlegungen GPKE (→ Rn. 76) und GeLi Gas (→ Rn. 183) zur Ausgestaltung der **Kundenwechselprozesse**, die Festlegung MPES zur Ausgestaltung der **Marktprozesse für die Einspeisestellen Strom** (BNetzA Beschl. v. 29.1.2015 – BK6-14-110), die Festlegungen MaBiS (→ Rn. 103) und GABi Gas zum **Bilanzierungssystem** Strom und Gas (ausf. Überblick Vor § 22 und bei Theobald/Kühling/*Hartmann/Wagner* EnWG § 20 Rn. 93 ff.). Die entsprechenden Festlegungskompetenzen finden sich in § 29 Abs. 1 EnWG, § 27 StromNZV, § 50 GasNZV sowie in § 75 MsbG.

§ 20   Teil 3. Regulierung des Netzbetriebs

34   Darüber hinaus verfügt die Regulierungsbehörde nach den Ermächtigungen des § 28 StromNZV und des § 50 Abs. 7, 8 GasNZV über die Möglichkeit, **Standardangebote** festzulegen. Bei dem Standardangebot handelt es sich um einen Mustervertrag, der von einem bestimmten Netzbetreiber nach Aufforderung durch die Regulierungsbehörde dieser zur Prüfung vorgelegt und dann festgelegt wird. Folge der Festlegung eines Standardangebots ist keine marktweite Verpflichtung zur Einhaltung der Vorgaben wie bei § 27 StromNZV. Vielmehr beschränkt sich die Bindungswirkung der Festlegung eines Standardangebots allein auf den Netzbetreiber, der das Angebot vorgelegt hat (OLG Düsseldorf Beschl. v. 15.3.2017, VI-3 Kart 105/15 (V) Rn. 38). Im Gegensatz zur marktweiten Festlegung ermöglicht diese Vorgehensweise eine stärkere Berücksichtigung der besonderen Umstände des betroffenen Netzbetreibers. Soweit ersichtlich hat es bei keiner Regulierungsbehörde bislang ein solches Verfahren gegeben.

IX. Ermöglichung kurzfristigen (Börsen-)Handels

35   In § 20 ist keine Aussage zur Möglichkeit kurzfristiger Energiehandelsgeschäfte, insbesondere zu deren börslicher Abwicklung, getroffen worden. Gleichwohl sind durch § 20 wichtige Voraussetzungen eines kurzfristigen (Börsen-)Handels gewährleistet. Der Börsenhandel wie auch der kurzfristige bilaterale Handel mit Energie sind darauf angewiesen, dass **der Netzzugang transaktionsunabhängig** geregelt ist (*Zenke/Schäfer* Energiehandel § 14 Rn. 1ff.). Abs. 1 verlangt nicht ausdrücklich die Einführung transaktionsunabhängiger Netznutzungsmodelle. Abs. 1b S. 1 schreibt hingegen für die Ausgestaltung des Zugangs zu den Gasversorgungsnetzen explizit den Verzicht auf die Festlegung eines transaktionsabhängigen Transportpfades vor.

X. Ausnahmen von der Netzzugangspflicht

36   Die Möglichkeiten, ausnahmsweise von den Netzzugangspflichten befreit zu werden, richten sich nach Art. 63 Elt-VO 19, Art. 30 Gasfernleitungs-VO 09, §§ 20 Abs. 2 iVm 13, § 25 und § 28a.

XI. Verhältnis zu anderen Vorschriften

37   Die Netzzugangsbestimmungen der Elt-VO 19 und der Gasfernleitungs-VO 09 sind neben § 20 Abs. 1 anwendbar und haben **im Zweifel Vorrang.** Das Verhältnis zu den Vorschriften des deutschen und europäischen Wettbewerbsrechts richtet sich nach § 111. § 21 ist hinsichtlich der Anforderungen an die Netzzugangsbedingungen und -entgelte im Verhältnis zu § 20 Abs. 1 die speziellere Norm, schließt einen Rückgriff auf die materiellrechtlichen Kriterien des § 20 Abs. 1 jedoch nicht aus. Der Zugang zu den vorgelagerten Rohrleitungsnetzen und zu Speicheranlagen im Bereich der leitungsgebundenen Versorgung mit Erdgas sowie zu reinen Wasserstoffnetzen ist in §§ 26ff. spezieller geregelt; § 20 Abs. 1 ist insoweit nicht anwendbar. Die Vorschriften über den Netzbetrieb (§§ 11ff.) haben einen eigenständigen Regelungsgegenstand und sind neben § 20 Abs. 1 anwendbar.

C. Zugang zu den Stromversorgungsnetzen (Abs. 1a)

I. Vertragsverhältnisse nach Abs. 1a im Überblick

Abs. 1a enthält die für die Ausgestaltung des Rechts auf Netzzugang notwendi- 38
gen wesentlichen Vertragsverhältnisse. Diese Vertragsverhältnisse werden in der
StromNZV konkretisiert. Abzuschließen ist ein **Netznutzungsvertrag** (§§ 20
Abs. 1a S. 1 EnWG iVm 24 StromNZV), der auch in Form eines **Lieferantenrahmenvertrags** geschlossen werden kann (§§ 20 Abs. 1a S. 2 EnWG iVm 25
StromNZV).

Der Netznutzungsvertrag/Lieferantenrahmenvertrag (NNV/LRV) regelt die 39
Verpflichtung des Netzbetreibers, dem Netznutzer das Netz diskriminierungsfrei
zur Entnahme oder Einspeisung von Elektrizität gegen ein vom Netznutzer zu zahlendes Entgelt zur Verfügung zu stellen. Der Netznutzer ist dabei **üblicherweise
ein Lieferant,** kann aber grundsätzlich **auch jeder Letztverbraucher** sein, im
Bereich der Hoch- und Mittelspannung beispielsweise große Industrieunternehmen.

Haushaltskunden schließen in aller Regel keinen eigenen Netznutzungsver- 40
trag ab. Sie stehen über den Energieliefervertrag mit ihrem Lieferanten, der die
Netznutzung für seine Kunden über den Lieferantenrahmenvertrag mit dem Netzbetreiber abwickelt, in einem sog. All-inclusive-Vertragsverhältnis (→ Rn. 74).
Gem. Abs. 1a S. 5 ist die Einbindung in ein Bilanzkreissystem Voraussetzung für
den vertraglichen Anspruch auf Netzzugang. Insofern ist durch den Netzzugangspetenten auch ein in § 26 StromNZV inhaltlich näher ausgestalteter und durch entsprechende Festlegungen der BNetzA standardisierter **Bilanzkreisvertrag** abzuschließen (→ Rn. 78, auch → § 23 Rn. 30).

Nicht Gegenstand der Regelung des § 20 Abs. 1a sind hingegen der sog. Netz- 41
anschlussvertrag, der Anschlussnutzungsvertrag und der Stromlieferungsvertrag
(→ Rn. 78).

II. Entstehungsgeschichte

Mit Abs. 1a wurde die Forderung des Bundesrats (BT-Drs. 15/3917, 82) erfüllt, 42
grundlegende Aussagen über das Modell des Netzzugangs bei Strom ins Gesetz aufzunehmen. Im Regierungsentwurf des EnWG 2005 war eine entsprechende Regelung nicht enthalten. Die Bundesregierung hatte aber bereits in ihrer Gegenäußerung (BT-Drs. 15/4068, 4) erklärt, dass es nach Abschluss der Arbeiten an den
Netzzugangs- und Netzentgeltverordnungen sachgerecht sein könne, die gesetzlichen Bestimmungen durch Übernahme konkretisierender Regelungen aus den
Verordnungsentwürfen zu ergänzen. Tatsächlich sind dann einige zentrale Bestimmungen aus einem Referentenentwurf der StromNZV in § 20 Abs. 1a verschoben
worden. Die Vorgaben des § 20 Abs. 1a sind daher im unmittelbaren Zusammenhang mit den Bestimmungen der §§ 23–26 StromNZV zu lesen.

Seit dem Beginn der Strommarktliberalisierung hatte sich in der Praxis nach und 43
nach ein Modell zur rechtlichen und organisatorischen Gestaltung der Netzzugangsabwicklung herausgebildet. Eine maßgebliche Rolle spielte dabei zunächst
das **verbandsautonome Netzrecht** in Form von zwischen den Verbänden vereinbarten **(technischen) Regelwerken** (→ Rn. 29–31). Gegenstand dieses verbandsautonomen Netzrechts waren auch Musterverträge, die allerdings für die

§ 20 Teil 3. Regulierung des Netzbetriebs

Beteiligten nur eingeschränkte Rechtsbindung entfalteten, da sie einer individualrechtlichen Einbeziehung bedurften (*Theobald/Theobald* Grundzüge EnergiewirtschaftsR Rn. 248). Mit Inkrafttreten der StromNZV wurden die Inhalte der notwendig abzuschließenden Vertragsverhältnisse konkretisiert und der BNetzA in § 27 StromNZV hinsichtlich der inhaltlichen Ausgestaltung weitere umfangreiche Festlegungskompetenzen eingeräumt.

44 Aufgrund der Notwendigkeit einer massentauglichen und rechtssichern Grundlage für die Vielzahl von Netznutzungsverhältnissen hat die BNetzA von ihrer Festlegungskompetenz umfassend Gebrauch gemacht und Inhalt und Form von notwendigen Vertragsverhältnissen in mehreren Festlegungen konkretisiert (→ Rn. 76). Viele Rechtsfragen, die sich aus der Heterogenität der bis dahin im Umlauf befindlichen Vertragsmuster ergeben hatten, haben sich durch die Festlegungen der Behörde weitgehend erledigt.

III. Technisch-organisatorischer Hintergrund des Netzzugangsmodells

45 Die Komplexität der für die Ausgestaltung des Netzzugangs erforderlichen Vertragsverhältnisse ist den technisch-organisatorischen Bedingungen des Stromnetzzugangs geschuldet. Das den Netzzugang ausgestaltende Vertragskonstrukt dient letztlich vor allem der **Abbildung einer Vielzahl physikalischer und wirtschaftlicher Ausgleichsmaßnahmen.** Ziel dieser Maßnahmen ist es, Abweichungen zwischen Stromeinspeisungen ins und Stromentnahmen aus dem Netz physikalisch zwecks Sicherstellung eines stabilen Netzbetriebs möglichst zu verhindern und die tatsächlichephysikalische, organisatorische und wirtschaftliche Verantwortlichkeit für den Ausgleich individuell zuordnen zu können (→ Vor §§ 22f. Rn. 20ff.). Für diese Zuordnung bietet das in § 20 Abs. 1a skizzierte Vertragsgeflecht die rechtliche Grundlage.

46 **Das Vertragsgeflecht realisiert** im Wesentlichen **drei grundlegende technisch-organisatorische Anforderungen:** Erstens löst es den Widerspruch auf, dass zwar einerseits jeder Netznutzungsvorgang potenziell das gesamte Netz betrifft und sich physikalisch individuelle Nutzungsvorgänge kompensieren, dass aber andererseits aus wirtschaftlich-rechtlichen Gründen eine Individualisierung der Netznutzungsvorgänge unerlässlich ist (→ Rn. 47ff.). Zweitens steigert das Vertragsmodell die Effektivität des Netzzugangs dadurch, dass – obwohl ein Netznutzungsvorgang die Netze unterschiedlicher Eigentümer betrifft – der Netznutzer nur mit einem Netzbetreiber in vertragliche Beziehungen treten muss (→ Rn. 50). Drittens regelt es die Verantwortlichkeit von ÜNB und VNB für physikalische Ausgleichsleistungen einerseits und der Netznutzer und BKV für den wirtschaftlichen Ausgleich andererseits (→ Rn. 54ff.).

47 **1. Technischer „Gesamtnetzcharakter" und organisatorischer „Individualisierungsbedarf". a) Gesamtnetzcharakter. Aus physikalischer Sicht** lässt sich der rechtlich-wirtschaftliche Vorgang einer Stromtransaktion im Netz weder hinsichtlich der beteiligten Akteure individualisieren noch geografisch lokalisieren. Es lassen sich zwar ein Ort der Einspeisung und ein Ort der Entnahme ausmachen (zur Bedeutung der Ausgleichsenergie → Vor §§ 22f. Rn. 8ff.). Sowohl die Einspeisung als auch die Entnahme betreffen jedoch jeweils das gesamte Netz. Das Stromnetz ist physikalisch gesehen im Wesentlichen ein einheitliches Netz. Es ergibt sich das Bild einer virtuellen „Kupferplatte", das bedeutet, dass Einspeisung

und Entnahme von elektrischer Energie, egal an welchem Ort, zeitgleich möglich ist. Dies gilt zunächst für die Übertragungs- und Elektrizitätsverteilungsnetze innerhalb Deutschlands. Aufgrund grenzüberschreitender Verbindungsleitungen besteht darüber hinaus ein europaweites Stromnetz. Durch einen Netznutzungsvorgang ist nicht nur das Netz derjenigen Netzbetreiber berührt, bei denen Strom eingespeist oder entnommen wird, sondern auch andere Teile des Gesamtnetzes. Lediglich der technische Anschluss, der für Einspeisung und Entnahme erforderlich ist, ist physikalisch auf jeweils ein bestimmtes Netz bezogen. Im Übrigen **verteilen sich Effekte der Einspeisung oder Entnahme** sofort **auf das gesamte Netz.** Dies führt auch dazu, dass sich die an verschiedenen Netzen vorgenommenen Einzeleinspeisungen und Einzelentnahmen tatsächlich im Wesentlichen so weit ausgleichen, wie die Gesamtsumme der Einzelentnahmen von der Gesamtsumme der Einzeleinspeisungen gedeckt ist. Aus Sicht der Transportnetzbetreiber ist hinsichtlich physikalischer Ausgleichsmaßnahmen vor allem der **Gesamtsaldo** der Einspeisungen und Entnahmen interessant, ohne dass es darauf ankäme, aus welchen individuellen Vorgängen dieser Gesamtsaldo resultiert. Nur hinsichtlich der Ausgeglichenheit des Gesamtsaldos sind physikalische Ausgleichsmaßnahmen des Netzbetreibers erforderlich.

b) Individualisierungsbedarf. Gleichwohl ist es infolge der Öffnung des Netzes für Dritte, die ihre Stromgeschäfte hierüber abwickeln wollen, erforderlich, die **Einzelsalden** zu betrachten und diesen aus buchhalterischen Gründen wirtschaftlich und rechtlich Rechnung zu tragen. Zwar gleichen sich Einspeisungen und Entnahmen in der Summe zu einem großen Teil aus. Sieht man auf das individuelle Netznutzungsverhältnis, decken sich Einspeisung und Entnahme jedoch in der Regel keineswegs. Vielfach gründet sich beispielsweise die benötigte Energiemenge des Lieferanten auf (Last-)Prognosen, die im Verlaufe des prognostizierten Zeitraumes vom tatsächlichen Lastverlauf abweichen. Dass es insgesamt zu einem weitgehend ausgeglichenen Verhältnis kommt, liegt daran, dass die im einen Netznutzungsverhältnis auftretende Mindereinspeisung durch die in anderen Netznutzungsverhältnissen auftretenden Mehreinspeisungen ausgeglichen wird. Selbstverständlich müssen aber diejenigen, in deren Netznutzungsverhältnis mehr Strom entnommen als eingespeist wird, einen Preis dafür zahlen, dass ihr zusätzlicher Bedarf „fremdgedeckt" wird. Umgekehrt haben diejenigen, die dem Gesamtnetz mehr Strom zur Verfügung stellen, als für ihr individuelles Netznutzungsverhältnis benötigt wird, ein Interesse daran, dass ihnen dieser zusätzliche Strom vergütet wird. Darum ist es erforderlich, Ungleichheiten der Ein- und Ausspeisung grundsätzlich auf der Ebene des individuellen Netznutzungsverhältnisses zu betrachten. 48

Grundelement des gesamten Ausgleichsmechanismus ist darum die Erstellung einer **Bilanz der Einspeisung und Entnahme** bezüglich jedes individuellen Netznutzungsverhältnisses (zu den Möglichkeiten der Vermeidung individueller Bilanzabweichungen mittels einer Aggregierung individueller Salden im Rahmen des sog. Bilanzkreissystems → Rn. 95 ff.). Das Recht trägt dem zum einen dadurch Rechnung, dass für Netznutzungsvorgänge individuelle Netznutzungsverträge zu schließen sind (§ 20 Abs. 1 a S. 1). Zum anderen ist jedes einzelne Netznutzungsverhältnis im Bilanzkreissystem abzubilden (§ 20 Abs. 1 a S. 5, → Rn. 95 ff.). 49

2. Nutzung mehrerer Teilnetze und „Ein-Vertrag-Modell". a) Nutzung mehrerer Netze. Ein rechtliches Netzzugangsmodell muss zudem dem Umstand Rechnung tragen, dass das Netz in Deutschland eigentumsrechtlich in zahlreiche Teilnetze aufgeteilt ist und eine Netznutzung verschiedene Teile des Gesamtnetzes 50

§ 20 Teil 3. Regulierung des Netzbetriebs

berührt. Das gesamte Stromnetz umfasst **verschiedene Spannungsebenen,** die jeweils durch **Umspannwerke** miteinander verbunden sind. In Deutschland wird zwischen Höchstspannungsnetzen, Hochspannungsnetzen, Mittelspannungsnetzen und Niederspannungsnetzen unterschieden. Die erste Netzebene gilt als Übertragung (§ 3 Nr. 32), die beiden letzten Netzebenen als Verteilung (§ 3 Nr. 37). Hochspannungsnetze können beides sein (§ 3 Nr. 32, 37). Verschiedene Netze einer Spannungsebene sind in der Regel nicht direkt miteinander, sondern nur mit der nächst höheren oder mit der niedrigeren Ebene verbunden. Aus verschiedenen Gründen ist es technisch nicht möglich bzw. wirtschaftlich nicht sinnvoll, flächenmäßig ausgedehnte Netze auf niedriger Spannungsebene zu betreiben (Zander/Riedel/Kraus Energiebeschaffung-HdB/*Zander* Teil II Kap. 1.1.2 S. 5). Mittelbar sind die verschiedenen Netze einer Spannungsebene damit aber über die nächsthöheren Netze verbunden. Diese Verbindung kommt beim Netznutzungsvorgang zum Tragen, weil für die Abwicklung einer Netznutzung unterschiedliche Spannungsebenen und damit **Netze unterschiedlicher Netzbetreiber** genutzt werden.

51 Welche Netze für die Stromübertragung als „genutzt" gelten, ergibt sich aus dem **elektronischen „Verbindungsweg"** zwischen dem Einspeise- und dem Entnahmeort. Zwar darf die Netznutzung nicht als physikalischer Transportvorgang vom Ort der Einspeisung zum Ort der Entnahme verstanden werden (→ Vor §§ 20ff. Rn. 5). Gleichwohl werden sowohl neben den Netzen, in die die Einspeisung erfolgt, als auch neben den Netzen, aus denen die Entnahme erfolgt, jeweils die höheren Netzebenen potenziell vom Netznutzungsvorgang berührt, weil der Ausgleich von Einspeisungs-/Entnahmedifferenzen auf den unteren Netzebenen über diese überlagerten Netzebenen erfolgt. Aus den überlagerten Netzen erfolgt die physikalische Abgabe von zusätzlich benötigtem Strom bei negativer Abweichung im nachgelagerten Netz. In die überlagerten Netze erfolgt umgekehrt auch die Übernahme bei positiver Abweichung von Einspeise- und Entnahmemengen im nachgelagerten Netz.

52 **b) Ein-Vertrag-Modell.** Für den Netznutzer ist die „Benutzung" der unterschiedlichen Spannungsebenen allerdings nicht sichtbar: Seine wirtschaftlichen Transaktionen beschränken sich auf das Netz, aus dem seine Entnahme erfolgt („Anschlussnetz"). Der Netznutzer schließt gem. § 20 Abs. 1a S. 1 einen einzigen Netznutzungsvertrag mit demjenigen EVU („Anschlussnetzbetreiber"), aus dessen Netz der Strom entnommen werden soll („Ein-Vertrag-Modell"). In der Regel ist dies ein Netz der Verteilerebene, in Ausnahmefällen, etwa bei großen Industriekunden, auch die Hochspannungsebene. Der Netznutzungsvertrag dient dabei auch der Festlegung des Netznutzungsentgelts zwischen den Vertragspartnern. Dieses beinhaltet dabei auch die Kosten für die vorgelagerten Netze. Im Übrigen wird das **Gesamtnetz für den Netznutzer als einheitliches Netz fingiert,** ohne dass er sich um die unterschiedlichen betroffenen Netzebenen kümmern müsste.

53 Bereits mit der VV Strom II wurde in Deutschland der sog. **Netzpunkttarif** eingeführt („Point of Connection Tariff"/**„transaktionsunabhängiges Punktmodell",** s. jetzt § 15 Abs. 1 S. 1 StromNEV). Hierbei wird die Benutzung der Spannungsebene, an den der Kunde angeschlossen ist, sowie aller höheren Spannungsebenen bis einschließlich des Höchstspannungsnetzes unterstellt. Weil die Transaktionen auf die Höchstspannungsebene bezogen werden, ist insoweit auch vom **„Marktplatzmodell"** die Rede (*Schneider/Theobald* EnergieWirtschaftsR-HdB/*de Wyl/Thole* § 16 Rn. 230). Grundsätzlich ist für jedes benutzte Teilnetz, also für jede Spannungsebene (vgl. § 17 Abs. 1 S. 2 StromNEV), ein (entfernungs-

Zugang zu den Energieversorgungsnetzen § 20

unabhängiges § 17 Abs. 1 S. 1 StromNEV) Entgelt („Briefmarke") zu zahlen. Das gesamte Netznutzungsentgelt ergibt sich dann aus der Summe aller Einzelentgelte der benutzten Netzebenen. Die Entgelte („Briefmarken") für alle genutzten Spannungsebenen werden zu einem einheitlichen Entgelt zusammengefasst, das nur an den Netzbetreiber zu zahlen ist, an dessen Netz der unmittelbare Anschluss besteht (Zander/Riedel/Kraus Energiebeschaffung-HdB/*Zander* Teil II Kap. 1.1.2 S. 7). Mit der organisatorischen Abwicklung der Nutzung der nachgelagerten Netze hat der Netznutzer hingegen nichts zu tun. Dies wird vielmehr durch den Anschlussnetzbetreiber für den Netznutzer erledigt. Vertragliche Ansprüche gegen andere Netzbetreiber als den Anschlussnetzbetreiber bestehen nicht. Allerdings muss der Anschlussnetzbetreiber sicherstellen, dass er dem Anschlusspetenten den Zugang zum gesamten Netz verschafft. Dies beinhaltet auch den Zugang zu den eigentumsrechtlich nachgelagerten Netzen anderer Netzbetreiber. Um dies sicherzustellen, ist in § 20 Abs. 1 a S. 4 eine Zusammenarbeitspflicht aller Netzbetreiber verankert.

3. Ausgleichsmaßnahmen. a) Erfordernis physikalischen Ausgleichs. Im 54 Rahmen der technisch-physikalischen Abwicklung des Netzzugangs haben die Netzbetreiber verschiedene Aufgaben zu erfüllen. Zum einen müssen sie die Leistung der Übertragung (ÜNB) bzw. der Verteilung (VNB) erbringen. Dafür muss insbesondere hinreichend Übertragungs- und Verteilungskapazität vorhanden sein. Daneben sind die sog. **„Systemdienstleistungen"** zu erbringen. Dies sind Frequenzhaltung, Spannungshaltung, Versorgungswiederaufbau und Betriebsführung (TransmissionCode 2007, Ziff. 5.1; DistributionCode 2007, Ziff. 4.1).

Im Rahmen dieser Systemdienstleistungen besteht eine besonders wichtige Auf- 55 gabe der Netzbetreiber darin, die Ausgeglichenheit von Einspeisungen und Entnahmen in das und aus dem Netz zu jedem Zeitpunkt sicherzustellen. Abnahme und Einspeisung von Strom durch die Marktteilnehmer unterliegen typischerweise **kurzfristigen Schwankungen,** die **nicht vorhersehbar** sind. Einerseits kann es zu Kraftwerksausfällen oder Leitungsschäden kommen, sodass die tatsächlichen Einspeisungsmengen – bei Leitungsausfall auch die Entnahmemengen – von den ursprünglich veranschlagten Mengen abweichen. Andererseits lassen sich Einspeise- und Entnahmeumfang im Stromsektor auch im Normalbetrieb nicht präzise vorhersagen. Auf Seiten der Einspeisung sind insbesondere die aus erneuerbaren Energiequellen abzunehmenden Strommengen nicht mit Sicherheit kalkulierbar, sofern sie naturbedingten Schwankungen unterliegen. Auf Seiten der Entnahme ist insbesondere im Bereich der Haushaltskundenversorgung (§ 3 Nr. 22) niemals mit Sicherheit prognostizierbar, wie viel Strom tatsächlich abgenommen wird. Die eingeschränkte Prognostizierbarkeit des tatsächlichen Strombedarfs ist eines der wesentlichen Merkmale der Stromwirtschaft. Verstärkt wird der Effekt noch durch die **fehlende Speicherbarkeit** von Strom, die dazu führt, dass Abweichungen nicht über Zeitperioden kompensierbar sind. Aus grundsätzlichen physikalisch-technischen Gründen muss jedoch zu jedem Zeitpunkt die Leistungsbilanz zwischen Erzeugung und Abnahme (einschließlich der Netzverluste) ausgeglichen sein. Bereits kurze Abweichungen in der Leistungsbilanz von nur wenigen Sekunden führen zu spürbaren Veränderungen der Netzfrequenz und der Spannungshöhe. Daher muss jedes Netz hinsichtlich der Frequenzhaltung und der Spannungshaltung geregelt werden (Zander/Riedel/Kraus Energiebeschaffung-HdB/*Zander* Teil II Kap. 1.1.2 S. 17).

In der Vergangenheit wiesen die Stromnetze in Deutschland regelmäßig Erzeu- 56 gungsdefizite aus. Durch den erheblichen Zubau von dezentralen Erzeugungsanla-

§ 20 Teil 3. Regulierung des Netzbetriebs

gen insbesondere im Bereich der erneuerbaren Energien hat sich dieser Zustand mittlerweile ins Gegenteil verkehrt. Vermehrt gibt es Erzeugungsüberschüsse, die aus **physikalischer Sicht** erhebliche Anforderungen an die Bilanzausgeglichenheit der Netze stellen. Ein wesentlicher Teil der Netzausbaumaßnahmen der jüngsten Zeit ist insbesondere dem Zubau der dezentralen regenerativen Erzeugungsanlagen geschuldet. Dies liegt unter anderem daran, dass das Aufkommen von erzeugter Windenergie im Norden Deutschlands nur zu einem Teil durch entsprechende Bedarfe gedeckt wird und in die Lastschwerpunkte in der Mitte und im Süden des Landes transportiert werden muss.

57 Sofern die Netze physikalisch dennoch nicht in der Lage sind, die angebotenen Energiemengen aufzunehmen, ist der Netzbetreiber berechtigt, Erzeugungsanlagen abzuregeln (**sog. Redispatch- Maßnahmen**). Für den Anlagenbetreiber ist in diesem Fall ein wirtschaftlicher Ausgleich zu schaffen.

58 Dieser Umstand führt in der aktuellen Debatte um die Fortentwicklung des Energierechts zum einen zur Fragestellung, ob und inwieweit von Einspeisern regenerativer Energie auch Einspeiseentgelte zu entrichten sind, um eine wirtschaftliche Beteiligung am Ausbau der Netze sicherzustellen. Zum anderen werden vermehrt Überlegungen angestellt, durch weitere Zusammenarbeitsformen zwischen den Netzbetreibern und ein **intelligentes Lastmanagement** eine Vergleichmäßigung von Angebot und Nachfrage von Energiemengen zu erreichen (vgl. Theobald/Kühling/*Missling* EnWG § 14a Rn. 5).

59 **b) Regelungsaufgabe der Übertragungsnetzbetreiber.** Diese Regelung ist letztlich Aufgabe der ÜNB (vgl. § 3 Nr. 30; näher → § 12 Rn. 41 ff.; zu Ausgleichsaufgaben der VNB → Rn. 66). Bereits vor Verabschiedung des neuen EnWG waren die Netze der deutschen ÜNB in sog. Regelzonen aufgeteilt worden. Das Netz eines jeden ÜNB einschließlich der nachgelagerten Netzebenen bildet eine von derzeit vier Regelzonen. Der ÜNB ist dafür zuständig, innerhalb seiner **Regelzone** auftretende Bilanzabweichungen, dh Überschuss- oder Fehlmengen der einzelnen Marktteilnehmer, physikalisch abzunehmen oder bereitzustellen.

60 Die Einteilung der Regelzonen geht auf die Strommarktorganisation auf **europäischer Ebene** zurück, auf die sich auch die Definition der Regelzone in § 3 Nr. 30 bezieht. Tatsächlich werden die Netzaufgaben keineswegs allein auf nationaler Ebene wahrgenommen. Vielmehr arbeiten hier zahlreiche europäische Länder im Rahmen der Regionalgruppe Kontinentaleuropa des ENTSO-E -Verbundnetzes zusammen (→ Rn. 89 ff.).

61 An dem auf der Höchstspannungsebene angesiedelten Verbundnetz sind auf deutscher Seite die **vier ÜNB** mit Regelzonenverantwortung beteiligt (namentlich genannt → § 3 Nr. 10a). Kurzfristige Leistungsbilanzschwankungen werden als sog. Primärregelung im Rahmen des Netzes der Regionalgruppe Kontinentaleuropa (früher UTCE) gemeinsam ausgeregelt (TransmissionCode 2007, Ziff. 5.2.2.1 und Anh. D1 Ziff. 3.1). Darüber hinaus ist jeder Verbundnetzpartner (in Deutschland also die ÜNB) verpflichtet, im Wege der Sekundärregelung innerhalb kurzer Zeit seine Leistungsbilanz selbst eigenverantwortlich auszugleichen (TransmissionCode 2007, Ziff. 5.2.2.2 und Anh. D2 Ziff. 3.1).

62 Dabei kommt ihnen allerdings zugute, dass sich die einzelnen Fehl- und Überschussmengen der Marktteilnehmer in der Regelzone eines ÜNB zu einem großen Teil bereits gegenseitig ausgleichen (Zander/Riedel/Kraus Energiebeschaffung-HdB/*Zander* Teil II Kap. 1.1.2 S. 16). Sofern sich die Differenzen nicht gegenseitig aufheben, muss der ÜNB tatsächlich für Ausgleich der verbleibenden Überschuss-

bzw. Fehlmenge sorgen (vgl. TransmissionCode 2007, Ziff. 1.1. Abs. 1, 1. Spiegelstrich).

c) Wirtschaftliche Verantwortung für Abweichungen durch Netznutzung. Im Rahmen der Netznutzung durch Dritte besteht ein Ausgleichsbedarf dann, wenn das liefernde Unternehmen nicht die prognostizierte Menge einspeist oder der Kunde nicht die prognostizierte Strommenge abnimmt. Grundsätzlich handelt es sich hierbei nicht um eine Besonderheit der Netznutzung durch Dritte. Auch ohne Netznutzung Dritter sind die Einspeise- und Abgabemengen für den Netzbetreiber nicht präzise prognostizierbar, sodass er positive oder negative Ausgleichsleistungen erbringen muss. Die wirtschaftliche **Verantwortung für Abweichungen** hat sich jedoch vom nachgelagerten Netzbetreiber **auf das Netznutzungsverhältnis verlagert** und wird durch den sog. **Bilanzkreisverantwortlichen** wahrgenommen. Früher konnten die mit der Regelenergieleistung verbundenen Kosten oder Ersparnisse als allgemeine Systemdienstleistungen unmittelbar den nachgelagerten Netzbetreibern in Rechnung gestellt bzw. gutgeschrieben werden. Der nachgelagerte Netzbetreiber hatte die finanzielle Verantwortung für eine ausgeglichene Bilanz innerhalb seines Netzbereichs zu tragen. Dies war vor der Öffnung der Versorgungsmonopole angemessen, da der Betreiber des Verteilernetzes selbst die Mengen eingespeisten Stroms steuern konnte. Im liberalisierten System gestaltet sich dies allerdings erheblich schwieriger. Alle Abnehmer und Einspeiser können jederzeit Strom aus dem Netz entnehmen oder in dieses einspeisen. Der Verteilernetzbetreiber hat damit nicht mehr die Kontrolle über die eingespeisten Mengen und kann darum auch nicht die Verantwortung für eine ausgeglichene Leistungsbilanz übernehmen. Diese muss vielmehr bei den Netznutzern liegen, die für Abweichungen zwischen Einspeisung und Entnahme einzustehen haben. Abweichungen müssen mit dem regelzonenverantwortlichen ÜNB abgerechnet werden.

63

Organisatorisch und finanziell wird dies über das in § 20 Abs. 1 a S. 5 angedeutete **Bilanzkreissystem** und die Rolle des BKV abgewickelt, der einen möglichst ausgeglichenen Bilanzkreissaldo innerhalb seines Bilanzkreises sicherzustellen hat (TransmissionCode 2003, Ziff. 3.1 Abs. 12).

64

d) Einbindung des Verteilernetzbetreibers. Durch dieses Bilanzkreissystem wird die **VNB-Ebene bei der Bilanzierung übersprungen,** weil der BKV unmittelbar mit dem ÜNB interagiert. Es werden also nicht erst noch Salden pro Verteilernetz gebildet, obwohl die Anschlüsse für Einspeisung und Entnahme regelmäßig an den Verteilernetzen bestehen. Damit wird innerhalb einer Regelzone ein „Einheitsnetz" fingiert, das die Eigentumsverhältnisse am Netz ignoriert. Dies vereinfacht den Bilanzierungsvorgang. Es ist sachgerecht, da der VNB keine Verantwortung für die Ausgeglichenheit von Einspeisung und Entnahme in seinem Netz trägt.

65

Gleichwohl hat auch der VNB im Rahmen der Netzzugangsabwicklung bestimmte Aufgaben wahrzunehmen:

66

– Typischerweise bilden Verteilernetze die Anschlussnetze für Ein- und Ausspeisung, sodass der VNB den **Netzanschluss** ermöglichen muss.
– Daneben hat der VNB eigene physikalische **Ausgleichsleistungen** zu erbringen: Zwar werden die sog. Regelleistungen vom ÜNB erbracht. Jedoch sind die VNB zum einen für den **Ausgleich der Netzverluste** in ihren Netzen zuständig (§ 10 StromNZV, TransmissionCode 2007, Ziff. 4.3) (→ Vor § 22 Rn. 1 ff.).
– Zum anderen werden Ausgleichsleistungen der VNB bei der Anwendung sog. **Lastprofilverfahren** (§§ 12 f. StromNZV) erforderlich.

§ 20

67 Die Verwendung von **Lastprofilen** erleichtert die Organisation des Netzzugangs. Sie bieten eine Methode, die Abweichungen zwischen Einspeisungen und Entnahmen möglichst gering zu halten. Sofern es sich (bei Großkunden) lohnt, den Verbrauch zeitgleich im Wege der „registrierenden Lastgangmessung" zu bestimmen, kann auch die zugehörige Einspeisemenge entsprechend prognostiziert werden; es bedarf dann keines Lastprofilverfahrens. Die Installation entsprechender Geräte lohnte jedoch nicht bei der Belieferung von Kleinkunden. In diesem Fall erfolgt zwar die für die Abrechnung erforderliche Arbeitszählung, nicht jedoch eine Lastgangzählung (vgl. § 12 Abs. 1 S. 1 StromNZV aF). Hier bot und bietet das Lastprofilverfahren eine vereinfachte Abwicklungsmethode: Der Lieferung werden bestimmte Kundenlastprofile zugrunde gelegt (zur Unterscheidung zwischen analytischem und synthetischem Verfahren Zander/Riedel/Kraus Energiebeschaffung-HdB/*Ohlms/Evers* Teil II Kap. 1.3.2 S. 21). Diese Kundenlastprofile enthalten aufgrund verschiedener Erfahrungswerte eine Prognose über das künftige Verbrauchsverhalten seines Abnehmers (vgl. § 13 Abs. 1 StromNZV). Der Lieferant deckt präzise den sich aus dem Lastprofil ergebenden Strombedarf (DistributionCode 2007, Ziff. 3.8 Abs. 2). Als eine zusätzliche Alternative ist in § 12 Abs. 1 S. 1 StromNZV die Möglichkeit der **Zählerstandsgangmessung** (vgl. § 2 Nr. 13 StromNZV) eröffnet.

68 Da das Lastprofil lediglich eine auf statistischen Annahmen beruhende Prognose ist, kommt es regelmäßig zu Abweichungen zwischen Profil und tatsächlicher Abnahme und damit auch zu Abweichungen zwischen (strikt nach Lastprofil) gelieferter Menge und tatsächlich abgenommener Menge. Dies **auszugleichen ist Aufgabe des VNB:** Er stellt die im Jahresverlauf auftretenden Mehr-/Mindermengen bereit bzw. nimmt diese auf (DistributionCode 2007, Ziff. 3.8 Abs. 9; VDN, Kommentarband, Ziff. 3.3; s. auch § 13 Abs. 2 StromNZV). Diese Mehr- und Mindermengen werden finanziell zwischen VNB und Lieferant bzw. Kunden ausgeglichen (§ 13 Abs. 3 StromNZV). Der VNB hat einen sog. Differenzbilanzkreis einzurichten, der die Gesamtheit der (von ihm ausgeglichenen) Abweichungen des tatsächlichen Verbrauchs der Lastprofilkunden vom mittels der Profile prognostizierten Verbrauch erfasst (§ 12 Abs. 3 StromNZV).

IV. Netznutzungs- und Lieferantenrahmenvertrag (Abs. 1 a S. 1, 2)

69 **1. Netznutzungsvertrag.** Grundbedingung für den Zugang zu Netzen ist der Abschluss eines **Netznutzungsvertrags**. Gem. § 20 Abs. 1 a S. 3 vermitteln der Netznutzungsvertrag oder der Lieferantenrahmenvertrag den Zugang zum gesamten Elektrizitätsversorgungsnetz. Die nach dem Netznutzungsvertrag durch den Netzbetreiber zu erbringende Leistung besteht darin, die für die Stromversorgung des Letztverbrauchers erforderliche **Netzinfrastruktur vorzuhalten** und **Netzdienste zu erbringen.** Der Netznutzer schuldet im Gegenzug ein **Netznutzungsentgelt.** Die Berechnung des Entgelts ist in verschiedenen Begleitnormen ua der StromNEV und der ARegV geregelt. Nicht erfasst ist hingegen die technische Anbindung (Netzanschluss) (Schneider/Theobald EnergieWirtschaftsR-Hdb/*de Wyl/Thole* § 16 Rn. 328). Der Abschluss des Vertrags ist nach der Auffassung der BNetzA eine **Obliegenheit** des Netzzugangspetenten (vgl. Stellungnahme der BNetzA zu Fragen des Lieferantenrahmenvertrags BK6-06-036; Schneider/Theobald EnergieWirtschaftsR-HdB/*deWyl/Thole/Bartsch* § 17 Rn. 231). Gem. § 23 Abs. 1 S. 2 StromNZV ist der Betreiber eines Elektrizitätsversorgungsnetzes

Zugang zu den Energieversorgungsnetzen § 20

verpflichtet, innerhalb von sieben Arbeitstagen dem Netzzugangspetenten ein vollständiges und bindendes Angebot zu unterbreiten.

a) Vertragspartner. Der Vertrag wird zwischen **Letztverbrauchern** von 70
Elektrizität oder **Lieferanten** einerseits und dem Energieversorgungsunternehmen, aus dessen Netz die Entnahme und in dessen Netz die Einspeisung von Elektrizität erfolgen soll, andererseits geschlossen. Hinsichtlich des Begriffs des „**Energieversorgungsunternehmen**s" ist dabei auf die Legaldefinition des § 3 S.1 Nr. 18 EnWG zurückzugreifen. Danach sind Energieversorgungsunternehmen „natürliche oder juristische Personen, die andere mit Energie versorgen oder ein Energieversorgungsnetz betreiben".

Letztverbraucher sind gem. § 3 Nr. 25 nur jene Kunden, die Energie für den 71
eigenen Verbrauch kaufen. Lieferanten sind gem. § 2 Nr. 5 StromNZV Unternehmen, deren Geschäftstätigkeit auf den Vertrieb von Elektrizität gerichtet ist. **Stromhändler** sind demnach nur erfasst, sofern sie im Netznutzungsverhältnis als Lieferanten beteiligt sind. Nicht erfasst sind hingegen Stromhändler, die im Wege der Netznutzung Strom als Empfänger zur Weiterveräußerung beziehen. Sie sind dann zwar Kunden (§ 3 Nr. 24), nicht aber Letztverbraucher (§ 3 Nr. 25) und kommen darum in ihrer Rolle als Strombezieher nicht als Vertragspartner in Betracht.

Dabei genügt es, dass der Netzbetreiber entweder mit dem Letztverbraucher 72
einen Netznutzungsvertrag **oder** mit dem Lieferanten einen Netznutzungsvertrag in Form eines Lieferantenrahmenvertrags schließt. Die Frage, ob neben dem Abschluss eines Lieferantenrahmenvertrags ein weiterer Netzanschlussvertrag durch den Letztverbraucher abzuschließen ist (sog. „Doppelvertragsmodell"), hat sich durch den eindeutigen Wortlaut des § 24 Abs. 1 S.2. StromNZV in der Praxis weitgehend erledigt.

Der Abschluss eines reinen Netznutzungsvertrages mit dem Energieversorgungs- 73
unternehmen ist insbesondere für **größere Industriekunden** von Interesse, die ihre elektrische Energie von mehreren Lieferanten beziehen wollen.

Dass die Netznutzung vertraglich nicht mit dem Letztverbraucher abgewickelt 74
werden muss, sondern auch mit dem Lieferanten abgewickelt werden kann, kommt praktischen Bedürfnissen entgegen. In der Praxis werden zwischen Lieferant und Letztverbraucher selten reine Stromlieferungsverträge geschlossen. Vielmehr übernimmt der Lieferant im Rahmen sog. **integrierter Stromlieferungsverträge** („**All-inclusive-Verträge**") für den Letztverbraucher auch die Abwicklung der Netznutzung gegenüber dem Netzbetreiber. Dies vereinfacht die Lieferbeziehungen insgesamt und macht einen Versorgerwechsel aus Sicht des Letztverbrauchers attraktiver. Aus steuerrechtlichen Gründen ist es dabei für den Lieferanten vorteilhaft, selbst Gläubiger der Netznutzungsgewährung durch den Netzbetreiber zu sein (Schneider/Theobald EnergieWirtschaftsR-HdB/*de Wyl/Thole* § 16 Rn. 230). Welcher der beiden Wege zur Anwendung kommt, entscheidet letztlich der Kunde durch die Ausgestaltung seiner Vertragsbeziehung zum Lieferanten

Das Vertragsverhältnis zwischen dem Netznutzer und dem Energieversorgungs- 75
unternehmen wird lediglich mit jenen Netzbetreibern begründet, an deren Netz der Einspeise- oder Entnahmeanschluss besteht (**„Anschlussnetzbetreiber"**). Zur Erleichterung der Abwicklung des Netzzugangs hat man es den Netznutzern erspart, mit den Betreibern aller betroffenen Netze eigene Vertragsverhältnisse begründen zu müssen. Die Abwicklung mit den überlagerten Netzen übernimmt vielmehr der Anschlussnetzbetreiber (§ 20 Abs. 1a S. 3 sowie § 3 Abs. 1 StromNZV, → Rn. 95).

§ 20 Teil 3. Regulierung des Netzbetriebs

76 **b) Vertragsinhalt. Mindestregeln** zum Vertragsinhalt des Netznutzungsvertrags finden sich in § 24 Abs. 2 StromNZV. Die Aufzählung geht in wesentlichen Teilen auf einen aufgrund der VV Strom II plus erarbeiteten früheren Mustervertrag des VDN zurück. Danach müssen die Netznutzungsverträge mindestens Regelungen zu
1. Vertragsgegenstand
2. Voraussetzung der Netznutzung
3. Leistungsmessung und Lastprofilverfahren
4. Zuordnung von Einspeise- oder Entnahmestellen zu Bilanzkreisen
5. Abrechnung
6. Datenverarbeitung
7. Haftungsbestimmungen
8. Voraussetzungen für die Erhebung einer Sicherheitsleistung
9. Kündigungsrechten
enthalten.

Trotz der Vorgaben des § 24 Abs. 2 StromNZV erfolgte die Ausgestaltung der Netznutzungsverträge durch die Netzbetreiber zunächst uneinheitlich. Zur Schaffung eines einheitlichen und massetauglichen Vertragsgeflechts hat die BNetzA deshalb erstmals ab 2015 von ihrer Festlegungskompetenz gem. § 27 Abs 1 Nr. 15 StromNZV Gebrauch gemacht und **verbindliche Festlegungen** zum Inhalt von Netznutzungsverträgen getroffen (zunächst BNetzA Beschl. v. 16.4.2015 – BK6-13-042). Die Festlegungen der BNetzA gelten dabei für **Netznutzungs- und Lieferantenrahmenverträge gleichermaßen.** In weiteren Festlegungen wurden die Inhalte und Bedingungen der Netznutzungs- und Lieferantenrahmenverträge weiter ausgestaltet und insbesondere **Festlegungen zu Datenformaten** getroffen (vgl. zunächst Festlegung BNetzA Beschl. v. 11.7.2006 – BK6-06-009 – GPKE Datenformate; sowie Festlegungen v. 16.4.2015 – BK6-13-042 und v. 20.12.2017 – BK6-17-168; Anpassung an die Erfordernisse des Gesetzes zur **Digitalisierung der Energiewende**). Mit Beschluss vom 21.12.2020 – BK6-20-160 hat die BNetzA die seit 1.4.2022 gültige Fassung festgelegt.

77 **2. Lieferantenrahmenvertrag.** Die Besonderheit des Lieferantenrahmenvertrags liegt in der Belieferung einer **Vielzahl von Kunden durch denselben Lieferanten.** Er bildet somit eine Sonderform des Netznutzungsvertrags. Vergleichbar mit § 24 StromNZV gibt § 25 StromNZV Mindestinhalte des Lieferantenrahmenvertrags vor. Danach müssen die Lieferantenrahmenverträge – ebenso wie die Netznutzungsverträge – mindestens Regelungen zu
1. Vertragsgegenstand
2. Voraussetzung der Netznutzung
3. Leistungsmessung und Lastprofilverfahren
4. Zuordnung von Einspeise- oder Entnahmestellen zu Bilanzkreisen
5. Abrechnung
6. Datenverarbeitung
7. Haftungsbestimmungen
8. Voraussetzungen für die Erhebung einer Sicherheitsleistung
9. Kündigungsrechten
enthalten.

Der Netznutzungsvertrag (in Gestalt eines Lieferantenrahmenvertrags) gilt dann für alle aktuellen und zukünftigen Kunden des Lieferanten innerhalb des Netzgebiets (*Stumpf/Gabler* NJW 2005, 3174 (3175)) Die Festlegungen der BNetzA zur

Zugang zu den Energieversorgungsnetzen **§ 20**

inhaltlichen Ausgestaltung des Netznutzungsvertrags gelten für den Lieferantenrahmenvertrag gleichermaßen.

3. Sonstige Verträge. Unerlässlich ist der Abschluss eines **Bilanzkreisvertrags** zwischen BKV und ÜNB (→ Rn. 97 ff.). Zwingend ist auch der Abschluss eines Energieversorgungsvertrags zwischen Lieferant und Letztverbraucher (§ 3 Nr. 18 a). Dieser wird regelmäßig in Form eines integrierten Stromlieferungsvertrags geschlossen, wenn der Lieferant durch einen eigenen Netznutzungsvertrag mit dem Netzbetreiber die Netznutzung für den Letztverbraucher abwickeln soll. Denkbar ist aber auch ein reiner Stromlieferungsvertrag, wenn sich der Kunde mittels eines zwischen ihm und dem Netzbetreiber geschlossenen Netznutzungsvertrags selbst um seinen Netzzugang kümmert. 78

4. Vertragsschluss. Abs. 1a S. 1, 2 verpflichtet den Netzbetreiber zum Abschluss eines Netznutzungs- oder Lieferantenrahmenvertrags. § 24 Abs. 1 S. 1 StromNZV formuliert dies umgekehrt als **Anspruch** des Netznutzers **auf Abschluss** eines Netznutzungsvertrags. § 23 Abs. 1 StromNZV macht Vorgaben für das **Verfahren** des Vertragsschlusses. Der Netzbetreiber ist demnach verpflichtet, ein vollständiges und bindendes Angebot **innerhalb einer Frist von sieben Arbeitstagen**, nachdem der Netzzugangsberechtigte spätestens durch Anmeldung der ersten Kundenentnahmestelle zur Netznutzung ein Angebot zum Abschluss eines Lieferantenrahmenvertrags oder eines Netznutzungsvertrags bei ihm angefordert hat, abzugeben. Verzögerungen können auftreten, wenn sich Netzbetreiber und Netzzugangsberechtigter nicht über die Bedingungen der Netznutzung einig sind. Allerdings ist dieses Problem dadurch entschärft, dass die Höhe des **Netznutzungsentgelts** reguliert ist. Ansonsten kann die Vertragsunterzeichnung bezüglich bestimmter zu benennender Bedingungen unter den Vorbehalt einer rechtlichen Prüfung durch die zuständige Regulierungsbehörde bzw. der Gerichte gestellt werden (zu den Arten von Vorbehaltserklärungen *de Wyl/vom Wege* ZNER 2008, 20 (22 ff.)). Eine weitere Möglichkeit zur Verhinderung dieses Problems bietet die Entwicklung von Standardangeboten durch die Regulierungsbehörde (§ 28 StromNZV). Diese müssen gem. § 28 Abs. 1 S. 4 StromNZV so umfassend sein, dass sie von den einzelnen Nachfragern ohne weitere Verhandlungen angenommen werden können. 79

5. Lieferantenwechsel. Voraussetzung für die Ermöglichung von Wettbewerb um Energiekunden ist neben dem Netzzugang auch, dass der Wechsel vom bisherigen Lieferanten zu einem neuen Lieferanten nicht unzulässig erschwert wird. Die gesetzliche Regelung hierzu findet sich in **§ 20a**, der Vorgaben zum Prozess des Lieferantenwechsels enthält. Die Norm betrifft nicht nur das Rechtsverhältnis des Letztverbrauchers zum Netzbetreiber, sondern auch das Verhältnis zum Lieferanten (→ § 20a Rn. 4 ff.). 80

Die zentrale Vorgabe des § 20a Abs. 2 S. 1, dass die Dauer des Verfahrens beim Lieferantenwechsel drei Wochen nicht überschreiten darf, machte auch eine Anpassung des § 14 StromNZV sowie der NAV erforderlich (BR-Drs. 86/12, 2). Die EnWRVÄndV wurde daher auch auf § 39 Abs. 2 gestützt. Mit dem Änderungen entfiel insbesondere die Regelung des § 14 Abs. 1 StromNZV aF, nach der ein Wechsel von Entnahmestellen zu anderen Lieferanten nur zum Ende eines Kalendermonats durch An- und Abmeldung beim Anschlussnetzbetreiber möglich war. Zudem wurde die Kündigungsfrist für den Grundversorgungsvertrag nach § 20 Abs. 1 S. 1 NAV verkürzt, um einen Lieferantenwechsel innerhalb der Höchstfrist 81

Grosche 1123

zu ermöglichen. Der neu gefasste § 14 Abs. 1 StromNZV sieht nunmehr vor, dass die Netzbetreiber **massengeschäftstaugliche Bedingungen** für den Lieferantenwechsel schaffen und ihn so weiter erleichtern müssen.

82 Bedeutend ist die Regelung in § 14 Abs. 4 S. 1 StromNZV, dass Betreiber von Elektrizitätsversorgungsnetzen den Lieferantenwechsel **nicht** von **anderen Bedingungen** als den in den Abs. 1–3 genannten abhängig machen dürfen.

83 Die Regulierungsbehörde hat darüber hinaus von der Möglichkeit, eigene Festlegungen zur Abwicklung des Lieferantenwechsels nach § 27 Abs. 1 Nr. 17 StromNZV zu treffen, Gebrauch gemacht und die Geschäftsprozesse und Datenformate beim Wechsel des Stromlieferanten in der sog. GPKE detailliert geregelt (vgl. zunächst BNetzA Beschl. v. 11.7.2006 – BK6-06-009, Beschl. v. 10.6.2009 – BK6-07-002 – MaBIS). Im Nachgang wurden von der Behörde mehrere Änderungsfestlegungen erlassen (zunächst, in Reaktion auf die veränderten gesetzlichen Vorgaben, BNetzA Beschl. v. 28.10.2011 – BK6-11-150; zur Sicherstellung der einheitlichen Marktkommunikation **„MaKO 2020"** zuletzt Beschl. v. 20.12.2018 – BK6-18-032; aktuell immer unter: www.bundesnetzagentur.de → Beschlusskammern → Beschlusskammer 6 → Netzzugang/Messwesen → Lieferantenwechsel (GPKE)).

V. Zugang zum gesamten Elektrizitätsversorgungsnetz (Abs. 1a S. 3)

84 Abs. 1a S. 3 zieht die notwendige Konsequenz aus der in Abs. 1a S. 1 angelegten Entscheidung des Gesetzgebers, den Abschluss **eines einzigen Netznutzungsvertrags genügen** zu lassen (→ Rn. 50). Dieser eine Vertrag würde für sich genommen für die Realisierung des Netzzugangs nicht ausreichen, da die Netznutzung physikalisch gesehen nicht nur das Anschlussnetz, sondern mittelbar vielmehr das gesamte Elektrizitätsversorgungsnetz und damit die Teilnetze anderer Eigentümer betrifft. Abs. 1a S. 3 ordnet darum an, dass der eine Netznutzungsvertrag den Zugang zum gesamten Elektrizitätsversorgungsnetz vermittelt. Die Verpflichtung der sonstigen Netzbetreiber, Dienstleistungen im Rahmen des Netzzugangs zu erbringen, besteht damit von Gesetzes wegen.

VI. Zusammenarbeitspflicht (Abs. 1a S. 4)

85 **1. Inhalt.** Abs. 1a S. 4 statuiert eine gegenüber Abs. 1 S. 2 (→ Rn. 29ff.) **spezielle Zusammenarbeitspflicht,** deren Notwendigkeit aus der Regelung des Abs. 1a S. 3 resultiert. Abs. 1a S. 3 bestimmt, dass der Netznutzungsvertrag mit dem Anschlussnetzbetreiber den Zugang zum gesamten Elektrizitätsversorgungsnetz vermittelt. Der Netznutzer braucht also nur diesen einen Vertrag mit dem Anschlussnetzbetreiber zu schließen. Tatsächlich sind durch den Netzzugang eines Netznutzers allerdings auch andere Netze berührt, mit denen nach Abs. 1a S. 3 jedoch seitens des Netznutzers kein Vertragsverhältnis begründet wird. Praktisch lässt sich der Netzzugang nur abwickeln, wenn auch andere Netzbetreiber hierzu die erforderlichen Beiträge leisten. Aufgrund des umfangreichen Regelungsgehalts und mangels vertraglicher Verpflichtung bedurfte es der gesetzlichen Inpflichtnahme der sonstigen Netzbetreiber durch § 20 Abs. 1a S. 4 (vgl. Theobald/Kühling/*Lüdtke-Handjery* EnWG § 20 Abs. 1a Rn. 21).

86 Die Zusammenarbeitspflicht hat eine technisch-physikalische und eine organisatorische Komponente. In **technisch-physikalischer Hinsicht** müssen alle be-

troffenen Netzbetreiber am Vorgang der Einspeisung und der Entnahme von Strom mitwirken: Es muss die Netzkapazität für Belastungen des gesamten Netzes durch den Netznutzungsvorgang bereitgestellt werden. Insbesondere müssen auch die Umspannungsstellen zwischen den Netzen entsprechend ausgestattet sein. Außerdem ist zu jedem Zeitpunkt der Ausgleich möglicher Minder- oder Mehrmengen zu gewährleisten, der aus einer Abweichung von eingespeister und tatsächlich entnommener Strommenge resultiert. In **organisatorischer Hinsicht** ist vor allem die finanzielle Verantwortung der Beteiligten für die Netzleistungen zu regeln, indem ein gemeinsamer Abrechnungsmodus zur Anwendung kommt. Sowohl die technische als auch die organisatorische Abwicklung verlangen nicht zuletzt einen intensiven Informationsaustausch.

Dabei sind zwei Ebenen der Zusammenarbeit zu unterscheiden. Zum einen muss eine **praktische Zusammenarbeit** im Sinne der technischen und organisatorischen Abwicklung eines jeden Netznutzungsvorgangs erfolgen. Zum anderen muss es zu einer **normierenden Zusammenarbeit** in dem Sinne kommen, dass sich die Netzbetreiber auf allgemeine Regeln über die technische und organisatorische Abwicklung der Netznutzungsvorgänge einigen. Welche Maßnahmen der praktischen Zusammenarbeit zu ergreifen sind, kann nicht für jeden Netznutzungsfall neu vereinbart werden, sondern bedarf abstrakt genereller Regelung. Dies zu tun, ist Teil der durch Abs. 1a S. 4 übertragenen Kooperationsaufgabe. Insofern hat der Gesetzgeber ein Stück Normierungstätigkeit an die Netzbetreiber delegiert (→ Rn. 29). 87

Worin die Zusammenarbeit im Einzelnen bestehen muss, welchen **genauen Inhalt** also die Zusammenarbeitspflicht hat, hat der Gesetzgeber weitgehend offengelassen. Die inhaltlichen Vorgaben beschränken sich im Wesentlichen auf die Notwendigkeit, einen effizienten Netzzugang zu gewähren (§ 20 Abs. 1 S. 3). Selbst der in § 16 Abs. 1 StromNZV angesprochene Maßstab der **Transaktionskostenminimierung** dürfte für die Ausgestaltung der Zusammenarbeit noch einigen Spielraum lassen. Dies gilt etwa für die Frage der Anzahl der Regelzonen. Aus Netznutzersicht wäre eine Zusammenfassung Deutschlands zu einer Regelzone sinnvoll, was unter Beibehaltung der bisherigen Eigentumsverhältnisse an den Übertragungsnetzen geschehen könnte (skeptisch zu eigentumsübergreifenden Regelzonen *Koenig/Rasbach* N&R 2004, 53 (55 ff.)). Dadurch würde der Regelleistungsbedarf infolge der Durchmischung der verschiedenen Gebiete reduziert (vgl. *Ritzau/Zander* FS Büttner S. 157 (165)). Gleichwohl wird man die Aufrechterhaltung von derzeit noch vier Regelzonen nicht für rechtswidrig halten können, da der Gesetz- und der Verordnungsgeber von der Möglichkeit mehrerer Regelzonen ausgingen; s. § 22 Abs. 2. Die BNetzA hat gem. § 27 Abs. 1 Nr. 3 StromNZV durch Festlegung die Einführung eines Netzregelverbunds angeordnet (Beschl. v. 16.3.2010 – BK6-08-111 → § 22 Rn. 50). Die Befugnis zur Bildung einer einheitlichen Regelzone wurde ihr jedoch erst mit Einfügung des § 12 Abs. 1 S. 5 bzw. § 27 Abs. 1 Nr. 3a StromNZV (EnWRVÄndV v. 30.4.2012, BGBl. 2012 I S. 1002) ausdrücklich zugewiesen (*Salje* RdE 2011, 325 (326) spricht daher von einer „nachgeschobene(n)" Festlegungsbefugnis). 88

2. Bestehende Zusammenarbeitsformen. In der elektrizitätswirtschaftlichen Praxis findet eine Kooperation der Netzbetreiber seit vielen Jahren auf verschiedenen Ebenen statt. Vermutlich hatte der Gesetzgeber bei der Normierung der Zusammenarbeitspflicht in § 20 Abs. 1a S. 4 diese bereits bestehenden Zusammenarbeitsformen und -resultate vor Augen. 89

90 Auf **europäischer Ebene** sind hier insbesondere die Regeln der früheren UCTE zu nennen, die am 1.7.2009 mit den anderen ÜNB-Vereinigungen in den Verband Europäischer ÜNB **(ENTSO-E)** übergegangen ist (www.entsoe.eu). Die vormals in der UCTE organisierten ÜNB 39 europäischer Länder bilden hier eine Regionalgruppe Kontinentaleuropa und tragen so weiterhin gemeinsam Systemverantwortung (→ § 12 Rn. 43). Die deutschen ÜNB als Teil des Verbundnetzes der Regionalgruppe Kontinentaleuropa haben die UCTE-Regelungen für Maßnahmen zur Frequenzhaltung (technische Vorgaben, bereitzustellender Umfang der jeweiligen Reserveleistungen, organisatorische Rahmenbedingungen) für verbindlich erklärt (TransmissionCode 2007, Anh. D 3 Ziff. 1).

91 Um der wachsenden Bedeutung der Verteilnetzbetreiber auf europäischer Ebene Rechnung zu tragen, sind seit 2021 auf Basis der EU-Elektrizitätsbinnenmarktverordnung (EU 2019/943) von 2019 zahlreiche europäische VNB auf europäischer Ebene in **EU DSO Entity** (EUDE) zusammengeschlossen. Die Hauptaufgaben der EUDE liegen dabei in der Organisation der Zusammenarbeit zwischen den (europäischen) ÜNB und den VNB zur Förderung des optimalen Betriebs und der Planung von Verteil- und Übertragungsnetzen, sowie in der Konsultation zu Richtlinien und Netzkodizes, die für Verteilnetze relevant sind (www.eudsoentity.eu).

92 Auf nationaler Ebene erfolgt die Zusammenarbeit der Netzbetreiber vor allem über den BDEW und den Verband Kommunaler Unternehmen (VKU). Maßgebliche Regelwerke sind der TransmissionCode 2007 (nach wie vor informationsreich auch TransmissionCode 2003), DistributionCode 2007 und der nunmehr durch das Forum Netztechnik/Netzbetrieb des VDE unter Mitwirkung der sonstigen relevanten Akteure überarbeitete, als Anwendungsregel VDE-AR-N 4400/2011-09 bezeichnete MeteringCode 2011 (hierzu *Theobald/Theobald* Grundzüge EnergiewirtschaftsR S. 260ff.). Diese Regelwerke haben nicht die Bindungswirkung staatlicher Regelwerke (→ § 49). Praktisch kommt ihnen jedoch besonders große Bedeutung zu. Dies liegt zum einen daran, dass sich das staatliche Recht, insbesondere die StromNZV, stark an den hier getroffenen Regeln orientiert. Zum anderen wird die (hilfsweise) Anwendbarkeit dieser Regelwerke gewöhnlich im Rahmen von Netznutzungs-, Lieferantenrahmen- und Bilanzkreisvertrag vereinbart.

93 **3. Durchsetzung der Zusammenarbeitspflicht.** § 20 Abs. 1 a S. 4 klärt nicht ausdrücklich, ob der **Netznutzer** einen **Anspruch** auf die im Rahmen der Zusammenarbeit zu erbringenden Leistungen der anderen Netzbetreiber hat, der etwa im Wege des **zivilgerichtlichen Rechtsschutzes** geltend gemacht werden könnte. Ein eigenes Vertragsverhältnis besteht insoweit nicht, da der Netznutzer gem. § 20 Abs. 1 a S. 1, 3 nur mit dem Anschlussnetzbetreiber einen Vertrag schließt. Sofern man nicht in die vertraglichen Beziehungen der Netzbetreiber untereinander Wirkungen zugunsten des Netznutzers hineinkonstruieren möchte oder aber dem Netznutzungsvertrag mit dem Anschlussnetzbetreiber drittverpflichtenden Charakter beimisst (*Salje* EnWG § 20 Rn. 32), fehlt es mithin an den Voraussetzungen eines vertraglichen Anspruchs des Netznutzers gegenüber den anderen Netzbetreibern. Allerdings könnte insofern durch § 20 Abs. 1 a S. 4 ein gesetzliches Schuldverhältnis begründet sein. Andererseits spricht jedoch manches dafür, im Außenverhältnis zum Netznutzer nicht alle betroffenen Netzbetreiber, sondern den Anschlussnetzbetreiber für den Netzzugang zum gesamten Netz einstehen zu lassen (→ Rn. 84).

94 Sofern ein Netzbetreiber gegen seine Zusammenarbeitspflicht verstößt, kann dies jedoch einen Missbrauch nach § 30 Abs. 1 darstellen. Dann besteht die Mög-

Zugang zu den Energieversorgungsnetzen **§ 20**

lichkeit, die Regulierungsbehörde im Wege des **besonderen Missbrauchsverfahrens** nach § 31 einzuschalten.

VII. Einbeziehung in ein Bilanzkreissystem (Abs. 1 a S. 5)

1. Entstehung und Zweck des Bilanzkreissystems. Das **Bilanzkreismo-** 95
dell im Strom wurde bereits durch die Verbändevereinbarung eingeführt. Es bildet die Grundlage für die technische Umsetzung des transaktionsunabhängigen Punktmodells des § 20 Abs. 1 a. Es ist gem. Abs. 1 a S. 5 (sowie nach § 3 Abs. 2 StromNZV) ausdrücklich vorausgesetzt und in §§ 4 f. StromNZV näher geregelt. Zum besseren Verständnis sind die ausführlicheren Beschreibungen des Bilanzkreismodells in der VV Strom II plus und im TransmissionCode 2003, Ziffer 3 hilfreich, die der Verordnungsregelung zugrunde liegen (→ Vor § 22; außerdem *Fritz* wwe 2000, 12; *Müller-Kirchenbauer/Ritzau* et 2000, 212; *Schröder/Stelzner* et 2000, 683; *Rossel/Koch* et 2002, 860; Stuhlmacher/Stappert/Schoon/Jansen EnergieR/*Hermanns*, Teil 2 Kap. 3 A. Rn. 17 ff.; Theobald/Kühling/*Lüdtke-Handjery* StromNZV § 5 Rn. 1–7).

Das Bilanzkreissystem ist ein Element des Gesamtsystems rechnerischer und 96
physikalischer Ausgleichsleistungen (→ Rn. 45 ff.). Eine auf das individuelle Netznutzungsverhältnis bezogene Bilanzierung tatsächlicher Einspeise- und Entnahmemengen wie auch reiner Stromhandelsgeschäfte (→ Rn. 48 ff.) ist für die verursachungsgerechte Kostenzuordnung unerlässlich. Der Zweck des Bilanzkreissystems geht darüber jedoch hinaus. Indem das Bilanzkreismodell eine virtuelle Bündelung von Einspeisungen und Entnahmen ermöglicht, können **Abweichungen zwischen Einspeisungen und Entnahmen** durch ihre Durchmischung insgesamt **minimiert** werden.

2. Bilanzkreis. Ein Bilanzkreis ist „innerhalb einer Regelzone die Zusam- 97
menfassung von Einspeise- und Entnahmestellen, die dem Zweck dient, Abweichungen zwischen Einspeisungen und Entnahmen durch ihre Durchmischung zu minimieren und die Abwicklung von Handelstransaktionen zu ermöglichen" (§ 3 Nr. 10 d). Der Bilanzkreis bezieht sich nicht etwa auf ein geografisches Gebiet, sondern ist ein vertraglich begründetes Rechtsverhältnis, mithin ein „virtuelles Gebilde" (VV Strom II plus Anl. 2 Ziff. 1). Dem Bilanzkreis liegt ein **Bilanzkreisvertrag** nach § 26 StromNZV zugrunde, der zwischen dem BKV und dem ÜNB geschlossen wird. § 26 Abs. 2 StromNZV zählt auf, zu welchen Gegenständen im Bilanzkreisvertrag Regelungen zu treffen sind. Nach § 27 Abs. 1 Nr. 15 StromNZV können zudem durch Festlegungen der Regulierungsbehörde nähere Regelungen zu den Inhalten des Bilanzkreisvertrags getroffen werden. Überdies kann die Regulierungsbehörde gem. § 28 StromNZV auf die Unterbreitung von Standardangeboten auch im Bereich der Bilanzkreisverträge hinwirken. Die BNetzA hat sich – auf Anregung der betroffenen Akteure – dazu entschieden, eine auf § 27 Abs. 1 Nr. 15 StromNZV gestützte Festlegung zu erlassen, die im Anhang einen ausformulierten **Standardbilanzkreisvertrag** enthält, dessen Inhalte bei einem Vertragsschluss vollständig eingehalten werden müssen (BNetzA Beschl. v. 29.6.2011 – BK–06-06-013; gültige Fassung ab 1.8.2020 BNetzA Beschl. v 12.4.2019 – BK-18-061).

Ein Bilanzkreis besteht dabei im einfachsten Fall aus einem einzigen Netznutzer 98
(Entnahme und Einspeisungen). Es können aber auch mehrere Netznutzer (zB einzelne Industriestandorte) aggregiert werden. Gem. § 4 Abs. 1 S. 1, 2 StromNZV sind dementsprechend von **einem oder mehreren Netznutzern** Bilanzkreise zu

bilden, die aus mindestens einer Einspeise- und Entnahmestelle bestehen müssen, sofern nicht ein Bilanzkreis zur Abwicklung von Handelsgeschäften gebildet wurde (§ 4 Abs. 1 S. 3 StromNZV) (→ Rn. 45 ff.). Alle Einspeise- und Entnahmestellen sind einem Bilanzkreis zuzuordnen (§ 4 Abs. 3 S. 1 StromNZV). Der Wortlaut lässt offen, ob die Zuordnung zu „mindestens einem" Bilanzkreis gemeint ist, oder ob vielmehr die Zuordnung zu „genau einem" Bilanzkreis gefordert wird.

99 Bilanzkreise sind **innerhalb einer Regelzone** zu bilden (§ 4 Abs. 1 S. 1 StromNZV). Dh, dass Bilanzkreise hinsichtlich der Abwicklung des Bilanzausgleichs mit den Übertragungsnetzbetreibern grundsätzlich auf Regelzonen (§ 3 Nr. 30) beschränkt sind und ein regelzonenübergreifender rechnerischer Ausgleich nicht in Betracht kommt (→ Vor §§ 22 f. Rn. 9).

100 3. **Bilanzkreise zur Abwicklung von Handelsgeschäften (§ 4 Abs. 1 S. 3 StromNZV).** Der Bilanzausgleich muss nicht zwingend zur Abwicklung der Versorgung von Letztverbrauchern erfolgen. Abweichend von § 4 Abs. 1 S. 2 StromNZV kann ein Bilanzkreis vielmehr auch für einen Vorgang gebildet werden, bei dem es nicht zur physikalischen Einspeisung, nicht zur physikalischen Entnahme oder sogar zu keinem von beidem kommt. Damit können Bilanzkreise auch zur Abwicklung von **Stromhandelsgeschäften** gebildet werden. Damit dient der Bilanzkreis auch dazu, die Abwicklung von Handelstransaktionen zu ermöglichen. Die Einführung des Bilanzkreissystems ist eine notwendige Voraussetzung für einen liquiden Stromhandel (*Ritzau/Zander* FS Büttner S. 157 (165)), weil sie den Stromhandel innerhalb einer Regelzone vereinfacht (*Schröder/Stelzner* et 2000, 683 (684)). Darüber hinaus müssen für besondere Energiearten Bilanzkreise gebildet werden (Differenzbilanzkreis, Bilanzkreis für Erneuerbare Energien) (vgl. Theobald/Kühling/*Lüdtke-Handjery* StromNZV § 5 Rn. 4).

101 4. **Bilanzkreisverantwortlicher (§ 4 Abs. 2 S. 1 StromNZV).** Für jeden Bilanzkreis ist von den bilanzkreisbildenden Netznutzern gegenüber dem jeweiligen ÜNB ein Bilanzkreisverantwortlicher (BKV) zu nennen. Dieser ist verantwortlich für eine ausgeglichene Bilanz zwischen Einspeisungen und Entnahmen in seinem Bilanzkreis. Regelmäßig ist es für Stromhändler sinnvoll, für die Abwicklung ihrer Handelsgeschäfte innerhalb einer Regelzone als BKV eines Bilanzkreises zu agieren, sofern sie die Bilanzkreisverantwortung nicht an andere Händler weiterreichen wollen. Daneben agieren die Handels- und Vertriebsabteilungen bestehender EVUs als BKV.

102 5. **Bilanzausgleich (§ 4 Abs. 2 S. 2 StromNZV).** Für die Beurteilung der Ausgeglichenheit von Einspeisung und Entnahme wird die Summe aller zu einem Bilanzkreis gehörigen Entnahmen und Einspeisungen innerhalb einer Viertelstunde zugrunde gelegt, sodass es auf individuelle Abweichungen nicht ankommt. Die Verantwortung des BKV für die Ausgeglichenheit von Einspeisung und Entnahme (→ Rn. 45 ff.) ist lediglich eine **wirtschaftliche Verantwortung.** Die Beschaffung tatsächlicher Ausgleichsleistungen zur Regelung von nach der Saldierung verbleibenden physikalischen Abweichungen, sog. „Regelenergie", obliegt nicht dem BKV, sondern ist gem. § 6 StromNZV Aufgabe der ÜNB (DistributionCode 2007, Ziff. 3.6 Abs. 2). Allerdings trifft den BKV gem. § 5 Abs. 4 S. 2 StromNZV im Sonderfall des durch ungeplante Kraftwerksausfälle bedingten Ungleichgewichts zwischen Einspeisung und Entnahme eine Ausgleichspflicht für die Zeit ab Ablauf von vier Viertelstunden, nachdem der Ausfall eingetreten ist. (Nur) insoweit hat der BKV für die Bereitstellung einer Dauerreserve zu sorgen (*Brückl/Neubarth/Wagner* et 2006, 50 (52)). Die Systemverantwortung der ÜNB nach § 12f bleibt hiervon unberührt (BNetzA Beschl. v. 29.6.2011 – BK–06-06-013).

Der BKV hat im Übrigen gem. § 5 StromNZV für seinen Bilanzkreis die **Fahr-** **103** **planabwicklung** (→ Rn. 105; → § 23 Rn. 30) zu organisieren. Die Netzbetreiber sind gem. § 4 Abs. 4 S. 1 StromNZV verpflichtet, dem BKV und anderen Netzbetreibern solche Daten, die zur Abrechnung und Verminderung der Bilanzkreisabweichungen erforderlich sind, in elektronischer Form unverzüglich zu übermitteln. Um den Vorgang der Bilanzkreisabrechnung zu vereinfachen und zu beschleunigen, hat die BNetzA eine Festlegung für Rahmenprozesse zur Bilanzkreisabrechnung Strom getroffen (BNetzA Beschl. v. 6.11.2020 – BK6-20-059 – MaBiS). Die Bilanzkreisverantwortlichen haben die ihnen übermittelten Daten rechtzeitig zum Zweck eines gemeinsamen Datenclearings zu prüfen (§ 4 Abs. 4 S. 2 StromNZV; zu Austausch und Clearing s. Anl. 1 zu BNetzA Beschl. v. 6.11.2020 – BK6-20-059 – MaBiS).

6. Unterbilanzkreis und Verrechnung der Salden verschiedener Bilanz- **104** **kreise (§ 4 Abs. 1 S. 4, 5 StromNZV).** § 4 Abs. 1 S. 4 StromNZV gestattet die Bildung von Subbilanzkreisen. Es können sich danach Bilanzkreise hinsichtlich des Abrechnungsverfahrens einem verantwortlichen Bilanzkreis mit dessen Zustimmung als Subbilanzkreise zuordnen, sodass der Unterbilanzkreis selbst gegenüber dem ÜNB nicht für den Ausgleich der Abweichungen verantwortlich ist (§ 2 Nr. 11 StromNZV). In diesen Fällen ermittelt der ÜNB für die Abrechnung den Ausgleich der Gesamtheit der beteiligten Bilanzkreise Subbilanzabweichungen werden darum nicht zwischen ÜNB und dem Betreiber des Subbilanzkreises direkt abgerechnet (*VDN*, Kommentarband, Ziff. 3.2.2). Daneben ist eine Verrechnung der Salden verschiedener Bilanzkreise gem. § 4 Abs. 1 S. 5 StromNZV auch ohne die Bildung von Subbilanzkreisen möglich.

7. Fahrplanabwicklung (§ 5 StromNZV). Der BKV ist nach § 4 Abs. 2 S. 2 **105** StromNZV verantwortlich für eine ausgeglichene Bilanz innerhalb seines Bilanzkreises. Um Salden der von ihm bilanzierten Einspeisungen und Entnahmen auszugleichen, kann der BKV einen Tausch seiner Mehr- oder Mindermengen mit entsprechenden Minder- oder Mehrmengen eines anderen BKV vereinbaren. Die **Abwicklung** solcher **Lieferungen von elektrischer Energie zwischen Bilanzkreisen** erfolgt gem. § 5 StromNZV auf Grundlage von Fahrplänen, die von den Bilanzkreisverantwortlichen mitzuteilen sind und die angeben, wie viel elektrische Leistung in jeder Zeiteinheit zwischen den Bilanzkreisen ausgetauscht oder an einer Einspeise- oder Entnahmestelle eingespeist oder entnommen wird (§ 2 Nr. 1 StromNZV). Der Leistungsaustausch zwischen Bilanzkreisen wird auch als Fahrplanlieferung bezeichnet. Ein eigener Netznutzungsvertrag ist hierfür nicht zu schließen und es ist auch kein Netznutzungsentgelt zu entrichten.

Vorschriften zur Fahrplanabwicklung finden sich in § 5 StromNZV. Insgesamt ist **106** die Fahrplanabwicklung in § 5 StromNZV nur rudimentär geregelt. Allerdings ist die Regulierungsbehörde nach § 27 Abs. 1 Nr. 16 StromNZV befugt, Festlegungen über Verfahren zur Handhabung und Abwicklung sowie zur Änderung von Fahrplänen durch die ÜNB zu treffen. Dabei darf sie von den Regelungen des § 5 Abs. 1–3 StromNZV abweichen. Einige weitere verbindliche Vorgaben ergeben sich nun aus dem behördlich festgelegten Standardbilanzkreisvertrag (BNetzA Beschl. v. 29.6.2011 – BK–06-06-013 sowie gültige Fassung seit 1.8.2020: BNetzA Beschl. v 12.4.2019 – BK 6-18-061 –Standardbilanzkreisvertrag).

§ 20

107 Fahrplanlieferungen können grundsätzlich regelzonenintern und regelzonenübergreifend erfolgen (vgl. § 5 Abs. 2 S. 1 StromNZV). Für den fahrplanmäßigen Austausch elektrischer Leistung mit ausländischen Regelzonen hat die frühere UCTE Grundsätze erarbeitet, die gem. TransmissionCode 2007, Ziff. 4.1 Abs. 1 zur Anwendung kommen sollen.

108 **Gegenstand des** durch den BKV an die ÜNB mitzuteilenden **Fahrplans** sind alle Summen-Austauschfahrpläne mit anderen Bilanzkreisen innerhalb der jeweiligen Regelzone, alle Summen-Austauschfahrpläne mit den eigenen Bilanzkreisen in den jeweiligen anderen Regelzonen und ein (unverbindlicher, nicht abrechnungsrelevanter) Summen-Fahrplan für alle dem BKV zugeordneten Erzeugungsstellen (Erzeugungsprognose) in der jeweiligen Regelzone (TransmissionCode 2003, Ziff. 3.2.1 Abs. 3). Hingegen muss der Fahrplan **keine Angaben bezüglich der bilanzkreisinternen Einspeisungen und Entnahmen** enthalten. Dass diese von der Fahrplananmeldung frei sind, ist vielmehr einer der wichtigsten Rationalisierungseffekte des Bilanzkreissystems.

109 **Inhaltlich** müssen die Fahrpläne vollständig sein und eine ausgeglichene Bilanz des Bilanzkreises ermöglichen, sodass auch die sich aus den Bilanzen der Bilanzkreise zusammensetzende Bilanz der Regelzone ausgeglichen sein kann (vgl. § 5 Abs. 1 S. 5 StromNZV). Die Erstellung von Summen-Austauschfahrplänen sichert die Vollständigkeit. Dass aufgrund der Fahrplanlieferungen letztlich wirklich ein vollständiger Austausch gelingt, kann hingegen im Zeitpunkt der Fahrplanmitteilung angesichts der Prognoseunsicherheit hinsichtlich der bilanzkreisinternen Salden nicht mit Sicherheit gesagt werden. Darum heißt es in § 5 Abs. 1 S. 5 StromNZV richtigerweise, dass eine ausgeglichene Bilanz „ermöglicht" (nicht garantiert) werden müsse.

110 Grundsätzlich bedürfen die Fahrpläne **keiner Genehmigung.** Vielmehr hat der ÜNB gem. § 5 Abs. 1 S. 4 StromNZV die rechtzeitig angemeldeten Fahrpläne der Bilanzierung des Bilanzkreises und der Regelzone zugrunde zu legen, sofern nicht der ÜNB zuvor einen Netzengpass (§ 15 Abs. 4 StromNZV) veröffentlicht und begründet hat. Der Verzicht auf das Erfordernis einer Genehmigung der Fahrpläne vereinfacht das Verfahren aus Sicht der BKV, bedeutet allerdings auch, dass sie dafür verantwortlich bleiben, dass es zu einer ausgeglichenen Bilanz kommt. Der BKV trägt damit insbesondere das Risiko, dass es zu **Unstimmigkeiten im Hinblick auf den korrespondierenden Fahrplan** jenes BKV kommt, mit dem der fahrplanmäßige Austausch erfolgen soll. Im TransmissionCode 2003, Ziff. 3.2.1 Abs. 7ff. (s. auch Gemeinsamer BKV-E Ziff. 7.3.) sind Regelungen für einen Interessenausgleich aller Beteiligten getroffen: Die ÜNB stellen dem BKV eine Eingangsbestätigung der Fahrpläne und das Ergebnis einer nicht rechtsverbindlichen, formalen Prüfung bereit. Nach Eingang der korrespondierenden Fahrpläne der jeweiligen Handelspartner erfolgt eine nichtrechtsverbindliche Prüfung auf Übereinstimmung. Das Prüfungsergebnis stellt der ÜNB dem BKV auf Anforderung ebenfalls bereit. Falls die Prüfung von zwei miteinander korrespondierenden regelzoneninternen Fahrplänen Differenzen ergeben hat oder wenn ein Fahrplan fehlt, fordert der ÜNB die betroffenen BKV zu bilateraler Fehlerklärung und Neuübermittlung der (geänderten) Fahrpläne auf. Für den Fall, dass dies nicht gelingt, sind im Transmission-Code 2003 einzelne weitere Schritte vorgesehen (s. auch Gemeinsamer BKV-E Ziff. 7.3.).

111 Die **Änderung von Fahrplänen** ist in § 5 Abs. 2–4 StromNZV geregelt. Grundsätzlich können Fahrpläne mit einem zeitlichen Vorlauf von mindestens einer Viertelstunde zu jeder Viertelstunde eines Tages geändert werden (§ 5 Abs. 2

Zugang zu den Energieversorgungsnetzen **§ 20**

S. 1 StromNZV). Mit der Verkürzung der allgemeinen Vorlaufzeit von ursprünglich drei auf nunmehr eine Viertelstunde durch die EnWRVÄndV ist auch die ausdrückliche Fristverkürzung für die Sondersituation eines ungeplanten Kraftwerkausfalls (definiert in Anl. 4 BNetzA Beschl. v 12.4.2019 – BK 6-18-061 – Standardbilanzkreisvertrag) weitestgehend hinfällig (vgl. § 5 Abs. 4 S. 3 StromNZV), es sei denn die BNetzA verkürzt die Frist nach § 5 Abs. 2 S. 1 StromNZV im Wege der Festlegung nach § 27 Abs. 1 Nr. 16 StromNZV weiter. Die Änderungsmöglichkeiten nach § 5 Abs. 2 und 4 StromNZV betreffen Änderungen, die vor dem Erfüllungszeitpunkt vorgenommen werden sollen. Sie sind für regelzoneninterne und regelzonenübergreifende Lieferungen gleichermaßen möglich. Die **nachträgliche Änderbarkeit** von Fahrplänen (§ 5 Abs. 3 StromNZV) ist hingegen auf regelzoneninterne Fahrpläne beschränkt. Da sich aus regelzoneninternen Fahrplänen kein physikalischer Lastfluss über Regelzonen hinweg ergibt, sondern nur eine Lieferung zwischen Bilanzkreisen innerhalb einer Regelzone erfolgt, ist eine Änderung oder Ergänzung im Nachhinein möglich (TransmissionCode 2003, Ziff. 3.2.1. Abs. 11). Die nachträgliche Änderung muss bis 6:00 Uhr des auf den Erfüllungstag folgenden Werktags erfolgen (§ 5 Abs. 3 S. 1 StromNZV).

D. Zugang zu den Gasversorgungsnetzen (Abs. 1 b)

I. Überblick

1. Gaswirtschaftliche Besonderheiten für den Netzzugang. Das EnWG **112** sieht für den Netzzugang unterschiedliche Systeme für Strom (Abs. 1a) und Gas (Abs. 1b) vor, während hingegen viele andere Aspekte der Regulierung durch für beide Energieversorgungsnetzarten einheitliche rechtliche Vorschrift geordnet werden. Bei der Ausgestaltung des Gasnetzzugangssystems hat der Gesetzgeber jedoch eine spezifische Regelung für sinnvoll gehalten. Dies resultiert aus den für den Transport virulenten naturwissenschaftlichen Besonderheiten des Gases sowie im historischen Entwicklungen im Gassektor. Denn im Gasbereich bestand, anders als im Strombereich, bei der Neuordnung im Jahr 2005 noch kein wettbewerbliches Zugangsmodell, das hätte weiterentwickelt werden können.

Während es sich bei Strom um einen Sekundärenergieträger handelt, ist Gas ein **113** Primärenergieträger, der meist über **weite Entfernungen** zu den Verbrauchszentren importiert werden muss. Weiter gibt es grundsätzlich zwei **verschiedene Gasqualitäten** (hochkalorisches H-Gas und niederkalorisches L-Gas), die physisch getrennte Transportsysteme erfordern. Dieser Unterschied entfällt jedoch langfristig mit der Marktraumumstellung gem. § 19a (→ § 19a Rn. 7 ff.). Weiter ist für den Transport von Gas, anders als im Elektrizitätsbereich, **kein eng vermaschtes Verbundsystem** erforderlich. Die Länge der Rohleitungen für Gas beträgt national etwas weniger als ein Drittel der Leitungsnetzlänge im Elektrizitätsbereich.

Der essenzielle Unterschied besteht allerdings darin, dass bei Gas ein tatsächlicher **114** **physischer Transport** des Gases erfolgt, während es bei Strom nur auf die Weitergabe von elektrischer Spannung ankommt. Gas fließt demgemäß mit einer geringen Geschwindigkeit von deutlich unter 20 m/s (70 km/h), während Strom mit Lichtgeschwindigkeit transportiert wird. Bei Strom muss aus physikalischen Gründen zudem durch jederzeitigen exakten Ausgleich der Ein- und Ausspeisung eine Netzfrequenz von 50 Herz konstant gehalten werden. Die Gasrohrleitungen verfügen hingegen über die Möglichkeit einer leitungsimmanenten Gasspeicherung

(Netzpuffer, vgl. hierzu *Merk* Gaswirtschaftliche Netzregulierung S. 100ff.), was Abweichungen zwischen Ein- und Ausspeisungen in weiten Grenzen tolerabel macht und eine deutlich höhere Stabilität des Transportsystems mit sich bringt.

115 Es existieren in Deutschland eine große Anzahl von Speicheranlagen für Gas außerhalb des Leitungsnetzes (Poren-, Kavernen- und Hochdruckspeicher; vgl. zur Marktsituation der Gasspeicher: Baur/Salje/Schmidt-Preuß Energiewirtschaft/ *Merk* Kap. 20 Rn. 9). Die **Speichermöglichkeit** unterscheidet den Gastransport in grundsätzlicher Weise von dem des Strombereichs (*Schmidt-Preuß* FS Kühne S. 329 (341); *Merk* Gaswirtschaftliche Netzregulierung S. 144). Während die größten Stromspeicher (sog. Pumpspeicher) die Stromversorgung in Deutschland rechnerisch nur für weniger als eine Stunde allein aufrechterhalten können (vgl. hierzu *BNetzA,* Regelungen zu Stromspeichern im deutschen Strommarkt 2021, S. 5), sichern die Gasspeicher mit ihrem Speichervolumen von 24 Mrd. m^3 (240 TWh) die deutsche Gasversorgung rechnerisch für mehr als drei Monate. Zudem kommt den Gasspeichern, anders als den Stromspeichern, eine wichtige Ausgleichsfunktion bei saisonalen Schwankungen zu. Deshalb und aufgrund der hohen Importabhängigkeit von Gas (vgl. hierzu BNetzA, Monitoringbericht 2019, S. 358ff.) nehmen die Gasspeicher eine wichtige Rolle zur Sicherung der Energieversorgungssicherheit ein. Sie unterliegen nicht dem Zugangsregime des § 20 Abs. 1b.

116 Aus der Begriffsdefinition des Gases in § 3 Nr. 19a ergibt sich, dass auch verflüssigtes Gas **(LNG)** und nichtfossiles **Biogas** (vgl. *Merk* Recht der gaswirtschaftlichen Netzregulierung, 102ff., 110ff.) bei einer Einspeisung in die Gasversorgungsnetze dem Anwendungsbereich des § 20 Abs. 1b unterliegen. § 34 GasNZV sieht umfassende **Privilegierungen** für den Netzzugang von Transportkunden von Biogas vor. Nach § 19 Abs. 1 und 2 sowie § 49 Abs. 2 und 3 GasNZV müssen auch bei der Biogaseinspeisung die technischen Anforderungen für einen stabilen Netzbetrieb entsprechend der DVGW-Regelwerke von den Transportkunden eingehalten werden (§ 36 GasNZV), wobei hierbei für Biogas auf die Grenzwerte von 2007 Bezug genommen wird (vgl. BNetzA, Positionspapier zur Anwendung der Vorschriften von Biogas auf die Einspeisung von Wasserstoff und synthetischem Methan in Gasversorgungsnetze 2014, S. 5). Allerdings gelten die Regelungen für die Einhaltung einer ausgeglichenen Bilanz (Ausgleich von Ein- und Ausspeisung) bei Biogas nur in einer sehr stark abgeschwächten Form. Die Netze dienen damit für Biogasanlagen als praktisch unbegrenzter Gasspeicher (§ 35 GasNZV, **erweiterter Bilanzausgleich**). Nach § 20b GasNEV werden die den Netzbetreibern im Zusammenhang mit der Biogaseinspeisung, -bilanzierung und -förderung entstehenden Kosten bundesweit auf alle Netze umgelegt (**Biogas-Kostenwälzung** vgl. § 7 Abs. 1 KoV XII).

117 **Wasserstoff** unterliegt vom Grundsatz her auch dem Anwendungsbereich des Abs. 1b, sofern er in ein Gasversorgungsnetz als Beimischung eingespeist wird (vgl. § 3 Nr. 19a) oder in einem reinen Wasserstoffverteilernetz gleichzeitig den Anforderungen des Biogasbegriffs (§ 3 Nr. 10c) entspricht (*Sieberg/Cesarano* RdE 2021, 532 (533); vgl. zu weiteren Differenzierungen: *Baumgart/Schulte/Berger/Lencz/ Mansius/Schlund* RdE 2021, 135 (136)). Mit der Einführung der §§ 28j–28q EnWG-Novelle 2021 (vgl. BGBl. 2021 I S. 3026ff.) soll für **reine Wasserstoffnetze** vom § 20 Abs. 1b losgelöster Regulierungsrahmen geschaffen werden. Diese Aufspaltung der Regierungssysteme führt regulierungsökonomisch zu einer unnötigen Komplexität (wohl aA BNetzA, Regulierung von Wasserstoffnetzen, Ergebnisse der Marktkonsultationen 2020) des regulatorischen Managements sowohl auf der Seite der Unternehmen als auch der Regulierungsbehörde. Auch die Freiwilligkeit der Unterwerfung unter die Regulierung der § 28j Abs. 3 EnWG-

Novelle 2021 erscheint systemwidrig, da hierdurch die Legitimation der Regulierung überhaupt infrage gestellt wird. Es wird scheinbar davon ausgegangen, dass Wasserstoffverteilernetze (derzeit) nicht die Kriterien des natürlichen Monopols erfüllen, da noch keine ausgebildete Netzstruktur vorhanden sei (BT-Drs 19/27453, 118f.). Da jedoch auch bei den Wasserstoffverteilernetzen die volkswirtschaftlichen Grundsätze der Subadditivität der Kostenfunktion (economies of scale, economies of scope, vgl. *Merk* FS Schmidt-Preuß S. 713 (716)) langfristig nicht bestritten werden kann, dürfte die Sonderbehandlung allenfalls nur kurzfristig als **Innovationsförderung** legitimierbar sein. Langfristig wird auch hier die Annahme eines natürlichen Monopols die verpflichtende Zugangsregulierung erforderlich machen. Ein Gleichlauf mit der Regulierung der Gasverteilernetze ist hier zur Vermeidung unnötigen Regulierungskostendrucks durch divergierende Regulierungsmechanismen nur dann sinnvoll.

2. Netzstruktur. Ähnlich wie im Strombereich sind bei den Gasversorgungsnetzen (§ 3 Nr. 20) verschiedene Netzebenen zu unterscheiden. Das Gesamtnetz wird von ca. 688 Netzbetreibern auf der Verteilerebene (§ 3 Nr. 37 Alt. 2 – örtlich oder regional) und 16 Netzbetreibern auf der Fernleitungsnetzebene (§ 3 Nr. 19) gebildet (vgl. BNetzA, Monitoringbericht 2019, S. 350). Anders als im Strombereich gibt es allerdings kein klares Abgrenzungskriterium dafür, ob ein Netz als Gasverteilernetz oder als Gasfernleitungsnetz eingestuft wird. 118

Die Funktionen und Aufgaben, die im Strombereich den Übertragungsnetzbetreibern zukommen, werden im Gasbereich faktisch von den „Marktgebietsverantwortlichen" wahrgenommen, die jeweils als gemeinsames, entflochtenes Unternehmen von mehreren Gasfernleitungsnetzbetreibern gegründet und finanziert werden. Die von den einzelnen Netzbetreibern betriebenen Netze sind jeweils **eigentumsrechtlich** zu unterscheiden. Das gesamte Gasversorgungsnetz in Deutschland umfasst weiter verschiedene **Druckstufen,** die durch Verdichterstationen miteinander verbunden sind (vgl. *Merk* Gaswirtschaftliche Netzregulierung S. 90f., 94ff.). Für die Druckstufen gibt es keine regulatorisch relevanten Definitionen. Gastechnisch wird die Obergrenze für „Niederdruck" mit 1 bar angegeben, aber auch diese Grenze ist unscharf. 119

3. Netzzugang nach dem entry-exit System. Ist der Netzzugang nach einem entry-exit System organisiert, erfolgt der Gastransport ohne vorherige Buchung eines konkreten Leitungspfades (Baur/Salje/Schmidt-Preuß Energiewirtschaft/*Kreienbrock/Güth* Kap. 69 Rn. 16). Der Transportkunde bucht lediglich Kapazitäten für die Ein- und Ausspeisung von Gas an entsprechenden Ein- und Ausspeisepunkten einer entry-exit Zone (Marktgebiet). Hierfür sind pro Zone nur zwei Buchungsverträge – Ein- und Ausspeisevertrag – des Transportkunden mit den Netzbetreibern erforderlich **(Zweivertragsgrundsatz).** Die Abwicklung des Gastransports über eigentumsrechtlich verschiedene Einzelnetze und über unterschiedliche Netzebenen hinweg muss vertraglich nicht durch den Transportkunden organisiert werden, anders als dies in den Vorgängerregelungen der Verbändevereinbarungen Erdgas I und II noch zum Teil vorgesehen war (vgl. hierzu *Merk* Gaswirtschaftliche Netzregulierung S. 222–232). Stattdessen sind die Netzbetreiber verpflichtet, innerhalb der entry-exit Zone **(Marktgebiet)** die Funktionsfähigkeit des Gastransports netz- und ebenenübergreifend sicherzustellen. Damit wird der Transaktionsaufwand für den Transportkunden niedrig gehalten. Dies fördert nach der juristisch-ökonomischen Betrachtung die Entwicklung von Wettbewerb. Zur näheren Ausgestaltung des entry-exit Zugangssystems → Rn. 138ff. 120

§ 20 Teil 3. Regulierung des Netzbetriebs

II. Europarechtliche Vorgaben

121 Die nationalen Zugangsregelungen werden durch verschiedene EU-Rechtsakte determiniert.

122 **1. Richtlinien und Verordnungen.** Art. 32 Gas-RL 09 sieht wie bereits die Vorgängerregelung in Art. 18 Gas-RL 03 **kein konkretes Netzzugangssystem für den Gasbereich** vor. Es wird lediglich vorgegeben, dass der Netzzugang zwingend nach vorher festgelegten und von einer Regulierungsbehörde überwachten Regeln zu erfolgen hat. Eine verpflichtende Einführung eines entry-exit Zugangssystems folgt hieraus aber gerade nicht, und obliegt vollständig dem Ausgestaltungsspielraum des nationalen Gesetzgebers (*Merk* Gaswirtschaftliche Netzregulierung S. 185 mwN).

123 Während die **Gasfernleitungs-VO 05** noch keine explizite Anerkennung eines entry-exit Zugangssystems für die Fernleitungsnetzebene vorsah, aber bereits schon maßgeblichen Einfluss auf Regelungen zur Kapazitätsbewirtschaftung und Handelbarkeit von Kapazitätsrechten ausübte (vgl. *Merk* Gaswirtschaftliche Netzregulierung S. 195 ff.), geht die **Gasfernleitungs-VO 09** nunmehr ausdrücklich von einem **entry-exit Zugangssystem auf der Fernleitungsebene** aus. Bereits der zwar nicht zum eigentlichen Verordnungstext gehörende Erwgr. Nr. 19 führt hierzu aus:

124 *„Für die Verbesserung des Wettbewerbs durch liquide Großhandelsgasmärkte ist von entscheidender Bedeutung, dass Gas unabhängig davon, wo es sich im Netz befindet, gehandelt werden kann. Dies lässt sich nur dadurch erreichen, dass den Netznutzern die Möglichkeit eingeräumt wird, Ein- und Ausspeisekapazitäten unabhängig voneinander zu buchen, was zur Folge hat, dass der Gastransport durch Zonen erfolgt, statt Vertragswegen zu folgen. Bereits auf dem 6. Madrider Forum am 30./31. Oktober 2002 haben die meisten Interessengruppen ihre Präferenz für Einspeise-/Ausspeisesysteme zur Förderung des Wettbewerbs geäußert. Die Tarife sollten nicht von der Transportroute abhängig sein. Der für einen oder mehrere Einspeisepunkte festgelegte Tarif sollte daher nicht mit dem für einen oder mehrere Ausspeisepunkte festgelegten Tarif verknüpft sein und umgekehrt."*

125 Für die Fernleitungsebene wird in **Art. 13 Abs. 4 Gasfernleitungs-VO 09** die Tarifierung verpflichtend derart geregelt, dass pro Ein- oder Ausspeisepunkt die Tarife getrennt voneinander festzulegen sind. Die **Erhebung von Netzentgelten auf Basis von Vertragspfaden** wird **ausdrücklich verboten** (vgl. Theobald/Kühling/*Neveling* EnWG § 20 Abs. 1b Rn. 24). Da den Mitgliedstaaten bei der Gasfernleitungs-VO 09 kein eigener Umsetzungsspielraum zukommt, sondern die Regelung unmittelbar Wirkung entfaltet (Art. 288 Abs. 2 AEUV), verstößt ein Zugangssystem auf der Grundlage von entfernungsabhängigen Transportpfadbuchungen gegen diese Vorschrift, sofern es sich auf die Fernleitungsebene beziehen würde. Da die nationale Regelung des § 20 Abs. 1b jedoch bereits vor Inkrafttreten des Art. 13 Abs. 4 Gasfernleitungs-VO 09 das entry-exit Zugangsmodell vorgesehen hat, war diese europarechtliche Regelung nicht kausal für den Systemwechsel in der deutschen Gaswirtschaft, schließt jedoch eine Rückkehr zu den früheren Modellen, zumindest auf der Fernleitungsebene, europarechtlich aus.

126 **2. Netzkodizes.** Art. 6 Gasfernleitungs-VO 09 sieht die Möglichkeit vor, dass Netzkodizes zur **grenzüberschreitenden Harmonisierung** verabschiedet werden (zum Verfahren Baur/Salje/Schmidt-Preuß Energiewirtschaft/*Ludwigs* Kap. 31

Rn. 38ff.). Dies ist zB möglich für den Netzzugang Dritter (Art. 8 Abs. 2 lit. c Gasfernleitungs-VO 09), Kapazitätszuweisungen und Engpassmanagement (Art. 8 Abs. 6 lit. g Gasfernleitungs-VO 09) oder die Bilanzierung (Art. 8 Abs. 2 lit. d Gasfernleitungs-VO 09).

Netzkodizes werden in Form einer Verordnung nach Art. 288 Abs. 2 AEUV durch die Kommission erlassen und sind somit **verbindlich gesetztes europäisches Recht** (Baur/Salje/Schmidt-Preuß Energiewirtschaft/*Ludwigs* Kap. 31 Rn. 41; Theobald/Kühling/*Gundel* Europäisches Energierecht Rn. 60 Fn. 8). Netzkodizes auf Basis der Gasfernleitungs-VO 09 gelten ausweislich der Ermächtigungsnorm des Art. 8 Abs. 7 Gasfernleitungs-VO für **grenzüberschreitende Netzangelegenheiten** und **Angelegenheiten der Marktintegration**. Sie berühren nicht das Recht der Mitgliedstaaten, davon **abweichende Regelungen** aufzustellen, die den grenzüberschreitenden Handel nicht betreffen. Aufgrund der Unschärfe der Tatbestandsmerkmale ist jedoch im Einzelfall die Abgrenzung schwierig. 127

Die Einschränkung der Reichweite europäischer Netzkodizes ist zur Einhaltung des primärrechtlichen Subsidiaritätsprinzips (Art. 5 EUV) auch geboten (vgl. Erwgr. Nr. 37 Gasfernleitungs-VO 09). Netzkodizes konkretisieren als Tertiärrecht das Sekundärrecht. Damit müssen sie sich im Rahmen der Normenhierarchie sowohl an die Ermächtigungsgrundlage des Sekundärrechts (Gasfernleitungs-VO 09), aber insbesondere auch an die davor angesiedelte Kompetenzeinräumungen des Primärrechts messen lassen (vgl. *Streinz* AEUV Art. 288 Rn. 24; *Leffler/Fischerauer* EU-Netzkodizes und Kommissionsleitlinien § 1 Rn. 14 f.; vgl. EuGH Urt. v. 2.3.1999 – C-179/97, ECLI:EU:C:1999:109 = Slg. 1999, I-1251 Rn. 20 – Spanien/Kommission). Insbesondere materiell dürfen die Netzkodizes nicht über die für sie vorgesehenen Regelungsbereiche des Art. 8 Abs. 6 Gasfernleitungs-VO 09 hinausgehen (vgl. auch *Günther/Brucker* RdE 2006, 216 (217); Rühmkorf/*Brüning-Pfeiffer* Nachhaltige Entwicklung im deutschen Recht, S. 251, 266; *Stegner* Zur Verselbstständigung von Unionsagenturen, S. 552f., 603f.; *Leffler/Fischerauer* EU-Netzkodizes § 1 Rn. 17). 128

Da unterschiedliche Regelwerke für die Fernleitungs- und Verteilernetzebene jedoch vom Grundsatz her volkswirtschaftlich nicht sinnvoll sind, da sie die Regulierungskosten erhöhen, wirken sich die Netzkodizes rein faktisch auch im innerstaatlichen Anwendungsbereich als **standardisierende Regelungen (Mindeststandards)** aus. 129

Ergehen nationale Maßnahmen der Regulierungsbehörde auf Grundlage einer Ermächtigungsnorm in einem Netzkodex, so kann in dem sich daraus ergebenden Verwaltungshandeln ebenso ein gerichtlich nicht überprüfbarer **Beurteilungsspielraum** zu einzelnen Aspekten – wie bei sonstigen Regulierungsakten auf Basis des EnWG oder nationaler Rechtsverordnungen – gegeben sein (BGH Beschl. v. 27.2.2018 – EnVR 55/16; OLG Düsseldorf Beschl. v. 26.10.2016 – 3 Kart 18/15; generell kritisch zum Beurteilungsspielraum im Sinne eines Regulierungsermessens BerlKommEnergieR/*Schmidt-Preuß* Einl. C Rn. 128; → Vor § 20 Rn. 19). 130

a) Netzkodex für die Gasbilanzierung (NC BAL). Mit der VO (EU) 312/2014 ist ein **Netzkodex für den Bereich der Gasbilanzierung (NC BAL)** europarechtlich in Kraft gesetzt worden. Der NC BAL betrifft Harmonisierungen für den grenzüberschreitenden Gashandel sowie für Ausgleichsregelungen (BerlKomm-EnergieR/*Bremme/Scholze* FerngasZVO Art. 6 Rn. 5). Aufgrund dieser Vorgaben ist die GABiGas-Festlegung der BNetzA überarbeitet worden und im Jahr 2014 als **GABiGas 2.0** (BNetzA Beschl. v. 19.12.2014 – BK7-14-020) erlassen worden. 131

132 **b) Netzkodex Kapazitätszuweisung (NC CAM).** Bereits 2013 wurde der **Netzkodex Kapazitätszuweisung (NC CAM)** durch die VO (EU) 984/2013 erlassen, in dem einheitliche europäische Vorgaben für die Vergabe von Transportkapazitäten an Netzkopplungsstellen der Fernleitungsebene, die entry-exit Systeme verbinden, festgelegt wurden. Dies führte zu einer Anpassung der bestehenden KARLA Gas Festlegung durch die Ergänzungsfestlegung **KARLA Gas 1.1** (vgl. BNetzA Beschl. v. 14.8.2015 – BK7-15-001), da mit dem NC CAM nunmehr weitgehende und zum Teil abschließende europarechtliche Vorgaben für die Kapazitätsvergabe geschaffen wurden.

133 Im Jahr 2017 erfolgte eine **Fortschreibung des Netzkodex Kapazitätszuweisung (NC CAM)** durch die VO (EU) 2017/459. Nunmehr werden zusätzliche Mechanismen zur Ermittlung und gegebenenfalls Schaffung von weiteren Gastransportkapazitäten an Grenz- und Marktgebietsübergangspunkten vorgesehen (vgl. Art. 22–31 NC CAM). § 13 Abs. 1 GasNZV sieht nunmehr vor, dass die Auktionierungsverfahren zur Zuteilung von Ein- und Ausspeisekapazitäten mit den Regelungen der NC CAM übereinstimmen, auch wenn kein grenzüberschreitender Bezug gegeben ist.

III. Grundlagen des Netzzugangskonzepts nach Abs. 1b

134 Während Abs. 1 die Entscheidung dafür vorgibt, *„ob"* ein Dritter einen Anspruch auf Netzzugang zu einem Energieversorgungsnetz hat, regelt Abs. 1b *„wie"* der konkrete Zugangsanspruch im Gassektor auszugestalten ist.

135 Im EnWG-Gesetzgebungsverfahren des Jahres 2005 erhielt § 20 Abs. 1b seine endgültige Gestalt erst in den Beratungen des Vermittlungsausschusses, wonach der Gasnetzzugang auf der Grundlage eines **entry-exit Modells** erfolgen sollte (vgl. *Merk* Gaswirtschaftliche Netzregulierung S. 239–245; BNetzA Beschl. v. 17.11.2006 – BK7-06-074, S. 99 ff.). Die im selben Jahre in Kraft gesetzten GasNZV aF orientierte sich jedoch nur teilweise an dem finalen Zugangsmodell des § 20 Abs. 1b, was sich daraus ergab, dass der Verordnungstext noch zu der Vorversion des § 20 Abs. 1b erstellt worden war. Abweichungen in Systematik und Begrifflichkeiten des Verordnungstextes mussten somit im Lichte des höherrangigen § 20 Abs. 1b ausgelegt werden. Erst im Jahr 2010 erfolgte eine umfassende Novellierung und Anpassung der GasNZV auf das nach dem EnWG vorgesehene Zugangssystem.

136 Mit der Entscheidung des EuGHs vom 2.9.2021 (C-718/18, ECLI:EU: C:2021:662), in der das national gewählte Prinzip der normativen Regulierung durch Methodenvorgaben mittels Rechtsverordnungen in Rechtfertigungszwang gekommen ist, steht für den Gasnetzzugang infrage, ob die GasNZV beizubehalten ist (dazu auch → Vor §§ 20 ff. Rn. 25 f.; § 24 Rn. 3 ff.). Zwar ist das Europarecht grundsätzlich vorrangig anzuwenden, jedoch nur kraft und im Rahmen der verfassungsrechtlichen Ermächtigung. Dies bedeutet, dass Unionsrecht dann nicht zu folgen ist, wenn hierdurch das grundgesetzliche Integrationsprogramm überschritten wird oder die **änderungs- und integrationsfeste Identität der Verfassung** verletzt werden würde (Art. 23 Abs. 1 S. 3 iVm Art. 79 Abs. 3 GG; vgl. BVerfG Urt. v. 21.6.2016 – 2 BvR 2728/13 ua, BVerfGE 142 123, 187 ff. Rn. 120 ff. – OMT; BVerfG Urt. v. 5.5.2000 – 2 BvR 859/15 ua, BVerfGE 154, 17, 89 f. Rn. 109 f. – PSPP; BVerfG Beschl. v. 23.6.2021 – 2 BvR 2216/20 ua, GRUR 2021, 1157 Rn. 73 ff. – EPGÜ-ZustG II). Eine solche Verletzung wäre denkbar, wenn es zu einem Verstoß gegen das Demokratieprinzip als Teil der Verfassungsidentität des

Zugang zu den Energieversorgungsnetzen **§ 20**

GG kommen würde (vgl. BVerfG Urt. v. 13.10.2016 – 2 BvR 1368/16 ua, BVerfGE 143, 65, 95 Rn. 59 und 98 Rn. 65 – CETA).

Es bleibt also dabei, dass grundrechtswesentliche Eingriffsmaßnahmen den Anforderungen des verfassungsrechtlich aus dem Demokratie- und Rechtsstaatsprinzip abgeleiteten Grundsatz des **Vorbehalts des Gesetzes** entsprechen und nicht der reinen Verwaltungspraxis der BNetzA überlassen werden dürfen. Denn die **Wesentlichkeitstheorie** (BVerfGE 150, 1, 96 ff. Rn. 191 ff. mwN) macht es erforderlich, das wesentliche Grundrechtsbeschränkungen vom parlamentarischen Gesetzgeber vornormiert sind. Dies kann **auf Basis detaillierter europarechtlicher Vorgaben** erfolgen oder auf Grundlage **nationaler materieller Gesetze** (EnWG oder GasNZV). Eine komplette Verlagerung der Methodenauswahl auf die Regulierungsbehörde stellt die **demokratische Legitimation** des hoheitlichen Handelns infrage, da insbesondere die öffentliche Kontrolle und Transparenz bei einem behördeninternen Verfahren erheblich reduziert wird (vgl. BVerfG Urt. v. 19.9.2018 – 2 BvF 1/15 ua, BVerfGE 150, 1, 96 f. Rn. 192 – Zensus; vgl. BGH Beschl. v. 8.10.2019 – EnVR 58/18, RIW 2020, 153 (155, Rn. 55); vgl. Zimmer/Kühling/ *Ludwigs* Neue Gemeinwohlherausforderungen S. 11 (13 ff.)). Insofern bedürfen insbesondere solche Maßnahmen, die einen Eingriff in Art. 14 GG bewirken, weiterhin einer konkreten gesetzlichen Ermächtigungsgrundlage (vgl. *Schmidt-Preuß* RdE 2021, 173 (179); *Schmidt-Preuß* EnWZ 2021, 337 (338)). Aufgrund der weitgehenden Detailregelungen in den **Netzkodizes** werden diese in der Praxis häufig als **Ermächtigungsgrundlagen** dienen können. Sofern das europäische Recht jedoch nicht hinreichend spezifisch ist, muss eine Ermächtigungsgrundlage im nationalen Recht auf der Ebene des EnWG oder der GasNZV vorgesehen werden. 137

1. Entry-exit Modell. Während im bis 2005 geltenden System des Gasnetzzugangs der Verbändevereinbarungen I und II eine Vielzahl von Transportbuchungen mit den jeweiligen Netzeigentümern zu schließen waren (vgl. Übersicht bei *Merk* Gaswirtschaftlichen Netzregulierung S. 222–232), deren Netze für eine Gasdurchleitung durchquert werden mussten, ist mit dem geltenden entry-exit System des Abs. 1 b der Gastransport entscheidend vereinfacht worden. Nunmehr muss der Transportkunde lediglich **Ein-** („**entry**") und **Ausspeisekapazitäten** („**exit**") buchen, welche die Durchleitung von Gas über eine Vielzahl von Netzen ermöglichen. Die Kapazitätsbuchungen an bestimmten Ein- und Ausspeisepunkten berechtigen den Transportkunden zur Einspeisung bzw. Entnahme von Gasmengen innerhalb eines Marktgebiets, ohne dass hierfür ein konkreter Leitungspfad angegeben werden muss (**Transportpfadunabhängigkeit,** Abs. 1 b S. 1). Die Inanspruchnahme der Kapazitätsrechte ist einzelnetz- und ebenenübergreifend. Damit wird für den Transportkunden der Organisationsaufwand reduziert und Transaktionskosten gering gehalten. Da nunmehr kein konkreter Leitungspfad für eine Gasdurchleitung angegeben werden muss, obliegt es den Netzbetreibern, durch **Kooperation** untereinander sicherzustellen, dass Gastransporte innerhalb eines Marktgebiets von jedem Einspeisepunkt zu jedem Ausspeisepunkt stattfinden können. Adressaten sind die Betreiber von Fernleitungsnetzen, welche die Rechte an gebuchten Kapazitäten so auszugestalten haben, dass sie den Transportkunden berechtigen, Gas an jedem Einspeisepunkt für die Ausspeisung an jedem Ausspeisepunkt ihres Netzes oder, bei dauerhaften Engpässen, eines Teilnetzes bereitzustellen (**entry-exit System, Abs. 1 b S. 10).** 138

2. Unabhängige Nutzbarkeit von Kapazitätsrechten. Indem der Gastransport nicht mehr anhand von Vertragspfaden organisiert werden muss, ist nunmehr 139

§ 20 Teil 3. Regulierung des Netzbetriebs

eine direkte Konnexität von Ein- und Ausspeisungen nicht weiter erforderlich. Deshalb müssen die gebuchten Kapazitäten nach Abs. 1 b S. 1 auch **unabhängig voneinander nutzbar** sein – und zwar sowohl in zeitlicher, als auch in mengenmäßiger Hinsicht (*Merk* Gaswirtschaftliche Regulierung S. 279 f.). Dies ermöglicht erst die flexible Handelbarkeit von im Marktgebiet befindlichen Gasmengen und stellt ein wesentliches Element für Wettbewerb auf der Großhandelsebene dar.

140   **3. Handelbarkeit von Kapazitätsrechten.** Essenzieller Bestandteil eines entry-exit Zugangssystems ist die **Handelbarkeit** der getrennt nutzbaren **Kapazitätsrechte (Abs. 1 b S. 1).** Die Handelbarkeit der Kapazitätsrechte und die damit verbundene Implementierung eines Sekundärmarktes bilden einen wesentlichen Gesichtspunkt wettbewerblicher Mechanismen im Gassektor (Monopolkommission Sondergutachten Strom und Gas, BT-Drs. 16/14060, 98 f. Rn. 366). Die Kapazitätsrechte werden über die zentrale Kapazitätsbuchungsplattform der Fernleitungsnetzbetreiber als Sekundärkapazitäten (§ 12 Abs. 2 S. 1 GasNZV) vermarktet, worüber auch die eigentliche Zuteilung der Primärkapazitäten erfolgt.

141   **4. Zweivertragsgrundsatz. Abs. 1 b S. 2, 3 und 10** normieren den Zweivertragsgrundsatz, wonach für einen Transportvorgang insgesamt nur zwei Verträge erforderlich sind: **Ein- und Ausspeisevertrag.** Während im Strombereich die Netznutzung vom Grundsatz her allein auf Grundlage eines Vertrags, des **Netzzugangsvertrags** (→ Rn. 69), erfolgt, sind im Gasbereich hierfür **zwei Verträge** erforderlich. Dass im Gasbereich zwei Verträge die Netznutzung abbilden, lässt sich in Abgrenzung zum Strombereich aus den **gaswirtschaftlichen Besonderheiten** erklären. Denn bei dem Gasnetzzugang ist der Einspeise- oder Ausspeisevorgang nach dem klassischen Vorstellungsbild des physischen Hubs jeweils physikalisch erkennbarer und identifizierbarer, als dies für die im Strombereich relevante Spannung der Fall ist; auch vertragsökonomisch ist die Aufspaltung in zwei Vertragstypen aufgrund des Transaktionskostenparadigmas sinnvoll (*Merk* Gaswirtschaftliche Netzregulierung S. 268).

142   Eine freiwillige **Einzelbuchungsvariante,** wie sie im Jahr 2006 noch von der Gaswirtschaft beabsichtigt war, wurde von der BNetzA in der damaligen konkreten Ausgestaltung der Kooperationsvereinbarung I untersagt (BNetzA Beschl. v. 17.11.2006 – BK7-06-074, 109 ff.; krit. *Huber/Storr* RdE 2007, 1 (7 ff.)) und ist seitdem auch nicht mehr in der Diskussion.

143   Die **Reichweite des Zweivertragsgrundsatzes** wird durch die Bildung von Marktgebieten begrenzt, da er nur innerhalb der Netze des Marktgebiets frei anwendbar ist (§ 3 Abs. 3 S. 2 GasNZV). Im Strombereich hingegen vermittelt der Netznutzungsvertrag den Zugang zum gesamten Elektrizitätsversorgungsnetz (§ 3 Abs. 1 S. 1 StromNZV; hierzu → Rn. 84). Nach **§ Abs. 1 b S. 5** ist die Einschränkung des im EnWG selbst angeordneten Zweivertragsgrundsatzes durch die gesetzessystematisch niederrangige GasNZV nur bei **technischer Unmöglichkeit** bzw. **wirtschaftlicher Unzumutbarkeit** zulässig. Diesbezüglich dürften erhebliche Zweifel bestehen, ob diese Voraussetzungen jemals vorgelegen haben (zu dem parallelen Rechtsproblem → Rn. 155 f.).

144   **5. Örtliche Verteilernetzebene (Abs. 1 b S. 11).** Abs. 1 b S. 4 und 11 ermöglichen **Sonderregelungen** für die Betreiber von örtlichen Verteilernetzen (§ 3 Nr. 29 c). Danach haben die örtlichen Verteilernetzbetreiber nach Maßgabe einer Rechtsverordnung den Netzzugang derart zu organisieren, dass sie Gas an den Einspeisepunkten ihrer Netze für alle angeschlossenen Ausspeisepunkte zu gewährleis-

ten haben. Hintergrund dieser Regelung dürfte insbesondere die klassische Lieferantensituation sein, in der ein Gaslieferant auf der örtlichen Verteilernetzebene im Rahmen eines All-inclusive-Gasliefervertrags eine Vielzahl an Endkunden beliefert (vgl. **Abs. 1b S. 4 – Lieferantenrahmenvertrag**). Innerhalb der Gesamtkonzeption eines entry-exit Modells für den Gasbereich eröffnet diese Regelung die Möglichkeit, auf der örtlichen Verteilernetzebene auf die Buchung konkreter Ausspeisekapazitäten zu verzichten. Insofern sieht § 4 Abs. 1 S. 2 GasNZV auch eine reduzierte Regelungsdichte für den abzuschließenden Ausspeisevertrag vor. In § 18 GasNEV wird dieses **Netzpartizipationsmodell** im Hinblick auf die modifizierte Berechnung der Netznutzungsentgelte näher geregelt.

6. Vertragsabwicklung. Die Grundsystematik für die vertragliche Abwicklung des Netzzugangs ergibt sich aus **Abs. 1b S. 2–4**. Systematisch sieht die Regelung vor, dass idealtypisch je ein **Ein- und Ausspeisevertrag** nach S. 2 und S. 3 abzuschließen ist, um den Netzzugang zu organisieren. Der häufigste Fall in der Praxis wird jedoch die Lieferantenkonstellation S. 4 sein. Und zwar wird bei den typischen Haushaltskunden der Netzzugang im Rahmen eines all-inclusive-Gaslieferungsvertrags durch den Lieferanten organisiert. In diesem Fall braucht sich der vom Lieferanten abzuschließende Ausspeisevertrag nicht auf bestimmte Entnahmestellen zu beziehen (S. 4). Man spricht in diesem Fall auch von einem **Lieferantenrahmenvertrag** (§ 3 Abs. 4 GasNZV). Die Kooperationsvereinbarung sieht in ihrer jeweils gültigen Fassung **standardisierte Musterverträge** (vgl. § 3 Abs. 3 S. 1, Abs. 4 S. 1 GasNZV) für den Ein- und Ausspeivertrag bzw. Lieferantenrahmenvertrag vor.

Dogmatisch handelt es sich bei S. 2 bis 4 iVm Abs. 1 S. 1 um einen **Anspruch auf Vertragsabschluss** gegen den Netzbetreiber und umgekehrt eine Obliegenheit des Netznutzers (→ Rn. 12; Theobald/Kühling/*Hartmann/Wagner* EnWG § 20 Rn. 34). Der Netzzugangsanspruch nach § 20 Abs. 1 S. 1 begründet ein gesetzliches Schuldverhältnis (vgl. BerlKommEnergieR/*Laubenstein* StromNZV § 24 Rn. 3 mwN). 145

Für die praktische Realisierbarkeit der Netznutzung ist die Zuordnung der Einspeisungen und Entnahmen in ein Bilanzkreissystem erforderlich, um Minder- und Überspeisungen erfassen und abrechnen zu können. Aus diesem in § 20 Abs. 1b S. 7 („Bilanzzonen") angelegten Bilanzierungssystem ist bereits inzident das Erfordernis zum Abschluss eines **Bilanzkreisvertrags** (→ Rn. 159) angelegt, das ausdrücklich verordnungsrechtlich in § 3 Abs. 2 GasNZV konkretisiert wird. Ein Verstoß gegen den Zweivertragsgrundsatz nach § 20 Abs. 1b S. 2 und S. 3 liegt jedoch nicht vor, weil es sich dabei nicht um einen Vertrag handelt, der über den Ein- und Ausspeisevertrag hinaus für den Erwerb von Kapazitätsrechten erforderlich ist. Vielmehr stellt dies nur eine Regelung zur Inanspruchnahme der erworbenen Kapazitätsrechte dar. Damit handelt es sich aber um keinen das Netzzugangssystem prägenden Vertrag, sondern lediglich um die Regelung von technischen Bilanzierungsabwicklungen. 147

a) Einspeisevertrag (Abs. 1b S. 2). Der Einspeisevertrag regelt den Zugang zu den Gasversorgungsnetzen. In ihm werden **Kapazitätsrechte** für einen Einspeisepunkt eines Marktgebiets gebucht. **Vertragsparteien** des Einspeisevertrags sind der Netzkunde und der Netzbetreiber, durch den Gas in das Marktgebiet eingespeist wird. Üblicherweise erfolgt hier der Vertragsabschluss mit einem Fernleitungsnetzbetreiber, jedoch ist bei der Einspeisung von Biogas und bei der Anbindung von Gasspeichern auch die Einspeisung bei einem (örtlichen) Verteilernetzbetreiber denkbar. Gem. § 34 Abs. 1 S. 1 GasNZV besteht hier ohnehin eine Pflicht für die 148

§ 20 Teil 3. Regulierung des Netzbetriebs

Netzbetreiber, vorrangig Einspeiseverträge mit Transportkunden von Biogas abzuschließen (→ Rn. 116).

149 Der Netzbetreiber wird nach § 8 Abs. 1 Satz 1 GasNZV verpflichtet, die im Rahmen der gebuchten Kapazitätsrechte bereitgestellten und nach § 15 Abs. 1 S. 1 GasNZV nominierten Gasmengen zu übernehmen. Indem jede Gaseinspeisung einem Bilanzkreis zugeordnet wird (§ 22 Abs. 1 S. 4 GasNZV), ist das in ein Marktgebiet eingespeiste Gas direkt für den Handel am **virtuellen Handelspunkt** (hierzu genauer → Rn. 177) verfügbar (§ 22 Abs. 1 S. 5 GasNZV). Die den Netzbetreibern entstehenden Kosten für die Gasdurchleitung (Netznutzungsentgelte) werden im Wege der Kosten- und Entgeltwälzung derart auf die Einspeiseentgelte umgelegt, als sie Kostenpositionen vom Einspeisepunkt bis zur Bereitstellung am Virtuellen Handelspunkt betreffen. Dies ergibt sich aus der Reichweite des Einspeisevertrags, der die Nutzung bis zum virtuellen Handelspunkt garantiert (§ 3 Abs. 3 S. 2 GasNZV).

150 **b) Ausspeisevertrag/Lieferantenrahmenvertrag (Abs. 1 b S. 3–4).** Mit dem Ausspeisevertrag wird die Entnahme von Gas aus dem Marktgebiet geregelt. In ihm werden **Kapazitätsrechte** für einen bestimmten Ausspeisepunkt gebucht. Der Vertrag wird zwischen dem Netzkunden und dem Netzbetreiber geschlossen, aus dessen Netz die Ausspeisung erfolgen soll. Für Großkunden (zB Gaskraftwerke) ist es naheliegend, dass die Ausspeisung mit einem Fernleitungsnetzbetreiber vereinbart wird. Erfolgt die Ausspeisung an Haushaltskunden, dann wird der Ausspeisevertrag in der Regel mit dem örtlichen Verteilernetzbetreiber abgeschlossen werden. In einer solchen Konstellation dürfte der Haushaltskunde selbst mit seinem Gaslieferanten einen **All-inclusive-Gaslieferungsvertrag** vereinbart haben, sodass der Lieferant die Netznutzung organisiert und den Ausspeisevertrag in Form eines **Lieferantenrahmenvertrags** (§ 3 Abs. 4 S. 2 GasNZV) mit dem örtlichen Verteilernetzbetreiber abschließt. In einem solchen Fall braucht sich der Ausspeisevertrag nicht auf bestimmte Entnahmestellen zu beziehen (Abs. 1 b S. 4). Hier reicht es aus, wenn der Lieferant den Netzbetreiber regelmäßig in einer aktualisierten Bestandsliste über Wechsel in seinem Belieferungsportfolio informiert. Der Ausspeisevertrag bzw. Lieferantenrahmenvertrag deckt die Netznutzung vom virtuellen Handelspunkt bis zum Ausspeisepunkt ab (BerlKommEnergieR/*Säcker* EnWG § 20 Rn. 133).

IV. Marktgebiete

151 Gem. § 3 Nr. 10 GasNZV ist unter einem **Marktgebiet** die Zusammenfassung gleichgelagerter und nachgelagerter Netze zu verstehen, in denen Transportkunden gebuchte Kapazitäten frei zuordnen, Gas an Letztverbraucher ausspeisen und in andere Bilanzkreise übertragen können. Damit wirken die im EnWG vorausgesetzten, aber nicht legaldefinierten Marktgebiete als Bilanzzonen iSd § 3 Nr. 10b und § 20 Abs. 1b S. 7 (BerlKommEnergieR/*Thole/Kirschnick* GasNZV § 20 Rn. 1; *Merk* Gaswirtschaftliche Netzregulierung S. 319 ff.).

152 **1. Marktgebietsbildung.** Die Marktgebiete werden gem. § 20 Abs. 1 S. 1 GasNZV von den Fernleitungsnetzbetreibern gebildet. Hinsichtlich der Zuordnung von Ein- und Ausspeisepunkten sowie der erforderlichen Kostenwälzung werden in der Kooperationsvereinbarung Gas weitergehende Regelungen getroffen (vgl. §§ 5 ff. KoV XIII).

153 Die ein Marktgebiet aufspannenden Fernleitungsnetzbetreiber müssen nach § 20 Abs. 1 S. 2 GasNZV einen **Marktgebietsverantwortlichen** (§ 2 Nr. 11 GasNZV)

benennen. Dieser betreibt nach § 20 Abs. 1 S. 3 Nr. 1 GasNZV den virtuellen Handelspunkt (→ Rn. 177) und übernimmt das Bilanzierungsmanagement (Nr. 2, → Rn. 158). Er ist Vertragspartner für die Bilanzkreisverträge mit den Bilanzkreisverantwortlichen, sodass er auch die Ausgleichsenergie für einen Bilanzkreis in Rechnung stellt. Weiter ist er im Hinblick auf die gesamte Systemstabilität des Marktgebiets für die Beschaffung und Steuerung der Regelenergie zuständig (Nr. 3, → Rn. 160).

2. Anzahl der Marktgebiete. Von anfänglich 19 Marktgebieten (hiervon fünf 154 L-Gas-Marktgebiete und 14 H-Gas-Marktgebiete) im Jahr 2006 ist die Anzahl schrittweise bis 2011 auf zwei qualitätsübergreifende Marktgebiete reduziert worden. Spätestens seit **1.4.2022** soll nach § 21 Abs. 1 S. 2 GasNZV ein **einziges Marktgebiet** gebildet werden.

Bereits in der Vergangenheit dürfte die Einrichtung von mehr als einem Markt- 155 gebiet gegen die Grundsätze des entry-exit Systems des EnWG **verstoßen** haben. Denn eine Unterteilung der deutschen Gasversorgungsnetze in mehr als ein Marktgebiet ist nur unter den besonderen Voraussetzungen des **Abs. 1b S. 7** möglich (*Merk* RdE 2013, 349 (351); *Merk* Gaswirtschaftliche Netzregulierung S. 308 ff.; aA wohl NK-EnWG/*Kment* EnWG § 20 Rn. 87; vgl. die volkswirtschaftlichen Erwägungen BNetzA, Marktdialog zur Weiterentwicklung der deutschen Marktgebiete – Schlussfolgerungen vom 27.4.2017). Die rein materiellrechtliche Regelung des § 21 Abs. 1 GasNZV stellt keine Legitimation für mehrere Marktgebiete dar. Denn bei der GasNZV handelt es sich um eine niederrangige Rechtsverordnung, die nicht gegen das formelle EnWG als höherrangiges Recht verstoßen darf. Eine Rechtsverordnung darf eine parlamentsgesetzliche Regelung nicht unterlaufen (BVerfG Beschl. v. 6.5.1958 – 2 BvL 37/56 ua, BVerfGE 8, 155, 169).

Durch die Bildung mehrerer Marktgebiete liegt ein nicht gerechtfertigter **Ver-** 156 **stoß gegen den Zweivertragsgrundsatz des Abs. 1b S. 2–3** vor. Ein Verstoß ist nach der Regelung des **Abs. 1b S. 5** nur dann nicht gegeben, wenn es für die Netzbetreiber technisch nicht möglich oder wirtschaftlich nicht zumutbar ist, die Abwicklung des Gastransports nur auf der Grundlage von einem Ein- und Ausspeisevertrag anzubieten. Im Hinblick auf die Bildung mehrerer Bilanzzonen verwendet **Abs. 1b S. 7** dieselbe Terminologie. Danach haben die Netzbetreiber unter Berücksichtigung von technischen Einschränkungen und wirtschaftlicher Zumutbarkeit alle Kooperationsmöglichkeiten mit anderen Netzbetreibern auszuschöpfen, mit dem Ziel, die Zahl der Netze oder Teilnetze sowie der **Bilanzzonen** (Marktgebiete) möglichst gering zu halten. Die Reichweite des entry-exit Zugangssystems kann somit nach den einheitlichen Tatbestandsmerkmalen der S. 5 und S. 7 nur beschränkt werden – und damit die Einrichtung mehrerer Marktgebiete legitimieren –, wenn dies aus **technischen oder wirtschaftlichen Gründen** geboten ist (*Merk* Gaswirtschaftliche Netzregulierung S. 325 ff.). Der naheliegende Einwand, dass die unterschiedlichen Gasqualitäten (H-Gas/L-Gas) mindestens zwei Marktgebiete erforderlich machen **(technische Unmöglichkeit)** scheidet jedoch spätestens mit der Bildung von qualitätsübergreifenden Marktgebieten ab dem Jahr 2011 aus. Der Nachweis, dass die Bildung nur eines Marktgebiets **wirtschaftlich unzumutbar** wäre, ist bisher nicht geführt worden. Zwar prognostizierte der Marktgebietsbericht 2012 der FLNB jährliche Kosten für die Zusammenlegung in Höhe von 395 Mio. EUR, dem nur Vorteile in Höhe von 57,4 Mio. EUR entgegenstehen würden (vgl. BNetzA, Marktgebietsbericht 2012, S. 10). Diese Kostenanalyse wurde jedoch inhaltlich von anderen Marktteilnehmern angegriffen. Auch ist nicht ersichtlich, ob die wettbewerblichen Effekte eines gemeinsamen Marktgebiets volkswirtschaftlich angemessen berücksichtigt worden sind. Im Ergebnis kommt es aber auch nicht darauf an, wenn derartige Kosten zu einem Bestandteil der Netzentgelte gemacht werden könnten. Somit kann eine hypothetische Kosten-Nutzen-Analyse keine Aussage über die iRd Abs. 1 b S. 5 und S. 7 zu prüfende konkrete individuelle wirtschaftliche Unmöglichkeit treffen (*Merk* RdE 2013, 349 (351)), sondern allenfalls für eine generelle Kritik einer zu dichten Regulierung herhalten. Derartige konkret individuellen Prüfungen sind auch von der BNetzA nicht vorgenommen worden. Eine materielle Prüfung im Rahmen des besonderen **Missbrauchsverfahrens** zu BK7-06-074 unterblieb aufgrund verfahrensrechtlicher Darlegungslasten nach § 31 Abs. 2 S. 1 Nr. 3 (BNetzA Beschl. v. 17.11.2006 – BK7-06-074, S. 79). Eine spätere Verfahrenseinleitung zur Prüfung der Zusammenlegung der L-Gas-Marktgebiete im Rahmen eines Missbrauchsverfahrens von Amts wegen (→ § 30 Rn. 55) führte aufgrund freiwilliger Zusammenlegungen zu keiner förmlichen Entscheidung der Regulierungsbehörde (vgl. BNetzA Verfahrenseinleitung v. 22.8.2008 – BK7-08-011).

157 Die BNetzA dürfte im Rahmen ihres **Aufgreifermessens** (vgl. hierzu Theobald/Kühling/*Boos* EnWG § 30 Rn. 54) nicht zu einem weitergehenden Einschreiten verpflichtet gewesen sein. Denn im Rahmen ihres Ermessens kann sie sich auch weniger belastender Maßnahmen als denen eines Missbrauchsverfahrens bedienen. Indem sie im Rahmen von Konsultationen die Fernleitungsnetzbetreiber zu schrittweisen freiwilligen Verringerungen der Marktgebiete im Rahmen ihrer Kooperationspflichten veranlasste, hat sie sich eines zulässigen und vorzugswürdigen selbstregulativen Instruments bedient. Indem die BNetzA somit die Zusammenarbeit der Fernleitungsnetzbetreiber „induziert", bildet die freiwillige Reduzierung der Marktgebiete einen klassischen Referenzfall der **gesteuerten Selbstregulierung** (*Schmidt-Preuß* VVDStRL 56 1997, 160 (165); BerlKommEnergieR/ *Schmidt-Preuß* EnWG Einl. C Rn. 61; vgl. *Merk* Gaswirtschaftliche Netzregulierung S. 524 ff., 529 ff.).

158 **3. Marktgebietsverantwortlicher und Bilanzkreisverantwortlicher.** Gem. § 2 Nr. 11 GasNZV werden die zentralen Dienstleistungen in einem Marktgebiet (Bilanzkreisabwicklung mit Ausgleichsenergieabrechnung, Regenenergiebeschaffung und -einsatz sowie Betrieb des virtuellen Handelspunktes, vgl. § 20 Abs. 1 S. 2 GasNZV), die zur Verwirklichung einer effizienten Abwicklung des Gasnetzzugangs erforderlich sind, von dem **Marktgebietsverantwortlichen** wahrgenommen. Hierzu haben die marktgebietsaufspannenden Fernleitungsnetzbetreiber eine solche Konstruktion gewählt, wonach mit NetConnect Germany und Gaspool Balancing Services eigenständige juristische Gesellschaften gegründet worden sind, an denen die marktgebietsaufspannenden Fernleitungsnetzbetreiber jeweils wiederum Anteilseigner bzw. Gesellschafter sind. Mit der Marktgebietszusammenlegung der verbleibenden beiden Marktgebiete soll ebenfalls eine gemeinsame Gesellschaft aller Fernleitungsnetzbetreiber unter dem Namen **Trading Hub Europe** als Marktgebietsverantwortlicher agieren.

159 Um gebuchte Kapazitätsrechte in Anspruch nehmen zu können, müssen Transportkunden mit dem Marktgebietsverantwortlichen einen **Bilanzkreisvertrag** abschließen (§ 3 Abs. 1 S. 2–3 GasNZV). Der Transportkunde führt als **Bilanzkreisverantwortlicher** den Bilanzkreis und muss seine Ein- und Ausspeisungen innerhalb der Bilanzierungsperiode des Gastages (§ 23 Abs. 1 GasNZV) gegenüber dem Marktgebietsverantwortlichen melden. Auf dieser Grundlage ermittelt der

Marktgebietsverantwortliche etwaige Über- oder Unterspeisungen und stellt dem Bilanzkreisverantwortlichen die Differenz als **Ausgleichsenergieentgelt** in Rechnung (§ 23 Abs. 2 S. 3 GasNZV). Hierbei wird faktisch ein Zweipreissystem angewendet. Negative Bilanzabweichungen werden dem Bilanzkreisverantwortlichen mit teurerer positiver Ausgleichsenergie in Rechnung gestellt. Überspeisungen des Bilanzkreises werden mit kostengünstigerer negativer Ausgleichsenergie vom Marktgebietsverantwortlichen bepreist. Dadurch entsteht ein faktischer Anreiz zum Ausgleich von Saldierungsunterschieden. Große Bilanzkreise verfügen hier über den ökonomischen Vorteil interner Saldierungseffekte, was die Zusammenlegung von Bilanzkreisen im Gasbereich forciert.

4. Qualitätsübergreifende Marktgebiete und Konvertierungsentgelt. Seit 2011 werden die beiden Marktgebiete NetConnect Germany und Gaspool **qualitätsübergreifend** betrieben. Dies bedeutet, dass sich sowohl H- als auch L-Gas-Netzbereiche innerhalb eines Marktgebiets finden. Jedoch bleiben die Netzbereiche physikalisch getrennt. Ein- und Ausspeisekapazitäten können jedoch innerhalb des jeweiligen Marktgebiets unabhängig von der Gasqualität genutzt und bilanziell miteinander verrechnet werden. Bestehen jedoch tatsächliche physikalische Ungleichgewichte innerhalb der jeweiligen Netzbereiche eines Marktgebiets, ist es die Aufgabe des Marktgebietsverantwortlichen, **Regelenergie** zur Netzstabilisierung einzusetzen (§ 27 Abs. 1 GasNZV).

Diesbezüglich können **Konvertierungsentgelte** (vgl. **KONNI Gas 1.0** BNetzA Beschl. v. 27. 3. 2012 – BK7-11-002 und **KONNI Gas 2.0** BNetzA Beschl. v. 21. 12. 2016 – BK7-16-050) erhoben werden, um zu verhindern, dass Transportkunden bewusst Ungleichgewichtungen in den H- oder L-Gasnetzen herbeiführen, indem sie Lastflüsse gezielt in die Unter- oder Überdeckung einer bestimmten Gasqualität lenken. Hinsichtlich der Ausgestaltung der bilanziellen Konvertierung hat der BGH der Regulierungsbehörde weiten Beurteilungsspielraum und Regulierungsermessen zugebilligt (BGH Beschl. v. 9. 4. 2019 – EnVR 57/18 Rn. 36).

V. Kooperationspflichten (Abs. 1 b S. 5 bis 8)

Den Betreibern der Gasversorgungsnetze werden in **Abs. 1 b S. 5 bis 8** umfangreiche Zusammenarbeitspflichten auferlegt, um die Funktionsfähigkeit des Entryexit Zugangsmodells sicherzustellen. Adressaten der Kooperationspflichten sind die Netzbetreiber in ihrer Gesamtheit, die diesem Gebot mit dem Abschluss der **Kooperationsvereinbarung** (derzeitige Fassung KoV Gas XIII, gültig seit 1. 10. 2022; jeweilige Fassungen der Kooperationsvereinbarung unter www.bdew.de) entsprochen haben.

1. Gegenstände der Kooperationspflichten. S. 5 verpflichtet die Netzbetreiber zu einer solchen Zusammenarbeit, durch die dem Zweivertragsgrundsatz optimale Reichweite zukommt. S. 7 hat die Reduzierung von entry-exit Zonen (Marktgebieten) zum Ziel (→ Rn. 154f.). Darüber hinaus wird mit S. 6 und S. 8 die Zusammenarbeit der Netzbetreiber bei der Ausweisung und Inanspruchnahme von gebuchten Kapazitätsrechten vorgegeben (vgl. *Merk* Gaswirtschaftliche Netzregulierung S. 516ff.).

2. Kooperationsvereinbarung. Um die Kooperationspflichten der S. 5–8 zu erfüllen, haben die Gasversorgungsnetzbetreiber mit der jährlich angepassten KoV einen **privatrechtlichen multilateralen Vertrag gegenseitiger Verhaltenslen-**

§ 20 Teil 3. Regulierung des Netzbetriebs

kung (*Schmidt-Preuß* BerlKommEnergieR EnWG Einl. C Rn. 61; *Merk* RdE 2013, 349 (350)) abgeschlossen. Hierbei werden zivilrechtlich nur die vertragsteilnehmenden Netzbetreiber berechtigt und verpflichtet. Die Kooperationsvereinbarung wirkt weder als Vertrag zugunsten Dritter noch als Vertrag mit Schutzwirkung zugunsten Dritter. Betroffene können Regelungen jedoch im Wege eines Aufsichts- oder Missbrauchsverfahrens (vgl. §§ 30, 31, 65) überprüfen lassen (OLG Düsseldorf Beschl. v. 26.10.2016 – 3 Kart 18/15, BeckRS 2016, 130678 Rn. 118).

165   **3. Kooperationspflichten als Ausdruck der Selbstregulierung.** Mit den Kooperationspflichten reduziert der Gesetzgeber für die Ausgestaltung des Zugangssystems im Detail die Regulierungsdichte, um dem dynamischen Konzept der **Selbstregulierung** Raum zu geben. Aus der Kooperationsvereinbarung folgen keine rechtlichen Bindungen für Transportkunden oder die BNetzA. Als „selbstregulative Auslegungsofferte" (Kloepfer/*Schmidt-Preuß* Gemeinwohlherausforderungen S. 89 (95)) können jedoch Inhalt und Wertungen der Kooperationsvereinbarung von der Regulierungsbehörde oder der Rechtsprechung zur Konkretisierung offener Rechtsbegriffe aus EnWG und GasNZV herangezogen werden (*Merk* Gaswirtschaftliche Netzregulierung S. 527; OLG Düsseldorf Beschl. v. 26.10.2016 – 3 Kart 18/15, BeckRS 2016, 130678 Rn. 117).

166   **4. Kooperationsvereinbarung und Kartellrecht.** Die Kooperationsvereinbarung muss sich am Kartellverbot des Art. 101 Abs. 1 AEUV messen lassen. Entsprechend dem vom BGH und EuGH entwickelten Arbeitsgemeinschaftsgedankens ist der Tatbestand jedoch so lange nicht eröffnet, wie die Zusammenarbeit der Netzbetreiber einen höheren Gas-zu-Gas-Wettbewerb erreicht (*Merk* RdE 2013, 349 (354)).

VI. Kapazitätsmanagement

167   Elementar für das Netzzugangssystem sind die Kapazitätsrechte, die für den Gastransport an den Ein- und Ausspeisepunkten erworben werden müssen (Abs. 1 b S. 2 – 3). Unter einer Ein- oder Ausspeisekapazität wird die maximale Energiemenge in kWh pro Stunde verstanden, die insgesamt an einem Ein- oder Ausspeisepunkt in das Marktgebiet ein- oder ausgespeist werden kann (§ 3 Nr. 1 a, 13 a). Bestehen Engpässe an Kapazitätsrechten, dann kann der Gas-zu-Gas-Wettbewerb durch das entry-exit Zugangssystem nicht optimal erreicht werden. Somit kommt dem Kapazitätsmanagement unter wettbewerblichen Gesichtspunkten eine herausragende Rolle zu. Dies wird auch bereits in den Kooperationspflichten deutlich, wonach die Netzbetreiber bei der Berechnung und dem Angebot von Kapazitätsrechten eng zusammenzuarbeiten sollen **(Abs. 1 b S. 6)**.

168   Innerhalb eines Marktgebiets sind von den Transportkunden keine Kapazitätsrechte zu erwerben. Dennoch ist für den reibungslosen Gastransport, der innerhalb des Marktgebiets von den Netzbetreibern zu organisieren ist, ein Maximum an **technischen Kapazitäten** erforderlich. Deshalb haben Netzbetreiber über Netzkopplungspunkte verbundener Netze derart zusammenzuarbeiten, dass sie bei der Berechnung und Ausweisung von technischen Kapazitäten einen möglichst hohen Umfang aufeinander abgestimmte Kapazitäten in den miteinander verbundenen Netzen ausweisen können **(Abs. 1 b S. 8)**.

169   **1. Kapazitätsvergabe.** Die entsprechend Abs. 1 b S. 1 unabhängig voneinander nutzbaren und handelbaren Kapazitätsrechte wurden ursprünglich auf der Basis

Zugang zu den Energieversorgungsnetzen § 20

„first come, first served" von den Netzbetreibern vergeben. Dieses Prinzip wurde jedoch mit dem im Jahr 2010 neu eingeführten § 13 Abs. 1 GasNZV weitestgehend zugunsten eines **Versteigerungsverfahrens** abgelöst. Hierzu traf die Regulierungsbehörde im Jahr 2011 eine ausgestaltende Festlegung in Sachen Kapazitätsregelungen und Auktionsverfahren (**KARLA Gas 1.0**, vgl. BNetzA Beschl. v. 24.2.2011 – BK7-10-001). Mit der Einführung des europarechtlichen **Netzkodex Kapazitätszuweisung (NC CAM)** im Jahr 2013 musste die genannte Festlegung ergänzt werden, sodass nunmehr die Ergänzungsfestlegung **KARLA Gas 1.1** (vgl. BNetzA Beschl. v. 14.8.2015 – BK7-15-001) gilt.

Neue feste Buchungskapazitäten sind an Grenz- und Marktgebietsübergabepunkten **bündelbar** (Art. 19 NC CAM; vgl. Art. 3 Nr. 4 NC CAM). Dadurch sollen die Transaktionskosten sinken und die Gefahr reduziert werden, dass an Übergabepunkten keine sich entsprechende Buchungskapazitäten **(Mismatching)** bereitstehen (v. Hammerstein/Fietze EnWZ 2014, 496 (497)). Für Altverträge sieht Art. 21 NC CAM eine fakultative Möglichkeit zur nachträglichen Bündelung von Kapazitätsrechten (**Bündelungsvereinbarung**) vor. Durch die Bündelung können mit nur einer Buchung Transportrechte über eine Marktgebietsgrenze hinaus vorgehalten werden. Dadurch wird der Transaktionsaufwand für marktgebietsübergreifende Gastransporte reduziert, bei dem eine Ausspeisekapazität für das abgebende und eine Einspeisekapazität für das aufnehmende Marktgebiet zu buchen ist. Diese Kapazitätsrechte werden bei einer Bündelung zusammengefasst. Dadurch wird einer Kapazitätsblockade entgegengewirkt, die einer ansonsten getrennt vorzunehmenden Buchung immanent ist. 170

Die Netzbetreiber sind nicht nur zur Versteigerung von Jahres-, Quartals-, Monats- und Tageskapazitäten verpflichtet, sondern seit 2015 auch zur Versteigerung von **untertägigen Kapazitäten** (Art. 3 Nr. 17, Art. 9 Abs. 6 NC CAM). Hierfür sieht Art. 15 NC CAM eigene Regelungen für die Auktionierung vor. 171

Weiter hat die Regulierungsbehörde mit der **KASPAR Gas** Festlegung (BNetzA Beschl. v. 10.10.2019 – BK7-18-052) standardisierte Kapazitätsprodukte definiert (feste frei zuordenbare, bedingt feste frei zuordenbare, feste dynamisch zuordenbare und unterbrechbare). 172

Die eigentliche Kapazitätsbuchung erfolgt nach § 13 Abs. 1 S. 1 GasNZV im Wege einer Auktion über die zentralisierte (vormals primäre) **Kapazitätsbuchungsplattform** (§ 12 GasNZV) nach dem Markträumungspreis (§ 13 Abs. 1 S. 2 GasNZV; vgl. BNetzA Beschl. v. 24.2.2011 – BK7-10-001, 64). Gem. Art. 11 ff. NC CAM ist ein fester Turnus der Auktionstermine vorgegeben, der durch einen von ENTSOG geführten **Auktionskalender** konkretisiert wird (Art. 3 Nr. 15 NC CAM). 173

Nach Art. 8 Abs. 6 bis 9 NC CAM sind bestimmte Kapazitätsmengen zurückzuhalten **(Reservierungsquote)** und unterliegen nicht den regulären Versteigerungskriterien. Die nach Art. 8 Abs. 9 NC CAM zu bestimmende konkrete Reservierungsquote wurde von der Regulierungsbehörde durch die KARLA Gas 1.1 Festlegung beschlossen (BNetzA Beschl. v. 14.8.2015 – BK7-15-001, S. 29 ff.). 2018 genehmigte die Regulierungsbehörde auch Reservierungsquoten für Ein- und Ausspeisepunkte von und zu Gasspeichern (BNetzA Beschl. v. 1.12.2018 – BK7-18-087). Diese Genehmigung erfolgte auf der Basis des Art. 8 Abs. 9 NC CAM und ist von den Genehmigungen nach § 38 GasNZV (neue Infrastrukturen) zu unterscheiden. 174

Die Buchung von Ausspeisekapazitäten für die Ausspeisung an Letztverbraucher erfolgt weiterhin nach dem **First-come-first-served-Prinzip** (§ 13 Abs. 3 S. 1 175

Merk 1145

GasNZV). Dasselbe gilt für die Buchung von Einspeisekapazitäten zur Einspeisung aus Produktions- oder LNG-Anlagen sowie aus Biogasanlagen.

176 **2. Handel von Kapazitätsrechten.** Gebuchte Primärkapazitäten müssen auf dem Sekundärmarkt **handelbar** sein (§ 20 Abs. 1b S. 1; Art. 22 I Gasfernleitungs-VO 09). Der Handel dieser **Sekundärkapazitäten** erfolgt über die Kapazitätsbuchungsplattform der Fernleitungsnetzbetreiber, über die bereits die Primärkapazitäten vergeben werden (§ 12 Abs. 2 S. 2 GasNZV). Eine Unterscheidung zwischen Primär- und Sekundärkapazitätsbuchungsplattformen ist seit der GasNZV-Novellierung im Jahr 2017 weggefallen. Als zentrale Kapazitätsbuchungsplattform hat sich die europaweit agierende elektronische Plattform **PRISMA** (www.platform.prisma-capacity.eu) herausgebildet.

177 **3. Handel von Gasmengen am virtuellen Handelspunkt (VHP).** Die Implementierung des **virtuellen Handelspunktes (VHP)** in jedem Marktgebiet stellt keinen realen Hub dar, an dem Gasmengen physisch gehandelt werden. Vielmehr ist der VHP ein nicht räumliches, fiktives Konstrukt, um die Übertragung von Gasmengen innerhalb eines Marktgebiets bilanziell zu organisieren (vgl. § 2 Ziff. 15 GasNZV; *Merk* RdE 2013, 349 (353)). Wird eine in ein Marktgebiet eingespeiste Gasmenge durch den Einspeiser selbst wieder entnommen, kommt dem VHP keine besondere Bedeutung zu, weil hier die Bilanzkreisbildung an den in Anspruch genommenen Ein- und Ausspeisepunkten des Marktgebiets erfolgt. Dennoch ist auch hier der VHP Bestandteil des Bilanzkreises (§ 22 Abs. 1 S. 5 GasNZV). Veräußert ein Gastransporteur hingegen eine Gasmenge innerhalb des Marktgebiets an einen Dritten, dann muss die Gasmenge über einen virtuellen Ausspeisepunkt am VHP bilanziell auf den Erwerber übertragen werden. Bilanziell wird die Gasmenge dann über einen virtuellen Einspeisepunkt in den Bilanzkreis des Erwerbers durch Nominierung eingebracht. Bedeutsam ist der VHP vor allem für das reine Paper Trading, bei dem Gasmengen börsenmäßig oder bilateral (OTC-Handel) gehandelt werden, ohne dass sie physisch das Marktgebiet verlassen (vgl. *Merk* Gaswirtschaftliche Netzregulierung S. 454ff.).

178 **4. Überbuchungs- und Rückkaufsystem.** Mit der **KAP+**-Festlegung (BNetzA Beschl. v. 25.3.2020 – BK7-19-037) sind die Grundzüge eines Überbuchungs- und Rückkaufsystem durch die Fernleitungsnetzbetreiber implementiert worden, um kurzfristig zusätzliche Kapazitäten über die regulären technischen Kapazitäten hinaus für die Marktgebietszusammenlegung anbieten zu können. Ab der Jahresauktion 2024 ist hingegen eine Erhöhung der Kapazitäten nach § 9 Abs. 3 GasNZV durchzuführen. Die kapazitätserhöhenden Maßnahmen nach KAP+ basieren auf Freiwilligkeit durch Setzung wirtschaftlicher Anreize und sind damit erneut Ausdruck eines marktwirtschaftlich basierten Ansatzes selbstregulativer Prägung (→ Rn. 157).

179 Im Hinblick auf die Netzentgelte hat die Regulierungsbehörde mit der Festlegung **KOMBI** (BNetzA Beschl. v. 30.3.2020 – BK9-19-606) die für marktbasierte Instrumente sowie für den Kapazitätsrückkauf anfallende Kosten als volatile Kostenanteile gem. § 11 Abs. 5 ARegV anerkannt.

180 **5. Rucksackprinzip (Abs. 1b S. 9).** Wechselt ein Letztverbraucher seinen Lieferanten, so kann der neue Lieferant von dem vorherigen Lieferanten die Übertragung der Kapazitäten verlangen **(Abs. 1b S. 9),** die bisher zur Versorgung des Kunden zur Verfügung standen **(Rucksackprinzip).** Voraussetzung hierfür ist, dass er ansonsten die Lieferverpflichtung nicht erfüllen kann und er dies gegenüber dem bisherigen Lieferanten begründet (§ 42 S. 1 GasNZV). Besonders virulent wird dies, wenn generell Kapazitätsengpässe bestehen und im Rahmen des Primär- oder Sekundärhandels keine Kapazitäten erwerbbar sind. Aufgrund der undefinierten Kapazitätsbuchungen auf der Verteilernetzebene treten derartige Engpässe vor allem auf der Fernleitungsnetzebene auf.

Zivilrechtlich trägt der neue Lieferant die **Darlegungs- und Beweislast** im Rahmen der Geltendmachung des Übertragungsanspruchs gegen den bisherigen Lieferanten. Eine Beweiserleichterung enthält die nach § 292 ZPO widerlegbare Vermutung des § 42 S. 2 GasNZV. Danach gilt die Höchstabnahmemenge des vorangegangenen Jahres als erforderlich. **181**

Das Rucksackprinzip stellt eine erhebliche Einschränkung der Nutzbarkeit von Kapazitätsrechten dar und bewirkt als Inhalts- und Schrankenbestimmung einen Eingriff in Art. 14 GG. Vor dem Hintergrund der Regulierungsbedürftigkeit der Gasnetze als natürliche Monopole (→ Vor § 20 Rn. 2) ist aber eine solche Beschränkung der Kapazitätsrechte zur Erreichung von Wettbewerb im Netz unabdingbar und gerechtfertigt. **182**

Mit der Festlegung „**Geschäftsprozesse Lieferantenwechsel Gas**" (**GeLi Gas 1.0**, BNetzA Beschl. v. 20.8.2007 – BK7-06-067; Anpassungen durch BNetzA Beschl. v. 28.10.2011 – BK7-11-075 und BNetzA Beschl. v. 20.12.2016 – BK7-16-142) hat die Regulierungsbehörde einheitliche Prozesse und Datenformate vorgegeben, um die Vereinfachung von Lieferantenwechseln zu ermöglichen. Eine grundlegende Überarbeitung ist mit der **GeLi Gas 2.0** Festlegung (BK7-19-001) geplant. Hierbei ist die Berücksichtigung von **Smart Metering** auch in den Kommunikationsprozessen des Lieferantenwechsels im Gasbereich zu berücksichtigen. Auch sollen die Fristen für den Lieferantenwechsel von bisher zehn Werktagen auf sieben Werktage verkürzt werden. **183**

6. Engpassmanagement für Gaskraftwerke, Speicher-, LNG- und Produktionsanlagen. Für Betreiber von Speicher-, LNG- und Produktionsanlagen sowie Gaskraftwerken sieht § 38 GasNZV besondere **Kapazitätsreservierungsregelungen** im Fernleitungsnetz vor. Wird eine Reservierungsanfrage nicht positiv beschieden, ist in § 39 GasNZV ein **Kapazitätsausbauanspruch** geregelt. Im Rahmen der Netzentwicklungsplanung nach § 15a sind die Reservierungs- und Ausbauanfragen zu berücksichtigen. Der Ausbauanspruch nach § 39 GasNZV vermittelt keinen Anspruch auf Schaffung bestimmter Kapazitätsprodukte wie zB fester, frei zuordenbarer Kapazitäten (vgl. OLG Düsseldorf Beschl. v. 24.3.2021 – VI-3 Kart 2/20 Rn. 27 (30f.)). **184**

E. Verbot der Erschwerung des Messstellenbetreiberwechsels (Abs. 1c)

Die Regelung des § 20 Abs 1c ist im Zuge des Gesetzes zur Neuregelung energiewirtschaftlicher Vorschriften (BGBl. 2011 I S. 1554) erstmalig in das EnWG mit aufgenommen worden. Zur Umsetzung des Art. 17 Abs. 2 Elt-VO 19 wurde durch die EnWG-Novelle 2021 durch die Aufnahme von S. 2 eine weitere Ergänzung vorgenommen. Danach müssen Verträge nach § 20 Abs. 1a Verträge mit **Aggregatoren** nach § 41d und e ermöglichen, sofern die technischen Anforderungen des Netzbetreibers dem nicht entgegenstehen. **185**

§ 20

I. Regelungsgehalt (Abs. 1 c S. 1)

186 Laut der gesetzlichen Begründung soll durch die Norm eine **Klarstellung** getroffen werden (BT-Drs. 17/6072, 75). Die Norm knüpft dabei an den Grundgedanken des § 5 Abs. 1 MsbG an, der ein Recht des Anschlussnutzers enthält, den Messstellenbetreiber und den Messstellendienstleister frei zu wählen.

187 Früher schon war von der BNetzA entschieden worden, dass es ein missbräuchliches Verhalten des Netzbetreibers und insbesondere auch einen Verstoß gegen das Wahlrecht nach § 21b Abs. 2 EnWG aF darstellen kann, wenn der Netzbetreiber das vom (neuen) Messstellenbetreiber bestimmte Messkonzept nicht anerkennt und sich nicht danach richtet (BNetzA Beschl. v. 19.3.2007 – BK6-06-071, S. 22ff., insbes. S. 37ff.). Die Unzulässigkeit entsprechender vertragliche Bestimmungen, die das Recht zum Messbetreiberwechsel auf diese oder andere Weise beschränken oder erschweren, ist nunmehr auch eindeutig gesetzlich angeordnet.

188 Es handelt sich um eine Verbotsnorm mit der Rechtsfolge, dass widersprechende Vertragsinhalte gem. § 134 BGB die Nichtigkeit nach sich ziehen (so auch NK-EnWG/*Kment* § 20 Rn. 95)

189 § 20 Abs. 1c nimmt dabei ausdrücklich Bezug auf die Verträge, die nach den Abs. 1a und 1b den Netzzugang zum Strom- bzw. Gasnetz ausgestalten (→ Rn. 69 bzw. → Rn. 145). Er gilt jedoch darüber hinaus auch für **Energielieferverträge.** Zwar werden diese Verträge in § 20 Abs. 1a und 1b nicht genannt (→ Rn. 69). Vom hier etablierten Verbot der Behinderung oder Erschwerung eines Wechsels des Messstellenbetreibers sind diese dennoch umfasst (vgl. BT-Drs. 17/6072, 75), weil der Netzzugang den Abschluss eines Energieliefervertrags regelmäßig voraussetzt (→ Rn. 89) und auch hier ein Behinderungspotenzial besteht. Umgekehrt darf durch einen Vertrag über den Messstellenbetrieb gem. § 10 Abs. 3 MsbG auch nicht die Wahlfreiheit des Anschlussnutzers in Bezug auf Lieferant und Tarif eingeschränkt werden.

II. Verträge mit Aggregatoren (Abs. 1c S. 2)

190 Gem. Abs. 1c S. 2 muss sichergestellt werden, dass Verträge nach § 20 Abs. 1a Verträge mit Aggregatoren nach § 41d und e EnWG ermöglichen, sofern dem die technischen Anforderungen des Netzbetreibers nicht entgegenstehen.

191 Der **Begriff des Aggregators** ist ebenfalls durch die EnWG-Novelle 2021 in das EnWG eingeführt worden und ist in § 3 Nr. 1a legaldefiniert. Aggregatoren sind danach natürliche oder juristische Personen oder rechtlich unselbstständige Organisationseinheiten eines Energieversorgungsunternehmens, die eine Tätigkeit ausüben, bei der Verbrauch oder Erzeugung von elektrischer Energie in Energieanlagen oder in Anlagen zum Verbrauch elektrischer Energie auf einem Elektrizitätsmarkt gebündelt angeboten werden (auch → § 13 Rn. 99).

192 Die Aufnahme der Rolle des Aggregators in das Gesetz dient der Umsetzung von Art. 17 Abs. 2 Elt-RL 19. Sie trägt dem Umstand Rechnung, dass im Zuge der zunehmenden Dezentralität von Erzeugungskapazitäten, aber auch der Möglichkeit der Bündelung von Bedarfen neue Marktrollen wie die eines Aggregators entstehen können.

193 Gem. § 41e Abs. 2 haben Letztverbraucher das Recht, vom Aggregator mindestens einmal in jedem Abrechnungszeitraum unentgeltlich alle sie betreffenden Laststeuerungsdaten oder Daten über die gelieferte und verkaufte Energie zu erhalten. Insofern ist es folgerichtig, sicherzustellen, dass der Inhalt von Netznutzungs- oder

Lieferantenrahmenverträgen diese Auskunftspflicht des Aggregators nicht verhindern. Es ist wahrscheinlich, dass die BNetzA im Rahmen der nächsten Festlegung von Netznutzungs- bzw. Lieferantenrahmenverträgen diese Verpflichtung mit in die Vertragsinhalte aufnimmt (zur Erbringung von Regelenergie durch Letztverbraucher und Aggregatoren s. BNetzA Beschl. v. 14.9.2017 – BK6-17-046).

Nach dem Inhalt des § 41 d ist der Regelungsinhalt entgegen dem Wortlaut des Abs. 1 c S. 2 allerdings nicht auf die Rolle des Aggregators beschränkt, sondern greift weiter. Er trägt dem Umstand Rechnung, dass es Betreibern einer Erzeugungsanlage ermöglicht werden soll, unabhängig von einem bestehenden Liefer- oder Bezugsvertrag Dienstleistungen im Hinblick auf Mehr- oder Mindererzeugung sowie von Mehr- oder Minderverbrauch gegenüber Dritten oder anderen Bilanzkreisen zu erbringen (→ § 41 d Rn. 5). Diese Möglichkeit besteht allerdings nur dann, wenn die Stromeinspeisung und die Stromentnahme jeweils durch eine Zählerstandsgangmessung iSd § 3 S. 2 Nr. 27 MsbG oder durch eine viertelstündig registrierende Leistungsmessung gemessen wird. Auch hier ist es folgerichtig, sicherzustellen, dass Inhalte von Netznutzungs- oder Lieferantenrahmenverträgen im Verhältnis zwischen Betreiber der Erzeugungsanlage und dem Anschlussnetzbetreiber dieser Möglichkeit nicht entgegenstehen. **194**

F. Pflicht zur Zählpunktstellung für Kundenanlagen (Abs. 1 d)

§ 20 Abs. 1 d enthält Regelungen für die Konstellation, dass an das Energieversorgungsnetz eine **Kundenanlage oder eine Kundenanlage zur betrieblichen Eigenversorgung** (§ 3 Nr. 24a bzw. 24b) angeschlossen ist. Die Norm wurde 2011 durch das „Gesetz zur Neuregelung energiewirtschaftlicher Vorschriften" (BGBl. 2011 I S. 1554) in das EnWG mit aufgenommen (dazu auch BNetzA Beschl. v. 23.9.2021 – BK6-21-086). **195**

Der ursprüngliche Wortlaut der Norm wurde durch das „Gesetz zur Förderung von Mieterstrom und zur Änderung weiterer Vorschriften des Erneuerbare-Energien Gesetz" vom 17.7.2017 (BGBl. I S. 2532) modifiziert und um einen S. 3 ergänzt. Sie enthält Regelungen zu Fragen der Messung, Abrechnung und Bilanzierung innerhalb von Kundenanlagen. Aufgrund der Vielzahl von Unterversorgungsverhältnissen in der Praxis kommt ihr eine hohe Bedeutung zu. Die Praxisrelevanz der Norm ergibt sich daraus, dass es sich bei Kundenanlagen um außerhalb des Verteilnetzes liegende Anlagen handelt, die den strengen Regeln und Verpflichtungen der Regulierung (ua Bilanzierung) nicht unterliegen. Die Abgrenzung zum Vorliegen eines Energieversorgungsnetzes iSd § 3 Ziffer 16 bzw. eines geschlossenen Verteilernetzes iSd § 110 gestaltet sich oftmals schwierig und ergibt sich aufgrund der tatsächlichen Voraussetzungen vor Ort. Die Rechtsprechung hat sich mehrfach (vgl. insbesondere zur Abgrenzung Kundenanlage/Versorgungsnetz BGH Beschl. v. 12.11.2013 – EnVZ 11/13; Beschl. v. 21.1.2020 – EnVR 65/18 – Gewoba, RdE 2020, 189; Vorinstanz OLG Düsseldorf Beschl. v. 13.6.2018 – VI-3 Kart 48/17 (V), EnWZ 2018, 371; OLG Frankfurt a. M. Beschl. v. 8.3.2018 – 11 W 40/16 (Kart), EnWZ 2018, 371) mit den verschiedenen Fallkonstellationen auseinandergesetzt. **196**

§ 20 Teil 3. Regulierung des Netzbetriebs

I. Kundenanlagenbegriff und praktische Anwendungsfälle

197 Die Definition des Begriffs der Kundenanlage ergibt sich aus § 3 Nr. 24a, zu Kundenanlagen zur betrieblichen Eigenversorgung aus § 3 Nr. 24b. Aufgrund der Vielzahl der sich in der Praxis herausbildenden Fallkonstellationen wird es Sachverhalte geben, die nicht eindeutig dem → § 3 Nr. 24a oder b zuzuordnen sind. Insofern stehen die Legaldefinitionen auch nicht in einem Ausschließlichkeitsverhältnis (vgl. Theobald/Kühling/*Hartmann/Wagner* EnWG § 20 Rn. 243). Hinsichtlich der tatbestandlichen Voraussetzungen für das Vorliegen einer Kundenanlage vgl. insbesondere BGH, Beschl. v. 21.1.2020 – EnVR 65/18 – Gewoba.

198 Die klassischen Anwendungsfälle für eine Kundenanlage waren zunächst Mehrfamilienhäuser, kleinere Gewerbeparks oder auch Einkaufszentren. Durch die Zunahme sog. „**Quartiersversorgungen**" rücken zunehmend auch Neubaugebiete, die zB über eine gemeinsame Versorgung über ein BHKW verfügen, in den Vordergrund der Diskussion. Insbesondere in diesen Fällen stellt sich die Frage, ob es sich tatsächlich noch um eine Kundenanlage oder aber um ein Energieversorgungsnetz handelt.

199 Für den Anlagenbetreiber kann es aus wirtschaftlichen Gründen dabei durchaus interessant sein, eine Einordnung seines Projekts als Kundenanlage zu erhalten, da er sich so den meisten regulatorischen (Genehmigungs-)Pflichten entziehen kann und diese dem Anschlussnetzbetreiber aufbürdet. Die Sicherstellung der Bilanzierung und Zuordnung von Strombezug für Letztverbraucher innerhalb der Kundenanlage geht in der Regel mit einem zum Teil erheblichen manuellen Aufwand des Netzbetreibers einher, der vollumfänglich den Verpflichtungen der Festlegungen der BNetzA zu GPKE, WIM und MaBis unterliegt.

200 In der Rechtsprechung hatte sich durch mehrere obergerichtliche Entscheidungen zuletzt eine eher **restriktive Auslegung** der Tatbestandsvoraussetzungen des § 20 Nr 24 abgezeichnet (vgl. zuletzt OLG Frankfurt a. M. Beschl. v. 8.3.2018 – 11 W 40/16 (Kart), EnWZ 2018, 371).

201 Die BNetzA hatte im Rahmen eines Missbrauchsverfahrens ebenfalls zu der Auslegung des Kundenanlagenbegriffs Stellung bezogen und den Kundenanlagenbegriff ebenfalls eher restriktiv ausgelegt (vgl. BNetzA Beschl. v. 7.2.2019 – BK6-18-040; BNetzA Beschl. v. 27.7.2017 – BK6-16-279 – Baustolz; BNetzA Beschl. v. 7.4.2016 – BK6-15-166 – Gewoba)

202 Der BGH hat nunmehr in zwei Grundsatzentscheidungen mehrere Kriterien für die Einordnung von Vorhaben als Kundenanlagen näher definiert (BGH Beschl. v. 21.1.2020 – EnVR 65/18 – Gewoba, RdE 2020, 189 sowie BGH Beschl. v. 12.11.2019 – EnVR 66/18). Hinsichtlich des Tatbestandsmerkmals des „**räumlich zusammenhängenden Gebiets**" gem. § 3 Nr. 24a lit. a hat der BGH die vom OLG Düsseldorf angewendete „räumlich optischen" Methodik zur Bestimmung der Gebietseinheit zugunsten einer „räumlich regulatorischen" Bestimmung aufgegeben. Maßgeblich für die Einordnung eines Vorhabens als Kundenanlage soll sein, inwieweit die räumlichen Verhältnisse einen konkreten Bezug zu den Regulierungszielen (sichere Energieversorgung, Investitionsbereitschaft in das Netz, grundsätzliche Trennung von Erzeugung und Versorgung) aufweisen. Daher ist bei der Einordnung auf das Verhältnis zwischen Energieanlage und dem versorgten Gebiet abzustellen. Entscheidend ist danach, ob es innerhalb der Kundenanlage keine weiteren Letztverbraucher gibt, zu deren Versorgung weitere Energieanlagen notwendig sind. Unerheblich ist danach, ob sich die Kundenanlage beispielsweise über mehrere Grundstücke erstreckt.

In Bezug auf die Wettbewerbsrelevanz hat der BGH die Vorgaben des OLG 203 Düsseldorf weiter konkretisiert. Danach ist eine Energieanlage nur dann als **unbedeutend** iSd § 3 Nr. 24 lit.c einzustufen, wenn sie weder in technischer noch in wirtschaftlicher Hinsicht ein Ausmaß erreicht, das Einfluss auf den Versorgungswettbewerb haben kann. Maßgeblich für diese Beurteilung sind neben der Anzahl der angeschlossenen Letztverbraucher auch die Menge der durchgeleiteten Energie sowie die geografische Ausdehnung der Energieanlage. Aus diesen eher abstrakten Vorgaben leitet der BGH dann konkrete Grenzwerte ab. Danach scheidet im Regelfall eine Einordnung als **für den Wettbewerb als unbedeutend** aus, wenn mehrere Hundert Letztverbraucher angeschlossen sind, die Energieanlage eine Fläche von über 10.000 m^2 versorgt, die jährliche Menge durchgeleiteter Energie voraussichtlich 1.000 MWh überschreitet und mehrere Gebäude angeschlossen sind. In einer weiteren Entscheidung vom 25.1.2022 hat sich der BGH mit dem Tatbestandsmerkmal der **Unentgeltlichkeit** gem. § 3 Nr. 24a lit. d auseinandergesetzt (BGH Beschl. v. 25.1.2022 – EnVR 20/18). Danach macht es keinen Unterschied, ob ein verbrauchsabhängiges Entgelt für die Nutzung der Kundenanlage als Teil des Strompreises oder gesondert und getrennt vom Strompreis erhoben wird. In beiden Fällen sei von einer Entgeltlichkeit auszugehen (krit. *Köster/Burbach*, IR 2022, 164).

Die Entscheidungen betreffen die Einordnung einer Energieanlage als Kunden- 204 anlage iSd § 3 Nr. 24a, nicht jedoch eine Kundenanlage zur betrieblichen Eigenversorgung gem. § 3 Nr. 24b.

Die Konkretisierung des Kundenanlagenbegriffs ist zu begrüßen, folgt sie im 205 Kern doch einer eher restriktiven Auslegung der BNetzA zu den unbestimmten Rechtsbegriffen des § 3 Nr. 24a. Energieanlagen für größer dimensionierte **Quartierslösungen** sind danach nicht als Kundenanlagen, sondern als Energieversorgungsnetze zu qualifizieren. Gleichwohl sind nach wie vor aufgrund der zahlreichen unterschiedlichen Sachverhaltskonstellationen konkrete Einzelfallprüfungen vorzunehmen.

II. Verpflichtung des Netzbetreibers zur Installation von Zählpunkten

Abs. 1d S. 1 verpflichtet den Betreiber eines Energieversorgungsnetzes, an das 206 eine Kundenanlage oder eine Kundenanlage zur betrieblichen Eigenversorgung angeschlossen ist, zur Bereitstellung sowohl eines **Summenzählers** an der Übergabestelle zwischen Kundenanlage und Energieversorgungsnetz als auch zur Installation von weiteren **bilanzierungsrelevanten Unterzählern**. Bei einem Summenzähler handelt es sich qua Legaldefinition um einen Zählpunkt, der Erfassung von in das Netz der allgemeinen Versorgung eingespeisten als auch aus dem Netz entnommenen Energiemengen dient. Der Einbau von bidirektionalen Lastflusszählern an der Grenze zwischen Kundenanlage und Verteilnetz trägt dem Umstand Rechnung, dass es in der Regel innerhalb der Kundenanlage Energieerzeugungsanlagen gibt und es je nach Versorgungssituation zu einem Bezug aus oder einer Einspeisung in das Netz der allgemeinen Versorgung kommen kann. Die Verpflichtung zum Einbau bilanzierungsrelevanter Unterzähler dient dazu, Letztverbrauchern die Möglichkeit zu verschaffen, sich von einem Drittlieferanten versorgen zu lassen.

Die Verpflichtung des Netzbetreibers beschränkt sich entgegen dem Wortlaut 207 allerdings nicht nur auf die bloße Installation, sondern umfasst selbstverständlich

§ 20

auch die **Einbindung aller Messeinrichtungen** innerhalb der Kundenanlage in die gängigen Abrechnungs- und Bilanzierungssysteme des Netzbetreibers bzw. grundzuständigen Messstellenbetreibers gem. § 3 Abs. 1 MsbG.

208 Die Norm adressiert dabei lediglich das Verhältnis zwischen Netzbetreiber und Kundenanlagenbetreiber. Fragestellungen zu Anschlussbedingungen zwischen dem Kundenanlagenbetreiber und innerhalb der Kundenanlage angeschlossenen Letztverbrauchern werden durch die Norm nicht erfasst. Diese sind in der Regel Gegenstand von vertraglichen Vereinbarungen zwischen Kundenanlagenbetreiber und Letztverbrauchern.

209 Es handelt sich rechtlich um eine Nebenpflicht des Netzbetreibers aus dem zugrunde liegenden Netznutzungsverhältnis, das einen einklagbaren Anspruch des Kundenanlagenbetreibers enthält (vgl. Theobald/Kühling/*Hartmann/Wagner* EnWG § 20 Rn. 254). Aus der Natur der Sache ergibt sich, dass der Betreiber einer Kundenanlage dem Netzbetreiber in seiner Rolle als Messstellenbetreiber oder einem dritten Messstellenbetreiber **Zutritt zur Kundenanlage** gewähren muss, um die Installation der Messeinrichtungen zu ermöglichen (vgl. BeckOK EnWG/ *Sösemann* § 20 Rn. 100).

III. Netzzugang und Bilanzierung von Energiemengen in Kundenanlagen

210 Die praktische Relevanz der Norm ergibt sich dadurch, dass es Letztverbrauchern innerhalb von Kundenanlagen grundsätzlich möglich ist, ihre benötigte Energie von „Dritten", also von Energielieferanten außerhalb der Kundenanlage, zu beziehen. Diese Energiemengen müssen erfasst, separiert und durch den Netzbetreiber den jeweiligen Bilanzkreisen des Lieferanten zugeordnet werden.

211 Die Messgeräte zur Erfassung dieser Energiemengen gelten als bilanzierungsrelevant im Sinne der Norm. Die Frage, ob es sich bei technischen Konstellationen, in denen die Letztverbraucher ausschließlich durch innerhalb der Kundenanlage erzeugte Energie beliefert werden, ebenfalls um bilanzierungsrelevante Unterzähler handelt (vgl. BT-Drs. 18/12355; Theobald/Kühling/*Hartmann/Wagner* EnWG § 20 Rn. 251), ist eher theoretischer Natur. Der Netzbetreiber bzw. der Messstellenbetreiber wird innerhalb der Kundenanlage alle Zählpunkte mit der gleichen Technik ausstatten. Die Frage nach der Bilanzierungsrelevanz ergibt sich aus den jeweiligen Entscheidungen des Letztverbrauchers hinsichtlich der rechtlichen Gestaltung seiner Energieversorgung.

212 Verfügt der Kundenanlagenbetreiber über eine **eigene Energieerzeugungsanlage** (zB ein BHKW), über die er Letztverbraucher innerhalb der Kundenanlage versorgt, müssen diese Energiemengen von den am Summenzähler erfassten Mengen rechnerisch abgezogen werden, da sie nicht vom Kundenanlagenbetreiber als in das Energieversorgungsnetz geliefert gelten.

IV. Verwendung von standardisierten Lastprofilen

213 Abs. 1 d S. 3 regelt die Fallkonstellation, dass ein bilanzierungsrelevanter Unterzähler **(noch) nicht** mit einem **intelligenten Messsystem** ausgerüstet ist. Die Norm war ursprünglich Inhalt des KWKG und wurde durch das Gesetz zur Förderung von Mieterstrom vom 17.1.2017 (BGBl. I S. 2532) in das EnWG integriert. Seitdem ist es auch auf EEG-Anlagen anwendbar (*Ahlers/Kaspers* ZNER 2017,

173). Durch die EnWG-Novelle 2021 wurde Hs. 2 gestrichen, der einen Vorbehalt hinsichtlich energiewirtschaftlicher, mess- oder eichrechtlicher Belange enthielt.

Danach ist bei nicht an ein Smart Meter Gateway angebundenen Unterzähler innerhalb einer Kundenanlage eine Verrechnung von Leistungswerten, die durch standardisierte Lastprofile ermittelt wurden, mit den Viertelstunden-Werten des Summenzählers am Übergang zwischen Kundenanlege und Energieversorgungsnetz zulässig. 214

Die Norm trägt dem Grundsatz des § 4 Abs. 2 StromNZV Rechnung, dass Entnahmen und Einspeisungen aus dem bzw. in das Versorgungsnetz durch den Bilanzkreisverantwortlichen viertelstundenscharf zu bilanzieren sind. Dazu werden in der Regel sog. **registrierende Leistungsmessungen (RLM)** verwendet, die eine solche Erfassung und Weiterleitung von Daten ermöglichen. Diese Messeinrichtungen sind kostspielig und stehen insbesondere bei niedrigen Verbräuchen in keinem Verhältnis zum Nutzen für den Letztverbraucher. Deshalb hat der Gesetzgeber für Letztverbraucher mit einem Jahresverbrauch bis zu 100.000 kWh in § 12 Abs. 1 StromNZV einen Ausnahmetatbestand geschaffen. Danach sind bei Letztverbrauchern mit vergleichsweise geringen Verbräuchen für die Erfassung von Leistungswerten Standardlastprofile zu verwenden. Einer separaten Erfassung von Leistungswerten bedarf es in diesen Fällen nicht. 215

Durch die Streichung des mess- und eichrechtlichen Vorbehalts in S. 3 Hs. 2 hat der Gesetzgeber einen möglichen Widerspruch zwischen eichrechtlichen und messrechtlichen Vorgaben und der Forderung nach einer pragmatischen Abwicklung innerhalb von Kundenanlagen zugunsten einer gesamthaften energiewirtschaftlichen Betrachtungsweise aufgelöst. 216

Durch den in § 29 MsbG angeordneten Rollout von intelligenten Messsystemen wird sich die Gesamtproblematik im Übrigen mehr und mehr entschärfen, da über solche Messsysteme viertelstundenscharfe Messwerte auch für Letztverbraucher mit vergleichsweise geringen Energieverbräuchen erhoben und übermittelt werden können. 217

G. Zugangsverweigerung und Netzausbau (Abs. 2)

I. Überblick

Abs. 2 S. 1 erlaubt die Verweigerung des Netzzugangs, soweit dieser aus betriebsbedingten oder sonstigen Gründen unter Berücksichtigung der Ziele des § 1 **unmöglich** (→ Rn. 219 ff.) oder **unzumutbar** (→ Rn. 237 ff.) ist. Die EU-Richtlinien sehen für den Strombereich ausdrücklich nur den Kapazitätsmangel als Verweigerungsgrund (Art. 6 Abs. 2 Elt-RL 19) und für den Gasbereich den Kapazitätsmangel sowie den Fall, dass aufgrund von Verträgen mit unbedingter Zahlungsverpflichtung ernsthafte wirtschaftliche und finanzielle Schwierigkeiten für den Netzbetreiber bestehen (Art. 35 Abs. 1 Gas-RL 09) vor. Die Umsetzung in Abs. 2 steht insoweit aber trotz etwas abweichender Formulierung in Übereinstimmung mit dem EU-Recht. Andere Fälle der Unmöglichkeit des Zugangs als der Kapazitätsmangel dürften nur in solchen Anforderungen an den Zugang liegen, die nach den Richtlinien als objektiv und nichtdiskriminierend zugelassen sind. Die Ausnahmen im Zusammenhang mit unbedingten Zahlungsverpflichtungen sind in § 25 gesondert geregelt. Der Verweigerungsgrund der Unzumutbarkeit hat nach deutschem Recht einen nur sehr geringen Anwendungsbereich und dürfte mit densel- 218 ben Erwägungen EU-rechtskonform sein. Eine Zugangsverweigerung liegt vor, wenn der vom Zugangspetenten nachgefragte Zugang durch den Netzbetreiber nicht gewährt wird. Dies gilt auch dann, wenn statt der nachgefragten festen Transportkapazitäten lediglich unterbrechbare Kapazitäten (§ 11 Abs. 1 S. 1 GasNZV) angeboten werden (BNetzA Beschl. v. 5.5.2006 – BK7-06-008, RdE 2006, 206 (207)). Für den Fall einer Zugangsverweigerung aus Kapazitätsgründen begründet Abs. 2 S. 3 die Pflicht des Netzbetreibers, Informationen über Ausbaumaßnahmen zur Beseitigung des Engpasses zur Verfügung zu stellen (→ Rn. 244). Diese Pflicht sieht auch Art. 6 Abs. 2 Elt-RL 19 vor.

II. Unmöglichkeit der Zugangsgewährung

219 **1. Technische Gründe.** Der Netzzugang kann aus technischen Gründen unmöglich sein. Ein praktisch wichtiger Anwendungsfall ist die Zugangsverweigerung wegen **inkompatibler Gasqualitäten** (→ Rn. 156). § 19 Abs. 1 GasNZV bestimmt dazu, dass der Transportkunde sicherstellen müsse, dass das zur Einspeisung anstehende Gas den allgemein anerkannten Regeln der Technik entspricht. Maßstab hierfür sind aufgrund des Verweises auf § 49 Abs. 2, 3 die Vorgaben der technischen Regeln der Deutschen Vereinigung des Gas- und Wasserfaches e. V., für die eine entsprechende Vermutungsregel greift, bzw. die Anforderungen anderer gesetzlich benannter Akteure. Daneben muss das einzuspeisende Gas aber auch mit den zum Zeitpunkt der Einspeisung auf der Internetseite des Netzbetreibers veröffentlichten Eigenschaften des sich im aufnehmenden Netz befindlichen Gases kompatibel sein (§ 19 Abs. 1, 2 GasNZV, → Rn. 156). Andernfalls ist der Netzbetreiber unter den Voraussetzungen des § 19 Abs. 4 GasNZV verpflichtet, ein Angebot zur Herstellung der Kompatibilität zu machen. Sofern diese Kompatibilitätsanforderungen erfüllt sind, aber für die Übernahme des Gases zudem weitere netzbetriebsbezogene Maßnahmen erforderlich sind, besteht regelmäßig kein Ablehnungsgrund mehr. Vielmehr hat dann der Netzbetreiber die notwendigen Maßnahmen auf eigene Kosten zu ergreifen (§ 19 Abs. 3 GasNZV).

220 **2. Kapazitätsmangel. a) Engpassarten.** Die Gewährung des Netzzugangs ist weiterhin unmöglich, falls keine ausreichenden Netzkapazitäten zur Verfügung stehen. Zu unterscheiden ist hierbei zwischen **physischen** und **vertraglichen Engpässen**. Physische Engpässe (vgl. für den Gasbereich die Definition in Art. 2 Abs. 1 Nr. 23 Gasfernleitungs-VO 09; s. auch Art. 2 Nr. 4 Elt-VO 19) treten insbesondere auf den Verbindungsleitungen zwischen den nationalen Übertragungsnetzen (zu den wirtschaftlich-technischen Hintergründen Zenke/Schäfer Energiehandel/*Beienburg* § 23 Rn. 2 ff.; s. auch Busch N&R 2011, 226 (230); *Kühling/Pisal* ZNER 2011, 13 f. jeweils mwN) und – vergleichsweise seltener (vgl. Erwgr. 22 der Gasfernleitungs-VO 09) – aufgrund verstärkter Transitflüsse im Gasfernleitungsnetz auf. Weiterhin sind physische Engpässe denkbar bei Netzstörungen. Reduziert sich zB aufgrund solcher Störungen aus technischen Gründen die verfügbare Kapazität, sind die bestehenden Kapazitätsrechte **anteilig** zu reduzieren (§ 18 GasNZV).

221 Vertragliche Engpässe liegen hingegen bereits dann vor, wenn die verfügbare Kapazität vertraglich gebunden ist (vgl. für den Gasbereich die Definition in Art. 2 Abs. 1 Nr. 21 Gasfernleitungs-VO 09). Es kann dann keine zusätzliche feste Kapazität vergeben werden, ohne die Erfüllung der bestehenden Verträge zu gefährden. Im deutschen Stromnetz stellt sich eine solche Problematik praktisch nicht, weil keine Zuteilung von Kapazitäten erfolgt (*Wendt* Kapazitätsengpässe S. 56). Im Gasnetz müssen hingegen Kapazitätsrechte erworben werden. Dem Kapazitätsmanagement kommt daher eine herausragende Rolle zu (→ Rn. 167 ff.).

Um sich auf einen Engpass berufen zu können, muss der Netzbetreiber die technischen Kapazitäten zutreffend berechnet haben (→ Rn. 223). Weiterhin müssen bei der Zuteilung der Kapazitäten die Regeln zum Engpassmanagement (→ Rn. 226; → Rn. 230; → § 13 Rn. 118 ff.) beachtet worden sein. Kapazitätsverträge, die entgegen dieser (durch behördliche Festlegung weiter konkretisierten) Regeln zustande gekommen sind, sind nach § 134 BGB nichtig und begründen daher keine Unmöglichkeit der Zugangsgewährung. Gleiches gilt für Verträge, die nicht mit den wettbewerbsrechtlichen Vorgaben oder dem Prinzip der Nichtdiskriminierung vereinbar sind. Ferner darf kein vorrangiger Zugangsanspruch des Netznutzers bestehen. Besondere Regeln gelten auch im Falle des Lieferantenwechsels (→ Rn. 207). Die Berechtigung zur Zugangsverweigerung wird auch durch eine eventuelle Ausbaupflicht des Netzbetreibers beschränkt (→ Rn. 244). 222

b) Ermittlung der technischen Kapazitäten. Für den Zugang zu den **Gasversorgungsnetzen** regelt § 9 GasNZV die Ermittlung der technischen Kapazitäten. Unter technischer Kapazität ist nach § 2 Nr. 13 GasNZV das Maximum an fester Kapazität, das der Netzbetreiber unter Berücksichtigung der Systemintegrität und der Erfordernisse des Netzbetriebs Transportkunden anbieten kann, zu verstehen. Nach § 9 Abs. 1 S. 1 GasNZV haben Fernleitungsnetzbetreiber für alle Einspeise- und Ausspeisepunkte ihres Netzes die jeweilige Kapazität iSd § 8 Abs. 2 GasNZV zu ermitteln. Nähere Vorgaben zur Vorgehensweise enthält § 9 Abs. 2 GasNZV. Auf europäischer Ebene sieht Art. 6 Abs. 1 VO (EU) Nr. 2017/459 (Netzkodex Kapazitätszuweisung) vor, dass Fernleitungsnetzbetreiber eine gemeinsame Methode für die Berechnung und Ausweitung der technischen Kapazität festlegen und anwenden, um so die Bereitstellung der einzuführenden gebündelten Kapazitäten an Kopplungspunkten zu optimieren. Für den Zugang zu den **Elektrizitätsversorgungsnetzen** normiert § 15 Abs. 1 (iVm Abs. 5) StromNZV die Pflicht, Engpässe im Rahmen des wirtschaftlich Zumutbaren durch netzbezogene und marktbezogene Maßnahmen (vgl. § 13 Abs. 1 Nr. 1 und 2) zu verhindern. Daraus folgt, dass Netzbetreiber verpflichtet sind, die maximale Kapazität des Netzes zur Verfügung zu stellen, die mit einem sicheren Netzbetrieb vereinbar ist. Für Verbindungsleitungen normiert Art. 16 Abs. 4 Elt-VO 19 dies ausdrücklich. 223

c) Privilegierung bestimmter Netznutzer. Der Netzzugang kann nicht aus Kapazitätsgründen verweigert werden, wenn der Zugangspetent einen vorrangigen Abnahmeanspruch genießt. So wird Strom aus **erneuerbaren Energien** nach § 11 Abs. 1 S. 1 EEG ein Vorrang gegenüber konventionell erzeugtem Strom eingeräumt. Gleichrangig dazu (§ 11 Abs. 1 S. 3 EEG) wird Strom aus **Kraft-Wärme-Kopplung** nach § 3 Abs. 1 S. 1 KWKG privilegiert. Die Grenzen des Vorrangs ergeben sich aber aus § 13 ff. (ausf. zum Einspeisevorrang im Redispatch 2.0 → § 13 Rn. 226, 310 und 327). Sonderregelungen gibt es zudem zu Ausbaupflichten des Netzbetreibers in § 12 EEG. Beim Zugang zu den Gasversorgungsnetzen werden Transportkunden, die **Biogas** bzw. **Wasserstoff** oder **synthetisches Gas** aus erneuerbaren Energien einspeisen, nach § 34 Abs. 1 S. 1 GasNZV bei drohenden Kapazitätsengpässen relativ zu anderen Zugangspetenten vorrangig berücksichtigt. Der Zugang für Biogas darf aus Kapazitätsgründen nicht verweigert werden, soweit die technisch-physikalische Aufnahmefähigkeit des Netzes gegeben ist (§ 34 Abs. 2 S. 2 GasNZV). Problematisch ist, dass physische Engpässe frühestens zum Zeitpunkt der Nominierung, nicht aber bereits bei Kapazitätsvergabe mit hinrei- 224

§ 20 Teil 3. Regulierung des Netzbetriebs

chender Sicherheit absehbar sind. Der Anspruch auf Kapazitätszuteilung muss daher für Biogas-Transportkunden auch dann noch bestehen, wenn die vertraglichen Kapazitäten aufgebraucht sind, der erfahrungsgemäß bestehende Spielraum für eine mögliche Überbuchung aber noch nicht erschöpft ist (*Wendt* Kapazitätsengpässe S. 81 f.). Betreiber neuer oder erweiterter Speicher-, LNG- und Produktionsanlagen sowie Betreiber neuer oder erweiterter Gaskraftwerke können nach den Vorgaben des § 38 GasNZV bestimmte Kapazitäten reservieren (*Schwaibold* ZNER 2010, 362 (364 f.)).

225   **d) Lieferantenwechsel.** Bei einem Lieferantenwechsel Gas kann der neue Lieferant nach Abs. 1 b S. 9 (= § 42 S. 1 GasNZV) die Übertragung von Ein- und Ausspeisekapazität verlangen, wenn er diese für die Versorgung des Kunden benötigt (sog. **Rucksackprinzip** → Rn. 180, § 20 a). Für den Zugang zu den Elektrizitätsversorgungsnetzen ist dies nicht ausdrücklich geregelt. Das Rucksackprinzip lässt sich allerdings bereits aus dem Prinzip der Nichtdiskriminierung ableiten.

226   **e) Engpassmanagement beim Zugang zu Elektrizitätsversorgungsnetzen.** Ist ein Engpass nicht durch andere Maßnahmen zu vermeiden, müssen Betreiber von Übertragungsnetzen die verfügbaren Leitungskapazitäten diskriminierungsfrei bewirtschaften. § 15 Abs. 2 StromNZV legt nur allgemeine Vorgaben für das Engpassmanagement fest (näher BerlKommEnergieR/*Laubenstein* StromNZV § 15 Rn. 13 ff.). Dieses hat diskriminierungsfrei nach **marktorientierten** und transparenten Verfahren zu erfolgen (→ § 13 Rn. 128). Diese Regelung knüpfte an Art. 6 Abs. 1 Elt-VO 03 an (vgl. Begr. BR-Drs. 244/05, 26; nunmehr Art. 16 Elt-VO 19).

227   ÜNB müssen im Rahmen des wirtschaftlich Zumutbaren verhindern, dass Engpässe in ihren Netzen und an den Kuppelstellen zu benachbarten Netzen entstehen. Wenn sich die Entstehung eines Engpasses nicht mit netzbezogenen oder marktbezogenen Maßnahmen wie beispielsweise dem **Countertrading** (→ § 13 Rn. 113 ff.) oder **Redispatch** (→ § 13 Rn. 224 ff.; *Hamdorf* IR 2004, 245 (247); *Pritzsche/Stephan/Pooschke* RdE 2007, 36 (43 f.); zur Wirkungsweise dieser Methoden *Knops/de Vries/Hakvoort* JoNI 2 (2001), 311 ff.; *Zimmer et al.* et 2004, 786 (787)) verhindern lässt – was auch die Zusammenarbeit der ÜNB untereinander einschließen kann –, müssen Betreiber von Übertragungsnetzen die verfügbaren Leitungskapazitäten nach marktorientierten und transparenten Verfahren diskriminierungsfrei bewirtschaften. Auf europäischer Ebene regelt die **CACM-GL** seit 2015 die Bestimmungen zur Kapazitätsberechnung und der Kapazitätsvergabe auf Verbindungsleitungen in den wichtigen Bereichen des Day-Ahead- und Intraday-Handels. Hierfür definiert die CACM-GL auch verschiedene Rollen, Aufgaben und Verantwortlichkeiten. Die europäischen Regulierungsbehörden treffen bezüglich dieser Themenbereiche zahlreiche Regelungen sowie Genehmigungen.

228   Das Engpassmanagement richtet sich im Übrigen nach § 13. Das Engpassmanagement geht praktisch mit Netzzugangsverweigerungen einher, allerdings sieht § 13 hier besondere Befugnisse der Netzbetreiber vor (→ § 13 Rn. 4 ff.). Zum 1.10.2021 sind weitreichende Neuerungen in Kraft getreten, nach denen künftig auch EE-Anlagen in den Redispatch aufzunehmen sind (**Redispatch 2.0,** dazu ausf. → § 13 Rn. 224 ff.).

229   **Erlöse der Netzbetreiber** aus der Durchführung der Engpassbewirtschaftung sind nach § 15 Abs. 3 StromNZV unverzüglich für Maßnahmen zur Beseitigung von Engpässen zu verwenden, dafür zurückzustellen oder entgeltmindernd in den

Netzentgelten zu berücksichtigen. Obwohl nach dem Wortlaut Gleichrangigkeit der Maßnahmen besteht, ergibt sich jedenfalls für wiederholt auftretende Engpässe ein Vorrang der Engpassbeseitigung. Grund dafür ist, dass Betreiber von Übertragungsnetzen nach § 15 Abs. 1 StromNZV verpflichtet sind, das Entstehen von Engpässen im Rahmen des wirtschaftlich Zumutbaren zu verhindern (*Koenig/Kühling/ Ritter* EG-BeihilfenR-HdB S. 82). Eine **unmittelbar geltende Regelung** zur Erlösverwendung findet sich in Art. 19 Abs. 2 Elt-VO 19. Hier wird der Vorrang der Engpassbeseitigung klar formuliert: Einnahmen müssen danach grundsätzlich zur Gewährleistung der tatsächlichen Verfügbarkeit der vergebenen Kapazität oder aber zum Erhalt bzw. Ausbau der Verbindungskapazitäten eingesetzt werden. Die BNetzA hat gem. Art. 19 Abs. 5 S. 2 Elt-VO 19 jährlich bis zum 1.3. einen Bericht über die Höhe und die Verwendung der Erlöse der ÜNB aus dem Engpassmanagement zu veröffentlichen. Die BNetzA ist im Fortgang verpflichtet, ACER auf dieser Grundlage bis zum ersten März eines jeden Jahres über die Verwendung der konkreten jeweiligen Engpasserlöse der ÜNB in Kenntnis zu setzen. Bei der Aufbereitung der Daten ist ab dem Jahr 2023 die Empfehlung von ACER zur Berichterstattung über die Verwendung von Engpasserlösen zu berücksichtigen (ACER, Empfehlung vom 23.12.2020 – Rec. 01/2020 = https://documents.acer.europa. eu/Official_documents/Acts_of_the_Agency/Recommendations/ACER%20Re commendation%2001-2020%20to%20NRAs%20on%20Use%20of%20Conges tion%20Income%20methodology.pdf.).

f) Engpassmanagement beim Zugang zu den Gasversorgungsnetzen. 230 Die GasNZV enthält deutlich umfangreichere Regelungen zum Kapazitätsmanagement in Gasversorgungsnetzen (§§ 8 ff.). Im Gassektor besteht die Herausforderung weniger in der Bewältigung konkret auftretender physischer Engpässe (dann ist § 18 GasNZV anzuwenden), sondern zu vermeiden, dass vertragliche Engpässe entstehen, obwohl die physischen Kapazitäten eine weitere Vergabe von Kapazitäten erlauben würden (→ Rn. 169). Vor allem ist ein effektives **Kapazitätsmanagement** erforderlich. Dabei geht es darum, eine möglichst optimale Kapazitätsnutzung sicherzustellen. Insbesondere gilt es, solche Kapazitäten wieder verfügbar zu machen, die zwar gebucht sind, aber (wahrscheinlich) von den Transportkunden nicht in Anspruch genommen werden.

Zunächst haben die Fernleitungsnetzbetreiber feste Ein- und Ausspeisekapazitäten in einem transparenten und diskriminierungsfreien Verfahren zu vergeben (§ 13 231 Abs. 1 S. 1 GasNZV; → Rn. 169 ff.). Dies soll über die nach § 12 Abs. 1 S. 1 GasNZV von den Fernleitungsnetzbetreibern zu schaffende **Primärkapazitätsplattform** geschehen (Prisma European Capacity Platform GmbH, www.prismacapacity.eu). Der Zuschlag erfolgt dabei gem. § 13 Abs. 1 S. 2 GasNZV nach dem Markträumungspreis. Das Verfahren ist durch Festlegung der Regulierungsbehörde und nach Maßgabe des NC CAM ausgestaltet (→ Rn. 132 f.). Eine Kapazitätsvergabe nach dem **Prioritätsprinzip** findet nach § 13 Abs. 3 GasNZV nur noch in den genannten Ausnahmefällen statt. Als **Standardkapazitätsprodukte** bieten die Fernleitungsnetzbetreiber Jahres-, Quartals-, Monats-, Tages- und untertägige Kapazitäten an (§ 11 Abs. 1 GasNZV; → Rn. 169 ff.).

Um eine bestmögliche Kapazitätsauslastung sicherzustellen, sieht § 16 Abs. 1 S. 1 232 Alt. 1 GasNZV eine Verpflichtung (der Sache nach handelt es sich mit *Wendt* Kapazitätsengpässe S. 85 eher um einen „Appell") der Transportkunden vor, vollständig oder teilweise ungenutzte feste Kapazitäten unverzüglich als Sekundärkapazitäten auf der nach § 12 Abs. 2 GasNZV vorgesehenen Sekundärhandelsplattform an-

§ 20 Teil 3. Regulierung des Netzbetriebs

zubieten. Der **Sekundärhandel** wird (entsprechend der Vorgabe der Art. 16 Abs. 3 lit. b und Art. 22 Gasfernleitungs-VO 09) durch § 12 Abs. 2 S. 1 GasNZV ausdrücklich zugelassen, wobei die möglichen Handelsgewinne in ihrer Höhe gesetzlich begrenzt werden (§ 12 Abs. 2 S. 4 GasNZV). Der Handel erfolgt auf der Handelsplattform nach § 12 Abs. 2 GasNZV.

233 Unabhängig von der Erfüllung der Verpflichtung nach § 16 Abs. 1 S. 1 GasNZV durch den Transportkunden muss der Fernleitungsnetzbetreiber nach § 16 Abs. 2 S. 1 GasNZV (vergleichbar Art. 16 Abs. 3 UAbs. 1 lit. a Gasfernleitungs-VO 09) solche Kapazitäten für den Folgetag als feste Kapazitäten anbieten, die der Transportkunde nicht oder nicht vollständig im vorher vereinbarten Ausmaß zur tatsächlichen Inanspruchnahme anmeldet (sog. **Nominierung,** vgl. § 15 GasNZV). Der bisherige Kapazitätsinhaber wird hierdurch nicht von seiner Zahlungspflicht befreit, sodass ein Anreiz gegen eine unnötige Kapazitätsreservierung gesetzt wird (§ 16 Abs. 2 S. 3 GasNZV). Eine Befreiung von der Zahlungspflicht erfolgt aber, sofern und soweit der Fernleitungsnetzbetreiber die Kapazitäten vermarkten kann (BNetzA Beschl. v. 14.8.2015 – BK7-15-001, S. 40). Von den Vorgaben zur Freigabe ungenutzter Kapazitäten unberührt bleibt gem. § 16 Abs. 2 S. 2 GasNZV die Verpflichtung des Fernleitungsnetzbetreibers zum Angebot unterbrechbarer Kapazitäten (§ 11 Abs. 1 GasNZV). Probleme für eine optimale Kapazitätsnutzung ergeben sich aber dadurch, dass bestehende **Renominierungsrechte** bei der Freigabe nicht nominierter Kapazitäten zu berücksichtigen sind (§ 16 Abs. 2 S. 1 GasNZV). Diese Rechte räumen den Transportkunden Optionen zur kurzfristigen Änderung der tatsächlichen Kapazitätsnutzung ein. Da hierdurch die Planungssicherheit und damit auch die Möglichkeiten einer rechtzeitigen Vergabe ungenutzter Kapazitäten durch die Fernleitungsnetzbetreibers erheblich beeinträchtigt werden können, sind die nach § 4 Abs. 1 S. 1 Nr. 2 GasNZV bestehenden Ausgestaltungspielräume für die Regelung von Renominierungsrechten durch die Festlegung KARLA Gas 1.1 teilweise eingeschränkt worden (BNetzA Beschl. v. 14.8.2015 – BK7-15-001, S. 41ff., § 5 des angehängten Standardkapazitätsvertrags; zu den europäischen Impulsen *Däuper/Schwaibold* ZNER 2009, 12 (16)).

234 **g) Freigabe ungenutzter Kapazitäten beim Gasnetzzugang.** Eine Zugangsverweigerung wegen Kapazitätsmangels ist auch dann nicht zulässig, wenn der Netzbetreiber ungenutzte Kapazitäten anderer Netznutzer einziehen kann (**"Use-it-or-lose-it-Prinzip"**). Durch das Verfahren des § 16 Abs. 3 GasNZV sollen künstliche Engpässe verhindert werden, die durch eine Kapazitätshortung durch einzelne Netznutzer entstehen können. Fernleitungsnetzbetreibern sind danach bei Bestehen vertraglicher Engpässe verpflichtet, feste Kapazitäten mit einer Laufzeit von mindestens einem Jahr in dem Umfang zu **entziehen,** in dem der Transportkunde seine festen gebuchten Kapazitäten während drei Monaten innerhalb des zurückliegenden Kalenderjahres dauerhaft nicht in Anspruch genommen hat. Der Umfang, in dem die Kapazitäten entzogen werden, soll dabei dem Umfang der Nichtnutzung entsprechen (BT-Drs. 312/10, 78). Der relevante Dreimonatszeitraum muss mindestens einen Monat der Monate Oktober bis März umfassen. Dies erklärt sich daraus, dass eine Nichtnutzung von Kapazität in den anderen Monaten typischerweise auf jahreszeitlichen Schwankungen beruht.

235 § 16 Abs. 4 S. 1 Nr. 1–3 GasNZV sieht vor, in welchen Fällen und unter welchen Anforderungen der Transportkunde dem Entzug erfolgreich **widersprechen** kann. Diese Möglichkeit ist der Problematik geschuldet, dass sich die Entziehungsverpflichtung nur gegen missbräuchliches Verhalten richtet, der Fernleitungsnetz-

betreiber aber die Hintergründe der Nichtnutzung nicht kennen kann (BR-Drs. 312/10, 78). Um sein Verhalten zu rechtfertigen, kann der Transportkunde daher nachweisen, dass er die Kapazitäten in Übereinstimmung mit § 16 Abs. 1 GasNZV auf dem Sekundärmarkt angeboten oder dem Fernleitungsnetzbetreiber für den Zeitraum und im Umfang der Nichtnutzung zur Verfügung gestellt hat (Nr. 1). Weiterhin kann er seinen Widerspruch darauf stützen, dass er die Kapazitäten in vollem Umfang weiterhin benötigt, um bestehende vertragliche Verpflichtungen zu erfüllen (Nr. 2) oder dass er über verschiedene vertragliche Gasbeschaffungsalternativen verfügt, für die Kapazitäten an unterschiedlichen Einspeisepunkten gebucht sind, die von ihm alternativ genutzt werden, und dass er die nicht benötigten Kapazitäten für den Zeitraum der Nichtnutzung im Umfang der Nichtnutzung auf dem Sekundärmarkt oder dem Fernleitungsnetzbetreiber für den Zeitraum und im Umfang der Nichtnutzung zur Verfügung gestellt hat (Nr. 3). Eine Kontrolle durch andere Transportkunden, denen Kapazitäten verweigert wurden, wird nach § 16 Abs. 4 S. 4 GasNZV dadurch ermöglicht, dass diesen auf Verlangen die einem erfolgreichen Widerspruch zugrunde liegenden Informationen unter Wahrung der Betriebs- und Geschäftsgeheimnisse vom Fernleitungsnetzbetreiber zur Verfügung gestellt werden müssen.

In den beiden Fällen nach § 16 Abs. 4 Nr. 2 und Nr. 3 muss der Widerspruch **236** unverzüglich und schriftlich erfolgen. Grundsätzlich müssen hier die Gründe aber anders als im Fall des § 16 Abs. 4 S. 1 Nr. 1 GasNZV nicht nachgewiesen, sondern nur **schlüssig darlegt** werden. Auf Aufforderung muss der Transportkunde sie allerdings durch Vorlage von Kopien der entsprechenden vertraglichen Vereinbarungen gegenüber der Regulierungsbehörde nachweisen (§ 16 Abs. 4 S. 3 GasNZV).

III. Unzumutbarkeit

1. Maßgebliche Interessen. Die Gewährung des Netzzugangs ist unzumutbar, **237** wenn dem Netzbetreiber unverhältnismäßige Nachteile entstehen würden, die seine eigenen wirtschaftlichen Interessen berühren (umfassend zum Begriff der Zumutbarkeit im Energierecht *Ringel*, Wirtschaftliche Zumutbarkeit, 2011). Die Reichweite ist mit Blick auf den Netzzugang allerdings gering. Die Interessen der **konzernverbundenen Vertriebsgesellschaft** können dem Netzbetreiber grundsätzlich nicht zugerechnet werden. Dies widerspräche dem Sinn der Vorschriften zur rechtlichen Entflechtung, die Unabhängigkeit des Netzbetreibers zu gewährleisten und dadurch Diskriminierungen zu verhindern (*Herrmann* Regulierung der Energienetze S. 225f., so schon zur alten Rechtslage *Giermann* RdE 2000, 222 (228f.); Schneider/Theobald EnergieWirtschaftsR-HdB/*Theobald/Zenke*, 2003, § 12 Rn. 49). Elt-RL

Eine ausnahmsweise Zurechnung fremder Interessen findet sich in § 25, der **238** einen Fall der Unzumutbarkeit im Zusammenhang mit **unbedingten Zahlungsverpflichtungen** regelt (zum Verfahren s. § 49 GasNZV; → § 25 Rn. 9ff.). Durch diese Regelung können Gasversorgungsunternehmen unter strengen Voraussetzungen vor Wettbewerb geschützt werden.

2. Konkurrierende Lieferverträge. Wirksame Lieferverträge eines anderen **239** Energieversorgungsunternehmens mit einem Kunden, der von dem Zugangspetenten beliefert werden soll, führen nicht zu einer Unzumutbarkeit der Zugangsgewährung. Verträge Dritter begründen keine eigenen Interessen des Netz-

§ 20 Teil 3. Regulierung des Netzbetriebs

betreibers. Dies gilt auch, wenn der Altvertrag mit einem **konzernrechtlich verbundenen Unternehmen** des Netzbetreibers abgeschlossen worden ist. § 14 Abs. 5 S. 2 StromNZV aF, der entgegen des in § 20 Abs. 1 verankerten Prinzips der Nichtdiskriminierung einen faktischen Vorrang des Altlieferanten vorsah, wenn die konkurrierenden Lieferanten keine Einigung erzielen können, wurde mittlerweile aufgehoben.

240 **3. Reziprozität des Netzzugangs.** Gleichermaßen sind keine eigenen Interessen des Netzbetreibers berührt, wenn einer mit ihm verbundenen Vertriebsgesellschaft durch einen mit dem Zugangspetenten verbundenen Netzbetreiber der Zugang verweigert wird (*Herrmann* Regulierung der Energienetze S. 228, anders noch *Büdenbender* EnWG § 6 Rn. 45f.; *Kühne* RdE 2000, 1 (3))).

241 Eine Verweigerung des Netzzugangs aufgrund von **Reziprozitätsklauseln** ist in Deutschland nicht möglich. Im EnWG 2005 hat der außer Kraft getretene Art. 4 § 2 EnWR-NRG 1998 keine Nachfolgeregelung erhalten. Art. 21 Elt-RL 03 (nunmehr Art. 33 Elt-RL 09) und Art. 23 Gas-RL 03 (nunmehr Art. 37 Gas-RL 09) erlaubten es den Mitgliedstaaten, bis zum 1.7.2007 auf Ungleichgewichte bei der Öffnung der Energiemärkte zu reagieren. Sie konnten bis zu diesem Zeitpunkt die Verweigerung des Netzzugangs für grenzüberschreitende Lieferungen ermöglichen, wenn der Markt im Herkunftsland für die jeweils betroffene Kundengruppe nicht ebenfalls geöffnet ist.

242 **4. In der Person des Zugangspetenten liegende Gründe.** Die Gewährung von Netzzugang ist hingegen unzumutbar bei **fehlender Zahlungsbereitschaft** oder **Zahlungsunfähigkeit.** Auch Rückstände können im Fall unstreitiger Verbindlichkeiten eine Zugangsverweigerung rechtfertigen. Sind Forderungen des Netzbetreibers hingegen streitig, ist zunächst eine gerichtliche Klärung herbeizuführen (*Herrmann* Regulierung der Energienetze S. 247; BerlKommEnergieR/*Säcker* EnWG § 20 Rn. 205). § 23 Abs. 2 S. 2 StromNZV ermöglicht das Fordern einer angemessenen Sicherheitsleistung in begründeten Fällen. Der im Strombereich festgelegte **Netznutzungs-/Lieferantenrahmenvertrag** (BNetzA Beschl. v. 20.12.2017 – BK 6-17-168) macht hiervon allerdings keinen Gebrauch, sondern sieht Vorauszahlungen als Mittel zur Absicherung vor Zahlungsausfällen vor. Wird die Vorauszahlung nicht, nicht vollständig oder nicht fristgerecht geleistet, ist der Netzbetreiber zur fristlosen Kündigung des Vertrags berechtigt. Art. 14 Abs. 3 Gasfernleitungs-VO 09 ermöglicht es, angemessene Garantien bezüglich der Kreditwürdigkeit zu verlangen, wenn diese keine ungerechtfertigten Marktzugangshemmnisse errichten und nichtdiskriminierend, transparent und verhältnismäßig sind.

IV. Formelle Anforderungen

243 Die **Darlegungs- und Beweislast** für das Vorliegen eines Verweigerungsgrunds trifft den Netzbetreiber (§ 20 Abs. 2 S. 1). Er hat die Ablehnung in **Textform** (§ 126b BGB) zu begründen. Die Ablehnung des Zugangs ist einschließlich der Begründung unverzüglich der Regulierungsbehörde mitzuteilen (§ 20 Abs. 2 S. 2). Für die Mitteilung aller Netzbetreiber, die in die Zuständigkeit der BNetzA fallen, stellt diese ein Online-Formular zur Verfügung. Meldepflichtig ist jede Zugangsverweigerung, auch wenn der Netzzugang auf unterbrechbarer Basis oder auf andere Weise modifiziert gewährt werden konnte. Damit soll der Regulierungsbehörde eine effiziente Ex-post-Kontrolle nach § 30 ermöglicht werden (Hempelmann-Bericht, S. 119).

Lieferantenwechsel § 20a

V. Informationspflicht über Ausbaukosten

Wird der Netzzugang aus Kapazitätsgründen verweigert, kann der Zugangspetent Informationen darüber verlangen, welche Ausbaumaßnahmen für die Beseitigung des Engpasses erforderlich wären (Abs. 2 S. 3). Die Begründung muss den Antragsteller in die Lage versetzen, eine Entscheidung über den Netzausbau zu treffen. Die Informationen können auch noch nach der Begründung der Zugangsverweigerung gefordert werden. Eine parallele Regelung zu § 20 Abs. 2 S. 3 und 4 findet sich in § 17 Abs. 2 S. 3 und 4 für den Netzanschluss (→ § 17 Rn. 69 ff.). 244

Die **Kosten** für die Zusammenstellung dieser Informationen haben Netzbetreiber und Zugangspetent je zur Hälfte zu tragen, sofern auf die Entstehung von Kosten zuvor hingewiesen worden ist (§ 20 Abs. 2 S. 4). Aus dem Wortlaut dieser Regelung wird deutlich, dass die Kosten zu diesem Zeitpunkt nicht bereits im Detail aufgeschlüsselt werden müssen. Angaben über die Größenordnung der anfallenden Kosten reichen aus. Der Gesetzesentwurf der Bundesregierung sah vor, dass der Netzbetreiber ein angemessenes Entgelt fordern konnte. Nach Ansicht des Ausschusses für Wirtschaft und Arbeit barg diese Regelung die Gefahr, dass die Netzbetreiber die Kosten durch übermäßigen Aufwand nach oben treiben (Hempelmann-Bericht, S. 119). Die Kostenteilung setzt hingegen einen Anreiz, unangemessenen Aufwand zu vermeiden. Das Kriterium der Angemessenheit bleibt dabei als ungeschriebene Voraussetzung erhalten. Dies ergibt sich sowohl aus § 670 BGB (*Salje* EnWG § 17 Rn. 61), als auch aus den Anforderungen aus Art. 6 Abs. 2 S. 6 Elt-RL 19. 245

§ 20a Lieferantenwechsel

(1) **Bei einem Lieferantenwechsel hat der neue Lieferant dem Letztverbraucher unverzüglich in Textform zu bestätigen, ob und zu welchem Termin er eine vom Letztverbraucher gewünschte Belieferung aufnehmen kann.**

(2) ¹Das Verfahren für den Wechsel des Lieferanten oder des Aggregators darf drei Wochen, gerechnet ab dem Zeitpunkt des Zugangs der Anmeldung zur Netznutzung durch den neuen Lieferanten bei dem Netzbetreiber, an dessen Netz die Entnahmestelle angeschlossen ist, nicht überschreiten. ²Der Netzbetreiber ist verpflichtet, den Zeitpunkt des Zugangs zu dokumentieren. ³Eine von Satz 1 abweichende längere Verfahrensdauer ist nur zulässig, soweit die Anmeldung zur Netznutzung sich auf einen weiter in der Zukunft liegenden Liefertermin bezieht. ⁴Ab dem 1. Januar 2026 muss der technische Vorgang des Stromlieferantenwechsels binnen 24 Stunden vollzogen und an jedem Werktag möglich sein.

(3) **Der Lieferantenwechsel oder der Wechsel des Aggregators dürfen für den Letztverbraucher mit keinen zusätzlichen Kosten verbunden sein.**

(4) ¹Erfolgt der Lieferantenwechsel nicht innerhalb der in Absatz 2 vorgesehenen Frist, so kann der Letztverbraucher von dem Lieferanten oder dem Netzbetreiber, der die Verzögerung zu vertreten hat, Schadensersatz nach den §§ 249 ff. des Bürgerlichen Gesetzbuchs verlangen. ²Der Lieferant oder der Netzbetreiber trägt die Beweislast, dass er die Verzögerung nicht zu vertreten hat. ³Nimmt der bisherige Lieferant die Abmeldung von der Belieferung nicht unverzüglich nach Vertragsbeendigung vor oder gibt er

§ 20a

auf Nachfrage des Netzbetreibers die Entnahmestelle bei Vertragsbeendigung nicht frei, kann der Letztverbraucher vom Energielieferanten Schadensersatz nach Maßgabe des Satzes 1 verlangen.

Literatur: *Schenk,* Schadensersatzansprüche wegen Verzögerung des Lieferantenwechsels nach dem neuen EnWG, RdE 2012, 145.

A. Allgemeines

I. Inhalt der Vorschrift

1   § 20a regelt im Zuge der Umsetzung der europarechtlichen Vorgaben des dritten Binnenmarktpakets wichtige Elemente des Lieferantenwechsels auf dem Strom- und Gasmarkt, insbesondere die Rechte des Letztverbrauchers. Zentraler Gehalt ist die Festlegung einer **Höchstfrist von drei Wochen** für die Abwicklung eines Lieferantenwechsels nach der Anmeldung zur Netznutzung durch den neuen Lieferanten.

II. Entstehungsgeschichte

2   § 20a ist als Teil des Gesetzes zur Neuregelung energiewirtschaftsrechtlicher Vorschriften im Juli 2011 in das EnWG eingefügt worden. Die Vorschrift beruht auf dem Gesetzesentwurf der Bundesregierung (BR-Drs. 343/11, als Fraktionsentwurf eingebracht auf BT-Drs. 17/6072) und ist im Gesetzgebungsverfahren bis auf eine redaktionelle Berichtigung nicht verändert worden. Abs. 2 S. 4 und die Aufnahme der Aggregatoren (§ 3 Nr. 1a) in Abs. 2 S. 1 und Abs. 3 sind durch das Gesetz vom 16.7.2021 eingefügt worden. Zuletzt geändert wurde § 20a durch die Einfügung von Abs. 4 S. 3 auf Grundlage von Art. 1 Nr. 14 des Gesetzes vom 19.7.2022. Die im Referentenentwurf vorgesehene und von der BNetzA unterstützte Mindestentschädigung in Höhe von 50 EUR (Stellungnahme der BNetzA für die Anhörung des Ausschusses für Klimaschutz und Energie, Ausschuss-Drs. 20(25)86, 2) wurde schon im Gesetzesentwurf nicht übernommen.

B. Europarechtliche Vorgaben

3   Zentrale Punkte des § 20a sind im Detail europarechtlich vorgegeben. Eine konkrete Regelung zur Dauer des Lieferantenwechsels wurde erstmalig mit Art. 3 Abs. 5 lit. a Elt-RL 2009 und Art. 3 Abs. 6 lit. a Gas-RL 2009 eingeführt, wobei die Regelung der Gas-RL 2009 weiterhin in Kraft ist. Danach haben die Mitgliedstaaten sicherzustellen, dass der Prozess des Lieferantenwechsels nicht mehr als **drei Wochen** in Anspruch nimmt. Dabei wird anerkannt, dass ein Lieferantenwechsel nur im Rahmen der Vertragsbedingungen möglich ist. Eventuelle Kündigungsfristen sind also regelmäßig vor einem Wechsel einzuhalten. In Anhang I Abs. 1 lit. e Gas-RL 09 wird zudem festgelegt, dass Kunden das Recht haben, den Lieferanten **ohne** die Berechnung von **Gebühren** zu wechseln. Art. 12 Abs. 1 Elt-RL 2019 sieht nunmehr vor, dass ein Wechsel des Stromlieferanten innerhalb kürzest möglicher Zeit erfolgen soll. Die Drei-Wochen-Frist ist daher eine Mindestvorgabe. Zudem wird festgelegt, dass spätestens ab 2026 der technische Vorgang des Stromversorgerwechsels nicht länger als 24 Stunden dauern darf und an jedem Werktag

möglich sein muss. Art. 13 Abs. 4 Elt-RL 2019 sieht vor, dass Endkunden ohne Diskriminierung bei Kosten, Aufwand und Dauer Dienstleistungen von Aggregatoren in Anspruch nehmen können.

C. Ablauf des Lieferantenwechsels

I. Lieferantenwechsel

Maßgeblicher Bezugspunkt für die Definition eines Lieferantenwechsels iSv 4
§ 20a ist zunächst jeweils die Stelle, an der Energie durch den Letztverbraucher entnommen wird. Daher findet auch bei einem **Umzug,** bei dem ein Kunde seinen bisherigen Lieferanten mitnimmt, ein Lieferantenwechsel statt (KG Beschl. v. 28.9.2018 – 23 U 149/16, BeckRS 2018, 47005 Rn. 15; Elspas/Graßmann/Rasbach/*Sauer* EnWG § 20a Rn. 7; NK-EnWG/*Siegel* § 20a Rn. 10). § 20a findet nach seinem Sinne und Zweck auch Anwendung, wenn der alte und der neue Kunde an einer Entnahmestelle den gleichen Lieferanten haben, der Wechsel also nur in der Person des Kunden liegt. In dieser Situation hat der neue Kunde ein in gleicher Weise schützenswertes Interesse daran, über den Beginn der Lieferung durch seinen Lieferanten informiert zu werden und bei Verzögerungen Schadensersatzansprüche geltend zu machen. Für eine weite Auslegung spricht auch, dass so eine breite Standardisierungswirkung erreicht werden kann, die für die **Massengeschäftstauglichkeit** der Prozesse von erheblicher Bedeutung ist (BNetzA Beschl. v. 20.8.2007 – BK 7-06-067, S. 8). GPKE und GeLi Gas kennen daher auch keinen eigenständigen Prozess „Lieferantenwechsel" mehr, sondern nur noch die Prozesse „Lieferbeginn", „Lieferende" und „Kündigung" (zu diesen s. Schneider/Theobald EnergieWirtschaftsR-HdB/*de Wyl/Thole/Bartsch* § 16 Rn. 344).

II. Bestätigung des Lieferbeginns (Abs. 1)

Nach § 20a Abs. 1 ist der neue Lieferant verpflichtet, dem Letztverbraucher zu 5
bestätigen, ob und zu welchem Termin er eine vom Letztverbraucher gewünschte Belieferung aufnehmen kann. Die Bestätigung hat in Textform (§ 126b BGB) zu erfolgen.

Zweck der Bestätigung ist es insbesondere, den Ablauf des Lieferantenwech- 6
sels gegenüber dem Letztverbraucher transparent zu machen. Kann dieser wie erwartet realisiert werden, gibt die Bestätigung dem Letztverbraucher Sicherheit darüber, ab wann er von dem neuen Lieferanten beliefert wird. Die Bestätigung wird daher im Normalfall spätestens dann zu erfolgen haben, sobald der Lieferant seinerseits die Information des Netzbetreibers erhalten hat, dass ein Lieferbeginn zum gewünschten Zeitpunkt erfolgen kann. Aus der Formulierung „ob und zu welchem Termin" lässt sich zudem ableiten, dass der Lieferant den Letztverbraucher auch über Gründe, die eine Belieferung verhindern oder verzögern können, unverzüglich zu **unterrichten** hat. In diesem Fall ermöglicht die Benachrichtigung dem Letztverbraucher, zeitnah eine Lösung ausstehender Fragen zu erreichen und gegebenenfalls einen Schadensersatzanspruch geltend zu machen.

III. Drei-Wochen-Frist (Abs. 2)

Die Frist **beginnt** mit dem Zugang der Anmeldung zur Netznutzung durch den 7
neuen Lieferanten bei dem zuständigen Netzbetreiber zu laufen. Eventuelle Ver-

zögerungen des Wechsels im Vorfeld der Netzanmeldung sind daher unbeachtlich (vgl. Elspas/Graßmann/Rasbach/*Sauer* EnWG § 20a Rn. 28). Begehrt der Letztverbraucher, etwa aufgrund noch bestehender Vertragsbindung, einen Wechsel zu einem späteren Zeitpunkt, ist statt der Drei-Wochen-Frist dieser Termin maßgeblich (§ 20 Abs. 2 S. 3, BT-Drs. 17/6072, 76).

8   Der Netzbetreiber ist nach § 20a Abs. 2 S. 2 verpflichtet, den Zeitpunkt des Zugangs der Anmeldung zur Netznutzung zu dokumentieren. Dazu soll eine bloße, jederzeit änderbare elektronische Datei nicht ausreichen (BerlKommEnergieR/ *Dörmer/Hampel* EnWG § 20a Rn. 32). Dies soll die Durchsetzung von möglichen Schadenersatzansprüchen erleichtern (BT-Drs. 17/6072, 76). Die **Dokumentationspflicht** besteht daher nicht nur objektiv, sondern gerade auch gegenüber dem neuen Lieferanten und dem Letztverbraucher. Daraus folgt insbesondere, dass der Netzbetreiber gegenüber dem neuen Lieferanten und dem Letztverbraucher in diesem Zusammenhang zur **Auskunft** verpflichtet ist (ebenso Elspas/Graßmann/ Rasbach/*Sauer* EnWG § 20a Rn. 20).

9   Gegen über dem alten und neuen Lieferanten hat der Letztverbraucher **Auskunftsrechte** aus einer nachfolgenden Schutzpflicht bzw. einer Nebenpflicht zum Liefervertrag (*Schenk* RdE 2012, 147). § 41 Abs. 2 Nr. 2 GasNZV sieht die Verpflichtung des Altlieferanten vor, dem neuen Lieferanten auf elektronischem Wege eine Kündigungsbestätigung zu übersenden, wenn dieser wie in der Praxis oftmals üblich die Kündigung in Vertretung für den Kunden ausgesprochen hat.

10 Um die Einhaltung der Drei-Wochen-Frist unter den Bedingungen eines Massengeschäfts sicherzustellen, hat die BNetzA die relevanten Festlegungen **GPKE** und **GeLi Gas** mit Wirkung vom 1.4.2012 angepasst (Beschl. v. 28.10.2011 – BK6-11-150 und BK7-11-075). Danach wird ein Lieferantenwechsel vom neuen Lieferanten über den Prozess „Lieferbeginn" beim Netzbetreiber angemeldet (zu den Prozessen der GPKE und der GeLi Gas vgl. Schneider/Theobald Energie-WirtschaftsR-HdB/*de Wyl/Thole/Bartsch* § 16 Rn. 344). Dies setzt zudem die Vorgabe um, dass der elektronische Datenaustausch zwischen Netzbetreiber und Transportkunden so zu organisieren ist, dass die Übermittlung und Bearbeitung von Kundendaten vollständig automatisiert erfolgen kann (§ 41 Abs. 1 S. 2 und 3 GasNZV).

11 Um zu jedem Zeitpunkt des Jahres, insbesondere über die Weihnachtsfeiertage, die Drei-Wochen-Frist einhalten zu können, ist dieser Prozess mindestens zehn Werktage vor Aufnahme der Belieferung einzuleiten. Der alte Lieferant muss nicht mehr ausdrücklich zustimmen, sondern hat nur noch ein Widerspruchsrecht innerhalb von drei Tagen. Der avisierte **Lieferbeginn** kann nunmehr auf **jeden Werktag** fallen und ist nicht mehr auf den Beginn eines Monats beschränkt.

12 S. 4 sieht vor, dass ab 1.1.2026 der technische Vorgang des Stromlieferantenwechsels binnen 24 Stunden vollzogen und an jedem Werktag möglich sein muss. Mit dem technischen Vorgang ist (nur) die Registrierung eines neuen Stromlieferanten bei der Messstelle beim Marktbetreiber gemeint (BT-Drs. 19/27453, 105 unter Verweis auf Erwgr. Nr. 34 der Elt-RL 2009). Die Aufnahme dieser Regelung bereits mehrere Jahre vor der Umsetzungsfrist soll ein frühzeitiges Signal zur Anpassung der Marktprozesse geben (BT-Drs. 19/27453, 105).

IV. Keine zusätzlichen Kosten (Abs. 3)

13 § 20a Abs. 3 verlangt, dass ein Lieferantenwechsel oder der Wechsel des Aggregators nicht mit zusätzlichen Kosten für den Letztverbraucher verbunden sein darf.

Insbesondere dürfen keine Entgelte für die oftmals notwendige zusätzliche **Ablesung** am Tag des Lieferantenwechsels und die **Schlussrechnung** des Altlieferanten berechnet werden.

D. Schadensersatz bei Verzögerungen (Abs. 4)

§ 20a Abs. 4 sieht einen Schadensersatzanspruch für Letztverbraucher vor, die 14
beim Lieferantenwechsel von einer Verzögerung betroffen sind. Eventuelle Schadensersatzansprüche des neuen Lieferanten können sich aus § 32 Abs. 3 ergeben (*Schenk* RdE 2012, 149 ff.). **Anspruchsgegner** ist der Lieferant oder der Netzbetreiber, der die Verzögerung verursacht hat. Mit Blick auf die Ausgestaltung des Schadensersatzanspruchs verweist § 20 Abs. 4 S. 1 auf die §§ 249 ff. BGB. Dies betrifft insbesondere die Fragen des Vertretenmüssens der Verzögerung als auch den Umfang und Höhe des Schadensersatzes.

S. 2 sieht eine **Beweislastumkehr** für die Frage vor, ob der Anspruchsgegner die 15
Verzögerung zu vertreten hat. Sie gilt sowohl gegenüber dem Alt- bzw. dem Neulieferanten als auch gegenüber dem Netzbetreiber. Diese Regelung ergänzt im Verhältnis zum Neu- bzw. Altlieferanten § 280 BGB.

Während der Verzögerung wird der Letztverbraucher entweder im Rahmen sei- 16
nes alten Liefervertrags oder der Ersatzversorgung beliefert. Unproblematisch dürfte die Berechnung der **Höhe des Schadensersatzes** sein, wenn die Konditionen des neuen Liefervertrags im Vergleich preislich günstiger sind. Die Höhe des Schadens berechnet sich dann aus der Preisdifferenz zwischen altem Liefervertrag bzw. der Ersatzversorgung und dem neuen Vertrag.

Wird der Wechsel des Letztverbrauchers in einen sog. **Ökostromtarif** verzögert, 17
kann unabhängig vom Preis des neuen Tarifs eine weitere Schadensart entstehen. Der Letztverbraucher wird hier während der Verzögerung des Lieferantenwechsels mit Strom versorgt, der mit Blick auf die Umweltauswirkungen in der Regel qualitativ schlechter sein wird. Daher ist der Letztverbraucher nach § 249 Abs. 1 BGB auch in dieser Konstellation so zu stellen, als wäre er bereits von seinem neuen Lieferanten mit Strom aus erneuerbaren Energien beliefert worden. Dies kann jedenfalls näherungsweise durch den Erwerb von **Herkunftsnachweisen** nach § 55 EEG erfolgen, die eine vergleichbare Zusammensetzung erneuerbarer Energiequellen wie im Erzeugungsmix des neuen Lieferanten abbilden. Da nur EVU Herkunftsnachweise beim HKNR entwerten bzw. übertragen lassen können, kann die Schadensregulierung auf zwei Wegen erfolgen. Entweder erwirbt das schadensersatzpflichtige Unternehmen die erforderlichen Herkunftsnachweise oder der neue Lieferant erwirbt sie für seinen Kunden und lässt sich die Kosten hierfür vom Verursacher der Verzögerung erstatten.

S. 3 erweitert den Schadensersatzanspruch auf Fälle, in denen der bisherige Ener- 18
gielieferant nach einer Vertragsbeendigung die Abmeldung von der Belieferung nicht rechtzeitig vornimmt oder auf Nachfrage des Netzbetreibers die Entnahmestelle nicht freigibt. Dies kann in der Praxis vor allem vorkommen, wenn der Vornutzer seinen Lieferanten nicht über seinen Auszug unterrichtet hat. Die praktische Wirkung dieser Regelung bleibt abzuwarten (krit. die Stellungnahme des BDEW in der Anhörung des Ausschusses für Klimaschutz und Energie, Ausschuss-Drs. 20 (25)85 (neu), 9), Der Schadensersatz kann nach Maßgabe des S. 1 verlangt werden, sodass die Fristverletzung und dessen Voraussetzungen ebenfalls vorliegen müssen (Rechtsgrundverweisung). Die Beweislastumkehr von S. 2 gilt auch für Fälle, die

§ 21 Teil 3. Regulierung des Netzbetriebs

unter S. 3 fallen (s. zu beiden Aspekten die Begründung des Gesetzesentwurfs, BT-Drs. 20/1500, 57f.).

E. Verhältnis zu anderen Vorschriften

19 § 20a ergänzt die Regelungen zum sog. **Rucksackprinzip** in § 20 Abs. 1b S. 9, der die Übertragung von Ein- und Ausspeisekapazitäten beim Lieferantenwechsel betrifft (§ 20 Abs. 1b, → § 20 Rn. 180, 225ff.). Auch die hierfür notwendigen Prozesse sind so auszugestalten, dass eine Abwicklung in der von § 20a Abs. 2 vorgesehenen Frist möglich ist.

§ 21 Bedingungen und Entgelte für den Netzzugang

(1) Die Bedingungen und Entgelte für den Netzzugang müssen angemessen, diskriminierungsfrei, transparent und dürfen nicht ungünstiger sein, als sie von den Betreibern der Energieversorgungsnetze in vergleichbaren Fällen für Leistungen innerhalb ihres Unternehmens oder gegenüber verbundenen oder assoziierten Unternehmen angewendet und tatsächlich oder kalkulatorisch in Rechnung gestellt werden.

(2) [1]Die Entgelte werden auf der Grundlage der Kosten einer Betriebsführung, die denen eines effizienten und strukturell vergleichbaren Netzbetreibers entsprechen müssen, unter Berücksichtigung von Anreizen für eine effiziente Leistungserbringung und einer angemessenen, wettbewerbsfähigen und risikoangepassten Verzinsung des eingesetzten Kapitals gebildet, soweit in einer Rechtsverordnung nach § 24 nicht eine Abweichung von der kostenorientierten Entgeltbildung bestimmt ist. [2]Soweit die Entgelte kostenorientiert gebildet werden, dürfen Kosten und Kostenbestandteile, die sich ihrem Umfang nach im Wettbewerb nicht einstellen würden, nicht berücksichtigt werden. [3]Die notwendigen Investitionen in die Netze müssen so vorgenommen werden können, dass die Lebensfähigkeit der Netze gewährleistet ist.

(3) [1]Betreiber von Energieversorgungsnetzen sind verpflichtet, die für ihr Netz geltenden Netzentgelte auf ihren Internetseiten zu veröffentlichen und auf Anfrage jedermann unverzüglich in Textform mitzuteilen. [2]Die Veröffentlichung der geltenden Netzentgelte hat in einem Format zu erfolgen, das eine automatisierte Auslesung der veröffentlichten Daten ermöglicht.

Übersicht

	Rn.
A. Allgemeines	1
I. Inhalt und Zweck	1
II. Sektorspezifische Regulierung vs. kartellrechtliche Missbrauchsaufsicht	3
III. Systematik der Entgeltregulierung	5
1. Effizienzmaßstab und Wettbewerbsanalogie: Kern der Ex-ante-Regulierung	5

Bedingungen und Entgelte für den Netzzugang § 21

	Rn.
2. Zusammenwirken der Entgeltregulierungsmechanismen nach §§ 21, 21a und 23a	9
3. Verhältnis Ex-ante-Regulierung und Ex-post-Regulierung im EnWG	11
IV. Vergleich der Prüfmethoden nach EnWG und GWB	21
V. Entwicklung der europarechtlichen Vorgaben	28
VI. Entstehungsgeschichte (EnWG 2005 und 2021)	38
B. Allgemeine Missbrauchskriterien (Abs. 1)	45
I. Überblick	45
II. Vertikales Gleichbehandlungsgebot	47
III. Transparenzgebot	51
IV. Horizontales Diskriminierungsverbot	52
V. Angemessenheit	54
VI. Gesamtwirkung von Entgelt und Bedingungen	56
VII. Verhältnis zum Effizienzkriterium (Abs. 2)	57
C. Kostenorientierte Entgeltbildung (Abs. 2)	63
I. Überblick	63
II. Kosten	64
III. Kriterien des Kostenmaßstabs	66
1. Effizienzkriterium (Abs. 2 S. 1)	67
2. Wettbewerbsanalogie und Anreize für eine effiziente Leistungserbringung	68
3. Verzinsung des eingesetzten Kapitals	69
IV. Maßstab und Methode der Kostenermittlung	70
V. Behördliche Kostenbestimmung und Beurteilungsspielraum	71
D. Ermittlung der Netzkosten gemäß StromNEV und GasNEV	73
I. Auslegungspraxis der Regulierungsbehörden	74
II. Kostengrundlage und allgemeine Ermittlungsvorgaben	78
1. Zusammensetzung der Netzkosten	78
2. Bilanzielle und kalkulatorische Kosten	79
3. Relevante Bezugsdaten	80
4. Vorlage- und Dokumentationspflichten der Netzbetreiber	81
5. Stufen der Kostenermittlung (§§ 3 ff.) im Überblick	83
6. Normative Vorgaben zur Kostenermittlung	87
7. Periodenübergreifende Saldierung (§ 11 StromNEV, § 10 GasNEV)	93
8. Gegenüberstellung von Strom-/GasNEV und Verbändevereinbarungen	96
9. Behördliches Prüfschema	98
III. Prüfung der kalkulatorischen Kosten im Einzelnen	100
1. Kalkulatorische Abschreibung nach §§ 6 Strom-/GasNEV	101
2. Kalkulatorische Eigenkapitalverzinsung (§§ 7 Strom-/GasNEV)	122
3. Kalkulatorische Steuern (§§ 8 Strom-/GasNEV)	164
4. Kostenmindernde Erlöse und Erträge (§§ 9 Strom-/GasNEV)	166
5. Behandlung von Netzverlusten (§ 10 StromNEV)	167
6. Ergebnis der regulatorischen Kostenprüfung	169
IV. Kostenstellen- und Kostenträgerrechnung (§§ 12 ff., 15 ff. StromNEV, §§ 11 ff., 13 ff. GasNEV)	175

§ 21 Teil 3. Regulierung des Netzbetriebs

	Rn.
E. Veröffentlichungspflicht (Abs. 3)	179
I. Veröffentlichungspflicht nach Abs. 3 (nF)	179
II. Vergleichsverfahren nach Abs. 3 und 4 (aF)	182
F. Abweichung von der kostenorientierten Entgeltbildung (Abs. 2 S. 1 letzter Hs.)	186

Literatur: *Attendorn,* Die Festlegungsentscheidung nach § 29 EnWG – normierende Regulierung unter den Augen der Gerichte, RdE 2009, 87; *Bericht der Arbeitsgruppe Netznutzung Strom der Kartellbehörden des Bundes und der Länder* über 1. die Reichweite der kartellrechtlichen Eingriffsnormen für die Überprüfung der Höhe der Entgelte für die Nutzung der Stromnetze, 2. die kartellrechtliche Relevanz von den Netzzugang behindernden Verhaltensweisen der Stromnetzbetreiber v. 19. 4. 2001 (zit. Bericht der Kartellbehörden 2001); *BNetzA,* Bericht der Bundesnetzagentur nach § 112a EnWG zur Einführung der Anreizregulierung nach § 21a EnWG v. 30. 6. 2006 (zit. BNetzA Anreizregulierungsbericht I), www.bundesnetzagentur.de/ DE/Sachgebiete/ElektrizitaetundGas/Unternehmen_Institutionen/Netzentgelte/Anreizregu lierung/Einfuehrung2009/start.html; *BNetzA,* Jahresbericht 2009, März 2010; *BNetzA und Länderregulierungsbehörden,* Positionspapier der Regulierungsbehörden des Bundes und der Länder zu Einzelfragen der Kostenkalkulation gemäß Stromnetzverordnung, Bonn, 7. März 2006 (zit. Positionspapier); *BNetzA,* Bericht Evaluierungsbericht nach § 33 Anreizregulierungsverordnung v. 21. 1. 2015 (zit. BNetzA, Anreizregulierungsbericht II), www.bundesnetzagentur. de/DE/Sachgebiete/ElektrizitaetundGas/Unternehmen_Institutionen/Netzentgelte/Anreiz regulierung/Evaluierung_Anreizregulierung/EvaluierungAnreizregulierung-node.html; *Britz,* Abänderbarkeit behördlicher Regulierungsentscheidungen nach dem neuen EnWG, N&R 2006, 6; *Britz,* Behördliche Befugnisse und Handlungsformen für die Netzentgeltregulierung nach neuem EnWG, RdE 2006, 1; *Büdenbender,* Die Kontrolle von Durchleitungsentgelten in der leitungsgebundenen Energiewirtschaft, ZIP 2000, 2225; *Büdenbender,* Das kartellrechtliche Preismissbrauchsverbot in der aktuellen höchstrichterlichen Rechtsprechung, ZWeR 2006, 233; *Burmeister/Kistner,* Zur weiteren Europäisierung der Netzwirtshaft durch das Clean Energy Package, RdE 2021, 179; *Busse von Colbe,* Betriebswirtschaftliche Konkretisierung der Entgeltfindungsprinzipien nach dem Regierungsentwurf des TKG, TKMR-Tagungsband 2004, 23; *Dal-Canton/Ungemach,* Zulässigkeit von Modellnetzen bei der zukünftigen Entgeltregulierung durch die REGTP, emw 4/04, 22; *Ehricke,* Zur kartellrechtlichen Bestimmung von Netznutzungsentgelten eines kommunalen Elektrizitätsversorgungsunternehmens – Reflektionen über den Stadtwerke-Mainz-Beschluss des BGH, N&R 2006, 10; *Engelsing,* Konzepte der Preismissbrauchsaufsicht im Energiesektor, ZNER 2003, 111; *Engelsing,* Kostenkontrolle und Erlösvergleich bei Netzentgelten, RdE 2003, 249; *Franz,* Die künftige Anreizregulierung der deutschen Strom- und Gasnetzbetreiber, IR 2006, 7; *Gerke/Schäffner,* Risikogerechte Eigenkapitalverzinsung für die Netzdurchleitung aus kapitalmarkttheoretischer Sicht, ew 2003, 42; *Groebel,* Die Entgeltgenehmigungspraxis der RegTP – Erfahrungen aus dem Telekommunikationsbereich, TKMR-Tagungsband 2004, S. 39; *Groebel,* Ökonomische Rationalität des europäischen Regulierungsrechts, in Bien/Ludwigs (Hrsg.), Tagungsband zur Veranstaltung der Universität Würzburg am 27.6.2014 – Das europäische Kartell- und Regulierungsrecht der Netzindustrien, 2015, S. 171; *Groebel,* Das „Winterpaket" als Markstein für die Modernisierung des Energiebinnenmarkts, in Ludwigs (Hrsg.), Tagungsband zur Veranstaltung der Universität Würzburg am 31.3.2017 zu Klimaschutz, Versorgungssicherheit und Wirtschaftlichkeit der Energiewende – Reformen – Europäisierung – Zielkonflikte, 2018, S. 33; *Groebel,* Vergleich der institutionellen Vorschläge im *Connectivity Package* („TK-Review-Paket") und dem *Clean Energy Package* („Winterpaket"), in FS Schmidt-Preuß, 2018, S. 605; *Groebel,* Institutionelle Regelungen im Connectivity Package und im Clean Energy Package – ein Vergleich der überarbeiteten BEREC-Verordnung mit der überarbeiteten ACER-Verordnung, in FS Säcker, 2021, S. 449; *Hadré/Katzfey,* Vorbereitung auf die Anreizregulierung, emw 4/05, 10; *Haucap/*

Kruse, Ex-ante-Regulierung oder Ex-post-Aufsicht für netzgebundene Industrien?, WuW 2004, 266; *Heck,* Die Anreizregulierung als politische Allzweckwaffe für die Regulierung der Netzentgelte, emw 4/05, 6;); *Koenig/Rasbach,* Methodenregulierung in der Energiewirtschaft – Die REGTP auf der Reservebank?, ET 2004, 702; *Koenig/Schellberg,* Elektrizitätswirtschaftliche Methodenregulierung – ein Entwurf der Netzentgeltverordnung Strom auf dem Prüfstand, RdE 2005, 1; *Kühling,* Eckpunkte der Entgeltregulierung in einem künftigen Energiewirtschaftsgesetz, N&R 2004, 12; *Kühling/el-Barudi,* Das runderneuerte Energiewirtschaftsgesetz – Zentrale Neuerungen und erste Probleme, DVBl. 2005, 1470; *Kunz,* Regulierungsregime in Theorie und Praxis, in: Knieps/Brunekreeft (Hrsg.), Zwischen Regulierung und Wettbewerb – Netzsektoren in Deutschland, 2000, S. 45 (zit. *Kunz* (2000)); *Ludwigs,* Paradigmenwechsel in der Energieregulierung – Modelle eines Wandels von der normierenden zur administrativen Regulierung, in FS Säcker, 2021, S. 609; *Ludwigs,* Energieregulierung nach der Zeitenwende, N&R Beilage Heft 6/2021, 1; *Matz,* Allgemeine Grundsätze für Kostenprüfungs- und Preisbildungsvorgaben im Energiewirtschaftsrecht in: Baur/Salje/Schmidt-Preuß, Regulierung in der Energiewirtschaft Kap. 77 (zit. Baur/Salje/Schmidt-Preuß Energiewirtschaft/*Matz* Kap. 77); *Matz,* Kostenkontrolle in: Baur/Salje/Schmidt-Preuß, Regulierung in der Energiewirtschaft Kap. 78 (zit. Baur/Salje/Schmidt-Preuß Energiewirtschaft/*Matz,* Kap. 78); *Monopolkommission,* XIV. Hauptgutachten „Netzwettbewerb durch Regulierung" 2000/2001, 2003; *Monopolkommission* XVI. Hauptgutachten „Mehr Wettbewerb auch im Dienstleistungssektor" 2004/2005, Juli 2006, www.monopolkommission.de/aktuell.html; *Monopolkommission.,* Sondergutachten Strom- und Gasmärkte 2009: Energiemärkte im Spannungsfeld von Politik und Wettbewerb, Nr. 54 v. 4.8.2009, www.monopolkommission.de/aktuell_sg54.html; *Müller-Kirchenbauer/Thomale,* Der Entwurf der Netzentgeltregulierung Strom vom April 2004, IR 2004, 148; *Oster,* Die Folgen von Fehlern in energierechtlichen Regulierungsverfahren, RdE 2009, 126; *Picot* (Hrsg.), 10 Jahre wettbewerbsorientierte Regulierung von Netzindustrien in Deutschland – Bestandsaufnahme und Perspektiven der Regulierung, 2008 (zit. *Picot* (2008)); *Pritzsche/Klauer,* Das neue Energiewirtschaftsgesetz: Ein Überblick, emw 2005, 22; *Rosin/Krause,* Vorgaben der Beschleunigungsrichtlinie Elektrizität an eine Ex-ante-Regulierung, ET-Special 2003, 17; *Säcker,* Freiheit durch Wettbewerb, Wettbewerb durch Regulierung, Diskussionsbeiträge zum Energie- und Telekommunikationsrecht Nr. 1, FU Berlin Mai 2004 (zit. *Säcker* (2004)); *Säcker.,* Das Regulierungsrecht im Spannungsfeld von öffentlichem und privatem Recht – Zur Reform des deutschen Energie- und Telekommunikationsrechts, AöR 2005, 180; *Säcker.,* Wettbewerbskonforme Methoden der Regulierung von Netznutzungsentgelten, Vortrag auf der BNetzA-Konferenz zur Anreizregulierung, Bonn, 25.4.2006 (zit. *Säcker* (2006)), www.bundesnetzagentur.de/cae/servlet/contentblob/34590/publicationFile/1857/SaeckerFUBerlinId6133pdf.pdf; *Säcker/Meinzenbach,* Der Effizienzkostenmaßstab des § 21 Abs. 2 EnWG im System der energierechtlichen Netzentgeltregulierung, RdE 2009, 1; *Schalle/Boos,* Stromnetzentgeltprüfungen durch die Regulierungsbehörden – Erfahrungen und bevorstehende Auseinandersetzungen, ZNER 2006, 20; *Schmidt-Preuß,* Der verfassungsrechtliche Schutz der Unternehmenssubstanz – Kernfragen der staatlichen Festsetzung von Netznutzungsentgelten im Stromsektor, ET 2003, 758; *Schmidt-Preuß,* Regulierung im neuen „Energiepaket": „Philosophie" und Netznutzungsentgelte, IR 2004, 146; *Schmidt-Preuß,* Netz, Preis und Regulierung im Energiesektor – die aktuellen Entwürfe für das Energiewirtschaftsgesetz 2004 und die Netzentgelt-Verordnung Strom, N&R 2004, 90; *Schmidt-Preuß,* Kalkulation und Investition in der Entgeltregulierung – Die so genannte pauschale Saldierung des § 6 Abs. 5 des Referentenentwurfs einer Stromnetzentgeltverordnung als regulatorisches und verfassungsrechtliches Problem, N&R 2005, 51; *Schmidt-Preuß,* Aktuelles zur Zukunft der normierenden Regulierung im Energiesektor, RdE 2021, 173; *Schroer,* Entwicklung der Netzentgelte im Zuge der Anreizregulierung – Durchleitungskosten für die Belieferung von Haushaltskunden nur wenig gestiegen, emw 2009, 43; *Schütte,* Gerichtliche Kontrolldichte im Energieregulierungsrecht, ER 2012, 108; *Stumpf/Gabler,* Netzzugang, Netznutzungsentgelte und Regulierung in Energienetzen nach der Energierechtsnovelle, NJW 2005, 3174; *Theobald/Hummel,* Entgeltregulierung im künftigen Energiewirtschaftsrecht, ZNER 2003, 176; TKMR Tagungsband zum Workshop „Der Regulierungsentwurf zum TKG", 15.12.2003, Berlin, Institut für Energierecht Berlin e.V., 2004 (zit. TKMR Tagungsband 2004); *Werkmeister,* Die Eigenkapitalverzinsung im Energiesektor und der Beurteilungsspielraum der Bundesnetzagentur vor dem Hintergrund der Beschlüsse des BGH vom 9.7.2019, RdE Sonderheft/2020, 68; *Weyer,* Das Energiewirtschaftsrecht im Jahr 2009, NuR 2010, 18; *Weyer,* Das Energiewirtschaftsrecht im Jahr 2010, NuR 2011, 64; *Weyer,* Das Energiewirtschaftsrecht im Jahr 2011, NuR 2012, 72; *Wöhe,* Einführung in die Allgemeine Betriebswirtschaftslehre, 27. Aufl. 2020 (zit. *Wöhe* BWL); *Zeidler,* Die Abschöpfung rechtsgrundlos erlangter Mehrerlöse bei Energieversorgungsnetzbetreibern, RdE 2010, 122; *Zenke/Thomale,* Kalkulation von Netznutzungsentgelten Strom sowie Mess- und Verrechnungspreisen, WuW 2005, 28; *Zimmerlich/Müller,* Entgeltberechnung bei Infrastrukturzugang (§ 19 Abs. 4 Nr. 4 GWB), N&R 2006, 46.

Überblicksaufsätze zur Rechtsprechung: *Bourwieg,* Jahresrückblicke zum Regulierungsrecht, ER 2017, 47; *Bourwieg,* Aktuelles aus der Energieregulierung, ER 2018, 91; *Bourwieg,* Aktuelles aus der Energieregulierung, ER 2019, 96; *Bourwieg,* Aktuelles aus der Energieregulierung, ER 2020, 91; *Bourwieg,* Aktuelles aus der Energieregulierung, ER 2021; *Missling,* Zwei Jahre Entgeltregulierung nach dem EnWG 2005 – ein Zwischenbericht zur Rechtsprechung der Oberlandesgerichte, RdE 2008, 7; *Säcker,* Die Rechtsprechung zum EnWG und ihre Bedeutung für die Anreizregulierung, ET 2008, 74 (letztere berücksichtigen die BGH-Entscheidungen v. 14.8.2008); *Scholtka/Keller-Herder,* Die Entwicklung des Energierechts im Jahr 2018, NJW 2019, 897; *Scholtka/Keller-Herder,* Die Entwicklung des Energierechts im Jahr 2019, NJW 2020, 890; *Scholtka,* Die Entwicklung des Energierechts im Jahr 2020, NJW 2021, 906; *Weyer,* Das Energiewirtschaftsrecht im Jahr 2007, NuR 2008, 13; *Weyer,* Das Energiewirtschaftsrecht im Jahr 2008, NuR 2009, 17; *Weyer,* Das Energiewirtschaftsrecht im Jahr 2009, NuR 2010, 18; *Weyer,* Das Energiewirtschaftsrecht im Jahr 2010, NuR 2011, 64; *Weyer,* Das Energiewirtschaftsrecht im Jahr 2011, NuR 2012, 72; *Weyer,* Das Energiewirtschaftsrecht im Jahr 2012, NuR 2013, 58; *Weyer,* Das Energiewirtschaftsrecht im Jahr 2013, NuR 2014, 58; *Weyer,* Das Energiewirtschaftsrecht im Jahr 2014, NuR 2015, 83.

A. Allgemeines

I. Inhalt und Zweck

1   Während § 20 vor allem das „Ob" des Netzzugangs (Zugangsanspruch) regelt, betrifft § 21 das **„Wie"**, dh die **Bedingungen und Entgelte des Netzzugangs.** Die Regelungen des § 21 konzentrieren sich auf die **Entgelte** und die **Kriterien der Entgeltregulierung** und befassen sich im Einzelnen mit dem Prüfmaßstab sowie der Ermittlung der nach § 23a genehmigungspflichtigen Entgelte (zu den Bedingungen → § 20 Rn. 11ff.). Für die Herleitung der Entgelte aus den zugrunde zu legenden Kosten und ihre Berechnung sind die detaillierten Vorschriften der Strom-/Gas-Netzentgeltverordnungen (Strom-/GasNEV) und deren ökonomische Implikationen von besonderer Bedeutung.

2   § 21 und § 21a sowie § 23a sind die **zentralen Normen der Entgeltregulierung** des Netzzugangs. Sie bilden zusammen mit der Zugangsregulierung (§ 20) und den übrigen die Regulierung des Netzbetriebs umfassenden Vorschriften des 3. Teils sowie den Entflechtungsregelungen in Teil 2 das Kernstück des Gesetzes. Mit der Einführung der von den Beschleunigungsrichtlinien vorgegebenen Regulierung findet in Deutschland ein **Paradigmenwechsel** vom sog. „verhandelten" zum „regulierten" Netzzugang (einschließlich der Entgelte) statt. Gem. § 1 Abs. 2 dient die Regulierung der Elektrizitäts- und Gasversorgungsnetze dazu einen wirksamen und unverfälschten Wettbewerb bei der Versorgung mit Gas und Elektrizität

sicherzustellen. Entflechtung und Regulierung des Netzes schaffen die Voraussetzungen für funktionierenden Wettbewerb auf den vor- und nachgelagerten Märkten (Begr. BT-Drs. 15/3917, 47). **Regulierung** ist somit also nicht ein dem Wettbewerb oder Marktmechanismus entgegengerichtetes behördliches Handeln, sondern dient als wettbewerbs- oder **marktorientierte Regulierung** im Gegenteil gerade der **Ermöglichung wirksamen Wettbewerbs**. Am prägnantesten kommt dies in dem Titel des XIV. Hauptgutachtens der Monopolkommission zum Ausdruck „Netzwettbewerb durch Regulierung".

II. Sektorspezifische Regulierung vs. kartellrechtliche Missbrauchsaufsicht

Auch wenn Regulierung wegen der im Vergleich zum Preisbildungsprozess in einem Wettbewerbsmarkt unterlegenen Informationsverarbeitungskapazität und der Informationsasymmetrien zwischen Aufsichtsbehörde und regulierten/m Unternehmen immer nur *„second best"* sein kann, ist sie doch erforderlich, weil aufgrund sektorspezifischer Besonderheiten Wettbewerb in leitungsgebundenen Netzindustrien nicht von alleine entsteht (vgl. ausf. *Groebel* TKMR-Tagungsband 2004, S. 39 ff.; *Kunz* (2000), S. 45 ff.). Die **sektorspezifische Aufsicht** muss deshalb auch über **die wettbewerbsrechtliche Missbrauchsaufsicht** hinsichtlich des Prüfmaßstabs und des Eingriffsinstrumentariums sowie im Hinblick auf ihre Wirksamkeit insbesondere auch bezüglich des Eingriffszeitpunkts **hinausgehen** (vgl. XIV. Hauptgutachten, Rn. 734 ff.; *Hellwig*, schriftliche Stellungnahme zu BT-Drs. 15/3917, BT-Ausschussdrucks. 15(9)1539; vgl. auch *Säcker* AöR 2005, 180 (199 f.), der zwischen lediglich missbrauchsabwehrenden *Grenznormen* (wie zB §§ 19, 20 GWB aF) einerseits und von regulierungsrechtlichen Eingriffs- oder *Richtnormen* (wie zB §§ 21 ff. EnWG, § 31 TKG 2004) andererseits unterscheidet). In diesem Zusammenhang ist auch das Verhältnis von Abs. 2, in dem der Maßstab der **kostenorientierten Entgeltregulierung** konkretisiert wird, zu Abs. 1 zu sehen, der zunächst allgemeine Kriterien wie Angemessenheit, Diskriminierungsfreiheit, Transparenz und den Grundsatz interne gleich externe Behandlung, die (zumindest teilweise) § 19 Abs. 4 sowie § 20 Abs. 1 GWB aF (= § 19 Abs. 2 Nr. 4 und Nr. 1 GWB 2021) nachgeformt sind, enthält (→ Rn. 45 ff., 54 f., 57 ff.).

§ 21

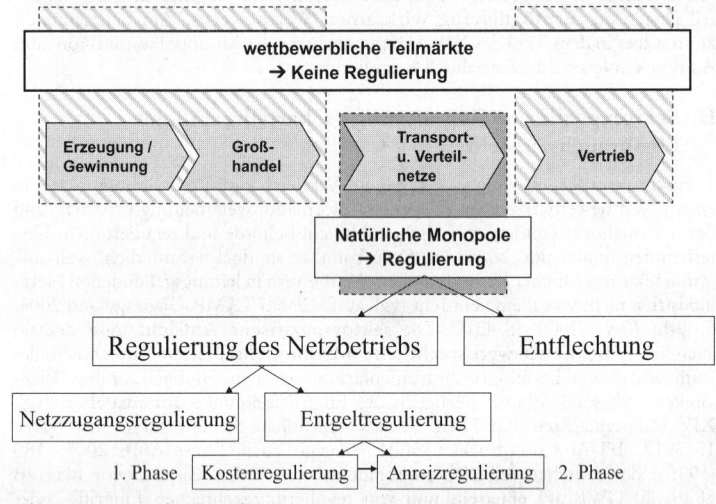

Abb. 1: Konzept der Regulierung

4 **Regulierung** soll **Wettbewerb ersetzen,** dh sie soll wie dieser Druck zur effizienten Produktion und in dynamischer Sicht zur Effizienzsteigerung bewirken. Beides – die statische und die dynamische Funktion – kann nur erreicht werden, wenn die Kontrolle der Kosten von außen kommt, dh den Unternehmen entzogen ist (gelegentlich auch als sog. *„hard budget constraint"* bezeichnet). **Externe Kontrolle** bedeutet dabei, dass der Maßstab exogen vorgegeben wird und seine Einhaltung durch Kürzung (Streichung) von Kosten durchgesetzt/erzwungen werden kann, dh der Regulierer muss bei der Überprüfung die Befugnis haben, durch Nichtanerkennung der den Maßstab übersteigenden Kosten bzw. Kostenbestandteile die Kosten des/r regulierten Unternehmen extern begrenzen zu können. Bei der Ausgestaltung der Regulierung ist demnach zu berücksichtigen, dass das für ein **wirksames Eingreifen** erforderliche Kontrollinstrumentarium ua die Möglichkeit der **Nichtanerkennung** geltend gemachter Kosten umfasst, wenn diese den Maßstab (die Sollkosten) übersteigen, was mehr ist als eine bloße Ist-Kostenkontrolle.

III. Systematik der Entgeltregulierung

5 **1. Effizienzmaßstab und Wettbewerbsanalogie: Kern der Ex-ante-Regulierung.** § 21 und § 21a sowie § 23a, die zusammengehören und zusammen gelesen werden müssen, sind wohl die Paragraphen, die im Laufe des Gesetzgebungsverfahrens (zum EnWG 2005) mit die stärksten Veränderungen erfahren haben bzw. überhaupt erst ganz am Ende aufgenommen wurden (§ 23a), womit doch

Bedingungen und Entgelte für den Netzzugang §21

noch ein **Paradigmenwechsel** hin zu einer **Ex-ante-Entgeltregulierung** anhand des **Effizienzkostenmaßstabs** und der **Einführung der Anreizregulierung** stattgefunden hat. Denn ursprünglich war für die Entgeltregulierung ein anderes Konzept – nämlich lediglich eine Ex-post-Kontrolle und ein anderer Kostenmaßstab, die Kosten einer energiewirtschaftlich rationellen Betriebsführung einschließlich des Verfahrens der Nettosubstanzerhaltung – vorgesehen, das in Verbindung mit den frühen Entwürfen der StromNEV, die für die Kalkulation der Kosten weitgehend die Preisfindungsprinzipien der VV II Strom Plus (Verbändevereinbarung über Kriterien zur Bestimmung von Netzzugangsentgelten für elektrische Energie und über Prinzipien der Netznutzung vom 13.12.2001 und Ergänzungen vom 23.4.2002, BAnz. 2002 Nr. 85b v. 8.5.2002) und damit deren Gestaltungsspielräume – übernommen hatten, zu einer (reinen) Kostenregulierung und einer Fortschreibung der bisherigen – ineffektiven – Aufsicht geführt hätte (vgl. *Busse von Colbe,* schriftliche Stellungnahme zu BT-Drs. 15/3917, BT-Ausschussdrucks. 15(9)1511, S. 237; vgl. auch *Säcker* AöR 2005, 180 (201), insbesondere Fn. 93). Die gar nicht oder nicht richtig vorgenommene Anpassung der Verweise erschwerte eine widerspruchsfreie Auslegung. Um zu einer konsistenten und dem jetzigen Konzept einer am Maßstab der Kosten eines effizienten Netzbetreibers orientierten Ex-ante-Entgeltregulierung gerecht werdenden Auslegung zu gelangen, war ferner der Bedeutungswandel einzelner Vorgaben der Bestimmungen zu berücksichtigen.

§21 Abs. 2 – führt mit der **„kostenorientierten Entgeltbildung"** die **Kostenregulierung** ein, aber nicht in der reinen (traditionellen) Form einer Erstattung der tatsächlichen Kosten („Quasi-Vollkostenansatz", *Koenig/Rasbach* ET 2004, 702 (703); *Koenig/Schellberg* RdE 2005, 1 (2f.) oder „Cost-Plus- oder Rate-of-Return-Regulierung", *Säcker* (2006) S. 3; vgl. auch *Heck* emw 4/2005, 6 (7); *Hadré/Katzfey* emw 4/2005, 10), sondern in verschärfter Form als „Kosten einer Betriebsführung, die denen eines effizienten und strukturell vergleichbaren Netzbetreibers entsprechen müssen", dh es handelt sich um eine **Kostenregulierung mit Effizienzmaßstab,** die sich als Mischform der Entgeltregulierung oder 1. Schritt auf dem Weg zur **Anreizregulierung,** deren Einführung in §21a als 2. Schritt nach Erlass einer Rechtsverordnung gem. §21a Abs. 6 durch die Bundesregierung mit Zustimmung des Bundesrates vorgesehen ist, bezeichnen lässt. Die Anreizregulierung löst die Kostenregulierung ab, §23a Abs. 1 (vgl. *Pritzsche/Klauer* emw 4/2005, 22 (23f.)). 6

Die **Überprüfung** der Einhaltung des Maßstabs sollte ursprünglich nur **nachträglich** (repressive oder Ex-post-Aufsicht) erfolgen (§21 iVm §30, RegE BT-Drs. 15/3917 sowie Begr. BT-Drs. 15/3917, 63), eine generelle Genehmigungspflicht (präventive oder Ex-ante-Kontrolle) der Netzentgelte war nicht vorgesehen. Aus der Begründung zu §21 lässt sich entnehmen, dass die Entgelte nach den in den Rechtsverordnungen gem. §24 näher ausgestalteten Methoden zur Entgeltfindung von den Betreibern (für die Preisbildung) zu kalkulieren sind. Ebenfalls laut Begründung wurde der **Behörde** als **Instrumentarium** zur Überprüfung mit S. 2 von §21 Abs. 2 das **Vergleichsmarktkonzept** (nach §30) an die Hand gegeben (Begr. BT-Drs. 15/3917, 60), das dann mit dem sog. „Vergleichsverfahren" in §21 Abs. 3 und 4 aF konkretisiert wurde (→Rn. 182ff.). Aus der Bezugnahme auf §30, der seinerseits materielle Wertungen des GWB übernimmt und das (kartellrechtliche) Vergleichsmarktkonzept ließ sich folgern, dass die Überprüfung wie bislang im Wesentlichen entsprechend der Vorgehensweise und den Grundsätzen der **wettbewerbsrechtlichen Missbrauchsaufsicht** erfolgen sollte. Die Konkretisie- 7

Groebel 1173

§ 21 Teil 3. Regulierung des Netzbetriebs

rung des Vergleichsmarktkonzepts mit dem Vergleichsverfahren, bei dem gem. Abs. 4 S. 2 aF nur die durchschnittlichen Entgelte als Vergleichsmaßstab herangezogen werden sollten, blieb jedoch (schon) hinter dem kartellrechtlichen Missbrauchsmaßstab, der den Missbrauch im Verhältnis zu dem wettbewerbsanalogen oder kostengünstigsten (dh effizienten) Preis misst, zurück (*Stumpf/Gabler* NJW 2005, 3174 (3178); BerlKommEnergieR/*Engelsing*, 2 Aufl., GWB § 19 Rn. 235).

8 **Abs. 2 S. 2 (Nichtberücksichtigungsfähigkeit von Kosten, die sich im Wettbewerb nicht einstellen würden)**, wurde im ursprünglichen Konzept also als reiner Methodenhinweis (Vergleichsmarktkonzept, vgl. Begr. BT-Drs. 15/3917, 60), der zugleich die Art des Eingriffs (Missbrauchsaufsicht) kennzeichnet, verstanden. Im Zusammenspiel mit dem neuen **Maßstab** der Kosten eines effizienten Betreibers **in Abs. 3 S. 1** aF muss er jedoch als **Präzisierung des Effizienzkostenbegriffs**, die mit der **Wettbewerbsanalogie** „die sich im Wettbewerb nicht einstellen würden" ausgedrückt wird, gelesen werden. Unter Berücksichtigung dieses Bedeutungswandels lässt sich (theoretisch) auch im System der **Ex-ante-Kontrolle** dem **Vergleichsverfahren** eine **Funktion** zuweisen, das dann zur Ermittlung der Kosten eines effizienten und strukturell vergleichbaren Betreibers herangezogen werden kann, (die sonst nicht gemessen bzw. miteinander verglichen werden könnten), wobei seine Anwendung jedoch unter Anlegung des **Effizienz**- und **nicht** des (schwächeren) **Durchschnittsmaßstabs** erfolgt. Denn ein Vergleich nur der „durchschnittlichen" Entgelte widerspräche dem Effizienzkostenkonzept, das einen Vergleich anhand der besten erfordert (iSd Vergleichsmarktverfahrens nach § 19 Abs. 4 Nr. 2 GWB aF, vgl. BerlKommEnergieR/*Engelsing*, 2 Aufl., GWB § 19 Rn. 235). Diese Widersprüchlichkeit bzw. Inkonsistenz zwischen Abs. 1 und 2 einerseits und Abs. 3 und 4 aF andererseits wird nunmehr mit dem Wegfall letzterer, dh der Streichung des Vergleichsverfahrens (als ‚Restant' der ursprünglich geplanten nachträglichen Entgeltregulierung) in der Fassung des EnWG 2021 (→ Rn. 44) behoben. Es lässt sich somit konstatieren, dass das Konzept der Ex-ante-Entgeltregulierung nach dem Effizienzkostenmaßstab nunmehr auch im Gesetzestext in sich geschlossen enthalten ist. Das Gesamtkonzept einschließlich der Anreizregulierung als dynamische Form der effizienzorientierten Entgeltregulierung ist im nächsten Abschnitt dargestellt.

9 **2. Zusammenwirken der Entgeltregulierungsmechanismen nach §§ 21, 21a und 23a.** Die Anreizregulierung, für die die BNetzA gem. § 112a ein detailliertes Konzept zu erarbeiten hatte, setzt auf den genehmigten Entgelten der ersten Phase auf und löst die Kostenregulierung ab, womit dann die Individualkostenprüfungen entfallen können (*Säcker* (2006) S. 13). Unter **Anreizregulierung** wird allgemein ein Regulierungsansatz verstanden, bei dem die Preise oder Erlöse eines Unternehmens nicht starr an seinen Kosten orientiert sind, sondern ineffizienten Unternehmen geringere und effizienteren Unternehmen höhere Renditen zugestanden werden. Durch die Abkoppelung der Preise/Erlöse von der Kostenlage entsteht ein Anreiz zur Effizienzsteigerung (Kostenreduktion), weil die Unternehmen die potentiellen Zusatzgewinne aufgrund der Effizienzsteigerung behalten dürfen. Dieser Mechanismus entspricht den Gegebenheiten in Wettbewerbsmärkten, in denen effizientere Unternehmen höhere (überdurchschnittliche) Renditen erzielen können, maW. wird der **Anreizmechanismus** des Wettbewerbs simuliert (vgl. *Kurth* emw 4/2005, 26 (29); *Säcker* AöR 2005, 180 (205)). Mit der **Anreizregulierung** wird die **statische** Betrachtungsweise der **Kostenregulierungsphase** verlassen und in die **dynamische** durch Vorgabe von Preis- oder Erlösober-

grenzen (Price- oder Revenue-cap) unter Berücksichtigung von Effizienzvorgaben (§ 21a Abs. 1) gekennzeichnete Phase eingetreten.
Das Entgeltregulierungskonzept des EnWG (§§ 21, 21a und 23a) lässt sich wie folgt darstellen: 10

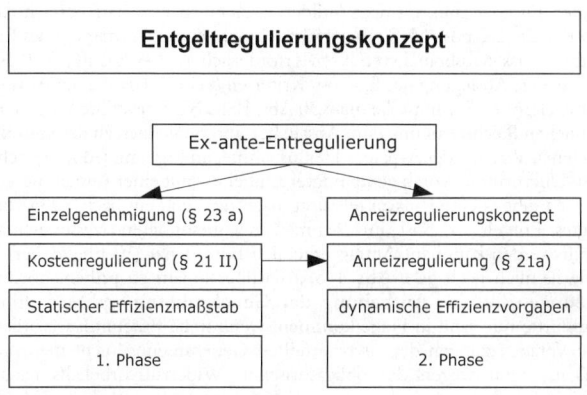

Abb. 2: Entgeltregulierungskonzept

Das **Zusammenwirken** der drei erst gegen Ende des Gesetzgebungsverfahren eingefügten zentralen Elemente der Entgeltregulierung der **Ex-ante-Kontrolle** (Einzelentgeltgenehmigungspflichtigkeit nach § 23a), des **Effizienzkostenmaßstabs** (nach § 21 Abs. 2) und der **Anreizregulierung** (nach § 21a) bewirken ein effektives Regulierungsinstrumentarium zur Sicherstellung eines **effizienten Netzzugangs**.

3. Verhältnis Ex-ante-Regulierung und Ex-post-Regulierung im EnWG. Nach Darstellung der Ex-ante-Entgeltregulierung und des Zusammenwirkens von §§ 21, 21a und 23a sei kurz auf das Verhältnis zwischen Ex-ante-Entgeltregulierung (§ 23a iVm dem Maßstab des § 21 Abs. 2) und Ex-post-Missbrauchsaufsicht gem. §§ 30 und 31 eingegangen (auch → 3. Aufl., § 30 Rn. 9ff.). Anders als im TKG ist dieses Verhältnis im EnWG nicht überschneidungsfrei geregelt, denn grundsätzlich unterfällt auch ein nach § 23a vorab genehmigtes Entgelt der Ex-post-Kontrolle nach § 30 Abs. 1 S. 2 Nr. 1, da der Gesetzgeber leider darauf verzichtet hat, den Vorschlag des BR nach einer klaren Trennung von Ex-ante- und Ex-post-Aufsicht durch Ergänzung eines § 30 Abs. 1a, mit dem eindeutig geregelt worden wäre, dass genehmigte Entgelte nicht Gegenstand von Mißbrauchsverfahren sein können (Stellungnahme des Bundesrats, BT-Drs. 15/3917, 85, Nr. 30, lit. b), aufzunehmen. Allerdings werden dann gem. § 23a genehmigte Entgelte und die Obergrenze im Rahmen der Anreizregulierung (§ 21a) durch einen auf Empfehlung des Vermittlungsausschusses eingeführten „Kunstgriff" letztlich doch wieder der Ex-post-Aufsicht entzogen, indem sie mit § 30 Abs. 1 S. 2 Nr. 5 als sachlich gerechtfertigt gelten (BR-Drs. 498/05, 10; → 3. Aufl., § 30 Rn. 74; auch → Vor § 29 Rn. 5; *Britz* RdE 2006, 1 (4)), solange sie nicht überschritten werden (zur Billigkeitskontrolle von Entgelten → § 23a Rn. 34ff.). 11

§ 21

12 Auch materiellrechtlich wäre ein Aufgreifen im Rahmen der allgemeinen Missbrauchsaufsicht unwahrscheinlich, da der Maßstab der **Effizienzkostenorientierung strenger** ist als der dem **Wettbewerbsrecht** entlehnte Maßstab des § 30 (auch → 3. Aufl., § 30 Rn. 10). Schließlich ließe sich auch argumentieren, dass zur Vermeidung von Widersprüchen, die dann entstünden, wenn die zuvor ex ante genehmigten Entgelte nun mit dem (milderen, da einen Unschärfebereich zulassenden, → Rn. 25) Ex-post-Maßstab geprüft würden, eine Übertragung des Ex-ante-Maßstabs in das Missbrauchsverfahren erforderlich ist (→ 3. Aufl., § 30 Rn. 11), maW eine enge Auslegung der Ex-post-Kriterien (kein Zulassen einer Abweichung von der Zielgröße). Somit ist die mit § 30 Abs. 1 S. 2 Nr. 5 gewählte Vorgehensweise der sachlichen Rechtfertigung vom Ansatz her unterschiedlich zu der vom BR vorgeschlagenen Variante der A-priori-Herausnahme, im Ergebnis jedoch gleich: keine Ex-post-Überprüfung vorab genehmigter Entgelte – mit einer Ausnahme.

13 Indessen gibt es eine Fallkonstellation, nach der auch ein nach § 23a vorab genehmigtes Entgelt ex post im Rahmen der besonderen Missbrauchsaufsicht überprüft werden kann: auf Antrag erheblich Betroffener (Wettbewerber) hat die Behörde nämlich nach **§ 31 Abs. 1 S. 3** darüber hinaus zu prüfen, ob die **Voraussetzungen** für eine **Aufhebung der Genehmigung** vorliegen. Eine Aufhebung dürfte nur dann in Frage kommen, wenn neue Erkenntnisse vorliegen, so dass die Voraussetzungen der zuvor erteilten Genehmigung nicht mehr gegeben sind. Dann kann wegen des obligatorischen Widerrufsvorbehalts nach § 23a Abs. 4 S. 1 die erteilte Genehmigung widerrufen werden (auch → 3. Aufl., § 31 Rn. 18ff.).

14 Im **TKG 2004** und **2012** war das Verhältnis von Ex-ante- zu Ex-post-Regulierung hingegen so ausgestaltet, dass die **Entgelte** entweder unter die eine *(ex ante)* oder die andere *(ex post)* Regulierungsregel fallen, dh ein (ex ante) genehmigtes Entgelt ist dann durch die Behörde nicht mehr ex post überprüfbar (sieht man von der gerichtlichen Kontrolle und der nicht ausschließbaren Überprüfung nach Art. 82 EGV (= Art. 102 AEUV) ab). Des weiteren gelten im Falle des Telekommunikationsrechts für Ex-ante- und Ex-post-Regulierung unterschiedliche Maßstäbe (der strenge Ex-ante-Maßstab der Kosten der effizienten Leistungsbereitstellung und im Falle der Ex-post-Aufsicht die weiter gefassten Missbrauchskriterien, die eine gewisse Bandbreite [Unschärfebereich] zulassen), so dass das Vergleichsmarktkonzept nach § 35 TKG je nach Verfahren unterschiedlich genutzt wird, dh die konkrete Anwendung richtet sich nach dem jeweiligen Maßstab (vgl. BerlKommTKG/*Groebel* §§ 28, 30, 31 und 35). Dies ist jedoch dann nicht möglich, wenn es – wie im EnWG – zu Überschneidungen kommt.

15 Im ursprünglichen Konzept war als **Ex-ante-Komponente** die **Methodenregulierung** nach § 29 Abs. 1 ergänzend zur **nachträglichen Missbrauchsaufsicht** vorgesehen, allerdings unter so einengenden Voraussetzungen, dass kaum von einer Ex-ante-Regulierung gesprochen werden kann (*Koenig/Rasbach* ET 2004, 702 (703)). Dass es sich um eine Ex-ante-Regulierung („*Vorab*-Genehmigung") handelt, geht genau genommen nur aus dem Hinweis in der Begründung hervor, dass mit § 29 Art. 23 Abs. 2 Elt-RL 03 bzw. Art. 25 Abs. 2 Gas-RL03 umgesetzt werden, die eindeutig eine **Ex-ante-Befugnis** vorgeben (Begr. BT-Drs. 15/3917, 62). Außerdem kann die Behörde ebenfalls laut Begründung nach § 29 nur ergänzend und nur wenn die Verordnungen keine abschließenden Regelungen treffen, tätig werden (Begr. BT-Drs. 15/3917, 62).

16 § 29 Abs. 2 enthält hingegen wieder nur eine **Ex-post-Befugnis**: die Behörde kann die nach § 29 Abs. 1 festgelegten oder genehmigten Bedingungen und Me-

thoden *nachträglich* ändern, soweit dies erforderlich ist, um sicherzustellen, dass sie weiterhin den Voraussetzungen für eine Festlegung oder Genehmigung genügen, womit laut Begründung Art. 23 Abs. 4 Elt-RL 03 bzw. Art. 25 Abs. 4 Gas-RL 03 umgesetzt werden soll (Begr. BT-Drs. 15/3917, 62). Hier zeigt sich ein Missverständnis: während sich Art. 23 Abs. 4 Elt-RL 03 bzw. Art. 25 Abs. 4 Gas-RL 03 auf eine Änderung der „Bedingungen, Tarife, Regeln, Mechanismen und Methoden der *Betreiber*" bezieht, betrifft die Regelung des § 29 Abs. 2 die von der *Behörde* nach § 29 Abs. 1 *selbst* festgelegten bzw. genehmigten Bedingungen und Methoden und bezieht sich damit auf einen ganz anderen Fall. Es handelt sich um eine Art **„Korrekturerlaubnis",** die die Vorbehalte des Gesetzesentwurfs gegen Ex-ante-Kompetenzen der Regulierungsbehörde und für eine „normierende Regulierung", was Assoziationen an den Begriff der „gelenkten Demokratie" hervorruft, deutlich erkennen lassen (die „normierende Regulierung" begrüßend: *Schmidt-Preuß* IR 2004, 146, dagegen krit. gegenüber der „normierenden Regulierung" *Koenig/Rasbach* ET 2004, 702 (703f.); vgl. zur aktuellen Entwicklung und Diskussion statt vieler *Schmidt-Preuß,* RdE 2021, 173 mwN; *Ludwigs,* N&R Beilage Heft 6/2021, 1). Die vom Bundesrat vorgeschlagene Ergänzung in § 29 Abs. 1 „§ 23a bleibt unberührt", die klargestellt hätte, dass genehmigte Entgelte nicht nachträglich geändert werden können (Stellungnahme des Bundesrats, BT-Drs. 15/3917, 85f., Nr. 30, lit. a), ist bedauerlicherweise nicht aufgenommen worden, so dass eine trennscharfe Regelung unterbleibt (zu den Folgen der Überschneidung des Ex-ante- und Ex-post-Bereichs → Rn. 11 ff.).

In diesem Zusammenhang stellt sich generell die Frage der nachträglichen Abänderbarkeit genehmigter Entgelte (s. auch *Britz* N&R 2006, 6). Grundsätzlich läuft die Möglichkeit der Abänderbarkeit und der Ex-post-Überprüfbarkeit (→ Rn. 11 ff.) genehmigter Entgelte dem Gedanken der Rechtssicherheit zuwider. Insbesondere widerspricht es der **Philosophie der Vorabgenehmigung,** mit der ein bestimmtes Verhalten des Unternehmens genehmigt wird (nämlich ein bestimmtes Entgelt zu erheben, das dann im Vertrauen auf die erteilte Genehmigung handelt (Kalkulationssicherheit), wenn die **Behörde** ohne weitere Voraussetzungen jederzeit eine einmal erteilte **Genehmigung widerrufen kann,** wie dies nach dem Widerrufsvorbehalt des § 23a Abs. 4 S. 1, der an keinerlei Voraussetzungen zu knüpfen ist, der Fall ist. Um diese im Ex-ante-Regime (an und für sich schon) systemwidrige Abänderbarkeit genehmigter Entgelte überhaupt zu beschränken, muss deshalb auf die Regelungen des § 29 Abs. 2 und 3 zurückgegriffen werden, bei denen die Revisibilität nicht voraussetzungslos erfolgen kann. Auch wenn der Hinweis auf § 23a in § 29 Abs. 1 (im Gegensatz zum eingefügten Verweis auf § 21a Abs. 6) unterbleibt und auch der Wortlaut dagegen spricht – Entgelte werden nicht erwähnt (nur Bedingungen und Methoden; die weiteren → 3. Aufl., § 31 Rn. 16 f.) – kann deshalb *Britz* gefolgt und in Analogie zum Verweis auf § 21 a Abs. 6 § 29 Abs. 2 und 3 entsprechend auch bei Entgeltgenehmigungen angewandt werden, um den unbeschränkten Widerrufsvorbehalt des § 23a Abs. 4 S. 1 wenigstens zu begrenzen (→ 3. Aufl., § 29 Rn. 4, 21 ff. und *Britz* N&R 2006, 6 (9)). Gleichwohl sollte von der Möglichkeit der Abänderung einer Genehmigungsentscheidung aus den genannten Gründen nur äußerst restriktiv Gebrauch gemacht werden.

Eine **Ausnahme** bildet die erstmalige Entgeltgenehmigung nach § 23 a, weil in diesem Fall noch nicht das volle Prüfprogramm, sondern nur eine Schwerpunktprüfung durchgeführt wurde (s. BNetzA Beschl. v. 6.6.2006 –BK8-05/019, ABl. BNetzA Nr. 14/2006 – Vattenfall). Wegen dieses reduzierten Prüfprogramms war in den Erstgenehmigungsverfahren zur Absicherung der Widerrufsvorbehalt („Effi-

§ 21 Teil 3. Regulierung des Netzbetriebs

zienzvorbehalt", BNetzA Beschl. v. 6.6.2006 – BK8-05/019, ABl. BNetzA Nr. 14/2006, 42) sinnvoll und erforderlich.

19 Die **Ex-ante-Methodenregulierung** bleibt auch jetzt **noch möglich** (→ § 23a Rn. 1), indessen dürfte ihr aber wegen §§ 21a und 23a als eigenständiges Verfahren wenig praktische Bedeutung zukommen.

20 Gem. **§ 23a Abs. 2** genehmigt die Behörde die beantragten Entgelte (Einzelentgeltgenehmigungsbefugnis), **soweit** sie die Genehmigungsvoraussetzungen – dh die materiellen Maßstäbe – erfüllen. Das „*soweit*" ist **„quantitativ"** zu verstehen, dh die Behörde hat die aufgrund der Kostenprüfung oder des Vergleichs (bzw. einer Modellanalyse, → Rn. 21) festgestellten, die Kosten eines effizienten und strukturell vergleichbaren Betreibers übersteigenden Kosten **betragsmäßig zu kürzen**, wenn sie ohne diese Streichung nicht dem Effizienzkostenmaßstab des § 21 Abs. 2 entsprechen („… *dürfen* Kosten und Kostenbestandteile, die sich ihrem Umfang nach im Wettbewerb nicht einstellen würden, nicht berücksichtigt werden", → Rn. 65; vgl. auch *Säcker* (2006), S. 6). Die Behörde erteilt in diesem Fall im Verfahren nach § 23a nur eine **Teilgenehmigung**. Das Recht (und die Pflicht) zur Kürzung ergibt sich auch aus § 4 Abs. 1 Strom- bzw. GasNEV, nach dem „bilanzielle und kalkulatorische Kosten des Netzbetriebs nur insoweit anzusetzen [sind], als sie den Kosten eines effizienten und strukturell vergleichbaren Netzbetreibers entsprechen." (→ Rn. 87). Mit der **Genehmigungsbefugnis** erhält die Behörde damit die **Auslegungshoheit** über die in den Strom-/GasNEV fixierten Kalkulationsvorgaben, die sie mit der Anerkennung bzw. Nichtanerkennung der geltend gemachten Kosten ausübt. Dafür steht ihr auch die vom Gesetzgeber mit **§ 29 Abs. 1 EnWG iVm § 30 Strom-/GasNEV** übertragene **Festlegungskompetenz** zur Verfügung.

IV. Vergleich der Prüfmethoden nach EnWG und GWB

21 Als Methode war im ursprünglichen Konzept der **Ex-post-Aufsicht** ein **Vergleich** der Entgelte, Erlöse oder der Kosten, aber **keine Kostenprüfung**, die erst mit der Ex-ante-Regulierung (§ 23a) eingeführt wurde, vorgesehen. Denn erst § 23a schreibt mit der Beantragung der genehmigungsbedürftigen Entgelte die **Vorlage von Kostenunterlagen** (§ 23a Abs. 3 S. 2) vor, die bestimmte Angaben zu enthalten haben („… und ihrer jeweiligen Kalkulation", § 23a Abs. 3 S. 4 Nr. 1). Gem. § 23a Abs. 3 S. 4 Nr. 1 obliegt es dem Antragsteller die Übereinstimmung der auf Basis der vorgelegten Kalkulationsunterlagen (Kostendokumentation, §§ 28 Strom-/GasNEV) beantragten Entgelte mit den materiellrechtlichen Vorgaben zu begründen (auch → 3. Aufl., § 23a Rn. 15), dh das **Unternehmen** hat die **Darlegungslast**. Die Kostenunterlagen sind von den Unternehmen gem. den Vorschriften der Strom-/Gas-NEV, die die Kalkulationsprinzipien und Berechnungsschritte vorgeben, zu erstellen, wobei die **Istkosten** (die gem. § 4 Abs. 1 Strom-/GasNEV nur insoweit anzusetzen sind, als sie den Kosten eines effizienten und strukturell vergleichbaren Netzbetreibers entsprechen, → Rn. 87), nachzuweisen sind. Sie werden von der Behörde **einzelfallbezogen** geprüft **(Kostenprüfung).** Bislang *konnte* die Behörde daneben gem. Abs. 3 S. 2 aF auch **Kostenvergleiche** durchführen, etwa, wenn anders die Kosten „eines effizienten und strukturell vergleichbaren Betreibers" nicht verglichen werden könnten. Schließlich ist auch an den Einsatz **analytischer Kostenmodelle** – wie sie im Telekommunikationsbereich gebräuchlich und für die Verfahren der Ex-ante-Regulierung zulässig (§ 35 Abs. 1 Nr. 3 TKG) sind – zur Bestimmung der Kosten einer effizienten Betriebsführung

Bedingungen und Entgelte für den Netzzugang **§ 21**

zu denken, den § 21 jedenfalls nicht ausschließt und der in Erwägung gezogen werden sollte, wenn anders die **Effizienzprüfung** nicht möglich ist (so auch *Säcker* AöR 2005, 180 (204); *Kühling* N&R 2004, 12 (15f.); verneinend hingegen *Dal-Canton/Ungemach* emw 4/2004, 22 (23), allerdings noch auf Basis der Gesetzes- bzw. Verordnungsentwürfe Stand 1. Hj. 2004).

Die Prüfung findet in zwei Schritten (vgl. zB auch *Schultz* in Langen/Bunte, 10. Aufl., Sonderbereich Energiewirtschaft Rn. 55; *Säcker* AöR 2005, 180 (221)) statt: zunächst erfolgt die **Überprüfung der Einhaltung der Kalkulationsgrundsätze der Entgeltverordnungen** („Wirtschaftsprüfer"), bei der die Erfüllung der Vorschriften, dh die „richtige" Berechnung (korrekte Ermittlung) der geltend gemachten Kosten geprüft wird. Im Anschluss daran kommt es dann zur (eigentlichen) **Effizienzprüfung** („regulatorische Prüfung" ieS) gemäß dem Maßstab des § 21 Abs. 2 iVm § 4 Abs. 1 der Strom-/GasNEV, bei der die berechneten Kosten (materiell) anhand des **Effizienzkriteriums** geprüft werden und gegebenenfalls über die **Kosten** eines effizienten strukturell vergleichbaren Netzbetreibers hinausgehende Kosten, die sich im Wettbewerb nicht einstellen würden, **gekürzt** werden, denn nur die Kosten, die bei wirksamen Wettbewerb durchsetzbar sind, sind berücksichtigungsfähig. Der sich im Wettbewerb bildende Preis spiegelt die Kosten eines effizienten und strukturell vergleichbaren Netzbetreibers wider, nur diese sind deshalb anerkennungsfähig (zur Reichweite der Effizienzprüfung im Einzelnen → Rn. 67, 101ff. sowie → § 21a Rn. 52f.). 22

Im Unterschied zur Ex-ante-Entgeltregulierung im TKG, das in § 31 Abs. 2 TKG 2004 [= § 32 Abs. 1 TKG 2012 bzw. § 42 Abs. 1 TKG 2021] eine Legaldefinition der Kosten der effizienten Leistungsbereitstellung als langfristige Zusatzkosten plus angemessenem Gemeinkostenzuschlag einschließlich angemessener Verzinsung des eingesetzten Kapitals enthält, wird der **Effizienzkostenbegriff** (Sollkosten) im **EnWG nicht näher präzisiert.** Eine Konkretisierung der *vorzulegenden* Kosten erfolgt nur über die Kalkulationsvorgaben der Strom-/GasNEV. Insofern lässt sich hinsichtlich des Vorgehens eine unterschiedliche Steuerungslogik der beiden Entgeltregulierungsregime feststellen. Während im TKG durch die Genehmigung gemäß der legaldefinierten Kosten der effizienten Leistungsbereitstellung unmittelbar **Druck** zur Kostenreduzierung aufgebaut wird, werden im EnWG in der Kombination aus Kosten- und Anreizregulierungsphase die Netzbetreiber zur Effizienzsteigerung **gezogen** (auch → Rn. 93 – periodenübergreifende Saldierung). 23

Die Schwierigkeiten (Beweislast) der kartellrechtlichen Missbrauchsaufsicht bei der Kontrolle von Netzzugangsentgelten sind bekannt (vgl. auch *Streb,* Wettbewerbsprobleme im Strommarkt: die Sicht der Monopolkommission, in: Consumer Watchdogs – eine Option für die liberalisierten Märkte in Deutschland?, 2005, S. 34; Monopolkommission, XVI. Hauptgutachten 2004/2005, Rn. 20). In methodischer Hinsicht ergibt sich dies auch deshalb, weil ein Effizienzvergleich nur **indirekt** möglich ist: als externer mit der Vergleichsmarktbetrachtung zur Feststellung des wettbewerbsanalogen Preises (§ 19 Abs. 4 Nr. 2 GWB aF) oder als interner mit einer Kostenkontrolle zur Ermittlung des angemessenen Entgelts (§ 19 Abs. 4 Nr. 4 GWB aF). Die Kostenkontrolle war in Deutschland noch nicht als Methode zur Feststellung des wettbewerbsanalogen Preises nach § 19 Abs. 4 Nr. 2 aF höchstrichterlich anerkannt (*Engelsing* ZNER 2003, 111 (116)), wobei aber wegen der Schwächen der jeweiligen Methode eine Überprüfung mittels beider Methoden erforderlich ist (BerlKommEnergieR/*Engelsing,* 2 Aufl., GWB § 19 Rn. 176ff., 182; *Engelsing,* ZNER 2003, 111), um auf ein missbräuchlich überhöhtes (dh nicht angemessenes) Entgelt schließen zu können. 24

Groebel

§ 21 Teil 3. Regulierung des Netzbetriebs

25 Zudem verlangt die einschlägige BGH-Rechtsprechung für die Feststellung der Missbräuchlichkeit eine **deutliche Abweichung** von dem Wettbewerbspreis, dh einen sog. **„Erheblichkeitszuschlag"** auf den ermittelten Als-ob-Wettbewerbspreis (dh des hypothetischen Preises, der sich bei wirksamem Wettbewerb ergibt), der aus dem **Unwerturteil** des Missbrauchsbegriff folgt (BGH Beschl. v. 22.7.1999 – KVR 12/98, WuW/E DE-R 375 (379) – Flugpreisspaltung; zuletzt für den Energiebereich bestätigt mit BGH Beschl. v. 28.6.2005 – KVR 17/04, WuW/E DE-R 1513 – Stadtwerke Mainz) und lässt die Einrede der Kostenunterdeckung – wenn auch nur bis zu den objektiven – nicht unternehmensindividuellen Umständen zurechenbaren – Kosten, die sich bei ordnungsgemäßer Kostenzuordnung und Ausschöpfung etwaiger Rationalisierungsreserven ergeben – gelten (BGH Beschl. v. 22.7.1999 – KVR 12/98, WuW/E DE-R 375 (377, 378) – Flugpreisspaltung; BerlKommEnergieR/*Engelsing,* 2. Aufl., GWB § 19 Rn. 176ff., 267, 317; BGH Beschl. v. 28.6.2005 – KVR 17/04, WuW/E DE-R 1513 – Stadtwerke Mainz; *Büdenbender* ZWeR 2006, 233 (249f.)). Im Ergebnis bedeutet dies, dass anders als bei einer **regulatorischen Kontrolle,** deren Instrumentarium eine **direkte** Überprüfung der Effizienzkostenmaßstabs, dh eine strikte(re) Anwendung gestattet, die kartellrechtliche Missbrauchsaufsicht notwendigerweise immer einen „gewissen" **Unschärfebereich** (Spielraum nach oben) zulässt und mithin systematisch weniger wirksam als die eine **„Punktlandung"** anstrebende sektorspezifische Regulierung ist (→ Rn. 57 ff.).

26 Wegen der **Bedeutung** richtig „gesetzter" **Netzzugangsentgelte** für das Entstehen von Wettbewerb im Energiebereich, bei der selbst geringfügig zu hohe Netznutzungsentgelte preisgünstige Angebote verhindern (Stellungnahme des Bundesrats, BT-Drs. 15/3917, 86, Nr. 31), also zur Zielverfehlung führen, ist dieses **„Mehr"** aber **entscheidend,** weshalb der Gesetzgeber mit dem Effizienzkostenmaßstab des Abs. 2 und der Kostenkontrolle nach § 23a sowie dem hilfsweise zur Überprüfung der Ergebnisse der Kostenkontrolle heranzuziehenden Vergleichsverfahren nach § 21 Abs. 3 (aF) (zur europarechtlichen Herleitung s. *Rosin/Krause* ET-Special 2003, 17 (23)) die Voraussetzungen für eine effektive (Ex-ante-)Regulierung, die einen effizienten Netzzugang sicherstellt, geschaffen hat. Damit stehen aufgrund der Änderungen im Vermittlungsausschuss der Regulierungsbehörde in materiellrechtlicher und verfahrensmäßiger Hinsicht die erforderlichen **scharfen Instrumente** für eine **strenge Entgeltregulierung** in der Einzelentgeltgenehmigungsphase zur Verfügung, mit der das Ausgangsniveau für die nachfolgende Phase der Anreizregulierung vorbereitet wird. Die Einführung der **Anreizregulierung (§ 21a),** die zusätzlich auch generelle Vorgaben erlaubt, **komplettiert** das über die kartellrechtliche Missbrauchsaufsicht hinausgehende **Regulierungsregime.**

27 An der im Wettbewerbsrecht (wegen des Begriffs *„angemessen"*) immer bestehenden Bandbreite (*Zimmer/Müller* N&R 2006, 46 (47)) ändert sich also auch nach dem BGH-Beschluss vom 28.6.2005 nichts. Der BGH hält zwar die Vorgabe einer Umsatzobergrenze durch das BKartA im Falle Stadtwerke Mainz auch nach dem GWB für rechtlich nicht zu beanstanden (wobei die Entscheidung interessanterweise erst nach Vermittlungsausschuss-Kompromiss v. 15.6.2005 ergangen ist; vgl. auch *Markert* Anm. zum BGH-Beschluss Stadtwerke Mainz, RdE 2005, 233), da es sich dabei **nicht** um eine (kartellrechtlich unzulässige) präventive Preiskontrolle handelt (s. auch *Schebstadt,* Vorverständnis und Methodenwahl in der Missbrauchsaufsicht, WuW 2005, 1009 (1010) Zugleich zu BGH Beschl. v. 28.6.2005 – KVR 17/04, WuW/E DE-R 1513 – Stadtwerke Mainz), mithin **nicht preisregulierend** ist, weil dem Unternehmen die Anpassung überlassen bleibt (BGH Beschl.

Bedingungen und Entgelte für den Netzzugang § 21

v. 28.6.2005 – KVR 17/04, WuW/E DE-R 1513 (1516); zust. iE, aber krit. hinsichtlich der Begr. des BGH *Büdenbender* ZWeR 2006, 233 (245 f.); abl. dagegen *Ehricke* N&R 2006, 10 (11); s. auch *Zenke*, BGH: Aufhebung des Beschlusses des OLG Düsseldorf iS Stadtwerke Mainz/Bundeskartellamt, IR 2005, 229 (231)). Etwaige Zweifel hinsichtlich der kartellrechtlichen Zulässigkeit von Vorgaben sind durch die 7. GWB-Novelle inzwischen endgültig ausgeräumt, die eine positive Tenorierung nach § 32 Abs. 2 GWB nF auch explizit erlaubt (*Zimmer/Müller* N&R 2006, 46 (50)). Der BGH hält daran fest, dass ein **Erheblichkeitszuschlag** anzusetzen ist (BGH Beschl. v. 28.6.2005 – KVR 17/04, WuW/E DE-R 1513 (1519), s. auch *Büdenbender* ZWeR 2006, 233 (250 f.); Monopolkommission, XVI. Hauptgutachten 2004/2005, Rn. 411; *Ehricke* N&R 2006, 10 (12 f.)). Die Regulierung setzt darüber hinausgehend **marktwirtschaftskonforme** Signale durch Preise, die den Kosten eines effizienten und strukturell vergleichbaren Netzbetreibers entsprechen (§ 23a iVm § 21 Abs. 2), so dass bereits in dieser Phase der Entgeltregulierung (effizienzkontrollierende Kostenregulierung, *Säcker* AöR 2005, 180 (202)) Anreize zu einem wettbewerbsanalogen Verhalten gesetzt werden. Nach der Phase der Einzelgenehmigung wird dies verstärkt fortgesetzt durch die Phase der Anreizregulierung.

V. Entwicklung der europarechtlichen Vorgaben

Die **Beschleunigungsrichtlinien 2003** schreiben der Ex-ante-Regulierung 28 zumindest die Methoden zur Berechnung der Bedingungen einschließlich der Entgelte in Art. 23 Abs. 2 Elt-RL und Art. 25 Abs. 2 Gas-RL vor („... *vor* deren Inkrafttreten", s. auch Art. 20 Abs. 1 Elt-RL und Art. 18 Abs. 1 Gas-RL, bestätigt mit EuGH Urt. v. 29.10.2009 – C-274/08 Rn. 34, 40 – Kommission/Schweden; vgl. hierzu *Rosin/Krause* ET-Special 2003, 17). Dies ist auch ökonomisch notwendig, weil ansonsten die Verpflichtung zur Netzzugangsgewährung durch prohibitiv hohe Netzzugangsentgelte und unfaire bzw. diskriminierende Bedingungen unterlaufen werden könnte, so dass der Marktzutritt alternativer Anbieter nicht stattfinden würde und folglich auch kein Wettbewerb entstünde (vgl. zB *Zimmerlich/Müller* N&R 2006, 46 (47); *Klotz*, Zugangsentgelte in der Netzwirtschaft, N&R 2004, 42 f.; *Groebel* TKMR-Tagungsband 2004, 39 (41)). Der Bestimmung der Netzzugangsentgelte kommt entscheidende Bedeutung („Stellschraube") für die Schaffung von Wettbewerb zu (Stellungnahme des Bundesrats, BT-Drs. 15/3917, 86, Nr. 31).

Neben den sich in der Regel auch im Wettbewerbsrecht findenden allgemeinen 29 Kriterien der Angemessenheit, Diskriminierungsfreiheit, Transparenz und dem Grundsatz interne gleich externe Behandlung insbesondere die – in den Beschleunigungsrichtlinien allerdings eher vage gehaltene – **Kostenorientierung** und der anzulegende **Kostenmaßstab**, der ein Regulierungsregime kennzeichnet. Die allgemeinen Kriterien der Angemessenheit und Diskriminierungsfreiheit fanden sich außer in den Erwägungsgründen 6 und 13 Elt-RL 03 bzw. 7 Gas-RLGas-RL 03 in **Art. 23 Abs. 4 Elt-RL 03** und **Art. 25 Abs. 4 Gas-RLGas-RL-03**, die ausweislich der Begründung (Begr. BT-Drs. 15/3917, 60) mit § 21 umgesetzt werden sollten (genauer mit Abs. 1; →Rn. 16 zur weiteren – falschen – Umsetzung von Art. 23 Abs. 4 Elt-RL 03 und Art. 25 Abs. 4 Gas-RL 03 in § 29 Abs. 2). Die Transparenzvorgabe war explizit in Erwägungsgründen 6 und 13 Elt-RL 03 bzw. 7 Gas-RL 03 sowie indirekt in der Publikationsvorschrift des Art. 20 Abs. 1 Elt-RL 03 und Art. 18 Abs. 1 Gas-RL 03 enthalten. Insgesamt sind die diesbezüglichen Vorgaben

§ 21

der Beschleunigungsrichtlinien „wenig präzise" (*Kühling* N&R 2004, 12; *Kühling/ el-Barudi* DVBl. 2005, 1470 (1476); vgl. auch *Koenig/Rasbach*, Grundkoordinaten der energiewirtschaftlichen Netznutzungsentgeltregulierung, IR 2004, 26), wohingegen zB in der Zugangsrichtlinie 2002/19/EG für den Bereich der elektronischen Kommunikation in deren Art. 13 Abs. 3 Zugangsrichtlinie explizit der Begriff der Kosten der effizienten Leistungsbereitstellung verwendet wird.

30 Hinsichtlich des Prinzips der **Kostenorientierung** und des Kostenmaßstabs, fand sich außer in **Erwägungsgrund 18 Elt-RL** 03 und **16 Gas-RL** 03 (nichtdiskriminierend und **kostenorientiert**) in **Art. 23 Abs. 2 lit. a Elt-RL 03** und **Art. 25 Abs. 2 lit. a Gas-RL 03** schon die Anforderung, dass „diese Tarife oder Methoden so zu gestalten [sind], daß die notwendigen Investitionen in die Netze so vorgenommen werden können, daß die Lebensfähigkeit der Netze gewährleistet ist". Diese materielle Vorgabe wurde zunächst gem. § 24 S. 2 Nr. 4 („… sowie die Funktionsfähigkeit der Netze notwendigen Investitionen in die Netze gewährleistet sind") einer Verordnung vorbehalten (im Referentenentwurf v. 28.2.2004 war die „Lebensfähigkeit der Netze" noch in § 20 Abs. 6 S. 3 EnWG-RefE enthalten, → Rn. 79, 98). Damit wurde der Konkretisierung des „Lebensfähigkeitsprinzips", dh letztlich des Kapitalerhaltungskonzepts, dem Verordnungsgeber übertragen und **nicht** der Regulierungsbehörde überlassen. Insofern lässt sich hier von einem Umsetzungsdefizit sprechen, als es gem. Art. 23 Abs. 2 Elt-RL 03 und Art. 25 Abs. 2 Gas-RL 03 den **Regulierungsbehörden** obliegt, „… diese Tarife oder Methoden so zu gestalten, daß die notwendigen Investitionen in die Netze so vorgenommen werden können, daß die Lebensfähigkeit der Netze gewährleistet ist". Nicht einmal die wenigen in den Richtlinien genannten Kostenprinzipien wurden richtig umgesetzt und es zeigt sich wieder die Entscheidung des Gesetz- bzw. Verordnungsgebers für eine normierende Regulierung, obwohl der Regulierer zwar nicht bei der Setzung, aber mit der Genehmigungsbefugnis (§ 23 a Abs. 2 S. 1) zumindest teilweise über das Anlegen des Kostenmaßstabs (Auslegungshoheit) eine gewisse Gestaltungskompetenz erhält (→ Rn. 20; vgl. auch *Britz*, Markt(er)öffnung durch Regulierung – Neue Regulierungsaufgaben nach den Energie-Beschleunigungsrichtlinien und der Stromhandelsverordnung, in: Aschke/Hase/Schmidt-De Caluwe (Hrsg.), Selbstbestimmung und Gemeinwohl, S. 374, 377–380). Im **EnWG 2021** wird mit der Ergänzung von S. 3 am Ende von Abs. 2 nunmehr das **Prinzip** des Erhalts der **Lebensfähigkeit** der Netze mittels des Tätigens der **notwendigen Investitionen** in die Netze auch auf Gesetzesebene eingefügt (→ Rn. 44, 69), wobei allerdings die Konkretisierung weiterhin einer Verordnung vorbehalten bleibt, da § 24 S. 2 Nr. 4 lit. c unverändert ist. Der EuGH hat mit seinem Urt. v. 2.9.2021 – C-718/18 – Kommission/Deutschland entschieden, dass dies in unzulässiger Weise in die **Unabhängigkeit** der Regulierungsbehörde eingreift (→ Rn. 155 f.).

31 Der Maßstab der **Kosten eines effizienten und strukturell vergleichbaren Netzbetreibers** in § 21 Abs. 2 S. 1 entstammt dagegen schon **Art. 4 Abs. 1** Elt-VO 03, womit der für den grenzüberschreitenden Netzzugang geltende Kostenmaßstab sinnvollerweise auch als Maßstab für den nationalen Bereich übernommen wurde, was zu einer konsistenten Behandlung beider Bereiche und die Regulierungsbehörde bei der Auslegung leiten sollte. Ansonsten käme es zu „gespaltenen Kontrollmaßstäben für nationale Energietransporte einerseits und internationale Transporte andererseits" (*Säcker* (2004) S. 23). Der Maßstab der Kosten eines effizienten und strukturell vergleichbaren Netzbetreibers war auch in **Art. 3 Abs. 1** der GasfernleitungsVO 05 enthalten.

Mit dem **Dritten Energiebinnenmarktpaket** von 2009 ist bezüglich der Entgeltregulierungsvorschriften vor allem die explizite Einfügung der **"Anreize zur Effizienzverbesserung"** im Richtlinientext selbst hervorzuheben (Art. 37 Abs. 8 Elt-RL 09 bzw. Art. 41 Abs. 8 Gas-RL 09). Der **Effizienzmaßstab** bleibt in Art. 14 Abs. 1 Elt-VOElt-VO 09 bzw. Art. 13 Abs. 1 GasfernleitungsVO 09 erhalten. Damit wird der entgeltregulatorische Ansatz des EnWG europarechtlich gestärkt (vgl. zu den europarechtlichen Grundlagen ausf. Holznagel/Schütz/*Groebel*/ *Horstmann* Einführung – Teil C Rn. 167 ff., insbes. 200 ff.). Darüber hinaus erhalten die Regulierungsbehörden mit Art. 37 Abs. 10 Elt-RL 09 bzw. Art. 41 Abs. 10 Gas-RL 09 eine **Änderungskompetenz** zugewiesen, dh sie haben die Befugnis die „Tarife oder Methoden zu ändern, um sicherzustellen, dass sie angemessen sind und nichtdiskriminierend angewendet werden", so dass sie **ex ante** „von den Netzbetreibern eine Änderung der Entgelte oder Methoden verlangen [können], wenn diese nicht die Vorgaben und Maßstäbe der Regulierungsbehörde erfüllen" (Holznagel/Schütz/*Groebel*/*Horstmann* Einführung – Teil C Rn. 206; → Rn. 65, 71). Es handelt sich mithin nicht um eine (nachträgliche) Korrekturerlaubnis (→ Rn. 16). Außerdem gibt Art. 37 Abs. 10 Elt-RL 09 bzw. Art. 41 Abs. 10 Gas-RL 09 den Regulierungsbehörden die Befugnis, **vorläufige** Entgelte oder Methoden festzulegen oder zu genehmigen und im Falle der Abweichung der endgültigen von den vorläufigen Festlegungen oder Genehmigungen über Ausgleichsmaßnahmen zu entscheiden. 32

Mit den zwar nur für den Strombereich geltenden Neufassungen der Elt-RL 09 und der Elt-VO 09 mit der **2019 Richtlinie** (Elt-RL 19) und der 2019 Strommarktverordnung **(Elt-VO 19)** des „Saubere Energie für alle Europäer"-Pakets (Vorschlag v. 30.11.2016, vgl. hierzu *Groebel* in FS Schmidt-Preuß, 2018, S. 605, 623 ff.) werden die Prinzipien der Erhaltung der Lebensfähigkeit der Netze (Art. 59 VII lit. a Elt-RL 19), der Effizienzkostenorientierung (Effizienzmaßstab nun in Art. 18 I Elt-VO 19) und der Setzung von Anreizen zur Steigerung der Effizienz (jetzt in Art. 18 II Elt-VO 19) fortgeführt und (teilweise) auch weiter konkretisiert sowie insbesondere im Hinblick auf die **Integration dezentraler erneuerbarer Energiequellen** va auf Verteilnetzebene aufgefächert. Bevor nachfolgend auf die Fortentwicklung der materiellrechtlichen Vorgaben näher eingegangen wird, ist noch eine bedeutsame **Einschränkung** der Zuständigkeit der nationalen Regulierungsbehörden für die Bestimmung der Entgelte bzw. zumindest ihrer Methoden festzuhalten. Diese sind nach Art. 59 Abs. 7 Elt-RL 19 nur noch dann zuständig, **wenn nicht** „die ACER aufgrund ihrer Koordinierungsaufgaben nach Artikel 5 Absatz 2 der Verordnung (EU) 2019/942 (ACER-VO 19) für die Festlegung und Genehmigung der Bedingungen oder Methoden für die Durchführung von Netzkodizes und Leitlinien gemäß Kapitel VII der Verordnung (EU) 2019/943 zuständig ist". Dh, die bislang alleinige Zuständigkeit der nationalen Regulierungsbehörden für die Entgeltregulierung wird durch die Verlagerung der Zuständigkeit für die Festlegung und Genehmigung der Bedingungen oder Methoden bestimmter **grenzüberschreitender Sachverhalte** auf ACER gem. **Art. 5 Abs. 2 ACER-VO 19** auf nationale Entgelte/Berechnungsmethoden reduziert (vgl. hierzu und ausführlich zur Entwicklung der Zuständigkeitsverschiebungen weg von den nationalen (Regulierer) hin zur europäischen (ACER) Ebene allgemein Holznagel/Schütz/*Groebel*/*Horstmann* Einführung Teil C Rn. 215 ff.; sowie *Groebel* in FS Säcker, 2021, S. 449, 468 ff.; vgl. auch *Burmeister*/ *Kistner* RdE 2021, 179 (185, 186). 33

Im Hinblick auf die **Kostenorientierung** fällt auf, dass diese nunmehr auch explizit in **Art. 18 Abs. 1, 2 und 7 Elt-VO 19** genannt wird (und nicht mehr 34 nur in Erwägungsgründen zu finden ist wie bisher, →Rn. 29f.). Zwei wesentliche Neuerungen finden sich in **Art. 18 Abs. 1 2. UA Elt-VO 19,** denn dort wird vorgegeben, dass die Netzentgelte so zu gestalten sind, dass sie weder zwischen den auf der Übertragungsnetzebene und den auf der Verteilnetzebene angeschlossenen Erzeugungsanlagen noch Energiespeicherung oder -aggregierung diskriminieren und „auch keine Negativanreize für Eigenerzeugung, Eigenverbrauch oder die Teilnahme an der Laststeuerung setzen". Damit werden die vielfältigen Formen der Erzeugung und der Netznutzung als gleichwertig bei der Netzentgeltsetzung zu berücksichtigende Größen einbezogen, um die Integration der erneuerbaren Energien zu erleichtern und mehr Flexibilität in das Energiesystem zu bringen. Des Weiteren wird bezüglich der **Anreize zur Effizienzsteigerung** (vorher in Art. 37 Abs. 8 Elt-RL 09 bzw. Art. 41 Abs. 8 Gas-RL 09) in Art. 18 II Elt-VO 19 auch auf **effiziente Investitionen** verwiesen, womit der Bezug zu den zum Erhalt der Lebensfähigkeit (dh der langfristigen Leistungsfähigkeit) der Netze „notwendigen Investitionen" hergestellt ist. Denn nur die *notwendigen* oder erforderlichen Investitionen sind auch *effiziente* Investitionen (vgl. Holznagel/Schütz/*Groebel*/*Horstmann* Einführung Rn. 232, 237; →Rn. 67). Hinzu kommt, dass die **Anreize zur Steigerung der Effizienz** nun auch die Energieeffizienz einschließen.

35 Neu aufgenommen wurde am Ende von Art. 18 Abs. 2 Elt-VO 19 das Ziel „**Innovationen** im Interesse der Verbraucher in Bereichen wie Digitalisierung, Flexibilitätsdienste und Verbindungsleitungen zu erleichtern" (Hervorhebung nur hier, AnmdVerf), was die Bedeutung sowohl der Verbraucherinteressen als auch der Bereiche, die im Fokus des „Saubere Energie für alle Europäer"-Pakets stehen, weil sie für den Verbraucher und der ihm zugedachten aktiveren Rolle besonders wichtig sind wie zB die Digitalisierung, die va für die intelligente Netznutzung relevant ist, herausstreicht. Gleichfalls im Lichte der Zielsetzung des Saubere Energie für alle Europäer"-Pakets die **marktkonforme Integration** dezentraler erneuerbarer Energien insbesondere auf der Verteilnetzebene zu fördern sind die bei **Art. 18** Elt-VO 19 neueingefügten **Abs. 7 und 8** zu sehen. Diese betreffen explizit die **Verteilnetzgelte,** die kostenorientiert und mit Anreizen für eine effiziente, transparente und vorhersehbare **Netznutzung** ausgestaltet sein sollen. Dies kann zB nach Verbrauchs-, Erzeugungsprofilen differenzierte oder zeitlich abgestufte Tarife bedeuten, was in der Regel intelligente Messsysteme voraussetzt (Art. 18 Abs. 7). Dem Ziel das **Energiesystem** für die bessere Integration erneuerbarer Energien **flexibler** zu machen, dient auch die in **Art. 18 Abs. 8 Elt-VO 19** vorgesehene Möglichkeit der Einführung von **Leistungszielen,** „um den Verteilernetzbetreibern *Anreize zur Steigerung der Effizienz* in ihren Netzen zu bieten, auch durch Energieeffizienz, Flexibilität, den Ausbau intelligenter Netze und die Einführung intelligenter Messsysteme" (Hervorhebung nur hier, AnmdVerf). Außerdem müssen die Berechnungsmethoden der Verteilnetzentgelte „den Verteilernetzbetreibern *Anreize* für den *effizientesten* Betrieb und Ausbau ihrer Netze bieten, unter anderem mittels der Beschaffung von Dienstleistungen" (Hervorhebung nur hier, Anm. d. Verf.). Auch hier wird wieder erkennbar, dass Betrieb und Ausbau der Verteilnetze so effizient wie möglich zu erfolgen haben, was explizit auch die Beschaffung von Dienstleistungen einschließt.

36 Mit **Art. 59 Abs. 10 Elt-RL 19** wird eine weitergehende **Transparenzvorschrift** eingeführt. Art. 59 Abs. 10 Elt-RL 19 sieht vor, dass „Regulierungsbehörden die ausführliche Beschreibung der Methode und die *zugrunde liegenden Kosten,* die für die Berechnung der jeweiligen Netztarife verwendet wurden, unter

Wahrung der Vertraulichkeit wirtschaftlich sensibler Informationen [veröffentlichen]" (Hervorhebung nur hier, AnmdVerf). Diese Vorgabe wird mit § 23b EnWG 2021 (Veröffentlichungen der Regulierungsbehörde) jedenfalls für die Anreizregulierung, die seit 2009 die kostenorientierte Entgeltregulierung nach § 21 Abs. 2 abgelöst hat, umgesetzt, wobei § 23b sogar über Art. 59 Abs. 10 Elt-RL 19 hinaus geht, weil auch die Veröffentlichung von „Betriebs- und Geschäftsgeheimnissen unternehmensbezogen in nicht anonymisierter Form" vorgeschrieben wird (auch wenn die Gesetzesbegründung auf die europarechtliche Vorgabe keinen Bezug nimmt, Drs. 19/27453, Zu Nr. 35 (§§ 23b – 23d neu)).

Die nachfolgende **Tabelle** (entwickelt aus Tabelle 1 in Holznagel/Schütz/*Groe-* 37 *bel/Horstmann* Einführung Rn. 222) fasst die **Entwicklung der europarechtlichen Vorgaben** und insbesondere die **Neuerungen des 2019 Rechtsrahmens**, die mit dem EnWG 2021 umgesetzt werden, zusammen und ordnet die darin enthaltenen Prinzipien der Entgeltregulierung (soweit möglich) den einschlägigen Vorschriften (§§ 21, 21a) des EnWG (→ Rn. 45) zu.

Maßstab/ Kriterium	2003/2005-Rechtsrahmen	2009-Rechtsrahmen	2019 Rechtsrahmen (Strom)
Transparenz (§ 21 Abs. 1)	Art. 20 Abs. 1, Erwgr. 13 Elt-RL 03,	**Art. 32 Abs. 1, 37 Abs. 1, 7,** Erwgr. 32 Elt-RL 09,	**Art. 6 Abs. 1, 59 Abs. 1** lit. a, **8, 9** Elt-RL 19
	Art. 4 Abs. 1, Erwgr. 14 Elt-VO 03	Art. 14 Abs. 1, Erwgr. 16 Elt-VO 09	Art. 18 Abs. 1, Elt-VO 19
	Art. 18 Abs. 1, Erwgr. 22 Gas-RL 03	**Art. 32 Abs. 1, 41 Abs. 1, 7,** Erwgr. 23 Gas-RL 09,	
	Art. 3 Abs. 1, Erwgr. 7 GasfernleitungsVO 05	Art. 13 Abs. 1 GasfernleitungsVO 09	
Nichtdiskriminierung (§ 21 Abs. 1)	Art. 20 Abs. 1, 23 Abs. 4, Erwgr. 13, 18 Elt-RL 03,	Art. 32 Abs. 1, 37 Abs. 10, Erwgr. 36 Elt-RL 09,	Art. 6 Abs. 1, 59 Abs. 1 lit. j, 60 Abs. 1 Elt-RL 19
	Art. 4 Abs. 1, Erwgr. 14 Elt-VO 03	Art. 14 Abs. 1 Erwgr. 16 Elt-VO 09	**Art. 18 Abs. 1, Abs. 1 UAbs. 2** Elt-VO 19
	Art. 18 Abs. 1, 25 Abs. 4, Erwgr. 22 Gas-RL 03,	Art. 32 Abs. 1, 41 Abs. 10, Erwgr. 32 Gas-RL 09,	
	Art. 3 Abs. 1, Erwgr. 6 GasfernleitungsVO 05	Art. 13 Abs. 1, Erwgr. 7 GasfernleitungsVO 09	
Angemessenheit (§ 21 Abs. 1)	Art. 23 Abs. 4, 8, Erwgr. 6 Elt-RL 03	Art. 37 Abs. 10, 13 Elt-RL 09	Art. 60 Abs. 1, 4 Elt-RL 19
	Art. 25 Abs. 4 8, Erwgr. 7 Gas-RL 03	Art. 41 Abs. 10, 13 Gas-RL 09	

Maßstab/ Kriterium	2003/2005-Rechtsrahmen	2009-Rechtsrahmen	2019 Rechtsrahmen (Strom)
Kostenorientierung (§ 21 Abs. 2)	Art. 23 Abs. 2 lit. a, Erwgr. 18 Elt-RL 03,	Art. 37 Abs. 6 lit. a, Erwgr. 36 Elt-RL 09,	Art. 59 Abs. 7 lit. a Elt-RL 19
Effizienzmaßstab (§ 21 Abs. 2)	Art. 4 Abs. 1, 2, 4, Erwgr. 12, 13 Elt-VO 03	Art. 14 Abs. 1, 2, Erwgr. 14, 15 Elt-VO 09	**Art. 18 Abs. 1, 7** Elt-VO 19
	Art. 25 Abs. 2 lit. a, Erwgr. 16 Gas-RL 03,	Art. 41 Abs. 6 lit. a, Erwgr. 32 Gas-RL,	
	Art. 3 Abs. 1, Erwgr. 6, 7 GasfernleitungsVO 05	Art. 13 Abs. 1, Erwgr. 7, 8 GasfernleitungsVO 09	
Effizienzanreize (§ 21a iVm ARegV; § 21 Abs. 2)		**Art. 37 Abs. 8 Elt-RL 09,**	**Art. 18 Abs. 2, 8** Elt-VO 19
	Art. 4 Abs. 1 Elt-VO 03	Art. 14 Abs. 1 Elt-VO 09	**Art. 18 Abs. 1, 2, 7** Elt-VO 19
	Art. 3 Abs. 1, Erwgr. 6, 7 GasfernleitungsVO 05	**Art. 41 Abs. 8 Gas-RL 09,** Art. 13 Abs. 1, Erwgr. 7, 8 GasfernleitungsVO 09	

Tabelle 1: Europarechtliche Vorgaben zur Entgeltregulierung

VI. Entstehungsgeschichte (EnWG 2005 und 2021)

38 Ursprünglich war mit den im Gesetzentwurf vorgesehenen Grundsätzen der Entgeltfindung eine **Fortschreibung** der bisherigen Maßstäbe des § 6 Abs. 1 S. 1 und § 6a Abs. 2 S. 1 EnWG aF angestrebt worden. Insbesondere wurde für den Kostenbegriff auf den in der VV II Strom Plus näher definierten Begriff der „elektrizitätswirtschaftlich rationellen Betriebsführung" unter Beachtung der Nettosubstanzerhaltung zurückgegriffen (RegE und Begr. BT-Drs. 15/3917, 60), womit – wenn auch nicht mehr formal – die „gute fachliche Praxis" – fortgeführt worden wäre, die zusätzlich noch mit dem Vergleichsverfahren (§ 21 Abs. 3 EnWG 2005) und der Vermutungsregel (§ 21 Abs. 4 S. 2 EnWG 2005) verfestigt wurde.

39 Im Widerspruch dazu standen die ebenfalls bereits im Entwurf genannten „Kosten eines effizienten und strukturell vergleichbaren Netzbetreibers" (Stellungnahme des Bundesrats, BT-Drs. 15/3917, 83, Nr. 27; vgl. auch *Säcker* (2004), S. 21 ff.). Des Weiteren war unklar, wie die „Anreize für eine kosteneffiziente Leistungserbringung" bei der Berechnung hätten berücksichtigt werden sollen (*Hellwig*, Schriftliche Stellungnahme zu BT-Drs. 15/3917, BT-Ausschussdrucks. 15(9) 1539, S. 9). Deshalb stand der **Bundesrat** sowohl dem vorgeschlagenen Kostenbegriff als auch dem Kapitalerhaltungskonzept von Anfang an ablehnend gegenüber (Stellungnahme des Bundesrats, BT-Drs. 15/3917, 83 f., Nr. 28 ff.). In ihrer Gegenäußerung (BT-Drs. 15/4068) hielt die **Bundesregierung** jedoch die beiden Kostenbegriffe für miteinander kompatibel und eine die „kompakte und durchsetzungsfähige Miss-

Bedingungen und Entgelte für den Netzzugang **§ 21**

brauchsaufsicht" ergänzende Ex-ante-Methodenregulierung nach §§ 24 und 29 RegE für ausreichend, um „systemwidrige Spielräume bei der Interpretation der rechtlichen Vorgaben [der Netzentgeltverordnungen]" abstellen zu können (BT-Drs. 15/4068, 4f., Nr. 24 und vor allem 25), womit sie immerhin Schwachstellen („*systemwidrige* Spielräume") ihres Regulierungsansatzes einräumte.

Der **Ausschuss für Wirtschaft und Arbeit** (9. Ausschuss) empfahl auf der Sit- **40** zung am 13.4.2005 die Streichung „*energiewirtschaftlich rationellen*" sowie die Einfügung „*wettbewerbsfähigen und risikoangepassten*" Verzinsung, das Nettosubstanzerhaltungskonzept blieb erhalten (BT-Drs. 15/5268, 32; zur Diskussion vgl. Hempelmann-Bericht, BT-Drs. 15/5268, 105ff.), da sich offensichtlich für die Abgeordneten in der 1. Anhörung der Sachverständigen am 28.10.2004 kein einheitliches Meinungsbild gezeigt hatte (vgl. insbes. zur Diskussion des Nettosubstanz- und Realkapitalerhaltungskonzepts *Busse von Colbe* und *von Hammerstein*, BT-Drs. 15(9)1511, 1284f.). Auf der Sitzung des **Vermittlungsausschusses** am 15.6.2005 wurde schließlich die **Streichung** beider (betriebswirtschaftlich rationelle Betriebsführung und Nettosubstanzerhaltung) durchgesetzt, so dass als Maßstab die **Kosten eines effizienten und strukturell vergleichbaren Netzbetreibers** vorgegeben wurden (BT-Drs. 15/5736 (neu), 3, Nr. 12a), außerdem als Folgeänderung zu § 23a die Einfügung des Kostenvergleichs für genehmigte Entgelte als § 21 Abs. 3 S. 2 EnWG 2005.

Die späte Änderung des Kostenbegriffs – Einführung des **Effizienzkosten- 41 maßstabs** als alleinigem Maßstab – ist vor dem Hintergrund der Einführung der **Anreizregulierung** in § 21a konsequent, da mit der Genehmigung der in der 1. Phase der Kostenregulierung das **Ausgangsniveau** (vor)bestimmt (*Cronenberg* ET 2005, 886) wird, das den weiteren Verlauf in der 2. Phase der Anreizregulierung vorbereitet und deshalb vom Maßstab her **konsistent** sein muss (*Petrov* ET 2005, 886f.), **statische** (Ausgangsniveau) und **dynamische** (durch Effizienzvorgaben bestimmter Entwicklungspfad) **Betrachtung** müssen **zueinander passen** (vgl. auch Hempelmann-Bericht BT-Drs. 15/5268, 120). Die andere wesentliche Änderung – der **Wegfall** des betriebswirtschaftlich nicht anerkannten Kapitalerhaltungskonzepts der **Nettosubstanzerhaltung** (vgl. *Busse von Colbe* BT-Drs. 15(9)1511, 1284 und Hempelmann-Bericht BT-Drs. 15/5268, 113) – und **Einführung des Realkapitalkonzepts** (für ab dem Stichtag 1.1.2006 aktivierte Neuanlagen, §§ 6 Strom-/ GasNEV, → Rn. 103, 106, insbes. Abb. 4), bei dem auf Basis der historischen Anschaffungswerte abgeschrieben wird, zielt in dieselbe Richtung, nämlich die Verhinderung des Einrechnens ineffizienter Kosten, die aufgrund überholter Netzstrukturen entstehen, wodurch es zu wettbewerbswidrigen Entgelten kommt. Denn im Wettbewerb spiegeln die Entgelte ebenfalls nur die Kosten, die ein neu auftretender Wettbewerber für ein neues effizientes Netz ansetzen müsste, wider (vgl. *Busse von Colbe*, Schriftliche Stellungnahme zu BT-Drs. 15/3917, BT-Ausschussdrucks. 15(9)1511, 236).

Zur Vermeidung von **Kostensprüngen** bei der **Umstellung** (vgl. Hempel- **42** mann-Bericht BT-Drs. 15/5268, 112) von der bislang praktizierten Methode der Nettosubstanzerhaltung zur Realkapitalerhaltung, bei der auf Basis der historischen Anschaffungswerte linear über die Nutzungsdauer abgeschrieben wird, sehen §§ 6 Strom-/GasNEV vor, dass eine Tagesneuwertabschreibung nach Nettosubstanzerhaltungsmethode nur noch für den eigenfinanzierten Anteil (von max. 40 Prozent) von Anlagen, die vor dem 1.1.2006 aktiviert wurden, erfolgen darf, während für ab dem 1.1.2006 aktivierte Neuanlagen insgesamt die Realkapitalerhaltungsmethode anzuwenden ist (vgl. zB *Stumpf/Gabler* NJW 2005, 3174 (3177); *Pritzsche/Klauer* emw 4/2005, 22 (24)).

§ 21

43 Bei der **Nettosubstanzerhaltung** erfolgt die Abschreibung für den eigenkapitalfinanzierten Anteil des Anlagevermögens auf Basis von Tagesneuwerten, während der fremdfinanzierte Anteil auf Basis der historischen Anschaffungswerte abgeschrieben wird, was **kapitalstrukturkonservierend** (*Koenig/Schellberg* RdE 2005, 1; *Koenig/Rasbach* ET 2004, 702 (703)) wirkt, denn die Tagesneuwertorientierung der Abschreibung führt (wegen der Hochrechnung der Anschaffungswerte der ursprünglich vorgenommenen Investitionen über Indizes) dazu, „daß ältere Anlagen zur Verrechnung vergleichsweise hoher Kosten führen" (Stellungnahme des Bundesrats, BT-Drs. 15/3917, 84, Nr. 29). Demgegenüber fallen bei der Realkapitalerhaltung höhere Kapitalrückflüsse in den Anfangsjahren einer Investition an (vgl. BKartA, Schriftliche Stellungnahme zu BT-Drs. 15/3917, BT-Ausschussdrucks. 15(9) 1511, S. 139). Grundsätzlich krankt die Nettosubstanzerhaltung an dem Problem, dass nur eine fiktive Zuordnung des Eigen- und Fremdkapitals zu den Vermögensgegenständen möglich ist (vgl. Hempelmann-Bericht BT-Drs. 15/5268, 113 und *Busse von Colbe*, Schriftliche Stellungnahme zu BT-Drs. 15/3917, BT-Ausschussdrucks. 15(9)1511, S. 236).

44 § 21 hatte im EnWG 2011 und EnWG 2016 keine Änderungen zur Fassung des EnWG 2005 erfahren. Mit dem **EnWG 2021**, das der Umsetzung des „Saubere Energie für alle Europäer"-Pakets dient, erfolgen **drei Änderungen:** das Prinzip des Erhalts der Lebensfähigkeit der Netze mittels des Tätigen der notwendigen Investitionen in die Netze (Art. 59 Abs. 7 lit. a Elt-RL 19) wurde als S. 3 am Ende von Abs. 2 ergänzt; mit der Streichung von Abs. 3 und 4 entfällt das obsolete (und wie gezeigt inkonsistente) Vergleichsverfahren; als neuer Abs. 3 wird die Veröffentlichungspflicht nach §§ 27 Abs. 1 S. 1 Strom-/GasNEV unverändert in § 21 EnWG 2021 (vgl. Gesetzesbegründung, Drs. 19/27453, Zu Nr. 33 (§ 21)) übernommen und um eine Vorgabe zum Format der Veröffentlichung ergänzt (Abs. 3 S. 2). Die entsprechende Regelung in der Strom-/GasNEV entfällt. Alle drei Änderungen sind **positiv zu bewerten.** Mit der Aufnahme des Prinzips des Erhalts der Lebensfähigkeit der Netze wird die europarechtliche Vorgabe (jetzt in Art. 59 Abs. 7 lit. a Elt-RL 19) direkt im Gesetz eingefügt (→ Rn. 30). Durch die Streichung des Vergleichsverfahrens wird das Konzept der Ex-ante-Entgeltregulierung nach dem Effizienzkostenmaßstab in sich geschlossen (→ Rn. 8). Die Übertragung der Pflicht der Netzbetreiber zur Veröffentlichung der Netzentgelte aus der Strom-/GasNEV in das EnWG stärkt die Transparenz (Abs. 3 S. 1) und die Vorgabe des Formats der Veröffentlichung (Abs. 3 S. 2) erhöht die Zugänglichkeit der Informationen (vgl. Gesetzesbegründung, Drs. 19/27453, Zu Nr. 33 (§ 21)).

B. Allgemeine Missbrauchskriterien (Abs. 1)

I. Überblick

45 Die in § 21 Abs. 1 enthaltenen Kriterien können als **allgemeine Missbrauchskriterien** angesehen werden. Die nachfolgende Tabelle gibt einen Überblick über die nach § 21 Abs. 1 und 2 zu prüfenden Kriterien und ihre Herkunft bzw. sonstiges (explizites) Auftreten in Bezug auf Entgelte an anderer Stelle im EnWG 2021 (für die Bezüge zu den europarechtlichen Vorgaben s. Tabelle 1 (→ Rn. 37)):

Bedingungen und Entgelte für den Netzzugang §21

§ 21 EnWG	Kriterium	GWB 2021	GWB aF	EnWG 2005 ff.	EnWG 2021
Abs. 1	angemessen	§ 19 Abs. 2 Nr. 4	§ 19 Abs. 4 Nr. 4	– (§ 30 Abs. 1 S. 2 Nr. 5 Hs. 1)	– (§ 30 Abs. 1 S. 2 Nr. 5 Hs. 1)
Abs. 1	diskriminierungsfrei	§ 19 Abs. 2 Nr. 1	§ 20 Abs. 1	§ 30 Abs. 1 S. 2 Nr. 3; § 23	§ 30 Abs. 1 S. 2 Nr. 3; § 23
Abs. 1	transparent	–	–	–	
Abs. 1	intern = extern	–	–	§ 30 Abs. 1 S. 2 Nr. 4; § 23	§ 30 Abs. 1 S. 2 Nr. 4; § 23
Abs. 2	kostenorientiert	–	–	–	§ 21 Abs. 2 S. 3

Tabelle 2: Missbrauchskriterien des § 21 Abs. 1 im Verhältnis zu anderen Regelungen

Die in **§ 21 Abs. 1** für Netzzugangsbedingungen und Entgelte vorgegebenen **46** Kriterien entstammen bis auf den Grundsatz interne gleich externe Behandlung den europarechtlichen Vorgaben der Rechtsrahmen 2003/2005, 2009 und 2019 (→ Rn. 28 ff., insb. Tabelle 1 Rn. 37, letzterer zumindest nicht expressis verbis enthalten). Das Kriterium der **Angemessenheit** findet sich auch in § 19 Abs. 4 Nr. 4 GWB aF („*angemessenes* Entgelt", jetzt § 19 Abs. 2 Nr. 4), das horizontale Diskriminierungsverbot auch in § 20 Abs. 1 Alt. 2 GWB aF (= § 19 Abs. 2 Nr. 1 GWB 2021). Für die Entgeltprüfung ist insbesondere das **Verhältnis** zwischen dem Kriterium der **Angemessenheit** und der in § 21 Abs. 2 enthaltenen Kostenorientierung gemäß dem **Effizienzkriterium** (einschließlich dem nun auch explizit enthaltenen Prinzip der Erhaltung der Lebensfähigkeit der Netze, Abs. 2 S. 3) zu klären.

II. Vertikales Gleichbehandlungsgebot

Der **Gleichbehandlungsgrundsatz** (intern gleich extern, auch als **vertikales** **47** **Diskriminierungsverbot** bezeichnet, so BerlKommEnergieR/*Säcker/Boesche* EnWG § 6 aF Rn. 95 ff.) ist aus den § 6 Abs. 1 und § 6a Abs. 2 EnWG aF (Begr. BT-Drs. 15/3917, 60) übernommen worden. Er ist weitergehend als das Diskriminierungsverbot des § 20 Abs. 1 GWB aF, das sich nur auf die Gleichbehandlung externer Parteien (**horizontales Diskriminierungsverbot**, hierzu → 3. Aufl., § 20 Rn. 19 ff.) bezieht, während **§ 21 Abs. 1 S. 1 weitergehend** nicht nur Diskriminierungsfreiheit sondern auch eine **Gleichbehandlung** von externen Dritten mit der eigenen Vertriebsabteilung hinsichtlich der Bedingungen und Entgelte des Netzzugangs verlangt (BerlKommEnergieR/*Engelsing*, 2. Aufl., GWB § 19 Rn. 176 ff., 314; Bericht der Kartellbehörden 2001, 24; s. auch *Kühling* (2004), 276; *Schmidtchen/Bier* ZfE 2006, 183), dh der interne Verrechnungspreis wird einem Marktpreis gleichgestellt (*Büdenbender* ZIP 2000, 2225 (2228)). Alle Kostenbestandteile, die nicht für die Netz- und Transportleistung entstehen, sind aus dem Netzentgelt herauszurechnen, insbesondere darf dieses keine vertriebsbezogenen Kosten enthalten (BerlKommEnergieR/*Säcker/Boesche* EnWG § 6 Rn. 95 ff.). Zur Erreichung der Gleichstellung interner und externer Stromlieferanten wird die Einbeziehung der

Groebel

kalkulatorischen Kosten („... tatsächlich oder *kalkulatorisch* in Rechnung gestellt werden") vorgeschrieben, so dass externe Lieferanten auch nicht durch unternehmensinterne Kostenverrechnungen (Begünstigungen) diskriminiert werden (Bericht der Kartellbehörden 2001, S. 24, insbes. Fn. 45).

48 Dieses weitergehende Gleichbehandlungsgebot ist erforderlich, um **Pricesqueezing** und **Quersubventionierung** vertikal integrierter Netzbetreiber zu **verhindern**, die einen Wettbewerbsnachteil und eine **Marktzutrittsbarriere** für Energielieferanten ohne eigenes Netz darstellt, die nicht konkurrenzfähig wären, da sie ihre Verluste im Vertriebsbereich nicht durch Gewinne aus überhöhten Netzentgelten ausgleichen können (BerlKommEnergieR/*Engelsing*, 2. Aufl., GWB § 19 Rn. 176 ff., 314; Bericht der Kartellbehörden 2001, S. 24; Stellungnahme des Bundesrats, BT-Drs. 15/3917, 83, Nr. 25). Das Gebot ist extrem wichtig, da im Falle einer **Kosten-Preis-Schere** *(margin squeeze)*, der Zugangspetent das ihn aus dem Markt heraushaltende wettbewerbsschädliche Verhalten des Netzbetreibers, der sich darüber die Konkurrenz auf dem nachgelagerten Markt „vom Leibe hält" finanziert, sich also gewissermaßen sein „eigenes Grab schaufelt" (vgl. BerlKommTKG/*Groebel* § 28 Rn. 55 ff., 67 mwN; Monopolkommission XVI. Hauptgutachten 2004/2005 Rn. 15).

49 **Ursache** für eine solche wettbewerbsbehindernde (missbräuchliche) Preisgestaltung ist neben der Verwendung unterschiedlicher Kostenzuordnungsverfahren für die Bereiche Netz und Vertrieb vor allem eine **einseitige Zuordnung von Kosten** – insbesondere Gemeinkosten – auf die Komponenten Stromerzeugung, Strombeschaffung und Vertrieb durch den Netzbetreiber, die dazu führt, dass die Netzentgelte hoch (überhöht) und die Endkundenpreise (zu) niedrig sind, so dass die Marge für den Zugangspetenten nicht ausreicht, seine eigenen Kosten (für Strombeschaffung, Verwaltungs- und Vertriebskosten einschließlich einer Rendite) zu decken und dieser aus dem **Markt gedrängt** *(„squeezed out")* wird bzw. gar **nicht erst eintritt** (*Büdenbender* ZIP 2000, 2225 (2232 ff.)). Regeln bezüglich einer möglichst verursachungsnahen Zuordnung von Gemeinkosten zielen mithin in dieselbe Richtung wie das Gleichbehandlungsgebot und unterstützen dieses. Gem. §§ 30 Abs. 1 Nr. 1 Strom-/GasNEV kann die Regulierungsbehörde Festlegungen über die Schlüsselung der Gemeinkosten nach §§ 4 Abs. 4 Strom-/GasNEV treffen (→ Rn. 88 ff.). Bei einer längerfristigen kostenverursachungswidrigen Belastung verschiedener Kundengruppen wird von Preisstrukturmissbrauch gesprochen (→ Rn. 53).

50 Das **vertikale Gleichbehandlungsgebot** wird ergänzt durch die **Entflechtungsvorschriften**, insbesondere die in § 6b geregelte **buchhalterische Entflechtung** (getrennte Kontoführung, *accounting unbundling* oder *accounting separation*), ohne die es mangels Kontrollmöglichkeiten unternehmensinterner Verrechnungsvorgänge zu Schwierigkeiten hinsichtlich der **Überprüfbarkeit und Durchsetzbarkeit** kommt (ein Manko des EnWG aF, s. hierzu BerlKommEnergieR/*Säcker/Boesche* EnWG § 6 Rn. 40–42 und 95 ff.).

III. Transparenzgebot

51 Dem dient auch das **Transparenzerfordernis** (vgl. auch *Busse von Colbe* BerlKommTKG § 24 vor allem Rn. 6), das explizit in Abs. 1 enthalten ist, während es im EnWG aF nur indirekt über die Publikationsvorschrift des § 6 Abs. 4 bzw. § 6a Abs. 6 EnWG aF vorhanden war (*Büdenbender* ZIP 2000, 2225 (2231); zur Publikationspflicht der Netzzugangsbedingungen und Entgelte nach § 20 Abs. 1 S. 1 → 3. Aufl., § 20 Rn. 25). Die **Veröffentlichungspflicht** der Netzbetreiber nach

Bedingungen und Entgelte für den Netzzugang **§ 21**

§§ 27 Abs. 1 S. 1 Strom-/GasNEV ist mit **§ 21 Abs. 3 S. 1** EnWG 2021 nunmehr in das Gesetz „hochgezogen" (→ Rn. 44) und damit **verstärkt** worden (→ Rn. 179 f.). Die Vorgabe der Genehmigung bzw. Festlegung der Entgelte bzw. Methoden anhand **transparenter Kriterien** verbessert für die Zugangspetenten die **Nachvollziehbarkeit** der Entscheidung. Die Kenntnis der Netzentgelte erleichtert den Marktzutritt als es ihnen die Möglichkeit gibt, die Kosten für das eigene Geschäftsmodell durchzurechnen (vgl. Holznagel/Schütz/*Groebel*/*Horstmann* Einführung Rn. 224). Dem Ziel Regulierungsverfahren und deren Ergebnisse transparenter und nachvollziehbarer zu machen, dient auch der im EnWG 2021 neu eingefügte § 23b (Veröffentlichungen der Regulierungsbehörde), der über den bisherigen § 31 ARegV insoweit hinausgeht als auch „etwaige darin enthaltene Betriebs- und Geschäftsgeheimnisse" veröffentlicht werden. Die **Transparenzvorgabe** zusammen mit den **Unbundling-Vorschriften** ermöglicht insgesamt eine **verbesserte Überprüfbarkeit,** denn durch die getrennte Kontoführung können die Zahlungsströme zwischen den Unternehmenseinheiten transparent und damit eine Diskriminierung zulasten Dritter offenbar gemacht werden (vgl. auch *Salje* EnWG § 21 Rn. 23; krit. zur Wirkung: Monopolkommission XVI. Hauptgutachten 2004/2005, Rn. 27). Da die anderen von der Kostenzuordnung betroffenen energiewirtschaftlichen Wertschöpfungsstufen (Stromerzeugung/-beschaffung [bzw. Gasgewinnung oder allgemein die Energieerzeugung] und Handel/Vertrieb) als **Wettbewerbsbereiche** in die Zuständigkeit des **BKartA** fallen (vgl. auch *Büdenbender* ZWeR 2006, 233 (238)) ist bei der Überprüfung eine **enge Zusammenarbeit mit dem BKartA gem. § 58 geboten.**

IV. Horizontales Diskriminierungsverbot

Entgelte müssen auch **diskriminierungsfrei** sein, womit die horizontale Gleich- 52
behandlung gemeint ist. Dh allen **externen** Nachfragern müssen **gleiche Bedingungen** eingeräumt werden, um nicht durch unterschiedliche Behandlung einzelne Konkurrenten zu bevorzugen oder zu benachteiligen, wodurch die Wettbewerbschancen verzerrt würden. Dies widerspräche dem regulatorischen Grundgedanken der Schaffung eines „*level playing field*", dh **materieller Chancengleichheit** (vgl. Holznagel/Schütz/*Groebel*/*Horstmann* Einführung Rn. 225). Wettbewerbsrechtlich stellt die unterschiedliche Behandlung eine Konkurrentenbehinderung (Behinderungstatbestand) dar (s. hierzu auch BerlKommEnergieR/*Säcker*/*Boesche* EnWG § 6 Rn. 97, 99 f.). Anders als § 20 Abs. 1 Alt. 2 GWB aF (= § 19 Abs. 2 Nr. 1 GWB 2021) sieht § 21 Abs. 1 EnWG **keine sachliche Rechtfertigung** vor und ist insofern strenger. Durch die Vorgabe („Neutralitätsgebot") in Art. 18 Abs. 1 UAbs. 2 Elt-VO (→ Rn. 34), dass weder zwischen verschiedenen Formen der Netznutzung noch zwischen Erzeugungsanlagen verschiedener Netzstufen diskriminiert werden darf, erstreckt sich das Kriterium nun auf deutlich mehr Relationen als vom bisherigen Diskriminierungsverbot erfasst waren, dh es ist weitreichender.

Als dritter Aspekt des Diskriminierungsverbots (nach der internen und externen 53
Gleichbehandlung) ist die **Diskriminierung** von Abnehmergruppen zu betrachten, die dadurch entsteht, dass einzelne Abnehmergruppen mit mehr als durch sie verursachten Kosten belastet werden, was eine **Quersubventionierung zwischen Kundengruppen** impliziert. Dieser sog. **Preisstrukturmissbrauch** bedeutet, dass das Verhalten des Unternehmens mit seinem eigenen Verhalten auf anderen Märkten verglichen wird. Zur Verhinderung des Strukturmissbrauchs dient das **Kostenverursachungsprinzip** (explizit angesprochen in Bezug auf die Ge-

meinkosten in § 4 Abs. 4 StromNEV/§ 4 Abs. 4 GasNEV sowie in Zusammenhang mit der Kostenwälzung in § 14 Abs. 4 StromNEV, → Rn. 83, 175), denn ein Preisstrukturmissbrauch iSd § 19 Abs. 4 Nr. 3 GWB aF (= § 19 Abs. 2 Nr. 3 GWB 2021) ist ein „Verstoß gegen eine kostenverursachungsgerechte Preisbildung und eine **Quersubventionierung** bestimmter Kundengruppen durch andere Kundengruppen" (BerlKommEnergieR/*Engelsing,* 2. Aufl., GWB § 19 Rn. 176ff., 276–277). Über das **Kostenverursachungsprinzip** und die Regeln zur Schlüsselung von Gemeinkosten (Festlegungen der Regulierungsbehörde nach §§ 30 Abs. 1 Nr. 1 Strom-/GasNEV) kann somit auch ohne explizite Nennung des **Preisstrukturmissbrauchs** (wie in § 30 Abs. 1 S. 2 Nr. 6) dieses Kriterium **geprüft** werden und es entsteht keine Überprüfungslücke (auch zu § 30 Abs. 1 S. 2 Nr. 6 → Rn. 80ff.).

V. Angemessenheit

54   Das Kriterium der **Angemessenheit** betrifft die **Entgelthöhe** und bezeichnet den zu zahlenden Gegen**wert** der in Anspruch genommenen Leistung (hier des Netzzugangs). Es ist ein unbestimmter Rechtsbegriff, der im Sinne des wettbewerbsrechtlichen Maßstabs als **nicht missbräuchlich** zu verstehen ist (vgl. zum Begriff des „angemessenen Entgelts" in § 19 Abs. 4 Nr. 4 GWB aF BerlKommEnergieR/*Engelsing,* 2. Aufl., GWB § 19 Rn. 307ff.). Das Kriterium der Angemessenheit in § 21 Abs. 1 ist mithin weiter gefasst als das den **Kosten**maßstab kennzeichnende **Effizienzkriterium** des § 21 Abs. 2 (→ Rn. 67; ausf. auch Holznagel/Schütz/*Groebel*/Horstmann Einführung – Teil C Rn. 230).

55   Wie das **Transparenzerfordernis** waren auch die Kriterien der **Diskriminierungsfreiheit** und **Angemessenheit** bislang nur indirekt über den Hinweis auf §§ 19 Abs. 4 und 20 Abs. 1 und 2 GWB aF in § 6 Abs. 1 bzw. § 6a Abs. 2 EnWG aF enthalten (das Problem der Rechtsprechung des OLG Düsseldorf ist inzwischen durch BGH Beschl. v. 28.6.2005 – KVR 17/04, WuW/E DE-R 1513 – Stadtwerke Mainz, aufgelöst). Seit dem EnWG 2005 sind die diesbezüglichen Vorgaben der Beschleunigungsrichtlinien bzw. der nachfolgenden europarechtlichen Rechtsrahmen (s. Tabelle 1 → Rn. 37) auch explizit umgesetzt. Darüber hinaus ist zur **Vermeidung einer Doppelüberprüfung** mit § 111 EnWG die Anwendbarkeit von §§ 19, 20, 29 GWB für Entscheidungen nach dem Teil 3 des EnWG ausgeschlossen worden (zum Verhältnis zur nachträglichen Missbrauchskontrolle nach § 30 → Rn. 11 ff. und → Rn. 57 ff.).

VI. Gesamtwirkung von Entgelt und Bedingungen

56   Soweit das *„und"* zwischen den „Bedingungen *und* Entgelten" als einschließendes verstanden wird, ist die **Gesamtwirkung** aus beiden bei der Angemessenheitsprüfung zu berücksichtigen (*Salje* EnWG § 21 Rn. 13), dh Bedingungen in Form von Nebenpflichten (zB Nachzahlungsklausel) sind wie ein „Kostenbestandteil" zu verstehen und in das (nackte) Entgelt einzurechnen, dh beide Bestandteile zusammengenommen dürfen nicht missbräuchlich sein, wobei zu beachten ist, dass ohnehin „jede vom Netzbetreiber geforderte Bedingung neben dem Netznutzungsentgelt legitimierungsbedürftig ist", weil das Entgelt die alleinige Gegenleistung für die Einräumung des Netzzugangs ist (→ 3. Aufl., § 20 Rn. 16).

VII. Verhältnis zum Effizienzkriterium (Abs. 2)

Zur Klärung des **Verhältnisses von Abs. 1 zu Abs. 2** sind die allgemeinen Missbrauchskriterien des Abs. 1 mit dem Kostenmaßstab des Abs. 2 (Effizienzkriterium) zu vergleichen. Die Kette der Konkretisierung in Bezug auf das Entgeltniveau (Entgelthöhe) liest sich zusammengefasst wie folgt: 57

> angemessen $\hat{=}$ nicht missbräuchlich $\Rightarrow$ wettbewerbsanaloger Preis (Als-ob-Preis) = Preis der sich bei wirksamen Wettbewerb einstellen würde $\hat{=}$ Kosten, die im Wettbewerb durchsetzbar wären = Kosten eines effizienten Betreibers (Sollkosten).

Wie dargelegt (→ Rn. 54), entspricht „angemessen" „nicht missbräuchlich", was zu dem „wettbewerbsanalogen Preis", das ist der Preis, der sich bei wirksamen Wettbewerb einstellen würde, führt. Dieser Preis ist äquivalent zu den Kosten, die im Wettbewerb durchsetzbar wären, die gleich zu setzen sind mit den Kosten eines effizienten Betreibers, da sich im Wettbewerb nur der effiziente Betreiber durchsetzt. 58

Die **Angemessenheit** nach § 21 Abs. 1 allein reicht jedoch nicht, denn um nach § 23a genehmigungsfähig zu sein, muss das Entgelt dem **Effizienzkriterium** nach § 21 Abs. 2 genügen, was wegen der Bedeutung der Netzzugangsentgelte für den Wettbewerb eine **„Punktlandung"** erfordert, die keine Abweichung von den Kosten eines effizienten Betreibers zulässt, dh keine Anerkennung von „überschüssigen" Kosten, wohingegen die **Missbrauchsaufsicht**, die „bloß" die Angemessenheit prüft, **eine gewisse Bandbreite** erlaubt (*Zimmerlich/Müller* N&R 2006, 46 (47)), was in der Rechtsprechung mit dem Erheblichkeitszuschlag erfasst wird, der bei einem effizienzorientierten Entgeltregulierungsansatz ausscheidet (*Kühling* N&R 2004, 12 (17)). Dies lässt sich am ehesten mit dem Bild eines sich auf die Zielgröße (Effizienzkostenentgelt) verengenden „Trichters" (angemessener Preis) darstellen. Der strengere Maßstab der Effizienzkosten des § 21 Abs. 2 geht somit dem milderen Kriterium der Angemessenheit (§ 21 Abs. 1 EnWG = § 19 Abs. 4 Nr. 4 GWB aF (§ 19 Abs. 2 Nr. 4 GWB 2021)) vor. Das bedeutet dann aber auch, dass ein das **Effizienzkriterium erfüllendes** (genehmigungsfähiges) **Entgelt** zugleich auch immer **angemessen** (nicht missbräuchlich) ist, mithin auch **materiellrechtlich** nicht mehr nach § 30 angegriffen werden könnte (→ Rn. 12 und → 3. Aufl., § 30 Rn. 10). Dass *angemessenes* Entgelt und *kostenorientiertes* Entgelt nicht identisch sein können, ergibt sich logisch auch daraus, dass es ansonsten der eigenständigen Definition in Abs. 2 als den Kosten eines effizienten strukturell vergleichbaren Netzbetreibers nicht mehr bedurft hätte. § 21 Abs. 2 stellt auf den Idealpunkt ab, während sich ein angemessenes Entgelt nach § 21 Abs. 1 in einem gewissen Unschärfebereich bewegen kann, ohne deshalb schon missbräuchlich zu sein (vgl. auch BerlKommTKG/*Groebel* § 35 Rn. 23). 59

Während der Effizienzmaßstab des § 21 Abs. 2 unmittelbar die Entgelthöhe betrifft, darf ein wesentlicher Aspekt, der sich ebenfalls auf die Entgelthöhe auswirkt, nicht außer acht gelassen werden – die **Entgeltstruktur**, die von den **Kostenzuordnungsregeln** beeinflusst wird, da sie ein Missbrauchspotential aufweisen. Denn bei nicht verursachungsgerechter Kostenzuordnung, kommt es zur Quersubventionierung zwischen einzelnen Abnehmergruppen. Wie ausgeführt (→ Rn. 53), wird bei der **Preisstrukturkontrolle** geprüft, dass die Gesamtkosten diskriminierungsfrei (gerecht) auf alle Abnehmer verteilt wurden (BerlKommEnergieR/*Engel-* 60

§ 21

sing, 2. Aufl., GWB § 19 Rn. 191), dh die Kosten so zugeordnet wurden, dass die einzelnen Abnehmergruppen die durch sie verursachten Kosten tragen.

61 Für einen **diskriminierungsfreien Netzzugang,** der seinerseits Voraussetzung für funktionierenden Wettbewerb ist, müssen die Entgelte nach innen (Gleichbehandlungsgebot) und außen **diskriminierungsfrei und transparent** sowie **angemessen** sein, dh die allgemeinen Missbrauchskriterien des § 21 Abs. 1 erfüllen. Für einen **effizienten Netzzugang** müssen sie darüber hinaus auch noch **(effizienz)kostenorientiert** sein, dh dem Maßstab des § 21 Abs. 2 (und nicht „nur" **angemessen,** → Rn. 59) genügen.

62 Für ein nach **§ 23 a genehmigtes Entgelt** wurden somit die allgemeinen Missbrauchskriterien (einschließlich des Gleichbehandlungsgebot intern = extern) des § 21 Abs. 1 sowie die Kostenorientierung gem. § 21 Abs. 2 durchgeprüft (vergleichbar § 24 TKG-1996, der auch eine Überprüfung der Orientierung an den Kosten der effizienten Leistungsbereitstellung (§ 21 Abs. 1) und der Nicht-Missbräuchlichkeit (§ 21 Abs. 2) verlangte). Ein genehmigtes Entgelt ist mithin bereits als **nichtmissbräuchlich** festgestellt worden, so dass es (konkludent) auch die nach denselben Kriterien vorzunehmende Prüfung im Rahmen der nachträglichen Missbrauchskontrolle nach § 30 bestanden hat, jedenfalls eine solche Prüfung logisch zu keinem anderen Ergebnis kommen könnte. **Sachlich** bestünde also kein Anwendungsraum für die nachträgliche Missbrauchskontrolle, formal unterliegen indes auch genehmigte Entgelte grundsätzlich der Ex-post-Regulierung (§ 30 Abs. 1 S. 2 Nr. 1, s. o.), weshalb der Gesetzgeber mit **§ 30 Abs. 1 S. 2 Nr. 5** genehmigte Entgelte als **sachlich** gerechtfertigt qualifiziert und sie dadurch einer (erneuten) nachträglichen Prüfung entzieht (→ Rn. 11).

C. Kostenorientierte Entgeltbildung (Abs. 2)

I. Überblick

63 Während **Abs. 1** unverändert gegenüber dem Gesetzesentwurf (BT-Drs. 15/3917) in das Gesetz übernommen wurde, ist **§ 21 Abs. 2** im Laufe der parlamentarischen Beratungen einer kompletten Wandlung unterzogen worden (→ Rn. 5 ff. und → Rn. 39 ff.) und insbesondere der **Kostenmaßstab** (Kosten eines **effizienten** und strukturell vergleichbaren Betreibers) im Kern verändert und entscheidend verbessert worden. Insofern kann der Kritik der Monopolkommission in diesem Punkt nicht zugestimmt werden, die weiterhin „einen eindeutigen und effizienzorientierten Entgeltmaßstab" vermisst (Monopolkommission XVI. Hauptgutachten 2004/2005, Rn. 33). Der in Bezug auf die bloß auf den Durchschnitt abstellende Vermutungsregel des § 21 Abs. 4 S. 2 aF bestehende Widerspruch war auf dem Wege der Auslegung (Gesetzgenese) zu bereinigen: die Vermutungsregel konnte materiell nicht greifen, der **Effizienzmaßstab** „als zwingendes Kalkulationsprinzip" (Langen/Bunte/*Schultz,* 10. Aufl. 2006, Sonderbereich Energiewirtschaft Rn. 57) verdrängte sie. Denn nur Entgelte, die diesen Maßstab einhalten, sind genehmigungsfähig nach § 23 a (→ Rn. 59; zur Rolle der Behörde bei der Durchsetzung des Maßstabs → Rn. 71).

Bedingungen und Entgelte für den Netzzugang **§ 21**

II. Kosten

Das **Entgelt** ist die Gegenleistung für die Inanspruchnahme des Netzzugangs, 64
womit ökonomisch die **Kosten der Netznutzung** (Transport/Verteilung, Systemdienstleistungen, Messung – soweit nicht nach § 7 Abs. 2 MsbG außerhalb der Erlösobergrenze und Netzentgelte) abgegolten werden. Denn der Petent erhält Zugang zum gesamten Versorgungsnetz (zu allen Netzebenen, transaktionsunabhängiges Punktmodell des Stromnetzzugangs mit entfernungsunabhängigen Entgelten, §§ 15, 17 StromNEV und Art. 4 Abs. 1 aE Elt-VO 2003 (= Art. 18 Abs. 1 aE Elt-VO 19); vgl. Begründung StromNEV-RE v. 14.4.2005, BR-Drs. 245/05, 30; und → 3. Aufl., § 20 Rn. 38 ff.). Inzwischen gilt dies gemäß den Vorgaben des § 20 Abs. 1 b für ein Gasnetzzugangsmodell, das die Grundlage der Entgeltbildung ist (§ 13 Abs. 1 GasNEV), auch für den gaswirtschaftlichen Netzzugang insgesamt.
Kosten sind der zur Herstellung und Absatz von betrieblichen **Leistungen** erforderliche **bewertete Verbrauch** von Gütern und Dienstleistungen und die Aufrechterhaltung der dafür erforderlichen Kapazitäten (s. hierzu zB *Wöhe* BWL, 2005, S. 1077; BerlKommTKG/*Busse von Colbe* Vor § 27 Rn. 44). Charakteristisch für den Kostenbegriff ist also seine **Leistungsbezogenheit**.

Zur Bestimmung genehmigungsfähiger **Entgelte** für die Netznutzung ist demzufolge einerseits die Ermittlung der **Kosten** für die Erstellung eben dieser Leistung erforderlich. Wegen des **Effizienzmaßstabs und der Wettbewerbsorientierung** andererseits ist aber nicht wie bei der reinen Cost-plus-Regulierung schlicht auf die tatsächlich entstandenen Kosten abzustellen, sondern es sind nur die Kosten, die sich im Wettbewerb einstellen würden (Sollkosten), bei der Genehmigung zu berücksichtigen, wodurch dem Unternehmen ein **Anreiz** zu wettbewerbsanalogem Verhalten gesetzt wird. Die Behörde hat somit zu prüfen, „ob die geltend gemachten Kosten auch bei effizienter Unternehmensführung entstanden wären" (*Säcker* (2006), S. 12). Dabei hat sie die nicht wettbewerbsanalogen (dh ineffizienten) Kosten zu eliminieren, denn ausdrücklich heißt es in **Abs. 2 S. 2**, dass „Kosten und Kostenbestandteile, die sich ihrem Umfang nach bei Wettbewerb nicht einstellen würden, nicht berücksichtigt werden *dürfen*". Demzufolge hat die Behörde **kein Ermessen,** mehr als die Kosten eines effizienten und strukturell vergleichbaren Netzbetreibers anzuerkennen und hat die darüber hinausgehenden Kosten zu streichen. *Salje* spricht in diesem Zusammenhang von § 21 Abs. 2 S. 2 deshalb treffend als einer **Kürzungsvorschrift** (*Salje* EnWG § 21 Rn. 34).

III. Kriterien des Kostenmaßstabs

Der Kostenmaßstab des § 21 Abs. 2 wird mit den folgenden **vier Merkmalen** 66 konkretisiert:
– Kosten eines effizienten und strukturell vergleichbaren Netzbetreibers;
– Anreize für eine effiziente Leistungserbringung;
– angemessene, wettbewerbsfähige und risikoangepasste Verzinsung des eingesetzten [i. e. zur Leistungserbringung erforderlichen] Kapitals;
– nur soweit sie sich im Wettbewerb einstellen.
Die genannten vier **Merkmale** des Kostenmaßstabs gelten **kumulativ,** dh das Gesamtergebnis der Berechnung spiegelt die Kosten wider, bei denen alle Merkmale erfüllt sind.

1. Effizienzkriterium (Abs. 2 S. 1). Effizient bedeutet, dass nur die für die 67
Erbringung der Leistung **erforderlichen** Kosten (vgl. zB die Legaldefinition in

§ 31 Abs. 2 TKG 2004: „soweit diese Kosten jeweils für die Leistungsbereitstellung notwendig sind", BerlKommTKG/*Groebel* § 31 Rn. 22 f.; s. auch *Säcker/Meinzenbach* RdE 2009, 1; *Säcker* AöR 2005, 180 (202); *Säcker* (2004), S. 28 f.) berücksichtigungsfähig sind. Die **Erforderlichkeit** wird vom Genehmigungszeitpunkt aus gesehen bemessen, dh es wird nicht gefragt, was in der Vergangenheit zur Erstellung der Leistung erforderlich war, sondern wie im Telekommunikationsrecht **zukunftsgerichtet** unter Einbeziehung heutiger technologischer Gegebenheiten, weil dies die Entscheidungssituation eines im Wettbewerb stehenden Unternehmens darstellt, das mit den heute bei einem effizienten Netzbetreiber entstehenden Kosten konkurriert und diese zur Beurteilung der eigenen Wettbewerbsfähigkeit mit seinen Angebots- und Preiskalkulationen vergleichen muss, wenn es am Markt bestehen will. Maßgeblich sind somit die am Genehmigungszeitpunkt relevanten Kosten (zur Auswirkung für die Berechnung der Kapitalkosten und der Berücksichtigung von in der Vergangenheit getroffenen Entscheidungen über Investitionen in die Netzkapazität [Bewertung des Netzes] und zur Reichweite der Effizienzprüfung, → Rn. 101 ff.; → § 21 a Rn. 52 f.). Dies bezieht sich auf die (alle) Kosten der Betriebsführung eines **strukturell vergleichbaren** Netzbetreibers, dh beeinflussbare und unbeeinflussbare Kosten unterliegen der Überprüfung auf **Einhaltung** des Effizienzmaßstabs (nicht in Bezug auf die Effizienz*vorgaben*, § 21 a Abs. 4, *Säcker* (2006), S. 6); dh auf das Erreichen eines bestmögliches Verhältnisses zwischen Inputfaktoren und Output (optimale [= kostenminimale] Faktorkombination, was bei gegebener Technologie ein Bewegen auf der effizienten Produktionsmöglichkeitenkurve *[efficient production frontier]* bedeutet, da keine Ressourcen verschwendet, sondern alle Faktoren optimal genutzt werden; auch → § 21 a Rn. 46), wobei es zu Unterschieden zwischen den Klassen kommt, die auf die objektiv unterschiedlichen Bedingungen (zB siedlungsgeographisch bedingt, zur Strukturklassenbildung → Rn. 184) zurückzuführen sind. Der **energierechtliche** Maßstab der **Kosten** eines **effizienten** und strukturell vergleichbaren **Netzbetreibers** (§ 21 Abs. 2) entspricht dem **telekommunikationsrechtlichen** Maßstab der **Kosten** der **effizienten Leistungsbereitstellung** (§ 31 TKG 2004; vgl. hierzu auch *Säcker/Böcker,* Die Entgeltkontrolle als Bestandteil einer sektorübergreifenden Dogmatik für Netzwirtschaften, in: Picot (2008), S. 69, 83; vgl. auch BerlKommEnergieR/*Säcker/Meinzenbach,* EnWG § 21 Rn. 157 ff.; vgl. zum Effizienzmaßstab auch ausführlich *Ludwigs* (2013), Unternehmensbezogene Effizienzanforderungen im öffentlichen Recht – Unternehmenseffizienz als neue Rechtskategorie).

68   **2. Wettbewerbsanalogie und Anreize für eine effiziente Leistungserbringung.** Das **Effizienzkriterium** und das Merkmal der **Wettbewerbsanalogie** sind die zwei Seiten **derselben Medaille,** denn im Wettbewerb setzt sich der effiziente Anbieter durch, so dass sich der Wettbewerbspreis im Gleichgewicht auf dem Niveau der Kosten eines effizienten Betreibers einpendelt. Wenn nur diese effizienten, sich im Wettbewerb einstellenden Kosten anerkannt werden, ist damit automatisch ein **Anreiz zu einer effizienten Leistungserbringung** verbunden. Dieses ist mithin bereits in den beiden anderen Merkmalen der Effizienz und Wettbewerbsorientierung enthalten. Insofern ist die gesonderte Auflistung dieses Maßstabs deshalb streng genommen redundant und dürfte ein Relikt der ursprünglichen Gesetzesfassung (BT-Drs. 15/3917) sein, die mit einem anderen nicht notwendigerweise zu einer effizienten Leistungserbringung führenden Kostenbegriff (energiewirtschaftlich rationellen Betriebsführung) arbeitete. Das Merkmal lässt sich jetzt als **Verbindung zur Anreizregulierung** (§ 21 a) lesen, dh die Einzelentgeltgeneh-

migung soll bereits die zukünftige Anreizregulierung im Blick haben und die Behörde erhält somit einen „Auftrag" diese mit den genehmigten Entgelten vorzubereiten (→ Rn. 41). Die beiden Formen der Entgeltregulierung – Einzelentgeltgenehmigung (§ 23 a) und Anreizregulierung (§ 21 a) – werden also zusätzlich zum Effizienzmaßstab über die Vorgabe, Anreize zu einer effizienten Leistungserbringung zu setzen, in eine Linie gebracht. Das bedeutet auch, dass unabhängig von der Erarbeitung eines Anreizregulierungskonzepts (bzw. dem Stand der Arbeiten hieran) die **Anreizkomponente** gesetzlich vorgegebener Bestandteil des Kostenmaßstabs des § 21 Abs. 2 ist und folglich bei der **Berechnung** zu **berücksichtigen** ist. Dies kann sich etwa in den Abwägungen bei der Ermittlung der effizienten Kosten niederschlagen: der von ihr gesetzte Anreiz zur effizienten Leistungserbringung ist um so stärker, je strikter sie bei der Beurteilung vorgeht (→ Rn. 71 zum Beurteilungsspielraum der Behörde). So kann es diesbezüglich zu keinem Auseinanderfallen von § 21 und § 21 a kommen (anders *Salje* EnWG § 21 Rn. 31). Die Anreizwirkung wird erzielt, weil die Nichtanerkennung von geltend gemachten Kosten die Unternehmen zur Anpassung zwingt, dh zur Reduzierung ihrer Kosten müssen sie – unter Aufrechterhaltung der **Zuverlässigkeit** des Netzbetriebs, §§ 6 Abs. 1 Strom-/GasNEV – effizient(er) produzieren, dh die Kosteneinsparung darf nicht zulasten der Qualität gehen (zur „Qualitätsregulierung" → § 21 a Rn. 60 ff.).

3. Verzinsung des eingesetzten Kapitals. Nahtlos fügen sich auch die den **69** auf das eingesetzte Kapital in Anschlag zu bringenden **Zinssatz** präzisierenden Kriterien in das Gesamtkostenkonzept ein: die Verzinsung muss angemessen, wettbewerbsfähig und risikoangepasst sein, dh auch für die Höhe der Verzinsung gilt, dass diese sich nach den zuvor genannten Merkmalen der **Effizienz** und **Wettbewerbsorientierung** richtet. Im TKG 2004 wurden die bei der Berechnung des angemessenen Kapitalzinssatzes zu berücksichtigenden Kriterien in § 31 Abs. 4 präzisiert, nachdem bis dato die allgemeine Vorgabe der Angemessenheit (§ 24 Abs. 1 TKG-1996 iVm § 3 Abs. 2 TEntgV) als ausreichend erachtet worden war (hierzu ausf. BerlKommTKG/*Groebel* § 31 Rn. 45 ff.). Wie beim Kostenmaßstab insgesamt (→ Rn. 67) ist hier bezüglich des Kriteriums „*angemessen*" Übereinstimmung von energie- und telekommunikationsrechtlichen Vorgaben zur Verzinsung zu konstatieren. Das Kriterium „risikoangepasst" lässt sich in dem telekommunikationsrechtlichen Kriterium „leistungsspezifische Risiken" wiederfinden. Die Merkmale werden in dem nicht abschließenden *(insbesondere)* Kriterienkatalog des §§ 7 Abs. 5 Strom-/GasNEV präzisiert (zu den Einzelvorschriften der Zinssatzberechnung → Rn. 134 ff.). In engem Zusammenhang zur *effizienten* Verzinsung steht das mit **Abs. 2 S. 3** neu hinzugefügte aus den europarechtlichen Vorgaben folgende **Prinzip** des Erhalts der **Lebensfähigkeit der Netze** durch die Vornahme der **notwendigen Investitionen**. Wie oben dargelegt (→ Rn. 34) handelt es sich bei den *notwendigen* Investitionen um die *effizienten* Investitionen. Mit der folgerichtigen Ergänzung wird der Bezug zur **dynamischen Effizienz**, die im Fokus der Anreizregulierung nach § 21 a (→ Rn. 10) steht, verdeutlicht. Des weiteren ist das Prinzip als **Maßgabe** für die **Abwägung** der nach § 24 S. 2 Nr. 4 lit. c) erlassenen Vorgaben der Entgeltverordnungen, in denen es nach wie vor konkretisiert wird (→ Rn. 79, 104, 141), zu verstehen, dh bei ihrer **Anwendung** hat die Regulierungsbehörde diese im Lichte des nun explizit im Gesetz enthaltenen Lebensfähigkeitsprinzips zu lesen.

IV. Maßstab und Methode der Kostenermittlung

70 Von dem durch die genannten Merkmale charakterisierten Maßstab zu unterscheiden ist die zur Bestimmung dieser normativen Kosten (Sollkosten) angewandten Methode. Denn **Maßstab**, dh die Zielgröße (zB Effizienzkostenmaßstab vs. Vollkostenansatz oder den Kosten einer elektrizitätswirtschaftlich rationellen Betriebsführung) und die zu ihrer Ermittlung verwendete **Methode** (Kostenprüfung, Vergleichsmarktbetrachtung, Kostenmodellierung) dürfen nicht miteinander verwechselt werden (so auch *Kühling/el-Barudi* DVBl 2005, 1470 (1476f.)). So kann zB eine Vergleichsmarktbetrachtung je nach anzulegendem Maßstab zur Ermittlung der Vergleichsgröße nur auf die kostengünstigsten (niedrigsten) Preise abstellen *(Best-practice-Ansatz)* oder lediglich eine Durchschnittsbetrachtung *(Average-Practice-Ansatz)* durchführen, dh auch weniger günstige (höhere) Preise etc einrechnen und den Schnitt weiter „hinten" ansetzen (nach unten ziehen). Der Maßstab bestimmt die Art und Weise, in der die Methode angewandt wird, nicht umgekehrt (hierzu ausf. BerlKommTKG/*Groebel* § 31 Rn. 16 ff., § 35 Rn. 10 ff.; sowie →Rn. 14). § 21 Abs. 2 liefert nur den Maßstab, nicht aber die Methode der Kostenbestimmung.

V. Behördliche Kostenbestimmung und Beurteilungsspielraum

71 Die Regulierungsbehörden haben die nach den Vorgaben des europäischen Rechts, des EnWG und der Strom-/GasNEV von den Netzbetreibern kalkulierten Kosten des Netzbetriebs mittels der genannten Methoden dahingehend zu überprüfen, ob sie den gemäß dem Effizienzmaßstab gerechtfertigten (anerkennungsfähigen) Kosten entsprechen oder gegebenenfalls auf das Niveau der effizienten, dh sich im Wettbewerb einstellenden Kosten zu kürzen sind. Dh unabhängig davon, wie viel Einsparpotential der Netzbetreiber bei seinen Kalkulationen bereits gem. § 4 Abs. 1 Strom-/GasNEV berücksichtigt hat, bleibt die **Einschätzungsprärogative** bei der die Entgelte **genehmigenden Behörde**. Denn sie legt in Ausübung ihrer Genehmigungsbefugnis nach § 23 a den gesetzlich vorgegebenen Maßstab (§ 21 Abs. 2) an die vorgelegten Kosten an und hat für die Bestimmung der Kosten eines effizienten Betreibers einschließlich der angemessenen, wettbewerbsfähigen und risikoangepassten Verzinsung und die Auswahl der hierfür geeigneten Methoden im Rahmen der gesetzlichen und verordnungsrechtlichen Vorgaben einen **Beurteilungsspielraum** (BerlKommTKG/*Groebel* § 31 Rn. 39 f. mwN zur telekommunikationsrechtlichen Rspr.; siehe auch BVerwG Urt. v. 23.10.2011 − 6 C 11.10, MMR 2012, 771, in dem das BVerwG der Behörde einen sehr weiten Beurteilungsspielraum zubilligt; allg. *Schmidt-Aßmann*, Das Allgemeine Verwaltungsrecht als Ordnungsidee, 2. Aufl. 2004, S. 141 mwN; vgl. OLG Düsseldorf Beschl. v. 28.6.2006 − VI-3 Kart 151/06 (V), S. 11 f. des amtlichen Umdrucks zur Zulässigkeit der Auskunftsverlangen der BNetzA gem. §§ 69, 112 a [Daten für die Erstellung des Anreizregulierungskonzepts/-berichts]; ebenso OLG Düsseldorf Beschl. v. 6.7.2006 − VI-3 Kart 162/06 (V), wegen Beiladungspraxis der BNetzA in den Entgeltgenehmigungsverfahren nach § 23 a EnWG; verneinend in bezug auf die Bestimmung des kapitalmarktüblichen Fremdkapitalzinssatzes nach § 5 Abs. 2 Strom-NEV allerdings OLG Düsseldorf Beschl. v. 21.7.2006 − VI-3 Kart 289/06 (V), S. 18 f. des amtl. Umdrucks = GewA 2006, 427). Inzwischen ist mit gefestigter höchstrichterlicher Rechtsprechung anerkannt, dass der **Regulierungsbehörde** ein weiter **Beurteilungsspielraum** bei der Bestimmung der **Eigenkapitalverzinsung** (EKZ) und anderer zentraler Bestandteile der Entgeltregulierung (zB des generellen sektoralen Produktivitätsfaktors, dem Effizienzvergleich) **zusteht** (BGH Beschl. v. 26.1.2021 – EnVR 7/20 (genereller sektoraler Produktivitätsfaktor Gas, 3. Regulierungsperiode); BGH Beschl. v. 3.3.2020 – EnVR 26/18 (EKZ III, 3. Regulierungsperiode); BGH Beschl. v. 9.7.2019 – EnVR 52/18 (EKZ II, 3. Regulierungsperiode); BGH Beschl. v. 11.12.2018 – EnVR 48/17 (EKZ für die 2. Regulierungsperiode); BGH Beschl. v. 27.1.2015 – EnVR 37/13, EnVR 39/13 (EKZ I, 1. Regulierungsperiode)), was unten noch im Einzelnen dargelegt wird (→ Rn. 149–157). Die **Ex-ante-Kontrolle** mit dem **strengen Kostenmaßstab** stellt den wesentlichen Unterschied zur bisherigen energie- und kartellrechtlichen Missbrauchsaufsicht dar. Dabei kommt der Behörde eine ganz entscheidende Rolle zu. Denn ihr obliegt es, mit der Genehmigungspraxis den **Effizienzmaßstab durch Kürzungen durchzusetzen** und mit dieser externen Kostenkontrolle das bisherige „Kostenmachen" („Vergoldung") und „Durchreichen" wirksam zu verhindern (hierzu im Einzelnen → Rn. 74f.).

Wenn die Kürzungen anhand der vorgelegten Kostenunterlagen vorgenommen 72 werden, wird diese Vorgehensweise als „*top-down*" bezeichnet. Alternativ kann – wie zB bei der Entscheidungspraxis der BNetzA im Bereich der Entgeltregulierung nach § 31 TKG 2004 – mit der **effizienten Investitionssumme** gerechnet werden, die mittels eines **analytischen Kostenmodells,** mit dem ausgehend von bestimmten Strukturparametern des existierenden Netzes (sog. *Scorched-node*-Ansatz) ein **effizientes Netz** *bottom-up* konstruiert wird, bestimmt wird (s. zur Bestimmung der effizienten Gesamtinvestitionssumme ausführlich BerlKommTKG/*Groebel* § 35 Rn. 25–36; zur Zulässigkeit der Verwendung analytischer Kostenmodelle nach EnWG → Rn. 21; zur Anwendung von Netzkostenmodellen im Energiebereich s. zB *Fritz/Maurer* emw 1/2006, 22; *Fritz* emw 6/2005, 66; *Franz/Wengler,* WIK Machbarkeitsstudie zum Einsatz von analytischen Kostenmodellen in der Stromnetzregulierung (für die RegTP, 2005); *Katzfey/Vetter/Chabowski/Hiller/Heitmeier/ Nitschke/Oberländer* EW 2004, 14; *Wolffram/Haubrich* ET 2002, 388; zur Verwendung von analytischen Kostenmodellen in der Telekommunikationsentgeltregulierung *Ritter/Piepenbrock* emw 4/2004, 16; sowie → § 21a Rn. 48f.).

D. Ermittlung der Netzkosten gemäß StromNEV und GasNEV

Die nach § 24 Abs. 4 erlassene **Strom- und GasNEV** enthalten **detaillierte** 73 **Kalkulationsvorgaben** für die Ermittlung der **Netzkosten** und die Bestimmung der **Netzentgelte** auf der Grundlage der zuvor ermittelten Kosten (§§ 3 Strom-/ GasNEV).

I. Auslegungspraxis der Regulierungsbehörden

Entscheidende **Weichenstellungen zur Auslegung** der Strom-/GasNEV fin- 74 den sich in der **Entscheidungspraxis der BNetzA,** seit der ersten Entgeltgenehmigungsentscheidung nach § 23a der BNetzA zu Stromnetzentgelten (Beschl. v. 6.6.2006 – BK8-05/019), mit dem der Antrag der Vattenfall Europe Transmission GmbH [VET, inzwischen 50 Hertz] vom 31.10.2005 beschieden wurde (Tenor und Preisblatt wurden im BNetzA-ABl. Nr. 14/2006 v. 19.7.2006 als Mitteilung Nr. 259/2006 veröffentlicht). Mit diesem Beschluss (im Folgenden zit. als BK8-05/019), der seinerseits auf dem Positionspapier (→ Rn. 77) fußt und bis auf einen

§ 21
Teil 3. Regulierung des Netzbetriebs

Punkt (Gewerbesteuerzahlungen) deckungsgleich mit diesem ist, wurden zum ersten Mal die Kalkulationsvorgaben und Entgeltermittlungsvorschriften der StromNEV durch die Behörde angewandt („Leitentscheidung", s. auch Pressemitteilung der BNetzA v. 25.7.2006 zum Beschluss des OLG Düsseldorf, www.bundesnetzagen tur.de/SharedDocs/Pressemitteilungen/DE/2006/060725EntscheidungBNetzA.h tml). Der Beschluss wurde hinsichtlich der Einhaltung der **materiellen Vorgaben** der Strom-/GasNEV und des Kostenmaßstabs im Wesentlichen durch die Eilentscheidung des OLG Düsseldorf (Beschl. v. 21.7.2006 – VI-3 Kart 289/06 (V)) und durch die Entscheidung in der Hauptsache (OLG Düsseldorf Beschl. v. 9.5.2007 – VI-3 Kart 289/06 (V), RdE 2007, 193) sowie seine jüngeren Beschlüsse zur Genehmigung von Gasnetzzugangsentgelten (OLG Düsseldorf Beschl. v. 24.10.2007 – VI-3 Kart 471/06 (V), VI-3 Kart 472/06 (V) und VI-3 Kart 8/07 (V)) **bestätigt.**

75 Die **Vorgehensweise** bei den weiteren inzwischen ergangenen Entgeltgenehmigungsentscheidungen (BNetzA, Beschl. v. 27.7.2006 – BK8-05/20 – RWE; BNetzA, Beschl.v. 27.7.2006 – BK8-05/17 – EnBW) ist **dieselbe** wie bei dem VET-Genehmigungsbeschluss. Darüber hinaus wurde der Beschluss des OLG Düsseldorf berücksichtigt. Unterschiede bei den Kürzungen der vorgelegten Kosten (ca. 11,7 Prozent bei VET, gut 9 Prozent RWE, gut 8 Prozent EnBW, rund 14 Prozent TEN) sind auf konkrete kostenrechnerische unternehmensindividuelle Gegebenheiten zurückzuführen. Wegen der vom Gericht im Falle Vattenfall abgelehnten Mehrerlösabschöpfung der Differenz zwischen den erhobenen und genehmigten Entgelten für den Zeitraum des Genehmigungsverfahrens (OLG Düsseldorf Beschl. v. 21.7.2006 – VI-3 Kart 289/06 (V), S. 27f. des amtlichen Umdrucks = GewA 2006, 427), ist hiervon in den Genehmigungsentscheidungen RWE, EnBW und TEN abgesehen worden, die Genehmigung wird ab dem Zeitpunkt der Bekanntgabe wirksam (BNetzA Beschl.v. 27.7.2006 – BK8-05/17 – EnBW, S. 46; dazu auch → 3. Aufl., § 23a Rn. 25ff.). Am 30.8.2006 wurden schließlich die Entgeltgenehmigungen für die Übertragungsnetzbetreiber mit der Bekanntgabe des Beschlusses für die E.ON Netz GmbH (BK8-05/18) abgeschlossen. Ebenfalls am 30.8.2006 erfolgte die **erste Gasnetzentgeltgenehmigungsentscheidung** für die E.ON Thüringer Energie AG, bei der es es wie im Strombereich zu Kürzungen der Netzkosten kam (dazu ausf. →3. Aufl., Rn. 74).

76 Entgegen der ursprünglichen Planung der BNetzA, die mit einem Beginn der Anreizregulierung zum 1.1.2008 rechnete (und diesen Starttermin auch im Anreizregulierungsbericht empfohlen hatte, vgl. BNetzA Anreizregulierungsbericht I, Rn. 32), musste wegen des um ein Jahr späteren Beginns der Anreizregulierung für 2008 eine **zweite Entgeltgenehmigungsrunde** gem. § 23a erfolgen, bevor es zum Übergang der kostenorientierten zur anreizorientierten Entgeltregulierung kam. Hierzu hatte die BNetzA am 2.5.2007 zuvor Festlegungsbeschlüsse gem. § 29 Abs. 1 mit Vorgaben zur Gestaltung der Entgeltanträge nach § 23a Abs. 3 erlassen (BNetzA Beschl. v. 2.5.2007 – BK8-07-008 bis BK8-07-014, (Strom) und BK9-07-601-1 bis BK9-07-601-7, (Gas); krit. zum Vorgehen der BNetzA *Elspas/Rosin/Burmeister,* Netzentgelte zwischen Kostenorientierung und Anreizregulierung, RdE 2007, 329). Die rechtliche Zulässigkeit dieser **Festlegungen** hat das OLG Düsseldorf in mehreren Entscheidungen bestätigt (vgl. zB OLG Düsseldorf Beschl. v. 27.2.2008 – VI-3 Kart 106/07 (V), RdE 2008, 282 oder Beschl. v. 27.2.2008 – VI-3 Kart 121/07 (V)), woraufhin sich die weiteren Beschwerden gegen die Festlegungsbeschlüsse überwiegend durch Rücknahme erledigten.

77 Zur Sicherstellung einer **einheitlichen Auslegung** hatten BNetzA und Länderregulierungsbehörden nach Diskussion im Länderausschuss ein **gemeinsames**

Bedingungen und Entgelte für den Netzzugang § 21

Positionspapier verabschiedet (im Folgenden zit. als Positionspapier) und den Netzbetreibern zur Beachtung bei der (Neu-)Berechnung der Netzentgelte übersandt, aber auf eine Festlegung nach § 29 EnWG iVm § 30 StromNEV (noch) verzichtet (vgl. hierzu auch *Schalle/Boos* ZNER 2006, 20).

II. Kostengrundlage und allgemeine Ermittlungsvorgaben

1. Zusammensetzung der Netzkosten. Die **Netzkosten** setzen sich nach 78
§§ 4 Abs. 2 Strom-/GasNEV aus folgenden Kosten (Elementen) zusammen:
– Aufwandsgleiche Kostenpositionen (§ 5, § 5a)
– Kalkulatorische Abschreibungen (§ 6, § 6a, Anlage 1)
– Kalkulatorische Eigenkapitalverzinsung (§ 7)
– Kalkulatorische Steuern (§ 8)
– Kostenmindernde Erlöse und Erträge (§ 9)
Bei der Berechnung der Kosten des **Elektrizitätsnetzes** kommen noch die Kosten der Beschaffung von Verlustenergie (Behandlung von Netzverlusten, § 10 StromNEV) hinzu.

2. Bilanzielle und kalkulatorische Kosten. Nach §§ 4 Abs. 1 Strom-/Gas- 79
NEV sind sowohl **bilanzielle als auch kalkulatorische Kosten des Netzbetriebs** umfasst. Der Verordnungsgeber hat also zwei Kategorien von Kosten gebildet: die bilanziellen Kosten, die unmittelbar dem Rechenwerk des Unternehmens entnommen werden können und die kalkulatorischen, die erst noch einer Berechnung (Kalkulation) bedürfen. **Aufwandsgleiche Kosten** (Personal-, Material-, Betriebskosten, Fremdkapitalzinsen etc) sind direkt der Finanzbuchhaltung (hier der GuV nach § 4 Abs. 2 oder 3) zu entnehmen (*Wöhe* BWL S. 1081, 1083). Im Gegensatz zu diesen Kosten, sind **kalkulatorische Kosten** wie zB kalkulatorische Abschreibungen, Eigenkapitalzinsen und Steuern Kosten, denen kein oder ein anderer Aufwand in der Finanzbuchhaltung gegenübersteht und die deshalb erst gesondert berechnet werden müssen, um den **gesamten** bei der Erstellung der Leistung tatsächlich entstandenen (verursachten) Verbrauch an Gütern und Dienstleistungen zu erfassen und zu bewerten. So werden in der Kostenrechnung also zB nicht die aus steuerlichen Gründen in der Bilanz angesetzten Abschreibungen zugrundegelegt, sondern die kalkulatorisch – unter dem Gesichtspunkt der Erhaltung der Leistungs-/Lebensfähigkeit des Netzes und dessen ökonomischer Lebensdauer – erforderliche Abschreibung (Baur/Salje/Schmidt-Preuß Energiewirtschaft/*Matz* Kap. 78 Rn. 57 ff.). Wie in leitungsgebundenen Netzindustrien generell gehören auch im Energiebereich die **Kapitalkosten** (Abschreibungen und Zinsen) zu den bedeutendsten Kosten, die die Gesamthöhe und Struktur der Netzkosten (hohe versunkene Kosten, degressiver Verlauf der Durchschnittskosten) maßgeblich beeinflussen. Wegen der Relevanz für die Bewertung des Netzes unter ökonomischen Gesichtspunkten sind deshalb **Kosten im betriebswirtschaftlichen Sinne** einschließlich der kalkulatorischen Kosten zu ermitteln und den Entgeltberechnungen zugrundezulegen.

3. Relevante Bezugsdaten. Bezugsbasis für die Ermittlung der Entgelte und 80
der (bilanziellen sowie kalkulatorischen) Kosten sind die **Daten** (ausgehend von der Gewinn- und Verlustrechnung nach § 6b Abs. 3) des **letzten abgelaufenen Geschäftsjahres**, gesicherte Erkenntnisse über das Planjahr zum Antragszeitpunkt können dabei berücksichtigt werden, wenn diese dem Grunde und der Höhe nachgewiesen werden (§§ 3 Abs. 1, 4 Abs. 2 Strom-/GasNEV; s. auch Baur/Salje/Schmidt-Preuß Energiewirtschaft/*Matz* Kap. 78 Rn. 18 ff.). Somit bilden die **Ist-**

werte (Istkosten) den Ausgangspunkt für die weiteren Berechnungen. Hinsichtlich der **gesicherten Erkenntnisse** bezüglich Plandaten fordert der BGH für das Vorliegen „gesicherter Erkenntnisse" eine „hohe Wahrscheinlichkeit", eine nur „überwiegende Wahrscheinlichkeit" reicht nicht aus, BGH Beschl. v. 7.4.2009 – EnVR 6/08, RdE 2010, 25), so auch OLG Koblenz Beschl. v. 9.7.2009 – W 621/06 Kart, IR 2009, 230 (231), → Rn. 67; zur Gefahr systematischer Prognosefehler bei der Absatzmenge und ihrer Beseitigung durch die periodenübergreifende Saldierung → Rn. 93). Die **Darlegungs- und Beweislast** für das Vorliegen **gesicherter Erkenntnisse** hat das antragstellende **Unternehmen** (bestätigt durch Eilentscheidung OLG Düsseldorf Beschl. v. 21.7.2006 – VI-3 Kart 289/06 (V), S. 9 f. des amtl. Umdrucks = GewA 2006, 427, OLG Düsseldorf Beschl. v. 24.10.2007 – VI-3 Kart 472/06 (V), S. 21 ff. des amtl. Umdrucks = BeckRS 2008, 5917); aA *Jansen/Sieberg*, Der Ansatz von Plankosten im Rahmen der Kalkulation der Netzentgelte, ET 2007, 67).

81   **4. Vorlage- und Dokumentationspflichten der Netzbetreiber.** Die Netzbetreiber unterliegen umfassenden Vorlage- und Dokumentationspflichten. Gem. § 23a Abs. 3 Nr. 1 EnWG und §§ 28 Strom-/GasNEV haben sie zu den vorgelegten Kalkulationen einen Bericht zu erstellen, in dem sie **vollständig** die **Ermittlung der Netzentgelte nachvollziehbar darlegen** und alle relevanten Informationen mitliefern. Die Darlegungs- und Beweislast hinsichtlich der Vollständigkeit gem. § 23a Abs. 4 S. 2 hat der Antragsteller (Eilentscheidung Vattenfall-Beschwerde gegen BK8-05/19, OLG Düsseldorf Beschl. v. 21.7.2006 – VI-3 Kart 289/06 (V), S. 6 des amtl. Umdrucks = GewA 2006, 427 (428); OLG Düsseldorf Beschl. v. 27.2.2008 – VI-3 Kart 106/07 (V) = RdE 2008, 282 oder OLG Düsseldorf Beschl. v. 27.2.2008 – VI-3 Kart 121/07 (V). Die umfassende Nachweispflicht des Unternehmens ist somit gerichtlich bestätigt. Erster Prüfschritt im Verfahren nach § 23a (→ § 23a Rn. 1 ff.) ist eine (formale) **Prüfung** der Unterlagen auf **Vollständigkeit**, denn die sechsmonatige Entscheidungsfrist beginnt erst mit Vollständigkeit der Unterlagen (zu den weiteren Prüfschritten einschließlich der **regulatorischen Prüfung** auf Einhaltung des Effizienzmaßstabs → Rn. 98). Die Regulierungsbehörde ist zwar grundsätzlich verpflichtet, die zur Bestimmung der Erlösobergrenzen notwendigen Tatsachen von Amts wegen zu ermitteln (§ 68 Abs. 1 EnWG, § 27 Abs. 1 3 Nr. 1 ARegV). Dieser Pflicht der Behörde stehen jedoch Obliegenheiten des Netzbetreibers gegenüber, die bei der Ermittlung des Sachverhalts mithelfen und insbesondere die ihnen bekannten Tatsachen und Beweismittel angeben sollen. Die Mitwirkungslast begrenzt insoweit die Amtsaufklärungspflicht der Regulierungsbehörde. Diese braucht entscheidungserhebliche Tatsachen nicht zu ermitteln, die der Betroffene ihr zu unterbreiten hat (Holznagel/Schütz/*Schütte* ARegV § 4 Rn. 130; BGH Beschl. v. 28.6.2011 – EnVR 48/10, Rn. 86 des amtlichen Umdrucks = RdE 2011, 308; BGH Beschl. v. 3.3.2009 – EnVR 79/07, NJOZ 2009, 3390 (3394); BVerwG Urt. v. 7.11.1986 – 5 C 27.85, NVwZ 1987, 404 (405)).

82   Ähnliche Vorgaben bezüglich der Vorlage- und Dokumentationspflichten finden sich in § 33 TKG 2004 [= § 34 TKG 2012 bzw. § 43 TKG 2021], insbesondere muss die **Nachvollziehbarkeit** der Kalkulation sichergestellt sein, weil die Behörde ansonsten ihrer Prüfpflicht in der zur Verfügung stehenden Verfahrensfrist nicht nachkommen kann (vgl. BerlKommTKG/*Groebel/Seifert* § 33 Rn. 19 ff.). Allerdings unterscheiden sich die genannten Vorschriften hinsichtlich **Detailtiefe** ihrer Kalkulationsvorgaben. Die Vorgaben des § 33 TKG 2004 erreichen nicht annähernd den Detaillierungsgrad der Strom- und GasNEV, wobei die **Behörde** nach

Bedingungen und Entgelte für den Netzzugang **§ 21**

§ 29 TKG detailliertere Vorgaben zur Kostenrechnung und Kostenrechnungsmethoden anordnen kann (vgl. BerlKommTKG/*Groebel* § 29 Rn. 15 ff.), während sie im Energierecht bereits vom **Verordnungsgeber** festgelegt worden sind. Aufgrund der von der Branche und den Verbänden im Gesetzesverfahren gewollten detaillierten Vorgaben hat die Behörde in diesem Bereich nur einen vergleichsweise strikten normativen Rahmen für die Kostenprüfung, der sich (erwartungsgemäß) in der Praxis eher als Hemmschuh für eine flexible Handhabung erweist. Die Fülle der Detailvorgaben führt kaum zu einer „schlanken und effizienten Regulierung" (so *Theobald/Hummel* ZNER 2003, 176 (179)).

5. Stufen der Kostenermittlung (§§ 3 ff.) im Überblick. Nach § 3 Abs. 1 83 **StromNEV** sind die **Netzkosten** gem. §§ 4–11 StromNEV nach **Kostenarten** zusammenzustellen, sodann auf die **Kostenstellen** zu verteilen (§§ 12–13 StromNEV und Anlage 2), danach im Wege der Kostenwälzung den **Kostenträgern** zuzuordnen (§ 14 StromNEV und Anlage 3) und schließlich unter Verwendung einer **Gleichzeitigkeitsfunktion** nach § 16 StromNEV (und Anlage 4) die **Netzentgelte** für jede Netz- und Umspannebene zu bestimmen (§§ 15, 17 StromNEV). Durch die **Kostenwälzung** werden die Kosten einer Netzebene anteilig auf die nachgelagerte Netzebene **verursachungsgerecht verteilt** (Baur/Salje/Schmidt-Preuß Energiewirtschaftz/*Matz* Kap. 77 sowie Baur/Salje/Schmidt-Preuß Energiewirtschaft/*Matz* Kap. 78 Rn. 155 f.; Begr.RegE StromNEV v. 14.4.2005, BR-Drs. 245/05, 38). Mit dem Netzentgelt werden über die Kostenwälzung die Kosten der Netz- und Umspannebene, an die der Netznutzer angeschlossen ist, einschließlich der Kosten aller vorgelagerten Ebene abgegolten. Wegen der zunehmenden Bedeutung und den Besonderheiten wird mit **§ 3 a StromNEV** nF die Ermittlung der umlagefähigen Netzkosten für Offshore-Anbindungsleitungen explizit geregelt. Nach § 3a Abs. 1 StromNEV sind diese ebenfalls gem. §§ 4 – 10 StromNEV zu ermitteln unter Maßgabe der in Abs. 2 folgenden spezielle Regelungen. Nach § 3a Abs. 1 S. 2 StromNEV sind die Netzkosten für die Offshore-Anbindungsleitungen **getrennt** von den sonstigen Netzkosten zu ermitteln. Mit den im EnWG 2021 neu aufgenommenen Regelungen zu **grenzüberschreitenden Elektrizitätsverbindungsleitungen** (selbständiger Betreiber, Abschnitt 3 a) geht die Einführung von **§ 3 b StromNEV 2021** einher. Nach § 28e EnWG 2021 gilt für die Netzkosten grenzüberschreitender Elektrizitätsverbindungsleitungen der Maßstab des § 21 Abs. 2 und deren Ermittlung hat den §§ 4–10 StromNEV zu folgen.

Auch in **§ 3 Abs. 1 GasNEV** sind die **Netzkosten** gem. §§ 4–10 GasNEV nach 84 **Kostenarten** zusammenzustellen, sodann auf die **Kostenstellen** zu verteilen (§§ 11–12 GasNEV und Anlage 2), danach den **Kostenträgern** zuzuordnen (§§ 13–14 GasNEV) und schließlich die **Netzentgelte** für die Gasfernleitungen und Gasverteilung zu bestimmen (§§ 15 ff. GasNEV). Dabei ist eine möglichst **verursachungsgerechte Aufteilung** der Gesamtkosten in die Beträge, die durch **Einspeiseentgelte** einerseits und in die Beträge, die durch die **Ausspeiseentgelte** andererseits zu decken sind, vorzunehmen, wobei eine **angemessene Aufteilung** der Gesamtkosten zwischen den Ein- und Ausspeisepunkten zu gewährleisten ist (§ 15 Abs. 1 GasNEV). Soweit Entgelte **überregionaler Gasfernleitungsnetze** (§ 2 Nr. 3 GasNEV) nicht der kostenorientierten Entgeltbildung unterliegen (§ 21 Abs. 2 S. 1 letzter Hs.), werden die Entgelte abweichend von den §§ 4–18 GasNEV nach Maßgabe des **§ 19 GasNEV** auf der Grundlage eines Vergleichsverfahrens nach § 26 aF (Vergleich der Fernleitungsnetzbetreiber) gebildet. Dies ist dann der Fall, wenn die Behörde festgestellt hat, dass das Fernleitungsnetz zu einem überwiegenden Teil wirksamem bestehenden oder potenziellem **Wettbewerb** ausgesetzt ist (§ 3 Abs. 2 GasNEV, zur Ausnahme von der kostenorientierten Entgeltbildung → Rn. 186 ff.).

85 Das **Vorgehen zur Kostenermittlung** erfolgt geradezu lehrbuchmäßig (vgl. zB *Wöhe* BWL S. 1081, (1094, 1109)) nach dem Dreischritt der Kostenrechnung (Abb. 3 kostenbasierte Entgeltermittlung, *Bericht der Kartellbehörden 2001*, S. 27 f.; *Theobald* IR 2004, 123 (124)):

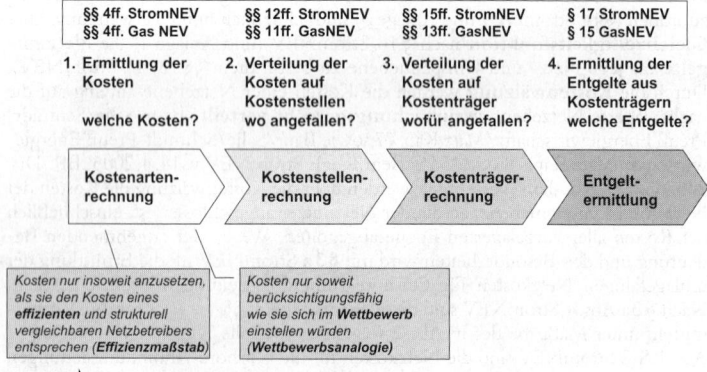

Abb. 3: Kostenbasierte Entgeltermittlung

- **Kostenarten:** Welche Kosten sind angefallen? Erfassung der entstandenen Kosten (zB Personal-, Kapitalkosten etc) und Unterteilung in Einzel- und Gemeinkosten (dem Kostenträger direkt zuordenbare Kosten und dem Kostenträger nur indirekt über eine Schlüsselung zuordenbare Kosten, §§ 4 Abs. 4 Strom-/Gas NEV, → Rn. 88 ff.)
- **Kostenstellen:** Wo sind die Kosten angefallen? Verteilung der Kosten auf Organisationseinheiten (Betriebsbereiche, spiegeln die Struktur des Netzes wider: Systemdienstleistungen Hochspannungs- oder Hochdrucknetz, Messung, Abrechnung etc, Anlage 2 Strom-/GasNEV)
- **Kostenträger:** Wofür sind die Kosten angefallen? für welche Leistungen, die die Kosten tragen und als Grundlage für die Entgeltermittlung (preispolitische Entscheidungen, zB Kalkulation einer Angebotspreisuntergrenze) dienen (zB Höchstspannungsebene setzt sich zusammen aus Höchstspannungsnetz plus Systemleistungen, Umspannung etc, Anlage 3 StromNEV)

86 Während also die **Kostenartenrechnung** dazu dient, die entstandenen Kosten nach Art der Kosten (zur Zusammensetzung der Kosten → Rn. 78 f.) zu **erfassen**,

Bedingungen und Entgelte für den Netzzugang § 21

wird bei der **Kostenstellenrechnung** die **Verteilung** der Kosten nach dem Ort bzw. der Organisationseinheit, in der diese angefallen sind, vorgenommen, weshalb bei den Stromkosten die Kostenwälzung, die die anteilige Verteilung der Kosten einer Netzebene auf die nachgelagerten Ebene beschreibt, hierzu zählt. Die **Kostenträgerrechnung** nimmt die **Zuordnung** der Kosten auf die Leistungen vor, die die Kosten tragen, dh mit deren Verkauf die Kosten verdient werden sollen. Sie steht deshalb in direktem Zusammenhang mit der **Ermittlung der Entgelte,** die sich aus den den Leistungen zugeordneten Kosten ergeben.

6. Normative Vorgaben zur Kostenermittlung. a) Effizienzkriterium 87
(§§ 4 Abs. 1 Strom-/GasNEV). Anzusetzen sind nach §§ 4 Abs. 1 **Strom-/ GasNEV** die Kosten **nur insoweit,** als sie den **Kosten eines effizienten** und strukturell vergleichbaren **Netzbetreibers** entsprechen. Das bedeutet, dass der Netzbetreiber bei der Kalkulation bereits **Effizienzgesichtspunkte** berücksichtigen muss und (aus seiner Sicht) ineffiziente Kosten, also Kosten, die bei effizienter Betriebsführung nicht entstanden wären, nicht ansetzen darf. Dies wird von der **Behörde überprüft** und gegebenenfalls noch **korrigiert.** Das bedeutet zB dass zu prüfen ist, ob Rationalisierungspotentiale bei Personalkosten ausgeschöpft wurden, denn es dürfen nur Kosten berücksichtigt werden, die sich auch im Wettbewerb einstellen würden (s. auch Baur/Salje/Schmidt-Preuß Energiewirtschaft/ *Matz* Kap. 77 Rn. 6 ff.).

b) Verursachungsgerechte Zurechnung (Einzelkosten/Gemeinkosten). 88
Es wird eine möglichst **verursachungsgerechte** Kostenzuordnung (Kostenverursachungsprinzip) angestrebt (Auslegungsvermerk der GD Energie und Verkehr zu den Richtlinien 2003/54/EG und 2003/55/EG über den Elektrizitäts- und Erdgasbinnenmarkt zur „Rolle der Regulierungsbehörden" v. 14.1.2004 (http://ec.europa. eu/energy/electricity/legislation/notes_for_implementation_en.htm; Punkt 3.1 Netzzugang, 7f.)). Denn eine verursachungsgerechte Kostenzuordnung bedeutet zum einen verzerrungsfreie (diskriminierungsfreie) Entgeltstrukturen (→ Rn. 47 ff., 53, 60) und zum anderen werden **alle** Netznutzer **nur** mit den **Netz**kosten, die aus Einzel- und Gemeinkosten bestehen, belastet, dh es werden überhöhte Entgelte und die damit einhergehende Ausbeutung verhindert. Allerdings lässt sich in der Praxis die Verursachungsgerechtigkeit bei Netzentgelten unter unterschiedlichen Betrachtungsweisen nicht immer eindeutig definieren (consentec/Fraunhofer ISI, Optionen zur Weiterentwicklung der Netzentgeltsystematik für eine sichere, umweltgerechte und kosteneffiziente Energiewende, Studie im Auftrag des BMWi Abschlussbericht v. 11.6.2018, S. III). **Einzelkosten** des Netzes sind dem Netz direkt zuzuordnen, (§§ 4 Abs. 4 S. 1 Strom-/GasNEV. **Gemeinkosten** (§§ 4 Abs. 4 S. 2 Strom-/GasNEV), dh Kosten, die sich nicht direkt einer Leistung zuordnen lassen, weil sie für mehrere oder alle Leistungen der Kostenbereiche entstanden sind, sind deshalb über – möglichst verursachungsnahe – Schlüssel (in der Regel über die Kostenstellen) den Kostenträgern zuzurechnen (vgl. zB Holznagel/Schütz/*Schütz/ Schütte* StromNEV § 4 Rn. 61; BGH Beschl.v. 23.6.2009 – EnVR 19/08, Rn. 7). Die zugrundegelegten Schlüssel müssen **sachgerecht** sein und den Grundsatz der **Stetigkeit** beachten (§§ 4 Abs. 4 Strom-/GasNEV), **Änderungen** sind nur zulässig, sofern diese **sachlich geboten** sind, die maßgeblichen Gründe hierfür sind nachvollziehbar und vollständig zu dokumentieren. Im Strombereich sind die Gemeinkosten über eine **verursachungsgerechte Schlüsselung** dem Elektrizitätsübertragungs- oder dem Elektrizitätsverteilernetz, im Gasbereich dem Gasversorgungsnetz zuzuordnen. Auch für Gemeinkosten gilt das **Erforderlichkeitsprinzip,** dh sie sind

Groebel 1205

§ 21 Teil 3. Regulierung des Netzbetriebs

dem Netzbetrieb nur insoweit zuzuordnen, als sie für die effiziente Leistungserbringung notwendig sind (*Säcker* (2006) S. 9). So wäre es zB nicht sachgerecht, auf den Endkunden zielende Marketingkosten (Sponsoring) dem Netz zuzuordnen, weil sie nicht leistungsbezogen sind (aA *Salje* EnWG § 21 Rn. 37f.).

89 Zur Verhinderung willkürlicher Änderungen von Schlüsselungen, mit denen Gemeinkosten zwischen den Bereichen (vor allem zwischen Netz und Vertrieb) verschoben (bzw. „verschleiert") werden, hat der Verordnungsgeber diese gleich an zwei Bedingungen geknüpft: Schlüssel müssen **stetig** sein (Schlüsselungsstetigkeit) und Änderungen sind nur zulässig, sofern sie **sachlich geboten** sind, wofür der Netzbetreiber die Gründe zu dokumentieren hat. Dies setzt vor allem wegen des Prinzips der **Nicht-Veränderbarkeit** hohe Hürden. Ebenso wichtig ist die Pflicht zu einer vollständigen Dokumentation der Schlüssel (§§ 4 Abs. 4 Strom-/GasNEV) und der Ermittlung der Kosten insgesamt (§§ 28 Strom-/GasNEV), weil so Doppelverrechnungen (eher) offengelegt werden.

90 Im Bereich der **telekommunikationsrechtlichen** Entgeltregulierung sind die materiellen Grundsätze bezüglich der Schlüsselung von Gemeinkosten **allgemeiner** gehalten. Nach § 33 Abs. 2 Nr. 2 TKG 2004 [§ 34 Abs. 2 Nr. 2 TKG 2021] sind *plausible* Mengenschlüssel für die Kostenzuordnung zu den einzelnen Diensten des Unternehmens darzulegen (*Busse von Colbe* geht allerdings davon aus, dass damit eine verursachungsnahe Schlüsselung der Gemeinkosten gemeint ist, *Busse von Colbe* TKMR-Tagungsband 2004, 23 (29)).

91 **Ursache überhöhter Gemeinkosten** kann also zum einen sein, dass diese aufgrund zB aufgeblähter (übersetzter, ineffizient arbeitender und schlecht organisierter) allgemeiner Verwaltungsbereiche (Personalkosten von innerbetrieblichen Serviceeinrichtungen oder höheren Leitungsebenen, die für mehrere Bezugsobjekte eingesetzt werden oder verantwortlich sind) absolut zu hoch sind oder mehrfach verrechnet wurden (überhöhtes Niveau) und/oder dass zum anderen eine nicht verursachungsgerechte Zuschlüsselung erfolgte, dh es werden mehr Gemeinkosten dem Netzbetrieb zugeordnet, als dort entstanden sind (fehlerhafte Zuordnung, gleichbedeutend mit einer Quersubventionierung der Aktivitäten in den vor- und nachgelagerten Wettbewerbsmärkten aus dem Netz; s. zum Problem der Gemeinkostenzuschlüsselung auch *Koenig/Schellberg* RdE 2005, 1 (2) und Fn. 7; *Kühling/el-Barudi* DVBl. 2005, 1470 (1476); → Rn. 52f.).

92 Wegen der großen Bedeutung überhöhter und nicht verursachungsgerecht geschlüsselter **Gemeinkosten** ist deren Prüfung ein Schwerpunkt der BNetzA in der ersten Runde der Entgeltgenehmigungen gewesen. Als Indiz für überhöhte Gemeinkosten hatte die Beschlusskammer folgende Faktoren gewertet:
– ein vergleichsweise hoher Anteil der Gemeinkosten an den Gesamtkosten des Netzes, wobei den Vergleichsmaßstab die Gemeinkostenansätze aller in der Genehmigungsperiode geprüften Netzbetreiber bilden
– Personalzusatzkosten sind der Höhe nach anerkennungsfähig, wenn sie in einem angemessenen Verhältnis zu den Personalkosten stehen, das bedeutet 25 Prozent der Personalkosten nicht übersteigen (BK8-05/19, S. 5f. des amtl. Umdrucks).

93 **7. Periodenübergreifende Saldierung (§ 11 StromNEV, § 10 GasNEV).** Nach § 15 Abs. 2 StromNEV (§ 15 Abs. 5 GasNEV) sind die Netzentgelte so zu kalkulieren, dass die **Differenz** aus den tatsächlich erzielten Erlösen und den zu deckenden Netzkosten nach dem Ende der **bevorstehenden Kalkulationsperiode möglichst gering ist.** Netzentgelte hängen deshalb außer von den zuvor ermittelten Netzkosten, die über ein jährliches Entgelt, das aus einem Jahresleistungspreis in

Bedingungen und Entgelte für den Netzzugang **§ 21**

Euro pro Kilowatt und einem Arbeitspreis in Cent pro Kilowattstunde (§ 17 Abs. 2 StromNEV; zu den Einzelheiten der Entgeltberechnung im Gasbereich s. § 13 Abs. 2 GasNEV) besteht, gedeckt werden, von der **prognostizierten Absatzmenge** ab. Diese ist abhängig von der Absatzstruktur (Anlage 5 StromNEV), für die die Verprobung gem. § 20 StromNEV vorgeschrieben ist. Für die Gasnetzentgelte ist das Buchungsverhalten der Netznutzer für unterschiedliche Kapazitätsprodukte (insbesondere hinsichtlich unterbrechbarer und unterjähriger Kapazitäten) zu beachten (§ 15 Abs. 5 GasNEV), die Verprobung ist in § 16 GasNEV geregelt. Da Erlöse (E) das Produkt aus Entgelten (p) × prognostizierter Menge (me) sind, die die zuvor ermittelten Kosten (K) zu decken haben, lassen sich über eine Unterschätzung der Menge die Entgelte erhöhen, was bei höherer tatsächlicher Absatzmenge (mt) zu **Kostenüberdeckung** führt, denn die tatsächlichen Erlöse (Et) fallen höher als zur Kostendeckung erforderlich aus (Et = p × mt > K = p × me ⇔ mt > me). Um den ansonsten (vgl. zB die Lücke in den Preisfindungsprinzipien in Anlage 3 der VV II Strom Plus, die keinen Abgleich vorsieht) bestehenden Anreiz zu einer systematischen Unterschätzung der prognostizierten Absatzmenge auszuschalten, wurde im Rahmen der § 23a Genehmigung die **periodenübergreifende Saldierung** (PÜS, § 11 StromNEV, § 10 GasNEV; s. auch Begr.RegE StromNEV, BR-Drs. 245/05, 37 sowie Begr.RegE GasNEV, BR-Drs. 247/05, 31; *Müller-Kirchenbauer/Thomale* IR 2004, 148 (150)) eingeführt, dh ein **Abgleich** vorgeschrieben. Diese sieht vor, dass eine positive (negative) **Differenz** zwischen den erzielten Erlösen und den zu deckenden Netzkosten in den drei Folgeperioden kostenmindernd (kostenerhöhend) zu **verrechnen** ist, dh es wird ein Vergleich zwischen den tatsächlich erzielten Erlösen und den zu deckenden Kosten durchgeführt und die Differenz saldiert.

Da die Entgelte für die bevorstehende Kalkulationsperiode (t + 1) bestimmt werden und die tatsächlich erzielten Erlöse, mit denen die ermittelten Kosten zu decken sind, somit immer erst im nachhinein feststehen und auch die Überprüfung immer erst nachträglich vorgenommen werden kann, ist die Vorgabe, die Differenz zwischen zu deckenden Kosten und tatsächlich erzielten Erlösen zu minimieren, eine notwendige Ergänzung, um ein **Abweichen** von den geprüften (und nach dem Maßstab für zulässig erachteten) **Kosten über Mengeneffekte** zu **verhindern** (zur Behandlung von Mengeneffekten nach § 21a Abs. 3 S. 3 und das Regulierungskonto in § 5 ARegV, der gem. §§ 32 Abs. 4 Strom-/GasNEV § 11 StromNEV bzw. § 10 GasNEV ablöst, → § 21a Rn. 33, 103). Die PÜS bedeutet lediglich eine periodenübergreifende **Verrechnung der Differenz** aufgrund der Mengenabweichung, es erfolgt keine Anpassung der bereits gem. § 23a EnWG geprüften und normativ korrigierten Kosten (so auch OLG Düsseldorf Beschl. v. 28.3.2012 – VI-3 Kart 101/10 (V), RdE 2012, 342). MaW die in der entsprechenden Kalkulationsperiode tatsächlich angefallenen Kosten spielen im Rahmen der periodenübergreifenden Saldierung keine Rolle (skeptisch *Steurer* IR 2006, 271 (272)). Dh zB, wenn in der betrachteten Periode höhere als die mit den Entgelten „genehmigten" Kosten entstanden sind, gehen diese zulasten des Unternehmens, nicht des Netznutzers. Seit Beginn der Anreizregulierung übernimmt das Regulierungskonto nach § 5 ARegV die Funktion der PÜS. 94

Anders als bei der **telekommunikationsrechtlichen Entgeltregulierung**, bei der das Entgelt unter bestimmten Annahmen bezüglich der Absatzmenge (bzw. der Auslastung) bestimmt wird und keine nachträgliche Kontrolle der Kostendeckung erfolgt, dh das **Auslastungsrisiko** vollständig bei dem regulierten Unternehmen verbleibt, erfolgt im Energiesektor eine solche. In diesem Punkt unterschei- 95

§ 21 Teil 3. Regulierung des Netzbetriebs

den sich beide Entgeltregulierungsmodelle, was auf die unterschiedliche Herangehensweise bei der Kostenkontrolle zurückzuführen ist (zu den Implikationen für die Berechnung des Eigenkapitalzinssatzes, insbesondere des Wagniszuschlags, → Rn. 136; *Koenig/Schellberg* RdE 2005, 1 (4)). Während im Energiesektor die Vorgaben zur Ermittlung der entstandenen [Ist-]Kosten wesentlich detaillierter sind (→ Rn. 82) und zur Bestimmung der effizienten Kosten nur der allgemeine Grundsatz (nur soweit sie sich im Wettbewerb einstellen) vorgegeben wird, ist es im Telekommunikationssektor genau umgekehrt. Im TKG werden die Kosten der effizienten Leistungsbereitschaft als langfristige Zusatzkosten konkretisiert (§ 31 Abs. 2 TKG 2004), aber keine exakten Vorgaben zur Ermittlung der entstandenen Kosten gemacht. Dh die „Denkrichtungen" (Berechnungslogiken) sind – bei gleichem Prüfmaßstab (Effizienzkriterium, → Rn. 67) – entgegengesetzt: bei der Entgeltregulierung im Energiesektor wird von der Istkostenseite hin zu den Sollkosten gedacht, während im Telekommunikationssektor die Istkosten von der normativen Kostengröße aus betrachtet werden. Im Energiesektor bleiben die „genehmigten [normativ korrigierten] Istkosten" dann aber auch „stehen", während sie sich im Telekommunikationsbereich aus der abgesetzten Menge ergeben und die Differenz vom Netzbetreiber getragen wird (bzw. bei diesem verbleibt (→ Rn. 23 und zu → § 21 a Rn. 1).

96 **8. Gegenüberstellung von Strom-/GasNEV und Verbändevereinbarungen.** Entscheidend für die **Bewertung der Regelungen der Strom-/GasNEV** (und den Vergleich zu den Preisfindungsprinzipien in Anlage 3 der VV II Strom Plus bzw. dem Kalkulationsleitfaden für den Netzzugang bei Erdgas (Anlage 9 zur Verbändevereinbarung zum Netzzugang bei Erdgas v. 3.5.2002 [VV II Gas], BAnz. 2002 Nr. 87b v. 14.5.2002) wird sein, inwiefern die Vorgaben bezüglich der Kosten- und Netzentgeltermittlung dem Erfordernis der **Wettbewerbsbezogenheit** genügen, denn nicht alles, was betriebswirtschaftlich erlaubt ist, ist unter dem regulatorisch im Vordergrund stehenden Aspekt, ein Entgelt zu ermitteln, das den Kosten eines effizienten und strukturell vergleichbaren Netzbetreibers entspricht, energierechtlich (§ 21 Abs. 2 EnWG iVm §§ 4 Abs. 1 Strom-/GasNEV) zulässig. Da nur die Kosten, die sich im Wettbewerb einstellen würden, berücksichtigt werden dürfen, sind stets die Zurechnungsmethoden zu wählen, die den größten Wettbewerbsbezug aufweisen (vgl. Bericht der Kartellbehörden 2001, S. 30). Es ist folglich zu fragen, ob mit den Regelungen der StromNEV/GasNEV die Spielräume bei der Kostenzuordnung (und damit das Potential für eine missbräuchliche Preisgestaltung), die in den Preisfindungsprinzipien (Anlage 3 der VV II Strom Plus) und dem Kalkulationsleitfaden (Anlage 9 der VV II Erdgas) enthalten waren (vgl. zur Kritik an den Preisfindungsprinzipien der VV II Strom Plus zB BerlKommEnergieR/*Engelsing*, 2. Aufl., GWB § 19 Rn. 326 ff., 332 ff.; BerlKommEnergieR/*Säcker/Boesche* EnWG § 6 Rn. 93–94, 98; zur Berechnung *Zimmermann*, Die kalkulatorischen Kosten bei der Kalkulation von Netznutzungsentgelten, Gutachten im Auftrag des BKartA (2003); zur Sicht der Energiewirtschaft *Männel*, Gutachten zu den Preisfindungsprinzipien der Verbändevereinbarung VV II plus vom 13.12.2001 und 23.4.2002 (2003); knapp zur Sicht der Wettbewerber *Bundesverband neuer Energieanbieter (BNE)*, Chronik der Verbändevereinbarung v 1/2005), nun wirksam über das Instrumentarium der Ex-ante-Prüfung eingeschränkt werden können, obwohl die Kalkulationsprinzipien der Verbändevereinbarungen (VVII Strom Plus für die StromNEV, VV II Gas für die GasNEV), die auf die tatsächlichen Kosten der Netzbetreiber abstellen, den Ausgangspunkt bildeten (Monopolkommission XVI. Hauptgutachten 2004/2005 Rn. 32 f.; die Gemeinsamkeiten betonend *Schmidt-Preuß* N&R 2004, 90).

Bedingungen und Entgelte für den Netzzugang §21

Zwei Kritikpunkten hinsichtlich zu weiter Regelungen der VV II Strom Plus 97
wurde schon begegnet: die Vorgabe verursachungsgerechter Gemeinkostenschlüssel (§§ 4 Abs. 4 Strom-/GasNEV) und der periodenübergreifenden Saldierung
(§ 11 StromNEV, § 10 GasNEV) zur Vermeidung systematisch unterschätzter Absatzmengen. Ein weiterer Punkt ist der Ausschluss von Angebotspreisen bei der Ermittlung der Tagesneuwerte. Hier wird die Indizierung über die Preisreihen des
StBuA (§§ 6 Abs. 3, 6a Strom-/GasNEV) vorgeschrieben, um eine überhöhte Bewertung des Anlagevermögens zu verhindern. Zur Vermeidung einer Überbewertung des Anlagevermögens dient auch die Vorgabe der Nutzungsdauern für die Anlagekategorien nach Anlage 1 Strom-/GasNEV sowie die Vermutungsregel zur
Ermittlung der kalkulatorischen Restwerte in §§ 32 Abs. 3 Strom-/GasNEV, mit
der eine Mehrfachverrechnung von Abschreibungen ebenso ausgeschlossen werden
soll wie mit dem **Verbot von Abschreibungen unter Null** (§§ 6 Abs. 6, 7
Strom-/GasNEV). Darüber hinaus tragen die **Netzbetreiber die Darlegungslast**
für die tatsächlich zugrunde gelegten Nutzungsdauern, dh sie müssen die Abschreibungen für die gesamte Abschreibungszeit nachweisen (OLG Düsseldorf Beschl. v.
21. 7. 2006 – VI-3 Kart 289/06 (V), BeckRS 2006, 11208). Des Weiteren ist keine
Scheingewinnbesteuerung als kostenerhöhender Faktor mehr zugelassen. Auf diese
die **Gestaltungsspielräume** einzeln und in der Summe **erfolgreich beschränkenden Vorschriften** wird im folgenden bei der Darstellung der Kapitalkostenermittlung als einem wesentlichen Kostenblock ein besonderes Augenmerk gelegt
werden (s. allg. zur Einengung der bisher im Rahmen der VV II Strom Plus-Kalkulationsprinzipien bestehenden Möglichkeiten zur „aktiven Kostengestaltung" *Cohnen/Latkovic/Wagner* emw 4/2004, 26; *Müller-Kirchenbauer/Thomale* IR 2004, 148).

9. Behördliches Prüfschema. An die genannte **Vollständigkeitsprüfung** 98
(→ Rn. 81) schließt sich die **Einzelprüfung** an, dh die Prüfung der Einhaltung der
materiellen Vorgaben der Strom-/GasNEV und des Kostenmaßstabs (Effizienzkriterium). Dabei werden zunächst die von dem Antragsteller vorgelegten Kostenkalkulationen einer **systematischen** Betrachtung in Bezug auf die Ermittlungsvorgaben
unterzogen. Das Prüfraster enthält außer den oa Punkten der Gemeinkostenaufteilung (→ Rn. 92), der Abweichung der Planwerte von den Istwerten (und der Verlustenergie) wegen der großen Bedeutung der **kalkulatorischen Kostenarten** für
die Gesamtkosten die folgenden Schwerpunkte:
– Berechnung des Sachanlagevermögens, dh im Einzelnen:
    – Restwertermittlung nach § 32 Abs. 3 [Abs. 1] StromNEV/GasNEV
    – Tagesneuwertberechnung (Indexierung §§ 6 Abs. 3, 6a StromNEV/GasNEV)
– Berechnung der Eigenkapitalverzinsung (§ 7 StromNEV/GasNEV)
– Berechnung der Fremdkapitalverzinsung (§ 5 Abs. 2 und § 7 Abs. 7 StromNEV/GasNEV)
– Berücksichtigung der Gewerbesteuer (§ 8 StromNEV/GasNEV)
– kein Ansatz von Tagesneuwerten bei Grundstücken
Bei den einzelnen Punkten können sich je nach Anzahl der Berechnungsschritte
auch mehrere Prüfschritte ergeben. Die Einzelprüfung wird mit den **individuellen
Prüfungsfeststellungen** der von dem Unternehmen berechneten Kostenpositionen, dh der Feststellung der **konkreten** Abweichungen zu den Ermittlungsvorgaben und der daraus folgenden Kürzungen sowie der Umrechnung in eine kalenderjährliche Erlösobergrenze für die kommende Regulierungsperiode durch die
Behörde abgeschlossen.

§ 21 Teil 3. Regulierung des Netzbetriebs

99   Im Vergleich zur ersten Entgeltgenehmigungsrunde wurden die Schwerpunkte der **Kostenprüfung in der zweiten Runde** (→ Rn. 76) erweitert. Für die Stromnetzentgelte wurde besonders die Netzhistorie geprüft, um eine bessere Bewertung des vorhandenen Anlagebestandes und seiner kalkulatorischen Ansetzbarkeit vornehmen zu können (ausf. → 3. Aufl., Rn. 96 a). Des Weiteren erfolgte sowohl für die Strom- als auch die Gasnetzentgelte eine vertiefte Prüfung der Betriebskosten, um eine bessere Einschätzung der Auswirkungen der (vorgetragenen) Rationalisierungsanstrengungen vornehmen zu können (zu den Ergebnissen der zweiten Kostenprüfung und der Auswirkung auf die Netzentgelte → Rn. 173).

III. Prüfung der kalkulatorischen Kosten im Einzelnen

100   Gem. §§ 4 Abs. 2 S. 1 Strom-/GasNEV sind zur Bestimmung der Netzkosten die kalkulatorischen Kosten zu berechnen. §§ 4 Abs. 2 S. 2 Strom-/GasNEV zählen die relevanten Kosten im Einzelnen auf. Von besonderer Bedeutung sind dabei die Kapitalkosten. Zur Ermittlung der **Kapitalkosten,** dh der kalkulatorischen Abschreibungen und der zulässigen kalkulatorischen Eigenkapitalverzinsung sowie der Fremdkapitalzinsen, ist die **Bewertung des Sachanlagevermögens** erforderlich (vgl. hierzu und im Folgenden BK8-05/19, 7 ff.). Allgemein dienen **Abschreibungen** dazu, den Wertverzehr des Anlagevermögens über die Nutzungsdauer hinweg **kalkulatorisch** zu erfassen und ermöglichen am Ende der Nutzungsdauer seine Wiederbeschaffung (s. hierzu zB *Wöhe* BWL S. 1088 ff.; Begr.RegE StromNEV v. 14.4.2005, BR-Drs. 245/05, 33). Die die Wertminderungen des **betriebsnotwendigen** Anlagevermögens erfassenden Abschreibungen sollen so bemessen sein, dass ein langfristig angelegter leistungsfähiger und zuverlässiger Netzbetrieb gewährleistet ist, **§§ 6 Abs. 1 Strom-/GasNEV.** Damit werden dem Netzbetreiber sowohl die **Wirtschaftlichkeit** (leistungsfähig) als auch die **Sicherheit** (zuverlässig) des Netzbetriebs zur Bedingung gemacht, die er bei der Kostenkalkulation zu berücksichtigen hat, so dass auch bei der Sicherheit der Kostenaspekt zu beachten ist, während umgekehrt bei den Kosten die Sicherheit nicht außer acht gelassen werden darf (→ Rn. 68). Damit ist erkennbar, dass der mit der EnWG – Novelle 2021 eingefügt Abs. 2 S. 3 schon zuvor Maßstab der Kostenregulierung war. Die gem. § 6 Abs. 2–7 berechneten **kalkulatorischen** Abschreibungen **treten** insoweit **an die Stelle** der entsprechenden **bilanziellen Abschreibungen,** § 6 Abs. 1 S. 2.

101   **1. Kalkulatorische Abschreibung nach §§ 6 Strom-/GasNEV. a) Unterschiedliche Kapitalerhaltungskonzepte bei Alt- und Neuanlagen.** Nach §§ 6 Abs. 1 S. 3 Strom-/GasNEV ist bei der kalkulatorischen Abschreibung zu unterscheiden zwischen Anlagegütern, die vor dem 1.1.2006 aktiviert wurden (Altanlagen) und Anlagegütern, die ab dem 1.1.2006 aktiviert wurden (Neuanlagen). Konsequenz der **Leistungsbezogenheit** der Kostenermittlung ist das für Neuanlagen geltende **Realkapitalerhaltungskonzept** (§§ 6 Abs. 1 und 4 Strom-/GasNEV), bei dem von den jeweiligen historischen **Anschaffungs- und Herstellungskosten** ausgegangen wird. Es soll nicht mehr per se die in der Vergangenheit aufgebaute Substanz erhalten werden, sondern das für die Erstellung der Leistung langfristig (zukünftig) notwendige Netz. Denn bei einer auf die Substanzerhaltung gerichteten Methode wie der **Nettosubstanzerhaltung,** die für Altanlagen gilt, wird unterstellt, dass auch für überdimensionierte und in ihrer technischen Ausstattung überholte Netze wegen der **Tagesneubewertung für den eigenfinanzierten Teil** (§ 6 Abs. 2 Nr. 1 und Abs. 3) Mittel zur Wiederbeschaffung verdient wer-

Bedingungen und Entgelte für den Netzzugang **§ 21**

den müssen. Dies ist jedoch nicht der Fall und stellt einen **Verstoß gegen das Effizienzgebot** da, weil diese Mittel für die Erhaltung des für die Leistungserbringung erforderlichen Netzes nicht benötigt werden, es also zu einer Überbezahlung käme. Rechnerisch ergibt sich dies dadurch, dass die Anschaffungswerte der ursprünglich vorgenommenen Investitionen einfach mit einem Index (→ Rn. 110) auf den Tagesneuwert (Wiederbeschaffungswert) hochgerechnet werden, auch wenn es sich um veraltete (ineffiziente) Netzstrukturen handelt, also unabhängig davon, ob die vorhandene Kapazität noch benötigt wird oder neue Technologien effizientere Netzstrukturen erlauben. Gedanklich lässt sich die Überbezahlung in einen Preis- und einen Mengeneffekt aufspalten, wobei letzterer wiederum in den Kapazitäts- und den Technikeffekt unterteilt werden kann. Mit dem Preiseffekt wird die Tagesneuwertberechnung mittels Indexierung beschrieben, der Kapazitätseffekt bezieht sich auf die Dimensionierung und der Technikeffekt erfasst die technische Ausstattung und den Einsatz neuer – effizienterer – Technologien, die eine kostengünstigere Produktion gestatten. Die **Überbezahlung** ist dann das Ergebnis aus **Überbewertung** (bei Verwendung von Indizes, die zu einem überhöhten Tagesneuwert führen), **Überdimensionierung** (Einbeziehung nicht mehr benötigter Kapazitäten) und „**Überalterung**" (Fortschreibung alter/vorhandener Technik; s. auch die Beispielsrechnung bei *Säcker* AöR 2005, 180 (210f.); → Rn. 171).

Das **Effizienzgebot** erfordert den Erhalt des Netzes wie es zur Leistungserstellung gebraucht wird, nicht der vorhandenen Substanz als solcher (aA *Schmidt-Preuß* ET 2003, 758, der ein eher statisches Verständnis erkennen lässt, während *Koenig/Schellberg* (RdE 2005, 1 (2)) das Effizienzpostulat zu Recht dynamisch deuten und von „*anpassungsfähigen* Investitionen" sprechen, hierzu auch → Rn. 136, 141). Es wird also gefragt, was ein effizienter Netzbetreiber aus heutiger Sicht (zum Bewertungs-/Prüfungszeitpunkt) investieren muss, **um die Leistung zu produzieren.** Denn das Netz würde heute nicht mehr spiegelbildlich neugebaut, sondern unter heutigen technologischen und nachfrageseitigen Bedingungen, woraus sich die relevanten Kosten, die in der Kalkulation zu berücksichtigen sind, ergeben. Ansonsten würden Fehlentscheidungen der Vergangenheit (zB aufgrund einer falschen Wachstumsprognose, die zu – ineffizientem – Leerstand führt, sprich *stranded/over investment;* vgl. *Säcker* AöR 2005, 180 (209ff.); *Säcker* (2004), S. 28f.) perpetuiert, in die Preise einkalkuliert und auf die Netznutzer abgewälzt. Das Risiko hinsichtlich der Dimensionierung (Kapazität) und der Struktur des Netzes (einschließlich der technischen Ausstattung bzw. der Netzplanung im Allgemeinen, da das **Netzplanungsrisiko**) ist Teil des vom Betreiber zu tragenden unternehmerischen Risikos, das über den Wagniszuschlag mit der Eigenkapitalverzinsung abgegolten wird (→ Rn. 136) und nicht noch einmal in Form überhöhter Preise verrechnet werden darf. **102**

Der **Wechsel** von dem betriebswirtschaftlich nicht anerkannten **Nettosubstanzerhaltungskonzept** zur **Realkapitalerhaltung** für **Neuanlagen** erfolgt also aus ökonomischer Perspektive **zu Recht.** Allerdings hat es sich wegen des Stichtags 1.1.2006 nicht unmittelbar ausgewirkt. Wegen der großen Bedeutung des Kapitalkostenblocks war die Wahl des Kapitalerhaltungskonzepts (neben der Behandlung des Eigenkapitalzinssatzes) eine der umstrittensten Entscheidungen der parlamentarischen Beratungen, die erst am Ende mit der Vermittlungsausschusssitzung feststand (zur Entstehungsgeschichte → Rn. 38 ff.; zum Konzept der Nettosubstanzerhaltung BerlKommTKG/*Busse von Colbe* Vor § 27 Rn. 52 f.; zur Gegenüberstellung der Konzepte aus kartellrechtlicher Sicht BerlKommEnergieR/*Engelsing,* 2. Aufl., GWB § 19 Rn. 340 ff.; zur Begr. des Nettosubstanzerhal- **103**

§ 21　　　　　　　　　　　　　　　　Teil 3. Regulierung des Netzbetriebs

tungsprinzips s. auch die Gutachten im Auftrag der Energiewirtschaft von *Sieben/ Maltry,* Nutzungsentgelte für elektrische Energie. Gutachten zu den Grundsätzen der Bestimmung von Netznutzungsentgelten für elektrische Energie auf Basis einer Kostenermittlung unter besonderer Berücksichtigung der Unternehmenserhaltung (2002) und *Männel,* Preisfindungsprinzipien der Verbändevereinbarung VV II plus (2003); *Männel,* Kalkulationsmethodik des künftigen stromverteilungsspezifischen Regulierungskonzeptes (2004); *Schmidt-Preuß,* Substanzerhaltung und Eigentum (2003); *Schmidt-Preuß,* ET 2003, 758; *Schmidt-Preuß,* N&R 2004, 90; *Schmidt-Preuß,* N&R 2005; 51; *Kaldewei/Kutschke/Simons* ET-Special 2005, 17; zur Sicht der Wettbewerber und (industriellen) Großverbraucher Positionspapier von BNE/VCI/ VEA/VIK/ZDH v. 14.1.2004 Vergleich von Nettosubstanzerhalt und Realkapitalerhalt: Schlanke Regulierung nur bei Realkapitalerhalt möglich; *v. Hammerstein/ Schlemmermeier* VIK-Mitteilungen 4-2004, 78 ff.; *Bauer/Bier/Weber* ET-Special 2005, 12; *Borchers,* Abschreibungsmethoden und Netznutzungsentgelte in der Energiewirtschaft, BNE-Kompass 01/2005 – Nettosubstanzerhaltung vs. Realkapitalerhaltung).

104　In der Benennung des Zwecks der **Abschreibungen** als den zum Erhalt der **langfristig angelegten Leistungsfähigkeit** des Netzbetriebs erforderlichen, wird Bezug genommen auf das Postulat der Binnenmarktrichtlinien (zu den europarechtlichen Vorgaben → Rn. 30 und Tabelle 1 → Rn. 37), dass die Tarife oder Methoden so zu gestalten sind, dass „die notwendigen Investitionen in die Netze so vorgenommen werden können, dass die Lebensfähigkeit der Netze gewährleistet ist" (Art. 23/25 Abs. 2 lit. a Elt-RL 03, Gas-RL 05; Art. 37/41 Abs. 6 lit. a Elt-RL 09, Art. 59 Abs. 7 lit. a Elt-RL 19), denn **Lebensfähigkeit** lässt sich mit langfristiger **Leistungsfähigkeit** übersetzen (→ Rn. 69).

105　Das für die Entgeltregulierung des Energiesektors gewählte Kapitalerhaltungskonzept **unterscheidet** sich von dem in der **telekommunikationsrechtlichen Entgeltregulierung** verwendeten insofern, als dass dort auf **Wiederbeschaffungswerte** für ein heute neu zu errichtendes Telekommunikationsnetz abgestellt wird. In diesem Sektor wird **Infrastrukturwettbewerb** für möglich gehalten und es werden effiziente Infrastrukturinvestitionen gefördert (§ 2 Abs. 2 Nr. 3 TKG). Die abzubildende ökonomische Fragestellung, die die relevanten Kosten bestimmt, ist daher die der „*Make-or-buy*-Entscheidung". Ein in den Markt eintretender Netzbetreiber kann und muss also zwischen der Investition in ein eigenes Netz und dem Vorleistungsbezug entscheiden, während Energienetze nach wie vor als natürliche Monopole (Durchleitungswettbewerb) gesehen werden (vgl. Monopolkommission, XVI. Hauptgutachten 2004/2005, Rn. 14 sowie oben Abb. 1, → Rn. 3; BerlKommTKG/*Groebel* § 31 Rn. 28 ff., 30, zur Ermittlung der Gesamtnetzinvestition auch → § 35 Rn. 27 ff.) und deshalb mit dem Übergang zur Realkapitalerhaltung für Neuanlagen komplett auf die Anschaffungs- und Herstellungskosten abstellt. Hinsichtlich der aus dem Effizienzgebot folgenden Berücksichtigung **nur des zur Leistungserstellung benötigten** ([TKG:] eingesetzten = betriebsnotwendigen [EnWG]) **Kapitals** besteht indessen kein Unterschied zwischen den Entgeltregulierungsvorschriften des TKG und des EnWG.

106　Die für den Energiebereich in §§ 6 Abs. 1 S. 3 und Abs. 2 Strom-/GasNEV getroffene Unterscheidung für unterschiedliche Kapitalerhaltungskonzepte bei Alt- und Neuanlagen lässt sich wie folgt darstellen (Abb. 4):

Bedingungen und Entgelte für den Netzzugang §21

Kapitalerhaltungskonzepte

Altanlagen: Aktivierung bis 31. 12. 2005		Neuanlagen: Aktivierung ab 1. 1. 2006
Nettosubstanzerhaltung		**Realkapitalerhaltung**
TNW (EK) / AHK (FK)	kalkulatorische Abschreibungen	AHK
Realzins auf betriebsnotwendiges EK zu TNW / AHK (FK-Zinsen nach GuV)	kalkulatorische Zinsen	Nominalzins auf Gesamtkapital zu AHK
Anlagen(gruppen)spezifisch nach TNW	Inflationierung	Einheitlich über (Nominal)Zins

Legende: AHK – Anschaffungs-/Herstellungskosten, EK – Eigenkapital, FK – Fremdkapital, GuV – Gewinn- und Verlustrechnung, TNW – Tagesneuwerte.

Abb. 4: Kapitalerhaltungskonzepte bei Alt- und Neuanlagen

Die Abschreibungs- und Zinshöhe hängt von dem Mengengerüst und der Bewertung des Sachanlagevermögens sowie dessen Nutzungsdauer ab.

Für die **Bewertung des Sachanlagevermögens** (Kabel, Freileitungen, Stations-, Umspanneinrichtungen, Hauptverteilerstationen etc) nach der für **Altanlagen** vorgeschriebenen Methode der Nettosubstanzerhaltung müssen die folgenden Größen bestimmt werden: 107
– die historischen Anschaffungs- und Herstellungskosten
– die Tagesneuwerte (mittels Indexierung)
– die Restwerte (einschließlich der Restnutzungsdauern)

Für **Neuanlagen** sind die kalkulatorischen Abschreibungen durchgängig ausgehend von den jeweiligen historischen AHK nach der linearen Abschreibungsmethode zu bestimmen, §§ 6 Abs. 4 Strom-/GasNEV. 108

b) Anschaffungs- und Herstellungskosten (§§ 6 Abs. 2 S. 2 Nr. 2, Abs. 6 Strom-/GasNEV). Bei den Angaben der Netzbetreiber ist insbesondere zu prüfen, ob die **historischen Anschaffungs- und Herstellungskosten** gem. §§ 6 Abs. 2 S. 2 Nr. 2 Strom-/GasNEV erfasst und abgeleitet wurden, um die Vorgabe des § 21 Abs. 2 S. 2 „in größtmöglichem Umfang" zu erfüllen (vgl. Begr.RegE StromNEV, BR-Drs. 245/05, 34). Es sind deshalb die bei der erstmaligen Aktivierung **ursprünglich angesetzten Anschaffungs- und Herstellungskosten** den Kalkulationen zugrundezulegen, dh spätere Änderungen während des Nutzungsverlaufs wie etwa die Verwendung eines Sachzeitwertes bei einem Netzkauf sind nicht zulässig, weil es dadurch zu einer **Mehrfachfinanzierung** und zu einer Abschreibung über den ursprünglich angesetzten Abschreibungszeitraum hinaus (Abschreibung unter Null) kommen würde (BGH Beschl. v. 14.8.2008 – KVR 35/07, ZNER 2008, 213f.). Beides hat der Verordnungsgeber explizit ausgeschlossen: §§ 6 109

§ 21   Teil 3. Regulierung des Netzbetriebs

Abs. 6 Strom-/GasNEV verbietet die Abschreibung unter Null und § 6 Abs. 7 sieht ausdrücklich vor, dass Änderungen an den Eigentumsverhältnissen bei der Ermittlung der kalkulatorischen Abschreibungen ohne Auswirkungen bleiben. Beide Absätze sind eindeutig, insbesondere § 6 Abs. 6 schließt konsequent alle Varianten einer Erhöhung der ursprünglichen Kalkulationsgrundlage aus:
- kalkulatorischer Restwert beträgt Null nach Ablauf des ursprünglich angesetzten Abschreibungszeitraums (§ 6 Abs. 6 S. 1)
- Wiederaufleben des kalkulatorischen Restwerts ist unzulässig (§ 6 Abs. 6 S. 2)
- bei Veränderung der ursprünglich angesetzten Abschreibungsdauer ist sicherzustellen, dass keine Erhöhung der Kalkulationsgrundlage erfolgt; in diesem Fall bildet der jeweilige Restwert zum Zeitpunkt der Umstellung der Abschreibungsdauer die Grundlage der weiteren Abschreibung (§ 6 Abs. 6 S. 3, 4)
- neuer Abschreibungsbetrag ergibt sich durch Division
- *Rest*wert/*Rest*nutzungsdauer (§ 6 Abs. 6 S. 5)
- es erfolgt keine Abschreibung unter Null (§ 6 Abs. 6 S. 6)

110   **c) Tagesneuwert (§§ 6 Abs. 2 S. 2 Nr. 1, Abs. 3 und §§ 6a Strom-/GasNEV).** Für die **Tagesneuwertermittlung** mittels **Indexierung** ist zu prüfen, ob diese gem. §§ 6 Abs. 3 iVm 6a Strom-/GasNEV erfolgte. Nach § 6 Abs. 3 S. 1 ist der Tagesneuwert der unter Berücksichtigung der **technischen Entwicklung** maßgebliche Anschaffungswert zum jeweiligen **Bewertungszeitpunkt.** Dies gestattet Anpassungen an den jeweiligen technischen Stand und ist – wie oben dargelegt – Ausfluss des Effizienzgebots (→ Rn. 101), denn ansonsten würde schematisch unterstellt, „dass die gleichen Güter auch bei einer zukünftigen Erneuerung des Netzes erforderlich sind" (Säcker (2006), S. 10), was zu einer Überzeichnung führt. Sodann schreibt § 6 Abs. 3 S. 2 vor, dass zur Umrechnung der historischen AHK (→ Rn. 107 ff.) auf Tagesneuwerte (TNW) anlagenspezifische oder anlagengruppenspezifische Preisindizes, die auf den **Indexreihen des Statistischen Bundesamtes beruhen** (s. § 6a StromNEV/GasNEV – Veröffentlichungen des StBuA „Preise und Preisindizes", Fachserie 17, davor Fachserie 16 und 17) zu verwenden sind.

111   Vor der Regelung des § 6a StromNEV/GasNEV oblag es den antragstellenden **Unternehmen nachzuweisen,** dass die von ihnen verwendeten Indexreihen auf den genannten Preisreihen des StBuA beruhen, was auch dann gilt, wenn von Beratungsunternehmen ermittelte Reihen wie zB die von einem großen Teil der Netzbetreiber benutzten WIBERA-Indizes, verwendet werden (BK8-05/19, S. 8 des amtl. Umdrucks). Es mussten also bei selbsterstellte Mischindexreihen oder modifizierten Indexreihen die vorgenommenen unternehmensindividuellen Anpassungen **nachvollziehbar dargelegt** werden (s. auch Positionspapier, S. 10). Die **Behörde prüfte die Angemessenheit** der verwendeten Indexreihen und **bestimmt** die den TNW-Berechnungen **zugrundezulegenden Indexreihen.** Im Fall der Vattenfall-Entscheidung wurde auf die WIBERA-Indizes zurückgegriffen. Die Verordnung sah für die Behörden ua wegen der Notwendigkeit einer Anpassung der Reihen des StBuA an netzwirtschaftliche Verhältnisse gem. § 29 Abs. 1 EnWG iVm § 30 Abs. 2 Nr. 2 StromNEV eine **Festlegungskompetenz** bezüglich der in Anwendung zu bringenden Indexreihen gegeben (s. auch OLG Düsseldorf Beschl. v. 21.7.2006 – VI-3 Kart 289/06 (V), S. 14 des amtl. Umdrucks). **Nicht mehr erlaubt** ist die Verwendung von **Angebotspreisen,** die nach Punkt 3.1.2 der Anlage 3 der VV II Strom Plus dann zulässig war, „sofern indizierte Tagesneuwerte nicht zu *plausiblen* Ergebnissen führen" (OLG Düsseldorf Beschl. v.

Bedingungen und Entgelte für den Netzzugang §21

21.7.2006 – VI-3 Kart 289/06 (V)). Mit dieser Formulierung war einer willkürlichen Umrechnung Tür und Tor geöffnet (*Koenig/Schellberg* RdE 2005, 1 (3) sprechen von „Freiheitsgraden, die zu einer systematischen Überhöhung der Kapitalbasis genutzt werden könnten"). Der BGH hatte das Vorgehen der BNetzA bei der Tagesneuwertermittlung mittels Indexierung nach §§ 6 Abs. 3 Strom-/GasNEV in seiner Entscheidung v. 7.4.2009 höchstrichterlich bestätigt (vgl. BGH Beschl. v. 7.4.2009 – EnVR 6/08, RdE 2010, 25 Rn. 27 ff.). Das OLG Schleswig hat die von der BNetzA angesetzten Index-Reihen und die Art und Weise ihrer Anwendung bei der Bestimmung der Tagesneuwerte nach §§ 6 Abs. 2 Strom-/GasNEV gebilligt und lediglich die Nichteinbeziehung einer bestimmten Anlagegruppe moniert. Insbesondere führte das OLG aus, dass bei der Prüfung und Festlegung sachgerechter Indizes der Regulierungsbehörde „eine gewisse Einschätzungsprärogative zu[kommt]" und „sie grundsätzlich berechtigt gewesen [ist], die Ansätze der Beschwerdeführerin zu korrigieren" (OLG Schleswig Beschl. v. 24.9.2009 – 16 Kart 1/09, S. 7 ff., 8, 9 d. amtl. Umdrucks = BeckRS 2010, 3350; vgl. auch *Weyer* NuR 2010, 18 (23)).

Die BNetzA hatte im Jahr 2007 sowohl für den Strom- als auch den Gasbereich **112** Festlegungen zur Verwendung der Preisindizes bei der Ermittlung der Tagesneuwerte (TNW) nach §§ 6 Abs. 3 Strom-/GasNEV (BNetzA Beschl. v. 17.10.2007 – BK8-07/272 und BK9-07/602-1) für die sog. 2. Entgeltgenehmigungsrunde im Jahr 2008 und das Ausgangsniveau für die Festlegung der Erlösobergrenzen der ersten Anreizregulierungsperiode getroffen. Die BNetzA hatte sich gem. §§ 6 Abs. 3 S. 2 Strom-/GasNEV auf die Indexreihen des Statistischen Bundesamts (Fachserie 16 und 17) gestützt und anlagegruppenspezifische Mischindizes gebildet. Insbesondere hatte die BNetzA für die Einbindungs- und Montageleistungen der Anlagen und Anlageteile auf die Lohnindizes des Wirtschaftszweigs „Produzierendes Gewerbe" zurückgegriffen. Da gem. §§ 6 Abs. 3 S. 1 Strom-/GasNEV die technische Entwicklung zu berücksichtigen ist, ist der Lohnindex um die auf den Produktivitätsfortschritt zurückzuführende Lohnentwicklung zu bereinigen. Für die Ermittlung der Arbeitsproduktivität hat sie die Indexreihen der Lohnstückkosten der Fachserie 18 verwendet. Das OLG Düsseldorf hat die von der BNetzA ermittelten **Mischindizes** mit der Begründung **zurückgewiesen**, dass diese wegen der Verwendung der **höher aggregierten** Reihen des „Produzierenden Gewerbes" **nicht repräsentativ** für den hier betrachteten Energiesektor seien und dadurch auch die ermittelten Produktivitätssteigerungen überschätzt würden, was zu Lasten des Netzbetreibers gehe. Darüber hinaus habe die BNetzA es versäumt, die berechneten Mischindizes zu „verproben", es mangele an einer **Plausibilitätskontrolle** (vgl. OLG Düsseldorf Beschl. v. 6.6.2012 – VI-3 Kart 225/07 (V), BeckRS 2015, 10526 = S. 8, 13 ff. des amtl. Umdrucks sowie weitere 18 Beschlüsse der Pilot-Beschwerdeverfahren, s. auch RdE 2012, 394; NuR 2012, 288). Das OLG Düsseldorf kommt zum Schluss, dass der Lohnindex des Baugewerbes repräsentativer für die Herstellung von Netzanlagen wäre und damit eine zuverlässig(re) Ermittlung der TNW erlaubt hätte (OLG Düsseldorf Beschl. v. 6.6.2012 – VI-3 Kart 225/07 (V), BeckRS 2015, 10526 = S. 18 ff., 24 des amtlichen Umdrucks).

Zwar komme der BNetzA ein **Gestaltungsauftrag** bei der Festlegung von In- **113** dexreihen zu, aber sie ist an die in §§ 6 Abs. 3 Strom-/GasNEV vorgegebenen Kriterien gebunden. Es steht ihr auch kein gerichtlich nur eingeschränkt überprüfbarer Beurteilungsspielraum zu, weil die Voraussetzungen nicht vorliegen, denn „die Preisindizes für die Ermittlung der TNW sind hinreichend bestimmbar und können in ihren **tatsächlichen Voraussetzungen** gegebenenfalls durch Sachverständigen-

§ 21 Teil 3. Regulierung des Netzbetriebs

gutachten geklärt werden" (OLG Düsseldorf Beschl. v. 6.6.2012 – VI-3 Kart 225/07 (V), BeckRS 2015, 10526 = S. 10 des amtlichen Umdrucks unter Bezug auf BGH Beschl. v. 5.10.2010 – EnVR 49/09,= BeckRS 2010, 28095, Rn. 8, Hervorhebung nur hier, AnmdVerf). Die BNetzA legte gegen alle 19 Entscheidungen Rechtsmittel ein (hierzu auch → 3. Aufl. § 23a Rn. 7a; *Hempel/Müller* RdE 2013, 101). Die Beschwerde der BNetzA wurde vom BGH mit Beschl. v. 12.11.2013 – EnVR 33/12, EnWZ 2014, 129, zurückgewiesen.

114 Am 26.10.2011 fasste die BNetzA einen weiteren Beschluss hinsichtlich der „Festlegung von Preisindizes zur Gewährleistung einer sachgerechten Ermittlung von Tagesneuwerten nach § 6 Abs. 3 GasNEV" (BK9-11-602) für die im Gasbereich **2013** beginnende **zweite Anreizregulierungsperiode** (und Entgeltgenehmigungsverfahren nach § 23a EnWG), wobei wiederum **anlagegruppenspezifische Preisindizes** gemäß den Anlagegruppen nach **Anlage 1 der GasNEV** bestimmt wurden (vgl. Beschluss und BNetzA Jahresbericht 2011, S. 180). Auch gegen diese Entscheidung hatten viele Netzbetreiber geklagt.

115 Die Streitigkeiten wurden durch Schaffung des § 6a StromNEV/GasNEV beendet (Verordnung vom 31.7.20213 mit den Maßgaben des Bundesratsbeschlusses v. 5.7.2013 (BR-Drs. 447/13/Beschluss) BGBl. Nr. 50/2013 I S. 3250). Sowohl für die Strom- als auch die Gasnetzentgelte sind die für die Ermittlung der Tagesneuwerte nach § 6 Abs. 3 S. 2 Strom-/GasNEV nach **§ 6a** anzuwendenden **Indexreihen des Statistischen Bundesamts (Fachserie 17) rückwirkend ab 1.1.2013** zu verwenden. Die zuständigen Beschlusskammern 8 und 9 veröffentlichten am 19.11. bzw. 9.9.2013 die gemäß der geänderten Strom-/GasNEV berechneten Preisindizes zur Bestimmung des Tagesneuwertes (www.bundesnetzagentur.de/DE/Beschlusskammern/BK08/BK8_61_Archiv/BK08_ALT/BK8_73_HinwKons/Preisindizes/bk8_Hinweise_und_Konsultationen_Preisindizes_node.html und www.bundesnetzagentur.de/DE/Beschlusskammern/BK09/BK9_71_HinwLeitf/Preisindizes/BK9_HinwLeitf_Preisind.html, zuletzt abgerufen am 16.10.2021; vgl. auch ausf. Holznagel/Schütz/*Schütz/Schütte* StromNEV, § 6 Strom-/GasNEV Rn. 51ff. und § 6a Strom-/GasNEV). Der BGH hat die Rechtmäßigkeit von § 6a Strom-/GasNEV anerkannt (Beschl. v. 25.4.2017 – EnVR 17/16; vgl. auch Berl-KommEnergieR/*Säcker/Meinzenbach* EnWG § 21 Rn. 97/98).

116 **d) Restwertermittlung (§§ 6 Abs. 2 S. 3, Abs. 6 iVm §§ 32 Abs. 3 Strom-/GasNEV aF = §§ 32 Abs. 1 Strom-/GasNEV).** Die **Restwertermittlung** richtet sich nach der Übergangsvorschrift des § 32 Abs. 3 [Abs. 1] Strom-/GasNEV. Danach sind die seit der Inbetriebnahme der **Sachanlagegüter tatsächlich zugrundegelegten Nutzungsdauern** (§ 32 Abs. 3 S. 2 aF = § 32 Abs. 1 S. 2) heranzuziehen, denn auf dieser Basis sind die Abschreibungen erfolgt. Würden jetzt unbesehen die betriebsgewöhnlichen Nutzungsdauern der Anlage 1 Strom-/GasNEV verwendet, könnte es bei bislang kürzeren Abschreibungszeiten zu einer Verlängerung kommen, die zu einer Mehrfachverrechnung (Doppelabschreibungen) bzw. sog. Abschreibungen unter Null (was aber gerade nach § 6 Abs. 6 S. 6 und Abs. 7 expressis verbis untersagt ist) führt. Denn die bisherigen Abschreibungsbeträge waren auf Basis der ursprünglich zugrundegelegten Nutzungsdauer berechnet worden, infolgedessen ist bei dieser Nutzungsdauer ein größerer Teil bereits abgeschrieben und der Restwert folglich geringer. Für die Berechnung der Abschreibung ist der sich auf Basis der **bisherigen Nutzungsdauer** ergebende **kalkulatorische Restwert** auf die **neue Restnutzungsdauer** zu verteilen, bei Änderung ist darauf zu achten, dass „ausschließlich der kalkulatorische Restwert im Zeitpunkt des Nut-

Bedingungen und Entgelte für den Netzzugang **§ 21**

zungsdauerwechsels auf die veränderte Restnutzungsdauer verteilt worden ist", gegebenenfalls mehrstufig (s. Positionspapier, S. 5 f. mit Beispiel).

Das **Unternehmen** trägt die **Darlegungslast** für die Nutzungsdauern in vollem 117 Umfang, § 32 Abs. 3 S. 1, 2 StromNEV aF (OLG Düsseldorf Beschl. v. 21.7.2006 – VI-3 Kart 289/06 (V), GewA 2006, 427 = S. 15 des amtl. Umdrucks). Für die bislang der Stromtarifbildung nach BTOElt (v. 18.10.1989, BGBl. 1989 I S. 2255, aufgehoben mit Wirkung zum 1.7.2007 durch Art. 5 des Zweiten Gesetzes zur Neuregelung des Energiewirtschaftsrechts v. 7.7.2005, BGBl. 2005 I S. 1970) unterliegenden Kosten des Elektrizitätsversorgungsnetzes wird vermutet, dass auf Basis der jeweils zulässigen Nutzungsdauern abgeschrieben worden ist (**Vermutungsregel, § 32 Abs. 3 S. 3 aF** = § 32 Abs. 1 S. 3), wobei bei Nachweis längerer Abschreibungszeiträume gem. § 32 Abs. 3 S. 2 aF [§ 32 Abs. 1 S. 2] die Behörde verpflichtet ist, diese anzuerkennen. Netzbetreiber haben die Verwendung der in BTOElt-Verfahren zuletzt ermittelten kalkulatorischen Restwerte darzulegen (Positionspapier, 4). Unabhängig davon, welche Nutzungsdauern jeweils zulässig waren, besteht demnach die Grundregel, dass nur die **tatsächlich noch vorhandenen Restwerte abzuschreiben sind,** womit der dem § 6 Abs. 6 innewohnenden Logik, dass nur noch nicht abgeschriebene (nicht verdiente) Größen berücksichtigt werden dürfen, gefolgt wird (vgl. auch Positionspapier, 7).

Die Beschlusskammer hat die Einwände gegen den Vermutungstatbestand des 118 § 32 Abs. 3 S. 3 StromNEV zurückgewiesen (BK8-05/19, S. 10 des amtl. Umdrucks), so dass bei bislang den BTOElt-Verfahren unterliegenden Kosten regelmäßig der **Vermutung des § 32 Abs. 3 S. 3 aF** zu folgen ist und es nicht zu einem unmittelbaren Eingreifen der – günstigeren – Vermutungsregel nach § 32 Abs. 3 S. 4 kommt. Nur soweit keine kostenbasierten Preise nach BTOElt gefordert wurden, wird **vermutet,** dass die unteren Werte der in Anlage 1 StromNEV genannten Spannen der Nutzungsdauern zugrundegelegt wurden, es sei denn, der Betreiber weist etwas anderes nach (**widerlegbare Vermutung, § 32 Abs. 3 S. 4 aF** = § 32 Abs. 1 S. 4). Die Vermutungsregel des § 32 Abs. 3 S. 4 ist eine Auffangvorschrift zu § 32 Abs. 3 S. 3 (vgl. hierzu *Hummel/Ochsenfahrt* IR 2006, 74 (76 ff.); zum Rangverhältnis der Vermutungen s. auch *Salje* RdE 2006, 253). Das OLG Koblenz verneint im Falle des § 32 Abs. 3 S. 3 StromNEV das Eintreten der materiell-rechtlichen Tatbestandswirkung und sieht diese allein auf die formelle Seite der früheren BTOElt-Genehmigungen nach § 12 beschränkt, dh es ist nicht zwingend davon auszugehen, dass die damaligen Genehmigungen kostenbasiert iSd BTOElt-Vorgaben waren (OLG Koblenz Beschl. v. 4.5.2007 – W 595/06 Kart, RdE 2007, 198 (201); aA OLG Stuttgart Beschl. v. 5.4.2007–202 EnWG 8/06, Rn. 90 ff. und Beschl. v. 3.5.2007–202 EnWG 4/06, IR 2007, 182 f.). Die Unterscheidung in „formelle" und „materiell-rechtliche" Tatbestandswirkung vermag indes nicht zu überzeugen, ist doch gerade der Sinn der Vorschrift, die Feststellung, dass die Anforderungen des § 12 BTOElt in materieller Hinsicht erfüllt waren, also eine gemäß den Vorgaben richtigerweise ergangene Tarifgenehmigung erfolgte, um zu vermeiden, dass es zu einer nochmaligen Belastung der Netznutzer kommt und ausschließlich noch nicht abgeschriebene Restwerte umgelegt werden (es sei denn, der Netzbetreiber weist etwas anderes nach). Ansonsten würde unterstellt, dass die damalige Genehmigung fälschlicherweise ergangen ist (bzw. zumindest hätte ergangen sein können), dh ohne dass die genehmigten Tarife den Anforderungen entsprachen, also nicht kostenbasiert iSd Vorgaben des § 12 BTOElt waren und mithin die Genehmigungsvoraussetzungen nicht erfüllten. Damit würde aber die gerade mit der Vermutung der § 32 Abs. 3 S. 3 StromNEV aF (§ 32 Abs. 1 S. 3) bezweckte Wirkung, die von den

§ 21 Teil 3. Regulierung des Netzbetriebs

genehmigten Tarifen auf die gemäß den Vorschriften angesetzten Nutzungsdauern schließt, konterkariert.

119 Bei ihren **Restwertkalkulationen** haben die Netzbetreiber ganz überwiegend die historischen AHK sowie die ermittelten TNW jeweils durch die *Gesamt*nutzungsdauer gem. Anlage 1 StromNEV dividiert, dh die in der Vergangenheit nach BTOElt zugrundegelegten – jedenfalls zeitweilig zulässigen – kürzeren Abschreibungsdauern **nicht berücksichtigt**, was „mit hoher Wahrscheinlichkeit zu **systematisch überhöhten kalkulatorischen Restwerten** und mithin zu überhöhten jährlichen kalkulatorischen Abschreibungen [führt]" (Positionspapier, S. 11, Hervorhebung nur hier, Anmd Verf). Die (mögliche) Größenordnung der Überschätzung zeigen *Schalle/Boos* ZNER 2006, 20 (22), am Beispiel Hessen auf, die davon ausgehen, dass die konsequente Anwendung des § 32 Abs. 3 S. 3 bei den meisten Netzbetreibern „zu einer Absenkung der kalkulatorischen Restwerte des Anlagevermögens um mehr als ein Drittel führt". Die Auffassung der Behörde zur Anwendung des § 32 Abs. 3 wurde vom OLG Düsseldorf bestätigt (Beschl. v. 21.7.2006 – VI-3 Kart 289/06 (V), S. 15 des amtl. Umdrucks). Das Gericht folgte der Behörde bezüglich der Zugrundelegung der tatsächlichen Nutzungsdauern und des Vorrangs der Vermutungsregel des § 32 Abs. 3 S. 3 vor § 32 Abs. 3 S. 4. Höchstrichterlich hat der BGH in seinen Entscheidungen vom 14.8.2008 vollumfänglich die Position der BNetzA bzw. der zuständigen Landesregulierungsbehörden hinsichtlich der Restwertermittlung nach § 32 Abs. 3 StromNEV bestätigt (s. zB BGH Beschl. v. 14.8.2008 – KVR 42/07, BeckRS 2008, 20437, Rn. 4ff., s. auch BGH Beschl. v. 14.8.2008 – KVR 27/07, et 2009, 75f.). Der Restwertermittlung kommt im Rahmen der Ermittlung der Aufwandsparameter gem. §§ 13 und 12 Abs. 4a ARegV für den Effizienzvergleich (→ § 21a Rn. 73) erhebliche Bedeutung zu.

120 Insofern es für den **Gasbereich** keine Entgeltgenehmigung nach BTOElt gab, entfällt die Vermutungsregel, dass auf Basis der nach den Länderverwaltungsvorschriften jeweils zulässigen Nutzungsdauern abgeschrieben worden ist. Stattdessen greift nach § 32 Abs. 3 S. 3 GasNEV aF (§ 32 Abs. 1 S. 3) eine § 32 Abs. 3 S. 4 StromNEV aF (§ 32 Abs. 1 S. 4) entsprechende Vermutungsregel.

121 **e) Errechnung des Abschreibungsbetrags (§§ 6 Abs. 5, Anlage 1 Strom-/GasNEV).** Aus dem nach der oben beschriebenen Vorgehensweise feststehenden **bewerteten Sachanlagevermögen** sind gem. **§§ 6 Abs. 5 iVm §§ 32 Abs. 3 (aF) Strom-/GasNEV** nunmehr mit der **linearen** Abschreibungsmethode für jedes Anlagegut jährlich die **kalkulatorischen Abschreibungen** auf Grundlage der jeweiligen **betriebsgewöhnlichen Nutzungsdauern** nach **Anlage 1 Strom-/GasNEV** durch Division zu ermitteln. Die jährlichen kalkulatorischen Abschreibungen ergeben sich nach § 6 Abs. 2 Nr. 1 für den eigenfinanzierten Anteil als Summe der nach § 6 Abs. 5 auf Basis der TNW bestimmten Abschreibungsbeträge aller Altanlagen multipliziert mit der Eigenkapitalquote (EKQ). Nach § 6 Abs. 2 Nr. 2 sind für den fremdfinanzierten Anteil die auf Basis der historischen AHK bestimmten Abschreibungsanträge aller Altanlagen zu summieren und mit dem Fremdkapitalquote (definiert als 1 – EKQ, § 6 Abs. 2 S. 5) zu multiplizieren. Der Abschreibungsbetrag eines Anlagegutes$_i$ errechnet sich demnach mit folgender Formel (*Positionspapier*, S. 11):

$$Jahresabschreibung_i = \frac{RestwertTNW_i}{Restnutzungsdauer_i} \times EKQuote + \frac{RestwertAKHK_i}{Restnutzungsdauer_i} \times FKQuote$$

Bedingungen und Entgelte für den Netzzugang **§ 21**

Die Formel zeigt die Schwäche des Nettosubstanzerhaltungskonzepts auf: die Zuordnung des Eigen- und Fremdkapitals auf die Anlagegüter ist nur fiktiv möglich, es wird deshalb eine für alle einheitliche Aufteilung unterstellt. Die Ermittlung der Eigenkapitalquote wird nachfolgend bei der Kalkulation der Eigenkapitalverzinsung dargestellt (→ Rn. 123).

2. Kalkulatorische Eigenkapitalverzinsung (§§ 7 Strom-/GasNEV). Die 122
Ermittlung der **kalkulatorischen Eigenkapitalverzinsung** erfolgt in vier Schritten:
- Ermittlung der kalkulatorischen Eigenkapitalquote (§§ 7 Abs. 1 S. 2 iVm §§ 6 Abs. 2 S. 3 Strom-/GasNEV)
- Ermittlung des betriebsnotwendigen Eigenkapitals (§§ 7 Abs. 1 S. 2 Strom-/GasNEV)
- Ermittlung des die zugelassene Eigenkapitalquote übersteigenden Eigenkapitalanteils (§§ 7 Abs. 1 S. 3 Strom-/GasNEV)
- Ermittlung der Zinsen für die beiden Eigenkapitalanteile (§§ 7 Abs. 6 sowie Abs. 1 S. 3 iVm Abs. 7 Strom-/GasNEV)

a) Kalkulatorische Eigenkapitalquote. Die **kalkulatorische Eigenkapi-** 123
talquote (EKQ), die den eigenfinanzierten Anteil des betriebsnotwendigen Sachanlagevermögens angibt, errechnet sich nach §§ 6 Abs. 2 S. 3 Strom-/GasNEV wie folgt:
Kalkulatorische Restwerte des Sachanlagevermögens zu historischen AHK
+ Finanzanlagen
+ Umlaufvermögen
= **Betriebsnotwendiges Vermögen I (BNV I)**
− Steueranteil des Sonderposten mit Rücklageanteil
− Verzinsliches Fremdkapital
− Abzugskapital
= **Betriebsnotwendiges Eigenkapital I (BEK I).**
EKQ = BEK I/BNV I, wobei nach §§ 6 Abs. 2 S. 4 Strom-/GasNEV die EKQ maximal 40 Prozent beträgt. Das BNV I ergibt sich demnach als die Summe der kalkulatorischen Restwerte des Sachanlagevermögens zu historischen AHK plus Finanzanlagen und Umlaufvermögen. Zur Ermittlung des betriebsnotwendigen Eigenkapitals (BEK I) sind von dem zu finanzierenden BNV I alle Fremdkapitalposten abzuziehen. Die EKQ ist der Quotient aus BEK und BNV. Sie gibt den eigenfinanzierten Anteil des BNV I an.

b) Betriebsnotwendiges Eigenkapital. Verzinsungsbasis der Eigenkapitalzin- 124
sen ist das **betriebsnotwendige Eigenkapital,** wie es in §§ 7 Abs. 1 S. 2 Strom-/GasNEV, dh unter Berücksichtigung der Bewertung zu TNW für den eigenfinanzierten Anteil (EKQ) der betriebsnotwendigen Altanlagen, vorgegeben ist:
Kalkulatorische Restwerte des Sachanlagevermögens zu TNW
× Eigenkapitalquote (max. 40 Prozent, §§ 7 Abs. 1 S. 2 iVm §§ 6 Abs. 2 S. 4 Strom-/GasNEV)
+ Kalk. Restwerte des Sachanlagevermögens zu historischen AHK
× Fremdkapitalquote (min. 60 Prozent, §§ 7 Abs. 1 S. 2 iVm §§ 6 Abs. 2 S. 5 Strom-/GasNEV)
+ betriebsnotwendige Finanzanlagen
+ betriebsnotwendiges Umlaufvermögen
= **Betriebsnotwendiges Vermögen II (BNV II)**

§ 21 Teil 3. Regulierung des Netzbetriebs

- Steueranteil der Sonderposten mit Rücklageanteil
- Verzinsliches Fremdkapital
- Abzugskapital (§ 7 Abs. 2 Strom-/GasNEV)
= **Betriebsnotwendiges Eigenkapital II (BEK II)**.

125 Unter Verwendung der zuvor bestimmten EKQ wird das betriebsnotwendige Vermögen der Altanlagen (BNV II) ermittelt, indem die kalkulatorischen Restwerte des Sachanlagevermögens zu TNW mit der EKQ multipliziert (gewichtet) und die kalkulatorischen Restwerte des Sachanlagevermögens zu historischen AHK mit der Fremdkapitalquote multipliziert werden und anschließend die Summe gebildet wird. Zur Ermittlung des **betriebsnotwendigen Eigenkapitals** (BEK II) sind von dem BNV II alle Fremdkapitalposten abzuziehen.

126 c) **Übersteigender Eigenkapitalanteil.** Da das **betriebsnotwendige Eigenkapital** gem. §§ 7 Abs. 1 S. 2 unter Berücksichtigung von §§ 6 Abs. 2 Strom-/GasNEV zu bestimmen ist, ist auch die im Rahmen der Berechnung des betriebsnotwendigen Eigenkapitals **anzusetzende EKQ** auf maximal **40 Prozent begrenzt** (BK8-05/19, S. 13 des amtl. Umdrucks). Diese sog. **„doppelte Quotierung"** ist wegen der uneingeschränkten Verweisung in § 7 Abs. 1 S. 2 auf § 6 Abs. 2 und dem Wortlaut des § 6 Abs. 2 S. 4 (für die Berechnung der *Netzentgelte*) erforderlich (vgl. OLG Düsseldorf Beschl. v. 21.7.2006 – VI-3 Kart 289/06 (V), GewA 2006, 427, S. 17 des amtl. Umdrucks). Damit wird das Prinzip der Nettosubstanzerhaltung nicht unterwandert, denn der Restwert der Altanlagen wird vollständig erfasst, nur wegen §§ 6 Abs. 2 Strom-/GasNEV je nach Eigen- und Fremdkapitalanteil unterschiedlich bewertet. Die EKQ wird auf den *zuvor* ermittelten TNW der Anlagegüter angewandt. Bei einem Übersteigen des Maximalwertes von 40 Prozent des Eigenkapitalanteils ist dieser auf 40 Prozent zu kappen. Die **Deckelung** soll eine Überkapitalisierung verhindern. Der übersteigende Anteil ist gem. § 7 Abs. 1 S. 3 nominal wie Fremdkapital zu verzinsen. Die Verzinsung des übersteigenden Anteils mit dem Fremdkapitalzinssatz hat der Verordnungsgeber inzwischen durch Änderung von §§ 7 Abs. 1 S. 3 Strom-/GasNEV explizit aufgenommen (BGBl. 2007 I S. 2529 (2544)). Soweit das nach § 7 Abs. 1 S. 2 ermittelte betriebsnotwendige Eigenkapital die Grenze nicht übersteigt, kann keine Aufteilung mehr erfolgen (Positionspapier, S. 14). Am 9.5.2007 hat das OLG Düsseldorf mit der Entscheidung in der Hauptsache seine Eilentscheidung sowohl hinsichtlich der Ablehnung der Mehrerlösabschöpfung (hierzu ausf. → § 23a Rn. 25) als auch vor allem hinsichtlich der Rechtmäßigkeit der materiellen Entgeltfestsetzung bestätigt (OLG Düsseldorf Beschl. v. 9.5.2007 – VI-3 Kart 289/06 (V), RdE 2007, 193). Insbesondere bestätigt das OLG Düsseldorf die sog. „doppelte Quotierung" für die Berechnung des **Eigenkapitals** nach **§§ 7 Abs. 1 S. 3 Strom-/GasNEV** und verstärkt seine Begründung noch (ferner ergänzt mit der Entscheidung des OLG Düsseldorf Beschl. v. 24.10.2007 – VI-3 Kart 472/06 (V), BeckRS 2008, 5917 = S. 41ff., 44 des amtl. Umdrucks). Ebenso – teilweise fast wortgleich – argumentieren das OLG Koblenz (Beschl. v. 4.5.2007 – W 595/06 Kart, RdE 2007, 198) und das OLG Stuttgart (Beschl. v. 5.4.2007–202 EnWG 8/06, BeckRS 2007, 6677 und Beschl. v. 3.5.2007 – 202 EnWG 4/06, BeckRS 2007, 8771, Rn. 98 ff., 109 f.), aA hingegen das OLG Naumburg (Beschl. v. 16.4.2007 – 1 W 25/06 (EnWG), RdE 2007, 168); der Beschluss des OLG Naumburg wurde vom BGH mit Beschl. v. 13.11.2007 – KVR 23/07, IR 2008, 113 aufgehoben. Die **doppelte Quotierung** ergibt sich zunächst aus dem unmittelbaren Zusammenhang, dh logischerweise bezieht sich in § 7 Abs. 1 der auf S. 2 folgende S. 3 auf das zuvor in S. 2

Bedingungen und Entgelte für den Netzzugang **§ 21**

definierte *Eigenkapital* (OLG Düsseldorf Beschl. v. 9.5.2007 – VI-3 Kart 289/06 (V), S. 13f. des amtl. Umdrucks) und nicht auf das tatsächlich eingesetzte Kapital (wie die Beschwerdeführerin und das OLG Naumburg meinen), was in der Tat widersprüchlich wäre. Das OLG Düsseldorf baut dann seine Argumentation aus der Eilentscheidung aus und leitet die doppelte Quotierung aus dem uneingeschränkten Verweis auf die „Berechnung der Netzentgelte" in **§§ 6 Abs. 2 S. 4 Strom-/ GasNEV** her. Dh die zweite Quotierung folgt „nicht erst aus § 7 I 3 StromNEV, sondern aus § 6 II 4 StromNEV" (OLG Düsseldorf Beschl. v. 9.5.2007 – VI-3 Kart 289/06 (V), S. 14 des amtl. Umdrucks). Das Gericht setzt damit schon früher, nämlich bei § 6 Abs. 2 S. 4 an, woraus sich auch ergibt, dass § 7 Abs. 1 S. 3 nur die Verzinsung des die zugelassene EKQ überschießenden Eigenkapitalanteils (nominal wie Fremdkapital) regelt, weil dieses sonst gänzlich unverzinst wäre, nicht jedoch die zweite Quotierung selbst. Wegen der Verknüpfung mit §§ 6 Abs. 2 S. 4 in §§ 7 Abs. 1 S. 2 Strom-/GasNEV soll eine Quotierung des *gesamten* Eigenkapitals – unabhängig davon, ob es bereits quotiert war oder nicht – erfolgen (OLG Düsseldorf Beschl. v. 9.5.2007 – VI-3 Kart 289/06 (V), S. 15 des amtl. Umdrucks), dh es wird nicht unterschiedlich behandelt. Das OLG Düsseldorf verbindet diese an der Systematik ausgerichtete Auslegung weiter mit Sinn und Zweck des EnWG nach § 1 Abs. 1 und speziell mit der Vorgabe von § 21 Abs. 2 S. 2, dass Kosten und Kostenbestandteile, die sich ihrem Umfang nach im Wettbewerb nicht einstellen würden, nicht berücksichtigt werden [dürfen]. In bemerkenswerter Deutlichkeit führt das Gericht aus, dass dies auch für die Kapitalkosten gilt, dh ein Eigenkapitaleinsatz, der über dem sich im Wettbewerb bildenden liegt, ist nur „zurückhaltend" zu perpetuieren (OLG Düsseldorf Beschl. v. 9.5.2007 – VI-3 Kart 289/06 (V), S. 15f. des amtl. Umdrucks), weil der Zielsetzung der Schaffung einer preisgünstigen Energieversorgung durch funktionierenden Wettbewerb mittels der Entgeltregulierung zuwiderläuft. Dh auch die **Kapitalkosten** (und damit die Berechnung der Verzinsungsbasis) unterliegen dem **Effizienzgebot** und die Festlegung dessen, was eine angemessene Verzinsung darstellt, ist am Gesetzeszweck zu orientieren (OLG Düsseldorf Beschl. v. 9.5.2007 – VI-3 Kart 289/06 (V), S. 16 des amtl. Umdrucks). So auch noch deutlicher das OLG Koblenz: „Sinn und Zweck der Deckelung ist es, einen überhöhten Einsatz von Eigenkapital zu sanktionieren", dessen Verzinsung gem. § 21 Abs. 2 wettbewerbsfähig zu sein hat, wodurch der Netzbetreiber zu einer „effizienter Eigenkapitalbegrenzung „angereizt" werden [soll]", andernfalls würde die tatsächliche Eigenkapitalquote erhalten. Eine Erhaltung der tatsächlichen Eigenkapitalquote „soll aber nach dem erklärten Willen des Verordnungsgebers im Rahmen der kalkulatorischen Betrachtungsweise nicht geschützt werden" (OLG Koblenz Beschl. v. 4.5.2007 – W 595/06 Kart, RdE 2007, 198 (203)). Damit wird deutlich, dass aus dem **Gesetzesziel** heraus nur der Eigenkapitaleinsatz, der sich **im Wettbewerb** herausbildet, angemessen zu verzinsen ist und dass die Behörde befugt ist, darüber hinausgehende Kapitalkosten zu kürzen. Mithin ist der tatsächliche Kapitaleinsatz und die daraus geltend gemachten Kosten nicht grundgesetzlich geschützt (vgl. zB OLG Naumburg Beschl. v. 16.4.2007 – 1 W 25/06 (EnWG), S. 21 des amtl. Umdrucks), sondern die Kosten sind nur **soweit sie effizient** sind anzuerkennen. Dies gilt wegen der Verbindung zwischen § 21 und § 21a (→ § 21a Rn. 21) ebenso für die **Anreizregulierung** und entspricht der Auffassung der BNetzA, dass auch Kapitalkosten für Bestandsanlagen beeinflussbare Kostenanteile iSv § 21a Abs. 4 S. 6 EnWG darstellen, die dem Effizienzmaßstab unterliegen (BNetzA Anreizregulierungsbericht I Rn. 64; auch → § 21a Rn. 52). Im Übrigen weist das OLG Koblenz zurecht darauf hin, dass es – anders als zB das OLG Naumburg meint (Beschl. v. 16.4.2007 – 1 W 25/06 (EnWG), S. 21 des amtl. Umdrucks) – durch die Regelung des § 7 Abs. 1 S. 3 kein unverzinstes Eigenkapital gibt, sondern der überschießende Anteil lediglich nominal wie Fremdkapital verzinst wird (OLG Koblenz Beschl. v. 4.5.2007 – W 595/06 Kart, RdE 2007, 198 (203)). Für die Festlegung des auf den überschießenden Anteil des Eigenkapitals nach §§ 7 Abs. 1 S. 3 Strom-/GasNEV anzuwenden Zinssatz räumt das OLG Koblenz der LRB einen **Beurteilungsspielraum** ein, den diese jedoch fehlerhaft nicht ausgeübt habe (OLG Koblenz Beschl. v. 4.5.2007 – W 595/06 Kart, RdE 2007, 198 (204)). Im Wesentlichen mit derselben Begründung – Vorrang bei der Auslegung dessen, was in die Verzinsungsbasis einzustellen ist, hat die **Zielsetzung des EnWG** und nicht die des HGB – lehnt das OLG Düsseldorf auch die von der Klägerin geltend gemachte Einbeziehung geleisteter Anzahlungen, von Anlagen im Bau sowie von aktiven Rechnungsabgrenzungsposten in die Eigenkapitalbasis ab und bestätigt die Vorgehensweise der BNetzA. Alle genannten Posten haben in der handelsrechtlichen Bilanz eine bestimmte Funktion, die aber im Kontext der Entgeltregulierung nicht maßgeblich ist, da im Allgemeinen wegen der Vermutung der Äquivalenz von Verträgen sich Vor- und Nachteile bereits ausgleichen und somit eine – nochmalige – Anerkennung bei der Ermittlung des betriebsnotwendigen Eigenkapitals nicht geboten ist. Alle Einzelposten und deren Berücksichtigung bei der Entgeltgenehmigung sind im Lichte der Zielsetzungen des EnWG zu beurteilen. Zudem definiert §§ 7 Abs. 1 Strom-/GasNEV das betriebsnotwendige Eigenkapital abschließend (OLG Düsseldorf Beschl. v. 9.5.2007 – VI-3 Kart 289/06 (V), S. 5 ff. des amtl. Umdrucks). Dieser – auch in den weiteren Beschlüssen des OLG Düsseldorf zur Genehmigung von Gasnetzzugangsentgelten (OLG Düsseldorf Beschl. v. 24.10.2007 – VI-3 Kart 471/06 (V), VI-3 Kart 472/06 (V) und VI-3 Kart 8/07 (V)) – fortgesetzte Ansatz, dass die Netzkosten ausdrücklich unter dem Vorbehalt stehen, dass sie denen eines effizienten und strukturell vergleichbaren Netzbetreibers entsprechen müssen und Kosten und Kostenbestandteile, die sich ihrem Umfang nach im Wettbewerb nicht einstellen würden, nicht berücksichtigt werden dürfen (vgl. zB OLG Düsseldorf Beschl. v. 9.5.2007 – VI-3 Kart 472/06 (V), S. 36, 39 des amtl. Umdrucks), zeigt, dass es sich bei der kostenorientierten Entgeltregulierung nach § 21 nicht um eine bloße „*Cost-plus*-Regulierung", die ein „Durchschieben" der Kosten gestattet, handelt, sondern um eine **Kostenorientierung mit Effizienzmaßstab**, bei der die Anerkennungsfähigkeit geltendgemachter Kosten durch das Effizienzgebot (§ 21 Abs. 2 S. 1) und die Wettbewerbsanalogie (§ 21 Abs. 2 S. 2) wirksam begrenzt wird (→ Rn. 6). Entsprechend bestätigt das OLG Düsseldorf in derselben Entscheidung auch die Kürzung des Umlaufvermögens durch die BNetzA (Beschl. v. 23.11.2006 – BK9-06/301) auf die betriebsnotwendige Höhe, bei der kurzfristige auf Zahlungsströme gerichtete Posten nicht zu berücksichtigen sind, da sie nicht der Finanzierung von dauerhaft dem Geschäftsbetrieb zur Verfügung stehenden Anlagevermögens dienen (vgl. zB OLG Düsseldorf Beschl. v. 24.10.2007 – VI-3 Kart 472/06 (V), S. 37, 40 des amtl. Umdrucks; s. auch das OLG Stuttgart Beschl. v. 5.4.2007 – 202 EnWG 8/06. In seinen Grundsatzentscheidungen v. 14.8.2008 hat der BGH die Beschlüsse der BNetzA weitgehend **bestätigt** (KVR 39/07 = IR 2008, 350) und ihr in allen wesentlichen oa Punkten (inkl. Mehrerlösabschöpfung) Recht gegeben (vgl. BGH PM Nr. 156/08).

127 Der BGH hat dabei für die Begründung vor allem auf das Gesetzesziel und den **Normzweck** abgestellt und insbesondere die Rechtmäßigkeit der sog. „**doppelten Deckelung**" für die Berechnung der kalkulatorischen Eigenkapitalverzinsung nach

Bedingungen und Entgelte für den Netzzugang § 21

§§ 7 Abs. 1 iVm 6 Abs. 2 Strom-/GasNEV darauf zurückgeführt (vgl. BGH Beschl. v. 14.8.2008 – KVR 39/07, BeckRS 2008, 20436, Rn. 45 ff.; weitere fast gleichlautende Beschlüsse des BGH vom selben Tag in Verfahren, die sich gegen Beschlüsse des OLG Koblenz aus 2007 richteten und in denen die BNetzA nach § 79 Abs. 2 beigeladen war, sind BGH Beschl. v. 14.8.2008 – KVR 34/07, BeckRS 2008, 20433, Rn. 42 ff. (wegen OLG Koblenz Beschl. v. 4.5.2007 – W 605/06, BeckRS 2008, 8788); BGH Beschl. v. 14.8.2008 –KVR 35/07, BeckRS 2008, 20434 (OLG Koblenz Beschl. v. 4.5.2007 – W 621/06, BeckRS 2008, 8789); BGH Beschl. v. 14.8.2008 – KVR 36/07,BeckRS 2008, 20435 (OLG Koblenz Beschl. v. 4.5.2007 – W 595/06, IR 2007, 133); BGH Beschl. v. 14.8.2008 – KVR 42/07, BeckRS 2008, 20437 (OLG Koblenz Beschl. v. 31.5.2007 – W 594/06); sowie BGH Beschl. v. 14.8.2008 – KVR 27/07, BeckRS 2008, 20432 (OLG Stuttgart Beschl. v. 5.4.2007 – 202 EnWG 8/06, BeckRS 2007, 6677)). Sinn und Zweck der Regulierung ist nach § 1, dass ein wirksamer und unverfälschter Wettbewerb sichergestellt wird. Daraus folgt auch die Beschränkung des Eigenkapitalanteils auf 40 Prozent, denn ein 40 Prozent übersteigender Eigenkapitalanteil würde sich unter Wettbewerbsbedingungen nicht einstellen und ist deshalb bei der Berechnung der Eigenkapitalverzinsung auch nicht zu berücksichtigen. Der BGH wird unter Bezugnahme auf den Bericht der Arbeitsgruppe Netznutzung Strom der Kartellbehörden des Bundes und der Länder vom 19.4.2001 noch expliziter: „ein hoher Eigenkapitalanteil gilt als Indiz für unzureichenden Wettbewerb" (BGH Beschl. v. 14.8.2008 – KVR 39/07 = BeckRS 2008, 20436, Rn. 56). Es widerspricht deshalb dem nach § 21 Abs. 2 anzulegenden **Effizienzmaßstab**, der das Ergebnis der Preisbildung eines Wettbewerbsmarkts widerspiegelt (→ Rn. 65 ff.), Eigenkapital, das sich in einem funktionierenden Wettbewerb nicht gebildet hätte, dh nicht **betriebsnotwendig** (für die Leistungserstellung erforderlich) ist (→ Rn. 67, 105 sowie BGH Beschl. v. 21.7.2009 – EnVR 33/08, BeckRS 2009, 24103, Rn. 14, RdE 2010, 30), in die Berechnungsbasis für die Eigenkapitalverzinsung einzubeziehen. Der BGH geht dann sogar noch weiter, indem er ausführt, dass die Zielrichtung der Begrenzung der Eigenkapitalquote auf 40 Prozent nach § 6 Abs. 2 S. 4 Strom-/GasNEV nur (HervdVerf) durch die doppelte Deckelung, die ja der Verordnungsgeber inzwischen mit der Änderung der Strom-/GasNEV v. 29.10.2007 auch ausdrücklich vorsieht, erreicht werden kann (vgl. BGH Beschl. v. 14.8.2008– KVR 39/07, BeckRS 2008, 20436, Rn. 57). Des Weiteren stellt der BGH auch klar, dass die doppelte Deckelung keinen eigentumsrechtlich relevanten Grundrechtseingriff darstellt, da Art. 14 Abs. 1 GG keine in der Zukunft liegenden Chancen und Verdienstmöglichkeiten wie die bei der Festsetzung der Netznutzungsentgelte betroffenen künftigen Gewinnerwartungen erfasst (BGH Beschl. v. 14.8.2008 – KVR 39/07, BeckRS 2008, 20436, Rn. 60 f., hierzu auch → Rn. 138 f.). Im Übrigen greife auch der Einwand des Prinzips der Nettosubstanzerhaltung nicht durch, weil es für die Berechnung der Eigenkapitalverzinsung nach §§ 7 Abs. 1 Strom-/GasNEV nicht auf die Vergleichsberechnung zu historischen AHK ankomme (BGH Beschl. v. 14.8.2008 – KVR 39/07, BeckRS 2008, 20436, Rn. 58).

Auch bezüglich der Bestätigung der ausschließlich **kalkulatorischen Berechnung** der Gewerbesteuer nach §§ 8 Strom-/GasNEV (→ Rn. 164 f., Insichabzugsfähigkeit und keine Scheingewinnbesteuerung, (BGH Beschl. v. 14.8.2008 – KVR 39/07, BeckRS 2008, 20436, Rn. 62 ff.; BGH Beschl. v. 14.8.2008 – KVR 36/07, BeckRS 2008, 20435, Rn. 76 ff.) stellt der BGH den Gesetzeszweck der Sicherstellung von Wettbewerb sowie die Grundsätze des § 21 als eigenständig normiertes System heraus: „die kalkulatorische Kostenrechnung [soll] die Entgeltbildung 128

§ 21 Teil 3. Regulierung des Netzbetriebs

unter funktionierenden Wettbewerbsbedingungen simulieren" (BGH Beschl. v. 14.8.2008 – KVR 39/07, BeckRS 2008, 20436, Rn. 70, BGH Beschl. v. 14.8.2008 – KVR 36/07, BeckRS 2008, 20435, Rn. 83) und betont insbesondere die Maßgeblichkeit energierechtlicher Zielsetzungen und Maßstäbe vor handels- und steuerrechtlichen Gewinnermittlungsvorgaben (BGH Beschl. v. 14.8.2008 – KVR 39/07, BeckRS 2008, 20436, Rn. 36f., 69ff.). Diese sind im Rahmen der **kalkulatorischen Entgeltbestimmung** unerheblich und können auch nicht ergänzend angewandt werden (BGH Beschl. v. 14.8.2008 – KVR 39/07, BeckRS 2008, 20436, Rn. 36), dh „die tatsächlichen (bilanziellen) Abschreibungen sind dagegen ohne Bedeutung" (BGH Beschl. v. 14.8.2008 – KVR 39/07, BeckRS 2008, 20436, Rn. 70). Denn gem. § 21 Abs. 2 S. 2 dürfen tatsächlich anfallende Kosten oder Kostenbestandteile, die sich ihrem Umfang nach im Wettbewerb nicht einstellen würden, bei der Entgeltbildung nicht berücksichtigt werden (vgl. BGH Beschl. v. 14.8.2008 – KVR 36/07, BeckRS 2008, 20435, Rn. 83), womit der BGH den **Regulierungsansatz** der Behörden, **nur** die Kosten eines effizienten und strukturell vergleichbaren Netzbetreibers anzuerkennen und darüber hinausgehende – tatsächlich angefallene – Kosten nicht zu berücksichtigen, nochmals unterstreicht (ebenso deutlich das OLG Schleswig, das ausführt, dass „sich die ansatzfähigen Kosten vor der allgemeinen regulatorischen Idee wettbewerbsanaloger Kosten müssen rechtfertigen können", OLG Schleswig Beschl. v. 24.9.2009 – 16 Kart 1/09 [BK9-06/153], BeckRS 2010, 3350 = S. 24 des amtl. Umdrucks). Demzufolge sind alle „Bilanzwerte nach dem Maßstab der Betriebsnotwendigkeit" zu überprüfen (BGH Beschl. v. 21.7.2009 – EnVR 33/08, BeckRS 2009, 24103, Rn. 14) und gegebenenfalls zu korrigieren (OLG Schleswig Beschl. v. 24.9.2009 – 16 Kart 1/09, BeckRS 2010, 3350 = S. 14 des amtl. Umdrucks), wobei die **Nachweispflicht** für die Betriebsnotwendigkeit der tatsächlichen Bestände (zB an Finanzanlagen, Umlaufvermögen etc) **dem Netzbetreiber obliegt** (vgl. auch zB BGH Beschl. v. 23.6.2009 – EnVR 76/07, BeckRS 2009, 21781, Rn. 29ff., 32f.). Dies gilt auch für Finanzanlagen und das Umlaufvermögen (Forderungen und „Kasse"), die auf das Betriebsnotwendige zu kürzen sind (vgl. BGH Beschl. v. 21.7.2009 – EnVR 33/08, BeckRS 2009, 24103, Rn. 14ff.; BGH Beschl. v. 3.3.2009 – EnVR 79/07, NJOZ 2009, 3390, Rn. 5ff., 8ff.; OLG Schleswig Beschl. v. 24.9.2009 – 16 Kart 1/09, BeckRS 2010, 3350,S. 15ff. des amtl. Umdrucks). Denn nach §§ 7 Abs. 1 Strom-/GasNEV ist als Grundlage für die Verzinsung maßgeblich die **Betriebsnotwendigkeit** des Eigenkapitals (vgl. BGH Beschl. v. 14.8.2008 – KVR 39/07, BeckRS 2008, 20436, Rn. 37, 40). In konsequenter Verfolgung dieser Argumentationslinie hält der BGH deshalb die Einbeziehung von Anlagen im Bau für geboten und gibt in diesem Punkt der Beschwerdeführerin recht (Neubescheidung durch BNetzA).

129 Auch bei der Begründung der Rechtmäßigkeit der **Mehrerlösabschöpfung** bezieht sich der BGH auf das Gesetzesziel wirksamen und unverfälschten (unverzerrten/funktionsfähigen) Wettbewerb sicherzustellen. Es wäre mit diesem unvereinbar, wenn das Unternehmen materiell überhöhte Entgelte, die von vornherein nicht genehmigungsfähig waren, endgültig behalten dürfte (BGH Beschl. v. 14.8.2008 – KVR 39/07, BeckRS 2008, 20436, Rn. 5ff., 13ff., die gegen die BGH-Entscheidung eingereichte Verfassungsbeschwerde wurde vom BVerfG als unbegründet nicht zur Entscheidung angenommen, Beschl. v. 21.12.2009 – 1 BvR 2738/08). Die Mehrerlösabschöpfung erfolgt analog nach **§ 34 Abs. 1 ARegV** iVm § 11 Strom-NEV/§ 10 GasNEV (periodenübergreifende Saldierung, siehe auch BGH Beschl. v. 21.7.2009 – EnVR 12/08, RdE 2010, 29, nach Rn. 8 des amtl. Umdrucks sind

Mehrerlöse periodenübergreifend zu saldieren) **seit 1.1.2010** über eine **Reduzierung der kalenderjährlichen Erlösobergrenzen** um die ermittelten Mehrerlöse (entsprechendes Vorgehen der zuständigen Landesregulierungsbehörde weitgehend bestätigt vom OLG Stuttgart Beschl. v. 21.1.2010 – 202 EnWG 3/09, NJOZ 2010, 1629 = S. 27 ff. des amtl. Umdrucks; OLG München Beschl. v. 2.9.2010 – Kart 5/09, BeckRS 2010, 24660; OLG Frankfurt a. M. Urt. v. 5.10.2010 – 11 U 31/09 [Kart], BeckRS 2010, 28983; s. auch FAZ v. 4.2.2010, „Strom- und Gasversorger sollen Milliarden zahlen", S. 18; hingegen krit. *Jacob* RdE 2009, 42; ausf. zur Mehrerlösabschöpfung *Zeidler* RdE 2010, 122; zur Rspr. *Weyer* NuR 2011, 64 (69 f.)). Die Anordnung der **Mehrerlössaldierung** im Rahmen der ARegV wurde vom OLG Düsseldorf als **„grundsätzlich rechtmäßig"** anerkannt (OLG Düsseldorf Beschl. v. 6.4.2011 – VI-3 Kart 133/10) und vom **BGH** mit Beschluss am 31.1.2012 **bestätigt** (BGH Beschl. v. 31.1.2012 – EnVR 16/10 – OLG Stuttgart, BeckRS 2012, 6793, Rn. 47 ff.). Zu den sonstigen Überlegungen des BGH zu diesem Punkt ausf. → 3. Aufl., § 23 a Rn. 26.

Alle Kostenpositionen unterliegen dem „allgemeinen regulatorischen Vorzeichen des § 21 Abs. 2 EnWG" (OLG Schleswig Beschl. v. 24.9.2009 – 16 Kart 1/09, BeckRS 2010, 3350 = S. 16. des amtl. Umdrucks), selbst die in ihrer *tatsächlichen* Höhe einzustellenden Fremdkapitalzinsen (§§ 5 Abs. 2 S. 2 Strom-/GasNEV), denn diese sind nur bis zur Höhe **kapitalmarktüblicher** Zinsen für vergleichbare Kreditaufnahmen anzuerkennen, womit auch diese Position wieder auf ein „regulatorisch angemessenes Maß zurück gewichtet werden soll" (OLG Schleswig Beschl. v. 24.9.2009 – 16 Kart 1/09, BeckRS 2010, 3350 = S. 23 ff. des amtl. Umdrucks). Hinsichtlich der Frage, ob der Regulierungsbehörde bei der Berechnung des **kapitalmarktüblichen Fremdkapitalzinssatzes** (der auch für die Berechnung der Verzinsung des die zugelassene Eigenkapitalquote übersteigenden Eigenkapitals von Bedeutung ist, §§ 7 Abs. 1 S. 3 Strom-/GasNEV) ein **Beurteilungsspielraum** zusteht (→ Rn. 71, 162), bestehen **gegensätzliche Auffassungen der Gerichte:** Während der BGH (zB Beschl. v. 14.8.2008 – KVR 34/07, BeckRS 2008, 20433, Rn. 60 ff.) zum Beschluss des OLG Koblenz v. 4.5.2007 – W 605/06 Kart, BeckRS 2008, 8788) ebenso wie das OLG Düsseldorf (Beschl. v. 21.7.2006 – VI-3 Kart 289/06 (V), GewA 2006, 427, S. 18 ff. des amtl. Umdrucks) einen Beurteilungsspielraum ablehnen, gestehen das OLG Koblenz (Beschl. v. 4.5.2007 – W 605/06 Kart, W 594/06 Kart u. W 595/06 Kart) und das OLG Schleswig (Beschl. v. 24.9.2009 – 16 Kart 1/09, BeckRS 2010, 3350 = S. 7, 23 ff. des amtl. Umdrucks) der BNetzA bzw. den Landesregulierungsbehörden einen solchen zu. Das OLG Schleswig sieht in der „Regulierungsaufgabe eine gestalterische und zukunftswirksam-planerische", weshalb der Regulierungsbehörde in Bezug auf die **Wahl der Methode** und die abschließende Bestimmung eines sachangemessenen Werts eine gewisse **Einschätzungsprärogative** zukommt (OLG Schleswig Beschl. v. 24.9.2009 – 16 Kart 1/09, BeckRS 2010, 3350 = S. 7 des amtl. Umdrucks), wohingegen es sich laut BGH um eine „rückblickend" zu treffende Feststellung handelt, die weder „prognostische Einschätzungen, politische Wertungen und Ziele oder planerische Erwägungen oder im Nachhinein nicht unerheblich verwertbare Leistungsbeurteilungen erfordert" (BGH Beschl. v. 14.8.2008 – KVR 34/07, BeckRS 2008, 20433, Rn. 65; vgl. zur Frage der behördlichen Einschätzungsspielräume auch *Schütte* ER 2012, 108 sowie Holznagel/Schütz/*Schütz*/*Schütte* StromNEV, § 7 Strom-/GasNEV Rn. 121/122).

Das OLG Koblenz hatte in den genannten Verfahren zweimal je drei Beweisbeschlüsse (v. 9.7.2009 und 27.11.2009 – W 605/06 Kart, W 594/06 Kart und W

595/06 Kart) gefasst, um die Höhe des kapitalmarktüblichen Zinssatzes durch einen Sachverständigen feststellen zu lassen. Es geht nicht um eine zukunftsgerichtete Bewertung, sondern um eine rückblickend zu treffende Festlegung des kapitalmarktüblichen Fremdkapitalzinssatzes (vgl. OLG Koblenz Beschl. v. 27.11.2009 – W 605/06 Kart, S. 2 unter Bezugnahme auf BGH Beschl. v. 14.8.2008 – KVR 34/07, BeckRS 2008, 20433, Rn. 71). Der vom OLG Koblenz beauftragte Sachverständige ermittelte für den Anteil des Eigenkapitals, der die zugelassene Eigenkapitalquote übersteigt, einen Zinssatz von 5,6 Prozent. Das OLG Koblenz hat nunmehr entschieden, dass die Landesregulierungsbehörde Rheinland-Pfalz für die Zeit vom 1.9.2006 bis zum 31.12.2007 einen Zinssatz von 5,24 Prozent anzusetzen hat, womit es dem Gutachter *Prof. Kaserer* nicht zur Gänze folgt, sondern den Zuschlag für Emissionskosten, den der Gutachter mit 0,36 Prozent beziffert hatte, unberücksichtigt lässt. Anerkannt hat das OLG Koblenz dagegen den Liquiditätsaufschlag in Höhe von 0,31 Prozent sowie den die Kreditwürdigkeit des Unternehmens erfassenden Risikozuschlag (0,15 Prozent), der sich aus einem Risikoaufschlag in Höhe von 0,25 Prozent (AA-Rating) abzüglich eines Risikoabschlags von 0,10 Prozent, da sich das Unternehmen im alleinigen oder mehrheitlichen Eigentum einer Kommune befindet, was das Ausfallrisiko senkt, ermittelt. Werden die genannten Zuschläge zu dem Basiszinssatz von 4,78 Prozent (durchschnittliche Umlaufrendite börsennotierter Bundeswertpapiere mit einer Restlaufzeit von fünf bis acht Jahren für den Zeitraum von 1995 bis 2004, vgl. zB OLG Koblenz Beschl. v. 8.11.2012 – 6 W 594/06, BeckRS 2014, 7080 = S. 14 des amtl. Umdrucks) addiert, ergibt sich der festgesetzte Wert von 5,24 Prozent. (s. zu den Einzelheiten OLG Koblenz Beschl. v. 8.11.2012 – 6 W 594/06 Kart, 6 W 595/06, 6 W 605/06 Kart, RdE 2013, 80). Eine weitere Entscheidung zum für überschießendes Eigenkapital anzusetzenden Zinssatz hat das OLG Nürnberg getroffen, das ebenfalls von einem Risikozuschlag in Höhe von 0,15 Prozent und einem Liquiditätszuschlag von 0,31 Prozent ausgeht (unter Heranziehung des Gutachtens von *Prof. Kaserer*), die bei einem Basiszinssatz von 4,8 Prozent zu einem Zinssatz von 5,26 Prozent führen (OLG Nürnberg Beschl. v. 6.11.2012 – 1 W 1516/07, BeckRS 2012, 25032).

132 Das Bundeskabinett beschloss am 29.5.2013 den Entwurf einer Verordnung zur Änderung von Verordnungen auf dem Gebiet des Energiewirtschaftsrechts. Dieser führt in **§§ 7 Strom-/GasNEV einen neuen Abs. 7** ein, mit dem die Bestimmung des Zinssatzes für den die Eigenkapitalquote übersteigenden Anteil des Eigenkapitals neu geregelt wird. Insbesondere wird nunmehr die Berücksichtigung eines Risikozuschlags auf den Zinssatz für diesen Teil des Eigenkapitals anerkannt (BGBl. 2013 I S. 3250 veröffentlicht; → Rn. 115). Sowohl für die Strom- als auch die Gasnetzentgelte galt diese Neuregelung seit 1.1.2013. Der BGH hält den neu geschaffenen Abs. 7 für rechtmäßig (vgl. BGH Beschl. v. 25.4.2017 – EnVR 17/16; vgl. auch Holznagel/Schütz/*Schütz*/*Schütte* StromNEV/GasNEV § 7 Rn. 128).

133 Bei den **Kostenprüfungen** im Rahmen des Entgeltgenehmigungsverfahren wurde der Fremdkapitalzinssatz, mit dem auch der übersteigende Anteil verzinst wurde, einer Prüfung unterzogen (→ Rn. 162). Gleichfalls wird überprüft, ob Altanlagen, die die betriebsgewöhnliche Nutzungsdauer bereits überschritten haben, unberechtigterweise in die Ermittlung der Eigenkapitalbasis miteinbezogen wurden oder nicht betriebsnotwendige Finanzanlagen dem betriebsnotwendigen Vermögen und damit der Verzinsungsbasis zugerechnet wurden. Der Verordnungsgeber hat inzwischen durch Einführung von **„betriebsnotwendigen"** vor „Finanzanlagen" und „Umlaufvermögen" in §§ 7 Abs. 1 S. 2 Nr. 4 Strom-/GasNEV klargestellt, dass nur die **betriebsnotwendigen** Bestandteile zu berücksichtigen sind (BGBl. 2007 I

Bedingungen und Entgelte für den Netzzugang § 21

S. 2529 (2544)). Zur korrekten Ermittlung der Verzinsungsbasis ist auch die Bewertung von Grundstücken zu überprüfen. **Grundstücke** sind betriebsnotwendig, soweit sie für den Netzbetrieb eingesetzt werden. Da sie keine Abnutzung und damit keinen Werteverzehr erleiden, sind sie nicht abzuschreiben und zu **historischen AHK** (und nicht zu Tagesneuwerten) in die Verzinsungsbasis einzustellen (BK8-05/19, S. 13 des amtl. Umdrucks). Dies ist nicht zu beanstanden (OLG Düsseldorf Beschl. v. 9. 5. 2007 – VI-3 Kart 289/06 (V), S. 17 f. des amtl. Umdrucks). Diese Herangehensweise findet sich mittlerweile auch in der Ergänzung nach Satz 2 in §§ 7 Abs. 1 Strom-/GasNEV (BGBl. 2007 I S. 2529 (2544)).

d) Festlegung der Eigenkapitalverzinsung nach §§ 7 Abs. 6 S. 1 Strom-/ GasNEV. aa) Allgemeines. Gem. **§§ 7 Abs. 6 S. 1 Strom-/GasNEV** 2005 iVm § 29 Abs. 1 EnWG **hatte die Regulierungsbehörde** in Anwendung der § 21 Abs. 4 und 5 die **Eigenkapitalzinssätze nach § 21 Abs. 2** erstmals dann **festzulegen,** wenn die Netzentgelte nach § 21 a im Wege der Anreizregulierung bestimmt werden, danach regelmäßig alle zwei Jahre. Der Eigenkapitalzinssatz war ursprünglich *nach* Ertragssteuern festzusetzen, § 7 Abs. 6 S. 1 Strom-/GasNEV aE (2005). Dieser Zusatz entfiel jedoch mit der Änderung der Strom-/GasNEV 2007, dh die Regulierungsbehörde legt den Eigenkapitalzinssatz *vor* Steuern fest (→ Rn. 159), was erstmals vor dem Beginn der Anreizregulierung zum 1. 1. 2009, anschließend vor Beginn der jeweiligen Regulierungsperiode erfolgte (§§ 6 Abs. 1 S. 1 Strom-/GasNEV 2007, BGBl. 2007 I S. 2529). Die Eigenkapitalverzinsung wird – trotz versetzter Regulierungsperioden Strom und Gas – regelmäßig gemeinsam vor Beginn der Regulierungsperiode Gas bestimmt. Seit dem EnWG 2011 ist die BNetzA gem. § 54 Abs. 3 S. 2 Nr. 2 alleine für die Festlegung zuständig, um eine bundeseinheitliche Festlegung sicherzustellen (vgl. Holznagel/Schütz/*Schütz/Schütte* StromNEV/GasNEV § 7 Rn. 97). 134

bb) Wagniszuschlag, Risiken und deren regulatorische Behandlung. Mit dem Eigenkapitalzins wird der Faktor Eigenkapital entlohnt, mit dem sog. **Wagniszuschlag** (Risikoprämie) das **allgemeine unternehmerische Risiko** abgedeckt, das die Entwicklung des Gesamtbetriebs betrifft. Es wird nicht als Kostenfaktor (kalkulatorische Kostenposition) angesetzt, sondern ist aus dem Gewinn zu bestreiten, denn dem allgemeinen Risiko stehen entsprechende Chancen des Gewinns gegenüber (vgl. zB *Wöhe* BWL S. 1092). Generell gilt, dass ein Risiko immer nur einmal zu berücksichtigen ist – entweder als (kalkulatorische) Kostenposition oder im Wagniszuschlag. **§§ 7 Abs. 4 S. 1 Strom-/GasNEV** präzisiert, dass der angemessene Zuschlag zur Abdeckung **„netzbetriebsspezifischer unternehmerischer Wagnisse",** für dessen Ermittlung wie in § 31 Abs. 4 TKG 2004 ein – **nicht abschließender** *(insbesondere)* – Kriterienkatalog nach §§ 7 Abs. 5 Strom-/GasNEV zu berücksichtigen ist, dient. Der auf das betriebsnotwendige Eigenkapital, das auf Neuanlagen entfällt, anzuwendende Eigenkapitalzinssatz darf nach §§ 7 Abs. 4 S. 1 Strom-/GasNEV den auf die letzten zehn abgeschlossenen Kalenderjahre bezogenen Durchschnitt der von der Deutschen Bundesbank veröffentlichten Umlaufrenditen festverzinslicher Wertpapiere inländischer Emittenten zuzüglich eines angemessenen Zuschlags zur Abdeckung netzbetriebsspezifischer unternehmerischer Wagnisse nach § 21 Abs. 5 nicht überschreiten. Bei Altanlagen ist die Preisänderungsrate herauszurechnen (§ 7 Abs. 4 S. 2 Strom-/GasNEV), dh es ist mit dem Realzins zu rechnen, da die Inflation wegen der Bewertung zu TNW bereits über anlage[gruppen]spezifische Preisindizes in diesen enthalten ist. Denn das **Preisänderungsrisiko** darf – wie jedes andere Risiko auch – immer nur einmal berück- 135

§ 21

sichtigt werden, dh bei Verwendung von TNW ist mit dem Realzins, bei AHK mit dem Nominalzins, der die allgemeine Preisänderungsrate (Verbraucherpreisindex) enthält, zu rechnen (vgl. BerlKommTKG/*Busse von Colbe* Vor § 27 Rn. 54, 140), damit es nicht zu einer **Doppelverrechnung der Inflation** kommt.

136 Neben dem **Preisänderungsrisiko** lassen sich als weitere unternehmerische Risiken noch das **Auslastungsrisiko** (Absatzschwankungen) und das **Netzplanungsrisiko,** dh das Risiko von Investitionen in das Netz (→ Rn. 67) nennen. Wie erläutert (→ Rn. 95) ist – anders als bei der Entgeltregulierung im Telekommunikationsbereich – das Auslastungsrisiko durch die periodenübergreifende Saldierung (§ 11 StromNEV, § 10 GasNEV) bzw. das Regulierungskonto (§ 5 ARegV) bereits erfasst, so dass es keinen Wagniszuschlag mehr rechtfertigt (s. auch BerlKommEnergieR/*Engelsing*, 2 Aufl., GWB § 19 Rn. 342ff., 346). Ebenso wenig darf das **Netzplanungsrisiko** doppelt berücksichtigt werden. Dh wenn der vorhandene Anlagebestand – wie in der Vergangenheit aufgrund der Kalkulationsvorschriften der VV II Strom Plus (bzw. deren mangelnder externen Kontrolle) bereits als Kostenposition 1:1 in die Kalkulation übernommen wird, ist – wenn über die periodengerechte Saldierung auch das Auslastungsrisiko ausgeschaltet ist – kein Raum mehr für einen Wagniszuschlag.

137 Bei der **Nichtanerkennung** von Kosten aus fehlerhaften Netzplanungs- und Investitionsentscheidungen der Vergangenheit wegen der **bereits erfolgten Berücksichtigung** des Netzplanungsrisikos im Eigenkapitalzinssatz (genauer im Wege des Wagniszuschlags) ist **Regulierung** also insoweit **weitergehend** als die **kartellrechtliche Missbrauchsaufsicht,** die zwar keinen Wagniszuschlag anerkennt, aber im Rahmen der Missbrauchskontrolle die historisch gewachsene Netzstruktur/-dimensionierung hinzunehmen hat (vgl. dazu BerlKommEnergieR/*Engelsing*, 2 Aufl. 2010, GWB § 19 Rn. 342ff., 358), was Abstriche an Netzanlagen, die über das n−1 Sicherheitskriterium des Grid-Code als Maßstab der Versorgungssicherheit hinausgehen, nicht ausschließt (s. Bericht der Kartellbehörden 2001 S. 37), während bei Berücksichtigung des Risikos über den Wagniszuschlag Verluste infolge von Fehlinvestitionen zulasten des Netzbetreibers (bzw. der Anteilseigner) gehen. Die Notwendigkeit eines **stärkeren regulatorischen Eingriffsinstrumentariums** lässt sich mit der unterschiedlichen Ausgangslage begründen. Während bei der kartellrechtlichen Aufsicht grundsätzlich vom Vorhandensein von Wettbewerb ausgegangen wird, ist dies bei zu regulierenden Sektoren, speziell wenn es sich wie bei Energienetzen um natürliche Monopole handelt (→ Rn. 2 und Abb. 1 → Rn. 3), gerade nicht der Fall, so dass ein **aktiveres Handeln** zur **Förderung** desselben erforderlich ist. Wie eingangs dargestellt (→ Rn. 4) soll Regulierung Wettbewerb ersetzen oder simulieren. Genau das tut die Regulierungsbehörde, wenn sie Kosten, die im Wettbewerb nicht in die Preise eingestellt würden – wie zB Kosten aus Fehlinvestitionen – nicht anerkennt. Dafür hat der Gesetzgeber sie mit der **Genehmigungsbefugnis** des § 23 a bzw. der **Festlegungsbefugnis** des §§ 7 Abs. 6 S. 1 Strom-/GasNEV ausgestattet. Dies schließt auch und gerade die Festlegung des **angemessenen Eigenkapitalzinssatzes** (bzw. Wagniszuschlags) als Bestandteil des von der Behörde anzulegenden Maßstabs nach **§ 21 Abs. 2 und § 21 a** ein. Letzteres ist auch unmittelbar dem Wortlaut des **§§ 7 Abs. 6 S. 1 Strom-/GasNEV** zu entnehmen: „über die Eigenkapitalzinssätze nach § 21 Abs. 2 **entscheidet die Regulierungsbehörde**". Die Bestimmung des angemessenen Zinssatzes steht somit zweifelsfrei der Behörde zu.

138 **Anderer Auffassung** ist *Schmidt-Preuß*, der dies mit **verfassungsrechtlichen Bedenken** begründet, da es sich bei der Festlegung des Eigenkapitalzinssatzes um

Bedingungen und Entgelte für den Netzzugang   § 21

einen „so massiven, an den Nerv des Netzbetreibers rührenden Eingriff im grundrechtssensiblen Bereich" handelt, dass dieser nicht einer Behörde überlassen werden kann (*Schmidt-Preuß* N&R 2004, 90 (92); *Schmidt-Preuß*, Substanzerhaltung und Eigentum (2003), die verfassungsrechtliche Kritik zurückweisend *Säcker* AöR 2005, 180 (206 ff.)), weil nach Art. 14 GG eine Bestandsgarantie für die Unternehmenssubstanz bestehe (*Schmidt-Preuß* ET 2003, 758 (759 f.)). Zwar gesteht *Schmidt-Preuß* zu, dass die Eigentumsgarantie des Art. 14 GG betriebswirtschaftliche Ineffizienz nicht honoriert (*Schmidt-Preuß* ET 2003, 758 (760)). Allerdings legt er die beiden Gedanken dann nicht übereinander bzw. wendet das Effizienzpostulat nicht auf das Netz (Kapitalkosten), sondern nur dessen Betrieb (operative Kosten) an, denn ansonsten würde er den Widerspruch zwischen beiden erkennen: auch im Wettbewerb hat kein Unternehmen eine Bestandsgarantie, das Risiko falscher Investitionsentscheidungen, für dessen Übernahme es einen angemessenen (risikoadäquaten) Wagniszuschlag erhält, trägt dasselbe, was in letzter Konsequenz auch ein Ausscheiden aus dem Markt (dh Unternehmensinsolvenz) impliziert. Es gibt im Wettbewerb nämlich keinen Schutz vor einem Ausscheiden aus dem Markt, wenn sich ein Unternehmen „verkalkuliert". Im Gegenteil macht genau die Tatsache, dass in einer Wettbewerbsordnung für die Folgen des eigenen Handelns gehaftet werden muss, den Unterschied zu einer Planwirtschaft aus (vgl. zur Bedeutung der Haftung *[„wer den Nutzen hat, muss auch den Schaden tragen"]* für eine Wettbewerbsordnung *Eucken,* Grundsätze der Wirtschaftspolitik, 1952, S. 279).

Wenn demnach der Gesetzgeber dem Regulierer den Auftrag erteilt, den **Wett-** **139** **bewerb** zu **simulieren** und ihm dafür das nötige Instrumentarium an die Hand gibt, muss zwangsläufig auch diese Seite des Wettbewerbs „simuliert" und die **Folgen** (Verluste) **hingenommen** werden, denn Chancen und Risiken von Investitionen gehören im Wettbewerb untrennbar zusammen. Auch in der regulierten Welt kann es demzufolge **keine Bestands- oder Substanzgarantie** geben. Wenn also die Behörde ihren Auftrag nicht verfehlen will, muss sie zur Zielerreichung das Instrumentarium in Gänze und mit allen Konsequenzen anwenden. Ansonsten wäre ihr Handeln in sich widersprüchlich und bliebe unwirksam, weil das Risiko von Fehlentscheidungen bei einer staatlichen Substanzgarantie nicht mehr von dem Adressaten des behördlichen Handelns – dem Netzbetreiber – getragen, sondern auf die Marktgegenseite in Form überhöhter Netznutzungsentgelte (für ineffiziente, dh ungenutzte Netzinvestitionen [Leerstand]/Überkapazitäten etc aufgrund von Fehlplanungen) abgewälzt würde, was in einem Wettbewerbsmarkt jedoch gerade ausgeschlossen ist. Deshalb lässt sich nur so – indem der Regulierer wie das Preissystem eines Wettbewerbsmarktes agiert – das „ordnungspolitische[n] Postulat der marktwirtschaftlichen Regulierung" (*Schmidt-Preuß* N&R 2005, 51 (53)) erfüllen. Würde demgegenüber der Ansicht von *Schmidt-Preuß* gefolgt, müsste der Wettbewerb bzw. die Marktwirtschaft, deren Kernelement in der Übernahme von Risiken durch Unternehmen besteht, [als solche] für mit dem Grundgesetz unvereinbar erklärt werden, was dann – auch wenn das Grundgesetz keine Wirtschaftsform explizit vorschreibt – sicherlich nicht mehr verfassungskonform wäre.

Neben diesen **prinzipiellen** Überlegungen, dem Regulierer die Festlegung des **140** angemessenen Eigenkapitalzinssatzes zu überlassen, stehen **praktische** Erwägungen. Da sich naturgemäß Risiken und Wagnisse im Zeitablauf ständig ändern, ist eine **flexible Handhabung** durch den Regulierer anstelle einer nur mit großer Zeitverzögerung eintretenden Anpassung auf dem Verordnungswege erforderlich. Eine „normierende Regulierung" mit einer Fixierung des Eigenkapitalzinssatzes durch den Verordnungs- oder gar Gesetzgeber ist also gerade bei der Bestimmung

§ 21   Teil 3. Regulierung des Netzbetriebs

des Wagniszuschlags verfehlt. Gleichwohl hat der Verordnungsgeber mit §§ 7 **Abs. 6 S. 2 Strom-/GasNEV** „im Interesse der Rechtssicherheit" von dieser Möglichkeit Gebrauch gemacht, allerdings wenigstens nur für den Übergangszeitraum bis zur Einführung der Anreizregulierung nach § 21 a (s. Begr.RegE Strom-NEV BR-Drs. 245/05, 35; Begr.RegE GasNEV BR-Drs. 247/05, 30), um für die Zeit danach der Behörde (endlich) die **Befugnis** zur **Festlegung** des Eigenkapitalzinssatzes nach § 29 Abs. 1 zu übertragen (zur Problematik der vorherigen Festlegung durch den Verordnungsgeber siehe auch *Koenig/Schellberg* RdE 2005, 1 (4) sowie *Koenig/Rasbach* ET 2004, 702 (703 f.); zur Sichtweise der Energiewirtschaft s. *Gerke*, Gutachten zur risikoadjustierten Bestimmung des Kalkulationszinssatzes in der Stromnetzkalkulation (2003); *Gerke/Schäffner* ew 2003, 42; *Männel* ET 2004, 256; *Schmidt-Preuß* ET 2003, 758 (762); *Holzherr/Kofluk* ET 2004, 718).

141   **cc) Methoden der Zinssatzbestimmung und Kriterienkatalog.** Für die Bestimmung der mit dem **Wagniszuschlag** abzudeckenden Risiken durch die Behörde von der **Sachinvestitionsseite** auszugehen, denn **§§ 7 Abs. 4 S. 1 Strom-/GasNEV** sieht vor, dass dieser die *„netzbetriebsspezifischen* unternehmerischen Wagnisse" abdeckt (s. hierzu auch BerlKommTKG/*Groebel* § 31 Rn. 45–82, 52). Die *netzbetriebsspezifischen* (realwirtschaftlichen) Risiken stehen somit eindeutig im Vordergrund bei der Bestimmung des Wagniszuschlags, so dass bei der Ermittlung der Höhe des Zuschlags gem. **§§ 7 Abs. 5 Strom-/GasNEV** nicht nur die Perspektive eines Finanzinvestors einzunehmen ist, sondern eben speziell die Risiken von Investitionen in Energienetze (§ 7 Abs. 4 S. 1 Strom-/GasNEV) die Auslegung der Kriterien nach **§ 7 Abs. 5** determinieren. Diese dienen wiederum dazu, die drei in **§ 21 Abs. 2** genannten Merkmale einer **angemessenen, wettbewerbsfähigen** und **risikoangepassten** Verzinsung auszufüllen, wobei das erste Merkmal der Angemessenheit auch unmittelbar in § 7 Abs. 4 genannt wird: *angemessener* Zuschlag, dh ein risikoadäquater Zuschlag. Es ist also der das Risiko einer Investition in Netze abdeckende Wagniszuschlag zu bestimmen, der einerseits ausreicht, die Lebensfähigkeit eines (sicheren) Netzes zu erhalten (Begrenzung von unten) und andererseits Überkapazitäten verhindert (Begrenzung nach oben). Der Wagniszuschlag muss also so bestimmt werden, dass einerseits **langfristig** genügend Kapital attrahiert wird, um die zum Erhalt der Leistungsfähigkeit des Netzes notwendigen Erneuerungs- und ggf. Erweiterungsinvestitionen (§ 21 Abs. 2 S. 3, → Rn. 69) zu finanzieren, ohne andererseits zu Überinvestitionen zu führen (vgl. auch *Jarass/Obermair* IR 2005, 146). Dies ist mit dem Merkmal der **Wettbewerbsfähigkeit** gemeint. **Risikoangepasst** bedeutet die *netzbetriebsspezifischen Wagnisse* abdeckend (vgl. auch *Kühne/Brodowski* NVwZ 2005, 849 (852); zur Behandlung von Wagnissen in der Anreizregulierung *Koenig/Schellberg* RdE 2005, 1 (4 f.)).

142   Für die Kalkulation eines angemessenen – die netzbetriebsspezifischen Wagnisse – abdeckenden Zuschlags sind von der Betriebswirtschaftslehre verschiedene **Methoden** entwickelt worden, von denen die meisten grundsätzlich zur Bestimmung geeignet sind. Eine gängige – allerdings die finanzwirtschaftliche Sicht in den Vordergrund rückende Methode- ist der sog. **kapitalmarktorientierte Ansatz**, der auf dem **CAP-M** – Capital Asset Pricing Modell basiert (vgl. zB BerlKommTKG/*Busse von Colbe* Vor § 27 Rn. 84 ff., 103 ff.; *Busse von Colbe* TKMR-Tagungsband 2004, 23 (33 ff.); *Gerke/Schäffner* ew 2003, 42; *Schmidt-Preuß* ET 2003, 758 (762); *Schmidt-Preuß* IR 2004, 146 (147 f.)). Im Rahmen der TKG-Entgeltregulierung wurde lange der **kalkulatorische Ansatz (Bilanzmethode)** verwendet (vgl. hierzu BerlKommTKG/*Groebel* § 31 Rn. 51 ff.). Für die rechtliche Bewertung entscheidend ist jedoch, dass in §§ 7 **Strom-/GasNEV keine bestimmte Methode** vorgegeben wird, so dass der Regulierungsbehörde – wie im TKG – hinsichtlich der Wahl der geeigneten Methode zur Bestimmung des angemessenen Zinssatzes ein **Beurteilungsspielraum** zusteht (diesen bejahend VG Köln Urt. v. 6.2.2003 – 1 K 8003/98, S. 32 des amtl. Umdrucks; hingegen nicht eindeutig OVG Münster Beschl. v. 19.8.2005 – 13 A 1521/03, s. auch VG Köln Beschl. v. 19.12.2005 – 1 L 1586/05, BeckRS 2006, 20482 und Beschl. v. 21.8.2007 – 1 L 911/07, sowie BVerwG Urt. v. 23.11.2011 – 6 C 11.10, mit dem der Behörde ein sehr weiter Beurteilungsspielraum eingeräumt wurde, →Rn. 71; s. auch BerlKommTKG/*Groebel* § 31 Rn. 40). Inzwischen hat auch der BGH der Behörde bei der Bestimmung des Eigenkapitalzinssatzes (und anderer zentraler Bestandteile der Entgeltregulierung) einen **weiten gerichtlich nur eingeschränkt überprüfbaren Beurteilungsspielraum** eingeräumt (→Rn. 71, und ausf. Rn. 149–154). Dabei sind *insbesondere* die in §§ 7 Abs. 5 Strom-/GasNEV genannten Kriterien zu berücksichtigen.

Die drei nach **§§ 7 Abs. 5 Strom-/GasNEV** bei der Bestimmung der Höhe des 143 Zuschlags zur Abdeckung netzbetriebsspezifischer unternehmerischer Wagnisse **insbesondere** zu berücksichtigenden **Kriterien** (wörtlich „*Umstände*") sind:
– Kapitalmarktverhältnisse (national und international) und die Bewertung von Elektrizitäts-/Gasversorgungsnetzen (Nr. 1)
– Durchschnittliche Verzinsung des Eigenkapitals von Netzbetreibern auf ausländischen Märkten (Nr. 2)
– Beobachtbare und quantifizierbare unternehmerische Wagnisse (Nr. 3)

Das **Kriterium Nr. 1** findet sich nahezu wortgleich in § 31 Abs. 4 Nr. 2 TKG 144 2004. Es beschreibt die Merkmale „wettbewerbsfähig" näher, dh es ist eine marktgerechte, die Erfordernisse des Kapitalmarktes einbeziehende Verzinsung zu ermitteln, wobei aber wegen §§ 7 Abs. 4 S. 1 Strom-/GasNEV nicht ausschließlich die Sicht der Kapitalgeber einzunehmen ist, sondern die netzbetriebsspezifischen Wagnisse aus Sicht der die Mittel investierenden Unternehmens zu berücksichtigen sind (vgl. hierzu auch BerlKommTKG/*Groebel* § 31 Rn. 73ff.). Das **zweite Kriterium** der durchschnittlichen Eigenkapitalverzinsung von Netzbetreibern auf ausländischen Märkten ist doppeldeutig. Sofern damit die Bewertung von Betreibern auf internationalen Kapitalmärkten gemeint ist, wäre es bereits im ersten Kriterium enthalten. Sofern es sich um die Eigenkapitalverzinsung ausländische Netzbetreiber („auf [ihren jeweiligen] ausländischen Märkten") handelt, wäre es fragwürdig, weil aufgrund spezieller Faktoren die Vergleichbarkeit nicht ohne Weiteres gegeben ist. Dieses Kriterium war in ähnlicher Form ursprünglich auch im TKG-Entwurf enthalten, ist dann jedoch fallengelassen worden (vgl. zur Kritik *Busse von Colbe* TKMR-Tagungsband 2004, 23 (30f.)). Jedenfalls sollte es nicht überbetont werden. Das **dritte Kriterium** erscheint widersprüchlich, weil die Begriffe „beobachtete und quantifizierbare" auf die sog. „speziellen Wagnisse" wie Feuergefahr, Diebstähle, Forderungsausfälle uä hindeuten, die nicht die Betriebsentwicklung insgesamt betreffen und in ihrer Größenordnung ungefähr abschätzbar sind, so dass sie kostenrechnerisch erfasst werden (vgl. zB *Wöhe* BWL S. 1092ff.). Diese können also hier nicht gemeint sein. Es könnte sich nur um besondere unternehmerische Wagnisse handeln, die aus der Eigenart des Wirtschaftszweigs entstehen (*Wöhe* BWL S. 1093). Auch für diese gilt das oben gesagte: sofern sie bereits kostenrechnerisch erfasst wurden, dürfen sie nicht mehr gesondert angesetzt werden, da ein Risiko immer nur einmal zu berücksichtigen ist – entweder als (kalkulatorische) Kostenposition oder im Wagniszuschlag ist.

§ 21

145 Bei der **erstmaligen Festlegung** der ab dem 1.1.2009 für die Dauer der ersten Anreizregulierungsperiode geltenden und bereits in die Festlegung der Erlösobergrenzen gem. § 4 ARegV iVm § 6 ARegV (zur ARegV ausf. → § 21a Rn. 70ff.) einfließende **Eigenkapitalverzinsung** nach §§ 7 Abs. 6 S. 1 Strom-/GasNEV (→ Rn. 134ff.) ist die BNetzA in ihrer **Entscheidung vom 7.7.2008** (BK4-08-068) wie folgt vorgegangen (s. für eine ausf. Darstellung der Überlegungen und Berechnungen den Beschluss BK4-08-068, www.bundesnetzagentur.de/DE/Service-Funktionen/Beschlusskammern/1BK-Geschaeftszeichen-Datenbank/BK4-GZ/2008/2008_001bis100/BK4-08-068_BKV/BeschlussBK408068BundId13939pdf_bf.pdf?__blob=publicationFile&v=2; *Kurth* emw 2008, 6). Der Eigenkapitalzinssatz vor Steuern für Neuanlagen ermittelt sich nach der Formel: (Umlaufrendite + Zuschlag zur Abdeckung netzbetriebsspezifischer unternehmerischer Wagnisse)/(1 − Steuerfaktor). Für die Umlaufrendite, die sich nach der Vorgabe des §§ 7 Abs. 4 S. 1aE Strom-/GasNEV bestimmt, ergibt sich nach den von der Deutschen Bundesbank veröffentlichten Umlaufrenditen festverzinslicher Wertpapiere inländischer Emittenten ein Wert von 4,23 Prozent. Zur Bestimmung des Wagniszuschlags hält die zuständige Beschlusskammer das **Capital-Asset-Pricing-Modell** (CAP-M, → Rn. 142) für derzeit am besten geeignet, die **netzspezifischen unternehmerischen Wagnisse** gemäß den **Kriterien** des §§ 7 Abs. 5 Strom-/GasNEV (→ Rn. 143f.) **zu quantifizieren,** wobei das CAP-M nicht vollumfänglich, sondern nur für den Zuschlag, der als Produkt der Marktrisikoprämie und des Risikofaktors berechnet wird, angewendet wird (für den risikolosen Zinssatz wird die Umlaufrendite eingesetzt). Aus dem im Auftrag der BNetzA 2008 erstellten Gutachten zur „Ermittlung des Zuschlags zur Abdeckung netzbetriebsspezifischer Wagnisse im Bereich Strom und Gas" der Beratungsgesellschaft *Frontier Economics* (www.bundes netzagentur.de/cae/servlet/contentblob/35882/publicationFile/1586/GutachtenId13761pdf.pdf; „Gegengutachten" wurden im Auftrag des BDEW von *NERA* (2008) „Die kalkulatorischen Eigenkapitalzinssätze für Strom- und Gasnetze in Deutschland" (s. für eine Kurzfassung *Hern/Haug* et 2008, 26) und des VKU von *KEMA* (2008) „Ermittlung angemessener Kapitalzinssätze für deutsche Strom- und Gasverteilnetze" erstellt) und vielfältiger Erwägungen der Beschlusskammer (vgl. B. BK4-08-068, S. 14ff. des amtl. Umdrucks) wird für die Marktrisikoprämie, die das durchschnittliche Risiko einer Alternativanlage zur Investition in Energienetze widerspiegelt, der Wert von 4,55 Prozent und ein Risikofaktor von 0,79 (dh das Risiko von Netzbetreibern ist kleiner als das Risiko des allgemeinen Marktportfolios) ermittelt, was zu einem für **Strom- und Gasnetzbetreiber einheitlichen Wagniszuschlag** in Höhe von 3,59 Prozent (= 4,55 Prozent × 0,79) führt. Die Beschlusskammer sieht nach einer unterstützenden Gesamtabwägung der spezifischen Risiken von Strom- und Gasnetzbetreibern (vgl. Beschluss BK4-08-068, S. 29ff. des amtl. Umdrucks sowie *Kurth* emw 2008, 6 (8)) keine Gründe für unterschiedliche Wagniszuschläge für Strom- und Gasnetzbetreiber. Aus der Summe der Umlaufrendite (4,23 Prozent) und des Wagniszuschlags (3,59 Prozent) ergibt sich ein Eigenkapitalzinssatz nach Steuern in Höhe von 7,82 Prozent (CAP-M berücksichtigt Steuern nicht). Da wegen der Vorgabe aus §§ 7 Abs. 6 ein Zinssatz vor Körperschaftsteuern zu ermitteln ist (→ Rn. 159), ist der Nach-Steuer-Zinssatz (Netto-Zinssatz) durch Anwendung eines Steuerfaktors noch in einen Vor-Steuer-Zinssatz (Brutto-Zinssatz) umzuwandeln. Bei einem Körperschaftsteuersatz (Ks) von 0,15 und einem Solidaritätszuschlag (SolZ) von 0,055 ergibt sich der Steuerfaktor (s) nach der Formel: s = Ks × (1 + SolZ) = 0,15 825. Der Eigenkapitalzinssatz vor Steuern errechnet sich nach obiger Formel dann wie folgt:

Bedingungen und Entgelte für den Netzzugang § 21

Eigenkapitalzinssatz für Neuanlagen vor Steuern = (4,23 % + 3,59 %)/ (1 − 0,15825) = 7,82 %/0,84175 = **9,29 %.**

Gem. §§ 7 Abs. 4 S. 2 Strom-/GasNEV ist für den Eigenkapitalzinssatz für Altanlagen noch der auf die letzten zehn abgeschlossenen Kalenderjahre bezogene Durchschnitt der Preisänderungsrate herauszurechnen, da wegen der Bewertung der Altanlagen zu TNW das Preisänderungsrisiko bereits erfasst ist (→ Rn. 135). Dies führt bei einer Preisänderungsrate von 1,45 Prozent (s. Tabelle 8 im Beschluss BK4-08-68) gemäß der Formel Eigenkapitalzinssatz für Altanlagen vor Steuern = (Eigenkapitalzinssatz für Neuanlagen nach Steuern − Preisänderungsrate)/(1 − Steuerfaktor) zu folgendem ebenfalls wieder für Strom- und Gasnetzbetreiber einheitlichen Ergebnis:

Eigenkapitalzinssatz für Altanlagen vor Steuern = (7,82 % − 1,45 %)/ (1 − 0,15825) = 6,37 %/0,84175 = **7,56 %.**

Während sich für Gasnetzbetreiber damit im Ergebnis keine wesentlichen Änderungen zu den nach § 7 Abs. 6 S. 2 GasNEV bis zur erstmaligen Festlegung geltenden Zinssätzen (9,21 Prozent für Neuanlagen, 7,8 Prozent für Altanlagen vor Steuern) ergeben, kommt es bei den Stromnetzbetreibern zu einer merklichen Erhöhung von 7,91 Prozent für Neuanlagen und 6,5 Prozent für Altanlagen vor Steuern (§ 7 Abs. 6 S. 2 StromNEV), wovon aus Sicht der BNetzA deutliche **Anreizwirkungen für Netzinvestitionen** ausgehen (vgl. *Kurth* emw 2008, 6 (6, 11); zu den weiteren Elementen zur Förderung effizienter Investitionen im Rahmen des Anreizregulierungssystems ausf. → § 21a Rn. 114ff. vgl. auch *Säcker* et 2008, 74 (77)). Die Festsetzung gleicher Eigenkapitalzinssätze für Strom- und Gasnetzbetreiber wird erwartungsgemäß vor allem. von Netzbetreiberseite krit. gesehen (vgl. zB *Lange* IR 2008, 185). Auch befassen sich zahlreiche Gutachten kritisch mit der Entscheidung der BNetzA, so das sog. NERA-II-Gutachten und das sog. KEMA-II-Gutachten, beide Mai 2009).

Allerdings hatte bereits 2009 eine **Gerichtsentscheidung** des OLG Schleswig 146 das **methodische Vorgehen der BNetzA überwiegend bestätigt,** nämlich hinsichtlich der Anwendung des CAP-M, der Bestimmung der Umlaufrendite, der Bemessung des Wagniszuschlags, soweit die Bestimmung der Marktrisikoprämie betroffen ist und hinsichtlich der Nichtberücksichtigung zusätzlicher Wagnisse (wie die Einführung der Anreizregulierung, höheres Risiko für Gasnetzbetreiber im Vergleich zu Stromnetzbetreibern), (OLG Schleswig Beschl. v. 1.10.2009 − 16 Kart 2/09 [BK4-08-073], BeckRS 2010, 3352; vgl. auch *Weyer* NuR 2010, 18 (20)) und übte teilweise seinerseits deutliche Kritik an den NERA/KEMA-Gutachten, mit deren Argumenten und der wirtschaftswissenschaftlichen Diskussion es sich detailliert und tiefgehend auseinandersetzte. Insbesondere gesteht das OLG Schleswig der BNetzA bei der Festlegung des Wagniszuschlags eine sehr weitgehende **Freiheit bei der Wahl der Methode** zu, denn der Verordnungsgeber hat wegen der nicht eindeutigen und teilweise kontroversen wirtschaftswissenschaftlichen Methodendiskussion davon Abstand genommen, eine bestimmte Methode vorzuschreiben und „lediglich die Festlegung eines *angemessenen Wagniszuschlages* zum Maßstab gemacht und ohne exakte methodische Vorgaben – lediglich einzelne Gesichtspunkte als *insbesondere* zu berücksichtigen hervorgehoben" (OLG Schleswig Beschl. v. 1.10.2009 − 16 Kart 2/09, S. 11f. des amtl. Umdrucks). Es beanstandete lediglich die Einbeziehung zweier australischer Unternehmen in die Berechnung des Risikofaktors, da dies der eigenen Anforderung der BNetzA an die Auswahl der Unternehmen nicht genüge (OLG Schleswig Beschl. v. 1.10.2009 − 16 Kart 2/09, S. 22f. des amtl. Umdrucks). Sehr aufschlussreich sind auch die Ausführungen des OLG Schleswig zur Frage, **ob** die **Einführung der Anreizregulierung als zusätzliches Risiko berücksichtigt werden muss** (16 Kart 2/09, S. 28 ff. des amtl. Umdrucks). Das OLG **verneint** dies gleich aus mehreren Gründen. Zunächst sei es in der Wissenschaft selbst „umstritten, ob sich das regulatorische Risiko auf den Risikofaktor auswirkt oder nicht". Insbesondere widerspräche es aber dem Kerngedanken der Anreizregulierung, die Möglichkeit, die Effizienzvorgaben zu verfehlen, in Form eines Risikoaufschlags beim kalkulatorischen Eigenkapitalzinssatz zu berücksichtigen, denn das „Risiko, hierbei Fehlentscheidungen zu treffen, kann ihm nicht abgenommen werden, ohne dass die Regulierung leer liefe", denn das „Risiko der Nichterreichung der Effizienzvorgaben bei den beeinflussbaren Kosten hat aber der Netzbetreiber zu tragen". Ansonsten „verpuffe der wettbewerbsanaloge Druck", denn auch im Wettbewerb ist wie „unter der Anreizregulierung die Kostendeckung nicht mehr gewährleistet" (OLG Schleswig Beschl. v. 1.10.2009 – 16 Kart 2/09, S. 29 ff. des amtl. Umdrucks). Bestechender lässt sich die Ablehnung eines – widersinnigen – Risikoaufschlags kaum begründen (zur Diskussion des sog. *„regulatorischen Risikos"* auch → § 21a Rn. 114). Das OLG Düsseldorf ließ in seinen Hinweis- und Beweisbeschlüssen, mit dem ein Sachverständigengutachten zur Beurteilung der Methodik (einschließlich zahlreicher Einzelfragen der Berechnung) der BNetzA zur Bestimmung des Eigenkapitalzinssatzes eingeholt wird, Skepsis hinsichtlich bestimmter Punkte des **NERA**-Gutachtens (und der beiden neueren sog. NERA-II-Gutachten und KEMA-II-Gutachten, beide Mai 2009) erkennen (OLG Düsseldorf Beschl. v. 24.6.2009 – VI-3 Kart 33/08 (V) und VI-3 Kart 34/08 (V); weitere Beschlüsse ergingen am 9.12.2009: VI-3 Kart 53/08 (V), VI-3 Kart 54/08 (V), VI-3 Kart 55/08 (V), gegen Entscheidungen der Landesregulierungsbehörde; ferner am 16.12.2009: VI-3 Kart 37/08 (V), VI-3 Kart 60–08 (V); VI-3 Kart 61/08 (V) und VI-3 Kart 65/08 (V), wobei die letzten drei Ferngasnetzbetreiber betreffen). Am 24.4.2013 hat das OLG Düsseldorf die von der BNetzA verwendete **Methode** und die von der BNetzA **festgesetzten Renditen für Gas- und Stromnetz** (bis auf die Behandlung des Steuerfaktors) **bestätigt.** Bemerkenswert ist, dass das OLG Düsseldorf zwar wie der BGH in seiner Entscheidung zur Bestimmung des Fremdkapitalzinssatzes auch bei der Bestimmung des Eigenkapitalzinssatzes keinen Beurteilungsspielraum der Regulierungsbehörde sah, aber gleichwohl wegen des „prognostischen Einschlags" feststellt, dass „der Grundsatz der vollen gerichtlichen Nachprüfung aus der Natur der Sache heraus eine Einschränkung erfahren [muss]", dh sich nur darauf beziehen kann, „ob die Regulierungsbehörde ihre Wahl zwischen mehreren in dem Fachgebiet verbreiteten Methoden mit gut vertretbaren Erwägungen getroffen hat" (OLG Düsseldorf Beschl. v. 24.4.2013 – VI-3 Kart 61/08 (V), Rn. 96; VI-3 Kart 60/08 (V), = BeckRS 2013, 11470 = S. 29 f. des amtl. Umdrucks; VI-3 Kart 33/08 (V) ua.; vgl. hierzu ausführlich Holznagel/Schütz/*Laubenstein/v. Rossum* EnWG § 21 Rn. 72). Die Entscheidungen der BNetzA sind nach den Beschlüssen des BGH v. 27.1.2015 (EnVR 39/13; EnVR 37/13), der die Beschlüsse des OLG Düsseldorf (VI 3 Kart 61/08 (V); VI-3 Kart 60/08 (V); VI-3 Kart 33/08 (V) ua.) bestätigte, rechtskräftig (vgl. Holznagel/Schütz/*Laubenstein/v. Rossum,* EnWG § 21 Rn. 73; ausf. Darstellung aller BGH-Beschlüsse zu Festlegungen des Eigenkapitalzinssatzes → Rn. 149 – 157).

147   Für die **zweite Regulierungsperiode** (ab 1.1.2013 für die Gasnetzbetreiber und ab 1.1.2014 für die Stromnetzbetreiber) hatte die BNetzA die Festlegung der Eigenkapitalzinssätze mit einer öffentlichen Konsultation am 7.9.2011 eingeleitet. Sie verwendete erneut den **kapitalmarktorientierten Ansatz** (CAP-M) und ermittelte für Neuanlagen einheitlich für Strom- und Gasnetze einen Eigenkapitalzinssatz in Höhe von 8,20 Prozent vor Körperschaftsteuer (der Zinssatz vor Gewerbesteuer beträgt dann 9,50 Prozent), was va eine Folge der allgemeinen Entwicklung des Zinsniveaus war. In der endgültigen Entscheidung BK4-11-304 v. 31.10.2011 wurde für **Neuanlagen eine Eigenkapitalverzinsung** von **9,05 Prozent** und für **Altanlagen** von **7,14 Prozent** festgelegt. Damit sank die Eigenkapitalrendite im Vergleich zur ersten Regulierungsbehörde, worin sich der Rückgang des allgemeinen Zinsniveaus widerspiegelt (Absenkung des Basiszinssatzes von 4,23 Prozent auf 3,8 Prozent), aber der Risikozuschlag wurde unverändert mit 3,59 Prozent angesetzt, was den höheren Wert im Vergleich zu dem der Konsultation erklärt. Damit wurde der Sondersituation in Deutschland nach der Energiewende Rechnung getragen, die einen **beschleunigten Netzausbau** erfordert, um den schnelleren Umstieg auf die erneuerbaren Energien bewältigen zu können (vgl. BNetzA, Pressemitteilung v. 2.11.2011 sowie ausf. Beschl. v. 31.10.2011 – BK4-11-304, S. 8 ff. des amtl. Umdrucks). Die **steuerliche Behandlung** erfolgte wie bei der ersten Zinsentscheidung, dh wegen der Berücksichtigung der Gewerbesteuer gem. § 8 Strom-/GasNEV wurde **alleine** auf die **Körperschaftsteuer** (KSt) abgestellt, wobei bei der Ermittlung des **Steuerfaktors** zu berücksichtigen war, dass „die Bemessungsgrundlage für die Körperschaftsteuer der Gewinn vor sämtlichen Steuern, dh auch vor Gewerbesteuer ist" (BK4-11-304, S. 15 f. des amtl. Umdrucks), so dass die Gewerbesteuer im Steuerfaktor entsprechend zu berücksichtigen ist (hierauf weist auch das OLG Düsseldorf in seiner Entscheidung v. 24.4.2013 zur Festlegung der Eigenkapitalverzinsung hin, OLG Düsseldorf Beschl. v. 24.4.2013 – VI-3 Kart 60/08 (V), BeckRS 2013, 11470 = S. 72 des amtl. Umdrucks; →Rn. 131); ferner wurde dem mit der vom Bundeskabinett am 29.5./31.7.2013 beschlossenen Streichung von S. 2 in §§ 8 Strom-/GasNEV Rechnung getragen (der Verordnungstext wurde im BGBl. 2013 I S. 3250 veröffentlicht, →Rn. 132 f.). Der durchschnittliche Gewerbesteuersatz (GewSt) beträgt 13,65 Prozent, so dass sich der Steuerfaktor (s) nach der Formel **s** = (1 − GewSt)/(1 − GewSt − KSt) = (1 − 0,1365)/(1 − 01365 − 0,15825) = **1,224** ergibt, was dann für **Neuanlagen** zu einem Eigenkapitalzinssatz vor Steuern in Höhe von **9,05 Prozent** (= [3,8% + 3,59%] × 1,224) führt. Für den Eigenkapitalzinssatz für **Altanlagen** ist noch die **Preisänderung** herauszurechnen. Der auf die letzten zehn abgeschlossenen Kalenderjahre bezogene Durchschnitt der Preisänderungsrate gemäß dem vom Statistischen Bundesamt veröffentlichten Verbraucherpreisgesamtindex beläuft sich auf 1,56 Prozent, was mit der Formel: Eigenkapitalzinssatz nach Steuern (= 7,39 Prozent) minus Preisänderungsrate (1,56 Prozent) multipliziert mit dem Steuerfaktor (s = 1,224) zu **7,14 Prozent** (= [7,39 − 1,56%] × 1,224) als Eigenkapitalzinssatz für **Altanlagen** führt (vgl. ausf. BNetzA Beschl. v. 31.10.20211 – BK4-11-304). Wie schon gegen die Festlegungen der Eigenkapitalzinssätze für die erste Regulierungsbehörde wurden auch diese von den Netzbetreibern beklagt und erneut bestätigte das OLG Düsseldorf mit Beschl. v. 17.5.2017 (VI-3 Kart 459/11 (V) ua.) die Entscheidungen der BNetzA. In diesen Gerichtsverfahren ging es va um die zur Bestimmung des Basiszinssatzes nach § 7 Abs. 4 S. 1 StromNEV verwendeten Umlaufrenditen. Die BNetzA war dabei wie bei der Festlegung für die erste Regulierungsperiode vorgegangen, was aus Sicht des OLG Düsseldorf nicht zu beanstanden ist (vgl. Holznagel/Schütz/Laubenstein/v. Rossum EnWG § 21 Rn. 74 ff., 76). Der BGH hat wiederum die Beschlüsse des OLG Düsseldorf am 11.12.2018 (EnVR 48/17) bestätigt. Sie sind damit rechtskräftig (→Rn. 149 – 157).

§ 21 Teil 3. Regulierung des Netzbetriebs

148 Für die **dritte Regulierungsperiode** (ab 1.1.2018 für die Gasnetzbetreiber und ab 1.1.2019 für die Stromnetzbetreiber) legte die BNetzA am 5.10.2016 mit nahezu gleichlautenden Beschlüssen (BK4-16-160 – Strom und BK4-16-161 – Gas) einen Eigenkapitalzinssatz vor Steuern von **6,91 Prozent für Neuanlagen** und von **5,12 Prozent für Altanlagen** wiederum identisch für Strom- und Gasnetzbetreiber fest. Gegen diese Beschlüsse klagte erneut eine Vielzahl von Netzbetreibern vor dem OLG Düsseldorf. Dieses Mal hob das OLG Düsseldorf, dem die tatrichterliche Klärung obliegt, mit Beschlüssen v. 22.3.2018 (VI-3 Kart 143/16 (V), VI 3 Kart 148/16 (V); VI-3 Kart 1062/16 (V) ua) die Festlegungen der BNetzA auf und forderte diese zur **Neubescheidung** auf (vgl. hierzu ausf. Holznagel/Schütz/*Laubenstein*/*v. Rossum* EnWG § 21 Rn. 77ff.). Das OLG Düsseldorf hatte zwar keinen Zweifel an der grundsätzlichen Geeignetheit der CAPM-Methode zur Bestimmung des Eigenkapitalzinssatzes. Auch die Verwendung langfristiger historischer Datenreihen von Dimson/Marsh/Staunton (DMS) wird nicht in Frage gestellt. Allerdings bemängelt das Gericht, dass die Zeitreihen die (kurzfristigen) Sondereffekte, die aus der Finanzkrise resultieren, nicht sachgemäß abbilden und deshalb zu korrigieren sein (Beschl. v. 22.3.2018, VI-3 Kart 148/16 (V), VI-3 Kart 143/16 (V) ua), vgl. ausf. Holznagel/Schütz/*Laubenstein*/*v. Rossum* EnWG § 21 Rn. 87ff.). Gegen die Beschlüsse des OLG Düsseldorf legte wiederum die BNetzA Rechtsmittel ein und **erhielt auf ganzer Linie vom BGH recht** (EnVR 41/18, EnVR 52/18 Urt. v. 9.7.2019 – EKZ II; EnVR 26/18 v. 3.3.2020 – EKZ III ua). Nachdem das **BVerfG** am 29.7.2021 (Beschl. v. 29.7.2021 – 1 BvR 1588/20; 1 BvR 1776/20; 1 BvR 1778/20) die gegen die Beschlüsse des BGH vom 3.3.2020 (EnVR 26/18; EnVR 27/18; EnVR 56/18)) eingereichten **Verfassungsbeschwerden nicht zur Entscheidung angenommen** hat, sind auch die Festlegungen der BNetzA für die dritte Regulierungsperiode rechtskräftig.

149 In allen Beschlüssen des BGH zu den Entscheidungen über die Festlegung der **Eigenkapitalzinssätze** für die jeweilige Regulierungsperiode (2015 (EKZ I, 1. Regulierungsperiode), 2018 (EKZ für die 2. Regulierungsperiode) und nochmals bekräftigend den Beschlüssen zur dritten Regulierungsperiode 2019 (EKZ II) und 2020 (EKZ III) hat der BGH der BNetzA wegen der komplexen Materie (Vielschichtigkeit) und den prognostischen Elementen der zu treffenden Entscheidung, die eine „wertende Abwägung und Auswahl erfordern", einen **weiten, gerichtlich nur eingeschränkt überprüfbaren Beurteilungsspielraum** für die Methodenwahl (Grundauswahl) und ihre Anwendung zugestanden (vgl. EKZ III Rn. 33). Hierzu hat er mehrere Vorgaben und Kriterien, die die BNetzA zu beachten hat, aufgestellt. Sie muss sich bei der Grundauswahl der Methode nach dem **Stand der Wissenschaft** richten, d. h. „anerkannter wissenschaftlicher Methoden bedienen" (EKZ III Rn. 27) und ihre Abwägungsentscheidungen zur konkreten Anwendung der Methode nachvollziehbar begründen. Sofern sie nicht eine von vornherein ungeeignete Methode wählt oder eine greifbar überlegene Alternativmethode verwirft, kann sie sich auf den Stand der Wissenschaft – ohne weiteren Nachweis – berufen und die Methode als geeignet zur Bestimmung des angemessenen, wettbewerbsfähigen und risikoangepassten Eigenkapitalzinssatzes verwenden. Sie ist auch nicht gehalten, die innerhalb der gewählten Methode (hier CAPM) theoretisch denkbaren Entscheidungsmöglichkeiten bei der Anwendung der CAPM-Methode „durchzuspielen". Dh, sie muss nicht die ganze theoretische Bandbreite ermitteln, um „aus diesem Bereich im Wege einer abstrakten Gesamtabwägung einen Wert auszuwählen" (EKZ III Rn. 26). Sofern ein reguliertes Unternehmen eine andere Methode für deutlich besser zur Eigenkapitalzinssatzbestimmung geeignet hält, obliegt ihm der Nachweis der deutlichen Überlegenheit derselben. Dieser wird nicht dadurch erbracht, dass das Ergebnis den eigenen Erwartungen besser entspricht, was sich verkürzt auch so zusammenfassen lässt: „nur, weil einem das Ergebnis nicht passt, ist die Methode bzw. deren konkrete Anwendung durch die BNetzA noch nicht fehlerhaft". Dh auch, dass wegen des Gesamtzusammenhangs und den Wechselwirkungen verschiedener Parameter und Berechnungsschritte, nicht einfach – selektiv – ein Element durch eine Neuberechnung ersetzt werden kann (auch nicht von einem Gericht). Des Weiteren ist die BNetzA nicht verpflichtet von mehreren möglichen Ergebnissen immer das für die regulierten Unternehmen beste auszuwählen, denn dies wäre eine einseitige Entscheidung, die die Belange der Netznutzer nicht ausreichend berücksichtigen würde. Die BNetzA muss aber „neutral" die Interessen aller Akteure zum Ausgleich bringen und nicht die eine oder andere Seite systematisch bevorzugen.

Die **Grenzen des Beurteilungsspielraums** sind durch die rechtlichen Vorgaben und sachlich durch die wissenschaftlichen Standards determiniert. Dem Gericht obliegt es, die *Einhaltung* des Beurteilungsspielraums zu prüfen, nicht aber die *innerhalb* des Beurteilungsspielraums von der BNetzA getroffenen Auswahl- und Abwägungsentscheidungen *inhaltlich* zu prüfen. Sofern die BNetzA die genannten Vorgaben und Kriterien beachtet, sind ihre Entscheidungen nicht zu beanstanden und sie überschreitet den ihr eingeräumten Beurteilungsspielraum nicht. Die genannten Vorgaben – Verwendung einer dem Stand der Wissenschaft entsprechenden Methode und nachvollziehbare Begründung der gewählten Methode und der bei ihrer konkreten Anwendung getroffenen Abwägungsentscheidungen – stellen sicher, dass die rechtlichen Vorgaben eingehalten werden, d. h. eine zur Bestimmung des angemessenen, wettbewerbsfähigen und risikoangepassten Eigenkapitalzinssatzes **geeignete** Methode ausgewählt und diese **systematisch korrekt** und in sich schlüssig (konsistent) objektiv angewandt wird. Damit ist ausgeschlossen, dass eine subjektive (an einem bestimmten Ergebnis orientierte) Entscheidung von der BNetzA getroffen wird, wodurch sie ihre „Neutralitätspflicht" gegenüber allen Akteuren verletzen würde. Ebenso ist eine systematische Über- oder Unterschätzung, dh die tatsächliche Entwicklung nicht richtig oder nur unvollständig abbildende und damit das Ergebnis verzerrende Entscheidung ausgeschlossen. Der BGH hat damit der BNetzA eindeutig die **Einschätzungsprärogative** für die Methodenwahl und ihre konkrete Anwendung bei der Festlegung des Eigenkapitalzinssatzes (und anderer zentraler Bestandteile der Entgeltregulierung) gegeben und **sehr hohe Anforderungen** an **die Widerlegung** der von der Behörde im Rahmen ihres Beurteilungsspielraums getroffenen Entscheidung gestellt, insbesondere obliegt die **Nachweispflicht,** dass eine andere als die gewählte Methode deutlich besser zur Bestimmung des angemessenen, wettbewerbsfähigen und risikoangepassten Eigenkapitalzinssatzes geeignet wäre, den regulierten **Unternehmen,** während sich die BNetzA ohne weiteren Nachweis auf eine dem Stand der Wissenschaft entsprechende Methode stützen kann (vgl. hierzu teilweise kritisch *Werkmeister* RdE Sonderheft/2020, 68). 150

Der BGH hat sich der Auffassung des OLG Düsseldorf, dass die DMS-Datenreihen einer Korrektur bedürften, um die sich aus der Finanzkrise ergebenden Sondereffekte adäquat zu berücksichtigen, nicht angeschlossen, weil es in der Natur der Sache liege, dass Werte, die kurzfristige Entwicklungen widerspiegeln, „in dem großen Betrachtungszeitraum nur zu einer geringen Veränderung der Durchschnittswerte führt", was indessen die „Heranziehung dieser Werte aus den genannten Gründen nicht als rechtsfehlerhaft erscheinen [lässt]" (EKZ III Rn. 13). Der 151

§ 21   Teil 3. Regulierung des Netzbetriebs

BGH wird an dieser Stelle auch ggü. dem OLG Düsseldorf sehr deutlich, wenn er ausführt, dass bei Einhaltung der genannten Vorgaben und Kriterien durch die Behörde, also einem Bewegen innerhalb des zugestandenen Beurteilungsspielraums, es einem Gericht nicht zustehe, die „Auswahlentscheidung [der Regulierungsbehörde] durch eine alternative Modellierung zu ergänzen oder zu ersetzen" (EKZ III Rn. 26). Denn dann würde letztlich das Gericht die Regulierungsentscheidung treffen und nicht mehr die zuständige Behörde (vgl. EKZ III Rn. 37). Ein gerichtlicher Eingriff darf nur dann erfolgen, wenn „die Regulierungsbehörde die eingeräumten Spielräume überschritten oder in einer mit den einschlägigen rechtlichen Vorgaben nicht zu vereinbarenden Weise ausgefüllt hat" (EKZ III Rn. 38).

152   In dem Ermessens- und **Beurteilungsspielraum** kommt die unionsrechtlich gebotene **Unabhängigkeit** der Behörde zum Ausdruck (vgl. EKZ III Rn. 37). Auf diesen Konnex geht der BGH auch in dem Beschluss v. 8.10.2019 (EnVR 58/18) zur Frage der Europarechtskonformität der ARegV und der StromNEV ein. Dieser zentrale Punkt soll vor dem Hintergrund des Vertragsverletzungsverfahrens, das die Kommission wegen der aus ihrer Sicht nicht ordnungsgemäßen Umsetzung der Richtlinienvorgaben zur Unabhängigkeit der Regulierungsbehörde im EnWG 2011 im Jahr 2014 angelegt hatte (Verf. Nr. 20142285) und weshalb sie Deutschland am 19.7.2018 vor dem EuGH (C-718/18) verklagt hatte (vgl. Pressemitteilung der Kommission IP/18/4487 v. 19.7.2018, https://ec.europa.eu/com mission/presscorner/detail/de/IP_18_4487), erläutert werden. Im Gegensatz zur Kommission, die der Auffassung ist, dass der Regulierungsbehörde gem. Art. 37 Abs. 6 Elt-RL 09 [= Art. 59 Abs. 7 Elt-RL 19, Tabelle 1 → Rn. 37] die Entscheidung über die Genehmigung bzw. Festlegung der Entgelte bzw. wenigstens der Methoden zur Berechnung vor deren Inkrafttreten **alleine** obliegt, vertritt der BGH die Auffassung, dass die **normierende Regulierung** in Form der „legislativen Vorstrukturierung der Entscheidungsspielräume der Regulierungsbehörde" (EnVR 58/18 Rn. 8) zulässig ist, da es sich um eine – zwar vergleichsweise detaillierte – abstrakt-generelle Methodenbestimmung, aber keine „umfassende regulatorische Feinsteuerung" handelt, die (allein) dem Gesetzgeber zustünde (EnVR 58/18 Rn. 8, 49, 54). Es wird demnach lediglich ein Rahmen für die Entscheidungen der Regulierungsbehörde gesetzt, der Behörde verbleibt aber innerhalb dieses Rahmens ein **Beurteilungsspielraum,** der ihre **Unabhängigkeit** (vor Eingriffen anderer Stellen) aus Sicht des BGH **wahrt** (vgl. EnVR 58/18 Rn. 36/37). Wenn diesem Ansatz gefolgt wird, d. h. die normierende Regulierung für grundsätzlich zulässig erachtet wird, kann die **Unabhängigkeit** der Regulierungsbehörde, die für eine **effektive Regulierung unerlässlich** ist, nur mit dem Vorhandensein eines Beurteilungsspielraums sichergestellt werden bzw. hängt diese von der Größe des Beurteilungsspielraums ab, dh je weiter der zugestandene Beurteilungsspielraum ist, desto unabhängiger die Behörde. Der BGH erkennt allerdings, dass diese Argumentation an ihre Grenze stößt, wenn bei einer normierenden Regulierung, die der Regulierungsbehörde keinerlei Spielraum mehr belässt, sich die Frage stellt, ob „eine abstrakt gefasste Regelung die zu gewährleistende Unabhängigkeit der Regulierungsbehörde in unzulässiger Weise beeinträchtigen kann" (EnVR 58/18 Rn. 55). Selbst wenn nicht so weit gegangen wird, dass dem Gesetzgeber jegliche inhaltliche Vorgabe zu (den Methoden) der Entgeltregulierung verwehrt ist, lässt sich feststellen, dass die Unabhängigkeit nicht von dem (bzw. der Größe des) zugestandenen Beurteilungsspielraums determiniert werden kann, weil dieser dann auch auf Null reduziert werden könnte, was eindeutig eine Verletzung der Un-

Bedingungen und Entgelte für den Netzzugang § 21

abhängigkeit wäre. Die beschriebene Spannung zwischen normierender Regulierung und Unabhängigkeit der Regulierungsbehörde war Gegenstand einer Klage der Kommission gegen Deutschland wegen nicht ordnungsgemäßer Umsetzung der 2009 Richtlinien, das mit dem Urteil des EuGH vom 2.9.2021 (C-718/18) gegen Deutschland entschieden wurde (→ Rn. 155 f.).

In **Tabelle 3** werden alle Festlegungen der BNetzA zu den Eigenkapitalzinssätzen für die einzelnen Regulierungsperioden und die ergangenen Gerichtsentscheidungen im Überblick dargestellt. 153

	1. Regulierungsperiode	2. Regulierungsperiode	3. Regulierungsperiode	4. Regulierungsperiode
Entscheidungen der Beschlusskammer	7.7.2008 BK4-08-068	31.10.2011 BK4-11-304	5.10.2016 BK4-16-160	12.10.2021 BK4-21-055
			BK4-16-161	BK4-21-056
Umlaufrendite (UR)	4,23 Prozent	3,80 Prozent	2,49 Prozent	0,74 Prozent
Risikozuschlag (RZ) (RZ = MRP * β)	3,59 Prozent	3,59 Prozent (2,90 Prozent)	3,15 Prozent	3,39 Prozent (3,0 Prozent)
Marktrisikoprämie (MRP)	4,55 Prozent	4,40 Prozent	3,80 Prozent	3,70 Prozent
Beta (β)	0,79	0,66	0,83	0,81
EK-Zins nach Steuern (Neuanlagen) (EKZnSt = UR + RZ)	7,82 Prozent	7,39 Prozent	5,64 Prozent	4,13 Prozent
Steuerfaktor (s)	1,188	1,224	1,225	1,226
EK-Zins vor Steuern (Neuanlagen) (EKZnSt * s) EK-Zins vor Steuern (Altanlagen) (EKZnSt − π) * s	9,29 Prozent	9,05 Prozent	6,91 Prozent	5,07 Prozent
	7,56 Prozent	7,14 Prozent	5,12 Prozent	3,51 Prozent
Beschlüsse des OLG Düsseldorf	VI-3 Kart 33/08 (V) v. 24.4.2013	VI-3 Kart 459/11 (V) v. 17.5.2017	VI-3 Kart 143/16 (V) v. 22.3.2018	
	VI-3 Kart 60/08 (V) v. 24.4.2013		VI-3 Kart 148/16 (V) v. 22.3.2018	
	VI-3 Kart 61/08 (V) v. 24.4.2013		VI-3 Kart 1062/16 (V) v. 22.3.2018	

Groebel

	1. Regulierungsperiode	2. Regulierungsperiode	3. Regulierungsperiode	4. Regulierungsperiode
Beschlüsse des BGH	EnVR 37/13 v. 27.1.2015	EnVR 48/17 v. 11.12.2018	EnVR 26/18 v. 3.3.2020 („EKZ III")	
	EnVR 39/13 v. 27.1.2015 („EKZ I")		EnVR 52/18 v. 9.7.2019 („EKZ II")	
			EnVR 41/18 v. 9.7.2019	
			EnVR 5/18 v. 9.7.2019	
			EnVR 58/18 v. 8.10.2019	

Tabelle 3: Übersicht der EKZ-Festlegungen der BNetzA und Gerichtsentscheidungen

154 Die oben dargestellte Linie des BGH zum **Beurteilungsspielraum** der Behörde hat er zuletzt nochmals deutlich **bekräftigt** und sogar ausgedehnt im Beschluss v. 26.1.2021 (EnVR 7/20), in dem es um die erstmalige Festlegung des **generellen sektoralen Produktivitätsfaktors Gas** für die dritte Regulierungsbehörde ging (krit. hierzu *Rieger* NuR Beilage 1/21, 10;. *Rosin/Bourazeri* RdE 2021, 248).

155 Der **EuGH** hat im **Verfahren C-718/18** mit seinem Urteil vom **2.9.2021** entschieden, dass die durch den deutschen Gesetzgeber in den nach § 24 EnWG erlassenen Verordnungen vorgenommene detaillierte Vorstrukturierung der Entgeltregulierung **nicht** mit den Vorgaben der Richtlinien vereinbar ist, weil sie der Regulierungsbehörde **keine uneingeschränkte Auswahl** der Methoden der Entgeltregulierung **gestatte** und damit in unzulässiger Weise in deren nach Art. 37 Abs. 1 lit. a und Abs. 6 lit a und lit. b Elt-RL 09 und Art. 41 Abs. 1 lit. a, Abs. 6 lit. a und lit. b Gas-RL 09 vorgesehene **ausschließliche** Zuständigkeit **eingreife.** Die Zuständigkeit für die „Bestimmung der Methoden zur Berechnung oder Festlegung der Bedingungen für den Anschluss an und den Zugang zu den nationalen Netzen, einschließlich der anwendbaren Tarife, [gehört] zu den Zuständigkeiten, die den NRB unmittelbar aufgrund dieser Richtlinien vorbehalten sind" (Rs. C-718/18 Rn. 105). Denn für eine effektive Regulierung, die langfristige Aspekte aus technisch-fachlicher Sicht unbeeinflusst und unparteiisch beurteilen können muss, muss die Behörde „selbständig und allein auf der Grundlage des öffentlichen Interesses ... ohne externen Weisungen anderer öffentlicher oder privater Stellen unterworfen zu sein" (Rs. C-718/18 Rn. 109) **unabhängig** entscheiden können. Die Verordnungsermächtigung nach § 24 S. 1 EnWG überträgt die der Regulierungsbehörde vorbehaltene Zuständigkeit auf den Verordnungsgeber (Bundesregierung mit Zustimmung des Bundesrats), was eine Kompetenzüberschreitung darstellt und gegen die Vorgabe der Richtlinien **verstößt** (vgl. Rs. C 718/18 Rn. 113–115). Der EuGH wertet die gemäß der Verordnungsermächtigung erlassenen Verordnungen nicht als „materielle Gesetze oder normativen Rahmen", sondern als eine **unzulässige Zuständigkeitsübertragung,** die einen mit den Richtlinien unvereinbaren Eingriff in die Unabhängigkeit der Behörde darstellen. Die Kriterien der Entgeltregulierung sind bereits durch den „detaillierten normativen EU-Rahmen" (Rs. C-718/18 Rn. 123, → den Kriterien im Einzelnen auch oben Tabelle 1 Rn. 37) vorgegeben, weshalb es dem nationalen Gesetzgeber nicht mehr zustehe, eigene Kriterien zu entwickeln.

Der EuGH führt weiter aus, dass die Regulierungsbehörde der „politischen Einflussnahme entzogen sein müsse" (Rs. C-718/18 Rn. 126), aber an das Gesetz gebunden und der parlamentarischen und gerichtlichen Kontrolle unterworfen ist (vgl. Rs. C-718/18 Rn. 126f.). Zur Sicherstellung der gerichtlichen Kontrolle müssen die Mitgliedstaaten entsprechende Rechtsschutzmöglichkeiten gegen die Entscheidungen der Behörde einräumen. Zugleich hebt der EuGH unter Bezugnahme auf die Meroni- und ENISA-Rechtsprechung (9/56, EU:C:1958:7; C-270/12 v. 22.1.2014, EU:C:2014:18) hervor, dass – soweit diese Rechtsprechung auf den innerstaatlichen Fall übertragbar ist – der unabhängigen Verwaltungsstelle [Regulierungsbehörde] keine Ermessensspielräume übertragen werden dürfen, die dazu führen, dass sie „Entscheidungen politischer Art" treffen würde (Rs. C 718/18 Rn. 131f.). Insoweit hat der EuGH **Grenzen** für den **Entscheidungsbereich** der Regulierungsbehörde gezogen, **innerhalb** dessen sie jedoch die **alleinige Entscheidungshoheit** hat, und der nicht durch Zuständigkeitsübertragungen eingeschränkt werden darf, um sicher zu stellen, dass sie unabhängige, ausschließlich am öffentlichen Interesse ausgerichtete Entscheidungen in langfristiger Perspektive (vgl. Rs. C-718/18 Rn. 112) trifft. Dies impliziert auch, dass der der Behörde mit den Richtlinien direkt zugewiesene Entscheidungsbereich nicht auf einen Beurteilungsspielraum (→ Rn. 152) reduziert werden kann. Die BNetzA hat angekündigt zur Vermeidung von Rechtsunsicherheiten bis zur Anpassung der energierechtlichen Vorschriften den geltenden Rechtsrahmen weiter anzuwenden „und auf dieser Grundlage die Spruchpraxis der Beschlusskammern und der Abteilung in Energiesachen fort[zu]führen" (BNetzA PM v. 2.9.2021, www.bundesnetz agentur.de/SharedDocs/Pressemitteilungen/DE/2021/20210902_RegEnergie Eugh.html?nn=265778; vgl. zu den verwaltungsrechtlichen Anpassungsmöglichkeiten *Ludwigs*, Paradigmenwechsel in der Energieregulierung – Modelle eines Wandels von der normierenden zur administrativen Regulierung, in FS Säcker, 2021, S. 609 ff.) sowie *Ludwigs* N&R Beilage Heft 6/2021, 1).

Die nachfolgende Abb. 5 fasst die unterschiedlichen Sichtweisen auf die Unabhängigkeit der Regulierungsbehörde zusammen. Während der EuGH den ausschließlichen Entscheidungsbereich der Regulierungsbehörde nach außen abgrenzt, hat der nationale Gesetzgeber diesen der normierenden Regulierung innen ausgefüllt und damit „ausgehöhlt". Wie oben dargestellt sieht der BGH innerhalb des Rahmens der normierenden Regulierung die Unabhängigkeit der Regulierungsbehörde durch einen sehr weiten gerichtlich nur eingeschränkt überprüfbaren Beurteilungsspielraum gewahrt.

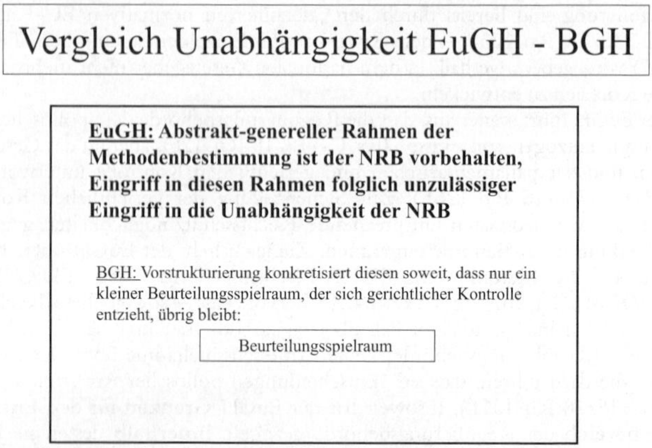

Vergleich Unabhängigkeit EuGH - BGH

EuGH: Abstrakt-genereller Rahmen der Methodenbestimmung ist der NRB vorbehalten, Eingriff in diesen Rahmen folglich unzulässiger Eingriff in die Unabhängigkeit der NRB

BGH: Vorstrukturierung konkretisiert diesen soweit, dass nur ein kleiner Beurteilungsspielraum, der sich gerichtlicher Kontrolle entzieht, übrig bleibt:

Beurteilungsspielraum

Abb. 5: Vergleich Unabhängigkeit EuGH – BGH

158 Die Beschlussentwürfe (BK4-21-055 – Strom, BK4-21-056 – Gas) für die Festlegung der Eigenkapitalverzinsung für die **vierte Regulierungsbehörde** (ab 1.1.2023 für die Gasnetzbetreiber und ab 1.1.2024 für die Stromnetzbetreiber) wurden vom 14.7. – 25.8.2021 öffentlich konsultiert (www.bundesnetzagentur. de/bk4-ekz). Die BNetzA ermittelte in Fortführung ihrer bisherigen höchstrichterlich bestätigten (→ Rn. 149 ff.) Methodenanwendung identisch für Strom- und Gasnetzbetreiber einen Eigenkapitalzinssatz vor Steuern in Höhe von *mindestens* 4,59 Prozent für Neuanlagen und von *mindestens* 3,03 Prozent für Altanlagen. Diese Mindestzinssätze kommen dadurch zustande, dass es laut den in Auftrag gegebenen Gutachten möglicherweise noch zu Anpassungen des Wagniszuschlags kommen kann. Die BNetzA bleibt zur Bestimmung des **Wagniszuschlags** bei der **CAPM-Methode** unter Verwendung **langfristiger historischer Datenreihen** von **Dimson/Marsh/Staunton** (→ Rn. 145). Die Gutachten weisen diesbezüglich auf „eine mögliche Verzerrung durch Laufzeit- und Liquiditätseffekte im Wagniszuschlag im Vergleich zum risikolosen Zinssatz" hin, die gegebenenfalls für eine Erhöhung des Wagniszuschlags sprechen könnte (BNetzA Pressemitteilung v. 14.7.2021, www.bundesnetzagentur.de/SharedDocs/Pressemitteilungen/DE/202 1/20210714_EKZins.html?nn=265778; Gutachten: www.bundesnetzagentur.de/ DE/Beschlusskammern/1_GZ/BK4-GZ/2021/BK4-21-0055/BK4-21-0055_Ve rfahrenseinleitung_Konsult.html?nn=358956). Im Beschlussentwurf wird diese mögliche Unterschätzung des Wagniszuschlags mit der Besonderheit langfristiger deutscher Staatsanleihen und ihrem Einfließen in die Berechnungen der langfristigen historischen Zeitreihen von Dimson/Marsh/Staunton unter Verweis auf die Gutachten näher erläutert (vgl. BK4-21-55, S. 36 f.). Möglicherweise wäre aus Konsistenzgründen der Wagniszuschlag adäquat anzupassen, um die Unterschiede in der Ermittlung des risikolosen Basiszinssatzes nach § 7 Abs. 4 S. 1 StromNEV und dem risikolosen Zinssatz der DMS-Reihen zu neutralisieren. Die endgültigen Festlegungen wurden am 20.10.2021 veröffentlicht (siehe BNetzA PM v. 20.10.2021, www.bundesnetzagentur.de/SharedDocs/Pressemitteilungen/DE/20 21/20211020_EKZins.html?nn=265778). In den endgültigen Festlegungen wurde aufgrund der Laufzeit- und Liquiditätseffekte der Wagniszuschlag um 0,395 Prozent angehoben, was zu einem Eigenkapitalzinssatz vor Steuern von **5,07 Prozent für Neuanlagen** und von **3,51 Prozent für Altanlagen** führt. Die Anpassung des Wagniszuschlags ist auf den S. 38ff. der finalen Beschlüsse (BK4-21-055 u. BK4-21-056, www.bundesnetzagentur.de/DE/Beschlusskammern/BK04/BK4_74_EK_Zins/BK4_Beschl_EK_Zins.html) im Einzelnen beschrieben. In dem erneuten Rückgang im Vergleich zum Eigenkapitalzinssatz der dritten Regulierungsperiode spiegelt sich das allgemein niedrige(re) Zinsumfeld wider, das sich insbesondere in dem Rückgang des risikolosen Basiszinssatzes von 2,49 Prozent (Entscheidung 2016) auf nur noch 0,74 Prozent (Entscheidung 2021) zeigt (zur Gesamtentwicklung Tabelle 3 → Rn. 153).

dd) Steuerliche Behandlung. Zur steuerlichen Behandlung sah **§§ 7 Abs. 6 S. 1 aE Strom-/GasNEV 2005** ursprünglich vor, dass der Eigenkapitalzinssatz *nach* Ertragssteuern festzulegen ist. Damit wollte der Gesetzgeber die bisherige Vorgehensweise (im Übrigen auch der VV II Strom Plus) fortsetzen: *nach* Ertragssteuern, dh als (kalkulatorische) Kostenposition wird in §§ 8 Strom-/GasNEV nur die Gewerbesteuer genannt (→Rn. 164), was bezüglich der Körperschaftsteuer deren Nichtberücksichtigung bedeutet hätte. Dies stellte jedoch eine Inkonsistenz zur Vorgabe des konkreten Eigenkapitalzinssatzes nach §§ 7 Abs. 6 S. 2 Strom-/GasNEV dar, der *vor* Körperschaftsteuer festgelegt wurde. Bei der Anpassung der Strom-/GasNEV an die neu erlassene ARegV (BR-Drs. 417/07) kam es 2007 zu einer Änderung von §§ 7 Abs. 6 Strom-/GasNEV die zur Berechnung eines Eigenkapitalzinssatzes *vor* Körperschaftsteuer führte, wobei der Steuerfaktor alleine die Körperschaftsteuer zu berücksichtigen hat. In dem Anhörungsdokument zur Festlegung der Eigenkapitalverzinsung der BNetzA vom 19.5.2008 (BK 4-08-068) hatte die zuständige Beschlusskammer noch die Auffassung vertreten, dass die Körperschaftsteuer unberücksichtigt zu bleiben habe. In der endgültigen Entscheidung vom 7.7.2008 erfolgte nach nochmaliger Prüfung der geänderten Verordnung (Wegfall der Wörter „wobei dieser Zinssatz nach Ertragssteuern festzulegen ist" in §§ 7 Abs. 6 S. 1 aE Strom-/GasNEV, BGBl. 2007 I S. 2529ff. (2544f.)) eine Korrektur dahingehend, dass die Eigenkapitalverzinsung unter Einbeziehung der Körperschaftsteuer zu berechnen ist (vgl. BK 4-08-068, S. 42ff., www.bundesnetzagentur.de/cae/servlet/contentblob/82114/publicationFile/4423/BK408068KonsultationZinssaId13649pdf.pdf. Dieselbe Vorgehensweise ist bei der Entgeltregulierung im Telekommunikationsbereich zu finden (BerlKomm-TKG/*Groebel* § 31 Rn. 54; vgl. hingegen *Busse von Colbe,* Hempelmann-Bericht, BT-Drs. 15/5268, 105, 113; ebenso *Männel* ET 2005, 556; *Franz/Neu,* Berücksichtigung der Körperschaftsteuer bei der Kalkulation wettbewerbsadäquater Netzentgelte, WIK-Kurzstudie für die RegTP, 2005; aA *VIK-Papier* v. 13.1.2005, Auswirkungen der Körperschaftssteuer auf die Attraktivität einer Aktienbeteiligung an einem Netzbetreiber).

e) Festlegung der Eigenkapitalverzinsung nach §§ 7 Abs. 6 S. 2 Strom-/GasNEV. §§ 7 Abs. 6 S. 1 Strom-/GasNEV treffen eine **Übergangsregelung:** Bis zur erstmaligen Festlegung eines angemessenen Eigenkapitalzinssatzes nach § 21 Abs. 2 durch die Behörde beträgt der Eigenkapitalzinssatz für Altanlagen gem. **§ 7 Abs. 6 S. 2 StromNEV real 6,5 Prozent vor Steuern** (für Neuanlagen 7,91 Prozent). Bei der Quantifizierung des Eigenkapitalzinssatzes wurde auf die bisherige Regelung der VV II Strom Plus/VV II Gas zurückgegriffen. Aus der **VV II Strom Plus** (Punkt 3.3 der Anlage 3) ergab sich ohne nähere Erläuterungen aus einem

§ 21 Teil 3. Regulierung des Netzbetriebs

Basiszinssatz von 4,8 Prozent plus einem **Wagniszuschlag von 1,7 Prozent** ein realer Eigenkapitalzinssatz vor Steuern für die Elektrizitätswirtschaft von 6,5 Prozent (7,8 Prozent für die Gaswirtschaft, siehe Punkt 3.3 der VV II Gas), der mit **§ 7 Abs. 6 S. 2** für die Altanlagen auch weiterhin vorgeschrieben wurde. Der sog. risikolose Basiszinssatz in Höhe von 4,8 Prozent ergab sich nach einer Berechnung von *Gerke* aus der durchschnittlichen Umlaufrendite öffentlicher Anleihen für einen Zeitraum von 40 Jahren als der typischen Investitionsdauer (zur nachträglichen Bestätigung des VV II Strom Plus-Zinssatzes durch *Gerke,* Gutachten zur risikoadjustierten Bestimmung des Kalkulationszinssatzes in der Stromnetzkalkulation (2003); sowie *Gerke/Schäffner* ew 2003, 42 (44); *Engelsing* nennt dasselbe Ergebnis als Zehn-Jahres-Durchschnitt der Umlaufrendite festverzinslicher inländischer Wertpapiere, BerlKommEnergieR/*Engelsing,* 2 Auflage 2010, GWB § 19 Rn. 336).

161 Die **Eigenkapitalzinsen** für den 40 Prozent nicht übersteigenden Anteil des Eigenkapitals errechnen sich demnach wie folgt:
EK-Zinsen = BEK II (á 40%) × 6,5% vor Steuern.

162 Darüber hinaus gehendes Eigenkapital war gem. **§ 7 Abs. 1 S. 3 iVm § 5 Abs. 2 StromNEV 2005** mit **dem tatsächlich gezahlten Fremdkapitalzinssatz,** maximal dem kapitalmarktüblichen, den die Beschlusskammer mit 4,8 Prozent ermittelt hat (BK 8-05/19, 14 des amtl. Umdrucks), zu verzinsen (s. auch *Schalle/Boos* ZNER 2006, 20 (22), zur Neuregelung der Verzinsung für den die Eigenkapitalquote übersteigenden Anteil des Eigenkapitals durch §§ 7 Abs. 7 Strom-/GasNEV 2013 → Rn. 132). Anders als die Beschlusskammer hält das OLG Düsseldorf für die Ermittlung der *kapitalmarktüblichen Zinsen* nach § 5 Abs. 2 einen Beurteilungsspielraum wegen der bereits erfolgten wirtschaftswissenschaftlichen Klärung des Rechtsbegriffs nicht für gegeben (Beschl. v. 21.7.2006 – VI-3 Kart 289/06 (V), S. 18f. des amtl. Umdrucks; ebenso BGH Beschl. v. 14.8.2008 – KVR 36/07, BeckRS 2008, 20435 Rn. 59ff. oder BGH Beschl. v. 3.3.2009 – EnVR 79/07, NJOZ 2009, 3390 und BGH Beschl. v. 7.4.2009 – EnVR 6/08 = NJOZ 2009, 3381 hingegen gesteht das OLG Schleswig der Regulierungsbehörde eine Einschätzungsprärogative (Methodenwahlfreiheit) explizit zu, OLG Schleswig Beschl. v. 24.9.2009 – 16 Kart 1/09, BeckRS 2010, 3350; auch → Rn. 128 und *Weyer* NuR 2010, 18 (22); krit. zur bisherigen Vorgehensweise der BNetzA bei der Festlegung des kapitalmarktüblichen Fremdkapitalzinssatzes; *Grote/Müller,* et 2008, 27).

163 An der **Festlegung konkreter Eigenkapitalzinssätze** (§§ 7 Abs. 6 S. 2 Strom-/GasNEV, s. hierzu auch Begr. RegE StromNEV BR-Drs. 245/05, 35 f.; Begr. RegE GasNEV BR-Drs. 247/05, 29 f.) hat die Monopolkommission zu Recht Kritik geübt (*Monopolkommission,* XVI. Hauptgutachten 2005, Rn. 33; ebenfalls abl. *Koenig/Schellberg* RdE 2005, 1 (4); diese dagegen ausdrücklich begrüßend *Schmidt-Preuß* N&R 2004, 90 (92); *Schmidt-Preuß.* IR 2004, 146 (147f.)). Die bei der Festlegung eines angemessenen, wettbewerbsfähigen und risikoangepassten Zinssatzes durch die Behörde (§ 7 Abs. 6 S. 1) zu beachtenden Gesichtspunkte sind oben ausführlich behandelt worden (→ Rn. 134ff.).

164 **3. Kalkulatorische Steuern (§§ 8 Strom-/GasNEV).** Bei der als Kostenposition berücksichtigungsfähigen **Gewerbesteuer** folgt die BNetzA in der Entscheidung nicht der strikten Linie des Positionspapiers, nur die tatsächlich gezahlte Gewerbesteuer anzuerkennen (Positionspapier, S. 15 f.). Vielmehr sieht sie die Gewerbesteuer als rein kalkulatorische Kostenposition an und berücksichtigt darum einen **kalkulatorischen Gewerbesteueransatz** auf der Grundlage der anerkann-

Bedingungen und Entgelte für den Netzzugang　§ 21

ten kalkulatorischen Eigenkapitalverzinsung, was eine im Lichte der Entstehung von § 8 **StromNEV** ebenfalls vertretbare (wenn auch nicht zwingende) Auslegung darstellt (vgl. BK8-05/19, 14f. des amtl. Umdrucks). Dieses Vorgehen impliziert eine von der Unternehmensorganisation unabhängige Behandlung, was insbesondere für den sog. kommunalwirtschaftlichen (gewerbesteuerlichen) Querverbund, bei dem Gewinne aus dem Netzbetrieb zum Ausgleich von Verlusten anderer Sparten (öffentlicher Personennahverkehr, kommunale Infrastruktur etc) verwendet werden, eine Rolle spielt (zur Diskussion bezüglich der nach § 8 StromNEV anzusetzenden Gewerbesteuer siehe *Böck/Missling,* Die Berücksichtigung der Gewerbesteuer in der Netzentgeltkalkulation nach § 8 NEV, IR 2006, 98; *Schalle/Boos* ZNER 2006, 20 (23)). Die Auffassung der BNetzA, die Gewerbesteuer als rein kalkulatorische Kostenposition anzusehen, ist inzwischen auch in der Hauptsache durch das OLG Düsseldorf bestätigt worden, weil so die „sachgerechte Zuordnung der Gewerbesteuer als kalkulatorische Kostenposition" iSd § 8 S. 1 StromNEV [aF] realisiert wird. Ein vorheriges Hineinrechnen in die Eigenkapitalverzinsung ist nicht vorgesehen. Lediglich der Insich-Abzug der Gewerbesteuer ist nach § 8 S. 2 StromNEV [aF] wegen der ausdrücklichen Anordnung zu berücksichtigen (OLG Düsseldorf Beschl. v. 9.5.2007 – VI-3 Kart 289/06 (V), S. 18/19 des amtl. Umdrucks, OLG Düsseldorf Beschl. v. 24.10.2007 – VI-3 Kart 472/06 (V), S. 47/48 des amtl. Umdrucks, ebenso OLG Koblenz Beschl. v. 4.5.2007 – W 595/06 Kart, RdE 2007, 198 (204f.); OLG Stuttgart Beschl. v. 3.5.2007 – 202 EnWG 4/06 Rn. 122ff., IR 2007, 182f.). Auch hier betont das Gericht, dass es nicht auf unternehmensindividuelle Kürzungen und Hinzurechnungen, die die tatsächlich angefallene Gewerbesteuer betreffen, ankommt. Anderer Auffassung ist das OLG Naumburg, das fälschlicherweise davon ausgeht, dass grundsätzlich die tatsächlichen Kosten des Netzbetriebes anzusetzen sind. Zwar erwähnt auch das OLG Naumburg die Begrenzung durch das Effizienzgebot in § 21 Abs. 2 EnWG, ohne dies jedoch anzuwenden (OLG Naumburg Beschl. v. 16.4.2007 – 1 W 25/06 (EnWG), S. 20, 21 des amtlichen Umdrucks). Der Beschluss des OLG Naumburg wurde inzwischen vom BGH mit Beschl. v. 13.11.2007 – KVR 23/07, IR 2008, 113f. aufgehoben (zur BGH-Rspr. →Rn. 128).

Nicht anerkannt wird hingegen die sog. **Scheingewinnbesteuerung,** dh die 165 fiktiv auf den aus der Differenz zwischen kalkulatorischen und bilanziellen Abschreibungen rechnerisch entstehenden Gewinn zu zahlenden Ertragsteuern, was zB nach Punkt 3.3 der Preisfindungsprinzipien der VV II Strom Plus zulässig war (zur Begr. dieser VV II Strom Plus-Regelung zur Behandlung von Scheingewinnen s. *Vaal* ew 2003, 14; ebenfalls befürwortend *Schmidt-Preuß* ET 2003, 758 (763); *Schmidt-Preuß* IR 2004, 146 (148)). Die Einbeziehung des Scheingewinns in die Bemessungsgrundlage für den kalkulatorischen Gewerbesteueransatz wäre nicht sachgerecht, weil es die Netznutzer einseitig belastet. Diese folgt der Sichtweise des Verordnungsgebers, wie sie in den Beratungen zu § 8 StromNEV erkennbar ist (BK8-05/19, S. 14f., bestätigt durch OLG Düsseldorf Beschl. v. 21.7.2006 – VI-3 Kart 289/06 (V), S. 19 des amtl. Umdrucks und durch die BGH-Entscheidungen v. 14.8.2008, zur BGH-Rspr. →Rn. 128). Der Verordnungsgeber wollte mit der bisherigen VV II Strom Plus-Praxis brechen.

4. Kostenmindernde Erlöse und Erträge (§§ 9 Strom-/GasNEV). Diese 166 Position dient dazu, die **Netzkosten** um **kostenmindernde Erlöse und Erträge,** die sachlich dem Netz zuzurechnen sind, zu **bereinigen.** Dadurch werden zB außerhalb der jeweiligen Kalkulationsperiode anfallende Zahlungen periodenspe-

§ 21

zifisch verrechnet (vgl. Begr.RegE StromNEV BR-Drs. 245/05, 36; Begr.RegE GasNEV BR-Drs. 247/05, 30f.). Im Einzelnen sind diese insbesondere den Positionen der GuV:
1. aktivierte Eigenleistungen
2. Zins- und Beteiligungserträge
3. Netzanschlusskosten
4. Baukostenzuschüsse oder
5. sonstige Erträge und Erlöse

zu entnehmen. Dabei wird in § 21 Abs. 2 hinsichtlich der **Baukostenzuschüsse** für Anschlüsse die Regelung getroffen, dass diese anschlussindividuell über 20 Jahre aufzulösen sind. Dies soll wegen des bestehenden Diskriminierungspotentials verhindern, dass vertikal integrierte Unternehmen diese allgemein netzkostenmindernd in Ansatz bringen. § 9 Abs. 3 StromNEV betrifft die Verwendung von netzkostenmindernden **Einnahmen** aus der Zuweisung von **Kapazitäten an grenzüberschreitenden Kuppelstellen** durch Übertragungsnetzbetreiber. Für die Engpasserlösverwendung sieht Art. 19 Abs. 4 Elt-VO 19 eine dezidierte Vorgabe zur Verwendung vor, die mit der am 23.12.2020 verabschiedeten Methodik durch ACER verbindlich ausgestaltet wird (https://extranet.acer.europa.eu//Official_do cuments/Acts_of_the_Agency/Recommendations/ACER%20Recommendation %2001-2020%20to%20NRAs%20on%20Use%20of%20Congestion%20Income% 20methodology.pdf).

167   **5. Behandlung von Netzverlusten (§ 10 StromNEV).** Physikalisch bedingt entstehen bei Transport und Verteilung von Elektrizität Netzverluste (sog. Verlustenergie; vgl. Begr.RegE StromNEV, BR-Drs. 245/05, 36f.). Die **Kosten** für die **Beschaffung von Energie** zum Ausgleich der **Netzverluste** können gem. **§ 10 Abs. 1 S. 1 StromNEV** bei der Ermittlung der Netzkosten in Ansatz gebracht werden (→ Vor § 22). Planwerte finden keine Berücksichtigung, denn in § 10 Abs. 1 S. 2 StromNEV heißt es, dass sich die Kostenposition aus den *tatsächlichen* Beschaffungskosten der entsprechenden Verlustenergie im abgelaufenen Kalenderjahr ergibt. § 10 Abs. 1 geht als spezielle Regelung § 3 vor (ebenso OLG Koblenz Beschl. v. 4.5.2007 – W 595/06 Kart, RdE 2007, 198). Die geltend gemachten Ist-Kosten wurden gem. § 4 Abs. 1 StromNEV einer **Effizienzprüfung** in Form einer Vergleichsbetrachtung der Mengen und Preise für die Beschaffung der Verlustenergie unterzogen (vgl. BK8-05/19, S. 5, 17f. des amtl. Umdrucks). Bei der **Effizienzprüfung** der Beschaffungskosten für Verlustenergie (§ 10 StromNEV) wurde anhand eines **Vergleichs** mit den anderen Übertragungsnetzbetreibern festgestellt, dass die von der VET geltend gemachten tatsächlichen Beschaffungskosten für die Verlustenergiemenge 2004 (abgelaufenes Kalenderjahr gem. § 5 Abs. 1 S. 2, der als die speziellere Regelung § 3 Abs. 1 S. 5 vorgeht, vgl. BK8-05/19, 5 des amtl. Umdrucks; gegenteiliger Auffassung *Schalle/Boos* ZNER 2006, 20 (25)) überhöht waren, so dass sie nicht in voller Höhe anerkannt werden konnten, weil sie nicht denen eines effizienten und strukturell vergleichbaren Netzbetreibers entsprachen (BK8-05/19, 17f. des amtl. Umdrucks). Das OLG Düsseldorf bestätigte, dass der von der Behörde im Verfahren nach § 23a vorgenommene **Effizienzvergleich** nicht den Vorgaben des § 21 Abs. 3 (aF) widerspricht, wonach die Behörde zunächst ein Vergleichsverfahren durchzuführen habe (OLG Düsseldorf Beschl. v. 21.7.2006 – VI-3 Kart 289/06 (V), S. 12, 23 des amtl. Umdrucks). Dies macht deutlich, dass die **Vergleichsmarktbetrachtung** im Sinne eines „Benchmarking", dh als **Methode** zur Ermittlung der **Kos-**

Bedingungen und Entgelte für den Netzzugang **§ 21**

ten eines **effizienten und strukturell vergleichbaren Netzbetreibers herangezogen** werden konnte (→ Rn. 70).

Entgegen der Auffassung der BNetzA bzw. der zuständigen Landesregulierungsbehörde hat der BGH aufgrund einer systematischen Auslegung auch die Berücksichtigung von gesicherten Erkenntnissen (Planwerten) bei der Ermittlung der Kosten der Verlustenergie gestattet, da die Vorschrift des § 10 Abs. 1 S. 2 StromNEV keine abschließende Regelung darstelle, sondern lediglich die allgemeine Regelung des § 3 Abs. 1 S. 5 Hs. 2 konkretisiere (BGH Beschl. v. 14.8.2008 – KVR 36/07 = BeckRS 2008, 20435, Rn. 5ff. sowie BGH Beschl. v. 14.8.2008 – KVR 35/07 = BeckRS 2008, 20434, Rn. 12ff., in der daraufhin nach Rückverweisung an das OLG Koblenz von diesem erlassenen Beschluss wird die Berücksichtigung **gesicherter Erkenntnisse** abgelehnt, da diese nicht zum maßgeblichen „Zeitpunkt der Beantragung der Netzentgeltgenehmigung vorgelegen haben", auch scheide ein Nachweis gesicherter Erkenntnisse mit einer mit einem Verweis auf die Unbundling-Vorschriften begründeten „hypothetischen Plankostenrechnung" grundsätzlich aus. Letzteres ist ein deutlicher Hinweis, dass die Kostennachweispflicht nicht durch einen Hinweis auf die Entflechtungsvorschriften ausgehebelt werden kann; vgl. OLG Koblenz Beschl. v. 9.7.2009 – W 621/06 Kart, IR 2009, 230 (231); s. auch BGH Beschl. v. 21.7.2009 – EnVR 33/08, RdE 2010, 30). **168**

6. Ergebnis der regulatorischen Kostenprüfung. Die Prüfung der vorgelegten Kostenunterlagen durch die Beschlusskammer erfolgte gemäß den strengen Vorgaben der StromNEV, die Ausdruck des Effizienzgebots sind. §§ 6 Strom-/GasNEV stellt die **Begrenzung** der Abschreibungen auf den zur Leistungserstellung (den Erhalt der Leistungsfähigkeit des Netzes, → Rn. 101f.) notwendigen Umfang gleich mehrfach klar: nur das **betriebsnotwendige** (für eine effiziente Leistungserbringung **erforderliches,** Begr.RegE StromNEV, BR-Drs. 245/05, 33) Anlagevermögen darf über die **betriebsgewöhnliche Nutzungsdauer** (= ökonomische Lebensdauer) nach Anlage 1 Strom-/GasNEV hinweg abgeschrieben werden, dh keine Mehrfachverrechnungen (keine Doppelabschreibungen). § 7 sieht vor, dass nur das **betriebsnotwendige Eigenkapital** (für die Erbringung der Leistung eingesetzte Eigenkapital) und nur bis zu einer Quote von maximal 40 Prozent mit dem Eigenkapitalzinssatz zu verzinsen ist. Die Behörde hat diese Vorgaben – gerichtlich bestätigt – dahingehend ausgelegt, dass eine Abschreibung und Verzinsung nur der Restwerte und nur für die Restnutzungsdauer, beides ausgehend von den ursprünglich zugrundegelegten AHK und tatsächlichen Nutzungsdauern kalkuliert, zu erfolgen hat. Sie hat dementsprechend Kürzungen vorgenommen. Forderungen und Verbindlichkeiten aus ÜNB aus der Umsetzung des EEG und KWKG stellen kein für den Betrieb des Übertragungsnetzes notwendiges Umlaufvermögen dar, welches im Rahmen der kalkulatorischen Eigenkapitalverzinsung bei der Festlegung der Erlösobergrenze nach § 7 StromNEV zu berücksichtigen ist (BGH Beschl. v. 6.7.2021 – EnVR 45/20). **169**

Darüber hinaus hat sie wegen der Sanierungsbedürftigkeit infolge unzureichender Wartung und Instandhaltung des sog. DDR-Altanlagevermögens eine pauschale **Minderung der Gesamtnutzungsdauern** um jeweils 25 Prozent vorgenommen (neben dem Wertabschlag auf die DDR-Anlagen zur Berücksichtigung des schlechteren technischen Zustands, den bereits die Antragstellerin vorgenommen hatte, vgl. BK8-05/19, S. 19f. des amtl. Umdrucks und Sprechzettel, S. 4). Das Gericht führt hierzu aus, dass „die *Kombination* aus substantiellem Wertabschlag und verminderter Nutzungsdauer somit insgesamt sachgerecht [erscheint]" (OLG Düsseldorf Beschl. **170**

Groebel

v. 21.7.2006 – VI-3 Kart 289/06 (V), S. 15f. des amtl. Umdrucks, Herv. nur hier). Dies zeigt deutlich, dass, wie die Behörde, auch das Gericht einen strengen Maßstab hinsichtlich der Bewertung anlegt und eine Überbewertung des Anlagevermögens und damit überhöhte Abschreibungen für unzulässig und unvereinbar mit dem Effizienzmaßstab hält.

171 Die Höhe der Abschreibungen hängt neben der Bewertung (TNW, AHK) und den Nutzungsdauern auch von dem **Mengengerüst,** dh dem Anlagebestand insgesamt ab, womit der Kapazitätsaspekt (die Dimensionierung) des Netzes angesprochen ist. Grundsätzlich unterliegt auch (und gerade) die **Dimensionierung** dem **Effizienzgebot** (→ Rn. 101 ff.). Allerdings konnte die Beschlusskammer diesen Punkt noch nicht prüfen, weshalb sie die Genehmigung mit einem „Effizienzvorbehalt" versehen hat (BK8-05/19, S. 42, → Rn. 18 und 98). Ein anschauliches Beispiel für die Berücksichtigung auch der Effizienzgesichtspunkte bei der Berechnung der Wiederbeschaffungswerte eines *effizienten* Netzes in zwei Schritten (zunächst erfolgt das Herausrechnen der Ineffizienzen aufgrund von Übermaß- und/oder Fehlinvestitionen, dann die Ermittlung der TNW für das *effiziente* Netz) findet sich bei *Säcker* (s. *Säcker* AöR 2005, 180 (210f.) und → Rn. 101).

172 Die sich aus den **konkreten Prüfungsfeststellungen** ergebenden **Kürzungen** aufgrund der Bewertung des Sachanlagevermögens, der Eigenkapitalverzinsung, der kalkulatorischen Gewerbesteuer, der Kosten für die Veredelung regenerativer Energien sowie der Kosten für Verlustenergie beliefen sich auf insgesamt ca. 11,7 Prozent der vorgelegten Istkosten der Vattenfall (ca. 18 Prozent in Bezug auf die beantragten Entgelte, vgl. PM der BNetzA v. 8.6.2006 sowie Sprechzettel, S. 3 zur ersten Stromnetzentgeltgenehmigungsentscheidung nach EnWG 2005 sowie Beschl. BK8-05/19 v. 6.6.2006).

173 Die ua auf die **erweiterten Prüfschwerpunkte** (→ Rn. 99) zurückzuführenden **Kostenkürzungen** der zweiten Entgeltgenehmigungsrunde (→ Rn. 76) führten bei Stromnetzbetreibern zu durchschnittlich 5 Prozent Absenkungen im Vergleich zur ersten Genehmigungsrunde, bei Gasnetzbetreibern wurden leichte Kostensenkungen erreicht, allerdings ist eine direkte Vergleichbarkeit wegen Strukturveränderungen bei einzelnen Unternehmen nicht gegeben (vgl. BNetzA Jahresbericht 2008 S. 150; Monopolkommission Sondergutachten Nr. 54 Tz. 265f., 272ff.). Das **Ergebnis der regulatorischen Kostenprüfung,** die auf Daten des Basisjahrs 2006 (abgeschlossenes Geschäftsjahr) fußt, **der zweiten Entgeltgenehmigungsrunde,** die mit den bis Mitte 2008 versandten Entgeltgenehmigungsbescheiden abgeschlossen wurde, dh die genehmigten Kosten, ist gem. § 6 Abs. 2 ARegV zugleich das **Ausgangsniveau der Erlösobergrenze** in der **ersten Anreizregulierungsperiode** ab 1.1.2009 (vgl. Monopolkommission Sondergutachten Nr. 54 Tz. 263; zur ARegV ausf. → § 21a Rn. 70ff.). Nach der Definition des § 24 ARegV zum vereinfachten Verfahren berechtigten Netzbetreibern (bis zu einer Anschlusszahl von 30.000 (Strom) bzw. 15.000 (Gas)), bei denen keine wesentlichen Kostenänderungen zu erwarten waren, wurde im Vorfeld der zweiten Entgeltgenehmigungsrunde die Möglichkeit („Verlängerungsoption") geboten, eine Verlängerung ihrer bislang genehmigten Netzentgelte bis zum 31.12.2008 zu beantragen, wovon im Zuständigkeitsbereich der BNetzA insgesamt 145 Stromnetzbetreiber und 129 Gasnetzbetreiber Gebrauch machten. Damit verbunden bildete der mit der ersten Genehmigungsrunde geprüfte und genehmigte Kostenblock (auf Datenbasis 2004) zugleich auch das Ausgangsniveau für die Anreizregulierung (vgl. BNetzA Jahresbericht 2008 S. 148; Monopolkommission Sondergutachten Nr. 54 Tz. 274).

Bedingungen und Entgelte für den Netzzugang **§ 21**

Die **Kostensenkungsvorgaben der Entgeltregulierung** führten von 2006 bis 2009 bei den Stromnetzbetreibern zu einer je nach Kundentyp unterschiedlich stark ausgeprägten Absenkung der Netzentgelte (mengengewichtet in ct/KWh) und ihrer Anteile am Endkundenpreis, bei den Gasnetzentgelten (mengengewichtet in ct/KWh) war die Entwicklung aufgrund bestimmter Effekte im Zeitablauf nicht eindeutig (vgl. im Einzelnen BNetzA Monitoringbericht 2009, www.bundes netzagentur.de/SharedDocs/Mediathek/Monitoringberichte/Monitoringbe richt2009.pdf?__blob=publicationFile&v=3, S. 29 ff., S. 147 ff.; vgl. auch Monopolkommission Sondergutachten Nr. 54 Tz. 275 ff., allerdings noch mit Datenstand des Monitoringberichts 2008). Im Ergebnis lässt sich feststellen, dass sich die im Zuge der **Entgeltregulierung erreichten Kostensenkungen** in niedrigeren Netzentgelten niedergeschlagen haben. Es ist weiterhin festzuhalten, dass für den Stopp der Abwärtsbewegung bei den **Stromnetzentgelten in 2009** – dem ersten Jahr der Anreizregulierung – in erster Linie die im Verordnungsgebungsverfahren zur Anreizregulierungsverordnung erzielten Lobbyerfolge verantwortlich sind, die dazu führten, dass viele Instrumente in der **ARegV** schwächer ausgestaltet wurden als im Anreizregulierungsbericht der BNetzA nach § 112a (vgl. hierzu ausf. Berl-KommEnergieR/*Groebel*, 2. Aufl., EnWG § 112a) vorgeschlagen worden war und infolgedessen die auf diese Weise von vornherein restringierte Anwendung mit einer weniger starken Anreizwirkung einhergeht (hierzu ausf. → § 21a Rn. 70 ff.; vgl. auch Monopolkommission Sondergutachten Nr. 54 Tz. 284 ff.). Es kommt dadurch sogar zu einer **Erhöhung der Erlösobergrenzen** gegenüber den in den zweiten Entgeltgenehmigungsrunde genehmigten Netzkosten (2 Prozent (Stromnetzbetreiber) bzw. 4 Prozent (Gasnetzbetreiber), vgl. *Schroer* emw 2009, 43), so dass die mit den Kostenprüfungen erreichten Senkungen teilweise wieder verlorengehen (zur jüngeren Entwicklung der Netzentgelte vgl. BNetzA/BKartA Monitoringbericht 2021 S. 166 ff. (Strom) und S. 390 ff. (Gas), www.bundesnetzagentur. de/monitoringberichte).

174

IV. Kostenstellen- und Kostenträgerrechnung (§§ 12 ff., 15 ff. StromNEV, §§ 11 ff., 13 ff. GasNEV)

Die **ermittelten** (und auf die Kostenstellen gem. Anlage 2 verteilten) **Netzkosten** werden über ein kalender**jährliches Netzentgelt** gedeckt, § 15 Abs. 1 StromNEV. Indem für alle Netz- und Umspannebenen die spezifischen Jahreskosten gemäß den Vorgaben zur **Kostenwälzung nach § 14** gebildet werden, erfolgt eine **verursachungsgerechte Zuteilung** der Kosten auf die aus der jeweiligen Netz- oder Umspannebene entnehmenden Netznutzer (BK8-05/19, S. 39 f. des amtl. Umdrucks). Zur Umrechnung der **Netzentgelte** je Netz- oder Umspannebene in **Leistungs- und Arbeitspreise** werden die ermittelten leistungsbezogenen Gesamtjahreskosten mit den nach Anlage 4 StromNEV kalkulierten Parametern der **Gleichzeitigkeitsfunktion** nach § 16 Abs. 2 StromNEV, mit der die Durchmischung der Inanspruchnahme des Netzes oder Netzbereichs durch mehrere Entnahmestellen, abhängig von der Benutzungsdauer der höchsten in Anspruch genommenen Netzkapazität, berücksichtigt wird, multipliziert (zur Änderung der Regelungen der VV II Strom Plus zur Kalkulation der Gleichzeitigkeitsfunktion, die in Anlage 4 mehrere Freiheitsgrade enthielt, durch die engeren Vorgaben der StromNEV s. *Cohnen/Latkovic/Wagner* emw 4/2004, 26 (29); *Müller-Kirchenbauer/Thomale* IR 2004, 148 (150)). Nach § 17 Abs. 1 S. 2 richten sich die Netzentgelte nach

175

§ 21

− der Anschlussebene,
− den jeweils vorhandenen Messeinrichtungen an,
− der jeweiligen Benutzungsstundenzahl

der Entnahmestelle. Infolge unterschiedlicher Netznutzerstrukturen etc (die zB mit individuellen Netzentgelten gem. § 19 Abs. 2 StromNEV für stromintensive Produktionsbetriebe einhergehen) ergeben sich Unterschiede zwischen den Netzbetreibern und Kostenkürzungen schlagen sich nicht immer in einer entsprechenden Absenkung der bisherigen Entgelte nieder (s. als Beispiel RWE Transportnetz Strom GmbH, vgl. Pressemitteilung der BNetzA v. 31.7.2006). Nach **§ 3 Abs. 3 StromNEV** verwenden die Übertragungsnetzbetreiber mit Regelzonenverantwortung für die mit Wirkung ab 1.1.2023 nach Abschnitt 2a (§§ 14a−d StromNEV) **bundeseinheitlich** festzulegenden Übertragungsentgelte eine **bundeseinheitliche Gleichzeitigkeitsfunktion** gem. § 16 Abs. 2 S. 2 StromNEV, wobei die Entgelte für jeden Übertragungsnetzbetreiber getrennt kostenorientiert nach § 21a EnWG zu bestimmen sind, § 24 S. 2 Nr. 4 lit. b EnWG und die Mehr- bzw. Mindererlöse mittels eines bundesweit einheitlichen Mechanismus verrechnet werden. So wird sowohl eine verursachungsgerechte Zuteilung als auch ein Ausgleich zwischen der unterschiedlichen Belastung der einzelnen Regelzonen sichergestellt. Für den Zeitraum ab 1.1.2019 bis 31.12.2022 gilt die Übergangsregelung nach § 32a StromNEV. Die Angleichung der Übertragungsnetzentgelte erfolgt nach § 24 S. 2 Nr. 4 lit. b iVm § 24a EnWG schrittweise.

176 Für Gasnetze werden **Ein- und Ausspeiseentgelte** als Kapazitätsentgelte in Euro pro Kubikmeter pro Stunde pro Zeiteinheit gebildet, § 13 Abs. 2 S. 1 GasNEV. Sie werden nach Ermittlung der Kosten und Verteilung auf die Kostenstellen gem. **§ 13 GasNEV** berechnet und für feste und unterbrechbare Kapazitäten ausgewiesen (§ 13 Abs. 3). Für die Netzentgelte sieht der NC TAR (VO (EU) 2017/460 vom 15.3.2017) mittlerweile abweichende verbindliche Regelungen vor. Die besonderen Regeln für Fernleitungsnetze gem. § 19 GasNEV werden weiter unter Im Einzelnen erläutert (→ Rn. 186 ff.).

177 Als **Fazit** in Bezug auf die eingangs dieses Abschnitts (→ Rn. 96) gestellte Frage nach der Einschränkung von Handlungsspielräumen der VV II Strom Plus (bzw. VV II Gas) mit inhärenten Anreizen zu Kostenüberhöhungen lässt sich festhalten, dass die Verbindlichmachung durch Normierung in der Strom-/GasNEV und der externen Kontrolle durch die BNetzA im Rahmen der Genehmigungsverfahren nach § 23a diese wirksam kontrollieren kann.

178 Insgesamt lässt sich für § 21 durch Auslegung feststellen, dass eine **Ex-ante-Kostenregulierung nach dem Effizienzmaßstab** zu erfolgen hat, obwohl die Vorschrift aufgrund der mühseligen und langwierigen Entstehungsgeschichte nicht in sich geschlossen war, was mit der Streichung des Vergleichsverfahrens (Abs. 3 und 4) im EnWG 2021 behoben wurde (in § 30 Abs. 1 Nr. 5 EnWG 2021 und § 19 Abs. 1 GasNEV 2021 wird – versehentlich – noch immer auf das Vergleichsverfahren verwiesen). Der Effizienzmaßstab wurde durch Rückgriff auf Art. 4 EG-StromhandelsVO 2003 bzw. Art. 3 EG-GasfernleitungsVO 2005 (Tabelle 1 → Rn. 37) als „Kosten eines effizienten und strukturell vergleichbaren Netzbetreibers" definiert. Kosten und Kostenanteile, die sich ihrem Umfang nach im Wettbewerb nicht einstellen würden, dürfen bei der **regulatorischen Kostenprüfung** nicht anerkannt werden. Die Einzelheiten der vorzulegenden **Kostennachweise** sowie die Prüf- und Ermittlungsschritte bei der Entgeltermittlung sind in der Strom-/GasNEV enthalten. Die **Nachweispflicht** (Darlegungslast) obliegt den **Netzbetreibern.** Da zur Bestimmung des **Ausgangsniveaus** der Anreizregulierung eine netzbetreiber-

individuelle regulatorische Kostenprüfung durchgeführt wird, bleiben die Vorgaben der Strom-/GasNEV zur Ermittlung der Netzkosten und die Auslegungsgrundsätze der Regulierungsbehörde (→ Rn. 70, 74, 87, 173 sowie → § 21 a Rn. 25) auch für die Anreizregulierung nach § 21 a EnWG, der auf den Effizienzmaßstab nach § 21 Abs. 2 verweist, relevant (→ § 21 a Rn. 54; vgl. auch Holznagel/Schütz/*Laubenstein*/*v. Rossum* EnWG § 21 Rn. 55). Inzwischen läuft für die Gasnetzbetreiber die Kostenprüfung zur Bestimmung des Ausgangsniveaus für die vierte Regulierungsperiode (ab 1.1.2023), die mit der Festlegung der Vorgaben für die Durchführung der Kostenprüfung zur Bestimmung des Ausgangsniveaus am 3.3.2021 (Beschluss BK9-20-605, www.bundesnetzagentur.de/DE/Beschlusskammern/1_GZ/BK9-GZ/2020/2020_bis0999/BK9-20-0605/BK9-20-605_Festlegung_Beschluss_Internet.html?nn=364474) eingeleitet wurde. Für die vierte Regulierungsperiode der Stromnetzbetreiber ab 1.1.2024 wird die Festlegung im ersten Quartal 2022 erfolgen (vgl. zur Ermittlung der Netzkosten auch www.bundesnetzagentur.de/DE/Sachgebiete/ElektrizitaetundGas/Unternehmen_Institutionen/Netzentgelte/Anreizregulierung/WesentlicheElemente/Netzkosten/Netzkostenermittlung_node.html). Seit dem Start der Anreizregulierung werden die Netzentgelte gem. §§ 21 Strom-/GasNEV aus der Erlösobergrenze gebildet.

E. Veröffentlichungspflicht (Abs. 3)

I. Veröffentlichungspflicht nach Abs. 3 (nF)

Mit **§ 21 Abs. 3 S. 1** EnWG 2021 wurde die bisher in §§ 27 Abs. 1 S. 1 Strom-/GasNEV enthaltene **Veröffentlichungspflicht** für Netzentgelte auf die Gesetzesebene „hochgezogen" (→ Rn. 44) und damit **verstärkt**. Laut Gesetzesbegründung ergänzen sie die Veröffentlichungspflicht nach § 20 Abs. 1 S. 1 und S. 2, der „hinsichtlich der Netzentgelte lediglich eine Veröffentlichungspflicht bis zum 15. Oktober eines jeden Jahres für das Folgejahr" (Drs. 19/27453, Zu 33 (§ 21)) vorschreibt. Die Netzentgelte sind im Internet zu veröffentlichen und „auf Anfrage jedermann unverzüglich in Textform mitzuteilen" (S. 1 aE). Durch den Zusatz „auf Anfrage jedermann unverzüglich in Textform mitzuteilen" wird deutlich, dass der Netzbetreiber die **Pflicht** hat, die Netzentgelte auf Anfragen jedermann unverzüglich mitzuteilen, d. h. eine bloße Veröffentlichung auf der Website des Netzbetreibers reicht nicht, sondern er muss auf individuelle Anfragen antworten. Dies **erhöht** die **Transparenz** und damit die Überprüfbarkeit für Netzzugangspetenten, was den Marktzutritt erleichtert und so wettbewerbsfördernd wirkt (→ Rn. 51). Mit der Aufnahme der Veröffentlichungspflicht direkt in das Gesetz erhält die Regelung ein größeres Gewicht, weil damit zu rechnen ist, dass ihr Bekanntheitsgrad steigt und infolgedessen mehr bzw. von mehr Netznutzern („jedermann") von dem Auskunftsrecht als Pendant zur Auskunftspflicht Gebrauch gemacht werden wird. 179

Die Transparenz wird zusätzlich durch die Vorgabe des Formats mit **Abs. 3 S. 2 erhöht**. Dieser sieht vor, dass die **Veröffentlichung** in einem **Format** zu erfolgen hat, das eine „automatisierte Auslegung der veröffentlichten Daten" ermöglicht, was deren **Zugänglichkeit** erleichtert. Dies dürfte nicht nur für Netznutzer relevant sein, sondern ermöglicht auch eine einfachere Auswertung und damit einen schnelleren **Vergleich** sowie ein besseres Verständnis der Ergebnisse der Regulierungsverfahren in der Öffentlichkeit. Dem dient auch die **Bündelung der Veröffentlichungspflichten** sowohl der Regulierungsbehörde (§ 23b EnWG 2021) 180 sowie weiterer Veröffentlichungspflichten der Netzbetreiber (§ 23 c EnWG 2021) an einer Stelle direkt im Gesetz (Drs. 19/27453, Zu 35 (§§ 23 b – 23 d neu)). Die erhöhte **Transparenz** führt zu einer Verbesserung des Informationsstandes *aller* Interessierten, was in der Folge ökonomisch rationale Entscheidungen beschleunigen kann.

181 Die **Netzbetreiber** unterliegen darüber hinaus nach § 23 c EnWG 2021 der Pflicht zur **Veröffentlichung netzbezogener Daten.** Zusammen mit der umfassenden Veröffentlichungspflicht der Regulierungsbehörde von unternehmensbezogenen Daten wie der Erlösobergrenze (einschließlich bestimmter darin enthaltener Kostendaten), den unternehmensindividuellen Effizienzwerten (einschließlich der verwendeten Parameter), dem ermittelten Ausgangsniveau (ebenfalls einschließlich bestimmter eingeflossener Kosten und Kostenbestandteile) etc nach § 23 b EnWG 2021, der im Wesentlichen die Vorgaben des bisherigen § 31 Abs. 1 ARegV (einschließlich einiger Erweiterungen) enthält, ergibt sich so eine umfassende und geschlossene Darstellung sowie eine leichtere Auffindbarkeit der veröffentlichten Daten (die BNetzA hat die Daten nach § 23 b EnWG 2021 erstmalig am 22.11.2021 auf ihrer Website veröffentlicht, www.bundesnetzagentur.de/DE/Fachthemen/ElektrizitaetundGas/Netzgelte/Transparenz/start.html). Beides – die Veröffentlichung der Netzentgelte (des Ergebnisses) und ihrer Herleitung aus der Erlösobergrenze (einschließlich der Bestandteile sowie der Ermittlungsschritte, die dieser zugrunde liegen) – tragen zur Erhöhung der **Markttransparenz** bei, wodurch auf vor- und nachgelagerten Märkten der Wettbewerb gefördert wird. Außerdem werden „Verfahren und Ergebnisse der Regulierung transparenter und nachvollziehbarer" (BT-Drs. 19/27453, Zu 35 (§§ 23 b–23 d nF)), womit die **Akzeptanz** von Regulierungsentscheidungen gesteigert wird.

II. Vergleichsverfahren nach Abs. 3 und 4 (aF)

182 Wie oben dargelegt war das **Vergleichsverfahren** des § 21 Abs. 3 und 4 EnWG 2005 in seiner ursprünglichen Konzeption durch die Änderungen im Laufe des damaligen Gesetzgebungsverfahrens **inkompatibel** mit dem schärferen Effizienzmaßstab des § 21 Abs. 2 geworden. Es war nur durch „Umfunktionieren" als Benchmarking-Instrument (im Sinne eines Effizienzvergleichs) konsistent anwendbar (→ Rn. 8, 167). Zurecht wurden deshalb mit dem EnWG 2021 die bisherigen **Abs. 3 und 4** (sowie die Verordnungsermächtigung in § 24 S. 2 Nr. 7) **gestrichen** (→ Rn. 44, die entsprechenden Regelungen der §§ 22 ff. StromNEV und § 21 ff. GasNEV waren schon vorher entfallen). Zum besseren Verständnis werden nachfolgend die Schwierigkeiten bei der Durchführung eines aussagekräftigen Vergleichs von Netzentgelten, Erlösen und Kosten und bei der erforderlichen Strukturklassenbildung überblicksartig dargestellt. Vertiefend wird auf die Kommentierung in der Vorauflage verwiesen.

183 Um die Verzerrung durch die Betrachtung nur einzelner Abnahmefälle auszuschalten, schrieb § 23 Abs. 1 Nr. 1 StromNEV (§ 22 Nr. 1 GasNEV) einen **mengengewichteten** Vergleich der Netzentgelte vor (Begr. StromNEV-RE v. 14.4.2005, BR-Drs. 245/05, 41, 42; Begr. GasNEV-RE v. 14.4.2005, BR-Drs. 247/05, 36, 36). Wie bei dem **Erlösvergleich** (§ 23 Abs. 1 Nr. 2 StromNEV) war der durch die Kostenwälzung bedingte Anteil zu bereinigen, ebenso war der unterschiedlichen Auslastung, die den Netzentgeltvergleich beeinflusst, Rechnung zu tragen. Bei einem **Erlösvergleich** ist das Verhältnis der bereinigten Erlöse einer Netzebene zur **Stromkreislänge** der jeweiligen Netzebene zu berücksichtigen.

Bedingungen und Entgelte für den Netzzugang **§ 21**

Damit wurde das vom BKartA entwickelte Konzept aus dem Stadtwerke-Mainz-Verfahren (Missbrauchsverfügung BKartA Beschl. v. 17.4.2003 – 11–38/01) des **Erlösvergleichs pro Kilometer Leitungslänge,** bei dem es sich um einen mengengewichteten Vergleich handelt, in der Verordnung verwendet. Bei diesem Vergleichskonzept wird mit der Bezugsgröße **Kilometer Leitungslänge** der **ausschlaggebende Kostentreiber** (dh entgeltbestimmende Faktor) und die **gesamte** Abnahme**struktur** des betroffenen Netzgebiets erfasst (zur Erläuterung des Konzepts und der Vorgehensweise bei der Ermittlung BerlKommEnergieR/*Engelsing,* 2 Aufl., GWB § 19 Rn. 192 ff.; *Engelsing* RdE 2003, 249; BKartA Tätigkeitsbericht 2003/2004, BT-Drs. 15/5790, 131). Damit hatte dieses Vergleichsmarktkonzept, das inzwischen mit der Entscheidung des BGH vom 28.6.2005 auch gerichtlich bestätigt ist (BGH Beschl. v. 28.6.2005 – KVR 17/04, WuW/E DE-R 1513 (1516)), eine verordnungsrechtliche Grundlage erhalten (*Stumpf/Gabler* NJW 2005, 3174 (3177f.)). Als Beispiele für die Durchführung von **Kostenvergleichen** s. zB den Vergleich der Beschaffungskosten für Verlustenergie oder für die Veredelung (der EEG-Stromeinspeisung) im Genehmigungsbeschluss Vattenfall (BK8-05/19, S. 5, 17, 38 f. des amtl. Umdrucks; bestätigt durch OLG Düsseldorf Beschl. v. 21.7.2006 – VI-3 Kart 289/06 (V), S. 12, 23 des amtl. Umdrucks und → Rn. 167).

Zur **Bildung** der **Struktur**klassen, die einen sachgerechten Vergleich **strukturell** vergleichbarer Netzbetreiber sicherstellt, ist es erforderlich, Netzbetreiber in **Klassen** einzuteilen, die durch die **maßgeblich** die **Kosten** prägenden **strukturellen Merkmale** (Kostentreiber) **definiert** werden. Die Kosten pro Kilometer Leitungslänge (bei Netzebenen) bzw. pro installierter Leistungseinheit (bei Umspannebenen) werden von der (Bebauungs-)**Dichte der Oberfläche** bestimmt, weshalb die Verordnung die Bildung von jeweils sechs Strukturklassen je Netz- und Umspannebene vorsieht, die sich nach der **Belegenheit** des Netzes (Ost und West) und der **Absatzdichte** (hoch, mittel, niedrig) richtet (ausf. → 3. Aufl. Rn. 155). Sofern sich innerhalb einer so gebildeten Klasse strukturell vergleichbarer Netzbetreiber eine große **Spannbreite** der Ergebnisse ergibt, deutet das auf vorhandene **Ineffizienzen** im Netzbetrieb hin, denn diese können nicht durch strukturelle Besonderheiten erklärt werden. **184**

Am 24.8.2006 hatte die BNetzA die **Ergebnisse des Vergleichsverfahrens,** dem auch eine Transparenzfunktion zukam, auf ihrer Website (und am 30.8.2006 im ABl. Nr. 17/2006) **veröffentlicht.** Anstelle der ursprünglich geplanten Veröffentlichung individueller Daten hatte man sich auf die Darstellung von Bandbreiten konzentriert, dh es wurde der Medianwert sowie der oberste und unterste Wert der maßgeblichen Kennzahl ohne Nennung des Unternehmens veröffentlicht. Die anhängigen Gerichtsverfahren wurden mit einem Vergleich beendet. Verglichen wurden die **Kosten des Netzbetriebs** in **Euro pro Kilometer Leitungslänge** differenziert nach der **Absatzdichte**. In der Tat zeigten die Ergebnisse **gravierende Kostenunterschiede** innerhalb der Strukturklassen, die zu grob sind, um die Kostentreiber adäquat abzubilden, weshalb für die Vergleichsmarktbetrachtungen im Rahmen der **Anreizregulierung** auf die **Strukturklassen verzichtet** wird (hierzu ausf. → § 21a Rn. 40). Die **großen Kostenunterschiede** innerhalb einer Klasse sind nicht mehr mit strukturellen Besonderheiten der einzelnen Unternehmen erklärbar, sondern lassen auf **Ineffizienzen** schließen. **185**

§ 21　　　　　　　　　　　　　Teil 3. Regulierung des Netzbetriebs

F. Abweichung von der kostenorientierten Entgeltbildung (Abs. 2 S. 1 letzter Hs.)

186　§ 21 Abs. 2 S. 1 letzter Hs. iVm § 24 S. 2 Nr. 5 EnWG 2005 (Regelung mit Energierechtsnovelle 2011 jedoch weggefallen) gestattet(e) eine Abweichung von der kostenorientierten Entgeltbildung. Sofern ein Betreiber eines überregionalen Gasfernleitungsnetzes nachweist, dass das Fernleitungsnetz nach § 3 **Abs. 2 Gas-NEV** zu einem überwiegenden Teil wirksamem bestehenden oder potentiellem Wettbewerb ausgesetzt ist, können die Entgelte für die Nutzung der Fernleitungsnetze nach **§ 19 GasNEV** auf der Grundlage eines von der Regulierungsbehörde jährlich durchzuführenden **Vergleichsverfahrens** nach Maßgabe des **§ 26** aF gebildet werden, wobei der Verweis seit dem Wegfall des Vergleichsverfahrens nach § 26 ins Leere läuft. Gem. § 19 GasNEV sind Ein- und Ausspeiseentgelte gemäß den Anforderungen nach § 15 GasNEV und den Grundsätzen gem. §§ 13–15 GasNEV zu bilden (s. auch Begründung GasNEV, BR-Drs. 247/05, 35f.). Für die Durchführung des Vergleichsverfahrens nach § 26 aF wurde auf die Vorschriften für das Vergleichsverfahren nach §§ 21–25 aF verwiesen, soweit sie auf die marktorientierte Entgeltbildung anwendbar waren. Der Vergleich kann Netzbetreiber in anderen Mitgliedstaaten der Europäischen Union miteinbeziehen (s. auch Begründung GasNEV, BR-Drs. 247/05, 38). Nach § 3 Abs. 3 S. 1 GasNEV haben die Netzbetreiber die Entgeltbildung nach § 3 Abs. 2 GasNEV unverzüglich der Behörde anzuzeigen und ihnen obliegt die Nachweispflicht für das Vorliegen der Voraussetzungen. Erfolgt kein Nachweis, ordnet die Behörde die kostenorientierte Entgeltbildung an (→ Rn. 188).

187　**Voraussetzung** für die Feststellung von wirksamem bestehenden oder potentiellem Wettbewerb ist gem. § 3 Abs. 2 S. 2 Nr. 1 und Nr. 2 GasNEV, dass bei überregionalen Gasfernleitungsnetzen zumindest
– die überwiegende Zahl der Ausspeisepunkte dieses Netzes in Gebieten liegt, die auch über überregionale Gasfernleitungsnetze Dritter erreicht werden oder unter kaufmännisch sinnvollen Bedingungen erreicht werden können, oder
– die überwiegende Menge des transportierten Erdgases in Gebieten ausgespeist wird, die auch über überregionale Gasfernleitungsnetze Dritter erreicht werden oder unter kaufmännisch sinnvollen Bedingungen erreicht werden können.

188　Damit wurden **Betreiber überregionaler Gasfernleitungsnetze** bei der Entgeltregulierung **privilegiert**. Für diese Privilegierung sieht die Monopolkommission keine Berechtigung (Monopolkommission XVI. Hauptgutachten 2004/2005 Rn. 37). Da die Privilegierung auch europarechtlich fragwürdig ist, ist bei der Prüfung des Vorliegens von wirksamem bestehenden oder potentiellem Wettbewerb durch die Behörde ein **strenger Maßstab** anzulegen. Die Behörde hat dabei die genannten Vermutungstatbestände zu berücksichtigen, ist aber nicht ausschließlich an diese gebunden (Begr. GasNEV-RE, BR-Drs. 247/05, 25). Mit Beschluss BK4-07-100 v. 22.9.2008 (und weiteren inhaltsgleichen v. 20.10.2008 und 28.10.2008) hat die BNetzA festgestellt, dass **kein Leitungswettbewerb** besteht und die betroffenen zehn Unternehmen der kostenorientierten Entgeltbildung und ab 1.1.2010 der Anreizregulierung unterliegen (vgl. BNetzA PM v. 21.10.2008). Das OLG Düsseldorf hatte die gegen die Beschlüsse gerichteten Beschwerden zurückgewiesen (vgl. Holznagel/Schütz/*Laubenstein/v. Rossum* EnWG § 21 Rn. 157 sowie Holznagel/Schütz/*Schütz/Schütte* StromNEVGasNEV § 3 Rn. 49).

Bedingungen und Entgelte für den Netzzugang **§ 21**

Die **Ausnahmeregelung** für Gasfernleitungsnetze bedeutet, dass die Überprüfung nicht mittels Kostenprüfung, sondern über ein marktbasiertes Verfahren – dh eine **Vergleichsmarktbetrachtung** [nach § 26 aF GasNEV] stattfindet. Die Privilegierung bezieht sich somit nur auf die **Methode,** nicht aber den Maßstab. Denn auch die Gasfernnetzbetreiber unterliegen grundsätzlich der (Ex-post-)Regulierung, wobei der **Maßstab der Ex-ante-Regulierung** zur Anwendung kommt – die Ausnahmeregelung bezieht sich nur auf die **kostenorientierte Entgeltbildung,** so dass hier ein **„Best-practice-Vergleich"** durchzuführen ist, der auf den effizienten Anbieter abstellt. Wenn Wettbewerb herrscht, dürfte dies im Ergebnis zu keinem Unterschied führen, weil auch bei der Effizienzkostenprüfung gem. § 21 Abs. 2 S. 2 Kosten und Kostenbestandteile, die sich ihrem Umfang nach im Wettbewerb nicht einstellen würden, nicht berücksichtigt werden dürfen (Methodenäquivalenz). Das bedeutet, der Gesetzgeber wollte die Erleichterung (*Britz* RdE 2006, 1) nur bezüglich der Methode, nicht hinsichtlich des Maßstabs gewähren. 189

Daraus folgt nach den obigen Erläuterungen (→ Rn. 59), dass **kein Raum** für einen **Erheblichkeitszuschlag** im Sinne der kartellrechtlichen Judikatur besteht, auch wenn das Vergleichs[markt]verfahren angewandt wird. Denn dieses wird im Rahmen der energierechtlichen Entgeltregulierung und nicht als kartellrechtliches Verfahren durchgeführt. Dies ergibt sich ferner auch unmittelbar aus dem Wortlaut von § 19 Abs. 3 GasNEV, der keine Erheblichkeitsschwelle kennt. 190

§ 21 Abs. 2 S. 1 letzter Hs. ist somit ein reiner **Methodenhinweis,** mit dem jedoch keine Änderung des Maßstabs verbunden ist. Dies ergibt sich auch aus **systematischen Überlegungen:** die Ausnahmeregelung findet sich in § 21 Abs. 2, nicht in § 30. Im Gegenteil: mit **§ 30 Abs. 1 S. 3** wird explizit darauf hingewiesen, dass S. 2 Nr. 5 auch für die Netze gilt, bei denen vom Grundsatz der Kostenorientierung abgewichen wird, dh diese sind im Rahmen der Ex-post-Überprüfung nicht anders zu behandeln als die Netzentgelte, die der kostenorientierten Entgeltbildung unterliegen. Es handelt sich mithin auch nicht um eine Ex-post-Regulierung. 191

Verfahrensmäßig handelt es sich mithin **nicht um ein Ex-post-Verfahren** nach § 30 EnWG, denn § 19 Abs. 3 GasNEV sieht vor, dass eine Anpassung **unverzüglich** zu erfolgen hat, wenn das von der Behörde durchgeführte Vergleichsverfahren ein Überschreiten der Netzentgelte feststellt. Die Netzbetreiber, deren Netzentgelte **ohne sachliche Rechtfertigung** die Entgelte anderer strukturell vergleichbarer Netze oder Teilnetze in der EU überschreiten, sind **verpflichtet,** diese *unverzüglich* anzupassen. Auch wenn dies naturgemäß immer nur nachträglich erfolgen kann, bedarf es aufgrund dieser verordnungsrechtlichen Verpflichtung der Netzbetreiber zur Entgeltanpassung keines weiteren (Ex-post-)Verfahrens mehr. 192

Als Ergebnis lässt sich festhalten, dass **überregionale Gasnetzbetreiber,** deren Netze nachweislich wirksamem bestehenden oder potenziellem Wettbewerb ausgesetzt sind, nach **§ 21 Abs. 2 S. 1 letzter Hs.** von **der kostenorientierten Entgeltbildung,** aber nicht von der Regulierung ausgenommen sind, wenn eine Verordnung nach § 24 S. 2 Nr. 5 aF erlassen wurde. Die Entgelte wären mittels eines von der Behörde gem. § 19 iVm § 26 aF GasNEV jährlich durchzuführenden **Vergleichsverfahrens** zu bestimmen, wobei dieselben Grundsätze wie im Ex-ante-Verfahren gelten. Die **Privilegierung** bezieht sich mithin nur auf die Methode der Entgeltbestimmung – Vergleichsverfahren anstelle Kostenprüfung – nicht hingegen auf den Maßstab. Es bleibt abschließend jedoch festzuhalten, dass mit dem Wegfall der Ermächtigungsgrundlage gem. § 24 S. 2 Nr. 5 EnWG aF dieser Form der Entgeltbildung keine praktische Relevanz mehr zukommt (vgl. BerlKomm-EnergieR/*Säcker/Meinzenbach* § 21 Rn. 206 und 210 sowie Holznagel/Schütz/ 193

§ 21a

Teil 3. Regulierung des Netzbetriebs

Schütz/Schütte StromNEV/GasNEV § 3 Rn. 50). Insofern sollte **der letzte Hs.** von § **21 Abs. 2 S.** 1 und die **Abs.** 2 **und** 3 von § 19 GasNEV gestrichen werden.

§ 21a Regulierungsvorgaben für Anreize für eine effiziente Leistungserbringung; Verordnungsermächtigung

(1) Soweit eine kostenorientierte Entgeltbildung im Sinne des § 21 Abs. 2 Satz 1 erfolgt, können nach Maßgabe einer Rechtsverordnung nach Absatz 6 Satz 1 Nr. 1 Netzzugangsentgelte der Betreiber von Energieversorgungsnetzen abweichend von der Entgeltbildung nach § 21 Abs. 2 bis 4 auch durch eine Methode bestimmt werden, die Anreize für eine effiziente Leistungserbringung setzt (Anreizregulierung).

(2) ¹Die Anreizregulierung beinhaltet die Vorgabe von Obergrenzen, die in der Regel für die Höhe der Netzzugangsentgelte oder die Gesamterlöse aus Netzzugangsentgelten gebildet werden, für eine Regulierungsperiode unter Berücksichtigung von Effizienzvorgaben. ²Die Obergrenzen und Effizienzvorgaben sind auf einzelne Netzbetreiber oder auf Gruppen von Netzbetreibern sowie entweder auf das gesamte Elektrizitäts- oder Gasversorgungsnetz, auf Teile des Netzes oder auf die einzelnen Netz- und Umspannebenen bezogen. ³Dabei sind Obergrenzen mindestens für den Beginn und das Ende der Regulierungsperiode vorzusehen. ⁴Vorgaben für Gruppen von Netzbetreibern setzen voraus, dass die Netzbetreiber objektiv strukturell vergleichbar sind.

(3) ¹Die Regulierungsperiode darf zwei Jahre nicht unterschreiten und fünf Jahre nicht überschreiten. ²Die Vorgaben können eine zeitliche Staffelung der Entwicklung der Obergrenzen innerhalb einer Regulierungsperiode vorsehen. ³Die Vorgaben bleiben für eine Regulierungsperiode unverändert, sofern nicht Änderungen staatlich veranlasster Mehrbelastungen auf Grund von Abgaben oder der Abnahme- und Vergütungspflichten nach dem Erneuerbare-Energien-Gesetz und dem Kraft-Wärme-Kopplungsgesetz oder anderer, nicht vom Netzbetreiber zu vertretender, Umstände eintreten. ⁴Falls Obergrenzen für Netzzugangsentgelte gesetzt werden, sind bei den Vorgaben die Auswirkungen jährlich schwankender Verbrauchsmengen auf die Gesamterlöse der Netzbetreiber (Mengeneffekte) zu berücksichtigen.

(4) ¹Bei der Ermittlung von Obergrenzen sind die durch den jeweiligen Netzbetreiber beeinflussbaren Kostenanteile und die von ihm nicht beeinflussbaren Kostenanteile zu unterscheiden. ²Der nicht beeinflussbare Kostenanteil an dem Gesamtentgelt wird nach § 21 Abs. 2 ermittelt; hierzu zählen insbesondere Kostenanteile, die auf nicht zurechenbaren strukturellen Unterschieden der Versorgungsgebiete, auf gesetzlichen Abnahme- und Vergütungspflichten, Konzessionsabgaben und Betriebssteuern beruhen. ³Ferner gelten Mehrkosten für die Errichtung, den Betrieb oder die Änderung eines Erdkabels, das nach § 43 Absatz 1 Satz 1 Nummer 2 und Absatz 2 Satz 1 Nummer 2 planfestgestellt worden ist, gegenüber einer Freileitung bei der Ermittlung von Obergrenzen nach Satz 1 als nicht beeinflussbare Kostenanteile. ⁴Soweit sich Vorgaben auf Gruppen von Netzbetreibern beziehen, gelten die Netzbetreiber als strukturell vergleichbar, die unter Berücksichtigung struktureller Unterschiede einer Gruppe zugeordnet worden sind. ⁵Der beeinflussbare Kostenanteil wird nach § 21

Abs. 2 bis 4 zu Beginn einer Regulierungsperiode ermittelt. [6]Effizienzvorgaben sind nur auf den beeinflussbaren Kostenanteil zu beziehen. [7]Die Vorgaben für die Entwicklung oder Festlegung der Obergrenze innerhalb einer Regulierungsperiode müssen den Ausgleich der allgemeinen Geldentwertung unter Berücksichtigung eines generellen sektoralen Produktivitätsfaktors vorsehen.

(5) [1]Die Effizienzvorgaben für eine Regulierungsperiode werden durch Bestimmung unternehmensindividueller oder gruppenspezifischer Effizienzziele auf Grundlage eines Effizienzvergleichs unter Berücksichtigung insbesondere der bestehenden Effizienz des jeweiligen Netzbetriebs, objektiver struktureller Unterschiede, der inflationsbereinigten Produktivitätsentwicklung, der Versorgungsqualität und auf diese bezogener Qualitätsvorgaben sowie gesetzlicher Regelungen bestimmt. [2]Qualitätsvorgaben werden auf der Grundlage einer Bewertung von Zuverlässigkeitskenngrößen oder Netzleistungsfähigkeitskenngrößen ermittelt, bei der auch Strukturunterschiede zu berücksichtigen sind. [3]Bei einem Verstoß gegen Qualitätsvorgaben können auch die Obergrenzen zur Bestimmung der Netzzugangsentgelte für ein Energieversorgungsunternehmen gesenkt werden. [4]Die Effizienzvorgaben müssen so gestaltet und über die Regulierungsperiode verteilt sein, dass der betroffene Netzbetreiber oder die betroffene Gruppe von Netzbetreibern die Vorgaben unter Nutzung der ihm oder ihnen möglichen und zumutbaren Maßnahmen erreichen und übertreffen kann. [5]Die Methode zur Ermittlung von Effizienzvorgaben muss so gestaltet sein, dass eine geringfügige Änderung einzelner Parameter der zugrunde gelegten Methode nicht zu einer, insbesondere im Vergleich zur Bedeutung, überproportionalen Änderung der Vorgaben führt.

(5a) [1]Neben den Vorgaben nach Absatz 5 können auch Regelungen zur Verringerung von Kosten für das Engpassmanagement in den Übertragungsnetzen und hierauf bezogene Referenzwerte vorgesehen werden. [2]Referenzwerte können auf der Grundlage von Kosten für das Engpassmanagement ermittelt werden. [3]Bei Unter- oder Überschreitung der Referenzwerte können auch die Obergrenzen zur Bestimmung der Netzzugangsentgelte für ein Energieversorgungsunternehmen angepasst werden. [4]Dabei können auch gemeinsame Anreize für alle Betreiber von Übertragungsnetzen mit Regelzonenverantwortung vorgesehen werden und Vorgaben für eine Aufteilung der Abweichungen von einem Referenzwert erfolgen. [5]Eine Aufteilung nach Satz 4 kann nach den §§ 26, 28 und 30 des Kraft-Wärme-Kopplungsgesetzes in der am 31. Dezember 2022 geltenden Fassung erfolgen.

(6) [1]Die Bundesregierung wird ermächtigt, durch Rechtsverordnung mit Zustimmung des Bundesrates
1. zu bestimmen, ob und ab welchem Zeitpunkt Netzzugangsentgelte im Wege einer Anreizregulierung bestimmt werden,
2. die nähere Ausgestaltung der Methode einer Anreizregulierung nach den Absätzen 1 bis 5a und ihrer Durchführung zu regeln sowie
3. zu regeln, in welchen Fällen und unter welchen Voraussetzungen die Regulierungsbehörde im Rahmen der Durchführung der Methoden Festlegungen treffen und Maßnahmen des Netzbetreibers genehmigen kann.

§ 21a

²Insbesondere können durch Rechtsverordnung nach Satz 1

1. Regelungen zur Festlegung der für eine Gruppenbildung relevanten Strukturkriterien und über deren Bedeutung für die Ausgestaltung von Effizienzvorgaben getroffen werden,
2. Anforderungen an eine Gruppenbildung einschließlich der dabei zu berücksichtigenden objektiven strukturellen Umstände gestellt werden, wobei für Betreiber von Übertragungsnetzen gesonderte Vorgaben vorzusehen sind,
3. Mindest- und Höchstgrenzen für Effizienz- und Qualitätsvorgaben vorgesehen und Regelungen für den Fall einer Unter- oder Überschreitung sowie Regelungen für die Ausgestaltung dieser Vorgaben einschließlich des Entwicklungspfades getroffen werden,
4. Regelungen getroffen werden, unter welchen Voraussetzungen die Obergrenze innerhalb einer Regulierungsperiode auf Antrag des betroffenen Netzbetreibers von der Regulierungsbehörde abweichend vom Entwicklungspfad angepasst werden kann,
5. Regelungen zum Verfahren bei der Berücksichtigung der Inflationsrate unter Einbeziehung der Besonderheiten der Einstandspreisentwicklung und des Produktivitätsfortschritts in der Netzwirtschaft getroffen werden,
6. nähere Anforderungen an die Zuverlässigkeit einer Methode zur Ermittlung von Effizienzvorgaben gestellt werden,
7. Regelungen getroffen werden, welche Kostenanteile dauerhaft oder vorübergehend als nicht beeinflussbare Kostenanteile gelten,
8. Regelungen getroffen werden, die eine Begünstigung von Investitionen vorsehen, die unter Berücksichtigung des Zwecks des § 1 zur Verbesserung der Versorgungssicherheit dienen,
9. Regelungen für die Bestimmung von Zuverlässigkeitskenngrößen für den Netzbetrieb unter Berücksichtigung der Informationen nach § 51 und deren Auswirkungen auf die Regulierungsvorgaben getroffen werden, wobei auch Senkungen der Obergrenzen zur Bestimmung der Netzzugangsentgelte vorgesehen werden können,
10. Regelungen zur Erhebung der für die Durchführung einer Anreizregulierung erforderlichen Daten durch die Regulierungsbehörde getroffen werden,
11. Regelungen zur angemessenen Berücksichtigung eines Zeitversatzes zwischen dem Anschluss von Anlagen nach dem Erneuerbare-Energien-Gesetz und dem Ausbau der Verteilernetze im Effizienzvergleich getroffen werden und
12. Regelungen zur Referenzwertermittlung bezogen auf die Verringerung von Kosten für Engpassmanagement sowie zur näheren Ausgestaltung der Kostenbeteiligung der Betreiber von Übertragungsnetzen mit Regelzonenverantwortung bei Über- und Unterschreitung dieser Referenzwerte einschließlich des Entwicklungspfades, wobei auch Anpassungen der Obergrenzen durch Erhöhungen oder Senkungen vorgesehen werden können, getroffen werden.

(7) In der Rechtsverordnung nach Absatz 6 Satz 1 sind nähere Regelungen für die Berechnung der Mehrkosten von Erdkabeln nach Absatz 4 Satz 3 zu treffen.

Regulierungsvorgaben für Anreize für eine effiziente Leistungserbringung **§ 21a**

Übersicht

	Rn.
A. Allgemeines	1
I. Inhalt und Zweck	1
II. Europarechtliche Vorgaben	6
III. Entstehungsgeschichte (EnWG 2005 und 2021)	10
B. Ablösung der kostenorientierten Entgeltbildung (Abs. 1) und Verhältnis zu §§ 21, 23a	21
C. Obergrenzen und Effizienzvorgaben (Abs. 2 und 3)	23
I. Überblick (Gesamtkonzept)	23
1. Ausgangsniveau (Abs. 4)	25
2. Yardstick-Verfahren	27
3. Regulierungsformel (allgemein)	28
II. Preis- oder Erlösobergrenze (Price-/Revenue-cap)	30
1. Regulierungsperiode (Abs. 3)	31
2. Anreizformel (konkrete Elemente)	33
III. Effizienzvorgaben (Effizienzziele)	39
1. Effizienzvergleich	40
2. Benchmarkingmethoden	44
3. Komplementäres Benchmarking (ausgewählte Methoden)	48
D. Beeinflussbare und nicht beeinflussbare Kostenanteile (Abs. 4)	50
E. Maßnahmen zur Effizienzsteigerung (Abs. 5)	55
I. Zumutbare Maßnahmen (Abs. 5 S. 4)	55
II. Erreichbarkeit und Übertreffbarkeit (Abs. 5 S. 4)	56
F. Qualitätsregulierung (Abs. 5 S. 2 und 3)	60
G. Yardstick-Regulierung	64
H. Die Anreizregulierungsverordnung	65
I. Empfehlungen für die Anreizregulierungsverordnung (Abs. 6)	65
II. Regelungen für die Berechnung der Mehrkosten der Erdkabelverlegung ARegV (Abs. 7)	69
III. Die Anreizregulierungsverordnung (ARegV)	70
1. Verabschiedung der ARegV und Beginn der Anreizregulierung	70
2. Elemente der Anreizregulierung nach ARegV	72
3. Ausgangsniveau (§ 6 ARegV) und Aufwandsparameter (§§ 13 f. ARegV)	74
4. Vergleichsparameter (§ 13 Abs. 3 ARegV)	75
5. Effizienzvergleich (§ 12 und Anlage 3 ARegV)	78
6. Bestimmung der Erlösobergrenzen (§§ 4 ff. ARegV)	88
7. Regulierungsformel (§ 7 und Anlage 1 ARegV)	91
8. Erweiterungsfaktor (§ 10 und Anlage 2 ARegV)	92
9. Forschungs- und Entwicklungskosten (§ 25 a ARegV)	93
10. Qualitätselement (§§ 19 f. ARegV)	96
11. Saldo des Regulierungskontos (§ 5 ARegV)	103
12. Anpassungen der Erlösobergrenze (§ 4 Abs. 3–5 ARegV)	106
13. Vereinfachtes Verfahren (§ 24 ARegV)	107
14. Netzentgelte und Verfahrensabschluss (§§ 21 Strom-/GasNEV)	110
15. Bewertung des Gesamtergebnisses	112
16. Instrumente zur Gewährleistung der Investitionsfähigkeit nach ARegV	114

§ 21a Teil 3. Regulierung des Netzbetriebs

Rn.
17. Allgemeine Vorbemerkung zur Genehmigung von Investitionsbudgets (seit 2012 Investitionsmaßnahmen) 117
18. Genehmigung von Investitionsbudgets/-maßnahmen (§ 23
ARegV) 119
19. Wechsel zum Kapitalkostenabgleich (ARegV 2016 und ARegV
2021) 125
20. Fazit 127

Literatur: *Balzer/Schönefuß,* Erste rechtliche Bewertung des Endberichts der BNetzA zur Anreizregulierung nach § 112a EnWG, RdE 2006, 213; *BNetzA,* Bericht der Bundesnetzagentur nach § 112a EnWG zur Einführung der Anreizregulierung nach § 21a EnWG v. 30.6.2006 (zit. *Anreizregulierungsbericht*), www.bundesnetzagentur.de/SharedDocs/Downloads/DE/Sach gebiete/Energie/Unternehmen_Institutionen/Netzentgelte/Anreizregulierung/Bericht EinfuehrgAnreizregulierung.pdf?__blob=publicationFile&v=3; *BNetzA,* Evaluierungsbericht nach § 33 ARegV (2015), www.bundesnetzagentur.de/SharedDocs/Downloads/DE/Allgemei nes/Bundesnetzagentur/Publikationen/Berichte/2015/ARegV_Evaluierungsbericht_2015.p df?__blob=publicationFile&v=3); *Britz,* Behördliche Befugnisse und Handlungsformen für die Netzentgeltregulierung nach neuem EnWG, RdE 2006, 1; *Britz.,* Erweiterung des Instrumentariums administrativer Normsetzung zur Realisierung gemeinschaftsrechtlicher Regulierungsaufträge, EuZW 2004, 462; *Büdenbender,* Das deutsche Energierecht nach der Energierechtreform 2005, ET 2005, 642; *consentec/FGH/Frontier Economics,* Konzeptionierung und Ausgestaltung des Qualitäts-Elements (Q-Element) im Bereich Netzzuverlässigkeit Strom sowie dessen Integration in die Erlösobergrenze, Untersuchung im Auftrag der BNetzA, 20.10.2010 (consentec/FGH/Frontier 2010), www.bundesnetzagentur.de/SharedDocs/Dow nloads/DE/Sachgebiete/Energie/Unternehmen_Institutionen/Netzentgelte/Strom/Quali taetselement/GA_consentec_KonzeptionUndAusgestaltungQ-Element.pdf?__blob=publicati onFile&v=2; *E-Bridge/ZEW/FGH,* Gutachten zur Konzeptionierung des Qualitätselements im Auftrag der BNetzA, 10.1.2020 (E-Bridge/ZEW/FGH 2020), www.bundesnetzagentur. de/SharedDocs/Downloads/DE/Sachgebiete/Energie/Unternehmen_Institutionen/Netzent gelte/Strom/Qualitaetselement/GutachtenKonzeptQElement.pdf?__blob=publication File&v=1; *Engelsing,* Konzepte der Preismissbrauchsaufsicht im Energiesektor, ZNER 2003, 111; *Franz,* Die künftige Anreizregulierung der deutschen Strom- und Gasnetzbetreiber, IR 2006, 7; *Holznagel/Schütz* (Hrsg.), Anreizregulierungsrecht, Kommentar, 2. Aufl. 2019; *Koenig/Rasbach,* Methodenregulierung in der Energiewirtschaft – Die RegTP auf der Reservebank?, ET 2004, 702; *Koenig/Schellberg,* Elektrizitätswirtschaftliche Methodenregulierung – ein Entwurf der Netzentgeltverordnung Strom auf dem Prüfstand, RdE 2005, 1; *Kühling,* Eckpunkte der Entgeltregulierung in einem künftigen Energiewirtschaftsgesetz, N&R 2004, 12; *Kühling/el-Barudi,* Das runderneuerte Energiewirtschaftsgesetz – Zentrale Neuerungen und erste Probleme, DVBl. 2005, 1470; *Kühne/Brodowski,* Das neue Energiewirtschaftsrecht nach der Reform 2005, NVwZ 2005, 849; *May,* BNetzA: Bericht zur Einführung Anreizregulierung, IR 2006, 184; *Pritzsche/Klauer,* Das neue Energiewirtschaftsgesetz: Ein Überblick, emw 2005, 22; *Ruge,* Zur rechtlichen Zulässigkeit von initialer Absenkung und Frontier-Effizienzmaßstab im Berichtsentwurf der BNetzA zur Anreizregulierung, IR 2006, 122; *Säcker,* Das Regulierungsrecht im Spannungsfeld von öffentlichem und privatem Recht, AöR 2005, 180; *Säcker,* Wettbewerbskonforme Methoden der Regulierung von Netznutzungsentgelten, Vortrag auf der BNetzA-Konferenz zur Anreizregulierung, Bonn, 25.4.2006 (zit. *Säcker* (2006)), www.bundesnetzagentur.de/cae/servlet/contentblob/34590/publicationFile/1857/Saecker FUBerlinId6133pdf.pdf; *Schaefer/Schönefuß,* Anreizregulierung und Benchmarking der deutschen Strom- und Gasnetze, ZfE 2006, 173; *Schütte,* Gerichtliche Kontrolldichte im Energieregulierungsrecht, ER 2012, 108; *Stumpf/Gabler,* Netzzugang, Netznutzungsentgelte und Regulierung in Energienetzen nach der Energierechtsnovelle, NJW 2005, 3174; *Theobald/*

Regulierungsvorgaben für Anreize für eine effiziente Leistungserbringung **§ 21 a**

Hummel, Entgeltregulierung im künftigen Energiewirtschaftsrecht, ZNER 2003, 176; *TKMR Tagungsband* zum Workshop „Der Regulierungsentwurf zum TKG", 15.12.2003, Institut für Energierecht Berlin e.V., 2004 (zit. als TKMR Tagungsband 2004).

Überblicksaufsätze zur Rechtsprechung: Vgl. dazu die Hinweise zu § 21.

Literatur zur Anreizregulierungsverordnung: *Andor,* Die Bestimmung von individuellen Effizienzvorgaben – Alternativen zum Best-of-Four-Verfahren, ZfE 2009, 195; *BNetzA,* Jahresbericht 2008, April 2009; *BNetzA,* Jahresbericht 2009, März 2010, www.bundesnetzagen tur.de/cae/servlet/contentblob/152206/publicationFile/6684/Jahresbericht2009Id18409pdf. pdf; *BNetzA,* Monitoringbericht gemäß § 63 IV EnWG i.V.m. § 35 EnWG 2009, Oktober 2009, www.bundesnetzagentur.de/SharedDocs/Downloads/DE/Sachgebiete/Energie/Unter nehmen_Institutionen/Netzentgelte/Anreizregulierung/BerichtEinfuehrgAnreizregulierung. pdf?__blob=publicationFile&v=3; *Büchner/Hesmondhalgh,* Wettbewerb um Produktivitätswachstum – Ein Beitrag zur Ausgestaltung einer nachhaltigen Anreizregulierung für die deutsche Energiewirtschaft, et 2005, 604; *Büchner/Katzfey,* Die Wirkung der Anreizregulierung in der Praxis, emw 6/2006, 19; *Büchner/Katzfey/Bandulet,* Investitionen in die Netze, ew 2008, 34; *Elsenbast,* Anreizregulierung in der Energiewirtschaft, Wirtschaftsdienst 2008, 398; *Elspas/ Rosin/Burmeister,* Netzentgelte zwischen Kostenorientierung und Anreizregulierung, RdE 2007, 329; *Franz,* Die künftige Anreizregulierung der deutschen Strom- und Gasnetzbetreiber, IR 2006, 7; *Franz/John/Soemantri,* Offene Fragen einer Anreizregulierung der Übertragungsnetzbetreiber in Deutschland, emw 2007, 22; *Franz/Richter,* Anreizregulierung amt portas – Ende gut, alles gut?, emw 2008, 20; *Holznagel/Schütz* (Hrsg.), Anreizregulierungsrecht, Kommentar, 2. Aufl. 2019; *Jacob,* Mehrerlösabschöpfung in der Anreizregulierung, RdE 2009, 42; *Kobialka/Rammerstorfer,* Regulatory Risk and Market Reactions – Empirical Evidence from Germany, ZfE 2009, 221; *Kremp/Radtke,* Kostenmanagement im Rahmen der Anreizregulierung, et 2009, 62; *Kübler/Niess,* Anreizregulierung – Auswirkungen und Reaktionsmöglichkeiten für die Stadtwerke, emw 2007, 16; *Kurth,* Anreizregulierung und Netzinvestitionen – Eigenkapitalverzinsung und Investitionsbudgets fördern die Attraktivität von Netzinvestitionen, emw 2008, 6; *Kurth,* Die Umsetzung der Anreizregulierung durch die Bundesnetzagentur, emw 2007, 6; *Lippert,* Ist die Befristung von Investitionsbudgets nach § 23 ARegV rechtlich zulässig, insbesondere mit Blick auf die Höhe der Verzinsung des Fremdkapitals?, RdE 2009, 353; *Lotze/ Thomale,* Neues zur Kontrolle von Energiepreisen: Preismissbrauchsaufsicht und Anreizregulierung, WuW 2008, 257; *Marquardt/Zöckler,* Pauschalierter Investitionszuschlag auch im vereinfachten Verfahren der Anreizregulierung?, emw 2008, 25; *May,* BNetzA: Bericht zur Einführung Anreizregulierung, IR 2006, 184; *Meinzenbach,* Die Anreizregulierung als Instrument zur Regulierung von Netznutzungsentgelten im neuen EnWG, 2008; *Missling,* Möglichkeiten einer Anpassung der Erlösobergrenzen in der Anreizregulierung, IR 2008, Teil 1, 126, Teil 2 201; *Monopolkommission,* Sondergutachten Strom- und Gasmärkte 2009: Energiemärkte im Spannungsfeld von Politik und Wettbewerb, Nr. 54 v. 4.8.2009, www.monopolkommission.d e/aktuell_sg54.html; *Müller-Kirchenbauer,* Die Anreizregulierung im Überblick, in Schneider/ Theobald (Hrsg.), Recht der Energiewirtschaft, 2. Aufl. 2008, § 17; *NERA/Kraus,* Incentive Regulation for German Energy Network Operators, NERA Energy Regulation Insights, Issue 30 – July 2006; *Pedell/Schwihel,* Auswirkungen regulatorischer Vorgaben auf Investitionsplanung und -steuerung, Controlling 2008, 585; *Picot* (Hrsg.), 10 Jahre wettbewerbsorientierte Regulierung von Netzindustrien in Deutschland, 2008 (zit. Picot (2008)); *Rosin,* Bestimmung des Ausgangsniveaus für die Erlösobergrenzen in der ersten Regulierungsperiode nach § 6 Abs. 2 ARegV, RdE 2009, 37; *Ruge,* Die neue Anreizregulierungsverordnung (ARegV) – Systemwechsel bei der Regulierung der Netzentgelte im Energiebereich, DVBl. 2008, 956; *Ruge,* Rechtsfragen der Anreizregulierung nach § 21 a EnWG, ZNER 2006, 200; *Ruge,* Zur rechtlichen Zulässigkeit von initialer Absenkung und Frontier-Effizienzmaßstab im Berichtsentwurf der BNetzA zur Anreizregulierung, IR 2006, 122; *Säcker,* Wettbewerbskonforme Methoden der Regulierung von Netznutzungsentgelten, 25.4.2006 (zit. Säcker (2006), www.bundesnetz

Groebel

§ 21a Teil 3. Regulierung des Netzbetriebs

agentur.de/cae/servlet/contentblob/34590/publicationFile/1857/SaeckerFUBerlinId6133 pdf.pdf; *Säcker,* Die Rechtsprechung zum EnWG und ihre Bedeutung für die Anreizregulierung, et 2008, 74; *Säcker,* Die wettbewerbsorientierte Anreizregulierung in den Netzwirtschaften, NuR 2009, 78; *Säcker/Busse von Colbe* (Hrsg.), Wettbewerbsfördernde Anreizregulierung, 2007 (zit. *Säcker/Busse von Colbe* (2007)); *Säcker/Meinzenbach,* Der Effizienzkostenmaßstab des § 21 Abs. 2 EnWG im System der energierechtlichen Netzentgeltregulierung, RdE 2009, 1; *Schaefer/Schönefuß,* Anreizregulierung und Benchmarking der deutschen Strom- und Gasnetze, ZfE 2006, 173; *Scharf,* Anreizregulierung und Erweiterungsinvestitionen im Bereich der Energienetze in Deutschland, IR 2008, 258; *Schober/Kutsche,* Vergleichbarkeitsrechnung mit Hilfe eines technisch-wirtschaftlichen Anlagenregisters, et 2007, 20; *Schroer,* Entwicklung der Netzentgelte im Zuge der Anreizregulierung, emw 2009, 43; *Uwer/Zimmer,* Der Netzerwerb aus Investorensicht: Zur Bedeutung der Regelungen zur kalkulatorischen Abschreibung und Eigenkapitalverzinsung nach StromNEV, GasNEV und ARegV für die Investitionsentscheidung, RdE 2009, 109; *WAR,* Stellungnahme zur Anreizregulierung im Energiesektor – auf Basis des Entwurfs der Anreizregulierungsverordnung (ARegV-E), Stand 4. 4. 2007 v. 22. 5. 2007, www.bundesnetzagentur.de/SharedDocs/Downloads/DE/Allgemeines/Bundes netzagentur/WAR/Stellungnme200705AnreizregulierungiId10338pdf.pdf?__blob=publicati onFile&v=3; *Weber/Schober,* Ist ein nachhaltiger Netzbetrieb bei Benchmarking mit heterogenen Kapitalstrukturen möglich?, ZfE 2007, 3; *Weber/Schober,* Auswirkungen der Anreizregulierung auf Betrieb, Investitionen und Rentabilität von Strom- und Gasnetzen, et 2006, 8; *Weyer,* Kostenprüfung, Ausgangsniveau und Erlösobergrenze in der Anreizregulierung, RdE 2008, 261; *Weyer,* Das Energiewirtschaftsrecht im Jahr 2008, NuR 2009, 171; *Weyer,* Das Energiewirtschaftsrecht im Jahr 2009, NuR 2010, 18; *Weyer,* Das Energiewirtschaftsrecht im Jahr 2010, NuR 2011, 64; *Weyer,* Das Energiewirtschaftsrecht im Jahr 2011, NuR 2012, 72.

A. Allgemeines

I. Inhalt und Zweck

1 § 21a gehört mit § 21 und § 23a zur Trias der zentralen Entgeltregulierungsnormen des EnWG. **§ 21a,** der die Bestimmungen zur **Anreizregulierung** *(incentive regulation)* enthält, ist die notwendige Ergänzung zur Kostenregulierung mit Effizienzmaßstab nach § 21 und löst diese ab. Denn im Unterschied zur telekommunikationsrechtlichen Entgeltregulierung, die über die Legaldefinition der Kosten der effizienten Leistungsbereitstellung als langfristige Zusatzkosten bereits dynamisch angelegt ist, ist die energiewirtschaftsrechtliche Entgeltregulierung in die zwei Phasen der **statischen Kostenregulierung** nach § 21 und die **dynamische der Anreizregulierung** nach § 21a aufgeteilt. Kernelement der Anreizregulierung ist nämlich das **Setzen von Anreizen** zur **Kosteneinsparung** durch **Effizienzsteigerung.** Dies erfolgt durch die Entkoppelung der Entgelte/Erlöse von der Kostenentwicklung, denn wenn die Netzbetreiber die (Zusatz-)Gewinne, die durch Kostensenkung unter den vorgegebenen **Preis- oder Erlöspfad** (Effizienzvorgaben, § 21a Abs. 2 S. 1) entstehen, behalten dürfen, haben sie – wie im Wettbewerb auch – aus eigenem Interesse einen Anreiz zur Effizienzsteigerung, bevor in der darauffolgenden Regulierungsperiode die entstandenen Effizienzgewinne an alle Netznutzer weitergereicht werden. Denn das Heben von Effizienzpotenzialen ist kein Selbstzweck, sondern dient dem Ziel einer preisgünstigen und sicheren Energieversorgung, § 1 Abs. 1. Es handelt sich mithin um eine **Optimierung unter Nebenbedingungen,** insbesondere die der Versorgungssicherheit, da eine Kosteneinsparung nicht durch Qualitätsreduzierung, sondern durch eine Verbesserung der Produktionsprozesse/-effizienz erzielt werden soll. Deshalb wird bei der Ermittlung

Regulierungsvorgaben für Anreize für eine effiziente Leistungserbringung **§ 21a**

der **Effizienzvorgaben** über das Setzen von Randparametern (Qualitätsvorgaben, § 21a Abs. 5) die Erhaltung der **Versorgungszuverlässigkeit** sichergestellt (sog. Qualitätsregulierung, vgl. Gutachten I und II Q-Element; knapper Überblick zur Anreizregulierung *Riechman/Milczarek,* Anreizregulierung: Eine Chance für Verbraucher und Netzbetreiber?, vwd: energy weekly, 4/2004, 6; krit. gegenüber der Anreizregulierung *Salje* EnWG § 21a Rn. 3; zur „Steuerungslogik" des energierechtlichen Entgeltregulierungssystems → § 21 Rn. 23).

Bei der Anreizregulierung handelt es sich um eine **Methodenregulierung**, dh, 2 dass lediglich die Methoden, nach denen die Entgelte zu bestimmen sind, ex ante vorgegeben werden, ohne diese selbst wie bei der Genehmigung konkret festzusetzen (hierzu und im Folgenden ausf. → 3. Aufl., Vor § 29 Rn. 3; → § 29 Rn. 5 ff.). Allerdings beinhaltet die Setzung von Obergrenzen und Effizienzvorgaben materielle, die Entgelthöhe maßgeblich regelnde Entscheidungen. § 21a Abs. 6 S. 1 Nr. 2 gibt der Bundesregierung die Ermächtigung, die **Methoden der Anreizregulierung** in einer Rechtsverordnung zu regeln. Ermächtigt der Verordnungsgeber gem. **§ 21a Abs. 6 S. 1 Nr. 3** die Behörde, kann sie im Rahmen der Anreizregulierung nach § 29 Abs. 1, in dem explizit Bezug auf die Verordnung nach § 21a Abs. 6 genommen wird, **Festlegungen** zur **Durchführung der Methoden** im Einzelnen gegenüber (einer Gruppe von oder) allen Netzbetreibern treffen (s. zu den behördlichen Handlungsformen *Britz* RdE 2006, 1; *Britz* EuZW 2004, 462). Mit diesen Festlegungen wird zum einen der Regulierungsmaßstab auf Basis der Ergebnisse eines bundesweiten Effizienzvergleichs mit einer für alle einheitlichen Methodik [Regeln] durch die BNetzA berechnet und die Erlösobergrenzen einschließlich der (unternehmensindividuellen) Effizienzvorgaben für den einzelnen Netzbetreiber in einem Verwaltungsakt (Einzelfestlegung), der je nach Zuständigkeit von der BNetzA in einem Beschlusskammerverfahren nach § 59 Abs. 1 bzw. von den nach § 54 Abs. 2 S. 1 Nr. 2 zuständigen Landesregulierungsbehörden gemäß den Landesvorschriften ergeht, umgesetzt (→ Rn. 41; Anreizregulierungsbericht Rn. 326 ff.).

Zunächst hatte die BNetzA gem. **§ 112a Abs. 1** der Bundesregierung den **Be-** 3 **richt** zur Einführung der Anreizregulierung, der ein detailliertes **Konzept** zur Durchführung derselben enthält, bis zum 1.7.2006 vorzulegen. Dieser „Bericht der Bundesnetzagentur nach § 112a zur Einführung der Anreizregulierung nach § 21a EnWG vom 30.6.2006" (zit. als Anreizregulierungsbericht) wurde dem BMWi fristgerecht am 30.6.2006 übergeben. Der Bericht spricht in Kap. 3 Empfehlungen für die Umsetzung des vorgeschlagenen Konzepts im Rahmen einer Rechtsverordnung aus. Der Bundesregierung oblag dann die Entscheidung darüber, ob und wann die Anreizregulierung eingeführt wird, § 21a Abs. 6 S. 1 Nr. 1 (**Verordnungsvorbehalt** → Rn. 10; *Büdenbender* et 2005, 642 (653)). Gem. § 118 Abs. 5 aF sollte sie *unverzüglich* nach Vorlage des Berichts den Verordnungsentwurf vorlegen. Sofern die Verordnung nach § 21a Abs. 6 von der Bundesregierung mit Zustimmung des Bundesrats rechtzeitig erlassen worden wäre, wäre der Beginn der Anreizregulierung zum von der BNetzA angestrebten Starttermin 1.1.2008 möglich (Anreizregulierungsbericht Rn. 32). Infolge des langwierigen Verordnungsgebungsverfahrens kam es erst am 5.11.2007 zur Veröffentlichung der Anreizregulierungsverordnung (BGBl. 2007 I S. 2599 ff.), sodass sich der Starttermin um ein Jahr auf den 1.1.2009 verschoben hat.

Wegen der detaillierten materiellen Regelungen im Gesetz (§ 21a Abs. 2−5 und 4 neu Abs. 5a) und der sehr weitgehenden Verordnungsermächtigung in **§ 21a Abs. 6** bleibt der **Behörde wenig eigener Raum** zur Methodenregulierung. Allerdings kann sie über die Entwicklung des Konzepts der Anreizregulierung, das die grundsätzlichen methodischen Überlegungen auf Basis der ermittelten empirischen Daten etc zu einem Gesamtergebnis verdichtet und die notwendigen Einzelheiten der praktischen Umsetzung enthält, den Entscheidungsprozess des Verordnungsgebers vorstrukturieren und prägen. Auch wenn der Verordnungsgeber nicht an den vorgelegten Bericht gebunden war, dürfte auf diesem Weg die Behörde doch die Normierung der Methodenregulierung mit beeinflussen (zum Prozess der Datenerhebung, Gutachtenvergabe und Einbindung der Länder, Wissenschaft und betroffenen Wirtschaftskreise bei der Erstellung des Berichts s. Anreizregulierungsbericht Kap. 4 – Vorgehen BNetzA, Rn. 390 ff. sowie die eingegangenen 27 Stellungnahmen zum Entwurf des *Anreizregulierungsberichts*, www.bundesnetzagentur.de/DE/Sachgebiete/ElektrizitaetundGas/Unternehmen_Institutionen/Netzentgelte/Anreizregulierung/Einfuehrung2009/start.html; zu § 112a → § 112a Rn. 4 ff.; sowie BerlKommEnergieR/*Groebel*, 3. Aufl. 2014, EnWG § 112a).

5   Schematisch lässt sich die **Anreizregulierung** wie folgt darstellen:

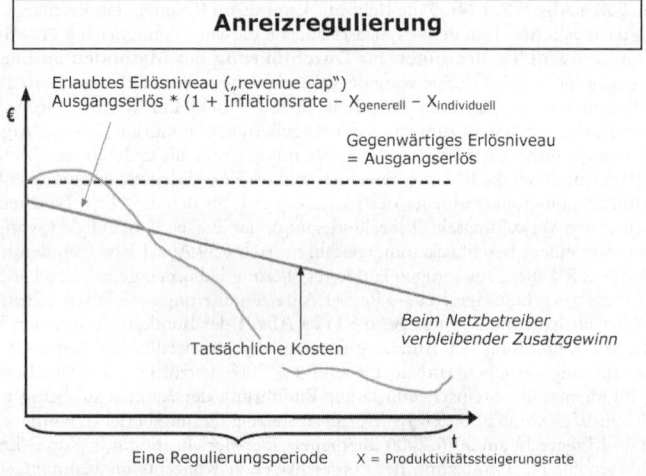

Abb. 1: Anreizregulierung

Die Abbildung zeigt noch mal deutlich den Mechanismus der Anreizregulierung: Das regulierte Unternehmen kann die bei **Übertreffen** der Effizienzvorgaben durch **überproportionale Kostensenkung** erzielbaren Zusatzgewinne in der Regulierungsperiode behalten (Stellungnahme des Bundesrats, BT-Drs. 15/3917, 83 f., Nr. 27; Hempelmann-Bericht, BT-Drs. 15/5268, 119/120; *Kühne/Brodowski* NVwZ 2005, 849 (852); zum Grundgedanken der Anreizregulierung vgl. zB auch *Franz* IR 2006, 7; *Franz/Schäffner/Trage* ZfE 2005, 89; *Säcker* (2006) S. 13 ff.; gegenüber dem Konzept der Anreizregulierung eher krit. *Baur/Pritzsche/Garbers*, Anreizregulierung nach dem Energiewirtschaftsgesetz 2005, 2006; zur theoretischen Begründung *Burns/Jenkins/Milczarek/Riechmann* ZfE 2005, 99). Zum **Funktionieren** des Mechanismus ist deshalb die Maßgabe in § 21a Abs. 5 S. 4 **wesentlich,** dass die

Effizienzvorgaben so gestaltet sein müssen, dass sie ein **Übertreffen** erlauben. Insgesamt lässt sich der Mechanismus der Anreizregulierung mit dem bekannten „Zuckerbrot und Peitsche"-Vorgehen vergleichen: Einerseits wird ein Anreiz dadurch gesetzt, dass die Zusatzgewinne behalten werden dürfen („Zuckerbrot"), andererseits aber gleichzeitig mit der nicht zu überschreitenden Obergrenze („erlaubtes Erlösniveau" in Abb. 1) für die nötige Disziplin gesorgt („Peitsche").

II. Europarechtliche Vorgaben

Die Beschleunigungsrichtlinien sehen in Art. 23 Abs. 2 Elt-RL 03 und Art. 25 Abs. 2 Gas-RL 03 neben der konkreten Ex-ante-**Einzelentgelt**regulierung *zumindest* die **Ex-ante-Methodenregulierung** vor, dh die Vorgabe eines Vorgehens oder Verfahrens (*Rosin/Krause,* Vorgaben der Beschleunigungsrichtlinie Elektrizität an eine Ex-ante-Regulierung, ET-Spezial 2003, 17ff. (20)), eines Rechenwegs (*Koenig/Rasbach* ET 2004, 702), ohne dies jedoch näher zu spezifizieren (*Kühling* N&R 2004, 12ff.; *Kühling/el-Barudi* DVBl 2005, 1470 (1476); vgl. auch *Koenig/ Rasbach,* Grundkoordinaten der energiewirtschaftlichen Netznutzungsentgeltregulierung, IR 2004, 26ff.; *Theobald/Hummel* ZNER 2003, 176 (177)). Dh die im EnWG mit § 21a gewählte Methode der Anreizregulierung in Form einer Preis- oder Erlösobergrenze (Price- oder Revenue-cap) ist eine Möglichkeit der Ausgestaltung, der die Richtlinien jedenfalls nicht entgegenstehen (aA *Theobald/Hummel* ZNER 2003, 176 (178), die die Anreizregulierung als nicht von der Richtlinie gedeckt sehen). Explizit erwähnt wird die Setzung von „Anreizen zur Verbesserung der Effizienz" sowie die Entkopplung der Kosten des regulierten Unternehmens von den Einnahmen aus den Netztarifen, zwischen denen kein „starres kategorisches Verhältnis bestehen müsste" in dem rechtlich nicht bindenden Auslegungsvermerk der GD Energie und Verkehr zu den RL 2003/54/EG und 2003/55/EG über den Elektrizitäts- und Erdgasbinnenmarkt zur „Rolle der Regulierungsbehörden" v. 14.1.2004 (https://docplayer.org/63167580-Vermerk-der-gd-energie-und-ver kehr-zu-den-richtlinien-2003-54-eg-und-2003-55-eg-ueber-den-elektrizitaet s-und-den-erdgasbinnenmarkt.html; Punkt 3.1 Netzzugang, 7; im Hinblick auf die Regelungen des Dritte Energiebinnenmarktpaket von 2009 aktualisierte und erweiterte Fassung v. 22.1.2010 https://ec.europa.eu/energy/sites/default/files/do cuments/2010_01_21_the_regulatory_authorities.pdf, https://ec.europa.eu/energ y/content/interpretive-note-regulatory-authorities-electricity-directive-and-natu ral-gas-directive_de; iÜ zu den europarechtlichen Vorgaben ausf. → § 21 Rn. 28ff.).

Diese Diskussion kann durch die **explizite** Einfügung von „**Anreizen zur Effizienzsteigerung**" im **Dritten Energiebinnenmarktpaket** von **2009** endgültig als beendet angesehen werden. In **Art. 37 Abs. 8 Elt-RL 09** und **Art. 41 Abs. 8 Gas-RL 09** wird die Schaffung „angemessener Anreize" um „sowohl kurzfristig als auch langfristig die Effizienz zu steigern" und damit die **Anreizregulierung** vorgesehen (vgl. zu den europarechtlichen Grundlagen der Anreizregulierung ausf. Holznagel/Schütz/*Groebel/Horstmann* Einführung – Teil C Rn. 167ff., insbes. 200ff. und → § 21 Rn. 28ff., 32).

In den zwar nur für den Strombereich geltenden Neufassungen der Elt-RL 09 und der Elt-VO 09 mit der **2019 Richtlinie** (Elt- RL 19) und der **Elt-VO 19** des „Saubere Energie für alle Europäer"-Pakets finden sich die **Anreize zur Effizienzsteigerung** nun in **Art. 18 Abs. 2 Elt-VO 19** und werden um Anreize zur Energieeffizienz erweitert. Die Anreize zur Effizienzsteigerung dienen ua dazu **effiziente Investitionen** zu unterstützen. Schließlich müssen die Methoden für die **Verteil-**

§ 21a Teil 3. Regulierung des Netzbetriebs

netzentgelte den Verteilnetzbetreibern „Anreize für den *effizientesten* Betrieb und Ausbau ihrer Netze bieten, unter anderem mittels der Beschaffung von Dienstleistungen", Art. 18 Abs. 8 Elt-VO (Hervorhebung nur hier, AnmdVerf). Hier wird erkennbar, dass die Netze und das Energiesystem insgesamt zur Integration eines steigenden Anteils erneuerbarer Energien flexibler werden sollen, was neben dem Ausbau intelligenter Netze eben ausdrücklich auch die Beschaffung von Dienstleistungen einschließt (→ § 21 Rn. 28 ff., 34 f. sowie Tabelle 1 → § 21 Rn. 37).

9 Wegen des **Verordnungsvorbehalts** (→ Rn. 10) lässt sich auch bezüglich der Anreizregulierung wieder von einem **Umsetzungsdefizit** sprechen, da es gem. Art. 23 Abs. 2 Elt-RL 03 und Art. 25 Abs. 2 Gas-RL 03 „den *Regulierungsbehörden* obliegt, zumindest die **Methoden zur Berechnung** oder Festlegung folgender Bedingungen vor deren Inkrafttreten **festzulegen** oder zu genehmigen", dh die Beschleunigungsrichtlinien (und das Dritte Binnenmarktpaket 2009 ebenso wie die Elt-RL 19, § 21 Tabelle 1, → § 21 Rn. 37) sehen eine **administrative** – und keine normierende – Regulierung vor, denn es wird konkret den Regulierungsbehörden – und gerade nicht dem Gesetz- oder Verordnungsgeber – eine Handlungsbefugnis zugewiesen. Zwar wurde die Auffassung vertreten, dass es europarechtlich ausreiche, wenn der Verordnungsgeber die Behörde zur Regulierung ermächtigt. Dem lässt sich jedoch entgegenhalten, dass durch den Verordnungsvorbehalt in Abs. 6 und die detaillierten Regelungen in den Abs. 2–5 und neu Abs. 5a sowie den Entgeltverordnungen der behördliche Gestaltungsspielraum deutlich limitiert wird. Dies führte zur Eröffnung eines Vertragsverletzungsverfahrens gegen Deutschland und zur nunmehr Klage der Kommission, die der EuGH mit Urteil vom 2.9.2021 (Rs. C-718/18) eindeutig entschieden hat. Der EuGH stellt fest, dass der Verordnungsvorbehalt und die detaillierten Vorgaben der Entgeltverordnungen („Vorstrukturierung") in unzulässiger Weise in die Unabhängigkeit der Regulierungsbehörde eingreifen (→ § 21 Rn. 30 und ausf. → § 21 Rn. 155 f.).

III. Entstehungsgeschichte (EnWG 2005 und 2021)

10 Der **Regierungsentwurf** enthielt außer dem vagen Hinweis in § 21 Abs. 2 auf die „*Anreize* für eine kosteneffiziente Leistungserbringung" noch **keine Vorschriften** zur (Ausgestaltung der) **Anreizregulierung.** Diese wurde auf Vorschlag des **Bundesrats** mit der Beschlussempfehlung des 9. Ausschusses mit **§ 21a** in den Gesetzesentwurf aufgenommen (Stellungnahme des BR, BT-Drs. 15/3917, 83 f., Nr. 27; BT-Drs. 15/5268, 32 ff. sowie Hempelmann-Bericht, BT-Drs. 15/5268, 119/120). Dieser Vorschlag wurde in der Sitzung des Vermittlungsausschusses vor allem in Bezug auf die Einführungsbestimmungen, mit denen die Befugnisse der Regulierungsbehörde zugunsten einer normierenden Regelung auf dem Verordnungswege zurückgedrängt wurden (Wegfall der im Vorschlag vorgesehenen Abs. 6 und 7, Einfügung des **Verordnungsvorbehalts** in Abs. 1; s. auch *Kühling/el-Barudi* DVBl. 2005, 1470 ff. (1478); *Franz* IR 2006, 7 ff. (8)), geändert. Materiell-inhaltlich (hinsichtlich der zu regelnden Gegenstände, Bestandteile eines Anreizregulierungssystems etc) blieb er im Wesentlichen unverändert zu der Beschlussempfehlung (BT-Drs. 15/5736 (neu), 3 f., Nr. 13). Bevor die Behörde Festlegungen im Rahmen der Durchführung der Anreizregulierung treffen kann, hat die **Bundesregierung** mit Zustimmung des Bundesrates eine **Verordnung** zur Einführung der Anreizregulierung gem. **§ 21a Abs. 6** zu erlassen, die somit Voraussetzung für das Tätigwerden der Behörde und diesem vorgeschaltet ist (vgl. auch *Anreizregulierungsbericht,* Rn. 33–41).

Regulierungsvorgaben für Anreize für eine effiziente Leistungserbringung **§ 21 a**

Die Trennung der Entgeltregulierung in **zwei Phasen** lässt sich somit ebenfalls 11
wieder auf die **Gesetzesgenese** zurückführen. Denn die Einführung der Ex-ante-
Genehmigungspflichtigkeit aller Einzelentgelte (§ 23 a) erfolgte erst auf der Sitzung
des Vermittlungsausschusses am 15.6.2005, während – wie gerade gezeigt – § 21 a
bereits in der Beschlussempfehlung vom 13.4.2005 enthalten war. Es wäre deshalb
sicherlich falsch, retrospektiv die erste Phase als allmählichen Einstieg in die [Ex-
ante-]Entgeltregulierung zu charakterisieren, bevor dann mit der zweiten Phase der
Anreizregulierung diese erst richtig einsetzt. Der Unterschied besteht in der *Dimension*, dh ein *statischer* Effizienzmaßstab in der ersten Phase, auf den *dynamische* **Effizienzvorgaben** (Entwicklungspfad) in der zweiten folgen, wobei beide Phasen über
das Effizienzpostulat verbunden sind (zur Meinungsbildung der betroffenen Wirtschaftskreise siehe für einen Überblick *Conenergy* CE-Research 14.3.2005, 11 ff.;
die Anreizregulierung befürwortend *Richmann/VIK* ET 2004, 134 ff.; hingegen in
der Tendenz ablehnend die Energiewirtschaft beispielhaft *Kutschke/Mölder/Nissen/
Weißenfels[alle RWE]* ET 2004, 139 ff.; im parlamentarischen Beratungsprozess
Hempelmann-Bericht, BT-Drs. 15/5268, 109 ff., 111 f.; BT-Ausschuss(9)-Wortpro-
tokoll 15/77, S. 1277–1286).

Für die gewählte Form der Anreizregulierung als **Preis- oder Erlösober-** 12
grenze (Price- oder Revenue-cap, § 21 a Abs. 2 S. 1) spricht vor allem die große
Anzahl (über 1.500) der Netzbetreiber in Deutschland. Denn Vorteil einer Preis-
oder Erlösobergrenzenregulierung ist, dass sie generell geringere Informationsanforderungen stellt. Dadurch, dass das Unternehmen ein eigenes Interesse hat,
werden Kostensenkungspotentiale (Effizienzreserven) aufgedeckt, von denen der
Regulierer sonst keine Kenntnis hätte, dh es kommt zu einem **Abbau der Informationsasymmetrie** zwischen Regulierungsbehörde und regulierten Unternehmen. Die Nutzbarmachung des eigenen Interesses des Unternehmens zur Zielerreichung erhöht prinzipiell die Wirksamkeit der Regulierung, während bei der
Methode der Einzelkostenprüfung das regulierte Unternehmen eher zu einem
„strategischen Verhalten" neigt und versucht durch „kreative Kostenrechnung" die
materiellen Anforderungen zu unterlaufen und den Regulierer in die Irre zu führen. Es ist von der Behörde „nur" noch die Einhaltung der Obergrenzen zu kontrollieren (*Kühling/el-Barudi* DVBl. 2005, 1470 ff. (1479)). Als „Nebeneffekt" stellt
sich mithin eine schlankere und effektivere Regulierung ein.

In der **Telekommunikationsregulierung** wird das Price-cap-Verfahren nach 13
§ 34 TKG 2004 [= § 33 TKG 2012] in der Form der sog. **Korbregulierung für
Endkundenentgelte** eingesetzt, um den regulierten Unternehmen die nötige
Flexibilität für die Tarifstrukturgestaltung der im Korb zusammengefassten Einzelleistungen zu geben. Auf diese Weise kann das Unternehmen zB ein *„rebalancing"*
durchführen, dh die Tarifstruktur entsprechend den jeweiligen Marktbedingungen
anpassen, solange es die Preisniveaubeschränkung (Senkungsvorgabe) insgesamt einhält. Dies ist in sehr dynamischen Märkten sinnvoll, weil so dem regulierten Unternehmen hinlänglich eigene Aktionsparameter verbleiben. Für Zugangsentgelte ist
hingegen die **Einzelentgeltgenehmigung** gemäß dem Maßstab der Kosten der effizienten Leistungsbereitstellung (§ 31 Abs. 1 TKG 2004 [= § 32 Abs. 1 TKG 2012
bzw. § 42 Abs. 1 TKG 2021]) besser geeignet und wegen der geringen Zahl regulierter Unternehmen im Unterschied zum Energiesektor auch leichter durchführbar.

Von diesen Arten der Preis- und Erlösobergrenzen*regulierung* zu unterscheiden 14
ist die **Vorgabe von Erlösobergrenzen** gem. § 32 GWB aF im Rahmen der **kartellrechtlichen Missbrauchsaufsicht,** denn die nach § 19 Abs. 4 Nr. 2 und Nr. 4
GWB aF durchgeführte Vergleichsmarktbetrachtung konkreter Preise und Erlöse

Groebel 1267

§ 21 a   Teil 3. Regulierung des Netzbetriebs

erlaubt nicht die Vorgabe „eines abstrakt an dem allgemeinen Preisindex und dem geschätzten Produktivitätswachstum der gesamten Branche" orientierten Entwicklungspfads, so dass eine Price-/Revenue-cap-Regulierung im hier beschriebenen Sinn kartellrechtlich nicht gedeckt wäre (*Engelsing* ZNER 2003, 111 ff. (117)). Das bedeutet nicht, dass die Vorgabe einer Erlösobergrenze kartellrechtlich unzulässig ist wie der bereits erwähnte BGH-Beschl. v. 28.6.2005 – KVR 17/04 (WuW-E DE-R 1513) zeigt, mit dem die vom BKartA im Rahmen des Missbrauchsverfahrens gegen die Stadtwerke Mainz verwendete Vorgabe einer Gesamterlösobergrenze als rechtlich nicht zu beanstanden bestätigt wurde, weil sie (gerade) nicht wie eine präventive Preiskontrolle wirke und keine preisregulierende Wirkung entfalte, da den Unternehmen die Anpassung überlassen bleibe (vgl. BGH Beschl. v. 28.6.2005 – KVR 17/04, WuW-E DE-R 1513 (1516); auch → § 21 Rn. 31).

15 Schließlich ist bemerkenswert, dass mit dem Terminus **„effiziente Leistungserbringung"** in § 21 a Abs. 1 der telekommunikationsrechtliche Begriff der „effizienten Leistungsbereitstellung" aus § 31 Abs. 1 TKG 2004 [= § 32 Abs. 1 TKG 2012 bzw. § 42 Abs. 1 TKG 2021] fast wörtlich aufgegriffen wird. Auf die Entsprechung der energie- und telekommunikationsrechtlichen Entgeltmaßstäbe wurde weiter oben bereits ausführlich eingegangen (→ § 21 Rn. 67). Hier wird der Terminus nun expressis verbis zur Kennzeichnung des **Zwecks** der Anreizregulierung („Anreize für eine effiziente Leistungserbringung setzt") in das EnWG eingeführt.

16 Nachdem der BGH die nach § 9 Abs. 1 ARegV vorgesehene Berücksichtigung des Produktivitätsfortschritts als **nicht** durch die Verordnungsermächtigung in **§ 21 a Abs. 6 EnWG gedeckt** und damit mangels gesetzlicher Grundlage als **unzulässig** angesehen hatte (BGH Beschl. v. 28.6.2011 – EnVR 34/10 und EnVR 48/10), hat der Gesetzgeber **§ 21 a Abs. 4 S. 7 und Abs. 6 S. 2 Nr. 5** mit Art. 1 des Zweiten Gesetzes zur Änderung energiewirtschaftlicher Vorschriften vom **22.12.2011** (BGBl. 2011 I S. 3034) dahingehend geändert, dass nunmehr der Ausgleich der allgemeinen Geldentwertung „unter **Berücksichtigung eines generellen sektoralen Produktivitätsfaktors**" vorgesehen wird. Des Weiteren wurde **§ 9 ARegV** teilweise neugefasst (vgl. auch RdE-Beilage 2/2012 – Energieregulierung Spezial, S. 1). Daraufhin hat der BGH entschieden, dass eine ausreichende Ermächtigungsgrundlage durch die Gesetzesänderung vorliegt und „die Neufassung des § 9 ARegV wirksam ist und **(auch rückwirkend)** auf die gesamte erste Regulierungsperiode nach der ARegV anzuwenden ist" (BGH Beschl. v. 31.1.2012 – EnVR 16/10, Hervorhebung nur hier, AnmdVerf, zu den Details → Rn. 37; s. auch *Weyer* NuR 2012, 72; vgl. zu weiteren Änderungen der EnWG-Novelle 2011 ausf. Holznagel/Schütz/ *Laubenstein/v. Rossum* EnWG § 21 a Rn. 104 ff. und 177).

17 Eine weitere **Änderung der ARegV** erfolgte mit Art. 1 der Verordnung vom **14.3.2012** (BGBl. 2012 I S. 489), mit der der sog. „t-2-Versatz" zwischen Basisjahr und Erlösobergrenzenfestlegung (§ 6 Abs. 2 ARegV), dh der **zeitliche Verzug der Erlöswirksamkeit der Kosten aus Investitionsbudgets** beseitigt wurde, um wegen „des erheblichen Investitionsbedarfs in die Erweiterung der Netze" eine gegebenenfalls auftretende nicht unerhebliche Liquiditätslücke bei den Netzbetreibern zu vermeiden (Begr.RegE BR-Drs. 860/11). Damit einher ging die Änderung der Überschrift des **§ 23 ARegV** von „Investitionsbudget" in **„Investitionsmaßnahmen"**. Im **Jahr 2012** wurde die ARegV zwei weitere Male geändert (am **20.7.2012** mit Art. 2 der Verordnung zum Erlass der Systemstabilitätsverordnung und der Änderung der Anreizregulierungsverordnung, BGBl. 2012 I S. 1635; sowie mit Art. 7 des **Dritten Gesetzes zur Neuregelung energiewirtschaftsrechtlicher Vorschriften** v. **20.12.2012**, BGBl. 2012 I S. 2730).

Um den aufgrund der Energiewende erforderlichen **Netzausbau** sicherzustel- 18
len beschloss das Bundeskabinett am 29.5.2013 mit dem Entwurf einer Verordnung zur Änderung von Verordnungen auf dem Gebiet des Energiewirtschaftsrechts **weitere Änderungen der ARegV** (BR-Drs. 447/13). Die Verordnung wurde mit den Maßgaben des Bundesratsbeschlusses v. 5.7.2013 (BR-Drs. 447/13/Beschluss) vom Bundeskabinett am 31.7.2013 angenommen und trat unmittelbar nach ihrer Verkündigung in Kraft (BGBl. 2013 I S. 3250ff.). Insbesondere konnten mit dem neu eingefügten § 23 **Abs. 7** auch **Verteilnetzbetreibern** bestimmte Erweiterungs- und Umstrukturierungsinvestitionen in die Hochspannungsebene als **Investitionsmaßnahmen** genehmigt werden, wobei aber kein Wahlrecht zwischen Investitionsmaßnahmen und Erweiterungsfaktor vorgesehen ist (was mit einer entsprechenden Ergänzung in § **10 Abs. 4** erreicht wird; vgl. zur Genese auch → 3. Aufl., § 21a Rn. 13c). Des Weiteren sieht der neu eingefügte § **25a** die Einbeziehung von **Forschungs- und Entwicklungskosten** in die Erlösobergrenze mittels eines Zuschlags vor (→ Rn. 93ff.).

In dieselbe Richtung – Sicherstellung der nötigen Investitionen in den Netzaus- 19
bau auf Übertragungs- und Verteilnetzebene – zielte die Reform der **ARegV 2016**, mit der jedoch ein **Systemwechsel** eingeleitet wurde. Denn mit der ARegV-Novelle 2016 (BGBl. 2016 I S. 2147ff.) wurde der sog. **Kapitalkostenabgleich** für Verteilnetzbetreiber ab der dritten Regulierungsperiode eingeführt, mit dem sich vom Budgetprinzip entfernt wurde. Mit der Verordnung zur Änderung der Anreizregulierungsverordnung und der Stromnetzentgeltverordnung vom 27.7.2021 (BGBl. Nr. 49/2021 I S. 3229ff., **ARegV 2021**) wird der jährliche Kapitalkostenabgleich ab der vierten Regulierungsperiode auch für Übertragungsnetz- und Fernleitungsnetzbetreiber eingeführt. Dies zeigt noch einmal deutlich die Problematik des Verordnungsvorbehalts in § 21a Abs. 6 EnWG, denn mit der Einführung des Kapitalkostenabgleichs mit der **ARegV Reform 2016** und der **Änderung der ARegV 2021** wurde ein Systemwechsel der anreizorientierten Entgeltregulierung auf dem Verordnungswege vorgenommen, obwohl die BNetzA in ihrem **Evaluierungsbericht nach § 33 ARegV** vom 21.1.2015 (www.bundesnetzagentur.de/SharedDocs/Downloads/DE/Allgemeines/Bundesnetzagentur/Publikationen/Berichte/2015/ARegV_Evaluierungsbericht_2015.pdf?__blob=publicationFile&v=3) keine Notwendigkeit für eine solch tiefgreifende Änderung sah und den Kapitalkostenabgleich ablehnte, sondern „ausgehend von der bestehenden Systematik" Änderungsvorschläge für verbesserte Anreize für Effizienzbemühungen machte, um mit der **Anreizregulierung 2.0** die für den Umbau des Energiesystems erforderlichen Investitionen kosteneffizient anzureizen und sie „energiewendetauglich" weiterzuentwickeln (vgl. BNetzA empfiehlt Anreizregulierung 2.0, BNetzA Pressemitteilung v. 21.1.2015 und BNetzA Evaluierungsbericht nach § 33 ARegV; zum Kapitalkostenabgleich → Rn. 125). Auch ein Gutachten im Auftrag des BMWi kommt im März 2020 hinsichtlich einer möglichen Umstellung für die Übertragungsnetzbetreiber interessanterweise zu dem Schluss, dass „ein Umstieg auf das System des Kapitalkostenabgleichs, wie er bereits bei den Verteilnetzbetreibern angewendet wird, aus Investoren- und Betreibersicht als eine Verschlechterung der Investitionsbedingungen empfunden werden könnte; eine Beibehaltung der Investitionsmaßnahmen [nach § 23 ARegV] daher präferiert werden könnte" (EY-Gutachten im Auftrag des BMWi, Auswirkungen des bestehenden regulatorischen Rahmens auf Investitionsentscheidungen der Übertragungsnetzbetreiber, März 2020, S. 68, www.bmwi.de/Redaktion/DE/Downloads/A/auswirkungen-des-bestehenden-regulatorischen-rahmens-auf-investitionsentscheidungen-der-uebertra

§ 21a — Teil 3. Regulierung des Netzbetriebs

gungsnetzbetreiber.pdf?__blob=publicationFile&v=4). Im Vorschlag zur Änderung der ARegV vom 12.5.2021 wird die Einführung des Kapitalkostenabgleichs auch für Transportnetzbetreiber schlicht mit einer „Vereinfachung des Regulierungssystems" bzw. mit einer „einheitlichen Anwendung" begründet (Begr.RegE BRat-Drs. 405/21, 2, 12, 17, 25f. – Zu Nummer 5 Buchstabe b).

20 Des Weiteren wird mit **§ 17 ARegV 2021** ein „neues Anreizelement zur Verringerung der Engpassmanagementkosten der Übertragungsnetzbetreiber eingeführt" (BR-Drs. 405/21, 27 ff. – Zu Nummer 8), das auf den neuen **§ 21a Abs. 5a EnWG 2021** zurückgeht und mit dessen Einfügung von der neuen **Verordnungsermächtigung des Abs. 6 S. 2 Nr. 12 EnWG 2021** Gebrauch gemacht wird. Die Regelung soll den Übertragungsnetzbetreibern einen **Anreiz** geben, die **Engpassmanagementkosten,** die bislang als „dauerhaft nicht beeinflussbare Kosten" eingeordnet wurden, **zu verringern.** Damit die mit Abs. 5a S. 5 vorgesehene Anwendbarkeit eines bestimmten Aufteilungsschlüssels in Bezug auf §§ 26, 28 und 30 des KWKG auch nach der Änderung des KWKG weitergilt, wurde mit der EE-SofortmaßnahmenG 2022 durch Einfügen von „in der am 31. Dezember 2022 geltenden Fassung" die Fassung fixiert, dh der Verweis auf das „KWKG in der am 31. Dezember 2022 geltenden Fassung" ist ein statischer Verweis (BT-Drs. 20/1630, 245f.) Von den mit Art. 7 EnWG-Novelle2021 (BGBl. 2021 I S. 3026ff.) vorgenommenen Änderungen der ARegV ist hier nur die Regelung der grenzüberschreitenden Elektrizitätsverbindungsleitungen zu nennen, auf die die ARegV nicht anwendbar ist und deren Kosten nach § 11 Abs. 2 S. 1 Nr. 18 ARegV als dauerhaft nicht beeinflussbare Kostenanteile gelten sowie die Streichung von § 31 Abs. 1 ARegV aF, da die Veröffentlichungsbestimmungen nun in § 23b EnWG 2021 enthalten sind.

B. Ablösung der kostenorientierten Entgeltbildung (Abs. 1) und Verhältnis zu §§ 21, 23a

21 § 21a Abs. 1 beschreibt die Bedingungen für einen Wechsel von der kostenorientierten Entgeltbildung zur **Methode der Anreizregulierung.** Voraussetzung für die Anwendung der Anreizregulierung ist demnach, dass die Entgelte der kostenorientierten Entgeltbildung iSd § 21 Abs. 2 S. 1 unterliegen, dh der **Regulierung unterworfen** sind. Gem. § 21a Abs. 1 ersetzt die Anreizregulierung die kostenorientierte Entgeltbildung nach § 21 Abs. 2–4 als **Methode** zur Bestimmung der regulierten Entgelte, um **Anreize für eine effiziente Leistungserbringung** zu setzen. Dies wird explizit als **Anreizregulierung** bezeichnet. Interessant ist dabei, dass der Einsatz der Anreizregulierung als *Abweichung* klassifiziert wird, dh die Anreizregulierung wird als separate, von der kostenorientierten Entgeltbildung zu unterscheidende Methode gekennzeichnet. Dass es sich dabei um die zweite Phase der **Ex-ante-Entgeltregulierung** handelt, geht aus **§ 23a Abs. 1,** der die **Klammer** um beide bildet, hervor. Dort heißt es nach gleichlautendem Eingangshalbsatz („soweit eine kostenorientierte Entgeltbildung iSd § 21 Abs. 2 S. 1 erfolgt"), dass die Entgelte der Genehmigung bedürfen, es sei denn, die Bestimmung der Entgelte im Wege der Anreizregulierung ist in einer Verordnung nach § 21a Abs. 6 (bereits) angeordnet worden. Dh die Anreizregulierung tritt an die Stelle der kostenorientierten Entgeltbildung und löst die Einzelgenehmigung ab, aber beide gehören intrinsisch zusammen. Dies kommt auch darin zum Ausdruck, dass in § 21a Abs. 4 direkt auf die Ermittlung der Kosten nach § 21 Abs. 2–4 Bezug genommen wird, so dass die Ergebnisse der kostenorientierten Entgeltbildung Berücksichtigung finden bei der Ableitung bestimmter Elemente der Anreizregulierung wie zB den Effizienzvorgaben und dem Ausgangsniveau (s. auch Begr. zu § 21a in Hempelmann-Bericht, BT-Drs. 15/5268, 119/120). Aus dem systematischen Zusammenhang folgt somit, dass §§ 21 und 21a gemeinsam zu betrachten sind (aA *Ruge* IR 2006, 122 ff. (124)). Entsprechend schlug sich die enge Verzahnung beider auch in der Ausgestaltung des Konzepts der Anreizregulierung nieder (→ Rn. 25 und → Rn. 54).

Soweit **Netzbetreiber,** die den Nachweis bestehenden oder potentiellen Leitungswettbewerbs erbracht haben, gem. **§ 21 Abs. 2 S. 1 letzter Hs.** nicht der kostenorientierten Entgeltbildung und damit auch **nicht der Genehmigungspflicht nach § 23a** unterliegen und eine Verordnung nach § 24 S. 2 Nr. 5 aF erlassen wurde, fallen diese auch **nicht** unter die **Anreizregulierung** nach § 21a (vgl. auch *Büdenbender* ET 2005, 642 (653) und → § 21 Rn. 186 ff.). Die BNetzA hat festgestellt (BNetzA Beschl. v. 22.9.2008 – BK4-07-100 und weitere inhaltsgleiche v. 20.10.2008 und 28.10.2008), dass kein Leitungswettbewerb besteht, so dass die betroffenen zehn Gasnetzbetreiber ab 1.1.2010 der Anreizregulierung unterfallen (→ § 21 Rn. 188). 22

C. Obergrenzen und Effizienzvorgaben (Abs. 2 und 3)

I. Überblick (Gesamtkonzept)

Für das Konzept der Anreizregulierung nach § 21a sind die folgenden Elemente zu bestimmen gem. Abs. 2: 23
- Netzzugangsentgelt- oder Gesamterlösobergrenze
- Effizienzvorgaben (Bestandteile und Ermittlungsmethoden)
- Regulierungsperiode (Dauer)
- Neben-/Randbedingungen (Versorgungszuverlässigkeit etc)

Obergrenzen und Effizienzvorgaben sind auf einzelne Netzbetreiber oder auf Gruppen von Netzbetreibern sowie entweder auf das gesamte Elektrizitäts- oder Gasversorgungsnetz, auf Teile des Netzes oder auf die einzelnen Netz- und Umspannebenen bezogen (Abs. 2 S. 2). Vorgaben für Gruppen setzen voraus, dass die Netzbetreiber objektiv strukturell vergleichbar sind, Abs. 2 S. 4. Netzbetreiber gelten als strukturell vergleichbar, wenn sie unter Berücksichtigung struktureller Unterschiede einer Gruppe zugeordnet sind (Abs. 4 S. 4) (→ Rn. 40). Obergrenzen sind mindestens für den Beginn und das Ende der Regulierungsperiode vorzusehen (Abs. 2 S. 3). Insbesondere bei der Bestimmung der Obergrenzen und Effizienzvorgaben als den Eckpfeilern des Anreizregulierungskonzepts sind eine Reihe von gesetzlichen Vorgaben zu beachten. So ist bei der Ermittlung der Obergrenzen zwischen **beeinflussbaren** und **nicht beeinflussbaren Kostenanteilen** zu unterscheiden, Abs. 4 S. 1. Effizienzvorgaben sind nur auf den beeinflussbaren Kostenanteil zu beziehen (Abs. 4 S. 6). **Effizienzvorgaben müssen** so gestaltet sein, dass sie mit den Netzbetreibern möglichen und **zumutbaren** Maßnahmen **erreichbar** und **übertreffbar** sind (Abs. 5 S. 4). Auf die Bedeutung der **Qualitätsvorgaben** zur Sicherstellung der Versorgungszuverlässigkeit wurde oben bereits hingewiesen (→ Rn. 1).

Den gesetzlichen Vorgaben war bei der Entwicklung des Konzepts ebenso Rechnung zu tragen wie den Spezifika der deutschen Energienetzwirtschaft, die durch 24

§ 21a

eine Vielzahl und Heterogenität von Netzbetreibern gekennzeichnet ist wie sie in keinem anderen Land anzutreffen ist. Zur Erfüllung der gesetzlichen Anforderung der Verwendung einer **robusten Methode** zur Ermittlung von Effizienzvorgaben (§ 21a Abs. 5 S. 5) wird eine Kombination mehrerer Methoden (komplementäres Benchmarking) verwandt, weil so spezifische Schwächen einzelner Methoden neutralisiert werden. Unter Beachtung der vorgenannten Punkte sowie des engen Zusammenhangs zwischen der ersten und zweiten Phase der Entgeltregulierung hielt die BNetzA deshalb ein **Gesamtkonzept** (vgl. im Einzelnen *Anreizregulierungsbericht*, Rn. 335 ff.) mit den folgenden Bestandteilen für am Besten geeignet, die Anreizregulierung gemäß den gesetzlichen Vorschriften in Deutschland zu realisieren:

– Zweistufiges **Konzept über mehrere Regulierungsperioden**, um **langfristige** Berechenbarkeit und Planungssicherheit zu gewährleisten
– **Einführungsphase** über zwei Perioden (zusammen sechs bis acht Jahre) mit **Revenue-cap**, berücksichtigt unternehmensindividuelle Kosten und dient dazu, heute bestehende große Effizienzunterschiede abzubauen, um alle Unternehmen an ein effizientes Gesamtniveau heranzuführen
– **Yardstick-Competition** (Vergleichswettbewerb) ab dritter Periode (zwei Jahre), dh die Effizienzvorgaben werden vollkommen unabhängig von der unternehmensindividuellen Kostenbasis aufgrund eines Unternehmensvergleichs (Benchmarking) ermittelt, es ist die wettbewerbsähnlichste Ausgestaltung der Anreizregulierung

25   1. **Ausgangsniveau (Abs. 4).** Für die Bestimmung des **Ausgangsniveaus** war der Effizienzmaßstab des § 21 Abs. 2 anzuwenden, § 21a Abs. 4 und § 21a Abs. 5 S. 4. Folgerichtig wird die Durchführung einer **regulatorischen Kostenprüfung** nach den auch in den Genehmigungsverfahren gem. § 23a zugrunde gelegten materiellen Kostenermittlungsvorschriften der Strom-/GasNEV vorgesehen, auf deren Ergebnis dann die Effizienzvorgaben basieren (sofern die Kostenprüfung im Rahmen des Genehmigungsverfahrens zeitnah erfolgte, kann das genehmigte Entgelt die Ausgangsbasis bilden). Zwar ist auf die im Konsultationsentwurf des Anreizregulierungsberichts v. 2.5.2006 noch vorgeschlagene ursprünglich zum Start der Anreizregulierung geplante pauschale **initiale Absenkung** (sog. P_0-Cut) der Entgelte auf ein effizientes Niveau aus verschiedenen Gründen **verzichtet** worden (vgl. hierzu und im Folgenden Anreizregulierungsbericht Rn. 132 ff.; die initiale Absenkung ablehnend *Ruge* IR 2006, 122; hingegen befürwortend *Oligmüller*, Bedenken der Netzbetreiber bezogen auf die ins Auge gefasste Anreizregulierung, Kurzgutachten für den VIK 2006, S. 8 ff.). Stattdessen wurden die Unternehmen über einen Anpassungszeitraum aber mittels stärkerer **individueller Effizienzvorgaben** an die **Effizienzgrenze** (sog. *Frontier*) herangeführt, dh die Kürzung der Kosten über die Einführungsphase „gestreckt", maW eine „Eingewöhnungsphase" gewährt, was nach § 21a Abs. 5 S. 4 zulässig und den zwischen den Netzbetreibern bestehenden großen Effizienzunterschieden, die abzubauen sind, geschuldet ist (nur im Einzelfall werden extreme Überhöhungen bei „Ausreißern" korrigiert, Anreizregulierungsbericht Rn. 138, 733 f.).

26   Die unternehmensindividuellen Effizienzvorgaben werden gem. § 21a Abs. 5 S. 1 aus dem **Effizienzvergleich (Benchmarking)** der Netzbetreiber ermittelt, wobei bezüglich der zu erreichenden Zielgröße mit der Frontier-Betrachtung und mithin bezüglich der Absenkungspfade zurecht eine strenge Gesetzesauslegung vorgenommen wurde. Entsprechend dem Grundsatz, dass effiziente Kosten Grundlage der Entgelte sein sollen, wird eine **sofortige Umsetzung** der Benchmarkergebnisse für geboten gehalten und infolgedessen keine Effizienzklassen gebildet (vgl. hierzu Anreizregulierungsbericht Rn. 286).

2. Yardstick-Verfahren. Der konzeptionelle Schwerpunkt lag auf der **dynamischen** Effizienzkomponente, was auch in dem für die dritte Periode vorgeschlagenen reinen **Yardstick-Verfahren,** das die größtmögliche Wettbewerbsnähe aufweist, weil – wie im Wettbewerb auch – die Erlössenkung unabhängig von der eigenen Kostensituation ist und nur noch von der Produktivitätsentwicklung anderer Unternehmen, die als Messlatte („*Yardstick*" oder Vergleichsmaßstab, s. Anreizregulierungsbericht Rn. 174f.; 341ff. und unten Abb. 4) herangezogen werden, abhängt, zum Ausdruck kommt (vgl. zum Verfahren zB *Lundborg/Ruhle/Schulze zur Wiesche* ZfE 2005, 115ff.; zur theoretischen Begründung *Shleifer* RAND Journal of Economics 1985, 327ff.). Die Regulierungsperiode dieser Phase soll nur zwei Jahre betragen, damit die volle Anreizwirkung erzielt werden kann, was eine Aktualisierung der zulässigen Erlöse in kürzeren Abständen verlangt. Die BNetzA hat in ihrem Evaluierungsbericht 2015 im Lichte der Energiewende ihre Empfehlungen für die dritte Regulierungsperiode aktualisiert (→ Rn. 64 zur weiteren Entwicklung und BNetzA Evaluierungsbericht 2015).

3. Regulierungsformel (allgemein). Die BNetzA hat eine vollständige alle Elemente enthaltende **Regulierungsformel** (Anreizformel) zur Berechnung der Erlösobergrenze vorgelegt, die in der Rechtsverordnung mit der Möglichkeit festgelegt werden kann, dass die BNetzA sie künftig an veränderte Anforderungen anpassen kann (*Anreizregulierungsbericht, Rn.* 336ff., 351ff., 357). Die Regulierungsformel beinhaltete auch einen Faktor für die **Versorgungsqualität** (§ 21 a Abs. 5 S. 2 und 3) und einen **Erweiterungsfaktor,** um Erweiterungsinvestitionen sicherzustellen. Für die Ausgestaltung der **Qualitätsregulierung** wird ein **Bonus-/Malus System** auf der Grundlage von Versorgungszuverlässigkeitskenngrößen für den Stromsektor vorgeschlagen. Für die **Transportnetzbetreiber** wurden **gesonderte Vorgaben** gemacht, was sich zum einen aus den zusätzlichen Aufgaben (Ausbau internationaler Grenzkuppelstellen, EEG) ergibt, für deren Berücksichtigung von der BNetzA zu genehmigende sog. **Investitionsbudgets** vorgeschlagen werden (§ 21 a Abs. 6 S. 2 Nr. 2 und Nr. 8). Zum anderen ist die gesonderte Vorgehensweise methodisch bedingt, da die aufgrund der geringen Unternehmenszahl für das komplementäre Benchmarking notwendige Verbreiterung der Vergleichsbasis die Durchführung eines internationalen Benchmarking erfordert. Zur Sicherstellung der Zuverlässigkeit der Methode oder als Alternative zur Bestimmung der Effizienzvorgaben für die Übertragungsnetzbetreiber gem. § 21 a Abs. 6 S. 2 Nr. 6 ist den weiteren der Einsatz der **Referenznetzanalyse** vorgesehen und wird durchgeführt (→ Rn. 84).

Nach diesem Überblick der wesentlichen Bestandteile des von der BNetzA zur Anreizregulierung entwickelten Konzepts werden im Folgenden zu den einzelnen Elementen jeweils die grundsätzlichen rechtlichen und ökonomischen Überlegungen und die Begründung der gewählten Variante dargestellt sowie die umstrittenen Punkte diskutiert, für technische Details (der Berechnung etc) wird auf den Bericht und die Gutachten (die in Form von vier Referenzberichten vorliegen, siehe Literaturverzeichnis) verwiesen. Bei der Darstellung wird der ökonomischen Logik gefolgt, die mit der Gesetzessystematik nicht durchgängig nachvollzogen wird. Die vom Verordnungsgeber getroffenen Entscheidungen hinsichtlich der konkreten Ausgestaltung der Anreizregulierung einschließlich ihrer Änderungen werden unten im Abschnitt H. III – Die Anreizregulierungsverordnung(en) –ausführlich dargestellt (→ Rn. 65ff., insbes. → Rn. 70ff.).

II. Preis- oder Erlösobergrenze (Price-/Revenue-cap)

30 § 21a Abs. 2 sieht vor, dass die Anreizregulierung die Vorgabe von **Obergrenzen** für Netzentgelte oder Gesamterlöse beinhaltet. Die Vorgabe von Obergrenzen in Form von nicht zu überschreitenden Preisen oder Gesamterlösen (Preis × Menge) ist ein als **„Price- oder Revenue-cap"** bekanntes geläufiges Verfahren (*Kühling* N&R 2004, 12ff. (17); zur theoretischen Begr. vgl. zB *Kunz*, Regulierungsregime in Theorie und Praxis, in: Knieps/Brunekreeft (Hrsg.), Zwischen Regulierung und Wettbewerb – Netzsektoren in Deutschland, 2000, S. 45 ff., 52 ff.). Denkbar sind auch hybride Formen, dh eine Mischung aus Preis- und Erlösobergrenze (s. hierzu BNetzA, Price-Caps, Revenue-Caps und hybride Ansätze, 1. Referenzbericht Anreizregulierung, 8.12.2005, www.bundesnetzagentur.de/SharedDocs/Downloads/DE/Sachgebiete/Energie/Unternehmen_Institutionen/Netzentgelte/Anreizregulierung/1_ReferenzberichtAnreizregulierung.pdf?__blob=publicationFile&v=1; *Petrov/Keller/Speckamp* ET 2005, 8). In der Praxis verwendete Systeme enthalten in der Regel hybride Elemente (s. Anreizregulierungsbericht Rn. 173). Bei einem Price- oder Revenue-cap wird von einem zu bestimmenden Ausgangsniveau mittels **Effizienzvorgaben** ein **Entwicklungspfad** zu dem am Ende der Periode zu erreichenden (bzw. zu übertreffenden) Effizienzniveau „gelegt", wobei die Zielgröße als feste Obergrenze (maximal zulässige Preise/Erlöse) ausgedrückt wird, auf die sich das Unternehmen mit effizienzsteigernden Maßnahmen zu bewegt. Bei den Effizienzvorgaben werden im allgemeinen die folgenden drei Parameter berücksichtigt:
– allgemeine Produktivitätssteigerungsrate ($X_{allgemein}$)
– unternehmensspezifische Produktivitätssteigerungsrate ($X_{individuell}$), abhängig vom Effizienzergebnis im Rahmen des Benchmarking (Effizienzbewertung)
– Inflationsrate (RPI – Retail Price Index)

31 **1. Regulierungsperiode (Abs. 3).** Das bedeutet, dass neben den für die Effizienzvorgaben zu ermittelnden Elementen noch das **Ausgangsniveau** und die **Dauer** der **Regulierungsperiode,** die die „Steilheit" des Absenkungspfads hin zur Zielgröße ebenfalls beeinflusst, zu bestimmen ist. Das **Ausgangsniveau,** auf dem der Entwicklungspfad aufsetzt, wird mittels einer **regulatorischen Kostenprüfung** auf Basis der Daten des letzten abgelaufenen Geschäftsjahres bestimmt (Anreizregulierungsbericht Rn. 138; → Rn. 25). Die Überprüfung dient zugleich dazu, die für den Aufbau einer einheitlichen, konsolidierten, belastbaren Datenbasis, die Grundvoraussetzung für die Durchführung des **Effizienzvergleichs** ist, erforderliche Vergleichbarkeit der Kostenangaben sicherzustellen (Anreizregulierungsbericht Rn. 292 ff., 359, 730 ff.). Die Vergleichsdaten sollen ebenso wie die Spezifikation der Benchmarking-Methoden (→ Rn. 44) und die Ergebnisse zur Herstellung der Transparenz veröffentlicht werden.

32 Nach § 21a Abs. 3 S. 1 darf die **Regulierungsperiode zwei Jahre** nicht unter- und **fünf Jahre** nicht überschreiten. Gem. Abs. 2 S. 3 sind Obergrenzen mindestens für den Beginn und das Ende der Regulierungsperiode vorzusehen. Sie bleiben für die Regulierungsperiode **unverändert,** sofern nicht Änderungen staatlich veranlasster Mehrbelastungen aufgrund von Abgaben oder der Abnahme- und Vergütungspflichten nach dem EEG und dem KWKG oder anderer, **nicht vom Netzbetreiber zu vertretender Umstände eintreten** (Abs. 3 S. 2). Diese exogenen, dh objektiv auf von außen wirkenden Umständen, beruhenden Änderungen können nicht dem Netzbetreiber zugerechnet werden, da sie seiner Einflusssphäre entzogen sind. Sie sind keine von ihm zu kontrollierenden Faktoren der

Kostenentwicklung, beeinflussen aber die Höhe der Obergrenze. Mit der Regelung wird eine [kosten]neutrale Anpassung der Obergrenze sichergestellt.

2. Anreizformel (konkrete Elemente). Die initiale Verordnung hatte sich 33 entsprechend der Empfehlungen der BNetzA für eine **Erlösobergrenze** mit einem die nachhaltigen Mengeneffekte berücksichtigenden **hybriden Element** entschieden, dem sog. **Erweiterungsfaktor,** der die aufgrund einer bestimmten Änderung der Versorgungsaufgabe entstehenden Kosten notwendiger Erweiterungsinvestitionen erfasst (vgl. hierzu und im Folgenden Anreizregulierungsbericht Rn. 700ff.). Für die kurzfristigen Mengenschwankungen aufgrund von Differenzen zwischen prognostizierten und tatsächlichen Erlösen eines Jahres ist die Verbuchung auf einem sog. **Regulierungskonto** (Anreizregulierungsbericht Rn. 358) vorgesehen, die bei der Bildung einer neuen Erlösobergrenze verrechnet werden (s. hierzu auch oben die Ausführungen zur periodenübergreifenden Saldierung nach § 11 StromNEV (§ 10 GasNEV) → § 21 Rn. 93f.). Für das **Revenue-Cap** sprach vor allem, dass es erlaubt, die wesentlichen etablierten **Entgeltermittlungsregelungen der Strom-/GasNEV beizubehalten,** wodurch der Informationsbedarf und die regulatorische Eingriffstiefe insgesamt geringer ist.

Die nachfolgende Abbildung zeigt schematisch die Festlegung eines Entwick- 34 lungspfads und enthält die Grundgleichung (Abb. 2).

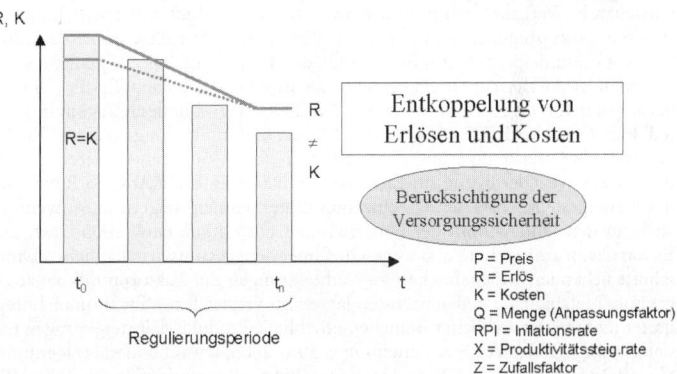

Abb. 2: Anreizregulierung

Der Formel lässt sich entnehmen, dass das Preis- oder Erlösniveau zum Zeit- 35 punkt t jeweils von dem Niveau zum Zeitpunkt t-1 abhängt (für die genaue von der BNetzA für die Verordnung vorgeschlagene **Anreizformel** s. Anreizregulierungsbericht Rn. 337, 351ff.). Zur Berücksichtigung der Mengenentwicklung

§ 21a   Teil 3. Regulierung des Netzbetriebs

wird ein Anpassungsfaktor eingeführt (konkret zunächst der Erweiterungsfaktor in § 10 ARegV aF, →Rn. 28). Mit dem Zufallsfaktor (Z) können unvorhergesehene Ereignisse, die außerhalb der Kontrolle der Netzbetreiber liegen, wie Naturkatastrophen, Umweltschutzpolitik, Steuererhöhungen etc erfasst werden. Bei einer Qualitätsregulierung wird noch ein entsprechender Qualitätsfaktor eingefügt, der in Deutschland als Bonus-/Malus-Regelung ausgestaltet wird. Der **Produktivitätsfaktor** (sog. X-Faktor) teilt sich in die allgemeine ($X_{allgemein}$) und die unternehmensspezifische Produktivitätssteigerungsrate ($X_{individuell}$) auf. Diese sind in der Formel mit einem Minuszeichen versehen, weil die mit der Produktivitätssteigerungsrate vorgegebene Effizienzsteigerung kosten- und damit preis- bzw. erlössenkend wirken soll, während die Inflation (gemessen mit dem RPI oder VPI – Verbraucherpreisindex) positiv (additiv) zu berücksichtigen ist. Mit der Einbeziehung der **Inflationsrate** wird gewährleistet, dass sich bei einem Anstieg des allgemeinen Preisniveaus auch die Netzentgelte gleichförmig entwickeln können (*Kurth* emw 2005, 26 ff. (29)). Denn nach § 21a Abs. 4 S. 7 ist für die Entwicklung oder Festlegung der **Obergrenze** innerhalb einer Regulierungsperiode ein Ausgleich der allgemeinen Geldentwertung vorzusehen. Das bedeutet, dass der Verbraucherpreisindex Bestandteil der Obergrenze ist und sich damit auf **alle Kostenbestandteile** bezieht (vgl. Anreizregulierungsbericht Rn. 53). Letzteres gilt auch für die **allgemeine Produktivitätsentwicklung.** Wenn diese sich insgesamt erhöht, ist auch der einzelnen Netzbetreiber in der Lage, die Produktivitätserhöhung nachzuvollziehen (vgl. Anreizregulierungsbericht Rn. 54).

36   Mit der **allgemeinen Produktivitätssteigerungsrate** wird die voraussichtliche gesamtwirtschaftliche Produktivitätsentwicklung erfasst, die gem. § 21a Abs. 5 S. 1 bei der Ermittlung der Effizienzvorgaben zu berücksichtigen ist. Sie gilt für alle – relativ effizient und relativ ineffizient arbeitende – Netzbetreiber und macht in der gewählten Form einer generellen sektoralen Produktivitätsfortschrittsrate ($X_{generell}$) Vorgaben, die sich an der Produktivitätsentwicklung der Energienetzwirtschaft im Verhältnis zur gesamtwirtschaftlichen Produktivitätsentwicklung orientieren (Anreizregulierungsbericht Rn. 259, s. auch Sprechzettel PK 2.5.2006, S. 8, www.bundesnetzagentur.de/SharedDocs/Downloads/DE/Allgemeines/Presse/Reden/2006/BerichtAnreizregulierungKurth060502Id5856pdf.pdf?__blob=publicationFile&v=2; Pressemitteilung v. 2.5.2006, www.bundesnetzagentur.de/SharedDocs/Downloads/DE/Allgemeines/Presse/Pressemitteilungen/2006/PM20060502BerichtAnreizregulierungId5854pdf.pdf?__blob=publicationFile&v=3). Auf diese Weise wird der Bezug zur Energiewirtschaft gem. § 21a Abs. 6 S. 2 Nr. 5 herund dargestellt, „dass sich ein einzelnes Unternehmen steigern muss, wenn dies auch für den Durchschnitt der Unternehmen gilt" (*Kurth* emw 2005, 26 ff. (29)). Es war davon auszugehen, dass wegen den über dem gesamtwirtschaftlichen Durchschnitt liegenden Möglichkeiten zu Verbesserungen der Faktorproduktivität „die gesamte Netzbranche in den nächsten Jahren im Vergleich zur Situation nicht regulierter und wettbewerblicher Branchen erhebliche Produktivitätssteigerungen realisieren kann" (BNetzA Pressemitteilung v. 30.6.2006, www.bundesnetzagentur.de/SharedDocs/Downloads/DE/Allgemeines/Presse/Pressemitteilungen/2006/PM20060630BerichtAnreizregulierungId6719pdf.pdf?__blob=publicationFile&v=3). Darin enthalten ist zum einen ein Aufholprozess ineffizienter Unternehmen („*Catch-up*-Effekt"), dh es konnte mit einem Nachholbedarf gerechnet werden sowie zum anderen Produktivitätssteigerungen effizienter Unternehmen (sog. „*Frontier-Shift*"). Die konkret vorgeschlagene Berechnungsmethode (sog. Malmquist-Index) ermöglicht es, die Produktivitätsentwicklung differenziert nach

Strom- und Gasnetzen zu berücksichtigen und wird in zwei Komponenten (*Catchup*-Effekt und *Frontier-Shift*) aufgeteilt (BNetzA, Generelle sektorale Produktivitätsentwicklung im Rahmen der Anreizregulierung, 2. Referenzbericht Anreizregulierung, 26.1.2006; zur Diskussion s. *Stronzik* ZfE 2006, 221). Im Ergebnis wurde nach Abzug eines Sicherheitszuschlags aus den (aufgrund mangelnder Datenverfügbarkeit mit dem Törnquist-Index) ermittelten 2,54 PProzent pa eine generelle Produktivitätssteigerungsrate zwischen 1,5–2 Prozent von der BNetzA vorgeschlagen (Anreizregulierungsbericht Rn. 259 ff., 362), der in der ARegV auch Eingang gefunden hat. Es ist allerdings theoretisch auch vorstellbar, dass irgendwann die allgemeine Produktivitätsrate des Sektors hinter der der Gesamtwirtschaft zurückbleibt, in diesem Fall würde der allgemeine X-Faktor erhöhend auf die Erlösobergrenzen und mithin die Netzentgelte wirken.

Wie bereits kurz ausgeführt (→ Rn. 16) sah der BGH in § 21a Abs. 4 S. 7 und § 21a Abs. 5 EnWG aF **keine ausreichende Verordnungsermächtigung** für die Berücksichtigung eines generellen sektoralen Produktivitätsfaktors, weshalb es sich um eine individuelle Effizienzvorgabe handelt. Diese dürfe sich aber nur auf die beeinflussbaren Kosten beziehen, wohingegen die Verknüpfung des Produktivitätsfaktors (PF_t) in der Regulierungsformel (Anlage 1 zu § 7 ARegV) bedeutet, dass dieser auch „auf die vorübergehend nicht beeinflussbaren Kosten angewendet [wird]" (BGH Beschl. v. 28.11.2011 – EnVR 34/10 Rn. 30 (39)). Der **generelle sektorale Produktivitätsfaktor** konnte erst nach einer Änderung von **§ 21a Abs. 4 S. 7 und Abs. 6 S. 2 Nr. 5 EnWG** (ab Fassung v. 22.12.2011, BGBl. 2011 I S. 3034, → Rn. 16), womit für **§ 9 Abs. 1 ARegV** eine **ausreichende Ermächtigungsgrundlage** geschaffen wurde, **berücksichtigt** werden, was der BGH mit seiner Entsch. v. 31.1.2012 (BGH Beschl. v. 31.1.2012 – EnVR 16/10 Rn. 17ff., hier Rn. 20, NuR 2012, 174 ff.) bestätigte. Mit der Gesetzesänderung und neuen Ausgestaltung von § 9 ARegV wird der „generelle sektorale Produktivitätsfaktor als Korrekturfaktor der allgemeinen Geldentwertung und nicht als Effizienzvorgabe iSd § 21a Abs. 5 EnWG eingeordnet", so dass nun auch die Verknüpfung mit vorübergehend nicht beeinflussbaren Kosten in der Regulierungsformel (Anlage 1 zu § 7 ARegV) nicht mehr zu beanstanden ist (BGH Beschl. v. 31.1.2012 – EnVR 16/10 Rn. 21 f.). Da laut BGH der Gesetzgeber mit **§ 9 ARegV ab Fassung vom 22.12.2011** (BGBl. 2011 I S. 3034) erkennbar wollte, dass der generelle Produktivitätsfaktor für die **gesamte erste Regulierungsperiode** gelten soll, ist dieser **rückwirkend** ab 1.1.2009 als Beginn der ersten Regulierungsperiode anzuwenden (ebd. EnVR 16/10 Rn. 24 ff. mit Verweis auf die Gesetzesmaterialien; vgl. aber krit. insbes. zur Rückwirkung *Pfeifle* NVwZ 2012, 174 (179) Anm. zum Beschl. des BGH v. 31.1.2012 –EnVR 16/10). Im Folgenden bestätigt das Gericht die Rechtmäßigkeit der Festlegung eines pauschalen Werts für den **generellen sektoralen Produktivitätsfaktor** in Höhe von **1,25 Prozent** für die erste Regulierungsperiode nach dem **Törnquist-Index** wie von der Bundesnetzagentur im *Anreizregulierungsbericht* vorgeschlagen (zur weiteren Entwicklung des Produktivitätsfaktors und seiner Ermittlung BerlKommEnergieR/*Groebel* ARegV § 9).

Der „Clou" der Anreizregulierung ist jedoch die Vorgabe **individueller Produktivitätssteigerungsraten** in Abhängigkeit von der **unternehmensspezifischen Effizienz,** die mit Hilfe des **Benchmarking,** dh einem Vergleich der individuellen Effizienz der Netzbetreiber bestimmt wird, § 21a Abs. 5 S. 1. Je nach der bei der Effizienzbewertung erzielten Position wird die individuelle Rate des Unternehmens bestimmt, die aussagt, welche **Effizienzsteigerung** erforderlich ist, um die Effizienz des **Best-Practice-Unternehmens,** dessen Kosten die Messlatte bil-

§ 21 a Teil 3. Regulierung des Netzbetriebs

den, zu erreichen (vgl. hierzu und im Folgenden Anreizregulierungsbericht Rn. 119ff.). Bei der Bestimmung unternehmensindividueller oder gruppenspezifischer **Effizienzziele** auf der Grundlage **eines Effizienzvergleichs** (Benchmarking) sind insbesondere die bestehende Effizienz des jeweiligen Netzbetriebs, objektive strukturelle Unterschiede, die inflationsbereinigte gesamtwirtschaftliche Produktivitätsentwicklung, die Versorgungsqualität und auf diese bezogene Qualitätsvorgaben sowie gesetzliche Regelungen zu berücksichtigen, Abs. 5 S. 1.

III. Effizienzvorgaben (Effizienzziele)

39 Für den **Effizienzvergleich** sind eine Anzahl von **Benchmarking-Methoden** (ökonometrische und statistische Vergleichsanalysen) entwickelt worden (s. den Überblick bei *Franz/Stronzik,* Benchmarking-Ansätze zum Vergleich der Effizienz von Energieunternehmen, WIK-Bericht 2005; *Ajodhia/Petrov/Scarsi* ZfE 2003, 261; *Riechmann/Rodgarkia-Dara* ZfE 2006, 205). Gemeinsam ist allen Ansätzen, dass die Effizienz der Unternehmen miteinander verglichen wird und als Ergebnis des Vergleichs eine **Reihung** der Unternehmen gemäß ihrer erzielten Effizienz erfolgt, die den erreichten Effizienzstand des Unternehmens im Verhältnis zu dem der anderen beschreibt (relativer Effizienzvergleich). Daraus leitet sich die **unternehmensspezifische Effizienzvorgabe** ($X_{individuell}$) ab, wobei es wegen des **Effizienzpostulats,** dessen Gültigkeit sich unmittelbar aus § 21a Abs. 1 und dem Verweis auf § 21 Abs. 2 in § 21a Abs. 4 ergibt, auf den **Abstand** zum **Best-Practice-Unternehmen** auf der **Effizienzgrenze** (Frontier-Betrachtung real-existierender Unternehmen) ankommt. Je größer der Abstand (dh je geringer die eigene Effizienz), desto größer fällt die unternehmensspezifische Effizienzvorgabe (Effizienzsteigerungsziel) aus. Weniger effiziente Unternehmen werden dadurch zu größeren Anstrengungen bei der Kostenreduzierung getrieben (vgl. *Pritzsche/Klauer* emw 2005, 22ff. (24)). Gem. § 21a Abs. 4 S. 6 sind Effizienzvorgaben nur auf den beeinflussbaren Kostenanteil zu beziehen (→ Rn. 50ff.). Nach § 21a Abs. 5 S. 1 sind bei der Ermittlung der Effizienzvorgaben außerdem insbesondere die **bestehende Effizienz** des jeweiligen Netzbetriebs und **objektive strukturell Unterschiede** zu berücksichtigen.

40 **1. Effizienzvergleich.** Für den bundesweiten **Effizienzvergleich** ist deshalb zunächst eine Untersuchung der strukturellen Unterschiede zwischen den Netzbetreibern erforderlich, denn es sollen nur strukturell vergleichbare Unternehmen (und nicht Äpfel mit Birnen) verglichen werden. Dafür sind die Kostentreiber wie zB die Anschlussdichte, transportierte Energiemengen, Besiedlungsstruktur und Bodenbeschaffenheit etc zu identifizieren und diese Einflussfaktoren mit funktionalen Beziehungen (mathematisch) abzubilden (vgl. WIK-Consult, Analyse der Kostentreiber in Strom- und Gasnetzen zur Identifikation geeigneter Benchmarkingparameter aus technischer und wirtschaftlicher Sicht, 3. Referenzbericht Anreizregulierung, 31.3.2006; Anreizregulierungsbericht Rn. 991ff., insbes. Abb. 19 – „Kostentreiberbaum"). Sodann sind die Zusammenhänge zwischen den Variablen (Input- und Outputgrößen) mit Hilfe von **Benchmarkverfahren** zu analysieren sowie die Ergebnisse des Effizienzvergleichs auszuwerten. Diese genauere Erfassung der die Kosten bestimmenden Faktoren und ihrer Zusammenhänge ermöglicht eine wesentlich feinere Vergleichsbetrachtung der einzelnen Netzbetreiber als die grobe Strukturklasseneinteilung des Vergleichsverfahrens nach § 21 Abs. 3 EnWG aF iVm §§ 22ff. StromNEV aF (§§ 21ff. GasNEV aF, → § 21 Rn. 182ff., 184; zur Frage der strukturellen Vergleichbarkeit vgl. auch Holznagel/Schütz/*Laubenstein/v. Rossum*

Regulierungsvorgaben für Anreize für eine effiziente Leistungserbringung § 21a

EnWG § 21a Rn. 133), die zu unscharf ist, wodurch sehr unterschiedliche Netzbetreiber noch in einer Klasse zusammengefasst sind, was die am 24.8.2006 veröffentlichten Ergebnisse des Vergleichsverfahrens, die große Unterschiede innerhalb einer Klasse auswiesen, eindringlich belegen (vgl. ABl. Nr. 17/2006). Auf die Strukturklasseneinteilung kann deshalb verzichtet werden. Die umfassenden und eine große Anzahl von Einflussfaktoren einbeziehenden Analysen gestatten es, **unternehmensindividuelle Effizienzvorgaben** zuverlässig festzulegen, weshalb von der nach § 21a Abs. 2 S. 2 und Abs. 5 S. 1 auch möglichen Festlegung gruppenspezifischer Vorgaben abgesehen werden konnte.

Die BNetzA hielt eine **sofortige Umsetzung** der Ergebnisse des von ihr auf 41 Basis einer bundeseinheitlichen Datenerhebung für alle Netzbetreiber (die Einbeziehung der Gasfernleitungsnetzbetreiber in die Entwicklung des Anreizregulierungskonzepts war laut den Entscheidungen des BGH in den von mehreren Gasnetzbetreibern angestrengten Verfahren gegen die Auskunftsverlangen der BNetzA nach §§ 69, 112a zulässig gewesen (BGH Beschl. v. 19.6.2007 – KVR 16/06 – 18/06, IR 2007, 230f.; vgl. zur Durchführung auch Anreizregulierungsbericht Rn. 153ff.) durchzuführenden Effizienzvergleichs in **Effizienzvorgaben** für geboten. Dabei bilden die nach einheitlicher Berechnungsmethodik aus den Effizienzwerten (Ergebnisse des Effizienzvergleichs) transformierten **unternehmensindividuellen Effizienzziele** die Grundlage der von den zuständigen Regulierungsbehörden (BNetzA/LRB) gegenüber den einzelnen Netzbetreibern (soweit sie unter die Anreizregulierung fallen) zu treffenden Verwaltungsentscheidungen (Anreizregulierungsbericht Rn. 283ff., 326ff.), mit denen die Vorgaben festgelegt werden (→ Rn. 2). Die Effizienzvorgaben sollten so ausfallen, dass „die ermittelten Ineffizienzen am Ende der zweiten Regulierungsperiode vollständig abgebaut sind" (Anreizregulierungsbericht Rn. 374).

Da die ersten beiden Regulierungsperioden laut Anreizregulierungsbericht der 42 BNetzA der Heranführung an das effiziente Niveau dienen, soll die **Aufteilung** der abzubauenden Ineffizienzen (als Differenz zwischen Effizienzwert und 100 Prozent) durch entsprechende Schlüsselung dergestalt vorgenommen werden, dass der Abbau der betriebskostengetriebenen auf die erste Periode, der Abbau der kapitalkostengetriebenen Ineffizienzanteile dagegen bis auf das Ende der zweiten erstreckt wird, wobei sowohl Betriebskosten (OPEX – operational expenditures) als auch Kapitalkosten (CAPEX – capital expenditures) grundsätzlich zu den beeinflussbaren Kostenanteilen gehören (Anreizregulierungsbericht Rn. 287f. und zur Berücksichtigung in der Anreizformel Rn. 337; → Rn. 50ff.). Mit der Aufteilung (zeitlichen Differenzierung) wird § 21a Abs. 5 S. 4 Rechnung getragen, denn sie gestaltet die Vorgabe so, dass sie dem Netzbetreiber mit möglichen und zumutbaren Maßnahmen erreichbar und übertreffbar ist, weil mit den einfacher abzubauenden betriebskostengetriebenen Ineffizienzen begonnen werden soll und für die schwerer abzubauenden Kapitalkosten ein längerer Zeitraum gewährt wird (Anreizregulierungsbericht Rn. 142; krit. hierzu *Balzer/Schönefuß* RdE 2006, 213ff.).

Die große Anzahl und Heterogenität von Netzbetreibern erfordert also einer- 43 seits die sorgfältige Untersuchung der strukturellen Unterschiede. Andererseits bietet gerade die Vielzahl der Netzbetreiber in Deutschland die Möglichkeit, aufgrund der breiten Datenbasis einen **belastbaren Vergleich** durchzuführen und die wissenschaftlichen **Benchmarking-Methoden** ohne die in anderen Ländern in der Regel erforderlichen Simulationsrechnungen anwenden zu können (zum Einsatz der Methoden durch Regulierungsbehörden in anderen Ländern s. Anreizregulierungsbericht Kap. 5 – Berücksichtigung der internationalen Erfahrungen und der

§ 21a Teil 3. Regulierung des Netzbetriebs

spezifischen Gegebenheiten in Deutschland; nach § 112a EnWG sind bei der Erstellung des Anreizregulierungsberichts internationale Erfahrungen mit Anreizregulierungssystemen zu berücksichtigen).

44 **2. Benchmarkingmethoden.** Nachfolgend wird ein Überblick der bekanntesten Benchmarking-Methoden gegeben (Abb. 3 und 4, → Rn. 45) und Vor- und Nachteile der wichtigsten kurz erläutert.

45 Wegen der Vielzahl der zu berücksichtigenden Einflussfaktoren ist eine sog. **totale Methode** (auch multi-dimensionaler Ansatz) und keine partielle (ein-dimensionale) zu verwenden. Wegen des **Effizienzgebots** sind nur sog. **Frontier-Methoden** und keine Durchschnittsbetrachtungen geeignet (vgl. hierzu Anreizregulierungsbericht Rn. 113–130, 827ff., 909; aA *Schaefer/Schönefuß* ZfE 2006, 173ff. (181); zur Anwendung der Methoden vgl. speziell für Elektrizitätsverteilnetze *Jamasb/Pollitt*, International benchmarking and regulation: an application to European electricity distribution utilities, Energy Policy 2003, 1609ff.; *Giannakis/Jamasb/Pollitt*, Benchmarking and Incentive Regulation of Quality of Service: An Application to the UK Electricity Distribution Utilities, Cambridge, CMI Working Paper No. 35 [auch als Cambridge Working Papers in Economics CWPE 0408] 2003; *Edvardsen/Forsund* Resource and Energy Economics 2003, 353ff.; *v. Hirschhausen/Kappeler/Cullmann*, Efficiency analysis of German Electricity Distribution Utilities – Non-parametric and Parametric Tests, Discussion Paper TU Dresden/DIW Berlin, März 2005; *Stern* Utilities Policy 2005, 273ff.; *Shuttleworth* Utilities Policy 2005, 310ff.; speziell für Gasverteilnetze [die Methoden teilweise in Frage stellend] *Höhn/Wagner/Ludwig/Scheidtmann/Mastenbroek/Rohde/Haas* emw 4/2005, 16ff.).

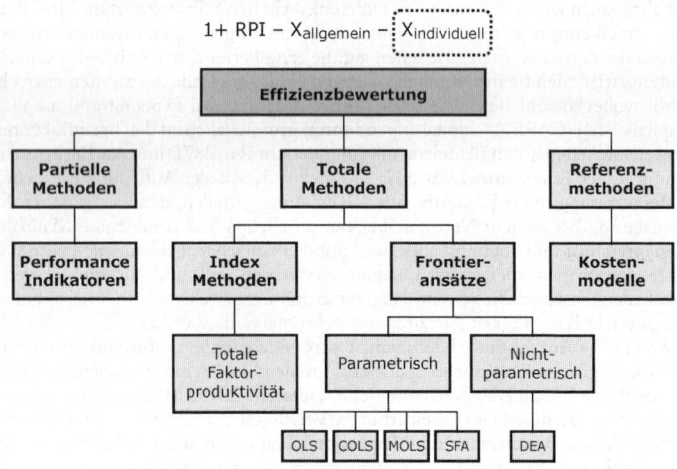

Abb. 3: Benchmarking-Verfahren (1)

Regulierungsvorgaben für Anreize für eine effiziente Leistungserbringung **§ 21 a**

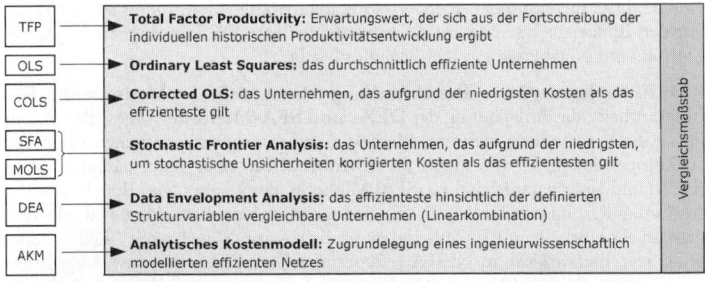

Abb. 4: Benchmarking-Verfahren (2)

Bei den Frontier-Methoden wird die Effizienz in Bezug zu einem **Frontier-** 46 **Unternehmen,** dh einem Unternehmen auf der **Effizienzgrenze,** dessen Effizienzwert mit 100 Prozent normiert wird, gemessen. Weniger effiziente Unternehmen erhalten folglich einen Effizienzwert kleiner 100 Prozent. Da nur die relative Effizienz gemessen wird, bleiben Ineffizienzen des Frontier-Unternehmens außerhalb der Betrachtung, dh werden letztlich hingenommen (kein absoluter Effizienzvergleich). Als (je „Kurve") gegeben wird auch der Stand der Technik unterstellt, dh technischer Fortschritt verschiebt die Effizienzgrenze nach außen, weil die Faktoren insgesamt ergiebiger eingesetzt werden können (→ Rn. 36; → § 21 Rn. 67). Bei gegebenem Stand der Technik gibt es nur eine Effizienzgrenze für alle, individuell ist der Abstand zu dieser Effizienzgrenze, der die erforderlichen Anpassungsanstrengungen des einzelnen Netzbetreibers beschreibt und mit dem Effizienzziel die notwendige Steigerungsrate vorgibt, mit der er sich auf die Effizienzgrenze zu bewegen muss (Anreizregulierungsbericht Rn. 329, 340; zum Effizienzbegriff und zur einheitlichen Effizienzkurve im Telekommunikationssektor s. BerlKomm-TKG/*Groebel* § 31 Rn. 23).

Bei den **parametrischen Frontiermethoden** wird vorab auf Basis von Annah- 47 men über den funktionellen Zusammenhang zwischen Input (Aufwand/Kosten) und Output (Leistung) eine Kostenfunktion gebildet, bei der durch eine ökonometrische Analyse für jeden Kostenfaktor ein Parameter ermittelt wird, der dessen Einfluss (die Gewichtung) auf die Kostengröße ausdrückt. Bekannt ist hier vor allem die sog. **Stochastische Effizienzgrenzen-Analyse** (SFA). Diese Methode setzt auf der statistischen Methode der kleinsten [Fehler-]Quadrate (OLS) auf, wobei eine konsistente statistische Korrektur der Effizienzgrenze erfolgt, dh letztlich zufällige exogene Schocks und Ineffizienzen getrennt und letztere herausgerechnet werden. Eine der bekanntesten und häufig verwendeten **nicht-parametrischen Me-**

thoden ist die **Dateneinhüllungsanalyse** (DEA). Sie ist eine Methode der linearen Programmierung, bei der die Effizienzgrenze mittels Linearkombination, die das bestmögliche Verhältnis zwischen Input und Output (Effizienz) darstellt, bestimmt wird. Sie kann inputorientiert als **Minimalkombination,** dh minimaler Input bei gegebenem Output oder bei Maximierung, dh maximaler Output bei gegebenem Input, outputorientiert angegeben werden (vgl. zur DEA auch *Poddig/Varmaz,* Data Envelopment Analysis und Benchmarking, Controlling 2005, 565 ff.). Für den Effizienzvergleich wird die **inputorientierte DEA** herangezogen, da der Output vom Netzbetreiber nicht beeinflussbar ist.

48 **3. Komplementäres Benchmarking (ausgewählte Methoden).** Die BNetzA hatte die Anwendung der **DEA- und SFA-Methode** vorgeschlagen, um durch die Verwendung mehrerer Methoden die jeweiligen spezifischen Nachteile zu kompensieren, so dass durch die **Kombination** einer nicht-parametrischen (DEA) und einer parametrischen (SFA) Methode (komplementäres Benchmarking, Anreizregulierungsbericht Rn. 914 ff.) die Ergebnisse belastbar sind und ein Höchstmaß an Robustheit und Zuverlässigkeit erreicht wird (Sprechzettel PK 2.5.2006, S. 11; krit. hierzu *Kraus* in NERA – Economic Consulting, Incentive Regulation For German Energy Network Operators, Energy Regulation Insights, Issue 30, July 2006, abrufbar unter: www.nera.com; ebenfalls teilweise methodenkritisch *Schaefer/Schönefuß* ZfE 2006, 173 ff. (177 ff.)). Damit wurde sichergestellt, dass eine geringfügige Änderung einzelner Parameter der zugrunde gelegten Methode nicht zu einer, insbesondere im Vergleich zur Bedeutung, überproportionalen Änderung der Vorgaben führt, § 21a Abs. 5 S. 5. **Ergänzend** wird als Referenzmethode (s. Abb. 3, → Rn. 45) auf **analytische Kostenmodelle** (AKM) zurückgegriffen, bei denen die Kosten *bottom-up* auf Basis eines ingenieurswissenschaftlich modellierten effizienten Netzes (kostenoptimales **Modellnetz**) berechnet werden. Je nach dem gewählten Ansatz – reiner *„Greenfield"*-Ansatz, bei dem ein Netz idealtypisch „auf der grünen Wiese" errichtet wird oder *„Scorched-node"*-Ansatz, bei dem bestimmte Gegebenheiten wie zB die Lokationen der Netzknoten (nicht die Anzahl) des bestehenden Netzes in das Modell übernommen (und nicht mit dem Modellalgorithmus optimiert) werden, – weist das Modell eine kleinere oder größere Realitätsnähe auf (vgl. hierzu auch *Kühling* N&R 2004, 12 ff. (15 f.)). Mit einem (detailgenaueren) **Referenznetz** wird für ein gegebenes Versorgungsgebiet ein Optimalnetz entworfen (Anreizregulierungsbericht Rn. 873).

49 Im Hinblick auf den Einsatz **analytischer Kostenmodelle** kann die BNetzA ihre langjährige Erfahrung bei der **telekommunikationsrechtlichen Entgeltregulierung** nutzen, denn hier wird zB bei der Kalkulation des Entgelts für den Zugang zur entbündelten Teilnehmeranschlussleitung seit Längerem das AKM für das Anschlussnetz, bei dem es sich um ein *Scorched-node*-Modell handelt, herangezogen. Auch werden Kostenmodelle explizit als Methode in § 35 Abs. 1 Nr. 2 TKG genannt (vgl. hierzu ausf. BerlKommTKG/*Groebel* § 35 Rn. 25–36; → § 21 Rn. 25, 72). Das Vorgehen bei der Verwendung eines AKM ist nachfolgend in Abb. 5 dargestellt.

Regulierungsvorgaben für Anreize für eine effiziente Leistungserbringung § 21 a

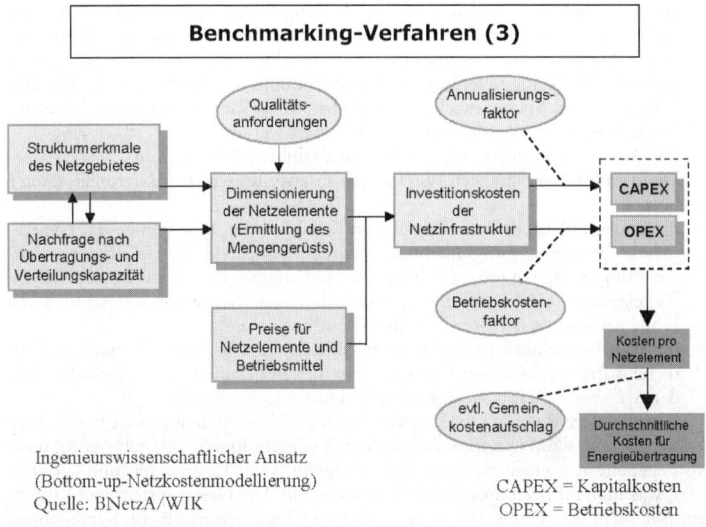

Abb. 5: Analytische Kostenmodelle

D. Beeinflussbare und nicht beeinflussbare Kostenanteile (Abs. 4)

Es wurde bereits mehrfach darauf hingewiesen, dass § 21a Abs. 4 S. 6 vorschreibt, **50** dass Effizienzvorgaben nur auf die beeinflussbaren Kostenanteile zu beziehen und dass gem. § 21a Abs. 4 S. 1 bei der Ermittlung der Obergrenzen beeinflussbare und nicht beeinflussbare Kostenanteile zu unterscheiden sind. Es ist deshalb zu klären, welche **Kostenanteile beeinflussbar** und welche **nicht beeinflussbar** sind. Als nicht beeinflussbare Kostenanteile hat der Gesetzgeber **insbesondere** Kostenanteile gezählt, die auf
– nicht zurechenbaren strukturellen Unterschieden der Versorgungsgebiete,
– gesetzliche Abnahme- und Vergütungspflichten,
– Konzessionsabgaben und Betriebssteuern
beruhen, § 21a Abs. 4 S. 2. Nach der Einfügung von **§ 21a Abs. 4 S. 3** (neu) durch das Gesetz zur Beschleunigung von Planungsverfahren für Infrastrukturvorhaben vom 9.12.2006 (BGBl. Nr. 59/2006 I S. 2833) gelten auch
– **Mehrkosten** eines nach § 43 S. 1 Nr. 3 u. S. 3 EnWG aF (= § 43 Abs. 1 S. 1 Nr. 2 u. Abs. 2 S. 1 Nr. 2 EnWG 2021) planfestgestellten **Erdkabels** gegenüber einer Freileitung als **nicht beeinflussbare Kostenanteile** (→ Rn. 69). Dies stellt sicher, dass die zur Netzanbindung von Offshore-Anlagen iSd § 10 Abs. 3 S. 1 EEG aF (Offshore-Windparks) aus der Verlegung von Erdkabeln, die als Teil des Netzes der Anreizregulierung unterliegen, entstehenden zT beträchtliche Mehrkosten in die Obergrenzenermittlung als nicht beeinflussbare Kostenanteile eingehen, um zum einen zu verhindern, dass durch eine Schlechterstellung im Effi-

zienzvergleich der ohnehin mühsame Leitungsbau erschwert würde, und zum anderen um sicherzustellen, dass „eine gleichmäßige Verteilung der Kosten der Netzanbindung von Offshore-Anlagen unter allen Übertragungsnetzbetreibern erfolgt" (Beschlussempfehlung und Begründung des BT-Ausschusses für Verkehr, Bau und Stadtentwicklung, BT-Drs. 16/3158, 44) und mithin über die Netzentgelte von allen Netznutzern finanziert werden.

Die ARegV sieht in § 11 weitere Kosten als dnbK vor (→ Rn. 74).

Diese Aufzählung lässt sich systematisch in zwei Kategorien unterteilen (Abs. 6 S. 2 Nr. 7):

- die **dauerhaft nicht beeinflussbaren** Kostenanteile, zu denen gesetzliche Abnahme- und Vergütungspflichten, Konzessionsabgaben, Betriebssteuern, Aufwendungen für vorgelagerte Netze sowie verfahrensregulierte Kosten (zB für Regelenergie, § 23) und Erlöse gehören, dh Kosten, die weder der Art noch der Höhe nach durch den Netzbetreiber beeinflussbar sind;
- die **vorübergehend nicht beeinflussbaren** Kostenanteile, die auf nicht zurechenbaren strukturellen Gebietsunterschieden beruhen, dh Kosten, die nicht der Art, aber der Höhe nach bestimmt sind.

51 Diese letztere Kategorie ist kostenrechnerisch nicht eindeutig einer bestimmten Kostenart oder Kostenposition zugeordnet. Vielmehr finden sich gebietsstrukturell vorgegebene Kostenanteile in den unterschiedlichsten Kostenarten und -positionen, was auch für beeinflussbare Kostenanteile gilt. Das Gesetz spricht von Kosten*anteilen*, nicht von Kosten*arten*, so dass sich eine Gleichsetzung zB von Kapitalkosten mit nicht beeinflussbaren Kostenanteilen verbietet. **Vorübergehend nicht beeinflussbare Kostenanteile** sind die auf exogenen, gebietsstrukturellen, unvermeidbaren Gegebenheiten (wie zB der Topologie) beruhenden Kostenanteile, die **jeden anderen Netzbetreiber im gleichen Netzgebiet in gleicher Weise betreffen würden.** Das bedeutet, dass auch für diese Kostenanteile die für diese Gegebenheiten effizienten (und nicht jedwede) Kosten erreicht werden müssen, mithin der Effizienzvorgabe unterfallen, da sie (nur *vorübergehend* nicht) beeinflussbar sind. Bestehende Ineffizienz kann also nicht mit gebietsstrukturellen Gegebenheiten begründet werden, auch für diese Gegebenheit gibt es eine kostenminimale Produktionsweise, die zu wählen ist, dh die Inputfaktoren sind optimal einzusetzen (so auch *Säcker* (2006), S. 6; → § 21 Rn. 67).

52 **Beeinflussbare Kostenanteile** sind dann alle Kosten, an deren Entstehung das Unternehmen in irgendeiner Weise beteiligt war, dh alle Kosten, die durch Entscheidungen des jeweiligen Netzbetreibers beeinflusst werden. Darunter fallen insbesondere auch und ohne zeitliche Begrenzung hinsichtlich ihres Entstehens **Kapitalkosten**, die durch Investitionsentscheidungen, die der Netzbetreiber (in der Vergangenheit) getroffen hat, entstehen. Diese sind keineswegs unbeeinflussbar, dh vor allem auch, dass Folgekosten aus Übermaß-/Fehlinvestitionen nicht außen vor bleiben, sondern von den **Effizienzvorgaben** erfasst werden. Kalkulatorische Kosten für bestehendes Anlagevermögen sind somit einer Bewertung, insbesondere auch einer Wertberichtigung, zugänglich und können vom Netzbetreiber beeinflusst werden (vgl. Anreizregulierungsbericht Rn. 14f., 58ff.; dazu auch ausf. → § 21 Rn. 101ff., 136ff.; aA *Balzer/Schönefuß* RdE 2006, 213ff. (215ff.); *Schaefer/Schönefuß* ZfE 2006, 173ff. (180f.); ebenso *May* IR 2006, 184f.). Wären die Kapitalkosten der Effizienzvorgabe entzogen, würden ineffizient hohe Kapitalkosten aufgrund von Fehlentscheidungen perpetuiert. Mithin greift dies auch nicht in die Eigentumsgarantie nach Art. 14 GG ein, denn wie *Säcker* treffend formuliert gab es „keine Freiheit, überhöhte Kosten ... zu „produzieren" (*Säcker* (2006), S. 8; *Säcker*,

Regulierungsvorgaben für Anreize für eine effiziente Leistungserbringung **§ 21 a**

AöR 2005, 180 ff. (206 ff.); vgl. zur Nichttangierung von Art. 14 GG auch Anreizregulierungsbericht Rn. 70 ff.; sowie → § 21 Rn. 126 und die Rspr., zB OLG Düsseldorf Beschl. v. 9.5.2007 – VI-3 Kart 289/06 (V), S. 15 f. des amtl. Umdrucks = RdE 2006, 307; vgl. auch Holznagel/Schütz/*Laubenstein*/*v. Rossum* EnWG § 21 a Rn. 160 f.).

Es würde dem **Gesetzeszweck** im Allgemeinen und dem **Zweck der Anreiz-** 53 **regulierung** im Besonderen zuwiderlaufen, wenn Ineffizienzen nicht abgebaut werden müssten, vor allem weil wegen der hohen Kapitalintensität von Netzindustrien damit nur noch ein kleiner Teil der Effizienzsteigerungsvorgabe unterfiele und somit das Ziel, einen wettbewerbsähnlichen Zustand zu erreichen, ausgehöhlt (wenn nicht sogar ganz verfehlt) würde (s. zur Erforderlichkeit dieser Maßnahmen auch die prinzipiellen Überlegungen bei → § 21 Rn. 137 ff.). Dies gilt auch, wenn und obwohl der Netzausbaubedarf der Transportnetzbetreiber in hohem Maße durch eine staatliche Aufsicht der Bedarfsplanung (§§ 12 a ff. und §§ 15 a ff.) festgestellt wird. Auch im Wettbewerb gibt es keine Garantie auf Rückfluss der investierten Mittel trotz sorgfältiger Planung, das unternehmerische **Risiko**, das jeder Investitionsentscheidung innewohnt, wird über den **Eigenkapitalzinssatz** bzw. die Risikoprämie abgedeckt. Gem. § 7 Abs. 6 S. 1 Strom-/GasNEV legt die Behörde nach Inkrafttreten der Anreizregulierung den Eigenkapitalzinssatz fest. Dies muss im **Kontext** zu den **kapitalkostenbezogenen Effizienzvorgaben** gesehen werden, weshalb die BNetzA vorschlug, dass die Festlegung für die Länge der Regulierungsperiode getroffen wird (Anreizregulierungsbericht Rn. 297, 741; vgl. auch *Säcker* AöR 2005, 180 ff. (205); 210 ff.). In welchem Umfang und in welcher Geschwindigkeit Ineffizienzen, die in beeinflussbaren Kostenanteilen enthalten sind, abzubauen sind, ist eine Frage der **Zumutbarkeit** (§ 21 a Abs. 5 S. 4) (→ Rn. 55).

Für beide – nicht beeinflussbare und beeinflussbare Kostenanteile gilt der **Effizi-** 54 **enzmaßstab**, denn es wird in § 21 a ausdrücklich auf § 21 Abs. 2 Bezug genommen, dh beide müssen den Kosten eines effizienten und strukturell vergleichbaren Netzbetreibers genügen und es dürfen bei der Berechnung keine Kosten und Kostenbestandteile, die sich ihrem Umfang nach im Wettbewerb nicht einstellen würden, berücksichtigt werden (dazu ausf. → § 21 Rn. 66 ff.). Durch Zugrundelegung des **Effizienzmaßstabs** nach § 21 Abs. 2 bei der Ermittlung der nicht beeinflussbaren Kostenanteile und des Ausgangsniveaus der beeinflussbaren Kostenanteile (zu Beginn einer Regulierungsperiode, § 21 a Abs. 4 S. 5), auf dem die **Effizienzvorgaben** aufsetzen, greifen § 21 und § 21 a nahtlos ineinander und es erfolgt **durchgängig** eine effizienzorientierte Entgeltregulierung. Es gibt mithin weder Lücken (Fortbestehen von Ineffizienzen) noch Doppelungen, dh eine zweifache Berücksichtigung ist ausgeschlossen, denn „in der Kostenprüfung aberkannte Kostenpositionen können im Effizienzvergleich naturgemäß gar nicht mehr zu höheren Effizienzvorgaben ... führen" (Anreizregulierungsbericht Rn. 139). Für die Effizienzvorgaben sowohl der beeinflussbaren Kostenanteile wie der nur vorübergehend nicht beeinflussbaren, die umfasst sind, gilt, dass für diese Kategorien die **effizienten Kosten** die – mit zumutbaren Maßnahmen – anzustrebende Größe bilden. Da diese Kostenanteile **beeinflussbar** sind, sind die Netzbetreiber hierzu dem Grunde nach fähig, sie *können* Maßnahme zur Effizienzsteigerung durchführen. Es kommt auf die **abstrakte** Möglichkeit der **Beeinflussbarkeit** durch den jeweiligen (einzelnen) Netzbetreiber an, § 21 a Abs. 4 S. 1 (vgl. Anreizregulierungsbericht Rn. 68; aA *Ruge* IR 2006, 122 ff., der offenbar den Begriff „beeinflussbar" wegen der darin enthaltenen zeitlichen Komponente mit „erreichbar" gleichsetzt, *Ruge* IR 2006, 124; s. auch *Balzer*/*Schönefuß* RdE 2006, 213 ff. (215); *Schaefer*/*Schönefuß* ZfE 2006, 173 ff. (179 f.)).

§ 21 a   Teil 3. Regulierung des Netzbetriebs

E. Maßnahmen zur Effizienzsteigerung (Abs. 5)

I. Zumutbare Maßnahmen (Abs. 5 S. 4)

55   Es darf nichts verlangt werden, was **objektiv unmöglich** ist (keine Überforderung, vgl. auch Hempelmann-Bericht, BT-Drs. 15/5268, 120) und es gilt, das Übermaßverbot zu beachten, dh es dürfen keine Effizienzvorgaben gesetzt werden, die die Unternehmen zwangsläufig in die Insolvenz treiben würden. **Zumutbare Maßnahmen** bedeutet deshalb, dass die Grenze für die zumutbaren Effizienzvorgaben so gesetzt wird, dass ein Unternehmen unter **Ausschöpfung aller Rationalisierungspotentiale** Erlöse erzielen kann, die auf oder über den Selbstkosten liegen. Es kann gleichzeitig auch keine Bestandsgarantie jedes Einzelunternehmens bei wirtschaftlich schlechter oder ineffizienter Betriebsführung geben. Als zumutbare Maßnahmen werden in der Literatur auch Änderungskündigungen bestehender Verträge sowie Netzkooperationen vertreten (vgl. zB *Säcker* (2006), S. 8).

II. Erreichbarkeit und Übertreffbarkeit (Abs. 5 S. 4)

56   Da mit dem sich auf der Effizienzgrenze befindenden **Best-Practice-Unternehmen** gezeigt wird, dass das **effiziente Kosten/Leistungs-Verhältnis** realisiert wird, ist die **Erreichbarkeit** und **Übertreffbarkeit** gem. § 21 a Abs. 5 S. 4 sichergestellt (Anreizregulierungsbericht Rn. 15, 98 ff., 106 ff., 111 ff.). Wenn ein real existierender Netzbetreiber in der Lage ist, dieses Maß an Effizienz zu realisieren, ist dies auch anderen möglich und es wird ergo von den anderen Unternehmen nichts objektiv Unmögliches verlangt. Da es sich insgesamt („nur") um einen relativen Effizienzvergleich bestehender Unternehmen handelt, kann auch das – jetzt (zum Zeitpunkt der Messung) effiziente Frontier-Unternehmen seine Effizienz (absolut) noch steigern, mithin sind die Vorgaben auch prinzipiell übertreffbar. Methodisch wird dies zum einen mit einer entsprechenden Ausgestaltung des Effizienzvergleichs sichergestellt sowie zum anderen bei der Umsetzung der Ergebnisse über die Einbeziehung der **Bestabrechnung,** dh aus den beiden vorgeschlagenen Methoden (SFA, DEA) wird zur Bestimmung der Effizienzziele die bestgeeignete komplementäre Kombination ausgewählt (Anreizregulierungsbericht Rn. 111, 275, 1239).

57   Von Netzbetreiberseite ist kritisiert worden, dass die **Erreichbarkeit und Übertreffbarkeit** eine **Einzelfallbetrachtung** erfordere und die grundsätzliche Erreichbarkeit und Übertreffbarkeit mittels der Methodik nicht ausreiche (vgl. stellvertretend *Balzer/Schönefuß* RdE 2006, 213 (215 f.)). Diese Kritik geht indessen doppelt fehl. Denn zum einen ist die geforderte Einzelfallbetrachtung sowohl bei der Ermittlung des Ausgangsniveaus als auch bei der Berechnung unternehmensindividueller Effizienzvorgaben, die die Berücksichtigung insbesondere der „bestehenden Effizienz des *jeweiligen* Netzbetriebs" erfordern, § 21 a Abs. 5 S. 1 (→ Rn. 25) bereits dort erfolgt, wo sie gesetzlich vorgeschrieben ist. Zum anderen sieht das Gesetz an dieser Stelle **eine Einzelfallbetrachtung nicht zwingend vor,** wie der „pauschale" Verweis auf „die *betroffene Gruppe* von Netzbetreibern ...", die eindeutig nicht mehr nach dem *einzelnen* Netzbetreiber unterscheidet, sondern diese als (homogene) Einheit betrachtet, für die hinsichtlich der Maßnahmen keine individualisierte Betrachtung mehr erfolgt, zeigt. Für die Gruppenmitglieder wird also die Einheitlichkeit der Maßnahmen unterstellt. Mithin ist es ausreichend, die

Regulierungsvorgaben für Anreize für eine effiziente Leistungserbringung § 21a

Erreichbarkeit und Übertreffbarkeit methodisch abzusichern (→ Rn. 56), weil dann unterstellt werden kann, dass alle (betroffenen) Netzbetreiber grundsätzlich in der Lage sind, das geforderte Effizienzniveau mit den ihnen möglichen und zumutbaren Effizienzsteigerungsmaßnahmen zu erreichen, dh die gesetzlich vorgegebenen Bedingungen der Erreichbarkeit und Übertreffbarkeit erfüllt sind. Normativ macht § 16 Abs. 2 ARegV deutlich, dass Ergebnisse des Effizienzvergleichs zu **individuellen Härten** führen können und sieht dafür ein besonderes Härtefallverfahren vor (OLG Düsseldorf Beschl. v. 21.7.2010 – 3 Kart 184/09, BeckRS 2010, 27913; → Rn. 106).

Bezüglich der Erreichbarkeit und Übertreffbarkeit wird also – anders als bei der 58 Beeinflussbarkeit und der bestehenden Effizienz – nicht mehr auf den *jeweiligen* (einzelnen), sondern auf den bzw. die *betroffenen* (jeden) Netzbetreiber abgestellt. Im Übrigen bleibt es den einzelnen Netzbetreibern unbenommen, das Gegenteil (die objektive Unmöglichkeit) nachzuweisen, wobei der Netzbetreiber dann die „Ausschöpfung aller Rationalisierungspotentiale" nachweisen muss, bevor er sich auf die **Unzumutbarkeit** berufen kann (§ 16 Abs. 2 ARegV, dazu OLG Düsseldorf Beschl. v. 21.7.2010 – 3 Kart 184/09, Ziffer 3.3.1, BeckRS 2010, 27913). Der Nachweis setzt ebenfalls voraus, dass das Bemühen zur Erreichung der Effizienzziele gescheitert ist. Ein Antrag nach § 16 Abs. 2 ARegV kann daher nicht gleich zu Beginn der Regulierungsperiode gestellt werden, nach dem der Effizienzwert feststeht. Es muss einige Zeit und erforderliche Maßnahmen zur Kostensenkung vergangen sein (Holznagel/Schütz/*Albrecht/Mallossek/Petermann* ARegV § 16 Rn. 21).

§ 21a Abs. 5 S. 4 besagt, dass die Effizienzvorgaben erreich*bar* und übertreff*bar* 59 sein müssen, dh die **Möglichkeit** muss (objektiv) bestehen, aber es gibt andererseits auch keine **Garantie,** dass das Unternehmen sie auch realisiert, denn die Anpassungsmaßnahmen und deren Gestaltung bleiben ihm überlassen. Dh es ist nicht Aufgabe der Behörde, den einzelnen Unternehmen konkrete Maßnahmen aufzuzeigen (kein Mikromanagement durch die Behörde). Der „Witz" der Anreizregulierung besteht ja gerade in der Einräumung größerer unternehmerischer Freiräume als im Falle der Einzelentgeltgenehmigung mit individueller Kostenprüfung. Dies bildet den Wettbewerb mit Chancen und Risiken ab (→ § 21 Rn. 139). Dh es werden **Anreize für effizientes Handeln** gesetzt (§ 21a Abs. 1 aE), den Akteuren bleibt es – wie im Wettbewerb – selbst überlassen, welche Maßnahmen sie zur Zielerreichung (Effizienzsteigerung) ergreifen.

F. Qualitätsregulierung (Abs. 5 S. 2 und 3)

Ziel der **Qualitätsregulierung** (§ 21a Abs. 5 S. 2) ist es, zu vermeiden, dass Kos- 60 teneinsparungen zulasten der Qualität gehen, denn die Versorgungszuverlässigkeit spielt eine zentrale Rolle in der deutschen Energienetzwirtschaft (vgl. zB *Cohnen/ Wagner* emw 1/2005, 26; s. auch *Salje* EnWG § 21a Rn. 11). Die Sicherstellung der Versorgungszuverlässigkeit ist deshalb eine wichtige Nebenbedingung im Rahmen des Gesamtkonzepts (vgl. *E-Bridge Consulting/The Brattle Group/ECgroup,* Konzept einer Qualitätsregulierung, 4. Referenzbericht Anreizregulierung, 7.4.2006; Anreizregulierungsbericht Kap. 6, Rn. 558 ff.; allg. zur Qualitätsregulierung zB *Ajodhia/Hakvoort* Utilities Policy 2005, 211 ff.). Im Allgemeinen werden die vier Qualitätsdimensionen technische Sicherheit, Produktqualität, Servicequalität und Netzzuverlässigkeit unterschieden (vgl. auch *Schaefer/Schönefuß* ZfE 2006, 173 ff. (176 f.)). Für die Qualitätsregulierung wurde initial ebenfalls ein **Zwei-**

§ 21a Teil 3. Regulierung des Netzbetriebs

Phasen-Konzept vorgeschlagen (Anreizregulierungsbericht Rn. 19 ff., 220 ff., 616 ff.).

61 Zunächst soll in der ersten Regulierungsperiode die bestehende Qualität mittels einer **Bonus-/Malus-Regelung** für über-/unterdurchschnittliche Versorgungsqualität sichergestellt werden, wozu ein sog. **Qualitätselement** in die Anreizformel eingebaut ist. Bei anhand bestimmter **Netzzuverlässigkeitskenngrößen** (Dauer und Häufigkeit von Versorgungsunterbrechungen, nicht gelieferte Energie und nicht gedeckte Last; mangels belastbarer Daten im Gasbereich wird die Regelung nur für den Strombereich vorgeschlagen) nachgewiesener überdurchschnittlicher Versorgungsqualität werden Zuschläge zu den erlaubten Erlösen (Bonus) gewährt, bei unterdurchschnittlicher Qualität Abzüge (Malus) angesetzt, § 21a Abs. 5 S. 3. Für den Strombereich werden Standards für die durchschnittliche Versorgungsqualität vorgegeben, wobei ein Mindestqualitätsniveau gesetzt und die Abzüge auf max. 2 Prozent begrenzt werden (s. Abb. 6).

62
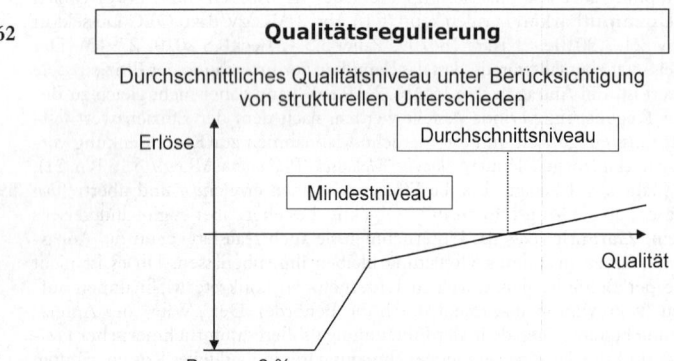

Abb. 6: Qualitätsregulierung

Begleitend war eine Veröffentlichung der erreichten **Qualitätskenngrößen** (Kundenstandards für die Servicequalität für Strom- und Gasbereich, Kompensationszahlungen bei deutlichen Qualitätsmängeln im Einzelfall) vorgesehen sowie ein **Monitoring** des Investitionsverhaltens (Anlagenregister) geplant, um sicherzustellen, dass die für den **Erhalt der Versorgungsqualität** erforderlichen **Erweiterungs- und Umstrukturierungsinvestitionen** von den Netzbetreibern durchgeführt werden (Anreizregulierungsbericht Rn. 577 ff.). Diese Erweiterungsinvestitionen (zB Anschluss neuer Wohn- oder Gewerbegebiete an das Gas- oder Stromnetz im Versorgungsgebiet) der **Verteilnetzbetreiber** sollten in der Anreizformel mit dem Erweiterungsfaktor berücksichtigt werden (→ Rn. 28), der die erlaubte Erlösobergrenze entsprechend der Zunahme der Anschlusspunkte, der versorgten Fläche und der Hauptlast anhebt.

63 Ab der **zweiten Regulierungsperiode** war die Einführung der sog. **integrativen Qualitätsregulierung** vorgesehen, dh die Qualität sollte direkt in das Effizienzbenchmarking mit einbezogen werden, was anfangs aufgrund der Datenlage jedenfalls noch nicht möglich war. Dieser Ansatz bot gegenüber der getrennten Berücksichtigung über die zwei Faktoren Qualitätselement und Erweiterungsfaktor in

der Anreizformel während der ersten Periode den systematischen Vorteil, dass alle Wechselbeziehungen zwischen Strukturmerkmalen, Versorgungsqualität und Kosteneffizienz methodisch vollständig erfasst werden können. Für das richtige Setzen der Anreize zur Effizienzsteigerung dürfen nämlich diese Wechselbeziehungen nicht vernachlässigt oder außer Acht gelassen werden. Insbesondere sind die Größen weder losgelöst voneinander („Verabsolutierung" der Versorgungszuverlässigkeit) noch als Gegensatzpaar (Effizienz vs. Versorgungsqualität) zu betrachten, sondern diese sind miteinander vereinbar und eine definierte Versorgungsqualität ist kosteneffizient zu erbringen (zum Verhältnis von Kosten und Versorgungszuverlässigkeit → § 21 Rn. 68).

G. Yardstick-Regulierung

Ab der dritten Regulierungsperiode schlug die BNetzA in ihrem Bericht zur 64
Einführung der Anreizregulierung dann die Anwendung eines reinen **Yardstick-Systems** (Vergleichswettbewerb) vor, das das wettbewerbsähnlichste System ist und damit die stärkste Anreizwirkung entfaltet. Die zulässigen Netzerlöse sind von den eigenen Kosten des Unternehmens losgelöst und es wird nur ein unternehmensindividueller X-Faktor (Effizienzziel) auf Basis des Effizienzvergleichs vorgegeben. Damit schließt sich der Kreis, denn die Vorgabe orientiert sich an der Produktivitätsentwicklung der übrigen Unternehmen der Branche, maW den Kosten der effizienten Leistungserbringung (vgl. Anreizregulierungsbericht Rn. 341 ff.) oder der „Kostensituation [in] der „Konkurrenz" (vgl. Anreizregulierungsbericht Rn. 144 ff., 148). Auch in ihrem **Evaluierungsbericht nach § 33 ARegV** vom 21.1.2015 (www.bundesnetzagentur.de/SharedDocs/Downloads/DE/Allgemeines/Bundesnetzagentur/Publikationen/Berichte/2015/ARegV_Evaluierungsbericht_2015.pdf?__blob=publicationFile&v=3) bleibt die BNetzA bei einer positiven Sicht der Yardstick-Regulierung, sieht aber von einer Einführung in der dritten Regulierungsperiode ab, sondern empfiehlt mit ihrem Modell der **Anreizregulierung 2.0** Anpassungen im Rahmen der bestehenden Systematik, um die Anreizregulierung „energiewendetauglich" weiterzuentwickeln, also einen **evolutorischen Ansatz** (vgl. BNetzA Evaluierungsbericht 2015, S. 433 ff., 437, 460; vgl. auch Holznagel/Schütz/*Laubenstein/v. Rossum* EnWG § 21 a Rn. 127 sowie BerlKommEnergieR/*Meinzenbach* EnWG § 21 a Rn. 47 ff.).

H. Die Anreizregulierungsverordnung

I. Empfehlungen für die Anreizregulierungsverordnung (Abs. 6)

In **Kapitel 3** des *Anreizregulierungsberichts* fasste die BNetzA ihr Gesamtkonzept 65
für ein Anreizregulierungssystem mit allen (inhaltlichen) Elementen sowie den Verfahrensvorschriften in den **Empfehlungen** für die **Anreizregulierungsverordnung** (ARegV) nach § 21a Abs. 6 zusammen (vgl. Anreizregulierungsbericht Rn. 344 ff.). Nach dem Vorschlag der BNetzA soll sich die Anreizverordnung in folgende fünf Teile gliedern:
– Allgemeine Vorschriften
– Allgemeine Bestimmungen zur Anreizregulierung
– Besondere Bestimmungen zur Anreizregulierung

§ 21a

- Befugnisse, Verfahren und Zuständigkeiten
- Schlussvorschriften

66 Im Teil „Allgemeine Bestimmungen zur Anreizregulierung" sind die oben erläuterten Elemente des **Gesamtkonzepts** enthalten (§ 21a Abs. 6 S. 1 Nr. 2):
- Regulierungsperiode
- Erlösobergrenzen und Anreizformel
- Kostenprüfung
- Festlegung der Netzentgelte
- Vorgaben für Erlösobergrenzen
- Effizienzvorgaben
- Sicherstellung der Versorgungsqualität

67 Der Teil „Besondere Bestimmungen zur Anreizregulierung" enthält die Sonderbestimmungen für Transport- und Fernleitungsnetzbetreiber (§ 21a Abs. 6 S. 2 Nr. 2 und 8). Der Teil „Befugnisse, Verfahren und Zuständigkeiten" betrifft ua die **Durchführungsbestimmungen** für die erforderliche bundesweite Datenerhebung (insbesondere) zur Durchführung des Effizienzvergleichs (§ 21a Abs. 6 S. 2 Nr. 10) (vgl. auch Anreizregulierungsbericht Rn. 153ff.). Hier sah die BNetzA vor, dass ihr die Ermittlungsbefugnisse des EnWG zustehen sollten (vgl. Anreizregulierungsbericht Rn. 388). Es sollte klargestellt werden, dass zur Durchführung des Effizienzvergleichs auch Daten von nicht der kostenorientierten Entgeltbildung unterliegenden Netzbetreibern erhoben werden können (→ Rn. 41), die für eine vollständige Abbildung der Effizienzsituation, dh einen vollständigen Effizienzvergleich, erforderlich sind. Angesichts der negativen Erfahrungen (gerichtliche Auseinandersetzungen) bei der Veröffentlichung der Ergebnisse des Vergleichsverfahrens (→ § 21 Rn. 185) forderte die BNetzA vor allem strenge Transparenzvorschriften, die endlich mit der EnWG-Novelle 2021 und § 23b umgesetzt wurden. Als wesentlicher Bestandteil für eine effiziente Durchführung der Anreizregulierung wird erachtet, dass die BNetzA konkret **Kompetenzen für die Festlegung** nach § 21a Abs. 6 S. 1 Nr. 3 der folgenden Sachverhalte zukommen:
- Anpassung der Anreiz-, Erweiterungs- und Qualitätsformel
- Anpassung des generellen sektoralen Produktivitätsfortschritts
- Ausgestaltung des Regulierungskontos
- Vorgaben zum technisch-wirtschaftlichen Anlageregister
- Bestimmung des garantierten Kundenstandards.

68 Die BNetzA legte mit dem Anreizregulierungsbericht 2008 ein **inhaltlich geschlossenes Konzept** (§ 21a Abs. 6 S. 1 Nr. 2) auf dem Stand der Wissenschaft vor. Darüber hinaus hat sie die für die praktische Durchführung notwendigen **konkreten Verfahrensschritte** einschließlich der dafür erforderlichen **Festlegungskompetenzen** (§ 21a Abs. 6 S. 1 Nr. 3) detailliert beschrieben. Dieses Konzept ist dann in weiten Teilen in der Anreizregulierungsverordnung umgesetzt worden. Im Evaluierungsbericht nach § 33 ARegV im Jahr 2015 hat die BNetzA die Erfahrungen ausgewertet und Anpassungsvorschläge („Anreizregulierung 2.0") gemacht, um insbesondere auf die Herausforderungen für den Netzausbau im Rahmen der Energiewende zu reagieren (→ Rn. 19, 64). Die vom Verordnungsgeber mit der ARegV Novelle 2016 und 2021 vorgenommenen Anpassungen folgten den Vorschlägen der BNetzA jedoch im zentralen Punkt einer systemkonformen Aktualisierung nicht, sondern entfernten sich mit der Einführung des Kapitalkostenabgleichs (→ Rn. 125) von dem ursprünglichen Konzept.

II. Regelungen für die Berechnung der Mehrkosten der Erdkabelverlegung ARegV (Abs. 7)

Die durch das Gesetz für die Beschleunigung von Planungsverfahren für Infrastrukturvorhaben aufgenommene Vorschrift in § 21a Abs. 4 S. 3, nach der **Mehrkosten** eines nach § 43 S. 3 (= § 43 Abs. 2 S. 1 Nr. 2 EnWG 2021) planfestgestellten **Erdkabels** gegenüber einer Freileitung bei der Obergrenzenermittlung nach § 21a Abs. 4 S. 1 als **nicht beeinflussbare Kostenanteile gelten** wird ergänzt um die Änderungen aus dem EGEnLAG v. 21.8.2009 (BGBl. Nr. 55/2009 I S. 2870) und durch Bezug auf **§ 43 S. 1 Nr. 3** (= § 43 Abs. 1 S. 1 Nr. 2 EnWG 2021) der Fall der **Netzanbindung von Offshore-Anlagen** iSd § 3 Nr. 9 EEG v. 25.10.2008 eingefügt. Die Netzanbindung von Offshore-Anlagen gem. § 43 S. 1 Nr. 3 EnWG aF wurde als **Regelbeispiel Nr. 5** für notwendige Investitionen, für die ein **Investitionsbudget** zu genehmigen ist, in § 23 ARegV aF aufgeführt (→ Rn. 119 zu § 23 ARegV, ab der dritten Regulierungsperiode entfallen, § 34 Abs. 7a ARegV). Die erforderlichen näheren Regelungen für die Berechnung der Mehrkosten werden nach Abs. 7 in der Rechtsverordnung nach § 21a Abs. 6 S. 1 getroffen. 69

III. Die Anreizregulierungsverordnung (ARegV)

1. Verabschiedung der ARegV und Beginn der Anreizregulierung. Auch wenn die BNetzA wie oben dargelegt mit dem *Anreizregulierungsbericht* nach § 112a EnWG fristgerecht am 30.6.2006 einen konkreten Verordnungsvorschlag vorgelegt hatte (vgl. hierzu auch BerlKommEnergieR/*Groebel* EnWG § 112a) zog sich das Verordnungsgebungsverfahren wegen der fortgesetzt kontroversen Diskussion um die Ausgestaltung der **Anreizregulierung** (zur Definition → § 21a Rn. 1; BerlKommEnergieR/*Groebel*, 2. Aufl., EnWG § 112a Rn. 2) in die Länge und es dauerte rund 15 Monate bis zur Verabschiedung der Verordnung nach § 21a Abs. 6 am 21.9.2007 (BR-Drs. 417/07). Am 5.11.2007 wurde die **Anreizregulierungsverordnung (ARegV)** vom 29.10.2007 veröffentlicht (BGBl. I S. 2529, zuletzt geändert durch Verordnung zur Änderung der Anreizregulierungsverordnung und Stromnetzentgeltverordnung v. 27.7.2021, BGBl. 2021 I S. 3229) und trat am 6.11.2007 in Kraft. Gem. § 1 S. 2 ARegV begann die **erste Anreizregulierungsperiode** für alle Stromnetzbetreiber und die Gasverteilnetzbetreiber am **1.1.2009** und löste damit die bisherige kostenorientierte Entgeltregulierung nach § 21 und 23a EnWG ab (→ Rn. 21). Für die **Gasfernleitungsnetzbetreiber** (FNB) begann die erste Regulierungsperiode am **1.1.2010**, nachdem die BNetzA in insgesamt zehn Verfahren nach § 3 Abs. 3 GasNEV festgestellt hatte, dass diese keinem wirksamen bestehenden oder potentiellem Leitungswettbewerb ausgesetzt sind (vgl. zB Monopolkommission Sondergutachten Nr. 54, Tz. 314ff.; auch *Heßler* IR 2008, 88). Die ersten drei Entscheidungen ergingen am 22.9.2008, die weiteren folgten am 20.10.2008 (BNetzA Beschl. v. 20.10.2008 − BK4-07/100 − BK4-07/111) festgestellt hat. Damit unterfielen sie ebenfalls der kostenorientierten Entgeltbildung und damit der Anreizregulierung nach § 21a (→ § 21 Rn. 186ff.; OLG Düsseldorf Beschl. v. 25.11.2009 − 3 Kart 57/08, BeckRS 2010, 9190). 70

Wegen des langwierigen Verordnungsgebungsprozesses verzögerte sich der Beginn der **Anreizregulierung** um ein Jahr, wodurch sich zusammen mit den auf fünf Jahre (abweichende vierjährige erste Periode für Gasnetzbetreiber) verlängerten Regulierungsperioden (§ 3 ARegV), mit denen der Anpassungszeitraum für den Abbau von Ineffizienzen nicht unerheblich „gestreckt" wurde, und in Kombi- 71

§ 21 a

nation mit einer Reihe weiterer Veränderungen zugunsten der Netzbetreiber („Schutzmechanismen") eine deutlich **abgeschwächte Anreizwirkung** ergab. Denn wie oben (→ § 21 Rn. 174) bereits angedeutet folgt die **ARegV** zwar im **methodischen Ansatz** und in den Grundzügen den Empfehlungen des *Anreizregulierungsberichts,* allerdings haben die zum Teil sehr spät eingefügten **Änderungen in der konkreten Ausgestaltung** der verschiedenen Elemente des Anreizregulierungsregimes (→ Rn. 72 ff.) die **Gesamtwirkung merklich eingeschränkt,** dh den Druck zur Effizienzsteigerung auf vielfältige Weise verringert. Es lässt sich sagen, dass insoweit durch die Umsetzung in der Verordnung das ursprüngliche Konzept (hierzu ausf. → Rn. 16 ff.) „verwässert" wurde und es anstelle des angestrebten „forcierten Jogging" nur zu dem gemächlichen „Nordic Walking" mit eher moderaten als ehrgeizigen Effizienzvorgaben kommt (vgl. *Kurth,* Sprechzettel „Sachstand zur Einführung der Anreizregulierung im Bereich Strom und Gas zum 1. Januar 2009" v. 7. 7. 2008, S. 9), was letztlich zulasten der Netznutzer geht. Dies ist umso bedauerlicher, als gerade die Förderung eines effizienten Netzausbaus und -betriebs mit der **Anreizregulierung** zu einer sicheren, verbraucherfreundlichen und preisgünstigen Energieversorgung iSd § 1 EnWG genannten Ziele beiträgt, indem sie den Anreizmechanismus des Wettbewerbs, der für allokative, produktive und dynamische Effizienz sorgt (vgl. *Monopolkommission,* Sondergutachten Nr. 54, Tz. 290), simuliert (→ § 21 Rn. 9; vgl. auch *Säcker* NuR 2009, 78 ff.). Es besteht also – entgegen der von interessierter Seite wiederholt vorgetragenen Behauptung – kein Zielkonflikt zwischen mittels eines **stringenten Anreizregulierungssystems** erreichten **Effizienzsteigerungen** einerseits und einer zuverlässigen und langfristig leistungsfähigen Energieversorgung andererseits, sondern es liegt im Gegenteil **Zielkonkordanz** vor, weshalb dem Gesetz- und Verordnungsgeber die Errichtung **wettbewerbsorientierter** Energiemärkte durch **Regulierung** als Mittel für eine **sichere Energieversorgung** dient (vgl. BGH Beschl. v. 14. 8. 2008 – KVR 39/07 Rn. 59). Schließlich ist noch festzustellen, dass mit den sehr detaillierten Vorgaben der ARegV die behördlichen Handlungsmöglichkeiten stark eingeengt wurden und insofern die mit dem **Verordnungsvorbehalt nach § 21 a Abs. 6** verbundenen Befürchtungen eines limitierten behördlichen Gestaltungsspielraums eingetreten sind (→ Rn. 7, 13 d). Auf den Verordnungsvorbehalt wird im EnWG 2021 eigens mit der Ergänzung „Verordnungsermächtigung" in der Überschrift von § 21 a hingewiesen.

72 **2. Elemente der Anreizregulierung nach ARegV.** Nachfolgend werden kurz die wichtigsten **Elemente des Anreizregulierungsregimes** und ihre Ausformung sowie die resultierende Gesamtwirkung beschrieben, dh zunächst werden die Regelungen der ARegV näher erläutert und danach ihre Anwendung durch die BNetzA in den von Amts wegen nach § 2 ARegV eingeleiteten (reguläres Verfahren, auf Antrag erfolgt die Teilnahme am vereinfachten Verfahren nach § 24) **Verwaltungsverfahren** der zuständigen **Beschlusskammern** nach § 29 Abs. 1 EnWG iVm § 32 Abs. 1 Nr. 1 und § 4 Abs. 1 und 2 ARegV sowie § 29 Abs. 1 EnWG iVm § 32 Abs. 1 Nr. 11 (Datenerhebungs- und -mitteilungsvorgaben) zur **Festlegung zur Bestimmung der Erlösobergrenzen** eingehend dargestellt, um abschließend eine Bewertung des Ergebnisses als Zusammenwirken der Elemente des Gesamtsystems (im Hinblick auf die Zielerreichung (den Zielerreichungsgrad)) vorzunehmen. Dabei werden die oben unter § 21 a ausführlich dargelegten Zusammenhänge und Methoden als bekannt vorausgesetzt. Die allgemeinen Vorgaben zur Bestimmung der Erlösobergrenzen (Teil II, Abschnitt 2, §§ 4–16 ARegV) sowie die

Instrumente zur Gewährleistung der Investitionsfähigkeit der Netzbetreiber (wie zB die Investitionsbudgets/-maßnahmen nach § 23 ARegV) und ihre Ablösung durch den Kapitalkostenabgleich bilden die Schwerpunkte der Darstellung.

Der Empfehlung des *Anreizregulierungsberichts* folgend sieht die ARegV eine **Erlösobergrenze** (hybrides Revenue-Cap) vor, § 4 ARegV. Zur Bestimmung der Erlösobergrenze mittels der **Regulierungsformel** (§ 7 und Anlage 1 ARegV), mit der jedem Netzbetreiber eine **individuelle Effizienzvorgabe** (§ 16 ARegV) zum **Abbau der Ineffizienzen** (§ 15 Abs. 3 ARegV) gemacht, dh ein Senkungspfad vorgeschrieben wird, ist ein **Effizienzvergleich** (§ 12 und Anlage 3 ARegV) zur **Ermittlung des Effizienzwerts** (§ 12 Abs. 2 ARegV) eines Unternehmens erforderlich. Die BNetzA führt einen bundesweiten Effizienzvergleich getrennt für Stromverteiler- und Gasverteilernetze vor Beginn der Regulierungsperiode durch, § 12 Abs. 1 ARegV (zur praktischen Durchführung des Vergleichs im Einzelnen → Rn. 78 ff.). Sie verwendet dabei gem. Anlage 3 ARegV die **Dateneinhüllungsanalyse** (Data Envelopment Analysis, DEA) *und* die **stochastische Effizienzgrenzenanalyse** (Stochastic Frontier Analysis, SFA), denn durch das **komplementäre Benchmarking** wird die in § 21a Abs. 5 S. 5 EnWG geforderte **Methodenrobustheit** und Festigkeit sichergestellt, wobei zugunsten des Unternehmens das bessere Ergebnis der beiden Methoden **(Bestabrechnung)** zu nehmen ist, § 12 Abs. 3 ARegV (vgl. ausf. zum Effizienzvergleich BerlKommEnergieR/*Müller-Kirchenbauer* ARegV § 12). Zur weiteren Erhöhung der Belastbarkeit der Ergebnisse des Effizienzvergleichs wird zusätzlich gem. **§ 12 Abs. 4a ARegV**, der ganz am Schluss der Beratungen auf Wunsch des Bundesrat eingefügt wurde (BR-Drs. 417/07, Nr. 12), jede Methode mit *und* ohne standardisierten Kapitalkosten nach § 14 Abs. 2 ARegV (dual) durchgerechnet, so dass für jeden Netzbetreiber insgesamt vier Vergleichsrechnungen durchgeführt werden: DEA mit und DEA ohne standardisierte Kapitalkosten, SFA mit und SFA ohne standardisierte Kapitalkosten. Die **Kapitalkosten** werden mit der **Vergleichbarkeitsrechnung** nach § 14 Abs. 2 ARegV standardisiert, um **Verzerrungen in den Kapitalkosten** aufgrund unterschiedlicher Altersstrukturen der Anlagen, unterschiedlicher Abschreibungs- und unterschiedlicher Aktivierungspraktiken zu **neutralisieren,** die das Ergebnis beeinflussen. **§ 12 Abs. 4a S. 3 ARegV,** sieht vor, dass bei unterschiedlichen Ergebnissen der jeweils beste Wert aller vier Vergleichsrechnungen in die weiteren Rechnungen einzustellen ist, was auch als sog. **Best-of-Four**-Abrechnung bezeichnet wird. Diese Regelung wirkt sich zugunsten des einzelnen Netzbetreibers aus und hebt den Durchschnitt aller Effizienzwerte deutlich an (s. Abb. 8). Außerdem ist als „**Sicherheitsschranke**" in § 12 Abs. 4 ARegV ein **Minimalwert** von **60 Prozent** eingebaut, der bei einem Effizienzwert von weniger als 60 Prozent anzusetzen ist und ebenfalls den durchschnittlichen Effizienzwert anhebt. Schließlich erhöht sich das Effizienzniveau aller Netzbetreiber rechnerisch auch dadurch, dass Ausreißer gestrichen werden (§ 12, Anlage 3 Nr. 5, vgl. *Kurth* emw 2008, 6 ff. (10); zu den Ergebnissen des Effizienzvergleichs → Rn. 80). Für die Übertragungsnetzbetreiber (ÜNB) gelten die Sondervorschriften des **§ 22 Abs. 1, 2 ARegV,** nach dem ein **internationaler Effizienzvergleich** durchzuführen ist, da wegen der geringen Zahl von vier ÜNB ein ausschließlich nationaler Vergleich keine belastbaren Ergebnisse liefert. Die BNetzA hatte deshalb für die erste Regulierungsperiode in einem internationalen Vergleich mit insgesamt 20 ÜNB aus 15 Ländern die Effizienzwerte mit der DEA-Methode bestimmt. Der internationale Vergleich wurde aufgrund fehlender Datentransparenz der europäischen Benchmarkunternehmen und regulatorischer Unterschiede nicht eins-zu-eins umgesetzt und mit einer **relativen Refe-**

§ 21a

renznetzanalyse (§ 22 Abs. 2 ARegV) zur Absicherung der Ergebnisse ergänzt. Ab der 3. Regulierungsperiode (Basisjahr 2016) kam die relative Referenznetzanalyse anstelle eines internationalen Effizienzvergleichs nach § 22 Abs. 1 ARegV zur Anwendung. Die Belastbarkeit des internationalen Effizienzvergleichs iSd § 22 Abs. 2 S. 1 ARegV war im Hinblick auf das Basisjahr 2016 und die 3. Regulierungsperiode nicht gegeben. Für die FNB kann wegen der geringen Anzahl ebenfalls nur ein Vergleich mit der DEA erfolgen, wobei zuletzt mit den Daten von 16 FNB ein nationaler Vergleich gem. § 22 Abs. 3 ARegV möglich war (BNetzA Beschl. v. 21.4.2020 – BK9-16/8015, 41 – EOG terranets; speziell zum Effizienzvergleich FNB BGH Beschl. v. 12.6.2018 – EnVR 53/16 – Stadtwerke Essen AG).

74   3. Ausgangsniveau (§ 6 ARegV) und Aufwandsparameter (§§ 13 f. ARegV). Den Ausgangspunkt für die Bestimmung der Erlösobergrenze bilden die gemäß den Vorschriften der Strom-/GasNEV **geprüften Kosten,** die gem. § 6 ARegV als Ausgangsniveau zu ermitteln sind (Holznagel/Schütz/ *Schütz/Schütte* ARegV § 6). Wie oben bereits dargelegt, sind für die erste Regulierungsperiode die mit der zweiten Entgeltgenehmigungsrunde **geprüften und genehmigten Kosten** als **Ausgangsniveau** nach § 6 Abs. 2 ARegV festgestellt worden, einer erneuten Prüfung oder Anpassung bedurfte es wegen dieser verbindlichen Vorgabe der ARegV nicht (OLG Düsseldorf Hinweisb. v. 18.1.2010 – VI-3 Kart 200/09 (V) und VI-3 Kart 166/09 (V), S. 2 ff. des amtl. Umdrucks, BeckRS 2010, 11862; bestätigt OLG Düsseldorf Beschl. v. 5.5.2010 – VI-3 Kart 65/09 (V), S. 8 f. des amtl. Umdrucks, RdE 2010, 291). Für die Ermittlung der **Gesamtkosten** (K_{ges}) nach § 14 Abs. 1 Nr. 1 ARegV wird eine **Überleitungsrechnung** durchgeführt. Von diesen sind zur Ermittlung der im Effizienzvergleich (→ Rn. 78 ff.) als **Aufwandsparameter** nach § 13 Abs. 2 ARegV anzusetzenden Kosten die **dauerhaft nicht beeinflussbaren Kostenanteile** (KA_{dnb}) nach **§ 11 Abs. 2 ARegV** abzuziehen (§ 14 Abs. 1 Nr. 2 ARegV). Denn diese sind von den Vorgaben **ausgenommen.** § 11 Abs. 2 ARegV enthält **abschließend** einen sehr umfangreichen Katalog dauerhaft nicht beeinflussbarer Kosten, wobei es insbesondere zu Nr. 9, den Personalzusatzkosten, große Diskussionen über die Berücksichtigung dieser Kosten für nicht direkt beim Netzbetreiber Beschäftigte gab, die schließlich mit einer Übergangsregelung für die erste Regulierungsperiode, nach der auch die Personalzusatzkosten noch nicht unmittelbar beim Netzbetreiber beschäftigter Personen, die nachvollziehbar und quantifizierbar ausschließlich für den Netzbetrieb tätig sind (BGH Beschl. v. 17.10.2017 – EnVR 23/16 – SW Kiel Netz GmbH; BGH Beschl. v. 18.10.2016 – EnVR 27/15), einbezogen werden, gelöst wurde (vgl. zu § 11 ARegV ausf. BerlKommEnergieR/*Säcker/Sasse* ARegV § 11; ebenfalls krit. Monopolkommission Sondergutachten Nr. 54, Tz. 291 ff.). Je weiter der Katalog der dauerhaft nicht beeinflussbaren Kosten gefasst ist, desto kleiner wird der der Effizienzvorgabe unterliegende Teil, dh ein so weiter Katalog wie mit § 11 Abs. 2 ARegV von der ARegV vorgegeben reduziert die überhaupt **anreizfähigen Kosten** ($K_{ges} - KA_{dnb}$, → Rn. 81), die in den Effizienzvergleich eingehen, und schränkt die Anreizwirkung dem *Umfang* nach erheblich ein. Da die in den anreizfähigen Kosten enthaltenen **Kapitalkosten** aufgrund unterschiedlicher Altersstrukturen der Anlagen, unterschiedlicher Abschreibungs- und unterschiedlicher Aktivierungspraktiken verzerrt sein können, sieht § 14 Abs. 1 Nr. 3 und Abs. 2 ARegV eine **Vergleichbarkeitsrechnung** vor. Zur Vereinheitlichung wird eine sog. **annuitätische Kapitalkostenrechnung** vorgegeben, mit der aber nur Unterschiede aufgrund der Altersstruktur der Anlagen und der Abschreibungspraxis neutralisiert

Regulierungsvorgaben für Anreize für eine effiziente Leistungserbringung **§ 21 a**

werden können. Die deshalb nach § 12 Abs. 4 a S. 1 ARegV vorgeschriebene zusätzliche Verwendung der **unkorrigierten Restbuchwerte** (→ § 21 Rn. 119) der genehmigten Kosten als Aufwandsparameter gem. § 13 Abs. 1 und 2 iVm § 14 Abs. 1 Nr. 1 und 2 ARegV eliminiert allerdings die Effekte unterschiedlicher Aktivierungspraktiken auch nicht (vgl. BerlKommEnergieR/*Müller-Kirchenbauer* ARegV § 12; vgl. zum Zusammenhang zwischen Instandhaltungs-/Investitionsstrategien, Anlagebestand und Altersstruktur auch *Büchner/Katzfey/Bandulet* ew 2008, 34 ff.; *Schober/Kutschke* et 2007, 20 ff.). Die Ermittlung der **standardisierten Kapitalkosten** erfolgt gem. § 14 Abs. 2 ARegV auf der Grundlage der Tagesneuwerte des Anlagevermögens mit einheitlichen Nutzungsdauern für jede Anlagengruppe, wobei die unteren Werte der in Anlage 1 Strom-/GasNEV vorgegebenen betriebsgewöhnlichen Nutzungsdauern zu verwenden sind. Auch sonst wird an die Bestimmungen der Strom-/GasNEV angeknüpft. Über alles ist ein gewichteter Zinssatz anzuwenden, in den der Eigenkapitalzinssatz mit 40 Prozent und der Fremdkapitalzinssatz mit 60 Prozent einfließt. Als Eigenkapitalverzinsung ist der nach §§ 7 Abs. 6 Strom-/GasNEV festgelegte Zinssatz für Neuanlagen anzusetzen (→ § 21 Rn. 145), abzüglich der – bereits in den Tagesneuwerten berücksichtigten – Preissteigerung, letzteres gilt auch für den Fremdkapitalzinssatz. Nach der bereits oben im Zusammenhang mit dem generellen sektoralen Produktivitätsfaktor erläuterten Rechtsprechung des BGH vom 28.6.2011 und 31.1.2012 ist im Hinblick auf die „Ermittlung des Ausgangsniveaus zur Bestimmung der Erlösobergrenzen nach **§ 6 Abs. 2 ARegV** die **höchstrichterliche Rechtsprechung** zur Auslegung und Anwendung der Stromnetzentgeltverordnung **zu berücksichtigen"**, da ansonsten die „Kalkulationsgrundlagen ersichtlich unzutreffend sind" (BGH Beschl. v. 28.6.2011 – EnVR 34/10 Rn. 7 und 10 – Hervorhebungen nur hier, AnmdVerf; vgl. zur Darstellung auch der anderen Punkte des BGH-Beschlusses auch BNetzA, Jahresbericht 2011, S. 188 ff. und *Weyer* NuR 2012, 72 ff. (79); BGH Beschl. v. 31.1.2012 – EnVR 16/10, Rn. 5 ff., RdE 2012, 203; auch BGH Beschl. v. 18.10.2011 – EnVR 13/10, RdE 2012, 389). Die Regulierungsbehörde hat die entsprechenden Kostenpositionen zu korrigieren, ohne dass eine umfassende Kostenprüfung durchgeführt werden muss.

4. Vergleichsparameter (§ 13 Abs. 3 ARegV). Mit dem **Effizienzvergleich** 75 wird die **relative Effizienz** des einzelnen Netzbetreibers gemessen, weil sich an den jeweils effizienten (besten) Netzbetreibern orientiert wird (→ § 21 a Rn. 31 ff., 38). Nach **§ 13 Abs. 1 ARegV** sind für den Effizienzvergleich **Aufwands- und Vergleichsparameter** zu berücksichtigen. **Aufwandsparameter** (§ 13 Abs. 2 ARegV) sind die nach § 14 ARegV zu berechnenden **Kosten,** mit denen der Ressourceneinsatz erfasst wird (zu der Bestimmung der Aufwandsparameter → Rn. 74). **Vergleichsparameter** sind nach § 13 Abs. 3 ARegV Parameter zur Bestimmung der **Versorgungsaufgabe** und **Gebietseigenschaften,** dh **Leistungsparameter** wie zB die Zahl der Anschlüsse, mit denen die zu erbringende Versorgungsleistung im Modell abgebildet wird, und **Strukturparameter** wie geographische, geologische und topographische Merkmale des Versorgungsgebiets sowie demographische Faktoren, die die strukturellen Besonderheiten der Versorgungsaufgabe und damit die in der Gesamtheit zu ihrer Erfüllung erforderlichen Netzanlagen nach Umfang (Mengengerüst, zB Leitungslänge) und aufgrund der Gebietseigenschaften (zB Fläche, Bodenbeschaffenheit, Zersiedelung etc) beschreiben. Dadurch wird sichergestellt, dass nur Betreiber mit strukturell vergleichbarer Versorgungsaufgabe miteinander verglichen werden (vgl. BerlKommEnergieR/*Groebel,* 2. Aufl., EnWG

§ 112a Rn. 20). Die genannten Parameter sind Regelbeispiele, die im Rahmen der Kostentreiberanalyse zu untersuchen sind. Gem. § 13 Abs. 4 ARegV aF waren in den ersten beiden Perioden gem. § 13 Abs. 4 ARegV die Parameter Anzahl der Anschlusspunkte (Strom) bzw. Ausspeisepunkte (Gas), Fläche, Leitungslänge (Systemlänge), zeitgleiche Jahreshöchstlast (JHL)) zwingend zu berücksichtigen, was methodische Schwierigkeiten mit sich brachte (s. Abb. 7).

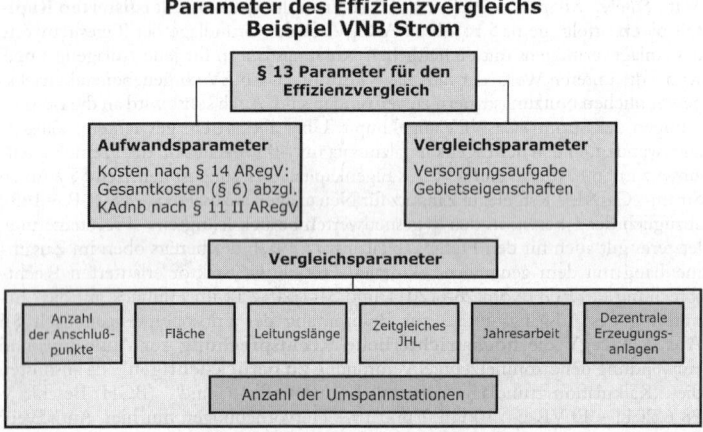

Abb. 7: Parameter des Effizienzvergleichs (Beispiel VNB Strom)

76 Seit der 3. Regulierungsperiode (→ Rn. 19) steht die Parameterauswahl im Ermessen der BNetzA und hat mit qualitativen, analytischen oder statistischen Methoden zu erfolgen, die dem Stand der Wissenschaft entsprechen. Die BNetzA hat als für den Strombereich für die 3. Regulierungsperiode die folgenden Parameter festgelegt:
- Stromkreislänge Kabel HS
- Stromkreislänge Freileitung HS
- Netzlänge MS (Kabel + Freileitung)
- Netzlänge NS (Kabel + Freileitung inkl. Hausanschlussleitungen und Straßenbeleuchtung)
- Tatsächliche zeitgleiche Jahreshöchstlast HS/MS
- Tatsächliche zeitgleiche Jahreshöchstlast MS/NS
- Summe der installierten Erzeugungsleistung der Ebenen HoeS, HoeS/HS, HS und HS/MS
- Summe der installierten Erzeugungsleistung der Ebenen MS, MS/NS und NS
- Anzahl der Messstellen

77 Es besteht nach Durchführung des Effizienzvergleichs für Netzbetreiber die Möglichkeit nach **§ 15 Abs. 1 ARegV** ihren Effizienzwert auf Antrag bereinigen zu lassen, wenn sie **nachweisen,** dass **Besonderheiten ihrer Versorgungsaufgabe** durch die Auswahl der Vergleichsparameter nicht hinreichend berücksichtigt wurden und die nach § 14 Abs. 1 Nr. 1 und 2 ARegV ermittelten Kosten um mindestens 5 Prozent erhöht (mit der Änderung der ARegV v. 31.7.2013 (VO. v.

14.8.2013, BGBl. Nr. 50/2013 I S. 3250) wurde dieser Wert von 3 auf 5 Prozent geändert). In diesem Fall hat die Behörde nach Prüfung einen **Aufschlag** auf den ermittelten Effizienzwert anzusetzen **(bereinigter Effizienzwert)** (BGH Beschl. v. 7.6.2016 – EnVR 1/15, RdE 2016, 460).

5. Effizienzvergleich (§ 12 und Anlage 3 ARegV). Mit dem **Effizienzver-** 78 **gleich** nach § 12 ARegV wird der **Effizienzwert** (E) jedes Netzbetreibers ermittelt, der seine **relative Position** (den Abstand) im Vergleich zu den effizienten (besten) Netzbetreibern, dh der Netzbetreiber, die unter den gegebenen (strukturellen) Umständen (im Modell mit den Strukturparametern beschrieben) das beste Verhältnis zwischen Aufwand (Ressourceneinsatz, im Modell mit den Aufwandsparametern erfasst) und Ertrag (Leistungserbringung, im Modell mit den Leistungsparametern abgebildet) haben und denen ein Effizienzwert von 100 Prozent zugewiesen wird (Anlage 3 ARegV, Nr. 2), angibt, maW misst der Abstand zwischen seiner eigenen – niedrigeren – Effizienz und den 100 Prozent zugleich die Strecke, die er **aufholen** muss, indem er seine eigene **Effizienz steigert** und die Ineffizienzen abbaut. Der **Effizienzwert** wird in Prozent der anreizfähigen Kosten ausgewiesen (§ 12 Abs. 2). Die über den zehn- (Strom) bzw. neunjährigen (Gas) Zeitraum der ersten zwei Regulierungsperioden hinweg **abzubauenden Ineffizienzen** wurden nach § 15 Abs. 3 ARegV als **Differenz** zwischen den anreizfähigen Kosten ($K_{ges} - KA_{dnb}$, § 14 Abs. 1 Nr. 2) und den mit dem Effizienzwert multiplizierten anreizfähigen Kosten (E × ($K_{ges} - KA_{dnb}$)) ermittelt und umfassten somit die vom Netzbetreiber beeinflussbaren Kostenanteile (KA_b): $KA_b = (K_{ges} - KA_{dnb}) - E × (K_{ges} - KA_{dnb})$ = (1 – E) × ($K_{ges} - KA_{dnb}$). Der **beeinflussbare Kostenanteil**, der in voller Höhe dem Druck zur Effizienzsteigerung unterliegt, bildet zusammen mit dem Verteilungsfaktor das zentrale Element der Regulierungsformel (→ Rn. 88ff.). Der **Verteilungsfaktor** (V) nach § 16 ARegV stellt sicher, dass rechnerisch ein **gleichmäßiger Abbau** der ermittelten Ineffizienzen erfolgt, **bis** diese jeweils am Ende der Regulierungsperiode (bzw. gemäß der Sonderregelung der ersten beiden Regulierungsperioden) **komplett abgeschmolzen** sind. Mit der **Festlegung der Erlösobergrenzen** erhält jeder Netzbetreiber eine **individuelle Effizienzvorgabe** für den gleichmäßigen (linearen) Abbau der Ineffizienzen im Anpassungszeitraum (§ 16 ARegV).

Die BNetzA hatte mit der Vorbereitung des bundesweiten Effizienzvergleichs 79 bereits vor Inkrafttreten der ARegV begonnen, so dass die ersten Maßnahmen zur **Durchführung des Effizienzvergleichs** dann sehr schnell getroffen werden konnten. Die erste **Festlegung** zur Erhebung von Daten zur Ermittlung der Effizienzwerte für Strom-VNB gem. § 29 Abs. 1 EnWG iVm § 32 Abs. 1 Nr. 11 und § 27 Abs. 1 S. 2 Nr. 3, 4 ARegV erfolgte am 20.11.2007 (BNetzA Beschl. v. 20.11.2007 – BK8-07-294), die Zulässigkeit der Datenerhebung von allen Netzbetreibern war bereits im Rahmen des für die Erstellung des *Anreizregulierungsberichts* von der BNetzA durchgeführten Effizienzvergleichs vom BGH höchstrichterlich bestätigt worden, → § 21a Rn. 33). Die Meldungen der Effizienzwerte für die erste Regulierungsperiode gingen am 1.7.2008 an die Landesregulierungsbehörden, in dem Übrigen gem. § 12 Abs. 6 ARegV unter Rückgriff auf die von der BNetzA erhobenen Daten eigenständig einen Effizienzvergleich für die in ihre Zuständigkeit fallenden Netzbetreiber durchführen können. Von dieser Möglichkeit haben die Länder allerdings nie Gebrauch gemacht. Das gesamte Verfahren wurde so transparent durchgeführt und die im Modell verwendeten Parameterwerte und vorab als **Ergebnis des Effizienzvergleichs** ihre **individuellen Effi-**

§ 21 a Teil 3. Regulierung des Netzbetriebs

zienzwerte den Netzbetreibern bereits im August zur Verfügung gestellt, so dass die Verbände der Branche ua mit einem Projekt „Benchmarking-Transparenz 2008 (BMT 2008) das Vorgehen der BNetzA kritisch überprüfen und den Vergleich nachbilden konnten, um die Ergebnisse zu verifizieren und den Netzbetreibern „Argumentationshilfen" für die Anhörungsverfahren an die Hand zu geben, vgl. *Kutschke/Krämer/Leukert/Mener/Prengel/Vaterlaus* et 2009, 79 ff.; auch *Franz/Richter* emw 2008, 20 ff.). Für die Gas-VNB konnten alle Verfahren der Festlegung der individuellen kalenderjährlichen Erlösobergrenzen bis 22.12.2008 abgeschlossen werden. Im Strombereich kam es hingegen zu Verzögerungen, da fast alle Netzbetreiber – trotz relativ hoher Effizienzwerte – über die Geltendmachung von Besonderheiten der Versorgungsaufgabe nach § 15 Abs. 1 ARegV eine Verbesserung ihrer individuellen Effizienzwerte zu erreichen versuchte, was in jedem Einzelfall zu prüfen war, so dass die meisten Beschlüsse erst im Jahr 2009 verschickt werden konnten (davon die Mehrzahl bis Ende Februar 2009), was nichts an der Gültigkeit der festgelegten **Erlösobergrenzen, die nicht überschritten werden dürfen,** ab Januar 2009 änderte (vgl. BNetzA, Monitoringbericht 2009, S. 33, www.bundes netzagentur.de/SharedDocs/Mediathek/Monitoringberichte/Monitoringbe richt2009.pdf?__blob=publicationFile&v=3).

80 Der **Effizienzvergleich** mit allen VNB im Regelverfahren, unabhängig davon, ob in Zuständigkeit der BNetzA oder einer Landesregulierungsbehörde wird gem. **Anlage 3** einmal mit der **DEA** und einmal mit der **SFA** (komplementäres Benchmarking, → § 21 a Rn. 32 ff. sowie zu den Methoden ausf. BerlKommEnergieR/ *Müller-Kirchenbauer,* 4. Aufl., ARegV § 12; zur Anwendung durch die BNetzA im durchgeführten Effizienzvergleich im einzelnen s. die Beispielsbeschlüsse wegen Festlegung zur Bestimmung der kalenderjährlichen Erlösobergrenzen, im BNetzA-ABl. Nr. 8/2009 v. 6.5.2009 als Mitteilung Nr. 277/2009 veröffentlicht; krit. zur Anwendung der SFA-Methode *Heilemann/Stephan/Badunenko* et 2009, 66 ff.). Zudem jeweils mit und ohne nach § 14 Abs. 2 ARegV **standardisierte Kapitalkosten,** dh für jeden Netzbetreiber vier Effizienzwerte berechnet, von denen gemäß der **Best-of-Four-Regel** (§ 12 Abs. 4a ARegV, der sich hier findende Hinweis auf § 14 Abs. 3 ARegV ist ein Redaktionsversehen, da Abs. 3 – das technisch-wirtschaftliche Anlagenregister – gestrichen wurde) der beste Effizienzwert in die weiteren Berechnungen einging. Die Abrechnung nach der Best-of-Four-Regel begrenzt die Effizienzvorgabe („Anforderungsschärfe") von vornherein der *Höhe* nach wie die ersten **Ergebnisse** des Effizienzvergleichs gezeigt haben, die im Amtsblatt (Nr. 8/2009 v. 6.5.2009 als Mitteilung Nr. 278/2009) gem. § 31 ARegV aF (ersetzt und erweitert durch § 23b EnWG 2021) **veröffentlicht** wurden. Die nachfolgende Übersicht fasst die Ergebnisse auch für die ÜNB und die FNB der 1. Regulierungsperiode zusammen (Tab. 1). Abb. 8 verdeutlicht am Beispiel der Effizienzwerte der Strom-VNB aller vier Vergleichsrechnungen die Wirkung der Best-of-Four-Abrechnung, die den Durchschnittswert insgesamt anhebt, weil der Durchschnitt der jeweils besten Werte besser ist als der Durchschnitt der jeweiligen Verfahren, in denen alle Werte einfließen. Mit der Best-of-Four-Abrechnung werden die Effizienzvorgaben somit **systematisch nach oben verzerrt** (s. hierzu die sehr gute Gegenüberstellung der verschiedenen Methoden und Kritik des Best-of-Four-Ansatzes sowie die Entwicklung eines mehrstufigen Verfahrens zur Überwindung der Schwächen *Andor* ZfE 2009, 195 ff.).

Regulierungsvorgaben für Anreize für eine effiziente Leistungserbringung **§ 21 a**

Tabelle 1: Ergebnisübersicht Effizienzwerte 1. Regulierungsperiode

Durchschnittliche Effizienzwerte	VNB	ÜNB/FNB
Strom	92,2 Prozent	97,4 Prozent
Gas	87,3 Prozent	91,7 Prozent [96,2 Prozent ohne FNB, die Leitungswettbewerb reklamiert hatten]
Vereinfachtes Verfahren	87,5 Prozent	

Anzahl VNB	**Durchschnittliche Effizienzwerte**	**Spannbreite**
Strom: 198	92,2 Prozent	75,5 –100 Prozent
Gas: 187	87,3 Prozent	56,4 –100 Prozent

Quelle: BNetzA, Monitoringbericht 2009

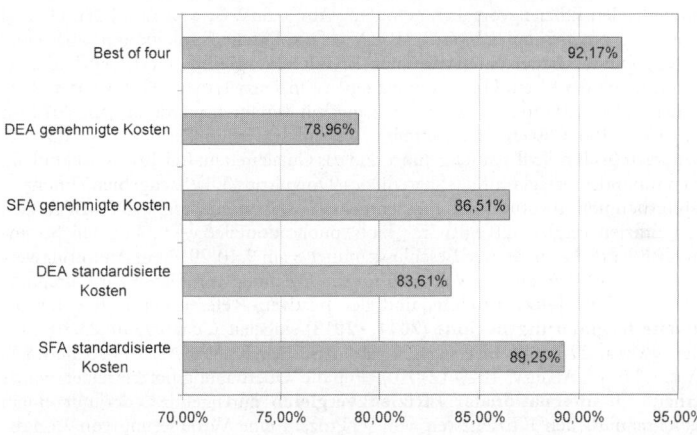

Abb. 8: Auswirkungen Best-of-four-Abrechnung am Beispiel der Durchschnittseffizienz der VNB Strom der 1. Regulierungsperiode

Inzwischen liegen in ständiger Rechtsprechung Beschlüsse vor, die die **Rechtmäßigkeit** des durchgeführten **Effizienzvergleichs bestätigen** und der Bundesnetzagentur einen vom Gericht nur eingeschränkt überprüfbaren **Einschätzungs- und Gestaltungsspielraum einräumen.** (OLG Düsseldorf Beschl. v. 12.1.2011 – VI-3 Kart 185/09 (V), RdE 2011, 100ff. -Mittelbaden, S. 41 und 44f.; OLG Frankfurt a. M. Beschl. v. 17.5.2011 – 11 W 16/09 (Kart) – Haiger, S. 25f.; OLG

§ 21 a   Teil 3. Regulierung des Netzbetriebs

Stuttgart Beschl. v. 19.1.2012, 202 EnWG 8/09 – Stadtwerke Konstanz, S. 35 ff.; OLG Stuttgart Beschl. v. 25.3.2010 – 202 EnWG 20/09 – HVG, S. 32 ff.; OLG München Beschl. v. 25.11.2010 – Kart 17/09 – SWM III; OLG Schleswig Beschl. v. 12.1.2012 – 16 Kart 48/09 – Stadtwerke Kiel Netz; den Einschätzungsspielraum eindeutig bejahend auch *Schütte* ER 2012, 108 ff. (116 f.); vgl. im Bereich der Telekommunikationsrechtsprechung auch die Rspr. des BVerwG Urt. v. 23.11.2011 – 6 C 11.10, NVwZ 2012, 1047 in der das BVerwG der Behörde ebenfalls einen sehr weiten Beurteilungsspielraum zubilligt, vgl. MMR 2012, 771 ff., vgl. hierzu ausf. BerlKommTKG/*Groebel,* 3. Aufl., § 27 Rn. 12 c). Der **BGH** hat in zwei Entscheidungen v. 9.10.2012 der Behörde bei der **Parameterauswahl** des Effizienzvergleichs ebenfalls ein **Ermessen** zuerkannt (BGH Beschl. v. 9.10.2012 – EnVR 88/10, RdE 2013, 22 ff. und EnVR 86/10, BeckRS 2012, 22086. Diese Linie der Zuerkennung eines **weiten Beurteilungsspielraums** (bzw. Regulierungsermessen) der BNetzA bei der Durchführung des Effizienzvergleichs hat der BGH mit seinem Beschl. v. 21.1.2014 (BGH – EnVR 12/12 [Vorinstanz OLG Stuttgart Beschl. v. 19.1.2012 – 202 EnWG 8/09]) fortgesetzt und mit dem Beschluss zum generellen sektoralen Produktivitätsfaktor Gas (Beschl. v. 26.1.2021 – EnVR 7/20 [Vorinstanz OLG Düsseldorf Beschl. v. 18.12.2019 – VI-3 Kar 787/18 (V)]) noch ausgebaut (→ Rn. 88; → § 21 Rn. 154).

83 Die zuständige Beschlusskammer 9 hatte am 12.7.2011 einen Beschluss hinsichtlich der Festlegung von Vorgaben für die Erhebung von Daten zur Durchführung des **Effizienzvergleichs** der **Fernleitungsnetzbetreiber für die zweite Regulierungsperiode (2013 – 2017),** zur Ermittlung der Effizienzwerte und der individuellen Effizienzvorgaben gem. § 29 Abs. 1 EnWG; § 32 Abs. 1 Nr. 11, § 27 Abs. 1 S. 2 Nr. 3, 5 und S. 3 Nr. 3 ARegV gefasst. Für die Fernleitungsnetzbetreiber (FNB) wurde wieder ein **nationaler Effizienzvergleich** mit 12 FNB durchgeführt, von denen ein Unternehmen einen Effizienzwert von 95 Prozent und die anderen von 100 Prozent hatten. Im regulären Verfahren wurde im Jahr 2012 für insgesamt 186 Gasverteilnetzbetreiber wie in der ersten Periode ein Effizienzvergleich (→ Rn. 75 ff.) durchgeführt und das Gutachten im Juli 2013 veröffentlicht (www.bundesnetzagentur.de/SharedDocs/Downloads/DE/Sachgebiete/Energie/Unternehmen_Institutionen/Netzentgelte/Gas/EffizienzvergleichVNB/Gutachten_Effizienzvergleich2RegP.pdf?__blob=publicationFile&v=2). Für den Strombereich hatte die zuständige Beschlusskammer 8 am 9.10.2012 ein Anhörungsverfahren zur Festlegung von Vorgaben für die Erhebung von Daten zur Durchführung des **Effizienzvergleichs** und der relativen Referenznetzanalyse für die **zweite Regulierungsperiode (2014 – 2018)** eingeleitet, das bis zum 23.10.2012 lief (§§ 21 a, 29 Abs. 1 EnWG, § 27 Abs. 1 S. 2 Nr. 5, Abs. 1 S. 3 Nr. 3 und § 32 Abs. 1 Nr. 11 ARegV, BK8-12-010). Für die Übertragungsnetzbetreiber wurde erneut ein **internationaler Effizienzvergleich** durchgeführt, der mit einem durchschnittlichen Effizienzwert von 99 Prozent eine Verbesserung von 1,6 Prozentpunkten im Vergleich zur ersten Periode darstellte. Im **regulären Verfahren** wurde im Jahr 2013 für 179 Stromverteilnetzbetreiber wie in der ersten Periode ein Effizienzvergleich (→ Rn. 75 ff.) durchgeführt und das Gutachten im März 2014 veröffentlicht (www.bundesnetzagentur.de/SharedDocs/Downloads/DE/Sachgebiete/Energie/Unternehmen_Institutionen/Netzentgelte/Strom/Effizienzvergleich_VNB/2Regulierungsperiode/Gutachten_EVS2_geschw.pdf?__blob=publicationFile&v=2).

84 Für die **dritte Regulierungsperiode (2019–2023)** wurde für die **Übertragungsnetzbetreiber** (ÜNB) eine **relative Referenznetzanalyse** für die Ermittlung der Effizienzwerte verwendet, da die Belastbarkeit des internationalen Effizienzvergleichs im Hinblick auf das Basisjahr 2016 und die dritte Regulierungsperiode nicht gegeben war. Die BNetzA hatte sich im Jahr 2017 an die nationalen Regulierungsbehörden von 32 europäischen Staaten gewandt mit der Frage, ob in einem möglichen internationalen Effizienzvergleich mit der nötigen Transparenz zu rechnen wäre. Dies konnte nicht mit der nötigen Sicherheit für eine notwendige Anzahl von am internationalen Effizienzvergleich beteiligten Netzbetreibern angenommen werden. Die **Referenznetzanalyse** ist ein Verfahren zur Messung der strukturellen Effizienz bestehender Netzstrukturen gegenüber einem Referenznetz (Holznagel/Schütz/*Albrecht/Petermann* ARegV § 22 Rn. 43ff.). Das Referenznetz wird durch ein Optimierungsverfahren zur Ermittlung von modellhaften Netzstrukturen und Anlagenmengengerüsten, die unter den bestehenden Randbedingungen, insbesondere der Notwendigkeit des Betriebs eines technisch sicheren Netzes, ein optimales Verhältnis von Kosten und netzwirtschaftlichen Leistungen aufweisen, entwickelt. In der **relativen Referenznetzanalyse** werden bei einem Vergleich mehrerer Netzbetreiber relative Abweichungen der den tatsächlichen Anlagenmengen entsprechenden Kosten von den Kosten eines Referenznetzes ermittelt. Hierbei wird zunächst ein optimales Referenznetz modelliert und im Anschluss die Abweichung jedes ÜNB von seinem jeweiligen Referenznetz ermittelt. Durch einen Vergleich der einzelnen ÜNB mit ihrem jeweiligen Referenznetz ergeben sich dann die jeweiligen Optimierungspotenziale. Bei der relativen Referenznetzanalyse werden die Unternehmen nicht mit einem vermeintlich „optimalen Netz" verglichen. Die historischen Besonderheiten und Restriktionen fließen ein, indem der Übertragungsnetzbetreiber mit dem geringsten Abstand zu dessen Referenznetz den Benchmark (Effizienzwert von 100 Prozent) bildet. Die Festlegung zur Datenerhebung für die Durchführung der relativen Referenznetzanalyse erfolgte mit Beschl. v. 9.11.2017 – BK8-17-0003-A. Das Gutachten ist auf der Website der BNetzA abrufbar,www.bundesnetzagentur.de/SharedDocs/Down loads/DE/Sachgebiete/Energie/Unternehmen_Institutionen/Netzentgelte/Stro m/GutachtenReferenznetzanalyse.pdf?__blob=publicationFile&v=1. Die nachfolgende Tabelle gibt einen Überblick über die Entwicklung der Effizienzwerte der vier ÜNB in den drei Regulierungsperioden (www.bundesnetzagentur.de/DE/Be schlusskammern/BK08/BK8_05_EOG/59_BesonderhUENB/592_Effizienzvgl/ BK8_Effizienzvgl_node.html).

Effizienzwerte der vier Übertragungsnetzbetreiber			
ÜNB	**1. RegP** (in Prozent)	**2. RegP** (in Prozent)	**3. RegP** (in Prozent)
50 Hertz	99,60	100	100
Transnet BW	100	97	100
Amprion	90	100	100
TenneT	100	97	99,92

Für die **Stromverteilnetzbetreiber** wurde erneut ein Effizienzvergleich mit den oben beschriebenen Methoden (DEA, SFA) durchgeführt. Das Gutachten für die dritte Regulierungsperiode wurde im April 2019 veröffentlicht (www.bundes netzagentur.de/SharedDocs/Downloads/DE/Sachgebiete/Energie/Unter nehmen_Institutionen/Netzentgelte/Strom/Effizienzvergleich_VNB/3RegPer/

§ 21a Teil 3. Regulierung des Netzbetriebs

Gutachten_EVS3_geschw.pdf?__blob=publicationFile&v=3; weitere Informationen finden sich hier: www.bundesnetzagentur.de/DE/Sachgebiete/Elektrizitaet undGas/Unternehmen_Institutionen/Netzentgelte/Strom/Effizienzvergleich VNB/start.html).

86 Für die **dritte Regulierungsperiode** (2018 – 2022) wurde sowohl für Fernleitungs- als auch für Verteilnetzbetreiber erneut ein **nationaler Effizienzvergleich** durchgeführt (vgl. www.bundesnetzagentur.de/DE/Sachgebiete/Elektrizitaetund Gas/Unternehmen_Institutionen/Netzentgelte/Gas/EffizienzvergleichFNB/start. html; www.bundesnetzagentur.de/DE/Sachgebiete/ElektrizitaetundGas/Unter nehmen_Institutionen/Netzentgelte/Gas/EffizienzvergleichVNB/start.html, hier sind auch die im Mai 2019 veröffentlichten Gutachten für die VNB abrufbar).

87 Für die **anstehende vierte Regulierungsperiode** (2023 – 2027) hat die zuständige Beschlusskammer 9 mit Beschl. BK9-20/604 die Strukturdatenerhebung für den Effizienzvergleich der Fernleitungsnetzbetreiber eingeleitet und **die Daten veröffentlicht** (letzter veröffentlichter Datenstand v. 19.10.2021 abrufbar unter w ww.bundesnetzagentur.de/SharedDocs/Downloads/DE/Sachgebiete/Energie/Un ternehmen_Institutionen/Netzentgelte/Gas/EffizienzvergleichFNB/Datenveroef fentlichung_FNB_befuellteTabelle_2021.xlsx?__blob=publicationFile&v=4). Mit Beschl. BK9-20/603 wurde die Datenerhebung für den Effizienzvergleich der Verteilnetzbetreiber eingeleitet. Die Strukturdaten wurden am 30.11.2021 **für Anmerkungen veröffentlicht** (www.bundesnetzagentur.de/SharedDocs/Down loads/DE/Sachgebiete/Energie/Unternehmen_Institutionen/Netzentgelte/Gas/ EffizienzvergleichVNB/StrukturdatenVNBNov21.xlsx?__blob=publication File&v=1).

88 **6. Bestimmung der Erlösobergrenzen (§§ 4 ff. ARegV).** Die **Bestimmung der Erlösobergrenzen** gem. §§ 4 ff. ARegV geschieht mittels der **Regulierungsformel (§ 7 und Anlage 1,** → Rn. 91 ff. zur ARegV und → § 21a Rn. 26 ff.), in der der im Effizienzvergleich ermittelte Effizienzwert in dem Term $KA_{b,0}$ (KA_b des Basisjahrs) enthalten ist, der für die individuelle **Effizienzvorgabe** mit dem Verteilungsfaktor (→ Rn. 42) verknüpft wird, wobei nun noch die anderweitigen (sonstigen) Faktoren, nämlich der generelle sektorale Produktivitätsfaktor (PF, § 9 ARegV) und die allgemeine Geldwertentwicklung (gemessen mit dem vom Statistischen Bundesamt veröffentlichten Verbraucherpreisgesamtindex VPI, § 8) sowie als weitere Größen (ggf.) der (inzwischen nicht mehr anwendbare) Erweiterungsfaktor (EF, § 10 ARegV und Anlage 2) und das Qualitätselement (Q, § 19 ARegV) berücksichtigt werden. Mit dem *generellen* **sektoralen Produktivitätsfaktor** wird für die in Wettbewerbsmärkten realisierten und in Form von Preissenkungen an die Endkunden stattfindende Weitergabe von Produktivitätsfortschritten, die von *jedem* Unternehmen des Sektors zu erzielen ist, gesorgt (→ Rn. 29). Das Verhältnis des VPI im Jahr t (VPI_t) zum VPI im Basisjahr (VPI_0) misst die **allgemeine Geldwertentwicklung** (Inflationsrate), beide Größen (PF und VPI) sind **integraler** Bestandteil der Regulierungsformel. Durch Verwendung des *sektoralen* Produktivitätsfaktors und der *allgemeinen* Geldwertentwicklung wird sichergestellt, dass die Produktivitätsentwicklung der Energienetzwirtschaft im Vergleich zur Produktivitätsentwicklung der Gesamtwirtschaft, die sich abgeleitet in der allgemeinen Inflationsrate wiederfindet, unverzerrt erfasst wird, so dass es weder zu zu starken noch zu zu schwachen Effizienzsteigerungsvorgaben kommt. Denn im ersten Fall wären die Netzbetreiber überfordert, im zweiten Fall die Netznutzer benachteiligt. Gem. § 9 Abs. 2 ARegV betrug der generelle sektorale Produktivitätsfaktor in der ersten

Regulierungsvorgaben für Anreize für eine effiziente Leistungserbringung §21a

Regulierungsperiode jährlich 1,25 Prozent, (knapp die Hälfte des von der BNetzA im *Anreizregulierungsbericht* ermittelten Werts von 2,54 Prozent und lag noch mal unter dem von ihr bereits nach Abzug eines Sicherheitsabschlags empfohlenen Wert von 1,5–2 Prozent, →Rn. 36), in der zweiten 1,5 Prozent. Eine Änderung des VPI zieht gem. § 4 Abs. 3 Nr. 1 ARegV jährlich eine Korrektur der Erlösobergrenze nach sich („automatisch"), es bedarf deshalb keiner erneuten Festlegung der Erlösobergrenze. Die Inflationsrate beläuft sich im ersten Jahr auf 2,26 Prozent. Der Produktivitätsfaktor soll in der Erwartung preissenkend wirken (→Rn. 35), da aufgrund der Produktivitätssteigerung effizienter, dh zu niedrigeren Kosten produziert wird und ist (als Korrekturterm) von der Inflationsrate zu subtrahieren (VPI_t/VPI_0 – PF_t). Für das erste Jahr [2009] ergab sich aus VPI und PF eine leichte Erhöhung [2,26 Prozent – 1,25 Prozent = 1,01 Prozent]). Dieser Term (VPI_t/VPI_0 – PF_t) ist **Bestandteil der Erlösobergrenze** (nicht der individuellen Effizienzvorgabe, § 21a Abs. 5) und folglich bei deren Ermittlung gem. § 21a Abs. 4 S. 7 einzubeziehen (vgl. OLG Stuttgart Beschl. v. 21.1.2010 – 202 EnWG 19/09, S. 9ff., hier 13 des amtl. Umdrucks). Das OLG Stuttgart sieht auch „keine Unvereinbarkeit der Regelungen in der ARegV zum generellen sektoralen Produktivitätsfaktor mit dem EnWG oder dem Grundgesetz" (OLG Stuttgart Beschl. v. 21.1.2010 – 202 EnWG 19/09, S. 18ff., hier 19 des amtl. Umdrucks sowie OLG Stuttgart, die mündliche Verhandlung in den ersten Verfahren zur Erlösobergrenzenfestlegung führte zur Beschwerderücknahme, nachdem der Senat zu erkennen gegeben hatte, dass er die Vorgabe eines generellen sektoralen Produktivitätsfaktors für von der Ermächtigungsgrundlage des § 21a Abs. 6 gedeckt hält und sich der Verordnungsgeber dabei auch im Rahmen des von § 21a Abs. 1–5 vorgegebenen Gestaltungsspielraums bewegt habe, Beschl. v. 20.7.2009 zur Beschwerderücknahme – 202 EnWG 19/08 u. 202 EnWG 20/08; ebenso OLG Düsseldorf Hinweis-Beschl. v. 18.1.2010 – VI-3 Kart 200/09 (V) und VI-3 Kart 166/09 (V), S. 13ff. des amtl. Umdrucks; Beschl. v. 19.5.2010 – VI-3 Kart 91/09 (V), S. 10ff. des amtl. Umdrucks; aA OLG Naumburg Beschl. v. 5.11.2009 – 1 W 6/09 (EnWG), S. 16ff. des amtl. Umdrucks; OLG Brandenburg Beschl. v. 12.1.2010 – Kart W 1/09, S. 9ff. des amtl. Umdrucks; OLG Brandenburg Beschl. v. 12.1.2010 – Kart W 2/09, S. 17ff., OLG Brandenburg Beschl. v. 12.1.2010 – Kart W 3/09, S. 14ff. des amtl. Umdrucks; OLG Brandenburg Beschl. v. 12.1.2010 – Kart W 4/09, S. 12ff. des amtl. Umdrucks und OLG Brandenburg Beschl. v. 12.1.2010 – Kart W 7/09, S. 13ff. des amtl. Umdrucks, alle unter: www.gerichtsentscheidungen.berlin-brandenburg. de). Sowohl das OLG Naumburg und als auch das OLG Brandenburg hatten verfassungsrechtliche Bedenken und hielten die Einführung eines generellen sektoralen Produktivitätsfaktors durch den Verordnungsgeber für nicht mit Art. 80 GG vereinbar und nicht von der Ermächtigungsgrundlage des § 21a Abs. 6 EnWG gedeckt (siehe hierzu jedoch OLG Stuttgart Beschl. v. 21.1.2010 – 202 EnWG 19/09, S. 18ff., und →Rn. 29f.). Auch der BGH sah in § 21a Abs. 6 keine ausreichende Ermächtigungsgrundlage (Beschl. v. 28.6.2011 – EnVR 34/10 u. EnVR 48/10). Nach erfolgter Änderung des § 21a (§ 21a Abs. 4 S. 7 und Abs. 6 S. 2 Nr. 5) bestätigte der BGH mit seinem Beschl. v. 31.1.2012 (EnVR 16//10) das Vorliegen einer ausreichenden Ermächtigungsgrundlage (→Rn. 16, 37; vgl. auch Holznagel/ Schütz/*Laubenstein*/v. *Rossum* EnWG §21a Rn. 174ff. und 177)). Der **Term** [VPI_t/VPI_0 – PF_t] wirkt **sowohl** auf den beeinflussbaren Kostenanteil **als auch** den vorübergehend nicht beeinflussbaren Kostenanteil und hat mithin eine hohe wirtschaftliche Bedeutung für die Netzbetreiber. Der Vollständigkeit halber sei darauf hingewiesen, dass der Produktivitätsfaktor theoretisch auch ein negatives Vorzei-

§ 21a Teil 3. Regulierung des Netzbetriebs

chen erhalten kann, wenn die sektorale Produktivität hinter der der Gesamtwirtschaft zurückbleiben sollte. Er würde in diesem Falle erhöhend wirken. Ab der **dritten Regulierungsperiode** war der generelle sektorale Produktivitätsfaktor gem. § 9 Abs. 3 ARegV von der **Bundesnetzagentur** zu ermitteln (vgl. hierzu ausf. BerlKommEnergieR/*Groebel* ARegV § 9). Mit seinem Beschl. vom 26.1.2021 hat der **BGH** die Vorgehensweise bei der Festlegung des generellen sektoralen Produktivitätsfaktors Gas (BNetzA Beschl. v. 21.2.2018 – BK4-17-093 – PF Gas, abrufbar wie auch die zugehörigen Gutachten unter www.bundesnetzagentur.de/DE/Beschluss kammern/BK04/BK4_76_Prodfakt/BK4_Prodfakt_Gas_3RP_basepage.html?nn =718112) **bestätigt** (BGH Beschl. v. 26.1.2021 – EnVR 7/2020 [Vorinstanz OLG Düsseldorf Beschl. v. 18.12.2019 – VI-3 Kar 787/18 (V)]) und ihr einen **weiten Beurteilungsspielraum** eingeräumt (→ § 21 Rn. 154).

89 Außer dem beeinflussbaren Kostenanteil nach § 11 Abs. 4 ARegV im Basisjahr ($KA_{b,0}$, entspricht den abzubauenden Ineffizienzen nach § 15 Abs. 3 ARegV, → Rn. 76) gehen als weitere **Kostengrößen** in die Erlösgrenzenbestimmung die nach § 11 Abs. 2 ARegV direkt zu bestimmenden dauerhaft nicht beeinflussbaren Kostenanteile ($KA_{dnb,t}$, als absolutes Glied) und die **vorübergehend nicht beeinflussbaren Kostenanteile** ($KA_{vnb} = E \times (K_{ges} - KA_{dnb})$) gem. § 11 Abs. 3 ARegV ein, die *vorübergehend* – zum Zeitpunkt des Effizienzvergleichs ($KA_{vnb,0}$) – als nicht beeinflussbar gelten, aber über den Zeitraum der Regulierungsperiode hinweg als beeinflussbar angesehen werden. Sie werden wegen der Bezugnahme auf den *bereinigten* Effizienzwert (§ 11 Abs. 3 ARegV) unter Berücksichtigung der *individuellen* Situation des *einzelnen* Netzbetreibers ermittelt und beinhalten auf nicht zurechenbaren strukturellen Unterschieden des Versorgungsgebiets beruhende Kostenanteile, die im Zeitablauf veränderbar sind (vgl. BerlKommEnergieR/*Groebel*, 2. Aufl., EnWG § 112a Rn. 21). Sie stellen ergo *zeitpunktbezogen* die als **effizient anerkannten** Kostenanteile dar, die *zeitraumbezogen* über Investitionsentscheidungen vom Netzbetreiber beeinflussbar sind, so dass die entstehenden Kapitalkosten zu den der Anreizregulierung zugänglichen Kosten (→ Rn. 44 ff.) gehören. Die **Aufteilung** der anreizfähigen Kosten ($K_{ges} - KA_{dnb}$, der sog. „Schnitt" in Abb. 9) in beeinflussbare (vollständig vom Netzbetreiber kontrollierbare) Kostenanteile, die der Effizienzvorgabe des § 21a Abs. 5 S. 6 EnWG unterfallen, und den vorübergehend nicht beeinflussbaren Kostenanteilen erfolgt mittels des **Effizienzwerts** (vgl. OLG Düsseldorf Hinweisb. v. 18.1.2010 – VI-3 Kart 200/09 (V) und VI-3 Kart 166/09 (V), S. 15/16 des amtl. Umdrucks; s. zur weiteren Rspr. OLG Düsseldorf Beschl. v. 24.3.2010 – VI-3 Kart 200/09, teilweise bestätigt von BGH Beschl. v. 28.6.2011 – EnVR 48/10). Der der Anreizregulierung zugängliche Kostenblock, auf den die um den generellen sektoralen Produktivitätsfaktor korrigierte allgemeine Geldwertentwicklungsrate ($VPI_t/VPI_0 - PF_t$) wirkt, besteht aus den beiden so ermittelten Kostengrößen und stellt sich in der Regulierungsformel wie folgt dar: $KA_{vnb,0} + (1 - V_t) \times KA_{b,0}$.

Erlösobergrenzenbestimmung (1)
Ermittlung der Kostenanteile

90

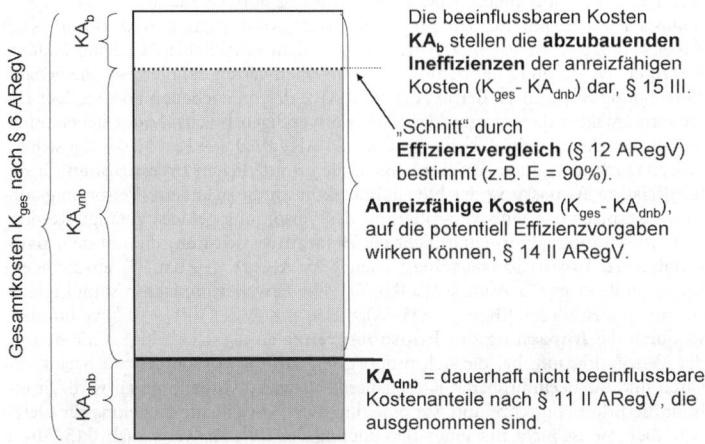

Die beeinflussbaren Kosten KA_b stellen die **abzubauenden Ineffizienzen** der anreizfähigen Kosten (K_{ges}- KA_{dnb}) dar, § 15 III.

„Schnitt" durch **Effizienzvergleich** (§ 12 ARegV) bestimmt (z.B. E = 90%).

Anreizfähige Kosten (K_{ges}- KA_{dnb}), auf die potentiell Effizienzvorgaben wirken können, § 14 II ARegV.

KA_{dnb} = dauerhaft nicht beeinflussbare Kostenanteile nach § 11 II ARegV, die ausgenommen sind.

Abb. 9: Ermittlung der Kostenanteile

7. Regulierungsformel (§ 7 und Anlage 1 ARegV). In der **Regulierungsformel** (vgl. hierzu BerlKommEnergieR/*Groebel* ARegV § 7) sind somit **alle Einflussfaktoren** enthalten und mathematisch miteinander verknüpft. Sie „verdichtet" alle **Elemente der Anreizregulierung** und bezieht sich für den zugrundezulegenden Datenstand auf ein Basisjahr (Index $_0$). Mit § 6 Abs. 1 S. 5 ARegV wird 2006 als Basisjahr für die erste Regulierungsperiode vorgegeben. Mit ihr wird die kalenderjährliche Erlösobergrenze (EO) für das jeweils betrachtete Jahr der Regulierungsperiode (Index $_t$) bestimmt, dh sie ist **dynamisch** über den Zeitraum der Regulierungsperioden aufgebaut, was für die Netzbetreiber den **Vorteil der Planbarkeit** und **Vorhersehbarkeit** bedeutet. Sie sieht für die erste Periode folgendermaßen aus:

91

$$EO_t = KA_{dnb,t} + (KA_{vnb,0} + (1 - V_t) \times KA_{b,0}) \times (VPI_t/VPI_0 - PF_t) \times EF_t + Q_t$$

und ab der zweiten Periode kommt noch der **Saldo des Regulierungskontos (S_t)** hinzu:

$$EO_t = KA_{dnb,t} + (KA_{vnb,0} + (1 - V_t) \times KA_{b,0}) \times (VPI_t/VPI_0 - PF_t) \times EF_t + Q_t + S_t.$$

Mit der Reform der **ARegV 2016** wird ein **Systemwechsel** vollzogen. Denn ab der dritten Regulierungsperiode wird der jährliche **Kapitalkostenabgleich** für Verteilnetzbetreiber und mit der **ARegV 2021** ab der vierten Regulierungsperiode auch für die Transportnetzbetreiber eingeführt (→ Rn. 19), wodurch sich die Regulierungsformel wiederum verändert (→ Rn. 126).

8. Erweiterungsfaktor (§ 10 und Anlage 2 ARegV). Über den **Erweiterungsfaktor** (vgl. hierzu BerlKommEnergieR/*Hansen* ARegV § 10; *Scharf* IR 2008, 258 ff.) wurde Verteilnetzbetreibern die Möglichkeit gegeben, die durch eine **nachhaltige Veränderung der Versorgungsaufgabe während** der Regulierungsperiode entstehenden Kosten erlösobergrenzenerhöhend geltend zu machen. Die Versorgungsaufgabe war in dem über die Vergleichsparameter be-

92

§ 21a Teil 3. Regulierung des Netzbetriebs

stimmten Umfang in den Effizienzvergleich eingegangen (→ Rn. 75). Nach § 10 Abs. 2 ARegV lag eine nachhaltige Veränderung der Versorgungsaufgabe vor, wenn sich einer oder mehrere der enumerativ aufgelisteten Parameter (Fläche, Anschluss-/Ausspeisepunkte, Jahreshöchstlast oder sonstige nach § 32 Abs. 1 Nr. 3 ARegV festgelegten Parameter) dauerhaft und in erheblichem Umfang ändern, was in der Verordnung mit bestimmten Schwellenwerten definiert ist. Die genaue Berechnung erfolgt nach der in **Anlage 2 ARegV** vorgegebenen Formel. Der Erweiterungsfaktor diente somit dazu, die notwendigen Netz*ausbauten* sicherzustellen, dh wie die Investitionsbudgets nach § 23 ARegV aF (→ Rn. 119f.), der sich an Übertragungsnetzbetreiber richtet, sollen die erforderlichen **Investitionen** für die **langfristige Anpassung** der Netzinfrastruktur an die geänderte Versorgungsaufgabe (beispielsweise eine Vergrößerung des Versorgungsgebiets) getätigt werden. Der Erweiterungsfaktor betraf nicht die **Ersatzinvestitionen,** die mit dem **pauschalierten Investitionszuschlag** nach § 25 ARegV (→ Rn. 93) abzuhandeln wären (ausf. → ausf. 3. Aufl., § 21 a Rn. 77). Der Erweiterungsfaktor ist multiplikativ mit dem Ausdruck $[(KA_{vnb,0} + (1-V_t) \times KA_{b,0}) \times (VPI_t/VPI_0 - PF_t)]$ verbunden, wodurch die **Anpassung der Erlösobergrenze** an die nachhaltige Veränderung der Versorgungsaufgabe, die sich proportional auf die vorübergehend beeinflussbaren und die beeinflussbaren Kostenanteile auswirkt, vorgenommen wird. Er erhöht die Erlösobergrenze und war eine durchweg vorteilhafte Regelung für Netzbetreiber. Sie ist nicht mit einer Bereinigung des Effizienzwerts nach § 15 Abs. 1 ARegV aufgrund von **Besonderheiten** der Versorgungsaufgabe, die nicht ausreichend bei den im Effizienzvergleich verwendeten Vergleichsparametern berücksichtigt wurden, zu verwechseln (→ Rn. 75). Nach der Einführung des **Kapitalkostenabgleichs** (→ Rn. 125) für die Verteilnetzbetreiber mit der ARegV 2016 entfällt der Erweiterungsfaktor ab der dritten Regulierungsperiode (§ 34 Abs. 7 ARegV).

93 **9. Forschungs- und Entwicklungskosten (§ 25a ARegV).** Der **pauschalierte Investitionszuschlag** nach § 25 ARegV aF (vgl. hierzu BerlKommEnergieR/*Volk*, 2. Aufl., ARegV § 25) war auf Verlangen des **Verteilnetzbetreibers vor** Beginn der Regulierungsperiode in die Erlösobergrenze unter bestimmten Bedingungen (nach Maßgabe der Abs. 2–5) einzubeziehen., § 25 Abs. 1 ARegV. Er betrug jährlich **maximal 1 Prozent** (eine Kumulation des Zuschlags in den jährlichen Erlösgrenzen ist nicht zulässig, vgl. BGH Beschl. v. 28.6.2011 – EnVR 34/10 u. 48/10 RdE 2011, 308 Rn. 24ff.) der nach § 14 Abs. 1 Nr. 3 ARegV berechneten **(standardisierten) Kapitalkosten** (→ Rn. 74). Nach § 11 Abs. 2 Nr. 12 ARegV gelten pauschalierte Investitionszuschläge als **dauerhaft nicht beeinflussbare Kostenanteile** und unterliegen als solche nicht den Effizienzvorgaben. Er war kalenderjährlich – nicht kumulativ – in gleicher absoluter Höhe auf die Erlösobergrenze **pauschal aufgeschlagen** und konnte diese anheben (vertiefend → 3. Aufl., § 21a Rn. 78). **§ 25** wurde mit der Änderung der ARegV v. 14.9.2016 (BGBl. 2016 I S. 2147ff.) **gestrichen**. Stattdessen wurde mit der ARegV-Novelle 2013 **§ 25a ARegV – Forschungs- und Entwicklungskosten** eingeführt (→ Rn. 18). Die Vorschrift regelt, unter welchen Voraussetzungen von den Netzbetreibern aufgewandten Forschungs- und Entwicklungskosten im Rahmen der Anreizregulierung zu berücksichtigen sind. Forschung und Entwicklung findet üblicherweise in öffentlichen Einrichtungen oder in der herstellenden Industrie statt und ist nicht Aufgabe der Netzbetreiber. Angesichts der epochalen Veränderungen der Energiewirtschaft in der Energiewende wurde es als notwendig angesehen, im Rahmen der

Regulierungsvorgaben für Anreize für eine effiziente Leistungserbringung §21a

Entwicklung neuer Energietechnologien Demonstrationsprojekte in Partnerschaft zwischen forschender Industrie und Netzbetreiber über eine dnbK- Regelung (§ 11 Abs. 2 Nr. 12a ARegV) anzureizen und zu fördern. Dies sah man insbesondere für größere Projekte (Demonstrationsvorhaben und größere Untersuchungen) in den Bereichen Netztechnik, Systemführung und der praktischen Technologieerprobung in Demonstrationsvorhaben (Begr.RegE BR-Drs. 447/13, 20). Es bleibt bei der öffentlichen Förderung (www.bmwi.de/Redaktion/DE/Publikationen/Energie/bu ndesbericht-energieforschung-2021.pdf?__blob=publicationFile&v=6), die allerdings immer nur einen Anteil der Kosten abdeckt. Letztlich findet die Forschung auch nicht allein im öffentlichen Interesse, sondern im Interesse der Hersteller statt. Durch die Förderung über Netzentgelte erhalten **Netzbetreiber** einen **höheren Anteil der Forschungsaufwendungen gefördert,** mit dem **Anteil über die Erlösobergrenze** werden nur die Kunden des forschenden Netzbetreibers oder mittelbar die Kunden der diesem nachgelagerten Netze belastet.

§ 25a Abs. 1 S. 2 ARegV fördert 50 Prozent des nicht öffentlich geförderten 94 Anteils der Kosten, die auf den Netzbetreiber fallen – nicht die Kosten anderer Projektpartner – durch den Zuschlag auf die Erlösobergrenze. Erbringt ein Netzbetreiber gegenüber einem forschenden (Schwester-) Unternehmen Leistungen, die er vollständig vergütet erhält, so sind diese Kosten über § 25a ARegV nicht erfasst. Die inhaltliche Prüfung der Forschungsprojekte obliegt somit der staatlichen Forschungsförderung, in der Regel durchgeführt über das Energieforschungszentrum Jülich (www.fz-juelich.de/). Die staatliche Energieforschungsförderung orientiert sich ua an folgenden Kriterien, die auch in der Förderquote Berücksichtigung finden:

- Wirksamkeit des Instruments (hinreichende Anreizwirkung für ein verstärktes Engagement der Netzbetreiber bei Forschung, Entwicklung und Demonstration neuer Technologien)
- Effizienz (einfaches und zügiges Verfahren, begrenzte bürokratische Belastung, Vermeidung von Mitnahmeeffekten und Doppelförderungen)
- Ausgewogenheit (Eigenbeitrag der Netzbetreiber, finanzielle Obergrenze für die Förderung)
- Transparenz (Informationen zu Projekten und Zuwendungsempfängern) sowie
- Bereitstellung der Ergebnisse für die Allgemeinheit zur Rechtfertigung der Berücksichtigung von Forschungs-und Entwicklungskosten in den allgemein zu zahlenden Netzentgelten (Begr.RegE BR-Drs. 447/13, 20)

Über die **Anknüpfung an die staatliche Forschungsförderung** wird ge- 95 währleistet, dass diese Kriterien auch im Rahmen der Anreizregulierung Berücksichtigung finden und keine doppelte und möglicherweise widersprüchliche Prüfung der Vorhaben durch die Regulierungsbehörden vorgenommen wird. **Voraussetzung** ist, dass der antragstellende Netzbetreiber selbst Zuwendungsnehmer des Forschungsvorhabens ist und dass ausschließlich solche Kosten als Zuschlag auf die Erlösobergrenze aufgeschlagen werden, die weder bei der Bestimmung des Ausgangsniveaus der Erlösobergrenzen nach § 6 Abs. 1 und 2 ARegV, als Teil des Kapitalkostenaufschlags nach § 10a ARegV oder als Teil einer Investitionsmaßnahme nach § 23 ARegV berücksichtigt wurden. Eine **Doppelförderung** ist **auszuschließen.** Dabei orientiert sich die BNetzA an einer Entscheidung des OLG Düsseldorf. Demnach sind die in einem Basisjahr berücksichtigten Kosten für alle Forschungs- und Entwicklungsprojekte abzugrenzen und mit dem jeweiligen Jahr der Erlösobergrenze ins Verhältnis zu setzen. Soweit es zu einer Kostensteigerung gegenüber dem Basisjahr gekommen ist, beträgt der nach § 25a ARegV zu genehmi-

§ 21a

gende Zuschlag sodann 50 Prozent der Kostensteigerung (OLG Düsseldorf Beschl. v. 8.5.2019 – VI-3 Kart 45/17 [V], 11). Da sich die **Gesamtkosten** der Forschungs- und Entwicklungsvorhaben im Zeitablauf **verändern** können, Projekte hinzukommen können oder abgeschlossen werden, Plan- und Istkosten auseinanderfallen können **muss der einzubeziehende Zuschlag** entsprechend der im jeweilig vorletzten Kalenderjahr **tatsächlich anfallenden Kosten** für Forschungs- und Entwicklungsvorhaben **angepasst** werden (beispielhaft BNetzA Beschl. v. 2.9.2021 – BK8-18/01806-31, www.bundesnetzagentur.de/DE/Beschlusskammern/1_GZ/BK8-GZ/2018/2018_5-Steller/BK8-18-01806/BK8-18-01806-31_Download_BF.pdf?__blob=publicationFile&v=2).

96 **10. Qualitätselement (§§ 19f. ARegV).** Mit dem **Qualitätselement Q** nach §§ 19f. ARegV wird sichergestellt, dass die Einhaltung der Effizienzvorgaben **nicht zulasten der Qualität** der Energieversorgung geht. Die Gefahr besteht, dass die Netzbetreiber die notwendigen Maßnahmen zur Sicherung der **Netzzuverlässigkeit** (unterbrechungsfreie Lieferung) und der **Netzleistungsfähigkeit** (Befriedigung der Nachfrage) unterlassen, §§ 18ff. ARegV, dh Kosteneinsparungen werden durch Qualitätsverschlechterung anstelle durch Produktionsumstellung erzielt (vgl. BNetzA, Jahresbericht 2008, S. 157f.; Monopolkommission, Sondergutachten Nr. 54, Tz. 308ff.). Es gilt, den aus der Literatur gut bekannten *Trade-off*, bei dem die Effizienzsteigerung kurzfristig über Kostensenkungen bewerkstelligt wird, indem an langfristig zum Erhalt der Qualität notwendigen Investitionen gespart wird (maW es wird am falschen Ende – nämlich zulasten der Qualität – gespart, → Rn. 60, s. auch *Elsenbast* Wirtschaftsdienst 2008, 398ff. (399f.); *Büchner/Hesmondhalgh* et 2005, 604ff.; *Haucap/Rötzel,* Die geplante Anreizregulierung in der deutschen Elektrizitätswirtschaft: Einige ökonomische Anmerkungen, in: *Säcker/Busse von Colbe* (2007), S. 53ff., 62ff.; Monopolkommission, Sondergutachten Nr. 54, Tz. 308ff., 327), zu vermeiden.

97 Grundsätzlich kann die **Versorgungsqualität** in fünf Komplexe unterteilt werden:
(1) Die **Netzzuverlässigkeit** beschreibt die Fähigkeit des Energieversorgungsnetzes, Energie unter Einhaltung bestimmter Qualitätsparameter von einem Ort des Netzes zu einem anderen zu transportieren.
(2) Bei der **Produktqualität** handelt es sich um die technische Qualität des Produktes Strom bzw. Gas, dh hier sind der zeitliche Verlauf der Spannungen beim Strom bzw. die chemische Zusammensetzung des Gases unter Einhaltung eines bestimmten Druckniveaus gemeint.
(3) Unter **Versorgungssicherheit** ist die technische Sicherheit im Sinne der Vermeidung von Schäden für Menschen und Anlagen zu verstehen.
(4) Die **Servicequalität** beschreibt das Verhältnis zwischen dem Netzbetreiber und seinen Kunden. Sie umfasst zB Dienstleistungen wie die Einhaltung von Terminen und die Qualität der Rechnungslegung.

Diese vier genannten Bereiche werden in Europa unter dem Begriff der Versorgungsqualität zusammengefasst. In Deutschland wird jedoch zusätzlich die **Netzleistungsfähigkeit** berücksichtigt (Abs. 5). Dabei handelt es sich um die Fähigkeit des Energieversorgungsnetzes, die Nachfrage nach der Übertragung von Energie zu befriedigen.

98 Das in der Formel additiv angeschlossene **Qualitätselement** arbeitet mit **Zu- oder Abschlägen** (Bonus/Malus), die die Erlösobergrenze erhöhen oder absenken, wenn bestimmte **Kennzahlenvorgaben** nicht eingehalten werden (auch

Regulierungsvorgaben für Anreize für eine effiziente Leistungserbringung § 21 a

→ Rn. 60ff.). Die Einführung einer Qualitätsregulierung hat zur Voraussetzung, dass hinreichend belastbare Datenreihen vorliegen (§ 19 Abs. 2 ARegV).

Zur Vorbereitung und Entwicklung eines Konzepts der Ausgestaltung der **Qua-** 99 **litätsregulierung** hatte die BNetzA im Jahr 2009 mehrere Beratungsprojekte (je eins für die Netzzuverlässigkeit inkl. Produktqualität und die Netzleistungsfähigkeit im Strombereich) vergeben.

Zur Überwachung sieht § 21 ARegV den **Bericht zum Investitionsverhal-** 100 **ten** der Netzbetreiber vor, nach dem die Netzbetreiber verpflichtet sind, der Regulierungsbehörde auf Anforderung Angaben zu ihren jährlichen Investitionen zu machen, die eine Überprüfung ermöglichen, inwieweit diese in einem angemessenen Verhältnis zu Alter und Zustand ihrer Anlagen, den Abschreibungen und der Versorgungsqualität stehen. Diese Berichte wurden nie angefordert, ebenso wenig das indikatorbasierte Investitionsmonitoring nach § 33 Abs. 4 ARegV aufgesetzt oder ein technisch-wirtschaftliches Anlagenregister eingeführt. Dies auch vor dem Hintergrund, dass mit diesen Datenerfassungen ein erheblicher administrativer Aufwand für die Unternehmen verbunden ist und die BNetzA die Versorgungsqualität im Rahmen der Meldepflichten gem. § 52 EnWG regelmäßig beobachtet und die Entwicklung der Versorgungsunterbrechungen bundesweit positiv ist und sich die Versorgungsunterbrechungen auf einem niedrigen Niveau bewegen (aktuell fortgeschrieben unter www.bundesnetzagentur.de → Elektrizität und Gas → Versorgungssicherheit → Versorgungsunterbrechungen → Strom-Kennzahlen).

Die **Qualitätsregulierung** fällt in eine **geteilte Zuständigkeit** zwischen 101 **BNetzA** und **Landesregulierungsbehörden**. Während gem. § 54 Abs. 3 Nr. 5 die BNetzA für die bundesweite Festlegung zu den Methoden einer Qualitätsregulierung nach § 21 a Abs. 6 zuständig ist, treffen die Landesregulierungsbehörden die Einzelfestlegung zu dem ermittelten Bonus oder Malus gem. § 54 Abs. 2 Nr. 2 iVm der ARegV in eigener Zuständigkeit (Begr.RegE BT-Drs. 19/27453, 134). Am 7.6.2011 hatte die BNetzA die ersten **Festlegungen** über den Beginn der Anwendung, die nähere Ausgestaltung und das Verfahren der Bestimmung des **Qualitätselementes** hinsichtlich der Netzzuverlässigkeit für Elektrizitätsverteilernetze nach den §§ 19 und 20 ARegV (Beschlüsse BK8-11-002 – BK8-11-008) getroffen, mit der die **Qualitätsregulierung zum 1.1.2012** eingeführt wurde (vertiefend Holznagel/Schütz/Herrmann/Stracke/Westermann ARegV § 19). Seitdem besteht die Methodik im Kern mit kleineren Anpassungen fort und wurde gerichtlich wiederholt bestätigt (BGH Beschl. v. 22.7.2014 – EnVR 59/12 – Stromnetz GmbH Berlin, hierzu auch *Grüneberg* RdE 2016, 49, 51f.; OLG Düsseldorf Beschl. v. 15.2.2017 – VI-3 Kart 155/15 (V); OLG Düsseldorf Beschl. v. 17.2.2016 – VI-3 Kart 162/12 (V); OLG Düsseldorf Beschl. v. 26.2.2020 – VI-3 Kart 75/17 [V]). Im Jahr 2020 wurde die Methodik nach dem Stand der Wissenschaft gutachterlich überprüft und bestätigt (E-Bridge/ZEW/FGH 2020, 98). Es wurden **Weiterentwicklungsmöglichkeiten** identifiziert, die frühestens ab der 4. Regulierungsperiode eingeführt werden könnten (E-Bridge/ZEW/FGH 2020, 19ff.; aktuelle Übersicht zu den Verfahren und den Grundlagen der Qualitätsregulierung zu finden unter www.bundesnetzagentur.de → Beschlusskammern → Beschlusskammer 8 → Erlösobergrenzen → Qualitätselement).

Die **Qualitätsregulierung** verfolgt nicht das Ziel einer unterbrechungsfreien 102 Versorgung, sondern eine **gesamtwirtschaftliche Optimierung** (E-Bridge/ ZEW/FGH 2020, 12 mwN). Das optimale Zuverlässigkeitsniveau versucht den Punkt zu finden, in dem sich die marginalen Kosten der Qualitätsverbesserung und der gesamte kundenseitige Grenznutzen der Qualitätssteigerung gleichen (*Rühr-*

§ 21 a Teil 3. Regulierung des Netzbetriebs

nößl/Görlich, Optionen zur Einbeziehung der Versorgungsqualität in derzeitige bzw. künftige Regulierungsrahmen für Stromverteilnetzbetreiber, Gutachten im Auftrag der E-Control 2014). Im Rahmen der Qualitätsregulierung werden weder Zielvorgaben gesetzt, noch Entwicklungspfade vorgegeben. Jedes Unternehmen kann entscheiden, ob Maßnahmen zu ergreifen oder Investitionen zu tätigen sind, um die Qualität nachhaltig zu verbessern, oder ob ein individuell optimaler Zustand hergestellt ist. Im Mittelpunkt steht **konzeptionell** die Gewährleistung eines **volkswirtschaftlich optimalen Zuverlässigkeitsniveaus**, welche eine möglichst unterbrechungsfreie, effiziente und preisgünstige Energieversorgung zum Ziel hat (*Jamasb/Pollitt*, Incentive regulation of electricity distribution networks: Lessons of experience from Britain (2007)). Mit Hilfe von **Zuverlässigkeitskennzahlen** wird das **Zuverlässigkeitsniveau** gemessen. Die Kennzahlen geben Auskunft über verschiedene Aspekte von Versorgungunterbrechungen, wie beispielsweise deren Dauer oder Häufigkeit.

103 **11. Saldo des Regulierungskontos (§ 5 ARegV)** . Das sog. Regulierungskonto dient zur Erfassung und zum Abgleich der tatsächlichen und der zulässigen Erlöse. Bei der Einführung der ARegV war die wesentliche Aufgabe des Regulierungskontos der **Ausgleich von Prognoseunsicherheiten** aufgrund von (insb. witterungsbedingten) Mengenschwankungen (zu den aktuellen weiteren Plan/Ist-Abgleichen im Regulierungskonto siehe Theobald/Kühling/*Hummel* ARegV § 5). Die Netzbetreiber kalkulieren vor Beginn eines Jahres ihre Netzentgelte auf Basis der gem. ARegV zulässigen Erlöse auf eine Prognose des künftigen Energieabsatzes über ihr Netz nach Leistung (MW) und Arbeit (MWh). Das Mengenelement wird durch eine Vielzahl von Faktoren wie zB Temperaturen oder die konjunkturelle Entwicklung beeinflusst und so ergeben sich notwendigerweise regelmäßig Abweichungen zwischen den erzielbaren Erlösen und der festgelegten Erlösobergrenze (zulässige Erlöse). Solche Abweichungen der sich am Jahresende ergebenden Erlöse von den zulässigen Erlösen wurden zunächst über den Zeitraum einer Regulierungsperiode auf einem Regulierungskonto verbucht, seit der ARegV-Reform 2016 nunmehr **jährlich festgestellt** und über drei Jahre aufgelöst.

104 Durch die Ergänzung von S als Element in der Regulierungsformel entfällt die ursprünglich mit § 11 Abs. 2 Nr. 5 ARegV vorgesehene Verrechnung des Saldos über Zu- und Abschläge. Nach Auslaufen der Übergangsvorschriften des § 34 ARegV übernahm das Regulierungskonto die **periodenübergreifende Saldierungsfunktion** (→ § 21 Rn. 93 f.). Mit der Einführung des Kapitalkostenabgleichs mit der ARegV 2016 (→ Rn. 125) verändert sich auch die Aufgabe des Regulierungskontos (www.bundesnetzagentur.de/DE/Sachgebiete/ElektrizitaetundGas/Unternehmen_Institutionen/Netzentgelte/Anreizregulierung/WesentlicheElemente/IndivEOG/IndividuelleEOG_node.html).

105 Die Abweichungen können Mehr- oder Mindererlöse ergeben – somit ist das Regulierungskonto das Instrument zur Einhaltung und Durchsetzung der festgesetzten Erlösobergrenze sowohl für Netzbetreiber als auch für Netznutzer. Der regulierte Netzbetreiber trägt, anders als alle anderen Wirtschaftssubjekte unter Wettbewerbswirtschaft, kein Mengenrisiko. Auch bei schwankenden Absatzmengen legt er seine Netzkosten auf die vorhandenen Mengen um. Auch bei Absatzrisiken wie der aktuellen Corona-Krise wirkt das Regulierungskonto als stabilisierendes Element für die Netzwirtschaft. Aber auch Mehrerlöse durch Prognoseunsicherheiten muss der Netzbetreiber in künftigen Erlösobergrenzen zugunsten der Netznutzer verzinst mit dem Zins entsprechend der auf die letzten zehn abgeschlossenen Kalen-

derjahre bezogenen Durchschnitt der von der Deutschen Bundesbank veröffentlichten Umlaufrendite festverzinslicher Wertpapiere inländischer Emittenten verrechnen (§ 5 Abs. 2 ARegV). Der Ausgleich erfolgt gleichmäßig über drei Jahre als Zu- oder Abschläge auf die zulässige Erlösobergrenze. Durch den Mechanismus des Regulierungskontos sollen auch starke Schwankungen bei den Netzentgelten vermieden und damit die Planbarkeit für die Vertriebe und Netznutzer erhöht werden (ausführlich: BNetzA Evaluierungsbericht nach § 33 ARegV 2015, 51). Durch das Imparitätsprinzip des deutschen Handelsrechts (MüKoHGB/*Ballwieser* § 243 Rn. 34–39) kann es für die Netzbetreiber im Hinblick auf die Aktivierbarkeit von Guthaben auf dem Regulierungskonto zu nachteiligen Auswirkungen bei der kaufmännischen Bilanzierung kommen. Forderungen und Verbindlichkeiten aus dem Regulierungskonto werden im Hinblick auf den Zeitpunkt der Erfolgswirksamkeit derzeit unterschiedlich behandelt. Verbindlichkeiten müssen sofort aktiviert werden, Forderungen jedoch erst, wenn sich die daraus ergebenden Gewinne tatsächlich realisiert haben oder diese behördlich festgestellt sind (zur aktuellen Auslegung der Regelung s. IDW, Auszug aus dem Ergebnisbericht Online über die 1. Sitzung des Energiefachausschusses (EFA) vom 22.3.2017, veröffentlicht: www.bundesnetzagentur.de → Beschlusskammern → Beschlusskammer 8 → Erlösobergrenzen → Regulierungskonto). Dadurch kann sich die bilanzielle Unternehmenslage ungewollt schlechter darstellen, als sie tatsächlich ist (dazu und zu Wirkung auf die Steuerbilanz: Holznagel/Schütz/*Held* ARegV § 5 Rn. 36–40). Dies anzupassen wäre angemessen und wurde wiederholt gefordert (BNetzA Evaluierungsbericht nach § 33 ARegV 2015, 322), ist bislang aber noch nicht gesetzlich geändert.

12. Anpassungen der Erlösobergrenze (§ 4 Abs. 3–5 ARegV). Die Erlösobergrenze wird zu Beginn einer Regulierungsperiode für jedes Jahr der Regulierungsperiode festgelegt. Allerdings ist die Erlösobergrenze nicht rein statisch, da sie mittlerweile aus vielerlei Gründen angepasst werden kann. **§ 4 Abs. 3 ARegV** sieht automatische **Anpassungen der Erlösobergrenze** vor, nämlich bei einer Änderung des Verbraucherpreisindex (→ Rn. 80, § 4 Abs. 3 Nr. 1 ARegV) und bei Änderungen bestimmter dauerhaft nicht beeinflussbarer Kostenanteile nach § 11 Abs. 2 ARegV (§ 4 Abs. 3 Nr. 2 ARegV). Außerdem besteht nach § 4 Abs. 4 ARegV die Möglichkeit einer Anpassung auf **Antrag** und zwar nach Maßgabe des § 10 oder 10a ARegV, dh für den Fall des (inzwischen nicht mehr anwendbaren, → Rn. 92 aE) Erweiterungsfaktors oder des Kapitalkostenaufschlags (§ 4 Abs. 4 S. 1 Nr. 1 ARegV); zum Ausgleich des Regulierungskontos (§ 4 Abs. 4 S. 1 Nr. 2 ARegV) sowie die sog. **Härtefallregelung** des § 4 Abs. 4 S. 1 Nr. 2 ARegV zur Vermeidung **nicht zumutbarer Härten** bei Eintritt eines unvorhersehbaren Ereignisses (zurecht unter Verweis auf einschlägige BGH-Rechtsprechung [Beschl. v. 28.6.2011, EnVR 34/10] eine restriktive Auslegung befürwortend BerlKomm-EnergieR/*Meinzenbach*, ARegV § 4 Rn. 15); hingegen eine weite Auslegung vertretend *Missling* IR 2008, 126 ff. (Teil 1) und 201 ff. (Teil 2)). Die Anpassung erfolgt jeweils zum 1.1. eines Kalenderjahres. Eine weite Auslegung der **Härtefallregelung des § 4 Abs. 4 S. 1 Nr. 2 ARegV** als allgemeine Auffangregelung überdehnt deren Funktion und läuft dem Zweck der gesetzlichen Zielvorgaben der §§ 1, 21 Abs. 2 und 21a Abs. 1 EnWG und der Anreizregulierung zuwider bzw. weicht deren Zweck auf. Denn es ist der Anreizregulierung gerade systemimmanent, dass Netzbetreiber alle – *möglichen und zumutbaren (vgl. § 21a Abs. 5 S. 4 EnWG)* – Anstrengungen – und nicht nur „*hinreichende Bemühungen*" unternehmen müssen, um die Effizienzvorgabe zu erfüllen. Ein weniger strenger Maßstab, etwa

§ 21a   Teil 3. Regulierung des Netzbetriebs

den der „hinreichenden Bemühungen", ist nicht von der Vorgabe des § 21a Abs. 5 S. 4 EnWG gedeckt und würde zu einem Unterlaufen der Anforderungsniveaus der gesetzlichen Vorgaben führen. Dies kann mE auch nicht mit Art. 14 GG begründet werden, denn wie oben dargelegt (→ § 21 Rn. 138f.) kann dieser keine Substanzerhaltungsgarantie beinhalten, weil dies geradezu zwingend auf den Erhalt betriebswirtschaftlicher Ineffizienzen hinausläuft, die nicht von Art. 14 GG geschützt sind (die Auslegung widerspricht auch der Auffassung des BGH (BGH Beschl. v. 14.8.2008 – KVR 39/07 Rn. 60f des amtl. Umdrucks, RdE 2008, 323 mAnm *Weyer;* → § 21 Rn. 127, 138). Unabhängig von diesen prinzipiellen Erwägungen spricht auch die Tatsache gegen eine Anerkennung der Verlustenergie als Härtefall nach § 4 Abs. 4 S. 1 Nr. 2 ARegV, dass die Kosten hierfür gerade nicht Folge eines unvorhersehbaren Ereignisses, sondern wegen der Volatilität der Beschaffungskosten vorhersehbar sind (so auch das OLG Stuttgart Beschl. v. 21.1.2010 – 202 EnWG 3/09, S. 16ff. sowie OLG Brandenburg ua Beschl. v. 12.1.2010 – Kart W 2/09, S. 15ff., ebenso OLG Naumburg Beschl. v. 5.11.2009 – 1 W 6/09, S. 11ff.). Der Charakter der Härtefallregelung als Auffangvorschrift für 100 Prozent effiziente Netzbetreiber kann auch nicht damit begründet werden, dass er ansonsten keine „Ausweichmöglichkeit" hat. Genau diese hat er in einem Wettbewerbsmarkt, dessen Wirkungsweise mit dem Anreizregulierungsmechanismus nachgebildet wird, auch nicht. Damit wird klar, dass der Gesetzgeber die Härtefallregelung gerade **nicht** als allgemeine Auffangregel konzipiert hat. Die Härtefallregelung greift für jeden Netzbetreiber in außergewöhnlichen, schwerwiegenden, atypischen und nicht zurechenbaren Einzelfällen. In seinen Entscheidungen vom 28.6.2011 und vom 31.1.2012 folgte der BGH der Auffassung der Bundesnetzagentur und hat die **enge Auslegung der Voraussetzungen der Härtefallregelung** bestätigt und betont, dass die „Anwendung der Härtefallregelung nicht zu einer allgemeinen Billigkeitskontrolle der danach sich ergebenden Erlösobergrenzen führen [darf] (BGH Beschl. v. 28.6.2011 – EnVR 34/10 u. 48/10 Rn. 58ff., 67; BGH Beschl. v. 31.1.2012 – EnVR 16/10 Rn. 37ff. [Vorinstanz OLG Stuttgart Beschl. v. 21.1.2010 – 202 EnWG 3/09]).

107   **13. Vereinfachtes Verfahren (§ 24 ARegV).** Das **vereinfachtes Verfahren** nach § 24 ARegV steht auf Antrag Netzbetreibern offen, die weniger als 15.000 Kunden (Gasverteilnetze) bzw. 30.000 (Stromverteilnetze) direkt oder indirekt angeschlossen haben (Überblick bei Baur/Salje/Schmidt-Preuß/*Weyer* Energiewirtschaft, Kap. 88; Holznagel/Schütz/*Kresse* ARegV § 24). Es wurde aus Sorge um eine administrative Überlastung kleiner Netzbetreiber geschaffen (Begr.RegE BR-Drs. 417/07, 58). Bei Vorliegen der Voraussetzungen genehmigt die Regulierungsbehörde die Teilnahme am vereinfachten Verfahren innerhalb von vier Wochen nach Eingang der vollständigen Antragsunterlagen, die Unternehmen sind für die Dauer einer Regulierungsperiode an das gewählte Verfahren gebunden. Im vereinfachten Verfahren wird ab der zweiten Regulierungsperiode der Effizienzwert als gewichteter durchschnittlicher Wert aller in dem bundesweiten Effizienzvergleich nach §§ 12, 13, 14 ARegV für die vorangegangene Regulierungsperiode ermittelten und nach § 15 Abs. 1 ARegV bereinigten Effizienzwerte bestimmt (BGH Beschl. v. 25.4.2017 – EnVR 17/16 – Stadtwerke Werl, RdE 2017, 344, 350f.; OLG Düsseldorf Beschl. v. 21.1.2016 – VI-5 Kart 33/14 (V), RdE 2016, 242, 251f.). Für die Teilnehmer des vereinfachten Verfahrens wird also kein Effizienzvergleich durchgeführt. Die Anforderungen zur Effizienzsteigerung an die Netzbetreiber sind also von vornherein abgesenkt, weshalb die Monopolkommission auch von

Regulierungsvorgaben für Anreize für eine effiziente Leistungserbringung **§ 21 a**

einer „**Fluchtmöglichkeit**" spricht (*Monopolkommission,* Sondergutachten Nr. 54, Tz. 294).

Ca. 80 Prozent aller Strom- und Gasverteilnetzbetreiber nehmen bundesweit am vereinfachten Verfahren teil (vgl. BNetzA, Evaluierungsbericht ARegV 2015, 315; vgl. zur Rechtsprechung zum vereinfachten Verfahren BGH Beschl. v. 18.10.2011 – EnVR 13/10, RdE 2012, 389 [Vorinstanz: OLG Brandenburg Beschl. v. 12.1.2010 – Kart W 2/09], mit der er seine Entscheidung v. 28.6.2011 – EnVR 34/10, BeckRS 2011, 18469 [Vorinstanz: OLG Düsseldorf Beschl. v. 24.3.2010 – VI-3 Kart 166/09 (V)] fortführt; *Thau/Schüffner* Anm. zum BGH Beschl. v. 18.10.2011 – EnVR 13/10, NuR 2012, 98 ff.). Die durchschnittlichen Effizienzwerte der Verteilernetzbetreiber für die vereinfachten Verfahren sind zT wenig ambitioniert: **108**

	Strom	**Gas**
1. Regulierungsperiode (Wert in der ARegV fixiert)	87,5 Prozent	87,5 Prozent
2. Regulierungsperiode	96,14 Prozent	89,97 Prozent
3 Regulierungsperiode	96,69 Prozent	93,46 Prozent
4. Regulierungsperiode	97,01 Prozent	92,55 Prozent

Effizienzwerte der Verteilernetzbetreiber für die vereinfachten Verfahren (gelten bundesweit), Quelle: www.bundesnetzagentur → Elektrizität und Gas → Netzentgelte → Stromnetzbetreiber → Effizienzvergleich VNB und www.bundesnetzagentur → Elektrizität und Gas → Netzentgelte → Gasnetzbetreiber → Effizienzvergleich VNB).

Allerdings sind nach Inkrafttreten der Zweiten Verordnung zur Änderung der Anreizregulierungsverordnung vom 14.9.2016 (BGBl. 2016 I S. 2147) ab der dritten Regulierungsperiode nur noch 5 Prozent der nach § 14 Abs. 1 Nr. 1 ARegV ermittelten Gesamtkosten pauschal als dauerhaft nicht beeinflussbare Kosten von der Effizienzvorgabe ausgenommen (zur Neuregelung Begr.RegE BR-Drucks. 296/16, 42). **109**

14. Netzentgelte und Verfahrensabschluss (§§ 21 Strom-/GasNEV). Das Verfahren wird abgeschlossen mit der Umrechnung der festgelegten Erlösobergrenze in **Netzentgelte (§§ 21 Strom-/GasNEV – Netzentgeltbildung bei Anreizregulierung,** früher in § 17 ARegV aF geregelt) durch die Netzbetreiber, mit denen die über den Anreizmechanismus erzielten Produktivitätssteigerungen an die Netznutzer weitergegeben werden, was Vorteile für Netzbetreiber *und* Netznutzer hat. Die **Anreizregulierung** bringt über die Dauer der Regulierungsperioden **Planbarkeit für Netzbetreiber,** die es selbst in der Hand haben, durch Effizienzsteigerungsmaßnahmen ihre Rendite zu erhöhen. Den Gesamtprozess der Erlösobergrenzenbestimmung nach ARegV gibt nachfolgendes Flussdiagramm (Abb. 10) wieder. **110**

§ 21a — Teil 3. Regulierung des Netzbetriebs

111

Erlösobergrenzenbestimmung (2)
– Verfahrensschritte –

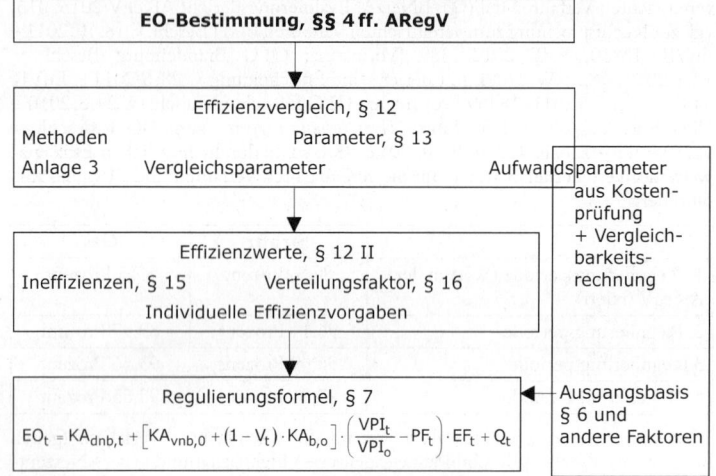

Abb. 10: Verfahrensschritte der Erlösobergrenzenbestimmung

Regulierungsformel, § 7 ARegV 2021

$$EO_t = KA_{dnb,t} + \left(KA_{vnb,t} + (1 - V_t) \cdot KA_{b,t} + \frac{B_0}{T} \right) \cdot \left(\frac{VPI_t}{VPI_0} - PF_t \right) + KKA_t + Q_t + (VK_t - VK_0) + S_t$$

112 **15. Bewertung des Gesamtergebnisses. Zusammenfassend** lässt sich sagen, dass die **moderaten Effizienzvorgaben** durch folgende Faktoren bedingt werden:
- **zeitlich:** verspäteter Beginn und verlängerte Regulierungsperioden (zehn Jahre bei Strom, neun bei Gas), bedeutet „gestreckte" Anpassung, die sich in einem abgeflachten Verlauf des Senkungspfads manifestiert;
- **methodisch:** Best-of-four-Abrechnung gem. § 12 Abs. 4a ARegV und Ausreißerregelung (der *Höhe* nach): niedriger Anspruch;
- Sicherheitsschranke von 60 Prozent Mindesteffizienzwert, § 12 Abs. 4 ARegV (dito);
- *Umfang:* weiter Katalog der dauerhaft nicht beeinflussbaren Kostenanteile gem. § 11 Abs. 2 ARegV, die von Effizienzvorgaben ausgenommen sind, reduziert die anreizfähigen Kosten, auf die Effizienzvorgaben potentiell wirken können;
- **individuell:** Geltendmachung von Besonderheiten der Versorgungsaufgabe (und Parameter) nach § 15 Abs. 1 ARegV (bereinigter Effizienzwert): Einzelfallprüfung;
- vereinfachtes Verfahren nach § 24 ARegV mit pauschalem Effizienzwert (→ Rn. 108).

Regulierungsvorgaben für Anreize für eine effiziente Leistungserbringung §21a

Verschiedene Faktoren trugen zu einer schwächeren als der intendierten Wirkung 113 bei und führten insbesondere infolge der Mehrkosten aus Investitionsbudgets/-maßnahmen nach §23 ARegV (bei Übertragungsnetzbetreibern) und dem Erweiterungsfaktor nach §10 ARegV (bei Verteilnetzbetreibern) von 2011 auf 2012 zu einem **Anstieg der Erlösobergrenzen.** Allgemein lässt sich zu den Entwicklungen seit den Jahren 2012 ff. konstatieren, dass ab dem Jahr 2012 die für den Stromnetzausbau im Zuge der Energiewende erforderlichen Investitionen (→ Rn. 114 ff., hier → Rn. 117 ff.) zu höheren Netzausbaukosten und damit tendenziell auch bei effizientem Ausbau zu höheren Erlösobergrenzen (und mithin Netzentgelten) führten, vgl. Monitoringbericht 2012 von BNetzA/BKartA gem. §63 Abs. 3 iVm §35 EnWG und §48 Abs. 3 iVm §53 Abs. 3 GWB, 3. Aufl., Stand 5.2.2013, S. 60 ff. (www.bundesnetzagentur.de/SharedDocs/Mediathek/Berichte/2012/Monitoring Bericht2012.pdf?__blob=publicationFile&v=2); Monitoringbericht 2013 von BNetzA/BKartA gem. §63 Abs. 3 iVm §35 EnWG und §48 Abs. 3 iVm §53 Abs. 3 GWB, Stand Juni 2014, S. 67 ff. (www.bundesnetzagentur.de/SharedDocs/Down loads/DE/Allgemeines/Bundesnetzagentur/Publikationen/Berichte/2013/13121 7_Monitoringbericht2013.pdf?__blob=publicationFile&v=15). Zur jüngeren Entwicklung (va der dritten Regulierungsperiode einschließlich der Auswirkungen der Änderungen durch die ARegV 2016) wird auf den Monitoringbericht 2021 von BNetzA/BKartA gem. §63 Abs. 3 iVm §35 EnWG und §48 Abs. 3 iVm §53 Abs. 3 GWB, Stand 1. Dez. 2021 verwiesen, S. 166 ff. (Strom) und S. 390 ff. (Gas), www.bun desnetzagentur.de/SharedDocs/Mediathek/Monitoringberichte/Monitoringbe richt_Energie2021.pdf?__blob=publicationFile&v=3.

16. Instrumente zur Gewährleistung der Investitionsfähigkeit nach 114 **ARegV.** Bei der Erläuterung der Erlösobergrenzenbestimmung wurde bereits eine Reihe von Instrumenten zur Gewährleistung der Investitionsfähigkeit wie der (inzwischen nicht mehr anwendbare) Erweiterungsfaktor (→ Rn. 92) oder der (aufgehobene) pauschalierte Investitionszuschlag (→ Rn. 93), der durch die gem. §25a ARegV zu berücksichtigenden Forschungs- und Entwicklungskosten (→ Rn. 93 ff.) ersetzt wurde, benannt. Ebenso wurde der Zusammenhang zwischen **Investitionen, Zinssatz und Regulierung** im Verlauf der Darstellung des Anreizregulierungsregimes mehrfach thematisiert (auch → §21 145 f.). Jede **Investition** ist per definitionem (nämlich aufgrund der verschiedenen Unsicherheiten) mit einem **Risiko** behaftet, das beim Netzbetreiber, der den Netzausbau plant und die Investitionsentscheidung trifft, verbleibt, wofür er eine angemessene **Rendite** erhält (s. ERG (09) 17, Report on Next Generation Access – Economic analysis and regulatory principles, Juni 2009, S. 17 ff., und ERG (09) 16 rev3, I/ERG response to the draft NGA Recommendation, Juli 2009), denn „Rendite und Risiko sind zwei Seiten einer Medaille" (s. BNetzA, Anreizregulierung startet fristgerecht zum 1.1.2009, Pressemitteilung v. 7.7.2008, auch → §21 Rn. 145). Dieses Risiko kann die Regulierung dem Netzbetreiber nicht abnehmen. Sie kann es allerdings durch **Vorhersehbarkeit** der Regulierung, die zu einer erhöhten **Planungssicherheit** führt, reduzieren. Umgekehrt ist aber auch kein sog. „*regulatory risk*", dh ein durch Regulierung hervorgerufenes erhöhtes Gesamtrisiko festgestellt worden (s. zB *Kobialka/Rammerstorfer* ZfE 2009, 221 ff. (226)). Letzteres (eine Negativwirkung von Regulierung auf Investitionsneigung/-tätigkeit) ist schon theoretisch nicht zu vermuten, denn im Gegenteil ist zu erwarten, dass die Schaffung/Sicherstellung von **Wettbewerb** als dem stärksten Investitionstreiber durch **Regulierung,** die den Wettbewerbsdruck ersetzt, effiziente **Investitionen befördert** (die wissenschaft-

§ 21a Teil 3. Regulierung des Netzbetriebs

liche Literatur ist hierzu allerdings gespalten, vgl. zB *Ballwieser,* Kapitalkosten in der Regulierung, in: Picot (2008), S. 339, 349f.; *Pedell/Schwihel* Controlling 2008, 585 ff.; *Pedell,* Investitionsanreize und Regulierungsrisiken in einem System der Anreizregulierung, in: Säcker/Busse von Colbe (2007), S. 75 ff.; *Elsenbast* Wirtschaftsdienst 2008, 398 ff. (402 f.); *Gerpott* zfbf Sonderheft 54/2006, 133 ff.; für einen guten Überblick s. auch *WIK* Conference – 3–4. 9. 2008 in Königswinter, Regulatory Risk: Cost of capital, Investment in Network Infrastructure and Investment Incentives, Beiträge abrufbar unter www.wik.org/index.php?id=406). Allerdings erfordert dies eine hinreichend **langfristig ausgerichtete Regulierung** (s. auch die Ausführungen zum Qualitätselement, → Rn. 96 ff.) – wie sie das System der Anreizregulierung – trotz aller Kritik an der Ausgestaltung im Einzelnen (→ Rn. 70 f.) – mit den verschiedenen **Instrumenten** zur **Gewährleistung der Investitionsfähigkeit** (s. Abb. 11) und der **integrierten** Einbeziehung von Betriebs- *und* Kapitalkosten (→ Rn. 52 ff.) in Deutschland darstellt. Denn es setzt Anreize zur Effizienzsteigerung bei Erhalt der Fähigkeit, notwendige Investitionen in die Netzinfrastruktur zu tätigen (s. auch *WIK*-Studie im Auftrag der BNetzA „Anreizregulierung und Netzinvestitionen", April 2010, die die Auswirkung der Anreizregulierung nach ARegV auf die Investitionsfähigkeit von Verteilnetzbetreibern untersucht und zu dem Ergebnis kommt, dass diese gewährleistet ist, als WIK-Diskussionsbeitrag Nr. 339, www.wik.org).

115 Zu dieser Schlussfolgerung kommt 2015 auch der **Evaluierungsbericht nach § 33 ARegV** der BNetzA. Die BNetzA stellte keine Negativwirkung der Anreizregulierung auf das Investitionsverhalten fest. Sie hält allerdings eine Stärkung der Investitionsfähigkeit der Netzbetreiber für erforderlich, um die für die **Energiewende** nötigen zusätzlichen effizienten Erweiterungs- und Umstrukturierungsinvestitionen in den Netzausbau bzw. –umbau langfristig zu erhalten. Zur Sicherstellung der Liquidität (Beseitigung des Zeitverzugs) hatte die BNetzA mit ihrem Konzept der **„Anreizregulierung 2.0"** systemkonformere Maßnahmen als den vom Verordnungsgeber mit der ARegV 2016 stattdessen eingeführten Kapitalkostenabgleich vorgeschlagen. Denn der jährliche **Kapitalkostenabgleich,** der eine Abkehr vom Budgetprinzip darstellt, weil die tatsächlichen Kapitalkosten schon während der Regulierungsperiode zu einer Anpassung der Erlösobergrenze führen, birgt die Gefahr kapitalintensive anstelle intelligenter Investitionen anzureizen und damit – zulasten der Netznutzer und entgegen des genannten Konzepts der Anreizregulierung – einem ineffizienten Netzausbau Vorschub leisten könnte. Aus Sicht der BNetzA wäre das Ziel *effiziente* Investitionen in energiewendetaugliche Netze mit der vorgeschlagenen Anreizregulierung 2.0 kostengünstiger zu erreichen (→ Rn. 19, 64; BNetzA Evaluierungsbericht 2015). Bevor die Mechanik des Kapitalkostenabgleichs, der für die Verteilnetzbetreiber ab der dritten und für die Transportnetzbetreiber ab der vierten Regulierungsperiode gilt, näher behandelt wird, werden die in den bisherigen Regulierungsperioden genutzten Instrumente der Gewährleistung der Investitionsfähigkeit dargestellt. Insbesondere befasst sich der folgende Abschnitt mit den **Investitionsbudgets** (seit 2012 **Investitionsmaßnahmen**) nach § 23 ARegV als dem Instrument zur Sicherstellung der Durchführung der notwendigen Investitionen in den Netzausbau auf Übertragungsnetz- und Fernleitungsnetzebene.

Regulierungsvorgaben für Anreize für eine effiziente Leistungserbringung **§ 21a**

Instrumente zur Gewährleistung 116
der Investitionstätigkeit

- Der Systemwechsel von der Kostenregulierung zur Anreizregulierung hat Einflüsse auf die Rendite für Netzbetreiber/Investoren: zusätzliche Renditechancen aber auch Risiken

* §§ 7 VI 1 Strom-/GasNEV

Abb. 11: Instrumente zur Gewährleistung der Investitionsfähigkeit (ohne Kapitalkostenabgleich)

Die Darstellung enthält auch einige der für die eher moderaten Effizienzvorgaben verantwortlichen Instrumente (→ Rn. 112), woran sich zeigt, dass es tendenziell sogar zu einer Überbetonung des Erhalts der Investitionsfähigkeit kommt oder kommen konnte.

17. Allgemeine Vorbemerkung zur Genehmigung von Investitionsbud- 117
gets (seit 2012 Investitionsmaßnahmen). Mit der **Genehmigung von Investitionsbudgets** tritt ein gewisses Dilemma dadurch auf, dass der Regulierer einerseits – ungewollt – in die Rolle einer **„Planungsbehörde"** gedrängt wird, die er weder sein soll noch sein kann (s. *Kindler,* Ausbau der Übertragungsnetze: Quo Vadis?, Einführungsvortrag auf der 1. Planungsrechtskonferenz, Göttingen am 22./23.6.2009, www.efzn.de/uploads/media/Vortrag_Kindler.pdf; *Weyer,* Wer plant die Energienetze?, Festschrift für Gunther Kühne zum 70. Geburtstag; *Weyer* ZNER 2009, 210; auch BerlKommEnergieR/*Hansen* ARegV § 23 Rn. 39), aber andererseits *faktisch* das Investitionsvorhaben (Leitungsbau etc.) erst nach **Anerkennung der Kosten** mit dem Investitionsbudget stattfindet (vgl. auch Monopolkommission, Sondergutachten Nr. 54, Tz. 302ff., 306) und das für den Bau **maßgebliche Energieleitungsausbaugesetz** (EnLAG) vom 21.8.2009 (auch → Rn. 69) als eine **wesentliche Vorgabe** für die Genehmigung von Investitionsbudgets in das EnWG und **§ 23 ARegV** aufgenommen wurde. Mithin kommt der BNetzA in der Praxis ein Gewicht bei der Realisierung der Projekte zu, das über ihren Regulierungsauftrag hinausgeht, mit all den damit verbundenen problematischen Implikationen, wobei andererseits die BNetzA ihrerseits von Entscheidungen anderer Behörden (Raumordnungs- oder Planfeststellungsbehörden etc) vorgeprägt wird. So ist die BNetzA faktisch an Planfeststellungsbeschlüsse gebunden. Seit 2013 ist die **BNetzA** selbst für die bundesländerübergreifenden bzw. grenzüberschreiten-

§ 21a Teil 3. Regulierung des Netzbetriebs

den Leitungen des Bundesbedarfsplans für die **Planfeststellungsverfahren zuständig**, um eine beschleunigte Realisierung des Netzausbaus sicherzustellen (vgl. BMWi, Pressemitteilung v. 19.12.2012, *Rösler,* Bundesbedarfsplangesetz schafft Planungssicherheit für alle Beteiligten, www.bmwi.de/DE/Presse/pressemitteilungen,did=543632.html).

118 Wie oben (→ Rn. 17) bereits ausgeführt wurden wegen des „erheblichen Investitionsbedarfs in die Erweiterung der Netze" und der Beschleunigung des Netzausbaus im Zuge der Energiewende verschiedene **Änderungen der ARegV zur Erleichterung von Investitionsmaßnahmen** vorgenommen. Zunächst wurde 2011 mit Art. 5 NABEG (BGBl. 2011 I S. 1690) der **Faktor** zur Anerkennung der Mehrkosten bei Erdkabelverlegung von bislang 1,6 auf **2,75** erhöht (§ 23 Abs. 1 Nr. 6 ARegV). Sodann wurde mit der Änderung der ARegV v. 14.3.2012 (Art. 1 der Verordnung, BGBl. 2012 I S. 489) der sog. **„t-2-Verzug"** für Investitionsbudgets nach § 23 abgeschafft und diese zu **Investitionsmaßnahmen** verallgemeinert. Rechtstechnisch erfolgt die Berücksichtigung der im Kalenderjahr der Geltung der Erlösobergrenze wirksamen Kosten durch Hineinziehen von **§ 11 Abs. 2 S. 1 Nr. 6** in den **letzten Hs. von § 4 Abs. 3 Nr. 2,** wodurch für diese Kostenanteile auf das Kalenderjahr abzustellen [ist], auf das die Erlösobergrenze Anwendung finden soll. Zur Vermeidung einer Mehrfachfinanzierung infolge der Umstellung auf die sofortige Kostenanerkennung („t-0") wird in § 23 mit **Absatz 2a** der sog. **„Abzugsbetrag"** eingeführt, der nach Ablauf der Genehmigung die Erlösobergrenze mindert (vgl. BegrRegE. BR-Drs. 860/11, 9f.). Eine weitere wesentliche Erleichterung besteht darin, dass die „Anpassung der Erlösobergrenze zukünftig vielmehr auf der Basis von angemessenen **Planwerten** (Schätzwerten) erfolgen [soll]" (BegrRegE. BR-Drs. 860/11, 10, Hervorhebung nur hier, AnmdVerf), wobei die BNetzA in **§ 32 eine Festlegungsbefugnis** für die **Ermittlung** dieser **Kosten** erhält. Die bisherige Kostenprüfung entfällt durch die Streichung von *„einschließlich der Höhe der angesetzten Kosten"* in § 23 Abs. 4 (vgl. krit. zur Einschränkung der Effizienzkontrolle Holznagel/Schütz/*Lüdtke-Handjery/Paust/Weyer* ARegV § 23 Rn. 41). Schließlich wird der Anwendungsbereich von § 23 für **Verteilnetzbetreiber ausgeweitet,** indem die Wörter *„im Einzelfall"* gestrichen werden, wodurch dem Umstand Rechnung getragen werden soll, dass auch auf der Verteilnetzebene ein erheblicher Investitionsbedarf erwartet wird. Allerdings soll der **Erweiterungsfaktor nach § 10 Vorrang** vor Investitionsmaßnahmen nach § 23 behalten (s. hierzu zwei Entscheidungen des OLG Düsseldorf zugunsten von Verteilnetzbetreibern, die gegen die Ablehnung ihrer Anträge durch die BNetzA Beschwerde eingelegt hatten (OLG Düsseldorf Beschl. v. 28.3.2012 – VI-3 Kart 7/11 (V) und OLG Düsseldorf Beschl. v. 5.9.2012 – VI-3 Kart 58/11 (V)). Es sei noch darauf hingewiesen, dass mit der **Änderung des § 34 Abs. 6** [2012] ausdrücklich der **barwertneutrale Ausgleich** für die Jahre 2010–2011 **gewährt** wird, mit der die durch den „t-2-Verzug" entstandenen Kosten ausgeglichen werden. Weitere Erleichterungen zur Förderung des Netzausbaus wurden mit der Änderung der ARegV durch Art. 4 der Verordnung zur Änderung von Verordnungen auf dem Gebiet des Energiewirtschaftsrechts v. 14.8.2013 (BGBl. Nr. 50/2013 I S. 3250ff., hier S. 3256f.) eingeführt.

119 **18. Genehmigung von Investitionsbudgets/-maßnahmen (§ 23 ARegV).**
Das wirtschaftlich bedeutsamste Instrument zur Gewährleistung der Investitionsfähigkeit auf Übertragungsnetzebene sind die in **§ 23 ARegV** geregelten **Investitionsbudgets** (vgl. hierzu ausf. in BerlKommEnergieR/*Hansen* ARegV § 23; *Scharf*

Regulierungsvorgaben für Anreize für eine effiziente Leistungserbringung § 21a

IR 2008, 258ff.; für die neuere Entwicklung vgl. Holznagel/Schütz/*Lüdtke-Handjery/Paust/Weyer* ARegV § 23. Gem. § 11 Abs. 2 Nr. 6 ARegV gelten Investitionsbudgets [jetzt, Investitionsmaßnahmen'] als dauerhaft nicht beeinflussbare Kostenanteile, dh sie sind von den Effizienzvorgaben ausgenommen, um die Finanzierung von **Investitionen zur Erweiterung und Umstrukturierung** des Netzes (Netzausbau) sicherzustellen (vgl. auch *Säcker* NuR 2009, 78 (85)), was insbesondere der Versorgungssicherheit dient. Im Regelfall richtet sich § 23 ARegV deshalb nur an ÜNB/FNB (VNB-Projekte werden bzw. wurden nur im Ausnahmefall genehmigt, § 23 Abs. 6 ARegV) und es sind **nur Kapitalkosten** umfasst, Betriebskosten können nicht anerkannt werden. Investitionsbudgets sind auf Antrag des Netzbetreibers für **Erweiterungs- und Umstrukturierungsinvestitionen** einzelfallbezogen nach § 23 Abs. 1 ARegV zu **genehmigen,** wenn sie
– zur Stabilität des Gesamtsystems oder
– für die Einbindung in das nationale oder internationale Verbundnetz sowie
– für einen bedarfsgerechten Ausbau des Energieversorgungsnetzes nach § 11 EnWG
notwendig sind, § 23 Abs. 1 ARegV, wobei die Nachweispflicht für die Notwendigkeit beim beantragenden Netzbetreiber liegt (BerlKommEnergieR/*Hansen* ARegV § 23 Rn. 45). § 23 Abs. 1 S. 2 ARegV enthält eine nicht abschließende („insbesondere") Liste von **neun Regelbeispielen,** welche Netzausbaumaßnahmen hierunter zu verstehen sind. Mit der Änderung der ARegV mit dem Artikelgesetz EGEnLAG vom 21.8.2009 wurden vor allem die Maßnahmen gemäß dem Gesetz zum Ausbau von Energieleitungen (EnLAG) als Regelbeispiele (Nr. 5 und 6, dies betrifft insbesondere die **Anbindung von Offshore-Windparkanlagen,** ab der dritten Regulierungsperiode entfallen, § 34 Abs. 7a ARegV) sowie bestimmte **grenzüberschreitende Verbindungsleitungen** (Nr. 9) aufgenommen.

Mit der Änderung der ARegV 2010 wurden auch **Betriebskosten berücksichtigungsfähig** (Art. 7 Verordnung v. 3.9.2010, BGBl. Nr. 47/2010 I S. 1261, 1281). Gem. **§ 23 Abs. 1 S. 3** können als Betriebskosten jährlich pauschal 0,8 Prozent der für die Investitionsmaßnahme ansetzbaren Anschaffungs- und Herstellungskosten geltend gemacht werden (soweit die BNetzA nicht gem. § 32 Abs. 1 Nr. 8a für bestimmte Anlagegüter etwas Abweichendes festgelegt hat). Eine Festlegung gem. § 29 Abs. 1 EnWG iVm § 32 Abs. 1 Nr. 8a ARegV hat die zuständige Beschlusskammer 4 am 2.5.2012 (Az. BK4-12-656) getroffen. Zuvor hatte sie am 21.12.2011 drei Festlegungsbeschlüsse zur abweichenden Betriebskostenpauschale für Offshore-Anlagen (BK4-11-26), Erdgasverdichter (BK4-11-27) und GDRM-Anlagen (BK4-11-28) getroffen. Aufgrund der geänderten Rechtslage passte die BNetzA im Jahr 2011 212 Genehmigungen im Hinblick auf die Betriebskosten an (vgl. BNetzA, Jahresbericht 2011, S. 182). 120

Die BNetzA hatte nach einer Konsultation der Branche im Frühjahr 2008 **Leitfäden** (Strom – BK4-08-20 und Gas – BK4-08-25) für die Anträge auf Genehmigung von Investitionsbudgets nach § 23 ARegV veröffentlicht. Diese **Auslegungshilfen** wurden im Mai 2009 überarbeitet und weiterentwickelt. Die Leitfäden enthalten die **Grundsätze** der BNetzA bei der Bearbeitung der Anträge und der Genehmigung von Investitionsbudgets. Dies betrifft die folgenden Punkte: 121
– Anerkennung der energiewirtschaftlichen Notwendigkeit
– Projekte der Jahre 2007 und 2008
– Vermeidung der Doppelanerkennung von Kosten
– Kostenermittlung
– Dauer der Genehmigung

§ 21 a
Teil 3. Regulierung des Netzbetriebs

– finanzielle Anreize
– vorzulegende Antragsunterlagen und
Investitionsbudgets für VNB (s. *Kurth,* Sprechzettel „Sachstand zur Einführung der Anreizregulierung im Bereich Strom und Gas zum 1. Januar 2009" v. 7.7.2008, S. 6 ff. sowie BNetzA, Anreizregulierung startet fristgerecht zum 1.1.2009, Pressemitteilung v. 7.7.2008, S. 2 f.; vgl. auch *Kurth* emw 2008, 7 ff. (8 ff.)). Die BNetzA hat bislang von der Festlegungskompetenz nach § 32 Abs. 1 Nr. 8 ARegV noch keinen Gebrauch gemacht. Im Jahr 2010 hatte die BNetzA einen **Leitfaden zu Investitionsbudgets nach § 23 ARegV** veröffentlicht, der sich sowohl an Strom- als auch Gasnetzbetreiber richtete. Dieser wurde am **29.2.2012** mit dem **Leitfaden zu Investitionsmaßnahmen nach § 23 ARegV** aktualisiert und nimmt die Änderungen der ARegV (www.bundesnetzagentur.de/DE/Beschlusskam mern/BK04/BK4_73_InvestM/LeitfadenAntragInv/Archiv/Leitfaden_zu_Investi tionsantraegen_2012.html) auf. Der Leitfaden wurde in der Folgezeit in den Jahren 2013, 2015 und 2017 aktualisiert. Die vorerst letzte Aktualisierung des Leitfadens zu Investitionsmaßnahmen nach § 23 ARegV erfolgte im März 2019 (www.bundes netzagentur.de/DE/Beschlusskammern/BK04/BK4_73_InvestM/LeitfadenAntra gInv/Archiv/Leitfaden_Investitionsmassnahmen_2019.html).

122 Um sicherzustellen, dass die beantragten Budgets den Ausbau tatsächlich benötigter Infrastruktur betreffen und ein **effizienter Netzausbau** stattfindet, erfolgt („ex ante") eine strenge einzelfallbezogene Prüfung aller von der ARegV genannten **Voraussetzungen** dem Grund und der Höhe nach, dh der **energiewirtschaftlichen Notwendigkeit** des **Investitionsprojekts** mittels sog. **Planungsnetzmodelle** (vgl. *Scharf* IR 2008, 258 (260 f.)) und der **Angemessenheit** der **Kostenhöhe** anhand von **Referenznetzanalysen** nach §§ 22 Abs. 2 S. 3, 23 Abs. 4 ARegV mit denen die Kosten für die Errichtung eines optimierten Netzes errechnet werden (→ § 21 a Rn. 40 f.; vgl. krit. zur **Einschränkung der Effizienzkontrolle** durch die Änderung von § 23 Abs. 4 ARegV vom März 2012 Holznagel/Schütz/*Lüdtke-Handjery/Paust/Weyer* ARegV § 23 Rn. 41). Soweit die energiewirtschaftliche Notwendigkeit des Projekts bereits von dritter Seite zuerkannt wurde, wird durch die BNetzA keine weitere Prüfung vorgenommen, etwa bei planfestgestellten (→ Rn. 117) oder TEN-E-Projekten. Darüber hinaus ist Voraussetzung für die Genehmigung, dass das beantragte Projekt **kostenwirksam** ist, was gemäß der bisherigen Genehmigungspraxis nach § 23 a EnWG dann gegeben ist, wenn die **Inbetriebnahme der Anlage** erfolgt, da diese dann auch **aktiviert** wird, wobei der Antrag auf Genehmigung **sechs Monate vor Beginn** des Kalenderjahres, in dem die Investition ganz oder teilweise kostenwirksam werden soll, zu stellen ist (§ 23 Abs. 3 ARegV). Da die Anpassung der Erlösobergrenze frühestens nach zwei Jahren erfolgen darf, ergibt sich systemimmanent der sog. **„t-2-Verzug"** (→ Rn. 118, vgl. auch krit. *Franz/John/Soemantri* emw 2007, 22 ff.). Dies stellt allerdings für die Netzbetreiber bei hohen Investitionsvolumina und bei kontinuierlich steigenden Kosten ein Problem dar. Die BNetzA hatte deshalb im Falle der Investitionsbudgets einzelfallbezogen einen barwertneutralen **Ausgleich** der sog. **Nachfinanzierungskosten** (Aufzinsung) vorgesehen („Kapitalisierung", s. *Kurth,* Sprechzettel „Sachstand zur Einführung der Anreizregulierung im Bereich Strom und Gas zum 1. Januar 2009" v. 7.7.2008, S. 6 ff., 7; *Kurth* emw 2008, 7 (8 ff.); idF der Leitfäden von 2009 als Punkt 11.6 ergänzt, S. 22 f. (Strom), S. 24 (Gas); inzwischen wurde die ARegV in diesem Punkt geändert und der t-2-Verzug abgeschafft, → Rn. 118). Generell erfolgt die Kostenermittlung gemäß den Vorgaben der Strom-/GasNEV (§§ 5–7, dh die Eigenkapitalverzinsung wurde für die erste Regulierungsperiode mit 9,29 Prozent (→ § 21 Rn. 145 angesetzt, die Eigenkapitalquote beträgt höchstens 40 Prozent (→ § 21 Rn. 100 ff., 122 ff.)). Allerdings wird für die **Fremdkapitalzinsen** eine **projekt- und zukunftsbezogene** Betrachtung vorgenommen und diese in ihrer **tatsächlichen Höhe** anerkannt. Zur **Vermeidung von Doppelanerkennungen,** die eine Doppelbelastung der Netznutzer darstellen, ist zu berücksichtigen, dass in den Erlösobergrenzen bereits Mittel für Ersatz- und Erweiterungsinvestitionen enthalten sind, so dass eine Einrechnung in das Investitionsbudget nur in dem Maße erfolgt, wie die beantragten und sonstigen Investitionen die durchschnittlichen Investitionen der letzten fünf Jahre vor Ermittlung der Ausgangsbasis nach § 6 ARegV vermindert um einen pauschalen Abschlag überschreiten, womit eine dem **Investitionszyklus** gerecht werdende Durchschnittsbetrachtung zugrundegelegt wird (vgl. BerlKommEnergieR/*Hansen* ARegV § 23 Rn. 21 ff.; vgl. zur Genehmigungspraxis der BNetzA kritisch *Rosin/Spiekermann* ET 2010, 60). Das OLG Düsseldorf hat in seiner Entscheidung v. 8.12.2010 den „Betrag zur Vermeidung von Doppelanerkennungen" **(BVD) abgelehnt** und die BNetzA zur Neubescheidung verpflichtet (OLG Düsseldorf Beschl. v. 8.12.2010 – VI-3 Kart 237/09 (V), RdE 2011, 227; vgl. hierzu *Ruge* NuR 2011, 58, zu weiteren gerichtlichen Entscheidungen → Rn. 123). Des Weiteren waren Erlöse aus dem Engpassmanagement sowie sonstige Finanzierungsbeiträge von Dritten (wie zB öffentliche Fördermittel) kostenmindernd anzusetzen („Gegenrechnung"), § 23 Abs. 2 ARegV.

Die Klassifizierung als dauerhaft nicht beeinflussbare Kosten nach § 11 Abs. 2 **123** Nr. 6 ARegV ermöglicht iVm § 4 Abs. 3 Nr. 2 ARegV eine **Anpassung** der **Erlösobergrenzen** mit zweijährigem Zeitverzug, ohne dass es einer gesonderten Entscheidung bedarf (→ Rn. 106). Die Anpassung ist jedoch daran geknüpft, dass das Projekt sowohl der Höhe nach als auch gemäß den sachlichen Genehmigungsvorgaben hinsichtlich Trassenführung etc **tatsächlich durchgeführt** wird, § 23 Abs. 5 ARegV. Durch diese Bedingungen wird sichergestellt, dass es nicht zur „Überlagerung" und damit einem Unterlaufen der nach §§ 4 ff. ARegV dem Netzbetreiber gemachten Effizienzvorgaben kommt und die Investition auch durchgeführt wird, dh der mit der Genehmigung von Investitionsbudgets verfolgte Zweck, einen effizienten Netzausbau zu realisieren, auch erreicht wird. Die BNetzA **überprüft** („ex post") die Einhaltung der Vorgaben, um sicherzustellen, dass nur notwendige Investitionen getätigt und diese auch effizient durchgeführt werden, dh ein den Anforderungen entsprechendes Netz nicht zu überhöhten Kosten gebaut wird. Sie gleicht die vom Netzbetreiber vorgenommene Erlösobergrenzenanpassung mit den Vorgaben der erteilten Genehmigung ab. Bei Nichteinhaltung (zB wenn eine andere als die dem genehmigten Budget zugrundeliegende Trassenführung zu höheren Kosten führt) kann die mit einem **Widerrufsvorbehalt** gem. § 23 Abs. 5 ARegV versehene Genehmigung aufgehoben werden. Da nach § 23 Abs. 3 S. 6 ARegV ein Antrag auch für mehrere Regulierungsperioden gestellt werden kann, gilt im Umkehrschluss, dass er sich normalerweise auf eine Regulierungsperiode bezieht und die Genehmigung grundsätzlich **befristet** für eine Regulierungsperiode (und bis zu deren Ende) erteilt wird, während die Netzbetreiber eine Orientierung der Genehmigung an der betriebsgewöhnlichen Nutzungsdauer fordern (krit. zur Befristung zB *Lippert* RdE 2009, 353 ff.). Für eine längere **Genehmigungsdauer** (über mehrere Perioden hinweg) hat die BNetzA in ihren Leitfäden ausgeführt, dass der Eintritt der den Investitionsbedarf auslösenden **planungsrelevanten Szenariobedingungen** maßgeblich ist, dh bis zB die Netzanbindung eines Kraftwerks mit der vollen Kapazität erfolgt ist, was – bei Nichteintreten (Ver-

§ 21a

zögerungen) der Bedingungen – eine Verlängerung der Genehmigung einschließt, so dass das vom Netzbetreiber nicht verschuldete Ausbleiben nicht ihm angerechnet wird (Vertrauensschutz, vgl. BerlKommEnergieR/*Hansen* ARegV § 23 Rn. 48; *Scharf* IR 2008, 258 (261 f.)). Das OLG Düsseldorf hat in mehreren Entscheidungen die **Befristung** der Genehmigung „bis zum sog. Eintritt der Szenariobedingungen" **bestätigt** (OLG Düsseldorf Beschl. v. 2.3.2011 – 3 Kart 253/09, BeckRS 2012, 18079; OLG Düsseldorf Beschl. v. 23.3.2011 – VI-3 Kart 10/10 (V), BeckRS 2011, 24058). Weitere Entscheidungen des OLG Düsseldorf zu strittigen Einzelfragen der Genehmigung von Investitionsbudgets ergingen im April 2011 (OLG Düsseldorf Beschl. v. 20.4.2011 – VI-3 Kart 15/10 (V), sowie Beschl. v. 11.4.2011 – VI-3 Kart 276/09 (V)), die teils zugunsten der BNetzA, teils zugunsten der Netzbetreiber ausfielen. Um Rechtssicherheit für den notwendigen Netzausbau zu schaffen, **einigte** sich die BNetzA mit den betroffenen 38 Netzbetreibern **außergerichtlich** auf eine Streitbeilegung, wobei insbesondere der **Verzicht auf Rechtsmittel** gegen die Entscheidungen des OLG Düsseldorf beim BGH **vereinbart** wurde (vgl. BNetzA, Pressemitteilung v. 24.2.2012 und BDEW, Pressemitteilung v. 24.2.2012; vgl. auch *Weyer* NuR 2012, 72 (79 f.)). Nach Auslaufen der Genehmigung fallen die Anlagen als Anlagevermögen in die Ausgangsbasis nach § 6 ARegV, dh die Refinanzierung des Projekts erfolgt „regulär" über die Erlösobergrenzen.

124 Mit der **Einführung des Kapitalkostenabgleichs** auch für Transportnetzbetreiber ab der **vierten Regulierungsperiode** entfällt gem. den Übergangsregelungen der ARegV 2021 die **Möglichkeit Investitionsmaßnahmen zu beantragen.** Gem. § 35 Abs. 3 können Ferngasnetzbetreiber Anträge nach § 23 nur noch bis 31.7.2021. Gem. § 35 Abs. 4 gilt für Übertragungsnetzbetreiber, dass sie bis zum 31.3.2022 Anträge nach § 23 stellen können.

125 **19. Wechsel zum Kapitalkostenabgleich (ARegV 2016 und ARegV 2021).** Mit der Einführung des **Kapitalkostenabgleichs** durch die **ARegV 2016** (für Verteilnetzbetreiber ab der dritten Regulierungsperiode) bzw. **ARegV 2021** (für Transportnetzbetreiber ab der vierten Regulierungsperiode, → Rn. 19) werden die beschriebenen Instrumente zur Gewährleistung der Investitionsfähigkeit durch diesen ersetzt und es findet eine **Abkehr vom Budgetprinzip**, d. h. der Entkopplung von Erlösen und Kosten (→ Rn. 1) als Charakteristikum der Anreizregulierung der ersten beiden Regulierungsperioden statt. Der **Kapitalkostenabgleich** besteht aus zwei Elementen – dem **Kapitalkostenabzug** nach **§ 6 Abs. 3** (und Anlage 2a) und dem **Kapitalkostenaufschlag** (KKA) nach **§ 10a ARegV** (vgl. hierzu ausf. BerlKommEnergieR/*Behringer* ARegV § 10a; Holznagel/Schütz/*Heuser* ARegV § 10a). Hinzu kommt der **Effizienzbonus** (B) nach **§ 12a** und Anlage 3 Nr. 5 S. 9 ARegV. Die Ermittlungsmechanik setzt an zwei Stellen an. Gem. § 6 Abs. 3 und Anlage 2a ARegV werden die Kapitalkosten im Ausgangsniveau um die fortgeführten Kapitalkosten, die unter Berücksichtigung der im Zeitablauf sinkenden Restbuchwerte betriebsnotwendiger Anlagegüter ermittelt werden, reduziert (Kapitalkostenabzug), wobei die Kapitalkosten aus Investitionen *nach* dem Basisjahr unberücksichtigt bleiben. Diese finden mit dem Kapitalkostenaufschlag nach § 10a ARegV, der die Summe der kalkulatorischen Abschreibungen, der kalkulatorischen Eigenkapitalverzinsung, der kalkulatorischen Gewerbesteuer und des Aufwands für Fremdkapitalzinsen umfasst, unmittelbar Eingang in die Erlösobergrenze. Damit bestimmt nicht mehr wie in den ersten beiden Perioden das Kapitalkostenbudget, sondern die tatsächlich für in der laufenden Regulierungsperiode getätigten Investitio-

Regulierungsvorgaben für Anreize für eine effiziente Leistungserbringung § 21 a

nen angefallenen (bzw. kalkulierten) Kapitalkosten fließen direkt in die Erlösobergrenze ein und wirken erlösobergrenzenerhöhend, wodurch die mit dem Effizienzvergleich ermittelten individuellen Effizienzvorgaben abgeschwächt werden. Der **Kapitalkostenaufschlag** auf die Erlösobergrenze ist von der Regulierungsbehörde auf **Antrag** nach Maßgabe der Abs. 2 – 9 des § 10a zu genehmigen. Zur Antragstellung für den Kapitalkostenaufschlag hat die BNetzA im April 2021 „Hinweise zum Verfahren zur Anpassung der Erlösobergrenze aufgrund eines Antrages auf Genehmigung eines Kapitalkostenaufschlags nach § 4 Abs. 4 Nr. 1 iVm § 10a ARegV für die dritte Regulierungsperiode Gas (2018 – 2022) und Strom (2019 – 2023)" veröffentlicht www.bundesnetzagentur.de/DE/Beschlusskammern/BK09/BK9_71_ HinwLeitf/Fachseiten/Hinweise%20zur%20Antragstellung_April2021.pdf?__blob =publicationFile&v=2).

Mit dem **Effizienzbonus** (B) nach § 12a und der sog. **Supereffizienzanalyse** 126 nach Anlage 3 Nr. 5 S. 9 ARegV kann die Erlösobergrenze für besonders effiziente Netzbetreiber weiter erhöht werden, um diesen einen zusätzlichen Anreiz zur Effizienzsteigerung zu geben, was allerdings eher in die entgegengesetzte Richtung, d. h. abschwächend, wirken dürfte. Unter Berücksichtigung des Kapitalkostenabgleichs und des Effizienzbonus sieht die **Regulierungsformel** nach § 7 und Anlage 1 ARegV (→ Rn. 91; BerlKommEnergieR/*Groebel* ARegV § 7 Rn. 39a, 42) dann wie folgt aus:

$$EO_t = KA_{dnb,t} + \left(KA_{vnb,t} + (1 - V_t) \cdot KA_{b,t} + \frac{B_0}{T}\right) \cdot \left(\frac{VPI_t}{VPI_0} - PF_t\right) + KKA_t + Q_t + (VK_t - VK_0) + S_t$$

20. Fazit. Das **Anreizregulierungsregime** ist trotz der bestechend einfachen 127 Idee der Übertragung des Wettbewerbsmechanismus zur **Effizienzsteigerung** in der Umsetzung der **ARegV** ein höchst komplexes Gesamtsystem geworden, in dem das Zusammenspiel einer Vielzahl von Elementen die Gesamtwirkung in verschiedene Richtungen und auf unterschiedliche Weise beeinflusst (und teilweise beeinträchtigt), dh der Wettbewerbsmechanismus kann offensichtlich nicht so einfach wie gedacht übertragen werden. Eine konsequente(re) Umsetzung des Systemgedankens als sie mit der ARegV erfolgte, ist erforderlich, um wirksamer zu sein. Es gibt (zu)viele „Ausweichmöglichkeiten" („Schutzmechanismen"), die in der Gesamtheit zuviel „Schonwirkung" entfalten (→ Rn. 112f.). Dies gilt zB für den umfangreichen Katalog der dauerhaft nicht beeinflussbaren Kostenanteile nach § 11 Abs. 2 ARegV, der einen nicht unerheblichen Teil der Kosten der Anreizregulierung entzieht und damit deutlich abschwächt. Andererseits ist insbesondere über die integrierte Betrachtung der Betriebs- und Kapitalkosten die **Investitionsfähigkeit erhalten** worden (→ Rn. 117). Des Weiteren stellte das Instrument der **Investitionsbudgets** (inzwischen **Investitionsmaßnahmen**) nach § 23 **ARegV,** die die BNetzA nach einer **projektbezogenen** Prüfung der energiewirtschaftlichen Notwendigkeit und (bis zur Änderung der ARegV 2012) der Angemessenheit der Kostenhöhe bei Vorliegen der Voraussetzungen **genehmigte,** sicher, dass notwendige Erweiterungs- und Umstrukturierungsinvestitionen auf der Übertragungsnetzebene getätigt werden und es weder zu Über- noch Unterinvestitionen kommt. Der **Handlungsspielraum** der Behörde ist durch den Verordnungsvorbehalt (§ 21a Abs. 6 EnWG) **stark eingeengt** worden. Mit der Änderung der **ARegV vom März 2012** wurden eine Reihe von **Erleichterungen für Investitionsmaßnahmen** eingeführt, um die im Zuge der **Energiewende** erforderlichen **Netzausbauinvestitionen** sicherzustellen und zu **beschleunigen** (→ Rn. 118). Dies ging allerdings einher mit der **Einschränkung der Effizienzkontrolle,** da eine Ge-

§ 21a   Teil 3. Regulierung des Netzbetriebs

nehmigung dem **Grunde** nach, aber wegen des **Wegfalls der Kostenprüfung** in § 23 Abs. 4 **nicht mehr** der **Höhe** nach **erfolgt.** Insgesamt schlug sich dies und eine Reihe weiterer Faktoren in einem „deutlichen Anstieg der Netzentgelte für alle Kundengruppen" vom 1. 4. 2011 bis zum 1. 4. 2012 nieder, die nur noch geringfügig durch die mit der Anreizregulierung realisierbaren Effizienz- und Kostenreduktionspotentiale gedämpft werden konnten (Monitoringbericht 2012 von BNetzA/BKartA, 2. Aufl., Stand: 17. 12. 2012, S. 63ff.). Wie dargelegt (→ Rn. 113 und Monitoringbericht 2021 von BNetzA/BKartA, Stand 1. 12. 2021, S. 136ff. (Strom) und S. 370ff. (Gas)) sind wegen des im Zuge der Energiewende steigenden Investitionsbedarfs tendenziell eher höhere Erlösobergrenzen und damit auch höhere Netzentgelte zu erwarten. Diese Entwicklung wird durch den **Systemwechsel** zum **Kapitalkostenabgleich** mit der **ARegV 2016** bzw. **ARegV 2021** noch verschärft, da so „die Kapitalkosten während der Regulierungsperiode faktisch dem **Effizienzpostulat** entzogen werden" (BerlKommEnergieR/*Meinzenbach* EnWG § 21a Rn. 114) und nur noch die Betriebskosten den Effizienzvorgaben unterliegen.

128   Die Förderung von Wettbewerb und effizienten Investitionen mittels der **Anreizregulierung** geht Hand in Hand, weil sich beide gegenseitig verstärken, ebenso besteht kein Zielkonflikt zwischen Effizienzsteigerung und zuverlässiger Energieversorgung (→ Rn. 71). Die Sicherstellung eines wirksamen und unverfälschten Wettbewerbs bei der Energieversorgung durch Regulierung ist kein Selbstzweck, sondern ein Mittel zum Zweck (vgl. *Britz* in Fehling/Ruffert, Regulierungsrecht 2010, § 9 Energie, S. 429ff., Rn. 8ff., 34; auch mit etwas anderem Duktus hinsichtlich des Verhältnisses der Ziele → § 1 Rn. 22ff., 46ff.). **Langfristig stabile regulatorische Rahmenbedingungen** – wie sie mit dem Übergang zur Anreizregulierung in Deutschland gegeben waren – schaffen ökonomische und rechtliche **Planungssicherheit** (vgl. auch *Säcker* NuR 2009, 78) und sorgen damit für Investitionen in leistungsfähige und zuverlässige Netze, die einer sicheren, effizienten, umweltverträglichen, verbraucherfreundlichen und preisgünstigen Energieversorgung dienen, womit die **Ziele** des EnWG **erreicht** werden. Allerdings ist darauf zu achten, dass **langfristig** die zu beobachtende **Priorisierung des Investitionsziels** die **Balance des Zielpolygons nicht gefährdet** und die Anreize *effiziente* Investitionen in den Netzausbau fördern (vgl. Holznagel/Schütz/*Groebel*/Horstmann ARegV Einführung – Teil C Rn. 167ff., insbes. Rn. 200ff., 244, 246). Jedoch ist an dieser Stelle festzuhalten, dass mit dem **Systemwechsel zum Kapitalkostenausgleich** mit der ARegV 2016 und ARegV 2021 diese Balance verloren geht. Denn durch die **Abkehr vom Budgetprinzip** und der unmittelbaren Einrechnung der tatsächlich für getätigte Investitionen angefallenen (bzw. kalkulierten) Kapitalkosten in die Erlösobergrenze werden Anreize zu **kapitalintensiven Investitionen** gesetzt, so dass es zu **Verzerrungen** kommt und die Netzentgelte über das für effiziente Investitionen in den für die **Energiewende** erforderlichen Netzausbau notwendige Maß hinaus steigen, dh der Umbau des Energiesystems teurer als nötig wird (→ Rn. 115, 125). Zurückblickend auf den Ausgangspunkt der Anreizregulierung wird mit dem Kapitalkostenabgleich die Entkoppelung von Erlösen und Kosten als tragendes Prinzip (→ Rn. 1, 125) für die Kapitalkosten rückgängig gemacht, was die aufgezeigten negativen Auswirkungen durch das Anreizen kapitalintensiver anstelle effizienter Netzausbaustrategien nach sich ziehen könnte. Der nächste **Evaluierungsbericht nach § 33 Abs. 1 ARegV,** den die BNetzA zum 31. 12. 2024 vorzulegen hat, wird zeigen, ob die Erfolge der Anreizregulierung in den ersten beiden bzw. drei Regulierungsperioden erhalten bleiben oder die Folgen der anschließenden Regulierungsperioden überwiegen.

**§ 21 b Sondervorschriften für regulatorische Ansprüche und
Verpflichtungen der Transportnetzbetreiber;
Festlegungskompetenz**

(1) ¹Bei Betreibern von Transportnetzen gilt im Rahmen des Anreizregulierungssystems der regulatorische Anspruch, der sich aus einer negativen Differenz auf dem Regulierungskonto zwischen den tatsächlich erzielbaren Erlösen und den geplanten Kosten eines Kalenderjahres einerseits sowie den zulässigen Erlösen und den tatsächlich entstandenen Kosten eines Kalenderjahres andererseits ergibt, als Vermögensgegenstand im Sinne von § 246 Absatz 1 Satz 1 des Handelsgesetzbuchs. ²Der Betrag eines regulatorischen Anspruchs nach Satz 1 ist bei Transportnetzbetreibern, die nicht die Einstufung als klein im Sinne von § 267 des Handelsgesetzbuchs erfüllen, in der Bilanz unter dem Posten „sonstige Vermögensgegenstände" gesondert auszuweisen und im Anhang des Jahresabschlusses zu erläutern. ³Bei Transportnetzbetreibern, die einen Konzernabschluss nach den Vorschriften des Dritten Buchs Zweiter Abschnitt Zweiter Unterabschnitt Zweiter bis Achter Titel des Handelsgesetzbuchs aufstellen, ist Satz 2 auf die Konzernbilanz und den Konzernanhang entsprechend anzuwenden.

(2) ¹Betreiber von Transportnetzen haben im Fall der dauerhaften Einstellung ihres Geschäftsbetriebs die regulatorischen Ansprüche und Verpflichtungen im Rahmen des Anreizregulierungssystems, die sich aus Differenzen zwischen den tatsächlich erzielbaren Erlösen und den geplanten Kosten eines Kalenderjahres einerseits sowie den zulässigen Erlösen und den tatsächlich entstandenen Kosten eines Kalenderjahres andererseits ergeben, über die Erlösobergrenze des Jahres der dauerhaften Einstellung des Geschäftsbetriebs an die Kunden dieses Jahres abzurechnen. ²Die Bundesnetzagentur trifft durch Festlegung nach § 29 Absatz 1 nähere Bestimmungen zur Abrechnung nach Satz 1.

Übersicht

	Rn.
A. Allgemeines	1
I. Inhalt der Norm	1
II. Zweck	2
1. Das Regulierungskonto	3
2. Grundsätze ordnungsgemäßer Buchführung	7
III. Europarechtlicher Zusammenhang	12
B. Einzelkommentierung	15
I. Regulatorischer Anspruch (Abs. 1 S. 1)	15
II. Bilanzierung (Abs. 1 S. 2)	18
1. Dem Grunde nach	18
2. Der Höhe nach	19
III. Inkrafttreten	22
IV. Rechtsfolgen	23
V. Abrechnung bei Geschäftsaufgabe (Abs. 2)	26

§ 21b Teil 3. Regulierung des Netzbetriebs

Literatur: *Freiberg/Amshoff,* Handelsrechtliche Abbildung von Ansprüchen und Verpflichtungen aus Regulierungskonten, WPg 2017, 1338; *Gassen/Kavvadias,* Erlösrealisierung im Netzbereich am Beispiel der Netzanbindung von Offshoreanlagen, DB 2012, 125; *IDW,* Stellungnahme zur Rechnungslegung: Änderung von Jahres- und Konzernabschlüssen (zitiert IDW RS HFA 6) v. 12.4.2017; *Kraßnig,* Die bilanzielle Behandlung regulativer Vermögenswerte und Schulden in der Energiewirtschaft, RWZ 2013/14, 43; *Müller/Pedell,* Regulatory Assets und Regulatory Liabilities in der deutschen Stromwirtschaft, WPg 2014, 1132; *Petermann/Neimann,* Kein befreiender Konzernabschluss im Energierecht – zum Verhältnis des § 6b zu den handelsrechtlichen Bestimmungen, ER 2013, 18; *Poullie/Müller,* Regulierungskonto gem. § 5 Anreizregulierungsverordnung, Steuer- und Bilanzpraxis 2016, 883.

A. Allgemeines

I. Inhalt der Norm

1   Die 2022 erstmals eingeführte Regelung enthält eine wichtige **Klarstellung** für die kaufmännische Bilanzierung **der Transportnetzbetreiber,** indem verbindlich eingeordnet wird, dass sich Forderungen gegen das sog. **Regulierungskonto** (s. § 5 ARegV, dazu → Rn. 3) und mithin gegen die Summe der Netznutzer eines Netzbetreibers ein **Vermögensgegenstand** iSv § 246 Abs. 1 S. 1 HGB darstellen und wo diese gem. § 266 Abs. 2 HGB in der Bilanz darzustellen sind (Abs. 1). Da es sich dabei um Forderungen aus einem Kalenderjahr handelt, die erst in der Zukunft ausgleichen, trifft Abs. 2 eine Regelung für die (sehr unwahrscheinliche) Situation, dass ein Transportnetzbetreiber seinen Betrieb dauerhaft einstellt. Angesichts der Einfügung der Vorschrift mit dem abschließenden Bericht und der Beschlussempfehlung des federführenden Ausschusses des Bundestages im Juli 2022 (BT-Drs. 20/2042) kann nur eine knappe, sehr grundlegende Erstkommentierung stattfinden.

II. Zweck

2   Die 2022 erstmals eingeführte Regelung enthält eine wichtige Klarstellung für die **kaufmännische Bilanzierung** der Transportnetzbetreiber (TNB § 3 Nr. 31e) und löst eine Fragestellung auf, die schon einige Jahre vorher diskutiert wurde (*Müller/Pedell* WPg 2014, 1132 (1134) mwN; *Gassen/Kavvadias* DB 2012, 125 (130)), die aber im Zuge der erheblichen Preissteigerungen auf den Großhandelsmärkten für Elektrizität und Gas und, in der Folge, für daran gebundene Kosten für Systemdienstleistungen der TNB dramatische Ausmaße angenommen hat (Begr. BT-Ausschuss BT-Drs. 20/2042, 43f.). Die **Fragestellung** lautet: Wie wird ein den tatsächlichen Verhältnissen entsprechendes Bild der Vermögens-, Finanz- und Ertragslage der Netzbetreiber in den Jahresabschlüssen am besten vermittelt?

3   **1. Das Regulierungskonto.** Die TNB erhalten, wie alle anderen regulierten Netzbetreiber auch, im Rahmen der Kostenregulierung eine klar strukturierte jährliche **Obergrenze** zulässiger Erlöse (→ § 21a Rn. 30). Diese dürfen die Netzbetreiber nicht überschreiten und müssen sie nicht unterschreiten. Die zulässigen Erlöse werden in einer **Mengenprognose** und im Rahmen der **Kalkulationsregeln** für die Netzentgelte (insbesondere § 17 StromNEV im Strom) in Netzentgelte für das kommende Kalenderjahr umgerechnet. Allein aus witterungs- oder konjunkturbedingten Verbrauchsschwankungen ergeben sich **Mehr- oder Mindererlöse** im Verlauf eines Kalenderjahres. Diese werden über das sog. **Regulierungskonto** ver-

Sondervorschriften für regulatorische Ansprüche und Verpflichtungen **§ 21b**

bucht und ausgeglichen (§ 21a Rn. 103). Somit trägt ein regulierter Betreiber von Elektrizitäts- oder Gasversorgungsnetzen **kein Mengenrisiko**. Ergibt sich ein Erlös über der zulässigen Erlösobergrenze, so ist der **Mehrerlös** an die Summe der Netznutzer zu erstatten. Ergibt sich ein Erlös unter der zulässigen Erlösobergrenze, so ist der **Mindererlös** in Folgejahren durch die Summe der Netznutzer über die Netzentgelte auszugleichen.

Auf dem Regulierungskonto werden folgende Sachverhalte erfasst: 4
a) Differenzen zwischen den nach § 4 ARegV zulässigen Erlösen (sog. im Basisjahr genehmigte Erlösobergrenze) und den vom Netzbetreiber unter Berücksichtigung der tatsächlichen Mengenentwicklung eines Kalenderjahres erzielbaren Erlösen in der Ex-post-Betrachtung
b) Differenzen zwischen den für das Kalenderjahr tatsächlich entstandenen dauerhaft nicht beeinflussbaren Kosten nach § 11 Abs. 2 S. 1 bzw. S. 2–4 ARegV und den in der genehmigten Erlösobergrenze diesbezüglich enthaltenen Ansätzen – einige Positionen gehen auf angepasster Ist-Kosten-Basis in die Erlösobergrenze ein (t-2), andere dürfen als Plankosten geplant werden (t-0). Zu Letzteren gehören die überwiegenden **Systemdienstleistungskosten** für Regelenergie, Netzreserve und Verlustenergie der ÜNB (→ Vor § 20), die auf Basis von freiwilligen Selbstverpflichtungen mit einem **Plankostenansatz mit Plan-Ist-Abgleich** über das Regulierungskonto refinanziert werden
c) Differenzen zwischen den für das Kalenderjahr bei effizienter Leistungserbringung entstehenden Kosten des Messstellenbetriebs oder der Messung und den in der Erlösobergrenze diesbezüglich enthaltenen Ansätzen
d) Differenzen aus dem genehmigten Kapitalkostenaufschlag nach § 10a ARegV, der jährlich auch Plansätze enthält, und dem Kapitalaufschlag, wie er sich bei der Berücksichtigung der tatsächlich entstandenen Kapitalkosten in der Ex-post-Betrachtung ergibt
e) die Verzinsung der vorgenannten Differenzen mit dem auf die letzten zehn abgeschlossenen Kalenderjahre bezogenen Durchschnitt der von der Deutschen Bundesbank veröffentlichten Umlaufrendite festverzinslicher Wertpapiere inländischer Emittenten (§ 5 Abs. 2 S. 3 ARegV)

Der Saldo des Regulierungskontos wird nach § 5 Abs. 3 ARegV jährlich ermittelt und annuitätisch über die drei dem Jahr der Ermittlung folgenden Kalenderjahre durch Zu- und Abschläge auf die Erlösobergrenze verteilt.

Auf dem Regulierungskonto gebuchte negative Beträge (zB weil der Netz- 5 betreiber mehr Erlöse erzielt hat, als er hätte erzielen dürfen) stellten schon bisher in der Praxis der Wirtschaftsprüfung Verpflichtungen zur künftigen Entgeltabsenkung dar. Diese waren und sind grundsätzlich passivierungspflichtig und führen zu einer „Rückstellung für ungewisse Verbindlichkeiten" in der Handelsbilanz (§ 249 Abs. 1 S.1 HGB). Dies gilt auch bei einem sog. vertikal integrierten Energieversorgungsunternehmen. Die Passivierung des negativen Saldos des Regulierungskontos, also einer Verbindlichkeit des TNB gegenüber der Gemeinschaft der Netznutzer, verlangten die Wirtschaftsprüfer und das **Vorsichtsprinzip** des Handelsrechts also schon zuvor, und zwar zum Jahresabschlussstichtag in voller Höhe und unabhängig von der Feststellung durch die Regulierungsbehörden.

Hat der Netzbetreiber weniger Erlöse erzielt, als er hätte erzielen dürfen, ergibt 6 sich ein positiver Saldo auf dem Regulierungskonto. Um dessen Behandlung dreht sich Abs. 1.

Bourwieg 1327

§ 21 b

7 **2. Grundsätze ordnungsgemäßer Buchführung.** Für die handelsrechtliche Bewertung dieses positiven Saldos – oder wie das Gesetz es formuliert: *die (aus sich des TNB) negativen Differenz auf dem Regulierungskonto zwischen den tatsächlich erzielbaren Erlösen und den geplanten Kosten eines Kalenderjahres einerseits sowie den zulässigen Erlösen und den tatsächlich entstandenen Kosten eines Kalenderjahres andererseits ergibt* –, kommt es darauf an, ob die auf dem Regulierungskonto gebuchten positiven Beträge einen **künftigen Anspruch** des Netzbetreibers auf den Ansatz höherer Netznutzungsentgelte gegen alle künftigen Netzkunden darstellen **oder** dem **abgelaufenen Geschäftsjahr** zuzuordnen sind (zB ähnlich die Frage bei aktiven und passiven Rechnungsabgrenzungsposten gem. § 250 HGB). Hat der Netzbetreiber keine Ansprüche gegen seine Netzkunden aus vergangenen Rechtsbeziehungen, da die in dem Preisblatt veröffentlichten, geforderten Netznutzungsentgelte vollständig im Rahmen des Leistungsaustausches entrichtet wurden, so widerspricht das **Realisationsprinzip** der Aktivierung dieser Forderungen. „Künftige" Ansprüche des Netzbetreibers hätten zwar ihre wirtschaftliche Ursache in der Vergangenheit, würden jedoch erst durch die künftigen Durchleitungsleistungen des Netzbetreibers realisiert.

8 Nunmehr wird klargestellt, dass eine Forderung, die sich durch einen Mindererlös ergibt, als Vermögensgegenstand iSv § 246 Abs. 1 S. 1 HGB zu betrachten ist. Dabei wird nicht etwa eine handelsrechtliche Sonderregelung geschaffen. Es wird **kein neuer Vermögenstatbestand** geschaffen. Vielmehr wird eine **gesetzliche Klarstellung** einer möglichen handelsrechtlichen Einordnung festgeschrieben. Es ist zwar richtig, dass durch die regulatorischen Regelungen grundsätzlich die Fortschreibung der in einem Kalenderjahr zu viel oder zu wenig entrichteten Netzentgelte eines individuellen Netznutzers in die kommenden Netzentgeltperioden vorgesehen ist. Nur ein individuelles Entgelt gemäß Preisblatt, zB aufgrund einer Leistungsspitze, wird nachträglich nach Vorliegen der Messwerte des Kunden eines Jahres rückwirkend gegenüber zu entrichtenden Abschlägen abgerechnet. Mehr- oder Mindererlöse der Erlösobergrenze insgesamt, die sich mittelbar auch auf die in Preisblättern kalkulierten Preise auswirken würden, werden aber über das Regulierungskonto mit Wirkung für die Zukunft ausgeglichen. Damit besteht eine gewisse Unschärfe: Bei den Netzkunden, insbesondere den Strom- und Gasabnehmern, gibt es zwar eine hohe Stabilität, aber natürlich sind einzelne Kunden des Jahres t im Jahr t-1 verzogen oder haben den Betrieb aufgegeben. Dieser wird dann nicht mehr von der Anpassung der Erlösobergrenzen durch den Regulierungskontosaldo betroffen. Dies geschieht **aus praktischen Gründen** und aufgrund **gesetzlicher Ermächtigung**, um **allen Beteiligten** eine regelmäßige Neuabrechnung mit dem Gesamtmarkt zu ersparen.

9 Die jetzt getroffene gesetzliche Regelung stellt klar, dass **Leistung und Gegenleistung** im Sinne der handelsrechtlichen Bewertung erbracht sind und dem Kalenderjahr der Erbringung zuzurechnen sind. Die genannte Unschärfe im Adressatenkreis ist gesetzlich sanktioniert, die Einbringlichkeit einer Forderung steht nicht infrage. Der Unterstützung dieser Klarstellung dient auch die **Regelung in Abs. 2**, in dem das Prinzip der Jahresbezogenheit für den Fall der Aufgabe des Geschäftsbetriebs ausdrücklich normiert und deutlich gemacht wird (Begr. BT-Ausschuss BT-Drs. 20/2042, 43 f.).

10 Bisher wurde auch vertreten, dass die auf dem Regulierungskonto erfassten Mindererlöse dem Netzbetreiber schon für die Vergangenheit zustehen, weil die dafür geschuldete Leistung in Form der Durchleitung bereits erbracht wurde. Es handele sich quasi um eine Preiskorrektur der bereits erbrachten Leistung. Insofern

könne man die künftige (Durchleitungs-)Leistung nicht als das umsatzbegründende Element, sondern vielmehr als Vehikel zur Durchsetzung eines regulatorischen Anspruchs ansehen. Vor dem Hintergrund der gesetzlichen Verpflichtung zur Aufrechterhaltung des Netzbetriebs wurde die Bilanzierungsfähigkeit bejaht (*Freiberg/ Amshoff* WPg 2017, 1338).

Dies erscheint im Ergebnis auch richtig, um der Besonderheit eines regulierten 11 Transportnetzbetreibers gerecht zu werden und ein **besseres Bild der Vermögens-, Finanz- und Ertragslage** der TNB in den Jahresabschlüssen zu gewährleisten als zuvor. Die künftige Realisierung des positiven Saldos auf dem Regulierungskonto ist sicher. Netznutzer wird es gerade im Bereich der TNB geben, solange es kalkulatorische Nutzungsdauern und damit eine Eigenkapitalverzinsung gibt, die an das kalkulatorische Sachanlagevermögen anknüpft. Bei zu stark steigenden Netzentgelten ist eher eine staatliche Intervention zu erwarten (→ § 24a Rn. 13) als eine Uneinbringlichkeit der Forderung. Dies hat auch das Handelsrecht bisher so bewertet, insoweit als dass der positive Saldo des Regulierungskontos bei einem Verkauf eines Netzes kaufpreiserhöhend gewirkt hat.

III. Europarechtlicher Zusammenhang

Es handelt sich bei der Vorschrift um eine Einordnung spezifisch regulatorischer 12 Instrumente im Verhältnis zum Bilanzrecht im HGB. Dieses ist eingebettet in die EU-Bilanzrichtlinie 2013/34/EU vom 26.6.2013 (Bilanz-RL). Darin enthalten sind die allgemeinen Grundsätze der Rechnungslegung, umgesetzt in den **Grundsätzen ordnungsgemäßer Buchführung** (§ 243 Abs. 1 HGB).

Durch die Ausgestaltung in Abs. 1 S. 1 handelt es sich nicht um eine Abwei- 13 chung des im HGB umgesetzten **Realisationsprinzip** aus Art. 1 6 Abs. 1 lit. c Bilanz-RL. Selbst diese wäre gem. Art. 4 Abs. 4 Bilanz-RL möglich, wenn dadurch gewährleistet würde, dass ein den tatsächlichen Verhältnissen entsprechendes Bild der Vermögens-, Finanz- und Ertragslage des Unternehmens vermittelt wird. Diesen Weg scheint das Nachbarland Österreich gegangen zu sein. In Österreich besteht ein vergleichbares System zur Ermittlung der Netzentgelte mit vergleichbaren handelsrechtlichen Fragestellungen (vgl. *Kraßnig* RWZ 2014, 43 f.). In Österreich hat man sich weitergehend entschieden, eine Regelung ins Elektrizitätswirtschafts- und -organisationsgesetz (ElWOG) zur Durchberechnung der handelsrechtlichen Grundsätze aufzunehmen (lex specialis). Danach muss der Saldo des Regulierungskontos aktiviert bzw. passiviert werden. Konkret heißt es in § 50 Abs. 7 ElWOG (Österreich):

„Die Ansprüche und Verpflichtungen, die vom Regulierungskonto erfasst werden, und Ansprüche und Verpflichtungen, die die Netzverlustenergiebeschaffung und die Beschaffung der Sekundärregelung betreffen, sind im Rahmen des Jahresabschlusses zu aktivieren oder zu passivieren. Die Bewertung der Posten richtet sich nach den geltenden Rechnungslegungsvorschriften."

Die vorliegende deutsche Regelung bewegt sich auf einer anderen Ebene, in- 14 dem sie keine Aktivierungs- und Passivierungspflichten anordnet und abweichend schafft. Der Gesetzgeber hat sich der Mühe unterzogen, einen Zweifelsfall der Bewertung einer Forderung an der Schnittstelle zwischen Bilanzrecht und Regulierungsrecht zu klären. Eine solche Klärung war notwendig, da der prüfende Berufsstand hier nicht zu einem eindeutigen Ergebnis gekommen ist (IDW RS HFA 34, Stand 3.6.2015, Tz. 8; *Freiberg/Amshof* WPg 2017, 1338).

B. Einzelkommentierung

I. Regulatorischer Anspruch (Abs. 1 S. 1)

15 Aus der Gesetzesbegründung:

> „Absatz 1 enthält eine Regelung zur bilanziellen Erfassung von regulatorischen Ansprüchen der Transportnetzbetreiber. Innerhalb des Anreizregulierungssystems entsteht auf dem Regulierungskonto im Sinne des § 5 der Anreizregulierungsverordnung (ARegV) eine Differenz zwischen tatsächlich erzielbaren Erlösen im Rahmen einer genehmigten und gemäß § 4 ARegV angepassten Erlösobergrenze und den geplanten Kosten eines Kalenderjahres einerseits sowie den für das Kalenderjahr zulässigen Erlösen und den tatsächlich entstandenen Kosten eines Kalenderjahres andererseits insbesondere aus Prognoseunsicherheiten über die transportierten Energiemengen und im Rahmen von Plankostenansätzen, die nachträglich einen Ist-Abgleich erfahren. Ist die Differenz negativ, etwa im Falle eines Mindererlöses und/oder tatsächlich höheren als geplanten Kosten, hat der Netzbetreiber einen sogenannten regulatorischen Anspruch auf Erhöhung der Netzgelte gegenüber der Gesamtheit seiner Netznutzer, der durch Absatz 2 auch für den Fall der dauerhaften Einstellung des Geschäftsbetriebs abgesichert und grundsätzlich werthaltig ist. Auch wenn dieser Anspruch erst über die Erlösobergrenzen der Folgejahre bzw. im Falle des Absatzes 2 über die Erlösobergrenze des Jahres der dauerhaften Einstellung des Geschäftsbetriebs geltend gemacht werden kann, so beruht er doch auf den bereits erbrachten Leistungen der Transportnetzbetreiber. Die Transportnetzbetreiber verfügen mit einem geringen zeitlichen Nachlauf über die Abrechnungsparameter zu allen wesentlichen Posten. Um die bilanzielle Aktivierung eines solchen regulatorischen Anspruchs bei Vorliegen der übrigen Voraussetzungen zu gewährleisten, regelt Satz 1, dass der beschriebene Anspruch als Vermögensgegenstand im Sinne von § 246 Absatz 1 Satz 1 des Handelsgesetzbuchs (HGB) gilt. Damit kommt es auf die Frage, ob der regulatorische Anspruch einzeln verwertbar ist (zu diesem Merkmal von Vermögensgegenständen siehe Bundestagsdrucksache 16/10067 S. 50), nicht an. Satz 2 schreibt für Transportnetzbetreiber, die nicht im handelsbilanzrechtlichen Sinne klein sind, einen gesonderten Ausweis des Betrags eines regulatorischen Anspruchs in der Bilanz unter dem Posten „sonstige Vermögensgegenstände" (§ 266 Absatz 2 Buchstabe B II. 4. HGB) sowie eine Pflicht zur Erläuterung im Anhang des Jahresabschlusses vor, um die Aktivierung für den Bilanzleser transparent zu machen. Die in Satz 2 geregelte Ausweispflicht gilt auch für die gemäß § 6b Absatz 3 Satz 1 Nummer 1 oder 3 in Verbindung mit Satz 6 aufzustellende Bilanz, die gemeinhin als Tätigkeitsbilanz bezeichnet wird. Satz 3 bestimmt, dass die Ausweis- und Erläuterungspflicht auch für Konzernbilanz respektive Konzernanhang gelten, wenn der Transportnetzbetreiber einen Konzernabschluss nach den handelsrechtlichen Vorschriften aufzustellen hat."

16 In den **Anwendungsbereich** des Abs. 1 fallen nur Transportnetzbetreiber im Sinne des EnWG, also Fernleitungsnetzbetreiber und Übertragungsnetzbetreiber. S. 2 und S. 3 betreffen nur die Vorgabe, wo die entsprechenden Positionen zu bilanzieren und zu erläutern sind (→ Rn. 18). Klein iSd § 267 Abs. 1 HGB sind nur solche Kapitalgesellschaften, die mindestens zwei der drei nachstehenden Merkmale nicht überschreiten:
1. 6 Mio. EUR Bilanzsumme
2. 2 Mio. EUR Umsatzerlöse in den zwölf Monaten vor dem Abschlussstichtag
3. im Jahresdurchschnitt 50 Arbeitnehmer

Kriterien, die auf Transportnetzbetreiber eher nicht zutreffen.

Positionen: Gegenstand des sog. „regulatorischen Anspruchs sind die Positio- 17
nen, wie sie im Regulierungskonto abgebildet werden können (→ Rn. 4). Es ist
daher darauf zu achten, dass Positionen entlang der Vorgabe, ob diese t-0 oder t-2
in die Erlösobergrenzen eingestellt werden können.

II. Bilanzierung (Abs. 1 S. 2)

1. Dem Grunde nach. Die Passivierung des negativen Saldos des Regulie- 18
rungskontos verlangte bereits Vorsichtsprinzip nach der gängigen Interpretation
des geltenden Handelsrechts. Nunmehr ist auch die Aktivierung des positiven Saldos **verpflichtend**. Ein Wahlrecht (wie zB nach § 248 Abs. 2 HGB) lässt sich aus
der Regelung nicht herauslesen.

2. Der Höhe nach. Handelsrechtlich ist der Differenzbetrag zwischen zuläs- 19
sigen und möglichen Erlösen zu **bewerten** und abzubilden. Dabei ist noch einmal
zwischen der Abbildung im handelsrechtlichen Jahresabschluss zum Stichtag (in der
Regel zum 31.12. eines Kalenderjahres) und der kalkulatorischen Bewertung und
regulatorischen Refinanzierung zu unterscheiden. Bislang wurde aus dem Vorsichtsprinzip (§ 252 Abs. 1 Nr. 4 HGB) eine Differenz zugunsten der Netznutzer
zum Stichtag bewertet und **in voller Höhe** als Rückstellung für ungewisse Verbindlichkeiten passiviert, was sich mindernd auf das Jahresergebnis auswirkt. Zum
Zeitpunkt der Aufstellung des Jahresabschlusses, der bei allen TNB üblicherweise als „Fast Close" in den ersten Wochen eines Kalenderjahres durchgeführt
wird, liegen noch nicht alle Abrechnungen zu Systemdienstleistungen und Netznutzungen vor. Trotzdem kann der Wert der Verbindlichkeiten offenbar im notwendigen Umfang für den Jahresabschluss festgestellt und testiert werden.

Aus der Gesetzesbegründung dazu: 20

> *„Die Bewertung des regulatorischen Anspruchs richtet sich nach den allgemeinen handelsbilanzrechtlichen Vorschriften. Die Regelung hat allein die bilanzielle Erfassung von
> regulatorischen Ansprüchen zum Gegenstand und soll nicht zu höheren Netzkosten führen. Eine positive Differenz, die als regulatorische Verpflichtung zur Absenkung der
> (künftigen) Netzentgelte entstehen kann, wird bereits de lege lata in der Handelsbilanz
> passiviert. Daran soll die vorliegende Regelung nichts ändern."*

(Begr. BT-Ausschuss BT-Drs. 20/2042, 44.)

Diese Praxis muss sich nunmehr auf die Feststellung der als „regulatorische An- 21
sprüche" definierten Forderungen gegen das Regulierungskonto übertragen. Auf
eine **Feststellung durch die Regulierungsbehörde** und die Möglichkeit des
Ansatzes in einer Erlösobergrenze (annuitätische Betrachtung) kommt es handelsrechtlich demnach nicht an. Diese erfolgt gem. § 5 ARegV derzeit in einem Verfahren t-2 mit einem Abgleich in drei Annuitäten (→ Rn. 3 und 4).

III. Inkrafttreten

Die Regelung ist mit der Klimaschutz-Sofortprogramm-Novelle am 29.2.2022 22
(BGBl. 2022 I S. 1214) in Kraft getreten. Eine Übergangsregelung ist nicht vorgesehen. Daher gilt die Regelung unmittelbar für das zum Zeitpunkt des Inkrafttretens der Regelung laufende Geschäftsjahr, in der Regel wird dies das Kalenderjahr
2022 sein, aber auch für jeden anderen ersten Bilanzstichtag nach Inkrafttreten des
Gesetzes.

IV. Rechtsfolgen

23 Die **Ergebniserhöhung,** die sich aus der Aktivierung des positiven Saldos des Regulierungskontos ergibt, kann als **Dividende** ausgeschüttet werden bzw. im Rahmen eines **Ergebnisabführungsvertrags** (EAV) abgeführt werden. Eine Ausschüttungssperre ist nicht geregelt (siehe zB § 253 Abs. 6 S. 2 HGB). Eine Ausschüttung kann natürlich zu einer Liquiditätsbelastung des Netzbetreibers führen, da die aktivierten Ansprüche des Regulierungskontos erst im Folgejahr liquiditätswirksam werden. Vielleicht einer der Gründe, warum die Regelung für die TNB eingeführt wurde, die alle einem strengen Entflechtungsregime (→ §§ 8 ff.) und damit deutlich weniger vertikal integrierten Interessen oder solchen aus anderen Sektoren unterliegen? Trotzdem ist das Ausschüttungsverhalten der TNB sorgfältig zu beobachten.

24 Im Zusammenhang mit dieser Frage sind auch die steuerlichen Konsequenzen zu berücksichtigen. Diese Frage wird auch davon beeinflusst, ob ein Wahlrecht oder eine Verpflichtung im Hinblick auf den Ansatz des positiven Saldos geregelt ist. ME liegt hier kein Wahlrecht vor. Im Hinblick auf eine wahlweise Aktivierung wäre dieser Ansatz steuerlich nicht zwingend zu übernehmen (vgl. zur steuerlichen Behandlung selbst geschaffener immaterieller Vermögensgegenstände § 5 Abs. 2 EStG sowie BMF v. 12.3.2010 (BStBl I S. 239, Tz. 3). Besteht wie vorliegend oder in Österreich eine Verpflichtung zur Aktivierung, wird der Effekt daraus grundsätzlich zu versteuern sein.

25 Eine weitere Folgefrage könnte die Behandlung dieser sonstigen Vermögensgegenstände des Umlaufvermögens im Rahmen der **regulatorischen Behandlung** des Umlaufvermögens werden. Durch die Regelung des Abs. 1 wird die Aktivseite im Umlaufvermögen größer. Bislang wird betriebsnotwendiges Umlaufvermögen iSd § 7 Abs. 1 Nr. 4 StromNEV bei der Bestimmung des kalkulatorischen Eigenkapitals und der Kappung der 40 Prozent EK-Quote teilweise mit berücksichtigt. Wie bei anderen Positionen auch (→ § 23 Rn. 54 oder Umlaufvermögen für Zwecke der EEG-Zahlungen s. BGH Beschl. v. 6.7.2021 – EnVR 45/20 – EEG-Ausgleichsmechanismus) ist es fraglich, ob diese handelsbilanziellen „sonstigen Vermögenswerte" des Umlaufvermögens bei der Berechnung der EK-Verzinsung berücksichtigt werden sollten. Dagegen spricht neben der klaren Vorstellung des Gesetzes, dass keine höheren Netzkosten durch die Regelung entstehen werden und sollen (Begr. BT-Ausschuss BT-Drs. 20/2042, 44, zitiert → Rn. 20) auch die Tatsache, dass ansonsten aus unverzinslichen Kosten (insbesondere Kosten für Systemdienstleistungen, Personalzusatzkosten, die zu den hier dargestellten Abweichungen und Positionen führen) regulatorisch verzinsliches Vermögen würde. Das scheint weder gewollt noch sachgerecht.

V. Abrechnung bei Geschäftsaufgabe (Abs. 2)

26 Die Gesetzesbegründung führt zu Abs. 2 aus:

> „*Absatz 2 ordnet zur Absicherung für den Fall, dass ein Transportnetzbetreiber seinen Geschäftsbetrieb dauerhaft einstellt, die Abrechnung regulatorischer Ansprüche und Verpflichtungen aus dem Anreizregulierungssystem über die Erlösobergrenze des Jahres der dauerhaften Einstellung des Geschäftsbetriebs an, wobei die Bundesnetzagentur durch Festlegung nach § 29 Absatz 1 nähere Bestimmungen zu dieser Abrechnung trifft.*"

(Begr.BT-Ausschuss BT-Drs. 20/2042, 43 f.; im Übrigen → Rn. 15).

Vorbemerkung **Vor §§ 22 f.**

§§ 21 b–21 i *(aufgehoben)*

Vorbemerkung

Übersicht
	Rn.
A. Was ist Ausgleichsenergie?	1
B. Bedeutung der Ausgleichsenergie für die Systemsicherheit	8
C. Bedeutung der Ausgleichsenergie für wettbewerbliche Energiemärkte	20
D. Ausgleichsenergie als Teil der Aufgaben der Transportnetzbetreiber in Europa	24
I. Elt-RL und Gas-RL 03	24
II. Ausgleichsenergie Erdgas seit 2009	27
1. Gas-RL 09	27
2. Erdgas-VO 09	29
3. NC Balancing Gas 2014	30
III. Ausgleichsenergie Elektrizität seit 2016	33
E. Behandlung der Kosten	34
I. Netzbetreiberkosten	34
1. Elektrizität	36
2. Gas	51
II. Kostenanreize bei Marktteilnehmern	53
1. Elektrizität	53
2. Gas	56

Literatur: *BNetzA,* Bericht zum Ausgleichs-Regelenergiesystem Gas v. 1.4.2011, www.bundesnetzagentur.de/SharedDocs/Downloads/DE/Allgemeines/Bundesnetzagentur/Publikationen/Berichte/2011/BerichtAusgleichRegelEnergieSysGaspdf.pdf?__blob=publicationFile&v=2; *Böwing,* Regulierung des Netzzugangs Strom, in Baur/Salje/Schmidt-Preuß (Hrsg.), Regulierung in der Energiewirtschaft, 2. Aufl. 2016, Kap. 71; *Brückl/Neubarth/Wagner,* Regel- und Reserveleistungsbedarf eines Übertragungsnetzbetreibers, et 2006, 50; *Brunz,* BNetzA: Festlegung zu Verfahren zur Ausschreibung von Regelenergie in Gestalt der Minutenreserve, IR 2012, 65; *consentec,* Gutachten zur Dimensionierung des Regelleistungsbedarfs unter dem Netzregelverbund im Auftrag der BNetzA, 17.12.2010; *consentec,* Weiterentwicklung des Ausgleichsenergiepreissystems, Gutachten im Auftrag der deutschen ÜNB vom 21.10.2019, www.regelleistung.net/ext/static/rebap; *consentec/Frontier Economics,* Study on the further issues relating to the Inter-TSO Compensation, Final Report for DG ENER, 13.2.2006, www.consentec.de/wp-content/uploads/2011/12/RPT_EC_ITC_final_Feb_2006.pdf; *Franke,* Kooperationspflichten und Selbstverpflichtungen als Instrumente der Energieregulierung, in Joost/Oetker/Paschke (Hrsg.), Festschrift für Franz Jürgen Säcker, 2021, S. 416; *IAEW,* „Netzbetriebsmittel und Systemdienstleistungen im Hoch- und Höchstspannungsnetz", Zwischenbericht im Auftrag für das BMWi v. 14.7.2021 (im Folgenden BMWi SDL-Studie 2021); *Kahlbrandt,* Virtuelle Kraftwerke im Energiewirtschaftsrecht, ZNER 2017, 252; *Kemper,* Regulierung Gas, in Baur/Salje/Schmidt-Preuß (Hrsg.), Regulierung in der Energiewirtschaft, 2. Aufl. 2016, Kap. 72; *Knauf,* Ausschreibungen im Energierecht – Problemlösungsinstrument oder bürokratischer Irrweg?, NVwZ 2017, 1591; *Meister/Schneider,* Kein Preis für Genauigkeit – Preise für Sekundärregelleistung in Deutschland diskriminierend?, EnWZ 2015, 110; *Müller-Kirchenbauer/Zenke,* Wettbewerbsmarkt für Regel- und

Ausgleichsenergie, et 2001, 696; *Nailis,* Steht der Regelenergiemarkt vor dem Umbruch? et 2006, 56; *Schleicher,* Rechtmäßigkeit der Abschaffung des Basisbilanzausgleichs durch die Bundesnetzagentur, ZNER 2009, 25; *de Wyl/Ahnis/Weise,* Die Ausbilanzierung des Verteilnetzes und der Netzenergiebedarf nach MaBiS – Auswirkungen auf den Verteilnetzbetreiber, ZNER 2011, 264; *de Wyl/Wagner/Rieke,* Die energierechtliche Behandlung von Differenzmengen, IR 2015, 146; *Zebisch,* Netzverluste: Die Verluste in elektrischen Versorgungsnetzen ihre Ursachen und Ermittlung, 1959.

A. Was ist Ausgleichsenergie?

1   Das Strom- und Gasnetz ist ein **natürliches Monopol** (→ § 1 Rn. 41; Baur/Salje/Schmidt-Preuß/*Bettzüge/Kesting* Energiewirtschaft Kap. 4 Rn. 6). Will man verschiedenen Marktakteuren auf vor- und nachgelagerten Märkten die Nutzung des Netzes ermöglichen, um Wettbewerb um und für Kunden und die Einspeisung vieler Erzeuger im Interesse von Wettbewerb auf Produktmärkten oder der Energiewende zu fördern, so müssen verschiedene Aufgaben gelöst werden:
1. Es gibt einen **Eigenverbrauch des Netzes,** weil Energie beim Transport und der Transformation der Energie über Spannungsebenen oder Druckstufen verbraucht wird. Dieser Eigenverbrauch des Netzes wird gemeinhin in Elektrizitätsnetzen als Verlustenergie bezeichnet und geregelt. In Gasnetzen taucht nur der Terminus der Treibenergie auf. Diese wird beim Betrieb von Verdichterstationen verbraucht, die Drücke erhöhen, um in Erdgasnetzen die Energie (Erdgas) zu transportieren. Diese Verluste sind auch keinem einzelnen Transportvorgang direkt zuzurechnen.
2. Es müssen den einzelnen Akteuren auf den Energiemärkten ihre jeweiligen **Energiemengen,** die sie einspeisen und entnehmen, **für Abrechnungszwecke** präzise zugerechnet werden, obwohl diese in keinem tatsächlichen Transportverhältnis oder geografischen Zusammenhang stehen. Die Strommenge, die von einer PV-Anlage in Bayern in einer Minute eingespeist wird, ist nicht die gleiche, die der Kunde in Hamburg in der gleichen Minute verbraucht. Bei dem Transport von Erdgas gibt es den unmittelbaren physikalischen Zusammenhang auch nicht, obwohl tatsächlich Erdgas transportiert wird (→ § 20 Rn. 114). Auch hier ist die Erdgasmenge eines Händlers, die in einer Stunde von einem Erdgasspeicher in Bayern in das Netz eingespeist wird, nicht identisch mit der Erdgasmenge, die dieser Händler einem Kunden in Hamburg in der gleichen Stunde verbraucht.
3. Darüber hinaus kommt es unvermeidlich bei der Echtzeitbetrachtung zu **Abweichungen** der Ein- und Ausspeisungen **eines Händlers**/Netznutzers und/oder der **Gesamtbilanz** des Systems aus Ein- und Ausspeisungen. Prognosen und Anmeldungen der Ein- und insbesondere der Ausspeisungen sind naturgemäß fehlerhaft. Offensichtlich ist dies, wenn ein Kraftwerk ungeplant ausfällt oder eine Windfront 25 Minuten später beim Offshore Windpark ankommt, als in der Wettervorhersage prognostiziert. Im Gasbereich kommt es vor, dass ein angemeldeter Transport auf unterbrechbarer Basis tatsächlich kurzfristig unterbrochen wird und somit nicht stattfindet, oder es kommt zu einem abweichenden Einsatz eines Gaskraftwerks, da dieses im Regelenergiemarkt Strom kurzfristig abgerufen wurde. Insbesondere das Stromsystem reagiert aber höchst sensibel auf solche Systemungleichgewichte (→ Rn. 8). Durch die Pufferkapazität des Netzes ist das Erdgasnetz nicht vergleichbar sensibel, dennoch bedarf es auch

Vorbemerkung **Vor §§ 22 f.**

hier einer ausgeglichenen Systembilanz, da die Pufferkapazität endlich ist. Diese Ungleichgewichte können technisch und faktisch unmittelbar nur die Netzbetreiber ausgleichen.

4. Die Beschaffung der dafür notwendigen Energiemengen und die damit erbrachten sog. „Systemdienstleistungen" sollen im Interesse des Wettbewerbs und der Kunden möglichst preisgünstig erfolgen. In einer Welt der integrierten Versorgungsunternehmen – und nahezu alle Verteilernetzbetreiber sind gem. §§ 6 ff. entflochten, dennoch aber Teil eines vertikal integrierten Energieversorgungsunternehmens – sollte und muss weiterhin dafür gesorgt werden, die Zuordnungen und Bepreisung der für diese Systemdienstleistung notwendigen Energiemengen diskriminierungsfrei, transparent und gleich auszugestalten. Auch zu große Marktmacht auf den Anbietermärkten ist schädlich (vgl. BKartA, Marktmachtbericht 2021, Rn. 12 ff.).

Die Antwort auf diese Anforderungen sind in beiden Energieformen jeweils eigene Systeme zur Beschaffung und Bepreisung von **Ausgleichsenergie.** Darunter fällt die Verlustenergie (→ Rn. 1 Nr. 1), die Regelenergie zum Ausgleich von Systemungleichgewichten (→ Rn. 1 Nr. 3) und die Verrechnung individueller Ungleichgewichte im Ausgleichsenergiepreis (→ Rn. 1 Nr. 2). **§ 22 Abs. 1** S. 2 nennt **inhaltliche Kriterien** für Ausgleichsenergie, die sich so ebenfalls in Art. 6 Elt-VO 19 und Art. 21 Abs. 5 Erdgas-VO 09 als europarechtliche Ausgangsnormen für die Regelenergieschaffung der TNB finden. Diese muss einerseits **möglichst preisgünstig** sein; dafür sei insbesondere die Möglichkeit der untertäglichen (dh besonders kurzfristigen) Beschaffung in Betracht zu ziehen. Andererseits steht die Beschaffung unter dem **Vorbehalt der Gewährleistung der Versorgungssicherheit,** was seinen Ausdruck in dem Verweis auf die Aufgaben gem. §§ 13, 16 und 16 a findet. Für die Anbieter von Regelenergieprodukten im Strom werden die Anforderungen ua in § 6 Abs. 5 StromNZV näher konkretisiert. Potenzielle Anbieter von Regelenergieprodukten haben danach den Nachweis zu erbringen, dass sie die zur Gewährleistung der Versorgungssicherheit erforderlichen Anforderungen für die Erbringung der unterschiedlichen Regelenergiearten erfüllen **(Präqualifikation),** ebenfalls geregelt in Art. 155 SO-GL (VO (EU) 2017/1485). Nachzuweisen sind insbesondere die notwendigen technischen Fähigkeiten (www.pq-portal.energy). 2

Mit **Verlustenergie** wird im Strom die zum Ausgleich physikalisch bedingter Netzverluste benötigte Energie (§ 2 Nr. 12 StromNZV) und technisch bedingter Stromverbrauch bezeichnet. Verlustenergie findet auch Erwähnung in Art. 18 Abs. 3 Elt-VO 19. ACER berichtet mittlerweile regelmäßig gem. Art. 18 Abs. 9 über die Entgeltbildungsmethoden, darin findet die Verlustenergie besondere Erwähnung (Art. 18 Abs. 9 lit. h Elt-VO 19). Eine vergleichbare Definition im **Gas** gibt es in EnWG oder GasNZV nicht – der Netzeigenverbrauch besteht hier im Wesentlichen aus Treibenergie beim Betrieb der Verdichterstationen. Diese ist gem. § 11 Abs. 5 S. 1 Nr. 1 ARegV als volatile Kosten ausgestaltet (→ Rn. 35, 45, 48). Art. 17 Abs. 2 lit d Gas-RL 09 nennt und zählt die Verluste zu den zulässigen Bestandteilen der Netztarife. 3

Verluste der Elektrizitätsnetze werden maßgeblich durch die angelegte Spannung, den Widerstand des Leiters und den Stromfluss definiert. Elektrisch gesehen stellen Leitungen einen Widerstand für den elektrischen Strom dar, wobei die Verlustleistung als Wärme an die Umgebung abgegeben wird. Die meisten Verluste sind dabei lastabhängig, andere entstehen auch unabhängig von der Höhe des fließenden Stroms. Die Effekte sind nicht homogen. Aufgrund der ausgleichenden Ef- 4

Vor §§ 22 f. Teil 3. Regulierung des Netzbetriebs

fekte dezentraler Einspeisung können Verluste bis zu einem gewissen Grad vermieden werden (*Hartje/Tonheim*, Rückspeisungen ins Niederspannungsnetz – neue Aufgaben im Stadtnetz, Internationaler ETG-Kongress 2011). Bei gleicher Übertragungsfähigkeit weisen Freileitungen gegenüber im Boden liegenden Kabeln (Erdkabeln) deutlich höhere Verluste auf. Gleichstromübertragung ist deutlich verlustärmer als der Transport über Wechselstromnetze. Netzverluste sind ebenfalls Gegenstand europäischer Vorgaben zur **Energieeffizienz** (Art. 15 Effiz-RL).

5   Kosten für **technische und verwaltungsbedingte Betriebsverbräuche** werden regulatorisch **nicht** als Teil der Verlustenergie behandelt. Die Abgrenzung ist schon wegen der Befreiung nur der Verlustenergie von der EEG-Umlage gem. § 611 Abs. 3 EEG 2021 erforderlich, die mit besonderen Meldepflichten gem. § 611 Abs. 4 EEG 2021 verknüpft ist. Daran sind Sanktionen geknüpft (BNetzA, Leitfaden zur Eigenversorgung vom Juli 2016, S. 11).

6   Während die Beschaffung von Regelenergie ausschließlich den ÜNB obliegt und von ihnen gemeinsam organisiert und abgewickelt wird, wird Verlustenergie von jedem einzelnen Netzbetreiber für sein Netz beschafft. Rund drei bis fünf Prozent der transportierten Strommenge gehen beim Transport verloren, dies beläuft sich in Deutschland auf rund 27 TWh pro Jahr (BNetzA, Monitoringbericht 2020, S. 34).

7   Es handelt sich bei den Regelenergiemärkten **um eigenständige Märkte**, Regelenergie ist nach deutscher und europäischer Bewertung der Wettbewerbsbehörden nicht Teil des Stromerstabsatzmarktes (zur Frage der Marktmacht in den Regelenergiemärkten → § 22 Rn. 50). Nachfrager von Regelenergie sind allein die ÜNB. Diese beschaffen Regelenergie in eigenen, genau geregelten Auktionen und von technisch besonders qualifizierten Anlagen. Es besteht aus Nachfragesicht keine Austauschbarkeit der Regelenergieprodukte mit den Produkten des Stromgroßhandels (BKartA, Marktmachtbericht 2021, Rn. 25).

B. Bedeutung der Ausgleichsenergie für die Systemsicherheit

8   Tritt eine Differenz zwischen der gesamten Einspeisung aus den Erzeugungsanlagen und der gesamten Entnahme aus dem Übertragungsnetz einer Regelzone **(Systembilanz)** ein, führen die daraus resultierenden Leistungsungleichgewichte zu einer Abweichung von der im deutschen und europäischen Verbundnetz geltenden Regelfrequenz von 50 Hertz. **Das kontinentaleuropäische Übertragungsnetz hat sozusagen einen „Puls" von 50 Hertz.** Das Bahnstromfernleitungsnetz ist dagegen kein Teil des Verbundnetzes und wird mit der Frequenz von 16,7 Hertz betrieben, für deren Einhaltung der Betreiber des Bahnstromnetzes und nicht die ÜNB die Verantwortung tragen. Flackert die Frequenz, werden innerhalb kürzester Zeit automatische Schutzeinrichtungen an den Betriebsmitteln – Netzen und Anlagen – ausgelöst, um irreparable Schäden zu verhindern. (→ § 12 Rn. 65 zur sog. 50,2- bzw. 49,5- Hertz-Problematik und der SystStabV). Aus historischen und technischen Gründen ist das deutsche und kontinentaleuropäische Übertragungsnetz in Regelzonen (§ 3 Nr. 30) aufgeteilt. Alle galvanisch verbundenen Netze reagieren auf Frequenzabweichungen (sehr instruktive Sachverhaltsdarstellung mit dramatischen Folgen BNetzA, Bericht über die Systemstörung im deutschen und europäischen Verbundsystem am 4. November 2006 vom Februar 2007, S. 6 ff.).

Vorbemerkung **Vor §§ 22 f.**

Das Energiesystem auszuregeln und die Frequenz stabil zu halten ist technisch eine **Aufgabe von ÜNB** mit Regelverantwortung (§ 3 Nr. 10a). Dafür beschaffen die ÜNB Regelenergie.

Die Herausforderung der Regelverantwortung beschreibt *Böwing* bildlich als 9 „Sieb voller Wasser", das immer gleichmäßig voll gehalten werden muss (Baur/ Salje/Schmidt-Preuß Energiewirtschaft/*Böwing* Rn. 103). Um die Regelzone in Echtzeit im Gleichgewicht zu halten und somit die Frequenz bei 50 Hertz, teilen **wirtschaftlich** die Verantwortung die **ÜNB und die Netznutzer** im sog. **Bilanzkreissystem**, also Netzbetreiber und Marktakteure (zum Bilanzkreissystem → § 20 Rn. 95; → § 23 Rn. 27; → § 13 Rn. 89 ff.). Dabei sind die Marktakteure auf den Ausgleich handelbarer Produkte am Strommarkt beschränkt und **der europäische Strommarkt tickt im Viertelstunden Takt** (Erwgr 13 Elt-VO 19 iVm Art. 53 EB-GL). Handelbar für die Marktteilnehmer sind 35.040 Viertelstunden im Jahr. Dh, die Marktteilnehmer müssen für eine ausgeglichene Bilanz in der Viertelstunde sorgen, sie melden Ein- und Ausspeisefahrpläne (→ § 23 Rn. 28) bei den ÜNB an, kaufen gegebenenfalls Energie nach oder schalten Last ab (bei Unterdeckung) oder schalten Last zu bzw. veräußern Energie (bei Überdeckung) des Bilanzkreises.

Unterhalb dieses Zeitinkrements können und müssen die ÜNB für die System- 10 bilanz sorgen. Im Millisekundenbereich sorgen aktuell noch große rotierende Schwungmassen von Generatoren der Kraftwerke im Betrieb für eine gewisse Pufferung im Stromnetz, perspektivisch entsteht hier ein Segment für die **„Momentanreserve"**, wenn durch die Abschaltung von Kraftwerken mit großen Generatoren diese natürliche vorhandene Eigenschaft im Netz entfällt. Es wird daher zwischen der Momentanreserve aus Generatoren, welche inhärent und unverzüglich wirkt, und einer verzögerten, regelungstechnisch umgesetzten Reaktion, der sog. schnellen Frequenzregelung, unterschieden. Die Momentanreserve kann entweder von Generatoren als Schwungmasse oder von netzbildenden Umrichtern im Rahmen einer synthetischen Schwungmasse erfolgen. (BMWi SDL-Studie 2021, S. 49). Im Jahr 2021 ist es aufgrund noch vorhandener Kraftwerkskapazitäten noch nicht erforderlich, Momentanreserve durch die ÜNB systematisch zu bewirtschaften.

Die ÜNB können auf Grundlage des NC RfG und NC DCC über den An- 11 schluss von Erzeugern und Lasten (→ Vor § 17 Rn. 61 ff.) und der national gültigen VDE-Normen technische Anforderungen definieren, die eine automatische Trennung von Erzeugungsanlagen und Lasten vom Netz bei Frequenzschwankungen verhindern sollen (→ § 19 Rn. 31). Diese Robustheitsanforderungen an Lasten und Erzeugungsanlagen sind eine weitere Basis für den frequenzstabilen Netzbetrieb (technisch präzise BMWi SDL-Studie 2021, S. 50).

Ergibt sich eine **Abweichung der Systembilanz,** die nicht durch die tech- 12 nischen Eigenschaften der Anlagen kompensiert wird, setzt der ÜNB mit Regelzonenverantwortung **Regelenergie** ein. Dafür wird eine Einspeisung in das Netz oder eine Abschaltung durch den ÜNB angewiesen, die dieser zuvor beschafft hat. Der Einsatz von Regelenergie dient dem Ausgleich der Systembilanz und damit allgemein der Einhaltung des zulässigen Frequenzbandes im Zeitintervall von wenigen Sekunden bis zu mehreren Viertelstunden.

Es werden **drei Arten der Regelenergie** unterschieden, klassisch als Primär- 13 regelenergie, Sekundärregelenergie und Minutenreserve bezeichnet. Gemäß den europäischen Vorschriften der EB-VO sowie der Elt-VO 19 ist verbindlich die Etablierung von (nationalen) **Regelarbeitsmärkten** vorgesehen (→ § 22 Rn. 53 ff.). Dabei unterscheiden sie zwischen

1. FCR (Frequency Containment Reserve, Frequenzhaltungsreserve, entspricht der bisherigen Primärregelleistung),
2. aFRR (Frequency Restauration Reserve with automatic activation, Frequenzwiederherstellungsreserven mit automatischer Aktivierung, entspricht der Sekundärregelung),
3. mFRR (Frequency Restauration Reserve with manual activation, Frequenzwiederherstellungsreserven mit manueller Aktivierung (äquivalent zur Minutenreserve)

14 Die Primärregelleistung/FCR wird **automatisch** mittels lokaler Frequenzmessung aktiviert. Sekundärregelleistung/aFRR wird zentral und automatisch von Reglersystemen der ÜNB abgerufen und löst die Primärregelleistung ab. Minutenreserveleistung/mFRR dient der langfristigen Ablösung der Sekundärregelleistung und wird in der Regel nur bei größeren Leistungsungleichgewichten abgerufen (www.regelleistung.netz/ext/download/faq).

15 Im **Gasbereich** gibt es keine Differenzierung von Regelenergieprodukten. Einerseits ist das Gasversorgungsnetz wesentlich weniger anfällig für technische Differenzen, da – anders als die Frequenz im Strombereich – auch erhebliche Schwankungen ohne Weiteres aufgefangen werden. Die Gasfernleitungsnetze können mit einer vergleichsweise großen Schwankungsbreite von Gasdrücken betrieben werden; dadurch kommt implizit der sog. „Netzpuffer" zum Einsatz, mit dem die erhebliche **Gasspeicherfunktion der Gasnetze** bezeichnet wird. Der Einsatz von Regelenergie im Gasbereich muss darum Differenzen weder sofort ausgleichen noch muss je das System innerhalb kurzer Frist wieder zum ursprünglich herrschenden Druck zurückführen. Eine Differenzierung nach Vorlauf- und Einsatzzeiten ist darum im Gasbereich nicht erforderlich. Abweichend vom Strombereich kommt es im Gasbereich zu einem Bedarf an Veränderungen des Betriebsdrucks vom winterlich hohen Betriebsdruck zum sommerlich niedrigen Betriebsdruck der Gasfernleitung. Die erheblichen (positiven und negativen) Gasmengen, die zur Anpassung des Drucks benötigt werden, werden ebenfalls über die Regelenergie beschafft und eingesetzt.

16 Die Regelzone im Elektrizitätsnetz entspricht der Bilanzierungszone oder dem Marktgebiet im Gasbereich. Auch die Bilanzierungszone im Gasbereich muss im Gleichgewicht gehalten werden, auch wenn hier durch den Netzpuffer eine gewisse Druckschwankung durch zeitungleiche Ein- und Ausspeisungen durch die Netze kompensiert werden kann. Im Gasbereich teilen sich diese Verantwortung ebenfalls die FLNB und die Netznutzer im sog. Bilanzierungssystem, also Netzbetreiber und Marktakteure. Der **europäische Gasmarkt tickt** abweichend zum Stromarkt **im Stunden-Takt.** Handelbar für die Marktteilnehmer sind 7.860 Stunden im Jahr. Allerdings müssen im Gasbereich die Marktteilnehmer nur für eine ausgeglichene Bilanz **innerhalb des Gastages** sorgen. Auch im Gasbereich werden Ein- und Ausspeisefahrpläne – auf stündlicher Basis – bei den Netzbetreibern (Fernleitungs- und Verteilernetzbetreiber) angemeldet. Die Marktteilnehmer kaufen ebenfalls auf stündlicher Basis gegebenenfalls Energie nach, erhöhen die Einspeisung aus Erdgasspeichern oder schalten Last ab (bei Unterdeckung) oder schalten Last zu, Erhöhen die Ausspeisung in Erdgasspeicher bzw. veräußern Energie (bei Überdeckung) des Bilanzkreises.

17 Im Gasfernleitungsnetz wird die Bilanzierungsaufgabe im Auftrag aller FLNB eines Marktgebiets **durch den Marktgebietsverantwortlichen** (MGV → § 20 Rn. 152) wahrgenommen, also losgelöst vom einzelnen FLNB (→ § 22 Rn. 36). Durch die physikalischen Eigenschaften des Produkts und des Netzes ist die Bilanzierung bei Gas nicht so zeitkritisch wie im Strom. Abweichend vom Takt des

Vorbemerkung   **Vor §§ 22 f.**

Strommarktes erfolgt die **Gasbilanzierung auf Tages-Basis**. Mit der Festlegung GaBi Gas 2.0 wurde in Umsetzung des NC BAL Gas im Jahr 2014 das Ausgleichsenergiesystem in Deutschland an die europäischen Regeln weiterhin auf eine Tagesbilanzierung, aber mit der Einführung sog. untertägiger Verpflichtungen und der Erhebung eines Flexibilitätskostenbeitrags verbindlich bestimmt (BNetzA Beschl. v. 19.12.2014 – BK7/14/0020 – GaBi Gas 2.0) und seitdem punktuell weiterentwickelt (www.bundesnetzagentur.de/DE/Beschlusskammern/1_GZ/BK7-GZ/2014/BK7-14-0020/BK7-14-0020_Beschluss.html?nn=361050).

Ein weiterer Unterschied zwischen den Begrifflichkeiten im Strom- und Gasbereich besteht in der **Ausgestaltung der Kooperationspflichten** der Netzbetreiber. Während im Strombereich die Kooperation der ÜNB über den „Netzregelverbund" ausgestaltet ist, erfolgt dies im Gasbereich durch die Unterscheidung zwischen interner und externer Regelenergie (zudem → § 22 Rn. 44 ff. zur Unterscheidung von intern verfügbarer und extern zu beschaffender Regelenergie im Gassektor). 18

Neben der Förderung des wettbewerblichen Strom- und Gasmarktes durch die Gewährleistung diskriminierungsfreien Wettbewerbs und dem preisgünstigen Betrieb bei der Nutzung der Strom- und Gasnetze dürfen die Bilanzierungsregeln keine **finanziellen Fehlanreize** setzen, damit die Marktteilnehmer sich in dem System nicht gegen die Ausgleichsenergiepreise optimieren. Es darf für einen Energiehändler in einer Knappheitssituation mit sehr hohen Preisen nicht wirtschaftlich attraktiv sein, Ausgleichsenergie für Unterdeckungen in Anspruch zu nehmen (beispielhaft www.energate-messenger.de/news/188825/ncg-und-gaspool-beklagen-bilanzkreisbetrug). Das kann sonst insbesondere im Stromsektor zu Situationen führen, in denen die ÜNB die Systembilanz nicht mehr darstellen können. Vielmehr müssen die Anreize so gesetzt werden, dass die Netznutzer über Ausgleichsenergieentgelte, die die Kosten einer Viertelstunde widerspiegeln, angehalten werden, ihre Bilanzkreise ausgeglichen zu halten (→ Rn. 49). 19

C. Bedeutung der Ausgleichsenergie für wettbewerbliche Energiemärkte

Durch die Vorgabe für die **Beschaffungsverfahren** für Regelenergie und **ihre Abrechnung** (Ausgleichsenergie) soll das Ziel einer möglichst **preisgünstigen Versorgung** mit Energie realisiert werden (§ 22 Abs. 1 S. 2). Die Kosten für die Beschaffung und der Preis für die Erbringung der Ausgleichsleistung sollen niedrig gehalten werden. Damit werden auch die Beschaffungskosten des Bilanzkreisverantwortlichen und mittelbar somit des Lieferanten der Energie (§ 20 Abs. 1 S. 5) niedrig gehalten. Denn die Kosten der Ausgleichsenergie sind Teil seiner Beschaffungskosten für die Lieferung an Letztverbraucher. 20

Darüber hinaus sollen die Verfahren wettbewerbliche Netznutzer oder Anbieter davor schützen, durch den Netzbetreiber bei der Beschaffung von **Regelenergie** zugunsten seiner verbundenen oder assoziierten Unternehmen diskriminiert zu werden (§ 22 Abs. 1 S. 1). Während eine Diskriminierung im vertikal integrierten Unternehmen aufgrund der scharfen Entflechtungsregelungen für **Transportnetzbetreiber** (§§ 8–10e) in hohem Maße strukturell beschränkt worden ist, findet jedenfalls im Strombereich die Beschaffung von **Verlustenergie,** die Netzbetreiber aller Netzebenen durchführen müssen, bei den **Verteilernetzbetreibern** in einem 21

Vor §§ 22 f. Teil 3. Regulierung des Netzbetriebs

weiterhin überwiegend vertikal integrierten Umfeld unter den Rahmenbedingungen der informatorischen, buchhalterischen, operationellen und rechtlichen Entflechtung (§§ 6–7b) statt (Theobald/Kühling/*Boos* EnWG § 22 Rn. 3). Neben der Durchsetzung der Entflechtungsregeln müssen daher aufgrund der fortbestehenden Informationsasymmetrie (→ Vor § 20 Rn. 17) zwischen Regulierungsbehörden und Netzbetreibern auch die Beschaffungsverfahren Diskriminierungspotenziale minimieren oder ausschließen.

22 Die Vorgaben zur diskriminierungsfreien Beschaffung und Bereitstellung von Systemdienstleistungen sind Gegenstand einer Vielzahl von Einzelregelungen der Elt-VO 19, der Elt-RL 19 und der Erdgas-VO 09, die **über das Diskriminierungsverbot im vertikal integrierten Unternehmen hinausgehen** (*Meister/Schneider* EnWZ 2015, 113). Beschaffungsvorgänge auch bei vollständig entflochtenen Unternehmen sollen diskriminierungsfrei und in marktlichen Verfahren erfolgen. Dabei sollen die Regelungen so ausgestaltet sein, dass **möglichst viele Marktteilnehmer** an diesen Märkten teilnehmen können (→ § 22 Rn. 25). Dies dient im Einzelnen der effizienten Betriebsführung, da es die Liquidität auf den durch Netzbetreiber geschaffene Märkte erhöht und Kosten senkt (zur Frage der Marktmacht in den Regelenergiemärkten → § 22 Rn. 50). Im europäischen Binnenmarkt gilt das Leitbild des diskriminierungsfreien Marktzugangs. Grundsätzlich sollen **alle geeigneten Marktteilnehmer diskriminierungsfrei** nach ihren jeweiligen energiewirtschaftlichen Funktionen am Strommarkt teilnehmen können (→ § 13 Rn. 65 ff.). Zu diesen Märkten gehören auch wettbewerblich organisierte Märkte durch Netzbetreiber sowie die Nachfrage nach Ausgleichsenergie (im Unterschied zu normativ gestalteten Eingriffsbefugnissen → § 13a Rn. 13 ff.).

23 Um zu einer **größeren Marktintegration ein Europa** zu gelangen, ist darüber hinaus vorgesehen, Vorschriften für die Bilanzierung den Strom- und Gashandel zwischen den Bilanzierungszonen zu vereinheitlichen, den Handel zu erleichtern und auch so einen Beitrag zum **Entstehen von Liquidität** auf den Märkten leisten. Daher werden mit der VO (EU) 312/2014 (NC BAL Gas) und der VO 2019/943 (Elt-VO 19) **harmonisierte unionsweite Bilanzierungsregeln** festgelegt, die den Netznutzern die Gewissheit geben sollen, dass sie ihre Bilanzierungsportfolios in der gesamten Union in verschiedenen Bilanzierungszonen auf eine wirtschaftlich effiziente und nichtdiskriminierende Weise ausgeglichen halten können (Erwgr. 2 NC BAL Gas, Erwgr. 9 ff. Elt-VO 19).

D. Ausgleichsenergie als Teil der Aufgaben der Transportnetzbetreiber in Europa

I. Elt-RL und Gas-RL 03

24 §§ 22 und 23 dienten gemeinsam der Umsetzung der Elt-RL 03 (Begr. RegE BT-Drs. 15/3917, 60). Der durch § 22 normierte Aspekt der Beschaffung war für ÜNB in Art. 11 Abs. 2 und 4 Elt-RL 03 (dann Art. 15 Abs. 2 und 6 Elt-RL 09) und für VNB in Art. 14 Abs. 5 Elt-RL 03 (dann Art. 25 Abs. 5 Elt- Rl 09) geregelt. Der durch § 23 geregelte Aspekt der Erbringung der Ausgleichsleistung hat seine Grundlage in Art. 11 Abs 7 Elt-RL 03 (dann Art. 15 Abs. 7 Elt-RL 09) für ÜNB und in Art. 14 Abs. 6 Elt-RL 03 (dan Art. 25 Abs. 6 Elt-RL 09) für VNB.

25 Zum anderen sollen §§ 22, 23 die Art. 8 Abs. 2 und 4 und 12 Abs. 5 der Gas-RL 03 (dann Art. 13 Abs. 3 und 5 und Art. 25 Abs. 5 Gas-RL 09) umsetzen (Begr.

Vorbemerkung **Vor §§ 22 f.**

RegE BT-Drs. 15/3917, 60). Ebenfalls sollten §§ 22, 23 die Art. 8 Abs. 2 und 4 und 12 Abs. 5 der Gas-RL 03 (dann Art. 13 Abs. 3 und 5 und Art. 25 Abs. 5 Gas-RL 09) umsetzen (Begr. RegE BT-Drs. 15/3917, 60).
Sowohl nach Art. 15 Abs. 7, Art. 25 Abs. 6 Elt-RL 09 als auch nach Art. 13 Abs. 3, 25 Abs. 5 Gas-RL 09 bedurften die Bedingungen der Erbringung der Ausgleichsleistungen der Ex-ante-Regulierung. 26

II. Ausgleichsenergie Erdgas seit 2009

1. Gas-RL 09. Die Gas-RL 09 macht den Mitgliedstaaten im genannten Sinne Vorgaben für die Ausgestaltung der Ausgleichsenergie-Dienstleistungen, und gem. Art. 41 Abs. 6 gehört es zu den Aufgaben der Regulierungsbehörden, zumindest die Methoden zur Berechnung oder Festlegung der Bedingungen für die Erbringung von Ausgleichsleistungen, die möglichst wirtschaftlich sind und den Netzbenutzern geeignete Anreize bieten, die Einspeisung und Abnahme von Gas auszugleichen, festzulegen oder zu genehmigen. Die Ausgleichsleistungen sollen auf faire und nichtdiskriminierende Weise erbracht werden und sich auf objektive Kriterien stützen. Bei der Festsetzung oder Genehmigung der Tarife oder Methoden der Ausgleichsleistungen haben die nationalen Regulierungsbehörden sicherzustellen, dass für die Fernleitungs- und Verteilerbetreiber angemessene Anreize geschaffen werden, sowohl kurzfristig als auch langfristig die Effizienz zu steigern, die Marktintegration und die Versorgungssicherheit zu fördern und weiterzuentwickeln. 27

Hervorzuheben ist hier, dass augenscheinlich der im europäischen Recht häufig verwendete **Begriff der „Tarife"** (Erwgr, Art. 13 Abs. 3, 21 Abs. 8, 41 Abs. 8 Gas-RL 09, aber auch zahlreich in den Elt-VO 19 und Elt-RL 19) sich nicht nur auf das „Netzentgelt" bezieht, sondern auch so interpretiert werden muss, dass andere unmittelbar oder mittelbar (zB durch einen Markgebietsverantwortlichen) durch die Netzbetreiber erhobenen Entgelte und Preisbestandteile erfasst sind (vertiefend → § 23 Rn. 13 ff.). 28

2. Erdgas-VO 09. Die Verordnung (EG) Nr. 715/2009 vom 13.7.2009 über die Bedingungen für den Zugang zu den Erdgasfernleitungsnetzen (**Erdgas-VO 09**) enthält in Art. 21 unmittelbar anwendbare Vorschriften für den Ausgleich von Mengenabweichungen und Ausgleichsentgelte, wobei nicht ausdrücklich zwischen Beschaffung und Erbringung von Ausgleichsleistung unterschieden wird. Vielmehr ist von „Ausgleichsregeln" (Abs. 1) und „Ausgleichssystemen" (Abs. 4) die Rede, wobei im Wesentlichen die **Leistungserbringung gegenüber dem Netznutzer** gemeint ist. Es können durch Netzkodizes (→ Vor §§ 20 ff. Rn. 21 ff.) weitere Regelungen zur (grenzüberschreitenden) Beschaffung und Erbringung von Ausgleichsleistungen bestimmt werden (Art. 6 iVm Art. 8 Abs. 6 lit. j Erdgas-VO 09), wobei hierbei die entsprechenden Rahmenleitlinien von ACER (ACER, Framework Guidelines on Gas Balancing in Transmission v. 18.10.2011 – FGB – 2011 – G – 002) eingehalten werden müssen. Daraus ist der NC BAL Gas (→ Rn. 26) erwachsen, der das Ausgleichsenergiethema Gas mittlerweile maßgeblich überformt. Die Bedeutung der nationalen Regeln ist nur noch subsidiär. 29

3. NC Balancing Gas 2014. Die VO (EU) Nr. 312/2014 v. 26.3.2014 (im Folgenden immer NC BAL Gas) hat seit 2014 sehr konkrete Regelungen für die Gasbilanzierung in Europa einheitlich verbindlich vorgegeben (zum Teil zitiert in → § 22 Rn. 31 ff.). Bemerkenswert ist, dass die Regelungen eine hohe Kompatibi- 30

Vor §§ 22 f. Teil 3. Regulierung des Netzbetriebs

lität mit dem seit 2007 in Deutschland entwickelten Gasnetzzugangsmodell aufweisen (→ § 20 Rn. 134 ff.).

31 Auch im liberalisierten Gasmarkt gilt gem. NC BAL Gas, dass die **Netznutzer** die **Verantwortung** dafür tragen sollen, dass ihre **Ein- und Ausspeisungen ausgeglichen** sind (Art. 4 NC BAL Gas). Dabei sind die Bilanzierungsregeln schon durch den NC BAL Gas so konzipiert, dass sie einen **kurzfristigen Gasgroßhandelsmarkt** fördern, wobei Handelsplattformen eingerichtet werden, um den Gashandel zwischen den Netznutzern und dem FLNB zu erleichtern. Die FLNB nehmen die gegebenenfalls notwendigen physikalischen Beschaffungsmaßnahmen (Regelenergieeinkauf oder -verkauf) vor und haben dabei die Reihenfolge einer **Merit-Order-Liste** (Art. 9 NC BAL Gas) zu befolgen (grundlegend zu Wettbewerb in den Strom- und Gasmärkten und speziell zur Merit-Order Liste Baur/Salje/Schmidt-Preuß Energiewirtschaft/*Ockenfels*/*Bettzüge* Kap. 3 Rn. 13 dort Fn. 5). Die Merit-Order-Liste ist so aufgebaut, dass die FLNB bei der Gasbeschaffung sowohl wirtschaftliche als auch netztechnische Erwägungen berücksichtigen, wobei sie Produkte einsetzen, die mithilfe eines möglichst breit gefassten Spektrums an Quellen bereitgestellt werden können und Produkte von LNG-Anlagen und Speicheranlagen einschließen (Erwgr. 5 NC BAL Gas). Dabei gibt es eine gesetzlich verpflichtende Vorrangregelung für die börsliche Beschaffung von Regelenergie am virtuellen Handelspunkt des Marktgebiets (Art. 9 iVm Art. 7 NC BAL Gas).

32 Damit die Netznutzer ihre Bilanzierungsportfolios ausgeglichen halten können, enthält der NC BAL Gas auch Mindestanforderungen an die **Bereitstellung von Informationen** für die Umsetzung eines marktbasierten Bilanzierungssystems. Es sollen die Informationsflüsse das Tagesbilanzierungssystem fördern und eine Reihe von Informationen abbilden, die den Netznutzer beim kosteneffizienten Umgang mit seinen Chancen und Risiken unterstützen. (Erwgr. 6 NC BAL Gas).

III. Ausgleichsenergie Elektrizität seit 2016

33 Im Elektrizitätssektor haben die Regelungen des EnWG und der StromNZV **nur noch subsidiäre** Bedeutung, nachdem die **Leitlinie über den Systemausgleich im Elektrizitätssystem** (VO 2017/2195 – EB-GL → mit Auszügen § 23 Rn. 36 ff.) verbindliche technische, betriebliche und marktbezogene Vorschriften für die Funktionsweise der Regelreservemärkte im Elektrizitätsversorgungssystem in der gesamten EU ausgestaltet hat. Sie umfasst Bestimmungen für die Beschaffung von Regelleistung, die Aktivierung der Regelarbeit und die finanzielle Abrechnung mit den Bilanzkreisverantwortlichen. Zudem verpflichtet sie die ÜNB und nationalen Regulierungsbehörden zur Entwicklung und Genehmigung harmonisierter Methoden zur Zuweisung grenzüberschreitender Übertragungskapazität für den Austausch von Regelreserve (Erwgr. 5 EB-GL). Die maßgeblichen Festlegungen der BNetzA stützen sich weitgehend auf die EB-GL (vertiefend → § 22 Rn. 53 ff.).

E. Behandlung der Kosten

I. Netzbetreiberkosten

34 Nicht alle durch die Beschaffung und Bewirtschaftung der Ausgleichsenergie entstehenden Kosten gehen in die eigentlichen Netznutzungsentgelte bzw. Erlösobergrenzen der Netzbetreiber ein. Zum Teil werden Umlagen erhoben oder die

Vorbemerkung Vor §§ 22 f.

Ausgleichsenergie den **Bilanzkreisverantwortlichen (BKV)** direkt in Rechnung gestellt, der vom Lieferanten, der die Netzentgelte zahlt, personenverschieden sein kann. Um die unter Rn. 19 genannten **notwendigen Anreize** an die Netznutzer zu setzen, ihre Bilanzkreise ausgeglichen zu halten, werden sowohl beim Elektrizitäts- als auch im Gasnetzbetrieb die durch individuell ermittelbare und zurechenbare Bilanzabweichung entstehenden Kosten dem jeweiligen BKV direkt zugeordnet und in Rechnung gestellt. Die Ausgleichsenergiekosten können **positiv oder negativ** sein, je nach Stand des Bilanzkreises zur Systembilanz in einer Bilanzierungsperiode (vertiefend → § 23 Rn. 33).

Andere Kostenanteile können nicht direkt zugerechnet werden, diese gehen in 35 die **Gesamtkalkulation** der Netzentgelte aus den Erlösobergrenzen ein. Durch die europarechtlich und gem. § 22 vorgegebenen Verfahren ist eine Ex-ante Regulierung der entstehenden Kosten gewährleistet. Dies gilt für nach allgemeinen Regeln entstehende **Vorhaltkosten** als auch für die insgesamt nicht individuell zurechenbaren Kosten für **Verlustenergie**. Bei diesen Kosten ist der Netzbetreiber in der Regel abhängig von den Preisen an den Energiemärkten, sodass die Kosten mit dem allgemeinen Marktpreis volatil sein können. Deshalb gibt es unterschiedliche Refinanzierungssysteme für die Netzbetreiber, die dies berücksichtigen sollen.

1. Elektrizität. a) Regelenergie. Regelenergie wird ausschließlich durch die 36 ÜNB beschafft. Daraus wird jede Viertelstunde der regelzonenübergreifende einheitliche **Bilanzausgleichsenergiepreis (reBAP)** ermittelt und für die Abrechnung von Bilanzungleichgewichten der Bilanzkreisverantwortlichen (BKV) genutzt. Der reBAP ist ein symmetrischer, viertelstündlicher Preis, der positiv oder negativ sein kann, der auf den Kosten der eingesetzten Regelenergie aufsetzt, aber weitere Elemente enthält, um die richtigen Preissignale zu setzen (maßgeblich BNetzA Beschl. v. 25.10.2012 – BK6-12-024 nunmehr an europäische Vorgaben angepasst durch BNetzA Beschl. v. 28.4.2022 – BK6-21-192; vertiefend → § 23 Rn. 33 und § 13 Rn. 92).

Die **in die Erlösobergrenze** und somit die Netzentgelte eingehenden Kosten 37 für die **Leistungsvorhaltung** unterliegen in der Refinanzierung den Regelungen der FSV Regelenergie (BNetzA Beschl. v. 10.10.2018 – BK8-18/0008-A). Durch das von den ÜNB beschriebene Verfahren für Beschaffung der Regelenergie im Rahmen der Vorgaben durch Gesetz und die zum Zeitpunkt der Entscheidung geltenden Festlegungen (BK6-10-097 – Primärregelleistung, BK6-15-158 und BK6-18-019 – Sekundärregelleistung sowie BK6-15-159 und BK6-18-020 – Minutenreserve) hat die BNetzA darin festgestellt, dass die Kosten als verfahrensreguliert gelten, mit der Folge, dass diese als **„dauerhaft nicht beeinflussbare Kosten"** (dnbK) gem. § 11 Abs. 2 S. 4 ARegV auf Plankostenbasis in die Erlösobergrenze eingepreist werden können. Die jährlich eingestellten Plankosten werden über das Regulierungskonto gem. § 5 ARegV auf **das Ist-Niveau** korrigiert (→ § 21a Rn. 80b). Aufgrund verbleibender Gestaltungsspielräume enthält die FSV trotz der Einstufung als dnbK ein Anreizsystem (BNetzA Beschl. v. 10.10.2018 – BK8-18/0008-A, 8; grundlegend zum Instrument der FSV *Franke* FS Säcker S. 415 (424 ff.)).

Für die **Bestimmung** der mit großen Unsicherheiten versehenen **Planpreise** 38 **und -kosten** macht die Festlegung eine Reihe von Vorgaben (BNetzA Beschl. v. 10.10.2018 – BK8-18/0008 A, Anlage FSV, S. 5).

b) Verlustenergie. Unter Verlustenergiekosten fallen Kosten der Beschaffung 39 gem. § 10 Abs. 1 StromNZV und der Festlegungen der BNetzA (BNetzA Beschl. v. 21.10.2008 – BK6-08-006 – Ausschreibungsverfahren für Verlustenergie und des Verfahrens zur Bestimmung der Netzverluste gemäß § 27 Abs. 1 Nr. 6 StromNZV iVm § 10 StromNZV), sowie die Kosten der entsprechenden Bilanzkreisabweichungen. Kosten für **technische und verwaltungsbedingte Betriebsverbräuche** werden nicht als Teil der Verlustenergie behandelt. Die Abgrenzung ist schon wegen der Befreiung von Verlustenergie von der EEG-Umlage gem. § 61l Abs. 3 EEG 2021 erforderlich, die mit besonderen Meldepflichten gem. § 61l Abs. 4 EEG 2021 verknüpft ist (→ Rn. 4).

40   **aa) ÜNB.** Die Beschaffung von Verlustenergie als Aufgabe aller Netzbetreiber unterliegt im Falle der ÜNB in besonderer Weise strukturellen und saisonalen Besonderheiten. Zu diesen gehören die betrieblichen Anforderungen an die Auslastung der Betriebsmittel wegen der hohen Transportbedarfe und des verzögerten Netzausbaus, die saisonalen Unterschiede beim geografisch sehr ungleich verteilten Erzeugungskapazitäten aus erneuerbaren Energien sowie die Sicherstellung der europäischen Versorgungssicherheit über die Grenzkuppelkapazitäten (→ § 13 Rn. 117 ff.).

41   Die **Verlustenergie der ÜNB** unterliegt in der Refinanzierung den Regelungen der FSV Verlustenergie (BNetzA Beschl. v. 10.10.2018 – BK8-18/0009-A). Durch das von den ÜNB beschriebene Verfahren der Beschaffung der Verlustenergie im Rahmen der Vorgaben durch Gesetz und Festlegungen (BK6-08-006) hat die BNetzA darin festgestellt, dass die Kosten als verfahrensreguliert gelten, mit der Folge, dass diese als dnbK gem. § 11 Abs. 2 S. 4 ARegV auf Plankostenbasis in die Erlösobergrenze eingepreist werden können. Die jährlich eingestellten Plankosten werden über das Regulierungskonto gem. § 5 ARegV auf das Ist-Niveau korrigiert (→ § 21a Rn. 105). Aufgrund verbleibender Spielräume enthält die FSV ein Anreizsystem (BNetzA Beschl. v. 10.10.2018 – BK8-18/0009-A, S. 8).

42   Für die **Bestimmung** der mit großen Unsicherheiten versehenen **Planpreise und -kosten** macht die Festlegung eine Reihe von Vorgaben (BNetzA Beschl. v. 10.10.2018 – BK8-18/0009-A, Anlage FSV).

43   Verluste, die auf Leitungen zur **Anbindung von Offshore-Windparks** entstehen, die ja ebenfalls von den ÜNB betrieben werden, sind ebenfalls Netzverluste, werden aber aufgrund des eigenständigen Refinanzierungsregimes gem. § 17f nicht aus den Erlösobergrenzen der ÜNB refinanziert. Dies führt natürlich zu weiteren Abgrenzungsfragen.

44   **bb) Grenzüberschreitende Stromflüsse (ITC) der ÜNB.** Die deutschen Übertragungsnetze sind aufgrund der Lage Deutschlands im Herzen des europäischen Binnenmarktes und der technischen Verbindungen des europäischen Verbundnetzes in vielen Fällen auch Transitland des grenzüberschreitenden europäischen Stromhandels. Die Größe des Transitstroms hängt dabei vom Einspeise- und Entnahmeverhalten in benachbarten Netzen sowie im eigenen Netz ab. Modelle zur Bestimmung des Transitaufkommens stellen immer nur eine Annäherung an die physikalische Wirklichkeit dar und sind Gegenstand technischer, ökonomischer und politischer Diskussionen innerhalb der ENTSO-E. Um eine ausgewogene Berücksichtigung verschiedener Modellansätze sicherzustellen, kommen unterschiedliche Transitberechnungsverfahren zur Anwendung (*consentec/Frontier Economics*, Study on the further issues relating to the Inter-TSO Compensation, 22).

45   Verluste, die durch **grenzüberschreitende Stromflüsse** entstehen, sollen Bestandteil eines europäischen Ausgleichsmechanismus sein (Art. 49 Abs. 6 S. 1 Elt-VO 19). Auch dazu existiert eine Verfahrensregulierung als freiwillige Selbstverpflichtung aus dem Jahr 2009 (BNetzA Beschl. v. 10.3.2009 – BK6-08-183). Diese

Vorbemerkung   **Vor §§ 22 f.**

wird überlagert durch eine eigene VO (EU) Nr. 838/2010 der Kommission vom 23.9.2010 zur Festlegung von Leitlinien für den Ausgleichsmechanismus zwischen ÜNB und für einen gemeinsamen Regelungsrahmen im Bereich der Übertragungsentgelte (ITC-Mechanismus). Ein ITC-Berechnungsschema wurde am 3.3.2011 durch ENTSO-E verabschiedet. Der ITC-Fonds (in Höhe von 352 Mio. EUR im Jahr 2020) wird seit 2012 durch ACER verwaltet und ACER beobachtet regelmäßig die Entwicklung der grenzüberschreitenden Stromflüsse. Dabei soll der Fond zwei Aspekte abdecken: die durch Transite verursachen Netzverluste (http://acer.europa.eu/events-and-engagement/news/cost-electricity-losses-driving-signi ficant-increase-inter-tso) und die Kosten, die Infrastruktur verfügbar zu halten (ACER Report on the implementation of the ITC Mechanism in 2019 v. 1.12.2020, 2 = https://extranet.acer.europa.eu/Official_documents/Acts_of_the_ Agency/Publication/ITC%20Monitoring%20Report%202020.pdf).

cc) Ungewollter Austausch zwischen Regelzonen. Nach § 12 haben die 46 ÜNB die Energieübertragung durch das Netz unter Berücksichtigung des Austauschs mit anderen Verbundnetzen zu regeln und mit der Bereitstellung und dem Betrieb ihrer Übertragungsnetze im nationalen und internationalen Verbund zu einem sicheren und zuverlässigen Elektrizitätsversorgungssystem in ihrer Regelzone und zur nationalen Versorgungssicherheit beizutragen. Dabei kommt es zu sog. „ungewolltem Ausgleich" zwischen den Regelzonen, der kompensiert werden muss. Der ungewollte Austausch ist die Energiemenge, die sich aus der Differenz zwischen den planmäßig per Fahrplan abgewickelten Energiegeschäften (Soll-Austausch) und den an den Kuppelleitungen tatsächlich gemessenen Energiemengen (Ist-Austausch) ergibt. Eine nachträgliche Kompensation dieses ungewollten Austauschs findet auch materiell in den Kosten- und Erlöspositionen der ÜNB ihren Niederschlag.

Die EB GL legt fest, dass „alle ÜNB eines Synchrongebiets" sowie „alle asyn- 47 chron miteinander verbundenen ÜNB einen Vorschlag für gemeinsame Abrechnungsbestimmungen für jeden ungewollten Energieaustauch" entwickeln müssen (Art. 51 Abs. 1 und 2 EB GL). Hierzu hat die BNetzA in einem europäisch harmonisierten Verfahren (www.acer.europa.eu/electricity/market-rules/electricity-ba lancing/implementation/settlement-rules-between-tsos) eine Verfahrensfestlegung getroffen (BNetzA Beschl. v. 8.1.2020 – BK6-19-187). Während sich in der Vergangenheit die Kosten und Erlöse für den ungewollten Austausch bei den einzelnen regelzonenverantwortlichen ÜNB weitgehend neutralisiert haben, gab es ab dem Jahr 2016 eine Entwicklung, dass durch die Erzeugungs- und Transportentwicklungen in den Transportnetzen einzelne ÜNB wiederkehrend und unterschiedlich von Kosten und Erlöse betroffen sind. Dieses Ungleichgewicht und die parallel erfolgende Verfahrensregulierung durch die BNetzA (BNetzA Beschl. v. 8.1.2020 – BK6-19-187) sind Grundlage, auch diese besondere Art des Eigenverbrauchs der Übertragungsnetze über eine Verfahrensregulierung als freiwillige Selbstverpflichtung als anpassbare Kosten gem. § 11 Abs. 2 ARegV auszugestalten (BNetzA Beschl. v. 11.9.2020 – BK8-20-00002-A – FSV UGAT; grundlegend zum Instrument der FSV *Franke* FS Säcker S. 415 (424ff.)).

dd) Grüne Verlustenergie. Kein Teil der zulässigen Verlustenergiekosten sind 48 zusätzliche Kosten für die **Beschaffung „grüner Verlustenergie".** Aufgrund der bestehenden rechtlichen und ökonomischen Bedenken lehnt die BNetzA es bislang ab, die Beschaffungs- und Refinanzierungsregeln für diesen Zweck zu ändern. Mit der Schaffung eines eigenen Marktsegments des Verlustenergiemarktes wäre eine

Zersplitterung des Marktes verbunden. Neben der Marktzersplitterung und der Fragen nach den Qualifikationsanforderungen eines solchen Marktsegments widerspricht es dem Preisgünstigkeitsgebot aus § 22 Abs. 1, wenn durch die Beschaffung „grüner Verlustenergie" zusätzliche Kosten auf die Netzkunden gewälzt würden, wenn gleichzeitig das Gesetz durch die Befreiungsregelung in § 611 Abs. 3 EEG 2021 die Verlustenergie von den Finanzierungkosten der Erzeugung erneuerbarer Energien befreien wollte. Ein Weg dazu wäre die Beschaffung von Grünstrom für die Verlustenergie mittels Entwertung von **Herkunftsnachweisen** gem. § 79 EEG 2021. Dies wäre nur möglich, wenn die Beschaffung von Verlustenergie zum Ausgleich der Netzverluste unter den Begriff des Letztverbrauchs subsumiert werden könnte (§ 79 Abs. 5 EEG 2021). Dies ist wohl nicht möglich, da Verlustenergie nicht von Netznutzern für eine Energieumwandlung verwendet und hierfür aufgezehrt wird (BGH Beschl. v. 17.11.2009 – EnRV 56/08NK-EnWG § 3 Rn. 70a). Gemäß der EU-Taxonomie VO (VO (EU) 2020/852) dürften fast alle Netzbetreiber in Deutschland bereits unabhängig von der Verlustenergiefrage als weitestgehend nachhaltig im Sinne der Verordnung zu qualifizieren sein. Die Qualifizierung der Tätigkeit Übertragung und Verteilung von Elektrizität als nachhaltig im Sinne der EU-Taxonomie hängt von anderen Kriterien ab.

49 **ee) VNB.** Zu den **Verlustenergiekosten der VNB** Strom haben alle Regulierungsbehörden in je eigener Zuständigkeit eine Festlegung zu sog. **volatilen Kostenanteilen** gem. § 11 Abs. 5 ARegV getroffen (exemplarisch BNetzA Beschl. v. 9.5.2018 – BK8-18/0001-A; Regulierungskammer des Freistaates Bayern Beschl. v. 3.7.2018 – GR-5932a/54/97; in der Begründung zu § 11 Abs. 5 ARegV sind insbesondere die Verlustenergiekosten als Netzbetriebskosten, die starken Schwankungen unterliegen können, genannt: BR-Drs. 310/10(B), 17). Gemäß diesen Festlegungen werden die **Verlustenergiemengen** aus dem Basisjahr geprüft und unternehmensindividuell für die gesamte Regulierungsperiode fixiert. Die anerkannten **Kosten des Basisjahres** werden für die Unternehmen im Regelverfahren **in den Effizienzvergleich** einbezogen. Eigentlich untypisch für sog. „beeinflussbare Kostenanteile" kann der VNB die **Preise für die Verlustenergie** im Laufe der Regulierungsperiode an einen jährlich durch die Behörde festgestellten Referenzpreis anpassen (beeinflussbare Kosten iSd § 21a Abs. 4 S. 1 + jährliche Anpassbarkeit = volatile Kosten iSd § 11 Abs. 5 ARegV). So wird die Gefahr massiver Über- oder Unterdeckungen der tatsächlichen Kosten der VNB bei den stark volatilen Beschaffungskosten für Verlustenergie minimiert. Die Behörden sehen durch die Behandlung als volatile Kosten nach dem vorstehenden Verfahren gem. § 1 Abs. 1 die Zwecke einer preisgünstigen, effizienten und umweltverträglichen leitungsgebundenen Energieversorgung verwirklicht. Durch die Mengenfixierung sollen auch Anreize gesetzt werden, die eigenen Verlustenergiekosten des Netzbetriebs zu reduzieren und die **Energieeffizienz des Netzbetriebs iSd Art. 15 Effiz-RL zu erhöhen** (BNetzA Beschl. v. 9.5.2018 – BK8-18/0001-A, 14).

50 Auch **Eigenverbräuche von Messgeräten** werden regelmäßig vor der Messung aus dem Netz entnommen. Durch die Aufgaben- und Kostentrennung durch § 7 Abs. 4 MsbG wäre es sachgerecht, die Kosten für die Verbräuche dem Messstellenbetreiber gegenüber abzurechnen. Die Verbräuche steigen durch den perspektivischen Einsatz von **intelligenten Messsystemen** mit Kommunikationsmodul gegenüber den Bestandszählern deutlich an, wobei der Stromverbrauch dann ebenfalls von der Intensität des Datenaustausches abhängt. Für die intelligenten Messsysteme kann man eine Leistungsaufnahme von bis zu 12 W bei 8.760 jährliche Benut-

zungsstunden ausgehen, für elektronische Haushaltszähler (oder mME) bei derselben Benutzungsstundenzahl lediglich von 2 W. Hieraus resultieren für die iMSys bis zu 105 kWh pro Jahr, für die mME sind es ca. 18 kWh in einem Jahr. Eine Abrechnung gegenüber dem gMsB ohne eine geeichte Messung und standardisierte Prozesse wird sich in der Praxis als schwierig erweisen. Gleichzeit führt dies dazu, dass die Zählereigenverbräuche beim VNB als Netzverluste oder technische Betriebsverbräuche in die Kosten eingehen.

2. Gas. a) Ausgleichsenergie. Der Bilanzierungsprozess im Gas geschieht 51 durch den Marktgebietsverantwortlichen (MGV → § 20 Rn. 158ff.) und außerhalb der Netzentgelte/Kapazitätsentgelte. Verbindliche Regelungen dazu finden sich in BNetzA Beschl. v. 19.12.2014 – BK7/14/0020 – GaBi Gas 2.0 (umfassende, schrittweise Darstellung in Baur/Salje/Schmidt-Preuß Energiewirtschaft/*Kemper* Rn. 144ff. und 232ff.). Für den Marktgebietsverantwortlichen ist der Prozess ergebnisneutral. Um dies sicherzustellen, wurde ein Umlagesystem etabliert, an dem solche BKV beteiligt sind, die RLM- oder SLP- (→ § 24 StromNZV) Entnahmestellen beliefern. Gemäß der Festlegung GaBi Gas 2.0 ist der Marktgebietsverantwortliche verpflichtet, zwei getrennte Bilanzierungsumlagekonten für SLP- und RLM-Entnahmestellen einzurichten und zu veröffentlichen (§ 29 S. 3 GasNZV), auf die alle zurechenbaren Kosten und Erlöse aus der Ausgleichsenergieabwicklung, aus den sog. Flexibilitätskostenbeiträge, Kosten und Erlöse aus der Beschaffung oder Veräußerung externer Regelenergie sowie aus der Mehr- und Mindermengenabrechnung der Ausspeisenetzbetreiber gebucht werden. Auch Finanzierungskosten und Zinserlöse werden dort verbucht (Gabi Gas 2.0, S. 50). Daraus wird eine Regel- und Ausgleichsenergieumlage gebildet, die von den BKV zu entrichten ist.

b) Verlustenergie (Treibenergie). Im Gas ist die sog. Treibenergie kraft un- 52 mittelbarer Anwendung der VO als volatile Kostenkategorie gem. § 11 Abs. 5 ARegV festgelegt. Eine gesonderte Festlegung dazu besteht nicht.

II. Kostenanreize bei Marktteilnehmern

1. Elektrizität. Um das richtige Verhalten der Marktteilnehmenden anzurei- 53 zen, selbst für den Ausgleich aller offenen Handels- oder Lieferpositionen zu sorgen, wird sowohl die Ausgleichsenergie Elektrizität und Gas direkt mit den BKV abgerechnet (→ § 23 Rn. 57). Die Energiemenge, die diese im Energiehandel in gleicher Weise beschaffen können, wird in der individuellen Energiebilanz – unabhängig vom Gleichgewicht der Systembilanz – festgestellt und abgerechnet. Die Abrechnung kann je nach individueller Bilanz zur Systembilanz zu Forderung oder Vergütung führen. Der Bilanzkreis, der bei einer Gesamtbilanzunterdeckung überdeckt war, erhält die überschüssigen Mengen mit dem Ausgleichsenergiepreis vergütet.

Der **regelzonenübergreifende einheitliche Bilanzausgleichsenergiepreis** 54 (BNetzA Beschl. v. 25.10.2012 – BK6-12-024 – reBAP) wird für die Abrechnung von Bilanzungleichgewichten der Bilanzkreisverantwortlichen (BKV) Elektrizität genutzt (→ Rn. 33). Neben seiner Funktion als Abrechnungspreis kommt dem reBAP eine fundamentale Funktion im deutschen Energiemarkt zu. Er soll die richtigen Anreize setzen, damit BKV offene Positionen im Handel schließen, bevor die ÜNB sie mit dem Einsatz von Regelenergie ausgleichen müssen; auch → § 13 Rn. 92).

Vor §§ 22 f. Teil 3. Regulierung des Netzbetriebs

Deshalb entwickeln die ÜNB sowie die Festlegungen der BNetzA den reBAP im Rahmen der EB GL weiter. Der reBAP
- ist ein symmetrischer, viertelstündlicher Preis
- kann positiv und negativ sein
- basiert auf den Kosten der eingesetzten Regelenergie und
- ergänzt diese um weitere Komponenten, die die Anreizfunktion sicherstellen

55   Der reBAP setzt sich grundsätzlich aus drei Komponenten zusammen:

Die erste Komponente ist kostenorientiert der **Beschaffungspreis** für Regelarbeit gemäß Merit Order (grundlegend zu Wettbewerb in den Strom- und Gasmärkten und speziell zur Merit-Order-Liste Baur/Salje/Schmidt-Preuß Energiewirtschaft/*Ockenfels/Bettzüge* Kap. 3 Rn. 13 dort Fn. 5; → § 23 Rn. 35). Dieses Preiselement setzt aus sich heraus keine Anreize an die BKV. Er spiegelt die Beschaffungskosten der ÜNB wider. Dieser Preis ist abhängig von der Liquidität der jeweiligen Regelenergiemärkte (→ § 22 Rn. 50).

Die zweite Komponente ist als **Mindestpreis** der Börsenpreis. Da die Ausgleichsenergie in der kurzfristigen Optimierung mit den kurzfristen Märkten konkurriert, ist Maßstab der Intraday-Preis für eine Viertelstunde (BNetzA Beschl. v. 11.5.2020 – BK6-19-552 – Börsenpreiskopplung).

Die dritte Komponente ist eine **Pönale** oder ein Aufschlag, wenn durch das kollektive Verhalten der BKV die Regelenergie in hohem Maße beansprucht wird (bislang BNetzA Beschl. v. 11.12.2019 – BK6-19-217 – 80% Kriterium, abgelöst von BNetzA Beschl. v. 11.5.2021 – BK6-20-345 – Knappheitskomponente).

Als Ausgleichsenergiepreis wird immer **die höchste der drei Preiskomponenten** abgerechnet – symmetrisch in beide Richtungen (→ § 23 Rn. 35 ff.).

Im Zuge der Etablierung des EU-Zielmarktdesigns und des Beitritts der deutschen ÜNB zu den europäischen Regelarbeitsplattformen für aFRR und mFRR hat die Bestimmung des reBAP den europäischen Vorgaben und Vorschriften zu folgen. Statt der bisherigen, oben genannten „Kostenbasierung" sehen diese eine „preisbasierte" Ermittlung des Ausgleichsenergiepreises auf Grundlage der grenzüberschreitenden Grenzarbeitspreise vor, die sich auf den genannten Plattformen für die überwiegende Abrufrichtung des betreffenden ÜNB in der relevanten Abrechnungsviertelstunde gebildet haben. Im Weiteren sind bei der Berechnung des reBAP ua die Berücksichtigung von Mindest- bzw. Höchstpreisen und in diesem Zusammenhang eine Preisbestimmung für den Fall vermiedener Regelarbeitsaktivierung verpflichtend. Zudem bestehen Verpflichtungen zur Gewährleistung der finanziellen Neutralität der ÜNB und zur Veröffentlichung relevanter Informationen. Die Umsetzung dieser Vorgaben seit 24.7.2022 erfolgt durch die Festlegung der BNetzA vom 28.4.2022 – BK6-21-192.

56   **2. Gas.** Auch für den Gashändler darf es in einer Knappheitssituation mit sehr hohen Preisen nicht wirtschaftlich attraktiv sein, Ausgleichsenergie für Unterdeckungen oder in Situationen sehr niedriger Preise Ausgleichsenergie für Überspeisungen in Anspruch zu nehmen. Neben der **gesetzlichen Verpflichtung,** seine Bilanz ausgeglichen zu halten werden durch das Bilanzierungssystem GaBi Gas 2.0 zusätzliche ökonomische Anreize für die Ausgeglichenheit der Bilanzkreise gesetzt.

57   Der Ausgleichsenergiepreis Gas wird durch die Festlegung GaBi Gas 2.0 europarechtskonform ausgestaltet (BNetzA Beschl. v. 19.12.2014 – BK7-14-020 – GaBi-Gas 2.0). Die Ausgleichsenergiepreise werden ausgestaltet als täglicher positiver/ negativer Ausgleichsenergiepreis als höherer/niedriger der beiden Preise für

Beschaffung der Energie zur Erbringung von Ausgleichsleistungen **§ 22**

- alle Regelenergieeinkäufe/-verkäufe durch den Marktgebietsverantwortlichen (MGV) für den jeweiligen Gastag oder
- mengengewichteter Gasdurchschnittspreis für den jeweiligen Gastag zuzüglich/ abzüglich eines Aufschlags von zwei Prozent (BNetzA Beschl. v. 19.12.2014 – BK7-14-020 – GaBiGas 2.0)

Somit wird der Anreiz gesetzt, die Positionen durch Handelsgeschäfte zu schließen.

Hierbei tragen unterschiedliche Akteure die Risiken von **Bilanzabweichun-** 58 **gen für RLM- und SLP-Kunden.** Während für RLM-Kunden der jeweilige Bilanzkreisverantwortliche das Risiko allein trägt, haben die VNB nach § 24 GasNZV und Festlegung (BNetzA Beschl. v. 19.12.2014 – BK7-14-020 – GaBi Gas 2.0, S. 33) die Verantwortung, Standardlastprofilverfahren zu entwickeln. Die VNB sind demnach die sog. „prognostizierende" Partei und das wirtschaftliche Risiko falscher oder schlechter Standardlastprofile.

§ 22 Beschaffung der Energie zur Erbringung von Ausgleichsleistungen

(1) ¹**Betreiber von Energieversorgungsnetzen haben die Energie, die sie zur Deckung von Verlusten und für den Ausgleich von Differenzen zwischen Ein- und Ausspeisung benötigen, nach transparenten, auch in Bezug auf verbundene oder assoziierte Unternehmen nichtdiskriminierenden und marktorientierten Verfahren zu beschaffen.** ²**Dem Ziel einer möglichst preisgünstigen Energieversorgung ist bei der Ausgestaltung der Verfahren, zum Beispiel durch die Nutzung untertäglicher Beschaffung, besonderes Gewicht beizumessen, sofern hierdurch nicht die Verpflichtungen nach den §§ 13, 16 und 16a gefährdet werden.**

(2) ¹**Bei der Beschaffung von Regelenergie durch die Betreiber von Übertragungsnetzen ist ein diskriminierungsfreies und transparentes Ausschreibungsverfahren anzuwenden, bei dem die Anforderungen, die die Anbieter von Regelenergie für die Teilnahme erfüllen müssen, soweit dies technisch möglich ist, von den Betreibern von Übertragungsnetzen zu vereinheitlichen sind.** ²**Die Betreiber von Übertragungsnetzen haben für die Ausschreibung von Regelenergie eine gemeinsame Internetplattform einzurichten.** ³**Die Einrichtung der Plattform nach Satz 2 ist der Regulierungsbehörde anzuzeigen.** ⁴**Die Betreiber von Übertragungsnetzen sind unter Beachtung ihrer jeweiligen Systemverantwortung verpflichtet, zur Senkung des Aufwandes für Regelenergie unter Berücksichtigung der Netzbedingungen zusammenzuarbeiten.** ⁵**Die Regulierungsbehörde kann zur Verwirklichung einer effizienten Beschaffung und der in § 1 Absatz 1 genannten Zwecke durch Festlegung nach § 29 Absatz 1 abweichend von Satz 1 auch andere transparente, diskriminierungsfreie und marktorientierte Verfahren zur Beschaffung von Regelenergie vorsehen.**

Übersicht

	Rn.
A. Entstehungsgeschichte	1
B. Allgemeiner Grundsatz (Abs. 1)	6
I. Anwendungsbereich	6
II. Anforderungen an das Beschaffungsverfahren (Abs. 1 S. 1)	15
1. Ausgleichsenergie Strom	28
2. Ausgleichsenergie Gas	31

	Rn.
C. Beschaffung von Regelenergie durch ÜNB (Abs. 2)	50
I. Inhalt und Zweck der Regelung	50
II. Europäischer Regelarbeitsmarkt	53
III. Drei Regelenergiearten	58

Literatur: *Brunz,* BNetzA: Festlegung zu Verfahren zur Ausschreibung von Regelenergie in Gestalt der Minutenreserve, IR 2012, 65; *Bundeskartellamt,* Bericht über die Wettbewerbsverhältnisse bei der Erzeugung elektrischer Energie v. Februar 2022 unter: www.bundeskartell amt.de/SharedDocs/Publikation/DE/Berichte/Marktmachtbericht_2021.pdf?__blob=publi cationFile&v=3 (im Folgenden BKartA Marktmachtbericht 2021); *Bundesnetzagentur,* Bericht zum Ausgleichs-Regelenergiesystem Gas vom 1.4.2011 (BNetzA, Ausgleichsenergiebericht Gas 2011); *Halbig,* Europarechtliche Einflüsse auf den Regelreservemarkt, ER 2020, 238; *Meister/Schneider,* Kein Preis für Genauigkeit – Preise für Sekundärregelleistung in Deutschland diskriminierend?, EnWZ 2015, 110; *Ritzau/Zander,* Verbändevereinbarung II – Sind die Voraussetzungen für einen liquiden Energiehandel gegeben?, in Becker/Held/Riedel/Theobald (Hrsg.) Energiewirtschaft im Aufbruch, 2001, S. 157; *Thole,* Der europäische Netzkodex Gas Balancing und die Auswirkungen auf GaBi Gas, IR 2012, 100; *de Wyl/Ahnis/Weise,* Die Ausbilanzierung des Verteilnetzes und der Netzenergiebedarf nach MaBiS, ZNER 2011, 264; vgl. auch die Hinweise zu Vor §§ 22f.

A. Entstehungsgeschichte

1 §§ 22 und 23 dienten gemeinsam der Umsetzung der Elt-RL 03 sowie der Gas-RL 03 (Begr.RegE BT-Drs. 15/3917, 60 → Vor § 22 Rn. 20). Die Vorschriften blieben trotz europäischer Weiterentwicklungen unverändert. Im Elektrizitätssektor wie im Gassektor haben die Regelungen des EnWG und der Zugangsverordnungen nur noch subsidiäre Bedeutung, nachdem die Leitlinie über den Systemausgleich im Elektrizitätssystem (VO 2017/2195 – EB-GL mit Auszügen → § 23 Rn. 33ff.) und der NC BAL Gas verbindliche technische, betriebliche und marktbezogene Vorschriften für die Funktionsweise der Regelreservemärkte in der gesamten EU ausgestaltet haben.

2 Hintergrund der Regelungen der §§ 22, 23 sind neben den europäischen Umsetzungsbedürfnissen auch **intensive kartellrechtliche Auseinandersetzungen** darüber, auf welche Weise Energie zur Erbringung von Ausgleichsleistungen zu beschaffen ist und in welcher Höhe sich die vom Netzbetreiber erbrachten Ausgleichsleistungen im Netznutzungsentgelt niederschlagen dürfen. Entzündet hatten sich die Auseinandersetzungen an der Beschaffung und Erbringung der Regelenergie durch damals noch vertikal integrierte ÜNB.

3 In einer vertikal integrierten Organisation des Übertragungsnetzbetriebs bei steigender Marktkonzentration der Akteure hatte die EU-Kommission die Beschaffungsverfahren für Regelenergie zum Gegenstand von Verpflichtungszusagen im Fusionsverfahren VEBA/VIAG gemacht (EU-KOM Entsch. v. 13.6.2000 – COMP/M.1673 – VEBA/VIAG Rn. 246 sowie im Anhang, ABl. 2001 L 188, 1). Auch das BKartA hatte eine Ausschreibung von Regelenergie zuerst durch die Auferlegung entsprechender Auflagen in einem Fusionskontrollverfahren erreicht (WuW/E 2000, 301 – RWE/VEW; WuW/E 2000, 360 – Heingas). Das Thema ist erneut Gegenstand in einem Fusionsverfahren, nämlich der Klage vom 17.5.2020 gegen die EU-Kommission zum Zusammenschluss von RWE/E.ON Assets (EuG Gerichtsinformationen v. 27.5.2020 – T-312/20, Celex-Nr. 62020TN 0312, 3. Klagegrund).

Die Transportnetzbetreiber (TNB) Strom wie Gas sind sowohl hinsichtlich der 4
Beschaffung als auch hinsichtlich der Leistungserbringung Nachfrage- bzw. Leistungsmonopolisten (*Müller-Kirchenbauer/Zenke* et 2001, 696 ff.). Kartellrechtliche
Probleme wurden insbesondere hinsichtlich der Möglichkeit des Preismissbrauchs
durch überhöhte Preise für die Leistungserbringung gesehen, zunehmend auch in
der Marktmacht der Anbieter von Regelleistung (→ Rn. 50)

Die Vorschrift wird zitiert in der Ermächtigungsgrundlage für die StromNZV 5
und die GasNZV in § 24, in den Sondervorschriften der §§ 26, 28a und 28b sowie
in § 110 als Ausnahme für Betreiber von geschlossenen Verteilernetzen.

B. Allgemeiner Grundsatz (Abs. 1)

I. Anwendungsbereich

Abs. 1 betrifft die **Beschaffung** von Energie zur Erbringung von Ausgleichsleis- 6
tungen (zum Begriff → Vor § 22 Rn. 1 ff.) und ist grundsätzlich sowohl für **Gasnetzbetreiber** als auch für **Stromnetzbetreiber** zu beachten.

Unter den in §§ 22 und 23 gebrauchten Begriff der Ausgleichsleistungen (vgl. § 3 7
Nr. 1) fallen sehr unterschiedliche Vorgänge. Übergreifend lassen sich Beschaffung
wie Erbringung von Ausgleichsleistungen als **Hilfsdienste des Energietransportsystems** verstehen. Ein Ausgleichsbedarf besteht dabei zum einen (Abs. 1 S. 1 Alt. 1)
hinsichtlich der physikalisch bedingten Energieverluste, der sog.
Verlustenergie (→ Vor § 22 Rn. 3; dazu *de Wyl/Ahnis/Weise* ZNER 2011, 264
(269); zum Umgang mit Eigenverbrauch → Vor § 22 Rn. 5). Zum anderen geht es
um den Ausgleich von Differenzen zwischen Einspeisungen und Entnahmen von
Energie (Differenzausgleich, Abs. 1 S. 1 Alt. 2). Hierbei wiederum ist grundsätzlich
zu unterscheiden zwischen dem **finanziellen Ausgleich** solcher Differenzen im
Rahmen der Abrechnung der Bilanzkreise und dem zum Erhalt der Netzstabilität
erforderlichen **physikalischen Ausgleich**. Im ersten Fall bedarf es der Bestimmung eines sog. **Ausgleichsenergiepreises** (der genauer unter → § 23 dargestellt
wird). Demgegenüber geht es in Abs. 1 maßgeblich um den physikalischen Ausgleich – im Elektrizitätsversorgungssystem ist das die **Regelenergie,** für deren
Beschaffung im Strombereich § 22 Abs. 2 besondere Bestimmungen enthält. Der
Begriff der Regelenergie ist im EnWG nicht definiert, sondern in § 2 Nr. 9
StromNZV als „diejenige Energie, die zum Ausgleich von Leistungsungleichgewichten – und damit insbesondere zum Erhalt der Frequenz – eingesetzt wird".
Seit 2017 werden die deutschen Definitionen allerdings von den verbindlichen
europäischen Definitionen der EB-GL verdrängt (→ Rn. 58). Art. 2 Elt-VO 19 enthält Definitionen für Regelarbeit und Regelleistung. Im Gasbereich wurde die Beschaffung von Regelenergie erst nach Inkrafttreten des EnWG 2005 geklärt und geregelt. Eine analoge Regelung zu § 22 Abs. 2 findet sich darum für den Gasbereich
erst in § 28 GasNZV 2010, wo sie allerdings als „externe Regelenergie" bezeichnet
wird. Art. 2 Nr. 2 NC BAL Gas definiert nicht die Regelenergie, anders als § 2
Nr. 12 GasNZV, sondern die **„physikalische Bilanzierungsmaßnahme"**.

Die Pflicht der TNB zur Gewährleistung der Systembilanz mithilfe von Regel- 8
energie ist wiederum im Elektrizitätsbereich Teil der Aufgabe der ÜNB zur Ausregelung und dem sicheren Betrieb der Regelzone nach § 12 Abs. 1 (speziell § 13
Abs. 1 Nr. 2) zu entnehmen, im Gasbereich ergibt sie sich aus § 15 Abs. 1 (speziell
§ 16 Abs. 1 Nr. 2).

§ 22

9 Das Beschaffungsverfahren beginnt mit der **Dimensionierung** der erforderlichen Mengen für die Regelenergiearten (→ Rn. 58). Wesentliche Voraussetzung der marktbasierten Beschaffung der notwendigen Regelenergie ist die transparente Bestimmung des Bedarfs. Das Gesetz enthält zu dieser Dimensionierung des Bedarfs keine Regelung. Sie beruht in der Praxis des Strombereichs auf gutachterlichen Analysen, mit denen die maximale Höhe der aufgetretenen Ungleichgewichte prognostiziert und bei denen Referenzfälle wie zB gleichzeitige Ausfälle großer Kraftwerke zugrunde gelegt werden. Die Höhe des Bedarfs ist als Teil der Zugangs- und Kostenregulierung Gegenstand von Abstimmungen auch mit der Regulierungsbehörde und wird regelmäßig überprüft. Im Strombereich wird traditionell zwischen der verbundweit vorgehaltenen und eingesetzten **Primärregelleistung (PRL)** einerseits und der innerhalb des Netzregelverbunds koordiniert beschafften und eingesetzten **Sekundärregelleistung (SRL)** und **Minutenreserveleistung (MRL)** andererseits unterschieden, auch wenn die Produkte heute europäisch definiert und benannt sind (→ Rn. 58). Der Bedarf der drei Regelenergiearten wird auf unterschiedliche Weise und in unterschiedlichen Fristen prognostiziert. Im Gasbereich wird der Bedarf an Regelenergie abweichend vom Stromsektor durch die Marktgebietsverantwortlichen prognostiziert.

10 Die für das europäische Stromversorgungs-Verbundsystem notwendige **Menge an PRL** ist von der ENTSO-E festgelegt (ENTSO-E, Continental Europe Operation Handbook: P1 – Policy 1: Load-Frequency Control and Performance, 2009). Entsprechend diesen Regularien war für den kontinentaleuropäischen Synchronverbund zuletzt PRL in Höhe von 3.000 MW vorzuhalten. Diese Festlegung ergibt sich aus dem Ziel, zwei überlappend auftretende sog. **Referenzereignisse** mit der vorgehaltenen Primärregelleistung beherrschen zu können. Als Referenzereignis wird dabei die **größte erwartete Leistungsbilanzstörung** aufgrund einer einzigen Ursache bezeichnet. Im heutigen System entspricht dieses Referenzereignis dem spontanen Ausfall eines der größten im Synchronverbund betriebenen Kraftwerksblöcke. Bis zuletzt waren dies große Kernkraftwerke mit einer Leistung von ca. 1.500 MW, woraus sich die Höhe des gesamten PRL-Bedarfs erklärt. Es ist weiterhin geregelt, dass **jede Regelzone** an diesem gesamten PRL-Bedarf einen Anteil vorzuhalten hat, der ihrem Anteil an der gesamten Stromerzeugung im Synchronverbund entspricht. Dies führt für Deutschland zu einem PRL Bedarf von 562 MW (*consentec* Studie „Regelleistungskonzepte/-markt im Auftrag der 50 Hertz, 27.2.2014, S. 19f., www.consentec.de/publikationen/studien).

11 Für die **Dimensionierung der SRL und MRL** gibt es keine vergleichbaren Vorgaben der ENTSO-E. Dementsprechend unterscheidet sich die Dimensionierungspraxis der europäischen ÜNB zum Teil deutlich. Innerhalb Deutschlands setzen die ÜNB bereits seit Langem ein probabilistisches Bemessungsverfahren ein, mit dessen Hilfe der Reservebedarf so dimensioniert wird, dass (zumindest im statistischen Mittel) die Reservevorhaltung nur in einem sehr geringen Anteil des Jahres (aktuell ca. vier Stunden) nicht ausreicht, um auftretende Leistungsbilanzstörungen vollständig auszugleichen (*consentec*, Studie „Regelleistungskonzepte/-markt im Auftrag der 50 Hertz vom 27.2.2014, S. 20., www.consentec.de/publikationen/stu dien). Seit 2008 kommt dazu das oft als „**Graf/Haubrich**" bezeichnete Verfahren zur Anwendung (*Haubrich/consentec,* Gutachten zur Höhe des Regelenergiebedarfs im Auftrag der BNetzA, 10.12.2008, 65).

12 Die Höhe der ausgeschriebenen SRL und MRL bestimmen die ÜNB im sog. Netzregelverbund (NRV) quartalsweise in einer Bedarfsermittlung (*consentec* Gutachten zur Dimensionierung des Regelleistungsbedarfs unter dem NRV im Auftrag

der BNetzA, 2010). Durch die Veränderungen der Energiewende sind auch die Dimensionierungsverfahren **einer Veränderung unterworfen**. Die Dimensionierung wird adressiert durch das Genehmigungsverfahren zum Vorschlag der ÜNB für eine Änderung der Knappheitskomponente des regelzonenübergreifenden einheitlichen Bilanzausgleichsenergiepreises gem. Art. 6 Abs. 3 iVm Art. 18 Abs. 6 lit. k, Art. 55 EB-GL (BNetzA Beschl. v. 11.5.2021 – BK620-345 – Knappheitskomponente, www.bundesnetzagentur.de/DE/Beschlusskammern/1_GZ/BK6-GZ/2020/BK6-20-345/BK6-20-345_beschluss.html?nn=871866 mit Anlagen und Begleitdokumenten). Dabei wird die Bepreisung der Ausgleichsenergie ab einer bestimmten Schwelle der Inanspruchnahme von Regelenergie im Sinne einer Pönale noch mal angepasst (vorher galt hier ein hartes 80 Prozent-Kriterium gem. BNetzA Beschl. v. 25.10.2012 – BK6-12-024, NRV, Tenorziffer 2), da das vollständige Ausschöpfen der Regelenergie unbedingt vermieden werden soll.

Die Regelenergie dient dazu, das technische System der Stromversorgungsnetze und der Gasversorgungsnetze im jeweils erforderlichen Maß auszugleichen und zu stabilisieren. Dies darf nicht verwechselt werden mit dem Ausgleichsbedarf der einzelnen Bilanzkreise. Da sich die Ungleichgewichte zwischen Ein- und Ausspeisungen in den einzelnen Bilanzkreisen (→ § 20 Rn. 102f.) zu einem hohen Grad gegenseitig kompensieren, muss durch Regelenergie nicht jeder Einzelsaldo durch tatsächliche Energieflüsse ausgeglichen werden, sondern nur der für die Regelzone bzw. das Marktgebiet insgesamt bestehende Überschuss oder Mangel an Energie (vgl. Schneider/Theobald EnergieWirtschaftsR-HdB/*de Wyl/Thole* § 16 Rn. 241). Um diesen Kompensationseffekt zu berücksichtigen, werden die **Differenzen der Bilanzkreise** nur **ökonomisch ausgeglichen** (Ausgleichsenergie), während die **saldierten Gesamtdifferenzen physikalisch** durch positive oder negative Regelenergie ausgeglichen werden. Der Begriff der Ausgleichsenergie bezeichnet eine zu Abrechnungszwecken und zur Verhaltenssteuerung der Marktbeteiligten (Bilanzkreisverantwortlichen) verwendete rechnerische Größe. 13

Grundsätzlich kann die Regelenergie sowohl als **positive wie negative Regelenergie** auftreten. Mit positiver Regelenergie werden Mindermengen eines Netzes physikalisch kompensiert, die daraus resultieren, dass in der Gesamtbilanz der Regelzone die entnommene die eingespeiste Energiemenge überschreitet. Hier muss dem Netz zusätzliche Energie zur Verfügung gestellt werden. Negative Regelenergie kompensiert Mehrmengen innerhalb der Regelzone, die daraus resultieren, dass in der Gesamtbilanz die eingespeiste die entnommene Energiemenge übersteigt. Hier muss das Netz Energie abgeben. Im Gasbereich werden auch andere positive und negative Gasbedarfe des Gasnetzes durch Regelenergie ausgeglichen. Wenn Abs. 1 von „beschaffen" spricht, so beinhaltet dies neben der Beschaffung positiver Regelenergie auch die Beschaffung negativer Regelenergie. Unabhängig vom Regelenergiebedarf der Regelzone bzw. des Marktgebietes insgesamt kann der einzelne Bilanzkreis überspeist oder unterspeist sein und entsprechend einen negativen oder positiven (rechnerischen) Bedarf an Ausgleichsenergie aufweisen. Ob dem einzelnen Bilanzkreisverantwortlichen gegenüber positive oder negative Ausgleichenergie berechnet bzw. vergütet wird, ist davon abhängig, ob dessen Bilanzkreis in der Abrechnungsperiode Überschüsse oder Defizite aufweist. 14

II. Anforderungen an das Beschaffungsverfahren (Abs. 1 S. 1)

§ 22 formuliert keine inhaltlichen Anforderungen an die zu beschaffende Energie(dienstleistung), sondern nennt Anforderungen an das Beschaffungs**verfahren**. 15

§ 22 Teil 3. Regulierung des Netzbetriebs

Das Verfahren der Energiebeschaffung muss **transparent** sein, es muss auch in Bezug auf verbundene oder assoziierte Unternehmen **nichtdiskriminierend** und **marktorientiert** sein (grundlegend zu marktlichen Verfahren → § 13 Rn. 97 ff.). Diese Anforderungen sind mittlerweile durch verbindliches, europäisches Sekundärrecht detailliert ausbuchstabiert worden (*Halbig* ER 2020, 238 f.).

16   Abs. 1 S. enthält die Kriterien aus Art. 11 Abs. 6 Elt-RL 03 (dann Art. 15 Abs. 6 Elt-RL 09), die wörtlich ins EnWG übernommen wurden. Auch die Anforderungen für die Ausgleichsregeln nach Art. 21 Abs. 1 Gas-VO 09 dürften damit abgedeckt sein („gerecht, nichtdiskriminierend, transparent, objektiv und marktorientiert").

17   Die europäische **Leitlinie über den Systemausgleich im Elektrizitätssystem** (VO 2017/2195 – EB-GL) enthält inzwischen die verbindlichen technischen, betrieblichen und marktbezogenen Vorschriften für die Funktionsweise der Regelreservemärkte im Elektrizitätsversorgungssystem in der gesamten EU. Sie umfasst Bestimmungen für die Beschaffung von Regelleistung, die Aktivierung der Regelarbeit und die finanzielle Abrechnung mit den Bilanzkreisverantwortlichen (Ausgleichsenergie). Zudem verpflichtet sie die ÜNB und nationalen Regulierungsbehörden zur Entwicklung und Genehmigung harmonisierter Methoden zur Zuweisung grenzüberschreitender Übertragungskapazität für den Austausch von Regelreserve (Erwgr. 5 EB-GL).

18   Der **Netzkodex für die Gasbilanzierung in Fernleitungsnetzen** (VO 312/2014 – NC BAL Gas) setzt im Gas die Regeln für die FLNB für die Beschaffungsverfahren der physikalischen Ausgleichsmaßnahmen (→ Rn. 39 ff.).

19   Das **Transparenzgebot** verlangt, dass Informationen über den Ausgleichsenergiebedarf und das Verfahren von Beschaffung und Einsatz zur Verfügung gestellt werden (ausf. → § 23 Rn. 23 ff.; *Nailis* et 2006, 56 (59)).

20   Das **Diskriminierungsverbot** steht im besonderen Kontext der historisch gegebenen Beschaffung von Ausgleichsleistungen von verbundenen Unternehmen (Abs. 1 S. 1). Seit dem dritten Energiebinnenmarktpaket der EU 2009 besteht ein deutlich schärferes Entflechtungsregime für die Transport- als für die Verteilernetzbetreiber. Vertikale Integration mit anderen Wertschöpfungsstufen ist gar nicht (eigentumsrechtliche Entflechtung) oder nur unter sehr strengen Regelungen (sog. Unabhängiger Transportnetzbetreiber) möglich. In Deutschland haben sich bei den Strom- und Gas**transportnetzbetreibern** die Entflechtungsmodelle der eigentumsrechtlichen Entflechtung (§ 8) und der Unabhängige Transportnetzbetreiber (UTB, § 10 ff.) etabliert. Bei einem vollständig eigentumsrechtlich entflochtenen Transportnetzbetreiber kann es eine Diskriminierung zum Vorteil verbundener Unternehmen nicht mehr geben. Anders beim ITO (= UTB): Teil der schärferen Entflechtungsregeln bei TNB ist auch beim sog. Unabhängigen Transportnetzbetreiber (UTB, § 10), der noch Teil eines vertikal integrierten EVU (viEVU) sein kann, ein sehr grundsätzliches Dienstleistungsverbot aus dem Konzern an den TNB (§ 10b Abs. 3 S. 1). Es könnte sich die Frage stellen, ob dies bedeutet, dass auch die Erbringung von Regelenergie aus Kraftwerken oder Gasspeicher eines viEVU somit ausgeschlossen ist. So werden die Regelungen allerdings nicht interpretiert und angewendet. Die Erbringung solcher Dienstleistungen in regulierten Beschaffungsverfahren gelten als eine weiterhin zulässige „kommerzielle Beziehung" im Konzern gem. § 10b Abs. 5 (→ § 10b Rn. 12). Dies setzt allerdings ein **transparentes und marktorientiertes** Verfahren voraus. Das Verfahren muss schon **in seinem Design** diskriminierungsfrei sein und die Marktmacht verbundener Unternehmen minimieren.

Beschaffung der Energie zur Erbringung von Ausgleichsleistungen §22

Hinsichtlich der Beschaffung von Verlustenergie bei VNB kommt dem Diskri- 21
minierungsverbot im viEVU auch praktische Bedeutung zu. Sowohl die **Ermittlung des Verlustenergiebedarfs** als auch die **Bewirtschaftung der Verlustenergie** muss den Anforderungen von Abs. 1 S. 1 entsprechen (ausf. → Vor § 22 Rn. 21 ff.). Diese Anforderung ist umgesetzt in § 10 Abs. 1 StromNZV sowie einer Festlegung der BNetzA aus dem Jahr 2008 (BNetzA Beschl. v. 21.10.2008 – BK6-08-006). § 10 Abs. 1 S. 2 StromNZV sieht ausdrücklich Ausschreibungsverfahren für die Beschaffung vor.

An den grundsätzlichen Anforderungen aus Abs. 1 zur Beschaffung der Verlust- 22
energie müssen sich auch solche Unternehmen messen lassen, für die § 10 Abs. 1 S. 4 und Abs. 2 StromNEV **Ausnahmen** vorsieht – nämlich für die Verlustenergie-Beschaffungsverfahren aller Betreiber von Elektrizitätsversorgungsnetzen, an die **weniger als 100.000 Kunden** unmittelbar oder mittelbar angeschlossen sind, für die auch die Festlegung der BNetzA nicht gilt. Im Jahr 2020 waren 794 von 874 Elektrizitätsverteilernetzbetreibern solche mit weniger als 100.000 unmittelbar und mittelbar angeschlossene Kunden (BNetzA Monitoringbericht 2020 S. 34). Bei diesen VNB ist das Verfahren zur Beschaffung von Verlustenergie behördlich mithin nicht weiter ausgeformt, der gesetzliche Maßstab bleibt und muss im Zweifel durch das Unternehmen nachgewiesen werden.

Die **Verfahren** der Beschaffung von Ausgleichsenergie unterliegen über die 23
Formulierung in Abs. 1 S. 1 hinaus dem allgemeinen Diskriminierungsverbot aus § 11 Abs. 1 S.1 für Netzbetreiber beim Betrieb ihres Netzes.

Abs. 1 S. 2 nennt das Ziel des Beschaffungsverfahrens: Ausgleichsenergie soll 24
möglichst preisgünstig sein; dafür sei insbesondere die Möglichkeit der untertäglichen (dh besonders kurzfristigen) Beschaffung in Betracht zu ziehen. Dabei steht die Beschaffung unter dem **Vorbehalt der Gewährleistung der Versorgungssicherheit,** was auch seinen Ausdruck findet in dem Verweis auf die Aufgaben gem. §§ 13, 16 und 16a. Da es gerade beim Strom um die Gewährleistung der Versorgungssicherheit geht, dürfen die ÜNB auf diesen Märkten besondere Anforderungen an die Anbieter von Regelenergie stellen. Im Gasbereich, in dem aufgrund des Netzpuffers die auftretenden Differenzen zu großen Teilen vom Netz selbst aufgefangen werden, gelten keine vergleichbaren gesetzlichen Anforderungen an die Produkte und an die Anbieter (vgl. § 28 GasNZV).

Für **die Anbieter von Regelenergieprodukten** im Strom wird dies ua in § 6 25
Abs. 5 StromNZV näher konkretisiert. Potenzielle Anbieter von Regelenergieprodukten haben danach den Nachweis zu erbringen, dass sie die zur Gewährleistung der Versorgungssicherheit erforderlichen Anforderungen für die Erbringung der unterschiedlichen Regelenergiearten erfüllen **(Präqualifikation).** Nachzuweisen sind insbesondere die notwendigen technischen Fähigkeiten (www.pq-portal.energy).

Grundsätzlich gilt für Anbieter von Regelenergieprodukten die **Technologie-** 26
offenheit, dh, es können technische Anlagen und Lasten aller Art, einzeln oder als Pool, präqualifiziert werden. Regelenergie ist, anders als beispielsweise die Netzreserve (§ 13b ff.) oder Redispatch (§ 13 f.), **standortunabhängig** und wirkt auf das Gesamtsystem (→ § 13 Rn. 97 f.), weshalb auch mehrere Anlagen mit Anschlüssen an unterschiedlichen Netzknoten bei Vorliegen der technischen Voraussetzungen gebündelt (gepoolt) werden können. Aufgrund der hohen Bedeutung für die Systemsicherheit sind die ÜNB allerdings berechtigt, nach geltenden technischen Regeln (§ 49) sicherzustellen, dass ausschließlich technische Einheiten am Regelleistungsmarkt teilnehmen, die nachhaltig und in jeder anzunehmenden Netzsituation grundsätzlich die Anforderungen erfüllen. Eine **Präqualifikation** umfasst

Bourwieg 1355

§ 22

mehr als nur die technischen Fähigkeiten der Anlage selbst. Sie betrachtet unter anderem besonders folgende Aspekte, wobei die Ausprägung der einzelnen Punkte davon abhängt, ob ein Anbieter beispielsweise ganz neu auftritt oder lediglich weitere technische Einheiten seinem Pool hinzufügen möchte (aus www.regelleistung.net/ext/ → FAQ):

- Anbieterunternehmen (Leistungsfähigkeit und Zuverlässigkeit etc)
- IT-technische Anbindung des Anbieterpools an die Abruf- und Überwachungssysteme des ÜNB
- Poolmanagement des Anbieters: technische Systeme sowie organisatorische Konzepte (Pool-/Kraftwerkseinsatzplanung, Lastenmanagement etc)
- IT-technische Anbindung der einzelnen technischen Einheit an die Poolsteuerung des Anbieters
- Poolmanagement des Anbieters: Pool-/Kraftwerkseinsatzplanung
- Vorhalte- und Erbringungskonzepte für die einzelne technische Einheit
- gültige Vereinbarungen mit dem Eigentümer/Betreiber, dem Anschlussnetzbetreiber sowie Bilanzkreisverantwortlichen der technischen Einheit
- technische Bewertung der einzelnen technischen Einheit

Seit dem Jahr 2017 gelten in Europa konkretisierende Regelungen für die Erbringung von **Primärregelleistung aus Batteriespeichern.** Batterien sind aufgrund ihrer schnellen Regelbarkeit eine technisch gut geeignete Quelle für PRL, allerdings gelten für ihren Einsatz aufgrund der geringen vorgehaltenen Energiemenge besondere Anforderungen. Unter anderem muss die Batterie vor dem Abruf von PRL auf einem Ladezustand von 50 Prozent gehalten werden, um sowohl positive als auch negative PRL erbringen zu können. Wenn sich der Ladezustand der Batterie den Grenzen von null Prozent oder 100 Prozent nähert, gelten spezielle Anforderungen, wobei der Batterie auch Nachladeoptionen eingeräumt werden.

27 Die **Marktorientierung** (Abs. 1 S. 1 aE und als europarechtlich durchgängig ausgestaltetes Prinzip für Systemdienstleistungen → § 13 Rn. 97) für die Beschaffung von Ausgleichsenergie ist für die TNB Strom und Gas mittlerweile in hohem Maße europarechtlich überformt:

28 **1. Ausgleichsenergie Strom.** Die Grundprinzipien des Ausgleichsenergiemarkts Strom sind mittlerweile europäisch detailliert ausbuchstabiert, beginnend mit Art. 6 Elt-VO 19, der die zuvor erlassene EB-GL 2017 aufgreift und abbildet.

29 **Artikel 6 VO (EU) 2019/943 Regelreservemarkt.** (1) Die Regelreservemärkte einschließlich der Präqualifikationsverfahren werden so organisiert, dass
a) jedwede Diskriminierung einzelner Marktteilnehmer unter Berücksichtigung der unterschiedlichen technischen Bedürfnisse des Stromsystems und der unterschiedlichen technischen Fähigkeiten von Stromerzeugungsquellen, Energiespeicherung und Laststeuerung verhindert wird,
b) die transparente und technologieneutrale Definition der Dienstleistungen und ihre transparente, marktbasierte Beschaffung sichergestellt wird,
c) allen Marktteilnehmern, auch denjenigen, die aus Elektrizität aus fluktuierender erneuerbaren Energiequellen sowie Laststeuerung und Speicherung anbieten, entweder einzeln oder durch Aggregierung diskriminierungsfreier Zugang gewährt wird,
d) sie dem Umstand Rechnung tragen, dass immer größere Anteile fluktuierender Erzeugung, höhere Nachfrageflexibilität und die Entwicklung neuer Technologien bewältigt werden müssen.

(2) Der Regelarbeitspreis darf nicht vorab in einem Vertrag über die Bereitstellung von Regelleistung festgelegt werden. Die Beschaffungsverfahren sind transparent gemäß

Beschaffung der Energie zur Erbringung von Ausgleichsleistungen § 22

Artikel 40 Absatz 4 der Richtlinie (EU) 2019/944 und wahren zugleich die Vertraulichkeit von Geschäftsinformationen.

(3) Regelreservemärkte sorgen für Betriebssicherheit und ermöglichen gleichzeitig die maximale Nutzung und effiziente Zuweisung zonenübergreifender Kapazität für alle Zeitbereiche gemäß Artikel 17.

(4) Die Abrechnung von Regelarbeit beruht bei Standard-Regelreserveprodukten und spezifischen Regelreserveprodukten auf dem Grenzpreisverfahren, es sei denn, alle Regulierungsbehörden genehmigen eine alternative Preisberechnungsmethode auf der Grundlage eines gemeinsamen Vorschlags aller Übertragungsnetzbetreiber nach Vorlage einer Analyse, aus der hervorgeht, dass diese alternative Preisberechnungsmethode effizienter ist. Die Marktteilnehmer dürfen Gebote möglichst echtzeitnah abgeben, und der Zeitpunkt der Schließung des Regelarbeitsmarkts darf nicht vor dem Zeitpunkt der Schließung des zonenübergreifenden Intraday-Marktes liegen. Übertragungsnetzbetreiber, die ein zentrales Dispatch-Modell anwenden, dürfen weitere Regeln in Einklang mit der gemäß Artikel 6 Absatz 11 der Verordnung (EG) Nr. 714/2009 angenommenen Leitlinie über den Systemausgleich im Elektrizitätsversorgungssystem einführen.

(5) Bilanzkreisabweichungen werden zu einem Preis abgerechnet, der dem Echtzeitwert der Energie Rechnung trägt.

(6) Jeder Geltungsbereich des Ausgleichsenergiepreises entspricht einer Gebotszone, außer in einem zentralen Dispatch-Modell, in dem der Geltungsbereich des Ausgleichsenergiepreises Teil einer Gebotszone sein kann.

(7) Die Dimensionierung der Reservekapazität wird von den Übertragungsnetzbetreibern vorgenommen und auf regionaler Ebene erleichtert.

(8) Die Beschaffung der Regelleistung wird von den Übertragungsnetzbetreibern vorgenommen und darf auf regionaler Ebene erleichtert werden. Die Reservierung grenzüberschreitender Kapazität zu diesem Zweck kann begrenzt werden. Gemäß Artikel 40 Absatz 4 der Richtlinie (EU) 2019/944 erfolgt die Beschaffung der Regelleistung marktbasiert und ist so organisiert, dass es zu keiner Diskriminierung zwischen den einzeln oder durch Aggregierung am Präqualifikationsverfahren teilnehmenden Marktteilnehmern kommt. Bei der Beschaffung von Regelleistung wird ein Primärmarkt zugrunde gelegt, sofern und soweit die Regulierungsbehörde nicht eine Freistellung vorsieht, um aufgrund mangelnden Wettbewerbs auf dem Markt für Regelreserve andere Formen der marktbasierten Beschaffung zuzulassen. Freistellungen von der Verpflichtung, die Nutzung der Primärmärkte der Beschaffung von Regelleistung zugrunde zu legen, werden alle drei Jahre überprüft.

(9) Regelleistung für die Aufwärts- und Abwärtsregelung wird getrennt beschafft, es sei denn, die Regulierungsbehörde genehmigt eine Freistellung von diesem Grundsatz, wenn eine vom Übertragungsnetzbetreiber durchgeführte Beurteilung nachweist, dass sich durch ein solches Vorgehen die wirtschaftliche Effizienz steigern ließe. Der Abschluss eines Regelleistungsvertrags darf nicht mehr als einen Tag vor der Bereitstellung der Regelleistung erfolgen, und die Vertragslaufzeit darf höchstens einen Tag betragen, sofern und soweit die Regulierungsbehörde nicht frühere Vertragsabschlüsse oder längere Vertragszeiträume zur Wahrung der Versorgungssicherheit oder zur Verbesserung der wirtschaftlichen Effizienz genehmigt hat. Wenn eine Freistellung gewährt wird, darf für zumindest 40% der Standard-Regelreserveprodukte und mindestens 30% aller Produkte, die für die Regelleistung verwendet werden, der Regelleistungsvertrag nicht mehr als einen Tag vor der Bereitstellung der Regelleistung abgeschlossen werden, und die Vertragslaufzeit darf nicht mehr als einen Tag betragen. Der Vertrag über den verbleibenden Regelleistungsanteil darf höchstens einen Monat vor der Bereitstellung der Regelleistung geschlossen werden, und die Vertragslaufzeit darf höchstens einen Monat betragen.

(10) Auf Antrag des Übertragungsnetzbetreibers kann die Regulierungsbehörde beschließen, die in Absatz 9 genannte Vertragslaufzeit für den verbleibenden Regelleistungs-

§ 22 Teil 3. Regulierung des Netzbetriebs

anteil auf höchstens zwölf Monate zu verlängern, sofern eine derartige Entscheidung zeitlich begrenzt ist und der Vorteil der Kostensenkung für Endkunden den Nachteil der Beeinträchtigung des Marktes überwiegt. Dieser Antrag enthält
a) den bestimmten Zeitraum, in dem die Ausnahme gelten soll,
b) das bestimmte Volumen der Regelleistung, für das die Ausnahme gelten soll,
c) eine Analyse der Auswirkung der Ausnahme auf die Beteiligung von Regelreserveressourcen und
d) den Nachweis, dass sich durch eine derartige Ausnahme die Kosten für die Endkunden senken ließen.

(11) Ungeachtet Absatz 10 dürfen die Vertragslaufzeiten ab dem 1. Januar 2026 nicht mehr als sechs Monate betragen.

(12) Bis zum 1. Januar 2028 erstatten die Regulierungsbehörden ACER und der Kommission Bericht über den Anteil der Gesamtkapazität, der durch Verträge mit einer Laufzeit oder einem Beschaffungszeitraum von mehr als einem Tag abgedeckt wird.

(13) Die Übertragungsnetzbetreiber oder ihre delegierten Betreiber veröffentlichen so nah an der Echtzeit wie möglich, jedoch mit nicht mehr als 30 Minuten nach Lieferung Verzögerung, den aktuellen Systemausgleich in ihren Fahrplangebieten, die geschätzten Ausgleichsenergiepreise und die geschätzten Regelarbeitspreise.

(14) Die Übertragungsnetzbetreiber können für den Fall, dass Standard-Regelreserveprodukte für die Wahrung der Betriebssicherheit nicht ausreichen oder einige Regelreserveressourcen nicht über Standard-Regelreserveprodukte am Regelreservemarkt teilnehmen können, Freistellungen von den Absätzen 2 und 4 für spezifische Regelreserveprodukte, die örtlich aktiviert und nicht mit anderen Übertragungsnetzbetreibern ausgetauscht werden, vorschlagen und diese Freistellungen können von den Regulierungsbehörden genehmigt werden. Die Vorschläge für Freistellungen enthalten eine Beschreibung der Maßnahmen, die vorgeschlagen werden, um die Verwendung spezifischer Produkte auf ein Mindestmaß, welches von der wirtschaftlichen Effizienz abhängig ist, zu beschränken, einen Nachweis, dass die spezifischen Produkte keine erheblichen Effizienzmängel oder Verzerrungen auf dem Regelreservemarkt entweder innerhalb oder außerhalb des Fahrplangebiets verursachen, und etwaige Regeln und Informationen in Bezug auf das Verfahren für die Umwandlung von Regelarbeitsgeboten für spezifische Regelreserveprodukte in Regelarbeitsgebote für Standard-Regelreserveprodukte.

30 Die europäischen Vorschriften der EB-GL sowie der Elt – VO 19 sehen die Etablierung von (nationalen) Regelarbeitsmärkten vor, die zu einem späteren Zeitpunkt über europäische Plattformen für den Austausch von Regelarbeit in einen europäischen Regelarbeitsmarkt zu integrieren sind. Die Umsetzung der europäischen Vorgaben ist ausgesprochen dynamisch (BNetzA Beschl. v. 2.10.2019 – BK6-18-004-RAM → Rn. 56 ff.; alle Entwicklungen s. www.bundesnetzagentur.de→ Beschlusskammern→ Beschlusskammer 6→ Systemdienstleistungen/-sicherheit→ Regelenergie/Ausgleichsenergie und aktuell bei www.regelleistung.net; vertiefend → Rn. 53 ff.).

31 **2. Ausgleichsenergie Gas.** Seit der ersten GaBi Gas Entscheidung der BNetzA (BNetzA Beschl. v. 28.5.2008 – BK7-08-002 – GaBi Gas) ist das „Grundmodell der Ausgleichsleistungs- und Bilanzierungsregeln im Gassektor" (GaBi Gas) eine **Tagesbilanzierung** (bestätigt durch BGH Beschl. v. 5.10.2010 – EnVR 51/09 u. 52/09). Der Bilanzkreisverantwortliche (BKV) hat sicherzustellen, dass sich Ein- und Ausspeisungen am Ende des Tages decken; maßgeblicher Zeitraum ist der Gas-Tag von sechs Uhr bis sechs Uhr des Folgetags. Ist dies nicht der Fall, kommt auf bilanzieller Ebene Ausgleichsenergie zum Einsatz, die durch den Marktgebietsverantwortlichen (MGV) beschafft und abgerechnet wird (zur Marktgebietsbildung → § 20 Rn. 151 ff.).

Beschaffung der Energie zur Erbringung von Ausgleichsleistungen § 22

Der NC BAL Gas hat seit 2014 sehr konkrete Regelungen für die Gasbilanzie- 32
rung in Europa einheitlich verbindlich vorgegeben. Bemerkenswert ist, dass die
Regelungen eine hohe Kompatibilität mit dem seit 2007 in Deutschland entwickelten Gasnetzzugangsmodell aufweist (→ § 20 Rn. 134 ff.; *Thole*, IR 2012,
100). So konnten durch Anpassung der bestehenden Regelungen die europäischen
Anforderungen durch die Festlegung GaBi Gas 2.0 schnell umgesetzt werden
(BNetzA Beschl. v. 19.12.2014 – BK7-14-020 – GaBi Gas 2.0).

Auch im liberalisierten Gasmarkt gilt gem. NC BAL Gas, dass die Netznutzer die 33
Verantwortung dafür tragen sollen, dass ihre Ein- und Ausspeisungen ausgeglichen
sind (Art. 4 NC BAL Gas).

Artikel 4 VO (EU) 312/2014 Allgemeine Grundsätze. (1) Für die Ausgeglichenheit ihrer 34
Bilanzierungsportfolios sind die Netznutzer verantwortlich, damit die Fernleitungsnetzbetreiber in möglichst geringem Umfang physikalische Bilanzierungsmaßnahmen im Sinne
dieser Verordnung durchführen müssen.

(2) Die gemäß dieser Verordnung festgelegten Bilanzierungsregeln spiegeln die tatsächlichen Netzerfordernisse unter Berücksichtigung der dem Fernleitungsnetzbetreiber
zur Verfügung stehenden Ressourcen wider und setzen Anreize dafür, dass die Netznutzer
ihre Bilanzierungsportfolios auf effiziente Weise ausgeglichen halten.

(3) Die Netznutzer haben die Möglichkeit, eine rechtsverbindliche Vereinbarung mit
einem Fernleitungsnetzbetreiber zu schließen, die ihnen die Übermittlung von Handelsmitteilungen unabhängig davon, ob sie Transportkapazität kontrahiert haben oder nicht, erlaubt.

(4) In einer Bilanzierungszone, in der mehr als ein Fernleitungsnetzbetreiber tätig ist,
gilt diese Verordnung für alle der Fernleitungsnetzbetreiber innerhalb dieser Bilanzierungszone. Falls die Verantwortung für die Ausgeglichenheit ihrer Fernleitungsnetze einer
Rechtsperson übertragen wurde, gilt diese Verordnung für die betreffende Rechtsperson in
dem in den geltenden nationalen Rechtsvorschriften festgelegten Umfang.

Der NC BAL Gas nennt sowohl die zu berücksichtigenden Parameter (Art. 6 35
Abs. 1 und 2 NC BAL Gas) als auch die Produkte, die für die Ausgleichsenergie
von den FNLB beschafft werden können (Art. 6 Abs. 3 NC BAL Gas):

Artikel 6 VO (EU) 312/2014 Allgemeine Bestimmungen. 1. Der Fernleitungsnetzbetreiber führt physikalische Bilanzierungsmaßnahmen durch, um
a) das Fernleitungsnetz in seinen netztechnischen Grenzen zu halten;
b) am Ende des Tages eine Netzpufferung im Fernleitungsnetz zu erreichen, die sich von
   der aufgrund der voraussichtlichen Ein- und Ausspeisungen für den jeweiligen Gastag
   erwarteten Netzpufferung unterscheidet und mit dem wirtschaftlichen und effizienten
   Betrieb des Fernleitungsnetzes vereinbar ist.

2. Bei der Durchführung von physikalischen Bilanzierungsmaßnahmen berücksichtigt
der Fernleitungsnetzbetreiber in Bezug auf die Bilanzierungszone mindestens Folgendes:
a) die eigenen Schätzungen des Fernleitungsnetzbetreibers zur Gasnachfrage während
   und innerhalb des Gastages, für den eine physikalische Bilanzierungsmaßnahme (physikalische Bilanzierungsmaßnahmen) erwogen wird (werden);
b) Informationen über die Nominierung und die Mengenzuweisung sowie die gemessenen
   Gasflüsse;
c) die Gasdrücke im Fernleitungsnetz (in den Fernleitungsnetzen).

3. Der Fernleitungsnetzbetreiber nimmt physikalische Bilanzierungsmaßnahmen vor
a) durch den Kauf oder den Verkauf kurzfristiger standardisierter Produkte (→ Art. 7 Einf. d.
   Verf.) über eine Handelsplattform und/oder
b) durch die Inanspruchnahme von Flexibilitätsdienstleistungen (→ Art. 8, Einf. d. Verf.).

Bourwieg 1359

§ 22

Teil 3. Regulierung des Netzbetriebs

4. Bei der Durchführung von physikalischen Bilanzierungsmaßnahmen berücksichtigt der Fernleitungsnetzbetreiber die folgenden Grundsätze:
a) Die physikalischen Bilanzierungsmaßnahmen erfolgen auf nicht diskriminierende Weise.
b) Die physikalischen Bilanzierungsmaßnahmen tragen jedweder Verpflichtung eines Fernleitungsnetzbetreibers, das Fernleitungsnetz wirtschaftlich und effizient zu betreiben, Rechnung.

36 Dabei sind die Beschaffungsverfahren schon durch den NC BAL Gas so konzipiert, dass sie einen kurzfristigen Gasgroßhandelsmarkt fördern. Dem entspricht § 22 Abs. 1 und dieser ist gegebenenfalls **europarechtskonform auszulegen.** Es sollen Handelsplattformen eingerichtet werden, um die marktliche Beschaffung der notwendigen Gasmengen durch den Marktgebietsverantwortlichen zu erleichtern. Die FLNB nehmen die gegebenenfalls notwendigen physikalischen Bilanzierungsmaßnahmen vor und haben dabei die Reihenfolge der Merit-Order-Liste (Art. 9 NC BAL Gas) zu befolgen – in Deutschland kommt diese Aufgabe **dem Marktgebietsverantwortlichen** zu (→ § 20 Rn. 151 ff.). Die Merit-Order-Liste ist so aufgebaut, dass die FLNB bei der Gasbeschaffung sowohl wirtschaftliche als auch netztechnische Erwägungen berücksichtigen, wobei sie Produkte einsetzen, die mithilfe eines möglichst breit gefassten Spektrums an Quellen bereitgestellt werden können und Produkte von LNG-Anlagen und Speicheranlagen einschließen (Erwgr. 5 NC BAL Gas), und ist in Art. 9 NC BAL Gas geregelt:

37 Artikel 9 VO (EU) 312/2014 Merit Order. 1. Vorbehaltlich der in Artikel 6 Absatz 4 festgelegten Grundsätze gelten für den Fernleitungsnetzbetreiber bei der Entscheidung über geeignete physikalische Bilanzierungsmaßnahmen folgende Vorgaben:
a) Sofern und soweit zweckmäßig, räumt der Fernleitungsnetzbetreiber der Nutzung von Produkten mit dem Lieferort virtueller Handelspunkt Vorrang ein vor der Nutzung sonstiger verfügbarer kurzfristiger standardisierter Produkte.
b) Der Fernleitungsnetzbetreiber verwendet andere kurzfristige standardisierte Produkte, wenn folgende Umstände vorliegen:
 1 ortsabhängige Produkte, wenn Gasflussänderungen an bestimmten Ein- und/oder Ausspeisepunkten erforderlich sind und/oder ab einem bestimmten Zeitpunkt innerhalb des Gastages beginnen müssen, um das Fernleitungsnetz innerhalb seiner netztechnischen Grenzen zu halten.
 2 zeitabhängige Produkte, wenn Gasflussänderungen innerhalb eines bestimmten Zeitraums während des Gastages erforderlich sind, um das Fernleitungsnetz innerhalb seiner netztechnischen Grenzen zu halten. Der Fernleitungsnetzbetreiber darf ein zeitabhängiges Produkt nur dann verwenden, wenn dies wirtschaftlicher und effizienter wäre als der Kauf und der Verkauf einer Kombination von Produkten mit dem Lieferort virtueller Handelspunkt oder von ortsabhängigen Produkten.
 3 zeit- und ortsabhängige Produkte, wenn Gasflussänderungen an bestimmten Ein- und/oder Ausspeisepunkten und innerhalb eines bestimmten Zeitraums während des Gastages erforderlich sind, um das Fernleitungsnetz innerhalb seiner netztechnischen Grenzen zu halten. Der Fernleitungsnetzbetreiber darf ein zeitabhängiges und ortsabhängiges Produkt nur dann verwenden, wenn dies wirtschaftlicher und effizienter wäre als der Kauf und der Verkauf einer Kombination von ortsabhängigen Produkten.
c) Der Fernleitungsnetzbetreiber darf Flexibilitätsdienstleistungen nur dann nutzen, wenn kurzfristige standardisierte Produkte nach Einschätzung des betroffenen Fernleitungsnetzbetreibers nicht oder voraussichtlich nicht zu dem Ergebnis führen, das erforderlich ist, um das Fernleitungsnetz innerhalb seiner netztechnischen Grenzen zu halten.
d) Der Fernleitungsnetzbetreiber berücksichtigt die Kosteneffizienz innerhalb der in den Buchstaben a bis c festgelegten Stufen der Merit Order.

2. Beim Handel mit kurzfristigen standardisierten Produkten räumt der Fernleitungsnetzbetreiber der Nutzung von untertägigen Produkten Vorrang ein vor der Nutzung von Produkten für den Folgetag, sofern und soweit dies zweckmäßig ist.

3. Der Fernleitungsnetzbetreiber kann als Alternative zur Beschaffung oder Bereitstellung von Produkten mit dem Lieferort virtueller Handelspunkt und/oder mit ortsabhängigen Produkten in seiner (seinen) eigenen Bilanzierungszone(n) bei der nationalen Regulierungsbehörde eine Genehmigung für die Beschaffung oder Bereitstellung von Gasmengen in einer angrenzenden Bilanzierungszone und für den Gastransport in diese und aus dieser Bilanzierungszone beantragen. Bei der Entscheidung über die Erteilung der Genehmigung kann die nationale Regulierungsbehörde alternative Lösungen zur Verbesserung des Funktionierens des Inlandsmarktes in Erwägung ziehen. Die einschlägigen Geschäftsbedingungen werden vom Fernleitungsnetzbetreiber und von der nationalen Regulierungsbehörde jährlich geprüft. Die Inanspruchnahme dieser physikalischen Bilanzierungsmaßnahme darf den Zugang der Netznutzer zu Kapazität an dem betroffenen Grenz- und Marktgebietsübergangspunkt und die Verwendung der Kapazität nicht einschränken.

4. Der Fernleitungsnetzbetreiber veröffentlicht jährlich Informationen über die Kosten, die Häufigkeit und die Zahl der gemäß den Vorgaben des Absatzes 1 durchgeführten physikalischen Bilanzierungsmaßnahmen und der gemäß Absatz 3 durchgeführten physikalischen Bilanzierungsmaßnahmen.

In Deutschland gilt seit der ersten GaBi Gas Entscheidung (BNetzA Beschl. v. 28.5.2008 – BK7-08-002 – GaBi Gas) eine **Tagesbilanzierung** (→ Rn. 31). Diese Bilanzperiode gilt auch gem. Art. 21 NC BAL Gas. Der NC BAL Gas kennt nur die FLNB als Verantwortlichen für die Bilanzierung des Netzes und nicht den Begriff des Marktgebietsverantwortlichen (MGV). Durch die Vielzahl der FLNB in Deutschland und die bilanzielle Zusammenführung in einem Marktgebiet mussten die FLNB diese Aufgabe auf den Marktgebietsverantwortlichen übertragen (zur Marktgebietsbildung → § 20 Rn. 151 ff.). **38**

Für die Beschaffung der Regelenergie stellt § 40 KoV XII HT eine Merit-Order Liste (MOL) auf, die der MGV für die Beschaffung und den Einsatz externer Regelenergie einzuhalten hat: **39**
1. MOL Rang 1: Der MGV ist verpflichtet, den Bedarf an externer Regelenergie vorrangig über den Einsatz von **an der Börse** im Marktgebiet beschaffter Regelenergie ohne Erfüllungsrestriktionen zu decken („**globale Regelenergie**"; MOL Rang 1).
2. MOL Rang 2: Sollte der Einsatz von Produkten des MOL Rangs 1 aufgrund eines spezifischen netztechnischen Bedarfs nicht zielführend sein oder zur Deckung bestehender Bedarfe nicht ausreichend sein, hat der MV **bedarfsspezifische** (zB qualitätsspezifische) Produkte an der Börse im Marktgebiet zu beschaffen und einzusetzen (MOL Rang 2). Zusätzlich können Produkte an einer **Börse in einem angrenzenden ausländischen Marktgebiet** beschafft und eingesetzt werden (ebenfalls MOL Rang 2). Für den Gastransport in das oder aus dem angrenzenden ausländischen Marktgebiet hat der Marktgebietsverantwortliche möglichst kurzfristige oder unterbrechbare Kapazitäten unter Berücksichtigung der Kosteneffizienz zu buchen. Die bei einer Beschaffung oder Bereitstellung in einem angrenzenden Marktgebiet für den Transport anfallenden Kosten sind bei der Beschaffung von Produkten des MOL Rangs 2 angemessen zu berücksichtigen.
3. MOL Rang 3: Sollte der Einsatz von Produkten der MOL Ränge 1 und 2 aufgrund eines spezifischen netztechnischen Bedarfs nicht zielführend oder zur Deckung des bestehenden Bedarfs nicht ausreichend sein, hat der MGV den Bedarf

§ 22 Teil 3. Regulierung des Netzbetriebs

durch Produkte zu decken, die über die **physikalische Regelenergieplattform im Marktgebiet** beschafft werden (MOL Rang 3). Über die physikalische Regelenergieplattform im Marktgebiet dürfen nur Regelenergieprodukte beschafft werden, die nicht als Börsenprodukte handelbar sind.

4. MOL Rang 4: Sollte der Einsatz von Produkten der MOL Ränge 1 bis 3 aufgrund eines spezifischen netztechnischen Bedarfs nicht zielführend oder zur Deckung des bestehenden Bedarfs nicht ausreichend sein, hat der MGV in einem **marktbasierten, transparenten und nichtdiskriminierenden öffentlichen Ausschreibungsverfahren** beschaffte **standardisierte Langfristprodukte und/oder Flexibilitätsdienstleistungen** einzusetzen.

40 Die tägliche Ausgleichsenergiemenge ist gem. Art. 21 NC BAL Gas zu bestimmen:

Artikel 21 VO (EU) 312/2014 Berechnung der täglichen Ausgleichsenergiemenge

1. Der Fernleitungsnetzbetreiber berechnet die tägliche Ausgleichsenergiemenge für das Bilanzierungsportfolio jedes Netznutzers für jeden Gastag anhand der folgenden Formel:

tägliche Ausgleichsenergiemenge = Einspeisungen – Ausspeisungen

2. Die Berechnung der täglichen Ausgleichsenergiemenge wird entsprechend angepasst, wenn:
a) eine Netzpufferflexibilitätsdienstleistung angeboten wird und/oder
b) eine Vereinbarung existiert, nach der Netznutzer Gas, darunter physikalische Rücklieferungen, verwenden können, um
  i) Gas, das nicht als aus dem Netz ausgespeist verbucht ist, wie Verluste oder Messfehler, auszugleichen, und/oder um
  ii) Gas, das vom Fernleitungsnetzbetreiber für den Netzbetrieb verwendet wird, wie Verbrauchsgas, auszugleichen.

3. Entspricht die Summe der Einspeisungen eines Netznutzers an einem bestimmten Gastag der Summe seiner Ausspeisungen für diesen Gastag, wird davon ausgegangen, dass das Bilanzierungsportfolio des Netznutzers für diesen Gastag ausgeglichen ist.

4. Entspricht die Summe der Einspeisungen eines Netznutzers an einem bestimmten Gastag nicht der Summe seiner Ausspeisungen für diesen Gastag, wird davon ausgegangen, dass das Bilanzierungsportfolio des Netznutzers für diesen Gastag nicht ausgeglichen ist, und es werden tägliche Ausgleichsenergieentgelte gemäß Artikel 23 angewendet.

5. Der Fernleitungsnetzbetreiber teilt dem Netznutzer seine vorläufigen und endgültigen täglichen Ausgleichsenergiemengen gemäß Artikel 37 mit.

6. Grundlage für das tägliche Ausgleichsenergieentgelt ist die endgültige Ausgleichsenergiemenge.

41 Auch die Transparenzanforderungen sind im NC BAL Gas konkretisiert, indem Mindestanforderungen an die Bereitstellung von Informationen definiert werden. Damit wird das Ziel verfolgt, die Netznutzer zu unterstützen, ihre Bilanzierungsportfolios ausgeglichen zu halten und Ausgleichsenergiekosten zu sparen (Erwgr. 6 sowie Art. 4 und Art. 6 Abs. 1 lit. b und Abs. 4 NC BAL Gas → Rn. 31 ff.).

42 Die Regelungen der GasNZV sind weiterhin subsidiär für verbliebene Regelungslücken heranzuziehen. Dies kann man am Beispiel der Regelung zur bilanziellen Berücksichtigung brennwertkorrigierter Mengen in Tenor Ziffer 3 GaBi Gas 2.0 erkennen, der auf § 50 Abs. 1 Ziffer 9 GasNZV beruht.

Beschaffung der Energie zur Erbringung von Ausgleichsleistungen **§ 22**

Die Aufgabe der Beschaffung und der Steuerung des Einsatzes von Regelenergie 43
wird nach § 20 Abs. 1 S. 3 Nr. 3 GasNZV dem MGV zugewiesen. § 42 Ziffer 1
KoV XII HT formuliert:
Der Marktgebietsverantwortliche ist verpflichtet, die Bildung von Bilanzkreisen
innerhalb des Marktgebiets zu ermöglichen, in denen alle im Marktgebiet dem Bilanzkreis zuzuordnenden Ein- bzw. Ausspeisemengen bilanziert werden. Bilanzkreise können nur beim Marktgebietsverantwortlichen gebildet werden.

Nähere Bestimmungen zum Regelenergieeinsatz gestaltet weiterhin § 27 44
GasNZV. Danach hat der MGV Regelenergie im Rahmen des technisch Erforderlichen zum Ausgleich von Schwankungen der Netzlast innerhalb seines Marktgebiets zu nutzen (§ 27 Abs. 1 S. 1, 2 GasNZV). Dabei ist zwischen dem Einsatz **interner und externer Regelenergie** zu unterscheiden.

Als **interne Regelenergie** werden solche Maßnahmen bezeichnet, die dem 45
MGV selbst auch ohne Rückgriff auf (externe) Ausgleichsdienstleistungen Dritter
zur Verfügung stehen. Es handelt sich um die Nutzung der Speicherfähigkeit des betroffenen und angrenzender Netze (sog. Netzpuffer, vgl. § 3 Nr. 29) sowie den Zugriff
auf netzzugehörige Speicher (§ 27 Abs. 1 S. 3 Nr. 2 GasNZV; hier ist der Verweis auf
§ 3 Nr. 31 nach der EnWG- Novelle 2021 ein redaktionelles Versehen und muss § 3
Nr. 19c lauten, wo die **Gasspeicheranlagen** nunmehr definiert sind). Der Vorrang
der Nutzung interner Regelenergie dient der Reduzierung der Kosten für die Gasverbraucher (BR-Drs. 312/10, 88): Interne Regelenergie wird dem MGV kostenlos zur
Verfügung gestellt. Diese Maßnahmen hat der Marktgebietsverantwortliche zum
Zwecke einer **„physische(n) Optimierung des Gesamtsystems"** (BNetzA, Bericht zum Ausgleichs-Regelenergiesystem Gas v. 1. 4. 2011, S. 97) **vorrangig** und in
vollem Umfang zu ergreifen. Die genannte Merit-Order-Liste aus Art. 9 Abs. 1 NC
BAL Gas → Rn. 31 ff.) ist dabei zu berücksichtigen. Für die vorrangig einzusetzende
interne Regelenergie bedarf es keines Beschaffungsverfahrens iSd Abs. 1, da hierbei
die Speicherungsfähigkeit des betroffenen sowie der angrenzenden Netze und netzzugehörige Speicheranlagen zum Ausgleich von Schwankungen genutzt werden.

Hinzu kommen **gasspezifische Sonderthemen** in Deutschland wie der 46
Bilanzausgleich, solange es noch zwei unterschiedliche Gasqualitäten im deutschen
Marktgebiet gibt (→ § 19a, **Marktraumumstellung**). Zur Gewährleistung eines
liquiden Großhandelsmarktes für Erdgas in Deutschland muss in dem mittlerweile
einen Marktgebiet, in dem es zwei qualitätsspezifische Bilanzzonen, bezogen auf
H-Gas einerseits und auf L-Gas andererseits, gibt, ein Konvertierungs- und Ausgleichssystem getroffen werden. **L-Gas,** mit dem zu Hochzeiten ca. 25 Prozent
der Endkunden in Deutschland versorgt wurden, verfügt über einen niedrigeren
Energiegehalt und stammt auf dem deutschen Markt im Wesentlichen aus Gasfeldern in den Niederlanden und der deutschen Produktion. Das höherkalorische
H-Gas gelangt unter anderem aus Russland und aus Norwegen bzw. der Nordsee
nach Deutschland. Die beiden Gasqualitäten werden – schon aus technischen
Gründen – qualitätsscharf in technisch getrennten Netzen transportiert. Der Großhandelsmarkt für H-Gas ist deutlich liquider und dadurch auch entwickelter als der
für L-Gas. Um den langfristig sinkenden Fördermengen in den niederländischen
und deutschen Fördergebieten zu begegnen, werden die deutschen L-Gas-Netze
und alle angeschlossenen Gasverbrauchsgeräte bis zum Jahr 2029 sukzessive auf
H-Gas umgestellt (sog. Marktraumumstellung) (OLG Düsseldorf Beschl. v.
25. 4. 2018 – VI-3 Kart 21/17 (V) Rn. 2 – KONNI Gas 2.0).

Die Festlegung der BNetzA zu einem bundesweit einheitlichen Konvertierungs- 47
system in qualitätsübergreifenden Marktgebieten (BNetzA Beschl. v. 27. 3. 2012 –

Bourwieg

§ 22 Teil 3. Regulierung des Netzbetriebs

BK7-11-002 – **KONNI Gas 1.0**) schuf die Voraussetzungen für die Transportkunden, alle frei zuordenbaren Ein- und Ausspeisekapazitäten des gesamten Marktgebiets unabhängig von ihrer jeweiligen Gasqualität miteinander zu verbinden und somit Gas qualitätsübergreifend in dem gesamten Marktgebiet (bilanziell) zu transportieren. Um den physischen Ausgleich des Netzes zu gewährleisten, können entweder technische Maßnahmen (zB technische Gaskonvertierung oder Gasmischung) oder kommerzielle Maßnahmen (zB Einsatz von Regelenergie oder Lastflusszusagen) erforderlich werden. Im Rahmen des Beschlusses verpflichtete die BNetzA die Betroffenen, in abgeschlossene sowie noch abzuschließende Bilanzkreisverträge festgelegte Regelungen aufzunehmen und diese unter Anwendung massengeschäftstauglicher Verfahren umzusetzen. Ferner wurden den Betroffenen bestimmte Datenerhebungs-, Evaluierungs- sowie Veröffentlichungspflichten auferlegt. Darüber hinaus enthielt die Festlegung eine Klausel zur Effizienzbetrachtung von Konvertierungsmaßnahmen und eine Klausel zum Schutz vor missbräuchlichen Arbitragegeschäften (OLG Düsseldorf Beschl. v. 25.4.2018 – VI-3 KArt 21/17 (V) Rn. 3 – KONNI Gas 2.0).

48 In der Folge kam es zu einem deutlich erhöhten Konvertierungsverhalten in Richtung von H- nach L-Gas und einen dadurch bedingten hohen Regelenergiebedarf in einem der damals bestehenden zwei Marktgebiete, weshalb die BNetzA auf Antrag das Konvertierungsentgelt vorübergehend anhob und dann wieder absenkte (OLG Düsseldorf Beschl. v. 25.4.2018 – VI-3 Kart 21/17 (V) – KONNI Gas 2.0, zitiert nach juris, Rn. 5) und die bestehende Festlegung anpasste (BNetzA Beschl. v. 21.12.2016 – BK7-16-050 – **KONNI Gas 2.0**). Im Zuge der gerichtlichen Auseinandersetzung trafen OLG (OLG Düsseldorf Beschl. v. 25.4.2018 – VI-3 Kart 21/17 (V) – KONNI Gas 2.0) und BGH (BGH Beschl. v. 9.4.2019 – EnVR 57/18) einige **grundlegende Regelungen** zur Änderungsbefugnis der Behörde von Festlegungen nach § 29 und zur Reaktion auf Marktentwicklungen bei regelenergie-bezogenen Ex-ante-Festlegungen (→ Rn. 61).

49 Ein weiteres gasspezifisches Sonderthema ist die **Jahresbilanzierung der Biogasanlagen** nach § 35 GasNZV. Die Einspeiser von Biogas sind nicht verpflichtet, ihren Bilanzkreis täglich auszugleichen, sie können sich vielmehr ein ganzes Kalenderjahr damit Zeit lassen und Überschussmengen sogar in das nächste Kalenderjahr übertragen.

C. Beschaffung von Regelenergie durch ÜNB (Abs. 2)

I. Inhalt und Zweck der Regelung

50 Abs. 2 trifft gegenüber Abs. 1 eine sektorspezifische Spezialregelung für die Beschaffung von Regelenergie (Strom) durch die ÜNB. Es handelt sich **um eigenständige Märkte**, Regelenergie ist nach deutscher und europäischer Bewertung der Wettbewerbsbehörden nicht Teil des Stromerstabsatzmarktes (BKartA Marktmachtbericht 2021 Rn. 22ff. mit Verweis auf die Entscheidungen der KOM v. 23.8.2011 – COMP/M.6225 – Molaris/Commerz Real/RWE/Amprion Rn. 14ff. und v. 26.1.2009 – COMP/M.5978 –GDF Suez/International Power Rn. 12 und 47ff. sowie v. 23.9.2009 – COMP/M.5467 – RWE/Essent Rn. 21). Nachfrager von Regelenergie sind allein die ÜNB. Sie beschaffen Regelenergie in eigenen, genau geregelten Auktionen. Die ÜNB können ihren Bedarf nicht im Stromgroßhandel decken und Preiserhöhungen bei den Regelenergieprodukten

haben nicht zur Folge, dass die nachfragenden ÜNB auf Produkte des Stromgroßhandels ausweichen (könnten). Denn nicht alle Kraftwerke können überhaupt für Regelenergie bzw. für jede Regelenergieart eingesetzt werden. Es besteht demzufolge aus Nachfragesicht keine Austauschbarkeit der Regelenergieprodukte mit den Produkten des Stromgroßhandels (BKartA Marktmachtbericht 2021 Rn. 25). Das BKartA hat in einem aktuellen Fusionskontrollverfahren erwogen, die Märkte für SRL/aFRR und MRL/mFRR (→ Rn. 58) weiter nach Richtung (positiv/negativ) zu unterteilen, dies aber letztendlich mangels Entscheidungserheblichkeit offengelassen (BKartA Beschl. v. 13.12.2017 – B4-80/17 – EnBW/MVV). Eine solche Unterscheidung scheint für das BKartA weiterhin denkbar, da zumindest aus Nachfragesicht keine Austauschbarkeit zwischen positiver und negativer Regelenergie besteht (BKartA Marktmachtbericht 2021 Rn. 26).

Schon vor Bestehen der heute verbindlichen europäischen Regelungen gingen **51** die Anforderungen des Abs. 2 an ein Ausschreibungsverfahren über Art. 15 Abs. 6 Elt-RL 09 hinaus. Darüber hinaus wurden den ÜNB Vereinheitlichungs- und Zusammenarbeitspflichten aufgegeben: Die Anforderungen an die Anbieter von Regelenergie für die Teilnahme (zur Ausschreibungspraxis der ÜNB Transmission-Code 2007, Anhänge D1–D3) mussten von den ÜNB vereinheitlicht werden, soweit dies möglich ist (Abs. 2 S. 1). Zudem wurde für die Ausschreibung die Einrichtung einer gemeinsamen Internetplattform durch die ÜNB verlangt (Abs. 2 S. 2 und 3). Durch die damit zu erzielende **regelzonenübergreifende Ausschreibung** sollte die wettbewerbshemmende Wirkung der jeweiligen Monopole der ÜNB innerhalb ihrer Regelzonen gemindert werden (vgl. *Ritzau/Zander* Verbändevereinbarung II S. 157 (165)).

Demgemäß hat die BNetzA gem. §§ 12 Abs. 1 EnWG iVm 27 Abs. 1 Nr. 3 **52** StromNZV durch Festlegung im Jahr 2010 die Einführung eines **Netzregelverbunds** (NRV) angeordnet (BNetzA Beschl. v. 16.3.2010 – BK6-08-111). Eine weitergehende ausdrückliche Festlegungsbefugnis, nach der die Regulierungsbehörde die ÜNB zur Bildung einer einheitlichen Regelzone verpflichten kann, enthält § 12 Abs. 1 S. 5 (→ § 12 Rn. 45). Bis 2019 wurden die für die Regelenergieprodukte jeweils benötigte Regelleistung und -arbeit in einem gemeinsamen Ausschreibungsvorgang nach Festlegungen der BNetzA beschafft (BK6-15-158 – Sekundärregelleistung sowie für aFRR; BK6-15-159 – Minutenreserve sowie für mFRR). Zu den drei Regelenergiearten → Rn. 47 ff.

II. Europäischer Regelarbeitsmarkt

Der im Jahr 2019 beschlossene **Regelarbeitsmarkt** ist zum 1.6.2020 eingeführt **53** worden (BNetzA Beschl. v. 2.10.2019 – BK6-18-004 – RAM). Durch die neuen Regelungen wurde **europaweit** die Beschaffung von Regelreserve (Regelleistung und -arbeit) wesentlich umgestaltet. Durch die Umsetzung des neuen Marktdesigns wurde eine höhere Liquidität erwartet. Diese Erwartung hat sich anfangs jedenfalls nicht erfüllt (*Bourwieg* ER 2021, 47 (50)).

Kurz nach der Einführung gab es Fehlentwicklungen am neuen Regelreserve- **54** markt mit sehr hohen Preisspitzen und die BNetzA führte eine Preisobergrenze von 9.999,99 EUR/MWh ein (BNetzA Beschl. v. 16.12.2020 – BK6-20-370, S. 3, aufgehoben aus eher formellen Gründen durch OLG Düsseldorf Beschl. v. 14.11.2021 – 3 Kart 49/21, und der BGH ordnete trotz Rechtsbeschwerde der BNetzA die aufschiebende Wirkung der Beschwerden an, BGH Beschl. v. 11.1.2022 – EnVR 69/21).

§ 22 Teil 3. Regulierung des Netzbetriebs

55   Auch die Regelungen zur Einhaltung der Erbringung von Regelenergie und ihrer Abrechnung wurden novelliert, um eine Doppelvermarktung von bereits als Regelreserve vermarkteter Energie am Großhandelsmarkt zu verhindern (BNetzA Beschl. v. 2.10.2020 – BK6-18-004 – Abrechnung; grundlegende Fragen stellt nicht zu Unrecht *Knauf* NVwZ 2017, 1591).

56   Der 2020 eingeführte Regelarbeitsmarkt folgt den nachfolgenden Grundsätzen (BNetzA Beschl. v. 2.10.2019 – BK6-18-004 –RAM, S. 8f):

(1) Die **Produkte der Regelleistung** und der **Regelarbeit** werden in hintereinandergeschalteten, voneinander **getrennten Märkten** beschafft. Das bedeutet, dass anders als zuvor, der Kreis der Erbringer von Regelarbeit nicht mehr aus dem zuvor bestimmten Kreis der Regelleistung vorhaltenden Reserveanbieter kommen muss. Vielmehr können am Regelarbeitsmarkt alle für die jeweilige Regelqualität präqualifizierten Anbieter teilnehmen, ohne dass es auf eine (erfolgreiche) Teilnahme am vorgelagerten Regelleistungsmarkt ankommt. Damit soll die Liquidität für die Regelenergieerbringung erhöht und die Kosten der ÜNB gesenkt werden.

(2) Der Regelleistungsvorhaltung kommt mithin die Funktion eines „**Versicherungsprodukt**s" zu, auf das nur dann zurückgegriffen wird, wenn der Regelarbeitsmarkt bspw. wegen technischer Probleme ausfällt. Die Vergütung der bei Rückgriff auf das Versicherungsprodukt erbrachten Regelarbeit erfolgt nach einem Ersatzarbeitspreis, der die individuellen Kostenstrukturen des Anbieters möglichst nachzeichnet.

(3) Die Produktzeitscheiben sind kurzfristig und im Regelarbeitsmarkt für aFRR und mFRR zunächst identisch zu denen des Regelleistungsmarkts (6 Zeitscheiben à 4 Stunden). Mit Implementierung der europäischen **Plattformen PICASSO und MARI** müssen die Produktzeitscheiben und die Gate-Closure-Zeit angepasst werden.

(4) Im Regelarbeitsmarkt können alle Anbieter, d.h. auch die im Leistungsmarkt erfolgreichen Teilnehmer, ihre Arbeitsgebote bis zur Gate-Closure-Zeit frei anpassen. Allerdings haben die im Leistungsmarkt erfolgreichen Anbieter dabei die Pflicht, im Regelarbeitsmarkt bis zur Gate-Closure-Zeit Arbeitsgebote zu platzieren, die dem Volumen ihrer Vorhalteverpflichtung entsprechen.

(5) Die Zuschlagserteilung und Vergütung im Regelleistungsmarkt erfolgt anhand des gebotenen Leistungspreises, im Regelarbeitsmarkt anhand des gebotenen Arbeitspreises.

57   Zur Einführung des Regelarbeitsmarktes hatten die ÜNB der Bundesnetzagentur gem. Art. 18 Abs. 1 lit. a EB-GL einen **Vorschlag für die Modalitäten für Regelreserveanbieter** zur Genehmigung gem.Art. 5 Abs. 4 lit. c EB-GL vorgelegt. Der gemeinsame Vorschlag der deutschen ÜNB fasst die Modalitäten für Regelreserveanbieter von Primärregelung, Sekundärregelung und Minutenreserve zusammen und sah im Wesentlichen die folgenden Punkte vor:

– Einführung des Regelarbeitsmarkts (BNetzA Beschl. v. 2.10.2019 – BK6-18-004 – RAM)
– Einführung einer technischen Preisobergrenze für Regelarbeit
– Regelungen zu Bestimmungen und Bedingungen zur Aggregation von Verbrauchsanlagen, Energiespeicheranlagen und Gesamteinrichtungen zur Stromerzeugung in einem Fahrplangebiet als Regelreserveanbieter, die in den Präqualifikationsbedingungen abgebildet sind

– Regelungen der Pönalisierungen bei Verstoß gegen die Modalitäten, insbesondere bei Verletzung der (Leistungs-)Vorhaltepflicht (Vorhaltephase) und Nicht- oder Minderlieferung (Erbringungsphase)
– Etablierung eines neuen Abrechnungsmodells für Sekundärregelung und Minutenreserve (BNetzA Beschl. v. 1.10.2020 – BK6-18-004 – Abrechnung)

III. Drei Regelenergiearten

Es werden **drei Arten der Regelenergie** unterschieden, klassisch als Primärregelenergie (MRL), Sekundärregelenergie (SRL) und Minutenreserve (MRL) bezeichnet (*Brunz* IR 2012, 65). Demgegenüber sehen die europäischen Vorschriften der EB-VO sowie der Elt-VO 19 verbindlich die Etablierung von (nationalen) Regelarbeitsmärkten vor. Dabei unterscheiden sie zwischen 58
1. FCR (Frequency Containment Reserve, Frequenzhaltungsreserve, entspricht der bisherigen PRL)
2. aFRR (Frequency Restauration Reserve with automatic activation, Frequenzwiederherstellungsreserven mit automatischer Aktivierung, entspricht der SRL)
3. mFRR (Frequency Restauration Reserve with manual activation, Frequenzwiederherstellungsreserven mit manueller Aktivierung (äquivalent zur MRL)

Die **FCR** dient der schnellen Ausregelung größerer Leistungsungleichgewichte im **gesamten ENTSO-Verbundsystem** Kontinentaleuropa und wird von allen beteiligten Regelzonen anteilig erbracht (→Rn. 10ff.). Die **aFRR** dient demgegenüber der Aufrechterhaltung des Leistungsgleichgewichts **innerhalb der einzelnen Regelzonen** und arbeitet zur Vermeidung störender Wechselwirkungen mit der FCR etwas verzögert. Sie muss innerhalb von fünf Minuten in voller Höhe zur Verfügung stehen. Die **mFRR** ist mit einer Vorlaufzeit bis hinunter zu 7,5 Minuten zu erbringen und wird für einen Zeitraum von mindestens 15 Minuten in konstanter Höhe abgerufen. Der Einsatzzeitraum kann sich dann auch über mehrere Viertelstunden erstrecken. 59

Diese Regelarbeitsmärkte sollen zu einem späteren Zeitpunkt **über europäische Plattformen** für den Austausch von Regelarbeit 60
1. PICASSO („Platform for the International Coordination of the Automatic frequency restoration process and Stable System Operation" für den gemeinsamen Abruf von aFRR für aFRR;
2. MARI „Manually Activated Reserves Initiative" für den gemeinsamen Abruf von mFRR für mFRR

europaweit organisiert werden. **Die europäischen Regelungen** (→Rn. 53) **treten weitgehend an die Stelle der Regelungen in Abs. 2**, die inhaltlich in die gleiche Richtung gewiesen haben. Die aktuellen Festlegungen der BNetzA zur Einführung des Regelarbeitsmarktes etc finden ihre Ermächtigungsgrundlage nur noch subsidiär in der StromNZV und werden maßgeblich auf die EB-GL gestützt (BNetzA Beschl. v. 2.10.2019 – BK6-18-004, S. 9 – RAM). Die Beschlusskammer stellt darin fest, dass der durch die Festlegungskompetenz in § 27 Abs. 1 Nr. 2 StromNZV eingeräumte **eigene Gestaltungsspielraum** der Regulierungsbehörde zurücktritt, soweit **die ÜNB** in Ausübung ihrer nach den europäischen Vorschriften der EB-GL bestehenden Antragspflicht Methoden für Regelreserveanbieter **zur Genehmigung** vorlegen. Nach ständiger Rechtsprechung des OLG Düsseldorf ist auch die **Änderung einer Genehmigung** eines Vorschlags der ÜNB, die nicht auf einen erneuten Vorschlag der ÜNB zurückgeht, nicht mehr möglich (OLG Düsseldorf Beschl. v. 22.1.2020 – VI-3 Kart 747/19 (V) sowie in 61

Beschl. v. 14.11.2021 – 3 Kart 49/21, Entscheidung nicht rechtskräftig). Die Rolle der Regulierungsbehörde sei eine reine Rechtmäßigkeitskontrolle. Diese **Verschiebung der Regulierung** von den Regulierungsbehörden **auf die regulierten Unternehmen** im Rahmen **europäischer Genehmigungserfordernisse** ist eine neue rechtliche Entwicklung, die genau beobachtet werden muss.

62 Eine **Vielzahl weiterer Festlegungen** – nach jeweils von den ÜNB gemäß des europäischen Ablaufmodells vorgeschlagenen Regelungen – sind seitdem ergangen (laufende Aktualisierungen durch die zuständige Beschlusskammer der BNetzA www.bundesnetzagentur.de→ Beschlusskammern→ Beschlusskammer 6→ Systemdienstleistungen/-sicherheit→ Regelenergie/Ausgleichsenergie und unter www.regelleistung.netua:

63 1. **Zur PRL:** BNetzA Beschl. v. 13.12.2018 – BK6-18-006 Genehmigung des Vorschlags der ÜNB der internationalen Frequenzhaltungsreserve-Kooperation gem. Art. 33 Abs. 1 EB-GL für die Erstellung gemeinsamer harmonisierter Bestimmungen und Verfahren für den Austausch und die Beschaffung von Frequenzhaltungsreserve

64 2. **Zur SRL:** BNetzA Beschl. v. 18.12.2018 – BK6-18-064 Genehmigung des Vorschlags der ÜNB aus Deutschland und Österreich gem. Art. 33 Abs. 1 EB-GL für die Erstellung gemeinsamer harmonisierter Bestimmungen und Verfahren für den Austausch und die Beschaffung von Frequenzwiederherstellungsreserven mit automatischer Aktivierung

65 3. Zur **Börsenpreiskopplung** des Ausgleichsenergiepreises: BNetzA Beschl. v. 11.5.2020 – BK6-19-552

66 4. Zur Änderung der **Knappheitskomponente** (Änderung der 80 Prozent-Schwelle): BNetzA Beschl. v. 11.5.2021 – BK6-20-345

67 5. Zur Anpassung der **Modalitäten für Regelreserveanbieter** (MfRRA) im Zuge der Umsetzung des Zielmarktdesigns der Europäischen Union für einen Regelarbeitsmarkt (EU-Zielmarktdesign) (BNetzA Beschl. v. 28.4.2022 – BK6-21-042) sowie zur Anpassung der Regelungen zur **Berechnung des regelzonenübergreifenden einheitlichen Bilanzausgleichsenergiepreises** (reBAP) (BNetzA Beschl. v. 28.4.2022 – BK6-21-192).

§ 23 Erbringung von Ausgleichsleistungen

[1]Sofern den Betreibern von Energieversorgungsnetzen der Ausgleich des Energieversorgungsnetzes obliegt, müssen die von ihnen zu diesem Zweck festgelegten Regelungen einschließlich der von den Netznutzern für Energieungleichgewichte zu zahlenden Entgelte sachlich gerechtfertigt, transparent, nichtdiskriminierend und dürfen nicht ungünstiger sein, als sie von den Betreibern der Energieversorgungsnetze in vergleichbaren Fällen für Leistungen innerhalb ihres Unternehmens oder gegenüber verbundenen oder assoziierten Unternehmen angewendet und tatsächlich oder kalkulatorisch in Rechnung gestellt werden. [2]Die Entgelte sind auf der Grundlage einer Betriebsführung nach § 21 Abs. 2 kostenorientiert festzulegen und zusammen mit den übrigen Regelungen im Internet zu veröffentlichen.

Erbringung von Ausgleichsleistungen § 23

Übersicht

	Rn.
A. Allgemeines	1
B. Anwendungsbereich	7
C. Bedingungen der Leistungserbringung	17
I. Sachlich gerechtfertigt	18
II. Transparent	23
III. Nichtdiskriminierend	26
IV. Nicht ungünstiger als bei verbundenen Unternehmen	28
D. Konkretisierung Strom	29
I. Der Bilanzausgleichsenergiepreis (reBAP)	33
II. Electricity Balancing Guideline (VO (EU) 2017/2195)	36
E. Konkretisierung Gas	68
I. Interne Regelenergie	72
II. Externe Regelenergie	73
III. Ausgleichsenergieentgelte	74
IV. Regel- und Ausgleichsenergieumlage	77
V. Bilanzierung von SLP-Kunden	81

Literatur: *BNetzA/EFZN,* 7. Göttinger Tagung zu aktuellen Entwicklungen des Energieversorgungssystems vom 28./29.4.2015 „Bilanzkreissystem – Herzstück des Wettbewerbs und der Versorgungssicherheit", Vorträge unter www.efzn.de/de/veranstaltungen/efzn-veranstaltungsreihen/goettinger-energietagung/2015/; *Böwing,* Regulierung des Netzzugangs für Strom, in Baur/Salje/Schmidt-Preuß (Hrsg.), Regulierung in der Energiewirtschaft, 2. Aufl. 2015, Kap. 71 Rn. 97–137 (zit. *Böwing* Regulierung); *Kemper, Regulierung Gas, in* Baur/Salje/Schmidt-Preuß/*Kemper* (Hrsg.), Regulierung der Energiewirtschaft, 2. Aufl. 2015, Kap. 72 Rn. 92–318 (im Folgenden *Kemper* Regulierung Gas); *Klotz/Reich,* Die Abrechnungspraxis von ÜNB für erbrachte Sekundärregelleistung – ein fragwürdiges Geschäftsmodell, ZNER 2016, 312; vgl. auch die Hinweise zu Vor §§ 22 f.

A. Allgemeines

§ 23 betrifft die Bedingungen der **Erbringung und Abrechnung der Ausgleichsleistungen** durch die Netzbetreiber an die Netznutzer. Die Regelung ist sowohl auf **Strom-** als auch auf **Gasnetze** anwendbar. Sie gilt für **Netze aller Spannungs- und Druckebenen.** Positive und negative **Ausgleichsleistungen** (→ § 22 Rn. 14) sind gleichermaßen erfasst. Die Vorschrift erfasst nur die Bildung des Preises und Abrechnung der Netzbetreiber gegenüber den Netznutzern für Energieungleichgewichte. Preis- und kostenseitig hat die Erbringung von Ausgleichsenergie auch noch eine Abwicklungsebene gegenüber den Erbringern der Leistung (den Anbietern). Diese sind hier nicht erfasst, allerdings sieht die EB-GL hier umfangreiche Regelungen auch in diese Richtung vor (→ § 22 Rn. 53 ff.). 1

Für die Preisbildung der Ausgleichsenergie haben EnWG und Zugangsverordnungen heute praktisch **nur noch subsidiäre Bedeutung.** Maßgeblich werden die Preissysteme durch die Vorgaben der Elt-VO 19, der Erdgas-VO 09, des NC BAL Gas, der EB GL (Elektrizität) und der SO GL (Elektrizität) gestaltet. 2

Während § 23 die inhaltlichen Vorgaben aus den Binnenmarktrichtlinien an die nationalen Regulierungsbehörden richtete, hat sich die Zuständigkeit der Regelungen seit dem 3. BMP verschoben. Die materiellen Anforderungen aus der 3

§ 23 Teil 3. Regulierung des Netzbetriebs

EB GL aus dem Jahr 2017, der Elt-VO 19 und der Erdgas-VO 09 sowie der NC BAL Gas von 2014 geben den Transportnetzbetreibern (TNB) und ihren europäischen Verbänden ENTSO-E und ENTSO-G den Auftrag zur Erarbeitung von europäischen Regelwerken. In diesem Prozess werden die nationalen Regulierungsbehörden zu Stakeholdern, die in einem Konsultationsprozess Stellung nehmen. Aus den im Wege des Kommitologieverfahrens (→ § 12 Rn. 31) verrechtlichten Vorschlägen erarbeiten die nationalen ÜNB Methoden, die der nationalen Regulierungsbehörde zur Genehmigung vorgelegt werden (OLG Düsseldorf Beschl. v. 22.1.2020 – VI-3 Kart 757/19, RdE 2020, 204) oder direkt zum Teil durch ACER entschieden werden (Art. 5 ACER–VO).

4 Im Rahmen der behördlichen **Ausgestaltungen des Rechtsrahmens** im Rahmen des Europarechts steht der BNetzA die Instrumente der Ex-ante-**Festlegung oder der Genehmigung nach § 29** zur Verfügung.

5 Das OLG Düsseldorf hat gerade im Kontext der Ausgleichsenergie im Jahr 2020 befunden, dass das europäische Recht insoweit deutlich zwischen einer **unmittelbaren Festlegung** durch die Regulierungsbehörde einerseits und der **bloßen Genehmigung** durch die Regulierungsbehörde andererseits unterscheidet. Auch sei in § 29 ausdrücklich vorgesehen, dass die Regulierungsbehörde Entscheidungen in den im EnWG benannten Fällen über die Bedingungen und Methoden für den Netzanschluss oder den Netzzugang nach den in §§ 17 Abs. 3, 21a Abs. 6 und 24 genannten Rechtsverordnungen durch Festlegung oder durch Genehmigung gegenüber dem Antragsteller trifft. Sieht allerdings eine **der europäischen Rechtsgrundlagen** wie zB Art. 18 Abs. 1 EB-GL vor, dass die Regulierungsbehörde „nur noch" die **von den TNB erarbeiteten Vorschläge genehmigt**, ist der Prüfungsspielraum der nationalen Regulierungsbehörde auf eine **reine Rechtmäßigkeitskontrolle** beschränkt. Im Rahmen der europäischen Vorgaben unterliegt zB der der von den ÜNB vorgeschlagene Standardbilanzkreisvertrag auch **keiner Zweckmäßigkeits**-, sondern nur einer **Rechtmäßigkeitskontrolle durch die BNetzA** (OLG Düsseldorf Beschl. v. 22.1.2020 – VI-3 Kart 757/19, RdE 2020, 204). Nach der Rechtsprechung des OLG Düsseldorf ist der Auftrag zur Gestaltung der Modalitäten nach dem unmissverständlichen Wortlaut der EB-GL verpflichtend den ÜNB erteilt.

> *„Dieser Gestaltungsauftrag des Europäischen Normgebers liefe leer, wenn der Bundesnetzagentur neben einer Rechtmäßigkeitskontrolle auch eine Zweckmäßigkeitskontrolle zugebilligt würde, da in einem solchen Fall die Regulierungsbehörde eine eigenständige inhaltliche Entscheidung über die konkrete Ausgestaltung der Modalitäten treffen würde. Dann aber bedürfte es der Vorschlagspflicht der ÜNB nicht."*

(OLG Düsseldorf Beschl. v. 22.1.2020 – VI-3 Kart 757/19, RdE 2020, 204 (212). Das Gericht macht deutlich, dass die der BNetzA in § 27 Abs. 1 Nr. 15 StromNZV erteilte Ermächtigung, Festlegungen zu den Bilanzkreisverträgen nach § 26 StromNZV zu treffen, hinter dem die – als EU-Recht vorrangige – EB-GL den ÜNB erteilten **Gestaltungsauftrag zurücktreten** muss. Diese Entwicklung der Einschränkung des regulierungsbehördlichen Handelns gegenüber Vorschlägen der regulierten Unternehmen wird zu beobachten sein. Hier stellen sich klassische Fragen der Informationsasymmetrie der Regulierungsbehörden gegenüber dem regulierten Unternehmen sowie nach der nötigen Flexibilität der Regelsetzung, um auf aktuelle Entwicklungen in einzelnen Regelzonen bzw. Synchrongebieten sowie nach möglichen Interessenkonflikten zwischen TNB und Netznutzern bei Bedarf schnell reagieren zu können.

Kann die Regulierungsbehörde im Wege der eigenen Festlegung nach § 29 handeln, hat sie üblicherweise die Befugnis, sämtliche der Regulierungsbehörde nach § 29 Abs. 1 festgelegte Bedingungen und Methoden gem. § 29 Abs. 2 Satz 1 nachträglich zu ändern (BGH Beschl. v. 9.4.2019 – EnVR 57/18 – KONNI Gas 2.0, zitiert nach juris, Rn. 19). Die Regulierungsbehörde ist bei Entscheidungen über die Bedingungen und Methoden durch Festlegungen zum Bilanzierungssystem ausdrücklich nicht darauf beschränkt, lediglich solche Festlegungen zu treffen, die von Vorschriften ausdrücklich genannt werden. Vielmehr steht der Regulierungsbehörde ein weiter Spielraum zu, welche Festlegungen sie zum Bilanzierungssystem trifft. Erforderlich ist grundsätzlich nur ein ausreichender Bezug zum Bilanzierungssystem nach den gesetzlichen Vorgaben. Daher erhält die Regulierungsbehörde die Befugnis, weitere Festlegungen in einzelnen Regelungsbereichen zu treffen (BR-Drs. 312/10 S. 103; BGH Beschl. v. 9.4.2019 – EnVR 57/18 Rn. 27f. – KONNI Gas 2.0). Dies ist angesichts der Dynamik des Marktgeschehens auch erforderlich. 6

B. Anwendungsbereich

Nach dem Wortlaut ist nicht ganz klar, ob durch § 23 nur die Erbringung von Ausgleichsleistungen bei **Abweichung der Ein- und Ausspeisemengen** erfasst ist oder auch der **Verlustausgleich.** In § 22 wird zwischen der Deckung von Verlusten und dem Ausgleich von Differenzen zwischen Ein- und Ausspeisung unterschieden (→ § 22 Rn. 7). § 23 spricht demgegenüber vom „Ausgleich des Versorgungsnetzes" und (in Anlehnung an Art. 15 Abs. 6 und 7, Art. 25 Abs. 6 iVm 37 Abs. 6 Elt-RL 09 und Art. 13 Abs. 3, 25 Abs. 5 Gas-RL 09) von „Energieungleichgewichten"; von Verlustausgleich ist nicht die Rede. Dies könnte so verstanden werden, dass hier nur der Differenzausgleich, nicht aber der Verlustausgleich geregelt ist. Schon der Blick in Art. 15 Abs. 6 Elt-RL 09 macht aber deutlich, dass die Verlustenergie hier mit erfasst ist. Auch sind in § 22 beide Dienstleistungen unter der Überschrift „Ausgleichsleistungen" zusammengefasst. Man muss darum auch das in § 23 verwendete Tatbestandsmerkmal „Ausgleich des Energieversorgungsnetzes" als übergreifendes Merkmal ansehen, das beides erfasst. Hierfür spricht auch die Definition des Begriffs der Ausgleichleistungen in § 3 Nr. 1b, die ausdrücklich auch die Energie, die zur Deckung von Verlusten benötigt wird, umfasst. Praktisch kommt es darauf kaum an. 7

Die inhaltlichen Maßstäbe des § 23 ähneln denen für das Netznutzungsentgelt nach § 21. Die Kosten der Beschaffung von Verlustenergie können gem. § 10 Abs. 1 S. 1 StromNEV bei der Ermittlung der Netzkosten in Ansatz gebracht werden. Wie dargelegt unterliegen sie einer spezifischen Ex-ante-Regulierung und der Gesamtregulierung der Erlösobergrenze (→ Vor §§ 22f. Rn. 39ff.). § 21 bietet dafür einen weiteren Maßstab, der (auch) hinsichtlich der Beurteilung der von den Netznutzern für den Ausgleich der Netzverluste zu zahlenden Entgelte zur Anwendung kommt. 8

Die Voraussetzung aus S. 1, dass für den jeweiligen Anwendungsbereich dem jeweiligen Netzbetreiber der Ausgleich des Energieversorgungsnetzes obliegen muss, knüpft an den unterschiedlichen Rollen der unterschiedlichen Netzbetreiber an: 9

Der Ausgleich der Verlustenergie obliegt bislang jedem Transport- und Verteilernetzbetreiber für sein je eigenes Netz. § 10 Abs. 2 S. 2 StromNZV sieht eine Ausnahme der Verteilernetzbetreiber mit weniger als 100.000 mittelbar oder unmittelbar angeschlossenen Kunden von der Führung und Bewirtschaftung eines Verlust- 10

§ 23

und Differenzbilanzkreises vor. Man könnte versucht sein zu überlegen, ob diese Netzbetreiber somit dem Anwendungsbereich des § 23 entzogen sind. Wie dargelegt setzen aber schon §§ 11, 12 und 21 Maßstäbe, die alle VNB zu einem diskriminierungsfreien, transparenten und preisgünstigen Ausgleich von Verlustenergie im Interesse der Netznutzer verpflichten (→ § 22 Rn. 21–23; Theobald/Kühling/ *Boos* EnWG § 23 Rn. 18 f).

11 Die Ausregelung der Systembilanz obliegt im Strom den ÜNB mit Regelzonenverantwortung (§ 3 Nr. 10 a) und im Gas dem Marktgebietsverantwortlichen.

12 Gem. S. 2 sind die Entgelte für Ausgleichsenergieleistungen **im Internet zu veröffentlichen.** Dem kommen die ÜNB auf ihrer Plattform www.regelleistung. net und die FLNB über den Marktgebietsverantwortlichen www.tradinghubeurope.eu nach.

13 Und noch einem **Missverständnis** ist an dieser Vorschrift vorzubeugen. S. 1 und insbesondere auch der Verweis auf § 21 Abs. 2 könnten bei flüchtiger Lektüre als klassisches **Netzentgelt** verstanden werden. Unter einem klassischen Netzentgelt wird hier ein Netzentgelt verstanden, das als Preis in EUR pro kWh oder kW auf einem Preisblatt zum 1.1. eines Kalenderjahres gem. § 20 Abs. 1 veröffentlicht wird. Dieser **„Entgeltbegriff"** wäre allerdings erneut zu eng (→ Vor § 22 Rn. 28). Auch Umlagen oder Ausgleichsenergiepreise, die Netzbetreiber den Netznutzern in Rechnung stellen, müssen den Anforderungen des Abs. 1 genügen.

14 Die Formulierung der Norm geht ua direkt zurück auf Art. 11 Abs. 7 Elt-RL 2003, der lautete:

> *„7) Die von den Übertragungsnetzbetreibern festgelegten Ausgleichsregelungen für das Elektrizitätsnetz müssen objektiv, transparent und nichtdiskriminierend sein, einschließlich der Regelungen über die von den Netzbenutzern für Energieungleichgewichte zu zahlenden Entgelte. Die Bedingungen für die Erbringung dieser Leistungen durch die Übertragungsnetzbetreiber einschließlich Regelungen und Tarife werden gemäß einem mit Artikel 23 Absatz 2 zu vereinbarenden Verfahren in nichtdiskriminierender Weise und kostenorientiert festgelegt und veröffentlicht."*

15 Der in Bezug genommene Art. 23 Abs. 2 Elt-RL 03 wiederum beschreibt die Aufgabe der Ex-ante-Regulierung der Methoden und Bedingungen, zu denen Netzbetreiber Entgelte für die Netznutzung erheben dürfen, einschließlich der Bedingungen für die Erbringung von Ausgleichsenergie:

> *„(2) Den Regulierungsbehörden obliegt es, zumindest die Methoden zur Berechnung oder Festlegung folgender Bedingungen vor deren Inkrafttreten festzulegen oder zu genehmigen:*
> *a) die Bedingungen für den Anschluss an und den Zugang zu den nationalen Netzen, einschließlich der Tarife für die Übertragung und die Verteilung. Diese Tarife oder Methoden sind so zu gestalten, dass die notwendigen Investitionen in die Netze so vorgenommen werden können, dass die Lebensfähigkeit der Netze gewährleistet ist.*
> *b) die Bedingungen für die Erbringung von Ausgleichsleistungen."*

Eine entsprechende Regelung enthält dann Art. 37 Abs. 6 Elt-RL 09:

> *„(6) Den Regulierungsbehörden obliegt es, zumindest die Methoden zur Berechnung oder Festlegung folgender Bedingungen mit ausreichendem Vorlauf vor deren Inkrafttreten festzulegen oder zu genehmigen:*
> *a) die Bedingungen für den Anschluss an und den Zugang zu den nationalen Netzen, einschließlich der Tarife für die Übertragung und die Verteilung oder ihrer Methoden.*

Erbringung von Ausgleichsleistungen § 23

Diese Tarife oder Methoden sind so zu gestalten, dass die notwendigen Investitionen in die Netze so vorgenommen werden können, dass die Lebensfähigkeit der Netze gewährleistet ist.
b) die Bedingungen für die Erbringung von Ausgleichsleistungen, die möglichst wirtschaftlich sind und den Netzbenutzern geeignete Anreize bieten, die Einspeisung und Abnahme von Elektrizität auszugleichen. Die Ausgleichsleistungen werden auf faire und nichtdiskriminierende Weise erbracht und auf objektive Kriterien gestützt;"

In der Elt-RL 19 findet sich dies Aufgabenbeschreibung so nicht mehr, allerdings hat sich gerade die **Bewirtschaftung von Ausgleichsleistungen** wie dargestellt (→ Vor § 22 Rn. 24 ff.) mittlerweile in detailliertem Sekundärrecht in Form von Netzkodizes niedergeschlagen, sodass die Aufgaben der nationalen Regulierungsbehörde sich gem. Art. 59 Abs. 1 d Elt-RL 19 auf die Umsetzung der „nach den Artikeln 59, 60 und 61 der Verordnung (EU) 2019/943 verabschiedeten Netzkodizes und Leitlinien mithilfe nationaler (oder koordinierter regionaler oder unionsweiter) Maßnahmen" in der Richtlinie findet.

Jedenfalls ergibt sich aus dieser Entstehungsgeschichte, dass § 23 **ein weiter** 16 **Entgeltbegriff** zugrunde liegt und die Verfahren erfasst, mit denen beim Netzbetrieb Kosten entstehen, die an die Netznutzer weitergegeben werden. **Zentrale Unterschiede** der klassischen Netzentgelte und den Entgelten für Systemdienstleistungen, insbesondere Ausgleichsenergie, liegen in den **Adressaten** (→ Vor § 22 Rn. 53 ff. sowie → Rn. 29) und der **Art der Kostenorientierung.** Während in den Netzentgelten die über alle Netznutzer **zu solidarisierenden Netzkosten** enthalten sind, inklusive der kalkulatorischen Verzinsung des eingesetzten Kapitals, gehen von den **Ausgleichsenergiekosten wichtige systemstützende Preissignale** an die Bilanzkreisverantwortlichen (BKV) (→ Vor § 22 Rn. 49) aus. Daher sind diese Entgelte einerseits **ohne jeden Gewinnaufschlag** für den Netzbetreiber rein durchlaufende Posten, andererseits sind die **Beschaffungskosten** des Netzbetreibers **nur der Aufsatzpunkt** bei der Bepreisung an die Netznutzer (→ Rn. 35 ff.). Um Arbitrage gegen die Systemstabilität zu verhindern, gibt es Aufschläge und Pönalen gemessen an Großhandelspreisen. Die so entstehenden die Beschaffungskosten übersteigenden Mehrerlöse werden allerdings im System zugunsten aller Netznutzer verrechnet.

C. Bedingungen der Leistungserbringung

Die gesetzlichen Kriterien nach S. 1 lauten: 17
– sachlich gerechtfertigt
– transparent
– nichtdiskriminierend
– nicht ungünstiger, als sie von den Betreibern der Energieversorgungsnetze in vergleichbaren Fällen innerhalb ihres Unternehmens (…) tatsächlich oder kalkulatorisch in Rechnung gestellt werden.

I. Sachlich gerechtfertigt

Die **sachliche Rechtfertigung** der „Entgelte für Energieungleichgewichte" 18 knüpft an ihre energiewirtschaftliche Notwendigkeit an. Dabei ist auf die gleiche und diskriminierungsfreie Preisbildung abzustellen, darüber hinaus aber auf die sachliche Notwendigkeit der in die Entgeltbildung einfließenden Kosten – mithin

§ 23 Teil 3. Regulierung des Netzbetriebs

die Designfrage, soweit diese der Ausgestaltung des Netzbetreibers unterliegt. Schon die **Dimensionierung** der Ausgleichsenergiebedarfe ist anhand energiewirtschaftlich gerechtfertigter Kriterien zu messen (→ § 22 Rn. 9, → § 12 Abs. 1; Theobald/Kühling/*Boos* EnWG § 20 Rn. 20).

19   Wie bei einem behördlichen Abwägungsprozess muss für das Kriterium der „sachlichen Rechtfertigung" nicht eine einzige „richtige" Lösung gewählt werden. Bei komplexen Abwägungsvorgängen gibt es eine solche häufig nicht. Vielmehr muss der jeweilige Netzbetreiber seine eigenen Interessen und die der Netznutzer abgewogen und zu einem fairen Ausgleich gebracht haben. Dabei gehen beispielsweise technische Bedürfnisse zur Gewährleistung der Versorgungssicherheit, die der Netzbetreiber im allgemeinen Interesse wahrnimmt, mit einem höheren Gewicht in die Abwägung ein, als beispielsweise die wirtschaftlichen Interessen des Netzbetreibers an einer zeitnahen Refinanzierung der Kosten als Plankosten, zumal der Netzbetreiber regelmäßig das Instrument des Ist-Abgleichs hat und somit kein Mengenrisiko trägt (→ § 21a Rn. 105). Der Netzbetreiber muss zudem von technisch- wirtschaftlich korrekten Sachverhalten ausgehen, die er in seine Entscheidung einbezieht. (BerlKommEnergieR/*Säcker/Barbknecht* EnWG § 19 Rn. 42).

20   Notwendige und im Anwendungsbereich hinreichende Voraussetzung für die sachliche Rechtfertigung ist die Einhaltung geltenden Rechts, gerade angesichts der expliziten und detaillierten Regelungen der europäischen Verordnungen und Netzkodizes (Elt-VO 19, Erdgas-VO 09, SO-GL, EB-GL).

21   Da es sich bei den Entgelten für die Ausgleichsenergie um ein einseitig durch den Netzbetreiber gesetztes Preiselement handelt, dürfte der **Anwendungsbereich des § 315 BGB** ähnlich wie bei den übrigen Netzentgelten auch eröffnet sein. Voraussetzung für die Anwendbarkeit dieser Norm ist grundsätzlich eine ausdrückliche oder konkludente rechtsgeschäftliche Vereinbarung, dass eine Partei durch einseitige Willenserklärung den Inhalt einer Vertragsleistung bestimmen kann (BGHZ 164, 336 = NJW 2006, 684 – Stromnetznutzungsentgelt I mwN; BGH Urt. v. 15.5.2012 – EnZR 105/10, NJW 2012, 3092).

22   Für die **Abrechnung** werden alle Ein- und Ausspeisungen eines Bilanzkreises inklusive Ex- und Importe in die Regelzone miteinander saldiert, innerhalb von Bilanzkreisen gegebenenfalls gegenüber Subbilanzkreisen abgerechnet. Gem. § 25 MessEV dürfen **Messgrößen,** deren Werte als Summe, Differenz, Produkt oder Quotient aus Messwerten gebildet werden, nur dann angegeben oder verwendet werden, wenn der Regelermittlungsausschuss nach § 46 des Mess- und Eichgesetzes eine Regel ermittelt hat, die eine Feststellung zu den zulässigen Abweichungen der Werte von den wahren Werten beinhaltet und deren Fundstelle von der PTB im Bundesanzeiger bekannt gemacht wurde. Für eine Vielzahl der Sachverhalte, in denen in der Energiewirtschaft gerechnet werden muss, wurde eine solche Regel jedoch bisher nicht ermittelt, so auch bei der Ausgleichsenergie. Die mit der Novelle der MessEV 2021 (VO v. 26.10.2021, BGBl. I 2021, Nr. 76, S. 4742) eingeführte Regelung in § 25 Abs. 1 Nr. 7 MessEV stellt klar, dass die Abrechnung trotzdem zulässig und mithin sachlich nicht ungerechtfertigt ist.

II. Transparent

23   Die Verfahren der Beschaffung, ihre Rechte und Pflichten und die Bepreisung der Ausgleichsenergie müssen den Netznutzern ex ante bekannt sein. Ebenfalls erfasst sind die „Regelungen" (S. 1), die die Pflichten und Kostenentstehung ins-

Erbringung von Ausgleichsleistungen § 23

besondere für die BKV in die Regelung mit einbeziehen, mithin das Energiemengen-Bilanzierungssystem.

Die Regelungen des Art. 7 EB-GL, des § 9 StromNZV, des Art. 33 NC BAL Gas 24 sowie des § 40 GasNZV gelten für die abgerechnete Ausgleichsenergie. Sie dienen der **Transparenz** der Ausgleichsenergiepreise. Darüber hinaus gelten die Anforderungen aus Art. 12 EB GL (→ Rn. 29).

Durch die normative Ausgestaltung für alle Elemente der Ausgleichsenergie 25 (→ Vor § 22 Rn. 24 ff.), die Regulierung zB mittels Standardverträgen (→ Rn. 29) und die umfassenden Internetveröffentlichungen (Strom: www.Regelleistung.net; Gas: www.tradinghub.eu/de-de/Ver%C3%B6ffentlichungen/Regelenergie/Externe-Regelenergie#) gilt hier ein hohes Maß an Transparenz.

III. Nichtdiskriminierend

Die Vorgaben zur diskriminierungsfreien Beschaffung und Bereitstellung von 26 Systemdienstleistungen sind Gegenstand einer Vielzahl von Einzelregelungen der Elt-VO 19, der Elt-RL 19 und der Erdgas-VO 09, deren Zweck und Wirkung sich am anschaulichsten anhand des Leitbildes zeigen lässt, das den Einzelregelungen zugrunde liegt: Nach diesem europarechtlichen Leitbild des diskriminierungsfreien Marktzugangs sollen grundsätzlich **alle geeigneten Marktteilnehmer diskriminierungsfrei** nach ihren jeweiligen energiewirtschaftlichen Funktionen am Strommarkt teilnehmen können (→ § 13 Rn. 65 ff.).

Diskriminierungsfreiheit geht mithin über die Gleichbehandlung Dritter mit 27 dem eigenen oder verbundenen Unternehmen hinaus. **Diskriminierungsfreiheit** zielt darauf, sowohl **sachwidrige Ungleichbehandlungen** von gleichen Sachverhalten (insbesondere von gleichen energiewirtschaftlichen Funktionen) als auch **sachwidrige Gleichbehandlungen** von ungleichen Sachverhalten auszuschließen. Sachgerechte Differenzierungen bleiben möglich bzw. erforderlich. Nicht sachgerecht wäre auch eine Behandlung, die darauf abzielt, im Geschäftsmodell eines Anbieters verankerte **Wettbewerbsnachteile einseitig auszugleichen**, denn dies würde eine Diskriminierung der anderen Marktteilnehmer darstellen und dem Ziel der Kostengünstigkeit des Netzbetriebs insgesamt bzw der Effizienz im Interesse der Netznutzer oder Letztverbraucher zuwiderlaufen (beispielhaft für laufende Diskussionen *Halbig* ER 2020, 238 (241)). Auch eine gleichrangige Berücksichtigung von geeigneten und **ungeeigneten** (bzw. von deutlich weniger geeigneten) Dienstleistungen wäre diskriminierend (sowie ungeeignet und ineffizient) (treffend → § 13 Rn. 71 ff.).

IV. Nicht ungünstiger als bei verbundenen Unternehmen

Neben der allgemeinen Diskriminierung ist die Diskriminierung durch das ver- 28 tikal integrierte, marktbeherrschende Netzbetreiberunternehmen separat genannt. Während eine Diskriminierung im vertikal integrierten Unternehmen aufgrund der scharfen **Entflechtungsregelungen für TNB** (§§ 8–10e) organisatorisch sehr weitgehend schon strukturell eingeschränkt ist, findet jedenfalls im Strombereich die Beschaffung von **Verlustenergie,** die Netzbetreiber aller Netzebenen durchführen müssen, bei den **Verteilernetzbetreibern** in einem weiterhin überwiegend vertikal integrierten Umfeld unter den Rahmenbedingungen der informatorischen, buchhalterischen, operationellen und rechtlichen Entflechtung (§§ 6–7b) statt (Theobald/Kühling/*Boos* EnWG § 22 Rn. 3).

D. Konkretisierung Strom

29 Um den Ausgleich zwischen Erzeugung und Verbrauch im Stromnetz zu gewährleisten, werden sämtliche Energiemengen in einem **Bilanzkreissystem** erfasst, das in jeder der vier Regelzonen der ÜNB besteht. Jeder Netznutzer ist gem. § 3 Abs. 2 und § 4 Abs. 2 und 3 StromNZV verpflichtet, seine Entnahme- oder Einspeisestelle einem Bilanzkreis zuzuordnen und einen Bilanzkreisverantwortlichen (BKV) zu benennen. Zwischen dem Bilanzkreisverantwortlichen und dem ÜNB ist ein Bilanzkreisvertrag abzuschließen (§ 26 StromNZV).

30 Die sog. **Bilanzkreiszuordnung** ist Grundvoraussetzung des Netzzugangs gem. § 20 Abs. 1a S. 5. Zudem hat der BKV nach § 4 Abs. 2 StromNZV, Art. 5 Abs. 1 Elt-VO 19, Art. 17 EB-GL (VO (EU) 2017/2195 für eine ausgeglichene Bilanz zwischen Einspeisungen und Entnahmen in seinem Bilanzkreis zu sorgen. Er übermittelt dem ÜNB eine Lastprognose für alle ihm zugeordneten Einspeise- und Entnahmestellen auf Viertelstundenbasis (→ Vor § 22 Rn. 9) für die am Folgetag abzuwickelnden Handelsgeschäfte, den sog. **Fahrplan**, der auch nachträglich korrigiert werden kann (Art. 3 Abs. 2 Nr. 44, 69, 73, 75, 78, 79, Art. 46, 59 und 110ff. V (EU) 2017/1485 – SO-GL; § 5 StromNZV). Diese Fahrpläne dienen dem ÜNB als **Grundlage für die Lastflussberechnungen** in seiner Regelzone. Abweichungen zwischen fahrplanmäßigen und realen Strommengen gleicht dieser entweder **physikalisch** durch Regelenergie oder auch **bilanziell** durch Ausgleichsenergie aus. Über die Führung, Abwicklung und Abrechnung von Bilanzkreisen schließt der BKV mit dem ÜNB der jeweiligen Regelzone einen Bilanzkreisvertrag, § 26 StromNZV. Diese Verträge sind seit 2011 durch die **Festlegung eines Standardbilanzkreisvertrages** durch die BNetzA vorgegeben (BNetzA Beschl. v. 29.6.2011 – BK 6-06-013).

31 Man kann ganz unterschiedliche Bilanzkreise unterscheiden (*consentec*, Weiterentwicklung des Ausgleichsenergie-Preissystems im Rahmen des Verfahrens BK6-12-024, Gutachten im Auftrag der BNetzA v. 10.10.2012, S. 8), die für die BKV je ihre Herausforderungen haben.
(1) „EEG-Bilanzkreise", über die die ÜNB die Einspeisung aus EE-Anlagen vermarkten (Böwing Rn. 135)
(2) „Differenz-Bilanzkreise", die von den VNB geführt werden und in denen insbesondere die Differenzen zwischen dem ex ante berechneten und dem tatsächlichen Verbrauch der über Standardlastprofile (SLP) gem. §§ 12 Abs. 3 StromNZV versorgten Kunden bewirtschaftet werden (*Böwing* Regulierung Rn. 134–136)
(3) „Marktprämien-Bilanzkreise", in denen die im Rahmen des Marktprämien-Modells durch Direktvermarkter vermarktete EE-Einspeisung geführt wird
(4) „SLP-Vertriebs-Bilanzkreise" von Lieferanten, die überwiegend Kleinkunden über das SLP-Verfahren versorgen (BNetzA/EFZN, 7. Göttinger Tagung zu aktuellen Entwicklungen des Energieversorgungssystems vom 28./29.4.2015 Fachforum 1 „Bilanzierung im Massenmarkt – die Zukunft der SLP, Vorträge unter www.efzn.de/de/veranstaltungen/efzn-veranstaltungsreihen/goettinger-energietagung/2015/)
(5) „Mischvertriebs-Bilanzkreise" von Lieferanten, die ein durchmischtes Vertriebsportfolio (und somit keinen Schwerpunkt im Bereich der SLP-Kunden) aufweisen

Erbringung von Ausgleichsleistungen **§ 23**

(6) „Redispatch-Bilanzkreise" von Netzbetreibern (→ § 13a Abs. 1a; § 11a StromNZV; → § 13a Rn. 59ff.);

(7) „Verlustenergie-Bilanzkreis" von Netzbetreibern, der ausschließlich den Ausgleich von Verlustenergie umfasst § 10 StromNZV)

Nach Inkrafttreten der EB-GL waren die ÜNB gem. Art. 5 Abs. 4c iVm Art. 18 Abs. 1b EB-GL verpflichtet gewesen, einen **Vorschlag für Modalitäten** für BKV zu entwickeln und der zuständigen Regulierungsbehörde zur Genehmigung vorzulegen (BNetzA Beschl. v. 12.4.2019 – BK6-18-061, Anlage 1; zu den Problemen der behördlichen Kontrolldichte → Rn. 5 und 6). **32**

I. Der Bilanzausgleichsenergiepreis (reBAP)

Zur Abrechnung von Bilanzungleichgewichten gegenüber den Netznutzern/ BKV kommt der sog. **regelzonenübergreifende einheitliche Bilanzausgleichsenergiepreis** (BNetzA Beschl. v. 25.10.2012 – BK6-12-024 –**reBAP**, ab 24.7.2022 geändert durch Beschl. v. 28.4.2022 – BK6-21-192) zur Anwendung. Die dafür erforderlichen Entscheidungen der BNetzA wurden jedoch nicht auf §§ 22, 23 gestützt, sondern direkt auf Art. 6 Abs. 3 iVm Art. 18 Abs. 6 lit. k, Art. 55 der EB-GL. Der reBAP **33**

a) ist ein symmetrischer, viertelstündlicher Preis
b) kann positiv und negativ sein
c) basiert auf den Kosten der eingesetzten Regelenergie
d) ergänzt diese um weitere Komponenten, die die Anreizfunktion sicherstellen

Neben seiner Funktion als Abrechnungspreis kommt dem reBAP eine fundamentale Funktion im deutschen Energiemarkt zu. Er soll die **richtigen Anreize** setzen, damit BKV **offene Positionen im Handel** schließen, bevor die ÜNB sie mit dem Einsatz von Regelenergie ausgleichen müssen. Deshalb entwickeln die ÜNB sowie die Festlegungen der BNetzA den reBAP im Rahmen der EB GL stetig weiter. **34**

Der **reBAP** setzt sich aktuell aus drei Komponenten zusammen: **35**

(1) Die erste Komponente sind die Kosten für die Beschaffung (**Beschaffungspreis**) für Regelarbeit gemäß Merit Order. Dieses Preiselement setzt aus sich heraus keine Anreize an die BKV. Er spiegelt die **Beschaffungskosten der ÜNB** wider. Ab dem 24.7.2022 gibt eine „preisbasierte" Ermittlung des Ausgleichsenergiepreises auf Grundlage der grenzüberschreitenden Grenzarbeitspreise vor, die sich auf den genannten Plattformen für die überwiegende Abrufrichtung des betreffenden ÜNB in der relevanten Abrechnungsviertelstunde gebildet haben (BNetzA Beschl. v. 28.4.2022 – BK6-21-192). Dieser Preis ist mithin abhängig von der Liquidität der jeweiligen Regelenergiemärkte. Grundlegend zu Wettbewerb in den Strom- und Gasmärkten und speziell zur Merit-Order-Liste Baur/Salje/Schmidt-Preuß Energiewirtschaft/ *Ockenfels/Bettzüge* Kap. 3 Rn. 13, dort Fn. 5.; Funktionsweise und Abweichungsmöglichkeiten von den Merit-Order-Listen in den verschiedenen Regelenergieprodukten. analysiert bei *consentec*, Weiterentwicklung des Ausgleichsenergiepreissystems, Gutachten im Auftrag der deutschen ÜNB vom 21.10.2019, www.regelleistung.net/ext/static/rebap.

(2) Die zweite Komponente ist der Börsenpreis als **Mindestpreis.** Da die Ausgleichsenergie in der kurzfristigen Optimierung mit den kurzfristen Märkten konkurriert, ist aktuell der Intraday-Preis der Maßstab für eine Viertelstunde (BNetzA Beschl. v. 11.5.2020 – BK6-19-552 – Börsenpreiskopplung). Die Setzung des **richtigen Börsenpreises** als Maßstab ist eine laufende Herausfor-

§ 23 Teil 3. Regulierung des Netzbetriebs

derung und Gegenstand von Weiterentwicklungen (*consentec,* Weiterentwicklung des Ausgleichsenergiepreissystems, Gutachten im Auftrag der deutschen ÜNB vom 21.10.2019, S. 14, www.regelleistung.net/ext/static/rebap).

(3) Die dritte Komponente ist eine **Pönale** oder ein Aufschlag, wenn durch das kollektive Verhalten der Bilanzkreisverantwortlichen die Regelenergie in hohem Maße beansprucht wird (bislang BNetzA Beschl. v. 11.12.2019 – BK6-19-217 – 80-Prozent-Kriterium, abgelöst von BNetzA Beschl. v. 11.5.2021 – BK6-20-345 – Knappheitskomponente).

Als Ausgleichsenergiepreis wird immer **die höchste der drei Preiskomponenten** abgerechnet – symmetrisch in beide Richtungen.

II. Electricity Balancing Guideline (VO (EU) 2017/2195)

36 Eine nachträglich hinzugetretene verbindliche Konkretisierung ist in den Vorgaben der VO (EU) 2017/2195 vom 23.11.2017 zur Festlegung einer Leitlinie über den Systemausgleich im Elektrizitätsversorgungssystem (EB-GL) zu sehen. Diese Verordnung enthält nach ihrem Erwgr. 5 technische, betriebliche und marktbezogene Vorschriften für die Funktionsweise der Regelreservemärkte im Elektrizitätsversorgungssystem in der gesamten EU. Sie umfasst Bestimmungen für die Beschaffung von Regelleistung, die Aktivierung der Regelarbeit und die finanzielle Abrechnung mit den Bilanzkreisverantwortlichen. Im Folgenden sind die für die Preisbildung maßgeblichen Auszüge abgedruckt.

37 **Artikel 1 VO (EU) 2017/2195 Gegenstand und Anwendungsbereich.** (1) In dieser Verordnung ist eine detaillierte Leitlinie für den Systemausgleich im Elektrizitätsversorgungssystem festgelegt, einschließlich gemeinsamer Grundsätze für die Beschaffung und die Abrechnung von Frequenzhaltungsreserven (FCR), Frequenzwiederherstellungsreserven (FRR) und Ersatzreserven (RR) sowie einer gemeinsamen Methode für die Aktivierung der Frequenzwiederherstellungsreserven und der Ersatzreserven.

(2) Diese Verordnung gilt für Übertragungsnetzbetreiber (im Folgenden „ÜNB"), Verteilernetzbetreiber (im Folgenden „VNB") einschließlich der Betreiber geschlossener Verteilernetze, Regulierungsbehörden, die Agentur für die Zusammenarbeit der Energieregulierungsbehörden (im Folgenden die „Agentur"), den Europäischen Verbund der Übertragungsnetzbetreiber (im Folgenden „ENTSO-E"), Dritte, denen Zuständigkeiten übertragen oder zugewiesen wurden, und andere Marktteilnehmer.

(...)

38 **Artikel 2 VO (EU) 2017/2195 Begriffsbestimmungen.** Für die Zwecke dieser Verordnung gelten die Begriffsbestimmungen in Artikel 2 der Richtlinie 2009/72/EG, Artikel 2 der Verordnung (EG) Nr. 714/2009, Artikel 2 der Verordnung (EU) Nr. 543/2013 der Kommission (1), Artikel 2 der Verordnung (EU) 2015/1222 der Kommission (2), Artikel 2 der Verordnung (EU) 2016/631 der Kommission (3), Artikel 2 der Verordnung (EU) 2016/1388 der Kommission (4), Artikel 2 der Verordnung (EU) 2016/1447 der Kommission (5), Artikel 2 der Verordnung (EU) 2016/1719 der Kommission (6), Artikel 3 der Verordnung (EU) 2017/1485 und Artikel 3 der Verordnung (EU) 2017/2196 der Kommission (7). Ferner gelten die folgenden Begriffsbestimmungen:

(...)

(9) „Abrechnung von Bilanzkreisabweichungen" bezeichnet einen finanziellen Abrechnungsmechanismus, mit dessen Hilfe Bilanzkreisabweichungen den jeweiligen Bilanzkreisverantwortlichen in Rechnung gestellt bzw. entsprechende Zahlungen an sie vorgenommen werden;

Erbringung von Ausgleichsleistungen §23

(10) „Bilanzkreisabrechnungszeitintervall" bezeichnet den Zeitraum, für den die Bilanzkreisabweichung der Bilanzkreisverantwortlichen berechnet wird;

(11) „Bilanzkreisabweichungsgebiet" bezeichnet das Gebiet, für das eine Bilanzkreisabweichung berechnet wird;

(12) „Ausgleichsenergiepreis" bezeichnet den positiven, negativen oder null betragenden Preis in einem Bilanzkreisabrechnungszeitintervall für eine Bilanzkreisabweichung in jeder Richtung;

(13) „Geltungsbereich des Ausgleichsenergiepreises" bezeichnet das Gebiet für die Berechnung eines Ausgleichsenergiepreises;

(...)

(27) „Zeitpunkt der Schließung des Regelarbeitsmarkts" bezeichnet den Zeitpunkt, ab dem keine Regelarbeitsgebote für Standardprodukte auf einer gemeinsamen Merit-Order-Liste mehr eingereicht oder aktualisiert werden dürfen;

(28) „Standardprodukt" bezeichnet ein von allen ÜNB für den Austausch von Regelreserve definiertes harmonisiertes Regelreserveprodukt;

(...)

(36) „spezifisches Produkt" bezeichnet ein Produkt, bei dem es sich nicht um ein Standardprodukt handelt;

(37) „gemeinsame Merit-Order-Liste" bezeichnet eine nach Gebotspreisen geordnete Liste von Regelarbeitsgeboten, die zur Aktivierung dieser Gebote verwendet wird;

(38) „Zeitpunkt der Marktschließung für die Einreichung von Regelarbeitsgeboten durch ÜNB" bezeichnet den Zeitpunkt, bis zu dem ein Anschluss-ÜNB die von einem Regelreserveanbieter übermittelten Regelarbeitsgebote bei der Aktivierungs-Optimierungsfunktion einreichen kann;

Das **Bilanzkreisabweichungsgebiet** nach Ziffer 11 umfasst mindestens eine 39 Regelzone, kann, wie am Beispiel des Netzregelverbunds (→ § 22 Rn. 52) erkennbar, auch über diese hinausgehen.

Der **Ausgleichsenergiepreis** (Ziffer 12) ist auch gem. Art. 2 Nr. 16 Elt-VO 19 40 definiert als positiver, negativer oder null betragender Preis in einem Bilanzkreisabrechnungszeitintervall für eine Bilanzkreisabweichung in jeder Richtung, was sich hier in **Ziffer 12** wortgleich wiederfindet. Gleiches gilt für **Ziffer 13** (Art. 2 Nr. 17 Elt-VO 19).

Artikel 8 VO (EU) 2017/2195 Kostenanerkennung. (1) Kosten im Zusammenhang mit 41 Verpflichtungen, die Netzbetreibern oder bestimmten Dritten im Einklang mit dieser Verordnung auferlegt wurden, werden gemäß Artikel 37 der Richtlinie 2009/72/EG von den zuständigen Regulierungsbehörden geprüft.

(2) Kosten, die nach Ansicht der zuständigen Regulierungsbehörde angemessen und verhältnismäßig sind und denen eines effizienten Netzbetreibers entsprechen, werden nach den Vorgaben der zuständigen Regulierungsbehörden durch Netzentgelte oder andere geeignete Mechanismen gedeckt.

(3) Auf Aufforderung der zuständigen Regulierungsbehörden legen die Netzbetreiber oder die bestimmten Dritten binnen drei Monaten die notwendigen Informationen vor, die die Bewertung der entstandenen Kosten erleichtern.

(4) Alle Kosten, die den Marktteilnehmern durch die Erfüllung der Anforderungen dieser Verordnung entstehen, werden von diesen Marktteilnehmern getragen.

Art. 8 regelt in den Abs. 1–3 die durch die Netzbetreiber zu tragenden Kosten. 42 Dies betrifft die Kosten für Verlustenergie sowie die Kosten für die Leistungsvorhaltung (→ Vor § 22 Rn. 35). Abs. 4 ist Grundlage der beschriebenen Kostentragung der den BKV zuzuordnen Kosten für Bilanzabweichungen (→ Vor § 22 Rn. 34). Inhaltlich entspricht die Maßgabe § 8 Abs. 1. S. 2 StromNZV.

43 Die Abrechnung von Regelenergie war schon zuvor in § 8 StromNZV geregelt. Es ist zu unterscheiden zwischen der Abrechnung über Netznutzungsentgelte nach § 8 Abs. 1 StromNZV und der Abrechnung mit den BKV nach § 8 Abs. 2 StromNZV. Der Aufteilung liegt die Unterscheidung zwischen den **drei Regelenergiearten** (Primärregelung, Sekundärregelung, Minutenreserve) einerseits und der Abrechnung nach **Leistungspreisen** oder **Arbeitspreisen** andererseits zugrunde (zum Unterschied zwischen Leistungs- und Arbeitspreis Zander/Riedel/Kraus Energiebeschaffung-HdB/*Specht/Zander* I 2 S. 2, 12).

44 Die **in die Erlösobergrenze** und somit die Netzentgelte eingehenden Kosten für die **Leistungsvorhaltung** unterliegen in der Refinanzierung den Regelungen der FSV Regelenergie (BNetzA Beschl. v. 10.10.2018– BK8-18/0008-A). Durch das von den ÜNB beschriebene Verfahren der Beschaffung der Regelenergie im Rahmen der Vorgaben durch Gesetz und die zum Zeitpunkt der Entscheidung geltenden Festlegungen (BK6-10-097 – Primärregelleistung, BK6-15-158 und BK6-18-019 – Sekundärregelleistung sowie BK6-15-159 und BK6-18-020 – Minutenreserve) hat die BNetzA darin festgestellt, dass die Kosten als verfahrensreguliert gelten, mit der Folge, dass diese als „**dauerhaft nicht beeinflussbare Kosten**" (dnbK) gem. § 11 Abs. 2 S. 4 ARegV auf Plankostenbasis in die Erlösobergrenze eingepreist werden können. Die jährlich eingestellten Plankosten werden über das Regulierungskonto gem. § 5 ARegV auf **das Ist-Niveau** korrigiert. Aufgrund verbleibender Gestaltungsspielräume enthält die FSV trotz der Einstufung als dnbK ein Anreizsystem (BNetzA Beschl. v. 10.10.2018 – BK8-18/0008-A, 8; grundlegend zum Instrument der FSV *Franke* FS Säcker S. 415 (424 ff.)).

45 Artikel 12 VO (EU) 2017/2195 Veröffentlichung von Informationen. (1) Alle in Artikel 1 Absatz 2 genannten Einrichtungen stellen den ÜNB alle für die Erfüllung der in den Absätzen 3 bis 5 genannten Verpflichtungen erforderlichen relevanten Informationen bereit.

(2) Alle in Artikel 1 Absatz 2 genannten Einrichtungen stellen sicher, dass Zeitpunkt und Format der Veröffentlichung der in den Absätzen 3 bis 5 des vorliegenden Artikels genannten Informationen so gewählt werden, dass ein tatsächlicher oder potenzieller Wettbewerbsvorteil oder -nachteil von natürlichen Personen oder Unternehmen ausgeschlossen ist.

(3) Jeder ÜNB veröffentlicht die folgenden Informationen, sobald sie verfügbar werden:
a) Informationen zum aktuellen Systemausgleich in seinem Fahrplangebiet oder seinen Fahrplangebieten so bald wie möglich, jedoch spätestens 30 Minuten nach der Echtzeit;
b) Informationen zu allen Regelarbeitsgeboten seines Fahrplangebietes oder seiner Fahrplangebiete, die erforderlichenfalls zu anonymisieren sind, spätestens 30 Minuten nach dem Ende der jeweiligen Marktzeiteinheit. Die Informationen müssen Folgendes umfassen:
   i) Art des Produkts;
   ii) Gültigkeitsdauer;
   iii) angebotene Volumina;
   iv) angebotene Preise;
   v) Informationen, ob das Gebot für nicht verfügbar erklärt wurde;
c) Informationen, ob das Regelarbeitsgebot durch Umwandlung eines Gebots für ein spezifisches Produkt oder das integrierte Fahrplanerstellungsverfahren erstellt wurde, spätestens 30 Minuten nach dem Ende der jeweiligen Marktzeiteinheit;
d) Informationen darüber, wie Regelarbeitsgebote für spezifische Produkte oder aus dem integrierten Fahrplanerstellungsverfahren in Regelarbeitsgebote für Standardprodukte

Erbringung von Ausgleichsleistungen §23

umgewandelt wurden, spätestens 30 Minuten nach dem Ende der jeweiligen Marktzeiteinheit;
e) aggregierte Informationen zu Regelarbeitsgeboten spätestens 30 Minuten nach dem Ende der jeweiligen Marktzeiteinheit, darunter
 i) das Gesamtvolumen der abgegebenen Regelarbeitsgebote;
 ii) das Gesamtvolumen der abgegebenen Regelarbeitsgebote, aufgeschlüsselt nach der Art der Reserven;
 iii) das Gesamtvolumen abgegebener und aktivierter Regelarbeitsgebote, aufgeschlüsselt nach Standardprodukten und spezifischen Produkten;
 iv) das Volumen nicht verfügbarer Gebote, aufgeschlüsselt nach der Art der Reserven;
f) Informationen zu angebotenen Volumina sowie zu den angebotenen Preisen beschaffter Regelleistung, die erforderlichenfalls zu anonymisieren sind, spätestens eine Stunde nach der Mitteilung der Ergebnisse der Beschaffung an die Bieter;
g) die anfänglichen Modalitäten für den Systemausgleich gemäß Artikel 18 mindestens einen Monat vor der Anwendung und alle Änderungen der Modalitäten umgehend nach der Genehmigung durch die zuständige Regulierungsbehörde gemäß Artikel 37 der Richtlinie 2009/72/EG;
h) folgende Informationen zur Zuweisung grenzüberschreitender Übertragungskapazität für den Austausch von Regelleistung oder die Reserventeilung gemäß Artikel 38 spätestens 24 Stunden nach der Zuweisung sowie spätestens sechs Stunden vor der Nutzung der zugewiesenen grenzüberschreitenden Übertragungskapazität:
 i) Datum und Zeitpunkt der Entscheidung über die Zuweisung;
 ii) Zeitraum der Zuweisung;
 iii) zugewiesene Volumina;
 iv) im Zuweisungsverfahren zugrunde gelegte Marktwerte gemäß Artikel 39;
i) folgende Informationen zur Nutzung zugewiesener grenzüberschreitender Übertragungskapazität für den Austausch von Regelleistung oder die Reserventeilung gemäß Artikel 38 spätestens eine Woche nach der Nutzung der zugewiesenen grenzüberschreitenden Übertragungskapazität:
 i) Volumen der zugewiesenen und genutzten grenzüberschreitenden Übertragungskapazität je Marktzeiteinheit;
 ii) Volumen der für nachfolgende Zeitbereiche freigegebenen grenzüberschreitenden Übertragungskapazität je Marktzeiteinheit;
 iii) Abschätzung der realisierten Kosten und des realisierten Nutzens des Zuweisungsverfahrens;
j) genehmigte Methoden gemäß den Artikeln 40, 41 und 42 mindestens einen Monat vor der Anwendung;
k) eine Beschreibung der Anforderungen jedes entwickelten Algorithmus und dessen Änderungen gemäß Artikel 58 mindestens einen Monat vor der Anwendung;
l) den gemeinsamen Jahresbericht gemäß Artikel 59.

(4) Vorbehaltlich der Genehmigung gemäß Artikel 18 kann jeder ÜNB von der Veröffentlichung von Informationen zu angebotenen Preisen und Volumina von Regelleistungs- oder Regelarbeitsgeboten absehen, wenn dies aufgrund von Bedenken hinsichtlich eines Marktmissbrauchs gerechtfertigt ist und die wirksame Funktionsweise der Elektrizitätsmärkte dadurch nicht beeinträchtigt wird. Eine solche Zurückhaltung von Informationen meldet der ÜNB gemäß Artikel 37 der Richtlinie 2009/72/EG mindestens einmal jährlich der zuständigen Regulierungsbehörde.

(5) Jeder ÜNB veröffentlicht die in Absatz 3 genannten Informationen spätestens zwei Jahre nach dem Inkrafttreten dieser Verordnung in einem gemeinsam vereinbarten harmonisierten Format mindestens über die gemäß Artikel 3 der Verordnung (EU) Nr. 543/2013 eingerichtete Informationstransparenzplattform. Spätestens vier Monate nach dem Inkrafttreten dieser Verordnung aktualisiert ENTSO-E das Verfahrenshandbuch gemäß Artikel 5

der Verordnung (EU) Nr. 543/2013 und legt es der Agentur zur Stellungnahme vor, die diese binnen zwei Monaten abgibt.

46 Die Transparenzpflichten beziehen sich nicht nur auf die ÜNB selbst (erst ab Abs. 3). Der in Bezug genommene Art. 1 Abs. 2 erfasst ÜNB, VNB einschließlich der Betreiber geschlossener Verteilernetze, Regulierungsbehörden, ACER, ENTSO-E, „Dritte, denen Zuständigkeiten übertragen oder zugewiesen wurden, und andere Marktteilnehmer".

47 Ebenfalls deutlich und abstrakt adressiert wird **die Gefahr,** dass das Ausmaß an Transparenz in diesen wettbewerblich zu organisierenden Systemdienstleistungsmärkten einzelnen Teilnehmern mit entsprechender **Marktmacht auf Anbieterseite** zum eigenen Vorteil genutzt werden kann (Abs. 2 und Abs. 4), zB durch Kapazitätszurückhaltung (Baur/Salje/Schmidt-Preuß Energiewirtschaft/*Ockenfels/Bettzüge* Kap. 3 Rn. 22 ff.). Dabei kommt es auf Zeitpunkte von Geboten im Verhältnis zu Alternativmärkten (Börsenschluss) und Bedarfsberechnungen zu bestimmten Zeitpunkten an. Da es hier um Systemsicherheitsbedarfe geht (→ Vor §§ 22 ff. Rn. 8 ff.) ist der Verzicht auf einen Zuschlag für die ÜNB keine Option. Die ÜNB sind Nachfragemonopolisten, allerdings auch zur Nachfrage verdammt.

48 Artikel 30 VO (EU) 2017/2195 Preisbildung für Regelarbeit und grenzüberschreitende Übertragungskapazität, die für den Austausch von Regelarbeit oder das IN-Verfahren genutzt wird. (1) Binnen eines Jahres nach dem Inkrafttreten dieser Verordnung entwickeln alle ÜNB einen Vorschlag für eine Methode zur Festlegung der Preise für die Regelarbeit, die durch die Aktivierung von Regelarbeitsgeboten für den Frequenzwiederherstellungsprozess gemäß den Artikeln 143 und 147 der Verordnung (EU) 2017/1485 und für den Ersatzreserven-Prozess gemäß den Artikeln 144 und 148 der Verordnung (EU) 2017/1485 bereitgestellt wird. Diese Methode muss
a) auf dem Grenzpreisverfahren („pay as cleared") beruhen;
b) deutlich machen, wie die Aktivierung von Regelarbeitsgeboten, die zu anderen Zwecken als zum Systemausgleich aktiviert werden, den Regelarbeitspreis beeinflusst, und gleichzeitig sicherstellen, dass zumindest Regelarbeitsgebote, die für das interne Engpassmanagement aktiviert werden, nicht den Grenzpreis der Regelarbeit bestimmen;
c) mindestens einen Regelarbeitspreis je Bilanzkreisabrechnungszeitintervall ergeben;
d) korrekte Preissignale und Anreize für die Marktteilnehmer aussenden; e) der Preisbildungsmethode für den Day-Ahead- und Intraday-Zeitbereich Rechnung tragen.

(2) Sollten ÜNB feststellen, dass für eine effiziente Funktionsweise des Marktes technische Preisgrenzen erforderlich sind, können sie im Rahmen des Vorschlags gemäß Absatz 1 einen Vorschlag für harmonisierte Höchst- und Mindestregelarbeitspreise, einschließlich Gebots- und Clearing-Preisen, zur Anwendung in allen Fahrplangebieten entwickeln. Bei der Festlegung harmonisierter Höchst- und Mindestregelarbeitspreise müssen sie den Höchst- und Mindest-Clearingpreis für den Day-Ahead- und den Intraday-Zeitbereich gemäß der Verordnung (EU) 2015/1222 berücksichtigen.

(3) In dem Vorschlag gemäß Absatz 1 ist auch eine Methode für die Preisbildung für grenzüberschreitende Übertragungskapazität festzulegen, die für den Austausch von Regelarbeit oder das IN-Verfahren genutzt wird. Diese Methode muss mit den Anforderungen im Rahmen der Verordnung (EU) 2015/1222 im Einklang stehen und folgende Anforderungen erfüllen:
a) Sie muss Marktengpässe widerspiegeln;
b) sie muss auf den Preisen für die durch aktivierte Regelarbeitsgebote bereitgestellte Regelarbeit beruhen, die entweder nach der Preisbildungsmethode gemäß Absatz 1 Buchstabe a oder, soweit anwendbar, nach der Preisbildungsmethode gemäß Absatz 5 bestimmt wurden;

Erbringung von Ausgleichsleistungen § 23

c) sie darf keine zusätzlichen Entgelte für den Austausch von Regelarbeit oder die Anwendung des IN-Verfahrens vorsehen, mit Ausnahme eines Entgelts zum Ausgleich von Verlusten, sofern dieses Entgelt auch in anderen Zeitbereichen angewandt wird.

(4) Die harmonisierte Preisbildungsmethode gemäß Absatz 1 gilt für die durch alle Standardprodukte und spezifische Produkte gemäß Artikel 26 Absatz 3 Buchstabe a bereitgestellte Regelarbeit. Für spezifische Produkte gemäß Artikel 26 Absatz 3 Buchstabe b kann der betreffende ÜNB im Vorschlag für spezifische Produkte gemäß Artikel 26 eine andere Preisbildungsmethode vorschlagen.

(5) Stellen alle ÜNB Effizienzmängel bei der Anwendung der gemäß Absatz 1 Buchstabe a vorgeschlagenen Preisbildungsmethode fest, können sie eine Änderung beantragen und eine Alternative zu der in Absatz 1 Buchstabe a genannten Preisbildungsmethode vorschlagen. In diesem Falle müssen alle ÜNB durch eine detaillierte Analyse nachweisen, dass die alternative Preisbildungsmethode effizienter ist.

Art. 30 betrifft die ersten Preisbildungskomponente des reBAP (Rn. 33, Ziffer (1)). Die Umsetzung der europäischen Vorgaben ist initial durch Festlegung der BNetzA 2019 erfolgt und seitdem weiterentwickelt worden (BNetzA Beschl. v. 2.10.2019 – BK6-18-004-RAM, ab 24.7.2022 geändert durch Beschl. v. 28.4.2022 – BK6-21-192; → § 23 Rn. 33; alle Entwicklungen zu finden unter www.bundesnetzagentur.de → Beschlusskammer 6 → Systemdienstleistungen/-sicherheit → Regelenergie/Ausgleichsenergie und aktuell bei www.regelleistung.net). (→ vertiefend § 22 ab Rn. 50). **49**

Artikel 31 VO (EU) 2017/2195 Aktivierungs-Optimierungsfunktion. (1) Alle ÜNB richten gemäß Artikel 29 und dem vorliegenden Artikel eine Aktivierungs-Optimierungsfunktion ein, um die Aktivierung von Regelarbeitsgeboten auf unterschiedlichen gemeinsamen Merit-Order-Listen zu optimieren. Diese Funktion muss mindestens Folgendes berücksichtigen: **50**
a) die Aktivierungsverfahren und technischen Beschränkungen unterschiedlicher Regelarbeitsprodukte;
b) die Betriebssicherheit;
c) alle Regelarbeitsgebote, die in den kompatiblen gemeinsamen Merit-Order-Listen enthalten sind;
d) die Möglichkeit, entgegengesetzte Aktivierungsanforderungen von ÜNB miteinander zu verrechnen;
e) die von allen ÜNB eingereichten Aktivierungsanforderungen;
f) die verfügbare grenzüberschreitende Übertragungskapazität.

(2) Gemeinsame Merit-Order-Listen müssen aus Regelarbeitsgeboten für Standardprodukte bestehen. Alle ÜNB erstellen die erforderlichen gemeinsamen Merit-Order-Listen für Standardprodukte. Regelarbeitsgebote für die Aufwärts- und die Abwärtsregelung werden auf unterschiedlichen gemeinsamen Merit-Order-Listen geführt.

(3) Jede Aktivierungs-Optimierungsfunktion nutzt mindestens eine gemeinsame Merit-Order-Liste für aufwärts gerichtete Regelarbeitsgebote und eine gemeinsame Merit-Order-Liste für abwärts gerichtete Regelarbeitsgebote.

(4) Die ÜNB stellen sicher, dass die an die gemeinsamen Merit-Order-Listen übermittelten Regelarbeitsgebote in Euro angegeben werden und auf die Marktzeiteinheit Bezug nehmen.

(5) In Abhängigkeit von den erforderlichen Standardprodukten für Regelarbeit können ÜNB weitere gemeinsame Merit-Order-Listen erstellen.

(6) Jeder ÜNB übermittelt seine Anforderungen zur Aktivierung von Regelarbeitsgeboten an die Aktivierungs- Optimierungsfunktion.

§ 23

(7) Die Aktivierungs-Optimierungsfunktion wählt Regelarbeitsgebote aus und fordert die Aktivierung der ausgewählten Regelarbeitsgebote des Anschluss-ÜNB an, mit dessen Netz der Regelreserveanbieter verbunden ist, dessen Regelarbeitsgebot ausgewählt wurde.

(8) Die Aktivierungs-Optimierungsfunktion übermittelt dem ÜNB, der die Aktivierung der Regelarbeitsgebote angefordert hat, eine Bestätigung über die aktivierten Regelarbeitsgebote. Die Regelreserveanbieter, deren Gebote aktiviert wurden, sind dafür verantwortlich, das angeforderte Volumen bis zum Ende des Lieferzeitraums bereitzustellen.

(9) Alle ÜNB, die einen Frequenzwiederherstellungsprozess und einen Ersatzreserven-Prozess zum Ausgleich der Bilanz ihrer LFR-Zone durchführen, bemühen sich darum, alle Regelarbeitsgebote der jeweiligen gemeinsamen Merit- Order-Listen zu nutzen, um das System unter Berücksichtigung der Betriebssicherheit auf möglichst effiziente Weise ausgeglichen zu halten.

(10) ÜNB, die keinen Ersatzreserven-Prozess zum Ausgleich der Bilanz ihrer LFR-Zone durchführen, bemühen sich darum, alle Regelarbeitsgebote der jeweiligen gemeinsamen Merit-Order-Listen für Frequenzwiederherstellungsreserven zu nutzen, um das System unter Berücksichtigung der Betriebssicherheit auf möglichst effiziente Weise ausgeglichen zu halten.

(11) Wenn sich das Netz nicht im Normalzustand befindet, können die ÜNB entscheiden, das System nur mit Hilfe von Regelarbeitsgeboten von Regelreserveanbietern ihrer eigenen Regelzone auszugleichen, sofern dies dazu beiträgt, den Netzzustand zu verbessern. Zu einer solchen Entscheidung muss der ÜNB unverzüglich eine Begründung veröffentlichen.

51 Grundlegend zu Wettbewerb in den Strom- und Gasmärkten und speziell zur Merit-Order-Liste Baur/Salje/Schmidt-Preuß Energiewirtschaft/ *Ockenfels/Bettzüge* Kap. 3 Rn. 13, dort Fn. 5.; Funktionsweise und Abweichungsmöglichkeiten von den Merit-Order-Listen in den verschiedenen Regelenergieprodukten analysiert bei *consentec,* Weiterentwicklung des Ausgleichsenergiepreissystems, Gutachten im Auftrag der deutschen ÜNB vom 21.10.2019, www.regelleistung.net/ext/static/rebap.

52 Artikel 44 VO (EU) 2017/2195 Allgemeine Grundsätze. (1) Die Abrechnungsverfahren müssen
a) angemessene wirtschaftliche Signale aussenden, die die herrschenden Bilanzkreisabweichungen widerspiegeln;
b) sicherstellen, dass Bilanzkreisabweichungen zu einem Preis abgerechnet werden, der den Echtzeitwert der Energie widerspiegelt;
c) Anreize für Bilanzkreisverantwortliche bieten, das Gleichgewicht aufrechtzuerhalten oder zur Wiederherstellung des Gleichgewichts im System beizutragen;
d) die Harmonisierung von Mechanismen zur Abrechnung von Bilanzkreisabweichungen unterstützen;
e) Anreize für ÜNB bieten, ihre Verpflichtungen aus den Artikeln 127, 153, 157 und 160 der Verordnung (EU) 2017/1485 zu erfüllen;
f) verzerrende Anreize für Bilanzkreisverantwortliche, Regelreserveanbieter und ÜNB vermeiden;
g) den Wettbewerb zwischen Marktteilnehmern unterstützen;
h) Anreize für Regelreserveanbieter bieten, Regelreserve für den Anschluss-ÜNB anzubieten und zu erbringen;
i) die finanzielle Neutralität aller ÜNB gewährleisten.

(2) Jede zuständige Regulierungsbehörde stellt gemäß Artikel 37 der Richtlinie 2009/72/EG sicher, dass keinem ÜNB, für den sie zuständig ist, durch das finanzielle Ergebnis

Erbringung von Ausgleichsleistungen § 23

der Abrechnung gemäß den Kapiteln 2, 3 und 4 dieses Titels in der von der zuständigen Regulierungsbehörde festgelegten Regulierungsperiode ein wirtschaftlicher Gewinn oder Verlust entsteht, und sorgt dafür, dass jedes positive oder negative finanzielle Ergebnis der Abrechnung gemäß den Kapiteln 2, 3 und 4 dieses Titels nach den anwendbaren nationalen Bestimmungen an die Netznutzer weitergegeben wird.

(3) Jeder ÜNB kann einen Vorschlag für einen zusätzlichen, von der Abrechnung von Bilanzkreisabweichungen getrennten Abrechnungsmechanismus zur Abrechnung der Beschaffungskosten für Regelleistung gemäß Kapitel 5 dieses Titels, der Verwaltungskosten und sonstiger durch den Systemausgleich bedingter Kosten entwickeln. Der zusätzliche Abrechnungsmechanismus wird auf Bilanzkreisverantwortliche angewandt. Dies sollte vorzugsweise durch Einführung einer Funktion für die Knappheitspreisbildung erfolgen. Wählen die ÜNB einen anderen Mechanismus, sollten sie dies in dem Vorschlag begründen. Dieser Vorschlag bedarf der Genehmigung durch die zuständige Regulierungsbehörde.

(4) Jede Einspeisung oder Entnahme in ein bzw. aus einem Fahrplangebiet eines ÜNB wird entweder nach Kapitel 3 oder nach Kapitel 4 des Titels V abgerechnet.

Die Befugnisse in Art. 40 Abs. 2 aus Art. 37 der Elt-RL 09 sind weitgehend in **53** den Art. 59 Elt-RL 19 überführt worden, maßgeblich ist hier Art. 37 Abs. 5 Elt-RL 09, nunmehr Art. 59 Abs. 7 Elt-RL 19. Bemerkenswert die Maßgabe aus Abs. 2, dass aus der Erbringung von Ausgleichsleistungen, den ÜNB **kein wirtschaftlicher Gewinn** (und Verlust) entsteht. Die Kosten werden im System der Netzentgelte und der Ausgleichsenergie (→ Vor §§ 22ff. Rn. 32–34) ohne Gewinnaufschläge erstattet.

Es ist fraglich, ob dies auch für jegliche Berücksichtigung von Forderungen und **54** Verbindlichkeiten aus der Regelenergiebeschaffung bei der **Berechnung der EK-Verzinsung** zu gelten hat. Hier geht die BNetzA zur Bestimmung des **betriebsnotwendigen Umlaufvermögens** der ÜNB jedenfalls bislang abweichend von den aus dem EEG-Ausgleichsmechanismus resultierenden Forderungen und Verbindlichkeiten der ÜNB vor. Letztere stellen kein betriebsnotwendiges Umlaufvermögen iSd § 7 Abs. 1 Nr. 4 StromNEV (BGH Beschl. v. 6.7.2021 – EnVR 45/20 – EEG-Ausgleichsmechanismus).

KAPITEL 2 VO (EU) 2017/2195 Abrechnung von Regelarbeit 55

Artikel 45 VO (EU) 2017/2195 Berechnung der Regelarbeit. (1) Hinsichtlich der Abrechnung der Regelarbeit legt jeder ÜNB mindestens für den Frequenzwiederherstellungsprozess und den Ersatzreserven-Prozess ein Verfahren für folgende Tätigkeiten fest:
a) die Berechnung des aktivierten Regelarbeitsvolumens auf der Grundlage der angeforderten oder gemessenen Aktivierung;
b) die Anforderung der Neuberechnung des aktivierten Regelarbeitsvolumens.

(2) Jeder ÜNB berechnet das aktivierte Volumen der Regelarbeit nach den Verfahren gemäß Absatz 1 Buchstabe a zumindest für
a) jedes Bilanzkreisabrechnungszeitintervall;
b) seine Bilanzkreisabweichungsgebiete;
c) jede Richtung, wobei ein negatives Vorzeichen eine relative Entnahme durch den Regelreserveanbieter und ein positives Vorzeichen eine relative Einspeisung durch den Regelreserveanbieter angibt.

(3) Jeder Anschluss-ÜNB rechnet alle gemäß Absatz 2 berechneten aktivierten Regelarbeitsvolumina mit den betreffenden Regelreserveanbietern ab.

Bourwieg 1385

§ 23   Teil 3. Regulierung des Netzbetriebs

56 **KAPITEL 4 VO (EU) 2017/2195 Abrechnung von Bilanzkreisabweichungen**

Artikel 52 VO (EU) 2017/2195 Abrechnung von Bilanzkreisabweichungen. (1) Jeder ÜNB oder, soweit relevant, jeder Dritte rechnet innerhalb seines Fahrplangebietes oder seiner Fahrplangebiete bei Bedarf mit jedem Bilanzkreisverantwortlichen für jedes Bilanzkreisabrechnungszeitintervall gemäß Artikel 53 alle gemäß den Artikeln 49 und 54 berechneten Bilanzkreisabweichungen zu dem jeweiligen, gemäß Artikel 55 berechneten Ausgleichsenergiepreis ab.

(2) Binnen eines Jahres nach dem Inkrafttreten dieser Verordnung entwickeln alle ÜNB einen Vorschlag zur weiteren Präzisierung und Harmonisierung mindestens für
a) die Berechnung der Anpassung von Bilanzkreisabweichungen gemäß Artikel 49 sowie die Berechnung von Positionen, Bilanzkreisabweichungen und zugewiesenen Volumina nach einer der in Artikel 54 Absatz 3 genannten Methoden;
b) die wichtigsten Komponenten der Berechnung des Ausgleichsenergiepreises gemäß Artikel 55 für alle Bilanzkreisabweichungen, gegebenenfalls einschließlich der Festlegung des Wertes der vermiedenen Aktivierung von Regelarbeit aus Frequenzwiederherstellungsreserven oder Ersatzreserven;
c) die Anwendung einer einheitlichen Preisbildung für alle Bilanzkreisabweichungen gemäß Artikel 55, d. h. die Festlegung eines symmetrischen Preises für positive und negative Bilanzkreisabweichungen für jeden Geltungsbereich von Ausgleichsenergiepreisen innerhalb eines Bilanzkreisabrechnungszeitintervalls, sowie
d) die Festlegung der Bedingungen und Methoden zur Anwendung der asymmetrischen Preisbildung für alle Bilanzkreisabweichungen gemäß Artikel 55, d. h. der Festlegung eines Preises für positive Bilanzkreisabweichungen und eines weiteren Preises für negative Bilanzkreisabweichungen für jeden Geltungsbereich von Ausgleichsenergiepreisen innerhalb eines Bilanzkreisabrechnungszeitintervalls, einschließlich
  i) Bedingungen, unter denen ein ÜNB seiner zuständigen Regulierungsbehörde gemäß Artikel 37 der Richtlinie 2009/72/EG die Anwendung der asymmetrischen Preisbildung vorschlagen kann, und wie er dies zu begründen hat;
  ii) der Methode zur Anwendung der asymmetrischen Preisbildung.

(3) In dem Vorschlag gemäß Absatz 2 kann zwischen dezentralen Dispatch-Modellen und zentralen Dispatch- Modellen unterschieden werden.

(4) Der Vorschlag gemäß Absatz 2 muss ein Umsetzungsdatum vorsehen, das höchstens achtzehn Monate nach der Genehmigung durch alle zuständigen Regulierungsbehörden gemäß Artikel 5 Absatz 2 liegt.

57 Schon nach § 8 Abs. 2 S. 2 StromNZV werden Beschaffungskosten für Sekundärregelarbeit und Minutenreservearbeit auf 15-Minuten-Basis **mit den BKV abgerechnet**. Dabei sind zwei Fälle zu unterscheiden: Wenn bei einer Saldierung der Mehr- und Mindereinspeisungen aller Bilanzkreise in einer Regelzone (§ 8 Abs. 2 S. 1 StromNZV) eine Unterdeckung bestand, musste der ÜNB **positive Regelenergie** beschaffen ((§ 8 Abs. 2 S. 2 StromNZV). Im Ergebnis müssen die BKV dem ÜNB dann die Kosten für die Beschaffung dieser positiven Regelenergie ersetzen. Die Kosten ergeben sich aus dem Preis, den der ÜNB aufgrund des Ausschreibungsverfahrens (§ 6 StromNZV) für das – nach dem Grundsatz des wirtschaftlichen Vorrangs, § 7 StromNZV – zum Zuge kommende Angebot entrichten muss. Wie in § 8 Abs. 1 StromNZV ist also auch hier ein strikt kostenorientierter Abrechnungsmodus gewählt. Wenn die Gesamtsaldierung (§ 8 Abs. 2 S. 1 StromNZV) hingegen eine Überdeckung ergibt, musste der ÜNB durch Verkauf von Strom **negative Regelenergie** beschaffen, die er den BKV vergüten muss. Spiegelbildlich zum Grundsatz der Kostenorientierung werden hier die im Ausschreibungsverfahren erzielten Preise für die aus der Regelzone abgegebene Energie zugrunde gelegt (§ 8 Abs. 2 S. 3 StromNZV).

Erbringung von Ausgleichsleistungen **§ 23**

Abrechnungstechnisch rechnet der ÜNB in beiden Fällen mit jedem BKV jeweilige Bilanzkreisüberspeisungen und Bilanzkreisunterspeisungen ab (vgl. § 8 Abs. 2 S. 4 StromNZV), insofern ist die in § 8 Abs. 2 Satz 1 StromNZV angeordnete Gesamtsaldierung etwas irreführend und für die **Einzelabrechnung** in Wirklichkeit entbehrlich. Im Fall, dass in der Regelzone insgesamt eine Unterdeckung bestand, rechnet der ÜNB mit jedem BKV den Preis der positiven Regelenergie (§ 8 Abs. 2 S. 2) ab, unabhängig davon, ob der einzelne Bilanzkreis eine Über- oder eine Unterspeisung aufweist; es wird also auch dem BKV, in dessen Bilanzkreis eine Überspeisung bestand, der Preis der positiven Regelenergie vergütet. Im Fall, dass in der Regelzone insgesamt eine Überdeckung bestand, rechnet der ÜNB hingegen mit jedem BKV den für die negative Regelenergie erzielten Preis (§ 8 Abs. 2 S. 3) ab, unabhängig davon, ob der einzelne Bilanzkreis eine Über- oder eine Unterspeisung aufweist. Wiederum zahlt auch jener BKV, in dessen Bilanzkreis eine Unterspeisung bestand, den Preis, der aufgrund der Ausschreibung für den negativen Regelenergiebedarf der Regelzone erzielt wurde. 58

Die Preise, aufgrund derer den ÜNB mit den BKV abrechnen, müssen also für Überspeisungen und Unterspeisungen in den einzelnen Bilanzkreisen symmetrisch sein. Dies ist in § 8 Abs. 2 S. 3 ausdrücklich klargestellt. Die demnach dem Identitätsgebot unterworfenen Preise für den (rechnerischen) Ausgleich von Bilanzkreisunter- und -überspeisungen sind nicht zu verwechseln mit den Kosten und Preisen für die tatsächlich beschaffte positive und negative Regelenergie. Der Preis für positive und negative Regelenergie ist dem Identitätsgebot nicht unterworfen, sondern richtet sich nach Angebot und Nachfrage (Ausschreibungsverfahren). Mit dem Identitätsgebot des § 8 Abs. 2 S. 3 StromNZV ist die Möglichkeit der sog. **„Preisspreizung"** ausgeschlossen. Um missbräuchliche Über- und Unterspeisungen durch den BKV zu verhindern, könnte es hilfreich sein, positive Ausgleichsleistungen im Vergleich zu negativen Ausgleichsleistungen im Verhältnis zwischen ÜNB und BKV teurer zu gestalten „Preisspreizung"). Dies würde dem BKV einen Anreiz geben, die Einspeisung und Abnahme von Elektrizität auszugleichen. Ansonsten wird eine Gefahr gesehen, dass der BKV in spekulativer Absicht sehenden Auges Differenzen produziert, um entweder überflüssige Energie über den regelungsverantwortlichen ÜNB günstig absetzen zu können oder fehlende Energie mittels des ÜNB günstig beziehen zu können. 59

Die deutschen ÜNB hatten der BNetzA gem. Art. 52 Abs. 2 der EB-GL einen Vorschlag für die Harmonisierung der wichtigsten Merkmale der Abrechnung von Bilanzkreisabweichungen zur Genehmigung gem. Art. 5 Abs. 2 lit. j EB-Verordnung vorgelegt. Aufgrund des Inkrafttretens der ACER-Verordnung (EU) 2019/942 am 4.7.2019 ist die Zuständigkeit für den Vorschlag **auf ACER übergegangen.** Damit war das Verfahren bei der BNetzA abgeschlossen. 60

ACER hat am 15.7.2020 harmonisierte Abrechnungsregeln verabschiedet und veröffentlicht (ACER, Decision No 18/2020 v. 16.7.2020, https://extranet.acer.eu ropa.eu/en/Electricity/MARKET-CODES/ELECTRICITY-BALANCING/10 %20ISH/Action%205%20-%20ISH%20ACER%20decision.pdf). 61

Artikel 53 VO (EU) 2017/2195 Bilanzkreisabrechnungszeitintervall. (1) Binnen drei Jahren nach dem Inkrafttreten dieser Verordnung rechnen alle ÜNB in allen Fahrplangebieten Bilanzkreisabweichungen für Perioden von 15 Minuten ab, wobei sie sicherstellen, dass alle Grenzen von Marktzeiteinheiten mit den Grenzen von Bilanzkreisabrechnungszeitintervallen übereinstimmen.

(2) Die ÜNB eines Synchrongebietes können gemeinsam eine Ausnahme von der Anforderung in Absatz 1 beantragen.

§ 23 Teil 3. Regulierung des Netzbetriebs

(3) Gewähren die zuständigen Regulierungsbehörden eines Synchrongebietes auf gemeinsamen Antrag der ÜNB dieses Synchrongebietes oder auf eigene Initiative eine Ausnahme von der Anforderung in Absatz 1, erstellen sie in Zusammenarbeit mit der Agentur mindestens alle drei Jahre eine Kosten-Nutzen-Analyse hinsichtlich der Harmonisierung der Bilanzkreisabrechnungszeitintervalle innerhalb und zwischen Synchrongebieten.

62 Erst durch diese Vorgabe tickt der ganze kontinentaleuropäische Strommarkt nunmehr überall im 15-Minuten Takt (→ Vor § 22 Rn. 9). Zuvor gab es unterschiedliche Modelle (*Fenn*, Bilanzkreissystem – ein europäisches Modell, Vortrag auf der Göttinger Energietagung der BNetzA/EFZN 2015, Folie 11, www.efzn. de/fileadmin/documents/Goettinger_Energietagung/Vortr%C3%A4ge/2015/10 _Fenn.pdf).

63 Artikel 54 VO (EU) 2017/2195 Berechnung von Bilanzkreisabweichungen. (1) Jeder ÜNB berechnet innerhalb seines Fahrplangebiets oder seiner Fahrplangebiete bei Bedarf die Endposition, das zugewiesene Volumen, die Anpassung von Bilanzkreisabweichungen und die Bilanzkreisabweichung
a) für jeden Bilanzkreis eines Bilanzkreisverantwortlichen;
b) für jedes Bilanzkreisabrechnungszeitintervall;
c) für jedes Bilanzkreisabweichungsgebiet.

(2) Das Bilanzkreisabweichungsgebiet muss dem Fahrplangebiet entsprechen, außer im Falle eines zentralen Dispatch- Modells, bei dem das Bilanzkreisabweichungsgebiet einem Teil des Fahrplangebiets entsprechen kann.

(3) Bis zur Umsetzung des Vorschlags gemäß Artikel 52 Absatz 2 berechnet jeder ÜNB die Endposition eines Bilanzkreisverantwortlichen nach einer der folgenden Methoden:
a) Der Bilanzkreisverantwortliche hat eine einzige Endposition, die der Summe seiner Fahrpläne für den regelzonenüberschreitenden Handel und für den regelzoneninternen Handel entspricht;
b) der Bilanzkreisverantwortliche hat zwei Endpositionen: In diesem Fall entspricht die erste Endposition der Summe seiner Fahrpläne für den regelzonenüberschreitenden und den regelzoneninternen Handel im Zusammenhang mit der Stromerzeugung und die zweite der Summe seiner Fahrpläne für den regelzonenüberschreitenden und den regelzoneninternen Handel im Zusammenhang mit dem Stromverbrauch;
c) in einem zentralen Dispatch-Modell kann ein Bilanzkreisverantwortlicher mehrere Endpositionen je Bilanzkreisabweichungsgebiet haben, die den Erzeugungsfahrplänen von Gesamteinrichtungen zur Stromerzeugung oder den Verbrauchsfahrplänen von Verbrauchsanlagen entsprechen.

(4) Jeder ÜNB entwickelt die Bestimmungen für
a) die Berechnung der Endposition;
b) die Ermittlung des zugewiesenen Volumens;
c) die Ermittlung der Anpassung der Bilanzkreisabweichung gemäß Artikel 49;
d) die Berechnung der Bilanzkreisabweichung;
e) das Ersuchen eines Bilanzkreisverantwortlichen um Neuberechnung der Bilanzkreisabweichung.

(5) Für Bilanzkreisverantwortliche, die keine Einspeisungen oder Entnahmen aufweisen, wird kein zugeordnetes Volumen berechnet.

(6) Bei der Angabe einer Bilanzkreisabweichung ist die Höhe und Richtung der Abrechnungstransaktion zwischen dem Bilanzkreisverantwortlichen und dem ÜNB anzugeben; eine Bilanzkreisabweichung kann entweder
a) negativ sein, was einem Defizit des Bilanzkreisverantwortlichen entspricht,
b) oder positiv, was einem Überschuss des Bilanzkreisverantwortlichen entspricht.

Erbringung von Ausgleichsleistungen § 23

Artikel 55 VO (EU) 2017/2195 Ausgleichsenergiepreis. (1) Jeder ÜNB entwickelt Bestimmungen zur Berechnung des Ausgleichsenergiepreises, der gemäß Tabelle 2 positiv oder negativ sein oder null betragen kann:

Tabelle 2 Vergütung von Bilanzkreisabweichungen

	Positiver Ausgleichsenergiepreis	Negativer Ausgleichsenergiepreis
Positive Bilanzkreisabweichung	Zahlung des ÜNB an den BKV	Zahlung des BKV an den ÜNB
Negative Bilanzkreisabweichung	Zahlung des BKV an den ÜNB	Zahlung des ÜNB an den BKV

(2) In den Bestimmungen gemäß Absatz 1 ist der Wert der vermiedenen Aktivierung von Regelarbeit aus Frequenzwiederherstellungsreserven oder Ersatzreserven zu definieren.

(3) Jeder ÜNB bestimmt den Ausgleichsenergiepreis für
a) jedes Bilanzkreisabrechnungszeitintervall;
b) die Geltungsbereiche seiner Ausgleichsenergiepreise;
c) jede Richtung der Bilanzkreisabweichungen.

(4) Der Ausgleichsenergiepreis für negative Bilanzkreisabweichungen entspricht mindestens entweder
a) dem gewichteten Durchschnittspreis für positive aktivierte Regelarbeit aus Frequenzwiederherstellungsreserven und Ersatzreserven oder
b) dem Wert der vermiedenen Aktivierung von Regelarbeit aus Frequenzwiederherstellungsreserven oder Ersatzreserven, falls während des Bilanzkreisabrechnungszeitintervalls Regelarbeit in keiner Richtung aktiviert wurde.

(5) Der Ausgleichsenergiepreis für positive Bilanzkreisabweichungen entspricht höchstens entweder
a) dem gewichteten Durchschnittspreis für negative aktivierte Regelarbeit aus Frequenzwiederherstellungsreserven und Ersatzreserven oder
b) dem Wert der vermiedenen Aktivierung von Regelarbeit aus Frequenzwiederherstellungsreserven oder Ersatzreserven, falls während des Bilanzkreisabrechnungszeitintervalls Regelarbeit in keiner Richtung aktiviert wurde.

(6) Falls während desselben Bilanzkreisabrechnungszeitintervalls sowohl positive als auch negative Regelarbeit aus Frequenzwiederherstellungsreserven oder Ersatzreserven aktiviert wurde, wird der Ausgleichsenergiepreis für positive und negative Bilanzkreisabweichungen auf der Grundlage mindestens eines der in den Absätzen 4 und 5 genannten Grundsätze bestimmt.

KAPITEL 5 VO (EU) 2017/2195 Abrechnung von Regelleistung

Artikel 56 VO (EU) 2017/2195 Beschaffung innerhalb eines Fahrplangebiets. (1) Jeder ÜNB eines Fahrplangebietes, der Regelleistungsgebote nutzt, legt im Einklang mit Artikel 32 Bestimmungen fest, mit denen zumindest die Abrechnung der Frequenzwiederherstellungsreserven und der Ersatzreserven geregelt wird.

(2) Jeder ÜNB eines Fahrplangebietes, der Regelleistungsgebote nutzt, rechnet im Einklang mit Artikel 32 zumindest alle beschafften Frequenzwiederherstellungsreserven und Ersatzreserven ab.

Artikel 57 VO (EU) 2017/2195 Beschaffung außerhalb eines Fahrplangebietes. (1) Alle ÜNB, die Regelleistung austauschen, legen Bestimmungen für die Abrechnung der gemäß den Artikeln 33 und 35 beschafften Regelleistung fest.

§ 23

(2) Alle ÜNB, die Regelleistung austauschen, rechnen die beschaffte Regelleistung mithilfe der ÜNB-Abrechnungsfunktion gemäß Artikel 33 gemeinsam ab. ÜNB, die auf der Grundlage eines ÜNB/RRA-Modells Regelleistung austauschen, rechnen die beschaffte Regelleistung gemäß Artikel 35 ab.

(3) Alle ÜNB, die Regelleistung austauschen, legen gemäß Titel IV Kapitel 2 Bestimmungen für die Abrechnung der Zuweisung grenzüberschreitender Übertragungskapazität fest.

(4) Alle ÜNB, die Regelleistung austauschen, rechnen die zugewiesene grenzüberschreitende Übertragungskapazität gemäß Titel IV Kapitel 2 ab.

67 Art. 56 und 57 betreffen die Abrechnung gegenüber den Anbietern, dh den Marktteilnehmern auf dem Ausgleichsenergiemarkt sowie die Abrechnung der ÜNB untereinander, wenn Regelleistung außerhalb der eigenen Regelzone bzw. des Fahrplangebiets abgerufen wird.

E. Konkretisierung Gas

68 Zum Bilanzkreissystem Gas siehe § 20 Rn. 158 ff. Die relevanten Hauptprozesse der Bilanzkreisführung Gas werden in einem **Leitfaden der Branchenverbände** instruktiv beschrieben und dargestellt (BDEW/VKU/GEODE Leitfaden Marktprozesse Bilanzkreismanagement Gas, Teil 1 vom 31.3.2021). Mit der VO (EU) 312/2014 ist ein **Netzkodex für den Bereich der Gasbilanzierung (NC BAL Gas)** europarechtlich in Kraft gesetzt worden. Der NC BAL betrifft Harmonisierungen für den grenzüberschreitenden Gashandel sowie für Ausgleichsregelungen (BerlKommEnergieR/*Bremme/Scholze* FerngasZVO Art. 6 Rn. 5). Aufgrund dieser Vorgaben ist die GABiGas Festlegung der BNetzA überarbeitet worden und im Jahr 2014 als **GABiGas 2.0** (BNetzA Beschl. v. 19.12.2014 – BK7-14-020) erlassen worden.

69 Auch im liberalisierten Gasmarkt gilt gem. NC BAL Gas, dass die **Netznutzer** die **Verantwortung** dafür tragen sollen, dass ihre **Ein- und Ausspeisungen ausgeglichen** sind (Art. 4 NC BAL Gas). Dabei sind die Bilanzierungsregeln schon durch den NC BAL Gas so konzipiert, dass sie einen **kurzfristigen Gasgroßhandelsmarkt** fördern. Der Marktgebietsverantwortliche (MGV → § 20 Rn. 158) nimmt die notwendigen physikalischen Beschaffungsmaßnahmen (Regelenergieeinkauf oder -verkauf) vor und haben dabei die Reihenfolge einer **Merit-Order-Liste** (Art. 9 NC BAL Gas) zu befolgen Die Merit-Order-Liste ist so aufgebaut, dass die FLNB bei der Gasbeschaffung sowohl wirtschaftliche als auch netztechnische Erwägungen berücksichtigen. Dabei gibt es eine gesetzlich verpflichtende Vorrangregelung für die börsliche Beschaffung von Regelenergie am virtuellen Handelspunkt des Marktgebiets (Art. 9 iVm Art. 7 NC BAL Gas). Überblick über das Bilanzierungssystem Gas → § 22 Rn. 31 ff.

70 Die Aufgabe der Beschaffung und der Steuerung des Einsatzes von Regelenergie wird nach § 20 Abs. 1 S. 3 Nr. 3 GasNZV dem Marktgebietsverantwortlichen (MGV) zugewiesen. § 42 Ziffer 1 KoV XII HT formuliert:

> *Der Marktgebietsverantwortliche ist verpflichtet, die Bildung von Bilanzkreisen innerhalb des Marktgebiets zu ermöglichen, in denen alle im Marktgebiet dem Bilanzkreis zuzuordnenden Ein- bzw. Ausspeisemengen bilanziert werden. Bilanzkreise können nur beim Marktgebietsverantwortlichen gebildet werden.*

Nähere Bestimmungen zum Regelenergieeinsatz gestalten weiterhin § 27 GasNZV. Danach hat der MGV Regelenergie im Rahmen des technisch Erforderlichen zum Ausgleich von Schwankungen der Netzlast innerhalb seines Marktgebiets zu nutzen (§ 27 Abs. 1 S. 1, 2 GasNZV). Dabei ist zwischen dem Einsatz **interner und externer Regelenergie** zu unterscheiden.

I. Interne Regelenergie

Als **interne Regelenergie** werden solche Maßnahmen bezeichnet, die dem Marktgebietsverantwort-lichen selbst auch ohne Rückgriff auf (externe) Ausgleichsdienstleistungen Dritter zur Verfügung stehen. Es handelt sich um die Nutzung der Speicherfähigkeit des betroffenen und anderer Netze (sog. Netzpuffer, vgl. § 3 Nr. 29) sowie den Zugriff auf netzzugehörige Speicher (§ 27 Abs. 1 S. 3 Nr. 2 GasNZV; hier ist der Verweis auf § 3 Nr. 31 EnWG nach der EnWG- Novelle 2021 ein redaktionelles Versehen und muss auf § 3 Nr. 19c EnWG lauten, wo die **Gasspeicheranlagen** nunmehr definiert sind). Der Vorrang der Nutzung interner Regelenergie dient der Reduzierung der Kosten für die Gasverbraucher (BR-Drs. 312/10, 88): Interne Regelenergie hat der Marktgebietsverantwortliche kostenlos zur Verfügung zu stellen. Diese Maßnahmen hat der Marktgebietsverantwortliche zum Zwecke einer **„physische(n) Optimierung des Gesamtsystems"** (BNetzA, Bericht zum Ausgleichs-Regelenergiesystem Gas v. 1.4.2011, S. 97) **vorrangig** und in vollem Umfang zu ergreifen.

II. Externe Regelenergie

Dementsprechend enthält die GasNZV lediglich für den Einsatz externer Regelenergie Vorgaben für den Ausgleich des Saldos aus Kosten und Erlösen der Beschaffung und des Einsatzes.

III. Ausgleichsenergieentgelte

Ausgleichsenergieentgelte werden gem. § 14 Ziff. 3 Anlage 4 KoV XII abgerechnet. Ausgleichsenergie ist in § 20 Ziff. 1 Anlage 4 KoV XII definiert als „der Saldo der während der Bilanzierungsperiode ein- und ausgespeisten bilanzrelevanten Mengen". Er wird täglich ex post abgerechnet. Es kommt ein asymmetrisches 2-Preis-System zur Anwendung, in dem zwischen positiver und negativer Ausgleichsenergie zu unterscheiden ist (*Kemper* Regulierung Gas Rn. 233).

Die Entgelte werden gem. § 14 Ziff. 4 Anlage 4 KoV VII nach einem asymmetrischen 2-Preis-System gebildet, wonach für Überspeisungen tendenziell niedrigere Vergütungen und für Unterspeisungen tendenziell höhere Entgelte anfallen.

Der Ausgleichsenergiepreis wird wie folgt ermittelt (zur Merit-Order-Liste → Vor § 22 Rn. 31):

a) Der tägliche positive Ausgleichsenergiepreis (=Grenzankaufspreis) ist der höhere der beiden folgenden Preise:
– Höchster Preis aller Regelenergieeinkäufe unter Einbeziehung von Day-Ahead- und Within-Day-Produkten, wobei bei den Day-Ahead-Produkten der Erfüllungstag mit dem Lieferort Virtueller Handelspunkt maßgeblich ist, an denen der Marktgebietsverantwortliche für den betrachteten Gastag beteiligt ist. Dies umfasst globale Produkte ohne Erfüllungsrestriktionen (Merit-Order-Liste Rang 1) sowie börsliche qualitätsspezifische Produkte innerhalb der Merit-Or-

der-Liste Rang 2 über die relevanten Handelsplattformen. Bei der Beschaffung von Produkten der Merit-Order-Liste Rang 2 sind anfallende Transportkosten angemessen zu berücksichtigen.
– Mengengewichteter Gasdurchschnittspreis für den jeweiligen Gastag zuzüglich zwei Prozent. Zur Ermittlung des mengengewichteten Gasdurchschnittspreises ist der an der relevanten Handelsplattform gebildete mengengewichtete Gasdurchschnittspreis mit dem Lieferort Virtueller Handelspunkt des Marktgebiets für den jeweiligen Gastag heranzuziehen. Hierbei werden Within-Day- und Day-Ahead-Produkte herangezogen, wobei bei Day-Ahead-Produkten der Erfüllungstag maßgeblich ist.

b) Der tägliche negative Ausgleichsenergiepreis (Grenzverkaufspreis) ist der niedrigere der beiden folgenden Preise:
– Niedrigster Preis aller Regelenergieverkäufe unter Einbeziehung von Day-Ahead- und Within-Day-Produkten, wobei bei Day-Ahead-Produkten der Erfüllungstag maßgeblich ist, mit dem Lieferort Virtueller Handelspunkt, an denen der Marktgebietsverantwortliche für den betrachteten Gastag beteiligt ist. Dies umfasst globale Produkte ohne Erfüllungsrestriktionen (Merit-Order-Liste Rang 1) sowie börsliche qualitätsspezifische Produkte innerhalb der Merit-Order-Liste Rang 2 über die relevanten Handelsplattformen. Bei der Beschaffung von Produkten der Merit-Order-Liste Rang 2 sind anfallende Transportkosten angemessen zu berücksichtigen.
– Mengengewichteter Gasdurchschnittspreis für den jeweiligen Gastag abzüglich zwei Prozent. Zur Ermittlung des mengengewichteten Gasdurchschnittspreises ist der an der relevanten Handelsplattform gebildete mengengewichtete Gasdurchschnittspreis mit dem Lieferort Virtueller Handelspunkt des Marktgebiets für den jeweiligen Gastag heranzuziehen. Hierbei werden Within-Day- und Day-Ahead-Produkte herangezogen, wobei bei Day-Ahead-Produkten der Erfüllungstag maßgeblich ist.

76 Für die **Ermittlung der Ausgleichsenergiepreise** sind jene Handelsplattformen relevant, die die BNetzA als relevante Handelsplattformen nach Art. 22 Abs. 3 Netzkodex Gasbilanzierung **genehmigt.** Derzeit sind die Handelsplattform EEX am Handelspunkt Trading Hub Europe, die Handelsplattformen EEX und ICE Endex am niederländischen Handelspunkt Title Transfer Facility als solche genehmigt. Die **tatsächliche Nutzung** einer weiteren Handelsplattform zur Regelenergiebeschaffung durch den MGV bedarf grundsätzlich keiner Genehmigung durch die BNetzA. Eine Genehmigung nach Art. 22 Abs. 3 NC BAL Gas ist jedoch erforderlich, um Handelsplattformen auch für die Berechnung der täglichen Ausgleichsenergieentgelte heranzuziehen. Voraussetzung hierfür ist, dass die entsprechende Handelsplattform die Kriterien aus Art. 3 S. 2 Nr. 4 iVm Art. 10 Abs. 1 a bis f NC BAL Gas erfüllt (BNetzA Beschl. v. 9.7.2015 – BK7-15-018 – ICE ENDEX.

IV. Regel- und Ausgleichsenergieumlage

77 Soweit diese Erlöse aber nicht ausreichen, sind die verbleibenden Kosten gem. § 29 S. 2 GasNZV auf die BKV im Marktgebiet umzulegen. Dazu dient die sog. **Regel- und Ausgleichsenergieumlage,** die von BKV erhoben wird, soweit sie Endkunden mit Tagesband beliefern. Das Umlagekonto stellt sicher, dass das Regel- und Ausgleichsenergiesystem für den MGV ergebnisneutral ist. Weder der MGV noch der FLNB erwirtschaften aus dem Umlagekonto einen eigenen Gewinn.

Gemäß der Festlegung GaBi Gas 2.0 ist der MGV verpflichtet, **zwei** getrennte **Bilanzierungsumlagekonten** für SLP- und RLM-Entnahmestellen einzurichten und zu veröffentlichen (§ 29 S. 3 GasNZV), auf die alle zurechenbaren Kosten und Erlöse aus der Ausgleichsenergieabwicklung, aus den sog. Flexibilitätskostenbeiträge, Kosten und Erlöse aus der Beschaffung oder Veräußerung externer Regelenergie sowie Pönalen aus der SLP-Mehr-/Mindermengenabrechnung gem. § 49 KoV XII gebucht werden. Auch Finanzierungskosten und Zinserlöse werden dort verbucht (GabiGas, S. 50). Daraus wird die jeweilige Regel- und Ausgleichsenergieumlage für SLP und RLM Entnahmestellen gebildet, die von den BKV zu entrichten ist. 78

Die **Höhe der Umlage** wird folgendermaßen bestimmt: Auf Grundlage einer Prognose der beim Marktgebietsverantwortlichen innerhalb der kommenden Umlageperiode verbleibenden Kosten (oder Gewinne) aus Beschaffung und Einsatz von externer Regelenergie einerseits und denen aus der Bilanzierung andererseits wird zunächst ein fiktiver Gesamtsaldo gebildet. In einem zweiten Schritt werden tatsächliche überschüssige Erlöse oder Kosten des Marktgebietsverantwortlichen aus der vorangegangenen Umlageperiode, die infolge von Ungenauigkeiten der Prognose im Rahmen der damaligen Bestimmung der Umlagehöhe angefallen sind, einbezogen (zu alledem BNetzA, Bericht zum Ausgleichs-Regelenergiesystem Gas v. 1.4.2011, S. 25 ff., insbesondere S. 35 ff.). Der errechnete Gesamtbetrag wird anteilig auf die von der Umlage umfassten Energielieferungen der BKV umgelegt. So wird die Vorgabe gem. § 29 S. 2, 3 GasNZV jedenfalls zeitlich versetzt erfüllt. 79

Der Marktgebietsverantwortliche ist verpflichtet, zwei getrennte Bilanzierungsumlage-konten für SLP-Ausspeisepunkte einerseits und für RLM-Ausspeisepunkte andererseits einzurichten. Andere Ein- und Ausspeisepunkte werden im Umlagesystem nicht berück-sichtigt. 80

V. Bilanzierung von SLP-Kunden

Besondere Bilanzierungsregeln gelten für die Belieferung von **Haushaltskunden im Standardlastprofil** (SLP-BDEW/VKU/GEODE, Leitfaden Abwicklung von Standardlastprofilen Gas vom 31.3.2021 www.bdew.de/media/documents/20210331_LF_SLP_Gas_KoV_XII_WahrfRi.pdf). Ohne SLP ist eine Bilanzierung von kleinen, nicht täglich gemessenen Letztverbrauchern unmöglich. Der Überwachung der SLP-Anwendungsprozesse und Allokationsgüte und deren Auswirkung auf die Höhe der Netzkontosalden der Netzbetreiber kommt im Rahmen der Stabilität des gesamten GaBi-Modells eine nicht unerhebliche Bedeutung zu. Für die Anwendung der SLP-Verfahren trifft § 24 GasNZV besondere Bestimmungen. Der Beschluss, die GaBi Gas 2.0 (BNetzA Beschl. v. 19.12.2014 – BK7-14-020. Art. 42 Abs. 3 NC Gas Bal und Tenorziffer 9. lit. b) GaBi Gas 2.0 verpflichtet die VNB Gas alle zwei Jahre die Prognosegüte der Standardlastprofile und den Anreizmechanismus zu überprüfen und der BNetzA über die Ergebnisse der Evaluierung zu berichten (BNetzA, Mitteilung Nr. 5 zur Umsetzung des Beschlusses „GaBi Gas 2.0" vom 17.12.2019, www.bundesnetzagentur.de/DE/Beschlusskammern/1_GZ/BK7-GZ/2014/BK7-14-0020/Mitteilungen/BK7-14-0020_Mitteilung Nr5_download.pdf?__blob=publicationFile&v=3). 81

§ 23a Genehmigung der Entgelte für den Netzzugang

(1) Soweit eine kostenorientierte Entgeltbildung im Sinne des § 21 Abs. 2 Satz 1 erfolgt, bedürfen Entgelte für den Netzzugang nach § 21 einer Genehmigung, es sei denn, dass in einer Rechtsverordnung nach § 21a Abs. 6 die Bestimmung der Entgelte für den Netzzugang im Wege einer Anreizregulierung durch Festlegung oder Genehmigung angeordnet worden ist.

(2) ¹Die Genehmigung ist zu erteilen, soweit die Entgelte den Anforderungen dieses Gesetzes und den auf Grund des § 24 erlassenen Rechtsverordnungen entsprechen. ²Die genehmigten Entgelte sind Höchstpreise und dürfen nur überschritten werden, soweit die Überschreitung ausschließlich auf Grund der Weitergabe nach Erteilung der Genehmigung erhöhter Kostenwälzungssätze einer vorgelagerten Netz- oder Umspannstufe erfolgt; eine Überschreitung ist der Regulierungsbehörde unverzüglich anzuzeigen.

(3) ¹Die Genehmigung ist mindestens sechs Monate vor dem Zeitpunkt schriftlich oder elektronisch zu beantragen, an dem die Entgelte wirksam werden sollen. ²Dem Antrag sind die für eine Prüfung erforderlichen Unterlagen beizufügen; auf Verlangen der Regulierungsbehörde haben die Antragsteller Unterlagen auch elektronisch zu übermitteln. ³Die Regulierungsbehörde kann ein Muster und ein einheitliches Format für die elektronische Übermittlung vorgeben. ⁴Die Unterlagen müssen folgende Angaben enthalten:
1. eine Gegenüberstellung der bisherigen Entgelte sowie der beantragten Entgelte und ihrer jeweiligen Kalkulation,
2. die Angaben, die nach Maßgabe der Vorschriften über die Strukturklassen und den Bericht über die Ermittlung der Netzentgelte nach einer Rechtsverordnung über die Entgelte für den Zugang zu den Energieversorgungsnetzen nach § 24 erforderlich sind, und
3. die Begründung für die Änderung der Entgelte unter Berücksichtigung der Regelungen nach § 21 und einer Rechtsverordnung über die Entgelte für den Zugang zu den Energieversorgungsnetzen nach § 24.

⁵Die Regulierungsbehörde hat dem Antragsteller den Eingang des Antrags zu bestätigen. ⁶Sie kann die Vorlage weiterer Angaben oder Unterlagen verlangen, soweit dies zur Prüfung der Voraussetzungen nach Absatz 2 erforderlich ist; Satz 5 gilt für nachgereichte Angaben und Unterlagen entsprechend. ⁷Das Bundesministerium für Wirtschaft und Energie wird ermächtigt, durch Rechtsverordnung mit Zustimmung des Bundesrates das Verfahren und die Anforderungen an die nach Satz 4 vorzulegenden Unterlagen näher auszugestalten.

(4) ¹Die Genehmigung ist zu befristen und mit einem Vorbehalt des Widerrufs zu versehen; sie kann unter Bedingungen erteilt und mit Auflagen verbunden werden. ²Trifft die Regulierungsbehörde innerhalb von sechs Monaten nach Vorliegen der vollständigen Unterlagen nach Absatz 3 keine Entscheidung, so gilt das beantragte Entgelt als unter dem Vorbehalt des Widerrufs für einen Zeitraum von einem Jahr genehmigt. ³Satz 2 gilt nicht, wenn

§ 23a Genehmigung der Entgelte für den Netzzugang

1. das beantragende Unternehmen einer Verlängerung der Frist nach Satz 2 zugestimmt hat oder
2. die Regulierungsbehörde wegen unrichtiger Angaben oder wegen einer nicht rechtzeitig erteilten Auskunft nicht entscheiden kann und dies dem Antragsteller vor Ablauf der Frist unter Angabe der Gründe mitgeteilt hat.

(5) [1]Ist vor Ablauf der Befristung oder vor dem Wirksamwerden eines Widerrufs nach Absatz 4 Satz 1 oder 2 eine neue Genehmigung beantragt worden, so können bis zur Entscheidung über den Antrag die bis dahin genehmigten Entgelte beibehalten werden. [2]Ist eine neue Entscheidung nicht rechtzeitig beantragt, kann die Regulierungsbehörde unter Berücksichtigung der §§ 21 und 30 sowie der auf Grund des § 24 erlassenen Rechtsverordnungen ein Entgelt als Höchstpreis vorläufig festsetzen.

Übersicht

	Rn.
A. Allgemeines	1
I. Inhalt und Zweck	1
II. Europarechtliche Vorgaben	3
III. Entstehungsgeschichte	4
B. Genehmigungserfordernis (Abs. 1)	7
C. Genehmigungsentscheidung (Abs. 2)	8
D. Genehmigungsantrag (Abs. 3)	14
I. Überblick	14
II. Antragsfrist und Schriftform (Abs. 3 S. 1)	15
III. Elektronische Übermittlung der Antragsunterlagen (Abs. 3 S. 2 Hs. 2, 3)	17
IV. Angaben des Antragstellers (Abs. 3 S. 4)	18
V. Verordnungsermächtigung (Abs. 3 S. 7)	19
E. Nebenbestimmungen und Genehmigungsfiktion (Abs. 4)	21
I. Nebenbestimmungen (Abs. 4 S. 1)	21
1. Bedingungen und Auflagen	21
2. Befristung	22
3. Widerrufsvorbehalt	23
II. Genehmigungsfiktion (Abs. 4 S. 2 und 3)	26
F. Entgeltregelung für Übergangszeiträume (Abs. 5)	28
I. Regelungsinhalt	28
II. Beibehaltung des genehmigten Entgelts (Abs. 5 S. 1)	29
III. Höchstpreisfestsetzung durch die Behörde (Abs. 5 S. 2)	31
G. Zivilrechtliche Billigkeitskontrolle der Entgelte für den Netzzugang	34

Literatur: *Greinacher/Helmes,* Die Netzentgeltgenehmigung nach § 23a EnWG – Verwaltungsrechtliche Lösungen regulatorischer Probleme?, NVwZ 2008, 12; *Grüneberg,* Zur Zulässigkeit einer zivilrechtlichen Billigkeitskontrolle von anreizregulierten Netzentgelten nach § 315 BGB, GRUR 2021, 216; *Hempel/Müller,* Neue Netzentgeltgenehmigung nach Aufhebung der Preisindizes-Festlegung?, RdE 2013, 101; *Holznagel/Hemmert-Halswick,* Anmerkung zur Entscheidung des BGH, Beschluss vom 9.7.2019 (EnVR 5/18) – materielle Beschwer eines Netznutzers durch die Festlegung des Eigenkapitalzinssatzes, EnWZ 2019, 406; *Kalwa,* Schließt die Mehrerlösabschöpfung von Netzentgelten die Rückabwicklung im Verhältnis zwischen Netzbetreiber und Netznutzer aus?, IR 2009, 8; *Lecheler/Germelmann,* Verfahrensrechtliche Bindungen der Bundesnetzagentur im Genehmigungsverfahren nach § 23 a EnWG, WuW 2007, 6; *Ludwigs,* Zivilgerichtliche Billigkeitskontrolle von Netzentgelten auf dem Prüfstand des Verfassungs- und Europarechts, Festschrift für Ulrich Büdenbender, 2018, S. 533; *Megies,* Rückwirkende Genehmigung der Netzentgelte und Abschöpfung von „Mehrerlösen" bei erstmaliger Genehmigungserteilung, IR 2006, 170; *Mohr,* Energienetzregulierung als Zivilrechtsgestaltung, EuZW 2019, 229; *Rüger,* Zur Vattenfall-Entscheidung „Teil 2" – Ausschluss von Rückforderungsansprüchen von Netznutzern auch ohne Mehrerlösabschöpfung?, RdE 2012, 88; *Ruge,* Die Genehmigungsfiktion des § 23 a EnWG zwischen hinreichender Entscheidungsfrist für Behörden und Rechtssicherheit für Unternehmern, N&R 2006, 150; *Ruge,* Anmerkung zu den Beschlüssen des BGH vom 14. August 2008, N&R 2008, 211; *Schalle/Boos,* Stromnetzentgeltprüfung durch die Regulierungsbehörden – Erfahrungen und bevorstehende Auseinandersetzungen, ZNER 2006, 20; *Stelter,* Veränderte Rahmenbedingungen für die gerichtliche Kontrolle von Strom- und Gasnetznutzungsentgelten, EnWZ 2020, 501; *Stumpf/ Gabler,* Netzzugang, Netznutzungsentgelte und Regulierung in Energienetzen nach der Energierechtsnovelle, NJW 2005, 3174.

A. Allgemeines

I. Inhalt und Zweck

1   Durch § 23 a wurden die Netzzugangsentgelte (nicht aber die sonstigen Netzzugangsbedingungen) bis zur Einführung einer Anreizregulierung (§ 21 a) der **Ex-ante-Kontrolle** durch behördliche Genehmigung unterworfen, vgl. § 23 a Abs. 1 Hs. 2. Netzentgelte werden gem. § 1 Abs. 1 S. 2 ARegV grundsätzlich ab dem 1.1.2009 nach dem Regime der **Anreizregulierung** bestimmt. Die letzte Entgeltgenehmigung nach § 23 a spielte dabei nur noch als Ausgangsniveau der Erlösobergrenze für die erste Regulierungsperiode eine Rolle (vgl. § 6 Abs. 2 ARegV), im Übrigen werden aber keine Entgelte mehr genehmigt, sondern gem. § 32 Abs. 1 Nr. 1 ARegV von der zuständigen Regulierungsbehörde Erlösobergrenzen festgelegt, die gem. § 21 StromNEV/GasNEV von den Netzbetreibern selbst in Entgelte umzusetzen sind. Mit anderen Worten existiert eine Genehmigungspflicht der Netzentgelte nur dann, wenn diese keiner Anreizregulierung unterliegen (NK-EnWG/*Albrecht/Herrmann* § 21 a Rn. 17). Verbleibender Anwendungsbereich von § 23 a ist nunmehr § 1 Abs. 2 S. 1 ARegV (→ Rn. 7).

2   Das **Genehmigungsverfahren** wird durch § 23 a näher ausgestaltet. Mit der im Vorfeld sehr umstrittenen Einführung der Genehmigungspflichtigkeit der Entgelte hat der Gesetzgeber unterschiedliche Zwecke verfolgt. Neben dem Gedanken der Rechtssicherheit wurde vor allem das Ziel einer Intensivierung der Preisaufsicht über die Netzbetreiber angeführt, mit der sich die Hoffnung auf Effektuierung des Netzzugangs verband (→ Rn. 4). Eine anstatt § 23 a denkbare behördliche Ex-ante-Methodenregulierung bleibt neben der Genehmigung möglich, sofern der Verordnungsgeber hierfür gem. § 24 S. 1 Nr. 2 die erforderlichen Rechtsgrundlagen schafft (→ § 24 Rn. 13 ff.).

II. Europarechtliche Vorgaben

3   Die ursprünglichen **Beschleunigungsrichtlinien** haben eine behördliche Regulierung der Netzzugangsentgelte zwingend vorgegeben (→ Vor § 20 Rn. 22). Die Einführung einer Genehmigungspflicht für die Netzzugangsentgelte wäre nach den Energierichtlinien allerdings nicht erforderlich gewesen. Dies ist auch unter Geltung der Elektrizitätsbinnenmarktrichtlinie 2019 nicht anders. Gem. Art. 59 Abs. 1 a) Elt-RL 19 sind die mitgliedstaatlichen Regulierungsbehörden dafür zuständig, anhand transparenter Kriterien die Übertragungs- oder Verteilungstarife oder die entsprechenden Methoden oder beides festzulegen oder zu genehmigen (vgl. zuvor Art. 37 Abs. 6 lit. a Elt-RL 09 sowie die entsprechende Vorgabe in Art. 41 Abs. 6 lit. a Gas-RL 09). Ausreichend wäre demnach auch die Festlegung oder Genehmigung der Berechnungsmethoden (sog. Methodenregulierung). Zu einem möglichen Genehmigungsverfahren enthalten die Richtlinien kaum Vorgaben. Dementsprechend genügt das von Amts wegen eingeleitete Verfahren zur Ex-ante-Bestimmung von Erlösobergrenzen im Rahmen des Anreizregulierungsregimes (§ 2 ARegV) ebenfalls den europarechtlichen Vorgaben. Art. 58 lit. f Elt-RL 19 sowie Art. 41 Abs. 8 Gas-RL 09 sehen sogar ausdrücklich vor, dass durch die Regulierung angemessene Anreize insbesondere zur Steigerung der Effizienz gesetzt werden.

III. Entstehungsgeschichte

Die Vorabgenehmigung der Entgelte für den Netzzugang wurde erst ganz am 4 Ende des Gesetzgebungsverfahrens ins Gesetz aufgenommen. Der **Bundesrat** hatte die Einfügung einer entsprechenden Bestimmung von Beginn an gefordert (BT-Drs. 15/3917, 84ff.) und dies vor allem mit dem Gesichtspunkt der Rechtssicherheit begründet. Daneben sprachen aus Sicht des Bundesrats Effektivitätsaspekte für eine Ex-ante-Kontrolle: Der Verwaltungsaufwand im Genehmigungsverfahren sei auf Grund der höheren Mitwirkungsbereitschaft der regulierten Unternehmen, die ein eigenes Interesse an zügigen und vollständigen Verfahren hätten, geringer als im Missbrauchsverfahren.

Die **Bundesregierung** hielt demgegenüber eine Vorabgenehmigung der Ent- 5 gelte für unpraktikabel: „Eine Vorabgenehmigung der Entgelte aller Netzbetreiber für Netzzugang und Ausgleichsleistungen, die nicht allein auf Erhöhungen der Entgelte begrenzt ist, würde angesichts der Zahl von mehr als 1 700 privatwirtschaftlich organisierten Netzbetreibern bereits in der Startphase der Regulierung zu kaum überwindbaren Schwierigkeiten führen. Der bürokratische Aufwand einer solchen Verfahrensweise wäre erheblich." Allerdings kündigte die Bundesregierung an, einen Vorschlag zu unterbreiten, der bis zum Inkrafttreten einer Anreizregulierung für Erhöhungen der Netzzugangsentgelte ein Genehmigungsverfahren vorsieht (Gegenäußerung BT-Drs. 15/4068, 5).

Aufgrund einer **Empfehlung des Ausschusses für Wirtschaft und Arbeit** 6 (BT-Drs. 15/5268) wurde dann zunächst als Kompromiss ein § 117a eingefügt, der eine Vorabprüfung für die Erhöhung der Netzzugangsentgelte vorsah (BR-Drs. 248/05). Nach Ansicht des Ausschusses soll die Ex-ante-Kontrolle die Intensität der Preisaufsicht über die Netzbetreiber weiter erhöhen (Hempelmann-Bericht, S. 123). Auf Empfehlung des **Vermittlungsausschusses** (BT-Drs. 15/5736, 4f.) wurde schließlich durch § 23a doch noch die vom Bundesrat geforderte umfassende Ex-ante-Kontrolle für die Netzzugangsentgelte aufgenommen. § 117a der Entwurfsfassung wurde wieder gestrichen.

B. Genehmigungserfordernis (Abs. 1)

7 Grundsätzlich bedürfen Netznutzungsentgelte gem. § 23a Abs. 1 einer Genehmigung. Auf welche Entgelte sich die Genehmigungspflicht im Einzelnen bezieht, wird durch §§ 17 StromNEV, 15, 18ff. GasNEV konkretisiert. Kosten des grundzuständigen Messstellenbetreibers für den Messstellenbetrieb von modernen Messeinrichtungen und intelligenten Messsystemen sind gemäß § 7 Abs. 2 S. 1 MsbG bei der Netzentgeltgenehmigung nicht zu berücksichtigen; für sie gelten die besonderen Regelungen des Messstellenbetriebsgesetzes (vgl. hierzu OLG Düsseldorf Beschl. v. 7.10.2020 – VI-3 Kart 884/19 [V], EnWZ 2020, 471; BerlKommEnergieR/*Salevic/Zöckler* MsbG § 7 Rn. 34ff.). Bei Entgelten für konventionelle Messung und Messstellenbetrieb ist § 23a weiter anwendbar, vgl. § 17 Abs. 7 StromNEV und § 15 Abs. 7 GasNEV. Beantragt ein Netzbetreiber keine Entgeltgenehmigung, kann er hierzu durch die Regulierungsbehörde im Wege eines Aufsichtsverfahrens verpflichtet werden (BGH Beschl. v. 9.11.2010 – EnVR 1/10 – NVwZ-RR 2011, 277). Ein Antrag ist stets für das gesamte Netz zu stellen, es gilt der Grundsatz „ein Netzbetreiber – ein Netzentgelt". Ein differenziertes Entgelt für unterschiedliche Teilnetze eines Netzbetreibers ist unzulässig (vgl. OLG Düsseldorf Beschl. v. 10.1.2018 – VI-3 Kart 1067/16 [V] für die einheitliche Erlösobergrenze; aA Theobald/Kühling/*Missling* EnWG § 23a Rn. 88ff.). Genehmigungsbedürftig sind (abgesehen vom Sonderfall des § 23a Abs. 2 S. 2) auch **Erhöhungen** der allgemeinen Netznutzungsentgelte. Eine **Ausnahme** vom allgemeinen Genehmigungserfordernis besteht gem. § 23a Abs. 1 für den Fall, dass keine Entgeltbildung nach dem Grundsatz der Kostenorientierung nach § 21 Abs. 2 S. 1 erfolgt. **Verbleibender Anwendungsbereich** von § 23a ist nunmehr **§ 1 Abs. 2 S. 1 ARegV.** Danach findet die ARegV für einen Netzbetreiber, für den noch keine kalenderjährliche Erlösobergrenze nach § 4 Abs. 1 ARegV bestimmt wurde, für eine Übergangszeit bis zum Ablauf der Regulierungsperiode keine Anwendung. In Betracht kommen vor allem Fälle des Leitungsneubaus sowie Netze, die erstmals der Regulierungsbehörde bekannt geworden sind (BR-Drs. 312/10 (Beschluss), S. 13). Praxisrelevant sind darüber hinaus Netze, die zuvor gem. § 110 als geschlossenes Verteilnetz oder als Kundenanlage (§ 3 Nr. 24a) eingestuft waren, dieser Status jedoch entfallen ist. Dies kann auch auf einer autonomen unternehmerischen Entscheidung des Netzbetreibers beruhen. Gem. § 110 Abs. 1 S. 1 ist § 23a auf geschlossene Verteilernetze nicht anwendbar; Kundenanlagen stellen schon kein Netz dar. Es muss also eine Statusänderung vorliegen. Ein weiterer Anwendungsfall der Fortgeltung des § 23a ist § 1 Abs. 2 S. 2 ARegV. Danach bleibt die ARegV bis zum Abschluss der darauf folgenden Regulierungsperiode unangewendet, wenn bei der nächsten Kostenprüfung nach § 6 Abs. 1 ARegV für diesen Netzbetreiber noch keine hinreichenden Daten für das Basisjahr vorliegen. Geht ein Elektrizitätsversorgungsnetz beispielsweise im Jahr 2022 in Betrieb, dann unterfällt es zunächst für die verbleibende Dauer der dritten Regulierungsperiode Strom, also für die Jahre 2022 und 2023, nicht der ARegV. Für die vierte Regulierungsperiode wiederum wäre mangels Existenz des Netzbetreibers im Basisjahr 2021 keine Kostenprüfung möglich, so dass auch für die Jahre 2024 bis 2028 weiterhin § 23a Anwendung findet. Dieses Beispiel zeigt, dass die Fortdauer der Entgeltgenehmigungspflicht durchaus einen längeren Zeitraum umfassen kann.

C. Genehmigungsentscheidung (Abs. 2)

§ 23a Abs. 2 macht deutlich, dass es sich bei der Genehmigung nach § 23a um 8
eine gebundene Entscheidung handelt („ist zu erteilen"). Zuständig sind nach den
Vorgaben von § 54 Abs. 2 die Landesregulierungsbehörden oder die Bundesnetzagentur. Sofern deren rechtliche Voraussetzungen vorliegen, besteht daher ein
Anspruch auf Erteilung (die Frage der gerichtlichen Kontrolldichte, insbesondere der Anerkennung behördlicher Beurteilungsspielräume bzw. eines Regulierungsermessens ist streitig und ist je nach Prüfungsgegenstand zu beurteilen; abl.
für die Ermittlung des Fremdkapitalzinssatzes nach § 5 Abs. 2 Hs. 2 StromNEV
BGH Beschl. v. 14.8.2008 – KVR 34/07 Rn. 96 – IR 2008, 351; ebenfalls ablehnend für die Bestimmung von Preisindizes nach § 6 Abs. 3 S. 2 GasNEV aF BGH
Beschl. v. 5.10.2010 – EnVR 49/09, RdE 2011, 263; bejahend zur Festlegung des
Eigenkapitalzinssatzes BGH Beschl. v. 3.3.2020 – EnVR 41/18, BeckRS 2019,
16439; ebenfalls bejahend zur Festlegung des generellen sektoralen Produktivitätsfaktors BGH Beschl. v. 26.1.2021 – EnVR 7/20, BeckRS 2021, 4019). Andernfalls
erlässt die Behörde eine Nebenbestimmung zur Genehmigung (→ Rn. 29 ff.) oder
lehnt diese ganz oder teilweise ab. Bei der materiellen Prüfung sind nach S. 1 die
Vorgaben des EnWG zu beachten. Zentrale Vorschrift ist § 21. Hierbei sind die aufgrund des § 24 erlassenen Rechtsverordnungen maßgeblich, insbesondere die
StromNEV und die GasNEV, welche die Entgeltregelungen näher ausgestalten.
Die Entgeltgenehmigung ist in dem Sinne **rückwirkungsfähig**, dass bei einer gerichtlichen Verpflichtung zur Neubescheidung die neue Entscheidung auch schon
für die Zeit seit der ursprünglichen Genehmigung gilt (OLG Düsseldorf Beschl.
v. 29.3.2007 – VI – 3 – Kart 466/06, RdE 2007, 272; OLG Koblenz Urt. v.
4.5.2007 – W 605/06, ZNER 2007, 182 (191 f.); OLG Düsseldorf Beschl. v.
9.5.2007 – VI – 3 Kart 289/06, ZNER 2007, 205; zur anders gelagerten Rückwirkungsfrage nach § 23 a Abs. 5 S. 1 → Rn. 30).

Lässt ein Netzbetreiber die Genehmigung hingegen bestandskräftig werden, 9
kommt ihm ein **Anspruch auf Neubescheidung** nur unter den allgemeinen Voraussetzungen des VwVfG zu. Eine Neubescheidung der Entgeltgenehmigung ist
selbst dann nicht zwingend, wenn eine dem Bescheid zugrundeliegende Festlegung
schließlich durch gerichtliche Entscheidung aufgehoben wird (s. zu den Preisindizesfestlegungen unter mehreren parallelen Entscheidungen OLG Düsseldorf
Beschl. v. 6.6.2012 – VI-3 Kart 356/07, RdE 2012, 394 ff. für den Strombereich
sowie OLG Düsseldorf Beschl. v. 6.6.2012 – VI-3 Kart 318/07, ZNER 2012,
397 ff. mAnm *Lange,* ZNER 2012, 403 ff. für den Gassektor, näher dazu → § 21
Rn. 110 ff.). Wurde die Festlegung von einem anderen Netzbetreiber gerichtlich
angegriffen, ist eine unmittelbare Auswirkung auf sonstige Genehmigungen schon
deswegen ausgeschlossen, weil die herbeigeführte Aufhebung nur inter partes Wirkung entfaltet (*Hempel/Müller* RdE 2013, 101 Fn. 6). Im Übrigen sind die Festlegung, die als Verwaltungsakt, unter Umständen in Form einer Allgemeinverfügung, eingeordnet wird (vgl. BerlKommEnergieR/*Henn* ARegV § 32 Rn. 8 f.)
und die Genehmigung zwei rechtlich selbstständige Verwaltungsakte. Eine nachträgliche Änderung der Rechtslage, sei es durch Aufhebung der Rechtsgrundlage
oder aber Änderung der Rechtsprechung, hat grundsätzlich keinen Einfluss auf die
Wirksamkeit des Verwaltungsaktes (*Schwarz* in Fehling/Kastner/Störmer, Verwaltungsrecht, 3. Aufl., § 43 Rn. 31 f.). In Betracht kommt jedoch ein Antrag auf Wiederaufnahme des Verfahrens nach § 51 VwVfG (→ § 29 Rn. 37; speziell für den Fall

§ 23 a Teil 3. Regulierung des Netzbetriebs

der Preisindizes-Festlegungen *Hempel/Müller* RdE 2013, 101, die einen Wiederaufgreifensgrund nach § 51 Abs. 1 Nr. 3 VwVfG iVm § 580 Nr. 6 ZPO bejahen [104 ff.]). Die diesbezüglichen verwaltungsverfahrensrechtlichen Voraussetzungen sind jedoch streng und dürften in der oben geschilderten Konstellation ohne Hinzutreten besonderer Umstände idR nicht erfüllt sein. Das Bestehen eines daneben möglichen Anspruchs auf Rücknahme der Genehmigung (→ § 29 Rn. 31 ff.), der zugleich den Anspruch auf Bescheidung (→ Rn. 9) aufleben ließe, setzte neben der Rechtswidrigkeit voraus, dass die Aufrechterhaltung „schlechthin unerträglich" wäre (BVerwG Urt. v. 24.2.2011 – 2 C 50.09, NVwZ 2011, 888 (889) mwN). In Betracht kommen hier nur besondere Ausnahmefälle, die vom Netzbetreiber geltend zu machen wären.

10 Kommt es zu einer Neubescheidung (oder werden erstmalig Genehmigungen nach § 23 a erteilt, → Rn. 1), muss die Behörde allerdings eine **höchstrichterliche Rechtsprechung** hinsichtlich der Rechtmäßigkeit von Festlegungen beachten. Gleiches gilt auch bei der (erneuten) Bestimmung der Erlösobergrenze im Rahmen der Anreizregulierung, sofern sie (mittelbar) auf einer solchen als rechtswidrig betrachteten Festlegung aufbaut (vgl. dazu schon BGH Beschl. v. 28.6.2011 – EnVR 48/10 Rn. 7 ff., ZNER 2011, 423 (424); BGH Beschl. v. 31.1.2012 – EnVR 16/10 Rn. 7 ff., RdE 2012, 203 ff.; s. auch OLG Düsseldorf Beschl. v. 4.7.2012 – VI-3 Kart 218/09 [V] Rn. 62 f. für den Fall einer noch nicht höchstrichterlich bestätigten Aufhebung, die dennoch bei einer ohnehin gebotenen Neubescheidung berücksichtigt werden soll). Dann müsse das Ausgangsniveau entsprechend angepasst werden und bei der weiteren Fortschreibung rechtsfehlerfreie Vorgaben verwendet werden (vgl. OLG Düsseldorf Beschl. v. 6.6.2012 – VI-3 Kart 356/07 Rn. 17, RdE 2012, 394 (395) [Strom]; OLG Düsseldorf Beschl. v. 6.6.2012 – VI-3 Kart 318/07 Rn. 23, ZNER 2012, 397 f. [Gas]). Problematisch ist insoweit, wenn es trotz eines Aufhebungsbeschlusses des Beschwerdegerichts zu keiner höchstrichterlichen Entscheidung zur Sache kommt, etwa weil entsprechende Beschwerden von den betroffenen Netzbetreibern zurückgenommen wurden (s. BGH Beschl. v. 23.4.2013 – EnVR 47/12, BeckRS 2013, 8443).

11 Die genehmigten Entgelte sind **Höchstpreise,** dh sie dürfen unter-, grundsätzlich aber nicht überschritten werden. Auch eine Unterschreitung ist jedoch nur generell, nicht aber individuell gegenüber einzelnen Netznutzern zulässig. Würde der Netzbetreiber nur im Einzelfall den genehmigten Höchstpreis unterschreiten, verstieße er gegen das Diskriminierungsverbot des § 20 Abs. 1 S. 1. **Individuelle niedrigere Entgelte** (oder eine Befreiung von den Entgelten) sind nur aufgrund einer besonderen rechtlichen Grundlage (zB § 24 S. 1 Nr. 3 EnWG iVm § 19 Abs. 2 StromNEV; s. auch § 118 Abs. 6 EnWG für die Befreiung von Netzgelten für bestimmte Anlagen; § 3 Abs. 1 Nr. 1 KAV für den sog. Gemeinderabatt) zulässig.

12 Eine Ausnahme vom Überschreitungsverbot gilt gem. § 23 a Abs. 2 S. 2 Hs. 2, sofern dadurch lediglich die **nachträgliche Erhöhung der Kostenwälzungssätze** einer vorgelagerten Netz- oder Umspannstufe weitergegeben wird (s. zur Kostenwälzung § 14 StromNEV). Die Beweislast trägt insofern der Antragsteller (→ § 68 Rn. 9), der nach § 23 a Abs. 2 S. 2 Hs. 3 gegenüber der Regulierungsbehörde zur Anzeige der Überschreitung verpflichtet ist. Der BGH sieht in § 23 a Abs. 2 S. 2 auch die Rechtsgrundlage für den spiegelbildlichen Fall einer Erzwingung (im Wege einer Auflage nach § 23 a Abs. 4 S. 1) der **Wälzung gesenkter Entgelte vorgelagerter Netze,** obwohl sich die Regelung des § 23 a Abs. 2 S. 2 ausdrücklich nur auf die Überschreitung genehmigter Netzentgelte wegen erhöhter vorgelagerter Netzkosten bezieht (vgl. BGH Beschl. v. 23.6.2009 – EnVR 76/07 Rn. 44, IR

Genehmigung der Entgelte für den Netzzugang **§ 23 a**

2009, 227 und bereits BGH Beschl. v. 14.8.2008 – KVR 34/07 Rn. 96; krit. *Missling* IR 2009, 227 (228)).
Die **Rechtsschutzmöglichkeiten** gegen die Genehmigung richten sich gem. 13 § 75 Abs. 2 danach, ob die Betroffenen gem. § 66 Abs. 2 an dem Verfahren vor der Regulierungsbehörde beteiligt sind. Der betroffene Netzbetreiber selbst ist danach ohne Weiteres beschwerdebefugt, da er als Antragsteller nach § 66 Abs. 2 Nr. 1 an dem Verfahren vor der Regulierungsbehörde beteiligt war. Unter Umständen können als Verfahrensbeteiligte gem. § 66 Abs. 2 Nr. 3 auch die Verbraucherverbände nach § 75 Abs. 2 Beschwerde einlegen. Nach der Rechtsprechung sind Beschwerden von im Verwaltungsverfahren beigeladenen Verbänden allerdings nicht automatisch zulässig (BGH Beschl. v. 14.10.2008 – EnVR 79/07, WuM 2009, 55). Zwar sind diese infolge der Beiladung Verfahrensbeteiligte; zur Vermeidung einer Popularklage könne für die Bejahung der Zulässigkeit der Beschwerde jedoch nicht maßgeblich auf das formalisierte Merkmal der Verfahrensbeteiligung im Verwaltungsverfahren abgestellt werden. Hinzukommen müsse – ebenso wie bei der Parallelnorm des § 63 Abs. 2 GWB – eine **materielle Beschwer** als eine besondere Form des Rechtsschutzinteresses. Eine materielle Beschwer in diesem Sinne liege vor, wenn der Betroffene durch die angefochtene Verfügung der Regulierungsbehörde in seinen wirtschaftlichen Interessen unmittelbar und individuell betroffen ist (BGH Beschl. v. 14.10.2008 – EnVR 79/07, Rn. 7, WuM 2009, 55). Hingegen werden einzelne Verbraucher in der Regel nicht Verfahrensbeteiligte iSd § 66 Abs. 2 Nr. 3 sein, weil das Interesse eines jeden Verbrauchers für sich genommen die in § 66 Abs. 2 Nr. 3 vorgesehene Erheblichkeitsschwelle selten überschreiten dürfte (→ § 66 Rn. 20 f.). Anderes gilt für die Untersagung eines individuellen Entgelts nach § 19 Abs. 2 S. 8 StromNEV. In diesem Verfahren ist der Letztverbraucher gem. § 66 Abs. 2 Nr. 1 zu beteiligen, so dass auch ihm die Beschwerde nach § 75 Abs. 2 möglich ist. Auch die Beschwerdebefugnis jener Energieversorgungsunternehmen, die ihre Kunden über das von der Genehmigungsentscheidung betroffene Netz im Wege des Netzzugangs versorgen wollen, hängt im Allgemeinen von deren Beteiligtenstellung im Genehmigungsverfahren ab (§ 66 Abs. 2 Nr. 3). Die Rechtsprechung hält die in § 75 Abs. 2 niedergelegte Beteiligteneigenschaft für eine **nicht abschließende Regelung** über die Beschwerdeberechtigung. Beschwerdeberechtigt könne danach auch derjenige sein, der an dem Antragsverfahren nicht selbst teilgenommen habe (im Fall ging es um einen Antrag nach § 110 Abs. 4 aF), jedoch durch den Verwaltungsakt belastet sei (OLG Naumburg Zwischenbeschl. v. 14.11.2007 – 1 W 35/06 (EnWG), ZNER 2008, 78; bestätigt durch BGH Beschl. v. 11.11.2008 – EnVR 1/08, ZNER 2009, 39; aA *Sauerland* RdE 2007, 153). Demnach seien die zum Fusionskontrollverfahren entwickelten Grundsätze auf das energiewirtschaftsrechtliche Verfahren nach den insoweit im Wesentlichen gleichlautenden § 66 Abs. 2, § 75 Abs. 2 zu übertragen. Nach der Rechtsprechung zu §§ 54 Abs. 2, 63 Abs. 2 GWB ist ein Dritter in erweiternder Auslegung dieser Vorschriften befugt, gegen die in der Hauptsache ergangene Entscheidung unter folgenden Voraussetzungen Beschwerde einzulegen: Es müssen in seiner Person die subjektiven Voraussetzungen für eine Beiladung vorliegen, sein Antrag auf Beiladung muss allein aus Gründen der Verfahrensökonomie abgelehnt worden sein und er muss geltend machen können, durch die Entscheidung unmittelbar und individuell betroffen zu sein (vgl. BGH Beschl. v. 11.11.2008 – EnVR 1/08 Rn. 14, ZNER 2009, 39). Der BGH hat jüngst die Voraussetzungen für eine materielle Beschwer von Energieversorgungsunternehmen konkretisiert (BGH Beschl. v. 9.7.2019 – EnVR 5/18 – Lichtblick, EnWZ 2019, 403 mAnm *Holznagel/Hem-*

§ 23 a Teil 3. Regulierung des Netzbetriebs

mert-Halswick). Die dort angegriffene Festlegung des Eigenkapitalzinssatzes betreffe das Energieversorgungunternehmen in seinen erheblichen wirtschaftlichen Interessen unmittelbar und individuell. Noch ungeklärt ist, inwieweit diese Entscheidung auf netzbetreiberindividuelle Verfahren wie das Genehmigungsverfahren nach § 23 a übertragbar ist (die materielle Beschwer Dritter in Verfahren nach § 23 a bislang ablehnend OLG Düsseldorf Beschl. v. 24.10.2007 – VI-3 Kart 8/07 [V], NJOZ 2008, 923 (928 ff.) im Hinblick auf das Erfordernis einer privatrechtlichen Umsetzung; im diesbezüglichen Rechtsbeschwerdeverfahren (BGH Beschl. v. 14.10.2008 – EnVR 79/07) hatte der BGH die materielle Beschwer schon aufgrund der rechtlichen Stellung des beschwerdeführenden Verbandes verneint und die Rechtsfrage im Übrigen nicht entschieden).

D. Genehmigungsantrag (Abs. 3)

I. Überblick

14   § 23 a Abs. 3 enthält Verfahrensvorschriften über den Genehmigungsantrag. Geregelt werden der Zeitpunkt des Antrags (§ 23 a Abs. 3 S. 1), die Notwendigkeit der behördlichen Antragsbestätigung (§ 23 a Abs. 3 S. 5), die Form des Antrags (§ 23 a Abs. 3 S. 1 [Schriftform], § 23 a Abs. 3 S. 2 Hs. 2 [gegebenenfalls elektronische Übermittlung der Unterlagen], § 23 a Abs. 3 S. 3 [behördliche Vorgaben für die elektronische Übermittlung]) und der Inhalt der dem Antrag beizufügenden Angaben und Unterlagen (§ 23 a Abs. 3 S. 2, 4, 6). Darüber hinaus enthält § 23 a Abs. 3 S. 7 eine weitere Verordnungsermächtigung zur Verfahrensgestaltung.

II. Antragsfrist und Schriftform (Abs. 3 S. 1)

15   Die **Antragsfrist** des § 23 a Abs. 3 S. 1 gilt zum einen für Erstanträge. Zum anderen gilt die Antragsfrist für den Fall, dass bereits eine Genehmigung bestand, wegen Fristablaufs oder infolge eines Widerrufs (§ 23 a Abs. 4) jedoch eine neue Genehmigung erforderlich ist. Im Falle des Widerrufs kann die Sechsmonatsfrist allerdings nicht gelten, wenn der Betreiber von dem Widerruf nicht frühzeitig vor dessen Wirksamwerden Kenntnis hatte. Dem Betreiber ist vielmehr eine eigene Frist zur Antragstellung einzuräumen. Hierfür sollten zwei Monate ab Kenntnis des (bevorstehenden) Widerrufs genügen.

16   Das in § 23 a Abs. 3 S. 1 genannte Schriftformerfordernis kann gem. § 23 a Abs. 3 S. 2 durch die Regulierungsbehörde dahingehend konkretisiert werden, dass die **elektronische Form** zwingend ist; hiervon wurde durch die BNetzA insbesondere in Bundeszuständigkeit Gebrauch gemacht durch Beschl. v. 2.5.2007 (BK8-07/008) im Bereich Elektrizitätsversorgungsnetze (bestätigt durch OLG Düsseldorf Beschl. v. 27.2.2008 – VI-3 Kart 106/07 V, RdE 2008, 282 ff.), durch Beschl. v. 17.11.2008 (BK9-08/601-1) im Bereich Gasversorgungsnetze. Die Festlegungen enthalten zudem, gestützt auf die Festlegungsermächtigungen in §§ 29, 30 StromNEV/GasNEV, weitere detaillierte Vorgaben zur Antragstellung, insbesondere zu den für die Prüfung erforderlichen, bei der Regulierungsbehörde einzureichenden Unterlagen.

III. Elektronische Übermittlung der Antragsunterlagen (Abs. 3 S. 2 Hs. 2, 3)

Die BNetzA stützt sich bei den oben (Rn. 16) genannten Festlegungen hinsicht- **17** lich der Verpflichtung zur elektronischen Übermittlung auch auf § 29 StromNEV/ GasNEV, wonach die Regulierungsbehörde zur Vereinfachung des Verfahrens Festlegungen zu Umfang, Zeitpunkt und Form der ihr zu übermittelnden Informationen, insbesondere zu den zulässigen Datenträgern und Übertragungswegen erlassen kann. Zwar betreffen diese beiden Regelungen nicht unmittelbar den Genehmigungsantrag, sondern vielmehr die Dokumentation nach § 28 StromNEV/GasNEV. Diese Dokumentationen sind jedoch gem. § 23a Abs. 3 S. 4 Nr. 2 ebenfalls dem Genehmigungsantrag beizufügen (→ Rn. 18). Hier ist darauf zu achten, dass es nicht zu widersprüchlichen Anforderungen seitens der Regulierungsbehörde aufgrund der genannten Festlegungsermächtigungen in den Verordnungen einerseits und des § 23a Abs. 3 S. 2, 3 andererseits kommt. Daher wurden in der Praxis auch beide Ermächtigungsgrundlagen in den Festlegungen miteinander verknüpft.

IV. Angaben des Antragstellers (Abs. 3 S. 4)

Nach § 23a Abs. 3 S. 4 Nr. 1 muss ein Antragsteller die bisherigen und die nun **18** beantragten Netzentgelte mit ihrer jeweiligen Kalkulation angeben. Die in § 23a Abs. 3 S. 4 Nr. 2 angesprochenen Verordnungsvorschriften über den Bericht über die Ermittlung der Netzentgelte finden sich in § 28 StromNEV und in § 28 GasNEV; der danach zu erstellende Bericht ist ein zentraler Prüfungspunkt im Verfahren. Verordnungsvorschriften über die Strukturklassen gibt es hingegen nach Aufhebung von § 24 StromNEV und § 23 GasNEV nicht mehr. § 23a Abs. 3 S. 4 Nr. 3 ist dahingehend zu verstehen, dass der Antragsteller darlegen muss, inwiefern die beantragten Entgelte den in § 21 und den Netzentgeltverordnungen niedergelegten materiell-rechtlichen Grundsätzen der Entgeltbildung genügen (zur Darlegungslast BGH Beschl. v. 3.3.2009 – EnVR 79/07 Rn. 22ff., NJOZ 2009, 3390; zu Kooperations- und Mitwirkungspflichten im Verfahren BerlKommEnergieR/*Steffens* EnWG § 23a Rn. 31). Die Vorlage weiterer Unterlagen oder Angaben kann die Regulierungsbehörde nach § 23a Abs. 3 S. 6 verlangen, sofern dies zur Prüfung der Voraussetzungen nach § 23a Abs. 2 erforderlich ist. Diese Möglichkeiten sind zur Plausibilisierung und Prüfung der Anträge weitgehend und können bei Bedarf durch die in §§ 68ff. geregelten Befugnisse ergänzt werden.

V. Verordnungsermächtigung (Abs. 3 S. 7)

Durch Verordnung kann das BMWi das Verfahren und die Anforderungen an **19** die nach § 23a Abs. 3 S. 4 vorzulegenden Unterlagen näher ausgestalten. Eine **verwandte Verordnungsermächtigung** findet sich bereits in § 29 Abs. 3. Danach kann die Bundesregierung das Verfahren zur Genehmigung durch Rechtsverordnung näher ausgestalten. Die eigenständige Bedeutung des § 23a Abs. 3 S. 7 besteht demgegenüber im abweichenden Ermächtigungsadressaten (BMWi). Verfahrensregeln können demnach sowohl durch Rechtsverordnung der Bundesregierung als auch durch Rechtsverordnung des BMWi getroffen werden. Ratsam ist ein solches doppeltes Vorgehen nicht, zumal zwischen Verordnungen der Bundesregierung und solchen eines Bundesministeriums kein allgemeines Rangverhältnis besteht, das im Kollisionsfall ohne Weiteres auf den Vorrang einer Norm schließen ließe.

§ 23 a

Im Zweifel wird man wohl annehmen müssen, dass Verordnungen des BMWi zu den in § 23 a Abs. 3 angesprochenen Verfahrensfragen als speziellere Normen den Verfahrensreglungen in Verordnungen der Bundesregierung nach § 29 Abs. 3 vorgehen. Bislang stellt sich dieses Problem allerdings nicht, da von der Verordnungsermächtigung des § 23 a Abs. 3 S. 7 bislang nicht Gebrauch gemacht wurde. Angesichts des heute beschränkten Anwendungsbereichs von § 23 a ist der Erlass einer solchen Verordnung auch nicht absehbar.

20 Was das Verhältnis zwischen der Verordnungsermächtigung des § 23 a Abs. 3 S. 7 zur **behördlichen Festlegungsbefugnis** nach § 29 Abs. 1 betrifft, so gilt nach allgemeinen normhierarchischen Grundsätzen, dass die Regulierungsbehörde von ihrer Festlegungsbefugnis (→ § 29 Rn. 20) in den von der Verordnungsermächtigung umfassten Regelungsbereichen soweit Gebrauch machen kann, wie von der Verordnungsermächtigung kein Gebrauch gemacht wurde (vgl. OLG Düsseldorf Beschl. v. 27.2.2008 – VI-3 Kart 106/07, RdE 2008, 282 Rn. 19).

E. Nebenbestimmungen und Genehmigungsfiktion (Abs. 4)

I. Nebenbestimmungen (Abs. 4 S. 1)

21 **1. Bedingungen und Auflagen.** Nach § 23 a Abs. 4 S. 1 Hs. 2 steht die Aufnahme von Bedingungen und Auflagen im Ermessen der Behörde. Die Regelung entspricht § 12 Abs. 4 S. 1 der aufgehobenen BTOElt. Die spezialgesetzliche Vorschrift des § 23 a Abs. 4 S. 1 verdrängt nach § 1 VwVfG die allgemeine Regelung des § 36 Abs. 1 VwVfG (vgl. BGH Beschl. v. 14.8.2008 – KVR 34/07 Rn. 92 – Stadtwerke Speyer). Auflagen sind selbständig anfechtbar, da es sich hierbei um Nebenbestimmungen handelt, die von der Entgeltgenehmigung trennbar sind (vgl. BGH Beschl. v. 14.8.2008 – KVR 34/07 Rn. 91; BGH Beschl. v. 23.6.2009 – EnVR 76/07 Rn. 41). Die Auflage einer Auskunftserteilung kann zulässig sein, wenn ein Zusammenhang zwischen der Rechtmäßigkeit der Genehmigung und der verlangten Mitteilung besteht (vgl. OLG Naumburg Beschl. v. 16.4.2007-1 W 25/06, ZNER 2007, 174 (182)). Im Falle vorgelagerter kostenorientiert-regulierter Netzbetreiber ist die Auflage zulässig, Ausspeiseentgelte inklusive gewälzter Kosten und/oder Entgelte anzuzeigen und deren Berechnung darzulegen, soweit die Offenlegungs- und Nachweispflicht bezüglich der Entgeltkalkulation gem. § 23 a Abs. 3 S. 6, Abs. 2 betroffen ist (vgl. BGH Beschl. v. 23.6.2009 – EnVR 76/07 Rn. 43). Zulässig ist nach der Rechtsprechung des BGH auch die Auflage, Mehrerlöse, die ein Netzbetreiber dadurch erzielt hat, dass er bis zur Genehmigung der Netznutzungsentgelte seine ursprünglichen Entgelte beibehalten hat (vgl. § 23 a Abs. 5 S. 1), zu berechnen und in der nächsten Kalkulationsperiode kostenmindernd zu berücksichtigen (sog. **„Mehrerlös-Auflage";** vgl. BGH Beschl. v. 14.8.2008 – KVR 39/07, BGHZ 91, 176 – Vattenfall, 1. Ls.; näher zur Auslegung des § 23 a Abs. 5 S. 1 → Rn. 29 ff.). Danach dient die Auflage – ungeachtet des Umstands, dass die Berücksichtigung der Mehrerlöse erst in der nächsten Kalkulationsperiode wirksam wird – der Entgeltbestimmung und ist somit vom Zweck des Hauptverwaltungsakts gedeckt (vgl. BGH Beschl. v. 14.8.2008 – KVR 39/07, BGHZ 91, 176, Rn. 29 f. – Vattenfall).

22 **2. Befristung.** Zwingend ist gem. § 23 a Abs. 4 S. 1 Hs. 1, wie in § 12 Abs. 4 S. 1 BTOElt, die Befristung der Genehmigungen. Wie die Frist zu bemessen ist, sagt das Gesetz allerdings nicht. Die Befristung erlaubt es der Regulierungsbehörde, eine

Genehmigung der Entgelte für den Netzzugang **§ 23 a**

Genehmigung rasch an die aktuellen Kosten des Netzbetreibers und die Marktverhältnisse anzupassen und ermöglicht es damit u. a., dass die Entgelte „angemessen" iSd § 21 Abs. 1 bleiben. Beantragt ein Netzbetreiber eine längere Laufzeit als später von der Regulierungsbehörde genehmigt, handelt es sich um eine teilweise Ablehnung der Genehmigung (BerlKommEnergieR/*Steffens* EnWG § 23a Rn. 21).

3. Widerrufsvorbehalt. Zwingend ist auch die Aufnahme eines Widerrufs- 23 vorbehalts. **Hintergrund** dieser Regelung dürften zum einen Richtlinienvorgaben sein, die heute in Art. 60 Abs. 1 S. 1 Elt-RL 19 sowie in Art, 41 Abs. 10 Gas-RL 09 geregelt sind. Danach sind die Regulierungsbehörden erforderlichenfalls befugt, von den Netzbetreibern eine Änderung der Tarife zu verlangen, um sicherzustellen, dass diese angemessen sind und nichtdiskriminierend angewendet werden. Die Bundesregierung schloss daraus, nach den Richtlinienvorgaben müssten die Regulierungsbehörden die Befugnis erhalten, von Netzbetreibern jederzeit Änderungen gegebenenfalls auch genehmigter Tarife zu verlangen (Gegenäußerung BT-Drs. 15/4068, 5). Der Widerrufsvorbehalt erlaubt auch, gem. § 71a Entgeltänderungen auf vorgelagerten Netzebenen Rechnung zu tragen (vgl. OLG Koblenz Urt. v. 4.5.2007 – W 605/06 Kart, ZNER 2007, 182 (192)). Zum anderen soll mit dem obligatorischen Widerrufsvorbehalt wohl, ebenso wie mit der Befristung (→ Rn. 22), den regulierungstypischen Ungewissheiten der Regulierungsbehörde Rechnung getragen und eine nachträgliche Korrektur der Entgeltgenehmigung erleichtert werden (→ § 29 Rn. 28 ff.).

Der Widerruf beeinträchtigt die Stabilität der Regulierungsentscheidung aller- 24 dings insofern nur in Maßen, als er lediglich **für die Zukunft** wirkt. Die Ex-tunc-Wirkung hätte der Gesetzgeber ausdrücklich regeln müssen. Gegen die Rückwirkung spricht auch, dass ein Zweck der Einführung der Ex-ante-Regulierung gerade war, höhere Kalkulationssicherheit herzustellen, an der es bei der bloß „vorläufigen" Geltung der Netzentgelte im Rahmen der Ex-post-Kontrolle fehle (BT-Drs. 15/3917, 85). Eben diese „Vorläufigkeit" wäre jedoch mit der rückwirkenden Widerrufsmöglichkeit wiederum verbunden. Bei rechtswidrigen Genehmigungen kommt jedoch eine Rücknahme auch ex tunc unter den Voraussetzungen des § 48 VwVfG in Betracht.

Ob die Genehmigungsbehörde von dem Widerrufsvorbehalt Gebrauch macht 25 (vgl. zu den formellen Anforderungen OLG Düsseldorf Beschl. v. 21.7.2006 – VI-3 Kart 289/06 [V], ZNER 2006, 258), hat sie nach pflichtgemäßem **Ermessen** zu entscheiden. Will eine Behörde von einem Widerrufsvorbehalt Gebrauch machen, hat sie bei der Ermessensentscheidung grundsätzlich den Zweck des Widerrufsvorbehalts zu berücksichtigen. Dies bereitet hier insofern Schwierigkeiten, als der Widerrufsvorbehalt an **keine weiteren Voraussetzungen** zu knüpfen ist. Gleichwohl lassen sich ermessensleitende Anhaltspunkte aus dem EnWG entnehmen. Nach § 29 Abs. 2 S. 1 ist eine Änderung der Regulierungsentscheidung möglich, wenn dies erforderlich ist, um sicherzustellen, dass sie weiterhin den Voraussetzungen für eine Festlegung oder Genehmigung genügt (näher → § 29 Rn. 35). Andere Gründe für einen Widerruf nach § 23a Abs. 4 S. 1 sind nicht ersichtlich. Es sind hier also die gleichen Ermessenserwägungen anzustellen (→ § 29 Rn. 34). Die Widerrufsbefugnis nach § 23a Abs. 4 geht demnach nicht über die Änderungsbefugnis nach § 29 Abs. 2 S. 1 hinaus. Beim Widerruf einer Entgeltgenehmigung ist zudem im Rahmen der Ermessensentscheidung zu berücksichtigen, dass die Entgeltgenehmigung immer mit einer Befristung versehen ist. Dies kann – zumal bei einer nur kurz bemessenen Frist – gegen den zwischenzeitlichen

Widerruf sprechen, sofern die Regulierungsbehörde den regulierungstypischen Ungewissheiten ohnehin bald durch eine neue Entgeltgenehmigung nach Ablauf der Frist der alten Genehmigung Rechnung tragen kann.

II. Genehmigungsfiktion (Abs. 4 S. 2 und 3)

26 § 23a Abs. 4 S. 2 und 3 treffen eine Fiktionsregelung für den Fall, dass die Behörde über einen Antrag nicht innerhalb der Sechsmonatsfrist entscheidet. Zweck der Regelung ist die Verfahrensbeschleunigung sowie die Rechtssicherheit des Antragstellers (BerlKommEnergieR/*Steffens* EnWG § 23a Rn. 36f.). Der Eintritt der Fiktionswirkung wird nicht nur durch die endgültige Entscheidung, sondern auch durch die vorläufige Höchstpreisfestsetzung nach § 23a Abs. 5 S. 2 verhindert. Die Fiktionswirkung tritt nach Fristablauf unabhängig davon ein, ob der Antrag rechtzeitig (→ Rn. 28) gestellt ist oder nicht. Entscheidet die Behörde nicht innerhalb von sechs Monaten, gilt für ein Jahr das beantragte Entgelt. Diese „fingierte Genehmigung" ist wegen des gesetzlichen **Widerrufsvorbehalts** insoweit in den allgemeinen Grenzen des Widerrufs nach § 49 Abs. 2 S. 1 Nr. 1 Alt. 2 VwVfG widerruflich (vgl. OLG Düsseldorf Beschl. v. 21.7.2006 – VI-3 Kart 289/06 (V), ZNER 2006, 258 (259); enger *Ruge* N&R 2006, 150 (154f.); *Lecheler/Germelmann* WuW 2007, 6 (10f.), die mit Unterschieden im Einzelnen noch die weiteren Tatbestandsvoraussetzungen der §§ 48, 49 VwVfG prüfen wollen). Der Widerruf wird auch konkludent durch eine Genehmigungsentscheidung der Regulierungsbehörde erklärt (OLG Düsseldorf Beschl. v. 21.7.2006 – VI-3 Kart 289/06 (V), ZNER 2006, 258 (259)). Der Widerruf wirkt jedoch mangels ausdrücklicher Rückwirkungsanordnung im Gesetz nur ex nunc (vgl. umgekehrt § 23a Abs. 5 S. 2, der die „Vorläufigkeit" ausdrücklich anordnet, → Rn. 29). Auch die Genehmigungsentscheidung der Regulierungsbehörde hat daher keine Rückwirkung (aber → Rn. 25ff.). Eine Untätigkeitsregelung findet sich auch in **§ 75 Abs. 3 S. 2, 3**. Danach ist die Unterlassung der Entscheidung innerhalb einer angemessenen Frist einer Ablehnung gleich zu achten, gegen die eine Beschwerde zulässig ist. Diese Regelung findet hier jedoch keine Anwendung, weil sie durch die speziellere Rechtsfolgenregelung einer Genehmigungsfiktion des § 23a Abs. 4 S. 2, 3 verdrängt wird. Für eine Untätigkeitsbeschwerde fehlt es dann im Übrigen angesichts der fingierten Genehmigung am Rechtsschutzbedürfnis.

27 Die **Sechsmonatsfrist** der Behörde nach § 23a Abs. 4 beginnt nach Satz 2 erst dann zu laufen, wenn der Behörde die **vollständigen Unterlagen** nach Absatz 3 vorliegen. Für die Vollständigkeit der Unterlagen ist die Sach- und Rechtslage im Zeitpunkt der Antragstellung maßgeblich (OLG Düsseldorf Beschl. v. 21.7.2006 – VI-3 Kart 289/06 (V), ZNER 2006, 258). Die Unterlagen sind vollständig, wenn sie die Angaben enthalten, die in § 23a Abs. 3 S. 4 genannt sowie gegebenenfalls in einer Festlegung der Regulierungsbehörden konkretisiert sind oder die in einer Verordnung nach § 23a Abs. 3 S. 7 aufgezählt werden. Ein Antrag wird nicht dadurch unvollständig, dass der Netzbetreiber solche Unterlagen nicht einreicht, hinsichtlich derer rechtlich nicht eindeutig geregelt ist, ob sie vorgelegt werden müssen (OLG Düsseldorf Beschl. v. 6.4.2011 – VI-3 Kart 133/10 [V], RdE 2011, 265) oder dadurch, dass die Genehmigungsbehörde Unterlagen nach § 23a Abs. 3 S. 6 nachfordert (OLG Düsseldorf Beschl. v. 21.7.2006 – VI-3 Kart 289/06 [V], ZNER 2006, 258). Demgegenüber wird der Fristenlauf gem. § 23a Abs. 4 S. 3 Nr. 2 herausgezögert, wenn die Regulierungsbehörde wegen unrichtiger Angaben oder wegen einer nicht rechtzeitigen Auskunft nicht entscheiden kann und dies

dem Antragsteller vor Ablauf der Frist unter Angabe der Gründe mitgeteilt wurde. Weiterhin kann die Frist nach § 23a Abs. 4 S. 3 Nr. 1 mit Zustimmung des Antragstellers verlängert werden.

F. Entgeltregelung für Übergangszeiträume (Abs. 5)

I. Regelungsinhalt

§ 23a Abs. 5 regelt die Frage, welche Entgelthöchstgrenze nach Ablauf einer be- 28
fristeten Genehmigung oder nach dem Widerruf einer Genehmigung gilt, wenn
zum **Zeitpunkt des Außerkrafttretens der früheren Genehmigung** eine
neue Genehmigung noch nicht vorliegt. Gem. Satz 1 gilt, dass bis zur Entscheidung die bis dahin genehmigten Entgelte beibehalten werden können, wenn vor Ablauf der Befristung oder vor dem Widerruf eine neue Genehmigung beantragt ist. Nach § 23a Abs. 5 S. 2 kann die Behörde ein Entgelt vorläufig festsetzen, wenn die neue Entscheidung nicht rechtzeitig beantragt worden ist.

II. Beibehaltung des genehmigten Entgelts (Abs. 5 S. 1)

Bis zur Entscheidung der Behörde können die bis dahin genehmigten Entgelte 29
beibehalten werden (sofern der Genehmigungsantrag nicht rechtzeitig gestellt
wurde, kann die Regulierungsbehörde von der Befugnis des § 23a Abs. 5 S. 2 Gebrauch machen, → Rn. 31). Diese Regelung galt gem. § 118 Abs. 1b S. 2 idF vor
Aufhebung zum 1.11.2008 durch das KWKFöG vom 25.10.2008, BGBl. 2008 I
S. 2101 entsprechend, wenn zuvor kein Entgelt genehmigt worden war. In einer
Übergangszeit kamen dann die bisher nach den Verbändevereinbarungen kalkulierten Entgelte zur Anwendung (*Schalle/Boos* ZNER 2006, 20 (21)). Der Anwendungsbereich von § 23a Abs. 5 S. 1 erfasst zunächst sowohl die Fälle, in denen eine Genehmigung **rechtzeitig** (→ Rn. 15) beantragt worden ist als auch jene Fälle, in denen sie nicht rechtzeitig beantragt wurde. Eine Alternative zur Beibehaltung des genehmigten Entgelts besteht, wenn der Antrag auf Genehmigung **nicht rechtzeitig** gestellt wurde. Dann kann die Behörde alternativ nach Satz 2 verfahren (→ Rn. 31).

Ob die Vorschrift des § 23a Abs. 5 S. 1 eine materiell-rechtliche oder bloß eine 30
verfahrensrechtliche Regelung trifft, war seit seiner Einführung umstritten und
Gegenstand gegensätzlicher OLG-Entscheidungen. Mit sechs Beschlüssen v.
14.8.2008 (– KVR 27/07 – Stadtwerke Engen; KVR 34/07 – Stadtwerke Speyer;
KVR 35/07 – Stadtwerke Neustadt an der Weinstraße; KVR 36/07 – Stadtwerke
Trier; KVR 39/07 – Vattenfall; KVR 42/07 – Rheinhessische Energie) hat der
BGH – neben Vorgaben für die Netzentgeltberechnung – in diesen Fragen für
mehr Klarheit gesorgt, warf dabei aber zugleich neue Fragen auf (zu den Folgefragen etwa *Ruge* N&R 2008, 211 (213 ff.); *Böwing,* Mehrerlösabschöpfung im Energierecht, FS Kühne, 2009, S. 93 ff.). Nach der Grundsatzentscheidung des BGH
(Beschl. v. 14.8.2008 – KVR 39/07, BGHZ 91, 176 – Vattenfall), deren Vereinbarkeit mit dem GG das BVerfG in einer Kammerentscheidung festgestellt hat (BVerfG
Beschl. v. 21.10.2009 – 1 BvR 2738/08, RdE 2010, 92), ist die Vorschrift dahingehend auszulegen, dass sie kein Recht des Netzbetreibers darauf begründe, die bis
zur Genehmigung vereinnahmten Netzentgelte auch insoweit endgültig zu behalten, als diese über die entsprechend den Vorgaben der StromNEV genehmigten

§ 23a Teil 3. Regulierung des Netzbetriebs

Höchstpreise hinausgehen (aus wettbewerbspolitischer Sicht zustimmend *Monopolkommission*, Sondergutachten Strom und Gas 2009, BT-Drs. 16/14060, 77; krit. etwa *Megies* IR 2006, 170 (172); *Greinacher/Helmes* NVwZ 2008, 12 (17); *Ruge* N&R 2008, 211 (213)). Dies gilt auch dann, wenn der Genehmigungsantrag rechtzeitig gestellt war (BGH Beschl. v. 14.8.2008 – KVR 39/07 Rn. 14, BGHZ 91, 176 – Vattenfall). In der Beziehung zwischen Netzbetreibern und Netznutzern ist eine Rückabwicklung allerdings ausgeschlossen (BGH Beschl. v. 14.8.2008 – KVR 39/07 Rn. 21, BGHZ 91, 176 – Vattenfall; krit. dazu etwa *Kalwa* IR 2009, 8; bestätigend BGH Beschl. v. 30.3.2011 – KZR 69/10, RdE 2011, 260; nach *Rüger* RdE 2012, 88 bliebe insbesondere die hier vom BGH offen gelassene Möglichkeit einer zivilrechtlichen Billigkeitskontrolle nach § 315 BGB bei Nichtabschöpfung der Mehrerlöse; für genehmigte Entgelte bejahend BGH Urt. v. 15.5.2012 – EnZR 105/10 Rn. 14 ff., N&R 2012, 280 ff. mAnm *Böhme/Schellberg*, N&R 2012, 284 ff. sowie *Götz* N&R 2012, 286 ff.). Stattdessen sind diese Mehrerlöse wie sonstige dem Netzbetreiber zugeflossene Erlöse zu behandeln und entsprechend § 9 StromNEV **periodenübergreifend auszugleichen** (Beschl. v. 14.8.2008 – KVR 39/07 Rn. 22, BGHZ 91, 176 = ZNER 2008, 217; ebenso BGH Beschl. v. 14.8.2008 – KVR 27/07, ZNER 2008, 210 Rn. 33 – Stadtwerke Engen; krit. hierzu und alternative Möglichkeiten aufzeigend *Rüger* RdE 2012, 88). Dies kann auch noch im System der Anreizregulierung geschehen (vgl. zur Umsetzung in der ersten Regulierungsperiode Holznagel/Schütz/*Henn* ARegV § 34 Rn. 31 ff.; BGH Beschl. v. 31.1.2012 – EnVR 16/10, BeckRS 2012, 6793; OLG Düsseldorf Beschl. v. 6.4.2011 – VI-3 Kart 133/10 V, RdE 2011, 265 mwN zur Rspr. anderer OLG). Um zu verhindern, dass die Rechtsbeziehungen zwischen Netzbetreibern und Energieversorgern nachträglich korrigiert werden müssen, schließt der BGH auch die rechtliche Rückwirkung der Genehmigung aus (BGH Beschl. v. 14.8.2008 – KVR 27/07 Rn. 32, ZNER 2008, 210 – Stadtwerke Engen; krit. *Schlack/Boos* ZNER 2008, 323 sowie *Rüger* RdE 2012, 88, die von einer Entscheidung aus „praktischen Gründen" spricht [92]). Auch im verbliebenen Anwendungsbereich von § 23a (→ Rn. 7) ist die Mehrerlösabschöpfung weiter anwendbar.

III. Höchstpreisfestsetzung durch die Behörde (Abs. 5 S. 2)

31 Sofern eine neue Entscheidung nicht rechtzeitig beantragt ist, gilt § 23a Abs. 5 S. 2. Die **Rechtzeitigkeit** richtet sich grundsätzlich nach § 23a Abs. 3 S. 1. Es muss die dort genannte Sechsmonatsfrist gewahrt sein. Diese Regelung kann allerdings nicht ohne Weiteres im Falle des Widerrufs einer Genehmigung gelten. Dann ist dem Betreiber vielmehr ab Kenntnis des (bevorstehenden) Widerrufs eine Antragsfrist von maximal zwei Monaten einzuräumen (→ Rn. 15). Unklar ist, ob § 23a Abs. 5 S. 2 voraussetzt, dass überhaupt ein Antrag gestellt wurde. Sinnvollerweise kann die einseitige Höchstpreisfestsetzung nach § 23a Abs. 5 S. 2 auch dann erfolgen, wenn **gar kein Antrag** gestellt wurde (ebenso *Stumpf/Gabler* NJW 2005, 3174 (3176)). Nur so ist sichergestellt, dass auch ein „säumiger" Netzbetreiber zur Durchleitung verpflichtet werden kann. Ansonsten könnte derjenige, der es versäumt ein neues Netznutzungsentgelt genehmigen zu lassen, den Netzzugang mit der Begründung verweigern, es stehe das Netznutzungsentgelt nicht fest. Hingegen unterfallen vorläufige Anordnungen im Falle einer **„Verzögerungstaktik"** des Netzbetreibers (zwar beantragte Genehmigung nach § 23a, jedoch Verweigerung der gem. § 69 Abs. 2 erforderlichen Mitwirkung im Verfahren) nicht § 23a Abs. 5 S. 2, sondern können nach der allgemeinen Vorschrift des § 72 ergehen (vgl. OLG

Brandenburg Beschl. v. 15.4.2008 – Kart W 4/07, ZNER 2008, 180, auch zu den Voraussetzungen; Anm. *Lange* IR 2008, 160f.). Das Bedürfnis für eine analoge Anwendung von § 23a Abs. 5 S. 2 besteht nicht, wenn z. B. im Fall eines neu in Betrieb genommenen Netzes noch nicht hinreichend viele Daten für eine endgültige Entgeltgenehmigung vorliegen (so aber BerlKommEnergieR/*Steffens* EnWG § 23a Rn. 45f.). Wenn in diesem Fall die Fiktionswirkung des § 23a Abs. 4 S. 2 mangels hinreichender Datengrundlage gerade nicht greift, ist § 23a Abs. 2 iVm § 72 anwendbar, so dass eine vorläufige Entgeltgenehmigung möglich ist. Der Rückgriff auf eine analoge Anwendung von Abs. 5 S. 2 ist daher mangels Regelungslücke nicht erforderlich.

Die Höchstpreisfestsetzung gilt nur **vorläufig**. Sie kann darum mit Wirkung ex tunc widerrufen werden. Als konkludenter Widerruf gilt auch die endgültige Genehmigungsentscheidung. Die endgültige Genehmigung gilt rückwirkend ab dem Zeitpunkt des Unwirksamwerdens der früheren Genehmigung. **32**

Die **Fiktionsregelung** in § 23a Abs. 5 S. 2 kommt nicht zur Anwendung, wenn die vorläufige Höchstpreisfestsetzung beim verspäteten Antrag nach § 23a Abs. 5 S. 2 erfolgte, bevor die Sechsmonatsfrist der Behörde nach § 23a Abs. 4 verstrichen war (→ Rn. 27). Hingegen kann auch bei einem verspäteten Genehmigungsantrag iSd § 23a Abs. 5 S. 2 die Fiktionswirkung nach § 23a Abs. 4 S. 2 eintreten, sofern die Behörde weder eine endgültige noch eine vorläufige Festsetzung vornimmt. Ist die Fiktionswirkung eingetreten, bleibt es der Behörde allerdings unbenommen, auch dann noch eine vorläufige Höchstpreisfestsetzung nach § 23a Abs. 5 S. 2 zu treffen. Die Höchstpreisfestsetzung ist dann zugleich ein ab dem Festsetzungszeitpunkt wirksamer (→ Rn. 24) Widerruf der fingierten Genehmigung iSd § 23a Abs. 4 S. 2 und ersetzt diese vorläufig. Wird die vorläufige Festsetzung ihrerseits durch die endgültige Genehmigung rückwirkend ersetzt, behält die nach § 23a Abs. 4 S. 2 fingierte Genehmigung Gültigkeit für die Zeit bis zur vorläufigen Höchstpreisfestsetzung nach § 23a Abs. 5 S. 2. **33**

G. Zivilrechtliche Billigkeitskontrolle der Entgelte für den Netzzugang

Die Wirkung der Netzentgeltgenehmigung nach § 23a im Verhältnis zwischen Regulierungsbehörde und Netzbetreiber wirft unweigerlich die Frage nach den **privatrechtlichen Konsequenzen** dieser Genehmigung für die Netznutzerseite auf (zur Energienetzregulierung als Zivilrechtsgestaltung *Mohr* EuZW 2019, 229ff.). Die Billigkeitskontrolle der Netzentgelte gemäß § 315 BGB steht dabei im Spannungsfeld von öffentlichem Recht und Zivilrecht (*Grüneberg* GRUR 2021, 216). **34**

Ausgangspunkt ist zunächst, dass der Netzbetreiber sein Leistungsbestimmungsrecht nach **billigem Ermessen** auszuüben hat, § 315 Abs. 1 BGB. Die aufgrund der Genehmigungsentscheidung der Regulierungsbehörde gebildeten Netzentgelte können gemäß § 315 Abs. 3 S. 2 BGB von Zivilgerichten auf ihre Billigkeit überprüft werden (BGH Urt. v. 15.5.2012 – EnZR 105/10, NJW 2012, 3092; kritisch zur Anwendbarkeit des § 315 Abs. 3 BGB vor dem Hintergrund der Rspr. des EuGH zu Trassenentgelten im Bahnbereich *Ludwigs* FS Büdenbender, 533 (544ff.); *Stelter* EnWZ 2020, 51ff.). Dies begründet der BGH ua damit, dass sich die öffentlich-rechtliche Wirkung der Genehmigung auf das Verhältnis Behörde/Netzbetrei- **35**

§ 23 a Teil 3. Regulierung des Netzbetriebs

ber beschränke und einer privatrechtlichen Umsetzung bedürfe (BGH Urt. v. 15.5.2012 – EnZR 105/10, NJW 2012, 3092 (3093)). Diverse Rückforderungsprozesse wegen aus Sicht der Netznutzer überhöhter Netzentgelte beschäftigten im Zuge der ersten Genehmigungsentscheidungen der Regulierungsbehörden die Zivilgerichte.

36 Beginnend mit einem Urteil aus dem Jahr 2012 (BGH Urt. v. 15.5.2012 – EnZR 105/10, NJW 2012, 3092) hat der BGH eine Rechtsprechung entwickelt, die die Voraussetzungen und Grenzen der Billigkeitskontrolle ausgestaltet. Diese Rechtsprechung wurde durch weitere Entscheidungen (ua BGH Urt. v. 6.10.2015 – EnZR 72/14, BeckRS 2016, 6673) konkretisiert und die Vereinbarkeit mit Grundrechten der Netznutzer wurde vom BVerfG in einem Nichtannahmebeschluss (BVerfG Beschl. v. 26.9.2017 – 1 BvR 1486/16, EnWZ 2018, 79) bestätigt. Danach hat der Netzbetreiber grundsätzlich die Billigkeit seiner Entgelte darzulegen und gegebenenfalls zu beweisen (BGH Urt. v. 6.10.2015 – EnZR 72/14, BeckRS 2016, 6673). Im Ausgangspunkt kann er sich dabei jedoch auf die § 23 a-Genehmigung stützen (**„Indizwirkung der Netzentgeltgenehmigung"**); es obliegt dann dem Netznutzer, darzulegen, aus welchen Gründen die genehmigten Entgelte überhöht sein sollen, und hierdurch die Indizwirkung zu erschüttern (BGH Urt. v. 15.5.2012 – EnZR 105/10, NJW 2012, 3092 (3094 f.)). In Betracht kommt hier etwa der Vorwurf, dass die Regulierungsbehörde gegen Vorschriften des EnWG bzw. der darauf basierenden Verordnungen verstoßen hat oder dass die Entgeltgenehmigung auf unentdeckten, unrichtigen Tatsachenangaben des Netzbetreibers in den Antragsunterlagen beruht (BGH Urt. v. 15.5.2012 – EnZR 105/10, NJW 2012, 3092 (3093)). Wenn dem Kläger eine solche Erschütterung der Indizwirkung gelingt, muss der Netzbetreiber seine Kostenkalkulation vorlegen und im Einzelnen näher erläutern; ggf. erfolgt durch das Gericht eine Anordnung zur Vorlage von Unterlagen nach § 142 ZPO (BGH Urt. v. 15.5.2012 – EnZR 105/10, NJW 2012, 3092 (3095)).

37 Der Grund für die Anerkennung einer Indizwirkung ist vor allem, dass die Genehmigungsentscheidung aufgrund enger gesetzlicher Vorgaben und mit einer entsprechenden Prüftiefe durch eine neutrale Regulierungsbehörde getroffen wird (BVerfG Beschl. v. 26.9.2017 – 1 BvR 1486/16, EnWZ 2018, 79 (82)). Zudem ist mit der Ex-ante-Regulierung ein **Interesse an Rechtssicherheit** verbunden, das gegenüber dem „individuellen Kostenfeststellungsinteresse" höher zu gewichten ist (BVerfG Beschl. v. 26.9.2017 – 1 BvR 1486/16, EnWZ 2018, 79 (82)). Die nach dieser Rechtsprechung erforderlichen Darlegungen zur Erschütterung der Indizwirkung stellen für die Kläger zwar hohe Hürden dar, aus denen das BVerfG jedoch keine Grundrechtsverletzungen der Netznutzer ableitet. Bemängelt wird seitens der Netznutzer zB regelmäßig ein **Informationsungleichgewicht** mangels prozessualer Pflichten zur Vorlage bestimmter Unterlagen des Netzbetreibers im Zivilverfahren. Hierbei ist jedoch der **Schutz der Betriebs- und Geschäftsgeheimnisse** der Netzbetreiber zu beachten (vgl. BVerfG Beschl. v. 26.9.2017 – 1 BvR 1486/16, EnWZ 2018, 79 (81 f.)), der einer Pflicht zur Offenlegung regelmäßig entgegensteht.

§ 23b Veröffentlichungen der Regulierungsbehörde; Festlegungskompetenz

(1) ¹Die Regulierungsbehörde veröffentlicht auf ihrer Internetseite, einschließlich etwaiger darin enthaltener Betriebs- und Geschäftsgeheimnisse, unternehmensbezogen in nicht anonymisierter Form:

1. die gemäß § 21a Absatz 2 durch die Regulierungsbehörde für eine Regulierungsperiode vorgegebenen kalenderjährlichen Erlösobergrenzen und, sofern abweichend, die zur Entgeltbildung vom Netzbetreiber herangezogene angepasste kalenderjährliche Erlösobergrenze jeweils als Summenwert,
2. den jährlichen Aufschlag auf die Erlösobergrenze für Kapitalkosten, die aufgrund von nach dem Basisjahr getätigten Investitionen in den Bestand betriebsnotwendiger Anlagegüter entstehen, als Summenwert,
3. die nach § 21a Absatz 4 in der vorgegebenen kalenderjährlichen Erlösobergrenze enthaltenen dauerhaft nicht beeinflussbaren sowie volatilen Kostenanteile sowie jeweils deren jährliche Anpassung durch den Netzbetreiber als Summenwert,
4. die nach § 21a Absatz 4 zu berücksichtigenden jährlichen beeinflussbaren und vorübergehend nicht beeinflussbaren Kostenbestandteile als Summenwert,
5. die in der vorgegebenen kalenderjährlichen Erlösobergrenze enthaltenen Kosten aufgrund von Forschungs- und Entwicklungsvorhaben im Rahmen der staatlichen Energieforschungsförderung, welche durch eine zuständige Behörde eines Landes oder des Bundes, insbesondere des Bundesministeriums für Wirtschaft und Energie oder des Bundesministeriums für Bildung und Forschung bewilligt wurde und fachlich betreut werden, sowie deren jährliche Anpassung durch den Netzbetreiber als Summenwert,
6. die Werte der nach § 21a Absatz 3 Satz 4 zu berücksichtigenden Mengeneffekte,
7. die gemäß § 21a Absatz 5 ermittelten unternehmensindividuellen Effizienzwerte sowie die hierbei erhobenen, geprüften und verwendeten Parameter zur Abbildung struktureller Unterschiede und die Aufwandsparameter,
8. das in den Entscheidungen nach § 21a ermittelte Ausgangsniveau, die bei der Ermittlung der kalkulatorischen Eigenkapitalverzinsung eingeflossenen Bilanzpositionen sowie die bei der Ermittlung der kalkulatorischen Gewerbesteuer verwendete Messzahl sowie den Hebesatz, dabei ist gleiches anzuwenden für die in das Ausgangsniveau nach § 21a eingeflossenen Kosten oder Kostenbestandteile, die aufgrund einer Überlassung *betriebsnotweniger*[1] Anlagegüter durch Dritte anfallen,
9. jährliche tatsächliche Kosten der genehmigten Investitionsmaßnahmen für die Erweiterung und Umstrukturierung in die Transportnetze jeweils als Summenwert,

---

[1] Richtig wohl: „betriebsnotwendiger".

10. die ermittelten Kennzahlen zur Versorgungsqualität sowie die ermittelten Kennzahlenvorgaben zur Netzzuverlässigkeit und Netzleistungsfähigkeit einschließlich der zur Bestimmung der Strukturparameter verwendeten Größen und der daraus abgeleiteten Strukturparameter selbst und die Abweichungen der Netzbetreiber von diesen Kennzahlenvorgaben wie auch die daraus resultierenden Zu- oder Abschläge auf die Erlösobergrenzen,
11. Summe der Kosten für das Engpassmanagement nach § 21a Absatz 5a, einschließlich der Summe der saldierten geleisteten und erhaltenen Zahlungen für den finanziellen Ausgleich nach § 13a Absatz 2 und 5 Satz 3 sowie für den finanziellen Ersatz nach § 14 Absatz 1c Satz 2,
12. die jährliche Entwicklung der Summe der Kosten für die folgenden Systemdienstleistungen der Übertragungsnetzbetreiber,
    a) für Kraftwerksreserven der Transportnetzbetreiber Strom nach den §§ 13b, 13d, 13e und 13g sowie
    b) für die gesicherte Versorgung von Kraftwerken mit Gas außerhalb der Netzreserve nach § 13f,
13. die Daten, die bei der Ermittlung des generellen sektoralen Produktivitätsfaktors Verwendung finden,
14. die in der Entscheidung nach § 23 der Anreizregulierungsverordnung genannten Daten, ausgenommen Betriebs- und Geschäftsgeheimnisse Dritter,
15. Kosten für die erforderliche Inanspruchnahme vorgelagerter Netzebenen als Summenwert und
16. Kosten für die an Betreiber einer dezentralen Erzeugungsanlage und an vorgelagerte Netzbetreiber aufgrund von dezentraler Einspeisung gezahlten vermiedenen Netzentgelte als Summenwert.

²Von einer Veröffentlichung der Daten nach Satz 1 Nummer 7, 8 und 12 ist abzusehen, wenn durch die Veröffentlichung Rückschlüsse auf Kosten oder Preise Dritter möglich sind.

(2) Sonstige Befugnisse der Regulierungsbehörde, Informationen und Daten zu veröffentlichen sowie im Einzelfall oder durch Festlegung nach § 29 Absatz 1 die Veröffentlichung von Informationen und Daten anzuordnen, bleiben unberührt.

(3) Die Regulierungsbehörde kann die Betreiber von Energieversorgungsnetzen durch Festlegungen nach § 29 Absatz 1 verpflichten, die Daten nach Absatz 1 an sie zu übermitteln sowie Vorgaben zu Umfang, Zeitpunkt und Form der mitzuteilenden Daten, insbesondere zu den zulässigen Datenformaten, Datenträgern und Übertragungswegen treffen.

Übersicht

	Rn.
A. Allgemeines	1
I. Inhalt	1
II. Zweck	5
B. Einzelerläuterungen	6
I. Katalog der Veröffentlichungspflichten (Abs. 1 S. 1)	6
1. Allgemeines	6
2. Die Veröffentlichungspflichten im Einzelnen	9

Veröffentlichungen der Regulierungsbehörde; Festlegungskompetenz **§ 23 b**

	Rn.
II. Besonderer Schutz von Daten Dritter (Abs. 1 S. 2)	22
III. Veröffentlichungsregelungen außerhalb von § 23 b (Abs. 2)	23
IV. Festlegungskompetenz (Abs. 3)	24
V. Rechtsschutz	25

Literatur: *Holznagel/Hemmert-Halswick*, Veröffentlichung von Netzbetreiberdaten nach § 31 Abs. 1 ARegV – Anmerkung zur jüngsten Rechtsprechung des BGH, RdE 2019, 317; *Missling*, Anmerkung zu BGH, Beschl. v. 11.12.2018 – EnVR 1/18 – Veröffentlichung von Daten, EnWZ 2019, 177; *Wissenschaftlicher Arbeitskreis für Regulierungsfragen (WAR)*, Publikation von energierechtlichen Entgelt- und Kostenentscheidungen der Bundesnetzagentur zwischen Transparenz und Geheimnisschutz, 2017.

A. Allgemeines

I. Inhalt

Der mit der EnWG-Novelle 2021 neu eingefügte § 23 b überführt die zuvor in **1** § **31 ARegV** (zum Inhalt dieser mittlerweile aufgehobenen Vorschrift Berl-KommEnergieR/*Henn* ARegV § 31 Rn. 1 ff.) vom Verordnungsgeber geregelten **Veröffentlichungspflichten der Regulierungsbehörden** in das EnWG und erweitert den bisherigen Katalog um weitere Tatbestände. Diese Überführung in das EnWG ist durch Entscheidungen des Bundesgerichtshofs (BGH Beschl. v. 11.12.2018 – EnVR 1/18, EnWZ 2019, 172 – Veröffentlichung von Daten, mAnm *Missling*, EnWZ 2019, 177 f sowie BGH Beschl. v. 8.10.2019 – EnVR 12/18, ZNER 2020, 94 – Veröffentlichung von Daten II) erforderlich geworden, der Teile des § 31 ARegV für **nichtig** erklärt hat, weil in diesem aus Sicht des Gerichts teilweise eine Veröffentlichung von Betriebs- und Geschäftsgeheimnissen statuiert war. Die Ermächtigungsgrundlage für § 31 ARegV, § 21 a Abs. 6 S. 1 Nr. 2 EnWG, befuge den Verordnungsgeber aber nur zu Veröffentlichungspflichten von solchen unternehmensbezogenen Daten eines Netzbetreibers, die keine Betriebs- und Geschäftsgeheimnisse iSd § 71 EnWG iVm § 30 VwVfG sind.

Der Entscheidung des BGH ist nur im Ausgangspunkt zuzustimmen, dass Netz- **2** betreiber trotz des natürlichen Netzmonopols in bestimmten Bereichen mit anderen im Wettbewerb stehen (etwa auf nach- und vorgelagerten Märkten, bei Konzessionsvergaben, bei der Beschaffung oder bei Lieferanten, Kapitalgebern und beim Personal, BGH Beschl. v. 11.12.2018 – EnVR 1/18, EnWZ 2019, 172 (174) – Veröffentlichung von Daten). Bei der Einzelbewertung der in § 31 ARegV genannten Veröffentlichungspflichten hat der BGH jedoch die wettbewerbliche Bedeutung dieser Daten zum Teil überschätzt (hierzu *Holznagel/Hemmert-Halswick* RdE 2021, 317 (320 ff.)). Der Kartellsenat hat seine Rechtsprechung im Folgejahr lediglich in Bezug auf den Saldo des Regulierungskontos, der kein Betriebs- und Geschäftsgeheimnis darstellt, korrigiert. Zudem hat er den Prüfungsmaßstab hinsichtlich des Vorliegens von Wettbewerbsinteressen der Netzbetreiber präzisiert (BGH Beschl. v. 8.10.2019 – EnVR 12/18, ZNER 2020, 94 – Veröffentlichung von Daten II). Gleichwohl sind die erstinstanzlichen Wertungen der Oberlandesgerichte zum Nichtvorliegen von Betriebs- und Geschäftsgeheimnissen (zB OLG Düsseldorf Beschl. v. 30.11.2017 – VI-5 Kart 33/16 [V], RdE 2018, 140) überzeugender (der Rspr. des BGH hingegen zustimmend *Missling* EnWZ 2019, 177 f.).

§ 23 b

3 Der Gesetzgeber reagierte auf diese Rechtsprechung mit einer unmittelbaren Regelung der Veröffentlichungspflichten im EnWG, verbunden mit einer **ausführlichen Abwägung im Rahmen der Gesetzesbegründung** (BR-Drs. 19/27453, 107 ff.), mit der er seinen verfassungsrechtlichen Pflichten im Hinblick auf die Abwägung von Geheimhaltungsinteressen der Netzbetreiber und Transparenzinteressen der Allgemeinheit nachkommt. Die Gesetzesbegründung legt eingehend für jedes einzelne Datum dar, warum die dort benannten Gemeinwohlbelange die berechtigten Interessen der Netzbetreiber überwiegen.

4 Abs. 1 S. 1 enthält einen **detaillierten Katalog** unterschiedlicher Veröffentlichungspflichten, die im Wesentlichen im Zusammenhang mit der **Transparenz der Netzkosten im Rahmen der Anreizregulierung** stehen. S. 2 sieht für bestimmte Datenveröffentlichungen eine Prüfung vor, ob „Rückschlüsse auf Kosten oder Preise Dritter" möglich sind; dann hat eine Veröffentlichung zu unterbleiben. Abs. 2 stellt klar, dass sonstige Veröffentlichungsbefugnisse der Regulierungsbehörden unberührt bleiben. Abs. 3 schließlich statuiert eine besondere Festlegungsermächtigung für die Regulierungsbehörden.

II. Zweck

5 Ziel der Vorschrift ist eine **transparentere und nachvollziehbarere Gestaltung der Regulierungsverfahren und -ergebnisse** (BT-Drs. 19/27453, 107; zum europarechtlichen Transparenzgebot BGH Beschl. v. 11.12.2018 – EnVR 1/18, EnWZ 2019, 172 (173) – Veröffentlichung von Daten). Eine höhere Transparenz führt zu einer besseren Nachprüfbarkeit der Regulierungsentscheidungen, liefert einen Beitrag zur Akzeptanz von Regulierungsentscheidungen, setzt Anreize zur Selbstregulierung und erhöht letztlich auch die Anreize bei den Netzbetreibern zu Effizienzsteigerungen (BT-Drs. 19/27453, 107). Darüber hinaus fördert die Transparenz zum Regulierungssystem und die Berechenbarkeit seiner wirtschaftlichen Wirkungen auch das Vertrauen der Finanzmärkte in den Sektor und fördert die Kapitalmarktfähigkeit gut geführter, regulierter Unternehmen (beispielhaft: Moodys Rating Methodology, Regulated electrical and gas networks, March 16, 2017, S. 8, www.moodys.com/login?ReturnUrl=http%3a%2f%2fwww.moodys.com%2fresearchdocumentcontentpage.aspx%3f%26docid%3dPBC_1059225).

B. Einzelerläuterungen

I. Katalog der Veröffentlichungspflichten (Abs. 1 S. 1)

6 **1. Allgemeines.** Abs. 1 S. 1 regelt **in sechzehn Ziffern verschiedene Veröffentlichungspflichten** der Regulierungsbehörden, die jeweils einzeln und in ihrer Gesamtschau einen sehr **weitreichenden Einblick in die Verfahrensergebnisse der Anreizregulierung** gewähren. Durch die Vorschrift werden die Bundesnetzagentur und die Landesregulierungsbehörden in ihrer Zuständigkeit für die jeweiligen Verfahren (§ 54) adressiert. Eine Veröffentlichung erfolgt auf der Internetseite der jeweiligen Behörde (für die Bundesnetzagentur zB unter www.bundesnetzagentur.de/DE/Sachgebiete/ElektrizitaetundGas/Unternehmen_Institutionen/Netzentgelte/Transparenz/start.html).

7 Die Regelung ermöglicht eine unternehmensbezogene und nicht anonymisierte Veröffentlichung von im Katalog näher bezeichneten Daten, ausdrücklich „**ein-**

Veröffentlichungen der Regulierungsbehörde; Festlegungskompetenz **§ 23 b**

schließlich etwaiger darin enthaltener **Betriebs- und Geschäftsgeheimnisse**", also in Einschränkung des § 71 EnWG (zum Begriff der Betriebs- und Geschäftsgeheimnisse im Anwendungsbereich des EnWG → § 71 Rn. 3 ff.). Eine nicht anonymisierte Veröffentlichung bedeutet, dass die einzelnen Veröffentlichungen jeweils einem namentlich benannten Netzbetreiber zuzuordnen sind (Theobald/Kühling/*Hummel* ARegV § 31 Rn. 65).

Neben der Überführung des Katalogs aus § 31 ARegV (zu diesen im Einzelnen **8** BerlKommEnergieR/*Henn* ARegV § 31 Rn. 9 ff.) hat der Gesetzgeber die Veröffentlichungspflichten nochmals um zusätzliche Werte zum besseren Verständnis der Anreizregulierung erweitert. Die Bundesnetzagentur hat den Inhalt der zu veröffentlichenden Daten im Rahmen des Datenblattes zur Veröffentlichung nach § 23b EnWG (www.bundesnetzagentur.de/DE/Sachgebiete/ElektrizitaetundGas/Unternehmen_Institutionen/Netzentgelte/Transparenz/start.html) im Tabellenblatt „Erläuterungen Datenfelder" detailliert für den praktischen Anwender beschrieben. Hierbei hat sie die Erläuterungen der jeweiligen Veröffentlichungspflicht in mehrere Kategorien unterteilt. Die Bundesnetzagentur beabsichtigt, das Datenblatt im **ersten und vierten Quartal eines Jahres** zu aktualisieren. Eine vom Bundesrat (vgl. BT-Drs. 19/28407, 15) vorgeschlagene zeitliche Vorgabe hinsichtlich einer Veröffentlichung einmal jährlich zum 1.4. wurde von der Bundesregierung im Gesetzgebungsverfahren abgelehnt (BT-Drs. 19/28407, 39).

2. Die Veröffentlichungspflichten im Einzelnen. Nr. 1 betrifft als Aus- **9** gangspunkt zum einen die **festgelegten kalenderjährlichen Erlösobergrenzen** (§ 4 Abs. 2 S. 1 ARegV) und zum anderen die vom Netzbetreiber für die Netzentgeltbildung angepasste Erlösobergrenze (§ 4 Abs. 2 S. 2, Abs. 3 bis 5 ARegV), jeweils als Summenwert.

Nr. 2 hat den jährlich von der Regulierungsbehörde genehmigten **Kapitalkos- 10 tenaufschlag** (§ 10a ARegV) zum Gegenstand. Hier kommt ein Plankostenansatz zum Tragen. Die Ist-Kosten, die im Rahmen des Regulierungskontos geprüft werden, sind nicht Gegenstand einer gesonderten Veröffentlichungspflicht. Der Plan-Ist-Abgleich geht in den Regulierungskontosaldo (Nr. 6) ein.

Nr. 3 bezieht sich zum einen auf die in der Festlegung der Erlösobergrenzen ge- **11** mäß § 11 Abs. 2 ARegV als dauerhaft nicht beeinflussbar qualifizierten Kostenanteile in Summe, zum anderen auf die gemäß vom Netzbetreiber im jeweiligen Jahr angepassten **dauerhaft nicht beeinflussbaren Kostenanteile** (§ 4 Abs. 3 S. 1 Nr. 2 ARegV). Dasselbe gilt für die **volatilen** Kostenanteile (§ 11 Abs. 5 ARegV). Nr. 4 betrifft jeweils die beeinflussbaren und vorübergehend nicht beeinflussbaren Kostenbestandteile (§ 11 Abs. 3 und 4 ARegV) aus der Festlegung der Erlösobergrenzen.

Nr. 5 hat die **Kosten für Forschung und Entwicklung** gem. § 25a ARegV **12** zum Gegenstand. Der erste Halbsatz (in der vorgegebenen Erlösobergrenze enthaltene Kosten) geht ins Leere, da im Rahmen der Festlegung der Erlösobergrenze keine Kosten für Forschung und Entwicklung als dauerhaft nicht beeinflussbare Kosten bestimmt und in der Erlösobergrenze ausgewiesen werden. Zu dauerhaft nicht beeinflussbaren Kosten werden diese erst durch spätere Entscheidungen der Regulierungsbehörde nach § 25a ARegV. Aufgrund dieser Entscheidung passt der Netzbetreiber seine Erlösobergrenze an; dieser Wert wird veröffentlicht.

Nr. 6 bezieht den durch die Regulierungsbehörde jährlich genehmigten **Regu- 13 lierungskontosaldo** sowie die diesbezügliche Annuität (§ 5 Abs. 3 S. 1 und 2 ARegV) in die Veröffentlichungspflichten ein.

§ 23b Teil 3. Regulierung des Netzbetriebs

14 Nr. 7 betrifft die nach §§ 12 bis 14, 22 oder 24 ARegV ermittelten **Effizienzwerte**. Dazu gehören nach der Veröffentlichungstabelle der BNetzA die vier im Rahmen des Best-of-four ermittelten Effizienzwerte, ein etwaiger Supereffizienzwert sowie der tatsächlich bei der Berechnung der Ineffizienzen zu Grunde gelegte Effizienzwert (gegebenenfalls bereinigt nach § 15 Abs. 1 ARegV). Außerdem wird der Effizienzbonus (§ 12a ARegV) veröffentlicht. Desweiteren sind die zur Ermittlung der Effizienzwerte **erhobenen, geprüften und verwendeten Strukturparameter** zu veröffentlichen. Die Veröffentlichungen, die zudem mehrere Stadien des Verwaltungsverfahrens betreffen, dienen dem Zweck, eine Nachvollziehbarkeit und Nachrechenbarkeit des Effizienzvergleichs zu ermöglichen. Außerdem verspricht man sich hierdurch Hinweise zu Modellen und etwaigen Datenunplausibilitäten im Verfahren (BT-Drs. 19/27453, 110).

15 Nr. 8 hat zunächst das **Ausgangsniveau** in seiner Gesamtheit (§ 6 Abs. 1 ARegV) zum Gegenstand. Darüber hinaus sind aber bestimmte Kostenbestandteile zu veröffentlichen, die in die Bestimmung des Ausgangsniveaus eingeflossen sind. Hierbei handelt es sich um die zur Bestimmung der kalkulatorischen Eigenkapitalverzinsung gemäß § 7 StromNEV bzw. GasNEV herangezogenen **Bilanzpositionen.** Im Hinblick auf den offen formulierten Wortlaut hat sich die BNetzA zu einer Veröffentlichung bestimmter Oberpositionen entschieden, aus denen sich die Eigenkapitalverzinsung zusammensetzt. Zudem unterliegen die zur Berechnung der kalkulatorischen Gewerbesteuer herangezogenen Messzahl und Hebesatz einer Veröffentlichungspflicht. Nr. 8 erweitert die Veröffentlichungspflichten zudem um wesentliche Bestandteile des Ausgangsniveaus, die eingeflossene Verpächterkosten betreffen.

16 Nr. 10 betrifft ein Bündel von Veröffentlichungspflichten zum **Qualitätselement** gem. §§ 18 ff. ARegV. Während zuvor in § 31 Abs. 1 Nr. 12 ARegV lediglich die ermittelten Kennzahlen zur Versorgungsqualität enthalten waren, findet nun eine deutliche Erweiterung der in das Qualitätselement einfließenden Eingangsgrößen bis hin zu den konkreten regulatorischen Ergebnissen, also den Zu- und Abschlägen auf die Erlösobergrenzen statt.

17 Nr. 11 hat die Kosten für das **Netzengpassmanagement** zum Gegenstand. Die Gesetzesbegründung betont, dass so Vertrauen in eine optimierte Netzentwicklung und angemessene Abregelung, insbesondere von EE-Anlagen gefördert werden kann (BT-Drs. 19/27453, 110). Veröffentlicht werden die Werte aus der jährlichen Anpassung der Erlösobergrenzen.

18 Nr. 12 bezieht sich auf die Kosten für die **Netzreserve, Kapazitätsreserve und der Vorschriften zur Stilllegung von Braunkohlekraftwerken und zu den systemrelevanten Gaskraftwerken** (§§ 13b ff.). Datengrundlage ist die jährliche Anpassung der Erlösobergrenzen der Übertragungsnetzbetreiber, getrennt nach den jeweiligen in Nr. 12 bezeichneten Systemdienstleistungen.

19 Eine Vielzahl von Einzelveröffentlichungen betrifft Nr. 13 mit den Daten, die bei der Ermittlung des **generellen sektoralen Produktivitätsfaktors** (§ 9 ARegV) Verwendung finden. Hierbei kann es sich um Bestandsdaten sowie im Massenverfahren extra erhobene Daten handeln (BT-Drs. 19/27453, 111).

20 Nr. 9 bezieht sich auf die durch den Netzbetreiber jährlich auf Plankostenbasis angepassten Kosten für **Investitionsmaßnahmen** (§ 4 Abs. 3 S. 2 iVm § 11 Abs. 2 Nr. 6 ARegV). Einen Sonderfall im Katalog betrifft Nr. 14 mit den Daten, die in einer Genehmigung einer Investitionsmaßnahme nach § 23 ARegV enthalten sind. Damit stellt diese Veröffentlichungspflicht einen unmittelbaren Zusammenhang zur Veröffentlichung von Entscheidungen gem. § 74 EnWG her. Üblicherweise handelt es sich bei den Daten in den Genehmigungsentscheidungen der Beschlusskammer um konkrete Informationen zu den Netzausbauprojekten (siehe die beispielhafte Auflistung in BT-Drs. 19/27453, 111).

Die letzten beiden Veröffentlichungspflichten in Nr. 15 und Nr. 16 haben die in der Erlösobergrenze enthaltenen, jährlich auf Plankostenbasis angepassten Kosten für die **Inanspruchnahme vorgelagerter Netzebenen** (§ 11 Abs. 2 Nr. 4 ARegV) und die Kosten für die **Zahlung vermiedener Netzentgelte** (§ 11 Abs. 2 Nr. 4 ARegV) zum Gegenstand.

II. Besonderer Schutz von Daten Dritter (Abs. 1 S. 2)

Die Regelung in S. 2 dient dem **Schutz von Daten Dritter** (vgl. zu dieser Kategorie *WAR*, Publikation von energierechtlichen Entgelt- und Kostenentscheidungen der Bundesnetzagentur zwischen Transparenz und Geheimnisschutz, S. 10), die in den Veröffentlichungspflichten von S. 1 Nr. 7 (Daten des Effizienzvergleichs), 8 (Daten des Ausgangsniveaus der Erlösobergrenze) und 12 (Kosten für Systemdienstleistungen) enthalten sein können. Eine solche Veröffentlichung hat zu unterbleiben. Bei der konkreten Beurteilung, ob im Einzelfall Kosten oder Preise Dritter offenbart würden, sind die Regulierungsbehörden zwingend auf die Mithilfe der Netzbetreiber angewiesen. Diese haben in der Veröffentlichungspraxis der Bundesnetzagentur entsprechende Daten gegenüber der Behörde geltend zu machen.

III. Veröffentlichungsregelungen außerhalb von § 23 b (Abs. 2)

Abs. 2 betrifft die Fälle, in denen die Regulierungsbehörden aufgrund anderweitiger Rechtsgrundlagen ermächtigt sind, Daten zu veröffentlichen oder Veröffentlichungspflichten festzulegen. Diese Rechtsgrundlagen lässt § 23 b unangetastet.

IV. Festlegungskompetenz (Abs. 3)

Die Festlegungskompetenz in Abs. 3 eröffnet den Regulierungsbehörden die Möglichkeit, die Netzbetreiber zur Übermittlung der sodann von der Behörde zu veröffentlichenden Daten zu verpflichten. Zu diesem Zweck können durch eine **Festlegung nach § 29** Vorgaben zu **Umfang, Zeitpunkt und Form der mitzuteilenden Daten** getroffen werden. Dies ist erforderlich, weil nicht alle Regulierungsbehörden auf Datenbanklösungen zurückgreifen können, um die zu veröffentlichenden Daten zeitnah zur Verfügung zu stellen (BT-Drs. 19/27453, 112).

V. Rechtsschutz

Bei der Datenveröffentlichung durch die Regulierungsbehörde handelt es sich um einen **Realakt**. Hiergegen ist eine **Leistungsbeschwerde** statthaft, in der Praxis regelmäßig in Form der **vorbeugenden Unterlassungsbeschwerde**, wenn die Behörde die Veröffentlichung vorab ankündigt (vgl. zum entsprechenden Rechtsschutz gegen § 31 ARegV *Holznagel/Hemmert-Halswick* RdE 2021, 317 (318)).

§ 23 c Veröffentlichungspflichten der Netzbetreiber

(1) Betreiber von Elektrizitätsversorgungsnetzen haben jeweils zum 1. April eines Jahres folgende Strukturmerkmale ihres Netzes und netzrelevanten Daten auf ihrer Internetseite zu veröffentlichen:
1. die Stromkreislänge jeweils der Kabel- und Freileitungen in der Niederspannungs-, Mittelspannungs-, Hoch- und Höchstspannungsebene zum 31. Dezember des Vorjahres,
2. die installierte Leistung der Umspannebenen zum 31. Dezember des Vorjahres,
3. die im Vorjahr entnommene Jahresarbeit in Kilowattstunden pro Netz- und Umspannebene,
4. die Anzahl der Entnahmestellen jeweils für alle Netz- und Umspannebenen,
5. die Einwohnerzahl im Netzgebiet von Betreibern von Elektrizitätsversorgungsnetzen der Niederspannungsebene zum 31. Dezember des Vorjahres,
6. die versorgte Fläche zum 31. Dezember des Vorjahres,
7. die geographische Fläche des Netzgebietes zum 31. Dezember des Vorjahres,
8. jeweils zum 31. Dezember des Vorjahres die Anzahl der Entnahmestellen mit einer viertelstündlichen registrierenden Leistungsmessung oder einer Zählerstandsgangmessung und die Anzahl der sonstigen Entnahmestellen,
9. den Namen des grundzuständigen Messstellenbetreibers sowie
10. Ansprechpartner im Unternehmen für Netzzugangsfragen.

(2) Betreiber von Übertragungsnetzen sind ferner verpflichtet, folgende netzrelevanten Daten unverzüglich und in geeigneter Weise, zumindest auf ihrer Internetseite, zu veröffentlichen und zwei Jahre verfügbar zu halten:
1. die Summe der Stromabgaben aus dem Übertragungsnetz über direkt angeschlossene Transformatoren und Leitungen an Elektrizitätsverteilernetze und Letztverbraucher (vertikale Netzlast) viertelstundenscharf in Megawatt pro Viertelstunde,
2. die Jahreshöchstlast pro Netz- und Umspannebene sowie den Lastverlauf als viertelstündige Leistungsmessung,
3. die Netzverluste,
4. den viertelstündigen Regelzonensaldo in Megawattstunden pro Viertelstunde sowie die tatsächlich abgerufene Minutenreserve,
5. die grenzüberschreitenden Lastflüsse zusammengefasst je Kuppelstelle inklusive einer Vorschau auf die Kapazitätsvergabe,
6. die marktrelevanten Ausfälle und Planungen für Revisionen der Übertragungsnetze,
7. die Mengen und die durchschnittlichen jährlichen Beschaffungspreise der Verlustenergie und
8. Daten zur prognostizierten Einspeisung von Windenergie und Solarenergie auf Grundlage der vortägigen Prognosen, die auch die Betreiber von Übertragungsnetzen verwenden, und zur tatsächlichen Einspeisung

anhand der Daten, die die Betreiber von Übertragungsnetzen untereinander verrechnen in Megawatt pro Viertelstunde.

(3) Betreiber von Elektrizitätsverteilernetzen sind ferner verpflichtet, folgende netzrelevanten Daten unverzüglich in geeigneter Weise, zumindest auf ihrer Internetseite, zu veröffentlichen:
1. die Jahreshöchstlast pro Netz- und Umspannebene sowie den Lastverlauf als viertelstündige Leistungsmessung,
2. die Netzverluste,
3. die Summenlast der nicht leistungsgemessenen Kunden und die Summenlast der Netzverluste,
4. die Summenlast der Fahrplanprognosen für Lastprofilkunden und die Restlastkurve der Lastprofilkunden bei Anwendung des analytischen Verfahrens,
5. die Höchstentnahmelast und der Bezug aus der vorgelagerten Netzebene,
6. die Summe aller Einspeisungen pro Spannungsebene und im zeitlichen Verlauf und
7. die Mengen und Preise der Verlustenergie.

(4) Betreiber von Gasversorgungsnetzen haben jeweils zum 1. April eines Jahres folgende Strukturmerkmale ihres Netzes und netzrelevanten Daten auf ihrer Internetseite zu veröffentlichen:
1. die Länge des Gasleitungsnetzes jeweils getrennt für die Niederdruck-, Mitteldruck- und Hochdruckebene zum 31. Dezember des Vorjahres,
2. die Länge des Gasleitungsnetzes in der Hochdruckebene nach Leitungsdurchmesserklassen,
3. die im Vorjahr durch Weiterverteiler und Letztverbraucher entnommene Jahresarbeit in Kilowattstunden oder in Kubikmetern,
4. die Anzahl der Ausspeisepunkte jeweils für alle Druckstufen,
5. die zeitgleiche Jahreshöchstlast aller Entnahmen in Megawatt oder Kubikmetern pro Stunde und den Zeitpunkt des jeweiligen Auftretens,
6. die Zuordenbarkeit jeder Entnahmestelle zu einem oder mehreren Marktgebieten,
7. die Mindestanforderungen an allgemeine Geschäftsbedingungen für Ein- oder Ausspeiseverträge und an Bilanzkreisverträge sowie die Kooperationsvereinbarungen zum Netzzugang sowie
8. für den Netzanschluss von Biogas- und LNG-Anlagen neben den in § 19 Absatz 2 aufgeführten Angaben ferner, unter Wahrung von Betriebs- und Geschäftsgeheimnissen, die für die Prüfung des Netzanschlussbegehrens erforderlichen Angaben, die standardisierten Bedingungen für den Netzanschluss und eine laufend aktualisierte, übersichtliche Darstellung der Netzauslastung in ihrem gesamten Netz einschließlich der Kennzeichnung tatsächlicher oder zu erwartender Engpässe.

(5) ¹Betreiber von Fernleitungsnetzen sind ferner verpflichtet, folgende netzrelevanten Daten unverzüglich und in geeigneter Weise, zumindest auf ihrer Internetseite, zu veröffentlichen:
1. eine unter Betreibern angrenzender Netze abgestimmte einheitliche Bezeichnung für Netzkopplungspunkte oder Ein- oder Ausspeisezonen, unter denen dort Kapazität gebucht werden kann,

2. einmal jährlich Angaben über Termine von Kapazitätsversteigerungen auf der Kapazitätsbuchungsplattform, mindestens für die nächsten fünf Jahre im Voraus,
3. Angaben zu den Erlösen aus der Vermarktung von Kapazitäten mittels einer Auktionierung auf der Kapazitätsbuchungsplattform sowie
4. Angaben über die Ermittlung und Berechnung der Lastflusssimulation sowie mindestens einmal jährlich eine Dokumentation der durchgeführten kapazitätserhöhenden Maßnahmen und ihrer jeweiligen Kosten.

²Die Veröffentlichungspflichten der Fernleitungsnetzbetreiber nach Anhang I zur Verordnung (EG) Nr. 715/2009 bleiben unberührt.

(6) Betreiber von Gasverteilernetzen sind ferner verpflichtet, folgende netzrelevanten Daten unverzüglich und in geeigneter Weise, zumindest auf ihrer Internetseite, zu veröffentlichen:
1. die Gasbeschaffenheit bezüglich des Brennwerts „$H_{s,n}$" sowie am zehnten Werktag des Monats den Abrechnungsbrennwert des Vormonats an allen Ein- und Ausspeisepunkten,
2. Regeln für den Anschluss anderer Anlagen und Netze an das vom Netzbetreiber betriebene Netz sowie Regeln für den Zugang solcher Anlagen und Netze zu dem vom Netzbetreiber betriebenen Netz,
3. im örtlichen Verteilernetz die zur Anwendung kommenden Standardlastprofile sowie
4. im örtlichen Verteilernetz eine Karte, auf der schematisch erkennbar ist, welche Bereiche in einem Gemeindegebiet an das örtliche Gasverteilernetz angeschlossen sind.

(7) ¹Die Veröffentlichung der Angaben nach den Absätzen 1 bis 6 hat in einem gängigen Format zu erfolgen, für Angaben nach Absatz 5 ist zudem eine automatisierte Auslesung der veröffentlichten Daten von der Internetseite zu ermöglichen. ²Die Angaben nach den Absätzen 2, 3, Absatz 4 Nummer 7 und 8 sowie den Absätzen 5 und 6 sind bei Änderungen unverzüglich anzupassen, mindestens monatlich oder, falls es die Verfügbarkeit kurzfristiger Dienstleistungen erfordert, täglich. ³Fernleitungsnetzbetreiber haben die Angaben auf ihrer Internetseite zusätzlich in englischer Sprache zu veröffentlichen.

A. Allgemeines

I. Inhalt

1   Im Gegensatz zu § 23b, der behördliche Veröffentlichungspflichten zum Gegenstand hat, adressiert der mit der EnWG-Novelle 2021 neu eingefügte § 23c die Netzbetreiber selbst, die bestimmte, in den Abs. 1–6 konkret bezeichnete Daten zumindest auf ihrer Internetseite veröffentlichen müssen. Abs. 7 enthält formelle Vorgaben zur Beschaffenheit der Daten sowie zu speziellen Aktualisierungerfordernissen.

Veröffentlichungspflichten der Netzbetreiber   § 23 c

II. Zweck

Zweck der Regelung ist die **Bündelung** der bislang in unterschiedlichen Verordnungen verstreuten Veröffentlichungspflichten der Netzbetreiber in einer **zentralen Norm;** dies soll den Überblick und die Auffindbarkeit erleichtern (BT-Drs. 19/27453, 113). Die Gesetzesbegründung stellt jedoch klar, dass die Regelung nicht abschließend ist und weitere, nicht in § 23 c überführte Veröffentlichungspflichten fortbestehen (BT-Drs. 19/27453, 113).

B. Einzelerläuterungen

I. Katalog der Veröffentlichungspflichten (Abs. 1– 6)

Der Gesetzgeber hat bei der Zusammenführung der aus verschiedenen Regelungen stammenden Veröffentlichungspflichten eine Aufteilung nach verschiedenen Arten von Netzbetreibern vorgenommen. Abs. 1– 3 sind **elektrizitätsnetzspezifisch**, Abs. 4– 6 beziehen sich auf **Gasnetzbetreiber.** Abs. 1 und 4 enthalten getrennt nach Elektrizitätsnetz und Gasnetz **allgemeine Veröffentlichungspflichten,** die jeden Netzbetreiber des jeweiligen Energieträgers betreffen. Abs. 2 und 5 adressieren nur **Übertragungs- bzw. Fernleitungsnetzbetreiber,** während Abs. 3 und 6 spezielle Veröffentlichungspflichten für Verteilernetzbetreiber statuieren. Diese ergänzen in der Normhierarchie Veröffentlichungspflichten aus europäischem Sekundärrecht, das auch im Hinblick auf die Transparenz immer weitere Bestimmungen vorsieht.

1. Elektrizitätsnetzbezogene Veröffentlichungspflichten (Abs. 1). Abs. 1 adressiert allgemein Betreiber von Elektrizitätsversorgungsnetzen (§ 3 Nr. 2) und entspricht dem ehemaligen § 27 Abs. 2 StromNEV, der die Veröffentlichung von wesentlichen Strukturmerkmalen des Netzes zum Gegenstand hat (BerlKommEnergieR/*Mohr* StromNEV § 27 Rn. 6). Die Veröffentlichung hat jährlich zum 1. April auf der Internetseite des Netzbetreibers zu erfolgen.

2. Zusätzliche Veröffentlichungspflichten von Übertragungsnetzbetreibern (Abs. 2). Demgegenüber adressiert Abs. 2 die Übertragungsnetzbetreiber (§ 3 Nr. 10) und basiert auf dem ehemaligen § 17 Abs. 1 StromNZV (zu den Anpassungen im Vergleich zu der Vorgängerregelung BT-Drs. 19/27453, 113). Ziel ist die Transparenz der Netzzugangsbedingungen (BerlKommEnergieR/*Laubenstein* StromNZV § 17 Rn. 6). Eine Veröffentlichung hat „unverzüglich und in geeigneter Weise" zu erfolgen, zumindest auf der Internetseite des Netzbetreibers. Die Besonderheit besteht hier darin, dass die Daten zwei Jahre verfügbar zu halten sind, damit die Übertragungsnetzbetreiber als Regelverantwortliche Differenzen bei der Abrechnung von Bilanzkreisen ausräumen können (BerlKommEnergieR/*Laubenstein* StromNZV § 17 Rn. 8).

3. Zusätzliche Veröffentlichungspflichten von Elektrizitätsverteilernetzbetreibern (Abs. 3). Auch § 23 c Abs. 3 ersetzt § 17 StromNZV, in diesem Fall dessen Abs. 2, und adressiert Betreiber von Elektrizitätsverteilernetzen (§ 3 Nr. 3) mit der gleichen Zielrichtung wie § 23 c Abs. 2. In diesem Fall entfällt jedoch die zweijährige Vorhaltepflicht.

Für die Übertragungsnetzbetreiber sind darüber hinaus Veröffentlichungspflichten aus Art. 50 Elt-VO 19 zu beachten. Art. 59 Abs. 9 Elt-RL 19 sieht ebenfalls die

§ 23 d Teil 3. Regulierung des Netzbetriebs

Veröffentlichung von Regulierungsdaten in Bezug auf die Netzentgelte vor, allerdings „unter Wahrung der Vertraulichkeit wirtschaftlich sensibler Informationen". Daraus kann geschlossen werden, dass die Richtlinie keine eigene Abwägung über die Offenbarung von Betriebs- und Geschäftsgeheimnissen treffen wollte.

8   **4. Gasnetzbezogene Veröffentlichungspflichten (Abs. 4–6).** In den Abs. 4–6 erfolgte bezogen auf die Gasnetzbetreiber eine gleichlaufende Regelung zu den Abs. 1–3. Zu diesem Zweck mussten jedoch die zuvor bestehenden Veröffentlichungspflichten in § 27 GasNEV und § 40 GasNZV bei der Überführung in § 23 c entsprechend der jeweiligen Marktrolle neu angeordnet werden (BT-Drs. 19/27453, 113). Während die vormals in § 40 GasNZV geregelten Veröffentlichungspflichten den Transportkunden die Vorbereitung und Abwicklung des Gastransports erleichtern und den Regelenergiemarkt anreizen sollen (BerlKomm-EnergieR/Thole/Kirschnick GasNZV § 40 Rn. 1), dienen die vormals in § 27 GasNEV geregelten Pflichten der Transparenz über die wesentlichen Strukturmerkmale des Netzes (BR-Drs. 247/05, 38).

9   Für die Fernleitungsnetzbetreiber bestehen über den in Abs. 5 S. 2 erwähnten Anh. I der Erdgas-VO 09 mittlerweile eigenständige Bestimmungen in Art. 29 NC TAR zu Kapazitätsprodukten und in Art. 30 NC TAR zu Kosten- und Entgeltinformationen. Art. 30 Abs. 1 b spezifiziert einzelne Kostenarten, die jährlich zu veröffentlichen sind. Im Strombereich ist diese Entscheidung gem. Art. 60 Abs. 4 Elt-RL auf die Mitgliedstaaten übertragen.

II. Formelle Vorgaben (Abs. 7)

10   Die formellen Vorgaben in Abs. 7 sollen die Aussagekraft der Daten erhöhen (BT-Drs. 19/27453, 113). Die Netzbetreiber sind nach S. 1 zu einer Veröffentlichung in einem „gängigen Format" verpflichtet, in der Regel werden dies Veröffentlichungen in den Formaten pdf oder xlsx sein. In Bezug auf die nach Abs. 5 zu veröffentlichten Daten von Fernleitungsnetzbetreibern wird darüber hinaus in S. 1 eine automatisierte Auslesung gefordert.

11   S. 2 normiert ein unverzügliches Anpassungserfordernis der Datenveröffentlichung bei Änderungen bezogen auf die Abs. 2, 3, Abs. 4 Nr. 7 und 8 sowie die Abs. 5 und 6. Eine Veröffentlichung auch in englischer Sprache ist im Hinblick auf den internationalen Bezug nur bei Veröffentlichungen der Fernleitungsnetzbetreiber erforderlich.

§ 23 d Verordnungsermächtigung zur Transparenz der Kosten und Entgelte für den Zugang zu Energieversorgungsnetzen

Das Bundesministerium für Wirtschaft und Energie wird ermächtigt, durch Rechtsverordnung, die der Zustimmung des Bundesrates bedarf, Regelungen zur Veröffentlichung weiterer Daten zu den Kosten und Entgelten für den Zugang zu Gas- und Elektrizitätsversorgungsnetzen, einschließlich etwaiger Betriebs- und Geschäftsgeheimnisse, durch die Regulierungsbehörde, Unternehmen oder Vereinigungen von Unternehmen zu treffen, soweit die Veröffentlichung die Interessen der Betroffenen am Schutz ihrer Betriebs- und Geschäftsgeheimnisse nicht unangemessen beeinträchtigt und erforderlich ist für die Nachvollziehbarkeit der Regulierung, insbesondere des Effizienzvergleichs sowie der Kosten der Energiewende.

A. Allgemeines

I. Inhalt

Der mit der EnWG-Novelle 2021 neu eingefügte § 23d ergänzt die Vorschriften 1
der §§ 23b und 23c um eine zusätzliche Verordnungsermächtigung. Gegenstand
einer möglichen Umsetzung in einer Rechtsverordnung sind „**ergänzende
Transparenzregelungen**" (BT-Drs. 19/27453, 114) in Bezug auf **Daten zu den
Kosten und Entgelten** für den Zugang zu Gas- und Elektrizitätsversorgungsnetzen.

II. Zweck

Hintergrund der Regelung ist die Rechtsprechung des Bundesgerichtshofs zum 2
mittlerweile aufgehobenen § 31 ARegV (BGH Beschl. v. 11.12.2018 – EnVR
1/18, EnWZ 2019, 172 – Veröffentlichung von Daten; sowie BGH Beschl. v.
8.10.2019 – EnVR 12/18, ZNER 2020, 94 – Veröffentlichung von Daten II). Dieser hatte durch Rechtsverordnung begründete Veröffentlichungspflichten der
Regulierungsbehörden zum Gegenstand (→ § 23b Rn. 1f.) und basierte seinerzeit
auf § 21a Abs. 6 S. 1 Nr. 2 EnWG („Regelungen zur näheren Ausgestaltung der
Methode einer Anreizregulierung und ihrer Durchführung"). Der BGH monierte,
dass auf diese Ermächtigungsgrundlage keine Verordnungsregelung zur Veröffentlichung von Betriebs- und Geschäftsgeheimnissen gestützt werden könne. Erforderlich ist also aufgrund dieser höchstrichterlichen Rechtsprechung eine konkret
auf die Veröffentlichung von Betriebs- und Geschäftsgeheimnissen bezogene
Ermächtigungsgrundlage. Diese Vorgabe setzt § 23d mit einer konkreten Bezugnahme auf die Befugnis des Verordnungsgebers um, unter näher bezeichneten Voraussetzungen Betriebs- und Geschäftsgeheimnisse zu veröffentlichen.

B. Einzelerläuterungen

Adressat der Regelung ist das BMWK als Verordnungsgeber. Dieser kann mit 3
Zustimmung des Bundesrates Regelungen in einer Rechtsverordnung erlassen,
welche die Veröffentlichung weiterer Daten zu den Kosten und Entgelten für den
Zugang zu Gas- und Elektrizitätsversorgungsnetzen betreffen. Damit kann der Verordnungsgeber bei Bedarf die in §§ 23b und 23c geregelten Veröffentlichungspflichten der Regulierungsbehörden und Unternehmen ergänzen. Da die bestehenden gesetzlichen Veröffentlichungspflichten in §§ 23b und 23c bewusst sehr
weitreichend gefasst sind, besteht gegenwärtig kein akuter Bedarf für ergänzende
Veröffentlichungspflichten; aufgrund der einem rasanten Wandel unterworfenen
Energiemärkte ist jedoch ein kurzfristiges Bedürfnis nach ergänzenden Regelungen
nicht ausgeschlossen.

Der Gesetzgeber gestattet dem Verordnungsgeber ausdrücklich **Regelungen** 4
zur Veröffentlichung von Betriebs- und Geschäftsgeheimnissen. In diesem
Zusammenhang strukturiert er jedoch vor dem Hintergrund des verfassungsrechtlichen Schutzes von Betriebs- und Geschäftsgeheimnissen das dem Verordnungsgeber bei der Umsetzung einer solchen Regelung zustehende Ermessen vor, indem
er zwei Gesichtspunkte hervorhebt, die der Verordnungsgeber bei seiner Entschei-

dung über die Veröffentlichung von Betriebs- und Geschäftsgeheimnissen zwingend zu beachten hat:

5 Zum einen muss die Transparenzregelung für die **Nachvollziehbarkeit der Regulierung** erforderlich sein, insbesondere des Effizienzvergleichs sowie der Kosten der Energiewende. Hierdurch wird der Erforderlichkeitsmaßstab, den der Verordnungsgeber anzulegen hat, vorstrukturiert. Die Nachvollziehbarkeit und Transparenz der Regulierung als hohes, auch in der Strom-RL 2019 und der Gas-RL 2019 mehrfach in Bezug genommenes Gut dürfte dazu führen, dass eine Erforderlichkeit von Veröffentlichungen in Bezug auf kostenrelevante Daten regelmäßig anzunehmen ist. Insbesondere ist dies in Bezug auf Daten des Effizienzvergleichs (die ohnehin bereits gem. § 23b Abs. 1 S. 1 Nr. 7 weitreichend veröffentlicht werden) sowie im Hinblick auf Daten der Energiewende der Fall.

6 Zum anderen darf die Veröffentlichung die Interessen der Betroffenen am Schutz ihrer Betriebs- und Geschäftsgeheimnisse nicht unangemessen beeinträchtigen. Damit greift die Vorschrift die verfassungsrechtlich zwingend gebotene Abwägungsentscheidung des Verordnungsgebers zwischen dem Transparenzbedürfnis der Allgemeinheit auf der einen Seite und individuellen Geheimhaltungsinteressen auf der anderen Seite auf. Diese Interessen hat der Verordnungsgeber bei etwaigen Regelungen in Ausgleich zu bringen.

§ 24 Regelungen zu den Netzzugangsbedingungen, Entgelten für den Netzzugang sowie zur Erbringung und Beschaffung von Ausgleichsleistungen; Verordnungsermächtigung

¹**Die Bundesregierung wird ermächtigt, durch Rechtsverordnung mit Zustimmung des Bundesrates**
1. **die Bedingungen für den Netzzugang einschließlich der Beschaffung und Erbringung von Ausgleichsleistungen oder Methoden zur Bestimmung dieser Bedingungen sowie Methoden zur Bestimmung der Entgelte für den Netzzugang gemäß den §§ 20 bis 23 festzulegen, wobei die Entgelte für den Zugang zu Übertragungsnetzen teilweise oder vollständig auch bundesweit einheitlich festgelegt werden können,**
2. **zu regeln, in welchen Fällen und unter welchen Voraussetzungen die Regulierungsbehörde diese Bedingungen oder Methoden festlegen oder auf Antrag des Netzbetreibers genehmigen kann,**
3. **zu regeln, in welchen Sonderfällen der Netznutzung und unter welchen Voraussetzungen die Regulierungsbehörde im Einzelfall individuelle Entgelte für den Netzzugang genehmigen oder untersagen kann und wie Erstattungspflichten der Transportnetzbetreiber für entgangene Erlöse von Betreibern nachgelagerter Verteilernetze, die aus individuellen Netzentgelten für die Netznutzung folgen, ausgestaltet werden können und wie die daraus den Transportnetzbetreibern entstehenden Kosten als Aufschlag auf die Netzentgelte anteilig auf die Letztverbraucher umgelegt werden können, sowie**
4. **zu regeln, in welchen Fällen die Regulierungsbehörde von ihren Befugnissen nach § 65 Gebrauch zu machen hat.**

²**Insbesondere können durch Rechtsverordnungen nach Satz 1**
1. **die Betreiber von Energieversorgungsnetzen verpflichtet werden, zur Schaffung möglichst einheitlicher Bedingungen bei der Gewährung**

des Netzugangs in näher zu bestimmender Weise, insbesondere unter gleichberechtigtem Einbezug der Netznutzer, zusammenzuarbeiten,
2. die Rechte und Pflichten der Beteiligten, insbesondere die Zusammenarbeit und Pflichten der Betreiber von Energieversorgungsnetzen, einschließlich des Austauschs der erforderlichen Daten und der für den Netzzugang erforderlichen Informationen, einheitlich festgelegt werden,
2a. die Rechte der Verbraucher bei der Abwicklung eines Anbieterwechsels festgelegt werden,
3. die Art sowie die Ausgestaltung des Netzzugangs und der Beschaffung und Erbringung von Ausgleichsleistungen einschließlich der hierfür erforderlichen Verträge und Rechtsverhältnisse und des Ausschreibungsverfahrens auch unter Abweichung von § 22 Absatz 2 Satz 2 festgelegt werden, die Bestimmungen der Verträge und die Ausgestaltung der Rechtsverhältnisse einheitlich festgelegt werden sowie Regelungen über das Zustandekommen, den Inhalt und die Beendigung der Verträge und Rechtsverhältnisse getroffen werden, wobei insbesondere auch Vorgaben für die Verträge und Rechtsverhältnisse zwischen Letztverbrauchern, Lieferanten und beteiligten Bilanzkreisverantwortlichen bei der Erbringung von Regelleistung gemacht werden können,
3a. im Rahmen der Ausgestaltung des Netzzugangs zu den Gasversorgungsnetzen für Anlagen zur Erzeugung von Biogas im Rahmen des Auswahlverfahrens bei drohenden Kapazitätsengpässen sowie beim Zugang zu örtlichen Verteilernetzen Vorrang gewährt werden,
3b. die Regulierungsbehörde befugt werden, die Zusammenfassung von Teilnetzen, soweit dies technisch möglich und wirtschaftlich zumutbar ist, anzuordnen,
4. Regelungen zur Ermittlung der Entgelte für den Netzzugang getroffen werden, wobei
   a) vorgesehen werden kann, dass insbesondere Kosten des Netzbetriebs, die zuordenbar durch die Integration von dezentralen Anlagen zur Erzeugung aus erneuerbaren Energiequellen verursacht werden, bundesweit umgelegt werden können,
   b) vorzusehen ist, dass die Grundlage für die Ermittlung der Entgelte für den Zugang zu den Übertragungsnetzen zwar getrennt für jeden Übertragungsnetzbetreiber kostenorientiert nach § 21a ermittelt wird, aber die Höhe der Entgelte für den Zugang zu den Übertragungsnetzen ab dem 1. Januar 2019 teilweise und ab dem 1. Januar 2023 vollständig bundesweit einheitlich festgelegt wird und Mehr- oder Mindererlöse, die den Übertragungsnetzbetreibern dadurch entstehen, durch eine finanzielle Verrechnung zwischen ihnen ausgeglichen oder bundesweit umgelegt werden sowie der bundeseinheitliche Mechanismus hierfür näher ausgestaltet wird,
   c) die Methode zur Bestimmung der Entgelte so zu gestalten ist, dass eine Betriebsführung nach § 21 Absatz 2 gesichert ist und die für die Betriebs- und Versorgungssicherheit sowie die Funktionsfähigkeit der Netze notwendigen Investitionen in die Netze gewährleistet sind und Anreize zu netzentlastender Energieeinspeisung und netzentlastendem Energieverbrauch gesetzt werden, und

§ 24 Teil 3. Regulierung des Netzbetriebs

d) vorgesehen werden kann, inwieweit Kosten, die auf Grundlage einer Vereinbarung eines Betreibers von Übertragungsnetzen mit Dritten entstehen, bei der Bestimmung der Netzkosten zu berücksichtigen sind,

4a. Regelungen zur Steigerung der Kosteneffizienz von Maßnahmen für Netz- und Systemsicherheit nach § 13 vorgesehen werden,

5. bei einer Regelung nach Satz 1 Nummer 3 vorsehen, dass ein Belastungsausgleich entsprechend den §§ 26, 28 und 30 des Kraft-Wärme-Kopplungsgesetzes vom 21. Dezember 2015 (BGBl. I S. 2498), das durch Artikel 14 des Gesetzes vom 29. August 2016 (BGBl. I S. 2034) geändert worden ist, erfolgen kann, wobei dieser Belastungsausgleich mit der Maßgabe erfolgen kann, dass sich das Netzentgelt für selbstverbrauchte Strombezüge, die über 1 Gigawattstunde hinausgehen, an dieser Abnahmestelle höchstens um 0,05 Cent je Kilowattstunde und für Unternehmen des produzierenden Gewerbes, deren Stromkosten für selbstverbrauchten Strom im vorangegangenen Geschäftsjahr 4 Prozent des Umsatzes im Sinne von § 277 Absatz 1 des Handelsgesetzbuchs überstiegen, für die über 1 Gigawattstunde hinausgehenden selbstverbrauchten Strombezüge um höchstens 0,025 Cent je Kilowattstunde erhöhen,

6. Regelungen darüber getroffen werden, welche netzbezogenen und sonst für ihre Kalkulation erforderlichen Daten die Betreiber von Energieversorgungsnetzen erheben und über welchen Zeitraum sie diese aufbewahren müssen.

³Im Falle des Satzes 2 Nr. 1 und 2 ist das Interesse an der Ermöglichung eines effizienten und diskriminierungsfreien Netzzugangs im Rahmen eines möglichst transaktionsunabhängigen Modells unter Beachtung der jeweiligen Besonderheiten der Elektrizitäts- und Gaswirtschaft besonders zu berücksichtigen; die Zusammenarbeit soll dem Ziel des § 1 Abs. 2 dienen. ⁴Regelungen nach Satz 2 Nr. 3 können auch weitere Anforderungen an die Zusammenarbeit der Betreiber von Übertragungsnetzen bei der Beschaffung von Regelenergie und zur Verringerung des Aufwandes für Regelenergie sowie in Abweichung von § 22 Absatz 2 Satz 1 Bedingungen und Methoden für andere effiziente, transparente, diskriminierungsfreie und marktorientierte Verfahren zur Beschaffung von Regelenergie vorsehen. ⁵Regelungen nach Satz 2 Nr. 4 können nach Maßgabe des § 120 vorsehen, dass Entgelte nicht nur auf der Grundlage von Ausspeisungen, sondern ergänzend auch auf der Grundlage von Einspeisungen von Energie berechnet und in Rechnung gestellt werden, wobei bei Einspeisungen von Elektrizität aus dezentralen Erzeugungsanlagen auch eine Erstattung eingesparter Entgelte für den Netzzugang in den vorgelagerten Netzebenen vorgesehen werden kann.

Übersicht

	Rn.
A. Allgemeines	1
I. Inhalt und Zweck	1
II. Europarechtliche Vorgaben	2
B. Ermächtigungen	8
I. Generalermächtigungen (S. 1)	8

Regelungen zu den Netzzugangsbedingungen **§ 24**

Rn.
1. Bedingungs- und Methodenregulierung durch Verordnung (S. 1 Nr. 1) 8
2. Bedingungs- und Methodenregulierung durch Behörden (S. 1 Nr. 2) 13
3. Individuelle Entgelte (S. 1 Nr. 3) 18
4. Befugnisse nach § 65 (S. 1 Nr. 4) 25
II. Spezialermächtigungen (S. 2) 28
   1. Zusammenarbeitspflicht der Netzbetreiber (S. 2 Nr. 1) 28
   2. Rechte und Pflichten der Beteiligten (S. 2 Nr. 2) 29
   3. Verbraucherrechte bei Anbieterwechsel (S. 2 Nr. 2a) 30
   4. Ausgestaltung des Netzzugangs (S. 2 Nr. 3) 32
   5. Biogasanlagen (S. 2 Nr. 3a) 33
   6. Zusammenfassung von Teilnetzen (S. 2 Nr. 3b) 35
   7. Bestimmung der Netzzugangsentgelte (S. 2 Nr. 4) 36
   8. Regelungen zur Steigerung der Kosteneffizienz von Maßnahmen für Netz- und Systemsicherheit (S. 2 Nr. 4a) 41
   9. Belastungsausgleich bei § 19 StromNEV-Umlage (S. 2 Nr. 5) .. 42
  10. Dokumentationspflichten (S. 2 Nr. 6) 43
III. Transaktionsunabhängiger Netzzugang (S. 3) 44
IV. Verringerung des Regelenergieaufwands (S. 4) 45
V. Einspeiseentgelte (S. 5) 46

A. Allgemeines

I. Inhalt und Zweck

§ 24 ermächtigt den Verordnungsgeber, konkret die Bundesregierung mit 1 Zustimmung des Bundesrates, dazu, die gesetzlichen **Bestimmungen zum Netzzugang** durch Rechtsverordnung zu **konkretisieren.** Neuere Verordnungsermächtigungen im Energiewirtschaftsrecht wurden daneben ohne Zustimmungsvorbehalt des Bundesrates geschaffen, zB §§ 12g Abs. 3, 13h Abs. 1 und Abs. 2, 13i Abs. 1 und Abs. 3 EnWG, §§ 46 und 74 MsbG. Die Ermächtigungen ermöglichen es dem Verordnungsgeber zum einen, den Netzzugang unmittelbar durch Verordnung näher zu regeln (s. insbesondere. S. 1 Nr. 1). Zum anderen wird der Verordnungsgeber ermächtigt, entsprechende Handlungsbefugnisse der Regulierungsbehörden zu schaffen (s. insbesondere. S. 1 Nr. 2). § 24 S. 2 präzisiert, welchen Inhalt Rechtsverordnungen nach § 24 S. 1 haben können. Dabei sind die Ermächtigungen in S. 2 nicht im technischen Sinne Spezialregelungen gegenüber S. 1, so dass Verordnungen kumulativ auf Ermächtigungen nach S. 1 und S. 2 gestützt werden können. Hinsichtlich spezifischer Gesichtspunkte der Anreizregulierung wird die Verordnungsermächtigung durch § 21a Abs. 6 ergänzt. Die Verordnungsermächtigungen sind ausschließlich an die Bundesregierung gerichtet. Eine Subdelegation der Verordnungsermächtigung an eine Verordnungsbehörde ist – anders als noch in § 92 Abs. 3 S. 3 aF – nicht vorgesehen (vgl. etwa Begr. RegE zur StromNZV, BR-Drs. 245/05, 44). Weitergehende Handlungsbefugnisse können der Regulierungsbehörde jedoch in Gestalt der Festlegung (§ 29) nach S. 1 Nr. 2 übertragen werden (hierzu und zur Bedeutung der Verordnungen für die Missbrauchsaufsicht BerlKommEnergieR/*Bruhn* EnWG § 24 Rn. 5).

II. Europarechtliche Vorgaben

2   § 24 sollte die Voraussetzungen für eine Umsetzung von **Art. 23 Abs. 2 Elt-RL 03 und Art. 25 Abs. 2 Gas-RL 03** (nun Art. 59 Abs. 7 Elt-RL 19 und Art. 41 Abs. 6 Gas-RL 09) schaffen. Nach den Richtlinienvorgaben obliegt es den Regulierungsbehörden der Mitgliedstaaten, zumindest die Methoden zur Berechnung oder Festlegung der Bedingungen für den Zugang zu nationalen Netzen einschließlich der Tarife und die Bedingungen für die Erbringung von Ausgleichsleistungen festzulegen oder zu genehmigen. Die Richtlinien lassen also die sog. „Methodenregulierung" genügen.

3   Bezüglich der Regulierung der sonstigen Bedingungen stellte sich von Beginn an aus europarechtlicher Sicht die Frage, ob die Verordnungsermächtigungen die Einhaltung des an behördlicher Regulierung gewährleisten: Zum einen war die Umsetzung des gemeinschaftsrechtlichen Regulierungsauftrags nicht mit letzter Sicherheit gewährleistet. Die Verordnungsermächtigungen des § 24 sind lediglich Regulierungsermächtigungen, nicht aber Regulierungs*verpflichtungen*, weil der Verordnungsgeber grundsätzlich nicht gezwungen ist, von einer Verordnungsermächtigung tatsächlich Gebrauch zu machen. Zum anderen schreiben die Richtlinien vor, dass wenigstens die Regulierung der Methoden zur Bestimmung der Bedingungen durch Regulierungs*behörden* erfolgt. Nach § 24 S. 1 Nr. 1 können sowohl die Bedingungs- als auch die Methodenregulierung jedoch unmittelbar durch den Verordnungsgeber vorgenommen werden.

4   Der EuGH hat mit Urteil vom 2. 9. 2021, C-718/18 festgestellt, dass die durch Rechtsverordnungen nach § 24 konkretisierte Regulierung in Deutschland und damit **die Umsetzung in § 24** mit der in Art. 37 Elt-RL 09 (heute Art. 59 Elt-RL 19) sowie in Art. 41 Gas-RL 09 geregelten ausschließlichen Zuständigkeit der nationalen Regulierungsbehörde **unvereinbar** ist. Die Bundesrepublik Deutschland habe die in den Richtlinien vorgesehenen ausschließlichen Zuständigkeiten der nationalen Regulierungsbehörden verletzt, indem es im deutschen Recht die Bestimmung der Methoden zur Berechnung oder Festlegung der Bedingungen für den Anschluss an und den Zugang zu den nationalen Netzen, einschließlich der anwendbaren Tarife, der Bundesregierung und nicht der nationalen Regulierungsbehörde zugewiesen habe (zu Inhalt und Folgen dieser Entscheidung → § 54 Rn. 5). Vor diesem Hintergrund kann § 24 – soweit die Regulierungsmaterien der oben genannten Richtlinienbestimmungen betroffen sind – in seiner heutigen Form **keinen dauerhaften Bestand** haben und ist vom Gesetzgeber zwecks Umsetzung des EuGH-Urteils grundlegend im Sinne einer Zuständigkeitsübertragung auf die Regulierungsbehörde anzupassen. Hier käme zB die gesetzliche Statuierung umfangreicher Festlegungskompetenzen für die Regulierungsbehörde nach § 29 in Betracht. Gleichwohl sind die auf § 24 basierenden Verordnungen bis zu einem Tätigwerden des Gesetzgebers weiter anwendbar (→ § 54 Rn. 5) und daher für die Rechtspraxis unverändert von großer Bedeutung.

5   So vertritt auch die Bundesnetzagentur in ständiger Entscheidungspraxis die Auffassung, dass der vom EuGH festgestellte Verstoß gegen Unionsrecht nicht zur Unanwendbarkeit des nationalen Rechts führt (siehe exemplarisch BNetzA Beschl. v. 12. 10. 2021 – BK4-21-055, S. 3 ff.). Zutreffende Kernaussage ist, dass die hier maßgeblichen Richtlinienbestimmungen über die ausschließliche Zuständigkeit der nationalen Regulierungsbehörde, mit denen die Vorgaben der normativen Regulierung unvereinbar sind, nicht unmittelbar anwendbar sind (BNetzA Beschl. v. 12. 10. 2021 – BK4-21-055, S. 4). Dabei orientiert sich die Bundesnetzagentur an

der Rechtsprechung des EuGH. Danach ist von der unmittelbaren Anwendbarkeit einer nicht oder nicht ordnungsgemäß umgesetzten Richtlinienbestimmung nach Ablauf der Umsetzungsfrist nur dann auszugehen, wenn die Bestimmung hinreichend genau und inhaltlich unbedingt ist. Zudem können die Bestimmungen einer Richtlinie grundsätzlich nur Rechte, aber keine Pflichten eines Einzelnen begründen (BNetzA Beschl. v. 12.10.2021 – BK4-21-055, S. 4).

Tragend ist im Ausgangspunkt die Erwägung, dass es gegenwärtig an den erforderlichen und zureichenden Umsetzungsnormen im EnWG fehlt. Somit ist das Unionsrecht nicht inhaltlich unbedingt in dem Sinne, dass es zu seiner Durchführung oder Wirksamkeit auch keiner weiteren gesetzgeberischen Maßnahmen bedürfte (BNetzA Beschl. v. 12.10.2021 – BK4-21-055, S. 4). Aus diesen Gründen scheidet auch eine sog. objektive unmittelbare Wirkung des Unionsrechts aus. Darüber hinaus wären mit einer unmittelbaren Anwendung der Richtlinien unzulässige Belastungen Einzelner verbunden, wenn sie als Ermächtigungsgrundlage für belastende Regulierungsentscheidungen herangezogen würden (BNetzA Beschl. v. 12.10.2021 – BK4-21-055, S. 5). 6

Nicht zuletzt sprechen im Rahmen einer Interessenabwägung weitere erhebliche Gründe dafür, das Verordnungsrecht in der Übergangszeit weiter zur Anwendung zu bringen. Die Nichtanwendung der normativen Regulierung würde demgegenüber zu einem Zustand führen, der mit den Zielsetzungen der genannten Richtlinien erst recht unvereinbar wäre (so auch BGH Beschl. v. 8.10.2019 – EnVR 58/18, Rn. 76). Es liegt auf der Hand, dass ein sofortiges, ersatzloses Außerkrafttreten der Verordnungen zu beträchtlichen Regelungslücken und erheblichen Rechtsunsicherheiten führen würde (BNetzA Beschl. v. 12.10.2021 – BK4-21-055, S. 6). Auch im Interesse stabiler und berechenbarer Verhältnisse ist damit eine übergangsweise Fortführung der ua auf § 24 basierenden Verordnungen erforderlich. Dies ist durch das Handeln der Regulierungsbehörden sichergestellt. 7

B. Ermächtigungen

I. Generalermächtigungen (S. 1)

1. Bedingungs- und Methodenregulierung durch Verordnung (S. 1 Nr. 1). 8
a) Inhalt. § 24 S. 1 Nr. 1 ermächtigt den **Verordnungsgeber** zur Regelung von drei verschiedenen Aspekten: Bedingungen für den **Netzzugang** einschließlich der Beschaffung und Erbringung von **Ausgleichsleistungen,** Methoden zur Bestimmung dieser Bedingungen und Methoden zur **Bestimmung der Entgelte** (einschließlich der Möglichkeit, bundesweite Übertragungsnetzentgelte vorzusehen).

b) Anwendungsbereich. Dem Wortlaut nach erfasst die Ermächtigung den Netzzugang nach §§ 20–23. Durch die in diesen Vorschriften normierten Vorgaben werden dem möglichen Verordnungsinhalt Grenzen gesetzt (Theobald/Kühling/ *Missling* EnWG § 24 Rn. 3). Die Ermächtigung ist eng gefasst, weil die Genehmigung der Netzentgelte nach **§ 23a** nicht mitaufgezählt ist. Die eigene Verordnungsermächtigung in § 23a Abs. 3 S. 7 betrifft lediglich einen speziellen Verfahrensaspekt. Daneben ist die Anwendung von § 24 S. 1 Nr. 1 erforderlich. Auch für die behördliche Höchstpreisgenehmigung nach § 23a ist eine verordnungsrechtliche Präzisierung der Methoden zur Bestimmung des Entgelts hilfreich. Von der Anwendbarkeit des § 24 bezüglich der Höchstpreisfestsetzung nach § 23a ist der 9

§ 24   Teil 3. Regulierung des Netzbetriebs

Gesetzgeber zweifellos ausgegangen (vgl. § 23 a Abs. 5 S. 2). Die Nichterwähnung von § 23 a in § 24 S. 1 Nr. 1 dürfte ein redaktionelles Versehen sein (a. A. Theobald/Kühling/*Missling* § 24 Rn. 4; BerlKommEnergieR/*Bruhn* § 24 Rn. 15).

10   **c) Unterschiedliche Regulierungsmodi.** Der Verordnungsgeber kann die **Bedingungen für den Netzzugang einschließlich der Beschaffung und Erbringung von Ausgleichsleistungen** festlegen. Gemeint sind alle Bedingungen außer dem Entgelt; das Entgelt gem. § 23 a bzw. die Erlösobergrenzen gem. § 21 a (→ § 23 a Rn. 1) werden durch die Regulierungsbehörde unmittelbar reguliert. Der Verordnungsgeber kann aufgrund dieser Ermächtigung zum einen präzisieren, was sachlich gerechtfertigte Kriterien (§ 20 Abs. 1 S. 1) bzw. angemessene Bedingungen (§ 21 Abs. 1) sind. Zum anderen können die gesetzlichen Bestimmungen über die Beschaffung (§ 22) und Erbringung (§ 23) von Ausgleichsleistungen konkretisiert werden. Von diesen Ermächtigungen wurde durch die GasNZV und die StromNZV Gebrauch gemacht. Die Ermächtigungsgrundlage kann auch ergänzend für den Erlass von Zugangsregelungen in Verordnungen mit anderen Schwerpunkten (s. KraftNAV) herangezogen werden.

11   Neben der Regulierung der konkreten Bedingungen kann der Verordnungsgeber die **Methoden zur Bestimmung dieser Bedingungen** festlegen (Methodenregulierung, → § 29 Rn. 9 f.). Auch von dieser Ermächtigung wurde durch die GasNZV und die StromNZV Gebrauch gemacht.

12   Darüber hinaus können die **Methoden zur Bestimmung der Entgelte für den Netzzugang** durch Verordnung festgelegt werden. Dies wird ergänzt durch die Methoden der **Anreizregulierung,** für die in § 21 a Abs. 6 S. 1 Nr. 2 eine **eigene Verordnungsermächtigung** besteht, von der mit der ARegV Gebrauch gemacht wurde. Gleichwohl wurde die ARegV daneben aufgrund ihres unmittelbaren Bezugs zu den Netzentgelten nach § 21 auch auf Grundlage von § 24 erlassen. In erweiternder Auslegung der Norm ist der Verordnungsgeber jedoch zur Regulierung der Methoden für die Höchstpreisregulierung nach § 23 a ermächtigt. Diese Methodenregulierung dient der Präzisierung der Vorgaben zur Entgeltbildung nach § 21. Von der Verordnungsermächtigung wurde durch die detaillierten Vorgaben der GasNEV und der StromNEV Gebrauch gemacht, die wiederum ein zentrales Element auch in der Anreizregulierung darstellen (vgl. z. B. § 6 Abs. 1 ARegV). Die Ergänzung am Ende des 1. Satzes, wonach die Entgelte für den Zugang zu Übertragungsnetzen teilweise oder vollständig auch bundesweit einheitlich festgelegt werden können, wurde mit dem Netzentgeltmodernisierungsgesetz (BGBl. 2017 I 2503) in die Vorschrift aufgenommen (→ § 24 a Rn. 3). Die Konkretisierung dieser sehr allgemeinen Aussage erfolgt in S. 2 Nr. 4 lit. b) (→ Rn. 39).

13   **2. Bedingungs- und Methodenregulierung durch Behörden (S. 1 Nr. 2). a) Inhalt und Anwendungsbereich.** Satz 1 Nr. 2 ermächtigt den Verordnungsgeber dazu, Handlungsermächtigungen für die **Regulierungsbehörde** zur Präzisierung der Netzzugangsvoraussetzungen zu schaffen (vgl. BGH Beschl. v. 29. 4. 2008 – KVR 28/07, ZNER 2008, 228 Rn. 12 aE – EDIFACT zur Vfg. Nr. 33/2006, ABl. der BNetzA 14/2006, S. 1911). Der Anwendungsbereich ist mit dem des § 24 S. 1 Nr. 1 identisch (→ Rn. 9 ff.). Als behördliche Handlungsinstrumente kommen, jeweils in Gestalt eines Verwaltungsakts (§ 35 VwVfG), eine Festlegung und eine Genehmigung in Betracht (vgl. zur rechtlichen Einordnung dieser Handlungsformen BerlKommEnergieR/*Henn* ARegV § 32 Rn. 6 ff.; zur neuen Art der Genehmigung nach Methodenvorschlägen gem. Europarecht auch → § 22 Rn. 12). Eine Genehmigung erfolgt auf Antrag; die Festlegung, bei der es sich um einen Einzelverwaltungsakt oder eine Allgemeinverfügung handeln kann, ergeht von Amts wegen. Adressaten der Handlungsermächtigung durch den Verordnungsgeber können grundsätzlich sowohl die BNetzA als auch die Landesregulierungsbehörden sein. Dies richtet sich im Einzelnen nach § 54 (→ § 54 Rn. 29 ff.).

Die Bestimmung enthält **sechs verschiedene Ermächtigungen.** Der Verordnungsgeber kann die Regulierungsbehörde einerseits zu sog. **Festlegungen** ermächtigen: Er kann die Regulierungsbehörde dazu ermächtigen, die Bedingungen für den Netzzugang einschließlich der Beschaffung und Erbringung von Ausgleichsleistungen (1), die Methoden zur Bestimmung dieser Bedingungen (2) oder die Methoden zur Bestimmung der Entgelte (3) festzulegen. Andererseits kann der Verordnungsgeber ein **Genehmigungs**erfordernis vorsehen, indem er die Regulierungsbehörde dazu ermächtigt, die Bedingungen für den Netzzugang einschließlich der Beschaffung und Erbringung von Ausgleichsleistungen (4), die Methoden zur Bestimmung dieser Bedingungen (5) oder die Methoden zur Bestimmung der Entgelte für den Netzzugang (6) zu genehmigen. Ausgenommen ist auch hier die unmittelbare Festlegung oder Genehmigung des Entgelts, weil dessen Genehmigungsbedürftigkeit bereits durch § 23 a geregelt ist. 14

b) Unterschiedliche Regulierungsmodi. aa) Festlegungen. Von der Möglichkeit, die Regulierungsbehörde zur Festlegung der **Bedingungen für den Netzzugang einschließlich der Beschaffung und Erbringung von Ausgleichsleistungen** zu ermächtigen, hat der Verordnungsgeber in § 27 StromNZV und § 50 GasNZV Gebrauch gemacht. In beiden Normen finden sich insbesondere auch Ermächtigungen zu Festlegungen zur Beschaffung und Erbringung von Ausgleichsleistungen; hervorzuheben ist § 27 Abs. 2 StromNZV, der nicht bloß eine Ermächtigung für die Behörde, sondern einen behördlichen Festlegungsauftrag („soll") vorsieht. Zahlreiche Bestimmungen in § 27 StromNZV und § 50 GasNZV ermächtigen zur behördlichen Festlegung sonstiger Netzzugangsbedingungen. Ermächtigungen an die Regulierungsbehörde zur Festlegung der **Methoden zur Bestimmung dieser Bedingungen** finden sich ebenfalls in § 27 StromNZV und in § 50 GasNZV. Ermächtigungen zur Festlegung der **Methoden zur Bestimmung der Netzzugangsentgelte** hat der Verordnungsgeber durch § 30 StromNEV und § 30 GasNEV geschaffen. 15

bb) Genehmigung. Von der Ermächtigung zur Schaffung eines behördlichen Genehmigungserfordernisses bezüglich Netzzugangsbedingungen, Methoden zur Ermittlung der Netzzugangsbedingungen und Methoden der Entgeltkalkulation wurde in den Netzzugangs- und -entgeltverordnungen national bislang kein Gebrauch gemacht. 16

Am Beispiel der Regel und Ausgleichsenergie im Elektrizitätssektor ist zu berücksichtigen, dass die Regelungen des EnWG und der StromNZV jedoch **nur noch subsidiäre** Bedeutung haben, nachdem die **Leitlinie über den Systemausgleich im Elektrizitätssystem** (VO 2017/2195 – EB-GL, mit Auszügen → § 23 Rn. 36 ff.) verbindliche technische, betriebliche und marktbezogene Vorschriften für die Funktionsweise der Regelreservemärkte im Elektrizitätsversorgungssystem in der gesamten EU ausgestaltet hat. Zudem verpflichtet sie die ÜNB und nationalen Regulierungsbehörden zur Entwicklung und **Genehmigung** harmonisierter Methoden zur Zuweisung grenzüberschreitender Übertragungskapazität für den Austausch von Regelreserve (Erwgr. 5 EB-GL). Die maßgeblichen Festlegungen der Bundesnetzagentur stützen sich weitgehend auf die EB-GL (vertieft → § 22 Rn. 44). Die europäischen Regelungen (zB zur Einführung des Regel- 17 arbeitsmarktes, → § 22 Rn. 53) führen dazu, dass die Festlegungen der Bundesnetzagentur ihre Ermächtigungsgrundlage nur noch subsidiär in der StromNZV finden und maßgeblich auf die EB-GL gestützt werden (BNetzA Beschl. v. 2.10.2019 – BK6-18-004 – RAM, 9). Nach ständiger Rechtsprechung des OLG Düsseldorf ist auch eine **Änderung einer solchen Genehmigung** eines Vorschlags der ÜNB, die nicht auf einen erneuten Vorschlag der ÜNB zurückgeht, nicht mehr möglich (OLG Düsseldorf Beschl. v. 22.1.2020 – VI-3 Kart 747/19 [V], sowie in OLG Düsseldorf Beschl. v. 14.11.2021 – VI-3 Kart 49/21 [V], Entscheidung nicht rechtskräftig). Die Rolle der Regulierungsbehörde sei eine reine Rechtmäßigkeitskontrolle. Diese **Verschiebung der Regulierung** von den Regulierungsbehörden **auf die regulierten Unternehmen** im Rahmen **europäischer Genehmigungserfordernisse** ist eine neue rechtliche Entwicklung, die genau beobachtet werden muss.

18 3. **Individuelle Entgelte (S. 1 Nr. 3).** Nach § 24 S. 1 Nr. 3 kann der Verordnungsgeber **Sonderregelungen** bezüglich der Höhe des **Netznutzungsentgelts** treffen, durch die die Regulierungsbehörde unter bestimmten Voraussetzungen zur Genehmigung oder Untersagung individueller Netznutzungsentgelte ermächtigt wird. In verfahrenstechnischer Hinsicht kann dies als „Verbot mit Erlaubnisvorbehalt" (Genehmigung) oder als „Verbotsvorbehalt" (Untersagung) ausgestaltet werden. Der materiell-rechtliche Gehalt der Verordnungsermächtigung liegt in (der Ermächtigung zu) einer Abweichung vom Grundsatz gleicher Netznutzungsentgelte (§ 21 Abs. 1 S. 1).

19 Im Strombereich hat der Verordnungsgeber von der Ermächtigung durch **§ 19 StromNEV** Gebrauch gemacht. Nach § 19 Abs. 2 S. 5 StromNEV sind die hiernach möglichen individuellen Netzentgelte (nun nur noch grundsätzlich, → Rn. 20) **genehmigungsbedürftig**, so dass nur aufgrund einer gesonderten Genehmigung durch die Regulierungsbehörde von dem an sich genehmigten Tarif abgewichen werden darf. Die Genehmigung ist nach § 19 Abs. 2 S. 6 StromNEV zu befristen. Insofern sind zwei unterschiedliche Konstellationen, die atypische und die intensive Netznutzung zu unterscheiden (Holznagel/Schütz/*Henn* ARegV § 17 Rn. 44 ff.).

20 Die bis zum Jahr 2013 umfassende Genehmigungspflicht dieser Entgelte wurde dadurch zum bloßen Grundsatz reduziert, dass sie nach § 19 Abs. 2 S. 7 StromNEV entfallen kann, wenn die Regulierungsbehörde die prozeduralen wie materiellen Kriterien der sachgerechten Ermittlung eines solchen individuellen Entgelts durch Festlegung nach § 29 Abs. 1 konkretisiert hat. Dies ist mittlerweile durch die BNetzA mit Wirkung zum 1.1.2014 geschehen (BNetzA Beschl. v. 11.12.2013 – BK4 13–739) Es genügt nun nach § 19 Abs. 2 S. 7 StromNEV eine schriftliche **Anzeige der Vereinbarung eines individuellen Entgelts** bei der Behörde. Bestimmungen sowohl zur Antragsstellung auf Erteilung einer Genehmigung als auch zur Anzeige einer Vereinbarung finden sich in § 19 Abs. 2 S. 11 und 12 StromNEV. Danach ist der Antrag auf Genehmigung individueller Entgelte durch den Letztverbraucher unter Vorlage aller zur Beurteilung der materiellen Voraussetzungen erforderlichen Unterlagen einzureichen, wobei den Netzbetreiber insoweit die Pflicht trifft, diese wenn nötig zur Verfügung zu stellen.

21 Dabei gilt die Vereinbarung eines individuellen Entgelts nach § 19 Abs. 2 S. 17, 18 StromNEV jedoch nur unter dem Vorbehalt, dass die materiellen Voraussetzungen nach den Sätzen 1–4 vorliegen. Ob dies der Fall ist, bleibt wie in § 19 Abs. 2 S. 8–10 StromNEV bekräftigt zudem **weiterhin einer behördlichen Prüfung**

zugänglich. Diese kann die angezeigte getroffene Vereinbarung individueller Netzentgelte entsprechend der Vorgabe der Ermächtigungsgrundlage des § 24 S. 1 Nr. 3 untersagen und den Vertragsparteien alle Maßnahmen aufgeben, die erforderlich sind, um die festgestellten Zuwiderhandlungen wirksam abzustellen. Insoweit wird ausdrücklich auf die Möglichkeit der Vorteilsabschöpfung nach § 33 verwiesen.

Die Verordnungsermächtigung zu den individuellen Netzentgelten wird durch 22 Vorgaben zur Normierung der sog. **§ 19 StromNEV-Umlage** ergänzt, nämlich „wie die daraus den Transportnetzbetreibern entstehenden Kosten als Aufschlag auf die Netzentgelte anteilig auf die Letztverbraucher umgelegt werden können". Diese Ergänzung der Ermächtigungsgrundlage mit dem Strommarktgesetz 2016 ist aufgrund der Entscheidung des BGH zur Nichtigkeit des ursprünglichen Umlagemechanismus (BGH Beschl. v. 12.4.2016 – EnVR 25/13, N&R 2016, 231) erforderlich geworden. Die § 19 StromNEV-Umlage ist in § 19 Abs. 2 S. 13 ff. StromNEV geregelt.

Eine dem § 19 Abs. 2 S. 1 StromNEV in seinen materiellen Anforderungen und 23 dem § 19 Abs. 2 S. 2 StromNEV aF in der Rechtsfolge der vollständigen Befreiung von Netzzugangsentgelten **entsprechende Ausnahmeregelung** besteht nach § 118 Abs. 6 S. 2, 4 und 5 für ausgebaute Pumpspeicherkraftwerke. Zudem wird hier die entsprechende Anwendung der verfahrensrechtlichen Vorgaben nach § 19 Abs. 2 S. 3–5 und 8–10 StromNEV angeordnet, wobei sich diese Benennung noch auf die frühere Fassung des § 19 StromNEV bezieht. Betreiber solcher Stromspeicher können damit über die regelmäßig ohnehin mögliche Netzentgeltminderung nach § 19 Abs. 2 S. 1 StromNEV (BR-Drs. 343/11, 9) hinaus auf diese Weise eine völlige Befreiung erreichen (→ § 118 Rn. 3). § 19 Abs. 1, 3 und 4 StromNEV treffen weitere Regelungen zu besonderen Formen der Berechnung des Netznutzungsentgelts, die im Unterschied zu den Fällen des § 19 Abs. 2 StromNEV keiner behördlichen Genehmigung bedürfen (hierzu näher Holznagel/Schütz/*Henn* § 17 ARegV Rn. 42 ff., 48 ff.).

Im Gasbereich hat der Verordnungsgeber von der Ermächtigung in **§ 20 Abs. 2** 24 **GasNEV** Gebrauch gemacht. Im Einzelfall können Betreiber von Verteilernetzen demnach ein gesondertes Netznutzungsentgelt berechnen, wenn dadurch ein Direktleitungsbau vermieden werden kann (hierzu BNetzA, Leitfaden der Regulierungsbehörden zur Ermittlung von Sonderentgelten nach § 20 Abs. 2 GasNEV, Stand: April 2021). Auf ein Genehmigungserfordernis wurde verzichtet. Es besteht lediglich unter bestimmten Voraussetzungen gem. § 20 Abs. 2 S. 2 GasNEV eine Mitteilungspflicht.

4. Befugnisse nach § 65 (S. 1 Nr. 4). Zweck einer Regelung nach S. 1 Nr. 4 25 ist es, eine **Einschreitenspflicht** der Behörde zu begründen. Dies geht über die in § 65 selbst geregelte Ermächtigung der Behörde hinaus, weil das Einschreiten der Behörde dort in deren Ermessen gestellt ist. Insofern geht eine Regelung nach § 24 S. 1 Nr. 4 auch über die Befugnisse nach § 30 Abs. 2 hinaus, der das Einschreiten ebenfalls ins behördliche Ermessen stellt.

Verordnungsbestimmungen nach S. 1 Nr. 4 sind **Rechtsgrundverweisungen.** 26 Damit die Behörde einschreiten kann, müssen also die Tatbestandsvoraussetzungen des § 65 vorliegen. Danach kann die Regulierungsbehörde gegen ein Verhalten vorgehen, das den Bestimmungen des EnWG oder einer darauf gestützten Verordnung widerspricht. Wegen der systematischen Stellung von § 24 S. 1 Nr. 4 ist dies allerdings auf Verstöße gegen Vorschriften zum **Netzzugang** zu beschränken.

§ 24 Teil 3. Regulierung des Netzbetriebs

27 Der Verordnungsgeber hat von der Ermächtigung nur vereinzelt Gebrauch gemacht (vgl. § 3 Abs. 3 S. 4 GasNEV und § 21 Abs. 2 S. 2 GasNZV). § 3 Abs. 3 GasNEV betrifft Sonderregelungen zur (gegenwärtig nicht bestehenden) Entgeltbildung im Falle des Leitungswettbewerbs von überregionalen Gasfernleitungsnetzen und damit in Verbindung stehenden Aufsichtspflichten. Auch für den Fall, dass die Fernleitungsnetzbetreiber ihrer Verpflichtung zur Zusammenlegung der beiden verbliebenen Marktgebiete nach § 21 Abs. 1 S. 2 GasNZV nichtnachkommen, hielt der Verordnungsgeber wie schon bei der Vorgängerregelung zur Reduzierung der Marktgebiete eine bloße Ermessensvorschrift für zu schwach und hat darum in **§ 21 Abs. 2 S. 2 GasNZV** eine Pflicht zum Einschreiten der Behörde angeordnet.

II. Spezialermächtigungen (S. 2)

28 **1. Zusammenarbeitspflicht der Netzbetreiber (S. 2 Nr. 1).** § 24 S. 2 Nr. 1 ermächtigt den Verordnungsgeber, die Netzbetreiber zur **Zusammenarbeit zwecks Harmonisierung** ihrer **Netzzugangsbedingungen** zu verpflichten. Damit wird dem Bedarf nach einheitlichen Netzzugangsbedingungen Rechnung getragen, der Voraussetzung eines effizienten Netzzugangs ist (vgl. Begr. BT-Drs. 15/3917, 61). Die Verordnungsermächtigung dient vor allem der Präzisierung der Zusammenarbeitspflicht nach § 20 Abs. 1 S. 3 (→ § 20 Rn. 29 ff.). Im Rahmen der Energierechtsnovelle 2011 wurde zusätzlich in die Ermächtigung eingefügt, dass die Netzbetreiber insbesondere auch zu einem gleichberechtigten Einbezug der Netznutzer verpflichtet werden können. Der Gesetzesentwurfsbegründung nach soll dadurch vor allem die Transparenz der Zusammenarbeit der Netzbetreiber, etwa bei der Erstellung von Regelwerken (→ § 20 Rn. 31), sichergestellt werden (BT-Drs. 17/6072, 81). Über dieses Mindestmaß an „Einbezug" hinaus können aber auch weitergehende Anforderungen im Verordnungswege etabliert werden. Von der Ermächtigung zur Harmonisierungsverpflichtung wurde zB durch § 16 Abs. 1 StromNZV Gebrauch gemacht (Verpflichtung der Netzbetreiber, gemeinsam mit anderen Netzbetreibern einheitliche Bedingungen des Netzzugangs zu schaffen, um die Transaktionskosten des Zugangs zum gesamten Netz so gering wie möglich zu halten).

29 **2. Rechte und Pflichten der Beteiligten (S. 2 Nr. 2).** § 24 S. 2 Nr. 2 ermächtigt den Verordnungsgeber allgemein zur Festlegung der Rechte und Pflichten der Beteiligten. Gemeint sind die Rechte und Pflichten im Rahmen des Netzzugangs. Hierzu finden sich zahlreiche Regelungen in den Netzzugangs- und Netzentgeltverordnungen. Besonders hervorgehoben werden in S. 2 Nr. 2 die Zusammenarbeit und Pflichten der Netzbetreiber einschließlich des Datenaustauschs. Die Zusammenarbeitspflicht der Netzbetreiber nach Nr. 2 hat einen anderen Schwerpunkt als die Zusammenarbeitspflicht zwecks Harmonisierung nach Nr. 1. Bei Nr. 2 geht es vor allem um die zur Abwicklung des Netzzugangs erforderliche praktische Zusammenarbeit der Netzbetreiber, für die allerdings wiederum zunächst eine einheitliche Regelung in Gestalt eines Netzzugangsmodells getroffen werden muss (→ § 20 Rn. 45). Die Verordnungsermächtigung dient vor allem der Präzisierung der Zusammenarbeitspflicht nach § 20 Abs. 1 a S. 4 (→ § 20 Rn. 85). Die **praktische Zusammenarbeit** ist insbesondere erforderlich, um ein **transaktionsunabhängiges Netzzugangsmodell** realisieren zu können (vgl. § 24 S. 3). Tatsächlicher Transaktionsaufwand, der aufgrund der Nutzung verschiedener Netze entsteht, soll nicht zu Lasten der Letztverbraucher gehen, für die der Netz-

Regelungen zu den Netzzugangsbedingungen **§ 24**

zugang einfach handhabbar und transparent sein soll (Begr. BT-Drs. 15/3917, 61). Der Verordnungsgeber hat von der Ermächtigung zB durch § 16 Abs. 2 StromNZV Gebrauch gemacht (Verpflichtung der Netzbetreiber, die zur effizienten Organisation des Netzzugangs erforderlichen Verträge abzuschließen und die notwendigen Daten unverzüglich auszutauschen).

3. Verbraucherrechte bei Anbieterwechsel (S. 2 Nr. 2 a). Die Möglichkeit 30 des **Anbieterwechsels** ist Voraussetzung für den Wettbewerb um Energiekunden. § 24 S. 2 Nr. 2a ermächtigt aber aufgrund seiner systematischen Stellung im Gesetz nur zur Regelung solcher Fragen des Anbieterwechsels, die mit dem Netzzugang zusammenhängen. Regelungen zur Ausgestaltung des vertraglichen Energielieferungsverhältnisses finden in dieser Ermächtigung hingegen keine Grundlage. Die Netzzugangs- und Netzentgeltverordnungen wurden ursprünglich nicht ausdrücklich auf diese Ermächtigung gestützt. Bestimmungen zum Lieferantenwechsel finden sich gleichwohl in § 14 StromNZV und in § 41 GasNZV. Erst im Zuge der Änderungen dieser Normen durch die EnWRVÄndV im Jahr 2012 wurde explizit auf § 24 S. 2 Nr. 2 a verwiesen.

Der in der Ermächtigung verwendete Begriff des „**Verbrauchers**" ist nicht ein- 31 deutig. Das EnWG definiert nur den Haushaltskunden (§ 3 Nr. 22), den Kunden (§ 3 Nr. 24) und den Letztverbraucher (§ 3 Nr. 25). Hinsichtlich des Verbraucherbegriffs könnte auf § 13 BGB zurückgegriffen werden, wobei an anderer Stelle des Gesetzes (siehe § 111 a S. 1) hierauf explizit verwiesen wird (hierzu und zum unklaren Anwendungsbereich dieser Ermächtigung Theobald/Kühling/*Missling* § 24 Rn. 19).

4. Ausgestaltung des Netzzugangs (S. 2 Nr. 3). § 24 S. 2 Nr. 3 ist die zen- 32 trale Verordnungsermächtigung zur näheren Ausgestaltung des Netzzugangs einschließlich der Beschaffung und Erbringung von Ausgleichsleistungen. Die Verordnungsermächtigung dient insbesondere der Konkretisierung von § 20 Abs. 1 a und 1 b sowie § 22 Abs. 2. Letztere, im Jahr 2011 ergänzte Ermächtigung betrifft die Vorgabe von Bedingungen und Methoden, die bei der Festlegung und Anwendung alternativer Beschaffungsmethoden von Regelenergie (siehe § 24 Abs. 2 S. 5) eingehalten werden müssen (BerlKommEnergieR/*Bruhn* EnWG § 24 Rn. 28). Von den Ausgestaltungsermächtigungen zum Netzzugang hat der Verordnungsgeber in StromNZV und GasNZV Gebrauch gemacht. Eine Klarstellung enthält der mit dem Strommarktgesetz 2016 eingefügte Zusatz, dass auch Vorgaben für die Verträge und Rechtsverhältnisse zwischen Letztverbrauchern, Lieferanten und beteiligten Bilanzkreisverantwortlichen bei der Erbringung von Regelleistung gemacht werden können. Nach der Vorstellung des Gesetzgebers können entsprechende Regelungen notwendig sein, um Potenziale von Letztverbrauchern für die Regelleistungsmärkte zu erschließen (BT-Drs. 18/8915, 38). § 24 S. 4 erweitert den materiellrechtlichen Spielraum des Verordnungsgebers bei der Ausgestaltung der Zusammenarbeit der ÜNB bei der Beschaffung von Regelenergie. Die europäischen Regelungen (ausführlich → Vor §§ 22 f.) führen dazu, dass die Festlegungen der Bundesnetzagentur ihre Ermächtigungsgrundlage nur noch subsidiär in der StromNZV und maßgeblich in den EB-GL (BNetzA Beschl. v. 2.10.2019 – BK6-18-004, S. 9 – RAM) finden.

5. Biogasanlagen (S. 2 Nr. 3 a). § 24 S. 2 Nr. 3 a enthält zwei Ermächtigungen 33 zur Schaffung von **Privilegierungstatbeständen für Biogas** beim Zugang zu Gasnetzen. Unter Biogas versteht man im EnWG gem. § 3 Nr. 10f Biomethan,

Gas aus Biomasse, Deponiegas, Klärgas und Grubengas sowie Wasserstoff, der durch Wasserelektrolyse erzeugt worden ist, und synthetisch erzeugtes Methan, wenn der zur Elektrolyse eingesetzte Strom und das zur Methanisierung eingesetzte Kohlendioxid oder Kohlenmonoxid jeweils nachweislich weit überwiegend aus erneuerbaren Energiequellen iSd RL 2009/28/EG stammen (zur Begriffsbestimmung → § 3 Rn. 29). Die Verordnungsermächtigung trägt dem Zweck des Gesetzes einer auch umweltverträglichen Energieversorgung (§ 1 Abs. 1) Rechnung. Dass die Privilegierungsermächtigung für Erneuerbare Energien auf den Zugang zu Gasnetzen beschränkt ist, beruht darauf, dass es für den Zugang zu den Stromnetzen angesichts der Spezialregelungen im EEG und im KWKG keiner weiteren Zugangserleichterung bedarf. Die Verpflichtungen der Netzbetreiber aus dem EEG und dem KWKG bleiben gem. § 2 Abs. 2 unberührt.

34 Die Verordnungsermächtigung sieht zwei verschiedene Privilegierungsmöglichkeiten vor. Zum einen kann Anlagen zur Erzeugung von Biogas im Rahmen des Auswahlverfahrens bei drohenden **Kapazitätsengpässen** Vorrang gewährt werden (auch → § 20 Rn. 224). Zum anderen kann für die genannten Anlagen beim Zugang zu **örtlichen Verteilernetzen** ein genereller Vorrang gewährt werden. Im Zuge der Neufassung der GasNZV im Jahr 2010 wurden die diesbezüglichen Vorschriften in deren Teil 6 „Biogas" (§§ 31–37) überführt und dabei abermals abgeändert. Da sich die Regelungen nicht nur auf den vorrangigen Netzzugang beziehen (§ 34 GasNZV), sondern auch eine vorrangige Netzanschlusspflicht der Netzbetreiber hinsichtlich Biogas an die Gasversorgungsnetze begründen (§ 33 GasNZV), musste die Verordnung auch auf die netzanschlussspezifische Verordnungsermächtigung des § 17 Abs. 3 gestützt werden.

35 **6. Zusammenfassung von Teilnetzen (S. 2 Nr. 3 b).** Von dieser Ermächtigung hatte der Verordnungsgeber in § 6 Abs. 4 S. 6 GasNZV aF Gebrauch gemacht. Danach konnte die Regulierungsbehörde die Zusammenfassung von Teilnetzen anordnen, sofern dies technisch möglich und wirtschaftlich zumutbar war. Die novellierte GasNZV verzichtet nunmehr praktisch völlig auf den Begriff des Teilnetzes.

36 **7. Bestimmung der Netzzugangsentgelte (S. 2 Nr. 4).** § 24 S. 2 Nr. 4 ist die zentrale Verordnungsermächtigung zur näheren Ausgestaltung der Methoden für die **Bestimmung der Netzzugangsentgelte.** Von der Ermächtigung hat der Verordnungsgeber in den beiden Netzentgeltverordnungen Gebrauch gemacht. Die Verordnungsermächtigung macht materiell-rechtliche Vorgaben für die Entgeltberechnung, die systematisch in die Entgeltvorschrift des § 21 gehören. Mit dem **Netzentgeltmodernisierungsgesetz 2017** (BGBl. 2017 I S. 2503) wurde die Verordnungsermächtigung ergänzt und übersichtlicher strukturiert. So wurden zur besseren Lesbarkeit erstmals zusätzliche Untergliederungen eingefügt.

37 In Nr. 4 lit. c wird wie bislang auf die materiellrechtlichen Kostenmaßstäbe des § 21 Abs. 2 verwiesen. Zudem muss das Entgelt so kalkuliert werden, dass die für die Betriebs- und Versorgungssicherheit sowie die Funktionsfähigkeit der Netze **notwendigen Investitionen in die Netze** gewährleistet sind. Letzteres beschränkt die Entgeltkalkulation nach unten. Weiterhin bei der Regelung der Entgeltbildung zu berücksichtigen sind ausdrücklich auch Anreize zu netzentlastender Energieeinspeisung und netzentlastendem Energieverbrauch. So soll eine aktive Rolle der Energieverbraucher am Energiemarkt ermöglicht werden (BT-Drs. 17/6072, 81).

38 Im Zuge der Energierechtsnovelle 2011 wurde die heute in Nr. 4 lit. a enthaltene Ermächtigung eingefügt, dass die Kosten des Netzbetriebes, die zuordenbar durch die Integration von dezentralen Anlagen zur Erzeugung aus erneuerbaren

Energiequellen verursacht werden, – da der Umbau der Energieversorgung im gesamtgesellschaftlichen Interesse liege (BT-Drs. 17/6365, 33) – bundesweit umgelegt werden können.

Nr. 4 lit. b betrifft die mit dem Netzentgeltmodernisierungsgesetz 2017 normierte schrittweise **Einführung eines bundesweiten Übertragungsnetzentgelts** und wird durch weitere, aus § 24 herausgelöste Verordnungsermächtigungen in **§ 24a** (→ § 24a Rn. 1 ff.) ergänzt. 39

Die Verordnungsermächtigungen zur Entgeltregulierung erfuhren durch Nr. 4 lit d im Jahr 2019 mit dem **Gesetz zur Beschleunigung des Energieleitungsausbaus** (BGBl. 2019 I 706) eine weitere Ergänzung. Hierdurch wurde die Grundlage für die Berücksichtigung der Zahlungen der Übertragungsnetzbetreiber an Grundstückseigentümer in den Netzkosten nach § 5a StromNEV geschaffen (BT-Drs 19/7375, 59). 40

8. Regelungen zur Steigerung der Kosteneffizienz von Maßnahmen für Netz- und Systemsicherheit (S. 2 Nr. 4a.). Die mit dem Netzentgeltmodernisierungsgesetz 2017 (BGBl. 2017 I 2503) eingefügte Vorschrift enthält eine Ermächtigung, die sich auf Regelungen zur Steigerung der Kosteneffizienz von Maßnahmen für Netz- und Systemsicherheit der Übertragungsnetzbetreiber nach § 13 bezieht. 41

9. Belastungsausgleich bei § 19 StromNEV-Umlage (S. 2 Nr. 5). Die Ermächtigungsgrundlage zum sog. **Belastungsausgleich nach den Regelungen des KWKG** ergänzt die Ermächtigung zur Regelung der § 19 StromNEV-Umlage (→ Rn. 22). Konkret nimmt die Vorschrift die „§§ 26, 28 und 30 des Kraft-Wärme-Kopplungsgesetzes vom 21. Dezember 2015 (BGBl. I S. 2498), das durch Artikel 14 des Gesetzes vom 29. August 2016 (BGBl. I S. 2034) geändert worden ist" in Bezug. Es handelt sich damit nicht um einen dynamischen Verweis auf das (zwischenzeitlich substanziell geänderte) KWKG, sondern um einen statischen Verweis auf dessen alte Fassung, ergänzt um zusätzliche Maßgaben zum Belastungsausgleich. Der Verordnungsgeber hat dies in § 19 Abs. 2 S. 15 StromNEV umgesetzt. 42

10. Dokumentationspflichten (S. 2 Nr. 6). Auf der Ermächtigung in § 24 S. 2 Nr. 6 beruhen etwa die Dokumentationspflichten der Netzbetreiber nach §§ 28 StromNEV und 28 GasNEV. 43

III. Transaktionsunabhängiger Netzzugang (S. 3)

§ 24 S. 3 hebt die Bedeutung der **Zusammenarbeitspflicht** der Netzbetreiber für ein **transaktionsunabhängiges Netzzugangsmodell** und damit für die Sicherstellung eines wirksamen und unverfälschten Wettbewerbs und die Sicherung eines langfristig angelegten, leistungsfähigen und zuverlässigen Netzbetriebs (§ 24 S. 3 iVm § 1 Abs. 2) hervor. In § 24 S. 3 ist noch von einem „möglichst transaktionsunabhängigen" Modell die Rede. Diese Einschränkung hat sich noch im Gesetzgebungsverfahren erledigt, da in § 20 Abs. 1b S. 1 auch für den Gasnetzzugang ein transaktionsunabhängiges Modell vorgeschrieben wurde. 44

IV. Verringerung des Regelenergieaufwands (S. 4)

§ 24 S. 4 erweitert den materiell-rechtlichen Spielraum des Verordnungsgebers bei Regelungen nach S. 2 Nr. 3. Der Verordnungsgeber darf bezüglich der Zusammenarbeit der ÜNB im Hinblick auf die Beschaffung von Regelenergie und die 45

Verringerung des Aufwands für Regelenergie „weitere Anforderungen" vorsehen. Dies gestattet, über die bislang im Gesetz (§§ 12 Abs. 1 S. 5 sowie 22 Abs. 2) an die Beschaffung der Regelenergie gestellten Anforderungen hinaus zu gehen. Die Abweichungsermächtigung des § 24 S. 4 war gem. § 118 Abs. 2 der Ursprungsfassung des EnWG 2005 erst ab dem 1.10.2007 anzuwenden. Es sollte zunächst der Evaluierungsbericht der Bundesregierung nach § 112 S. 3 Nr. 5 abgewartet werden, in dem die Bedingungen der Beschaffung und des Einsatzes von Ausgleichsenergie darzustellen und ggf. Vorschläge zur Verbesserung des Beschaffungsverfahrens, insbesondere der gemeinsamen, regelzonenübergreifenden Ausschreibung und zu einer möglichen Zusammenarbeit der ÜNB zur weiteren Verringerung des Aufwands für Regelenergie zu machen waren. Nunmehr ist der Spielraum des Verordnungsgebers nochmals dadurch erweitert worden, dass ihm sogar Abweichungen von den Vorgaben des § 22 Abs. 2 S. 1 erlaubt sind. Es können also durch Verordnung auch andere Verfahren als das der Ausschreibung eingeführt werden (vgl. BT-Drs. 17/6072, 81), soweit dies europarechtlich überhaupt noch zulässig ist (→ Rn. 17).

V. Einspeiseentgelte (S. 5)

46 § 24 S. 5 sieht eine weitere materiell-rechtliche Konkretisierung zu den Verordnungsermächtigungen in Nr. 4 (Schrittweiser Abbau der Entgelte für dezentrale Einspeisung) vor. Danach ist eine Regelung möglich, die eine **ergänzende Erhebung von Entgelten für die Einspeisung von Energie** gestattet (Begr. BT-Drs. 15/3917, 61). Nach § 15 Abs. 1 S. 3 StromNEV sind für die Einspeisung elektrischer Energie grundsätzlich keine Netzentgelte zu entrichten (Zur Diskussion im Stromsektor: BNetzA, Bericht zur Netzentgeltsystematik Elektrizität 2015, 30). Regelungen zu Einspeiseentgelten sind europäisch durch die Festlegung von Leitlinien für den Ausgleichsmechanismus zwischen Übertragungsnetzbetreibern und für einen gemeinsamen Regelungsrahmen im Bereich der Übertragungsentgelte (VO (EU)838/2010 Teil B Nr. 3) allerdings rechtliche Grenzen gesetzt. Demgegenüber sieht die GasNEV sowohl Einspeiseentgelte als auch Ausspeiseentgelte vor (§§ 13 Abs. 2, 15 Abs. 1 GasNEV).

47 Die mit dem Netzentgeltmodernisierungsgesetz (BGBl. 2017 I 2503) eingefügte Ergänzung „nach Maßgabe des § 120 EnWG" sowie der letzte Halbsatz dieser Verordnungsermächtigung verweisen unmittelbar auf die sog. vermiedenen Netzentgelte bei dezentraler Einspeisung von Elektrizität und sehen vor, dass – wie in § 18 StromNEV geregelt und durch § 120 EnWG modifiziert (→ § 120 Rn. 9 ff.) – eine Erstattung eingesparter Netzentgelte in den vorgelagerten Netzebenen vorgesehen werden kann (ausf. zu dieser Ermächtigung BerlKommEnergieR/*Bruhn* EnWG § 24 Rn. 41 f.).

§ 24 a Schrittweise Angleichung der Übertragungsnetzentgelte, Bundeszuschüsse; Festlegungskompetenz

(1) **Eine Rechtsverordnung nach § 24 Satz 2 Nummer 4 Buchstabe b zur schrittweisen bundesweit einheitlichen Festlegung der Netzentgelte der Übertragungsnetzbetreiber kann insbesondere**
1. **vorsehen, dass für einen schrittweise steigenden Anteil der Übertragungsnetzkosten ein bundeseinheitlicher Netzentgeltanteil bestimmt**

wird oder ein schrittweise größer werdender prozentualer Aufschlag oder Abschlag auf die Netzentgelte der Übertragungsnetzbetreiber erfolgt, bis ein bundeseinheitliches Übertragungsnetzentgelt erreicht ist,
2. Entlastungsregelungen für die stromkostenintensive Industrie vorsehen, sofern die Voraussetzung des § 118 Absatz 24 nicht eingetreten ist.

(2) ¹Die Übertragungsnetzbetreiber mit Regelzonenverantwortung haben bei der Ermittlung der bundeseinheitlichen Übertragungsnetzgelte, die auf Grundlage der Rechtsverordnung nach § 24 Satz 2 Nummer 4 Buchstabe b erfolgt, für ein nachfolgendes Kalenderjahr rechnerisch einen Bundeszuschuss von dem Gesamtbetrag der in die Ermittlung der bundeseinheitlichen Übertragungsnetzentgelte einfließenden Erlösobergrenzen abzuziehen, sofern
1. das Haushaltsgesetz für das laufende Kalenderjahr eine Verpflichtungsermächtigung zum Zweck der Absenkung der Übertragungsnetzentgelte im nachfolgenden Kalenderjahr enthält oder
2. das Haushaltsgesetz für das nachfolgende Kalenderjahr Haushaltsansätze zur Absenkung der Übertragungsnetzentgelte enthält.

²Sofern im Haushaltsgesetz des Kalenderjahres, das dem Kalenderjahr vorangeht, in dem der Bundeszuschuss erfolgen soll, eine Verpflichtungsermächtigung zum Zweck der Absenkung der Übertragungsnetzentgelte veranschlagt wurde, richtet sich die Höhe des Zuschusses nach dem Betrag, der von der Bundesrepublik Deutschland in einem Bescheid an die Übertragungsnetzbetreiber mit Regelzonenverantwortung festgesetzt worden ist, wenn der Bescheid den Übertragungsnetzbetreibern mit Regelzonenverantwortung spätestens am 30. September des Kalenderjahres, das dem Kalenderjahr vorangeht, in dem der Zuschuss erfolgen soll, bekannt gegeben wird; dabei besteht keine Pflicht zum Erlass eines Bescheides. ³Die Aufteilung der Zahlungen zur Absenkung der Übertragungsnetzentgelte auf die Übertragungsnetzbetreiber mit Regelzonenverantwortung erfolgt entsprechend dem jeweiligen Anteil ihrer Erlösobergrenze an der Summe der Erlösobergrenzen aller Übertragungsnetzbetreiber mit Regelzonenverantwortung. ⁴Zwischen den Übertragungsnetzbetreibern mit Regelzonenverantwortung und der Bundesrepublik Deutschland, vertreten durch das Bundesministerium für Wirtschaft und Klimaschutz, wird vor der Bereitstellung eines Bundeszuschusses zum Zweck der Absenkung der Übertragungsnetzentgelte im Einvernehmen mit dem Bundesministerium der Finanzen ein öffentlich-rechtlicher Vertrag abgeschlossen. ⁵Die Bundesnetzagentur ist berechtigt, durch Festlegung nach § 29 Absatz 1 nähere Vorgaben zur Berücksichtigung des Bundeszuschusses bei der Ermittlung der bundeseinheitlichen Übertragungsnetzentgelte zu machen.

Literatur: *BDEW,* Stellungnahme zum Gesetz zur Reduzierung und zur Beendigung der Kohleverstromung und zur Änderung weiterer Gesetze (Kohleausstiegsgesetz), 2020; *Kommission „Wachstum, Strukturwandel und Beschäftigung",* Abschlussbericht, 2019; *Mohr/Bourazeri,* Ermittlung und bundesweite Verteilung der Übertragungsnetzentgelte nach der Novelle der Stromnetzentgeltverordnung 2018, EnWZ 2018, 297.

§ 24a

A. Allgemeines

I. Inhalt

1 Die Vorschrift konkretisiert in Abs. 1 die Verordnungsermächtigung aus § 24 S. 1 Nr. 1 und S. 2 Nr. 4b (→ § 24 Rn. 39) zur **schrittweisen Bildung bundeseinheitlicher Netzentgelte der Übertragungsnetzbetreiber** (vgl. krit. zur rechtstechnischen Verortung an drei Stellen des Gesetzes Theobald/Kühling/*Missling* EnWG § 24a Rn. 4). Folglich handelt es sich insoweit um eine unselbstständige Verordnungsermächtigung (BerlKommEnergieR/*Bruhn* EnWG § 24a Rn. 1) Die jeweiligen Erlösobergrenzen der Übertragungsnetzbetreiber bleiben dabei jedoch unberührt. Auswirkungen hat das bundeseinheitliche Entgelt damit nachgelagert allein auf die Entgeltbildung aufgrund eines Ausgleichs unter den Übertragungsnetzbetreibern. Hierdurch bleiben die Eigenständigkeit der Übertragungsnetzbetreiber und auch die unternehmensindividuellen regulatorischen Vorgaben im Rahmen der Festlegung der einzelnen Erlösobergrenzen erhalten. In Abs. 2 statuiert die Norm Vorgaben zur **Einbeziehung eines Bundeszuschusses** in diese bundeseinheitlichen Netzentgelte.

II. Zweck

2 Ziel der Ermächtigung in Abs. 1 ist eine **bundesweite Verteilung** der aus der Energiewende resultierenden Lasten, auch zur Vermeidung von Wettbewerbsverzerrungen innerhalb des Bundesgebiets (BR-Drs. 73/17 (B), 4f.). Hintergrund der Einführung bundeseinheitlicher Übertragungsnetzentgelte ist im Ausgangspunkt die Erkenntnis, dass die Energiewende ansonsten finanziell einzelne Regionen benachteiligt, in denen zwar die Bedingungen für Stromerzeugung aus erneuerbaren Energien günstig sind, die aber nicht über ausreichend Lastabnahme verfügen, um den aus erneuerbaren Energien erzeugten Strom erzeugungsnah zu verbrauchen (BR-Drs. 73/17 (B), 4). Konsequenz daraus sind mangels ausreichenden Netzausbaus kostspielige Maßnahmen des Engpassmanagements durch die Übertragungsnetzbetreiber, namentlich Redispatch und Einspeisemanagement (BerlKommEnergieR/*Mohr* StromNEV § 14a Rn. 1), die aber nicht alle vier Übertragungsnetzbetreiber mit Regelzonenverantwortung (50 Hertz Transmission GmbH, TenneT TSO GmbH, Amprion GmbH und TransnetBW GmbH) gleichermaßen betreffen. Einem solchen Auseinanderfallen der Belastungen, die in einer Manifestierung und Ausweitung von Netzentgeltunterschieden münden (hierzu NK-EnWG/*Winkler* § 24a Rn. 1) soll ein schrittweise einheitliches Übertragungsnetzentgelt entgegenwirken. Hinzu tritt bezogen auf die Übertragungsnetze die Erkenntnis, dass Bau und Betrieb des Übertragungsnetzes zunehmend bundeseinheitlich und gemeinsam erfolgen. So erfolgt zB die Netzentwicklung gem. §§ 12aff. gemeinsam, die Regelenergie (→ § 22 Rn. 51) regelzonenübergreifend bewirtschaftet und auch der Redispatch einheitlich geplant.

3 Der heutige Abs. 1 wurde im Jahr 2017 mit dem **Netzentgeltmodernisierungsgesetz** (BGBl. 2017 I S. 2503) in das EnWG aufgenommen (zur wechselvollen Entstehungsgeschichte NK-EnWG/*Winkler* § 24a Rn. 3f.; Theobald/Kühling/*Missling* EnWG § 24a Rn. 2f.). Die Verordnungsermächtigung wurde im Folgejahr durch die Verordnung zur schrittweisen Einführung bundeseinheitlicher Übertragungsnetzentgelte (BGBl. 2017 I S. 865) umgesetzt und in das Normgefüge der

StromNEV überführt, insbesondere durch Erlass der §§ 14a bis 14d, 32a StromNEV. Zieldatum des vollständigen Übergangs zur Vereinheitlichung ist der **1.1.2023.**

Der ursprünglich mit dem **Kohleausstiegsgesetz** vom 8.8.2020 (BGBl. 2020 I S. 1818) neu geschaffene Abs. 2 wurde durch die **Klimaschutz-Sofortprogramm-Novelle** des Jahres 2022 grundlegend neu gefasst. Zweck der Regelung zur Einbeziehung eines Bundeszuschusses in die ab dem Jahr 2023 vollendeten bundeseinheitlichen Übertragungsnetzentgelte ist eine Netzentgeltminderung unter **Rückgriff auf Mittel des Bundeshaushalts** (BT-Drs. 19/17342, 152f.). Dies soll zu einer gleichmäßigen Entlastung aller an die Übertragungsnetze angeschlossenen Kunden, also nachgelagerter Stromnetze und einzelner Großkunden, führen (BT-Drs. 19/17342, 153). Die Vorschrift geht zurück auf die energiepolitischen Empfehlungen im Bericht der **Kommission WSB** (vgl. Kommission „Wachstum, Strukturwandel und Beschäftigung", Abschlussbericht, S. 66). Danach sei ein Ausgleich zu schaffen, der Unternehmen und private Haushalte von einem durch die Reduzierung und Beendigung der Kohleverstromung befürchteten Strompreisanstieg entlastet. Erstmals soll so ein netzentgeltdämpfender Mechanismus implementiert werden, der unmittelbar auf staatlichen Finanzierungsmitteln fußt. Dies hat der Gesetzgeber im Kohleausstiegsgesetz aufgegriffen. Die Einführung eines Bundeszuschusses stellt ein **energiepolitisches Novum** dar, da die Netzentgelte bis dato nicht unmittelbar durch staatliche Zuschüsse gesteuert worden sind. Aufgrund der durch den Kohleausstieg befürchteten Preissteigerungen wird dieses Instrument als erforderlich angesehen mit der Zielrichtung auch der Akzeptanzsteigerung (BDEW, Stellungnahme zum Kohleausstiegsgesetz, S. 15). Der ursprüngliche Abs. 2 sah hierfür noch eine weitreichende Verordnungsermächtigung vor, die jedoch bis zum Jahr 2022 noch nicht in der StromNEV umgesetzt worden war. Aufgrund des Urteils des EuGH vom 2.9.2021 – C-718/18 (hierzu → § 54 Rn. 5) zur Unabhängigkeit der Regulierungsbehörde und dem Umstand, dass die StromNEV nach Tätigwerden des Gesetzgebers zur Umsetzung dieser EuGH-Entscheidung in ihrem Bestand betroffen sein wird, wurde eine Gesetzesänderung erforderlich. Diese erfolgte mit der **Klimaschutz-Sofortprogramm-Novelle** (vgl. BT-Drs. 20/2402, 16f., 44). Vor dem Hintergrund, dass die Regelung dem Haushaltsrecht des Bundes und nicht der von der Elt-RL 19 umfassten Regulierungsmaterie zuzuordnen ist, dürfte eine gesetzliche Regelung des Bundeszuschusses zulässig sein.

B. Einzelerläuterungen

I. Schrittweise Angleichung der Übertragungsnetzentgelte (Abs. 1)

1. Regelbeispiele. Abs. 1 konkretisiert die Verordnungsermächtigung in § 24 zur schrittweisen Angleichung der Übertragungsnetzentgelte (→ Rn. 1; → § 24 Rn. 39), indem sie regelt, welchen Inhalt eine solche Verordnung insbesondere haben kann. Letztlich handelt es sich bei der Aufzählung in Nr. 1 und Nr. 2 um Beispiele, die das aus § 24 S. 2 Nr. 4b) folgende, relativ weite Ermessen des Verordnungsgebers leiten. Hierbei geht es zum einen um die Übergangsschritte bis zur vollständigen Angleichung (Nr. 1), zum anderen um Entlastungsregelungen für die stromkostenintensive Industrie (Nr. 2). Der Wortlaut („kann" und „insbesondere") zeigt, dass der Verordnungsgeber von diesen Beispielen auch abweichen könnte bzw. insbesondere **zusätzliche Regelungen treffen kann.** Diese müssen wiederum den Vorgaben des § § 24 S. 2 Nr. 4b) entsprechen.

6   2. Übergangsschritte bis zur vollständigen Angleichung (Nr. 1). Abs. 1 Nr. 1 benennt zwei Möglichkeiten, wie ein Übergang hin zu einem bundeseinheitlichen Entgelt der Übertragungsnetzbetreiber vom **1.1.2019 bis zum 1.1.2023** (vgl. § 24 S. 2 Nr. 4b)) umgesetzt werden kann. Die erste Alternative beschreibt die Bestimmung eines **schrittweise steigenden Anteils der Netzkosten** der Übertragungsnetzbetreiber, bis ein bundeseinheitliches Entgelt erreicht ist. Diese Alternative hat der Verordnungsgeber für seine Umsetzung in den §§ 14a ff. StromNEV gewählt (→ Rn. 10). Die Angleichung der ÜNB Entgelte ist zum 1.1.2023 de facto abgeschlossen und es wird erstmals ein vollständig einheitliches Entgelt für die von den ÜNB betriebenen Netzebenen gebildet.

7   Demgegenüber sieht die zweite Alternative der Nr. 1 einen **schrittweise größer werdenden Aufschlag oder Abschlag auf die Netzentgelte** der Übertragungsnetzbetreiber vor, wiederum bis ein bundeseinheitliches Entgelt erreicht ist. Diese Möglichkeit ist in der StromNEV nicht zur Anwendung gelangt.

8   3. Entlastungsregelungen für die stromkostenintensive Industrie (Nr. 2). Im Zuge der Einführung bundeseinheitlicher Übertragungsnetzentgelte können nach Abs. 1 Nr. 2 darüber hinaus Entlastungsregelungen für die stromkostenintensive Industrie vorgesehen werden. Dies gilt jedoch nur, sofern die Voraussetzung des **§ 118 Abs. 24** nicht eingetreten ist. § 118 Abs. 24 bestimmt, dass § 17f Abs. 5 S. 2 (also der Belastungsausgleich aufgrund von Entschädigungen bei Störungen oder Verzögerung der Anbindung von Offshore-Anlagen sowie iVm § 17d Abs. 1 und 6 die Kosten der Anbindungsleitungen insgesamt) erst nach der beihilferechtlichen Genehmigung durch die Europäische Kommission und für die Dauer der Genehmigung angewendet werden darf. Nur wenn dieser Belastungsausgleich nicht eingreifen würde, könnten im Zusammenhang mit der Einführung bundeseinheitlicher Übertragungsnetzentgelte Entlastungsregelungen für die stromkostenintensive Industrie vorgesehen werden (vgl. die Begriffsdefinition in § 2 Nr. 28 KWKG, wonach es sich dabei um Unternehmen oder selbstständige Unternehmensteile handelt, für die das Bundesamt für Wirtschaft und Ausfuhrkontrolle abnahmestellenbezogen die EEG-Umlage für Strom, der selbst verbraucht wird, für das jeweilige Kalenderjahr begrenzt hat). Da die EU-Kommission die beihilfenrechtliche Genehmigung in der Zwischenzeit erteilt hat, geht die Regelung gegenwärtig ins Leere.

9   4. Umsetzung in der StromNEV. Die konkrete verordnungsrechtliche Umsetzung an mehreren Stellen der StromNEV erfolgte durch die Verordnung zur schrittweisen Einführung bundeseinheitlicher Übertragungsnetzentgelte (BR-Drs. 145/18 v. 8.6.2018). § 3 Abs. 3 StromNEV fasst insoweit prägnant zusammen:

> *„Mit Wirkung zum 1. Januar 2023 bestimmen die Betreiber von Übertragungsnetzen mit Regelzonenverantwortung jeweils ein bundeseinheitliches Netzentgelt nach Abschnitt 2a für die Netzebene Höchstspannungsnetz und die Umspannebene von Höchst- zu Hochspannung. Hierfür verwenden sie jeweils eine bundeseinheitliche Gleichzeitigkeitsfunktion nach § 16 Absatz 2 Satz 2. Vom 1. Januar 2019 bis zum 31. Dezember 2022 erfolgt die Bestimmung nach Satz 1 nach Maßgabe des § 32a."*

10   Der zentrale, neu eingefügte **Abschnitt 2a der StromNEV** (hierzu ausf. *Mohr/Bourazeri* EnWZ 2018, 297 (300ff.)) sieht unter der Überschrift „Bundeseinheitliche Übertragungsnetzentgelte" einige durchaus komplexe Spezialregelungen vor, so zur Bildung und Ermittlung dieser Entgelte (§§ 14a und 14b StromNEV), zum Ausgleich von Mehr- und Mindereinnahmen der Übertragungsnetzbetreiber (§ 14c StromNEV) und zum Datenaustausch (§ 14d StromNEV). § 14a StromNEV bestimmt neben dem Grundsatz (S. 1) die Ausnahmen (S. 2) von der **Bildung einheitlicher Entgelte.** Dies bezieht sich einerseits auf die Entgelte für den **Messstellenbetrieb** (§ 17 Abs. 7 StromNEV), andererseits auf die **Entgelte für singulär genutzte Betriebsmittel** nach § 19 Abs. 3 StromNEV. Diese Anteile werden dementsprechend gem. § 14b Abs. 2 S. 2 StromNEV bei der Ermittlung der bundeseinheitlichen Entgelte aus den als Grundlage dienenden Erlösobergrenzen in Abzug gebracht. § 14b Abs. 2 StromNEV betrifft sodann die Bildung von gemeinsamen Kostenträgern. Die bundeseinheitlichen Übertragungsnetzentgelte sind schließlich gem. § 14b Abs. 3 StromNEV zusammengesetzt aus dem gemeinsamen Kostenträger sowie einer bundeseinheitlichen Gleichzeitigkeitsfunktion (§ 16 Abs. 2 S. 2 iVm Anlage 4 StromNEV).

Gem. § 14c Abs. 1 StromNEV gleichen die Übertragungsnetzbetreiber die **Mehr- oder Mindereinnahmen,** die sich aufgrund des bundeseinheitlichen Übertragungsnetzentgelts gegenüber ihren der Vereinheitlichung zugrunde liegenden individuell genehmigten und angepassten Erlösobergrenzen ergeben, untereinander aus. Hierdurch sollen die Einnahmen aus Netzentgelten bei jedem Übertragungsnetzbetreiber im Ergebnis in der Höhe verbleiben, die sich für das jeweilige Kalenderjahr aus der Erlösobergrenze ergibt (BR-Drs. 145/18, 10). Weitere Einzelheiten regeln die folgenden Abs. 2 und 3 (zum diesbezüglichen Zusammenspiel mit dem Regulierungskonto *Mohr/Bourazeri* EnWZ 2018, 297 (305)). 11

Den Übergangszeitraum im Sinne einer schrittweisen Einführung der bundeseinheitlichen Übertragungsnetzentgelte regelt § 32a StromNEV. So erfolgt die Vereinheitlichung in fünf Stufen von jeweils 20 Prozent von 2019 bis 2023 (§ 32a Abs. 2 S. 1 und 2 StromNEV). Dies wird durch weitere Details zur praktischen Umsetzung ergänzt. 12

II. Bundeszuschüsse (Abs. 2)

Im Gegensatz zur bisherigen Norm, die als Verordnungsermächtigung ausgestaltet war (→ Rn. 4), enthält die Vorschrift zum Bundeszuschuss nunmehr gesetzesunmittelbare Regelungen, die **im Wesentlichen haushaltsrechtlicher Natur** sind (S. 1, 2 und 4). Zur konkreten regulatorischen Umsetzung des Bundeszuschusses werden nur wenige Details normiert (S. 3). Flankiert wird die Regelung durch eine Festlegungsermächtigung für die BNetzA (S. 5). 13

Der Bundeszuschuss ist nach S. 1 so ausgestaltet, dass er **mindernd bei den in die Ermittlung der bundeseinheitlichen Übertragungsnetzentgelte einfließenden Erlösobergrenzen zu berücksichtigen** ist; Vorgaben zur konkreten Höhe des Zuschusses enthält die Norm nicht (BT-Drs. 20/2402, 44). Die Gesetzesbegründung zum Kohleausstiegsgesetz sprach plakativ von einer **„Netzentgeltbremse"** (BT-Drs. 19/17342, 153). Die Kommission WSB kalkuliert hinsichtlich der erforderlichen Gesamtgrößenordnung mit mindestens zwei Mrd. EUR pro Jahr (Kommission „Wachstum, Strukturwandel und Beschäftigung", Abschlussbericht, S. 66). Auf den noch in der Vorgängerregelung enthaltenen Begriff des „angemessenen" Zuschusses wurde jedoch nunmehr verzichtet. Gleichwohl ist davon auszugehen, dass nur ein letztlich spürbarer Zuschuss sinnvoll erscheint, der eine echte netzentgeltsenkende Wirkung entfaltet. Auch die Entscheidung, ab wann ein Bun- 14

§ 25 Teil 3. Regulierung des Netzbetriebs

deszuschuss eingeführt wird, obliegt dem Haushaltsgesetzgeber und wird nicht durch das EnWG vorgegeben. In den S. 1 und 2 wird somit lediglich beschrieben, wann ein Zuschuss „greift". Hierfür sieht die Norm zwei Optionen vor:
– **Option 1:** eine sog. Verpflichtungsermächtigung für das nachfolgende Kalenderjahr im Haushaltsgesetz des laufenden Kalenderjahres (Sa. 1 Nr. 1, iVm. S. 2)
– **Option 2:** unmittelbare Haushaltsansätze für das nachfolgende Kalenderjahr (S. 1 Nr. 2)

Die Umsetzung des Bundeszuschusses wird nach S. 3 zusätzlich durch einen **öffentlich-rechtlichen Vertrag** begleitet, der ausweislich der Gesetzesbegründung (BT-Drs. 20/2402, 44) der Vereinbarung von „**technischen Details**" dient. Vertragsparteien sind die Übertragungsnetzbetreiber mit Regelzonenverantwortung und das BMWK im Einvernehmen mit dem BMF.

15 Der **Aufteilungsmaßstab** für die Übertragungsnetzbetreiber zur Umsetzung des Bundeszuschusses wird in S. 3 normiert. Danach erfolgt die Aufteilung entsprechend dem jeweiligen **Anteil der Erlösobergrenze** des einzelnen Übertragungsnetzbetreibers an der Summe der Erlösobergrenzen aller Übertragungsnetzbetreiber mit Regelzonenverantwortung. Ziel dieser Regelung ist, dass zusätzliche Ausgleichszahlungen größeren Ausmaßes zwischen den beteiligten Netzbetreibern verhindert werden sollen (BT-Drs. 20/2402, 44). Sollte ein Bedürfnis für Detailregelungen zur regulatorischen Umsetzung des Bundeszuschusses entstehen, hält S. 5 eine **Festlegungskompetenz** für die BNetzA bereit. Diese bezieht sich auf „nähere Vorgaben zur Berücksichtigung des Bundeszuschusses bei der Ermittlung der bundeseinheitlichen Übertragungsnetzentgelte" und ist dem Urteil des EuGH v. 2. 9. 2021 -C-718/18 entsprechend weitgehend. So wird die gesetzliche Implementierung des Zuschusses mit weitreichenden Kompetenzen und Handlungsformen der Regulierungsbehörde in Bezug auf die Netzentgelte in Einklang gebracht.

§ 25 Ausnahmen vom Zugang zu den Gasversorgungsnetzen im Zusammenhang mit unbedingten Zahlungsverpflichtungen

[1]**Die Gewährung des Zugangs zu den Gasversorgungsnetzen ist im Sinne des § 20 Abs. 2 insbesondere dann nicht zumutbar, wenn einem Gasversorgungsunternehmen wegen seiner im Rahmen von Gaslieferverträgen eingegangenen unbedingten Zahlungsverpflichtungen ernsthafte wirtschaftliche und finanzielle Schwierigkeiten entstehen würden.** [2]**Auf Antrag des betroffenen Gasversorgungsunternehmens entscheidet die Regulierungsbehörde, ob die vom Antragsteller nachzuweisenden Voraussetzungen des Satzes 1 vorliegen.** [3]**Die Prüfung richtet sich nach Artikel 48 der Richtlinie 2009/73/EG (ABl. L 211 vom 14. 8. 2009, S. 94).** [4]**Das Bundesministerium für Wirtschaft und Energie wird ermächtigt, durch Rechtsverordnung, die nicht der Zustimmung des Bundesrates bedarf, die bei der Prüfung nach Artikel 48 der Richtlinie 2009/73/EG anzuwendenden Verfahrensregeln festzulegen.** [5]**In der Rechtsverordnung nach Satz 4 kann vorgesehen werden, dass eine Entscheidung der Regulierungsbehörde, auch abweichend von den Vorschriften dieses Gesetzes, ergehen kann, soweit dies in einer Entscheidung der Kommission der Europäischen Gemeinschaften vorgesehen ist.**

Ausnahmen vom Zugang zu den Gasversorgungsnetzen §25

Übersicht

	Rn.
A. Allgemeines	1
I. Inhalt und Zweck	1
II. Europarechtliche Vorgaben	2
III. Entstehungsgeschichte	3
B. Unzumutbarkeit der Zugangsgewährung	4
I. Überblick	4
II. Unbedingte Zahlungsverpflichtungen aus Gaslieferverträgen	5
III. Gefahr ernsthafter wirtschaftlicher und finanzieller Schwierigkeiten	7
C. Entscheidung der Regulierungsbehörde	9
I. Verfahren	9
II. Ermessensausübung	12
1. Überblick	12
2. Interessen der Beteiligten	13
3. Wettbewerbsrechtliche und gaswirtschaftliche Kriterien	16
D. Verordnungsermächtigung und EU-Beteiligungsverfahren	17
E. Rechtsschutz	19

Literatur: *Baur,* Energielieferverträge unter europäischem Kartellrecht, RdE 2001, 81; *Büdenbender,* Grundfragen des energierechtlichen Netzzugangs in der Gaswirtschaft nach der Gasnovelle (§ 6a EnWG), RdE 2001, 165; *Büttner/Däuper,* Analyse typischer Klauseln in Gaslieferverträgen, ZNER 2001, 210; *Ehricke/Pellmann,* Zur EG-kartellrechtlichen Bewertung der Unzulässigkeitskriterien langfristiger Gaslieferungsverträge, WuW 2005, 1104; *Markert,* Langfristige Bezugsbindungen für Strom und Gas nach deutschem und europäischem Kartellrecht, EuZW 2000, 427; *Markert,* Langfristige Energiebezugsbindungen als Kartellrechtsverstoß, WRP 2003, 356; *Säcker/Jaecks,* Langfristige Energielieferverträge und Wettbewerbsrecht, 2002; *Schnichels,* Marktabschottung durch langfristige Gaslieferverträge, EuZW 2003, 171; *Schöler,* Langfristige Gaslieferverträge, 2006.

A. Allgemeines

I. Inhalt und Zweck

Die Vorschrift normiert die materiellen und prozeduralen Voraussetzungen für 1 einen speziellen Fall der Unzumutbarkeit iSd § 20 Abs. 2, wenn der Zugang zu Gasversorgungsnetzen begehrt wird. Ziel ist es, Gasversorgungsunternehmen vor wirtschaftlichen und finanziellen Schwierigkeiten zu schützen. Diese können entstehen, wenn ein Unternehmen aufgrund neuer Wettbewerber seine durch unbedingte Zahlungsverpflichtungen sanktionierten Mindestbezugsmengen nicht mehr am Markt absetzen kann. Durch die Regelung soll der Bedeutung **langfristiger Lieferverträge** in der Gaswirtschaft Rechnung getragen werden, die typischerweise solche Verpflichtungen vorsehen. Um eine übermäßige Inanspruchnahme dieses Verweigerungsgrunds zu verhindern, unterliegt die Ausübung des Zugangsverweigerungsrechts einer besonderen Kontrolle durch die Regulierungsbehörde.

II. Europarechtliche Vorgaben

2 Den materiellen und prozeduralen Rahmen für die Gewährung von Ausnahmen aufgrund unbedingter Zahlungsverpflichtungen gibt Art. 48 Gas-RL 09 (Art. 27 Gas-RL 03) detailliert vor (zur Entstehungsgeschichte vgl. BerlKommEnergieR/ *Rapp-Jung*, 3. Aufl. 2015, EnWG § 25 Rn. 10ff.). Wie bei Art. 36 Gas-RL 09 unterliegt die mitgliedstaatliche Entscheidung einem **europäischen Kontrollverfahren**. Diese Einbindung der Kommission in den Entscheidungsprozess ist mit dem Subsidiaritätsprinzip vereinbar. Im Anwendungsbereich des Art. 48 Gas-RL 09 bestehen erhebliche Überschneidungen mit dem europäischen Wettbewerbsrecht. Die Beteiligung der Kommission dient daher der Kohärenz und der Verfahrensökonomie. Art. 48 Gas-RL 09 hat Übergangscharakter (BerlKommEnergieR/*Thole* EnWG § 25 Rn. 9). Dies ergibt sich aus seiner Stellung als Teil der Schlussvorschriften und aus der Berichtspflicht der Kommission nach Art. 48 Abs. 6 Gas-RL 09. Bemerkenswert ist, dass diese Ausnahmevorschrift in der Praxis bisher noch keine Anwendung gefunden hat. Nachdem dies zunächst auch in dem sich nur langsam entwickelnden Wettbewerb auf dem Gasmarkt begründet lag, **kann die Vorschrift mittlerweile als erledigt angesehen werden** und sollte nicht zuletzt aus Transparenzgründen gestrichen werden (Theobald/Kühling/*Däuper* EnWG § 25 Rn. 1).

III. Entstehungsgeschichte

3 § 25 entspricht materiell § 6a Abs. 3 EnWG 2003. Bei der Bestimmung der für die Ausnahmeentscheidung zuständigen Behörde wurde der Einrichtung der Regulierungsbehörde Rechnung getragen. Die Verordnungsermächtigung für Verfahrensfragen war bisher in § 6a Abs. 4 S. 1 EnWG 2003 enthalten. Entfallen ist das Zustimmungserfordernis des Bundesrates. Nicht aufgenommen wurde die Anregung des Bundesrates, der eine ausdrückliche Befristung der Ausnahme gefordert hatte (BT-Drs. 15/3917, 89). § 25 S. 5 geht zurück auf die Empfehlung des Ausschusses für Wirtschaft und Arbeit (BT-Drs. 15/5268, 40). Im Rahmen der Umsetzung der Gas-RL 09 sind lediglich die Verweisungen angepasst worden.

B. Unzumutbarkeit der Zugangsgewährung

I. Überblick

4 § 25 ermöglicht eine **Zugangsverweigerung** trotz vorhandener Kapazitäten, wenn einem Gasversorgungsunternehmen, das im Rahmen seiner Gaslieferungsverträge unbedingte Zahlungsverpflichtungen eingegangen ist, durch die Belieferung von Kunden durch einen Wettbewerber **ernsthafte wirtschaftliche und finanzielle Schwierigkeiten** entstehen würden. Wie die Formulierung im Konjunktiv verdeutlicht, müssen diese Schwierigkeiten noch nicht eingetreten sein. Ausreichend ist das Bestehen einer **konkreten Gefahr.** Der Anwendungsbereich des § 25 ist nicht ausdrücklich auf Importverträge bzw. die Fernleitungsebene beschränkt (*Büdenbender* RdE 2001, 165 (169f.); Danner/Theobald/*Neveling*, 64. EL 2009, Eur. Energierecht Rn. 487). Die Anwendung auf die überkommenen langfristigen Gasbezugsverträge der Weiterverteiler dürfte gleichwohl regelmäßig daran scheitern, dass diese aus kartellrechtlichen Gründen unwirksam sind (→ Rn. 6; zur Wirksamkeit von Importverträgen vgl. *Schöler* Gaslieferverträge S. 123, 131–155). Auf Speicheranlagen findet § 25 keine Anwendung, da die Zugangsverweigerung

insoweit in § 28 Abs. 2 geregelt ist (BerlKommEnergieR/*Rapp-Jung*, 3. Aufl. 2015, EnWG § 25 Rn. 31). Die Vorschrift ist **restriktiv** anzuwenden (BerlKommEnergieR/*Rapp-Jung*, 3. Aufl. 2015, EnWG § 25 Rn. 6), um das Ziel, einen funktionierenden Wettbewerb auf dem Gasmarkt zu etablieren, nicht zu gefährden und das Prinzip der Nichtdiskriminierung nicht übermäßig einzuschränken.

II. Unbedingte Zahlungsverpflichtungen aus Gaslieferverträgen

Verträge mit unbedingten Zahlungsverpflichtungen verpflichten den Abnehmer 5
zur Bezahlung einer bestimmten Mindestmenge (oftmals Prozent der vereinbarten Liefermenge), unabhängig davon, ob er diese selbst am Markt absetzen kann **(Take-or-Pay-Klausel)**. Oftmals enthalten die Verträge die Möglichkeit, überschüssige Mengen aus den Vorjahren anrechnen zu lassen oder etwaigen Minderbezug in nachfolgenden Jahren auszugleichen.

Die unbedingte Zahlungsverpflichtung muss sich aus einem **wirksamen** Gaslie- 6
fervertrag ergeben. Die vor der Liberalisierung abgeschlossenen **langfristigen Lieferverträge** der Ferngasgesellschaften mit Weiterverteilern verstoßen in der Regel gegen Art. 81 EG und § 1 GWB sowie Art. 82 EG und §§ 19, 20 GWB (BKartA Beschl. v. 13.1.2006 – B8–113/03, WuW/E DE-V 1147, bestätigt durch BGHZ 180, 323 = NJW-RR 2009, 1635, zuvor OLG Düsseldorf Beschl. v. 20.6.2006 – VI-2 Kart 1/06 (V), WuW/E DE-R 1757 und Beschl. v. 4.10.2007 – VI-2 Kart 1/06 (V), WuW/E DE-R 2197; OLG Stuttgart 21.3.2002 – 2 U 136/01, RdE 2002, 182; OLG Düsseldorf Urt. v. 7.11.2001 – U (Kart) 31/00, RdE 2002, 44). Sie enthalten typischerweise Verpflichtungen, einen überwiegenden Teil (oft 80 Prozent oder mehr) des Gesamtbedarfs bei einem Lieferanten zu decken. Dadurch entfalten sie eine marktabschottende Wirkung. Die von den Ferngasgesellschaften ihrerseits gegenüber den Produzenten eingegangen unbedingten Zahlungsverpflichtungen können dies regelmäßig nicht rechtfertigen (*Schnichels* EuZW 2003, 171 (174); *Schöler Gaslieferverträge* S. 186 f.; krit. *Ehricke/Pellmann* WuW 2005, 1104 (1114 f.)).

III. Gefahr ernsthafter wirtschaftlicher und finanzieller Schwierigkeiten

Drohende Schwierigkeiten Aufgrund von unbedingten Zahlungsverpflichtun- 7
gen sind stets wirtschaftlicher und finanzieller Art. Sie sind **ernsthaft,** wenn sie so gewichtig sind, dass sie die Wettbewerbsfähigkeit des Unternehmens und damit seine wirtschaftliche Tätigkeit auf dem Gasmarkt konkret gefährden. Nicht notwendig ist hingegen eine unmittelbare Insolvenzgefährdung (*Büdenbender* RdE 2001, 165 (171)). Nicht ausreichend ist demgegenüber eine Verschlechterung der bisherigen Marge, auch wenn sie erheblich ist. Die Schwierigkeiten müssen sich auf das Gasversorgungsunternehmen als Ganzes beziehen. Bestehen mehrere Verträge, reicht es daher nicht aus, wenn einer dieser Verträge unwirtschaftlich ist (*Büdenbender* RdE 2001, 165 (170); Danner/Theobald/*Neveling* 64. EL 2009, Eur. Energierecht Rn. 489; BerlKommEnergieR/*Rapp-Jung*, 3. Aufl. 2015, EnWG § 6a Rn. 90, aA *v. Burchard/Riemer* et 1998, 782 (783)).

Die Schwierigkeiten müssen auf der unbedingten Zahlungsverpflichtung beru- 8
hen. Daran fehlt es insbesondere, wenn der Erdgasabsatz des betroffenen Unternehmens nicht unter die vereinbarte Mindestabnahmemenge sinkt. Hat ein Unternehmen mehrere Verträge mit Take-or-Pay-Verpflichtungen abgeschlossen, bildet

insoweit grundsätzlich die Summe der Mindestabnahmemengen den Bezugspunkt. § 25 kann daher nicht eine umfassende Zugangsverweigerung rechtfertigen. Möglich ist dies nur für Mengen, durch deren Nichtabsatz die Mindestabnahmemenge erheblich unterschritten würde. Keine ernsthaften Schwierigkeiten liegen weiterhin vor, wenn der Gasliefervertrag **angepasst** werden kann oder **Absatzalternativen** gefunden werden können (§ 25 S. 3 iVm Art. 48 Abs. 3 S. 3 Gas-RL 09). Absatzalternativen sind prinzipiell europaweit zu suchen, soweit hierfür Transportmöglichkeiten zur Verfügung stehen (ebenso Theobald/Kühling/*Däuper* EnWG § 25 Rn. 18). Bei vor Inkrafttreten der Gas-RL 03 am 4.8.2003 geschlossenen Verträgen müssen die Absatzalternativen wirtschaftlich tragfähig sein.

C. Entscheidung der Regulierungsbehörde

I. Verfahren

9   Über das Vorliegen der Voraussetzungen des in § 25 S. 1 normierten Zugangsverweigerungsrechts wird in jedem Fall durch die Regulierungsbehörde entschieden. Wie sich aus Art. 48 Abs. 1 Gas-RL 09 eindeutig ergibt, hat das Unternehmen **kein Wahlrecht,** ob es den Antrag nach § 25 S. 2 stellt oder nicht. Die Ausübung des Zugangsverweigerungsrechts bedarf daher der Genehmigung. Ein entsprechender Antrag ist von dem **betroffenen** Gasversorgungsunternehmen zu stellen. Diese Formulierung ist unklar, da ihr noch das Bild des nicht entflochtenen Unternehmens zugrunde liegt (BerlKommEnergieR/*Thole* § 25 Rn. 25). Von den wirtschaftlichen Schwierigkeiten kann nach der Entflechtung nur die Vertriebsgesellschaft betroffen sein. Nur der Netzbetreiber kann aber die Zugangsverweigerung vornehmen. Daraus folgt nicht, dass die Vertriebsgesellschaft den Antrag nicht allein stellen könnte (aA *Däuper* in Theobald/Kühling/*Däuper* EnWG § 25 Rn. 20). Aus Gründen der Verfahrensökonomie sollte der Antrag von beiden Unternehmen gemeinsam gestellt werden.

10   Nach § 49 Abs. 1 S. 1 GasNZV ist der Antrag in der Regel bis zum Juni eines Jahres zu stellen. Die Vorschrift soll eine Entscheidung vor Beginn des jeweils nächsten Gaswirtschaftsjahres ermöglichen. Diese unpräzise Zeitbestimmung ist aus rechtsstaatlichen Gründen so auszulegen, dass eine Antragstellung bis Ende Juni ausreicht (*Stumpf/Gabler* NJW 2005, 3174 (3176); aA *Koenig/Kühling/Ritter* EG-BeihilfenR-HdB S. 76). Ein späterer Antrag ist nur zulässig, wenn zumindest eine der Voraussetzungen der Zugangsverweigerung erst nach diesem Zeitpunkt entstanden ist. Der Netzzugang kann bereits vor der Befreiungsentscheidung der Regulierungsbehörde verweigert werden, soweit die Voraussetzungen vorliegen. Art. 48 Abs. 1 Gas-RL 09 verlangt lediglich, dass das Genehmigungsverfahren unverzüglich nach der Zugangsverweigerung eingeleitet wird. Der Netzbetreiber trägt dann das Risiko einer ablehnenden Entscheidung der Regulierungsbehörde. Praktisch relevant wird dies regelmäßig nur in Fällen eines zulässigerweise verspäteten Antrags sein.

11   Die **Darlegungs- und Beweislast** für das Vorliegen der Voraussetzungen von S. 1 liegt beim Antragsteller (§ 25 S. 2). Er muss bereits bei der Antragstellung alle für die Prüfung erforderlichen Angaben machen (§ 49 Abs. 1 S. 3 GasNZV). Die **Zusammenarbeit** der Regulierungsbehörde mit dem **BKartA** regelt § 58 Abs. 1 (→ § 58 Rn. 8).

Ausnahmen vom Zugang zu den Gasversorgungsnetzen §25

II. Ermessensausübung

1. Überblick. Der Wortlaut von § 25 S. 2 könnte so verstanden werden, dass die 12
Regulierungsbehörde verpflichtet ist, die Zugangsverweigerung zu billigen, wenn
die Voraussetzungen des § 25 S. 1 vorliegen. Allerdings ergibt sich aus § 25 S. 3 iVm
Art. 48 Abs. 1 S. 6 Gas-RL 09, dass es sich um eine Ermessensentscheidung handelt.
Bei dieser sind die in Art. 48 Abs. 3 Gas-RL 09 aufgeführten Kriterien zu berücksichtigen. Anhand dieser erfolgt eine Abwägung zwischen der Ernsthaftigkeit der
Schwierigkeiten und den einer Ausnahme entgegenstehenden Interessen. Dabei ist
die Ausnahme nach dem Grundsatz der Verhältnismäßigkeit hinsichtlich der betroffenen Kapazitäten und der Dauer zu begrenzen.

2. Interessen der Beteiligten. Neben den wirtschaftlichen Schwierigkeiten 13
des durch die unbedingte Zahlungsverpflichtung gebundenen Gasversorgungsunternehmens sind auch die Auswirkungen auf die Endverbraucher in die Ermessensausübung einzubeziehen (Art. 48 Abs. 3 lit. d Gas-RL 09). Diese sind dann betroffen, wenn sie durch die Zugangsverweigerung nicht von einem günstigeren
Lieferanten mit Erdgas beliefert werden können. Überschreiten die Schwierigkeiten des Gasversorgungsunternehmens die Schwelle der Ernsthaftigkeit, beeinflusst
ihre Schwere im Rahmen der Ermessensausübung den zeitlichen und kapazitären
Umfang der zulässigen Zugangsverweigerung. Gleiches gilt für die **Bedingungen der Verträge** (Art. 48 Abs. 3 lit. e Gas-RL 09), wenn diese zB eine Ausgleichsmöglichkeit mit überschüssigen Mengen aus anderen Jahren enthalten oder
eine Mengenanpassung vorsehen. Ebenso zu berücksichtigen ist, welche **Anstrengungen zur Lösung des Problems** unternommen worden sind (Art. 48 Abs. 3
lit. f Gas-RL 09). Dies bezieht sich insbesondere auf Bemühungen, alternative Absatzmöglichkeiten zu finden oder den Vertrag in Verhandlungen anzupassen.

Ein besonders gewichtiger Faktor ist der **Zeitpunkt** des Vertragsschlusses und 14
die damit verbundene Frage, inwieweit der Antragsteller zu diesem Zeitpunkt mit
dem wahrscheinlichen Auftreten von ernsthaften Schwierigkeiten hätte rechnen
können (Art. 48 Abs. 3 lit. g Gas-RL 09). Jedenfalls bei Verträgen, die nach Inkrafttreten der Gas-RL 2003 am 4.8.2003 geschlossen wurden, konnten die Gasversorgungsunternehmen mit durch den Wettbewerb veränderten Absatzmöglichkeiten
rechnen (BerlKommEnergieR/*Rapp-Jung*, 3. Aufl. 2015, EnWG § 25 Rn. 46).
Daher sind mögliche Änderungen der Marktlage in den Verträgen stärker zu berücksichtigen. Eine Unzumutbarkeit der Zugangsgewährung wegen der in diesen
Verträgen eingegangenen Zahlungsverpflichtungen wird daher praktisch kaum zu
begründen sein.

Weiterhin ist die Stellung des Gasversorgungsunternehmens auf dem Gasmarkt 15
und die tatsächliche **Wettbewerbslage** auf diesem Markt (Art. 48 Abs. 3 lit. c Gas-RL 09) von Bedeutung. Eine unverändert starke Position des Gasversorgungsunternehmens auf dem Markt ist ein Indiz dafür, dass eventuelle wirtschaftliche Schwierigkeiten aus einer Take-or-Pay-Klausel nicht mit der Öffnung des Marktes zusammenhängen, sondern etwa auf einem allgemein rückläufigen Absatz beruhen.

3. Wettbewerbsrechtliche und gaswirtschaftliche Kriterien. Wichtige 16
Ermessensgesichtspunkte sind die Auswirkungen einer Ausnahme auf das Ziel der
Vollendung eines wettbewerbsorientierten Gasmarktes (Art. 48 Abs. 3 lit. a Gas-RL
09) und auf das einwandfreie Funktionieren des Erdgasbinnenmarktes (Art. 48
Abs. 3 lit. i Gas-RL 09). Sie sprechen insbesondere gegen die Gewährung von Ausnahmen, die nationale Grenzen auf dem Gasmarkt aufrechterhalten oder eine

§ 25 Teil 3. Regulierung des Netzbetriebs

marktbeherrschende Stellung eines Gaslieferanten verfestigen würden (*Schöler* Gasliefervertäge S. 182; ungenau BerlKommEnergieR/*Rapp-Jung,* 3. Aufl. 2015, EnWG § 25 Rn. 48, der auf die Auswirkungen des Liefervertrages abstellen will). Für eine Zugangsverweigerung kann angeführt werden, dass diese für die Erfüllung gemeinwirtschaftlicher Verpflichtungen oder die Versorgungssicherheit erforderlich ist (Art. 48 Abs. 3 lit. b Gas-RL 09). Schließlich sind das Ausmaß, in dem das durch die Ausnahme betroffene Netz mit anderen Netzen verbunden ist, und der Grad ihrer Interoperabilität zu berücksichtigen (lit. h). Eine unzureichende Interoperabilität kann die alternative Vermarktung von Gas erschweren und so eine erleichterte Zugangsverweigerung rechtfertigen (BerlKommEnergieR/*Rapp-Jung,* 3. Aufl. 2015, EnWG § 25 Rn. 47).

D. Verordnungsermächtigung und EU-Beteiligungsverfahren

17   Die von Art. 48 Abs. 2 Gas-RL 09 geforderte Einbeziehung der Kommission ist in § 49 Abs. 2 S. 1 GasNZV umgesetzt worden, der aufgrund von § 25 S. 4 erlassen wurde. Danach übermittelt die Regulierungsbehörde ihre Entscheidung unverzüglich der Kommission. Diese kann innerhalb von acht Wochen verlangen, die Entscheidung zu ändern oder aufzuheben. Um eine verbindliche Entscheidung erlassen zu können, muss die Kommission nach Art. 48 Abs. 2 S. 4 Gas-RL 09 das in Art. 51 Abs. 2 Gas-RL 09 vorgesehene Ausschussverfahren durchführen. Nach Art. 48 Abs. 3 Gas-RL 09 berücksichtigt die Kommission die gleichen Kriterien wie die Regulierungsbehörde. Dies verdeutlicht, dass sie ein **umfassendes Prüfungsrecht** besitzt (zum EU-Beteiligungsverfahren auch → § 28a Rn. 21 f.).

18   § 25 S. 5 iVm § 49 Abs. 2 S. 2 GasNZV bildet die Rechtsgrundlage für eine europarechtlich gebotene **Änderung** oder **Aufhebung** einer Genehmigung der Zugangsverweigerung. Die Formulierung, dass eine Entscheidung auch abweichend von den Vorschriften des EnWG ergehen kann, ist irreführend. Die Kommission ist bei ihrer Entscheidung an Art. 48 Gas-RL 09 gebunden, auf den § 25 S. 3 vollumfänglich verweist. Eine materielle Abweichung ist daher ausgeschlossen. Gemeint ist wohl, dass eine Rechtsgrundlage zur nachträglichen Aufhebung oder Änderung von Entscheidungen geschaffen werden kann, obwohl die allgemeinen Verfahrensvorschriften des EnWG eine solche Regelung nicht vorsehen (so auch Theobald/Kühling/*Däuper* EnWG § 25 Rn. 29). Die Änderung oder Aufhebung einer Entscheidung durch die Regulierungsbehörde erfolgt mit Wirkung für die **Zukunft.** Dies ergibt sich daraus, dass die Wirksamkeit der Genehmigung durch die Durchführung des EU-Beteiligungsverfahrens im Einklang mit Art. 48 Abs. 2 Gas-RL 09 nicht aufgeschoben wird und daher ein **schützenswertes Vertrauen** des Antragstellers entsteht. Eine Rücknahme für die Vergangenheit ist nur unter den Voraussetzungen des § 48 VwVfG zulässig, der ebenso wie § 49 VwVfG unberührt bleibt. Die insofern restriktive Rechtsprechung zum Vertrauensschutz bei der Rückforderung von mitgliedstaatlichen Beihilfen (EuGH Urt. v. 20.3.1997 – C-24/95, Slg. 1997, I-1617 = EuZW 1997, 276 – Alcan II) ist nicht übertragbar (so aber tendenziell *Schneider* ZWeR 2003, 381 (408)). Im Beihilfenrecht ist das Nichtvorliegen schützenswerten Vertrauens regelmäßig Folge eines offensichtlich gemeinschaftsrechtswidrigen Verhaltens des Mitgliedstaats, da der Verwaltungsakt aufgrund des Durchführungsverbots des Art. 108 Abs. 3 AEUV nicht vor Abschluss des Notifizierungsverfahrens hätte erlassen werden dürfen.

E. Rechtsschutz

Das erste Verlangen der Kommission, die Genehmigung der Zugangsverweige- 19
rung zu ändern oder zu widerrufen, kann nicht im Wege der Nichtigkeitsklage angegriffen werden. Es ist nicht verbindlich und betrifft den Antragsteller nicht unmittelbar. Ändert oder widerruft die Regulierungsbehörde bereits aufgrund dieses Verlangens der Kommission ihre Ausnahmebewilligung, ist der Antragsteller auf den innerstaatlichen Rechtsweg nach § 75 verwiesen.

Verlangt die Kommission endgültig eine Aufhebung oder Änderung der Bewil- 20
ligung einer Zugangsverweigerung, kann der Mitgliedstaat diese Entscheidung vor dem EuGH angreifen. Daneben kann auch der Antragsteller Nichtigkeitsklage nach Art. 263 Abs. 1 und 4 AEUV vor dem EuG erheben. Er ist insbesondere auch unmittelbar von der Entscheidung der Kommission betroffen, da der Regulierungsbehörde beim Vollzug der Entscheidung kein Ermessensspielraum bleibt (EuGH Urt. v. 11.7.1984 – C-222/83, Slg. 1984, 2889 Rn. 12 – Commune de Differdange/Kommission; EuGH Urt. v. 5.5.1998 – C-386/96, Slg. 1998, I-2309 Rn. 43 – Dreyfus/Kommission; EuG Urt. v. 19.2.1998 – T-42/96, Slg. 1998, II-401 Rn. 38 – Eyckeler & Malt). Nach Ablauf der zweimonatigen Klagefrist des Art. 263 Abs. 6 AEUV wird die Entscheidung der Kommission **bestandskräftig** und kann auch im Wege des Vorabentscheidungsverfahrens nicht mehr überprüft werden (EuGH Urt. v. 9.3.1994 – C-188/92, Slg. 1994, I-833 Rn. 26 = EuZW 1994, 250 – TWD Textilwerke Deggendorf; EuGH Urt. v. 30.1.1997 – 178/95, Slg. 1997, I-585 Rn. 21 = EuZW 1994, 316 – Wiljo; krit. *Vogt*, Die Entscheidung als Handlungsform des Europäischen Gemeinschaftsrechts, 2005, S. 241 f.).

Steht die endgültige Kommissionsentscheidung im Einklang mit der Stellung- 21
nahme des Beratenden Ausschusses, ist die **Kontrolldichte** durch den EuGH begrenzt. Die Überprüfung beschränkt sich auf das Vorliegen von offensichtliche Tatsachen- bzw. Rechtsirrtümern oder Ermessensfehlern. Der EuGH hat dies für den Bereich des gemeinsamen Zolltarifs und des Umweltrechts entschieden. Zur Begründung hat er auf den technischen Charakter der zu beurteilenden Fragen und den Sachverstand der eingebundenen Experten abgestellt (EuGH Urt. v. 27.9.1983 – 216/82, Slg. 1983, 2771 Rn. 14 – Universität Hamburg; EuGH Urt. v. 15.12.2005 – C-86/03, Slg. 2005, I-10979 Rn. 66 – Griechenland/Kommission). Diese Bedingungen liegen auch bei der Ausnahme bestimmter Infrastrukturen von der Regulierung der Energiemärkte vor. Die Beurteilung der energiewirtschaftlichen Fragen erfordert besonderen Sachverstand. Aus dieser Rechtsprechung folgt im Umkehrschluss, dass gegebenenfalls die Begründung der Kommission, warum sie von einer Stellungnahme des Beratenden Ausschusses abweicht, verstärkter gerichtlicher Kontrolle unterliegt.

Gegen Entscheidungen der Regulierungsbehörde steht dem Antragsteller die 22
Beschwerde nach § 75 Abs. 3 zur Verfügung. Durch das **EU-Beteiligungsverfahren** ergeben sich keine Auswirkungen auf den Ausspruch des Gerichts, da dieses erst nach der Entscheidung der Regulierungsbehörde durchzuführen ist. Wettbewerber des Antragstellers, die nach § 66 Abs. 2 Nr. 3 beigeladen worden sind, können ebenfalls Beschwerde einlegen (§ 75 Abs. 2).

§ 26 Zugang zu LNG-Anlagen, vorgelagerten Rohrleitungsnetzen und Gasspeicheranlagen im Bereich der leitungsgebundenen Versorgung mit Erdgas

(1) ¹Soweit es zur Berücksichtigung von Besonderheiten von LNG-Anlagen erforderlich ist, kann die Bundesnetzagentur durch Festlegung oder Genehmigung nach § 29 Absatz 1 Regelungen für den Zugang zu LNG-Anlagen treffen. ²Diese Regelungen können zum Gegenstand haben:
1. die Rechte und Pflichten eines Betreibers von LNG-Anlagen,
2. die Bedingungen, unter denen der Betreiber der LNG-Anlage Zugang zur LNG-Anlage gewähren muss,
3. die nähere Ausgestaltung der Ermittlung der Kosten und Entgelte des Anlagenbetriebs sowie
4. die Anwendbarkeit der Anreizregulierung nach § 21 a.

³Die Regelungen und Entscheidungen können von Rechtsverordnungen nach § 24 abweichen oder diese ergänzen.

(2) Der Zugang zu den vorgelagerten Rohrleitungsnetzen und zu Gasspeicheranlagen erfolgt abweichend von den §§ 20 bis 24 auf vertraglicher Grundlage nach Maßgabe der §§ 27 und 28.

A. Allgemeines

I. Inhalt der Vorschrift

1 § 26 ermöglicht besondere Regelungen für den Zugang zu LNG-Anlagen (Abs. 1) und nimmt den Zugang zu Speicheranlagen und vorgelagerten Rohrleitungsnetzen vom allgemeinen Netzzugangsregime der §§ 20–24 aus (Abs. 2). An dessen Stelle tritt ein verhandelter Netzzugang. Durch die Vorschrift wird das in Art. 33 Abs. 1 Gas-RL 09 enthaltene Wahlrecht zwischen verhandeltem und reguliertem Speicherzugang ausgeübt und die durch Art. 34 Gas-RL 09 eröffnete Möglichkeit genutzt, ein spezielles Zugangsregime für vorgelagerte Rohrleitungen zu etablieren.

II. Entstehungsgeschichte

2 Die ursprüngliche Fassung des § 26 beruht auf dem Gesetzesentwurf der Bundesregierung (BT-Drs. 15/3917). Er war im Gesetzgebungsverfahren nicht umstritten und ist in diesem auch nicht verändert worden. Die Bundesregierung war einer der maßgeblichen Akteure, die im Rahmen des europäischen Rechtsetzungsverfahrens den verhandelten Netzzugang so weit wie möglich bewahren wollte (*Neveling/Theobald* EuZW 2002, 106 (107)). Daher ist es wenig überraschend, dass von den Möglichkeiten, die bereits die Gas-RL 03 insoweit geboten hat, Gebrauch gemacht wurde.

3 Abs. 1 wurde im Zuge der Neufassung von § 26 durch Art. 2 Nr. 3 des Gesetzes vom 20.5.2022 zur Änderung des Energiesicherungsgesetzes 1975 und anderer energierechtlicher Vorschriften eingefügt. Den Hintergrund bildet der im Februar 2022 begonnene russische Angriffskrieg gegen die Ukraine und die daraus folgende Notwendigkeit, die Abhängigkeit von russischen Erdgaslieferungen zu verringern.

LNG-Terminals sollen dabei helfen, alternative Importquellen und -wege für Erdgas zu erschließen. Der bisherige § 26 wurde unverändert zu Abs. 2.

B. Europarechtliche Vorgaben

I. Vorgelagerte Rohrleitungsnetze

Der europarechtliche Rahmen für die Ausgestaltung des Zugangs zu den vorgelagerten Rohrleitungsnetzen ist weit. Art. 34 Abs. 1 und 2 Gas-RL 09 geben allgemein formulierte Ziele vor. Dies ist insbesondere ein offener und diskriminierungsfreier Zugang zu gerechten Bedingungen. Weitere Ziele sind die Schaffung eines wettbewerbsorientierten Erdgasmarkts und die Verhinderung des Missbrauchs einer marktbeherrschenden Stellung, wobei der Versorgungssicherheit, der Kapazitätssituation und dem Umweltschutz Rechnung getragen werden soll. Art. 34 Abs. 3 Gas-RL 09 verlangt die Einrichtung einer unabhängigen Streitbeilegungsstelle, die Zugang zu allen relevanten Informationen haben muss. Aus dem Vergleich mit Art. 41 Gas-RL 09 ergibt sich im Umkehrschluss, dass es nicht notwendig ist, die Regulierungsbehörde mit der Streitbeilegung zu betrauen.

II. Zugang zu Speichern

Art. 33 Abs. 1 Gas-RL 09 gibt wie seine Vorgängernorm Art. 19 Abs. 1 Gas-RL 03 den Mitgliedstaaten grundsätzlich die Möglichkeit, zwischen verhandeltem und reguliertem Speicherzugang zu wählen. Bei der Entscheidung, welches Modell umgesetzt wird, sind sie allerdings an die Ziele der Gas-RL 09 gebunden. Ein funktionierender Wettbewerb auf dem Gasmarkt setzt einen effizienten Speicherzugang voraus, da ohne ihn eine strukturierte Belieferung von Endkunden kaum möglich ist. Die Option des verhandelten Speicherzugangs ist vor diesem Hintergrund besonders begründungsbedürftig. Sie ist dann zulässig, wenn durch den verhandelten Speicherzugang ein funktionierender Wettbewerb auf dem Gasmarkt in **vergleichbarer** Weise gewährleistet ist wie bei einem regulierten Zugang. Dies ergibt sich daraus, dass die grundlegenden Prinzipien der Objektivität, Transparenz und Nichtdiskriminierung nach Art. 33 Abs. 1 S. 2 Gas-RL 09 für beide Zugangsmodelle gleichermaßen gelten (vgl. zur Vorgängerregelung Kommission, GD Verkehr und Energie, Vermerk Zugang Dritter zu den Speicheranlagen, S. 9). Eine Äquivalenz der beiden Modelle besteht nur, wenn zum Zeitpunkt der Entscheidung bereits die Voraussetzungen für einen ausreichenden Wettbewerb auf dem Speichermarkt vorliegen (Zenke/Schäfer Energiehandel/*Däuper/Lokau* § 4 Rn. 27). Dies unterstreicht auch Erwrg. 23 Gas-RL 09. Der innerstaatliche Gesetzgeber hat hierbei einen Prognosespielraum. Nach Art. 33 Abs. 1 UAbs. 2 Gas-RL 09 müssen die Kriterien für die Wahl des Zugangsregimes abstrakt und nachprüfbar festgelegt werden. Die Zuordnung einer Speicheranlage zu einem Zugangsregime nach diesen Kriterien ist durch die Regulierungsbehörde zu überwachen (Art. 41 Abs. 1 lit. s Gas-RL 09).

Bedenken, ob die Regelungen des EnWG diesen Anforderungen genügen, bestanden im Rahmen der Umsetzung der Gas-RL 03 insbesondere mit Blick auf das zu diesem Zeitpunkt noch unklare Gasnetzzugangsmodell. Ein Modell mit einer Vielzahl von abgeschlossenen Entry/Exit-Zonen hätte einen deutschlandweiten Wettbewerb zwischen den Speichern durch die hohen Transportkosten und den Transaktionsaufwand weiterhin erheblich eingeschränkt (Zenke/Schäfer Energiehandel/*Däuper/Lokau* § 4 Rn. 27; vgl. auch Monitoringbericht, BT-Drs. 15/1510, 29; *Spreng* Gasmarkt D-GB S. 161). Zweifel am Vorliegen von Wettbewerb wurden auch aufgrund der hohen Kosten für den Zugang zu Speichern vorgebracht, die in Deutschland zu diesem Zeitpunkt ungefähr doppelt so hoch lagen wie in Großbritannien (Zenke/Schäfer Energiehandel/*Däuper/Lokau* § 4 Rn. 39).

7 Bei der Umsetzung der Gas-RL 09 wurden die Gründe für die Wahl des verhandelten Netzzugangs im Rahmen der Begründung des Gesetzesentwurfs erörtert. Dabei wurde insbesondere auf die pluralistische Anbieterstruktur, die günstigen geologischen Verhältnisse für den Speicheraus- und -neubau sowie die Entwicklung des Gasnetzzugangs verwiesen (BT-Drs. 17/6072, 81f.). Die Anforderung des Art. 33 Abs. 1 UAbs. 2 Gas-RL 09, Kriterien für die Wahl des Zugangsregimes festzulegen, geht jedoch über die bloße Nennung von nachvollziehbaren Gründen hinaus. Sie zielt darauf, ein Monitoring des Zugangsregimes zu ermöglichen (zu dieser Verwaltungsaufgabe allg. *Herzmann* DVBl. 2007, 670ff.). Die Kriterien sind so zu formulieren, dass deutlich wird, unter welchen Umständen von einem funktionierenden Speichermarkt ausgegangen wird und wann eine Anpassung des Speicherzugangsregimes erforderlich wird. Ein bedeutsames Kriterium könnte insoweit die Preisentwicklung für die Speichernutzung, auch im Vergleich zu geeigneten europäischen Märkten, sein, die in der Begründung des Gesetzesentwurfs keine erkennbare Rolle gespielt hat.

8 Art. 41 Abs. 1 lit. n Gas-RL 09 stellt nunmehr ausdrücklich klar, dass den Regulierungsbehörden die Befugnis zur **Ex-post-Aufsicht** über den Speicherzugang eingeräumt werden muss (zur Rechtslage unter Art. 25 Abs. 4 Gas-RL 03 → 2. Aufl., EnWG § 26 Rn. 7). Danach überwacht und überprüft die Regulierungsbehörde die Zugangsbedingungen. Soweit sich der Mitgliedstaat für einen verhandelten Speicherzugang entschieden hat, ist die Überprüfung der Tarife nicht Teil dieser Aufgabe. Aus dieser Formulierung lässt sich schließen, dass die Überwachung (engl. Monitoring) nicht beschränkt werden soll. Insbesondere gegen Diskriminierungen muss die Regulierungsbehörde also vorgehen können (vgl. *Herrmann* Regulierung der Energienetze S. 291; *Jones* EU Energy Law I Rn. 5.12).

C. Zugang zu LNG-Anlagen (Abs. 1)

9 Abs. 1 räumt der BNetzA die Befugnis ein, durch Festlegungen oder Genehmigung nach § 29 Regelungen für den Zugang zu LNG-Anlagen zu treffen. Anders als Abs. 2 enthält die Vorschrift keine Ausnahme von den gesetzlichen Zugangsregelungen für Gasversorgungsnetze, sondern ermöglicht nach S. 3 lediglich eine **Abweichung** oder Ergänzung von der diese konkretisierenden **Rechtsverordnungen** nach § 24. Dadurch wird die Möglichkeit geschaffen, für den Zugang zu LNG-Anlagen spezifische Festlegungen zu treffen, die die technischen Besonderheiten dieser Anlagen berücksichtigen. Dabei müssen beispielsweise die Regelungen zu Kapazitätsvergabe und Kapazitätsmanagement Wettbewerb und Versorgungssicherheit miteinander in Einklang bringen. Dies ist auch für die Planungs- und Investitionssicherheit für die zu errichtenden LNG-Anlagen von Bedeutung (vgl. die Begründung des Gesetzesentwurfs auf BT-Drs. 20/1501, 39). Dass für den Erlass von besonderen Regelungen für LNG-Anlagen keine Anpassung der Rechtsverordnungen erforderlich ist, kann als ein erster Schritt zur Lockerung der bisher engmaschigen normativen Regulierung und damit zur Stärkung der BNetzA angesehen werden.

Gegenstand einer Festlegung können nach S. 2 die Kernbereiche des Netz- 10
zugangs einschließlich der Entgeltregulierung sein. Konkret sind dies die Rechte
und Pflichten des Betreibers einer LNG-Anlage (Nr. 1), die Zugangsbedingungen
(Nr. 2), die nähere Ausgestaltung der Ermittlung der Kosten und Entgelte des Anlagenbetriebs (Nr. 3) sowie die Anwendbarkeit der Anreizregulierung nach § 21a
(Nr. 4).

Ein Verfahren zum Erlass einer Festlegung für den Zugang zu LNG-Anlagen hat 11
die BNetzA zunächst unter dem Aktenzeichen BK7-22-060 eingeleitet. Umfasst
werden sollten sowohl landgebundene LNG-Anlagen als auch stationär schwimmende LNG-Anlagen. Nach Inkrafttreten der LNGV am 18.11.2022 hat die
BNetzA das Verfahren eingestellt.

Besonderheiten des **Zugangs zu LNG-Anlagen** ergeben sich sowohl aus tech- 12
nischen Umständen als auch aus der Notwendigkeit, die Refinanzierung der Investitionen zum Aufbau der Infrastruktur zu ermöglichen. Hinsichtlich der Gestaltung
der Kapazitätsprodukte ist zu berücksichtigen, dass die Kunden Slots benötigen, die
die vollständige Entladung von LNG-Schiffen unterschiedlicher Größe ermöglichen. Da die LNG-Anlagen neu geschaffen werden, ist zu regeln, welche Kapazitätsanteile bei der Erstvergabe längerfristig vergeben werden dürfen und welche für
kurzfristigere Buchungen bzw. Auktionen zur Verfügung stehen. Regelungen, die
ungenutzte Kapazitäten dem Markt zur Verfügung stellen, dienen sowohl dem
Wettbewerb als auch der Versorgungssicherheit. Hinsichtlich der Fristen für die Ankündigung der Nutzung eines Slots ist zu berücksichtigen, dass andere Nutzer einen
nicht unerheblichen Vorlauf benötigen, um ihrerseits einen frei werdenden Slot
nutzen zu können.

Hinsichtlich der **Kostenermittlung** kann durch die BNetzA beispielsweise ge- 13
regelt werden, welche Kostenpositionen zu berücksichtigen sind. Da der Betrieb
einer LNG-Anlage sich technisch von dem Betrieb einer Pipeline unterscheidet
und damit auch andere Dienstleistungen zur Verfügung gestellt werden, sind die
Kalkulationsgrößen aus der allgemeinen Gasnetzregulierung nicht übertragbar
bzw. ergänzungsbedürftig.

D. Verhandelter Netzzugang für Speicher und vorgelagerte Rohrleitungen (Abs. 2)

I. Ex-post-Kontrolle der Zugangsbedingungen

Durch Abs. 2 werden vorgelagerte Rohrleitungsnetze und Speicheranlagen aus 14
dem allgemeinen Regulierungsregime der §§ 20–24 ausgenommen. Sie unterliegen insoweit nicht der **Ex-ante-Regulierung**. Die Befugnisse der Regulierungsbehörde zur **Ex-post-Kontrolle** nach den §§ 30, 31 werden hingegen nicht berührt (→ § 30 Rn. 19). Aus § 30 Abs. 1 Nr. 1 ergibt sich, dass sich die Ex-post-Kontrolle unter anderem umfasst auf die Bestimmungen des Abschnitts 3 erstreckt. Dies schließt die §§ 27, 28 mit ein. Betreiber von **Speicheranlagen** sind
zudem Betreiber von Energieversorgungsnetzen und fallen daher in den persönlichen Anwendungsbereich der §§ 30, 31. Für Speicheranlagen ergibt sich dies bereits ausdrücklich aus § 3 Nr. 4 iVm Nr. 20.

Problematischer ist, ob auch **vorgelagerte Rohrleitungen** als Gasversorgungs- 15
netze und damit als Energieversorgungsnetze iSd §§ 30, 31 anzusehen sind, obwohl
sie in § 3 Nr. 20 nicht genannt werden. Unter dem EnWG 2003 wurde dies ab-

gelehnt (*Boesche* Zivilrechtsdogmatische Struktur S. 142 f.; *Büdenbender* EnWG § 2 Rn. 33). Träfe dies auch unter dem EnWG zu, wäre die Verpflichtung zur Einrichtung eines Streitbeilegungsverfahrens aus Art. 34 Abs. 3 Gas-RL 09 nicht umgesetzt. Um dies zu vermeiden, könnten sie als spezieller Teil des Verteilnetzes (§ 3 Nr. 37) angesehen werden. Auch in vorgelagerten Netzen erfolgt bei oberflächlicher Betrachtung ein Gastransport über regionale oder örtliche Leitungen. Anders als unter § 2 Abs. 3 S. 4 EnWG 2003, der das vorgelagerte Netz gerade in Abgrenzung auch zum Verteilnetz definierte, ist dies auch nicht durch die Begriffsbestimmung des vorgelagerten Netzes in § 3 Nr. 39 ausgeschlossen. Allerdings unterscheidet sich die Funktion einer vorgelagerten Leitung regelmäßig fundamental von der des Verteilnetzes. Als überzeugende Alternative dazu könnte die Aufzählung in § 3 Nr. 20 als nicht abschließend angesehen werden. Dass vorgelagerte Leitungen grundsätzlich Teil der Gasversorgungsnetze sind, wird durch eine systematische Überlegung gestützt. Ansonsten müssten sie durch § 26 nicht vom Netzzugangsregime für Energieversorgungsnetze iSd §§ 20 ff. ausgenommen werden, sondern wären durch diese Regelungen ohnehin nicht erfasst (zustimmend Elspas/Graßmann/Rasbach/*Keltsch* EnWG § 26 Rn. 6). Für diese Auslegung spricht zudem, dass die für die örtliche Produktionstätigkeit verwendeten Netzteile eigens von dem Anwendungsbereich des § 3 Nr. 20 ausgenommen werden. Dies wäre unnötig, wenn das vorgelagerte Netz generell nicht unter den Begriff des Gasversorgungsnetzes fiele (vgl. auch die Begr. BT-Drs. 15/3917, 49). Auch der Begriff der Versorgung nach § 3 Nr. 36 umfasst ausdrücklich die Gewinnung von Energie.

II. Zugang auf vertraglicher Grundlage

16 Vorgelagerte Rohrleitungsnetze und Speicheranlagen werden den speziellen Regelungen der §§ 27 bzw. 28 unterstellt, die ein Zugangssystem auf „vertraglicher Grundlage" etablieren. Diese Formulierung ist missverständlich. Auch beim regulierten Netzzugang werden Verträge zwischen Netzbetreibern und Netznutzern geschlossen. Die Ungenauigkeit dürfte auf einer unkritischen Übernahme der Begrifflichkeit des Art. 33 Abs. 3 Gas-RL 09 beruhen, der in der deutschen Fassung vom Zugang auf Vertragsbasis spricht. Präziser wäre der Begriff des **verhandelten Netzzugangs** gewesen, der ua auch in der englischen (negotiated access) und französischen Fassung (l'accès négocié) verwendet wird.

17 Aus dem Begriff des verhandelten Zugangs lassen sich noch keine konkreten Konsequenzen für das Zugangsregime ableiten. Abs. 2 verweist insofern nur auf die speziellen Vorschriften. Für die Auslegung der Verordnungsermächtigungen in § 27 S. 5 (→ § 27 Rn. 7) und § 28 Abs. 4 (→ § 28 Rn. 17) gibt die Vorschrift einen Rahmen vor, der allerdings weit ist.

III. Durchsetzung des Zugangsanspruchs

18 Neben dem besonderen Missbrauchsverfahren nach § 31 kann der Zugangspetent sein Zugangsrecht vor den Zivilgerichten geltend machen (vgl. § 102). Allerdings dürfte in der Praxis das behördliche Verfahren schneller und kostengünstiger sein. Die Ansprüche aus §§ 27, 28 sind zunächst auf **Abschluss eines Vertrags** gerichtet. Nach der in der obergerichtlichen Rechtsprechung überwiegenden Ansicht sollten zwar die insofern parallel formulierten §§ 6 Abs. 1, 6a Abs. 2 EnWG aF jeweils ein gesetzliches Schuldverhältnis begründen, das einen unmittelbar zivilgerichtlich durchsetzbaren Anspruch gewährte (OLG Dresden Urt. v. 8.2.2001 –

U 2978/00 Kart, RdE 2001, 144 (145); Urt. v. 13.9.2001 – U 1693/01 Kart, RdE 2002, 49; KG 24.10.2001 – Kart U 6516/00, WRP 2002, 564 (568); OLG Schleswig Urt. v. 9.10.2001 – 6 U Kart 38/01, RdE 2002, 75 (76); BerlKommEnergieR/ *Säcker/Boesche,* 1. Aufl. 2004, EnWG §§ 6 Rn. 105ff., 415ff., 6a Rn. 40ff.; *Holtorf/ Horstmann* RdE 2003, 264 (265)). § 3 Abs. 2 GasNZV und § 27 Abs. 1 StromNZV verdeutlichen nunmehr jedoch, dass sogar die Ansprüche im Rahmen des regulierten Netzzugangs nur einen Kontrahierungszwang begründen (→ § 20 Rn. 10). Für die Ansprüche im System des verhandelten Netzzugangs muss dies dann erst recht gelten (so auch BerlKommEnergieR/*Barbknecht* EnWG § 28 Rn. 18; aA *Kühling/ el-Barudi* DVBl 2005, 1470 (1475)). Allerdings verdichtet sich auch der Kontrahierungszwang letztlich zu einer Pflicht zur Leistung (*Hermes* ZHR 166 (2002), 431 (451 ff.)), sodass die Frage der prozessualen Durchsetzbarkeit nicht durch die dogmatische Einordnung des Anspruchs entschieden wird. In diesem Sinne hat der BGH für die vergleichbare Regelung in § 3 Abs. 1 EEG 2000 die dogmatische Einordnung des Anspruchs zwar offengelassen, zugleich aber klargestellt, dass **unmittelbar auf Netzzugang** geklagt werden kann. Zur Begründung hat er angeführt, dass ansonsten die Rechtsdurchsetzung unnötig erschwert würde (BGH Urt. v. 11.6.2003 – VIII ZR 160/02, BGHZ 155, 141 (159ff.) = NVwZ 2003, 1443).

§ 27 Zugang zu den vorgelagerten Rohrleitungsnetzen

(1) ¹**Betreiber von vorgelagerten Rohrleitungsnetzen haben anderen Unternehmen das vorgelagerte Rohrleitungsnetz für Durchleitungen zu Bedingungen zur Verfügung zu stellen, die angemessen und nicht ungünstiger sind, als sie von ihnen in vergleichbaren Fällen für Leistungen innerhalb ihres Unternehmens oder gegenüber verbundenen oder assoziierten Unternehmen tatsächlich oder kalkulatorisch in Rechnung gestellt werden.** ²**Dies gilt nicht, soweit der Betreiber nachweist, dass ihm die Durchleitung aus betriebsbedingten oder sonstigen Gründen unter Berücksichtigung des Zwecks des § 1 nicht möglich oder nicht zumutbar ist.** ³**Die Ablehnung ist in Textform zu begründen.** ⁴**Die Verweigerung des Netzzugangs nach Satz 2 ist nur zulässig, wenn einer der in Artikel 20 Abs. 2 Satz 3 Buchstabe a bis d der Richtlinie 2003/55/EG genannten Gründe vorliegt.** ⁵**Das Bundesministerium für Wirtschaft und Energie wird ermächtigt, durch Rechtsverordnung mit Zustimmung des Bundesrates die Bedingungen des Zugangs zu den vorgelagerten Rohrleitungsnetzen und die Methoden zur Berechnung der Entgelte für den Zugang zu den vorgelagerten Rohrleitungsnetzen unter Berücksichtigung des Zwecks des § 1 festzulegen.**

(2) **Bei grenzüberschreitenden Streitigkeiten über den Zugang zu vorgelagerten Rohrleitungsnetzen konsultiert die Regulierungsbehörde betroffene Mitgliedstaaten und Drittstaaten nach Maßgabe des Verfahrens nach Artikel 34 Absatz 4 der Richtlinie 2009/73/EG in der Fassung der Richtlinie (EU) 2019/692 des Europäischen Parlaments und des Rates vom 17. April 2019 zur Änderung der Richtlinie 2009/73/EG des Europäischen Parlaments und des Rates vom 13. Juli 2009 über gemeinsame Vorschriften für den Erdgasbinnenmarkt und zur Aufhebung der Richtlinie 2003/55/ EG (ABl. L 211 vom 14.8.2009, S. 94), die zuletzt durch die Richtlinie (EU) 2019/692 (ABl. L 117 vom 3.5.2019, S. 1) geändert worden ist.**

§ 27

A. Allgemeines

I. Inhalt und Zweck

1   Die Vorschrift regelt den Zugang zu den vorgelagerten Rohrleitungsnetzen nach dem Modell des verhandelten Netzzugangs. Die speziellen Zugangsverweigerungsgründe sollen dem Umstand Rechnung tragen, dass vorgelagerte Rohrleitungen funktional der Gasgewinnung näher stehen als dem Gastransport. Der Zugang zu diesen Leitungen ist von Bedeutung für den Gasmarkt, wenn eine Reihe von Produzenten Gasfelder in einem Gebiet fördern und Gas frei Bohrloch verkaufen. **Die praktische Bedeutung dieser Vorschrift dürfte eher gering sein**, da in Deutschland nur an wenigen Stellen Erdgas gefördert wird (Theobald/Kühling/*Däuper* EnWG § 27 Rn. 1). Anders ist die Situation in den Mitgliedstaaten, die bisher zu den Erdgasexporteuren gehört haben, vor allem in den Niederlanden und in Großbritannien (*Jones* EU Energy Law I Rn. 3.31).

II. Europarechtliche Rahmenbedingungen

2   § 27 Abs. 1 dient der Umsetzung von Art. 34 Gas-RL 09, dessen Regelungsgehalt im Wesentlichen Art. 20 Gas-RL 03 entspricht. Im Gegensatz zu den allgemeinen Zugangsregelungen und den Vorschriften über den Speicherzugang wird ein umfassendes Prinzip der Nichtdiskriminierung nicht ausdrücklich normiert. Lediglich eine Diskriminierung aufgrund des Niederlassungsorts eines Zugangspetenten wird durch Art. 34 Abs. 1 Gas-RL 09 verboten. Jedoch gibt Art. 34 Abs. 2 Gas-RL 09 als Ziele vor, einen offenen Zugang zu gerechten Bedingungen zu ermöglichen und den Missbrauch einer marktbeherrschenden Stellung zu verhindern. Daraus lässt sich ableiten, dass **grundsätzlich die Zugangsbedingungen für einen Nutzungsinteressenten nicht ungünstiger sein dürfen als jene, die innerhalb des Betreiberunternehmens oder gegenüber anderen Unternehmen gewährt werden.** Abs. 2 dient der Umsetzung von Art. 34 Abs. 4 Gas-RL 09, der 2019 eine Regelung über die Beilegung von Streitigkeiten über den Zugang zu grenzüberschreitenden vorgelagerten Rohrleitungsnetzen enthält.

B. Zugangsanspruch (Abs. 1 S. 1)

3   Abs. 1 S. 1 gewährt einen Zugangsanspruch zu vorgelagerten Rohrleitungsnetzen zu **angemessenen** und **diskriminierungsfreien** Bedingungen. Der in Abs. 1 statt „Netzzugang" verwendete Begriff „Durchleitungen" führt bei europarechtskonformer Auslegung insoweit nicht zu einer abweichenden Gestaltung des Rechtsregimes für vorgelagerte Rohrleitungsnetze (BerlKommEnergieR/*Barbknecht* EnWG § 27 Rn. 7). Nach ihrem Wortlaut verbietet die Vorschrift nur die Diskriminierung im Vergleich zu Unternehmen, die mit dem Betreiber verbunden oder assoziiert sind. Im Lichte des § 30 Abs. 1 Nr. 3 ist allerdings auch die Diskriminierung gegenüber anderen Unternehmen unzulässig (Theobald/Kühling/*Däuper* EnWG § 27 Rn. 7; iE auch BerlKommEnergieR/*Barbknecht* EnWG § 27 Rn. 14; zweifelnd NK-EnWG/*Siegel* § 27 Rn. 6). Der Anspruch bezieht sich nicht auf solche Leitungen und Anlagen, die zu der örtlichen Produktionstätigkeit auf einem

Gasfeld verwendet werden. Diese fallen nach § 3 Nr. 39 nicht unter den Begriff der vorgelagerten Rohrleitung. Diese einschränkende Definition ist europarechtlich unbedenklich, da auch Art. 20 Abs. 1 S. 1 Gas-RL 03 den Zugangsanspruch insoweit begrenzt.

C. Zugangsverweigerung (Abs. 1 S. 2−4)

Nach Abs. 1 S. 2 kann der Zugang verweigert werden, wenn **betriebsbedingte** 4 oder **sonstige Gründe** unter Berücksichtigung der Ziele des § 1 eine Durchleitung unmöglich oder nicht zumutbar machen. Diese sehr weite Formulierung wird durch S. 4 konkretisiert. Dieser verweist auf die in Art. 20 Abs. 2 S. 3 lit. a−d Gas-RL 03 (jetzt Art. 34 Abs. 2 S. 3 lit. a−d Gas-RL 09) genannten Gründe, die die technischen, wirtschaftlichen, operationellen und rechtlichen Besonderheiten der vorgelagerten Rohrleitungsnetze berücksichtigen. Die dortige Aufzählung von Verweigerungsgründen ist abschließend. Wohl aufgrund eines **redaktionellen Versehens** wurde die Verweisung nicht wie bei § 25 und § 28a auf die Nummerierung der Gas-RL 09 angepasst. Dies ist in der Sache unerheblich, da sich der Gehalt der europarechtlichen Vorgaben nicht geändert hat.

Danach kann der Zugang verweigert werden, wenn **technische Spezifikatio-** 5 **nen** nicht auf zumutbare Weise miteinander in Übereinstimmung zu bringen sind (Art. 20 Abs. 2 S. 3 lit. a Gas-RL 03). Hierbei ist insbesondere die Beschaffenheit des zu transportierenden Gases relevant. Da durch vorgelagerte Rohrleitungsnetze vor allem nichtaufbereitetes Gas fließt, können verstärkt Kompatibilitätsprobleme auftreten. Ein weiterer Verweigerungsgrund ist die Vermeidung von Schwierigkeiten, die die Effizienz der laufenden und künftigen **Kohlenwasserstoffgewinnung** beeinträchtigen könnten, sofern diese nicht auf zumutbare Art überwunden werden können (Art. 20 Abs. 2 S. 3 lit. b Gas-RL 03). Hintergrund ist unter anderem, dass Gasfelder nicht nur kontinuierlich abgebaut werden können (*Hensing/Pfaffenberger/Ströbele* EnergiewirtschaftS. 78). Die für die bereits bestehende Produktion benötigten Kapazitäten sind daher besonders schutzwürdig. Dies gilt auch für Produktionsfelder, die eine geringe wirtschaftliche Rentabilität aufweisen. Daher müssen Kapazitäten nicht für rentablere Projekte freigegeben werden. Weiterhin können dem Zugangsanspruch angemessene Erfordernisse entgegenstehen, die der Eigentümer oder Betreiber des vorgelagerten Netzes für Gastransport und -aufbereitung geltend macht. Ebenso sind die Interessen aller anderen möglicherweise betroffenen Benutzer dieser Leitungen oder der an sie angeschlossenen Aufbereitungs- oder Umschlagseinrichtungen von Bedeutung (Art. 20 Abs. 2 S. 3 lit. c Gas-RL 03). Schließlich kann der Zugang verweigert werden, wenn dies aus der Notwendigkeit der Anwendung der einzelstaatlichen Rechtsvorschriften und Verwaltungsverfahren zur Erteilung von **Genehmigungen** für Gewinnungstätigkeiten oder vorgelagerte Entwicklungstätigkeiten in Übereinstimmung mit dem Gemeinschaftsrecht ergibt (Art. 20 Abs. 2 S. 3 lit. d Gas-RL 03). Dieser Verweigerungsgrund greift nur ein, wenn die Durchleitung von durch den Netznutzer gewonnenem Gas begehrt wird. Soweit eine Genehmigungspflicht für die Gewinnung von Kohlenwasserstoff oder für vorgelagerte Gewinnungstätigkeiten besteht (§ 6 BBergG), ist diese vor dem Durchleitungsbegehren einzuholen. Auch Umweltschutzvorschriften und Vorschriften zur technischen Sicherheit werden grundsätzlich von der Regelung erfasst (*Salje* EnWG § 27 Rn. 25; *Elspas/Graßmann/Rasbach/Keltsch* EnWG § 27 Rn. 12).

6 Die **Darlegungs- und Beweislast** für das Vorliegen eines Verweigerungsgrunds trifft den Betreiber des vorgelagerten Rohrleitungsnetzes. Er hat die Ablehnung in **Textform** (§ 126b BGB) zu begründen.

D. Verordnungsermächtigung (Abs. 1 S. 5)

7 Durch Abs. 1 S. 5 wird das BMWi ermächtigt, durch Rechtsverordnung mit Zustimmung des Bundesrates die **Bedingungen** für den Zugang zu den vorgelagerten Rohrleitungsnetzen und die **Methoden der Entgeltberechnung** für diesen Zugang zu regeln. Der Verordnungsgeber kann damit das Zugangssystem erheblich modifizieren und bedeutende Elemente des regulierten Netzzugangs auch auf die vorgelagerten Netze übertragen. Ausgeschlossen ist lediglich eine Ex-ante-Festlegung der konkreten Entgelte. Von dieser Ermächtigung ist bisher noch kein Gebrauch gemacht worden (ausf. BerlKommEnergieR/*Barbknecht* EnWG § 27 Rn. 15).

E. Streitbeilegung (Abs. 2)

8 Abs. 2 verpflichtet die Regulierungsbehörde bei **grenzüberschreitenden Streitigkeiten** über den Zugang zu vorgelagerten Rohrleitungen zur **Konsultation** der betroffenen Mitgliedstaaten und Drittstaaten, die nicht zur EU gehören. Hinsichtlich des Verfahrens wird auf die Regelung des Art. 34 Abs. 4 Gas-RL 09 in der 2019 geänderten Fassung verwiesen. Danach gilt bei grenzüberschreitenden Streitigkeiten in verfahrensrechtlicher Hinsicht die Regelung des Mitgliedstaates, der für das vorgelagerte Netz bzw. den Teil des vorgelagerten Netzes zuständig ist, zu dem der Zugang verweigert werden soll (Art. 34 Abs. 4 S. 1 Gas-RL 09). Die Mitgliedstaaten konsultieren einander, wenn für ein vorgelagertes Netz, zu dem der Zugang verweigert wird, mehrere Mitgliedstaaten zuständig sind. Ziel der Konsultationen ist die **einheitliche Anwendung** der Bestimmungen der Gas-RL 09, ungeachtet möglicher Unterschiede in der Umsetzung dieser Richtlinie (Art. 34 Abs. 4 S. 2 Gas-RL 09). Beginnt das vorgelagerte Rohrleitungsnetz in einem Drittland, konsultieren sich die Mitgliedstaaten zunächst untereinander. Der Mitgliedstaat, in dem der erste Einspeisepunkt in das Netz der Mitgliedstaaten gelegen ist, konsultiert dann den Drittstaat (Art. 34 Abs. 4 S. 3 Gas-RL 09). Es handelt sich um eine statische Verweisung.

§ 28 Zugang zu Gasspeicheranlagen; Verordnungsermächtigung

(1) ¹**Betreiber von Gasspeicheranlagen haben anderen Unternehmen den Zugang zu ihren Gasspeicheranlagen und Hilfsdiensten zu angemessenen und diskriminierungsfreien technischen und wirtschaftlichen Bedingungen zu gewähren, sofern der Zugang für einen effizienten Netzzugang im Hinblick auf die Belieferung der Kunden technisch oder wirtschaftlich erforderlich ist.** ²**Der Zugang zu einer Gasspeicheranlage gilt als technisch oder wirtschaftlich erforderlich für einen effizienten Netzzugang im Hinblick auf die Belieferung von Kunden, wenn es sich bei der Gasspeicheranlage um einen Untergrundspeicher, mit Ausnahme von unterirdischen**

Röhrenspeichern, handelt. ³Der Zugang ist im Wege des verhandelten Zugangs zu gewähren.

(2) ¹Betreiber von Gasspeicheranlagen können den Zugang nach Absatz 1 verweigern, soweit sie nachweisen, dass ihnen der Zugang aus betriebsbedingten oder sonstigen Gründen unter Berücksichtigung des Zwecks des § 1 nicht möglich oder nicht zumutbar ist. ²Die Ablehnung ist in Textform zu begründen.

(3) ¹Betreiber von Gasspeicheranlagen sind verpflichtet, den Standort der Gasspeicheranlage, Informationen über verfügbare Kapazitäten, darüber, zu welchen Gasspeicheranlagen verhandelter Zugang zu gewähren ist, sowie ihre wesentlichen Geschäftsbedingungen für den Speicherzugang im Internet zu veröffentlichen. ²Dies betrifft insbesondere die verfahrensmäßige Behandlung von Speicherzugangsanfragen, die Beschaffenheit des zu speichernden Gases, die nominale Arbeitsgaskapazität, die Ein- und Ausspeicherungsperiode, soweit für ein Angebot der Betreiber von Gasspeicheranlagen erforderlich, sowie die technisch minimal erforderlichen Volumen für die Ein- und Ausspeicherung. ³Die Betreiber von Gasspeicheranlagen konsultieren bei der Ausarbeitung der wesentlichen Geschäftsbedingungen die Speichernutzer.

(4) Das Bundesministerium für Wirtschaft und Energie wird ermächtigt, durch Rechtsverordnung mit Zustimmung des Bundesrates die technischen und wirtschaftlichen Bedingungen sowie die inhaltliche Gestaltung der Verträge über den Zugang zu den Gasspeicheranlagen zu regeln.

Literatur: *Barbknecht,* Regulierung von Gasspeichern in Europa, 2012; *Däuper,* Optimierung des Gasbezugs durch Zugang zu Speicheranlagen – rechtliche Rahmenbedingungen, ZNER 2003, 306; *Held/Ringwald,* Frischer Wind für den Speicherzugang? Die Europäischen Leitlinien und das neue EnWG, IR 2005, 244; *v. Lewinski/Bews,* Gasspeicherregulierung, N&R 2013, 243; *Schmeding,* Die Notwendigkeit des Zugangs zu Speicheranlagen iSd § 28 EnWG als Ergänzung zum Gasnetzzugang, ZNER 2007, 277; *Schuler/Tugendreich,* Status quo und Regelungsdefizite beim Gasspeicherzugang in Deutschland (Teil 2), IR 2007, 170; *Schuler/Tugendreich,* Bedeutung von Speicheranlagen für die Ausgestaltung eines Regelenergiemarktes Gas und die Zusammenlegung von Marktgebieten, ZNER 2008, 30; *Tugendreich/Schuler,* Status quo und Regelungsdefizite beim Gasspeicherzugang in Deutschland (Teil 1), IR 2007, 146.

A. Allgemeines

I. Inhalt und Zweck

§ 28 regelt den Zugang zu Speicheranlagen für Gas nach dem **Modell des verhandelten Zugangs.** Der Zugang zu Speichern ist ein essenzieller Baustein für ein effizientes Netzzugangsregime und die Etablierung von Wettbewerb auf dem Gasmarkt. Die Vorschrift betrifft nur den Zugang zu Speicheranlagen iSd § 3 Nr. 31. Dies sind vor allem Kavernen-, Aquifer- oder Porenspeicher. Ausgenommen sind hierbei Anlagen, soweit sie den Betreibern von Leitungsnetzen für die Erfüllung ihrer Aufgaben, ursprünglich insbesondere für Ausgleichsleistungen, vorbehalten sind (dazu Baur/Salje/Schmidt-Preuß Energiewirtschaft/*Merk* Kap. 20 Rn. 19; zur veränderten Funktion s. jedoch Theobald/Kühling/*Däuper* EnWG § 28 Rn. 5). Ebenfalls unter den Begriff der Speicheranlage fällt die Netzpufferung (§ 3 Nr. 29), durch die Gas im Netz selbst gespeichert werden kann (für die Anwendung von § 20 Abs. 1 b hingegen Theobald/Kühling/*Däuper* EnWG § 28 Rn. 25f., NK-EnWG/ *Siegel* § 28 Rn. 7). Aufgrund der steigenden Bedeutung von Speichern für den Stromsektor ist die Begrifflichkeit von § 28 durch das Gesetz vom 16.7.2021 klargestellt worden und verwendet nun den Begriff „Gasspeicheranlage".

II. Europarechtlicher Rahmen

2   Art. 33 Abs. 1 Gas-RL 09 ermöglicht den Mitgliedstaaten die Wahl zwischen einem verhandelten und regulierten Modell des Speicherzugangs (→ § 26 Rn. 4). Die grundlegenden **Prinzipien** der Nichtdiskriminierung, der Objektivität und der Transparenz gelten jedoch unabhängig von dieser Wahl (Art. 33 Abs. 1 S. 2 Gas-RL 09). Art. 15 Gas-RL 09 verlangt zur Unterstützung dieser Prinzipien die Entflechtung von Fernleitungsnetzbetreibern und Betreibern von Speicheranlagen. Entscheidet sich ein Mitgliedstaat für einen verhandelten Speicherzugang, normiert Art. 33 Abs. 3 Gas-RL 09 hierfür nur wenige spezielle Vorgaben. Insbesondere wird klargestellt, dass ein Zugangsanspruch sowohl bei technischer als auch bei wirtschaftlicher Notwendigkeit eingeräumt werden muss (zur vorherigen Rechtslage BerlKommEnergieR/*Boesche*, 2004, § 6a Rn. 23). Ferner müssen die Speicherbetreiber verpflichtet werden, mindestens einmal jährlich ihre wesentlichen Geschäftsbedingungen zu veröffentlichen. Nach Art. 33 Abs. 3 UAbs. 3 Gas-RL 09 sind die Netznutzer bei der Ausarbeitung der Geschäftsbedingungen zu konsultieren. Da Art. 33 Gas-RL 09 keine eigenen Gründe für die Verweigerung des Speicherzugangs normiert, gelten die allgemeinen Gründe des Art. 35 Gas-RL 09. Die Generaldirektion Verkehr und Energie der Kommission hat ihre Interpretation der Regelungen der Gas-RL 03 zum Speicherzugang in einem unverbindlichen Vermerk niedergelegt.

3   Der europäische Regulierungsrahmen für den Speicherzugang ist auch durch die **Leitlinien für den Speicherzugang** (Guidelines for Good Practice for Storage System Operators, GGPSSO) beeinflusst worden. Diese sind im Rahmen des Europäischen Forums für Erdgasregulierung in Madrid (→ Vor § 20 Rn. 21) erarbeitet worden. Im Juli 2011 erfolgte eine Anpassung der Leitlinien an die Entwicklung des Speichermarktes, die vor allem die Kapazitätszuteilung und das Engpassmanagement betreffen. Sie sind für sich genommen unverbindlich und können keine unmittelbaren Rechtswirkungen für den Speicherzugang entfalten. Allerdings sind sie für dessen Ausgestaltung auch nicht unerheblich. Als Ergebnis eines informellen Konsensbildungsprozesses zwischen den Marktbeteiligten, den Regulierungsbehörden und der Kommission bieten sie eine Orientierung bei **Konkretisierung der Prinzipien der Nichtdiskriminierung, der Transparenz und anderer unbestimmter Rechtsbegriffe** (*Held/Ringwald* IR 2005, 244 (246); Danner/ Theobald/*Neveling* Eur. Energierecht, 64. EL 2009, Rn. 136). In der Praxis dürfte ihre Befolgung eine widerlegbare Vermutung für richtlinienkonformes Verhalten begründen (ebenso Theobald/Kühling/*Däuper* EnWG § 28 Rn. 9; Elspas//Graßmann/Rasbach/*Keltsch* EnWG § 28 Rn. 5; krit. NK-EnWG/*Siegel* § 28 Rn. 3). Umgekehrt ist die Nichteinhaltung der Leitlinien ein Indiz für ein missbräuchliches Verhalten des Speicherbetreibers, das zumindest eine Begründungslast auslöst. Dies gilt auch im Verhältnis von Mitgliedstaat und Kommission. Daher sind sie ein Instrument mittelbarer Vollzugssteuerung (*Arndt* Die Verwaltung 39 (2006), 100 (107 ff.)). Die ERGEG veröffentlichte jährliche Berichte, in denen sie die Einhaltung der Leitlinien darstellte. Die Leitlinien haben eine **Wegbereiterfunktion für**

die Setzung verbindlichen Rechts übernommen, da ihre zentralen Inhalte in die GasfernleitungsVO 09 integriert worden sind (Theobald/Kühling/*Däuper* EnWG § 28 Rn. 10, zur Weitergeltung der GGPSSO als Empfehlung BerlKommEnergieR/*Barbknecht* EnWG § 28 Rn. 37).

B. Zugangsanspruch (Abs. 1)

I. Erforderlichkeit des Gasspeicherzugangs

Voraussetzung eines Anspruchs auf Zugang zu Gasspeicheranlagen ist zunächst, 4 dass dieser für einen effizienten Netzzugang **technisch oder wirtschaftlich erforderlich** ist. Technisch erforderlich ist der Speicherzugang, wenn die Vollversorgung des Kunden aus Gründen der Netzkapazität nur durch eine Inanspruchnahme von Speicherleistung ermöglicht werden kann. Dies ist zB der Fall, wenn die Spitzenlast des Kunden höher ist als die maximale Einspeiseleistung in ein Gasversorgungsnetz, die der Lieferant nutzen kann (BerlKommEnergieR/*Boesche,* 2004, EnWG § 6a Rn. 24). § 28 Abs. 1 S. 2 enthält nun eine gesetzliche **Vermutung,** nach der unwiderlegbar der Zugang zu unterirdischen Speicheranlagen als technisch und wirtschaftlich erforderlich gilt. Hiervon ausgenommen sind nur **unterirdische Röhrenspeicher,** da sie eine vergleichsweise kleine Kapazität besitzen. Die gesetzliche Vermutung kann bei richtlinienkonformer Auslegung keine abschließende Konkretisierung darstellen. Für Röhrenspeicher und oberirdische Speicher kann die Erforderlichkeit daher theoretisch weiterhin im Einzelfall nachgewiesen werden (ebenso Elspas/Graßmann/Rasbach/*Keltsch* EnWG § 28 Rn. 12).

Die Speichernutzung ist insbesondere für den Ausgleich von **jahreszeitlichen** 5 **Schwankungen** im Gasverbrauch erforderlich (*Däuper* ZNER 2003, 306 (307); *Tugendreich/Schuler* IR 2007, 146 (147)). Schon aus technischen Gründen kann die Gasförderung nicht hinreichend flexibel gesteuert werden, um dadurch eine abnahmegerechte Lieferung zu gewährleisten. Weitergehend ist in dieser Hinsicht aber die wirtschaftliche Erforderlichkeit. Hintergrund ist, dass die Kosten für eine gleichmäßige Produktion niedriger sind als für eine den jahreszeitlichen Schwankungen so weit wie möglich angepasste Gewinnung. Nur Lieferanten, die auf Speicher zurückgreifen können, haben die Möglichkeit ein sog. Jahresband zu beziehen und dadurch günstigere Konditionen bei den Erdgasproduzenten auszuhandeln. Ohne eine Speichernutzung wäre ein Lieferant dadurch wirtschaftlich gesehen nicht wettbewerbsfähig. Aber auch **kurzfristige Abnahmeschwankungen** innerhalb eines Tages können die wirtschaftliche Notwendigkeit der Speichernutzung begründen (BerlKommEnergieR/*Boesche,* 2004, EnWG § 6a Rn. 22). Nicht zutreffend ist es daher, kleinere Speicher, die lediglich als Stunden- oder Spitzenlastspeicher genutzt werden, bereits aufgrund dieser Funktion aus dem Anwendungsbereich des § 28 Abs. 1 auszunehmen (so aber *Held/Ringwald* IR 2005, 244 (245), obwohl sie die Bedeutung dieser Speicher für die wirtschaftliche Optimierung nicht in Abrede stellen; differenzierter Theobald/Kühling/*Däuper* EnWG § 28 Rn. 23, 29; BerlKommEnergieR/*Barbknecht* EnWG § 28 Rn. 11 (14)). Ihre Nutzung ist jedoch nicht wirtschaftlich erforderlich, wenn günstigere Möglichkeiten bestehen, die notwendige Flexibilität zu erreichen. In diesem Sinne nicht erforderlich kann der Zugang zu einer konkreten Speicheranlage weiterhin sein, wenn der Netzbetreiber einen sog. **Systemspeicher** anbietet, der Netzpufferung und die im betreffenden Netz verfügbaren Speicheranlagen zu einer umfassenden Speicherdienstleistung integriert.

Allerdings bleibt im Einzelfall zu prüfen, ob ein direkter Speicherzugang nicht günstiger ist als die Nutzung des Systemspeichers.

6 Der Zugang muss weiterhin im Hinblick auf die **Belieferung** von Kunden erforderlich sein. Daher umfasst der Zugangsanspruch nicht die Speichernutzung zu rein spekulativen Zwecken, auch wenn diese eine wirtschaftliche Bedeutung haben.

II. Zugangsbedingungen

7 Die Zugangsbedingungen müssen **angemessen** und **diskriminierungsfrei** sein. Zur Konkretisierung dieser Prinzipien kann neben den Regelungen der GGPSO auf die kartellrechtliche Rechtsprechung zu §§ 19 Abs. 4, 20 Abs. 1 GWB und Art. 102 AEUV zurückgegriffen werden. Bemerkenswert ist dabei, dass Art. 13 Abs. 1 lit. b Gas-RL 09 auch die Diskriminierung von Kategorien von Netznutzern verbietet. Solche Kategorien sind zB Speichernutzer, die keine langfristigen Verträge eingehen wollen oder nur relativ geringe Kapazitäten nutzen wollen. Mengenrabatte dürfen nur gewährt werden, soweit diese durch tatsächlich geringere Kosten gerechtfertigt sind (*Herrmann* Regulierung der Energienetze S. 193). Der gleiche Gedanke liegt § 7.2. GGPSSO zugrunde, wenn die Diskriminierung von neuen Marktteilnehmern verboten wird.

III. Kapazitätsrechtshandel

8 Ein **Sekundärhandel** mit Kapazitätsrechten ist nicht ausdrücklich vorgeschrieben. § 12 GasNZV ist nicht auf Speicherbetreiber anwendbar, obwohl diese angesichts der Definition in § 3 Nr. 6, 20 als Netzbetreiber angesehen werden könnten. Die GasNZV ist allerdings nicht auf § 28 Abs. 4 gestützt, sodass sie Speicherbetreiber nicht verpflichten kann. Eine vertragliche Behinderung eines solchen Handels dürfte gleichwohl in der Regel nicht den Anforderungen eines diskriminierungsfreien Zugangs genügen, da hierdurch neue Wettbewerber benachteiligt werden. Vor diesem Hintergrund sieht auch § 9 GGPSSO vor, dass der Handel mit Kapazitätsrechten ermöglicht und durch eine elektronische Handelsplattform unterstützt werden soll (so auch Theobald/Kühling/*Däuper* EnWG § 28 Rn. 41 f.).

IV. Durchsetzung des Zugangsanspruchs

9 Zur Durchsetzung des Zugangsanspruchs kann das besondere **Missbrauchsverfahren** nach § 31 eingeleitet werden. Der Zugangsanspruch kann zudem unmittelbar vor den Zivilgerichten geltend gemacht werden (→ § 26 Rn. 12). Regelmäßig wird das Verfahren vor der Regulierungsbehörde schneller und kostengünstiger sein.

C. Zugangsverweigerung (Abs. 2)

10 Abs. 2 enthält eine **spezielle Regelung der Zugangsverweigerung** für Speicheranlagen. Die Formulierung der materiellen Zugangsverweigerungsgründe entspricht der des § 20 Abs. 2 (→ § 20 Rn. 200ff.). Die Verweigerungsgründe der mangelnden Kapazität, der inkompatiblen Gasqualität oder der mangelnden Zahlungsbereitschaft sind dabei auf die Speichernutzung übertragbar. Ein für den Speicherzugang spezifischer Verweigerungsgrund ergibt sich aus dem Bestehen von

Zugang zu Gasspeicheranlagen; Verordnungsermächtigung **§ 28**

festgelegten **Ein-** und **Ausspeiseperioden**. In diesen ist eine Nutzung in umgekehrter Richtung nur begrenzt möglich, da ein gewisses Mindestvolumen in der Hauptflussrichtung erreicht werden muss. Diese Perioden müssen so festgelegt werden, dass die Beschränkungen für die Gesamtheit der Nutzer minimiert wird. Zum anderen sollen die Nominierungen von Nutzern mit kleinen Volumen so weit möglich gebündelt werden, um das Mindestvolumen zu erreichen (§ 4.2. lit. i GGPSSO).

Auch die Kapazitätsvergabe und das **Engpassmanagement** müssen nach diskri- 11 minierungsfreien Grundsätzen erfolgen (vgl. auch Art. 17 GasfernleitungsVO 09). Nach den Leitlinien für den Speicherzugang soll der Bedarf für ein spezifisches Kapazitätsprodukt vor seiner Vergabe durch ein offenes Angebotsverfahren ermittelt werden, bei dem die Marktteilnehmer ihren Bedarf anmelden können (§ 4.1. lit. f GGPSSO). Übersteigt die Nachfrage das Angebot, sollen für die Allokation von Kapazitäten vorrangig Auktionen durchgeführt werden, da sie als bestens am Markt orientierte Verfahren gelten (§ 4.1. lit. g GGPSSO). Um neue Marktteilnehmer nicht zu benachteiligen, müssen die Betreiber von Speicheranlagen bei drohenden Engpässen auf eine ausgewogene Aufteilung der Gesamtkapazität auf langfristige und kurzfristige Verträge achten (§ 4.2. lit. e GGPSSO). Im Rahmen des Engpassmanagements sollen Maßnahmen ergriffen werden, die dem Horten von Kapazitäten entgegenwirken (§§ 4.4. und 4.5. GGPSSO). Dies dürfte grundsätzlich auch zur Einführung von **Use-it-or-lose-it-Verfahren** (→ § 20 Rn. 221) verpflichten. Außerdem wird angeregt, das **Rucksackprinzip** (→ § 20 Rn. 182ff.) auch auf den Speicherzugang anzuwenden (*Schmeding* ZNER 2007, 277 (279)).

Anders als bei der Verweigerung des Netzzugangs muss die Begründung nicht 12 der **Regulierungsbehörde** mitgeteilt werden. Weiterhin hat der Speichernutzungspetent keinen Anspruch darauf, dass ihm die **Kosten** für eine **Kapazitätserweiterung** mitgeteilt werden. Der Grund hierfür ist auch, dass die Erweiterung der betroffenen Speicher in der Regel technisch schwieriger zu realisieren ist.

Die **Darlegungs- und Beweislast** für das Vorliegen eines Verweigerungs- 13 grunds trifft den Betreiber der Speicheranlage. Er hat die Ablehnung in **Textform** (§ 126b BGB) zu begründen.

D. Informationspflichten (Abs. 3)

Abs. 3 normiert eine Pflicht des Speicherbetreibers, den Standort der Anlage, 14 Informationen über verfügbare **Kapazitäten** sowie die wesentlichen **Geschäftsbedingungen** zu veröffentlichen (zu den zu Beginn bestehenden Umsetzungsdefiziten BNetzA, Monitoringbericht 2009, S. 264f.). Die Informationen sind im Internet zu veröffentlichen, um eine größtmögliche Transparenz für potenzielle Nutzer zu erreichen. Die Leitlinien zum Speicherzugang verlangen unter § 4.1. lit. a und § 6.1. zudem, dass die Informationen auch in englischer Sprache zugänglich gemacht werden. Die Informationen sind auf aktuellem Stand zu halten.

Nach Abs. 3 S. 2 sind insbesondere Informationen über die verfahrensmäßige 15 Behandlung von Speicherzugangsanfragen, zur Beschaffenheit des speicherbaren Gases, über die nominale Arbeitsgaskapazität, die Ein- und Ausspeicherungsperiode sowie das aus technischen Gründen minimale Volumen für die Ein- und Ausspeicherung anzugeben. Diese Aufzählung ist nicht abschließend. Es sind Beispiele für Informationen, die für einen effizienten Speicherzugang bedeutsam sind. Auffällig ist, dass anders als unter § 6a Abs. 6 S. 2 EnWG aF die Veröffentlichung von **Entgel-**

ten nicht ausdrücklich gefordert wird. Dies bedeutet allerdings nicht, dass Entgelte nicht Teil der wesentlichen Geschäftsbedingungen sind. Zum einen war ausweislich der Begründung des Regierungsentwurfs keine inhaltliche Änderung beabsichtigt (Begr. BT-Drs. 15/3917, 62). Zum anderen wäre eine solche Sichtweise nicht mit den europarechtlichen Vorgaben vereinbar, da sie Diskriminierungen vereinfachen würde und mit dem Transparenzgebot nicht in Einklang stünde (ebenso Theobald/ Kühling/*Däuper* EnWG § 28 Rn. 54). Dass zumindest Entgelte für die standardisierte Nutzung von Speichern veröffentlicht werden müssen, wird auch durch die Leitlinien zum Speicherzugang unterstrichen. Sie geben unter § 6.4. GGPSO zusätzliche Hinweise, welche weiteren Informationen unter diesem Gesichtspunkt als wesentliche Geschäftsbedingungen anzusehen sind (*Held/Ringwald* IR 2005, 244 (246)). Danach sind auch die Regeln für die Zuteilung von Kapazitäten, zum Engpassmanagement und zur Vermeidung von Kapazitätshortung sowie für den Handel von Kapazitätsrechten auf dem Sekundärmarkt zu veröffentlichen. Ergänzt wird das Transparenzgebot um Art. 19 Abs. 1–4 GasfernleitungsVO 09 (Elspas/Graßmann/ Rasbach/*Keltsch* EnWG § 28 Rn. 20).

16 Das Transparenzgebot des Abs. 3 gilt grundsätzlich für Betreiber von Speicheranlagen iSd § 3 Nr. 31. Dieser sieht keine ausdrückliche Beschränkung auf solche Speicher vor, deren Nutzung für einen effizienten Netzzugang erforderlich ist. Dies ergibt sich jedoch aus der systematischen Stellung und dem Zweck des Transparenzgebots. Es ist kein Selbstzweck, sondern erfüllt eine dem Netzzugang **dienende Funktion**. Speicher, für deren Nutzung zB aufgrund ihrer geringen Kapazität und höherer spezifischer Kosten offensichtlich kein Bedürfnis des Marktes besteht, fallen daher auch nicht unter Abs. 3.

17 Abs. 3 S. 3 sieht vor, dass Speicherbetreiber die potenziellen Speichernutzer bei der Ausarbeitung der wesentlichen Geschäftsbedingungen **konsultieren** und setzt damit Art. 33 Abs. 3 UAbs. 3 Gas-RL 09 um. Dies umfasst auch und unter anderem die Kapazitätszuteilungsverfahren (vgl. § 4.1. lit. b GGPSSO). Bei der Gestaltung von **Kapazitätsprodukten** sind Konsultationen mit den FNB erforderlich (§ 4.1. lit. c GGPSSO).

E. Verordnungsermächtigung (Abs. 4)

18 Durch Rechtsverordnung können die technischen und wirtschaftlichen Bedingungen sowie die inhaltliche Gestaltung der Verträge über den Zugang zu Speicheranlagen geregelt werden. Wirtschaftliche Bedingungen umfassen auch die Nutzungsentgelte, sodass eine Regulierung der Preisbildungsmethoden möglich ist. Bisher ist von der Ermächtigung noch kein Gebrauch gemacht worden.

§ 28a Neue Infrastrukturen

(1) Verbindungsleitungen zwischen Deutschland und anderen Staaten oder LNG- und Gasspeicheranlagen können von der Anwendung der §§ 8 bis 10 e sowie §§ 20 bis 28 befristet ausgenommen werden, wenn
  1. durch die Investition der Wettbewerb bei der Gasversorgung und die Versorgungssicherheit verbessert werden,
  2. es sich um größere neue Infrastrukturanlagen im Sinne des Artikel 36 Absatz 1 der Richtlinie 2009/73/EG handelt, bei denen insbesondere

das mit der Investition verbundene Risiko so hoch ist, dass die Investition ohne eine Ausnahmegenehmigung nicht getätigt würde,
3. die Infrastruktur Eigentum einer natürlichen oder juristischen Person ist, die entsprechend der §§ 8 bis 10e von den Netzbetreibern getrennt ist, in deren Netzen die Infrastruktur geschaffen wird,
4. von den Nutzern dieser Infrastruktur Entgelte erhoben werden und
5. die Ausnahme sich nicht nachteilig auf den Wettbewerb auf den jeweiligen Märkten, die wahrscheinlich von der Investition betroffen sein werden, auf das effiziente Funktionieren des Erdgasbinnenmarktes, auf das effiziente Funktionieren der betroffenen regulierten Netze oder auf die Erdgasversorgungssicherheit der Europäischen Union auswirkt.

(2) Absatz 1 gilt auch für Kapazitätsaufstockungen bei vorhandenen Infrastrukturen, die insbesondere hinsichtlich ihres Investitionsvolumens und des zusätzlichen Kapazitätsvolumens bei objektiver Betrachtung wesentlich sind, und für Änderungen dieser Infrastrukturen, die die Erschließung neuer Gasversorgungsquellen ermöglichen.

(3) ¹Auf Antrag des betroffenen Gasversorgungsunternehmens entscheidet die Regulierungsbehörde, ob die vom Antragsteller nachzuweisenden Voraussetzungen nach Absatz 1 oder 2 vorliegen. ²Die Prüfung und das Verfahren richten sich nach Artikel 36 Absatz 3 bis 9 der Richtlinie 2009/73/EG. ³Die Regulierungsbehörde hat eine Entscheidung über einen Antrag nach Satz 1 nach Maßgabe einer endgültigen Entscheidung der Kommission nach Artikel 36 Absatz 9 der Richtlinie 2009/73/EG zu ändern oder aufzuheben; die §§ 48 und 49 des Verwaltungsverfahrensgesetzes bleiben unberührt.

(4) Die Entscheidungen werden von der Regulierungsbehörde auf ihrer Internetseite veröffentlicht.

Übersicht

	Rn.
A. Allgemeines	1
I. Inhalt und Zweck	1
II. Europarechtliche Rahmenbedingungen	2
1. Vorgaben der Gas-RL	2
2. Europäische Regulierungspraxis	3
III. Entstehungsgeschichte	4
B. Befreiung von der Regulierung des Netzzugangs (Abs. 1)	5
I. Überblick	5
II. Materielle Voraussetzungen einer Befreiung	6
III. Befristung	12
C. Erweiterung bestehender Infrastruktur (Abs. 2)	13
D. Verfahren und Ermessensausübung (Abs. 3)	14
I. Überblick	14
II. Befreiungsentscheidung der Regulierungsbehörde	15
III. EU-Beteiligungsverfahren	20
1. Übermittlung an die Kommission	20
2. Änderungsverlangen der Kommission	21
3. Änderung oder Aufhebung der Befreiung	23

	Rn.
E. Rechtsschutz gegen Entscheidungen der Kommission und Entscheidungen der Regulierungsbehörde	24
F. Veröffentlichungspflicht (Abs. 4)	28
G. Verhältnis zu anderen Vorschriften, insbesondere zum Wettbewerbsrecht	29

Literatur: *Arndt,* Vollzugssteuerung im Regulierungsverbund, Die Verwaltung 39 (2006), 100; *Britz,* Vom Europäischen Verwaltungsverbund zum Regulierungsverbund?, EuR 2006, 46; *Däuper/Wöstehoff,* Die Entscheidung der Bundesnetzagentur in Sachen OPAL, ZNER 2009, 99; *Heller,* Neue Erdgasinfrastrukturen und Freistellung von der Regulierung, 2003; *Herzmann,* Zur Kooperation der Energieregulierungsbehörden in Europa – Ein Überblick und Vergleich mit dem Telekommunikationssektor, ZNER 2005, 216; *Schwaibold/Geiger,* Öffentlich-rechtlicher Vertrag zwischen OPAL, Gazprom und BNetzA, IR 2014, 30.

A. Allgemeines

I. Inhalt und Zweck

1   Die Vorschrift regelt die befristete **Befreiung** bestimmter neuer Erdgas-Infrastrukturanlagen von den Regulierungsvorgaben der §§ 8–10e sowie der §§ 20–28. Die Befreiung kann sich auch nur auf Teile dieser Vorgaben erstrecken. Ziel ist es, den Bau neuer Verbindungsleitungen von bedeutenden LNG- und Speicheranlagen nicht durch die Anforderungen des Netzzugangsregimes wirtschaftlich unmöglich zu machen. Neue Infrastrukturen sind vielmehr für die Entwicklung eines europäischen Gasmarkts notwendig. Die Refinanzierung von risikoreichen Infrastrukturprojekten erfolgt in der Regel durch langfristige Nutzungsverträge. Wird eine umfassende Befreiung erteilt, verbessert dies in zweierlei Hinsicht die **Investitionsbedingungen.** Zum einen wird es dem Betreiber ermöglicht, solche Verträge ohne regulative Vorgaben zur Entgeltbildung auszuhandeln. Zum anderen kann er exklusive Nutzungsrechte vergeben und dadurch höhere Einnahmen erzielen als bei einer allgemein zugänglichen Anlage.

II. Europarechtliche Rahmenbedingungen

2   **1. Vorgaben der Gas-RL.** Art. 36 Gas-RL 09 gibt den materiellen Rahmen für die Gewährung von Ausnahmen vom regulierten Netzzugang detailliert vor. Es ist eine **restriktive Anwendung** geboten, da ansonsten die Wirksamkeit des allgemeinen Netzzugangsregimes verwässert werden könnte (Danner/Theobald/ *Neveling,* 64. EL 2009, Eur. Energierecht Rn. 500). Dies wird auch durch die Entstehungsgeschichte der Vorschrift unterstrichen (vgl. die Begr. des Rates zur Vorgängernorm, ABl. 2003 C 50 E, 36 (56)). Zudem bindet er die mitgliedstaatliche Entscheidung in ein durch die Gas-RL 09 nochmals verstärktes europäisches Kontrollverfahren ein (→ Rn. 20). Diese intensive materielle und prozedurale Determinierung durch die europäische Ebene erscheint angemessen, um zu gewährleisten, dass das Funktionieren des Binnenmarktes nicht über eine großzügige Handhabung der Ausnahmeregelung konterkariert wird. Art. 36 Gas-RL 09 konkretisiert im Vergleich zur bisherigen Regelung in Art. 22 Gas-RL 03 die Voraussetzungen einer Befreiung und bringt erhebliche verfahrensrechtliche Änderungen mit sich. So wird zB die Durchführung eines Bieterverfahrens verbindlich (Art. 36 Abs. 6 UAbs. 3 Gas-RL 09). Neu hinzugekommen ist im Zuge der Verschärfung der Entflechtungs-

Neue Infrastrukturen §28a

bestimmungen für Transportnetzbetreiber (→ § 8 Rn. 1 ff., → Vor § 8 Rn. 22) auch die Möglichkeit, Ausnahmen von diesen vorzusehen. Ferner steht die Befreiungsentscheidung zukünftig unter der auflösenden Bedingung des rechtzeitigen Baubeginns bzw. der fristgerechten Inbetriebnahme (Art. 36 Abs. 9 UAbs. 5 Gas-RL 09). Bei grenzüberschreitenden Projekten soll die neugeschaffene Europäische Agentur für die Zusammenarbeit der Energieregulierungsbehörden ein zügiges Verfahren gewährleisten (Art. 36 Abs. 4 Gas-RL 09). Durch die RL (EU) 2019/692 erfolgten weitere Verfahrensänderungen zur Konsultation der Regulierungsbehörden betroffener Mitgliedstaaten und der Einbindung der zuständigen Behörden von Drittstaaten (Art. 36 Abs. 3 und 4 Gas-RL 09) sowie der Grundsatz der Erdgasversorgungssicherheit der EU (Art. 36 Abs. 1 lit. e Gas-RL 09) aufgenommen. Da Art. 36 Gas-RL 09 eine **Ausnahmemöglichkeit** normiert, besteht keine Pflicht der Mitgliedstaaten, diese Regelung auch in nationales Recht umzusetzen. Zur ihrer Wirksamkeit bedarf sie allerdings der Umsetzung in innerstaatliches Recht. Die parallele Regelung für den Elektrizitätssektor findet sich in Art. 17 StromhandelsVO 09. Anders als Art. 36 Gas-RL 09 gilt diese unmittelbar.

2. Europäische Regulierungspraxis. Befreiungen für neue Infrastruktureinrichtungen sind bisher vor allem für **LNG-Terminals** in Großbritannien, den Niederlanden, Italien, Frankreich und Irland sowie zuletzt in Griechenland und Deutschland (Brunsbüttel, Stade, Lubmin) erteilt worden. Die Dauer der Befreiungen beträgt zwischen 20 und 25 Jahren. Weiterhin sind neue **Verbindungsleitungen** zwischen Großbritannien und den Niederlanden, zwischen Griechenland und Italien, zwischen Griechenland und Bulgarien, zwischen Ungarn und der Slowakei sowie Teile der sog. Nabucco-Erdgas-Pipeline von der Regulierung ausgenommen worden. In Deutschland wurde die Ostsee-Pipeline-Anbindungsleitung (OPAL) teilweise von der Regulierung befreit (BNetzA Beschl. v. 25.2.2009 – BK7-08-009 und BK7-08-010). Im Jahr 2011 ist erstmals eine Freistellung für eine **Speicheranlage** in Tschechien erteilt worden. Außerdem wurde für die Verbindungsleitung „Gazelle" erstmals eine Freistellung von den Entflechtungsvorschriften für Transportnetzbetreiber gewährt. Die britische Regulierungsbehörde Ofgem hat Ende 2003 Leitlinien veröffentlicht, in denen sie ihre Auslegung des Art. 22 Gas-RL 03 darlegt (Ofgem Publication 150/03, LNG facilities and interconnectors: EU legislation and regulatory regime – DTI/Ofgem final views, November 2003, http://ofgem.gov.uk). Die Generaldirektion Verkehr und Energie der Kommission hat ihre Sichtweise in einem unverbindlichen Vermerk vom 30.1.2004 zu „Ausnahmen von bestimmten Bestimmungen der Regelung des Netzzugangs Dritter" veröffentlicht. Die im Rahmen der bisherigen Praxis der Überprüfung von mitgliedstaatlichen Befreiungsentscheidungen entwickelten Bewertungskriterien sind in einem Arbeitsdokument der Kommission niedergelegt worden (SEC(2009) 642 final). Der Council of European Energy Regulators hat eine zwischen den europäischen Regulierungsbehörden abgestimmte Bewertung der Kriterien für eine Befreiung veröffentlicht (Stellungnahme v. 28.3.2006, C05-EWG-22-04, www.ceer-eu.org).

III. Entstehungsgeschichte

Die Ausnahmeregelung für neue Infrastrukturen im EnWG geht auf eine Anregung des Bundesrats zurück (BT-Drs. 15/3917, 87 f.). Als Begründung führte er insbesondere ein **positives Investitionsklima, die Wettbewerbsfähigkeit der**

Arndt 1469

§ 28a

deutschen Gaswirtschaft und die Versorgungssicherheit an. Aufgrund der Empfehlung des Ausschusses für Wirtschaft und Arbeit (BT-Drs. 15/5268, 41f.) wurde dann die spätere Gesetzesfassung eingefügt. Dabei wurden insbesondere die Erheblichkeitsschwelle in § 28 Abs. 2 und die verfahrensrechtlichen Regelungen in § 28 Abs. 3 konkretisiert. Durch das Gesetz zur Neuregelung energiewirtschaftlicher Vorschriften wurde zum einen die Möglichkeit einer Ausnahmeregelung von den Entflechtungsvorschriften für die Transportnetzbetreiber (§§ 8–10e) aufgegriffen, wenngleich diese in der Praxis in Deutschland wenig Auswirkungen entfalten dürfte (→ Rn. 16). Zum anderen wurden die Verfahrensvorschriften an die europarechtliche Entwicklung angepasst (vgl. BT-Drs. 17/6072, 82). Die EnWG-Novelle 2019 hat die Änderungen aufgrund der RL (EU) 2019/692 umgesetzt. Im Zuge der EnWG-Novelle 2021 erfolgte lediglich eine redaktionelle Anpassung.

B. Befreiung von der Regulierung des Netzzugangs (Abs. 1)

I. Überblick

5   Der **Anwendungsbereich** von § 28a umfasst Verbindungsleitungen zwischen Deutschland und anderen Staaten, LNG- und Speicheranlagen. Diese Aufzählung ist abschließend. Andere, auch erhebliche Verbesserungen der Infrastruktur fallen nicht unter § 28a. Dass neue nationale Gasfernleitungen schon europarechtlich nicht von der Regulierung freigestellt werden können, verstößt nicht gegen den unionsrechtlichen allgemeinen Gleichheitssatz (so aber mit weitgehend ökonomisch-rechtspolitischen Gründen *Heller* Neue Erdgasinfrastrukturen S. 456ff.). Zum einen unterliegen Investitionen in Verbindungsleitungen besonderen Rahmenbedingungen, da sie den Regulierungsrahmen von mindestens zwei Mitgliedstaaten unterliegen. Zum anderen ist zu berücksichtigen, dass eine Freistellung von der Regulierung keinen Freibrief für Diskriminierungen bedeutet, sondern regelmäßig Auflagen unterliegen wird, die das Funktionieren des Wettbewerbs sicherstellen sollen. Ob andere Maßnahmen der Investitionsförderung ökonomisch sinnvoller wären bzw. ein geringeres Maß an Ungleichbehandlung zur Folge hätten, unterliegt in der Regel dem Gestaltungsspielraum des Unionsgesetzgebers und ist gerichtlich nur sehr eingeschränkt überprüfbar. Bei der Normierung der materiellen Voraussetzungen (Abs. 1 Nr. 1–5) für eine Befreiung hat der Gesetzgeber den Wortlaut des Art. 36 Abs. 1 Gas-RL 09 im Wesentlichen übernommen. Diese Voraussetzungen müssen **kumulativ** vorliegen. Der Tatbestand des § 28a Abs. 1 ist im Lichte der europäische Vorgaben (→ Rn. 2) eng auszulegen. Die Entscheidung über die Gewährung der Ausnahme steht im pflichtgemäßen Ermessen der Regulierungsbehörde.

II. Materielle Voraussetzungen einer Befreiung

6   Voraussetzung für eine Befreiung ist zunächst, dass der **Wettbewerb** bei der Gasversorgung und die **Versorgungssicherheit** durch die Investition verbessert werden. Eine Wettbewerbsverbesserung liegt vor, wenn die neue Infrastruktur einen Beitrag zur Erhöhung der Liquidität des Gasmarktes leistet. Dies kann sowohl durch die Auflösung von Netzengpässen als auch die Erschließung neuer Gasversorgungsquellen geschehen. Die Versorgungssicherheit wird zum einen erhöht, wenn durch neue Anlagen die Abhängigkeit von den bisherigen Gasquellen oder Transport-

wegen spürbar verringert wird. LNG-Anlagen ermöglichen zB die weltweite Beschaffung von Gas und können so insbesondere die Abhängigkeit von russischen Erdgasvorkommen abmildern (Zenke/Schäfer Energiehandel/*Däuper/Lokau* § 4 Rn. 3). Alternative Transportwege sind auch bei Lieferunterbrechungen von Bedeutung (BNetzA Beschl. v. 25.2.2009 – BK7-008-009, S. 53f.; KOM K(2009) 4694 Rn. 29). Speicheranlagen verbessern zum anderen die Versorgungssicherheit durch den Ausgleich saisonaler Schwankungen des Gasbedarfs.

Es muss sich um **größere neue Infrastrukturanlagen** iSd Gas-RL 09 handeln. 7
Wann eine Anlage als neu gilt, bestimmt sich trotz der missverständlichen Gesetzesformulierung auch nach § 3 Nr. 29a. Ansonsten würde diese Vorschrift praktisch leerlaufen. Die von Art. 2 Nr. 33 Gas-RL 09 abweichende Festlegung des Zeitpunkts, ab dem Infrastruktur als neu angesehen wird, ist europarechtlich unbedenklich, da sie den Anwendungsbereich der Ausnahmevorschrift einschränkt. In der Praxis dürfte die Differenz ohnehin keine Auswirkungen haben, da so weit ersichtlich keine entsprechende Infrastruktur vor Inkrafttreten des EnWG in Betrieb genommen worden ist. Der Einordnung als neue Infrastruktur soll nicht entgegenstehen, wenn ein verhältnismäßig kleiner Abschnitt bereits bestehende Anlagen nutzt und ein vollständiger Neubau ökonomisch unsinnig und ökologisch problematisch wäre (KOM K(2011) 8777, Rn. 14ff.). Größer sind solche Erdgasinfrastrukturen, die eine **Funktion für den zwischenstaatlichen Handel** besitzen (Danner/Theobald/*Neveling,* 64. EL 2009, Eur. Energierecht Rn. 499). Der Bedeutung für den grenzüberschreitenden Handel soll nicht entgegenstehen, dass eine Verbindungsleitung zugleich teilweise für inländische Transporte genutzt wird, solange der verbindende Anteil im Vordergrund steht (BNetzA Beschl. v. 25.2.2009 – BK7-008-009, S. 25ff.; KOM K(2009) 4694, Rn. 24; krit. dazu *Däuper/Wöstehoff* ZNER 2009, 99 (100ff.)). Das mit der Investition verbundene **Risiko** muss so hoch sein, dass sie ohne Ausnahmegenehmigung nicht getätigt würde. Dies ist insbesondere dann der Fall, wenn die Projektkosten und die Amortisationsdauer im Vergleich zu denen der regulierten Netze außergewöhnlich hoch sind, dem jedoch unter dem Regulierungsregime keine besonderen Ertragschancen gegenüberstehen würden. Ein Beispiel sind Verbindungsleitungen, die auf dem Meeresboden verlegt werden (*Jones* EU Energy Law I Rn. 11.32). Zu berücksichtigende Faktoren sind insbesondere die Risiken, dass die Infrastruktur nicht genutzt wird und dass sich die Kosten- bzw. Erlöserwartungen nicht erfüllen. Nicht ausreichend sind hingegen die üblichen Genehmigungsrisiken, auch wenn Planungsverfahren in mehreren Bundesländern durchgeführt werden müssen (*Däuper/Wöstehoff* ZNER 2009, 99 (106)).

Die Gesellschaft, in deren Eigentum die Infrastruktur steht, muss auch von den 8
Netzbetreibern unabhängig sein, in deren Netzen die Infrastruktur angeschlossen ist. Insofern finden die Vorschriften zum **Unbundling** in den §§ 8–10e Anwendung. Zweck hiervon ist es, Quersubventionierungen der privilegierten Infrastrukturen durch die Betreiber des regulierten Netzes zu verhindern.

Von den Nutzern der Infrastruktur müssen **Entgelte** erhoben werden. Diese 9
müssen wirtschaftlich sein und eine Amortisation der Investition in angemessener Zeit ermöglichen. Dies ergibt sich aus dem Ziel der Regelung, Ausnahmen von der Regulierung nur befristet zuzulassen. Weiterhin ergibt sich aus dieser Voraussetzung ein Verbot von Quersubventionierungen. Aus Transparenzgründen ist eine Veröffentlichung der Entgelte anzustreben.

Die Gewährung der Ausnahme darf sich schließlich auf keinen der in Nr. 5 ge- 10
nannten Bereiche nachteilig auswirken. Eine **Beeinträchtigung des Wett-**

bewerbs kann insbesondere dann vorliegen, wenn die Ausnahme zu einer marktbeherrschenden Stellung eines privilegierten Nutzers der Infrastruktur auf einem nachgelagerten Markt führt oder diese verstärkt (KOM K(2009) 4694, Rn. 68). Das effektive **Funktionieren des Binnenmarktes** kann im Falle einer Verbindungsleitung dann beeinträchtigt werden, wenn Kapazitäten nur unter sehr wenigen Wettbewerbern aufgeteilt werden sollen und trotz der neuen Infrastruktur ein erheblicher Engpass bestehen bleibt. Diese Ausschlusskriterien werden in der Regel durch Auflagen für den Betreiber der Infrastruktur hinsichtlich der Kapazitätszuweisung (→ Rn. 15) vermieden werden können. Das **effiziente Funktionieren des Netzes**, an das die Infrastruktur angeschlossen wird, ist zB dadurch zu sichern, dass im Falle von Verbindungsleitungen gegebenenfalls Kompatibilitätsfragen geklärt werden.

11 Nachteilige Folgen eines Infrastrukturprojekts auf die **Erdgasversorgungssicherheit** der EU können sich insbesondere bei Verbindungsleitungen mit Drittstaaten ergeben, wenn durch diese die Versorgung anderer Mitgliedstaaten erschwert wird. Darüber hinaus ist der in Art. 194 AEUV niedergelegte Grundsatz der **Energiesolidarität** zu beachten (EuGH Urt. v. 15.7.2021 – 848/19 P Rn. 47 – ECLI:EU:C:2021:598 – OPAL). Dieser ist weiter als nur der Aspekt der Versorgungssicherheit. Er umfasst insbesondere auch das Ziel der Entwicklung neuer und **erneuerbarer Energiequellen** (Art. 194 Abs. 1 lit. c AEUV). Daher sind bei einer Befreiungsentscheidung auch die Auswirkungen von Investitionen in neue fossile Erdgasinfrastruktur und den weiteren Aufbau eines klimaneutralen Energiesystems zu berücksichtigen, etwa durch Befristungen (vgl. § 5 Abs. 1 Nr. 4 LNGG) oder die künftige Nutzbarkeit der Infrastruktur für Gase aus erneuerbaren Quellen.

III. Befristung

12 Die Ausnahme ist in jedem Fall zu befristen. Die Dauer der Befreiung ist dabei so zu bemessen, dass das Risiko der Investition nicht über das erforderliche Maß hinaus sinkt. Eine **Obergrenze** bilden jedenfalls die Abschreibungszeiträume für solche Anlagen (ähnlich Danner/Theobald/*Neveling,* 64. EL 2009, Eur. Energierecht Rn. 501). Eine Orientierung kann die Dauer von Freistellungen im Wettbewerbsrecht bieten (dazu EuG Urt. v. 15.9.1998 – T-374/94, Slg. 1998, II-3141 Rn. 230–232 – European Night Services ua/Kommission). Die Kommission hat im Rechtsetzungsverfahren erklärt, dass sie auf einer strikten Begrenzung der Laufzeit von Befreiungen bestehen wird (SEK(2003) 161 endgültig). Die Erfahrungen aus der **Regulierungspraxis** verdeutlichen diese Ankündigung. Aufgrund der Intervention der Kommission hat die britische Regulierungsbehörde die Laufzeit einer Ausnahmeentscheidung für die überwiegende Kapazität einer Verbindungsleitung von fünfzehn auf zehn Jahre verkürzt. Dadurch wurde insbesondere gewährleistet, dass die Befreiung nicht länger läuft als die mit den Nutzern abgeschlossenen langfristigen Verträge. Eine Befreiung für einen Zeitraum von 25 Jahren hat die Kommission als angemessen angesehen, wenn dies in der Laufzeit langfristiger Lieferverträge zur Erschließung eines neuen Gasfeldes begründet ist und weniger als 50 Prozent der Kapazität betroffen sind (25.7.2018 – C(2018) 5058 final, 28 f.).

Neue Infrastrukturen § 28a

C. Erweiterung bestehender Infrastruktur (Abs. 2)

Abs. 2 erweitert den Anwendungsbereich der Befreiungsmöglichkeit auf **vor-** 13
handene Infrastruktur, dh bestehende Verbindungsleitungen, LNG- oder Speicheranlagen. Erfasst werden zum einen **Kapazitätserweiterungen** bei vorhandenen Infrastrukturen. Diese müssen eine Erheblichkeitsschwelle überschreiten. Maßstab für die Erheblichkeit sind insbesondere das Investitionsvolumen und das zusätzliche Kapazitätsvolumen. Maßgebend ist eine objektive Betrachtung. Es reicht also nicht aus, dass das Kapazitätsvolumen der bestehenden Anlage erheblich ausgebaut wird. Vielmehr muss bei einer Verbindungsleitung der Beitrag zur Kapazitätsverbesserung des ganzen Netzes gesehen werden. Bei LNG- oder Speicheranlagen bildet die Kapazität aller vergleichbaren Anlagen innerhalb eines Marktgebietes den Bezugspunkt. Zum anderen werden **Änderungen** dieser Infrastrukturen einbezogen, die die Erschließung neuer Gasversorgungsquellen ermöglichen. Insoweit besteht in Übereinstimmung mit Art. 36 Abs. 2 Gas-RL 09 keine weitere Erheblichkeitsschwelle.

D. Verfahren und Ermessensausübung (Abs. 3)

I. Überblick

Abs. 3 legt das Verfahren für die Gewährung der Ausnahme fest. Das Verfahren 14
wird nur auf **Antrag** eingeleitet. Dieser kann schon im Planungsstadium einer Infrastrukturanlage gestellt werden, da nur so der Zweck der Investitionssicherheit erreicht werden kann. Die Regulierungsbehörde entscheidet zunächst über den Antrag (→ Rn. 14). Über die Freistellung darf die BNetzA nicht durch Abschluss eines öffentlich-rechtlichen Vergleichsvertrags entscheiden (BG, Beschl. v. 5.4.2022 – EnVR 36/21). Bei grenzüberschreitenden Projekten tritt im Falle des Art. 36 Abs. 4 UAbs. 3 Gas-RL 09 die Europäische Agentur für die Zusammenarbeit der Energieregulierungsbehörden an die Stelle der innerstaatlichen Regulierungsbehörde und übernimmt die Aufgaben und Befugnisse der BNetzA (→ Rn. 18). Die **Zusammenarbeit mit dem BKartA** hinsichtlich der Voraussetzung des § 28 Abs. 1 Nr. 1 regelt § 58 Abs. 1. Gewährt die Regulierungsbehörde die Befreiung, leitet sie ihre Entscheidung unverzüglich an die Kommission weiter, die die Entscheidung überprüft (→ Rn. 20 ff.). Während dieser Prüfung besteht kein präventives Durchführungsverbot (Schneider ZWeR 2003, 381 (408)). Auch die Beschwerdefrist des § 78 beginnt unabhängig von einer eventuellen Kommissionsentscheidung zu laufen.

II. Befreiungsentscheidung der Regulierungsbehörde

Das Vorliegen der Voraussetzungen der Abs. 1 und 2 ist durch den Antragsteller 15
nachzuweisen. Abs. 3 S. 1 normiert damit eine Ausnahme vom Untersuchungsgrundsatz des § 24 VwVfG. Den Antragsteller trifft insofern die formelle und materielle **Beweislast**. Bedeutung hat Abs. 3 S. 1 auch für die Auferlegung von **Gutachterkosten** nach § 73 Abs. 3, die im Fall des § 28a regelmäßig der Antragsteller tragen muss. Bedeutung für die Sachverhaltsermittlung und insbesondere die Bewertung der (energie)wirtschaftlichen und wettbewerbsrechtlichen Fragen haben

§ 28a Teil 3. Regulierung des Netzbetriebs

auch die Ergebnisse des zwingend durchzuführenden Bieterverfahrens (Art. 36 Abs. 6 UAbs. 3 aE Gas-RL 09).

16 § 28a Abs. 3 S. 2 verweist auf die Regelungen des Art. 36 Abs. 3 bis 9 Gas-RL 09, die neben verfahrensrechtlichen Aspekten vor allem Anforderungen an die **Ermessensausübung** der Regulierungsbehörde festlegen. Sie hat im Rahmen ihres Ermessens insbesondere zu prüfen, ob Auflagen möglich sind, die die Beschränkung des allgemeinen Netzzugangsregimes abmildern und das Prinzip der Nichtdiskriminierung sicherstellen. Sie berücksichtigt dabei insbesondere die Laufzeit der Verträge, die Kapazität des Projekts und die einzelstaatlichen Gegebenheiten (Art. 36 Abs. 6 UAbs. 2). Dabei sind die Auflagen desto schärfer auszugestalten, je weitreichender die Befreiung ist. Die Regulierungsbehörde muss vor der Gewährung einer Ausnahme die Regeln und Mechanismen für das **Kapazitätsmanagement** und die **Kapazitätszuweisung** festlegen. Dabei sind effektive Mechanismen zu verlangen, die eine Kapazitätshortung verhindern (Use-it-or-lose-it-Prinzip) und den Handel mit Kapazitätsrechten auf dem Sekundärmarkt ermöglichen. (Art. 36 Abs. 6 UAbs. 3). Auf Grundlage dieser Regeln wird die Kapazität anfänglich auf dem Markt angeboten und ein **Bieterverfahren** durchgeführt. Für solche Bieterverfahren hatte die ERGEG bereits vor Inkrafttreten der Gas-RL 09 unverbindliche **Leitlinien** erlassen (ERGEG Guidelines for Good Practice on Open Season Procedures vom 21. 5. 2007). Marktbeherrschenden Unternehmen kann zur Auflage gemacht werden, dass sie bestimmte Kapazitätsgrenzen nicht überschreiten bzw. ergänzend Gas-Release-Programme durchführen (KOM K(2009) 4694 Rn. 80ff.; zur Unzulässigkeit von Kapazitätsgrenzen für nicht marktbeherrschende Unternehmen KOM K(2013) 6159 Rn. 18f.). Die Befreiungsentscheidung ist stets mit der **auflösenden Bedingung** des rechtzeitigen Baubeginns (in der Regel binnen zwei Jahren nach Erteilung) bzw. der rechtzeitigen Inbetriebnahme (in der Regel binnen fünf Jahren) zu versehen (Art. 36 Abs. 9 UAbs. 5 Gas-RL 09). Eine Verlängerung dieser Fristen ist insbesondere möglich, wenn der Betreiber die Gründe für eine Verzögerung nicht zu vertreten hat (KOM K(2013) 2947, Rn. 13 ff.). Hier ist eine erneute Entscheidung der Regulierungsbehörde notwendig.

17 Bei einer Befreiung von den **Entflechtungsvorschriften** sind die Transparenz und die Nicht-Diskriminierung durch Maßnahmen zu sichern, die die Unabhängigkeit des Betreibers der Infrastruktur innerhalb des vertikal integrierten Unternehmens stärken. So hat die Kommission verlangt, dass gewährleistet sein müsse, dass andere Lieferanten im Falle einer teilweise von der Zugangsregulierung freigestellten Infrastruktur beim Zugang zum regulierten Teil nicht diskriminiert werden. Dies könne insbesondere durch die Einhaltung der Vorschriften über die unabhängigen Fernleitungsnetzbetreiber (Kap. IV Gas-RL 09) erreicht werden (KOM K(2011) 8777, Rn. 55ff.; K(2013) 6159, Rn. 33f.). Auch mit Blick auf eine richtlinienkonforme Auslegung lassen sich gute Gründe dafür anführen, dass die Regelungen über die unabhängigen Fernleitungsnetzbetreiber im Kern eine **Mindestanforderung** darstellen, die auch durch eine Freistellung nach § 28a nicht unterschritten werden dürfen. So sieht Art. 36 Gas-RL 09 nur eine Ausnahme von den strikten Vorschriften des Art. 9 Gas-RL 09 vor, die der Regelungen zur eigentumsrechtlichen Entflechtung enthält. Anders als im EnWG werden die Vorschriften über den unabhängigen Netzbetreiber (Art. 14 Gas-RL 09) und die unabhängigen Fernleitungsnetzbetreiber (Kapitel IV Gas-RL 09) nicht erwähnt. Daraus lässt sich schließen, dass eine Befreiung von den Entflechtungsvorschriften insbesondere dann in Betracht kommt, wenn ein Mitgliedstaat im Allgemeinen diese beiden Aus-

Neue Infrastrukturen § 28a

nahmeregelungen von der eigentumsrechtlichen Entflechtung nicht in Anspruch genommen hat.

Soll eine Befreiung für ein **grenzüberschreitendes Projekt,** also insbesondere 18 eine Verbindungsleitung, erteilt werden, ist nunmehr ein formalisiertes Verfahren zur Koordination der Regulierungsbehörden in den betroffenen Mitgliedstaaten vorgesehen, das die bisherige unverbindliche Konsultation (*Britz* EuR 2006, 46 (66); *Arndt* Die Verwaltung 39 (2006), 100 (112)) ersetzt. Dabei wird der **horizontale Verbund** der Regulierungsbehörden durch subsidiäre Entscheidungsbefugnisse von **ACER** europäisiert. Ziel ist eine Verfahrensbeschleunigung. In den ersten zwei Monaten, nachdem eine Befreiung bei allen zuständigen Regulierungsbehörden beantragt worden ist, kann ACER eine Einigung zwischen den Regulierungsbehörden durch die Abgabe einer Stellungnahme fördern. Diese ist für sich genommen zwar unverbindlich, dürfte aber den faktischen Einigungsdruck erhöhen, insbesondere wenn sie wichtige Elemente einer möglichen späteren Entscheidung von ACER erkennen lässt. Wenn nach Ablauf von sechs Monaten keine Einigung erzielt werden konnte, tritt ACER schließlich in die Position der Regulierungsbehörden ein. Ihre Entscheidung hat die Wirkung einer Entscheidung der zuständigen Regulierungsbehörden (zum Rechtsschutz → Rn. 24). Die Sechs-Monats-Frist kann durch ein gemeinsames Ersuchen der beteiligten Regulierungsbehörden um bis zu drei Monate verlängert werden. Einem solchen Antrag wird in der Regel durch die Agentur stattzugeben sein. Umgekehrt können die betroffenen Regulierungsbehörden auch vor Ablauf der Sechs-Monats-Frist die Agentur gemeinsam ersuchen, das Freistellungsverfahren zu übernehmen.

Bei einer Verbindungsleitung mit einem **Drittstaat** übernimmt die Regulie- 19 rungsbehörde des Mitgliedstaates, in dem der erste Kopplungspunkt mit dem Netz der Mitgliedstaaten gelegen ist, die Konsultation mit der zuständigen Behörde des Drittstaates (Art. 36 Abs. 4 S. 3 Gas-RL 09). Ziel ist es dafür zu sorgen, dass die Gas-RL 09 im Hoheitsgebiet des Mitgliedstaates (inklusive seines Küstenmeeres) einheitlich angewandt wird, es also keine Sonderregelungen für Verbindungsleitungen mit Drittstaaten gibt.

III. EU-Beteiligungsverfahren

1. Übermittlung an die Kommission. Nach § 28a Abs. 3 S. 2 iVm Art. 36 20 Abs. 8 und 9 Gas-RL 09 unterliegt die Entscheidung der Regulierungsbehörde einem europäischen Kontrollverfahren durch die Kommission. Der Kommission ist bereits eine Kopie eines **Befreiungsantrags** zuzuleiten, sobald dieser bei der Regulierungsbehörde gestellt worden ist. Dies ermöglicht der Kommission eine frühzeitige Einflussnahme. Als nächsten Schritt hat die Regulierungsbehörde der Kommission unverzüglich die **Ausnahmeentscheidung** selbst sowie alle Informationen mitzuteilen, die ihre Entscheidung tragen (§ 28a Abs. 3 S. 3 iVm Art. 36 Abs. 8 Gas-RL 09). Die Begleitinformationen dürfen in einer aussagekräftigen Zusammenfassung übermittelt werden. Art. 36 Abs. 8 lit. a–e Gas-RL 09 legt hierzu Mindestanforderungen fest.

2. Änderungsverlangen der Kommission. Aufgrund ihrer Prüfung kann die 21 Kommission eine Änderung oder den Widerruf der Befreiung verlangen (Art. 36 Abs. 9 S. 4 Gas-RL 09). Die Frist hierfür beträgt grundsätzlich zwei Monate. Sie kann durch die Kommission um zwei Monate verlängert werden, wenn sie zusätzliche Informationen anfordert. Anders als unter Art. 22 Abs. 4 S. 6 Gas-RL 03 kann die Kommission direkt einen **verbindlichen Beschluss** erlassen; die Einbeziehung eines Komitologieausschusses ist nicht mehr erforderlich. Ein Beschluss der Kommission ist binnen einem Monat umzusetzen. Hat die Kommission ganz oder teilweise erfolglos zusätzliche Informationen angefordert, gilt die Entscheidung der Regulierungsbehörde als widerrufen. Einer gesonderten Entscheidung der Kommission bedarf es nicht mehr. Die Regulierungsbehörde kann den Eintritt der Widerrufsfiktion verhindern, indem sie sich mit der Kommission über eine Verlängerung der Frist einigt oder eine begründete Erklärung abgibt, dass sie die vorgelegten Informationen als vollständig ansieht.

22 Die Kommission kann die Entscheidung der Regulierungsbehörden in vollem Umfang überprüfen (zur Vorgängernorm Danner/Theobald/Neveling, 64. EL 2009, Eur. Energierecht Rn. 504). Neben der **Kontrolle der Rechtmäßigkeit** kann sie zudem unter dem Gesichtspunkt der Koordination einen eigenen **Ermessensspielraum** besitzen. Es handelt sich insofern um ein echtes Vetorecht (*Britz* EuR 2006, 46 (65)). Deutlichstes Beispiel sind die Entscheidungen zur Befreiung einer grenzüberschreitenden Infrastruktur. Zwar können mögliche Divergenzen der Regulierungsbehörden nun bereits durch ACER einer koordinierten Entscheidung zugeführt werden. Da der zuständige Regulierungsrat von ACER mit Zweidrittelmehrheit entscheiden kann, verbleibt hier ein gewisser Raum für eine koordinierende und streitschlichtende Funktion. Für die Erfüllung dieser Aufgabe ist eine eigene Entscheidungsbefugnis notwendig (*Kadelbach* in Schmidt-Aßmann/Hoffmann-Riem (Hrsg.), Verwaltungskontrolle, 2001, S. 205 (228)), die über die bloße Rechtskontrolle hinausgeht. Die Kommission darf allgemein für eine kohärente Anwendung der Befreiungsregelungen in den Mitgliedstaaten sorgen, um die Regulierungsziele zu erreichen (vgl. *Trute* FS Selmer, 2004, 565 (576) für den Telekommunikationssektor). Diese Ausgestaltung des Verfahrens ist auch in der neuen Gestaltung nach der Gas-RL 09 mit den Prinzipien der Subsidiarität und Verhältnismäßigkeit vereinbar. Diese Gesichtspunkte werden durch die prozedurale Absicherung der endgültigen Kommissionsentscheidung gewahrt. Zudem betreffen die aufsichtsähnlichen Rechte der Kommission im Vergleich zum Telekommunikationssektor einen Randbereich (*Herzmann* ZNER 2005, 216 (219); *Herrmann* Regulierung der Energienetze S. 312f.). Eine über diese Prinzipien hinausgehende Verfahrensautonomie der Mitgliedstaaten im Sinne eines administrativen Kernbereichs besteht nicht (zum Streitstand *Möllers* EuR 2002, 483 (500f.) mwN).

23 **3. Änderung oder Aufhebung der Befreiung.** Abs. 3 S. 4 normiert eine klare Rechtsgrundlage für die europarechtlich gebotene Änderung oder Aufhebung einer Befreiungsentscheidung. Es wird verdeutlicht, dass die Regulierungsbehörde verpflichtet ist, eine endgültige Entscheidung der Kommission umzusetzen. Dies ist unter dem Gesichtspunkt des Vertrauensschutzes unbedenklich. Den Antragstellern ist bekannt, dass eine Entscheidung der Regulierungsbehörde zunächst unter dem Vorbehalt des europäischen Kontrollverfahrens steht. Der Zeitraum, in dem insofern noch keine Rechtssicherheit besteht, ist zumutbar. Die §§ 48 und 49 VwVfG bleiben neben § 28a Abs. 3 S. 4 anwendbar. Dies wird insbesondere im Fall der Nichterfüllung von Auflagen oder einer erheblichen Änderung der Wettbewerbssituation relevant sein. Weiterhin ist ein **Widerrufsvorbehalt** nach § 36 Abs. 2 Nr. 3 VwVfG empfehlenswert, damit die Regulierungsbehörde gegebenenfalls bereits einem unverbindlichen Änderungsverlangen der Kommission nachkommen kann.

E. Rechtsschutz gegen Entscheidungen der Kommission und Entscheidungen der Regulierungsbehörde

Verlangt die **Kommission** die Aufhebung oder Änderung einer Ausnahme- 24
bewilligung, kann der Mitgliedstaat diese Entscheidung vor dem EuGH angreifen. Daneben kann auch der Antragsteller Nichtigkeitsklage nach Art. 263 Abs. 1 und 4 AEUV vor dem EuG erheben. Er ist insbesondere auch unmittelbar von der Entscheidung der Kommission betroffen, da der Regulierungsbehörde beim Vollzug der Entscheidung kein Ermessensspielraum bleibt (EuGH Urt. v. 11.7.1984 – C-222/83, Slg. 1984, 2889 Rn. 12 – Commune de Differdange/Kommission; EuGH Urt. v. 5.5.1998 – C-386/96, Slg. 1998, I-2309 Rn. 43 – Dreyfus/Kommission; EuG Urt. v. 19.2.1998 – T-42/96, Slg. 1998, II-401 Rn. 38 – Eyckeler & Malt). Nach Ablauf der zweimonatigen Klagefrist des Art. 263 Abs. 6 AEUV wird die Entscheidung der Kommission **bestandskräftig** und kann auch im Wege des Vorabentscheidungsverfahrens nicht mehr überprüft werden (EuGH Urt. v. 9.3.1994 – C-188/92, Slg. 1994, I-833 Rn. 26 = EuZW 1994, 250 – TWD Textilwerke Deggendorf; EuGH Urt. v. 30.1.1997 – 178/95, Slg. 1997, I-585 Rn. 21 = EuZW 1994, 316 – Wiljo; krit. *Vogt,* Die Entscheidung als Handlungsform des Europäischen Gemeinschaftsrechts, 2005, S. 241 f.). Der EuGH hat in seiner OPAL-Entscheidung anderen Mitgliedstaaten auch ermöglicht, im Wege der Nichtigkeitsklage ein nicht weit genug gehendes Änderungsverlangen der Kommission zu rügen (EuGH Urt. v. 15.7.2021 –848/19 P – ECLI:EU:C:2021:598).

Steht die endgültige Kommissionsentscheidung im Einklang einer Stellung- 25
nahme von ACER, ist die **Kontrolldichte** durch den EuGH begrenzt. Die Überprüfung beschränkt sich auf das Vorliegen von offensichtlichen Tatsachen- bzw. Rechtsirrtümern oder Ermessensfehlern. Der EuGH hat dies für Entscheidungen in den Bereichen des gemeinsamen Zolltarifs und des Umweltrechts entschieden, an denen ein Komitologieausschuss mitgewirkt hat. Zur Begründung hat er auf den technischen Charakter der zu beurteilenden Fragen und den Sachverstand der eingebundenen Experten abgestellt (EuGH Urt. v. 27.9.1983 – 216/82, Slg. 1983, 2771 Rn. 14 – Universität Hamburg; EuGH Urt. v. 15.12.2005 – C-86/03, Slg. 2005, I-10979 Rn. 66 – Griechenland/Kommission). Diese Bedingungen liegen auch bei der Ausnahme bestimmter Infrastrukturen von der Regulierung der Energiemärkte vor. Die Beurteilung der Auswirkungen auf den Energiebinnenmarkt und die Risikobewertung der geplanten Investition erfordern besonderen technischen Sachverstand. Aus dieser Rechtsprechung folgt im Umkehrschluss, dass gegebenenfalls die Begründung der Kommission, warum sie von einer Stellungnahme des Beratenden Ausschusses abweicht, verstärkter gerichtlicher Kontrolle unterliegt.

Gegen Entscheidungen der **Regulierungsbehörde** steht dem Antragsteller die 26
Beschwerde nach § 75 Abs. 3 zur Verfügung. Wenn eine Befreiung für grenzüberschreitende Infrastrukturen in Rede steht, bestehen Besonderheiten, falls durch das Urteil insoweit eine veränderte Sachlage geschaffen wird. Dann kann die Regulierungsbehörde nur verpflichtet werden, das Kooperationsverfahren unter Beachtung der Rechtsauffassung des Gerichts durchzuführen. Durch das **EU-Beteiligungsverfahren** ergeben sich keine Auswirkungen auf den Ausspruch des Gerichts, da dieses erst nach der Entscheidung der Regulierungsbehörde durchzuführen ist. Wettbewerber des Antragstellers oder der privilegierten Nutzer, die nach § 66

Arndt

§ 28b — Teil 3. Regulierung des Netzbetriebs

Abs. 3 Nr. 3 beigeladen worden sind, können ebenfalls Beschwerde einlegen (§ 75 Abs. 2). Zu den Kriterien für eine materielle Beschwerde s. OLG Düsseldorf Beschl. v. 9.6.2010 – VI 3 Kart 193/09 (V).

27 Wenn **ACER** bei grenzüberschreitenden Projekten an die Stelle der Regulierungsbehörde getreten ist, steht dem Antragsteller und anderen unmittelbar und individuell betroffenen Personen gegen deren Entscheidung innerhalb von zwei Monaten die Beschwerde beim **Beschwerdeausschuss** der Agentur offen (Art. 19 ACER-VO). Gegen die Entscheidung des Beschwerdeausschusses kann vor dem EuG Klage erhoben werden (Art. 20 ACER-VO iVm Art. 263 AEUV).

F. Veröffentlichungspflicht (Abs. 4)

28 Abs. 4 normiert eine Veröffentlichungspflicht für die Entscheidungen zu neuen Infrastrukturen. Umfasst werden sowohl die Entscheidungen der Regulierungsbehörde als auch eventuelle Entscheidungen von ACER sowie der Kommission. Für Letztere hätte ansonsten keine Veröffentlichungspflicht bestanden. Ihre Veröffentlichung ist jedoch geboten, um aus Gründen der Rechtssicherheit eine umfassende Bestandskraft (→ Rn. 22) zu erreichen (Theobald/Kühling/*Däuper* EnWG § 28a Rn. 29). Für Entscheidungen der Regulierungsbehörde ist § 28a Abs. 4 die speziellere Vorschrift. Abweichend von § 74 müssen diese nur auf der Internetseite der BNetzA veröffentlicht werden, nicht jedoch im Amtsblatt.

G. Verhältnis zu anderen Vorschriften, insbesondere zum Wettbewerbsrecht

29 Der Betreiber einer gem. § 28a befreiten Infrastruktureinrichtung bleibt grundsätzlich an das Verbot missbräuchlichen Verhaltens nach § 30 gebunden. Die Befreiung betrifft insoweit nur die Vorgaben der §§ 20–28. Soweit § 30 Abs. 1 S. 1 auf diese Bezug nimmt, ist auch er nicht anwendbar. Der materielle Gehalt von § 30 ist jedoch weiter, da er auch Regelungen der nach § 111 Abs. 1, 2 bei der Regulierung des Netzzugangs nicht anwendbaren §§ 19, 20 GWB aufgreift (→ § 30 Rn. 2). Gleichermaßen eröffnet Art. 36 Abs. 1 Gas-RL 09 nur die Möglichkeit, von den Vorgaben der Richtlinie zum Netzzugang zu befreien, nicht aber von den Vorschriften des allgemeinen Wettbewerbsrechts. Art. 101, 102 AEUV bleiben daher anwendbar. Soweit eine Verbindungsleitung nach § 28a befreit wird, findet auch die **GasfernleitungsVO** keine Anwendung (Art. 30 lit. b GasfernleitungsVO 09). Zur Freistellung von Verbindungsleitungen zu Drittstaaten, die vor dem 23.5.2019 fertiggestellt worden sind, s. § 28b.

§ 28b Bestandsleitungen zwischen Deutschland und einem Drittstaat

(1) ¹**Gasverbindungsleitungen mit einem Drittstaat im Sinne des Artikels 49a der Richtlinie 2009/73/EG, die vor dem 23. Mai 2019 fertiggestellt wurden, werden von der Regulierungsbehörde auf Antrag des Betreibers dieser Gasverbindungsleitung in Bezug auf die im Hoheitsgebiet Deutschlands befindlichen Leitungsabschnitte von der Anwendung der §§ 8 bis 10e sowie der §§ 20 bis 28 befristet freigestellt, wenn**

1. der erste Kopplungspunkt der Leitung mit dem Netz eines Mitgliedstaates in Deutschland liegt,
2. objektive Gründe für eine Freistellung vorliegen, insbesondere
   a) die Ermöglichung der Amortisierung der getätigten Investitionen oder
   b) Gründe der Versorgungssicherheit, und
3. die Freistellung sich nicht nachteilig auf den Wettbewerb auf dem Erdgasbinnenmarkt in der Europäischen Union und dessen effektives Funktionieren auswirkt und die Versorgungssicherheit in der Europäischen Union nicht beeinträchtigt wird.

²Satz 1 ist nicht anzuwenden auf Fernleitungen mit Drittstaaten, die im Rahmen einer mit der Europäischen Union geschlossenen Vereinbarung zur Umsetzung der Richtlinie 2009/73/EG verpflichtet sind und diese Richtlinie wirksam umgesetzt haben.

(2) ¹Der Antragsteller hat dem Antrag alle zur Prüfung des Antrags erforderlichen Unterlagen beizufügen. ²Mit dem Antrag sind zum Nachweis der Voraussetzungen nach Absatz 1 Satz 1 Nummer 2 und 3 Gutachten einzureichen, die durch fachkundige und unabhängige Sachverständige erstellt worden sein müssen. ³Die Gutachten sollen insbesondere zu der Frage Stellung nehmen, ob Nebenbestimmungen nach Absatz 7 zur Einhaltung der Voraussetzungen nach Absatz 1 Satz 1 Nummer 2 und 3 beitragen können. ⁴Die Fachkunde und Unabhängigkeit der Sachverständigen sind im Rahmen der Antragstellung gesondert nachzuweisen. ⁵Der Antrag und die für die Entscheidung erforderlichen Nachweise müssen spätestens 30 Tage nach dem 12. Dezember 2019 bei der Regulierungsbehörde eingehen. ⁶Verspätet eingereichte oder unvollständige Antragsunterlagen können zur Ablehnung des Antrags führen. ⁷Die Antragsunterlagen sind der Regulierungsbehörde auf Anforderung auch elektronisch zur Verfügung zu stellen.

(3) Die Entscheidung über den Antrag auf Freistellung nach Absatz 1 Satz 1 ist bis zum 24. Mai 2020 zu treffen.

(4) ¹Die Dauer der Freistellung nach Absatz 1 Satz 1 bemisst sich nach den objektiven Gründen nach Absatz 1 Satz 1 Nummer 3. ²Sie darf 20 Jahre nicht überschreiten.

(5) ¹Die Freistellung nach Absatz 1 Satz 1 kann auf Antrag über die Dauer nach Absatz 4 hinaus verlängert werden, wenn dies nach Absatz 1 Satz 1 Nummer 2 und 3 gerechtfertigt ist. ²Absatz 2 Satz 1 bis 4, 6 und 7 ist entsprechend anzuwenden. ³Der Antrag auf Verlängerung und die für die Entscheidung erforderlichen Nachweise müssen spätestens ein Jahr vor Ablauf der Freistellungsregelung bei der Regulierungsbehörde eingegangen sein.

(6) Das Verfahren richtet sich im Übrigen nach Artikel 49a Absatz 2 der Richtlinie 2009/73/EG.

(7) ¹Entscheidungen über Anträge auf Freistellung nach Absatz 1 Satz 1 oder auf Verlängerung der Freistellung nach Absatz 5 Satz 1 können mit Nebenbestimmungen versehen werden, die zur Einhaltung der Voraussetzungen nach Absatz 1 Satz 1 Nummer 2 und 3 erforderlich sind. ²Die §§ 48 und 49 des Verwaltungsverfahrensgesetzes bleiben unberührt.

§ 28b Teil 3. Regulierung des Netzbetriebs

(8) Entscheidungen über Anträge auf Freistellung nach Absatz 1 Satz 1 oder auf Verlängerung der Freistellung nach Absatz 5 Satz 1 sind von der Regulierungsbehörde an die Kommission zu übermitteln und auf der Internetseite der Regulierungsbehörde zu veröffentlichen.

Übersicht

	Rn.
A. Allgemeines	1
B. Voraussetzungen der Freistellung (Abs. 1)	3
I. Fertiggestellte Gasverbindungsleitungen mit einem Drittstaat	3
II. Erster Kopplungspunkt in Deutschland (Abs. 1 S. 1 Nr. 1)	5
III. Objektive Gründe (Abs. 1 S. 1 Nr. 2)	6
IV. Keine nachteiligen Auswirkungen auf den Wettbewerb und die Versorgungssicherheit (Abs. 1 S. 1 Nr. 3)	9
V. Kein Ausschluss nach Abs. 1 S. 2	10
C. Rechtsfolge	11
I. Umfang der Freistellung (Abs. 1 S. 1)	11
II. Gebundene Entscheidung	12
III. Nebenbestimmungen und Aufhebung (Abs. 7)	13
IV. Freistellungsdauer (Abs. 4, 5)	14
D. Antrag und Verfahren	16
I. Zuständigkeit und Antragserfordernis (Abs. 1)	16
II. Antragsbefugnis (Abs. 1)	17
III. Antragsinhalt und -frist (Abs. 2)	18
IV. Entscheidungsfrist (Abs. 3)	20
V. Konsultationspflicht und Verfahren (Abs. 6)	21
VI. Übermittlungs- und Veröffentlichungspflicht (Abs. 8)	23

Literatur: *Fölsing,* Machtpoker um Nord Stream 2: Investorenklagen gegen die EU, SchiedsVZ 2021, 223; *Rodi,* Nord Stream als Gegenstand gerichtlicher Auseinandersetzungen, KlimR 2022, 52.

A. Allgemeines

1 § 28b wurde ebenso wie § 28c durch Art. 1 Nr. 7 des Gesetzes zur Änderung des Energiewirtschaftsgesetzes zur Umsetzung der Richtlinie (EU) 2019/692 des Europäischen Parlamentes und des Rates über gemeinsame Vorschriften für den Erdgasbinnenmarkt vom 5. Dezember 2019 (BGBl. 2019 I S. 2002) in das EnWG eingefügt (BT-Drs. 19/13443, 11). In Folge der Einfügung des Art. 49a in die **Gas-RL 09** durch die **RL (EU) 2019/692** erfasst diese nunmehr auch Fernleitungen mit Drittstaaten und gibt den Mitgliedstaaten die Möglichkeit, Abweichungen für diese zuzulassen. Eine entsprechende Ausnahme für **Bestandsleitungen** enthält § 28b. Es wurden zwei Anträge nach § 28b für die Gasverbindungsleitungen **Nord Stream** und Nord Stream 2 gestellt (BeckOK EnWG/*Kindler* § 28b Rn. 40; dass Nord Stream 2 das einzige Projekt sein würde, welches nicht von den Regulierungsvorgaben ausgenommen sein würde, war der Kommission bewusst: European Commission – Fact Sheet: Questions and Answers on the Commission proposal to amend the Gas directive, 8.11.2017, S. 2; zu den Verfahren → Rn. 4, 12, 15; zum parallelen Schiedsverfahren Nord Stream 2 AG v. The European Union (PCA case

Bestandsleitungen zwischen Deutschland und einem Drittstaat **§ 28 b**

no. 2020-07) Fölsing, SchiedsVZ 2021, 223 ff.). Weitere Anträge auf Freistellung kommen aufgrund der starren Frist des Abs. 2 S. 5 (→ Rn. 19) nicht in Betracht. Jedoch könnte ein Verlängerungsantrag gem. Abs. 5 S. 1 für Nord Stream gestellt werden (→ Rn. 15).

Der **Regelungsgehalt** des § 28b umfasst die Entscheidung über die Freistellung 2 des Betreibers von der Anwendung der §§ 8 bis 10e, die Entflechtungsvorgaben für Transportnetzbetreiber enthalten, sowie der Vorschriften der §§ 20 bis 28 zum Netzzugang (→ Rn. 11). Während die Voraussetzungen der Freistellung in Abs. 1 normiert sind (→ Rn. 3 ff.), richtet sich die Dauer der Freistellung, die 20 Jahre nicht überschreiten darf, nach Abs. 4, die jedoch gem. Abs. 5 verlängert werden kann (→ Rn. 14 f.). Der Antrag und das Verfahren bestimmt sich nach den Absätzen 1–3 und 6 (→ Rn. 16 ff.). Zuletzt verpflichtet Abs. 8 die Regulierungsbehörde zur Übermittlung der Freistellungsentscheidung an die Europäische Kommission und zur Veröffentlichung der Entscheidungen (→ Rn. 23).

B. Voraussetzungen der Freistellung (Abs. 1)

I. Fertiggestellte Gasverbindungsleitungen mit einem Drittstaat

Gegenstand der Freistellung nach Abs. 1 S. 1 sind **Gasverbindungsleitungen** 3 mit einem Drittstaat. Für den Begriff der Gasverbindungsleitungen ist die Legaldefinition in § 3 Nr. 19d heranzuziehen, nach welcher es sich um Fernleitungen zwischen einem Mitgliedstaat der Europäischen Union und einem Drittstaat bis zur Grenze des Hoheitsgebietes der Mitgliedstaaten oder dem Küstenmeer dieses Mitgliedstaates handelt. Das Küstenmeer umfasst nach der, auch völkergewohnheitsrechtlich anerkannten, Regelung des Art. 3 Seerechtsübereinkommens 12 Seemeilen (zum Küstenmeer Ipsen Völkerrecht/*Heintschel v. Heinegg*, 7. Aufl. 2018, § 40). Unter den Begriff der **Fernleitung** fällt gem. § 3 Nr. 19 der Transport von Erdgas durch ein Hochdruckfernleitungsnetz, mit Ausnahme von vorgelagerten Rohrleitungsnetzen, um die Versorgung von Kunden zu ermöglichen, jedoch nicht die Versorgung der Kunden selbst. Rohrleitungsnetze im Sinne des § 3 Nr. 39 sind hiervon ausgenommen, da sie Teil eines Gasgewinnungsvorhabens sind oder dazu verwendet werden, Erdgas zu einem Terminal zu leiten und damit nicht Teil des Transportes aus einem Drittstaat in einen Mitgliedstaat sind. Zudem ist zu beachten, dass § 28 b die **gesamte Leitung** und nicht nur die Teile derselben, die innerhalb des deutschen Hoheitsgebietes liegen, umfasst (BNetzA Beschl. v. 20.5.2020 – BK7-19-108, S. 10, 13; BNetzA Beschl. v. 20.5.2020 – BK7-20-004, S. 15 f.). **Drittstaaten** sind nach § 4b Abs. 1 S. 1 solche Staaten, die nicht der EU oder dem EWR angehören (BNetzA Beschl. v. 20.5.2020 – BK7-19-108, S. 12).

§ 28 b Abs. 1 S. 1 gewährt die Möglichkeit der Freistellung nur für solche Gas- 4 bindungsleitungen, die **vor dem 23.5.2019 fertiggestellt** wurden. Dieser Stichtag entspricht der Vorgabe aus Art. 49a Abs. 1 der Gas-RL 09 und korreliert mit dem Inkrafttreten der Änderungen durch die RL (EU) 2019/692, die gem. Art. 3 zwanzig Tage nach der Veröffentlichung im Amtsblatt am 3.5.2019 erfolgte. Der Begriff der **Fertigstellung** ist hier **baulich-technisch** zu verstehen. Demnach muss die betreffende Gasverbindungsleitung physisch errichtet und zum Gastransport nutzbar sein (BNetzA Beschl. v. 15.5.2020 – BK7-20-004, S. 16; BNetzA Beschl. v. 20.5.2020 – BK7-19-108, S. 13; OLG Düsseldorf Beschl. v. 25.8.2021 – 3 Kart 211/20, BeckRS 2021, 23618 Rn. 54 ff.; BeckOK EnWG/*Kindler* § 28 b

Gegenwart

§ 28 b

Rn. 5; BT-Drs. 19/9658, 2). Nach einem wirtschaftlich-funktionalen Verständnis, wie es die Antragssteller in einem Verfahren vor der BNetzA vorgetragen hatten, wäre dagegen für die Fertigstellung allein die wirtschaftlich unumkehrbare Investitionsentscheidung zur Errichtung einer Gasverbindungsleitung maßgeblich. Diese Auslegung widerspricht aber dem Wortlaut sowohl des § 28b Abs. 1 S. 1 als auch des zugrundeliegenden Art. 49a Abs. 1 Gas-RL 09 sowie der systematischen und teleologischen Auslegung (BNetzA Beschl. v. 15.5.2020 – BK7-20-004, S. 17ff.). Bereits die Überschrift des § 28b benennt Bestandsleitungen. Des Weiteren ist der Wortlaut des Abs. 1 S. 1 zu beachten, der durch seinen Bezug auf die „im Hoheitsgebiet Deutschland befindlichen Leitungsabschnitte" zeigt, dass eine physische Leitung erforderlich ist und reine Investitionsplanungen nicht genügen (zu den andernfalls folgenden Abgrenzungsschwierigkeiten OLG Düsseldorf Beschl. v. 25.8.2021 – 3 Kart 211/20, BeckRS 2021, 23618 Rn. 58, 82). Insbesondere bei Betrachtung der Gas-RL 09 zeigt sich, dass in dieser der Begriff der neuen – als nicht fertiggestellten – Infrastruktur in Abgrenzung zur vorhandenen Infrastruktur in Art. 2 Nr. 33, Art. 36 Abs. 6 definiert wird und damit faktische Kapazitätserweiterungen voraussetzt, was ein baulich-technisches Verständnis impliziert (BNetzA Beschl. v. 15.5.2020 – BK7-20-004, S. 19f.). Eine diesbezügliche Auslegung durch den EuGH oder das EuG steht allerdings noch aus. Dies könnte entweder im Rahmen der anhängigen Nichtigkeitsklage gegen die Änderung der Gas-RL 09 (EuG Beschl. v. 20.5.20202 – T-526/19, in welchem die Klage als unzulässig abgewiesen wurde; für zulässig erklärt und zurückverwiesen durch EuGH Urt. v. 12.7.2022 – Rs. C-348/20 P) oder durch eine Vorlage des BGH im Rahmen eines Vorabentscheidungsverfahrens erfolgen, da das OLG Düsseldorf die Rechtsbeschwerde zum BGH zugelassen hat (OLG Düsseldorf Beschl. v. 25.8.2021 – 3 Kart 211/20, BeckRS 2021, 23618 Rn. 134). Die Investitionskosten des Betreibers sind auch nach dem Zweck des § 28b nur von nachrangiger Bedeutung, da nur die Amortisierung dieser Investitionen für das Vorliegen eines wichtigen Grundes betrachtet wird, was allerdings eine bauliche Vollendung und Inbetriebnahme voraussetzt (→ Rn. 5). Zudem verwendet das EnWG in den §§ 17b bis 17f den Begriff des Fertigstellungstermins als den Zeitpunkt, ab dem die Pflichten zur Errichtung und zum Betrieb erfüllt werden (BNetzA Beschl. v. 15.5.2020 – BK7-20-004, S. 21; OLG Düsseldorf Beschl. v. 25.8.2021 – 3 Kart 211/20, BeckRS 2021, 23618 Rn. 65; → § 17e Rn. 40). Ebenso ist die Fertigstellung nach § 76 VwVfG rein faktisch zu bestimmen (Schoch/Schneider/*Weiß* VwVfG § 76 Rn. 63). Die Bundesregierung geht auch davon aus, dass Nord Stream 2 zum Stichtag nicht fertiggestellt war und lehnt somit ein wirtschaftlich-funktionales Verständnis ab (BT-Drs. 19/9658, 2). Auch gebieten weder das europäische Primärrecht noch das nationale Verfassungsrecht eine andere Auslegung (eingehend dazu OLG Düsseldorf Beschl. v. 25.8.2021 – 3 Kart 211/20, BeckRS 2021, 23618 Rn. 96ff.).

II. Erster Kopplungspunkt in Deutschland (Abs. 1 S. 1 Nr. 1)

5   Eine Freistellung von den Vorgaben der §§ 8–10e und §§ 20–28 ist nur unter den Voraussetzungen des Abs. 1 S. 1 möglich. So wird die territoriale Anknüpfung dadurch hergestellt, dass der **erste Kopplungspunkt** der Leitung mit dem Netz eines Mitgliedstaates in Deutschland liegen muss **(Nr. 1)**. Für die Definition eines Kopplungspunktes kann Art. 3 Nr. 2 VO (EU) 2017/459 zu Rate gezogen werden, nach dem ein Kopplungspunkt ein physischer oder virtueller Punkt ist, der benachbarte Einspeise-Ausspeisesysteme miteinander oder ein Einspeise-Ausspeisesystem

Bestandsleitungen zwischen Deutschland und einem Drittstaat **§ 28b**

mit einer Verbindungsleitung verbindet. Somit kommt es nicht auf den Verlauf der Leitung durch Küstenmeere oder ausschließliche Wirtschaftszonen anderer Mitgliedstaaten an (BeckOK EnWG/*Kindler* § 28b Rn. 9).

III. Objektive Gründe (Abs. 1 S. 1 Nr. 2)

Überdies müssen gem. § 28b Abs. 1 S. 1 Nr. 2 **objektive Gründe** für eine Freistellung vorliegen. Diese können insbesondere darin liegen, dass die Amortisierung der bereits getätigten Investitionen ermöglicht werden soll (lit. a), oder dass für die Freistellung Gründe der Versorgungssicherheit sprechen (lit. b). Hierbei ist insbesondere zu beachten, dass trotz des Wortlautes, der die Erforderlichkeit mehrerer Gründe impliziert, ein Freistellungsgrund genügt und es sich bei den genannten Gründen um Beispiele handelt, so dass auch andere objektive Gründe für eine Freistellung sprechen können (BNetzA Beschl. v. 20.5.2020 – BK7-19-108, S. 38; BeckOK EnWG/*Kindler* § 28b Rn. 11f.). 6

Die **Amortisierung** der Investitionskosten ist gegeben, wenn die durch das Investitionsobjekt erwirtschafteten Erträge die Anschaffungsausgaben ausgleichen (BNetzA Beschl. v. 20.5.2020 – BK7-19-108, S. 27). Bezüglich der Amortisierung der Investitionen ist zu beachten, dass diese nur ermöglicht werden soll, weswegen der Antragsteller belegen muss, dass ohne eine Freistellung die Amortisierung beeinträchtigt wird (BNetzA Beschl. v. 20.5.2020 – BK7-19-108, S. 27f.; aA BeckOK EnWG/*Kindler* § 28b Rn. 13f.). Dass es sich bei § 28b nicht um eine reine Vertrauensschutzregel handelt, wird durch das Erfordernis eines objektiven Grundes in § 28b – und im zugrundeliegenden Art. 49a RL 2009/73/EG – verdeutlicht (BNetzA Beschl. v. 20.5.2020 – BK7-19-108, S. 28). Zudem ist für die Beurteilung der Amortisierung – anders als bei § 28a – keine Ex-ante-Bewertung vorzunehmen, da sowohl die Investitionen, als auch die Regulierungsmaßgaben bekannt sind (BNetzA Beschl. v. 20.5.2020 – BK7-19-108, S. 30). 7

Als weiteres Beispiel für objektive Freistellungsgründe nennt Abs. 1 S. 1 Nr. 2b) Gründe der **Versorgungssicherheit**. Die Versorgungssicherheit wird insbesondere durch die Diversifizierung der Versorgungsquellen sowie die Verbesserung der Infrastruktur gefördert (zu § 28a BNetzA Beschl. v. 25.2.2009 – BK7-08-009, S. 54; BerlKommEnergieR/*Thole* EnWG § 28a Rn. 9). Da § 28b diesen objektiven Grund wortgleich aus Art. 49a Gas-RL-09 übernimmt, ist auf die Versorgungssicherheit innerhalb des europäischen Erdgasbinnenmarktes abzustellen (BeckOK EnWG/*Kindler* § 28b Rn. 17). Des Weiteren ist daher für den Begriff der Versorgungssicherheit das europäische Primärrecht in Gestalt von Art. 194 Abs. 1b) AEUV zu berücksichtigen, der die Gewährleistung der Energieversorgungssicherheit zu einem Ziel der Energiepolitik der Europäischen Union erklärt und eine ausreichende und zuverlässige Erfüllung der Nachfrage nach Energie erfordert (Calliess/Ruffert/*Calliess* AEUV Art. 194 Rn. 13). Hinsichtlich der Gasverbindungsleitung Nord Stream wurde dieser positive Beitrag zur Versorgungssicherheit durch die Aufnahme in die Liste als Vorhaben von gemeinsamen Interesse durch das EU-Parlament auf Vorschlag der Europäischen Kommission europarechtlich festgestellt (Anhang III 9.3 Entscheidung Nr. 1364/2006/EG; zur späteren Aufhebung der Entscheidung, die aber keinen Einfluss auf die Feststellungen zu Nord Stream hatte, BNetzA Beschl. v. 20.5.2020 – BK7-19-108, S. 18f.). 8

IV. Keine nachteiligen Auswirkungen auf den Wettbewerb und die Versorgungssicherheit (Abs. 1 S. 1 Nr. 3)

9 Neben den Voraussetzungen, dass der erste Kopplungspunkt der Leitung mit dem Netz eines Mitgliedstaates in Deutschland liegt und dass objektive Gründe für eine Freistellung vorliegen müssen, darf die Freistellung auch keine nachteiligen Auswirkungen auf den Wettbewerb im Erdgasbinnenmarkt haben und die Versorgungssicherheit in der Europäischen Union nicht beeinträchtigen (Nr. 3). Das effektive Funktionieren des **Wettbewerbs** auf dem Erdgasbinnenmarkt wird zur Voraussetzung der Freistellung gemacht, da dieser gerade durch die §§ 8 – 10e und §§ 20 – 28 geschützt werden soll (BerlKommEnergieR/*Säcker/Mohr* EnWG § 8 Rn. 1; → § 20 Rn. 1). Zur Ermittlung etwaiger negativer Konsequenzen ist zunächst der sachlich und räumlich relevante Teil des Erdgasbinnenmarktes zu bestimmen (BNetzA Beschl. v. 20.5.2020 – BK7-19-108, S. 43). In **sachlicher Hinsicht** sind solche Produkte für den Wettbewerb relevant, die durch den Verbraucher als austauschbar oder substituierbar angesehen werden (Bekanntmachung der Europäischen Kommission v. 9.12.1997 – ABl. 372/03 Rn. 7). In Bezug auf § 28b definiert die BNetzA den relevanten Markt als den Erdgasliefermarkt, welcher die Belieferung des Großhandels mit Pipelineimporten, LNG sowie lokaler Produktion umfasst (BNetzA Beschl. v. 20.5.2020 – BK7-19-108, S. 44). Der **räumlich** relevante Markt umfasst hingegen den Bereich, in dem die beteiligten Unternehmen das relevante Produkt anbieten, soweit die Wettbewerbsbedingungen hinreichend homogen sind und sich das Gebiet durch spürbar unterschiedliche Wettbewerbsbedingungen abgrenzt (Bekanntmachung der Europäischen Kommission v. 9.12.1997 – ABl. 372/03 Rn. 8). Die BNetzA stellt hierbei auf das gesamte Bundesgebiet ab (BNetzA Beschl. v. 20.5.2020 – BK7-19-108, S. 44). Zur Ermittlung der negativen Auswirkungen ist ein Vergleich des Wettbewerbsniveaus in einem Szenario mit und ohne Freistellung vorzunehmen (BNetzA Beschl. v. 20.5.2020 – BK7-19-108, S. 45; BeckOK EnWG/*Kindler* § 28b Rn. 25). Im Fall von Nord Stream ergaben sich durch die Freistellung keine Unterschiede, da die Kapazitäten der Leitung aufgrund eines im russischen Recht festgelegten Exportmonopols faktisch und technisch nur durch die Gazprom-Gruppe genutzt werden können (BNetzA Beschl. v. 20.5.2020 – BK7-19-108, S. 45f.; zur Kritik hieran → Rn. 12). Der Begriff der **Versorgungssicherheit** entspricht dem des objektiven Grundes des § 28b Abs. 1 S. 1 Nr. 2b) (→ Rn. 8). Im Rahmen der Prüfung nach Nummer 3 ist nicht der positive Beitrag zur Versorgungssicherheit, sondern die Nichtbeeinträchtigung dieser maßgeblich. Da Nummer 3 die Versorgungssicherheit in der gesamten Europäischen Union zum Prüfungsgegenstand der Freistellung macht, ist der **Grundsatz europäischer Energiesolidarität** des Art. 194 AEUV zu beachten (BeckOK EnWG/*Kindler* § 28b Rn. 26; zum Grundsatz europäischer Energiesolidarität *Kreuter-Kirchhof*, NVwZ 2022, 993; EuGH Urt. v. 15.7.2021 – C-848/19 P).

V. Kein Ausschluss nach Abs. 1 S. 2

10 Soweit Drittstaaten mit der EU **völkerrechtliche Vereinbarungen** zur Umsetzung der Gas-RL 09 abgeschlossen und die Richtlinie wirksam umgesetzt haben, ist § 28b Abs. 1 S. 1 gem. Abs. 1 S. 2 nicht auf Fernleitungen mit diesen Drittstaaten anwendbar. Abkommen mit einzelnen Mitgliedstaaten genügen ausweislich des Wortlautes, der ein Verhandlungsmandat der EU erfordert, nicht (BNetzA Beschl. v. 20.5.2020 – BK7-19-108, S. 15). Eine solche völkerrechtliche Vereinbarung zwischen der Europäischen Union und einem Drittstaat besteht derzeit nicht (BeckOK EnWG/*Kindler* § 28 b Rn. 6).

C. Rechtsfolge

I. Umfang der Freistellung (Abs. 1 S. 1)

Soweit die materiellen Voraussetzungen (→Rn. 3 ff.) vorliegen, ist die Gasverbindungsleitung von der Anwendung der §§ 8 – 10e sowie der §§ 20 – 28 befristet freizustellen. Dadurch entfällt insbesondere die Pflicht zur eigentumsrechtlichen **Entflechtung des Transportnetzes** von anderen Funktionen im Energiebereich nach § 8 Abs. 1, 2 (→ § 8 Rn. 24 ff.), die Pflicht zur Gewährung eines **diskriminierungsfreien Netzzugangs** nach § 20 Abs. 1, 1 b (→ § 20 Rn. 1 ff.) sowie die **Genehmigungspflicht** der **Entgelte** für den Netzzugang aus § 23a Abs. 1 (→ § 23a Rn. 7). Durch die Entbindung von der Entflechtungspflicht entfällt auch die Pflicht zur **Zertifizierung** des Transportnetzbetreibers nach § 4a, da nach § 4a Abs. 3 die Erfüllung der Entflechtungsvorgaben eine Voraussetzung hierfür ist (BeckOK EnWG/*Kindler* § 28 b Rn. 31). Die Freistellung gilt nur für den Teil der Gasverbindungsleitung, der auf deutschem Hoheitsgebiet oder im Küstenmeer verläuft (BT-Drs. 19/13443, 11). 11

II. Gebundene Entscheidung

Ausweislich des Wortlautes des Abs. 1 S. 1 handelt es sich bei der Freistellung um eine **gebundene Entscheidung** (BNetzA Beschl. v. 20.5.2020 – BK7-19-108, S. 15, 48; BeckOK EnWG/*Kindler* § 28 b Rn. 27). Es erscheint, insbesondere angesichts des russischen Angriffskrieges gegen die Ukraine sowie der gegenwärtigen Gasversorgungslage fragwürdig, ob eine solche gebundene Entscheidung im Hinblick auf die Bedeutung von Gasverbindungsleitungen für die Versorgungssicherheit sinnvoll ist oder ob nicht die Einführung eines behördlichen **Ermessens** vorzugswürdig gewesen wäre. Zwar werden sowohl der positive Beitrag der jeweiligen Leitung zur Versorgungssicherheit als auch etwaige negative Konsequenzen für die Versorgungssicherheit insgesamt in der Europäischen Union überprüft (→Rn. 8 f.). Allerdings zeigt das Verfahren zur Gasverbindungsleitung Nord Stream, dass die Auswirkungen auf die Versorgungssicherheit unter der Prämisse der Exportstrukturen im Drittstaat begutachtet wurden, weswegen ein faktisches russisches Exportmonopol und die Vergrößerung des Importvolumens durch die Verbindungsleitung als Beleg gegen negative Auswirkungen auf die Versorgungssicherheit gewertet wurden (BNetzA Beschl. v. 20.5.2020 – BK7-19-108, S. 46, 51), ohne der Abhängigkeiten und außenpolitischen Auswirkungen der Entscheidung hinreichend zu berücksichtigen. Der durch § 28 b umgesetzte Art. 49a Gas-RL 09 steht einer Ermessensentscheidung nicht entgegen (EuG Beschl. v. 20.5.20202 – T-526/19 Rn. 114f.; EuGH Urt. v. 12.7.2022 – C-348/20 P, Rn. 102), so dass ein entsprechender Spielraum für den Gesetzgeber bestünde. 12

III. Nebenbestimmungen und Aufhebung (Abs. 7)

Da es sich bei der Freistellung um eine gebundene Entscheidung (→Rn. 12) handelt, gibt Abs. 7 S. 1 entsprechend der Vorgabe des § 36 Abs. 1 VwVfG die Möglichkeit zum Erlass von **Nebenbestimmungen.** Nebenbestimmungen sind 13

§ 28b Teil 3. Regulierung des Netzbetriebs

demgemäß nur zulässig, soweit sie zur Einhaltung der Voraussetzungen aus Abs. 1 S. 1 Nr. 2 und 3 – also der Gewährleistung der objektiven Freistellungsgründe (Nr. 2) und des Wettbewerbes sowie der Versorgungssicherheit (Nr. 3) – erforderlich sind. Zur Sicherung dieser Belange kommen alle Arten von Nebenbestimmungen in Betracht. Zudem verweist Abs. 7 S. 2 für die **Aufhebung** der Entscheidung auf die allgemeinen Regeln der §§ 48, 49 VwVfG.

IV. Freistellungsdauer (Abs. 4, 5)

14 Die **Dauer** der Freistellung bemisst sich gem. Abs. 4 S. 1 nach den objektiven Gründen, welche die Freistellung rechtfertigen und wird durch die prognostizierbare Gewährleistung der Freiheit von negativen Auswirkungen auf den Wettbewerb und die Versorgungssicherheit begrenzt. S. 2 sieht eine Obergrenze von **20 Jahren** vor.

15 Auf Antrag kann die Freistellung nach Abs. 5 S. 1 **verlängert** werden, soweit dies nicht den objektiven Gründen oder der Wettbewerbssituation und der Versorgungssicherheit widerspricht. Hierbei kommt der Regulierungsbehörde **Ermessen** zu (BeckOK EnWG/*Kindler* § 28b Rn. 34). Für eine Verlängerung kommt allein die erteilte Freistellung von Nord Stream in Betracht (BNetzA Beschl. v. 20.5.2020 – BK7-19-108, S. 1). Bei der Ausübung des Ermessens werden die geschilderte außenpolitische Dimension (→ Rn. 12) und die Folgen für die Versorgungssicherheit zu berücksichtigen sein. Für den Verlängerungsantrag gilt nach S. 2 das entsprechende Verfahren für die erstmalige Freistellung (→ Rn. 16 ff.). An Stelle der Antragsfrist aus § 28b Abs. 2 S. 5 gilt hier eine Frist von einem Jahr vor Ablauf der Freistellung (Abs. 5 S. 3). Auch die Entscheidung über die Verlängerung kann nach Abs. 7 S. 1 mit **Nebenbestimmungen** versehen werden.

D. Antrag und Verfahren

I. Zuständigkeit und Antragserfordernis (Abs. 1)

16 Nach Abs. 1 S. 1 entscheidet die Regulierungsbehörde auf Antrag. Zuständig ist die BNetzA, §§ 28b Abs. 1 S. 1; 54 Abs. 1. Die Freistellungsentscheidung wird durch eine Beschlusskammer gem. § 59 Abs. 1 S. 1 getroffen (zu den Beschlusskammern → § 59 Rn. 10 ff.).

II. Antragsbefugnis (Abs. 1)

17 Antragsbefugt ist der **Betreiber der Gasverbindungsleitung**. Mangels einer Legaldefinition ist aufgrund der sachlichen Nähe der Begriff des Betreibers von Fernleitungsnetzen aus § 3 Nr. 5 heranzuziehen. Dadurch konnte ein Antrag auch bereits vor der Inbetriebnahme gestellt werden, da der Ausbau der Leitung genügt (BNetzA Beschl. v. 15.5.2020 – BK7-20-004, S. 12; BeckOK EnWG/*Kindler* § 28b Rn. 36).

III. Antragsinhalt und -frist (Abs. 2)

18 Dem Antrag sind alle zur Prüfung erforderlichen **Unterlagen** beizufügen (Abs. 2 S. 1). Insbesondere sind nach S. 2 **Gutachten** einzureichen, welche das Vorliegen der objektiven Freistellungsgründe und das Fehlen negativer Folgen für den

Betrieb von Gasverbindungsleitungen mit Drittstaaten § 28 c

Wettbewerb und die Versorgungssicherheit belegen. Diese müssen von fachkundigen und unabhängigen Sachverständigen erstellt worden sein, was gesondert nachzuweisen ist. Die Sachverständigen müssen die Erforderlichkeit etwaiger Nebenbestimmungen gutachterlich prüfen (Abs. 2 S. 2, 3, 4). Zudem sind alle Unterlagen auf Anforderung auch elektronisch bereit zu stellen (Abs. 2 S. 7).

Die **Antragsfrist** betrug gem. § 28b Abs. 2 S. 5 30 Tage nach dem 12.12.2019. 19
Eine Ablehnung wegen verspäteter oder unvollständiger Einreichung der Unterlagen lag im **Ermessen** der Behörde (S. 6).

IV. Entscheidungsfrist (Abs. 3)

Die Freistellungsentscheidung durch die Beschlusskammer war nach § 28b 20
Abs. 3 bis zum 24.5.2020 zu treffen. Diese Frist galt nur für die **erstmalige Entscheidung** über die Freistellung. Würde die Benennung eines Datums durch den Gesetzgeber den Anspruch des Betroffenen auf Neubescheidung entfallen lassen, wäre die Garantie effektiven Rechtsschutzes aus Art. 19 Abs. 4 GG verletzt (OLG Düsseldorf Beschl. v. 25.8.2021 – 3 Kart 211/20, BeckRS 2021, 23618 Rn. 51).

V. Konsultationspflicht und Verfahren (Abs. 6)

Nach Abs. 6 richtet sich das Verfahren zudem nach **Art. 49a Abs. 2 Gas-RL** 21
09. Demgemäß sind neben der Abgrenzung der Entscheidungsverantwortung durch die territoriale Anknüpfung, die in Abs. 1 S. 1 Nr. 1 geregelt wurde (→ Rn. 3), **Konsultationen** mit den anderen betroffenen Mitgliedstaaten durchzuführen. Die BNetzA hat Konsultationen mit allen möglicherweise betroffenen Mitgliedstaaten durchgeführt, unabhängig davon, ob die Verbindungsleitung durch das jeweilige Hoheitsgebiet verläuft, und somit offengelassen, ob das Kriterium der Betroffenheit allein geografisch zu definieren ist (BNetzA Beschl. v. 15.5.2020 – BK7-20-004, S. 11). Zur Sicherstellung der einheitlichen Anwendung der Richtlinie kann die **Kommission** auf Ersuchen der betroffenen Mitgliedstaaten beschließen, als Beobachterin an den Konsultationen zwischen dem Mitgliedstaat, in dem sich der erste Kopplungspunkt befindet, und dem Drittstaat teilzunehmen.

Des Weiteren gibt die BNetzA dem **BKartA** sowie der **Landesregulierungs-** 22
behörde, in deren Bundesland der Sitz des betroffenen Netzbetreibers belegen ist, Gelegenheit zur Stellungnahme, § 58 Abs. 1 S. 2 (BeckOK EnWG/*Kindler* § 28b Rn. 42; zum Verhältnis zur allgemeinen Zusammenarbeit zwischen den Regulierungsbehörden und dem Länderausschuss→ § 58 Rn. 13f.).

VI. Übermittlungs- und Veröffentlichungspflicht (Abs. 8)

Abs. 8 bestimmt, dass die Entscheidung über die Freistellung oder deren Verlän- 23
gerung von der BNetzA an die Kommission zu übermitteln ist und im Internet zu veröffentlichen ist.

§ 28c Technische Vereinbarungen über den Betrieb von Gasverbindungsleitungen mit Drittstaaten

¹**Betreiber von Fernleitungsnetzen können technische Vereinbarungen über den Betrieb von Fernleitungen mit Fernleitungsnetzbetreibern in Drittstaaten abschließen, sofern diese deutschem oder europäischem**

Kloidt 1487

§ 28 c

Recht nicht widersprechen. ²**Bestehende und neu abgeschlossene Vereinbarungen sind der Regulierungsbehörde anzuzeigen.**

Literatur: Vgl. die Hinweise zu §§ 28 a und 28 b.

A. Allgemeines

1 § 28 c wurde gemeinsam mit § 28 b durch das Gesetz zur Änderung des Energiewirtschaftsgesetzes zur Umsetzung der Richtlinie (EU) 2019/692 des Europäischen Parlamentes und des Rates über gemeinsame Vorschriften für den Erdgasbinnenmarkt (BGBl. 2019 I S. 2002) in das EnWG eingefügt und trat am 12.12.2019 in Kraft. § 28 c dient der Umsetzung von Art. 48 a Gas-RL 09, der durch Art. 1 Nr. 8 RL 2019/692/EU vom 17.4.2019 in die Richtlinie aufgenommen wurde. § 28 c S. 1 befasst sich mit technischen Vereinbarungen, die inländische Fernleitungsnetzbetreiber mit Fernleitungsnetzbetreibern aus einem anderen Mitgliedstaat der EU oder einem Drittstaat (zB Norwegen und Russland) abschließen. Die Vereinbarungen schaffen einerseits die Grundlage für den notwendigen **Import von Erdgas**, Vereinbarungen mit Fernleitungsnetzbetreibern aus anderen EU-Staaten dienen andererseits auch der Verwirklichung des **europäischen Binnenmarktes für Gas** (dazu *Zenke/Schäfer* Energiehandel/*Lokau/Däuper* § 4 Rn. 12 ff.) und können völkerrechtliche Abkommen zwischen den betroffenen Staaten entbehrlich machen (vgl. RL 2019/692/EU Erwgr. 8). Die Regelung des § 28 c lässt die Befugnis der Fernleitungsnetzbetreiber, technische Vereinbarung mit ausländischen Fernleitungsnetzbetreibern zu schließen, unberührt, stellt aber gleichzeitig die Beachtung europäischen und deutschen Rechts bei dem Abschluss solcher Vereinbarungen sicher. Damit dient § 28 c im Ergebnis der **Sicherheit der Gasversorgung.**

B. Inhalt

I. Zulässigkeit technischer Vereinbarungen (S. 1)

2 Der Begriff des Fernleitungsnetzbetreibers wird in Art. 2 Nr. 4 Gas-RL 09 legaldefiniert als eine Person, die für den Betrieb, die Wartung sowie erforderlichenfalls den Ausbau des Fernleitungsnetzes verantwortlich ist. Der Begriff der **technischen Vereinbarungen** wird für die Anwendung des § 28 c vorausgesetzt, aber weder durch das EnWG noch durch die maßgeblichen europäischen Rechtsakte definiert. Ausgehend von der Aufgabe der Fernleitungsnetzbetreiber und dem energiewirtschaftlichen Hintergrund dürfte es sich um alle Vereinbarungen handeln, die (bau-)technische Voraussetzungen für Betrieb, Wartung und Ausbau der Fernleitungen selbst, aber auch der Anschluss- und Übergabepunkte regeln (vgl. RL 2019/692/ EU Erwgr. 7 sowie BeckOK EnWG/*Kindler* § 28 c Rn. 3).

3 Soweit § 28 c S. 1 den Abschluss technischer Vereinbarungen grundsätzlich für zulässig erklärt, hat er nur eine **klarstellende Bedeutung** (so auch BT-Drs. 19/13443, 11; BeckOK EnWG/*Kindler* § 28 c Rn. 2). Soweit § 28 c S. 1 bestimmt, dass nur solche Vereinbarungen geschlossen werden dürfen, die **deutschem oder europäischem Recht nicht widersprechen,** ist zu differenzieren. Soweit die Vereinbarung deutschem oder europäischem Recht unterliegt, hat die Vorschrift keine eigene Bedeutung. Die Unzulässigkeit einer solchen Vereinbarung folgt be-

reits aus dem verletzten Recht selbst. Eine dennoch getroffene Vereinbarung ist aufgrund von § 134 BGB (oder bei Verstößen gegen europäisches Recht aufgrund einer entsprechenden Vorschrift in einem der Mitgliedstaaten) unwirksam. Allerdings können entsprechende Vereinbarungen auch nicht dem deutschen oder europäischen Recht unterliegen. In diesen Fällen untersagt § 28c S. 1 den Abschluss einer Vereinbarung, sofern diese deutschem oder europäischem widerspricht. Die Folge eines Verstoßes kann **nicht die Unwirksamkeit der Vereinbarung** sein; dazu fehlt es dem deutschen Gesetzgeber an der notwendigen Rechtssetzungsmacht. Allerdings kann ein Verstoß gegen § 28c S. 1 in diesem Fall **Maßnahmen der Regulierungsbehörde** gem. § 65 nach sich ziehen, da der deutsche Fernleitungsnetzbetreiber durch den Abschluss einer solchen Vereinbarung gegen deutsches Recht verstoßen hat. Gegebenenfalls kann der Fernleitungsnetzbetreiber so auch dazu verpflichtet werden, auf eine Änderung der nicht mit deutschem oder europäischem Recht vereinbaren Regelung zu drängen oder die Vereinbarung aufzulösen.

Der Begriff des **deutschen und europäischen Rechts** ist weit zu verstehen 4 (BeckOK EnWG/*Kindler* § 28c Rn. 4). Erfasst sind etwa die Vorschriften des EnWG und die auf Grundlage dieses Gesetzes erlassenen Verordnungen wie etwa die Verordnung über Gashochdruckleitungen (GasHDrLtgV) sowie die VO (EG) Nr. 715/2009 und die auf Grundlage dieser Verordnung erlassenen Netzkodizes.

II. Anzeigepflicht (S. 2)

§ 28c S. 2 bestimmt, dass die Fernleitungsnetzbetreiber bestehende und neu ab- 5 geschlossene Vereinbarungen der Regulierungsbehörde anzeigen müssen. Der Begriff der Vereinbarung meint technische Vereinbarungen im Sinne des Satz 1. Regulierungsbehörde ist die **BNetzA** (§ 54 Abs. 1). Zweck dieser Anzeigepflicht ist es, die Durchsetzung der Pflicht aus S. 1 gegenüber den Fernleitungsnetzbetreibern durch die Regulierungsbehörde zu ermöglichen. Ein Verstoß gegen die Anzeigepflicht kann sich erst recht nicht auf die Wirksamkeit der Vereinbarung auswirken (→ Rn. 3).

Abschnitt 3 a. Sondervorschriften für selbstständige Betreiber von grenzüberschreitenden Elektrizitätsverbindungsleitungen

Vorbemerkung

Literatur: *BMWi,* Die Energie der Zukunft, 8. Monitoring-Bericht zur Energiewende – Berichtsjahre 2018 und 2019, S. 22; *Burmeister/Kistner,* Regulierung von Interkonnektoren, ER 6/2021, 231; *Kistner,* Die Planung und Zulassung von Interkonnektoren und Stromleitungen mit grenzüberschreitenden Auswirkungen, ZUR 2015, 459; *Lippert,* Europäische Energiewende zwischen Infrastruktur und Markt, NVwZ 2021, 1561; *Qureischie,* Zweckbindung von Engpasserlösen, ER 4/2020, 157; *Qureischie,* Die Entwicklung des Regulierungsrahmens für stand-alone Interkonnektoren, ER 1/2022, 6; *Weyer/Müsgens* (Hrsg.), Netzengpässe als Herausforderung für das Stromversorgungssystem, Oktober 2020.

1 Der länderübergreifende Ausbau der Stromübertragungsnetze ist ein unerlässlicher Bestandteil der klima- und energiepolitischen Bestrebungen für die Vollendung des Energiebinnenmarkts und die Beschleunigung der europäischen Energiewende (s. auch *Lippert* NVwZ 2021, 1561 (1561 und 1564); insbes. zu den Auswirkungen der Energiewende auf die Netzengpässe und das Engpassmanagement *Weyer/Müsgens* Netzengpässe S. 22 ff.). Ein Schlüsselelement für einen integrierten Strommarkt bilden grenzüberschreitende Verbindungsleitungen – auch als Interkonnektoren bezeichnet – zwischen den Strommärkten (BMWi Energie der Zukunft S. 22; *Kistner* ZUR 2015, 459). Diese können insbesondere Stromimporte aus anderen Ländern ermöglichen und sich damit positiv auf das Strompreisniveau im Importland auswirken (BNetzA Beschl. v. 15.12.2021 – BK4-21-060, S. 11). Im Zuge der EnWG-Novelle 2021 wurde mit Wirkung zum 27.7.2021 ein neuer Abschnitt 3 a eingefügt, der die §§ 28 d bis 28 i als **„Sondervorschriften für selbstständige Betreiber von grenzüberschreitenden Elektrizitätsverbindungsleitungen"** enthält (BGBl. 2021 I S. 3026). Mit diesen Vorschriften wird der bestehende Regelungsrahmen für die Refinanzierung von Investitionen in grenzüberschreitende Elektrizitätsverbindungsleitungen erweitert und ein **neuer Erlösmechanismus für selbstständige Betreiber solcher Verbindungsleitungen** (sog. Stand-alone-Interkonnektoren) implementiert. Damit soll dem bisher bestehenden regulatorischen Ungleichgewicht zwischen den selbstständigen Betreibern grenzüberschreitender Elektrizitätsverbindungsleitungen und den regelzonenverantwortlichen Übertragungsnetzbetreibern entgegengewirkt werden (BR-Drs. 165/21, 132; BT-Drs. 19/27453, 115). Während die Übertragungsnetzbetreiber mit Regelzonenverantwortung gemäß den Regelungen der ARegV und der StromNEV die Kosten der von ihnen betriebenen Interkonnektoren über die regulierten Erlösobergrenzen und die darauf aufbauenden Netzentgelte refinanzieren können, hatten selbstständige Betreiber von Interkonnektoren nach der vor Einführung der §§ 28 d ff. geltenden Rechtslage keine vergleichbaren Refinanzierungsmöglichkeiten (BT-Drs. 19/27453, 114 f.). Aufgrund rechtlicher und tatsächlicher Restriktionen können selbstständige Betreiber von Interkonnektoren keine Netznutzungsentgelte vereinnahmen (BT-Drs. 19/27453, 114; *Qureischie* ER 2020, 157 ff.; *Lippert* NVwZ 2021, 1561 (1565); *Burmeister/Kistner* ER 2021, 231 (235 f.)). Auch eine Vereinnahmung von Engpasserlösen – soweit sie mit den unionsrechtlichen Vorgaben für die Engpasserlösverwendung vereinbar ist – ist nach Auffassung des deutschen Gesetzgebers nicht ausreichend, um eine adäquate Refinanzierung der Kos-

Anwendungsbereich § 28 d

ten für den Betrieb von Interkonnektoren zu gewährleisten (idS BT-Drs. 19/27453, 114f.; zur Zweckbindung von Engpasserlösen *Qureischie* ER 4/2020, 157 (158 ff.); *Qureischie* ER 2022, 6 ff.; zu den faktisch abnehmenden Engpasserlöseinnahmen s. auch *Lippert* NVwZ 2021, 1561 (1565 f.); aA *Burmeister/Kistner* ER 6/2021, 231 (236 f.)). Vor diesem Hintergrund räumt § 28g als Kernstück des neuen Abschnitts 3 a selbstständigen Betreibern von grenzüberschreitenden Elektrizitätsverbindungsleitungen einen Anspruch auf Deckung der für die Errichtung und den Betrieb der Leitungen anfallenden Netzkosten ein, um hiermit eine Gleichbehandlung gegenüber den regelzonenverantwortlichen Übertragungsnetzbetreibern hinsichtlich der Kostenerstattung und der Eigenkapitalverzinsung sicherzustellen (BT-Drs. 19/27453, 115; *Qureischie* ER 2022, 6 (9 f.)).

§ 28 d Anwendungsbereich

Die Vorschriften dieses Abschnitts sind für grenzüberschreitende Elektrizitätsverbindungsleitungen eines selbstständigen Betreibers anzuwenden, die Bestandteil eines durch die Bundesnetzagentur nach § 12 c Absatz 4 Satz 1, Absatz 1 Satz 1 in Verbindung mit § 12 b Absatz 1, 2 und 4 bestätigten Netzentwicklungsplans sind.

Literatur: *BNetzA*, Monitoring des Stromnetzausbaus Zweites Quartal 2021; *Lippert*, Europäische Energiewende zwischen Infrastruktur und Markt, NVwZ 2021, 1561; *Qureischie*, Zweckbindung von Engpasserlösen – Regulierungsrechtlicher Rahmen für stand-alone Interkonnektoren, ER 4/2020, 156; *Senders/Wegner*, Die Bedarfsplanung von Energienetzinfrastrukturen, EnWZ 2021, 243; *Weyer*, EU-Strommarktdesign: Rechtsfragen von Knotenpreisen, N&R 2021, 142.

A. Normzweck und Überblick

§ 28d definiert den Anwendungsbereich der mit der EnWG-Novelle 2021 als 1 Abschnitt 3a eingeführten Sondervorschriften für selbstständige Betreiber von grenzüberschreitenden Elektrizitätsverbindungsleitungen. Diese Vorschriften finden auf grenzüberschreitende Elektrizitätsverbindungsleitungen Anwendung, deren energiewirtschaftliche Notwendigkeit durch Aufnahme in einen durch die Regulierungsbehörde bestätigten Netzentwicklungsplan erwiesen ist (BT-Drs. 19/27453, 115). Die Kosten für den Betrieb und die Errichtung solcher Verbindungsleitungen werden gem. §§ 28e, 28f durch die BNetzA festgestellt und fließen sodann in die Zahlungsansprüche gem. § 28g ein, die selbstständige Betreiber grenzüberschreitender Verbindungsleitungen gegenüber regelzonenverantwortlichen Übertragungsnetzbetreibern haben.

B. Anwendungsbereich der §§ 28 d bis 28 i

I. Persönlicher Anwendungsbereich

Adressaten der §§ 28 d ff. sind **selbstständige Betreiber von grenzüber-** 2 **schreitenden Elektrizitätsverbindungsleitungen.** Hierbei handelt es sich um Betreiber von sog. Stand-alone-Interkonnektoren, die zwei benachbarte Über-

§ 28d   Teil 3. Regulierung des Netzbetriebs

tragungsnetze/Gebotszonen verbinden, ohne Teil eines regelzonenumfassenden Übertragungsnetzes zu sein (*Qureischie* ER 4/2020, 156 (157f.); insbesondere zum Begriff der Gebotszone iSd Art. 2 Nr. 65 VO (EU) 2019/943 *Weyer* N&R 2021, 142f.). Der im Zuge der EnWG-Novelle 2021 eingefügte § 3 Nr. 31 definiert die Betreiber solcher Interkonnektoren als diejenigen Betreiber von Übertragungsnetzen, die eine oder mehrere grenzüberschreitende Elektrizitätsverbindungsleitungen betreiben, ohne a) Betreiber von Übertragungsnetzen mit Regelzonenverantwortung zu sein, oder b) mit einem Betreiber von Übertragungsnetzen mit Regelzonenverantwortung iSd Art. 3 Abs. 2 Fusionskontrollverordnung (EG) Nr. 139/2004 verbunden zu sein (→ § 3 Rn. 81). Als Regelzone wird nach § 3 Nr. 30 im Bereich der Elektrizitätsversorgung das Netzgebiet bezeichnet, für dessen Primärregelung, Sekundärregelung und Minutenreserve ein Übertragungsnetzbetreiber verantwortlich ist (→ § 3 Rn. 80). An die Verantwortung für eine bestimmte Regelzone knüpft gem. § 12 Abs. 1–3, §§ 13–13g eine besondere Systemverantwortung an. In Abgrenzung zu den Betreibern grenzüberschreitender Elektrizitätsverbindungsleitungen werden die regelzonenverantwortlichen Übertragungsnetzbetreiber ihrerseits in § 3 Nr. 10a legaldefiniert. Die Vorschrift entspricht § 2 Nr. 3a StromNEV idF bis zum 26.7.2021. Hiernach sind Betreiber von Übertragungsnetzen mit Regelzonenverantwortung in Deutschland die Unternehmen 50 Hertz Transmission GmbH, Amprion GmbH, TenneT TSO GmbH und TransnetBW GmbH sowie ihre Rechtsnachfolger.

II. Sachlicher Anwendungsbereich

3   Der im Abschnitt 3a geregelte Erlösmechanismus erfasst nach § 28d **grenzüberschreitende Elektrizitätsverbindungsleitungen,** die der Übertragung des Stroms vom deutschen Netz in das Netz eines anderen Staats dienen (s. auch *Qureischie* ER 2020, 157; *Lippert* NVwZ 2021, 1561 (1562)). Eine Legaldefinition im Hinblick auf solche Stromleitungen beinhaltet der im Zuge der EnWG-Novelle 2021 eingefügte § 3 Nr. 20a. Hiernach sind grenzüberschreitende Elektrizitätsverbindungsleitungen „Übertragungsleitungen zur Verbundschaltung von Übertragungsnetzen einschließlich aller Anlagengüter bis zum jeweiligen Netzverknüpfungspunkt, die eine Grenze zwischen Mitgliedstaaten oder zwischen einem Mitgliedstaat und einem Staat, der nicht der Europäischen Union angehört, queren oder überspannen und einzig dem Zweck dienen, die nationalen Übertragungsnetze dieser Staaten zu verbinden" (→ § 3 Rn. 55).

4   Neben der Existenz einer grenzüberschreitenden Verbindungsleitung im vorgeschilderten Sinne setzt die Anwendbarkeit des in §§ 28dff. vorgesehenen Erlösmechanismus voraus, dass die Verbindungsleitung **Bestandteil eines** durch die BNetzA nach § 12c Abs. 4 S. 1, Abs. 1 S. 1 iVm § 12b Abs. 1, 2 und 4 **bestätigten Netzentwicklungsplans** ist (s. etwa zur grenzüberschreitenden Verbindungsleitung „NeuConnect" BNetzA, Monitoring des Stromnetzausbaus Zweites Quartal 2021, S. 247). Der Feststellung des Netzentwicklungsplans geht ein umfangreiches und mit einem erheblichen Aufwand verbundenes Verfahren voraus, welches dazu dient, die bedarfsgerechte Optimierung und Verstärkung sowie den bedarfsgerechten Ausbau des Netzes und die Versorgungssicherheit zu gewährleisten (→ § 12c Rn. 13ff.; *Senders/Wegner* EnWZ 2021, 243 (246ff.)).

§ 28e Grundsätze der Netzkostenermittlung

Für die Ermittlung der Netzkosten für die Errichtung und den Betrieb von grenzüberschreitenden Elektrizitätsverbindungsleitungen sind die Grundsätze des § 21 Absatz 2 anzuwenden.

Literatur: *Bourazeri,* Anmerkung zu den Beschlüssen des BGH v. 3.3.2020 – EnVR 26/18 und EnVR 56/18, N&R 2020, 188 (Festlegung der Eigenkapitalzinssätze für die dritte Regulierungsperiode); *Büdenbender,* Die Angemessenheit der Eigenkapitalrendite im Rahmen der Anreizregulierung von Netzentgelten in der Energiewirtschaft, 2011; *Drouet/Thye,* Neue Regelungen für den Netzbetrieb und für selbständige Betreiber von Interkonnektoren durch die EnWG-Novelle 2021, IR 2021, 218; *Egger/Tönnes,* Komplexität der Unternehmensbewertung: Resignation der Gerichte? – Eine Erwiderung auf Emmerich (EWeRK 2016, 153), EWeRK 2016, 362; *Goette/Habersack* (Hrsg.), Münchener Kommentar zum Aktiengesetz, 5. Aufl. 2020; *Großfeld/Egger/Tönnes,* Recht der Unternehmensbewertung, 8. Aufl. 2016; *Holznagel/Schütz* (Hrsg.), Anreizregulierungsrecht, 2. Aufl. 2019; *Kuhner/Maltry,* Unternehmensbewertung, 2017; *Mohr,* Die Verzinsung des Eigenkapitals von Energienetzbetreibern in der 3. Regulierungsperiode, N&R Beil. 1/2020, 1; *Mohr,* Prinzipien und System der Entgeltregulierung am Beispiel der Stromnetzentgeltverordnung, in Ludwigs (Hrsg.) Festschrift für Matthias Schmidt-Preuß, 2018, S. 911; *Mohr,* Sicherung der Vertragsfreiheit durch Wettbewerbs- und Regulierungsrecht, 2015; *Mohr,* Energienetzregulierung als Zivilrechtsgestaltung, EuZW 2019, 229; *Qureischie,* Zweckbindung von Engpasserlösen – Regulierungsrechtlicher Rahmen für stand-alone Interkonnektoren, ER 2020, 157; *Qureischie,* Die Entwicklung des Regulierungsrahmens für stand-alone Interkonnektoren, ER 2022, 6.

A. Allgemeines

I. Inhalt

§ 28e befasst sich mit der Ermittlung der anerkennungsfähigen Kosten für die 1 Errichtung und den Betrieb von grenzüberschreitenden Elektrizitätsverbindungsleitungen (sog. Interkonnektoren). Die Vorschrift hat keinen eigenständigen Regelungsgehalt, sondern verweist hinsichtlich der Methodik der Kostenermittlung auf § 21 Abs. 2. Die in § 21 Abs. 2 normierten Grundsätze einer **kostenorientierten Entgeltbildung** werden vor allem durch die Vorschriften der Stromnetzentgeltverordnung konkretisiert (*Mohr* FS Schmidt-Preuß S. 911 (916 ff., 920 ff.)). Diese regelt nach § 1 Nr. 2 StromNEV auch die Ermittlung der Netzkosten für die Errichtung und den Betrieb von grenzüberschreitenden Elektrizitätsverbindungsleitungen eines selbständigen Betreibers, die nach Teil 3 Abschnitt 3a des EnWG reguliert werden. Insbesondere sieht § 3b S. 1 StromNEV vor, dass die Ermittlung des Umfangs der nach § 28e EnWG anerkennungsfähigen Netzkosten für die Errichtung und den Betrieb von grenzüberschreitenden Elektrizitätsverbindungsleitungen nach den Vorgaben der Kostenartenrechnung gem. §§ 4 bis 10 StromNEV erfolgt. Die auf dieser Grundlage ermittelten Netzkosten bilden sodann den Zahlungsanspruch, der gem. § 28g einem selbständigen Betreiber von grenzüberschreitenden Elektrizitätsverbindungsleitungen iSd § 3 Nr. 20a und 31 gegen denjenigen regelzonenverantwortlichen Übertragungsnetzbetreiber zusteht, an dessen Netz die Leitungen angeschlossen sind. Der Umfang der anerkennungsfähigen Netzkosten wird gem. § 28f im Rahmen eines Verwaltungsverfahrens vor der BNetzA festgestellt (*Qureischie* ER 2022, 6 (10)).

II. Normzweck

2 § 28e verweist auf die Grundsätze des § 21 Abs. 2 und regelt damit die Methodik zur Ermittlung der für die Errichtung und den Betrieb von grenzüberschreitenden Elektrizitätsverbindungsleitungen anfallenden Netzkosten. Hiernach müssen die Netzkosten von sog. Stand-alone-Interkonnektoren der Betriebsführung eines effizienten und strukturell vergleichbaren Netzbetreibers entsprechen und eine angemessene, wettbewerbsfähige und risikoangepasste Verzinsung des eingesetzten Kapitals ermöglichen. Folgerichtig bleiben Kosten und Kostenbestandteile, die sich ihrem Umfang nach im Wettbewerb nicht einstellen würden, bei der Netzkostenermittlung außer Betracht (zum Vorstehenden BT-Drs. 19/27453, 115). Durch die Anwendung der in § 21 Abs. 2 verankerten Grundsätze der kostenorientierten Entgeltbildung auf selbstständige Betreiber von Interkonnektoren soll eine **Gleichbehandlung mit den regelzonenverantwortlichen Übertragungsnetzbetreibern** iSd § 3 Nr. 10a sichergestellt werden, für die dieselben Kostengrundsätze gelten (BT-Drs. 19/27453, 115; *Qureischie* ER 2022, 6 (10)). Selbstständige Betreiber von Interkonnektoren und regelzonenverantwortliche Übertragungsnetzbetreiber haben damit ua gemeinsam, dass ihnen eine angemessene Eigenkapitalverzinsung nach § 21 Abs. 2 S. 1 und § 7 StromNEV zusteht. Ein bedeutender Unterschied bei der regulatorischen Behandlung von selbstständigen und regelzonenverantwortlichen Übertragungsnetzbetreibern bleibt vor allem aber, dass letztere seit dem 1.1.2009 einer anreizbasierten Regulierung nach § 21a EnWG und der ARegV unterliegen. Demgegenüber finden für selbstständige Betreiber von grenzüberschreitenden Elektrizitätsverbindungsleitungen die Regelungen der ARegV keine Anwendung, wie § 1 Abs. 3 ARegV klarstellt (BT-Drs. 19/27453, 143).

B. Einzelerläuterungen

I. Kostenorientierte Entgeltbildung gem. § 21 Abs. 2 EnWG

3 Nach §§ 21 Abs. 2 S. 1, 28e werden die **Netzkosten für die Errichtung und den Betrieb von grenzüberschreitenden Elektrizitätsverbindungsleitungen** „auf der Grundlage der Kosten einer Betriebsführung, die denen eines effizienten und strukturell vergleichbaren Netzbetreibers entsprechen müssen, unter Berücksichtigung von Anreizen für eine effiziente Leistungserbringung und einer angemessenen, wettbewerbsfähigen und risikoangepassten Verzinsung des eingesetzten Kapitals gebildet". Diese übergreifenden Anforderungen gelten für alle Formen der Netzentgeltregulierung (Holznagel/Schütz/*Laubenstein/van Rossum* ARegV § 1 Rn. 1 ff.), also nicht nur für die in § 21 Abs. 2 benannte kostenorientierte Entgeltregulierung, sondern auch für die seit dem Jahr 2009 für die überwiegende Anzahl der Netzbetreiber geltende Anreizregulierung nach § 21a EnWG iVm der ARegV (Holznagel/Schütz/*Laubenstein/van Rossum* EnWG § 21 Rn. 45). Eine kostenorientierte Bildung der Netzentgelte bedeutet, dass den Netzbetreibern die Wiederbeschaffung ihrer Anlagegüter ermöglicht und eine angemessene Rendite zugesprochen wird, die gewährleistet, dass Investoren auch im Vergleich mit sonstigen Anlagemöglichkeiten auf dem internationalen Kapitalmarkt ein Interesse an der Investition in die Energieversorgungsnetze haben (BT-Drs. 15/5268, 119). Ein wesentliches Element der kostenorientierten Entgeltbildung bildet insoweit der Grundsatz **einer angemessenen, den Wettbewerbsbedingungen auf den Ka-**

Grundsätze der Netzkostenermittlung **§ 28 e**

pitalmärkten entsprechenden **Verzinsung des eingesetzten Kapitals** gem. § 21 Abs. 2 S. 1. Mit der Vorschrift soll sichergestellt werden, dass überhaupt hinreichend Eigen- und Fremdkapital für die Investition in die Netze zur Verfügung steht (sa OLG Düsseldorf Beschl. v. 24.4.2013 – VI-3 Kart 61/08 (V), N&R 2013, 219f. unter II. 1; Holznagel/Schütz/*Laubenstein/van Rossum* EnWG § 21 Rn. 64; *Mohr* FS Schmidt-Preuß S. 911 (930)). Dieselben Kostenmaßstäbe gelten gem. § 28 e EnWG, § 3b S. 1 StromNEV auch für selbstständige Betreiber grenzüberschreitender Verbindungsleitungen.

II. Ermittlung der anerkennungsfähigen Netzkosten

1. Kostenartenrechnung gem. §§ 4 bis 10 StromNEV. Gem. § 3b S. 1 **4** StromNEV erfolgt die Ermittlung des Umfangs der nach § 28 e anerkennungsfähigen Netzkosten für die Errichtung und den Betrieb von grenzüberschreitenden Elektrizitätsverbindungsleitungen nach den Vorgaben der **Kostenartenrechnung gem. §§ 4 bis 10 StromNEV.** Nicht von der Verweisung in § 3b S. 1 StromNEV erfasst ist § 11 StromNEV, der noch vor Einführung der Anreizregulierung zum 1.1.2009 die periodenübergreifende Saldierung regelte (BerlKommEnergieR/ *Mohr* StromNEV § 11 Rn. 3f.). Dies gründet auf dem Umstand, dass § 28g Abs. 3 im Hinblick auf die Saldierung von Plan- und Ist-Kosten spezifische Vorgaben enthält (→ § 28g Rn. 6ff.). Ebenfalls nicht von der Verweisung in § 3b S. 1 StromNEV erfasst sind die §§ 12ff. StromNEV bzgl. der Kostenstellen- und Kostenträgerrechnung. Die Kostenstellenrechnung gem. §§ 12–14 StromNEV stellt das Bindeglied zwischen der Kostenarten- und Kostenträgerrechnung. Ihr Ziel ist es, die Entstehung der verschiedenen Netzkosten transparent zu machen. Im Rahmen der Kostenträgerrechnung gem. §§ 15–20 StromNEV werden die Aufwendungen eines Netzbetreibers den einzelnen Netz- und Umspannebenen zugeordnet (zum Vorstehenden BerlKommEnergieR/*Mohr* Vorb. StromNEV Rn. 29ff.). Damit soll eine verursachungsgerechte Zuteilung der Kosten auf die Netznutzer sichergestellt werden (vgl. § 16 Abs. 1 S. 1 StromNEV). Da selbstständige Betreiber von Interkonnektoren keine Netznutzungsentgelte erheben (*Qureischie* ER 2020, 157 (158)), sondern ihre Netzkosten durch die in § 28g EnWG vorgesehenen Zahlungen des regelzonenverantwortlichen Übertragungsnetzbetreibers refinanzieren, sind die Vorgaben der §§ 12ff. StromNEV für sie ohne Relevanz.

Nach § 4 Abs. 1 StromNEV sind bilanzielle und kalkulatorische Kosten des **5** Netzbetriebs nur insoweit anzusetzen, als sie den Kosten eines effizienten und strukturell vergleichbaren Netzbetreibers entsprechen. Damit schreibt die Vorschrift den bereits in § 21 Abs. 2 EnWG vorgegebenen **Maßstab der effizienten Kosten** fest (*Mohr* Sicherung der Vertragsfreiheit S. 618ff.). Nach § 4 Abs. 2 S. 1 StromNEV ist ausgehend von der Gewinn- und Verlustrechnung für die Elektrizitätsübertragung des letzten abgeschlossenen Geschäftsjahres nach § 6b Abs. 3 EnWG zur Bestimmung der Netzkosten eine kalkulatorische Rechnung zu erstellen. Die Netzkosten setzen sich nach der abschließenden Aufzählung in § 4 Abs. 2 S. 2 StromNEV aus den aufwandsgleichen Kosten nach § 5, den kalkulatorischen Abschreibungen nach § 6, der kalkulatorischen Eigenkapitalverzinsung nach § 7 sowie den kalkulatorischen Steuern nach § 8 unter Abzug der kostenmindernden Erlöse und Erträge nach § 9 zusammen. Während die bilanziellen, „aufwandsgleichen" Kosten direkt der Tätigkeits-Gewinn-und-Verlustrechnung entnommen werden können (vgl. § 4 Abs. 2 S. 1 StromNEV), berechnen sich die kalkulatorischen Kosten des Netzbetriebs bzw. des Betriebs von Interkonnektoren unter Berücksichtigung des Zwecks der Netzentgeltregulierung, die Entgeltbildung unter funktionierenden Wettbewerbsbedingungen zu simulieren (*Mohr* EuZW 2019, 229 (232)). Die Höhe der kalkulatorischen Kosten ergibt sich folglich nicht direkt aus der Finanzbuchhaltung, sondern muss in Anwendung der kalkulatorischen Prinzipien der StromNEV berechnet werden (BerlKommEnergieR/*Mohr* Strom-NEV § 4 Rn. 2). Schwierigkeiten können allerdings in der Praxis insbesondere mit der Ermittlung des Prüfungsmaßstabs gem. § 21 Abs. 2 S. 1 und § 4 Abs. 1 Strom-NEV verbunden sein. Die Vorschriften stellen auf die Kosten eines effizienten und strukturell vergleichbaren Netzbetreibers ab (BGH Beschl. v. 6.7.2021 – EnVR 44/20, BeckRS 2021, 28504 Rn. 11; näher BerlKommEnergieR/*Säcker/Meinzenbach* EnWG § 21 Rn. 163ff.; NK-EnWG/*Schütte* § 21 Rn. 73ff.). Ob regelzonenverantwortliche Übertragungsnetzbetreiber strukturell vergleichbar mit selbstständigen Betreibern von grenzüberschreitenden Elektrizitätsverbindungsleitungen sind, erscheint fernliegend (zweifelnd auch *Drouet/Thye* IR 2021, 218 (221)). Jedenfalls muss die BNetzA etwaige Besonderheiten von grenzüberschreitenden Elektrizitätsverbindungsleitungen angemessen berücksichtigen, wie § 28f Abs. 1 S. 3 in Zusammenhang mit der Feststellung der Netzkosten klarstellt.

6   **2. Verzinsung des Eigenkapitals. a) Überblick.** Im Mittelpunkt der Vorgaben zur kalkulatorischen Kostenrechnung steht die **Verzinsung des Eigenkapitals** gem. § 7 StromNEV. Die Eigenkapitalverzinsung bildet die Rendite ab, die ein Investor für das in den Netzbetreiber eingesetzte Kapital erwarten kann. Folgerichtig hat die kalkulatorische Eigenkapitalverzinsung nach § 7 StromNEV aus Sicht der Investoren eine herausragende Bedeutung (BerlKommEnergieR/*Mohr* StromNEV § 7 Rn. 1; Holznagel/Schütz/*Laubenstein*/van Rossum EnWG § 21 Rn. 64; *Egger/Tönnes* EWeRK 2016, 362 (364)). Insbesondere im Hinblick auf die Verzinsung des Eigenkapitals der Betreiber von Interkonnektoren iSd § 3 Nr. 20a und 31 stellt § 3b S. 2 StromNEV klar, dass bei der Ermittlung der Netzkosten im jeweiligen Kalenderjahr derjenige Eigenkapitalzinssatz zugrunde zu legen ist, der nach § 7 Abs. 6 und 7 StromNEV für die jeweilige Regulierungsperiode für Betreiber von Elektrizitätsversorgungsnetzen festgelegt ist. Im Einzelnen bestimmt § 7 Abs. 6 das Verfahren der Festlegung der sog. EK I-Zinssätze durch die BNetzA. Mit EK I wird derjenige Anteil des auf Neu- und Altanlagen entfallenden Kapitals bezeichnet, der die 40-prozentige Eigenkapitalquote gem. § 7 Abs. 1 S. 5 StromNEV nicht übersteigt. Nähere Vorgaben zur Bestimmung der Höhe der Zinssätze für das auf Neu- und Altanlagen entfallende EK I beinhaltet § 7 Abs. 4 und 5 StromNEV. Gem. § 3b S. 2 StromNEV sollen für die Betreiber von Interkonnektoren dieselben Zinssätze gelten, die die Regulierungsbehörde nach § 7 Abs. 6 S. 1 und 2 StromNEV auf der Grundlage einer Festlegung gem. § 29 Abs. 1 EnWG vor Beginn der jeweiligen Regulierungsperiode bestimmt. Bei verständiger Würdigung ist § 7 Abs. 6 S. 3 StromNEV, der für den Zeitraum bis zur erstmaligen Festlegung der BNetzA die Eigenkapitalzinssätze normativ vorgab, trotz der pauschalen Verweisung in § 3b S. 2 StromNEV nicht auf die Betreiber von Interkonnektoren anzuwenden. Übersteigt das in die Interkonnektoren investierte Eigenkapital die 40-prozentige Eigenkapitalquote, wird für den überschießenden Anteil ein sog. EK II-Zinssatz nach § 7 Abs. 7 StromNEV bestimmt.

7   **b) Betriebsnotwendiges Eigenkapital.** Die kalkulatorische Eigenkapitalverzinsung ergibt sich aus dem Zusammenspiel der Regelungen in § 7 StromNEV und der kalkulatorischen Abschreibungen gem. §§ 6, 6a StromNEV (*Büdenbender* Eigenkapitalrendite S. 22; iE Holznagel/Schütz/*Schütz/Schütte* StromNEV § 7 Rn. 44ff.; BerlKommEnergieR/*Mohr* StromNEV § 7 Rn. 10ff.). § 7 Abs. 1 S. 1

Grundsätze der Netzkostenermittlung **§ 28e**

und 2 StromNEV begrenzt zunächst die Verzinsungsbasis auf das **betriebsnotwendige Eigenkapital**. Dabei ist zwischen vor dem 1.1.2006 aktivierten Altanlagen und ab dem 1.1.2006 aktivierten Neuanlagen zu differenzieren (vgl. § 6 Abs. 1 S. 3 StromNEV). Die kalkulatorischen Abschreibungen sind gem. § 6 Abs. 5 S. 1 StromNEV jährlich auf der Grundlage der jeweiligen betriebsgewöhnlichen Nutzungsdauern nach Anlage 1 StromNEV zu ermitteln (s. zur Festlegung einer 25-jährigen Sonder-Nutzungsdauer für die Leitung „NeuConnect" gem. § 29 Abs. 1 EnWG iVm § 30 Abs. 1 Nr. 9 StromNEV BNetzA Beschl. v. 15.12.2021 – BK4-21-060, S. 10ff.). Nach § 7 Abs. 1 S. 2 StromNEV ergibt sich das betriebsnotwendige Eigenkapital aus der Summe (1.) der kalkulatorischen Restwerte des Sachanlagevermögens der betriebsnotwendigen Altanlagen bewertet zu historischen Anschaffungs- und Herstellungskosten und multipliziert mit der **Fremdkapitalquote** nach § 6 Abs. 2, (2.) der kalkulatorischen Restwerte des Sachanlagevermögens der betriebsnotwendigen Altanlagen bewertet zu Tagesneuwerten und multipliziert mit der **Eigenkapitalquote** nach § 6 Abs. 2, (3.) der kalkulatorischen Restwerte des Sachanlagevermögens der betriebsnotwendigen Neuanlagen bewertet zu historischen Anschaffungs- und Herstellungskosten und (4.) der Bilanzwerte der betriebsnotwendigen Finanzanlagen und Bilanzwerte des betriebsnotwendigen Umlaufvermögens unter Abzug des Steueranteils der Sonderposten mit Rücklageanteil und unter Abzug des Abzugskapitals und des verzinslichen Fremdkapitals. Eine weitere Restriktion sieht § 7 Abs. 1 S. 5 StromNEV vor. Hiernach ist nur ein Anteil von bis zu **40 Prozent des Eigenkapitals** (sog. **EK I**) gem. § 7 Abs. 4 und 5 StromNEV zu verzinsen, unter Berücksichtigung also eines Basiszinssatzes und eines angemessenen Risikozuschlags (→ Rn. 8ff.).

c) EK I-Zinssätze. Der **Eigenkapitalzinssatz für** das auf **Neuanlagen** ent- 8 fallende betriebsnotwendige Eigenkapital bestimmt sich nach § 7 Abs. 4 S. 1 StromNEV. Die Vorschrift sieht vor, dass der sog. **EK I-Zinssatz** den auf die letzten zehn abgeschlossenen Kalenderjahre bezogenen Durchschnitt der von der Deutschen Bundesbank veröffentlichten Umlaufsrenditen festverzinslicher Wertpapiere inländischer Emittenten zuzüglich eines angemessenen Zuschlags zur Abdeckung netzbetriebsspezifischer unternehmerischer Wagnisse nicht überschreiten darf. Nähere Vorgaben zur Ermittlung des sog. Wagniszuschlags beinhaltet § 7 Abs. 5 StromNEV (→ Rn. 9). Hinsichtlich des auf Altanlagen entfallenden betriebsnotwendigen Eigenkapitals ist der anzuwendende Eigenkapitalzinssatz nach § 7 Abs. 4 S. 2 StromNEV zusätzlich um den auf die letzten zehn abgeschlossenen Kalenderjahre bezogenen Durchschnitt der Preisänderungsrate gemäß dem vom Statistischen Bundesamt veröffentlichten Verbraucherpreisgesamtindex zu ermäßigen (näher Holznagel/Schütz/*Schütz/Schütte* StromNEV § 7 Rn. 107ff.; BerlKommEnergieR/*Mohr* StromNEV § 7 Rn. 45ff.).

Die Höhe des **Wagniszuschlags** ist nach § 7 Abs. 5 StromNEV insbesondere un- 9 ter Berücksichtigung (1.) der Verhältnisse auf den nationalen und internationalen Kapitalmärkten und der Bewertung von Stromnetzbetreibern auf diesen Märkten, (2.) der durchschnittlichen Verzinsung des Eigenkapitals von Stromnetzbetreibern auf ausländischen Märkten und (3.) der beobachteten und quantifizierbaren unternehmerischen Wagnisse zu ermitteln. Zur praktischen Umsetzung der Vorgaben des § 7 Abs. 5 StromNEV wendet die BNetzA mit Billigung der Rechtsprechung das **Capital Asset Pricing Model** – kurz: CAPM – an (BGH Beschl. v. 27.1.2015 – EnVR 39/13, BeckRS 2015, 3610 Rn. 29 – Thyssengas GmbH; BGH Beschl. v. 9.7.2019 – EnVR 52/18, N&R 2019, 293 Rn. 110f. – Eigenkapitalzinssatz II;

§ 28e

Teil 3. Regulierung des Netzbetriebs

OLG Düsseldorf Beschl. v. 24.4.2013 – VI-3 Kart 61/08 (V), N&R 2013, 219, 220; zur theoretischen Fundierung des CAPM *Großfeld/Egger/Tönnes* Recht der Unternehmensbewertung Rn. 794 ff.; *Mohr* N&R Beil. 1/2020, 1 (22 f.)). Dieses in der internationalen Praxis verbreitete ökonomische Modell wird bereits im Rahmen der Unternehmensbewertung zur Berechnung des Kapitalisierungszinssatzes eingesetzt. Der Kapitalisierungszinssatz stellt die Alternativrendite dar, die ein Investor bei einer Investition in eine dem Bewertungsobjekt entsprechende Alternativanlage fordern kann (MüKoAktG/*van Rossum* § 305 Rn. 129). In diesem Sinne wird mithilfe des CAPM auch im Kontext der kalkulatorischen Eigenkapitalverzinsung versucht, unter Heranziehung empirisch beobachtbarer Kapitalmarktparameter den Preis zu bestimmen, den ein Eigenkapitalgeber im Zeitpunkt der Anlageentscheidung für die Übernahme netzspezifischer Risiken verlangt (*Mohr* N&R Beil. 1/2020, 1 (23); allg. *Großfeld/Egger/Tönnes* Recht der Unternehmensbewertung Rn. 794).

10 Im Rahmen des CAPM wird der Wagniszuschlag konkret durch Multiplikation einer Marktrisikoprämie und eines unternehmensspezifischen Risikofaktors – sog. Betafaktor – errechnet (s. etwa im Hinblick auf die 3. Regulierungsperiode Strom BNetzA Beschl. v. 5.10.2016 – BK4-16-160, S. 8). Die **Marktrisikoprämie** spiegelt die langfristige, durchschnittliche Differenz zwischen der Rendite des jeweiligen Aktienindex und der Rendite risikoloser Anleihen wider und bildet damit die geschätzte „Überrendite" in Form höherer Zinsen, die Investoren für die Anlage in risikobehaftete Unternehmensbeteiligungen im Vergleich zu risikolosen Anlagen in öffentlichen Anleihen erzielen können (BGH Beschl. v. 27.1.2015 – EnVR 39/13, BeckRS 2015, 3610 Rn. 29 – Thyssengas GmbH; BNetzA, Beschl. v. 5.10.2016 – BK4-16-160, S. 8; s. auch *Mohr* N&R Beil. 1/2020, 1 (24); *Bourazeri* N&R 2020, 188 (189) jeweils mwN). Weil nicht alle Investitionsobjekte in gleichem Maße von dem allgemeinen Marktrisiko betroffen sind, wird die Marktrisikoprämie mithilfe des **Betafaktors** an das konkrete Risiko des zu bewertenden Unternehmens (MüKoAktG/*van Rossum* § 305 Rn. 155), im Kontext der Netzentgeltregulierung also an die Risiken von börsennotierten Netzbetreibern angepasst (s. etwa BNetzA Beschl. v. 5.10.2016 – BK4-16-160, S. 15 ff.).

11 **d) EK II-Zinssatz.** Für den **die 40-prozentige Eigenkapitalquote übersteigenden Anteil des Eigenkapitals** gilt ein unterschiedlicher Zinssatz, dessen Ermittlung weitgehend durch § 7 Abs. 7 S. 1 StromNEV determiniert ist. Hiernach bestimmt sich der sog. **EK II-Zinssatz** als Mittelwert des auf die letzten zehn abgeschlossenen Kalenderjahre bezogenen Durchschnitts der folgenden von der Deutschen Bundesbank veröffentlichten Umlaufrenditen: 1. Umlaufrendite festverzinslicher Wertpapiere inländischer Emittenten – Anleihen der öffentlichen Hand, 2. Umlaufrendite festverzinslicher Wertpapiere inländischer Emittenten – Anleihen von Unternehmen (Nicht-MFIs) und 3. Umlaufrendite inländischer Inhaberschuldverschreibungen – Hypothekenpfandbriefe. Anders als beim EK I sieht die StromNEV für die EK II keinen separaten Zuschlag zur Abdeckung der unternehmerischen Wagnisse vor. Vielmehr schließt § 7 Abs. 7 S. 3 StromNEV weitere Zuschläge aus. Der abschließenden Regelung des § 7 Abs. 7 StromNEV liegt die Überlegung zugrunde, dass die drei genannten Nominalzinsreihen den Besonderheiten des Netzgeschäfts hinreichend Rechnung tragen (so die Verordnungsbegr. BR-Drs. 447/13, 15 v. 29.5.2013). Ein Risikozuschlag wird aus Sicht des Verordnungsgebers bereits durch die anteilige Heranziehung der Bundesbankreihe „Umlaufrendite festverzinslicher Wertpapiere inländischer Emittenten – Anleihen von Unternehmen (Nicht-MFIs)" berücksichtigt.

§ 28f Feststellung der Netzkosten durch die Bundesnetzagentur

(1) ¹Die Bundesnetzagentur stellt auf Antrag die Höhe der Netzkosten des selbstständigen Betreibers von grenzüberschreitenden Elektrizitätsverbindungsleitungen für ein abgelaufenes Kalenderjahr fest. ²Die Feststellung erfolgt nach Maßgabe des § 28e und der in § 28i Absatz 1 Nummer 1 genannten Rechtsverordnung. ³Bei der Feststellung kann die Bundesnetzagentur nachweislich vorliegende wirtschaftliche, technische oder betriebliche Besonderheiten bei der Errichtung oder dem Betrieb von grenzüberschreitenden Elektrizitätsverbindungsleitungen berücksichtigen.

(2) ¹Der selbstständige Betreiber von grenzüberschreitenden Elektrizitätsverbindungsleitungen hat die Feststellung für ein abgelaufenes Kalenderjahr spätestens sechs Monate nach dem Ablauf des entsprechenden Kalenderjahres schriftlich oder elektronisch zu beantragen. ²Der Antrag muss alle für eine Prüfung erforderlichen Unterlagen einschließlich einer nachvollziehbaren Darlegung über die Höhe der Netzkosten enthalten. ³Zur Darlegung der Höhe der Netzkosten ist insbesondere für jede grenzüberschreitende Elektrizitätsverbindungsleitung ein separater Tätigkeitsabschluss vorzulegen. ⁴§ 6b Absatz 1 bis 3 und Absatz 5 bis 7 ist entsprechend anzuwenden. ⁵Auf Verlangen der Regulierungsbehörde hat der Antragsteller die Unterlagen elektronisch zu übermitteln. ⁶Die Regulierungsbehörde kann die Vorlage weiterer Angaben oder Unterlagen verlangen, soweit sie diese für ihre Prüfung benötigt.

(3) ¹Bei der Feststellung geht die Bundesnetzagentur von einer gleichmäßigen Tragung der Kosten für die Errichtung und den Betrieb grenzüberschreitender Elektrizitätsverbindungsleitungen zwischen den Ländern aus, die mittels einer grenzüberschreitenden Elektrizitätsverbindungsleitung verbunden sind, soweit nicht eine abweichende Vereinbarung zwischen diesen Ländern getroffen wurde. ²Eine von der Kostentragung zu gleichen Teilen abweichende Aufteilung der Kosten bedarf einer Vereinbarung zwischen der Bundesnetzagentur und den zuständigen Regulierungsbehörden der betroffenen Mitgliedstaaten oder Drittstaaten.

Literatur: *Koenig*, Entflechtungszertifizierung von grenzüberschreitenden Elektrizitäts-Verbindungsleitungen, EnWZ 2016, 501; *Qureishie*, Die Entwicklung des Regulierungsrahmens für stand-alone Interkonnektoren, ER 2022, 6.

A. Normzweck und Überblick

§ 28f regelt das Verfahren zur **Feststellung der Netzkosten** der selbstständigen 1 Betreiber von grenzüberschreitenden Elektrizitätsverbindungsleitungen (BT-Drs. 19/27453, 115). Nach § 28f Abs. 1 S. 1 wird auf Antrag die Höhe der bei einem selbstständigen Betreiber angefallenen Netzkosten für das abgelaufene Kalenderjahr durch die BNetzA festgestellt. Gem. § 28f Abs. 1 S. 2 erfolgt die Feststellung nach Maßgabe des § 28e, der seinerseits auf die in § 21 Abs. 2 normierten allgemeinen Grundsätze der Netzkostenermittlung verweist. Die Methode zur Berechnung der anerkennungsfähigen Netzkosten der Betreiber von grenzüberschreitenden Verbindungsleitungen kann auf der Grundlage des § 28i Abs. 1 Nr. 1 mittels Rechtsver-

§ 28 f Teil 3. Regulierung des Netzbetriebs

ordnung präzisiert werden. § 28 f Abs. 2 bestimmt die Modalitäten für das **Antragsverfahren** zur Feststellung der Netzkosten. Von besonderer praktischer Relevanz ist insoweit § 28 f Abs. 2 S. 3, wonach Betreiber grenzüberschreitender Verbindungsleitungen für jede Leitung einen separaten Tätigkeitsabschluss vorlegen müssen. § 28 f Abs. 3 S. 1 regelt, dass die BNetzA von einer gleichmäßigen Tragung der bei Errichtung und Betrieb der Leitungen anfallenden Kosten von den durch sie verbundenen Ländern ausgeht, sofern keine abweichende Vereinbarung zwischen diesen Ländern getroffen wurde. Die Vorschrift trägt den Abgrenzungsschwierigkeiten Rechnung, die bei der Regulierung der Netzkosten von grenzüberschreitenden Verbindungsleitungen entstehen können, wenn diese in die **Zuständigkeit** zweier nationaler Regulierungsbehörden fallen.

B. Einzelerläuterungen

2   Im Anschluss an § 28 e, der die Grundsätze der Ermittlung der anerkennungsfähigen Netzkosten für grenzüberschreitende Elektrizitätsverbindungsleitungen bestimmt, regelt § 28 f das **Verwaltungsverfahren** vor der BNetzA, in dessen Rahmen die Netzkosten festgestellt werden und damit im Ergebnis die Höhe des Zahlungsanspruchs gem. § 28 g bestimmt wird. Im Einzelnen sieht § 28 f Abs. 1 S. 1 vor, dass die BNetzA auf **Antrag** des selbstständigen Betreibers grenzüberschreitender Elektrizitätsverbindungsleitungen die Höhe der anerkennungsfähigen Netzkosten für ein abgelaufenes Kalenderjahr, also rückwirkend feststellt. Der Betreiber hat gem. § 28 f Abs. 2 S. 1 den Antrag spätestens sechs Monate nach dem Ablauf des entsprechenden Kalenderjahres schriftlich oder elektronisch zu stellen. § 28 f Abs. 2 S. 2 stellt in diesem Zusammenhang klar, dass der Antrag alle für eine Prüfung erforderlichen Unterlagen einschließlich einer nachvollziehbaren Darlegung der Höhe der Netzkosten enthalten muss. Gem. § 28 f Abs. 1 S. 6 kann die Regulierungsbehörde die Vorlage weiterer Angaben oder Unterlagen verlangen, soweit sie diese für ihre Prüfung benötigt. Im Interesse der Verfahrensökonomie regelt § 28 f Abs. 1 S. 5 ferner, dass die BNetzA die elektronische Übermittlung der Antragsunterlagen verlangen kann. Das Antragsverfahrens und die Anforderungen an die vorzulegenden Unterlagen können nach § 28 i Abs. 2 mittels Rechtsverordnung näher ausgestaltet werden.

3   In Zusammenhang mit der Feststellung der Netzkosten durch die BNetzA müssen selbstständige Betreiber grenzüberschreitender Elektrizitätsverbindungsleitungen gem. § 28 f Abs. 2 S. 3 für jede dieser Leitungen einen **separaten Tätigkeitsabschluss** und damit eine separate Kostendokumentation vorlegen (BT-Drs. 19/27453, 115). Bei der Erstellung, Prüfung und Vorlage des Tätigkeitsabschlusses sind nach § 28 f Abs. 2 S. 4 die Vorgaben zur Rechnungslegung und Buchführung in § 6 b Abs. 1 bis 3 und Abs. 5 bis 7 EnWG analog anzuwenden.

4   Gem. § 28 f Abs. 1 S. 3 kann die BNetzA bei der Feststellung der anerkennungsfähigen Netzkosten nachweislich vorliegende **wirtschaftliche, technische oder betriebliche Besonderheiten** berücksichtigen, die mit der Errichtung oder dem Betrieb von grenzüberschreitenden Elektrizitätsverbindungsleitungen verbunden sind. Die Vorschrift beinhaltet eine „Generalklausel" (so die Formulierung in BT-Drs. 19/27453, 115). Sie räumt der BNetzA ein **Ermessen** ein, mit dem sie in Anbetracht der Besonderheiten grenzüberschreitender Verbindungsleitungen von den allgemeinen Vorgaben der StromNEV zugunsten, aber auch zulasten des Antragstellers abweichen kann. Mit Blick auf die übergreifenden Regelungszwecke der

Kostenregulierung bezieht sich die Vokabel „wirtschaftlich" auf betriebswirtschaftliche Aspekte. Der Terminus „technisch" adressiert physische Besonderheiten grenzüberschreitender Verbindungsleitungen gegenüber „klassischen" Übertragungsnetzen. Betriebliche Besonderheiten sind solche, die in der operativen Geschäftstätigkeit des Betreibers grenzüberschreitender Verbindungsleitungen angelegt sind. In der Gesetzesbegründung werden die Begrifflichkeiten nicht näher erläutert.

Nach § 28f Abs. 3 S. 1 geht die BNetzA bei der Feststellung der Netzkosten von **einer gleichmäßigen Tragung der Kosten für die Errichtung und den Betrieb grenzüberschreitender Elektrizitätsverbindungsleitungen zwischen den Ländern aus, die mittels einer grenzüberschreitenden Elektrizitätsverbindungsleitung verbunden sind,** soweit nicht eine abweichende Vereinbarung zwischen diesen Ländern getroffen wurde. Der Regelungszweck der Vorschrift ist nach ihrem Wortlaut nicht eindeutig, da sie formal zwar die BNetzA adressiert, inhaltlich jedoch in Zusammenhang mit der Anerkennung von Kosten des Netzbetreiber steht. In der Gesetzesbegründung wird ausgeführt, dass die BNetzA im Grundsatz davon ausgeht, dass die für die Errichtung und den Betrieb der grenzüberschreitenden Elektrizitätsverbindungsleitung anfallenden Kosten zu gleichen Teilen von den durch sie verbundenen Staaten getragen werden (BT-Drs. 19/27453, 115). Trotz dieser missverständlichen Formulierung statuiert § 28f Abs. 3 S. 1 keine Pflicht der verbundenen Staaten selbst, die Kosten der Leitung gleichmäßig zu tragen. Bei verständiger Lesart geht es vielmehr darum, die **Zuständigkeiten der Regulierungsbehörden verschiedener Staaten voneinander abzugrenzen.** Folgerichtig enthält die Formulierung „geht davon aus" keine gesetzliche Vermutung hinsichtlich der Höhe der anerkennungsfähigen Netzkosten von grenzüberschreitenden Elektrizitätsverbindungsleitungen, sondern adressiert den Umfang der von der BNetzA festzustellenden Netzkosten. In diesem Sinne ist die BNetzA für die Hälfte der Netzkosten zuständig, sofern keine abweichende Vereinbarung vorliegt. Zuständig für den Abschluss einer abweichenden Vereinbarung sind nach § 28f Abs. 3 S. 2 die BNetzA und die Regulierungsbehörde der durch den Interkonnektor verbundenen Mitgliedstaaten oder Drittstaaten (vgl. auch BT-Drs. 19/31009, 17). § 28f Abs. 3 kann mit dem vorstehenden Regelungsgehalt dazu beitragen, Überschneidungen zwischen den Zuständigkeiten der jeweils für die Regulierung der Netzentgelte im nationalen Energiemarkt verantwortlichen Regulierungsbehörden zu vermeiden. Eine derartige Problematik stellte sich in der Vergangenheit in Zusammenhang mit der Zertifizierung grenzüberschreitender Transportnetzbetreiber und den von ihnen zu erfüllenden Entflechtungsanforderungen (s. zur Zertifizierung BGH Beschl. v. 7.3.2017 – EnVR 21/16, NVwZ-RR 2017, 492 Rn. 10ff. – Baltic Cable AB; OLG Düsseldorf Beschl. v. 24.2.2016 – VI-3 Kart 110/14 (V), BeckRS 2016, 7424 Rn. 22ff.; krit. zu dieser Rspr. *König* EnWZ 2016, 501 (504ff.); zur Anwendbarkeit der Entflechtungsvorgaben auf das Personal ausländischer Konzernunternehmen BGH Beschl. v. 13.11.2018 – EnVR 30/17, EnWZ 2019, 51 Rn. 18ff. – Karenzzeiten III; OLG Düsseldorf Beschl. v. 8.3.2018 – VI-3 Kart 10/16 (V), BeckRS 2017, 153428 Rn. 63ff.). Vor diesem Hintergrund dient die Auslegungsregel des § 28f Abs. 3 im Ergebnis auch der Rechtssicherheit.

§ 28g Zahlungsanspruch zur Deckung der Netzkosten

(1) ¹Dem selbstständigen Betreiber von grenzüberschreitenden Elektrizitätsverbindungsleitungen steht jährlich ein Zahlungsanspruch gegen den Betreiber von Übertragungsnetzen mit Regelzonenverantwortung zu, an dessen Netz die grenzüberschreitenden Elektrizitätsverbindungsleitungen angeschlossen sind. ²Die Höhe des Zahlungsanspruchs richtet sich nach den zu erwartenden anerkennungsfähigen Netzkosten der grenzüberschreitenden Elektrizitätsverbindungsleitung für das folgende Kalenderjahr und dem Saldo nach Absatz 3. ³Mindestens sechs Monate vor Beginn des jeweiligen Kalenderjahres übermittelt der selbstständige Betreiber von grenzüberschreitenden Elektrizitätsverbindungsleitungen dem betroffenen Betreiber von Übertragungsnetzen mit Regelzonenverantwortung eine nachvollziehbare Prognose über die Höhe der Kosten nach Satz 2 sowie einen Nachweis über die festgestellten Kosten nach Absatz 3. ⁴Die Regelung des § 28f Absatz 3 ist auf die zu erwartenden Kosten nach Satz 2 entsprechend anzuwenden.

(2) ¹Der Zahlungsanspruch entsteht mit Beginn des Kalenderjahres. ²Er ist in zwölf monatlichen Raten zu erfüllen, die jeweils am 15. des Folgemonats fällig werden.

(3) ¹Der in Höhe des durchschnittlich gebundenen Kapitals verzinste Saldo der nach § 28f Absatz 1 festgestellten Netzkosten eines Kalenderjahres und der für dieses Kalenderjahr an den selbstständigen Betreiber einer grenzüberschreitenden Elektrizitätsverbindungsleitung nach Absatz 1 ausgezahlten Summe ist im auf die Feststellung folgenden oder im nächstmöglichen Kalenderjahr unter Verzinsung durch gleichmäßige Auf- oder Abschläge auf die Raten nach Absatz 2 Satz 2 zu verrechnen. ²Der durchschnittlich gebundene Betrag ergibt sich aus dem Mittelwert von Jahresanfangs- und Jahresendbestand. ³Die Verzinsung nach Satz 1 richtet sich nach dem auf die letzten zehn abgeschlossenen Kalenderjahre bezogenen Durchschnitt der von der Deutschen Bundesbank veröffentlichten Umlaufrendite festverzinslicher Wertpapiere inländischer Emittenten.

(4) Ist eine grenzüberschreitende Elektrizitätsverbindungsleitung eines selbstständigen Betreibers an die Netze mehrerer Betreiber von Übertragungsnetzen mit Regelzonenverantwortung angeschlossen, hat jeder einzelne von ihnen nur den Anteil der nach § 28f festgestellten Netzkosten auszuzahlen, der auf seine Regelzone entfällt.

(5) Der Betreiber von Übertragungsnetzen mit Regelzonenverantwortung bringt die Kosten, die ihm durch die Erfüllung des Zahlungsanspruchs nach Absatz 1 entstehen, nach Maßgabe der Rechtsverordnung nach § 28i Absatz 1 Nummer 2 Buchstabe a, als Teil seiner Erlösobergrenze in die Netzentgeltbildung ein.

Literatur: *Großfeld/Egger/Tönnes*, Recht der Unternehmensbewertung, 8. Aufl. 2016; *Mohr*, Prinzipien und System der Entgeltregulierung am Beispiel der Stromnetzentgeltverordnung, in Ludwigs (Hrsg.), Festschrift für Matthias Schmidt-Preuß, 2018, S. 911; *Mohr*, Investitions- und Innovationssicherheit für Verteilernetzbetreiber nach der Reform der Anreizregulierungsverordnung des Jahres 2016, in Pielow (Hrsg.), Verantwortung und Finanzierung im Zuge der Energiewende, 2018, S. 57.

A. Normzweck und Überblick

§ 28g räumt dem selbstständigen Betreiber von grenzüberschreitenden Elektrizitätsverbindungsleitungen einen **Zahlungsanspruch** zur Deckung seiner Netzkosten ein (zum Folgenden BT-Drs. 19/27453, 116). Der Zahlungsanspruch richtet sich **gegen den regelzonenverantwortlichen Übertragungsnetzbetreiber,** an dessen Netz die grenzüberschreitenden Verbindungsleitungen angeschlossen sind. Im Gegenzug verpflichtet § 28h den selbstständigen Betreiber der grenzüberschreitenden Verbindungsleitungen zur Abführung der von ihm eingenommen Engpasserlöse an den regelzonenverantwortlichen Übertragungsnetzbetreiber. Die Entkopplung von zu vereinnahmenden Netzkosten und Engpasserlösen bezweckt, dass die Kosten für die Errichtung und den Betrieb einer grenzüberschreitenden Elektrizitätsverbindungsleitung unabhängig von der möglicherweise schwer prognostizierbaren Entwicklung der Engpasserlöse finanziert werden können (BT-Drs. 19/27453, 116). 1

B. Einzelerläuterungen

I. Zahlungsanspruch des selbstständigen Betreibers grenzüberschreitender Elektrizitätsverbindungsleitungen (Abs. 1, 2 und 4)

§ 28g regelt den Zahlungsanspruch von selbstständigen Betreibern grenzüberschreitender Elektrizitätsverbindungsleitungen und bildet damit den Kern der neuen Vorschriften des Abschnitts 3a. Nach § 28g Abs. 1 S. 1 hat der Betreiber einer grenzüberschreitenden Verbindungsleitung jährlich einen Zahlungsanspruch gegen den regelzonenverantwortlichen Übertragungsnetzbetreiber, an dessen Netz die Leitung angeschlossen ist. Die **Höhe des Zahlungsanspruchs** richtet sich gem. § 28g Abs. 1 S. 2 zum einen nach den zu erwartenden **Netzkosten** der Leitung für das folgende Kalenderjahr, wie diese **gem. § 3b StromNEV iVm §§ 4–10 StromNEV** ermittelt werden. Zum anderen fließt in die Berechnung der Zahlungshöhe der **Saldo gem. § 28g Abs. 3** ein. Dieser Saldo entspricht im Wesentlichen dem Betrag, der sich nach einer Verrechnung der von der BNetzA festgestellten Netzkosten eines Kalenderjahres und der für dieses Kalenderjahr an den selbstständigen Betreiber bereits ausgezahlten Summen ergibt (→ Rn. 6 ff.). 2

Gem. § 28g Abs. 1 S. 3 hat der selbstständige Betreiber von grenzüberschreitenden Elektrizitätsverbindungsleitungen **mindestens sechs Monate vor Beginn des jeweiligen Kalenderjahres** dem regelzonenverantwortlichen Übertragungsnetzbetreiber, an dessen Netz die Leitungen angeschlossen sind, eine nachvollziehbare **Prognose über die Höhe der Netzkosten** nach S. 2 zu übermitteln. Die Zahlungen an den selbstständigen Betreiber grenzüberschreitender Verbindungsleitungen berechnen sich damit auf den „zu erwartenden" anerkennungsfähigen Netzkosten für das Folgejahr und sind im Voraus zu leisten (§ 28g Abs. 6 idF des Regierungsentwurfs, der Einschränkungen im Hinblick auf die Erstattungsfähigkeit von vor erstmaliger Inbetriebnahme anfallenden Betriebs- und Kapitalkosten vorsah, ist im Rahmen des Gesetzgebungsverfahrens ersatzlos gestrichen, s. BT-Drs. 19/31009, 17; dazu BeckOK EnWG/Jäger § 28g Rn. 4f.). Bei der Ermittlung der für das Folgejahr zu erwartenden Netzkosten ist nach § 28g Abs. 1 S. 4 die Regelung des § 28f 3

§ 28 g

Abs. 3 entsprechend anzuwenden (BT-Drs. 19/27453, 116). § 28 f Abs. 3 richtet sich an die BNetzA und sieht in Abs. 1 vor, dass die Kosten für die Errichtung und den Betrieb grenzüberschreitender Elektrizitätsverbindungsleitungen als gleichmäßig aufgeteilt zwischen den durch die Leitungen verbundenen Staaten anzusehen sind, soweit keine abweichende Vereinbarung zwischen der BNetzA und der Regulierungsbehörde des anderen Staates vorliegt (→ § 28 f Rn. 5). In analoger Anwendung dieser Vorschrift hat der selbstständige Betreiber grenzüberschreitender Verbindungsleitungen seiner Kalkulation und der anschließenden Mitteilung an den regelzonenverantwortlichen Übertragungsnetzbetreiber die Hälfte der prognostizierten Netzkosten zugrunde zu legen. Liegt eine abweichende Vereinbarung iSd § 28 f Abs. 3 S. 2 vor, ist die dort geregelte Aufteilung der Netzkosten auch bei der Berechnung der für das Folgejahr zu erwartenden Netzkosten zu berücksichtigen. Neben einer Prognose der Netzkosten muss der selbstständige Betreiber von grenzüberschreitenden Elektrizitätsverbindungsleitungen dem regelzonenverantwortlichen Übertragungsnetzbetreiber gem. § 28 g Abs. 1 S. 3 auch die von der BNetzA für das vorherige Jahr **festgestellten Kosten nach Abs. 3** nachweisen. § 28 g Abs. 3 schreibt eine Saldierung der regulierungsbehördlich festgestellten Netzkosten mit den vom regelzonenverantwortlichen Übertragungsnetzbetreiber an den selbstständigen Betreiber grenzüberschreitender Elektrizitätsverbindungsleitungen vorab geleisteten Zahlungen vor (→ Rn. 6).

4   § 28 g Abs. 2 beinhaltet Vorgaben zur **Entstehung und Fälligkeit der Forderungen des selbstständigen Betreibers grenzüberschreitender Elektrizitätsverbindungsleitungen** gegenüber dem ihn anschließenden Übertragungsnetzbetreiber mit Regelzonenverantwortung. Nach § 28 g Abs. 2 S. 1 entsteht der Zahlungsanspruch mit Beginn eines Kalenderjahres. Gem. § 28 g Abs. 2 S. 2 ist der Zahlungsanspruch in zwölf monatlichen Raten zu erfüllen, die jeweils am 15. des Folgemonats fällig werden.

5   Für die Fälle, in denen eine grenzüberschreitende Elektrizitätsverbindungsleitung **an die Netze mehrerer regelzonenverantwortlicher Übertragungsnetzbetreiber angeschlossen** ist, stellt § 28 g Abs. 4 klar, dass jeder einzelne dieser Übertragungsnetzbetreiber nur den Anteil der von der BNetzA festgestellten Netzkosten auszuzahlen hat, der auf seine Regelzone entfällt (BT-Drs. 19/27453, 116). Der Zahlungsanspruch des selbstständigen Betreibers grenzüberschreitender Verbindungsleitungen und damit spiegelbildlich die Zahlungspflicht der regelzonenverantwortlichen Übertragungsnetzbetreiber richten sich folglich nach der Anschlusssituation. Gem. § 28 i Abs. 1 Nr. 4 kann für die geschilderten Konstellationen durch Rechtsverordnung ein Verteilungsschlüssel zur Ermittlung der Anteile vorgesehen werden, die auf die regelzonenverantwortlichen (Anschluss-)Übertragungsnetzbetreiber entfallen.

II. Saldierung von festgestellten Netzkosten und der an den selbstständigen Betreiber grenzüberschreitender Elektrizitätsverbindungsleitungen ausgezahlten Summe (Abs. 3)

6   Da die Höhe der an den selbstständigen Betreiber grenzüberschreitender Elektrizitätsverbindungsleitungen zu leistenden Zahlungen gem. § 28 g Abs. 1 vor Beginn eines Kalenderjahres auf der Grundlage der für dieses Jahr prognostizierten Netzkosten bestimmt wird, ist ein nachträglicher Abgleich von Plankosten und von der BNetzA als anerkennungsfähig festgestellten Netzkosten erforderlich. In

Zahlungsanspruch zur Deckung der Netzkosten § 28g

diesem Sinne sieht § 28g Abs. 3 S. 1 vor, dass **der in Höhe des durchschnittlich gebundenen Kapitals verzinste Saldo der** nach § 28f Abs. 1 von der BNetzA **festgestellten Netzkosten** eines Kalenderjahres **und der** für dieses Kalenderjahr **an den selbstständigen Betreiber einer grenzüberschreitenden Elektrizitätsverbindungsleitung nach § 28g Abs. 1 ausgezahlten Summe** im auf die Feststellung folgenden oder im nächstmöglichen Kalenderjahr unter Verzinsung durch gleichmäßige Auf- oder Abschläge auf die monatlichen Zahlungsraten nach § 28g Abs. 2 S. 2 zu verrechnen ist. Die Berechnung des Saldos erfolgt demgemäß zunächst durch eine Verrechnung der regulierungsbehördlich festgestellten Netzkosten eines Kalenderjahres und der für dieses Jahr vom regelzonenverantwortlichen Übertragungsnetzbetreiber an den selbstständigen Betreiber grenzüberschreitender Elektrizitätsverbindungsleitungen geleisteten Zahlungen. Die aus dieser Verrechnung resultierende Differenz stellt den Saldo dar, der sodann nach Maßgabe des § 28g Abs. 3 S. 1–3 zu verzinsen ist.

Nach § 28g Abs. 3 S. 1 ist der genannte Saldo **in Höhe des durchschnittlich** 7 **gebundenen Kapitals zu verzinsen.** Der durchschnittlich gebundene Betrag des Kapitals ergibt sich gem. § 28g Abs. 3 S. 2 aus dem Mittelwert von Jahresanfangs- und Jahresendbestand. Als Zins ist dabei nach § 28g Abs. 3 S. 3 der auf die letzten zehn abgeschlossenen Kalenderjahre bezogene Durchschnitt der von der Deutschen Bundesbank veröffentlichten Umlaufrendite festverzinslicher Wertpapiere inländischer Emittenten heranzuziehen. Der auf dieser Grundlage verzinste Saldo ist nach § 28g Abs. 3 S. 1 im Kalenderjahr, das auf die regulierungsbehördliche Feststellung der Netzkosten folgt, oder jedenfalls im nächstmöglichen Kalenderjahr durch gleichmäßige Auf- oder Abschläge auf die monatlichen Zahlungsraten iSd § 28g Abs. 2 S. 2 zu verrechnen (vgl. BT-Drs. 19/27453, 116). Letztere werden gem. § 28g Abs. 1 auf der Grundlage der zu erwartenden anerkennungsfähigen Netzkosten errechnet, die der selbstständige Betreiber grenzüberschreitender Elektrizitätsverbindungsleitungen mindestens sechs Monate vor Beginn eines Kalenderjahres prognostiziert und dem regelzonenverantwortlichen Übertragungsnetzbetreiber mitteilt.

Sind die gem. § 28g Abs. 1 vom selbstständigen Betreiber grenzüberschreitender 8 Elektrizitätsverbindungsleitungen prognostizierten Netzkosten und damit die auf Basis dieser Plankosten berechneten Zahlungen des regelzonenverantwortlichen Übertragungsnetzbetreibers niedriger als die nachträglich von der BNetzA festgestellten Netzkosten, ergibt sich ein **Aufschlag.** Dieser ist gem. § 28g Abs. 3 S. 1 gleichmäßig auf die monatlichen Zahlungsraten des Folgejahres gem. § 28g Abs. 2 S. 2 aufzuteilen. Im Verhältnis zwischen dem selbstständigen Betreiber grenzüberschreitender Elektrizitätsverbindungsleitungen und dem zahlungspflichtigen Übertragungsnetzbetreiber mit Regelzonenverantwortung verkörpern etwaige Aufschläge Forderungen des Ersten gegenüber dem Zweiten. Übersteigen die prognostizierten Netzkosten demgegenüber die regulierungsbehördlich festgestellten Netzkosten, resultiert ein **Abschlag,** der in gleichmäßigen Beträgen die an den Netzbetreiber zu leistenden monatlichen Zahlungen des Folgejahres mindert. Etwaige Abschläge stellen aus Sicht des selbstständigen Betreibers grenzüberschreitender Elektrizitätsverbindungsleitungen Verbindlichkeiten gegenüber dem regelzonenverantwortlichen Übertragungsnetzbetreiber dar.

Mit der in § 28g Abs. 3 vorgeschriebenen Saldierung verfolgt der Gesetzgeber, 9 eine **Gleichbehandlung mit den regelzonenverantwortlichen Übertragungsnetzbetreibern** herzustellen **und Fehlanreizen zur Beschaffung von Liquidität entgegenzuwirken** (BT-Drs. 19/27453, 116). In Verfolgung dieser Ziele führt

§ 28g   Teil 3. Regulierung des Netzbetriebs

§ 28g Abs. 3 eine Art Plan-Ist-Kostenabgleich ein, der sich in seiner Grundidee an das **Regulierungskonto gem. § 5 ARegV** anlehnt. Im Rahmen der anreizbasierten Regulierung der Netzbetreiber übernimmt das Regulierungskonto das vormals in § 11 StromNEV vorgesehene Verfahren der periodenübergreifenden Saldierung. Im Regulierungskonto werden insbesondere die Abweichungen zwischen den für ein Kalenderjahr tatsächlich erzielbaren Erlösen und den nach § 4 ARegV zulässigen Erlösen eines Netzbetreibers abgebildet (vgl. § 5 Abs. 1 S. 1 ARegV). Darüber hinaus erfasst das Regulierungskonto die Differenzen aus einem Plan-Ist-Kostenabgleich im Hinblick auf die in § 5 Abs. 1 S. 2 ARegV aufgezählten Kostenanteile (näher BerlKommEnergieR/*Stoltefuß/Ahnsehl* ARegV § 5 Rn. 7 ff.). Die Abweichungen zwischen den in § 5 Abs. 1 und 1a ARegV aufgeführten Beträgen sind gem. § 5 Abs. 2 S. 1 ARegV in Höhe des im jeweiligen Kalenderjahr durchschnittlich gebundenen Betrags zu verzinsen. Letzterer ergibt sich nach § 5 Abs. 2 S. 2 ARegV aus dem Mittelwert von Jahresanfangs- und Jahresendbestand. Die Höhe der Verzinsung der Differenzbeträge richtet sich gem. § 5 Abs. 2 S. 3 ARegV nach dem auf die letzten zehn abgeschlossenen Kalenderjahre bezogenen Durchschnitt der von der Deutschen Bundesbank veröffentlichten Umlaufrendite festverzinslicher Wertpapiere inländischer Emittenten. Eine Gegenüberstellung des Wortlauts von § 28g Abs. 3 EnWG und § 5 Abs. 2 ARegV offenbart somit **Gemeinsamkeiten** im Hinblick auf die Verzinsung und Auflösung der jeweiligen Salden, die vom Gesetzgeber intendierten Gleichbehandlung von selbstständigen Betreibern grenzüberschreitender Elektrizitätsverbindungsleitungen und regelzonenverantwortlichen Übertragungsnetzbetreibern dienen. Darüber hinaus trägt die in § 28g Abs. 3 vorgesehene Verzinsung der Abweichungen zwischen prognostizierten und regulierungsbehördlich festgestellten Netzkosten der ökonomischen Erkenntnis Rechnung, dass die im Saldo gebundenen Beträge grundsätzlich einer anderen Verwendung zugeführt werden könnten (so zum Regulierungskonto BerlKommEnergieR/*Stoltefuß/Ahnsehl* ARegV § 5 Rn. 53; s. zum Konzept der Opportunitätskosten *Mohr* FS Schmidt-Preuß S. 930 f.). Durch die Verzinsung des Saldos gem. § 28g Abs. 3 soll grundsätzlich das sog. Warteopfer abgegolten werden, welches dadurch entsteht, dass der Vertragspartner auf eine direkte Auszahlung „verzichtet" (BerlKommEnergieR/*Stoltefuß/Ahnsehl* ARegV § 5 Rn. 53). Schließlich trägt die Verzinsung des Saldos von prognostizierten und festgestellten Netzkosten dazu bei, Fehlanreizen für den selbstständigen Betreiber grenzüberschreitender Elektrizitätsverbindungsleitungen entgegenzuwirken, die zu erwartenden Netzkosten iSd § 28g Abs. 1 zur kurzfristigen Erlangung von Liquidität möglichst hoch zu schätzen (sinngemäß BT-Drs. 19/27453, 116).

III. Wälzung der vom regelzonenverantwortlichen Übertragungsnetzbetreiber geleisteten Zahlungen (Abs. 5)

10   Nach § 28g Abs. 5 bringt der regelzonenverantwortliche Übertragungsnetzbetreiber die Kosten, die ihm durch die Erfüllung des Zahlungsanspruchs gem. § 28g Abs. 1 entstehen, nach Maßgabe der Rechtsverordnung nach § 28i Abs. 1 Nr. 2 lit. a als Teil seiner Erlösobergrenze in die Netzentgeltbildung ein. § 28g Abs. 5 regelt damit die Wälzung der Aufwendungen, die dem regelzonenverantwortlichen Übertragungsnetzbetreiber aufgrund der an den selbstständigen Betreiber grenzüberschreitender Elektrizitätsverbindungsleitungen geleisteten Zahlungen zur Deckung dessen Netzkosten entstehen. Durch die **Einbeziehung** dieser Aufwendungen **in die Erlösobergrenzen des regelzonenverantwortlichen Übertragungsnetzbetreibers** fließen diese in die Bildung der Übertragungsnetzentgelte ein. Die Netzkosten des selbstständigen Betreibers grenzüberschreitender Elektrizitätsverbindungsleitungen werden damit in dem von der BNetzA gem. § 28f festgestellten Umfang auf die Allgemeinheit der Netznutzer umgelegt.

Nähere Vorgaben zur Wälzung der an den selbstständigen Betreiber grenzüberschreitender Elektrizitätsverbindungsleitungen gezahlten Beträge werden gem. § 28i Abs. 1 Nr. 2 lit. a in **§ 11 Abs. 2 S. 1 Nr. 18 ARegV** bestimmt (s. dazu BT-Drs. 19/27453, 116 u. 143 zu den im Zuge der EnWG-Novelle 2021 modifizierten §§ 4 und 11 ARegV). Gem. § 11 Abs. 2 S. 1 Nr. 18 sind die vom regelzonenverantwortlichen Übertragungsnetzbetreiber getragenen Kosten als **dauerhaft nicht beeinflussbare Kostenanteile** einzustufen. § 11 Abs. 2 S. 1 ARegV zählt in Ausfüllung der Ermächtigung aus § 21a Abs. 6 S. 2 Nr. 7 EnWG abschließend diejenigen Kostenanteile auf, die als dauerhaft nicht beeinflussbar gelten (BGH Beschl. v. 18.10.2016 – EnVR 27/15, EnWZ 2017, 91 Rn. 15). Nach der Systematik der ARegV fließen die dauerhaft nicht beeinflussbaren Kostenanteile ohne Zeitverzug in die Erlösobergrenzen der Netzbetreiber ein, die insoweit jährlich aktualisiert werden (s. § 4 Abs. 3 S. 1 Nr. 2 Hs. 3 und § 11 Abs. 2 S. 1 Nr. 18 ARegV iVm der Regulierungsformel in Anlage 1 zu § 7 ARegV; näher dazu Holznagel/Schütz/ *Englmann/Meyer* ARegV § 11 Rn. 74, 82 ff.). Zudem sind die dauerhaft nicht beeinflussbaren Kostenanteile vom Effizienzvergleich gem. §§ 12 ff. ARegV ausgenommen (*Mohr* Investions- und Innovationssicherheit S. 61 f.). Im Ergebnis stellen die dauerhaft nicht beeinflussbaren Kostenanteile für die Netzbetreiber durchlaufende Posten dar. Die Zuordnung der an den selbstständigen Betreiber grenzüberschreitender Elektrizitätsverbindungsleitungen geleisteten Zahlungen zu den dauerhaft nicht beeinflussbaren Kostenanteilen bedeutet vorliegend für den regelzonenverantwortlichen Übertragungsnetzbetreiber, dass die ihm aufgrund dieser Zahlungen entstehenden Kosten grundsätzlich in vollem Umfang über die Netzentgelte refinanziert werden (vgl. allg. Theobald/Kühling/*Hummel* ARegV § 11 Rn. 20).

§ 28h Anspruch auf Herausgabe von Engpasserlösen

(1) ¹**Der selbstständige Betreiber von grenzüberschreitenden Elektrizitätsverbindungsleitungen ist verpflichtet, die in einem Kalenderjahr eingenommenen Erlöse aus der Bewirtschaftung von Engpässen in Höhe der Quote nach § 28f Absatz 3 zur Verwendung im Sinne von Artikel 19 Absatz 2 und 3 der Verordnung (EU) 2019/943 an den nach § 28g Absatz 1 zahlungspflichtigen Betreiber von Übertragungsnetzen mit Regelzonenverantwortung herauszugeben.** ²**Durch den Erhalt oder die Verwendung der nach Satz 1 herausgegebenen Engpasserlöse darf den Betreibern von Übertragungsnetzen mit Regelzonenverantwortung weder ein wirtschaftlicher Vorteil noch ein wirtschaftlicher Nachteil erwachsen; insbesondere sind sie bei der Berechnung des zu verzinsenden eingesetzten Kapitals nach § 21 Absatz 2 so zu stellen, als hätten sie die Engpasserlöse nicht erhalten.**

(2) **Der sich aus der Pflicht nach Absatz 1 ergebende Anspruch des regelzonenverantwortlichen Übertragungsnetzbetreibers wird mit Beginn des Jahres fällig, welches auf das Jahr folgt, in dem der selbstständige Betreiber von grenzüberschreitenden Elektrizitätsverbindungsleitungen die Engpasserlöse erzielt hat.**

(3) **Der selbstständige Betreiber von grenzüberschreitenden Elektrizitätsverbindungsleitungen teilt der Bundesnetzagentur und dem Betreiber**

von Übertragungsnetzen mit Regelzonenverantwortung jährlich spätestens bis zum 30. September eines Jahres die voraussichtliche Höhe der im laufenden Kalenderjahr vereinnahmten Erlöse aus Engpässen mit.

(4) Sind mehrere Betreiber von Übertragungsnetzen mit Regelzonenverantwortung gegenüber dem selbstständigen Betreiber von grenzüberschreitenden Elektrizitätsverbindungsleitungen nach § 28g Absatz 4 zahlungspflichtig, hat jeder einzelne von ihnen nur Anspruch auf die Herausgabe des auf seine Regelzone entfallenden Anteils der Engpasserlöse.

Literatur: *Burmeister/Kistner*, Regulierung von Interkonnektoren, ER 6/2021, 231; *Lippert*, Europäische Energiewende zwischen Infrastruktur und Markt, NVwZ 2021, 1561; *Qureischie*, Zweckbindung von Engpasserlösen, ER 4/2020, 157; *Qureischie*, Die Entwicklung des Regulierungsrahmens für stand-alone Interkonnektoren, ER 2022, 6; *Weyer*, EU-Strommarktdesign: Rechtsfragen von Knotenpreisen, N&R 2021, 142.

A. Normzweck und Überblick

1 § 28h verpflichtet den selbstständigen Betreiber grenzüberschreitender Elektrizitätsverbindungsleitungen, die in einem Kalenderjahr eingenommenen Engpasserlöse an den regelzonenverantwortlichen Übertragungsnetzbetreiber herauszugeben, an dessen Netz die Leitungen angeschlossen sind. Diese Herausgabepflicht steht in engem systematischem Zusammenhang mit dem in § 28g geregelten, gegen den regelzonenverantwortlichen Übertragungsnetzbetreiber gerichteten Zahlungsanspruch des selbstständigen Betreibers grenzüberschreitender Elektrizitätsverbindungsleitungen. Der Anspruch umfasst die Kosten für die Errichtung und den Betrieb einer grenzüberschreitenden Elektrizitätsverbindungsleitung (→ § 28g Rn. 1f.). Mit der **Entkopplung** der gem. § 28h herauszugebenden **Engpasserlöse** von den gem. § 28g zu vereinnahmenden **Netzkosten** will der Gesetzgeber sicherstellen, dass selbstständige Betreiber grenzüberschreitender Elektrizitätsverbindungsleitungen ihre Investitionen unabhängig von der möglicherweise schwer prognostizierbaren Entwicklung der Engpasserlöse finanzieren können (BT-Drs. 19/27453, 116). Der Umfang der Herausgabepflicht des selbstständigen Betreibers grenzüberschreitender Elektrizitätsverbindungsleitungen richtet sich nach § 28h Abs. 1 S. 1 iVm § 28f Abs. 3. Demgemäß sind die Engpasserlöse in Höhe der auf den deutschen Regulierungsrahmen entfallenden Kostentragungsquote herauszugeben (vgl. § 28f Abs. 3 S. 1: in der Regel gleichmäßige Kostenaufteilung zwischen den betroffenen Staaten). Mit der Herausgabe der Engpasserlöse geht auch die Pflicht zur unionsrechtskonformen Verwendung dieser Erlöse auf den regelzonenverantwortlichen Übertragungsnetzbetreiber über (BT-Drs. 19/27453, 117).

B. Einzelerläuterungen

2 Gem. § 28h Abs. 1 S. 1 ist der selbstständige Betreiber von grenzüberschreitenden Elektrizitätsverbindungsleitungen verpflichtet, die in einem Kalenderjahr eingenommenen Erlöse aus der Bewirtschaftung von Engpässen in Höhe der Quote nach § 28f Abs. 3 zur Verwendung iSv Art. 19 Abs. 2 und 3 ElektrizitätsbinnenmarktVO (EU) 2019/943 an den nach § 28g Abs. 1 zahlungspflichtigen Übertragungsnetzbetreiber mit Regelzonenverantwortung herauszugeben. Die in § 28h

§ 28 h

Abs. 1 S. 1 statuierte **Verpflichtung des selbstständigen Betreibers von grenzüberschreitenden Elektrizitätsverbindungsleitungen,** etwaige im Rahmen des Betriebs der Leitungen eingenommene **Engpasserlöse an den regelzonenverantwortlichen Übertragungsnetzbetreiber herauszugeben,** steht im Regelungszusammenhang mit dem Zahlungsanspruch gem. § 28 g. Nach § 28 g Abs. 1 S. 1 hat der selbstständige Betreiber grenzüberschreitender Elektrizitätsverbindungsleitungen einen Anspruch auf Deckung seiner Netzkosten gegen den regelzonenverantwortlichen Übertragungsnetzbetreiber, an dessen Netz die Leitungen angeschlossen sind. Im Gegenzug muss er nach § 28 h die Engpasserlöse an den regelzonenverantwortlichen Übertragungsnetzbetreiber herausgeben.

Nach der Rechtslage vor der EnWG-Novelle 2021 stellte die Vereinnahmung 3 von Engpasserlösen für selbstständige Betreiber von grenzüberschreitenden Elektrizitätsverbindungsleitungen aufgrund rechtlicher und tatsächlicher Restriktionen die einzige Möglichkeit zur Refinanzierung ihrer Netzkosten dar (s. BT-Drs. 19/27453, 114; *Qureischie* ER 4/2020, 157 (158)). Darüber hinaus ist die Verwendung von Engpasserlösen an die Zwecke des Art. 19 Abs. 2 und 3 ElektrizitätsbinnenmarktVO (EU) 2019/943 gebunden. Die Vorschrift ist zum 1.1.2020 an die Stelle von Art. 16 Abs. 6 der inzwischen aufgehobenen StromhandelZVO (EG) 714/2009 getreten und sieht eine **Verwendung von Engpasserlösen** primär zum Zweck der Sicherstellung der Kapazitätsverfügbarkeit und der Erhaltung bzw. des Ausbaus von zonenübergreifenden Verbindungskapazitäten vor (s. Art. 19 Abs. 2 lit. a, b sowie Erwgr. 41 VO (EU) 2019/943; näher dazu und zu der sog. ACER-Methodenfestlegung 38/2020, die die Verordnungsvorgaben konkretisiert, *Qureischie* ER 2022, 6 ff.; zur Gebotszone iSd Art. 2 Nr. 65 VO (EU) 2019/943 s. ferner *Weyer* N&R 2021, 142 f.). Aufgrund der unionsrechtlichen Zweckbindung können Engpasserlöse im Ergebnis nur ausnahmsweise der Refinanzierung von Betriebs- und Wartungskosten oder der Gewinnausschüttung gewidmet werden (EuGH Urt. v. 11.3.2020 – C-454/18, ECLI:EU:C:2020:189 Rn. 53 ff. – Baltic Cable; *Qureischie* ER 4/2020, 157 (160)). Eine weitere Restriktion für selbstständige Betreiber von grenzüberschreitenden Elektrizitätsverbindungsleitungen resultiert aus dem Umstand, dass diese anders als regelzonenverantwortliche Übertragungsnetzbetreiber ihre Netzkosten nicht auf die Netznutzer wälzen können. Um eine Diskriminierung gegenüber den regelzonenverantwortlichen Übertragungsnetzbetreibern zu verhindern und sicherzustellen, dass selbstständige Betreiber grenzüberschreitender Elektrizitätsverbindungsleitungen ihre Tätigkeit unter wirtschaftlichen Bedingungen wie ua unter Erzielung eines angemessenen Gewinns ausüben können, müssen letztere einen Teil der Engpasserlöse als Ertrag für den Betrieb sowie die Wartung der Verbindungsleitungen verwenden dürfen (so EuGH Urt. v. 11.3.2020 – C-454/18, ECLI:EU:C:2020:189 Rn. 64 ff., 79 – Baltic Cable; dazu *Qureischie* ER 4/2020, 157 (159 f.); *Burmeister/Kistner* ER 6/2021, 231 (233); *Lippert* NVwZ 2021, 1561 (1566)). In Übereinstimmung mit den vom EuGH aufgestellten Prämissen führen die §§ 28 d ff. einen Erlösmechanismus ein, der eine von der Höhe der Engpasserlöse unabhängige Refinanzierung der Investitionskosten von selbstständigen Betreibern grenzüberschreitender Elektrizitätsverbindungsleitungen ermöglicht (BT-Drs. 19/27453, 60). In Anbetracht des neuen Erlösmechanismus entfällt grundsätzlich die Notwendigkeit einer anderweitigen Refinanzierung mittels der Verwendung von Engpasserlösen. Folgerichtig verpflichtet § 28 h Abs. 1 S. 1 die selbstständigen Betreiber grenzüberschreitender Elektrizitätsverbindungsleitungen, die von ihnen eingenommenen Engpasserlöse an den regelzonenverantwortlichen Übertragungsnetzbetreiber herauszugeben.

§ 28h

Teil 3. Regulierung des Netzbetriebs

4 Mit der Herausgabe der Engpasserlöse werden die selbstständigen Betreiber grenzüberschreitender Elektrizitätsverbindungsleitungen von der **Verpflichtung zur unionsrechtskonformen Mittelverwendung** dieser Erlöse entlastet. Vielmehr geht diese Verpflichtung auf den anschließenden Übertragungsnetzbetreiber mit Regelzonenverantwortung über (BT-Drs. 19/27453, 117). Wie § 28h Abs. 1 S. 1 klarstellt, werden die Engpasserlöse an den regelzonenverantwortlichen Übertragungsnetzbetreiber „zur Verwendung" gem. Art. 19 Abs. 2 und 3 der Elektrizitätsbinnenmarkt VO (EU) 2019/943 herausgegeben (eingehend dazu *Qureischie* ER 2020, 157 ff. und ER 2022, 6 ff.). Die im Rahmen des Betriebs einer grenzüberschreitenden Elektrizitätsverbindungsleitung erzielten Engpasserlöse unterliegen mithin den unionsrechtlichen Verwendungsvorgaben auch, wenn sie an den regelzonenverantwortlichen Übertragungsnetzbetreiber herausgegeben werden (BT-Drs. 19/27453, 117).

5 Die **Herausgabe** der vom selbstständigen Betreiber grenzüberschreitender Elektrizitätsverbindungsleitungen vereinnahmten Engpasserlöse erfolgt gem. § 28h Abs. 1 S. 1 **in Höhe der auf den deutschen Regulierungsrahmen nach § 28f Abs. 3 entfallenden Kostentragungsquote.** § 28f Abs. 3 sieht diesbezüglich vor, dass die BNetzA von einer gleichmäßigen Kostentragung zwischen den durch die Leitungen verbundenen Staaten ausgeht und damit für die Regulierung der Hälfte der anfallenden Netzkosten zuständig ist, sofern keine abweichende Vereinbarung mit der Regulierungsbehörde des anderen Staats getroffen ist (→ § 28f Rn. 5).

6 Dem regelzonenverantwortlichen Übertragungsnetzbetreiber darf nach § 28h Abs. 1 S. 2 Hs. 1 durch den Erhalt oder die Verwendung der nach S. 1 herausgegebenen Engpasserlöse weder ein wirtschaftlicher Vorteil noch ein wirtschaftlicher Nachteil erwachsen (BT-Drs. 19/27453, 117). Die Herausgabe der Engpasserlöse von dem selbstständigen Betreiber grenzüberschreitender Elektrizitätsverbindungsleitungen hat **für den anschließenden Übertragungsnetzbetreiber** mit Regelzonenverantwortung also **wirtschaftlich neutral** zu erfolgen. Demgemäß stellt § 28h Abs. 1 S. 2 Hs. 2 klar, dass der regelzonenverantwortliche Übertragungsnetzbetreiber insbesondere bei der Berechnung der zu verzinsenden eingesetzten Kapitals nach § 21 Abs. 2 so zu stellen ist, als hätte er die Engpasserlöse nicht erhalten.

7 Die in § 28h Abs. 1 S. 1 statuierte Herausgabepflicht des selbstständigen Betreibers grenzüberschreitender Elektrizitätsverbindungsleitungen korrespondiert mit einem **Herausgabeanspruch des regelzonenverantwortlichen (Anschluss-) Übertragungsnetzbetreibers.** Die Fälligkeit des Herausgabeanspruchs ist in § 28h Abs. 2 geregelt. Hiernach wird der Anspruch auf Herausgabe von Engpasserlösen mit Beginn des Jahres **fällig**, welches auf das Jahr folgt, in dem der selbstständige Betreiber von grenzüberschreitenden Elektrizitätsverbindungsleitungen die Engpasserlöse erzielt hat (s. auch BT-Drs. 19/27453, 117).

8 § 28h Abs. 3 regelt eine spezielle **Mitteilungspflicht des selbstständigen Betreibers von grenzüberschreitenden Elektrizitätsverbindungsleitungen** hinsichtlich der voraussichtlichen Höhe der im laufenden Kalenderjahr erzielten Engpasserlöse. Dieser muss sowohl der BNetzA als auch dem anschließenden Übertragungsnetzbetreiber mit Regelzonenverantwortung jährlich spätestens bis zum 30. September eines Jahres die voraussichtliche Höhe der im laufenden Kalenderjahr vereinnahmten Erlöse aus Engpässen mitteilen. Weitere Dokumentations- und Mitteilungspflichten in Bezug auf erzielte Engpasserlöse sieht § 15 Abs. 3 S. 2 und 3 StromNZV vor. Die Norm gilt undifferenziert für alle Übertragungsnetzbetreiber und damit auch für Betreiber von stand-alone Interkonnektoren (vgl. BNetzA, Erlöse aus grenzüberschreitendem Engpassmanagement im Zeitraum

vom 1. Januar 2021 bis 31. Dezember 2021, Bericht nach Art. 19 Abs. 5 S. 2 der Verordnung (EU) 2019/943 über den Elektrizitätsbinnenmarkt, S. 2).

§ 28h Abs. 4 behandelt die Fälle, in denen mehrere Übertragungsnetzbetreiber mit Regelzonenverantwortung gegenüber dem selbstständigen Betreiber von grenzüberschreitenden Elektrizitätsverbindungsleitungen zahlungspflichtig sind, wenn also eine grenzüberschreitende Verbindungsleitung an die Netze mehrerer regelzonenverantwortlicher Übertragungsnetzbetreiber angeschlossen ist. In solchen Konstellationen hat jeder einzelne der zahlungspflichtigen Übertragungsnetzbetreiber gem. § 28h Abs. 4 **nur Anspruch auf die Herausgabe des auf seine Regelzone entfallenden Anteils der Engpasserlöse.** Die Regelung bildet das Gegenstück zu § 28g Abs. 4, der den Umfang der Zahlungspflicht jedes einzelnen regelzonenverantwortlichen Übertragungsnetzbetreibers bestimmt, an dessen Netz eine grenzüberschreitende Elektrizitätsverbindungsleitung angeschlossen ist (→ § 28g Rn. 5). Gem. § 28i Abs. 1 Nr. 4 kann mittels Rechtsverordnung ein **Verteilungsschlüssel** vorgesehen werden, aus dem sich ergibt, zu welchem Anteil mehrere Betreiber von Übertragungsnetzen mit Regelzonenverantwortung nach § 28h Abs. 4 herausgabeberechtigt und nach § 28g Abs. 4 zahlungspflichtig sind.

§ 28i Verordnungsermächtigung

(1) **Die Bundesregierung wird ermächtigt, durch Rechtsverordnung mit Zustimmung des Bundesrates**
1. die Methode zur Berechnung der Netzkosten des selbstständigen Betreibers von grenzüberschreitenden Elektrizitätsverbindungsleitungen den Grundsätzen des § 28e entsprechend festzulegen,
2. zu bestimmen, dass als dauerhaft nicht beeinflussbare Kostenanteile im Sinne von § 21a Absatz 4 anzusehen sind
   a) Kosten des Betreibers von Übertragungsnetzen mit Regelzonenverantwortung aus der Erfüllung des Zahlungsanspruchs nach § 28g sowie
   b) Erlöse des Betreibers von Übertragungsnetzen mit Regelzonenverantwortung aus der Erfüllung des Anspruchs auf Herausgabe von Engpasserlösen nach § 28h,
3. zu regeln, dass Kosten nach Nummer 2 Buchstabe a abweichend von § 24 Satz 2 Nummer 4 bereits ab dem 27. Juli 2021 vollständig in den bundeseinheitlich gebildeten Anteil der Übertragungsnetzentgelte einzubeziehen sind,
4. einen Verteilungsschlüssel vorzusehen, aus dem sich ergibt, zu welchem Anteil mehrere Betreiber von Übertragungsnetzen mit Regelzonenverantwortung nach § 28g Absatz 4 zahlungspflichtig und nach § 28h Absatz 4 herausgabeberechtigt sind.

(2) **Das Bundesministerium für Wirtschaft und Energie wird ermächtigt, durch Rechtsverordnung mit Zustimmung des Bundesrates das Verfahren und die Anforderungen an die nach § 28f Absatz 2 Satz 2 vorzulegenden Unterlagen näher auszugestalten.**

Literatur: *Mohr/Bourazeri*, Ermittlung und bundesweite Verteilung der Übertragungsnetzentgelte nach der Novelle der Stromnetzentgeltverordnung 2018, EnWZ 2018, 297.

A. Überblick

1 § 28i Abs. 1 ermächtigt die Bundesregierung, durch Rechtsverordnung mit Zustimmung des Bundesrates die in den Nr. 1–4 abschließend aufgeführten Sachverhalte näher zu regeln. § 28i Abs. 2 ermächtigt das BMWi (jetzt: BMWK), durch Rechtsverordnung mit Zustimmung des Bundesrates das Verwaltungsverfahren zur Feststellung der Netzkosten von selbstständigen Betreibern grenzüberschreitender Elektrizitätsverbindungsleitungen und die Anforderungen an die Antragsunterlagen auszuformen.

B. Einzelerläuterungen

I. Ermächtigung der Bundesregierung gem. Abs. 1

2 Gem. § 28i Abs. 1 **Nr. 1** kann die Bundesregierung mittels Rechtsverordnung die **Methode zur Berechnung der Netzkosten von selbstständigen Betreibern grenzüberschreitender Elektrizitätsverbindungsleitungen** in Übereinstimmung mit den Grundsätzen des § 28e festlegen. Letzterer verweist im Hinblick auf die Ermittlung der anerkennungsfähigen Kosten für die Errichtung und den Betrieb grenzüberschreitender Elektrizitätsverbindungsleitungen auf die allgemeinen Maßstäbe der kostenorientierten Entgeltbildung gem. § 21 Abs. 2.

3 Auf der Grundlage des § 28i Abs. 1 S. 1 wurde im Zuge der EnWG-Novelle 2021 ein neuer **§ 3b StromNEV** bzgl. der **Ermittlung der Netzkosten** von grenzüberschreitenden Elektrizitätsverbindungsleitungen gem. § 28e eingefügt (BT-Drs. 19/27453, 141; → § 28e Rn. 3, 6). Zudem wurde § 30 Abs. 1 StromNEV um zwei weitere Nrn. ergänzt, die die **Bestimmung der betriebsgewöhnlichen Nutzungsdauern** der gem. §§ 28d ff. regulierten grenzüberschreitenden Elektrizitätsverbindungsleitungen betreffen. Die betriebsgewöhnlichen Nutzungsdauern sind für die Ermittlung der kalkulatorischen Abschreibungen und damit zusammenhängend für die Berechnung der kalkulatorischen Eigenkapitalverzinsung von Bedeutung (→ § 28e Rn. 7). Im Einzelnen räumt **§ 30 Abs. 1 Nr. 9 StromNEV** der Regulierungsbehörde eine Festlegungskompetenz hinsichtlich der Frage ein, ob separate oder einheitliche betriebsgewöhnliche Nutzungsdauern für grenzüberschreitende Elektrizitätsverbindungsleitungen zu regeln sind (von dieser Kompetenz hat die BNetzA bereits im Beschl. v. 15.12.2021, BK4-21-060, bzgl. der Leitung „NeuConnect" Gebrauch gemacht). **§ 30 Abs. 1 Nr. 10 StromNEV** statuiert ferner eine Festlegungskompetenz der Regulierungsbehörde darüber, ob alle Anlagengüter von selbstständigen Betreibern grenzüberschreitender Elektrizitätsverbindungsleitungen einer einheitlichen betriebsgewöhnlichen Nutzungsdauer unterfallen oder ob für verschiedene Anlagengüter jeweils separate betriebsgewöhnliche Nutzungsdauern zum Ansatz zu bringen sind (BT-Drs. 19/27453, 142).

4 Nach § 28i Abs. 1 **Nr. 2 lit. a** kann mittels Rechtsverordnung bestimmt werden, dass die Kosten des regelzonenverantwortlichen Übertragungsnetzbetreibers aus der Erfüllung des Zahlungsanspruchs nach § 28g als **dauerhaft nicht beeinflussbare Kostenanteile** iSd § 21a Abs. 4 anzusehen sind. Dabei geht es um die **Kosten,** die einem regelzonenverantwortlichen Übertragungsnetzbetreiber dadurch entstehen, dass er gem. § 28g Zahlungen zur Deckung der Netzkosten eines selbstständigen Betreibers grenzüberschreitender Elektrizitätsverbindungsleitungen leistet. Als

Verordnungsermächtigung **§ 28i**

dauerhaft nicht beeinflussbare „Kostenanteile" können gem. § 28i Abs. 1 **Nr. 2 lit. b** auch **Erlöse** eingestuft werden, die einem regelzonenverantwortlichen Übertragungsnetzbetreiber aus der Erfüllung des Anspruchs auf Herausgabe von Engpasserlösen nach § 28h entstehen. Dabei handelt es sich um den Anspruch des regelzonenverantwortlichen Übertragungsnetzbetreibers gegenüber dem selbstständigen Betreiber grenzüberschreitender Elektrizitätsverbindungsleitungen, die in einem Kalenderjahr eingenommenen **Erlöse aus der Bewirtschaftung von Engpässen** herauszugeben (vgl. § 28h Abs. 1 S. 1).

Im Zuge der EnWG-Novelle 2021 wurde im Hinblick auf die in § 28i Abs. 1 5 Nr. 2 lit. a genannten Kosten **§ 11 Abs. 2 S. 1 Nr. 18 ARegV** eingeführt. Nach der letztgenannten Vorschrift gelten die **Kosten aus der Erfüllung von Zahlungsansprüchen nach § 28g EnWG als dauerhaft nicht beeinflussbare Kostenanteile.** § 11 Abs. 2 S. 1 Nr. 18 ARegV schafft also für die Aufwendungen, die dem regelzonenverantwortlichen Übertragungsnetzbetreiber aus der Erfüllung von Zahlungsansprüchen eines selbstständigen Betreibers von grenzüberschreitenden Elektrizitätsverbindungsleitungen entstehen, eine neue Position dauerhaft nicht beeinflussbarer Kosten (BT-Drs. 19/27453, 143). Diese Aufwendungen sind gem. § 11 Abs. 2 S. 1 Nr. 18 Hs. 2 ARegV mit den Erlösen aus der Erfüllung von Zahlungsansprüchen gem. § 28h EnWG, also **mit den vom selbstständigen Betreiber herausgegebenen Engpasserlösen zu verrechnen,** soweit letztere Kosten iSd Art. 19 Abs. 2 lit. e ElektrizitätsbinnenmarktVO (EU) 2019/943 enthalten. Nach Art. 19 Abs. 2 lit. a und b ElektrizitätsbinnenmarktVO (EU) 2019/943 müssen Engpasserlöse vorrangig zur Sicherstellung der Kapazitätsverfügbarkeit und zu der Erhaltung oder dem Ausbau von zonenübergreifenden Kapazitäten verwendet werden (→ § 28h Rn. 3). Die in § 11 Abs. 2 S. 1 Nr. 18 ARegV vorgesehene Verrechnung der an den selbstständigen Betreiber von grenzüberschreitenden Elektrizitätsverbindungsleitungen ausgezahlten Beträge mit den durch den regelzonenverantwortlichen Übertragungsnetzbetreiber empfangenen Engpasserlösen beruht auf dem Gedanken, dass die durch den selbstständigen Betreiber vereinnahmten Engpasserlöse auch nach der Herausgabe an den regelzonenverantwortlichen Übertragungsnetzbetreiber den Verwendungsvorgaben von Art. 19 Abs. 2 und 3 Elektrizitätsbinnenmarkt VO (EU) 2019/943 unterliegen (so BT-Drs. 19/27453, 143). Soweit jedoch die Zahlungen des regelzonenverantwortlichen Übertragungsnetzbetreibers an den selbstständigen Betreiber der grenzüberschreitenden Elektrizitätsverbindungsleitung nach § 28g EnWG von letzterem im Sinne der unionsrechtlichen Vorgaben bezüglich des Engpassmanagements im Hinblick auf die Verbindungsleitung genutzt werden, ist eine Verrechnung dieser Kosten des regelzonenverantwortlichen Übertragungsnetzbetreibers mit den ihm herausgegebenen Engpasserlösen möglich (BT-Drs. 19/27453, 143).

Nach § 28i Abs. 1 Nr. 3 kann mittels Rechtsverordnung geregelt werden, dass die 6 in § 28i Abs. 1 Nr. 2 lit. a genannten Kosten, dh die **Kosten der regelzonenverantwortlichen Übertragungsnetzbetreiber aus der Erfüllung der Zahlungsansprüche der selbstständigen Betreiber grenzüberschreitender Elektrizitätsverbindungsleitungen** nach § 28g, abweichend von § 24 S. 2 Nr. 4 seit dem 27.7.2021 vollständig **in den bundeseinheitlich gebildeten Anteil der Übertragungsnetzentgelte einzubeziehen** sind. § 24 S. 2 Nr. 4 ermächtigt die Bundesregierung, mittels Rechtsverordnung nach S. 1 insbesondere Regelungen zur Ermittlung der Entgelte für den Netzzugang zu treffen. Gem. § 24 S. 2 Nr. 4 lit. b ist durch Rechtsverordnung vorzusehen, „dass die Grundlage für die Ermittlung der Entgelte für den Zugang zu den Übertragungsnetzen zwar getrennt für jeden

Laubenstein/Bourazeri 1513

Übertragungsnetzbetreiber kostenorientiert nach § 21a ermittelt wird, aber die Höhe der Entgelte für den Zugang zu den Übertragungsnetzen ab dem 1. Januar 2019 teilweise und ab dem 1. Januar 2023 vollständig bundesweit einheitlich festgelegt wird und Mehr- oder Mindererlöse, die den Übertragungsnetzbetreiber[n] dadurch entstehen, durch eine finanzielle Verrechnung zwischen ihnen ausgeglichen oder bundesweit umgelegt werden sowie der bundeseinheitliche Mechanismus hierfür näher ausgestaltet wird". In Umsetzung dieser Vorgaben wurden durch die Verordnung zur schrittweisen Einführung bundeseinheitlicher Übertragungsnetzentgelte vom 20.6.2018 die §§ 14a–14d und § 32a StromNEV eingefügt (BGBl. 2018 I S. 865; BR-Drs. 145/18, 11f.). Die §§ 14a– 14d StromNEV geben das ab dem 1.1.2023 geltende „Zielmodell" bundeseinheitlicher Übertragungsnetzentgelte vor, während § 32a StromNEV als Übergangsvorschrift die schrittweise Angleichung der Übertragungsnetzentgelte im Zeitraum vom 1.1.2019 bis zum 31.12.2022 näher ausgestaltet (dazu *Mohr/Bourazeri* EnWZ 2018, 297 (300ff.)). Bereits vor dem Übergang in das Regime der vereinheitlichten Übertragungsnetzentgelte kann gem. § 28i Abs. 1 Nr. 3 durch Rechtsverordnung vorgesehen werden, dass die Kosten der regelzonenverantwortlichen Übertragungsnetzbetreiber aufgrund der Zahlungen gem. § 28g in den bundeseinheitlichen Anteil der Übertragungsnetzentgelte einzubeziehen sind. Auf dieser Ermächtigungsgrundlage sieht **§ 32a Abs. 2a StromNEV** vor, dass die Kosten aus der Erfüllung des Zahlungsanspruchs selbstständiger Betreiber von grenzüberschreitenden Elektrizitätsverbindungsleitungen nach § 28g EnWG seit dem 27.7.2021 in den bundeseinheitlich gebildeten Anteil der Übertragungsnetzentgelte einzubeziehen sind. Damit soll eine gleichmäßige Belastung der Übertragungsnetzentgelte durch die Netzkosten der grenzüberschreitenden Elektrizitätsverbindungsleitungen schon vor der nach § 32a Abs. 1 und 2 StromNEV zum 1.1.2023 vorgesehenen vollständigen Vereinheitlichung der Übertragungsnetzentgelte sichergestellt werden (BT-Drs. 19/27453, 142).

7 In den Konstellationen, in denen eine grenzüberschreitende Elektrizitätsverbindungsleitung an die Netze mehrerer regelzonenverantwortlicher Übertragungsnetzbetreiber angeschlossen ist, kann mittels Rechtsverordnung gem. § 28i Abs. 1 Nr. 4 ein **Verteilungsschlüssel** vorgesehen werden, aus dem sich ergibt, zu welchem Anteil mehrere regelzonenverantwortliche Übertragungsnetzbetreiber nach § 28g Abs. 4 zahlungspflichtig und nach § 28h Abs. 4 herausgabeberechtigt sind.

II. Ermächtigung des BMWK gem. Abs. 2

8 Durch § 28i Abs. 2 wird das BMWi (heute: BMWK) ermächtigt, mittels Rechtsverordnung mit Zustimmung des Bundesrates das Verfahren bei der Feststellung der anerkennungsfähigen Netzkosten durch die BNetzA und die Anforderungen an die nach § 28f Abs. 2 S. 2 zur Prüfung der Netzkosten vorzulegenden Antragsunterlagen der selbstständigen Betreiber grenzüberschreitender Elektrizitätsverbindungsleitungen näher auszugestalten.

Abschnitt 3 b. Regulierung von Wasserstoffnetzen

Vorbemerkung

Literatur: *ACER/CEER,* White Paper Wasserstoff, extranet.acer.europa.eu/Media/News/Pa ges/ACER-and-CEER-recommend-when-and-how-to-regulate-pure-hydrogen-networks.a spx; *Ariadne,* Ariadne-Kurzdossier aus den Kopernikus-Projekten, ariadneprojekt.de/media/ 2021/11/Ariadne_Kurzdossier_Wasserstoff_November2021.pdf (zit. Ariadne-Kurzdossier); *Ariadne,* Ariadne-Analyse, Die Rolle von Wasserstoff im Gebäudesektor, ariadneprojekt.de/publika tion/analyse-wasserstoff-im-gebaudesektor (zit. Ariadne-Analyse Gebäudesektor); *BNetzA,* Bestandsaufnahme der Bundesnetzagentur zur Regulierung von Wasserstoffnetzen, www.bun desnetzagentur.de/DE/Sachgebiete/ElektrizitaetundGas/Unternehmen_Institutionen/Wasser stoff/bestandsaufnahme.html?nn=923324, (zit. Bestandsaufnahmen BNetzA); *BNetzA,* Ergebnisse der Konsultation zur Bestandsaufnahme, www.bundesnetzagentur.de/DE/Sachgebiete/El ektrizitaetundGas/Unternehmen_Institutionen/Wasserstoff/bestandsaufnahme.html?nn=923 324; *dena,* dena-Zwischenbericht: Energieinfrastrukturen im klimaneutralen Energiesystem, w ww.dena.de/newsroom/publikationdetailansicht/pub/dena-zwischenbericht-energieinfra strukturen-im-klimaneutralen-energiesystem/ (zit. dena-Zwischenbericht); *DVGW,* Wasserstoff zur Dekarbonisierung des Wärmesektors, www.dvgw.de/der-dvgw/aktuelles/presse/presse informationen/dvgw-presseinformation-vom-29062021-studie-zu-h2-im-waermesektor, (zit. Wasserstoff Dekarbonisierung Wärmesektor); *Elspass/Lindau/Ramsauer,* Die neuen Regelungen im EnWG zum Wasserstoff, N&R 2021, 258; *Europäische Kommission,* Wasserstoffstrategie, ec. europa.eu/germany/news/20200708-wasserstoffstrategie_de; *Hoffmann/Halbig/Senders/Nysten/ Antoni/Müller,* Auf dem Weg zum Wasserstoffwirtschaftsrecht?, 12.7.2021 (stiftung-umweltener gierecht.de/projekte/wasserstoffwirtschaftsrecht/zit. Studie Umweltenergierecht); *Monopolkommission,* Sektorgutachten der Monopolkommission gemäß § 62 EnWG, Stand 1.9.2021, www. monopolkommission.de/images/PDF/SG/8sg_energie_volltext.pdf (zit. Sektorgutachten Monopolkommission); *Pielow,* Vereinbarkeit gemeinsamer Netzentgelte für Erdgas und Wasserstoff mit dem EU-Recht – Rechtsgutachten im Auftrag des FNB Gas e. V., März 2021, www.fnbgas.de/news/vereinbarkeit-gemeinsamer-netzentgelte-fuer-erdgas-und-wasserstoff-mit-dem-eu-recht/ (zit. *Pielow* Rechtsgutachten); *Stelter/Schieferdecker/Lange,* Der Gesetzentwurf zur Regelung reiner Wasserstoffnetze im EnWG, EnWZ 2021, 99.

A. Allgemeines

1 Der im Jahr 2021 neu eingefügte Abschnitt 3b befasst sich mit der Regulierung von **reinen Wasserstoffnetzen,** also mit solchen, die **ausschließlich dem Transport von Wasserstoff** dienen. Dieser ausschließliche Wasserstofftransport ist zu unterscheiden von der Beimischung von Wasserstoff in das Erdgasnetz, die unabhängig von den Neuregelungen in §§ 28j ff. rechtlich möglich ist und auch durchgeführt wird (BT-Drs. 19/27453, 117; *Stelter/Schieferdecker/Lange* EnWZ 2021, 99f.). Reine Wasserstoffnetze unterlagen bisher nicht der Regulierung. Der neue Abschnitt eröffnet erstmals die Möglichkeit, solche Netze einer Regulierung zu unterstellen. Hierbei ist zu beachten, dass die Regulierung der Wasserstoffnetze sich deutlich anders gestaltet als die Regulierung von Elektrizitäts- und Gasversorgungsnetzen.

2 Der Abschnitt 3b stellt auf eine **Opt-in-Regulierung** ab, dh, die Betreiber von Wasserstoffnetzen können selbst entscheiden, ob sie der Regulierung unterfallen

Vor §§ 28j ff.   Teil 3. Regulierung des Netzbetriebs

wollen. Dies rechtfertigt sich damit, dass die Situation im Bereich der Wasserstoffversorgung eine völlig andere ist als zB in der Erdgasversorgung, als 1999 die Märkte geöffnet worden sind oder im Jahr 2005 die Regulierung eingeführt wurde (BT-Drs. 19/27453, 117). So gibt es im Wasserstoffbereich noch **keinen flächendeckenden Markt,** sondern lediglich drei Cluster in Regionen mit Schwerpunkten in der chemischen Industrie, in denen sich eine leitungsgebundene Infrastruktur entwickelt hat (vgl. Bestandsaufnahme BNetzA S. 16 ff., BT-Drs. 19/27453, 117 f., die insoweit auf die gewachsenen, ausgeprägten Netzstrukturen insbes. im Strombereich verweist und die Herausforderung herausstellt, dass im Wasserstoffbereich die Aufsichtsstrukturen parallel zum Aufbau entsprechender Netze stattfindet). Diese Cluster werden lokal begrenzt privatwirtschaftlich betrieben. Eine flächendeckende oder zumindest nicht mehr nur lokal begrenzte Nutzung von Wasserstoff ist dementsprechend noch nicht gegeben und damit auch kein Markt bzw. keine vergleichbare Wertschöpfungskette wie im Strom- und Erdgasbereich, der eine Regulierung der Netzbetreiber nach den bekannten Regelungen notwendig macht. Es gibt darüber hinaus auch nur einige Projekte zum Aufbau von ebenfalls lokal begrenzten Wasserstoffnetzen, die allerdings die Basis für den Markthochlauf der Wasserstofftechnologie ermöglichen sollen (s. zusammenfassend www.bmwi.de/Redaktion/DE/Artikel/Energie/ipcei-wasserstoff.html, Stand 8. Dezember 2021). Diese Projekte sind fast ausschließlich darauf ausgerichtet, bestimmte Industrieprozesse in der Stahl- und Chemieindustrie zu dekarbonisieren. Hierfür soll Erdgas durch Wasserstoff ersetzt werden. Von einer flächendeckenden und breiten Anwendung von Wasserstoff – zB auch in der Wärmeversorgung – ist man noch weit entfernt. So sehen Studien die Anwendung von Wasserstoff im Wärmebereich mindestens nachrangig – insbesondere bei der dezentralen Nutzung von Wasserstoff zur Wärmeerzeugung (dena-Zwischenbericht S. 18 ff.; so wohl auch das Ariadne-Kurzdossier S. 17 ff.; auch Ariadne-Analyse Gebäudesektor; wohl aA Wasserstoff Dekarbonisierung Wärmesektor S. 54).

3   Vor diesem Hintergrund musste der Gesetzgeber entscheiden, ob zum **heutigen Zeitpunkt die umfassende Regulierung von Wasserstoffnetzen bereits notwendig bzw. rechtlich zulässig ist,** da die Regulierung zum Ziel hat, Marktmacht zu begrenzen und einem daraus resultierenden Missbrauch vorzubeugen (Sektorgutachten Monopolkommission Kap. 5.2.2). Während die Regulierung damit einer Ex-ante-Betrachtung folgt, hat das Kartellrecht eine Ex-post-Funktion, indem es bereits eingetretenen Missbrauch von erworbener Marktmacht sanktioniert. Die bestehenden Wasserstoffnetze unterfallen somit dem Kartellrecht und damit einer Ex-post-Kontrolle. Um eine zwangsweise Regulierung aller Wasserstoffnetze einzuführen und damit auch in die Grundrechte der betroffenen Betreiber einzugreifen, müsste sich erst herausstellen, dass eine wesentliche Marktmacht und damit ein Missbrauch drohen – die Ex-post-Kontrolle durch das Kartellrecht also nicht ausreicht. Denn durch eine Regulierung, die zB auch die Erlöse vorgibt, wird in die Berufsfreiheit eingegriffen. Ein solcher Grundrechtseingriff bedarf einer Rechtfertigung, die zumindest im Hinblick auf den heutigen Ausbaustand des Wasserstoffnetzes und die beteiligten Akteure als fraglich erscheint.

4   Da sich im Moment noch relativ **gleich große Partner** – Industrieunternehmen auf der einen Seite und Netzbetreiber auf der anderen Seite – gegenüberstehen, ist noch keineswegs klar, ob der mögliche Missbrauch einer Marktbeherrschung wirklich durch eine umfassende Regulierung ex ante unterbunden werden muss oder ob wie im Fernwärmebereich eine kartellrechtliche Kontrolle ausreichend ist. Insofern muss auch bei der **Einführung einer Regulierung mit Au-**

Vorbemerkung Vor §§ 28j ff.

genmaß vorgegangen werden. Diesem Augenmaß trägt die Opt-in-Regulierung Rechnung, da sie den Wirtschafssubjekten die Wahl des Geschäftsmodells überlässt.

Die Rechtfertigung könnte aber auch in dem beschleunigten Markthochlauf ge- 5 sehen werden, der durch die Regulierung erst ermöglicht wird und den Klimaschutzzielen dienen soll (*Stelter/Schieferdecker/Lange* EnWZ 2021, 99; *Elspass/Lindau/Ramsauer* N&R 2021, 258). Somit könnte der bekannte Regulierungsrahmen den betroffenen Netzbetreibern Sicherheit geben und dadurch die Umstellung von Erdgas auf Wasserstoff in bestimmten Bereichen möglicherweise beschleunigen und damit in bestimmten Bereichen einen Beitrag zum Klimaschutz leisten. Ob eine umfassende Regulierung aber wirklich den Markthochlauf beschleunigt oder ein freier Markt dies auch erreichen kann, ist nicht hinreichend nachgewiesen. Darüber hinaus stellen sich noch Fragen an die Anforderungen von grünem Wasserstoff, denn nur dieser würde einen wirklichen Klimaschutzbeitrag leisten. So gibt es bisher noch keine rechtliche Definition von grünem Wasserstoff (Studie Umweltenergierecht S. 7). Abschließend sind in diese Betrachtung auch die europäischen Vorgaben mit einzubeziehen, die zurzeit noch erarbeitet werden. So könnte eine weitere Rechtfertigung zur Regulierung darin gesehen werden, dass die Regulierung dem Ziel der Verwirklichung eines gemeinsamen Binnenmarkts dient und Markteintrittsschranken bereits im Vorfeld verhindert werden sollen. Da zurzeit auf europäischer Ebene (→ Rn. 10ff.) die Zukunft des Wasserstoffmarktes diskutiert wird, lässt sich hieraus im Moment noch keine Rechtfertigung für eine umfassende Regulierung des Wasserstoffbereichs ableiten.

B. Entstehungsgeschichte

Vor diesem Hintergrund hat sich die Bundesregierung dafür entschieden, nicht 6 sofort alle bestehenden oder künftigen Wasserstoffleitungen oder -netze zwingend der Regulierung zu unterwerfen (BT-Drs. 19/27453, 118), sondern es soll den Betreibern von Wasserstoffnetzen sowie Speicherbetreibern überlassen bleiben, ob sie sich der Regulierung unterwerfen wollen oder selbstständig im Rahmen des freien Marktes ihre Dienstleistungen anbieten. Die Regulierung hat den Vorteil, dass sie den Netzbetreibern gesicherte Erlöse zubilligt, sodass ein Mengenrisiko grundsätzlich nicht entsteht, weil geringere Erlöse nachgeholt werden dürfen. Insofern hat die Regulierung aus Sicht der regulierten Unternehmen auch Vorteile, wenngleich bei sehr wenigen Abnehmern ein deutlich größeres Ausfallrisiko besteht, das dann auch nicht mehr allein durch regulierte Erlöse aufgefangen werden kann (s. Diskussion um den Eigenkapitalzinssatz → § 28o Rn. 45). Die Opt-in-Regulierung ist ein sachgerechter Ausgleich zwischen verschiedenen Interessengruppen: Denn während die Mehrzahl der Erdgasnetzbetreiber sehr früh eine (gemeinsame) Regulierung von Wasserstoff- und Erdgasnetzen gefordert hat, haben dies andere abgelehnt bzw. sich für eine dynamische Regulierung ausgesprochen, die sich der Entwicklung des Wasserstoffmarktes im Zeitverlauf anpasst (vgl. BNetzA, Ergebnisse der Konsultation zur Bestandsaufnahme, S. 28ff.; Sektorgutachten Monopolkommission Rn. 310).

Der Vorschlag der Bundesregierung im Rahmen der EnWG-Novelle 2021 7 wurde kontrovers diskutiert (vgl. BT-Drs. 19/28407, 31f. sowie zur Gegenäußerung der Bundesregierung S. 48ff.; Schneider/Theobald EnergieWirtschaftsR-HdB/*de Wyl/Thole/Bartsch* § 17 Rn. 522). Allerdings wurden im Bundesrat Beschlussempfehlungen der Ausschüsse, die sich für eine **gemeinsame Kosten- und**

Entgeltregulierung von Erdgas- und Wasserstoffnetzen aussprachen, letztlich **nicht übernommen** (zu den Empfehlungen s. BR-Drs. 165/1/21, 36f.). Im Rahmen der Ausschussanhörungen im Bundestag wurden diese Forderungen von Seiten der Erdgas-Netzbetreiberverbände erneut erhoben, wohingegen sich die Verbraucherverbände und andere dagegen aussprachen (vgl. zB für eine gemeinsame Finanzierung FNB Gas, Ausschussdrucksache 19(9)1020, S. 2f.; VKU, Ausschussdrucksache 19(9)1019, S. 2; gegen eine gemeinsame Finanzierung VZBV, Ausschussdrucksache 19(9)1018, S. 5f.; bne, Ausschussdrs. 19(9)1027, S. 5). Letztlich hat sich die verursachungsgerechte Kostentragung allein durch die Wasserstoffkunden (und unter Einbeziehung von öffentlicher Förderung) durchgesetzt, wurde aber durch die angenommene Beschlussempfehlung des Ausschusses für Wirtschaft und Energie insoweit aufgeweicht, als § 112b zur Berichtspflicht um das Ziel einer Anpassung des regulatorischen Rahmens zur gemeinsamen Regulierung und Finanzierung der Gas- und der Wasserstoffnetze ergänzt wurde (BT-Drs. 19/30899, 21).

8   Im Übrigen haben die Regelungen zu den Wasserstoffnetzen im Rahmen des Gesetzgebungsverfahrens keine wesentlichen Anpassungen erfahren. Lediglich in Bezug auf die Planfeststellungs- und Genehmigungsverfahren gab es wesentliche Anpassungen, auf die an entsprechender Stelle eingegangen wird (→ § 43l Rn. 3ff.). § 43l hat im Nachgang auch noch mal eine Überarbeitung im Rahmen des Gesetzes zur Änderung des Energiewirtschaftsrechts im Zusammenhang mit dem Klimaschutz-Sofortprogramm und zu Anpassungen im Recht der Endkundenbelieferung erhalten (BGBl. 2022 I S. 1214; → § 43l Rn. 4 und 7).

9   Der so verabschiedete gesetzliche Rahmen stellt einen **guten Kompromiss** zwischen dem berechtigten Interesse einzelner Stakeholder nach **Investitionssicherheit durch** einen **Regulierungsrahmen** und andererseits dem **Interesse an einem schnellen und zügigen Markthochlauf** dar. Insofern geht auch die Kritik fehl, dass die neuen Regelungen zu zurückhaltend oder nicht weitreichend genug wären (so zB *Stelter/Schieferdecker/Lange* EnWZ 2021, 102). Vielmehr muss festgestellt werden, dass der deutsche Gesetzgeber hier sehr vorausschauend einen Regelungsrahmen aufbaut, der es den Netzbetreibern ermöglicht, entweder im regulierten Bereich oder im freien Markt tätig zu werden und die darüber hinaus in vielen Bereichen mit den vorgeschlagenen europäischen Regelungen übereinstimmen (→ Rn. 18). Insbesondere verkennen die Autoren nicht selten die Eigenverantwortung der Netzbetreiber, sodass nicht jedes Problem durch die Regulierung oder den Gesetzgeber gelöst werden kann. Dies trifft gerade auf die Beimischung zu. So ist, wie oben aufgezeigt, noch nicht klar, ob der begrenzt verfühbare Wasserstoff im Rahmen von Beimischung überhaupt Verwendung finden sollte oder nicht erst mal vorrangig zur Dekarbonisierung in Sektoren eingesetzt werden sollte, die nicht auf andere Art dekarbonisiert werden können. Falls die Beimischung in bestimmten Bereichen sinnvoll sein sollte, ist dies durch die technische Selbstverwaltung der Branche zu lösen und kann nicht einfach auf den Gesetzgeber abgewälzt werden (aA *Stelter/Schieferdecker/Lange* EnWZ 2021, 102) Durch die gefundenen Regelungen wird darüber hinaus eine nicht sachgerechte Querfinanzierung zwischen Erdgas- und Wasserstoffnetzen verhindert. Darüber hinaus wird den Regelungen auf europäischer Ebene nicht vorgegriffen.

C. Europäischer Hintergrund

Auf europäischer Ebene gibt es derzeit (Ende 2021) keine rechtlichen Regelungen zur Regulierung von reinen Wasserstoffnetzen. Lediglich in Bezug auf Erdgasnetze und die mögliche Beimischung von Wasserstoff in diese Netze gibt es Vorgaben; diese sind aber auf Erdgas ausgerichtet und adressieren Wasserstoff insofern nur als Beimischungsprodukt. 10

Im Rahmen des Gesetzgebungsverfahrens kamen auch immer wieder Forderungen nach einer Querfinanzierung zwischen den Erdgas- und Wasserstoffnetzen auf (→ Rn. 7). Nach einem Rechtsgutachten im Auftrag des FNB Gas e. V. wären gemeinsame Netzentgelte und damit die Querfinanzierung zwischen Erdgas- und Wasserstoffnutzern mit dem europäischen Recht vereinbar. Das Gutachten kommt dabei insbesondere zu dem Ergebnis, dass die Gas-RL 09 auch auf reine Wasserstoffnetze anwendbar sei und deshalb in die Richtung gemeinsamer Entgelte für Erdgas- und Wasserstoffnetze in der Hand (nur) eines Netzbetreibers weise (vgl. *Pielow*, Rechtsgutachten, S. 41; zu den Auswirkungen auf die Finanzierung siehe → § 28o Rn. 14 ff.). 11

Das Gutachten leitet die Anwendbarkeit der Gas-RL 09 vor allem aus Art. 1 Abs. 2 ab. Dort heißt es, dass die mit der Richtlinie erlassenen Vorschriften für Erdgas, einschl. verflüssigtem Erdgas (LNG), auch in nichtdiskriminierender Weise für Biogas und Gas aus Biomasse oder anderen Gasarten gelten, soweit es technisch und ohne Beeinträchtigung der Sicherheit möglich ist, diese Gase in das Erdgasnetz einzuspeisen und durch dieses Netz zu transportieren. Nach diesem Absatz seien auch andere Gasarten und damit Wasserstoff erfasst. Außerdem gelte die Einspeisung in das Erdgasnetz auch dann, wenn nicht nur anderes Gas dem Erdgas beigemischt wird, sondern wenn diese Gase ausschließlich durch das Netz transportiert werden. Das Gutachten begründet dies damit, dass ein Netz seine Qualität als bisheriges Erdgasnetz auch dann behalte, wenn ausschließlich Wasserstoff oder andere Gasarten durch dieses Netz transportiert würden. Darüber hinaus werde dies durch die systematische und teleologische Auslegung gestützt. Hierfür beruft sich das Gutachten vor allem auf den Erwägungsgrund Nr. 41 der Gas-RL 09 (*Pielow* Rechtsgutachten S. 15 ff.). 12

Dies kann nicht überzeugen. Schon der Wortlaut der Richtlinie spricht gegen diese Auslegung. So heißt es in der Bezeichnung der Richtlinie „**Vorschriften für den Erdgasbinnenmarkt**". Schon hieraus kann entnommen werden, dass es um einen **einheitlichen Markt für Erdgas geht** und gerade nicht um die Schaffung eines Wasserstoffbinnenmarktes. Hier kann auch die Auslegung des Gutachtens nicht überzeugen, dass ein Erdgasnetz seinen regulatorischen Charakter auch dann behält, wenn es vollständig und ausschließlich für den Transport eines anderen Gases genutzt wird. Diese Auslegung widerspricht schon dem normalen Sprachverständnis. So ändert sich die Bezeichnung eines Gegenstandes dadurch, dass er für einen anderen Zweck genutzt wird. Eine Autobahn wird auch nicht länger als Autobahn bezeichnet, wenn sie in einen Fahrradweg umgewandelt wird. Das Gleiche gilt, wenn ein Netz, das bisher Erdgas transportiert hat, zukünftig nur noch Wasserstoff transportiert. Dann wird es Wasserstoffnetz genannt und kann nicht mehr unter das Wort „Erdgasnetz" subsumiert werden. Hier widerspricht sich das Gutachten auch, da ausgeführt wird, dass neu geschaffene oder unabhängig entstandene Wasserstoffinfrastrukturen von diesem Sprachverständnis nicht betroffen sein sollen, also nicht unter dem Wortlaut „Erdgasnetz" zu subsumieren seien (vgl. *Pie-* 13 *low* Rechtsgutachten S. 18). Diese Differenzierung beider Fallgruppen kann nicht überzeugen, da in dem einen Fall ein anderes Sprachverständnis zugrunde gelegt wird als in dem anderen Fall. Eine Unterscheidung allein aufgrund der Historie eines Netzes entbehrt jeglicher sachlichen Rechtfertigung. Abschließend kann es auch nicht auf eine Verbindung mit einem Erdgasnetz ankommen, jedenfalls dann nicht, wenn kein physikalischer Austausch zwischen den Netzen stattfindet.

14 Vielmehr spricht der Wortlaut der Norm dafür, dass andere Gasarten nur dann erfasst werden, wenn sie in ein Erdgasnetz eingespeist werden. **Einspeisen** ist nach dem Wortgebrauch so zu verstehen, dass ein Stoff in einen anderen eingebracht bzw. zugeführt wird – im vorliegenden Fall also dem Erdgasnetz, in dem Erdgas bereits vorhanden ist. Die Formulierung ist demnach eindeutig auf den Fall der Beimischung zu beziehen und gerade nicht auf den Fall reiner Wasserstoffnetze. Diese Auslegung wird (im Gegensatz zu der Auslegung in dem Gutachten) durch Systematik und Telos gestützt. So stellt gerade der vom Gutachten aufgeführte Erwgr. 41 darauf ab, dass diese sonstigen Gasarten Zugang zum Gasnetz erhalten sollen, vorausgesetzt dieser Zugang ist dauerhaft mit den einschlägigen technischen Vorschriften und Sicherheitsnormen vereinbar. Dies soll sicherstellen, dass diese sonstigen Gase in das Erdgasnetz eingespeist werden können, ohne technische Probleme zu verursachen. Ein solcher Vorbehalt wäre bei reinen Wasserstoffnetzen gar nicht nötig, da solche Netze keine Probleme beim Einspeisen weiteren Wasserstoffs hätten. Also wird schon aus dem Erwägungsgrund deutlich, dass mit „Einspeisung" die Form der Beimischung gemeint ist.

15 Insofern sind **nationalstaatliche Gesetze** zur Regulierung von reinen Wasserstoffnetzen **frei von speziellen europäischen Vorgaben,** wenngleich natürlich allgemeine – zB beihilferechtliche – Vorgaben eingehalten werden müssen. So finden zum Beispiel Erwägungen aus dem Urteil des EuGH zur Unabhängigkeit der nationalen Regulierungsbehörde sowie zur Entflechtung (EuGH Urt. v. 2.9.2021 – C-718/18, ECLI:EU:C:2021:662) keine Anwendung auf Wasserstoff und die Vorgaben im Abschnitt 3b des EnWG; perspektivisch können diese Vorgaben gleichwohl relevant werden, abhängig von der Überarbeitung der Gas-RL und Gasfernleitungs-VO.

16 Die Europäische Kommission hat am 8.7.2020 eine **Wasserstoffstrategie** vorgelegt, die sich mit der Wasserstoffentwicklung bis zum Jahr 2050 befasst (ec.europa. eu/germany/news/20200708-wasserstoffstrategie_de). Der Strategie liegt ein stufenweiser Ansatz zugrunde, der sich in die Jahre 2020 bis 2024 für erste Projekte gliedert, 2025 bis 2030, in denen Wasserstoff ein wesentlicher Bestandteil des integrierten Energiesystems werden soll, und 2030 bis 2050, in denen Technologien für erneuerbaren Wasserstoff ausgereift sein sollen.

17 ACER und CEER haben am 9.2.2021 ein **White Paper zur Regulierung von Wasserstoffnetzen** vorgelegt (extranet.acer.europa.eu/Media/News/Pages/ACER-and-CEER-recommend-when-and-how-to-regulate-pure-hydrogen-net works.aspx) . Sie sprechen sich darin für eine dynamische Regulierung und gegen eine Quersubventionierung zwischen Erdgas- und Wasserstoff aus (ACER/CEER, White Paper zur Regulierung von Wasserstoffnetzen, S. 3).

18 Aktuell werden die Gas-RL 09 und die Gasfernleitungs-VO 09 überarbeitet und sollen so angepasst werden, dass sie die Einführung von erneuerbarem und CO_2-armem Gas und Wasserstoff unterstützen. Die Europäische Kommission hat ihre Vorschläge am 15.12.2021 vorgelegt (Verordnung: eur-lex.europa.eu/legal-con tent/EN/TXT/?uri=COM%3A2021%3A804%3AFIN&qid=1639665806476; Ri chtlinie: eur-lex.europa.eu/legal-content/EN/TXT/?uri=COM%3A2021%3A80

3%3AFIN&qid=1639664719844, Stand 8.1.2022). Der Vorschlag der Kommission überträgt dabei im Wesentlichen die bekannten Vorgaben aus der Erdgasregulierung auf Wasserstoff. So sieht der Vorschlag grundsätzlich auch ein Verbot der Querfinanzierung zwischen Erdgas- und Wasserstoff sowie entflechtungsrechtliche Vorgaben vor. Der Vorschlag enthält aber auch einen Übergangszeitraum bis Ende 2030, in dem in einem gewissen Umfang Querfinanzierung und Erleichterungen bei den Entflechtungsvorgaben auf nationalstaatlicher Ebene möglich sein sollen. Inwiefern die Vorschläge im Rahmen des weiteren Verfahrens angepasst bzw. modifiziert werden, ist noch nicht absehbar, sodass diese Beratungen abzuwarten bleiben. Gleichwohl bleibt festzustellen, dass die von der EU-Kommission vorgelegten Regulierungen in vielen Bereichen einen sehr ähnlichen Regulierungsgehalt – gerade in der Übergangsphase – wie die deutschen Regulierungen haben, sodass der deutsche Gesetzgeber hier sehr vorausschauend gehandelt hat. Mit einer Verabschiedung der europäischen Regelungen ist erst im Jahr 2023 zu rechnen. Daran anschließend werden die Vorgaben der Richtlinie noch in deutsches Recht umzusetzen sein, sodass frühestens ab Ende 2023 mit einer Überarbeitung der Vorgaben in Abschnitt 3b im Lichte der europäischen und der bis dahin erzielten Erfahrungen mit den bestehenden Regelungen zu rechnen ist.

§ 28j Anwendungsbereich der Regulierung von Wasserstoffnetzen

(1) ¹**Auf Errichtung, Betrieb und Änderung von Wasserstoffnetzen sind die Teile 5, 7 und 8, die §§ 113a bis 113c sowie, sofern der Betreiber eine wirksame Erklärung nach Absatz 3 gegenüber der Bundesnetzagentur abgegeben hat, die §§ 28k bis 28q anzuwenden.** ²**Im Übrigen ist dieses Gesetz nur anzuwenden, sofern dies ausdrücklich bestimmt ist.**

(2) ¹**§ 28n ist für die Betreiber von Wasserstoffspeicheranlagen entsprechend anzuwenden, sofern der Betreiber eine Erklärung entsprechend Absatz 3 Satz 1 gegenüber der Bundesnetzagentur abgegeben hat.** ²**§ 28j Absatz 3 Satz 3 und 4 ist entsprechend anzuwenden.**

(3) ¹**Betreiber von Wasserstoffnetzen können gegenüber der Bundesnetzagentur schriftlich oder durch Übermittlung in elektronischer Form erklären, dass ihre Wasserstoffnetze der Regulierung nach diesem Teil unterfallen sollen.** ²**Die Erklärung wird wirksam, wenn erstmalig eine positive Prüfung der Bedarfsgerechtigkeit nach § 28p vorliegt.** ³**Die Erklärung ist unwiderruflich und gilt ab dem Zeitpunkt der Wirksamkeit unbefristet für alle Wasserstoffnetze des erklärenden Betreibers.** ⁴**Die Bundesnetzagentur veröffentlicht die Liste der regulierten Betreiber von Wasserstoffnetzen auf ihrer Internetseite.**

(4) **Betreiber von Wasserstoffnetzen sind verpflichtet, untereinander in dem Ausmaß zusammenzuarbeiten, das erforderlich ist, um eine betreiberübergreifende Leitungs- und Speicherinfrastruktur für Wasserstoff sowie deren Nutzung durch Dritte zu realisieren.**

Literatur: *Stelter/Schieferdecker/Lange,* Der Gesetzentwurf zur Regelung reiner Wasserstoffnetze im EnWG, EnWZ 2021, 99.

§ 28j

A. Allgemeines

I. Inhalt

1 § 28j bestimmt zunächst die **Normen des EnWG,** die auf Errichtung, Betrieb und Änderung von reinen Wasserstoffnetzen **zwingend Anwendung** finden, und regelt darüber hinaus die **Antragsvoraussetzungen,** nach denen ein Betreiber von Wasserstoffnetzen unter die **fakultative Regulierung** fallen kann. So werden Vorgaben für die Abgabe der Erklärung bezüglich der Regulierung und deren Rechtsfolgen formuliert. Abs. 4 enthält eine Verpflichtung zur Zusammenarbeit der Betreiber von Wasserstoffnetzen.

II. Zweck

2 § 28j dient als **Grundsatznorm** für die gesamte Regulierung der Wasserstoffnetze dazu, Rechtssicherheit und -klarheit zu schaffen, indem er den **Anwendungsbereich** des EnWG sowie die **Antragsvoraussetzungen** für die **freiwillige Regulierung** bestimmt. Da in der Markthochlaufphase eine eingeschränkte Übergangsregulierung greift, wird für den Wasserstoffbereich in Abs. 1 ein spezieller Anwendungsbereich bestimmt, um zu verhindern, dass alle Normen des EnWG Anwendung finden; Abs. 2 regelt dies speziell für die Betreiber von Speicheranlagen. Darüber hinaus werden aufgrund der Besonderheit der Opt-in-Regulierung in Abs. 3 Vorgaben getroffen, unter welchen Voraussetzungen ein Betreiber von Wasserstoffnetzen erklären kann, dass er unter die Regulierung fallen möchte und welche Rechtsfolgen hiermit verknüpft sind.

3 Darüber hinaus wird die Zusammenarbeit der Betreiber von Wasserstoffnetzen geregelt, um insbesondere den Austausch von Informationen unter den Betreibern zu ermöglichen und so einen schnellen Markthochlauf zu gewährleisten.

B. Einzelerläuterungen

I. Anwendungsbereich der Wasserstoffregulierung (Abs. 1)

4 Nach Abs. 1 S. 1 finden auf die Errichtung, den Betrieb und die Änderung von Wasserstoffnetzen die Teile 5, 7 und 8 sowie bei Abgabe einer wirksamen Erklärung nach Abs. 3 die §§ 28k bis 28q Anwendung (BT-Drs. 19/27453, 118; bezüglich der Definitionen im EnWG → § 3 Rn. 100f.; *Stelter/Schieferdecker/Lange* EnWZ 2021, 99f.). Der Teil 5 umfasst die Vorgaben zur Planfeststellung, wobei hier auch die Spezialregelungen des § 43l zu beachten sind (→ § 43l Rn. 1ff.), der Teil 7 die formalen Vorgaben zur behördlichen Organisation und der Teil 8 die Verfahrensregelungen und den Rechtsschutz bei überlangen Gerichtsverfahren. Somit sind insbesondere die Vorschriften bezüglich möglicher Aufsichtsmaßnahmen sowie zum Rechtsschutz auch bei Betreibern von Wasserstoffnetzen anwendbar. So kann die Bundesnetzagentur zB Aufsichtsmaßnahmen nach § 65 ergreifen.

5 Darüber hinaus sind die §§ 28k bis 28q anzuwenden, sofern der Betreiber eine wirksame Erklärung nach Abs. 3 (→ Rn. 11ff.) abgegeben hat. Es ist somit bei **allen nachfolgend kommentierten Vorschriften zu berücksichtigen,** dass diese immer nur auf Betreiber von Wasserstoffnetzen **Anwendung** finden, die eine solche **Erklärung abgegeben** haben und somit freiwillig der Regulierung unterfallen.

Außerdem werden zwei Dinge deutlich: Zum einen wurde die Aufgabe der Regulierung der Betreiber von Wasserstoffnetzen **allein der BNetzA** übertragen. Dies wird dadurch deutlich, dass die Erklärung gegenüber der BNetzA abzugeben ist und in den Regelungen immer auf die BNetzA und gerade nicht auf die Regulierungsbehörde als allgemeineren Ausdruck abgestellt wird. Unterstrichen wird diese Aufgabenzuweisung durch die Änderung des Gesetzes über die BNetzA: In § 2 Abs. 1 Nr. 1 des Gesetzes über die BNetzA wird in der Tätigkeitsbeschreibung zukünftig auch Wasserstoff in Bezug genommen (BGBl. 2021 I S. 3057). 6

Zum anderen wird durch die Verbindung der beiden Satzteile durch das Wort „sowie" deutlich, dass die Teile 5, 7 und **8 auch ohne eine wirksame Erklärung** Anwendung finden. Insbesondere für die Planfeststellung und Genehmigungen kann dies relevant sein, da sich auch Betreiber von Wasserstoffnetzen auf diese Regelung berufen können, die sich nicht der Regulierung unterwerfen. Darüber hinaus kann dies auch für Aufsichtsverfahren gelten, wenn sie zB in Bezug auf Sicherheitsanforderungen (§ 113c) ergriffen werden. Im Gegensatz dazu können Betreiber von Wasserstoffnetzen von den Regelungen der §§ 28k bis 28q nur dann profitieren (zB im Hinblick auf die garantierte Eigenkapitalverzinsung oder gesicherte Erlösobergrenzen), wenn sie eine wirksame Erklärung nach Abs. 3 abgegeben haben. 7

Nach S. 2 ist das EnWG im Übrigen nur anwendbar, sofern dies ausdrücklich bestimmt ist. Dies trifft insbesondere auf die §§ 49 Abs. 2 S. 1 Nr. 2 und 112b zu, da sie insofern von der Regelung in S. 1 nicht in Bezug genommen werden. 8

II. Erklärung der Betreiber von Wasserstoffspeicheranlagen (Abs. 2)

Der Abs. 2 sieht einen **speziellen Anwendungsbereich** für die Betreiber von **Wasserstoffspeicheranlagen** vor. Der Begriff der Wasserstoffspeicheranlage wird in § 3 Nr. 39b definiert (→ § 3 Rn. 101). Für die Betreiber von Speicheranlagen ist § 28n bezüglich des Netzanschlusses und -zugangs entsprechend anzuwenden, sofern der Betreiber eine Erklärung nach Abs. 3 S. 1 abgegeben hat. Somit haben die Betreiber von Wasserstoffspeicheranlagen ebenfalls die Vorgaben des § 28n zu berücksichtigen und sind zB für einen **angemessenen und diskriminierungsfreien Speicherzugang** verantwortlich. Im Übrigen kann auf die Kommentierung zu § 28n verwiesen werden (→ § 28n Rn. 1ff.). 9

S. 2 sieht vor, dass Abs. 3 S. 3 und 4 entsprechend anzuwenden sind. Somit werden für die Betreiber von Speicheranlagen nur die S. 1, 3 und 4 von Abs. 3 in Bezug genommen. Dies ist richtig, da Abs. 3 S. 2 die positive Prüfung der Bedarfsgerechtigkeit nach § 28p adressiert – Betreiber von Wasserstoffspeicheranlagen bedürfen aber keiner positiven Bedarfsprüfung. Insofern ist dieser Satz in diesen Fällen nicht anwendbar. Abs. 3 S. 3 wiederum kann auch auf Betreiber von Wasserstoffspeicheranlagen angewendet werden. Auch für Speicheranlagen gilt also, dass die Erklärung zur Regulierung unbefristet gilt und somit der Betreiber der Speicheranlage seine Anlagen nicht einfach wieder der Regulierung entziehen kann. Durch die entsprechende Anwendung von S. 4 hat die **BNetzA** auch die Betreiber von Speicheranlagen auf ihrer Internetseite zu veröffentlichen. 10

III. Erklärung zur Opt-in-Regulierung (Abs. 3)

11 Abs. 3 ist die zentrale Norm für die **Erklärung zum Opt-in** in die Regulierung. So können Betreiber von Wasserstoffnetzen nach S. 1 schriftlich oder in elektronischer Form erklären, dass sie der Regulierung unterfallen wollen (*Stelter/Schieferdecker/Lange* EnWZ 2021, 100). Wie oben bereits ausgeführt ist die Form der Opt-in-Regulierung – also der bewussten Entscheidung jedes einzelnen Netzbetreibers für eine Regulierung – der Tatsache geschuldet, dass sich die Notwendigkeit zur zwangsweisen Regulierung aller Wasserstoffnetzbetreiber noch nicht gezeigt hat und eine Form der dynamischen Regulierung rechtlich überzeugender ist als der weitgehende Grundrechtseingriff einer umfassenden Regulierung (→ Vor §§ 28j–28q Rn. 3ff.).

12 Nach S. 2 wird die Erklärung erst dann **wirksam**, wenn **erstmalig eine positive Prüfung** der Bedarfsgerechtigkeit nach § 28p vorliegt. Somit wird sichergestellt, dass keine ineffizienten bzw. nicht bedarfsgerechten Leitungen der Regulierung unterfallen (BT-Drs. 19/27453, 118f., die insofern auch darauf verweist, dass überhaupt eine Wasserstoffleitung vorhanden sein muss, für die Zugang und Anschluss gewährt werden kann). Hätte man diese Voraussetzung nicht geschaffen, könnte sich ein Betreiber von Wasserstoffnetzen auch mit einer nicht bedarfsgerechten Leitung der Regulierung unterwerfen und zB von der Eigenkapitalverzinsung profitieren. Da die Netznutzer aber keine ineffizienten Kosten tragen sollen, ist eine solche Leitung nicht der Regulierung zu unterwerfen. Denkbar sind aber Konstellationen, in denen ein Netzbetreiber sich vergeblich um eine Regulierung bemüht, da er noch keine bedarfsgerechten Leitungen vorlegen konnte und erst zu einem späteren Zeitpunkt mit einer dann bedarfsgerechten Leitung in die Regulierung kommt. Dann stellt sich die Frage, wie mit den nicht bedarfsgerechten Leitungen umgegangen wird, da die Erklärung nach S. 3 für alle Leitungen des Betreibers von Wasserstoffnetzen gilt. Dieser Widerspruch kann nur im Rahmen der Kostenprüfung aufgelöst werden: So sind Kosten, die durch eine nicht bedarfsgerechte Leitung verursacht werden, nach § 28o Abs. 1 S. 1 iVm § 21 Abs. 2 S. 1 nicht erstattungsfähig, da sie nicht den Kosten eines effizient und strukturell vergleichbaren Netzbetreibers entsprechen. Dies ist damit zu begründen, dass ein effizienter Netzbetreiber keine nicht bedarfsgerechten Leitungen errichten würde.

13 S. 3 schreibt vor, dass die **Erklärung unwiderruflich und unbefristet** für alle Wasserstoffnetze des erklärenden Betreibers gilt. Damit wird den Betreibern die Möglichkeit genommen, zwischen Regulierung und Nichtregulierung zu wechseln. Somit wird Rechtssicherheit für die Beteiligten – insbesondere die Netznutzer – geschaffen. Da die Erklärung unwiderruflich ist, muss sie auch unbefristet gelten. Das heißt, dass sie so lange gilt, bis der Betreiber von Wasserstoffnetzen gegebenenfalls seine Tätigkeit einstellt. Darüber hinaus wird der Umfang der Erklärung bestimmt: Sie gilt für alle Wasserstoffnetze des jeweiligen Betreibers – das heißt, er kann nicht mit einzelnen Netzen in die Regulierung gehen und mit anderen nicht. Auch dies führt zu Rechtssicherheit und vermeidet „Rosinenpicken".

14 Abschließend regelt S. 4, dass die BNetzA eine **Liste der regulierten Wasserstoffnetzbetreiber** auf ihrer Internetseite zu veröffentlichen hat.

IV. Zusammenarbeit der Wasserstoffnetzbetreiber (Abs. 4)

15 Nach Abs. 4 sind die Betreiber von Wasserstoffnetzen verpflichtet, in dem Ausmaß **zusammenzuarbeiten,** das erforderlich ist, um eine **betreiberübergrei-**

fende Leitungs- und Speicherinfrastruktur für **Wasserstoff** sowie deren Nutzung durch Dritte zu realisieren. Hierdurch wird das Ziel deutlich, dass in Deutschland eine nicht nur lokal begrenzte Wasserstoffinfrastruktur entstehen soll, sondern eine betreiberübergreifende und geografisch weit verbreitete Wasserstoffinfrastruktur intendiert ist. Um dieses Ziel zu erreichen, sind die Betreiber von Wasserstoffnetzen verpflichtet, in dem dafür notwendigen Ausmaß zusammenzuarbeiten. Dies kann zB auch den Austausch von Daten bedeuten oder die Abstimmung zum Anschluss von Dritten an ihre Netze. Dabei bleibt das Ausmaß der zulässigen Zusammenarbeit immer im Einzelfall zu prüfen und darf zumindest nicht zu einer Einschränkung des Wettbewerbs führen.

§ 28k Rechnungslegung und Buchführung

(1) ¹**Betreiber von Wasserstoffnetzen haben, auch wenn sie nicht in der Rechtsform einer Kapitalgesellschaft oder Personenhandelsgesellschaft im Sinne des § 264a Absatz 1 des Handelsgesetzbuchs betrieben werden, einen Jahresabschluss und Lagebericht nach den für Kapitalgesellschaften geltenden Vorschriften des Ersten, Dritten und Vierten Unterabschnitts des Zweiten Abschnitts des Dritten Buchs des Handelsgesetzbuchs aufzustellen, prüfen zu lassen und offenzulegen.** ²**§ 264 Absatz 3 und § 264b des Handelsgesetzbuchs sind insoweit nicht anzuwenden.** ³**§ 6b Absatz 1 Satz 2, Absatz 2, 6 und 7 ist entsprechend anzuwenden.**

(2) ¹**Betreiber von Wasserstoffnetzen, die neben dem Betrieb von Wasserstoffnetzen weitere Tätigkeiten ausüben, haben zur Vermeidung von Diskriminierung und Quersubventionierung in ihrer internen Rechnungslegung ein eigenes Konto für die Tätigkeit des Betriebs von Wasserstoffnetzen so zu führen, wie dies erforderlich wäre, wenn diese Tätigkeit von rechtlich selbständigen Unternehmen ausgeführt würde.** ²**Tätigkeit im Sinne dieser Bestimmung ist auch die wirtschaftliche Nutzung eines Eigentumsrechts.** ³**Mit der Aufstellung des Jahresabschlusses ist für den Betrieb von Wasserstoffnetzen ein den in Absatz 1 Satz 1 genannten Vorschriften entsprechender Tätigkeitsabschluss aufzustellen und dem Abschlussprüfer des Jahresabschlusses zur Prüfung vorzulegen.** ⁴**§ 6b Absatz 3 bis 7 ist entsprechend anzuwenden.**

Literatur: *Drouet/Thye,* Neue Begriffsbestimmungen und Regelungen für Energievertrieb und Wasserstoffnetze durch die EnWG-Novelle 2021, IR 2021, 194.

A. Allgemeines

I. Inhalt

§ 28k dient der Sicherstellung einer **ordnungsgemäßen und abgrenzbaren Rechnungslegung und Buchführung** im Bereich der Wasserstoffnetze. Abs. 1 sieht hierfür vor, dass Betreiber von Wasserstoffnetzen einen Jahresabschluss und Lagebericht nach den für Kapitalgesellschaften geltenden Vorschriften aufzustellen, prüfen zu lassen und offenzulegen haben. Abs. 1 orientiert sich dabei an § 6b und verweist insofern auf ihn. 1

2 Abs. 2 sieht für Betreiber von Wasserstoffnetzen vor, dass wenn sie weitere Tätigkeiten ausüben, also solche außerhalb des Betriebs von Wasserstoffnetzen, ein **eigenes Konto** (im buchhalterischen Sinne) **für die Tätigkeit des Betriebs von Wasserstoffnetzen** zu führen haben . Diese Vorschrift dient somit dazu, Diskriminierung und Quersubventionierung zu vermeiden (BT-Drs. 19/27453, 119).

II. Zweck

3 Die Erstellung eines Jahresabschlusses und Lageberichts ist **wichtige Voraussetzung für die Kostenabgrenzung** in der regulatorischen Praxis und damit Grundlage für die Kostenanerkennung sowie die Überprüfung der Netzentgelte für den Zugang zu den Wasserstoffnetzen (BT-Drs. 19/27453, 119). Damit die Netznutzer keine überhöhten Netzentgelte für die Netznutzung zahlen, ist eine sektorspezifische Kostenerfassung des Betriebs von Wasserstoffnetzen notwendig. Ebenso kann so die zweckentsprechende Verwendung von Fördergeldern und die kaufmännische Behandlung dieser Zuschüsse transparent gemacht werden. Hierfür dient die Aufstellung eines Tätigkeitsabschlusses und Lageberichts, der von Wirtschaftsprüfern geprüft werden muss. Die Vorschrift ergänzt somit auch die **Entflechtungsvorgaben** (→ § 28m Rn. 1 ff.) im Bereich der Wasserstoffversorgung und stellt **Transparenz für einen diskriminierungsfreien Netzzugang** her. Dies hat im Wesentlichen dann Bedeutung, wenn es einen Wettbewerb in vor- und nachgelagerten Märkten geben kann und bei bestehender vertikaler Integration der Infrastruktur ein diskriminierungsfreier Drittzugang zu gewährleisten wäre.

4 Abs. 2 ergänzt dieses Ziel, indem er vorschreibt, dass **verschiedene Tätigkeiten** eines Betreibers von Wasserstoffnetzen **auf verschiedenen Konten erfasst** werden müssen. Somit wird bereits in der Kontenführung die Separierung der unterschiedlichen Kosten gewährleistet und der Diskriminierung und Quersubventionierung vorgebeugt (s. auch BT-Drs. 19/27453, 119).

B. Einzelerläuterungen

I. Erstellung Jahresabschluss und Lagebericht (Abs. 1)

5 Abs. 1 S. 1 schreibt vor, dass die Betreiber von Wasserstoffnetzen, **unabhängig von ihrer Rechtsform,** einen Jahresabschluss und Lagebericht nach den für Kapitalgesellschaften geltenden Vorschriften des Handelsgesetzbuches aufzustellen, prüfen zu lassen und offenzulegen haben. Die Vorschrift orientiert sich damit an § 6b Abs. 1 S. 1, der dies für den Bereich der Gas- und Stromversorgung in ähnlicher Weise regelt (für den Strom- und Gasbereich → § 6b Rn. 1 ff.).

6 Als **Adressaten** von Abs. 1 S. 1 sind alle Betreiber von Wasserstoffnetzen erfasst. Der Einschub „auch wenn sie nicht in der Rechtsform einer Kapitalgesellschaft oder Personenhandelsgesellschaft im Sinne des § 264a Abs. 1 des HGB betrieben werden" macht deutlich, dass dies auch für haftungsbeschränkte OHG und KG gelten soll (s. auch BerlKommEnergieR/*Poullie* EnWG § 6b Rn. 10). Es sind somit **alle Rechtsformen** erfasst – auch Eigenbetriebe, Zweckverbände, Stiftungen und sonstige Rechtsformen. Die Vorschrift ist allerdings nur insoweit anwendbar, als ein Betreiber von Wasserstoffnetzen eine wirksame Erklärung nach § 28j Abs. 3 abgegeben hat. Dies folgt aus § 28j Abs. 1 S. 1, der erklärt, dass § 28k nur auf solche Betreiber von Wasserstoffnetzen Anwendung findet, die eine solche wirksame Er-

Rechnungslegung und Buchführung **§ 28k**

klärung abgegeben haben (→ § 28j Rn. 4f.). Die Vorschrift gilt somit nicht für Betreiber von Wasserstoffnetzen, die nicht der Regulierung unterfallen.

Auf der Rechtsfolgenseite sieht Abs. 1 S. 1 vor, dass solche Betreiber von Wasser- 7 stoffnetzen einen **Jahresabschluss und Lagebericht nach den für Kapitalgesellschaften geltenden Vorschriften** des Ersten, Dritten und Vierten Unterabschnitts des Zweiten Abschnitts des Dritten Buchs des Handelsgesetzbuchs aufzustellen, prüfen zu lassen und offenzulegen haben. Somit finden die §§ 264 bis 289f HGB bezüglich des Jahresabschlusses der Kapitalgesellschaft und des Lageberichts, die §§ 316 bis 324a HGB bezüglich der Prüfung sowie die §§ 325 bis 329 HGB bezüglich der Offenlegung und Prüfung durch den Betreiber des Bundesanzeigers Anwendung.

Da die Vorschrift auf die Regelungen des HGB verweist, greifen für die Adres- 8 saten der Norm die unterschiedlichen Rechnungslegungsvorschriften des HGB. Das HGB sieht eine Differenzierung nach Größenklassen der Kapitalgesellschaften vor, die auch für die Betreiber von Wasserstoffnetzen gelten (vgl. BerlKommEnergieR/*Poullie* EnWG § 6b Rn. 12f.).

Gem. S. 2 finden **§ 264 Abs. 3 und § 264b HGB keine Anwendung**. Die Vor- 9 schriften des HGB sehen für Tochterunternehmen in Form einer Kapitalgesellschaft, die in den Konzernabschluss ihrer Muttergesellschaft einbezogen werden, unter den Bedingungen des § 264 Abs. 3 HGB eine Befreiung von der Pflicht zur Aufstellung, Prüfung und Offenlegung eines Jahresabschlusses vor (vgl. BerlKommEnergieR/ *Poullie* EnWG § 6b Rn. 12). Das Gleiche gilt für Personengesellschaften gem. § 264b HGB. Durch die Regelung in S. 2 wird deutlich, dass diese Erleichterungen für Betreiber von Wasserstoffnetzen **nicht** gelten, da sie dem Transparenzgebot widersprechen würden (vgl. BerlKommEnergieR/*Poullie* EnWG § 6b Rn. 12).

S. 3 bestimmt, welche Vorgaben des § 6b entsprechende Anwendung finden: 10
– Abs. 1 S. 2: Die entsprechende Anwendung führt dazu, dass bei Personenhandelsgesellschaften oder Einzelkaufleuten das sonstige Vermögen der Gesellschafter oder des Einzelkaufmanns (Privatvermögen) nicht in die Bilanz aufgenommen werden darf. Dies dient der Trennung des Vermögens des Betreibers von Wasserstoffnetzen und dem möglichen sonstigen Vermögen der Gesellschafter oder des Einzelkaufmanns. Entsprechend dürfen auch Aufwendungen und Erträge, die sich auf das Privatvermögen beziehen, nicht in der Gewinn- und Verlustrechnung aufgenommen werden (→ § 6b Rn. 18).
– Abs. 2: Abs. 2 stellt eine Erweiterung zu den Vorschriften des HGB über den Anhang zum Jahresabschluss dar. So müssen Betreiber von Wasserstoffnetzen durch den Verweis und die entsprechende Anwendung des § 6b Abs. 2 Geschäfte größeren Umfangs mit verbundenen oder assoziierten Unternehmen gesondert ausweisen. Zur Begriffsbestimmung der verbundenen oder assoziierten Unternehmens kann insofern auf die Kommentierung zu § 6b Abs. 2 verwiesen werden (→ § 6b Rn. 9ff.; BerlKommEnergieR/*Poullie* EnWG § 6b Rn. 22f.).
– Eine genaue Definition des „Geschäftes größeren Umfangs" enthält das EnWG nicht. Insofern ist auch hier auf die Kommentarliteratur zu § 6b zu verweisen (→ § 6b Rn. 21ff.; BerlKommEnergieR/*Poullie* EnWG § 6b Rn. 23). Im Zusammenhang mit dem Betrieb von Wasserstoffnetzen sind wohl gerade in der Anfangszeit des Markthochlaufs Verträge zur Überlassung von Anlagengütern (zB Pachtverträge) und Dienstleistungsverträge zB. Betriebsführungsverträge, Systemdienstleistungsprodukte) von besonderer Bedeutung, da es für den Betreiber von Wasserstoffnetzen sinnvoll sein kann, noch keine zu großen eigenen Strukturen aufzubauen, da noch nicht absehbar ist, in welche Richtung sich die

Wasserstoffwirtschaft entwickelt. Umso wichtiger ist es, dass solche Verträge offengelegt werden, um Quersubventionierungen zu vermeiden und ein angemessenes und sachgerechtes Leistungs- und Gegenleistungsverhältnis sicherzustellen.
- Abs. 6: Dieser Absatz ermöglicht der BNetzA Bestimmungen zu treffen, die im Rahmen der Prüfung zusätzlich zu berücksichtigen sind. Hierdurch wird der BNetzA insbesondere die Möglichkeit gegeben, Prüfungsschwerpunkte zu setzen und besondere Konstellationen im Bereich des Betriebs von Wasserstoffnetzen zu betrachten. Die Vorgaben sind als Festlegung nach § 29 Abs. 1 auszugestalten. Damit der Wirtschaftsprüfer ausreichend Zeit hat, die zusätzlichen Anforderungen in seiner Prüfung zu berücksichtigen, muss diese Festlegung spätestens sechs Monate vor dem Bilanzstichtag des jeweiligen Kalenderjahres ergehen (→ § 6b Rn. 40 ff.; NK-EnWG *Knauff* § 6b Rn. 26 ff.).
- Abs. 7: Hiermit werden die gesetzlichen Vertreter des Betreibers von Wasserstoffnetzen bzw. gegebenenfalls sein Aufsichtsrat verpflichtet, den Jahresabschluss einschließlich des Bestätigungsvermerks der Regulierungsbehörde zu übermitteln. Im Übrigen kann auf die Kommentierung zu § 6b Abs. 7 verwiesen werden (→ § 6b Rn. 44 ff.).

II. Kontentrennung für verschiedene Tätigkeiten (Abs. 2)

11 Sofern Betreiber von Wasserstoffnetzen im Rahmen ihrer gesetzlichen Möglichkeiten noch andere Tätigkeiten ausüben, sieht Abs. 2 S. 1 vor, dass sie in ihrer **internen Rechnungslegung** ein **eigenes Konto** für die Tätigkeit des Betriebs von Wasserstoffnetzen zu führen haben (*Drouet/Thye* IR 2021, 195). S. 1 konkretisiert weiter, dass diese interne Kontentrennung so zu führen ist, wie es erforderlich wäre, wenn diese Tätigkeit von rechtlich selbstständigen Unternehmen ausgeführt würde. S. 2 bestimmt, dass unter dem Begriff der Tätigkeit auch die wirtschaftliche Nutzung eines Eigentumsrechts verstanden wird. S. 3 schreibt vor, dass mit der Aufstellung des Jahresabschlusses für den Bereich des Betriebs von Wasserstoffnetzen ein entsprechender Tätigkeitsabschluss aufzustellen und dem Abschlussprüfer zur Prüfung vorzulegen ist. Nach S. 4 sind die Abs. 3 bis 7 des § 6b entsprechend anzuwenden.

12 Die Vorschrift des Abs. 2 lehnt sich an die Regelung in § 6b Abs. 3 an, bezieht sich aber explizit auf den Bereich der Wasserstoffnetze. Sie dient ausweislich der Gesetzesbegründung sowie des Wortlauts insbesondere der **Vermeidung von Diskriminierung und Quersubventionierung** zwischen dem Bereich der Wasserstoffnetzen und anderen Tätigkeiten (BT-Drs. 19/27453, 119). Die Rechtsfolgen sind die gleichen wie bei § 6b Abs. 3: Für den Bereich der Wasserstoffnetze ist intern eine den in den § 28k Abs. 1 S. 1 entsprechende Bilanz und Gewinn- und Verlustrechnung aufzustellen. Dies bedeutet auch, dass die Rechnungslegungsvorschriften des HGB einschlägig sind (→ § 6b Rn. 27 ff.). Die Übertragung der Grundsätze nach § 6b wird durch S. 4 unterstrichen, der die entsprechende Anwendung der Abs. 3 bis 7 erklärt. § 6b Abs. 3–5 konkretisiert dabei die Vorgaben an den Tätigkeitsabschluss. So gibt Abs. 3 unter anderem vor, wie eine Zuordnung zu den einzelnen Tätigkeiten zu erfolgen hat und welche Angaben zu den Regeln der Rechnungslegung erforderlich sind. Abs. 4 gibt vor, dass der Tätigkeitsabschluss unverzüglich, jedoch spätestens vor Ablauf des zwölften Monats des dem Abschlussstichtag nachfolgenden Geschäftsjahres beim Betreiber des Bundesanzeigers einzureichen ist. Abs. 5 gibt vor, welchen Umfang die Prüfung des Jahresabschlusses hat und welche

Vorgaben dabei zu berücksichtigen sind (dazu insgesamt → § 6b Rn. 27 ff.; Berl-KommEnergieR/*Poullie* EnWG § 6b Rn. 27 ff.).

§ 281 Ordnungsgeldvorschriften

(1) ¹Die Ordnungsgeldvorschriften der §§ 335 bis 335b des Handelsgesetzbuchs sind auf die Verletzung der Pflichten zur Offenlegung des Jahresabschlusses und Lageberichts nach § 28k Absatz 1 Satz 1 oder des Tätigkeitsabschlusses nach § 28k Absatz 2 Satz 4 in Verbindung mit § 6b Absatz 4 entsprechend anzuwenden. ²§ 6c Absatz 1 Satz 2 und 3 ist entsprechend anzuwenden.

(2) Die Bundesnetzagentur übermittelt der das Unternehmensregister führenden Stelle einmal pro Kalenderjahr Name und Anschrift der ihr bekanntwerdenden Unternehmen, die
1. nach § 28k Absatz 1 Satz 1 zur Offenlegung eines Jahresabschlusses und Lageberichts verpflichtet sind;
2. nach § 28k Absatz 2 Satz 4 in Verbindung mit § 6b Absatz 4 zur Offenlegung eines Tätigkeitsabschlusses verpflichtet sind.

A. Allgemeines

Die Vorschrift ermöglicht die **Durchführung von Ordnungsgeldverfahren** 1
nach § 335 HGB durch das Bundesamt für Justiz bei Verstößen gegen die Pflicht zur Offenlegung des Jahresabschlusses und Lageberichts oder des Tätigkeitsabschlusses (BT-Drs. 19/27453, 119 f.). Sie stellt damit, wie § 6c für Energieversorgungsunternehmen, sicher, dass die Betreiber von Wasserstoffnetzen den gleichen Sanktionen unterliegen wie Kapitalgesellschaften und Personengesellschaften nach dem HGB.

B. Einzelerläuterungen

I. Anwendbarkeit der Ordnungsgeldvorschrift (Abs. 1)

Nach Abs. 1 S. 1 sind die Ordnungsgeldvorschriften der §§ 335 bis 335b HGB 2
auf die **Verletzung der Pflichten zur Offenlegung** des Jahresabschlusses und Lageberichts nach § 28k Abs. 1 S. 1 oder des Tätigkeitsabschlusses nach § 28k Abs. 2 S. 4 iVm § 6b Abs. 4 entsprechend anzuwenden. Somit werden die sanktionierten Pflichten auch auf den Tätigkeitsabschluss für den Bereich der Wasserstoffnetze erweitert (→ § 6c Rn. 3 ff.).

S. 2 erklärt die entsprechende Anwendung von § 6c Abs. 1 S. 2 bis 4. Hierbei 3
sind die durch die EnWG-Novelle 2021 erfolgten Änderungen zu beachten, da hierdurch Änderungen an § 6c Abs. 1 erfolgt sind (BT-Drs. 19/27453, 13 sowie 92). Insofern kann auf die entsprechende Kommentierung verwiesen werden (→ § 6c Rn. 3 ff.).

II. Datenübermittlung durch die BNetzA (Abs. 2)

4 Abs. 2 schreibt eine **Datenübermittlungspflicht der BNetzA** vor. Sie muss einmal pro Kalenderjahr dem Betreiber des Bundesanzeigers Name und Anschrift der ihr bekannt gewordenen Unternehmen mitteilen, die zur Offenlegung eines Jahresabschlusses und Lageberichts oder eines Tätigkeitsabschlusses verpflichtet sind. Dies ist notwendige Voraussetzung dafür, dass der Betreiber des Bundesanzeigers die Einhaltung der Publizitätspflichten der Betreiber von Wasserstoffnetzen überwachen kann.

§ 28m Entflechtung

(1) ¹Betreiber von Wasserstoffnetzen sind zur Gewährleistung von Transparenz sowie diskriminierungsfreier Ausgestaltung und Abwicklung des Netzbetriebs verpflichtet. ²Um dieses Ziel zu erreichen, haben sie die Unabhängigkeit des Netzbetriebs von der Wasserstofferzeugung, der Wasserstoffspeicherung sowie vom Wasserstoffvertrieb sicherzustellen. ³Betreibern von Wasserstoffnetzen ist es nicht gestattet, Eigentum an Anlagen zur Wasserstofferzeugung, zur Wasserstoffspeicherung oder zum Wasserstoffvertrieb zu halten oder diese zu errichten oder zu betreiben.

(2) ¹Unbeschadet gesetzlicher Verpflichtungen zur Offenbarung von Informationen haben Betreiber von Wasserstoffnetzen sicherzustellen, dass die Vertraulichkeit wirtschaftlich sensibler Informationen gewahrt wird, von denen sie in Ausübung ihrer Geschäftstätigkeit Kenntnis erlangen. ²Legen Betreiber von Wasserstoffnetzen Informationen über die eigenen Tätigkeiten offen, haben sie zu gewährleisten, dass dies diskriminierungsfrei erfolgt. ³Sie haben insbesondere sicherzustellen, dass wirtschaftlich sensible Informationen gegenüber verbundenen Unternehmen vertraulich behandelt werden.

Literatur: *Elspass/Lindau/Ramsauer*, Die neuen Regelungen im EnWG zum Wasserstoff, N&R 2021, 258.

A. Allgemeines

I. Inhalt

1 Die Entflechtung ist ein wichtiges Instrument zur Verhinderung von Diskriminierung und der Schaffung von Transparenz. Dies betont auch § 28m in Abs. 1 S. 1. Dort heißt es, die Betreiber von Wasserstoffnetzen seien zur Gewährleistung von Transparenz und einem diskriminierungsfreiem Netzbetrieb verpflichtet. § 28m bildet die **zentrale Norm für die Entflechtung** im Wasserstoffbereich (*Elspass/Lindau/Ramsauer* N&R 2021, 261); sie wird um Vorschriften zur Rechnungslegung und Buchführung ergänzt (→ § 28k Rn. 1 ff.).

2 Nach Abs. 1 S. 2 sind die Betreiber von Wasserstoffnetzen insbesondere dazu verpflichtetet, die **Unabhängigkeit des Netzbetriebs** von der Wasserstofferzeugung, der -speicherung und dem -vertrieb sicherzustellen. Sie dürfen nach S. 3 auch kein Eigentum an solchen Anlagen halten oder diese errichten oder betreiben.

Entflechtung **§ 28 m**

Abs. 2 regelt die informatorische Entflechtung und schreibt in S. 1 vor, dass die 3
Vertraulichkeit wirtschaftlich sensibler Informationen gewahrt werden muss. S. 2
regelt, dass die Offenlegung von Informationen über die eigene Tätigkeit diskriminierungsfrei zu erfolgen hat.

II. Zweck

Die Entflechtung dient dazu, einem **Diskriminierungspotenzial vorzubeu-** 4
gen und somit möglichen Interessen für eine Diskriminierung bereits im Vorfeld zu
begegnen. Deshalb sieht § 28 m sowohl eine vertikale Entflechtung in Abs. 1 als
auch eine informatorische in Abs. 2 vor (BT-Drs. 19/27453, 120). Durch die **vertikale Entflechtung** – also die Trennung der einzelnen Stufen Erzeugung, Speicherung und Vertrieb – wird bezweckt, dass der Netzbetreiber kein Interesse an der
Diskriminierung anderer Unternehmen auf diesen Stufen haben soll.

Die **informatorische Entflechtung** in Abs. 2 ergänzt dies, indem alle Unter- 5
nehmen auf den einzelnen Wertschöpfungsstufen einen gleichen Zugang zu Informationen erhalten und der Netzbetreiber zur Vertraulichkeit wirtschaftlich sensibler
Informationen verpflichtet ist.

Beide Entflechtungsvarianten sind somit entscheidend, um einer möglichen 6
Diskriminierung bereits frühzeitig zu begegnen und das Interesse des Netzbetreibers an einer Diskriminierung anderer Unternehmen nicht entstehen zu lassen
(BT-Drs. 19/27453, 120).

B. Einzelerläuterung

I. Die vertikale Entflechtung (Abs. 1)

Abs. 1 S. 1 greift die Vorschrift des § 6 Abs. 1 S. 1 für vertikal integrierte Energie- 7
versorgungsunternehmen auf und überträgt diese auf Betreiber von Wasserstoffnetzen (*Elspass/Lindau/Ramsauer* N&R 2021, 261). Somit sind die Netzbetreiber zur
Gewährleistung von Transparenz sowie diskriminierungsfreier Ausgestaltung und
Abwicklung des Netzbetriebs verpflichtet. Sie müssen **transparent** gegenüber allen Marktteilnehmern und Netznutzern agieren. Darüber hinaus dürfen sie **niemanden diskriminieren,** indem sie zB den Netzzugang erschweren. Im Übrigen
kann auf die Kommentierung zu § 6 verwiesen werden (→ § 6 Rn. 18 ff.).

S. 2 sieht vor, dass sie, um dieses Ziel zu erreichen, die **Unabhängigkeit des** 8
Netzbetriebs von der Wasserstofferzeugung, der Wasserstoffspeicherung sowie
dem Wasserstoffvertrieb sicherzustellen haben. Alle drei genannten Tätigkeiten stellen unterschiedliche **Wertschöpfungsstufen** im Bereich Wasserstoff dar, die den
Netzbetreiber – sofern er nicht unabhängig von diesen Bereichen wäre – zur Diskriminierung anderer Marktteilnehmer veranlassen könnte. So wäre es zB denkbar,
dass ein Netzbetreiber, der nicht unabhängig von der Wasserstofferzeugung wäre, es
anderen Wasserstofferzeugern erschwert, ihren Wasserstoff ebenfalls in das Netz
einzuspeisen, um der eigenen Erzeugung einen Vorteil zu verschaffen. Aus diesem Grund ist die Unabhängigkeit des Netzbetriebs von den anderen genannten Tätigkeiten bzw. Wertschöpfungsstufen von entscheidender Bedeutung.

Ergänzt wird die Vorschrift in S. 2 um S. 3, der es Wasserstoffnetzbetreibern **ver-** 9
bietet, Eigentum an Anlagen zur Wasserstofferzeugung, zur -speicherung oder
zum -vertrieb zu halten oder diese zu errichten oder zu betreiben – wobei praktisch

Grüner 1531

wohl vor allem Anlagen zur Erzeugung und Speicherung relevant sind und der Vertrieb vor allem auf Vertriebsunternehmen zu beziehen ist. Das Eigentum oder auch nur diese Anlagen zu errichten oder zu betreiben kann bereits ein Diskriminierungspotenzial auslösen, da der Netzbetreiber dann ein wirtschaftliches Interesse an den Anlagen und deren wirtschaftlichem Erfolg hätte. Deshalb schreibt S. 3 dieses Verbot ausdrücklich vor.

II. Die informatorische Entflechtung (Abs. 2)

10 Abs. 2 sieht die **informatorische Entflechtung** vor. S.1 stellt zunächst darauf ab, dass unbeschadet gesetzlicher Verpflichtungen zur Offenbarung von Informationen, die Wasserstoffnetzbetreiber sicherzustellen haben, dass die Vertraulichkeit von wirtschaftlich sensiblen Informationen, von denen sie im Rahmen ihrer Geschäftstätigkeit Kenntnis erlangen, gewahrt wird (BT-Drs. 19/27453, 120). Der Abs. 2 bildet somit den § 6a Abs. 1 ab, auf dessen Kommentierung insofern verwiesen werden kann (→ § 6a Rn. 4ff.; *Elspass/Lindau/Ramsauer* N&R 2021, 261).

11 Nach S. 2 haben die Netzbetreiber, sofern sie Informationen über die eigene Tätigkeit offenlegen, zu gewährleisten, dass dies diskriminierungsfrei erfolgt. S. 2 bildet somit grundsätzlich § 6a Abs. 2 S.1 ab, allerdings ohne den Bezug zu den wirtschaftlichen Vorteilen, der in § 6a Abs. 2 S. 1 enthalten ist. Wasserstoffnetzbetreiber sind somit bei jeder Offenlegung von Informationen über die eigenen Tätigkeiten verpflichtet, dies in nichtdiskriminierender Weise vorzunehmen, und nicht bei Informationen, die einen wirtschaftlichen Vorteil bringen können. Im Übrigen kann auf die Kommentierung zu § 6a verwiesen werden (→ § 6a Rn. 8ff.).

12 S. 3 schreibt vor, dass **wirtschaftlich sensible Informationen** gegenüber verbundenen Unternehmen **vertraulich** behandelt werden müssen. Auch hier wird § 6a Abs. 2 S. 2 nachgebildet, wobei in § 28m Abs. 2 S. 3 auf die verbundenen Unternehmen und in § 6a Abs. 2 S. 2 auf die anderen Teile des Unternehmens abgestellt wird. Somit müssen die Wasserstoffnetzbetreiber die Vertraulichkeit vor allem gegenüber anderen verbundenen Unternehmen wahren, während die Adressaten in § 6a Abs. 2 S. 2 dies gegenüber anderen Teilen des Unternehmens wahren müssen. Im Ergebnis werden trotz der unterschiedlichen Formulierungen keine Unterschiede im Schutzzweck entstehen, da in beiden Fällen wirtschaftlich sensible Informationen geschützt werden sollen. Da es eine Insbesondere-Aufzählung ist, wird man in beiden Fällen zum gleichen Schutzzweck und -ziel kommen, sodass eine **umfassende Vertraulichkeit für wirtschaftlich sensible Informationen** gewahrt werden muss.

§ 28n Anschluss und Zugang zu den Wasserstoffnetzen; Verordnungsermächtigung

(1) ¹Betreiber von Wasserstoffnetzen haben Dritten den Anschluss und den Zugang zu ihren Wasserstoffnetzen zu angemessenen und diskriminierungsfreien Bedingungen zu gewähren, sofern der Anschluss oder der Zugang für Dritte erforderlich sind. ²Der Netzzugang, einschließlich der damit zusammenhängenden Aspekte des Netzanschlusses, ist im Wege des verhandelten Zugangs zu gewähren.

(2) ¹Betreiber von Wasserstoffnetzen können den Anschluss oder den Zugang verweigern, soweit sie nachweisen, dass ihnen der Anschluss oder

der Zugang aus betriebsbedingten oder sonstigen wirtschaftlichen oder technischen Gründen nicht möglich oder nicht zumutbar ist. ²Die Ablehnung ist in Textform zu begründen.

(3) ¹Die Betreiber von Wasserstoffnetzen sind verpflichtet, ihre geltenden Geschäftsbedingungen für den Netzzugang auf der Internetseite des jeweiligen Betreibers zu veröffentlichen. ²Dies umfasst insbesondere
1. die Entgelte für den Netzzugang,
2. die verfahrensmäßige Behandlung von Netzzugangsanfragen.

³Auf Anfrage haben die Betreiber von Wasserstoffnetzen Angaben über die für die Dauer des begehrten Netzzugangs nutzbaren Kapazitäten und absehbaren Engpässe zu machen sowie ausreichende Informationen an den Zugangsbegehrenden zu übermitteln, damit der Transport, die Entnahme oder die Einspeisung von Wasserstoff unter Gewährleistung eines sicheren und leistungsfähigen Betriebs des Wasserstoffnetzes durchgeführt werden kann.

(4) Die Bundesregierung wird ermächtigt, durch Rechtsverordnung mit Zustimmung des Bundesrates
1. Vorschriften über die technischen und wirtschaftlichen Bedingungen für den Anschluss und Zugang zu den Wasserstoffnetzen einschließlich der Regelungen zum Ausgleich des Wasserstoffnetzes zu erlassen und
2. zu regeln, in welchen Fällen und unter welchen Voraussetzungen die Regulierungsbehörde diese Bedingungen festlegen oder auf Antrag des Netzbetreibers genehmigen kann.

Literatur: *Stelter/Schieferdecker/Lange,* Der Gesetzentwurf zur Regelung reiner Wasserstoffnetze im EnWG, EnWZ 2021, 99.

A. Allgemeines

I. Inhalt

§ 28n regelt die **Vorgaben für den Anschluss und Zugang von Dritten** zu 1 dem jeweiligen Wasserstoffnetz, sofern der Infrastrukturbetreiber die Erklärung nach § 28j Abs. 3 abgegeben hat. Die Vorschrift bündelt damit die beiden wesentlichen Voraussetzungen, um an ein Wasserstoffnetz angeschlossen zu werden und dieses zu nutzen zu können (*Stelter/Schieferdecker/Lange* EnWZ 2021, 101, die insofern gemeinsam mit § 28o vom Kern des neuen Abschnitts sprechen). Im Bereich der Strom- und Gasversorgung sind diese beiden Themen auf die §§ 17 und 20 aufgeteilt (→ Vor § 17 Rn. 1 ff.). Die Regelung im Wasserstoffbereich basiert dabei auf dem **verhandelten Netzzugang,** wie er in der Anfangszeit der Regulierung auch im Erdgasbereich gegolten hat. Die Regelung umfasst dabei auch Vorgaben, aus welchen Gründen der **Anschluss oder der Zugang verweigert** werden kann und welche Informationen die Betreiber von Wasserstoffnetzen zu veröffentlichen haben. Abschließend wird der Bundesregierung für bestimmte Bereiche eine **Verordnungsermächtigung** mit Zustimmung des Bundesrates eingeräumt.

§ 28 n Teil 3. Regulierung des Netzbetriebs

II. Zweck

2   Die Regelung dient – im Fall der Regulierung – der Sicherstellung eines **diskriminierungsfreien Anschlusses und Zugangs** zu den Wasserstoffnetzen. Sie ist elementar, um den Anschlusspetenten ausreichende Sicherheit für den Netzanschlussanspruch und die Nutzung des Netzes zu geben. Abweichend vom Strom- und Gasbereich sind aber gerade in der Markthochlaufphase der Wasserstoffwirtschaft noch nicht so detaillierte Vorgaben erforderlich, weshalb das Modell des verhandelten Netzzugangs gewählt worden ist.

B. Einzelerläuterungen

I. Netzanschluss und Zugang (Abs. 1)

3   Abs. 1 S. 1 verpflichtet den Betreiber von Wasserstoffnetzen, Dritten Anschluss und Zugang zu ihren Wasserstoffnetzen zu **angemessenen und diskriminierungsfreien Bedingungen** zu gewähren, sofern der Anschluss oder Zugang für Dritte erforderlich sind.

4   Unter dem **Netzanschluss** ist die technische Anbindung an ein Netz zu verstehen, in diesem Fall an das Wasserstoffnetz (→ § 17 Rn. 1). Der **Netzzugang** kann mit dem Begriff der Netznutzung gleichgesetzt werden und meint insofern die Nutzung des Netzes zum Ein- und/oder Ausspeisen des Wasserstoffs sowie dessen Transport über eine räumliche Distanz (vgl. BerlKommEnergieR/*Säcker* EnWG § 20 Rn. 26).

5   Die Regelung ist dabei als **Kontrahierungszwang** für den Betreiber von Wasserstoffnetzen zu verstehen. Dies wird dadurch deutlich, dass kein unmittelbarer Vollzug der Regelung möglich ist, da es keine konkretisierenden Vorgaben im EnWG oder einer Verordnung gibt und nach Abs. 1 S. 2 ein verhandelter Netzzugang vorgesehen ist, die Parteien das Vertragsverhältnis also auszugestalten haben (zur Rechtsnatur des Anspruchs nach § 17 → § 17 Rn. 13 ff.). Dieser Kontrahierungszwang besteht allerdings nur so weit, wie der Anschluss oder Zugang für Dritte erforderlich sind. Der Anschlusspetent muss also nachweisen können, dass **Anschluss oder Zugang** für ihn **erforderlich** sind. Was genau unter „erforderlich" zu verstehen ist, gibt weder die Regelung selbst noch die Gesetzesbegründung vor. Diese Einschränkung ist gerade in der Markthochlaufphase sinnvoll, um stranded investments zu verhindern. Die Regelung adressiert auf hoher Abstraktionsebene das Problem der Kapazitätsanmeldungen für den GasNEP in § 15a (→ § 15a Rn. 25 ff.). Aufgrund der zeitlichen Abläufe und beschränkter Leitungskapazitäten wäre es nicht sinnvoll, wenn jeder Anschlusspetent – unabhängig von dem Nachweis (zB durch konkrete Planungen oder verbindliche Buchungen), dass er einen solchen Anschluss benötigt – einen Netzanschluss erhalten würde. Insofern muss der Anschlusspetent in der Lage sein, nachzuweisen, dass er diesen Anschluss benötigt, zB um seine Produktion auf Wasserstoff umzustellen. Nur wenn dieser Nachweis erbracht werden kann, ist von einer Erforderlichkeit des Netzanschlusses oder -zugangs auszugehen. So ist ein solcher Nachweis auch Voraussetzung für die Prüfung der Bedarfsgerechtigkeit nach § 28p und stellt somit keine wesentliche Einschränkung des Netzanschluss- oder -zugangsrechts dar.

6   **Anspruchsberechtigt** sind alle Dritten, für die ein Anschluss oder der Zugang erforderlich sind. Es kann sich hierbei also um Letztverbraucher, aber auch um Be-

Anschluss und Zugang zu den Wasserstoffnetzen § 28 n

treiber von Erzeugungs- oder Speicheranlagen und andere Netzbetreiber handeln. Eine Unterscheidung nach Druckstufen erfolgt nicht.

Die Bedingungen des Anschlusses müssen angemessen und diskriminierungsfrei 7 sein. Bis zum Erlass einer möglichen Verordnung nach § 28 n Abs. 4 bestimmen sich diese nach den allgemeinen Maßstäben. Bei der **Angemessenheit sind dabei insbesondere die wirtschaftlichen und technischen Aspekte zu berücksichtigen.** So sind in technischer Hinsicht die jeweils geltenden technischen Regelwerke bzw. der Stand der Technik zu beachten. In wirtschaftlicher Hinsicht ist insbesondere die Höhe der Netzanschlusskosten und die Netznutzungskosten relevant (dazu insgesamt mwN → § 17 Rn. 53 ff.).

Das Erfordernis der Diskriminierungsfreiheit bezieht sich insbesondere darauf, 8 dass der **Netzanschluss oder -zugang nicht unbillig erschwert** werden dürfen. Dies ist im Einzelfall zu bewerten.

Abs. 1 S. 2 sieht vor, dass der Netzzugang einschließlich der damit zusammen- 9 hängenden Aspekte des Netzanschlusses im Wege des verhandelten Netzzugangs zu gewähren ist. In der Wasserstoffversorgung wird damit ein anderer Weg gegangen als im Bereich der Elektrizitäts- und Gasversorgung, für die die wesentlichen Vorgaben im EnWG sowie den Verordnungen zum Netzanschluss enthalten sind. Dies erklärt sich im Bereich Wasserstoff damit, dass sich gerade in der **Markthochlaufphase noch wenige und vor allem wirtschaftlich gleich starke Partner** gegenüberstehen. So ist davon auszugehen, dass in der Markthochlaufphase vor allem Industrieunternehmen, die den Wasserstoff in Industrieprozessen nutzen (zB Stahlwerke, Chemieunternehmen), angeschlossen werden. Diese Vertragspartner sind gleich stark, sodass kein wesentliches Diskriminierungspotenzial einstellt und keine detaillierten Vorgaben zu den Bedingungen des Netzanschlusses und -zugangs erforderlich sind. Vielmehr können die Vertragspartner dies selbst viel besser verhandeln, da sie die Gegebenheiten der einzelnen Wasserstoffleitungen und deren Nutzung deutlich besser einschätzen und so zu sachgerechteren Ergebnissen kommen können. Da es sich in der Markthochlaufphase auch nur um einzelne Großprojekte handeln wird, in denen zB ein einzelner oder wenige Erzeuger mit einem oder wenigen Abnehmern verbunden werden, ist die Notwendigkeit einheitlicher Anschluss- und Zugangsbedingungen noch nicht gegeben. Im Übrigen haben die Verbände der Netzbetreiber eine ausreichende Kenntnis, um solche einheitlichen Vertragsstandards zu entwickeln. Dementsprechend führt die Gesetzesbegründung aus, dass solche gemeinsamen Vertragsstandards – gerade bei netzübergreifenden Transporten – sinnvoll sind (BT-Drs. 19/27453, 120, die darüber hinaus noch von einem hohen Maß an Kooperation zwischen Betreibern von Wasserstoffnetzen spricht).

II. Anschluss- und Zugangsverweigerung (Abs. 2)

Abs. 2 enthält Vorgaben, aus welchen Gründen der Netzanschluss oder -zugang 10 zum Wasserstoffnetz **verweigert** werden können. Nach S. 2 ist die Ablehnung in **Textform** (§ 126 b BGB) zu begründen. Dies dient der Transparenz und Nachvollziehbarkeit der Ablehnung (BT-Drs. 19/27453, 120).

Als Ablehnungsgründe nennt S. 1 betriebsbedingte, sonstige wirtschaftliche oder 11 technische Gründe, aus denen der Anschluss oder Zugang für den Betreiber von Wasserstoffnetzen nicht möglich oder nicht zumutbar ist.

Die Formulierung ist insofern wortgleich zu § 17 Abs. 2 S. 1 bzw. § 20 Abs. 2 12 S. 1, wobei nicht auf die Ziele des § 1 abgestellt wird, was im Bereich des Wasserstoffs grundsätzlich sinnvoll ist, da die Regelungen des Abschnitts 3b als Spezialregelungen insoweit abschließend sind. Allerdings hat in § 1 Abs. 1 eine Ergänzung um Wasserstoff stattgefunden, sodass auch insofern auf die Ziele des § 1 hätte abgestellt werden können. Durch die Ergänzung in § 1 Abs. 1 sind bei der Abwägung somit auch die Zwecke des § 1 Abs. 1 zu berücksichtigen, wenngleich sich dies im Wortlaut von Abs. 2 so nicht wiederfindet. Es kann insoweit auf die Ausführungen zu § 17 verwiesen werden (→ § 17 Rn. 69 ff. bzw. → § 20 Rn. 218 ff.).

13 Hierbei sind aber die **Besonderheiten der Wasserstoffwirtschaft** in die Betrachtung mit einzubeziehen. So befindet sich die Wasserstoffwirtschaft und damit auch die leitungsgebundene Versorgung mit Wasserstoff erst im Markthochlauf, sodass noch kaum Leitungen vorhanden sind. Insofern kann der Anschluss aus technischen, wirtschaftlichen oder betriebsbedingten Gründen deutlich früher unmöglich oder unzumutbar sein als im Bereich der Elektrizitäts- und Gasversorgung. So muss in jedem Einzelfall geprüft werden, wie stark das Anschlussbegehren des jeweiligen Petenten im Vergleich zu den Kosten und den technischen Herausforderungen dieses Anschlusses wiegt. Diese Abwägung kann im Fall von Wasserstoff deutlich früher zu einer Ablehnung führen, als dies im Bereich der Elektrizitäts- und Gasversorgung der Fall ist. Auf der anderen Seite muss zusätzlich in die Betrachtung das Ziel der Dekarbonisierung und damit der Beitrag zum Klimaschutz einbezogen werden, da die Versorgung mit Wasserstoff gegebenenfalls zu einer Einsparung von schädlichen Treibhausgasemissionen führen kann. Insofern trifft den Netzbetreiber die Pflicht, gerade vor dem Hintergrund des Urteils des BVerfG zum Klimaschutzgesetz (BVerfG Beschl. v. 24.3.2021 – 1 BvR 2656/18) die Klimaschutzziele zu berücksichtigen und in die Abwägungsentscheidung einzubeziehen. Dies kann wiederum dazu führen, dass ein Anschluss auch dann erfolgen muss, wenn die Kosten und technischen Herausforderungen groß sind.

III. Veröffentlichungspflichten (Abs. 3)

14 Abs. 3 sieht verschiedene **Veröffentlichungs- und Informationspflichten** des jeweiligen Betreibers von Wasserstoffnetzen vor. Diese Regelungen dienen damit zum einen der Transparenz und zum anderen der Vermeidung oder Beseitigung einer Informationsasymmetrie zwischen Netzbetreiber und Anschlusspetent.

15 Nach S. 1 sind die Betreiber von Wasserstoffnetzen verpflichtet, ihre geltenden Geschäftsbedingungen für den Netzzugang auf der Internetseite zu veröffentlichen. Nach S. 2 umfasst dies insbesondere die Entgelte für den Netzzugang sowie die verfahrensmäßige Behandlung von Netzzugangsanfragen. Somit sind in jedem Fall die **AGB** des jeweiligen Betreibers von Wasserstoffnetzen sowie dessen **Entgelte** zu veröffentlichen, aber auch mögliche Vertragsvorlagen. Die verfahrensmäßige Behandlung von Netzzugangsanfragen umfasst zB auch Informationen, wie der Nachweis zur Erforderlichkeit des Netzanschlusses und -zugangs erbracht werden kann oder welche Schritte bis zum Netzanschluss durchgeführt werden müssen. Der Begriff des Netzzugangs umfasst dabei auch immer den Anschluss. Dies ergibt sich schon aus der systematischen Stellung der Vorschrift sowie Abs. 1 S. 2, der auf den Netzzugang einschließlich der damit zusammenhängenden Aspekte des Netzanschlusses abstellt.

16 S. 3 sieht neben den Veröffentlichungspflichten auch Informationspflichten des Betreibers von Wasserstoffnetzen vor. Diese Pflicht trifft den Netzbetreiber aber nur, wenn der jeweilige Anschlusspetent diese anfragt. Die **Informationspflicht** umfasst die folgenden Punkte:

Bedingungen und Entgelte für den Netzzugang § 28 o

- Angaben über die für die **Dauer des begehrten Netzzugangs nutzbare Kapazitäten und absehbare Engpässe:** Hiermit soll dem Anschlusspetenten die Möglichkeit eingeräumt werden, abzuschätzen, ob er für die Dauer des begehrten Netzzugangs über ausreichende Kapazitäten verfügt. So wäre dem Anschlusspetenten nicht geholfen, wenn ihm zwar Anschluss und Zugang gewährt werden, ihm aber im Zeitverlauf nicht ausreichend Kapazitäten zur Verfügung stünden. Um diese Abschätzung vornehmen zu können, hat der Wasserstoffnetzbetreiber auch über absehbare Engpässe – zB aufgrund der Vielzahl von Anschlussbegehren oder einer beschränkten Leitungskapazität – zu informieren.
- Informationen zur **Gewährleistung eines sicheren und leistungsfähigen Betriebs** des Wasserstoffnetzes: Diese Informationen sind wichtig, damit der Anschlusspetent seine Anlage so gestalten kann, dass er sicher und leistungsfähig in das Wasserstoffnetz einspeisen kann oder Wasserstoff entnehmen kann. Außerdem können so teure Nach- oder Umrüstungen oder Störungen im Betrieb der Wasserstoffleitung vermieden werden.

IV. Verordnungsermächtigung (Abs. 4)

Abs. 4 sieht eine **Verordnungsermächtigung** für die Bundesregierung mit 17 Zustimmung des Bundesrates vor. Durch diese Verordnungsermächtigung können bei Bedarf Vorgaben zur näheren Ausgestaltung der **Netzanschluss- und Netzzugangsbedingungen** vorgenommen werden. Dies betrifft nach Nr. 1 sowohl die technischen und wirtschaftlichen Bedingungen für Anschluss und Zugang einschließlich der Regelungen zum Ausgleich des Wasserstoffnetzes als auch die Möglichkeit nach Nr. 2 zu regeln, in welchen Fällen und unter welchen Voraussetzungen die Regulierungsbehörde diese Bedingungen festlegen oder auf Antrag des Netzbetreibers genehmigen kann. Bisher hat die Bundesregierung von Nr. 1 im Rahmen der Verordnung über die Kosten und Entgelte für den Zugang zu Wasserstoffnetzen und zur Änderung der Anreizregulierungsverordnung Gebrauch gemacht (BR-Drs. 734/21).

§ 28 o Bedingungen und Entgelte für den Netzzugang; Verordnungsermächtigung

(1) ¹Für die Bedingungen und Entgelte für den Netzzugang zu Wasserstoffnetzen ist § 21 nach Maßgabe der Sätze 2 bis 5 entsprechend anzuwenden. ²Die Anreizregulierung nach § 21a sowie die Genehmigung von Entgelten nach § 23a ist auf Betreiber von Wasserstoffnetzen nicht anzuwenden. ³Ihre Kosten werden jährlich anhand der zu erwartenden Kosten für das folgende Kalenderjahr sowie der Differenz zwischen den erzielten Erlösen und den tatsächlichen Kosten aus Vorjahren ermittelt und über Entgelte erlöst. ⁴Kosten dürfen nur insoweit geltend gemacht werden, als eine positive Bedarfsprüfung nach § 28p vorliegt. ⁵Die Kosten nach Satz 3 werden durch die Bundesnetzagentur nach § 29 Absatz 1 festgelegt oder genehmigt.

(2) **Die Bundesregierung wird ermächtigt, durch Rechtsverordnung mit Zustimmung des Bundesrates**
1. die Bedingungen und Methoden zur Ermittlung der Kosten und Entgelte nach Absatz 1 näher auszugestalten sowie

§ 28 o

Teil 3. Regulierung des Netzbetriebs

2. Regelungen darüber zu treffen, welche netzbezogenen und sonst für die Kalkulation der Kosten erforderlichen Daten die Betreiber von Wasserstoffnetzen erheben und für welchen Zeitraum sie diese aufbewahren müssen.

Übersicht

	Rn.
A. Allgemeines	1
I. Inhalt	1
II. Zweck	3
B. Einzelerläuterung	4
I. Bedingungen und Entgelte für den Netzzugang (Abs. 1)	4
1. Entsprechende Anwendung des § 21	4
2. Maßgaben der S. 2–5	7
II. Exkurs: Die Finanzierung von Wasserstoffnetzen	14
III. Verordnungsermächtigung (Abs. 2)	21
1. Ermächtigungsrahmen	21
2. Die Wasserstoffnetzentgeltverordnung	24

Literatur: *Pielow,* Vereinbarkeit gemeinsamer Netzentgelte für Erdgas und Wasserstoff mit dem EU-Recht, Rechtsgutachten im Auftrag des FNB Gas e.V., März 2021, www.fnb-gas.de/news/vereinbarkeit-gemeinsamer-netzentgelte-fuer-erdgas-und-wasserstoff-mit-dem-eu-recht/ (zit. *Pielow* Rechtsgutachten); *Stelter/Schieferdecker/Lange,* Der Gesetzentwurf zur Regelung reiner Wasserstoffnetze im EnWG, EnWZ 2021, 99.

A. Allgemeines

I. Inhalt

1 Die Norm regelt in Abs. 1, welche Maßgaben für **die Bedingungen und Entgelte** für den Netzzugang gelten, sofern der Infrastrukturbetreiber die Erklärung nach § 28j Abs. 3 abgegeben hat. Der Schwerpunkt der Maßgaben liegt dabei auf der Kostengenehmigung und damit der Grundlage für die durch den Netzbetreiber zu bildenden Entgelte.

2 Abs. 2 enthält eine **Verordnungsermächtigung** für die Bundesregierung mit Zustimmung des Bundesrates, um die Vorgaben näher auszugestalten.

II. Zweck

3 Die Regelung zielt darauf ab, die Netznutzer vor überhöhten oder diskriminierenden Entgelten zu bewahren und gleichzeitig dem Betreiber von Wasserstoffnetzen eine ausreichende Investitionssicherheit zu geben. Somit wird für beide Seiten Rechtssicherheit geschaffen; sie bildet damit eine der zentralen Normen der Regulierung (*Stelter/Schieferdecker/Lange* EnWZ 2021, 101f.). Die Regulierung hat die Vorteile, dass über entsprechende Ausgleichsmechanismen kein Auslastungsrisiko der Infrastrukturbetreiber besteht, da Mindererlöse nachgeholt werden können (Mehrerlöse sind entsprechend zurückzuerstatten), sowie eine garantierte Verzinsung des eingesetzten Kapitals erfolgt.

B. Einzelerläuterung

I. Bedingungen und Entgelte für den Netzzugang (Abs. 1)

1. Entsprechende Anwendung des § 21. Abs. 1 S. 1 bestimmt, dass für **die** 4 **Bedingungen und Entgelte** für den Netzzugang zu Wasserstoffnetzen **§ 21 nach Maßgabe der S. 2 bis 5 entsprechend anzuwenden** ist. Hierbei sind auch die Änderungen durch die EnWG-Novelle 2021 zu beachten, da die bisherigen Abs. 3 und 4 des § 21 zum Vergleichsverfahren ersetzt worden sind. Der neue § 21 Abs. 3 regelt nunmehr die Veröffentlichung der Netzentgelte, die insofern auch für Betreiber von Wasserstoffnetzen gilt.

§ 21 Abs. 1 schreibt vor, dass die Bedingungen und Entgelte für den Netzzugang 5 angemessen, diskriminierungsfrei, transparent und nicht ungünstiger sein dürfen, als sie von Betreibern der Energieversorgungsnetze in vergleichbaren Fällen für Leistungen innerhalb ihres Unternehmens oder gegenüber verbundenen oder assoziierten Unternehmen angewendet und tatsächlich oder kalkulatorisch in Rechnung gestellt werden. Diese Vorschrift ist ohne wesentliche Maßgaben auch auf die Betreiber von Wasserstoffnetzen anzuwenden, sodass sie dafür Sorge zu tragen haben, dass ihre **Entgelte angemessen** sind, also in einem sachgerechten Verhältnis von Leistung und Gegenleistung stehen müssen, und zum anderen sowohl **vertikal als auch horizontal nicht diskriminierend** sein dürfen. Die Transparenzpflicht steht in Zusammenhang mit den Veröffentlichungspflichten nach § 28n Abs. 3 sowie § 21 Abs. 3 und stellt klar, dass dem Netznutzer die Möglichkeit gegeben werden muss, die Bedingungen und Entgelte nachvollziehen zu können, um so seine Netznutzung planen und durchführen zu können (vgl. insgesamt, auch zur Auslegung der einzelnen Begriffe, BerlKommEnergieR/*Säcker/Meinzenbach* EnWG § 21 Rn. 1 ff.).

§ 21 Abs. 2 gibt vor, auf welcher Grundlage die Entgelte gebildet werden. Nach 6 S. 1 müssen die Kosten der Betriebsführung denen eines **effizienten und strukturell vergleichbaren Netzbetreibers** entsprechen, unter Berücksichtigung von Anreizen für eine effiziente Leistungserbringung und einer angemessenen, wettbewerbsfähigen und risikoangepassten Verzinsung des eingesetzten Kapitals. S. 2 sieht vor, dass die Kosten und Kostenbestandteile bei einer kostenorientierten Entgeltbildung dann nicht berücksichtigt werden dürfen, wenn sie sich ihrem Umfang nach so nicht im Wettbewerb einstellen würden. Der durch die EnWG-Novelle 2021 neu eingefügte S. 3 sagt, dass die notwendigen Investitionen in die Netze so vorgenommen werden dürfen, dass die „Lebensfähigkeit" der Netze gewährleistet ist. Dieser Satz gilt somit auch für Betreiber von Wasserstoffnetzen.

2. Maßgaben der S. 2–5. § 21 Abs. 2 erfährt durch die S. 2–5 wesentliche An- 7 passungen. So finden nach S. 2 die **Anreizregulierung** nach § 21a sowie die **Genehmigung von Entgelten** nach § 23a auf die Betreiber von Wasserstoffnetzen **keine Anwendung.** Dies ist zum einen damit zu erklären, dass der Anreizregulierung Regulierungsperioden von fünf Jahren zugrunde liegen. Für diese Zeit werden die Erlösobergrenzen auf Basis der Kosten des sog. Basisjahres festgelegt und damit ein Budgetprinzip eingeführt (mit Ausnahme der Kapitalkosten, die in den Grenzen des Kapitalkostenabgleichs angepasst werden). Ein solches **Budgetprinzip** funktioniert bei einem Markthochlauf aber nur eingeschränkt, da noch keine Vergleichszahlen zur Abschätzung der zulässigen Erlöse vorliegen bzw. zwischen den Jahren mit erheblichen Kostenveränderungen – sowohl nach oben als auch nach unten – gerechnet werden kann. Eine Anreizregulierung auf Basis eines Budgetprinzips würde in dieser Anfangszeit nicht funktionieren, da dies zu ungerechtfertigten Unter- oder Überdeckungen allein aufgrund der geänderten wirtschaftlichen Rahmenbedingungen führen kann (BT-Drs. 19/27453, 121). Auch wenn die Anwendbarkeit eines Budgetprinzips nicht völlig ausgeschlossen ist, so sprechen bei einem **noch nicht vorhandenen Marktsegment,** das erst entstehen soll, die überzeugenderen Argumente gegen eine solche Anwendung. (Dies ist im Bereich Wasserstoff – mit Ausnahme der oben dargestellten lokal begrenzten Cluster – gegeben.) Deshalb hat sich der Gesetzgeber richtigerweise für einen Ausschluss der Anwendung entschieden. Darüber hinaus beruht die Anreizregulierung auf einem **Effizienzvergleich,** der die Netzbetreiber untereinander vergleicht und Ineffizienzen aufdecken soll. Ein solcher Effizienzvergleich funktioniert bei nur wenigen Betreibern von Wasserstoffnetzen aber nicht sinnvoll, wenn die Unternehmen nur schwer untereinander vergleichbar sind und keine ausreichend große Vergleichsgruppe zur Verfügung stünde, sodass ein weiterer wesentlicher Baustein der Anreizregulierung im Markthochlauf nicht sachgerecht angewendet werden kann. Dies schließt jedoch nicht aus, dass zu einem späteren Zeitpunkt, wenn sich ein Wasserstoffmarkt herausgebildet hat, solche Anreize nötig werden, um Effizienzanreize besser setzen zu können und zu hohe Kosten der leitungsgebundenen Wasserstoffversorgung zu vermeiden. Gleichzeitig wird aber nicht ausgeschlossen, dass (einzelne) Kosten durch die BNetzA abgelehnt werden können, weil sie nicht für den Betrieb eines Wasserstoffnetzes betriebsnotwendig sind oder sich als **wirtschaftlich ineffizient** darstellen. Dabei ist ein objektiver Maßstab heranzuziehen, anhand dessen bestimmt wird, wie sich ein effizienter Netzbetreiber verhalten würde. Zum Beispiel würde er bei der Beschaffung von Anlagen ein ordentliches Vergabeverfahren durchführen. Solche Maßstäbe lassen sich auch ohne Anwendung der Anreizregulierung heranziehen und auf dieser Basis **Kosten hinterfragen,** wenn sie einem Quervergleich oder den Grundsätzen wirtschaftlichen Handelns nicht entsprechen. Ein klassisches Beispiel für ineffiziente Kosten ist in diesem Zusammenhang auch die Inhouse-Vergabe von Aufträgen zu überhöhten Preisen im Vergleich zur Beauftragung dritter Dienstleistungsunternehmen.

8 Ebenso findet die **Genehmigung von Entgelten keine Anwendung.** Es ist noch nicht klar, welche Entgeltsystematik im Wasserstoffbereich am sinnvollsten ist, da das Marktmodell noch nicht klar ist. Insofern wird die Entgeltbildung im Markthochlauf den Betreibern von Wasserstoffnetzen überlassen. Zu einem späteren Zeitpunkt können gegebenenfalls weitere Vorgaben zur Entgeltbildung durch den Gesetz- oder Verordnungsgeber oder die BNetzA (insbesondere vor dem Hintergrund des EuGH-Urteils vom 2.9.2021) erlassen werden, wenn die Marktstruktur des Wasserstoffsektors klarer ist. Somit ist ein Best-practice-Abgleich möglich, sodass sich schlussendlich das verursachungsgerechteste Entgeltmodell durchsetzen kann.

9 Nach S. 3 werden die Kosten der Betreiber von Wasserstoffnetzen jährlich anhand der **zu erwartenden Kosten** für das folgende Kalenderjahr sowie der Differenz zwischen den erzielten Erlösen und den tatsächlichen Kosten **aus Vorjahren** ermittelt und über Entgelte erlöst. In diese Betrachtung sind öffentliche (Investitions-)Zuschüsse als Erlöse einzubeziehen. Es werden somit **Plankosten** (Kosten für das folgende Kalenderjahr) ermittelt. Diese müssen die Vorgaben des § 21 Abs. 2 einhalten. Sie müssen also effizient sein und dürfen keine Kosten oder Kostenbestandteile erhalten, die sich so im Wettbewerb nicht einstellen würden. Darüber hinaus müssen sie eine angemessene Verzinsung enthalten. Anschließend wird

Bedingungen und Entgelte für den Netzzugang **§ 28 o**

die Differenz zwischen den erzielten Erlösen und den tatsächlichen Kosten aus Vorjahren ermittelt. Es findet ein Vergleich der **Ist-Kosten** mit den tatsächlichen Erlösen statt; wenn diese Differenz positiv ist, werden die zu viel erlösten Kosten an den Netznutzer erstattet; wenn sie negativ ist, darf der Wasserstoffnetzbetreiber diese nachträglich in die Entgelte einrechnen und erlösen. Es handelt sich somit um einen **jährlichen Plan-Ist-Kosten-Abgleich,** der es dem Wasserstoffnetzbetreiber ermöglicht, seine Kosten jährlich anzumelden und in Entgelte umzuwandeln und damit schwankende Kosten zeitnah zu berücksichtigen. Er hat somit aufgrund des Plankostenansatzes keinen wesentlichen zeitlichen Verzug zwischen Investition und Erlösvereinnahmung.

S. 4 sieht vor, dass die Kosten nur dann geltend gemacht werden dürfen, sofern 10 eine **positive Bedarfsprüfung** nach § 28 p vorliegt. Dieses zusätzliche Tatbestandsmerkmal ist wichtig, da wie oben dargestellt kein Effizienzvergleich durchgeführt wird und damit ineffiziente Investitionen nur sehr schwer zu identifizieren wären. Wenn keine positive Bedarfsprüfung für die jeweilige Leitung vorliegt, ist davon auszugehen, dass eine solche Leitung von einem effizienten Unternehmen nicht errichtet würde, da nicht klar ist, ob diese Leitung genutzt wird. Es wäre deshalb auch nicht angemessen, dass diese Kosten im Rahmen der Regulierung anerkannt würden. Diese Erwägung gilt auch dann, wenn für eine ursprünglich als bedarfsgerecht eingestufte Leitung sich nachträglich die Bedingungen ändern – zB durch Wegfall des einzigen Abnehmers vor dem Bau der Leitung. In diesem Fall dürften die Kosten im Rahmen der Prüfung nicht mehr anerkannt werden, weil ein effizienter Netzbetreiber eine solche Leitung nicht bauen würde. Gleichwohl sind hier Konstellationen denkbar, bei denen im Rahmen des Regulierungsermessens sachgerechte Kostenanerkennungsentscheidungen gefunden werden müssen – zB wenn mit dem Bau der Leitung begonnen wurde und der Anschlussnehmer oder Erzeuger dann wegfällt. Aber auch hier verbleibt eine rechtliche Verantwortung bei dem Betreiber von Wasserstoffnetzen, der entsprechende Klauseln in den Netzanschluss und -zugangsverträgen vorsehen muss, um entsprechende Risiken abzusichern.

Aufgrund des Modells der **Opt-in-Regulierung** könnte ein eigener Betreiber 11 von Wasserstoffnetzen gegründet werden, der sich **nicht** der Regulierung unterwirft und solche aus Sicht der Regulierungsbehörde nicht bedarfsgerechten Leitungen betreibt. Dann müsste er aber die Risiken auch vollständig selbst tragen und hätte nicht die Möglichkeit, diese Kosten auf andere Netznutzer in der Regulierung zu verteilen, sondern wäre allein auf den Verhandlungsprozess mit den Netznutzern auf Ein- und Ausspeiseseite angewiesen. Es ist insofern jedem Betreiber selbst überlassen, Leitungen mit dem normalen Marktrisiko Netznutzern anzubieten.

Eine weitere Fallgestaltung kann für Altanlagen entstehen, die bisher privatwirt- 12 schaftlich betrieben worden sind, der Netzbetreiber sich zukünftig aber der Regulierung unterwerfen möchte. Für Altanlagen im Wasserstoffbereich wird keine Bedarfsprüfung durchgeführt. Dies gilt somit für Anlagen, die bereits vor In-Kraft-Treten der Regelungen bestanden (zB in einem der oben dargestellten Cluster) oder die zukünftig errichtet werden und der Betreiber erst später unter die Regulierung fallen möchte. Ihre Kosten können aber trotzdem in die Regulierung einbezogen werden, sofern der Betreiber die übrigen Voraussetzungen für die Regulierung erfüllt. Dies ist sachgerecht, da diese Leitungen ihren Nutzen bereits unter Beweis gestellt haben, sodass von einer Bedarfsgerechtigkeit ausgegangen werden kann.

Nach S. 5 werden die Kosten nach S. 3 durch die BNetzA nach § 29 Abs. 1 **fest-** 13
gelegt oder genehmigt.

Grüner 1541

§ 28o Teil 3. Regulierung des Netzbetriebs

II. Exkurs: Die Finanzierung von Wasserstoffnetzen

14 Bereits vor dem Gesetzgebungsverfahren und dann auch im Rahmen des Gesetzgebungsverfahrens wurde von Seiten der Erdgasnetzbetreiber immer wieder die Forderung nach einer **Querfinanzierung** zwischen Erdgas- und Wasserstoffnetz erhoben (vgl. *Pielow* Rechtsgutachten). Demgegenüber haben die Verbraucherverbände diese Forderung abgelehnt (s. zB Deutscher Bundestag, Ausschuss für Wirtschaft und Energie, Ausschussdrs. 19(9)1018 v. 9.4.2021, Stellungnahme Verbraucherzentrale Bundesverband e.V.).

15 Nach dem Rechtsgutachten im Auftrag des FNB Gas e.V. wären gemeinsame Netzentgelte und damit die Querfinanzierung zwischen Erdgas- und Wasserstoffnutzern mit dem europäischen Recht vereinbar. Das Gutachten kommt dabei insbesondere zu folgenden wesentlichen Ergebnissen (vgl. *Pielow* Rechtsgutachten S. 41 f.):

– Die Gas-RL 09 sei auch auf reine Wasserstoffnetze anwendbar und weise deshalb in die Richtung gemeinsamer Entgelte für Erdgas- und Wasserstoffnetze in der Hand (nur) eines Netzbetreibers.
– Die europäische Kommission unterstütze die Rechtsauffassung, dass die Gas-RL 09 auf Wasserstoffnetze anwendbar sei.
– Für die Einbeziehung von Wasserstoff in das (gesamte) Erdgasbinnenmarktrecht der EU sprächen auch die Vorgaben der unlängst überarbeiteten Erneuerbare-Energien-Richtlinie (EU) 2018/2001.
– Der NC TAR (Network Code Tariff Gas) stehe der Bildung gemeinsamer Netzentgelte nicht unbedingt im Wege. Dieser sei zum einen aufgrund der übergeordneten Gültigkeit der Gas-RL 09 auch auf Wasserstoffnetze anwendbar. Zum anderen schließe er die Möglichkeit einer Quersubventionierung nicht per se aus.
– Gegen eine unzulässige Quersubventionierung deutscher Wasserstoffnetze gerade durch EU-ausländische Erdgaskunden spreche zusätzlich, dass auch diese Netznutzer vom Aufbau einer Wasserstoffinfrastruktur profitieren würden.

16 **Diesen Auffassungen des Rechtsgutachtens ist zu widersprechen.** Zur Anwendbarkeit der Gas-RL 09 wird auf die Vorbemerkung (→ Rn. 10 ff.) verwiesen. Das europäische Recht enthält darüber hinaus drei Rechtsakte, die explizite Vorgaben für die Bildung der Netzentgelte der Fernleitungsnetzbetreiber enthalten:
– die direkt anwendbare Gasfernleitungs-VO 09 – europäisches Sekundärrecht
– die Gas-RL 09 über gemeinsame Vorschriften für den Erdgasbinnenmarkt – europäisches Sekundärrecht
– die direkt anwendbare Verordnung (EU) 2017/460 zur Festlegung eines Netzkodex über harmonisierte Fernleitungsentgeltstrukturen (NC TAR) – europäisches Tertiärrecht, das auf Basis der Gasfernleitungs-VO 09 erlassen worden ist und Art. 13 Gasfernleitungs-VO konkretisiert

17 Die **europarechtliche Unzulässigkeit** von gemeinsamen Entgelten ergibt sich aus Art. 13 Abs. 1 S. 1 Gasfernleitungs-VO, wonach die Fernleitungsnetzbetreiber nur die Kosten der Erdgasfernleitung den Netznutzern in Rechnung stellen dürfen. Der europäische Gesetzgeber stellt darauf ab, dass die Tarife oder Methoden zu ihrer Berechnung nur die Ist-Kosten widerspiegeln, soweit diese Kosten denen eines effizienten und strukturell vergleichbaren Netzbetreibers entsprechen. Aufschluss darüber, was unter den Ist-Kosten zu verstehen ist, gibt Art. 7 S. 2 lit. b NC TAR, der auf die bei der Erbringung der Fernleitungsdienstleistungen tatsächlich entstanden Kosten Bezug nimmt. Somit ist entscheidend, wie der Begriff der Fernleitung auszulegen ist. Nach Art. 2 Abs. 1 Nr. 1 Gasfernleitungs-VO ist **Fernleitung der Transport von Erdgas** durch ein hauptsächlich Hochdruckfernleitungen umfassendes Netz. Der Wortlaut der Norm sagt also eindeutig aus, dass sich Fernleitung auf den Transport von Erdgas beschränkt und gerade nicht auf den Transport von Wasserstoff. Wie dargelegt kann der Begriff „Erdgas" auch nicht so ausgefüllt werden, dass darunter Wasserstoff zu verstehen sei (→ Vor §§ 28j–28q Rn. 13ff.). Der Begriff Erdgas beschreibt ganz eindeutig den fossilen Energieträger Erdgas.

Die systematische und teleologische Auslegung unterstützen dieses Ergebnis, da 18 die Vorschrift sicherstellen soll, dass europäische Händler, die Erdgas über weite Strecken durch Europa transportieren, nur die Kosten tragen sollen, die sie verursachen. Hierdurch soll ein gemeinsamer Binnenmarkt gewährleistet werden und eine Einschränkung des grenzüberschreitenden Transports und Handels verhindert werden. Es ist europarechtlich deshalb nicht gerechtfertigt, den Erdgashändlern Kosten für die Wasserstoffversorgung aufzuerlegen, die nicht durch den Erdgastransport verursacht worden sind.

Das Gutachten gibt auch die **Rechtsauffassung der EU-Kommission** un- 19 richtig wieder. So sagt die Kommission selbst in dem veröffentlichten Inception impact assessment – Ares(2021)1159348[1]: „However, the Gas Directive and Regulation are designed for the organisation and functioning of the current fossil based natural gas sector" (s. https://ec.europa.eu/info/law/better-regulation/have-your-say/initiatives/12911-Revision-of-EU-rules-on-Gas). Die Kommission selbst sieht die Anwendung also nur im Bereich der fossilen Gase. Bei dem im Gutachten zitierten Schreiben der EU-Kommission an ACER ging es um die Anwendung der Entflechtungsvorschriften im Hinblick auf die Beteiligung von Strom- und Erdgasnetzbetreibern an Power-to-Gas-Anlagen. Hier kann die Anwendbarkeit der Gas-RL gegeben sein, da die Beimischung von zB Wasserstoff durchaus erfasst ist. So kann bereits ein Diskriminierungspotenzial entstehen, wenn sich Erdgasnetzbetreiber an solchen Power-to-Gas-Anlagen beteiligen, da sie die in ihren Anlagen erzeugten Gase dann vorrangig beimischen könnten. Insofern ist die Anwendung in diesem Fall richtig. Sie rechtfertigt aber nicht die Anwendung auf reine Wasserstoffnetze.

Ebenso kann die EE-RL 18 nicht als Begründung herangezogen werden, da sich 20 diese Richtlinie mit Energie aus erneuerbaren Quellen befasst und gerade nicht zur Klärung der Frage herangezogen werden kann, in welchem Verhältnis Erdgas zu Wasserstoff steht. Die EE-RL beschäftigt sich in keinem Fall mit der Frage, ob zB Wasserstoff unter die Erdgasbinnenmarktrichtlinie fallen soll.

III. Verordnungsermächtigung (Abs. 2)

1. Ermächtigungsrahmen. Abs. 2 sieht eine **Verordnungsermächtigung** 21 für die Bundesregierung mit Zustimmung des Bundesrates vor. Nach Nr. 1 können die Bedingungen und Methoden der Kosten und Entgelte nach Abs. 1 näher ausgestaltet werden. Das heißt, der Verordnungsgeber kann Vorgaben zur Ermittlung der Kosten machen oder Bestandteile dieser Kosten definieren bzw. beziffern.

Nach Nr. 2 kann er bestimmen, welche netzbezogenen und sonstigen für die 22 Kalkulation der Kosten erforderlichen Daten die Betreiber von Wasserstoffnetzen erheben müssen und wie lange sie diese aufbewahren müssen.

---

[1] https://ec.europa.eu/info/law/better-regulation/have-your-say/initiatives/12911-Revision-of-EU-rules-on-Gas.

23 Von den beiden Verordnungsermächtigungen wurde durch die Verordnung über die Kosten und Entgelte für den Zugang zu Wasserstoffnetzen und zur Änderung der Anreizregulierungsverordnung Gebrauch gemacht (BR-Drs. 734/21).

24 **2. Die Wasserstoffnetzentgeltverordnung.** Die Bundesregierung hat am 22.9.2021 den Entwurf für eine Wasserstoffnetz**entgelt**verordnung verabschiedet, der die Ermittlung der Netzkosten verordnungsrechtlich ausgestaltet (s. Pressemitteilung, www.bmwi.de/Redaktion/DE/Pressemitteilungen/2021/09/20210922-bundesregierung-verabschiedet-entwurf-der-wasserstoffnetzentgeltverordnung.ht ml – insoweit auch zur Verordnungsbegründung). Die Verordnung wurde am 21.10.2021 im Wirtschafts- sowie Umweltausschuss des Bundesrates beraten und am 5.11.2021 vom Bundesrat verabschiedet (BR-Drs. 734/21). Die Wasserstoff-NEV stellt dabei vor allem auf die Kostenermittlung ab und befasst sich nur zu sehr geringen Teilen mit der Entgeltbildung – sie ist insofern etwas missverständlich vom Verordnungsgeber bezeichnet worden; besser wäre wohl der Begriff der Wasserstoffnetz**kosten**verordnung gewesen. Die Beschränkung auf die Kostenermittlung ist damit zu begründen, dass noch kein Markt für Wasserstoff vorhanden ist und deshalb keine allgemeinen Aussagen zu einer Entgeltsystematik möglich sind. Deshalb bietet sich gerade für die Anfangszeit an, in der nur einzelne lokal begrenzte Projekte entstehen, dass die Projektteilnehmer bzw. Wasserstoffnetzbetreiber die Entgeltsystematik selbst festlegen. Erst zu einem späteren Zeitpunkt kann sich eine Vereinheitlichung der Entgeltsystematik anbieten, wenn die Erfahrungen der einzelnen Projekte ausgewertet worden sind und sich ein tatsächlicher Markt für Wasserstoff herausgebildet hat. Hierbei ist zu berücksichtigen, dass für den Fall von europäischen Vorgaben in der Zukunft das EuGH-Urteil vom 2.9.2021 relevant werden kann, sodass der Verordnungsgeber zukünftig möglicherweise keine Vorgaben im Kosten- und Entgeltbereich erlassen darf – dies ist jedoch abhängig von möglichen europäischen Regelungen.

25 Die WasserstoffNEV gliedert sich in drei Teile:
– Teil 1 – Allgemeine Vorschriften in den §§ 1 und 2
– Teil 2 – Ermittlung der Netzkosten umfasst die §§ 3 bis 14
– Teil 3 – Pflichten des Betreibers eines Wasserstoffnetzes, der nur den § 15 zur Berichtspflicht umfasst

26 § 1 bestimmt den **Anwendungsbereich**. Demnach regelt die Verordnung die Grundlagen zur Ermittlung der Netzkosten und Grundsätze der Entgeltbestimmung. Dies kann nach der Gesetzessystematik aber nur für Betreiber gelten, die der Regulierung unterfallen, also eine Erklärung nach § 28j Abs. 3 EnWG abgegeben haben. Entsprechend nimmt § 1 diese Voraussetzung in seinem Wortlaut mit auf.

27 **a) Grundsätze der Bestimmung der Netzentgelte.** § 2 regelt die Grundsätze der **Bestimmung der Netzentgelte** von Wasserstoffnetzen. Abs. 1 schreibt vor, dass die Betreiber von Wasserstoffnetzen sicherzustellen haben, dass ihr Entgeltsystem im Grundsatz geeignet ist, die genehmigten oder festgelegten Kosten zu decken. Während der Referentenentwurf (s. www.bmwk.de/Redaktion/DE/Downloads/G/gesetzgebungsverfahren-verordnung-ueber-die-kosten-und-entgelte-fuer-den-zugang-zu-wasserstoffnetzen-und-zur-aenderung-der-anreizregulierungsverordnung.pdf?__blob=publicationFile&v=8) noch einen S. 2 enthielt, der diese Vorgabe insoweit konkretisierte, dass der prognostizierte Gesamterlös der Summe der Kosten nach S. 1 entsprechen solle, enthält die vom Kabinett verabschiedete Version diesen Satz nicht mehr. Mit S. 2 sollte erreicht werden, dass ein Entgeltsystem die Kosten verursachungsgerecht vereinnahmt und nicht schon vom

Bedingungen und Entgelte für den Netzzugang § 280

Grundsatz her ungeeignet ist, die genehmigten oder festgelegten Kosten zu vereinnahmen. Mit S. 2 wäre insofern klargestellt gewesen, dass die Netzbetreiber eine **Verprobungsrechnung** durchzuführen haben, die dies überprüfbar macht. Der Verordnungsgeber geht aber davon aus, dass diese Vorgabe bereits in Abs. 1 enthalten ist und somit keiner Konkretisierung bedurfte.

Abs. 2 ist durch den Wegfall von S. 2 nunmehr etwas missverständlich formuliert, 28 da er von Verprobungen nach Abs. 1 spricht, die so nicht mehr explizit erwähnt sind. Gleichwohl haben die Betreiber von Wasserstoffnetzen nach Abs. 1 sicherzustellen, dass das Entgeltsystem die genehmigten oder festgelegten Kosten deckt. Hierfür ist implizit auch eine Verprobungsrechnung notwendig, die aber nicht mehr explizit erwähnt wird. Gleichwohl stellt auch die Verordnungsbegründung auf eine Verprobungsrechnung ab, sodass Abs. 2 in diesem Kontext zu lesen ist (www.bmwk.de/Redaktion/DE/Downloads/G/gesetzgebungsverfahren-verordnung-ueber-die-kosten-und-entgelte-fuer-den-zugang-zu-wasserstoffnetzen-und-zur-aenderung-der-anreizregulierungsverordnung.pdf?__blob=publicationFile&v=8). Nach Abs. 2 ist die Verprobungsrechnung in einer für sachkundige Dritte nachvollziehbaren und vollständigen Weise schriftlich zu dokumentieren und der BNetzA schriftlich oder elektronisch mitzuteilen.

Abs. 3 sieht die Möglichkeit einer **Teilnetzbildung** vor, um den Förderbedin- 29 gungen des BMWK oder der EU-Kommission zu entsprechen. Voraussetzung ist, dass diese Teilnetze technisch unabhängig voneinander betrieben werden können – sie müssen somit nicht zwingend getrennt betrieben werden, aber es muss zumindest die Möglichkeit hierfür bestehen. Sofern solche Teilnetze gebildet werden, ist eine Kostenzuordnung zunächst zu diesen Teilnetzen vorzunehmen – entweder direkt oder durch eine sachgerechte Schlüsselung. Die Zuordnung ist zur besseren Nachvollziehbarkeit zu dokumentieren. Da die Verordnung nur sehr wenige Vorgaben zur Entgeltbildung enthält – nämlich nur die allgemeine Aussage des Abs. 1 und 2 –, hätte es dieser Vorschrift eigentlich nicht bedurft, da die Betreiber von Wasserstoffnetzen in ihrer Entgeltbildung frei sind und es ihnen insoweit auch freigestanden hätte, Entgelte für Teilnetze zu bilden.

b) Zuschüsse und Netzanschlusskosten. § 3 befasst sich mit **Förder-** 30 **zuschüssen,** die zum Markthochlauf von Wasserstoff notwendig sind. Abs. 1 regelt, dass diese Zuschüsse nach den §§ 10 und 12 kostenmindernd angesetzt werden. Dies gilt ausweislich Abs. 2 allerdings nur für **Investitionszuschüsse** – Entgeltzuschüsse sind hiervon nicht umfasst. Dies entspricht der aktuellen Regulierungspraxis im Gas- und Strombereich und ist sachgerecht. Denn der Netznutzer muss Kosten insoweit nicht tragen, wie sie von anderer Seite gewährt werden. Deshalb sind die Zuschüsse bei der Basis der Eigenkapitalverzinsung in Abzug zu bringen (§ 10 Abs. 2 S. 2 Nr. 5), da der Netzbetreiber kein eigenes Kapital in dieser Höhe aufzuwenden braucht. Würde man diese Zuschüsse nicht in Abzug bringen, würde dies für den Netzbetreiber eine Zusatzrendite bedeuten, ohne dass dieser eine Leistung von Seiten des Netzbetreibers gegenüberstünde. Ebenso sind diese Kosten als kostenmindernde Erlöse und Erträge anzusetzen (§ 12 Abs. 1 S. 2 Nr. 5), um zu verhindern, dass die Netznutzer diese Kosten doppelt erstatten – einmal bereits durch die Fördergelder und dann nochmals über die Netzentgelte. Es wird somit sowohl die Abschreibungsbasis als auch die Basis der Eigenkapitalverzinsung um die Höhe der Investitionszuschüsse vermindert.

Neben Investitionszuschüssen nach Abs. 1 könnte es auch **Zuschüsse zum** 31 **Ausgleich der Entgelthöhe** geben. Dies wären Zuschüsse, die von Seiten des För-

Grüner 1545

dergebers ausgezahlt werden, um die Netzentgelte auf ein marktgängiges Niveau abzusenken. In diesem Fall würden die Fördergelder wie eine Entgeltzahlung von dritter Seite wirken und dürfen damit nicht als Abzugskapital berücksichtigt werden. Die Kosten werden in diesem Fall ganz normal ermittelt und auf die jeweiligen Nutzer umgelegt. Erst anschließend wird ermittelt, ob diese Entgelte zu hoch liegen und die Differenz zwischen dem marktgängigen Niveau und dem ursprünglich ermittelten Netzentgelt ausgeglichen wird. Sie wirken damit auf der Entgeltseite und gerade nicht auf der Kostenseite.

32 § 4 regelt die Möglichkeit der **Vereinnahmung von Netzanschlusskosten** durch den Betreiber von Wasserstoffnetzen. Der Netzanschluss umfasst dabei die Kosten, die zur Anbindung an das Netz notwendig werden. Dies umfasst zB die Verbindung von bestehendem Netz und Netzanschlussleitung. Auch hierbei sind nach Abs. 1 die Förderzuschüsse in Abzug zu bringen, da die Kosten auch insofern nicht doppelt erstattet werden dürfen. Der im Vergleich zum Referentenentwurf neu hinzugekommene Abs. 2 sieht vor, dass wenn innerhalb von zehn Jahren weitere Anschlüsse hinzukommen, die Anschlusskosten insoweit rückwirkend neu zugeordnet werden müssen und gegebenenfalls zu viel gezahlte Anschlussbeträge erstattet werden müssen. Dies ist sachgerecht, da in diesem Fall die Anschlussleitung und deren technische Verbindung auch anderen Netznutzern zugutekommt, ohne dass diese bisher einen finanziellen Beitrag geleistet haben. Um dies zu vermeiden und einen Interessenausgleich herzustellen, hat der Verordnungsgeber vorgesehen, dass innerhalb von zehn Jahren nach Errichtung des Netzanschlusses die Kosten auch rückwirkend zwischen den Netznutzern aufgeteilt werden müssen (BR-Drs. 734/21, 20f.).

33 § 5 sieht die Möglichkeit der Vereinnahmung von **Baukostenzuschüssen** vor. Baukostenzuschüsse dienen in Abgrenzung zu Netzanschlusskosten dazu, Kosten zu decken, die im bestehenden Wasserstoffnetz aufgrund des Anschlusses notwendig geworden sind oder notwendig werden. Dies können zB Ausbaumaßnahmen im (vorgelagerten) Netz sein. Abs. 1 S. 1 sieht vor, dass der Netzbetreiber einen angemessenen Baukostenzuschuss zur Deckung der bei wirtschaftlich effizienter Betriebsführung notwendigen Kosten für Erstellung oder Verstärkung des Wasserstoffnetzes verlangen kann. Dieser Baukostenzuschuss kann nach S. 2 bis zu 100 Prozent dieser Kosten betragen, wobei auch hierbei Förderzuschüsse in Abzug zu bringen sind, um eine doppelte Kostenerstattung zu verhindern. Abs. 2 erlaubt die Vereinnahmung eines Baukostenzuschusses auch dann, wenn der Anschlussnehmer seine Leistungsanforderung erheblich über das ursprüngliche Maß hinaus erhöht. Was dabei als „erheblich" anzusehen ist, wird nicht definiert. Dies muss im Einzelfall geprüft werden, wobei abgewogen werden muss, wie groß das vorgelagerte Netz ist, wie viele Anschlussnehmer das Netz nutzen und welche Höhe die ursprüngliche Leistungsanmeldung betrug, sodass der Netzbetreiber durch die Erhöhung der Leistungsanforderung zu einem weiteren Ausbau gezwungen ist. Nach Abs. 3 sind die Netzanschlusskosten und der Baukostenzuschuss getrennt zu errechnen und dem Anschlussnehmer aufgegliedert auszuweisen. Dies ist aufgrund der Unterschiede zwischen Netzanschlusskosten und Baukostenzuschuss – wie dargestellt – gerechtfertigt und sachgerecht.

34 c) **Grundsätze der Netzkostenermittlung.** Die **Grundsätze der Netzkostenermittlung** sind in § 6 geregelt. Abs. 1 schreibt vor, dass die bilanziellen und kalkulatorischen Kosten für die Wasserstoffnetzinfrastruktur nur insoweit anzusetzen sind, als sie den Kosten eines effizienten und strukturell vergleichbaren Wasser-

Bedingungen und Entgelte für den Netzzugang **§ 280**

stoffnetzbetreibers entsprechen. Somit wiederholt und konkretisiert Abs. 1 die Vorgaben des § 280 Abs. 1 S. 1 iVm § 21 Abs. 2 S. 1 EnWG. Die beantragten Kosten können somit durch die BNetzA gekürzt werden, soweit sie einem Quervergleich zu einem effizienten und strukturell vergleichbaren Netzbetreiber nicht standhalten.

Abs. 2 regelt die Bestimmung der Netzkosten. S. 1 schreibt vor, dass für die Be- 35 stimmung der **Ist-Kosten** ausgehend von der Gewinn- und Verlustrechnung für den Wasserstoffnetzbetrieb eine kalkulatorische Rechnung zu erstellen ist. Als Basis dient somit die Gewinn- und Verlustrechnung des jeweiligen Betreibers von Wasserstoffnetzen, die er nach § 28k Abs. 1 zu erstellen hat. Durch die Erstellung einer **kalkulatorischen Rechnung** können auch Kosten berücksichtigt werden, denen ein Aufwand in abweichender Höhe oder kein Aufwand gegenübersteht – in der Regulierung wird dies durch Hinzurechnungen und Kürzungen vorgenommen. Die wesentlichen kalkulatorischen Kosten sind dabei die kalkulatorische Eigenkapitalverzinsung, die kalkulatorischen Abschreibungen und die kalkulatorischen Steuern. S. 2 schreibt vor, dass für die Bestimmung der Plankosten eine bestmögliche Abschätzung der Kosten vorzunehmen ist. Um Abweichungen zwischen den Plan- und Ist-Kosten zu vermeiden, muss der Netzbetreiber bei der Bestimmung der Plan-Kosten die gleichen Maßstäbe anlegen wie bei der Bestimmung der Ist-Kosten. S. 3 sieht vor, dass sich die Netzkosten aus aufwandsgleichen Kosten, den kalkulatorischen Abschreibungen, der kalkulatorischen Eigenkapitalverzinsung sowie den kalkulatorischen Steuern zusammensetzen. Dabei sind die kostenmindernden Erlöse und Erträge jedoch in Abzug zu bringen und die Vorgaben des Abs. 1 zu beachten.

Abs. 3 sieht eine Regelung für den Fall vor, dass noch keine Gewinn- und Ver- 36 lustrechnung nach § 28k erstellt worden ist. Dies kann zB bei der Neuaufnahme des Geschäftsbetriebs relevant werden. In diesen Fällen ist eine auf den Tätigkeitsbereich des Wasserstoffnetzbetriebs beschränkte und nach handelsrechtlichen Grundsätzen ermittelte Gewinn- und Verlustrechnung des letzten abgeschlossenen Geschäftsjahres zugrunde zu legen. Somit muss noch keine durch den Wirtschaftsprüfer geprüfte und bestätigte Gewinn- und Verlustrechnung vorliegen.

Abs. 4 bestimmt, wie die Netzkosten zuzuordnen sind. S. 1 bestimmt dabei den 37 Grundsatz, dass **Einzelkosten dem Netz direkt zuzuordnen** sind. Soweit dies nicht möglich ist oder nur mit unvertretbar hohem Aufwand, sieht S. 2 die Möglichkeit vor, dass die **Gemeinkosten über eine verursachungsgerechte Schlüsselung** dem Wasserstoffnetz zuzuordnen sind. Dies kann zB anhand von Quadratmetern der genutzten Büroflächen oder Ähnlichem durchgeführt werden. S. 3 schreibt vor, dass die zugrunde gelegten Schlüssel sachgerecht sein müssen und dem Grundsatz der Stetigkeit entsprechen müssen. Sachgerecht sind Schlüssel nur insofern, wie sie dazu geeignet sind, die betroffenen Gemeinkosten sinnvoll dem Wasserstoffnetz zuzuordnen. So wäre es zB nicht sachgerecht, die Kosten für Büros anhand der durchgeleiteten Energiemenge zu schlüsseln. Dem Prinzip der Stetigkeit wird dadurch Rechnung getragen, dass immer die gleichen Schlüssel Anwendung finden oder diese zumindest nicht jährlich gewechselt werden. Dabei ist ein Wechsel des Schlüssels nicht grundsätzlich ausgeschlossen, aber es müssen gute und nachvollziehbare Gründe für diesen Wechsel vorgebracht werden. Dies wird durch S. 4 bis 6 konkretisiert: Nach S. 4 sind die Schlüssel in einer für einen sachkundigen Dritten nachvollziehbaren und vollständigen Weise zu dokumentieren. S. 5 schreibt vor, dass Änderungen der Schlüssel nur dann erfolgen dürfen, sofern dies sachlich geboten ist. Die Gründe für den Wechsel des Schlüssels sind ebenfalls in einer für

§ 28 o Teil 3. Regulierung des Netzbetriebs

einen sachkundigen Dritten nachvollziehbaren und vollständigen Weise zu dokumentieren.

38 Abs. 5 bestimmt, dass Kosten für die **Überlassung betriebsnotwendiger Güter** nur in der Höhe angesetzt werden können, wie sie anfielen, wenn der Betreiber Eigentümer der Anlagen wäre. Die Beweispflicht hierfür liegt nach S. 2 bei dem Betreiber des Wasserstoffnetzes. Hierdurch soll vermieden werden, dass der Netznutzer unnötig hohe Kosten zu tragen hat.

39 Abs. 6 regelt, in welchem Umfang Kosten und Kostenbestandteile für die **Erbringung von Dienstleistungen** berücksichtigungsfähig sind. Hierbei wird zwischen Dienstleistungen durch eine Gruppe von miteinander verbundenen Unternehmen und nicht verbundenen Unternehmen unterschieden: Sofern der Betreiber des Wasserstoffnetzes und das die Dienstleistung erbringende Unternehmen zu einer Gruppe verbundener Unternehmen gehören, dürfen die Kosten maximal in der Höhe angesetzt werden, wie sie bei dem Dienstleistungsunternehmen unter Anwendung der Grundsätze der Kostenbestimmung im Sinn dieser Verordnung tatsächlich angefallen sind. Somit ist das verbundene Dienstleistungsunternehmen verpflichtet, die gleichen Maßstäbe bei der Kostenbestimmung zu verwenden wie der Betreiber von Wasserstoffnetzen. Rechnet es nach anderen Maßstäben ab und liegen die Kosten dadurch höher, darf der Betreiber von Wasserstoffnetzen diese Kosten insoweit nicht ansetzen. Wenn das Dienstleistungsunternehmen nicht zu einer Gruppe von verbundenen Unternehmen gehört, sind die Kosten maximal in der Höhe berücksichtigungsfähig, wie sie entstehen würden, wenn der Betreiber von Wasserstoffnetzen die jeweilige Leistung selbst erbringen würde. Für beide Fälle liegt die Beweislast wiederum bei dem Betreiber von Wasserstoffnetzen. Auch diese Regelungen dienen insofern dem Schutz des Netznutzers vor zu hohen Kosten von verbundenen und nicht verbundenen Unternehmen. Diese Vorgaben entsprechen damit auch dem Effizienzgedanken, da ein effizientes Unternehmen keine überhöhten Dienstleistungsentgelte zahlen würde.

40 § 7 regelt die **aufwandsgleichen Kostenpositionen.** Abs. 1 bestimmt, dass die aufwandsgleichen Kostenpositionen der Gewinn- und Verlustrechnung nach § 28k Abs. 1 S. 1 zu entnehmen sind. Sie werden nach Maßgabe des § 6 Abs. 1 bei der Bestimmung der Netzkosten berücksichtigt. Abs. 2 regelt, dass Fremdkapitalzinsen in ihrer tatsächlichen Höhe einzustellen sind, höchstens jedoch in der Höhe kapitalmarktüblicher Zinsen für vergleichbare Kreditaufnahmen.

41 § 8 regelt die **kalkulatorischen Abschreibungen.** Die kalkulatorischen Abschreibungen, die in S. 1 legal definiert werden, treten laut S. 2 in der kalkulatorischen Kosten- und Erlösrechnung an die Stelle der entsprechenden bilanziellen Abschreibungen. Sie orientieren sich dabei an den Vorgaben für Neuanalgagen in der GasNEV. Entscheidender Unterschied ist hierbei, dass nach Abs. 4 eine spezifische Nutzungsdauer angesetzt werden kann – es somit also keine Vorgabe von betriebsgewöhnlichen Nutzungsdauern im Rahmen einer Anlage zur Verordnung gibt. S. 2 regelt, dass eine spezifische Nutzungsdauer insbesondere dann anzuwenden ist, wenn das jeweilige Investitionsprojekt durch die öffentliche Hand oder der EU-Kommission gefördert wird. Der Netzbetreiber hat die angesetzte Nutzungsdauer nach S. 3 der BNetzA mitzuteilen und alle notwendigen Angaben zu treffen, die für eine eindeutige Identifizierung der betroffenen Anlagegüter erforderlich sind. Der Netzbetreiber hat somit die Möglichkeit, die Anlagegüter kalkulatorisch in einem deutlich kürzeren Zeitraum abzuschreiben, als diese technisch genutzt werden können. Da die Abschreibung der Refinanzierung der Anlagen dient, hat er somit die Möglichkeit, die Anlagen innerhalb des Förderzeitraums „wiederzuver-

Bedingungen und Entgelte für den Netzzugang § 280

dienen". Gleichzeitig führt eine kürzere Abschreibungsdauer zu höheren Entgelten, da der Netznutzer die Anlagen innerhalb kürzerer Zeit refinanzieren muss. In Summe kommt zwar das gleiche Ergebnis wie bei einer längeren Nutzungsdauer heraus, aber die Beträge pro Jahr sind natürlich deutlich höher. Außerdem dient der Wert der Anlagen als Verzinsungsbasis für das Eigenkapital, sodass bei einer kürzeren Nutzungsdauer auch deutlich früher der Zeitpunkt erreicht ist, an dem der Netzbetreiber mit der Anlage fast keine Eigenkapitalverzinsung mehr erreichen kann, weil der Restwert der Anlage nahe null ist und somit eine vollständige Refinanzierung eingetreten ist. Insofern wird man abwarten müssen, welche Nutzungsdauern sich in der Praxis durchsetzen werden. Aber bereits jetzt ist darauf hinzuweisen, dass eine kürzere Nutzungsdauer nicht dazu führen darf, dass der Netzbetreiber nach Ende der Nutzungsdauer geltend macht, dass er eine Art „Vorhalteprämie" für die Anlage benötigt, da sie technisch noch in Ordnung sei und er quasi einen Ersatz für die wegfallende Eigenkapitalverzinsung fordert. Ebenso darf eine kürzere Nutzungsdauer nicht zu ineffizienten Reinvestitionen nach Ablauf der verkürzten Nutzungsdauer führen, da die Anlagen in vielen Fällen technisch noch in Ordnung sein werden. Die Wahl einer kürzeren Nutzungsdauer obliegt dem Netzbetreiber, sodass es seine freie unternehmerische Entscheidung ist, ob er die Nutzungsdauer unabhängig von der realen technischen Nutzungsdauer wählt oder ob er die Mittelrückflüsse über die gesamte zu erwartende technische Nutzungsdauer verteilt. Der Netzbetreiber muss sich somit an dieser Entscheidung auch in Zukunft festhalten halten lassen.

§ 9 regelt die **Ermittlung der kalkulatorischen Abschreibungen** bei auf **42** ausschließlichen Wasserstofftransport **umgestellten Altanlagen des Gasversorgungsnetzes.** Da es im Bereich der Wasserstoffnetze nur noch Anlagen gibt, die nach 2006 in Betrieb gehen bzw. umgewidmet worden sind, wäre eine Unterscheidung zwischen Alt- und Neuanlagen, wie in der GasNEV vorgesehen, nicht mehr notwendig. Allerdings könnte dies bei der Umwidmung von Erdgasanlagen zu Wasserstoffanlagen dazu führen, dass die Restwerte deutlich sinken. Deshalb sieht § 9 aus Vertrauensschutzgründen vor, dass bei solchen Anlagen eine Unterscheidung zwischen Alt- und Neuanlangen auch im Wasserstoffbereich stattfindet. Hiervon sind aber nur solche Anlagen umfasst, die vorher im regulierten Gasbereich waren und nunmehr umgewidmet werden, da nur diese Anlagen vertrauensschutzwürdig sind. Anlagen, die privat vor 2006 errichtet worden sind und zukünftig unter die Wasserstoffregulierung fallen, sind insoweit nicht schutzbedürftig, sodass diese Anlagen nicht unter die Regelung fallen. Im Übrigen orientieren sich die Regelungen an den bestehenden Regeln für Altanlagen in der GasNEV, sodass auf die dortigen Kommentierungen verwiesen wird.

§ 10 regelt die **kalkulatorische Eigenkapitalverzinsung.** Abs. 1 S. 1 sieht vor, **43** dass die Verzinsung des eingesetzten Eigenkapitals im Wege einer kalkulatorischen Eigenkapitalverzinsung des betriebsnotwendigen Eigenkapitals erfolgt. S. 2 regelt die Bestandteile des betriebsnotwendigen Eigenkapitals. S. 3 schreibt vor, dass das Abzugskapital, wie es sich aus Abs. 2 ergibt, und das verzinsliche Fremdkapital bei der Ermittlung nach S. 1 abgezogen werden. Nach S. 4 sind die Grundstücke zu den Anschaffungskosten anzusetzen. S. 5 regelt, dass jeweils der Mittelwert aus Jahresanfangs- und Jahresendbestand anzusetzen ist. S. 6 regelt die Verzinsung des überschießenden Eigenkapitals – also die Verzinsung des den Anteil von 40 Prozent übersteigenden Eigenkapitalanteils.

Das Abzugskapital wird in Abs. 2 geregelt. Nach S. 1 ist das zinslos zur Verfügung **44** stehende Kapital als Abzugskapital zu behandeln. Hierbei ist nach S. 2 der jeweilige

§ 28 o Teil 3. Regulierung des Netzbetriebs

Mittelwert aus Jahresanfangs- und Jahresendbestand der in␣S. 2 aufgelisteten Positionen anzusetzen. Die Positionen entsprechen insofern den bekannten Positionen aus der GasNEV. Es gibt allerdings eine neue Position Nr. 5, die die erhaltenen passivierten Zuschüsse aus Fördermitteln nach §3 Abs. 1 als Abzugskapital definiert. Dies ist sachgerecht, da dem Netzbetreiber diese Zuschüsse zinslos zur Verfügung stehen und nicht durch den Netzbetreiber oder einen Investor aufgebracht werden müssen. Insofern wäre eine Verzinsung dieser Zuschüsse nicht sachgerecht und müssen denklogisch bei der Ermittlung der Eigenkapitalverzinsung abgezogen werden.

45 In Abs. 4 hat sich der Verordnungsgeber dazu entschlossen, den **Eigenkapitalzinssatz** bis zum 31.12.2027 vorzugeben. Der Wirtschaftsausschuss des Bundesrates hatte sogar eine Festschreibung bis zum 31.12.2030 empfohlen, konnte sich damit aber nicht durchsetzen (Empfehlung des Wirtschaftsausschusses unter Punkt A sowie die Empfehlung des Umweltausschusses unter Punkt B: BR-Drs. 734/1/21). Der Verordnungsgeber hat den Eigenkapitalzinssatz auf neun Prozent vor Steuern für Neuanlagen und auf 7,73 Prozent vor Steuern für Altanlagen festgelegt. Der Verordnungsgeber rechtfertigt den im Vergleich zum Eigenkapitalzinssatz im Strom- und Erdgasbereich deutlich höheren Wasserstoff-Eigenkapitalzinssatz mit dem höheren wirtschaftlichen Wagnis der Wasserstoffnetzbetreiber gerade in der Markthochlaufphase (BR-Drs. 734/21, 28). Der Verordnungsgeber führt zwar richtigerweise aus, dass gerade in der Markthochlaufphase eines völlig neuen Sektors deutliche Risiken bestehen wie zB nur eine sehr begrenzte Anzahl von Netznutzern und deren Ausfallrisiko. Gleichzeitig ist aber zu berücksichtigen, dass dies durch einen erhöhten Eigenkapitalzinssatz nur eingeschränkt aufgefangen werden kann. So besteht bei Projekten mit nur sehr wenigen Abnehmern in der Tat das Risiko, dass bei Wegfall einer relevanten Abnahmemenge ein Projekt wirtschaftlich nicht mehr darstellbar ist, weil die restlichen Netznutzer die dann erhöhten Kosten nicht mehr tragen können. In diesen Fällen hilft ein erhöhter Eigenkapitalzinssatz aber auch nicht, da die Netzbetreiber möglicherweise vor dem Wegfall der Abnehmer zu wenig Zeit hatten, um ihre Investition zu refinanzieren und die übriggebliebenen Netznutzer nicht ausreichen, um die auf sie umzulegenden Netzkosten zu tragen. Gleichwohl ist zu berücksichtigen, dass Investoren natürlich bei einem risikobehafteten Geschäft eine höhere Verzinsung erwarten. Es wäre aber wohl sehr viel besser gewesen, den Eigenkapitalzinssatz auf einem angemessenen Niveau – auch im Vergleich zum Strom- und Erdgasbereich – zu halten und das Ausfallrisiko von Abnehmern zB über eine Bürgschaft der Bundesregierung abzufedern. So hätten die Netznutzer erst dann einspringen müssen, wenn das Risiko wirklich eintritt, und nicht über Jahre einen möglicherweise überhöhten Eigenkapitalzinssatz bezahlen müssen. Abs. 5 regelt die **Verzinsung des Eigenkapitalanteils, die die 40 Prozent übersteigt** – es handelt sich deshalb um den sogenannten EK-II-Zinssatz. Die Regelung entspricht den Regelungen der GasNEV.

46 In §11 sind die **kalkulatorischen Steuern** geregelt. Es handelt sich dabei um die Gewerbesteuer, die kalkulatorisch in Ansatz gebracht wird.

47 §12 regelt die **kostenmindernden Erlöse und Erträge,** die netzkostenmindernd in Abzug zu bringen sind. S. 2 enthält eine nicht abschließende Aufzählung von Positionen, die als kostenmindernde Erlöse und Erträge in Abzug zu bringen sind. Die Positionen entsprechen dabei den bekannten Regelungen aus der Gas-Regulierung. Als zusätzliche Position sind aber, entsprechend dem Abzugskapital bei der Eigenkapitalverzinsung, die Zuschüsse aus Fördermitteln nach §3 Abs. 1 aufgenommen worden. Diese Ergänzung ist ebenfalls sachgerecht, da insoweit die

Bedingungen und Entgelte für den Netzzugang **§ 28 o**

Netzkosten von dritter Seite – nämlich dem Fördermittelgeber – finanziert werden und deshalb um diese Zuflüsse zu reduzieren sind. Andernfalls würde eine doppelte Kostenerstattung entstehen – zum einen durch den Fördermittelgeber und dann nochmals durch den Netznutzer.

§ 13 regelt die Kostenbehandlung von **umgewidmeten bestehenden Gas-** **48** **anlagen.** Die kalkulatorische Bewertung erfolgt nach den §§ 8 und 9. Somit wird verhindert, dass durch die Umstellung **Abschreibungen unter null** entstehen, indem zB die Anlagen im Rahmen der Umstellung neu bewertet würden. Dies würde zu einer (teilweisen) doppelten Kostenerstattung führen.

Da die Wasserstoffnetzkosten auf Basis eines jährlichen Plan-Ist-Kosten-Ab- **49** gleichs ermittelt werden, sieht § 14 hierzu spezielle Regelungen vor. Abs. 1 regelt zunächst den **Vergleich der** in der Kalkulationsperiode erzielten **Erlöse mit den genehmigten Ist-Kosten.** Wenn diese Differenz positiv ist, ist der Differenzbetrag zuzüglich einer Verzinsung des durchschnittlich gebundenen Differenzbetrags kostenmindernd in Ansatz zu bringen. Der Netzbetreiber hat die zu viel erhaltenen Erlöse dem Netznutzer wieder gutzubringen. Umgekehrt sieht S. 3 vor, dass ein negativer Differenzbetrag – also wenn die Erlöse unterhalb der genehmigten Netzkosten liegen – kostenerhöhend in Ansatz zu bringen ist. Die S. 4 und 5 regeln die Verzinsung des durchschnittlich gebundenen Differenzbetrags. Die ermittelte und verzinste Differenz kann nach S. 6 über bis zu zehn Jahre durch Zu- und Abschläge auf die Netzkosten verteilt werden. Der Netzbetreiber kann den Zeitraum der Auflösung des Differenzbetrags für jeden festgestellten Differenzbetrag neu bestimmen. Er hat den Zeitraum der Auflösung vor Beginn der erstmaligen Auflösung der BNetzA mitzuteilen. Damit wird klar, dass der Netzbetreiber für jeden Differenzbetrag nur einmalig bestimmen kann, über welchen Zeitraum er aufgelöst werden soll. Er ist dann an diese Entscheidung gebunden und kann nicht jedes Jahr neu entscheiden, den Zeitraum anzupassen. Er kann also zB bestimmen, dass der Differenzbetrag des Jahres 2022 über acht Jahre aufgelöst wird und der Betrag des Jahres 2023 über vier Jahre, jdh für jeden jährlichen Differenzbetrag. Er kann aber nicht nachträglich den einmal bestimmten Zeitraum für zB 2022 von acht Jahren abändern, wenn er den Zeitraum der BNetzA mitgeteilt hat.

Abs. 2 regelt die **Ermittlung der Plankosten.** Die Plankosten sind auf Basis der **50** §§ 6 bis 13 zu ermitteln. Die Kalkulationsgrundlage ist dabei so zu gestalten, dass sie für einen sachkundigen Dritten ohne weitere Informationen nachvollziehbar ist. Die Ermittlung der Plankosten hat zum 30.6. des jeweiligen Jahres zu erfolgen. Die BNetzA hat die Plankosten innerhalb von drei Monaten zu genehmigen. Sofern die BNetzA nicht innerhalb dieser Frist eine Genehmigung erteilt, darf der Netzbetreiber die ermittelten Kosten bei der Entgeltbildung ansetzen. Gleichwohl erfolgt natürlich noch eine Ist-Kosten-Prüfung, sodass der Netznutzer letztlich vor einer Ansetzung von zu hohen oder nicht effizienten Kosten geschützt ist.

Abs. 3 regelt die **Ermittlung der Ist-Kosten,** die ebenfalls jährlich zum 30.6. **51** des Folgejahres zu erfolgen hat. Hierbei gelten die Ausführungen zur Kalkulationsgrundlage. Da die Ist-Kosten den letztlich vom Netznutzer zu tragenden Kostenbetrag darstellen, hat die BNetzA zur Prüfung der tatsächlichen Kosten 15 Monate Zeit. Auch hierbei wird der Netzbetreiber insoweit geschützt, dass die Kosten wie ermittelt angesetzt werden dürfen, wenn die BNetzA in dieser Zeit keine Genehmigung erteilt. Sofern die Kalkulationsgrundlage nicht oder nicht vollständig bis zum 30.6. übermittelt wird, verlängert sich die 15-Monats-Frist entsprechend und beginnt erst zu laufen, wenn die Kalkulationsgrundlage vollständig vorliegt.

Grüner

52 d) **Berichtspflicht der Netzbetreiber.** § 15 regelt die Berichtspflichten des Netzbetreibers. Die Regelung entspricht dabei den bekannten Vorgaben aus der Gasregulierung.

§ 28p Ad-hoc Prüfung der Bedarfsgerechtigkeit von Wasserstoffnetzinfrastrukturen

(1) ¹Die Betreiber von Wasserstoffnetzen haben der Bundesnetzagentur schriftlich oder durch Übermittlung in elektronischer Form die Unterlagen vorzulegen, die für die Prüfung der Bedarfsgerechtigkeit von einzelnen Wasserstoffnetzinfrastrukturen erforderlich sind. ²Die Bundesnetzagentur kann die Vorlage ergänzender Unterlagen anfordern.

(2) ¹Grundlage der Prüfung der Bedarfsgerechtigkeit der Wasserstoffnetzinfrastrukturen durch die Bundesnetzagentur ist insbesondere ein zwischen Netznutzer und Netzbetreiber abgestimmter Realisierungsfahrplan bezüglich der Wasserstoffinfrastruktur im Rahmen eines verhandelten Netzzugangs. ²Die Prüfung der Bedarfsgerechtigkeit nach Satz 1 umfasst auch die Feststellung der energiewirtschaftlichen Notwendigkeit der Wasserstoffnetzinfrastruktur.

(3) ¹Bei Wasserstoffnetzinfrastruktur, für die ein positiver Förderbescheid nach den Förderkriterien der nationalen Wasserstoffstrategie der Bundesregierung ergangen ist, liegt in der Regel eine Bedarfsgerechtigkeit vor. ²Gleiches ist anzuwenden bezüglich einer möglichen Wasserstoffnetzinfrastruktur, die im Zusammenhang mit der Festlegung von sonstigen Energiegewinnungsbereichen im Sinne des § 3 Nummer 8 des Windenergie-auf-See-Gesetzes entsteht.

(4) Im Fall der Umstellung einer Erdgasinfrastruktur im Fernleitungsnetz muss bezüglich der umzustellenden Wasserstoffnetzinfrastruktur nachgewiesen worden sein, dass die Erdgasinfrastruktur aus dem Fernleitungsnetz herausgenommen werden kann.

(5) ¹Die Bundesnetzagentur hat über die Bedarfsgerechtigkeit der Wasserstoffnetzinfrastruktur innerhalb von vier Monaten nach Eingang der in Absatz 1 genannten Informationen zu entscheiden. ²Ist nach Ablauf der Frist nach Satz 1 keine Entscheidung der Bundesnetzagentur erfolgt, ist die Bedarfsgerechtigkeit als gegeben anzusehen.

Literatur: *Elspas/Lindau/Ramsauer,* Die neuen Regelungen im EnWG zum Wasserstoff, N&R 2021, 258.

A. Allgemeines

I. Inhalt

1 Der Regulierungsrahmen für Wasserstoffnetze sieht für die Markthochlaufphase keine Netzentwicklungsplanung, sondern eine einzelfallbezogene **Prüfung der Bedarfsgerechtigkeit** vor, die deutlich schneller und damit flexibler erfolgt. Die Vorgaben für diese Prüfung sind in § 28p enthalten:

In Abs. 1 ist die Pflicht zur Vorlage der notwendigen Unterlagen bzgl. der Bedarfsgerechtigkeitsprüfung enthalten. Abs. 2 statuiert anhand welcher Kriterien die Bedarfsprüfung durchzuführen ist, wobei es sich hierbei um eine nicht abschließende Aufzählung handelt. Abs. 3 enthält die gesetzliche Vermutungsregel, dass bei Vorliegen eines positiven Förderbescheids von der Bedarfsgerechtigkeit auszugehen ist. Der Abs. 4 bezieht sich – sofern eine bestehende Erdgasleitung umgestellt wird – auf die Voraussetzungen, die für diese Umstellung notwendig sind. Abs. 5 regelt die Fristen des Verfahrens.

II. Zweck

Die Regelung dient dazu, den Betreibern von Wasserstoffnetzen, die sich der Regulierung unterwerfen wollen, einen schnellen Markthochlauf zu ermöglichen. Hierfür wären die bekannten Abläufe der Netzentwicklungsplanung wie zB im Erdgasbereich nicht geeignet. Zum einen gehen die Planungsansätze von einem bestehenden Markt aus, den es im Wasserstoffbereich zurzeit noch nicht gibt; zum anderen haben diese Planungen einen festen Turnus von zwei Jahren. Dies wäre gerade für einen **dynamischen Markthochlauf** nicht sinnvoll.

§ 28p bestimmt deshalb, dass im Wasserstoffbereich eine sogenannte **Ad-hoc Prüfung der Bedarfsgerechtigkeit** von Wasserstoffnetzinfrastrukturen Anwendung findet. Die Entscheidung über die Bedarfsgerechtigkeit muss innerhalb von vier Monaten nach Eingang aller Unterlagen erfolgen, ansonsten ist die Bedarfsgerechtigkeit als gegeben anzusehen. Somit erhalten die Betreiber von Wasserstoffnetzen schnelle Sicherheit über die Bedarfsgerechtigkeit der beabsichtigten Wasserstoffinfrastruktur. Gleichzeitig wird der Netznutzer durch die Prüfung durch eine unabhängige Stelle vor Investitionen geschützt, denen kein Bedarf gegenübersteht.

B. Einzelerläuterungen

I. Die Vorlage der Unterlagen zur Bedarfsgerechtigkeitsprüfung (Abs. 1)

Nach Abs. 1 S. 1 haben die Betreiber von Wasserstoffnetzen der Bundesnetzagentur die **Unterlagen** vorzulegen, die für die **Prüfung der Bedarfsgerechtigkeit** von einzelnen Wasserstoffnetzinfrastrukturen erforderlich sind. Die Vorlage kann schriftlich oder durch Übermittlung in elektronischer Form erfolgen. Welche Unterlagen genau vorzulegen sind, spezifiziert die Vorschrift nicht. Hierfür kann Abs. 2 Anhaltspunkte liefern (→ Rn. 7 ff.). Darüber hinaus kann man allgemeine Maßstäbe für die Bedarfsgerechtigkeit einer Wasserstoffleitung herleiten: So muss es eine Quelle für den Wasserstoff sowie eine ausreichende Nachfrage nach Wasserstoff (Senke) geben. Um die Bedarfsgerechtigkeit einer einzelnen Wasserstoffleitung darzulegen, müssen zumindest diese Voraussetzungen nachgewiesen werden. Außerdem sind Aspekte der geographisch sinnvollen Lage sowie effizienten Errichtung der Anlagen zu beachten. Welche Details im **Einzelfall** zu betrachten sind, ist aber von dem jeweiligen Projekt abhängig.

Dementsprechend sieht S. 2 vor, dass die Bundesnetzagentur **ergänzende Unterlagen** anfordern kann. Dies entspricht dem Erfordernis der jeweiligen Einzelfallprüfung, die verschiedene Nachweise und Begründungserfordernisse notwendig macht.

II. Grundlagen der Prüfung und energiewirtschaftliche Notwendigkeit (Abs. 2)

7   Wie bei Abs. 1 S. 1 bereits ausgeführt, konkretisiert Abs. 2 S. 1 anhand welcher **Kriterien die Bedarfsgerechtigkeit** geprüft werden kann. So bestimmt S. 1, dass die Grundlage der Prüfung insbesondere ein zwischen Netznutzer und Netzbetreiber abgestimmter **Realisierungsfahrplan** bezüglich der Wasserstoffinfrastruktur im Rahmen eines verhandelten Netzzugangs ist. Der Realisierungsfahrplan ist in § 2 Nr. 11a GasNZV definiert als der gemeinsame Plan von Netzbetreiber und Anschlussnehmer oder Anschlusswilligem über Inhalt, zeitliche Abfolge und Verantwortlichkeit für die einzelnen Schritte zur Herstellung des Netzanschlusses oder zum Kapazitätsausbau, um die einzelnen Schritte der Beteiligten miteinander zu synchronisieren. Auch wenn die Definition der GasNZV für Wasserstoffnetze nicht einschlägig ist, kann sie entsprechend angewendet werden. Ein vereinbarter Realisierungsfahrplan – insbesondere im Rahmen des verhandelten Netzzugangs, bei dem der Netzbetreiber und Anschlusspetent sich über sämtliche Inhalte des Netzanschlusses einigen müssen – bildet somit eine ausreichende Verbindlichkeit, um die Bedarfsgerechtigkeit zu prüfen. Gleichwohl bleibt auch in diesem Fall zu prüfen, ob wirklich von einer langfristigen Senke ausgegangen werden kann und auch ausreichend Erzeugungskapazitäten zur Verfügung stehen, um stranded investments zu verhindern. Demnach ist ein Realisierungsfahrplan die Ausgangsbasis für die Prüfung der Bedarfsgerechtigkeit, er darf aber nicht als Automatismus für die Feststellung der Bedarfsgerechtigkeit verstanden werden. Dies wird auch durch die Formulierung „insbesondere" deutlich, sodass weitere Angaben und Informationen zur Prüfung der Bedarfsgerechtigkeit herangezogen werden können.

8   S. 2 regelt, dass die Prüfung der Bedarfsgerechtigkeit die Feststellung der **energiewirtschaftlichen Notwendigkeit** umfasst. Der Begriff der energiewirtschaftlichen Notwendigkeit ist auch in den § 12e Abs. 4 S. 1 EnWG sowie § 1 Abs. 1 S. 1 BBPlG enthalten. Die Feststellung der energiewirtschaftlichen Notwendigkeit hat demnach Auswirkungen auf mögliche Planfeststellungs- und Genehmigungsverfahren. Die Feststellung der energiewirtschaftlichen Notwendigkeit ist zB in die Abwägung zwischen öffentlichen und privaten Interessen miteinzubeziehen (→ § 12e Rn. 27). Es ist zu berücksichtigen, dass § 12e EnWG und § 1 BBPlG bei Wasserstoffnetzen keine Anwendung finden, gleichwohl werden durch die Feststellung nach S. 2 Erleichterungen in anschließenden Verfahren geschaffen und gleichzeitig deutlich gemacht, dass die Wasserstoffinfrastruktur aus energiewirtschaftlicher Sicht sinnvoll ist. Hierauf können sich Planfeststellungs- und Genehmigungsbehörden berufen.

9   Der Wortlaut der Norm könnte zwar auch das Verständnis nahelegen, dass die energiewirtschaftliche Notwendigkeit eine **Tatbestandsvoraussetzung der Prüfung der Bedarfsgerechtigkeit** ist (so Elspas/Lindau/Ramsauer N&R 2021, 261). Allerdings ist die Feststellung der energiewirtschaftlichen Notwendigkeit eher als **Folge der Bedarfsgerechtigkeit** der Wasserstoffnetzinfrastruktur zu verstehen. So verhält sich dies auch im Bereich der Netzentwicklungsplanung, wo die energiewirtschaftliche Notwendigkeit erst im Rahmen des Erlasses des Bundesbedarfsplans festgestellt wird und nicht Gegenstand der Netzentwicklungsplanung ist (§ 12e Abs. 4 S. 1). Allerdings ist hierbei zu berücksichtigen, dass die Netzentwicklungsplanung ein deutlich umfangreicheres Verfahren darstellt als die Bedarfsprüfung im Wasserstoffbereich. Insofern kann die Frage gestellt werden, ob eine reine Bedarfsprüfung ausreichend ist, um die energiewirtschaftliche Notwendigkeit nach

sich zu ziehen. Es darf aber auch hier nicht vergessen werden, dass eine Netzentwicklungsplanung auch eine gewisse Liquidität des Marktes und damit letztlich auch ein entsprechendes Netz voraussetzt, welches geplant und weiterentwickelt wird. Dies ist im Bereich der Wasserstoffnetze gar nicht geben, sodass praktisch eine Netzentwicklungsplanung im aktuellen Wasserstoffnetz wahrscheinlich gar nichts anderes wäre als die Bedarfsprüfung einzelner Leitungen, da einfach noch kein vermaschtes Netz und vor allem kein liquider Markt gegeben ist, der ein solches Netz bräuchte und der zu unterschiedlichen Allokations- bzw. Verbindungsmöglichkeiten führen könnte (zu den Voraussetzungen einer Netzentwicklungsplanung siehe auch → § 28q Rn. 4ff.). So spricht auch das Verständnis von Abs. 2 eher dafür, dass in S. 1 die Grundlagen für die Prüfung der Bedarfsgerechtigkeit in nicht abschließender Form vorgegeben werden und in S. 2 die Folge der Prüfung beschrieben wird. Somit **folgt aus der festgestellten Bedarfsgerechtigkeit die energiewirtschaftliche Notwendigkeit.** Hätte der Gesetzgeber die Regelung als Tatbestandsvoraussetzung verstanden, wäre davon auszugehen, dass er auch Regelbeispiele für die Prüfung der energiewirtschaftlichen Notwendigkeit in S. 1 vorgegeben hätte. So spricht er auch in der Gesetzesbegründung immer nur von der Prüfung der Bedarfsgerechtigkeit und nie von der Prüfung oder Feststellung der energiewirtschaftlichen Notwendigkeit (BT-Drs. 19/27453, 121). Es ist deshalb davon auszugehen, dass der Gesetzgeber die Feststellung der energiewirtschaftlichen Notwendigkeit als Folge der Bedarfsgerechtigkeit der Wasserstoffinfrastruktur gesehen hat und insbesondere Erleichterungen für das Planungsverfahren schaffen wollte. Dies ist in der Markthochlaufphase sachgerecht, da wie oben beschrieben, die Voraussetzungen für eine komplexe Netzentwicklungsplanung und die notwendigen Eingangsparameter wohl (zurzeit) noch nicht vorliegen und deshalb die Feststellung der energiewirtschaftlichen Notwendigkeit auch aus einer im Vergleich zur Netzentwicklungsplanung reduzierten Bedarfsgerechtigkeitsprüfung folgen kann.

III. Gesetzliche Vermutungsregel der Bedarfsgerechtigkeit (Abs. 3)

Der Abs. 3 stellt eine **gesetzlich widerlegbare Vermutungsregel** bzgl. der Bedarfsgerechtigkeit auf. So besagt S. 1, dass bei Vorliegen eines positiven Förderbescheids nach den Förderkriterien der nationalen Wasserstoffstrategie in der Regel von der Bedarfsgerechtigkeit ausgegangen werden kann. Dies gilt wohl auch für Förderbescheide, die aufgrund einer zukünftig geänderten oder angepassten Wasserstoffstrategie ergehen. Die Gesetzesbegründung spricht insofern allgemein von einem „Förderbescheid der Bundesregierung" (BT-Drs. 19/27453, 121). Da es sich um eine widerlegbare Vermutungsregeln handelt, führt eine dynamische Verweisung in der Praxis nicht zu Problemen, da unabhängig von der Förderung immer auch die Bedarfsgerechtigkeit festgestellt werden muss. Somit ist letztlich immer die Prüfung der Bundesnetzagentur relevant, sodass auch Aspekte der Bestimmtheit und demokratischen Legitimation einer dynamischen Verweisung nicht entgegenstehen.

Die Vermutungsregel ist sinnvoll, da durch die **nationale Wasserstoffstrategie** insbesondere integrierte Projekte gefördert werden; also solche, die Erzeugung, Transport und Verbrauch umfassen. In diesen Fällen sind alle Wertschöpfungsstufen erfasst, sodass von einer bedarfsgerechten Wasserstoffinfrastruktur für den Förderzeitraum – aber wahrscheinlich auch darüber hinaus – ausgegangen werden kann.

§ 28q

Es wäre auch ein Widerspruch in sich, wenn ein Projekt von der Bundesregierung gefördert würde und die Bundesnetzagentur nicht die Bedarfsgerechtigkeit feststellen würde. Insofern ist davon auszugehen, dass die Vermutungsregel in der Praxis überwiegend greifen wird. Gleichwohl entbindet der Förderbescheid die Behörde nicht von der Prüfung der Bedarfsgerechtigkeit.

12 S. 2 erweitert diese Vermutungsregel noch auf Wasserstoffnetzinfrastruktur, die auf der **Grundlage des Windenergie-auf-See-Gesetzes** errichtet wird. So ist es denkbar, dass in der Nähe von Offshore-Windanlagen auch Anlagen zur Wasserstofferzeugung errichtet werden und hierfür Netzinfrastruktur vorhanden sein muss. So können solche sonstigen Energiegewinnungsbereiche nach § 5 Abs. 2a WindSeeG auch Gegenstand des Flächenentwicklungsplans sein, weshalb auch in diesem Bereich die Vermutungsregel sinnvoll erscheint.

IV. Umstellung von Erdgasinfrastruktur (Abs. 4)

13 Abs. 4 trifft Vorgaben für den Fall, dass eine **Erdgasinfrastruktur umgestellt** wird. In diesem Fall muss für die Feststellung der Bedarfsgerechtigkeit nachgewiesen werden, dass die Erdgasinfrastruktur aus dem Fernleitungsnetz herausgenommen werden kann. Die Vorschrift korrespondiert insofern mit § 113b (→ § 113b Rn. 2 f.). Würde man diese Voraussetzung nicht aufstellen, könnte die Bedarfsgerechtigkeit der umzustellenden Leitung zulasten des Erdgasnutzers festgestellt werden. Es ist deshalb erforderlich, dass die Erdgasinfrastruktur im Rahmen des Netzentwicklungsplans Erdgas betrachtet und als nicht mehr erforderlich festgestellt worden ist.

V. Frist zur Entscheidung (Abs. 5)

14 Die Bundesnetzagentur hat nach Abs. 5 S. 1 vier Monate Zeit, über die Bedarfsgerechtigkeit zu entscheiden. Die Frist beginnt erst zu laufen, wenn **alle Informationen** nach Abs. 1 **vorliegen** – also einschließlich möglicher Nachforderungen durch die Bundesnetzagentur.

15 Wenn die Bundesnetzagentur nicht innerhalb dieser Frist entscheidet, ist die Bedarfsgerechtigkeit als gegeben anzusehen. Somit haben die Betreiber von Wasserstoffnetzen, die sich der Regulierung unterwerfen wollen, sehr schnell Gewissheit, ob für ihre Leitungen eine Bedarfsgerechtigkeit vorliegt und sie mit den weiteren Planungen und der Errichtung fortfahren können.

§ 28q Bericht zur erstmaligen Erstellung des Netzentwicklungsplans Wasserstoff

(1) ¹**Die Betreiber von Wasserstoffnetzen, die eine Erklärung nach § 28j Absatz 3 abgegeben haben, und die Betreiber von Fernleitungsnetzen haben der Bundesnetzagentur in jedem geraden Kalenderjahr erstmals drei Monate nach Vorlage des Netzentwicklungsplans Gas im Jahr 2022, spätestens aber zum 1. September 2022, gemeinsam einen Bericht zum aktuellen Ausbaustand des Wasserstoffnetzes und zur Entwicklung einer zukünftigen Netzplanung Wasserstoff mit dem Zieljahr 2035 vorzulegen.** ²**Betreiber von Wasserstoffnetzen, die keine Erklärung nach § 28j Absatz 3 abgegeben haben, sind verpflichtet, mit den nach Satz 1 verpflichteten Betreibern von Wasserstoffnetzen in dem Umfang zusammenzuarbeiten,**

der erforderlich ist, um eine sachgerechte Erstellung dieses Berichts zu gewährleisten; sie sind insbesondere verpflichtet, den nach Satz 1 verpflichteten Betreibern von Wasserstoffnetzen die für die Erstellung des Berichts erforderlichen Informationen unverzüglich zur Verfügung zu stellen.

(2) ¹Der Bericht umfasst mögliche Kriterien zur Berücksichtigung von Wasserstoff-Projekten sowie Anforderungen zur Ermittlung von Ausbaumaßnahmen. ²Diese Kriterien enthalten insbesondere die Anforderungen einer zukünftigen Bestimmung von Standorten für Power-to-Gas-Anlagen sowie Aufkommensquellen und Abnahmeregionen für Wasserstoff, wobei auch Wasserstoffspeicheranlagen zu berücksichtigen sind. ³In dem Bericht wird auch auf etwaige Wechselwirkungen und Schnittstellen mit dem Netzentwicklungsplan Gas der Fernleitungsnetzbetreiber einschließlich der notwendigen Umrüstung von Erdgasleitungen sowie auf etwaige Wechselwirkungen und Schnittstellen mit dem Netzentwicklungsplan Strom der Übertragungsnetzbetreiber eingegangen.

(3) Die Bundesnetzagentur kann auf der Grundlage des Berichts Empfehlungen für die rechtliche Implementierung eines verbindlichen Netzentwicklungsplans Wasserstoff abgeben.

A. Allgemeines

I. Inhalt

Im Bereich der Wasserstoffnetze findet (zunächst) keine Netzentwicklungsplanung statt, wie dies aus dem Bereich der Erdgas- und Stromversorgung bekannt ist. Um dennoch in Zukunft darüber zu entscheiden, ob eine Netzentwicklungsplanung im Bereich der Wasserstoffnetze notwendig bzw. sinnvoll ist, sieht § 28q einen **Bericht** zum aktuellen Ausbauzustand des Wasserstoffnetzes und zur Entwicklung einer zukünftigen Netzplanung Wasserstoff mit dem Zieljahr 2035 der Betreiber von Wasserstoffnetzen und Fernleitungsnetzbetreiber vor, auf dessen Grundlage die **Entscheidung über eine Netzentwicklungsplanung** getroffen werden soll.

II. Zweck

§ 28q dient der **Vorbereitung bzw. Konzeptionierung** einer möglichen **zukünftigen Netzentwicklungsplanung Wasserstoff.** Dazu werden die Betreiber von Wasserstoffnetzen, sofern sie sich der Regulierung unterworfen haben, sowie die Betreiber von Fernleitungsnetzen verpflichtet, in jedem geraden Kalenderjahr einen Bericht zum aktuellen Ausbaustand und zur zukünftigen Entwicklung des Wasserstoffnetzes vorzulegen. Auf Basis dieses Berichts soll die Bundesnetzagentur Empfehlungen für die rechtliche Implementierung eines Netzentwicklungsplans Wasserstoff geben.

B. Einzelerläuterungen

I. Bericht der Wasserstoffnetz- und Fernleitungsnetzbetreiber (Abs. 1)

3   Abs. 1 S. 1 verpflichtet die Betreiber von Wasserstoffnetzen, die von der Opt-in-Erklärung Gebrauch gemacht haben, sowie die Betreiber von Fernleitungsnetzen, in jedem **geraden Kalenderjahr** einen **gemeinsamen Bericht** zum aktuellen Ausbaustand des Wasserstoffnetzes und zur Entwicklung einer zukünftigen Netzplanung Wasserstoff mit dem Zieljahr 2035 der BNetzA vorzulegen. Der erste Bericht ist drei Monate nach Vorlage des Netzentwicklungsplans Gas im Jahr 2022, spätestens aber zum 1.9. vorzulegen. Die Frist wurde im Rahmen des Gesetzgebungsverfahrens noch mal angepasst, um eine Entzerrung mit der Vorlage des Netzentwicklungsplans zu erreichen (BT-Drs. 19/30899, 17 u. BT-Drs. 19/31099, 17).

4   Durch die Berichtspflicht wird deutlich, dass eine **Netzentwicklungsplanung**, so wie sie aus dem Erdgas- und Strombereich bekannt ist, **nicht in jedem Fall sinnvoll** ist. So setzt die Netzentwicklungsplanung auf einen gewissen liquiden Markt auf, der so im Bereich der Wasserstoffnetze noch nicht gegeben ist. Aus diesem Grund ist zu prüfen, ob eine Netzentwicklungsplanung, gerade im Markthochlauf, sinnvoll angewendet werden kann. Grundsätzlich wird man davon ausgehen müssen, dass eine eigenständige Netzentwicklungsplanung Wasserstoff erst dann sinnvoll ist, wenn der Markt eine gewisse Liquidität und damit eine noch zu definierende Grenze von Angebot und Nachfrage entwickelt hat. Dies ist darauf zurückzuführen, dass bei der Netzentwicklungsplanung unterschiedliche Szenarien der zukünftigen Marktentwicklung sowie deren Auswirkungen auf die Transportkapazität betrachtet werden. Auf Basis dieser Szenarien wird dann ermittelt, wie das Netz zu einem bestimmten Zeitpunkt aussehen sollte. Hieraus ergibt sich aber schon, dass man gewisse Eingangsparameter für diese Betrachtungen und Berechnungen benötigt, die so in einem quasi noch überhaupt nicht vorhandenen Markt nicht vorhanden sind oder nur sehr schwer abzuschätzen sind. Gleichwohl kann es in der Übergangszeit sinnvoll sein, gerade aufgrund des Zusammenhangs zwischen Erdgas- und Wasserstoffnetz bezüglich der Umstellung von Erdgasleitungen eine gewisse verbindende Netzbetrachtung vorzunehmen, um die Wechselwirkungen zu berücksichtigen.

5   Aus diesem Grund verlangt der Bericht auch die **Darlegung des aktuellen Ausbaustandes** sowie die Erwartungen an eine zukünftige Netzplanung Wasserstoff mit dem Zieljahr 2035. Denn nur durch die Betrachtung des aktuellen Ausbaustandes und den zukünftigen **Erwartungen des Wasserstoffhochlaufs** kann eine sachgerechte Entscheidung über die Einführung einer umfangreichen und komplexen Netzentwicklungsplanung getroffen werden. Schon im Erdgasbereich sieht man, dass die Netzentwicklungsplanung sehr komplex ist und viel Zeit in Anspruch nimmt. Dies umfasst auch die Vorlage eines Szenariorahmens. Die einfache Übertragung dieses Systems auf die noch im Hochlauf befindliche Wasserstoffwirtschaft war gerade zum Zeitpunkt der Gesetzgebung nicht sinnvoll. Dies ist unter anderem damit zu begründen, dass die Netzentwicklungsplanung einen Zeitraum von zwei Jahren in Anspruch nimmt. Für einen liquiden Markt ist dies sachgerecht, aber im Markthochlauf wäre dieses Instrument noch zu unflexibel und auch zu aufwändig, um die überschaubare Anzahl von Leitungen in der Anfangszeit

zu prüfen, die im Rahmen von integrierten Projekten errichtet werden sollen. Inzwischen zeichnet sich ein immer stärkerer Hochlauf der Wasserstoffwirtschaft ab – nicht zuletzt durch die Erklärung des Bundeswirtschaftsministers, die Elektrolyseleistung bis zum Jahr 2030 auf 10 MWh zu verdoppeln. Letztlich wird der Krieg in der Ukraine und die damit forcierte Energieunabhängigkeit der Bundesrepublik Deutschland den Hochlauf nochmals verstärken. Insofern könnte schon zeitnah eine Netzentwicklungsplanung – gerade mit Blick auf einen **europäischen Backbone** sinnvoll sein. Hierfür müssen dann aber die Rahmenbedingungen dieses Backbones feststehen, um auf dieser Basis die Berechnungen und Analysen durchzuführen. Hier bleibt die weitere Entwicklung abzuwarten.

Im Jahr 2021 hat sich der Gesetzgeber aber noch, vor dem Hintergrund der damaligen Situation, für eine Berichtspflicht entschieden, anhand derer dann über den **Zeitpunkt** sowie die **Art und Weise** einer **möglichen Netzentwicklungsplanung Wasserstoff** entschieden werden soll. Gleichwohl kann der Bericht im Jahr 2022 einen wichtigen Beitrag zur zukünftigen Ausgestaltung einer möglichen Netzentwicklungsplan – gegebenenfalls mit einem Schwerpunkt auf dem europäischen Backbone – darstellen. 6

Da die Betreiber von Wasserstoffnetzen, die eine Opt-in-Erklärung abgegeben haben, nicht die einzigen Akteure im Bereich Wasserstoff sind, adressiert **Abs. 1 S. 2** die **Betreiber von Wasserstoffnetzen, die keine solche Erklärung abgegeben haben.** Sie werden verpflichtet, mit den nach S. 1 Hs. 1 verpflichteten Wasserstoffnetzbetreibern in dem Umfang zusammenzuarbeiten, der erforderlich ist, um ein sachgerechte Erstellung des Berichts zu gewährleisten. Nach Hs. 2 sind sie insbesondere verpflichtet, die für die Erstellung des Berichts **erforderlichen Informationen** unverzüglich zur Verfügung zu stellen. Die marktlichen Wasserstoffnetzbetreiber müssen demnach insbesondere den aktuellen Ausbaustand ihrer jeweiligen Netze den regulierten Betreibern von Wasserstoffnetzen zur Verfügung stellen. Dies ergibt sich aus den Anforderungen an den Bericht nach S. 1. Hierunter könnten zB **Leitungskilometer, Zahl an angeschlossenen Verbrauchern und Erzeugern** sowie **Kapazitäten** fallen. Die Informationen sind unverzüglich, also ohne schuldhaftes Zögern, zur Verfügung zu stellen. Da kein genauer Zeitpunkt der Informationsbereitstellung genannt ist, kommt es hier wohl auf eine Aufforderung durch die regulierten Betreiber von Wasserstoffnetzen an. Dies könnte zB auch im Rahmen einer im Internet veröffentlichen Marktabfrage geschehen. 7

II. Anforderungen an den Bericht (Abs. 2)

Abs. 2 **konkretisiert die Inhalte des Berichts.** Nach S. 1 umfasst der Bericht mögliche Kriterien zur Berücksichtigung von Wasserstoff-Projekten sowie Anforderungen zur Ermittlung von Ausbaumaßnahmen. In diesen Anforderungen drückt sich aus, dass der Wasserstoffmarkt noch am Anfang der Entwicklung steht. Aus diesem Grund soll ein besonderer Fokus auf Projekte gelegt werden. Dies wird wohl insbesondere durch die öffentliche Hand geförderte Projekte umfassen. Außerdem soll dargelegt werden, wie Ausbaumaßnahmen ermittelt werden können, sodass sie auch verlässlich sind und damit Gegenstand des Netzentwicklungsplans werden sollen. 8

S. 2 konkretisiert S. 1 weiter und legt fest, dass die Kriterien insbesondere die Anforderungen einer zukünftigen Standortbestimmung von **Power-to-Gas-Anlagen** sowie **Aufkommensquellen** und **Abnahmeregionen** für Wasserstoff enthalten sollen. Bei den Abnahmeregionen sind auch Wasserstoffspeicheranlagen zu 9 berücksichtigen. Die Wasserstoffspeicheranlagen wurden erst im Rahmen des Gesetzgebungsverfahrens ergänzt (BT-Drs. 19/30899, 17). Durch diese Konkretisierung soll es wohl ermöglicht werden, die Netzentwicklungsplanung so auszurichten, dass Erzeugung (Quellen) und Abnahme (Senken) sinnvoll miteinander verbunden werden können und somit keine stranded investments entstehen.

10 In S. 3 werden die **Wechselwirkungen zwischen der Erdgasnetzplanung und dem Netzentwicklungsplan Strom** adressiert. Demnach soll der Bericht auf diese Wechselwirkungen eingehen und Schnittstellen zu diesen Planungen beschreiben. Dies dient der Bewertung, ob zukünftig eine **integrierte Netzplanung** oder zumindest stellenweise eine Verknüpfung der verschiedenen Netzplanungen erforderlich ist.

III. Empfehlungen der Bundesnetzagentur (Abs. 3)

11 Auf Basis des Berichts kann die Bundesnetzagentur **Empfehlungen für die rechtliche Implementierung** eines verbindlichen **Netzentwicklungsplans Wasserstoff** abgeben. Der Abs. 3 wurde im Rahmen des Gesetzgebungsverfahrens angepasst und die ursprünglich im Gesetzentwurf vorgesehenen Abs. 3 und 4 durch den nun aktuellen Abs. 3 ersetzt (BT-Drs. 19/30899, 17). Durch die Formulierung als Kann-Regelung wird deutlich, dass eine solche Implementierung keinen Automatismus darstellt. So kann die Bundesnetzagentur auch entscheiden, keine Empfehlungen abzugeben – zum Beispiel, weil sie die Einführung eines Netzentwicklungsplans für Wasserstoff (noch) nicht für sinnvoll erachtet.

Abschnitt 4. Befugnisse der Regulierungsbehörde, Sanktionen

§ 29 Verfahren zur Festlegung und Genehmigung

(1) Die Regulierungsbehörde trifft Entscheidungen in den in diesem Gesetz benannten Fällen und über die Bedingungen und Methoden für den Netzanschluss oder den Netzzugang nach den in § 17 Abs. 3, § 21a Abs. 6 und § 24 genannten Rechtsverordnungen durch Festlegung gegenüber einem Netzbetreiber, einer Gruppe von oder allen Netzbetreibern oder den sonstigen in der jeweiligen Vorschrift Verpflichteten oder durch Genehmigung gegenüber dem Antragsteller.

(2) ¹Die Regulierungsbehörde ist befugt, die nach Absatz 1 von ihr festgelegten oder genehmigten Bedingungen und Methoden nachträglich zu ändern, soweit dies erforderlich ist, um sicherzustellen, dass sie weiterhin den Voraussetzungen für eine Festlegung oder Genehmigung genügen. ²Die §§ 48 und 49 des Verwaltungsverfahrensgesetzes bleiben unberührt.

(3) ¹Die Bundesregierung kann das Verfahren zur Festlegung oder Genehmigung nach Absatz 1 sowie das Verfahren zur Änderung der Bedingungen und Methoden nach Absatz 2 durch Rechtsverordnung mit Zustimmung des Bundesrates näher ausgestalten. ²Dabei kann insbesondere vorgesehen werden, dass Entscheidungen der Regulierungsbehörde im Einvernehmen mit dem Bundeskartellamt ergehen.

Übersicht

	Rn.
A. Allgemeines	1
B. Anwendungsbereich	4
I. Entscheidungen von Regulierungsbehörden	5
II. Im EnWG (und anderen Gesetzen) benannte Fälle	6
III. Bedingungen für den Netzanschluss oder -zugang	8
IV. Methoden für den Netzanschluss oder -zugang	9
1. Bedeutung der Methodenregulierung	9
2. Bindungswirkung der Methodenregulierung	12
C. Entscheidungen der Regulierungsbehörde (Abs. 1)	17
I. Funktion des Abs. 1	17
II. Festlegung	20
1. Festlegung als eigener Regulierungsmodus	20
2. Einordnung in das System verwaltungsrechtlicher Handlungsformen	22
III. Genehmigung	27
D. Nachträgliche Änderung von Entscheidungen (Abs. 2)	28
I. Allgemeines	28
1. Inhalt, Zweck, Anwendungsbereich	28
2. Sonstige Befugnisse zur Abänderung von Regulierungsentscheidungen	30
II. Nachträgliche Änderung (Abs. 2 S. 1)	31
1. Tatbestandsvoraussetzungen	31
2. Änderungsermessen	34

§ 29 Teil 3. Regulierung des Netzbetriebs

	Rn.
3. Änderungsumfang	35
III. Verhältnis zu §§ 48 ff. VwVfG (Abs. 2 S. 2)	36
1. Anwendbarkeit von §§ 48, 49 VwVfG	36
2. Anwendbarkeit von § 51 VwVfG	37
E. Verfahrensregelungen (Abs. 3)	38
I. Allgemeine Verordnungsermächtigung (Abs. 3 S. 1)	38
1. Inhalt und Zweck	38
2. Anwendungsbereich	39
3. Ergangene Rechtsverordnungen	40
4. Verhältnis zu anderen Verfahrensbestimmungen	41
5. Behördliche Verfahrensfestlegungen	42
II. Einvernehmen mit Bundeskartellamt (Abs. 3 S. 2)	43

Literatur *Attendorn,* Die Festlegungsentscheidung nach § 29 EnWG – normierende Regulierung unter den Augen der Gerichte, RdE 2009, 87; *Britz,* Behördliche Befugnisse und Handlungsformen für die Netzentgeltregulierung nach neuem EnWG, RdE 2006, 1; *Britz,* Abänderbarkeit behördlicher Regulierungsentscheidungen nach dem neuen EnWG, N&R 2006, 6; *Britz,* Erweiterung des Instrumentariums administrativer Normsetzung zur Realisierung gemeinschaftsrechtlicher Regulierungsaufträge, EuZW 2004, 462; *Burgi,* Das subjektive Recht im Energie-Regulierungsverwaltungsrecht, DVBl. 2006, 269; *Pielow,* Vom Energiewirtschafts- zum Energieregulierungsrecht?, in: Pielow (Hrsg.), Grundsatzfragen der Energiemarktregulierung, 2005, S. 16 ff.

A. Allgemeines

1 Die Vorschrift enthält in **Abs. 1** entgegen verbreiteter Ansicht (etwa BeckOK EnWG/*Vallone* § 29 vor Rn. 1) **keine Ermächtigung** an die Regulierungsbehörde. Vielmehr stellt die Norm lediglich zusammenfassend klar, was in einer Vielzahl anderer Normen (des EnWG oder der in Abs. 1 bezeichneten Rechtsverordnungen) bereits normiert ist: Die Regulierungsbehörde kann ihre Entscheidungsbefugnisse in **zwei Formen** ausüben, nämlich in der Form der **Festlegung** oder in der Form der **Genehmigung.** Die Festlegung wird in § 29 Abs. 1 durch die Aufzählung der in Betracht kommenden Adressaten (ein Netzbetreiber, eine Gruppe von Netzbetreibern, alle Netzbetreiber, sonstige in der jeweiligen Vorschrift Verpflichtete) rechtlich näher ausgestaltet, während die Genehmigung als Adressaten nur den Antragsteller nennt und insoweit keinen „Mehrwert" gegenüber den in anderen Normen enthaltenen speziellen Genehmigungsvorschriften enthält. § 29 Abs. 1 hat also nur **akzessorischen Charakter** im Verhältnis zu den die jeweilige Entscheidung betreffenden materiellen Ermächtigungsnormen, die sich entweder im EnWG selbst („in den in diesem Gesetz benannten Fällen") oder in den Rechtsverordnungen finden muss, deren gesetzliche Grundlagen in Abs. 1 aufgelistet sind (§ 17 Abs. 3, § 21a Abs. 6 und § 24). Eine wichtige regelungstechnische Funktion des § 29 Abs. 1 liegt allerdings darin, dass sie dem Gesetzgeber als **Bezugspunkt für Sammelverweisungen** (→ Rn. 17 ff.) dient, wenn Regelungen für alle Regulierungsentscheidungen gelten sollen. Um solche allgemeinen Regelungen für alle regulierungsbehördlichen Entscheidungen handelt es sich auch bei den Abs. 2 und 3 des § 29, wobei **Abs. 2** über die §§ 48 und 49 VwVfG hinaus die **nachträgliche Änderung** von Regulierungsentscheidungen regelt

Verfahren zur Festlegung und Genehmigung § 29

und **Abs. 3** eine **Verordnungsermächtigung** zur näheren Regelung des **Festlegungs- und Genehmigungsverfahrens** wie auch des Verfahrens bei Änderungen nach § 29 Abs. 2 enthält.

Die Vorschrift wurde mit der EnWG-Novelle 2005 eingeführt (Entwurf der 2 BReg in BT-Drs. 15/3917) und ist seitdem – abgesehen von dem Hinzufügen und der späteren Streichung von Normen in der Liste des Abs. 1, die den Messstellenbetrieb betrafen und für die aktuelle Fassung des § 29 seit der Auslagerung dieser Materie in das Messstellenbetriebsgesetz nicht mehr von Bedeutung sind – nur einmal geändert. Durch das Gesetz zur Neuregelung energiewirtschaftsrechtlicher Vorschriften vom 26.7.**2011** (BGBl. 2011 I S. 1554) wurde in Abs. 1 der **Anwendungsbereich** auf die „**in diesem Gesetz benannten**" Fälle erweitert (BT-Drs. 17/6072, 82). Außerdem traten die „sonstigen in der jeweiligen Vorschrift Verpflichteten" als weitere Adressaten von Festlegungen hinzu.

Die Vorschrift diente der ergänzenden Umsetzung von Art. 23 Abs. 2 Elt-RL 03 3 und Art. 25 Abs. 2 Gas-RL 03 (nunmehr Art. 59 Nr. 7 lit. a Elt-RL 19 und Art. 41 Abs. 6 lit. a Gas-RL 09), die die Einführung von **Ex-ante-Regulierungsmöglichkeiten** verlangen (→ Vor §§ 20 ff. Rn. 12, 15 ff.).

B. Anwendungsbereich

Die Frage nach dem Anwendungsbereich des § 29 Abs. 1, also danach, **welche** 4 **Entscheidungen** der Regulierungsbehörde von dieser Norm **erfasst** sind, ist insbesondere wegen des Verweises in § 29 Abs. 2 und 3 von Bedeutung. Abs. 1 gilt für drei Kategorien von Entscheidungen der Regulierungsbehörde: (1) zunächst solche Entscheidungen, zu denen die Behörde im EnWG selbst ermächtigt wird, sodann (2) Entscheidungen über die **Bedingungen** und schließlich (3) über die **Methoden für den Netzanschluss oder den Netzzugang**. Welche Entscheidungen im Einzelnen in diese drei Kategorien fallen, ergibt sich aus der Verweisung auf die „in diesem Gesetz benannten Fälle" und auf die Rechtsverordnungen nach § 17 Abs. 3, § 21 a Abs. 6 und § 24.

I. Entscheidungen von Regulierungsbehörden

In den Anwendungsbereich von § 29 fallen nur Entscheidungen der Regulie- 5 rungsbehörden, also der **BNetzA** und der **Landesregulierungsbehörden** iSd EnWG. Dabei ist zu beachten, dass das EnWG sowohl auf Bundes- als auch auf Landesebene zwischen Regulierungs- und anderen Behörden unterscheidet. Auf Landesebene unterscheidet das EnWG zwischen Landesregulierungsbehörden einerseits und den nach Landesrecht zuständigen (sonstigen) Landesbehörden (→ § 54 Rn. 13 ff.). Nur die erstgenannten sind in § 29 angesprochen.

II. Im EnWG (und anderen Gesetzen) benannte Fälle

Seit der EnWG-Novelle 2011 gilt § 29 Abs. 1 ausdrücklich auch **für alle im** 6 **EnWG benannten Fälle.** Der Gesetzgeber wollte die Anwendbarkeit des Verfahrens der Festlegung hierdurch auf bestimmte Entscheidungen auch außerhalb des dritten Teils des EnWG erweitern (Gesetzesentwurf BT-Drs. 17/6072, 82, wo exemplarisch auf § 6b Abs. 4a zur Rechnungslegung und internen Buchführung sowie § 40 Abs. 6 zum Rechnungsformat verwiesen wurde). Solche Festlegungs-

§ 29

befugnisse finden sich nunmehr etwa in den §§ 6b Abs. 6, 42 Abs. 8 S. 2, 49 Abs. 2 S. 2, 54a Abs. 3 S. 2, § 58a Abs. 4 S. 1 und § 65 Abs. 2a S. 3. Daneben enthalten **auch andere Gesetze** Ermächtigungen zu Festlegungen nach § 29 Abs. 1 (s. § 85 Abs. 2 EEG 2021) und fallen dann ebenfalls in dessen Anwendungsbereich. Denn der Gesetzgeber ist nicht gehindert, über den Wortlaut einer Norm („in den in diesem Gesetz benannten Fällen") hinaus den Anwendungsbereich dieser Norm durch explizite Regelung in anderen Gesetzen zu erweitern.

7 Darüber hinaus gilt § 29 Abs. 1 auch für **Genehmigungen der Regulierungsbehörde** nach dem EnWG. Das war bereits vor der ausdrücklichen Aufnahme der „in diesem Gesetz benannten Fälle" in Absatz 1 durch die Novelle 2011 anerkannt für Genehmigungen **nach § 23a** (vgl. OLG Düsseldorf Beschl. v. 27.2.2008 – VI-3 Kart 106/07, BeckRS 2008, 7990 Ls. 1 und Rn. 17). Inzwischen bedarf dies keiner Begründung durch Analogie mehr.

III. Bedingungen für den Netzanschluss oder -zugang

8 Unter Abs. 1 fallen Entscheidungen über die **Bedingungen** im Sinne der konkreten Modalitäten (BerlKommEnergieR/*Schmidt-Preuß* EnWG § 29 Rn. 32) für den **Netzanschluss** und für die **Netznutzung**. Dazu wird etwa die Festlegung eines Muster-Netznutzungsvertrages nach § 27 Abs. 1 Nr. 15 StromNZV gezählt (NK-EnWG/*Wahlhäuser* § 29 Rn. 10).

IV. Methoden für den Netzanschluss oder -zugang

9 **1. Bedeutung der Methodenregulierung.** Ausdrücklich benennt § 29 Abs. 1 neben der Regulierung der konkreten Anschluss- und Zugangsbedingungen die Methodenregulierung. Methodenregulierung bedeutet, dass nicht (nur) die vom einzelnen Netzbetreiber konkret verwendeten Entgelte und sonstigen Bedingungen überwacht werden, sondern dass (auch oder nur) die Methoden, nach denen Entgelte und Bedingungen zu bestimmen sind, der Regulierung unterworfen sind. Diese Methoden dienen der **materiell- und verfahrensrechtlichen Konkretisierung der gesetzlichen Maßstäbe** zur Ermittlung und Beurteilung von Netzanschlussentgelten, Netznutzungsentgelten und sonstigen Bedingungen. Methodenregulierung und Bedingungsregulierung schließen einander nicht aus. Die Methodenregulierung kann vielmehr Vorstufe der Einzelbedingungsregulierung sein.

10 Der Verordnungsgeber hat bereits auf der Grundlage insbesondere von § 24 S. 2 Nr. 1 eine eigene Methodenregulierung vorgenommen. Darüber hinaus hat er aufgrund von § 24 S. 1 Nr. 2 die Regulierungsbehörde ermächtigt, die in den Verordnungen festgelegten Methoden durch behördliche Festlegungen gem. § 30 StromNEV, § 30 GasNEV, § 27 StromNZV und § 50 GasNZV zu ergänzen und zu modifizieren. Die Behörde kann sogar Regelungen zur Berechnungsmethode treffen, die von den durch den Verordnungsgeber selbst vorgegebenen Methoden abweichen (zB § 30 Abs. 1 Nr. 3, Abs. 2 Nr. 6, 8 StromNEV). Damit wurden weitreichende **Normierungsbefugnisse der Regulierungsbehörde** geschaffen. Der Verordnungsgeber hielt die Flexibilität behördlicher Normierung unterhalb der Verordnungsebene für unverzichtbar (Begr. zur GasNZV, BR-Drs. 246/05, 52; Begr. zur StromNZV, BR-Drs. 244/05, 29; Begr. zur GasNEV, BR-Drs. 247/05, 39; Begr. zur StromNEV, BR-Drs. 245/05, 44; bestätigt in BR-Drs. 312/10, 103).

Verfahren zur Festlegung und Genehmigung § 29

Zuständig für die Methodenregulierung ist gem. § 54 Abs. 1, 3 die **BNetzA**. 11
Dies gilt auch dann, wenn Energieversorgungsunternehmen iSd § 54 Abs. 2 betroffen sind. Nur die Einzelregulierung nach §§ 21 a, 23 a, 30 Abs. 2 fällt dann in die Zuständigkeit der Landesregulierungsbehörden (§ 54 Abs. 2 S. 1 Nr. 1, 2, 8); für die Methodenregulierung bleibt es hingegen bei der Auffangzuständigkeit der BNetzA (vgl. nun auch OLG Stuttgart Beschl. v. 29.1.2009 – 202 EnWG 98/07 [PG], ZNER 2009, 42 (43 ff.)). Zu dieser bislang aus den allgemeinen Vorgaben ableitbaren Zuständigkeitsverteilung tritt nun eine ausdrückliche Regelung hinsichtlich der regulierungsbehördlichen Festlegungsbefugnisse hinzu. Sofern das Erfordernis der Wahrung gleichwertiger wirtschaftlicher Verhältnisse eine bundeseinheitliche Festlegung erfordert, kommt der BNetzA gem. § 54 Abs. 3 S. 2 die Zuständigkeit zum Erlass **bundeseinheitlicher Festlegungen** zu (→ § 54 Rn. 56 ff.). Nach der Gesetzesbegründung dient diese Einfügung dazu, dass die regulierten Unternehmen bundesweit den gleichen regulatorischen Rahmen vorfinden (BT-Drs. 17/1672, 89). Dies spricht dafür, dass die Methodenregulierung weiterhin der BNetzA obliegen soll. Als Regelfälle werden in § 54 Abs. 3 S. 3 u. a. benannt: Die Festlegung von Preisindizes und Eigenkapitalzinssätzen nach der StromNEV und der GasNEV sowie zu Vorgaben zur Erhebung von Vergleichsparametern zur Ermittlung der Effizienzwerte nach der ARegV. Ob darüber hinaus die Einführung einer „konkurrierenden" Festlegungszuständigkeit und das Erfordernis der „Wahrung gleichwertiger wirtschaftlicher Verhältnisse" eine klarere Abgrenzung als bislang ermöglicht, ist fraglich.

2. Bindungswirkung der Methodenregulierung. Festlegungen zur Metho- 12
denregulierung haben **Außenwirkung.** Ansonsten hätte der Gesetzgeber sie nicht in den Abschnitt über „Befugnisse" der Regulierungsbehörde aufgenommen. Dafür spricht auch der Wortlaut des § 29 Abs. 1 („... Festlegung gegenüber einem Netzbetreiber ... oder den sonstigen in der jeweiligen Vorschrift Verpflichteten ..."). Sie binden insbesondere die betroffenen **Netzbetreiber** bei der Ausgestaltung der Netzanschluss- und -zugangsbedingungen einschließlich der Entgelte.

Bindungen ergeben sich auch für die mit der Einzelregulierung von Bedingun- 13
gen und Entgelten nach §§ 21 a, 23 a (ex ante) und § 30 Abs. 2 S. 3 Nr. 1 (ex post) befasste **Behörde.** Für die Missbrauchsaufsicht folgt dies unmittelbar aus § 30 Abs. 2 S. 3 Nr. 1, der die festgelegten Methoden als Prüfungsmaßstab nennt; bezüglich der Netzzugangsentgelte bleibt insoweit allerdings angesichts der dazwischen geschalteten Genehmigungsentscheidung nach § 23 a kein Raum (→ § 30 Rn. 4). Bindend muss die Methodenfestlegung für die Behörde auch bei der Ex-ante-Genehmigung sein, weil der Netzbetreiber ansonsten mit widersprüchlichen Behördenentscheidungen konfrontiert werden könnte.

Die Bindung der für die Einzelregulierung zuständigen Behörde kann **Zustän-** 14
digkeitsprobleme aufwerfen, weil damit materiell- und verfahrensrechtliche Beurteilungsspielräume reduziert werden. Soweit Methodenfestlegung und Einzelregulierung durch dieselbe Behörde erfolgen, tritt durch die Methodenfestlegung für das „nachgelagerte" Verfahren unproblematisch eine Selbstbindung ein (am Beispiel der Preisindizes-Festlegungen *Hempel/Müller* RdE 2013, 101 (105 f.)). Kompetenzprobleme treten hingegen auf, wenn die behördliche Methodenregulierung und die daran anknüpfende Einzelregulierung nicht in einer Hand liegen. Dies ist beim Zugang zu kleinen Netzen der Fall. Gem. § 54 Abs. 2 S. 1 Nr. 1, 2, 8 sind dann die Landesbehörden für Ex-ante-Entgeltentscheidungen (§§ 21 a, 23 a) und die Missbrauchsaufsicht (§ 30 Abs. 2) zuständig. Hingegen ist für die Methodenregulierung die BNetzA zuständig (→ Rn. 11).

15 **Verfassungsrechtliche Bedenken** resultieren daraus, dass es sich bei der bundesbehördlichen Methodenfestlegung um Gesetzeskonkretisierungen zur Gewährleistung eines einheitlichen Vollzugs des EnWG handelt (vgl. Begr. BT-Drs. 15/3917, 62; Begr. zu § 30 StromNEV, BR-Drs. 245/05, 44; näher *Britz* RdE 2006, 1 (4f.); bestätigt wird dieser Befund durch § 54 Abs. 3 S. 2). Als Instrument des Bundes zur Vereinheitlichung des Vollzugs unbestimmter Normen des Bundesrechts durch die Landesbehörden steht aber nach Art. 84 Abs. 2 GG die Verwaltungsvorschrift zur Verfügung (BerlKommGG/*Groß* Art. 84 Rn. 30; Dreier/*Hermes* Art. 84 Rn. 73). Deren Erlass ist an bestimmte Voraussetzungen geknüpft (Erlass durch Bundesregierung; Zustimmung des Bundesrats), die hier nicht vorliegen. Art. 84 GG regelt abschließend, welche Instrumente dem Bund zur Verfügung stehen, wenn er Bundesrecht verbindlich konkretisieren will, um damit einen einheitlichen Vollzug des Bundesrechts durch die Landesbehörden sicherzustellen (vgl. Sachs/*Dittmann* Art. 84 Rn. 30). Er entfaltet damit zu Gunsten der Länder eine Sperrwirkung: Art. 84 Abs. 2 darf weder dadurch umgangen werden, dass für die Gesetzeskonkretisierung eine andere Handlungsform als die Verwaltungsvorschrift gewählt wird (zum Problem der Einordnung als Handlungsform → Rn. 25), noch dadurch, dass eine andere Stelle als die Bundesregierung mit entsprechenden Befugnissen ausgestattet wird. Letzteres spricht nicht nur gegen die Ermächtigung eines einzelnen Ministers (näher Dreier/*Hermes* Art. 84 Rn. 82 mwN), sondern erst recht gegen die Ermächtigung sonstiger Stellen (BerlKommGG/*Groß* Art. 84 Rn. 35 aE), etwa einer Bundesoberbehörde (Art. 87 Abs. 3 S. 1 GG) wie der BNetzA (aA OLG Stuttgart Beschl. v. 29.1.2009 − 202 EnWG 98/07 [PG], ZNER 2009, 42 (45) [re. Sp.]), wofür es einer ausdrücklichen Grundlage im GG bedürfte (s. etwa Art. 85 Abs. 2 S. 1 iVm Art. 87b Abs. 2 S. 2 GG).

16 Eine Bindung der Landesbehörde an die Festlegungen der BNetzA stößt darum auf verfassungsrechtliche Grenzen (ausf. *Britz* RdE 2006, 1 (5f.)). Hieran ändert auch die ausdrückliche Zuweisung der Zuständigkeit für bundeseinheitliche Festlegungen nach § 54 Abs. 3 S. 2, 3 an die BNetzA nichts. Praktisch lässt sich das Problem durch eine Abstimmung der Methodenregulierung zwischen BNetzA und den Landesbehörden im Rahmen des **Länderausschusses** mildern. Eine entsprechende Abstimmung von bundesbehördlichen Gesetzeskonkretisierungen ist nach § 60a Abs. 2 als Regelfall vorgesehen. Im Falle bundeseinheitlicher Festlegungen soll die BNetzA die Mehrheitsauffassung des Länderausschusses gem. § 54 Abs. 3 S. 4 so weit wie möglich berücksichtigen. Grundsätzlich wird dabei seitens des Gesetzgebers jedoch von einer Befolgung der Landesregulierungsbehörden ausgegangen. Eine rechtliche **(Selbst-)Bindung** kann die Landesregulierungsbehörde jedoch erst durch ständige Anwendung einer Festlegung der BNetzA eingehen, was auch im Fall der erstmaligen Anwendung gelten kann (OLG Koblenz Beschl. v. 23.7.2009 − W 77/09, ZNER 2009, 413 (415)).

C. Entscheidungen der Regulierungsbehörde (Abs. 1)

I. Funktion des Abs. 1

17 Ausweislich der Entwurfsbegründung wurde § 29 Abs. 1 als Befugnisnorm betrachtet, die neben den speziellen Handlungsermächtigungen erforderlich sei, welche sich insbesondere aus den auf § 24 S. 1 Nr. 2 gestützten Verordnungsvorschriften ergeben. Während die Rechtsverordnung nach § 24 S. 1 Nr. 2 die materiellen

Verfahren zur Festlegung und Genehmigung **§ 29**

Voraussetzungen des Erlasses einer Regulierungsentscheidung regele, biete § 29 Abs. 1 die Grundlage, auf der die Regulierungsentscheidung formell erlassen werde (Begr. BT-Drs. 15/3917, 61). Die durch § 29 Abs. 1 in **Bezug genommenen Vorschriften** insbesondere über die Bedingungen und Methoden für den Netzanschluss oder den Netzzugang sehen allerdings bereits **eigene Genehmigungs- bzw. Festlegungsbefugnisse** vor, zu deren Gebrauch es keiner weiteren „formellen Grundlage" bedarf.

Auch soweit zahlreiche Bestimmungen (etwa §§ 5b Abs. 1 S. 2, 11 Abs. 1a S. 5, 15a Abs. 5, 22 Abs. 2 S. 5, 42 Abs. 8 S. 2) direkt auf § 29 Abs. 1 verweisen oder jedenfalls den Begriff der Festlegung verwenden, ist eine gesonderte **Befugnisgewährung durch § 29 Abs. 1 nicht erforderlich**. 18

Gleichwohl hat § 29 Abs. 1 einen gesetzgebungstechnischen Nutzen, da er es 19 dem Gesetzgeber ermöglicht hat, an anderer Stelle **Sammelverweisungen** auf solche Genehmigungen und Festlegungen anzubringen (§§ 29 Abs. 2, 3, 31 Abs. 1, 73 Abs. 1a, 74, 83 Abs. 3, 91 Abs. 1 S. 1 Nr. 4). Wichtig ist die zusammenfassende Benennung aller regulierungsbehördlichen Festlegungs- und Genehmigungsbefugnisse in Absatz 1 vor allem im Hinblick auf die **Anwendbarkeit von § 29 Abs. 2 und 3**. Mit der erläuterten Bestimmtheit des Anwendungsbereichs von § 29 Abs. 1 (→ Rn. 4 ff.) besteht Klarheit darüber, auf welche Entscheidungen § 29 Abs. 2 und 3 Anwendung finden.

II. Festlegung

1. Festlegung als eigener Regulierungsmodus. § 29 Abs. 1 nennt neben der 20 Genehmigung gegenüber einem Antragsteller als weiteren Regulierungsmodus die Festlegung gegenüber einem Netzbetreiber, einer Gruppe von Netzbetreibern oder allen Netzbetreibern. Die Energierechtsnovelle 2011 öffnete den Kreis möglicher Festlegungsbetroffener für „sonstige(n) in der jeweiligen Vorschrift Verpflichteten", etwa für Energielieferanten (§ 40 Abs. 5). Die Festlegung ist in der allgemeinen Terminologie des deutschen Verwaltungsrechts **keine gängige Handlungsform** (→ Rn. 12; *Britz* EuZW 2004, 462 ff.; *Pielow*, Grundsatzfragen, 2005, S. 16, 32 ff.), wird allerdings auch in den gesetzlichen Regelungen anderer Netzwirtschaften verwendet (zB § 10 Abs. 1 TKG, § 13 Abs. 5 S. 3 PostG).

Die Verwendung der Festlegung als Regulierungsinstrument ist vor dem Hintergrund der zunächst vom Gesetzgeber verfolgten Regulierungskonzeption zu sehen. Ursprünglich sollte sich die unionsrechtlich erforderliche Ex-ante-Regulierung in der gesetzlichen Umsetzung auf eine Methodenregulierung (→ Rn. 9 ff.) beschränken. Eine Einzelfallentscheidung über die individuellen Netzzugangsbedingungen eines jeden Netzbetreibers sollte zur Reduzierung des Regulierungsaufwands vermieden werden. Die Methodenregulierung gestattet demgegenüber, durch abstrakt-generelle Formulierung eine **Vielzahl von Fällen** zu erfassen. Für eine abstrakt-generelle Methodenregulierung bietet die Genehmigung jedoch nicht das geeignete Handlungsinstrument. Zwar ließen sich durch Genehmigung die Methoden jedes einzelnen Netzbetreibers regulieren, der dafür einen Antrag auf Genehmigung seiner Methoden stellen müsste. Damit gingen aber der Effizienz- und der Einheitlichkeitseffekt einer abstrakt-generellen Methodenregulierung verloren. Nach Einschätzung der Bundesregierung war angesichts der Vielzahl der Betreiber von Energieversorgungsnetzen in erster Linie das Instrument der Festlegung geeignet, bundesweit einheitliche Vorgaben und Wettbewerbsbedingungen auch durch behördliche Entscheidung zu gewährleisten (Begr. BT-Drs. 15/3917, 62). Zwar 21

§ 29 Teil 3. Regulierung des Netzbetriebs

wurde schließlich doch noch eine generelle Genehmigungspflicht der Netznutzungsentgelte eingeführt (§ 23 a). Gleichwohl besteht die Möglichkeit einer (kumulativen) Methodenfestlegung auch beim Netznutzungsentgelt fort (→ Rn. 9).

22   **2. Einordnung in das System verwaltungsrechtlicher Handlungsformen.** Eine Einordnung der Festlegung in das System der verwaltungsrechtlichen Handlungsformen ist nicht ohne Weiteres möglich. Die Feststellung der Handlungsform einer Verwaltungsentscheidung hat weitreichende Folgen. Im Falle der Methodenfestlegungen relativiert sich die Tragweite der Handlungsform allerdings, weil das EnWG zu handlungsformabhängigen Aspekten Spezialregelungen enthält (Zuständigkeit: § 54 Abs. 3 S. 2, 3; behördliches Verfahren: §§ 65 ff.; Revisibilität: § 29 Abs. 2; Zustellung: § 73 Abs. 1 a; Publikationspflicht: § 74; Rechtsschutz: §§ 75 ff. und §§ 86 ff.).

23   Der Gesetzgeber geht davon aus, bei den Festlegungen nach dem EnWG handele es sich um **Verwaltungsakte**, uU in der Form einer **Allgemeinverfügung** (vgl. § 60 a Abs. 2; BGH Beschl. v. 29. 4. 2008 – KVR 28/07, ZNER 2008, 228 Ls. und Rn. 8 – EDIFACT; BGH Beschl. v. 29. 4. 2008 – KVR 20/07 Rn. 7 – BeckRS 2008, 14196; die Beschlusskammer 8 ordnet Festlegungen auf der Internetseite der BNetzA mittlerweile der Kategorie „Allgemeinfestlegungen" zu). Problematisch ist dies, sofern durch eine Festlegung nicht bloß ein Einzelfall geregelt, sondern eine abstrakt-generelle Regelung getroffen werden soll. Zwar teilt die Allgemeinverfügung nach § 35 S. 2 Alt. 1 VwVfG mit der abstrakt-generellen Norm den generellen Charakter, weil sich auch die Allgemeinverfügung an einen allgemeinen Merkmalen bestimmten oder bestimmbaren Personenkreis richtet. Die Allgemeinverfügung bleibt gleichwohl Einzelfallregelung, weil sie nicht abstrakt, sondern nur für einen konkreten Sachverhalt gilt (Erichsen/Ehlers AllgVerwR/ *Ruffert* § 21 Rn. 35; Stelkens/Bonk/Sachs/ *Stelkens* VwVfG § 35 Rn. 267). Schwierig ist damit die Einordnung jener Festlegungen, die nicht anlassbezogen einzelne Sachverhalte regeln, sondern in abstrakt-genereller Weise „ein für allemal" (Stelkens/Bonk/Sachs/ *Stelkens*, 6. Aufl. 2001, VwVfG § 35 Rn. 214a) den materiellrechtlichen Regulierungsmaßstab oder das Verfahren zur Ermittlung der Netzzugangsbedingungen konkretisieren. Dies dürfte auf die meisten Festlegungen im Rahmen der Methodenregulierung zutreffen, weil diese in der Regel rechtssatzartig die Methoden der Entgeltregulierung bestimmen. Hierbei handelt es sich eher um abstrakt-generelle (ausdrücklich auch BGH Beschl. v. 5. 10. 2010 – EnVR 52/09, RdE 2011, 59 (61); *Weyer* N&R 2013, 58 weist zudem darauf hin, dass der BGH. Beschl. v. 24. 5. 2012 – EnVR 27/10, RdE 2011, 420 (421 f.) die Nichteinhaltung der Anforderungen einer Festlegung als Verstoß gegen eine „Rechtsnorm" einstuft), normierende denn um einzelfallbezogene Regelungen (Stelkens/Bonk/ Sachs/ *Stelkens* VwVfG § 35 Rn. 297: „eigentlich" Rechtsnormen). Funktion dieser Festlegungen ist es, einheitliche Leitlinien für die Wahl der Methode zur Bestimmung der Netzzugangsbedingungen zu schaffen (→ Rn. 9). Als Allgemeinverfügung lassen sie sich darum nicht qualifizieren (*Pielow* Grundsatzfragen S. 16, 33; aA → Vor §§ 65–68 Rn. 4; BGH Beschl. v. 29. 4. 2008 – KVR 28/07, ZNER 2008, 228 Ls. und Rn. 8 – EDIFACT; *Burgi* DVBl. 2006, 269 (274); *Bayer/Lück* RdE 2008, 362 (366 f.); differenzierend aber mit großzügiger Bejahung des Charakters einer Allgemeinverfügung *Attendorn* RdE 2009, 87 ff.). Zwar hinderte § 35 VwVfG mangels Verfassungsrang des VwVfG den Bundesgesetzgeber nicht daran, auch solche Maßnahmen als Verwaltungsakt zu deklarieren, bei denen die Voraussetzungen des § 35 nicht vorliegen (Stelkens/Bonk/Sachs/ *Stelkens* VwVfG § 35

Rn. 13). Eine eindeutige Bezeichnung als Allgemeinverfügung hat der Gesetzgeber bezüglich der Festlegung nach § 29 Abs. 1 jedoch (auch durch § 60a Abs. 2 S. 1) nicht vorgenommen.

Die geborene Handlungsform der Verwaltung zur Schaffung abstrakt-genereller 24 Regelungen ist die **Rechtsverordnung**. Diese darf jedoch nur aufgrund einer Ermächtigung ergehen. Weder das EnWG noch die dazu ergangenen Verordnungen sehen aber zur Regulierung des Netzbetriebs eine Verordnungsermächtigung zu Gunsten der Regulierungsbehörde vor (s. aber noch § 92 Abs. 3 S. 3 aF). Aus den Verordnungsbegründungen ergibt sich unzweifelhaft, dass der Regulierungsbehörde hier gerade nicht die Handlungsform der Rechtsverordnung an die Hand gegeben werden sollte (zB Begr. zu § 30 StromNEV, BR-Drs. 245/05, 44; s. außerdem zu verfassungsrechtlichen Hindernissen einer Verordnungsermächtigung für die Behörde *Britz* RdE 2006, 1 (6)).

Die behördliche Methodenfestlegung kann als eine Form der **Selbstprogram-** 25 **mierung** der Verwaltung verstanden werden (die hohe Bedeutung kommt in § 60a Abs. 2 S. 1 zum Ausdruck). Dafür steht das Handlungsinstrument der **Verwaltungsvorschrift** zur Verfügung. Eine solche Einordnung jedenfalls einer bestimmten Gruppe von Festlegungen ist durch § 60a Abs. 2 S. 1 (→ Rn. 23) nicht ausgeschlossen (Gleiches gilt für die neu eingefügte ausdrückliche Möglichkeit der öffentlichen Bekanntmachung von Festlegungen nach § 73 Abs. 1 a; anders bereits zur früheren Fassung von § 60a Abs. 2 S. 1 BerlKommEnergieR/*Schmidt-Preuß* EnWG § 29 Rn. 53 ff.). Funktion der Verwaltungsvorschrift ist es, Gesetze zu konkretisieren, um so zu einer Vereinheitlichung der Gesetzesanwendung beizutragen (→ Rn. 15). Ebendies ist eine Funktion der Methodenfestlegungen (→ Rn. 9, 21, 23). Allerdings käme einer Verwaltungsvorschrift der Regulierungsbehörde gegenüber den Netzbetreibern nicht ohne Weiteres Außenwirkung zu. Obwohl mittlerweile auch Verwaltungsvorschriften eine gewisse Außenwirkung zuerkannt wird, bleibt diese doch auf bestimmten Konstellationen beschränkt (Dreier/*Hermes* Art. 84 Rn. 76 mwN). Zwar wäre denkbar, auf eine unmittelbare Außenwirkung der Methodenfestlegung zu verzichten. Der Gesetzgeber ging jedoch davon aus, dass die Methodenfestlegung Außenwirkung hat (→ Rn. 12). Gerade weil der Gesetzgeber zum Ausdruck gebracht hat, dass die Methodenfestlegung gegenüber den Netzbetreibern Außenwirkung haben sollten, könnten die Methodenfestlegungen allerdings von Gesetzes wegen als eine jener Konstellationen angesehen werden, in denen der Verwaltungsvorschrift ausnahmsweise Außenwirkung zukommt (aA *Burgi* DVBl 2006, 269 (274)).

Zur Vermeidung der Einordnungsschwierigkeiten könnte die Methodenfest- 26 legung als durch das EnWG etablierte außenwirksame **Handlungsform sui generis** angesehen werden. Das Verwaltungsverfahrensgesetz als einfaches Gesetz hindert den Gesetzgeber nicht daran, neue Handlungsformen zu etablieren (allg. Stelkens/Bonk/Sachs/*Stelkens* VwVfG § 35 Rn. 8). Unter Umständen auftretende Zuständigkeitsprobleme (→ Rn. 14) wären allerdings auch dadurch nicht zu lösen.

III. Genehmigung

Im Unterschied zum neuen Instrument der Festlegung enthält § 29 Abs. 1 **zur** 27 **Genehmigung keinen** über die etablierte verwaltungsrechtliche Handlungsform hinausgehenden **Regelungsgehalt**. Es geht dabei um Fälle, in denen die in Bezug genommenen Verordnungsermächtigungen vorsehen, dass Bedingungen und Methoden auch auf Antrag eines Netzbetreibers genehmigt werden können (OLG

§ 29   Teil 3. Regulierung des Netzbetriebs

Schleswig Beschl. v. 1.12.2016 – 53 Kart1/16, EnWZ 2017, 39 (43), wo auf §§ 17 Abs. 3 S. 1 Nr. 2, 21a Abs. 6 S. 1 Nr. 3, 21 Abs. 4 S. 1 Nr. 3 und 24 S. 1 Nr. 2 und 3 EnWG verwiesen wird). Voraussetzungen, Regelungswirkungen, Adressaten etc. der Genehmigung richten sich nach der einschlägigen Genehmigungsvorschrift des EnWG (für das Bsp. des § 28a s. BGH Beschl. v. 5.4.2022 – EnVR 36/21, EnWZ 2022, 261 (Rn. 14)) oder eines anderen Gesetzes (→Rn. 6). Ob allein aus § 29 Abs. 1 ein **Vertragsformverbot** iSd § 54 S. 1 VwVfG gefolgert werden kann, ist zweifelhaft und wurde vom BGH auch eher aus dem „allgemeinen regulatorischen Ziel" als aus der neben anderen Normen (§ 28a iVm der Gas-RL 09) ebenfalls herangezogenen Vorschrift des § 29 Abs. 1 begründet (BGH Beschl. v. 5.4.2022 – EnVR 36/21, EnWZ 2022, 261 Rn. 15).

D. Nachträgliche Änderung von Entscheidungen (Abs. 2)

I. Allgemeines

28 **1. Inhalt, Zweck, Anwendungsbereich.** § 29 Abs. 2 trifft in S. 1 und S. 2 Regelungen über die **nachträgliche Abänderbarkeit** von behördlichen Entscheidungen nach § 29 Abs. 1 einschließlich der Entgeltgenehmigung nach § 23a (NK-EnWG/*Walhäuser* § 29 Rn. 7, 34f.; BeckOK EnWG/*Vallone* § 29 Rn. 2; auch →Rn. 7). Nach dem Wortlaut von § 29 Abs. 2 S. 1 gelten die Vorgaben jedoch nicht zwingend auch für die sonstigen Fälle außerhalb des dritten Teils, für das EnWG nunmehr ebenfalls eine Entscheidung durch Festlegung nach § 29 Abs. 1 erlaubt. Angesichts des gesetzgeberischen Ziels, das „in § 29 geregelte Verfahren der Festlegung" auch auf diese Befugnisse Anwendung finden zu lassen (Gesetzesentwurf BT-Drs. 17/6072, 82), kann jedoch nicht angenommen werden, dass ein Ausschluss dieser Entscheidungen bezweckt war. Ursprünglich hielt der Gesetzgeber eine Revisibilitätsregelung für Entscheidungen zur Netzzugangsregulierung aus europarechtlichen Gründen für erforderlich: „Absatz 2 dient der Umsetzung von Artikel 23 Abs. 4 der Elektrizitätsrichtlinie und Artikel 25 Abs. 4 der Gasrichtlinie. Er gibt der Regulierungsbehörde die Befugnis, in eigenständigen Verfahren sowie im Rahmen von Verfahren nach § 30 Abs. 2 und § 31 von Amts wegen oder auf Antrag die von ihr nach § 29 Abs. 1 festgelegten oder genehmigten Bedingungen und Methoden zu ändern, um sicherzustellen, dass diese angemessen sind und nichtdiskriminierend angewendet werden" (Begr. BT-Drs. 15/3917, 62, die BNetzA verwendet in diesem Zusammenhang den Begriff der Änderungsfestlegung, etwa BNetzA Beschl. v. 28.10.2011 – BK6-11-150, S. 6).

29 § 29 Abs. 2 S. 1 erweitert im Verhältnis zu §§ 48, 49 VwVfG – in für Regulierungsentscheidungen typischer Weise (→Rn. 31) – die Möglichkeiten, die Bindungswirkung einer Verwaltungsentscheidung zu durchbrechen. § 29 Abs. 2 S. 1 und § 29 Abs. 2 S. 2 iVm **§§ 48, 49 VwVfG** sind auf ähnliche Rechtsfolgen gerichtet. § 29 Abs. 2 S. 1 spricht zwar von der nachträglichen Änderung, wohingegen §§ 48 und 49 VwVfG Rücknahme und Widerruf regeln. Die Änderung ist jedoch ebenfalls eine Aufhebung, die mit einer neuen Verwaltungsentscheidung verbunden ist. Der Anwendungsbereich des § 29 Abs. 2 S. 1 ist im Gegensatz zu § 29 Abs. 2 S. 2 iVm §§ 48, 49 VwVfG nicht auf Verwaltungsakte beschränkt, sondern erstreckt sich auf alle Genehmigungen und Festlegungen iSd § 29 Abs. 1. Die Aufhebungsbefugnisse nach § 29 Abs. 2 S. 1 einerseits und 2 andererseits unterscheiden sich auch hinsichtlich der Tatbestandsvoraussetzungen der Aufhebung. Während

Verfahren zur Festlegung und Genehmigung **§ 29**

§§ 48, 49 VwVfG insbesondere unter Vertrauensschutzgesichtspunkten umfangreiche Anforderungen an die Aufhebung stellen, fehlen diese in § 29 Abs. 2 S. 1.

2. Sonstige Befugnisse zur Abänderung von Regulierungsentscheidungen. Im Verfahrensteil des EnWG findet sich keine Regelung zur nachträglichen Aufhebung oder Änderung von Verwaltungsentscheidungen. Der Gesetzgeber hat jedoch neben § 29 Abs. 2 weitere Spezialregelungen getroffen. Eine Regelung findet sich in **§ 23a Abs. 4 S. 1**, der bestimmt, dass die Entgeltgenehmigung nach § 23a mit einem Vorbehalt des Widerrufs zu versehen sei (→ § 23a Rn. 23 ff.). **§ 23a Abs. 4 S. 2** bestimmt zudem, dass auch die fingierte Genehmigung unter Widerrufsvorbehalt steht. In § 21a finden sich Regelungen für nachträgliche Änderungen bei der Anreizregulierung: Nach **§ 21a Abs. 3** bleiben die Vorgaben für eine Regulierungsperiode (nur) unverändert, sofern nicht Änderungen staatlich veranlasster Mehrbelastungen auf Grund von Abgaben oder der Abnahme- und Vergütungspflichten nach dem EEG und dem KWKG oder anderer, nicht vom Netzbetreiber zu vertretender, Umstände eintreten; damit wird die Abänderbarkeit gegenüber § 29 Abs. 2 eingeschränkt. Nach **§ 21a Abs. 5 S. 3** können bei einem Verstoß gegen Qualitätsvorgaben die Obergrenzen zur Bestimmung der Netzzugangsentgelte für ein Energieversorgungsunternehmen gesenkt werden. Gem. **§ 21a Abs. 6 S. 2 Nr. 4** können durch Rechtsverordnung Regelungen darüber getroffen werden, unter welchen Voraussetzungen die Obergrenze innerhalb einer Regulierungsperiode auf Antrag des betroffenen Netzbetreibers von der Regulierungsbehörde abweichend vom Entwicklungspfad angepasst werden kann. Hingegen bildet **§ 31 Abs. 1 S. 3** keinen eigenständigen Aufhebungsgrund, sondern reduziert das Aufgreifermessen der Behörde (zum Verhältnis der Spezialregelungen zu § 29 Abs. 2 ausf. *Britz* N&R 2006, 6 (7 ff.)). 30

II. Nachträgliche Änderung (Abs. 2 S. 1)

1. Tatbestandsvoraussetzungen. a) Rechtswidrigkeit. Nachträgliche Änderungen der Bedingungen oder Methoden sind nach § 29 Abs. 2 S. 1 zulässig, soweit dies erforderlich ist, um sicherzustellen, dass sie weiterhin den Voraussetzungen für eine Festlegung oder Genehmigung genügen; gemeint sind die materiell-rechtlichen Voraussetzungen der Entscheidung. Eine Änderung ist demnach nur möglich, wenn die Entscheidung ohne die Änderung die Genehmigungsvoraussetzungen heute nicht mehr erfüllen würde. Dies kann in drei verschiedenen Konstellationen der Fall sein. Erstens kann sich die **Sachlage** aufgrund nachträglich eingetretener Tatsachen geändert haben (vgl. § 49 Abs. 2 S. 1 Nr. 3 VwVfG). Zweitens kann sich die **Rechtslage** geändert haben (vgl. § 49 Abs. 2 S. 1 Nr. 4 VwVfG). Drittens kann sich die **Einschätzung** der Regulierungsbehörde geändert haben. So können etwa neue Erkenntnisse über die Möglichkeiten eines effizienten Netzbetriebs (§ 21 Abs. 2) vorliegen, aufgrund derer die Behörde das ursprünglich genehmigte Entgelt heute nicht mehr für genehmigungsfähig hält. Dass sich die Erkenntnislage der Regulierungsbehörde rasch ändert, ist insbesondere in der Anfangsphase der Netzzugangsregulierung typisch und hat auch in anderen Netzwirtschaften zur Schaffung erweiterter Änderungsmöglichkeiten geführt (Beck PostG/*Lübbig*, 2. Aufl. 2004, § 24 Rn. 1; Trute/Spoerr/Bosch/*Spoerr*, 2011, TKG § 30 Rn. 13). Da diese Konstellation von § 49 Abs. 2 S. 1 Nr. 3 VwVfG nicht erfasst ist (*Ziekow*, Verwaltungsverfahrensgesetz, 2020, § 49 Rn. 17), bedurfte es hierfür eigenen Änderungsbefugnis. 31

32 **b) Anfängliche Rechtmäßigkeit?** Dem **Wortlaut** nach („weiterhin") scheinen nur solche Fälle erfasst zu sein, in denen die rechtlichen Voraussetzungen ursprünglich vorlagen. (Nur) die nachträglich rechtswidrigen Entscheidungen können demnach im Wege des § 29 Abs. 2 S. 1 geändert werden. Dies führte allerdings zu **Wertungswidersprüchen** durch Privilegierung solcher Entscheidungen, die von Beginn an rechtswidrig waren, gegenüber jenen Entscheidungen, die zwar rechtmäßig ergangen sind, deren tatsächliche oder rechtliche Grundlage oder deren rechtliche Bewertung sich jedoch im Nachhinein geändert hat. Nur die anfänglich rechtmäßigen Entscheidungen könnten im Wege des § 29 Abs. 2 S. 1 und damit ohne Berücksichtigung von Vertrauensschutzgesichtspunkten (→ Rn. 33) geändert werden. Für die anfänglich rechtswidrigen Entscheidungen würde hingegen § 48 VwVfG mit den ihm eigenen Vertrauensschutzanforderungen bei der Rücknahme begünstigender Verwaltungsakte (§ 48 Abs. 2, 3 VwVfG) gelten. Anfänglich rechtswidrige Regulierungsentscheidungen hätten damit einen stärkeren Bestand als die anfänglich rechtmäßigen Entscheidungen, deren sachlicher und rechtlicher Kontext sich erst nachträglich ändert. Auf anfängliche Rechtmäßigkeit kann es daher entgegen dem insofern missverständlichen Wortlaut nicht ankommen. Vielmehr ist eine **Änderung** nach § 29 Abs. 2 S. 1 auch dann **möglich,** wenn die Entscheidung von Beginn an rechtswidrig war.

33 **c) Kein Vertrauensschutz.** Die Behörde ist nach § 29 Abs. 2 S. 1 ohne Weiteres zur Änderung befugt. Es kommt nicht darauf an, ob es sich um eine begünstigende oder eine belastende Entscheidung handelt. Auf die in §§ 48, 49 VwVfG niedergelegten **Vertrauensschutzregelungen** für die Aufhebung begünstigender Verwaltungsakte wurde in § 29 Abs. 2 S. 1 **verzichtet.** Eine Änderung zu Lasten des betroffenen Unternehmens ist insoweit nach § 29 Abs. 2 S. 1 leichter möglich als eine Aufhebung nach dem VwVfG; insbesondere fehlt es auch an einer §§ 48 Abs. 3, 49 Abs. 6 VwVfG entsprechenden Ausgleichs- und Entschädigungsregelung (BerlKommEnergieR/*Schmidt-Preuß* EnWG § 29 Rn. 76f. hält dagegen die Anwendung des § 49 Abs. 6 VwVfG zur Herstellung von Verfassungskonformität für erforderlich). § 29 Abs. 2 S. 1 erleichtert die Änderung damit insbesondere gegenüber der ähnlichen Regelung des § 49 Abs. 2 Nr. 3 und 4 VwVfG. In den beiden Fällen des § 49 VwVfG, nicht aber in § 29 Abs. 2 S. 1 wird ein besonderes öffentliches Interesse an der Aufhebung vorausgesetzt und uU eine Entschädigung nach § 49 Abs. 6 gewährt; in § 49 Abs. 2 Nr. 4 VwVfG wird sogar Rücksicht darauf genommen, ob von der Vergünstigung bereits Gebrauch gemacht worden war.

34 **2. Änderungsermessen.** Die Änderung der Bedingungen und Methoden steht im Ermessen der Behörde. Die Regulierungsbehörde muss den Grundsatz der **Verhältnismäßigkeit** beachten. Zwar durfte der Netzbetreiber wegen § 29 Abs. 2 S. 1 nicht ohne Weiteres auf den Bestand der Entscheidung vertrauen. Gleichwohl kann die Annahme einer gewissen Verlässlichkeit der Regulierungsentscheidung schützenswert sein (BGH Beschl. v. 23.3.2021 – EnVR 85/19, BeckRS 2021, 17151 Rn. 12). Wie hoch die Belastung des Netzbetreibers durch eine Änderung zu seinen Ungunsten zu bewerten ist, hängt von unterschiedlichen Umständen ab. Von Bedeutung ist etwa die Gewährung von **Übergangsfristen.** Auch kann es darauf ankommen, wie viel Zeit seit der ursprünglichen Behördenentscheidung vergangen ist (je länger die Entscheidung schon bestand, umso wahrscheinlicher wird eine Anpassung an neue Regulierungserkenntnisse), ob die Entscheidung befristet gilt, wenn ja wie lang die Befristung bemessen ist (je kürzer die Frist, als umso weniger wahrscheinlich darf eine zwischenzeitliche Änderung gel-

Verfahren zur Festlegung und Genehmigung §29

ten, → §23a Rn. 25). Auch wird in der Anfangsphase der Netzzugangsregulierung eher mit nachträglichen Änderungen zu rechnen sein als später, wenn sich die Regulierungspraxis eingespielt hat.

3. Änderungsumfang. Die Änderungsbefugnis reicht nicht weiter als es die 35 sonstigen Ermächtigungsgrundlagen (des dritten Teils) des Gesetzes gestatten (vgl. allg. Stelkens/Bonk/*Sachs* VwVfG § 48 Rn. 100). § 29 Abs. 2 S. 1 verleiht **keine eigenständige materiell-rechtliche Grundlage für den Erlass einer neuen Entscheidung.** Zwar kann die Behörde im Wege der Änderung die alte Regulierungsentscheidung durch eine neue Regulierungsentscheidung ersetzen. Die Änderung umfasst damit sowohl die Aufhebung der alten als auch den Erlass der neuen Entscheidung. § 29 Abs. 2 S. 1 verleiht jedoch lediglich die Aufhebungsbefugnis, nicht hingegen eine eigenständige Ersetzungsbefugnis. Als eigenständige Befugnis zum Erlass einer neuen Regulierungsentscheidung wäre § 29 Abs. 2 S. 1 zu unbestimmt. Die Änderungsbefugnis reicht auch nur so weit, wie eine Änderung erforderlich ist, um sicherzustellen, dass die Entscheidung (weiterhin) den rechtlichen Voraussetzungen genügt. Grundsätzlich ist darum die Möglichkeit einer **teilweisen Änderung** in Betracht zu ziehen. Dies setzt die Teilbarkeit der Entscheidung voraus. Es gelten die allgemeinen Grundsätze über die Teilbarkeit eines Verwaltungsakts (Stelkens/Bonk/*Sachs* VwVfG § 44 Rn. 195). Die Änderung wirkt lediglich **ex nunc;** insoweit bleibt die Änderungsmöglichkeit nach § 29 Abs. 2 S. 1 hinter den Möglichkeiten des § 48 VwVfG zurück (dies offenlassend BGH Beschl. v. 23.3.2021 – EnVR 85/19, BeckRS 2021, 17151, Rn. 10). Wenn der Gesetzgeber die Regulierungsbehörde zur rückwirkenden Änderung hätte ermächtigen wollen, hätte dies angesichts der erheblichen Konsequenzen, die dies für die Betroffenen hätte, ausdrücklich im Gesetz erklärt werden müssen.

III. Verhältnis zu §§ 48ff. VwVfG (Abs. 2 S. 2)

1. Anwendbarkeit von §§ 48, 49 VwVfG. Nach § 29 Abs. 2 S. 2 bleiben die 36 §§ 48, 49 VwVfG unberührt. Die beiden Bestimmungen finden also neben § 29 Abs. 2 S. 1 Anwendung (*Angenendt/Gramlich/Pawlik* LKV 2006, 49 (51)). **§ 48 VwVfG** regelt die Rücknahme begünstigender und belastender Verwaltungsakte, die rechtswidrig sind. Ein rechtswidrig belastender Verwaltungsakt kann demnach ohne Weiteres zurückgenommen werden (§ 48 Abs. 1 S. 1 VwVfG). Ein rechtswidriger begünstigender Verwaltungsakt kann nur unter bestimmten Voraussetzungen zurückgenommen werden, die dem Vertrauensschutz dienen (§ 48 Abs. 1 S. 2, Abs. 2, 3, 4 VwVfG). **§ 49 VwVfG** regelt, wann neben den rechtswidrigen darüber hinaus auch rechtmäßige Verwaltungsakte – seien sie begünstigend oder belastend – widerrufen werden dürfen. Auch hier gilt, dass ein rechtmäßiger belastender Verwaltungsakt ohne Weiteres (§ 49 Abs. 1 VwVfG), der rechtmäßige begünstigende Verwaltungsakt hingegen nur unter bestimmten Voraussetzungen (§ 49 Abs. 2, 3, 6 VwVfG) widerrufen werden kann. Die Aufhebung nach §§ 48, 49 VwVfG steht im **Ermessen** der Behörde. Es besteht also kein Anspruch auf Aufhebung oder Änderung.

2. Anwendbarkeit von § 51 VwVfG. Es fehlt in § 29 Abs. 2 S. 2 ein Verweis 37 auf § 51 VwVfG. § 51 VwVfG regelt, wann der Betroffene einen Anspruch darauf hat, dass die Behörde über die Aufhebung oder Änderung des Verwaltungsakts erneut entscheidet. Ein Anspruch auf Aufhebung oder Änderung resultiert auch daraus nicht. Der Anspruch des Betroffenen beschränkt sich vielmehr auf das ergebnisoffene Wiederaufgreifen des Verfahrens. Ein Anspruch auf **Wiederaufgreifen** besteht insbesondere dann, wenn sich die dem Verwaltungsakt zugrunde liegende Sachlage nachträglich zu Gunsten des Betroffenen geändert hat (§ 51 Abs. 1 Nr. 1 VwVfG; demgegenüber zur Konstellation der Aufhebung einer für eine Genehmigung maßgeblichen Festlegung *Hempel/Müller* RdE 2013, 101 (102ff.) sowie → § 23a Rn. 9). Es fehlt an einer entsprechenden Regelung im EnWG. Nur für die Anreizregulierung kann der Verordnungsgeber dazu nach § 21a Abs. 6 S. 2 Nr. 4 eine Spezialregelung treffen. Außerdem kann gem. § 31 Abs. 1 ein Dritter das Wideraufgreifen erzwingen. Im Übrigen ist der Gedanke des **§ 51 VwVfG** bei Anträgen auf nachträgliche Änderung von Regulierungsentscheidungen **entsprechend heranzuziehen.**

E. Verfahrensregelungen (Abs. 3)

I. Allgemeine Verordnungsermächtigung (Abs. 3 S. 1)

38　**1. Inhalt und Zweck.** Das EnWG enthält in seinem 8. Teil die allgemeinen Bestimmungen für das behördliche Verfahren. § 29 Abs. 3 S. 1 ermächtigt die Bundesregierung, darüber hinaus Verfahrensregeln durch Rechtsverordnung zu treffen. Ausweislich der Begründung des Regierungsentwurfs sind Verfahrensregeln nach § 29 Abs. 3 als ergänzende Regelungen zu den Verfahrensvorschriften des 8. Teils gedacht, die im Übrigen gelten (Begr. BT-Drs. 15/3917, 62).

39　**2. Anwendungsbereich.** Die Ermächtigung bezieht sich auf das Verfahren zum Erlass oder zur Änderung von Entscheidungen nach § 29 Abs. 1. Dazu zählen alle Fälle, für die das EnWG vorsieht, dass eine Entscheidung iSd § 29 Abs. 1 ergehen kann. Ebenfalls erfasst sind Genehmigungsentscheidungen nach § 23a (→ Rn. 7). Zwar besteht in § 23a Abs. 3 S. 7 eine eigene Verordnungsermächtigung für das Genehmigungsverfahren nach § 23a. Diese deckt jedoch lediglich die in § 23a Abs. 3 angesprochenen Spezialfragen ab (vorzulegende Unterlagen, → § 23a Rn. 19).

40　**3. Ergangene Rechtsverordnungen.** Verfahrensvorschriften, die auf der Ermächtigung des § 29 Abs. 3 S. 1 beruhen, finden sich in den Zugangsverordnungen und in den Entgeltverordnungen: § 29 StromNEV und § 29 GasNEV (Ermächtigung der Regulierungsbehörde zu Festlegungen zum Verfahren, → Rn. 41); § 28 StromNZV, § 50 GasNZV (Verfahren der Festlegung zur Vereinheitlichung von vertraglichen Netzzugangsbedingungen); § 50 Abs. 3 S. 4, Abs. 4 S. 1 GasNZV (behördliche Anhörungspflichten); § 27 Abs. 4 StromNZV, § 50 Abs. 6 GasNZV (Veröffentlichung behördlicher Festlegungen; das nach § 27 Abs. 4 StromNZV bestehende Ermessen der Regulierungsbehörde ist allerdings wegen § 74 Abs. 1 S. 1 eingeschränkt).

41　**4. Verhältnis zu anderen Verfahrensbestimmungen.** § 29 Abs. 3 S. 1 ermächtigt im Verhältnis zu den **Verfahrensbestimmungen des 8. Teils** des Gesetzes nur zu ergänzenden Verfahrensregelungen (→ Rn. 38), nicht zur Abweichung von den gesetzlichen Verfahrensregeln. Für Abweichungen durch Rechtsverordnung hätte es einer ausdrücklichen Verordnungsermächtigung bedurft. Verfahrensbestimmungen nach **§ 23a Abs. 3 S. 7** sind im Verhältnis zu den Verfahrensverordnungen nach § 29 Abs. 3 spezieller und haben daher Vorrang (→ § 23a Rn. 19). Verfahrensregelungen können auch durch Verordnung aufgrund von **§ 24,** insbesondere aufgrund des § 24 S. 2 Nr. 2 getroffen werden. Ein genereller Vorrang der Ermächtigungen des § 24 oder des § 29 Abs. 3 S. 1 besteht nicht. Bei widersprüchlichen Regelungen geht die speziellere Regelung vor. Verfahrensregeln des EnWG und der aufgrund des EnWG erlassenen Rechtsverordnungen haben Vorrang vor den allgemeinen Regeln des **VwVfG** (§ 1 Abs. 1 letzter Hs., Abs. 2 S. 1 letzter Hs. VwVfG; zur Anwendbarkeit des VwVfG neben dem EnWG → Vor § 65 Rn. 3). Darum kommt die Anwendung des VwVfG nur dort in Betracht, wo die Verfahrensregeln nach § 29 Abs. 3 keine abschließende Regelung des Verfahrens bezwecken.

5. Behördliche Verfahrensfestlegungen. Der Verordnungsgeber kann aufgrund der Ermächtigung des § 29 Abs. 3 S. 1 seinerseits die Regulierungsbehörde zu Festlegungen zum Verfahren ermächtigen (s. zB § 29 StromNEV, § 29 GasNEV; von der Ermächtigung des § 29 StromNEV hat die BNetzA mit Beschl. v. 2.5.2007 Gebrauch gemacht –BK8-07/008, S. 4; von der Ermächtigung des § 29 GasNEV hat die BNetzA mit Beschl. v. 17.11.2008 Gebrauch gemacht – BK9-08/601-1). Zuständig ist (auch bezüglich kleiner Netze iSd § 54 Abs. 2) wohl die BNetzA. Die abschließende Aufzählung in § 54 Abs. 2 begründet keine Verfahrenszuständigkeit der Landesregulierungsbehörde. Überdies dürfte der praktische Bedarf nach Einheitlichkeit der Verfahrensregeln für eine Zuständigkeitsbegründung der Bundesbehörde nach § 54 Abs. 3 S. 2 sprechen. Danach kommt der BNetzA die Zuständigkeit für bundeseinheitliche Festlegungen zu, sofern dies zur Wahrung gleichwertiger wirtschaftlicher Verhältnisse erforderlich ist. Die Zuweisung soll gerade der Vereinheitlichung des regulatorischen Rahmens dienen (Gesetzesbegründung, BT-Drs. 17/1672, 89). Probleme bezüglich der Bindung der Landesbehörde an Verfahrensfestlegungen der BNetzA (→ Rn. 14 ff.) bleiben so freilich bestehen. **42**

II. Einvernehmen mit Bundeskartellamt (Abs. 3 S. 2)

Aufgrund von § 29 Abs. 3 S. 2 können die **Einvernehmensregelungen** des § 58 Abs. 1 S. 1 und die **Benehmensregelung** des § 58 Abs. 1 S. 2 wie auch die Befugnis zum **Informationsaustausch** nach § 58 Abs. 4 ergänzt werden. Zwar verfügt das Bundeskartellamt in den von § 29 Abs. 1, 3 betroffenen Rechtsfragen über keine Zuständigkeiten (§ 111 Abs. 1, 2). Anwendbar bleiben die kartellrechtlichen Missbrauchstatbestände (§§ 19, 20, 29 GWB) jedoch hinsichtlich der nicht nach dem EnWG regulierten Preise von Energieversorgungsunternehmen für die Belieferung von Letztverbrauchern. Insoweit bleibt auch die Aufsichtszuständigkeit der Kartellbehörden bestehen. Da die von den Regulierungsbehörden regulierten Netznutzungsentgelte auf die Letztverbraucherpreise Einfluss haben und bei der **kartellbehördlichen Missbrauchsaufsicht über die Letztverbraucherpreise** zugrunde zu legen sind (§ 111 Abs. 3), wird die Tätigkeit der Kartellbehörden durch die Entscheidungen der Regulierungsbehörden berührt. Eine Einvernehmensregelung nach § 29 Abs. 3 S. 2 ermöglicht eine Abstimmung der Behörden (vgl. auch § 58 Abs. 3). Eine umgekehrte Benehmensregelung zu Gunsten der Bundesnetzagentur für Verfahren, die von den Kartellbehörden geführt werden, findet sich in § 58 Abs. 2. Von der Verordnungsermächtigung des § 29 Abs. 3 S. 2 hat der Verordnungsgeber bislang nicht Gebrauch gemacht. Stattdessen enthält das EnWG selbst nunmehr eine Einvernehmensregelung für den Erlass bestimmter Festlegungen (§ 46a S. 3). **43**

§ 30 Missbräuchliches Verhalten eines Netzbetreibers

(1) ¹Betreibern von Energieversorgungsnetzen ist ein Missbrauch ihrer Marktstellung verboten. ²Ein Missbrauch liegt insbesondere vor, wenn ein Betreiber von Energieversorgungsnetzen
1. Bestimmungen der Abschnitte 2 und 3 oder der auf Grund dieser Bestimmungen erlassenen Rechtsverordnungen nicht einhält,
2. andere Unternehmen unmittelbar oder mittelbar unbillig behindert oder deren Wettbewerbsmöglichkeiten ohne sachlich gerechtfertigten Grund erheblich beeinträchtigt,
3. andere Unternehmen gegenüber gleichartigen Unternehmen ohne sachlich gerechtfertigten Grund unmittelbar oder mittelbar unterschiedlich behandelt,
4. sich selbst oder mit ihm nach § 3 Nr. 38 verbundenen Unternehmen den Zugang zu seinen intern genutzten oder am Markt angebotenen Waren und Leistungen zu günstigeren Bedingungen oder Entgelten ermöglicht, als er sie anderen Unternehmen bei der Nutzung der Waren und Leistungen oder mit diesen in Zusammenhang stehenden Waren oder gewerbliche Leistungen einräumt, sofern der Betreiber des Energieversorgungsnetzes nicht nachweist, dass die Einräumung ungünstigerer Bedingungen sachlich gerechtfertigt ist,
5. ohne sachlich gerechtfertigten Grund Entgelte oder sonstige Geschäftsbedingungen für den Netzzugang fordert, die von denjenigen abweichen, die sich bei wirksamem Wettbewerb mit hoher Wahrscheinlichkeit ergeben würden; hierbei sind insbesondere die Verhaltensweisen von Unternehmen auf vergleichbaren Märkten und die Ergebnisse von Vergleichsverfahren nach § 21 zu berücksichtigen; Entgelte, die die Obergrenzen einer dem betroffenen Unternehmen erteilten Genehmigung nach § 23a nicht überschreiten, und im Falle der Durchführung einer Anreizregulierung nach § 21a Entgelte, die für das betroffene Unternehmen für eine Regulierungsperiode vorgegebene Obergrenzen nicht überschreiten, gelten als sachlich gerechtfertigt oder
6. ungünstigere Entgelte oder sonstige Geschäftsbedingungen fordert, als er sie selbst auf vergleichbaren Märkten von gleichartigen Abnehmern fordert, es sei denn, dass der Unterschied sachlich gerechtfertigt ist.

³Satz 2 Nr. 5 gilt auch für die Netze, in denen nach einer Rechtsverordnung nach § 24 Satz 2 Nr. 5 vom Grundsatz der Kostenorientierung abgewichen wird. ⁴Besondere Rechtsvorschriften über den Missbrauch der Marktstellung in solchen Netzen bleiben unberührt.

(2) ¹Die Regulierungsbehörde kann einen Betreiber von Energieversorgungsnetzen, der seine Stellung missbräuchlich ausnutzt, verpflichten, eine Zuwiderhandlung gegen Absatz 1 abzustellen. ²Sie kann den Unternehmen alle Maßnahmen aufgeben, die erforderlich sind, um die Zuwiderhandlung wirksam abzustellen. ³Sie kann insbesondere
1. Änderungen verlangen, soweit die gebildeten Entgelte oder deren Anwendung sowie die Anwendung der Bedingungen für den Anschluss an das Netz und die Gewährung des Netzzugangs von der genehmigten oder festgelegten Methode oder den hierfür bestehenden gesetzlichen Vorgaben abweichen, oder

2. in Fällen rechtswidrig verweigerten Netzanschlusses oder Netzzugangs den Netzanschluss oder Netzzugang anordnen.

(3) Soweit ein berechtigtes Interesse besteht, kann die Regulierungsbehörde auch eine Zuwiderhandlung feststellen, nachdem diese beendet ist.

Übersicht

	Rn.
A. Allgemeines	1
I. Inhalt	1
II. Zweck	2
III. Verhältnis zu anderen Vorschriften	3
1. Ex-ante-Maßnahmen	3
2. Sonstige Konkurrenzverhältnisse	7
B. Einzelerläuterungen	9
I. Missbrauch (Abs. 1)	9
1. Allgemeines Verbot (Abs. 1 S. 1)	14
2. Beispieltatbestände (Abs. 1 S. 2 Nr. 1–6)	17
II. Entscheidung der Regulierungsbehörde (Abs. 2 und 3)	44
1. Verpflichtung zum Abstellen der Zuwiderhandlung (Abs. 2 S. 1)	46
2. Anordnung von Maßnahmen (Abs. 2 S. 2 und 3)	47
3. Feststellungsentscheidung (Abs. 3)	52
4. Verfahren	53
C. Rechtsschutz	63

Literatur: *Alexander*, Die Informationspflichten gemäß § 40 Abs. 1 und 2 EnWG und ihre Durchsetzung nach Energiewirtschafts-, Lauterkeits- und Vertragsrecht (§ 40 Abs. 1 und 2 EnWG), WRP 2012, 660; *Antweiler/Nieberding*, Rechtsschutz im neuen Energiewirtschaftsrecht, NJW 2005, 3673; *Baur*, Zur künftigen Rolle der Kartellbehörden in der Energiewirtschaft, RdE 2004, 277; *Becker/Templin*, Missbräuchliches Verhalten von Netzbetreibern bei Konzessionierungsverfahren und Netzübernahmen nach §§ 30, 32 EnWG, ZNER 2013, 10; *Berg*, Der Anfang vom Ende der zivilgerichtlichen Billigkeitskontrolle energiewirtschaftsrechtlicher Netzentgelte?, RdE 2018, 184; *Britz*, Behördliche Befugnisse und Handlungsformen für die Netzentgeltregulierung nach neuem EnWG, RdE 2006, 1; *de Wyl/Wagner/Barsch*, Die energie- und zivilrechtliche Bedeutung technischer Regeln gemäß § 49 EnWG für Netzbetreiber, Versorgungswirtschaft 2015, 204; *Fricke*, Die Billigkeitskontrolle von regulierten Netzentgelten, N&R 2018, 66; *Grüneberg*, Zur Zulässigkeit einer zivilrechtlichen Billigkeitskontrolle von anreizregulierten Netzentgelten nach § 315 BGB, GRUR 2021, 216; *Säcker*, Zum Verhältnis von § 315 BGB, § 30 AVBElt, § 30 AVBGas, § 24 AVB Fernwärme und § 19 GWB, RdE 2006, 65; *Schütte*, Kapitel 109: Missbrauchsaufsicht (§§ 30, 31 EnWG) in Baur/Salje/Schmidt-Preuß Energiewirtschaft, 2. Aufl. 2016; *Weyer*, Die regulatorische Missbrauchskontrolle nach § 30 EnWG, N&R 2007, 14; *Weyer*, Grenzen der kartellrechtlichen Missbrauchskontrolle im Energiebereich, RdE 2012, 354.

A. Allgemeines

I. Inhalt

Die **Generalklausel** des Abs. 1 S. 1 verbietet Betreibern von Energieversorgungsnetzen den Missbrauch ihrer Marktstellung. Die **Beispieltatbestände** des Abs. 1 S. 2 konkretisieren dieses Verbot. Praktisch Bedeutung hat vor allem Abs. 1 **1**

§ 30 Teil 3. Regulierung des Netzbetriebs

S. 2 Nr. 1, wonach jeder Verstoß gegen eine Bestimmung des Abschnitts 2 und 3 (Netzanschluss und Netzzugang) einschließlich der danach ergangenen Rechtsverordnungen als Missbrauch anzusehen ist. Mit Abs. 1 S. 2 Nr. 2 bis 6 sind Ansätze der §§ 6, 6a EnWG sowie die materiellen Wertungen der §§ 19, 20 GWB ins EnWG überführt worden (vgl. BT-Drs. 15/3917, 63). Abs. 2 normiert die **Ex-post-Aufsicht** der Regulierungsbehörde bei missbräuchlichem Verhalten eines Netzbetreibers.

II. Zweck

2   Europarechtlicher Hintergrund für die Einführung des Missbrauchsverfahren durch das EnWG 2005 war Art. 23 Abs. 8 Elt-RL 03 und Art. 25 Abs. 8 Gas-RL 03 (heute Art. 60 Abs. 4 Elt-RL 19, Art. 41 Abs. 13 Gas-RL 09). Danach haben die Mitgliedstaaten „geeignete und wirksame Mechanismen für die Regulierung, die Kontrolle und die Sicherstellung von Transparenz" zu schaffen. Ziel ist es, den Missbrauch einer marktbeherrschenden Stellung zum Nachteil insbesondere der Verbraucher sowie Verdrängungspraktiken zu verhindern.

III. Verhältnis zu anderen Vorschriften

3   **1. Ex-ante-Maßnahmen.** § 30 kommt vollständig zur Anwendung, wenn die Regulierungsbehörde keine Ex-ante-Maßnahmen ergriffen hat (NK-EnWG/ *Wahlhäuser* § 30 Rn. 5). Soweit ein Gegenstand aber bereits durch eine Ex-ante-Maßnahme geregelt ist, kann einem Netzbetreiber nicht vorgeworfen werden, dass er sich an die Regelung hält (ähnlich *Salje* EnWG § 30 Rn. 17). Die Regulierungsbehörde ist an die Ex-ante-Vorgaben im Rahmen der Ex-post-Kontrolle gebunden (vgl. Elspas/Graßmann/Rasbach/*Böhme* EnWG § 30 Rn. 7). § 30 hat daher angesichts der umfangreichen und detaillierten Ex-ante-Regulierung im Energiebereich eine eher untergeordnete Rolle (*Schütte* Rn. 4).

4   Nach § 23a Abs. 1 S. 1 genehmigte **Entgelte** können daher nicht im Rahmen einer nachträglichen Missbrauchskontrolle beanstandet werden (vgl. BGH Beschl. v. 15.5.2012 – EnZR 105/10, NJW 2012, 3092 Rn. 29 – Stromnetznutzungsentgelt V; *Britz* RdE 2006, 1 (4); Elspas/Graßmann/Rasbach/*Böhme* EnWG § 30 Rn. 48; BerlKommEnergieR/*Weyer* EnWG § 30 Rn. 115). Dieser Grundsatz kommt ausdrücklich in Abs. 1 S. 2 Nr. 5 zum Ausdruck, gilt jedoch für alle Missbrauchstatbestände. Im Übrigen unterliegen die Entgelte für den Netzzugang grundsätzlich einer Missbrauchskontrolle, gelten jedoch als sachlich gerechtfertigt, wenn sie die nach § 23a bzw. im Rahmen der **Anreizregulierung** bestimmten Obergrenzen einhalten. Soweit allerdings die Ex-ante-Entscheidung keine Regelung trifft, ist das Verhalten des Netzbetreibers überprüfbar (vgl. *Berg* RdE 2018, 184 (189 und 193)). Das gilt zB für die Umrechnung der Erlösobergrenze in Preise (sog. Verprobung). Zudem kann ein Dritter im Rahmen eines besonderen Missbrauchsverfahrens gem. § 31 Abs. 1 S. 3 eine Überprüfung eines genehmigten Entgeltes anstoßen (→ § 31 Rn. 19). Nach Rspr. des BGH (BGH Urt. v. 18.10.2005 – KZR 36/04, NJW 2006, 684 Rn. 8 ff. – Stromnetznutzungsentgelt I; Urt. v. 15.5.2012 – EnZR 105/10, NJW 2012, 3092 Rn. 17 ff. – Stromnetznutzungsentgelt V; ebenso Elspas/Graßmann/Rasbach/*Böhme* EnWG § 30 Rn. 14 f.; NK-EnWG/*Wahlhäuser* § 30 Rn. 13; Theobald/Kühling/*Boos* EnWG § 30 Rn. 60 f.; aA *Fricke* N&R 2018, 66), die vom BVerfG bestätigt wurde (BVerfG Beschl. v. 26.9.2017 – 1 BvR 1486/16 ua, NJW 2017, 3507 Rn. 28 ff.), schließen weder die Ex-ante-Regulierung der

Netzentgelte noch die Ex-post-Kontrolle durch die Regulierungsbehörde eine **zivilrechtliche Billigkeitskontrolle nach § 315 BGB** aus. Die Ex-ante-Genehmigung stelle aber ein gewichtiges Indiz für die Billigkeit der Netzentgelte dar (BGH Urt. v. 15.5.2012 – EnZR 105/10, NJW 2012, 3092 Rn. 36 – Stromnetznutzungsentgelt V). Angesichts einer Entscheidung des EuGH zur parallelen Frage im Zusammenhang mit eisenbahnrechtlichen Infrastrukturentgelten (EuGH Urt. v. 9.11.2017 – C-489/15 – EuZW 2018, 74 Rn. 69ff.) ist diese Rechtsprechung mit dem europäischen Energierecht nicht vereinbar (*Berg* RdE 2018, 184 (188ff.); *Grüneberg* GRUR 2021 (216)).

§ 30 tritt auch hinter **Festlegungen nach § 29 Abs. 1** zurück (Theobald/Kühling/*Boos* EnWG § 30 Rn. 4; BerlKommEnergieR/*Weyer* EnWG § 30 Rn. 41; NK-EnWG/*Wahlhäuser* § 30 Rn. 9; vgl. zum Lieferantenrahmenvertrag OLG Düsseldorf Beschl. v. 23.6.2021 – VI-3 Kart 880/19 [V] nv). Dies gilt auch für Missbrauchsverfahren der LRegB. Zwar kann die BNetzA den LRegB keine Weisungen erteilen, da diese nach Art. 84 GG das EnWG als ihre eigene Angelegenheit vollziehen (*Britz* RdE 2006, 1 (5f.)). Nichtsdestotrotz binden wirksame materielle Vorgaben der BNetzA auch die LRegB bei der Anwendung des Abs. 1. Wendet hingegen der Netzbetreiber die Festlegung nicht oder nicht korrekt an, ist die Missbrauchskontrolle anwendbar (NK-EnWG/*Wahlhäuser* § 30 Rn. 10). So setzen Abs. 2 Nr. 1 und § 31 Abs. 1 S. 2 die Anwendbarkeit der Missbrauchsaufsicht bei von der Festlegung abweichendem Verhalten des Netzbetreibers voraus. Auch wenn nicht jeder Verstoß gegen eine Festlegung zwingend missbräuchliches Verhalten darstellt, wird häufig ein Verstoß gegen Abs. 1 S. 2 Nr. 1 vorliegen (vgl. Elspas/Graßmann/Rasbach/*Böhme* EnWG § 30 Rn. 8). 5

Soweit sich ein ÜNB an die Vorgaben von **Genehmigungen nach Europäischem Recht** aufgrund der europäischen Netzkodizes hält, kann ihm dies nicht als missbräuchliches Verhalten vorgeworfen werden. Insoweit binden auch Genehmigungen von ACER die nationalen Regulierungsbehörden. Voraussetzung dafür ist allerdings, dass die ACER-Entscheidung wirksam ist, insbesondere in deutscher Sprache bekannt gemacht worden ist (vgl. Art. 44 Abs. 1 ACER-VO iVm Art. 4 VO Nr. 1 vom 15.4.1958). 6

2. Sonstige Konkurrenzverhältnisse. Zum Verhältnis zum **besonderen Missbrauchsverfahren nach § 31** → § 31 Rn. 2. Soweit ein Netzbetreiber gegen vollziehbare Verwaltungsakte der Regulierungsbehörde verstößt, steht ihr der Weg der **Verwaltungsvollstreckung** offen (BGH Beschl. v. 9.10.2012 – EnVZ 9/12 Rn. 3; Theobald/Kühling/*Boos* EnWG § 30 Rn. 59; BerlKommEnergieR/*Weyer* EnWG § 30 Rn. 142). Die Frage, ob daneben die Missbrauchsaufsicht möglich ist (vgl. zum Streitstand NK-EnWG/*Wahlhäuser* § 30 Rn. 7), ist eher theoretischer Natur. Die **Missbrauchsaufsicht nach §§ 19, 20 und 29 GWB** ist nach § 111 Abs. 1 und 2 hinsichtlich der Bestimmungen des Teils 3 des EnWG ausgeschlossen (→ § 111 Rn. 4ff.; *Weyer* RdE 2012, 354 (356f.); s. aber zum Behinderungsmissbrauch durch überhöhte Konzessionsabgaben BGH Beschl. v. 6.11.2012 – KVR 54/11, EnWZ 2013, 263 Rn. 13ff. – Gasversorgung Ahrensburg). **Art. 102 AEUV** ist hingegen anwendbar (→ § 111 Rn. 7; Theobald/Kühne/*Boos* EnWG § 30 Rn. 58; Elspas/Graßmann/Rasbach/*Böhme* EnWG § 30 Rn. 12; NK-EnWG/*Wahlhäuser* § 30 Rn. 12). Das spezielle Missbrauchsverbot des **§ 29 GWB** betrifft nur die den Netzen vor- und nachgelagerten Märkte (Immenga/Mestmäcker/*Körber* GWB § 29 Rn. 14). Umstritten ist das Verhältnis zur allgemeinen **Aufsichtsmaßnahme nach § 65** zum Missbrauchsverfahren nach § 30 Abs. 2 (§ 30 Abs. 2 vorrangig: *Salje* EnWG 7

§ 30 Rn. 35; Theobald/Kühling/*Theobald/Werk* EnWG § 65 Rn. 37; nebeneinander anwendbar: *Antweiler/Nieberding* NJW 2005, 3673 (3674); Elspas/Graßmann/Rasbach/*Böhme* EnWG § 30 Rn. 10; BerlKommEnergieR/*Weyer* EnWG § 30 Rn. 168). Für einen Vorrang des § 30 spricht, dass dieser die speziellere Norm ist. Praktische Bedeutung besitzt dieser Streit indessen nicht, jedenfalls nach ausdrücklicher gesetzlicher Regelung der Feststellungsentscheidung in Abs. 3 (→ Rn. 52). Aufsichtsverfahren nach **energiewirtschaftlichen Sondergesetzen** (§ 76 MsbG, § 85 Abs. 3 EEG iVm § 65 EnWG, § 103 Abs. 1 WindSeeG iVm § 65 EnWG, § 31 b Abs. 2 KWKG iVm § 65 EnWG) sind neben § 30 anwendbar.

8   Nach § 111 c Abs. 1 S. 1 ist ein **Schlichtungsverfahren** auszusetzen, wenn die Schlichtungsstelle davon Kenntnis erlangt, dass im Zusammenhang mit dem zugrundeliegenden Sachverhalt ein Missbrauchsverfahren nach § 30, ein besonderes Missbrauchsverfahren nach § 31 oder ein Aufsichtsverfahren nach § 65 eingeleitet worden ist (→ § 111 c Rn. 5 ff.).

B. Einzelerläuterungen

I. Missbrauch (Abs. 1)

9   Abs. 1 enthält in Satz 1 eine allgemeine Verbotsnorm, der in Satz 2 Beispieltatbestände zur Konkretisierung des Missbrauchstatbestandes folgen (OLG Düsseldorf Urt. v. 10.9.2014 – I-27 U 13/13, RdE 2015, 42 Rn. 22). Soweit die Beispieltatbestände das Verhalten nicht erfassen, bleibt ein Rückgriff auf die Generalklausel des Satzes 1 möglich (NK-EnWG/*Wahlhäuser* § 30 Rn. 14; BerlKommEnergieR/*Weyer* EnWG § 30 Rn. 16 und 50).

10   Adressaten der Regelung sind die **Betreiber von Energieversorgungsnetzen** (vgl. § 3 Nr. 2; → § 3 Rn. 15) einschließlich der Betreiber von **geschlossenen Verteilernetzen** gem. § 110 (→ § 3 Rn. 16; BerlKommEnergieR/*Weyer* EnWG § 30 Rn. 23; Theobald/Kühling/*Boos* EnWG § 30 Rn. 42; Elspas/Graßmann/Rasbach/*Böhme* EnWG § 30 Rn. 19) und Marktgebietsverantwortliche gem. § 3 Nr. 26 a, soweit sie Aufgaben des Netzbetriebs wahrnehmen (→ § 3 Rn. 69; BerlKommEnergieR/*Weyer* EnWG § 31 Rn. 19). Es ist unerheblich, ob der Netzbetreiber selbst Eigentum an den Netzbetriebsmitteln hat. Entscheidend ist allein, wer das Netz betreibt. Der **Inhaber einer Konzession** nach § 46 wird dadurch nicht zum Netzbetreiber. Die Konzession ist zwar oft Voraussetzung, nicht aber Teil des Netzbetriebs. § 30 kann daher nicht zur Überprüfung des Verhaltens des „Altkonzessionärs" im Zusammenhang mit dem Konzessionswechsel angewendet werden (aA *Becker/Templin* ZNER 2013, 10, die ohne Begründung „Altkonzessionär" und „Netzbetreiber" gleichsetzen). Nicht anwendbar ist Abs. 1 auf den **Betrieb von Kundenanlagen** (§ 3 Nr. 24 a; → § 3 Rn. 62) und Kundenanlagen zur betrieblichen Eigenversorgung (§ 3 Nr. 24 b; → § 3 Rn. 63). Keine Anwendung findet § 30 ferner auf Betreiber von Gasspeicheranlagen gem. § 3 Nr. 6 (Theobald/Kühling/*Boos* EnWG § 30 Rn. 43; Elspas/Graßmann/Rasbach/*Böhme* EnWG § 30 Rn. 18; Baur/Salje/Schmidt-Preuß Energiewirtschaft/*Schütte* Rn. 8; anders aber, wenn der Betreiber von Gasspeicheranlagen zugleich Netzbetreiber ist, vgl. BerlKommEnergieR/*Weyer* EnWG § 30 Rn. 24 ff.), LNG-Anlagen, Bilanzkreisverantwortliche (für Netzbetreiber als Bilanzkreisverantwortliche des Verlustenergiebilanzkreises: BNetzA Beschl. v. 19.8.2004 – BK6-13-085, aA BerlKommEnergieR/*Weyer* EnWG § 30 Rn. 24) oder Messstellenbetreiber (BerlKommEnergieR/*Weyer* EnWG § 30 Rn. 20; Theobald/Kühling/*Boos* EnWG § 30 Rn. 43; Baur/Salje/Schmidt-Preuß Energiewirtschaft/*Schütte*

Rn. 8). Denn diese Tätigkeiten fallen nicht unter den Begriff des Betriebs von Energieversorgungsnetzen gem. § 3 Nr. 4. Auch die Betreiber von Wasserstoffnetzen sind keine Betreiber von Energieversorgungsnetzen gem. § 3 Nr. 4 (→ § 3 Rn. 17). Ebenfalls nicht anwendbar ist § 30 auf den Betrieb von Ladepunkten für Elektromobile, auch wenn diese ausnahmsweise nach § 7 c Abs. 2 von einem Netzbetreiber betrieben werden, denn dies ist nicht Teil des Netzbetriebs (→ § 7 c Rn. 4).

Im Unterschied zu §§ 19 Abs. 1 S. 2, 20 Abs. 1 GWB und §§ 28 Abs. 1 S. 1, 42 **11** Abs. 1 S. 1 TKG muss der Normadressat **keine bestimmte Marktstellung** aufweisen (*Baur* RdE 2004, 277 (279); Theobald/Kühling/*Boos* EnWG § 30 Rn. 41; BerlKommEnergieR/*Weyer* EnWG § 30 Rn. 28; Elspas/Graßmann/Rasbach/*Böhme* EnWG § 30 Rn. 2; NK-EnWG/*Wahlhäuser* § 30 Rn. 15; Baur/Salje/Schmidt-Preuß Energiewirtschaft/*Schütte* Rn. 9). Denn Betreiber von Energieversorgungsnetzen sind in dem von ihnen betriebenen Netz in der Regel aufgrund ihres natürlichen Monopols immer marktmächtige Unternehmen (vgl. BT-Drs. 15/3917, 63).

Missbräuchliches Verhalten setzt **kein Verschulden** voraus (Theobald/Kühling/ **12** *Boos* EnWG § 30 Rn. 44; BerlKommEnergieR/*Weyer* EnWG § 30 Rn. 38; Elspas/Graßmann/Rasbach/*Böhme* EnWG § 30 Rn. 23).

Abs. 1 stellt ein **gesetzliches Verbot gem. § 134 BGB** dar (BT-Drs. 17/6072, **13** 96; *Weyer* RdE 2012, 354 (356)), was zur Nichtigkeit von Rechtsgeschäften und zu einer bereicherungsrechtlichen Rückabwicklung führen kann (NK-EnWG/*Wahlhäuser* § 30 Rn. 79; Baur/Salje/Schmidt-Preuß Energiewirtschaft/*Schütte* Rn. 6; vgl. auch *Salje* EnWG § 30 Rn. 13). Darüber hinaus kann ein Betroffener unter Umständen Unterlassungs-, Beseitigungs- oder Schadensersatzansprüchen ableiten (NK-EnWG/*Wahlhäuser* § 30 Rn. 79; vgl. zu Verstößen gegen Teil 3 Abschnitt 2 und 3 → § 32 Rn. 1 ff.). Ferner dient Abs. 1 als Anknüpfungspunkt für behördliche Aufsichtsmaßnahmen nach Abs. 2 (→ Rn. 44 ff.) und den Bußgeldtatbestand des § 95 Abs. 1 Nr. 4 (→ § 95 Rn. 23 f.).

1. Allgemeines Verbot (Abs. 1 S. 1). Betreibern von Energieversorgungsnet- **14** zen ist der **Missbrauch ihrer Marktstellung** verboten. Bei der Auslegung, wann ein Missbrauch vorliegt, kann – abgesehen von den Beispieltatbeständen nach S. 2 – die Auslegung des kartellrechtlichen Missbrauchsverbots nach § 19 GWB sinngemäß übertragen werden (vgl. BerlKommEnergieR/*Weyer* EnWG § 30 Rn. 33). Es muss sich um einen Missbrauch der Marktstellung als Netzbetreiber handeln (vgl. BerlKommEnergieR/*Weyer* EnWG § 30 Rn. 29; ähnlich Baur/Salje/Schmidt-Preuß Energiewirtschaft/*Schütte* Rn. 11, der den Anwendungsbereich auf Netzanschluss und Netzzugang begrenzt). Der Missbrauch der Marktstellung auf einem anderen Markt als dem Netzbetrieb fällt aus dem Anwendungsbereich des § 30 heraus, unterliegt aber der **allgemeinen kartellrechtlichen Kontrolle** (s. aber zur Drittmarktbehinderung → Rn. 26).

Nicht jeder Verstoß des Netzbetreibers gegen **nationale oder europäische 15 Rechtsvorschriften** stellt zwingend ein Missbrauch der Marktstellung dar (aA *Salje* EnWG § 30 Rn. 9). Ein solcher Automatismus ist lediglich in Abs. 1 S. 2 Nr. 1 für Verstöße gegen Teil 2 Abschnitt 2 und 3 des EnWG vorgesehen. Bei Verstößen gegen europarechtliche Verordnungen, die den „Netzzugang" – im europarechtlichen Kontext ist damit Anschluss, Anschlussnutzung und Netzzugang gemeint – regeln, dürfte allerdings in der Regel ein Missbrauch der Marktstellung vorliegen (vgl. NK-EnWG/*Wahlhäuser* § 30 Rn. 18; sa BerlKommEnergieR/*Weyer* EnWG § 30 Rn. 56, 58, der eine Anwendung von Abs. 1 S. 2 Nr. 1 befürwortet). Dies folgt aus der Wertung des Abs. 1 S. 2 Nr. 1 (→ Rn. 18 ff.).

§ 30 Teil 3. Regulierung des Netzbetriebs

16 Der **praktische Anwendungsbereich** der Generalklausel ist gering, da die meisten Formen des missbräuchlichen Verhaltens von den Beispieltatbeständen erfasst werden (Baur/Salje/Schmidt-Preuß Energiewirtschaft/*Schütte* Rn. 10). Denkbar ist aber zB die Diskriminierung von Verbrauchern, die mangels Unternehmereigenschaft nicht von Abs. 1 S. 2 Nr. 2 bis 4 erfasst wird (BerlKommEnergieR/ *Weyer* EnWG § 30 Rn. 51).

17 **2. Beispieltatbestände (Abs. 1 S. 2 Nr. 1–6).** Die Missbrauchsaufsicht enthält in Abs. 1 S. 2 sechs Beispieltatbestände, die die Generalklausel konkretisieren. Die Tatbestände sind nicht abschließend ("insbesondere") (Thobald/Kühling/*Boos* EnWG § 30 Rn. 12; NK-EnWG/*Wahlhäuser* § 30 Rn. 3; Baur/Salje/Schmidt-Preuß Energiewirtschaft/*Schütte* Rn. 10) und nebeneinander anwendbar.

18 **a) Netzanschluss und Netzzugang (Abs. 1 S. 2 Nr. 1).** Von erheblicher praktischer Bedeutung ist Abs. 1 S. 2 Nr. 1. Danach liegt ein Missbrauch der Marktstellung vor, wenn der Netzbetreiber eine Bestimmung der Abschnitte 2 und 3 des Teils 3 oder der aufgrund dieser Bestimmungen erlassenen Rechtsverordnungen nicht einhält. Die Bestimmungen betreffen den Netzanschluss (Abschnitt 2) und den Netzzugang (Abschnitt 3). **Jeder Verstoß** gegen diese Vorschriften stellt ein missbräuchliches Verhalten dar, ohne dass weitere Voraussetzungen vorliegen müssen (OLG Düsseldorf Beschl. v. 28.11.2007 – VI-3 Kart 441/06 (V) Rn. 25). Andere Teile des EnWG, insbesondere die Entflechtungsregelungen nach Teil 2 und Teil 3 Abschnitt 1 und die Regelungen zu Wegenutzungsverträgen (§ 46ff.), sind kein Gegenstand von § 30 Abs. 1 S. 1 Nr. 1 (BerlKommEnergieR/*Weyer* EnWG § 30 Rn. 17f.; *Alexander* WRP 2012, 660 (662)).

19 Netzanschluss, Anschlussnutzung und Netzzugang sind durch **europäische Richtlinien und Verordnungen** geprägt. Die Regelungen des EnWG sind im Lichte des Europarechts auszulegen und anzuwenden, so dass diese indirekt auch Gegenstand des Abs. 1 S. 2 Nr. 1 sein können. Eine direkte Anwendung des Abs. 1 S. 2 Nr. 1 wegen Verstößen gegen europäisches Recht kommt dagegen nicht in Betracht (zu § 31 BerlKommEnergieR/*Weyer* EnWG § 31 Rn. 18; offengelassen: BGH Beschl. v. 1.9.2020 – EnVR 7/19, WM 2021, 142 Rn. 36 – Baltic Cable; → Rn. 15).

20 Missbräuchlich sind auch Verstöße gegen die aufgrund der Abschnitte 2 und 3 erlassenen **Rechtsverordnungen.** Verstöße gegen den Netzanschluss, die Anschlussnutzung oder den Netzzugang betreffende **Festlegungen der Regulierungsbehörde** nach § 29 Abs. 1 sind zwar nicht ausdrücklich erwähnt (daher ablehnend: Theobald/Kühling/*Boos* EnWG § 30 Rn. 16), Verstöße des Netzbetreibers gegen diese Vorgaben dürften aber jedenfalls unter das allgemeine Missbrauchsverbot des Abs. 1 S. 1 fallen (NK-EnWG/*Wahlhäuser* EnWG § 30 Rn. 18; BerlKommEnergieR/*Weyer* EnWG § 30 Rn. 55; Baur/Salje/Schmidt-Preuß Energiewirtschaft/ *Schütte* Rn. 15; vgl. zum Verhältnis zur Ex-ante-Regulierung → Rn. 3ff.).

21 Die Bestimmungen zum **Netzanschluss** (§§ 17 bis 19a) betreffen die Herstellung der Verbindung zwischen den Leitungen des Anschlussnehmers mit dem Energieversorgungsnetz sowie die Nutzung des Netzanschlusses, also die Entnahme oder Einspeisung von Energie (→ Vor § 17 Rn. 13). Missbräuchlich können demnach sowohl die ungerechtfertigte Anschlussverweigerung als auch die Ausgestaltung der Anschlussbedingungen einschließlich der Entgelte (vgl. bspw. zum Anschluss an ein Umspannwerk BGH Beschl. v. 23.6.2009 – EnVR 48/08, RdE 2009, 336 Rn. 11ff.) sein (zur fehlerhaften Anwendung der Regelungen zur Entschädigung von Windenergieanlagen auf See nach § 17e s. OLG Düsseldorf Beschl. v. 6.12.2017 – 3 Kart 123/16 RdE 2018, 213 Rn. 57ff.).

Missbräuchlich ist ferner ein Verstoß gegen die aufgrund § 17 Abs. 3 und § 18 22
Abs. 3 erlassenen **NAV, NDAV** und **KraftNAV**. In diesem Rahmen kann die Regulierungsbehörde auch die Technischen Anschlussbedingungen (TAB) überprüfen (BGH Beschl. v. 14.4.2015 – EnVR 45/13, NJOZ 2015, 1301 Rn. 31f. – Zuhause-Kraftwerk; *de Wyl/Wagner/Bartsch* Versorgungswirtschaft 2015, 204 (205)). Die Vermutungswirkung des § 49 Abs. 2 EnWG (→ § 49 Rn. 33ff.) spricht zwar grundsätzlich zugunsten des Netzbetreibers, bindet die Regulierungsbehörde aber nicht (*de Wyl/Wagner/Bartsch* Versorgungswirtschaft 2015, 204 (205)).

Kein Gegenstand sind die **spezielleren Anschlussansprüche** nach §§ 8ff. 23
EEG, § 24 Abs. 1 Nr. 3 Buchst. a, § 37 Abs. 1 Nr. 2 Buchst. a, § 55 Abs. 1 Nr. 2 lit. a WindSeeG sowie § 3 Abs. 1 S. 1 Nr. 1 KWKG. Fraglich ist allerdings, ob die §§ 17ff. neben den speziellen Anschlussansprüchen Anwendung finden und somit den Anwendungsbereich des Abs. 1 S. 2 Nr. 1 begründen. Da es sich aber um lex specialis handelt, ist diese abzulehnen.

Der **Netzzugang** (§§ 20 bis 28a) zielt auf den Transport von Energie über das 24
Netz ab (→ § 20 Rn. 11). Missbräuchlich können insbesondere sein: die ungerechtfertigte Verweigerung des Zugangsanspruchs (§ 20), eine Verletzung der Verpflichtung zur Zusammenarbeit (§ 20 Abs. 1 S. 2, § 20 Abs. 1a S. 4, § 21 Abs. 1b S. 5), die Ausgestaltung der Netzzugangsbedingungen (§§ 20 Abs. 1, 21 Abs. 1 S. 1) sowie die Bedingungen für die Beschaffung und Erbringung von Ausgleichsleistungen (§§ 22, 23). Zu den Netznutzungsentgelten → Rn. 4. Missbräuchlich ist ferner ein Verstoß gegen die aufgrund § 24 und § 21a Abs. 6 erlassenen **StromNZV, GasNZV, StromNEV, GasNEV** und **ARegV** (zum nicht fristgemäßen Antrag auf Entgeltgenehmigung OLG Düsseldorf Beschl. v. 28.11.2007 – VI 3 Kart 441/06 (V); zum Verstoß gegen das Gebot eines einheitlichen Preisblatts OLG Düsseldorf Beschl. v. 10.1.2018 – VI-3 Kart 1067/16 (V), RdE 2018, 253 Rn. 39ff.).

b) Behinderung und Beeinträchtigung (Abs. 1 S. 2 Nr. 2). Nach Abs. 1 25
S. 2 Nr. 2 liegt ein Missbrauch vor, wenn andere Unternehmen unmittelbar oder mittelbar unbillig behindert oder deren Wettbewerbsmöglichkeiten ohne sachlich gerechtfertigten Grund erheblich beeinträchtigt werden. Der Normzweck besteht darin, den Energieversorgungsnetzbetreiber davon abzuhalten, durch den Eingriff in die unternehmerische Bewegungsfreiheit Dritter die Wettbewerbsbedingungen zu verschlechtern. Damit werden dem Energieversorgungsnetzbetreiber **besondere Rücksichtnahmepflichten** auferlegt (vgl. Elspas/Graßmann/Rasbach/ *Böhme* EnWG § 30 Rn. 27). Eine Verletzung von Vorschriften des EnWG ist für die Annahme einer Behinderung oder Beeinträchtigung wohl weder notwendig noch ausreichend (aA Theobald/Kühling/*Boos* EnWG § 30 Rn. 20f.). Insbesondere ist keine Verletzung von Vorschriften zur Entflechtung erforderlich. Auch ein Netzbetreiber, der keinem vertikal integriertem Unternehmen angehört, ist an Abs. 1 S. 2 Nr. 2 gebunden. Eine begriffliche Abgrenzung zwischen „unbilliger Behinderung" und „sachlich nicht gerechtfertigter Beeinträchtigung" ist schwierig und unnötig (BerlKommEnergieR/*Weyer* EnWG § 30 Rn. 61; Elspas/Graßmann/Rasbach/*Böhme* EnWG § 30 Rn. 27; NK-EnWG/*Wahlhäuser* EnWG § 30 Rn. 24). Ein Behinderungsmissbrauch kann zB vorliegen, wenn der Netzbetreiber überhöhte Konzessionsabgaben fordert (BGH Beschl. v. 6.11.2012 – KVR 54/11, EnWZ 2013, 263 Rn. 21ff. – Gasversorgung Ahrensburg).

Ein **Unternehmen** ist jede juristische oder natürliche Person oder nicht rechts- 26
fähige Personenvereinigung, die eine selbständige Tätigkeit im geschäftlichen Verkehr ausübt, die auf den Austausch von Waren oder gewerblichen Leistungen ge-

§ 30

richtet ist und sich nicht auf die Deckung des privaten Bedarfs beschränkt (BGH Beschl. v. 16.1.2008 – KVR 26/07 BGHZ 175, 333 Rn. 21 – Kreiskrankenhaus Bad Neustadt). Nicht erforderlich ist, dass das beeinträchtigte Unternehmen eine bestimmte Marktrolle (zB Netznutzer) erfüllt (vgl. OLG Stuttgart Beschl. v. 12.1.2012 – 202 EnWG 8/11). Das Unternehmen muss auch nicht ein Konkurrent des Netzbetreibers sein (OLG Stuttgart Beschl. v. 12.1.2012 – 202 EnWG 8/11). Vielmehr fällt gerade auch die **Drittmarktbehinderung**, bei der das behinderte oder beeinträchtigte Unternehmen auf einem anderen Markt als dem Netzbetrieb tätig ist, in den Anwendungsbereich. Das gilt ganz typischerweise für die dem Netzbetrieb vor- oder nachgelagerte Märkte (Erzeugung, Gewinnung, Handel und Vertrieb). Behinderungen von Unternehmen auf anderen Märkten fallen dagegen nur in den Anwendungsbereich des § 30, wenn zwischen dem netzbetrieb und der Behinderung oder Beeinträchtigung ein hinreichender Bedingungszusammenhang besteht, wenn sich also der Netzbetrieb und damit die marktbeherrschende Stellung des Netzbetreibers auch auf den Drittmarkt auswirken (vgl. zu § 19 GWB MüKoGWB/*Westermann*, 3. Aufl., § 30 Rn. 42 mwN). Auch **öffentliche Unternehmen** fallen in den Anwendungsbereich, etwa Gemeinden, die als Energieversorgungsunternehmen aktiv sind (BerlKommEnergieR/*Weyer* EnWG § 30 Rn. 64).

27   Als **Behinderung** wird jede Beeinträchtigung der Betätigungsmöglichkeiten im Wettbewerb angesehen, gleichgültig ob dabei „wettbewerbsfremde" oder in sonstiger Weise anfechtbare Mittel angewandt werden (zu § 19 GWB Immenga/Mestmäcker/Markert/*Fuchs* GWB § 19 Rn. 84 mwN.). Das Verhalten muss objektiv nachteilige Wirkungen für die behinderten Unternehmen haben, die sich aber noch nicht realisiert haben müssen (NK-EnWG/*Wahlhäuser* EnWG § 30 Rn. 26). Die Abgrenzung zwischen einer **unmittelbaren** und einer **mittelbaren** Beeinträchtigung ist nicht erforderlich (Elspas/Graßmann/Rasbach/*Böhme* EnWG § 30 Rn. 28; BerlKommEnergieR/*Weyer* EnWG § 30 Rn. 65; NK-EnWG/*Wahlhäuser* § 30 Rn. 27). Die Behinderung muss **unbillig** sein. Hierzu ist eine Abwägung der Interessen der Beteiligten unter Berücksichtigung des Gesetzeszweckes nach § 1 erforderlich (Elspas/Graßmann/Rasbach/*Böhme* EnWG § 30 Rn. 28; NK-EnWG/*Wahlhäuser* § 30 Rn. 28; vgl. BerlKommEnergieR/*Weyer* EnWG § 30 Rn. 72; Baur/Salje/Schmidt-Preuß Energiewirtschaft/*Schütte* Rn. 19). Verstößt der Netzbetreiber mit seinem Verhalten zugleich gegen Vorschriften des EnWG – insbesondere die Vorgaben zur Entflechtung – kann dies ein Indiz für die Unbilligkeit darstellen. Die **Beweislast** für die Unbilligkeit trägt im Verfahren nach § 30 Abs. 2 die Regulierungsbehörde, im Zivilverfahren der Dritte, der sich auf Abs. 1 S. 2 Nr. 2 beruft (NK-EnWG/*Wahlhäuser* § 30 Rn. 29; Elspas/Graßmann/Rasbach/*Böhme* EnWG § 30 Rn. 29).

28   Eine **Beeinträchtigung** ist jeder für die Wettbewerbsmöglichkeiten anderer Unternehmen nachteilige Wirkzusammenhang (NK-EnWG/*Wahlhäuser* § 30 Rn. 30; s. auch Elspas/Graßmann/Rasbach/*Böhme* EnWG § 30 Rn. 31). Ein tatsächlicher Nachteil ist nicht erforderlich, sondern es genügt, dass die Maßnahme die Wettbewerbsmöglichkeiten beeinträchtigt (OLG Düsseldorf Beschl. v. 19.10.2011 – VI-3 Kart 1/11 (V), KommJur 2012, 61 Rn. 94f.; BerlKommEnergieR/*Weyer* EnWG § 30 Rn. 66; Elspas/Graßmann/Rasbach/*Böhme* EnWG § 30 Rn. 31; NK-EnWG/*Wahlhäuser* § 30 Rn. 26). Eine Einschränkung erfährt dieses weit gefasste Merkmal durch den Umstand, dass es sich um eine **erhebliche** Beeinträchtigung handeln muss (NK-EnWG/*Wahlhäuser* § 30 Rn. 31; ablehnend BerlKommEnergieR/*Weyer* EnWG § 30 Rn. 69). Nicht erheblich sind Beeinträchtigungen, die nur

sehr geringe Auswirkungen auf einzelne Unternehmen oder die fairen Wettbewerbsbedingungen insgesamt haben. Der Netzbetreiber muss sich selbst oder einem anderen (evtl. verbundenen) Unternehmen keinen Vorteil verschafft haben. Das Bewertungselement **„ohne sachlich gerechtfertigten Grund"** ist entscheidend für die Prüfung des Abs. 1 S. 2 Nr. 2 2. Hs. Dabei sind die Interessen der Beteiligten unter Berücksichtigung der Ziele und Zwecke des Gesetzes gem. § 1 – vor allem die Unverfälschtheit des Wettbewerbs (NK-EnWG/*Wahlhäuser* § 30 Rn. 32) – gegeneinander abzuwägen (vgl. BerlKommEnergieR/*Weyer* EnWG § 30 Rn. 72). Die **Beweislast** im Verfahren nach Abs. 2 trägt die Regulierungsbehörde und im Zivilprozess das Unternehmen, das sich auf eine unbillige Beeinträchtigung beruft (Elspas/Graßmann/Rasbach/*Böhme* EnWG § 30 Rn. 32).

c) Horizontales (externes) Diskriminierungsverbot (Abs. 1 S. 2 Nr. 3). 29
Nach Abs. 1 S. 2 Nr. 3 liegt ein Missbrauch vor, wenn andere Unternehmen gegenüber gleichartigen Unternehmen ohne sachlich gerechtfertigten Grund unmittelbar oder mittelbar unterschiedlich behandelt werden.

Behandlung ist die Begründung bzw. Ausgestaltung einer Verbindung zwischen 30 dem Netzbetreiber und dem missbräuchlich behandelten Unternehmen (NK-EnWG/*Wahlhäuser* § 30 Rn. 35; Baur/Salje/Schmidt-Preuß Energiewirtschaft/*Schütte* Rn. 23). Die Ausgestaltung einer solchen Verbindung kann zB Preise, Rabatte, Konditionen, Qualität, Menge, Lieferzeit oder die Gewährung besonderer Zusatzleistungen betreffen (zu § 19 GWB Immenga/Mestmäcker/*Markert/Fuchs* GWB § 19 Rn. 88). Dabei kann eine unterschiedliche Behandlung in der Benachteiligung einzelner gegenüber der Mehrheit gesehen werden, sondern auch in der Bevorzugung einzelner im Verhältnis zur Mehrheit (NK-EnWG/*Wahlhäuser* § 30 Rn. 36; zu § 19 GWB Immenga/Mestmäcker/*Markert/Fuchs* GWB § 19 Rn. 89 mwN). Die Regelung richtet sich gegen die sich aus der Ungleichbehandlung mittelbar ergebende Beeinträchtigung der wettbewerblichen Chancengleichheit anderer gleichartiger Unternehmen (NK-EnWG/*Wahlhäuser* § 30 Rn. 36; zu § 19 GWB Immenga/Mestmäcker/*Markert/Fuchs* GWB § 19 Rn. 89 mwN). Die passive Diskriminierung, bei der sich ein Unternehmen Sondervorteile gewähren lässt, stellt dagegen keine Variante des Abs. 1 S. 2 Nr. 3 dar (NK-EnWG/*Wahlhäuser* § 30 Rn. 37). Ebenfalls nicht erfasst sind Konstellationen, in denen der Netzbetreiber unterschiedliche Sachverhalte gleichbehandelt (Theobald/Kühling/*Boos* EnWG § 30 Rn. 24; BerlKommEnergieR/*Weyer* EnWG § 30 Rn. 83; NK-EnWG/*Wahlhäuser* § 30 Rn. 38). Die Motive des Normadressaten sind irrelevant (zu § 19 GWB Immenga/Mestmäcker/*Markert/Fuchs* GWB § 19 Rn. 88).

Aus dem Wortlaut folgt, dass ausschließlich **Unternehmen** (→ Rn. 26) betrof- 31 fen sind. Eine nicht gerechtfertigte Ungleichbehandlung von Verbrauchern dürfte aber in der Regel den Tatbestand des Abs. 1 S. 1 erfüllen (BerlKommEnergieR/*Weyer* EnWG § 30 Rn. 51). Unter Anwendung der kartellrechtlichen Fallgruppen sind Unternehmen **gleichartig**, die auf einer bestimmten Wirtschaftsstufe im Wesentlichen gleiche unternehmerische Tätigkeit und wirtschaftliche Funktion im Hinblick auf eine bestimmte Art von Waren oder gleichwertige Leistungen ausüben (Elspas/Graßmann/Rasbach/*Böhme* EnWG § 30 Rn. 38; NK-EnWG/*Wahlhäuser* § 30 Rn. 39; Theobald/Kühling/*Boos* EnWG § 30 Rn. 26; Baur/Salje/Schmidt-Preuß Energiewirtschaft/*Schütte* Rn. 24). Dabei ist eine eher grobe Einteilung vorzunehmen, um sodann die sachliche Rechtfertigung prüfen zu können (Elspas/Graßmann/Rasbach/*Böhme* EnWG § 30 Rn. 38; Baur/Salje/Schmidt-Preuß Energiewirtschaft/*Schütte* Rn. 24). Es ist nicht erforderlich, dass die Unternehmen zu-

§ 30 Teil 3. Regulierung des Netzbetriebs

einander in einem Wettbewerbsverhältnis stehen (Theobald/Kühling/*Boos* EnWG § 30 Rn. 26; NK-EnWG/*Wahlhäuser* § 30 Rn. 39). In der Energiewirtschaft sind Unternehmen auf einer Wertschöpfungsstufe (Erzeugung, Gewinnung, Großhandel, Einzelhandel, Netzbetreiber) und Unternehmen, die die gleiche Marktrolle einnehmen (zB Bilanzkreisverantwortliche, Regelenergieanbieter), gleichartig.

32 Eine **sachliche Rechtfertigung** kann sich aus gesetzlichen Vorschriften ergeben, die die Ungleichbehandlung vorgeben (NK-EnWG/*Wahlhäuser* § 30 Rn. 41; BerlKommEnergieR/*Weyer* EnWG § 30 Rn. 84). Im Übrigen ist für eine sachliche Rechtfertigung eine Abwägung der Interessen der Beteiligten, die unter Berücksichtigung der Zielsetzung nach § 1 durchzuführen (NK-EnWG/*Wahlhäuser* § 30 Rn. 41; BerlKommEnergieR/*Weyer* EnWG § 30 Rn. 85). Bei Entgelten kann insbesondere die faire Wälzung der Kosten eine sachliche Rechtfertigung darstellen (vgl. BerlKommEnergieR/*Weyer* EnWG § 30 Rn. 86), so dass zB eine Differenzierung der Netznutzungsentgelte anhand der genutzten Netzebenen sachlich gerechtfertigt ist. Rechtfertigungsgründen können auch in besonderen Eigenschaften des benachteiligten Unternehmens liegen, zB fehlende Kreditwürdigkeit oder schwerwiegende Vertragsverletzungen (BerlKommEnergieR/*Weyer* EnWG § 30 Rn. 89). Der Abschluss eines Vergleichs kann gerechtfertigt zur Vermeidung eines Rechtsstreits mit objektiv geringen Erfolgsaussichten gerechtfertigt sein (OLG Celle Urt. v. 5. 6. 2014 – 13 U 144/13, EnWZ 2014, 422 Rn. 47). Ebenso wenig muss der Netzbetreiber, der in einem Zivilprozess gegenüber einem einzelnen Netznutzer unterliegt, anschließend alle Netznutzer entsprechend behandeln (Theobald/Kühling/*Boos* EnWG § 30 Rn. 27). Dies folgt bereits daraus, dass Gerichtsentscheidungen nur inter partes wirken. Die **Darlegungs- und Beweislast** für die Ungleichbehandlung rechtfertigende Umstände trägt der Netzbetreiber, denn der Ungleichbehandlung gleicher Sachverhalte wohnt bereits eine negative Indizwirkung für die Interessenabwägung inne (Elspas/Graßmann/Rasbach/*Böhme* EnWG § 30 Rn. 41; BerlKommEnergieR/*Weyer* EnWG § 30 Rn. 90; NK-EnWG/*Wahlhäuser* § 30 Rn. 42; Baur/Salje/Schmidt-Preuß Energiewirtschaft/*Schütte* Rn. 27).

33 Ein horizontales Diskriminierungsverbot findet sich neben Abs. 1 S. 2 Nr. 3 in zahlreichen **weiteren Vorschriften des EnWG** und den nachgelagerten Verordnungen, aber auch im **Europarecht**. Zwar sind diese Regelungen zum Teil spezieller als Abs. 1 S. 2 Nr. 3, sind aber Ausdruck des gleichen Grundsatzes. Sie schließen daher eine Anwendung des Abs. 1 S. 2 Nr. 3 nicht aus.

34 **d) Vertikales (internes) Diskriminierungsverbot (Abs. 1 S. 2 Nr. 4).** Mit Abs. 1 S. 2 Nr. 4 wird das Verbot externer Diskriminierung um das **Verbot vertikaler Diskriminierung** ergänzt. Der gleiche Grundsatz findet sich in den entflechtungsrechtlichen Vorgaben, die neben Abs. 1 S. 2 Nr. 4 anwendbar sind.

35 Beim Diskriminierten muss es sich um ein **anderes Unternehmen** handeln (→ Rn 26). Die Bevorzugung muss entweder zugunsten des Netzbetreibers selbst oder aber zugunsten eines nach § 3 Nr. 38 **verbundenen Unternehmen** wirken. Maßgeblich sind demnach die Vorgaben der EG-Fusionskontroll-VO (vgl. § 3 Nr. 38).

36 Regelungsgegenstand des Diskriminierungsverbots ist der Zugang zu **Waren und Leistungen** des Energieversorgungsnetzbetreibers. Laut Gesetzesbegründung handelt es sich dabei um den Netzanschluss und den Netzzugang (vgl. BT-Drs. 15/3917, 63: Verweis auf §§ 17 Abs. 1, 21 Abs. 1). Die **Zugangsbedingungen** und Entgelte für den Netzanschluss und den Netzzugang dürfen nicht ungünstiger sein als diejenigen Bedingungen und Entgelte, die der Netzbetreiber sich selbst oder

verbundenen Unternehmen einräumt. Eine Diskriminierung ist jedenfalls gegeben, wenn die günstigeren Bedingungen oder Entgelte formal an den Netzbetreiber oder die Verbundenheit des Unternehmens mit dem Netzbetreiber anknüpft (NK-EnWG/*Wahlhäuser* EnWG § 30 Rn. 47; BerlKommEnergieR/*Weyer* EnWG § 30 Rn. 105). Es reicht aber auch aus, wenn der Netzbetreiber die Geltung von günstigeren Bedingungen oder Entgelten an andere Bedingungen knüpft, die faktisch vor allem für ihn selbst oder verbundene Unternehmen zutreffen (NK-EnWG/ *Wahlhäuser* § 30 Rn. 47; BerlKommEnergieR/*Weyer* EnWG § 30 Rn. 105), zB wenn ein Netzbetreiber bestimmte günstige Bedingungen von einer Mindesterzeugungskapazität in seinem Netzgebiet abhängig macht, die nur vom verbundenen Unternehmen erreicht wird.

Ebenso wie bei dem Verbot der externen Diskriminierung liegt kein miss- 37 bräuchliches Verhalten vor, wenn die Ungleichbehandlung **sachlich gerechtfertigt** ist (→ Rn. 32). Dies ist nicht auf „Bedingungen" im engeren Sinne beschränkt, sondern gilt auch für „Entgelte" (NK-EnWG/*Wahlhäuser* § 30 Rn. 48). Die **Darlegungs- und Beweislast** für die rechtfertigenden Umstände trägt der Netzbetreiber (BT-Drs. 15/3917, 63; NK-EnWG/*Wahlhäuser* § 30 Rn. 49; Baur/ Salje/Schmidt-Preuß Energiewirtschaft/*Schütte* Rn. 37). Eine Rechtfertigung kann sich aber keinesfalls aus der Verbundenheit des bevorzugten Unternehmens mit dem Netzbetreiber ergeben.

e) Ausbeutungsmissbrauch (Abs. 1 S. 2 Nr. 5). Beim Regelbeispiel des 38 Abs. 1 S. 2 Nr. 5 handelt es sich um einen sog. „Ausbeutungsmissbrauch". Die Regelung hat den **Zweck**, die Marktgegenseite vor nicht wettbewerbsanalogen Entgelten und Geschäftsbedingungen zu schützen (vgl. BerlKommEnergieR/*Weyer* EnWG § 30 Rn. 108). Der Gesetzgeber unterscheidet zwischen dem Preismissbrauch („Entgelte") und dem Konditionsmissbrauch („sonstige Geschäftsbedingungen"). Dem Wortlaut nach ist Abs. 1 S. 2 Nr. 5 auf den **Netzzugang** beschränkt. Ausbeutungsmissbrauch beim **Netzanschluss** ist aber von der Generalklausel des Abs. 1 S. 1 erfasst.

Im Hinblick auf den **Preismissbrauch** ist der Anwendungsbereich gering. 39 Denn die Erlösobergrenzen aus der Anreizregulierung und die genehmigten Entgelte gelten als sachlich gerechtfertigt (→ Rn. 4). Der Ausnahmefall des Abs. 1 S. 3 (Abweichung von Grundsatz der Kostenorientierung) hat praktisch keinen Anwendungsfall (Elspas/Graßmann/Rasbach/*Böhme* EnWG § 30 Rn. 49; Theobald/Kühling/*Boos* EnWG § 30 Rn. 34; Baur/Salje/Schmidt-Preuß Energiewirtschaft/ *Schütte* Rn. 42). Ein Anwendungsbereich findet Abs. 1 S. 2 Nr. 5 aber bei **geschlossenen Verteilernetzen** nach § 110, da diese nach § 110 Abs. 1 nicht der Ex-ante-Entgeltregulierung unterfallen. Allerdings findet die Vermutung des § 110 Abs. 4 S. 2, wonach ein Entgelt als rechtmäßig gilt, wenn es nicht höher ist als das Nutzungsentgelt des vorgelagerten Netzbetreibers für dieselbe Netz- oder Umspannebene (→ § 110 Rn. 80 ff.), auch im Rahmen von Abs. 1 S. 2 Nr. 5 Anwendung. Andernfalls würde sie ins Leere laufen. Weitere Anwendungsfälle sind Entgelte für **neue Gasinfrastruktur** (§ 28a EnWG) oder **neue Interkonnektoren** (Art. 63 Elt-VO 19) (BerlKommEnergieR/*Weyer* EnWG § 30 Rn. 116).

Als **sonstige Geschäftsbedingungen** unterliegen beispielsweise Vereinbarun- 40 gen über Sicherheitsleistungen oder Vorauszahlungen, Kündigungsfristen, Haftungsausschlüsse, Freizeichnungsklauseln, der Abschluss von Netznutzungsverträgen, Anschlusskosten und Baukostenzuschüssen (Theobald/Kühling/*Boos* EnWG § 30 Rn. 37) der Missbrauchsaufsicht (Baur/Salje/Schmidt-Preuß Energiewirt-

§ 30 Teil 3. Regulierung des Netzbetriebs

schaft/*Schütte* Rn. 45). Allerdings ist der praktische Anwendungsbereich aufgrund der zunehmenden Ex-ante-Regulierung der Netzzugangsbedingungen ebenfalls gering (→ Rn. 5; vgl. Elspas/Graßmann/Rasbach/*Böhme* EnWG § 30 Rn. 50).

41 Die Geschäftsbedingungen sind **missbräuchlich**, wenn sie von denen abweichen, die sich bei wirksamen Wettbewerb mit hoher Wahrscheinlichkeit ergeben würden. Dabei ist eine Gesamtbetrachtung der Vertragsbedingungen vorzunehmen (Elspas/Graßmann/Rasbach/*Böhme* EnWG § 30 Rn. 51; NK-EnWG/*Wahlhäuser* § 30 Rn. 52; vgl. zur Fernwärme: BGH Besch. v. 6.11.1984 – KVR 13/83, NJW 1986, 846, 847 – Favorit). Während mit der Anreizregulierung für die Netzentgelte ein Wettbewerb simuliert wird, stellt sich der Vergleichsmaßstab eines wirksamen Wettbewerbs für die sonstigen Geschäftsbedingungen als problematisch heraus (NK-EnWG/*Wahlhäuser* § 30 Rn. 57; Baur/Salje/Schmidt-Preuß Energiewirtschaft/*Schütte* Rn. 45). Denn der Netzbetrieb als natürliches Monopol unterscheidet sich stark von wettbewerblichen Märkten. Ein Rückgriff auf die Wertungen des AGB-Rechts (so NK-EnWG/*Wahlhäuser* § 30 Rn. 55; Baur/Salje/Schmidt-Preuß Energiewirtschaft/*Schütte* Rn. 45) übrzeugt nicht, da das AGB-Recht über die Bedingungen eines wirksamen Wettbewerbs hinausgeht. Nach der kartellrechtlichen Rechtsprechung ist der Vergleich mit einem anderen Monopolunternehmen zulässig, wobei Unterschiede zwischen den Vergleichsmaßstäben durch Zu- und Abschläge einschließlich eines Erheblichkeitszuschlags auszugleichen sind (BGH Urt. v. 7.12.2010 – KZR 5/10, NJW-RR 2011, 774 Rn. 32 – Entega II; Beschl. v. 28.6.2005 – KVF 17/04, NVwZ 2006, 853, 855 – Stadtwerke Mainz).

42 Abweichende Geschäftsbedingungen sind nur missbräuchlich, wenn sie nicht **sachlich gerechtfertigt** sind. Insoweit gilt das Gleiche wie bei Abs. 1 S. 2 Nr. 3 und Nr. 4 (→ Rn. 32). Allerdings ist die Frage der **Beweislast** ungeklärt (Elspas/Graßmann/Rasbach/*Böhme* EnWG § 30 Rn. 53). So wird vertreten, dass derjenige, der sich auf den Missbrauch beruft, die Darlegungs- und Beweislast trägt (NK-EnWG/*Wahlhäuser* § 30 Rn. 59; BerlKommEnergieR/*Weyer* EnWG § 30 Rn. 126). Wortlaut und Indizwirkung der Abweichung vom wettbewerblichen Geschäftsbedingungen sprechen indessen dafür, dass der Netzbetreiber die Beweislast für die Rechtfertigung seines Verhaltens trägt.

43 **f) Strukturmissbrauch (Abs. 1 S. 2 Nr. 6).** Nach Abs. 1 S. 2 Nr. 6 liegt ein Missbrauch vor, wenn der Energieversorgungsnetzbetreiber ungünstigere Entgelte oder sonstige Geschäftsbedingungen fordert, als er sie selbst auf vergleichbaren Märkten von gleichartigen Abnehmern fordert. Dieser sog. **Strukturmissbrauch** stellt einen Unterfall des Ausbeutungsmissbrauchs dar (vgl. BerlKommEnergieR/*Weyer* EnWG § 30 Rn. 135). In methodischer Hinsicht kommt eine Variante des **räumlichen Vergleichsmarktkonzeptes** zum Zuge (Elspas/Graßmann/Rasbach/*Böhme* EnWG § 30 Rn. 54), wobei als Besonderheit das eigene Verhalten auf vergleichbaren Märkten zum Vergleich herangezogen wird (Baur/Salje/Schmidt-Preuß Energiewirtschaft/*Schütte* Rn. 50). Ziel ist, eine kostenverursachungsgerechte Preisbildung zu gewährleisten und eine **Quersubventionierung** bestimmter Kundengruppen durch andere Kundengruppen zu vermeiden. Zwar tritt die Missbrauchsaufsicht hinter die Genehmigung von Netzentgelten zurück (→ Rn. 4). Da meist aber lediglich Erlösobergrenzen festgelegt werden, unterliegt die Preisbildung für die einzelnen Angebote des Netzbetreibers der Missbrauchsaufsicht. Kein Verstoß liegt selbstverständlich vor, wenn ein günstigeres Entgelt durch eine Rechtsvorschrift (zB §§ 17 Abs. 2a, 19 StromNEV, § 20 GasNEV) vorgesehen ist (Theobald/Kühling/*Boos* EnWG § 30 Rn. 39). Hinsichtlich der **sachlichen Rechtfertigung**

der Entgelte oder Geschäftsbedingungen trifft den Netzbetreiber die **Darlegungs- und Beweislast** (Theobald/Kühling/*Boos* EnWG § 30 Rn. 39; Elspas/Graßmann/ Rasbach/*Böhme* EnWG § 30 Rn. 56; BerlKommEnergieR/*Weyer* EnWG § 30 Rn. 140; Baur/Salje/Schmidt-Preuß Energiewirtschaft/*Schütte* Rn. 50).

II. Entscheidung der Regulierungsbehörde (Abs. 2 und 3)

Mit Abs. 2 besteht eine **Eingriffsermächtigung**, die der Regulierungsbehörde 44 unterschiedliche Handlungsoptionen gibt, um gegen ein missbräuchliches Verhalten vorzugehen. Im Gegensatz zum Bußgeld (§ 95) und zur Vorteilsabschöpfung (§ 33) ist das Ziel, den Missbrauch abzustellen, in die Zukunft gerichtet und kommt bereits bei drohender Zuwiderhandlung in Betracht (vgl. zu § 32 GWB Immenga/ Mestmäcker/*Emmerich* GWB § 32 Rn. 9).

Alle Verpflichtungen nach Abs. 2 stehen im **pflichtgemäßem Ermessen** 45 („kann") der Regulierungsbehörde. Das betrifft zunächst das „Ob" einer Verpflichtung **(Entschließungsermessen)** (BGH Urt. v. 15.5.2012 – EnZR 105/10, NJW 2012, 3092 Rn. 29 – Stromnetznutzungsentgelte V; NK-EnWG/*Wahlhäuser* § 30 Rn. 68; Theobald/Kühling/*Boos* EnWG § 30 Rn. 54; Baur/Salje/Schmidt-Preuß Energiewirtschaft/*Schütte* Rn. 54). Dabei sind vor allem öffentliche Belange – va die Zwecke und Ziele nach § 1 – mit den Belangen des betroffenen Netzbetreibers abzuwägen. Die privaten Belange Dritter sind ebenfalls zu berücksichtigen, fallen aber wenig ins Gewicht. Die Regulierungsbehörde kann Dritte darauf verweisen, ihre Interessen im Wege eines besonderen Missbrauchsverfahrens oder auf dem Zivilrechtsweg durchzusetzen (OLG Düsseldorf Beschl. v. 28.10.2020 – VI-3 Kart 867/19 [V], Abschn. 3.1, nv). Hinsichtlich des „Wie" der Verpflichtung **(Auswahlermessen)** unterscheidet Abs. 2 zwischen einer Abstellungsverfügung (S. 1) und der Anordnung von Maßnahmen (S. 2). In jedem Fall muss die Maßnahme **verhältnismäßig** sein (Theobald/Kühling/*Boos* EnWG § 30 Rn. 48; → Rn. 49f.).

1. Verpflichtung zum Abstellen der Zuwiderhandlung (Abs. 2 S. 1). 46
Nach Abs. 2 S. 1 hat die Regulierungsbehörde die Möglichkeit, einen Energieversorgungsnetzbetreiber dazu zu verpflichten, die Zuwiderhandlung abzustellen. Dabei ist der **Bestimmtheitsgrundsatz** gem. § 37 Abs. 1 VwVfG zu beachten (vgl. Elspas/Graßmann/Rasbach/*Böhme* EnWG § 30 Rn. 60; NK-EnWG/*Wahlhäuser* § 30 Rn. 69). Der Adressat muss aus dem verfügenden Teil im Zusammenhang mit den Gründen vollständig, klar und eindeutig erkennen können, was von ihm gefordert wird (OLG Düsseldorf Beschl. v. 19.3.2014 – VI-3 Kart 64/13 (V), RdE 2016, 539, Rn. 26; vgl. auch zu § 65: BGH Urt. v. 27.10.2020 – EnVR 107/19, Rn. 12f.). Zentral ist daher die konkrete Feststellung des missbräuchlichen Verhaltens, damit der Netzbetreiber anhand der Verfügung erkennen kann, welches Verhalten er künftig zu unterlassen hat (vgl. Elspas/Graßmann/Rasbach/*Böhme* EnWG § 30 Rn. 59; NK-EnWG/*Wahlhäuser* § 30 Rn. 69). Dabei ist auch zu berücksichtigen, dass der Adressat als Netzbetreiber über energiewirtschaftliches Fachwissen verfügt. Es ist nicht erforderlich, dass die Regulierungsbehörde dem Netzbetreiber ein konkretes alternatives Verhalten vorschreibt (OLG Düsseldorf Beschl. v. 19.3.2014 – VI-3 Kart 64/13 (V), RdE 2016, 539, Rn. 26). Es kann im Gegenteil sogar geboten sein, dem Interesse des Adressaten Rechnung zu tragen, selbst zu bestimmen, auf welche Weise er die Zuwiderhandlung abstellt, so dass auch die Vorgabe, einen bestimmten Vertrag unter „angemessenen" Bedingungen abzuschließen, ausreichend bestimmt sein kann (OLG Düsseldorf Beschl. v. 8.11.2006 –

§ 30

3 Kart 291/06, Rn. 22). Eine Unterlassungsverfügung kommt nicht nur in Frage, wenn das missbräuchliche Verhalten noch andauert, sondern auch, wenn ein Verstoß **unmittelbar bevorsteht** (Elspas/Graßmann/Rasbach/*Böhme* EnWG § 30 Rn. 59). Hat das Unternehmen dagegen das missbräuchliche Verhalten von sich aus beendet, kommt eine Verfügung nach Abs. 2 nicht in Betracht (NK-EnWG/ *Wahlhäuser* § 30 Rn. 71; vgl. zur Feststellungsentscheidung → Rn. 52).

47 **2. Anordnung von Maßnahmen (Abs. 2 S. 2 und 3).** Nach Abs. 2 S. 2 kann die Regulierungsbehörde alle Maßnahmen aufgeben, die erforderlich sind, um die **Zuwiderhandlung wirksam abzustellen.** Sie kann damit nicht nur Verbote, sondern auch Gebote aussprechen, um das missbräuchliche Verhalten zu beseitigen. Das kann insbesondere dann erforderlich sein, wenn eine Unterlassungsverfügung nach Abs. 2 S. 1 nicht ausreicht. Abs. 2 S. 2 steht aber nicht in einem Nachrangigkeitsverhältnis zu Abs. 2 S. 1 (Elspas/Graßmann/Rasbach/*Böhme* EnWG § 30 Rn. 57). Ebenso wie bei Abs. 2 S. 1 hat die Behörde den Bestimmtheitsgrundsatz nach § 37 Abs. 1 VwVfG einzuhalten (→ Rn. 46; NK-EnWG/*Wahlhäuser* § 30 Rn. 75). Die Anordnung von Maßnahmen kommt nur bei noch andauerndem Verstoß des Netzbetreibers in Betracht (OLG Düsseldorf Beschl. v. 6.4.2011 – 3 Kart 133/10, RdE 2011, 265, Rn. 53).

48 Die Behörde kann grundsätzlich alle möglichen Maßnahmen treffen. Insbesondere in Fällen, in denen das missbräuchliche Verhalten in einem Unterlassen des Netzbetreibers besteht, kann die Behörde ein positives Tun anordnen. Einen Unterfall davon – die rechtswidrige Verweigerung eines **Netzanschlusses oder Netzzugangs** – hat das Gesetz in Abs. 2 S. 2 Nr. 2 ausdrücklich geregelt. Ferner kann die Behörde insbesondere **Änderungen an rechtswidrigen Entgelten oder Netzanschluss- und Zugangsbedingungen** verlangen (Abs. 2 S. 2 Nr. 1). Bestehen mehrere rechtmäßige Alternativen, kann die Behörde unter Umständen auch Vorgaben dazu machen, welche Alternative der Netzbetreiber wählen muss.

49 Der Gesetzgeber hat jedoch mit zwei weiteren Merkmalen diese weitere Anordnungsermächtigung eingeschränkt. Zum einen muss die angeordnete Maßnahme zu einer **wirksamen** Beseitigung des Missbrauchs führen (OLG Düsseldorf Beschl. v. 10.1.2018 – VI-3 Kart 1067/16 (V), RdE 2018, 253 Rn. 69). Zum anderen muss die Maßnahme **erforderlich** sein, um den Missbrauch abzustellen. Erforderlich ist eine Maßnahme nur dann, wenn sie unter mehreren möglichen und gleich geeigneten Mitteln das mildeste darstellt (OLG Düsseldorf Beschl. v. 10.1.2018 – VI-3 Kart 1067/16 (V), RdE 2018, 253 Rn. 69). Die Anordnung eines Netzanschlusses ist nicht erforderlich, wenn derjenige, der den Netzanschluss begehrt, noch bei Weitem nicht anschlussbereit ist (OLG Düsseldorf Beschl. v. 25.6.2008 – IV-3 Kart 210/07, Rn. 49). Die Anforderungen an die Erforderlichkeit dürfen aber nicht überdehnt werden. Im Vordergrund steht die wirksame Beseitigung des Missbrauchs. Allein die Gesprächsbereitschaft des Netzbetreibers macht daher Anordnungen der Regulierungsbehörde nicht entbehrlich (OLG Stuttgart Beschl. v. 12.1.2012 – 202 EnWG 8/11).

50 Darüber hinaus muss die Anordnung – wie jeder staatliche Eingriff – auch **verhältnismäßig im engeren Sinne** sein. Entsprechende Erwägungen sind im Rahmen der Ermessensausübung anzustellen. Bei der Anordnung von Maßnahmen kann es daher erforderlich sein, eine aufschiebende Bedingung oder Umsetzungsfrist vorzusehen (BerlKommEnergieR/*Weyer* EnWG § 30 Rn. 144; NK-EnWG/ *Wahlhäuser* § 30 Rn. 75). Dabei ist aber auch das öffentliche und private Interesse an einer schnellen Beendigung des missbräuchlichen Verhaltens zu berücksichtigen.

Daher kann vom missbräuchlich handelnden Netzbetreiber erwartet werden, dass er die Anordnung unverzüglich umsetzt und dafür nötigenfalls auch erhebliche Kosten in Kauf nimmt.

Eingriffe in die Unternehmenssubstanz (**strukturelle Maßnahmen**) sind nicht ausgeschlossen, dürften aber zumeist nicht erforderlich sein. In Anlehnung an das Kartellrecht (vgl. § 32 Abs. 2a GWB) wird diskutiert, dem Netzbetreiber aufzugeben, die durch den Missbrauch der Marktstellung **erwirtschafteten Vorteile** an die Kunden zurückzuerstatten (NK-EnWG/*Wahlhäuser* § 30 Rn. 73; ablehnend wegen der fehlenden Bestimmtheit einer solchen Verfügung *Säcker* RdE 2006, 65). Für eine solche Verfügung dürfte wegen der Schadensersatzansprüche nach § 32 oder dem BGB keine Notwendigkeit bestehen, zumal die Entscheidung der Regulierungsbehörde dem Kunden keinen vollstreckbaren Titel verschafft.

3. Feststellungsentscheidung (Abs. 3). Die Regulierungsbehörde kann gemäß Abs. 3 das **missbräuchliche Verhalten feststellen,** wenn ein berechtigtes Interesse besteht. Dieser mit der EnWG-Novelle 2021 eingefügte Absatz hat klarstellende Funktion und entspricht inhaltlich § 65 Abs. 3 (BT-Drs. 19/27453, 120; → § 65 Rn. 26f.; s. zur Anwendung in besonderen Missbrauchsverfahren → § 31 Rn. 30).

4. Verfahren. Zuständig für das Missbrauchsverfahren nach Abs. 2 ist die Regulierungsbehörde. Die Abgrenzung der Zuständigkeit zwischen BNetzA und den LRegB ist in § 54 Abs. 1, 2 S. 1 Nr. 8, S. 2 geregelt. Innerhalb der BNetzA wird die Entscheidung von einer Beschlusskammer getroffen (§ 59 Abs. 1 S. 1).

§ 30 beinhaltet kein eigenes **Verfahrensrecht.** Die §§ 66 ff. sind ergänzend anwendbar (BT-Drs. 15/3917, 63; NK-EnWG/*Wahlhäuser* § 30 Rn. 67; BerlKomm-EnergieR/*Weyer* EnWG § 30 Rn. 22).

Das Verfahren wird **von Amts wegen** eingeleitet (NK-EnWG/*Wahlhäuser* § 30 Rn. 77). Ein gleichwohl gestellter „**Antrag**" (vgl. BT-Drs. 15/3917, 63) ist unschädlich. Im Gegensatz zu § 31 (§ 31 → Rn. 16) besteht kein Anspruch auf Einschreiten der Regulierungsbehörde nach Abs. 2 (OLG Düsseldorf Beschl. v. 28.10.2020 – VI-3 Kart 876/19 [V], Abschn. 3.1, nv; Beschl. v. 23.6.2021 – VI-3 Kart 206/20 [V], Abschn. 3.1, nv; Theobald/Kühling/*Boos* EnWG § 30 Rn. 45). Die Regulierungsbehörde entscheidet im Rahmen ihres Ermessens über die Einleitung und die Entscheidung, wenn Anhaltspunkte für ein missbräuchliches Verhalten vorliegen (NK-EnWG/*Wahlhäuser* EnWG § 30 Rn. 68).

Die **Verfahrensbeteiligung** richtet sich nach § 66 Abs. 2. Verfahrensbeteiligter ist stets der Netzbetreiber, gegen den sich das Missbrauchsverfahren richtet (§ 66 Abs. 2 Nr. 2). Andere Personen oder Personenvereinigungen können gegebenenfalls auf Antrag **beigeladen** werden (§ 66 Abs. 2 Nr. 3).

Es gilt der **Amtsermittlungsgrundsatz** gem. § 24 VwVfG (OLG Düsseldorf Beschl. v. 5.11.2014 – VI-3 Kart 63/13 (V), Rn. 69; Beschl. v. 9.1.2019 – VI-3 Kart 81/16 (V), Rn. 74). Der Regulierungsbehörde stehen die Ermittlungskompetenzen nach §§ 68, 69 und 70 zur Verfügung.

Es gelten **Anhörungsrechte** nach § 67. Die Verfahrensbeteiligten müssen Gelegenheit erhalten, zu den wesentlichen rechtlichen und tatsächlichen Umständen Stellung zu nehmen. Die Regulierungsbehörde kann nach ihrem Ermessen eine **mündliche Verhandlung** durchführen. Es gibt keinen Anspruch eines Verfahrensbeteiligten auf eine mündliche Verhandlung (→ § 67 Rn. 12). Die Übersendung eines Beschlussentwurfes an die Verfahrensbeteiligten ist nicht erforderlich.

Die **Beweislast** liegt grundsätzlich bei der Regulierungsbehörde. Soweit es aber auf das Vorliegen von Rechtfertigungsgründen ankommt, trägt der Netzbetreiber

§ 31 Teil 3. Regulierung des Netzbetriebs

die Beweislast (zu § 17 Abs. 2: BGH Beschl. v. 23.6.2009 – EnVR 48/08, RdE 2009, 336 Rn. 20f.; → Rn. 27, 28, 32, 37, 42, 43).

60   Die Regulierungsbehörde kann **vorläufige Anordnungen** treffen (§ 72). Die Entscheidung ergeht **schriftlich**, ist zu **begründen** und **zuzustellen** (§ 73 Abs. 1). Die Zustellung durch öffentliche Bekanntmachung nach § 73 Abs. 1a dürfte in der Regel ausscheiden. Ergeht keine Entscheidung, ist die Beendigung des Verfahrens den Beteiligten schriftlich mitzuteilen (§ 73 Abs. 2). Die Entscheidung ist ferner auf der Internetseite und im Amtsblatt der Regulierungsbehörde zu **veröffentlichen** (§ 74 S. 1). Der **Schutz von Betriebs- und Geschäftsgeheimnissen** richtet sich nach § 71.

61   Eine Entscheidung nach Abs. 2 ist eine **kostenpflichtige Amtshandlung** (§ 91 Abs. 1 S. 1 Nr. 4). Der Gebührenrahmen beträgt zwischen 2.500 und 180.000 EUR (§ 2 EnWGKostV, Anlage Nr. 6). Die Regulierungsbehörde kann den Beteiligten ferner die Kosten einer Beweiserhebung den Beteiligten nach billigem Ermessen aufgeben (§ 73 Abs. 3). Stellt der Netzbetreiber ein missbräuchliches Verhalten ab, bevor die Regulierungsbehörde eine Entscheidung getroffen hat, ist die Hälfte der Gebühr zu entrichten (§ 91 Abs. 2a EnWG, § 2 EnWGKostV, Anlage Nr. 22).

62   Die **Vollstreckung** einer Verfügung nach Abs. 2 richtet sich nach dem VwVG (NK-EnWG/*Wahlhäuser* Rn. 70). Das Nichtbefolgen einer vollziehbaren Anordnung nach Abs. 2 kann ferner mit einem **Bußgeld** bis zu einer Höhe von 1 Mio. EUR geahndet werden (§ 95 Abs. 1 Nr. 3, Abs. 2 S. 1, → § 95 Rn. 16).

C. Rechtsschutz

63   Gegen eine Verfügung nach Abs. 2 kann der Netzbetreiber **Anfechtungsbeschwerde** erheben (§ 75 Abs. 1; → § 75 Rn. 4ff.). Die Beschwerde hat keine aufschiebende Wirkung. Die **Verpflichtungsbeschwerde** (→ § 75 Rn. 15ff.) ist hingegen nicht statthaft. Mangels Anspruchs auf eine Missbrauchsverfügung (→ Rn. 55) fehlt es Dritten an der Beschwerdebefugnis (Theobald/Kühling/*Boos* EnWG § 30 Rn. 64; OLG Düsseldorf Beschl. v. 28.10.2020 – VI-3 Kart 876/19 [V], Abschn. 3.1 u. 3.3., nv; Beschl. v. 23.6.2021 – VI-3 Kart 206/20 [V], Abschn. 3.1, nv). Der Netzbetreiber wiederum hat keinen Anspruch auf einen „Freispruch", also eine förmliche Entscheidung, dass kein missbräuchliches Verhalten festgestellt wurde. Allein die Einleitung eines Missbrauchsverfahrens begründet kein Rechtsschutzinteresse des Netzbetreibers. Vielmehr ist es ihm zuzumuten, das Ende des Verfahrens abzuwarten. Im Falle der nachträglichen Erledigung spricht das Gericht auf Antrag aus, ob und in welchem Umfang und bis zu welchem Zeitpunkt die Entscheidung begründet gewesen ist (§ 83 Abs. 3, → § 83 Rn. 25f.).

§ 31 Besondere Missbrauchsverfahren der Regulierungsbehörde

(1) ¹**Personen und Personenvereinigungen, deren Interessen durch das Verhalten eines Betreibers von Energieversorgungsnetzen erheblich berührt werden, können bei der Regulierungsbehörde einen Antrag auf Überprüfung dieses Verhaltens stellen.** ²**Diese hat zu prüfen, inwieweit das Verhalten des Betreibers von Energieversorgungsnetzen mit den Vorgaben in den Bestimmungen der Abschnitte 2 und 3 oder der auf dieser Grundlage erlassenen Rechtsverordnungen sowie den nach § 29 Abs. 1 festgeleg-**

ten oder genehmigten Bedingungen und Methoden übereinstimmt. ³Soweit das Verhalten des Betreibers von Energieversorgungsnetzen nach § 23 a genehmigt ist, hat die Regulierungsbehörde darüber hinaus zu prüfen, ob die Voraussetzungen für eine Aufhebung der Genehmigung vorliegen. ⁴Interessen der Verbraucherzentralen und anderer Verbraucherverbände, die mit öffentlichen Mitteln gefördert werden, werden im Sinne des Satzes 1 auch dann erheblich berührt, wenn sich die Entscheidung auf eine Vielzahl von Verbrauchern auswirkt und dadurch die Interessen der Verbraucher insgesamt erheblich berührt werden.

(2) ¹Ein Antrag nach Absatz 1 bedarf neben dem Namen, der Anschrift und der Unterschrift des Antragstellers folgender Angaben:
1. Firma und Sitz des betroffenen Netzbetreibers,
2. das Verhalten des betroffenen Netzbetreibers, das überprüft werden soll,
3. die im Einzelnen anzuführenden Gründe, weshalb ernsthafte Zweifel an der Rechtmäßigkeit des Verhaltens des Netzbetreibers bestehen und
4. die im Einzelnen anzuführenden Gründe, weshalb der Antragsteller durch das Verhalten des Netzbetreibers betroffen ist.

²Sofern ein Antrag nicht die Voraussetzungen des Satzes 1 erfüllt, weist die Regulierungsbehörde den Antrag als unzulässig ab.

(3) ¹Die Regulierungsbehörde entscheidet innerhalb einer Frist von zwei Monaten nach Eingang des vollständigen Antrags. ²Diese Frist kann um zwei Monate verlängert werden, wenn die Regulierungsbehörde zusätzliche Informationen anfordert. ³Mit Zustimmung des Antragstellers ist eine weitere Verlängerung dieser Frist möglich. ⁴Betrifft ein Antrag nach Satz 1 die Entgelte für den Anschluss größerer neuer Erzeugungsanlagen oder Anlagen zur Speicherung elektrischer Energie sowie Gasspeicheranlagen, so kann die Regulierungsbehörde die Fristen nach den Sätzen 1 und 2 verlängern.

(4) ¹Soweit ein Verfahren nicht mit einer den Beteiligten zugestellten Entscheidung nach § 73 Abs. 1 abgeschlossen wird, ist seine Beendigung den Beteiligten schriftlich oder elektronisch mitzuteilen. ²Die Regulierungsbehörde kann die Kosten einer Beweiserhebung den Beteiligten nach billigem Ermessen auferlegen.

Übersicht

	Rn.
A. Allgemeines	1
I. Inhalt und Zweck, europarechtliche Vorgaben, Entstehungsgeschichte	1
II. Konkurrenzen	2
B. Einzelerläuterungen	5
I. Verfahrensgegner (Abs. 1 S. 1)	5
II. Antragsberechtigung (Abs. 1 S. 1 und 4)	7
1. Person oder Personenvereinigung	7
2. Erhebliche Interessen	9
III. Prüfungspflicht (Abs. 1 S. 2 und 3)	16
IV. Materieller Prüfungsumfang (Abs. 1 S. 2 und 3)	18
V. Antragsform (Abs. 2)	21

	Rn.
VI. Entscheidungsbefugnisse der Regulierungsbehörde	27
VII. Verfahren	32
C. Rechtsschutz	36

Literatur: *Alexander,* Die Informationspflichten gemäß § 40 Abs. 1 und 2 EnWG und ihre Durchsetzung nach Energiewirtschafts-, Lauterkeits- und Vertragsrecht (§ 40 Abs. 1 und 2 EnWG), WRP 2012, 660; *Hartmann,* „Fortsetzungsfeststellungantrag" im besonderen Missbrauchsverfahren nach § 31 EnWG, IR 2007, 26; *Höch/Göge,* Das besondere Missbrauchsverfahren der Regulierungsbehörde, RdE 2006, 340; *Markert,* Die Missbrauchskontrolle nach dem Referentenentwurf für ein neues EnWG, ZNER 2004, 113; *Schütte,* Kapitel 109: Missbrauchsaufsicht (§§ 30, 31 EnWG) in Baur/Salje/Schmidt-Preuß, Regulierung in der Energiewirtschaft, 2. Aufl. 2016; *Weyer,* Das Energiewirtschaftsrecht im Jahr 2008, N&R 2009, 17; *Weyer,* Das Energiewirtschaftsrecht im Jahr 2011, N&R 2012, 72.

A. Allgemeines

I. Inhalt und Zweck, europarechtliche Vorgaben, Entstehungsgeschichte

1 Durch § 31 wurde die **europarechtliche Verpflichtung** zur Einrichtung eines **Streitbeilegungsverfahrens** für den Fall der Netzzugangsverweigerung (ursprünglich Art. 23 Abs. 5 Elt-RL 03 und Art. 25 Abs. 5 Gas-RL 03, heute Art. 60 Abs. 2 Elt-RL 19 und Art. 41 Abs. 11 Gas-RL 09) mit dem EnWG 2005 umgesetzt. Das besondere Missbrauchsverfahren nach § 31 ist ein Antragsverfahren. Die Erweiterung des europarechtlichen Anwendungsbereichs durch die Neuregelung der europäischen Grundlage im Zuge des Gesetzgebungspakets 2009 auf alle „im Rahmen dieser Richtlinie" geltenden Verpflichtungen der Netzbetreiber ist in Deutschland nicht umgesetzt worden. Praktisch ist das Umsetzungsdefizit aber klein, da mit dem Anwendungsbereich des § 31 die wesentlichen Pflichten der Netzbetreiber, die Dritte betreffen, größtenteils abgedeckt sind.

II. Konkurrenzen

2 Die **Missbrauchsverfahren nach § 30** und **§ 31** stehen in einem engen Zusammenhang. Die Überschrift von § 31 („Besonderes Missbrauchsverfahren") legt nahe, dass es sich hierbei um eine **Sonderregelung** handelt. § 31 beinhaltet **keine eigene materielle Wertung,** sondern entspricht hinsichtlich seines Prüfungsumfangs vollständig dem Missbrauchstatbestand des § 30 Abs. 1 S. 2 Nr. 1 (→ Rn. 18 ff.; NK-EnWG/*Wahlhäuser* § 31 Rn. 5). Die eigentliche Bedeutung des § 31 ist **verfahrensrechtlicher Natur.** Mit Hilfe des besonderen Missbrauchsverfahrens kann ein Dritter die Regulierungsbehörde zwingen, das Verhalten eines Netzbetreibers auf Verstöße gegen § 30 Abs. 1 S. 2 Nr. 1 zu überprüfen (vgl. BT-Drs. 15/3917, 63; BGH Beschl. v. 14. 4. 2015 – EnVR 45/13, NJOZ 2015, 1301 Rn. 19 – Zuhause-Kraftwerk).

3 Mehrere europäischen **Netzkodizes** sehen eigene Streitbeilegungsverfahren hinsichtlich der Verpflichtungen der Netzbetreiber nach der jeweiligen Verordnung vor (Art. 6 Abs. 10 SO GL, Art. 5 Abs. 8 EB-VO; Art. 7 Abs. 8 RfG NC; Art. 6 Abs. 8 DCC; Art. 5 Abs. 8 HVDC NC). Da die Netzkodizes europarechtliche Verordnungen sind, sind diese Regelungen unmittelbar anwendbar. Sie beinhalten

aber nur rudimentäre Verfahrensregeln, die zudem inhaltlich den Vorgaben aus der Elt-RL 19 für das besondere Missbrauchsverfahren entsprechen. Daher liegt es nahe, im Rahmen von Streitbeilegungsverfahren nach den europäischen Netzkodizes die Verfahrensregelungen des § 31 ergänzend anzuwenden.
Zum **Schlichtungsverfahren** → § 30 Rn. 8.   **4**

B. Einzelerläuterungen

I. Verfahrensgegner (Abs. 1 S. 1)

Das Verfahren richtet sich gegen das Verhalten des **Betreibers eines Energie- 5 versorgungsnetzes** (→ § 30 Rn. 10). Zu beachten ist insbesondere, dass das zu überprüfende Verhalten von einem Netzbetreiber ausgehen muss (vgl. BT-Drs. 15/3917, 63; BGH Beschl. v. 26.2.2019 – EnVZ 77/18, Rn. 8; NK-EnWG/*Wahlhäuser* § 31 Rn. 6; vgl. jedoch zur Marktgebietsgesellschaften BNetzA Beschl. v. 4.5.2009 – BK7-09-002, S. 7). Ist streitig, ob der Verfahrensgegner ein Energieversorgungsnetz oder eine **Kundenanlage** bzw. eine **Kundenanlagen zur betrieblichen Eigenversorgung** betreibt, ist diese Frage im Missbrauchsverfahren zu klären (vgl. zB OLG Düsseldorf Beschl. v. 26.2.2020 – 3 Kart 729/19, EnWZ 2020, 234 Rn. 117ff.; → Rn. 22). Maßgeblich ist das **Verhalten des Netzbetreibers**, gegen den sich der Antrag richtet (vgl. *Höch/Göge* RdE 2006, 340 (342)). Das Verhalten eines Dritten, das dem Netzbetreiber zuzurechnen ist (zB Vertreter oder Erfüllungsgehilfen), unterliegt ebenfalls der Überprüfung (aA NK-EnWG/*Wahlhäuser* § 31 Rn. 6). Denn der Netzbetreiber kann sich seiner Verantwortung für die ordnungsgemäße Gewährung von Netzanschluss und Netzzugang nicht dadurch entledigen, indem er sich dabei der Hilfe eines Dritten bedient.

Der Antrag kann alternativ gegen **mehrere Netzbetreiber** gerichtet sein **6** (BNetzA Beschl. v. 7.11.2011 – BK6-10-208, 10; *Weyer* N&R 2012, 72 (82); BerlKommEnergieR/*Weyer* EnWG § 31 Rn. 12; Theobald/Kühling/*Boos* EnWG § 31 Rn. 5). Das missbräuchliche Verhalten einer **Vertriebsgesellschaft** kann dagegen nicht Verfahrensgegenstand werden. Diese Beschränkung ist sachgerecht, da der Verfahrensgegenstand ausschließlich Netzbetreiberpflichten umfasst (zum Prüfungsumfang → Rn. 18ff.).

II. Antragsberechtigung (Abs. 1 S. 1 und 4)

1. Person oder Personenvereinigung. Antragsberechtigt sind entsprechend **7** § 66 Abs. 1 Nr. 3 Personen und Personenvereinigungen (vgl. auch § 54 Abs. 2 Nr. 3 GWB, § 134 Abs. 2 Nr. 2 TKG, § 12 Abs. 2 VwVfG und § 65 Abs. 1 VwGO). Personen sind **natürliche und juristische Personen** (OLG Düsseldorf Beschl. v. 12.6.2013 – VI-3 Kart 165/12 (V), EnWZ 2013, 506 Rn. 37). Ob Personengesellschaften (zB Gesellschaften des bürgerlichen Rechts) antragsberechtigt sind, ist letztlich nicht entscheidungserheblich, da ein Antrag einer Personengesellschaft jedenfalls als Antrag der Gesellschafter verstanden werden muss.

Antragsberechtigt können auch **Betreiber von Energieversorgungsnetzen** **8** sein. Weder dem Wortlaut noch dem Sinn und Zweck lässt sich ein Ausschluss entnehmen. Für eine Antragsberechtigung spricht, dass Betreiber von Energieversorgungsnetzen Anschlussnehmer und Anschlussnutzer von anderen Energieversorgungsnetzen sein können, mit denen ihr Netz verbunden ist. Sie sind darüber

§ 31 Teil 3. Regulierung des Netzbetriebs

hinaus auch Netznutzer der vorgelagerten Netze (aA OLG Düsseldorf Beschl. v. 9.1.2019 – 3 Kart 81/16 (V) Rn. 82; offengelassen BGH Beschl. v. 1.9.2020 – EnVR 7/19, WM 2021, 142 Rn. 17 – Baltic Cable AB).

9 **2. Erhebliche Interessen.** Die Antragsberechtigung setzt voraus, dass durch das Verhalten des Netzbetreibers die Interessen der Person oder Personenvereinigung im konkreten Einzelfall berührt sind. Da nach § 32 Abs. 1 S. 3 die Abschnitte 2 und 3 auch dann dem Schutz anderer Marktteilnehmer dienen, wenn sich der Verstoß nicht gezielt gegen diese richtet, ist es ausreichend, dass sich der mögliche Verstoß gegen einen außerhalb des Verfahrens nach § 31 stehenden **Dritten** richtet, wenn das gerügte Verhalten in einem konkreten und unmittelbaren Bezug zu den Interessen des Antragstellers steht und sich auch auf diesen auswirkt (OLG Düsseldorf Beschl. v. 12.6.2013 – VI-3 Kart 165/12 (V), EnWZ 2013, 506 Rn. 37; NK-EnWG/*Wahlhäuser* § 31 Rn. 12; Elspas/Graßmann/Rasbach/*Böhme* EnWG § 31 Rn. 10; Theobald/Kühling/*Boos* EnWG § 31 Rn. 14; aA *Höch/Göge* RdE 2006, 340 (342)). Reine **Popularanträge** sind demnach nicht zulässig.

10 Bei den **Personenvereinigungen** ist das jeweilige Verbandsinteresse zur Bestimmung des möglicherweise berührten Interesses entscheidend, das üblicherweise im Rahmen der satzungsgemäßen Aufgaben konkretisiert wird (NK-EnWG/*Wahlhäuser* § 31 Rn. 10; Elspas/Graßmann/Rasbach/*Böhme* EnWG § 31 Rn. 11). Es reicht aus, dass ein Teil der Verbandsmitglieder betroffen ist (Elspas/Graßmann/Rasbach/*Böhme* EnWG § 31 Rn. 11). Für **Verbraucherverbände** folgt bereits aus Abs. 1 S. 4, dass sie die Interessen der Verbraucher insgesamt geltend machen können (NK-EnWG/*Wahlhäuser* § 31 Rn. 10).

11 Es genügt die Berührung **wirtschaftlicher Interessen** (BGH Beschl. v. 17.7.2018 – EnVR 12/17, EnWZ 2018, 412 Rn. 16). Darum ist es nicht erforderlich, dass es sich bei der vom Betreiber verletzten Bestimmung um eine „Schutznorm" zugunsten des Antragstellers handelt. Die Interessen des Antragstellers müssen allerdings mit dem Gesetzeszielen des EnWG im Zusammenhang stehen (vgl. zu § 66 Abs. 2 Nr. 3 OLG Düsseldorf Beschl. v. 7.4.2006 – VI-3 Kart 161/06 (V) Rn. 9).

12 Eine **mittelbare Interessenberührung** genügt. Es ist nicht erforderlich, dass der Antragsteller in einer vertraglichen oder sonstigen unmittelbaren Beziehung zum Netzbetreiber steht. Somit sind auch Anträge gegen den Netzbetreiber zulässig, der das vorgelagerte Energieversorgungsnetz betreibt (EuGH Urt. v. 8.10.2020 – C-360/19, NVwZ-RR 2021, 152 Rn. 19 ff.).

13 Es muss sich um eine **erhebliche Interessenberührung** handeln. Dies dient dem Zweck, das Antragsrecht zu begrenzen und insbesondere Popularanträge auszuschließen (OLG Düsseldorf Beschl. v. 12.6.2013 – VI-3 Kart 165/12 (V), EnWZ 2013, 506 Rn. 38). Dies ist nicht zuletzt als Korrektiv für die weite Auslegung des Begriffs der „Interessen" notwendig (vgl. NK-EnWG/*Wahlhäuser* § 31 Rn. 11). Allerdings sind keine überhöhten Anforderungen zu stellen (OLG Düsseldorf Beschl. v. 12.6.2013 – VI-3 Kart 165/12 (V), EnWZ 2013, 506 Rn. 38; Beschl. v. 9.1.2019 – VI-3 Kart 81/16 (V), Rn. 71; Baur/Salje/Schmidt-Preuß Energiewirtschaft/*Schütte* Rn. 66). In Anlehnung an die Kriterien zur Beiladung liegt eine erhebliche Interessenberührung vor, wenn die Interessen spürbar, dh nicht bloß entfernt oder nur geringfügig berührt werden (OLG Düsseldorf Beschl. v. 16.1.2013 – VI-3 Kart 163/11, EnWZ 2013, 132 Rn. 53 f.; Elspas/Graßmann/Rasbach/*Böhme* EnWG § 31 Rn. 13; Theobald/Kühling/*Boos* EnWG § 31 Rn. 16; zur ARegV OLG Düsseldorf Beschl. v. 5.3.2014 – VI-3 Kart 61/13 (V), EnWZ 2014, 283 Rn. 38; keine erhebliche Interessenberührung bei verhältnismäßig geringfügig er-

höhten Netzentgelten BGH Beschl. v. 15.5.2012 – EnZR 105/10, NJW 2012, 3092 Rn. 27 – Stromnetznutzungsentgelt V). Ob eine erhebliche Interessenberührung vorliegt, ist im Einzelfall unter Berücksichtigung der Zwecke und Ziele des EnWG nach § 1 (OLG Düsseldorf Beschl. v. 12.6.2013 – VI-3 Kart 165/12 (V), EnWZ 2013, 506 Rn. 39; NK-EnWG/*Wahlhäuser* § 31 Rn. 13) zu beurteilen. Dabei ist ein **objektiver Maßstab** anzulegen (*Höch/Göge* RdE 2006, 340 (342)), bei dem aber die wirtschaftliche Situation des Antragstellers berücksichtigt werden muss (ähnlich Theobald/Kühling/*Boos* EnWG § 31 Rn. 17).

Verbraucherzentralen und andere **Verbraucherverbände**, die mit öffentlichen Mitteln gefördert werden, haben ein Antragsrecht nach Abs. 1 S. 4 bereits dann, wenn die wirtschaftliche Beeinträchtigung eines jeden Verbrauchers für sich genommen zwar als gering einzustufen ist, die wirtschaftliche Dimension der Entscheidung der Regulierungsbehörde aufgrund der Vielzahl der betroffenen Verbraucher insgesamt jedoch erheblich ist (BT-Drs. 15/3917, 63; NK-EnWG/ *Wahlhäuser* § 31 Rn. 2). Eine entsprechende Anwendung auf Verbände, die nicht als Verbraucherverbände zu qualifizieren sind, ist abzulehnen, da Abs. 1 S. 4 auf die spezifische Situation von Verbrauchern abstellt (offengelassen BNetzA Beschl. v. 13.8.2008 – BK7-08-003, S. 16). **14**

Aus dem im Präsens verfassten Wortlaut kann geschlossen werden, dass es sich um eine **gegenwärtige Interessenberührung** handeln muss (skeptisch Theobald/Kühling/*Boos* EnWG § 31 Rn. 20). Das besondere Missbrauchsverfahren dient nicht der Lösung abstrakter Rechtsfragen, sondern ausschließlich der Prüfung eines Verhaltens, das den Antragsteller gegenwärtig in seinen Interessen berührt und deshalb ein anerkennenswertes Bedürfnis für eine Streitbeilegung durch die Regulierungsbehörde besteht (BGH Beschl. v. 9.10.2018 – EnVR 22/17, EnWZ 2019, 20 Rn. 16 – Pooling; ähnlich *Weyer* N&R 2010, 18 (26); NK-EnWG/*Wahlhäuser* § 31 Rn. 15). Ungeklärte Streitigkeiten über die Abrechnung der Netzentgelte für vergangene Abrechnungszeiträume begründen eine gegenwärtige Interessenberührung, wenn das beanstandete Verhalten einen einheitlichen Lebenssachverhalt darstellt (BGH Beschl. v. 17.7.2018 – EnVR 12/17, EnWZ 2018, 412 Rn. 16ff.; Beschl. v. 9.10.2018 – EnVR 22/17, EnWZ 2019, 20 Rn. 23 – Pooling). Dagegen fehlt die Gegenwärtigkeit, wenn ein Begehren verfolgt wird, das einer Streitschlichtung nicht mehr oder noch nicht zugänglich ist (NK-EnWG/*Wahlhäuser* § 31 Rn. 14). Insbesondere dient das Missbrauchsverfahren nicht einer nachträglichen Überprüfung im Sinne eines Fortsetzungsfeststellungsbegehrens (OLG Düsseldorf Beschl. v. 18.1.2017 – VI-3 Kart 183/15 (V), EnWZ 2017, 228 Rn. 73; BerlKommEnergieR/*Weyer* EnWG § 31 Rn. 10f.; aA *Hartmann* IR 2007, 26 (27f.)). Zwar *kann* die RegB nach § 30 Abs. 3 das missbräuchliche Verhalten feststellen, wenn daran ein berechtigtes Interesse besteht (→ § 30 Rn. 52; BerlKommEnergieR/*Weyer* EnWG § 31 Rn. 11 und 27). Der Antragsteller kann diese Feststellung aber nicht nach § 31 erzwingen (→ Rn. 30). Steht allerdings eine **Wiederholung des Verhaltens** des Netzbetreibers mit hoher Wahrscheinlichkeit zu befürchten, liegt eine gegenwärtige Interessenberührung vor (BerlKommEnergieR/*Weyer* EnWG § 31 Rn. 11; aA Theobald/Kühling/*Boos* EnWG § 31 Rn. 23; für nur ausnahmsweises Vorgehen Elspas/Graßmann/Rasbach/*Böhme* EnWG § 31 Rn. 12). **15**

III. Prüfungspflicht (Abs. 1 S. 2 und 3)

Die Regulierungsbehörde ist nach Abs. 1 S. 2 und 3 auf Antrag zur Überprüfung verpflichtet. Es besteht insoweit **kein Aufgreifermessen** (BGH Beschl. v. **16**

§ 31 Teil 3. Regulierung des Netzbetriebs

17.7.2018 – EnVR 12/17, EnWZ 2018, 412 Rn. 19). Die Überprüfungspflicht der Behörde und die damit verbundene Prüfungsfrist (→ Rn. 33) werden allerdings erst durch einen vollständigen Antrag ausgelöst, der den formalen Anforderungen nach Abs. 2 S. 1 (→ Rn. 21 ff.) entspricht.

17 Die Prüfungspflicht entfällt mit **Rücknahme des Antrags**. Der Antragsteller ist zu jedem Zeitpunkt des Verwaltungsverfahrens berechtigt, seinen Antrag zurückzunehmen (zu den Gebühren → Rn. 35). Eine Zustimmung des Antragsgegners ist nicht erforderlich. Eine entsprechende Anwendung des § 269 Abs. 1 ZPO kommt nicht in Betracht, da sich die Interessenlage des besonderen Missbrauchsverfahrens als öffentlich-rechtliches Aufsichtsverfahren nicht mit der eines Zivilprozesses deckt. Der Antragsgegner hat kein berechtigtes Interesse an einer Fortführung des Verfahrens, da er keinen „Anspruch auf Freispruch" besitzt (→ § 30 Rn. 63). Die Regulierungsbehörde stellt das besondere Missbrauchsverfahren nach einer Rücknahme des Antrags ohne Entscheidung in der Sache ein, kann das Verfahren aber nach § 30 Abs. 2 oder § 65 – unter den dafür geltenden Voraussetzungen – von Amts wegen fortführen.

IV. Materieller Prüfungsumfang (Abs. 1 S. 2 und 3)

18 Der Prüfungsumfang nach Abs. 1 S. 2 entspricht § 30 Abs. 1 S. 2 Nr. 1 (BGH Beschl. v. 14.4.2015 – EnVR 45/13, NJOZ 2015, 1301 Rn. 19 – Zuhause-Kraftwerk; NK-EnWG/*Wahlhäuser* § 31 Rn. 5; Elspas/Graßmann/Rasbach/*Böhme* EnWG § 31 Rn. 25; Baur/Salje/Schmidt-Preuß Energiewirtschaft/*Schütte* Kap. 94 Rn. 75). Das Verhalten des Netzbetreibers wird überprüft auf objektive (NK-EnWG/*Wahlhäuser* § 31 Rn. 3) Verstöße gegen die Vorschriften über den **Netzanschluss** (Teil 3 Abschnitt 2) oder den **Netzzugang** (Teil 3 Abschnitt 3) sowie auf Verstöße gegen die dazugehörigen Rechtsverordnungen (→ § 30 Rn. 18 ff.). Die Regelbeispiele nach § 30 Abs. 1 S. 2 Nr. 2 bis 6 und die Generalklausel nach § 30 Abs. 1 S. 1 sind nicht Gegenstand eines besonderen Missbrauchsverfahrens (vgl. BNetzA Beschl. v. 4.5.2009 – BK7-09-002, S. 4; Elspas/Graßmann/Rasbach/*Böhme* EnWG § 31 Rn. 25; BerlKommEnergieR/*Weyer* EnWG § 31 Rn. 18; Baur/Salje/Schmidt-Preuß Energiewirtschaft/*Schütte* Kap. 94 Rn. 75). Ebenfalls nicht im Rahmen der besonderen Missbrauchsaufsicht verfolgbar sind behauptete Rechtsverstöße, die nicht ausdrücklich vom Prüfungsumfang in Abs. 1 S. 2 und 3 erfasst werden (Elspas/Graßmann/Rasbach/*Böhme* EnWG § 31 Rn. 25; bspw. Art. 81 f. EGV oder § 1 GWB BNetzA Beschl. v. 17.11.2006 – BK7-06-74; §§ 11 und 15 EnWG BNetzA Beschl. v. 20.5.2008 – BK7-08-005, 6; § 40 Abs. 1 und 2 EnWG *Alexander* WRP 2012, 660 (662); krit. *Weyer* N&R 2009, 17 (23)). Das Gleiche gilt für EU-Verordnungen, selbst wenn sie die Netzregulierung betreffen (BerlKommEnergieR/*Weyer* EnWG § 31 Rn. 18). Allerdings sehen die europarechtlichen Netzkodizes zum Teil eigene Streitschlichtungsverfahren vor (→ Rn. 3). Schließlich können auch vertragliche Ansprüche nicht zum Gegenstand eines besonderen Missbrauchsverfahrens gemacht werden (Theobald/Kühling/*Boos* EnWG § 31 Rn. 10).

19 Nach Abs. 1 S. 3 hat die Regulierungsbehörde darüber hinaus zu prüfen, ob die Voraussetzungen für eine **Aufhebung einer Genehmigung der Netzentgelte nach § 23 a** vorliegen (zum Verhältnis der Ex-ante-Entgeltregulierung und dem Missbrauchsverfahren → § 30 Rn. 4). Die materielle Berechtigung zur Aufhebung folgt nicht aus Abs. 1 S. 3, sondern aus den an anderer Stelle getroffenen Änderungsregelungen (§ 23 a Abs. 4 S. 1, § 29 Abs. 2 S. 1, § 29 Abs. 2 S. 2 iVm. §§ 48,

49 VwVfG) (Elspas/Graßmann/Rasbach/*Böhme* EnWG § 31 Rn. 27; aA Theobald/Kühling/*Boos* EnWG § 31 Rn. 50). Durch die nahezu flächendeckende Anwendung der Anreizregulierung hat Abs. 1 S. 3 kaum noch einen praktischen Anwendungsbereich (Elspas/Graßmann/Rasbach/*Böhme* EnWG § 31 Rn. 28; Theobald/Kühling/*Boos* EnWG § 31 Rn. 9; Baur/Salje/Schmidt-Preuß Energiewirtschaft/*Schütte* Kap. 94 Rn. 76). Eine entsprechende Anwendung auf die Bestimmung der Erlösobergrenze nach § 1 ARegV ist wegen des eindeutigen Wortlauts der Vorschrift abzulehnen (Elspas/Graßmann/Rasbach/*Böhme* EnWG § 31 Rn. 28; aA BerlKommEnergieR/*Weyer* EnWG § 31 Rn. 20; Theobald/Kühling/ *Boos* EnWG § 31 Rn. 9; Baur/Salje/Schmidt-Preuß Energiewirtschaft/*Schütte* Kap. 94 Rn. 76).

Es ist nicht erforderlich, dass ein **Missbrauch der Marktstellung** des Netz- 20 betreibers vorliegt bzw. behauptet wird (aA *Höch/Göge* RdE 2006, 340 (342f.)). Auch ist nicht erforderlich, dass dem Verstoß ein besonderes Unrechtsurteil innewohnt oder der Antragsteller durch den Verstoß benachteiligt wird (OLG Düsseldorf Beschl. v. 26.4.2017 – 3 Kart 12/16 Rn. 41). Es genügt ein Verstoß gegen die genannten Vorschriften.

V. Antragsform (Abs. 2)

Für die Zulässigkeit des Überprüfungsantrags stellt Abs. 2 **formale Antrags-** 21 **voraussetzungen** auf.

Nach Abs. 2 S. 1 Nr. 1 sind **Firma und Sitz des betroffenen Netzbetreibers** 22 anzugeben. Durch diese Angaben bestimmt der Antragsteller den Antragsgegner. Ist zwischen den Parteien streitig, ob der Antragsgegner überhaupt ein Netzbetreiber – oder zB Betreiber einer Kundenanlage – ist, erfüllt der Antragsteller seine Pflicht mit der Benennung des betroffenen Betreibers. Die materielle Frage ist nicht Gegenstand der formalen Antragsvoraussetzungen, sondern der inhaltlichen Prüfung. Ist hingegen ausgeschlossen, dass es sich um einen Netzbetreiber handelt, ist der Antrag unzulässig.

Nach Abs. 2 S. 1 Nr. 2 ist das **Verhalten des Netzbetreibers** anzugeben, das der 23 Antragsteller überprüfen lassen will. Durch diese Angabe bestimmt der Antragsteller den materiellen Gegenstand seines Antrags (*Höch/Göge* RdE 2006, 340 (434)). Der Antrag ist nur statthaft, wenn nicht ausgeschlossen ist, dass das gerügte Verhalten des Netzbetreibers Fragen des Netzzugangs oder des Netzanschlusses berührt (OLG Düsseldorf Beschl. v. 5.3.2014 – VI-3 Kart 61/13 (V), EnWZ 2014, 283 Rn. 38).

Ferner sind die Gründe anzugeben, weshalb **ernsthafte Zweifel an der** 24 **Rechtmäßigkeit** des Verhaltens bestehen (Abs. 2 S. 1 Nr. 3), sowie die Gründe für die **Betroffenheit des Antragstellers** (Abs. 2 S. 1 Nr. 4). Diese Gründe sind zwar nach dem Wortlaut „im Einzelnen" darzulegen, allerdings dürfen keine überzogenen Anforderungen gestellt werden (Elspas/Graßmann/Rasbach/*Böhme* EnWG § 31 Rn. 19; *Höch/Göge* RdE 2006, 340 (343f.); Theobald/Kühling/*Boos* EnWG § 31 Rn. 36; Baur/Salje/Schmidt-Preuß Energiewirtschaft/*Schütte* Kap. 94 Rn. 79). Diese formalen Vorgaben dienen dazu, der Behörde eine Prüfung des Sachverhalts und die Entscheidungsfindung in der nach Abs. 3 vorgeschriebenen Zeit zu ermöglichen bzw. gänzlich „substanzlose" Anträge ohne weitere Prüfungs- und Zeitaufwand als unzulässig zurückweisen zu können. Eine Schlüssigkeitsprüfung erfolgt im Rahmen von Abs. 2 S. 1 nicht (vgl. BGH Beschl. v. 6.10.2015 – EnVR 18/14, NVwZ-RR 2016, 175 Rn. 12 – Stadtwerke Schwerte; *Höch/Göge* RdE 2006, 340 (344)). Der Begriff der „Betroffenheit" stimmt mit der „Interessenberührung" in Abs. 1 S. 1 überein (BNetzA Beschl. v. 11.12.2007 – BK6-07-018, S. 7; → Rn. 9ff.). Der Antragsteller muss nicht konkrete Maßnahmen benennen, die die Regulierungsbehörde seiner Meinung nach zur Beendigung der Zuwiderhandlung ergreifen soll (OLG Düsseldorf Beschl. v. 6.12.2017 – VI-3 Kart 123/16, RdE 2018, 213 Rn. 43; BerlKommEnergieR/*Weyer* EnwG § 11 Rn. 14).

25   Der Antrag ist wegen des Erfordernisses einer Unterschrift **schriftlich oder in elektronischer Form** gem. § 3a VwVfG (BT-Drs. 15/3917, 63) einzulegen.

26   Erfüllt der Antrag nicht die formalen Voraussetzungen nach Abs. 2 S. 1, weist die Regulierungsbehörde den Antrag als **unzulässig** ab (Abs. 2 S. 2); zur Kostenfolge → Rn. 36). Es bleibt der Regulierungsbehörde aber unbenommen, das Verfahren als Missbrauchsverfahren nach § 30 Abs. 2 oder als Aufsichtsverfahren nach § 65 – nach den dafür jeweils geltenden Regelungen – fortzusetzen.

VI. Entscheidungsbefugnisse der Regulierungsbehörde

27   Ergibt die Prüfung nach Abs. 1 S. 2, dass das Verhalten des Netzbetreibers gegen die dort genannten Vorschriften verstößt, kann die Regulierungsbehörde nach **§ 30 Abs. 2** vorgehen (OLG Düsseldorf Beschl. v. 14.12.2011 – VI-3 Kart 25/11 (V); Beschl. v. 12.6.2013 – VI-3 Kart 165/12 (V), EnWZ 2013, 506 Rn. 93; Beschl. v. 18.1.2017 – VI-3 Kart 148/15, EnWZ 2017, 178 Rn. 84; NK-EnWG/*Wahlhäuser* § 31 Rn. 21; Elspas/Graßmann/Rasbach/*Böhme* EnWG § 31 Rn. 32; BerlKommEnergieR/*Weyer* EnWG § 31 Rn. 25; Baur/Salje/Schmidt-Preuß Energiewirtschaft/*Schütte* Kap. 94 Rn. 86). Auch wenn kein ausdrücklicher Verweis vorgesehen wurde, legt der systematische und inhaltliche Zusammenhang der beiden Regelungen diesen Schluss nahe.

28   Es steht im pflichtgemäßen Ermessen der Regulierungsbehörde, ob sie einschreitet **(Entschließungsermessen)** und welche Maßnahmen sie anordnet **(Auswahlermessen)** (OLG Düsseldorf Beschl. v. 14.12.2011 – VI-3 Kart 25/11 (V); NK-EnWG/*Wahlhäuser* § 31 Rn. 23; BerlKommEnergieR/*Weyer* EnWG § 31 Rn. 26; Theobald/Kühling/*Boos* EnWG § 31 Rn. 52; → § 30 Rn. 45). Beantragt der Antragsteller konkrete Maßnahmen zur Beendigung des missbräuchlichen Verhaltens des Netzbetreibers, ist dies lediglich als Anregung zu verstehen (OLG Düsseldorf Beschl. v. 6.12.2017 – VI-3 Kart 123/16 (V), RdE 2018, 213 Rn. 43; BerlKommEnergieR/*Weyer* EnWG § 31 Rn. 14; Theobald/Kühling/*Boos* EnWG § 31 Rn. 28). Allerdings ist die Regulierungsbehörde gehalten, das rechtswidrige Verhalten des Netzbetreibers zu Lasten des Antragstellers wirksam abzustellen (BerlKommEnergieR/*Weyer* EnWG § 31 Rn. 26). Daher kann sich das Ermessen auf eine bestimmte Anordnung verdichten, wenn andere Maßnahmen, die die Zuwiderhandlung abstellen können, erkennbar ausscheiden (OLG Düsseldorf Beschl. v. 18.1.2017 – VI-3 Kart 148/15, EnWZ 2017, 178 Rn. 85).

29   Die Regulierungsbehörde kann dem Antragsteller **keinen Vollstreckungstitel** verschaffen, mit dem er vom Netzbetreiber ein bestimmtes Handeln oder Unterlassen durchsetzen kann. Allerdings kann die Regulierungsbehörde den Netzbetreiber verpflichten, die Zuwiderhandlung abzustellen. Sie kann insbesondere die Herstellung eines Netzanschlusses oder die Gewährung von Netzzugang anordnen (§ 30 Abs. 2 S. 3 Nr. 2) und so dem Antragsteller „zu seinem Recht" verhelfen. Die Durchsetzung einer solchen Anordnung erfolgt erforderlichenfalls im Wege des **Verwaltungszwangs** (→ § 30 Rn. 62). Dagegen liegt es nicht in der Kompetenz der Regulierungsbehörde, Zahlungsansprüche – insbesondere Schadensersatzansprüche – durchzusetzen (BGH Beschl. v. 9.10.2018 – EnVR 22/17, EnWZ

2019, 20 Rn. 25 – Pooling; Beschl. v. 1.9.2020 – EnVR 7/19 Rn. 49 – Baltic Cable). Dafür steht dem Antragsteller der ordentliche Rechtsweg offen.

Sofern ein berechtigtes Interesse besteht, kann die Regulierungsbehörde nach § 30 Abs. 3 das **missbräuchliche Verhalten** des Netzbetreibers auch dann **feststellen,** wenn er das Verhalten beendet hat (→ § 30 Rn. 52). Umstritten ist allerdings, ob der Antragsteller nach § 31 einen **Anspruch auf eine Feststellungsentscheidung** hat. Das ist nicht der Fall (*Weyer* N&R 2009, 17 (23); aA OLG Koblenz Beschl. v. 23.7.2009 – W 77/09, Kart Rn. 37f.). Allein die Vorbereitung eines Schadensersatzprozesses begründet kein berechtigtes Interesse (BerlKommEnergieR/*Weyer* EnWG § 31 Rn. 11), da der Antragsteller diesbezüglich der Zivilrechtsweg offensteht. Dagegen kann auch nicht angeführt werden, dass die verfahrensökonomischen Gesichtspunkte ein berechtigtes Interesse begründeten, weil es widersinnig sei, vom Zivilgericht die Einarbeitung in die energiewirtschaftsrechtliche Sach- und Rechtslage zu fordern (so aber *Hartmann* IR 2007, 26 (28)). Vielmehr gehört es nicht zu den Aufgaben der Regulierungsbehörde, im Rahmen der Prüfung des Feststellungsinteresses die zivilrechtliche Frage zu prüfen, ob ein Schadensersatzanspruch des Antragstellers in Betracht kommt. Dies hindert die Regulierungsbehörde allerdings nicht, gegebenenfalls eine Feststellungsentscheidung nach § 30 Abs. 3 mit dem Reparationsinteresse des Antragstellers oder anderer Betroffener zu begründen. 30

Stellt die Regulierungsbehörde keinen Verstoß gegen die in Abs. 1 S. 2 genannten Vorschriften fest, lehnt sie den Antrag ab. Die **Ablehnung** entfaltet Bindungswirkung gegenüber dem Antragsteller, sodass dieser keinen erneuten Antrag zum gleichen Verfahrensgegenstand stellen kann. Darüber hinaus geht von ihr keine Rechtswirkung aus, sodass die Regulierungsbehörde den gleichen Sachverhalt zum Gegenstand eines Verfahrens vom Amts machen kann (*Höch/Göge* RdE 2006, 340 (344)). 31

VII. Verfahren

Das besondere Missbrauchsverfahren weist zwar Merkmale eines kontradiktorischen Verfahrens auf, es handelt sich aber gleichwohl um ein **verwaltungsrechtliches Aufsichtsverfahren.** 32

Die Regulierungsbehörde muss ihre Entscheidung innerhalb einer **Frist** von zwei Monaten nach vollständigem Eingang der Antragsunterlagen treffen (Abs. 3 S. 1). Eine Verlängerung um zwei Monate ist im Ermessen der Regulierungsbehörde möglich, wenn sie zusätzliche Informationen anfordert (Abs. 3 S. 2). Darüber hinaus kann die Entscheidungsfrist mit Zustimmung des Antragstellers verlängert werden. Die Zustimmung des Netzbetreibers ist nicht erforderlich. Eine maximaler Verlängerungszeitraum ist nicht vorgegeben (Elspas/Graßmann/Rasbach/*Böhme* EnWG § 31 Rn. 22). Abweichend von den europarechtlichen Vorgaben hat der Gesetzgeber für den Anschluss größerer neuer Erzeugungsanlagen in Abs. 3 S. 4 eine weitergehende Verlängerungsoption geschaffen. Dies gilt auch für Anlagen zur Speicherung von elektrischer Energie sowie Gasspeicheranlagen (BT-Drs. 17/10745, 33; krit. zur europarechtlichen Grundlage *Weyer* N&R 2013, 58 (59)). Die Entscheidungsfrist nach Abs. 3 stellt eine Regelung zum **Schutz des Antragstellers** dar (OLG Düsseldorf Beschl. v. 26.2.2020 – 3 Kart 729/19, EnWZ 2020, 234 Rn. 115; NK-EnWG/*Wahlhäuser* § 31 Rn. 20; BerlKommEnergieR/*Weyer* EnWG § 31 Rn. 24; Theobald/Kühling/*Boos* EnWG § 31 Rn. 46). Der Antragsteller kann eine Entscheidung innerhalb der Fristen verlangen 33 bzw. die Zustimmung zu einer weiteren Fristverlängerung verweigern. Ist allerdings zu diesem Zeitpunkt kein Verstoß des Netzbetreibers nachgewiesen und besteht der Antragsteller trotzdem auf einer Entscheidung, muss die Regulierungsbehörde den Antrag als unbegründet ablehnen (vgl. NK-EnWG/*Wahlhäuser* § 31 Rn. 20; *Höch/ Göge* RdE 2006, 340 (344); BerlKommEnergieR/*Weyer* EnWG § 31 Rn. 24). Dies gilt auch dann, wenn ein Nachweis eines Verstoßes möglich gewesen wäre, denn eine Entscheidung gegen den Netzbetreiber ist nur bei Nachweis seines Verstoßes möglich (aA. Theobald/Kühling/*Boos* EnWG § 31 Rn. 44). Die Entscheidungsfristen nach Abs. 3 berechtigen und verpflichten die Regulierungsbehörde nicht dazu, die verfahrensmäßigen Rechte des betroffenen Netzbetreibers und etwaiger anderer Beteiligter – insbesondere zur Stellungnahme nach § 67 (vgl. NK-EnWG/*Wahlhäuser* § 31 Rn. 20) – zu verkürzen (vgl. *Höch/Göge* RdE 2006, 340 (344)). Der Netzbetreiber seinerseits kann sich nicht auf die Fristen nach Abs. 3 berufen (Theobald/Kühling/*Boos* EnWG § 31 Rn. 46). Es ist ihm zuzumuten, die Entscheidung der Regulierungsbehörde abzuwarten, auch wenn er der Auffassung ist, der Antrag müsse abgelehnt werden.

34 Hinsichtlich des weiteren Verfahrensrechts gilt das Gleiche wie für Verfahren nach § 30 Abs. 2 (→ § 30 Rn. 53 ff.) mit folgenden Besonderheiten: Das Verfahren ist **antragsgebunden** (→ Rn. 16 f.). Neben dem Antragsteller ist der Netzbetreiber, gegen den sich der Antrag richtet, **Verfahrensbeteiligter** (§ 66 Abs. 2 Nr. 2). Ist strittig, ob der Antragsgegner ein Netzbetreiber oder aber zB ein Betreiber einer Kundenanlage ist, ist nach § 54 Abs. 1, 2 Nr. 8 die Regulierungsbehörde **zuständig**, die zuständig wäre, wenn es sich um einen Netzbetreiber handeln würde. Zwar gilt auch im besonderen Missbrauchsverfahren der **Amtsermittlungsgrundsatz** (→ § 30 Rn. 57). Dies entbindet aber den Antragsteller nicht von der Obliegenheit, Beweismittel, auf die er Zugriff hat, vorzulegen und so eine Prüfung des Missbrauchsvorwurfs zu ermöglichen (vgl. zur angeblichen missbräuchlichen Zahlungsverweigerung OLG Düsseldorf Beschl. v. 23.6.2021 – VI-3 Kart 880/19 [V] nv). Soweit das Verfahren nicht mit einer den Beteiligten zugestellten Entscheidung **abgeschlossen** wird, hat die Regulierungsbehörde dies den Beteiligten schriftlich oder – abweichend von § 73 Abs. 2 – elektronisch mitzuteilen (Abs. 4).

35 Die Entscheidung ist eine **kostenpflichtige Amtshandlung** (§ 91 Abs. 1 S. 1 Nr. 5). Lehnt die Regulierungsbehörde den Antrag nach Abs. 2 S. 2 als unzulässig ab, gilt ein Kostenrahmen von 50 bis 5.000 EUR (§ 2 EnWGKostV Anlage Nr. 7). Entscheidet die Regulierungsbehörde in der Sache, gilt ein Kostenrahmen von 500 bis 180.000 EUR (§ 2 EnWGKostV Anlage Nr. 8). Wer **Gebührenschuldner** ist, richtet sich gem. § 91 Abs. 4 Nr. 2 a nach dem Ausgang des Verfahrens. Bei Rücknahme des Antrags oder beiderseitiger Erledigungserklärung vor einer Entscheidung der Regulierungsbehörde ist die Hälfte der Gebühr zu entrichten (§ 91 Abs. 2 S. 2). Eine Erstattung der Kosten der Beteiligten ist im EnWG nicht geregelt (*Höch/Göge* RdE 2006, 340 (345)).

C. Rechtsschutz

36 Soweit die Regulierungsbehörde gegen den Netzbetreiber eine Entscheidung entsprechend § 30 Abs. 2 trifft, ist die **Anfechtungsbeschwerde** (→ § 75 Rn. 4 ff.) statthaft (Baur/Salje/Schmidt-Preuß Energiewirtschaft/*Schütte* Kap. 94 Rn. 87). Der Netzbetreiber kann sich im Rahmen der gerichtlichen Überprüfung allerdings nicht darauf berufen, dass die Regulierungsbehörde gegen Vorschriften zum Schutz des Antragstellers verstoßen oder die Antragsvoraussetzungen missachtet habe, denn die Regulierungsbehörde hätte in der Sache auch ohne Antrag nach § 30 oder § 65 im Ergebnis genauso entscheiden können (BGH Beschl. v. 14.4.2015 – EnVR 45/13, NJOZ 2015, 1301 Rn. 18 f. – Zuhause-Kraftwerk). Entscheidend ist also letztlich, ob in der Sache ein missbräuchliches Verhalten des Netzbetreibers vorliegt (*Höch/Göge* RdE 2006, 340 (345)). Lehnt hingegen die Behörde den Antrag ab, kann der Antragsteller **Verpflichtungsbeschwerde** erheben (→ § 75 Rn. 4 ff.; Theobald/Kühling/*Boos* EnWG § 31 Rn. 68; Baur/Salje/Schmidt-Preuß Energiewirtschaft/*Schütte* Rn. 87). Wegen des Entschließungs- und Auswahlermessens der Regulierungsbehörde (→ Rn. 28) kommt in entsprechender Anwendung von § 113 Abs. 5 S. 2 VwGO nur eine Verpflichtungsbeschwerde auf Neubescheidung in Betracht, wenn nicht ausnahmsweise eine Ermessensreduzierung auf null vorliegt (OLG Düsseldorf Beschl. v. 5.3.2014 – VI-3 Kart 61/31 (V), Rn. 35 f.; Theobald/Kühling/*Boos* EnWG § 31 Rn. 70). Entscheidet die Regulierungsbehörde nicht innerhalb der Fristen nach Abs. 3, steht dem Antragsteller die **Untätigkeitsbeschwerde** entsprechend § 75 VwGO offen (→ § 75 Rn. 16; OLG Düsseldorf Beschl. v. 9.3.2016 – 3 Kart 17/15 Rn. 75; Beschl. v. 26.2.2020 – 3 Kart 729/19, EnWZ 2020, 234 Rn. 115; Theobald/Kühling/*Boos* EnWG § 31 Rn. 47). Diese ist nur begründet, wenn sich ein Verstoß des Antragsgegners gegen die in Abs. 1 S. 2 genannten Regelungen nachweisen lässt. Der Entscheidungsfrist nach Abs. 3 kommt daher im Grunde lediglich die Bedeutung einer Konkretisierung der „angemessenen Frist" nach § 75 S. 1 VwGO zu. Der Netzbetreiber kann sich nicht auf die Frist nach Abs. 3 berufen und dementsprechend keine Untätigkeitsbeschwerde erheben. Es ist ihm zuzumuten, das Ende des behördlichen Verfahrens abzuwarten. Er hat keinen „Anspruch auf Freispruch" (→ § 30 Rn. 63).

§ 32 Unterlassungsanspruch, Schadensersatzpflicht

(1) ¹**Wer gegen eine Vorschrift der Abschnitte 2 und 3, eine auf Grund der Vorschriften dieser Abschnitte erlassene Rechtsverordnung oder eine auf Grundlage dieser Vorschriften ergangene Entscheidung der Regulierungsbehörde verstößt, ist dem Betroffenen zur Beseitigung einer Beeinträchtigung und bei Wiederholungsgefahr zur Unterlassung verpflichtet.** ²**Der Anspruch besteht bereits dann, wenn eine Zuwiderhandlung droht.** ³**Die Vorschriften der Abschnitte 2 und 3 dienen auch dann dem Schutz anderer Marktbeteiligter, wenn sich der Verstoß nicht gezielt gegen diese richtet.** ⁴**Ein Anspruch ist nicht deswegen ausgeschlossen, weil der andere Marktbeteiligte an dem Verstoß mitgewirkt hat.**

(2) **Die Ansprüche aus Absatz 1 können auch von rechtsfähigen Verbänden zur Förderung gewerblicher oder selbständiger beruflicher Interessen geltend gemacht werden, soweit ihnen eine erhebliche Zahl von Unternehmen angehört, die Waren oder Dienstleistungen gleicher oder verwandter Art auf demselben Markt vertreiben, soweit sie insbesondere nach ihrer personellen, sachlichen und finanziellen Ausstattung imstande sind, ihre satzungsmäßigen Aufgaben der Verfolgung gewerblicher oder selbständiger beruflicher Interessen tatsächlich wahrzunehmen und soweit die Zuwiderhandlung die Interessen ihrer Mitglieder berührt.**

(3) ¹**Wer einen Verstoß nach Absatz 1 vorsätzlich oder fahrlässig begeht, ist zum Ersatz des daraus entstehenden Schadens verpflichtet.** ²**Geldschul-**

den nach Satz 1 hat das Unternehmen ab Eintritt des Schadens zu verzinsen. ³Die §§ 288 und 289 Satz 1 des Bürgerlichen Gesetzbuchs finden entsprechende Anwendung.

(4) ¹Wird wegen eines Verstoßes gegen eine Vorschrift der Abschnitte 2 und 3 Schadensersatz begehrt, ist das Gericht insoweit an die Feststellung des Verstoßes gebunden, wie sie in einer bestandskräftigen Entscheidung der Regulierungsbehörde getroffen wurde. ²Das Gleiche gilt für entsprechende Feststellungen in rechtskräftigen Gerichtsentscheidungen, die infolge der Anfechtung von Entscheidungen nach Satz 1 ergangen sind.

(5) ¹Die Verjährung eines Schadensersatzanspruchs nach Absatz 3 wird gehemmt, wenn die Regulierungsbehörde wegen eines Verstoßes im Sinne des Absatzes 1 ein Verfahren einleitet. ²§ 204 Abs. 2 des Bürgerlichen Gesetzbuchs gilt entsprechend.

Übersicht

	Rn.
A. Allgemeines	1
I. Inhalt und Zweck	1
II. Verhältnis zu anderen Vorschriften	4
B. Einzelerläuterungen	6
I. Beseitigungs- und Unterlassungsanspruch (Abs. 1 und 2)	6
1. Verstoß	7
2. Schuldner	8
3. Gläubiger	9
4. Verstoß, Kausalität, Verschulden	18
5. Rechtsfolgen	21
6. Darlegungs- und Beweislast	23
II. Schadensersatzanspruch (Abs. 3 bis 5)	24
1. Schuldner und Gläubiger (Abs. 3)	24
2. Sonstige Voraussetzungen (Abs. 3)	27
3. Follow-on-Klagen (Abs. 4)	31
4. Verjährung (Abs. 5)	34

Literatur: *Alexander,* Die Informationspflichten gemäß § 40 Abs. 1 und 2 EnWG und ihre Durchsetzung nach Energiewirtschafts-, Lauterkeits- und Vertragsrecht (§ 40 Abs. 1 und 2 EnWG), WRP 2012, 660; *Antweiler/Nieberding,* Rechtsschutz im neuen Energiewirtschaftsrecht, NJW 2005, 3673; *Becker/Templin,* Missbräuchliches Verhalten von Netzbetreibern bei Konzessionierungsverfahren und Netzübernahmen nach §§ 30, 32 EnWG, ZNER 2013, 10; *Behr/Gorn,* Schadensersatzklagen wegen Verletzung sektorspezifischer Wettbewerbsrechts, N&R 2009, 2; *König,* Die Haftung der Übertragungsnetzbetreiber für den verzögerten Netzanschluss von Offshore-Windenergieanlagen, ZNER 2013, 113; *Schenk,* Schadensersatzansprüche wegen Verzögerung des Lieferantenwechsels nach dem neuen EnWG, RdE 2012, 145; *Thole,* Die zivilrechtliche Haftung des Netzbetreibers gegenüber dem Betreiber einer Offshore-Windenergieanlage für die verzögerte Netzanbindung, RdE 2013, 53.

Unterlassungsanspruch, Schadensersatzpflicht **§ 32**

A. Allgemeines

I. Inhalt und Zweck

§ 32 regelt einen **Beseitigungs- und Unterlassungsanspruch** (Abs. 1 und 2) **1**
sowie einen **Schadensersatzanspruch** (Abs. 3 bis 5) gegenüber demjenigen, der
gegen Regelungen der Abschnitte 2 und 3 des EnWG, gegen die dazugehörigen
Rechtsverordnungen oder gegen eine Entscheidung der Regulierungsbehörde auf
Grundlage dieser Regelungen verstößt. Mit § 32 werden die durch die 7. GWB-
Novelle in § 33 GWB 2005 vorgenommenen Änderungen des allgemeinen Kar-
tellrechts in das Energiewirtschaftsrecht übertragen (BT-Drs. 15/3917, 63). Die
Neuregelung der kartellrechtlichen Regelungen durch die 9. GWB-Novelle sind
dagegen nicht nachgezeichnet worden (Theobald/Kühling/*Boos* EnWG § 32
Rn. 5). Eine vergleichbare Regelung findet sich in § 44 Abs. 1 TKG.

Die Beseitigungs- und Unterlassungsansprüche dienen dem Schutz der Betroffe- **2**
nen (BerlKommEnergieR/*Weyer* EnWG § 32 Rn. 1). Der Schadensersatzanspruch
verfolgt den Zweck, einen wirksamen Ausgleich für den Geschädigten sicherzustellen und soll zugleich eine spürbare Abschreckungswirkung entfalten (BerlKomm-
EnergieR/*Weyer* EnWG § 32 Rn. 1; vgl. zum GWB BT-Drs. 15/3640, 35).

Streitigkeiten um Ansprüche nach § 32 sind **bürgerliche Rechtsstreitigkeiten** **3**
nach dem EnWG, so dass nach § 102 Abs. 1 die Landgerichte ausschließlich zuständig sind (BGH Beschl. v. 17.7.2018 – EnZB 53/17, EnWZ 2018, 352,
Rn. 9 ff.).

II. Verhältnis zu anderen Vorschriften

Gegenüber der **Vorteilsabschöpfung nach § 33** hat der Schadensersatz- **4**
anspruch nach § 32 Vorrang (§ 33 Abs. 2, → § 33 Rn. 9 ff.). Aufsichtsmaßnahmen
der Regulierungsbehörde nach **§ 30 Abs. 2** oder nach **§ 31** und zivilrechtlichen
Ansprüche nach § 32 sind dagegen unabhängig voneinander.

Soweit die Regelungen der Abschnitte 2 und 3 und die dazugehörigen Rechts- **5**
verordnungen Ansprüche begründen, stehen diese in **Konkurrenz** zu Ansprüchen
aus § 32, zB Netzanschluss (§ 17 ff.), Netzzugang (§ 20), Lieferantenwechsel (§ 20a,
vgl. Theobald/Kühling/*Boos* EnWG § 32 Rn. 42 ff.; BerlKommEnergieR/*Weyer*
EnWG § 32 Rn. 27). Ersatzansprüche des Anlagenbetreibers wegen einer gestörten
oder verzögerten **Anbindung von Windenergieanlagen auf See** richtet sich dagegen abschließend nach § 17e (§ 17e Abs. 1 S. 6, Abs. 2 S. 3). Ansprüche nach
Abs. 3 sind ausgeschlossen (BGH Urt. v. 13.11.2018 – EnZR 39/17, EnWZ 2019,
221 Rn. 23 ff.; *Thole* RdE 2013, 53, 58; *König* ZNER 2013 113, 115; → § 17e
Rn. 61). Die Schadensersatzansprüche nach Abs. 3 bis 5 stehen ferner in Konkurrenz zu Ansprüchen aus dem **allgemeinen Zivilrecht** (§§ 280 ff., 812 ff., 823 ff.,
1004 BGB) (Theobald/Kühling/*Boos* EnWG § 32 Rn. 30; *Salje* EnWG § 32
Rn. 6).

B. Einzelerläuterungen

I. Beseitigungs- und Unterlassungsanspruch (Abs. 1 und 2)

6 Abs. 1 S. 1 begründet einen zivilrechtlichen Anspruch auf Beseitigung einer Beeinträchtigung (1. Alt.) und bei Wiederholungsgefahr auf Unterlassung (2. Alt.).

7 **1. Verstoß.** Beide Alternativen setzen einen Verstoß gegen eine Vorschrift der **Abschnitte 2 und 3 des Teils 3 des EnWG,** eine aufgrund der Vorschriften dieser Abschnitte erlassene **Rechtsverordnung** oder eine auf Grundlage dieser Vorschriften ergangene **Entscheidung der Regulierungsbehörde** voraus. Verstöße gegen andere Vorschriften des EnWG oder aufgrund von anderen Vorschriften ergangenen Rechtsverordnungen oder Entscheidungen der Regulierungsbehörde begründen aufgrund des klaren Wortlauts keine Ansprüche nach Abs. 1 oder 2 (*Alexander,* WRP 2012, 660 (662); Theobald/Kühling/*Boos* EnWG § 32 Rn. 8; BerlKommEnergieR/*Weyer* EnWG § 32 Rn. 6). Das gilt insbesondere für die Entflechtungsvorgaben nach Teil 2 des EnWG (aA ohne Begründung LG Erfurt, Urt. v. 17.2.2017 – 1 HK O 1/16, WRP 2017, 633 Rn. 19). Ebenfalls nicht anwendbar ist § 32 auf Verstöße gegen § 30 Abs. 1 (Theobald/Kühling/*Boos* EnWG § 32 Rn. 11; aA *Becker/Temlin,* ZNER 2013, 10 (12)). Einer analogen Anwendung (so BerlKommEnergieR/*Weyer* EnWG § 32 Rn. 7) bedarf es nicht, weil keine Regelungslücke besteht, da jedenfalls § 823 Abs. 2 (i. V. m. § 1004) BGB anwendbar ist. Entscheidungen der Regulierungsbehörde müssen vollziehbar sein (Theobald/Kühling/*Boos* EnWG § 32 Rn. 9, BerlKommEnergieR/*Weyer* EnWG § 32 Rn. 8), weil andernfalls kein Verstoß gegen sie vorliegt. Wird eine vollziehbare, aber nicht bestandskräftige Entscheidung später mit Rückwirkung aufgehoben, erledigt sich der Anspruch nach § 32 (Theobald/Kühling/*Boos* EnWG § 32 Rn. 9).

8 **2. Schuldner.** Schuldner ist derjenige, der einen Verstoß begangen hat (BerlKommEnergieR/*Weyer* EnWG § 32 Rn. 9). Da die in Bezug genommenen Normen in erster Linie den **Betreibern von Energieversorgungsnetzen** Pflichten auferlegen, kommen diese vor allem als Schuldner in Frage (Elspas/Graßmann/Rasbach/*Bronny* EnWG § 32 Rn. 6; Theobald/Kühling/*Boos* EnWG § 32 Rn. 12), darüber hinaus aber beispielsweise auch Betreiber von vorgelagerten Rohrleitungsnetzen (§ 27), Gasspeicheranlagen (§ 28) sowie Lieferanten (§ 20a) (*Schenk,* RdE 2012, 145 (149)). Betreiber von **Kundenanlagen** (§ 3 Nr. 24a) und Kundenanlagen zur betrieblichen Eigenversorgung (§ 3 Nr. 24b) sind hingegen von den in Bezug genommenen Normen nicht adressiert (aA Theobald/Kühling/*Boos* EnWG § 32 Rn. 12). Liegen jedoch die Voraussetzungen des § 3 Nr. 24a oder 24b nicht vor, zB weil die Anlage nicht diskriminierungsfrei und unentgeltlich für die Durchleitung zur Verfügung gestellt wird, dürfte der Betreiber regelmäßig ein Netzbetreiber sein, so dass § 32 anwendbar ist. Auf **Messstellenbetreiber** findet § 32 ebenfalls keine Anwendung, da ihre Pflichten im MsbG geregelt sind (BerlKommEnergieR/*Weyer* EnWG § 32 Rn. 9).

9 **3. Gläubiger.** Gläubiger ist derjenige, der durch den Verstoß betroffen ist. Darüber hinaus können die Ansprüche nach Abs. 2 unter bestimmten Voraussetzungen auch von Verbänden geltend gemacht werden.

10 **a) Betroffener (Abs. 1 S. 1).** Hinsichtlich der Auslegung des Begriffs des Betroffenen iSd Abs. 1 S. 1 ist unsicher, inwieweit das **Schutzgesetzerfordernis**

Anwendung findet. Dies rührt vor allem aus der Entstehungsgeschichte im Vergleich mit dem GWB und TKG her (ausführlich zur Entstehungsgeschichte BerlKommEnergieR/*Weyer* EnWG § 32 Rn. 3 u. 12). Gem. § 33 Abs. 3 GWB und § 44 Abs. 1 S. 3 TKG ist derjenige betroffen, der als Mitbewerber oder sonstiger Marktbeteiligter durch den Verstoß beeinträchtigt ist. Damit wurde vor dem Hintergrund der Rechtsprechung des EuGH (EuGH Urt. v. 20.9.2001 – Rs. C-453/99, GRUR 2002, 367 – Courage) auf das Schutzgesetzerfordernis verzichtet (vgl. BT-Drs. 15/5049, 16 und 49), wonach die Vorschrift oder Verfügung, gegen die verstoßen wurde, den Schutz eines anderen bezwecken musste (§ 33 Abs. 1 S. 1 GWB aF). In Abs. 1 findet sich keine vergleichbare Regelung. Stattdessen wird ausdrücklich bestimmt, dass die Vorschriften der Abschnitte 2 und 3 auch dann dem Schutz anderer Marktbeteiligter dienen, wenn sich der Verstoß nicht gezielt gegen diese richtet (Abs. 1 S. 3). Die Regelung bestätigt zwar, dass der Gesetzgeber am Schutzgesetzerfordernis festhält (aA BerlKommEnergieR/*Weyer* EnWG § 32 Rn. 12), aber die strenge Forderung der Rechtsprechung nach einem „gezielten" Verhalten gegen bestimmte Marktbeteiligte (vgl. zu § 33 GWG aF: *Lutz,* Schwerpunkte der 7. GWB-Novelle, WuW 2005, 718 (728) mwN) ist keine Voraussetzung eines Anspruchs aus Abs. 1 (*Behr/Gorn,* N&R 2009, 1 (3)). Letztlich kann daher für die Anwendung des Begriffs „Betroffener" sinngemäß auf § 33 Abs. 3 GWB zurückgegriffen werden (*Behr/Gorn,* N&R 2009, 1, 3; NK-EnWG/ *Wahlhäuser* EnWG § 32 Rn. 5; im Ergebnis ebenso BerlKommEnergieR/*Weyer* EnWG § 32 Rn. 13).

Durch Abs. 1 S. 3 macht der Gesetzgeber deutlich, dass auch sog. indirekte Abnehmer (also insbesondere **Letztverbraucher**) einen Beseitigungs- und Unterlassungsanspruch haben können (BT-Drs. 15/3917, 63; NK-EnWG/*Wahlhäuser* § 32 Rn. 8; Theobald/Kühling/*Boos* EnWG § 32 Rn. 16; BerlKommEnergieR/*Weyer* EnWG § 32 Rn. 13). 11

b) Verbandsklage (Abs. 2). Der Kreis der Anspruchsberechtigten wird durch ein **Verbandsklagerecht** erweitert. Nach Abs. 2 können die Beseitigungs- und Unterlassungsansprüche auch von rechtsfähigen Verbänden zur Förderung gewerblicher oder selbständiger beruflicher Interessen geltend gemacht werden (s. auch § 33 Abs. 2 GWB, § 8 Abs. 3 Nr. 2 UWG). Die Rechtsform des Verbands ist unerheblich (Elspas/Graßmann/Rasbach/*Bronny* EnWG § 32 Rn. 10). Die Förderung gewerblicher oder selbständiger beruflicher Interessen muss der satzungsgemäße Hauptzweck des Verbandes sein. Dies muss sich durch Auslegung der Satzung ermitteln lassen. 12

Dem Verband muss eine **erhebliche Zahl von Unternehmen** angehören, die Waren oder Dienstleistungen gleicher oder verwandter Art auf demselben Markt vertreiben. Die erhebliche Zahl von Unternehmen ist nicht quantitativ zu messen (Theobald/Kühling/*Boos* EnWG § 32 Rn. 27). Vielmehr ist entscheidend, dass die Mitglieder einen betroffenen Wettbewerbsbereich nach Anzahl oder Größe, Marktbedeutung oder wirtschaftlichem Gewicht repräsentativ vertreten, so dass ein missbräuchliches Vorgehen des Verbandes ausgeschlossen ist (Elspas/Graßmann/Rasbach/*Bronny* EnWG § 32 Rn. 12 mwN; NK-EnWG/*Wahlhäuser* § 32 Rn. 13). Bei der Frage, ob die dem Verband angehörenden Unternehmen, **Waren oder Dienstleistungen** gleicher oder verwandter Art auf demselben Markt vertreiben, ist ein großzügiger Maßstab anzulegen (Elspas/Graßmann/Rasbach/ *Bronny* EnWG § 32 Rn. 12). Nicht erfasst sind aber Unternehmen auf vor- oder nachgelagerten Wertschöpfungsstufen (Elspas/Graßmann/Rasbach/*Bronny* EnWG 13

§ 32 Rn. 12), so dass zB ein Verband, dem vor allem Erzeuger angehören, nur Ansprüche geltend machen kann, wenn Erzeuger betroffen sind.

14 Schließlich muss der Verband insbesondere nach seiner **personellen, sachlichen und finanziellen Ausstattung** imstande sein, die satzungsmäßigen Aufgaben der Verfolgung gewerblicher oder selbständiger beruflicher Interessen tatsächlich wahrzunehmen. Die Voraussetzung dient der Verhinderung von Missbrauch durch sog. „Abmahnvereine" (vgl. NK-EnWG/*Wahlhäuser* EnWG § 32 Rn. 14).

15 Ferner muss die Zuwiderhandlung gerade die **Interessen der Mitglieder** des Vereins berühren. Eine Interessenberührung liegt vor, wenn Mitglieder des Vereins Betroffene (→ Rn. 10) sind und somit auch selbst klagebefugt wären (NK-EnWG/ *Wahlhäuser* § 32 Rn. 15; Theobald/Kühling/*Boos* EnWG § 32 Rn. 29).

16 Gegen Betreiber eines **geschlossenen Verteilernetzes** kann keine Verbandsklage erhoben werden (§ 110 Abs. 1).

17 Den qualifizierten Einrichtungen, dh insbesondere den **Verbraucherverbänden** wurde kein Beseitigungs- und Unterlassungsanspruch zugestanden (BR-Drs. 498/05, 10).

18 **4. Verstoß, Kausalität, Verschulden.** Anspruchsbegründendes Verhalten ist ein **Verstoß** iSd Abs. 1 S. 1 (vgl. zum Anspruch auf Gewährung des Netzanschlusses bei gegen § 17 verstoßender Anschlussverweigerung OLG München Urt. v. 3.8.2006 – U (K) 5768/05, NJOZ 2006, 3112; vgl. zum Anspruch auf Unterlassen der Abtrennung einer Gasverbindungsleitung LG Frankfurt (Oder) Urt. v. 5.10.2006 – 31 O 42/06, ZNER 2006, 358; vgl. zum Anspruch des Neulieferanten auf Abmeldung des Altlieferanten LG Freiburg, Urt. v. 9.3.2012 – 10 O 17/11 Rn. 19ff.; s. zu den darüber hinaus in Betracht kommenden Regelungen → § 30 Rn. 17ff.).

19 Der Verstoß muss **Ursache** der Beeinträchtigung sein. Für die Kausalität gelten die allgemeinen deliktsrechtlichen Anforderungen (NK-EnWG/*Wahlhäuser* § 32 Rn. 18). Nach Abs. 1 S. 4 ist der Anspruch nicht wegen einer **Mitwirkung** andere Marktbeteiligter an dem Verstoß ausgeschlossen.

20 Alle Ansprüche nach Abs. 1 sind **verschuldensunabhängig.** Dies ist zweckmäßig, da es dem Verpflichteten zuzumuten ist, auch nach unverschuldeten Verstößen künftig die rechtlichen Vorgaben einzuhalten.

21 **5. Rechtsfolgen.** Nach Abs. 1 S. 1 besteht zum einen ein Anspruch auf **Beseitigung** der Beeinträchtigung. Dieser verlangt, dass die noch andauernde Beeinträchtigung für die Zukunft abgestellt wird. Die Folgenbeseitigung der bereits eingetretenen Beeinträchtigung erfolgt hingegen über den verschuldensabhängigen Schadensersatzanspruch nach Abs. 3 bis 5 (Elspas/Graßmann/Rasbach/*Bronny* EnWG § 32 Rn. 17; NK-EnWG/*Wahlhäuser* § 32 Rn. 22; Theobald/Kühling/ *Boos* EnWG § 32 Rn. 19f.). Gegenstand eines Beseitigungsanspruchs können bspw. der Abschluss eines Netzanschluss- oder -zugangsvertrags oder die Herstellung eines Netzanschlusses sein (NK-EnWG/*Wahlhäuser* § 32 Rn. 20), ebenso das Unterlassen der Erhebung von überhöhten Netzentgelten. Auch die Rückerstattung zu viel gezahlter **Netzentgelte** ist eine Beseitigung der Beeinträchtigung und somit vom verschuldensunabhängig Anspruch nach Abs. 1 gedeckt (OLG Celle Urt. v. 5.6.2014 – 13 U 144/13, EnWZ 2014, 422 Rn. 40; NK-EnWG/*Wahlhäuser* § 32 Rn. 20; zu § 19 GWB BGH Urt. v. 24.1.2017 – KZR 2/15, ZUM-RD 2017, 323 Rn. 50; BerlKommEnergieR/*Weyer* EnWG § 32 Rn. 15; aA *Salje* EnWG § 32 Rn. 10). Denn die Beeinträchtigung wirkt noch fort. Zudem ist das fehlende Verschulden kein hinreichender Grund dafür, dem Netzbetreiber die zu Unrecht erlangten Netzentgelte zu belassen.

Bei Wiederholungsgefahr besteht ein Anspruch auf **Unterlassung** der Beein- 22
trächtigung. Der Unterlassungsanspruch setzt keine gegenwärtige Beeinträchtigung
voraus, sondern ist auf eine zukünftige Beeinträchtigung gerichtet (Elspas/Graß-
mann/Rasbach/*Bronny* EnWG § 32 Rn. 18). **Wiederholungsgefahr** ist gegeben,
wenn konkrete Anhaltspunkte für einen zukünftigen, erneuten vergleichbaren Verstoß vorliegen (Theobald/Kühling/*Boos* EnWG § 32 Rn. 22). Ergänzt wird der
Anspruch nach Abs. 1 S. 1 durch den **vorbeugenden Unterlassungsanspruch**
nach Abs. 1 S. 2. Voraussetzung ist, dass eine (erstmalige) Zuwiderhandlung droht.
Die ist der Fall, wenn greifbare Anhaltspunkte dafür bestehen, dass eine bestimmte
Verletzungshandlung in naher Zukunft vorgenommen wird (vgl. § 8 Abs. 1 S. 2
UWG). Der vorbeugende Unterlassungsanspruch unterscheidet sich durch die Verteilung der Darlegungs- und Beweislast vom Unterlassungsanspruch bei Wiederholungsgefahr (→ Rn. 23). Das Unternehmen schuldet nicht nur die Untätigkeit
in der Zukunft, sondern ein Verhalten, das bewirkt, dass die drohende Beeinträchtigung überhaupt nicht erst eintritt (Grüneberg/*Herrler* BGB § 1004 Rn. 33).

6. Darlegungs- und Beweislast. Die Beweislast für den **Nachweis eines** 23
Verstoßes richtet sich nach den allgemeinen zivilrechtlichen Grundsätzen (BT-
Drs. 15/3917, 63; vgl. auch Behr/Gorn, N&R 2009, 1 (5); NK-EnWG/*Wahlhäuser*
§ 32 Rn. 25; Theobald/Kühling/*Boos* EnWG § 32 Rn. 23). Das bedeutet, der Betroffene ist im Falle des Beseitigungsanspruches darlegungs- und gegebenenfalls beweispflichtig für den Rechtsverstoß, die Beeinträchtigung und die Kausalität zwischen Rechtsverstoß und Beeinträchtigung (NK-EnWG/*Wahlhäuser* § 32 Rn. 25).
Die Bindungswirkung an Entscheidungen der Regulierungsbehörde nach Abs. 4
gilt nicht für Beseitigungs- und Unterlassungsansprüche (Theobald/Kühling/*Boos*
EnWG § 32 Rn. 24; BerlKommEnergieR/*Weyer* EnWG § 32 Rn. 16). Beim
Unterlassungsanspruch besteht eine widerlegbare Vermutung für das Vorliegen
der Wiederholungsgefahr, so dass die Beweislast insoweit umgekehrt wird (NK-
EnWG/*Wahlhäuser* § 32 Rn. 26; *Salje* EnWG § 32 Rn. 11). Im Falle des **vorbeu-**
genden Unterlassungsanspruchs ist der Betroffene auch für die drohende Zuwiderhandlung darlegungs- und beweispflichtig (*Salje* EnWG § 32 Rn. 12). Die
Ankündigung des Netzbetreibers, sich in einer bestimmten Weise zu verhalten, genügt dafür im Regelfall (vgl. *Salje* EnWG § 32 Rn. 12). Im Falle der Verbandsklage
muss der Verband nachweisen, dass die Voraussetzungen des Abs. 2 vorliegen (NK-
EnWG/*Wahlhäuser* § 32 Rn. 13).

II. Schadensersatzanspruch (Abs. 3 bis 5)

1. Schuldner und Gläubiger (Abs. 3). Der **Schuldner** des Schadensersatz- 24
anspruchs ist mit dem Schuldner eines Beseitigungs- und Unterlassungsanspruch
nach Abs. 1 identisch (→ Rn. 8). Allerdings findet nach § 110 Abs. 1 die Regelung
keine Anwendung auf den Betrieb von geschlossenen Verteilernetzen. Bei gemeinschaftlich begangenen Verstößen haften die Schuldner als **Gesamtschuldner**
(BerlKommEnergieR/*Weyer* EnWG § 32 Rn. 17).

Gläubiger ist, wer durch einen Verstoß nach Abs. 1 betroffen ist (→ Rn. 10). 25
Das kann auch Abnehmer auf nachgelagerten Absatzstufen umfassen, zB Letztver-
braucher iSd § 3 Nr. 25 (BT-Drs. 15/3917, 63; Elspas/Graßmann/Rasbach/*Bronny*
EnWG § 32 Rn. 22).

Das EnWG regelt jedoch nicht ausdrücklich, wie es sich auswirkt, wenn der di- 26
rekt Betroffene den Schaden an indirekt Betroffene weitergegeben hat (zB indem

ein Lieferant überhöhte Netzentgelte auf seine Preise aufschlägt). Dagegen ist im Kartellrecht der Fall der **Schadensabwälzung** in § 33 c GWB regelt. Danach ist der Schaden im Verhältnis zum direkten Abnehmer ausgeglichen, soweit er ihn an einen mittelbaren Abnehmer weitergegeben hat (§ 33 c Abs. 1 S. 2, Abs. 3 GWB, sog. „passing on defence"). Diese Wertung ist auf § 32 zu übertragen. So ist sichergestellt, dass der mittelbare Abnehmer seinen Schaden geltend machen kann, ohne dass der Gläubiger Gefahr läuft, doppelt in Anspruch genommen zu werden (Elspas/Graßmann/Rasbach/*Bronny* EnWG § 32 Rn. 22; Theobald/Kühling/*Boos* EnWG § 32 Rn. 34).

27 **2. Sonstige Voraussetzungen (Abs. 3).** Schadensbegründende Handlung ist ein **Verstoß** iSd Abs. 1 (→ Rn. 7, BT-Drs. 15/3917, 64). Der Verstoß muss **ursächlich für den Schaden** gewesen sein („daraus entstehenden"). Der Anspruch kann nicht darauf gestützt werden, genehmigte Netzentgelte seien überhöht (BGH Beschl. v. 15.5.2012 – EnZR 105/10, NJW 2012, 3092 Rn. 21 – Stromnetzentgelte V).

28 Das Unternehmen muss **schuldhaft** (vorsätzlich oder fahrlässig, § 276 BGB) gehandelt haben. Die Sorgfaltsanforderungen sind dabei hoch. Insbesondere hat das Unternehmen eine unternehmensinterne Kontrolle zu implementieren, die die Einhaltung der einschlägigen Vorschriften sicherstellt. Hält der Schädiger sein Verhalten für rechtmäßig, muss ihm dieser **Rechtsirrtum** vorwerfbar sein. Nach der Rechtsprechung des BGH zum Kartellrecht handelt der Schädiger nicht allein deshalb schuldlos, weil eine Frage höchstrichterlich noch nicht entschieden ist und die fehlerhafte Beurteilung ernsthaft vertreten werden kann, sondern nur, wenn der Schädiger bei Anwendung der im Verkehr erforderlichen Sorgfalt mit einer anderen gerichtlichen Beurteilung nicht zu rechnen brauchte (BGH Urt. v 16.12.1986 – KZR 36/85, GRUR 1987, 564 (565) – Taxi-Genossenschaft; *Behr/Gorn* N&R 2009, 1 (5); aA *Salje* EnWG § 32 Rn. 27).

29 Die **Schadensermittlung** erfolgt nach den allgemeinen zivilrechtlichen Grundsätzen der §§ 249 ff. BGB (Elspas/Graßmann/Rasbach/*Bronny* EnWG § 32 Rn. 30). Es besteht die Möglichkeit einer Schadensermittlung nach § 287 ZPO (BT-Drs. 15/3917, 64; vgl. im Detail *Behr/Gorn* N&R 2009, 1 (5 ff.)). Der Gesetzgeber hat die in § 33 Abs. 3 S. 3 GWB getroffene Regelung zur Ermittlung des hypothetischen Marktpreises als Grundlage einer Schadensschätzung für das EnWG als nicht notwendig erachtet (BT-Drs. 15/3917, 64).

30 Geldschulden sind ab Eintritt des Schadens zu **verzinsen** (Abs. 3 S. 2). Denn der Geschädigte kann häufig erst lange nach einem Rechtsverstoß seinen Anspruch geltend machen. Der Schädiger erzielt auch durch längere behördliche Ermittlungen keinen Vorteil, was wiederum den Abschreckungscharakter des Schadensersatzanspruches stärkt (NK-EnWG/*Wahlhäuser* § 32 Rn. 30). Weitergehende Zinsansprüche bleiben unberührt (BT-Drs. 15/3917, 64; NK-EnWG/*Wahlhäuser* § 32 Rn. 30). Gem. Abs. 3 S. 3 richtet sich die Zinshöhe nach §§ 288, 289 S. 1 BGB.

31 **3. Follow-on-Klagen (Abs. 4).** Wird wegen eines Verstoßes Schadensersatz begehrt, ist das Gericht nach Abs. 4 S. 1 insoweit an die Feststellung des Verstoßes gebunden, wie sie in einer **bestandskräftigen Entscheidung der Regulierungsbehörde** getroffen wurde. Gem. Abs. 4 S. 2 gilt das Gleiche für entsprechende Feststellungen in **rechtskräftigen Gerichtsentscheidungen,** die infolge der Anfechtung von Entscheidungen nach Abs. 4 S. 1 ergangen sind. Über den Wortlaut hinaus entfaltet auch die Feststellung eines Verstoßes gegen eine auf Grund von Teil 3 Abschnitt 2 oder 3 erlassenen Rechtsverordnung oder gegen

eine auf Grundlage dieser Rechtsgrundlagen ergangenen Entscheidung der Regulierungsbehörde Bindungswirkung (OLG Düsseldorf Beschl. v. 5.11.2014 – VI-3 Kart 63/13 (V), Rn. 63; Elspas/Graßmann/Rasbach/*Bronny* EnWG § 32 Rn. 26; Theobald/Kühling/*Boos* EnWG § 32 Rn. 37; BerlKommEnergieR/*Weyer* EnWG § 32 Rn. 22).

Dabei kommt es nicht nur auf den Tenor der Entscheidung an, sondern es kann **32** auch auf die Gründe Bezug genommen werden (Elspas/Graßmann/Rasbach/*Bronny* EnWG § 32 Rn. 28; BerlKommEnergieR/*Weyer* EnWG § 32 Rn. 22). Denn die Entscheidung der Regulierungsbehörde ist ein Verwaltungsakt, so dass die Grundsätze des allgemeinen Verwaltungsrechts zur Auslegung von Verwaltungsakten anzuwenden sind. Die Feststellung kann sich auch auf zurückliegendes, bereits erledigtes Verhalten des Netzbetreibers beziehen (BGH Beschl. v. 9.10.2018 – EnVR 22/17, EnWZ 2019, 20 Rn. 21). Die Feststellung der Regulierungsbehörde muss sich gegen den Beklagten des Zivilprozesses richten. Zur Wahrung rechtsstaatlicher Grundsätze muss er zudem im Verwaltungsverfahren die Gelegenheit gehabt haben, zu dem Vorwurf Stellung zu nehmen und Rechtsmittel gegen die Entscheidung einzulegen (Elspas/Graßmann/Rasbach/*Bronny* EnWG § 32 Rn. 29; ähnlich BerlKommEnergieR/*Weyer* EnWG § 32 Rn. 23). Die Tatbestandswirkung bezieht sich allein auf die Feststellung eines Verstoßes (BGH Beschl. v. 1.9.2020 – EnVR 7/19, WM 2021, 142 Rn. 49 – Baltic Cable AB; *Antweiler/Nieberding, NJW 2005, 3673 (3674)*; Elspas/Graßmann/Rasbach/*Bronny* EnWG § 32 Rn. 28; NK-EnWG/*Wahlhäuser* § 32 Rn. 33; Theobald/Kühling/*Boos* EnWG § 32 Rn. 35; BerlKommEnergieR/*Weyer* EnWG § 32 Rn. 23; *Salje* EnWG § 32 Rn. 33). Alle sonstigen Fragen (insbesondere Schadenskausalität und Schadensbezifferung) unterliegen der freien Beweiswürdigung des Gerichts. Für Straf- und Bußgeldverfahren bleibt es bei den allgemeinen Untersuchungsgrundsatz und der Unschuldsvermutung (BT-Drs. 15/3917, 64).

Das Gericht ist nur an die positive Feststellung des Verstoßes gebunden, nicht **33** hingegen an eine **negative Feststellung,** dass kein Verstoß vorliegt (OLG Düsseldorf Urt. v. 17.4.2019 – 27 U 9/18 Rn. 67; Elspas/Graßmann/Rasbach/*Bronny* EnWG § 32 Rn. 28; Theobald/Kühling/*Boos* EnWG § 32 Rn. 39; BerlKommEnergieR/*Weyer* EnWG § 32 Rn. 23). Denn der Gläubiger war an den einschlägigen Verfahren möglicherweise nicht beteiligt und hatte nur eingeschränkte Rechtsschutzmöglichkeiten gegen die Entscheidung der Regulierungsbehörde (Theobald/Kühling/*Boos* EnWG § 32 Rn. 39).

4. Verjährung (Abs. 5). Der Schadensersatzanspruch verjährt – ebenso wie die **34** Beseitigungs- und Unterlassungsansprüche – innerhalb von drei Jahren (§ 195 BGB). Nach Abs. 5 wird die Verjährung eines Schadensersatzanspruchs durch die Einleitung eines Verfahrens durch die Regulierungsbehörde **gehemmt.** Dies gilt sowohl für Verfahren nach § 30 als auch nach § 31. Sind Ansprüche im Zeitpunkt der Verfahrenseinleitung bereits verjährt, tritt keine Verjährungshemmung ein, auch wenn sich die Feststellung der Regulierungsbehörde ua auf die betroffenen Verstöße des Netzbetreibers bezieht (vgl. BGH Beschl. v. 9.10.2018 – EnVR 22/17, EnWZ 2019, 20 Rn. 28). Für das Ende der Verjährungshemmung findet § 204 Abs. 2 BGB entsprechende Anwendung (Abs. 5 S. 2).

§ 33 Vorteilsabschöpfung durch die Regulierungsbehörde

(1) Hat ein Unternehmen vorsätzlich oder fahrlässig gegen eine Vorschrift der Abschnitte 2 und 3, eine auf Grund der Vorschriften dieser Abschnitte erlassene Rechtsverordnung oder eine auf Grundlage dieser Vorschriften ergangene Entscheidung der Regulierungsbehörde verstoßen und dadurch einen wirtschaftlichen Vorteil erlangt, kann die Regulierungsbehörde die Abschöpfung des wirtschaftlichen Vorteils anordnen und dem Unternehmen die Zahlung des entsprechenden Geldbetrags auferlegen.

(2) ¹Absatz 1 gilt nicht, sofern der wirtschaftliche Vorteil durch Schadensersatzleistungen oder durch die Verhängung der Geldbuße oder die Anordnung der Einziehung von Taterträgen abgeschöpft ist. ²Soweit das Unternehmen Leistungen nach Satz 1 erst nach der Vorteilsabschöpfung erbringt, ist der abgeführte Geldbetrag in Höhe der nachgewiesenen Zahlungen an das Unternehmen zurückzuerstatten.

(3) ¹Wäre die Durchführung der Vorteilsabschöpfung eine unbillige Härte, soll die Anordnung auf einen angemessenen Geldbetrag beschränkt werden oder ganz unterbleiben. ²Sie soll auch unterbleiben, wenn der wirtschaftliche Vorteil gering ist.

(4) ¹Die Höhe des wirtschaftlichen Vorteils kann geschätzt werden. ²Der abzuführende Geldbetrag ist zahlenmäßig zu bestimmen.

(5) Die Vorteilsabschöpfung kann nur innerhalb einer Frist von bis zu fünf Jahren seit Beendigung der Zuwiderhandlung und längstens für einen Zeitraum von fünf Jahren angeordnet werden.

(6) Die Absätze 1 bis 5 gelten entsprechend für Verstöße gegen die Artikel 3 und 5 der Verordnung (EU) Nr. 1227/2011 oder gegen eine auf Grundlage dieser Vorschriften ergangene Entscheidung der Bundesnetzagentur.

Literatur: *Enaux/König*, Missbrauchs- und Sanktionsnormen in der GWB-Novelle, dem TKG und dem Entwurf zum EnWG, N&R 2005, 2; *Rüger*, Zur Vattenfall-Entscheidung „Teil 2" – Ausschluss von Rückforderungsansprüchen von Netznutzern auch ohne Mehrerlössaldierung, RdE 2012, 88; *Schlack/Boos*, Netzentgeltprüfungen durch die Regulierungsbehörden – Rechtsprechung des Bundesgerichtshofs, ZNER 2008, 323; *Schütte*, Kapitel 110: Vorteilsabschöpfung (§ 33 EnWG) in Baur/Salje/Schmidt-Preuß (Hrsg.), Regulierung in der Energiewirtschaft, 2. Aufl., 2016.

A. Allgemeines

1   Die Vorteilsabschöpfung nach § 33 entspricht im Wesentlichen § 34 GWB (BT-Drs. 15/3917, 64). Eine teilweise vergleichbare Regelung findet sich in § 43 TKG und § 10 UWG. Ziel der Regelung ist es, wirtschaftliche Vorteile aus Rechtsverstößen nicht beim rechtswidrig handelnden Unternehmen zu belassen (Elspas/Graßmann/Rasbach/*Bronny* EnWG § 33 Rn. 2; NK-EnWG/*Wahlhäuser* § 33 Rn. 2; BerlKommEnergieR/*Weyer* EnWG § 33 Rn. 1; Baur/Salje/Schmidt-Preuß Energiewirtschaft/*Schütte* Rn. 1). Es handelt sich nicht um ein straf- oder bußgeld-

rechtliches Instrument (BT-Drs. 15/3917). In der Praxis hat die Regelung bislang kaum Wirkung entfaltet (vgl. Baur/Salje/Schmidt-Preuß Energiewirtschaft/*Schütte* Rn. 4).

B. Einzelerläuterungen

I. Adressaten, Verstoß (Abs. 1 und 6)

Voraussetzung der Vorteilsabschöpfung ist, dass ein Unternehmen gegen eine 2 Vorschrift der **Abschnitte 2 und 3 des EnWG** oder gegen eine aufgrund dieser Abschnitte erlassene Rechtsverordnung oder gegen eine aufgrund dieser Regelungen erlassene Entscheidung der Regulierungsbehörde verstoßen hat. Dies entspricht den Voraussetzungen des § 32 Abs. 1, sodass hinsichtlich des Verstoßes (→ § 32 Rn. 7) und der in Betracht kommenden Adressaten (→ § 32 Rn. 9) auf die dortige Kommentierung verwiesen wird. Allerdings findet nach § 110 Abs. 1 die Vorteilsabschöpfung keine Anwendung auf Betreiber von geschlossenen Verteilernetzen. Nach Abs. 6 können auch bei Verstößen gegen die Vorschriften der Art. 3 und 5 der **REMIT-Verordnung** (Verbot des Insider-Handels und der Manipulation) oder gegen eine auf Grundlage dieser Vorschriften ergangenen Entscheidung die Möglichkeiten der Vorteilsabschöpfung genutzt werden (vgl. BT-Drs. 17/10060, 33).

Der Verstoß muss **vorsätzlich oder fahrlässig** begangen worden sein (→ § 32 3 Rn. 28).

Die Vorteilsabschöpfung kann auch gegenüber einem Rechtsnachfolger des Un- 4 ternehmens erfolgen, das den Verstoß begangen hat (OLG Düsseldorf Beschl. v. 10.8.2016 – VI-3 Kart 100/15 (V), RdE 2017, 21 Rn. 129 ff.; NK-EnWG/*Wahlhäuser* § 33 Rn. 2; Theobald/Kühling/*Boos* EnWG § 33 Rn. 14). Denn der Rechtsnachfolger profitiert ebenso von dem durch den Verstoß erlangten Vorteil.

II. Wirtschaftlicher Vorteil

Für die Definition des wirtschaftlichen Vorteils ist auf die zu § 17 Abs. 4 OWiG 5 entwickelten Rechtsgrundsätze zurückzugreifen (BT-Drs. 15/3917, 64; Elspas/ Graßmann/Rasbach/*Bronny* EnWG § 33 Rn. 9). Der Verstoß des Unternehmens muss **adäquat-kausal** für den erlangten wirtschaftlichen Vorteil sein (BNetzA Beschl. v. 16.3.2012, BK9-11-701, S. 7; BerlKommEnergieR/*Weyer* EnWG § 33 Rn. 10; Theobald/Kühling/*Boos* EnWG § 33 Rn. 10; Baur/Salje/Schmidt-Preuß Energiewirtschaft/*Schütte* Rn. 15). Nicht erforderlich ist ein korrespondierender Nachteil bei einem Marktteilnehmer (BerlKommEnergieR/*Weyer* EnWG § 33 Rn. 10).

Die Berechnung des wirtschaftlichen Vorteils folgt dem sog. **Saldierungs-** 6 **grundsatz**. Es ist die Situation ohne Zuwiderhandlung mit der Situation zu vergleichen, wie sie sich durch die Zuwiderhandlung ergeben hat (BT-Drs. 15/3917, 64). Es ist nicht auf korrespondierende Nachteile anderer Marktteilnehmer abzustellen, sondern allein auf die wirtschaftliche Situation des Täters (Baur/Salje/ Schmidt-Preuß Energiewirtschaft/*Schütte* Rn. 16). Dabei ist nicht nur ein in Geld bestehender Gewinn zu berücksichtigen, sondern auch ein sonstiger wirtschaftlicher Vorteil wie beispielsweise eine Verbesserung der Marktposition des Täters durch Ausschaltung oder Zurückdrängung von Wettbewerbern (BT-Drs. 15/3917,

§ 33 Teil 3. Regulierung des Netzbetriebs

64; OLG Düsseldorf Beschl. v. 10.8.1016 – VI-3 Kart 100/15 (V), RdE 2017, 21 Rn. 129; Elspas/Graßmann/Rasbach/*Bronny* EnWG § 33 Rn. 9; BerlKommEnergieR/*Weyer* EnWG § 33 Rn. 11). Diese Verbesserung der Marktposition drückt sich wiederum im einer Erhöhung des Unternehmenswertes aus (vgl. Göhler/*Gürtler* OWiG § 17 Rn. 40 mwN). Andererseits sind die Kosten und Aufwendungen des Täters abzuziehen (sog. „Nettoprinzip"; OLG Düsseldorf Beschl. v. 10.8.1016 – VI-3 Kart 100/15 (V), RdE 2017, 21 Rn. 130; Elspas/Graßmann/Rasbach/*Bronny* EnWG § 32 Rn. 10; BerlKommEnergieR/*Weyer* EnWG § 33 Rn. 11; Baur/Salje/Schmidt-Preuß Energiewirtschaft/*Schütte* Rn. 18). Soweit der wirtschaftliche Vorteil beispielsweise über das Regulierungskonto nach § 5 ARegV an die Netznutzer zurückgeführt wird, ist für eine Vorteilsabschöpfung an die Staatskasse (→ Rn. 16) kein Raum (OLG Düsseldorf Beschl. v. 10.8.2016 – VI-3 Kart 100/15 (V), RdE 2017, 21 Rn. 77; BerlKommEnergieR/*Weyer* EnWG § 33 Rn. 4).

7   Gem. Abs. 4 kann die Höhe des wirtschaftlichen Vorteils geschätzt werden. Dabei ist der abzuführende Geldbetrag zahlenmäßig zu bestimmen. Bei der **Schätzung** sind dieselben Gesichtspunkte und Tatsachen wie bei der Regelberechnung zu berücksichtigen; lediglich die Strenge des Nachweises für diese Tatsachen ist im Falle der Schätzung geringer als bei der Regelberechnung (Baur/Salje/Schmidt-Preuß Energiewirtschaft/*Schütte* Rn. 22).

III. Behördliches Ermessen

8   Die Anordnung der Vorteilsabschöpfung steht im behördlichen Ermessen („kann"). Der Ermessensspielraum wird allerdings durch Abs. 3 eingeschränkt (OLG Düsseldorf Beschl. v. 10.8.2016 – VI-3 Kart 100/15 (V), RdE 2017, 21 Rn. 137; → Rn. 12ff.).

IV. Subsidiarität (Abs. 2)

9   Nach Abs. 2 S. 1 ist die Vorteilsabschöpfung nachrangig gegenüber dem Schadensersatzanspruch (§ 32), der Geldbuße (§ 95) und der Anordnung des Verfalls (§§ 73, 73a StGB). Damit soll eine Doppelbelastung der Unternehmen verhindert werden (Baur/Salje/Schmidt-Preuß Energiewirtschaft/*Schütte* Rn. 26; Schneider/Theobald EnergieWirtschaftsR-HdB/*Franke* § 19 Rn. 87). Voraussetzung für die Subsidiarität der Vorteilsabschöpfung ist, dass die jeweilige Maßnahme auch zur Abschöpfung des wirtschaftlichen Vorteils verhängt wird (BT-Drs. 15/3917, 64).

10 Die Vorteilsabschöpfung ist nicht nachrangig gegenüber **Zwangsgeldern** (Theobald/Kühling/*Boos* EnWG § 33 Rn. 25). Diese dienen der Durchsetzung einer behördlichen Verfügung. Eine Anrechnung gezahlter Zwangsgelder auf die Vorteilsabschöpfung würde deren Wirksamkeit untergraben.

11 Mit Abs. 2 S. 2 wird dem durch eine Vorteilsabschöpfung betroffenen Unternehmen ein **Rückerstattungsanspruch** eingeräumt, wenn nach der Vorteilsabschöpfung Zahlungen im Rahmen der vorrangigen Maßnahmen (Schadensersatz, Geldbuße, Verfall) erfolgen.

V. Unbillige Härte; geringer wirtschaftlicher Vorteil (Abs. 3)

12 Eine Einschränkung des Entschließungs- und Auswahlermessens der Behörde bei der Anordnung der Vorteilsabschöpfung nimmt der Gesetzgeber in Abs. 3 S. 1 im Falle **unbilliger Härte** vor. Dabei handelt es sich um eine Kodifizierung

des Verhältnismäßigkeitsgrundsatzes (Baur/Salje/Schmidt-Preuß Energiewirtschaft/ *Schütte* Rn. 23). Eine unbillige Härte liegt insbesondere vor, wenn die Existenz des Unternehmens durch die Vorteilsabschöpfung gefährdet wäre (vgl. Elspas/Graßmann/Rasbach/*Bronny* EnWG § 32 Rn. 12; BerlKommEnergieR/*Weyer* EnWG § 33 Rn. 12; Baur/Salje/Schmidt-Preuß Energiewirtschaft/*Schütte* Rn. 24; BNetzA Beschl. v. 16.3.2012 – BK9-11/701) oder wenn die Netzbetreiberaufgaben nicht mehr wahrgenommen werden können (Baur/Salje/Schmidt-Preuß Energiewirtschaft/*Schütte* Rn. 24). Ungeklärt ist die Frage, ob die unbillige Härte dadurch zu vermeiden ist, dass die Gesellschafter des Unternehmens für ausreichende Finanzierung sorgen. Dies dürfte jedenfalls dann zumutbar sein, wenn die Gesellschafter vom Verstoß des Unternehmens profitiert haben, etwa in Form einer höheren Gewinnausschüttung.

Eine weitere Ermessenseinschränkung ergibt sich aus Abs. 3 S. 2, wonach die Vorteilabschöpfung unterbleiben soll, wenn lediglich ein **geringer wirtschaftlicher Vorteil** vorliegt. Dies soll die Behörde von Bagatellfällen entlasten (Elspas/ Graßmann/Rasbach/*Bronny* EnWG § 32 Rn. 13; BerlKommEnergieR/*Weyer* EnWG § 33 Rn. 12; Baur/Salje/Schmidt-Preuß Energiewirtschaft/*Schütte* Rn. 25). Ob der erlangte wirtschaftliche Vorteil, als „gering" einzuschätzen ist, hängt vom Einzelfall ab. Zu berücksichtigen ist jedoch, dass sich jeglicher Verstoß wettbewerbsverzerrend auswirken kann (vgl. auch krit. BR, BT-Drs. 15/3917, 88). 13

Sowohl bei Abs. 3 S. 1 als auch bei Abs. 3 S. 2 handelt es sich um eine Soll-Vorschrift, sodass die Behörde davon in atypischen Einzelfällen abweichen kann. 14

VI. Frist (Abs. 5)

Durch Abs. 5 wird die Vorteilsabschöpfung in zeitlicher Hinsicht eingeschränkt. Danach kann diese nur innerhalb einer Frist von bis zu fünf Jahren seit Beendigung der Zuwiderhandlung und längstens für einen Zeitraum von fünf Jahren angeordnet werden. 15

VII. Zuständigkeit und Kosten

Die Zuständigkeit richtet sich nach § 54 Abs. 1, Abs. 2 Nr. 8. Die abgeschöpfte Summe fließt in den Haushalt des Bundes, soweit die BNetzA tätig wird, oder des jeweiligen Landes, soweit die Landesregulierungsbehörde tätig wird (Theobald/ Kühling/*Boos* EnWG § 33 Rn. 15). Bei der Vorteilsabschöpfung handelt es sich um eine kostenpflichtige Amtshandlung. Die zu erhebende Gebühr kann zwischen 2.500 und 75.000 EUR betragen (vgl. § 2 EnWGKostV, Anlage Nr. 2). Die Kosten werden bei der Bestimmung der abzuschöpfenden Summe nicht berücksichtigt (Theobald/Kühling/*Boos* EnWG § 33 Rn. 35). 16

C. Rechtsmittel

Gegen die Vorteilsabschöpfung ist die Anfechtungsbeschwerde (→ § 75 Rn. 4 ff.) statthaft. 17

§ 34 *(aufgehoben)*

§ 35 Monitoring und ergänzende Informationen

(1) Die Regulierungsbehörde führt zur Wahrnehmung ihrer Aufgaben nach diesem Gesetz, insbesondere zur Herstellung von Markttransparenz sowie zur Wahrnehmung ihrer Aufgaben nach dem Kohleverstromungsbeendigungsgesetz vom 8. August 2020 (BGBl. I S. 1818), ein Monitoring durch über

1. die Regeln für das Management und die Zuweisung von Verbindungskapazitäten; dies erfolgt in Abstimmung mit der Regulierungsbehörde oder den Regulierungsbehörden der Mitgliedstaaten, mit denen ein Verbund besteht;
2. die Mechanismen zur Behebung von Kapazitätsengpässen im nationalen Elektrizitäts- und Gasversorgungsnetz und bei den Verbindungsleitungen;
3. die Zeit, die von Betreibern von Übertragungs-, Fernleitungs- und Verteilernetzen für die Herstellung von Anschlüssen und Reparaturen benötigt wird;
4. die Veröffentlichung angemessener Informationen über Verbindungsleitungen, Netznutzung und Kapazitätszuweisung für interessierte Parteien durch die Betreiber von Übertragungs-, Fernleitungs- und Verteilernetzen unter Berücksichtigung der Notwendigkeit, nicht statistisch aufbereitete Einzeldaten als Geschäftsgeheimnisse zu behandeln;
5. die technische Zusammenarbeit zwischen Betreibern von Übertragungsnetzen innerhalb und außerhalb der Europäischen Gemeinschaft;
6. die Bedingungen und Tarife für den Anschluss neuer Elektrizitätserzeuger unter besonderer Berücksichtigung der Kosten und der Vorteile der verschiedenen Technologien zur Elektrizitätserzeugung aus erneuerbaren Energien, der dezentralen Erzeugung und der Kraft-Wärme-Kopplung;
7. die Bedingungen für den Zugang zu Gasspeicheranlagen nach den §§ 26 und 28, und insbesondere über Veränderungen der Situation auf dem Speichermarkt, mit dem Ziel, dem Bundesministerium für Wirtschaft und Energie eine Überprüfung der Regelungen im Hinblick auf den Zugang zu Gasspeicheranlagen zu ermöglichen, sowie die Netzzugangsbedingungen für Anlagen zur Erzeugung von Biogas und die Zahl der Biogas in das Erdgasnetz einspeisenden Anlagen, die eingespeiste Biogasmenge in Kilowattstunden und die nach § 20b der Gasnetzentgeltverordnung bundesweit umgelegten Kosten;
8. den Umfang, in dem die Betreiber von Übertragungs-, Fernleitungs- und Verteilernetzen ihren Aufgaben nach den §§ 11 bis 16a nachkommen;
9. die Erfüllung der Verpflichtungen nach § 42;
10. Preise für Haushaltskunden, einschließlich von Vorauszahlungssystemen, Marktangebot von und Preisvolatilität bei Verträgen mit dynamischen Stromtarifen, Lieferanten- und Produktwechsel, Unterbrechung der Versorgung gemäß § 19 der Stromgrundversorgungsverordnung oder der Gasgrundversorgungsverordnung, die Beziehungen zwischen Haushalts- und Großhandelspreisen, Beschwerden von

Haushaltskunden, die Wirksamkeit und die Durchsetzung von Maßnahmen zum Verbraucherschutz im Bereich Elektrizität oder Gas, Wartungsdienste am Hausanschluss oder an Messeinrichtungen sowie die Dienstleistungsqualität der Netze;

11. den Bestand und die geplanten Stilllegungen von Erzeugungskapazitäten, die Möglichkeit und die vorhandenen Kapazitäten für einen Brennstoffwechsel zur Absicherung der Leistung der Erzeugungskapazitäten, die Investitionen in die Erzeugungskapazitäten mit Blick auf die Versorgungssicherheit sowie den Bestand, die bereitgestellte Leistung, die gelieferte Strommenge sowie den voraussichtlichen Zeitpunkt der Außerbetriebnahme von Speichern mit einer Nennleistung von mehr als 10 Megawatt;
12. den Grad der Transparenz, auch der Großhandelspreise, sowie den Grad und die Wirksamkeit der Marktöffnung und den Umfang des Wettbewerbs auf Großhandels- und Endkundenebene sowie an Elektrizitäts- und Erdgasbörsen, soweit diese Aufgabe nicht durch Gesetz einer anderen Stelle übertragen wurde,
13. die Entwicklung der Ausschreibungen abschaltbarer Lasten durch die Betreiber von Übertragungsnetzen nach § 13 Absatz 6 Satz 1, insbesondere soweit die Bundesregierung mit Zustimmung des Bundestages eine entsprechende Rechtsverordnung nach § 13i Absatz 1 und 2 erlassen hat.

(1a) Die Regulierungsbehörde kann für die Erstellung des Berichts nach § 63 Absatz 3a sowie zur Überwachung von Verpflichtungen nach § 13, insbesondere ob eine Abweichung nach § 13 Absatz 3 vorliegt, von den Betreibern von Erzeugungsanlagen und von Anlagen zur Speicherung elektrischer Energie ergänzende Informationen erheben, insbesondere
1. Betriebskenndaten der Anlagen sowie
2. Daten zur Bereitstellung von elektrischer Leistung auf Grund sonstiger Verdienstmöglichkeiten.

(2) Zur Durchführung des Monitoring und zur Erhebung der ergänzenden Informationen gelten die Befugnisse nach § 69 entsprechend.

Übersicht

	Rn.
A. Allgemeines	1
I. Begriff des Monitorings	1
II. Zweck des Monitorings nach EnWG	5
1. Beobachtung von Marktentwicklungen	6
2. Wahrung der Aufgaben nach dem EnWG	13
3. Monitoring des Kohleausstiegs	16
4. Monitoring europäischer Entwicklungen	17
III. Verhältnis zum Wettbewerbsrecht	19
IV. Verhältnis zum Energiestatistikgesetz (EnStatG)	23
V. Verhältnis zum Messstellenbetriebsgesetz (MsbG)	24
VI. Europarechtliche Grundlagen	25
B. Einzelerläuterungen	28
I. Katalog der Gegenstände des Monitorings (Abs. 1)	28
II. Anforderung von Informationen (Abs. 1a)	50

	Rn.
C. Verfahren	55
I. Beteiligte	58
1. BNetzA	58
2. Andere Behörden	59
3. Adressaten der Auskunftspflicht	63
II. Ablauf	67
III. Umgang mit Betriebs- und Geschäftsgeheimnissen	73
IV. Verhältnis Monitoring zu Datenschutz	77
V. Durchsetzung	78

Literatur: *Baur,* Der Regulator: Entscheidungen, gerichtliche Kontrolle, in Ehricke, Das neue Recht der Energiewirtschaft, 2005, S. 37 ff.; *Dalibor,* Monitoring ohne Ermächtigungsgrundlage – zur Rechtslage nach der Novellierung von § 35 EnWG und § 48 III GWB, RdE 2013, 207; *Gröschner,* Das Überwachungsverhältnis – Wirtschaftsüberwachung in polizeilicher Tradition und wirtschaftsverwaltungsrechtlichem Wandel, 1992; *Herzmann,* Monitoring als Verwaltungsaufgabe, DVBl. 2007, 670; *Lecheler/Gundel,* Ein weiterer Schritt zur Vollendung des Energie-Binnenmarktes, EuZW 2003, 621; *Masing,* Verhandlungen des 66. Deutschen Juristentages Stuttgart 2006, Band I: Gutachten, Teil D: Soll das Recht der Regulierungsverwaltung übergreifend geregelt werden?; *Windhofer,* Entscheidungsmonitoring in Gesetzgebung und Verwaltung, VerwArch 2011, 343.

A. Allgemeines

I. Begriff des Monitorings

1 Das Monitoring ist kein klassischer Begriff im deutschen Recht, er findet aber zunehmend, insbesondere durch europäische Vorgaben, Eingang in deutsche Gesetze (hierzu *Herzmann* DVBl. 2007, 670 f.). Creifelds Rechtswörterbuch beschreibt Monitoring allgemein als „die verhaltens- und auswirkungsprüfende Beobachtung". Das Monitoring mit rechtlichem Bezug ist in der Regel **langfristig angelegt** (Creifelds/*Hakenberg*). Im Bereich der Energieregulierung kennt man den Begriff seit dem Bericht über die energiewirtschaftlichen und wettbewerblichen Wirkungen der Verbändevereinbarungen, der als Monitoring-Bericht bezeichnet und als eine „Bestandsaufnahme der bisherigen Entwicklungen […] und Ausblick auf die Grundzüge einer künftigen staatlichen Regulierung" verstanden wurde (BT-Drs. 15/1510, 3).

2 Der englischen Wortbedeutung nach handelt es sich beim Monitoring um eine Beobachtung oder ein Überwachen. Im europäischen Gesetzgebungsprozess wurde auch zunächst der Begriff der „ständigen Überwachung" als Äquivalent zum „continuously monitoring" des englischsprachigen Entwurfs verwendet (vgl. die jeweiligen Art. 22 des Vorschlags zur Änderung der Elt-RL 96 und der ersten Gasbinnenmarktrichtlinie 98/30/EG). Ob eine solche Übersetzung das Instrument treffend beschreibt, wurde aber von deutscher Seite bestritten. Dementsprechend hat sich in den Richtlinien und diesen folgend auch im EnWG der Begriff Monitoring durchgesetzt (die Elt-RL 19 und die Gas-RL 09 vermeiden nunmehr jedoch den Begriff und sprechen von einer Beobachtung). Die Vermutung, eine bedeutungsverlustfreie Gleichsetzung dieses Begriffs mit dem der Überwachung sei dennoch möglich, bestärkt hingegen die Umsetzung von Art. 10 RL 2001/42/EG in § 4c BauGB (dazu aber → Rn. 3) und anderer europäischer Rechtsakte.

Der dogmatisch umstrittene Begriff der Überwachung bezieht sich im positiven 3
Recht in der Regel auf die bloße Kontrolle der Einhaltung von Vorschriften des jeweiligen Gesetzes (*Gröschner* Überwachungsverhältnis S. 130 f.). Der Ansatz des Monitorings erscheint breiter, geht es doch überdies um die Ermittlung allgemeiner Entwicklungen (vgl. die begriffliche Trennung in §§ 38 ff. bzw. §§ 50 ff. LFGB). Entsprechend wird beim so ausgerichteten, jedoch mit dem Begriff „Überwachung" überschriebenen § 4c BauGB allgemein vom (bauplanungsrechtlichen) Monitoring gesprochen (statt vieler BeckOK BauGB/*Schink* § 4c Rn. 2–2a). Damit steht das Monitoring dem **Begriff der Wirtschaftsaufsicht** bzw. -lenkung näher. Die hier typischen Phasen des Beobachtens und des Auswertens sind auch vom Monitoring umfasst, es fehlt diesem jedoch das Element der Berichtigung von Fehlentwicklungen. Eine genaue Definition des im deutschen Recht neuen Begriffs erscheint nur im Kontext der jeweiligen Bestimmungen möglich.

Unter energiewirtschaftlichem Monitoring nach § 35 kann **im Ergebnis** eine 4
systematische, regelmäßige Beobachtung und Auswertung des Zustands und der Entwicklung bestimmter Regulierungsgegenstände anhand dazu erhobener Unternehmensdaten verstanden werden (zum Monitoring als Verwaltungsaufgabe *Herzmann* DVBl. 2007, 670 ff., BerlKomEnR/*Bruhn* EnWG § 35 Rn. 3).

II. Zweck des Monitorings nach EnWG

Die Monitoring-Aufgabe der BNetzA stützt sich maßgeblich auf § 35. Außer- 5
halb von Auskunftsverpflichtungen von Unternehmen und Vereinigungen von Unternehmen in spezifischen Regulierungsverfahren gem. § 69 ist die Vorschrift hier in entsprechender Anwendung die Ermächtigungsgrundlage für die Erhebung allgemeiner, aufgabenbezogener Marktdaten. Damit geht auch im Sinne der oben beschriebenen Wortbedeutung das Monitoring **über** die rein statistische Erhebung von Daten hinaus. § 35 wird zitiert in §§ 63 Abs. 3 und 3a, 64a Abs. 2 und 110 EnWG, 16 Abs. 1 Nr. 12 und 29 Abs. 1 KVBG, 77 Abs. 3 MsbG, 47c GWB Abs. 1, 35 Abs. 8 GasNZV, 20a GasNEV.

1. Beobachtung von Marktentwicklungen. Der Auftrag zur Durchführung 6
eines Monitorings führt zunächst zu einer „systematischen Beobachtung" (*Lecheler/Gundel* EuZW 2003, 621 (625)), da hinsichtlich des Katalogs des Abs. 1 regelmäßig ausgewertetes Datenmaterial vorliegen muss. Ursprünglich bezog sich die Beobachtung auf die wettbewerblichen Wirkungen des regulierten Netzzugangs auf die vor- und nachgelagerten Märkte. Dieses Ziel hat sich erheblich erweitert. Nach der Begründung EnWG-Novelle 2011 zur Umsetzung des 2. Energiebinnenmarktpakets liegt das Ziel des Monitorings erklärtermaßen darin, „eine Gesamtinformation über alle relevanten Aspekte der Marktentwicklung im Energiesektor" (BT-Drs. 17/6072, 99) zu erhalten.

Nach Abs. 1 wird die Regulierungsbehörde zur Durchführung eines Monito- 7
rings über in der Norm genannte Gegenstände sogar verpflichtet. Ursprung dieser Monitoring-Verpflichtung sind die Binnenmarktrichtlinien (→ Rn. 2).

Das Monitoring dient **drei erklärten Zielen**: der Herstellung von **Markt-** 8
transparenz sowie zur **Unterstützung der Wahrnehmung der Aufgaben** der Behörde nach dem EnWG sowie seit 2020 im Rahmen des **Kohleausstiegs.**

Über die Ergebnisse des Monitorings wird zur Herstellung von Markttrans- 9
parenz gem. § 63 Abs. 3 EnWG **jährlich ein Bericht** veröffentlicht. Dieser hat sich in einzelnen Bereichen des Monitorings im Laufe der Jahre stark verändert.

Der Katalog aus Abs. 1 wurde mit den Marktentwicklungen nicht immer mit aktualisiert. Der wesentliche Kern des Monitorings ist über die Jahre allerdings stabil und ist eines der substanziiertesten Zahlenwerke über die Entwicklungen der leitungsgebundenen Elektrizität- und Gasversorgung.

10 **Praxistipp für Marktteilnehmer:**
Zur Durchführung des Monitorings teilt die BNetzA den Unternehmen für jede wahrgenommene Marktrolle eine Betriebsnummer zu. Diese dient der eindeutigen Identifizierung bei Antworten seitens der Unternehmen.

Eine Erstregistrierung und Mitteilung von Änderungen von Unternehmensstammdaten sind der Behörde förmlich mitzuteilen unter www.bundesnetzagentur.de/Elektrizität und Gas/Energie Monitoring und Datenübermittlungen/Monitoringberichte.

Die Datenerhebung erfolgt über ein verschlüsseltes **Web-Portal,** das ebenfalls einer Anmeldung bedarf.

11 Zugleich wird durch das Monitoring gegebenenfalls der „Umsetzungsstand" wesentlicher Vorgaben aus dem EnWG, den zugehörigen Verordnungen sowie von Entscheidungen der BNetzA ermittelt. Ein dadurch möglicher Vergleich mit Daten vorheriger Erhebungen wird von der BNetzA vorgenommen und seine Ergebnisse in den Monitoringberichten erläutert. Das Monitoring als „rechtlich institutionalisierte Lernerfahrung" (*Spiecker gen. Döhmann* DVBl. 2007, 1074 (1076)) führt so zu einer „Wirkungskontrolle" der Regulierungstätigkeit wie auch des rechtlichen Rahmens. Es geht um eine „kommunikative(n) immer wieder neu zu gewinnende(n) Bestimmung des Standorts und Umfelds der Regulierungspolitik durch die Behörde" (*Masing* Regulierungsverwaltung S. 182).

12 Das Monitoring liefert wichtige Erkenntnisse für die Gestaltung der energiepolitischen Rahmenbedingungen für eine sichere, wirtschaftliche und umweltverträgliche Energieversorgung im Einklang mit §§ 1 und 1a, für die Energieberichterstattung des Bundes sowie für die Identifikation wettbewerbspolitischer Maßnahmen in den energiebezogenen Märkten und der Versorgungssicherheit mit Strom und Gas.

13 **2. Wahrung der Aufgaben nach dem EnWG.** Gem. § 35 führt die BNetzA das Monitoring sowohl zur Herstellung von Markttransparenz als auch „zur Wahrung ihrer Aufgaben nach dem EnWG" durch. Daher werden auch Daten erhoben, die abstrakt, außerhalb von Einzelverfahren, für die Verbesserung der Aufgabenwahrnehmung – gerade auch zur Wahrnehmung von Fehlentwicklungen – gebraucht werden.

14 Dazu gehört zB die Abfrage der Strukturparameterdaten. Diese dient ua der Vorbereitung des Effizienzvergleichs nach § 21a Abs. 5 iVm. der ARegV. Insbesondere werden damit Daten erhoben, die zur Plausibilisierung für die Effizienzvergleiche und zur Bestimmung des Qualitätselements verwendet und zur Erfüllung der Aufgaben der BNetzA nach § 33 Abs. 1, Abs. 4 und Abs. 8 ARegV herangezogen werden.

15 Um die Anforderungen an die Strom- und Gasnetze aufgrund der Auswirkungen der Energiewende nachvollziehen zu können, werden hier die Strukturparameterdaten aller Netzunternehmen abgefragt. Ein Überblick über den Gesamtmarkt und die heterogenen Versorgungsaufgaben ist Voraussetzung für die für regulatorische Prozesse erforderliche Datenqualität, was immer auch der Plausibilisierung und Kenntnis der Datenverfügbarkeit dient. Insbesondere der jährliche Rhythmus der Monitoringerhebung soll die regelmäßige Befassung der Netzbetreiber und der BNetzA mit Kernstrukturdaten sicherstellen.

Monitoring und ergänzende Informationen §35

3. Monitoring des Kohleausstiegs. Mit der Einführung des KVBG 2020 wird dort in § 8 Abs. 1 KVBG bei der Ermittlung des Ausgangsniveaus für die Ausschreibungen für die Zieldaten 2022 und 2023 gem. § 7 KVBG auf Grundlage des Monitorings nach § 35 Abs. 1 EnWG abgestellt. Aus diesem Grund wurde der vorliegenden § 35 um die Zielsetzung der Aufgaben aus dem KVBG generalklauselartig erweitert. Schon seit 2011 ist das Monitoring der Erzeugungslandschaft in Nr. 11 Bestandteil des Monitorings. Hier setzt das KVBG auf. 16

4. Monitoring europäischer Entwicklungen. Mit dem EnWG 2011 wurde das Berichtswesen entsprechend der veränderten europäischen Richtlinienvorgaben verschlankt. Nach der Neufassung von § 63 Abs. 3 werden **Tätigkeitsbericht** und **Monitoringbericht** der BNetzA nunmehr zusammengeführt. Die nach Art. 59 Abs. 1 lit. i Elt-RL 19 und Art. 41 Abs. 1 lit. e Gas-RL 09 ohnehin umzusetzende Verpflichtung, diesen Bericht an die **Europäische Kommission** und **ACER** zu übersenden, lässt zudem die bisherige Verpflichtung nach § 63 Abs. 5 aF entfallen, für die Kommission einen Bericht zu Marktbeherrschung, Verdrängungspraktiken und wettbewerbsfeindlichem Verhalten zu erstellen. Dieser Bericht geht vielmehr im Monitoringbericht mit auf (BT-Drs. 17/6072, 92). 17

Darüber hinaus legt die BNetzA der Europäischen Kommission und der Europäischen Agentur für die Zusammenarbeit der Energieregulierungsbehörden (ACER) einen Bericht über das Ergebnis ihrer Monitoringtätigkeit vor. ACER hat einen eigenen Überwachungsauftrag mit Berichtspflicht an die Europäische Kommission gem. Art. 5 Abs. 1 e und Art. 15 Abs. 1 ACER-VO. 18

III. Verhältnis zum Wettbewerbsrecht

Die Strom- und Gasbinnenmarktrichtlinien unterscheiden nicht nach den nationalen Zuordnungen zu Regulierungsrecht und Wettbewerbsrecht. 19

Art. 59 Elt-RL 19 und 41 Gas-RL 09 ermöglichen es allerdings einem Mitgliedstaat, die Überwachungsaufgaben von anderen Behörden als der Regulierungsbehörde durchführen zu lassen mit der Vorgabe, in diesen Fällen die Informationen, die aus der Überwachung hervorgehen, der Regulierungsbehörde so schnell wie möglich zur Verfügung zu stellen. 20

Das BKartA ist nach § 48 Abs. 3 GWB im Rahmen des Monitorings für den Grad der Transparenz (auch der Großhandelspreise) sowie für den Grad und die Wirksamkeit der Marktöffnung zuständig. Es beobachtet den Umfang des Wettbewerbs auf Großhandels- und Endkundenebene auf den Strom- und Gasmärkten sowie an den Elektrizitäts- und Gasbörsen. 21

Beide Behörden haben ihre Monitoringdatenerhebungen gebündelt und geben den jährlichen Monitoringbericht gem. § 63 Abs. 3 (www.bundesnetzagentur.de/ Elektrizität und Gas/Energie Monitoring und Datenübermittlung/Monitoringbe richte) **gemeinsam** heraus (BNetzA/BKartA, Monitoringbericht 2012, dazu übersichtlich *Riewe* EWeRK 2013, 57f.). Die Ermächtigungsgrundlagen sowohl im GWB (§ 48 Abs. 3 GWB) als auch im EnWG (§ 63 Abs. 3) sehen ohnehin gegenseitige „Einvernehmenserklärungen" vor, die durch die gemeinsame Erstellung und Veröffentlichung bestmöglich abgebildet werden. 22

Bourwieg

IV. Verhältnis zum Energiestatistikgesetz (EnStatG)

23 Dass es sich maßgeblich um Daten zur Gewinnung nationaler Erkenntnisse des Energieangebots und der Energieverwendung, der Erzeugungskapazitäten und Marktstrukturen unter Einbeziehung des Europäischen Marktes handelt, kann ebenfalls an den in § 13 Abs. 3 und 4 EnStatG normierten Datenaustauschbefugnisse abgelesen werden. Die für statistische Zwecke übermittelten Daten dürfen allerdings nicht in Aufsichtsverfahren verwendet werden und unterliegen so einer eigenen Zweckbindung. Soweit die Behörden Daten ohne Unternehmensbezug austauschen, kommt eine solche Verwendung ohnehin nicht in Betracht.

V. Verhältnis zum Messstellenbetriebsgesetz (MsbG)

24 § 77 Abs. 3 MsbG sieht ein eigenes Monitoring der Aspekte des Messstellenbetriebs im Rahmen des Berichts nach § 35 vor, der insbesondere folgende Angaben erfasst:
- zur Wettbewerbssituation beim Messstellenbetrieb
- zur technischen Entwicklung bei modernen Messeinrichtungen und intelligenten Messsystemen
- zum Angebot variabler Tarife
- zu bundesweit einheitlichen Mindestanforderungen an Datenumfang und Datenqualität bei der energiewirtschaftlichen Datenkommunikation
- zum Angebot von Daten- und Telekommunikationsdiensten für die Anbindung von Smart-Meter-Gateways

VI. Europarechtliche Grundlagen

25 § 35 diente ursprünglich der Umsetzung von Art. 23 Abs. 1 S. 3 Elt-RL 03 und Art. 25 Abs. 1 S. 3 Gas-RL 03. Die hierin aufgeführten Kataloge wurden ins nationale Recht übernommen. Die Verpflichtungen bestehen auch nach den Vorgaben der Elt-RL 19 und der Gas-RL 09 weitestgehend fort.

26 Art. 59 Abs. 1 lit. n und lit. o Elt-RL 19 sowie Art. 41 Abs. 1 lit. i und lit. j sehen ein Monitoring über
- den Grad der Transparenz, auch der Großhandelspreise Elektrizität und Gas
- die Transparenzanforderungen für Elektrizitäts- und Gasunternehmen
- den Grad und die Wirksamkeit der Marktöffnung und den Umfang des Wettbewerbs auf Großhandels- und Endkundenebene, einschließlich Strom- und Erdgasbörsen
- Preise für Haushaltskunden einschließlich Vorauszahlungssysteme
- die Auswirkungen dynamischer Elektrizitätspreisverträge und der Verwendung intelligenter Messsysteme,
- Versorgerwechsel- und Abschaltraten
- Durchführung von Wartungsdiensten und dafür erhobene Gebühren
- die Beziehungen zwischen Haushalts- und Großhandelspreisen Elektrizität,
- die Entwicklung der Netztarife und -abgaben Elektrizität
- Beschwerden von Haushaltskunden Elektrizität und Gas
- die Zeit, die Fernleitungs- und Verteilernetzbetreiber für die Herstellung von Anschlüssen und für Reparaturen aufwenden (41 Abs. 1 lit. m Gas-RL 09, 59 Abs. 1 lit. q Elt-RL19)

Monitoring und ergänzende Informationen §35

– die technische Zusammenarbeit zwischen Übertragungsnetzbetreibern der Union und den Übertragungsnetzbetreibern von Drittländern Art. 59 Abs. 1 lit. w Elt-RL 19

Das Monitoring über die Versorgungssicherheit, das sich zunächst die Bundesregierung vorbehalten hatte, wurde mit dem Kohleverstromungsbeendigungsgesetz (KVBG, BT-Drs. 19/17342) 2020 im Einklang mit der ausdrücklichen (in Elt-RL 19 und Gas-RL 09 übernommenen) Möglichkeit nach Art. 4 S. 2 Elt-RL 03 und Art. 5 S. 2 Gas-RL 03 an die BNetzA übertragen. 27

B. Einzelerläuterungen

I. Abs. 1 Katalog der Gegenstände des Monitorings

Grundsätzlich gelten im Monitoring die **Begriffsbestimmungen** gem. § 3 sowie des § 2 jeweils der StromNZV, GasNZV, StromNEV, GasNEV, KWKG und § 3 EEG in der jeweils geltenden Fassung: 28

1. die Regeln für das Management und die Zuweisung von Verbindungskapazitäten; dies erfolgt in Abstimmung mit der Regulierungsbehörde oder den Regulierungsbehörden der Mitgliedstaaten, mit denen ein Verbund besteht

2. die Mechanismen zur Behebung von Kapazitätsengpässen im nationalen Elektrizitäts- und Gasversorgungsnetz und bei den Verbindungsleitungen

   Die Ziffern 1 und 2 gehen zurück auf Art. 59 Abs. 10 Elt-RL 19, Art. 41 Abs. 9 Gas-RL 09 – Verbindungsleitungen sind das zentrale Element der Verbindung der zersplitterten europäischen Märkte für Elektrizität und Gas und mithin der Verwirklichung des Binnenmarktes. 29

   Der Monitoringbericht bietet als Basis der Ziffer 1 und 2 einen jährlich aktualisierten Überblick zur Entwicklung der europäischen Marktkopplung, zu grenzüberschreitenden Energieflüssen, Grenzkuppelkapazitäten, Ausgleichszahlungen für **Transite** und grenzüberschreitenden Engpassmanagementmaßnahmen wie Redispatch und Countertrading. 30

   Die Länder der EU sind elektrisch in europäischen Verbundsystemen gekoppelt. Der Strombinnenmarkt ist in einzelne Gebotszonen aufgeteilt, in denen Angebot und Nachfrage die Preise für den Strom bestimmen. Innerhalb der Gebotszone wird der Stromhandel engpassfrei (also ohne Kapazitätsrestriktionen) vom Erzeuger zum Verbraucher abgewickelt. Damit das funktioniert, müssen innerhalb einer Gebotszone die physikalischen Engpässe entweder durch Redispatch-Maßnahmen und Netzausbau behoben werden oder die internen Leitungsüberlastungen werden bei der Berechnung der Grenzkuppelkapazitäten berücksichtigt. 31

3. die Zeit, die von Betreibern von Übertragungs-, Fernleitungs- und Verteilernetzen für die Herstellung von Anschlüssen und Reparaturen benötigt wird

   Diese Verpflichtung ergibt sich direkt aus Art. 59 Abs. 1 lit. o Elt-RL 19 sowie Art. 41 Abs. 1 lit. i Gas-RL 09. 32

4. die Veröffentlichung angemessener Informationen über Verbindungsleitungen, Netznutzung und Kapazitätszuweisung für interessierte Parteien durch die Betreiber von Übertragungs-, Fernleitungs- und Verteilernetzen unter Berücksichtigung der Notwendigkeit, nicht statistisch aufbereitete Einzeldaten als Geschäftsgeheimnisse zu behandeln

Bourwieg

§ 35 Teil 3. Regulierung des Netzbetriebs

33 Diese Formulierung findet sich so nicht in den europäischen Grundlagen. Allerdings gibt es eine Vielzahl von Informations- und Veröffentlichungspflichten der Netzbetreiber, die auch gem. Art. 59 Abs. 1 lit. o Elt-RL 19 sowie Art. 41 Abs. 1 lit. i Gas-RL 09 zu überwachen sind.

34 Aus dieser im Übrigen nationalen Ermächtigungsgrundlage zur Wahrnehmung der Aufgaben der Regulierungsbehörde gehört insbesondere die Abfrage der Strukturparameterdaten. Diese dient ua der Vorbereitung des Effizienzvergleichs nach § 21a Abs. 5 iVm ARegV. Insbesondere werden damit Daten erhoben, die im Rahmen der Abbildung der Heterogenität der Versorgungsaufgabe und zur Plausibilisierung für die Effizienzvergleiche und zur Bestimmung des Qualitätselements verwendet und zur Erfüllung der Aufgaben der BNetzA nach § 33 Abs. 1, Abs. 4 und Abs. 8 ARegV herangezogen werden.

5. die technische Zusammenarbeit zwischen Betreibern von Übertragungsnetzen innerhalb und außerhalb der Europäischen Gemeinschaft

35 Diese Formulierung kommt aus Art. 59 Abs. 1 lit. w Elt-RL 19 und scheint sich nur auf die Betreiber von Elektrizitätsversorgungsnetzen zu beziehen, da nur die Betreiber von Übertragungsnetzen erwähnt sind.

6. die Bedingungen und Tarife für den Anschluss neuer Elektrizitätserzeuger unter besonderer Berücksichtigung der Kosten und der Vorteile der verschiedenen Technologien zur Elektrizitätserzeugung aus erneuerbaren Energien, der dezentralen Erzeugung und der Kraft-Wärme-Kopplung

36 Der Begriff der Tarife ist im Übrigen dem nationalen Energierecht fremd und wird häufiger in den Richtlinien verwendet, um Netzentgelte von Endkundenenergiepreisen abzugrenzen. Bedingungen für den Anschluss neuer Elektrizitätserzeuger meint die Regelungen iSd §§ 17ff., Tarife die dafür erhobenen Entgelte und Kostenbeiträge durch den Anschlussnetzbetreiber.

7. die Bedingungen für den Zugang zu Gasspeicheranlagen nach den §§ 26 und 28 und insbesondere über Veränderungen der Situation auf dem Speichermarkt, mit dem Ziel, dem Bundesministerium für Wirtschaft und Energie eine Überprüfung der Regelungen im Hinblick auf den Zugang zu Gasspeicheranlagen zu ermöglichen, sowie die Netzzugangsbedingungen für Anlagen zur Erzeugung von Biogas und die Zahl der Biogas in das Erdgasnetz einspeisenden Anlagen, die eingespeiste Biogasmenge in Kilowattstunden und die nach § 20b der Gasnetzentgeltverordnung bundesweit umgelegten Kosten

37 Nr. 7 sieht ein besonderes **Gasspeichermonitoring** und **Biogasmonitoring** vor. Eine spezielle Präzisierung der Monitoring-Verpflichtung der Biogas-Bilanzierung nach Nr. 7 sieht § 35 Abs. 8 GasNZV vor. Bilanzkreisverantwortliche eines besonderen Biogas-Bilanzkreisvertrags zahlen an den Marktgebietsverantwortlichen ein Entgelt für den erweiterten Bilanzausgleich in Höhe von 0,001 Euro je Kilowattstunde für die Nutzung des tatsächlich in Anspruch genommenen Flexibilitätsrahmens. Die Höhe des pauschalierten Entgelts und die damit verbundene Anreizwirkung werden im Zuge des Monitorings nach Nummer 7 überprüft. Im Zuge der EEG-Novelle 2014 wurden die Mengenziele für die Einspeisung von Biomethan in das Gasnetz gestrichen. Seit 2015 wird das Biogasmonitoring im jährlichen Monitoringbericht komprimiert veröffentlicht.

8. den Umfang, in dem die Betreiber von Übertragungs-, Fernleitungs- und Verteilernetzen ihren Aufgaben nach den §§ 11 bis 16a nachkommen

Diese **Generalklausel** des Monitorings umfasst den gesamten Teil 3 Abschnitt 1, der die Aufgaben des Netzbetriebs normiert.

9. die Erfüllung der Verpflichtungen nach § 42
Die ursprünglichen europäischen Vorgaben wurden in der Aufzählung des § 35 Abs. 1 EnWG 2005 um die Kontrolle der Verpflichtung von EVU zur Stromkennzeichnung und zur Transparenz von Stromrechnungen nach § 42 ergänzt. Es sollte auch der Bedarf einer konkretisierenden Verordnung nach § 42 Abs. 8 ergründet werden soll (Begr. BT-Drs. 15/3917, 65), die es bis heute nicht gibt.

10. Preise für Haushaltskunden (einschließlich von Vorauszahlungssystemen) Marktangebot von und Preisvolatilität bei Verträgen mit dynamischen Stromtarifen, Lieferanten- und Produktwechsel, Unterbrechung der Versorgung gem. § 19 der Stromgrundversorgungsverordnung oder der Gasgrundversorgungsverordnung, die Beziehungen zwischen Haushalts- und Großhandelspreisen, Beschwerden von Haushaltskunden, die Wirksamkeit und die Durchsetzung von Maßnahmen zum Verbraucherschutz im Bereich Elektrizität oder Gas, Wartungsdienste am Hausanschluss oder an Messeinrichtungen sowie die Dienstleistungsqualität der Netze
Ergänzt wurde 2021 das Marktangebot von und Preisvolatilität bei Verträgen mit dynamischen Stromtarifen. Es handelt sich um die Umsetzung von Art. 59 Abs. 1 lit. o Elt-RL 2019. Stromtarife sind aus dem Kontext der Nr. 10 zu unterscheiden von Netztarifen, damit sind die Endkundenprodukte und -tarife gemeint und nicht etwa dynamische Netzentgelte, die in der Regel nicht dem Letztverbraucher, sondern gegenüber dem Lieferanten als Netznutzer abgerechnet würden. Eine weitere Ergänzung durch die Klimaschutz-Sofortprogramm-Novelle 2022 dient der klarstellenden Umsetzung des Art. 59 Abs. 1 lit. o der Elt-RL 2019. Es soll betrachtet werden, ob, in welcher Form und wie schnell Preisentwicklungen an Großhandelsmärkten an die Haushaltskunden weitergegeben werden. Diese nicht ganz einfache Betrachtung der Margen von Energievertrieben ist schon seit jeher in den Monitoringberichten angelegt (zB Monitoringbericht 2021, 2. 286).

11. den Bestand und die geplanten Stilllegungen von Erzeugungskapazitäten, die Möglichkeit und die vorhandenen Kapazitäten für einen Brennstoffwechsel zur Absicherung der Leistung der Erzeugungskapazitäten, die Investitionen in die Erzeugungskapazitäten mit Blick auf die Versorgungssicherheit sowie den Bestand, die bereitgestellte Leistung, die gelieferte Strommenge sowie den voraussichtlichen Zeitpunkt der Außerbetriebnahme von Speichern mit einer Nennleistung von mehr als 10 Megawatt
Die 2011 neu eingefügte Vorgabe nach Nr. 11 setzt nicht nur Art. 59 Abs. 1 lit. v Elt-RL 19 sowie Art. 41 Abs. 1 lit. g Gas-RL 09 um, sondern liefert zudem Daten, die auch für das Monitoring nach § 51 von Nutzen sein können.
Ziffer 11 ist die Grundlage für den Erhebungsbogen gegenüber den Elektrizitätserzeugern. Die Erhebung fließt nicht nur in den jährlichen Monitoringbericht ein, sondern ist ebenfalls Grundlage der **Kraftwerksliste,** welche die BNetzA regelmäßig veröffentlicht und aktualisiert (www.bundesnetzagentur. de/DE/Sachgebiete/ElektrizitaetundGas/Unternehmen_Institutionen/Versorgungssicherheit/Erzeugungskapazitaeten/Kraftwerksliste/kraftwerksliste-node.html).

§ 35 Teil 3. Regulierung des Netzbetriebs

43 Aufgrund ihrer Bedeutung für die Versorgungssicherheit veröffentlicht die BNetzA dabei wesentliche Kenndaten von
- im Probebetrieb und im Bau befindlichen Kraftwerken, die dargebotsunabhängig sind
- erwartete Stilllegungen von dargebotsunabhängigen Kraftwerken bis zum Jahr 2023 (geplante vorläufige und endgültige Stilllegungen, unterteilt nach Stilllegungen mit Stilllegungsanzeige und darüber hinausgehenden Meldungen aus dem Monitoring)
- Kraftwerken, die zukünftig nicht mehr am Markt agieren, zu Zwecken der Versorgungssicherheit allerdings weiterhin verfügbar sind
- Stilllegungen von Kraftwerken nach Ablauf der Braunkohle-Sicherheitsbereitschaft
- Stilllegungen von Braunkohleanlagen ab 150 MW gem. KVBG
- Stilllegungen oder Umrüstungen von Steinkohleanlagen und Braunkohle-Kleinanlagen durch Ausschreibungen zur Reduzierung der Kohleverstromung nach dem KVBG

44 **Exkurs:** Daneben veröffentlicht die BNetzA noch eine Liste, förmlich zur Stilllegung angezeigter Kraftwerke mit einer Nettonennleistung größer 10 MW. Die sog. **Kraftwerksstilllegungsanzeigenliste** (KWSAL) enthält die bei der BNetzA eingegangenen Stilllegungsanzeigen der Erzeugungs- und Speicheranlagenbetreiber. Sie wird regelmäßig aktualisiert. Dies beruht nach eigener Darstellung der BNetzA nicht auf der Ermächtigungsgrundlage gem. Nr. 11. Die der Bundesnetzagentur über Abfragen im Rahmen des Monitorings zur Kenntnis gelangten Informationen zu etwaigen Stilllegungsplanungen von Kraftwerksbetreibern sind nicht in der KWSAL aufgeführt. Dies erfolgt erst, wenn entsprechende Stilllegungsplanungen in formale Stilllegungsanzeigen gegenüber der BNetzA und den systemverantwortlichen ÜNB münden.

45 Die eingehenden förmlichen Stilllegungsanzeigen werden von der BNetzA jeweils in tatsächlicher und rechtlicher Hinsicht beurteilt.

46 Der Umstand, dass ein Erzeugungs- oder Speicheranlagenbetreiber eine Stilllegung plant und dieses Stilllegungsvorhaben seiner gesetzlichen Pflicht entsprechend gegenüber der BNetzA und dem systemverantwortlichen ÜNB anzeigt, bedeutet nicht zwingend, dass eine Stilllegung auch zum geplanten Zeitpunkt erfolgen wird. So kann beispielsweise eine geplante endgültige Stilllegung vorerst nicht realisiert werden, wenn der systemverantwortliche ÜNB die betreffende Anlage als systemrelevant ausweist und die BNetzA dies genehmigt (→ § 13c). Dies verdeutlicht, dass die KWSAL nur die geplanten Stilllegungen und nicht die tatsächlichen Stilllegungen aufführt.

12. den Grad der Transparenz, auch der Großhandelspreise, sowie den Grad und die Wirksamkeit der Marktöffnung und den Umfang des Wettbewerbs auf Großhandels- und Endkundenebene sowie an Elektrizitäts- und Erdgasbörsen, soweit diese Aufgabe nicht durch Gesetz einer anderen Stelle übertragen wurde

47 Nach Nr. 12 soll der Grad der Transparenz, auch der Großhandelspreise, sowie Grad und Wirksamkeit der Marktöffnung und der Umfang des Wettbewerbs auf Großhandels- und Endkundenebene sowie an Energiebörsen ermittelt werden. Die Zuweisung reicht hier aber ausdrücklich nur so weit, wie die Monitoring-Aufgabe nicht durch Gesetz einer anderen Stelle übertragen wurde.

Dies ist für die Gegenstände der Nr. 12 aber mit § 48 Abs. 3 S. 1 GWB geschehen (hierzu *Dalibor* RdE 2013, 207 (208 f.)). Danach obliegt das Monitoring in diesem Bereich dem BKartA. Europarechtlich ist dies zulässig (→ Rn. 19). Das BKartA muss der BNetzA die beim Monitoring gewonnenen Daten aber unverzüglich zur Verfügung stellen (§ 48 Abs. 3 S. 2 GWB), soweit Aspekte der Regulierung der Leitungsnetze betroffen sind, im Einvernehmen mit der BNetzA erstellen und sie dieser schließlich zuleiten (§ 53 Abs. 3 GWB). Diese Intensivierung der bisherigen Kooperation der Behörden im Bereich des Monitorings hat zur Entwicklung des gemeinsamen Monitoringberichts der BNetzA und des BKartA geführt. So sollen auch Bereiche von der Beobachtung erfasst werden, die dem Wettbewerb zugänglich sind oder in denen Wettbewerb für ein besseres Marktergebnis entstehen soll (BT-Drs. 17/6072, 99; s. auch begrüßend BKartA, Stellungnahme v. 27.6.2011 zum Gesetzesentwurf, S. 6).

Für Markttransparenz an den Großhandelsmärkten für Elektrizität sorgt **48** daneben auch die **Markttransparenzstelle** gem. § 47a GWB (→ § 111d Rn. 1 ff.) sowie die **Informationsplattform SMARD** der Markttransparenzstelle (www.smard.de), deren Daten gem. § 47c Abs. 1 Nr. 1 und 2 GWB in das Monitoring einfließen. Die gesetzliche Grundlage für die Entwicklung und den Betrieb von SMARD findet sich in § 111d. Hierfür werden im Wesentlichen Daten nach der sog. Stromtransparenzverordnung (VO (EU) Nr. 543/2013) verwendet. Diese Verordnung verpflichtet die deutschen ÜNB sowie Strommarktbörsen, Daten zum Strommarkt an den Verband Europäischer Übertragungsnetzbetreiber (ENTSO-E) zu melden und anschließend auf der ENTSO-E Transparenzplattform zu veröffentlichen. SMARD bezieht diese Daten von der ENTSO-E Transparenzplattform automatisiert und stellt sie der interessierten Öffentlichkeit mit einer Vielzahl von Zusatzinformationen zur Verfügung.

13. die Entwicklung der Ausschreibungen abschaltbarer Lasten durch die Betreiber von Übertragungsnetzen nach § 13 Absatz 6 Satz 1, insbesondere soweit die Bundesregierung mit Zustimmung des Bundestages eine entsprechende Rechtsverordnung nach § 13i Absatz 1 und 2 erlassen hat

Eingeführt durch Art. 6 des Gesetzes zur Einführung von Ausschreibungen für **49** Strom aus erneuerbaren Energien und zu weiteren Änderungen des Rechts der erneuerbaren Energien (EEAusG) vom 13.10.2016 (BGBl. I S. 2258) mit dem Instrument der abschaltbaren Lasten durch Übertragungsnetzbetreiber im Netzausbaugebiet (→ § 13 Rn. 156 ff.) ist diese Ziffer ein Beispiel für die nationale Einführung einer begleitenden Monitoringvorschrift mit einem neuen energiewirtschaftlichen Instrument.

II. Anforderung von Informationen (Abs. 1a)

Durch die Einfügung von Abs. 1a in § 35 durch die EEG-, KWK- und EnWG– **50** Novelle 2018 (durch Art. 3 G. v. 17.12.2018, BGBl. I S. 2549) wurde eine neue Rechtsgrundlage zur Anforderung von Informationen von Betreibern von Stromerzeugungsanlagen und Betreibern von Speichern geschaffen. Die Informationen dienen zum einen der Erstellung eines Berichts nach § 63 Abs. 3a und zum anderen der Überwachung der Einhaltung der Verpflichtungen der Netzbetreiber nach § 13.

51 In Bezug auf den Bericht nach § 63 Abs. 3 a ist die Abfrage dieser Daten erforderlich, da die Netzbetreiber, die der Regulierungsbehörde nach § 63 Abs. 3 a in Verbindung mit § 12 Abs. 5 S. 1 Nr. 4 zur Datenübermittlung verpflichtet sind, nur über die nach § 12 Abs. 4 im Rahmen des Energieinformationsnetzes übermittelten Informationen verfügen. Zur Erstellung des Berichts nach § 63 Abs. 3 a benötigt die BNetzA jedoch teilweise darüber hinausgehende Informationen der Anlagenbetreiber, insbesondere die Gründe der Einspeisung der Anlagen in den einzelnen Situationen.

52 Mithilfe dieser den Anlagenbetreibern bekannten Informationen, wie zB dem elektrischen Wirkungsgrad, Leistungsgradienten, Mindestbetriebs- sowie Stillstandzeiten, An- und Abfahrdauer und -kosten sowie der Vergütung von KWK-Strom, von Eigenverbrauch oder Informationen zur Wärmebereitstellung, lassen sich volkswirtschaftliche Ineffizienzen identifizieren und gegebenenfalls geeignete Maßnahmen zur Behebung bestehender Ineffizienzen einleiten (aus der Begründung BT-Drs. 19/6155, 107).

53 Damit erhielt die BNetzA die Ermächtigung zur unmittelbaren Datenerhebung bei den Anlagenbetreibern. Die Daten werden als erforderlich erachtet, die Verpflichtungen der Netzbetreiber nach § 13, insbesondere nach § 13 Abs. 3 besser zu überwachen. Die Informationen ermöglichen ein umfassenderes Bild über die Fahrweise einzelner Kraftwerke.

54 Wie dargestellt geht in einem solchen Fall der Begriff und das Monitoring iSd § 35 über die Schaffung von allgemeiner Markttransparenz mithilfe statistischer Daten hinaus und ist **unmittelbar aufsichtsbezogen.**

C. Verfahren

55 Das Monitoring selbst ist **weniger ein formaler Akt,** denn ein Prozess. Er besteht selbstverständlich aus einzelnen zum Teil formalen Akten. Da das Monitoring im allgemeinen Interesse und zur übergreifenden Erkenntnisgewinnung durchgeführt wird, kommt es in der Regel ohne formale Verpflichtung in Form von Festlegungen oder Ähnlichem aus. Die Verpflichtung ergibt sich für alle Beteiligten aus dem Gesetz. § 35 Abs. 2 iVm. § 69 verleiht der BNetzA allerdings die für die Verfahrensschritte gegebenenfalls erforderlichen **formalen Auskunftsbefugnisse,** die auch mit **Zwangsmitteln** durchgesetzt werden können.

56 Ob die Abfrage der Daten und deren Auswertung stets alle Gegenstände umfassen muss, ist den Vorgaben des EnWG nicht eindeutig zu entnehmen; aus den Richtlinien könnte man eine solche Verpflichtung zumindest für die dort genannten Gegenstände (→ Rn. 25) ableiten. Auch wenn die Informationsabfrage und -auswertung wohl nicht stets sämtliche Bereiche umfassen müssen, liegt der besondere Wert von statistischen Datenreihen in ihrer langjährigen, gleichförmigen Beobachtung. Die Kontinuität ist mithin Voraussetzung für ein erfolgreiches Monitoring.

57 Gem. Abs. 2 gelten zur Durchführung des Monitorings die Befugnisse nach § 69 entsprechend. Soweit es zur Erfüllung der im EnWG der BNetzA übertragenen Aufgaben erforderlich ist, kann diese daher gem. § 69 Abs. 1 Nr. 1 von Unternehmen und Vereinigungen von Unternehmen Auskunft über ihre technischen und wirtschaftlichen Verhältnisse sowie die Herausgabe von Unterlagen verlangen. Ferner kann die BNetzA gem. § 69 Abs. 1 Nr. 2 von **Unternehmen und Vereinigungen von Unternehmen** Auskunft über die wirtschaftlichen Verhältnisse von mit ihnen nach Art. 3 Abs. 2 VO (EG) Nr. 139/2004 verbundenen Unternehmen sowie die Herausgabe von Unterlagen dieser Unternehmen verlangen, soweit sie die Informationen zur Verfügung haben oder soweit sie aufgrund bestehender rechtlicher Verbindungen zur Beschaffung der verlangten Informationen über die verbundenen Unternehmen in der Lage sind.

I. Beteiligte

1. BNetzA. Entsprechend der europarechtlichen Vorgabe behördlicher Mindestbefugnisse (→ Rn. 26) liegt die Zuständigkeit bei der Regulierungsbehörde; nach § 54 obliegt die Aufgabe ausschließlich der BNetzA. 58

2. Andere Behörden. Dem **BKartA** kommt nach § 48 Abs. 3 S. 1 GWB nunmehr die Aufgabe zu, das Monitoring für den Bereich nach § 35 Abs. 1 Nr. 13 durchzuführen (→ Rn. 20). Dies geschieht im Einvernehmen mit der BNetzA (§ 53 Abs. 3 GWB), soweit Fragen der Leitungsnetze betroffen sind. 59

Den **Landesregulierungsbehörden** wird hingegen keine eigenständige Aufgabe bei der Durchführung des Monitorings zugewiesen. Sie sollen nach § 64a Abs. 2 S. 1 Hs. 1 aber die Bundesbehörde beim Monitoring unterstützen. Sofern dadurch Aufgaben der Landesregulierungsbehörden berührt sein sollten, muss ihnen die Gelegenheit zur Mitwirkung, etwa im Länderausschuss (§ 64a Abs. 2 S. 2), eingeräumt werden. Darüber hinaus besteht die allgemeine Pflicht zur Zusammenarbeit (§ 64a Abs. 1). 60

Gem. § 13 Abs. 3 und 4 EnStatG besteht die Möglichkeit und Verpflichtung zum Datenaustausch mit der **nationalen Statistikbehörde.** 61

Der Bericht war bislang aufgrund der Funktion einer reflexiven Standortbestimmung der Regulierung durch die Behörde im Gegensatz zu anderen zu erstellenden Berichten keiner politischen Entscheidungsinstanz zuzuleiten (*Masing* Regulierungsverwaltung S. 182). Nunmehr aber ist in § 63 Abs. 3 S. 1 eine Vorlagepflicht gegenüber **Europäischer Kommission** und **ACER** geschaffen worden. Daher ist der Monitoringbericht regelmäßig auch in englischer Sprache verfügbar (www.bundesnetzagentur.de/EN/Areas/Energy/Companies/DataCollection_Monitoring/DataCollectionMonitoring_node.html). 62

3. Adressaten der Auskunftspflicht. Adressaten der Datenabfrage sind **Unternehmen**. Bei Konzernen dürfen die Fragebögen nicht zusammengefasst von der Obergesellschaft beantwortet werden, sondern sind an die jeweiligen Teilunternehmen gerichtet. Im Rahmen der bisher durchgeführten Datenerhebungen waren die Fragebögen im Bereich Strom jeweils durch 63
– Erzeuger und Stromspeicherbetreiber
  (dies betrifft im Jahr 2021 beispielsweise Unternehmen, die über Stromerzeugungsanlagen, EEG-Anlagen, KWK-Anlagen oder Stromspeicher mit einer elektrischen Nettonennleistung von mindestens 10 MW je Standort verfügen oder diese zu errichten planen. Bei mehreren, an einem Standort zusammengeschalteten kleineren Anlagen orientiert sich das Monitoring inzwischen an den Vorgaben des § 5 Abs. 1, 3 oder 4 S. 1 der Marktstammdatenregisterverordnung (MaStRV)).
– Betreiber von Übertragungsnetzen
– Betreiber von Elektrizitätsverteilernetzen
– Messstellenbetreiber nach MsbG
– durch Großhändler/Lieferanten
auszufüllen.

64 Im Gasbereich unterschied die Behörde in
- Händler/Lieferanten
- Fernleitungsnetzbetreiber
- Betreiber von Gasverteilernetzen
- Untertagesgasspeicherbetreiber
- Messstellenbetreiber Gas

65 Nach § 110 Abs. 1 ist der Betrieb eines **geschlossenen Verteilernetzes** ausdrücklich vom Monitoring ausgenommen.

66 Zur Erteilung der Auskünfte und gegebenenfalls zur Herausgabe der Unterlagen sind gem. § 69 Abs. 2 die Inhaber der Unternehmen oder die diese vertretenden Personen, bei juristischen Personen, Gesellschaften und nichtrechtsfähigen Vereinen die nach Gesetz oder Satzung zur Vertretung berufenen Personen verpflichtet. Diese können die Auskunft auf solche Fragen verweigern, deren Beantwortung sie selbst oder in § 383 Abs. 1 Nr. 1 bis 3 der ZPO bezeichnete Angehörige der Gefahr strafrechtlicher Verfolgung oder eines Verfahrens nach dem Gesetz über Ordnungswidrigkeiten (OWiG) aussetzen würde (§ 69 Abs. 6).

II. Ablauf

67 Die Behörde wird durch § 35 und die damit verbundene Berichtspflicht nach § 63 Abs. 3 S. 1 nicht nur befugt, sondern auch verpflichtet, ein Monitoring durchzuführen. Trotz der Vorgabe von Gegenstand, Befugnissen und Zweck des Monitorings verbleibt der BNetzA ein **weiter Spielraum** für die tatsächliche Ausgestaltung. Detaillierte gesetzliche Regelungen hierzu wären weder auf europäischer Ebene noch durch den nationalen Gesetzgeber sinnvoll gewesen, da eine flexible Anpassung anhand der gesammelten Erfahrungen für die Behörde möglich bleiben muss.

68 Die für die Informationsgewinnung erforderliche Datenerhebung beruht auf Fragebögen und ergänzenden Definitionen. Fragebögen wie Definitionen werden einem **Konsultationsprozess** mit den Betroffenen unterzogen. Dadurch können Belastungen für die Unternehmen abgemildert und deren fachliche Kompetenz genutzt werden. Obschon eine Anhörung in einem förmlichen Verfahren ohnehin vorgeschrieben ist, erscheint ein Austausch im Sinne einer Zusammenarbeit mit den Adressaten erfolgversprechender für das Monitoring als eine bloße einseitige Durchsetzung mit den Mitteln des § 69. Zudem können frühzeitig Probleme hinsichtlich der Verpflichtung der Behörde, die Anfragen verständlich und erfüllbar zu gestalten, ausgeräumt werden. Darüber hinaus findet gegebenenfalls eine Abstimmung bzw. ein Erfahrungsaustausch mit den Regulierungsbehörden anderer Mitgliedstaaten statt.

69 Wenngleich der Begriff Monitoring eine eher passive Rolle der BNetzA suggeriert und ein gewisses **Kooperationsverhältnis mit den Betroffenen** unentbehrlich ist, so kann sich die Behörde durchaus hoheitlicher Befugnisse zur Informationsgewinnung bedienen (*Baur* Der Regulator S. 37 (47); *Lecheler/Gundel* EuZW 2003, 621 (625)). Spezifische Befugnisse sind der BNetzA für das Monitoring allerdings nicht zugewiesen. Sie kann aber bei dessen Durchführung gem. § 35 Abs. 2 die Befugnisse nach § 69 nutzen, um an die notwendigen Informationen zu gelangen bzw. um die eingegangenen zu prüfen (*Dalibor* RdE 2013, 207 (209ff.) zweifelt am Bestehen einer hinreichenden Ermächtigungsgrundlage des BKartA für die in seiner Zuständigkeit erhobenen Daten). Von dieser Kompetenz macht die Behörde nach eigenem Bekunden regelmäßig auch Gebrauch, um die hohe Marktabdeckung in allen Segmenten zu erreichen (zB Monitoringbericht 2019,

S. 3 spricht von einer Marktabdeckung in allen Segmenten von über 95 Prozent, allerdings ohne die Methodik der Bestimmung klar offenzulegen). Wichtigste Befugnis im Rahmen des Monitorings ist das Auskunftsverlangen nach § 69 Abs. 1 iVm der Auskunftspflicht der Betroffenen nach § 69 Abs. 2.

Wie bei vergleichbaren Befugnissen im Wettbewerbs- oder Telekommunikationsrecht (§ 59 GWB bzw. § 127 TKG) ist dem Einsatz hoheitlicher Befugnisse aber gewöhnlich ein formloses Auskunftsersuchen als „milderes Mittel" vorgeschaltet. Auch wenn ein solches Vorgehen für den Fall der Weigerung eines Marktteilnehmers die Abfrage verzögern könnte, wird damit seitens der Behörde der Wille zur Kooperation zum Ausdruck gebracht. Entsprechend wird aber freiwillige und vollständige Auskunft von Seiten der Marktteilnehmer erwartet. **70**

Mit dem Monitoring können Eingriffe in Freiheitsrechte verbunden sein. Was Gegenstand der Abfrage sein kann, bedurfte daher hinreichend genauer gesetzlicher Bestimmung. Dem dient die Aufzählung in Abs. 1. Ein weiter Einschätzungsspielraum, welche Daten zur Feststellung und Beobachtung der Entwicklung in den Untersuchungsgegenständen zweckmäßig und erforderlich sind, muss der Behörde angesichts des Regulierungsauftrags, der komplexen Untersuchungsgegenstände und des Zwecks des Monitorings, Entwicklungen erkennbar zu machen, verbleiben. Dabei muss die Behörde ihre Befugnisse jedoch unter Anwendung des Verhältnismäßigkeitsprinzips ausüben, was auch in § 69 Abs. 1 („erforderlich") betont wird. **71**

Gleiches gilt für Detailtiefe und Umfang der Abfrage angesichts des damit verbundenen Aufwands für die Unternehmen. Frühzeitig wurde gewarnt, die Auskunftspflichten im Monitoring-Prozess könnten insbesondere für kleine und mittlere Unternehmen, etwa aufgrund des Zeit- und Arbeitsaufwands, unverhältnismäßig sein (vgl. BT-Drs. 15/5154, 2). Auch diesbezüglich ist die behördliche Umsetzung am Maßstab des Übermaßprinzips entscheidend (vgl. Antwort BReg, BT-Drs. 15/5211, 2 f.). **72**

III. Umgang mit Betriebs- und Geschäftsgeheimnissen

Da die Abfrage regelmäßig Betriebs- und Geschäftsgeheimnisse (BGH Beschl. v. 11.12.2018 EnVR 21/18 – § 31 ARegV) betrifft, ist deren Wahrung zu sichern. Auch wenn im Gegensatz zum Monitoring nach § 51 nicht explizit auf die Regelung des § 71 verwiesen wurde, ist dieser (auch bei formloser Abfrage) anwendbar. Die Auskünfte dürfen nicht deshalb verweigert werden, weil diese sich auf Betriebs- und Geschäftsgeheimnisse des Unternehmens erstrecken. **73**

Entsprechend fordert die BNetzA die Unternehmen in den Fragebögen auf, zu kennzeichnen und zu begründen, welche Punkte sie als Betriebs- oder Geschäftsgeheimnisse ansehen. **74**

Die Behörde weist auf den Fragebögen Textfelder aus, mit der man die Offenbarung von Betriebs- und Geschäftsgeheimnissen kenntlich machen kann. Das Vorliegen von Betriebs- und Geschäftsgeheimnissen ist dabei zu begründen. Dazu gehört insbesondere die Darlegung, welche wirtschaftlichen Nachteile sich für das Unternehmen aus der Offenlegung der jeweiligen Angaben ergeben würden. Diese Angabe kann von der Behörde überprüft werden. **75**

Überdies stellt die Behörde die Ergebnisse des Monitorings im Bericht gem. § 63 Abs. 3 S. 1 nur in **zusammengefasster Form** ohne Nennung einzelner Werte dar. Die Darstellung der Ergebnisse des Monitorings im Bericht wird nur in zusammengefasster Form ohne die Angabe einzelner Werte erfolgen, sodass die Wahrung von **76**

Betriebs- und Geschäftsgeheimnissen ohnehin gewährleistet ist (so auch Begründung BT-Drs. 19/6155, 107).

IV. Verhältnis Monitoring zu Datenschutz

77   Die Auskunftsbefugnis stellt keine besondere Ermächtigung zur Abfrage personenbezogener Daten dar, jedenfalls, soweit das gesetzliche Ziel ohne Nennung zB eines Betreibernamens in gleicher Weise erreicht werden kann. Bei einigen kleinen Organisationen lässt sich mitunter aus dem Namen des Unternehmens ein direkter Bezug auf eine lebende natürliche Person herstellen.

V. Durchsetzung

78   Sollte ein Unternehmen das Auskunftsersuchen verweigern, wird die Behörde auch im Einzelfall eine förmliche Auskunftsverfügung gem. § 65 erlassen. Dagegen ist Beschwerde nach den §§ 75 ff. möglich.

79   Zwingend jährlich ist der Bericht über die Monitoring-Tätigkeit durch die Behörde zu erstellen (§ 63 Abs. 3 S. 1). Insofern ist auch ein Turnus vorgegeben, in dem ein Monitoring durchgeführt werden muss. Den Termin der Veröffentlichung kann die Behörde aber wählen. Insbesondere wird mit der Veröffentlichungspflicht kein individueller Anspruch Einzelner gegenüber der Behörde begründet (vgl. VG Berlin Urt. v. 9.12.2010 – VG 4 K 423.10 zum Monitoring der Versorgungssicherheit). Es besteht insbesondere keine Pflicht zur unverzüglichen Veröffentlichung.

Teil 3 a. Füllstandsvorgaben für Gasspeicheranlagen und Gewährleistung der Versorgungssicherheit

Vorbemerkung

Literatur: *Assmann/Peiffer* (Hrsg.), BeckOK EnWG, 4. Ed. 9/2022; *Goldberg/Meier*, Auswirkungen des Ukraine-Kriegs auf die Energiewirtschaft in Deutschland, UKuR 2022, 167; *Ludwigs*, Gewährleistung der Energieversorgungssicherheit in Krisenzeiten, NVwZ 2022, 1986; *Merk*, Gasversorgung und staatliche Krisenvorsorge, NJW 2022, 2664; *Neumann/Lißek*, Rechtliche Maßnahmen zur Bewältigung der Energiekrise, N&R 2022, 258; *Schütte/Winkler*, Aktuelle Entwicklungen im Bundesumweltrecht, ZUR 2022, 440; *Vaulont*, Der Rechtsrahmen für Maßnahmen der Netzbetreiber und der Bundesnetzagentur in einer Gasmangellage, RdE 2022, 321.

A. Grundlagen

In Reaktion auf den russischen Einmarsch in der Ukraine und die ausbleibenden 1 Gaslieferungen aus Russland wurden im Frühjahr 2022 kurzfristig zahlreiche Gesetze zur Sicherung der deutschen und europäischen Energieversorgung auf den Weg gebracht, die auf die Gewährleistung der Energieversorgungssicherheit in Deutschland und Europa abzielen (*Ludwigs* NVwZ 2022, 1086 (1086); *Goldberg/Meier* UKuR 2022, 167 (170); *Merk* NJW 2022, 2664; *Neumann/Lißek* N&R 2022, 258 f.; *Vaulont* RdE 2022, 321). Dazu zählt auch das am 30.4.2022 in Kraft getretene Gesetz zur Änderung des Energiewirtschaftsgesetzes zur Einführung von Füllstandsvorgaben für Gasspeicheranlagen sowie zur Änderung von § 246 Baugesetzbuch **(GasspeicherG).** Der Bundestag hatte am 25.3.2022 den Gesetzentwurf von SPD, Bündnis 90/Die Grüne und FDP in einer vom Ausschuss für Energie geänderten Fassung angenommen, am 30.4.2022 trat das Gasspeicher G in Kraft. Die neuen Vorgaben für Gasspeicheranlagen finden sich in §§ 35a–35g sowie § 118 Abs. 36 (vgl. auch Assmann/Pfeiffer/*Richter* EnWG § 35a Rn. 2 ff.).

Das Volumen der deutschen Gasspeicher beträgt rund 24 Milliarden Kubikmeter, 2 es ist damit das größte in Europa (BT-Drs. 20/1024, 14; *Ludwigs* NVwZ 2022, 1086 (1089)). Durch Gasspeicher können insbesondere in der Heizperiode im Winter Nachfragespitzen ausgeglichen werden, durch Ausspeicherungen kann eine Spitzenlastabdeckung erfolgen (*Schütte/Winkler* ZUR 2022, 440 (443f.)). Bislang dienten die Speicher ihren Nutzern (Gashändlern) aber insbesondere auch dazu, die Liquidität des Gasmarktes zu erhöhen und den sog. „Sommer/Winter-Spread" auszunutzen, also die günstigeren Gaspreise in den Sommermonaten. Aufgrund des historisch niedrigen Niveaus der Gasspeicher-Füllstände vor Erlass des Gesetzes wird der bisher marktbetriebene Speichermarkt durch das GasspeicherG nun (über § 28 hinaus) reguliert, um eine drohende Unterversorgung des deutschen Marktes zu verhindern (ZIP 2022, R6; *Neumann/Lißek* N&R 2022, 259). Die Festschreibung gewisser verbindlicher Füllstände sowie zusätzlicher Maßnahmen dient als Vorsorge gegen Lieferausfälle. Die Vorhaltung von ausreichenden Gasmengen soll die Versorgungssicherheit, insbesondere im Winter, sicherstellen. Auf diese Weise soll vor allem die Abhängigkeit von (russischen) Erdgasimporten reduziert werden.

3 Das GasspeicherG enthält insofern insbesondere verbindliche Füllstandsvorgaben für Gasspeicher und ermöglicht ergänzende Maßnahmen zur Gewährleistung der Versorgungsicherheit durch Nutzung der Kapazitäten der deutschen Gasspeicher. Eingeführt wurde ein Stufenmodel, bei dem der Marktgebietsverantwortliche als Hauptverantwortlicher agiert. Auch für die in Deutschland tätigen Betreiber von Gasspeicheranlagen (Speicherbetreiber) ergeben sich aus dem Gasspeichergesetz direkte gesetzliche Verpflichtungen. Die BNetzA und das BMWK spielen ebenfalls eine wichtige Rolle im System des Gasspeichergesetzes. Insgesamt soll ein ausgewogenes Verhältnis von Monitoring- und Berichtspflichten sowie Anreiz- und Sanktionsinstrumenten eingehalten werden.

B. Europarechtliche Grundlagen

4 Auf europäischer Ebene sind **verbindliche Befüllungsziele und -pfade** für nationale Gasspeicher als Reaktion auf die Ukrainekrise und der damit einhergehenden Energiekrise in Europa durch Gasspeicher-VO zur Änderung der SoS-VO und der GasfernleitungsVO 09 normiert worden.

5 Bereits am 23.3.2022 hat die EU-Kommission den europäischen Gesetzgebern einen Legislativvorschlag über Verpflichtungen für eine Mindestbevorratung mit Gas (COM(2022) 135 final) vorgelegt, um die Sicherheit der Versorgung zu angemessenen Preisen für den nächsten Winter und darüber hinaus zu gewährleisten (*Ludwigs*, NVwZ 2022, 1086 (1089)). In einem Schnellvorhaben haben Rat und Parlament die GasspeicherVO erlassen und damit insbesondere die SoS-VO modifiziert. Die neue SoS-VO, die in dieser Form seit dem 30.6.2022 in Kraft ist, umfasst insbesondere Art. 6a–6d SoS-VO. Gem. Art. 6a Abs. 1 SoS-VO sollen die durch die Verordnung unmittelbar verpflichteten Mitgliedstaaten Maßnahmen treffen, damit die unterirdischen Gasspeicheranlagen in der EU **bis zum 1.11. jedes Jahres zu 90 Prozent** ihrer Kapazität befüllt sind. Weitere Befüllungsziele über die Einspeisesaison verteilt sind ebenfalls festgelegt. Für das Jahr 2022 ist ein niedrigeres Befüllungsziel von 80 Prozent vorgesehen, da die Neuregelung erst nach Beginn der Einspeichersaison wirksam wurde und der Zeitraum für die Durchführung dieser Verordnung in den Mitgliedstaaten begrenzt ist.

6 Zur Umsetzung der Befüllungsziele und -pfade bestimmt Art. 6b Abs. 1 SoS-VO, dass die Mitgliedstaaten, die in der Regel durch ihre nationalen Regulierungsbehörden handeln, wenn möglich **marktbasierte Maßnahmen priorisieren** sollen. Angesichts der in vielen Mitgliedstaaten bereits bestehenden Regulierungssysteme zur Unterstützung der Befüllung von Speicheranlagen hat die EU davon abgesehen, bestimmte Instrumente einzuführen und stattdessen eine Vielzahl von Maßnahmen für die Einhaltung der Befüllungspfade oder die Erreichung der Befüllungsziele als tauglich zur Umsetzung der Befüllungsziele und -pfade bestimmt. Zu den möglichen Maßnahmen gehören unter anderem die Verpflichtung zur Einspeicherung von Mindestmengen an Gas, die Verpflichtung zur Nutzung und zur Ausschreibung von freien Speicherkapazitäten, die Verpflichtung von Fernleitungsnetzbetreibern, Ausgleichsgasvorräte ausschließlich für die Wahrnehmung ihrer Funktionen als Fernleitungsnetzbetreiber zu erwerben und zu verwalten, die Einführung freiwilliger Mechanismen für die gemeinsame Beschaffung von Erdgas und die Gewährung finanzieller Anreize für Marktteilnehmer. Gemäß Art. 6b Abs. 2 SoS-VO sollen die von den Mitgliedstaaten erlassenen Maßnahmen sich auf das zur Erreichung der Befüllungsziele und -pfade erforderliche beschränken, klar, transparent, verhältnismäßig, diskriminierungsfrei und überprüfbar ausgestaltet sein. Die Mitgliedstaaten haben insbesondere auch darauf zu achten, den Wettbewerb nicht unangemessen zu verzerren, das ordnungsgemäße Funktionieren des Gasbinnenmarkts nicht unangemessen zu beeinträchtigen und die Sicherheit der Gasversorgung anderer Mitgliedstaaten oder der Union nicht zu gefährden.

Die deutschen Füllstandsvorgaben des GasspeicherG bzw. der ergänzenden Rechtsverordnungen konterkarieren die Befüllungsziele der SoS-VO nicht. Als Verordnung gelten die europäischen Vorgaben gem. Art. 288 Abs. 2 AEUV unmittelbar in den Mitgliedstaaten und bedürfen anders als Richtlinien keiner Transformation in nationales Recht. Obwohl Art. 6b Abs. 2 SoS-VO bestimmt, dass die Mitgliedstaaten sich bei der Umsetzung der Vorgaben der Verordnung auf die erforderlichen Maßnahmen beschränken sollen, hindert dies die Mitgliedstaaten nicht daran, höhere Befüllungsziele auszusprechen. Zum einen hat der europäische Gesetzgeber in Erwägungsgrund 6 und 16 GasspeicherVO klargestellt, dass es sich um Mindestvorgaben handelt und die Mitgliedstaaten sich – so wie in Deutschland erfolgt – für ein höheres Befüllungsziel entscheiden können. Zum anderen widersprechen höhere Befüllungsziele nicht dem Sinn und Zweck der Verordnung, durch die die Energiesicherheit in der EU gesteigert werden soll. Auch im Legislativvorschlag über Verpflichtungen für eine Mindestbevorratung mit Gas der Europäischen Kommission vom 23.3.2022 war insoweit nur von Mindestbefüllungszielen die Rede (COM(2022) 135 final, 15). 7

§ 35 a Allgemeines

(1) ¹Der Marktgebietsverantwortliche wirkt im Rahmen der Gewährleistung der Versorgungssicherheit mit und kann in diesem Rahmen nach Maßgabe der §§ 35b bis 35d angemessene Maßnahmen ergreifen. ²Das Bundesministerium für Wirtschaft und Klimaschutz erteilt die Zustimmung im angemessenen Umfang.

(2) ¹Die Vorschriften dieses Teils sind nur für Gasspeicheranlagen anzuwenden, die mindestens einen Anschlusspunkt an das deutsche Fernleitungsnetz haben. ²Die zu Speicherzwecken genutzten Teile von LNG Anlagen sind von den Vorschriften dieses Teils ausgenommen.

Literatur: Vgl. die Hinweise zu Vor §§ 35a ff.

A. Allgemeines

I. Inhalt

§ 35a überträgt in Abs. 1 dem Marktgebietsverantwortlichen iSd § 3 Nr. 26a (→ § 3 Rn. 69) die Mitverantwortung für die Gewährleistung der Versorgungssicherheit. Marktgebietsverantwortlicher ist die **THE,** bei der es sich um eine Tochtergesellschaft deutscher Fernleitungsnetzbetreiber handelt. Dem Marktgebietsverantwortlichen wird im GasspeicherG die Ermächtigung erteilt, nach Maßgabe der §§ 35b bis 35d „angemessene Maßnahmen" zu treffen. 1

Abs. 2 bestimmt für welche Gasspeicheranlagen die Vorschriften in Teil 3a des EnWG gelten und regelt damit Anwendungsbereich des GasspeicherG. 2

II. Zweck

3 Das GasspeicherG stärkt die **Rolle des Marktgebietsverantwortlichen bei der Gewährleistung der Versorgungssicherheit** und überträgt ihm umfangreiche neue Aufgaben und Befugnisse. Er ist „zentraler Player" in der Systematik des GasspeicherG. Dass dem Marktgebietsverantwortlichen während der Gaskrise im Frühjahr 2022 diese besondere neue Stellung zugeteilt wurde, beruht auf der Überlegung des Gesetzgebers, dass keiner der diversen anderen Marktakteure (zB Lieferanten, Händler, Netzbetreiber und Speicheranlagenbetreiber) alleine in der Lage seien bzw. die Aufgabe hätten, die Versorgungssicherheit mit Erdgas in Deutschland zu gewährleisten (BT-Drs. 20/1024, 20).

4 Auch der Marktgebietsverantwortliche trug jedenfalls bislang nicht direkt die ihm in **§ 35a Abs. 1** ausdrücklich übertragene Verantwortung für die Versorgungssicherheit. Nach der Definition in § 2 Nr. 11 GasNZV ist der Marktgebietsverantwortliche vielmehr zunächst einmal *„die von den Fernleitungsnetzbetreibern bestimmte natürliche oder juristische Person, die in einem Marktgebiet Leistungen erbringt, die zur Verwirklichung einer effizienten Abwicklung des Gasnetzzugangs in einem Marktgebiet durch eine Person zu erbringen sind."* Bislang hat der Marktgebietsverantwortliche daher originäre Aufgaben der Fernleitungsnetzbetreiber wahrgenommen (insbesondere das Bilanzkreismanagement, das Regelenergiemanagement sowie die Bereitstellung und der Betrieb des virtuellen Handelspunkts).

5 Zweck der neuen Rolle des Marktgebietsverantwortlichen ist die Gewährleistung der Versorgungssicherheit. Versorgungssicherheit meint insbesondere eine mengenmäßig ausreichende, nachhaltige und zuverlässige Versorgung der Energieabnehmer (BT-Drs. 806/96, 28). Der Gewährleistung der Energieversorgung kommt eine überragend wichtige Bedeutung für das Gemeinwohl und zur Sicherung einer menschenwürdigen Existenz zu (BVerfG Urt. v. 17.12.2013 – 1 BvR 3139/08, 1 BvR 3386/08, NVwZ 2014, 211 Rn. 286).

6 § 35a Abs. 2 regelt, welche Gasspeicher **Gegenstand des GasspeicherG** sind und daher den dort geregelten neuen Anforderungen unterliegen.

B. Einzelerläuterungen

I. Rolle des Marktgebietsverantwortlichen (Abs. 1)

7 Die Verantwortlichkeit für die Gewährleistung der Einhaltung der Vorgaben das GasspeicherG (insbesondere die Erfüllung der Füllstandsvorgaben) obliegt nach dem Konzept des GasspeicherG im Endeffekt dem Marktgebietsverantwortlichen (§ 2 Nr. 11 GasNZV) (→ § 35c Rn. 1, 9ff., 18ff.). THE wurde am 1.6.2021 durch die Kooperation der deutschen Fernleitungsnetzbetreiber gegründet. Zu ihren Aufgaben als Marktgebietsverantwortlicher zählt u. a. der Abschluss von Bilanzkreisverträgen mit Bilanzkreisverantwortlichen, die Führung von Bilanzkreisen und Netzkonten, die Beschaffung und Absetzung von Regelenergie, der Austausch von Daten mit Netzbetreibern und Bilanzkreisverantwortlichen sowie der Betrieb des virtuellen Handelspunkts. Allerdings erfolgt im Rahmen des GasspeicherG keine **Beleihung** des Marktgebietsverantwortlichen. Denn ihr werden gerade keine hoheitlichen Befugnisse übertragen (s. dazu Schoch/Schneider/*Ehlers*/*Schneider* VwGO § 40 Rn. 275, 290f.). Es handelt sich vielmehr um eine bloße – im Energiesektor übliche – **Indienstnahme Privater** (so auch *Ludwigs* NVwZ 2022, 1086 (1089)).

Allgemeines §35a

Über die in § 2 Nr. 11 GasNZV beschriebene Aufgabe geht die jetzige Rolle des **8** Marktgebietsverantwortlichen bei der Bewältigung der Gaskrise weit hinaus, denn diese ist weniger durch Netzstörungen (Kapazitätsengpässe) als durch eine (vertriebliche) Gasmangellage veranlasst. Durch das GasspeicherG wird der Marktgebietsverantwortliche nunmehr zusätzlich zu einem „Versorgungssicherheitsverantwortlichen". Dies ist insofern ungewöhnlich, als THE strukturell gar nicht darauf ausgerichtet war, eine derart zentrale Rolle einzunehmen. Auch gab es keine originären Rechte und Pflichten der THE, sondern die Tätigkeit betraf Aufgaben, die kraft Gesetz unmittelbar von der Fernleitungsnetzbetreibern zu erfüllen waren und insbesondere zur Umsetzung der Kooperationspflichten (§ 20 Abs. 1b) auf THE übertragen wurden. Die (auch) vertriebsnahe Tätigkeit von THE im Rahmen der Gaskrise begründet daher einen gänzlich eigenständigen und erstmalig unmittelbar den Marktgebietsverantwortlichen adressierenden Pflichtenkreis. Konsequenterweise wird auch eine eigenständige Finanzierung erforderlich sein, weil es sich nicht um betriebsnotwendige Kosten der Netzbetreiber handelt. Die an THE beteiligten Fernleitungsnetzbetreiber können somit weder rechtlich noch wirtschaftlich für diese neuen Aufgaben haften.

1. Maßnahmen im angemessenen Umgang. Dem Marktgebietsverantwort- **9** lichen wird die Befugnis erteilt, „angemessene Maßnahmen" nach Maßgabe der §§ 35b bis 35d zu ergreifen. Dabei kommt ihm nach dem Wortlaut des § 35a Abs. 1 S. 1 ein Ermessensspielraum zu („kann"). Zudem handelt es sich bei den möglichen „angemessenen Maßnahmen" um einen unbestimmten Rechtsbegriff, der durch den Marktgebietsverantwortlichen auszufüllen ist. Allerdings ist sie dabei an die Vorgaben der §§ 35b bis 35d gebunden. Im Rahmen dieser Normen steht dem Marktgebietsverantwortlichen dann häufig gerade kein Ermessen zu. So enthält insbesondere § 35c zahlreiche Verpflichtungen zum Tätigwerden (vgl. hierzu jeweils die Kommentierungen zu den entsprechenden Normen).

2. Zustimmungserfordernis des BMWK. Nach § 35a Abs. 1 S. 2 „erteilt das **10** BMWK die Zustimmung in angemessenen Umfang" zu den Maßnahmen des Marktgebietsverantwortlichen. Dies schränkt die Freiheiten des Marktgebietsverantwortlichen bei der Durchführung von Maßnahmen im Sinne von Satz 1 ein. Das BMWK ist insofern stets vom Marktgebietsverantwortlichen einzubinden und hat seine Zustimmung einzuholen. Ausweislich der Gesetzesbegründung soll Satz 2, der im ersten Entwurf des Gesetzes noch nicht Teil des § 35a Abs. 1 war, den Ermessensspielraum des BMWK bestimmen (BT-Drs. 20/1144, 15). Im Gesetzgebungsverfahren gab die Fraktion der SPD außerdem zu Protokoll, dass der „angemessene Umfang" aus § 35a die Möglichkeit beinhalte, auf Preise zu reagieren und Entscheidungen basierend auf marktlichen Erwägungen zu treffen (BT-Drs. 20/1144, 13). Dies ist gesetzestechnisch ungewöhnlich und unglücklich gelöst, weil die doppelte Verwendung des Maßstabs der Angemessenen eine weitere Fragen nach seiner Ausfüllung aufwirft. Letztlich werden damit nur das ohnehin bestehende behördliche Ermessen des BMWK sowie der selbstverständlich geltende Grundsatz der Verhältnismäßigkeit ausgedrückt.

Ein entsprechender Zustimmungsvorbehalt zugunsten des BMWK findet sich **11** zusätzlich auch in § 35c Abs. 1 und Abs. 2 S. 1 (→ Rn. 12f.).

II. Anwendungsbereich (Abs. 2)

12 § 35a Abs. 2 definiert den Anwendungsbereich der Vorschriften des GasspeicherG. Das GasspeicherG ist anwendbar auf alle (i) Gasspeicheranlagen, (ii) die in Deutschland gelegen sind und (iii) mindestens einen Anschlusspunkt an das deutsche Fernleitungsnetz haben.

13 **1. Gasspeicheranlagen.** Auch für Abschnitt 3a des EnWG gelten die allgemeinen Definitionen des EnWG und damit insbesondere die **Definition der Gasspeicheranlage** in § 3 Nr. 19c. Diese wird in § 35a Abs. 2 weiter eingeschränkt. In der dortigen Definition erfolgt eine Ausnahme von „netzzugehörigen Speichern" (vgl. Legaldefinition § 27 Abs. 1 Nr. 2 GasNZV), welche gesetzestechnisch als Netzbestandteil verstanden werden. Für netzzugehörige Speicher gelten die Vorschriften des GasspeicherG nicht.

14 Die Vorschrift stellt damit auf den **Anlagenbegriff** ab, und beinhaltet nicht etwa – wie alternativ denkbar gewesen wäre – eine Beschränkung der Anwendung der Regelungen zur Erreichung der Füllstandsvorgaben auf bestimmte Speicherbetreiber, Speichernutzer oder auf bestimmte Vertragstypen oder -arten im Zusammenhang mit Gasspeichern.

15 Nach der ursprünglichen Fassung des § 35a Abs. 2 betraf das GasspeicherG nur Gasspeicheranlagen, die in Deutschland liegen. Damit waren die deutschen Poren- und Kavernenspeicher erfasst. Allerdings wurde § 35a Abs. 2 S. 1 kurz nach seinem Erlass bereits geändert. Im Rahmen des ErsatzkraftwerkeG 2022 hat der Gesetzgeber „nebenbei" in § 35a Abs. 2 S. 1 die Wörter „in Deutschland gelegen sind" gestrichen. Damit erstreckt sich der Anwendungsbereich der Vorschrift nun auf Gasspeicheranlagen, welche mindestens einen Anschlusspunkt an das deutsche Fernleitungsnetz haben, ohne dass es auf die Belegenheit im Inland ankäme. Hierdurch sollen die an das deutsche Fernleitungsnetz angeschlossenen Gasspeicheranlagen Haidach und 7-Fields in Österreich erfasst werden. Dabei erfolgte die Änderung ausweislich der Gesetzesbegründung vor dem Hintergrund des Legislativvorschlag über Verpflichtungen für eine Mindestbevorratung mit Gas (COM(2022) 135 final). Nach dem Anhang 1b des Legislativvorschlags der Europäischen Kommission seien Deutschland und Österreich gemeinsam für die Einhaltung des Befüllungsziels der in Österreich gelegenen und an das deutsche Fernleitungsnetz angeschlossenen Speicher verantwortlich. Einzelheiten hierzu sind in einem bilateralen Abkommen zwischen Deutschland und Österreich zu vereinbaren (BT-Drs. 20/2664, 8), welches derzeit noch nicht abgeschlossen wurde. Der deutsche Gesetzgeber bezweckt insofern mit der Änderung von § 35a Abs. 2 S. 1 die Schaffung der Grundlage zur Einbeziehung der österreichischen Gasspeicher (BT-Drs. 20/2664, 8). Das Ausmaß dieser Änderung ergibt sich aus dem Auswirkungsprinzip des § 109 Abs. 2 (→ § 109 Rn. 15) und betrifft in erster Linie die Ausschreibung von SSBOs, die Buchung von Speicherkapazitäten und den Erwerb physischen Gases nach § 35c (BT-Drs. 20/2664, 8). Da derzeit keine weiteren ausländischen Speicher an das deutsche Fernleitungsnetz angeschlossen sind, fallen durch den erweiterten Anwendungsbereich von § 35a Abs. 2 S. 1 nunmehr nur die beiden österreichischen Speicher unter das GasspeicherG.

16 Ausweislich der von THE auf ihrer Website veröffentlichten „Liste der für die Ausschreibung von SSBO maßgeblichen Speicher im Marktgebiet THE" (abrufbar unter: www.tradinghub.eu/Veröffentlichungen/Versorgungssicherheit/Ergebnisse Ausschreibungen SSBO Stufe 1) waren im Juli 2022 insgesamt 40 Gasspeicher Gegenstand der Ausschreibungen iSd § 35c Abs. 1 (→ § 35c Rn. 17). Jedenfalls die dort genannten deutschen Gasspeicher werden mithin vom Marktgebietsverantwortlichen als vom Anwendungsbereich des GasspeicherG erfasst angesehen und in die Ausschreibungsverfahren dementsprechend mit einbezogen.

2. Mindestens ein Anschlusspunkt an das Fernleitungsnetz. Nach § 35a 17 Abs. 2 S. 1 aE scheidet eine Anwendung auf Gasspeicher aus, die keinen Anschlusspunkt an das deutsche Fernleitungsnetz haben. Fernleitungsnetze sind die Transportnetze im Gasbereich (§ 3 Nr. 31f. iVm § 3 Nr. 19 und § 3 Nr. 5). Durch die ausdrückliche Bezugnahme auf das „Fernleitungsnetz" erfolgt eine **Abgrenzung zum Verteilernetz** (§ 3 Nr. 37 iVm § 3 Nr. 8). Gasspeicheranlagen, die nur an das Verteilernetz angeschlossen sind, unterfallen nicht dem GasspeicherG.

Damit fallen alle Gasspeicheranlagen in den Anwendungsbereich, die jedenfalls 18 einen Anschlusspunkt am Fernleitungsnetz haben. In Anbetracht der in der Praxis gelegentlich komplexeren technischen Anschlusssituationen ist die Regelung damit sehr pauschal, was der klaren Abgrenzung und Vermeidung von Rechtsunsicherheit dient. Ob und wie die Anschlusspunkte für die Zwecke des GasspeicherG nutzbar sind oder ob der Gasspeicher zusätzlich auch an Verteilernetze angeschlossen ist, spielt nach dem klaren Wortlaut keine Rolle. Insbesondere nennen auch § 35b Abs. 1 und Abs. 6 und § 118 Abs. 36, aus denen sich das Erfordernis der Vertragsanpassungen zur Gewährleistung der Erreichung der Füllstände ergibt, keine zusätzlichen Anforderungen oder Einschränkungen für die Anwendbarkeit des GasspeicherG.

Die pauschale Zuordnung der Anwendbarkeit des Gesetzes entspricht auch dem 19 Sinn und Zweck des GasspeicherG. Eine Gasspeicheranlage ist damit entweder vom GasspeicherG erfasst oder eben nicht. Grauzonen sind nicht vorgesehen und auch nicht praktikabel. Es würde dem ausdrücklichen Ziel der Gewährleistung der Versorgungssicherheit durch Erreichung gewisser Mindestfüllstände bei Gasspeichern zuwiderlaufen, wenn bereits der Betreiber der Gasspeicheranlage Entscheidungsspielräume bei der Anwendung des Gesetzes hätte. Diese Spielräume bei der Umsetzung der Vorgaben des GasspeicherG stehen vielmehr erst dem Marktgebietsverantwortlichen zu, dem ausdrücklich eine zentrale Rolle verschafft wird. So kann der Marktgebietsverantwortliche nach § 35c Abs. 2 S. 1 etwa auch „in dem zur Erreichung der Füllstandsvorgaben erforderlichen Umfang zusätzliche Maßnahmen" ergreifen (→ § 35c Rn. 18ff.).

3. Ausnahme von zu Speicherzwecken genutzten Teilen von LNG-Anlagen. 20 § 35a Abs. 2 S. 2 bestimmt, dass für zu Speicherzwecken genutzten Teilen von LNG-Anlagen nicht in den Anwendungsbereich fallen. Dies wird im Gesetzentwurf damit begründet, dass diese Teile von LNG-Anlagen nicht die Aufgabe von Poren- und Kavernenspeichern zur Versorgungssicherheit wahrnehmen (BT-Drs. 20/1024, 20).

§ 35b Füllstandsvorgaben; Bereitstellung ungenutzter Speicherkapazitäten; Verordnungsermächtigung

(1) ¹Der Betreiber einer Gasspeicheranlage hat vertragliche Regelungen aufzunehmen, welche die jeweiligen Rahmenbedingungen zur Erreichung der nachfolgend dargestellten Füllstandsvorgaben definieren, wonach jeweils im Zeitraum vom 1. Oktober eines Kalenderjahres bis zum 1. Februar des Folgejahres die von ihm betriebenen Gasspeicheranlagen einen Füllstand nach Satz 2 aufweisen sollen. ²Hierbei sind in jeder Gasspeicher-

§ 35 b

anlage die nachfolgend angegebenen Füllstände als prozentualer Anteil am Arbeitsgasvolumen der Gasspeicheranlage zu den genannten Stichtagen vorzuhalten (Füllstandsvorgaben):
1. am 1. Oktober: 80 Prozent.
2. am 1. November: 90 Prozent.
3. am 1. Februar: 40 Prozent.

(2) Um die Einhaltung der Füllstandsvorgaben nach Absatz 1 Satz 2 zu gewährleisten, hat der Betreiber einer Gasspeicheranlage bereits am 1. August eines Kalenderjahres einen Füllstand nachzuweisen, der die Erreichung der Füllstandsvorgaben nicht gefährdet.

(3) Das Bundesministerium für Wirtschaft und Klimaschutz kann durch Rechtsverordnung ohne Zustimmung des Bundesrates abweichende Regelungen zu den relevanten Stichtagen und Füllstandsvorgaben nach Absatz 1 Satz 2 und Absatz 2 festlegen, soweit die Sicherheit der Gasversorgung dabei angemessen berücksichtigt bleibt.

(4) [1]Der Betreiber einer Gasspeicheranlage hat den Nachweis über die Einhaltung der Vorgaben aus Absatz 1 Satz 2 und Absatz 2 sowie, soweit eine Rechtsverordnung nach Absatz 3 erlassen wurde, die Einhaltung der darin enthaltenen Vorgaben, gegenüber dem Bundesministerium für Wirtschaft und Klimaschutz, der Bundesnetzagentur und dem Marktgebietsverantwortlichen schriftlich oder elektronisch zu erbringen. [2]Der Betreiber einer Gasspeicheranlage muss im Rahmen von Satz 1 nachweisen, ob Gas physisch in den Gasspeicheranlagen in entsprechender Menge eingelagert ist. [3]Zusätzlich zum Nachweis nach Satz 1 hat der Betreiber einer Gasspeicheranlage der Bundesnetzagentur und dem Marktgebietsverantwortlichen insbesondere folgende Angaben zu übermitteln:
1. die prozentualen Füllstände sowie die Füllstände in Kilowattstunden,
2. den Nachweis darüber, dass der jeweilige Gasspeicher die Voraussetzungen nach § 35a Absatz 2 Satz 1 erfüllt sowie
3. sonstige im Zusammenhang mit der Erfüllung der Füllstandsvorgaben relevante Informationen.

[4]Die Mitteilungen nach Satz 3 müssen elektronisch in einem mit der Bundesnetzagentur und dem Marktgebietsverantwortlichen abgestimmten Datenformat einmal wöchentlich übermittelt werden, auf Verlagen der Bundesnetzagentur oder des Marktgebietsverantwortlichen in kürzeren Zeitabständen.

(5) Wenn erkennbar ist, dass die Füllstandsvorgaben nach Absatz 1 Satz 2, soweit eine Rechtsverordnung nach Absatz 3 erlassen wurde die darin enthaltenen Vorgaben, oder Absatz 3 technisch nicht erreicht werden können, weil der Nutzer einer Gasspeicheranlage die von ihm auf fester Basis gebuchten Arbeitsgasvolumina (Speicherkapazitäten) nicht nutzt, ist der Betreiber einer Gasspeicheranlage verpflichtet, dem Marktgebietsverantwortlichen die nicht genutzten Speicherkapazitäten der Nutzer der Gasspeicheranlage rechtzeitig anteilig nach dem Maß der Nichtnutzung des Nutzers in dem zur Erreichung der Füllstandsvorgaben erforderlichen Umfang bis zum Ablauf des Speicherjahres zur Verfügung zu stellen; hierzu gehört auch die Ein- und Ausspeicherleistung.

Füllstandsvorgaben; Bereitstellung ungenutzter Speicherkapazitäten § 35 b

(6) ¹Der Betreiber einer Gasspeicheranlage hat in einem Vertrag über die Nutzung einer Gasspeicheranlage vertragliche Bestimmungen aufzunehmen, welche ihn berechtigen, von dem Nutzer nicht genutzte Speicherkapazitäten dem Marktgebietsverantwortlichen zur Verfügung zu stellen, soweit hinsichtlich des Nutzers die Voraussetzungen nach Absatz 5 vorliegen. ²Der Nutzer einer Gasspeicheranlage, dessen Speicherkapazitäten der Betreiber der Gasspeicheranlage dem Marktgebietsverantwortlichen zur Verfügung gestellt hat, bleibt zur Zahlung der Entgelte für die Speichernutzung verpflichtet mit Ausnahme der variablen Speicherentgelte für die Ein- und Ausspeisung. ³Eine von Satz 2 abweichende vertragliche Vereinbarung ist unwirksam. ⁴Auf Aufforderung der Bundesnetzagentur weist der Betreiber einer Gasspeicheranlage die Umsetzung der Verpflichtung nach Absatz 5 nach.

(7) ¹Das Bundesministerium für Wirtschaft und Klimaschutz kann ohne Zustimmung des Bundesrates durch Rechtsverordnung ein von Absatz 5 und 6 abweichendes Verfahren über die Zurverfügungstellung vom Nutzer einer Gasspeicheranlage ungenutzter Kapazitäten an den Marktgebietsverantwortlichen regeln, soweit dies zur Gewährleistung der Versorgungssicherheit erforderlich ist. ²Hierzu kann unter Berücksichtigung der technischen und wirtschaftlichen Rahmenbedingungen insbesondere geregelt werden, ob die vom Nutzer einer Gasspeicheranlage ungenutzten Speicherkapazitäten als unterbrechbare Kapazitäten durch den Marktgebietsverantwortlichen genutzt werden dürfen.

Übersicht

	Rn.
A. Allgemeines	1
I. Inhalt	1
1. Verpflichtung der Speicherbetreiber zur Umsetzung des GasspeicherG	2
2. Verordnungsermächtigungen	3
II. Zweck	4
B. Einzelerläuterungen	5
I. Vertragliche Gewährleistung der Erreichung der Füllstandsvorgaben (Abs. 1 S. 1)	5
1. Erforderliche vertragliche Regelungen	6
2. Vertragsanpassung auch bei Altverträgen	9
II. Füllstandsvorgaben (Abs. 1)	10
III. Nachweispflicht Zwischenziele (Abs. 2)	13
IV. Verordnungsermächtigung für Füllstandsvorgaben (Abs. 3)	16
1. Mögliche Ministerialverordnungen	17
2. GasSpFüllstV	18
V. Nachweis- und Informationspflichten (Abs. 4)	23
1. Nachweispflicht hinsichtlich Einhaltung der Füllstandsvorgaben	24
2. Zusätzliche Informationspflichten	25
VI. Zurverfügungstellung nicht genutzter Kapazitäten (Abs. 5)	27
1. Nichtnutzung gebuchter Speicherkapazitäten	28
2. Erkennbarkeit der technischen Nichterreichbarkeit der Füllstandsvorgaben	29

§ 35b — Teil 3a. Füllstandsvorgaben für Gasspeicheranlagen

Rn.
    3. Rechtzeitige und anteilige Zurverfügungstellung von Speicher-
       kapazitäten „bis zum Ablauf des Speicherjahres"   34
VII. Vertragsanpassung zur Umsetzung des Bereitstellungsmechanismus
     (Abs. 6)   38
     1. Pflicht zur Vertragsanpassung   40
     2. Fortbestehen der Zahlungsverpflichtung   41
     3. Nachweispflicht (Abs. 6 S. 4)   43
VIII. Verordnungsermächtigung zu Bereitstellungsmechanismus (Abs. 7)   44
     1. Mögliche Ministerialverordnung   45
     2. GasSpBefüllV   46

Literatur: *Ludwigs,* Gewährleistung der Energieversorgungssicherheit in Krisenzeiten, NVwZ 2022, 1086.

A. Allgemeines

I. Inhalt

1 Bei § 35b handelt es sich um die zentrale Norm des GasspeicherG. Die Vorschrift enthält zum einen die zunächst relevanten Füllstandsvorgaben und zum anderen eine Regelung, wie mit von Speichernutzern zwar gebuchten, aber nicht genutzten Speicherkapazitäten zu verfahren ist (Abs. 5 und 6) und damit die zwei wichtigsten Elemente des GasspeicherG. Hinzu treten Nachweispflichten der Speicherbetreiber (Abs. 2 und 4) sowie Rechtsverordnungsermächtigungen für Ministerialverordnungen zur weiteren (abweichenden) Ausgestaltung des im GasspeicherG geregelten Systems (Abs. 3 und 7).

2 **1. Verpflichtung der Speicherbetreiber zur Umsetzung des GasspeicherG.** Adressat der Norm sind die Betreiber von Gasspeicheranlagen (Speicherbetreiber), denen verschiedene Pflichten auferlegt werden. Um die Einhaltung der Füllstandsvorgaben sowie die Bereitstellung von Speicherkapazitäten zu ermöglichen und durchzusetzen, trifft die Speicherbetreiber eine Rechtspflicht zur entsprechenden Ausgestaltung bzw. Anpassung ihrer Verträge mit den Nutzern der Speicheranlagen. Sie haben insoweit die Rahmenbedingungen zur Gewährleistung der Erreichung der Füllstandsvorgaben zu definieren (§ 35b Abs. 1, → Rn. 5ff.). Zusätzlich sind sie verpflichtet, Regelungen aufzunehmen, die es ihnen ermöglichen, den Speichernutzern nicht genutzte Kapazitäten zu entziehen und dem Marktgebietsverantwortlichen zur Verfügung zu stellen (§ 35b Abs. 5 und Abs. 6, → Rn. 6, 27ff., 38ff.). Ferner haben die Speicherbetreiber kontinuierlich umfangreiche Informationen und Nachweise über die Füllstände und die Einhaltung der gesetzlichen Vorgaben gegenüber dem BMWK, der BNetzA und dem Marktgebietsverantwortlichen zu erbringen (§ 35b Abs. 2 und 4, → Rn. 13ff., 23ff.).

3 **2. Verordnungsermächtigungen.** § 35b enthält in Abs. 3 und 7 zwei Verordnungsermächtigungen zugunsten des BMWK, wobei jeweils keine Zustimmung des Bundesrats erforderlich ist. Absatz 3 ermöglicht es dem BMWK, durch Rechtsverordnung von § 35b Abs. 1 S. 2 und Abs. 2 abweichende Regelungen zu den relevanten Stichtagen und Füllstandsvorgaben festzulegen. Absatz 7 wiederum gestattet es dem BMWK, eine Modifizierung des Bereitstellungsmechanismus und

-verfahrens gem. § 35b Abs. 5 und 6 vorzunehmen. Beide Verordnungsermächtigungen ermöglichen so den kurzfristigen Erlass entsprechender Ministerialverordnungen zur Ergänzung bzw. Änderung gewisser Regelungen des GasspeicherG zur Gewährleistung der Versorgungssicherheit (→ Rn. 16ff., 44ff.).

II. Zweck

§ 35b dient der Gewährleistung einer möglichst schnellen und nachhaltigen Be- 4
füllung aller relevanten deutschen Gasspeicher. Mit Hilfe der in § 35b Abs. 1 vorgesehen bzw. durch Verordnung zu regelnden festen Richtwerten (sog. Füllstandsvorgaben) und dem in § 35b Abs. 5 und 6 angelegten Bereitstellungsmechanismus weiter anpassbaren Bereitstellungsmechanismus für nicht genutzte Kapazitäten soll dies garantiert werden. Die umfangreichen Nachweispflichten der Speicherbetreiber ermöglichen eine enge Überwachung des Fortschritts bei der Befüllung durch das BMWK, die BNetzA und den Marktgebietsverantwortlichen.

B. Einzelerläuterungen

I. Vertragliche Gewährleistung der Erreichung der Füllstandsvorgaben (Abs. 1 S. 1)

§ 35b Abs. 1 S. 1 adressiert die Betreiber von Gasspeicheranlagen. Dies sind nach 5
der Legaldefinition des § 3 Nr. 6 natürliche oder juristische Personen oder rechtlich unselbstständige Organisationseinheiten eines Energieversorgungsunternehmens, die die Aufgabe der Speicherung von Erdgas wahrnehmen und für den Betrieb einer Gasspeicheranlage verantwortlich sind (→ § 3 Rn. 19).

1. Erforderliche vertragliche Regelungen. Die Norm enthält Inhaltsvor- 6
gaben für Speichernutzungsverträge und verpflichtet Speicherbetreiber zu einer Vertragsausgestaltung, die konform mit den Füllstandsvorgaben des GasspeicherG ist. Nach § 35b Abs. 1 S. 1 haben die Speicherbetreiber in ihre Speichernutzungsverträge Regelungen aufzunehmen, die die jeweiligen Rahmenbedingungen zur Erreichung der Füllstandsvorgaben definieren. Die Regelung verpflichtet die Speicherbetreiber also zu einer Änderung ihrer Nutzungsbedingungen zur Umsetzung des GasspeicherG („hat vertragliche Regelungen aufzunehmen"). Ausweislich der Gesetzesbegründung regelt § 35b Abs. 1 S. 1, was ein Speicherbetreiber im Verhältnis zum Speichernutzer zu tun hat, damit die Füllstandsvorgaben eingehalten werden (BT-Drs. 20/1144, 15).

Es besteht mithin nach dem GasspeicherG **für Speichernutzer keine unmit-** 7
telbare gesetzliche Verpflichtung zur Ein- und Ausspeicherung von Gas zur Erreichung der Füllstandsvorgaben. Derartige Verpflichtungen entstehen vielmehr erst im Einklang mit dem Grundsatz des verhandelten Speicherzugangs nach § 28 gem. § 35b Abs. 1 S. 1 nur **auf vertraglicher Ebene** aus den Speichernutzungsverträgen. Gleichzeitig trifft auch die Speicherbetreiber (die lediglich Infrastrukturbetreiber sind und selbst kein Gas zur Vermarktung ein- und ausspeichern) selbst keine Pflicht, die Füllstände vorzuhalten (BT-Drs. 20/1144, 15). Vielmehr hat zur Gewährleistung der Erreichung der Füllstandsvorgaben in den Speichernutzungsverträgen gem. § 35b Abs. 1 S. 1 eine Definition der Rahmenbedingungen zur Erreichung der relevanten Füllstandsvorgaben zu erfolgen. Die Ausgestaltung entsprechender Regelungen bleibt dabei dem Speicherbetreiber überlassen, genauere

inhaltliche Anforderungen werden im Gesetz nicht normiert. Auch die Gesetzesbegründung enthält keine weiteren Vorgaben zu den erforderlichen Vertragsanpassungen iSd § 35b Abs. 1 S. 1. Die Schaffung der geforderten Rahmenbedingungen kann im Vertrag etwa durch die Vereinbarung von vom Speichernutzer einzuhaltenden **Kennlinien** bei der Einspeicherung erfolgen (Kurven für die Mindestbefüllung). Dabei werden stets auch die technischen und betrieblichen Besonderheiten der jeweiligen Gasspeicheranlage zu berücksichtigen sein.

8   Bei der Gestaltung der Verträge ist seitens des Speicherbetreibers zu beachten, dass der Füllstand des Gasspeichers durch jeden einzelnen Speichernutzer nicht insgesamt auf den jeweils zum Stichtag in § 35b Abs. 1 EnWG geforderten Füllstand zu bringen/halten ist, sondern hier jeweils auf den einzelnen Gasspeichernutzer und seinen spezifischen **Anteil an den Kapazitäten** des Gasspeichers abzustellen ist. Dies bedeutet zum Beispiel, dass ein Speichernutzer, der nur 50 Prozent der Gesamtkapazität des Speichers für sich beansprucht, nur für diese 50 Prozent auch die Füllstände zu gewährleisten hat, also bspw. bei einer Füllstandsvorgabe von 80 Prozent für den gesamten Gasspeicher dann nur 40 Prozent des gesamten Arbeitsgasvolumens des gesamten Gasspeichers (aber 80 Prozent der für ihn vorgehaltenen Kapazitäten).

9   **2. Vertragsanpassung auch bei Altverträgen.** Anders als bei den nach § 35b Abs. 6 erforderlichen Vertragsanpassungen zur Umsetzung des Bereitstellungsmechanismus für ungenutzte Kapazitäten (→ Rn. 38f.), gilt die Pflicht aus Abs. 1 in Ermangelung einer ausdrücklichen Übergangsregelung – auch für Altverträge – unmittelbar seit Inkrafttreten des Gesetzes. Das heißt, auch in bereits vor Inkrafttreten des GasspeicherG geschlossenen Speichernutzungsverträgen sind vertragliche Regelungen aufzunehmen, die die jeweiligen Rahmenbedingungen zur Erreichung der Füllstandsvorgaben des Abs. 1 S. 2 Nr. 1 bis 3 bzw. einer Verordnung im Sinne des Abs. 3 definieren. Allerdings kann in diesem Zusammenhang für die Pflicht zur Vertragsanpassung in analoger Anwendung des § 118 Abs. 36 wohl eine Übergangsfrist und Kündigungsmöglichkeit bzw. -verpflichtung der Speicherbetreiber angenommen werden, siehe hierzu die Kommentierung bei § 35b Abs. 6 und § 118 Abs. 36 (§ 35 Abs. 6, → § 35b Rn. 38f. und § 118 Abs. 36 → § 118 Rn. 23).

II. Füllstandsvorgaben (Abs. 1)

10 Die in den Speichernutzungsverträgen umzusetzenden relevanten Füllstandsvorgaben ergeben sich entweder direkt aus Abs. 1 S. 2 Nr. 1 bis 3 oder aus einer die dortigen Vorgaben anpassenden bzw. ergänzenden Verordnung nach Abs. 3. Die Füllstandsvorgaben beziehen sich dabei immer auf den prozentualen Anteil des Arbeitsvolumens der jeweiligen Gasspeicheranlage. Sie setzen sich zusammen aus einer Prozentangabe sowie der Nennung eines Stichtags, zu dem der jeweilige Befüllungsgrad erreicht sein muss. Insofern ist klarzustellen, dass der Füllstand des Gasspeichers nicht von einzelnen Speichernutzern auf den jeweils zum Stichtag geforderten Füllstand gebracht bzw. gehalten werden muss, vielmehr wird der jeweilige Gasspeicher insgesamt betrachtet. Im Verhältnis vom Speicherbetreiber zum einzelnen Speichernutzer ist auf den jeweiligen Anteil an den Kapazitäten des Gasspeichers, der vom Speichernutzer gehalten wird, abzustellen (→ § 35b Rn. 8).

11 Nach § 35b Abs. 1 S. 2 Nr. 1 bis 3 erfolgt die Befüllung der Gasspeicher stufenweise. Am 1.10. eines Kalenderjahres muss ein Füllstand von 80 Prozent erreicht sein (Nr. 1), am 1.11. eines Kalenderjahres dann ein Füllstand von 90 Prozent

(Nr. 2). Am 1.2. eines Kalenderjahres muss noch ein Füllstand von 40 Prozent gegeben sein (Nr. 3).

Mittlerweile hat das BMWK auf Grundlage von § 35b Abs. 3 die Verordnung 12 zur Anpassung von Füllstandsvorgaben für Gasspeicheranlagen **GasSpFüllstV** erlassen, die abweichende (strengere) Füllstandsvorgaben definiert (→ Rn. 18 ff.).

III. Nachweispflicht Zwischenziele (Abs. 2)

Abs. 2 verpflichtet die Speicherbetreiber, bereits am 1.8. eines Kalenderjahres 13 (also im Vorfeld des nach Abs. 1 S. 2 relevanten Zeitraums) einen Füllstand nachzuweisen, der die Erreichung der Füllstandsvorgaben des Abs. 1 S. 2 nicht gefährdet. Diese frühzeitige Nachweispflicht für Speicherbetreiber begründet der Gesetzgeber damit, dass dies der Gewährleistung der Erreichung der Füllstandsvorgaben angesichts der technischen Unterschiede verschiedener Speichertypen (Kavernen- und Porenspeicher) diene, die sich auf die Ein- und Ausspeisegeschwindigkeit und damit auf den zeitlichen Vorlauf des Befüllvorgangs auswirken (BT-Drs. 20/1024, 21). Bei Abs. 2 handelt es sich folglich um die **Vorgabe eines „Etappenziels"** zur Einhaltung der Füllstandsvorgaben (BT-Drs. 20/1144, 16).

Die Nachweispflicht des Abs. 2 ist im Zusammenhang mit Abs. 4 zu lesen, wel- 14 cher Details zu den vom Speicherbetreiber gegenüber dem BMWK, der BNetzA und dem Marktgebietsverantwortlichen zu erbringenden Nachweisen enthält (→ Rn. 23 ff.). Um einen solchen Nachweis des „Zwischenstands" überhaupt erbringen zu können, sollten die Speicherbetreiber denklogisch auch die Zwischenziele des § 35b Abs. 2 (bzw. einer entsprechenden Rechtsverordnung iSd Abs. 3) vertraglich definieren und gegenüber den Speichernutzern festschreiben (→ Rn. 6 ff.).

Im ursprünglichen Gesetzesentwurf war der Nachweis eines Füllstands von 15 65 Prozent zum Stichtag 1.8. gefordert worden. Um insbesondere Speicherbetreibern und -nutzern von schnell befüllbaren Gasspeichern bei der Befüllung mehr Flexibilität einzuräumen, wurde auf die Konkretisierung in Form einer Prozentangabe in der schlussendlichen Fassung des § 35b Abs. 2 verzichtet (BT-Drs. 20/1144, 16). Allerdings ist ausweislich der Gesetzesbegründung anzunehmen, dass, wenn zum 1.8. eines Kalenderjahres ein Füllstand von 65 Prozent erreicht ist, davon ausgegangen werden kann, dass zum 1.10. der Zielfüllstand des § 35b Abs. 1 S. 2 Nr. 1 erreicht werden kann. Die Regelung des Abs. 2 wurde durch die im Juli 2022 erlassene GasSpFüllstV bereits modifiziert und um einen weiteren relevanten Stichtag ergänzt (→ Rn. 19).

IV. Verordnungsermächtigung für Füllstandsvorgaben (Abs. 3)

§ 35b Abs. 3 enthält eine Verordnungsermächtigung zugunsten des BMWK, 16 wobei keine Zustimmung des Bundesrats erforderlich ist.

1. Mögliche Ministerialverordnungen. Die Norm ermöglicht den kurzfris- 17 tigen Erlass zusätzlicher bzw. abweichender Vorgaben zu den relevanten Stichtagen und zur Höhe der Füllstandsvorgaben nach Abs. 1 S. 2 und Abs. 2 und gibt so dem BMWK die Möglichkeit, flexibel auf veränderte Marktanreize und Nachfragesituationen zu reagieren (BT-Drs. 20/1024, 21). Dabei hat das BMWK gem. Abs. 3 aE bei der Veränderung der Füllstandsvorgaben die Sicherheit der Gasversorgung angemessen zu berücksichtigen. Dies soll ausweislich der Gesetzesbegründung die Verordnungsermächtigung entsprechend des Zwecks des GasspeicherG inhaltlich begrenzen (BT-Drs. 20/1024, 21). Der wohl als Verweis auf den ohnehin geltenden

§ 35 b Teil 3a. Füllstandsvorgaben für Gasspeicheranlagen

Grundsatz der Verhältnismäßigkeit zu verstehende Hinweis liefert dabei allerdings keine klaren Leitlinien oder Grenzen für das BMWK bei der Ausgestaltung weiterer oder veränderter Füllstandsvorgaben.

18   **2. GasSpFüllstV.** Am 29.7.2022 ist die vom BMWK aufgrund der Verordnungsermächtigung in § 35b Abs. 3 erlassene **GasSpFüllstV** in Kraft getreten. Darin sind von § 35b Abs. 1 S. 2 Nr. 1 und 2 bzw. § 35b Abs. 2 abweichende einzuhaltende Mindestfüllstände und Stichtage (§ 1 Abs. 1 GasSpFüllstV) bzw. Nachweisfristen (§ 1 Abs. 2 GasSpFüllstV) geregelt.

19   Nach § 1 Abs. 1 Nr. 1 GasSpFüllstV muss **am 1.10. des Kalenderjahrs ein Füllstand von 85 Prozent** und nach § 1 Abs. 1 Nr. 2 GasSpFüllstV muss **am 1.11. des Kalenderjahrs ein Füllstand von 95 Prozent** erreicht sein (jeweils 5 Prozentpunkte mehr als gesetzlich in § 35b Abs. 1 S. 2 Nr. 1 und Nr. 2 vorgesehen). § 35b Abs. 1 S. 2 Nr. 3 (Füllstand von 40 Prozent am 1.2. des Kalenderjahrs) gilt unverändert fort.

20   § 1 Abs. 2 GasSpFüllstV ergänzt die **Nachweispflichten** des Speicherbetreibers hinsichtlich der Nichtgefährdung der Erreichung der Füllstandsvorgaben. In Abweichung von § 35b Abs. 2 (→ Rn. 13) hat der Speicherbetreiber sowohl am 1.8. als auch (zusätzlich) am 1.9. des Kalenderjahrs einen Füllstand seines Gasspeichers nachzuweisen, der die Erreichung der Füllstandsvorgaben gem. § 1 Abs. 1 GasSpFüllstV nicht gefährdet (§ 35b Abs. 2 S. 1 GasSpFüllstV). Dabei gilt gem. § 1 Abs. 2 S. 2 GasSpFüllstV eine **Vermutung** dahingehend, dass die Erreichung der Füllstandsvorgaben des jeweiligen Gasspeichers dann nicht gefährdet ist, wenn dieser zum 1.9. einen Füllstand von mindestens 75 Prozent aufweist. Eine weitere in diesem Zusammenhang stehende Regelung schafft die **GasSpBefüllV**, die auf Grund der Verordnungsermächtigung in § 35b Abs. 3 und Abs. 7 erlassen wurde (→ Rn. 46 ff.). Die GasSpBefüllV modifiziert in erster Linie den Bereitstellungsmechanismus nach § 35b Abs. 5 und Abs. 6, wozu das BMWK durch Absatz 7 ermächtigt wird (→ Rn. 44 f.). Daneben bestimmt § 2 S. 1 GasSpBefüllV Referenzzeitpunkte, die konkretisieren, wann eine Gefahr des Verfehlens der Füllstandsvorgaben anzunehmen ist. Der Verordnungsgeber legt in diesem Rahmen fest, dass eine **Gefahr des Verfehlens der Füllstandsvorgaben** nach § 35b Abs. 1 S. 2 besteht, wenn eine Gasspeicheranlage zum 1.5. eines Kalenderjahres einen Füllstand unterhalb von 5 Prozent oder zum 1.6. eines Kalenderjahres einen Füllstand unterhalb von 10 Prozent der Gesamtkapazität der Gasspeicheranlage aufweist. § 2 S. 2 GasSpBefüllV trifft für das Jahr 2022 abweichende Regelungen. Danach gilt, dass die Erreichung der Füllstandsvorgaben des jeweiligen Gasspeichers nicht gefährdet ist, wenn dieser am 2.6.2022 einen Füllstand von mindestens 10 Prozent der Gesamtkapazität aufweist. Ausdrücklich bestimmt § 2 S. 3 GasSpBefüllV dabei, dass § 2 S. 1 und S. 2 GasSpBefüllV keine Modifizierung von § 35b Abs. 2, dh keine Einführung zusätzlicher Nachweispflichten, vornimmt. Vielmehr konkretisiert die Norm die im Rahmen von § 35b allgemein und insbesondere im Zusammenhang mit Abs. 2 und Abs. 5 wichtige Frage, wann eine Gefahr der Verfehlung der Füllstandsvorgaben vorliegt. Dieses wiederkehrende Tatbestandsmerkmal ist an mehreren Stellen des § 35b relevant, wobei es der Gesetzgeber und auch der Verordnungsgeber unterlassen, sich eines einheitlichen Wortlauts zu bedienen. Vielmehr wird in § 35b Abs. 2 und in § 1 Abs. 2 GasSpFüllstV von der Nichtgefährdung der Erreichung der Füllstandsvorgaben gesprochen, in § 35b Abs. 5 von der Erkennbarkeit der technischen Nichterreichbarkeit der Füllstandsvorgaben und in § 2 GasSpBefüllV von der Gefahr des Verfehlens ebendieser. Trotz der unterschiedlichen Formu-

lierungen meint der Gesetzgeber bzw. der Verordnungsgeber stets die Gefahr der Unterschreitung der relevanten Füllstandsvorgaben und nutzt diesen Zeitpunkt als Anknüpfungspunkt für die verschiedenen Maßnahmen des GasspeicherG, die eine ständige Verfügbarkeit ausreichender Energiemengen ermöglichen sollen. Eine „Gefahr" in diesem Sinne besteht dabei nach den allgemeinen ordnungsrechtlichen Grundsätzen dann, wenn eine Sachlage besteht, die im Einzelfall bei ungehindertem Ablauf in absehbarer Zeit mit hinreichender Wahrscheinlichkeit zu einem Schaden am Schutzgut der öffentlichen Sicherheit und Ordnung (hier der Versorgungssicherheit) führen wird (vgl. bereits BVerwGE 45, 51 (57)). Insofern ist – unabhängig von der genauen Formulierung im GasspeicherG – stets auf eine dementsprechende Gefahrenprognose anzustellen. Insofern wird die Bewertung des Vorliegens der entsprechenden Tatbestandsvoraussetzungen stets nach ähnlichen Kriterien erfolgen.

Insoweit ergänzen sich die GasSpFüllstV und die GasSpBefüllV und konkretisieren die Vorgaben des GasspeicherG. Darüber hinaus werden durch die Modifizierung der Füllstandsvorgaben durch die GasSpFüllstV und die Modifizierung des Bereitstellungsmechanismus durch die GasSpBefüllV jedoch unterschiedliche Aspekte des § 35b reguliert. Warum die GasSpBefüllV sich neben Abs. 7 als Ermächtigungsgrundlage auch auf Abs. 3 stützt, erschließt sich im Hinblick auf den konkreten Regelungsinhalt der Verordnung (→ Rn. 46ff.) nicht und erscheint auch nicht zwingend geboten zu sein. 21

Die Geltung der GasSpFüllstV ist zeitlich befristet. Sie tritt gem. § 2 GasSpFüllstV – wie auch das GasspeicherG selbst – am 31.3.2025 außer Kraft. 22

V. Nachweis- und Informationspflichten (Abs. 4)

Abs. 4 regelt Nachweis- und Informationspflichten der Speicherbetreiber. 23

1. Nachweispflicht hinsichtlich Einhaltung der Füllstandsvorgaben. 24
Nach § 35b Abs. 4 S. 1 haben die Speicherbetreiber Nachweise über die Einhaltung der Vorgaben aus § 35b Abs. 1 S. 2, Abs. 2 sowie aus auf Grund von Abs. 3 erlassenen Rechtsverordnungen gegenüber dem BMWK, der BNetzA und dem Marktgebietsverantwortliche zu erbringen. Dies hat schriftlich oder elektronisch zu erfolgen. Dabei ist gem. Abs. 4 S. 2 nachzuweisen, ob Gas physisch in den Gasspeicheranlagen in der entsprechenden Menge eingelagert ist. Es ist nicht ausdrücklich geregelt, wann diese Nachweise jeweils zu erfolgen haben. Allerdings können die geforderten Nachweise zur Einhaltung der Vorgaben schon denklogisch nur am jeweils im Gesetz/in der Verordnung genannten relevanten Stichtag erfolgen.

2. Zusätzliche Informationspflichten. Nach § 35b Abs. 4 S. 3 müssen die Speicherbetreiber zusätzlich zu den Nachweisen nach S. 1 weitere Informationspflichten gegenüber der BNetzA und dem Marktgebietsverantwortlichen erfüllen (sog. Mitteilungen). Insofern müssen Speicherbetreiber die in § 35b Abs. 4 S. 3 Nr. 1 bis Nr. 3 aufgeführten Informationen einmal pro Woche elektronisch (in einem mit der BNetzA und dem Marktgebietsverantwortlichen abgestimmten Datenformat) übermitteln, § 35b Abs. 4 S. 4. Die BNetzA kann auch eine Mitteilung in kürzeren Zeitabständen verlangen (§ 35b Abs. 4 S. 4 aE). Nach der Gesetzesbegründung kann eine Abfrage relevanter Informationen durch den Marktgebietsverantwortlichen und die BNetzA je nach konkreten Umständen, insbesondere sofern sich eine Verletzung der Füllstandsvorgaben abzeichnet, auch kurzfristiger erfolgen (BT-Drs. 20/1024, 22). 25

26 Nach § 35b Abs. 4 S. 3 Nr. 1 müssen die prozentualen Füllstände sowie die Füllstände in Kilowattstunden mitgeteilt werden. Gem. § 35b Abs. 4 S. 3 Nr. 2 haben die Speicherbetreiber zudem einen Nachweis darüber zu übermitteln, dass der jeweilige Gasspeicher die Voraussetzungen nach § 35a Abs. 2 S. 1 erfüllt, also der Anwendungsbereich des GasspeicherG hinsichtlich des jeweiligen Speichers eröffnet ist (→ § 35a Rn. 12ff.). Nach Abs. 4 S. 3 Nr. 3 sind auch sonstige im Zusammenhang mit der Erfüllung der Füllstandsvorgaben relevante Informationen mitzuteilen. Dies können nach der Gesetzesbegründung u. a. die wesentlichen technischen Parameter, welche die Befüllung des Gasspeichers beeinflussen, Kennlinien und prognostizierte Füllstandsentwicklungen sein (BT-Drs. 20/1024, 22). Diese Mitteilungspflichten sollen laut dem Gesetzgeber eine fachliche und regulatorische Begleitung der Erreichung der Füllstandsvorgaben ermöglichen. Auf diese Weise könne erforderlichenfalls frühzeitig eingegriffen werden und ein Erreichen der Füllstandsvorgaben durch flankierende Maßnahmen gewährleistet werden. Die Mitteilungen dienten insbesondere der Vorbereitung von Maßnahmen zur Kapazitätsbereitstellung nach Abs. 5 (→ Rn. 27ff.) und zusätzlicher Maßnahmen des Marktgebietsverantwortlichen nach § 35c Abs. 2 (→ Rn. 18ff.) sowie von Veräußerungen (bzw. Widersprüchen hinsichtlich Veräußerungen) nach § 35d Abs. 4 (→ Rn. 29ff.) (BT-Drs. 20/1024, 22).

VI. Zurverfügungstellung nicht genutzter Kapazitäten (Abs. 5)

27 In § 35b Abs. 5 wird ein Bereitstellungsmechanismus für von Speichernutzern gebuchte, aber nicht genutzte Speicherkapazitäten eingeführt, sog. **„use it or loose it"-Mechanismus.** Der Entzugsmechanismus dient der Vermeidung von Hortung ungenutzter Speicherkapazitäten durch die Speichernutzer und soll zusammen mit den Maßnahmen des Marktgebietsverantwortlichen nach § 35c (→ § 35c Rn. 9ff., 18ff.) die Erreichung der Füllstandsvorgaben ermöglichen (BT-Drs. 20/1024, S. 22). Dem „use it or loose it"-Mechanismus liegt ein im Regulierungsrecht anerkanntes Prinzip zugrunde, welches es Regulierungsbehörden und -instanzen wie dem Marktgebietsverantwortlichen ermöglicht, ursprünglich gewährte Privilegien dem ursprünglich Begünstigten zu entziehen (vgl. zB Freigabepflicht für Transportkunden nach § 16 GasNZV; BerlKommEnergieR/*Kirschnick* GasNZV § 16 Rn. 1). Für die Bereitstellung der nicht genutzten Speicherkapazitäten ist der Speicherbetreiber zuständig. Die nicht befüllten Kapazitäten werden dem Marktgebietsverantwortlichen im erforderlichen Maße in anteiliger Höhe bis zum Ende des Speicherjahres zugeordnet. Sie können dann durch SSBO-Sonderausschreibungen (→ § 35c Rn. 24) durch die erfolgreichen Bieter mit physischem Gas befüllt werden oder aber vom Marktgebietsverantwortlichen selbst (§ 35c Rn. 25).

28 **1. Nichtnutzung gebuchter Speicherkapazitäten.** Die Grundvoraussetzung für die Aktivierung des Bereitstellungsmechanismus ist die Nichtnutzung von Speicherkapazitäten durch den Speichernutzer. Speicherkapazitäten werden in Satz 1 legaldefiniert als von einem Speichernutzer auf fester Basis gebuchte Arbeitsvolumina. Nur bei Nichtnutzung kann die Erfüllung der Füllstandsvorgaben iSv Abs. 1 S. 2 oder im Sinne der auf Grundlage von Abs. 3 erlassenen Verordnung in Gefahr sein. Eine Nichtnutzung der vom Speichernutzer beim Speicherbetreiber vertraglich gebuchten Speicherkapazitäten liegt dabei bei einer mengenmäßig unter der vertraglich vereinbarten Menge liegenden Einspeisung von Gas in den Gasspeicher vor (dh bei einer ausbleibenden Lagerung von vom Speichernutzer angeliefertem Gas im Gasspeicher). Dabei sind nach dem klaren Gesetzeswortlaut nur von den Speichernutzern auf fester Basis gebuchten Arbeitsgasvolumina relevant und Gegenstand des Bereitstellungsmechanismus. Der Bereitstellungsmechanismus des Abs. 5 erstreckt sich nicht auf die Zurverfügungstellung unterbrechbarer Kapazitäten.

2. Erkennbarkeit der technischen Nichterreichbarkeit der Füllstandsvorgaben. Damit der Bereitstellungsmechanismus des Abs. 5 eingreift, muss für den Speicherbetreiber erkennbar sein, dass die Füllstandsvorgaben nach Abs. 1 S. 2 oder, soweit eine Verordnung nach Abs. 3 erlassen wurde, die abweichenden Füllstandsvorgaben, technisch nicht erreicht werden können. Nur dann trifft den Speicherbetreiber die Pflicht Speichernutzern nicht genutzte, aber fest gebuchte Speicherkapazitäten zu entziehen und dem Marktgebietsverantwortlichen zur Verfügung zu stellen. Der doppelte zweite Verweis von § 35b Abs. 5 S. 1 auf Abs. 3 ist als ein redaktionelles Versehen ohne inhaltlichen Mehrwert einzuordnen. Entscheidend ist, dass die jeweils geltenden Füllstandsvorgaben entweder auf Grundlage von § 35b Abs. 1 S. 2 oder auf Grundlage der gem. Abs. 3 erlassenen Verordnung erkennbar technisch nicht erreicht werden. 29

a) Erkennbarkeit. Die Erkennbarkeit der technischen Nichterreichbarkeit der Füllstandsvorgaben erfordert, dass – im Einklang mit dem Zweck des GasspeicherG – unter Zugrundlegung allgemeiner Kennlinien und technischer Annahmen deutlich wird, dass eine Befüllung im vorgegebenen Ausmaß zum jeweiligen nächsten relevanten Stichtag technisch unmöglich ist (BT-Drs. 20/1024, 22). Kapazitäten dürfen also solange ungenutzt bleiben (bzw. auch das in der Gasspeicheranlage eingespeicherte Gas solange vom Speicherkunden genutzt/ausgespeichert werden), bis erkennbar wird, dass die Füllstandsvorgaben bei weiteren Ausspeicherungen technisch nicht erreicht werden können. Es muss also **konkrete Anzeichen** geben, dass die Einhaltung der Füllstandsvorgaben durch die Nichtnutzung der Kapazitäten gefährdet ist. In diesem Fall können dem Speicherkunden dann auf Basis des entsprechend angepassten Speichernutzungsvertrags Kapazitäten entzogen werden. Eine Erkennbarkeit ist daher insbesondere anhand einer Betrachtung der vorgenommenen Nominierungen (für den jeweiligen Tag) gewährleistet. In der Gesetzesbegründung wird diesbezüglich konstatiert, dass die Frage ob, die jeweils geltenden Füllstandsvorgaben erkennbar nicht erreicht werden können, regelmäßig frühestens zum 1.8. eines Kalenderjahres beantwortet werden könne (BT-Drs. 20/1024, 22; vgl. zur Nachweispflicht des § 35b Abs. 2 → Rn. 13). Ist zu diesem Zeitpunkt bereits absehbar, dass die Inhaber der Speicherkapazitäten (dh der Speichernutzer) diese nicht hinreichend ausnutzen, muss der Speicherbetreiber bereits im August eines Jahres die ungenutzten Speicherkapazitäten entziehen und dem Marktgebietsverantwortlichen zur Verfügung stellen. Nur so wird der Marktgebietsverantwortliche in der Lage versetzt, die Erfüllung der Füllstandsvorgaben durch Maßnahmen nach § 35c Abs. 2 zu gewährleisten (BT-Drs. 20/1024, 22). In besonders gelagerten Fällen, so die Gesetzesbegründung, könne die Bereitstellung von Speicherkapazitäten an den Marktgebietsverantwortlichen schon vor dem 1.8. eines Kalenderjahres erfolgen. Dafür müsse die Einspeisung von Gas bereits vor dem 1.8. erkennbar nicht mehr in dem erforderlichen Maß sichergestellt werden können (BT-Drs. 20/1024, 22). In der Praxis wird die Tatbestandsvoraussetzung der Erkennbarkeit schwierig einheitlich umsetzbar sein. Der Füllstand eines Gasspeichers kann zumindest theoretisch (von Tag zu Tag) erheblichen Schwankungen unterliegen. Nähere Kriterien hierfür müssten von den Speicherbetreibern in den Speichernutzungsverträgen etabliert werden, etwa in Form von Untergrenzen bzw. Kennlinien 30

§ 35 b Teil 3a. Füllstandsvorgaben für Gasspeicheranlagen

und Toleranzbändern (unter Rückgriff auf eine Mittelwertbildung). Eine Bereitstellung, die zu sehr auf Prognosen beruht und mithin zu einer „zu frühen" Entziehung führt, gilt es dabei zu vermeiden, um nicht über Gebühr in das Marktgeschehen einzugreifen.

31 Die Speichernutzer sollen nach Möglichkeit rechtzeitig darauf hingewiesen werden, dass die Bereitstellung von Speicherkapazitäten an den Marktgebietsverantwortlichen ansteht. Ein solcher **„Warnschuss"** ist jedoch entbehrlich, wenn die Einhaltung der Füllstände ohnehin nicht mehr möglich ist (BT-Drs. 20/1024, 22). In diesem Fall kann eine Entziehung ohne vorherigen Hinweis erfolgen.

32 **b) Technische Nichterreichbarkeit.** Das Tatbestandsmerkmal, dass die Einhaltung der Füllstandsvorgaben „technisch nicht erreicht" werden kann, lässt sich damit erklären, dass die verschiedenen Speichertypen (Kavernen- und Porenspeicher) unterschiedlich schnelle Befüllungen zulassen und damit kein einheitlicher Maßstab für die Geschwindigkeit der Befüllung gilt. Der Gesetzgeber wollte jedoch einen objektiv bestimmbaren Moment für den Bereitstellungsmechanismus einführen, der es ermöglicht das Ziel der Versorgungssicherheit des GasspeicherG und den Grundsatz des verhandelten Speicherzugangs in einen gerechten Ausgleich zu bringen. Die vertraglich ausgehandelten Speicherkapazitäten sollen nach dem Willen des Gesetzgebers einem Speichernutzer nur dann entzogen werden, wenn andernfalls die Versorgungssicherheit nicht mehr gewährleistet werden kann. Der deswegen für die Entziehung zu wählende Zeitpunkt ist der Zeitpunkt, in dem die Einhaltung der Füllstandsvorgaben noch möglich ist und damit die Versorgungssicherheit noch gewährleistet werden kann. Im Rahmen von Abs. 5 entsteht die Pflicht der Speichernutzer dem Marktgebietsverantwortlichen in dem Moment ungenutzte Speicherkapazitäten zur Verfügung zu stellen, indem sich abzeichnet, dass die Speichernutzer ihre Speicherkapazitäten nicht hinreichend nutzen (→ Rn. 30).

33 Eine weitere zeitliche Vorverlagerung des Bereitstellungsmechanismus ist bereits durch Rechtsverordnung des BMWK, in der konkretisiert wurde, wann eine Gefahr der Verfehlung der Füllvorstände anzunehmen ist, eingeführt worden (vgl. zur GasSpBefüllV, → Rn. 20 und 46). Die GasSpBefüllV bestimmt, dass eine Gefahr des Verfehlens der Füllstandsvorgaben bereits zum 1.5. und zum 1.6. eines Kalenderjahres bei besonders niedrigen Füllständen (unter 5 Prozent bzw. unter 10 Prozent, zur konkreten Regelung angenommen werden kann. Rechtsfolge dessen ist, dass gegebenenfalls schon im Mai und Juni eines Kalenderjahres Speicherkapazitäten an den Marktgebietsverantwortlichen herausgegeben werden müssen.

34 **3. Rechtzeitige und anteilige Zurverfügungstellung von Speicherkapazitäten „bis zum Ablauf des Speicherjahres".** Die Pflicht der Speicherbetreiber zur Bereitstellung von Speicherkapazitäten an den Marktgebietsverantwortlichen zulasten der Speichernutzer ist zur Wahrung des Grundsatzes der Verhältnismäßigkeit in zeitlicher Hinsicht und im Hinblick auf ihren Umfang durch das GasspeicherG begrenzt. Die Zurverfügungstellung muss erstens anteilig nach dem Maß der Nichtnutzung des Nutzers im zur Erreichung der Füllstandsvorgaben erforderlichen Umgang, zweitens rechtzeitig und drittens bis zum Ablauf des Speicherjahres erfolgen. Das Ende des Speicherjahres wird in den Verträgen der Speicherbetreiber jeweils als 1.4., 6 Uhr definiert.

35 **a) Anteilige Zurverfügungstellung von Speicherkapazitäten im erforderlichen Umgang.** Abs. 5 bestimmt, dass der Speicherbetreiber nur berechtigt ist, den anteilig nach dem Maß der Nichtnutzung des Speichernutzers und zur Er-

Füllstandsvorgaben; Bereitstellung ungenutzter Speicherkapazitäten **§ 35 b**

reichung der bestehenden Füllstandsvorgaben erforderlichen Anteil der Speicherkapazitäten zu entziehen und dem Marktgebietsverantwortlichen zur Verfügung zu stellen. Es können folglich nicht alle ungenutzten Speicherkapazitäten pauschal entzogen werden, sondern nur in dem jeweils zur Erreichung der Füllstände erforderlichen Maße. Das bedeutet, dass selbst einem Nutzer, der einen erheblichen Teil seiner Kapazität nicht nutzt, diese nur insoweit entzogen werden dürfen, wie es zur Erreichung der Füllstandsvorgaben erforderlich ist. Der Füllstand eines Gasspeichers von einzelnen Speichernutzern ist mithin nicht hinsichtlich der gesamten Kapazität der Gasspeicheranlage auf den jeweils zum Stichtag in § 35b Abs. 1 nF geforderten Füllstand zu bringen. Vielmehr muss der einzelne Gasspeichernutzer nur entsprechend seines Anteils an den Kapazitäten des gesamten Gasspeichers den Gasspeicher (auf Basis der entsprechenden vertraglichen Regelungen) befüllen. Dass jeder Speichernutzer nur „nach seinem Anteil" herangezogen werden kann, ist Folge des § 28, welcher hier auch im Rahmen der Vertragsgestaltung zu berücksichtigen sein wird. Nach § 28 haben Betreiber von Gasspeicheranlagen anderen Unternehmen den Zugang zu ihren Gasspeicheranlagen und Hilfsdiensten zu angemessenen und diskriminierungsfreien technischen und wirtschaftlichen Bedingungen zu gewähren. Es wäre nicht angemessen im Sinne dieser Norm, wenn im Verhältnis von mehreren Speichernutzern untereinander dem einen Speichernutzer zu Gunsten eines anderen Speichernutzers Speicherkapazitäten entzogen werden würden. Jeder Speichernutzer „haftet" diskriminierungsfrei nur entsprechend des Anteils seiner Fehlmenge.

b) Rechtzeitige Zurverfügungstellung. In zeitlicher Hinsicht beschränkt 36
Abs. 5 den Bereitstellungsmechanismus zum einen dadurch, dass die Bereitstellung der Kapazitäten rechtzeitig, dh mindestens vor Eintritt der Unmöglichkeit der Einhaltung der Füllstandsvorgaben nach Abs. 1 S. 2 oder auf Grundlage der Vorgaben der gem. Abs. 3 erlassenen Verordnung, zu erfolgen hat und zum anderen dadurch, dass der Bereitstellungsmechanismus durch den Ablauf des Speicherjahres begrenzt wird (→ Rn. 37). Das Erfordernis der Rechtzeitigkeit ermöglicht die kurzfristige Einspeicherung von Gas zur Erreichung der Füllstandsvorgaben. Eine rechtzeitige Zurverfügungstellung ist dann gegeben, wenn eine Bereitstellung unmittelbar nach der Feststellung der Nichterreichbarkeit (durch mangelnde (Re-)Nominierungen) erfolgt. Der Speicherbetreiber muss unverzüglich tätig werden.

c) Zurverfügungstellung bis zum Ablauf des Speicherjahres. Die Zurver- 37
fügungstellung nicht genutzter Kapazitäten ist zeitlich begrenzt und erfolgt nach dem Wortlaut der Regelung nur bis zum Ende des Speicherjahres, dh bis 1.4., 6 Uhr. Im Gesetz wird nicht näher geregelt, wie zum Ende des Speicherjahres mit den zur Verfügung gestellten Kapazitäten zu verfahren ist. Insofern sind die vertraglichen Regelungen iSd § 35b Abs. 6 zur Möglichkeit der Kapazitätsentziehung (→ Rn. 38) im jeweiligen Speichernutzungsvertrag maßgeblich. Dort kann geregelt werden, ob etwa während der Dauer der Entziehung die Leistungspflicht des Speicherbetreibers zur Bereitstellung von Kapazitäten nur ruht und der Speichernutzer nach Ende des Speicherjahres seine Kapazitäten zurückerhält oder ob der Vertrag hinsichtlich der entzogenen Kapazitäten endet und nach Ende des Speicherjahres eine freie Vermarktung der entzogenen Kapazitäten an den Markt durch den Marktgebietsverantwortlichen erfolgen kann. Die öffentlich abrufbaren AGB der Speicherbetreiber, die bereits nach Inkrafttreten des GasspeicherG aktualisiert wurden, räumen dem Speicherbetreiber zwar die Möglichkeit der Entziehung ein, enthalten derartige Regelungen zum Vorgehen am Ende des Speicherjahres allerdings nicht.

§ 35 b Teil 3 a. Füllstandsvorgaben für Gasspeicheranlagen

Ausweislich der Gesetzesbegründung gehen am Ende des Speicherjahres die entzogenen Kapazitäten wieder auf den Speicherbetreiber über (Rückgabeverpflichtung), der dann sicherstellen soll, dass die Speicherkapazitäten „dem jeweils Berechtigten" zur Verfügung gestellt werden (BT-Drs. 20/1024, 22). Ein solcher Berechtigter soll zB dann ein neuer Gasspeichernutzer sein, der diese Kapazitäten kontrahiert hat. Es scheint insofern vom Gesetzgeber nicht ausdrücklich gewollt, dass die Kapazitäten an denjenigen Speichernutzer zurückerstattet werden, dem sie entzogen wurden. Dies wäre indes naheliegender vor dem Hintergrund, dass der Speichernutzer während der Entziehung zur Zahlung der Entgelte für die Kapazitäten verpflichtet bleibt (→ Rn. 41 f.). Zur Vermeidung eines Diskriminierungsvorwurfs könnte sich auch die Vereinbarung eines Wahlrechts für den Speichernutzer anbieten.

VII. Vertragsanpassung zur Umsetzung des Bereitstellungsmechanismus (Abs. 6)

38 Abs. 6 normiert unter Beachtung des Grundsatzes des verhandelten Speicherzugangs die Umsetzung des Bereitstellungsmechanismus gem. Abs. 5. Insoweit verpflichtet § 35b Abs. 6 S. 1 liegen vor, den Speicherbetreiber, die Modalitäten der Bereitstellung an den Marktgebietsverantwortlichen mit den Speichernutzern durch vertragliche Bestimmungen zu regeln. Daneben normiert § 35b Abs. 6 S. 2 die Pflicht zur Bezahlung der relevanten Entgelte seitens des ursprünglichen Speichernutzers auch für den Fall, dass der Speicherbetreiber die Speicherkapazitäten dem Marktgebietsverantwortlichen im Rahmen des Bereitstellungsmechanismus zur Verfügung stellt. Beide Instrumente des Abs. 6 bezwecken, einen Anreiz zur Nutzung der gebuchten Speicherkapazitäten zu setzen (BT-Drs. 20/1024, 22 f.).

39 Der Anwendungsbereich von Abs. 6 wird durch die Übergangsregelung des § 118 Abs. 36 (→ § 118 Rn. 23 ff.) in Bezug auf Altverträge eingeschränkt. Auf Verträge zwischen Speicherbetreibern und -nutzern, die vor dem 30.4.2022 geschlossen wurden, ist Abs. 6 insofern erst nach dem 14.7.2022 anwendbar. In § 118 Abs. 36 ist auch ein Sonderkündigungsrecht des Speicherbetreibers vorgesehen (→ § 118 Rn. 24).

40 **1. Pflicht zur Vertragsanpassung.** Die Rechtspflicht zur Anpassung von Speichernutzungsverträgen gem. § 35b Abs. 6 S. 1 erfordert die Ergänzung von Speichernutzungsverträgen um solche vertraglichen Bestimmungen, die die Bereitstellung ungenutzter Speicherkapazitäten ermöglichen. Die grundsätzliche Möglichkeit sowie die Modalitäten der Bereitstellung hat der Speicherbetreiber gegenüber dem Nutzer der Gasspeicheranlage im Vertrag über die Nutzung vertraglich festzuhalten. Dadurch soll verhindert werden, dass die Umsetzung des Bereitstellungsmechanismus an individuellen vertraglichen Regelungen (oder dem Fehlen solcher Regelungen) scheitert. Das Ziel der Vertragsanpassungspflicht ist die Gewährleistung der effektiven Versorgungssicherheit im Anwendungsbereich des GasspeicherG. Insbesondere soll es dem Speicherbetreiber so ermöglicht werden, seine Verpflichtungen aus § 35b Abs. 1 S. 2 (Einhaltung der Füllstandsvorgaben) zu erfüllen. Die Pflicht zur entsprechenden Vertragsgestaltung trifft die Speicherbetreiber über den gesamten Zeitraum der Geltung des GasspeicherG. Die Anpassung kann entweder durch Änderung der allgemeinen Geschäftsbedingungen des Speicherbetreibers erfolgen oder durch Anpassung der Speichernutzungsverträge selbst.

41 **2. Fortbestehen der Zahlungsverpflichtung.** Die Inhaber ungenutzter und entzogener Speicherkapazitäten sind gem. § 35b Abs. 6 S. 2 verpflichtet, trotz Entzugs der Nutzungsmöglichkeit die Entgelte für die Speichernutzung zu zahlen. Davon ausgenommen sind nur die variablen Speicherentgelte, die für die Ein- und Ausspeisung anfallen. Diese können beim Marktgebietsverantwortlichen geltend gemacht werden. Dies hat der Gesetzgeber im Rahmen des Gesetzgebungsverfahrens klargestellt. Dies erscheint unter dem Aspekt des Verursacherprinzips auch geboten, da die variablen Speicherentgelte, die bei der Ein- und Ausspeisung von Gas seitens des Marktgebietsverantwortlichen anfallen können, durch den Speichernutzer nach Entzug der Speicherkapazitäten nicht mehr beeinflussbar sind (BT-Drs. 20/1144, 16). Anders als die Pflicht zur Vertragsanpassung gem. § 35b Abs. 6 S. 1 dient Abs. 6 S. 2 nicht unmittelbar der Umsetzung des Bereitstellungsmechanismus, sondern schafft für die Speichernutzer vielmehr einen Anreiz ihre gebuchten Speicherkapazitäten tatsächlich zu nutzen und verhindert so, dass eine Situation, die zum Entzug gebuchter Speicherkapazitäten berechtigt, entsteht. Auch § 35b Abs. 6 S. 2 dient insoweit der Sicherstellung, dass die Füllstandsvorgaben von Abs. 1 bzw. die durch Verordnung modifizierten Füllstandsvorgaben umgesetzt werden. Auch diese (fortbestehende) Zahlungspflicht ergibt sich dabei nicht direkt aus dem GasspeicherG, sondern erst aus dem jeweiligen Speichernutzungsvertrag. Der Speichernutzer kann dieser Pflicht zur Zahlung für nicht (mehr) nutzbare Kapazitäten somit (nur) entgehen, wenn er seine Kapazitäten selbst nutzt oder auf den Abschluss eines solchen Vertrags ganz verzichtet; in Altverträgen bestand die Möglichkeit, der entsprechenden Vertragsänderung durch Verweigerung der Zustimmung zur Aufnahme von Bestimmungen nach § 35b Abs. 6 zu entgehen (→ § 118 Rn. 23).

Um eine Umgehung des Fortbestehens der Zahlungspflicht zu verhindern, bestimmt § 35b Abs. 6 S. 3 die Unwirksamkeit individual vertraglicher Regelungen, die ein Fortbestehen der Zahlungsverpflichtung ausschließen. Es handelt sich dabei um eine Klarstellung, dass es sich insofern nicht um eine dispositive Regelung handelt. **42**

3. Nachweispflicht (Abs. 6 S. 4). § 35b Abs. 6 S. 4 bestimmt neben Abs. 4 **43** (→ Rn. 23 ff.) weitere Nachweispflichten, die der Speicherbetreiber nach Aufforderung durch die BNetzA zu erfüllen hat. Insoweit kann die BNetzA zur Überwachung des Bereitstellungsmechanismus gem. Abs. 5 von den Speicherbetreibern den Nachweis verlangen, dass die Umsetzung der Verpflichtung nach Abs. 5 gesichert ist. D. h. die Speicherbetreiber haben der BNetzA dann insbesondere darzulegen, dass sie der Vertragsanpassungspflicht gem. § 35b Abs. 6 S. 1 in Bezug auf die von ihnen abgeschlossenen Verträgen nachgekommen sind bzw. Speichernutzungsverträge mit Speichernutzern, die einer Vertragsanpassung nicht zustimmen, gekündigt wurden. Die Rechtspflicht zur Kündigung solcher Verträge wurde durch § 118 Abs. 36 S. 2 für die Speicherbetreiber geschaffen (§ 118 Abs. 36, → § 118 Rn. 25).

VIII. Verordnungsermächtigung zu Bereitstellungsmechanismus (Abs. 7)

§ 35b Abs. 7 enthält eine Verordnungsermächtigung zugunsten des BMWK, **44** wobei keine Zustimmung des Bundesrats erforderlich ist.

1. Mögliche Ministerialverordnung. Die Regelung ermöglicht den Erlass **45** einer Rechtsverordnung durch das BMWK, in der ein von § 35b Abs. 5 und 6 abweichendes Verfahren über die Zurverfügungstellung ungenutzter Speicherkapazitäten an den Marktgebietsverantwortlichen geregelt wird. Unter der Voraussetzung,

§ 35b

dass eine solches abweichendes Verfahren zur Gewährleistung der Versorgungssicherheit erforderlich ist und damit dem Sinn und Zweck des GasspeicherG entspricht, kann das BMWK insofern eine Anpassung des gesetzlich vorgesehenen Bereitstellungsmechanismus per Verordnung vornehmen. In der Verordnung kann das „Wie" der Nutzung der von den Speichernutzern zwar gebuchten, aber nicht genutzten Speicherkapazitäten gesondert ausgestaltet werden (BT-Drs. 20/1024, 2). Nach § 35b Abs. 7 S. 2 kann im Rahmen einer solchen Rechtsverordnung – unter Berücksichtigung der technischen und wirtschaftlichen Rahmenbedingungen – unter anderem insbesondere geregelt werden, ob die vom Speichernutzer ungenutzten Kapazitäten als unterbrechbare Kapazität durch den Marktgebietsverantwortlichen genutzt werden dürfen. Unterbrechbare Kapazitäten ermöglichen, dass der Netzbetreiber die Nutzung der Kapazitäten unterbrechen kann und ermöglicht so ein hohes Maß an Flexibilität.

46   **2. GasSpBefüllV.** Am 2.6.2022 ist die auf Grund der Verordnungsermächtigung in § 35b Abs. 3 und 7 erlassene sog. GasSpBefüllV in Kraft getreten. Konkreter Anlass war der akute Handlungsbedarf, der aufgrund des historisch niedrigen Füllstands in Deutschlands größtem Gasspeicher in Rehden gesehen wurde. Dieser stand zu diesem Zeitpunkt über die Gazprom Germania GmbH unter der Treuhandverwaltung der BNetzA, jedoch verfügte die Gazprom Export GmbH, welche nicht von der Treuhänderschaft umfasst ist, über vertraglich vereinbarte, aber ungenutzte Speicherkapazitäten (*Ludwigs* NVwZ 2022, 1086 (1089)). Die GasSpBefüllV regelt die Zurverfügungstellung der ungenutzten Speicherkapazitäten als unterbrechbare Kapazität (§ 3 GasSpBefüllV), wenn die Gefahr des Verfehlens der Füllstandsvorgaben nach § 35b Abs. 1 S. 2 besteht. Sie konkretisiert darüber hinaus in § 2 GasSpBefüllV das Verfahren zur Bestimmung des Vorliegens einer solchen Gefahr um weitere Referenzzeitpunkte. Zweck der Verordnung ist es die Speicherbetreiber, deren Speicher einen besonders niedrigen Füllstand aufweisen, zu verpflichten ungenutzte Kapazitäten noch früher als auf Grundlage des GasspeicherG dem Marktgebietsverantwortlichen zur Verfügung zu stellen, sodass eine rechtzeitige Befüllung der Speicher zur Erreichung der Füllstandsvorgaben erfolgen kann. Die GasSpBefüllV stellt insofern keine Abänderung, sondern eine Ergänzung der gesetzlichen Vorgaben zur Bereitstellung ungenutzter Kapazitäten nach § 35b Abs. 5 dar.

47   Wie die Zurverfügungstellung zu erfolgen hat, bestimmt § 3 GasSpBefüllV. Die ungenutzten Speicherkapazitäten sind vom Speicherbetreiber unverzüglich nach Ablauf des in § 2 GasSpBefüllV genannten Zeitpunkts dem Marktgebietsverantwortlichen als unterbrechbare Kapazität zu angemessenen wirtschaftlichen Bedingungen zur Verfügung zu stellen, wobei davon auch die Einspeicherleistung in der maximal verfügbaren Höhe umfasst ist.

48   Auf Basis der GasSpBefüllV wurde bereits neben dem Gasspeicher in Rehden auch mit der Befüllung des Speichers Wolfersberg in Bayern begonnen. Dieser wies am 2.6.2022 einen Füllstand von unter 10 Prozent auf, woraufhin auf Grundlage der GasSpBefüllV die Speicherkapazitäten der THE zur Verfügung gestellt worden sind.

49   Die Geltung der GasSpBefüllV ist zeitlich befristet. Sie tritt gem. § 4 GasSpBefüllV – wie auch das GasspeicherG selbst und die GasSpFüllstV – am 31.3.2025 außer Kraft.

§ 35 c Ausschreibung von strategischen Optionen zur Vorhaltung von Gas; ergänzende Maßnahmen zur Gewährleistung der Versorgungssicherheit

(1) Zur Gewährleistung der Versorgungssicherheit hat der Marktgebietsverantwortliche nach Zustimmung des Bundesministeriums für Wirtschaft und Klimaschutz im Einvernehmen mit der Bundesnetzagentur in marktbasierten, transparenten und nichtdiskriminierenden öffentlichen Ausschreibungsverfahren strategische Optionen zur Vorhaltung von Gas (Gas-Optionen) in angemessenem Umfang zur Gewährleistung der Erreichung der Füllstände nach § 35b zu beschaffen.

(2) [1]Sollten Maßnahmen nach Absatz 1 sowie Einspeicherungen der Nutzer einer Gasspeicheranlage zur Erreichung der Füllstände nach § 35b Absatz 1 sowie Absatz 3 nicht ausreichen, so ergreift der Marktgebietsverantwortliche nach Zustimmung des Bundesministeriums für Wirtschaft und Klimaschutz im Einvernehmen mit der Bundesnetzagentur in dem zur Erreichung der Füllstandsvorgaben erforderlichen Umfang zusätzliche Maßnahmen. [2]Diese umfassen die zusätzliche, auch kurzfristige Ausschreibung von Gas-Optionen für die nach § 35b Absatz 5 zur Verfügung gestellten Kapazitäten in einem marktbasierten, transparenten und nichtdiskriminierenden öffentlichen Ausschreibungsverfahren sowie den Erwerb physischen Gases und dessen Einspeicherung. [3]Sofern die nach § 35b Absatz 5 zur Verfügung gestellten Kapazitäten hierzu nicht ausreichen, kann der Marktgebietsverantwortliche die benötigten Speicherkapazitäten buchen, wobei als Speicherentgelt hierfür das durchschnittlich kostengünstigste Speicherentgelt der letzten drei Speicherjahre für die jeweilige Gasspeicheranlage zu Grunde gelegt wird.

Übersicht

	Rn.
A. Allgemeines	1
I. Inhalt	1
1. Stufensystem für die Speicherbefüllung	2
2. SSBOs	3
II. Zweck	8
B. Einzelerläuterungen	9
I. Reguläre Ausschreibungen von SSBOs (Abs. 1)	9
1. Marktgebietsverantwortlicher zur Durchführung verpflichtet	10
2. Anforderungen an die Ausschreibungen	11
3. Bereits erfolgte Ausschreibungen	17
II. Ergänzende Maßnahmen zur Gewährleistung der Versorgungssicherheit (Abs. 2)	18
1. Verpflichtung des Marktgebietsverantwortlichen zur Ergreifung zusätzlicher Maßnahmen (Abs. 2 S. 1)	19
2. Sonderausschreibungen für die nach Abs. 5 zur Verfügung gestellten Kapazitäten (Abs. 2 S. 2 Alt. 1)	25
3. Erwerb von physischem Gas durch den Marktgebietsverantwortlichen selbst (Abs. 2 S. 2 Alt. 2)	26

	Rn.
4. Buchung von Speicherkapazität durch den Marktgebietsverantwortlichen (Abs. 2 S. 3)	27

Literatur: Vgl. die Hinweise zu Vor §§ 35a ff.

A. Allgemeines

I. Inhalt

1 § 35c regelt Maßnahmen des Marktgebietsverantwortlichen zur Speicherbefüllung, die neben die rein marktbasierte Befüllung treten. § 35c basiert darauf, dass die Befüllung der Speicher nach dem System des GasspeicherG in drei Stufen erfolgt (zum Stufensystem → Rn. 2ff.). § 35c enthält Regelungen zu allen drei Stufen und definiert insbesondere die Rolle des Marktgebietsverantwortlichen bei der Speicherbefüllung auf der jeweiligen Stufe (Stufe 1 in Abs. 1, Stufe 2 und 3 in Abs. 2).

2 **1. Stufensystem für die Speicherbefüllung.** Die Befüllung der Speicher nach dem System des GasspeicherG erfolgt in drei Stufen. Zentrales Instrument dieses Stufensystems sind dabei vom Marktgebietsverantwortlichen durchzuführende Ausschreibungsverfahren für strategische Optionen zur Vorhaltung von Gas, in Abs. 1 legaldefiniert als „Gas-Optionen". In der Praxis wird (insbesondere durch THE) die Bezeichnung Strategic Storage Based Options (SSBOs) für diese Gas-Optionen genutzt. Diese Begrifflichkeit wird auch in der Gesetzesbegründung verwendet.

3 **2. SSBOs.** SSBOs sind marktbasierte Instrumente, die vom Marktgebietsverantwortlichen ausgeschrieben werden, der dann auch die Zuschläge verteilt. Der Marktgebietsverantwortliche kontrahiert insofern SSBO-Produkte von den an den Ausschreibungsverfahren teilnehmenden Bilanzkreisverantwortlichen des deutschen Marktgebiets, welche hierfür Angebote abgeben. Die bezuschlagten Bilanzkreisverantwortlichen (günstigstes Angebot) stellen dann bestimmte Speichermengen bereit, bevorraten diese physisch in einem bestimmten Gasspeicher und erfüllen im Falle eines Abrufs durch den Marktgebietsverantwortlichen deren Ausspeicherung, dh THE erhält Zugriff auf einen Teil dieser Gasmengen. Die SSBOs dienen der Gewährleistung der Versorgungssicherheit. Hierzu soll ein angemessener Prozentsatz des gesamten Arbeitsgasvolumens in deutschen Gasspeichern ausgeschrieben werden, wobei sich die konkrete Ausschreibungshöhe insbesondere nach den Speicherfüllständen zum Zeitpunkt der Ausschreibung wie auch dem prognostizierten Sommer-Winter-Spread des Gaspreises im Marktgebiet THE bezogen auf den relevanten Leistungszeitraum richtet (BT-Drs. 20/1024, 23).

4 **a) Stufe 1.** Auf Stufe 1 erfolgt die Befüllung durch die Marktteilnehmer durch marktgerichtetes Agieren (also durch Nutzung der von ihnen gebuchten Speicherkapazitäten), begleitet von regulären Ausschreibungen der SSBOs durch den Marktgebietsverantwortlichen nach § 35c Abs. 1. Dabei sollen die Ausschreibungen einen zusätzlichen Anreiz zur frühzeitigen und ausreichenden Speicherbefüllung durch die Marktteilnehmer schaffen (BT-Drs. 20/1024, 23). Zum Ausschreibungsverfahren → Rn. 9ff.

Ausschreibung von strategischen Optionen zur Vorhaltung von Gas § 35 c

b) Stufe 2. Auf Stufe 2 werden zusätzliche Maßnahmen durch den Marktgebietsverantwortlichen ergriffen, insbesondere Sonderausschreibungen von SSBOs durchgeführt, um sich abzuzeichnende Differenzen zwischen den Füllstandsvorgaben und den tatsächlichen Füllstände zu schließen. Zu diesen zusätzlichen Maßnahmen des Marktgebietsverantwortlichen → Rn. 18 ff.

c) Stufe 3. Auf Stufe 3 kann der Marktgebietsverantwortliche selbst physisches Gas und Speicherkapazitäten erwerben sowie Gas einspeichern. Zur Möglichkeit des Erwerbs physischen Gases durch den Marktgebietsverantwortlichen → Rn. 25.

d) Keine starre Reihenfolge der Stufen. Die Norm ist so ausgestaltet, dass es sich bei dem geschilderten Stufensystem nicht um eine fest einzuhaltende Reihenfolge handelt. Auch ausweislich der Gesetzesbegründung handelt es sich nicht um eine starr zu befolgende Maßnahmenkaskade, sondern es sind Kombinationen oder ein Überspringen von Schritten möglich (BT-Drs. 20/1024, 23). Zu den verbleibenden Spielräumen bei der Wahl der Maßnahmen → Rn. 22.

II. Zweck

Ziel der Norm ist die Schaffung eines flexiblen Systems zur Gewährleistung der Versorgungssicherheit durch Erreichung der Füllstandsvorgaben. Hierzu werden die Rolle des Marktgebietsverantwortlichen und seine Pflichten und Möglichkeiten in § 35 c näher ausgestaltet.

B. Einzelerläuterungen

I. Reguläre Ausschreibungen von SSBOs (Abs. 1)

Nach § 35 c Abs. 1 hat der Marktgebietsverantwortliche (auf Stufe 1) nach der Zustimmung des BMWK und im Einvernehmen mit der BNetzA zur Gewährleistung der Versorgungssicherheit in marktbasierten, transparenten und nichtdiskriminierenden öffentlichen Ausschreibungsverfahren strategische Optionen zur Vorhaltung von Gas in angemessenem Umfang der Gewährleistung der Erreichung der Füllstände nach § 35 b zu beschaffen. Gashändler können freigewordene Bezugsmengen aus ihren Lieferverträgen für das Angebot von SSBOs einsetzen.

1. Marktgebietsverantwortlicher zur Durchführung verpflichtet. Der Marktgebietsverantwortliche hat (nach erteilter behördlicher Zustimmung) die regulären Ausschreibungen der strategischen Optionen durchzuführen, ihm steht insofern kein Ermessensspielraum hinsichtlich des „Ob" der Ausschreibung zu (BT-Drs. 20/1144, 16). Hinsichtlich des „angemessenen Umfangs" der Ausschreibungen, also hinsichtlich des „Wie" der Ausschreibungen, steht dem Marktgebietsverantwortlichen allerdings ein Spielraum zu.

2. Anforderungen an die Ausschreibungen. § 35 c Abs. 1 regelt die Durchführung der regulären Ausschreibungsverfahren für SSBOs.

a) Zustimmung BMWK im Einvernehmen der BNetzA. Die Durchführung der (verpflichtenden) Ausschreibungen ist nur nach Zustimmung des BMWK im Einvernehmen mit der BNetzA möglich. Sinn und Zweck der Einbindung dieser Stellen ist die Gewährleistung einer hinreichenden behördlichen Kontrolle des Handelns des Marktgebietsverantwortlichen. Die BNetzA soll eine zentrale Rolle

§ 35 c Teil 3a. Füllstandsvorgaben für Gasspeicheranlagen

einnehmen, damit sichergestellt ist, dass alle relevanten Aspekte betrachtet werden. Wie beim gemeindlichen Einvernehmen nach § 36 BauGB stellt auch die hier gesetzlich vorgesehene Mitwirkungshandlung der BNetzA einen rein verwaltungsinternen Vorgang dar, der mangels Außenwirkung kein Verwaltungsakt (gegenüber dem Marktgebietsverantwortlichen) ist.

13 Nach der Gesetzesbegründung muss der Marktgebietsverantwortliche zur Erlangung der Zustimmung insbesondere den Bedarf für die Ausschreibung, den Zeitpunkt, die Bezuschlagungskriterien sowie eine Produktbeschreibung der SSBO und die Einzelheiten der Beschaffung sowie Maßnahmen zur Kontrolle und Sicherstellung der Verfügbarkeit der bezuschlagten Mengen darlegen (BT-Drs. 20/1024, 23f.). THE stellt auf seiner Website (abrufbar unter www.tradinghub.eu/Download/Downloadcenter-THE/VertragsbedingungenSSBO-Anbieter) zahlreiche Unterlagen zu den SSBO-Ausschreibungen zur Verfügung. So finden sich dort SSBO-Präqualifikationsregeln für die Teilnahme an Ausschreibungen und die Nutzung der Ausschreibungsplattform, SSBO-Geschäftsbedingungen, ein Hinweis zur Logik des Preismodells für Abrufoptionen sowie eine Liste der für die Ausschreibungen relevanten Gasspeicher (SSBO-Speicherliste).

14 **b) Transparentes, nichtdiskriminierendes, öffentliches Ausschreibungsverfahren.** Die Ausschreibungsverfahren müssen in nichtdiskriminierender, transparenter und öffentlicher Weise erfolgen, denn es handelt sich um ein marktbasiertes, dh wettbewerbsrelevantes Instrument. Zudem agiert THE als „verlängerter Arm" der Fernleitungsnetzbetreiber, bei denen es sich um natürliche Monopolisten handelt, woraus sich ebenfalls die der Netzregulierung zugrunde liegende Pflicht zu transparentem und diskriminierungsfreiem Handeln ergibt.

15 Dieselben Anforderungen werden etwa auch die Beschaffung von Ab- und Zuschaltleistungen in § 13 Abs. 6 S. 1 sowie von Regelenergie in § 22 Abs. 2 durch die Betreiber von Übertragungsnetzen in § 13 Abs. 6 S. 1 gestellt. Dabei ist ein Beschaffungsverfahren als transparent anzusehen, wenn jeder potenzielle Anbieter in zumutbarer Weise von der Durchführung der Beschaffung und den (Rahmen-) Bedingungen Kenntnis nehmen kann (BerlKommEnergieR/Kroneberg/Berg, 4. Aufl. 2017, § 22 Rn. 13). Das Diskriminierungsverbot bedeutet, dass die Angebote anderer Unternehmen nicht ohne sachlichen Grund ausgeschlagen werden dürfen (→ 3. Aufl., § 22 Rn. 6). Bei der konkreten Ausgestaltung des Ausschreibeverfahrens der SSBOs ist insbesondere das Ziel der Versorgungssicherheit hinreichend zu berücksichtigen. Aufgrund dessen dürfen SSBOs ausschließlich an Speicheranschlusspunkten ausgeschrieben werden. Die Kosten der SSBOs setzen sich aus dem Leistungspreis und dem Arbeitspreis zusammen (BT-Drs. 20/1024, 23).

16 Die Erfüllung dieser Voraussetzungen hat der Marktgebietsverantwortliche durch entsprechende Erarbeitung und Ausgestaltung eines fairen Ausschreibungsverfahrens zu gewährleisten. Insofern hat er insbesondere die maßgeblichen Parameter des Ausschreibungsverfahrens vorab zu veröffentlichen, Bedarfe und Produktbeschreibungen zur Verfügung zu stellen und die Ausschreibungsergebnisse sowie Kosten zu veröffentlichen (BT-Drs. 20/1024, 24).

17 **3. Bereits erfolgte Ausschreibungen.** Die ersten beiden regulären Ausschreibungen durch die Marktgebietsverantwortlichen THE iSd § 35c Abs. 1 sind bereits abgeschlossen. Bislang (Stand 23.8.2022) erfolgten im Mai und Juni 2022 zwei SSBO-Ausschreibungen auf der Stufe 1 mit einer jeweils zweistelligen Anzahl an Bietern. (Pressemitteilung der THE v. 24.5.2022 und 14.6.2022, abrufbar auf der Website der THE im Downloadcenter). Es wurden insgesamt 84 TWh Gas

(48 TWh bei der 1. Ausschreibung und 36 TWh in der 2. Ausschreibung) von THE kontrahiert.

II. Ergänzende Maßnahmen zur Gewährleistung der Versorgungssicherheit (Abs. 2)

Sofern weder die Einspeicherungen der Speichernutzer sowie die regulären 18 SSBO-Ausschreibungen nach § 35c Abs. 1 zur Erreichung der Füllstände nach § 35b ausreichen, hat der Marktgebietsverantwortliche nach § 35c Abs. 2 zusätzliche Maßnahmen zu ergreifen, insbesondere nach § 35c Abs. 2 S. 2 Alt. 1 zusätzliche SSBO-Sonderausschreibungen durchzuführen (Stufe 2). Er kann gem. § 35c Abs. 2 S. 2 Alt. 2 auch selbst physisches Gas kaufen und einspeichern (Stufe 3).

1. Verpflichtung des Marktgebietsverantwortlichen zur Ergreifung zu- 19 **sätzlicher Maßnahmen (Abs. 2 S. 1).** Der Marktgebietsverantwortliche hat nach behördlicher Zustimmung zusätzliche Maßnahmen zu ergreifen, wenn die Einspeicherungen der Speichernutzer sowie die Maßnahmen nach Abs. 1 zur Erreichung der relevanten Füllstandsvorgaben (→ § 35b Rn. 10ff.) nicht ausreicht.

a) Voraussetzungen für zusätzliche Maßnahmen. Die Ergreifung zusät- 20 zlicher Maßnahmen iSd Abs. 2 setzt zum einen das Nichtausreichen der marktbasierten Befüllung sowie der Maßnahmen nach Abs. 1 zur Erreichung der Füllstände voraus, zum anderen die Zustimmung des BMWK im Einvernehmen mit der BNetzA.

aa) Erforderlichkeit zusätzlicher Maßnahmen. Voraussetzung für die Vor- 21 nahme zusätzlicher Maßnahmen ist, dass die regulären Ausschreibungen von SSBOs auf Stufe 1 sowie die Einspeicherungen der Nutzer einer Gasspeicheranlage nicht das Volumen aufweisen, welches zur Erreichung der sich aus § 35b Abs. 1 und 3 (dh aus vom BMWK erlassenen Rechtsverordnungen) ergebenden Füllstandsvorgaben erforderlich ist, also auch im Zusammenspiel nicht ausreichen. Die Maßnahmen nach Abs. 2 dienen insofern zur Schließung der jeweiligen Füllstandslücken (BT-Drs. 20/1024, 23).

bb) Zustimmung seitens BMWK und BNetzA. Auch die Durchführung 22 von zusätzlichen Maßnahmen nach Abs. 2 S. 1 und 2 bedürfen der Zustimmung des BMWK im Einvernehmen mit der BNetzA. Zu den Anforderungen und zum Sinn und Zweck des Zustimmungserfordernisses (→ Rn. 12f.).

b) Rechtsfolge. Wenn diese Voraussetzung erfüllt ist, steht dem Marktgebiets- 23 verantwortlichen kein Ermessensspielraum hinsichtlich des „Ob" der Ergreifung ergänzender Maßnahmen zu. Er „hat" diese dann zu ergreifen. Hinsichtlich des Umfangs der Maßnahmen ist dem Marktgebietsverantwortlichen hingegen ein Ermessensspielraum eröffnet. Die Maßnahmen müssen dabei immer die Einzelfallumstände berücksichtigen und sind an der Erforderlichkeit zur Erreichung der maßgeblichen Füllstandsvorgaben zu messen.

c) Mögliche Konstellationen. In der Gesetzesbegründung wird ausdrücklich 24 die Situation als einschlägig beschrieben, dass Speichernutzer nur in geringerem Umfang Speicherkapazitäten buchen oder gebucht haben als zur Erreichung der Füllstandsvorgaben erforderlich ist. In dieser Konstellation könne der Marktgebietsverantwortliche dann selbst entsprechende Speicherkapazitäten bei Speicherbetreibern buchen, wobei § 28 (→ § 28 Rn. 4ff.) entsprechend gelte. Sowohl die vom

Marktgebietsverantwortlichen auf diese Weise selbst gebuchten als auch die ihm über den Bereitstellungsmechanismus des § 35 Abs. 5 von den Speicherbetreibern zur Verfügung gestellten Speicherkapazitäten könne der Marktgebietsverantwortliche dann dem erfolgreichen Bieter bei SSBO-Sonderausschreibungen zur Verfügung stellen. Alternativ könne er auf Basis des § 35c Abs. 2 die Kapazitäten selbst durch den Erwerb von physischem Gas nutzen (BT-Drs. 20/1144, 24).

25 **2. Sonderausschreibungen für die nach Abs. 5 zur Verfügung gestellten Kapazitäten (Abs. 2 S. 2 Alt. 1).** In Sonderausschreibungen von SSBOs nach § 35c Abs. 2 S. 2 Alt. 1 können durch den Marktgebietsverantwortlichen Gas-Optionen für die nach Abs. 5 zur Verfügung gestellten Kapazitäten ausgeschrieben werden. Diese Sonderausschreibungen dienen dazu, sich abzeichnende Differenzen zwischen Füllstandsvorgaben und tatsächlichen Füllständen auszugleichen (BT-Drs. 20/1024, 23). Es handelt sich neben den regulären Ausschreibungen nach Abs. 1 um weitere, auch kurzfristige Ausschreibungen von Gas-Optionen. Die Verfahren bei Sonderausschreibungen haben dieselben Anforderungen wie die regulären Ausschreibungsverfahren zu erfüllen. Sie sind in marktbasierter, transparenter und nichtdiskriminierender Weise durchzuführen (→ Rn. 14 ff.). Bislang (Stand 12.8.2022) wurden noch keine Sonderausschreibungen durch THE durchgeführt. Aufgrund der vollständigen Kontrahierung des ausgeschriebenen Bedarfs in den zwei SSBO Ausschreibungen auf Stufe 1 bestand dafür bislang kein Bedarf (Pressemitteilung THE v. 14.6.2022, www.tradinghub.eu/Unternehmen/Newsroom/News/Details/Pressemitteilung).

26 **3. Erwerb von physischem Gas durch den Marktgebietsverantwortlichen selbst (Abs. 2 S. 2 Alt. 2).** Als zusätzliche Maßnahme iSd § 35c Abs. 2 S. 2 Alt. 2 kann der Marktgebietsverantwortliche schließlich auch selbst physisches Gas erwerben und einspeichern. Dieses Vorgehen soll eher nachrangig zum Tragen kommen, sofern die SSBO-Ausschreibungen nicht ausreichend sind (BT-Drs. 20/1024, 18). Bei der Einspeicherung des selbst erworbenen Gases kann der Marktgebietsverantwortliche die nach § 35b Abs. 5 zur Verfügung gestellten Kapazitäten oder eigens beim Speicherbetreiber gebuchte Kapazitäten nutzen (→ Rn. 26). Der Marktgebietsverantwortliche, der originär nur für Netzbetreibertätigkeiten zuständig ist, wird damit auch vertrieblich aktiv, was Transportnetzbetreibern grundsätzlich entflechtungsrechtlich untersagt ist. Nach der Gesetzesbegründung liegt in dem physischen Erwerb von Gas durch den Marktgebietsverantwortlichen jedoch kein **Markteingriff,** sodass der Erwerb entflechtungsrechtlich unproblematisch sei. Grund dafür sei, dass die erworbenen Mengen nur unter den sehr eng umrissenen Voraussetzungen des § 35d wieder freigegeben bzw. veräußert werden dürften. Daher könne darin kein Markteingriff gesehen werden. Der Marktgebietsverantwortliche werde ausdrücklich nicht als Händler tätig, sondern erwerbe und veräußere Gasmengen nur für einen ganz bestimmten Zweck und nach Zustimmung durch das BMWK im Einvernehmen mit der BNetzA (BT-Drs. 20/1024, 24). Diese Einordnung wirkt gekünstelt angesichts des Umstands, dass es sich bei der Gasmangellage um ein vertriebliches Problem handelt und nicht eines, dass seine Ursache im Netzbetrieb hat. Zugunsten von THE und den Fernleitungsnetzbetreibern ist deshalb aber auch zu berücksichtigen, dass keine Nachteile aus der ihnen gesetzlich und etwas systemfremd auferlegten Aufgabe erleiden (→ § 35e Rn. 3, 9ff.).

4. Buchung von Speicherkapazität durch den Marktgebietsverantwort- 27
lichen (Abs. 2 S. 3). Nach Abs. 2 S. 3 kann der Marktgebietsverantwortliche, um SSBO-Sonderausschreibungen durchzuführen oder um von ihm selbst erworbene physische Gasmengen einzuspeichern, die benötigten Speicherkapazitäten am Markt (bei einem Speicherbetreiber) selbst buchen. Er wird dadurch Speichernutzer und muss einen Speichernutzungsvertrag abschließen. Die hierbei anfallenden Kosten gehen in die Umlage nach § 35e ein.

a) Voraussetzungen. Voraussetzung für die Buchung von Speicherkapazitäten 28 durch den Marktgebietsverantwortlichen selbst ist, dass die über § 35b Abs. 5 (aufgrund der Nichtnutzung der gebuchten Kapazitäten) von den Speichernutzern zur Verfügung gestellten Kapazitäten nicht ausreichen, um den Füllstandsvorgaben gerecht zu werden. Dies ist insbesondere dann denkbar, wenn Kapazitäten einer Gasspeicheranlage gar nicht erst durch einen Speichernutzer gebucht wurden und daher auch nicht dem Bereitstellungsmechanismus nach Abs. 5 unterfallen, also vom Speicherbetreiber nicht an den Marktgebietsverantwortlichen zur Verfügung gestellt werden können.

b) Speicherentgelt (S. 3 aE). Wenn der Marktgebietsverantwortliche selbst 29 Kapazitäten bucht, hat er als Speicherentgelt dafür das durchschnittlich kostengünstigste Speicherentgelt der letzten drei Speicherjahre für die jeweilige Gasspeicheranlage zu entrichten. § 35b Abs. 2 S. 3 enthält dahingehend eine (erst im Laufe des Gesetzgebungsverfahrens ergänzte) Klarstellung zur Bestimmung der Speicherentgelte (BT-Drs. 20/1144, 16). Nach der Gesetzesbegründung ist das Speicherentgelt für eine Buchung nach Abs. 2 S. 3 dabei wie folgt zu berechnen: Der Erlös aus der Vermarktung der Speicherkapazität einer Gasspeicheranlage wird bereinigt um die variablen Speicherentgelte der Ein- und Ausspeisung und dann dividiert durch das vermarktete Arbeitsgasvolumen (BT-Drs. 20/1144, 16).

§ 35d Freigabeentscheidung

(1) ¹**Das Bundesministerium für Wirtschaft und Klimaschutz kann im Einvernehmen mit der Bundesnetzagentur und nach Anhörung des Marktgebietsverantwortlichen anordnen, dass der Marktgebietsverantwortliche nach § 35c beschaffte Gas-Optionen ganz oder teilweise ausüben darf und dass er nach § 35c Absatz 2 erworbene Gasmengen ganz oder teilweise ausspeichern darf, insbesondere**
1. **zur Verhütung unmittelbar drohender oder zur Behebung eingetretener Störungen in der Energieversorgung**
2. **zum Ausgleich eines erheblichen und unerwarteten Rückgangs von Lieferungen von Gas oder**
3. **zur Behebung regionaler Engpasssituationen.**

²**Satz 1 gilt entsprechend für die Anordnung, dass vorübergehend und in Abweichung von § 35b Absatz 1 Satz 2 einschließlich einer Rechtsverordnung nach § 35b Absatz 3 geringere Füllstände vorgehalten werden dürfen.**

(2) ¹**Die Anordnungen nach Absatz 1 sind jeweils mit Wirkung für die Zukunft zu widerrufen, sobald die sie begründenden Umstände nicht mehr vorliegen.** ²**Das Bundesministerium für Wirtschaft und Klimaschutz kann im Einvernehmen mit der Bundesnetzagentur und nach Anhörung des Marktgebietsverantwortlichen bestimmen, ob und in welchem Um-**

fang nach erfolgtem Widerruf einer Anordnung nach Absatz 1 eine Befüllung der Speicher zu erfolgen hat.

(3) Artikel 13 der Verordnung (EU) 2017/1938 des Europäischen Parlaments und des Rates vom 25. Oktober 2017 über Maßnahmen zur Gewährleistung der sicheren Gasversorgung und zur Aufhebung der Verordnung (EU) Nr. 994/2010 (ABl. L 280 vom 28.10.2017, S. 1), die §§ 16, 16a und 53a dieses Gesetzes, die Vorschriften des Energiesicherungsgesetzes 1975 vom 20. Dezember 1974 (BGBl. I S. 3681), das zuletzt durch Artikel 86 des Gesetzes vom 10. August 2021 (BGBl. I S. 3436) geändert worden ist, sowie die Vorschriften der Gassicherungsverordnung vom 26. April 1982 (BGBl. I S. 517), die zuletzt durch Artikel 3 Absatz 48 des Gesetzes vom 7. Juli 2005 (BGBl. I S. 1970) geändert worden ist, in der jeweils geltenden Fassung, bleiben hiervon unberührt.

(4) ¹Der Marktgebietsverantwortliche hat die nach § 35c Absatz 2 physisch erworbenen Gasmengen spätestens ab dem 1. Januar eines Jahres bis zum Ende des Speicherjahres gleichmäßig zu veräußern. ²Der Marktgebietsverantwortliche hat das Bundesministerium für Wirtschaft und Klimaschutz sowie die Bundesnetzagentur mindestens zwei Wochen vor dem Beginn der Veräußerungen nach Satz 1 schriftlich oder elektronisch zu informieren. ³Satz 1 gilt nicht, wenn zu erwarten ist, dass die Füllstandsvorgaben nach § 35b Absatz 1 oder nach der Rechtsverordnung nach § 35b Absatz 3 in der Folgeperiode nicht ohne Maßnahmen nach § 35c Absatz 2 gewährleistet werden können oder das Bundesministerium für Wirtschaft und Klimaschutz im Einvernehmen mit der Bundesnetzagentur der Veräußerung widersprochen hat. ⁴Absatz 1 bleibt unberührt.

Übersicht

	Rn.
A. Allgemeines	1
I. Inhalt	1
II. Zweck	4
B. Einzelerläuterungen	8
I. Anwendungsbereich	8
II. Voraussetzungen der Freigabeentscheidung (Abs. 1)	11
1. Ausübung von Gasoptionen und Ausspeicherung von erworbenen Gasmengen (Abs. 1 S. 1)	12
2. Anordnung der Möglichkeit der Vorhaltung geringerer Füllstände (Abs. 1 S. 2)	18
III. Rechtsfolgen der Anordnung nach Abs. 1	19
IV. Widerruf (Abs. 2)	21
V. Verhältnis zu anderen Maßnahmen (Abs. 3)	23
1. Abgrenzung zu Solidaritätsmaßnahmen nach Art. 13 SoS-VO	26
2. Abgrenzung zu § 16	27
3. Abgrenzung zum EnSiG	28
VI. Zurverfügungstellung an den Markt (Abs. 4)	29
1. Veräußerungspflicht des Marktgebietsverantwortlichen (Abs. 4 S. 1)	30
2. Voraussetzung der Gleichmäßigkeit	32
3. Verfahren	34

Freigabeentscheidung **§ 35 d**

	Rn.
4. Ausnahme/Widerspruchsmöglichkeit (Abs. 4 S. 3)	35
5. Abgrenzung zwischen Freigabeentscheidung nach Abs. 1 und Zurverfügungstellung nach Abs. 4	39

Literatur: *Kreuter-Kirchhof,* Europäische Energiesolidarität – Wege zur Vorbeugung und Bewältigung schwerer Energieversorgungskrisen in der EU, NVwZ 2022, 993; *v. Lewinski/Beus,* Gasspeicherregulierung, N&R 2013, 243.

A. Allgemeines

I. Inhalt

§ 35 d regelt die Voraussetzungen sowie das Verfahren für die Nutzung von in **1** den Speichern vorgehaltenem Gas. Die Vorschrift ermöglicht die Unterschreitung der im Gesetz bzw. per Verordnung geregelten verbindlichen Füllstandsvorgaben. (Nur) durch eine sog. **Freigabeentscheidung,** dh eine entsprechende staatliche Anordnung, können diese unterschritten werden. Eine solche Nutzung kommt zum einen durch die Ausübung der nach § 35 c beschafften Gas-Optionen und zum anderen durch die Ausspeicherung von nach § 35 c Abs. 2 S. 2 erworbenen Gasmengen in Betracht. Beides ist nach § 35 d Abs. 1 nur unter bestimmten Freigabekriterien und nach Anordnung des BMWK im Einvernehmen mit der BNetzA zulässig. § 35 d Abs. 1 S. 2 regelt die Möglichkeit einer Anordnung, dass vorübergehend geringere Füllstände vorgehalten werden dürfen, als per Gesetz bzw. Rechtsverordnung vorgesehen.

§ 35 d Abs. 3 betrifft das Verhältnis der Freigabeentscheidung zu anderen Maß- **2** nahmen der Krisenvorsorge bzw. im Falle einer bereits eingetretenen Versorgungskrise sowie zu Maßnahmen der Systemstabilität (auf Basis von Art. 13 SoS-VO/ §§ 16, 16a, 53a EnWG/des EnSiG/der GasSV).

§ 35 d Abs. 4 regelt die Rückveräußerung der vom Marktgebietsverantwort- **3** lichen physisch erworbenen Gasmengen in den Markt im Frühjahr.

II. Zweck

Grundsätzlich ist die Nutzbarkeit der durch den Marktgebietsverantwortlichen **4** beschafften Gasmengen durch das Erfordernis einer vorherigen Freigabeentscheidung beschränkt. Dies dient der Sicherstellung der Versorgungssicherheit, weil hierdurch die Mengen für bestimmte Ausnahmesituationen vorgehalten werden.

Durch Freigabeentscheidungen kann auf sich abzeichnende Versorgungseng- **5** pässe und die daraus resultierenden Folgen reagiert werden. Auch eine Freigabe aus „marktlichen Aspekten" kommt ausweislich der Gesetzesbegründung in Betracht (BT-Drs. 20/1024, 24). Auf Basis einer Freigabeentscheidung darf bereits eingespeichertes Gas wieder ausgespeichert werden und an anderer Stelle genutzt werden, obwohl die vorgesehenen Füllstandsvorgaben noch nicht erfüllt sind oder deren Erfüllung durch die Ausspeicherung gefährdet wird.

Die Versorgungssicherheit ist auch hier auslösender sowie limitierender Faktor **6** der Freigabeentscheidung. Die Norm eröffnet die Möglichkeit in bestimmten Sondersituationen, wie zB einer unmittelbaren Störung der Energieversorgung, einer Unterbrechung der Gaslieferungen oder bei regionalen Engpässen, entsprechend reagieren zu können.

7 Nur in solchen Situationen kann nach einer Mitwirkung aller maßgeblichen Akteuren eine Abweichung von den zwingend vorgesehenen Füllstandsvorgaben ermöglicht werden. Dies erfordert jedoch einen gewissen bürokratischen Aufwand: Die Entscheidung über die Freigabe des Gases trifft das BMWK nach Anhörung des Marktgebietsverantwortlichen im Einvernehmen mit der BNetzA.

B. Einzelerläuterungen

I. Anwendungsbereich

8 Das Erfordernis einer Freigabeentscheidung vor Nutzung von Gasmengen besteht nach dem Wortlaut des § 35d Abs. 1 S. 1 für die (teilweise) Ausübung von nach § 35c beschafften Gas-Optionen und für die Ausspeicherung von nach § 35c Abs. 2 S. 3 aE erworbenen Gasmengen. Nach erfolgter Freigabeentscheidung können nach § 35c beschaffte Gas-Optionen (ganz oder teilweise) ausgeübt werden oder nach § 35c Abs. 2 2. Alt. erworbene Gasmengen ganz oder teilweise ausgespeichert werden. Als dritte Variante können nach einer entsprechenden Anordnung gem. § 35d Abs. 1 S. 2 vorübergehend geringere Füllstandsvorgaben eingehalten werden, als per Gesetz oder Rechtsverordnung vorgesehen.

9 Die Marktteilnehmer sind hingegen bei der Nutzung von Gasmengen, die über die erforderlichen Füllstände hinaus (von den Speichernutzern) eingespeichert wurden, nicht eingeschränkt. Eine allgemeine Freigabeentscheidung nach § 35d ist insofern für die Verwendung von Gasmengen „jenseits der Füllstandsvorgaben" nicht erforderlich.

10 § 35d Abs. 4 S. 3 enthält Ausnahmen für die Geltung des § 35d Abs. 1 S. 1 bei Absehbarkeit des Erfordernisses von Maßnahmen nach § 35c und bei Vorliegen eines Widerspruchs seitens BMWK und BNetzA hinsichtlich der Veräußerung. Zu den Einzelheiten → Rn. 36 f.

II. Voraussetzungen der Freigabeentscheidung (Abs. 1)

11 Die Voraussetzungen für eine Freigabeentscheidung ergeben sich aus § 35d Abs. 1 S.1.

12 **1. Ausübung von Gasoptionen und Ausspeicherung von erworbenen Gasmengen (Abs. 1 S. 1).** Die Voraussetzungen für eine Freigabeentscheidung ergeben sich aus § 35d Abs. 1 S. 1 Nr. 1 bis 3. Aus den dort genannten (nicht abschließenden) **Regelbeispielen** („insbesondere"), ergibt sich, unter welchen Umständen zum Beispiel eine Freigabeentscheidung während der zeitlichen Geltung der Füllstandsvorgaben erfolgen „kann" (BT-Drs. 20/1024, 24).

13 **a) Störungen in der Energieversorgung (Nr. 1).** Nach § 35d Abs. 1 S. 1 Nr. 1 kann dies zur Verhütung unmittelbar drohender oder zur Behebung eingetretener **Störungen in der Energieversorgung** erfolgen. Der Begriff der **Störung** ist im EnWG – im Gegensatz zu dem Begriff der Gefährdung – nicht legal definiert. Eine „eingetretene Störung" (also die Voraussetzung für eine reaktive Freigabe zur Beseitigung dieser Störung) ist immer dann anzunehmen, wenn sich eine Gefährdungslage bereits verwirklicht hat (OLG Düsseldorf Beschl. v. 28.4.2015 – VI-3 Kart 357/12 (V), BeckRS 2015, 11628; Theobald/Kühling/*Hartmann*/*Weise* EnWG § 13 Rn. 11). Die Energieversorgung muss mithin für die Annahme einer

Störung also bereits nicht unerheblich eingeschränkt sein. Im Rahmen von § 1 EnSiG, der vorliegend herangezogen werden kann, wird eine „Störung der **Energieversorgung**" dann angenommen, wenn nicht unerhebliche Einbußen bei der Versorgung mit (bzw. Bereitstellung von) Energie bestehen, die Energieversorgung also nicht unerheblich eingeschränkt ist (BerlKommEnergieR/*Säcker,* 4. Aufl. 2019, EnSiG § 1 Rn. 3). Wie auch im Rahmen des EnSiG ist es im Rahmen des § 35 d dabei nicht entscheidend, ob diese Schwierigkeiten einfuhrbedingt sind oder welcher Energieträger ursächlich ist bzw. ob sie auf interne Faktoren zurückzuführen sind (Theobald/Kühling/*Schulte-Beckhausen* EnSiG 1975 § 1 Rn. 7). Die Störung muss sich auch ausdrücklich nicht auf die Gasversorgung beziehen, der Anwendungsbereich des Nr. 1 bezieht sich vielmehr auf die Energieversorgung insgesamt. Nach der Gesetzesbegründung soll hierdurch dem Umstand Rechnung getragen werden, dass Gas neben seiner Verwendung zur Wärmeerzeugung auch insbesondere für die Stromerzeugung genutzt wird (BT-Drs. 20/1024, 24). Eine **„unmittelbar drohende"** Störung (also die Voraussetzung für eine präventive Freigabe zur Verhütung) im Sinne der Norm liegt dabei nach den allgemeinen ordnungsrechtlichen Grundsätzen vor, wenn sich die Gefährdungslage noch nicht verwirklicht hat, ein Schadenseintritt aber kurz bevorsteht. Anders als in § 16 bzw. § 13 Abs. 4 reicht eine einfache Gefährdung des Versorgungssystems allein für eine Freigabe nicht aus, sondern erst eine „unmittelbar drohende Störung". Das intensivierende Erfordernis der „Unmittelbarkeit" verlangt zusätzlich eine besondere zeitliche Nähe und eine hohe Wahrscheinlichkeit des Schadenseintritts, es ist vergleichbar mit dem Begriff der „Gegenwärtigkeit" im Polizei- und Ordnungsrecht (BerlKommEnergieR/*Säcker,* 4. Aufl. 2019, EnSiG § 1 Rn. 3). Freigabeentscheidungen können dementsprechend nur zur Beseitigung von unmittelbar bevorstehenden oder bereits eingetretenen Versorgungsschwierigkeiten erfolgen. Ein weiterer Unterschied liegt darin, dass eine Störung iSd §§ 13 und 16 vorliegt, wenn der Zweck des regelnden Betriebs der Versorgungsnetze beeinträchtigt wird, dh eine Netzbezogenheit vorausgesetzt wird (→ § 13 Rn. 13 und § 16 Rn. 10ff.). Im Rahmen von § 35d hingegen sind eben nicht nur netzbezogene Störungen relevant, sondern auch vertriebsbezogene Störungen, dh die Beeinträchtigung der wirtschaftlichen Versorgung.

b) Rückgang von Gaslieferungen (Nr. 2). Nach § 35d Abs. 1 S. 1 **Nr. 2** ist **14** eine Freigabeentscheidung auch zum Ausgleich eines **erheblichen und unerwarteten Rückgangs von Gaslieferungen** möglich.

Von der geforderten **Erheblichkeit** des Rückgangs ist dann auszugehen, wenn **15** in quantitativer Hinsicht auch in zeitlicher Hinsicht eine gewisse Erheblichkeitsschwelle erreicht ist. Insofern scheidet eine Freigabeentscheidung jedenfalls bei einer nur sehr geringfügig verminderten Liefermenge sowie bei einer (vorhersehbar) nur sehr kurzfristig auftretenden Reduzierung der Gaslieferungen aus. Die Erheblichkeitsschwelle ist dabei anhand einer einzelfallbezogenen Betrachtungsweise zu bestimmen. Die Nennung eines (prozentualen) Orientierungswerts für die erforderliche Unterschreitung der erwarteten Liefermengen scheint schwierig, da es bei der Bewertung insbesondere auch auf die zum Zeitpunkt der Entscheidung bestehende allgemeine Markt- und Importsituation und Importsituation (dh das Niveau vor dem im Rahmen des § 35d Abs. 1 S. 1 Nr. 2 hinsichtlich seiner Erheblichkeit zu bewertenden Rückgang) ankommen wird.

Ein Rückgang ist dann **„unerwartet",** wenn er nicht ohne weiteres absehbar **16** war, also insbesondere nicht bloß auf normalem (liquiden) Marktgeschehen beruht, sondern auf von außen hinzutretenden Sondereffekten, wie der aktuellen Krise.

§ 35 d Teil 3 a. Füllstandsvorgaben für Gasspeicheranlagen

Zwar schien es bereits zum Zeitpunkt des Inkrafttretens des Gesetzes nicht mehr sonderlich unerwartet, dass ein weiterer Rückgang von Gaslieferungen erfolgen könnte. Nach der Gesetzesbegründung sollen allerdings Versorgungsunterbrechungen, also die Unterbrechungen oder Ausfälle von Gaslieferungen wichtiger Importländer (insbesondere Russland), die zu einem Rückgang des zur Verfügung stehenden Erdgasvolumens führen, ausdrücklich von § 35 d Abs. 1 S. 1 Nr. 2 erfasst sein. Dabei können auch ausbleibende Lieferungen an Drittländer relevant werden, über die Gas nach Deutschland transportiert wird (BT-Drs. 20/1024, 25).

17   c) **Regionale Engpasssituationen (Nr. 3).** Nach § 35 d Abs. 1 S. 1 **Nr. 3** kann eine Freigabeentscheidung auch zur Behebung **regionaler Engpsssituationen** getroffen werden. Ausweislich der Gesetzesbegründung können Ausspeicherungen unter Berufung auf dieses Beispiel insbesondere dann angeordnet werden, wenn dies im Hinblick auf die Standorte von Gasspeichern und auf den Bedarfsumfang erforderlich ist (BT-Drs. 20/1024, 25). Dabei ergänzt die Freigabeentscheidung ggf. auf Grundlage anderweitiger Vorschriften durchgeführter Maßnahmen zur Behebung der regionalen Engpasssituation, da diese durch § 35 d unberührt bleiben (→ Rn. 27). Gerade für regionale Engpässe gilt eigentlich der Mechanismus des § 16, der nach § 16 Abs. 1 insbesondere auch den Einsatz von Regelenergie als marktbasiertes Instrument umfasst (NK-EnWG/*Tüngler* § 16 Rn. 11). Dieses neue Instrument der Freigabeentscheidung tritt also ergänzend daneben. Dies ist sinnvoll, weil sich die Vorgaben des GasspeicherG auch auf eine vertrieblich bedingte Gasmangellage richtet, während § 16 sich noch stärker an der Netzsicherheit orientiert. Wenn eine krisenbedingte Gasmangellage also in einzelnen Regionen bereits zu einer Gefährdung der Versorgung führt, kann unter den Voraussetzungen des § 35 d auch Gas freigeben werden, um darauf zu reagieren.

18   **2. Anordnung der Möglichkeit der Vorhaltung geringerer Füllstände (Abs. 1 S. 2).** § 35 d Abs. 1 S. 2 regelt die Möglichkeit einer dahingehenden Anordnung, dass **vorübergehend geringere Füllstände** vorgehalten werden dürfen, als für den relevanten Zeitraum per Gesetz bzw. Rechtsverordnung vorgesehen. Die Voraussetzungen hierfür sind die gleichen wie bei einer Freigabeentscheidung nach S. 1, dh das BMWK kann im Einvernehmen mit der BNetzA nach Anhörung des Marktgebietsverantwortlichen anordnen, dass für einen bestimmten Zeitraum (vorübergehend) die eigentlich verbindlich festgelegten Füllstandsvorgaben (→ § 35 b Rn. 10) nicht erreicht werden müssen bzw. unterschritten werden dürfen, wenn dies erforderlich ist. Auch hier sind die Regelbeispiele in § 35 d Abs. 1 S. 1 Nr. 1 bis 3 als Ausgangspunkt für mögliche Fallkonstellationen heranzuziehen.

III. Rechtsfolgen der Anordnung nach Abs. 1

19   Bei Vorliegen der Tatbestandsvoraussetzungen ermöglicht die Freigabeentscheidung nach Abs. 1 S. 1 eine Ausübung der nach § 35 c beschafften Gas-Optionen sowie der Ausspeicherung von erworbenen Gasmengen durch den Marktgebietsverantwortlichen bzw. nach Abs. 1 S. 2 die Unterschreitung der Füllstandsvorgaben. Es handelt sich bei der Anordnung um eine Ermessensentscheidung des BMWK im Einvernehmen mit der BNetzA (vgl. zum erforderlichen Einvernehmen → § 35 c Rn. 12 f., 20). Diese hat unter Einbindung des Marktgebietsverantwortlichen zu erfolgen, der insofern angehört werden muss. Zumindest in den ersten Monaten nach Inkrafttreten des GasspeicherG wurde trotz der andauernden Energiekrise noch kein Gebrauch von dieser Möglichkeit zur Freigabe von Gas gemacht.

Freigabeentscheidung **§ 35 d**

Bei einer **Ausübung einer nach § 35 c beschafften Gas-Option** in diesem 20
Sinne handelt es sich um den Abruf der mit Anbietern vereinbarten Speichermenge, mit der Folge, dass eine physische Bereitstellung und Ausspeicherung aus dem betroffenen Speicher ins Netz gemäß dem Abruf bewirkt wird. Bei einer **Ausspeicherung** in diesem Sinne greift der Marktgebietsverantwortliche auf erworbene Gasmengen in den Gasspeichern zu und verkauft diese am Markt über die Börse (zur entflechtungsrechtlichen Zulässigkeit → § 35 c Rn. 25 und → § 35 d Rn. 32). Das Gesetz sieht dabei keine Einschränkung dahingehend vor, dass die freigegebenen Gasmengen nur der Versorgung deutscher Gaskunden dienen dürfen. Die freigegebenen Mengen können auch in benachbarte Marktgebiete transportiert werden und für die Versorgung ausländischer Endkunden genutzt werden (vgl. BNetzA Beschl. v. 29.7.2022 – BK7-22-052, 13).

IV. Widerruf (Abs. 2)

Nach § 35 d Abs. 2 sind die Freigabeentscheidungen im Nachgang immer dann 21
mit Wirkung für die Zukunft zu widerrufen, wenn die Voraussetzungen für die Anordnung nicht mehr vorliegen. Es besteht mithin in Abweichung zum Widerruf nach § 49 VwVfG kein Ermessen. Die Freigabe ist insofern unverzüglich zu beenden. Dies ist laut Gesetzesbegründung Ausdruck dessen, dass die Versorgungssicherheit auslösender, aber auch limitierender Faktor der Freigabeentscheidung ist (BT-Drs. 20/1024, 25). Es darf dann ohne schuldhaftes Zögern (*ex nunc* ab Zeitpunkt des Widerrufs) die Ausübung von Gas-Optionen bzw. die weitere Ausspeicherung selbst erworbener Gasmengen durch den Marktgebietsverantwortlichen eingestellt werden.

Im Fall eines solchen Widerruf kann das BMWK im Einvernehmen mit der 22
BNetzA nach Anhörung des Marktgebietsverantwortlichen bestimmen, ob und in welchem Umfang eine Wiederbefüllung der Gasspeicher zu erfolgen hat. Das insofern bestehende Ermessen des BMWK und der BNetzA kann dabei in bestimmten Situationen auf null reduziert sein, wenn ohne eine Wiederbefüllung eine Gewährleistung der Versorgungssicherheit nicht möglich ist. Die Gesetzesbegründung nennt insofern als maßgebliche Kriterien insbesondere die Nachfrageentwicklung und das Marktumfeld (BT-Drs. 20/1024, 25).

V. Verhältnis zu anderen Maßnahmen (Abs. 3)

§ 35 d Abs. 3 betrifft das Verhältnis der Freigabeentscheidung zu anderen **Maß-** 23
nahmen der Krisenvorsorge bzw. im Falle einer bereits eingetretenen Versorgungskrise sowie zu **Maßnahmen der Systemstabilität** auf europäischer und deutscher Ebene, die ebenfalls der Sicherung der Gasversorgung dienen. Danach bleiben Art. 13 SoS-VO, §§ 16, 16a, 53a EnWG, die Regelungen des EnSiG und der GasSV unberührt. Insofern gilt die Abgrenzung, dass Gasmengen, die auf Basis des GasspeicherG dem Zugriff des Marktgebietsverantwortlichen unterliegen, nur durch eine Freigabeentscheidung nach Abs. 1 oder durch eine Veräußerung iSd Abs. 4 wieder in den Markt gelangen können, die in Abs. 3 enthaltenen Regelungen bzw. Maßnahmen aber weiterhin nebenher möglich sind.

Laut der Gesetzesbegründung setzt die Freigabeentscheidung im Vorfeld einer 24
etwaigen Versorgungskrise an. Sie erfolge dabei unabhängig von der Durchführung von Maßnahmen zur Sicherstellung der Systemstabilität sowie der Krisenvorsorge. Zudem sei die Freigabeentscheidung inhaltlich von Maßnahmen der Systemstabi-

lität zu trennen. Auch die Pflicht zur Versorgung geschützter Kunden bleibe unberührt (BT-Drs. 20/1024, 25).

25 Diese Ausführungen des Gesetzgebers bieten in der Praxis wenig Orientierung oder klare Leitlinien bei der Abgrenzung der einschlägigen verschiedenen Rechtsgrundlagen für die Anordnung von Maßnahmen. In der Praxis ist mit Überschneidungen und Abgrenzungsproblemen zu rechnen, insbesondere in Bezug zu Maßnahmen auf Basis des EnSiG und der §§ 16, 16a.

26 **1. Abgrenzung zu Solidaritätsmaßnahmen nach Art. 13 SoS-VO.** Die Pflicht zur Durchführung von Maßnahmen durch die Mitgliedstaaten nach Art. 13 SoS-VO gilt neben dem Erfordernis der Freigabeentscheidung. Dabei handelt es sich um verbindliche Solidaritätsmaßnahmen zwischen den europäischen Mitgliedsstaaten bei Vorliegen einer Gasmangellage. Als *ultima ratio* kann unter bestimmten Umständen nach Art. 13 Abs. 3 SoS-VO eine Verpflichtung zur Einschränkung der eignen Versorgung zur Hilfeleistung bestehen, wenn der betroffene Mitgliedsstaat ansonsten die Versorgung nach der SoS-VO geschützter Kunden nicht gewährleisten kann (BerlKommEnergieR/*Scholz* SoS-VO Art. 13 Rn. 15). Vorrang vor dieser Solidaritätspflicht hat die Eigenversorgung der geschützten Kunden (*Kreuter-Kirchhoff* NVwZ 2022, 993 (998)). Für die Abwicklung sind bilaterale Solidaritätsvereinbarungen unter den Mitgliedstaaten abzuschließen. Die Klarstellung in Abs. 3, dass Art. 13 SoS-VO unberührt bleibt, ist dahingehend zu verstehen, dass beide Normen nebeneinander anzuwenden sind. Maßnahmen nach Art. 13 SoS-VO können also auch Vorrang haben vor der Freigabe von Gas-Optionen für nicht geschützte Kunden. Allerdings sollte die Freigabe dennoch erteilt werden müssen, wenn die nach § 35 c beschafften Gas-Optionen für die Solidaritätsmaßnahme verwendet werden. Auch die Verpflichtung zur Sicherstellung der Versorgung von Haushaltskunden mit Erdgas nach § 53 a bleibt unberührt.

27 **2. Abgrenzung zu § 16.** Die Fernleitungs- und Verteilnetzbetreiber sind nach §§ 16 und 16a berechtigt und verpflichtet, alle erforderlichen operativen Maßnahmen zur Wahrung ihrer Systemverantwortung zu ergreifen. Davon kann auch die Ein- und Ausspeicherung von Gas in und aus Speicheranlagen erfasst sein (Elspas/Graßmann/Rasbach/*Elspas/Scholze* EnWG § 16 Rn. 30; *v. Lewinski/Bews* N&R 2013, 243 (245)). Diese Verpflichtung besteht auch nach Erlass des GasspeicherG sowie unabhängig von der Erforderlichkeit von Freigabeentscheidungen nach Abs. 1 fort. Die hiesige Regelung ist so zu verstehen, dass § 16 insgesamt durch das neue GasspeicherG unberührt bleiben soll (nicht nur von der neuen Regelung zur Möglichkeit der Freigabeentscheidung) und einschränkungslos weiter gilt und zu beachten ist. Das präventive GasspeicherG geht den markt- bzw. vertragsbezogenen Maßnahmen nach § 16 Abs. 1 wohl vor. Das heißt, es können im Rahmen von § 16 Abs. 1 (→ § 16 Rn. 17 ff.) wohl zukünftig zumindest keine Verträge mehr abgeschlossen werden, in denen eine Lieferverpflichtung von Gas unabhängig von den Füllstandsvorgaben vereinbart wird. Im Verhältnis zu den Vorgaben des GasspeicherG und den darauf basierenden vertraglichen Füllstandsvorgaben sind hingegen netzbezogenen Maßnahmen nach § 16 Abs. 2 (→ § 16 Rn. 22 ff.) als „ultimative Notfallmaßnahmen" zur Abwehr einer unmittelbaren Gefährdungssituation wohl vorrangig anzuwenden und gelten einschränkungslos. Dies entspricht auch dem *ultima ratio*-Charakter der Regelung. Im lokal begrenzten Extremfall des § 16 Abs. 2 kann mithin theoretisch auch eine Gas-Option ohne Freigabe eingesetzt werden, wenn diese geeignet ist und keine anderen Mittel zur Gefahrenabwehr oder Störungsbeseitigung im Betracht kommen.

Freigabeentscheidung　　　　　　　　　　　　　　　　　　　　**§ 35 d**

3. Abgrenzung zum EnSiG. Nach dem EnSiG, welches ebenfalls unberührt 28
bleibt, ist die Bundesregierung ua ermächtigt, weitreichende Rechtsverordnungen
zur Bewältigung einer Versorgungskrise zu erlassen (§§ 1 ff. EnSiG). Nach der darauf
basierenden GasSV wird die Bundesnetzagentur als Bundeslastverteiler eingesetzt,
um im Fall einer Gasversorgungskrise erforderliche Maßnahmen zu ergreifen, um
den lebenswichtigen Bedarf an Gas zu decken, insbesondere die Gasverteilung zu
übernehmen. Das EnSiG adressiert dabei eher die Vertriebsseite und eröffnet über
Verordnungsermächtigungen weite Handlungsspielräume für unmittelbares staatliches
Einschreiten, wogegen sich das GasspeicherG an den Marktgebietsverantwortlichen
und die Speicherbetreiber wendet.

VI. Zurverfügungstellung an den Markt (Abs. 4)

§ 35 d Abs. 4 regelt, wie mit vom Marktgebietsverantwortlichen nach § 35 c 29
Abs. 2 physisch erworbenen und eingespeicherten Gasmengen zu verfahren ist.
Dies ist auch im Zusammenhang mit dem Bereitstellungsmechanismus aus § 35 b
Abs. 5 zu sehen. In Anbetracht der Rückgabeverpflichtung hinsichtlich der Speicherkapazitäten
des Marktgebietsverantwortlichen an die Speicherbetreiber zum
Ende des Speicherjahres muss dieser die selbst erworbenen und eingespeicherten
Gasmengen grundsätzlich wieder veräußern.

1. Veräußerungspflicht des Marktgebietsverantwortlichen (Abs. 4 S. 1). 30
Der Marktgebietsverantwortliche hat die physisch erworbenen und eingespeicherten Gasmengen nach § 35 d Abs. 4 S. 1 ab dem 1.1. eines Jahres bis zum Ende des
Speicherjahres (1.4., 6 Uhr) gleichmäßig zu veräußern, dh dem Markt wieder zur
Verfügung zu stellen. Auf diese Weise soll eine marktgetriebene Befüllung bzw.
„marktliche Nutzung" der Gasspeicher in der Folgeperiode ermöglicht werden
(BT-Drs. 20/1024, 25 f.). Dabei muss die Veräußerung von Gas, welches der Marktgebietsverantwortliche physisch in eine Gasspeicheranlage eingespeichert hat, nicht
zwingend zu einer Ausspeicherung führen, sondern kann auch erfolgen, wenn das
Gas in der jeweiligen Gasspeicheranlage verbleibt (BT-Drs. 20/1144, 16). Dies stellt
sich insofern als Neuvermarkung der Speicherkapazitäten dar.

Die Veräußerung der physisch erworbenen und eingespeicherten Gasmengen 31
wird voraussichtlich über die Börse erfolgen. Der Marktgebietsverantwortliche
kann die Gasmengen frei am Markt anbieten, was dadurch unterstrichen wird, dass
die BNetzA davon ausgeht, dass nicht nur inländische, sondern auch ausländische
Händler die Gasmengen erwerben können. Es ist nicht erforderlich, dass die Gasmengen
ausschließlich im deutschen Marktgebiet verbleiben (BNetzA Beschl. v.
29.7.2022 – BK7-22-052 Rn. 37).

2. Voraussetzung der Gleichmäßigkeit. Die Zurückführung der physisch 32
erworbenen Gasmengen durch den Marktgebietsverantwortlichen in den Markt
muss gleichmäßig, nach dem Wortsinn also aufgeteilt und ausgeglichen über die
Zeitspanne 1.1. bis 1.4., erfolgen. Veräußerungen haben in regelmäßigen Abständen
über diesen Zeitraum zu erfolgen. Nach der Gesetzesbegründung (BT-Drs.
20/1024, 26) soll das Tatbestandsmerkmal der Gleichmäßigkeit der Einhaltung der
„entflechtungsrechtlichen Vorgaben" dienen. Diese Formulierung in der Gesetzesbegründung
ist unglücklich. Eigentlich muss das Erfordernis einer **„gleichmäßigen" Zurverfügungstellung**
in § 35 d Abs. 4 S. 1 als kapazitätsbezogene bzw. zeitliche Vorgabe – nicht als entflechtungsrechtliche – gelesen werden. Denn beim
Merkmal der Gleichmäßigkeit geht es nicht um das „ob" einer Veräußerung, son-

§ 35 d   Teil 3 a. Füllstandsvorgaben für Gasspeicheranlagen

dern das „wie", also deren Modalitäten. Die Veräußerung soll nach dem Gesetz nicht „von jetzt auf gleich" und hinsichtlich aller Mengen auf einmal erfolgen. Es ist bei der Durchführung der Veräußerung eine gewisse Kontinuität erforderlich. Dies dient der Vermeidung von schubweisen Ausspeicherungen größerer Gasmengen. Damit soll ausweislich der Gesetzesbegründung die Auswirkungen auf die Entwicklung am Gasmarkt beschränkt werden (BT-Drs. 20/1024, 26).

33   Das in der Gesetzesbegründung in Bezug genommene **Entflechtungsrecht** hat allenfalls am Rande mit der Gleichmäßigkeit der Veräußerung zu tun. Entflechtungsrechtlich relevant ist zunächst, dass in dem physischen Erwerb und der Veräußerung von Gas durch den Marktgebietsverantwortlichen ein wettbewerbsverzerrender Markteingriff und daher auch ein Verstoß gegen das Entflechtungsrecht (§§ 6 ff.) gesehen werden könnte. Im GasspeicherG gestattet der Gesetzgeber dem Marktgebietsverantwortlichen den physischen Erwerb sowie die Veräußerung von Gas (Regelung des „ob" einer solchen Veräußerung). Der Marktgebietsverantwortliche wird insofern grundsätzlich zunächst einmal ähnlich einem Gashändler vertrieblich tätig, denn er kauft und verkauft im Rahmen seiner Aufgaben aus dem GasspeicherG physisches Gas. Grundsätzlich ist der Marktgebietsverantwortliche aber im Rahmen von Aufgaben der Fernleitungsnetzbetreiber tätig, und die Netzbetreiber dürfen nicht in wettbewerbliche Tätigkeiten, dh Tätigkeiten im Zusammenhang mit der Erzeugung oder dem Handel von Energie, eingebunden sein. Der Marktgebietsverantwortliche kann nach dem GasspeicherG allerdings weder Gewinne realisieren (→ § 35 e Rn. 11), noch ist er in seinen Entscheidungen hinsichtlich des Erwerbs und der Veräußerung frei, sondern es ist stets die Anordnung bzw. Zustimmung des BMWK im Einvernehmen mit der BNetzA erforderlich (→ § 35 c Rn. 12, 23 und → § 35 d Rn. 7). Der Marktgebietsverantwortliche kann Gas nur für einen ganz bestimmten Zweck erwerben und darf dieses auch nur für diesen Zweck wieder in den Markt geben. Die erworbenen Mengen dürfen nur unter den strengen Voraussetzungen des § 35 d wieder freigegeben (Abs. 1) bzw. veräußert (Abs. 4) werden. Insofern kann er durch den Erwerb und die Veräußerung auch keinerlei Vorteile erlangen. Dadurch werde der Marktgebietsverantwortliche ausdrücklich nicht als Händler tätig (BT-Drs. 20/1024, 24). Insofern kann darauf verwiesen werden, dass auch die Regelenergiebeschaffung (ebenfalls eine vertriebliche Tätigkeit zur Beseitigung von Versorgungsstörungen) durch den Marktgebietsverantwortlichen entflechtungsrechtlich zulässig ist. Die entflechtungsrechtlichen Vorgaben über informationelles Unbundling (§ 6a) und Unabhängigkeit der Transportnetzbetreiber (§§ 8 ff.) schützen dabei davor, dass Netzbetreiber bestimmte vertriebliche Interessen bevorzugen. Die Gleichmäßigkeit der Zurverfügungstellung rundet dies ab, weil dadurch verhindert wird, dass einzelne Nutzer bevorteilt werden.

34   **3. Verfahren.** Nach § 35 d Abs. 4 S. 2 trifft den Marktgebietsverantwortlichen eine Informationspflicht über die Menge und Form der Ausspeicherung gegenüber dem BMWK sowie der BNetzA. Diese Information muss mindestens zwei Wochen vor Beginn der Veräußerung erfolgen. Sie dient insbesondere der Gewährleistung der Widerspruchsmöglichkeit aus § 35 d Abs. 4 S. 3 Alt. 2 (→ Rn. 38).

35   **4. Ausnahme/Widerspruchsmöglichkeit (Abs. 4 S. 3).** Eine Veräußerungspflicht des Marktgebietsverantwortlichen iSd 35 d Abs. 4 S. 1 besteht nach § 35 d Abs. 4 S. 3 dann nicht, wenn zu erwarten ist, dass die Füllstandsvorgaben in der Folgeperiode nicht ohne Maßnahmen nach § 35 c Abs. 2 (allein marktgestützt) erreicht werden können oder (alternativ), wenn das BMWK und die BNetzA der

Veräußerung widersprochen haben. Zumindest eine vollständige Ausspeicherung hat dann zu unterbleiben.

a) Absehbarkeit der Erforderlichkeit von Maßnahmen nach § 35 c Abs. 2. 36
Sofern für den Marktgebietsverantwortlichen bereits „zu erwarten", dh absehbar ist, dass die Erreichung der Füllstandsvorgaben in der Folgeperiode nur durch SSBO-Sonderausschreibungen oder dem Erwerb physischen Gases durch den Marktgebietsverantwortlichen möglich ist, ist S. 1 nicht anwendbar. Es handelt sich insofern bei dieser „Erwartbarkeit" um ein negatives Tatbestandsmerkmal. Der Marktgebietsverantwortliche entscheidet insofern selbst über das Bestehen bzw. Nichtbestehen seiner eigenen gesetzlichen Pflicht. Dies mag zwar ungewöhnlich sein, muss aber nach dem klaren Wortlaut so verstanden werden. Durch die vor Veräußerung erforderliche Information des BMWK und der BNetzA und die Widerspruchsmöglichkeit (→ Rn. 38) bestehen insofern auch hinreichende Kontrollmechanismen für die Entscheidung des Marktgebietsverantwortlichen.

Für die insofern erforderliche Bewertung, ob ein derartiges Szenario vorliegt, 37
nennt die Gesetzesbegründung die folgenden Indizien (BT-Drs. 20/1024, 26): Rückgriff auf Erfahrungswerte und Datenmengen aus vorherigen Speicherperioden; Berücksichtigung der Preissituation an den Spot- und Forward-Märkten für Gas und des daraus ableitbaren Sommer-Winter-Spreads; Berücksichtigung der Ergebnisse der im März stattfindenden Speicherauktionen.

b) Widerspruch. Das BMWK kann darüber hinaus die Veräußerung auch 38
durch einen Widerspruch im Einvernehmen mit der BNetzA verhindern. Es handelt sich dabei um einen Kontrollmechanismus hinsichtlich der Entscheidung des Marktgebietsverantwortlichen. Dabei ist dem BMWK nach der Gesetzesbegründung ein weites Ermessen zuzusprechen, um alle Aspekte der Versorgungssicherheit und des Marktumfelds mit einzubeziehen zu können (BT-Drs. 20/1024, 26). Als beispielhafter Grund für einen Widerspruch wird dort der Fall genannt, dass „wichtige Gründe gegen eine Veräußerung sprechen oder der Markteingriff als zu groß angesehen wird".

5. Abgrenzung zwischen Freigabeentscheidung nach Abs. 1 und Zur- 39
verfügungstellung nach Abs. 4. Die Ausspeicherung infolge der Freigabeentscheidung nach Abs. 1 und zur Zurverfügungstellung nach Abs. 4 unterliegt jeweils unterschiedlichen Gründen und ist insofern voneinander abzugrenzen.

Die Freigabe der Gasmengen erfolgt vor dem Hintergrund der Gewährleistung 40
der Versorgungssicherheit, dh in einer Gasmangellage wird das von THE eingespeicherte Gas zum Ausgleich von Versorgungsengpässen genutzt. Dagegen regelt die Zurverfügungstellung in Abs. 4 eine marktgerichtete Veräußerung, bei der die Versorgungssicherheit nachrangig betrachtet wird. Es wird also (am Ende des Winters) Gas in den freien Markt zurückgegeben, weil keine Gasmangellage besteht. Ist allerdings absehbar, dass diese auch im folgenden Winter wieder entstehen kann, greifen die dargestellten Beschränkungen und eine Veräußerung findet nicht statt. Beide Fälle stehen nebeneinander und schließen sich nicht gegenseitig aus (BT-Drs. 20/1024, 26).

§ 35e Umlage der Kosten des Marktgebietsverantwortlichen; Finanzierung

¹Die dem Marktgebietsverantwortlichen im Zusammenhang mit seinen Aufgaben zur Sicherstellung der Versorgungssicherheit entstehenden Kosten werden diskriminierungsfrei und in einem transparenten Verfahren auf die Bilanzkreisverantwortlichen im Marktgebiet umgelegt. ²Hierzu hat der Marktgebietsverantwortliche die Kosten und Erlöse, die im Rahmen der ergriffenen Maßnahmen nach diesem Teil, insbesondere nach den §§ 35c und 35d, entstehen, transparent und für Dritte nachvollziehbar zu ermitteln. ³Die Kosten und Erlöse sind zu saldieren. ⁴Der Marktgebietsverantwortliche ist berechtigt, von den Bilanzkreisverantwortlichen Abschlagszahlungen zur Deckung der voraussichtlichen Kosten zu verlangen. ⁵Die Einzelheiten genehmigt die Bundesnetzagentur im Einvernehmen mit dem Bundesministerium für Wirtschaft und Klimaschutz und dem Bundesministerium der Finanzen nach § 29 Absatz 1; dem Marktgebietsverantwortlichen ist Gelegenheit zur Stellungnahme zu geben.

Literatur: Vgl. die Hinweise zu Vor §§ 35a ff.

A. Allgemeines

I. Inhalt

1   Der Marktgebietsverantwortliche wird durch das GasspeicherG umfangreich verpflichtet, Maßnahmen für die Gewährleistung der ausreichenden Befüllung der Gasspeicher zu ergreifen (§ 35a, § 35b, § 35c). Um die mit diesen neuen Aufgaben verbundenen Kosten zu decken, wird durch § 35e eine neue sogenannte **Speicherumlage** eingeführt. § 35e regelt die Grundzüge der Funktionsweise dieser Umlage. Die Kosten werden vom Marktgebietsverantwortlichen ermittelt und saldiert und auf die Bilanzkreisverantwortlichen im deutschen Marktgebiet umgelegt. Auf die Umlage werden von den Bilanzkreisverantwortlichen Abschlagszahlungen gezahlt.

2   Die Einzelheiten des Umlagemechanismus sind hingegen Gegenstand einer Genehmigung iSv § 29 Abs. 1 Var. 2 (→ § 29 Rn. 27), die von der BNetzA im Einvernehmen mit dem BMWK und dem BMF erteilt wird, § 35e S. 5. Im Rahmen der Genehmigungserteilung erfolgt insbesondere die Bestimmung der relevanten Parameter für die Berechnung und Erhebung der Umlage seitens des Marktgebietsverantwortlichen.

II. Zweck

3   Infolge der neuen Verpflichtungen aus dem GasspeicherG war Ziel, eine diskriminierungsfreie Regelung bezüglich der Kostentragung, die nicht einzelne Marktteilnehmer über Gebühr belastet, zu schaffen. Beim Marktgebietsverantwortlichen entstehen bei Erfüllung der Vorgaben des GasspeicherG insbesondere Kosten nach §§ 35c und 35d für die Ausschreibung sowie Ausübung von SSBOs, gegebenenfalls auch für den physischen Erwerb von Gas sowie den Erwerb von benötigten Speicherkapazitäten (→ § 35c Rn. 9ff., 18ff.). § 35e ermöglicht die Umlage dieser Kosten sowie der Erlöse auf die Bilanzkreisverantwortlichen. Die Umlage wird auf

Umlage der Kosten des Marktgebietsverantwortlichen; Finanzierung **§ 35 e**

diese Weise letztendlich von allen Endverbrauchern getragen. Dies wird in der Gesetzesbegründung dadurch gerechtfertigt, dass das GasspeicherG der Sicherung der Energieversorgung in Deutschland diene. Diese betreffe jeden einzelnen Bürger, da durch die vorsorglichen Regelungen insbesondere Abschaltungen und Preisspitzen verhindert werden könnten (BT-Drs. 20/1024, 26).

Neben der Speicherumlage gibt es weitere Umlagen, für die der Marktgebietsverantwortliche verantwortlich ist, dazu gehören die Marktraumumstellungsumlage, die Biogasumlage, die Konvertierungsumlage und die SLP- und RML-Bilanzierungsumlage (für den Einsatz von Regel- und Ausgleichsenergie). Auch im Rahmen des EnSiG wurde eine weitere, deutlich höhere Umlage eingeführt, die der Marktgebietsverantwortliche bei den Bilanzkreisverantwortlichen im deutschen Marktgebiet erhebt. Die sog. Gasbeschaffungsumlage gem. § 26 EnSiG sieht einen Umlagemechanismus vor, der die beim Marktgebietsverantwortlichen anfallenden Kosten ausgleicht. So sollen die Mehrkosten entlang der Lieferkette gleichmäßig auf die in Deutschland verkauften Gasmengen verteilt werden. Die Details der Umlage sind in der am 9.8.2022 in Kraft getretenen Gaspreisanpassungsverordnung (GasPrAnpV) geregelt. **4**

B. Einzelerläuterungen

I. Vorgaben für die Ausgestaltung der Umlage

Die Ausgestaltung der Umlage muss den Anforderungen des § 35 e S. 1 bis 4 gerecht werden. **5**

1. Adressatenkreis. § 35 e S. 1 bestimmt den **Adressatenkreis der Umlage**. Die Kosten sind diskriminierungsfrei und in einem transparenten Verfahren auf die **Bilanzkreisverantwortlichen im Marktgebiet** umzulegen. Der Bilanzkreisverantwortliche ist eine natürliche oder juristische Person, die gegenüber dem Marktgebietsverantwortlichen für die Abwicklung des Bilanzkreises verantwortlich ist, § 2 Nr. 5 GasNZV. Der Bilanzkreis ist dabei nach § 2 Nr. 4 GasNZV die Zusammensetzung von Einspeise- und Ausspeisepunkte, die dem Zweck dient, Einspeisemengen und Ausspeisemengen zu saldieren und die Abwicklung von Handelstransaktionen zu ermöglichen. Bilanzkreisverantwortlicher kann ein Transportkunde oder auch ein Dritter sein (BerlKommEnergieR/*Säcker* EnWG § 20 Rn. 137). Für die vertragliche Beziehung zwischen dem Marktgebietsverantwortlichen und dem Bilanzkreisverantwortlichen, der gegebenenfalls in Vertretung der betroffenen Transportkunden auf Grundlage eines den sog. Bilanzkreisvertrag handelt, enthält die Kooperationsvereinbarung Gas standardisierte Geschäftsbedingungen (Anlage 4). Die **Abrechnung über die Bilanzkreisverantwortlichen** stellt sicher, dass alle ausgespeisten Gasmengen gleichermaßen betroffen sind und dem Marktgebietsverantwortlichen die für die Erhebung der Umlage erforderlichen Daten vorliegen (BT-Drs. 20/1024, 26). Eine Unterscheidung nach Kunden scheidet ausweislich der Gesetzesbegründung aus. (BT-Drs. 20/1024, 26). **6**

Die gesetzliche Formulierung adressiert uneingeschränkt alle Bilanzkreisverantwortlichen. Eine Einschränkung auf Ausspeisungen oder beispielsweise die Belieferung von Letztverbrauchern macht das Gesetz nicht. Aus dem genehmigten THE-Konzept (→ Rn. 16ff.) ergibt sich jedoch, dass die Gasspeicherumlage letztlich nur für die auf die aus einem Bilanzkreis physikalisch ausgespeisten Mengen an SLP-Entnahmestellen (Standard-Last-Profil), RLM-Entnahmestellen (registrierende **7**

Leistungsmessung) und an Grenzübergangspunkten bzw. virtuellen Kopplungspunkten erhoben wird. Das hat zur Folge, dass von der Umlage alle ausgespeisten Mengen betroffen sind (BT-Drs. 20/1024, 26). Der Gas-Großhandel innerhalb von Deutschland ist damit nicht von der Gasspeicherumlage erfasst. Es werden vielmehr nur Liefermengen mit der Umlage belastet, die eine physikalische Ausspeisung betreffen. Hierzu zählen auch grenzüberschreitende Gaslieferungen ins Ausland, wenn der Lieferant aus einem deutschen Bilanzkreis liefert und am Grenzübergangspunkt ausspeist. Der Großhandel über die deutsche Grenze hinaus wird mithin mit der Umlage belastet, wodurch sich die Umlage von der Gasbeschaffungsumlage nach § 26 EnSiG unterscheidet.

8 **Schuldner** der THE für die Gasspeicherumlage sind damit zum einen Lieferanten von Letztverbrauchern bzw. von Kunden, die Gas ausspeisen und zum anderen Lieferanten von Kunden im Ausland. Verbraucher, die selbst Bilanzkreisverantwortliche sind und den Ausspeisevertrag mit dem Anschlussnetzbetreiber abschließen sind demnach ebenfalls zahlungspflichtig.

9 **2. Umlagefähige Kosten und Erlöse.** Umlagefähig sind alle Kosten, die im Zusammenhang mit der Erfüllung der neuen Aufgaben des Marktgebietsverantwortlichen gem. §§ 35 a bis 35 d anfallen. Damit gemeint sind insbesondere die anfallenden Kosten im Zusammenhang mit SSBOs sowie die Kosten für die Eigenbeschaffung von Gas und des Erwerbs von Speicher- und Transportkapazitäten. Darüber hinaus hat die BNetzA im Genehmigungsverfahren (→ Rn. 18) festgehalten, dass alle transparent dargelegten Kostenpositionen, auch zum jetzigen Zeitpunkt noch nicht absehbare Positionen, im Rahmen der Speicherumlage umlagefähig sind, sofern sie sachgerecht sind und der Sicherstellung der Versorgungssicherheit dienen (BNetzA Beschl. v. 29.7.2022 – BK7-22-052 Rn. 45).

10 Umlagefähig sind darüber hinaus auch die Erlöse, die der Marktgebietsverantwortliche im Rahmen seiner neuen Aufgaben erwirtschaftet. Erlöspositionen können etwa die aus der Umlage erzielten Einnahmen sein, die Erlöse aus möglichen Verkäufen von ausgeübten SSBO oder selbst beschafften physischen Gasmengen aufgrund der Freigaberegelungen nach § 35 d Abs. 1 und Abs. 4 (vgl. ABl. BNetzA Nr. 11 v. 15.6.2022, Vfg. Nr. 52/2022, 579).

11 **3. Ergebnisneutralität.** Das Tätigwerden des Marktgebietsverantwortlichen dient dem Ziel der Erreichung der Füllstandsvorgaben des § 35 b Abs. 1. Diese Tätigkeit soll auf Basis des GasspeicherG ergebnisneutral erfolgen. Ergebnisneutralität bedeutet in diesem Zusammenhang, dass die tatsächlich entstandenen Kosten dem Marktgebietsverantwortlichen erstattet werden, jedoch nur unter Anrechnung der erwirtschafteten Einnahmen. An darüberhinausgehenden Einnahmen sind die Bilanzkreisverantwortlichen gleichermaßen zu beteiligen wie an den Kosten, da diese nicht dem Marktgebietsverantwortlichen zufallen sollen. Das Gesetz ordnet in § 35 e S. 3 deswegen im Rahmen der Umlageerhebung eine Saldierung der Kosten und Erlöse an.

12 **4. Transparenz bei Umlageverfahren und Kostenermittlung.** Nach § 35 e S. 1 und S. 2 muss sowohl ein transparentes Umlageverfahren als auch eine transparente Ermittlung der Kosten und Erlöse gewährleistet sein. Bei der Ermittlung der Kosten und Erlöse, die in die Umlage einfließen, muss die durchgeführte Prognose und Ermittlung nach den Grundsätzen eines ordentlichen Kaufmanns erfolgen und für einen sachverständigen Dritten nachvollziehbar sein (BT-Drs. 20/1024, 26). Um diesen gesetzlichen Transparenz-Erfordernissen gerecht zu werden, müssen

die Umlage sowie mögliche Ausschüttungen (inklusive der jeweils relevanten Berechnungs- und Prognosegrundlagen) seitens des Marktgebietsverantwortlichen mit hinreichend Vorlauf veröffentlicht werden. Die Gesetzesbegründung nennt hierfür eine Frist von mindestens sechs Wochen vor Beginn des jeweiligen Geltungszeitraums.

5. Abschlagszahlungen. Zur Erfüllung der Pflichten nach dem GasspeicherG entsteht ein erheblicher, dabei häufig auch kurzfristiger, Liquiditätsbedarf beim Marktgebietsverantwortlichen, dem erst zeitlich verzögert ausgleichende Einnahmen gegenüberstehen. So ging die Gesetzesbegründung in einer „worst case"-Betrachtung von einem Liquiditätsbedarf in Höhe von 15 Mrd. EUR aus (BT-Drs. 20/1144, 4). Der Marktgebietsverantwortliche ist deswegen nach S. 4 berechtigt, angemessene **Abschlagszahlungen** auf die Umlage bei den Bilanzkreisverantwortlichen zu erheben. Auf diese Weise soll eine vollständige Vorfinanzierung durch den Marktgebietsverantwortlichen vermieden werden, damit dieser nicht alleine das Insolvenzrisiko zu tragen hat (BT-Drs. 20/1024, 27). 13

6. Einzelheiten werden durch Genehmigung geregelt. Einzelheiten der Ausgestaltung der Umlage und der Abschlagszahlungen werden gem. § 35e S. 5 von der BNetzA im Einvernehmen mit dem BMWK und dem BMF nach § 29 Abs. 1 (→ § 29 Rn. 27, 38 ff.) genehmigt. Dazu gehört insbesondere die der Umlage zu Grunde liegende Berechnungsmethode bzw. -systematik inklusive der Frage, welche konkreten Kostenelemente Gegenstand der Umlage sind, sowie die Frage der Ergebnisneutralität, des Geltungszeitraums und der Einzelheiten des Umgangs mit Überschüssen und Verlusten (BT-Drs. 20/1024, 27). Die Höhe der Umlage ist nicht Teil der Genehmigung, sondern wird durch den Marktgebietsverantwortlichen auf Basis der genehmigten Methode ermittelt. 14

Basierend auf den Anforderungen des § 35e S. 1 bis 4 erfolgt nach S. 5 eine Genehmigung der Umlage in ihren Einzelheiten durch die BNetzA im Einvernehmen mit dem BMWK und dem BMF nach § 29 Abs. 1. 15

II. Genehmigtes Speicherumlagen-Konzept der THE

1. Erarbeitung des Speicherumlagen-Konzepts durch THE. In der Praxis wurde dem Marktgebietsverantwortlichen nicht lediglich die in § 35e S. 5 aE eingeräumte „Gelegenheit zur Stellungnahme" hinsichtlich der Genehmigung der Einzelheiten der Gasspeicherumlage gegeben. Vielmehr hat THE als Antragstellerin iSd § 29 Abs. 1 Alt. 2 ein Konzept mit dem Vorschlag einer Methodik zur Ausgestaltung der Speicherumlage entwickelt und am 30.5.2022 der BNetzA zur Genehmigung vorgelegt. Die BNetzA hat daraufhin ein Verfahren zur Genehmigung der Methodik zur Ausgestaltung der Umlage nach § 35e eingeleitet. Am 1.6.2022 wurde zudem ein Verfahren zur Entscheidung über die Anwendung des von der THE vorgeschlagenen Konzepts zur Methodik zur Ausgestaltung der Umlage nach § 35e eingeleitet (beide Verfahren Az.: BK7-22-052). Zu dem von THE vorgelegten Konzept führte die BNetzA sodann ein rund zweiwöchiges Konsultationsverfahren durch, in dem insgesamt 19 Stellungnahmen eingingen. 16

Im Anschluss an das Konsultationsverfahren Mitte Juni 2022 nahm THE zu den eingegangenen Stellungnahmen Stellung und legte einen Änderungsantrag hinsichtlich des zuvor eingereichten Konzepts vor. Die Änderungen betrafen insbesondere die Verlängerung der Umlageperiode von drei auf sechs Monate (außer der je- 17 weils dreimonatigen ersten und letzten Umlageperiode) sowie den Verzicht auf einen ursprünglich vorgesehenen Liquiditätspuffer.

18 Mit Beschluss vom 29.7.2022 hat die BNetzA das modifizierte Konzept der THE für die Methodik zur Ausgestaltung der Umlage nach § 35e mit Einvernehmen des BMWK und BMF genehmigt. Umfang und Ausgestaltung des Gasspeicherumlagen-Konzepts ergeben sich aus dem Beschluss der BNetzA zur Genehmigung der Methodik zur Ausgestaltung der Umlage nach § 35e vom 29.7.2022 (BK7-22-052) sowie dem als Anlage 1 zum Beschluss beigefügten THE-Konzept (www.bundesnetzagentur.de/DE/Beschlusskammern/1_GZ/BK7-GZ/2022/BK 7-22-0052/BK7-22-0052_Beschluss_Internet).

19 THE hat am 18.8.2022 bekanntgegeben, dass die Höhe der Gasspeicherumlage 0,59 EUR/MWh beträgt. Sie wird ab dem 1.10.2022 erhoben. Damit sollen die mit den neuen gesetzlichen Aufgaben verbundenen Kosten zunächst gedeckt werden (Pressemitteilung THE v. 18.8.2022, www.tradinghub.eu/de-de/Unternehmen/Newsroom/News/Details/ArtMID/1404/ArticleID/104/Pressemitteilung). Eine erstmalige Anpassung der Höhe seitens THE ist zum 1.1.2023 möglich.

20 **2. Weitergabe der Umlage-Kosten.** Die gesetzliche Regelung und dem folgend das genehmigte Konzept enden bei der Verpflichtung der Bilanzkreisverantwortlichen, die Umlage zu zahlen. Regelmäßig handelt es sich hierbei um die Lieferanten von Letztverbrauchern, die dann ihrerseits ein Interesse haben, diese zusätzlichen Kosten an ihre Kunden weiterzugeben. In Anbetracht der vielfältigen Gestaltung von Energielieferverträgen wird dabei für die Versorgung von Haushaltskunden ebenso wie für Industriekunden jeweils im Einzelfall zu prüfen sein, ob der Vertrag eine Weitergabe der Mehrkosten zulässt (Assmann/Peiffer/*Richter* EnWG § 35e Rn. 1). Für die Grundversorgung sind dabei die Vorgaben und Fristen aus § 4 Abs. 2 GasGVV zu beachten. In Sonderkundenverträgen gelten für einseitige Preisanpassungsrechte (§ 315 BGB) strenge Vorgaben, die eine transparente Kalkulation und frühzeitige Information erfordern, damit der Kunde der Anpassung durch Kündigung entgehen kann (BGH Urt. v. 29.1.2020 – VIII ZR 75/19; Urt. v. 28.10.2015 – VIII ZR 158/11, NJW 2016, 1718). Manche Verträge enthalten auch sog. „Steuer- und Abgabenklauseln", nach denen neue hoheitlich veranlasste Mehrkosten an den Kunden weitergegeben werden können. Dies war eine Reaktion im Elektrizitätsbereich auf das vom Gesetzgeber teilweise inflationär genutzte Instrument der Umlage. In Festpreisverträgen ohne Weitergabe-Klausel wird die Weitergabe der Mehrkosten an den Kunden nur möglich sein, wenn die Belastung des Lieferanten so unzumutbar ist, dass der Vertrag über vertragliche Wirtschaftsklauseln (BGH Urt. v. 23.1.2013 – VIII ZR 47/12, NJW 2013, 2745) oder das Prinzips des Wegfalls der Geschäftsgrundlage nach § 313 BGB angepasst werden kann.

§ 35f Evaluierung

[1]**Das Bundesministerium für Wirtschaft und Klimaschutz bewertet bis zum 15. Dezember 2022 die Umsetzung der Vorschriften dieses Teils und evaluiert bis zum 1. April 2023 die Vorschriften dieses Teils und deren Auswirkungen.** [2]**Die Berichte sind unverzüglich dem Deutschen Bundestag vorzulegen.**

Literatur: Vgl. die Hinweise zu Vor §§ 35a ff.

Evaluierung **§ 35f**

A. Allgemeines

I. Inhalt

§ 35f enthält eine Pflicht des BMWK zur Bewertung der Umsetzung und zur **1**
Evaluierung der Regelungen in Teil 3a des EnWG zu bestimmten Stichtagen.

II. Zweck

Die Pflicht zur Bewertung der Umsetzung sowie zur Erstellung eines Evaluie- **2**
rungsberichts wurde erst im Rahmen der Beschlussempfehlung des Klimaausschusses als Änderungsantrag eingeführt. Sie war im Gesetzgebungsverfahren im Rahmen der eingeholten Expertenstellungnahmen explizit etwa vom BDEW gefordert worden. Insofern verwies der BDEW in seiner öffentlich verfügbaren Stellungnahme vom 18.3.2022 auf die noch nicht erprobten Mechanismen zur Speicherbefüllung sowie die noch nicht abschätzbare resultierende Kostenbelastung.

Im Gesetzgebungsverfahren war von Seiten der SPD-Fraktion erläutert worden, **3**
sowohl die Befristung in § 35g (→ § 35g Rn. 4f.) als auch die Evaluierungspflicht sei aufgrund der bestehenden Sondersituation erforderlich, da jederzeit eine Änderung der Marktsituation möglich sei (BT-Drs. 20/1144, 15). Ausweislich der Gesetzesbegründung dient der Evaluierungsbericht der Überprüfung der Notwendigkeit der Regelungen, insbesondere auch vor dem Hintergrund der fortschreitenden Dekarbonisierung (BT-Drs. 20/1144, 16).

B. Einzelerläuterung

I. Umsetzungsbericht

Das BMWK ist nach § 35f verpflichtet, die Umsetzung der Vorschriften des **4**
Teil 3a EnWG einmalig bis zum 15.12.2022 zu bewerten. Das Gesetz fordert hier nicht (wie an anderer Stelle ausdrücklich) einen Umsetzungsbericht. Die Erstellung eines Umsetzungsberichts sieht das EnWG unter anderem in § 12d und 15b im Zusammenhang mit dem Netzentwicklungsplan vor. Dort sind zusätzlich jeweils Einzelheiten zum verpflichtenden Inhalt dieser Umsetzungsberichte kodifiziert. Dies ist hier nicht der Fall. Dennoch ist davon auszugehen, dass vom BMWK ein (vom ebenfalls vorgesehenen Evaluierungsbericht abzugrenzender) schriftlicher Bericht erstellt werden soll. Denn in § 35f S. 2 ist die Rede von der Vorlage der „Berichte" (im Plural) beim Deutschen Bundestag.

Mangels expliziter Vorgaben obliegt die inhaltliche Ausgestaltung des Umset- **5**
zungsberichts dabei dem BMWK selbst. Bei dieser Bewertung hinsichtlich des Umsetzungsstands können insbesondere die Informationen einfließen, die durch die Erbringung der zahlreichen im GasspeicherG geforderten Nachweise gegenüber dem BMWK zu erteilen sind (→ § 35b Rn. 13ff., 23ff.). Dabei scheint die Umsetzung der vom GasspeicherG geforderten Vertragsanpassungen durch die Speicherbetreiber in § 35b Abs. 1 S. 1 und Abs. 6 S. 1, sowie der im GasspeicherG vorgesehenen Maßnahmen des Marktgebietsverantwortlichen, insbesondere der Durchführung von SSBO-Ausschreibungen, sinnvoller Gegenstand dieser Bewertung zu sein.

II. Evaluierungsbericht

6 Das BMWK ist darüber hinaus verpflichtet, bis zum 1.4.2023 einen einmaligen Evaluierungsbericht zu den Vorschriften und deren Auswirkungen zu erstellen. Die Regelung geht nicht näher darauf ein, welche Auswirkungen genau betrachtet werden sollen. Es liegt allerdings nahe, dass hier insbesondere die Auswirkungen auf die Versorgungssicherheit maßgeblich sein werden. Der Begriff „Evaluierungsbericht" wird in § 112 S. 1 legaldefiniert als „Bericht über die Erfahrungen und Ergebnisse mit der Regulierung". Auch im GasspeicherG wird erstmals eine Regulierung des Speichermarktes vorgesehen, deren Effektivität und auch Erforderlichkeit nach § 35 g schon innerhalb des ersten Jahres beurteilt werden soll. Im Rahmen des Evaluierungsberichts wird insofern insbesondere darzustellen sein, ob eine Fortgeltung der Regelungen weiterhin erforderlich ist, um hinreichende Speicherfüllstände auch für den Winter 2023/2024 zu gewährleisten. Dabei ist nach der Gesetzesbegründung ein besonderes Interesse auf die fortschreitenden Dekarbonisierungsbestrebungen zu legen (BT-Drs. 20/1144, 16). Auch die Fortentwicklung der europäischen Regelungen für Gasspeicher wird maßgeblich sein.

III. Vorlage beim Bundestag

7 Beide Berichte sind unverzüglich dem Bundestag zuzuleiten.

§ 35 g Inkrafttreten, Außerkrafttreten

¹Die gesetzlichen Regelungen zur Einführung von Füllstandsvorgaben für Gasspeicheranlagen treten am Tag nach der Verkündung in Kraft. ²Sie treten am 1. April 2025 außer Kraft.

Literatur: *Chanos*, Möglichkeiten und Grenzen der Befristung parlamentarischer Gesetzgebung, 1999.

A. Überschrift

I. Inhalt

1 § 35 g schränkt die Geltung der Regelungen in den §§ 35 a bis 35 f zeitlich ein. Die Norm regelt das Inkrafttreten des Gesetzes am Tag nach der Verkündung. Das GasspeicherG wurde am 29.4.2022 im Bundesgesetzblatt verkündet und ist dementsprechend am 30.4.2022 in Kraft getreten. Am 1.4.2025 treten die Vorschriften außer Kraft.

II. Zweck

2 Die Regelung enthält damit eine zeitliche Befristung der Geltung der neuen Vorschriften für einen Zeitraum von zunächst rund drei Jahren. Hintergrund der Befristung des Gesetzes ist ausweislich der Beschlussempfehlung des Klimaausschusses die Feststellung, dass zum Zeitpunkt des Erlasses eine Sondersituation herrschte sowie die Überlegung, dass sich die Marktsituation, auch jederzeit ändern könne (BT-Drs. 20/1144, 15).

Ohne eine bewusste Entscheidung des parlamentarischen Gesetzgebers für eine 3
Fortgeltung der Regelungen über dieses Datum hinaus, werden ab April 2025
keine verbindlichen Füllstandsvorgaben mehr gelten und die mit dem Gasspeicher G eingeführte Regulierung des Speichermarkts entfällt wieder. Übergangsregelungen für eine Rückkehr zu einer rein marktbasierten Befüllung der deutschen Speicher (ohne staatliche Leitlinien) enthält das Gesetz nicht, sondern scheint insofern zunächst auf eine Selbstregulierung des Marktes zu setzen.

B. Einzelerläuterung

I. Beschränkte Geltungsdauer

Die Regelung zur Befristung wurde erst im Laufe des Gesetzgebungsverfahrens 4
nachträglich eingefügt. Hintergrund der Befristung des Gesetzes ist ausweislich der
Fraktion der SPD die aktuelle Sondersituation in der Energieversorgung und die
Überlegung, dass sich die Marktsituation auch jederzeit ändern könne (BT-Drs.
20/1144, 15).

Der Gesetzgeber entschied sich kürzlich nicht allein hinsichtlich des Gasspeicher G (welches nur eines der angesichts der sich im Frühjahr 2022 abzeichnenden 5
Gaskrise erlassenen Gesetzen darstellt) für eine Befristung. So wurden beispielsweise
auch die unmittelbar nach dem GasspeicherG eingeführten Regelungen des ErsatzkraftwerkeG 2022 in § 121 vergleichbar befristet. Diese gesetzgeberische Entscheidung wird der Tatsache gerecht, dass es sich bei diesen Gesetzen um anlassbezogene neuartige Regelungen handelt, die vom Parlament in Reaktion auf die konkrete Situation am Gasmarkt im Frühjahr 2022 erarbeitet wurden und dass der weitere Verlauf und die Reaktionen des Marktes kaum abschätzbar sind. Daher war auch der Umfang der auf längere Sicht noch angemessenen staatlichen Eingriffe zum Zeitpunkt des Erlasses des Gesetzes nicht abzusehen. Von der Einführung einer langfristig ausgelegten (unbefristeten) Regulierung des Gasspeichermarktes wurde daher abgesehen. Durch die vorgenommene Befristung wird nicht nur Rechtssicherheit geschaffen, sondern der Gesetzgeber auch gezwungen, noch vor Ablauf der Geltungsfrist zu prüfen, ob weiterhin ein entsprechender Regelungsbedarf besteht. Im Rahmen dieser Prüfung wird die Gelegenheit bestehen, zu prüfen, ob sich im Gesetzesvollzug Schwachstellen gezeigt haben, die anlässlich einer Entscheidung zur Verlängerung dann revidiert werden können (*Chanos*, Möglichkeiten und Grenzen der Befristung parlamentarischer Gesetzgebung, 1999, S. 11).

II. Geltung für Altverträge

Für die Geltung des § 35 b Abs. 6 für Speichernutzungsverträge, die vor dessen 6
Inkrafttreten geschlossen wurden, enthält § 118 Abs. 36 eine Übergangsregelung
(→ § 118 Rn. 23).

Burmeister/Reichstein

§ 35h Außerbetriebnahme und Stilllegung von Gasspeichern

(1) ¹Der Betreiber einer Gasspeicheranlage im Sinne des § 35a Absatz 2 ist verpflichtet, der Bundesnetzagentur eine vorläufige oder endgültige Außerbetriebnahme oder Stilllegung einer Gasspeicheranlage, von Teilen einer Gasspeicheranlage oder des betreffenden Netzanschlusses am Fernleitungsnetz mindestens zwölf Monate im Voraus anzuzeigen. ²Der Betreiber einer Gasspeicheranlage hat die Gründe hierfür anzugeben.

(2) ¹Die vorläufige oder endgültige Außerbetriebnahme oder Stilllegung einer Gasspeicheranlage, von Teilen einer Gasspeicheranlage oder des betreffenden Netzanschlusses am Fernleitungsnetz bedarf der vorherigen Genehmigung durch die Bundesnetzagentur. ²Der Betreiber einer Gasspeicheranlage hat im Rahmen seines Antrags nach Satz 1 anzugeben und nachzuweisen, ob und inwieweit die Stilllegung aus rechtlichen, technischen oder betriebswirtschaftlichen Gründen erfolgt. ³Im Rahmen des Genehmigungsverfahrens hat die Bundesnetzagentur den Fernleitungsnetzbetreiber, an dessen Netz die Gasspeicheranlage angeschlossen ist, anzuhören.

(3) ¹Die Genehmigung kann nur erteilt werden, wenn hiervon keine nachteiligen Auswirkungen auf die Versorgungssicherheit der Bundesrepublik Deutschland oder der Europäischen Union ausgehen oder wenn der Weiterbetrieb technisch nicht möglich ist. ²Nur unerhebliche nachteilige Auswirkungen auf die Versorgungssicherheit der Bundesrepublik Deutschland oder der Europäischen Union sind im Rahmen des Satzes 1 unbeachtlich. ³Der Betreiber einer Gasspeicheranlage hat im Rahmen der ihm zur Verfügung stehenden Möglichkeiten den Nachweis für das Vorliegen der Genehmigungsvoraussetzungen zu erbringen.

(4) ¹Wird die Genehmigung versagt, so bleibt der Betreiber einer Gasspeicheranlage zum Betrieb nach § 11 Absatz 1 Satz 1 verpflichtet. ²Der Betreiber einer Gasspeicheranlage kann die vorläufige oder endgültige Außerbetriebnahme oder Stilllegung frühestens wieder nach Ablauf von 24 Monaten beantragen. ³Überträgt der Betreiber einer Gasspeicheranlage den Betrieb einem Dritten, so ist er so lange zum Weiterbetrieb verpflichtet, bis der Dritte in der Lage ist, den Betrieb im Sinne des § 11 Absatz 1 Satz 1 ohne zeitliche Unterbrechung fortzuführen. ⁴Kann der Betreiber einer Gasspeicheranlage den Betrieb im Sinne des § 11 Absatz 1 Satz 1 selbst nicht mehr gewährleisten, so hat er unverzüglich durch geeignete Maßnahmen, wie etwa eine Betriebsübertragung auf Dritte oder die Erbringung der Betriebsführung als Dienstleistung für einen Dritten oder durch einen Dritten, den Weiterbetrieb zu gewährleisten. ⁵Bleiben Maßnahmen nach Satz 4 erfolglos, kann die Bundesnetzagentur im Einzelfall die zur Sicherstellung des Weiterbetriebs erforderlichen Maßnahmen gegenüber dem Betreiber einer Gasspeicheranlage treffen. ⁶Tragen Dritte zum sicheren Betrieb der Gasspeicheranlage bei und ist der Weiterbetrieb ohne sie nicht möglich, so gilt die Befugnis nach Satz 5 auch gegenüber diesen Dritten.

(5) ¹Soweit bei Vorhaben nach § 2 Absatz 2 Satz 1 Nummer 1 und 2 des Bundesberggesetzes vom 13. August 1980 (BGBl. I S. 1310), das zuletzt

durch Artikel 1 des Gesetzes vom 14. Juni 2021 (BGBl. I S. 1760) geändert worden ist, zur Abwehr dringender Gefahren für Leib und Leben oder eines Umweltschadens im Sinne des § 2 Nummer 1 des Umweltschadensgesetzes in der Fassung der Bekanntmachung vom 5. März 2021 (BGBl. I S. 346) oder zur weiteren dauerhaften Aufrechterhaltung der Funktionsfähigkeit eine vorläufige oder endgültige Außerbetriebnahme oder Stilllegung aufgrund einer Anordnung der zuständigen Behörde nach § 142 des Bundesberggesetzes notwendig ist, kann die zuständige Behörde abweichend von den Absätzen 1 bis 3 eine entsprechende Anordnung treffen. ²Die zuständige Behörde konsultiert vor ihrer Anordnung die Bundesnetzagentur. ³Satz 2 gilt nicht, wenn aufgrund von Gefahr in Verzug eine sofortige Anordnung notwendig ist; in diesem Fall wird die Bundesnetzagentur unverzüglich von der zuständigen Behörde über die Anordnung in Kenntnis gesetzt. ⁴Der Betreiber einer Gasspeicheranlage ist verpflichtet, nach einer Anordnung nach Satz 1 den Speicher oder die Einrichtung unverzüglich wieder in einen betriebsbereiten Zustand zu versetzen, soweit dies technisch möglich ist.

(6) ¹Der Betreiber einer Gasspeicheranlage kann bei der Bundesnetzagentur eine Entschädigung für den Fall einer anderweitig nicht ausgleichbaren, unbilligen wirtschaftlichen Härte, die ihm infolge der Genehmigungsversagung nach Absatz 4 entstanden ist, beantragen. ²Im Rahmen des Antrags hat der Betreiber einer Gasspeicheranlage insbesondere Folgendes darzulegen:
1. die Gründe, aus denen sich für ihn eine unbillige wirtschaftliche Härte aus der Versagung der Genehmigung nach Absatz 4 ergibt,
2. Art und Umfang der voraussichtlichen Kosten für den Unterhalt und Weiterbetrieb der Gasspeicheranlage, für die eine Entschädigung verlangt wird, und
3. die Gründe dafür, dass die unter Nummer 2 genannten Positionen nicht anderweitig ausgeglichen werden können.

³Über den Antrag nach Satz 1 entscheidet die Bundesnetzagentur nach § 29 Absatz 1 im Einvernehmen mit dem Bundesministerium für Wirtschaft und Klimaschutz nach billigem Ermessen. ⁴Zur Leistung der Entschädigung ist der Bund verpflichtet. ⁵Die Entschädigung soll in Form von Wochen-, Monats- oder Jahresbeträgen für die Dauer des voraussichtlichen Weiterbetriebs der Anlage festgesetzt werden. ⁶Sie muss insgesamt zur Abwendung unbilliger wirtschaftlicher Härten erforderlich sein und darf die Summe der voraussichtlich notwendigen Kosten der Unterhaltung und des Weiterbetriebs der Anlage im relevanten Zeitraum abzüglich der voraussichtlich erzielbaren Einnahmen und sonstiger Ausgleichszahlungen nicht überschreiten. ⁷Der Betreiber ist verpflichtet, Nachweis über die Verwendung erhaltener Entschädigungszahlungen zu führen und diese mindestens einmal jährlich abzurechnen. ⁸Die Bundesnetzagentur kann Vorgaben zu Inhalt und Format der erforderlichen Nachweise machen. ⁹Überzahlungen, denen keine tatsächlich angefallenen notwendigen Kosten, die nicht anderweitig ausgeglichen werden konnten, gegenüberstehen, sind zurückzuerstatten. ¹⁰Eine Erhöhung der Entschädigung findet auf Antrag des Betreibers nur statt, wenn andernfalls eine unbillige wirtschaftliche Härte einträte.

§ 35 h Teil 3 a. Füllstandsvorgaben für Gasspeicheranlagen

(7) ¹Die Umstellung einer Gasspeicheranlage von L-Gas auf H-Gas, sofern diese Umstellung nicht nach § 19a durch den Betreiber eines Fernleitungsnetzes veranlasst worden ist, oder die Reduzierung von L-Gas-Speicherkapazitäten in einer Gasspeicheranlage bedarf der Genehmigung der Bundesnetzagentur im Einvernehmen mit dem Bundesministerium für Wirtschaft und Klimaschutz. ²Die Genehmigung nach Satz 1 darf nur versagt werden, wenn die Umstellung der Gasspeicheranlage oder die Reduzierung der L-Gas-Speicherkapazitäten zu einer Einschränkung der Versorgungssicherheit mit L-Gas führen würde. ³Im Rahmen der Prüfung sind die Fernleitungsnetzbetreiber, an deren Netz die Gasspeicheranlage angeschlossen ist, anzuhören. ⁴Die Versagung ist zu befristen. ⁵Nach Ablauf der Frist, spätestens jedoch nach 24 Monaten, kann der Betreiber einer Gasspeicheranlage einen erneuten Antrag stellen.

Übersicht

	Rn.
A. Allgemeines	1
I. Inhalt und Zweck	1
II. Gesetzgebungsgeschichte	3
III. Unionsrechtliche Regelung	4
IV. Anwendungsbereich	5
B. Einzelerläuterungen	8
I. Anzeigepflicht bei Außerbetriebnahme oder Stilllegung (Abs. 1)	8
II. Genehmigungserfordernis bei Außerbetriebnahme oder Stilllegung (Abs. 2)	10
III. Genehmigungsvoraussetzungen (Abs. 3)	13
IV. Sicherstellung des Weiterbetriebs (Abs. 4)	17
V. Abweichende Anordnungen zur Verhinderung schwerer Unfälle (Abs. 5)	23
VI. Entschädigungsregelung (Abs. 6)	26
VII. Genehmigung bei Umstellung und Reduzierung einer Gasspeicheranlage (Abs. 7)	35

Literatur: Vgl. die Hinweise zu Vor §§ 35a ff.

A. Allgemeines

I. Inhalt und Zweck

1   § 35h enthält **Regelungen zur Außerbetriebnahme und Stilllegung von Gasspeichern.** Abs. 1 regelt die Anzeigepflicht des Betreibers einer Gasspeicheranlage für den Fall der Außerbetriebnahme oder Stilllegung. In Abs. 2 und 3 werden die Genehmigungsbedürftigkeit, das Genehmigungsverfahren und materiellen die Genehmigungsvoraussetzungen normiert. Abs. 4 regelt die Folgen der Versagung der Genehmigung insbesondere mit Blick auf die Fortsetzung des Betriebs nach § 11 Abs. 1 S. 1 durch den Betreiber oder gegebenenfalls durch einen Dritten; insoweit werden auch Eingriffsbefugnisse der BNetzA begründet. Soweit Vorhaben dem BBergG unterfallen, wird die zuständige Behörde unter bestimmten Voraussetzungen abweichend von § 35h Abs. 1–3 zur Anordnung der vorläufigen oder endgültigen Außerbetriebnahme oder Stilllegung ermächtigt Abs. 1. Für den Fall,

dass die Versagung der Genehmigung nach Abs. 4 eine anderweitig nicht ausgleichbare, unbillige wirtschaftliche Härte nach sich zieht, enthält Abs. 6 eine Entschädigungsregelung. In Abs. 7 sind Regelungen zur Umstellung einer Gasspeicheranlage von L-Gas auf H-Gas getroffen.

Die Einfügung des § 35h ist eine Reaktion auf den völkerrechtswidrigen Angriff Russlands auf die Ukraine und die damit verschärften Spannungen auf den Energiemärkten (BT-Drs. 20/1501, 1). Mit den Regelungen soll die **Energieversorgungssicherheit im Krisenfall sichergestellt** werden (BT-Drs. 20/1501, 2). Die Versorgungssicherheit ist maßgeblich von den Kapazitäten der Gasspeicheranlagen abhängig (BT-Drs. 20/1501, 40). Diese Kapazitäten sollen durch den Weiterbetrieb der Gasspeicheranlagen sichergestellt werden. Die Maßnahmen dienen damit der Erfüllung der verfassungsrechtlich begründeten Aufgabe der Daseinsvorsorge, zu der die Sicherstellung der Energieversorgung als öffentliche Aufgabe von größter Bedeutung gehört (BVerfGE 66, 248 (258)), unter krisenhaft zugespitzten Bedingungen. 2

II. Gesetzgebungsgeschichte

§ 35h ist auf Grundlage des von den Regierungsfraktionen eingebrachten Entwurfs (BT-Drs. 20/1501, 16f.) in der Fassung der Ausschussempfehlung (BT-Drs. 20/1766, 9) im Rahmen der **EnSiG-Novelle 2022** mit Wirkung vom 22.5.2022 (BGBl. 2022 I S. 730) in das EnWG eingefügt worden. Durch Art. 3 Nr. 8 des Änderungsgesetzes vom 8.10.2022 (BGBl. 2022 I S. 1726) ist § 35h mit Wirkung ab dem 13.10.2022 um die Abs. 6 und 7 erweitert worden. 3

III. Unionsrechtliche Regelung

Eine § 35h korrespondierende, in ihrem Anwendungsbereich auf unterirdische Gasspeicheranlagen beschränkte Regelung ist durch die **Änderungsverordnung VO EU Nr. 1032/2022** (ABl.2022 L 173, 17) in die ErdgasVO eingefügt worden. Art. 3a Abs. 11 UAbs. 1 S. 1 Erdgas-VO verpflichtet die Mitgliedstaaten zur Sicherstellung des Weiterbetriebs unterirdischer Gasspeicheranlagen. Ausnahmen vom Weiterbetrieb bestehen gem. UAbs. 1 S. 1 nur soweit dies technische Anforderungen oder Sicherheitsanforderungen dem entgegenstehen oder die behördliche Feststellung ergeht, wonach die Einstellung des Betriebs die Gasversorgungssicherheit auf Unions- oder nationaler Ebene nicht beeinträchtigen würde. Des Weiteren verpflichtet Art. 3a Abs. 11 UAbs. 2 Erdgas-VO zu Ausgleichsmaßnahmen, wenn die Einstellung des Betriebes nicht gestattet wird. Art. 3a Abs. 13 Erdgas-VO ermächtigt die Kommission zur Konkretisierung der Anwendung des Art. 3a durch Leitlinien. Aus dem Anwendungsbereich des Art. 3a Erdgas-VO fallen gem. Art. 3a Abs. 13 Erdgas-VO die für die Speicherung genutzten Teile von LNG-Anlagen. 4

IV. Anwendungsbereich

Die Regelung des § 35h erfasst **Gasspeicheranlagen iSv § 35a Abs. 2.** Gasspeicheranlagen sind gem. § 3 Nr. 19c die einem Gasversorgungsunternehmen gehörenden oder von ihm betriebenen Anlagen zur Speicherung von Gas einschließlich des zu Speicherzwecken genutzten Teils von LNG-Anlagen; nicht erfasst sind die Teile, die für eine Gewinnungstätigkeit genutzt werden und Einrichtungen, die ausschließlich Betreibern von Leitungsnetzen bei der Wahrnehmung ihrer Auf- 5

§ 35 h Teil 3 a. Füllstandsvorgaben für Gasspeicheranlagen

gaben vorbehalten sind. Aus § 35 Abs. 2 S. 1 ergibt sich, dass auch § 35 h nur Gasspeicheranlagen iSv § 35 a Abs. 2 erfasst. Diese müssen mindestens einen Anschlusspunkt an das deutsche Fernleitungsnetz haben (§ 35 a Abs. 2 S. 1). Nicht von der Regelung des § 35 h Abs. 1 erfasst sind die zu Speicherzwecken genutzten Teile von LNG-Anlagen (vgl. § 35 a Abs. 2 S. 2).

6   Die Regelungen der Abs. 1–6 knüpfen an die **vorläufige oder endgültige Außerbetriebnahme und Stilllegung** von Gasspeicheranlagen, Teile von Gasspeicheranlagen oder des betreffenden Anschlusses am Fernleitungsnetz an. Von einer endgültigen Stilllegung ist in entsprechender Heranziehung von § 13 b Abs. 3 S. 2 (zur Anlehnung an § 13 b allgemein vgl. BT-Drs. 20/1501, 28) bei Maßnahmen auszugehen, die den Betrieb der Anlage endgültig ausschließen oder bewirken, dass eine Inbetriebnahme nicht mehr innerhalb eines Jahres möglich ist.

7   Die in § 35 h geregelten Rechte und Pflichten betreffen grundsätzlich den **Betreiber einer Gasspeicheranlage, ausnahmsweise auch Dritte,** die zu deren Betrieb beitragen (vgl. § 35 h Abs. 4 S. 6). Betreiber sind gem. § 3 Nr. 6 natürliche und juristische Personen sowie rechtlich unselbständige Organisationseinheiten eines EVU, die die Aufgabe der Speicherung von Erdgas wahrnehmen und für den Betrieb einer Gasspeicheranlage verantwortlich sind.

B. Einzelerläuterungen

I. Anzeigepflicht bei Außerbetriebnahme oder Stilllegung (Abs. 1)

8   Gem. § 35 h Abs. 1 S. 1 sind die Betreiber von Gasspeicheranlagen iSd § 35 a Abs. 2 (→ Rn. 7) dazu verpflichtet, der BNetzA eine vorläufige oder endgültige Außerbetriebnahme oder Stilllegung einer Gasspeicheranlage, von Teilen einer Gasspeicheranlage oder des betreffenden Netzanschlusses am Fernleitungsnetz **mindestens zwölf Monate im Voraus anzuzeigen.** Auslöser für die Einführung der Anzeigepflicht ist die besondere Abhängigkeit der Versorgungssicherheit von den Kapazitäten der Gasspeicheranlagen (vgl. BT-Drs. 20/1501, 40). Eigenständige Bedeutung erlangt die Anzeigepflicht neben dem Genehmigungserfordernis aus Abs. 2 durch die in Abs. 1 S. 1 vorgesehene Frist; dadurch wird der BNetzA das Monitoring der Versorgungssicherheit nach § 51 erleichtert.

9   Die **Gründe für die Außerbetriebnahme oder Stilllegung** sind als Mindestangaben (BT-Drs. 20/1501, 40) im Rahmen der Anzeige anzugeben (§ 35 h Abs. 1 S. 2).

II. Genehmigungserfordernis bei Außerbetriebnahme oder Stilllegung (Abs. 2)

10   Abs. 2 S. 1 legt das **Erfordernis einer vorherigen Genehmigung** für die Außerbetriebnahme oder Stilllegung von Gasspeicheranlagen, von Teilen einer Gasspeicheranlage oder des betreffenden Netzanschlusses am Fernleitungsnetzes fest. Für die Stilllegung und Außerbetriebnahme wird somit ein Verbot mit Genehmigungsvorbehalt begründet. Ein Verstoß kann aufsichtsrechtlich nach § 65 verfolgt werden.

11   Die Genehmigung bedarf eines **Antrags,** der an die für die Genehmigung zuständige BNetzA zu richten ist. Im Rahmen des Antrags nach Abs. 2 S. 1 hat der

Betreiber einer Gasspeicheranlage anzugeben und nachzuweisen, ob und inwieweit die Stilllegung aus rechtlichen, technischen oder betriebswirtschaftlichen Gründen erfolgt (Abs. 2 S. 2).

Die BNetzA hat gem. Abs. 2 S. 3 im Rahmen des Genehmigungsverfahrens den **Fernleitungsnetzbetreiber anzuhören,** an dessen Netz die Gasspeicheranlage angeschlossen ist. Der Gesetzgeber begründet dies mit der Betroffenheit des Fernleitungsnetzbetreibers und dem zu erwartenden verfahrensfördernden Beitrag (BT-Drs. 20/1501, 40). 12

III. Genehmigungsvoraussetzungen (Abs. 3)

Abs. 3 S. 1 regelt abschließend die **materiellen Voraussetzungen für die Erteilung einer Genehmigung** nach § 35h Abs. 2 S. 1. Liegen die Voraussetzungen vor, so hat die Behörde die Genehmigung zu erteilen. Die Genehmigungsvoraussetzungen stimmen weitestgehend mit den Ausnahmen für die Verpflichtung zum Weiterbetrieb unterirdischer Gasspeicheranlagen gem. Art. 3a Abs. 11 UAbs. 1 Erdgas-VO überein. 13

Eine Genehmigung kann zum einen nur erteilt werden, wenn die von der Stilllegung oder Außerbetriebnahme **keine – jedenfalls nicht nur unerheblichen – nachteiligen Auswirkungen auf die Versorgungssicherheit der Bundesrepublik Deutschland oder der Europäischen Union** ausgehen (§ 35h Abs. 3 S. 1 Alt. 1, S. 2). Im Rahmen der Prüfung durch die BNetzA sind einerseits etwa die Gaslieferungen und deren Verfügbarkeit sowie deren zukünftige Entwicklung, andererseits die Nachfrage nach Gasmengen und deren voraussichtliche Entwicklung zu berücksichtigen (BT-Drs. 20/1501, 40). Gemäß der Verordnung hat die BNetzA als Bescheinigungsbehörde im Sinne von Art. 3a Abs. 11 UAbs. 1 Erdgas-VO die Stellungnahmen des ENTSO (Gas) im Rahmen der Bewertung zu berücksichtigen soweit es sich um eine unterirdische Gasspeicheranlage handelt. 14

Zum anderen ist eine Genehmigung zu erteilen, wenn der **Weiterbetrieb technisch nicht möglich** ist (§ 35h Abs. 3 S. 1 Alt. 2). Darunter fasst der Gesetzgeber auch den Fall, dass Hindernisse für die Erteilung der erforderlichen bergrechtlichen Genehmigung technisch nicht ausgeräumt werden können (BT-Drs. 20/1501, 40). 15

Gem. Abs. 3 S. 3 hat der Betreiber einer Gasspeicheranlage im Rahmen der ihm zu Verfügung stehenden Möglichkeiten den **Nachweis für das Vorliegen der Genehmigungsvoraussetzungen** zu erbringen. Im Rahmen der Zumutbarkeit trifft ihn damit eine formale Mitwirkungspflicht. Dies schließt zwar den Untersuchungsgrundsatz nach § 24 VwVfG nicht aus, begründet jedoch eine Mitwirkungspflicht des Antragstellers, bei deren Nichterfüllung der Antrag mangels nicht vorliegender Voraussetzungen im Rahmen der freien Beweiswürdigung abgelehnt werden kann. 16

IV. Sicherstellung des Weiterbetriebs (Abs. 4)

Abs. 4 dient der „lückenlosen Sicherstellung des sicheren, zuverlässigen und leistungsfähigen Betriebs der für die Versorgungssicherheit maßgeblichen Gasspeicheranlagen" (BT-Drs. 20/1501, 40). Zu diesem Zweck hält § 35h Abs. 4 S. 1 das **Fortbestehen der Verpflichtung zum Betrieb nach § 11 Abs. 1 S. 1** klarstellend fest. Die Verpflichtung zum diskriminierungsfreien Betreiben, Warten, bedarfsgerechten Optimieren, Verstärken und Ausbauen eines sicheren, zuverlässigen und 17 leistungsfähigen Energieversorgungsnetzes im Rahmen der wirtschaftlichen Zumutbarkeit (§ 11 Abs. 1 S. 1) besteht ohnehin für Betreiber von Gasspeicheranlagen, soweit sie damit Betreiber von Energieversorgungsnetzen sind (vgl. § 3 Nr. 4 und 20).

18   Gem. Abs. 4 S. 2 kann ein **Antrag auf Genehmigung nach Abs. 2 S. 1 frühestens nach 24 Monaten erneut** gestellt werden.

19   Im Falle der **Übertragung des Betriebs der Gasspeicheranlage an einen Dritten** bleibt der bisherige Betreiber der Gasspeicheranlage gem. Abs. 4 S. 3 zum Weiterbetrieb verpflichtet, bis der Dritte den Betrieb iSv § 11 Abs. 1 S. 1 ohne zeitliche Unterbrechung fortführen kann.

20   Ist der Betreiber einer Gasspeicheranlage nicht in der Lage, den Weiterbetrieb iSv § 11 Abs. 1 S. 1 selbst zu gewährleisten, so trifft ihn gem. § 35h Abs. 4 S. 4 die Pflicht, **unverzüglich geeignete Maßnahmen zu treffen, um den Weiterbetrieb zu gewährleisten.** Als geeignete Maßnahmen bestimmt § 35h Abs. 4 S. 4 den Betriebsübergang auf Dritte oder die Erbringung der Betriebsführung als Dienstleistung für einen Dritten oder durch einen Dritten. Da es sich nur um eine beispielhafte Aufzählung handelt, kommen jedoch auch andere Maßnahmen in Betracht solange diese dazu geeignet sind, den Weiterbetrieb iSv § 11 Abs. 1 S. 1 zu gewährleisten.

21   Zur Sicherstellung des Weiterbetriebs der Gasspeicheranlagen räumt Abs. 4 S. 5 **der BNetzA Eingriffsbefugnisse** ein. Soweit Maßnahmen nach Abs. 4 S. 4 erfolglos bleiben, kann die BNetzA zur Sicherstellung des Weiterbetriebs erforderliche Maßnahmen gegenüber dem Betreiber einer Gasspeicheranlage treffen. Maßnahmen der BNetzA sollen als Ultima Ratio angewandt werden (BT-Drs. 20/1501, 40f.).

22   Abs. 4 S. 6 erweitert die Befugnisse der BNetzA auf **Maßnahmen gegenüber Dritte,** soweit Dritte zum sicheren Betrieb der Gasspeicheranlage beitragen und ein Weiterbetrieb ohne diese nicht möglich ist.

V. Abweichende Anordnungen zur Verhinderung schwerer Unfälle (Abs. 5)

23   Die nach § 142 BBergG zuständige Behörde kann gem. § 35h Abs. 5 S. 1 von § 35h Abs. 1–3 **abweichende Anordnungen** treffen. Voraussetzung ist, dass die vorläufige oder endgültige Außerbetriebnahme oder Stilllegung notwendig ist, um eine Untersuchung des Untergrundes auf seine Eignung zur Errichtung von Untergrundspeichern durchzuführen (§ 35h Abs. 5 S. 1 Var. 1 EnWG iVm § 2 Abs. 2 S. 1 Nr. 1 BBergG), Untergrundspeicher oder Einrichtungen, die überwiegend dem Betrieb eines Untergrundspeichers dienen oder zu dienen bestimmt sind, einzurichten und zu betreiben (§ 35h Abs. 5 S. 2 Var. 2 EnWG iVm § 2 Abs. 2 S. 1 Nr. 2 BBergG), eine dringende Gefahr von Leib oder Leben (§ 35h Abs. 5 S. 2 Var. 3) oder einer Umweltgefahr iSd § 2 Nr. 1 USchadG abzuwehren (§ 35h Abs. 5 S. 2 Var. 4) oder die weitere dauerhafte Funktionsfähigkeit aufrechtzuerhalten (§ 35h Abs. 5 S. 2 Var. 5). Letzteres soll nicht nur die dauerhafte Funktionsfähigkeit der Gasspeicheranlage selbst, sondern auch die Funktionsfähigkeit von Nachbarkavernen gewährleisten (BT-Drs. 20/1501, 41). Inwieweit die Regelungen der § 35h Abs. 1–3 für den Betreiber der Gasspeicheranlage weiter gelten, ergibt sich aus der jeweiligen Anordnung.

24   Vor der Entscheidung nach § 35h Abs. 5 S. 1 hat die zuständige Behörde die **BNetzA zu konsultieren** (Abs. 5 S. 2). Dies gilt gem. Abs. 5 S. 3 Hs. 1 nicht, so-

Außerbetriebnahme und Stilllegung von Gasspeichern § 35 h

weit aufgrund Gefahr im Verzug eine sofortige Anordnung notwendig ist. Notwendig ist eine sofortige Anordnung, wenn bei Einhaltung des Verfahrens nach § 35 h Abs. 5 S. 2 der Zweck der Maßnahme verfehlt werden würde. In einem solchen Fall hat die zuständige Behörde die BNetzA unverzüglich über die Anordnung in Kenntnis zu setzen (Abs. 5 S. 3 Hs. 2).

Abs. 5 S. 4 verpflichtet den Betreiber einer Gasspeicheranlage nach einer Anordnung nach § 35 h Abs. 5 S. 1, dh sobald Unwirksamkeit der Anordnung nach § 43 Abs. 2 VwVfG eintritt, den Speicher oder die Einrichtung **unverzüglich wieder in einen betriebsbereiten Zustand zu versetzen,** soweit dies technisch möglich ist. 25

VI. Entschädigungsregelung (Abs. 6)

In Einklang mit Art. 3a Abs. 11 UAbs. 2 Erdgas-VO enthält § 35 h Abs. 6 zur Vermeidung unbilliger Härte eine Entschädigungsregelung. Die **Voraussetzungen des Entschädigungsanspruchs** sind in § 35 h Abs. 6 S. 1 geregelt. Anspruchsberechtigter ist der Betreiber einer Gasspeicheranlage. Dieser kann bei der BNetzA einen Antrag auf Entschädigung stellen. Materielle Anspruchsvoraussetzung ist das Bestehen einer anderweitig nicht ausgleichbaren, unbilligen wirtschaftlichen Härte, die dem Betreiber einer Gasspeicheranlage infolge der Genehmigungsversagung nach § 35 h Abs. 4 – und damit infolge der fortbestehenden Verpflichtung nach § 11 Abs. 1 S. 1 – entstanden ist. Zwischen der Genehmigungsversagung nach § 35 h Abs. 4 und dem Bestehen der anderweitig nicht ausgleichbaren, unbilligen wirtschaftlichen Härte muss zumindest Kausalität vorliegen. Die Voraussetzungen der Entschädigungsregelung dürften nach Ansicht des Gesetzgebers regelmäßig nicht erfüllt sein und lediglich als Ultima Ratio zur Anwendung kommen (BT-Drs. 20/3497, 37). Liegen die Anspruchsvoraussetzungen vor, so erfolgt die Entscheidung über die Gewährung einer Entschädigung nach billigem Ermessen (§ 35 h Abs. 6 S. 3). 26

Abs. 6 S. 2 enthält **nicht abschließende inhaltliche Vorgaben für den Antrag** auf Entschädigung nach Abs. 6 S. 1. Gem. Nr. 1 hat der Antragsteller die Gründe, aus denen sich für ihn eine unbillige wirtschaftliche Härte infolge der Versagung der Genehmigung nach Abs. 4 ergibt, darzulegen. Abs. 6 S. 2 Nr. 2 verpflichtet zur Darlegung der Art und des Umfangs der voraussichtlichen Kosten für den Unterhalt und Weiterbetrieb der Gasspeicheranlage, für die eine Entschädigung verlangt wird. Schließlich muss der Antragsteller gem. Abs. 6 S. 2 Nr. 3 Gründe dafür darlegen, dass die voraussichtlichen Kosten für den Unterhalt und Weiterbetrieb nicht anderweitig ausgeglichen werden können. 27

Abs. 6 S. 3 regelt die **Zuständigkeit für die Ermessensentscheidung über den Entschädigungsanspruch.** Danach entscheidet die BNetzA nach § 29 Abs. 1 im Einvernehmen mit dem Bundesministerium für Wirtschaft und Klimaschutz nach billigem Ermessen. Soweit ein finanzieller Ausgleich aus grundrechtlichen Gründen geboten ist, weil die Verpflichtung zum Weiterbetrieb der Gasspeicheranlage eine andernfalls unzumutbare Regelung der Eigentumsnutzung darstellen würde, ist dieses Ermessen gebunden. Soweit eine darüber hinausgehende Billigkeitsentschädigung in Rede steht, ist das dann bestehende Ermessen durch die Vorgaben zur Form der Gewährung (→ Rn. 30) und zu deren Höhe (→ Rn. 31) begrenzt. 28

Gem. Abs. 6 S. 4 ist, soweit die Entscheidung für eine Entschädigung besteht, der **Bund zur Leistung der Entschädigung verpflichtet.** 29

§ 35 h Teil 3 a. Füllstandsvorgaben für Gasspeicheranlagen

30 Abs. 6 S. 5 bestimmt die **Form der Gewährung der Entschädigung.** Diese soll in Wochen-, Monats- oder Jahresbeträgen für die Dauer des voraussichtlichen Weiterbetriebs der Anlage festgesetzt werden.

31 Bei dem Anspruch handelt es sich nicht um einen Vergütungsanspruch, wie ihn etwa § 13 c vorsieht, sondern um eine Entschädigung für unbillige wirtschaftliche Härten, die der **Höhe** nach begrenzt ist. Gem. § 35 h Abs. 6 S. 6 muss die Entschädigung zur Abwendung unbilliger wirtschaftlicher Härten erforderlich sein und darf die Summe der voraussichtlich notwendigen Kosten der Unterhaltung und des Weiterbetriebs der Anlage im relevanten Zeitraum abzüglich der voraussichtlich erzielbaren Einnahmen und sonstiger Ausgleichszahlungen nicht überschreiten. Ein entsprechender Rückzahlungsanspruch bei Überschreitung ist in Abs. 6 S. 8 normiert.

32 Wird dem Antragsteller ein Entschädigungsanspruch gewährt, so hat dieser gem. Abs. 6 S. 7 **Nachweis über die Verwendung der erhaltenen Entschädigungszahlungen** zu führen und diese mindestens einmal jährlich abzurechnen. Weitere Vorgaben für Inhalt und Format der erforderlichen Nachweise kann die BNetzA gem. Abs. 6 S. 8 machen.

33 Zur Vermeidung einer Überkompensation und im Zusammenhang mit Abs. 6 S. 6 begründet § 35 h Abs. 6 S. 8 einen **Rückzahlungsanspruch für Überzahlungen,** denen keine tatsächlich angefallenen notwendigen Kosten, die nicht anderweitig ausgeglichen werden konnten, gegenüberstehend.

34 Eine **Erhöhung für einen einmal gewährte Entschädigungszahlung** kann gem. Abs. 6 S. 9 nur auf Antrag des Betreibers und zur Vermeidung unbilliger wirtschaftlicher Härte gewährt werden. Für den Antrag gelten die Vorgaben des Erstantrags entsprechend.

VII. Genehmigung bei Umstellung und Reduzierung einer Gasspeicheranlage (Abs. 7)

35 Abs. 7 regelt das **Genehmigungsverfahren bei Umstellung und Reduzierung einer Gasspeicheranlage.** Solange keine vollständige Umstellung von L-Gas auf H-Gas nach § 19a erfolgt ist, bleibt die Versorgungssicherheit von L-Gas-Speicherkapazitäten abhängig, sodass mit den Regelungen negative Auswirkungen auf die Versorgungssicherheit vermieden werden sollen (BT-Drs. 20/3497, 38).

36 Gem. Abs. 7 S. 1 ist die Umstellung einer Gasspeicheranlage **genehmigungsbedürftig,** wenn die Umstellung nicht nach § 19 a durch den Betreiber eines Fernleitungsnetzes veranlasst worden ist. Eine Reduzierung der L-Gas Speicherkapazität in einer Gasspeicheranlage ist gem. Abs. 7 S. 1 stets genehmigungsbedürftig.

37 Die Genehmigung für die Umstellung bzw. Reduzierung wird gem. Abs. 7 S. 1 von der **BNetzA im Einvernehmen mit dem Bundesministerium für Wirtschaft und Klimaschutz** erteilt.

38 Abs. 7 S. 2 regelt die **Versagungsgründe.** Danach darf Genehmigung nur versagt werden, wenn die Umstellung der Gasspeicheranlage oder die Reduzierung der L-Gas-Speicherkapazitäten zu einer Einschränkung der Versorgungssicherheit mit L-Gas führen würde; auch hier sind die L-Gas-Liefermengen, deren Verfügbarkeit und die zukünftige Entwicklung einerseits sowie die Nachfrage nach L-Gas-Mengen andererseits im Rahmen der Beurteilung einzubeziehen.

39 Im Rahmen der Prüfung ist die **Anhörung der Fernleitungsnetzbetreiber,** an deren Netz die Gasspeicheranlage angeschlossen ist, vorgeschrieben (Abs. 7

S. 3). Dadurch soll eine bessere Einschätzung zu den L-Gas-Liefermengen, deren Verfügbarkeit und zukünftige Entwicklung sowie die Nachfrage nach L-Gas-Mengen ermöglicht werden (BT-Drs. 20/3497, 38).

Wird die Genehmigung versagt, so ist die Versagung gem. Abs. 7 S. 4 zu befristen. Die **Befristung** soll aufgrund des Abs. 7 S. 5 maximal 24 Monate betragen dürfen (BT-Drs. 20/3497, 38). Ein erneuter Antrag auf Genehmigung kann gem. Abs. 7 S. 5 erst nach Ablauf der Frist, spätestens jedoch nach 24 Monaten gestellt werden.

Teil 4. Energielieferung an Letztverbraucher

§ 36 Grundversorgungspflicht

(1) ¹Energieversorgungsunternehmen haben für Netzgebiete, in denen sie die Grundversorgung von Haushaltskunden durchführen, Allgemeine Bedingungen und Allgemeine Preise für die Versorgung in Niederspannung oder Niederdruck öffentlich bekannt zu geben und im Internet zu veröffentlichen und zu diesen Bedingungen und Preisen jeden Haushaltskunden zu versorgen. ²Energieversorgungsunternehmen dürfen bei den Allgemeinen Bedingungen und Allgemeinen Preisen nicht nach dem Zeitpunkt des Zustandekommens des Grundversorgungsvertrages unterscheiden. ³Die Veröffentlichungen im Internet müssen einfach auffindbar sein und unmissverständlich verdeutlichen, dass es sich um die Preise und Bedingungen der Belieferung in der Grundversorgung handelt. ⁴Die Pflicht zur Grundversorgung besteht nicht, wenn die Versorgung für das Energieversorgungsunternehmen aus wirtschaftlichen Gründen nicht zumutbar ist. ⁵Die Pflicht zur Grundversorgung besteht zudem nicht für die Dauer von drei Monaten seit dem Beginn einer Ersatzversorgung nach § 38 Absatz 1, sofern der Haushaltskunde bereits zuvor an der betroffenen Entnahmestelle beliefert wurde und die Entnahmestelle dem bisherigen Lieferanten aufgrund einer Kündigung des Netznutzungs- oder Bilanzkreisvertrages nicht mehr zugeordnet werden konnte. ⁶Ein konkludenter Vertragsschluss durch Entnahme von Energie ist für die betroffene Entnahmestelle für diesen Zeitraum ausgeschlossen.

(2) ¹Grundversorger nach Absatz 1 ist jeweils das Energieversorgungsunternehmen, das die meisten Haushaltskunden in einem Netzgebiet der allgemeinen Versorgung beliefert. ²Betreiber von Energieversorgungsnetzen der allgemeinen Versorgung nach § 18 Abs. 1 sind verpflichtet, alle drei Jahre jeweils zum 1. Juli, erstmals zum 1. Juli 2006, nach Maßgabe des Satzes 1 den Grundversorger für die nächsten drei Kalenderjahre festzustellen sowie dies bis zum 30. September des Jahres im Internet zu veröffentlichen und der nach Landesrecht zuständigen Behörde schriftlich mitzuteilen. ³Die nach Landesrecht zuständige Behörde kann die zur Sicherstellung einer ordnungsgemäßen Durchführung des Verfahrens nach den Sätzen 1 und 2 erforderlichen Maßnahmen treffen. ⁴Über Einwände gegen das Ergebnis der Feststellungen nach Satz 2, die bis zum 31. Oktober des jeweiligen Jahres bei der nach Landesrecht zuständigen Behörde einzulegen sind, entscheidet diese nach Maßgabe der Sätze 1 und 2. ⁵Stellt der Grundversorger nach Satz 1 seine Geschäftstätigkeit ein, so gelten die Sätze 2 und 3 entsprechend.

(3) Im Falle eines Wechsels des Grundversorgers infolge einer Feststellung nach Absatz 2 gelten die von Haushaltskunden mit dem bisherigen Grundversorger auf der Grundlage des Absatzes 1 geschlossenen Energielieferverträge zu den im Zeitpunkt des Wechsels geltenden Bedingungen und Preisen fort.

(4) Die Absätze 1 bis 3 gelten nicht für geschlossene Verteilernetze.

§ 36 Teil 4. Energielieferung an Letztverbraucher

Übersicht

Rn.
- A. Allgemeines 1
  - I. Inhalt und Zweck 1
  - II. Entstehungsgeschichte 5
    1. Vorgeschichte und Grundlage der Neuregelung 5
    2. Gesetzgebungsgeschichte 7
  - III. Unionsrechtlicher Hintergrund 10
  - IV. Verfassungsrechtliche Beurteilung 12
  - V. Ergänzende Regelungen 14
    1. Gesetzliche und untergesetzliche Konkretisierung 14
    2. Übergangsregelungen 16
- B. Ausgestaltung der Grundversorgung (Abs. 1) 17
  - I. Grundversorgungspflichtiger 17
  - II. Haushaltskunden als Grundversorgungsberechtigte 20
  - III. Inhalt der Grundversorgungspflicht 25
    1. Bekanntgabe von Allgemeinen Bedingungen und Allgemeinen Tarifen 26
    2. Verbot der Differenzierung nach dem Zeitpunkt des Vertragsschlusses 34
    3. Grundversorgungsvertrag und Haushaltskundenbelieferung ... 36
  - IV. Unzumutbarkeit als Grenze der Grundversorgungspflicht (Abs. 1 S. 4) 43
  - V. Dreimonatige Karenzzeit (Abs. 1 S. 5 und 6) 49
- C. Bestimmung des Grundversorgers (Abs. 2) 51
  - I. Grundsätzliche Definition (Abs. 2 S. 1) 51
    1. Netzgebiet der allgemeinen Versorgung 53
    2. Anzahl der versorgten Haushaltskunden 57
  - II. Verfahren der Feststellung des Grundversorgers (Abs. 2 S. 2, 3) 61
    1. Feststellungs- und Mitteilungspflicht des Netzbetreibers (Abs. 2 S. 2) 62
    2. Sicherstellung eines ordnungsgemäßen Verfahrens (Abs. 2 S. 3) .. 65
    3. Entscheidung über Einwände (Abs. 2 S. 4) 66
  - III. Einstellung der Geschäftstätigkeit des Grundversorgers (Abs. 2 S. 5) 70
  - IV. Pflicht zur Benachrichtigung der BNetzA 73
- D. Grundversorgerwechsel (Abs. 3) 74
  - I. Anwendungsbereich 75
  - II. Rechtsfolgen 77
    1. Rechtsfolgen nach früherer Rechtslage 77
    2. Rechtsfolgen nach § 36 Abs. 3 79
- E. Ausschluss für geschlossene Verteilernetze (Abs. 4) 81

Literatur: *Alexander,* Der Schutz des privaten Letztverbrauchers durch das Energie- und Vertragsrecht, EnWZ 2015, 490; *Bartsch/Kästner,* Der Tarifkunde auf dem Weg in die neue Grundversorgung, ET 2004, 837; *Boos,* Der „unfreiwillige" und der „verhinderte" Grundversorger, IR 2005, 101; *Borries/Lohmann,* Das Netzgebiet der allgemeinen Versorgung zur Bestimmung des Grundversorgers, EnWZ 2015, 441; *Büdenbender,* Die Abgrenzung der Grundversorgungs-(Tarifversorgungs-)verträge von Sonderverträgen über die Lieferung von Elektrizität und Gas, RdE 2011, 201; *Eder,* Kommunale Energieversorgungsunternehmen als Vertragspartner – Die

Gestaltung von Verträgen zur Energiebelieferung, zum Netzanschluss und zum Netzzugang, in: FS Becker, 2006, S. 333; *Ehricke,* Einstandspflicht des Staates in der Krise von kommunalen Energieversorgungsunternehmen, IR 2008, 248; *Galahn,* Die Anschluss- und Versorgungspflicht gemäß § 10 EnWG, RdE 2004, 35; *Hampel,* Von der Tarifkundenversorgung zur Grundversorgung, ZNER 2004, 117; *Hellermann,* Das Schicksal der Energieversorgungsverhältnisse beim Wechsel des Verteilungsnetzbetreibers und allgemeinen Versorgers, ZNER 2002, 70; *Hellermann,* Von der allgemeinen Versorgung zur Grundversorgung: Rechtsgrundlage der Gebietsversorgungspflicht und Folgen für den Versorgerwechsel, IR 2004, 266; *Hellermann,* Probleme des Kundenübergangs in Zeiten des „Grundversorgers", ZNER 2004, 329; *Lange,* Gespaltene Preise in der Grundversorgung für Strom und Gas – energiewirtschafts-, unions- und kartellrechtliche Überlegungen, EnWZ 2022, 165; *Maatz/Michaels,* Zum Übergang von Tarifkundenverträgen auf den neuen Konzessionsnehmer kraft Gesetzes, RdE 2003, 65; *Presser,* Das Fortbestehen von Grund- und Ersatzversorgungsverhältnissen nach dem Wechsel des Grundversorgers iSd § 36 III EnWG, EnWZ 2015, 296; *Säcker/Dörner,* Übergang der Energieversorgungsverträge auf den neuen Verteilungsnetzbetreiber bei Auslaufen des alten Konzessionsvertrages?, RdE 2002, 161; *Schüler/Tittel,* Alle Jahre wieder – Die Identifikation des Grundversorgers, EnWZ 2018, 154; *Strohe,* Grundversorgung, Ersatzversorgung und Sonderkundenversorgung, ET 2006, 62; *Theobald,* Neues EnWG: 10 Eckpunkte zum Referentenentwurf vom Februar 2004, IR 2004, 50; *Weltge,* Die Novelle des Energiewirtschaftsrechts aus Sicht der Städte, IR 2004, 103.

A. Allgemeines

I. Inhalt und Zweck

§ 36 statuiert für bestimmte EVU, die sog. Grundversorger, die grundsätzliche **Verpflichtung, für bestimmte Netzgebiete die sog. Grundversorgung der Haushaltskunden mit Energie sicherzustellen.** Die Regelung sichert damit jedem Haushaltskunden iSv § 3 Nr. 22 die Belieferung mit Strom und Gas im Niederspannungs- bzw. Niederdruckbereich zu vorab bekanntgemachten Allgemeinen Bedingungen und Preisen. Dies geschieht durch die Anordnung eines einseitigen Kontrahierungszwangs zu Lasten des grundversorgungspflichtigen EVU. Die Bestimmung dieses pflichtigen Grundversorgers orientiert sich an tatsächlichen Marktverhältnissen; dem Grundsatz nach ist Grundversorger das EVU, das in einem bestimmten Netzgebiet der allgemeinen Versorgung die meisten Haushaltskunden beliefert. 1

Dem nach § 36 bestimmten Grundversorger kommt auch über die dort statuierte Grundversorgungspflicht hinaus die **Funktion einer umfassenden Absicherung der Belieferung von Haushaltskunden mit Energie** zu. Er unterliegt nicht nur dem durch § 36 begründeten Kontrahierungszwang sowie dem Kontrahierungszwang im Rahmen der sog. Reserveversorgung gem. § 37, sondern auch einer potenziellen gesetzlichen Leistungspflicht gegenüber Haushaltskunden (und sonstigen Letztverbrauchern) im Rahmen der Ersatzversorgung gem. § 38. Anders als die übrigen in demselben Netzgebiet tätigen Energielieferanten hat er somit Haushaltskunden im Rahmen eines vertraglichen oder gesetzlichen Lieferverhältnisses zu beliefern, ohne sich seine (Vertrags-) Partner aussuchen zu können (BGH Beschl. v. 27.10.2020 – EnVR 104/19, EnWZ 2021, 228 Rn. 16). Auch wenn – in einer Ausnahmekonstellation – eine Strom- oder Gasentnahme im Niederspannungs- bzw. Niederdruckbereich ohne vertragliche oder gesetzliche Grundlage erfolgt, sieht der BGH den Grundversorger in der Verantwortung, in- 2 dem er ihm die Kosten auferlegt sieht und spiegelbildlich einen Schadensersatz- oder Bereicherungsanspruch gegen den Nutzer der Lieferstelle zuspricht (vgl. BGH Beschl. v. 27.10.2020 – EnVR 104/19, EnWZ 2021, 228 Rn. 23 ff.).

3 Die Regelung des § 36 steht in enger sachlicher Beziehung zu § 1 Abs. 1, insbesondere zum **Gesetzeszweck einer möglichst sicheren (im Sinne von versorgungssicheren) und insbesondere verbraucherfreundlichen Energieversorgung.** Diese Orientierung an den Zwecken des § 1 Abs. 1 kommt schon darin zum Ausdruck, dass jedem einzelnen Haushaltskunden grundsätzlich ein Anspruch auf Belieferung zu allgemeinen Bedingungen und Preisen gewährt wird (§ 36 Abs. 1 S. 1), und wird noch expliziter bei der weiteren Ausgestaltung der Grundversorgung; so kann nach § 39 Abs. 1 S. 1 die Gestaltung der Allgemeinen Preise durch Rechtsverordnung unter Berücksichtigung des § 1 Abs. 1 geregelt werden.

4 Die Regelung dient damit dem Zweck der sog. **Daseinsvorsorge.** Dass die leitungsgebundene Versorgung der Bevölkerung mit Energie eine Daseinsvorsorgeaufgabe darstellt, ist – ungeachtet des zweifelhaften rechtlichen Gehalts dieser Qualifikation – seit jeher in Rechtsprechung und Literatur verbreitet anerkannt (BVerfG Beschl. v. 20.3.1984 – 1 BvL 28/82, BVerfGE 66, 248 (258) = NJW 1984, 1872 (1873); BVerfG Beschl. v. 16.5.1989 – 1 BvR 705/88, NJW 1990, 1783; BVerwG Urt. v. 18.5.1995 – 7 C 58.94, BVerwGE 98, 273 (275); VerfGH RhPf Urt. v. 28.3.2000 – VGH N 12/98, NVwZ 2000, 801 (801, 803)). Mit dieser Zuordnung zur Daseinsvorsorge verbindet sich die Vorstellung, dass die Versorgung der Bevölkerung mit Energie zu angemessenen Bedingungen und Preisen sichergestellt sein soll. Vor der Liberalisierung der leitungsgebundenen Energieversorgung durch das EnWG 1998 wurde dies sichergestellt einerseits durch rechtliche Vorgaben des EnWG und auf dieser Grundlage ergangener Rechtsverordnungen, andererseits durch den Konzessionsvertrag zwischen Gemeinde und EVU; durch den Konzessionsvertrag erhielt das EVU regelmäßig das ausschließliche Recht zur Versorgung des Gemeindegebiets, zugleich unterlag es aber nach § 6 Abs. 1 EnWG 1935 auch einer Versorgungspflicht. Die Daseinsvorsorgeaufgabe, die gemeinwohlgerechte, insbesondere sichere und beständige Energieversorgung der Bevölkerung sicherzustellen, stellt sich unter den Bedingungen einer liberalisierten, im Wettbewerb unter mehreren EVU erfolgenden Energieversorgung neu. Die Erfüllung dieser Daseinsvorsorgeaufgabe ist als gesetzgeberischer Wille in der Regelung des § 36 erkennbar (vgl. LG Baden-Baden Urt. v. 20.1.2006 – 1 O 1/06, RdE 2006, 126 (127); OLG Köln Beschl. v. 2.3.2022 – 6 W 10/22, EnWZ 2022, 178 Rn. 26; OLG Düsseldorf Beschl. v. 1.4.2022 – 5 W 2/22 Kart, EnWZ 2022, 229 Rn. 17).

II. Entstehungsgeschichte

5 **1. Vorgeschichte und Grundlage der Neuregelung.** § 36 ist eine **Nachfolgebestimmung des § 10 EnWG 1998.** Diese Bestimmung sah eine Anschluss- und Versorgungspflicht des sog. allgemeinen Versorgers vor. Der allgemeine Versorger wurde maßgeblich von der Gemeinde bestimmt; allgemeiner Versorger war das EVU, mit dem die Gemeinde einen Konzessionsvertrag über die Nutzung öffentlicher Verkehrswege für die Verlegung und den Betrieb von Leitungen zur Durchführung der allgemeinen Versorgung nach § 13 Abs. 2–4 EnWG aF geschlossen hatte (zu einzelnen Problemen hinsichtlich des Begriffs des allgemeinen Versorgers vgl. *Galahn* RdE 2004, 35 (36 f.); *Hampel* ZNER 2004, 117 (118 f.)).

6 Diese bisherige Regelung hat durch die Novellierung des EnWG, die eine (gesellschafts-)rechtliche Entflechtung vertikal integrierter EVU vorschreibt (§§ 6 ff.)

und eine **Trennung von Netzbetrieb und Energielieferung** vorgibt, ihre Grundlage verloren; danach ist eine miteinander verknüpfte Anschluss- und Versorgungspflicht ausgeschlossen, und es bedarf unter den Bedingungen entflochtener Versorgungsverhältnisse einer neuartigen Konstruktion. Nunmehr bestehen zwei einander ergänzende Regelungen: Zum einen sieht § 18 eine – nicht nur, aber auch zugunsten von Haushaltskunden bestehende und somit auch deren Grundversorgung ermöglichende – Netzanschlusspflicht des EVU vor, das in einem bestimmten Gemeindegebiet ein Netz der allgemeinen Versorgung betreibt. Zum anderen begründet § 36 eine vom Netzbetrieb unabhängige Grundversorgungspflicht im Sinne einer Verpflichtung zur Energielieferung an Haushaltkunden.

2. Gesetzgebungsgeschichte. Die Regelung geht zurück auf **§ 36 RegE** (BT- 7 Drs. 15/3917, 21). Während des Gesetzgebungsverfahrens war sie nicht ganz unumstritten. Von kommunaler Seite gab es Widerstände (vgl. *Weltge* IR 2004, 103 (104)), und auch der BR hat in seiner Stellungnahme – auch verfassungsrechtlich fundierte, auf Art. 28 Abs. 2 GG gestützte – Bedenken angemeldet (BR-Drs. 613/04, 29). Diese Bedenken und Anregungen sind von der BReg mit der Begründung zurückgewiesen worden, bei der Bestimmung des Grundversorgers handele es sich nicht um eine zwingende hoheitliche Tätigkeit und die gemeindliche Infrastrukturverantwortung erstrecke sich nach der Liberalisierung nicht mehr notwendig auf die Ausgestaltung der vertraglichen Lieferbeziehungen in der Grundversorgung (BT-Drs. 15/4068, 7). Förmliche Änderungsvorschläge hat es im Gesetzgebungsverfahren nicht gegeben. Die Bestimmung ist gegenüber dem RegE unverändert Gesetz geworden.

Der „Teil 4. Energielieferung an Letztverbraucher", an dessen Spitze § 36 steht, 8 hat allerdings im Gesetzgebungsverfahren eine Änderung insofern erfahren, als die im RegE vorgesehene Regelung des **§ 40 RegE** entfallen ist. Nach dieser Bestimmung sollten insbesondere auch die Allgemeinen Preise für die Belieferung mit Elektrizität nach § 36 Abs. 1 einer besonderen Missbrauchsaufsicht durch die nach Landesrecht zuständige Behörde unterliegen. Die BReg wollte damit die Preisaufsicht nach der BTOElt in eine über die kartellrechtliche Missbrauchsaufsicht hinausgehende, besondere Missbrauchsaufsicht durch Landesbehörden überführen, um eine wirkungsvollen Schutz der Haushaltskunden zu erreichen (BT-Drs. 15/3917, 66). Auf Vorschlag des Wirtschaftsausschusses, der eine umfassende Zuständigkeit der Kartellbehörden für die Preisaufsicht auf den dem Netzbereich vor- und nachgelagerten Märkten favorisierte (vgl. BT-Drs. 15/5268, 121), wurde die Regelung nicht in das Gesetz aufgenommen.

Inzwischen hat § 36 mehrfach **Änderungen** erfahren. Art. 2 des Gesetzes vom 9 4.11.2010 (BGBl. 2010 I S. 1483) hat Abs. 2 S. 3 ergänzt, Art. 1 des Gesetzes vom 26.7.2011 (BGBl. 2011 I S. 1554) hat Abs. 4 angefügt und Art. 1 des Gesetzes vom 16.7.2021 (BGBl. 2021 I S. 3026) hat Abs. 1 S. 2 aF, heute Abs. 1 S. 3 hinzugefügt. Zuletzt hat die Klimaschutz-Sofortprogramm-Novelle (BGBl. 2022 I S. 1214) eine grundlegendere Änderung vorgenommen, um dem Problem der gespaltenen Preise für Alt- und Neukunden in der Grundversorgung (→ Rn. 34 f.) zu begegnen; die Lösung hat der Gesetzgeber in der Einfügung von Abs. 1 S. 2, S. 5 und 6 sowie korrespondierenden Änderungen des § 38 (→ § 38 Rn. 5, 10, 19 ff., 22 ff.) gefunden.

III. Unionsrechtlicher Hintergrund

10 Die Regelung des § 36 dient der **Umsetzung unionsrechtlicher Vorgaben,** durch die die EU – der weiter vorangetriebenen Liberalisierung korrespondierend – selbst gemeinwirtschaftliche Ziele und Verpflichtungen der Energiewirtschaft definiert hat. Sie folgten zunächst aus Art. 3 Abs. 3 Elt-RL 03/Gas-RL 03 (vgl. BT-Drs. 15/3917, 66) und dann aus Art. 3 Abs. 3 Elt-RL 09/Gas-RL 09; für den Strombereich ist heute Art. 27 Elt-RL 19 einschlägig. Nach Art. 27 Abs. 1 Elt-RL 19 tragen die Mitgliedstaaten für eine Grundversorgung, dh ein Recht auf Versorgung mit Elektrizität einer bestimmten Qualität zu angemessenen, leicht und eindeutig vergleichbaren und transparenten und nichtdiskriminierenden Preisen Sorge. Sie können zu diesem Zweck einen sog. Versorger letzter Instanz benennen. Diese Vorgaben gelten zugunsten von „Haushaltskunden" iSv Art. 2 Ziff. 4 Elt-RL 19, was gewerblich oder beruflich tätige Endkunden ausschließt; für Kleinunternehmen iSv Art. 2 Ziff. 7 Elt-RL 19, dh Unternehmen mit weniger als 50 Beschäftigten und höchstens 10 Mio. EUR Jahresumsatz bzw. Jahresbilanzsumme, können die Mitgliedstaaten jedoch eine Elektrizitätsgrundversorgung etablieren. Etwas unbestimmter verpflichtet Art. 3 Abs. 3 Gas-RL 09 die Mitgliedstaaten zu geeigneten Maßnahmen zum Schutz der Endkunden iSv Art. 2 Ziff. 27 Gas-RL 09 und zum Verbraucherschutz, insbesondere zum Schutz schutzbedürftiger Kunden einschließlich des Schutzes vor Ausschluss von der Versorgung; auch hier ist die Möglichkeit der Benennung eines Versorgers letzter Instanz vorgesehen.

11 Diesen Grundversorgungsverpflichtungen genügte zwar im Ergebnis bereits die Rechtslage vor dem EnWG 2005. Sie lösten jedoch Transformations- und **Novellierungsbedarf** insofern aus, als die zugleich unionsrechtlich aufgegebene Trennung von Leitungsbetrieb und Lieferung neue Regelungen erforderte.

IV. Verfassungsrechtliche Beurteilung

12 Die gesetzliche Einführung der Grundversorgungspflicht ist vereinzelt als **unverhältnismäßiger Eingriff in die Grundrechtsposition des betroffenen EVU** kritisiert worden, weil die Versorgung bereits im Wettbewerb gewährleistet werden könne (*Hampel* ZNER 2004, 117 (124); *Hampel* Tarifkundenversorgung, S. 188), Abgesehen davon, dass die mitgliedstaatliche Verpflichtung zur Sicherstellung der Energieversorgung und die Möglichkeit der Bestimmung eines Versorgers letzter Instanz unionsrechtlich vorgegeben ist (→ Rn. 10), genügt die Regelung jedoch auch den verfassungsrechtlichen Anforderungen. Die besondere Bedeutung der sicheren Strom- und Gasversorgung für Haushaltskunden rechtfertigt den angeordneten Kontrahierungszwang zulasten des Grundversorgers, zumal die ihm auferlegten ökonomischen Risiken dadurch begrenzt sind, dass er staatlich geregelte, höhere als die frei ausgehandelten Preise verlangen kann und seine Verpflichtung bei wirtschaftlicher Unzumutbarkeit gem. § 36 Abs. 1 S. 3 entfällt (vgl. BGH Beschl. v. 27.10.2020 – EnVR 104/19, EnWZ 2021, 228 Rn. 17; OLG Köln Beschl. v. 2.3.2022 – 6 W 10/22, EnWZ 2022, 178 Rn. 39; Theobald/Kühling/*Heinlein/Weitenberg* EnWG § 36 Rn. 12, 72).

13 Die in § 36 vorgesehene Bestimmung des Grundversorgers ist mit Blick auf das **gemeindliche Selbstverwaltungsrecht** verfassungsrechtlich kritisiert worden. Darin liegt eine beträchtliche weitere Einschränkung der Position der jeweiligen Gemeinde. Der Konzessionsvertrag, durch den die Gemeinde bis zum EnWG 1998 den alleinigen Gebietsversorger und nach dem EnWG 1998 noch den allgemeinen

Versorger hatte bestimmen können, ist nach dem EnWG 2005 rechtlich nur noch für den Verteilungsnetzbetrieb bedeutsam, begründet jedoch keinen gemeindlichen Einfluss auf die Gebietsversorgung mehr, und auch § 36 verleiht der Gemeinde insoweit keinen Einfluss. Diese weitreichende Verdrängung der Gemeinde aus der Versorgungsverantwortlichkeit ist wegen der durch Art. 27 Abs. 1 S. 2 Elt-RL 19, Art. 3 Abs. 3 S. 5 Gas-RL 09 hinsichtlich der Art und Weise der Organisation der Grundversorgung, insbesondere der Bestimmung des sog. Versorgers letzter Instanz, gelassenen Spielräume (→ Rn. 10), die auch ein gemeindliches Bestimmungsrecht zuließen, unionsrechtlich nicht zwingend vorgegeben. Die Wahrnehmung dieses unionsrechtlich verbleibenden Gestaltungsspielraums durch den deutschen Gesetzgeber muss sich vor Art. 28 Abs. 2 GG rechtfertigen. Dass die Selbstverwaltungsgarantie des Art. 28 Abs. 2 GG auch die Verantwortlichkeit der Gemeinde für die leitungsgebundene Versorgung ihrer Einwohner mit Energie umfasst, ist nach wie vor weithin anerkannt (BVerfG Beschl. v. 16.5.1989 – 1 BvR 705/88, NJW 1990, 1783; BVerwG Urt. v. 18.5.1995 – 7 C 58.94, BVerwGE 98, 273 (275 ff.); VerfGH RhPf Urt. v. 28.3.2000 – VGH N 12/98, NVwZ 2000, 801 (803); *Hampel* Tarifkundenversorgung, S. 303). Die Verdrängung der jeweiligen Gemeinde aus der Bestimmung des in ihrem Gebiet subsidiär pflichtigen Energielieferanten ist eine gesetzliche Beschränkung dieser verfassungsgeschützten Verantwortung. Sie lässt sich nicht allein damit rechtfertigen, dass diese gemeindliche Bestimmungsbefugnis nicht, jedenfalls unter den Bedingungen einer liberalisierten Energieversorgung nicht mehr zum verfassungsgeschützten Kernbestand der gemeindlichen Selbstverwaltung zähle (so die BReg in ihrer Gegenäußerung, BT-Drs. 15/4068, 7). Auch Beschränkungen, die nicht den Kernbereich, sondern nur den vorgelagerten Randbereich der Selbstverwaltungsgarantie tangieren, unterliegen materiellen Rechtfertigungsanforderungen; materiell gerechtfertigt sind sie nur, soweit überwiegende öffentliche Interessen sie erfordern, insbesondere weil die Gemeinde zur ordnungsgemäßen Wahrnehmung der Aufgabe nicht in der Lage ist oder die gemeindliche Aufgabenwahrnehmung unverhältnismäßig höhere Kosten verursachen würde (BVerfG Beschl. v. 23.11.1988 – 2 BvR 1619/83, BVerfGE 79, 127 (150ff.) = NVwZ 1989, 347). Weil fraglich erscheint, ob die Grundversorgungsregelung des § 36 das Ziel einer gemeinwohlgerechten, insbesondere preiswerten Grundversorgung der Bevölkerung besser erreicht, als es bei einer hoheitlichen, gemeindlichen Bestimmung des Grundversorgers gelänge, wie der BR sie vorgeschlagen hatte (BR-Drs. 613/04, 29), sind auf Art. 28 Abs. 2 GG gestützt beachtenswerte Bedenken gegen § 36 erhoben worden (vgl. *Theobald* IR 2004, 50 (51); *Hellermann* IR 2004, 266 (268); *Hellermann* ZNER 2004, 329 (331); *Hampel* Tarifkundenversorgung, S. 303f.), die sich jedoch nicht haben durchsetzen können.

V. Ergänzende Regelungen

1. Gesetzliche und untergesetzliche Konkretisierung. Die Regelung der 14 Grundversorgung in § 36 wird durch nachfolgende Vorschriften des „**Teil 4. Energielieferung an Letztverbraucher**", der Bestimmungen sowohl zu Grundversorgungs- wie auch zu Energielieferverhältnissen außerhalb der Grundversorgung enthält, weiter konkretisiert. Wegen des unmittelbaren Bezugs auf die Grundversorgung iSv § 36 sind insofern hervorzuheben § 37, der den Anspruch auf Grundversorgung unter gewissen Voraussetzungen ausschließt bzw. modifiziert, sowie § 39, der eine insbesondere auch auf die Grundversorgung iSv § 36 bezogene Verordnungsermächtigung enthält.

§ 36 Teil 4. Energielieferung an Letztverbraucher

15 Die Verordnungsermächtigung des § 39 eröffnet die **Möglichkeit zur untergesetzlichen Konkretisierung der Grundversorgung durch Rechtsverordnungen**. Danach können die Gestaltung der Allgemeinen Preise und die Versorgungsbedingungen im Rahmen der Grundversorgung nach § 36 näher geregelt werden (zu den Regelungsmöglichkeiten nach § 39 näher → § 39 Rn. 21 ff.). Von der Ermächtigung zur Regelung der Allgemeinen Preise in § 39 Abs. 1 hat der Verordnungsgeber nach dem Inkrafttreten des EnWG 2005 bislang keinen neuen Gebrauch gemacht (→ § 39 Rn. 27; zur Preiskontrolle → § 39 Rn. 28 ff.). Für die Allgemeinen Bedingungen der Grundversorgung finden sich hingegen, gestützt auf § 39 Abs. 2, konkretisierende Vorgaben in der StromGVV sowie in der GasGVV (→ § 39 Rn. 32 ff.).

16 **2. Übergangsregelungen.** Hinsichtlich der Anwendbarkeit der neuen gesetzlichen und untergesetzlichen Regelungen über die Grundversorgung sind die **Übergangsregelungen für bestehende Energielieferverträge** mit Letztverbrauchern in §§ 115 Abs. 2 und 3, 116 zu beachten gewesen (→ § 115 Rn. 5; → § 116 Rn. 1 ff.).

B. Ausgestaltung der Grundversorgung (Abs. 1)

I. Grundversorgungspflichtiger

17 Grundversorgungspflichtig nach § 36 Abs. 1 können nur EVU iSv § 3 Nr. 18 sein. Der Sache nach kann sich § 36 Abs. 1 dabei nicht auf netzbetreibende EVU beziehen, sondern nur auf solche **EVU, die – leitungsgebunden – Energie an andere liefern**. Wegen der durch § 7 vorgegebenen rechtlichen Entflechtung wird es sich regelmäßig um rechtlich eigenständige – zumeist juristische – Personen handeln, deren Unternehmen seinem Gegenstand nach auf die leitungsgebundene Energielieferung beschränkt ist (vgl. OLG Brandenburg Beschl. v. 25. 9. 2008 – Kart W 4/08, RdE 2009, 225 (226), zur grundsätzlichen Unvereinbarkeit insbesondere von Grundversorgung und Netzbetrieb); nur soweit die De-minimis-Regelung des § 7 Abs. 2 (→ § 7 Rn. 39 ff.) dies zulässt, kann ein von einer natürlichen oder juristischen Person getragenes EVU, das zugleich Netzbetreiber und Energielieferant ist, grundversorgungspflichtig sein.

18 Die **Bestimmung des grundversorgungspflichtigen EVU** hat zunächst eine Übergangsregelung in § 118 Abs. 3 aF übernommen, die sicherstellen sollte, dass bis zur erstmaligen Feststellung eines Grundversorgers gem. § 36 Abs. 2 alle Haushaltskunden über eine Grundversorgung verfügen (LG Baden-Baden Urt. v. 20. 1. 2006 – 1 O 1/06, RdE 2006, 126 (127)); danach ist bis zum 31. 12. 2006 das Unternehmen Grundversorger gewesen, das die Aufgabe der allgemeinen Versorgung im Zeitpunkt des Inkrafttretens des EnWG 2005, also am 13. 7. 2006, durchgeführt hat (zu einzelnen Problemen der Regelung vgl. *Boos* IR 2005, 101). Für die Zeit nach Ablauf dieser Übergangsfrist, also für die Zeit seit dem 1. 1. 2007 findet sich die maßgebliche Regelung in § 36 Abs. 2 (näher → Rn. 51 ff.). Dem nach § 36 Abs. 2 als Grundversorger festgestellten EVU obliegt danach also die Pflicht zur Grundversorgung in einem bestimmten Gebiet eines Netzes der allgemeinen Versorgung.

19 Die Grundversorgerstellung kommt einem EVU nicht etwa als solchem und damit für seine gesamte Energielieferungstätigkeit zu, sondern jeweils nur **bezogen auf das jeweilige einzelne Netzgebiet der allgemeinen Versorgung**, für das es nach Maßgabe von § 36 Abs. 2 (→ Rn. 51 ff.) Grundversorger ist. Das hat zur

Folge, dass ein EVU, das in einem solchen Netzgebiet oder in mehreren solcher Netzgebiete Grundversorger ist, in anderen Versorgungsgebieten diese Stellung nicht notwendig hat (*Salje* EnWG § 36 Rn. 8; NK-EnWG/*Rasbach* § 36 Rn. 29).

II. Haushaltskunden als Grundversorgungsberechtigte

Der Anspruch auf Grundversorgung steht den **Haushaltskunden iSv § 3** **20** **Nr. 22** (→ § 3 Rn. 58) zu. Dies sind Letztverbraucher (vgl. § 3 Nr. 25), die Energie überwiegend entweder für den Eigenverbrauch im Haushalt oder auch für den Eigenverbrauch für berufliche, landwirtschaftliche oder gewerbliche Zwecke kaufen, letzteres jedoch nur bei einem Jahresverbrauch bis zu 10.000 kWh.

Der Vorgabe insbesondere in Art. 27 Abs. 1 S. 1 iVm Art. 2 Ziff. 4 Elt-RL 09 fol- **21** gend werden als Haushaltskunden somit zunächst **Privathaushalte als Letztverbraucher** erfasst. Darunter fallen auch Mieter, die Verfügungsberechtigte über die zu beliefernde Verbrauchsstelle sind; sie haben nach §§ 36, 3 Nr. 22 einen eigenen Grundversorgungsanspruch (OLG Brandenburg Beschl. v. 25.9.2008 – Kart W 4/08, RdE 2009, 225 (226); Theobald/Kühling/*Heinlein/Weitenberg* EnWG § 36 Rn. 38; NK-EnWG/*Rasbach* § 36 Rn. 11). In der praktischen Anwendung treten Probleme auf, weil für das grundversorgungspflichtige EVU im vorhinein kaum feststellbar ist, ob Energie für den privaten Bedarf bezogen wird, da der Vertrag zumeist konkludent durch Energieentnahme geschlossen wird (→ Rn. 39 ff.) und auch bei ausdrücklicher Anmeldung vor der ersten Energieentnahme nicht immer offengelegt werden wird, ob Energie für den privaten oder etwa freiberuflichen Bedarf verwendet werden soll (Theobald/Kühling/*Heinlein/Weitenberg* EnWG § 36 Rn. 41 f.). Die Bewältigung dieses Anwendungsproblems wird überzeugend darin gesehen, dass das EVU bei einer Neuanmeldung den Verbrauchszweck abfragt und auf vorhandene Erfahrungswerte zurückgreift, ansonsten aber ohne Verpflichtung zu weiteren Nachforschungen zur Annahme eines grundversorgungsberechtigten Haushaltskunden berechtigt ist (Theobald/Kühling/*Heinlein/Weitenberg* EnWG § 36 Rn. 45 f., unter Hinweis auf eine durch den Zweck gebotene extensive Auslegung der Grundversorgung). Dafür spricht insbesondere auch, dass jedenfalls der Kunde sich binnen kurzer Frist aus der Grundversorgung lösen kann (→ § 39 Rn. 50).

§ 36 Abs. 1 geht über die zwingende gemeinschaftsrechtliche Vorgabe nament- **22** lich im Elektrizitätssektor (→ Rn. 10) insofern hinaus, als § 36 Abs. 1 die den Mitgliedstaaten gewährte Option zur Erstreckung der Grundversorgung auch auf Kleinunternehmen in Anspruch nimmt; der Grundversorgungsanspruch wird auch für **Letztverbraucher mit einem beruflichen, gewerblichen oder landwirtschaftlichen Zwecken dienenden Eigenverbrauch bis zu einem Jahresverbrauch von 10.000 kWh** gewährt. Diese Jahresverbrauchsgrenze gilt für den Verbrauch sowohl von Elektrizität wie auch von Gas; dabei ist sie auf den Strom- und Gasverbrauch jeweils getrennt anzuwenden (BerlKommEnergieR/*Boesche* EnWG § 3 Rn. 103; NK-EnWG/*Schex* § 3 Rn. 49). Bei der Festlegung der Verbrauchsgrenze scheint der Gesetzgeber auf den Stromsektor fokussiert gewesen zu sein, wo sie eine praktisch brauchbare Abgrenzung der kleineren betrieblichen Kunden gewährleistet; für den Gassektor erscheint sie praktisch verfehlt, da sie beim Heizgasverbrauch praktisch immer überschritten sein wird, so dass allenfalls die unbedeutende Gruppe gewerblicher Kochgaskunden grundversorgungsberechtigt sein wird (Theobald/Kühling/*Heinlein/Weitenberg* EnWG § 36 Rn. 44, mit Hinweis auch auf die Folgen für das gemeindliche Konzessionsabgabenaufkommen). Auch diese Jahresverbrauchsgrenze bereitet insofern Anwendungsschwierigkeiten, als ihre Einhaltung nicht rückblickend festgestellt werden kann, denn dann müsste eine zunächst zugrunde gelegte Grundversorgung rückwirkend als außerhalb der Grundversorgung durchgeführte Versorgung angesehen und konstruiert werden (*Salje* EnWG § 36 Rn. 10; Theobald/Kühling/*Heinlein*/*Weitenberg* EnWG § 36 Rn. 47). Sie kann daher nur vorausschauend angenommen werden. Maßgeblich für die Einordnung als Haushalts- oder Sonderkunde ist danach nicht der tatsächliche Verbrauch, sondern die auf die Umstände bei Vertragsschluss gestützte Prognoseentscheidung des Grundversorgers zu Beginn der Belieferung (OLG Hamm Urt. v. 24.1.2014, I-19 U 77/13, NJOZ 2014, 527 (528); BerlKommEnergieR/*Boesche* EnWG § 36 Rn. 109). Zeigt sich nach Ablauf des Verbrauchsjahres eine Überschreitung der Jahresverbrauchsgrenze, entfällt für das nachfolgende Kalenderjahr der Grundversorgungsanspruch; das hindert jedoch nicht den Fortbestand des Lieferverhältnisses zu Grundversorgungspreisen und -bedingungen, solange beide Vertragspartner dazu bereit sind (*Salje* EnWG § 36 Rn. 11; Schneider/Theobald EnergieWirtschaftsR-HdB/*de Wyl* § 14 Rn. 23; aA *Eder* FS Becker, 333 (347); Theobald/Kühling/*Heinlein*/*Weitenberg* EnWG § 36 Rn. 47, die den Abschluss eines Sonderkundenvertrages für erforderlich halten).

23 Diese Definition des grundversorgungsberechtigten Haushaltskunden modifiziert die des Letztverbrauchers (§ 3 Nr. 25) insofern, als kein ausschließlich für den Eigenverbrauch bestimmter Energieeinkauf gefordert ist, es vielmehr zureicht, wenn Energie überwiegend für den Eigenverbrauch gekauft wird; eine dem Umfang nach **nicht überwiegende Verwendung der gekauften Energie für den Fremdverbrauch,** dh für Zwecke außerhalb des eigenen Haushalts oder der eigenen beruflichen oder gewerblichen Betätigung ist danach unschädlich (*Salje* EnWG § 36 Rn. 9). Der Grundversorgungsanspruch eines Endkunden bleibt also insbesondere erhalten, wenn er einen – nicht überwiegenden – Teil der von ihm gekauften Energie außerhalb seines Haushalts lebenden Personen oder auch fremden Unternehmen zum Verbrauch überlässt. Praktisch wird das am bedeutsamsten sein in Fällen der Untervermietung, in denen der Untermieter kein eigenes Energielieferverhältnis mit einem EVU eingegangen ist.

24 Aus § 36 Abs. 4 folgt, dass **über ein geschlossenes Verteilernetz iSv § 110 Abs. 1 versorgten Letztverbrauchern** ein Grundversorgungsanspruch nicht zusteht (NK-EnWG/*Rasbach* § 36 Rn. 39; Theobald/Kühling/*Heinlein*/*Weitenberg* EnWG § 36 Rn. 89; → Rn. 81).

III. Inhalt der Grundversorgungspflicht

25 Mit Blick auf den angestrebten Zweck der Sicherstellung der Energieversorgung der Haushaltskunden lässt sich die **Grundversorgungspflicht als Ergänzung der allgemeinen Anschlusspflicht** des Netzbetreibers gem. § 18 kennzeichnen (bereits → Rn. 5). Dabei ist das Bestehen eines Netzanschlusses, der das Leitungsnetz mit der elektrischen Anlage bzw. der Gasversorgungseinrichtung des Haushaltskunden verbindet, tatsächliche und rechtliche Voraussetzung der Grundversorgung nach § 36, denn erst mittels eines solchen Netzanschlusses kann die Grundversorgung durch Belieferung mit Energie erfolgen; solange es an einem Netzanschluss fehlt, besteht deshalb auch kein Grundversorgungsanspruch (OLG Brandenburg Urt. v. 31.3.2009 – Kart U 11/08, Rn. 13ff.; NK-EnWG/*Rasbach* § 36 Rn. 12).

Grundversorgungspflicht **§ 36**

1. Bekanntgabe von Allgemeinen Bedingungen und Allgemeinen Tari- 26
fen. In der Sache ergeben sich aus den auf § 39 gestützten Rechtsverordnungen Vorgaben zur Ausgestaltung der Allgemeinen Bedingungen in der Grundversorgung (→ § 39 Rn. 40 ff.). Soweit die StromGVV und GasGVV Ermächtigungen zum Erlass ergänzender Bedingungen regeln oder Spielraum zum Erlass weitergehender ausfüllender Bestimmungen lassen, kann der Grundversorger sog. ergänzende Bedingungen erlassen (Theobald/Kühling/*Heinlein/Weitenberg* EnWG § 36 Rn. 59 f.). Nach § 36 Abs. 1 S. 1 ist der Grundversorger zur **öffentlichen Bekanntgabe und zur Internetveröffentlichung der (ergänzenden) Allgemeinen Bedingungen und Allgemeinen Preise** für die Versorgung in Niederspannung oder Niederdruck verpflichtet (Theobald/Kühling/*Heinlein/Weitenberg* EnWG § 36 Rn. 70). Diese – der Pflicht zur Grundversorgung des einzelnen Haushaltskunden vorgelagerte – Regelung dient der Erfüllung der Vorgaben aus Art. 3 Abs. 3 Elt-RL 09, heute Art. 27 Abs. 1 S. 1 Elt-RL 19 und Art. 3 Abs. 3 S. 1 Gas-RL 09 und verfolgt einen kunden- bzw. verbraucherschützenden Zweck.

a) Inhaltliche Anforderungen. Die Verpflichtung zum Angebot allgemeiner 27
Bedingungen und insbesondere Preise gilt dabei für **das jeweilige Grundversorgungsgebiet.** Der in § 10 Abs. 1 S. 3 EnWG 1998 normierte Grundsatz der Gleichpreisigkeit, der unterschiedliche allgemeine Preise für verschiedene Gemeindegebiete nur ausnahmsweise zuließ, findet sich im EnWG 2005 nicht mehr. Maßgebliche Bezugsgröße für die Allgemeinheit der Bedingungen und Preise ist danach das jeweilige Netzgebiet der allgemeinen Versorgung (→ Rn. 53 ff.). EVU, die in mehreren, uU auch aneinander angrenzenden Netzgebieten der allgemeinen Versorgung grundversorgungspflichtig sind, sind danach nicht verpflichtet, gleiche Bedingungen und Preise in den unterschiedlichen Netzgebieten anzubieten, selbst wenn diese räumlich zusammenhängen und strukturell vergleichbar sein sollten.

Mit dem Erfordernis „allgemeiner" Bedingungen und Preise wird verlangt, dass 28
Bedingungen und Preise **für alle Kunden nach den gleichen Grundsätzen** bestimmt werden und insbes. keine Preisgestaltung für einzelne Kunden stattfindet (OLG Köln Beschl. v. 2.3.2022 – 6 W 10/22, EnWZ 2022, 178 Rn. 33; *Lange* EnWZ 2022, 165 (166)).

Die Verpflichtung zur Bekanntgabe Allgemeiner Bedingungen und Preise hin- 29
dert grundversorgungspflichtige EVU jedoch nicht daran, **mehrere unterschiedliche Grundversorgungstarife** anzubieten. Das Angebot verschiedener Grundversorgungstarife – etwa zwischen privater und gewerblicher Nutzung oder nach der Höhe des Energieverbrauchs differenzieren, wird als zulässig angesehen (vgl. BGH Urt. v. 14.7.2010 – VIII ZR 246/08, NJW 2011, 50 Rn. 27; Urt. v. 11.5.2011 – VIII ZR 42/10, NJW 2011, 2736 Rn. 32; Urt. v. 31.7.2013 – VIII ZR 162/09, NJW 2013, 3647 Rn. 34; Urt. v. 7.3.2017 – EnZR 56/15, NZKart 2017 245 Rn. 25; OLG Düsseldorf Urt. v. 13.4.2011 – VI-2 U (Kart) 3/09, Rn. 19; BT-Drs. 18/7317, 117; NK-EnWG/*Rasbach* § 36 Rn. 15; BerlKommEnergieR/*Busche* EnWG § 36 Rn. 11; *Lange* EnWZ 2022, 165 (165 f.), mit dem Hinweis darauf, dass §§ 36 Abs. 1 S. 1, 38 Abs. 1 S. 1 aF von Preisen im Plural sprechen). Insbesondere hat der BGH in gefestigter Rspr. auch eine sog. Bestpreisabrechnung überzeugend für zulässig erklärt (BGH Urt. v. 28.10.2015 – VIII ZR 158/11, NJW 2016, 1718 Rn. 18; Urt. v. 6.4.2016 – VIII ZR 236/10, NJW-RR 2016, 1190 Rn. 18; Beschl. v. 13.4.2021 – VIII ZR 277/19, BeckRS 2021, 15924 Rn. 7); vgl. *Büdenbender* RdE 2011, 201 (209)). Begrenzt wird die Befugnis

Hellermann

§ 36 Teil 4. Energielieferung an Letztverbraucher

zum Angebot verschiedener Grundversorgungstarife wegen der Monopolstruktur im Bereich der Grundversorgung, iÜ auch schon mit Rücksicht auf das unionsrechtliche Gebot nichtdiskriminierender Grundversorgung durch das Verbot der Ungleichbehandlung ohne sachlich gerechtfertigten Grund (OLG Düsseldorf Beschl. v. 1.4.2022 – 5 WE 2/22 Kart, EnWZ 2022, 229 Rn. 22). Die besondere Frage, ob auch eine Differenzierung nach dem Zeitpunkt des Vertragsschlusses, dh zwischen Alt- und Neukunden zulässig ist, ist inzwischen durch § 36 Abs. 1 S. 2 speziell geregelt (→ Rn. 34f.).

30 Der Grundversorger hat auch das Recht, den Haushaltskunden neben Grundversorgungstarifen auch Sondertarife anzubieten (*Büdenbender* RdE 2011, 201 (206)). Für die in der Folge auftretende Frage nach der **Qualifikation von Vertragsangeboten als Grundversorgungsangeboten** ist maßgeblich, ob es sich bei öffentlich bekannt gemachten Vertragsmustern und Preisen um allgemeine Bedingungen und Preise iSv § 36 Abs. 1 handelt. Dabei kann nicht angenommen werden, dass nur die „allgemeinsten", im Verhältnis zu anderen Tarifen besonders hoch kalkulierten Tarife eines EVU Grundversorgungstarife wären (BGH Urt. v. 11.5.2011 – VIII ZR 42/10, NJW 2011, 2736 Rn. 32). Vielmehr soll es darauf ankommen, ob das betreffende EVU die Versorgung zu den öffentlich bekannt gemachten Bedingungen und Preisen – aus der Sicht eines durchschnittlichen Abnehmers – im Rahmen der danach begründeten Versorgungspflicht oder unabhängig davon im Rahmen der allgemeinen Vertragsfreiheit anbietet (BGH Urt. v. 15.7.2009 – VIII ZR 225/07, NJW 2009, 2662 Rn. 14; Urt. v. 15.7.2009 – VIII ZR 56/08, NJW 2009, 2667 Rn. 12; Urt. v. 11.5.2011 – VIII ZR 42/10, NJW 2011, 2736 Rn. 32). Allein darauf, dass der Vertragsinhalt nicht individuell ausgehandelt wurde, kann es nicht ankommen, da auch im Sonderabnehmerbereich, insbesondere im Massengeschäft mit Letztverbrauchern, standardisierte Verträge verbreitet sind (BerlKommEnergieR/*Busche* EnWG Vor § 36 Rn. 11). Insoweit bestehende Unsicherheiten sollen die gesteigerten Transparenzanforderungen hinsichtlich der Internetveröffentlichung der Preise und Bedingungen nach Abs. 1 S. 2 (→ Rn. 33) reduzieren.

31 **b) Anforderungen an die öffentliche Bekanntgabe und Internetveröffentlichung.** Gegenstand der Veröffentlichungspflicht nach § 36 Abs. 1 S. 1 und 3 sind nicht die Allgemeinen Bedingungen, die in der StromGVV und der GasGVV geregelt sind; diese sind als Rechtsverordnungen im Bundesgesetzblatt veröffentlicht und iÜ nach § 2 Abs. 4 StromGVV/GasGVV den Kunden auszuhändigen. Erfasst sind vielmehr **die eigenen ergänzenden Allgemeinen Bedingungen und die Allgemeine Preise des Grundversorgers** einschließlich eventueller Änderungen (Schneider/Theobald EnergieWirtschaftsR-HdB/*de Wyl* § 14 Rn. 72; BerlKommEnergieR/*Busche* EnWG § 36 Rn. 7).

32 § 36 Abs. 1 S. 1 stellt keine expliziten Anforderungen an die **öffentliche Bekanntgabe**. Nach dem Zweck der Bestimmung wird eine Bekanntgabeform gefordert, die jedem nach § 36 Abs. 1 S. 1 potenziell Grundversorgungsberechtigten eine Kenntnisnahme ermöglicht. Ausreichend sein soll eine Veröffentlichung in der örtlichen Presse, aber auch im Bundes- oder Kommunalanzeiger; eine Veröffentlichung in einer Kundenzeitung des Grundversorgers soll nur dann genügen, wenn diese flächendeckend als Postwurfsendung verteilt wird, nicht aber, wenn sie nur an aktuelle Haushaltskunden verteilt wird (vgl. Schneider/Theobald EnergieWirtschaftsR-HdB/*de Wyl* § 14 Rn. 72; Theobald/Kühling/*Heinlein/Weitenberg* EnWG § 36 Rn. 71).

An die **Form der Internetveröffentlichung,** die schon nach § 36 Abs. 1 S. 1 **33** und auch nach § 2 Abs. 4 S. 2 StromGVV/GasGVV geboten ist, stellt der 2021 eingefügte Abs. 1 S. 3 (→ Rn 9) konkretisierte Anforderungen. Er verlangt einfache Auffindbarkeit und unmissverständliche Verdeutlichung, dass es sich um die Preise und Bedingungen der Belieferung in der Grundversorgung handelt. Der Gesetzgeber hat damit auf den Befund reagieren wollen, dass in der Vergangenheit Grundversorgungstarife nicht immer auf den Internetseiten der betroffenen Energielieferanten gut auffindbar waren oder durch die Produktbenennung selbst und die einfach auffindbaren ergänzenden Hinweise nicht hinreichend deutlich als solche erkennbar waren (BT-Drs. 19/27453, 122). Angesichts der unionsrechtlich ohnehin geforderten Transparenz dürfte der eigenständige normative Gehalt begrenzt sein (BeckOK EnWG/*Schnurre* § 36 Rn. 23a).

2. Verbot der Differenzierung nach dem Zeitpunkt des Vertragsschlus- **34** **ses.** Um den Jahreswechsel 2022 hat der massive Anstieg der Gas- und Strompreise dazu geführt, dass Strom- und Gaslieferanten Sonderlieferverhältnisse gekündigt haben und vereinzelt auch insolvent geworden sind bzw. dass Haushaltskunden die Sonderlieferverträge gekündigt haben. Dies hat eine erheblich verstärkte Rückkehr von zuvor außerhalb der Grundversorgung versorgten Haushaltskunden in die Grundversorgung zur Folge gehabt. Einzelne Grundversorger haben daraufhin differenzierte Preise für Alt- und Neukunden eingeführt und dies damit begründet, dass sie anders als für Altkunden, für die sie langfristig günstige Bezugsverträge schließen konnten, für die Neukunden kurzfristig teurere Energiemengen einkaufen mussten. Dies hat die Frage aufgetreten, ob das Recht zum Angebot verschiedener Grundversorgungstarife auch eine **Preisspaltung zwischen Alt- und Neukunden** bei den Grundversorgungstarifen zulässt. Am Maßstab des § 36 aF ist das nicht ganz einheitlich beurteilt worden. Nachdem zunächst berichtet wurde, dass einzelne LG unterschiedlich geurteilt haben (vgl. etwa LG Hannover Urt. v. 3.3.2022 − 25 O 6/22, EnWZ 2022, 187 Rn. 17 ff., das die Preisspaltung wegen mangelnder Darlegung eines rechtfertigenden sachlichen Grundes für unzulässig gehalten hat), hat sich zuletzt die Rspr. der Obergerichte mit guten Gründen für die Zulässigkeit ausgesprochen (vgl. OLG Köln Beschl. v. 2.3.2022 – 6 W 10/22, EnWZ 2022, 178; OLG Düsseldorf Beschl. v. 1.4.2022 – 5 WE 2/22 Kart, EnWZ 2022, 229; vgl. auch BeckOK/*Schnurre* EnWG § 36 Rn. 23b ff., sowie, auch zu unions- und kartellrechtlichen Aspekten, *Lange* EnWZ 2022, 165).

Mit der Klimaschutz-Sofortprogramm-Novelle (BGBl. 2022 I S. 1214) hat der **35** Gesetzgeber durch Einfügung von § 36 Abs. 1 S. 2 eine Klärung herbeigeführt. Die Neuregelung etabliert ein **Verbot der Differenzierung nach dem Zeitpunkt des Zustandekommens des Grundversorgungsvertrages bei den Allgemeinen Bedingungen und beim Allgemeinen Preis.** Die zuvor teils praktizierte Preisspaltung zwischen Alt- und Neukunden ist damit zukünftig in der Grundversorgung untersagt. Insofern hat der Gesetzgeber dem § 36 innewohnenden Gedanken der Daseinsvorsorge im Interesse der Haushaltskunden Rechnung getragen. Dem als legitim anerkannten Bedürfnis von Grundversorgern, in ihrer Funktion als Interimsversorger auch preislich kurzfristig auf insoweit gegebenenfalls höhere Beschaffungs- und Vertriebskosten reagieren zu können, will der Gesetzgeber auf andere Weise Rechnung tragen (vgl. BT-Drs. 20/1599, 58), nämlich durch die Einfügung von Abs. 1 S. 5 und 6 (→ Rn. 49 f.) sowie eine korrespondierende Änderung des § 38 (→ § 38 Rn. 5, 10, 19 ff., 22 ff.). Hierdurch wird der an der Verbrauchsstelle bereits zuvor versorgte Haushaltskunde für eine Karenzzeit von

§ 36 Teil 4. Energielieferung an Letztverbraucher

drei Monaten aus der Grund- in die Ersatzversorgung verwiesen; in der Ersatzversorgung sind höhere Allgemeine Preise als in der Grundversorgung ausdrücklich zugelassen (§ 38 Abs. 2 S. 1). Der Gesetzgeber sieht also den Interessenausgleich darin, dem Grundversorger für drei Monate die Belastung der Haushaltskunden, die in die Grund- bzw. Ersatzversorgung (zurück-)fallen, mit höheren Allgemeinen Preisen zu gestatten.

36 **3. Grundversorgungsvertrag und Haushaltskundenbelieferung.** Auf die Publikationspflicht nach § 36 Abs. 1 S. 1 und 3 baut auf der **Anspruch jedes einzelnen Haushaltskunden auf Belieferung mit Energie zu den veröffentlichten Allgemeinen Bedingungen und Preisen** gem. § 36 Abs. 1 S. 1. Mit diesem individuellen Grundversorgungsanspruch trägt das Gesetz den Anforderungen insbesondere des Art. 27 Abs. 1 S. 1 Elt-RL 19, weiter auch des Art. 3 Abs. 3 Gas-RL 09 Rechnung. Dem Gegenstand nach erfasst dieser Anspruch gegen den Grundversorger die leitungsgebundene Versorgung des Haushaltskunden mit Strom bzw. Gas in Niederspannung bzw. Niederdruck nach Maßgabe der öffentlich bekannt gegebenen (→ Rn. 26 ff.) Allgemeinen Bedingungen und Preise.

37 Dieser Anspruch begründet einen **einseitigen, gegen das grundversorgungspflichtige EVU gerichteten Kontrahierungszwang** (Theobald/Kühling/*Heinlein/Weitenberg* EnWG § 36 Rn. 14; NK-EnWG/*Rasbach* § 36 Rn. 10). Für den Haushaltskunden besteht hingegen Abschlussfreiheit. Seine Freiheit, sich auch anderweitig mit Energie beliefern zu lassen, also mit einem anderen Energielieferanten, aber auch mit dem Grundversorger andere als die Grundversorgungskonditionen zu vereinbaren, bleibt unberührt. Im Rahmen der Grundversorgung allerdings kann er keinen Anspruch auf Einräumung individuell günstigerer Konditionen geltend machen. Bei Verträgen zwischen dem grundversorgenden EVU und Haushaltskunden bedarf es daher der Unterscheidung von Grundversorgungsverträgen und Verträgen über Energielieferungen außerhalb der Grundversorgung (→ Rn. 30). Probleme bereitet, wenn ein bestehender Grundversorgungsvertrag um eine mit der StromGVV/GasGVV unvereinbaren Regelung ergänzt oder ein Energieliefervertrag mit einer solchen Regelung neu geschlossen wird; gegebenenfalls ist durch Auslegung zu ermitteln, ob es sich um einen Grundversorgungsvertrag mit einer insoweit grundsätzlich gemäß § 134 BGB nichtigen Regelung oder um einen Sonderliefervertrag handelt (BGH Urt. v. 6. 4. 2016 – VIII ZR 236/10, NJW-RR 2016, 1190 Rn. 31).

38 Die Grundversorgung erfolgt auf vertraglicher Grundlage. Bei dem zugrundliegenden Grundversorgungsvertrag handelt es sich um einen **zivilrechtlichen Vertrag** (BerlKommEnergieR/*Busche* EnWG Vor § 36 Rn. 6; Theobald/Kühling/*Heinlein/Weitenberg* EnWG § 36 Rn. 15, 22). Der Anspruch auf Grundversorgung ist daher gegebenenfalls vor den ordentlichen Gerichten zu verfolgen (näher zur Rechtsdurchsetzung BerlKommEnergieR/*Busche* EnWG § 36 Rn. 45 ff.). Im Übrigen folgt daraus auch, dass neben die verbraucherschützenden Vorgaben des § 36 und weiterer Bestimmungen des Teils 4 des EnWG ergänzend die verbraucherschützenden Regelungen des BGB, namentlich der §§ 312 ff. BGB treten (vgl. dazu *Alexander* EnWZ 2015, 490 (493 ff.)).

39 Für den **Abschluss des Grundversorgungsvertrages** gelten grundsätzlich die Regeln des allgemeinen Schuldrechts (BerlKommEnergieR/*Busche* EnWG Vor § 36 Rn. 20). Der Vertragsschluss kann danach ausdrücklich geschlossen werden; § 2 Abs. 1 StromGVV/GasGVV setzt das voraus, indem für diesen Fall regelmäßig, als Soll-Vorschrift, Textform vorgesehen wird (→ § 39 Rn. 42). Ein ausdrücklicher

Grundversorgungspflicht **§ 36**

Vertragsschluss wird insbes. erforderlich, wenn der Netzanschluss für den Energiebezug nicht „freigeschaltet", also stillgelegt ist; dann wird das Angebot auf Abschluss eines Energieliefervertrages von dem Haushaltskunden aus*gehen* und der Annahme durch das EVU bedürfen (vgl. näher BerlKommEnergieR/*Busche* EnWG Vor § 36 Rn. 23ff.). Der Vertrag kann aber auch, wie in § 2 Abs. 2 StromGVV/GasGVV ausdrücklich vorausgesetzt, konkludent, nämlich durch Entnahme von über das Netz der allgemeinen Versorgung angebotener Energie durch den Haushaltskunden erfolgen. In den Fällen, in denen es keiner Freischaltung der Entnahmestelle vor dem Energiebezug bedarf, wird dies praktisch verbreitet der Fall sein.

Die Lehre vom **konkludenten Vertragsschluss durch Energieentnahme** ist **40** schon früh unter dem EnWG 1935 entwickelt worden. Sie sieht in dem Leistungsangebot des Versorgungsunternehmens eine sog. Realofferte zum Abschluss eines Versorgungsvertrages. Dieses Angebot wird konkludent angenommen, wenn dem Verteilungsnetz eines Versorgungsunternehmens Energie entnommen wird (vgl. RG Urt. v. 29.9.1925 – VI 182/25, RGZ 111, 310 (312); BGH Urt. v. 10.10.1991 – III ZR 100/90, BGHZ 115, 311 (314); BGH Urt. v. 30.4.2003 – VIII ZR 279/02, NJW 2003, 3131), und zwar auch dann, wenn trotz willentlicher Energieentnahme erklärt wird, keinen Vertrag abschließen bzw. kein Entgelt für die entnommene Energie entrichten zu wollen (BGH Urt. v. 30.4.2003 – VIII ZR 279/02, NJW 2003, 3131; Urt. v. 26.1.2005 – VIII ZR 66/04, NJW-RR 2005, 639 (640); Urt. v. 2.7.2014 – VIII ZR 316/13, BGHZ 202, 17 Rn. 10; BerlKommEnergieR/*Busche* EnWG Vor § 36 Rn. 28). Auf den Zugang der Annahmeerklärung wird dabei, weil nach der Verkehrssitte nicht zu erwarten (§ 151 BGB), regelmäßig verzichtet (BerlKommEnergieR/*Busche* EnWG Vor § 36 Rn. 28). Diese vor der Liberalisierung des Energiesektors, als regelmäßig nur ein Lieferant und potentieller Vertragspartner des Kunden in Betracht kam, entwickelte Lehre steht nach dem energiewirtschaftlichen Ordnungsmodell des EnWG 1998 und dann des EnWG 2005 unter den veränderten Bedingungen einer liberalisierten, entflochtenen Energieversorgung; da nunmehr auch den Haushaltskunden mehrere Anbieter zur Verfügung stehen, lässt die bloße Energieentnahme nicht mehr ohne Weiteres den Schluss zu, mit welchem Anbieter der Kunde einen Energielieferungsvertrag schließen will, und es bedarf im Einzelfall der eingehenden Prüfung, ob überhaupt und ggf. mit welchem Anbieter durch eine Energieentnahme ein wirksamer Energielieferungsvertrag zustande gekommen ist (BerlKommEnergieR/*Busche* EnWG Vor § 36 Rn. 26). Auch unter diesen Bedingungen ist nach ständiger, überzeugender Rspr. des BGH der vom Haushaltskunden veranlassten Stromentnahme regelmäßig der objektive Erklärungswert zu entnehmen, dass er die Realofferte des Grundversorgers auf Abschluss eines Grundversorgungsvertrages annimmt (vgl. BGH Urt. v. 26.1.2005 – VIII ZR 66/04, NJW 2005, 639 (640); Urt. v. 6.7.2011 – VIII ZR 217/10, NJW 2011, 3509 Rn. 16; Beschl. v. 27.10.2020 – EnVR 104/19, EnWZ 2021, 228 Rn. 16; vgl. auch BR-Drs. 306/06, 23). Ungeachtet der grundsätzlich bestehenden Wahlmöglichkeit des Haushaltskunden rechtfertigt sich diese Annahme aus der in § 36 begründeten Versorgungspflicht des Grundversorgers; vor diesem Hintergrund erscheint es plausibel, dass die Zurverfügungstellung von Energie im Netz sich regelmäßig als konkludentes Vertragsangebot des jeweiligen Grundversorgers darstellt. Dies gilt jedoch nicht, wenn auf Grund besonderer Umstände der Energieentnahme durch den Haushaltskunden nicht der objektive Erklärungswert der Annahme eines Vertragsangebots des Grundversorgers zukommt. Solche besonderen Umstände hat der BGH etwa angenommen, wenn der Abnehmer zuvor einen Stromlieferungsvertrag mit einem anderen EVU geschlossen

§ 36 Teil 4. Energielieferung an Letztverbraucher

hat und nicht weiß, dass dieser ihn vertragswidrig nicht beliefert (BGH Urt. v. 26.1.2005 – VIII ZR 66/04, NJW-RR 2005, 639 (640); Urt. v. 27.4.2005 – VIII ZR 140/04, NJW-RR 2005, 1426 (1427); Urt. v. 6.7.2011 – VIII ZR 217/10, NJW 2011, 3509 Rn. 18; Urt. v. 22.1.2014 – VIII ZR 391/12, NJW 2014, 1951 Rn. 14; vgl. auch Schneider/Theobald EnergieWirtschaftsR-HdB/*de Wyl* § 14 Rn. 47f.; BerlKommEnergieR/*Busche* EnWG Vor § 36 Rn. 29ff.).

41 Empfänger der Realofferte des EVU – und auf Grund der von ihm vorgenommenen Energieentnahme dessen Vertragspartner – ist typischerweise **derjenige, der die tatsächliche Verfügungsgewalt über den Versorgungsanschluss am Übergabepunkt ausübt** (BGH Urt. v. 16.7.2003 – VIII ZR 30/03, NJW 2003, 2902 (2902); Urt. v. 10.12.2008 – VIII ZR 293/07, NJW 2009, 913 Rn. 6; Urt. v. 22.1.2014 – VIII ZR 391/12, NJW 2014, 1951 Rn. 13; Urt. v. 2.7.2014 – VIII ZR 316/13, BGHZ 202, 17 = NJW 2014, 3148 Rn. 12). Inhaber dieser Verfügungsgewalt ist grundsätzlich der Eigentümer, kann jedoch auch eine andere Person sein, etwa der Mieter oder Pächter eines Grundstücks, dem aufgrund des Miet- oder Pachtvertrags die tatsächliche Verfügungsgewalt über die Miet- oder Pachtsache eingeräumt ist (BGH Urt. v. 27.11.2019 – VIII ZR 165/18, NVwZ-RR 2020, 201 Rn. 11ff.), in einem laufenden Insolvenzverfahren uU auch der Verwalter (BGH Urt. v. 28.10.2015 – VIII ZR 158/11, NJW 2016, 1718 Rn. 13ff.). Dies soll unabhängig davon gelten, ob dem EVU die Identität des Inhabers der tatsächlichen Verfügungsgewalt bekannt ist, weil dessen Wille bei einer am objektiven Empfängerhorizont unter Beachtung der Verkehrsauffassung und des Gebots von Treu und Glauben ausgerichteten Auslegung seiner Realofferte im Zweifel dahin geht, den – möglicherweise erst noch zu identifizierenden – Inhaber der tatsächlichen Verfügungsgewalt über den Versorgungsanschluss zu berechtigen und zu verpflichten (vgl. BGH Urt. v. 2.7.2014 – VIII ZR 316/13, BGHZ 202, 17 = NJW 2014, 3148 Rn. 13f.; BerlKommEnergieR/*Busche* EnWG Vor § 36 Rn. 27).

42 Wenn Energie über ein Energieversorgungsnetz der allgemeinen Versorgung in Niederspannung bzw. Niederdruck bezogen wird, es jedoch an einem Vertragsschluss fehlt und die Energieentnahme auch sonst keiner Lieferung zugeordnet werden kann, kommt die sog. **Ersatzversorgung** nach § 38, die ein gesetzliches Schuldverhältnis begründet, als Rechtsgrundlage der Belieferung in Betracht (→ § 38 Rn. 11ff.).

IV. Unzumutbarkeit als Grenze der Grundversorgungspflicht (Abs. 1 S. 4)

43 Die Grundversorgungspflicht unterliegt **Begrenzungen zum einen aus der besonderen Bestimmung des § 37 und zum anderen aus § 36 Abs. 1 S. 4**. Beiden gesetzlichen Begrenzungen liegt die Annahme zugrunde, dass die Grundversorgungspflicht wegen Unzumutbarkeit entfallen kann.

44 Nach § 36 Abs. 1 S. 4 entfällt die Grundversorgungspflicht, wenn die Versorgung für das EVU **aus wirtschaftlichen Gründen nicht zumutbar** ist. Für die Auslegung dieser Regelung wird man zwar auf das Verständnis der Vorgängerregelung des § 10 Abs. 1 S. 2 EnWG 1998 zurückgreifen können, dabei aber beachten müssen, dass es im Rahmen von § 36 Abs. 1 S. 2 nunmehr nur noch um die Zumutbarkeit der Versorgung eines an ein Netz der allgemeinen Versorgung angeschlossenen Haushaltskunden geht (vgl. *Salje* EnWG § 36 Rn. 19).

45 Auch für § 36 Abs. 1 S. 4 gilt, dass **nur wirtschaftliche und nicht anders begründete Unzumutbarkeit** die Grundversorgungspflicht entfallen lässt. Sonstige,

ansonsten zur Begründung der Unzumutbarkeit und der Verweigerung von Vertragsbeziehungen durchaus geeignete Gesichtspunkte scheiden damit hier aus (*Büdenbender* EnWG § 10 Rn. 99, mit dem Beispiel eines Kunden, der die Geschäftsleitung des EVU unsachlich und verletzend kritisiert hat).

Wirtschaftliche Unzumutbarkeitsgründe können sich **aus dem objektiven** 46 **Versorgungsverhältnis** ergeben. Dies erklärt sich daraus, dass die Allgemeinen Bedingungen und Tarife der Grundversorgung auf einer Gruppenkalkulation und der Annahme beruhen, dass sich die erfassten Abnahmeverhältnisse in einem bestimmten Rahmen bezüglich ihrer wirtschaftlichen Vor- und Nachteile ausgleichen; fällt ein bestimmtes – atypisches – Versorgungsverhältnis in seinen Abnahmebedingungen aus diesem Rahmen, kann das die wirtschaftliche Unzumutbarkeit der Grundversorgung begründen, wenn die hierdurch veranlassten Kosten nicht mehr im angemessenen Verhältnis zu den Kosten stehen, die für die typisierten Annahmeverhältnisse als durchschnittlich im Versorgungsgebiet zugrunde gelegt worden sind (vgl. BGH Beschl. v. 29.5.1979 – KVR 4/78, BGHZ 74, 327 (335)). Für die Beurteilung dieser Unzumutbarkeit ist nicht auf die wirtschaftliche Gesamtsituation des EVU, sondern auf die Rentabilität des konkreten Einzelgeschäfts abzustellen (BGH Beschl. v. 29.5.1979 – KVR 4/78, BGHZ 74, 327 (335); Schneider/Theobald EnergieWirtschaftsR-HdB/*de Wyl* § 14 Rn. 103; *Büdenbender* EnWG § 10 Rn. 100 ff.; Theobald/Kühling/*Heinlein/Weitenberg* EnWG § 36 Rn. 75). Mit Recht wird insoweit jedoch betont, dass der Grundsatz die Versorgungspflicht ist, während der Ausschlussgrund der Unzumutbarkeit der Ausnahmetatbestand ist, so dass eine deutlich atypische Abnahmesituation vorauszusetzen ist (vgl. *Hampel* Tarifkundenversorgung, S. 103 f.). Wirtschaftliche Unzumutbarkeit der Versorgung wird danach nicht schon begründet durch eine ungünstige, besondere Lasten etwa durch Leitungsverluste begründende Lage der Verbrauchsstelle (*Salje* EnWG § 36 Rn. 23). Als Anwendungsfälle wirtschaftlicher Unzumutbarkeit werden einerseits Fälle eines – über die typischen Abnahmeschwankungen etwa bei Ferien- oder Zweitwohnungen hinausgehenden – saisonalen Wechsels von sehr niedrigem und kurzzeitig sehr hohem Leistungsbedarf genannt (Theobald/Kühling/*Heinlein/Weitenberg* EnWG § 36 Rn. 74); andererseits kann auch ein atypisch hoher Energieverbrauch wirtschaftliche Unzumutbarkeit begründen, wenn er allein im Kundeninteresse Mehraufwendungen auslöst, die durch die Tarifentgelte nicht mehr angemessen ausgeglichen werden (*Hampel* Tarifkundenversorgung, S. 104 f.).

Weiter kann wirtschaftliche Unzumutbarkeit auch **in der Person des Kunden** 47 **liegende Gründe** haben. Anhaltspunkte hierfür können sich insbesondere aus der Nicht- oder Schlechterfüllung von Pflichten aus bestehenden oder auch früheren Versorgungsverhältnissen ergeben; genannt werden insbesondere die Tatbestände der Zahlungsunfähigkeit bzw. -verweigerung (vgl. OLG Dresden Beschl. v. 17.11.2009 – 9 U 1467/09, RdE 2010, 186), der Kreditunwürdigkeit, der vorschriftswidrigen Errichtung oder Bedienung von Energieanlagen sowie der Stromentziehung iSv § 284 StGB (vgl. *Hampel* Tarifkundenversorgung, S. 105 f.). Konkretisierungen finden sich insoweit auf der Grundlage von § 39 Abs. 2 in §§ 19, 21 StromGVV/GasGVV (vgl. BGH Urt. v. 11.12.2013 – VIII ZR 41/13, NJW 2014, 2024, zur Zulässigkeit einer Unterbrechung der Grundversorgung, wenn der Kunde die erteilte Jahresrechnung mit der Begründung nicht bezahlt, sie enthalte nicht gerechtfertigte Preiserhöhungen).

Für die Unzumutbarkeit steht ggf. das sonst grundversorgungspflichtige EVU in 48 der **Darlegungs- und Beweislast** (vgl. BGH Beschl. v. 29.5.1979 – KVR 4/78, BGHZ 74, 327 (339); Schneider/Theobald EnergieWirtschaftsR-HdB/*de Wyl*

§ 13 Rn. 108; Theobald/Kühling/*Heinlein/Weitenberg* EnWG § 36 Rn. 72; *Salje* EnWG § 36 Rn. 19).

V. Dreimonatige Karenzzeit (Abs. 1 S. 5 und 6)

49 Neu eingeführt hat die Klimaschutz-Sofortprogramm-Novelle (BGBl. 2022 I S. 1214) § 36 Abs. 1 S. 5. Die Bestimmung begründet einen **Ausschluss der Grundversorgungspflicht für die Dauer von drei Monaten** seit dem Beginn einer Ersatzversorgung nach § 38 Abs. 1, sofern der Haushaltskunde bereits zuvor an der betroffenen Entnahmestelle beliefert wurde und die Entnahmestelle dem bisherigen Lieferanten aufgrund einer Kündigung des Netznutzungs- oder Bilanzkreisvertrages nicht mehr zugeordnet werden konnte (zum Anwendungsbereich vgl. BT-Drs. 20/1599, 58). Die Neuregelung hat reagiert auf die Situation um den Jahreswechsel 2022, als der massive Anstieg der Gas- und Strompreise dazu geführt hat, dass Strom- und Gaslieferanten Sonderlieferverhältnisse gekündigt haben und vereinzelt auch insolvent geworden sind bzw. dass Haushaltskunden die Sonderlieferverträge gekündigt haben, was eine erheblich verstärkte Rückkehr von zuvor außerhalb der Grundversorgung versorgten Haushaltskunden in die Grundversorgung zur Folge gehabt hat (→ Rn. 34). Für diese Situation wird nunmehr die Rückkehr in die Grundversorgung, für die zugleich ein Verbot zwischen Alt- und Neukunden differenzierender Preise in Abs. 1 S. 2 statuiert worden ist (→ Rn. 35), für drei Monate versperrt; für diese Zeitraum wird nunmehr gem. § 38 Abs. 1 S. 3 ausdrücklich ein Anspruch auf Ersatzversorgung begründet (→ § 38 Rn. 10).

50 Für die Situation des § 36 Abs. 1 S. 5 ordnet § 36 Abs. 1 S. 6 darüber hinaus ausdrücklich an, dass für die Dauer der Karenzzeit auch ein **konkludenter Vertragsschluss durch Entnahme von Energie,** wie er in der Grundversorgung grundsätzlich möglich und verbreitet ist (→ Rn. 40), für die betroffene Entnahmestelle ausgeschlossen ist. Der Gesetzgeber wollte damit klarstellend (BT-Drs. 20/1599, 58) das Zustandekommen eines Grundversorgungsvertrages auch auf diesem Wege ausschließen. Es dürfte sich in der Tat um eine nicht zwingend nötige, klarstellende Regelung handeln. Wegen der nach § 36 Abs. 1 S. 5 nicht bestehenden Grundversorgungspflicht des EVU dürfte der Bereitstellung von Energie durch ihn schon der Erklärungswert eines Angebots zum Abschluss eines Grundversorgungsvertrags fehlen; in der Folge kann in der Energieentnahme durch den Haushaltskunden nicht die konkludente Annahme eines Angebots gesehen werden.

C. Bestimmung des Grundversorgers (Abs. 2)

I. Grundsätzliche Definition (Abs. 2 S. 1)

51 Grundversorger iSv § 36 Abs. 1 ist **das EVU, das die meisten Haushaltskunden in einem Netzgebiet der allgemeinen Versorgung beliefert.** Hierin kommt eine grundlegende konzeptionelle Neuerung bei der Bestimmung des für die Gebietsversorgung zumindest subsidiär verantwortlichen EVU zum Ausdruck. Sie erfolgt nicht mehr durch hoheitliche Entscheidung, nämlich durch den Konzessionsvertragsschluss der jeweiligen Gemeinde, wie das bis zum EnWG 1998 und auch auf der Grundlage des EnWG 1998 der Fall war, sondern durch eine gesetzliche Definition, die an objektive Marktgegebenheiten anknüpft (BT-Drs. 15/3917, 66; zu verfassungsrechtlichen Bedenken → Rn. 13).

Grundversorgungspflicht **§ 36**

Der Grundversorger ist für **die Strom- und die Gasbelieferung** und für beide 52
Sparten getrennt zu bestimmen. Das maßgebliche Netzgebiet der allgemeinen Versorgung (→ Rn. 53ff.) bedarf ebenso gesonderter Feststellung wie auch die Anzahl der darin versorgten Haushaltskunden (→ Rn. 58ff.). Es kann danach in einem Gemeindegebiet und auch in einem – für Strom und Gas gegebenenfalls räumlich übereinstimmenden – Netzgebiet der allgemeinen Versorgung (Theobald/Kühling/*Heinlein/Weitenberg* EnWG § 36 Rn. 98, auf die Anzahl der versorgten Haushaltskunden abstellend) unterschiedliche Grundversorger für Strom und Gas geben.

1. Netzgebiet der allgemeinen Versorgung. Bezugsgröße für die Bestim- 53
mung des jeweiligen Grundversorgers ist nach § 36 Abs. 2 S. 1 ein bestimmtes Netzgebiet der allgemeinen Versorgung. Im EnWG findet sich **keine Legaldefinition** dieses Begriffs. In der Folge ist seine Abgrenzung lange nicht abschließend geklärt gewesen (Theobald/Kühling/*Heinlein/Weitenberg* EnWG § 36 Rn. 89). Es ist eine Reihe unterschiedlicher Auffassungen vertreten worden (vgl. im Überblick *Borries/Lohmann* EnWZ 2015, 441 (443); *Schüler/Tittel* EnWZ 2018, 154 (157f.)). Insbesondere auf die Reichweite des einheitlich betriebenen Niederspannungs- bzw. Niederdrucknetzes eines Netzbetreibers (BerlKommEnergieR/*Busche* EnWG § 36 Rn. 34), auf das jeweilige Gemeindegebiet (*Bartsch/Kaestner* ET 2004, 837 (838); NK-EnWG/*Rasbach* § 36 Rn. 27) oder auf jeweilige Konzessionsvertragsgebiet (Schneider/Theobald EnergieWirtschaftsR-HdB/*de Wyl* § 14 Rn. 36; Theobald/Kühling/*Heinlein/Weitenberg* EnWG § 36 Rn. 95; *Borries/Lohmann* EnWZ 2015, 441 (447); *Salje* EnWG § 36 Rn. 26, der das Vorliegen eines Konzessionsvertrags iSv § 46 Abs. 2 jedenfalls als Indiz heranziehen will) ist abgestellt worden.

Eine Klärung hat jetzt das BVerwG herbeigeführt. Mit der wohl zuvor schon 54
überwiegenden Auffassung hat es überzeugend festgestellt, dass ein solches Netzgebiet in räumlicher Hinsicht jeweils einem **Konzessionsvertragsgebiet** entspricht, also dem Gebiet innerhalb einer Gemeinde, für das ein Konzessionsvertrag iSv § 46 Abs. 2 S. 1 zwischen einem EVU und der Gemeinde besteht (BVerwG Urt. v. 26.10.2021 – 8 C 2.21, EnWZ 2022, 190 Rn. 11ff.; in diesem Sinne auch bereits VG Stuttgart Urt. v. 20.10.2020 – 18 K 1797/19, EnWZ 2021, 137 Rn. 27ff.). Dem Umstand, dass § 36 Abs. 2 S. 1 anders als etwa § 18 Abs. 1 oder § 46 Abs. 2 S. 2 nicht von dem Gemeindegebiet und auch nicht von der Gemeinde spricht, entnimmt das Gericht ein Wortlautargument dafür, dass das Netzgebiet nicht mit dem Gemeindegebiet deckungsgleich sein muss (BVerwG Urt. v. 26.10.2021 – 8 C 2.21, EnWZ 2022, 190 Rn. 12; Theobald/Kühling/*Heinlein/Weitenberg* EnWG § 36 Rn. 93). Entstehungsgeschichtlich weist es eine Anknüpfung an § 10 Abs. 1 S. 1 EnWG 1998, der die allgemeine Versorgung ausdrücklich auf Gemeindegebiete bezogen hatte, zurück; dem steht der grundlegende Wechsel bei der Bestimmung des grundversorgungspflichtigen Grundversorgers, der nunmehr nicht mehr durch die Gemeinde, sondern nach objektiven Kriterien bestimmt wird, entgegen (BVerwG Urt. v. 26.10.2021 – 8 C 2.21, EnWZ 2022, 190 Rn. 13). Dies spricht zugleich gegen die Anknüpfung an das von einem Netzbetreiber errichtete Netz, denn dann hätte es der Netzbetreiber in der Hand, Größe und Zuschnitt des Netzgebiets zu verändern und darüber auf die Grundversorgungspflichtigkeit einzelner energieliefernder EVU Einfluss zu nehmen (BVerwG Urt. v. 26.10.2021 – 8 C 2.21, EnWZ 2022, 190 Rn. 14; vgl. bereits → 3. Aufl., § 36 Rn. 38). In systematischer Hinsicht (vgl. hierzu BVerwG Urt. v. 26.10.2021 – 8 C 2.21, EnWZ 2022, 190 Rn. 15ff.) verweist das Gericht insbesondere auf § 18 Abs. 1 S. 1, wonach Energieversorgungsnetze der allgemeinen Versorgung iSv § 3 Nr. 17 inner-

halb von Gemeindegebieten betrieben werden; zwar betrifft die Bestimmung unmittelbar nur den Netzbetrieb, nicht die Energielieferung, doch ist die danach bestehende Anschlusspflicht Voraussetzung der in § 36 geregelten Grundversorgung (→ Rn. 25). Die Verknüpfung zwischen dem Netzgebiet der allgemeinen Versorgung und dem Konzessionsgebiet sieht das Gericht in dem – wenn auch unmittelbar nur für örtliche Gasverteilernetze anwendbaren – § 3 Nr. 29 c hergestellt und in § 46 Abs. 2 S. 1 und 2 bestätigt. Schließlich sieht das Gericht sein Auslegungsergebnis auch durch § 1 Abs. 1 und 2 bekräftigt, va weil die Anknüpfung an das Konzessionsgebiet auch kleineren EVU den Zugang zur Grundversorgung eröffne und damit den Wettbewerb fördere (BVerwG Urt. v. 26.10.2021 – 8 C 2.21, EnWZ 2022, 190 Rn. 20). Ergänzen ließe sich noch, dass damit den ansonsten ganz aus der Energiebelieferung herausgedrängten Gemeinden (→ Rn. 13, 51) jedenfalls noch ein bescheidener Einfluss in diesem Bereich zugestanden wird.

55 Aus der Anknüpfung an Konzessionsgebiete folgt, dass ein Netzgebiet der allgemeinen Versorgung **nicht notwendig das gesamte Gebiet einer Gemeinde** umfassen muss; § 36 Abs. 2 S. 1 folgt insoweit gerade nicht der Vorläuferbestimmung des § 10 Abs. 1 S. 1 EnWG 1998, der die allgemeine Versorgung ausdrücklich auf das jeweilige Gemeindegebiet bezogen hat (BVerwG Urt. v. 26.10.2021 – 8 C 2.21, EnWZ 2022, 190 (191)). Ein Gemeindegebiet kann konzessionsvertraglich – auch für nur eine der Sparten Strom und Gas – in mehrere Netzgebiete der allgemeinen Versorgung unterteilt sein (→ § 46 Rn. 56). Damit kann es in einer Gemeinde auch jeweils mehrere Strom- bzw. Gasgrundversorger geben (vgl. bereits LG Baden-Baden Urt. v. 20.1.2006 – 1 O 1/06, RdE 2006, 126 (126f.), das von der Möglichkeit ausgeht, dass ein EVU Grundversorger allein in einem Teilort einer Gemeinde ist).

56 Eine weitere bedeutsame Folgerung ist, dass für ein Netzgebiet der allgemeinen Versorgung nicht auf **das – unter Umständen gemeindegebietsüberschreitend – zusammenhängende Niederspannungs- bzw. Niederdrucknetzes eines Netzbetreibers** (so *Bartsch/Kästner* ET 2004, 837 (838)) abzustellen ist. Ein Netzgebiet der allgemeinen Versorgung ist notwendig auf das Gebiet einer einzelnen Gemeinde beschränkt.

57 **2. Anzahl der versorgten Haushaltskunden.** Bezogen auf ein Netzgebiet der allgemeinen Versorgung ist Grundversorger **das EVU, das die meisten Haushaltskunden beliefert** (§ 36 Abs. 2 S. 1). Insofern rekurriert die Bestimmung auf die tatsächlich gegebenen Marktverhältnisse.

58 Die maßgebliche Anzahl der Haushaltskunden meint richtigerweise die **Zahl der Verträge über Abnahmestellen von Haushaltskunden.** Auf die Zahl der versorgten Personen, also etwa auch die Anzahl der über ein Vertragsverhältnis mitversorgten Familien- oder Firmenangehörigen etc kommt es nicht an. Aus dem Wortlaut von § 36 Abs. 2 S. 1 und auch von § 3 Nr. 22 ist das zwar nicht unmittelbar abzuleiten. Hierfür spricht jedoch schon der systematische Zusammenhang zwischen § 36 Abs. 2 S. 1 und § 36 Abs. 1 S. 1, wo unter dem Haushaltskunden offenkundig – nur – der potentielle Vertragspartner des Grundversorgers verstanden wird; es ist zumindest naheliegend, in § 36 Abs. 2 S. 1 den gleichen Haushaltskundenbegriff zugrunde zu legen (*Salje* EnWG § 36 Rn. 28). Hinzu tritt das in § 36 Abs. 2 S. 2 vorgesehene Verfahren zur Feststellung des Grundversorgers, denn der dort herangezogene örtliche Versorgungsnetzbetreiber wird jedenfalls die Anzahl der tatsächlich von einem EVU versorgten Personen nicht ermitteln können. Es kommt auch nicht auf die Zahl der Vertragspartner, sondern auf die Zahl der Vertragsverhältnisse an.

Nicht von Bedeutung ist nach § 36 Abs. 2 S. 1 **Art und Umfang der Versor-** 59
gung von Haushaltskunden. Sie muss ihre Rechtsgrundlage insbesondere nicht
in § 36 Abs. 1 S. 1 haben. Zu berücksichtigen sind sowohl Grundversorgungsverhältnisse wie auch Energielieferungsverträge mit Haushaltskunden außerhalb der
Grundversorgung (§ 41) oder Ersatzversorgungsverhältnisse mit Haushaltskunden
(§ 38). Innerhalb geschlossener Verteilernetze belieferte Haushaltskunden bleiben
bei der Berechnung der Anzahl der Haushaltskunden im Netzgebiet nach Abs. 4
(→ Rn. 81) außer Betracht (Theobald/Kühling/*Heinlein/Weitenberg* EnWG § 36
Rn. 89; NK-EnWG/*Rasbach* § 36 Rn. 39). Unerheblich ist die Menge der gelieferten Energie (Schneider/Theobald EnergieWirtschaftsR-HdB/*de Wyl* § 14 Rn. 37).

Es ist keine absolute Mehrheit bei den versorgten Haushaltskunden gefordert, 60
sondern es reicht eine **relative Mehrheit** (Schneider/Theobald EnergieWirtschaftsR-HdB/*de Wyl* § 14 Rn. 37; Theobald/Kühling/*Heinlein/Weitenberg* EnWG
§ 36 Rn. 99). Dies folgt schon aus dem Wortlaut, va aber auch aus dem Zweck, für
jedes Netzgebiet einen Grundversorger festzulegen.

II. Verfahren der Feststellung des Grundversorgers (Abs. 2 S. 2, 3)

Der Gesetzgeber hat bewusst auf einen regelmäßig erforderlichen Hoheitsakt zur 61
Feststellung des Grundversorgers nach § 36 Abs. 2 S. 1 verzichtet, weil er darin eine
unnötige Formalie sah (Gegenäußerung der BReg, BT-Drs. 15/4068, 7, zum abweichenden Vorschlag des BR). Statt dessen enthält § 36 Abs. 2 S. 2–4 besondere **Verfahrensregelungen für die Feststellung des Grundversorgers,** die regelmäßig
auf die Mitwirkung des verteilungsnetzbetreibenden EVU setzen (→ Rn. 62ff.)
und nur ausnahmsweise eine hoheitliche Klärung vorsehen (→ Rn. 65, 66ff.).

1. Feststellungs- und Mitteilungspflicht des Netzbetreibers (Abs. 2 S. 2). 62
Für die Bestimmung des EVU, das nach § 36 Abs. 2 S. 1 im jeweiligen Gemeindegebiet Grundversorger ist, sieht § 36 Abs. 2 S. 2 grundsätzlich eine **Feststellung
durch den jeweiligen Betreiber des Energieversorgungsnetzes der allgemeinen Versorgung** nach § 18 Abs. 1 vor. Er ist verpflichtet, diese Feststellung
nach Auslaufen der Übergangsregelung (→ Rn. 18) erstmals zum 1.7.2006 und
danach alle drei Jahre jeweils zum 1.7. zu treffen. Regelmäßig auf der Grundlage
dieser Feststellung wird der Grundversorger dieses Netzgebiets der allgemeinen
Versorgung für die jeweils nächsten drei Kalenderjahre bestimmt; verliert der festgestellte Grundversorger während dieses Zeitraums seine Marktstellung, bleibt das
irrelevant. Der Netzbetreiber hat seine Feststellung jeweils bis zum 30.9. des Jahres
im Internet zu veröffentlichen und der nach Landesrecht zuständigen Behörde
schriftlich mitzuteilen.

Die somit dem Netzbetreiber auferlegte Feststellungspflicht ist in der Sache des- 63
halb problematisch, weil der Versorgungsnetzbetreiber infolge der Entflechtungsvorgaben uU **keine sichere Kenntnis von der Zahl der versorgten Haushaltskunden** hat. Die ihm mögliche Zählung der Abnahmestellen gibt nicht notwendig
präzise Auskunft über die Zahl der Liefervertragspartner (vgl. *Hampel* Tarifkundenversorgung, S. 303; *Salje* EnWG § 36 Rn. 30f.), und die Unterscheidung der Haushaltskunden von den sonstigen Kunden bereitet Schwierigkeiten und begründet
unter Umständen Ungenauigkeiten. Es wird deshalb nur Näherungslösungen geben können, die im Ergebnis jedoch deshalb hinnehmbar erscheinen, weil zum
einen nach den bisherigen Marktverhältnissen in einem Netzgebiet kaum je mehrere gleich starke Energieversorger im Haushaltskundenbereich vorhanden sein

§ 36　　　　　　　　　　　Teil 4. Energielieferung an Letztverbraucher

werden (Schneider/Theobald EnergieWirtschaftsR-HdB/*de Wyl* § 14 Rn. 37; Theobald/Kühling/*Heinlein/Weitenberg* EnWG § 36 Rn. 100) und zum anderen behördliche Verfahrenssicherungen (→ Rn. 65) sowie auf Einwände hin ein behördliches Feststellungsverfahren (→ Rn. 66ff.) vorgesehen sind.

64　Aus § 36 Abs. 2 S. 2 nicht ohne weiteres ablesbar ist die **rechtliche Qualifikation dieser Tätigkeiten des netzbetreibenden EVU**. Das Problem resultiert daraus, dass es sich einerseits dabei um ein privates – oder auch um ein Privaten insofern gleichgestelltes öffentliches, jedenfalls privatwirtschaftlich tätiges – Unternehmen handelt, diesem andererseits aber eine Tätigkeit im öffentlichen Interesse, im Zusammenhang mit hoheitlichen Aufgaben obliegt. Die Annahme, die Netzbetreiber würden deshalb wie oder als beliehene Unternehmen tätig (*Salje* EnWG § 36 Rn. 12; BerlKommEnergieR/*Busche* EnWG § 36 Rn. 35; vgl. auch, einen feststellenden Verwaltungsakt annehmen, *Strohe* ET 2006, 62), überzeugt gleichwohl nicht. Vielmehr dürfte es sich allein um eine sog. Indienstnahme eines Privaten handeln, die die privatrechtliche Qualifikation seines Handelns ungeachtet des auf eine öffentliche Aufgabe bezogenen Zwecks unberührt lässt (zust. Theobald/Kühling/*Heinlein/Weitenberg* EnWG § 36 Rn. 103). Dies entspricht auch der gesetzgeberischen Intention, im Interesse der Deregulierung grundsätzlich auf eine Feststellung des Grundversorgers durch besonderen Hoheitsakt zu verzichten (vgl. BT-Drs. 15/4068, 7).

65　**2. Sicherstellung eines ordnungsgemäßen Verfahrens (Abs. 2 S. 3).** Der durch Gesetz vom 4.11.2010 eingefügte § 36 Abs. 2 S. 3 flankiert dieses zunächst im privaten Bereich angesiedelte Verfahren; er enthält eine **Ermächtigung zu erforderlichen Maßnahmen zur Sicherstellung einer ordnungsgemäßen Feststellung des Grundversorgers** in dem Verfahren nach den Sätzen 1 und 2. Nach dem Willen des Gesetzgebers soll die Regelung eine Ermächtigungsgrundlage zum Erlass eines Verwaltungsakts zugunsten der nach Landesrecht zuständigen Behörde enthalten und klarstellen, dass die nach Landesrecht zuständigen Behörden, die nicht Regulierungsbehörden im Sinne des Gesetzes sind, die erforderlichen Maßnahmen treffen können (BT-Drs. 17/1719, 26f.).

66　**3. Entscheidung über Einwände (Abs. 2 S. 4).** Erst auf Einwände hin kommt es zu **einer hoheitlichen Entscheidung über die Feststellung des Grundversorgers**. Die zuständige Behörde ist durch das Landesrecht zu bestimmen.

67　Unklar ist die **Einwendungsberechtigung** nach dieser Vorschrift. Eine Eingrenzung auf Personen, die als Konkurrenten, andere Netzbetreiber oder Haushaltskunden im Netzgebiet von der Feststellung betroffen sein können (*Salje* EnWG § 36 Rn. 34), die also in eigenen Rechten oder auch nur eigenen Interessen tangiert sind, ist § 36 Abs. 2 S. 3 nicht zu entnehmen; danach wird grundsätzlich jedermann Einwände erheben und eine Sachentscheidung der Behörde herbeiführen können. Eine Eingrenzung erscheint über das allgemeine Erfordernis eines eigenen Sachbescheidungsinteresses des Einwenders möglich (ebenso BerlKommEnergieR/ *Busche* EnWG § 36 Rn. 36).

68　Maßstab der Entscheidung der zuständigen Behörde sind die **Vorgaben des § 36 Abs. 2 S. 1 und 2**. Es gelten also die gleichen materiellen Kriterien und die gleichen zeitlichen Vorgaben wie für den nach § 36 Abs. 2 S. 2 zunächst eingeschalteten Betreiber des Verteilungsnetzes.

69　Das auf die Einwände hin durchzuführende Verwaltungsverfahren endet mit einer Entscheidung der zuständigen Behörde durch **Verwaltungsakt**. Dieser ist im Verwaltungsrechtsweg angreifbar.

III. Einstellung der Geschäftstätigkeit des Grundversorgers (Abs. 2 S. 5)

Die Regelung des § 36 Abs. 2 S. 5 dient dem schon gemeinschaftsrechtlich vor- **70** gegebenen Ziel der **dauerhaften Sicherung der Grundversorgung** (→ Rn. 2, 10) über die Wahrnehmung dieser Aufgabe durch das aktuell grundversorgungspflichtige EVU hinaus. Anders als die der Betriebspflicht nach § 11 Abs. 1 unterliegenden Netzbetreiber sind energieliefernde EVU, auch Grundversorger nicht verpflichtet, ihre Geschäftstätigkeit als Energielieferant aufrechtzuerhalten (vgl. OVG Greifswald Beschl. v. 28.3.2007 – 2 M 162/06, NVwZ 2008, 584; Fehling/Ruffert RegulierungsR/*Britz* § 9 Rn. 94). Daran ändert die allgemeine Versorgungspflicht von EVU nach § 2 Abs. 1 iVm § 1, die ausdrücklich nur im Rahmen der Vorschriften des EnWG besteht und nicht eigenständig eine Versorgungspflicht von EVU begründet, nichts (*Salje* EnWG § 36 Rn. 36). Auch aus § 36 Abs. 1 S. 1, Abs. 2 S. 1, wonach das EVU mit den meisten Haushaltskunden in einem Netzgebiet zur Durchführung der Grundversorgung verpflichtet ist, folgt keine Verpflichtung zur Aufrechterhaltung der Geschäftstätigkeit. Für den Fall ihrer Einstellung erfolgt die Sicherstellung der Grundversorgung durch die Regelung einer Nachfolge in der Grundversorgungsfunktion (→ Rn. 72; vgl. auch *Ehricke* IR 2008, 248 (254), dazu, ob in extremen Ausnahmesituationen, wenn es keinen anderen leistungsfähigen Versorger im Gemeindegebiet gibt, die Gemeinde als Trägerin eines kommunalen EVU im Sinne einer Einstandspflicht gehalten sein kann, für die Aufrechterhaltung der Grundversorgung mit Strom durch dieses EVU zu sorgen).

Die Geschäftstätigkeit des Grundversorgers kann etwa infolge von Insolvenz, **71** aber auch aus eigenem, freiem Entschluss beendet werden (*Salje* EnWG § 36 Rn. 36). Letztere Möglichkeit führt zu der Frage, ob **nur ein vollständiger oder auch ein regional und bzw. oder auf bestimmte Kundenkreise, etwa die Haushaltskunden, begrenzter Rückzug aus der Versorgungstätigkeit** eine Einstellung der Geschäftstätigkeit iSv § 36 Abs. 2 S. 4 darstellt (vgl. *Boos* IR 2005, 101 (103)). Letzteres würde es einem EVU ermöglichen, sich in einem bestimmten Netzgebiet der allgemeinen Versorgung aus der Haushaltskundenbelieferung zurückzuziehen und damit gegebenenfalls auch die Grundversorgerstellung zu verlieren, zugleich jedoch in diesem Netzgebiet andere (Sonder-)Kunden weiterhin zu beliefern bzw. in anderen Netzgebieten der allgemeinen Versorgung weiterhin in der Haushaltskundenbelieferung tätig zu bleiben. Der Umstand, dass die Regelung des § 36 Abs. 2 ganz auf die Haushaltskundenbelieferung in einem bestimmten Netzgebiet abstellt und im Übrigen eine Betriebspflicht grundsätzlich nicht besteht, spricht dafür, auch eine solche partielle Änderung ggf. als Einstellung der Geschäftstätigkeit iSv § 36 Abs. 2 S. 5 gelten zu lassen (so auch OVG Greifswald Beschl. v. 28.3.2007 – 2 M 162/06, NVwZ 2008, 584; *Strohe* ET 2006, 62 (63)).

Die Regelung der Nachfolge in der Grundversorgerfunktion ergibt sich aus **§ 36** **72** **Abs. 2 S. 1 sowie § 36 Abs. 2 S. 5 iVm § 36 Abs. 2 S. 2 und 3**. In ihrem materiellrechtlichen Kern folgt sie schon aus § 36 Abs. 2 S. 1; wenn der bisherige Grundversorger nach § 36 Abs. 2 S. 1 seine Geschäftstätigkeit eingestellt hat, ist danach nunmehr das EVU Grundversorger, das bis dahin die zweitmeisten, nunmehr die meisten Haushaltskunden im Netzgebiet versorgt (*Salje* EnWG § 36 Rn. 37). Der durch § 36 Abs. 2 S. 5 angeordneten entsprechenden Anwendbarkeit von § 36 Abs. 2 S. 2 und 3, die sich richtigerweise auch auf Abs. 2 S. 4 erstreckt (vgl. BerlKommEnergieR/*Busche* EnWG § 36 Rn. 38, dazu, dass es sich um ein Redaktionsversehen nach der Einfügung eines neuen Abs. 2 S. 3 durch das Gesetz v. 4.11.2010

§ 36 Teil 4. Energielieferung an Letztverbraucher

gehandelt haben dürfte), bleibt danach nur noch ergänzende verfahrensrechtliche Bedeutung. Diese entsprechende Anwendung wird so vorzunehmen sein, dass das EVU, das nach dem Ausscheiden des bisherigen Grundversorgers nunmehr den stärksten Marktanteil bei der Belieferung von Haushaltskunden hat, aus dem Ergebnis der letzten regulären Ermittlung des Grundversorgers zu ermitteln ist, sofern dabei auch die hierfür nötigen Daten ermittelt worden sind und diese ungeachtet zwischenzeitlicher Marktanteilsverschiebungen noch verlässlich erscheinen; andernfalls wird die entsprechende Anwendung des § 36 Abs. 2 S. 2 und 3 bedeuten, dass abweichend von den durch § 36 Abs. 2 S. 2 vorgegebenen Fristen eine Sonderfeststellung durchzuführen ist, um das EVU mit der größten Zahl an belieferten Haushaltskunden festzustellen (Schneider/Theobald EnergieWirtschaftsR-HdB/*de Wyl* § 14 Rn. 39).

IV. Pflicht zur Benachrichtigung der BNetzA

73 Die nach Landesrecht zuständige Behörde ist nach **§ 55 Abs. 2** verpflichtet, die BNetzA zu benachrichtigen, sobald sie nach § 36 Abs. 2 ein Verfahren einleitet, Ermittlungen durchführt oder ein Verfahren abschließt (näher → § 55 Rn. 15), sofern der Aufgabenbereich der BNetzA berührt ist.

D. Grundversorgerwechsel (Abs. 3)

74 § 36 Abs. 3 trifft eine Regelung für den Fall, dass es in einem Gemeindegebiet zu einem Wechsel des Grundversorgers kommt. Die in dem Fall des Wegfalls der Grundversorgerstellung eines EVU sich stellende Frage nach dem Eintritt eines anderen EVU in die Grundversorgungspflicht beantwortet bereits § 36 Abs. 2 (→ Rn. 51 ff.). Die weitere Frage nach dem **rechtlichen Schicksal der mit dem bisherigen Grundversorger geschlossenen Energielieferungsverträge** zu klären ist die Aufgabe des § 36 Abs. 3.

I. Anwendungsbereich

75 Ein **Wechsel des Grundversorgers** ist nach der gesetzlichen Konstruktion des § 36 zum einen dann denkbar, wenn bei der regelmäßig vorzunehmenden Feststellung des Grundversorgers gem. § 36 Abs. 2 S. 1 ein anderes als das bisherige EVU als Grundversorger festgestellt wird. Zum anderen kann es zu einem Wechsel im Falle des § 36 Abs. 2 S. 5 kommen; er ist gegeben, wenn der Grundversorger seine Geschäftstätigkeit einstellt und nach Maßgabe von § 36 Abs. 2 S. 5 iVm § 36 Abs. 2 S. 2 ff. ein neuer Grundversorger bestimmt wird.

76 § 36 Abs. 3 erfasst **nur die auf der Grundlage des § 36 Abs. 1 geschlossenen Energielieferverträge**. Das Schicksal sonstiger Energielieferverträge, insbesondere auch solcher Verträge mit Haushaltskunden, die nicht nach den allgemeinen Bedingungen und Tarifen der Grundversorgung, sondern als Sonderkundenverträge abgeschlossen worden sind, ist hier nicht geregelt. Sie bleiben auch ohne besondere Regelung von einem Grundversorgerwechsel unberührt.

II. Rechtsfolgen

77 **1. Rechtsfolgen nach früherer Rechtslage.** Die Rechtsfrage nach dem Schicksal des Energielieferungsvertrags bei einem Wechsel des Gebietsversorgers

hat sich **bis zur Liberalisierung durch das EnWG 1998** nicht gestellt. Solange die Gemeindegebiete jeweils allein durch ein EVU auf der Grundlage eines Konzessionsvertrags mit Ausschließlichkeitsklausel versorgt wurden, verlor mit dessen Auslaufen dieses EVU der Gemeinde gegenüber die Befugnis zur Versorgung des Gemeindegebiets mit Energie. Wechselte der Konzessionsvertragspartner der Gemeinde, war klar, dass mit dem Konzessionsvertragswechsel auch die Versorgungsverhältnisse auf den neuen Konzessionsvertragspartner übergingen (Schneider/ Theobald EnergieWirtschaftsR-HdB/*Albrecht* § 9 Rn. 180).

Unter der Geltung des **EnWG 1998** wurden die Rechtsfolgen eines Wechsels des 78 gebietsversorgungspflichtigen EVU mit Blick auf die bestehenden Energielieferungsverträge problematisch. Der durch den mit der Gemeinde abgeschlossenen Konzessionsvertrag bestimmte, (anschluss- und) versorgungspflichtige allgemeine Versorger iSv §§ 10, 13 Abs. 2 EnWG 1998 war nunmehr der Konkurrenz durch andere Anbieter ausgesetzt. Wechselte die Gemeinde den Konzessionsvertragspartner, stellte sich deshalb die Frage, ob der bisherige allgemeine Versorger, der nunmehr als konkurrierender Anbieter im Gemeindegebiet tätig bleiben konnte, Vertragspartner der in der Zeit seines Allgemeinversorgerstatus begründeten Energielieferungsverträge blieb oder ob diese Energielieferungsverträge auf den neuen Konzessionsvertragspartner und allgemeinen Versorger übergingen. Diese im EnWG 1998 nicht explizit gesetzlich geregelte Frage war nicht unumstritten, wurde aber wohl überwiegend im Sinne eines Übergangs der Vertragsverhältnisse auf den neuen Konzessionsvertragspartner und allgemeinen Versorger beantwortet (LG Köln Urt. v. 29.10.2002 – 89 O 46/02, RdE 2003, 42; OLG Schleswig Urt. v. 10.1.2006 – 6 U Kart 58/05, NVwZ-RR 2006, 811 (813); *Hellermann* ZNER 2002, 70 (77); *Maatz/ Michaels* RdE 2003, 65 (67ff.); ablehnend LG Stuttgart Urt. vom 18.1.2005 – 41 O 111/04 KfH, RdE 2005, 174; *Säcker/Dörner* RdE 2002, 161 (161ff.).

2. Rechtsfolgen nach § 36 Abs. 3. Diese frühere Streitfrage hat sich mit der 79 Neuregelung des EnWG 2005 erledigt (vgl. OLG Stuttgart Urt. v. 18.8.2005 – 2 U 27/05, RdE 2005, 307 (310); *Hellermann* ZNER 2004, 329 (330); *Boos* IR 2005, 101 (102)). Nach heutiger Rechtslage ordnet § 36 Abs. 3 im Falle des Grundversorgerwechsels eindeutig die **Fortgeltung der zwischen dem bisherigen Grundversorger und den Haushaltskunden auf der Grundlage des § 36 Abs. 1 geschlossenen Energielieferungsverträge** an (vgl. BT-Drs. 15/3917, 66). Sie werden damit zu Sondervertragskunden des bisherigen Grundversorgers, jedoch unter Fortgeltung der im Zeitpunkt des Wechsels des Grundversorgers geltenden Preise und Bedingungen (vgl. näher dazu *Presser* EnWZ 2015, 296 (298ff.)). Diese Regelung ist nach der gesetzlichen Konzeption folgerichtig, da der Wechsel des Grundversorgers nicht mehr auf einer hoheitlichen Auswahl und Beauftragung beruht, sondern allein von der Entwicklung der tatsächlichen Wettbewerbsverhältnisse am Markt abhängig sein soll.

Die **Möglichkeit der Kündigung** des Vertrages mit dem bisherigen Grundver- 80 sorger bleibt unberührt (BT-Drs. 15/3917, 66). Die Kündigungsregelungen des § 20 StromGVV/GasGVV, die nach § 1 Abs. 1 S. 1 StromGVV/GasGVV Bestandteil des Grundversorgungsvertrages sind, bleiben anwendbar. Sie erlauben einerseits dem Kunden die Kündigung; andererseits ist auch das EVU, das nunmehr nicht der Grundversorgungspflicht unterliegt, nunmehr – wie § 20 Abs. 1 S. 2 StromGVV/ GasGVV anerkennt – zur Kündigung befugt (vgl. *Presser* EnWZ 2015, 296 (297)).

E. Ausschluss für geschlossene Verteilernetze (Abs. 4)

81 Der 2011 angefügte § 36 Abs. 4 soll klarstellen, dass **für Betreiber geschlossener Verteilernetze keine Pflicht zur Grundversorgung** besteht (BT-Drs. 17/6072, 82). Die Voraussetzungen für die Einstufung eines Energieversorgungsnetzes als geschlossenes Verteilernetz durch die Regulierungsbehörde sind in § 110 Abs. 2, 3 geregelt (→ § 110 Rn. 30 ff.). § 36 Abs. 4 ergänzt die Freistellung geschlossener Verteilernetze von bestimmten, für den Netzbetrieb geltenden Vorschriften des EnWG in § 110 Abs. 1 um eine Ausnahmeregelung für die Belieferung von Kunden in geschlossenen Verteilernetzen (→ § 110 Rn. 51 ff.). Aus § 36 Abs. 4 wird auch abgeleitet, dass über geschlossene Verteilernetze versorgte Haushaltskunden, die nach der Vorgabe von § 110 Abs. 2 S. 2 ohnehin nur eine geringe Zahl ausmachen dürfen, auch bei der Bestimmung des Grundversorgers unbeachtet bleiben (→ Rn. 59).

§ 37 Ausnahmen von der Grundversorgungspflicht

(1) ¹Wer zur Deckung des Eigenbedarfs eine Anlage zur Erzeugung von Energie betreibt oder sich von einem Dritten versorgen lässt, hat keinen Anspruch auf eine Grundversorgung zu dem Allgemeinen Preis nach § 36 Absatz 1 Satz 1. ²Er kann aber eine Grundversorgung durch eine Zusatz- und Reserveversorgung in dem Umfang und zu den Bedingungen verlangen, die für den Grundversorger wirtschaftlich zumutbar sind. ³Satz 1 gilt nicht für Eigenanlagen, die ausschließlich der Sicherstellung des Energiebedarfs bei Aussetzen der öffentlichen Energieversorgung dienen, wenn sie außerhalb ihrer eigentlichen Bestimmung nicht mehr als 15 Stunden monatlich zur Erprobung betrieben werden.

(2) ¹Reserveversorgung ist für den Grundversorger im Sinne des Absatzes 1 Satz 2 nur zumutbar, wenn sie den laufend durch Eigenanlagen gedeckten Bedarf für den gesamten Haushalt umfasst und ein fester, von der jeweils gebrauchten Energiemenge unabhängiger angemessener Leistungspreis mindestens für die Dauer eines Jahres bezahlt wird. ²Hierbei ist von der Möglichkeit gleichzeitiger Inbetriebnahme sämtlicher an das Leitungsnetz im Grundversorgungsgebiet nach § 36 Absatz 1 Satz 1 angeschlossener Reserveanschlüsse auszugehen und der normale, im gesamten Niederspannungs- oder Niederdruckleitungsnetz des Grundversorgungsgebietes vorhandene Ausgleich der Einzelbelastungen zugrunde zu legen.

(3) ¹Das Bundesministerium für Wirtschaft und Energie kann durch Rechtsverordnung mit Zustimmung des Bundesrates regeln, in welchem Umfang und zu welchen Bedingungen eine Grundversorgung nach Absatz 1 Satz 2 wirtschaftlich zumutbar ist. ²Dabei sind die Interessen der Energieversorgungsunternehmen und der Haushaltskunden unter Beachtung des Zwecks des § 1 angemessen zu berücksichtigen.

Ausnahmen von der Grundversorgungspflicht § 37

Übersicht

	Rn.
A. Allgemeines	1
I. Inhalt und Zweck	1
II. Entstehungsgeschichte	4
III. Unionsrechtliche Beurteilung	7
B. Modifikation des Grundversorgungsanspruchs (Abs. 1)	8
I. Ausschluss der Grundversorgung nach § 36 Abs. 1 S. 1 (Abs. 1 S. 1 und 3)	8
1. Tatbestandsvoraussetzungen	8
2. Rechtsfolge	13
II. Grundversorgung durch Zusatz- und Reserveversorgung (Abs. 1 S. 2)	15
1. Anwendungsbereich	16
2. Rechtsfolge: Grundversorgung im Rahmen des Zumutbaren	17
C. Zumutbarkeit von Reserveversorgung (Abs. 2)	19
D. Verordnungsermächtigung (Abs. 3)	22

Literatur: Vgl. die Hinweise zu § 36.

A. Allgemeines

I. Inhalt und Zweck

§ 37 regelt eine **Modifikation des aus § 36 folgenden Grundversorgungs-** 1
anspruchs von Haushaltskunden für den Fall, dass diese sich mittels eigener Erzeugungsanlagen selbst oder durch Dritte mit Energie versorgen. In dieser Konstellation bedarf der ansonsten grundversorgungsberechtigte Haushaltskunde nicht umfassend, sondern nur ergänzend oder temporär einer Energiebelieferung durch das grundversorgungspflichtige EVU (BerlKommEnergieR/*Busche* EnWG § 37 Rn. 1). Für diese Fälle wird deshalb der Grundversorgungsanspruch gem. § 36 ausgeschlossen bzw. modifiziert und ein Anspruch auf eine Grundversorgung in Gestalt einer Zusatz- bzw. Reserveversorgung begründet, die nach Umfang und Bedingungen unter dem Vorbehalt des für das grundversorgungspflichtige EVU wirtschaftlich Zumutbaren steht.

Die Regelung zielt, wie § 37 Abs. 3 S. 2 deutlich macht (→ Rn. 22), auf einen 2
angemessenen **Ausgleich der berechtigten Interessen des grundversorgungspflichtigen EVU und des Haushaltskunden** für den Fall, dass ein Haushaltskunde nicht seinen gesamten Strom- bzw. Gasbedarf vom Grundversorger bezieht. Darin wird deutlich, dass die Grundversorgung von dem Leitbild einer Vollversorgung, dh dem Bezug des gesamten Energiebedarfs durch ein EVU, ausgeht (vgl. BT-Drs. 13/7274, 17; Theobald/Kühling/*Heinlein/Weitenberg* EnWG § 37 Rn. 1f.). Die Gültigkeit dieses Leitbildes, insbesondere auch seine Unionsrechtskonformität ist zwar mit Blick auf den angestrebten Wettbewerb auf dem Energiesektor in Zweifel gezogen worden (*Salje* EnWG § 37 Rn. 6, der die Zugrundelegung dieses Leitbildes als „noch europarechtlich beachtenswert" ansieht). In Bezug auf den Grundversorger, der aus Gemeinwohlgründen einer unionsrechtlich vorgegebenen, gesetzlich begründeten Versorgungspflicht unterworfen wird (→ § 36 Rn. 25 ff.), schlagen diese Bedenken jedoch nicht durch. Vielmehr erscheint es

§ 37 Teil 4. Energielieferung an Letztverbraucher

insofern grundsätzlich legitim, den Kontrahierungszwang an diesem Leitbild zu orientieren und für hiervon abweichende Abnahmeverhältnisse, soweit sie mit höheren wirtschaftlichen Belastungen des Grundversorgers verbunden sind, zu modifizieren. In Fällen der Eigen- oder Drittversorgung beruhen diese höheren Kosten darauf, dass für allein verbleibende Zusatz- oder Reserveversorgung beim EVU Vorhaltekosten für die maximal benötigte Leistung entstehen, ohne dass dem eine regelmäßige Abnahme gegenüberstünde (NK-EnWG/*Rasbach* § 37 Rn. 4); dies gilt jedenfalls mehr noch als für die Zusatzversorgung für die Reserveversorgung, die insbesondere auch dann Kosten verursacht, wenn sie nicht in Anspruch genommen wird. § 37 Abs. 1 verhindert eine Optimierung des Betriebs der Eigenanlage bzw. der Drittbelieferung „gegen den Grundversorger", indem der günstige Teil des Bedarfs daraus und nur der wirtschaftlich ungünstige Teil durch Bezug von Grundversorger gedeckt wird, was zu einer – den Zielen des § 1 Abs. 1 zuwiderlaufenden – Verteuerung der Grundversorgung insgesamt führen würde (Schneider/ Theobald EnergieWirtschaftsR-HdB/*de Wyl* § 14 Rn. 107; Theobald/Kühling/ *Heinlein/Weitenberg* EnWG § 37 Rn. 2).

3   Die Bedeutung der gesetzlichen Regelung erscheint allerdings dadurch relativiert, dass in der Praxis weniger die von §§ 36, 37 erfassten Haushaltskunden als vielmehr herkömmlich sog. **Sonderkunden als Betreiber von industriellen Eigenerzeugungsanlagen** auftreten und ggf. auf Zusatz- und Reserveversorgung angewiesen sind. In dem Verhältnis von industrieller Kraftwirtschaft und öffentlicher Energieversorgung hat es darüber langanhaltende Konflikte gegeben (vgl. *Büdenbender* § 10 Rn. 151 ff., hierzu und zu der erstmals 1977 abgeschlossenen, später mehrfach aktualisierten Verbändevereinbarung über die sog. stromwirtschaftliche Zusammenarbeit, in der Regelungen insbesondere über Zusatz- und Reserveversorgung, außerdem auch über die Einspeisung von Überschussenergie getroffen worden sind).

II. Entstehungsgeschichte

4   Die Vorschrift hat **Vorbilder im früheren Energiewirtschaftsrecht,** die die Anschluss- und Versorgungspflicht des alleinigen Gebietsversorgers vor dem EnWG 1998 sowie die des nach § 10 EnWG 1998 anschluss- und versorgungspflichtigen allgemeinen Versorgers in Fällen der Eigen- oder Drittversorgung begrenzt hatten. Das unmittelbare gesetzliche Vorbild ist § 10 Abs. 2 EnWG 1998. Außerdem fanden sich entsprechende Regelungen in dem gem. Art. 5 Abs. 3 Ziff. 3 Zweites Energieneuregelungsgesetz mit Ablauf des 12.7.2005 außer Kraft getretenen 5. DVO zum EnWG; so lehnt sich die besondere Regelung der Zumutbarkeit von Reserveversorgung in § 37 Abs. 2 eng an § 5 der 5. DVO zum EnWG an (vgl. BT-Drs. 15/3917, 66).

5   Im Anschluss hieran hat der **RegE** – wegen der Trennung von Netzbetrieb und Energiebelieferung – eine besondere, korrespondierende Regelung zur Modifikation der Anschlusspflicht in § 18 Abs. 2 RegE (→ § 18 Rn. 72 ff.) sowie die Regelung zur Modifikation der Versorgungspflicht in § 37 RegE vorgesehen. Letztere hat das Gesetzgebungsverfahren unverändert durchlaufen.

6   Abgesehen von einer begrifflichen Anpassung der Bezeichnung des nach § 37 Abs. 3 S. 1 zuständigen Ministeriums durch Art. 7 des Gesetzes vom 8.12.2006 (BGBl. 2006 I S. 2833) und Art. 311 des Gesetzes vom 31.8.2015 (BGBl. 2015 I S. 1474) hat § 37 eine spätere **Änderung** bislang nur durch das Strommarktgesetz vom 26.7.2016 (BGBl. 2016 I S. 1786) erfahren. Sie galt insbesondere der vorsich-

Ausnahmen von der Grundversorgungspflicht **§ 37**

tigen Erweiterung der Privilegierung des Einsatzes von Eigenanlagen, die ausschließlich der Sicherstellung des Energiebedarfs bei Aussetzen der öffentlichen Energieversorgung dienen (→ Rn. 11), und der Beseitigung der bis dahin bestehenden Privilegierung von Kunden, die Erzeugungsanlagen für die Deckung des Eigenbedarfs aus erneuerbaren Energien und kleineren KWK-Anlagen betreiben (BT-Drs. 18/7317, 118; → Rn. 12); zudem hat sie die Begriffe der Zusatz- und Reserveversorgung in den Gesetzeswortlaut eingeführt (→ Rn. 15) und § 36 Abs. 3 S. 2 geringfügig geändert (→ Rn. 24).

III. Unionsrechtliche Beurteilung

Die – die Grundversorgung beschränkende – Regelung des § 37 kann sich zwar 7 nicht auf eine explizite entsprechende Ausnahmeregelung im Unionsrecht stützen. Die der Grundversorgung zugrunde liegenden **Art. 27 Abs. 1 Elt-RL 19/Art. 3 Abs. 3 S. 1–3 Gas-RL 09** (→ § 36 Rn. 8) enthalten keinen entsprechenden Vorbehalt. Sie lassen aber so weitreichenden Spielraum für die Ausgestaltung der gebotenen Grundversorgung, dass die vorgesehene Modifizierung für den Fall von Eigen- oder Drittversorgung damit vereinbar ist; in diesem Sinne trifft zu, dass das Unionsrecht dem grundversorgungspflichtigen EVU keine im weiteren Sinne wirtschaftlich unzumutbare Grundversorgung abverlangt (*Salje* EnWG § 37 Rn. 1; NK-EnWG/*Rasbach* § 37 Rn. 5).

B. Modifikation des Grundversorgungsanspruchs (Abs. 1)

I. Ausschluss der Grundversorgung nach § 36 Abs. 1 S. 1 (Abs. 1 S. 1 und 3)

1. Tatbestandsvoraussetzungen. a) Eigenversorgung und Drittbeliefe- 8 **rung (Abs. 1 S. 1).** § 37 Abs. 1 S. 1 erfasst zunächst den Fall, dass ein Haushaltskunde eine **Energieerzeugungsanlage zur Deckung des Eigenbedarfs** betreibt. Das Gesetz definiert diesen Begriff nicht näher, sondern nur den nahestehenden Begriff der „Eigenanlage", der gem. § 3 Nr. 13 ausdrücklich auf Anlagen zur Erzeugung von Elektrizität beschränkt ist, sowie den Begriff der „Energieanlage", der gem. § 3 Nr. 15 auch Energieerzeugungsanlagen, und zwar auch solche zur Erzeugung von Gas einschließt. Danach, wegen der ausdrücklichen Erwähnung der Versorgung in Niederdruck in § 37 Abs. 2 S. 2 und aufgrund der Anknüpfung an die 5. DVO zum EnWG (vgl. BT-Drs. 15/3917, 66) ist nicht davon auszugehen, dass hier von vornherein nur die eigene Stromerzeugung erfasst sein soll; praktisch spielt die Eigenerzeugung jedoch wohl so gut wie nur im Elektrizitätssektor eine Rolle (*Büdenbender* § 10 Rn. 147). Anlagen, die allein der Wärme- (oder Kälte-)erzeugung dienen, sind nicht erfasst (Theobald/Kühling/*Heinlein/Weitenberg* EnWG § 37 Rn. 3). Auch Kraft-Wärme-Kopplungsanlagen, die zwar kein Gas gewinnen, aber durch Wärmeerzeugung Gas substituieren, schließen trotz der Auswirkung auf die Gasabnahmeverhältnisse den Gasgrundversorgungsanspruch nicht aus (aA *Salje* EnWG § 37 Rn. 8 f.; ausführlicher dazu → 3. Aufl., § 37 Rn. 7). Betreiber der Anlage ist der Haushaltskunde, wenn er diese unterhält und ihre bestimmungsgemäße Nutzung organisiert, ohne dass es auf die Eigentümerstellung ankommt (vgl. BGH Beschl. v. 18.10.2011 – EnVR 68/10, Rn. 23; *Salje* EnWG § 3 Rn. 16; → § 3 Rn. 15). Die geforderte Deckung des Eigenbedarfs liegt vor, wenn die erzeugte Energie ausschließlich vom Haushaltskunden verbraucht, dh nicht auch an Dritte abgegeben wird; in diesem letzteren Fall wäre der Betreiber selbst EVU iSv § 3 Nr. 18 und damit von vornherein nicht grundversorgungsberechtigt (BerlKomm-EnergieR/*Busche* EnWG § 37 Rn. 11; Theobald/Kühling/*Heinlein/Weitenberg* EnWG § 37 Rn. 5).

9 Weiter erfasst § 37 Abs. 1 S. 1 den Fall der **Energieversorgung durch einen Dritten.** Dritter in diesem Sinne ist jeder, der zu dem grundversorgungspflichtigen EVU personenverschieden ist, und zwar unabhängig von etwaigen wirtschaftlichen oder gesellschaftsrechtlichen Beziehungen, insbesondere einer Konzernbindung zwischen dem grundversorgungspflichtigen und einem anderen EVU als Drittem (*Büdenbender* § 10 Rn. 147f.; aA für den – im Haushaltskundenbereich allerdings wenig relevanten – Fall des Konzernverbunds BerlKommEnergieR/*Busche* EnWG § 37 Rn. 12; BeckOK-EnWG/*Schnurre* § 37 Rn. 12).

10 Im Hinblick sowohl auf die Eigenversorgung wie auch auf die Drittbelieferung wird mit guten Gründen tatbestandlich postuliert, dass der Haushaltskunde darüber einen **erheblichen Teil seines Energiebedarfs** bezieht (BerlKommEnergieR/*Busche* EnWG § 37 Rn. 5, 10; Theobald/Kühling/*Heinlein/Weitenberg* EnWG § 37 Rn. 7; BeckOK-EnWG/*Schnurre* § 37 Rn. 9). Hierfür streiten die Entstehungsgeschichte, da bereits § 2 Abs. 2 der 5. DVO zum EnWG Energieerzeugungsanlagen nicht als Eigenanlagen ansah, die nach der allgemeinen Verkehrsauffassung und den örtlichen Verhältnissen nur zur Befriedigung eines geringen Energiebedarfs dienen, va aber Sinn und Zweck der Regelung; angesichts einer steigenden Anzahl von Betreiber von Klein-Photovoltaikanlagen gewinnt ein solcher Bagatellvorbehalt an Dringlichkeit (BeckOK-EnWG/*Schnurre* § 37 Rn. 6).

11 **b) Ausnahme (Abs. 1 S. 3).** Der Ausschluss des Grundversorgungsanspruchs nach § 37 Abs. 1 S. 1 erfährt durch § 37 Abs. 1 S. 3 – wie schon nach § 8 der 5. DVO zum EnWG – eine Ausnahme für den Fall des Einsatzes von **Eigenanlagen, die ausschließlich der Sicherstellung des Energiebedarfs bei Aussetzen der öffentlichen Energieversorgung dienen,** wenn sie außerhalb ihrer eigentlichen Bestimmung nicht mehr als 15 Stunden monatlich zur Erprobung betrieben werden. Die frühere Beschränkung dieser Ausnahme auf Notstromaggregate ist mit dem Inkrafttreten des Strommarktgesetzes (→ Rn. 6) entfallen; damit sollte dem Umstand Rechnung getragen werden, dass mittel- bis langfristig Netzersatzanlagen eine größere Bedeutung haben können und ihre Funktion über die bisherige Definition des Notstromaggregates hinausgehen kann (BT-Drs. 18/7317, 118). Es sind, wie der Verwendung des Begriffs der Eigenanlage (§ 3 Nr. 13) zu entnehmen ist, ausschließlich Anlagen zur Erzeugung von Strom erfasst (NK-EnWG/*Rasbach* § 37 Rn. 10).

12 Eine weitere Ausnahme vom Ausschluss des Grundversorgungsanspruchs, die sich in § 37 Abs. 1 S. 3 Hs. 2 aF gefunden hatte, ist mit dem Strommarktgesetz (→ Rn.) entfallen. Der Grundversorgungsanspruch hatte danach auch mit Elektrizität in Niederspannung belieferten Haushaltskunden zugestanden, die für die Deckung des Eigenbedarfs **Kraft-Wärme-Kopplungsanlagen bis 50 kW elektrischer Leistung sowie Anlagen zur Stromerzeugung aus erneuerbaren Energien** betrieben. Diese Privilegierung der Energieerzeugung durch KWK-Anlagen und aus regenerativen Energien war teilweise schon mit der technisch-wirtschaftlichen Eigenart dieser Anlagen, die im Vergleich zu sonstigen Eigenanlagen oder zur Drittbelieferung deutlich weniger Möglichkeiten zur Optimierung im Sinne einer möglichst umfassenden Deckung des Energiebedarfs bieten, gerechtfertigt worden; hinzu trat das politische Motiv der Förderung der Kraft-Wärme-Kopplung und der Nutzung erneuerbarer Energien im Interesse der Umwelt- und Ressourcenschonung (*Büdenbender* § 10 Rn. 145 f.). Dem Gesetzgeber des Strommarktgesetzes erschien diese Privilegierung angesichts der Marktentwicklung nicht mehr sachgerecht; zudem sollte dem Grundversorger eine preisliche Differenzierung zwischen Vollversorgung sowie Zusatz- und Ersatzbelieferung unabhängig von der Art der betriebenen Eigenanlagen erlaubt werden (BT-Drs. 18/7317, 118; vgl. BeckOK-EnWG/*Schnurre* § 37 Rn. 5, dazu, dass hinter dieser gesetzgeberischen Entscheidung vermutlich die Sorge steht, dass die Grundversorgung durch eine steigende Zahl von Haushaltskunden mit Photovoltaikanlagen, für die der Grundversorger nahezu ausschließlich teureren Strom in den Abendstunden beschaffen müsste, die Grundversorgung insgesamt verteuern würde).

2. Rechtsfolge. Wenn die Tatbestandsvoraussetzungen des § 37 Abs. 1 S. 1 vorliegen und die Ausnahmen des § 37 Abs. 1 S. 3 nicht greifen, besteht die Rechtsfolge des **§ 37 Abs. 1 S. 1** im **Ausschluss des Anspruchs auf Grundversorgung (nach § 36 Abs. 1 S. 1)** des Haushaltskunden. § 37 Abs. 1 S. 1 macht dies − mit einer dogmatisch saubereren Formulierung als der frühere § 10 Abs. 2 S. 1 EnWG 1998 (krit. dazu *Büdenbender* § 10 Rn. 138) − deutlich. Der Eintritt dieser Rechtsfolge ist ggf. für Strom und Gas differenziert zu beurteilen. Ggf. erfasst sie auch nur die bestimmte einzelne Abnahmestelle des Haushaltskunden, die tatsächlich von einer Eigenerzeugung profitiert oder in eine Drittversorgung eingebunden ist (BerlKommEnergieR/*Busche* EnWG § 37 Rn. 7). 13

Im Falle des **§ 37 Abs. 1 S. 3** (→ Rn. 9 f.) hingegen bleibt der **Anspruch auf Grundversorgung** nach § 36 Abs. 1 S. 1 bestehen. Dies folgt daraus, dass nach § 37 Abs. 1 S. 3 der Ausschluss nach § 37 Abs. 1 S. 1 ausdrücklich nicht gilt; der Gesetzgeber hat insofern die für förderungswürdig erachteten Eigenanlagen zur Sicherstellung des Energiebedarfs bei Aussetzen der öffentlichen Energieversorgung privilegiert (vgl. *Büdenbender* RdE 2011, 201 (205)). 14

II. Grundversorgung durch Zusatz- und Reserveversorgung (Abs. 1 S. 2)

Soweit der Grundversorgungsanspruch nach § 36 Abs. 1 S. 1 in den Fällen des § 37 Abs. 1 S. 1 ausgeschlossen ist, tritt nach § 37 Abs. 1 S. 2 an dessen Stelle ein modifizierter Grundversorgungsanspruch in Gestalt einer **Zusatz- und Reserveversorgung**. Seit dem Strommarktgesetz vom 26. 7. 2016 (BGBl. 2016 I S. 1786) verwendet das Gesetz diese Begriffe, die an §§ 3 f. der seit 13. 7. 2005 außer Kraft getretenen 5. DVO zum EnWG anknüpfen und der Sache nach auch bereits zuvor den Anspruch nach § 37 Abs. 1 S. 2 zutreffend gekennzeichnet hatten, in Abs. 1 S. 2 ausdrücklich. Zusatzversorgung meint die Versorgung eines Abnehmers, der einen Teil seines Energiebedarfs durch Eigenanlagen oder auch durch ein drittes EVU abdeckt, mit dem verbleibenden Teil seines Energiebedarfs. Reserveversorgung ist die vorübergehende Befriedigung des Energiebedarfs eines Abnehmers, der seinen Energiebedarf regelmäßig durch Eigenanlagen oder auch durch Drittversorgung befriedigt, bei Ausfall dieser Eigenanlage oder Drittversorgung. 15

1. Anwendungsbereich. Wie sich nicht aus dem Wortlaut, aber aus dem systematischen Zusammenhang mit § 37 Abs. 1 S. 1 und § 36 erschließt und in § 37 Abs. 3 S. 2 mit der Nennung der Haushaltskunden bestätigt, setzt der Anspruch nach § 37 Abs. 1 S. 2 voraus, dass **abgesehen von den Ausschlussgründen nach** 16

§ 37 Teil 4. Energielieferung an Letztverbraucher

§ 37 Abs. 1 S. 1 alle **Voraussetzungen eines Grundversorgungsanspruchs** nach § 36 gegeben sind (vgl. zu § 10 EnWG 1998 *Büdenbender* § 10 Rn. 149). Der Zusatz- und Reserveversorgungsanspruch steht also insbesondere nur Haushaltskunden iSv §§ 36 Abs. 1 S. 1, 3 Nr. 22 zu. Vor allem nicht mehr unter den Haushaltskundenbegriff fallende Unternehmenskunden haben danach keinen Anspruch nach § 37 Abs. 1 S. 2 gegen einen Grundversorger.

17   2. **Rechtsfolge: Grundversorgung im Rahmen des Zumutbaren.** Zugunsten des Haushaltskunden begründet § 37 Abs. 1 S. 2 auch insoweit einen **Kontrahierungszwang zu Lasten des Grundversorgers** (→ § 36 Rn. 37 zur Grundversorgung gem. § 36). Ein über Zusatz- und Reserveversorgung zustandekommender Liefervertrag wird wegen der klaren Anordnung des § 37 Abs. 1 S. 1 nicht als Grundversorgungs-, sondern als Sondervertrag einzustufen sein (*Büdenbender* RdE 2011, 201 (205); BeckOK-EnWG/*Schnurre* § 37 Rn. 14; aA BerlKomm-EnergieR/*Busche* EnWG § 37 Rn. 14).

18   Der Versorgungsanspruch steht jedoch unter einem **Vorbehalt der wirtschaftlichen Zumutbarkeit** für den Grundversorger. Die Unzumutbarkeit ist – wie auch im Rahmen des § 36 Abs. 1 S. 2 (→ § 36 Rn. 34) – vom grundversorgungspflichtigen EVU darzulegen und erforderlichenfalls zu beweisen (*Salje* EnWG § 37 Rn. 13, Rn. 23 bzgl. § 37 Abs. 2). In welchem Umfang und unter welchen Bedingungen die Versorgung wirtschaftlich zumutbar ist, ist letztlich nur im Einzelfall zu beurteilen (*Salje* EnWG § 37 Rn. 13). Mit Rücksicht auf die bewusste gesetzgeberische Anknüpfung an die frühere energiewirtschaftsrechtliche Rechtslage (vgl. BT-Drs. 15/3917, 66) erscheint es angängig, zur Konkretisierung des Gesetzesbegriffs der Unzumutbarkeit der die in § 6 der – seit dem 13.7.2005 außer Kraft getretenen – 5. DVO zum EnWG aufgeführten Fallkonstellationen zurückzugreifen (vgl. *Salje* EnWG § 37 Rn. 14). § 37 Abs. 3 eröffnet die Möglichkeit, durch Rechtsverordnung hierzu allgemeine Regelungen zu treffen (→ Rn. 22 ff.). Für die Beurteilung der Zumutbarkeit von Reserveversorgung für das EVU liefert § 37 Abs. 2 nähere Vorgaben (→ Rn. 19 ff.).

C. Zumutbarkeit von Reserveversorgung (Abs. 2)

19   Für einen bestimmten Ausschnitt der nach § 37 Abs. 1 S. 2 geschuldeten modifizierten Grundversorgung leistet § 37 Abs. 2 eine besondere gesetzliche **Konkretisierung der wirtschaftlichen Zumutbarkeit iSv § 37 Abs. 1 S. 2,** nämlich für die Reserveversorgung. Dass gerade für sie besondere Vorgaben gemacht werden, dürfte seinen Grund darin haben, dass die Reserveversorgung regelmäßig noch höhere Vorhaltekosten als die Zusatzversorgung verursachen dürfte (Theobald/Kühling/*Heinlein/Weitenberg* EnWG § 37 Rn. 17). Die Regelung folgt – bis auf eine der Beschränkung auf Haushaltskunden geschuldete Modifikation – wörtlich dem Vorbild des § 5 der 5. DVO zum EnWG.

20   Diesem Vorbild folgend stellt § 37 Abs. 2 für die Reserveversorgung **bestimmte Bedingungen und bestimmte Vorgaben für die Berechnung des Leistungspreises** auf. Der Reserveversorgungsanspruch besteht nach § 37 Abs. 2 S. 1 nur, wenn er für den Bedarf für den gesamten Haushalt geltend gemacht wird, der ansonsten laufend durch Eigenanlagen gedeckt wird. Die nach § 37 Abs. 1 auch in Betracht zu ziehende Reserveversorgung für einen ansonsten durch einen Dritten gedeckten Energiebedarf ist hier im Wortlaut nicht aufgegriffen, der Sache nach aber gegebenenfalls erfasst (NK-EnWG/*Rasbach* § 37 Rn. 13; BeckOK-EnWG/*Schnurre* § 37 Rn. 15; aA BerlKommEnergieR/*Busche* EnWG § 37 Rn. 20). Nach § 37 Abs. 2 kann Reserveversorgung nur als temporäre Vollversorgung begehrt werden (BerlKommEnergieR/*Busche* EnWG § 37 Rn. 22). Weiter setzt der Anspruch voraus, dass ein fester, von der jeweils gebrauchten Energiemenge unabhängiger angemessener Leistungspreis mindestens für die Dauer eines Jahres gezahlt wird. § 37 Abs. 2 S. 2 liefert ergänzend Berechnungsvorgaben. Danach ist einerseits von der Möglichkeit der gleichzeitigen Inbetriebnahme sämtlicher Reserveanschlüsse auszugehen; der Preisberechnung ist also über den gesamten Zeitraum die anzunehmende Höchstlast zugrunde zu legen. Andererseits ist aber – im Ergebnis preismindernd – der normale, im gesamten Niederspannungs- oder Niederdruckleitungsnetz vorhandene Ausgleich der Einzelbelastungen zugrunde zu legen. Wie schon die hier aufgegebene Betrachtung sämtlicher Reserveanschlüsse des Grundversorgungsgebiets nahelegt, ist für die Zumutbarkeit einer Reserveversorgung nicht erforderlich, für jeden Reserveanschluss einen gesonderten Preis zu bilden; vielmehr hat sich die Preisbildung in der Reserveversorgung an einer Gruppenkalkulation für das gesamte Grundversorgungsgebiet zu orientieren (Theobald/Kühling/*Heinlein*/ *Weitenberg* EnWG § 37 Rn. 16; BerlKommEnergieR/*Busche* EnWG § 37 Rn. 23; BerlKommEnergieR/*Busche* EnWG § 37 Rn. 23).

Die Regelung ist in ihrer engen **Anlehnung an § 5 der 5. DVO zum EnWG** 21 **nicht gelungen**, weil sie den veränderten energiewirtschaftlichen Rahmenbedingungen nicht hinreichend Rechnung trägt. Insbes. ist die Bezugnahme auf das Leitungsnetz des EVU bzw. das gesamte Niederspannungs- oder Niederdruckleitungsnetz des EVU in § 37 Abs. 2 S. 2 angesichts der rechtlichen Trennung von Netzbetrieb und Versorgung einschließlich Grundversorgung verfehlt (vgl. *Salje* EnWG § 37 Rn. 22, der mit Recht die historisch bedingt zu starke Netzorientierung der Regelung kritisiert).

D. Verordnungsermächtigung (Abs. 3)

Nach der Ermächtigung des § 37 Abs. 3 S. 1 kann durch **Rechtsverordnung** 22 **des BMWi, jetzt des BMWK mit Zustimmung des Bundesrats** (vgl. Art. 80 Abs. 2 S. 1 GG, wonach die Zustimmung bundesgesetzlich vorgeschrieben werden kann) näher geregelt werden, in welchem Umfang und zu welchen Bedingungen Versorgung nach § 37 Abs. 1 S. 2 wirtschaftlich zumutbar ist.

Die Ermächtigung erstreckt sich auf die modifizierte Grundversorgung nach 23 § 37 Abs. 1 S. 2, dh **sowohl auf die Zusatzversorgung wie auch auf die Reserveversorgung** (NK-EnWG/Rasbach § 37 Rn. 15; aA *Salje* EnWG § 37 Rn. 20; BerlKommEnergieR/*Busche* EnWG § 37 Rn. 24). Diese zuvor schon überzeugendere Annahme wird nun durch die Wortlautänderung des § 37 Abs. 1 S. 2 (→ Rn. 14) bekräftigt. Bei Beachtung der in § 37 Abs. 2 festgelegten gesetzlichen Bedingungen und Vorgaben kann daher durch Rechtsverordnung auch die Reserveversorgung näher geregelt werden.

Für die Ausgestaltung der Rechtsverordnung gibt § 37 Abs. 3 S. 2 eine **inhalt-** 24 **liche Vorgabe**. Danach sind die Interessen der EVU einerseits, der Haushaltskunden andererseits unter Beachtung des Zwecks des § 1 angemessen zu berücksichtigen. Die frühere Bezugnahme auf die „Ziele" des § 1 ist durch das Gesetz vom 26.7.2016 (BGBl. 2016 I S. 1786) entsprechend geändert worden, ohne dass dies inhaltliche Folgen zeitigen dürfte.

25 Von der Ermächtigung des § 37 Abs. 3 hat der Verordnungsgeber **bislang keinen Gebrauch** gemacht.

§ 38 Ersatzversorgung mit Energie

(1) ¹Sofern Letztverbraucher über das Energieversorgungsnetz der allgemeinen Versorgung in Niederspannung oder Niederdruck Energie beziehen, ohne dass dieser Bezug einer Lieferung oder einem bestimmten Liefervertrag zugeordnet werden kann, gilt die Energie als von dem Unternehmen geliefert, das nach § 36 Abs. 1 berechtigt und verpflichtet ist. ²Die Bestimmungen dieses Teils gelten für dieses Rechtsverhältnis mit der Maßgabe, dass der Grundversorger berechtigt ist, für diese Energielieferung gesonderte Allgemeine Preise zu veröffentlichen und für die Energielieferung in Rechnung zu stellen. ³In den Fällen des § 36 Absatz 1 Satz 5 besteht ein Anspruch des Haushaltskunden auf Ersatzversorgung.

(2) ¹Sofern ein Grundversorger für Haushaltskunden höhere Allgemeine Preise der Ersatzversorgung ausweist, hat er bei deren Bemessung die Sätze 2 und 3 zu beachten. ²Wird von der Möglichkeit nach Satz 1 Gebrauch gemacht, hat der Grundversorger die bei der Ermittlung der Allgemeinen Preise der Ersatzversorgung für Haushaltskunden berücksichtigten Beschaffungskosten gesondert auszuweisen. ³Die Beschaffungskosten der Ersatzversorgung dürfen kalkulatorisch nicht höher angesetzt werden als sie sich für den Grundversorger im Falle einer kurzfristigen Beschaffung der für die durch ihn durchgeführten Ersatzversorgung erforderlichen Energiemengen über Börsenprodukte ergeben würden.

(3) ¹Der Grundversorger ist unter Beachtung der gesetzlichen Bestimmungen berechtigt, die Allgemeinen Preise der Ersatzversorgung jeweils zum ersten und zum 15. Tag eines Kalendermonats neu zu ermitteln und ohne Einhaltung einer Frist anzupassen. ²Die Änderung wird nach Veröffentlichung auf der Internetseite des Grundversorgers wirksam. ³Der Grundversorger ist verpflichtet, auf seiner Internetseite die Allgemeinen Preise der Ersatzversorgung der mindestens letzten sechs Monate vorzuhalten.

(4) ¹Das Rechtsverhältnis nach Absatz 1 endet, wenn die Energielieferung auf der Grundlage eines Energieliefervertrages des Kunden erfolgt, spätestens aber drei Monate nach Beginn der Ersatzenergieversorgung. ²Das Energieversorgungsunternehmen kann den Energieverbrauch, der auf die nach Absatz 1 bezogenen Energiemengen entfällt, auf Grund einer rechnerischen Abgrenzung schätzen und den ermittelten anteiligen Verbrauch in Rechnung stellen.

Übersicht

	Rn.
A. Allgemeines	1
I. Inhalt und Zweck	1
II. Entstehungsgeschichte	3
III. Gesetzliche und untergesetzliche Konkretisierung	6
B. Begründung und Ausgestaltung des Ersatzversorgungsverhältnisses (Abs. 1–3)	8

Ersatzversorgung mit Energie §38

	Rn.
I. Begründung des Ersatzversorgungsverhältnisses (Abs. 1 S. 1 und 3)	8
1. Tatbestandsvoraussetzungen	8
2. Rechtsfolge	15
II. Ausgestaltung des Ersatzversorgungsverhältnisses (Abs. 1 S. 2, Abs. 2 und 3)	16
1. Grundsätzliche entsprechende Anwendung der §§ 36 ff. (Abs. 1 S. 2)	16
2. Allgemeine Preise für die Ersatzversorgung	17
3. Änderung der Allgemeinen Preise durch den Grundversorger (Abs. 3)	22
C. Beendigung und Abrechnung des Ersatzversorgungsverhältnisses (Abs. 4)	25
I. Beendigung (Abs. 4 S. 1)	25
II. Verbrauchsabrechnung (Abs. 4 S. 2)	29

Literatur: *Bartsch/Kästner,* Der Tarifkunde auf dem Weg in die neue Grundversorgung, ET 2004, 837; *Eder,* Kommunale Energieversorgungsunternehmen als Vertragspartner – Die Gestaltung von Verträgen zur Energiebelieferung, zum Netzanschluss und zum Netzzugang, in: FS Becker, 2006, S. 333; *Gundel,* Der Verbraucherschutz im Energiesektor zwischen Marktliberalisierung und Klimaschutzzielen, GewArch 2012, 137; *Hampel,* Von der Tarifkundenversorgung zur Grundversorgung, ZNER 2004, 117; *Presser,* Das Fortbestehen von Grund- und Ersatzversorgungsverhältnissen nach dem Wechsel des Grundversorgers iSd § 36 III EnWG, EnWZ 2015, 296; *Strohe,* Grundversorgung, Ersatzversorgung und Sonderkundenversorgung, ET 2006, 62.

A. Allgemeines

I. Inhalt und Zweck

§ 38 schafft eine **Rechtsgrundlage für solche Situationen, in denen Letzt-** 1
verbraucher Energie verbrauchen, ohne dass diese Energieentnahme
einem vertraglichen Verhältnis mit einem EVU zugeordnet werden kann,
so dass es an einer vertraglichen Grundlage für die Energieversorgung fehlt (vgl. BT-Drs. 15/3917, 66). In solchen Fällen begründet § 38 ein gesetzliches Schuldverhältnis zwischen dem Letztverbraucher und dem grundversorgungspflichtigen EVU. Das Gesetz bezeichnet dieses Versorgungsverhältnis als Ersatzversorgung.

Die Begründung dieses gesetzlichen Schuldverhältnisses und seine Ausgestaltung 2
bezwecken die **Beseitigung von Rechtsunsicherheit und einen gerechten In-**
teressenausgleich in dieser Situation des Energiebezugs ohne Vertragsgrundlage. Die Regelung beseitigt eine – durch die veränderten energiewirtschaftsrechtlichen Randbedingungen erheblich vergrößerte (→Rn. 3) – Unsicherheit in der rechtlichen Beurteilung von Fällen der Energieentnahme, die sich keinem zuvor abgeschlossenen Liefervertrag bzw. Lieferanten zuordnen lässt. In der sachlichen Ausgestaltung geht es der getroffenen Regelung einerseits darum, den Interessen des subsidiär versorgungspflichtigen Grundversorgers, andererseits aber auch dem Schutz des Letztverbrauchers, insbesondere soweit er Haushaltskunde ist, Rechnung zu tragen; für ihn wird eine zeitlich begrenzte Auffangbelieferung für den Fall sichergestellt, dass ein reguläres Lieferverhältnis nicht besteht (BerlKommEner-

gieR/*Busche* EnWG § 38 Rn. 1; Theobald/Kühling/*Heinlein/Weitenberg* EnWG § 38 Rn. 3).

II. Entstehungsgeschichte

3   Im **früheren Energiewirtschaftsrecht** stellte sich die Rechtsfrage der ohne vertragliche Grundlage erfolgten Energieentnahme durch Letztverbraucher nicht in gleicher Weise und Schärfe. Das hatte seinen Grund darin, dass zunächst unter dem EnWG 1935 ein alleiniger Gebietsversorger, der zugleich auch das Versorgungsnetz betrieb, später ein allgemeiner Versorger iSv § 10 Abs. 1 EnWG 1998 durch Konzessionsvertrag bestimmt wurde. Vor diesem Hintergrund bewältigte die – auf der Grundlage von § 7 EnWG 1935 bzw. § 11 EnWG 1998 geschaffene – Regelung des § 2 Abs. 2 Hs. 1 AVBEltV bzw. AVBGasV das Problem einer keinem bereits bestehenden Energielieferungsvertrag zuordenbaren Energieentnahme weitgehend; danach kam mit der Energieentnahme ein Versorgungsvertrag mit dem alleinigen Gebietsversorger bzw. mit dem allgemeinen Versorger zustande. Eine ausdrückliche gesetzliche Regelung der sog. Ersatzversorgung ohne vertragliche Grundlage gab es in früheren Fassungen des EnWG nicht. § 38 ist daher ohne direktes Vorbild.

4   Die Regelung geht zurück auf § 38 RegE. Im **Gesetzgebungsverfahren** hat es Änderungsvorschläge des Wirtschaftsausschusses gegeben, die auf eine Streichung des Verbots höherer Preise für Haushaltskunden gem. § 38 Abs. 1 S. 3 bei gleichzeitiger Aufhebung der Befristung gem. § 38 Abs. 2 S. 1 zielten (BR-Drs. 613/1/04, 32). Der Vorschlag ist von der Bundesregierung unter Hinweis auf die besondere Schutzwürdigkeit der Haushaltskunden gegenüber höheren Preisen auch im – regelmäßig nicht von ihnen zu verantwortenden – Zustand der Ersatzversorgung zurückgewiesen worden (BT-Drs. 15/4068, 7) und damals nicht in das Gesetz eingegangen.

5   Eine wesentliche Änderung hat § 38 durch die **Klimaschutz-Sofortprogramm-Novelle** (BGBl. 2022 I S. 1214) erfahren. Diese hat auf die um die Jahreswende 2021/22 drastisch gestiegenen Gaspreise und in der Folge den zahlenmäßig starken Wechsel von Haushaltskunden aus Sonderverträgen in die Grund- oder Ersatzversorgung durch aufeinander abgestimmte Änderungen des § 36 (→ § 36 Rn. 9, 34f., 49f.) und des § 38 reagiert. Dort wurde § 38 Abs. 1 S. 3, der Haushaltskunden nach dem Wechsel aus einem Sondervertrag einen dreimonatigen Anspruch auf Ersatzversorgung gibt, neugefasst (→ Rn. 10); ein neuer Abs. 2 macht Vorgaben für den Fall, dass der Grundversorger für Haushaltskunden höhere Ersatzversorgungspreise als in der Grundversorgung ausweist (→ Rn. 19 ff.), und ein neuer Abs. 3 regelt einseitige Preiserhöhungen durch den ersatzversorgenden Grundversorger (→ Rn. 22 ff.).

III. Gesetzliche und untergesetzliche Konkretisierung

6   Um den intendierten Zweck zu erreichen, bedarf das durch § 38 begründete gesetzliche Schuldverhältnis der inhaltlichen Konkretisierung. Diese wird zunächst durch eine **entsprechende, teils modifizierte Anwendung der §§ 36–42** bewirkt (vgl. § 38 Abs. 1 S. 2 sowie dazu → Rn. 17). Die dort für die Belieferung von Letztverbrauchern auf vertraglicher Grundlage getroffenen gesetzlichen Vorgaben werden insoweit auch auf die Belieferung außerhalb eines vertraglichen Verhältnisses erstreckt.

Darüber hinaus besteht eine **Ermächtigung zu näherer Regelung durch** 7
Rechtsverordnung. § 38 Abs. 1 S. 2 bezieht mit dem Verweis auf den 4. Teil des
Gesetzes auch die Verordnungsermächtigung in § 39 mit ein. Daraus ergibt sich zunächst gem. § 39 Abs. 1 die ausdrückliche Ermächtigung, durch Rechtsverordnung
die Gestaltung der Allgemeinen Preise des Grundversorgers auch in der Ersatzversorgung nach § 38 Abs. 1 unter Berücksichtigung des § 1 Abs. 1 zu regeln. Gerade
vor diesem Hintergrund der ausdrücklichen Nennung der Allgemeinen Preise
nach § 38 Abs. 1 erscheint zweifelhaft, ob die in § 39 Abs. 2 S. 1 enthaltene, enger
formulierte Ermächtigung, die dem Wortlaut nach nur den Allgemeinen Bedingungen für die Belieferung von Haushaltskunden in Niederspannung oder Niederdruck in der Ersatzversorgung gilt, umfassend zu verstehen ist. Angesichts des differenzierten Wortlauts von § 39 dürfte auch die von § 38 Abs. 1 S. 2 angeordnete
entsprechende Anwendung es kaum zulassen, die Ermächtigung des § 39 Abs. 2
auf die Verordnungsregelung der Allgemeinen Versorgungsbedingungen sämtlicher
ersatzversorgter Letztverbraucher auszudehnen (so auch *Salje* EnWG § 38 Rn. 23
Fn. 21; *Eder* FS Becker, 2006, S. 333 (350); Theobald/Kühling/*Heinlein/Weitenberg*
EnWG § 39 Rn. 17; NK-EnWG/*Rasbach* § 39 Rn. 7; BerlKommEnergieR/*Busche*
EnWG § 39 Rn. 3). Die Verordnungsermächtigung nach §§ 38 Abs. 1 S. 2, 39
Abs. 2 S. 1 ist danach keine zureichende Grundlage für § 1 Abs. 1 S. 3, Abs. 2 sowie
§ 3 StromGVV/GasGVV, soweit dort die Ersatzversorgung sämtlicher Letztverbraucher, nicht nur der Haushaltskunden geregelt werden soll.

B. Begründung und Ausgestaltung des Ersatzversorgungsverhältnisses (Abs. 1–3)

I. Begründung des Ersatzversorgungsverhältnisses (Abs. 1 S. 1 und 3)

1. Tatbestandsvoraussetzungen. a) Erfasster Kundenkreis und Energie- 8
bezug. Anders als § 36 findet § 38 Abs. 1 S. 1 auf **alle Letztverbraucher iSv § 3
Nr. 25,** nicht nur auf Haushaltskunden iSv § 3 Nr. 22 Anwendung. Tatbestandlich
eingeschlossen sind damit insbesondere auch Unternehmerkunden, die wegen
Überschreitens der Jahresverbrauchsgrenze von 10.000 kWh nach § 3 Nr. 22 nicht
mehr unter den – im Vergleich zu den unionsrechtlichen Vorgaben erweiterten –
Haushaltskundenbegriff des EnWG (→ § 3 Rn. 58) fallen. Wegen dieser Erstreckung des begünstigten Kundenkreises wird man auch Haushaltskunden, denen zuvor der Grundversorgungsvertrag wegen wirtschaftlicher Unzumutbarkeit (§ 36
Abs. 1 S. 4; → § 36 Rn. 43 ff.) gekündigt worden ist, nicht von vornherein mit dem
Argument, ihnen gegenüber sei der Grundversorger nicht iSv § 38 Abs. 1 S. 1 verpflichtet (Theobald/Kühling/*Heinlein/Weitenberg* EnWG § 38 Rn. 33), vom Ersatzversorgungsanspruch ausschließen können. § 38 behandelt freilich nicht alle Letztverbraucher umfassend gleich; für Haushaltskunden begründet § 38 Abs. 1 S. 3
einen speziellen Ersatzversorgungsanspruch (→ Rn. 10) und enthält § 38 Abs. 2 besondere Preisregelungen (→ Rn. 19 ff.).

Voraussetzung ist weiter der **Energiebezug aus einem Energieversorgungs-** 9
netz der allgemeinen Versorgung in Niederspannung bzw. Niederdruck.
Tatbestandlich ausgeschlossen ist damit zum einen der nicht über ein Netz der allgemeinen Versorgung erfolgende Energiebezug, namentlich der Energiebezug
über Direktleitungen. Zum anderen ist die Energielieferung in höheren Spannungs-

bzw. Druckstufe, auch soweit sie über ein Netz der allgemeinen Versorgung erfolgen sollte, nicht erfasst. Diese tatbestandlichen Einschränkungen dürften der Erstreckung über Haushaltskunden hinaus auf alle Letztverbraucher an Bedeutung nehmen, da Unternehmerkunden mit größerem Energieverbrauch häufig in Mittelspannung bzw. Mitteldruck beliefert werden dürften. Ersatzweise Energielieferungen für Kunden in Mittelspannung bzw. Mitteldruck setzen Individualvereinbarungen voraus (Schneider/Theobald EnergieWirtschaftsR-HdB/*de Wyl* § 14 Rn. 119); findet eine Energiebelieferung in Mittelspannung bzw. Mitteldruck ohne vertragliche Grundlage stattfindet, greift die besondere Regelung des § 38 nicht ein, vielmehr bleibt es bei den Grundsätzen, die die Rechtsprechung bereits zur früheren Rechtslage unter Rückgriff auf die Grundsätze der Geschäftsführung ohne Auftrag entwickelt hat (BGH Urt. v. 26.1.2005 – VIII ZR 66/04, NJW-RR 2005, 639 (641 ff.); so auch *Gundel* GewArch 2012, 137 (140)).

10   **b) Anspruch in den Fällen des § 36 Abs. 1 S. 5 (Abs. 1 S. 3).** Die Klimaschutz-Sofortprogramm-Novelle (BGBl. 2022 I S. 1214) hat einen **speziellen Ersatzversorgungsanspruch für Haushaltskunden** in der Situation des § 36 Abs. 1 S. 5 eingefügt. § 36 Abs. 1 S. 5 begründet einen Ausschluss der Grundversorgungspflicht für die Dauer von drei Monaten, wenn der Haushaltskunde zuvor an der betroffenen Entnahmestelle außerhalb der Grundversorgung beliefert wurde und die Entnahmestelle dem bisherigen Lieferanten aufgrund einer Kündigung des Netznutzungs- oder Bilanzkreisvertrages nicht mehr zugeordnet werden konnte; für diesen Zeitraum ist nach § 36 Abs. 1 S. 6 auch der konkludente Abschluss eines Grundversorgungsvertrages ausgeschlossen (→ § 36 Rn. 49 f.). Dem so bewirkten Ausschluss des Grundversorgungsanspruchs der Haushaltskunden korrespondiert der in § 38 Abs. 1 S. 3 geregelte dreimonatige Ersatzversorgungsanspruch. Damit ist die Versorgung des Haushaltskunden auch in dieser Situation gesichert. Jedoch wird er für drei Monate in die Ersatzversorgung verwiesen, für die der Grundversorger nach Maßgabe des zugleich neu geschaffenen § 38 Abs. 2 höhere Preise als in der Grundversorgung verlangen kann (→ Rn. 19 ff.). Der Abschluss eines neuen Energieliefervertrages außerhalb der Grundversorgung bleibt dem Haushaltskunden während der Zeit der Ersatzversorgung unbenommen (BT-Drs. 20/1599, 59).

11   **c) Anspruch wegen mangelnder Zuordenbarkeit des Energiebezugs (Abs. 1 S. 1).** Neben dem neu eingeführten, speziellen Anspruch gem. § 38 Abs. 1 S. 3 steht die ältere, allgemeine Regelung des § 38 Abs. 1 S. 1. Sie ordnet die Fiktion einer Lieferung durch den Grundversorger iSv § 36 Abs. 1 als Grundlage des Ersatzversorgungsanspruchs im Falle der **mangelnden Zuordenbarkeit des Energiebezugs zu einer Lieferung oder einem Liefervertrag** an. Die hier vorausgesetzte Zuordnungsdiskrepanz setzt danach zum einen voraus, dass die Energieentnahme nicht einem bestehenden Energieliefervertrag zugeordnet werden kann. Die Zuordnung setzt jedoch nicht notwendig einen wirksamen Liefervertrag voraus; zum anderen und darüber hinaus darf deshalb die Energieentnahme, ohne dass ein Liefervertrag besteht, auch faktisch nicht einer bestimmten Lieferung zuordenbar sein (Schneider/Theobald EnergieWirtschaftsR-HdB/*de Wyl* § 14 Rn. 120).

12   Es tritt deshalb **keine Ersatzversorgung** ein, wenn die Energieentnahme einem wirksamen Energieliefervertrag zugeordnet werden kann. Das ist nicht nur bei einem vorangegangenem, der Lieferung zugrundeliegenden Vertragsschluss, sondern insbesondere auch dann der Fall, wenn es durch die Energieentnahme zu einem konkludenten Vertragsschluss kommt. Das wird regelmäßig der Fall sein, wenn ein bislang außerhalb der Grundversorgung versorgter Haushaltskunde nach Beendigung des Sonderversorgungsvertrages weiter Energie entnimmt; dann wird regelmäßig anzunehmen sein, dass der Haushaltskunde die an ihn adressierte Realofferte des Grundversorgers damit konkludent angenommen hat und ein Grundversorgungsvertrag zustande gekommen ist (→ § 36 Rn. 39 ff.), dem die Lieferung zuzuordnen ist. Wenn ein wirksamer Liefervertrag fehlt, kann die Lieferung gleichwohl zuordenbar ein, zB im Fall der zivilrechtlichen Unwirksamkeit eines Energieliefervertrages, dem sich die Lieferung als eine des vermeintlichen Vertragspartners zuordnen lässt (Theobald/Kühling/*Heinlein/Weitenberg* EnWG § 38 Rn. 12 f.). Der Rückgriff auf § 38 ist auch ausgeschlossen in der Situation der sog. Lieferantenkonkurrenz, in der der Letztverbraucher sich zwei Lieferanten gegenüber sieht, die geltend machen, ihn auf vertraglicher Grundlage mit Energie zu beliefern, und die Zuordnung streitig ist (BGH Urt. v. 6.7.2011 – VIII ZR 217/10, NJW 2011, 3509 Rn. 20); in der Tat wäre hier die Inanspruchnahme des Grundversorgers als eines dritten EVU keine angemessene Lösung des Konflikts.

Unter den **Anwendungsfällen der Ersatzversorgung** dürfte ein häufiger der 13 sein, dass ein Letztverbraucher, der nicht Haushaltskunde ist, ohne vorherigen Vertragsschluss Energie entnimmt, denn in diesem Fall fehlt es schon an einer Realofferte des Grundversorgers an den Letztverbraucher, so dass kein Grundversorgungsvertrag und auch kein sonstiger Energieliefervertrag entsteht; Entsprechendes ist anzunehmen bei einem Haushaltskunden, der nach Beendigung des zuvor bestehenden Grundversorgungsverhältnisses weiter Energie entnimmt (Theobald/Kühling/*Heinlein/Weitenberg* EnWG § 38 Rn. 18). Ein weiterer typischer Fall ist – bei bestehendem Liefervertrag – der Ausfall des Energielieferanten insbesondere in Folge von Insolvenz (*Hampel* ZNER 2004, 117 (119 Fn. 18)); zwar berührt die Insolvenz nicht ohne weiteres den Liefervertrag mit dem Letztverbraucher, doch kann dem Lieferanten die Einspeisung von Energie nicht mehr möglich sein oder er nicht mehr lieferfähig sein, weil ihm der Netzzugang durch den zuständigen Verteilnetzbetreiber, etwa wegen Rückständen bei den Netznutzungsentgelten, verweigert wird oder weil der zuständige Übertragungs- bzw. Fernleitungsnetzbetreiber den Bilanzkreisvertrag gekündigt hat (vgl. Theobald/Kühling/*Heinlein/Weitenberg* EnWG § 38 Rn. 14, 17). Weiter genannt wird die Situation des gescheiterten Lieferantenwechsels, wenn der Letztverbraucher nach Beendigung seines bisherigen Liefervertrages fälschlicherweise von einer Belieferung durch einen neuen Lieferanten ausgeht, dieser aber den Kunden tatsächlich noch nicht beliefert, etwa weil die Regelung des Netzzugangs oder der Abschluss eines Bilanzkreisvertrages noch aussteht (Schneider/Theobald EnergieWirtschaftsR-HdB/*de Wyl* § 14 Rn. 122).

Die Zuordnung von Energielieferungen obliegt dem jeweiligen **Betreiber des** 14 **Netzes der allgemeinen Versorgung,** bei dem alle Lieferverpflichtungen an- bzw. abzumelden sind und der deshalb auch über die nötigen Informationen zur Feststellung der fehlenden Zuordenbarkeit einer Energieentnahme verfügt; er ordnet dann nicht zuordenbare Entnahmen dem Bilanzkreis des Grundversorgers zu (vgl. Theobald/Kühling/*Heinlein/Weitenberg* EnWG § 38 Rn. 11; NK-EnWG/ *Rasbach* § 36 Rn. 7). Er wird den Grundversorger informieren, dem über die Durchführung der (Grund- oder) Ersatzversorgung zu entscheiden bleibt (Schneider/Theobald EnergieWirtschaftsR-HdB/*de Wyl* § 14 Rn. 124).

2. Rechtsfolge. Liegen die Voraussetzungen von § 38 Abs. 1 S. 3 oder die des 15 § 38 Abs. 1 S. 1 vor, wird das Rechtsverhältnis der Ersatzversorgung als ein **gesetzliches Schuldverhältnis** unmittelbar durch Gesetz begründet (vgl. BT-Drs. 15/3917, 66; BGH Urt. v. 6.7.2011 – VIII ZR 217/10, NJW 2011, 3509 Rn. 20),

§ 38 Teil 4. Energielieferung an Letztverbraucher

ohne dass es noch des Austausches von Vertragserklärungen oder auch nur einer Benachrichtigung bedürfte (*Salje* EnWG § 38 Rn. 14). Allerdings sieht § 3 Abs. 2 StromGVV/GasGVV eine Verpflichtung des Grundversorgers vor, dem Kunden unverzüglich nach Kenntnisnahme den Zeitpunkt des Beginnes und des Endes der Ersatzversorgung mitzuteilen und ihn auf die Erforderlichkeit des Abschlusses eines Energieliefervertrages spätestens zum Ende der Ersatzversorgung hinzuweisen; die Beachtung dieser Nebenpflicht hat jedoch keine Auswirkungen auf die Wirksamkeit des Ersatzversorgungsverhältnisses (Theobald/Kühling/*Heinlein*/*Weitenberg* EnWG § 38 Rn. 22). In dem Fall, dass während der Ersatzversorgung ein Wechsel des Grundversorgers stattfindet, dürfte die angemessene Lösung darin bestehen, dass sich das gesetzliche Schuldverhältnis bis zu dessen Beendigung gem. § 38 Abs. 4 S. 1 (→ Rn. 25 ff.) mit dem neuen Grundversorger zu dessen Ersatzversorgungsbedingungen und -preisen fortsetzt (aA unter entsprechender Anwendung von § 36 Abs. 3 mit teils unterschiedlichen Folgerungen *Salje* EnWG § 36 Rn. 42; *Presser* EnWZ 2015, 296 (300 f.)).

II. Ausgestaltung des Ersatzversorgungsverhältnisses (Abs. 1 S. 2, Abs. 2 und 3)

16 **1. Grundsätzliche entsprechende Anwendung der §§ 36 ff. (Abs. 1 S. 2).** Für das auf der Grundlage von § 38 Abs. 1 S. 1 und 3 begründete Rechtsverhältnis ordnet § 38 Abs. 1 S. 2 grundsätzlich, mit einem ausdrücklichen Vorbehalt bzgl. der Allgemeinen Preise in der Ersatzversorgung (→ Rn. 17 ff.), die **entsprechende Anwendung des Teil 4 des Gesetzes, also der §§ 36 – 42 a** an. Diese pauschale Regelung ist wenig glücklich. Der Sache nach bezieht sich die Anordnung der entsprechenden Anwendung insbesondere auf jene Bestimmungen des Teil 4, die (zumindest auch) für die Grundversorgung gelten (vgl. Theobald/Kühling/*Heinlein*/*Weitenberg* EnWG § 38 Rn. 31; NK-EnWG/*Rasbach* § 38 Rn. 8). Damit ist dem Grundversorger grs. auch die Berufung auf wirtschaftliche Unzumutbarkeit der Ersatzversorgung eröffnet (Theobald/Kühling/*Heinlein*/*Weitenberg* EnWG § 38 Rn. 33), wobei die entsprechende Anwendung von § 38 Abs. 1 S. 4 der abweichenden Funktion und Ausgestaltung der Ersatzversorgung als einer zeitlich begrenzten Auffangbelieferung Rechnung tragen muss; das schlägt sich darin nieder, dass anders als in der Grundversorgung eine vorzeitige Beendigung der Ersatzversorgung durch Kündigung gerade nicht vorgesehen ist (vgl. §§ 3 Abs. 1, 20 StromGVV/GasGVV). Nicht entsprechend anwendbar sind solche Bestimmungen des Teil 4, die sich spezifisch auf vertragliche Grundlagen von Energielieferung beziehen (BerlKommEnergieR/*Busche* EnWG § 38 Rn. 10; Theobald/Kühling/*Heinlein*/*Weitenberg* EnWG § 38 Rn. 31, zu § 41 aF).

17 **2. Allgemeine Preise für die Ersatzversorgung. a) Grundsätzliche Zulässigkeit gesonderter Allgemeiner Preise (Abs. 1 S. 2).** § 38 Abs. 1 S. 2 stellt die entsprechende Anwendung der §§ 36 ff. ausdrücklich unter die Maßgabe, dass der Grundversorger berechtigt ist, **gesonderte, dh insbesondere im Vergleich zur Grundversorgung höhere Allgemeine Preise** für die Energielieferung im Rahmen der Ersatzversorgung zu veröffentlichen und zu berechnen. Eine Genehmigungspflicht ist auch insoweit nicht vorgesehen. Die Regelung ist für die – auch vom Ersatzversorgungsanspruch erfassten – Letztverbraucher, die nicht Haushaltskunden sind, von abschließender Bedeutung; für Haushaltskunden sieht § 38 Abs. 2 ergänzende Sonderregelungen vor (→ Rn. 19 ff.).

Die besondere Ermächtigung zur Veröffentlichung und Berechnung gesonderter 18
Allgemeiner Preise wirft die Frage auf, ob auch von der Grundversorgung **abweichende Allgemeine Bedingungen** der Ersatzversorgung festgelegt werden dürfen. Dagegen sprechen der – insoweit von § 36 Abs. 1 S. 1 gerade abweichende – Wortlaut des § 38 Abs. 1 S. 2 und der Sinn und Zweck der Ersatzversorgung, die bewusst in Anlehnung an die Grundversorgung ausgestaltet worden ist (BerlKomm-EnergieR/*Busche* EnWG § 38 Rn. 12).

b) Allgemeine Preise für Haushaltskunden (Abs. 2). Abweichend von § 38 19
Abs. 1 S. 2 hatte § 38 Abs. 1 S. 3 aF für Haushaltskunden iSv § 3 Nr. 22 ein Verbot höherer Preise in der Ersatz- als in der Grundversorgung vorgesehen (→ Rn. 4 zur Entstehungsgeschichte). Dieser begünstigenden Sonderregelung ist schon früher kritisch entgegengehalten worden, dass damit der Gesetzgeber eine Subventionierung der ersatzversorgten durch die grundversorgten Haushaltskunden installiere, da die unterjährig zu beschaffende Ersatzenergie erheblich teurer ist als die eingeplante, mit zeitlichem Vorlauf eingekaufte Energie; dies durchbreche ohne sachlichen Grund das Prinzip einer verursachergerechten Kostenzuordnung (*Bartsch/Kästner* ET 2004, 837 (838)). Angesichts der um die Jahreswende 2021/22 drastisch gestiegenen Gaspreise und in der Folge eines zahlenmäßig starken Wechsels von Haushaltskunden aus Sonderverträgen in die Grund- oder Ersatzversorgung hat dieses Argument an Gewicht gewonnen. Auf diese Entwicklung hat der Gesetzgeber in der Klimaschutz-Sofortprogramm-Novelle (BGBl. 2022 I S. 1214) mit der **Streichung des Verbots höherer Ersatzversorgungspreise für Haushaltskunden** reagiert und dieses Verbot durch ein anderes Regelungskonzept ersetzt. Dieses sieht nun in § 36 Abs. 1 S. 2 ein ausdrückliches Verbot der Preisdifferenzierung zwischen Alt- und Neukunden in der Grundversorgung vor (→ § 36 Rn. 34f.), zugleich jedoch für die genannte Konstellation des Vertragswechsels von Haushaltskunden vor drei Monaten für den Anspruch auf Grundversorgung (→ § 36 Rn. 49f.); für diesen Zeitraum von drei Monaten, nach dessen Ablauf die Ersatzversorgung gem. § 38 Abs. 4 S. 1 ohnehin endet (→ Rn. 26), begründet § 38 Abs. 1 S. 3 einen Anspruch auf Ersatzversorgung (→ Rn. 10). Für diesen Zeitraum von drei Monaten kann der Grundversorger die Gleichpreisigkeit von Grund- und Ersatzversorgung beibehalten (BT-Drs. 20/1599, 59); er darf jedoch nunmehr nach § 38 Abs. 2 S. 1 auch für Haushaltskunden höhere Allgemeine Preise der Ersatzversorgung ausweisen. Der besonderen Schutzwürdigkeit von Haushaltskunden trägt jedoch weiterhin Rechnung, dass der Grundversorger für diesen Fall bei der Bemessung der höheren Allgemeinen Preise an die Vorgaben des § 38 Abs. 2 S. 2 und 3 gebunden ist.

§ 38 Abs. 2 S. 2 verpflichtet den Grundversorger, wenn er von der Möglichkeit 20
des Ausweises höherer Ersatzversorgungspreise für Haushaltskunden nach § 38 Abs. 2 S. 1 Gebrauch gemacht, zum **gesonderten Ausweis der bei der Ermittlung der Allgemeinen Preise der Ersatzversorgung für Haushaltskunden berücksichtigten Beschaffungskosten.** Mit dieser Vorgabe strebt der Gesetzgeber Transparenz und – darüber – den Schutz der Haushaltskunden an (BT-Drs. 20/1599, 59).

In der Sache dürfen gem. § 38 Abs. 2 S. 3 die Beschaffungskosten der Ersatz- 21
versorgung kalkulatorisch nicht höher angesetzt werden, als sie sich für den Grundversorger im Falle einer **kurzfristigen Beschaffung der für die durch ihn durchgeführten Ersatzversorgung erforderlichen Energiemengen über Börsenprodukte** ergeben würden. Die Preise entsprechend kurzfristiger Börsen-

produkte werden als Kostenmaßstab herangezogen, was der Transparenz und auch der Vorhersehbarkeit der Höhe der Ersatzversorgungspreise dienen soll; eine andere Beschaffungsstrategie des Grundversorgers soll damit auch für die Ersatzversorgung nicht ausgeschlossen werden (BT-Drs. 20/1599, 59).

22 **3. Änderung der Allgemeinen Preise durch den Grundversorger (Abs. 3).** Ebenfalls durch die Klimaschutz-Sofortprogramm-Novelle (BGBl. 2022 I S. 1214) sind im neu eingefügten § 38 Abs. 3 besondere Regelungen für **einseitige Änderungen der Allgemeinen Preise durch den Grundversorge**r getroffen worden. Die Vorgaben gelten sowohl für die nach § 38 Abs. 1 S. 2 veröffentlichten und berechneten Allgemeinen Preise wie auch ggf. für die nach § 38 Abs. 2 besonders ausgewiesenen Allgemeinen Preise für die Ersatzversorgung von Haushaltskunden.

23 § 38 Abs. 3 S. 1 erlaubt dem Grundversorger einseitige Anpassungen der Allgemeinen Preise in der Ersatzversorgung **ohne Einhaltung einer Ankündigungsfrist jeweils zum 1. und 15. eines Kalendermonats.** Nach § 38 Abs. 3 S. 2 wird die Preisänderung mit der Veröffentlichung auf der Internetseite des Grundversorgers wirksam. Die danach noch verbleibende Beschränkung auf Anpassungen jeweils zum 1. und 15. des Monats soll vermeiden, dass die aktuell gültigen Preise für die Haushaltskunden und die Aufsichtsbehörden intransparent und nicht hinreichend nachvollziehbar werden (BT-Drs. 20/1599, 59).

24 § 38 Abs. 3 S. 3 schreibt vor, dass die Allgemeinen Preise der Ersatzversorgung **für einen Zeitraum von mindestens sechs Monaten auf der Internetseite des Grundversorgers verfügbar** zu halten sind. Die Vorgabe trägt dem Umstand Rechnung, dass die Allgemeinen Preise sich nach § 38 Abs. 3 S. 1 und 2 auch innerhalb des auf drei Monate beschränkten Zeitraums der Ersatzversorgung unter Umständen auch mehrfach ändern können. Durch die Bereithaltung der Allgemeinen Preise mindestens der jeweils vergangenen sechs Monate auf der Internetseite soll sichergestellt werden, dass den Kunden eine Überprüfung der Abrechnung ihrer Ersatzversorgung möglich ist. Einen nennenswerten zusätzlichen Aufwand für den Grundversorger sieht der Gesetzgeber darin zu Recht nicht (BT-Drs. 20/1599, 59).

C. Beendigung und Abrechnung des Ersatzversorgungsverhältnisses (Abs. 4)

I. Beendigung (Abs. 4 S. 1)

25 Nach § 38 Abs. 4 S. 1 endet die Ersatzversorgung, wenn die **Energiebelieferung auf der Grundlage eines Energieliefervertrages** des Kunden erfolgt. Soweit der Letztverbraucher Haushaltskunde ist, kann er mit dem ihn ersatzversorgenden EVU – soweit nicht § 36 Abs. 1 S. 5 (→ § 36 Rn. 49) entgegengehalten wird – einen Grundversorgungsvertrag nach § 36 oder auch mit diesem oder einem anderen EVU einen Energieliefervertrag außerhalb der Grundversorgung abschließen. Nicht der Definition des Haushaltskunden unterfallende Letztverbraucher können die Ersatzversorgung durch Abschluss eines Energieliefervertrages außerhalb des § 36, also eines sog. Sonderkundenvertrages beenden. Nachdem gem. § 38 Abs. 1 S. 2, Abs. 2 nicht nur für sonstige Letztverbraucher, sondern auch für Haushaltskunden in der Ersatzversorgung höhere Preise als in der Grundversorgung berechnet

Ersatzversorgung mit Energie § 38

werden dürfen (→ Rn. 17, 19 ff.), kann sich je nach Marktentwicklung ein Anreiz dafür ergeben.

In jedem Falle endet die Ersatzversorgung gem. § 38 Abs. 4 S. 1 aber **spätestens** **drei Monate nach ihrem Beginn,** also am Ende desjenigen Tages drei Monate später, der durch seine Zahl dem Tage des Beginns der Ersatzversorgung entspricht (vgl. §§ 187 Abs. 2, 188 Abs. 2 BGB). Wird über diesen Zeitraum hinaus Energie entnommen, wird dadurch nicht erneut ein Ersatzversorgungsverhältnis begründet; dies widerspräche der klar gewollten Befristung (BerlKommEnergieR/*Busche* EnWG § 38 Rn. 15). Der Vorschlag einer zeitlich unbegrenzten Ersatzversorgung ist im Gesetzgebungsverfahren gerade nicht umgesetzt worden (→ Rn. 4). 26

Nach Ablauf der drei Monate ist § 36 mit dem dort vorgesehenen Kontrahierungszwang wieder anwendbar. Bei **weiterer Energieentnahme durch einen Haushaltskunden** kommt daher – wie auch sonst (→ § 36 Rn. 39 ff.) – regelmäßig konkludent ein Grundversorgungsvertrag mit dem Grundversorger zustande (*Strohe* ET 2006, 62 (64 f.); Schneider/Theobald EnergieWirtschaftsR-HdB/*de Wyl* § 14 Rn. 127; Theobald/Kühling/*Heinlein/Weitenberg* EnWG § 38 Rn. 26; *Rasbach,* in: NK-EnWG, § 38 Rn. 10). Allerdings gilt das nur im Rahmen der Zumutbarkeit gem. § 36 Abs. 1 S. 4 (→ § 36 Rn. 43 ff.); bei Haushaltskunden, deren Grundversorgungsvertrag vom Grundversorger gekündigt wurde, wird danach eine erneute Grundversorgung grundsätzlich nicht in Betracht kommen (Theobald/Kühling/ *Heinlein/Weitenberg* EnWG § 38 Rn. 28). 27

Bei **sonstigen Letztverbrauchern,** die nicht Haushaltskunden sind, besteht nach § 36 kein Grundversorgungsanspruch; es kommt deshalb auch kein konkludenter Abschluss eine Grundversorgungs- oder sonstigen Energieliefervertrages durch weitere Energieentnahme in Betracht (Schneider/Theobald EnergieWirtschaftsR-HdB/*de Wyl* § 14 Rn. Rn. 128). Sie können ihre weitere Energieversorgung nur durch Abschluss eines neuen Sondervertrags mit dem Grundversorger oder einem anderen Lieferanten sicherstellen. Soweit sie ohne vertragliche Grundlage Energie entnehmen, bleibt nur der Rückgriff die gesetzlichen Ausgleichsordnungen der Geschäftsführung ohne Auftrag oder des Bereicherungsrechts (BerlKommEnergieR/*Busche* EnWG § 38 Rn. 15). Im Übrigen ist der Netzbetreiber befugt, die Entnahmestelle zum Ende der Ersatzversorgung zu sperren, da er keine Entnahme von Energie aus seinem Netz ohne eine Möglichkeit der bilanziellen Zuordnung der Entnahmen durch eine vertragliche oder gesetzliche Grundlage dulden muss (Theobald/Kühling/*Heinlein/Weitenberg* EnWG § 38 Rn. 29). 28

II. Verbrauchsabrechnung (Abs. 4 S. 2)

Dem Vorbild von § 21 AVBEltV/AVBGasV folgend kann der Grundversorger als ersatzversorgendes EVU nach § 38 Abs. 2 S. 2 die Ermittlung und Berechnung des auf die Ersatzversorgung entfallenden Energieverbrauchs durch **Schätzung aufgrund einer rechnerischen Abgrenzung** vornehmen. § 3 Abs. 1 Hs. 2 StromGVV/GasGVV setzt diese Vorgabe um, indem § 11 Abs. 2 StromGVV/ GasGVV nur mit dieser Maßgabe für anwendbar erklärt wird. Folgerichtig sieht § 3 Abs. 1 Hs. 1 StromGVV/GasGVV davon ab, das – für die Abrechnung in der Ersatzversorgung nicht erforderliche – Betretungsrecht des Grundversorgers gem. § 9 StromGVV/GasGVV für entsprechend anwendbar zu erklären. 29

§ 39 Allgemeine Preise und Versorgungsbedingungen

(1) ¹Das Bundesministerium für Wirtschaft und Energie kann im Einvernehmen mit dem Bundesministerium für[1] Justiz und für Verbraucherschutz durch Rechtsverordnung mit Zustimmung des Bundesrates die Gestaltung der Allgemeinen Preise nach § 36 Abs. 1 und § 38 Abs. 1 des Grundversorgers unter Berücksichtigung des § 1 Abs. 1 regeln. ²Es kann dabei Bestimmungen über Inhalt und Aufbau der Allgemeinen Preise treffen sowie die tariflichen Rechte und Pflichten der Elektrizitätsversorgungsunternehmen und ihrer Kunden regeln.

(2) ¹Das Bundesministerium für Wirtschaft und Energie kann im Einvernehmen mit dem Bundesministerium für[2] Justiz und für Verbraucherschutz durch Rechtsverordnung mit Zustimmung des Bundesrates die allgemeinen Bedingungen für die Belieferung von Haushaltskunden in Niederspannung oder Niederdruck mit Energie im Rahmen der Grund- oder Ersatzversorgung angemessen gestalten und dabei die Bestimmungen der Verträge einheitlich festsetzen und Regelungen über den Vertragsabschluss, den Gegenstand und die Beendigung der Verträge treffen sowie Rechte und Pflichten der Vertragspartner festlegen. ²Hierbei sind die beiderseitigen Interessen angemessen zu berücksichtigen. ³Die Sätze 1 und 2 gelten entsprechend für Bedingungen öffentlich-rechtlich gestalteter Versorgungsverhältnisse mit Ausnahme der Regelung des Verwaltungsverfahrens.

Übersicht

	Rn.
A. Allgemeines	1
I. Inhalt und Zweck	1
1. Inhalt der Regelung	1
2. Zweck der Regelung	2
II. Entstehungsgeschichte	5
III. Unionsrechtliche Vorgaben	8
IV. Verfassungsrechtliche Beurteilung	9
V. Entwicklung und Stand der Verordnungsgebung	10
1. Preisregelung	10
2. Regelung der Allgemeinen Versorgungsbedingungen	12
VI. Reichweite und Bedeutung der normativen Vorgaben	14
VII. Übergangsregelungen	16
B. Verordnungsermächtigung für Allgemeine Preise (Abs. 1)	17
I. Vorgaben der Verordnungsermächtigung	18
1. Zuständigkeit und Verfahren (Abs. 1 S. 1)	18
2. Gegenstand der Verordnungsermächtigung (Abs. 1 S. 1 und 2)	21
3. Berücksichtigung des § 1 Abs. 1 (Abs. 1 S. 1)	26
II. Umsetzung der Verordnungsermächtigung	27
III. Kontrolle der Grund- und Ersatzversorgungspreise	28

---

[1] Richtig wohl: „der".
[2] Richtig wohl: „der".

Allgemeine Preise und Versorgungsbedingungen **§ 39**

Rn.
1. Energiewirtschaftsrechtliche Vorgaben 28
2. Kartell- und zivilrechtliche Kontrolle 30
C. Verordnungsermächtigung für Allgemeine Versorgungsbedingungen (Abs. 2) 32
  I. Allgemeine Bedingungen für die Haushaltskundenbelieferung (Abs. 2 S. 1 und 2) 33
   1. Vorgaben der Verordnungsermächtigung 33
   2. Umsetzung der Verordnungsermächtigung 39
  II. Öffentlich-rechtliche Versorgungsverhältnisse (Abs. 2 S. 3) 54

Literatur: *Büdenbender*, Die Bedeutung der Preismissbrauchskontrolle nach § 315 BGB in der Energiewirtschaft. NJW 2007, 2945; *Büdenbender*, Neugestaltung von Preisanpassungsklauseln in Energielieferverträgen über Elektrizität und Gas, NJW 2013, 3601; *Groß*, Die neuen Netzanschluss- und Grundversorgungsverordnungen im Strom- und Gasbereich, NJW 2007, 1030; *Kühne*, Rechtsfolgen unwirksamer Preisanpassungsklauseln in Energielieferungsverträgen, NJW 2015, 2546; *Markert*, Preisanpassung in der Strom- und Gasversorgung, EnWZ 2016, 195; *Rottnauer*, Die neuen Grundversorgungsverordnungen Strom und Gas, RdE 2008, 105; *Thomale*, Die neuen Grundversorgungsverordnungen, ET 2007, 61, 66; *Uffmann*, Informationspflichten und ergänzende Auslegung bei Preisanpassung in Energielieferverträgen, NJW 2015, 1215; *vom Wege/Finke*, Grundversorgungsverordnungen (StromGVV/GasGVV) – Eine Vorstellung der wesentlichen Änderungen, ZNER 2007, 116.

A. Allgemeines

I. Inhalt und Zweck

1. Inhalt der Regelung. § 39 enthält zwei zu unterschiedende **Verordnungs-** 1
ermächtigungen zur Regelung Allgemeiner Preise (§ 39 Abs. 1) sowie zur
Regelung Allgemeiner Versorgungsbedingungen (§ 39 Abs. 2) in der
Grund- und Ersatzversorgung und ergänzt insofern §§ 36, 38. In §§ 36 Abs. 1 S. 1, 38 Abs. 1 S. 2 ist zunächst lediglich vorgesehen, dass die grundversorgungspflichtigen EVU Allgemeine Preise und Allgemeine Bedingungen für die Grund- und die Ersatzversorgung festsetzen und veröffentlichen, ohne sich zu deren inhaltlicher Gestaltung weiter zu äußern. Auf der Grundlage von § 39 können Rechtsverordnungen erlassen werden, die nähere, verbindliche Vorgaben für die Allgemeinen Preise und Versorgungsbedingungen für Energiebelieferungsverhältnisse im Rahmen der Grund- und Ersatzversorgung enthalten. Für diese besonderen Versorgungsverhältnisse schafft § 39 die Grundlage für Vorgaben, die die aus §§ 40 ff. sowie aus dem allgemeinen Zivilrecht folgenden Anforderungen an Energielieferverhältnisse und -verträge ergänzen und modifizieren.

2. Zweck der Regelung. Die Regelung bezweckt eine **möglichst konkrete** 2
Festlegung des Inhalts der Grund- und Ersatzversorgungsverhältnisse (*Salje* EnWG § 39 Rn. 1). Dies ist wichtig, weil der Kontrahierungszwang bzw. das gesetzliche Schuldverhältnis gem. §§ 36, 38 entscheidend von der inhaltlichen Ausgestaltung des Belieferungsverhältnisses abhängt; die Anordnung eines Kontrahierungszwangs bzw. gesetzlichen Schuldverhältnisses verlangt das Bestehen reglementierter, der Disposition der Parteien entzogener Vertragsbedingungen, um zu verhindern, dass durch unangemessene Bedingungen und Preise der mit dieser Anordnung ver-

folgte Zweck vereitelt wird (vgl. *Hampel* S. 119; Theobald/Kühling/*Heinlein*/*Weitenberg* EnWG § 39 Rn. 3).

3   Die durch § 39 ermöglichte inhaltliche Vorfestigung der Vertragsinhalte dient zunächst der **Erleichterung der Abwicklung dieses Massenkundengeschäfts** (*Salje* EnWG § 39 Rn. 6).

4   Darüber hinaus soll die durch § 39 ermöglichte hoheitliche Regelung eine inhaltlich **den Regelungszielen des EnWG entsprechende, gerechte Ausgestaltung der Grund- und Ersatzversorgungsverhältnisse** sicherstellen. § 39 Abs. 1 S. 1 verdeutlicht das mit dem Verweis auf die Ziele des § 1 Abs. 1 und § 39 Abs. 2 S. 2 mit der Verpflichtung zur angemessenen Berücksichtigung der beiderseitigen Interessen. Nach wie vor, ungeachtet der rechtlichen Eröffnung von Wettbewerb ist angesichts der Wettbewerbsverhältnisse auf dem Energiesektor jedoch hervorzuheben das durch die Verordnungsermächtigung verfolgte verbraucherpolitische Schutzziel.

II. Entstehungsgeschichte

5   Der heutige § 39 hat eine erste Vorläuferbestimmung bereits in **§ 7 EnWG 1935**, der in Satz 1 der Ursprungsfassung den Reichswirtschaftsminister zur wirtschaftlichen Gestaltung der allgemeinen Bedingungen und allgemeinen Tarifpreise der EVU sowie der Energieeinkaufspreise der Energieverteiler durch allgemeine Vorschriften und Einzelanordnungen ermächtigte. Der Energiewirtschaftsrechtsgeber hielt es also von Beginn an für geboten, Tarifkunden in Haushalt, Landwirtschaft und Gewerbe hinsichtlich der Preise und Versorgungsbedingungen besonders zu schützen. Durch das AGB-Gesetz vom 9.12.1976 (BGBl. 1976 I S. 3317) ist § 7 EnWG 1935 neugefasst worden; während § 7 Abs. 1 EnWG 1935 nunmehr Preisgestaltung und -genehmigung erfasste, enthielt § 7 Abs. 2 EnWG 1935 eine im Hinblick auf die Anforderungen des Art. 80 Abs. 1 S. 2 GG modifizierte (vgl. BT-Drs. 7/3919, 45), den Allgemeinen Versorgungsbedingungen geltende Verordnungsermächtigung.

6   Dem Vorbild des § 7 EnWG 1935 folgte die auf die allgemeine Versorgung iSv § 10 EnWG 1998 bezogene Verordnungsermächtigung des **§ 11 EnWG 1998.** Dabei ist in § 11 Abs. 1 EnWG 1998 zum einen die Ermächtigung zu staatlichen Tarifregelungen für den Gassektor gestrichen worden, weil der Gesetzgeber hierfür angesichts veränderter Markt- und Wettbewerbsverhältnisse kein Bedürfnis mehr sah (BT-Drs. 13/7274, 17); zum anderen ist die verbliebene Ermächtigung bzgl. der Gestaltung und Genehmigungspflichtigkeit der Allgemeinen Tarife der EltVU, die der Gesetzgeber wegen der Erwartung eines auch künftig nur beschränkten Wettbewerbs um Tarifkunden weiterhin für notwendig hielt (BT-Drs. 13/7274, 9), auch mit Blick auf die verfassungsrechtlichen Erfordernisse des Art. 80 Abs. 1 S. 2 GG modifiziert worden. Die Ermächtigung zur Regelung allgemeiner Bedingungen für die Belieferung von Kunden im Rahmen der allgemeinen Versorgung mit Strom und Gas in § 11 Abs. 2 EnWG 1998 ist so gut wie unverändert von § 7 Abs. 2 EnWG 1935 übernommen worden.

7   An § 11 EnWG 1998 knüpft wiederum **§ 39 EnWG 2005** bewusst und deutlich an (BT-Drs. 15/3917, 66). Anders als § 11 Abs. 1 S. 1, 3 EnWG 1998 sieht § 39 Abs. 1 jedoch eine Ermächtigung für die Einführung eines Tarifgenehmigungsverfahrens mit ergänzenden Regelungen zu dessen Ausgestaltung nicht mehr vor. Der RegE hatte vorgesehen, die Preisaufsicht nach der BTOElt, für die in § 39 Abs. 1 damit keine Ermächtigung mehr vorgesehen war, in eine besondere Missbrauchsaufsicht nach § 40 RegE zu überführen (BT-Drs. 15/3917,66). Dieser Regelungsvorschlag ist jedoch im Laufe des Gesetzgebungsverfahrens auf Vorschlag des Wirtschaftsausschusses (BT-Drs. 15/5268, 121) entfallen (→ § 36 Rn. 8).

III. Unionsrechtliche Vorgaben

Die Regelung des § 39 ist zur **Umsetzung von Art. 3 Abs. 5 Elt-RL 03,** 8
Art. 3 Abs. 3 Gas-RL 03, jeweils iVm Anlage A erfolgt (vgl. BT-Drs. 15/3917, 66); heute dient sie der Umsetzung der Elt-RL 19 und der Gas-RL 09. Das Unionsrecht verlangt danach von Mitgliedstaaten insbesondere geeignete Maßnahmen zum Schutz der Endkunden sowie die Gewährleistung eines hohen Verbraucherschutzes insbesondere auch in Bezug auf die Transparenz der Vertragsbedingungen und auf allgemeine Informationen.

IV. Verfassungsrechtliche Beurteilung

In verfassungsrechtlicher Hinsicht ist § 39 vor allem an dem auf Rechtsverord- 9
nungsermächtigungen bezogenen, speziellen **Bestimmtheitsgebot des Art. 80 Abs. 1 S. 2 GG** zu messen; danach muss die im Gesetz erteilte Ermächtigung nach Inhalt, Zweck und Ausmaß hinreichend bestimmt sein. Wie gesehen (→ Rn. 5 f.) hat der Gesetzgeber im Laufe der Zeit die energiewirtschaftsrechtlichen Verordnungsermächtigungen für die Allgemeinen Preise und Allgemeinen Versorgungsbedingungen nicht zuletzt auch mit Blick auf diese Anforderungen weiterentwickelt und konkretisiert. Die früher erhobenen verfassungsrechtlichen Bedenken gegen die Verordnungsermächtigungen wegen mangelnder Bestimmtheit dürften auf Grund einschlägiger höchstrichterlicher Rspr. (vgl. BVerfG Beschl. v. 2.11.1981 – 2 BvR 671/81, NVwZ 1982, 306 (307); BGH Urt. v. 28.1.1987 – VIII ZR 37/86, BGHZ 100, 1 (4) = NJW 1987, 1622) heute erledigt sein (*Büdenbender* EnWG § 11 Rn. 30; Bedenken bzgl. § 39 Abs. 1 S. 2 allerdings bei *Salje* EnWG § 39 Rn. 23).

V. Entwicklung und Stand der Verordnungsgebung

1. Preisregelung. Die frühere **BTOGas** vom 10.2.1959 (BGBl. 1959 I S. 46, 10
geändert durch VO vom 21.6.1979, BGBl. 1979 I S. 676), ist bereits im Rahmen der Energierechtsreform 1998 (Art. 5 Abs. 2 Nr. 4 Gesetz zur Neuregelung des Energiewirtschaftsrechts vom 24.4.1998, BGBl. 1998 I S. 730) aufgehoben worden. Nach Auffassung des Gesetzgebers war sie in der Praxis nahezu bedeutungslos geworden, nachdem sich bei der Heizgas- und Gasvollversorgung Sonderverträge durchgesetzt hatten und die Gasversorgung nur zu Koch- und Warmwasserbereitungszwecken im Haushalt- und Kleinabnehmerbereich immer weiter zurückgegangen war (vgl. BT-Drs. 13/7274, 17).

Für den Stromsektor ist hingegen die Geltung der **BTOElt** vom 18.12.1989 11
(BGBl. 1989 I S. 2255) in der Energierechtsreform 1998 zunächst unberührt geblieben, weil der Gesetzgeber auch künftig nur einen beschränkten Wettbewerb mit Tarifkunden erwartete und deshalb eine besondere staatliche Preisaufsicht als Gegengewicht zur jedenfalls faktischen Monopolposition der EVU erforderlich sah (BT-Drs. 13/7274, 17). Art. 5 Abs. 3 des Zweiten Neuregelungsgesetzes vom 12.7.2005 (BGBl. 2005 I S. 1970 (2017 f.)) hat ihre Fortgeltung bis zum 30.6.2007, also für etwa weitere zwei Jahre angeordnet, so dass deren Regelungen über „allgemeine Tarife" auf die Allgemeinen Preise in der Grundversorgung nach § 36

Abs. 1 anzuwenden waren, was insbes. die in § 12 BTOElt vorgesehene Genehmigungspflicht einschloss; auch unter dem neuen EnWG 2005 sollte eine staatliche Preisaufsicht zunächst die Haushaltskunden schützen, bis nach einer Übergangsphase eine Intensivierung des Wettbewerbs auch um Kleinkunden stattgefunden hat, so dass auf eine besondere Preiskontrolle verzichtet werden kann. Seit dem 1.7.2007 ist die BTOElt außer Kraft. Ein Vorstoß, die Ermächtigung des § 39 Abs. 1 wieder auf die Regelung einer Preisgenehmigung zu erweitern und auf dieser Grundlage § 12 BTOElt fortgelten zu lassen (BR-Drs. 735/06, 1 ff.; vgl. auch BT-Drs. 16/2505), ist erfolglos geblieben; in einem liberalisierten Markt wird eine staatliche Genehmigung von Grundversorgungspreisen verbreitet als systemwidrig und eine kartellrechtliche Markt(preis)aufsicht als sachgerecht angesehen (vgl. NK-EnWG/*Rasbach* § 39 Rn. 4; Theobald/Kühling/*Heinlein/Weitenberg* EnWG § 39 Rn. 9 Fn. 8).

12   **2. Regelung der Allgemeinen Versorgungsbedingungen.** Bei Inkrafttreten des EnWG 2005 waren die Allgemeinen Versorgungsbedingungen durch die **AVBEltV und AVBGasV,** jeweils vom 21.6.1979 (BGBl. 1979 I S. 684 bzw. 676), geregelt. Diese Verordnungen sind durch den neuen energiewirtschaftsrechtlichen Ordnungsrahmen insofern überholt worden, als sie nach wie vor von Anschluss und Belieferung aus einer Hand ausgegangen sind und damit die Trennung zwischen Netzbetrieb und Belieferung nicht mitvollzogen haben. Art. 4 der „Verordnung zum Erlass von Regelungen des Netzanschlusses von Letztverbrauchern in Niederspannung und Niederdruck" vom 1.11.2006 (BGBl. 2006 I S. 2477) hat ihr Außerkrafttreten zugleich mit dem Inkrafttreten der Verordnung, die in Art. 1 die NAV und in Art. 2 die NDAV enthält, am Tage nach der Verkündung, dh am 8.11.2006 angeordnet.

13   Zugleich mit dem Außerkrafttreten von AVBEltV und AVBGasV ist die „Verordnung zum Erlass von Regelungen für die Grundversorgung von Haushaltskunden und die Ersatzversorgung im Energiebereich" vom 26.10.2006 (BGBl. 2006 I S. 2391) in Kraft getreten. In ihr sind die neue **Stromgrundversorgungsverordnung (StromGVV)** und eine neue **Gasgrundversorgungsverordnung (GasGVV)** zusammengefasst (dazu näher → Rn. 38 ff.). Damit gibt es nunmehr – dem neuen Ordnungsrahmen entsprechend – auf § 18 Abs. 3 gestützte Verordnungsregelungen zum Netzanschluss in Gestalt der NAV und NDAV einerseits, zur Grund- und Ersatzversorgung in Gestalt der auf § 39 Abs. 2 gestützten StromGVV und der GasGVV andererseits.

VI. Reichweite und Bedeutung der normativen Vorgaben

14   Die Verordnungsermächtigungen des § 39 und die darauf gestützten Rechtsverordnungen entfalten ihre rechtliche Wirksamkeit nur in Bezug auf **Energielieferverhältnisse im Rahmen der Grund- und Ersatzversorgung** (im Einzelnen und weiter differenzierend → Rn. 23, 26, 33, 38 ff., 50 f.). Sie erfassen also nur Energielieferverhältnisse von Letztverbrauchern, die entweder auf den Grundversorgungsanspruch gem. § 36 Abs. 1 S. 1 gestützt sind oder gem. § 38 Abs. 1 S. 1 durch Energiebezug ohne Bezug auf eine bestimmte Lieferung oder einen bestimmten Liefervertrag zustande gekommen sind. Die Verordnungsregelungen werden automatisch Bestandteil dieser vertraglichen bzw. gesetzlichen Schuldverhältnisse (*Groß* NJW 2007, 1030 (1033); *Thomale* ET 2007, 61 (62); näher → Rn. 39). Der Regelung unterfallen damit keineswegs sämtliche Energielieferverhältnisse mit Letztver-

Allgemeine Preise und Versorgungsbedingungen **§ 39**

brauchern und auch nicht sämtliche Energielieferverhältnisse mit Haushaltskunden; vielmehr sind Sonderkundenverträge von Letztverbrauchern und auch von Haushaltskunden nicht erfasst. Zudem ist § 39 Abs. 2 keine zureichende Ermächtigung für Regelungen der Allgemeinen Bedingungen der Belieferung von Letztverbrauchern, die nicht Haushaltskunden sind, im Rahmen der Ersatzversorgung dar (→ § 38 Rn. 7).

Jedoch haben die StromGVV/GasGVV in der Praxis gleichwohl erhebliche **Auswirkungen auch auf die Bedingungen in Lieferverträgen mit Sonderkunden.** Sonderkundenverträge haben auch nach der Liberalisierung der Energieversorgung vielfach diese Regelungen als AGB übernommen (Schneider/Theobald EnergieWirtschaftsR-HdB/*de Wyl/Soetebeer* § 11 Rn. 60). Der Gesetzgeber hat dieser Praxis mit der Regelung des § 310 Abs. 2 S. 1 BGB Rechnung getragen; danach ist die Inhaltskontrolle von AGB gem. §§ 308, 309 BGB ausgeschlossen, soweit Verträge der Elektrizitäts- und Gasversorgungsunternehmen über die Versorgung von Sonderabnehmern mit Strom und Gas in ihren Versorgungsbedingungen nicht zum Nachteil der Kunden von Verordnungen über Allgemeine Bedingungen für die Versorgung von Tarifkunden mit elektrischer Energie und Gas, also der früheren AVBEltV bzw. AVBGasV und der heutigen StromGVV bzw. GasGVV abweichen. Dahinter steht der Gedanke, dass Sonderabnehmer, auch wenn sie Verbraucher sind, keines stärkeren Schutzes bedürfen als Tarifabnehmer (BT-Drs. 14/6040, 160). Daraus hat der BGH für die verbleibende Überprüfung einer AGB in einem Sonderkundenvertrag anhand der Generalklausel des § 307 eine Leitbildfunktion der StromGVV/GasGVV im weiteren Sinne abgeleitet; weil ein und dieselbe Regelung für Tarif- und Sondervertragskunden unterschiedlich, uU auch letztere stärker belastend sein kann, soll diese Leitbildfunktion allerdings nicht pauschal gelten, sondern für jede einzelne Regelung gesondert zu prüfen sein (BGH Urt. v. 25. 2. 1998 – VIII ZR 276/96, BGHZ 138, 118 (126 f.) = NJW 1998, 1640; Urt. v. 14. 7. 2010 – VIII ZR 246/08, NJW 2011, 50 Rn. 32 ff.). Hiervon ausgehend hat der BGH etwa die § 6 AVBEltV entsprechende Haftungsregelung für vereinbar mit § 307 BGB erklärt (Urt. v. 25. 2. 1998 – VIII ZR 276/96, BGHZ 138, 118 (126 ff.) = NJW 1998, 1640) und in seiner früheren Rspr. auch eine § 4 Abs. 2 AVBGasV/§ 5 Abs. 2 GasGVV übernehmende Preisanpassungsklausel gebilligt (BGH Urt. v. 15. 7. 2009 – VIII ZR 225/07, BGHZ 182, 59 = NJW 2009, 2662 Rn. 19, 23 f.; Urt. v. 15. 7. 2009 – VIII ZR 56/08, NJW 2009, 2667 (2669); Urt. v. 14. 7. 2010 – VIII ZR 246/08, NJW 2011, 50 Rn. 32 ff.). Auf Grund von Vorgaben des EuGH (Urt. v. 21. 3. 2013 – C-92/11, NJW 2013, 2253 (2254 f.)) hat der BGH (Urt. v. 31. 7. 2013 – VIII ZR 162/09, NJW 2013, 3647 (3650 ff.)) diese Rspr. jedoch modifiziert und in richtlinienkonformer Auslegung angenommen, dass die Anforderungen des § 307 Abs. 1 BGB nicht durch § 310 Abs. 2 BGB verkürzt werden können; hiervon ausgehend hat er ein § 4 Abs. 2 AVBGasV entsprechendes einseitiges Preisänderungsrecht des EVU in einem Sondervertrag für mit § 307 Abs. 1 BGB unvereinbar gehalten. Die Leitbild-Rspr. ist damit für den unionsrechtlich zwingend vorgegebenen Kernbestand des AGB-Rechts relativiert, jedoch nicht insgesamt aufgegeben (NK-EnWG/*Rasbach* § 39 Rn. 10; weitergehend BeckOK EnWG/*Schnurre* § 39 Rn. 15 unter Verweis auf OLG Dresden Urt. v. 27. 9. 2019 – 9 U 481/19, EnWZ 2020, 12 Rn. 16).

VII. Übergangsregelungen

16 Die Übergangsvorschrift des § 115 Abs. 2 und 3 hat Regelungen ua auch für die Anwendbarkeit der auf § 39 gestützten Rechtsverordnungen auf bei Inkrafttreten des Gesetzes bestehende Energielieferverträge mit Letztverbrauchern im Rahmen bzw. außerhalb der allgemeinen Versorgung nach § 10 EnWG 1998 getroffen. Für die nach Inkrafttreten des Gesetzes, dh nach dem 12.7.2005 abgeschlossenen Versorgungsverträge gelten nach § 1 Abs. 1 S. 4 StromGVV/GasGVV diese neuen Verordnungen über die Allgemeinen Versorgungsbedingungen, soweit diese Verträge nicht schon vor dem 8.11.2006, dh vor Inkrafttreten von StromGVV und GasGVV beendet worden sind. Spätestens seit Ablauf der Übergangszeit, die in § 115 Abs. 2 vorgesehen worden ist und am 8.5.2007 endete, unterfallen alle Grundversorgungsverhältnisse den Regelungen der StromGVV/GasGVV (*vom Wege/Finke* ZNER 2007, 116 (117)).

B. Verordnungsermächtigung für Allgemeine Preise (Abs. 1)

17 § 39 Abs. 1 enthält eine Verordnungsermächtigung, die auf die **Allgemeinen Preise in der Grund- und Ersatzversorgung** bezogen ist.

I. Vorgaben der Verordnungsermächtigung

18 **1. Zuständigkeit und Verfahren (Abs. 1 S. 1).** Eigentlicher Adressat der Verordnungsermächtigung ist das **Bundesministerium für Wirtschaft und Energie**, das heute den Namen Bundesministerium für Wirtschaft und Klimaschutz führt. Es ist für den Erlass von Verordnungen nach § 39 Abs. 1 zuständig.

19 § 39 Abs. 1 S. 1 verlangt weiter das **Einvernehmen des Bundesministeriums der Justiz und für Verbraucherschutz**. Hierin liegt eine Abweichung von § 11 Abs. 1 EnWG 1998, die man als verfahrensmäßigen Ausdruck des Verbraucherschutzanliegens des § 39 verstehen darf. Art. 80 Abs. 1 S. 1 GG lässt es zu, dass in solcher Weise der Erlass einer Rechtsverordnung von der Mitwirkung einer weiteren Stelle abhängig gemacht wird. Einvernehmen bedeutet Einverständnis mit dem Inhalt der zu erlassenden Rechtsverordnung.

20 Schließlich ist – wie bereits nach § 11 Abs. 1 EnWG 1998 – die **Zustimmung des Bundesrates** erforderlich. Dieses in § 39 Abs. 1 S. 1 ausdrücklich enthaltene Zustimmungserfordernis hat seine verfassungsrechtliche Grundlage in Art. 80 Abs. 2 GG.

21 **2. Gegenstand der Verordnungsermächtigung (Abs. 1 S. 1 und 2). a) Gestaltung bzw. Inhalt und Aufbau der Allgemeinen Preise.** Aus § 39 Abs. 1 S. 1, wonach Gegenstand der Verordnung die Gestaltung der Allgemeinen Preise (nach §§ 36 Abs. 1, 38 Abs. 1) des Grundversorgers sein kann, ergibt sich der Anwendungsbereich der Ermächtigung. Sie gilt zum einen der Grund- und Ersatzversorgung iSv §§ 36, 38 und somit nicht Energielieferverhältnissen außerhalb dieses gesetzlichen Rahmens (→ Rn. 15). Zum anderen erfasst sie die **Grund- und Ersatzversorgung sowohl mit Strom wie auch mit Gas** (ebenso NK-EnWG/Rasbach § 39 Rn. 2; BeckOK EnWG/*Schnurre* § 39 Rn. 4; für eine umfassende Beschränkung auf den Stromsektor BerlKommEnergieR/*Busche* EnWG § 39 Rn. 2); das ergibt sich schon aus dem Wortlaut, weiter auch aus der Abweichung von der insoweit auf EltVU beschränkten Vorläuferbestimmung des § 11 Abs. 1 S. 1 EnWG 1998 und dem systematischen Verhältnis zu § 39 Abs. 1 S. 2 Hs. 2 (→ Rn. 24).

Inhaltlich sind Regelungen zur **Gestaltung bzw. über Inhalt und Aufbau** 22 **der Allgemeinen Preise** zugelassen. Die Ermächtigung in § 39 Abs. 1 S. 1 folgt insoweit bis auf die sprachliche Änderung von „Tarife" in „Preise" (vgl. dazu BR-Drs. 613/1/04, 30f.; BT-Drs. 15/4068, 7) dem Vorbild von § 11 Abs. 1 S. 1 EnWG 1998. Konkretisierend ermächtigt § 39 Abs. 1 S. 2 Hs. 1 dazu, dabei Bestimmungen über Inhalt und Aufbau der Allgemeinen Preise zu treffen. Auch diese Konkretisierungsbefugnis erstreckt sich sowohl auf die Strom- wie auch auf die Gasversorgung nach §§ 36, 38 (aA *Salje* EnWG § 39 Rn. 12); das erscheint angesichts der Beschränkung auf die Elektrizitätsversorgung in § 39 Abs. 1 S. 2 Hs. 2 zunächst nicht ganz eindeutig, ist aber dort schon sprachlich nahegelegt und folgt aus der engen, kaum aufzulösenden sachlichen Verbindung zwischen Gestaltung der Allgemeinen Preise iSv § 39 Abs. 1 S. 1 und Regelungen über ihren Inhalt und Aufbau.

In der Sache ermöglichen § 39 Abs. 1 S. 1 und 2 Hs. 1 damit die Vorgabe eines 23 **Preisstrukturrechts** mit Vorgaben für die Preisbildung und Preissystematik, das die unternehmerische Freiheit der EVU bei der Bildung der Grund- und Ersatzversorgungspreise einschränkt (vgl. *Büdenbender* EnWG § 11 Rn. 42f., der hiervon das in dem früheren Genehmigungserfordernis realisierte „Preisniveaurecht" unterscheidet). Insoweit eröffnen sich unterschiedliche Regelungsansätze (zum Folgenden vgl. ausf. *Büdenbender* EnWG § 11 Rn. 46ff.), die insbesondere auf die Verpflichtung zur Beachtung bestimmter Parameter bei der Preisbildung abzielen können. In diesem Sinne kann durch Verordnung dem Grundversorger die Bildung eines Pflichttarifs oder mehrerer Pflichttarife aufgegeben und daneben das Angebot von Wahltarifen zugelassen werden (vgl. die frühere Inanspruchnahme dieser Regelungsmöglichkeit in §§ 1 Abs. 2, 2 BTOElt). Es können Vorgaben für einen für alle erfassten Letztverbraucher einheitlichen Allgemeinen Tarif oder für nach Letztverbrauchergruppen differenzierte Allgemeine Tarife (vgl. § 3 BTOElt) sowie Vorgaben für das Angebot von Schwachlasttarifen für Tageszeiten schwacher Leistungsentnahme (vgl. § 9 BTOElt) gemacht werden. Vorgaben hinsichtlich des Aufbaus der Allgemeinen Preise können – und müssen der Sache nach wegen des hohen Anteils fixer Kosten gerade in der Stromversorgung – insbesondere auf das Verhältnis von verbrauchsabhängigen und -unabhängigen Preisbestandteilen Rücksicht nehmen; insofern ist die Unterscheidung der Preisbestandteile „Arbeitspreis" als Gegenleistung für konkret gelieferte Energiemengen, „Leistungspreis" oder „Bereitstellungspreis" als Gegenleistung für die Bereitstellung der Energieleistungen und „Verrechnungspreis" als Entgelt für Messeinrichtungen etc etabliert (vgl. § 4 BTOElt). Dabei können auf einer unterschiedlichen Zuordnung der fixen Kostenbestandteile zu den einzelnen Kunden beruhende, unterschiedliche Tarifgestaltungen geregelt werden, zB mit bei steigendem Energieverbrauch flach oder steil verlaufender Preiskurve oder in Gestalt von gestuften Zonentarifen. Schließlich kann vorgegeben werden, inwieweit die Tarife im Sinne einer ökonomischen Preisbildung an den Kosten der Energieversorgung orientiert sein sollen (vgl. § 1 Abs. 1 S. 2 BTOElt) bzw. inwieweit bestimmte politische, etwa ökologische oder soziale Zielsetzungen einfließen sollen.

b) Tarifliche Rechte und Pflichten der EltVU und ihrer Kunden. Im Ge- 24 gensatz zu § 39 Abs. 1 S. 1 und 2 Hs. 1 (→ Rn. 23) ist § 39 Abs. 1 S. 2 Hs. 2 nur auf **Grund- und Ersatzversorgungsverhältnisse in der Elektrizitätsversorgung** anwendbar, nicht hingegen auf Gasversorgungsverhältnisse (so auch BeckOK

EnWG/*Schnurre* § 39 Rn. 8). Der Gesetzgeber hat für diese ungleiche Regelung, die die Stromversorgung einer intensiveren Regelungsmöglichkeit unterwirft, keine Begründung gegeben. Sie kann wohl nur in unterschiedlichen wirtschaftlichen Verhältnissen des Strom- und des Gasversorgungssektors, deren Annahme bereits der früheren Entscheidung zur Aufhebung der BTOGas zugrunde lag (→ Rn. 11), gefunden werden (krit., auf Art. 3 Abs. 1 GG gestützte verfassungsrechtliche Zweifel aufwerfend insoweit *Salje* EnWG § 39 Rn. 4).

25 Die Ermächtigung gilt nicht beliebigen Rechten und Pflichten von EltVU und ihren Kunden, wie sie teils bereits anderweitig gesetzlich geregelt sind und im übrigen auf der Grundlage von § 39 Abs. 2 durch eine Verordnung über Allgemeine Versorgungsbedingungen konkretisiert werden können. Vielmehr sollen nach § 39 Abs. 1 S. 2 Hs. 2, wie trotz der Ersetzung des „Tarif"-Begriffs in § 39 Abs. 1 S. 1 formuliert wird, nur wechselseitige **tarifliche, dh preisrechtliche Rechte und Pflichten** regelbar sein. Hieran ist vor allem die – wie etwa auf § 39 Abs. 2 gestützten Preisänderungsregelungen der §§ 5 Abs. 2, 5a StromGVV/GasGVV beispielhaft zeigen, wohl kaum überschneidungsfrei mögliche – Abgrenzung zu § 39 Abs. 2 festzumachen. Als mögliche tarifliche Pflichten des EltVU werden genannt Informations- und Beratungspflichten und die Verpflichtung zur nachträglichen Abrechnung nach einem in Betracht kommenden günstigeren Tarif; als mögliche Kundenpflichten sollen zB Informations- und Mitteilungspflichten bezüglich tariflich relevanter Umstände und ihrer Änderung oder die Beachtung bestimmter Zahlungsfristen geregelt werden können (vgl. *Büdenbender* EnWG § 11 Rn. 59).

26 **3. Berücksichtigung des § 1 Abs. 1 (Abs. 1 S. 1).** Während die soeben besprochenen Tatbestandsmerkmale von § 39 Abs. 1 S. 1 und 2 (→ Rn. 24 ff.) die möglichen Regelungsgegenstände bezeichnen, beschränkt sich die inhaltliche Vorgabe für die Art und Weise der Regelung – ähnlich wie bereits in § 11 Abs. 1 S. 1 EnWG 1998 – auf das **Gebot zur Berücksichtigung des § 1 Abs. 1, also der grundlegenden Gesetzeszwecke** (§ 39 Abs. 1 S. 1). Eine auf § 39 Abs. 1 S. 1 gestützte Verordnung muss demnach auf den Zweck einer möglichst sicheren, preisgünstigen, verbraucherfreundlichen, effizienten und umweltverträglichen leitungsgebundenen Energieversorgung ausgerichtet sein. Da diese einzelnen Zwecke jedoch keinesfalls notwendig gleichlaufend sind, sondern miteinander konfligieren können, bleibt die aus dieser Zweckbindung folgende Eingrenzung der Verordnungsermächtigung sehr begrenzt (*Salje* EnWG § 39 Rn. 11). Dem Verordnungsgeber bleibt ein Spielraum für die Entscheidung darüber, wie er mögliche Zielkonflikte bewältigt, also etwa zwischen einer an Preisgünstigkeit und an Umweltverträglichkeit orientierten Gestaltung die Gewichte verteilt.

II. Umsetzung der Verordnungsermächtigung

27 Nach dem Außerkrafttreten der BTOGas und der BTOElt (→ Rn. 10 f.) ist von der Verordnungsermächtigung des § 39 Abs. 1 **kein Gebrauch** gemacht worden. Dass eine neue Verordnung zur Regelung der Allgemeinen Preise auf der Grundlage von § 39 Abs. 1 ergehen könnte, ist auch nicht absehbar.

III. Kontrolle der Grund- und Ersatzversorgungspreise

28 **1. Energiewirtschaftsrechtliche Vorgaben.** Eine **auf § 39 Abs. 1 gestützte Kontrolle der Energiepreise** in der Grund- und Ersatzversorgung besteht demnach nicht. Sie wäre insofern auch nur begrenzt möglich, als § 39 Abs. 1 S. 1 die in

Allgemeine Preise und Versorgungsbedingungen **§ 39**

§ 11 Abs. 1 S. 1 Hs. 2 EnWG 1998 noch ausdrücklich vorgesehene Möglichkeit der Einführung einer Genehmigungspflicht für die Allgemeinen Tarife nicht übernommen hat. Nach der so gefassten Ermächtigungsgrundlage wäre die Einführung einer Genehmigungspflicht, die auch zu einer hoheitlichen Kontrolle des Preisniveaus führen könnte, wie sie der bis zum 30.6.2006 fortgeltende § 12 BTOElt vorgesehen hatte, nicht mehr zugelassen (BT-Drs. 15/3917, 66; *Salje* EnWG § 39 Rn. 7).

Energiewirtschaftsrechtlich bedeutsam für die Bemessung der Grundversor- **29** gungspreise, insbes. ihre Anpassung sind jedoch die §§ 4 Abs. 1 und 2 AVBElt/ AVBGas sowie die ihnen mit Wirkung ab dem 8.11.2006 nachfolgenden, nicht auf § 39 Abs. 1, sondern **auf § 39 Abs. 2 gestützten Bestimmungen in §§ 5 Abs. 2, 5a StromGVV/GasGVV.** § 4 Abs. 1 und 2 AVBElt/AVBGas und § 5 Abs. 2 StromGVV/GasGVV aF hatte der BGH in gefestigter Rspr. das Recht der Energieversorger zur einseitigen Preisanpassung entnommen (BGH, Urt. v. 13.6.2007 – VIII ZR 36/06, NJW 2007, 2540 Rn. 14 ff.; Urt. v. 19.11.2009 – VIII ZR 138/07, NJW 2009, 502 Rn. 26). Nachdem das Gericht (BGH Urt. v. 31.7.2013 – VIII ZR 162/09, NJW 2013, 3647 (3650 ff.)) auf der Grundlage von Vorgaben des EuGH (Urt. v. 21.3.2013 – C-92/11, NJW 2013, 2253 (2254 f.)) die Übernahme von Preisanpassungsklauseln aus dem Grundversorgungsbereich in den Sondervertragskundenbereich an der Inhaltskontrolle nach § 307 Abs. 1 BGB hatte scheitern lassen (→ Rn. 15), war jedoch die Europarechtskonformität von § 5 Abs. 2 StromGVV/GasGVV aF fraglich geworden (vgl. *Büdenbender* NJW 2013, 3601 (3604); *Uffmann* NJW 2015, 1215 (1216)). Bald darauf hat der EuGH (Urt. v. 23.10.2014 – C-359/11, C-400/11, NJW 2015, 849 Rn. 38 ff.) die Bestimmung des § 4 Abs. 1 und 2 AVBGasV wegen ungenügender Beachtung der aus der Gas-RL 09 folgenden Transparenzanforderungen, wonach der Kunde rechtzeitig vor dem Inkrafttreten der Änderung über deren Anlass, Voraussetzungen und Umfang informiert werden müsse, als nicht richtlinienkonform beurteilt. Der BGH hat sich daraufhin gehindert gesehen, den Vorschriften des § 4 Abs. 1 und 2 AVBGasV, § 5 Abs. 2 GasGVV aF für die Zeit ab dem 1.7.2004, dh mit Ablauf der Umsetzungsfrist der Gas-RL 09, weiterhin ein einseitiges Preisanpassungsrecht zu entnehmen; er hat jedoch dem Energieliefervertrag im Wege der ergänzenden Vertragsauslegung ein näher eingegrenztes Recht zu Preissteigerungen entnommen (BGH Urt. v. 28.10.2015 – VIII ZR 158/11, NJW 2016, 1718 Rn. 33 ff., 66 ff.; Urt. v. 6.4.2016 – VIII ZR 71/10, NJW 2016, 3589 Rn. 14 ff.; Urt. v. 29.1.2020 – VIII ZR 80/18, NVwZ-RR 2020, 436 Rn. 16 f.; krit. dazu BerlKommEnergieR/*Busche* EnWG § 39 Rn. 10 ff.; *Kühne* NJW 2015, 2546 (2547 ff.); *Markert* EnWZ 2016, 195 (200 f.)). Mit Wirkung ab dem 30.10.2014 sind die StromGVV und die GasGVV geändert worden (BGBl. 2014 I S. 1631); § 5 Abs. 2 StromGVV/GasGVV ist in Reaktion auf das EuGH-Urteil ergänzt und ein neuer § 5a StromGVV/GasGVV eingeführt worden. Ob der neugefasste § 5 Abs. 2 S. 2 Hs. 2 StromGVV/GasGVV den unionsrechtlichen Transparenzanforderungen genügt, ist nicht ganz unumstritten (vgl. *Uffmann* NJW 2015, 1215 (1216 f.); *Markert* EnWZ 2016, 195 (196, 202)). Nimmt man dies an, kommt § 5 Abs. 2 StromGVV/GasGVV nF wieder als Grundlage eines auf Rechtsverordnung beruhenden Preisanpassungsrechts in Betracht (*Markert* EnWZ 2016, 195 (202))

2. Kartell- und zivilrechtliche Kontrolle. Die Preiskontrolle ist danach, **30** nachdem die im RegE zunächst vorgesehene spezielle energierechtliche Missbrauchskontrolle nicht Eingang in das EnWG 2005 gefunden hat (→ Rn. 7;

→ § 36 Rn. 8), der **kartellrechtlichen Missbrauchskontrolle** überantwortet. Für die Preismissbrauchsaufsicht im Energiebereich ist in Gestalt von § 29 GWB eine besondere Konkretisierung des kartellrechtlichen Missbrauchstatbestandes für marktbeherrschende Strom- und Gasanbieter geschaffen worden (Art. 1 Nr. 4, Nr. 20 d des Gesetzes zur Bekämpfung von Preismissbrauch im Bereich der Energieversorgung und des Lebensmittelhandels vom 18.12.2007, BGBl. 2007 I S. 2966), die zunächst bis Ende 2012 befristet war, jetzt gem. § 187 Abs. 1 GWB bis Ende 2027 befristet ist (zu § 29 GWB vgl. ausführlich BerlKommEnergieR/*Busche* EnWG Anh. B zu § 39).

31 Daneben (vgl. BGH Urt. v. 13.6.2007 – VIII ZR 36/06, NJW 2007, 2540 Rn. 18) kommt eine **zivilgerichtliche Billigkeitskontrolle** nach § 315 Abs. 3 BGB in Betracht (vgl. dazu im Überblick *Büdenbender* NJW 2007, 2945; BerlKommEnergieR/*Busche* EnWG Anh. A zu § 39). Der BGH lehnt dabei eine Überprüfung anfänglich vereinbarter Preise nach § 315 Abs. 3 BGB in unmittelbarer oder auch entsprechender Anwendung ab (BGH Urt. v. 28.3.2007 – VIII ZR 144/06, NJW 2007, 1672 Rn. 10 ff.; Urt. v. 19.11.2008 – VIII ZR 138/07, NJW 2009, 502 Rn. 14 f.; Urt. v. 7.3.2017 – EnZR 56/15, NZKart 2017, 245 Rn. 18 ff., 23). Der zivilgerichtlichen Billigkeitskontrolle unterzogen worden sind jedoch auf § 4 Abs. 1 und 2 AVBEltV/AVBGasV und § 5 Abs. 2 StromGVV/GasGVV aF gestützte einseitige Tariferhöhungen durch das EVU (vgl. Urt. v. 13.6.2007 – VIII ZR 36/06, NJW 2007, 2540 Rn. 13 ff.; NJW 2009, 2667 (2668)), es sei denn, der Kunde hat die jeweilige Erhöhung nicht „innerhalb angemessener Frist" nach Zugang der sie berücksichtigenden Jahresabrechnung als unbillig beanstandet, so dass sie ebenso wie der Anfangspreis als vereinbart gilt (BGH Urt. v. 13.6.2007 – VIII ZR 36/06, NJW 2007, 2540 Rn. 36; BGH Urt. v. 9.2.2011 – VIII ZR 295/09, NJW 2011, 1342 Rn. 41; Urt. v. 6.4.2016 – VIII ZR 236/10, NJW-RR 2016, 1190 Rn. 22). Für die Preisbildung im Wege der ergänzenden Vertragsauslegung hat der BGH die Anwendung des § 315 Abs. 3 BGB abgelehnt (BGH Urt. v. 28.10.2015– VIII ZR 158/11, NJW 2016, 1718 Rn. 100; Theobald/Kühling/*Heinlein/Weitenberg* EnWG § 39 Rn. 11). Insoweit hat der BGH angenommen, das EVU sei berechtigt, Steigerungen seiner eigenen (Bezugs-)Kosten, soweit sie nicht durch Kostensenkungen in anderen Bereichen ausgeglichen werden, an die Kunden weiterzugeben, wobei bei einer Preisanpassung Kostensenkungen ebenso zu berücksichtigen seien wie Kostenerhöhungen; die Geltendmachung einer darüber hinausgehenden Erhöhung soll allerdings ausgeschlossen sein, wenn der Kunde sie nicht innerhalb eines Zeitraums von drei Jahren nach Zugang der jeweiligen Jahresabrechnung, in der die Erhöhung erstmals berücksichtigt wurde, beanstandet hat (BGH Urt. v. 28.10.2015 – VIII ZR 158/11, NJW 2016, 1718 Rn. 84 ff.).

C. Verordnungsermächtigung für Allgemeine Versorgungsbedingungen (Abs. 2)

32 Die Verordnungsermächtigung des § 39 Abs. 2 ist auf **die Allgemeinen Versorgungsbedingungen in der Grund- und Ersatzversorgung** bezogen. Von ihr ist – anders als von der des § 39 Abs. 1 (→ Rn. 11 f., 30) – aktuell auch Gebrauch gemacht worden (dazu → Rn. 13 f., 38 ff.).

I. Allgemeine Bedingungen für die Haushaltskundenbelieferung (Abs. 2 S. 1 und 2)

1. Vorgaben der Verordnungsermächtigung. a) Zuständigkeit und Verfahren (Abs. 2 S. 1). Die **Zuständigkeitsverteilung und Verfahrensregelung** entspricht der des § 39 Abs. 1 S. 1 (näher → Rn. 18 ff.). Auch Rechtsverordnungen nach § 39 Abs. 2 werden vom BMWK erlassen. Sie bedürfen – was auch hier neu ist – des Einvernehmens des Bundesministerium der Justiz und für Verbraucherschutz sowie – wie bereits früher nach § 11 Abs. 2 S. 1 EnWG 1998 – der Zustimmung des Bundesrats.

b) Gegenstand der Verordnungsermächtigung (Abs. 2 S. 1). Der im Vergleich zu § 11 Abs. 2 S. 1 EnWG 1998 so gut wie unverändert gebliebene Gegenstand der Ermächtigung sind die **Allgemeinen Bedingungen für die Belieferung von Haushaltskunden in Niederspannung oder Niederdruck mit Energie im Rahmen der Grund- oder Ersatzversorgung** (§§ 36, 38), wie § 39 Abs. 2 S. 1 zunächst allgemein umschreibt. Erfasst ist somit die Belieferung sowohl mit Strom wie auch mit Gas. Die Beschränkung auf Belieferung in Niederspannung oder Niederdruck entspricht dem Anwendungsbereich der §§ 36, 38 (→ § 36 Rn. 36, → § 38 Rn. 9). Das gilt ebenso für die Begrenzung auf die Belieferung von Haushaltskunden iSv § 3 Nr. 22, soweit es um die Grundversorgung geht (→ § 36 Rn. 20 ff.). In Bezug auf § 38 liegt hierin jedoch eine Verengung, da die Ersatzversorgung nicht nur für Haushaltskunden, sondern für alle Letztverbraucher iSv § 3 Nr. 25 geregelt wird; für Letztverbraucher, die keine Haushaltskunden sind, greift deshalb im Rahmen der Ersatzversorgung die Verordnungsermächtigung des § 39 Abs. 2 S. 1 nicht (bereits → § 38 Rn. 7).

Bei der Gestaltung der Allgemeinen Versorgungsbedingungen soll der Verordnungsgeber eine **einheitliche Festsetzung der Bestimmungen** des Ersatzversorgungsverhältnisses bzw. der Grundversorgungsverträge vornehmen können. Insoweit wird insbesondere klargestellt, dass der Verordnungsgeber nicht nur Vorgaben für von den Vertragspartnern zu vereinbarende Versorgungsbedingungen machen kann, sondern dass er darüber hinaus normativ anordnen kann, dass die von ihm gestalteten Versorgungsbedingungen unmittelbar, ohne Erfordernis einer spezifischen vertraglichen Einigung darauf Bestandteil der erfassten Versorgungsverhältnisse werden.

Erläuternd sagt § 39 Abs. 2 S. 1 letzter Hs. schließlich, dass dabei Regelungen über **den Vertragsschluss und die Beendigung der Verträge, den Vertragsgegenstand sowie die Rechte und Pflichten der Vertragspartner** getroffen werden können. Mit dieser Umschreibung des zulässigen Regelungsgegenstandes erfasst die gesetzliche Ermächtigung – bis auf die in § 39 Abs. 1 geregelten Preise – die einschlägigen Energieversorgungsverhältnisse umfassend (*Büdenbender* EnWG § 11 Rn. 83); die Verordnung kann sich letztlich auf alle Fragen erstrecken, die im Rahmen der erfassten Versorgungsverhältnisse eine Rolle spielen können.

c) Berücksichtigung der beiderseitigen Interessen (Abs. 2 S. 2). Für die Regelung dieser Vertragsbedingungen in einer Rechtsverordnung gibt § 39 Abs. 2 S. 2 – wie bereits früher § 11 Abs. 2 S. 2 EnWG 1998 – die inhaltliche Vorgabe einer **angemessenen Berücksichtigung der beiderseitigen Interessen.** Die früher in § 11 Abs. 2 S. 3 EnWG 1998 enthaltene weitere Vorgabe, dass dem Interesse des Anschlussnehmers an kostengünstigen Lösungen besonderes Gewicht beizumessen ist (vgl. dazu *Büdenbender* EnWG § 11 Rn. 86), findet sich in § 39 Abs. 2 nicht mehr, weil diese Vorgabe insbesondere auf Kosten des Netzanschlusses zielte; folgerichtig ist sie jetzt allein in § 18 Abs. 3 S. 2 enthalten (→ § 18 Rn. 75).

38 § 39 Abs. 2 S. 2 verlangt die **Ermittlung, Gewichtung und gegenüberstellende Bewertung der wechselseitigen Interessen.** Die sachgerechte Auflösung möglicher Interessenkonflikte darf nicht isoliert in Bezug auf einzelne Verordnungsregelungen, sondern muss unter Berücksichtigung des gesamten Katalogs der wechselseitigen Rechte und Pflichten beurteilt werden (vgl. *Büdenbender* EnWG § 11 Rn. 85).

39 **2. Umsetzung der Verordnungsermächtigung.** Die auf der Grundlage von § 39 Abs. 2 neu erlassenen Verordnungen, **StromGVV und GasGVV** (→ Rn. 13), knüpfen an die AVBEltV und die AVBGasV an. Sie beschränken sich jedoch, dem veränderten Ordnungsrahmen entsprechend, unter Verzicht auf Regelungen zum Netzanschluss auf Vorschriften für die Allgemeinen Bedingungen der Versorgung iSv Belieferung im Rahmen von Grund- und Ersatzversorgung. Außerdem enthalten sie nicht nur Regelungen zur Grundversorgung gem. § 36 (→ Rn. 39 ff.), sondern ergänzend auch Regelungen zur neu in das Gesetz aufgenommenen Ersatzversorgung gemäß § 38 (→ Rn. 50 f.).

40 **a) Allgemeine Versorgungsbedingungen in der Grundversorgung.** Primäre Funktion der StromGVV/GasGVV ist die **Festlegung der Versorgungsbedingungen von Grundversorgungsverträgen** nach § 36. Nach § 1 Abs. 1 S. 1 StromGVV/GasGVV regeln die StromGVV und die GasGVV die Allgemeinen Bedingungen der Versorgung von Haushaltskunden in Niederspannung oder Niederdruck mit Energie im Rahmen der Grundversorgung. § 1 Abs. 1 S. 2 StromGVV/GasGVV ordnet ausdrücklich an, dass die Bestimmungen der Verordnung ohne Weiteres, kraft normativer Anordnung Bestandteil des Grundversorgungsvertrages sind (*Groß* NJW 2007, 1030 (1033)). Hierdurch unterscheiden sich die Versorgungsbedingungen der StromGVV/GasGVV in ihrem Rechtscharakter grundlegend von AGB, die erst durch übereinstimmende Willenserklärung der Vertragspartner zum Vertragsbestandteil werden (vgl. Schneider/Theobald EnergieWirtschaftsR-HdB/*de Wyl* § 14 Rn. 70). Umgekehrt kann von diesen Versorgungsbedingungen im Rahmen von Grundversorgungsverträgen weder im Einvernehmen mit dem Kunden noch gar einseitig abgewichen werden. Möglich sind, soweit die Vorgaben der StromGVV/GasGVV dem Grundversorger Gestaltungsspielraum dafür lassen, ergänzende Allgemeine Bedingungen des Grundversorgers (vgl. *Thomale* ET 2007, 61 (62)), welche gem. § 36 Abs. 1 S. 1 und 3 zu publizieren sind (→ § 36 Rn. 26 ff.).

41 Inhaltlich knüpfen die StromGVV/GasGVV an die auf die Versorgung bezogenen Regelungen der AVBEltV/AVBGasV an. Die durch das EnWG 2005 vorgenommene Entflechtung von Netzbetrieb und Energiebelieferung und die dadurch begründeten dreiseitigen Rechtsbeziehungen zwischen Netzbetreiber, Energielieferanten und Letztverbraucher haben allerdings auch den Verordnungsgeber zu konzeptionellen Veränderungen genötigt, insbesondere zur **Aufspaltung der Regelung der Versorgungsbedingungen** in die auf § 18 Abs. 3 beruhenden NAV und NDAV und die StromGVV/GasGVV, die die nach §§ 36, 38 erforderlichen Regelungen aufnehmen sollen (BR-Drs. 306/06, 20 f.). Nach der Intention des Verordnungsgebers nehmen insoweit die StromGVV und die GasGVV nötige formale Anpassungen und darüber hinaus auch sachliche Neuregelungen zur Verbesserung der Rechtsstellung des Haushaltskunden gegenüber dem Grundversorger vor (BR-Drs. 306/06, 21; krit. hierzu wegen die Allgemeinheit belastender, kostenerhöhender Effekte *vom Wege/Finke* ZNER 2007, 116 (122); *Rottnauer* RdE 2008, 105 (106, 111)).

aa) Zustandekommen des Vertrags. Für den Grundversorgungsvertrag 42 schreiben die StromGVV/GasGVV nunmehr die **Textform iSv §126b BGB** vor. Nach §§ 2 Abs. 1 S. 1 StromGVV/GasGVV soll der Vertrag in dieser Form abgeschlossen werden. Er ist nach § 2 Abs. 1 S. 2 StromGVV/GasGVV durch den Grundversorger in dieser Form zu bestätigen, wenn er auf andere Weise, nämlich durch Energieentnahme aus dem Netz der allgemeinen Versorgung zustande gekommen ist. Der Vertrag bzw. die Vertragsbestätigung muss außerdem bestimmte, näher konkretisierte Angaben und Hinweise, insbesondere auf die Allgemeinen Versorgungsbedingungen einschließlich eventueller ergänzender Bedingungen, enthalten (vgl. § 2 Abs. 3 StromGVV/GasGVV).

Entsprechend dem Vorbild des früheren § 2 Abs. 2 AVBEltV/AVBGasV statuiert 43 auch § 2 Abs. 2 S. 1 StromGVV/GasGVV eine **Mitteilungspflicht des Kunden für den Fall des Zustandekommens des Grundversorgungsvertrages durch Entnahme von Energie** aus dem Versorgungsnetz der allgemeinen Versorgung. Die Regelung setzt also weiterhin die Möglichkeit eines derartig zustande gekommenen Vertragsschlusses voraus, wie die ständige zivilgerichtliche Rechtsprechung und die allgemeine Meinung im Schrifttum sie unter der früheren energiewirtschaftsrechtlichen Rechtslage angenommen haben (→ § 36 Rn. 39 ff.).

bb) Vertragsgegenstand. Als Vertragsgegenstand wird die **Energielieferung** 44 **im Rahmen der Grundversorgung nach Maßgabe der §§ 36, 37** konkretisiert. Nach § 6 Abs. 2 S. 1 StromGVV/GasGVV ist der Grundversorger grundsätzlich verpflichtet, in diesem Rahmen den Energiebedarf des Kunden zu befriedigen und die nötigen Energiemengen zur Verfügung zu stellen. Umgekehrt statuiert § 4 S. 1 StromGVV/GasGVV den Grundsatz der Gesamtbedarfsdeckung; der Haushaltskunde ist verpflichtet, seinen gesamten leitungsgebundenen Energiebedarf durch die Lieferungen des Grundversorgers befriedigen zu lassen. § 4 S. 2 und 3 StromGVV lässt für den Strombereich hiervon Ausnahmen nach Maßgabe von § 37 Abs. 1 S. 3 zu, allerdings im Wortlaut noch eingeschränkt auf Notstromaggregate (→ § 37 Rn. 11 f.). § 4 S. 2 GasGVV nimmt die Bedarfsdeckung durch Eigenanlagen zur Nutzung regenerativer Energiequellen aus.

Für die **Art der Versorgung** verweist § 5 Abs. 1 StromGVV/GasGVV auf 45 Stromart und Spannung bzw. Gasart des jeweiligen Netzes der allgemeinen Versorgung, über das die Versorgung erfolgt.

Die neu eingefügte **Verpflichtung des Grundversorgers zum Abschluss der** 46 **erforderlichen Verträge mit Netzbetreibern** (§ 6 Abs. 1 StromGVV/GasGVV) ist dem veränderten energiewirtschaftsrechtlichen Ordnungsrahmen, nämlich der grundsätzlichen Trennung von Netzbetrieb und Belieferung geschuldet.

cc) Wechselseitige Rechte und Pflichten. Die im Rahmen des Energieliefer- 47 verhältnisses bestehenden einzelnen wechselseitigen Rechte und Pflichten werden durchweg in **Anknüpfung an die AVBEltV/AVBGasV, jedoch unter Anpassung an die veränderten Rahmenbedingungen,** dh insbesondere unter Beschränkung auf das für das Grundversorgungsverhältnis Nötige, geregelt. Im Einzelnen finden sich etwa Vorschriften über Mitteilungspflichten (§ 7 StromGVV/GasGVV), Messeinrichtungen (§ 8 StromGVV/GasGVV), Zutrittsrechte (§ 9 StromGVV/GasGVV) und Ablesung, Abrechnung, Zahlung (§§ 11 ff. StromGVV/GasGVV).

48 Eine wesentliche Änderung findet sich in der Regelung der **Haftung des Grundversorgers im Falle von Unterbrechungen oder Störungen der Lieferung** (§ 6 Abs. 3 StromGVV/GasGVV). Er ist danach nur noch für von ihm vorgenommene, unberechtigte Unterbrechungsmaßnahmen nach § 19 StromGVV/GasGVV verantwortlich, im Übrigen aber frei, soweit es sich um Folgen einer Störung des Netzbetriebs einschließlich des Netzanschlusses handelt. Die geänderte Haftungssystematik soll dem Umstand Rechnung tragen, dass Unterbrechungen oder Unregelmäßigkeiten der Energiebelieferung aus netztechnischen Gründen stets Folge von Störungen des Netzbetriebs sind, denen allein der Netzbetreiber abhelfen kann und muss, und darüber hinaus der Grundversorger auch keine Möglichkeit der Auswahl des Netzbetreibers hat (BR-Drs. 306/06, 28). Im Interesse des Haushaltskunden ist dem Grundversorger ihm gegenüber eine Auskunftspflicht auferlegt (§ 6 Abs. 3 S. 3 StromGVV/GasGVV).

49 § 5 Abs. 2 StromGVV/GasGVV regelt die **Voraussetzungen für das Wirksamwerden einseitiger Änderungen der Allgemeinen Preise und Bedingungen** durch das EVU. Die Bestimmung ist, um den unionsrechtlichen Transparenzanforderungen (vgl. EuGH Urt. v. 23.10.2014 – C-359/11, C-400/11, NJW 2015, 849 Rn. 38ff.) zu genügen, mit Wirkung ab dem 30.10.2014 geändert worden (BGBl. 2014 I S. 1631). Soweit ihr nicht nur Bekanntgabe- und Mitteilungspflichten als Wirksamkeitsvoraussetzungen entnommen werden, sondern aus ihr auch ein einseitiges Preisanpassungsrecht des EVU entnommen worden ist bzw. wieder entnommen wird (→ Rn. 29), erscheint das im Hinblick auf das Zureichen des § 39 Abs. 2 als Ermächtigungsgrundlage nicht unbedenklich, da die Ermächtigung zur Verordnungsregelung von tariflichen Rechten und Pflichten der EltVU und ihrer Kunden sich in § 39 Abs. 1 S. 2 findet; der BGH hat das allerdings – soweit ersichtlich – nicht problematisiert (vgl. jedoch OLG Oldenburg Urt. v. 5.9.2008 – 12 U 49/07, RdE 2009, 25 (30)).

50 dd) **Beendigung des Grundversorgungsverhältnisses.** § 20 Abs. 1 S. 1 StromGVV/GasGVV lässt die **Kündigung des Grundversorgungsvertrags durch den Kunden** innerhalb kurzer Fristen zu. Die frühere Mindestvertragslaufzeit von einem Jahr ist entfallen (*Groß* NJW 2007, 1030 (1034)). Diese Regelung trägt dem Umstand Rechnung, dass Haushaltskunden zwar einen Anspruch auf Grundversorgung, aber selbst keine Verpflichtung zu deren Inanspruchnahme haben (→ § 36 Rn. 37). Zur Sicherung einer verbesserten Möglichkeit des Lieferantenwechsels (zu dieser Zielsetzung vgl. *Groß* NJW 2007, 1030 (1034)) ordnet § 20 Abs. 3 StromGVV/GasGVV ergänzend an, dass der Grundversorger für den Fall der Kündigung insbesondere zu diesem Zweck keine gesonderten Entgelte erheben darf.

51 Eine **Kündigung durch den Grundversorger** ist hingegen gem. § 20 Abs. 1 S. 2 StromGVV/GasGVV grundsätzlich nur zulässig, soweit nicht eine Grundversorgungspflicht nach § 36 Abs. 1 S. 4 besteht. Wenn wiederholt die Situation eintritt, dass der Haushaltskunde in nicht unerheblicher Weise der StromGVV/GasGVV schuldhaft zuwiderhandelt und die Unterbrechung der Grundversorgung erforderlich ist, um den Gebrauch von Energie unter Umgehung, Beeinflussung oder Anbringung von Messeinrichtungen zu verhindern, oder bei wiederholten Zuwiderhandlungen nach § 19 Abs. 2 StromGVV/GasGVV, insbesondere wiederholter Nichterfüllung von Zahlungsverpflichtungen trotz Mahnung, ist darüber hinaus auch eine fristlose Kündigung des Grundversorgers zulässig (§ 21 StromGVV/GasGVV). Hierin liegt eine Konkretisierung der wirtschaftlichen Unzumutbarkeit der Grundversorgung iSv § 36 Abs. 1 S. 4 (→ § 36 Rn. 43ff.).

b) Allgemeine Versorgungsbedingungen in der Ersatzversorgung. Die 52
StromGVV und die GasGVV sollen **generell auch auf die Ersatzversorgung
nach § 38 anwendbar** sein. Nach § 1 Abs. 1 S. 3 StromGVV/GasGVV regeln die
StromGVV und die GasGVV auch die Allgemeinen Bedingungen für die Ersatzversorgung nach § 38. Insoweit sind nach § 1 Abs. 2 StromGVV/GasGVV Kunden iSd
StromGVV bzw. der GasGVV die Letztverbraucher, die in § 3 Nr. 25 definiert sind.
Das ist in der Sache mit Blick auf die Reichweite der Ersatzversorgung nach § 38
einleuchtend, rechtlich jedoch im Hinblick auf die erforderliche Ermächtigungsgrundlage problematisch, da § 39 Abs. 2 S. 2 eine Verordnungsermächtigung nur
für die Belieferung von Haushaltskunden iSv § 3 Nr. 22 ua im Rahmen der Ersatzversorgung vorsieht (bereits → Rn. 34, sowie → § 38 Rn. 17); die Erstreckung auf
Letztverbraucher, die nicht Haushaltskunden sind, erscheint hiervon nicht gedeckt
(ebenso *Eder/Ahnis* ZNER 2007, 123 (124); *vom Wege/Finke* ZNER 2007, 116
(116 Fn. 5)).

§ 3 StromGVV/GasGVV gibt dann nähere Vorgaben für die **Anwendbarkeit** 53
einzelner Regelungen der StromGVV bzw. der GasGVV. Nach § 3 Abs. 1
StromGVV/GasGVV gelten für die Ersatzversorgung die §§ 4–8, 10–19 und 22
sowie – für die Beendigung – § 20 Abs. 3 StromGVV/GasGVV entsprechend, außerdem § 11 Abs. 2 StromGVV/GasGVV mit der Maßgabe, dass der Grundversorger den Energieverbrauch aufgrund einer rechnerischen Abgrenzung schätzen und
anteilig in Rechnung stellen darf. Diese besondere Regelung ist der Vorgabe des
§ 38 Abs. 4 S. 2 (→ § 38 Rn. 29) geschuldet. Folgerichtig wird das Betretungsrecht
des Grundversorgers gem. § 9 StromGVV/GasGVV nicht für entsprechend anwendbar erklärt. Ergänzend ordnet § 3 Abs. 2 StromGVV/GasGVV bestimmte, näher konkretisierte Mitteilungspflichten des Grundversorgers gegenüber dem Kunden bezüglich des Beginns und des Endes der Ersatzversorgung an.

II. Öffentlich-rechtliche Versorgungsverhältnisse (Abs. 2 S. 3)

§ 39 Abs. 2 S. 3 ordnet außer für das Verwaltungsverfahren, das durch die Verwal- 54
tungsverfahrensgesetze seine spezielle Regelung findet, die **entsprechende Geltung von § 39 Abs. 2 S. 1 und 2 für öffentlich-rechtlich gestaltete Versorgungsverhältnisse** an. Dieser Regelung des § 39 Abs. 2 S. 3 wird man wohl nicht
entnehmen können, dass unmittelbar von Gesetzes wegen nach § 39 Abs. 2 S. 1 und
2 erlassene Allgemeine Versorgungsbedingungen auch für öffentlich-rechtliche
Versorgungsverhältnisse gelten sollen; vielmehr spricht die Formulierung dafür,
dass allein die Verordnungsermächtigung auch insoweit gelten soll, so dass der Verordnungsgeber die Erstreckung hierauf aussprechen müsste (so auch *Salje* EnWG
§ 39 Rn. 93). Dies ist ausdrücklich weder in den früheren AVBEltV/AVBGasV
noch in den StromGVV/GasGVV geschehen.

Dies ist jedoch ohne größere Relevanz. Bereits der entsprechenden Regelung 55
des EnWG 1998 ist **eher theoretische als praktische Bedeutung** zugesprochen
worden, weil – soweit ersichtlich – die kommunale Strom- und Gasversorgung
nicht mehr in öffentlich-rechtlicher Form durchgeführt werde (*Büdenbender*
EnWG § 11 Rn. 88). Das dürfte unter den heutigen, stärker noch wettbewerblich
ausgerichteten Strukturen erst recht zutreffen.

§ 40 Inhalt von Strom- und Gasrechnungen; Festlegungskompetenz

(1) ¹Rechnungen für Energielieferungen an Letztverbraucher müssen einfach und verständlich sein. ²Sie sind dem Letztverbraucher auf dessen Wunsch verständlich und unentgeltlich zu erläutern. ³Der Rechnungsbetrag und das Datum der Fälligkeit des Rechnungsbetrages müssen deutlich erkennbar und hervorgehoben sein.

(2) ¹Energielieferanten sind verpflichtet, in ihren Rechnungen für Energielieferungen an Letztverbraucher gesondert auszuweisen
1. ihren Namen, ihre ladungsfähige Anschrift und das zuständige Registergericht sowie Angaben, die eine unverzügliche telefonische und elektronische Kontaktaufnahme ermöglichen, einschließlich der Adresse der elektronischen Post und einer Telefonnummer der Kunden-Hotline,
2. die belieferte Verbrauchsstelle des Letztverbrauchers einschließlich der zur Bezeichnung der Entnahmestelle verwendeten Identifikationsnummer,
3. die Vertragsdauer und die geltenden Preise,
4. den nächstmöglichen Kündigungstermin und die Kündigungsfrist,
5. den zuständigen Messstellenbetreiber sowie die für die Belieferung maßgebliche Identifikationsnummer und die Codenummer des Netzbetreibers,
6. bei einer Verbrauchsabrechnung den Anfangszählerstand und den Endzählerstand des abgerechneten Zeitraums, den ermittelten Verbrauch im Abrechnungszeitraum sowie die Art, wie der Zählerstand ermittelt wurde,
7. den auch in grafischer Form dargestellten Vergleich des ermittelten Verbrauchs zu dem Verbrauch des vergleichbaren Vorjahreszeitraums,
8. den auch in grafischer Form dargestellten Vergleich des eigenen Jahresverbrauchs zu dem Jahresverbrauch von Vergleichskundengruppen,
9. die Rechte der Letztverbraucher im Hinblick auf Streitbeilegungsverfahren, die ihnen im Streitfall zur Verfügung stehen, einschließlich der für Verbraucherbeschwerden nach § 111b einzurichtenden Schlichtungsstelle und deren Anschrift,
10. die Kontaktdaten des Verbraucherservice der Bundesnetzagentur für den Bereich Elektrizität und Gas,
11. Informationen über Kontaktstellen, darunter Internetadressen, zur Beratung in Energieangelegenheiten,
12. Hinweise zu der Verfügbarkeit und den Möglichkeiten eines Lieferantenwechsels sowie Informationen über mit einem Vertrauenszeichen versehene Preisvergleichsinstrumente für Vertragsangebote der Stromlieferanten nach § 41c sowie
13. die einschlägige Tarif- oder Produktbezeichnung sowie den Hinweis, ob die Belieferung im Rahmen der Grundversorgung oder außerhalb der Grundversorgung erfolgt ist.

²Wenn der Energielieferant den Letztverbraucher im Vorjahreszeitraum nicht beliefert hat, ist der vormalige Energielieferant verpflichtet, dem neuen Energielieferanten den Verbrauch des vergleichbaren Vorjahreszeitraums mitzuteilen.

Inhalt von Strom- und Gasrechnungen; Festlegungskompetenz **§ 40**

(3) **Energielieferanten sind verpflichtet, in den Rechnungen folgende Belastungen gesondert auszuweisen, soweit sie Kalkulationsbestandteile der in die Rechnung einfließenden Preise sind:**
1. **die Stromsteuer nach § 3 des Stromsteuergesetzes vom 24. März 1999 (BGBl. I S. 378; 2000 I S. 147) oder die Energiesteuer nach § 2 des Energiesteuergesetzes vom 15. Juli 2006 (BGBl. I S. 1534; 2008 I S. 660, 1007) in der jeweils geltenden Fassung,**
2. **die Konzessionsabgabe nach Maßgabe des § 4 Absatz 1 und 2 der Konzessionsabgabenverordnung vom 9. Januar 1992 (BGBl. I S. 12, 407), die zuletzt durch Artikel 3 Absatz 4 der Verordnung vom 1. November 2006 (BGBl. I S. 2477) geändert worden ist,**
3. **jeweils gesondert die Umlagen und Aufschläge nach § 12 Absatz 1 des Energiefinanzierungsgesetzes, § 19 Absatz 2 der Stromnetzentgeltverordnung und § 18 der Verordnung zu abschaltbaren Lasten vom 28. Dezember 2012 (BGBl. I S. 2998) in der jeweils geltenden Fassung,**
4. **jeweils gesondert die Netzentgelte und, soweit sie Gegenstand des Liefervertrages sind, die Entgelte des Messstellenbetreibers oder des Betreibers von Energieversorgungsnetzen für den Messstellenbetrieb und die Messung,**
5. **bei Gasrechnungen bis zum 31. Dezember 2025 die Kosten in Cent pro Kilowattstunde für den Erwerb von Emissionszertifikaten nach dem Brennstoffemissionshandelsgesetz vom 12. Dezember 2019 (BGBl. I S. 2728) in der jeweils geltenden Fassung, die Umlegung saldierter Kosten nach § 35 e sowie die saldierte Preisanpassung aufgrund einer Rechtsverordnung nach § 26 Absatz 1 des Energiesicherungsgesetzes.**

(4) **Energielieferanten haben für Letztverbraucher die für die Forderungen maßgeblichen Berechnungsfaktoren in Rechnungen vollständig und in allgemein verständlicher Form unter Verwendung standardisierter Begriffe und Definitionen auszuweisen.**

(5) **Die Bundesnetzagentur kann Entscheidungen über die Konkretisierung des Mindestinhalts von Rechnungen nach den Absätzen 1 bis 3 sowie Näheres zum standardisierten Format nach Absatz 4 durch Festlegung nach § 29 Absatz 1 gegenüber den Energielieferanten treffen.**

Übersicht

	Rn.
A. Allgemeines	1
I. Inhalt und Zweck	1
1. Inhalt	1
2. Zweck und Zweckerreichung	2
II. Entstehungsgeschichte	4
III. Unionsrechtliche Vorgaben	6
IV. Anwendungsbereich	7
B. Einzelerläuterungen	9
I. Grundsätzliche Transparenzverpflichtung (Abs. 1)	9
II. Vorgeschriebene Inhalte von Rechnungen (Abs. 2)	10
1. Verpflichtung zum Ausweis in den Rechnungen	10
2. Die einzelnen Pflichtangaben	12
3. Mitteilungspflicht des vormaligen Energielieferanten	24

§ 40 Teil 4. Energielieferung an Letztverbraucher

	Rn.
III. Gesondert auszuweisende Kalkulationsbestandteile (Abs. 3)	25
IV. Gesonderter Ausweis der Berechnungsfaktoren (Abs. 4)	26
V. Ermächtigung zu Festlegungen (Abs. 5)	27

Literatur: *Eder/vom Wege,* Liberalisierung und Klimaschutz im Zielkonflikt: Die neuen gesetzlichen Rahmenbedingungen im Mess- und Zählerwesen Strom und Gas (Teil 2), IR 2008, 198; *Güneysu/Wieser,* Smarte Preise für smarte Netze – Evolution oder Revolution?, ZNER 2011, 417.

A. Allgemeines

I. Inhalt und Zweck

1 **1. Inhalt.** Die Vorschrift betrifft den **Inhalt von Strom- und Gasrechnungen** und verpflichtet die Energielieferanten, bestimmte Mindestanforderungen in ihren Rechnungen für Energielieferungen an Letztverbraucher zu beachten. § 40 Abs. 1 statuiert ein allgemeines Gebot der Verständlichkeit und Einfachheit des Rechnungsinhalts und gewährt einen Anspruch auf dessen Erläuterung. Ergänzend enthält § 40 Abs. 2 einen Katalog notwendiger Angaben in Rechnungen von Energielieferanten an Letztverbraucher. § 40 Abs. 3 macht den gesonderten Ausweis bestimmter Kalkulationsbestandteile der in Rechnung gestellten Preise zur Pflicht, § 40 Abs. 4 den Ausweis der maßgeblichen Berechnungsfaktoren. In § 40 Abs. 5 ist eine auf diese gesetzlichen Vorgaben bezogene Festlegungsbefugnis der BNetzA vorgesehen.

2 **2. Zweck und Zweckerreichung.** Die Norm verfolgt als übergreifenden Regelungszweck **den Schutz des Letztverbrauchers und das Ziel der Wettbewerbsförderung sowie angemessener Preisbildung.** Dies soll erreicht werden durch die Erhöhung der Übersichtlichkeit und des Informationsgehalts von Rechnungen an Letztverbraucher, um dadurch den Vergleich von Leistungen und Preisen sowie die Beobachtung des eigenen Verbrauchsverhaltens zu ermöglichen und den Lieferantenwechsel zu erleichtern (vgl. BT-Drs. 17/6072, 83). Erst die Kenntnis von der Höhe der angefallenen und an ihn weitergereichten Entgelte macht es dem Endkunden möglich, Alternativangebote Dritter zu beurteilen (*Eder/Vom Wege* IR 2008, 198 (199)). Letztlich soll dies zu einer Absenkung der Einzelpreise im Strom- und Gasmarkt beitragen (vgl. BT-Drs. 16/8306, 8).

3 Ob diese Gesetzesvorgaben ein taugliches Instrument zur **Zweckerreichung** sind, wird allerdings wegen der Fülle der Darstellungspflichten und daraus folgenden standardisierten Informationsüberladung der Rechnungen angezweifelt (NK-EnWG/*Rasbach* § 40 Rn. 1; BK-EnWG/*Schnurre* § 40 Rn. 2). Der Zweckdurchsetzung dienlich ist, dass § 40 verbraucherschützende Norm iSd § 2 UKlaG und Marktverhaltensregelung iSd § 3a UWG ist (EnWG/*Schnurre* § 40 Rn. 3).

II. Entstehungsgeschichte

4 Der Platz eines § 40 ist im EnWG 2005 zunächst unbesetzt geblieben (→ § 36 Rn. 8). Eine Vorgängerregelung des heutigen § 40 hatte sich bereits, inhaltlich wesentlich schmaler und systematisch wenig überzeugend platziert, in § 42 Abs. 6 EnWG 2005 aF gefunden; er enthielt eine Verpflichtung von EltVU zum gesonder-

ten Ausweis des Netzzugangsentgelts in ihren Rechnungen an Letztverbraucher. Die Ursprungsfassung des jetzigen § 40 geht zurück auf das „Gesetz zur Öffnung des Messwesens für Strom und Gas für Wettbewerb" vom 29.8.2008 (BGBl. 2008 I S. 1790). Der Regierungsentwurf für dieses Gesetz hatte zunächst nur eine § 40 Abs. 2 S. 1 Nr. 7 Alt. 2 entsprechende Regelung vorgesehen, die die Transparenzverpflichtung des § 42 Abs. 6 EnWG 2005 aF zum einen auf den Gasbereich erstrecken und zum anderen auch auf die Entgelte für Messstellenbetrieb und Messungen erweitern sollte (BT-Drs. 16/8306, 10). Im Zuge der Ausschussberatungen (vgl. BT-Drs. 16/9470, 4f., 7) kamen weitere, über die Gestaltung der Strom- und Gasrechnungen hinausreichende Regelungen hinzu. Die Vorgaben des ursprünglichen **§ 40 EnWG 2005 aF** zielten auf Transparenz und notwendigen Inhalt der Rechnungen für Energielieferungen an Letztverbraucher, auf die Intervalle der Abrechnung und Fristen für die Rechnungsübermittlung sowie auf das Angebot von besonderen Stromliefertarifen. Im weiteren Verlauf hat § 40 aF beträchtliche Änderungen und Erweiterungen erfahren. Durch das Gesetz vom 4.11.2010 (BGBl. I S. 1483) wurde die Bestimmung um einen § 40 Abs. 4 aF ergänzt, der die EVU zu bestimmten Informationen in ihren Rechnungen für Energielieferungen an Letztverbraucher verpflichtete. Eine grundlegendere Neufassung und Erweiterung erfolgte durch Art. 1 des Gesetzes vom 26.7.2011 (BGBl. 2011 I S. 1554). Eine bloß redaktionelle Korrektur hat Art. 2 des Gesetzes vom 20.12.2012 (BGBl. 2012 I S. 2730) vorgenommen.

Mit Art. 1 Nr. 45 des Gesetzes vom 16.7.2021 (BGBl. 2021 I S. 3026) wurde **§ 40 nF** grundlegend neu gefasst. Sein Regelungsgehalt ist nun ganz auf den Inhalt von Strom- und Gasrechnungen ausgerichtet (BT-Drs. 19/27453, 122). Die darauf bezogenen Anforderungen sind insbesondere in Umsetzung der Elt-RL 19 (→ Rn. 6) ergänzt worden. Andere Regelungen des § 40 aF sind neugefasst in andere Bestimmungen verschoben worden; so findet sich die Regelung über Abrechnungszeiträume, früher in § 40 Abs. 3 aF, jetzt in § 40b, die Regelung über Fristvorgaben für die Abrechnung bzw. die Abschlussrechnung, früher in § 40 Abs. 4 aF, jetzt in § 40c Abs. 2. Durch Art. 5 Nr. 7 des EE-SofortmaßnahmenG vom 8.7.2022 (BGBl. 2022 I S. 1237) hat § 40 Abs. 3 Nr. 3 eine erste Änderung erfahren.

III. Unionsrechtliche Vorgaben

Bereits die Vorgängervorschriften des heutige § 40 dienten der **Umsetzung von Richtlinienvorgaben** der EU zunächst in Gestalt des Anhang A Elt-RL 03/Gas-RL 03 und der EDL-RL (vgl. BT-Drs. 17/1719, 27). Mit der 2010 erfolgten Neuregelung wurden die erweiterten Vorgaben der Strom-RL 09/Gas-RL 09, wo sich insbesondere in Art. 3 sowie in Anhang I umfangreiche auf Verbraucherschutz zielende Regelungen finden, umgesetzt (vgl. BT-Drs. 17/6072, S. 83). Die 2021 erfolgte grundlegende Änderung (→ Rn. 5) diente va der Umsetzung der Elt-RL 19 (BT-Drs. 19/27453, 122f.), die vor allem in Art. 18 und ihrem Anhang I ebenfalls weitgehende Vorgaben mit dem Ziel enthält, Verbraucherrechte bei der Rechnungsstellung durch den Energielieferanten zu stärken.

IV. Anwendungsbereich

Die Bestimmung verpflichtet Energielieferanten, dh **Strom- und Gaslieferanten** (vgl. § 3 Nr. 15 c). Als Strom- bzw. Gaslieferant werden natürliche und juristische Personen definiert, deren Geschäftstätigkeit ganz oder teilweise auf den Ver-

§ 40

trieb von Strom bzw. Gas zum Zwecke der Belieferung von Letztverbrauchern ausgerichtet ist (§ 3 Nr. 19b, 31a). Erfasst sind damit hier EVU, die Energie an Letztverbraucher liefern (*Güneysu/Wieser* ZNER 2011, 417 (418)).

8 Die ihnen in § 40 auferlegten Verpflichtungen gelten grundsätzlich **gegenüber sämtlichen Letztverbrauchern iSv § 3 Nr. 25 in jeglichem Energielieferverhältnis.** Danach sind Großhändler und sonstige Weiterverkäufer durch die Regelung nicht begünstigt, sondern nur Kunden, die Energie für den eigenen Verbrauch kaufen, Insoweit besteht keine Beschränkung auf Haushaltskunden iSv § 3 Nr. 22, so dass nicht nur Privatleute und Kleingewerbe, sondern auch Großgewerbekunden erfasst sind; die noch in § 40 Abs. 2 S. 1 Nr. 4, 6, 8 aF vorgesehene Beschränkung auf Haushaltskunden ist mit der 2021 erfolgten Neufassung der Norm verworfen worden, so dass die entsprechenden Vorgaben (§ 40 Abs. 2 S. 1 Nr. 6, 8, 9 nF) nunmehr allgemein für Letztverbraucher gelten. Die Verpflichtungen erstrecken sich jedenfalls auf sämtliche vertragliche Lieferverhältnisse mit Letztverbrauchern, ob auf Lieferverhältnisse sowohl im Rahmen der Grundversorgung nach § 36 wie auch außerhalb der Grundversorgung. Dass § 40 auch auf das gesetzliche Schuldverhältnis der Ersatzversorgung (§ 38) anwendbar ist, wird teils bezweifelt (BeckOK EnWG/*Schnurre* § 40 Rn. 4); dieses Bedenken dürfte jedoch allenfalls für solche einzelnen Regelungen durchschlagend sein, die gerade auf ein Vertragsverhältnis bezogen sind (in diesem Sinne differenzierend zu § 40 aF bereits BerlKomm-EnergieR/*Bruhn* EnWG § 40 Rn. 18).

B. Einzelerläuterungen

I. Grundsätzliche Transparenzverpflichtung (Abs. 1)

9 In Umsetzung von Art. 18 Abs. 1 Elt-RL 19 hat die bereits zuvor bestehende Verpflichtung zu einfachen und verständlichen Energielieferrechnungen für Letztverbraucher **Ergänzungen** erfahren. Nunmehr hat der Letztverbraucher einen Anspruch auf eine verständliche und unentgeltliche Erläuterung des Rechnungsinhalts (§ 40 Abs. 1 S. 2). Des Weiteren müssen in der Rechnung sowohl der Rechnungsbetrag als auch dessen Fälligkeit deutlich erkennbar und hervorgehoben dargestellt werden (§ 40 Abs. 1 S. 3). Indem der Gesetzestext die Angabe des Datums der Fälligkeit verlangt, dürfte die reine Angabe eines Zeitraums, mit dessen Ablauf die Fälligkeit eintritt, in Zukunft nicht mehr ausreichend sein.

II. Vorgeschriebene Inhalte von Rechnungen (Abs. 2)

10 **1. Verpflichtung zum Ausweis in den Rechnungen.** § 40 Abs. 2 statuiert bestimmte Anforderungen an den Rechnungsinhalt für den Fall der Energielieferung an einen Letztverbraucher. Die danach gebotene Information ist durch gesonderten **Ausweis in der Rechnung, dh nur bei Rechnungsstellung und dann in der Rechnung selbst** zu geben. Eine sonstige Information – etwa in Werbematerial, wie im Rahmen von § 42 Abs. 1 vorgeschrieben – ist weder verlangt noch ausreichend.

11 § 40 Abs. 2 legt den EVU **Mindestverpflichtungen** auf. Diese sind 2021 im Vergleich zur vorhergehenden Fassung um Bestimmungen aus Anhang I Elt-RL 19 ergänzt worden. Im Verlauf der Gesetzgebungsgeschichte des § 40, auch aufgrund unionsrechtlicher Vorgaben, ist der Umfang der obligatorischen Angaben

kontinuierlich gewachsen. Das dürfte, auch wenn § 40 Abs. 2 der Aufnahme weiterer Inhalte in die Rechnung nicht entgegensteht, den Spielraum hierfür erheblich eingeschränkt haben. Dessen ungeachtet sieht der Gesetzgeber weiterhin Spielräume für zusätzliche Verbraucherinformationen und hinsichtlich der unternehmensspezifischen optischen Gestaltung, so dass die Ausgestaltung von Rechnungen auch künftig als spezifisches Abgrenzungs- und auch Qualitätserkennungsmerkmal des jeweiligen Unternehmens wirken könne (vgl. BT-Drs. 17/6072, 84).

2. Die einzelnen Pflichtangaben. Als eine erste Pflichtangabe verlangt § 40 Abs. 2 S. 1 Nr. 1 die **Angabe umfassender Kontaktdaten der Lieferanten.** Damit soll insbesondere die Kontaktaufnahme im Hinblick auf die Bearbeitung von Verbraucherbeschwerden nach § 111a erleichtert und beschleunigt werden (BT-Drs. 17/6072, 83). Im Vergleich zur aF ist nun auch die Angabe der telefonischen Erreichbarkeit des jeweiligen Energielieferanten im Rahmen einer Kunden-Hotline verlangt. Damit das Ziel der Erhöhung des Kundenschutzniveaus nicht konterkariert wird, ist der jeweilige Energielieferant angehalten, technische Hindernisse wie etwa irreführende Menüführungen oder überlange Warteschleifen zu vermeiden (BT-Drs. 19/27453, 123).

§ 40 Abs. 2 S. 1 Nr. 2 verpflichtet den Energielieferanten, **die belieferte Verbrauchs- und Entnahmestelle** unter Bezeichnung der verwendeten Identifikationsnummer anzugeben. Die hier – ebenso wie in § 40 Abs. 2 S. 1 Nr. 5 – in Bezug genommene Identifikationsnummer dient der eindeutigen Bezeichnung einer Marktlokation, hier einer Entnahmestelle, im Energiemarkt.

§ 40 Abs. 2 S. 1 Nr. 3 und 4 treffen **Vorgaben zu Vertragsdauer, geltenden Preisen, dem nächstmöglichen Kündigungstermin und zur Kündigungsfrist.** Die Neuregelung hat den bisherigen § 40 Abs. 2 S. 1 Nr. 2 aF aufgeteilt, im Übrigen jedoch den Wortlaut unverändert übernommen. Woher die frühere Gesetzentwurfsbegründung abgeleitet hat, dass mit Blick auf die Ausgestaltung des Kündigungsrechts auch anzugeben sei, ob die Kündigung kostenfrei ist (BT-Drs. 17/6072, 83; zust. BeckOK EnWG/*Schnurre* § 40 Rn. 10), bleibt unklar.

Nach § 40 Abs. 2 S. 1 Nr. 5 sind **der zuständige Messstellenbetreiber sowie die für die Belieferung maßgebliche Identifikationsnummer und die Codenummer des Netzbetreibers** anzugeben. Die Regelung des § 40 Abs. 2 S. 1 Nr. 3 aF ist redaktionell angepasst übernommen worden; es wurde lediglich der Begriff der „Zählpunktbezeichnung" gestrichen und durch den der Identifikationsnummer ersetzt, da dieser in den Marktprozessen nicht mehr verwendet wird (BT-Drs. 19/27453 S. 123). Die Angabe der Identifikationsnummer sowie der Codenummer des Netzbetreibers sind für den Lieferantenwechsel notwendige Daten. Mit der Verpflichtung zu der Information hierüber soll der Lieferantenwechsel weiter vereinfacht und so die aktive, wettbewerbsfördernde Teilnahme des Letztverbrauchers am Energiemarkt gestärkt werden (vgl. BT-Drs. 17/6072, S. 83).

§ 40 Abs. 2 S. 1 Nr. 6 verlangt die **Angabe von Anfangs- und Endzählerstand.** Diese Verpflichtung ist nicht mehr nur – wie in der Vorfassung – auf Haushaltskunden iSv § 3 Nr. 22 beschränkt, sondern bezieht sich jetzt auf sämtliche Letztverbraucher (→ Rn. 8). Des Weiteren ist nun auch die Angabe der Art, wie der Zählerstand ermittelt wurde, verpflichtend.

Durch § 40 Abs. 2 S. 1 Nr. 7 wird die die **Angabe des Verbrauchs des vergleichbaren Vorjahreszeitraums** verlangt. Gegenüber § 40 Abs. 2 S. Nr. 5 aF gibt es kleine redaktionelle Anpassungen und die Ergänzung um die – von Anhang I Elt-RL 19 geforderte – Verpflichtung zur grafischen Darstellung. Grundlage der

§ 40 Teil 4. Energielieferung an Letztverbraucher

Verbrauchsangaben in der Rechnung ist grundsätzlich der tatsächliche Verbrauch. Der Ermöglichung der Angabe im Falle eines vorangegangenen Lieferantenwechsels dient § 40 Abs. 2 S. 2 (→ Rn. 24). Für den früher in § 40 Abs. 2 S. 3 aF geregelten Ausnahmefall, dass der tatsächliche Verbrauch nicht ermittelt werden kann und auf den geschätzten Verbrauch zurückgegriffen werden muss, findet sich nun eine Regelung in § 40a Abs. 2 (→ § 40a Rn. 9 f.).

18   § 40 Abs. 2 S. 1 Nr. 8 gilt dem **Vergleich des eigenen Jahresverbrauchs zu dem Jahresverbrauch von Vergleichskundengruppen.** Die Regelung entspricht, erweitert auf sämtliche Letztverbraucher iSv § 3 Nr. 25 (→ Rn. 8), dem bisherigen § 40 Abs. 2 S. 1 Nr. 6 aF. Der Gesetzgeber will Letztverbrauchern so einen Vergleich mit effizienteren Verbrauchern innerhalb gleicher Verbrauchsgruppen ermöglichen und damit zu Effizienzsteigerungen und Einsparungen ermuntern. Mit Blick auf die hierfür zu Recht als erforderlich angesehene verständliche und eingängige Gestaltung sieht der Gesetzgeber die BNetzA zu Festlegungen nach § 40 Abs. 5 aufgerufen (vgl. BT-Drs. 17/6072, 83, u. a. auch mit einem Vorschlag für eine Kategorisierung des eigenen Verbrauchs in „viel zu hoch", „hoch", „gut" und „fantastisch" und eine grafische Darstellung).

19   § 40 Abs. 2 S. 1 Nr. 9, der die Regelung des § 40 Abs. 2 S. 1 Nr. 8 aF unter Ausweitung des Adressatenkreises auf alle Letztverbraucher iSv § 3 Nr. 25 (→ Rn. 8) übernimmt, verlangt **umfassende Informationen hinsichtlich Streitbeilegungsverfahren.** So sind zunächst Informationen über das Streitbeilegungsverfahren nach § 111a und insbesondere die Kontaktdaten der Stelle im Unternehmen, an die sich der Letztverbraucher wenden kann, anzugeben. Der Gesetzgeber erwartet die Angabe verschiedener Kontaktwege, insbesondere per Telefon und E-Mail. Weiterhin sind Informationen über das Streitschlichtungsverfahren nach § 111b aufzunehmen; insoweit soll über die Kontaktdaten der Verbraucherschlichtungsstelle, deren Internetadresse sowie die Verjährungshemmung bei Einreichung der Beschwerde gem. § 204 Abs. 1 Nr. 4 BGB zu informieren sein (vgl. BT-Drs. 17/6072, 84, zu § 40 Abs. 2 Nr. 8 aF).

20   Ebenfalls bereits in § 40 Abs. 2 S. 1 Nr. 8 aF verlangt, jetzt in § 40 Abs. 2 S. 1 Nr. 10 gefordert ist die Angabe der **Kontaktdaten des Verbraucherservices der BNetzA.** Damit wird der BNetzA die Aufgabe der zentralen Anlaufstelle für Verbraucherinformationen iSv Art. 25 Elt-RL 19 (früher Art. 3 Abs. 12 Elt-RL 09) sowie Art. 3 Abs. 9 Gas-RL 09 zugewiesen (BT-Drs. 17/6072, S. 84).

21   § 40 Abs. 2 S. 1 Nr. 11 führt die Pflicht zur **Information über Kontaktstellen zur Beratung in Energieangelegenheiten** ein. Die Vorgabe dient der Umsetzung von Anhang I Elt-RL 19.

22   Auch die Pflichtangabe gem. § 40 Abs. 2 S. 1 Nr. 12, wonach auf die **Verfügbarkeit und die Möglichkeiten eines Lieferantenwechsels, deren Vorteile und zertifizierte Preisvergleichsinstrumente** hinzuweisen ist, dient der Umsetzung einer Bestimmung aus Anhang I Elt-RL 19. Wie bereits im Rahmen von § 40 Abs. 2 S. 1 Nr. 5 soll auf diese Art der Lieferantenwechsel weiter vereinfacht und so die aktive, wettbewerbsfördernde Teilnahme des Letztverbrauchers am Energiemarkt gestärkt werden.

23   Mit § 40 Abs. 2 S. 1 Nr. 13 wird eine **Informationspflicht über die einschlägige Tarif- oder Produktbezeichnung** eingeführt sowie der Hinweis erforderlich, ob die Belieferung inner- oder außerhalb der Grundversorgung stattfindet. Der Gesetzgeber will so dem Umstand Rechnung tragen, dass viele Verbraucher nicht wissen, ob sie im Rahmen der Grundversorgung beliefert werden (BT-Drs. 19/27453, 123).

3. Mitteilungspflicht des vormaligen Energielieferanten.
Mit Blick auf die Pflichtangabe nach § 40 Abs. 2 S. 1 Nr. 7 (→ Rn. 17) stellt § 40 Abs. 2 S. 2 die Verfügbarkeit der Vergleichsdaten auch nach einem Energielieferantenwechsel sicher. Danach ist der vormalige Energielieferant gegenüber dem aktuellen Lieferanten zur **Mitteilung des Verbrauchs des vergleichbaren Vorjahreszeitraums** verpflichtet. Die Daten sollen im Rahmen der standardisierten Datenaustauschprozesse nach GPKE bzw. GeLiGas ausgetauscht werden (BT-Drs. 17/6072, 84).

III. Gesondert auszuweisende Kalkulationsbestandteile (Abs. 3)

Die Verpflichtung zum **gesonderten Ausweis auf bestimmten Belastungen beruhender Preisbestandteile** in den Rechnungen, zuvor inhaltlich beschränkter in § 40 Abs. 2 S. 1 Nr. 7 aF geregelt, ist nunmehr in § 40 Abs. 3, gegenständlich erweitert, Regelungsgegenstand eines eigenen Absatzes. Gesondert auszuweisen sind zunächst Belastungen nach § 3 StromStG und § 2 EnergiesteuerG (§ 40 Abs. 3 Nr. 1). § 40 Abs. 3 Nr. 2 nennt – wie schon § 40 Abs. 2 S. 1 Nr. 7 aF – die Konzessionsabgabe. § 40 Abs. 3 Nr. 3 ist durch Art. 5 Abs. 7 EE-SofortmaßnahmenG 2022 (BGBl. 2022 I S. 1237) geändert worden und führt nunmehr auf die Umlagen und Aufschläge nach § 12 Abs. 1 EnFG, § 19 Abs. 2 StromNEV und § 18 AbLAV; der zuvor bestehende Verweis auf §§ 17f Abs. 5, 60 Abs. 1 EEG und § 26 KWKG ist gestrichen und durch den Verweis auf § 12 Abs. 1 EnFG ersetzt worden, da die EEG-Umlage – sollte sie zukünftig wieder erhoben werden – sowie die KWKG-Umlage und die Offshore-Netzumlage nunmehr nach dem EnFG erhoben werden (BT-Drs. 20/1630, 245; der dort verwandte Begriff des Energie-Umlage-Gesetzes (EnUG) wurde im weiteren Gesetzgebungsverfahren durch den des Energiefinanzierungsgesetzes (EnFG) ersetzt, vgl. BT-Drs. 20/2580, 217). Nach § 40 Abs. 3 Nr. 4 besteht – wie bereits gem. § 40 Abs. 2 S. 1 Nr. 7 aF – die Verpflichtung, die Netzentgelte und die Entgelte für Messstellenbetrieb und Messung, soweit letztere Gegenstand des Liefervertrags sind, auszuweisen. Die Entgelte für Messstellenbetrieb und Messung sind danach nur dann auszuweisen, wenn zwischen Energielieferant und Letztverbraucher ein kombinierter Vertrag gem. § 9 Abs. 2 MsbG abgeschlossen wurde oder die Messentgelte über die Netznutzungsentgelte abgerechnet werden; dieses ist nur dann der Fall, wenn beim Kunden weder intelligente Messsysteme noch moderne Messeinrichtungen betrieben werden und der Messstellenbetrieb durch den grundzuständigen Messstellenbetreiber erfolgt (BeckOK EnWG/*Schnurre* § 40 Rn. 18). Wenn der Letztverbraucher selbst einen Dritten als Messstellenbetreiber beauftragt hat, erfolgt die Rechnungsstellung unmittelbar im Rechtsverhältnis zwischen diesem Dritten und dem Letztverbraucher, sodass dann für einen Ausweis des Messstellenbetriebs- bzw. Messungsentgelts in der Rechnung des Energielieferanten kein Raum bleibt (vgl. *Eder/vom Wege* IR 2008, 198 (198 f.)). Dies ergibt sich bereits aus dem Wortlaut, aber auch aus dem Zweck der Regelung, denn in diesem Fall ist die angestrebte Transparenz ohnehin gegeben. Im Falle von Gasrechnungen sind gem. § 40 Abs. 3 Nr. 5 bis zum 31.12.2025 außerdem die Kosten für den Erwerb von Emissionszertifikaten nach dem BEHG in Cent pro Kilowattstunde anzugeben.

IV. Gesonderter Ausweis der Berechnungsfaktoren (Abs. 4)

Aus § 40 Abs. 4 folgt die Verpflichtung zur **vollständigen Ausweisung der Berechnungsfaktoren in der Rechnung in allgemein verständlicher Form.**

Dabei handelt es sich um eine Ergänzung von § 40 Abs. 6 aF, die der Umsetzung der Elt-RL 19 hinsichtlich einer gesteigerten Verständlichkeit der Energierechnung für den Verbraucher dient (BT-Drs. 19/27453, S. 123). Die Ausweisung hat unter Verwendung standardisierter Begriffe und Definitionen zu erfolgen, um eine maschinelle Prüfung von Rechnungen zu ermöglichen und die Eigenschaften komplizierter Dienstleistungsprodukte durchschaubar zu machen. Die so geschaffene Transparenz soll den Verbraucher bei der Findung des für ihn besten Angebots im Wettbewerb unterstützen und dadurch einen Beitrag zur Entwicklung des Marktes für Energietarife und Dienstleistungsprodukte leisten (BT-Drs. 17/6072, 84).

V. Ermächtigung zu Festlegungen (Abs. 5)

27   Gem. § 40 Abs. 5 kann die BNetzA **Entscheidungen über den Mindestinhalt nach § 40 Abs. 1– 3 sowie Näheres zum standardisierten Format nach § 40 Abs. 4** durch Festlegungen nach § 29 Abs. 1 gegenüber den Lieferanten treffen. Damit soll einerseits die Vollständigkeit und Vergleichbarkeit von Rechnungen, insbesondere soweit Haushaltskunden i. S. v. § 3 Nr. 22 betroffen sind, und andererseits die detaillierte Ausgestaltung der Formatvorgaben aus § 40 Abs. 4 sichergestellt werden (BT-Drs. 17/6072, S. 84), ohne damit den Spielraum für zusätzliche Verbraucherinformationen und unternehmensspezifische Gestaltungen übermäßig einzuschränken. Von der Ermächtigung ist – soweit ersichtlich – bislang noch kein Gebrauch gemacht worden.

§ 40a Verbrauchsermittlung für Strom- und Gasrechnungen

(1) ¹Der Energielieferant ist berechtigt, zur Ermittlung des Verbrauchs nach § 40 Absatz 2 Satz 1 Nummer 6 für die Zwecke der Abrechnung
1. die Ablesewerte oder rechtmäßig ermittelte Ersatzwerte zu verwenden, die er vom Messstellenbetreiber oder Netzbetreiber erhalten hat,
2. die Messeinrichtung selbst abzulesen oder
3. die Ablesung der Messeinrichtung vom Letztverbraucher mittels eines Systems der regelmäßigen Selbstablesung und Übermittlung der Ablesewerte durch den Letztverbraucher zu verlangen, sofern keine Fernübermittlung der Verbrauchsdaten erfolgt.

²Haushaltskunden können einer Selbstablesung im Einzelfall widersprechen, wenn sie ihnen nicht zumutbar ist. ³Der Energielieferant hat bei einem berechtigten Widerspruch nach Satz 2 eine eigene Ablesung der Messeinrichtung nach Satz 1 Nummer 2 vorzunehmen und darf hierfür kein gesondertes Entgelt verlangen. ⁴Bei einer Messung mit einem intelligenten Messsystem nach § 2 Satz 1 Nummer 7 des Messstellenbetriebsgesetzes und bei registrierender Lastgangmessung sind die Werte nach Satz 1 Nummer 1 vorrangig zu verwenden. ⁵Der Energielieferant hat in der Rechnung anzugeben, wie ein von ihm verwendeter Zählerstand ermittelt wurde.

(2) ¹Soweit ein Letztverbraucher für einen bestimmten Abrechnungszeitraum trotz entsprechender Verpflichtung keine Ablesedaten übermittelt hat oder der Energielieferant aus anderen Gründen, die er nicht zu vertreten hat, den tatsächlichen Verbrauch nicht ermitteln kann, dürfen die Abrechnung oder die Abrechnungsinformation auf einer Verbrauchsschätzung beruhen, die unter angemessener Berücksichtigung der tat-

Verbrauchsermittlung für Strom- und Gasrechnungen § 40 a

sächlichen Verhältnisse zu erfolgen hat. ²In diesem Fall hat der Energielieferant den geschätzten Verbrauch unter ausdrücklichem und optisch besonders hervorgehobenem Hinweis auf die erfolgte Verbrauchsabschätzung und den einschlägigen Grund für deren Zulässigkeit sowie die der Schätzung zugrunde gelegten Faktoren in der Rechnung anzugeben und auf Wunsch des Letztverbrauchers in Textform und unentgeltlich zu erläutern.

A. Allgemeines

§ 40a regelt die **Ermittlung des den Endkunden in den jeweiligen Rech-** 1
nungen mitgeteilten Verbrauchs im Abrechnungszeitraum durch den Energielieferanten. Danach besteht ein Regel-Ausnahmeverhältnis zwischen einer Verbrauchsermittlung aufgrund tatsächlich ermittelter Ablesewerte und einer Verbrauchsermittlung aufgrund von Schätzwerten (BT-Drs. 19/27453, 124). § 40a Abs. 1 trifft nähere Vorgaben für die Verbrauchsermittlung im Wege der Ablesung, § 40a Abs. 2 für die Verbrauchsschätzung, die ausnahmsweise zulässig ist, wenn der tatsächliche Verbrauch aus vom Energielieferanten nicht zu vertretenden Gründen nicht ermittelt werden kann.

Die Vorschrift ist durch **Art. 1 Nr. 45 des Gesetzes vom 16.7.2021** (BGBl. 2
2021 I S. 3026) eingefügt worden. Sie nimmt einzelne frühere Regelungselemente insbes. des § 40 Abs. 2 S. 1 Nr. 4, Abs. 2 S. 3 a.F auf, hat jedoch keinen unmittelbaren Vorläufer im EnWG. Sie soll eine einheitliche Regelung zur Ermittlung des Energieverbrauchs schaffen (BT-Drs. 19/27453, 124). Mit Blick auf die Verarbeitung der Daten bleiben allerdings ergänzend § 69 MsbG sowie die DS-GVO zu beachten (BeckOK EnWG/*Schnurre* § 40a Rn. 1).

Die Norm dient der **Umsetzung von Vorgaben der Elt-RL 19.** Insbesondere 3
Art. 18 und Anhang I Elt-RL 19 enthalten einschlägige Vorgaben für die der Abrechnung zugrunde liegende Verbrauchsermittlung.

Ihrem **Anwendungsbereich** nach gilt die Vorschrift der Verbrauchsermittlung 4
für Strom- und Gasrechnungen. Sie adressiert einerseits als Energielieferanten Strom- und Gaslieferanten (vgl. § 3 Nr. 15c) und andererseits Letztverbraucher iSv § 3 Nr. 25, wobei § 40a Abs. 1 S. 2 und 3 Haushaltskunden iSv § 3 Nr. 22 besonders begünstigt.

B. Einzelerläuterungen

I. Ermittlung des tatsächlichen Verbrauchs

§ 40 Abs. 1 spezifiziert § 40 Abs. 2 S. 1 Nr. 4 aF (vgl. BT-Drs. 19/27453, 124, wo 5
allerdings auf Nr. 5 verwiesen wird) bzw. § 40 Abs. 2 S. 1 Nr. 6 nF. § 40 Abs. 1 S. 1 eröffnet dem Energielieferanten **drei Möglichkeiten** für die Ermittlung des danach gesondert auszuweisenden Verbrauchs im Abrechnungszeitraum.

Nach § 40a Abs. 1 S. 1 Nr. 1 kann der Energielieferant die **Ablesewerte (oder** 6
rechtmäßig ermittelten Ersatzwerte) des Messstellen- oder Netzbetreibers verwenden, sofern diese dort bereits vorliegen und ihm übermittelt worden sind (zu den Anforderungen an die rechtmäßige Ermittlung von Ersatzwerten vgl. BeckOK EnWG/*Schnurre* § 40a Rn. 3). Die Verwendung dieser bereits ermittelten Werte

§ 40a Teil 4. Energielieferung an Letztverbraucher

durch den Energielieferanten im Rahmen der Abrechnung gegenüber dem Endkunden vermeidet die Kosten einer weiteren Ablesung (BT-Drs, 19/27453, 124). Diese Form der Verbrauchswertermittlung ist deshalb nach § 40a Abs. 1 S. 4 bei einer Messung mit einem intelligenten Messsystem nach § 2 S. 1 Nr. 7 MsbG und bei registrierender Lastgangmessung, so dass die nötigen Ablesewerte zur Verfügung stehen, vorrangig zu verwenden. Soweit der Messstellen- oder Netzbetreiber nach Maßgabe von § 60 Abs. 3 MsbG nur eine jährliche Ablesung vornimmt, was nach wie vor bei vielen Letztverbrauchern der Fall ist, fehlt es regelmäßig an den nötigen Daten für unterjährige Abrechnungen durch den Energielieferanten (BeckOK EnWG/*Schnurre* § 40a Rn. 3).

7   Nach § 40a Abs. 1 S. 1 Nr. 2 besteht weiterhin die Möglichkeit der **Ablesung durch den Energielieferanten selbst.** Dies ist bereits aus Kostengründen regelmäßig die für den Energielieferanten unattraktivste, praktisch auch möglichst vermiedene und selten angewandte Variante der Verbrauchsermittlung.

8   Schließlich kann der Energielieferant für die Ablesung auch auf den Letztverbraucher zurückgreifen, indem er nach § 40a Abs. 1 S. 1 Nr. 3 die **Selbstablesung und Übermittlung der Ablesewerte** durch ihn verlangt. Insoweit räumt § 40a Abs. 1 S. 2 jedoch ein Widerspruchsrecht im Einzelfall ein. Dieses Widerspruchsrecht besteht nur für Haushaltskunden iSv § 3 Nr. 22; der Gesetzgeber hat es bewusst auf diese beschränkt, da er sonstige Letztverbraucher nicht als im gleichen Maße schutzbedürftig ansah (BT-Drs. 19/27453, 124). Haushaltskunden können widersprechen, wenn die Selbstablesung ihnen nicht zumutbar ist. Damit wird der Energielieferant verpflichtet, auf etwaig bestehende persönliche und gesundheitliche Einschränkungen, zB auf körperliche Gebrechlichkeit des Kunden (BT-Drs. 19/27453, 124) Rücksicht zu nehmen. Macht der Haushaltskunde von seinem Widerspruchsrecht berechtigterweise Gebrauch, darf der Energielieferant nach § 40a Abs. 1 S. 3 eine durch ihn durchgeführte Verbrauchswertablesung nicht in Rechnung stellen.

9   Nach § 40a Abs. 1 S. 5 ist der Energielieferant zur **Bekanntgabe der von ihm eingesetzten Art und Weise der Ermittlung von ihm verwendeten Zählerstände** in der Rechnung verpflichtet. Dies soll die Verbrauchsermittlung für den Letztverbraucher nachvollziehbarer gestalten, da dieser nur so in die Lage versetzt wird, die Abrechnung kontrollieren zu können; zu diesem Zweck soll der Hinweis für jeden einzelnen Ablesewert mit der Angabe, wie und von wem er ermittelt erfolgen wurde, und in einer angemessenen, d. h. lesbaren Schriftgröße erfolgen und mit einer entsprechenden Erklärung gekennzeichnet werden (BT-Drs. 19/27453, 124). Die Vorschrift geht über den eigentlichen, der Ermittlung der Verbrauchswerte in der Sache geltenden Regelungsgegenstand des § 40a hinaus und gehört systematisch eher zu den an Rechnungen zu stellenden Transparenzanforderungen gem. § 40, wo sich in der Tat in § 40 Abs. 2 S. 1 Nr. 6 aE bereits eine inhaltlich entsprechende Vorgabe findet.

II. Zulässigkeit der Verbrauchsschätzung

10   An die Vorgängerregelung des § 40 Abs. 2 S. 3 aF knüpft § 40 Abs. 2 an. Danach darf der Energielieferant, abweichend vom Regelfall der Verbrauchsermittlung, die Abrechnung unter bestimmten Bedingungen auf der Grundlage einer **Verbrauchsschätzung** durchführen. Die Verwendung eines Schätzwertes ist zulässig, soweit entweder der Letztverbraucher entgegen einer ihn treffenden Verpflichtung keine Ablesedaten an den Energielieferanten übermittelt oder der Energie-

lieferant aus von ihm nicht zu vertretenen Gründen den tatsächlichen Verbrauch nicht ermitteln kann. Die erste Alternative stellt eine Erweiterung gegenüber § 40 Abs. 2 S. 3 aF dar; die zweite Alternative soll etwa zum Tragen kommen können, wenn Gesetz oder Verordnung ausdrücklich eine Ausnahme von der Messung vorsehen (vgl. BT-Drs. 17/1719, 27) oder wenn die Messeinrichtungen fehlerhaft iSd § 71 Abs. 3 MsbG sind und der Energielieferant nicht gleichzeitig als Messstellenbetreiber für die Messung verantwortlich ist (BeckOK EnWG/*Schnurre* § 40a Rn. 9). Der Anwendungsbereich dürfte schmal sein (vgl. bereits BT-Drs. 17/1719, 27). Gegebenenfalls muss der Energielieferant nach § 40a Abs. 2 S. 1 aE bei der Verbrauchsschätzung die tatsächlichen Verhältnisse des Letztverbrauchers angemessen berücksichtigen. Daraus folgt, dass die Schätzung nicht einfach auf Vorjahresverbräuche zurückgreifen darf, sondern gegebenenfalls nach Angaben des Letztverbrauchers anzupassen und unter Berücksichtigung insbes. auch von Veränderungen bezüglich Wohnfläche, Anzahl der Haushaltsmitglieder, Verbrauchsstruktur etc vorzunehmen ist (BeckOK EnWG/*Schnurre* § 40a Rn. 10).

Bereits aus § 40 Abs. 2 S. 1 Nr. 6 folgt die Verpflichtung, die Art, wie der Zählerstand ermittelt wurde, gegebenenfalls also auch die Verbrauchsschätzung, anzugeben (→ § 40 Rn. 16). Diese **Verpflichtung zur Mitteilung in der Rechnung** wird – wiederum systematisch eigentlich wenig passend bei § 40a statt in § 40 – in § 40a Abs. 2 S. 2 erweitert. Die Tatsache, dass ausnahmsweise nicht der tatsächliche Verbrauch maßgeblich ist, ist danach in der Rechnung an den Letztverbraucher in optisch hervorgehobener Weise ausdrücklich anzugeben; dabei sind auch der Grund für die Zulässigkeit der Schätzung sowie die Faktoren, auf denen die Schätzung beruht, zu nennen. Soweit der Letztverbraucher dies verlangt, muss der Energielieferant dies außerdem unentgeltlich in Textform erläutern. 11

§ 40b Rechnungs- und Informationszeiträume

(1) ¹Energielieferanten sind verpflichtet, den Energieverbrauch nach ihrer Wahl in Zeitabschnitten abzurechnen, die ein Jahr nicht überschreiten dürfen, ohne hierfür ein Entgelt in Rechnung zu stellen. ²Sie sind verpflichtet, allen Letztverbrauchern anzubieten
1. eine monatliche, vierteljährliche oder halbjährliche Abrechnung,
2. die unentgeltliche elektronische Übermittlung der Abrechnungen und Abrechnungsinformationen sowie
3. mindestens einmal jährlich die unentgeltliche Übermittlung der Abrechnungen und Abrechnungsinformationen in Papierform.

³Sofern der Letztverbraucher keinen Abrechnungszeitraum bestimmt, bleibt es bei der Wahl des Zeitraums durch den Energielieferanten. ⁴Im Falle einer Beendigung des Lieferverhältnisses sind Energielieferanten zur unentgeltlichen Erstellung einer Abschlussrechnung verpflichtet. ⁵Auf Wunsch des Letztverbrauchers sind Abrechnungen oder Abrechnungsinformationen elektronisch zu übermitteln.

(2) Energielieferanten haben Letztverbrauchern, bei denen keine Fernübermittlung der Verbrauchsdaten erfolgt und die sich für eine elektronische Übermittlung nach Absatz 1 Satz 2 Nummer 2 entschieden haben, Abrechnungsinformationen mindestens alle sechs Monate oder auf Verlangen einmal alle drei Monate unentgeltlich zur Verfügung zu stellen.

(3) Energielieferanten haben Letztverbrauchern, bei denen eine Fernübermittlung der Verbrauchsdaten erfolgt, eine monatliche Abrechnungsinformation unentgeltlich zur Verfügung zu stellen, dabei kann dies über das Internet oder andere geeignete elektronische Medien erfolgen.

(4) Abrechnungsinformationen erfolgen auf Grundlage des nach § 40a ermittelten Verbrauchs.

(5) ¹Energielieferanten sind auf Verlangen eines von ihnen belieferten Letztverbrauchers verpflichtet, ergänzende Informationen zu dessen Verbrauchshistorie, soweit verfügbar, dem Letztverbraucher selbst und zusätzlich auch einem vom Letztverbraucher benannten Dritten zur Verfügung zu stellen. ²Die ergänzenden Informationen müssen kumulierte Daten mindestens für die vorangegangenen drei Jahre umfassen, längstens für den Zeitraum seit Beginn des Energieliefervertrages, und den Intervallen der Abrechnungsinformationen entsprechen.

Literatur: *Eder/vom Wege,* Liberalisierung und Klimaschutz im Zielkonflikt: Die neuen gesetzlichen Rahmenbedingungen im Mess- und Zählerwesen Strom und Gas (Teil 2), IR 2008, 198; *Kühling/Rasbach,* „Kernpunkte des novellierten EnWG 2011" – Regulierungsausbau im Zeichen der „Energiewende", RdE 2011, 332.

A. Allgemeines

1 § 40b legt die Rahmenbedingungen für die **Abrechnungen und Abrechnungsinformationen** fest, die Energielieferanten den Letztverbrauchern schulden. § 40b Abs. 1 regelt, ergänzt um Vorgaben zur Übermittlungsform und Unentgeltlichkeit, die Abrechnungs- und Abrechnungsinformationsintervalle. § 40 Abs. 2 und 3 sehen abhängig von der Art und Weise, wie die jeweiligen Letztverbraucherdaten an den Energielieferanten übertragen werden, besondere Intervalle für die Übermittlung von Abrechnungsinformationen vor. Die Grundlage der Abrechnungsinformationen wird in § 40b Abs. 4 festgelegt. Schließlich trifft § 40b Abs. 5 Vorgaben bezüglich der Bereitstellung der Verbrauchshistorie an den jeweiligen Letztverbraucher.

2 Die Vorschrift ist durch **Art. 1 Nr. 45 des Gesetzes vom 16.7.2021** (BGBl. 2021 I S. 3026) eingefügt worden. Insbesondere die Regelungen des § 40b Abs. 1 und 3 haben Vorläufer in Gestalt von § 40 Abs. 3 aF. Der neue § 40b nimmt eine erweiterte, ausführliche Neuregelung vor.

3 Mit der Neuregelung setzt der Gesetzgeber **Vorgaben der Elt-RL 19** um (BT-Drs. 19/27453, 124). Insbesondere in Elt-RL 19 Art. 18 Abs. 2 und 3 sowie Anhang I finden sich Vorgaben hinsichtlich Abrechnungs- und Informationszeiträumen.

4 Der Anwendungsbereich der Vorschrift gilt **Abrechnungen und Abrechnungs-/Verbrauchsinformationen im Verhältnis von Energielieferanten und Letztverbrauchern.** Als Energielieferanten sind Strom- und Gaslieferanten (vgl. § 3 Nr. 15c) erfasst. Ihnen gegenüber stehen – ohne Differenzierung zwischen Haushaltskunden iSv § 3 Nr. 22 und sonstigen Letztverbrauchern – sämtliche Letztverbraucher iSv § 3 Nr. 25.

B. Einzelerläuterungen

I. Abrechnungs-/Abrechnungsinformationsintervalle und Abschlussrechnung (Abs. 1)

1. Mindestens jährliche Abrechnung nach Wahl des Lieferanten (Abs. 1 5
S. 1). § 40b Abs. 1 S. 1 überlässt die Bestimmung des Abrechnungsturnus zunächst einer weitgehenden **Wahlfreiheit des Lieferanten,** indem sie ihn verpflichtet, den Energieverbrauch nach einem durch ihn bestimmten Zeitintervall abzurechnen. Diese Wahlfreiheit ermöglicht dem Lieferanten insbesondere eine rollierende Ablesung und trägt damit dem Umstand Rechnung, dass nicht die Verbrauchswerte aller Kunden zu einem bestimmten einheitlichen Zeitpunkt erfasst werden können. Die Abrechnung muss jedoch mindestens einmal jährlich erfolgen. Die noch in der Vorgängernorm des § 40 Abs. 3 S. 1 aF verwandte Formulierung, zwölf Monate dürften nicht wesentlich überschritten werden, was eine Überschreitung um eine Monat erlauben sollte (vgl. BR-Drs. 306/06, 33), ist in § 40b Abs. 1 S. 1 mit Rücksicht auf Anforderungen der Elt-RL 19 Anhang I gestrichen worden (BT-Drs. 19/27453, 124); es handelt sich nunmehr um eine strikte Jahresfrist, die der Lieferant nicht überschreiten darf.

Eine **Überschreitung der Abrechnungsfrist von einem Jahr** schließt die 6
Abrechnung nicht aus; sie bleibt grundsätzlich im Rahmen der einschlägigen allgemeinen Verjährungsfrist von drei Jahren (§ 195 BGB) möglich. Der Verstoß gegen § 40b Abs. 1 S. 1 gibt dem Kunden jedoch ein Leistungsverweigerungsrecht hinsichtlich weiterer Abschlagszahlungen (§ 273 BGB). Außerdem kann er das Unternehmen hinsichtlich der Abrechnung in Verzug setzen, um gegebenenfalls Verzugszinsen zu erhalten, und unter Umständen Schadensersatz geltend machen (vgl. OLG Frankfurt a. M. Urt. v. 15.4.2016 – 8 U 129/15, EnWZ 2016, 515 (516); *de Wyl/Eder/Hartmann* GVV § 12 Rn. 6f.). Gegen einen Verstoß kann zudem die BNetzA nach § 65 vorgehen (Schneider/Theobald EnergieWirtschaftsR-HdB/*de Wyl/Sötebier* § 11 Rn. 81).

2. Verpflichtung zum Angebot kürzerer Abrechnungs- und Verbrauchs- 7
informationsintervalle (Abs. 1 S. 2). § 40b Abs. 1 S. 2 trifft eine Sonderregelung zu § 40b Abs. 1 S. 1. Das dort zunächst vorgesehene Wahlrecht des Lieferanten wird in § 40b Abs. 1 S. 2 Nr. 1 durch seine **Verpflichtung zum Angebot kürzerer Abrechnungsintervalle** eingeschränkt. Die in § 40b Abs. 1 S. 2 Nr. 1 gegebene zeitliche Vorgabe einer monatlichen, viertel- oder halbjährlichen Abrechnung ist nicht ganz eindeutig, sondern eröffnet Gestaltungsspielräume, von denen der Lieferant in seinem Vertragsangebot an die Letztverbraucher Gebrauch machen kann. Schon die Vorgabe einer monatlichen Abrechnung lässt noch offen, ob diese jeweils am Monatsende oder an dem Tag des Folgemonats erfolgen muss, der dem Tag entspricht, zu dem die Vereinbarung dieses Abrechnungsintervalls wirksam geworden ist. Ebenso lässt die Vorgabe einer viertel- oder halbjährlichen Abrechnung offen, ob damit eine Abrechnung alle drei bzw. sechs Monate ab Vereinbarung dieses Intervalls oder aber eine Abrechnung jeweils zum Ende des Kalenderviertel- bzw. -halbjahres gemeint ist. Die Auslegungsvorschriften für gesetzlich oder rechtsgeschäftlich festgelegte Fristen in §§ 188 Abs. 2, 189 Abs. 1 BGB dürften hier nicht zwingend die jeweils erstgenannte Alternative erfordern (vgl. *Eder/vom Wege* IR 2008, 198 (199)), sondern auch das Angebot der Abrechnung zum Monats-, Quar-

§ 40b Teil 4. Energielieferung an Letztverbraucher

tals- bzw. Halbjahresende genügen lassen. Der Sache nach wird durch § 40b Abs. 1 S. 2 Nr. 1 für den Lieferanten in Bezug auf die Abrechnungsintervalle ein Angebots- und Kontrahierungszwang begründet; nimmt der Letztverbraucher das vom Lieferanten zu machende Angebot an, kommt die Vereinbarung einer monatlichen, viertel- oder halbjährlichen Abrechnung zustande. Sofern der Letztverbraucher keinen Abrechnungszeitraum wählt, stellt § 40b Abs. 1 S. 3 klar, dass es bei der Intervallfestlegung durch den Lieferanten bleibt.

8   Aufgrund der Vorgaben aus Art. 18 Abs. 3 Elt-RL besteht nun nach § 40b Abs. 1 S. 2 Nr. 2 auch die Möglichkeit für den Letztverbraucher, sich die **Rechnung sowie die Abrechnungsinformationen unentgeltlich auf elektronischem Wege** übermitteln zu lassen (zum Begriff der Abrechnungsinformationen → Rn. 14).

9   Schließlich ist der Lieferant auf Wunsch des Letztverbrauchers verpflichtet, diesem mindestens ein Mal pro Jahr die **Rechnungen sowie Abrechnungsinformationen unentgeltlich in Papierform** zur Verfügung zu stellen.

10   **3. Abschlussrechnung.** Nach § 40b Abs. 1 S. 4 ist der Lieferant zur **Erstellung einer unentgeltlichen Abschlussrechnung** verpflichtet, wenn das Lieferverhältnis endet. Die Abschlussrechnung muss dabei nicht in Papierform erfolgen (BeckOK EnWG/*Schnurre* § 40b Rn. 10). Weitere Vorgaben zur Abschlussrechnung ergeben sich aus § 40c Abs. 2 S. 1, Abs. 3 S. 2.

11   **4. Elektronische Übermittlung.** In § 40b Abs. 1 S. 5 hat der Gesetzgeber die **Möglichkeiten zur elektronischen Übermittlung** von Abrechnungen und Abrechnungsinformationen auf Wunsch des Letztverbrauchers ergänzt (BT-Drs. 19/19/27453, 124). Dem Letztverbraucher wird damit ausdrücklich ein Wahlrecht eingeräumt (BeckOK EnWG/*Schnurre* § 40b Rn. 11).

12   **5. Unentgeltlichkeit.** Neu eingeführt worden ist die Vorgabe der **Unentgeltlichkeit der Abrechnung nach dem vom Lieferanten gewählten Zeitabschnitt** (§ 40b Abs. 1 S. 1 aE). Der Gesetzgeber hat damit Art. 18 Abs. 2 Elt-RL 19, wonach die Bereitstellung von Rechnungen und entsprechenden Abrechnungsinformationen kostenfrei zu geschehen hat, in das nationale Recht umgesetzt (BT-Drs. 19/27453, 124). Auch die Abschlussrechnung ist nach § 40b Abs. 1 S. 4 unentgeltlich zu erstellen (→ Rn. 10).

13   Kürzere Abrechnungsintervalle und zusätzliche Informationen, wie der Letztverbraucher sie nach § 40b Abs. 1 S. 2 verlangen kann, begründen beim Lieferanten höhere Kosten (vgl. dazu *Lippert* ET 2009, 82 (87)). Unter der Geltung von § 40 Abs. 3 aF ist angenommen, dass der Lieferant diese höheren Kosten in sein an den Letztverbraucher gerichtetes Angebot kürzerer Abrechnungsintervalle einbringen durfte (*Eder/vom Wege* IR 2008, 198 (199f.); *Kühling/Rasbach* RdE 2011, 332 (339)). Die Frage einer etwaigen **Tragung zusätzlicher Kosten durch den Letztverbraucher** stellt sich im Rahmen von § 40b Abs. 1 neu. Der Wortlaut stellt ausdrücklich – neben der Abrechnung nach dem vom Lieferanten gewählten Zeitabschnitt (→ Rn. 12) und der Abschlussrechnung (→ Rn. 10) – auch die elektronische Übermittlung der Abrechnungen und Abrechnungsinformationen (§ 40b Abs. 1 S. 2 Nr. 2) und die mindestens einmal jährliche Übermittlung der Abrechnungen und Abrechnungsinformationen in Papierform (§ 40b Abs. 1 S. 2 Nr. 2) unentgeltlich; danach scheint insbesondere die mehr als einmal jährliche Übermittlung der Abrechnungen und Abrechnungsinformationen in Papierform auch kostenpflichtig angeboten werden zu dürfen. Es erscheint aber fraglich, ob dies mit der Vorgabe des Art. 18 Abs. 2 Elt-RL 19 vereinbar ist (so auch BeckOK EnWG/

Rechnungs- und Informationszeiträume **§ 40b**

Schnurre § 40b Rn. 7), weshalb insoweit eine – mögliche – richtlinienkonforme Auslegung geboten sein dürfte.

II. Besondere Abrechnungsinformationsintervalle (Abs. 2, 3)

§ 40b Abs. 2 und 3 treffen nähere Regelungen zur Pflicht des Energielieferanten zur **Übermittlung von Abrechnungsinformationen.** Abrechnungsinformationen sind nach § 3 Nr. 1 diejenigen Informationen, die üblicherweise in Rechnungen über die Energiebelieferung von Letztverbrauchern zur Ermittlung des Rechnungsbetrages enthalten sind, mit Ausnahme der Zahlungsaufforderung selbst. Die Bereitstellung von Abrechnungsinformationen wird von Anhang I Elt-RL, wo diese auch näher definiert sind, gefordert. Die Abrechnungsinformationen beinhalten insbes. die konkreten Verbrauchsdaten des einzelnen Letztverbrauchers. Auf diese haben der Messstellenbetreiber und der Letztverbraucher im Wege der Selbstablesung unmittelbar Zugriff, nicht aber ohne Weiteres der Energielieferant, was die praktische Umsetzung erheblich erschweren dürfte (vgl. näher BeckOK EnWG/*Schnurre* § 40b Rn. 16; vgl. auch Anhang I Nr. 2 lit. c) Elt-RL 19 zum Ausweichen auf ein System der regelmäßigen Selbstablesung durch den Endkunden). 14

§ 40b Abs. 2 regelt die Übermittlung der Abrechnungsinformationen für den Fall, dass **keine Fernübermittlung der Verbrauchsdaten** (→ Rn. 15) erfolgt und sich der Letztverbraucher für eine **elektronische Übermittlung der Abrechnungsinformationen** nach § 40b Abs. 1 S. 2 Nr. 2 (→ Rn. 8) entschieden hat. In diesem Fall sind dem Letztverbraucher die Abrechnungsinformationen in einem Mindestintervall von sechs Monaten oder, falls der Letztverbraucher dies verlangt, von drei Monaten zur Verfügung zu stellen. Die Bereitstellung hat in beiden Fällen unentgeltlich zu erfolgen. Da hier – anders als in § 40b Abs. 3 (→ Rn. 15) – die Möglichkeit der elektronischen Übermittlung nicht ausdrücklich eröffnet ist, sind die Abrechnungsinformationen grundsätzlich, wenn der Letztverbraucher sich nicht nach § 40b Abs. 1 S. 2 Nr. 2, oder S. 5 für eine elektronische Übermittlung entschieden hat, in Papierform zuzusenden (BeckOK EnWG/*Schnurre* § 40b Rn. 14, auch unter Hinweis auf Ziff. 2 lit. b Anhang I Elt-RL 19). 15

§ 40b Abs. 3, der die frühere Regelung des § 40 Abs. 3 S. 3 aF weiter führt, regelt die **Übermittlung der Abrechnungsinformationen für den Fall der Fernübermittlung von Verbrauchsdaten.** Diese liegt regelmäßig dann vor, wenn der Letztverbraucher über ein Messsystem iSd § 2 Nr. 13 MsbG, dh über eine in ein Kommunikationsnetz eingebundene Messeinrichtung verfügt; das ist insbesondere beim Einsatz eines intelligenten Messsystems iSv § 2 Nr. 7 MsbG oder eines registrierenden Lastgangzählers der Fall (BeckOK EnWG/*Schnurre* § 40b Rn. 13). In diesem Fall ist dem Letztverbraucher die Abrechnungsinformation monatlich und kostenfrei zur Verfügung zu stellen. Die Norm setzt Anforderungen des Anhangs I Elt-RL 19 um. Die Bereitstellung der Abrechnungsinformationen kann dabei wahlweise auch über das Internet oder vergleichbar geeignete elektronische Medien erfolgen. 16

III. Grundlage der Abrechnungsinformationen (Abs. 4)

Nach § 40b Abs. 4 müssen die Abrechnungsinformationen auf **dem nach § 40a ermittelten Verbrauch** *beruhen.* Zu informieren ist danach über den durch Ablesung ermittelten tatsächlichen oder – ausnahmsweise – über den geschätzten Verbrauch. Dies soll insbesondere verhindern, dass der Letztverbraucher nutzlose Infor- 17 mationen erhält, die die Nachvollziehbarkeit der Abrechnungsinformationen bzw. Abrechnungen erschweren (BeckOK EnWG/*Schnurre* § 40b Rn. 17).

IV. Informationen zur Verbrauchshistorie (Abs. 5)

18 Abs. 5 setzt Anforderungen des Anhangs I Elt-RL 19 um und statuiert eine Verpflichtung des Energielieferanten, bei entsprechendem Wunsch dem Letztverbraucher **ergänzende Informationen zu dessen Verbrauchshistorie** zur Verfügung zu stellen. Der Letztverbraucher hat dabei die Möglichkeit, einen Dritten zu benennen, der ebenfalls Informationen zur Verbrauchshistorie erhalten soll. Die ergänzenden Informationen müssen dabei mindestens Daten aus einem Zeitraum der drei vorangegangen Jahre und längstens seit Beginn des Energieliefervertrags enthalten. Des Weiteren müssen die Daten den Intervallen der Abrechnungsinformationen nach § 40b Abs. 1 entsprechen.

§ 40c Zeitpunkt und Fälligkeit von Strom- und Gasrechnungen

(1) Rechnungsbeträge und Abschläge werden zu dem von dem Energielieferanten angegebenen Zeitpunkt, frühestens jedoch zwei Wochen nach Zugang der Zahlungsaufforderung fällig.

(2) ¹Energielieferanten sind verpflichtet, dem Letztverbraucher die Rechnung spätestens sechs Wochen nach Beendigung des abzurechnenden Zeitraums und eine Abschlussrechnung spätestens sechs Wochen nach Beendigung des Lieferverhältnisses zur Verfügung zu stellen. ²Erfolgt eine Stromabrechnung nach § 40b Absatz 1 monatlich, beträgt die Frist für diese Abrechnung drei Wochen.

(3) ¹Ergibt sich aus der Abrechnung ein Guthaben für den Letztverbraucher, ist dieses von dem Energielieferanten vollständig mit der nächsten Abschlagszahlung zu verrechnen oder binnen zwei Wochen auszuzahlen. ²Guthaben, die aus einer Abschlussrechnung folgen, sind binnen zwei Wochen auszuzahlen.

Literatur: *Möller-Klapperich/Wormit*, Die Verjährung von Zahlungsansprüchen des Energielieferanten aus Stromlieferverträgen in der neueren Rechtsprechung des BGH, EnWZ 2021, 105.

A. Allgemeines

1 Die Bestimmung macht Vorgaben für den **Zeitpunkt der Rechnungstellung und die Fälligkeit von Rechnungsbeträgen und Abschlägen sowie Guthaben** des Letztverbrauchers im Zusammenhang mit Strom- und Gasrechnungen. § 40c Abs. 1 regelt die Fälligkeit von Rechnungsbeträgen und Abschlägen, § 40c Abs. 2 Fristen für die Rechnungstellung durch den Energielieferanten und § 40c Abs. 3 die Verrechnung bzw. Auszahlung von Guthaben des Letztverbrauchers.

2 § 40c ist durch **Art. 1 Nr. 45 des Gesetzes vom 27.7.2021** (BGBl. 2021 I S. 3026) in das EnWG eingeführt worden. Die Bestimmung hat die frühere Regelung des § 40 Abs. 4 aF in veränderter Form in § 40c Abs. 2 übernommen und in § 40c Abs. 1 und 3 neue, ergänzende Regelungen getroffen (BT-Drs. 19/27453, 125).

Zeitpunkt und Fälligkeit von Strom- und Gasrechnungen **§ 40 c**

Die Neuregelung dient der **Umsetzung unionsrechtlicher Vorgaben**. Während § 40c Abs. 2 auf Vorgaben schon aus Anhang I Elt-RL 09/Gas-RL 09 (vgl. BT-Drs. 17/6072, 84, zu § 40 Abs. 4), heute aus Art. 10 Abs. 12 Elt-RL 19 zurückgeht, setzt § 40c Abs. 1 die erweiterten Vorgaben aus Art. 18 Abs. 6 iVm Anhang I Elt-RL 19 um. 3

Die Bestimmung verfolgt **verbraucherschützende Zwecke**. Das gilt sowohl für die Umsetzung der ihrerseits verbraucherschützenden Richtlinienvorgaben in § 40c Abs. 1 und 2 wie auch für § 40c Abs. 3, der auf autonomer gesetzgeberischer Entscheidung beruht (BT-Drs. 19/27453, 125). 4

Dem Anwendungsbereich nach erfasst die Vorschrift **einerseits Energielieferanten, andererseits Letztverbraucher**. Energielieferanten sind Strom- und Gaslieferanten (vgl. § 3 Nr. 15c). Geschützt sind – ohne Differenzierung zwischen Haushaltskunden iSv § 3 Nr. 22 und sonstigen Letztverbrauchern – sämtliche Letztverbraucher iSv § 3 Nr. 25. 5

B. Einzelerläuterungen

I. Fälligkeit von Rechnungsbeträgen (Abs. 1)

Die aufgrund von Anhang I Nr. 1.1. lit. b Elt-RL 19 eingeführte, darüber freilich noch hinausgehende Regelung des § 40c Abs. 1 legt erstmals einen **Fälligkeitszeitpunkt für Rechnungsbeiträge und Abschläge** im EnWG selbst fest. Dies geschieht unter Übernahme des Wortlauts von § 17 Abs. 1 StromGVV. Danach hat der Energielieferant grundsätzlich die Möglichkeit, den Fälligkeitszeitpunkt eigenständig festzulegen. Es besteht lediglich die Mindestvorgabe, dass der Rechnungs- oder Abschlagsbetrag frühestens zwei Wochen nach Zugang der Zahlungsaufforderung beim Endkunden fällig werden darf. Zugang dürfte hier wie in § 17 Abs. 1 StromGVV zu verstehen sein; danach kommt es nicht auf eine tatsächliche Kenntnisnahme der Zahlungsaufforderung, sondern lediglich auf deren Eingang in den Machtbereich des Empfängers in einer Art und Weise an, dass unter normalen Umständen die Möglichkeit der Kenntnisnahme besteht (Theobald/Kühling/*Hartmann* StromGVV § 17 Rn. 9; Grüneberg/*Ellenberger* BGB § 130 Rn. 5). 6

II. Rechnungslegungsfristen (Abs. 2)

§ 40c Abs. 2 schreibt Lieferanten **Fristen für den Erhalt der Abrechnung** nach § 40b durch den Letztverbraucher vor. Grundsätzlich gilt – wie bereits nach § 40 Abs. 4 aF von 2011 – eine Sechs-Wochen-Frist bei einem laufenden Energieverhältnis jeweils nach Beendigung des abzurechnenden Zeitraums, für die Abschlussrechnung ab Beendigung des Lieferverhältnisses. Sofern die Abrechnung gem. § 40b Abs. 1 in Monatsintervallen erfolgt, verkürzt sich die Frist nach der Neuregelung in § 40c Abs. 2 S. 2 von sechs auf zwei Wochen; bei derartig kurzen Rechnungsintervallen erschien dem Gesetzgeber eine kürzere Rechnungslegung sinnvoll (BT-Drs. 19/27453, 125). 7

In der Praxis kommt es häufig zu **Überschreitungen der sechs- bzw. dreiwöchigen Abrechnungsfrist** durch den Energielieferanten (*Möller-Klapperich/Wormit* EnWZ 2021, 105); diese Verstöße führen jedoch nach Rechtsprechung des BGH nicht zu verjährungsrechtlichen Konsequenzen für den Energielieferanten, da das EnWG weder eine Ausschlussfrist noch eine Vorschrift enthält, wonach sich 8 in Fällen verspäteter Rechnungslegung der Fälligkeitszeitpunkt auf den Zeitpunkt der nach § 40c Abs. 2 spätestmöglichen Rechnungslegung verschiebt (BGH Urt. v. 17.7.2019 – VIII ZR 224/18, EnWZ 2019, 349 Rn. 22). So verbleiben als Sanktionsmöglichkeit für solche Verstöße lediglich das Ergreifen von Maßnahmen durch die zuständige Regulierungsbehörde nach § 65 EnWG oder die Geltendmachung eines Leistungsverweigerungsrechtes des Kunden hinsichtlich weiterer Abschlagszahlungen nach § 273 BGB sowie ggf. von Verzugszinsen und Schadensersatz (BGH Urt. v. 17.7.2019 – VIII ZR 224/18, EnWZ 2019, 349 Rn. 28; kritisch bzgl. der tatsächlichen Effektivität der genannten Maßnahmen *Möller-Klapperich/ Wormit* EnWZ 2021, 105 (108f.)). Im Übrigen stellt eine Pflichtverletzung eine abmahnfähige geschäftliche Handlung iSd § 2 Abs. 1 Nr. 1 UWG dar (OLG Köln Beschl. v. 5.5.2020 – I-6 U 282/19, MMR 2021, 169; BeckOK EnWG/*Schnurre* § 40c Rn. 6).

III. Verrechnung und Auszahlung von Guthabenbeträgen (Abs. 3)

9 § 40c Abs. 3 enthält Vorgaben hinsichtlich der **Verrechnung und Erstattung von Letztverbraucherguthaben.** Ziel der Regelung ist es, Verbraucherrechte bezüglich verspäteter Erstattungen zu stärken (BT-Drs. 19/27453, 125). Der Energielieferant wird verpflichtet, Guthaben des Letztverbrauchers entweder im Rahmen der nächsten Abschlagszahlung zu verrechnen oder den Guthabenbetrag binnen einer Frist von zwei Wochen auszuzahlen. Indem § 40c Abs. 3 eine vollständige Verrechnung mit der nächsten Abschlagszahlung vorschreibt, besteht keine Verrechnungsmöglichkeit mit Folgeabschlägen, falls die Guthabensumme die erste Abschlagszahlung übersteigt. In diesem Fall ist der Energielieferant stattdessen verpflichtet, den überschüssigen Betrag innerhalb von zwei Wochen nach Rechnungsstellung an den Letztverbraucher auszuzahlen (BT-Drs. 19/27453, 125).

§ 41 Energielieferverträge mit Letztverbrauchern

(1) ¹**Verträge über die Belieferung von Letztverbrauchern mit Energie müssen einfach und verständlich sein.** ²**Die Verträge müssen insbesondere Angaben enthalten über**
1. **den Namen und die Anschrift des Energielieferanten,**
2. **die belieferte Verbrauchsstelle des Letztverbrauchers einschließlich der zur Bezeichnung der Entnahmestelle verwendeten Identifikationsnummer,**
3. **den Vertragsbeginn, die Vertragsdauer sowie die Bedingungen für eine Verlängerung und Beendigung des Vertrags,**
4. **zu erbringende Leistungen einschließlich damit gebündelter Produkte oder Leistungen sowie angebotener Wartungsdienste, wobei insbesondere anzugeben ist, ob der Messstellenbetrieb und hierfür anfallende Entgelte von den vertraglichen Leistungen umfasst sind,**
5. **die Preise, Preisanpassung, Kündigungstermine und Kündigungsfristen sowie das Rücktrittsrecht des Kunden,**
6. **die einschlägige Tarif- bzw. Produktbezeichnung sowie den Hinweis, ob die Belieferung im Rahmen der Grundversorgung oder außerhalb der Grundversorgung erfolgt ist,**
7. **den Zeitpunkt der Abrechnungen und die Zahlungsweise,**

8. Haftungs- und Entschädigungsregelungen bei Nichteinhaltung vertraglich vereinbarter Leistungen, wozu auch ungenaue oder verspätete Abrechnungen zählen,
9. den unentgeltlichen und zügigen Lieferantenwechsel,
10. die Art und Weise, wie aktuelle Informationen über die geltenden Tarife, Wartungsentgelte und gebündelte Produkte oder Leistungen erhältlich sind,
11. Informationen über die Rechte der Letztverbraucher im Hinblick auf Verbraucherbeschwerden und Streitbeilegungsverfahren, die ihnen im Streitfall zur Verfügung stehen, einschließlich der für Verbraucherbeschwerden nach § 111b einzurichtenden Schlichtungsstelle mit deren Anschrift und Webseite, und Informationen über die Verpflichtung des Energielieferanten zur Teilnahme am Schlichtungsverfahren sowie
12. die Kontaktdaten des Verbraucherservice der Bundesnetzagentur für den Bereich Elektrizität und Gas.

³Die Informationspflichten nach den Artikeln 246 und 246a des Einführungsgesetzes zum Bürgerlichen Gesetzbuche bleiben unberührt.

(2) ¹Den Letztverbrauchern sind vor Vertragsschluss verschiedene Zahlungsmöglichkeiten anzubieten. ²Unterschiede bei Zahlungsarten oder Vorauszahlungssystemen müssen objektiv, diskriminierungsfrei und verhältnismäßig sein. ³Letztverbrauchern in Rechnung gestellte Kosten für die Nutzung der unterschiedlichen Zahlungsarten oder Vorauszahlungssysteme dürfen die unmittelbaren Kosten, die dem Zahlungsempfänger für die Nutzung der jeweiligen Zahlungsart oder eines Vorauszahlungssystems entstehen, nicht übersteigen.

(3) Energielieferanten sind verpflichtet, in an Letztverbraucher gerichtetem Werbematerial sowie auf ihrer Internetseite allgemeine Informationen zu den Bestimmungen nach Absatz 1 Satz 2 anzugeben.

(4) ¹Den Letztverbrauchern ist innerhalb einer angemessenen Frist nach dem Vertragsschluss eine knappe, leicht verständliche und klar gekennzeichnete Zusammenfassung der wichtigsten Vertragsbedingungen zur Verfügung zu stellen. ²Die Zusammenfassung hat insbesondere zu enthalten
1. die Kontaktdaten des Energielieferanten,
2. die Verbrauchsstelle,
3. geltende Preise,
4. den voraussichtlichen Belieferungsbeginn,
5. die Kündigungsfrist sowie
6. etwaige Bonusvereinbarungen und Mindestvertragslaufzeiten.

(5) ¹Energielieferanten, die sich im Vertrag das Recht vorbehalten haben, die Vertragsbedingungen einseitig zu ändern, haben Letztverbraucher rechtzeitig, in jedem Fall vor Ablauf einer Abrechnungsperiode, auf einfache und verständliche Weise über die beabsichtigte Ausübung eines Rechts auf Änderung der Preise oder sonstiger Vertragsbedingungen und über die Rechte der Letztverbraucher zur Vertragsbeendigung zu unterrichten. ²Über Preisänderungen ist spätestens zwei Wochen, bei Haushaltskunden spätestens einen Monat, vor Eintritt der beabsichtigten Änderung

zu unterrichten. ³Die Unterrichtung hat unmittelbar zu erfolgen sowie auf verständliche und einfache Weise unter Hinweis auf Anlass, Voraussetzungen und Umfang der Preisänderungen. ⁴Übt der Energielieferant ein Recht zur Änderung der Preise oder sonstigen Vertragsbedingungen aus, kann der Letztverbraucher den Vertrag ohne Einhaltung einer Frist zum Zeitpunkt des Wirksamwerdens der Änderungen kündigen, ohne dass vom Energielieferanten hierfür ein gesondertes Entgelt verlangt werden darf. ⁵Eine Änderung der Vertragsbedingungen liegt auch bei einer Anpassung der vertraglichen Leistungen vor.

(6) Bei unveränderter Weitergabe von umsatzsteuerlichen Mehr- oder Minderbelastungen, die sich aus einer gesetzlichen Änderung der geltenden Umsatzsteuersätze ergeben sowie bei unveränderter Weitergabe von Minderbelastungen aufgrund einer Absenkung des Saldos der Kalkulationsbestandteile nach § 40 Absatz 3 Nummer 3 oder Nummer 5, bedarf es keiner Unterrichtung nach Absatz 5 Satz 1 und 2; dabei entsteht kein außerordentliches Kündigungsrecht nach Absatz 5 Satz 4.

(7) ¹Stromlieferverträge dürfen keine vertraglichen Regelungen enthalten, die dem Letztverbraucher den Erwerb oder die Veräußerung von Stromdienstleistungen, die nicht Vertragsgegenstand sind, von einem anderen oder an ein anderes Elektrizitätsversorgungsunternehmen untersagen. ²Stromdienstleistungen nach Satz 1 umfassen auch vertragliche Vereinbarungen über eine Aggregierung. ³Letztverbraucher sind verpflichtet, ihren Stromlieferanten den Abschluss einer vertraglichen Vereinbarung mit einem Dritten über eine Aggregierung unverzüglich mitzuteilen.

Übersicht

	Rn.
A. Allgemeines	1
I. Inhalt und Zweck	1
II. Unionsrechtliche Vorgaben	3
III. Gesetzgebungsgeschichte	6
IV. Anwendungsbereich	10
V. Übergangsregelung	16
B. Einzelerläuterungen	17
I. Gestaltung und Mindestinhalt von Energielieferverträgen, Informationspflichten (Abs. 1)	17
1. Transparenzpflicht (Abs. 1 S. 1)	17
2. Mindestinhalt (Abs. 1 S. 2)	20
3. Allgemeine Informationspflichten (Abs. 1 S. 3)	22
II. Zahlungsmodalitäten (Abs. 2)	23
1. Angebot von Zahlungsmodalitäten (Abs. 2 S. 1, 2)	23
2. Unterschiede bei Zahlungsarten oder Vorauszahlungssystemen (Abs. 2 S. 2)	27
3. Kosten der gewählten Zahlungsart (Abs. 2 S. 3)	28
III. Werbematerial und Internetseite von Energielieferanten (Abs. 3)	29
IV. Vertragszusammenfassung (Abs. 4)	32
V. Pflichten/Rechte bei beabsichtigten einseitigen Vertragsänderungen (Abs. 5)	36
1. Beabsichtigte einseitige Vertragsänderungen	37

Energielieferverträge mit Letztverbrauchern § 41

	Rn.
2. Rechte/Pflichten	40
VI. Änderung staatlich veranlasster Preisbestandteile (Abs. 6)	52
VII. Vom Vertragsgegenstand nicht erfasste Stromdienstleistungen (Abs. 7)	55
C. Rechtsschutz	59

Literatur: *de Wyl/vom Wege,* Abschluss von Energielieferverträgen über das Internet, IR 2007, 196; *Eder/Rumpf,* Separierte Energiepreissysteme, EnWZ 2015, 105; *Gundel,* Der Verbraucherschutz im Energiesektor zwischen Marktliberalisierung und Klimaschutzzielen, GewArch 2012, 137; *Mühe/de Wyl:* Rechtliche Rahmenbedingungen für die Abrechnung des Ladens von Elektrofahrzeugen EnWZ 2018, 339; *Riemer/Tüngler,* EnWG-Novelle 2021 – Änderungen für den Energievertrieb, RdE 2021, 397; *Rosin/Pohlmann/Gentzsch/Metzenthin/Böwing* (Hrsg.), Praxiskommentar zum EnWG, 2018; *Säcker/Rixecker/Oetker/Limperg* (Hrsg.), Münchener Kommentar zum Bürgerlichen Gesetzbuch Band 4, 8. Aufl. 2019 (zit. MüKoBGB/*Bearbeiter*); *Schalle/Hilgenstock,* Einordnung der Stromlieferung beim Auflagen von Elektromobilen, EnWZ 2017, 291; *Steurer,* Die Möglichkeit verschiedener Zahlungsweisen in Haushaltskundenverträgen nach § 41 EnWG, IR 2005, 218; *Strohe,* Grundversorgung, Ersatzversorgung und Sonderkundenversorgung, ET 2006, 62; *Zenke/Wollschläger/Eder* (Hrsg.), Energiepreise, 2. Aufl. 2021 (zit. Zenke/Wollschläger/Eder Preise und Preisgestaltung Energiewirtschaft/*Bearbeiter*).

A. Allgemeines

I. Inhalt und Zweck

§ 41 enthält **zwingende Vorgaben für Energielieferverträge mit Letztverbrauchern,** die nunmehr einheitlich für Verträge außerhalb und innerhalb der Grundversorgung (§ 36 Abs. 1) gelten. In § 41 Abs. 1 sind formale Vorgaben für Energielieferverträge, insbesondere Informationspflichten, geregelt. Nach Abs. 2 besteht die Pflicht, dem Letztverbraucher vor Vertragsschluss verschiedene Zahlungsmöglichkeiten anzubieten; zudem sind einzelne Vorgaben zu Zahlungsarten oder Vorauszahlungssystemen sowie zu deren Kostenberechnung enthalten. Abs. 3 erweitert den Anwendungsbereich der Pflichtangaben iSv Abs. 1 S. 2 auf Werbematerial und den Internetauftritt. Nach Abs. 4 sind die wesentlichen Regelungen des Vertrages nach Vertragsschluss zusammengefasst zur Verfügung zu stellen. In Abs. 5 sind Regelungen zu Unterrichtungspflichten anlässlich einseitiger Vertragsänderungen durch den Energielieferanten sowie gegebenenfalls ein Sonderkündigungsrecht des Letztverbrauchers enthalten. Von diesem Sonderkündigungsrecht und einzelnen der Informationspflichten macht Abs. 6 Ausnahmen für die unveränderte Weitergabe bestimmter Mehr- oder Minderbelastungen. Schließlich untersagt Abs. 7 vertragliche Verbote der Veräußerung oder des Erwerbs von Stromdienstleistungen, die nicht Vertragsgegenstand sind; für die Fälle der hiervon auch erfassten Vereinbarungen über eine Aggregierung ist eine Mitteilungspflicht des Letztverbrauchers an den Stromlieferanten vorgesehen. 1

Diese spezifisch energiewirtschaftsrechtlichen Vorgaben ergänzen **die allgemeinen zivilrechtlichen Anforderungen,** denen Energielieferverträge – sowohl außerhalb wie auch innerhalb der Grundversorgung – unterworfen sind (vgl. etwa BGH Urt. v. 27.1.2010 – VIII ZR 326/08, RdE 2010, 246; OLG Hamm Urt. v. 9.12.2011 – I-19 U 38/11, ZNER 2012, 548, 549ff.; *Gundel* GewArch 2012, 137 2

§ 41 Teil 4. Energielieferung an Letztverbraucher

(140), zur Überprüfung von Energielieferverträgen an §§ 307ff. BGB). Bei Energielieferverträgen handelt es sich um – als Dauerschuldverhältnis zu qualifizierende (Schneider/Theobald EnergieWirtschaftsR-HdB/*de Wyl/Essig* § 11 Rn. 2) – Kaufverträge über die Ware Energie (MüKoBGB/*Westermann* § 433 Rn. 11 mwN), auf die das allgemeine Schuldrecht sowie das Kaufrecht (§§ 433ff. BGB) Anwendung finden. Auch hier treten gerade für Energielieferverträge relevante, praktisch bedeutsame Fragen vor allem auch des Verbraucherschutzes auf (vgl. etwa *de Wyl/vom Wege* IR 2007, 196, zu den bei der Anbahnung und dem Abschluss von Energielieferverträgen über Internet zu beachtenden Besonderheiten, sowie den Vorlagebeschluss des BGH Beschl. v. 18.3.2009 – VIII ZR 149/08, RdE 2009, 222, zum Bestehen eines Widerrufsrechts bei Energieliefervertragsabschlüssen im Fernabsatz; vgl. dazu *Gundel* GewArch 2012, 137 (141)).

II. Unionsrechtliche Vorgaben

3 Unionsrechtlich finden sich detaillierte Vorgaben in den **Energiebinnenmarktrichtlinien**. Die ersten Fassungen des § 41 dienten der Umsetzung des Art. 3 Abs. 5 iVm Anhang A Elt-RL 03 bzw. Art. 3 Abs. 3 iVm Anhang A Gas-RL 03 (BT-Drs. 15/3917, 67). Diese unionsrechtlichen Regelungsvorgaben galten zumindest (vgl. Art. 3 Abs. 5 S. 5 Elt-RL 03/Art. 3 Abs. 3 S. 6 Gas-RL 03) der Versorgung von Haushaltskunden iSv Art. 2 Nr. 10 Elt-RL 03/Art. 2 Nr. 25 Gas-RL 03; insofern beanspruchte sie allgemeine Beachtung, dh bezogen auf die deutsche Rechtslage sowohl im Bereich der Grundversorgung wie auch außerhalb. In der nachfolgenden Richtliniengeneration fanden sich konkrete, einschlägige Anforderungen insbesondere in Anhang I Abs. 1 Strom-RL 09/Gas-RL 09. Nunmehr enthalten insbesondere Art. 10ff. Elt-RL 19 neugefasste Vorgaben für die Elektrizitätslieferverhältnisse.

4 Diese zielen – wie auch schon die vorangegangenen unionsrechtlichen Vorgaben – auf eine **Stärkung der Verbraucherrechte und des Verbraucherschutzes** (BT-Drs. 19/27453, 1, 57). Als zu schützende Verbraucher erfasst werden Haushaltskunden innerhalb und auch außerhalb der Grundversorgung (vgl. Art. 10, 13 Elt-RL 19 und Anhang I Gas-RL 09); darüber hinaus erfassen die einschlägigen Vorgaben der Elt-RL 19 – anders als in den Vorgängerregelungen – nicht mehr nur Haushaltskunden, sondern alle Letztverbraucher iSv § 3 Nr. 25. Das Verbraucherschutzziel soll insbesondere durch einen informierten Verbraucher erreicht werden. Der Verbraucher soll klar und unmissverständlich über seine Rechte gegenüber der Energiewirtschaft informiert werden (vgl. Erwägungsgrund 31 der Elt-RL 19; Erwägungsgrund 49 Gas-RL 09). Es werden weitreichende, strikte Anforderungen an dadurch standardisierte Verträge gestellt (Art. 10 Abs. 3 Elt-RL 19; Anhang I Abs. 1 lit. a S. 1 Gas-RL 09); dies erleichtert das Wiederfinden von Vertragsinhalten und den Vergleich zwischen Verträgen unterschiedlicher Anbieter. Unterstützt wird dies durch die Erweiterung von Informationspflichten (Art. 10 Abs. 3 UAbs. 2, Abs. 5 Elt-RL 19; Anhang I Abs. 1 lit. a S. 2 Gas-RL 09). Entsprechend Erwägungsgrund 32 Elt-RL 19 soll dem Letztverbraucher ein effektiver Vergleich von Angeboten ermöglicht und sollen die Hindernisse für einen Versorgerwechsel ohne Einschränkung der Wahlmöglichkeiten auf ein Mindestmaß reduziert werden. Weiter wird eine möglichst freie Wahl bezüglich der Zahlungsmöglichkeiten abgesichert (Art. 10 Abs. 6, 7 Elt-RL 19; Anhang I Abs. 1 lit. d) Gas-RL 09). Die Kunden sind vor Änderungen der Vertragsbedingungen zu schützen (Art. 10 Abs. 4 Elt-RL 19) und in ihrer Freiheit des Erwerbs oder Verkaufs von Stromdienstleis-

Energielieferverträge mit Letztverbrauchern §41

tungen (vgl. Erwgr. 39, 41 sowie Art. 13 Abs. 1, 2, 4 und Art. 17 Abs. 3 lit. a Elt-RL 19).

Zugleich soll auch der **Wettbewerb gestärkt** werden. Dabei soll ein fairer 5 Wettbewerb letztlich wiederum dem Verbraucher dienen, der dadurch die Vorzüge eines liberalisierten Elektrizitätsbinnenmarkts in vollem Umfang nutzen (vgl. Erwgr. 10, 12 Elt-RL 19; Erwgr. 54 Gas-RL 09) und als zentraler Akteur auch das Ziel im Bereich der erneuerbaren Energie fördern kann (vgl. Erwgr. 9, 10 Elt-RL 19).

III. Gesetzgebungsgeschichte

Die Bestimmung hatte verbraucherschützende **Vorläufer im früheren Ener-** 6 **giewirtschaftsrecht bis zum EnWG 2005** nur insofern, als das EnWG 1935 und das EnWG 1998 Verordnungsermächtigungen für spezielle Regelungen über Versorgungsbedingungen für den sog. Tarifvertragskundenbereich, also die auf Grundlage der Anschluss- und Versorgungspflicht gem. § 6 EnWG 1935 bzw. § 10 EnWG 1998 versorgten Kunden enthielt (zur Unterscheidung vom sog. Sondervertragskundenbereich vgl. Schneider/Theobald EnergieWirtschaftsR-HdB/*de Wyl/Sötebier* § 11 Rn. 6). Die Liberalisierung des Energiesektors mit dem EnWG 1998 hat freilich auch potentiellen Tarifkunden die Möglichkeit eröffnet, anstelle eines Tarifkunden- einen Sonderkundenvertrag zu schließen, sei es mit dem allgemeinen Versorger iSv § 10 EnWG 1998 durch die Wahl eines Vertragsangebots außerhalb der allgemeinen Versorgung, sei es mit einem dritten Lieferanten. Auch für solche außerhalb der allgemeinen Versorgung mit privaten Haushaltungen oder sonstigen Kleinabnehmern abgeschlossene Lieferverträge sind typischerweise standardisierte Versorgungsverträge geschlossen worden, die die für die allgemeine Versorgung kraft Gesetzes bzw. Verordnung verbindlichen Allgemeinen Versorgungsbedingungen vertraglich einbezogen und damit übernommen haben (vgl. *Salje* EnWG § 41 Rn. 3).

Damit nahm die Situation unter dem EnWG 1998 faktisch bereits annähernd 7 vorweg, was durch **§ 41 EnWG 2005,** der der Umsetzung von Art. 3 Abs. 5 iVm Anhang A Elt-RL 03 bzw. Art. 3 Abs. 3 iVm Anhang A Gas-RL 03 diente (BT-Drs. 15/3917, 67), gesetzlich geregelt wurde. Während die Grundversorgungsverhältnisse in §§ 36, 39 EnWG 2005 abschließend geregelt waren, traf § 41 EnWG 2005 zugunsten von Haushaltskunden iSv § 3 Nr. 22, die sich nicht in der Grundversorgung nach § 36 mit den dafür geltenden besonderen Vorschriften befanden, verbraucherschützende Vorschriften ua im Hinblick auf die Gestaltung und bestimmte Mindestinhalte von Verträgen und Informationspflichten. Eine erhebliche Änderung, die der Umsetzung des Dritten Binnenmarktpakets, namentlich des Anhang I Abs. 1 Strom-RL 09/Gas-RL 09 (→ Rn. 3) diente und daher zumindest auch gemeinschaftsrechtlich induziert war, hat § 41 durch Art. 1 des Gesetzes vom 26.7.2011 (BGBl. 2011 I S. 1554) erfahren.

Die **grundlegende Neufassung des § 41 durch Gesetz vom 16.7.2021** 8 (BGBl. 2021 I S. 3026) ist durch Umsetzungserfordernisse der Elt-RL 19 veranlasst (BT-Drs. 19/27453, 125); insbes. soweit über die Vorgaben der Strom-RL 09 und der Gas-RL 09 hinausgehende Vorgaben der Elt-RL 19 nicht nur für Strom-, sondern auch für Gaslieferverträge umgesetzt worden sind, ist der nationale Gesetzgeber über die unionsrechtlichen Umsetzungspflichten noch hinausgegangen. Der Vorgabe der Elt-RL 19 folgend (→ Rn. 4) gibt § 41 nunmehr die Differenzierung zwischen Grundversorgungs- und sonstigen Lieferverhältnissen und darüber hinaus die Differenzierung zwischen Haushaltskunden und anderen Letztverbrauchern auf und erfasst diese insgesamt (BT-Drs. 19/27453, 125). Im Übrigen sind Regelungselemente der Vorgängerbestimmung übernommen und mit dem Ziel einer Stärkung der Verbraucherrechte und des Verbraucherschutzes ergänzt worden und ist die Norm insgesamt neu strukturiert worden. Der Beschränkung auf Regelungen zu Energielieferverträgen einerseits, der Erstreckung auf sämtliche Lieferverhältnisse zu Letztverbrauchern andererseits entsprechend sind einzelne Regelungen des § 41 aF zugleich in andere Vorschriften verwiesen worden. Entfallen sind die ehemals in § 41 Abs. 4 aF enthaltenen Vorgaben zu Rechnungen, für die nun eine eigenständige, umfassendere Regelung in § 40 besteht. Die Verordnungsermächtigung des § 41 Abs. 5 aF, die die Belieferung von Haushaltskunden mit Energie außerhalb der Grundversorgung zum Gegenstand hatte, findet sich nun an systematisch sinnvoller Stelle in § 41b Abs. 5 nF.

9 Im Rahmen des **EEG-EntlastungsG 2022** (BGBl. 2022 I S. 747) erfuhr der § 41 Abs. 6 eine erneute Veränderung, die eine möglichst einfache Weitergabe der Minderung der EEG-Umlage bewirken soll (BT-Drs. 20/1025, 12).

IV. Anwendungsbereich

10 Seinem Anwendungsbereich nach erfasst § 41 **Energielieferverträge.** Das stellt klar, dass nicht etwa auch Netzanschluss- oder Netznutzungsverträge, sondern nur Lieferverträge darunter fallen (zu § 41 aF *Salje* EnWG § 41 Rn. 6).

11 Die Regelung erfasst Verträge über die – leitungsgebundene – **Belieferung mit Strom und Gas, nicht hingegen mit Wasserstoff.** Zwar erfasst der in § 41 Abs. 1 S. 1 verwandte Begriff der Energie auch Wasserstoff, soweit dieser zur leitungsgebundenen Energieversorgung verwendet wird (§ 3 Nr. 14). § 41 will jedoch die Liefervertragsverhältnisse zwischen Letztverbrauchern und Energielieferanten regeln. Der Begriff des Energielieferanten (§ 3 Nr. 15c) erfasst nur Stromlieferanten (§ 3 Nr. 31a) und Gaslieferanten (§ 3 Nr. 19b), nicht hingegen Wasserstoff liefernde EVU. Entsprechend ist auch der in § 41 Abs. 4 aF verwandte Begriff des EVU (§ 3 Nr. 18) im inhaltlich weitgehend identischen § 41 Abs. 3 nF durch den Begriff des Energielieferanten (§ 3 Nr. 15c) ersetzt worden. Bei der Erstreckung des EnWG auf Wasserstoff wollte der Gesetzgeber allein erste Grundlagen für den Ausbau der Wasserstoffnetzinfrastruktur schaffen (vgl. BT-Drs. 19/27453, 2), was in §§ 28j ff. (Teil 3, Abschnitt 3b des EnWG) geschehen ist (vgl. BT-Drs. 19/27453, 60, 62f.), nicht jedoch bereits Wasserstofflieferverhältnisse näher regeln.

12 Der Elt-RL 19 folgend (→ Rn. 4) erfasst § 41 nunmehr **alle Energieliefervertragsverhältnisse zwischen Energielieferanten und Letztverbrauchern.** Einerseits sind nicht mehr nur Haushaltskunden iSv § 3 Nr. 22, sondern alle Letztverbraucher iSv § 3 Nr. 25, also alle natürlichen und juristischen Personen, die Energie für den eigenen Verbrauch kaufen, adressiert. Erfasst sind damit insbesondere auch gewerbliche Kunden unabhängig davon, ob sie die Jahresverbrauchsgrenze von 10.000 kWh gem. § 3 Nr. 22 einhalten. Letztverbraucher ist gem. § 3 Nr. 25 Hs. 2 auch, wer Strom für Ladepunkte für Elektromobile und für Landstromanlagen bezieht, nicht jedoch – sozusagen als Letztverbraucher hinter dem Letztverbraucher – derjenige, der sein Elektromobil an einer Ladestation auflädt; zwischen Ladesäule bzw. Ladesäulenbetreiber und Nutzer besteht kein Stromlieferverhältnis, auf das § 41 Anwendung fände (so iErg auch *Schalle/Hilgenstock* EnWZ 2017, 291 (292f.); *Mühe/de Wyl* EnWZ 2018, 339 (341); bereits vor der Einfügung von § 3 Nr. 25 Hs. 2 ebenso *Boesche* RdE 2015, 449; → § 3 Rn. 67). Andererseits, für den Vertrags-

partner des Letztverbrauchers vermeidet § 41 nunmehr die Begriffe des EVU bzw. des Lieferanten (vgl. § 41 Abs. 3, 4 aF) und verwendet durchgängig den Begriff des Energielieferanten, der nach der Legaldefinition des § 3 Nr. 15c Gaslieferanten (§ 3 Nr. 19b) und Stromlieferanten (§ 3 Nr. 31a) erfasst; dies bestätigt die Beschränkung auf Strom- und Gaslieferverträge (→ Rn. 11).

Weiterhin ist § 41 anders als seine Vorläuferregelung nunmehr auf alle Energielieferverträge mit Letztverbrauchern, dh **sowohl auf Grundversorgungsverträge wie auch auf sonstige Lieferverträge, sog. Sonderkundenverträge,** anwendbar. Probleme der Abgrenzung zwischen beiden Vertragstypen (→ § 36 Rn. 30, § 41b Rn. 9) sind daher jedenfalls im Rahmen des § 41 nicht mehr relevant. An anderer Stelle im EnWG finden sich weiterhin differenzierende Regelungen; so enthält § 41b dem Schutz von Haushaltskunden außerhalb der Grundversorgung dienende Vorschriften, und auf Grundlage von § 39 Abs. 2 bestehen für Verträge von Haushaltskunden innerhalb der Grundversorgung besondere Regelungen in der StromGVV und der GasGVV. 13

In den Anwendungsbereich der Vorschrift fallen auch **über geschlossene Verteilernetze iSv § 110 Abs. 2, 3 belieferte Letztverbraucher.** Die in § 110 Abs. 1 für den Betrieb eines geschlossenen Verteilernetzes genannten Ausnahmen betreffen allein den Netzbetrieb, nicht hingegen andere energiewirtschaftliche Marktrollen (→ § 110 Rn. 25). Die für Energielieferverträge geltenden Vorgaben bleiben davon unberührt. 14

Nicht erfasst sind die Energielieferbeziehungen in der **Ersatzversorgung nach § 38** (ebenso Theobald/Kühling/*Heinlein/Weitenberg* EnWG § 41 Rn. 10; BeckOK EnWG/*Schnurre* § 41 Rn. 5). Das ergibt sich daraus, dass § 38 ein gesetzliches Schuldverhältnis für den Fall begründet, dass eine Energielieferung gerade keinem vertraglichen Energielieferverhältnis zugeordnet werden kann, während § 41 Vorgaben für den Inhalt von Energielieferverträgen mit dem Letztverbraucher aufstellt. Für die Ersatzversorgung gelten die gem. §§ 3 Abs. 1 StromGVV, 3 Abs. 1 GasGVV anwendbaren Vorschriften. 15

V. Übergangsregelung

In **§ 115 Abs. 2 und 3** findet sich eine Übergangsvorschrift in Bezug auf bei Inkrafttreten des Gesetzes bestehende Energielieferverträge mit Letztverbrauchern im Rahmen bzw. außerhalb der allgemeinen Versorgung nach § 10 EnWG 1998. Für diese Verträge mit Haushaltskunden hat § 115 Abs. 2 S. 3, Abs. 3 S. 3 ua auch eine Anpassungspflicht in Bezug auf nach § 41 aF erlassene Rechtsverordnungen, zu deren Erlass es jedoch nicht gekommen ist, vorgesehen (→ § 115 Rn. 5f.). 16

B. Einzelerläuterungen

I. Gestaltung und Mindestinhalt von Energielieferverträgen, Informationspflichten (Abs. 1)

1. Transparenzpflicht (Abs. 1 S. 1). § 41 Abs. 1 S. 1 enthält allgemeine **formale Vorgaben** für die Ausgestaltung von Energielieferverträgen mit Letztverbrauchern. Diese müssen „einfach" und „verständlich" sein. Für Energielieferverträge mit Haushaltskunden erschien dies bereits für den Gesetzgeber von § 41 aF, in 17

§ 41 Teil 4. Energielieferung an Letztverbraucher

Anbetracht der zunehmenden Differenzierung von Energielieferverträgen, die Diversifizierung von Leistungen und die Auslagerung von Leistungen an Dienstleister, als eine sinnvolle Ergänzung (BT-Drs. 17/6072, 84f.). Ziel ist die effektive Rechtsausübung der Letztverbraucher zu gewährleisten (vgl. Erwgr. 31, Art. 10 Abs. 8 Elt-RL 19).

18 Für die Beurteilung, ob ein Energieliefervertrag gemessen an dieser Zielvorgabe hinreichend einfach und verständlich ist, hatte der Gesetzgeber bzgl. § 41 aF auf den durchschnittlich informierten Verbraucher abstellen wollen (BT-Drs. 17/6072, 85). Auf Grund der Erweiterung des Anwendungsbereichs der Vorschrift auf sämtliche Letztverbraucher (→ Rn. 12) wird sich allerdings die Frage stellen, ob der **Beurteilungsmaßstab** nicht je nach betroffenem Kundenkreis differenziert anzulegen ist. Dafür könnte sprechen, dass Haushaltskunden insoweit stärker schutzbedürftig sind als sonstige Letztverbraucher, die regelmäßig über einen höheren Wissensstand und Erfahrungsschatz verfügen und deren Energielieferverträge zudem uU komplexere Regelungen erfordern.

19 Die **Anforderungen an Einfachheit und Verständlichkeit** dürfen nicht so überspannt werden, dass sie der präzisen Ausgestaltung der vertraglichen Verpflichtungen und Rechte auf Kosten der Rechtssicherheit entgegensteht (BerlKomm-EnergieR/*Bruhn* EnWG § 41 Rn. 58). Für die Konkretisierung der Anforderungen wird man, da die Transparenzpflicht des § 41 Abs. 1 S. und das Transparenzgebot nach § 307 Abs. 1 S. 2 BGB dasselbe Ziel der Gewährleistung effektiver Rechtsausübung verfolgen (vgl. zu § 305 BGB ua BAG Urt. v. 24.8.2017 – 8 AZR 378/16, NJW 2018, 418 Rn. 18), auf dort entwickelte Maßstäbe zurückgreifen können. Danach müssen die Verträge in einfacher Sprache und kurzen Sätzen formuliert sein. Auch ein übergroßer Umfang des Vertragsdokuments kann die Verständlichkeit übermäßig erschweren (vgl. Art. 10 Abs. 8 Elt-RL 19, mit Blick auf Vertragsangebote zu der Gefahr, die von einer übermäßigen Anzahl an Vertragsunterlagen für die effektive Ausübung der Rechte ausgeht); soweit überflüssige Informationen das Vertragsdokument insgesamt undurchsichtig machen, sind diese demnach aus Sicht des Transparenzgebots zu vermeiden. Dabei ist allerdings zu beachten, dass § 41 Abs. 4 ausdrücklich eine dem Umfang nach beschränkte Zusammenfassung einfordert, die dem Letztverbraucher einen schnellen Überblick ermöglichen soll; das Vertragsdokument muss hingegen eine größere Regelungstiefe aufweisen, weshalb die Schwelle zu einem Verstoß gegen das Transparenzgebot nicht zu niedrig angesetzt werden darf. Ein Verstoß gegen die Transparenzpflicht wird jedenfalls etwa dann bestehen, wenn die Rechtslage unzutreffend wiedergegeben wird (so zu § 307 Abs. 1 S. 2 BGB BGH Urt. v. 21.9.2005 – VIII ZR 284/04, NJW 2005, 3567 (3569)).

20 **2. Mindestinhalt (Abs. 1 S. 2).** Auch zur Transparenz, darüber hinaus auch zur Vergleichbarkeit trägt bei, dass § 41 Abs. 1 S. 2 Nr. 1–12 bestimmte verbindliche Mindestregelungen für Energielieferverträge vorschreibt. Diese orientieren sich deutlich an den Vorgaben in Art. 10 Abs. 3 Elt-RL 19, Anhang I Abs. 1 lit. a S. 1 Gas-RL 09. § 41 Abs. 1 S. 2 beschränkt sich dabei grundsätzlich auf die Verpflichtung zu bestimmten vertraglichen **Mindestregelungen ohne gleichzeitige Vorgabe materieller Anforderungen.** Einzelne Vorgaben implizieren freilich bereits bestimmte Inhalte; so setzt § 41 Abs. 1 S. 2 Nr. 9 voraus, dass ein unentgeltlicher und zügiger Lieferantenwechsel möglich sein muss (Theobald/Kühling/*Heinlein*/*Weitenberg* EnWG § 41 Rn. 33). Im Übrigen allerdings ist die nähere inhaltliche Ausgestaltung der durch § 41 Abs. 1 S. 2 Nr. 1–12 vorgegebenen Vertragsbestandteile

nicht vorgegeben, sondern der vertraglichen Vereinbarung überlassen. Nähere inhaltliche Vorgaben folgen zum einen für Grundversorgungsverträge aus §§ 36 ff. sowie den auf Grundlage von § 39 Abs. 2 erlassenen Verordnungen und zum anderen für Energielieferverträge außerhalb der Grundversorgung aus § 41 b sowie dem allgemeinen Zivilrecht, insbes. aus dem Recht der AGB.

Die gesetzlich geforderten **Mindestangaben (§ 41 Abs. 1 S. 2 Nr. 1–12)** sind 21 mit Rücksicht auf Art. 10 Abs. 3 Elt-RL 19 erweitert worden (BT-Drs. 19/27453, 125). Vorgeschrieben sind die folgenden Mindestangaben:
- Anzugeben sind Name und die Anschrift des Energielieferanten (§ 41 Abs. 1 S. 2 Nr. 1).
- Die belieferte Verbrauchsstelle des Letztverbrauchers einschließlich der zur Bezeichnung der Entnahmestelle verwendeten Identifikationsnummer ist aufzuführen (§ 41 Abs. 1 S. 2 Nr. 2).
- In zeitlicher Dimension sind der Vertragsbeginn, die Vertragsdauer sowie die Bedingungen für eine Verlängerung und Beendigung des Vertrags anzugeben (§ 41 Abs. 1 S. 2 Nr. 3).
- Gefordert sind Angaben zu den zu erbringenden Leistungen einschließlich damit gebündelter Produkte oder Leistungen sowie angebotener Wartungsdienste, wobei insbesondere anzugeben ist, ob der Messstellenbetrieb und hierfür anfallende Entgelte von den vertraglichen Leistungen umfasst sind (§ 41 Abs. 1 S. 2 Nr. 4). Mit der Regelung soll die Transparenz gegenüber den Letztverbrauchern gesteigert werden. Der Gesetzgeber war dabei von dem Gedanken geleitet worden, dass aufgrund der Einführung des MsbG sogenannte „All-Inclusive"-Verträge nicht mehr zwingend der Regelfall seien und den Letztverbrauchern so ermöglicht werden sollte nachzuvollziehen, ob der Energielieferant den Abschluss eines Messstellenvertrags nach § 9 Abs. 1 Nr. 2 MsbG verlangt hat (BT-Drs. 19/27453, 125); dies wird deshalb in § 41 Abs. 1 S. 2 Nr. 4 aE explizit hervorgehoben.
- Angaben sind weiterhin erforderlich über die Preise, Preisanpassung, Kündigungstermine und Kündigungsfristen sowie das Rücktrittsrecht des Kunden (§ 41 Abs. 1 S. 2 Nr. 5). In der Sache wird damit jedoch ein vertragliches Rücktrittsrecht nicht begründet (NK-EnWG/*Rasbach* § 41 Rn. 5; BeckOK EnWG/ *Schnurre* § 41 Rn. 11).
- Anzugeben sind die einschlägige Tarif- bzw. Produktbezeichnung sowie der Hinweis, ob die Belieferung im Rahmen der Grundversorgung oder außerhalb der Grundversorgung erfolgt ist (§ 41 Abs. 1 S. 2 Nr. 6). Mit der letztgenannten Pflichtangabe verfolgt der Gesetzgeber dasselbe Anliegen wie auch bereits mit § 36 Abs. 1 S. 3 (→ § 36 Rn. 33).
- Bei der vorgeschriebenen Angabe des Zeitpunkt der Abrechnungen und der Zahlungsweise (§ 41 Abs. 1 S. 2 Nr. 7) gilt als praktisch relevant insbesondere, ob die nach § 41 Abs. 2 vorzuhaltenden alternativen Zahlungsmöglichkeiten (→ Rn. 23 ff.) vom Lieferanten zur Verfügung gestellt werden (BeckOK/ *Schnurre* § 41 Rn. 11).
- Haftungs- und Entschädigungsregelungen bei Nichteinhaltung vertraglich vereinbarter Leistungen, wozu auch ungenaue oder verspätete Abrechnungen zählen (§ 41 Abs. 1 S. 2 Nr. 8). Mit Ausnahme der schuldhaften Verzögerung des Lieferantenwechsels sind Haftungsfälle jedoch kaum denkbar (NK-EnWG/*Rasbach* § 41 Rn. 5), da für den praktisch bedeutsamsten Haftungsfall einer Störung oder Unterbrechung der Stromversorger nicht der Energielieferant, sondern der Netzbetreiber verantwortlich ist (BeckOK/*Schnurre* § 41 Rn. 11).

§ 41 Teil 4. Energielieferung an Letztverbraucher

– Die Pflichtangabe zum unentgeltlichen und zügigen Lieferantenwechsel (§ 41 Abs. 1 S. 2 Nr. 9) enthält – im Rahmen von § 41 Abs. 1 S. 2 ausnahmsweise – auch bereits eine materiellrechtliche Vorgabe (→ Rn. 20).
– Anzugeben ist die Art und Weise, wie aktuelle Informationen über die geltenden Tarife, Wartungsentgelte und gebündelte Produkte oder Leistungen erhältlich sind (§ 41 Abs. 1 S. 2 Nr. 10).
– Die Letztverbraucher sind in den Lieferverträgen über ihre Rechte im Hinblick auf Verbraucherbeschwerden und Streitbeilegungsverfahren, die ihnen im Streitfall zur Verfügung stehen, einschließlich der für Verbraucherbeschwerden nach § 111b einzurichtenden Schlichtungsstelle mit deren Anschrift und Webseite, und Informationen über die Verpflichtung des Energielieferanten zur Teilnahme am Schlichtungsverfahren zu informieren (§ 41 Abs. 1 S. 2 Nr. 11).
– Schließlich sind die Kontaktdaten des Verbraucherservice der BNetzA für den Bereich Elektrizität und Gas mitzuteilen (§ 41 Abs. 1 S. 2 Nr. 12).

22 **3. Allgemeine Informationspflichten (Abs. 1 S. 3).** § 41 Abs. 1 S. 3 stellt klar, dass weitere Informationspflichten nach den Art. 246 und 246a des EGBGB unberührt bleiben. Die Norm hat lediglich **deklaratorischen Charakter** (BT-Drs. 17/6072, 85). In ihr hat der Gesetzgeber den in § 41 Abs. 1 S. 3 aF enthaltenen fehlerhaften Verweis, der freilich unschädlich war (Theobald/Kühling/*Heinlein/Weitenberg* EnWG § 41 Rn. 39), korrigiert (BT-Drs. 19/27453, 125).

II. Zahlungsmodalitäten (Abs. 2)

23 **1. Angebot von Zahlungsmodalitäten (Abs. 2 S. 1, 2).** In Umsetzung von Art. 10 Abs. 6 Elt-RL 19, Anhang I Abs. 1 lit. d Gas-RL 09 sind gemäß § 41 Abs. 2 S. 1 den Letztverbrauchern vor Vertragsabschluss unterschiedliche Zahlungsmöglichkeiten anzubieten. Zu § 41 Abs. 2 aF, der von Zahlungsweisen sprach, war nicht ohne weiteres klar, ob damit allein verschiedene Zahlungsmodalitäten iSv Zahlungswegen oder Zahlungsmitteln (Barzahlung, Überweisung, Lastschrift etc) oder auch verschiedene zeitliche Staffelungen der Zahlung, also etwa jährliche, vierteljährliche oder monatliche Zahlung gemeint waren; teilweise ist angenommen worden, der Energielieferant könne den Anforderungen durch das Angebot sowohl unterschiedlicher Übermittlungswege wie auch unterschiedlicher Gestaltungen des Zahlungszeitpunkts genügen (KG Berlin Beschl. v. 20.1.2011 – 5 U 143/09, Rn. 12). Schon zu § 41 Abs. 2 aF war richtigerweise anzunehmen, dass **verschiedene Zahlungsmodalitäten** offeriert werden müssen (vgl. BGH Urt. v. 5.6.2013 – VIII ZR 131/12, EnWZ 2013, 415 Rn. 14 ff.; OLG Hamm Urt. v. 9.12.2011 – I-19 U 38/11, ZNER 2012, 548 (552); *Steurer* IR 2005, 218; *Strohe* ET 2006, 62 (65)). Für § 41 Abs. 2 nF, der von Zahlungsmöglichkeiten spricht, wird das durch den systematischen Zusammenhang mit § 41 Abs. 2 S. 2 und 3, durch die unionsrechtliche Vorgabe in Art. 10 Abs. 6 Elt-RL 19 und die Begr. des RegE (BT-Drs. 19/27453, 125.) bestätigt.

24 Die Rspr. geht davon aus, dass nicht nur zwei (vgl. OLG Köln Urt. v. 24.3.2017 – 6 U 146/16, NJW-RR 2017, 1072 Rn. 17; *Strohe* ET 2006, 62 (65)). sondern **jedenfalls drei Zahlungsmöglichkeiten** angeboten werden müssen (so zu § 41 Abs. 2 aF BGH Urt. v. 5.6.2013 – VIII ZR 131/12, NJW 2013, 2814 Rn. 12 ff., 19; Urt. v. 10.4.2019 – VIII ZR 56/18, EnWZ 2019, 262 Rn. 15 f.). Da jedoch die „Überweisung" bereits zwei Zahlungsmöglichkeiten erfasst (vgl. BGH Urt. v. 5.6.2013 – VIII ZR 131/12, EnWZ 2013, 415 Rn. 11, 20 f.: Überweisung von

Konto zu Konto und sog. Barüberweisung), ist dies ein in der Praxis kaum relevantes Problem (vgl. Theobald/Kühling/*Heinlein/Weitenberg* EnWG § 41 Rn. 42).

Die verschiedenen Zahlungsmöglichkeiten in § 41 Abs. 2 S. 1 beziehen sich jeweils auf ein **konkretes Vertragsangebot.** Nicht genügend wäre es demnach, dem Letztverbraucher mehrere sich auch in anderer Hinsicht unterscheidende Vertragsangebote zu unterbreiten, die jeweils nur eine Zahlungsweise vorsehen (vgl. zu § 41 Abs. 2 aF OLG Köln Urt. v. 24.3.2017 – 6 U 146/16, NJW-RR 2017, 1072 Rn. 19ff.). Dadurch würde die effektive Wahlmöglichkeit des Letztverbrauchers, die § 41 Abs. 2 gerade sicherstellen soll (vgl. BGH Urt. v. 10.4.2019 – VIII ZR 56/18, EnWZ 2019, 262 Rn. 21), eingeschränkt; dem Energielieferanten würde die Möglichkeit eröffnet, einzelne Zahlungsmöglichkeiten zu bevorzugen (vgl. zu § 41 aF OLG Köln Urt. v. 24.3.2017 – 6 U 146/16, NJW-RR 2017, 1072 Rn. 21), ohne dass dafür ein berechtigtes Interesse besteht, da die zusätzlichen Kosten für die jeweilige Zahlungsart und Vorauszahlungssysteme an den Verbraucher weitergegeben werden können (vgl. § 41 Abs. 2 S. 3). 25

Nach § 41 Abs. 2 S. 1 müssen dem Letztverbraucher **„vor" Vertragsschluss** mehrere Wahlmöglichkeiten angeboten werden. Werden dem Letztverbraucher erst nach der von ihm vorgenommenen Bestellung, jedoch vor Annahme durch den Energielieferanten und damit vor Abschluss des Vertrages mehrere Zahlungsmöglichkeiten angeboten, genügt ein solches Vorgehen den Voraussetzungen des § 41 Abs. 2 S. 1 nicht (so zu § 41 Abs. 2 aF BGH Urt. v. 10.4.2019 – VIII ZR 56/18, EnWZ 2019, 262 Rn. 20). 26

2. Unterschiede bei Zahlungsarten oder Vorauszahlungssystemen (Abs. 2 S. 2). In Umsetzung von Art. 10 Abs. 6 S. 3 Hs. 1 Elt-RL 19 (vgl. BT-Drs. 19/27453, 125f.) ist § 41 Abs. 2 S. 2 eingefügt worden. Danach müssen **Unterschiede bei Zahlungsarten oder Vorauszahlungssystemen objektiv, diskriminierungsfrei und verhältnismäßig** sein. Klargestellt wird damit, dass Unterschiede grundsätzlich zulässig sind (zu ihrer Weitergabe an den Letztverbraucher vgl. § 41 Abs. 2 S. 3; → Rn. 28). Die einschränkende Vorgabe dient dem Schutz der Letztverbraucher (vgl. Art. 10 Abs. 6 S. 2 Elt-RL 19), die eine möglichst freie, benachteiligungsfreie Entscheidung treffen können sollen (vgl. zu § 41 Abs. 2 aF BGH Urt. v. 10.4.2019 – VIII ZR 56/18, EnWZ 2019, 262 Rn. 20). Dass sie die objektiv notwendigen und unmittelbaren Mehrkosten für die getroffene Wahl zu tragen haben, schränkt die Entscheidung nach der Wertung des Gesetzes nicht ein (vgl. § 41 Abs. 2 S. 3). 27

3. Kosten der gewählten Zahlungsart (Abs. 2 S. 3). In Umsetzung von Art. 10 Abs. 6 S. 3 Hs. 2 Elt-RL 19 (vgl. BT-Drs. 19/27453, 125f.) ist § 41 Abs. 2 S. 3 aufgenommen worden, wonach dem Letztverbraucher in Rechnung gestellte Kosten für die Nutzung der unterschiedlichen Zahlungsarten oder Vorauszahlungssysteme die **unmittelbaren Kosten nicht übersteigen** dürfen, die dem Zahlungsempfänger für die Nutzung der jeweiligen Zahlungsart oder eines Vorauszahlungssystems entstehen. Die weitergegebenen (zusätzlichen) Kosten müssen daher auf die Wahl der Zahlungsart bzw. des Vorauszahlungssystems zurückzuführen sein. Dadurch soll die Wahl des Letztverbrauchers möglichst frei erfolgen, ohne jedoch den Energielieferanten durch die getroffene Wahl zu belasten. 28

III. Werbematerial und Internetseite von Energielieferanten (Abs. 3)

29 Mit § 41 Abs. 3 werden die Vorgaben von Art. 10 Abs. 5 Elt-RL 19, Anhang I Abs. 1 lit. a S. 2 Gas-RL 09 umgesetzt, wodurch die **Transparenz** gesteigert werden soll (BT-Drs. 19/27453, 126). Nach Art. 10 Abs. 3 UAbs. 2 S. 1 Elt-RL 19 müssen die Bedingungen im Voraus gut bekannt sein. Die Vorschrift dient damit, ähnlich § 41 Abs. 4 aF, dem Schutz des Kunden und der Stärkung seiner Teilnahme am Wettbewerb (so zu § 41 Abs. 4 aF Theobald/Kühling/*Heinlein/Weitenberg* EnWG § 41 Rn. 57).

30 Nach § 41 Abs. 3 besteht die Pflicht, **allgemeine Informationen zu den Bestimmungen nach § 41 Abs. 1 S. 2** (→ Rn. 20 ff.) anzugeben. Die Informationen müssen demnach in der Detailtiefe nicht den im Vertrag gemäß § 41 Abs. 1 S. 2 zu machenden Angaben entsprechen, sollten jedoch so konkret wie möglich sein (vgl. zu § 41 aF Rosin/Pohlmann/Gentzsch/Metzenthin/Böwing/*Wüstemann*, Stand 8.2016, EnWG § 41 Rn. 45 f.). Bezüglich einzelner je nach Produkt und konkretem Vertrag variierender Vertragsinhalte kann ein Hinweis auf das Bestehen konkreter Hinweise ausreichend sein; dies fördert die Übersichtlichkeit der Werbung und die Wahrnehmungsmöglichkeit des Letztverbrauchers, damit auch die angestrebte Transparenz und Vergleichbarkeit (vgl. zu § 41 Abs. 4 aF Rosin/Pohlmann/Gentzsch/Metzenthin/Böwing/*Wüstemann*, Stand 8.2016, EnWG § 41 Rn. 46). Sofern Informationen praktisch nicht zusammengefasst werden können, stellt dies keinen Verstoß dar (so zu § 41 Abs. 4 aF Rosin/Pohlmann/Gentzsch/Metzenthin/Böwing/*Wüstemann*, Stand 8.2016, EnWG § 41 Rn. 45).

31 Der Energielieferant hat die Informationen auf seiner **Internetseite und in an Letztverbraucher gerichtetem Werbematerial** anzugeben. Der Begriff des an Letztverbraucher gerichteten Werbematerials soll in § 42 Abs. 1 verwendeten Begriff entsprechen (vgl. BerlKommEnergieR/*Bruhn* EnWG § 41 Rn. 91; BeckOK EnWG/*Schnurre* § 41 Rn. 16; → § 42 Rn. 12). Auch wenn in § 41 Rn. 4 der dortige Zusatz „für den Verkauf von Elektrizität" bzw. dem weiteren Anwendungsbereich von § 41 entsprechend für den Verkauf von Strom und Gas" fehlt, dürfte auf Grund des Zwecks und des systematischen Zusammenhangs anzunehmen sein, dass die Anforderung auch hier nicht für allgemeine Markenwerbung etc gilt.

IV. Vertragszusammenfassung (Abs. 4)

32 Gemäß § 41 Abs. 4 S. 1 ist dem Letztverbraucher innerhalb einer angemessenen Frist nach Vertragsschluss eine knappe, leicht verständliche und klar gekennzeichnete **Zusammenfassung der wichtigsten Vertragsbedingungen** zur Verfügung zu stellen. Der Gesetzgeber wollte damit die Vorgaben aus Art. 10 Abs. 3 S. 4 (richtig wohl Art. 10 Abs. 3 UAbs. 3) der Elt-RL 19 umsetzen (BT-Drs. 19/27453, 126). Insgesamt soll auch hierdurch die Transparenz und Verständlichkeit der Vertragsbedingungen für den Letztverbraucher erhöht werden. Dieser soll die Möglichkeit haben die wichtigsten Vertragsbedingungen nachvollziehen zu können (BT-Drs. 19/27453, 126).

33 Die Anforderungen an die **Knappheit, leichte Verständlichkeit und klare Kennzeichnung** sind in entsprechender Anwendung der im Rahmen der §§ 305 ff. BGB geltenden Transparenzvorgaben erfüllt (*Riemer/Tüngler* RdE 2021, 397 (400)). Im Interesse einer möglichst großen Transparenz und Verständlichkeit für den Letztverbraucher ist, bei der Frage wann die Zusammenfassung diesen Anforderungen entspricht, auf einen durchschnittlichen Letztverbraucher aus dem entsprechenden Personenkreis abzustellen (so iErg auch *Riemer/Tüngler* RdE 2021, 397 (400)). Da die Zusammenfassung knapp, also in ihrem Umfang begrenzt sein muss; ist die Darstellung der anzugebenden Vertragsbedingungen verkürzt auf die wesentlichen Inhalte zu begrenzen. Klar gekennzeichnet ist die Zusammenfassung, wenn sie als solche benannt wird und entsprechende Verweise auf den Vertrag vorhanden sind. Durch die vorgegebene Beschränkung des Umfangs der Information werden die Transparenzanforderungen hier im Vergleich zu denen des § 41 Abs. 1 S. 1 Anforderungen eingeschränkt (→ Rn. 19). Mit Recht wird darauf hingewiesen, dass es für Energielieferanten herausfordernd sein wird, die große Zahl an Pflichtangaben mit geringer Zeichenanzahl verständlich und fehlerfrei zu formulieren (BeckOK EnWG/*Schnurre* § 41 Rn. 18).

Die Zusammenfassung ist **innerhalb einer angemessenen Frist nach dem** 34 **Vertragsschluss** zur Verfügung zu stellen. Der Energielieferant erfüllt seine Verpflichtung daher nicht bereits durch Zusendung einer „Vertragsbestätigung", die regelmäßig erst zum Vertragsschluss führt (*Riemer/Tüngler* RdE 2021, 397 (400)). Für die angemessene Frist nach Vertragsschluss legt die Formulierung einen großzügigeren Maßstab als „unverzüglich" in § 2 Abs. 1 S. 2 StromGVV, § 2 Abs. 1 S. 2 GasGVV, § 2 Abs. 1 S. 2 AVBWasserV und § 2 Abs. 1 S. 2 AVBFernwärmeV für die Vertragsbestätigung nahe (*Riemer/Tüngler* RdE 2021, 397 (400)). Für die Bestimmung einer angemessenen Frist sind die Interessen beider Parteien zu berücksichtigen. Auf Seiten des Verbrauchers ist insoweit bedeutsam, dass ihm durch eine rechtzeitige Übermittlung der Zusammenfassung genug Zeit bleibt, um sich mit seinen darin dargelegten Rechten vertraut zu machen und diese gegebenenfalls auch effektiv ausüben zu können. Der Energielieferant muss hingegen ausreichend Zeit haben, die wesentlichen Vertragsbedingungen zusammenzufassen und diese dem Letztverbraucher zukommen zu lassen; insofern wird auch eine Rolle spielen, inwieweit es sich um einen standardisierten oder aber individuell ausgehandelten Vertrag handelt. In der Literatur werden bislang zwei Wochen (*Riemer/Tüngler* RdE 2021, 397 (400)) oder bis zu einem Monat (BeckOK EnWG/*Schnurre* § 41 Rn. 18) als angemessene Frist vorgeschlagen.

Inhaltlich ist verlangt die **Zusammenfassung der wichtigsten Vertrags-** 35 **bedingungen (§ 41 Abs. 4 S. 1) insbesondere unter Einschluss der Angaben nach § 42 Abs. 4 S. 2 Nr. 1–6.** § 42 Abs. 2 S. 2 stellt damit inhaltliche Mindestanforderungen auf, zählt die wichtigsten Vertragsbedingungen iSv § 42 Abs. 4 S. 1 jedoch nicht abschließend auf. Damit der Letztverbraucher den wesentlichen Inhalt eines Vertrages erfassen kann, sind insbesondere auch Regelungen, die nicht den Standardregelungen entsprechen, in die Zusammenfassung aufzunehmen (BT-Drs. 19/27453, 126). Gleichzeitig folgt aus der Formulierung und dem Zweck, die Transparenz für den Letztverbraucher möglichst hoch zu halten, ein Verbot überflüssiger Informationen. Die Vorschrift des **§ 312f BGB,** dh die danach bestehende Pflicht, Abschriften und Bestätigungen Norm zur Verfügung zu stellen, soll unberührt bleiben (BT-Drs. 19/27453, 126).

V. Pflichten/Rechte bei beabsichtigten einseitigen Vertragsänderungen (Abs. 5)

Die Regelung des § 41 Abs. 5 ist in **Umsetzung der unionsrechtlichen Vor-** 36 **gaben aus Art. 10 Abs. 4 Elt-RL 10** im Vergleich zur Vorgängerregelung des § 41 Abs. 3 ergänzt worden (BT-Drs. 19/27453, 126). Das gilt für Konkretisierungen sowohl des einseitige Vertragsänderungen erfassenden Anwendungsbereichs wie auch der dann greifenden Rechte bzw. Pflichten.

37   **1. Beabsichtigte einseitige Vertragsänderungen.** § 47 Abs. 5 kommt zur Anwendung, wenn der Energielieferant eine einseitige Änderung von Vertragsbedingungen beabsichtigt. Eine solche **Vertragsänderung** ist, angelehnt an § 311 Abs. 1 BGB, eine Änderung des Inhalts eines Schuldverhältnisses, ohne dass die Identität des Vertrages verändert wird (zu § 41 Abs. 3 S. 2 aF vgl. BGH Urt. v. 5.7.2017 – VIII ZR 163/16, NJW-RR 2017, 1206 Rn. 12). Unter Vertragsänderungen iSd § 41 Abs. 5 fallen, wie aus § 41 Abs. 5 S. 2 und 3 (→ Rn. 45 ff.) nun auch ausdrücklich hervorgeht (vgl. BT-Drs. 19/27453, 126), auch Preisänderungen. Das gilt auch für die Änderung des Preises durch Weitergabe von Steuern, Abgaben und hoheitlichen Belastungen (vgl. BGH Urt. v. 5.7.2017 – VIII ZR 163/16, NJW-RR 2017, 1206 Rn. 18 ff.), wofür jedoch die besondere Regelung des § 41 Abs. 6 (→ Rn. 52 ff.) eingreift. Weiter hält § 41 Abs. 5 S. 5 ausdrücklich fest, dass eine Vertragsänderung auch vorliegt, wenn die vertraglichen Leistungen angepasst werden. Damit soll insbes. auch der Wegfall des Messstellenbetriebs als Vertragsbestandteil erfasst sein; insoweit sollen Unsicherheiten hinsichtlich der Auswirkung des Einbaus eines intelligenten Messsystems oder einer modernen Messeinrichtung ausgeräumt werden (BT-Drs. 19/27453, 126).

38   Erfasst sind nur beabsichtigte einseitige Vertragsänderungen. **Einseitigkeit** liegt nicht vor, wenn die Vertragsänderung automatisch, ohne eine zusätzliche Willensbildung bezüglich des „ob" oder des „wie" erfolgt. An der Einseitigkeit fehlt es daher insbes. bei Preisanpassungen, wenn dem Energielieferanten im Hinblick auf die Preisanpassung kein Ermessen eingeräumt ist (so iErg auch BT-Drs. 19/27453, 126; zu § 41 Abs. 3 S. 2 aF vgl. BGH Urt. v. 5.7.2017 – VIII ZR 163/16, NJW-RR 2017, 1206 Rn. 20; *Eder/Rumpf* EnWZ 2015, 105 (105f.). Eine solche Klausel bezeichnet der Gesetzgeber als Preisgleitklausel (BT-Drs. 19/27453, 126); teilweise wird diese auch als separiertes Preissystem bezeichnet (vgl. Zenke/Wollschläger/ Eder/*Eder/v. Wege* Kap. 5 Rn. 67 ff.). Auch Preisanpassungen im Rahmen von am gehandelten Marktpreis orientierten Tarifen, die einen Anreiz zu Steuerung des Energieverbrauchs setzen (§ 41a Abs. 1 S. 1 Alt. 2), sind keine einseitigen Vertragsänderungen iSv § 41 Abs. 5 S. 1, soweit kein Ermessen des Energielieferanten im Rahmen der Preisbildung besteht. IÜ ist in solchen ermessensfreien Preisanpassungen bereits keine Vertragsänderung gesehen worden (vgl. EuGH Urt. v. 26.11.2015 – C-326/14, EuZW 2015, 967 Rn. 27, zu der Art. 10 Abs. 4 S. 3 Elt-RL 19 ähnlichen Regelung in Art. 20 Abs. 4 Universaldienst-RL; zu § 41 Abs. 3 S. 2 aF *Eder/Rumpf* EnWZ 2015, 105 (106)).

39   § 41 Abs. 5 begründet nicht selbst ein einseitiges Vertragsänderungsrecht (BeckOK EnWG/*Schnurre* § 41 Rn. 20) und verhält sich auch nicht dazu, ob ein einseitiges Recht zur Vertragsänderung besteht. Beabsichtigt der Energielieferant **die Ausübung eines nicht bestehenden Rechts bzw. die nicht wirksame Ausübung eines bestehende Rechts,** so stehen dem Verbraucher die Rechte aus § 41 Abs. 5 gleichwohl zu (so zu § 41 Abs. 3 aF LG Düsseldorf Urt. v. 10.4.2017 – 14d O 12/16, Rn. 44 f.).

40   **2. Rechte/Pflichten. a) Unterrichtungspflicht (Abs. 5 S. 1–3).** § 41b Abs. 5 S. 1 enthält eine **Unterrichtungspflicht für alle einseitigen Vertragsänderung durch den Energielieferanten** (→ Rn. 37 ff.). Diese gilt auch für den Fall beabsichtigter Preisänderungen, für die § 41 Abs. 5 S. 2 und 3 ergänzend spezielle Unterrichtungspflichten vorsehen (→ Rn. 45 ff.). Im Rahmen der Klimaschutz-Sofortprogramm-Novelle (BGBl. 2022 I S. 1214) ist die Pflicht nach § 41 Abs. 5 S. 1 noch durch § 41b Abs. 4 (→ § 41b Rn. 30) ergänzt worden.

aa) Die allgemeine Unterrichtungspflicht (Abs. 5 S. 1). Nach § 41 Abs. 5 S. 1 hat der Energielieferant bei beabsichtigter einseitiger Vertragsanpassung den Letztverbraucher rechtzeitig zu **unterrichten.** Diese grundsätzliche Verpflichtung ist nicht neu. § 41 Abs. 5 S. 1 soll im Grundsatz § 41 Abs. 3 S. 1 aF entsprechen (BT-Drs. 19/27453, 126), dem wiederum bereits bloß klarstellender Charakter zuerkannt worden ist (vgl. BT-Drs. 17/6072, 85; BGH Urt. v. 5.7.2017 – VIII ZR 163/16, NJW-RR 2017, 1206 Rn. 26; Theobald/Kühling/*Heinlein/Weitenberg* EnWG § 41 Rn. 48). **41**

Gegenstand der Unterrichtung sind **die beabsichtigte Ausübung eines Vertragsänderungsrechts und die Rechte des Letztverbrauchers zur Vertragsbeendigung.** Angesichts des weit gehaltenen, Rechte zur Vertragsbeendigung erfassenden Wortlauts ist nicht nur auf das Sonderkündigungsrecht gem. § 41 Abs. 5 S. 4, sondern auch auf gegebenenfalls bestehende sonstige Beendigungsmöglichkeiten hinzuweisen. Für diese Auslegung spricht auch, dass der Hinweis auf sonstige Beendigungsmöglichkeiten den Letztverbraucher unter Umständen auch zur Wahl eines späteren ordentlichen Beendigungszeitpunkts veranlassen kann, was auch dem Interesse des Energielieferanten dienen kann. **42**

Die Unterrichtung hat **rechtzeitig, in jedem Fall vor Ablauf einer Abrechnungsperiode** zu erfolgen (§ 41 Abs. 5 S. 1). Der Letztverbraucher soll die beabsichtigten Änderungen nicht ohne seinen Willen gegen sich gelten lassen müssen und die Möglichkeit haben, sein Kündigungsrecht nach § 41 Abs. 5 S. 4 (→ Rn. 48 ff.) noch vor Beginn der nächsten Abrechnungsperiode auszuüben zu können. Durch die dem Letztverbraucher eröffnete Möglichkeit eines Wechsels wird – den Zielen der Elt-RL 19 (vgl. Erwgr. 12) entsprechend – der Wettbewerb im Letztverbrauchermarkt gefördert und die Stellung des Letztverbrauchers im Wettbewerb gestärkt. **43**

Die Unterrichtung hat auf eine **einfache und verständliche Weise,** dh im Lichte von Art. 10 Abs. 4 Elt-RL 19 auch transparent zu erfolgen (§ 41 Abs. 5 S. 1). Neben der schlichten Information über die beabsichtigte Vertragsänderung und die Vertragsbeendigungsrechte sind gegebenenfalls weitere Erläuterungen oder eine Synopse beizufügen, damit die Änderungen für den Letztverbraucher hinreichend verständlich sind (so zu § 41 Abs. 3 S. 2 aF Theobald/Kühling/*Heinlein/Weitenberg* EnWG § 41 Rn. 51). Der Zweck, dem Letztverbraucher ein vollständiges und wahres Bild zu vermitteln, setzt auch voraus, dass dieser weiß, auf der Erhöhung welches Bestandteils des Entgelts die Preiserhöhung beruht (zu § 41 Abs. 3 aF OLG Köln Urt. v. 26.6.2020 – 6 U 304/19, EnWZ 2020, 374 Rn. 48f.). Nicht ausreichend ist ein Informationsschreiben, aus welchem die relevanten Informationen nicht ohne weiteres erkennbar sind, insbesondere, wenn der Eindruck erweckt wird, es handele sich um allgemeine Informationen (vgl. zu § 41 Abs. 3 aF OLG Köln Urt. v. 26.6.2020 – 6 U 304/19, EnWZ 2020, 374 Rn. 46; OLG Düsseldorf Urt. v. 20.10.2016 –, 20 U 37/16, GRUR-RR 2017, 111 Rn. 14; LG Hamburg Urt. v. 9.1.2020 – 312 O 453/18, Rn. 28f.). Daher ist es etwa bei Ankündigungen per E-Mail ein ausdrücklicher Hinweis in der Betreffzeile der E-Mail geboten (vgl. OLG Düsseldorf Urt. v. 20.10.2016 – 20 U 37/16, GRUR-RR 2017, 111 Rn. 14); entsprechend wird auch bei Briefen auf der ersten Seite ein ausdrücklicher Hinweis notwendig sein. **44**

bb) Besondere Unterrichtungspflicht bei Preisänderungen (Abs. 5 S. 2, 3). Handelt es sich bei der beabsichtigten Vertragsänderung um eine Preisänderung, **45**

§ 41 Teil 4. Energielieferung an Letztverbraucher

gelten für die Unterrichtungsfrist zusätzlich die weiteren Vorgaben aus § 41 Abs. 5 S. 2 und 3. Gemäß § 41 Abs. 1 S. 2 hat die **Unterrichtung spätestens zwei Wochen, im Falle von Haushaltskunden spätestens einen Monat** vor Eintritt der beabsichtigten Änderung zu erfolgen. Damit wird gerade für den Fall der beabsichtigten einseitigen Preisänderung eine verschärfte Anforderung aufgestellt; das sichert und stärkt die rechtzeitige Information über den Preis als einen besonders wettbewerbs- und gegebenenfalls wechselrelevanten Aspekt.

46 Die nach § 41 Abs. 5 S. 2 gebotene Unterrichtung des Letztverbrauchers über eine beabsichtigte Preisänderung hat nach § 41 Abs. 5 S. 3 **unmittelbar** („direkt" gem. Art. 10 Abs. 4 Elt-RL 19) zu erfolgen. Klargestellt wird damit, dass der Energielieferant die Unterrichtung sobald wie möglich und nicht im letztmöglichen Zeitpunkt durchführen soll.

47 Weiter ordnet § 41 Abs. 5 S. 3 in Bezug auf die Unterrichtung nach § 41 Abs. 5 S. 2 an, dass der Letztverbraucher auf einfache und verständliche Weise auf **Anlass, Voraussetzungen und Umfang der Preisänderung** hinzuweisen ist. Dem Letztverbraucher muss ein vollständiges und wahres Bild vermittelt werden, so dass ein Marktvergleich möglich ist und eine fundierte Entscheidung bzgl. der Ausübung des Sonderkündigungsrechts gem. § 41 Abs. 5 S. 4 (→ Rn. 48 ff.) getroffen werden kann; die einzelnen Preisbestandteile und deren Änderung sind daher darzustellen (so zu § 41 Abs. 3 aF OLG Köln Urt. v. 26.6.2020 – 31 O 329/18, EnWZ 2020, 374 Rn. 44 ff.; aA zu § 41 aF Rosin/Pohlmann/Gentzsch/Metzenthin/Böwing/*Wüstemann*, Stand 8.2016, EnWG § 41 Rn. 29). Weil der Letztverbraucher für eine Änderungsübersicht im Vergleich zum Energielieferanten einen unverhältnismäßig hohen Aufwand betreiben müsste, ist eine Gegenüberstellung sämtlicher Kostenfaktoren vor und nach der Preisanpassung erforderlich (so zu § 5 Abs. 2 S. 2 StromGVV BGH Urt. v. 6.6.2018 – VIII ZR 247/17, NJW 2019, 58 Rn. 65 ff.). Für Stromlieferverträge außerhalb der Grundversorgung mit Haushaltskunden konkretisiert § 41b Abs. 4 die Anforderungen noch (→ § 41b Rn. 30).

48 **b) Sonderkündigungsrecht (Abs. 5 S. 4).** Für den Fall der Ausübung eines einseitigen Rechts zur Änderung der Preise oder auch sonstiger Vertragsbedingungen (→ Rn. 37 f.) gewährt § 41 Abs. 5 S. 4 dem Letztverbraucher ein **gesetzliches Kündigungsrecht**. Damit wird der Forderung des Art. 10 Abs. 4 S. 3 Elt-RL 19 umgesetzt, wonach der Endkunde die Möglichkeit haben muss den Vertrag zu beenden, soweit er mit den Änderungen nicht einverstanden ist.

49 Gemäß § 41 Abs. 5 S. 4 kann die **Kündigung ohne Einhaltung einer Frist zum Zeitpunkt des Wirksamwerdens der Änderung** erfolgen. Damit wird sichergestellt, dass der Letztverbraucher auch nicht nur vorübergehend an die einseitig veränderten Vertragsbedingungen gebunden ist. Die Vertragsbeendigung zum Zeitpunkt des Wirksamwerdens der Änderung trägt diesem Zweck vollständig Rechnung; für einen früheren Zeitpunkt besteht kein berechtigtes Interesse des Letztverbrauchers (vgl. zu § 41 Abs. 3 S. 2 aF BGH Urt. v. 9.12.2015 – VIII ZR 349/14, NJW 2016, 2101 Rn. 15; vgl. NK-EnWG/*Rasbach* § 41 Rn. 12; Rosin/Pohlmann/Gentzsch/Metzenthin/Böwing/*Wüstemann*, Stand 8.2016, EnWG § 41 Rn. 33). Für die Ausübung des Kündigungsrechts besteht nach dem Wortlaut des § 41 Abs. 5 S. 4 keine ausdrückliche Frist. Jedoch ist nach allgemeinen Grundsätzen anzunehmen, dass die Kündigung innerhalb einer angemessenen Zeit seit Kenntnis von dem Kündigungsgrund erklärt werden muss; das verschafft dem Energielieferanten beizeiten Klarheit über den Fortbestand des Vertragsverhältnisses und ist gegenüber dem Letztverbraucher gerechtfertigt, weil dieser durch sein Ab-

warten zu verstehen gibt, dass trotz Vorliegen der Voraussetzungen für die Ausübung eines außerordentlichen Kündigungsrechts die Fortsetzung des Vertragsverhältnisses nicht unzumutbar ist (zu § 41 aF BGH Urt. v. 9.12.2015 – VIII ZR 349/14, NJW 2016, 2101 Rn. 13). Regelmäßig, rechtzeitige Information gem. § 41 Abs. 5 S. 1–3 vorausgesetzt, wird die Ausübung des Rechts zur Kündigung nur bis zum Zeitpunkt des Wirksamwerdens der Änderungen möglich sein (vgl. zu § 41 Abs. 3 S. 2 aF Rosin/Pohlmann/Gentzsch/Metzenthin/Böwing/*Wüstemann*, Stand 8.2016, EnWG § 41 Rn. 35).

Für die Ausübung des Sonderkündigungsrechts darf der Energielieferant vom Letztverbraucher **kein gesondertes Entgelt** verlangen. Damit soll einer Einschränkung der Entscheidungsfreiheit über die Ausübung des Kündigungsrechts entgegenwirken (vgl. auch Erwgr. 33 Elt-RL 19). 50

Unterlässt der Letztverbraucher die Ausübung des Sonderkündigungsrechts nach der Information über eine vom Energielieferanten beabsichtigte einseitige Vertragsänderung, begründet das nicht deren Wirksamkeit, wenn das vermeintlich wirksam ausgeübte einseitige Vertragsänderungsrecht des Energielieferanten nicht besteht. Das Schweigen des Letztverbrauchers auf die angekündigte Vertragsanpassung lässt die **rechtlichen Voraussetzungen der einseitigen Vertragsanpassung unberührt**. Ist ein Recht dazu nicht wirksam vorbehalten worden, besteht für den Letztverbraucher keine Notwendigkeit, eine Kündigung auszusprechen. Allgemein gilt, dass das Schweigen auf eine beabsichtigte Anpassung regelmäßig keine Zustimmung zur – konsensualen – Vertragsänderung ist (vgl. BGH Urt. v. 27.4.2021 – XI ZR 26/20, NJW 2021, 2273 Rn. 22ff.; BeckOGK-BGB/*Lehmann-Richter*, Stand: 1.12.2021, BGB § 305 Rn. 266f.; Grüneberg/*Grüneberg* BGB § 305 Rn. 47; eine konkludente Annahme für möglich haltend MüKoBGB/*Basedow* § 305 Rn. 95f.). Auch eine vertragliche Regelung, die eine solche Fiktion vorsähe, wäre – jedenfalls soweit es sich, wie im Regelfall, um AGB handelt – unwirksam ist (BGH Urt. v. 9.12.2015 – VIII ZR 349/14, NJW 2016, 2101 Rn. 22ff.; Urt. v. 27.4.2021 – XI ZR 26/20, NJW 2021, 2273 Rn. 26ff.). Im Übrigen dürfte die nach einer Ankündigung gem. § 41 Abs. 5 S. 1–3 ausgesprochene Kündigung auch dann, wenn das Recht zur einseitigen Vertragsanpassung nicht besteht, wirksam sein. 51

VI. Änderung staatlich veranlasster Preisbestandteile (Abs. 6)

§ 41 Abs. 6 betrifft die unveränderte Weitergabe bestimmter staatlich veranlasster Preisbestandteile durch den Energielieferanten an den Letztverbraucher. Soweit die Weitergabe dieser Bestandteile des Energiepreises vertraglich vereinbart ist und darin keine einseitige Vertragsänderung liegt, besteht für die Heranziehung von § 41 Abs. 6 keine Erforderlichkeit. Soweit sie jedoch eine einseitige Vertragsanpassung iSv § 41 Abs. 5 (→ Rn. 37f.) darstellt, begründet § 41 Abs. 6 eine **Ausnahme von § 41 Abs. 5 S. 1, 2 und 4**. In diesem Fall bedarf es weder der vorherigen Unterrichtung gem. § 41 Abs. 5 S. 1 und 2, womit zugleich auch § 41 Abs. 5 S. 3 unanwendbar wird, noch entsteht das Sonderkündigungsrecht nach § 41 Abs. 5 S. 6. Auch wenn eine vergleichbare Interessenlage auch bei anderen in den Energiepreis einfließenden hoheitlichen Belastungen vorliegen kann, gilt die Ausnahmeregelung nur für die ausdrücklich genannten Preisbestandteile; dass eine analoge Anwendung auf anderer oder alle staatlich veranlassten Kostenbestandteile nicht möglich ist, wird schon entstehungsgeschichtlich in der jeweils sehr gezielten Änderung der Norm und auch darin deutlich, dass § 41 Abs. 6 Alt. 2 explizit nur die Kostenbestandteile nach § 40 Abs. 3 Nr. 3, nicht jedoch die weiteren Kostenbestandteile 52 nach § 40 Abs. 3 nennt. Bei den von § 41 Abs. 6 erfassten Kostenbestandteilen ist allein die unveränderte, dh der Mehr- bzw. Minderbelastung exakt entsprechende Weitergabe privilegiert.

53 § 41 Abs. 6 Alt. 1 gilt der unveränderten **Weitergabe von umsatzsteuerlichen Mehr- oder Minderbelastungen,** die sich aus einer gesetzlichen Änderung der geltenden Umsatzsteuersätze ergeben. Auslöser für die Einführung des § 41 Abs. 3a aF durch Art. 3 G. v. 29. 6. 2020 (BGBl 2020 I S. 1512), der § 41 Abs. 6 Alt. 1 nF inhaltlich entspricht, ist die sehr kurzfristig erfolgte, unter Einhaltung der ansonsten geltenden Unterrichtungsfrist für die Energielieferanten nicht umsetzbare Anpassung der Steuersätze im Rahmen der Corona-Pandemie gewesen; damit sollte die möglichst unbürokratische Weitergabe der befristeten Senkung der Umsatzsteuer unter Vermeidung von Transaktionskosten, die den wirtschaftlichen Vorteil erheblich reduziert hätten, ermöglicht werden (BT-Drs. 19/20714, 172). Die Regelung ist anwendbar auf Mehr- oder Minderbelastungen, die sich aus einer gesetzlichen Änderung der geltenden Umsatzsteuersätze ergeben; nicht erfasst sind Änderungen des Steuersatzes, die auf Änderungen in der Sphäre des Energielieferanten oder auf der Nichterfüllung bestimmter gesetzlicher Voraussetzungen beruhen (bspw. die Erfüllung der Voraussetzungen für die Regelung zur Besteuerung von Kleinunternehmern nach § 19 UstG). § 41 Abs. 6 findet auch Anwendung, wenn eine vorübergehende umsatzsteuerliche Mehr- oder Minderbelastung, die sich aus einer gesetzlichen Änderung der geltenden Umsatzsteuersätze ergibt, ausläuft.

54 Das EEG-EntlastungsG 2022 (BGBl. 2022 I S. 747) hat § 41 Abs. 6 um eine weitere Variante erweitert, um eine möglichst unbürokratische Weitergabe der Absenkung der EEG-Umlage zu ermöglichen (BT-Drs. 20/1025, 12). Nach § 41 Abs. 6 Var. 2 gilt die Ausnahme von § 41 Abs. 5 S. 1, 2 und 4 nun auch für die unveränderte **Weitergabe von Minderbelastungen aufgrund einer Absenkung des Saldos der Kalkulationsbestandteile nach § 40 Abs. 3 Nr. 3.** Kalkulationsbestandteile nach § 40 Abs. 3 Nr. 3 sind Umlagen und Aufschläge nach § 17f Abs. 5 EnWG (Offshore-Umlage), § 60 Abs. 1 EEG (EEG-Umlage), § 26 KWKG (KWKG-Umlage), § 19 Abs. 2 StromNEV (StromNEV-Umalge) und § 18 AbLaV.

VII. Vom Vertragsgegenstand nicht erfasste Stromdienstleistungen (Abs. 7)

55 Die unionsrechtlichen Vorgaben aus Art. 13 Abs. 1, 2, 4 und Art. 17 Abs. 3 lit. a Elt-RL 19 umsetzend (BT-Drs. 19/27453, 126) ist § 41 Abs. 7 durch das Gesetz vom 16. 7. 2021 (BGBl. 2021 I S. 3026) eingefügt worden. Der Anwendungsbereich des § 41 Abs. 7 ist – anders als der der übrigen Absätze des § 41 – auf Stromlieferverträge beschränkt. Die Bestimmung gilt **vom Energieliefervertrag zwischen Stromlieferant und Letztverbraucher nicht erfassten Stromdienstleistungen.** Soweit Stromdienstleistungen vertraglich vom Stromlieferanten geschuldet werden, kommt sie somit nicht zur Anwendung.

56 Nach § 41 Abs. 7 S. 1 dürfen Stromlieferverträge keine vertraglichen Regelungen enthalten, die dem Letztverbraucher den Erwerb oder die Veräußerung von Stromdienstleistungen, die nicht Vertragsgegenstand sind, von einem anderen oder an ein anderes EltVU (§ 3 Nr. 18) untersagen. Nicht untersagt werden darf gemäß § 41 Abs. 7 S. 1 nur **der Erwerb oder die Veräußerung von Stromdienstleistungen von einem anderen oder an ein anderes EltVU.** Dies dürfte jedoch nicht Vereinbarungen in Stromlieferverträgen entgegenstehen, in denen Stromlieferanten gewisse positive Anreize dafür setzen, dass Letztverbraucher Stromdienstleistungen, die nicht Vertragsgegenstand sind, im Interesse der Stromlieferanten veräußern oder erwerben, weil dies die in Art. 13 Abs. 1 Elt-RL 19 verbürgte Freiheit der Letztverbraucher nicht beeinträchtigen dürfte.

§ 41 Abs. 7 S. 2 erweitert den Begriff der Stromdienstleistungen iSv S. 1 auf **vertragliche Vereinbarungen über Aggregierungen.** Damit werden die Vorgaben der Art. 13 Abs. 1, 2 UAbs. 1, Art. 17 Abs. 3 lit. a Elt-RL 19 umgesetzt. Hintergrund für den hervorgehobenen Schutz der Freiheit zum Abschluss von Aggregierungsvereinbarungen dürfte sein, dass das Tätigwerden von Aggregatoren sich durch Vermarktung von Flexibilitäten auf das Verbrauchsprofil der Letztverbraucher und damit auch auf die Bilanzierung auswirken kann (BeckOK EnWG/*Schnurre* § 41 Rn. 31). Fraglich erscheint, ob und inwieweit über vertragliche Verbote hinaus auch weitere Vereinbarungen in Stromlieferverträgen, die etwa erhöhte Entgelte in Bezug auf das Tätigwerden von Aggregatoren vorsehen, zulässig sind (vgl. BeckOK EnWG/*Schnurre* § 41 Rn. 31, der jedenfalls Pönalen für unzulässig hält, die faktisch aufgrund ihrer Höhe einer Untersagung gleichkommen). In richtlinienkonformer, Art. 13 Abs. 4 Elt-RL 19 beachtender Auslegung von § 41 Abs. 7 S. 2 wird man die Auferlegung diskriminierender, dh nicht technisch oder sonst sachlich begründeter Erschwernisse etwa im Hinblick auf technische und administrative Anforderungen, Verfahren, Entgelte für untersagt halten müssen. 57

Gemäß § 41 Abs. 7 S. 3 besteht eine **Mitteilungspflicht des Letztverbrauchers gegenüber dem Stromlieferanten** über den Abschluss einer vertraglichen Vereinbarung mit einem Dritten über eine Aggregierung. Dies soll den berührten Interessen des Stromlieferanten Rechnung tragen. Die Missachtung der Mitteilungspflicht dürfte den Letztverbraucher für eventuell dem Stromlieferanten aus der Nichtanzeige entstehende Schäden, etwa auf Grund von Bilanzungleichgewichten, ersatzpflichtig machen (BeckOK EnWG/*Schnurre* § 41 Rn. 32). 58

C. Rechtsschutz

Die **Durchsetzung der Verpflichtungen der Energielieferanten** nach § 41 ist vor den ordentlichen Gerichten möglich (Theobald/Kühling/*Heinlein/Weitenberg* EnWG § 41 Rn. 64). Ein Unterlassungsanspruch nach UWG kommt in Betracht, soweit die Verpflichtungen die unionsrechtlichen Richtlinienvorgaben umsetzen und nicht darüber hinausgehen (→ § 42 Rn. 10). Im Übrigen kommen Aufsichtsmaßnahmen der Regulierungsbehörde nach § 65 in Betracht. 59

§ 41 a Lastvariable, tageszeitabhängige oder dynamische und sonstige Stromtarife

(1) ¹**Stromlieferanten haben, soweit technisch machbar und wirtschaftlich zumutbar, für Letztverbraucher von Elektrizität einen Tarif anzubieten, der einen Anreiz zu Energieeinsparung oder Steuerung des Energieverbrauchs setzt.** ²**Tarife im Sinne von Satz 1 sind insbesondere lastvariable oder tageszeitabhängige Tarife.** ³**Stromlieferanten haben daneben für Haushaltskunden mindestens einen Tarif anzubieten, für den die Datenaufzeichnung und -übermittlung auf die Mitteilung der innerhalb eines bestimmten Zeitraums verbrauchten Gesamtstrommenge begrenzt bleibt.**

(2) ¹Stromlieferanten, die zum 31. Dezember eines Jahres mehr als 200 000 Letztverbraucher beliefern, sind im Folgejahr verpflichtet, den Abschluss eines Stromliefervertrages mit dynamischen Tarifen für Letztverbraucher anzubieten, die über ein intelligentes Messsystem im Sinne des Messstellenbetriebsgesetzes verfügen. ²Die Stromlieferanten haben die Letztverbraucher über die Kosten sowie die Vor- und Nachteile des Vertrags nach Satz 1 umfassend zu unterrichten sowie Informationen über den Einbau eines intelligenten Messsystems im Sinne des Messstellenbetriebsgesetzes anzubieten. ³Die Verpflichtung nach Satz 1 gilt ab dem 1. Januar 2022 für alle Stromlieferanten, die zum 31. Dezember eines Jahres mehr als 100 000 Letztverbraucher beliefern, und ab dem 1. Januar 2025 für alle Stromlieferanten, die bis zum 31. Dezember eines Jahres mehr als 50 000 Letztverbraucher beliefern.

Übersicht

	Rn.
A. Allgemeines	1
I. Inhalt	1
II. Unionsrechtliche Vorgaben	2
III. Gesetzgebungsgeschichte	3
IV. Zweck	5
V. Anwendungsbereich	8
B. Einzelerläuterungen	10
I. Pflicht zum Angebot bestimmter Tarife (Abs. 1)	10
1. Tarife zur Energieeinsparung und Energieverbrauchssteuerung (Abs. 1 S. 1, 2)	11
2. Tarife mit begrenzter Datenaufzeichnung und -übermittlung (Abs. 1 S. 3)	16
II. Dynamische Stromtarife (Abs. 2)	17
1. Angebotspflicht (Abs. 2 S. 1 und 3)	17
2. Informationspflicht (Abs. 2 S. 2)	21

Literatur: *Benz,* Energieeffizienz durch intelligente Stromzähler – Rechtliche Rahmenbedingungen, ZUR 2008, 457; *Booz,* Die Digitalisierung der Energiewirtschaft unter besonderer Berücksichtigung des Verhältnisses zwischen Netz- und Marktebene, N&R 2017, 130; *Eder/vom Wege,* Liberalisierung und Klimaschutz im Zielkonflikt: Die neuen gesetzlichen Rahmenbedingungen im Mess- und Zählerwesen Strom und Gas (Teil 2), IR 2008, 198; *Gundel,* Der Verbraucherschutz im Energiesektor zwischen Marktliberalisierung und Klimaschutzzielen, GewArch 2012, 137; *Güneysu/Wieser,* Smarte Preise für smarte Netze – Evolution oder Revolution?, ZNER 2011, 417; *Lippert,* Öffnung des Messwesens bei Strom und Gas – Rechtliche Grundlagen und Fragen der Rechtsanwendung, ET 59 (2009), 82; *McCutcheon,* Strom-Flatrates: Legales und legitimes Tarifmodel?, EnWZ 2018, 344; *Müsgens,* Ökonomische Besonderheiten des Energiemarktes, EnWZ 2017, 243; *Oster,* Smarte Stromlieferverträge, ZdiW 2021, 418; *Rosin/Pohlmann/Gentzsch/Metzenthin/Böwing* (Hrsg.), Praxiskommentar zum EnWG; *Schumacher,* Subsidiaritätsprinzip und Verwaltungsrecht – Eine komparative Untersuchung anhand aktueller Beispielfelder, DÖV 2012, 176; *Tönnies,* Zur Preisgestaltung nach §40 Abs. 3 EnWG, ZNER 2010, 259; *vom Wege/Sösemann,* Smart Metering in Deutschland – Sein oder Schein? §21b IIIa und IIIb EnWG, IR 2009, 55; *Wilkes,* Smart Metering und die Öffnung des Messwesens, WuM 2010, 615.

A. Allgemeines

I. Inhalt

§ 41a verpflichtet Stromlieferanten zum **Angebot von speziellen Tarifen.** 1
§ 41a Abs. 1 S. 1 verlangt das Angebot von Tarifen, die Anreize zur Energieeinsparung oder -steuerung setzen, wozu nach § 41a Abs. 1 S. 2 insbesondere lastvariable und tageszeitabhängige Tarife zählen. Zudem sind nach § 41a Abs. 2 S. 3 Tarife mit begrenzter Datenaufzeichnung und -übermittlung anzubieten. Nach § 41a Abs. 2 S. 1 und 3 müssen Stromlieferanten, die zu bestimmten Zeitpunkten eine bestimmte Anzahl von Letztverbrauchern beliefern, den Letztverbrauchern, die über ein intelligentes Messsystem verfügen, dynamische Tarife anzubieten; § 41a Abs. 2 S. 2 regelt darauf bezogene Informationspflichten.

II. Unionsrechtliche Vorgaben

Die Regelung beruht teilweise auf unionsrechtlichen Vorgaben aus Art. **11 Elt-** 2
RL 19. Art. 11 Abs. 1 Elt-RL 19 macht Vorgaben für das Angebot dynamischer Stromtarife, und Art. 11 Abs. 2 S. 1 Elt-RL 19 verlangt die vollständige Information der Letztverbraucher über die Chancen, Kosten und Risiken von Verträgen mit dynamischen Stromtarifen. Damit wird das Ziel verfolgt, die Verbraucher an der Energiewende zu beteiligen; durch neue Technologien und innovative Energiedienstleistungsunternehmen soll der Energieverbrauch so angepasst werden, dass die Energie effizient genutzt werden kann, der Energieverbrauch insgesamt gesenkt wird (vgl. Erwgr. 5 Elt-RL 19) und ein nachhaltiges Energiesystem mit geringen CO_2-Emissionen befördert wird (vgl. Art. 1 Abs. 2 Elt-RL 19).

III. Gesetzgebungsgeschichte

Die Regelung in **§ 41a Abs. 1** geht zurück auf § 40 Abs. 3 idF des Gesetzes vom 3
29.8.2008 (BGBl. 2008 I S. 1790), der bereits die Pflicht zum Anbieten von Tarifen, die einen Anreiz zur Energieeinsparung oder -verbrauchssteuerung setzen, vorsah, bzw. § 40 Abs. 5 idF des Gesetzes vom 26.7.2011 (BGBl. 2011 I S. 1554), der diese Pflicht bereits um die Verpflichtung zum Angebot von Tarifen mit begrenzter Datenaufzeichnung und -übermittlung ergänzte. Die Regelung des § 40 Abs. 5 aF ist – abgesehen von einer begrifflichen Veränderung (vgl. BT-Drs. 19/27453, 126) – durch das Gesetz vom 16.7.2011 (BGBl. 2021 I S. 3026) unverändert in § 41a Abs. 1 übernommen worden.

Bei **§ 41a Abs. 2** handelt es sich um eine neue Regelung des Gesetzes vom 4
16.7.2011 (BGBl. 2021 I S. 3026). Im Gesetzgebungsverfahren ist die Fassung des RegE (BT-Drs. 19/27453, 38) auf Grund einer Beschlussempfehlung des Ausschusses für Energie und Wirtschaft (BT-Drs. 19/30899, 17) noch um die erweiterte zeitliche Übergangsregelung in § 41a Abs. 2 S. 3 ergänzt worden, wodurch in zeitlich bestimmten Abständen der Kreis der verpflichteten Stromlieferanten erweitert wird.

IV. Zweck

§ 41a dient der **Umsetzung von Vorgaben der Elt-RL 19,** soweit das An- 5
gebot von dynamischen Stromtarifen (vgl. BT-Drs. 19/27453, 126) sowie die Information der Letztverbraucher über die damit verbundenen Chancen, Kosten

und Risiken vorgeschrieben wird (§ 41a Abs. 1 S. 2, Abs. 2). § 41a Abs. 2 S. 3 geht dabei in der Reichweite der Verpflichtung über die Richtlinienvorgaben noch hinaus, und § 41a Abs. 1 S. 1 reicht inhaltlich darüber hinaus, indem das Angebot auch anderer Stromtarife, die Anreize zur Energieeinsparung- und -steuerung setzen, vorgeschrieben wird. § 41a Abs. 1 S. 3 ist nicht unionsrechtlich vorgegeben.

6 Im Einklang mit den unionsrechtlichen Zielen (vgl. Erwgr. 5 und 37, Art. 1 Abs. 2 Elt-RL 19) verfolgt § 41a Abs. 1 S. 1 und 2, Abs. 2 das Ziel, **Energieeinsparung und Energieverbrauchssteuerung** zu befördern. Die durch die Einführung intelligenter Messsysteme, die Fast-Echtzeit-Verbrauchsdaten bereitstellen und ua automatisierte Energieeffizienzprogramme und Laststeuerungen unterstützen (vgl. Anforderungen an intelligente Messsysteme in Erwägungsgrund 52, Art. 20 Abs. 1 lit. a S. 3 Elt-RL 19), eröffneten technischen Voraussetzungen für die Einführung insbesondere von dynamischen Tarifen sollen genutzt werden. Da die Möglichkeit der Inanspruchnahme solcher Tarife gegebenenfalls nur noch von der Bereitstellung durch den Stromlieferanten abhängt, sollen diese dazu verpflichtet werden. Dem Ziel, die Mitwirkung der Letztverbraucher an der Energiewende zu fördern, soll auch die vorgeschriebene Information der Letztverbraucher über die Kosten sowie die Vor- und Nachteile des Vertrags nach § 41a Abs. 1 S. 1 sowie den Einbau eines intelligenten Messsystems dienen; die Letztverbraucher sollen zu aktiver Marktteilnahme befähigt werden und von der Inanspruchnahme von dynamischen Stromtarifen bestmöglich profitieren (vgl. Erwägungsgrund 23, 37 Elt-RL 19). Zur Energieverbrauchssteuerung anreizende Tarife sollen dem Umstand Rechnung tragen, dass auf den Elektrizitätsmärkten eine Ware gehandelt wird, die sich derzeit nicht leicht speichern lässt und entsprechend eine Laststeuerung erfordert (vgl. Erwgr. 18 Elt-RL 19); Anreize zur Steuerung sollen daher Spitzenlasten verhindern (so zu § 40 aF Rosin/Pohlmann/Gentzsch/Metzenthin/Böwing/*Eismann/Presser,* Stand: 5.2014, EnWG § 40 Rn. 48), die Produktion von nicht verwertbarer Energie und damit einhergehende unnötige Emissionen verhindern und so dem Ziel der Schaffung eines nachhaltigen Energiesystem mit geringen CO_2-Emissionen (Art. 1 Abs. 2 S. 1 Elt-RL 19) dienen. Im Sinne dieses Zieles wären vor allem Tarife sinnvoll, die sich an den Grenzkosten für von erneuerbaren Energien produzierten Strom, der verbraucht wird, orientieren (vgl. *Tönnies* ZNER 2010, 259f.).

7 Bei der nicht von der Elt-RL 19 motivierten Regelung des § 41a Abs. 1 S. 3 steht der **Datenschutz** im Vordergrund. Die Aufzeichnung und Übermittlung von Daten soll minimiert werden (vgl. zur Vorgängerregelung in § 40 Abs. 5 aF BT-Drs. 17/6072, 84).

V. Anwendungsbereich

8 Dem Wortlaut nach anders als nach § 40 Abs. 5 aF, in der Sache allerdings übereinstimmend (→ 3. Aufl., § 40 Rn. 40) werden in § 41a nun explizit nur **Stromlieferanten iSv § 3 Nr. 31a** als Verpflichtete genannt. Der Kreis der verpflichteten Stromlieferanten wird bzgl. des Angebots dynamischer Stromtarife in § 41a Abs. 2 S. 1 und 3 weiter konkretisiert.

9 Die Verpflichtungen der Stromlieferanten bestehen **differenziert gegenüber Letztverbrauchern und gegenüber Haushaltskunden.** Das Angebot bestimmter Tarife nach § 41a Abs. 1 S. 1, Abs. 2 S. 1, 3 und die Informationspflicht nach § 41a Abs. 2 S. 2 besteht gegenüber allen Letztverbrauchern iSv § 3 Nr. 25. Die Pflicht zum Anbieten von Tarifen mit begrenzter Datenaufzeichnung und -übermittlung (§ 41a Abs. 1 S. 3) besteht nur gegenüber Haushaltskunden iSv § 3 Nr. 22.

B. Einzelerläuterungen

I. Pflicht zum Angebot bestimmter Tarife (Abs. 1)

§ 41a Abs. 1 verpflichtet die Stromlieferanten, Letztverbrauchern bzw. Haushaltskunden bestimmte Tarife anzubieten. Das verlangt, da der Stromlieferant den Letztverbraucher dazu animieren soll, sein Verhalten anzupassen und einen entsprechenden Tarif zu wählen, dass das **Angebot aktiv und nicht erst auf Anfrage** des Letztverbrauchers erfolgt (vgl. Rosin/Pohlmann/Gentzsch/Metzenthin/Böwing/ *Eismann/Presser*, Stand: 5.2014, EnWG § 40 Rn. 50; BeckOK EnWG/*Schnurre* § 41a Rn. 13). Die Letztverbraucher sind nicht verpflichtet, einen solchen angebotenen Tarif zu wählen (BerlKommEnergieR/*Bruhn* EnWG § 40 Rn. 65). 10

1. Tarife zur Energieeinsparung und Energieverbrauchssteuerung (Abs. 1 S. 1, 2). a) In Betracht kommende Tarife. § 41a Abs. 1 S. 1, 2 verpflichtet zum Angebot von **Tarifen, die einen Anreiz zu Energieeinsparung oder Steuerung des Energieverbrauchs setzen.** Die Anforderungen an solche Tarife werden in § 41a Abs. 1 S. 1 allgemein formuliert (→Rn. 12). Es können deshalb auch andere, diesen Anforderungen genügende Tarife als die in § 41a Abs. 1 S. 2 insbesondere genannten lastvariablen oder tageszeitabhängigen Tarife (→Rn. 13f.) angeboten werden (*Benz* ZUR 2008, 457 (461); *Güneysu/Wieser* ZNER 2011, 417 (418)); § 41a Abs. 1 S. 2 hält aber ausdrücklich fest, dass lastvariable oder tageszeitabhängige Tarife den Anforderungen nach § 41a Abs. 1 S. 1 entsprechen. Dynamische Tarife iSv § 3 Nr. 31b, dh Tarife, die Preisschwankungen auf den Spotmärkten in Intervallen widerspiegeln, immer auch als Tarife iSd § 41 Abs. 1 S. 1 anzusehen; umgekehrt sind Tarife iSd § 41a Abs. 1 S. 1 und 2 nicht notwendig dynamische Stromtarife (BeckOK EnWG/*Schnurre* § 41a Rn. 3, insoweit krit. zu BT-Drs. 19/27453, 126). Die Verpflichtung zum Angebot dynamischer Stromtarife ist in § 41a Abs. 2 näher geregelt (→Rn. 17ff.). 11

aa) Allgemeine Anforderungen. Grundsätzlich verlangt § 41a Abs. 1 S. 1, dass Letztverbrauchern von Elektrizität ein Tarif mit einem **Anreiz zu Energieeinsparung oder Energieverbrauchssteuerung** angeboten wird. Bezüglich der konkreten Ausgestaltung enthält § 41a Abs. 1 S. 1 keine weiteren Vorgaben. Unter teleologischen Gesichtspunkten müssen die angebotenen Tarife jedoch einen hinreichenden Reiz setzen (vgl. BGH Urt. v. 20.6.2017 – EnZR 32/16, RdE 2017, 404 Rn. 20 (zu § 2 Abs. 2 S. 1 Nr. 1 lit. a) KAV; BerlKommEnergieR/*Bruhn* § 40 Rn. 63; *Güneysu/Wieser* ZNER 2011, 417 (418)). Dieser Anforderung genügen etwa echte Stromflatrates nicht, da diese aufgrund des Pauschalpreises für einen unbegrenzten Verbrauch den Energieverbrauch geradezu fördern (vgl. *McCutcheon* EnWZ 2018, 344 (344f.)). IÜ bleibt den Stromlieferanten hinsichtlich der angebotenen Tarifmodelle ein erheblicher Gestaltungsspielraum (so bereits zu § 40 aF *Güneysu/Wieser* ZNER 2011, 417 (418)). Angeboten werden können die in § 41a Abs. 1 S. 2 besonders genannten Varianten (→Rn. 13f.), aber auch andere Tarifvarianten, die die Kunden zum Energiesparen anreizen (*Benz* ZUR 2008, 457 (461); *Güneysu/Wieser* ZNER 2011, 417 (418)). So können Tarife, die Rabatte oder Boni für eine Senkung des Verbrauchs bieten, einen Anreiz zur Einsparung setzen (so zu § 40 aF Rosin/Pohlmann/Gentzsch/Metzenthin/Böwing/*Eismann/ Presser*, Stand: 5.2014, § 40 Rn. 47). Auch lastbegrenzende Tarife, bei denen ein Stromverbrauch über einer bestimmten Lastgrenze nicht mehr oder nur zu erhöh- 12

§ 41 a Teil 4. Energielieferung an Letztverbraucher

tem Preis möglich ist (*Wilkes* WuM 2010, 615, 618), entsprechen wohl den Anforderungen an Tarife mit Anreizen zur Steuerung des Energieverbrauchs iSv § 41 a Abs. 1 S. 1. Es dürfte nach wie vor noch gelten, dass solche Angebote nur für eine Minderheit von Letztverbrauchern mit relativ hohem Stromverbrauch attraktiv sein werden (so zu § 40 aF *Gundel* GewArch 2012, 137 (144)).

13 **bb) Insbesondere: Lastvariable oder tageszeitabhängige Tarife.** Als Anreiztarif iSv § 41 a Abs. 1 S. 1 gelten nach § 41 a Abs. 1 S. 2 ausdrücklich **lastvariable Tarife** (vgl. dazu näher, teils krit. *Tönnies* ZNER 2010, 259 f.), Bei lastvariablen Tarifen ist der Preis für verbrauchte Energie abhängig von der Summe der von Letztverbrauchern jeweils entnommenen elektrischen Energie (Theobald/Kühling/ *Heinlein/Weitenberg* EnWG § 40 Rn. 57). Der Preis reagiert bei lastvariablen Tarife auf die aktuelle Situation auf dem Strommarkt und passt sich diesem an; die Informationen über die sich ändernden Tarife werden an den Stromzähler gesendet, welcher von diesem Zeitpunkt an entsprechend abrechnet (*Wilkes* WuM 2010, 615 (618)). Das Angebot lastvariabler Tarife setzt die Kenntnis des jeweils aktuellen Stromverbrauchs in kurzen Intervallen voraus; den Zugang zu einer dafür nötigen registrierenden Leistungsmessung regelt § 55 Abs. 1 MsbG. Der volkswirtschaftliche Nutzen solcher lastvariablen Tarife wird angezweifelt (vgl. *Tönnies* ZNER 2010, 259 (259 f.)).

14 Bei **tageszeitabhängigen Tarifen,** die nach § 41 a Abs. 1 S. 2 ebenfalls als Anreiztarife iSv § 41 a Abs. 1 S. 1 gelten, ist der Strompreis abhängig von der Tageszeit, zu welcher die elektrische Energie verbraucht wird (Theobald/Kühling/*Heinlein/ Weitenberg* EnWG § 40 Rn. 58). Unter die lastvariablen Tarife fällt etwa der schon länger bekannte Hochtarif-/Niedrigtarif (sog. HT/NT-Tarif), der Strom etwa in den Nachtstunden günstiger anbietet (vgl. *Eder/vom Wege* IR 2008, 198 (200 f.)). Auch der Nutzen von solchen tageszeitabhängigen Tarifen wird, da statt einer am Angebot orientierten Nachfrage eine künstliche Lastspitze erzeugt werde, angezweifelt (*Tönnies* ZNER 2010, 259 (259 f.); Theobald/Kühling/*Heinlein/Weitenberg* EnWG § 40 Rn. 58).

15 **b) Der Vorbehalt technischer Machbarkeit und wirtschaftlicher Zumutbarkeit.** Die Erfüllung der Verpflichtung nach § 41 a Abs. 1 S. 1, 2 setzt technologisch voraus, dass von den Messstellenbetreibern Messeinrichtungen vorgehalten werden, die den tatsächlichen Energieverbrauch und die tatsächliche Nutzungszeit erfassen (*Benz* ZUR 2008, 457 (458); *Lippert* ET 2009, 82 (87)). Der insbes. darauf gründende **Vorbehalt technischer Machbarkeit und wirtschaftlicher Zumutbarkeit** stößt freilich auf Kritik, weil die nötigen technischen und ökonomischen Voraussetzungen grundsätzlich als gegeben anzusehen sind (*Tönnies* ZNER 2010, 259 (261); Theobald/Kühling/*Heinlein/Weitenberg* EnWG § 40 Rn. 54); allenfalls im Einzelfall wird auf eine mangelnde technische Machbarkeit oder wirtschaftliche Unzumutbarkeit verwiesen werden können (vgl. *vom Wege/Sösemann* IR 2009, 55 (55 f.), noch mit Blick auf die Umsetzungsfrist nach § 40 Abs. 3 S. 1 in der bis zum 3.8.2011 geltenden Fassung; BeckOK EnWG/*Schnurre* § 41 a Rn. 5).

16 **2. Tarife mit begrenzter Datenaufzeichnung und -übermittlung (Abs. 1 S. 3).** § 41 a Abs. 1 S. 3 verpflichtet Stromlieferanten zum Angebot mindestens eines Tarifs, bei dem – insofern den bisher üblichen Tarifen entsprechend – die Datenaufzeichnung und -übermittlung auf die **Mitteilung der innerhalb eines bestimmten Zeitraums verbrauchten Gesamtstrommenge** begrenzt ist. Die Regelung

Lastvariable, tageszeitabhängige oder dynamische und sonstige Stromtarife **§ 41a**

kann als eine gesetzgeberische Reaktion auf die mit Smart Metering verbundene besondere Gefährdung von Datenschutz (vgl. *Schumacher* DÖV 2012, 176 (183)) verstanden werden. Stromlieferanten müssen danach einen für datenschutzbewusste Letztverbraucher geeigneten Tarif vorhalten (BeckOK EnWG/*Schnurre* § 41a Rn. 7). Die Verpflichtung besteht nur gegenüber Haushaltskunden iSv § 3 Nr. 22, nicht gegenüber sonstigen Letztverbrauchern. Die Aufzeichnung und Übermittlung von Daten muss gegebenenfalls insbesondere auch dann auf ein Minimum begrenzt werden, wenn ein Messsystem iSv §§ 2 S. 1 Nr. 7, 21, 22 MsbG eingebaut worden ist (so bereits zu § 40 aF bzgl. § 21d BT-Drs. 17/6072, 84).

II. Dynamische Stromtarife (Abs. 2)

1. Angebotspflicht (Abs. 2 S. 1 und 3). § 41a Abs. 2 S. 1 verpflichtet zum 17
Angebot von **Stromlieferverträgen mit dynamischen Tarifen.** Stromlieferverträge mit dynamischen Tarifen sind nach § 3 Nr. 31b Stromlieferverträge mit einem Letztverbraucher, in dem die Preisschwankungen auf den Spotmärkten, einschließlich der Day-Ahead- und Intraday-Märkte, in Intervallen widergespiegelt werden, die mindestens den Abrechnungsintervallen des jeweiligen Marktes entsprechen (zur Abgrenzung von Tarifen iSd § 41a Abs. 1 S. 1 und 2 → Rn. 11). Dynamische Stromtarife führen dazu, dass Preisschwankungen am Großhandelsmarkt anders nach herkömmlichen Tarifen, die sich insbes. in Lieferverhältnissen mit kleineren Verbraucher am durchschnittlichen Strompreis orientieren, weitergegeben werden (vgl. *Müsgens* EnWZ 2017, 243 Fn. 2).

Verpflichtet sind nach Maßgabe von § 41a Abs. 2 S. 1 und 3 **Stromlieferanten,** 18
die eine bestimmte Anzahl von Letztverbrauchern beliefern. Nach § 41a Abs. 2 S. 1 sind zunächst erfasst Stromlieferanten, die bis zum 31. Dezember eines Jahres mehr als 200.000 Letztverbraucher beliefern. Die Kundenzahl wird im Einklang mit Art. 11 Abs. 1 S. 2 Elt-RL 19 durch alle Kunden des Stromlieferanten, unabhängig davon, welche Zähler installiert sind, bestimmt (BT-Drs. 19/27453, 126). Die Verpflichtung beginnt im Folgejahr. § 41a Abs. 2 S. 3 erweitert den Kreis der verpflichteten Stromlieferanten. Seit dem 1.1.2022 müssen alle Stromlieferanten, die bis zum 31.12. eines Jahres mehr als 100.000 Letztverbraucher beliefern und ab dem 1.1.2025 alle Stromlieferanten, die bis zum 31.12. eines Jahres mehr als 50.000 Letztverbraucher beliefern, einen Vertrag mit einem dynamischen Stromtarif nach Abs. 2 S. 1 anbieten.

Die Angebotspflicht besteht nur gegenüber **Letztverbrauchern, die bereits** 19
über ein intelligentes Messsystem iSv des MsbG verfügen. Intelligente Messsysteme iSv §§ 2 S. 1 Nr. 7, 21, 22 MsbG sind die Grundlage für dynamische Tarife (vgl. *Booz* N&R 2017, 130 (132)). Sind diese vorhanden, hängt die Möglichkeit der Inanspruchnahme solcher Tarife nur noch von der Bereitstellung durch den Stromlieferanten ab. Die entsprechende, durch § 41a Abs. 2 S. 1 und 3 begründete Pflicht steht folglich – anders als bei § 41a Abs. 1 S. 1 – nicht unter einem Vorbehalt technischer Machbarkeit und wirtschaftlicher Zumutbarkeit.

Durch die Annahme des Angebots des Stromlieferanten durch den Letztverbrau- 20
cher kommt – wie sich bereits der Legaldefinition entnehmen lässt – ein **Stromliefervertrag mit dynamischen Tarifen** und damit ein Vertragsverhältnis zustande. Die dynamische Gestaltung der Tarife führt nicht stets zu neuen Vertragsschlüssen (*Oster* ZdiW 2021, 418 (422); aA wohl *Köhler/Müller-Boysen* ZNER 2018, 203 (204 ff.)). Die den Stromlieferverträgen mit dynamischen Verträgen zugrundeliegenden Algorithmen, die als AGB zu qualifizieren sind, sind als solche gemäß § 307

Abs. 1 S. 2 BGB (*Oster* ZdiW 2021, 418 (422)), iÜ auch nach § 41 Abs. 1 S. 1 EnWG transparent offenzulegen.

21 **2. Informationspflicht (Abs. 2 S. 2).** Mit Blick auf das Angebot und die mögliche Wahl von dynamischen Stromtarifen begründet § 41a Abs. 2 S. 2 **Unterrichtungs- und Informationsverpflichtungen** der Stromlieferanten. Dem Zweck des § 41a Abs. 2 entsprechend (→ Rn. 6) obliegen ihnen diese Verpflichtungen gegenüber allen Letztverbrauchern und nicht etwa nur nach Vertragsschluss gegenüber ihren Kunden.

22 Letztverbraucher sollen gem. § 41a Abs. 2 S. 2 Hs. 1 über die **Vor- und Nachteile des Vertrages nach § 41a Abs. 2 S. 1** unterrichtet werden. Dynamische Tarife haben im Vergleich zu statischen Tarifen Chancen und Risiken, welche dem Verbraucher aufgezeigt werden sollen; er soll auch davon in Kenntnis gesetzt werden, welche Faktoren Einfluss auf die Dynamik nehmen (BT-Drs. 19/27453, 126).

23 Darüber hinaus sind den Letztverbrauchern gem. § 41a Abs. 2 S. 2 Hs. 2 **Informationen über den Einbau eines Messsystems iSd MsbG** anzubieten. Die zurückhaltendere Formulierung, wonach insoweit durch den Stromlieferanten nicht zu unterrichten ist, sondern nur Informationen anzubieten sind, trägt möglicherweise dem Umstand Rechnung, dass die Information über den Einbau eines intelligenten Messsystems iSd MsbG nur sinnvoll und erwünscht ist, soweit ein solcher Einbau noch nicht erfolgt ist.

§ 41 b Energielieferverträge mit Haushaltskunden außerhalb der Grundversorgung; Verordnungsermächtigung

(1) ¹**Energielieferverträge mit Haushaltskunden außerhalb der Grundversorgung und deren Kündigung durch den Energielieferanten bedürfen der Textform.** ²**Der Energielieferant hat dem Haushaltskunden dessen Kündigung innerhalb einer Woche nach Zugang unter Angabe des Vertragsendes in Textform zu bestätigen.**

(2) ¹Haushaltskunden sind vier Wochen vor einer geplanten Versorgungsunterbrechung wegen Nichtzahlung in geeigneter Weise über Möglichkeiten zur Vermeidung der Versorgungsunterbrechung zu informieren, die für den Haushaltskunden keine Mehrkosten verursachen. ²Dazu können gehören
1. Hilfsangebote zur Abwendung einer Versorgungsunterbrechung wegen Nichtzahlung,
2. Vorauszahlungssysteme,
3. Informationen zu Energieaudits,
4. Informationen zu Energieberatungsdiensten,
5. alternative Zahlungspläne verbunden mit einer Stundungsvereinbarung,
6. Hinweis auf staatliche Unterstützungsmöglichkeiten der sozialen Mindestsicherung oder
7. eine Schuldnerberatung.

³Die Informationen müssen deutlich und leicht verständlich die Maßnahme selbst sowie die Konsequenzen aufzeigen.

(3) ¹Wird eine Voraus- oder Abschlagszahlung vereinbart, muss sich diese nach dem Verbrauch des vorhergehenden Abrechnungszeitraums

oder dem durchschnittlichen Verbrauch vergleichbarer Kunden richten. ²Macht der Haushaltskunde glaubhaft, dass sein Verbrauch erheblich geringer ist, so ist dies bei der Bemessung angemessen zu berücksichtigen. ³Eine bei Vertragsabschluss vereinbarte Voraus- oder Abschlagszahlung wird bei der Belieferung von Haushaltskunden nicht vor Beginn der Lieferung fällig.

(4) Bei einer Unterrichtung nach § 41 Absatz 5 Satz 1 ist bei Stromlieferverträgen mit Haushaltskunden außerhalb der Grundversorgung darauf hinzuweisen, in welchem Umfang sich der Versorgeranteil geändert hat.

(5) ¹Haushaltskunden sind im Falle eines Wohnsitzwechsels zu einer außerordentlichen Kündigung ihres bisherigen Liefervertrages unter Einhaltung einer Kündigungsfrist von sechs Wochen berechtigt. ²Die Kündigung kann mit Wirkung zum Zeitpunkt des Auszugs oder mit Wirkung zu einem späteren Zeitpunkt erklärt werden. ³Die Sätze 1 und 2 sind nicht anzuwenden, wenn der bisherige Energielieferant dem Haushaltskunden binnen zwei Wochen nach Erhalt der Kündigung in Textform eine Fortsetzung des Liefervertrages an dessen neuem Wohnsitz zu den bisherigen Vertragsbedingungen anbietet und die Belieferung an der neuen Entnahmestelle möglich ist. ⁴Zu diesem Zwecke hat der Haushaltskunde in seiner außerordentlichen Kündigung seine zukünftige Anschrift oder eine zur Bezeichnung seiner zukünftigen Entnahmestelle verwendete Identifikationsnummer mitzuteilen.

(6) ¹Das Bundesministerium für Wirtschaft und Energie kann im Einvernehmen mit dem Bundesministerium der Justiz und für Verbraucherschutz durch Rechtsverordnung mit Zustimmung des Bundesrates
1. nähere Regelungen für die Belieferung von Haushaltskunden mit Energie außerhalb der Grundversorgung treffen,
2. die Bestimmungen der Verträge einheitlich festsetzen und insbesondere Regelungen über den Vertragsabschluss, den Gegenstand und die Beendigung der Verträge treffen sowie
3. Rechte und Pflichten der Vertragspartner festlegen.

²Hierbei sind die beiderseitigen Interessen angemessen zu berücksichtigen. ³Die jeweils in Anhang I der Richtlinie (EU) 2019/944 und der Richtlinie 2009/73/EG vorgesehenen Maßnahmen sind zu beachten.

(7) Die Bundesregierung wird ermächtigt, durch Rechtsverordnung mit Zustimmung des Bundesrates den Mindestbetrag des Anspruchs zu bestimmen, den ein Haushaltskunde gegenüber dem Energielieferanten auf Schadensersatz wegen einer vertragswidrigen Beendigung der Belieferung geltend machen kann.

Übersicht

	Rn.
A. Allgemeines	1
I. Inhalt	1
II. Unionsrechtliche Vorgaben	2
III. Gesetzgebungsgeschichte	3
IV. Zweck	6
V. Anwendungsbereich	7

	Rn.
B. Einzelerläuterungen	13
I. Formvorgaben/Kündigungsbestätigung (Abs. 1)	13
1. Form für Energielieferverträge und deren Kündigung (Abs. 1 S. 1)	13
2. Kündigungsbestätigung (Abs. 1 S. 2)	15
II. Informationspflicht bei geplanter Versorgungsunterbrechung (Abs. 2)	21
III. Voraus- und Abschlagszahlungen (Abs. 3)	25
IV. Hinweispflicht auf den Versorgeranteil (Abs. 4)	29
V. Sonderkündigungsrecht (Abs. 5)	30
1. Sonderkündigungsrecht des Haushaltskunden (Abs. 5 S. 1, 2)	31
2. Wahlrecht des Energielieferanten (Abs. 5 S. 3)	39
3. Mitteilungspflicht des Haushaltskunden (Abs. 5 S. 4)	43
VI. Verordnungsermächtigung (Abs. 6)	44
VII. Mindestschadensersatz (Abs. 7)	46

Literatur: *Gersdorf/Paal* (Hrsg.), BeckOK Informations- und Medienrecht, 34. Ed. 2021; *Kiparski*, Kündigungsfrist von 3 Monaten ab Umzugstermin, MMR 2018, 186; *Riemer/Tüngler*, EnWG-Novelle 2021 – Änderung für den Energievertrieb, RdE 2021, 397; *Rosin/Pohlmann/Gentzsch/Metzenthin/Böwing* (Hrsg.), Praxiskommentar zum EnWG; *Säcker/Rixecker/Oetker/Limperg* (Hrsg.), Münchener Kommentar zum Bürgerlichen Gesetzbuch Band 1, 9. Aufl. 2021; *Säcker/Rixecker/Oetker/Limperg* (Hrsg.), Münchener Kommentar zum Bürgerlichen Gesetzbuch Band 3, 8. Aufl. 2019; *Spindler/Schuster* (Hrsg.), Recht der elektronischen Medien, 4. Aufl. 2019.

A. Allgemeines

I. Inhalt

1 § 41b enthält ergänzende **zwingende Regelungen für Energielieferverträge mit Haushaltskunden außerhalb der Grundversorgung.** § 41b Abs. 1 S. 1 regelt die vorgeschriebene Form solcher Verträge und deren Kündigung durch den Energielieferanten. Eine eingegangene Kündigung hat der Energielieferant gem. § 41b Abs. 1 S. 2 gemäß der dort bestimmten Form und Frist zu bestätigen. § 41b Abs. 2 enthält Informationspflichten zum Schutz von Haushaltskunden bei geplanten Versorgungsunterbrechungen. § 41b Abs. 3 gibt vor, woran sich die Bemessung von Voraus- und Abschlagszahlungen zu orientieren hat und wann diese frühestens fällig werden können. § 41b Abs. 4 erweitert die bestehende Unterrichtungspflicht nach § 41 Abs. 5 S. 1. In § 41b Abs. 5 finden sich Regelungen zu einem Sonderkündigungsrecht von Haushaltskunden im Falle eines Wohnsitzwechsels. § 41b Abs. 6 enthält eine Verordnungsermächtigung für das BMWK zur Regelung von einzelnen Modalitäten von Energielieferverträgen mit Haushaltskunden außerhalb der Grundversorgung. Schließlich ermächtigt § 41b Abs. 7 die BReg zur Festlegung eines Mindestbetrages für einen bestehenden Schadensersatzanspruch des Haushaltskunden gegenüber dem Energielieferanten.

II. Unionsrechtliche Vorgaben

§ 41b beruht nur **teilweise auf unionsrechtlichen Vorgaben**. Bereits die 2
Gas-RL 09 und die – inzwischen durch die Elt-RL 19 abgelöste – Elt-RL 09 verfolgten das Ziel, auch außerhalb der Grundversorgung die Verbraucherrechte zu stärken und die Transparenz zu erhöhen (Erwgr. 48 Gas-RL 09; Erwgr. 51 Elt-RL 09). § 41b Abs. 2 beruht nunmehr auf der Elt-RL 19. Bereits in der Elt-RL 09 und Gas-RL 09 angelegt gewesen ist § 41b Abs. 3. § 41b Abs. 1, 4 und 5 haben keinen unionsrechtlichen Ursprung.

III. Gesetzgebungsgeschichte

Vorgaben für Energielieferverträge mit Haushaltskunden außerhalb der Grund- 3
versorgung enthielt bereits **§ 41 EnWG 2005**. Die dort enthaltenen formalen Anforderungen an Energielieferverträge finden sich nunmehr, einheitlich geregelt für Verträge innerhalb und außerhalb der Grundversorgung und zugleich inhaltlich modifiziert, in § 41b nF.

Der mit Wirkung vom 27.7.2021 durch das Gesetz v. 16.7.2021 (BGBl. 2021 I 4
S. 3026) eingeführte **§ 41b** hat einzelne Regelungselemente des § 41 aF übernommen; das gilt namentlich für den – nur auf Abschlagszahlungen erstreckten – § 41b Abs. 3, der an § 41 Abs. 2 S. 2–4 aF anschließt. Die neu getroffenen gesetzlichen Regelungen stützen sich teils auf umzusetzende unionsrechtliche Vorgaben (→ Rn. 2) und auf für die Grundversorgung geltende Vorläufernormen. So enthielten bereits §§ 2 Abs. 1 StromGVV/GasGVV und §§ 20 Abs. 2 S. 1 StromGVV/GasGVV dem § 41b Abs. 1 S. 1, §§ 20 Abs. 2 S. 2 StromGVV/GasGVV dem § 41b Abs. 1 S. 2 EnWG ähnliche Regelungen. Die neue Regelung des § 41b Abs. 4 aF, heute Abs. 5 ist § 46 Abs. 8 TKG aF nachempfunden (BT-Drs. 19/27453, 128); § 46 Abs. 8 TKG aF war in Reaktion auf eine Entscheidung des BGH, nach der im Falle eines Umzugs kein Kündigungsrecht nach § 314 BGB und § 626 BGB bestehen sollte (BGH Urt. v. 11.11.2010 – III ZR 57/10, NJW-RR 2011, 916) geschaffen worden (vgl. BT-Drs. 17/5707, 70).

Im Rahmen der **Klimaschutz-Sofortprogramm-Novelle** (BGBl. 2022 I 5
S. 1214) hat § 41b Änderungen erfahren. Es ist ein neuer § 41b Abs. 4 eingefügt worden, der die Informationspflicht nach § 41 Abs. 5 S. 3 erweitert (BT-Drs. 20/1599, 60). Ebenfalls im Rahmen der Klimaschutz-Sofortprogramm-Novelle ist § 41b Abs. 7 eingefügt worden.

IV. Zweck

Die Regelungen des § 41b, die die für Lieferverträge mit allen Letztverbrau- 6
chern geltenden Vorschriften, namentlich § 41, ergänzen, dienen vornehmlich dem **Schutz des Haushaltskunden** in Energielieferverhältnissen außerhalb der Grundversorgung iSv § 36 (BT-Drs. 19/27453, 126). Dieser Zweck wird durch eine teilweise deutliche Angleichung an die Vorgaben der StromGVV bzw. GasGVV, die für Grundversorgungsverhältnisse gelten, verfolgt (BeckOK EnWG/ *Schnurre* § 41b Rn. 2). Zum Schutz des Haushaltskunden werden insbesondere Transparenzanforderungen erhöht (vgl. BT-Drs. 19/27453, 126f., zum Textformerfordernis bei Vertragsschluss, Kündigung durch den Energielieferanten und Bestätigung der Kündigung des Haushaltskunden) und Informationspflichten statuiert (vgl. BT-Drs. 19/27453, 127, zu den Art. 10 Abs. 11 Elt-RL 19 umsetzenden Informationspflichten bei geplanten Versorgungsunterbrechungen), aber auch materielle

§ 41 b   Teil 4. Energielieferung an Letztverbraucher

Schutzvorschriften getroffen, so etwa bezüglich der Bemessung von Voraus- und Abschlagszahlungen gem. § 41b Abs. 3 oder des Kündigungsrechts bei Wohnsitzwechsel gem. § 41b Abs. 5 (vgl. BT-Drs. 19/27453, 127).

V. Anwendungsbereich

7   § 41b enthält Vorgaben für **Energielieferverträge über Strom und Gas.** Zwar erfasst der Begriff der Energie iSv § 3 Nr. 14 Elektrizität, Gas und Wasserstoff, soweit sie zur leitungsgebundenen Energieversorgung verwendet werden. Die Verwendung des Begriffs des Energielieferanten in § 41b, der in § Nr. 15c als Gas- oder Stromlieferant definiert wird, verdeutlicht jedoch die Einschränkung auf Gas- und Stromlieferverträge.

8   Weiter ist der Anwendungsbereich beschränkt auf **Strom- und Gaslieferverträge mit Haushaltskunden** iSv § 3 Nr. 22. Darunter fallen Letztverbraucher, die Energie überwiegend kaufen entweder für den Eigenverbrauch im Haushalt oder auch für den Eigenverbrauch für berufliche, landwirtschaftliche oder gewerbliche Zwecke, letzteres jedoch nur bei einem Jahresverbrauch bis zu 10.000 kWh (→ § 3 Rn. 58). Nicht unter die Definition des Haushaltskunden und damit auch nicht unter § 41b fallen demnach gewerbliche Kunden, die die genannte Jahresverbrauchsgrenze überschreiten, namentlich also industrielle Großkunden.

9   Unter § 41b fallen nur **Energielieferverträge mit Haushaltskunden außerhalb der Grundversorgung.** Für die Abgrenzung dieser sog. Sonderkundenverträge von Energielieferverträgen innerhalb der Grundversorgung ist maßgeblich, ob ein Haushaltskunde mit einem EVU einen Energieliefervertrag auf Grundlage der Allgemeinen Bedingungen und Allgemeinen Preise abgeschlossen hat, die dieses EVU für ein Netzgebiet der allgemeinen Versorgung, in dem es grundversorgungspflichtig ist, für die Grundversorgung öffentlich bekannt gemacht hat. Die Abgrenzung der Grundversorgungsverträge von Sonderkundenverträge bereitet vor allem deshalb Schwierigkeiten, weil einerseits ein EVU mehrere Grundversorgungstarife anbieten kann (→ § 36 Rn. 29) und andererseits auch Sonderkundenverträge häufig nicht als Individual-, sondern unter Verwendung standardisierter Verträge als sog. Normsonderkundenverträge abgeschlossen werden. Zu Recht verworfen worden ist die Annahme, nur bei Versorgung nach dem jeweils allgemeinsten vom Grundversorger angebotenen, im Verhältnis zu anderen Tarifen besonders hoch kalkulierten Tarif sei Grundversorgung anzunehmen (so OLG Düsseldorf Urt. v. 4.6.2008 – 34 O 207/07, IR 2009, 186; dagegen zu Recht BGH Urt. v. Urt. v. 11.5.2011 – VIII ZR 42/10, NJW 2011, 2736 (2738f.)). Wird etwa im Rahmen der Grundversorgung ein sog. Bestabrechnungsmodell angeboten, bleibt es bei der Grundversorgung, auch wenn am Ende ein anderer Tarif als der zunächst standardmäßig vorgesehene allgemeine Tarif abgerechnet wird (LG Wiesbaden Urt. v. 22.1.2009 – 13 O 159/07, ZNER 2009, 160 (161f.); LG Augsburg Urt. v. 27.1.2009 – 2HK O 1154/08, ZNER 2009, 165; LG Chemnitz Urt. v. 6.5.2008 – 1 O 2620/05, ZNER 2009, 167 (168f.)). Entscheidend kommt es darauf an, ob das betreffende EVU die Versorgung zu öffentlich bekannt gemachten Bedingungen und Preisen – aus der Sicht eines durchschnittlichen Abnehmers – im Rahmen der nach § 36 Abs. 1 S. 1 begründeten Versorgungspflicht oder unabhängig davon im Rahmen der allgemeinen Vertragsfreiheit anbietet (BGH Beschl. v. 13.4.2021 – VIII ZR 277/19, ZNER 2021, 385 (386); Urt. v. 24.2.2016 – VIII ZR 216/12, NJOZ 2017, 1 (3f.) = RdE 2016, 305 (308); Urt. v. 22.2.2012 – VII ZR 34/11, NJW-RR 2012, 690 Rn. 35; Urt. v. 15.7.2009 – VIII ZR 225/07, NJW 2009,

2662 Rn. 13ff.; Urt. v. 15.7.2009 – VIII ZR 56/08, NJW 2009, 2667; Urt. v. Urt. v. 11.5.2011 – VIII ZR 42/10, NJW 2011, 2736 (2738f.)). Wird die Belieferung danach nicht zu allgemeinen Bedingungen und Tarifen vereinbart, liegt keine Grundversorgung, sondern ein Sonderkundenvertrag vor. Das Abgrenzungsproblem soll jedoch aufgrund der Kennzeichnungspflichten nach §§ 36 Abs. 1 S. 3, 40 Abs. 2 Nr. 13 und 41 Abs. 1 Nr. 6 an Bedeutung verlieren (vgl. *Riemer/Tüngler* RdE 2021, 397 (398)). Irrelevant für die Qualifikation des Energieliefervertrages ist die unter Umständen abweichende konzessionsabgabenrechtliche Einstufung des Kunden (LG Wiesbaden Urt. v. 22.1.2009 – 13 O 159/07, ZNER 2009, 160 (162); LG Chemnitz, ZNER 2009, 167, 169; → § 48 Rn. 19).

In den Anwendungsbereich der Vorschrift fallen auch **über geschlossene Ver-** 10 **teilernetze iSv § 110 Abs. 2, 3 belieferte Letztverbraucher.** Die in § 110 Abs. 1 für den Betrieb eines geschlossenen Verteilernetzes genannten Ausnahmen betreffen allein den Netzbetrieb, nicht hingegen andere energiewirtschaftliche Marktrollen (→ § 110 Rn. 25). Die für Energielieferverträge geltenden Vorgaben bleiben davon unberührt.

§ 41b ist nicht anwendbar auf **Grundversorgungsverträge mit Haushalts-** 11 **kunden** iSd § 36 EnWG. Für diese sollen weiterhin die StromGVV und die GasGVV gelten, deren Schutzniveau – wie vom Gesetzgeber bei Schaffung des § 41b angekündigt (BT-Drs. 19/27453, 126) – mit Wirkung zum 1.12.2021 durch VO v. 22.11.2021 (BGBl. 2021 I 4946) angepasst worden ist.

Haushaltskunden werden auch im Falle der **Ersatzversorgung** nach § 38 nicht 12 von § 41b erfasst. § 38 begründet ein gesetzliches Schuldverhältnis für den Fall, dass ein Energielieferungsvertrag gerade keinem vertraglichen Energieverhältnis zugeordnet werden kann, während § 41b Vorgaben für den Inhalt von vertraglichen Energielieferverhältnissen zwischen Energielieferanten und Haushaltskunden aufstellt.

B. Einzelerläuterungen

I. Formvorgaben/Kündigungsbestätigung (Abs. 1)

1. Form für Energielieferverträge und deren Kündigung (Abs. 1 S. 1). 13
Dem Vorbild von §§ 2 Abs. 1 S. 1, 20 Abs. 2 S. 1 StromGVV/GasGVV für die Grundversorgung folgend schreibt § 41b Abs. 1 S. 1 für Energielieferverträge mit Haushaltskunden außerhalb der Grundversorgung sowie für die Kündigung dieser Verträge durch den Energielieferanten die **Textform** (§ 126b BGB) vor. Ein Verstoß gegen dieses Formerfordernis hat die Nichtigkeit zur Folge (§ 125 S. 1 BGB). Dadurch soll die Transparenz eines Vertragsschlusses erhöht und untergeschobenen Verträgen entgegengewirkt werden (BT-Drs. 19/27453, 126f.). Das Formerfordernis erfasst den Abschluss von Energielieferverträgen außerhalb der Grundversorgung umfassend. Insbesondere ist ein konkludenter Vertragsschluss durch Energieentnahme nur mit dem Grundversorger möglich (→ § 36 Rn. 40), nicht jedoch außerhalb der Grundversorgung.

Da die Textform die **geringsten Formanforderungen** stellt, erfüllen deren 14 Voraussetzungen auch die Schriftform, die elektronische Form, die notarielle Beurkundung und die öffentliche Beglaubigung (vgl. MüKoBGB/*Einsele* BGB § 126b Rn. 10). § 41 Abs. 1 S. 1 steht daher auch dem Vertragsschluss im Internet und damit dem Wechsel des Anbieters unter den Voraussetzungen des elektronischen Geschäftsverkehrs (§§ 312i f. BGB), beispielsweise über Vergleichsportale, nicht entgegen; dies soll insbesondere für den in der Praxis häufig vorkommenden Fall gelten, bei dem die auf Abgabe einer auf den Vertragsschluss gerichteten Erklärung des Verbrauchers über das Anklicken einer inhaltlich aussagekräftigen Schaltfläche erfolgt und sowohl die Erklärung des Verbrauchers als auch die Erklärung des Energielieferanten die Voraussetzungen der Textform erfüllen (BT-Drs. 19/27453, 127).

15 **2. Kündigungsbestätigung (Abs. 1 S. 2).** § 41b Abs. 1 S. 2 verlangt eine **Bestätigung der Kündigung des Haushaltskunden durch den Energielieferanten in Textform** (→ Rn. 14). Diese – nach den allgemeinen Regelungen nicht geltende – Vorgabe soll die Rechtsklarheit bezüglich der Vertragsbeendigung verbessern und den Verbraucherschutz und die Transparenz gegenüber Haushaltskunden erhöhen (BT-Drs. 19/27453, 126). Das hat zum Hintergrund, dass Haushaltskunden nicht erkennen können, von wem sie Energie beziehen und in den technischen Energielieferantenwechselprozess nicht eingebunden sind, so dass für sie nicht nachvollziehbar ist, ob ihre Kündigung tatsächlich umgesetzt wurde (vgl. BT-Drs. 19/27453, 127). Seit dem 1.12.2021 enthalten die §§ 20 Abs. 2 S. 2 StromGVV/GasGVV für die Grundversorgung iSv § 36 eine dem § 41b Abs. 1 S. 2 ähnliche Regelung.

16 Die Pflicht zur Bestätigung gilt **unabhängig vom Kündigungsgrund.** Sie hat sowohl bei Ausübung eines Sonderkündigungsrecht (→ Rn. 31 ff.) als auch bei einer ordentlichen Kündigung zu erfolgen (BT-Drs. 19/27453, 127).

17 Nach dem Wortlaut hat der Energielieferant die Kündigung zu bestätigen. Das ist als **Bestätigung des Eingangs der Kündigung** zu verstehen. Daraus folgt jedoch weder eine Prüfungspflicht des Energielieferanten noch die Rechtserheblichkeit der Bestätigung für die Vertragsbeendigung bzw. die Wirksamkeit der Kündigungserklärung des Haushaltskunden.

18 Die Kündigungsbestätigung muss gem. § 41b Abs. 1 S. 2 den **Zeitpunkt des Vertragsendes** enthalten. Es muss das Ende des Vertrags- und Belieferungszeitpunkts enthalten sein, was dem Haushaltskunden auch die zeitgerechte Beauftragung eines neuen Energielieferanten ermöglichen soll (BT-Drs. 19/27453, 127).

19 Die Bestätigung der Kündigung hat **innerhalb von einer Woche nach Zugang** zu erfolgen. Dies soll dem Energielieferanten eine angemessene Zeit für die Verarbeitung der Kündigung lassen und dem Haushaltskunden ausreichend Zeit bieten, um gegebenenfalls vorsorglich eine weitere Kündigung auszusprechen (BT-Drs. 19/27453, 127).

20 Die Kündigungsbestätigung muss **stets gegenüber dem Haushaltskunden** ergehen, auch in den praktisch relevanten Fällen von Vertretung insbesondere durch den Neulieferanten (BT-Drs. 19/27453, 127). Nur auf diesem Wege wird die angestrebte Beseitigung der mangelnden Nachvollziehbarkeit des Kündigungszugangs für den Haushaltskunden (→ Rn. 16) erreicht. Der Zweck würde verfehlt, könnte die Kündigungsbestätigung auch gegenüber dem neuen Energielieferanten, der als Vertreter eine solche grundsätzlich empfangen könnte. § 41b Abs. 1 S. 2 ist daher ein gesetzlicher Ausschluss der passiven Stellvertretung (§ 164 Abs. 3 BGB) zu entnehmen.

II. Informationspflicht bei geplanter Versorgungsunterbrechung (Abs. 2)

In Umsetzung von Art. 10 Abs. 11 Elt-RL und mit dem Ziel, die Zahl der Versorgungsunterbrechungen möglichst weiter zu senken (BT-Drs. 19/27453, 127), enthält § 41 b Abs. 2 **Informationspflichten bei geplanter Versorgungsunterbrechung.** Gem. § 41 b Abs. 2 S. 1 sind Haushaltskunden vier Wochen vor einer geplanten Versorgungsunterbrechung wegen Nichtzahlung in geeigneter Weise über Möglichkeiten zur Vermeidung der Versorgungsunterbrechung zu informieren. Dabei dürfen die aufzuzeigenden Möglichkeiten keine Mehrkosten verursachen. 21

§ 41 b Abs. 2 S. 2 enthält eine – weitgehend Art. 10 Abs. 11 Elt-RL 19 nachvollziehende – **Aufzählung von möglichen Informationen** iSv § 41 b Abs. 1 S. 1. Es besteht keine Pflicht, über alle in § 41 b Abs. 2 S. 2 aufgezählten Punkte zu informieren, doch wird es im Interesse des Energielieferanten sein, möglichst alle Aspekte aufzunehmen, um der Pflicht aus § 41 b Abs. 2 S. 1 nachzukommen (*Riemer/Tüngler* RdE 2021, 397 (402)). 22

§ 41 b Abs. 2 S. 3 verlangt, dass die Informationen **deutlich und leicht verständlich die Maßnahme selbst sowie die Konsequenzen** aufzeigen. Mit der Maßnahme kann wohl nur die geplante Versorgungsunterbrechung gemeint sein. Demnach ist diese mitsamt ihren Folgen zu erläutern; geboten sind danach insbesondere Hinweise darauf, dass dann generell elektrisch betriebener Geräte ausfallen, Lebensmittel nicht mehr gekühlt werden können oder die Wärmeversorgung nicht mehr gewährleistet werden kann (BeckOK EnWG/*Schnurre* § 41 b Rn. 13). Dass die diesbezüglichen Informationen deutlich und leicht verständlich sein müssen, verlangt – den Transparenzanforderungen in anderen Bestimmungen entsprechend (→ § 41 Rn. 16 ff.) – auch hier, dass die Informationen in leichter Sprache und kurzen Sätzen verfasst sind. 23

Zur Information verpflichtet sind auch im Rahmen des § 41 b Abs. 2 die **Energielieferanten.** Das folgt nicht unmittelbar aus dem Wortlaut, jedoch aus systematischer Betrachtung, da § 41 b Rechte und Pflichten zwischen Energielieferanten und Haushaltskunden regelt, und auch aus der unionsrechtlichen Vorgabe; gem. Art. 10 Abs. 11 S. 1 Elt-RL 19 sind die Haushaltskunden von den Versorgern zu informieren. 24

III. Voraus- und Abschlagszahlungen (Abs. 3)

Dem Vorbild der für die Grundversorgung geltenden § 14 StromGVV/GasGVV folgend, die Vorgängerregelung in § 41 Abs. 2 S. 2, 3 aF, übernehmend und auf Abschlagszahlungen erweiternd regelt § 41 b Abs. 3 S. 1, 2 die Höhe von Voraus- und Abschlagszahlungen. Der Gesetzgeber geht insoweit zutreffend von einer vergleichbaren Interessenlage aus (BT-Drs. 19/27453, 127). Voraus- und Abschlagszahlungen sind vorläufige Zahlungen für bestimmte Zeit- oder Leistungsabschnitte, die nicht am tatsächlichen Verbrauch bzw. nicht an der tatsächlich erbrachten Leistung bemessen sind und im Rahmen einer späteren genauen Abrechnung verrechnet werden; die Vorauszahlung betrifft dabei den künftigen Verbrauch, wohingegen die Abschlagszahlung als ein vorläufiges Entgelt für zurückliegenden Verbrauch zu verstehen ist (vgl. Theobald/Kühling EnergieR/*Hartmann* StromGVV § 13 Rn. 9). § 41 b Abs. 3 S. 1, 2 will sicherstellen, dass für den Fall ihrer Vereinbarung die **Höhe einer Voraus- oder Abschlagszahlung** dem wahrscheinlichen Verbrauch ent- 25 spricht. (Eine möglichst genaue Orientierung am tatsächlichen Gebrauch ist auch gemäß Anhang I Abs. 1 lit. d S. 2 und Erwgr. 47 der Gas-RL 09 geboten.) Zum Schutz der Haushaltskunden soll die Berechnung der Höhe anhand von nachvollziehbaren und überprüfbaren Kriterien erfolgen (BT-Drs. 19/27453, 127).

26 Deshalb müssen sich Voraus- und Abschlagszahlung gem. § 41b Abs. 3 S. 1 grundsätzlich am **Verbrauch des vorhergehenden Abrechnungszeitraums (Alt. 1) oder dem durchschnittlichen Verbrauch vergleichbarer Kunden (Alt. 2)** orientieren. Dem Zweck der Regelung entsprechend muss die Orientierung am vorhergehenden Abrechnungszeitraum grundsätzlich Vorrang haben, da dieser in der Regel den voraussichtlichen tatsächlichen Verbrauch besser widerspiegeln wird. Der maßgebliche Abrechnungszeitraum bestimmt sich nach dem – an die Vorgaben des § 40b Abs. 1 (→ § 40b Rn. 5ff.) gebundenen – einschlägigen Energieliefervertrag. Ist der Haushaltskunde bereits längere Zeit Kunde beim Energielieferanten, so sind die Daten des vorhergehenden Abrechnungszeitraums dort vorhanden; andernfalls werden die Daten beim Kunden vorliegen und von ihm beigebracht werden. Alternativ kann gem. Abs. 3 S. 1 Alt. 2 auf den durchschnittlichen Verbrauch vergleichbarer Kunden abgestellt werden.

27 Gem. § 41b Abs. 3 S. 2 ist bei der Bemessung angemessen zu berücksichtigen, wenn der Haushaltskunde glaubhaft machen kann, dass sein **Verbrauch erheblich geringer** ist. Dem Energielieferanten wird bei der Anpassung ein Beurteilungsspielraum zugestanden (vgl. Rosin/Pohlmann/Gentzsch/Metzenthin/Böwing/*Wüstemann*, Stand: 8.2016, EnWG § 41 Rn. 22).

28 § 41b Abs. 3 S. 3 begründet eine **einmalige Vorleistungspflicht des Energielieferanten gegenüber Haushaltskunden.** Wird eine Voraus- oder Abschlagszahlung bei Vertragsschluss vereinbart, so wird diese nicht vor Beginn der Lieferung fällig. Die Regelung soll § 321 BGB unberührt lassen (BT-Drs. 19/27453, 127, dort versehentlich bezogen auf einen S. 4); der Energielieferant soll trotz § 41b Abs. 3 S. 3 die Unsicherheitseinrede gem. § 321 BGB erheben dürfen, weil es ihm nicht zuzumuten wäre, seine Leistung zu erbringen, obwohl offensichtlich ist, dass dieser keine entsprechende Gegenleistung erhalten wird. Dem Anwendungsbereich des § 41b entsprechend (→ Rn. 7ff.) bleibt es für Verträge innerhalb der Grundversorgung bei § 14 StromGVV/GasGVV.

IV. Hinweispflicht auf den Versorgeranteil (Abs. 4)

29 Der im Rahmen der Klimaschutz-Sofortprogramm-Novelle eingefügte § 41b Abs. 4 erweitert die Unterrichtungspflicht nach § 41 Abs. 5 S. 1, 3 (→ § 41 Rn. 40ff., 47), wonach der Energielieferant Letztverbraucher über Anlass, Voraussetzungen und Umfang einer beabsichtigten Preisänderung zu informieren haben. Über die Anforderungen des § 41 Abs. 5 hinaus ist der Energielieferant gegenüber Haushaltskunden verpflichtet, über die Veränderung des **Umfangs des Versorgeranteils** zu informieren. Als Versorgeranteil definiert § 3 Nr. 35a (→ § 3 Rn. 93) den auf die Energiebelieferung entfallenden Preisanteil, der sich rechnerisch nach Abzug der Umsatzsteuer und der Belastungen nach § 40 Abs. 3 ergibt; er umfasst damit die Beschaffungs- und Vertriebskosten sowie die Marge des Energielieferanten. Die Pflicht nach § 41b Abs. 4 besteht auch dann, wenn sich der Versorgeranteil nicht verändert hat. Dies folgt bereits aus dem Wortlaut, denn über den Umfang der Änderung kann der Haushaltskunde auch informiert werden, wenn es zu keiner Änderung des Versorgeranteils gekommen ist. Auch der Zweck der Bestimmung verlangt dies, denn bei fehlenden Angaben zum Versorgeranteil wäre der Verbraucher im Unklaren dar-

Energielieferverträge außerhalb der Grundversorgung § 41 b

über, ob sich der Versorgeranteil tatsächlich nicht verändert hat oder der Energielieferant seiner Pflicht lediglich nicht nachgekommen ist.

V. Sonderkündigungsrecht (Abs. 5)

§ 41 b Abs. 5 regelt **Rechte und Pflichten von Haushaltskunden und Energielieferanten im Zusammenhang mit Wohnsitzwechseln** des Kunden. Der Gesetzgeber hat eine bis dahin uneinheitliche, streit- und beschwerdeanfällige, für Kunden mitunter nachteilige Praxis beenden wollen, indem er in Anlehnung an § 46 Abs. 8 TKG aF eine Sonderkündigungsregelung geschaffen hat, die den Besonderheiten des Energiesektors und den Interessen sowohl des Haushaltskunden wie auch des Energielieferanten Rechnung zu tragen sucht (BT-Drs. 19/27453, 127 f.). 30

1. Sonderkündigungsrecht des Haushaltskunden (Abs. 5 S. 1, 2). Gem. § 41 b Abs. 5 S. 1 steht dem Haushaltskunden im Falle des Wohnsitzwechsels ein **Sonderkündigungsrecht des bisherigen Liefervertrages** zu. Dadurch soll das Verwendungsrisiko, dass der Kunde bei Energielieferverträgen aufgrund der anschlussgebundenen trägt, gemindert werden (BT-Drs. 19/27453, 127). Die bis dahin teilweise bestehende Praxis von Energielieferanten, bei vorzeitiger Vertragsbeendigung Strafzahlungen zu verlangen oder Kunden gar nicht aus den Verträgen zu entlassen, wird damit unterbunden (BT-Drs. 19/27453, 128). Das Sonderkündigungsrecht bezieht sich dem Wortlaut nach auf den bisherigen Liefervertrag. Nach der Gesetzentwurfsbegründung erstreckt es sich, wenn der Liefervertrag Bündelprodukte umfasst, auf alle Vertragsbestandteile (BT-Drs. 19/27453, 128). Aus § 41 Abs. 1 S. 2 Nr. 4 lässt sich ableiten, dass zum Liefervertrag als Bündelprodukte jedenfalls mit der Lieferung angebotene Wartungsdienste und gegebenenfalls der Messstellenbetrieb (BeckOK EnWG/*Schnurre* § 41 b Rn. 18) zählen; sie sind daher in das Sonderkündigungsrecht eingeschlossen. 31

Der für den Wohnsitzwechsel maßgebliche Begriff des Wohnsitzes ist **anschlussbezogen** zu verstehen. Ein Wohnsitz iSv § 41 b Abs. 5 ist eine Wohnung, die durch einen auf diese bezogene Identifikationsnummer an der Entnahmestelle gekennzeichnet ist (BT-Drs. 19/27453, 127). Ein Wohnsitzwechsel ist demnach auch innerhalb desselben Hauses möglich. 32

Vorausgesetzt ist ein **dauerhafter Wohnsitzwechsel**. Die Hinzunahme einer weiteren Wohnung reicht nicht aus, auch wenn dies dauerhaft erfolgt; da die Möglichkeit der Nutzung der vertraglichen Energielieferung in der ersten Wohnung weiterhin besteht, ist der Grund für die Einräumung des Sonderkündigungsrechts nicht entstanden. Entsprechendes gilt auch, wenn der bisherige Wohnsitz ohne Begründung eines neuen Wohnsitzes aufgegeben wird (zu § 46 Abs. 8 aF TKG Beck TKG/*Büning*, 4. Aufl., TKG § 46 Rn. 96 f.); in solchen Fällen gibt es keinen Ort, an dem der Vertrag weitergeführt werden könnte, so dass auch kein Wahlrecht iSv § 41 b Abs. 5 S. 3 für den Energielieferanten bestehen kann, was eine vom Gesetzgeber nicht gewollte einseitige Belastung des Energielieferanten zur Folge hätte (vgl. BT-Drs. 19/27453, 128, wo entsprechend durchgängig von einem neuen Wohnsitz ausgegangen wird). 33

Der Gesetzgeber geht davon aus, dass eine Mitteilung des Umzugs regelmäßig als **Erklärung der Sonderkündigung** für den Fall der Ablehnung der Weiterbelieferung durch den Energielieferanten (→ Rn. 39 f.) zu verstehen sein wird (vgl. BT-Drs. 19/27453, 128). Dem ist zuzustimmen; aus Sicht eines verständigen Dritten in 34

§ 41b Teil 4. Energielieferung an Letztverbraucher

der Position des die Erklärung empfangenden Energielieferanten wird der einzige mit der Erklärung des Haushaltskunden verfolgte und erkennbare Zweck regelmäßig die Kündigung des Vertrages auf Grundlage des Sonderkündigungsrechts aus § 41 b Abs. 5 S. 1 sein. Die Kündigungserklärung des Haushaltskunden wird sich regelmäßig auf alle Vertragsbestandteile einschließlich der einbezogenen Bündelprodukte, beziehen (vgl. BT-Drs. 19/27453, 128). Aus Sicht des durchschnittlichen Haushaltskunden wird es sich regelmäßig um einen einheitlichen Vertrag handeln, und entsprechend wird seine Kündigung aus Sicht eines verständigen Empfängers auf den Vertrag als Ganzes bezogen zu verstehen sein.

35 § 41 b Abs. 5 S. 1 sieht eine **Kündigungsfrist von sechs Wochen** vor. Die Kündigungsfrist beginnt im Zeitpunkt des Zugangs der Kündigung beim Energielieferanten. Die zu § 46 Abs. 8 TKG aF teilweise vertretene Annahme, dass die Kündigungsfrist erst mit erfolgtem tatsächlichen Umzug beginnt (vgl. OLG München Urt. v. 18.1.2018 – 29 U 757/17, MMR 2019, 119 Rn. 9; OLG Düsseldorf Urt. v. 21.12.2017 – I-20 U 77/17, GRUR-RR 2018, 295 Rn. 12; *Kiparski* MMR 2018, 186 (189)), ist nicht übertragbar. Dagegen spricht schon, dass die Kündigung gem. § 41 b Abs. 5 S. 2 bereits mit Wirkung zum Auszug erklärt werden kann. Auch die Interessen des Lieferanten verlangen nicht eine solche begrenzte Verlängerung der Zahlungspflicht als Kompensation für die außerordentliche Kündigung (vgl. zu § 46 Abs. 8 TKG aF OLG Düsseldorf Urt. v. 21.12.2017 – I-20 U 77/17, GRUR-RR 2018, 295 Rn. 16 f.), da diese durch sein Wahlrecht gem. § 41 b Abs. 5 S. 3 (→ Rn. 39 ff.) angemessen gewahrt sind.

36 Die Kündigung kann gem. § 41 b Abs. 5 S. 2 mit Wirkung **zum Zeitpunkt des Auszugs oder zu einem späteren Zeitpunkt** erklärt werden. Gemeint ist damit nicht der Zeitpunkt des Wirksamwerdens der Erklärung, sondern der Zeitpunkt, an dem die Wirkung der Erklärung, dh die Vertragsbeendigung frühestens möglich ist. Der erfolgte Wohnsitzwechsel, der daher vorher, insbesondere zum Zeitpunkt der Kündigungserklärung noch nicht vorliegen muss, ist somit Voraussetzung für das Wirksamwerden der Kündigung. Die Regelung soll den Vertrag in zeitlicher Hinsicht solange wie möglich erhalten. Die vorzeitige Beendigung ist erst durch den tatsächlichen Auszug gerechtfertigt.

37 Das Sonderkündigungsrecht des Haushaltskunden hat zwar seinen Grund in einer bestimmten Situation, nach deren Beendigung ein legitimes Interesse des Energielieferanten an Gewissheit über den Fortbestand des Vertrages anzuerkennen sein könnte. Dennoch ist das Sonderkündigungsrecht **nicht zeitlich befristet**. § 41 b Abs. 5 enthält keine im Wortlaut angelegte Begrenzung (anders etwa bei §§ 314 Abs. 3, 626 Abs. 2, 561 Abs. 1 BGB), und das Wahlrecht des Energielieferanten gem. § 41 b Abs. 5 S. 3 gewährt diesem eine hinreichende Kompensation für die durch das Sonderkündigungsrecht entstandene Rechtsunsicherheit. Zudem wird der Haushaltskunde bereits aus eigenem Interesse eine möglichst zeitnahe Kündigung erklären, um gegebenenfalls mehrere zeitgleich bestehende Verträge zu vermeiden. Jedenfalls bei Abschluss eines neuen Vertrages bzw. bei einer Verlängerung des bestehenden Vertrages mit dem bisherigen Energielieferanten wird das Sonderkündigungsrecht entfallen bzw. verwirkt sein.

38 Da § 41 b Abs. 5 S. 1 eine für den Haushaltskunden günstige Regelung enthält, trifft ihn auch die **Beweislast**. Gegebenenfalls hat er durch Dokumente zu belegen, dass der Wohnsitzwechsel dauerhaft erfolgt, also der alte Wohnsitz aufgegeben und ein neuer Wohnsitz begründet worden ist (BeckOK InfoMedienR/*Ufer* TKG § 46 Rn. 35). Als Nachweis für den Wohnortswechsel können dienen: Meldebescheinigung (§ 18 BMG); Wohnungsgeberbestätigung (§ 19 Abs. 1 S. 2 BMG); von beiden

Parteien unterschriebener Arbeitsvertrag, dessen Leistungsort einen Wohnsitzwechsel erfordert; Bescheinigung einer dienstlichen Versetzung; Bescheinigung des Antritts einer Haftstrafe (so zu § 46 Abs. 8 TKG aF Spindler/Schuster/*Sodtalbers* TKG § 46 Rn. 94). Da außer durch die Meldebescheinigung die Möglichkeit einer Zweitwohnung nicht ausgeschlossen wird, könnte gegebenenfalls zusätzlich etwa eine vom Vermieter bestätigte Kündigung notwendig werden. Ein Mietvertrag soll nicht ausreichen, da die Möglichkeit besteht, dass dieser ohne Weiteres einvernehmlich aufgelöst wird (so zu § 46 Abs. 8 TKG aF Spindler/Schuster/*Sodtalbers* TKG § 46 Rn. 94).

2. Wahlrecht des Energielieferanten (Abs. 5 S. 3). Unter den Voraussetzungen des § 41b Abs. 5 S. 3 hat der **Energielieferant ein Wahlrecht** (so BT-Drs. 19/27453, 128). Er kann auf dessen Ausübung verzichten und damit die Sonderkündigung akzeptieren (zu möglichen Gründen vgl. BT-Drs. 19/27453, 128). Liegen die Voraussetzungen vor und übt er sein Wahlrecht durch das Angebot der Vertragsfortsetzung aus, führt dass zum Ausschluss des Sonderkündigungsrechts des Haushaltskunden, und die S. 1 und 2 sind nicht anzuwenden. Es wird dann der bisherige Energieliefervertrag an der neuen Entnahmestelle, zu den im Übrigen fortbestehenden Kondition, auch mit der vereinbarten Vertragslaufzeit fortgeführt. Das Wahlrecht steht nur dem Lieferanten zu; der Haushaltskunde – der sich zuvor für eine vertragliche Bindung mit einer bestimmten Mindestvertragslaufzeit entschieden hat – hat dem Energielieferanten mit der Umzugsentscheidung die Planungssicherheit genommen, sodass es dem Haushaltskunden zumutbar sein soll, wenn der Energielieferant an dem Vertrag festhält (vgl. BT-Drs. 19/27453, 128). 39

Zur Ausübung des Wahlrechts hat der Energielieferant binnen zwei Wochen nach Erhalt der Kündigung dem Haushaltskunden die **Fortsetzung des Liefervertrages an dessen neuem Wohnsitz zu den bisherigen Vertragsbedingungen anzubieten.** Daneben ist der Energielieferant nach § 41b Abs. 1 S. 2 verpflichtet, dem Haushaltskunden die Kündigung innerhalb einer Woche nach Zugang unter Angabe des Vertragsendes in Textform zu bestätigen. Diese Verpflichtung, die allein die Funktion einer Bestätigung des Eingangs der Kündigung ohne Bedeutung für deren Rechtswirksamkeit hat (→ Rn. 17), und das Wahlrecht stehen nebeneinander. Das hat zur Folge, dass dem Haushaltskunden regelmäßig zunächst eine Kündigungsbestätigung gemäß § 41b Abs. 1 S. 2 zugeht, ihm anschließend aber uU eine Fortsetzung gemäß § 41 Abs. 5 S. 3 mit der Folge der Fortsetzung des Liefervertrages angeboten wird. Für den Haushaltskunden, bei dem eine nähere Kenntnis von den Regelungen in § 41b Abs. 1 S. 2 und Abs. 5 S. 3 und deren Zusammenspiel nicht vorausgesetzt werden kann, kann dies nach Erhalt der Kündigungsbestätigung zu Rechtsunsicherheit führen mit der Gefahr, dass er auf diese hin einen neuen Energievertrag abschließt und uU bei nachfolgender Ausübung des Wahlrechts an zwei Verträge gebunden ist. Ausgehend vom Zweck des § 41b Abs. 1 S. 2 ist daher zum Schutz des Haushaltskunden zu verlangen, dass die Bestätigung des Zugangs einer Sonderkündigung mit dem Hinweis erteilt wird, dass innerhalb der Frist des § 41b Abs. 5 S. 3 die Fortsetzung des Vertrages angeboten werden kann und die Kündigung damit die Grundlage verliert. Da § 41b Abs. 1 S. 2 auch die Angabe des Vertragsendes verlangt, erscheint es gut begründbar, darin eine Rechtspflicht und nicht nur eine Empfehlung an den Energielieferanten (so *Riemer/Tüngler* RdE 2021, 397 Fn. 37) zu sehen. 40

Der Liefervertrag wird nur fortgesetzt, wenn die **Belieferung an der neuen Entnahmestelle möglich** ist. Die Einschränkung soll dem Interesse des Haus- 41 haltskunden dienen und verhindern, dass bei einer Haushaltszusammenlegung ein zusätzlicher nicht genutzter Liefervertrag bezahlt werden muss (BT-Drs. 19/27453, 128). Das Sonderkündigungsrecht wäre ohne diese Einschränkung ausgehöhlt; der Energielieferant könnte die Weiterführung des Energieliefervertrages verlangen, ohne, dass eine Leistung erbracht werden kann und er behielte den Zahlungsanspruch gegen den Haushaltskunden (§ 326 Abs. 2 BGB), da die Unmöglichkeit (§ 275 Abs. 1 BGB) der Leistungserbringung durch die Umzugsentscheidung des Haushaltskunden herbeigeführt worden ist. Für die Frage, wann die Belieferung an der neuen Entnahmestelle möglich ist, kann auf die Fälle des § 275 Abs. 1 BGB zurückgegriffen werden. Nach den Vorstellungen des Gesetzgebers, soll Unmöglichkeit iSv § 41b Abs. 5 S. 3 auch vorliegen, wenn an der neuen Entnahmestelle die Belieferung bereits durch einen anderen Anbieter erfolgt; das betrifft insbesondere Fälle, in denen der Haushaltskunde zu einem anderen Haushaltskunden zieht, welcher bereits über einen Energielieferungsvertrag verfügt (BT-Drs. 19/27453, 128). Dem in § 41b Abs. 5 angestrebten Interessensausgleich entspricht es auch, dem Haushaltskunden die Berufung auf Unmöglichkeit der Belieferung zu erlauben, wenn der Energielieferant ihn in der Kündigungsbestätigung nicht – wie geboten (→ Rn. 40) – auf die Möglichkeit der Vertragsfortsetzung nach § 41 Abs. 5 S. 3 hingewiesen hat. Hingegen kann sich der Haushaltskunde nicht auf die Unmöglichkeit der Belieferung berufen, wenn er nach erfolgter Kündigung, innerhalb der zwei Wochenfrist des § 41b Abs. 5 S. 3 einen Vertrag mit einem anderen Energielieferanten abschließt, obgleich er noch keine Kündigungsbestätigung erhalten hat bzw. in der zugegangenen Kündigungsbestätigung auf die Möglichkeit der Vertragsfortsetzung gem. § 41b Abs. 5 S. e hingewiesen worden ist.

42   Der Energielieferant soll vom Haushaltskunden **kein Entgelt für die Vertragsmitnahme** erheben dürfen (BT-Drs. 19/27453, 128). Dies wird besonders aus einem Vergleich mit dem Wortlaut vergleichbarer Normen deutlich: anders als bei den vergleichbaren Regelungen des § 46 Abs. 8 S. 2 TKG aF, § 60 Abs. 1 S. 2 TKG fehlt eine Regelung, die es dem Anbieter erlaubt, ein Entgelt zu erheben.

43   **3. Mitteilungspflicht des Haushaltskunden (Abs. 5 S. 4).** Gemäß § 41b Abs. 5 S. 4 hat der Haushaltskunde dem Energielieferanten in der außerordentlichen Kündigung die **künftige Anschrift oder eine Identifikationsnummer der zukünftigen Entnahmestelle mitzuteilen.** Dies soll dem Energielieferanten die Überprüfung ermöglichen, ob ihm ein Wahlrecht gemäß § 41b Abs. 5 S. 3 zusteht und ob er dieses ausüben will. Verstößt der Haushaltskunde gegen diese Pflicht, so wird man die Kündigung als unwirksam anzusehen haben (BeckOK EnWG/*Schnurre* § 41b Rn. 19).

VI. Verordnungsermächtigung (Abs. 6)

44   § 41b Abs. 6 entspricht § 41 Abs. 5 aF (BT-Drs. 19/27453, 128). Er enthält eine **Rechtsverordnungsermächtigung.** Nach § 41b Abs. 6 S. 1 kann das BMWi (jetzt wohl: Bundesministerium für Wirtschaft und Klimaschutz, BMWK) im Einvernehmen mit dem BMJV (jetzt wohl: Bundesministerium für Umwelt, Naturschutz, nukleare Sicherheit und Verbraucherschutz, BMKV) mit Zustimmung des BR weitere Regelungen durch Rechtsverordnung zu erlassen. Durch Rechtsverordnung geregelt werden können die in § 41b Abs. 5 Nr. 1–3 aufgezählten Gegenstände, die sämtlich das Liefervertragsverhältnis zwischen Energielieferanten und Haushaltskunden außerhalb der Grundversorgung betreffen. Gemäß § 41b Abs. 6

S. 2 sind im Rahmen der Rechtsverordnung gegebenenfalls die beidseitigen Interessen angemessen zu berücksichtigen. Außerdem sind nach § 41 b Abs. 6 S. 3 die jeweils in Anhang I der Richtlinie (EU) 2019/944 (Elt-RL 19) und RL 2009/73/EG (Gas-RL 09) enthaltenen Maßnahmen zu beachten; diese Vorgaben sind weitestgehend bereits in den gesetzlichen Regelungen der §§ 40 ff. EnWG umgesetzt.

Von der Verordnungsermächtigung gemäß § 41 b Abs. 6 ist bisher **kein Gebrauch** gemacht worden. Die Vorgaben für die Energielieferverhältnisse insbesondere mit Haushaltskunden außerhalb der Grundversorgung sind in §§ 40 ff. bereits sehr dicht auf gesetzlicher Ebene geregelt. Das unterscheidet sie von den Grundversorgungsverhältnissen, für die sich auf Grundlage von § 39 Abs. 2 ausgiebige Regelungen in der GasGVV und der StromGVV finden. 45

VII. Mindestschadensersatz (Abs. 7)

Im Rahmen der Klimaschutz-Sofortprogramm-Novelle (BGBl. 2022 I S. 1214) ist § 41 b Abs. 7 eingefügt worden. § 41 b Abs. 7 ermächtigt die BReg mit Zustimmung des BR zum Erlass einer Rechtsverordnung, durch die ein **Mindestbetrag für den Schadensersatz eines Haushaltskunden gegenüber dem Energielieferanten wegen vertragswidriger Beendigung der Belieferung** bestimmt werden kann. § 41 Abs. 7 gilt keinem neuen Schadensersatzanspruch, sondern nur der Mindestschadensatzhöhe bei einem bestehenden Schadensersatzanspruch wegen vertragswidriger Beendigung der Belieferung. Die Regelung soll die Geltendmachung von Schadensersatzansprüchen erleichtern, soweit ein Nachweis nicht oder nur schwer möglich ist (BT-Drs. 20/2402, 45). Bis zur Mindestschadenshöhe ist ein Nachweis der Schadenshöhe damit nicht notwendig, zugleich auch eine Widerlegung ausgeschlossen. Besteht jedoch ein höherer Schaden, so kann dieser geltend gemacht und nach den allgemeinen Grundsätzen des Beweisrechts nachgewiesen werden. Eine entsprechende Verordnung ist bislang – soweit ersichtlich – nicht ergangen. 46

§ 41 c Vergleichsinstrumente bei Energielieferungen

(1) **Die Bundesnetzagentur stellt nach den Absätzen 3 und 4 sicher, dass Haushaltskunden und Kleinstunternehmen, die einen voraussichtlichen Jahresverbrauch von weniger als 100 000 Kilowattstunden haben, unentgeltlich Zugang zu mindestens einem unabhängigen Vergleichsinstrument haben, mit dem sie verschiedene Stromlieferanten und deren Angebote, einschließlich der Angebote für Verträge mit dynamischen Stromtarifen, in Bezug auf die Preise und die Vertragsbedingungen vergleichen und beurteilen können.**

(2) **Das Vergleichsinstrument nach Absatz 1 muss**
1. **unabhängig von den Energielieferanten und -erzeugern betrieben werden und sicherstellen, dass die Energielieferanten bei den Suchergebnissen gleichbehandelt werden;**
2. **die Inhaber und Betreiber des Vergleichsinstruments sowie dessen Finanzierung und eventuelle Kontrolleure eindeutig offenlegen;**
3. **klare und objektive Kriterien enthalten, auf die sich der Vergleich stützt, und diese offenlegen;**
4. **eine leicht verständliche und eindeutige Sprache verwenden sowie barrierefrei zugänglich sein;**

§ 41 c Teil 4. Energielieferung an Letztverbraucher

5. korrekte und aktuelle Informationen bereitstellen und den Zeitpunkt der letzten Aktualisierung angeben;
6. allen Energielieferanten offenstehen und eine breite Palette an Angeboten umfassen, die den Gesamtmarkt abdeckt; falls die angebotenen Informationen keine vollständige Marktübersicht darstellen, ist eine eindeutige diesbezügliche Erklärung auszugeben, bevor die Ergebnisse angezeigt werden;
7. ein wirksames Verfahren für die Meldung falscher Informationen zu veröffentlichten Angeboten und weiteren Angaben und deren zügiger Korrektur vorsehen;
8. unentgeltlich Preise, Tarife und Vertragsbedingungen von den verschiedenen Angeboten verschiedener Stromlieferanten vergleichen, die Kunden zur Verfügung stehen;
9. den Schutz personenbezogener Daten gewährleisten.

(3) ¹Vergleichsinstrumente, die den Anforderungen nach Absatz 2 entsprechen, erhalten auf Antrag des Anbieters des Vergleichsinstruments von der Bundesnetzagentur ein Vertrauenszeichen. ²Die Bundesnetzagentur überprüft die fortlaufende Erfüllung der Voraussetzungen und entzieht das Vertrauenszeichen bei gravierenden Verstößen, denen innerhalb einer angemessenen Frist nicht abgeholfen wird. ³Die Bundesnetzagentur kann die Vergabe des Vertrauenszeichens nach Satz 1 und die Überprüfung und die Entziehung nach Satz 2 an einen geeigneten Dritten übertragen; dabei ist die Bundesnetzagentur berechtigt, den beliehenen Dritten im Weisungswege zur rechtmäßigen Aufgabenerfüllung anzuhalten. ⁴Falls derartige Vergleichsinstrumente im Markt nicht angeboten werden oder ein Vertrauenszeichen hierfür nicht beantragt wurde, schreibt die Bundesnetzagentur die Leistung aus.

(4) Die Bundesnetzagentur kann Absatz 3 analog auch auf Vergleichsinstrumente anwenden, die den Vergleich von verschiedenen Energielieferanten und deren Angeboten in Bezug auf die Preise und die Vertragsbedingungen für die Lieferung von Erdgas an Haushaltskunden und Kleinstunternehmen betreffen, um sicherzustellen, dass Haushaltskunden und Kleinstunternehmen unentgeltlich Zugang zu mindestens einem solchen unabhängigen Vergleichsinstrument haben.

(5) ¹Dritte dürfen Informationen, die von Energielieferanten veröffentlicht werden, zur Bereitstellung unabhängiger Vergleichsinstrumente nutzen. ²Energielieferanten müssen eine kostenlose Nutzung unmittelbar angebotsrelevanter Informationen in offenen Datenformaten ermöglichen.

Übersicht

	Rn.
A. Allgemeines	1
B. Einzelerläuterungen	7
I. Sicherstellungspflicht der BNetzA (Abs. 1)	7
II. Anforderungen an unabhängige Vergleichsinstrumente (Abs. 2)	10
III. Vertrauenszeichen der BNetzA Abs. 3)	20
IV. Übertragung auf die Belieferung mit Gas (Abs. 4)	24
V. Verfügbarkeit von Informationen (Abs. 5)	25

Vergleichsinstrumente bei Energielieferungen § 41 c

A. Allgemeines

§ 41 c enthält Regelungen für die **Bereitstellung von unabhängigen Vergleichsinstrumenten in Bezug auf die Preise und die Vertragsbedingungen bei Energielieferungen**. Abs. 1 erlegt insoweit der BNetzA für den Strombereich eine Sicherstellungspflicht auf. In Abs. 2 werden die Anforderungen an das Vergleichsinstrument konkretisiert. Nach Abs. 3 vergibt oder entzieht die BNetzA selbst oder durch einen Dritten Anbietern von Vergleichsinstrumenten ein Vertrauenszeichen; unter Umständen schreibt sie die Erstellung eines mit Vertrauenszeichen zu versehenden Vergleichsinstruments aus. Die für den Strombereich bindenden Vorgaben des Abs. 3 kann die BNetzA nach Abs. 4 auch auf den Gasbereich anwenden. Abs. 5 sichert schließlich die Möglichkeit der Nutzung von Informationen der Energielieferanten zur Bereitstellung unabhängiger Vergleichsinstrumente. 1

Die Vorschrift basiert auf **Art. 14 Elt-RL 19**, der die Mitgliedstaaten verpflichtet, sicherzustellen, dass mindestens Haushaltskunden und Kleinunternehmen mit einem voraussichtlichen Jahresverbrauch von weniger als 100.000 kWh unentgeltlich Zugang zu mindestens einem Instrument für den Vergleich von Angeboten verschiedener Versorger, einschließlich Angeboten für Verträge mit dynamischen Stromtarifen, erhalten, und hierfür detaillierte Vorgaben macht. Diese Vorgaben werden in § 41 c für die Belieferung mit Strom umgesetzt. Über die unionsrechtlichen Vorgaben hinausgehend eröffnet Abs. 4 die Anwendung auch auf die Belieferung mit Gas. 2

In Umsetzung dieser unionsrechtlichen Vorgabe ist § 41 c durch **Art. 1 Nr. 45 Gesetz vom 16.7.2021** (BGBl. 2021 I S. 3026) in das EnWG eingefügt worden. Die Vorschrift hat bislang keine Änderung erfahren. 3

Wie sich explizit durch Erwgr. 35 der § 41 c zugrunde liegenden Elt-RL 19 entnehmen lässt, ist **Zweck der Regelung**, kleineren Kunden mit verringertem Suchaufwand einen möglichst umfassenden und repräsentativen, dabei vertrauenswürdigen, unparteiischen und transparenten Marktüberblick zu verschaffen. Hintergrund dafür ist, dass es in Deutschland bislang bereits zwar eine Reihe von kostenlosen Vergleichsportalen wie insbesondere Check24 oder Verivox als den größten gibt, denen der Gesetzgeber unter Berufung auf die Sektoruntersuchung Vergleichsportale des BKartA auch einen guten Marktüberblick und eine hohe Marktabdeckung zuspricht (BT-Drs. 19/27453, 128). Diese Vergleichsportale finanzieren sich jedoch über Provisionen der Energielieferanten für Vertragsvermittlungen, weshalb insbesondere die Verbraucherschutzzentralen ihre Transparenz und Vertrauenswürdigkeit bezweifelt haben (BeckOK EnWG/*Schnurre* § 41 c Rn. 2). Die Vorschrift zielt insoweit auf eine Verbesserung. 4

Ihrem Anwendungsbereich nach gilt die Norm für unabhängige Vergleichsportale bezüglich der **Preise und Vertragsbedingungen von Stromlieferanten sowie – fakultativ – von Gaslieferanten**. Die Verpflichtung zu deren Zurverfügungstellung besteht gegenüber Haushaltskunden iSv § 3 Nr. 22 (→ § 3 Rn. 58) sowie gegenüber Kleinunternehmen mit einem voraussichtlichen Jahresverbrauch von weniger als 100.000 kW. Da Kleinunternehmen im EnWG nicht legaldefiniert sind, ist in richtlinienkonformer Auslegung auf die Definition in Art. 2 Nr. 6 Elt-RL 19 zurückzugreifen, wonach Unternehmen mit weniger als zehn Beschäftigten und einen Jahresumsatz von nicht mehr als zwei Mio. EUR erfasst sind (BeckOK EnWG/*Schnurre* § 41 c Rn. 4). Diese Begrenzung des Adressatenkreises 5 dürfte weniger bedeutsam sein im Hinblick auf die Anspruchsberechtigung bzgl. des unentgeltlichen Zugangs zu Vergleichsportalen als vielmehr im Hinblick auf die sachliche Reichweite der im Vergleichsinstrument bereitzustellenden Informationen, die sich danach auf diesen Kundenkreis beschränken können.

6   Die Umsetzung der Vorschrift erfolgt durch die **Vergabe von Vertrauenszeichen durch die BNetzA** gem. § 41 c Abs. 3 und 4. Bislang hat sie – soweit bekannt – noch kein Vertrauenszeichen vergeben. Im Juni 2022 soll die Konferenz der Verbraucherschutzminister vorgeschlagen haben, dass die BNetzA eine Ausschreibung zur Erstellung eines Vergleichsportals, das den Anforderungen des Abs. 2 genügt und mit dem Vertrauenszeichen auszuzeichnen ist, gem. Abs. 3 S. 4 (→ Rn. 23) vornimmt.

B. Einzelerläuterungen

I. Sicherstellungspflicht der BNetzA (Abs. 1)

7   Abs. 1 verpflichtet die BNetzA zur **Sicherstellung des unentgeltlichen Zugangs zu mindestens einem unabhängigen Vergleichsinstrument** für Haushaltskunden und Kleinstunternehmen mit einem voraussichtlichen Jahresverbrauch von weniger als 100.000 kW. Abgesehen von der Beschränkung des zu berücksichtigenden Kundenkreises ergibt sich hieraus die Anforderung, dass mindestens ein Vergleichsportal durch die BNetzA über Abs. 3 und 4 bereitzustellen ist und dass der Zugang hierzu unentgeltlich zu sein hat.

8   Weiter liefert Abs. 1 erste Konkretisierungen der **sachlichen Anforderungen an ein unabhängiges Vergleichsportal im Strombereich.** Das Vergleichsportal hat unabhängig zu sein; die diesbezüglichen Anforderungen werden in Abs. 2 Nr. 1 und 2 weiter spezifiziert. Das Vergleichsportal muss die Angebote verschiedener Stromlieferanten in Bezug auf Preise und Vertragsbedingungen einbeziehen. Ausdrücklich ist auch die Aufnahme von Angeboten für Verträge mit dynamischen Stromtarifen (→ § 41a Rn. 17) verlangt. Die weitere Konkretisierung der sachlichen Anforderungen erfolgt in Abs. 2 (→ Rn. 10ff.).

9   Dass die in Abs. 1 zunächst unbedingt formulierte Sicherstellungsverpflichtung der BNetzA **nur für die Strombelieferung verbindlich, für die Gasbelieferung hingegen fakultativ** ist (vgl. BeckOK EnWG/*Schnurre* § 41 c Rn. 5), stellt der Verweis auf Abs. 3 und 4 klar.

II. Anforderungen an unabhängige Vergleichsinstrumente (Abs. 2)

10 In Umsetzung der detaillierten Vorgaben von Art. 14 Abs. 1 der Elt-RL 19 (BT-Drs. 27453, 128) konkretisiert § 41 c Abs. 2 die **Bedingungen, die ein solches Vergleichsinstrument erfüllen muss,** um nach Abs. 3 von der BNetzA mit einem Vertrauenszeichen versehen zu werden.

11 Die in Abs. 1 bereits vorausgesetzte **Unabhängigkeit des Vergleichsinstruments** im Verhältnis zu Energielieferanten und -erzeugern wird in Abs. 2 Nr. 1 näher ausgeführt. Gesellschaftsrechtliche Verflechtungen dürften damit nicht ausgeschlossen sein (BeckOK EnWG/*Schnurre* § 41 c Rn. 8: „unklar"), da die Norm dem Wortlaut nach nur den unabhängigen Betrieb des Vergleichsinstruments fordert und die Gesetzentwurfsbegründung jegliche Einflussnahme insbesondere auf

das Ranking untersagt sieht (BT-Drs. 19/27453, 129). Hervorgehoben wird dort die besondere Gefährdung der Unabhängigkeit durch Provisionszahlungen, die keinen Einfluss auf das Vergleichsergebnis haben dürften, und durch Werbung, welche deutlich als solche erkennbar und von den Rankingergebnissen abgesetzt sein müsse (BT-Drs. 19/27453, 129). Mit der geforderten Unabhängigkeit zusammenhängend wird weiter Gleichbehandlung der Energielieferanten gefordert.

Die geforderte **Offenlegung der Finanzierung sowie des Inhabers, Betrei-** 12 **bers und eventueller Kontrolleure des Vergleichsinstruments** (§ 41 c Abs. 2 Nr. 2) soll insbesondere erkennbar machen, wenn finanzielle Erwägungen auf den Betrieb des Vergleichsportals Einfluss nehmen. Auch hier wird besonders auf die Finanzierung mittels Provisionen oder anderen Entgelten der Energielieferanten oder -erzeuger sowie mittels Werbung hingewiesen (BT-Drs. 19/27453, 129).

Abs. 2 Nr. 3 stellt an die **Vergleichskriterien** zum einen die inhaltliche Anfor- 13 derung, dass sie klar und objektiv sein müssen. Zum anderen wird die Offenlegung der Kriterien verlangt.

Nach Abs. 2 Nr. 3 muss die **Präsentation des Vergleichsinstruments** in leicht 14 verständlicher und eindeutiger Sprache erfolgen und barrierefrei zugänglich sein. Barrierefreiheit soll voraussetzen, dass die Darstellung wahrnehmbar, steuerbar, verständlich und robust gestaltet ist (BT-Drs. 19/27453, 129).

Abs. 2 Nr. 5 verlangt die **Bereitstellung korrekter und aktueller Informa-** 15 **tionen sowie die Angabe der letzten Aktualisierung,** um sicherzustellen, dass Nutzer keine bereits veralteten und so nicht mehr angebotenen Verträge angeboten bekommen (BT-Drs. 19/27453, 129).

In Nr. 6 geht es um **Marktübersicht und -abdeckung.** In erster Linie wird ge- 16 fordert, dass das Vergleichsinstrument allen Energielieferanten offensteht und eine den Gesamtmarkt abdeckende Palette an Angeboten enthält. Ist dies nicht möglich, wird in zweiter Linie eine eindeutige diesbezügliche Erklärung vor Anzeige der Ergebnisse verlangt; es soll transparent gemacht werden, dass nicht der Gesamtmarkt abgedeckt ist und welcher Teil erfasst bzw. nicht erfasst wird (BT-Drs. 19/27453, 129).

Nach Nr. 7 ist ein **wirksames Verfahren zur Meldung und zügigen Kor-** 17 **rektur falscher Informationen** in dem Vergleichsinstrument vorzusehen.

Indem Abs. 2 Nr. 8 **die Unentgeltlichkeit und den Vergleich der Angebote** 18 verschiedener Stromlieferanten verlangt, werden im Wesentlichen bereits in Abs. 1 enthaltene Vorgaben bekräftigt.

Die in Abs. 2 Nr. 9 enthaltene **Datenschutzvorgabe** ergibt sich ohnehin schon 19 aus der DS-GVO (BeckOK EnWG/*Schnurre* § 41 c Rn. 16). Dies soll insbesondere sicherstellen, dass personenbezogene Daten nicht ohne explizite Zustimmung der Kunden verkauft und zur Finanzierung der Vergleichsinstrumente genutzt werden (BT-Drs. 19/27453, 129).

III. Vertrauenszeichen der BNetzA (Abs. 3)

Den Anforderungen des Abs. 2 entsprechende Vergleichsinstrumente erhalten 20 **auf Antrag ein Vertrauenszeichen der BNetzA** (Abs. 3 S. 1). Die Rechtsnatur der Verleihung dieses Vertrauenszeichens erscheint nicht ganz klar; es dürfte sich dabei um einen Realakt und nicht um einen (feststellenden) Verwaltungsakt handeln, da dem Vertrauenszeichen Regelungscharakter wegen einer verbindlichen Feststellung der Sach- und Rechtslage in einer rechtlich ungewissen Situation nicht zukommen dürfte.

§ 41 c Teil 4. Energielieferung an Letztverbraucher

21 Abs. 3 S. 2 regelt die **Überprüfungs- und Entziehungsbefugnis der BNetzA.** Werden bei der fortlaufenden Überprüfung gravierende Mängel festgestellt, denen innerhalb einer angemessenen Frist nicht abgeholfen wird, entzieht die BNetzA das Vertrauenszeichen. Gravierende Verstöße sollen sich aus der Gesamtschau des Vergleichsportalauftritts unter Berücksichtigung der verschiedenen zu erfüllenden Kriterien, unter Umständen aber auch schon aus dem Verstoß gegen nur ein Kriterium ergeben; insbesondere Dauer und Nutzerauswirkung sollen berücksichtigt werden (BT-Drs. 19/27453, 129f.). Die Annahme der Gesetzentwurfsbegründung, Abs. 3 S. 2 ermächtige auch zu Maßnahmen mit Regelungscharakter als Minusmaßnahme zur Entziehung (BT-Drs. 19/27453, 129), erscheint fragwürdig; Anordnungen oder Auflagen der BNetzA dürften kaum selbstständig durchsetzbare Verwaltungsakte sein, sondern im Falle der Nichtbeachtung bei gravierenden Verstößen zur Entziehung führen.

22 Nach Abs. 3 S. 3 kann die BNetzA die Aufgaben und Befugnisse nach Abs. 3 S. 1 und 2 **auf einen geeigneten Dritten übertragen,** der insoweit Beliehener wird (BeckOK EnWG/*Schnurre* § 41 c Rn. 18). Dabei bleibt der BNetzA ein Weisungsrecht zur Sicherstellung der rechtmäßigen Aufgabenerfüllung vorbehalten.

23 Falls den Anforderungen nach § 4c Abs. 2 genügende Vergleichsinstrumente nicht angeboten werden oder kein Vertrauenszeichen beantragt worden ist, nimmt die BNetzA nach § 41c Abs. 3 S. 4 die **Ausschreibung der Erstellung eines geeigneten Vergleichsinstruments** vor. Es ist kein Ermessen der BNetzA vorgesehen; da sie zur Erfüllung ihres Sicherstellungsauftrags auf andere als Anbieter angewiesen ist, wird aber ein gewisser Spielraum bei dessen Wahrnehmung auch bei Ausschreibung anzuerkennen sein. Die Gesetzesentwurfsbegründung hat den 1.7.2022 als ein Stichdatum angesehen, nach dem die Bundesnetzagentur die Leistung ausschreiben sollte (BT-Drs. 19/27453, 129).

IV. Übertragung auf die Belieferung mit Gas (Abs. 4)

24 Nach Abs. 4 steht es im Ermessen der BNetzA, **Abs. 3 analog auch auf die Erdgasbelieferung** anzuwenden. Es gelten dann die vorstehenden Ausführungen entsprechend. Die Gesetzesentwurfsbegründung hebt die Möglichkeit der gemeinsamen Vergabe von Vertrauenszeichen hervor (BT-Drs. 19/27453, 130). Auch eine gemeinsame Ausschreibung nach Abs. 3 S. 4 wäre möglich (BeckOK EnWG/ *Schnurre* § 41c Rn. 20).

V. Verfügbarkeit von Informationen (Abs. 5)

25 Abs. 5 regelt die **Nutzung veröffentlichter Informationen im Zusammenhang mit der Bereitstellung unabhängiger Vergleichsportale.** Abs. 5 S. 1 ermächtigt Dritte zur Nutzung von Informationen, die von Energielieferanten veröffentlicht werden, zur Bereitstellung unabhängiger Vergleichsinstrumente. Nach Abs. 5 S. 2 müssen Energielieferanten eine kostenlose Nutzung unmittelbar angebotsrelevanter Informationen in offenen Datenformaten ermöglichen.

§ 41 d Erbringung von Dienstleistungen außerhalb bestehender Liefer- oder Bezugsverträge; Festlegungskompetenz

(1) ¹Großhändler und Lieferanten von Elektrizität sowie betroffene Bilanzkreisverantwortliche haben es Betreibern einer Erzeugungsanlage und Letztverbrauchern, sofern deren Stromeinspeisung und Stromentnahme jeweils durch eine Zählerstandsgangmessung im Sinne des § 2 Satz 2 Nummer 27 des Messstellenbetriebsgesetzes oder durch eine viertelstündige registrierende Leistungsmessung gemessen wird, auf Verlangen gegen angemessenes Entgelt zu ermöglichen, Dienstleistungen hinsichtlich von Mehr- oder Mindererzeugung sowie von Mehr- oder Minderverbrauch elektrischer Arbeit unabhängig von einem bestehenden Liefer- oder Bezugsvertrag gegenüber Dritten und über einen anderen Bilanzkreis zu erbringen. ²Ein Entgelt ist angemessen, wenn es den Großhändler und Lieferanten von Elektrizität und den Bilanzkreisverantwortlichen, dessen Bilanzkreis die Einspeise- oder Entnahmestelle des Betreibers einer Erzeugungsanlage oder des Letztverbrauchers zugeordnet ist, wirtschaftlich so stellt, wie sie ohne die Erbringung der Dienstleistungen durch Betreiber einer Erzeugungsanlage oder den Letztverbraucher stünden.

(2) ¹Ein vertraglicher Ausschluss der Rechte nach Absatz 1 Satz 1 ist unwirksam. ²Wird von den Rechten nach Absatz 1 Satz 1 im Rahmen eines Vertragsverhältnisses erstmalig Gebrauch gemacht, ist ein Großhändler oder Lieferant von Elektrizität berechtigt, den Liefer- oder Bezugsvertrag außerordentlich mit einer Frist von drei Kalendermonaten zum Monatsende zu kündigen. ³Das außerordentliche Kündigungsrecht nach Satz 2 ist ausgeschlossen, sofern eine Belieferung von Haushaltskunden erfolgt.

(3) Die Bundesnetzagentur ist berechtigt, durch Festlegung nach § 29 Absatz 1 die in den Absätzen 1 und 2 geregelten Rechte und Pflichten, auch in Bezug auf die Einbeziehung eines Aggregators, näher zu konkretisieren, insbesondere
1. zum Austausch erforderlicher Informationen,
2. zur Bilanzierung der Energiemengen, wobei sie insbesondere festlegen kann, dass durch Dienstleistungen im Sinne von Absatz 1 Satz 1 verursachte Bilanzkreisabweichungen bilanziell auszugleichen sind,
3. zu technischen und administrativen Anforderungen oder Verfahren und
4. zum angemessenen Entgelt nach Absatz 1 Satz 2, wobei sie insbesondere festlegen kann, dass ein Entgelt angemessen ist, wenn es auch einen administrativen Aufwand umfasst.

A. Allgemeines

§ 41 d regelt Rechte und Pflichten im Verhältnis zwischen Großhändlern, 1
Stromlieferanten und betroffenen Bilanzkreisverantwortlichen einerseits, Betreibern von Erzeugungsanlagen und Letztverbrauchern andererseits in Bezug auf die Erbringung von **Dienstleistungen hinsichtlich sog. flexibler Energie** (Mehr- oder Mindererzeugung sowie von Mehr- oder Minderverbrauch elektrischer Arbeit) durch Letztere gegenüber Dritten, namentlich gegenüber Aggregatoren iSv

§ 3 Nr. 1a. § 41d Abs. 1 S. 1 gewährt Betreibern von Erzeugungsanlagen und Letztverbrauchern einen Anspruch auf Erbringung solcher Dienstleistungen gegenüber Dritten und über einen anderen Bilanzkreis ohne Zustimmung des Großhändlers und Lieferanten von Elektrizität sowie der betroffenen Bilanzkreisverantwortlichen. Unter welchen Voraussetzungen das dafür nach Abs. 1 S. 1 geschuldete Entgelt angemessen ist, ist in Abs. 1 S. 2 näher bestimmt. Nach Abs. 2 ist ein vertraglicher Ausschluss des Rechts nach Abs. 1 S. 1 unwirksam; jedoch besteht im Falle der erstmaligen Ausübung der Rechte – außer gegenüber Haushaltskunden – ein außerordentliches Kündigungsrecht des Großhändlers bzw. Stromlieferanten. Abs. 3 sieht eine Festlegungskompetenz der BNetzA zur Konkretisierung der wechselseitigen Rechte und Pflichten vor.

2   § 41d dient der **Umsetzung von Vorgaben der Elt-RL 19** (BT-Drs. 19/27453, 130). Nach Art. 17 Abs. 1 Elt-RL 19 ist von den Mitgliedstaaten die Beteiligung an der Laststeuerung durch Aggregierung und Endkunden, auch soweit sie Laststeuerung durch Aggregierung bereitstellen, die diskriminierungsfreie Teilnahme an den Strommärkten zu ermöglichen. Konkretisierend macht Art. 17 Abs. 3 Elt-RL 19 Vorgaben zum Zugang von Aggregatoren zu den Strommärkten und zu finanziellen Ausgleichspflichten im Hinblick auf die im Stromnetz verursachten Ungleichgewichte. Nach Art. 13 Abs. 2 Elt-RL 19 müssen Endkunden einen Anspruch darauf haben, auch ohne die Zustimmung ihrer Lieferunternehmen einen Aggregierungsvertrag zu schließen.

3   In Umsetzung dieser unionsrechtlichen Vorgabe ist § 41c durch Art. **1 Nr. 45 Gesetz vom 16.7.2021** (BGBl. 2021 I S. 3026) in das EnWG eingefügt worden. Die Vorschrift hat bislang keine Änderung erfahren.

4   Den unionsrechtlichen Vorgaben entsprechend ist es der **Zweck der Bestimmung,** die Marktteilnahme von Letztverbrauchern und Betreibern von Erzeugungsanlagen als sog. aktive Kunden (vgl. Art. 15 Elt-RL 19) unter Wahrung der berechtigten Interessen von Lieferanten und Bilanzkreisverantwortlichen zu stärken. Sie sollen insbesondere ohne Abhängigkeit von der Zustimmung ihres Stromlieferanten Verträge mit Aggregatoren schließen können, die ihre flexible Kapazität gebündelt auf den Elektrizitätsmärkten vermarkten (vgl. BT-Drs. 19/27453, 130).

5   § 41d regelt nur Rechte und Pflichten im Verhältnis von Großhändlern, Stromlieferanten und betroffenen Bilanzkreisverantwortlichen einerseits, Betreibern von Erzeugungsanlagen und Letztverbrauchern andererseits und erwähnt Aggregatoren nur am Rande (→ Rn. 14). Der Sache nach geht es der Bestimmung aber um das **Dreiecksverhältnis von Großhändlern, Stromlieferanten und Bilanzkreisverantwortlichen, Erzeugungsanlagenbetreibern und Letztverbrauchern sowie Aggregatoren** iSv § 3 Nr. 1a (→ § 3 Rn. 11). Die Bestimmung wird bezüglich des Rechtsverhältnisses zwischen Erzeugungsanlagenbetreibern und Letztverbrauchern sowie Aggregatoren ergänzt durch § 41e.

B. Einzelerläuterungen

I. Rechte und Pflichten von Betreibern von Erzeugungsanlagen und Letztverbrauchern (Abs. 1)

6   **1. Anspruch auf Erbringung von Dienstleistungen gegenüber Dritten (Abs. 1 S. 1).** Der Anspruch aus § 41d Abs. 1 S. 1 steht **Betreibern von Erzeugungsanlagen und Letztverbrauchern** zu. Erzeugungsanlagen, deren Betreiber

Erbringung von Dienstleistungen außerhalb bestehender Lieferverträge **§ 41 d**

erfasst sind, sind nach § 3 Nr. 18 d Anlagen zur Erzeugung von elektrischer Energie (→ § 3 Rn. 47). Der Letztverbraucherbegriff ist in § 3 Nr. 25 definiert (→ § 3 Rn. 67).

Anspruchsverpflichtet sind **Großhändler und Lieferanten von Elektrizität** 7 **sowie betroffene Bilanzkreisverantwortliche.** Der Begriff des Großhändlers ist in § 3 Nr. 21 legaldefiniert (→ § 3 Rn. 56). Als Lieferant von Elektrizität dürfte der jeweilige Stromlieferant iSv § 3 Nr. 31 a (→ § 3 Rn. 82) gemeint sein. Die Bilanzkreisverantwortung ist in § 4 StromNZV geregelt, sodass die von den bilanzkreisbildenden Netznutzern gegenüber dem Betreiber des jeweiligen Übertragungsnetzes als Bilanzkreisverantwortlicher benannte Person, die für die Bilanzierung des jeweiligen Anlagenbetreibers bzw. Letztverbrauchers zuständig ist, gemeint ist; das kann, muss aber nicht der Stromlieferant sein (BeckOK EnWG/*Schnurre* § 41 d Rn. 5). Entsprechend dem verfolgten Zweck, Erzeugungsanlagenbetreiber und Endkunden in der Vermarktung ihrer flexiblen Energie insbesondere mittels Aggregierung von der Zustimmung anderer Beteiligter unabhängig zu machen, ist der Kreis der Verpflichteten erforderlichenfalls weit zu verstehen (BeckOK EnWG/*Schnurre* § 41 d Rn. 5).

Tatbestandliche Voraussetzung des Anspruchs ist, dass bei Erzeugungsanlagen- 8 betreibern und Endkunden die Stromeinspeisung und Stromentnahme jeweils **durch eine Zählerstandsgangmessung iSv § 2 S. 2 Nr. 27 MsbG oder durch eine viertelstündige registrierende Leistungsmessung** gemessen wird. Das begrenzt den Kreis potenziell Anspruchsberechtigter. Die Messung entnommener Energie auf diese Weise erfolgt vornehmlich bei Letztverbrauchern mit einem Jahresstromverbrauch von über 100.000 kW (vgl. § 55 Abs. 1 Nr. 1 MsbG). Hintergrund der Regelung ist, dass eine viertelstundengenaue Bilanzierung der vermarkteten Erzeugungs- bzw. Verbrauchsstellen ermöglicht werden muss (BeckOK EnWG/*Schnurre* § 41 d Rn. 6). Wenn sie – wie regelmäßig – nach Standardlastprofil bilanziert werden, sind Letztverbraucher mit einem geringeren Jahresstromverbrauch von dem Anspruch ausgeschlossen.

Den Anspruchsinhalt umschreibt § 41 d Abs. 1 S. 1 so, dass die Verpflichteten den 9 Erzeugungsanlagenbetreibern und Endkunden ermöglichen müssen, Dienstleistungen hinsichtlich ihrer flexiblen Energie **unabhängig von einem bestehenden Liefer- oder Bezugsvertrag gegenüber Dritten und über einen anderen Bilanzkreis** zu erbringen. Danach besteht ein Anspruch darauf, solche Dienstleistungen ohne Zustimmung des Großhändlers und Lieferanten von Elektrizität sowie der betroffenen Bilanzkreisverantwortlichen erbringen zu dürfen; darin soll insbesondere das Recht auf Abschluss eines Aggregierungsvertrags ohne Zustimmung des Lieferanten eingeschlossen sein (BT-Drs. 19/27453, 130). Abs. 1 S. 1 ermöglicht damit, dass die Mehr- oder Mindererzeugung bzw. der Mehr- oder Minderverbrauch bilanziell über die dem Letztverbraucher oder Anlagenbetreiber zugeordnete Markt- und Messlokation abgewickelt wird (BeckOK EnWG/*Schnurre* § 41 d Rn. 8).

2. Angemessenes Entgelt (Abs. 1 S. 2). Der Anspruch nach Abs. 1 S. 1 be- 10 steht nur gegen Gewährung eines angemessenen Entgelts. Nach Abs. 1 S. 2 ist das Entgelt angemessen, wenn es die Anspruchsverpflichteten wirtschaftlich so stellt, wie sie **ohne die Erbringung der Dienstleistungen durch Betreiber einer Erzeugungsanlage oder den Letztverbraucher** stünden. Dadurch sollen die Nachteile der Großhändler und Stromlieferanten sowie der betroffenen Bilanzkreisverantwortlichen infolge der durch den Betreiber einer Erzeugungsanlage oder den

Letztverbraucher verursachten Bilanzkreisabweichungen berücksichtigt werden. Nach der Gesetzesentwurfsbegründung (vgl. zum Folgenden BT-Drs. 19/27453, 130) ist dabei das positive Interesse an der Erfüllung der vertraglichen Pflichten einzubeziehen. Durch die Dienstleistungserbringung des Betreibers einer Erzeugungsanlage oder des Letztverbrauchers für Dritte, zB einen Aggregatoren, sollen die wirtschaftlichen Interessen des Großhändlers und Lieferanten von Elektrizität und seines Bilanzkreisverantwortlichen nicht beeinträchtigt werden. Deshalb soll der Letztverbraucher den vereinbarten Strompreis auch für solche Mengen zahlen, die er zwar nicht dem Elektrizitätsversorgungsnetz entnimmt, aber im Rahmen seiner Dienstleistungserbringung an Dritte weitergibt. Die Festlegungsermächtigung in Abs. 3 Nr. 4 (→ Rn. 14) ist zu entnehmen, dass administrative Aufwände beim angemessenen Entgelt bis zu einer entsprechenden Festlegung nicht zu berücksichtigen sind (ebenso BeckOK EnWG/*Schnurre* § 41 d Rn. 12).

II. Unabdingbarkeit und Sonderkündigungsrecht (Abs. 2)

11 **1. Unabdingbarkeit (Abs. 2 S. 1).** Nach Abs. 2 S. 1 ist der Anspruch nach Abs. 1 S. 1 **unabdingbar.** Eine abweichende vertragliche Vereinbarung ist nichtig.

12 **2. Sonderkündigungsrecht (Abs. 2 S. 2 und 3).** Bei erstmaligem Gebrauchmachen von den Rechten nach Abs. 1 S.1 im Rahmen eines bestehenden Vertragsverhältnisses gewährt Abs. 2 S. 2 dem Großhändler bzw. Stromlieferanten ein **außerordentliches Kündigungsrecht.** Das Kündigungsrecht kann mit einer Frist von drei Monaten zum Monatsende ausgeübt werden. Der Gesetzgeber hielt dieses außerordentliche Kündigungsrecht für erforderlich, weil mit dem Entgelt nach Abs. 1 noch nicht das durch die Stromvermarktung gestiegene Insolvenzrisiko für Großhändler und Stromlieferanten sowie betroffene Bilanzkreisverantwortliche abgedeckt sei und diese nicht genötigt sein sollten, dieses Risiko von vornherein einzupreisen und damit unter Umständen auch die Bedingungen für andere Kunden zu verschlechtern; die Kündigungsfrist soll dem Großhändler und Stromlieferanten ausreichend Zeit geben, das zusätzliche Insolvenzrisiko des jeweiligen Letztverbrauchers oder Erzeugers abzuschätzen (BT-Drs. 19/27453, 131).

13 Im Rahmen der **Belieferung von Haushaltskunden** iSv § 3 Nr. 22 (→ § 3 Rn. 58) ist dieses Sonderkündigungsrecht ausgeschlossen (§ 41 d Abs. 2 S. 3). Dem Gesetzgeber erschienen einerseits das Insolvenzrisiko bei Haushaltskunden wegen der geringen Strommenge und der Zwischenschaltung von Aggregatoren überschaubar und andererseits ein gegebenenfalls nötiger Stromlieferantenwechsel innerhalb der Kündigungsfrist von drei Monaten für Haushaltskunden unangemessen belastend (BT-Drs. 19/27453, 131).

III. Festlegungsbefugnis der BNetzA (Abs. 3)

14 Abs. 3 enthält eine Ermächtigung der BNetzA zu **Festlegungen iSv § 29 Abs. 1 zur Konkretisierung der Rechte und Pflichten nach § 41 d Abs. 1 und 2.** Bemerkenswerterweise wird hier in der Bestimmung erstmals die Einbeziehung eines Aggregators, die schon aufgrund der unionsrechtlichen Vorgaben und auch nach den Intentionen des Gesetzgebers das eigentliche Anliegen des § 41 d darstellt, explizit genannt. Im Einzelnen erstreckt sich die Festlegungsbefugnis nach Abs. 3 Nr. 1–4 auf Regelungen zum Austausch erforderlicher Informationen, zur Bilanzierung von Energiemengen, zu technischen und administrativen Anforderungen oder Verfahren sowie zum angemessenen Entgelt iSv Abs. 1 S. 2; insoweit kann auch der Einbezug eines administrativen Aufwands angeordnet werden.

§ 41e Verträge zwischen Aggregatoren und Betreibern einer Erzeugungsanlage oder Letztverbrauchern

(1) ¹Verträge zwischen Aggregatoren und Betreibern einer Erzeugungsanlage oder Letztverbrauchern über Dienstleistungen hinsichtlich von Mehr- oder Mindererzeugung sowie von Mehr- oder Minderverbrauch elektrischer Arbeit nach § 41d Absatz 1 Satz 1 bedürfen der Textform. ²Der Aggregator hat den Betreiber der Erzeugungsanlage oder Letztverbraucher vor Vertragsschluss umfassend über die Bedingungen zu informieren, die sich aus einem Vertragsschluss nach § 41d Absatz 1 ergeben.

(2) Letztverbraucher haben das Recht, von dem Aggregator auf Verlangen mindestens einmal in jedem Abrechnungszeitrum unentgeltlich alle sie betreffenden Laststeuerungsdaten oder Daten über die gelieferte und verkaufte Energie zu erhalten.

A. Allgemeines

§ 41e enthält Vorgaben für **Verträge zwischen Aggregatoren und Betreibern einer Erzeugungsanlage oder Letztverbrauchern über Dienstleistungen hinsichtlich sog. flexibler Energie** (Mehr- oder Mindererzeugung sowie Mehr- oder Minderverbrauch elektrischer Arbeit). Abs. 1 statuiert insofern ein Textformerfordernis und begründet einen Informationsanspruch des Erzeugungsanlagenbetreibers bzw. Endkunden gegenüber dem Aggregator. Letztverbraucher haben nach Abs. 2 einen Anspruch auf unentgeltliche Zurverfügungstellung der Laststeuerungsdaten bzw. der Daten über gelieferte und verkaufte Energie. 1

§ 41e dient im Wesentlichen der **Umsetzung von Art. 13 Elt-RL 19** (BT-Drs. 19/27453, 131). Insbesondere verlangt Art. 13 Abs. 2 S. 2 Elt-RL 19 eine umfassende Information der Kunden über die Bedingungen der ihnen angebotenen Verträge und verbürgt nach Art. 13 Abs. 3 allen Endkunden das Recht, auf Verlangen mindestens einmal in jedem Abrechnungszeitraum kostenfrei sämtliche sie betreffenden Laststeuerungsdaten oder Daten über die gelieferte und verkaufte Elektrizität zu erhalten. 2

In Umsetzung dieser unionsrechtlichen Vorgaben ist § 41e durch **Art. 1 Nr. 45 Gesetz vom 16.7.2021** (BGBl. 2021 I S. 3026) in das EnWG eingefügt worden. Die Vorschrift hat bislang keine Änderung erfahren. 3

Die Bestimmung verfolgt den Zweck, die **Marktteilnahme von Erzeugungsanlagenbetreibern und Letztverbrauchern durch den Abschluss von Verträgen mit Aggregatoren** iSv § 3 Nr. 1a (→ § 3 Rn. 11), die ihre flexible Kapazität gebündelt auf den Elektrizitätsmärkten vermarkten, zu stärken. Zu diesem Zweck enthält § 41e Schutzvorschriften zugunsten von Erzeugungsanlagenbetreibern, vor allem aber von Letztverbrauchern in ihrer Rolle als sog. aktive Kunden (vgl. Art. 15 Elt-RL 19). Mit diesen auf das Rechtverhältnis zwischen von Erzeugungsanlagenbetreibern bzw. Letztverbrauchern und Aggregatoren bezogenen Regelungen ergänzt § 41e die Bestimmungen des § 41d, die der Sache nach das Dreiecksverhältnis von Großhändlern, Stromlieferanten und Bilanzkreisverant- 4 wortlichen, Erzeugungsanlagenbetreibern und Letztverbrauchern sowie Aggregatoren im Blick haben (→ § 41 d Rn. 5).

B. Einzelerläuterungen

I. Textform und Informationsverpflichtung (Abs. 1)

5   Nach Abs. 1 S. 1 bedürfen Verträge zwischen Aggregatoren und Betreibern einer Erzeugungsanlage oder Letztverbrauchern über Dienstleistungen hinsichtlich von Mehr- oder Mindererzeugung sowie von Mehr- oder Minderverbrauch elektrischer Arbeit nach Abs. 1 S. 1 der **Textform.** Mit dem Verweis auf Abs. 1 S. 1 soll der sog. Aggregierungsvertrag definiert werden (BT-Drs. 19/27453, 131), was nur sehr bedingt gelingt, da in Abs. 1 S. 1 das Vertragsverhältnis zwischen Aggregatoren und Erzeugungsanlagenbetreibern oder Letztverbrauchern gar nicht geregelt ist und der Gegenstand eines zwischen ihnen geschlossenen Vertrages dort auch nicht näher umschrieben wird als in Abs. 1 S. 1 selbst. Die für den Aggregierungsvertrag vorgeschriebene Textform ist die des § 126b BGB. Ihre Festlegung soll die umfassende Einhaltung der Aufklärungspflicht nach § 41 e Abs. 1 S. 2 sicherstellen und nachprüfbar machen (BT-Drs. 19/27453, 131).

6   Nach Abs. 1 S. 2 hat der Aggregator den Betreiber der Erzeugungsanlage oder Letztverbraucher vor Vertragsschluss umfassend über die Bedingungen zu informieren, die sich aus einem Vertragsschluss nach § 41 d Abs. 1 ergeben. Die **Informationspflicht** bezieht sich insbesondere auf mögliche Auswirkungen des Aggregierungsvertrags wie ua und insbesondere das Kündigungsrecht des Stromlieferanten nach § 41 d Abs. 2 S. 2 (BeckOK EnWG/*Schnurre* § 41 e Rn. 2).

II. Anspruch auf Laststeuerungsdaten/Daten über gelieferte und verkaufte Energie (Abs. 2)

7   In Umsetzung von Art. 13 Abs. 3 Elt-RL 19 gewährt § 41 e Abs. 2 das Recht, von dem Aggregator auf Verlangen mindestens einmal in jedem Abrechnungszeitraum unentgeltlich alle sie betreffenden **Laststeuerungsdaten oder Daten über die gelieferte und verkaufte Energie** zu erhalten. Dieses Recht steht nur Letztverbrauchern iSv § 3 Nr. 25, nicht hingegen Erzeugungsanlagenbetreibern zu. Sie sollen nachvollziehen können, wie werthaltig die von ihnen dem Aggregator überlassene Energiemenge ist (BeckOK EnWG/*Schnurre* § 41 e Rn. 3).

§ 42 Stromkennzeichnung, Transparenz der Stromrechnungen, Verordnungsermächtigung

(1) **Stromlieferanten sind verpflichtet, in oder als Anlage zu ihren Rechnungen an Letztverbraucher und in an diese gerichtetem Werbematerial sowie auf ihrer Website für den Verkauf von Elektrizität anzugeben:**
1. den Anteil der einzelnen Energieträger (Kernkraft, Kohle, Erdgas und sonstige fossile Energieträger, Mieterstrom, gefördert nach dem EEG, erneuerbare Energien mit Herkunftsnachweis, nicht gefördert nach dem EEG) an dem Gesamtenergieträgermix, den der Lieferant im Land des Liefervertrags im letzten oder vorletzten Jahr verwendet hat;

spätestens ab 1. November eines Jahres sind jeweils die Werte des vorangegangenen Kalenderjahres anzugeben;
2. Informationen über die Umweltauswirkungen zumindest in Bezug auf Kohlendioxidemissionen (CO_2-Emissionen) und radioaktiven Abfall, die auf den in Nummer 1 genannten Gesamtenergieträgermix zur Stromerzeugung zurückzuführen sind;
3. hinsichtlich der erneuerbaren Energien mit Herkunftsnachweis, nicht gefördert nach dem EEG, die Information, in welchen Staaten die den entwerteten Herkunftsnachweisen zugrunde liegende Strommenge erzeugt worden ist und deren Anteil an der Liefermenge erneuerbarer Energien mit Herkunftsnachweis.

(2) Die Informationen zu Energieträgermix und Umweltauswirkungen sind mit den entsprechenden Durchschnittswerten der Stromerzeugung in Deutschland zu ergänzen und verbraucherfreundlich und in angemessener Größe in grafisch visualisierter Form darzustellen.

(3) ¹Sofern ein Stromlieferant im Rahmen des Verkaufs an Letztverbraucher eine Produktdifferenzierung mit unterschiedlichem Energieträgermix vornimmt, gelten für diese Produkte sowie für den verbleibenden Energieträgermix die Absätze 1 und 2 entsprechend mit der Maßgabe, dass zusätzlich zu den Energieträgern nach Absatz 1 Nummer 1 der Anteil der erneuerbaren Energien, gefördert nach dem EEG, als Energieträger anzugeben ist. ²Stromlieferanten, die keine Produktdifferenzierung mit unterschiedlichen Energieträgermixen vornehmen, weisen den Gesamtenergieträgermix unter Einbeziehung des Anteils der *„erneuerbaren Energien, finanziert aus der EEG-Umlage"*[1] als „Unternehmensverkaufsmix" aus. ³Die Verpflichtungen nach den Absätzen 1 und 2 bleiben davon unberührt.

(3a) Die Anteile der nach Absatz 3 anzugebenden Energieträger mit Ausnahme des Anteils für Strom aus erneuerbaren Energien, gefördert nach dem EEG, sind entsprechend anteilig für den jeweiligen Letztverbraucher um den Anteil des Stroms aus erneuerbaren Energien, gefördert nach dem EEG, an der Stromerzeugung in Deutschland zu reduzieren.

(4) ¹Bei Strommengen, die nicht eindeutig erzeugungsseitig einem der in Absatz 1 Nummer 1 genannten Energieträger zugeordnet werden können, ist der ENTSO-E-Energieträgermix für Deutschland unter Abzug der nach Absatz 5 Nummer 1 und 2 auszuweisenden Anteile an Strom aus erneuerbaren Energien zu Grunde zu legen. ²Soweit mit angemessenem Aufwand möglich, ist der ENTSO-E-Mix vor seiner Anwendung so weit zu bereinigen, dass auch sonstige Doppelzählungen von Strommengen vermieden werden. ³Zudem ist die Zusammensetzung des nach Satz 1 und 2 berechneten Energieträgermixes aufgeschlüsselt nach den in Absatz 1 Nummer 1 genannten Kategorien zu benennen.

(5) ¹Eine Verwendung von Strom aus erneuerbaren Energien zum Zweck der Stromkennzeichnung nach Absatz 1 Nummer 1 und Absatz 3 liegt nur vor, wenn der Stromlieferant

---

[1] Nach der Änd. durch G v. 20.7.2022 (BGBl. I S. 1237) jetzt wohl richtig: „erneuerbaren Energien, gefördert nach dem EEG".

§ 42 Teil 4. Energielieferung an Letztverbraucher

1. Herkunftsnachweise für Strom aus erneuerbaren Energien verwendet, die durch die zuständige Behörde nach § 79 Absatz 4 des Erneuerbare-Energien-Gesetzes entwertet wurden,
2. Strom, der nach dem EEG gefördert wird, unter Beachtung der Vorschriften des Erneuerbare-Energien-Gesetzes ausweist oder
3. Strom aus erneuerbaren Energien als Anteil des nach Absatz 4 berechneten Energieträgermixes nach Maßgabe des Absatz 4 ausweist.

²Stromlieferanten sind berechtigt, für den Anteil von Strom aus erneuerbaren Energien, gefördert nach dem EEG, unter Beachtung der Vorschriften des Erneuerbare-Energien-Gesetzes in der Stromkennzeichnung auszuweisen, in welchem Umfang dieser Stromanteil in regionalem Zusammenhang zum Stromverbrauch erzeugt worden ist, wenn Regionalnachweise durch die zuständige Behörde nach § 79a Absatz 4 des Erneuerbare-Energien-Gesetzes entwertet wurden.

(6) Erzeuger und Vorlieferanten von Strom haben im Rahmen ihrer Lieferbeziehungen den nach Absatz 1 Verpflichteten auf Anforderung die Daten so zur Verfügung zu stellen, dass diese ihren Informationspflichten genügen können.

(7) ¹Stromlieferanten sind verpflichtet, einmal jährlich zur Überprüfung der Richtigkeit der Stromkennzeichnung die nach den Absätzen 1 bis 4 gegenüber den Letztverbrauchern anzugebenden Daten sowie die der Stromkennzeichnung zugrunde liegenden Strommengen der Bundesnetzagentur zu melden. ²Die Bundesnetzagentur übermittelt die Daten zum Zwecke der Überprüfung des Anteils an erneuerbaren Energien einschließlich unternehmensbezogener Daten und Betriebs- und Geschäftsgeheimnissen an das Umweltbundesamt. ³Das Umweltbundesamt ist befugt, die Richtigkeit der Stromkennzeichnung zu überprüfen, soweit diese die Ausweisung von Strom aus erneuerbaren Energien betrifft. ⁴Im Fall einer Unrichtigkeit dieses Teils der Stromkennzeichnung kann das Umweltbundesamt gegenüber dem betreffenden Stromlieferanten die erforderlichen Maßnahmen zur Sicherstellung der Richtigkeit der Stromkennzeichnung anordnen. ⁵Die Bundesnetzagentur kann Vorgaben zum Format, Umfang und Meldezeitpunkt machen. ⁶Stellt sie Formularvorlagen bereit, sind die Daten in dieser Form elektronisch zu übermitteln.

(8) ¹Das Bundesministerium für Wirtschaft und Klimaschutz wird ermächtigt, im Einvernehmen mit dem Bundesministerium für Umwelt, Naturschutz, nukleare Sicherheit und Verbraucherschutz durch Rechtsverordnung, die nicht der Zustimmung des Bundesrates bedarf, Vorgaben zur Darstellung der Informationen nach den Absätzen 1 bis 4, insbesondere für eine bundesweit vergleichbare Darstellung, und zur Bestimmung des Energieträgermixes für Strom, der nicht eindeutig erzeugungsseitig zugeordnet werden kann, abweichend von Absatz 4 sowie die Methoden zur Erhebung und Weitergabe von Daten zur Bereitstellung der Informationen nach den Absätzen 1 bis 4 festzulegen. ²Solange eine Rechtsverordnung nicht erlassen wurde, ist die Bundesnetzagentur berechtigt, die Vorgaben nach Satz 1 durch Festlegung nach § 29 Absatz 1 zu bestimmen.

Stromkennzeichnung, Transparenz der Stromrechnungen § 42

Übersicht

	Rn.
A. Allgemeines	1
I. Inhalt	1
II. Zweck	2
III. Gesetzgebungsgeschichte	3
IV. Unionsrechtliche Vorgaben	5
V. Anwendungsbereich	6
VI. Umsetzung	8
B. Einzelerläuterungen	10
I. Informationspflicht der Stromlieferanten (Abs. 1–3a)	10
1. Rechtsnatur der Informationspflicht	10
2. Anlässe und Medien der Information	11
3. Die gebotenen Informationen	14
4. Darstellung der Informationen	20
5. Produktdifferenzierung/Unternehmensverkaufsmix (Abs. 3)	21
6. Ausweisung der erneuerbaren Energien (Abs. 3a)	24
II. Zuordnung von Strommengen (Abs. 4 und 5)	25
1. Erzeugungsseitig nicht eindeutig zuordenbare Strommengen (Abs. 4)	26
2. Strom aus erneuerbaren Energien (Abs. 5)	28
III. Erzeuger und Vorlieferanten (Abs. 6)	32
IV. Meldepflicht/Überprüfung (Abs. 7)	33
V. Ermächtigung zu Rechtsverordnung bzw. Festlegung (Abs. 8)	37

Literatur: *Büdenbender,* Umweltschutz in der Novelle des Energiewirtschaftsgesetzes, DVBl. 2006, 1161; *Hoffmann,* Klimaschutz durch Produktkennzeichnung? – an den Beispielen Pkw und Strom, UPR 2007, 58; *Rehart/Bär,* Ende der Stromkennzeichnungspflicht in der Werbung?, EnWZ 2021, 441; *Tödtmann/Schauer,* Die Stromkennzeichnungspflicht nach § 42 EnWG-E, ZNER 2005, 118.

A. Allgemeines

I. Inhalt

Durch die Vorschrift werden **Informationsansprüche der Letztverbraucher** 1
gegen Stromlieferanten begründet und durch ergänzende Regelungen weiter konkretisiert und gesichert. § 42 gilt der Stromkennzeichnung und der hierauf bezogenen Transparenz von Rechnungen, Werbematerial und Website-Auftritt der Stromlieferanten. Die Informationspflicht der Stromlieferanten konkretisierend regeln § 42 Abs. 1–3a Umfang sowie Art und Weise der Information und machen § 42 Abs. 4 und 5 besondere Vorgaben für die Behandlung von Strom unbekannter Herkunft bzw. Strom aus erneuerbaren Energien. § 42 Abs. 6 verpflichtet Erzeuger und Vorlieferanten zur Bereitstellung der nötigen Informationen. § 42 Abs. 7 begründet Meldepflichten der Stromlieferanten gegenüber der BNetzA, ergänzt um Regelungen zum Umgang mit diesen Daten. § 42 Abs. 8 schließlich gewährt eine Ermächtigung zum Erlass von Rechtsverordnungen bzw. hilfsweise von Festlegungen.

II. Zweck

2   Die Regelung zielt auf eine Information der Verbraucher über die Primärenergiequellen, die für die Erzeugung des ihnen angebotenen bzw. gelieferten Stroms eingesetzt werden, und die daraus resultierenden Umweltauswirkungen. Das erscheint vordergründig als verbraucherschützende Regelung, zielt aber vor allem auf die **Ermöglichung eines auch ökologisch orientierten Nachfrageverhaltens der Verbraucher.** Durch die Sicherstellung der nötigen Informationen sollen sie die Möglichkeit erhalten, ihre Nachfrageentscheidung auch daran auszurichten, welche Primärenergieträger der Elektrizitätserzeuger eingesetzt hat und wie deren Umweltauswirkungen sind (vgl. BT-Drs. 15/3917, 67; BT-Drs. 15/4068, 7; Fehling/Ruffert RegulierungsR/*Britz* § 9 Rn. 30). Insbesondere soll der Verbraucher erkennen können, inwieweit bezogener Strom aus erneuerbaren Energien stammt, was die Verhinderung der Doppelvermarktung von erneuerbaren Energien zu einem wichtigen Zwischenziel werden lässt (vgl. BT-Drs. 17/6702, 85, 87); insoweit besteht ein systematischer Zusammenhang zwischen der Regelung der Stromkennzeichnung und der Qualifizierung als erneuerbare Energie nach dem EEG. Damit ist diese Regelung dem Gesetzeszweck der möglichst umweltverträglichen leistungsgebundenen Energieversorgung (vgl. § 1 Abs. 1) verpflichtet. Ihr umweltpolitischer Nutzen wird freilich zurückhaltend eingeschätzt (vgl. *Büdenbender* DVBl. 2006, 1161 (1169); BeckOK EnWG/*Schnurre* § 42 Rn. 1).

III. Gesetzgebungsgeschichte

3   Für die Regelung von Informationspflichten und -ansprüchen zur Stromkennzeichnung hat es **Vorbilder allein im Ausland** gegeben. Sie finden sich namentlich in verschiedenen US-Bundesstaaten, im kanadischen Bundesstaat Ontario sowie in Österreich (*Tödtmann/Schauer* ZNER 2005, 118 (119)). Im deutschen Energiewirtschaftsrecht enthielten weder das EnWG bis 2005 noch die AVBEltV, wo allein § 26 AVBEltV Verständlichkeit der Regelungsvordrucke und einen vollständigen, allgemein verständlichen Ausweis der maßgeblichen Berechnungsfaktoren forderte, vergleichbare Regelungen.

4   Die – durch gemeinschaftsrechtliche Vorgaben (→ Rn. 5) angestoßene – **Einführung im EnWG 2005** ist, nachdem im Gesetzgebungsverfahren teils detailliertere, teils einfachere Regelungen gefordert worden waren (→ 3. Aufl., § 42 Rn. 5), entsprechend dem RegE (BT-Drs. 15/3917, 23) erfolgt. Zwischenzeitlich, insbesondere durch Art. 1 des Gesetzes vom 26.7.2011 (BGBl. 2011 I S. 1554), hat die Bestimmung mehrfach Änderungen erfahren. Zuletzt ist sie durch Art. 5 Nr. 8 EE-SofortmaßnahmenG 2022 vom 20.7.2022 (BGBl. 2022 I S. 1237) geändert worden; in diesem Änderungsgesetz hat der Gesetzgeber auch auf die Beendigung der bisherigen EEG-Förderung über den Strompreis reagiert, indem er in § 42 durchgängig die Formulierung „finanziert aus der EEG-Umlage" durch „gefördert nach dem EEG" ersetzt hat (BT-Drs. 20/1630, 246).

IV. Unionsrechtliche Vorgaben

5   Die Regelung der Information der Letztverbraucher dient der **Umsetzung von Richtlinienvorgaben.** Bereits Erwägungsgrund 25 sowie Art. 3 Abs. 6, Anhang A lit. c Elt-RL 03 forderten von den Mitgliedstaaten sicherzustellen, dass die Endkunden von Stromlieferanten über den Primärenergieträgermix sowie über Umweltauswirkungen informiert werden; die Ursprungsfassung des § 42 aF diente, über

die zwingenden unionsrechtlichen Vorgaben noch hinausgehend, explizit der Umsetzung dieser Vorgaben (BT-Drs. 15/3917, 67). Den nachfolgenden Vorgaben für bestimmte Informationen der Endverbraucher in Rechnungen und Werbematerial der EltVU in Art. 3 Abs. 9 Elt-RL 09, außerdem auch den Anforderungen von Art. 15 RL 09/28/EG, der die Mitgliedstaaten zur Einführung eines Herkunftsnachweisregisters für Strom aus erneuerbaren Energien verpflichtet, hat die Neufassung des § 42 EnWG 2011 Rechnung tragen wollen (vgl. BT-Drs. 17/6072, 85, 87). Nunmehr enthält insbesondere Anhang I Nr. 5 Elt-RL 19 Vorgaben für bestimmte Informationen der Endverbraucher, die jedoch – enger als zuvor – nur noch für Abrechnungen und Abrechnungsinformationen, nicht mehr für Werbematerial und Websites der Stromlieferanten gelten, so dass insoweit § 42 Abs. 1 und 2 über die unionsrechtlichen Anforderungen hinausgeht (*Rehart/Bär* EnWZ 2021, 441 (445)).

V. Anwendungsbereich

Die Regelung erfasst nicht die gesamte Energie-, sondern allein die Elektrizitätsversorgung. Mit Art. 5 Nr. 8 des Gesetzes vom 8.7.2022 (BGBL. 2022 I S. 1237) hat der Gesetzgeber aus Gründen der Rechtssicherheit den bisher in § 42 verwandten, jedoch nicht eindeutig im EnWG definierten Begriff des EltVU durch den in § 3 Nr. 31a legal definierten Begriff des **Stromlieferanten** ersetzt, um so unmissverständlich festzulegen, wer Adressat der Pflichten aus § 42 ist (BT-Drs. 20/1630, 245). Die Änderung soll auch zu einer besseren Übereinstimmung mit der Begrifflichkeit der Elt-RL 19 führen. Die Stromlieferanten sind, namentlich durch § 42 Abs. 1–4, primär verpflichtet; nur ergänzend werden in § 42 Abs. 6 auch Erzeuger und Vorlieferanten von Elektrizität dazu verpflichtet, Daten zur Verfügung zu stellen.

Eigentlicher Gegenstand der Regelung sind die **Elektrizitätslieferverhältnisse mit Letztverbrauchern.** Informationsberechtigt sind also nicht nur Haushaltskunden iSv § 3 Nr. 22, sondern alle Letztverbraucher iSv § 3 Nr. 25. Anderen Kunden (vgl. § 3 Nr. 24), etwa Großhändlern oder Weiterverteilern gegenüber bestehen hingegen die Informationspflichten nicht. In den Anwendungsbereich der Vorschrift fallen auch Bezieher von Mietstrom iSv § 42a (BeckOK EnWG/*Schnurre* § 42 Rn. 5). Das gilt auch für Letztverbraucher, die über geschlossene Verteilernetze iSv § 110 Abs. 2, 3 beliefert werden. Die zu § 110 EnWG 2005 noch erörterungsbedürftige, im Lichte der unionsrechtlichen Vorgaben jedoch auch damals schon zu bejahende Frage, ob auch über Objektnetze belieferte Letztverbraucher erfasst sind, ist unter der Geltung von § 110 nF gesetzlich deutlicher geklärt. § 110 Abs. 1 bestimmt abschließend, welche den Verteilernetzbetrieb betreffenden Vorschriften auf den Betrieb eines geschlossenen Verteilernetzes keine Anwendung finden; die dort nicht genannten Vorschriften sind anzuwenden, und die gesetzlichen Verpflichtungen, die an den Betrieb von Erzeugungsanlagen, den Kauf oder Verkauf von Energie oder andere Tätigkeiten anknüpfen, sollen unberührt bleiben (vgl. BT-Drs. 17/6072/94).

VI. Umsetzung

Von der Ermächtigung in § 42 Abs. 8 S. 1 zum Erlass einer **Verordnung** hat die Bundesregierung bislang keinen Gebrauch gemacht.

§ 42 Teil 4. Energielieferung an Letztverbraucher

9   Eine Konkretisierung der gesetzlichen Vorgaben für die praktische Umsetzung durch die EVU ist durch den **„Leitfaden Stromkennzeichnung"** erfolgt, den der VDEW erstmals im Jahr 2007 beschlossen hat und der nunmehr, in mehrfach überarbeiteter Gestalt, vom BDEW verantwortet wird (aktuell ist ein ab dem Bilanzierungsjahr 2020 geltender Leitfaden, Stand 12/2021 abrufbar unter www.bdew.de/media/documents/210801_Leitfaden_Stromkennzeichnung_2021.pdf).

B. Einzelerläuterungen

I. Informationspflicht der Stromlieferanten (Abs. 1–3 a)

10   **1. Rechtsnatur der Informationspflicht.** § 42 Abs. 1 begründet **eine Informationsverpflichtung und einen korrespondierenden Informationsanspruch.** Zur Information verpflichtet sind Stromlieferanten, die Strom an Letztverbraucher liefern (→ Rn. 6). Umgekehrt begründet die Regelung auch einen Anspruch dieser Letztverbraucher gegenüber dem Stromlieferanten. Es handelt sich damit um eine der Rechtsnatur nach zivilrechtliche Verpflichtung, die ggf. auch der zivilgerichtlichen Kontrolle und Durchsetzung zugänglich ist (*Salje* EnWG § 42 Rn. 31). Jedoch soll die Verletzung von Informationspflichten in einem Werbeflyer bei der gebotenen europarechtskonformen Auslegung des UWG keinen wettbewerblichen Unterlassungsanspruch begründen können, soweit gegen Stromkennzeichnungspflichten nach § 42 verstoßen wird, die über die unionsrechtlichen Richtlinienvorgaben hinausgehen (OLG Frankfurt a. M. Urt. v. 12.4.2011 – 11 U 5/11, ZNER 2011, 629; vgl. dazu näher BerlKommEnergieR/ *Tödtmann/Arens* EnWG § 42 Rn. 73f.); mit der Reduktion der unionsrechtlichen Anforderungen in Anhang I Nr. 5 Elt-RL 19 (→ Rn. 5) wird diese Einschränkung noch bedeutsamer (vgl. *Rehart/Bär* EnWZ 2021, 441 (445)). Im Übrigen kommt auch ein Vorgehen der Regulierungsbehörde nach § 65 in Betracht (BerlKommEnergieR/*Tödtmann/Arens* EnWG § 42 Rn. 67).

11   **2. Anlässe und Medien der Information.** Die Informationsverpflichtung besteht zunächst im Rahmen bestehender Lieferverhältnisse im Zusammenhang mit der Stellung der **Rechnung.** Darunter fallen alle monatlichen, jährlichen oder sonstigen Zwischenrechnungen, nicht jedoch Mitteilungen über Abschlagszahlungen oder Korrekturrechnungen (BeckOK EnWG/*Schnurre* § 42 Rn. 8). Entweder in den Rechnungen selbst oder als Anlage hierzu muss der Stromlieferant die vorgeschriebenen Angaben machen. Damit gibt zugleich die Form der Rechnungsstellung auch das für die Information zu verwendende Medium vor. Bei Rechnungsstellung in Papierform muss die Information ebenso, in der Rechnung oder als Anhang, erfolgen; ein bloßer Hinweis auf Internetseiten, Aushänge in Räumlichkeiten des Unternehmens etc. genügt dann nicht. Wenn allerdings für die Rechnungen elektronische Übermittlung vereinbart ist, reicht dieser Weg entsprechend auch für die nach § 42 Abs. 1 gebotene Information (*Salje* EnWG § 42 Rn. 15; BerlKommEnergieR/*Tödtmann/Arens* EnWG § 42 Rn. 26).

12   Darüber hinaus sind Stromlieferanten auch in ihrem **an Letztverbraucher gerichteten Werbematerial** zur Information verpflichtet. Die Informationsverpflichtung reicht damit auch über bestehende Stromlieferverhältnisse hinaus und erfasst auch die der Kundengewinnung dienende Werbung. Anders als bei Rechnungen können die gebotenen Informationen hier nicht als Anhang, sondern müssen als integraler Bestandteil des Werbematerials übermittelt werden; daraus folgt

Stromkennzeichnung, Transparenz der Stromrechnungen § 42

ohne Weiteres, dass das Medium der Information dem des Werbematerials folgt. Wie sich aus den unionsrechtlichen Vorgaben (→ Rn. 5) sowie aus dem Gesetzeswortlaut ableiten lässt, gilt die Kennzeichnungspflicht jedoch nur für an individualisierte Endkunden übersandte Werbebroschüren, an Abonnenten übersandte Prospektbeilagen oder individuell adressierte Flyer etc, nicht hingegen für Anzeigen in Printmedien, Plakat- oder Fernsehwerbung (vgl. OLG Frankfurt a. M. Urt. v. 31.3.2009 – 11 U 77/08, GRUR-RR 2010, 105; Urt. v. 31.3.2009 – 11 U 2/09, OLG-Report Frankfurt 2009, 375; Urt. v. 8.9.2009 – 11 U 12/09 Rn. 26 ff.).

§ 42 Abs. 1 verlangt nunmehr ausdrücklich die Angabe der geforderten Informationen auch auf den **Websites der EVU für den Verkauf von Elektrizität.** Insoweit ist die frühere Annahme, auf Homepages der EVU seien die Angaben entbehrlich (OLG Frankfurt a. M. Urt. v. 31.3.2009 – 11 U 77/08, GRUR-RR 2010, 105; Urt. v. 31.3.2009 – 11 U 2/09, OLG-Report Frankfurt 2009, 375), in dieser Allgemeinheit überholt.   13

3. Die gebotenen Informationen. a) Energieträgermix. Gegenstand der Informationspflicht ist zunächst der **Anteil der einzelnen Primärenergieträger an dem Gesamtenergieträgermix,** den der Lieferant im Land des Liefervertrags verwendet hat (§ 42 Abs. 1 Nr. 1). Verlangt ist die Angabe der prozentualen Anteile von Kernkraft, Kohle, Erdgas und sonstigen fossilen Energieträgern sowie von EEG-gefördertem Mieterstrom und von nicht nach dem EEG geförderten erneuerbaren Energien am Gesamtenergieträgermix. Anders als nach § 42 Abs. 1 Nr. 1 aF ist der Anteil der nach dem EEG geförderten erneuerbaren Energien am Gesamtenergieträgermix nicht mehr anzugeben (→ Rn. 22, zur zusätzlichen Angabe des Anteils der nach dem EEG geförderten erneuerbaren Energien in Fällen der Produktdifferenzierung nach § 42 Abs. 3). Anlass der Änderung ist, dass der Gesamtversorgungsmix nach § 42 Abs. 1 Nr. 1 das Beschaffungsverhalten der Stromlieferanten darstellen soll, der nach dem EEG geförderte Strom von den Stromlieferanten jedoch nicht am Strommarkt beschafft wird; um der besseren Verständlichkeit der Stromkennzeichnung willen soll er deshalb auch nicht im Rahmen von § 42 Abs. 1 Nr. 1 berücksichtigt werden (BT-Drs. 19/27453, 131).   14

Maßgeblich ist der **Primärenergieträgereinsatz des Lieferanten jeweils im letzten oder vorletzten Jahr** vor Rechnungsstellung bzw. Werbematerialausgabe durch das EVU. Der Termin für die zwingende Angabe der Daten des vorangegangenen Jahres, nach § 42 I Nr. 1 aF zunächst der 15. Dezember eines Jahres (zu den Gründen vgl. BT-Drs. 15/3917, 67; *Salje* EnWG, § 42 Rn. 16), ist nunmehr auf den 1. November vorverlegt (vgl. BT-Drs. 17/6072, 85, dazu, dass diese Vorverlegung durch eine Änderung des Ausgleichsmechanismus nach dem EEG mit der Folge, dass die benötigten Daten früher zur Verfügung stehen, möglich geworden ist).   15

b) Umweltauswirkungen. Nach § 42 Abs. 1 Nr. 2 sind weiter auch Informationen über die auf den Gesamtenergieträgermix zurückzuführenden **Umweltauswirkungen zumindest in Bezug auf Kohlendioxidemissionen (CO_2-Emissionen) und radioaktiven Abfall** anzugeben. Danach reicht in Rechnungen und Werbematerial nicht der bloße Hinweis auf Informationsquellen (so der Vorschlag in BR-Drs. 613/1/04, 34); vielmehr müssen die Informationen selbst beigefügt sein. Gegenständlich ist die Informationspflicht auf Kohlendioxidemissionen (CO_2-Emissionen) und radioaktiven Abfall beschränkt. Informationen hierüber sind anzugeben, soweit sie auf den gem. § 42 Abs. 1 Nr. 1 anzugebenden Gesamtenergieträgermix zur Stromerzeugung zurückzuführen sind. Daraus wird zutreffend abgeleitet,   16 dass jahresbezogene, konkret auf die vom Stromlieferanten verwendeten Energieträger bezogene Mengenangaben gefordert sind, die auch nicht verbrauchte, sondern etwa auch Leistungsverlusten anheimgefallene Strommengen berücksichtigen (*Salje* EnWG § 42 Rn. 12). § 42 Abs. 1 Nr. 2 macht schon im Wortlaut deutlich, dass nur Mindestanforderungen an die Information über Umweltauswirkungen aufgestellt werden; es bleibt dem Stromlieferanten unbenommen, weitergehende und detailliertere Angaben zu machen.

17   **c) Angabe des Herkunftsstaats.** Hinsichtlich der erneuerbaren Energien mit Herkunftsnachweis, die nicht nach dem EEG gefördert werden, verpflichtet die mit dem EE-SofortmaßnahmenG 2022 neu geschaffene Regelung des § 42 Abs. 1 Nr. 3 nunmehr auch zur **Angabe des Staates, der diesen erneuerbaren Strom erzeugt hat;** darüber hinaus sind die entsprechenden Anteile der Herkunftsstaaten an der gelieferten Strommenge aus erneuerbaren Energien mit Herkunftsnachweis auszuweisen. Die Angabe des Herkunftsstaats ist dabei nicht nur im Gesamtträgermix nach Abs. 1, sondern auch im Produktmix nach Abs. 3 erforderlich (BT-Drs. 20/1630, 245). Soweit der jeweilige Stromlieferant Herkunftsnachweise nach § 42 Abs. 5 S. 1 Nr. 1 für unterschiedliche Produkte entwerten lässt, hat die Ausweisung des Herkunftsstaats in der Stromkennzeichnung auf der Grundlage dieser produktspezifischen Entwertung zu erfolgen; soweit bei der Entwertung keine Unterscheidung nach unterschiedlichen Produkten erfolgt, läuft die Herkunftsstaatenangabe beim Gesamtenergieträgermix nach § 42 Abs. 1 Nr. 3 und beim Produktmix nach § 42 Abs. 3 parallel (BT-Drs. 20/1630, 246).

18   Mit der Neuregelung bezweckt der Gesetzgeber eine **erhöhte Transparenz** bei der Stromkennzeichnung und die Möglichkeit für den Letztverbraucher, die Entwertung der vom Stromlieferanten beworbenen Herkunftsnachweise nachzuvollziehen. Die Nachvollziehbarkeit der Entwertung ist für den Gesetzgeber vor allem deshalb von Relevanz, weil viele Stromlieferanten den Herkunftsstaat bei sog. Ökostromprodukten besonders bewerben (BT-Drs. 20/1630, 246). Die Überprüfung der Richtigkeit dieser Angaben obliegt dem Umweltbundesamt nach § 42 Abs. 7 S. 3 nF.

19   **d) Ergänzung um Durchschnittswerte (Abs. 2 Hs. 1).** Über die unionsrechtlichen Vorgaben hinausgehend schreibt § 42 Abs. 2 Hs. 1 vor, dass die Angaben nach § 42 Abs. 1 um die entsprechenden **Durchschnittswerte der Stromerzeugung in Deutschland** zu ergänzen sind. Diese Regelung dient sowohl dem Zweck der umweltverträglichen wie auch dem einer preisgünstigen leistungsgebundenen Stromversorgung. Sie erlaubt nicht nur unter Umweltgesichtspunkten einen Vergleich, sondern ergänzt den mit der Stromkennzeichnungspflicht verfolgten Umweltschutzzweck, indem sie auch im Interesse einer preisgünstigen Stromversorgung die Möglichkeit des Preisvergleichs verbessert. Wenn der Stromlieferant einen im bundesdeutschen Vergleich hohen Anteil aus erneuerbaren Energien anbietet, ist ein höherer Preis eher gerechtfertigt; weist der Vergleich mit dem bundesdeutschen Durchschnitt hingegen einen hohen Anteil an Elektrizität zB aus Atomkraft aus, darf der Letztverbraucher einen vergleichsweise günstigen Strompreis erwarten (*Salje* EnWG, § 42 Rn. 13).

20   **4. Darstellung der Informationen.** § 42 Abs. 2 Hs. 2 verlangt nunmehr, die Informationen zu Energieträgermix und Umweltauswirkungen, d. h. die Informationen nach § 42 Abs. 1 sowie gegebenenfalls Abs. 3 **verbraucherfreundlich und in angemessener Größe in grafisch visualisierter Form** darzustellen. Die Re-

gelung ist in Umsetzung von Art. 3 Abs. 9 Elt-RL 09 aufgenommen worden (BT-Drs. 17/6072, 85), geht aber über deren – nur auf Rechnungen bezogene – Anforderungen noch hinaus. Die Notwendigkeit von Vorgaben zu Größe und Darstellungsform begründet der Gesetzgeber damit, dass bislang EVU die Stromkennzeichnung teilweise in einer Weise dargestellt haben, die von den Stromkunden kaum wahrgenommen werden kann oder nicht mit anderen Stromlieferanten vergleichbar ist (BT-Drs. 17/6072, 85). Für die Konkretisierung der Gestaltungsvorgaben findet sich zunächst ein Gestaltungsvorschlag für die Darstellung der Stromkennzeichnung in der Gesetzesbegründung (BT-Drs. 17/6072, 86). Zudem findet sich eine Umsetzungshilfe in dem Leitfaden „Stromkennzeichnung" des BDEW. Im Übrigen sind die Vorgaben zur Darstellung der Informationen nach § 42 Abs. 1, 3 von der Ermächtigung in § 42 Abs. 8 (→ Rn. 37) erfasst.

5. Produktdifferenzierung/Unternehmensverkaufsmix (Abs. 3).

§ 42 Abs. 3 S. 1 schreibt für den **Fall der sog. Produktdifferenzierung,** also den Fall, dass ein Stromlieferant im Rahmen des Stromverkaufs an Letztverbraucher verschiedene Produkte mit unterschiedlichem Energieträgermix anbietet, eine erweiterte Informationspflicht des Stromlieferanten vor. Seit längerem bieten Stromlieferanten auch besondere Stromprodukte an, die insbesondere für sich in Anspruch nehmen, aus regenerativen Energien, etwas insbesondere aus Wasserkraft oder auch mittels Kraft-Wärme-Kopplungsanlagen erzeugt zu sein. Sie werden unter entsprechenden Bezeichnungen („Öko-Strom", „Grüner Strom", „Aquapower" etc.) vermarktet und wenden sich an umweltbewusste oder auf ein umweltfreundliches Image bedachte Kunden. Dabei ist dieses Angebot nicht so zu verstehen, dass der Kunde mit Strom einer bestimmten Erzeugungsart beliefert würde; dies ist aufgrund der physikalischen Vermischung des aus verschiedenen Energieträgern gewonnenen Stroms im Stromnetz ausgeschlossen. Ein bestimmter Strom kann dem Letztverbraucher daher nicht physikalisch, wohl aber in einem kaufmännischen Sinne geliefert werden (*Tödtmann/Schauer* ZNER 2005, 118 (119)). Jedoch steht der Stromentnahme durch den Kunden eine entsprechende Menge entsprechend erzeugten Stroms beim liefernden EVU gegenüber (vgl. Schneider/Theobald EnergieWirtschaftsR-HdB/*de Wyl/Soetebeer* § 11 Rn. 24). Für diesen Fall schreibt die neue Fassung des § 42 Abs. 3 S. 1 eine entsprechende Geltung der Informationspflichten gem. § 42 Abs. 1 und 2 für die besonderen Stromprodukte und den evtl. verbleibenden Energieträgermix mit der Maßgabe vor, dass nicht nur die Energieträger nach § 42 Abs. 1 Nr. 1, sondern zusätzlich auch die Anteile der nach EGG geförderten erneuerbaren Energien als Energieträger anzugeben sind. Der Anteil EEG-geförderter erneuerbarer Energien ist somit nicht mehr im Gesamtversorgungsmix nach § 42 Abs. 1 Nr. 1 (→ Rn. 14), sondern nur noch im Produktmix iSv § 42 Abs. 3 EnWG auszuweisen. Der vorgeschriebene Ausweis im Energieträgermix der einzelnen Stromprodukte und gegebenenfalls im verbleibenden Energieträgermix, dem sog. Residualmix, soll Transparenz herstellen und insbesondere eine Doppelvermarktung, namentlich von umwelt- bzw. ressourcenschonend erzeugten Strommengen, verhindern (vgl. BT-Drs. 15/3917, 67).

Sofern ein Stromlieferant keine Produktdifferenzierung nach § 42 Abs. 3 S. 1 vornimmt und folglich keinen gesonderten Produktmix ausweist, wird er nunmehr durch § 42 Abs. 3 S. 2 verpflichtet, zusätzlich zum Unternehmensmix nach § 42 Abs. 1 Nr. 1 auch einen **Unternehmensverkaufsmix** anzugeben, in welchem ebenfalls auch der EEG-geförderte Anteil des Stromverkaufs dargestellt ist. Was aus der Verpflichtung nach § 42 Abs. 3 S. 1 im Einzelnen folgt, hängt von dem Angebot des jeweiligen Strom liefernden EVU ab. Soweit ein oder mehrere besondere Stromprodukte iSv § 42 Abs. 3 angeboten werden, sind für diese jeweils die besonderen Angaben entsprechend § 42 Abs. 1 und 2 geboten. Werden allein mehrere besondere Produkte angeboten, sind die Anforderungen des § 42 Abs. 3 S. 1 mit den Angaben hierzu erfüllt. Soweit neben diesem einen oder diesen mehreren besonderen Produkten auch noch sonstiger, dem Energieträgermix nach nicht näher definierter Strom angeboten wird, ist auch der verbleibende Energieträgermix anzugeben.

23   Wie § 42 Abs. 3 S. 3 ausdrücklich anordnet, lassen die durch § 42 Abs. 3 S. 1 und 2 zusätzlich auferlegten Verpflichtungen die **Verpflichtungen nach § 42 Abs. 1 und 2 unberührt.** Zusätzlich bleibt im Fall des § 42 Abs. 3 S. 1 und 2 deshalb die Verpflichtung des Stromlieferanten zur Information über den von ihm verwendeten Gesamtenergieträgermix und daraus resultierende Umweltauswirkungen bestehen. Dies stellt sicher, dass der von dem Lieferanten verwendete Gesamtenergieträgermix, der aus den Angaben gem. § 42 Abs. 3 S. 1 und 2 nicht ableitbar ist, offengelegt wird.

24   **6. Ausweisung der erneuerbaren Energien (Abs. 3 a).** § 42 aF hatte für die Bestimmung der auszuweisenden erneuerbaren Energien auf die Finanzierung aus der EEG-Umlage abgestellt. Dieser Anknüpfungspunkt ist mit der Beendigung der EEG-Förderung von erneuerbaren Energien durch eine Umlage auf den Strompreis entfallen. Die bisherige Anknüpfung an § 78 Abs. 4 EEG 2021 wird deshalb in dem durch das EE-SofortmaßnahmenG 2022 v. 20.7.2022 (BGBl. 2022 I S. 1237) neu geschaffenen § 42 Abs. 3 a dadurch ersetzt, dass in Zukunft für jeden Letztverbraucher im Rahmen des Produktmixes nach § 42 Abs. 3 S. 1 bzw. des Unternehmensverkaufsmixes nach § 42 Abs. 3 S. 2 der **Anteil der nach dem EEG geförderten erneuerbaren Energien an der bundesdeutschen Stromerzeugung,** dh am bundesdeutschen Strommix ausgewiesen wird. Dieser Anteil der erneuerbaren Energien wird für die Ausweisung ins Verhältnis zu den übrigen in § 42 Abs. 1 Nr. 1 genannten Energieträgern gesetzt. Insofern knüpft die Ausweisung an die Regelung des § 42 Abs. 2 an, wonach dem Letztverbraucher ohnehin bereits der bundesdeutsche Strommix als Vergleichsmaßstab hinsichtlich der Stromproduktion im Bundesgebiet anzugeben ist. Dieser vom Gesetzgeber neu gewählte Bezugspunkt soll zum einen zu einer Vereinfachung und damit Entlastung der Stromlieferanten hinsichtlich der Ausweisung des EEG-Anteils führen; zum anderen soll dem Letztverbraucher, der als Steuerzahler die Förderzahlungen nach dem EEG finanziert, anschaulich dargestellt werden, welchen Anteil die erneuerbaren Energien in seinem individuellen Verbrauchsmix ausmachen. Der Gesetzgeber möchte auf diese Art die Bedeutung und Wirksamkeit der Förderung durch das EEG herausstellen (BT-Drs. 20/1630, 246 f.).

II. Zuordnung von Strommengen (Abs. 4 und 5)

25   Die in § 42 Abs. 1 Nr. 1, Abs. 3 geforderten Informationen über den Energieträgermix setzt die **Zuordnung der gelieferten Strommengen zu den verschiedenen Energieträgern** voraus. Hierfür liefern § 42 Abs. 4, 5 ergänzende Regelungen.

26   **1. Erzeugungsseitig nicht eindeutig zuordenbare Strommengen (Abs. 4).** Der durch Art. 1 des Gesetzes vom 26.7.2011 (BGBl. 2011 I S. 1554) erheblich geänderte § 42 Abs. 4 trifft eine besondere Regelung für Konstellationen, in denen nach § 42 Abs. 1 Nr. 1 benötigte Informationen nicht (sicher) zugänglich sind, weil

Strommengen erzeugungsseitig nicht eindeutig einem Energieträger zuordenbar sind, dh für **Strom aus unbekannter Herkunft oder sog. Graustrom.** Dabei handelt es sich insbesondere um Börsenstrom (BT-Drs. 17/6072, 87). Hierfür ist gerade kennzeichnend, dass ein anonymer Handel mit standardisierten Stromprodukten dargeboten und möglichst reibungslos garantiert werden soll (vgl. dazu Schneider/Theobald EnergieWirtschaftsR-HdB/*Zenke/Dessau* § 13 Rn. 36ff.); in der Folge verfügt der Erwerber nicht über die für Angaben nach § 42 Abs. 1 Nr. 1 erforderlichen Informationen. Die Regelung betrifft einen zunehmend verbreiteten Sachverhalt, denn infolge der europaweiten Liberalisierung des Stromsektors werden immer mehr größere Strommengen über Strombörsen oder Zwischenhändler bezogen; dies führt dazu, dass die Herkunft des Stroms und damit auch der verwendete Primärenergieträger zunehmend verschleiert wird und unbekannt bleibt (vgl. *Tödmann/Schauer* ZNER 2005, 118 (118f.)).

In solchen Fällen erlaubt § 42 Abs. 4 dem Stromlieferanten, statt auf den eigenen 27 Gesamtenergieträgermix des Vor- bzw. Vorvorjahres subsidiär auf andere Angaben abzustellen. § 42 Abs. 4 S. 1 schreibt nunmehr die Verwendung des **ENTSO-E-Strommix für Deutschland** (vgl. BDEW, Leitfaden „Stromkennzeichnung", Stand 12/2021, www.bdew.de/media/documents/210801_Leitfaden_Stromkennzeichnung_2021.pdf, den der Gesetzgeber für Deutschland als aussagekräftigen Residualmix bewertet (BT-Drs. 17/6072, 87)) als Berechnungsgrundlage vor. Nach § 42 Abs. 4 S. 1 und 2 sind Bereinigungen des ENTSO-E-Mix zur Vermeidung von Doppelzählungen von Strommengen vorgeschrieben. Ausdrücklich ordnet § 42 Abs. 4 S. 1 an, dass der ENTSO-E-Energieträgermix unter Abzug der Anteile an Strom aus erneuerbaren Energien, die nach § 42 Abs. 5 Nr. 1 und 2 auszuweisen sind, zu Grunde zu legen ist; das dient dazu, Doppelzählungen von erneuerbaren Energien zu verhindern (BT-Drs. 17/6072, 87). Soweit mit angemessenem Aufwand möglich, ist der ENTSO-E-Energieträgermix weiterhin nach § 42 Abs. 4 S. 2 vor seiner Anwendung so weit zu bereinigen, dass auch sonstige Doppelzählungen von Strommengen vermieden werden. Weitere oder auch abweichende Vorgaben für die Berechnung können auf der Grundlage von § 42 Abs. 8 getroffen werden (→ Rn. 37f.). § 42 Abs. 4 S. 3 ordnet eine Aufschlüsselung der Zusammensetzung der Residualstrommenge, wie sie nach § 42 Abs. 4 S. 1, 2 berechnet worden ist, nach den in § 42 Abs. 1 Nr. 1 genannten Kategorien, also den dort unterschiedenen Energieträgern an. Der Gesetzgeber begründet diese Verpflichtung zum einen mit Blick auf den Verbraucher, da hierdurch bspw. erkennbar werde, wenn sich der Anteil des Stroms aus erneuerbaren Energien bei einem Anbieter nahezu ausschließlich aus der Residualstrommenge ergebe; zum anderen sei die Angabe für das Herkunftsnachweisregister erforderlich, da eine Kontrolle der Stromkennzeichnung für erneuerbare Energien nur möglich sei, wenn der Anteil des Stroms aus erneuerbaren Energien, der sich aus dem nach § 42 Abs. 4 S. 1, 2 berechneten Energieträgermix ergibt, von der sonstigen Strommenge aus erneuerbaren Energien unterschieden werden kann (BT-Drs. 17/6072, 87).

2. Strom aus erneuerbaren Energien (Abs. 5). Der 2011 neu eingefügte, 28 2022 geänderte § 42 Abs. 5 regelt näher die Voraussetzungen der **Zuordnung von Strommengen zu den erneuerbaren Energien** im Rahmen der Stromkennzeichnung nach § 42 Abs. 1 Nr. 1, Abs. 3. Diese ist nur unter den in § 42 Abs. 5 Nr. 1–3 näher dargelegten Voraussetzungen zulässig.

Nach § 42 Abs. 5 Nr. 1 darf Strom nur dann als Strom aus erneuerbaren Energien 29 gekennzeichnet werden, wenn nach § 79 EEG **entwertete Herkunftsnachweise** für Strom aus erneuerbaren Energien** verwendet werden. Nur wenn für die gesamte Menge des in der Stromkennzeichnung angegebenen Stroms aus erneuerbaren Energien, die nicht nach dem EEG gefördert ist (vgl. § 42 Abs. 5 Nr. 2), Herkunftsnachweise vorliegen, kann überprüft werden, ob diese Strommenge der Anzahl der vom Stromlieferanten innegehabten und entwerteten Herkunftsnachweise entspricht. Der Gesetzgeber hat deshalb die Regelung des § 42 Abs. 5 Nr. 1 für erforderlich gehalten, um der unionsrechtlich geforderten Transparenz und Überprüfbarkeit Genüge zu tun, die Herkunft des Stroms aus erneuerbaren Energien den Endkunden gegenüber zu garantieren und eine Doppelvermarktung solchen Stroms zu verhindern (vgl. BT-Drs. 17/6072, 87).

30 Weiter darf nach dem – mit Rücksicht auf die Beendigung der EEG-Förderung über den Strompreis geänderten (BT-Drs. 20/1630, 247) – § 42 Abs. 5 Nr. 2 **nach dem EEG geförderter Strom** als Strom aus erneuerbaren Energien gekennzeichnet werden. Die Regelung soll es ermöglichen, diesen grünen Strom trotz der Änderung des Ausgleichsmechanismus nach dem EEG, wonach Übertragungsnetzbetreiber die EEG-Strommengen nicht mehr physisch an die Stromlieferanten weiterreichen, sondern am Spotmarkt einer Strombörse veräußern, womit dieser Strom nur noch als Strom aus unbekannter Herkunft verkauft werden kann, als Strom aus erneuerbaren Energien kennzeichnen (BT-Drs. 17/6072, 87).

31 Nach § 42 Abs. 5 Nr. 3 darf schließlich auch Strom aus erneuerbaren Energien, soweit er nach **Maßgabe von § 42 Abs. 4** als Anteil des danach berechneten Energiemixes ausgewiesen ist, als Strom aus erneuerbaren Energien gekennzeichnet werden.

III. Erzeuger und Vorlieferanten (Abs. 6)

32 § 42 Abs. 6 enthält eine ergänzende Regelung, die dazu dient, dem Stromlieferanten die Erfüllung seiner Informationsverpflichtung nach § 42 Abs. 1 und 2 zu ermöglichen. Zu diesem Zweck sichert § 42 Abs. 6 dem verpflichteten Stromlieferanten den Zugang zu den benötigten Daten, über die er selbst nicht ohne weiteres verfügt, die es vielmehr nur mit Hilfe des stromerzeugenden EVU bzw. eventueller Vorlieferanten erlangen kann. Zu diesem Zweck begründet § 42 Abs. 6 einen **Anspruch des Stromlieferanten gegen Erzeuger und Vorlieferanten auf Zurverfügungstellung der benötigten Daten** zur Erfüllung der ihnen obliegenden Informationspflichten. Er handelte sich um einen gesetzlichen Anspruch, der dem Wortlaut nach nicht nur gegenüber dem unmittelbaren Vorlieferanten, sondern im Rahmen der Lieferbeziehungen auch gegenüber dem hiervon unterschiedenen Erzeuger bzw. weiteren Vorlieferanten besteht. Der Anspruch setzt eine Anforderung der Daten durch das nach § 42 Abs. 1 verpflichtete EVU voraus. Dem Umfang nach orientiert sich der Anspruch daran, was zur Erfüllung der Informationspflichten gem. § 42 Abs. 1 erforderlich ist.

IV. Meldepflicht/Überprüfung (Abs. 7)

33 Nach § 42 Abs. 7 S. 1 sind Stromlieferanten zur **jährlichen Meldung** der nach § 42 Abs. 1–4 anzugebenden Daten sowie der zugrunde liegenden Strommengen **an die BNetzA** verpflichtet. Die Meldepflicht dient der Überprüfung der Richtigkeit der Stromkennzeichnung. Das Wirksamwerden der Verpflichtung zur Datenübermittlung an die BNetzA ist nach § 118 Abs. 9 aF an die Inbetriebnahme des Herkunftsnachweisregisters gem. § 55 Abs. 3 EEG aF gebunden gewesen; dessen

Inbetriebnahme beim Umweltbundesamt zum 1.1.2012 ist am 24.12.2012 im Bundesanzeiger bekannt gemacht worden (BAnz. v. 24.12.2012, S. 1).

Im Interesse der effizienteren Gestaltung und der inhaltlichen Begrenzung auf das erforderliche Maß sowie der zeitlichen Koordination mit anderen Meldepflichten insbesondere nach dem EEG (vgl. BT-Drs. 17/6072, 88) kann die BNetzA **Vorgaben zum Format, Umfang und Meldezeitpunkt** machen (§ 42 Abs. 7 S. 5). Stellt sie Formularvorlagen bereit, sind die Daten in dieser Form elektronisch zu übermitteln (§ 42 Abs. 7 S. 6). 34

Nach § 42 Abs. 7 S. 2 erfolgt zum Zweck der Überprüfung des Anteils der EEG-geförderten Strommenge eine **Übermittlung der Daten von der BNetzA an das Umweltbundesamt.** Übermittelt werden die für die Kontrolle der Richtigkeit der Stromkennzeichnung hinsichtlich des Anteils an erneuerbaren Energien notwendigen Daten jedes Stromlieferanten, dh der Anteil der Strommenge aus erneuerbaren Energien am Residualmix, der Anteil der nach dem EEG geförderten Strommenge, der Anteil der Menge des sonstigen Stroms aus erneuerbaren sowie die diesen Daten zugrunde liegenden Strommengen (BT-Drs. 17/6072, 87). Mit der 2021 erfolgten Neufassung des § 42 Abs. 7 (BGBl. 2021 I S. 3026) hat der Gesetzgeber klargestellt, dass die BNetzA auch die nach § 42 Abs. 7 S. 1 gemeldeten Gesamtliefermengen übermittelt und dass auch unternehmensbezogene Daten sowie Betriebs- und Geschäftsgeheimnisse Teil der von der BNetzA übermittelten Daten, die das Umweltbundesamt dann vertraulich zu behandeln hat, sein können; Ziel ist es, die anschließende Überprüfung der Richtigkeit der Stromkennzeichnung durch das Umweltbundesamt (→ Rn. 36) effektiver zu gestalten (BT-Drs. 19/27453, 132). 35

Die 2022 zur Umsetzung von Anhang I Art. 5 UAbs. 5 Elt-RL 19 neu eingefügten S. 3 und S. 4 verleihen dem Umweltbundesamt die Befugnis zur **Nachprüfung der Stromkennzeichnung** hinsichtlich der Ausweisung der erneuerbaren Energien. Dies ergab sich aus dem alten Wortlaut des § 42 Abs. 7 nicht unmittelbar. Das Umweltbundesamt kann insbesondere einen Abgleich mit dem Herkunftsnachweisregister vornehmen. Im Fall unrichtiger Angaben hat das Umweltbundesamt aus Gründen des Verbraucherschutzes nach § 42 Abs. 7 S. 4 die Möglichkeit, die erforderlichen Maßnahmen zur Sicherstellung einer ordnungsgemäßen Stromkennzeichnung gegenüber dem jeweiligen Stromlieferanten anzuordnen. Die erforderlichen Maßnahmen sollen dabei bspw. Aufforderungen zur Korrektur der Stromkennzeichnung oder zur Nachentwertung nach Herkunftsnachweisen umfassen (BT-Drs. 20/1630, 246). 36

V. Ermächtigung zu Rechtsverordnung bzw. Festlegung (Abs. 8)

§ 42 Abs. 8 S. 1 enthält die **Ermächtigung zu einer Rechtsverordnung** des BMWK zur Konkretisierung von § 42 Abs. 1–4. Mit der Neufassung des § 42 Abs. 7 ist nunmehr das Einverständnis des BMUV für den Erlass der Konkretisierungen in Form der Rechtsverordnung notwendig. Der Gesetzgeber möchte so sicherstellen, dass Verbraucherinteressen in einer möglichen Verordnung zur Stromkennzeichnung gewahrt werden (BT-Drs. 19/27453, 132); die dort erwähnte Zuständigkeit des damaligen BMJV (mittlerweile BMJ) wurde wegen einer Anpassung der ministeriellen Ressortzuständigkeiten auf das BMUV übertragen, welches mittlerweile für den Verbraucherschutz zuständig ist (vgl. BT-Drs. 20/1630, 247). Potentieller Gegenstand der Verordnungsregelung sind zunächst Vorgaben zur Darstellung der danach gebotenen Informationen, insbesondere eine bundesweit ver- 37

§ 42 a Teil 4. Energielieferung an Letztverbraucher

gleichbare Darstellung. Weiter kann der Verordnungsgeber Vorgaben zu der Bestimmung des Energieträgermixes für Strom, der nicht eindeutig erzeugungsseitig zugeordnet werden kann, machen; insoweit ist er auch zu von § 42 Abs. 4 abweichenden Vorgaben befugt. Schließlich kann er Festlegungen zu den Methoden zur Erhebung und Weitergabe von Daten zur Bereitstellung der Informationen nach § 42 Abs. 1–4 treffen. Nach dem Willen des Gesetzgebers des EnWG 2005 hatte es zunächst die Aufgabe der beteiligten Wirtschaftskreise sein sollen, sich auf ein einheitliches und übersichtliches, dem Letztverbraucher einen Vergleich erleichterndes Kennzeichnungsmodell zu einigen. Der Verordnungsermächtigung ist ausweislich der damaligen Gesetzesbegründung (BT-Drs. 15/3917, 67) nur für den Fall geschaffen worden, dass den beteiligten Wirtschaftskreisen eine solche Verständigung nicht gelingt, und hat wohl auch gewissen Druck auf die Branche ausüben sollen (*Tödtmann/Schauer* ZNER 2005, 118/122). Das Fehlen bundesweit einheitlicher, hinreichend standardisierter Vorgaben ist jedoch zu Recht bemängelt worden (vgl. *Hoffmann* UPR 2007, 58 (60)). Gleichwohl ist von der Verordnungsermächtigung bislang jedoch kein Gebrauch gemacht worden.

38 Solange von der Verordnungsermächtigung kein Gebrauch gemacht ist, sieht § 42 Abs. 7 S. 2 ergänzend eine **Kompetenz der BNetzA zur Festlegung** nach § 29 Abs. 1 vor. Aufgrund der Kompetenz zur Festlegung nach § 29 Abs. 1 kann die BNetzA nunmehr die in § 42 Abs. 7 S. 1 vorgesehenen Regelungen treffen.

§ 42 a Mieterstromverträge

(1) **Für die Belieferung von Letztverbrauchern mit Mieterstrom im Sinn von § 21 Absatz 3 des Erneuerbare-Energien-Gesetzes sind vorbehaltlich der Absätze 2 bis 4 die Vorschriften dieses Gesetzes anzuwenden.**

(2) [1]**Ein Vertrag über die Belieferung von Letztverbrauchern mit Mieterstrom (Mieterstromvertrag) darf nicht Bestandteil eines Vertrags über die Miete von Wohnräumen sein.** [2]**Bei einem Verstoß gegen dieses Verbot ist der Mieterstromvertrag nichtig.** [3]**Die §§ 814 und 817 Satz 2 des Bürgerlichen Gesetzbuchs sind nicht anzuwenden.** [4]**Sofern der Mieter dem Vermieter Wertersatz für den gelieferten Strom zu leisten hat, beträgt der Wert höchstens 75 Prozent des in dem jeweiligen Netzgebiet geltenden Grundversorgungstarifs, auf Basis des Grund- und Arbeitspreises, und nicht mehr als der im Mieterstromvertrag vereinbarte Preis.** [5]**Satz 1 gilt nicht**
1. **für Mietverhältnisse nach § 549 Absatz 2 Nummer 1 und 2 des Bürgerlichen Gesetzbuchs in der am 1. Juni 2015 gültigen Fassung,**
2. **für Mietverhältnisse, auf die die Ausnahmen des § 11 Absatz 1 Nummer 2 der Heizkostenverordnung in der Fassung der Bekanntmachung vom 5. Oktober 2009 (BGBl. I S. 3250) Anwendung finden.**

[6]**Der Mieterstromvertrag muss die umfassende Versorgung des Letztverbrauchers mit Strom auch für die Zeiten vorsehen, in denen kein Mieterstrom geliefert werden kann.** [7]**Bei einer Beendigung des Vertrags über die Miete von Wohnräumen endet der Mieterstromvertrag, ohne dass es einer ausdrücklichen Kündigung bedarf, mit der Rückgabe der Wohnung.**

(3) [1]**Bei einem Mieterstromvertrag ist eine die andere Vertragspartei länger als ein Jahr bindende Laufzeit des Vertrags unwirksam.** [2]**Die still-**

schweigende Verlängerung des Vertragsverhältnisses um mehr als ein Jahr oder eine längere Kündigungsfrist als drei Monate vor Ablauf der zunächst vorgesehenen oder stillschweigend verlängerten Vertragsdauer sind unwirksam. [3]Eine Bestimmung, durch die das Kündigungsrecht während der Dauer des Mietverhältnisses ausgeschlossen oder beschränkt wird, ist unwirksam.

(4) [1]Der für den Mieterstrom und den zusätzlichen Strombezug nach Absatz 2 Satz 6 zu zahlende Preis darf 90 Prozent des in dem jeweiligen Netzgebiet geltenden Grundversorgungstarifs, auf Basis des Grund- und Arbeitspreises, nicht übersteigen. [2]Wird der Höchstpreis nach Satz 1 überschritten, erfolgt eine Herabsetzung auf den Preis, der diesem Höchstpreis entspricht.

(5) [1]Im Fall der Belieferung von Letztverbrauchern mit Mieterstrom nach § 21 Absatz 3 des Erneuerbare-Energien-Gesetzes ist § 42 Absatz 3a nur für den Teil des gelieferten Stroms anzuwenden, der nicht über den Mieterstromzuschlag nach § 21 Absatz 3 des Erneuerbare-Energien-Gesetzes gefördert wird. [2]Der in einem Kalenderjahr gelieferte und mit dem Mieterstromzuschlag nach § 21 Absatz 3 des Erneuerbare-Energien-Gesetzes geförderte Strom ist zu Zwecken der Stromkennzeichnung auf die jeweiligen Letztverbraucher nach dem Verhältnis ihrer Jahresstromverbräuche zu verteilen und den Letztverbrauchern entsprechend auszuweisen. [3]Der Strom nach Satz 2 ist als Mieterstrom, gefördert nach dem EEG, zu kennzeichnen.

Übersicht

	Rn.
A. Allgemeines	1
I. Inhalt	1
II. Unionsrechtliche Vorgaben	2
III. Entstehungsgeschichte	3
IV. Zweck	5
V. Anwendungsbereich	6
1. Gesetzliche Umschreibung	6
2. Erfasste Mieterstrommodelle	15
B. Einzelerläuterungen	18
I. Anwendbarkeit des EnWG auf die Belieferung von Mieterstrom (Abs. 1)	18
II. Mieterstromvertrag und Mietverhältnis (Abs. 2)	19
1. Definition des Mieterstromvertrages	19
2. Verhältnis zum Wohnraummietvertrag	20
III. Regelungen zur Vertragslaufzeit und Fortführung von Mieterstromverträgen (Abs. 3)	29
IV. Preisgrenze (Abs. 4)	35
V. Kennzeichnungspflicht (Abs. 5)	36

Literatur: *Ahlers/Kaspers*, Mieterstrommodelle – Wie können die Mieter aktiv an der Energiewende teilnehmen?, ZNER 2017, 173; *Behr/Großklos*, (Rechtliche) Rahmenbedingungen und Möglichkeiten für eine regenerative Stromerzeugung und -versorgung in Gebäuden und Quartieren, WuM 2019, 409; *Ehring*, Grundlagen der vertraglichen Gestaltung von Mieterstromverträgen, EnWZ 2018, 213; *Hennig*, Die Energiewende in der Immobilienwirtschaft,

§ 42 a Teil 4. Energielieferung an Letztverbraucher

GuG 2018, 210; *Legler*, Das „Lieferkettenmodell" – ein zulässiger neuer Vermarktungsweg für PV-Mieterstrom?, REE 2018, 189; *Säcker/Rixecker/Oetker/Limperg* (Hrsg.), Münchener Kommentar zum Bürgerlichen Gesetzbuch Bd. 2, 9. Aufl. 2022.

A. Allgemeines

I. Inhalt

1 § 42a enthält Regelungen für die **Belieferung von Letztverbrauchern mit Mieterstrom**. Der für den Anwendungsbereich des § 42a maßgebliche Begriff des Mieterstroms wird durch den Verweis auf § 21 Abs. 3 EEG bestimmt; danach geht es – etwas verknappt – um Strom aus auf, an oder in einem Wohngebäude installierten Solaranlagen, soweit dieser Strom von dem Anlagenbetreiber oder einem Dritten an einen Letztverbraucher geliefert und verbraucht worden ist, und zwar innerhalb des Gebäudes oder desselben Quartiers und ohne Durchleitung durch ein Netz iSv § 3 Nr. 35 EEG. § 42a Abs. 1 ordnet die Anwendbarkeit des EnWG auf die Belieferung von Letztverbrauchern hiermit vorbehaltlich des § 42a Abs. 2–4 an. Abs. 2 enthält eine Legaldefinition des Mieterstromvertrags und trifft Regelungen, die dessen Umfang und Dauer sowie sein Verhältnis zu einem Wohnungsmietvertrag mit dem versorgten Letztverbraucher betreffen; im Einzelnen finden sich Regelungen zur Trennung von Mieterstrom- und Wohnungsmietvertrag, zur Begrenzung allfälliger Ausgleichsansprüche des Vermieters, zum Umfang der geschuldeten Versorgung und zur Beendigung des Mieterstromvertrags. Abs. 3 enthält Regelungen zur Laufzeit, Beendigung und Verlängerung von Stromlieferverträgen. Weiter bestimmt Abs. 4 einen für den Mieterstrom geltenden Höchstpreis in Abhängigkeit von den Preisen der Grundversorgung. Abs. 5 enthält schließlich spezielle Bestimmungen zur Kennzeichnung von Mieterstrom.

II. Unionsrechtliche Vorgaben

2 Der Einführung des § 42a liegen **keine unmittelbar einschlägigen unionsrechtlichen Vorgaben** zugrunde. Es besteht jedoch ein Bezug zu Art. 4 Elt-RL 19, der die Mitgliedstaaten verpflichtet, die Freiheit der Kunden bezüglich der Versorgerwahl sicherzustellen; entsprechen verweist der Gesetzgeber auf die Lieferantenwahlfreiheit (vgl. BT-Drs. 18/12355, 25). Des Weiteren steht die Regelung auch mit der Verpflichtung der Mitgliedstaaten nach Art. 5 Abs. 1 S. 2 Elt-RL 19 in Einklang, wonach geeignete Maßnahmen zur Schaffung und Erhaltung eines wirksamen Wettbewerbs zu ergreifen sind.

III. Entstehungsgeschichte

3 § 42a ist mit Wirkung vom 25.7.2017 durch das Gesetz zur Förderung von Mieterstrom und zur Änderung weiterer Vorschriften des Erneuerbare-Energien-Gesetzes, das sog. **Mieterstromgesetz** vom 17.7.2017 (BGBl. 2017 I S. 2532) eingefügt worden. Das Gesetz sah ua in § 21 Abs. 3 EEG die Förderung des Mieterstroms durch einen sog. Mieterstromzuschlag vor. Ergänzend änderte es das EnWG durch Einfügung von § 42a Abs. 1–4.

4 Nachdem bereits zuvor, insbesondere mit Wirkung zum 1.1.2021 durch die EEG-Novelle vom 21.12.2020 (BGBl. 2020 I S. 3138), für § 42a bedeutsame **Änderungen** des § 21 Abs. 3 EEG erfolgt sind, ist § 42a im Rahmen des EE-Sofort-

maßnahmenG 2022 vom 20.7.2022 (BGBl. 2022 I S. 1237) mit Wirkung ab 1.1.2023 um den Abs. 5 erweitert worden. Zugleich erfolgten Änderungen im EEG, die auch den für § 42a Abs. 1 EnWG relevanten § 21 Abs. 3 EEG sowie dazugehörige Übergangsbestimmungen in § 100 EEG betreffen.

IV. Zweck

Im Interesse der Förderung des Ausbaus der Stromerzeugung aus solarer Strahlungsenergie war es das Ziel des Mieterstromgesetzes, **zusätzliche Anreize für den Ausbau von Solaranlagen auf Wohngebäuden unter wirtschaftlicher Beteiligung der Mieter** zu schaffen (vgl. BT-Drs. 18/12355, 1, 12; zu dem Nutzen und den Chancen durch Mieterstrom insgesamt vgl. *Behr/Großklos* WuM 2019, 409 (412ff.)). Im Besonderen sollte § 42a sicherstellen, dass die wirtschaftlichen Vorteile nicht allein beim Anbieter von Mieterstrom bleiben, sondern über attraktive Preise auch beim Letztverbraucher ankommen; ein wichtiger Aspekt war in dem Zusammenhang die Sicherung der freien Wahl des Stromlieferanten durch die Mieter, um den Mieterstromlieferanten zum Angebot wettbewerbsfähiger Preise anzuhalten (BT-Drs. 18/12355, 25). In Verfolgung dieses Regelungsziels enthält § 42a Abs. 2–4 verbraucherschützende Vorschriften, die neben die bereits zu beachtenden §§ 40ff. treten (Hempel/Franke/*Salje* EnWG § 42a Rn. 1; NK-EnWG/*Rasbach* § 42a Rn. 9; vgl. auch § 42a Abs. 1). Die Vorschriften enthalten zwingende Vorgaben als „Mindestinhalte" (Hempel/Franke/*Salje* EnWG § 42a Rn. 9), von denen jedoch zugunsten des Letztverbrauchers abgewichen werden kann (vgl. etwa zur Einräumung eines zusätzlichen Kündigungsrechts für den Letztverbraucher *Ehring* EnWZ 2018, 213 (215)).

5

V. Anwendungsbereich

1. Gesetzliche Umschreibung. Für den Anwendungsbereich des § 42a ist zunächst der **Begriff des Mieterstroms** maßgeblich. § 42a verweist dafür auf § 21 Abs. 3 EEG. Dort wird allerdings nicht eigentlich Mieterstrom definiert, sondern geregelt, unter welchen Voraussetzungen ein Anspruch auf Zahlung des Mieterstromzuschlags nach § 19 Abs. 1 Nr. 3 EEG besteht (BeckOK EnWG/*Schnurre* § 42a Rn. 5). Dem Anwendungsbereich von § 42a unterfällt daher jedenfalls nur die Belieferung mit (Mieter-)Strom, die den Fördervoraussetzungen gem. § 21 Abs. 3 EEG genügt (NK-EnWG/*Rasbach* § 42a Rn. 7; BeckOK EnWG/*Schnurre* § 42a Rn. 5).

6

Erfasst ist damit zunächst nur **Strom aus auf, an oder in einem Wohngebäude installierten Solaranlagen.** Damit ist zum einen § 42a nur auf in Photovoltaikanlagen erzeugten Strom anzuwenden, nicht hingegen auf Mieterstrom aus KWK-Anlagen oder anderen Erzeugungsanlagen (BeckOK EnWG/*Schnurre* § 42a Rn. 6; vgl *Hennig* GuG 2019, 210 (211) zu dem mitunter ebenfalls als Mieterstrom bezeichneten Strom aus Blockheizkraftwerken). Zum anderen ist nur Strom aus auf, an oder in einem Wohngebäude installierten Solaranlagen erfasst. Da § 21 Abs. 3 S. 2 EEG die Definition des Wohngebäudes in § 3 Nr. 50 EEG entsprechend modifiziert, ist zureichend, wenn mindestens 40 Prozent der Gebäudefläche dem Wohnen dient; im Übrigen ist insbesondere eine gewerbliche Teilnutzung unschädlich. Für die Wohnflächenberechnung soll ein Rückgriff auf die Wohnflächenverordnung vom 25.11.2003 (BGBl. 2003 I S. 2346) möglich sein (Hempel/Franke/*Salje* EnWG § 42a Rn. 55).

7

§ 42 a Teil 4. Energielieferung an Letztverbraucher

8   Nach der Übergangsregelung des § 100 Abs. 7 EEG 2017 setzt der Mieterstromzuschlag voraus, dass die Solaranlage nach dem **Stichtag des 25.7.2017** in Betrieb genommen worden ist (BeckOK EnWG/*Schnurre* § 42 a Rn. 7).

9   Bis zum 31.12.2022 gilt weiter die Beschränkung auf **Solaranlagen mit einer installierten Leistung von insgesamt bis zu 100 kW** (§ 21 Abs. 3 S. 1 Hs. 1 EEG 2021). Diese Beschränkung ist mit Wirkung zum 1.1.2023 durch Art. 2 Nr. 13 lit. b EE-SofortmaßnahmenG 2022 vom 20.7.2022 (BGBl. 2022 I S. 1237) entfallen. Für die Anwendbarkeit dieser Gesetzesänderung besteht gem. § 101 Abs. 1 EEG 2023 ein beihilferechtlicher Genehmigungsvorbehalt.

10 Unter der Rechtslage vor der Änderung des § 21 Abs. 3 S. 1 durch Gesetz vom 21.12.2020 (BGBl. 2020 I S. 3138) war unsicher, ob auch die Belieferung durch Dritte, dh andere als den Anlagenbetreiber, im sog. Lieferkettenmodell von der Bestimmung erfasst war; die besseren Gründe sprachen bereits damals dafür (vgl. *Legler* REE 2018, 189 (197)). Mit Wirkung ab dem 1.1.2021 ist klargestellt, dass die **Belieferung durch den Anlagenbetreiber oder auch einen Dritten** den Tatbestand erfüllt. Ausgehend von der Annahme, dass es sich um eine bloße Klarstellung handelt (BT-Drs. 19/23482, 105), gilt das ohne Rücksicht auf eventuelle Übergangsbestimmungen.

11 Vorausgesetzt sind die Lieferung an einen **Letztverbraucher** und der Energieverbrauch durch diesen. Der Begriff des Letztverbrauchers wird in inhaltlich nicht identischer Weise durch § 3 Nr. 33 EEG einerseits, § 3 Nr. 25 EnWG andererseits legaldefiniert. § 3 Nr. 33 EEG stellt auf die Person ab, die den Strom tatsächlich verbraucht, § 3 Nr. 25 EnWG auf die Person, die die Energie kauft. Weil § 42 a Abs. 1 für den Anwendungsbereich auf § 21 Abs. 3 EEG verweist, ist richtigerweise auf § 3 Nr. 33 EEG abzustellen (BeckOK EnWG/*Schnurre* § 42 a Rn. 9; *Ehring* EnWZ 2018, 213 (214); aA BerlKommEnergieR/*Meitz* EnWG § 42 a Rn. 5). Das hat insbesondere zur Folge, dass auch die Belieferung von Ladestationen ohne Weiteres erfasst ist, da regelmäßig der Fahrzeugnutzer Letztverbraucher iSV § 3 Nr. 33 EEG ist, während nach § 3 Nr. 25 EnWG der Ladesäulenbetreiber als solcher gilt (BeckOK EnWG/*Schnurre* § 42 a Rn. 9). Entgegen der durch den Begriff des Mieterstroms nahegelegten Deutung muss der Letztverbraucher nicht Mieter (oder Pächter) sein; erfasst ist etwa auch der Wohnungseigentümer in einer Wohnungseigentumsgemeinschaft (*Ehring* EnWZ 2018, 213 (217); *Hennig* GuG 2018, 210 (211); NK-EnWG/*Rasbach* § 42 a Rn. 6).

12 Maßgeblich für die von § 21 Abs. 3 EEG nicht erfasste **Eigenversorgung** ist, ob Personenidentität zwischen Anlagenbetreiber und Letztverbraucher besteht (*Hennig* GuG 2018, 210 (211 f.)). Auch zwischen Eigentümergemeinschaft und Wohnungseigentümer besteht keine Personenidentität, sodass auch in diesem Fall keine Eigenversorgung vorliegt (*Ahlers/Kaspers* ZNER 2017, 173). Die Streichung der bisherigen Legaldefinition der Eigenversorgung in § 3 Nr. 19 EEG mit Wirkung ab dem 1.1.2023 nach dem EE-SofortmaßnahmenG 2022 hatte einen anderen Hintergrund (BT-Drs. 20/1630, 170) und ist hier ohne Bedeutung.

13 Die Lieferung muss **innerhalb des Gebäudes oder in Wohngebäuden oder Nebenanlagen in demselben Quartier des Wohngebäudes und ohne Durchleitung durch ein Netz** (§ 21 Abs. 3 S. 1 Nr. 1 und 2 EEG) stattfinden. Erfasst ist danach die Lieferung in das Wohngebäude der installierten Solaranlage (→ Rn. 7) oder in Wohngebäude und Nebenanlagen hierzu in dessen Quartier; die räumliche Ausdehnung auf das Quartier ist mit Wirkung zum 1.1.2021 durch die EEG-Novelle vom 21.12.2020 (BGBl. 2020 I S. 3138) erfolgt. Unter Quartier soll ein zusammenhängender Gebäudekomplex zu verstehen sein, der den Ein-

druck eines einheitlichen Ensembles erweckt, jedoch grundsätzlich durch Straßen getrennt sein kann (BT-Drs. 19/25326, 12). Eine Durchleitung durch ein Netz iSv § 3 Nr. 35 EEG darf nicht erfolgen; entscheidend ist, dass keine technischen Einrichtungen für die allgemeine Versorgung in Anspruch genommen werden.

Fraglich ist, ob es für die Anwendbarkeit von § 42a **nur die Voraussetzungen** 14 **des § 21 Abs. 3 EEG oder eine tatsächliche Förderung durch Mieterstromzuschlag** nach §§ 19 Abs. 1 Nr. 3, § 21 Abs. 3 EEG braucht, sodass auch alle weiteren Fördervoraussetzungen wie etwa die Meldung der Solaranlage zum Marktstammdatenregister oder die beihilferechtliche Genehmigung der EU-Kommission (§ 105 EEG 2021 bzw. § 101 EEG 2023) vorliegen müssten. Für dieses engere Verständnis ist geltend gemacht worden, dass der Zweck des § 42a, die Weitergabe wirtschaftlicher Vorteile aus der Verwendung von Mieterstrom an die Mieter sicherzustellen, die Verpflichtungen nach § 42a Abs. 2–4 nur rechtfertige, wenn auch eine tatsächliche Förderung vorliegt (NK-EnWG/*Rasbach* § 42a Rn. 7). Dagegen spricht jedoch bereits der Wortlaut des § 42a Abs. 1, der allein an die Eigenschaft als Mieterstrom iSv § 21 Abs. 3 EEG anknüpft. Auch hinsichtlich des Zwecks ist zu differenzieren. Während die Förderung durch den Mieterstromzuschlag nach dem EEG darauf zielt, Anreize für den Mieterstromlieferanten zu setzen, geht es in § 42a EnWG nach dem ausdrücklichen Willen des Gesetzgebers (BT-Drs. 18/12355, 25) allein um Regelungen zugunsten des Letztverbrauchers. Diese letztverbraucherschützende Funktion spricht dafür, § 42a unabhängig von einer tatsächlich erfolgenden Förderung anzuwenden. Bekräftigt wird dies durch die mit Wirkung vom 1.1.2023 eingeführte Regelung des § 42a Abs. 5, die ausdrücklich zwischen gefördertem und nicht gefördertem Mieterstrom differenziert.

2. Erfasste Mieterstrommodelle. Aufgrund dieses gesetzlichen Anwen- 15 dungsrahmens erfasst § 42a unterschiedliche Modelle und Vertragskonstellationen (vgl. *Hennig* GuG 2018, 210 (211); *Legler* REE 2018, 189f.; NK-EnWG/*Rasbach* § 42a Rn. 3f.). Je nach Ausgestaltung der Mieterstrombelieferung obliegen den beteiligten Personen **entsprechend ihrer jeweiligen Funktion Pflichten**, etwa Registrierungs-, Melde- und Mitteilungspflichten nach dem EEG, EnWG und StromStG, und sie sind gegebenenfalls an weitere Vorgaben etwa bezüglich der Vertrags- und Abrechnungsgestaltung gebunden (*Hennig* GuG 2018, 210 (211)). Das gewählte Modell ist auch für die Frage relevant, wem der Mieterstromzuschlag nach §§ 19 Abs. 1 Nr. 3, 21 Abs. 3 EEG zusteht; diesen erhält der Mieterstromlieferant vom Verteilernetzbetreiber (NK-EnWG/*Rasbach* § 42a Rn. 4).

Zum einen besteht die Möglichkeit, dass der **Gebäude- und Anlageneigentü-** 16 **mer selbst Anlagenbetreiber und zudem Stromlieferant gegenüber Letztverbrauchern** und damit Mieterstromlieferant ist (*Hennig* GuG 2018, 210 (211)). Soweit der Gebäudeeigentümer teilweise selbst Strom verbraucht, gilt er insoweit auch als Eigenversorger (*Hennig* GuG 2018, 210 (211)). Einzelne Dienstleistungen wie der Messstellenbetrieb oder die Erstellung von Abrechnungen können in diesem Modell auch von Dritten wahrgenommen werden (*Hennig* GuG 2018, 210 (211)). An der grundlegenden Eigenschaft als Anlagenbetreiber und Stromlieferant ändert sich dadurch nichts.

Zum anderen kann der **Gebäudeeigentümer sich auch Dritter bedienen.** 17 Dies kann erfolgen, indem die Dachfläche an den Dritten verpachtet wird und dieser eine Anlage errichtet und betreibt, sodass er Anlagenbetreiber ist und als Mieterstromlieferant gegenüber dem Letztverbraucher auftritt (*Hennig* GuG 2018, 210 (211)). Eine Kooperation des Gebäudeeigentümers mit einem Dritten kann auch

§ 42a

dergestalt erfolgen, dass der Gebäudeeigentümer gleichzeitig Anlageneigentümer ist und lediglich die Verpachtung der Anlage an einen Dritten erfolgt, der die Anlage betreibt; damit ist dieser wiederum Anlagenbetreiber und ebenfalls Mieterstromlieferant gegenüber dem Letztverbraucher (*Hennig* GuG 2018, 210 (211)).

B. Einzelerläuterungen

I. Anwendbarkeit des EnWG auf die Belieferung von Mieterstrom (Abs. 1)

18   Abs. 1 bestimmt die **anwendbaren Regelungen für die Belieferung von Letztverbrauchern mit Mieterstrom**. § 42a Abs. 1 übernimmt mit dem Verweis auf Mieterstrom iSv § 21 Abs. 3 EEG zunächst die Bestimmung des Anwendungsbereichs der Bestimmung (→ Rn. 6 ff.) und ordnet weiter an, dass auf die Belieferung von Letztverbrauchern mit Mieterstrom die übrigen Vorschriften des EnWG anzuwenden sind, soweit § 42a Abs. 2–4 keine abweichenden Regelungen enthalten. Insoweit gelten damit insbesondere auch die Pflichten nach den §§ 40 ff. EnWG, die materielle wie auch formelle Regelungen zu Energie- und Stromlieferverträgen und weitere Pflichten enthalten.

II. Mieterstromvertrag und Mietverhältnis (Abs. 2)

19   **1. Definition des Mieterstromvertrages.** Abs. 2 S. 1 enthält zunächst eine für § 42a Abs. 2–4 gültige **Legaldefinition des Mieterstromvertrags**. Danach ist ein Mieterstromvertrag ein Vertrag über die Belieferung von Letztverbrauchern mit Mieterstrom. Mieterstrom ist, wie sich aus dem systematischen Zusammenhang ergibt, solcher iSv Abs. 1 (→ Rn. 6 ff.). Es handelt sich somit um eine besondere Art des Stromliefervertrags zwischen dem Mieterstromlieferanten und dem Letztverbraucher (vgl. Hempel/Franke/*Salje* EnWG § 42a Rn. 10; *Ehring* EnWZ 2018, 213 (214)).

20   **2. Verhältnis zum Wohnraummietvertrag.** Der mit Mieterstrom belieferte Letztverbraucher muss nicht notwendig Mieter sein (→ Rn. 11). Für den Fall, dass er Mieter ist, kann das **Zusammenkommen von Mieterstrom- und Wohnraummietvertrag** in seinem Verhältnis zum Mieterstromlieferanten jedoch besondere Probleme aufwerfen, für die Abs. 2 Regelungen trifft.

21   a) **Kopplungsverbot (Abs. 2 S. 1, 2, 5).** Je nach gewähltem Mieterstrommodell (→ Rn. 15 ff.) muss nicht, kann aber hinsichtlich Mieterstromlieferant und Vermieter Personenidentität bestehen. Insbesondere für die Konstellation der Personenidentität errichtet § 42a Abs. 2 S. 1 ein Kopplungsverbot, wonach der **Mieterstromvertrag und der Vertrag über die Miete von Wohnräumen nicht Bestandteil eines Vertrags** sein dürfen. Mit dieser Regelung bezweckte der Gesetzgeber den Schutz der Wahlfreiheit des Letztverbrauchers; das strukturelle Verhandlungsungleichgewicht, welches regelmäßig bei der Vermietung von Wohnungen besteht, soll nicht auf den Abschluss eines Mieterstromvertrags mit einwirken (BT-Drs. 18/12355, 25f.).

22   Das Kopplungsverbot verlangt eine **physische und inhaltliche Trennung von Mieterstromvertrag und Wohnraummietvertrag.** Die zur Sicherung der Wahlfreiheit des Mieters gebotene physische Trennung untersagt es, Mieterstrom-

und Wohnraummietvertrag in einem Vertragsdokument zusammenzufassen oder auch den Mieterstromvertag dem Mietvertrag als Anhang beizufügen (*Ehring* EnWZ 2018, 213 (215); BeckOK EnWG/*Schnurre* § 42a Rn. 12). Die inhaltliche Trennung untersagt jegliche vertragliche Vereinbarung, die irgendwie geartete Vergünstigungen im Mietverhältnis an den Abschluss eines Mieterstromvertrags knüpft; als Beispiele werden günstigere Mietzinsen und vorteilhafte Instandhaltungsvereinbarungen (*Ehring* EnWZ 2018, 213 (215); BeckOK EnWG/*Schnurre* § 42a Rn. 13) genannt. Das Kopplungsverbot steht jedoch nicht Regelungen im Mietvertrag entgegen, die Anreize für den Abschluss des Mieterstromvertrags setzen, soweit diese in engem sachlichem Zusammenhang mit der Stromlieferung stehen, wie das etwa bei dem Angebot günstigerer Strompreise, dem Verzicht auf den Grundpreis oder weiteren vergleichbaren Leistungen der Fall ist (*Behr/Großkloß* WuM 2019, 409 (415)). Der Abschluss eines Mietvertrags kann auch zur Bedingung für den Abschluss eines Mieterstromvertrags gemacht werden, da ohne Mietverhältnis keine Mieterstrombelieferung in Betracht kommt.

Für den Fall eines Verstoßes gegen das Kopplungsverbot nach Abs. 2 S. 1 ordnet 23
Abs. 2 S. 2 die **Nichtigkeit des Mieterstromvertrags** an. Nichtig ist auch die in einem Mietvertrag über Wohnraum enthaltende Verpflichtung auf Abschluss eines Mieterstromvertrags (NK-EnWG/*Rasbach* § 42a Rn. 10). Wie aus Abs. 2 S. 2 abzulesen ist, erstreckt sich die Nichtigkeitsfolge, dem Schutz des Mieters dienend, nicht auf den Wohnraummietvertrag. Der Vertrag über die Miete von Wohnraum bleibt auch wirksam, wenn dessen Wirksamkeit vertraglich von der Wirksamkeit der Mieterstromvereinbarung (inklusive aller Regelungen) abhängig gemacht wird (Hempel/Franke/*Salje* EnWG § 42a Rn. 14). Eine Verpflichtung zur Rückzahlung des Mieterstromzuschlags folgt aus der Unwirksamkeit nach § 42a Abs. 2 S. 1 aufgrund des Wortlauts des § 21 Abs. 3 EEG, der lediglich die Lieferung und den Verbrauch zur Voraussetzung macht, nicht (*Ehring* EnWZ 2018, 213 (216)).

Abs. 2 S. 5 enthält **Ausnahmen vom Kopplungsverbot**. § 42a Abs. 2 S. 1 gilt 24
nicht für Mietverhältnisse nach § 549 Abs. 2 Nr. 1, 2 BGB in der seit 1.6.2015 gültigen Fassung (§ 42a Abs. 2 S. 5 Nr. 1). Nicht erfasst sind demnach Verträge über die Miete von Wohnraum, der nur zum vorübergehenden Gebrauch vermietet ist (§ 549 Abs. 2 Nr. 1 BGB) und über Wohnraum mit überwiegend vom Vermieter ausgestatteten Einrichtungsgegenständen, der Teil der vom Vermieter selbst bewohnten Wohnung ist, sofern dieser dem Mieter nicht zum dauernden Gebrauch mit seiner Familie oder mit Personen überlassen ist, mit denen dieser einen auf Dauer angelegten gemeinsamen Haushalt führt (§ 549 Abs. 2 Nr. 2 BGB). Für beide Varianten ist der aus Sicht beider Vertragsparteien auf einen vorübergehenden Gebrauch ausgerichtete Zweck des Mietverhältnisses (*Ehring* EnWZ 2018, 213 (216)) prägend. Ob es sich dabei um ein befristetes oder unbefristetes Mietverhältnis handelt, ist nicht entscheidend (MüKoBGB/*Bieber* § 549 Rn. 17; vgl. auch *Ehring* EnWZ 2018, 213 (216)). Den Gesetzgeber leitete dabei der Gedanke, dass bei solchen Verträgen häufig ein Gesamtpreis für Miete und Strom abgerechnet wird und mangels technischer Voraussetzungen eine Abrechnung des Mieterstroms nicht möglich oder unwirtschaftlich ist (BT-Drs. 18/12355, 26). Daneben gilt das Kopplungsverbot gem. § 42a Abs. 2 S. 5 Nr. 2 nicht für Mietverhältnisse, auf die die Ausnahme des § 11 Abs. 1 Nr. 2 HeizkostenV Anwendung findet. Dazu gehören Alters- und Pflegeheime, Studien- und Lehrräume (§ 42a Abs. 2 S. 5 Nr. 2 lit. a) und vergleichbare Gebäude, deren Nutzung Personengruppen vorbehalten ist, mit denen wegen ihrer besonderen persönlichen Verhältnisse regelmäßig keine üblichen Mietverträge abgeschlossen werden (§ 42a Abs. 2 S. 5 Nr. 2 lit. b).

§ 42 a   Teil 4. Energielieferung an Letztverbraucher

25   **b) Modifikation der Kondiktionsregelungen (Abs. 2 S. 3, 4).** Für den Fall der Nichtigkeit des Mieterstromvertrags gem. Abs. 2 S. 1, 2 geht der Gesetzgeber davon aus, dass grundsätzlich eine bereicherungsrechtliche Rückabwicklung stattfindet. Das ist aus § 42a Abs. 2 S. 3 abzulesen, wonach die **§§ 814, 817 S. 2 BGB nicht anzuwenden** sind, sodass die Kondiktionsansprüche nicht aufgrund dieser Vorschriften ausgeschlossen sind. Praktisch wird der Ausschluss der §§ 814, 817 BGB vor allem den Kondiktionsanspruch des Stromlieferanten schützen. Der Gesetzgeber bezweckte insbesondere den Schutz nichtgewerblich tätiger Vermieter, doch ging er, was auch dem Wortlaut entspricht, von einer Anwendbarkeit des § 42a Abs. 2 S. 3 im Verhältnis zwischen Mieter und Vermieter für beide Seiten aus (BT-Drs. 18/12988, 38).

26   Weil der Vermieter nicht von einem gegen Abs. 2 S. 1 verstoßenden Vertrag profitieren soll und Anreize zur Verletzung des Kopplungsverbot vermieden werden sollen (BT-Drs. 18/12988, 38), beschränkt Abs. 2 S. 4 einen dem Grunde nach bestehenden kondiktionsrechtlichen **Wertersatzanspruch des Vermieters gegen den Mieter für den gelieferten Strom** in zweifacher Hinsicht der Höhe nach. Der Anspruch ist auf höchstens 75 Prozent des in dem jeweiligen Netzgebiet geltenden Grundversorgungstarifs, zusammensetzt aus Grund- und Arbeitspreis, sowie auf den im Mieterstromvertrag vereinbarten Preis beschränkt.

27   **c) Zusatzstrom (Abs. 2 S. 6).** Abs. 2 S. 6 enthält im Interesse des Letztverbrauchers die Verpflichtung zur Regelung der **Stromversorgung in Zeiten, in denen kein Mieterstrom geliefert werden kann.** Da es sich um Solaranlagen handelt, sind dies insbesondere Nachtzeiten, aber auch bestimmte Tageszeiten, an denen die Stromproduktion mittels Solaranlagen nicht möglich ist (vgl. BT-Drs. 18/12355, 26). Der Mieter muss somit nur den Mieterstromvertrag abschließen, um seinen Strombedarf zu decken. Sichergestellt werden soll damit auch, dass dieselben Regelungen für den Mieterstrom und den Zusatzstrom gelten; dies soll unabhängig davon gelten, ob mehrere Verträge vorliegen (BT-Drs. 18/12355, 26). Die Regelung ist auch insbesondere deswegen sinnvoll, weil der Mieter keinen Einfluss auf die Art des Strombezugs hat (Hempel/Franke/Salje EnWG § 42a Rn. 20); der Vollversorgungsanspruch stellt eine Kompensation für den Verlust des Anspruchs auf Grundversorgung dar (*Ehring* EnWZ 2018, 213 (214)). Unklar ist, ob diese Regelung nur für Mieterstrombezieher gelten soll, die in einem Wohnraummietverhältnis zum Mieterstromlieferanten stehen. Die systematische Stellung der Regelung in Abs. 2 spricht dafür; auch hat die Gesetzesentwurfsbegründung hier jedenfalls vornehmlich den Mieter im Blick (BT-Drs. 18/12355, 26). Der Wortlaut ist jedoch, da Abs. 2 S. 6 vom Letztverbraucher spricht, zumindest offen für eine Erstreckung auch auf andere Mieterstrombezieher, und dafür spricht auch der Zweck der Regelung, der etwa für Wohnungseigentümer gleichermaßen Berechtigung hat.

28   **d) Automatische Beendigung des Mieterstromvertrags (Abs. 2 S. 7).** Da für den Mieterstromanbieter wie auch den Mieterstromkunden die Fortführung des Mieterstromvertrages bei Kündigung des Mietvertrags über den Wohnraum nicht sinnvoll ist (BT-Drs. 18/12355, 26), ordnet Abs. 2 S. 6 bei Beendigung des Vertrags über die Miete des Wohnraums die **unmittelbare Beendigung des Mieterstromvertrags im Zeitpunkt der Rückgabe der Wohnung** an. Soweit keine Sachen des Mieters in der Wohnung verbleiben, steht die dauerhafte Unbewohnbarkeit einer Rückgabe gleich (Hempel/Franke/Salje EnWG § 42a Rn. 23). Die Anknüpfung an die Rückgabe erfolgt, damit Rechtsstreitigkeiten bezüglich der

Beendigung des Mietverhältnisses über den Wohnraum sich nicht auf die Beendigung des Mieterstromvertrags auswirken (BT-Drs. 18/12355, 26). Einer Kündigung, die sich ausdrücklich auch auf den Mieterstromvertrag bezieht, bedarf es nicht. Den Vertragsparteien steht es jedoch frei, dem Letztverbraucher ein einseitiges Recht auf Kündigung des Mieterstromvertrags bereits im Zeitpunkt des Endes des Mietvertrags zuzubilligen (*Ehring* EnWZ 2018, 213 (215)).

III. Regelungen zur Vertragslaufzeit und Fortführung von Mieterstromverträgen (Abs. 3)

Abs. 3 gibt zwingende Regelungen für **Vertragslaufzeiten, Vertragsverlän-** 29 **gerungen, Kündigungsfristen und das Kündigungsrecht** vor. Verstoßen die vertraglichen Regelungen hiergegen, ordnet Abs. 3 deren Unwirksamkeit an, ohne jedoch die Wirksamkeit des restlichen Vertrags zu berühren (*Ehring* EnWZ 2018, 213 (216f.)). Diese Vorgaben sollen dem Letztverbraucher die freie Wahl des Stromlieferanten ermöglichen und gleichzeitig den Wettbewerb fördern; letztlich soll der Letztverbraucher durch eine faire Preisgestaltung für den Mieterstrom profitieren (BT-Drs. 18/12355, 26). Die Interessen des Mieterstromanbieters, insbesondere die Planungssicherheit sieht der Gesetzgeber hinreichend gewahrt, weil dessen Einnahmen auch bei Beendigung des Mieterstromvertrags aufgrund der Möglichkeit der Einspeisung teilweise weiterbestehen (BT-Drs. 18/12355, 26).

Abs. 3 bezweckt den Schutz des Letztverbrauchers (BT-Drs. 18/12355, 26) und 30 setzt lediglich **Regelungen zulasten des Letztverbrauchers Grenzen**. Dies folgt aus der in Abs. 3 S. 1 verwendeten Formulierung „die andere Vertragspartei", die den AGB-rechtlichen Regelungen entspricht und dort wie hier ausschließlich den Letztverbraucher meint (Hempel/Franke/*Salje* EnWG § 42a Rn. 28). Daher ist auch eine längere Bindung des Mieterstromlieferanten nicht durch Abs. 3 S. 1 ausgeschlossen (Hempel/Franke/*Salje* EnWG § 42a Rn. 28). Trotz fehlender Anlegung im Wortlaut stehen vertragliche Regelungen Abs. 3 S. 2 und 3 aufgrund des systematischen Zusammenhangs mit Abs. 3 S. 1 nur entgegen, wenn die Vertragsverlängerung den Letztverbraucher bindet bzw. dessen Kündigungsrecht betrifft (Hempel/Franke/*Salje* EnWG § 42a Rn. 32f.).

Gem. Abs. 3 S. 1 ist eine den Letztverbraucher als die andere Vertragspartei **bin-** 31 **dende Erstlaufzeit des Mieterstromvertrags von mehr als einem Jahr unwirksam**. Eine längere Bindung des Mieterstromlieferanten ist nicht ausgeschlossen (Hempel/Franke/*Salje* EnWG § 42a Rn. 28). Die Annahme, dass danach nur befristete Verträge mit höchstens einjähriger Laufzeit zulässig und unbefristete Verträge nicht möglich seien (*Ehring* EnWZ 2018, 213 (216); BeckOK EnWG/*Schnurre* § 42a Rn. 28), erscheint nicht zwingend. Abs. 3 S. 1 steht unbefristeten Mieterstromverträgen nicht unbedingt entgegen (vgl. Hempel/Franke/*Salje* EnWG § 42a Rn. 29). Schon der Wortlaut unterbindet nur eine länger als ein Jahr bindende Laufzeit. Eine mehr als einjährige Bindung besteht jedoch nicht, wenn der Letztverbraucher jederzeit mit einer Kündigungsfrist von höchstens einem Jahr kündigen kann. Ein unbefristeter Vertrag, der diese Kündigungsfrist wahrt und zudem Abs. 3 S. 2 (→ Rn. 33) Rechnung trägt, indem er eine höchstens dreimonatige Kündigungsfrist vorsieht, erscheint mit Wortlaut und Zweck von Abs. 3 S. 1 und 2 vereinbar. Die Regelung des § 42a Abs. 3 S. 1 ist wegen der deutlich kürzeren Höchstlaufzeit und der Geltung auch für individualrechtliche Abreden strenger als § 309 Nr. 9 lit. a BGB (NK-EnWG/*Rasbach* § 42a Rn. 13). Ist die vertragliche Regelung aufgrund eines Verstoßes gegen § 42a Abs. 3 S. 1 oder § 309 Nr. 9 lit. a BGB unwirksam, soll

§ 42 a   Teil 4. Energielieferung an Letztverbraucher

an die Stelle der Laufzeitabrede ein unbefristeter Mieterstromvertrag treten, dessen Kündigungsfrist sich jedoch jedenfalls innerhalb der Grenzen des § 42a Abs. 3 S. 2 halten muss (Hempel/Franke/*Salje* EnWG § 42a Rn. 29); soweit es sich um Vertragsbedingungen iSv § 305 BGB handelt, muss sich die Kündigungsfrist auch innerhalb der Grenzen des § 309 Nr. 9 lit. c BGB halten.

32   Auch eine **stillschweigende Verlängerung** des Vertragsverhältnisses um mehr als ein Jahr ist gem. § 42a Abs. 3 S. 2 Alt. 1 unwirksam. Eine wiederkehrend stillschweigende Verlängerung wird dadurch jedoch nicht ausgeschlossen, da mit der Regelung lediglich sichergestellt werden soll, dass der Mieter regelmäßig die Möglichkeit hat, eine Wahl bezüglich der Fortführung des Mieterstromvertrags zu treffen (NK-EnWG/*Rasbach* § 42a Rn. 13; so wohl auch Hempel/Franke/*Salje* EnWG § 42a Rn. 30). Ist die Abrede nach dem 1.3.2022 (Art. 229 § 60 S. 2 EGBGB) mittels vorformulierter Vertragsbedingungen iSv § 305 BGB erfolgt, so sind zusätzlich die Grenzen des § 309 Nr. 9 lit. b BGB zu beachten. Eine den anderen Vertragsteil bindende stillschweigende Verlängerung des Vertragsverhältnisses ist danach nur bei einer Verlängerung auf unbestimmte Zeit und mit Einräumung eines Kündigungsrechts, das jederzeit mit einer Frist von höchstens einem Monat ausgeübt werden kann, möglich. Unabhängig von der Regelung des § 42a Abs. 3 S. 2 Alt. 1 muss eine Vertragsverlängerung im Mieterstromvertrag – jedenfalls in vorformulierten Verträgen – ausdrücklich enthalten sein, wobei auch diese Regelung, soweit es sich um AGB handelt, ebenfalls an den §§ 307ff. BGB zu messen ist (Hempel/Franke/*Salje* EnWG § 42a Rn. 31).

33   Gemäß § 42a Abs. 3 S. 2 Alt. 2 ist **eine Kündigungsfrist von mehr als drei Monaten** vor Ablauf der zunächst vorgesehenen oder stillschweigend verlängerten Vertragsdauer unwirksam. Für nach dem 1.3.2022 entstandene (Art. 229 § 60 S. 2 EGBGB) vorformulierte Vertragsbedingungen iSv § 305 BGB enthält § 309 Nr. 9 lit. c BGB seit dem 1.3.2022 (Ges. v. 10.8.2021, BGBl. 2022 I S. 3433) strengere Vorgaben.

34   Abs. 3 S. 3 erklärt Bestimmungen, die das Recht zur **Kündigung des Mieterstromvertrags während der Dauer des Mietverhältnisses** ausschließen oder beschränken, für unwirksam. Die Möglichkeit, den Mieterstromvertrag zu kündigen, soll unabhängig von einer Kündigung des Mietverhältnisses über den Wohnraum gewährleistet sein (BT-Drs. 18/12355, 26).

IV. Preisgrenze (Abs. 4)

35   Gem. Abs. 4 S. 1 besteht eine **Preisgrenze** für den Strombezug bei Mieterstromverträgen. Mieterstrom und der gem. Abs. 2 S. 6 erforderliche Zusatzstrom dürfen 90 Prozent des im jeweiligen Netzgebiet geltenden Grundversorgungstarifs, der sich aus Grund- und Arbeitspreis zusammensetzt, nicht übersteigen. Wird ein einheitlicher Preis für Mieterstrom und Zusatzstrom angeboten, so darf diese Grenze nicht überschritten werden. Werden für Mieterstrom und Zusatzstrom unterschiedliche Preise festgelegt, so darf die Reststrombelieferung die Höchstgrenze überschreiten, solange der verlangte Gesamtpreis unterhalb der Preisgrenze bleibt (*Ehring* NVwZ 2018, 213 (215); NK-EnWG/*Rasbach* § 42a Rn. 14). Die Preisgrenze soll verhindern, dass das bei Verträgen über die Miete von Wohnraum bestehende strukturelle Ungleichgewicht sich auf Verhandlungen über den Mieterstromvertrag auswirkt und genutzt wird (vgl. BT-Drs. 18/12355, 26f.). Die Regelung geht davon aus, dass die Preisgrenze unter den spezifischen Kostenbedingungen der Mieterstromversorgung, bei der einerseits verhältnismäßig hohe Kosten für Erzeugung

und Vertrieb, Abrechnung, Messung und Messstellenbetrieb entstehen können, andererseits – insbesondere mangels Durchleitung durch das Netz – eine Reihe von Kostenbestandteilen nicht anfällt (NK-EnWG/*Rasbach* § 42a Rn. 3; *Behr/Großklos* WuM 2019, 409 (411)), einen hinreichenden wirtschaftlichen Anreiz belässt. Wird die Preisgrenze des § 42a Abs. 4 S. 1 dennoch überschritten, so erfolgt gem. § 42a Abs. 4 S. 2 unmittelbar eine Herabsetzung des Preises auf die Höchstpreisgrenze.

V. Kennzeichnungspflicht (Abs. 5)

Mit dem EE-SofortmaßnahmenG 2022 (BGBl. 2022 I S. 1237) ist § 42, der ua die Stromkennzeichnung in oder als Anlage zu Letztverbraucherrechnungen vorschreibt, um einen neuen Abs. 3a mit veränderten Vorgaben zur Ausweisung des Anteils erneuerbarer Energien ergänzt worden; danach ist nunmehr der Anteil der nach dem EEG geförderten erneuerbaren Energien an der bundesdeutschen Stromerzeugung auszuweisen (→ § 42 Rn. 24). Zugleich ist § 42a Abs. 5 eingefügt worden, der die **Anwendung des § 42 Abs. 3a auf die Mieterstrombelieferung** differenzierend regelt. 36

Nach § 42a Abs. 5 S. 1 ist § 42 Abs. 3a nur auf den **nicht über den Mieterstromzuschlag nach § 21 Abs. 3 EEG geförderten Teil des gelieferten Stroms** anzuwenden. Unter die Regelung fällt somit der an Letztverbraucher gelieferte bzw. zu liefernde Mieterstrom, der zwar die Voraussetzungen des § 21 Abs. 3 EEG erfüllt, jedoch tatsächlich nicht über den Mieterstromzuschlag nach § 21 Abs. 3 EEG gefördert wird. Nur dieser Teil soll also als Strom aus erneuerbaren Energien ausgewiesen werden dürfen. 37

Gem. § 42a Abs. 5 S. 2 ist der an Letztverbraucher in einem Kalenderjahr gelieferte und **nach § 21 Abs. 3 EEG geförderte (Mieter-)Strom** zu Zwecken der Stromkennzeichnung auf die jeweiligen Letztverbraucher nach dem Verhältnis ihrer Jahresstromverbräuche zu verteilen und ihnen gegenüber entsprechend auszuweisen. Dieser Mieterstromanteil ist gem. § 42a Abs. 5 S. 3 als „Mieterstrom, gefördert nach dem EEG" zu kennzeichnen. 38

Teil 5. Planfeststellung, Wegenutzung

§ 43 Erfordernis der Planfeststellung

(1) ¹Die Errichtung und der Betrieb sowie die Änderung von folgenden Anlagen bedürfen der Planfeststellung durch die nach Landesrecht zuständige Behörde:
1. Hochspannungsfreileitungen, ausgenommen Bahnstromfernleitungen, mit einer Nennspannung von 110 Kilovolt oder mehr,
2. Hochspannungsleitungen, die zur Netzanbindung von Windenergieanlagen auf See im Sinne des § 3 Nummer 49 des Erneuerbare-Energien-Gesetzes im Küstenmeer als Seekabel und landeinwärts als Freileitung oder Erdkabel bis zu dem technisch und wirtschaftlich günstigsten Verknüpfungspunkt des nächsten Übertragungs- oder Verteilernetzes verlegt werden sollen, mit Ausnahme von Nebeneinrichtungen zu Offshore-Anbindungsleitungen,
3. grenzüberschreitende Gleichstrom-Hochspannungsleitungen, die nicht unter Nummer 2 fallen und die im Küstenmeer als Seekabel verlegt werden sollen, sowie deren Fortführung landeinwärts als Freileitung oder Erdkabel bis zu dem technisch und wirtschaftlich günstigsten Verknüpfungspunkt des nächsten Übertragungs- oder Verteilernetzes,
4. Hochspannungsleitungen nach § 2 Absatz 5 und 6 des Bundesbedarfsplangesetzes,
5. Gasversorgungsleitungen mit einem Durchmesser von mehr als 300 Millimetern und
6. Anbindungsleitungen von LNG-Anlagen an das Fernleitungsnetz mit einem Durchmesser von mehr als 300 Millimetern.

²Leitungen nach § 2 Absatz 1 des Netzausbaubeschleunigungsgesetzes Übertragungsnetz bleiben unberührt.

(2) ¹Auf Antrag des Trägers des Vorhabens können durch Planfeststellung durch die nach Landesrecht zuständige Behörde zugelassen werden:
1. die für den Betrieb von Energieleitungen notwendigen Anlagen, insbesondere Konverterstationen, Phasenschieber, Verdichterstationen, Umspannanlagen und Netzverknüpfungspunkte, die auch in das Planfeststellungsverfahren für die Energieleitung integriert werden können, einschließlich Nebeneinrichtungen zu Offshore-Anbindungsleitungen; dabei ist eine nachträgliche Integration in die Entscheidung zur Planfeststellung durch Planergänzungsverfahren möglich, solange die Entscheidung zur Planfeststellung gilt,
2. die Errichtung und der Betrieb sowie die Änderung eines Erdkabels für Hochspannungsleitungen mit einer Nennspannung von 110 Kilovolt im Küstenbereich von Nord- und Ostsee, die in einem 20 Kilometer breiten Korridor, der längs der Küstenlinie landeinwärts verläuft, verlegt werden sollen; Küstenlinie ist die in der Seegrenzkarte Nummer 2920 „Deutsche Nordseeküste und angrenzende Gewässer", Ausgabe 1994, XII, und in der Seegrenzkarte Nummer 2921 „Deutsche Ostseeküste und angren-

zende Gewässer", Ausgabe 1994, XII, des Bundesamtes für Seeschifffahrt und Hydrographie jeweils im Maßstab 1:375 000 dargestellte Küstenlinie,[1]

3. die Errichtung und der Betrieb sowie die Änderung eines Erdkabels mit einer Nennspannung von 110 Kilovolt oder mehr zur Anbindung von Kraftwerken oder Pumpspeicherkraftwerken an das Elektrizitätsversorgungsnetz,
4. die Errichtung und der Betrieb sowie die Änderung eines sonstigen Erdkabels für Hochspannungsleitungen mit einer Nennspannung von 110 Kilovolt oder weniger, ausgenommen Bahnstromfernleitungen,
5. die Errichtung und der Betrieb sowie die Änderung einer Freileitung mit einer Nennspannung von unter 110 Kilovolt oder einer Bahnstromfernleitung, sofern diese Leitungen mit einer Leitung nach Absatz 1 Satz 1 Nummer 1, 2 oder 3 auf einem Mehrfachgestänge geführt werden und in das Planfeststellungsverfahren für diese Leitung integriert werden; Gleiches gilt für Erdkabel mit einer Nennspannung von unter 110 Kilovolt, sofern diese im räumlichen und zeitlichen Zusammenhang mit der Baumaßnahme eines Erdkabels nach Absatz 1 Satz 1 Nummer 2 bis 4 oder nach den Nummern 2 bis 4 mit verlegt werden,
6. Leerrohre, die im räumlichen und zeitlichen Zusammenhang mit der Baumaßnahme eines Erdkabels nach Absatz 1 Satz 1 Nummer 2 bis 4 oder nach den Nummern 2 bis 4 mit verlegt werden,
7. die Errichtung und der Betrieb sowie die Änderung von Energiekopplungsanlagen und
8. die Errichtung und der Betrieb sowie die Änderung von Großspeicheranlagen mit einer Nennleistung ab 50 Megawatt, soweit sie nicht § 126 des Bundesberggesetzes unterfallen.

²Satz 1 ist für Erdkabel auch bei Abschnittsbildung anzuwenden, wenn die Erdverkabelung in unmittelbarem Zusammenhang mit dem beantragten Abschnitt einer Freileitung steht.

(3) Bei der Planfeststellung sind die von dem Vorhaben berührten öffentlichen und privaten Belange im Rahmen der Abwägung zu berücksichtigen.

(4) Für das Planfeststellungsverfahren sind die §§ 72 bis 78 des Verwaltungsverfahrensgesetzes nach Maßgabe dieses Gesetzes anzuwenden.

(5) Die Maßgaben sind entsprechend anzuwenden, soweit das Verfahren landesrechtlich durch ein Verwaltungsverfahrensgesetz geregelt ist.

Übersicht

	Rn.
A. Allgemeines	1
I. Regelungsgegenstand	1
II. Planfeststellung und Energienetzplanung – aktuelle Herausforderungen	3
III. Entstehungskontext und Änderungsgeschichte	5

---

[1] **Amtlicher Hinweis:** Zu beziehen beim Bundesamt für Seeschifffahrt und Hydrographie, Bernhard-Nocht-Straße 78, 20359 Hamburg und in der Deutschen Nationalbibliothek archivmäßig gesichert niedergelegt.

Erfordernis der Planfeststellung § 43

Rn.

- IV. Anwendungsbereich des § 43 zwischen WindSeeG, EnLAG und NABEG 13
- V. Dem Planfeststellungsverfahren vorgelagerte Planungsentscheidungen 22
  1. Bedarfsplanung 23
  2. Trassen- und Standortbestimmung 40
- B. Planfeststellungspflichtige und -fähige Vorhaben 45
  - I. Planfeststellungspflichtige Vorhaben (Abs. 1) 47
    1. Hochspannungsfreileitungen (S. 1 Nr. 1) und Erdkabel nach § 2 EnLAG 48
    2. Netzanbindung von Windenergieanlagen auf See (S. 1 Nr. 2) ... 50
    3. Grenzüberschreitende Gleichstrom-Hochspannungsleitungen (S. 1 Nr. 3) 51
    4. Hochspannungsleitungen nach § 2 Abs. 5 und 6 BBPlG (S. 1 Nr. 4) 52
    5. Gasversorgungsleitungen (S. 1 Nr. 5) 53
    6. Anbindungsleitungen von LNG-Anlagen (S. 1 Nr. 6) 54
  - II. Planfeststellungsfähige Vorhaben (Abs. 2) 55
    1. Nebenanlagen (S. 1 Nr. 1) 58
    2. Erdkabel für Hochspannungsleitungen im Küstenbereich (S. 1 Nr. 2) 61
    3. Erdkabel zur Anbindung von Kraftwerken (S. 1 Nr. 3) 62
    4. Sonstige Erdkabel (S. 1 Nr. 4 iVm § 43h) 63
    5. Mitgeführte Leitungen, mitverlegte Erdkabel unter 110 Kilovolt (S. 1 Nr. 5) 65
    6. Leerrohre (S. 1 Nr. 6) 68
    7. Energiekopplungsanlagen (S. 1 Nr. 7) 69
    8. Großspeicheranlagen (S. 1 Nr. 8) 70
    9. Erdkabel bei Abschnittsbildung (S. 2) 71
  - III. Errichtung, Betrieb, Änderung 72
  - IV. Sonstige Energie- und Leitungsvorhaben 76
- C. Materiell-rechtliche Anforderungen an die Planfeststellung 80
  - I. Planrechtfertigung 81
  - II. Zwingende Rechtsvorschriften 91
    1. Raumplanung 92
    2. Naturschutzrechtliche Eingriffsregelung 97
    3. Schutz des Netzes „Natura 2000" 104
    4. Besonderer Artenschutz 111
    5. TA Lärm 114
    6. Baulärm 126
    7. 26. BImSchV 128
    8. Erdverkabelung 136
    9. Sicherheitsanforderungen 145
    10. Sonstige zwingende gesetzliche Vorgaben 146
  - III. Abwägung 147
    1. Das Abwägungsgebot im System der materiell-rechtlichen Anforderungen an die Planfeststellung 147
    2. Abwägung als Planungswerkzeug und Abwägungsfehlerlehre als Prüfungsmaßstab 149

	Rn.
3. Alternativenprüfung	150
4. Weite des Abwägungsgebots	153
5. Abwägungsdirektiven	157
6. Einzelne Abwägungsbelange	166
D. Zuständigkeit und Verfahren	183
I. Zuständigkeit	183
II. Verfahren (Abs. 4 und 5)	184
III. Verhältnis von Planfeststellungsverfahren und UVP-Verfahren	187
E. Rechtsschutzfragen	189

Literatur: *Appel,* Neues Recht für neue Netze – das Regelungsregime zur Beschleunigung des Stromnetzausbaus nach EnWG und NABEG, UPR 2011, 406; *Büdenbender/Heintschel von Heinegg/Rosin,* Energierecht I – Recht der Energieanlagen, 1999, S. 211 ff.; *Eding,* Bundesfachplanung und Landesplanung, 2016; *Elspaß/Schwoon,* Energiewende ohne Erdkabel? Das Verfahrensregime zur Zulassung von Erdkabeln in EnWG, EnLAG und NABEG, NVwZ 2012, 1066; *Füßer/Gresse,* Alternativenprüfung bei Erdkabel-Pilotverfahren, NVwZ 2021, 1094; *Hermes,* Staatliche Infrastrukturverantwortung, 1998; *Hoppe/Beckmann/Kment* (Hrsg.), UVPG, 5. Aufl. 2018; *Horstmann,* Anforderungen an den Bau und Betrieb von Energieversorgungsleitungen in Deutschland, 2000; *Keller,* Enteignung für Zwecke der öffentlichen Energieversorgung, 1967; *Kümper,* Stand und Entwicklung des Fachplanungsrechts im Spiegel der jüngeren höchstrichterlichen Rechtsprechung, Die Verwaltung 53 (2020), 535; *Kupfer,* Das Fachplanungsrecht in der neueren Rechtsprechung des Bundesverwaltungsgerichts – Fortschreibung 2014, Die Verwaltung 47 (2014), 77; *Kupfer/Wurster,* Das Fachplanungsrecht in der neueren Rechtsprechung des Bundesverwaltungsgerichts – Teil 1, Die Verwaltung 40 (2007), 75; *dies.,* Teil 2, Die Verwaltung 40 (2007), 239; *Lautner,* Funktionen raumordnerischer Verfahren, 1999; *Riese/Wilms,* Gesamtkonzept bei der Planung von Übertragungsnetzen und Netzanschlüssen, ZNER 2009, 107; *Rubel,* Aktuelle Probleme bei der Planfeststellung von Höchstspannungsleitungen, DVBl. 2017, 585; *Rubel,* Die Planung von Höchstspannungsleitungen vor Gericht – eine erste Bilanz, UPR 2018, 422; *Ruge/Schirmer,* Die Entscheidungen des BVerwG zum EnLAG und BBPlG: Leitplanken für die Planfeststellung im Netzausbau, ZUR 2018, 399; *Schiller,* Praxisprobleme bei der Planfeststellung von Energiefreileitungen, UPR 2009, 245; *Schneider,* Liberalisierung der Stromwirtschaft durch regulative Marktorganisation, 1999; *Schneider/Theobald,* Recht der Energiewirtschaft, 5. Aufl. 2021; *Schneller,* Beschleunigter Ausbau des Stromtransportnetzes, DVBl. 2007, 529; *Steinberg/Wickel/Müller,* Fachplanung, 4. Aufl. 2012; *Stüer,* Handbuch des Bau- und Fachplanungsrechts, 5. Aufl. 2015; *Vogt/Maaß,* Leitlinien für die transeuropäische Energieinfrastruktur – Netzausbau die Zweite, RdE 2013, 151; *Weyer,* Der Rechtsrahmen für den Ausbau der Übertragungsnetze in Deutschland, ZNER 2009, 210; *Wiesendahl,* PlVereinhG, EnWZ 2013, 291; *de Witt/Durinke/Kause,* Höchstspannungsleitungen – Planung, Genehmigung und Enteignung, 2. Aufl. 2019.

A. Allgemeines

I. Regelungsgegenstand

1 § 43 Abs. 1 S. 1 statuiert für die Errichtung, für den Betrieb und für die Änderung bestimmter großer Leitungsvorhaben (mit näher bestimmten Merkmalen) einen **Planfeststellungsvorbehalt** (→ Rn. 47–54). Für diese Vorhaben bedient sich das EnWG mit der Planfeststellung der zentralen Entscheidungsform der vorhabenbezogenen Fachplanung (Schoch/Schneider/*Kupfer* VwVfG Vorb § 72 Rn. 40 ff.). Auf diese Weise werden die in § 43 Abs. 1 definierten Leitungsvorhaben planungsrechtlich auf eine Stufe gestellt mit Straßen-, Schienen- und anderen Infrastrukturprojekten. Ergänzt wird diese obligatorische Planfeststellung durch eine in Abs. 2 normierte **optionale Planfeststellung** auf Antrag des Vorhabenträgers, die sich insbesondere auf Vorhaben im Zusammenhang mit Leitungsprojekten, die nach Abs. 1 planfeststellungsbedürftig sind, auf Erdkabel-Vorhaben sowie auf Großspeicheranlagen bezieht (→ Rn. 55–71). Außerdem enthält § 43 in seinem Abs. 3 das traditionelle fachplanungsrechtliche **Abwägungsgebot** als den zentralen materiellen Maßstab für die Rechtmäßigkeit der Planfeststellung (→ Rn. 147–182). Schließlich werden in Abs. 4 für das **Planfeststellungsverfahren** – abweichend von der allgemeinen Regelung in § 1 Abs. 3 VwVfG – die Planfeststellungsregelungen im Verwaltungsverfahrensgesetz des Bundes „nach Maßgabe dieses Gesetzes" (insbesondere §§ 43 a ff.) für anwendbar erklärt (→ Rn. 184 f.). Keine erkennbare Bedeutung hat dagegen § 43 Abs. 5, weil im Anwendungsbereich des § 43 ausschließlich die Planfeststellungsregeln den Bundes-VwVfG zur Anwendung kommen, auf die sich die „Maßgaben" insbesondere der §§ 43 a ff. beziehen (→ Rn. 186).

Wesentlich eingeschränkt wird der Anwendungsbereich des § 43 und der nachfolgenden Planfeststellungsregelungen durch **zwei vorrangige spezielle Planfeststellungsregime.** Sie betreffen erstens Windenergieanlagen auf See sowie Anlagen zur Übertragung von Strom aus diesen Windenergieanlagen, soweit sie im Bereich der deutschen ausschließlichen Wirtschaftszone liegen oder der Vorhabenträger einer Anlage auf hoher See seinen Unternehmenssitz in Deutschland hat (**§§ 44 ff. WindSeeG**). Zweitens enthalten die **§§ 18 ff. NABEG** vorrangige Spezialregelungen für die Planfeststellung von länderübergreifenden oder grenzüberschreitenden Höchstspannungsleitungen und Anbindungsleitungen von den Offshore-Windpark-Umspannwerken zu den Netzverknüpfungspunkten an Land, die in einem Gesetz über den Bundesbedarfsplan nach § 12 e Abs. 4 S. 1 als solche gekennzeichnet sind (§ 2 Abs. 1 NABEG; genauer zum Verhältnis der Planfeststellungsregime → Rn. 13–21). 2

II. Planfeststellung und Energienetzplanung – aktuelle Herausforderungen

Nicht erst mit den dramatischen Veränderungen der Energieversorgung des Jahres 2022 besteht Klarheit darüber, dass Leitungen für den Transport von Elektrizität, Gas und Wasserstoff Vorhaben sind, die erhebliche Kosten verursachen, sich als Teile komplexer technischer Systeme in diese einfügen müssen, einen derzeit dringenden und auch für die Zukunft prognostizierbaren Bedarf befriedigen sollen, der insbesondere abhängig ist von der sich aktuell radikal ändernden Struktur des Energieversorgungssystems insgesamt, und die schließlich Raum beanspruchen und räumliche Wirkungen hervorrufen. Darüber hinaus bestehen in vielfacher Hinsicht Wechselwirkungen oder auch Konflikte zwischen diesen Leitungsvorhaben einerseits und Belangen des Umwelt-, Landschafts- und Naturschutzes, der Eigentümer benötigter Grundstücke, der Nachbarn von Anlagen sowie anderen öffentlichen und privaten Interessen andererseits (Schoch/Schneider/*Kupfer* VwVfG Vorb § 72 Rn. 9). Insoweit bestehen offensichtliche Parallelen zu anderen Infrastrukturvorhaben wie Eisenbahnstrecken oder Fernstraßen, die ebenfalls planfeststellungsbedürftig sind (§ 18 AEG, § 17 FStrG). Daraus folgt sowohl aus der Perspektive der Energieversorgungsunternehmen wie auch aus der Perspektive der Allgemeinheit die **Notwendigkeit planerischer Vorbereitung,** bevor Energieanlagen errichtet oder wesentlich geändert werden. 3

4 Diese allgemeine Notwendigkeit planerischer Vorbereitung von Energieleitungsvorhaben hatte bereits mit der **Energiewende** des Jahres **2011** eine neue Dimension angenommen, war in das Bewusstsein der allgemeinen Öffentlichkeit und der politischen Entscheidungsträger gerückt und hatte zu einer Reihe planungsrechtlicher Reformen zur Beschleunigung des Leitungsnetzausbaus geführt (→ Rn. 8–12). Gleichwohl war und ist die Ausgangslage immer noch weitgehend dadurch geprägt, dass die Struktur und Kapazität des Elektrizitätsübertragungsnetzes das Ergebnis einer kontinuierlichen ökonomischen und technischen Entwicklung ist, die durch die Monopole vertikal integrierter Unternehmen und die Dominanz fossiler und nuklearer Großkraftwerke geprägt war (s. nur die von der Deutschen Energie-Agentur GmbH [dena] in Auftrag gegebene Studie „Energiewirtschaftliche Planung für die Netzintegration von Windenergie in Deutschland an Land und Offshore bis zum Jahr 2020" – sog. dena-Netzstudie I –, Zusammenfassung, S. 4). Die Zunahme der Transporte auf europäischer Ebene sowie die Veränderung der Erzeugungsstruktur haben schon vor Jahren dazu geführt, dass die Netze „jedes Jahr näher an ihrem physikalischen Limit" arbeiten und die „Investitionen in grenzüberschreitende Infrastruktur" nach wie vor „außerordentlich niedrig" sind (Mitteilung der Kommission an den Rat und das Parlament „Vorrangiger Verbundplan", KOM(2006) 846 endg., S. 5). Durch die Entwicklung erneuerbarer Energien im Interesse des Ressourcen- und **Klimaschutzes,** als Folge des **Ausstiegs aus der Kernenergie** im Jahr 2011, auch als Folge der **Sektorkopplung** (ua Elektromobilität, Elektrifizierung des Wärmesektors) und nicht zuletzt als Maßnahme höchster Dringlichkeit im Interesse der **Unabhängigkeit von Gasimporten aus Russland** (Überblick über das „Osterpaket" 2022 bei *Zenke* EnWZ 2022, 147ff.) hat der Bedarf nach neuen und anders konfigurierten Netzen eine neue Dimension und Dringlichkeit gewonnen. Denn neue standortgebundene Produktionsanlagen – insbesondere **Offshore-Windenergieanlagen** –, Einrichtungen der Transportinfrastruktur wie zB **LNG-Terminals** oder Speicher- und Umwandlungsanlagen **(Elektrolyseure)** machen neben dem Bau zusätzlicher und anderer (insbesondere Wasserstoff-)Leitungen (*Gätsch/Stalmann* KlimR 2022, 87ff.) eine grundlegende Umstrukturierung der Leitungsinfrastruktur erforderlich (*Franke/Recht* ZUR 2021, 15ff.). Vor diesem Hintergrund ist ein unverzüglicher **Umbau des Energieversorgungssystems** im Allgemeinen und ein Aus- und **Umbau der Energieversorgungsnetze** im Besonderen von unbestreitbarer Bedeutung und Dringlichkeit. Die juristische Last dieser Veränderungsprozesse hat – neben einer erst im Entstehen begriffenen Systementwicklungsplanung, die über die Leitungsinfrastruktur hinaus das Energiesystem als Ganzes in den Blick nimmt (dazu *Hermes* EnWZ 2022, 99ff.; *dena*, Netzstudie III, Januar 2022) – nicht zuletzt das **Energieleitungsplanungsrecht** mit seinen Instrumenten der fachlichen Bedarfsplanung (→ Rn. 23ff.) sowie das materielle und Verfahrensrecht der Planfeststellung (→ Rn. 80ff.) zu tragen.

III. Entstehungskontext und Änderungsgeschichte

5 Die Planfeststellung für große Energieleitungen wurde erst **2001** durch das **UVP-Änderungsgesetz** (BGBl. 2001 I S. 1950) eingeführt. In § 11a Abs. 1 aF war erstmals ein Planfeststellungsverfahren für Errichtung, Betrieb und Änderungen von Hochspannungsleitungen (ausgenommen Bahnstromfernleitungen) mit einer Nennspannung von 110 kV oder mehr und für Gasversorgungsleitungen mit einem Durchmesser von mehr als 300 mm angeordnet, sofern nach dem UVP-Gesetz für diese Vorhaben eine Umweltverträglichkeitsprüfung durchzuführen war.

Erfordernis der Planfeststellung **§ 43**

Forderungen, für Fernleitungsvorhaben die Planfeststellung vorzuschreiben, waren schon lange erhoben worden (*Hermes*, Staatliche Infrastrukturverantwortung, S. 424, 432 mwN). Hintergrund dieser Forderungen waren die für Fernleitungsvorhaben notwendige „groß angelegte Planung" (*Keller*, Enteignung für Zwecke der öffentlichen Energieversorgung, S. 86), die Notwendigkeit, einen Ausgleich für die weitgehend fehlende staatliche energiewirtschaftliche Bedarfsplanung zu schaffen, und die Erwägung, dass für die Bewältigung der durch Energieanlagen ausgelösten Raumnutzungskonflikte ein adäquates planerisches Instrumentarium benötigt wurde. Die Schaffung des § 11a im Jahre 2001 ging allerdings nicht auf derartige Erwägungen zurück. Sie wurde vielmehr durch die UVP-Änderungsrichtlinie des Rates vom 3.3.1997 (RL 97/11/EG) erzwungen, weil ein **„Trägerverfahren" für die Umweltverträglichkeitsprüfung** benötigt wurde. Deshalb wurde auch nur für die UVP-pflichtigen Vorhaben eine Planfeststellungspflicht vorgeschrieben (BT-Drs. 14/4599, 161).

Seit **2006** hat das Planfeststellungsrecht für Energieleitungen mit Art. 7 des **6** Gesetzes zur Beschleunigung von Planungsverfahren für Infrastrukturvorhaben (**Infrastrukturplanungsbeschleunigungsgesetz**, BGBl. 2006 I S. 2833) dieses **UVPG-akzessorische Regelungsmuster aufgegeben.** Das Planfeststellungsverfahren nach §§ 43 ff. wurde als Standardinstrument des Leitungsausbaus etabliert und damit nicht zuletzt die Frage nach dem Bedarf für eine Leitung von dem Enteignungsverfahren in das Planfeststellungsverfahren verlagert (NK-EnWG/*Kment* § 43 Rn. 3).

Die Änderung des § 43 durch Art. 2 des **Gesetzes zur Beschleunigung des** **7** **Ausbaus der Höchstspannungsnetze vom 21.8.2009** (BGBl. 2009 I S. 2870) bewirkte Modifikationen und Erweiterungen der Planfeststellung als Reaktion auf einen dringenden Netzausbaubedarf, der durch die Einbindung der erneuerbaren Energien – insbesondere der **Offshore-Windenergieanlagen** – in das bestehende Übertragungsnetz wie auch als Reaktion auf zunehmende zwischenstaatliche Stromtransite sowie neue Standorte konventioneller Kraftwerke bedingt war (zusammenfassend die Begr. in BT-Drs. 16/10491, 9 ff.). Die Änderungen verfolgten das Beschleunigungsziel vor allem dadurch, dass sie sich für zusätzliche Vorhaben die Konzentrationswirkung der Planfeststellung zunutze machten. Bestandteil des Artikelgesetzes war auch und nicht zuletzt das Gesetz zum Ausbau von Energieleitungen (**Energieleitungsausbaugesetz – EnLAG**), mit dem im Bereich des Energieleitungsbaus erstmals auf das klassische fachplanungsrechtliche Instrument des Bedarfsgesetzes zurückgegriffen (vgl. etwa die Bedarfsgesetze für den Fernstraßen- und Schienenwegeausbau) wurde. In dem als Anlage dem EnLAG angefügten **Bedarfsplan** wurden enumerativ 24 Leitungsbauvorhaben der Höchstspannungsebene (380 kV) benannt (krit. zur Auswahl dieser Vorhaben Schneider/Theobald EnergieWirtschaftsR-HdB/*Hermes* § 8 Rn. 62), deren fachplanerische Zielkonformität, deren energiewirtschaftliche Notwendigkeit und deren vordringlicher Bedarf gesetzlich festgestellt wird – mit Verbindlichkeit für die nachfolgende Planfeststellung nach EnWG (§ 1 Abs. 2 S. 3 EnLAG).

Im Zuge der **Energiewende** im Jahr **2011** hat der Gesetzgeber mit dem **Gesetz** **8** **zur Neuregelung energiewirtschaftlicher Vorschriften** vom 26.7.2011 (BGBl. 2011 I S. 1554) und mit dem **Gesetz über Maßnahmen zur Beschleunigung des Netzausbaus Elektrizitätsnetze** vom 28.7.2011 (BGBl. 2011 I S. 1690) den mit dem EnLAG eingeschlagenen Weg der Bedarfsplanung fortgesetzt und diese zu einem eigenständigen Planungsinstrumentarium ausgebaut (NABEG, →Rn. 16), freilich ohne die bisherige Bedarfsplanung nach dem EnLAG in das

§ 43 Teil 5. Planfeststellung, Wegenutzung

neue Instrumentarium zu integrieren (zu den Gründen hierfür vgl. BR-Drs. 342/11, 37). Der neu eingeführte § 12e bestätigt für die in dem als **Bundesbedarfsplan** bezeichneten Gesamtbedarfsplan (vgl. BR-Drs. 342/11, 28) aufgeführten Vorhaben deren Zielkonformität (§ 12e Abs. 2 S. 3) sowie deren energiewirtschaftliche Notwendigkeit und vordringlichen Bedarf für die Planfeststellung (§ 12e Abs. 4). Dem Beschleunigungsziel dient die optionale Einbeziehung von **Nebenanlagen** und von Abschnitten, die als **110-kV-Erdkabel** ausgeführt werden, in die Planfeststellung nach § 43.

9   Die Überführung spezieller Beschleunigungsregelungen (→ Rn. 184 ff.) aus den Fachgesetzen in das Verwaltungsverfahrensgesetz durch das **Gesetz zur Verbesserung der Öffentlichkeitsbeteiligung und Vereinheitlichung von Planfeststellungsverfahren** vom 31.5.2013 (BGBl. 2013 I S. 1388) brachte für § 43 selbst keine Veränderungen mit sich, führte aber zu einer Reduzierung der Sonderregeln der §§ 43a ff. (→ § 43a Rn. 2f.).

10 Durch Art. 6 Nr. 8b) des **Gesetzes zur grundlegenden Reform des Erneuerbare-Energien-Gesetzes** und zur Änderung weiterer Bestimmungen des Energiewirtschaftsrechts vom **21.7.2014** (BGBl. 2014 I S. 1066) hat der Gesetzgeber neben begrifflichen Anpassungen („Windenergieanlagen auf See") eine Regelungslücke geschlossen (BT-Drs. 18/1304, 190). Bis dahin war es nämlich nicht möglich, ein **Erdkabel-Pilotprojekt** – obwohl es gem. § 12e Abs. 3 S. 1 aF in den Bundesbedarfsplan aufgenommen worden war – planfestzustellen, wenn dieses weder vom Anwendungsbereich des NABEG erfasst wurde noch unter § 43 subsumierbar war. Soweit ein solches Vorhaben ausgeführt werden sollte, kam eine Zulassung nur im Einzelgenehmigungsverfahren in Betracht (konkret für die Höchstspannungsleitung Oberzier-Bundesgrenze [BE; Vorhaben Nr. 30] *Weisensee* EnWZ 2014, 211 (214); *Kupfer* Die Verwaltung 47 (2014), 77 (81 f.)). Zur Schließung dieser Regelungslücke findet sich mit Wirkung seit dem 1.8.2014 ein **Planfeststellungsvorbehalt für Gleichstrom-Hochspannungsleitungen**.

11 Das **Gesetz zur Änderung von Bestimmungen des Rechts des Energieleitungsbaus** vom 21.12.2015 (BGBl. 2015 I S. 2490), das durch Änderungen des Bundesbedarfsplangesetzes einen Vorrang (HGÜ-Leitungen, § 2 Abs. 5 BBPlG) bzw. eine Erweiterung von Pilotprojekten (HDÜ-Leitungen, § 2 Abs. 6 BBPlG) für die **Erdverkabelung** etablierte, brachte für § 43 eine entsprechende Erweiterung der planfeststellungspflichtigen Vorhaben auf „Hochspannungsleitungen nach § 2 Absatz 5 und 6 des Bundesbedarfsplangesetzes" (heute in § 43 Abs. 1 S. 1 Nr. 4). Außerdem wurde die optionale Planfeststellung für Erdkabel zur Anbindung von Kraftwerken (heute § 43 Abs. 2 S. 1 Nr. 3) eingeführt.

12 Die **aktuelle Fassung** des § 43 beruht auf dem **Gesetz zur Beschleunigung des Energieleitungsausbaus vom 13.5.2019** (BGBl. 2019 I S. 706), dessen Regierungsentwurf (BT-Drs. 19/7375) nur eine minimale Ergänzung vorgesehen hatte, nämlich die Erstreckung der optionalen Planfeststellung auf Leerrohre. Auf der Grundlage einiger Ergänzungs- und Präzisierungsvorschläge des Bundesrates (BT-Drs. 19/7914, 3 f.) hat dann der Ausschuss für Wirtschaft und Energie (Beschlussempfehlung BT-Drs. 19/8913; Bericht BT-Drs. 19/9027, 13) die Vorschrift neu strukturiert und um weitere Punkte, insbesondere betreffend die optionale Planfeststellung nach dem neuen Abs. 2, ergänzt. Durch das **WindSeeG 2022** (BGBl. 2022 I S. 1325) erfolgte schließlich eine Anpassung der Bestimmung planfeststellungspflichtiger und -fähiger Vorhaben an die neue Definition der „Offshore-Anbindungsleitungen" in § 3 Nr. 5 WindSeeG (Nebeneinrichtungen der Anbindungsleitungen, vgl. BT-Drs. 20/1634, 114). Zuletzt wurde durch Gesetz

Erfordernis der Planfeststellung **§ 43**

vom 8.12.2022 (BGBl. 2022 I S. 1726) § 43 Abs. 2 S. 1 Nr. 1 dahin geändert, dass nunmehr Nebenanlagen durch ein eigenständiges Planfeststellungsverfahren zugelassen werden können (→ Rn. 58).

IV. Anwendungsbereich des § 43 zwischen WindSeeG, EnLAG und NABEG

Soll ein Energieleitungsvorhaben auf der Hohen See oder im Bereich der ausschließlichen Wirtschaftszone der Bundesrepublik errichtet und betrieben werden (zur Abgrenzung *Kirch* IR 2021, 221), kommt gemäß § 44 Abs. 1 Windenergie-auf-See-Gesetz (WindSeeG) eine Planfeststellung nach § 45 **WindSeeG** in Betracht. Für alle anderen Energieleitungsvorhaben findet die **Planfeststellung** entweder in unmittelbarer Anwendung der **§§ 43 ff.** oder im Regelungsregime der **§§ 18 ff. NABEG** statt. Während der Anwendungsbereich der §§ 43 ff. grundsätzlich offen ist, soweit das Vorhaben seiner Art nach von dem Planfeststellungsvorbehalt erfasst wird, soll das NABEG helfen, für die Energiewende ganz besonders dringliche Leitungsvorhaben beschleunigt umzusetzen (BT-Drs. 17/6073, 1 und 17 ff.), es sei denn, diese Vorhaben fallen bereits in den Anwendungsbereich des EnLAG. 13

Die im Bedarfsplan (Anlage zum EnLAG; § 1 Abs. 1 EnLAG a. E.) benannten Vorhaben – sog. **EnLAG-Vorhaben** – werden in unmittelbarer Anwendung der §§ 43 ff. planfestgestellt (vgl. § 1 Abs. 1 und Abs. 2 S. 4 EnLAG). Dementsprechend bestimmt § 2 Abs. 4 NABEG, dass das NABEG nicht für EnLAG-Vorhaben gilt. Über deren Zulassung wird weiterhin auf der Grundlage der §§ 43 ff. entschieden, wobei zusätzlich die Sonderregelungen des EnLAG zu beachten sind. Dies gilt auch dann, wenn das Planfeststellungsverfahren für ein EnLAG-Vorhaben vor Inkrafttreten des EnLAG eingeleitet worden ist (BVerwGE 147, 184 Rn. 34). 14

Das NABEG nimmt aber nicht nur die EnLAG-Vorhaben von seinem Anwendungsbereich aus. Nach § 2 Abs. 5 NABEG geht die Planfeststellung nach § 45 iVm § 44 **WindSeeG der Planfeststellung nach §§ 18 ff. NABEG** ebenfalls **vor.** Dies betrifft aber nur Leitungen auf der Hohen See oder im Bereich der ausschließlichen Wirtschaftszone der Bundesrepublik (→ Rn. 13). Leitungen im Küstenmeer fallen in den Anwendungsbereich des NABEG (vgl. § 2 Abs. 5, 1 NABEG; BerlKommEnergieR/*Appel* I 2 NABEG § 2 Rn. 12). 15

Wesentliches **Unterscheidungsmerkmal** zwischen der Planfeststellung nach EnWG und der Planfeststellung nach NABEG ist die im NABEG vorgesehene **Bundesfachplanung.** Die in den §§ 4 ff. NABEG ausgestaltete Bundesfachplanung tritt gemäß § 28 NABEG an die Stelle des Raumordnungsverfahrens der Länder (→ Rn. 41 f.). Indem alleine die Bundesnetzagentur (§ 5 Abs. 1 S. 1 NABEG) über die Festlegung der Trassenkorridore entscheidet und sich nicht verschiedene Behörden mehrerer Bundesländer hierüber abstimmen müssen, soll ein erheblicher Beschleunigungseffekt erreicht werden (BT-Drs. 17/6073, 19; BR-Drs. 342/11, 29; vgl. BerlKommEnergieR/*Appel* I 2 NABEG Vorbemerkung Rn. 7 f.). Ziel ist es, die Synchronisation des Netzausbaus mit dem Ausbau erneuerbarer Energien zu erreichen und dabei die eingetretenen ganz erheblichen Verzögerungen beim Netzausbau aufzuholen (vgl. BT-Drs. 19/7375, 1, 35). Auch rund zehn Jahre nach Inkrafttreten des NABEG ist dieses Ziel allerdings noch immer außer Reichweite (näher *Appel* EnWZ 2021, 435; *Löhr/Bünder* FAZ 31.1.2022 Suedlink – Deutschland droht nächstes Großprojektdebakel). Zur weiteren Beschleunigung des Energieleitungsbaus hat der Gesetzgeber im Jahr 2019 dann den heutigen § 2 Abs. 7 16

Hermes/Kupfer

BBPlG eingeführt. Danach ist bei der Zulassung der im Bundesbedarfsplan mit „G" gekennzeichneten Vorhaben aufgrund ihrer Eilbedürftigkeit auf eine Bundesfachplanung zu verzichten. Da aber durch den gesetzlich angeordneten Verzicht auf die Bundesfachplanung die verfahrensbezogenen und materiellen Prüfpflichten der Planfeststellungsbehörde unberührt bleiben, konzentrieren sich diese auf die Planfeststellung (Steinbach/*Franke* BBPlG § 2 Rn. 2). Insoweit ist dann aber wieder die Ausgangssituation vor Erlass des NABEG erreicht – getreu dem Motto „Gehe zurück auf Los"!

17 Die **§§ 18 ff. NABEG** sind grundsätzlich zwar die **gegenüber** den **§§ 43 ff. spezielleren Normen.** Hierauf weist § 43 Abs. 1 S. 2 hin. Soweit das NABEG in seinen §§ 18 ff. aber keine abweichenden Regelungen enthält, gelten für das Planfeststellungsverfahren nach NABEG die **§§ 43 ff. entsprechend** (§ 18 Abs. 5 NABEG; BerlKommEnergieR/*Naujoks* I 2 § 18 NABEG Rn. 75; Theobald/Kühling/*Keienburg* NABEG § 18 Rn. 48). Der Verweis in § 18 Abs. 5 NABEG erstreckt sich auf den gesamten 5. Teil des Energiewirtschaftsgesetzes. Folglich kann es zu einer kumulativen Anwendung von EnWG und NABEG in einem Planfeststellungsverfahren kommen (etwa von § 44 EnWG im Rahmen der Planfeststellung eines Vorhabens, das Gegenstand der Anlage zu § 1 Abs. 1 BBPlG ist; BVerwG Beschl. v. 17.2.2020 – 4 VR 1.20, Rn. 14 f.). Mit anderen Worten: **In Planfeststellungsverfahren nach §§ 18 ff. NABEG können Vorschriften der §§ 43 ff. EnWG zur Anwendung kommen – in Planfeststellungsverfahren nach § 43 EnWG finden Vorschriften der §§ 18 ff. NABEG jedoch keine Anwendung.** Das gilt insbesondere für EnLAG-Vorhaben (→ Rn. 14). Im Verhältnis zum NABEG nimmt das Planfeststellungsrecht nach EnWG für sich in Anspruch, in Verbindung mit dem VwVfG über ein fachplanungsrechtlich vollständiges Regelungsregime zu verfügen.

18 Den Grundsatz, dass es sich bei den §§ 18 ff. NABEG um gegenüber den §§ 43 ff. speziellere Normen handelt, hat der Gesetzgeber auch nicht mit § 43 Abs. 1 S. 1 Nr. 4 durchbrochen. Danach werden Hochspannungsleitungen nach § 2 Abs. 5 und 6 BBPlG ebenfalls durch Planfeststellung nach §§ 43 ff. zugelassen. Leitungen, die im Bundesbedarfsplan mit einem „E" (Erdkabel, § 2 Abs. 5 BBPlG) oder mit einem „F" (Pilotprojekt für die Verlegung einer Höchstspannungs-Drehstromleitung als Erdkabel, § 2 Abs. 6 BBPlG) gekennzeichnet sind, werden, wenn sie keine zusätzliche Kennzeichnung mit „A1", „A2" oder „C" aufweisen, nach §§ 43 ff. EnWG planfestgestellt (etwa die Vorhaben Nr. 6 und Nr. 7 oder das Vorhaben Nr. 30 Bundesbedarfsplan). Weisen Sie zusätzlich zu der Kennzeichnung mit „E" oder mit „F" auch eine Kennzeichnung mit „A1", „A2" oder „C" auf (etwa die Vorhaben Nr. 1, 3 ff. Bundesbedarfsplan), erfolgt die Zulassung nach §§ 18 ff. NABEG (→ Rn. 16 f.).

19 Zunächst findet das Planfeststellungsverfahren nach den **§§ 18 ff. NABEG** gem. § 18 Abs. 1 NABEG **Anwendung** auf die Errichtung, den Betrieb und die Änderung von Leitungen nach § 2 Abs. 1 NABEG. Erfasst werden Höchstspannungsleitungen, die im **Bundesbedarfsplan** (Anlage zum BBPlG) als länderübergreifende – mit „A1" (§ 2 Abs. 1 S. 1 BBPlG) – oder grenzüberschreitende – mit „A2" (§ 2 Abs. 1 S. 2 BBPlG) – gekennzeichnet sind; ebenso im Bundesbedarfsplan mit „C" (§ 2 Abs. 3 S. 1 BBPlG) benannte Anbindungsleitungen von den Offshore-Windpark-Umspannwerken zu den Netzverknüpfungspunkten an Land. Notwendige Anlagen, insbesondere Konverterstationen, Phasenschieber, Umspannanlagen und Netzverknüpfungspunkte, können nach § 18 Abs. 2 NABEG in die Planfeststellung einbezogen werden. Obwohl der Wortlaut des § 2 Abs. 1 S. 1 NABEG

Erfordernis der Planfeststellung **§ 43**

einen streng begrenzten sachlichen Anwendungsbereich des NABEG nahe legt –
„dieses Gesetz gilt nur für ..." –, erweitert § 2 Abs. 3 S. 1 NABEG den sachlichen
Anwendungsbereich der §§ 18ff. NABEG auf Hochspannungsleitungen mit einer
Nennspannung von mindestens 110 kV sowie auf Bahnstromfernleitungen, sofern
diese Leitungen zusammen mit einer nach BBPlG gem. § 2 Abs. 1 NABEG gekennzeichneten Leitung auf einem Mehrfachgestänge geführt werden können und
hierdurch keine wesentliche Verfahrensverzögerung bewirkt wird. Darüber hinaus
wird der Anwendungsbereich schließlich auf bestimmte Erdkabel und Leerrohre
erweitert (§§ 2 Abs. 3 S. 2, 18 Abs. 3 und 26 S. 2 NABEG).

Richtet sich die Zulassung von Vorhaben nach den §§ 43 ff., sind somit **drei** 20
Anwendungsfälle zu unterscheiden:
- **Planfeststellung von EnLAG-Vorhaben:** §§ 43ff. iVm § 1 Abs. 2 EnLAG
  (gesetzliche Bedarfsfeststellung für im Bedarfsplan enumerativ benannte Vorhaben; im Übrigen gelten die allgemeinen materiell-rechtlichen Anforderungen
  an die Planfeststellung, nämlich die Einhaltung zwingender Rechtsvorschriften
  und das Abwägungsgebot; zum Fortschritt der einzelnen Stromtrassen vgl.
  BNetzA, Monitoring des Stromnetzausbaus, Zweites Quartal 2022; www.
  netzausbau.de);
- **Planfeststellung von Bundesbedarfsplan-Vorhaben, die nicht in den Anwendungsbereich des NABEG fallen:** §§ 43 ff. iVm § 1 BBPlG, 12e Abs. 4
  (gesetzliche Bedarfsfeststellung auf der Grundlage des dynamischen Bundesbedarfsplans, soweit nicht zunächst die §§ 18ff. NABEG einschlägig sind; im
  Übrigen gelten die allgemeinen materiell-rechtlichen Anforderungen an die
  Planfeststellung, nämlich die Einhaltung zwingender Rechtsvorschriften und
  das Abwägungsgebot; zum Fortschritt der einzelnen Vorhaben vgl. BNetzA,
  Monitoring des Stromnetzausbaus, Zweites Quartal 2022, www.netzausbau.de);
- **Planfeststellung sonstiger Anlagen nach § 43:** §§ 43ff. in allgemeiner Anwendung (Prüfung aller allgemeinen materiell-rechtlichen Anforderungen an
  die Planfeststellung: die Planrechtfertigung muss vorliegen, zwingende Rechtsvorschriften müssen eingehalten und dem Abwägungsgebot muss entsprochen
  sein; Schoch/Schneider/*Kupfer* VwVfG Vorb § 72 Rn. 114ff.).

Im Ergebnis fallen in den **Anwendungsbereich der §§ 43ff.** alle im Bedarfsplan 21
nach EnLAG benannten Vorhaben sowie alle Vorhaben nach § 43 Abs. 1 und 2 mit
Ausnahme
- der Vorhaben nach § 44 Abs. 1 WindSeeG (→ Rn. 13 und 15) und
- der im Bundesbedarfsplan nach Vorgabe § 2 Abs. 1 NABEG gem. §§ 2 Abs. 1
  und Abs. 3 BBPlG, 12e Abs. 2 S. 1 als länderübergreifend („A1") oder grenzüberschreitend („A2") gekennzeichneten Höchstspannungsleitungen sowie der
  Anbindungsleitungen von den Offshore-Windpark-Umspannwerken zu den
  Netzverknüpfungspunkten an Land („C") – gegebenenfalls einschließlich nach
  § 2 Abs. 3 NABEG „mitgezogener" Hochspannungsvorhaben (vgl. BR-Drs.
  342/11, 36f.).

V. Dem Planfeststellungsverfahren vorgelagerte Planungsentscheidungen

Der Zulassung planfeststellungsfähiger Energieleitungsvorhaben durch Plan- 22
feststellungsbeschluss (→ § 43b Rn. 11) oder durch Plangenehmigung (→ § 43b
Rn. 12) gehen regelmäßig vorgelagerte Planungsentscheidungen voraus. Die Vorhabenzulassung und die sie vorbereitenden Planungen können zeitlich und funk-

§ 43 Teil 5. Planfeststellung, Wegenutzung

tional als gestufter, **auf Abschichtung und Konkretisierung ausgerichteter Gesamtplanungsablauf** verstanden werden: Auf der **ersten Stufe – fachliche Bedarfsplanung** (→ Rn. 23 ff.) – steht zunächst die Erforderlichkeit, bestimmte Vorhaben zu errichten und zu betreiben (die Frage danach, „ob" eine Infrastruktureinrichtung überhaupt gebraucht wird). Hierauf aufbauend wird die konkrete Vorhabenplanung grundsätzlich mit der auf der **zweiten Stufe** stattfindenden **Trassen- und Standortbestimmung** (der Frage nach dem „Wenn, dann wo?") eingeleitet (→ Rn. 40 ff.). Auf der **dritten Stufe** steht schließlich **die Zulassung eines konkreten Vorhabens** („Dass und wie!"; → Rn. 45 ff.). Die ersten beiden Planungsstufen entfalten für die auf der dritten Stufe handelnde und über die eigentliche Zulassung entscheidende Planfeststellungsbehörde unterschiedliche Bindungswirkungen, die allerdings den Kern planungsrechtlicher Gestaltungskompetenz der Planfeststellungsbehörde unberührt lassen. Zum Ganzen Schoch/Schneider/*Kupfer* VwVfG Vorb § 72 Rn. 65.

23 **1. Bedarfsplanung. a) Bedeutung der Bedarfspläne.** Die Beantwortung der Frage nach dem energiewirtschaftlichen Bedarf an einer bestimmten neuen Energieleitung hängt davon ab, ob das Vorhaben in den **Bedarfsplan** nach EnLAG, in den als Anlage zum BBPlG gefassten **Bundesbedarfsplan** nach § 12e und/oder in die **Unionsliste** der Vorhaben von gemeinsamen Interesse (VGI – bzw. PCI [projects of common interest]; Art. 2 Nr. 5 TEN-E-VO) und Vorhaben von gegenseitigem Interesse (Art. 2 Nr. 6 TEN-E-VO) aufgenommen ist. Durch die Aufnahme von Vorhaben in den Bedarfsplan nach EnLAG sowie in den Bundesbedarfsplan nach § 12e stellt der nationale Gesetzgeber unmittelbar und ausdrücklich fest, für welche Vorhaben ein qualifizierter Bedarf („die **energiewirtschaftliche Notwendigkeit** und der **vordringliche Bedarf**" – so § 1 Abs. 2 S. 2 EnLAG und § 1 Abs. 1 BBPlG, § 12e Abs. 4 S. 1) besteht. Diese Feststellungen sind **für die Planfeststellung** nach EnWG (§ 1 Abs. 2 S. 4 EnLAG, § 12e Abs. 4 S. 2) und nach NABEG (§ 12e Abs. 4 S. 2) **verbindlich.** Das gilt auch für das gerichtliche Verfahren (für das EnLAG etwa BVerwG Urt. v. 6. 4. 2017 – 4 A 2.16 ua, Rn. 32). Während im Bedarfsplan lediglich einzelne, vom nationalen Gesetzgeber als besonders dringlich angesehene Vorhaben benannt wurden – die sog. EnLAG-Vorhaben (→ Rn. 14) –, kann der Bundesbedarfsplan als dynamische gesamtdeutsche Übertragungsnetzausbauplanung qualifiziert werden. Durch die Aufnahme eines Vorhabens in die Unionsliste steht gem. Art. 7 Abs. 1 TEN-E-VO dessen Erforderlichkeit in energiepolitischer und klimabezogener Hinsicht unionsrechtlich fest (→ Rn. 33 und 36).

24 **Bedarfsplan, Bundesbedarfsplan und Unionsliste** sind **nicht abschließend.** Zum einen erfassen Bedarfsplan und Bundesbedarfsplan nur Leitungen der Übertragungs- bzw. Transport-, nicht aber der örtlichen Verteilernetze. Zum anderen kann auch für Errichtung und Betrieb von Leitungen, die nicht in diesen Plänen benannt werden, ein energiewirtschaftlicher Bedarf bestehen. Das ist dann aber eine Frage des konkreten Einzelfalls, die im Rahmen des Planfeststellungsverfahrens zu prüfen ist (→ Rn. 85 ff.).

25 **b) Transeuropäische Energienetzplanung.** Jenseits der nationalen Bedarfsplanung findet auf unionaler Ebene eine **transeuropäische Netzplanung** statt. Diese erfasst die drei Bereiche Verkehr, Telekommunikation und Energieinfrastruktur. Zum Ganzen Schoch/Schneider/*Kupfer* VwVfG Vorb § 72 Rn. 67 ff.

26 Nach Art. 170 Abs. 1 AEUV fördert die Union den Auf- und Ausbau transeuropäischer Netze (TEN) auch im Bereich der Energieinfrastruktur **(TEN-E).** Die

§ 43 Erfordernis der Planfeststellung

Union trägt zum Auf- und Ausbau der Netze aber nur bei – ihr kommt jedoch keine primäre Zuständigkeit für Planung, Bau und Betrieb der Infrastrukturnetze zu („Um einen Beitrag … zu leisten … *trägt* die Union zum Auf- und Ausbau transeuropäischer Netze in den Bereichen der Verkehrs-, Telekommunikations- und Energieinfrastruktur *bei*"; Art. 170 Abs. 1 AEUV). Die **Union** besitzt **keine Kompetenz für eine eigenständige Infrastrukturpolitik.** Hierfür sind – nach wie vor – die Mitgliedstaaten zuständig (Calliess/Ruffert/*Calliess* AEUV Art. 170 Rn. 3; *Lippert* NVwZ 2021, 1561 (1562)). Gem. Art. 4 Abs. 2 lit. h AEUV zählen die transeuropäischen Netze zu den geteilten Zuständigkeiten (Geiger/Khan/Kotzur/Kirchmair/*Kotzur/Valentiner* AEUV Art. 170 Rn. 1).

Die **transeuropäischen Energienetze** dienen insbesondere 27
– der Verwirklichung des **europäischen Binnenmarktes** (Art. 170, 26 AEUV),
– der Stärkung des **wirtschaftlichen, sozialen und territorialen Zusammenhalts** (Art. 170, 174 AEUV),
– der Herstellung der **Europäischen Energieunion** (Kommission Mitteilung Rahmenstrategie für eine krisenfeste Energieunion mit einer zukunftsorientierten Klimaschutzstrategie, COM [2015] 80 final),
– der Verwirklichung der Ziele des **europäischen Grünen Deals** (Kommission Vorschlag v. 15.12.2020 für eine Verordnung des Europäischen Parlaments und des Rates zu Leitlinien für die transeuropäische Energieinfrastruktur und zur Aufhebung der Verordnung [EU] Nr. 347/2013, COM[2020]824 final, 1) und – nicht zuletzt –
– der Umsetzung des **Grundsatzes der Energiesolidarität** (Art. 194 Abs. 1 AEUV).

Auch wenn die Union keine Kompetenz für eine eigenständige Infrastruktur- 28 politik besitzt (→ Rn. 26) sind die **Mitgliedstaaten** bei der Konzeptionierung ihrer nationalen Energienetze gem. Art. 170, 26, 174 und 194 AEUV in Verbindung mit dem Grundsatz der Energiesolidarität an das Unionsrecht gebunden. Es ist ihnen **verboten, eine rein national ausgerichtete Energieinfrastrukturplanung zu betreiben.** Sowohl die Union als auch die Mitgliedstaaten sind verpflichtet, „bei der Ausübung ihrer jeweiligen Zuständigkeiten im Rahmen der Energiepolitik der Union die Interessen aller Akteure zu berücksichtigen, die möglicherweise betroffen sind, und Maßnahmen zu vermeiden, die die Interessen der Union und der anderen Mitgliedstaaten in Bezug auf die Sicherheit und die wirtschaftliche und politische Tragbarkeit der Versorgung sowie die Diversifizierung der Versorgungsquellen beeinträchtigen könnten, um ihrer gegenseitigen Abhängigkeit und faktischen Solidarität Rechnung zu tragen" (EuGH Urt. v. 15.7.2021 – C-848/19 P, Rn. 71). Der **Grundsatz der Energiesolidarität** gilt mit Blick auf krisenhafte Versorgungsengpässe – beschränkt sich aber nicht auf derartige Szenarien. Vielmehr stellt er ein allgemeines unionsrechtliches Prinzip dar (EuGH Urt. v. 15.7.2021 – C-848/19 P, Rn. 37 ff. (49); *Kreuter-Kirchhof* NVwZ 2022, 993 (995 f.)).

Mit der TEN-E-VO hat die Union im Jahr 2013 Verfahren eingeführt, um Ener- 29 gieinfrastrukturprojekte nachhaltig zu befördern, insbesondere zu beschleunigen. Mit ihrem Vorschlag vom 15.12.2020 für eine neue TEN-E-VO (COM[2020] 824 final) hat die Kommission die **Novellierung des Rechtsrahmens für die TEN-E** in Gang gesetzt. Mit Wirkung vom 23.6.2022 wurde die VO 347/2013 schließlich aufgehoben und durch die im Amtsblatt (L 152/45) am 3.6.2022 veröffentlichte Verordnung (EU) 2022/869 zu Leitlinien für die transeuropäische Energieinfrastruktur vom 30.5.2022 ersetzt (Art. 32 Abs. 1, Art. 33 VO 2022/869).

§ 43   Teil 5. Planfeststellung, Wegenutzung

30   **c) Vorhaben von gemeinsamem Interesse (PCI).** Die fünfte und Ende 2022 geltende Unionsliste ist noch auf der Grundlage **der bis 22.6.2022 geltenden TEN-E-VO aF** verabschiedet worden (zur Novellierung →Rn. 36ff.): Für die Union besonders wichtige Projekte – sog. **Vorhaben von gemeinsamem Interesse** (VGI/PCI – projects of common interest, Art. 2 Nr. 4 TEN-E-VO aF; dazu Schoch/Schneider/*Kupfer* VwVfG Vorb § 72 Rn. 68) – sollten so schnell wie möglich identifiziert, realisiert, sorgfältig überwacht und evaluiert werden (Erwgr. 20ff., 25). Ziel war es, durch die Realisierung der PCI die in Anhang I TEN-E-VO aF benannten zwölf vorrangigen Energieinfrastrukturkorridore und -gebiete, davon vier Strom- und vier (Erd-)Gaskorridore, ein Erdölkorridor sowie drei vorrangige thematische Gebiete (intelligente Netze, Stromautobahnen und Kohlendioxidnetze), umzusetzen. Dabei ist Deutschland von allen (!) Energiekorridoren betroffen.

31   Die **Unionsliste** ist **dynamisch.** Gemäß Art. 3 Abs. 4 TEN-E-VO aF ist sie alle zwei Jahre zu erstellen und als Anhang der TEN-E-VO beizufügen (Anhang VII – „Unionsliste"). Die rechtsförmliche Ausweisung konkreter PCI in Teil B der Unionsliste kann als unionale räumliche Fachplanung qualifiziert werden (Schoch/Schneider/*Kupfer* VwVfG Vorb § 72 Rn. 68). Auf mitgliedstaatlicher Ebene ist diese hochstufige Bedarfsplanung durch nachfolgende Planungsstufen zu konkretisieren bzw. umzusetzen.

32   Die in erster Linie verfahrenstechnische Förderung der PCI durch die TEN-E-VO aF ist durch eine finanzielle Förderung ergänzt worden – vorrangig auf der Grundlage der **Fazilität „Connecting Europe",** VO (EU) 2021/1153 (CEF). Die CEF **schließt** insbesondere **Finanzierungslücken,** die mit Blick auf PCI bestehen, die zwar von hohem infrastrukturpolitischem Wert für die Union sind, sich marktwirtschaftlich jedoch nicht ohne Weiteres tragen. Grundvoraussetzung für eine Förderung von Energieleitungsprojekten ist, dass sie den PCI-Status erreicht haben; Art. 3 Abs. 2 lit. b i, 9 Abs. 3 lit. a CEF iVm Art. 14 TEN-E-VO. Für den Zeitraum vom 1.1.2021 bis 31.12.2027 stehen gem. Art. 4 Abs. 2 lit. b CEF dem Energiesektor knapp 6 Mrd. EUR zur Verfügung. Soweit Energieleitungsprojekte keinen PCI-Status aufweisen und deshalb eine Förderung auf der Grundlage der CEF ausscheidet, kann eine finanzielle Förderung über den Europäischen Fonds für regionale Entwicklung und den Kohäsionsfond **(EFRE)** in Betracht kommen; Art. 3 Abs. 1 lit. b iii VO (EU) 2021/1058.

33   **d) Rechtsfolge der Aufnahme eines Vorhabens in die Unionsliste.** Durch die Aufnahme eines Projekts in die Unionsliste steht sein fachplanungsrechtlicher Bedarf fest. Nach Art. 7 Abs. 1 TEN-E-VO alte und (!) neue Fassung begründet die Annahme der Unionsliste durch die Kommission (Art. 3 Abs. 4 S. 1 f. TEN-E-VO) die **Erforderlichkeit dieser Vorhaben in energiepolitischer Hinsicht,** unbeschadet des genauen Standorts, der Trassenführung oder der Technologie des Vorhabens (beachte jedoch →Rn. 36). Die TEN-E-VO geht über die bloße Bedarfsfeststellung hinaus. Um die Genehmigung und damit die Realisierung der PCI zu beschleunigen, sieht Art. 7 Abs. 3 TEN-E-VO vor, dass die PCI den **„national höchstmöglichen Status"** erhalten. Infolge ihrer Aufnahme in die Unionsliste sind die Vorhaben zu behandeln wie die Vorhaben, die der nationale Gesetzgeber in den Bedarfsplan nach EnLAG oder den Bundesbedarfsplan nach BBPlG aufgenommen hat: Die energiewirtschaftliche Notwendigkeit und der vordringliche Bedarf dieser Vorhaben stehen fest (→Rn. 23; *Kupfer* Die Verwaltung 47 (2014), 77 (99f.)).

Die sekundärrechtliche Privilegierung von PCI beschränkt sich in der Planfest- 34
stellung aber nicht nur auf die Planrechtfertigung (→ Rn. 33). Auch mit Blick auf
die Einhaltung **zwingender Rechtsvorschriften,** insbesondere des Umweltrechts, erfahren PCI durch Art. 7 Abs. 8 TEN-E-VO eine Bedeutungsverstärkung.
PCI gelten gleichermaßen im Anwendungsbereich der FFH-RL 92/43/EWG und
der Wasserrahmen-Richtlinie (WR-RL 2000/60/EG) als **Vorhaben im öffentlichen Interesse.** Nach Art. 7 Abs. 8 UAbs. 1 Hs. 2 TEN-E-VO *können* sie als
Vorhaben von überwiegendem öffentlichen Interesse betrachtet werden.
Allerdings nur, „sofern alle in diesen Richtlinien vorgesehenen Voraussetzungen erfüllt sind". Damit hat die Union die PCI aber *nicht* mit einem materiell-rechtlichen
Gewicht ausgestattet, das zu einem **grundsätzlichen Vorrang** der planfestzustellenden PCI in etwaigen Abweichungsprüfungen vor gegenläufigen Interessen des
Umweltschutzes führt (→ Rn. 110; Dauses/Ludwigs EU-WirtschaftsR-HdB/
Gundel M Rn. 302; Schoch/Schneider/*Kupfer* VwVfG Vorb § 72 Rn. 175). Hieran
sollte sich durch die Novellierung der TEN-E-VO nichts Grundsätzliches ändern;
vgl. Generalsekretariat des Rats der Europäischen Union, Interinstitutionelles Dos-
sier: 2020/0360(COD) v. 14.6.2021, Art. 7 Abs. 8 Vorschlag TEN-E-VO.

Kommt PCI aufgrund Art. 7 Abs. 3 TEN-E-VO unmittelbar der national 35
höchstmögliche Status zu (→ Rn. 33), ist es aus Sicht der Mitgliedstaaten zweckmäßig, die **Konsistenz von unionaler und nationaler Bedarfsplanung** zu gewährleisten. Dementsprechend sollte die Bundesregierung darauf achten, dass
Unionsliste, Bedarfsplan und Bundesbedarfsplan aufeinander abgestimmt sind. Die
TEN-E-VO bietet das hierfür notwendige Instrumentarium. Gem. Art. 3 Abs. 4
UAbs. 2 TEN-E-VO ist die Unionsliste auf der Grundlage sog. „regionaler Listen"
zu erstellen. Bei der Erarbeitung dieser regionalen Listen steht jedem Mitgliedstaat
für Vorhaben, die sein Hoheitsgebiet betreffen, nach Art. 3 Abs. 3 UAbs. 2 lit. a
TEN-E-VO eine Veto-Recht zu. Mit dieser sekundärrechtlichen Regelung wird
der Vorgabe in Art. 172 S. 2 AEUV Rechnung getragen: PCI, die das Hoheitsgebiet
eines Mitgliedstaats betreffen, bedürfen der Billigung des betroffenen Mitgliedstaats
(BT-Drs. 17/14131, 2).

e) Novellierung der TEN-E-VO. Während sich die mit der VO (EU) 36
347/2013 eingeführten Verfahren – insbesondere die Unionsliste sowie die Sche-
mata – und die Vorhabenskategorie der Vorhaben von gemeinsamem Interesse aus
Sicht der Union bewährt haben, gilt anderes für die Ziele der Verordnung und die
von ihr benannten vorrangigen Energieinfrastrukturkorridore, -gebiete sowie die
vorrangigen thematischen Gebiete. Namentlich hat sich die VO (EU) 347/2013
aus Sicht der Kommission als nicht hinreichend flexibel erwiesen, um mit den sich
wandelnden klimapolitischen Zielen der Union Schritt zu halten. „Das Überein-
kommen von Paris und der europäische Grüne Deal erfordern einen tiefgreifenden
Umbau der derzeitigen Energieinfrastrukturen, um bis 2050 ein vollständig integriertes CO_2-neutrales Energiesystem zu ermöglichen" (COM[2020] 824 final, 4).
Die bislang geltenden Ziele der TEN-E-VO – **Versorgungssicherheit, Marktintegration, Wettbewerb und Nachhaltigkeit** –werden um **klimapolitische
Ziele,** die Betonung **ökologischer Nachhaltigkeit** und Vorkehrungen zum
Schutz vor Sicherheitsbedrohungen ergänzt; vgl. Art. 1 Abs. 1 VO 2022/869 sowie
deren Erwgr. 8 und 10. Augenfällig ist die Erweiterung des Zielkorridors der Bedarfsfeststellung gem. Art. 7 Abs. 1 TEN-E-VO nF. Neben die Erforderlichkeit des
PCI in energiepolitischer Hinsicht (→ Rn. 33) tritt dessen Erforderlichkeit auch in
klimabezogener Hinsicht.

37 Aus Klimaschutzgründen wird die **Erdölinfrastruktur nicht mehr berücksichtigt** (COM[2020] 824 final, 4; zur bisherigen Rechtslage → Rn. 30). Entsprechendes gilt **auch** für die klassische **Erdgasinfrastruktur**. Gefördert werden nur noch sog. intelligente Gasnetze (vgl. Art. 2 Nr. 10 und Anhänge I Nr. 14 und II Nr. 2 VO (EU) 2022/869). Somit findet eine Abkehr von Erdöl und Erdgas verbunden mit der Hinwendung zu Wasserstoff auch auf der Infrastrukturebene statt; vgl. *Lippert* NVwZ 2021, 1561 (1563). Für bereits begonnene Erdgasprojekte gibt es jedoch Bestandsschutz (vgl. zunächst Generalsekretariat des Rats der Europäischen Union, Interinstitutionelles Dokument 2020/0360[COD] v. 17.12.2021 S. 3 und in der Folge Art. 32 Abs. 2f. VO 2022/869). Eine Erweiterung erfährt die Regelung insoweit, dass neben die Vorhaben von gemeinsamem Interesse auch **Vorhaben von gegenseitigem Interesse** treten. Hierbei handelt es sich um Vorhaben, die von der Union in Zusammenarbeit mit Drittländern gefördert werden und die besondere Voraussetzungen erfüllen; Art. 2 Nr. 6 TEN-E-VO nF.

38 Die bisherige Netzplanung basiert „zu stark auf einem sektorbezogenen Ansatz und entspricht daher nicht dem Bedarf im Hinblick auf die Integration intelligenter Systeme" (COM[2020] 824 final, 3). Gefragt sind sektorübergreifende Ansätze – die sog. **Sektorkopplung** (VO (EU) 2022/869 Erwägungsgrund 26). Zu diesem Sektorgrenzen überschreitenden Ansatz gehört auch die Erkenntnis, dass insbesondere dezentrale Erzeugung i.V.m. intelligenter Netz-, Verbrauchs- und Erzeugungssteuerung wichtige Instrumente zur Erreichung der klimapolitischen Ziele sind. Dementsprechend werden künftig auch die **Verteilernetze** eine wichtige Rolle bei der Energieinfrastrukturplanung spielen. Ein erheblicher Teil der Kapazitäten zur Erzeugung regenerativer Energien ist mittels Verteilernetze angeschlossen (COM[2020] 824 final, 3).

39 Um die Auswirkungen von Errichtung und Betrieb von Energieanlagen auf die Umwelt zu begrenzen, greift im Rahmen der Infrastrukturplanung und der Ermittlung von Infrastrukturlücken das **Prinzip „Energieeffizienz an erster Stelle"**; VO 2022/869 Erwägungsgrund 27. Das bedeutet, dass die Ertüchtigung bestehender Infrastruktur der Errichtung neuer grundsätzlich vorgeht (vgl. VO (EU) 2022/869 Erwägungsgrund 12). Über die Einhaltung der Umweltvorschriften ist der Kommission während der Durchführung der PCI zu berichten. Den typischerweise ganz erheblichen **Verzögerungen** bei der Umsetzung von PCI soll abgeholfen werden. So verzögerten sich im Jahr 2020 rund 27 Prozent der strombezogenen PCI um durchschnittlich 17 Monate gegenüber dem ursprünglich geplanten Datum der Inbetriebnahme (Arbeitsunterlage der Kommissionsdienststellen, Bericht über die Folgenabschätzung, SWD(2020) 347 Final, A. Handlungsbedarf). Schließlich sollen Vorkehrungen getroffen werden, damit Maßnahmen zur Unterstützung der PCI nicht gegen das **Beihilfenrecht** verstoßen. Dies gilt etwa für Elektrolyseure und Speichervorhaben, die sich möglicherweise direkter auf die Energiemärkte auswirken. Zum Ganzen COM(2020) 824 final, 5f.

40 **2. Trassen- und Standortbestimmung.** Steht aufgrund seiner Aufnahme in den Bedarfsplan, den Bundesbedarfsplan und/oder die Unionsliste fest, dass für ein Vorhaben ein energiewirtschaftlicher Bedarf besteht (→ Rn. 23), wird mit der Trassen- und Standortbestimmung geklärt, wo die Infrastruktur errichtet werden könnte. Nichts anderes gilt für solche Vorhaben, die nicht von den genannten drei Bedarfsplanungsregimen erfasst werden (→ Rn. 24). Unabhängig von ihrer bedarfsplanungsrechtlichen Vorbereitung sind es insbesondere die gesamträumlichen Wirkungen, die **Energienetze** zum zentralen **Gegenstand einer notwendigen**

Erfordernis der Planfeststellung **§ 43**

staatlichen Standort- und Trassenplanung machen (vgl. Schneider/Theobald EnergieWirtschaftsR-HdB/*Hermes* § 8 Rn. 6ff.). „Die Energieversorgungsunternehmen besitzen kein ‚staatsfreies Trassenselbstfindungsrecht'" – BVerwG Urt. v. 11.7.2002 – 4 C 9.00, NJW 2003, 230 (232).

Bis zur Normierung der **Bundesfachplanung** in den §§ 4 ff. **NABEG** war 41 diese Trassen- und Standortplanung „nach" der fachlichen Bedarfsplanung und „vor" der abschließenden Vorhabenzulassung Aufgabe der Landesplanung. Mit der Ausweisung von Trassen für Energieversorgungsleitungen als **Ziele der Raumordnung** kann die Landesplanung Verbindlichkeit nach Maßgabe des § 4 ROG gegenüber der nachfolgenden Planfeststellung erzeugen (hierzu *Horstmann*, Anforderungen an den Bau und Betrieb von Energieversorgungsanlagen in Deutschland, S. 3 ff.; *Faßbender* EurUP 2021, 137 (139ff.)). § 13 Abs. 5 S. 1 Nr. 3 lit. b ROG sieht entsprechend vor, dass insbesondere Festlegungen zu den zu sichernden Standorten und Trassen für die Versorgungsinfrastruktur (einschließlich Energieleitungen und -anlagen) in den Raumordnungsplänen enthalten sein sollen. Allerdings kommt die Praxis der Landesplanung dieser Aufgabe nur in sehr geringem Umfang nach (*Eding*, Bundesfachplanung und Landesplanung, 2016, S. 69ff.). Deshalb hat sich seit langem das **Raumordnungsverfahren** (§ 15 ROG iVm § 1 S. 3 Nr. 14 ROV) zu dem „Hauptinstrument der Grobtrassierung" (so BVerwG Urt. v. 11.7.2002 – 4 C 9.00, NJW 2003, 230 (232)) für Hoch- und Höchstspannungsleitungen entwickelt. In diesem Verfahren wird geprüft, ob die Trasse mit den Erfordernissen der Raumordnung iSv § 3 Abs. 1 Nr. 1 ROG übereinstimmt, und die Abstimmung mit anderen raumbedeutsamen Planungen und Maßnahmen iSv § 3 Abs. 1 Nr. 6 ROG vorgenommen (dazu näher → Rn. 44). Dabei wird es auch künftig für Hochspannungsfreileitungen bleiben, die nicht in den sachlichen Anwendungsbereich des NABEG fallen (vgl. § 28 NABEG; näher BT-Drs. 17/6073, 31).

Für die im Bundesbedarfsplan als länderübergreifend oder grenzüberschreitend 42 oder als Anbindungsleitungen von den Offshore-Windpark-Umspannwerken zu den Netzverknüpfungspunkten an Land gekennzeichneten Höchstspannungsleitungen werden durch eine dem Planfeststellungsverfahren nach §§ 18ff. NABEG vorgelagerte **Bundesfachplanung Trassenkorridore** bestimmt (§ 4 NABEG). Diese können gem. § 16 NABEG durch Veränderungssperren gesichert werden. Nach § 5 NABEG prüft die BNetzA, ob dem Bau der Leitung in einem bestimmten Trassenkorridor überwiegende öffentliche – insbesondere raumordnungs- und umweltrechtliche – oder private Belange entgegenstehen. Dabei hat sie auch Alternativen von Trassenkorridoren in den Blick zu nehmen (näher Schneider/Theobald EnergieWirtschaftsR-HdB/*Hermes* § 8 Rn. 10ff.). Der Verlauf des Trassenkorridors ist zeichnerisch darzustellen (§ 12 Abs. 2 S. 1 Nr. 1 NABEG) und nachrichtlich in den Bundesnetzplan aufzunehmen (§ 17 NABEG). Dabei sollen die Trassenkorridore eine Breite von 500 m bis höchstens 1.000 m aufweisen (BT-Drs. 17/6073, 19). Die Entscheidung der BNetzA über die Bundesfachplanung ist für das nachfolgende Planfeststellungsverfahren gem. § 15 Abs. 1 S. 1 NABEG verbindlich (näher *Leidinger* DVBl 2014, 683 (691)). Sie ersetzt die Durchführung von Raumordnungsverfahren (§ 28 S. 1 NABEG; BR-Drs. 342/11, 28) und hat gem. § 15 Abs. 1 S. 2 NABEG grundsätzlich Vorrang vor nachfolgenden Landesplanungen und Bauleitplanungen (dazu mwN *Faßbender* EurUP 2021, 137 (144ff.)). Diese Verknüpfung von „Linienbestimmung" und Raumordnung macht die Bundesfachplanung zu einem Verfahren „sui generis" (vgl. *Schmitz/Jornitz* NVwZ 2012, 332 (334f.); Schneider/Theobald EnergieWirtschaftsR-HdB/*Hermes* § 8 Rn. 100; *Eding*, Bundesfachplanung, S. 333ff.). Für Planbetroffene ist die Bundesfachplanung allerdings erst inzident im Rahmen der gerichtlichen Überprüfung des Planfeststellungsbeschlusses angreifbar (§ 15 Abs. 3 NABEG; BVerwGE 172, 57 Rn. 48; *Korbmacher* DVBl 2022, 1 (4)).

43 **Außerhalb** des Anwendungsbereichs **der Bundesfachplanung nach §§ 4 ff. NABEG** – somit für Vorhaben des Bedarfsplans nach dem EnLAG, für Vorhaben des Bundesbedarfsplans nach § 12e, die nicht als länderübergreifend oder grenzüberschreitend oder als Anbindungsleitungen von den Offshore-Windpark-Umspannwerken zu den Netzverknüpfungspunkten an Land gekennzeichnete Höchstspannungsleitungen betreffen, sowie für alle anderen in den Anwendungsbereich des § 43 fallenden Vorhaben – **findet** eine dem Planfeststellungsverfahren vorgelagerte fachplanungsrechtliche **Linien- oder Trassenbestimmung** für die zu errichtende Energieleitung **nicht statt.** Im Bedarfsplan nach EnLAG werden die Leitungsbauvorhaben zwar durch die Benennung eines Anfangs- und eines Endpunktes beschrieben, ein bestimmter Verlauf der Trasse wird jedoch nicht vorgegeben (vgl. § 1 Abs. 4 EnLAG).

44 Für diese Vorhaben (→ Rn. 43) außerhalb der Bundesfachplanung nach §§ 4 ff. NABEG werden die Trassenkorridore – nach wie vor – grundsätzlich in Raumordnungsplänen gem. § 8 ROG bzw. **Raumordnungsverfahren** gem. § 15 ROG iVm § 1 S. 3 Nr. 14 RoV und dem ergänzenden Landesplanungsrecht raumplanerisch vorbereitet (dazu genauer Schneider/Theobald EnergieWirtschaftsR-HdB/*Hermes* § 8 Rn. 94 ff.; *Franke/Recht* ZUR 2021, 15 (17)). Für die Errichtung von Hochspannungs*frei*leitungen mit einer Nennspannung von 110 kV oder mehr (ausgenommen Errichtungen in Bestandstrassen, unmittelbar neben Bestandstrassen oder unter weit überwiegender Nutzung von Bestandstrassen) und von Gasleitungen mit einem Durchmesser von mehr als 300 mm soll gem. § 1 S. 3 Nr. 14 RoV ein Raumordnungsverfahren durchgeführt werden, wenn die Leitung – so § 1 S. 1 ROV – raumbedeutsam (vgl. § 3 Abs. 1 Nr. 6 ROG) ist und überörtliche Bedeutung hat. Nach Maßgabe des § 49 UVPG ist bei UVP-pflichtigen Leitungsvorhaben die Umweltverträglichkeitsprüfung nach dem Planungsstand des Vorhabens in das Raumordnungsverfahren integriert mit der Folge, dass im nachfolgenden Planfeststellungsverfahren die Prüfung der Umweltverträglichkeit auf „zusätzliche oder andere erhebliche Umweltauswirkungen" beschränkt werden „kann" (§ 49 Abs. 2 UVPG). Das Raumordnungsverfahren schließt gem. § 15 Abs. 1 ROG mit dem Prüfungsergebnis ab, ob das Vorhaben mit den Erfordernissen der Raumordnung übereinstimmt und wie es mit anderen raumbedeutsamen Planungen und Maßnahmen abgestimmt werden kann. Ernsthaft in Betracht kommende Standort- und Trassenalternativen sind Bestandteil dieser Prüfung. Für die dem Ergebnis des Raumordnungsverfahrens zukommende Bindungswirkung gilt: Das Ergebnis des Raumordnungsverfahrens stellt ein sonstiges Erfordernis der Raumordnung nach § 3 Abs. 1 Nr. 4 ROG dar. Deshalb ist es nach § 4 Abs. 1, 2 ROG im Rahmen raumbedeutsamer öffentlicher Planungen und Maßnahmen, aber auch bei Genehmigungen, Planfeststellungen und sonstigen behördlichen Entscheidungen über die Zulässigkeit raumbedeutsamer Maßnahmen Privater nach Maßgabe der jeweils für diese Vorhaben geltenden Vorschriften zu „berücksichtigen". Für planfeststellungsbedürftige oder -fähige Vorhaben nach § 43 Abs. 1 und 2 bedeutet dies, dass im Rahmen des Abwägungsgebotes das Ergebnis des Raumordnungsverfahrens zu berücksichtigen ist (dazu genauer → Rn. 147 ff.). Der Vorhabenträger ist also an die Trassenempfehlung als Ergebnis des Raumordnungsverfahrens nicht gebunden (BVerwG Beschl. v. 4.6.2008 – 4 BN 12.08, Rn. 2; OVG Thüringen Urt. v. 25.2.2008 – 1 N 508/07, Rn. 80 ff.). Allerdings wird die Planfeststellungsbehörde diesem Ergebnis in der Regel erhebliches Gewicht beimessen.

B. Planfeststellungspflichtige und -fähige Vorhaben

Auf der dritten und letzten Stufe im Gesamtplanungsablauf (→ Rn. 22) erfolgt 45 die Entscheidung über die Zulassung eines konkreten Vorhabens. Die Planfeststellungsbehörde entscheidet über das „Dass und wie" (Schoch/Schneider/*Kupfer* VwVfG Vorb § 72 Rn. 111). Auf dieser abschließenden Verfahrensstufe laufen die das konkrete Vorhaben betreffenden Rechtswirkungen vorangegangener Fachplanungen – Bedarfsplanung, Trassen- und Standortbestimmung – sowie der räumlichen Gesamtplanung zusammen. Was die Unionsliste nach TEN-E-VO, der Bedarfsplan nach EnLAG bzw. der Bundesbedarfsplan nach § 12e (→ Rn. 23 ff.), die Bundesfachplanung nach §§ 4 ff. NABEG und die Raumordnung (→ Rn. 40 ff.) an Vorprüfungen, -entscheidungen und Konfliktlösungen noch nicht geleistet haben, wird hier, bezogen auf das konkrete Projekt, entschieden. Bedarfsprognosen für das konkrete Vorhaben, Abwägung der widerstreitenden öffentlichen und privaten Belange, Ausgleich von gegenläufigen Interessen, insgesamt eine planerische Gestaltung, sind die Merkmale, die diese fachplanerische Entscheidung der Planfeststellungsbehörde prägen (Schoch/Schneider/*Kupfer* VwVfG Vorb § 72 Rn. 19 ff.). Planfeststellungsbeschluss und Plangenehmigung für Energieleitungsvorhaben nach § 43 haben deshalb in planerischer Hinsicht die Funktion von *abschließenden* **Trassen- bzw. Standortentscheidungen.** Daneben haben sie eine zweite Funktion: Sie sind nämlich zugleich auch abschließende **Zulassungsentscheidungen,** also Entscheidungen, die nur bei Übereinstimmung des Vorhabens mit allen auf der Anlagenzulassung bezogenen materiell-rechtlichen Vorschriften bzw. technischen Anforderungen ergehen dürfen. Insoweit ist für diese Entscheidungen die sonst übliche formale Trennung in planerische Ebene und Zulassungsentscheidung nicht möglich. Vielmehr zeichnet sich die Planfeststellung durch spezifische materiell-rechtliche Anforderungen aus: Planrechtfertigung, zwingendes Recht und Abwägungsgebot (→ Rn. 80).

Die Anwendung des Instituts der Planfeststellung bzw. der Plangenehmigung auf 46 Energieleitungen und -anlagen nach § 43 unterteilt sich in einen **Vorbehalt der obligatorischen Planfeststellung** nach Absatz 1 und eine **optionale Planfeststellung** auf Antrag des Vorhabenträgers nach Absatz 2. Die bei anderen Infrastrukturvorhaben nur punktuell vorgesehene optionale Planfeststellung (vgl. etwa § 8 Abs. 4 LuftVG) stellt eine Besonderheit des Planfeststellungsrechts für Energieanlagen dar (BeckOK EnWG/*Riege* § 43 Rn. 52) dar. Sie erklärt sich aus den **Vorteilen der Planfeststellung** für den Vorhabenträger, die insbesondere in der enteignungsrechtlichen Vorwirkung (→ Rn. 87), in der Konzentrationswirkung (→ Rn. 91; → § 43c Rn. 7) und in der Ausschluss- und Duldungswirkung (→ § 43c Rn. 9) liegen und dem Gesetzgeber insbesondere aus Gründen der **Beschleunigung** bei der Realisierung von Energievorhaben sinnvoll erschienen sind (dazu Schoch/Schneider/ *Kupfer* VwVfG Vorb § 72 Rn. 50 f.). Aus systematischer Perspektive rechtfertigt sich die optionale Planfeststellung aus dem engen räumlichen und funktionalen Zusammenhang der planfeststellungsfähigen Vorhaben nach Absatz 2 mit den planfeststellungspflichtigen Vorhaben nach Absatz 1. Die aktuelle Fassung der Auflistungen in den Abs. 1 und 2 geht zurück auf die Beschlussempfehlung Ausschuss für Wirtschaft und Energie (BT-Drs. 19/8913, 22). Die Begründung dazu findet sich im Bericht des Ausschusses (BT-Drs. 19/9027, 13).

§ 43

I. Planfeststellungspflichtige Vorhaben (Abs. 1)

47 In Abs. 1 werden die Vorhaben bestimmt, die der **obligatorischen Planfeststellung** unterworfen sind. Hierbei handelt es sich also um den aus vielen anderen Infrastruktursektoren bekannten **Planfeststellungsvorbehalt** (Schoch/Schneider/*Kupfer* VwVfG Vorb § 72 Rn. 46 ff.). Er wird bestimmt durch die in den Nr. 1 bis 6 aufgelisteten einzelnen **Gegenstände** des Vorhabens (→ Rn. 48 ff.) sowie durch die auf diese Gegenstände bezogenen **Tätigkeiten** der Errichtung, des Betriebs und der Änderung (→ Rn. 72 ff.). Fällt die Leitung in den **Anwendungsbereich des NABEG** (§ 2 Abs. 1 NABEG) gehen die §§ 18 ff. NABEG als speziellere Regelungen vor (→ Rn. 13 ff.). Hierauf weist § 43 Abs. 1 S. 2 ausdrücklich hin. Auch die dem **spezielleren Planfeststellungsvorbehalt** nach § 45 Abs. 1 iVm § 44 Abs. 1 **WindSeeG** unterliegenden Leitungen (→ Rn. 13 und 15) fallen unabhängig davon nicht in den Anwendungsbereich des § 43, ob Tatbestände der einzelnen Nummern in Abs. 1 erfüllt sind. Schließlich ist auf den speziellen Planfeststellungsvorbehalt für **Rohrleitungsanlagen nach § 65 UVPG** (→ Rn. 79) hinzuweisen, der ua Rohrleitungen zum Befördern verflüssigter Gase betrifft.

48 **1. Hochspannungsfreileitungen (S. 1 Nr. 1) und Erdkabel nach § 2 EnLAG.** Planfeststellungspflichtig sind nach der Regelung des **§ 43 S. 1 Nr. 1** zunächst Hochspannungs*frei*leitungen (oberirdisch geführte Leitungen), ausgenommen Bahnstromfernleitungen (dazu → Rn. 19 und → § 3 a Rn. 12), mit einer Nennspannung von 110 kV oder mehr. Somit gilt der Planfeststellungsvorbehalt grundsätzlich für alle **oberirdischen Leitungen,** die zu einem Übertragungsnetz **(Hoch- und Höchstspannung)** gehören (vgl. § 3 Nr. 32; zu den Spannungsebenen näher Schneider/*Theobald* EnergieWirtschaftsR-HdB § 1 Rn. 8 ff.). Demgegenüber werden Leitungsbauvorhaben in Verteilernetzen regelmäßig nicht erfasst, da es sich hierbei überwiegend um Vorhaben auf der Mittel- oder Niederspannungsebene handelt. Anderes gilt dann, wenn die zu errichtende Leitung zwar funktional einem Verteilernetz zuzuordnen ist, es sich aber dennoch um eine Hochspannungsleitung handelt (vgl. § 3 Nr. 37), weil sie eine Nennspannung von 110 kV oder mehr aufweist. Zu der „Leitung" zählen neben dem als Energieleiter verwendeten **Kabel** insbesondere auch Trägereinrichtungen wie **Masten, Sockel** und **Fundamente.**

49 Wie es in **§ 2 Abs. 3 EnLAG** explizit heißt, „kann ergänzend" zu § 43 Abs. 1 S. 1 Nr. 1 ein Planfeststellungsverfahren auch für die Errichtung und den Betrieb sowie die Änderung eines **Erdkabels** nach Maßgabe des Teils 5 des EnWG durchgeführt werden. Bezogen ist diese Planfeststellungsmöglichkeit auf die in § 2 Abs. 1 EnLAG aufgelisteten sechs Leitungen des EnLAG-Bedarfsplans (→ Rn. 14). Als Pilotvorhaben für den Einsatz von Erdkabeln auf der Höchstspannungsebene sind diese sechs Projekte auf Teilabschnitten unter näher definierten Voraussetzungen nach § 2 Abs. 2 EnLAG als Erdkabel zu errichten und zu betreiben oder zu ändern, wenn die zuständige Zulassungsbehörde dies verlangt. Obwohl diese Planfeststellung nach § 2 Abs. 3 EnLAG iVm § 43 Abs. 1 S. 1 Nr. 1 in Teilen der Literatur als optionale Planfeststellung verstanden wird (Steinbach/Franke/*Lecheler/Steinbach* EnLAG § 2 Rn. 180; krit. nachfragend BerlKommEnergieR/*Ohms/Weiß* EnLAG § 2 Rn. 86 f.; wie hier wohl de Witt/Scheuten NABEG/*de Witt* EnLAG § 2 Rn. 15), dürfte es sich tatsächlich um einen **zwingenden Planfeststellungsvorbehalt** handeln, der § 43 Abs. 1 S. 1 Nr. 1 ergänzt und dessen rechtlichen Charakter teilt. Dass die Formulierung des § 2 Abs. 3 EnLAG mit der Formulierung „kann" eine Option zu eröffnen scheint und auch nach der Gesetzesbegründung die

Erfordernis der Planfeststellung   § 43

Durchführung eines Planfeststellungsverfahrens für die Teilverkabelung nur „ermöglicht" werden sollte (BT-Drs. 16/10491, 17), erklärt sich dadurch, dass ursprünglich – vor der Änderung des § 2 Abs. 2 EnLAG aus dem Jahr 2011 (dazu BT-Drs. 17/4559, 6) – die Frage der Teilverkabelung der Wahlfreiheit des Vorhabenträgers überlassen worden war. Seiner Option zugunsten einer Teilverkabelung musste dann die Option zugunsten einer Planfeststellung auch für diesen Teilabschnitt folgen – allerdings nicht im Sinne der Freiheit, anstatt der Planfeststellung ein anderes Zulassungsverfahren zu wählen, sondern im Sinne der Möglichkeit, auf die Verkabelung zu verzichten. Welches andere Zulassungsverfahren als ein Planfeststellungsverfahren in der Lage sein sollte, die mit einem Leitungsvorhaben auf Höchstspannungsebene, das noch dazu mit einer neuen Technologie verwirklicht werden soll, verbundenen Konflikte zu bewältigen, ist auch nicht ersichtlich. Nach der Formulierung des § 2 EnLAG scheint die Möglichkeit der Erdverkabelung bei den Höchstspannungs-Leitungsvorhaben nach dem EnLAG-Bedarfsplan erstens auf die in Absatz 1 benannten **sechs Leitungen** und zweitens auf **Teilabschnitte** dieser sechs Leitungen begrenzt zu sein (so BVerwG Beschl. v. 28.2.2013 – 7 VR 13.12 Rn. 26 ff.; Urt. v. 27.7.2020 – 4 VR 7.19 ua, Rn. 104 ff.; Urt. v. 27.7.2021 – 4 A 14.19, Rn. 45). Allerdings ist zweifelhaft, ob der Gesetzgeber mit § 2 EnLAG für alle Vorhaben, die nicht Pilotvorhaben nach Abs. 1 dieser Vorschrift sind, das allgemeine Abwägungsgebot beiseite schieben wollte und konnte (→ Rn. 139 f.).

2. Netzanbindung von Windenergieanlagen auf See (S. 1 Nr. 2). Die im 50
Jahr 2009 (→ Rn. 7) eingeführte Regelung stellt Hochspannungsleitungen (110 kV oder mehr; BT-Drs. 16/12898, 19) unter Planfeststellungsvorbehalt, die der **Netzanbindung von Windenergieanlagen auf See** dienen. Durch den Verweis auf § 3 Nr. 49 EEG 2021, der seinerseits auf § 3 Nr. 11 WindSeeG verweist, sind diese definiert als Anlagen zur Erzeugung von Strom aus Windenergie, die auf See in einer Entfernung von mindestens drei Seemeilen gemessen von der Küstenlinie der Bundesrepublik Deutschland aus seewärts errichtet worden sind. Nicht zu den obligatorisch planfeststellungpflichtigen Vorhaben nach Nr. 2 gehören die **Nebeneinrichtungen** zu den Offshore-Anbindungsleitungen (definiert in § 3 Nr. 5 b) WindSeeG), für die lediglich eine fakultative Planfeststellung nach § 43 Abs. 2 Nr. 1 (→ Rn. 58 f.) vorgesehen ist (zu dieser Folge der Änderungen durch das WindSeeG 2022 s. BT-Drs. 20/1634, 114). Wie bei Hochspannungsfreileitungen nach Nr. 1, so ist auch hier der Vorrang des NABEG zu beachten, das für Planfeststellungen von Anbindungsleitungen insbesondere bei Bündelung mit länderübergreifenden HGÜ-Leitungen Anwendung finden kann (Steinbach/Franke/*Fest/Riese* EnWG § 43 Rn. 32). Da das NABEG nicht zwischen Freileitungen und Erdkabeln unterscheidet, gilt dieser Vorrang auch für Erdkabel (*Herbold/Pleiner* UPR 2013, 258 (261)). Die vom Gesetzgeber bezweckte Privilegierung der Netzanbindung von Offshore-Anlagen durch die Konzentrationswirkung der Planfeststellung (BT-Drs. 16/10491, 18) bezieht sich räumlich nur auf das **Küstenmeer,** außerhalb dessen die Planfeststellung nach dem WindSeeG greifen kann (→ Rn. 13, 15), und **landeinwärts** auf die **Verbindung zu** dem technisch und wirtschaftlich günstigsten **Verknüpfungspunkt** des nächsten Übertragungs- oder Verteilnetzes. Die Bestimmung dieser Verknüpfungspunkte ist Gegenstand der Festlegungen des Offshore-Netzentwicklungsplans (→ § 17 b Rn. 7) und der durch diesen Plan konkretisierten Pflichten der anbindungsverpflichteten Übertragungsnetzbetreiber (§ 17 d Abs. 1). Ab dem Jahr 2026 (vgl. § 7 WindSeeG) sind die Verknüpfungspunkte Gegenstand des Netzentwicklungsplans Strom nach §§ 12 b ff., der insoweit mit dem Flächenentwicklungsplan nach § 7 WindSeeG

§ 43 Teil 5. Planfeststellung, Wegenutzung

koordiniert wird (Schneider/Theobald EnergieWirtschaftsR-HdB/*Hermes* § 8 Rn. 73). Während das Vorhaben im Küstenmeer als **Seekabel** realisiert werden muss, kommt landseitig eine Ausführung als **Freileitung oder als Erdkabel** in Betracht.

51   3. **Grenzüberschreitende Gleichstrom-Hochspannungsleitungen (S. 1 Nr. 3).** Die ebenfalls im Jahr 2009 (→ Rn. 7) auf Initiative des Ausschusses für Wirtschaft und Technologie (BT-Drs. 16/12898, 6, 19) eingefügte **Nr. 3** stellt **Gleichstrom-Hochspannungsleitungen** unter Planfeststellungsvorbehalt, die nicht der Netzanbindung von Windenergieanlagen dienen, wenn sie **grenzüberschreitend** (die Grenze zwischen mehreren Staaten überschreitend, auch wenn dazwischen eine AWZ und/oder das offene Meer liegt, in Steinbach/Franke/*Fest*/Riese EnWG § 43 Rn. 35) verlaufen im **Küstenmeer** als Seekabel verlegt werden. Der Planfeststellungsvorbehalt erstreckt sich auch auf die **landseitige Ausführung als Freileitung oder Erdkabel** bis zum nächsten Verknüpfungspunkt. Auch hier war das Motiv in erster Linie, diesen Vorhaben die planfeststellungsrechtliche Konzentrationswirkung (→ § 43 c Rn. 7) zugutekommen zu lassen. Von den Vorhaben nach Nr. 2 unterscheiden sie sich, weil sie nicht der Anbindung von Offshore-Anlagen dienen müssen. Aufgrund spezifischer technischer Besonderheiten sind Gleichstromleitungen geeignet, große Leistungen über weite Entfernungen zu übertragen. Dementsprechend werden sie vorrangig zum Transport im internationalen Stromhandel verwendet.

52   4. **Hochspannungsleitungen nach § 2 Abs. 5 und 6 BBPlG (S. 1 Nr. 4).** Durch das EEG-Reformgesetz 2014 (→ Rn. 10) wurde – damals als § 43 S. 1 Nr. 5 – die Regelung neu eingefügt, die das Erfordernis der Planfeststellung auf die im **Bundesbedarfsplan** ausgewiesenen Pilotprojekte für eine verlustarme Übertragung hoher Leistungen über große Entfernungen ausgedehnt. Durch den Verweis auf § 2 BBPlG sind nunmehr erfasst zum einen die mit „E" gekennzeichneten Vorhaben zur **Höchstspannungs-Gleichstrom-Übertragung (§ 2 Abs. 5 BBPlG).** Sie sind nach Maßgabe des § 3 BBPlG als Erdkabel zu errichten und zu betreiben oder zu ändern. Zum anderen erfasst der Planfeststellungsvorbehalt die im Bundesbedarfsplan mit „F" gekennzeichneten Vorhaben zur **Höchstspannungs-Drehstrom-Übertragung (§ 2 Abs. 6 BBPlG).** Sie können als Pilotprojekte nach Maßgabe des § 4 BBPlG als Erdkabel errichtet und betrieben oder geändert werden. **Nicht** erfasst werden Vorhaben, die in den Anwendungsbereich des **NABEG** fallen (→ Rn. 13 ff.). Somit sind die im Bundesbedarfsplan ausgewiesenen **Erdkabel-Pilotprojekte,** die nicht in den Anwendungsbereich des NABEG fallen, nach § 43 Abs. 1 S. 1 Nr. 4 planfestzustellen (dazu bereits → Rn. 18, eingehend *Weisensee* EnWZ 2014, 211; *Kupfer* Die Verwaltung, 47 (2014), 77 (81 f.)).

53   5. **Gasversorgungsleitungen (S. 1 Nr. 5).** Nach **Nr. 5** sind außerdem Gasversorgungsleitungen mit einem **Durchmesser von mehr als 300 mm** (Innendurchmesser als Nennweite, BT-Drs. 15/4068, 8) planfeststellungspflichtig, ohne dass es auf die Länge oder den Druck ankommt. Auch eine Gashochdruckfernleitung, die nicht unmittelbar dazu dient, Kunden zu beliefern, ist eine *Versorgungs*leitung in diesem Sinn (OVG Lüneburg Beschl. v. 29. 6. 2011 – 7 MS 72/11, Rn. 18). Gasspeicher werden von § 43 Abs. 1 S. 1 Nr. 5 nicht erfasst. Das gilt auch dann, wenn sie funktional einem Leitungsnetz zuzuordnen sind (aA zur früheren Rechtslage Rosin/Pohlmann/Metzenthin/Böwing/*Engel* EnWG §§ 43–43h Rn. 39). Denn durch die zwischenzeitlich detaillierte Liste von Speicher- und Nebenanla-

gen in § 43 Abs. 2 scheidet eine erweiternde Auslegung der einzelnen Leitungs-Tatbestände in § 43 Abs. 1 aus systematischen Gründen aus.

6. Anbindungsleitungen von LNG-Anlagen (S. 1 Nr. 6). Der mit der Novelle vom Mai 2019 (→ Rn. 12) eingefügte Planfeststellungsvorbehalt für **Anbindungsleitungen von LNG-Anlagen an das Fernleitungsnetz** soll nach der Begründung klarstellenden Charakter haben (BT-Drs. 19/9027, 13). Außerdem wird dort auf den Beschleunigungseffekt hingewiesen, weil ohne das Planfeststellungsverfahren eine Vielzahl von Einzelgenehmigungen erforderlich wäre. Wie bei Nr. 5 kommt es allein auf den Durchmesser von mehr als 300 mm und nicht auf die Länge oder den Druck an.

II. Planfeststellungsfähige Vorhaben (Abs. 2)

In § 43 Abs. 2 sind die Fälle **optionaler Planfeststellung** für Energievorhaben aufgelistet. Die aktuelle Fassung beruht auf dem Gesetz zur Beschleunigung des Energieleitungsausbaus aus dem Jahr 2019 (→ Rn. 12). Sie greift bereits zuvor bestehende Fallgruppen optionaler Planfeststellung auf und erweitert diese insbesondere in den Nummern 6 bis 8, deren Fassung teilweise auf die **Initiative des Bundesrates** (BT-Drs. 19/7914, 3) zurückgeht. Der Bundesrat hatte weiteren „Anpassungs- und Klarstellungsbedarf in § 43 EnWG" ausgemacht, der „die Einordnung von Leerrohren in die Planungs- und Genehmigungssystematik sowie die Klarstellung einer Reihe unbestimmter Rechtsbegriffe" betreffe. Auch die nach bisherigem Recht „vorgenommene Aufzählung elektrischer Anlagen in § 43 Satz 3 EnWG und der Wortlaut, dass die Möglichkeit besteht, diese Anlagen in das Planfeststellungsverfahren zu ‚integrieren' werfen" nach Auffassung des Bundesrates „zahlreiche Praxisfragen bei den Planfeststellungsbehörden auf", die die Notwendigkeit einer Anlage und den Zeitpunkt der Integration in das Verfahren betreffen (BT-Drs. 19/7914, 3). Allerdings wurden die Vorschläge des Bundesrates vom Ausschuss für Wirtschaft und Energie des Bundestages nur teilweise aufgegriffen (Beschlussempfehlung in BT-Drs. 19/8913, 22; Bericht in BT-Drs. 19/9027, 13).

Im Verhältnis zu **§ 1 Abs. 4 EnLAG** und **§ 1 Abs. 2 BBPlG** ist § 43 Abs. 2 die speziellere Vorschrift. Das bedeutet: Die Bedarfsfeststellung für die EnLAG-Vorhaben und die BBPlG-Vorhaben bezieht sich zwar auch auf „die für den Betrieb von Energieleitungen notwendigen Anlagen einschließlich der notwendigen Änderungen an den Netzverknüpfungspunkten" (so § 1 Abs. 2 BBPlG, nahezu wortgleich § 1 Abs. 4 EnLAG). Damit ist aber noch keine Aussage über die zulassungsrechtliche Behandlung dieser notwendigen Anlagen bzw. Netzverknüpfungspunkte im Wege von Planfeststellungs- oder Genehmigungsverfahren getroffen. Diese Frage beantwortet erst die **speziellere Vorschrift des § 43** mit der Anordnung obligatorischer (Abs. 1) und der Eröffnung optionaler (Abs. 2) Planfeststellung, soweit nicht die noch spezielleren Regelungen in §§ 18 ff. NABEG vorgehen (→ Rn. 15 ff.).

Alle optionalen Planfeststellungen nach § 43 Abs. 2 setzen einen **Antrag des Vorhabenträgers** voraus. Ob er für die in den Nr. 1 bis 8 genannten Vorhaben einen Planfeststellungsantrag stellt oder die behördliche Zulassung nach den ansonsten einschlägigen Vorschriften (zB des Immissionsschutz- oder des Baurechts) beantragt, liegt in der Entscheidungsbefugnis des Vorhabenträgers. Macht er von der Option Gebrauch, hat er einen **Anspruch auf Einleitung und Durchführung des Planfeststellungsverfahrens** (allg. dazu Schoch/Schneider/*Weiß* VwVfG

§ 73 Rn. 52). Denn es ist nicht ersichtlich, dass § 43 Abs. 2 abweichend von den allgemeinen Regeln des Planfeststellungsrechts der Behörde – jenseits der Prüfung des Sachbescheidungsinteresses – ein eigenständiges Versagungsermessen einräumt (vgl. Schoch/Schneider/*Kupfer* VwVfG Vorb § 72 Rn. 20).

58 **1. Nebenanlagen (S. 1 Nr. 1).** Die **optionale Planfeststellung für Nebenanlagen** wurde 2011 (→Rn. 8) eingeführt, im Jahr 2015 (→Rn. 11) modifiziert, 2019 durch das Gesetz zur Beschleunigung des Energieleitungsausbaus (→Rn. 12) um weitere Anlagen ergänzt und durch das WindSeeG 2022 erneut präzisiert. Eine parallele Regelung für Höchstspannungsleitungen und Anbindungsleitungen findet sich in § 18 Abs. 2 NABEG. Die für den Betrieb von Energieleitungen notwendigen Anlagen (Nebenanlagen), die ansonsten gesondert und nach anderen Vorschriften (insbesondere BImSchG) zu genehmigen wären, können auf Antrag des Vorhabenträgers als für das eigentliche Leitungsbauvorhaben erforderliche Begleitmaßnahmen in das Planfeststellungsvorhaben integriert werden (BR-Drs. 342/11, 55; *Elspaß* NVwZ 2014, 489 (492)). Seit der Änderung des § 43 Abs. 2 S. 1 Nr. 1 durch Gesetz vom 8.10.2022 (BGBl. 2022 I S. 1726) ist diese Integration in das Planfeststellungsverfahren für die Leitung (→Rn. 60) nicht mehr erforderlich. Vielmehr kann die Nebenanlage nach Maßgabe einer Ermessensentscheidung der Planfeststellungsbehörde auch **eigenständig durch Planfeststellung** zugelassen werden (dazu BT-Drs. 20/3497, 38).

59 Die in Nr. 1 enthaltene Auflistung der **für den Betrieb von Energieleitungen notwendigen Anlagen (Nebenanlagen)** – Konverterstationen, Phasenschieber, Verdichterstationen, Umspannanlagen, Netzverknüpfungspunkte (Einzelheiten bei BeckOK EnWG/*Riege* § 43 Rn. 57.1ff.) – hat nur beispielhaften Charakter. Ausdrücklich aufgenommen wurden 2022 die in § 3 Nr. 5b) WindSeeG definierten Nebeneinrichtungen zu Offshore-Anbindungsleitungen. Die Ausschussbegründung erwähnt außerdem Gasdruckregel- und Messanlagen (BT-Drs. 19/9027, 13). Außerdem soll die Vorschrift bei „Schaltanlagen, Muffenbauwerken, Betriebsgebäuden, Zufahrten" (Steinbach/Franke/*Fest/Riese* EnWG § 43 Rn. 52) einschlägig sein. Entscheidend kommt es im Einzelfall darauf an, dass die Nebenanlage für eine der in **§ 43 Abs. 1** genannten **planfeststellungspflichtigen Energieleitungen** notwendige Voraussetzung für deren Fähigkeit ist, bestimmungsgemäß zu funktionieren. Nicht zu den Nebenanlagen gehören die Folgemaßnahmen iSd § 43 Abs. 4 iVm § 75 Abs. 1 S. 1 Hs. 1 VwVfG, weil solche Folgemaßnahmen stets andere Anlagen betreffen (Schoch/Schneider/*Kupfer* VwVfG § 75 Rn. 21).

60 Die (seit der Novellierung vom Oktober 2022 fakultative →Rn. 58) **Integration in das Planfeststellungsverfahren** bedeutet, dass die Nebenanlagen durch Planfeststellung zugelassen werden (so für die Parallelvorschrift des § 18 Abs. 2 NABEG auch De Witt/Scheuten/*Scheuten* NABEG § 18 Rn. 77). Die Integration ändert nichts daran, dass die fachrechtlichen (zB Immissionsschutz- oder Wasserrecht) zwingenden Anforderungen an die Nebenanlagen geprüft und beachtet werden müssen und dass etwa Lage und Ausführung der Nebenanlage dem Abwägungsgebot unterliegen. Auf welche Art und Weise die Integration **verfahrensrechtlich** erfolgt, hängt von dem Stand des jeweiligen Verfahrens ab und ist anhand der speziellen Vorschriften des EnWG und der subsidiär anwendbaren §§ 72ff. VwVfG zu beantworten: Danach kommt zunächst die Integration in ein **laufendes Planfeststellungsverfahren** vor Erlass des Planfeststellungsbeschlusses in Betracht, wobei hier § 43a Nr. 4 zu Anwendung kommen kann. Ist ein Planfeststellungsbeschluss bereits ergangen, so stellt § 43 Abs. 2 S. 1 Nr. 1 klar, dass auch eine **nach-**

Erfordernis der Planfeststellung §43

trägliche Integration von Nebenanlagen „in die Entscheidung zur Planfeststellung" möglich ist und weist diese einem „Planergänzungsverfahren" zu. Handelt es sich um die Phase **vor Fertigstellung des Vorhabens,** ist § 43 d einschlägig. Nach Fertigstellung des Leitungsvorhabens kommt es für die Integration von Nebenanlagen darauf an, ob es sich um eine unwesentliche Änderung oder Erweiterung (dazu § 43 f Abs. 5 iVm § 3 Nr. 1 NABEG) einer planfestgestellten und fertiggestellten Leitung handelt; dann kann diese anstelle eines Planfeststellungsverfahrens gem. **§ 43 f durch ein Anzeigeverfahren** zugelassen werden. Liegen diese Voraussetzungen nicht vor, ist ein **ergänzendes Planfeststellungsverfahren** durchzuführen, dessen Gegenstand (nur) die Nebenanlage und ihre Verknüpfung mit dem (Haupt-)Leitungsvorhaben ist, dessen Verfahren sich nach §§ 43 a ff. und subsidiär nach §§ 72 ff. VwVfG richtet und dessen Ergebnis eine ergänzende Änderung (dazu Schoch/Schneider/*Weiß* VwVfG § 76 Rn. 27) des Planfeststellungsbeschlusses für das Energieleitungsvorhaben ist.

2. Erdkabel für Hochspannungsleitungen im Küstenbereich (S. 1 Nr. 2). 61
In Nr. 2 ist eine optionale Planfeststellung für **110-kV-Leitungen** normiert, die in einem **20 km** breiten **Korridor landeinwärts der Küstenlinie** von Nord- und Ostsee als **Erdkabel** realisiert werden sollen. Diese bereits 2006 durch das Gesetz zur Beschleunigung von Planungsverfahren für Infrastrukturvorhaben (→ Rn. 6) eingefügte Planfeststellungsoption beschränkte sich ursprünglich auf Vorhaben zwischen der Küstenlinie und dem nächstgelegenen Netzverknüpfungspunkt (dazu OVG Schleswig Urt. v. 12.2.2008 – 4 KS 5/07, ZUR 2008, 318 (319f.)). Vor dem Hintergrund notwendiger Netzverstärkungen jenseits der direkten Verbindungen zwischen Küstenlinie und Netzverknüpfungspunkt wurde diese Beschränkung im Rahmen der zweiten Beschleunigungsnovelle (→ Rn. 7) aufgehoben. Seitdem kann für alle Erdkabelvorhaben mit einer Nennspannung von 110 kV, die in dem definierten Korridor realisiert werden sollen, die Planfeststellung beantragt werden. Andere Voraussetzungen für die Planfeststellungsfähigkeit der Erdverkabelung von 110 kV-Leitungen als ihre Lokalisierung in dem Korridor enthält die Nr. 2 nicht. So kommt es etwa auf einen konkreten Zusammenhang mit der Netzbelastung durch die Windenergieanlagen auf See nicht an.

3. Erdkabel zur Anbindung von Kraftwerken (S. 1 Nr. 3). Die optionale 62
Planfeststellung nach Nr. 3 betrifft die **Anbindung** von **Kraftwerken und Pumpspeicherkraftwerken** durch **Erdkabel** mit einer Nennspannung von **110 kV oder mehr.** Eine entsprechende Regelung enthielt bereits die Fassung von 2015 (→ Rn. 11). Diese ging zurück auf das Bedürfnis nach einer „klarstellenden Rechtsänderung", das vom Bundesrat exemplarisch für den Anschluss des Kraftwerks Maade in Wilhelmshaven oder das Pumpspeicherwerk Erzhausen, die jeweils durch Erdkabel realisiert werden sollten, geltend gemacht wurde (BR-Drs. 129/1/15, 2 f.).

4. Sonstige Erdkabel (S. 1 Nr. 4 iVm § 43 h). Bei der optionalen Planfeststel- 63
lung sonstiger **Erdkabel für Hochspannungsleitungen** mit einer **Nennspannung von 110 kV oder weniger** (ausgenommen Bahnstromfernleitungen) handelt es sich auf den ersten Blick um eine subsidiäre Generalklausel. Da diese Nr. 4 die in Nr. 2 genannten 110 kV-Leitungen in vollem Umfang und die in Nr. 3 genannten Anbindungsleitungen insoweit umfasst, als dort auch 110 kV-Leitungen enthalten sind, stellt sich allerdings die Frage nach dem Sinn dieser doppelten Regelung von 110 kV-Leitungen als Erdkabel im Küstenbereich und mit Kraftwerksanbindungsfunktion.

Hermes/Kupfer

§ 43

64 Diese Frage klärt sich, wenn man systematisch unterscheidet zwischen den **Voraussetzungen für die Zulässigkeit der Erdverkabelung** (Dringlichkeit des Bedarfs für EnLAG- und NABEG-Vorhaben, Anbindungsfunktion nach § 43 Abs. 2 S. 1 Nr. 3, Netzverstärkungsbedarf im Küstenbereich nach § 43 Abs. 2 S. 1 Nr. 2) und der Bereitstellung des passenden (Planfeststellungs-)Verfahrens für die jeweilige Kategorie von zulässigen Erdkabelprojekten. Aus dieser Perspektive wird klar, dass die Nr. 2 und 3 des § 43 Abs. 2 S. 1 beide Regelungsgegenstände betreffen. Demgegenüber beschränkt sich § 43 Abs. 2 S. 1 Nr. 4 auf die Bereitstellung des Instruments der Planfeststellung für solche Erdkabelprojekte, deren Voraussetzungen in § 43h geregelt sind. Denn angesichts der Aufmerksamkeit, die der Gesetzgeber den Voraussetzungen für die Zulässigkeit von Erdkabeln widmet, kann nicht angenommen werden, dass § 43 Abs. 2 S. 1 Nr. 4 eine „freie" Erdverkabelungsoption eröffnen will. Daraus folgt: **Sonstige Erdkabel iSd Nr. 4** sind nur solche, die die **Voraussetzungen des § 43h** erfüllen. In diesem Sinne beschränkt sich § 43 Abs. 2 S. 1 Nr. 4 darauf, für die Erdkabelvorhaben nach § 43h das erforderliche Planfeststellungsverfahren bereitzustellen.

65 **5. Mitgeführte Leitungen, mitverlegte Erdkabel unter 110 Kilovolt (S. 1 Nr. 5).** Die Nr. 5 betrifft zum einen **Freileitungen,** die von dem obligatorischen Planfeststellungsvorbehalt des § 43 Abs. 1 S. 1 Nr. 1 nicht erfasst werden, weil es sich um **Bahnstromfernleitungen** oder um Leitungen mit einer **Nennspannung unter 110 kV** handelt, und die auch nicht die Voraussetzungen der Nr. 2 und 3 des § 43 Abs. 1 S. 1 erfüllen. Solche „sonstigen" Freileitungen kann der Vorhabenträger in das obligatorische Planfeststellungsverfahren für eine Leitung nach § 43 Abs. 1 S. 1 Nr. 1, 2 oder 3 einbeziehen, wenn sie auf einem Mehrfachgestänge mit einer solchen planfeststellungspflichtigen Leitung geführt werden.

66 Zum anderen regelt die Nr. 5 **Erdkabel** mit einer **Nennspannung von unter 110 kV,** die weder die Tatbestände obligatorischer Planfeststellung für Erdkabel (§ 43 Abs. 1 S. 1 Nr. 2, 3 und 4) erfüllen noch der optionalen Planfeststellung nach § 43 Abs. 2 S. 1 Nr. 2, 3 oder 4 unterfallen. In alle genannten Planfeststellungsverfahren kann der Vorhabenträger „sonstige" Erdkabel unter 110 kV Nennspannung einbeziehen, wenn sie in räumlichem und zeitlichem Zusammenhang mit den Haupt-Vorhaben mit verlegt werden.

67 Sowohl bei den sonstigen Freileitungen als auch bei den sonstigen Erdkabeln soll die Regelung in Nr. 5 „eine Bündelung mehrerer Verfahren auch auf der Verteilnetzebene in einem Planfeststellungsverfahren ermöglichen" (BT-Drs. 19/9027, 13). Soweit sich solche **Bündelungsvorteile** im Einzelfall auch für Erdkabelvorhaben nach **§ 2 Abs. 3 EnLAG** (→ Rn. 49) ergeben, kommt eine analoge Anwendung von § 43 Abs. 2 S. 1 Nr. 5 in Betracht. Gleiches ist für Vorhaben zu erwägen, die nach NABEG planfestgestellt werden.

68 **6. Leerrohre (S. 1 Nr. 6).** Die Regelung in § 43 Abs. 2 S. 1 Nr. 6 EnWG enthält eine **optionale Planfeststellung für Leerrohre** und steht in direktem Zusammenhang mit der ebenfalls 2019 (→ Rn. 12) eingeführten Vorschrift des **§ 43j**. Nicht anders als bei der Mitverlegung sonstiger Erdkabel nach der zweiten Fallgruppe in § 43 Abs. 2 S. 1 Nr. 5 geht es hier um die vorausschauende Vermeidung wiederholten Aufgrabens entlang bereits verlegter Erdkabel. Dies ist nicht zuletzt mit Blick auf die Entwicklung der Verteilnetze (BT-Drs. 19/9027, 13) und auch im Hinblick auf Offshore-Anbindungsleitungen von Bedeutung (BT-Drs. 19/7375, 59f.). Eine parallele Regelung enthält § 18 Abs. 3 NABEG. Da der Regelungsgehalt von § 43 Abs. 2 S. 1 Nr. 6 nicht über denjenigen von § 43j hinausgeht

Erfordernis der Planfeststellung **§ 43**

und die Auflistung der optionalen Planfeststellung für Leerohre in Nr. 6 eher der Übersichtlichkeit und Vollständigkeit der Liste des § 43 Abs. 2 dient, kann für weitere Einzelheiten auf die Kommentierung von § 43j verwiesen werden.

7. Energiekopplungsanlagen (S. 1 Nr. 7). Die optionale Planfeststellung für **Energiekopplungsanlagen** in Nr. 7 wurde im Jahr 2019 (→ Rn. 12) eingefügt auf der Grundlage einer Initiative des Bundesrates, der auf die „im Szenariorahmen der Netzentwicklungsplanung vorausgesetzten und öffentlichkeitswirksam angekündigten Power-to-Gas-Vorhaben zur Kopplung verschiedener Energieleitungen mehrerer Konsortien von Fernleitungsnetzbetreibern und Übertragungsnetzbetreibern" hingewiesen hatte (BT-Drs. 19/7914, 4). Nach dem Bericht des Ausschusses für Wirtschaft und Energie umfassen Energiekopplungsanlagen sog. „**Power-to-X**"-Anlagen, also Anlagen zur „Umwandlung von Strom in einen anderen Energieträger wie Wärme, Kälte, Produkt, Kraft- oder Rohstoff", und umfassen insbesondere **Elektrolyseanlagen** (BT-Drs. 19/9027, 13). Durch die eigenständige Planfeststellung nach § 43 Abs. 2 S. 1 Nr. 7 werden auch Unsicherheiten darüber vermieden, ob solche Energiekopplungsanlagen als Nebenanlagen einzustufen und welcher Leitungsinfrastruktur sie gegebenenfalls zuzuordnen gewesen wären (BT-Drs. 19/7914, 4). 69

8. Großspeicheranlagen (S. 1 Nr. 8). Wie die optionale Planfeststellung für Energiekopplungsanlagen geht auch diejenige für **Großspeicheranlagen** auf die Novelle aus dem Jahr 2019 und in ihrem Rahmen auf die Initiative des Bundesrates zurück, der eine Erweiterung des Katalogs planfeststellungsfähiger Vorhaben in § 43 „um große Speicher oberhalb des Schwellenwerts von 50 MW im Sinne einer möglichen Systemrelevanz nach § 13 Absatz 5 EnWG insbesondere wegen der von Großspeichern für die Systemstabilität des Energieleitungsnetzes erbrachten und bereitgestellten Systemdienstleistungen" für erforderlich hielt (BT-Drs. 19/7914, 4). Insbesondere bei Pumpspeichern reduziere sich dadurch die Zahl der Planfeststellungsverfahren von zwei auf ein Verfahren, wodurch eine wesentliche „Vereinfachung und Beschleunigung" bewirkt werde. Die Konzentrationswirkung der Planfeststellung und der damit verbundene Beschleunigungseffekt spielte auch hier eine zentrale Rolle (BT-Drs. 19/9027, 13). Mit der Dimensionierung der planfeststellungsfähigen Großspeicheranlagen auf eine **Nennleistung ab 50 MW** knüpft das Gesetz an die mögliche Systemrelevanz nach § 13b Abs. 5 an. Die Planfeststellung nach § 43 Abs. 2 S. 1 Nr. 8 ist **subsidiär gegenüber § 126 BBergG**. 70

9. Erdkabel bei Abschnittsbildung (S. 2). Nach § 43 Abs. 2 S. 2 finden die in Satz 1 enthaltenen optionalen Planfeststellungen für Erdkabel auch dann Anwendung, wenn nur **ein Abschnitt** einer Leitung **als Erdkabel** ausgeführt wird, wenn also die die Verbindungsfunktion erfüllende Leitung in ihrer Gesamtheit in einem oder mehreren Abschnitten als Freileitung und in einem oder mehreren anderen Abschnitten als Erdkabel ausgeführt wird. Die Regelung trägt dem Umstand Rechnung, dass in der Praxis oft nur Teilstücke eines Gesamtvorhabens als Erdkabel verlegt werden (Theobald/Kühling/*Missling* EnWG § 43 Rn. 17b). Da **S. 1** in den **Nr. 2, 3 und 4** Erdkabel zum Gegenstand hat, sind nur diese, aber auch alle diese drei Erdkabel-Varianten Gegenstand der Regelung zur Abschnittsbildung. Für solche Fälle der Abschnittsbildung stellt Satz 2 einerseits klar, dass nicht die gesamte Leitung als Erdkabel ausgeführt werden muss, um den Tatbestand der optionalen Planfeststellung zu erfüllen. Andererseits verlangt die Norm aber als Voraussetzung für die Planfeststellungsfähigkeit einen **unmittelbaren Zusammenhang mit** 71

§ 43

dem beantragten Abschnitt einer Freileitung. Das bedeutet, dass der Erdkabelabschnitt und der Freileitungsabschnitt Teil derselben Leitung als funktionale Einheit sein müssen und dass für diesen Abschnitt einer Freileitung die Planfeststellung bereits beantragt sein muss oder gleichzeitig mit dem Erdkabelabschnitt beantragt wird.

III. Errichtung, Betrieb, Änderung

72 Planfeststellungspflichtig ist nicht nur die Errichtung neuer, sondern auch die Änderung bestehender Anlagen, die die zuvor genannten Merkmale aufweisen (→ Rn. 47 ff.) – nicht jedoch deren Beseitigung. **Errichtung** ist die erstmalige Herstellung einer Energieleitung samt ihrer Masten, Sockel und Fundamente einschließlich der Inbetriebnahme. Vorarbeiten der in § 44 definierten Art liegen zeitlich vor der Errichtung; mit der Errichtung wird spätestens bei Aufnahme der Bauarbeiten zB mit Aufstellen der erforderlichen Geräte begonnen (BerlKomm-EnergieR/*Pielow* EnWG § 43 Rn. 5). Unter **Änderungen** sind vom Inhalt der bestehenden Zulassungsentscheidung abweichende Um- und Ausbaumaßnahmen zu verstehen (→ § 43 f Rn. 28). § 43 Abs. 1 S. 1 stellt nicht darauf ab, ob es sich um eine wesentliche oder um eine unwesentliche Änderung handelt. Vielmehr beschränkt sich die Norm darauf, die Planfeststellungsbedürftigkeit jeder Änderung von Leitungen im Grundsatz festzustellen. Im Zusammenhang hiermit sind aber die folgenden Vorschriften zu beachten: Soll ein Plan nach Beginn der Offenlage der Planunterlagen (→ § 43a Rn. 8 lit. b) hh)) und vor Erlass des Planfeststellungsbeschlusses (→ § 43a Rn. 8 lit. c)) geändert werden, ist der Anwendungsbereich von § 43a vor Nr. 1 iVm § 73 Abs. 8 VwVfG eröffnet. Nach Maßgabe von § 43a Nr. 4 kann von der Durchführung eines Erörterungstermins abgesehen werden (→ § 43a Rn. 53 und 57). Soll ein Plan nach seinem Erlass, aber vor der Fertigstellung des Vorhabens geändert werden, gilt § 43d. **Unwesentliche Änderungen oder Erweiterungen** an einer planfestgestellten und fertiggestellten Leitung werden in § 43f geregelt. Anstelle eines Planfeststellungsverfahrens können sie durch ein **Anzeigeverfahren** zugelassen werden.

73 Die Erwähnung des **„Betriebs"** neben der Errichtung und der Änderung in § 43 erscheint im Vergleich zu anderen Planfeststellungsnormen (zB § 17 Abs. 1 FStrG) ungewöhnlich, erklärt sich aber aus der Erwähnung des „Betriebs" (neben der Errichtung) in den einschlägigen Rechtsgrundlagen der UVP-Pflicht (→ Rn. 5). Unter Betrieb ist allgemein die Nutzung der Anlage entsprechend ihrem Zweck zu verstehen (vgl. *Jarass* BImSchG § 4 Rn. 57). Davon umfasst sind – wie im Anlagengenehmigungsrecht – auch die **Unterhaltung** sowie vorübergehende Betriebsunterbrechungen etwa zu **Wartungs**zwecken und die Wiederinbetriebnahme der Anlage.

74 Fraglich ist, wie die Abgrenzung von der vorübergehenden Betriebsunterbrechung einerseits zur Betriebsaufgabe mit späterer – planfeststellungsbedürftiger – Wiederertüchtigung von Altanlagen andererseits vorzunehmen ist. Relevanz hat diese Frage für (wohl seltene) Fälle, in denen vorhandene Anlagen, die in der Vergangenheit nicht oder jedenfalls über einen nennenswerten Zeitraum nicht mehr als Leitung genutzt wurden, (wieder) in Betrieb genommen werden sollen **(Nutzungsänderung von Anlagen, Wiederertüchtigung von Altanlagen).** Hier gilt nach dem Wortlaut und der Funktion des § 43 S. 1, dass die erstmalige oder die nach längerer Unterbrechung vorgenommene Wiederinbetriebnahme einer Leitungsanlage grundsätzlich planfeststellungsbedürftig ist. Dabei gibt es keinen zulas-

Erfordernis der Planfeststellung **§ 43**

sungsfreien Probebetrieb (aA Steinbach/Franke/*Fest/Riese* EnWG § 43 Rn. 74; wie hier BerlKommEnergieR/*Pielow* EnWG § 43 Rn. 5).

Wie Leitungen zu errichten und zu betreiben sind, bestimmt § 49 Abs. 1 S. 1: **75** Energieanlagen sind so zu errichten und zu betreiben, dass die **technische Sicherheit** gewährleistet ist. Energieleitungen der in § 43 Abs. 1 gelisteten Art sind Energieanlagen in diesem Sinne, da sie der Fortleitung und Abgabe von Energie dienen (vgl. § 3 Nr. 15).

IV. Sonstige Energie- und Leitungsvorhaben

Trotz der kontinuierlichen Ausweitung der Planfeststellung als Zulassungsinstru- **76** ment für Vorhaben der Energieversorgung (→ Rn. 5 ff.) bleiben zahlreiche **Leitungen und Anlagen** des Energiesystems außerhalb des Anwendungsbereichs von § 43 EnWG (und des NABEG sowie des WindSeeG, → Rn. 13 ff.) mit der Folge, dass für sie die besonderen Zulassungsverfahrensregeln des jeweils einschlägigen **Bau-, Immissionsschutz-, Wasserrechts etc** gelten. Insbesondere Erzeugungsanlagen (→ Rn. 77) und „kleine" Energieleitungen (→ Rn. 78) unterliegen regelmäßig nicht der Planfeststellung, sondern werden durch bau- oder immissionsschutzrechtliche Genehmigung zugelassen.

Die Errichtung und die Änderung von **Energieerzeugungsanlagen** bedürfen – **77** jenseits des nur noch für Stilllegungen relevanten Atomrechts – regelmäßig der bau-, immissionsschutz- oder wasserrechtlichen Genehmigung, wobei die Querschnittsmaterien des Wasser- und Naturschutzrechts jeweils zum Prüfprogramm gehören (ausführlich dazu Schneider/Theobald EnergieWirtschaftsR-HdB/*Fehling/Schings* § 9). Die Standortfindung für Erzeugungsanlagen unterliegt dem allgemeinen Raumordnungs- und Bauplanungsrecht, wobei hier die Privilegierungstatbestände nach § 35 BauGB von besonderer Bedeutung sind (Schneider/Theobald EnergieWirtschaftsR-HdB/*Hermes* § 8 Rn. 79 ff., 166 ff.). Das Zulassungsinstrument der **Planfeststellung** ist für Erzeugungsanlagen nur **ausnahmsweise** einschlägig – nämlich in Gestalt der wasserrechtlichen Planfeststellung für Wasserkraftwerke, die mit einem Gewässerausbau verbunden sind, und für Offshore-Windenergieanlagen (Schneider/Theobald EnergieWirtschaftsR-HdB/*Fehling/Schings* § 9 Rn. 158 ff., 170).

Stromfreileitungen mit einer **Nennspannung von weniger als 110 kV** bedür- **78** fen mit Ausnahme mitgeführter Leitungen nach § 43 Abs. 2 S. 1 Nr. 5 weder einer Planfeststellung noch sind sie planfeststellungsfähig. Gleiches gilt für Gasversorgungsleitungen mit einem **Durchmesser von 300 mm** oder weniger. Sie bedürfen grundsätzlich auch keiner Baugenehmigung. Dabei unterscheidet das Bauordnungsrecht der Länder typischerweise zwischen der Leitung ieS – dem Kabel – und den baulichen Anlagen, die der Energieversorgung „durch" das Kabel dienen (Masten und Unterstützungen). Da es sich bei den Leitungen ieS nicht um bauliche Anlagen im Sinn des Bauordnungsrechts handelt, werden sie vom Anwendungsbereich der Bauordnungen grundsätzlich auch nicht erfasst (vgl. § 1 Abs. 2 Nr. 3 Musterbauordnung, www.is-argebau.de). Demgegenüber sind freistehende Masten, Sockel und Fundamente bauliche Anlagen im bauordnungsrechtlichen Sinn, da sie aus Bauprodukten hergestellt und ortsfest mit dem Boden verbunden sind (vgl. § 2 Abs. 1 S. 1 Musterbauordnung). Als bauliche Anlagen werden die Masten und Unterstützungen zwar nicht vom Anwendungsbereich der Bauordnungen ausgenommen – typischerweise werden sie von den Landesgesetzgebern jedoch den verfahrensfreien Vorhaben zugeordnet (vgl. § 61 Abs. 1 Nr. 5 lit. b Musterbauordnung). Damit müssen sie zwar materiell **baurechtskonform** sein, einer förmlichen

Baugenehmigung bzw. förmlichen Kenntnisgabe gegenüber der Baurechtsbehörde bedürfen sie aber nicht. Für die bauplanungsrechtliche Zulässigkeit von Leitungsbauvorhaben im Außenbereich ist der Privilegierungstatbestand in § 35 Abs. 1 Nr. 3 BauGB von großer praktischer Bedeutung. Einen Überblick über die für **nicht planfeststellungsfähige Erdkabelvorhaben** in Betracht kommenden fachgesetzlichen Einzelgenehmigungsverfahren bieten *Herbold/Pleiner* UPR 2013, 258 (262ff.)

79 Zur leitungsgebundenen Energieversorgung in einem weiteren Sinne gehören auch **(Fern-)Wärmeleitungen,** die nach **§ 65 Abs. 1 UVPG iVm Anlage 1 Nr. 19.7 UVPG** (Rohrleitungsanlage zum Befördern von Dampf oder Warmwasser) einem speziellen Planfeststellungsvorbehalt unterliegen. Der Planfeststellungsvorbehalt des § 65 Abs. 1 UVPG ist auch einschlägig für Rohrleitungsanlagen zum Befördern von verflüssigten Gasen (Anlage 1 Nr. 19.4 UVPG).

C. Materiell-rechtliche Anforderungen an die Planfeststellung

80 Was die **materiell-rechtlichen Anforderungen** an einen Planfeststellungsbeschluss nach § 43 angeht (grundlegend bereits → Rn. 45; zu Zuständigkeit und Verfahren → Rn. 183ff.), enthält die Vorschrift lediglich das bereits ohnehin unmittelbar aus dem Rechtsstaatsprinzip abzuleitende (Schoch/Schneider/*Kupfer* VwVfG Vorb § 72 Rn. 204) Gebot, dass die von dem Vorhaben berührten öffentlichen und privaten Belange abzuwägen sind (→ Rn. 147ff.). Über das **Abwägungsgebot** hinaus gelten auch die weiteren allgemeinen materiell-rechtlichen Anforderungen an die Planfeststellung: die **Planrechtfertigung** (→ Rn. 81ff.) und die Einhaltung **zwingender Rechtsvorschriften** (→ Rn. 91ff.; vgl. etwa BVerwG Urt. v. 6.4.2017 – 4 A 2.16 ua, Rn. 21, 31, 35 und 58; *Külpmann* jurisPR-BVerwG 12/2021 Anm. 5 S. 2; zur Systematik und weiterführend Schoch/Schneider/*Kupfer* VwVfG Vorb § 72 Rn. 114ff.).

I. Planrechtfertigung

81 Zur Beantwortung der Frage, ob die Planrechtfertigung für ein bestimmtes Vorhaben vorliegt, ist im Anwendungsbereich von § 43 – ebenso wie bei der Planfeststellung von Bundesfernstraßen, Schienenwegen des Bundes und Bundeswasserstraßen – zu unterscheiden zwischen Vorhaben, für die eine **gesetzliche Bedarfsfeststellung** besteht (→ Rn. 82ff.) und **anderen Vorhaben** (→ Rn. 85ff.). Zu der Unterscheidung zwischen gesetzlicher und behördlicher Bedarfsfeststellung sowie den daraus abzuleitenden unterschiedlichen Prüfungsmaßstäben Schoch/Schneider/*Kupfer* VwVfG Vorb § 72 Rn. 116ff.

82 Durch die Aufnahme eines Vorhabens in den Bedarfsplan nach EnLAG, in den Bundesbedarfsplan nach BBPlG oder in die Unionsliste nach TEN-E-VO steht die Planrechtfertigung grundsätzlich fest (dazu → Rn. 23) – mit Wirkung auch für die Gerichte (BVerwG Urt. v. 12.11.2020 – 4 A 13.18 Rn. 29 unter Verweis auf BVerwGE 148, 373 Rn. 25). Die gesetzliche Bedarfsfeststellung gilt auch für einen Abschnitt eines Vorhabens; BVerwGE 161, 263 Rn. 39; *Kümper* Die Verwaltung 53 (2020), 535 (552).

83 In allen Fällen gesetzlicher Bedarfsfeststellung ist mit Blick auf die konkreten Umstände des Einzelfalls zu prüfen, ob das Antragsvorhaben tatsächlich von der einschlägigen gesetzlichen Bedarfsfeststellung erfasst wird. **Der Gesetzgeber hat**

Erfordernis der Planfeststellung **§ 43**

nur für die von ihm abschließend bezeichneten Vorhaben deren Bedarf festgeschrieben, nicht aber für bloß ähnliche Vorhaben. Entsprechen die Antragsunterlagen des Vorhabenträgers nicht den maßgeblichen Eckpunkten des Vorhabens, für das der Gesetzgeber den Bedarf festgestellt hat, ist die Planfeststellung nur zulässig, wenn die Behörde das Vorliegen der Planrechtfertigung selbständig feststellt (→ Rn. 85): So bestimmt etwa der Bedarfsplan zum EnLAG Vorhaben „durch vier, gelegentlich fünf Merkmale: die technische Ausführung, den Anfangspunkt, den Endpunkt, die Nennspannung und – bei einigen Vorhaben – bestimmte Orte im Trassenverlauf oder die Gesamtstrecke" (BVerwG Beschl. v. 12.9.2018 – 4 A 13.17 Rn. 4). Der Bedarfsplan „nennt regelmäßig Anfangs- und Endpunkt einer Trasse. Diese Netzverknüpfungspunkte sind verbindlich und bestimmen das Vorhaben. Ein Vorhaben mit einem anderen Anfangspunkt ist keine Trassenvariante, sondern ein anderes Vorhaben (…), das von der gesetzlichen Bedarfsfeststellung nicht gedeckt ist" (BVerwG Urt. v. 27.7.2021 – 4 A 14.19 Rn. 33). Erweist sich also die in der gesetzlichen Bedarfsfeststellung zum Ausdruck kommende Ausgestaltung des Vorhabens aus der Sicht des Vorhabenträgers und der Planfeststellungsbehörde als verbesserungsbedürftig, „dürfen sie zwar abweichend planen, fallen dann aber aus dem Regime des EnLAG heraus. Wollen sie sich dessen Vorteile – gesetzliche Bedarfsfeststellung, erstinstanzliche Zuständigkeit des Bundesverwaltungsgerichts – erhalten, müssen sie versuchen, den Gesetzgeber vor Ergehen des Planfeststellungsbeschlusses für eine Anpassung des Gesetzes zu gewinnen." So zu Recht *Külpmann* jurisPR-BVerwG 1/2019 Anm. 4 S. 3.

Die inhaltliche Bindungswirkung einer **gesetzlichen Bedarfsfeststellung** ist 84 *begrenzt*: Eine Grenze ergibt sich insbesondere aus dem Vorbehalt der Verfassungsmäßigkeit des § 1 EnLAG iVm dem Bedarfsplan bzw. der Verfassungsmäßigkeit des § 12e Abs. 4 iVm dem Bundesbedarfsplan. Die fachgerichtliche Prüfung einer möglichen Vorlage an das BVerfG nach Art. 100 Abs. 1 GG beschränkt sich typischerweise auf die Fragen, ob der Gesetzgeber **zuständig** war (BVerwG Beschl. v. 27.7.2020 – 4 VR 7.19 ua Rn. 35) und mit der Bedarfsfeststellung die **Grenzen seines gesetzgeberischen Ermessens** nicht überschritten hat. Von einer derartigen Grenzüberschreitung geht die Rechtsprechung jedoch nur dann aus, wenn die Feststellung des Bedarfs evident unsachlich ist, wenn es also für das Vorhaben offenkundig keinerlei Bedarf gibt, der die Annahmen des Gesetzgebers rechtfertigen könnte (vgl. etwa BVerwG Urt. v. 12.11.2020 – 4 A 13.18 Rn. 30; Urt. v. 27.7.2021 – 4 A 14.19 Rn. 29ff. oder Urt. v. 22.2.2022 – 4 A 7.20 Rn. 30). Einen solchen Fall hat das BVerwG im Bereich des EnLAG noch nie angenommen (s. *Külpmann* jurisPR-BVerwG 12/2021 Anm. 5 S. 3). Eine weitere Grenze bildet das **Abwägungsgebot:** Auch bei Vorhaben des Bedarfsplanes oder des Bundesbedarfsplanes ist die Planfeststellungsbehörde nicht der Pflicht enthoben, zu prüfen, ob in der Abwägung überwiegende Belange dazu nötigen, von der Planung Abstand zu nehmen (mN *Kupfer/Wurster* Die Verwaltung 40 (2007), 239 (242)). Nichts anderes gilt für Vorhaben, die (auch) in der Unionsliste aufgeführt sind.

Soll ein Vorhaben planfestgestellt werden, für das **keine gesetzliche Bedarfs-** 85 **feststellung** vorliegt, gelten die allgemeinen planungsrechtlichen Anforderungen an die Planrechtfertigung (Schoch/Schneider/*Kupfer* VwVfG Vorb § 72 Rn. 124): Im Anwendungsbereich von § 43 hat die Planfeststellungsbehörde dementsprechend zunächst zu klären, ob das Vorhaben mit den Zielen des § 1 übereinstimmt – **fachplanerische Zielkonformität.** Dann ist die Frage zu beantworten, ob für das Vorhaben ein **Bedarf** besteht, weil es für sich in Anspruch nehmen kann, in der konkreten Situation erforderlich zu sein (zu Unrecht relativierend Steinbach/

Franke/*Nebel*/*Riese* EnWG § 43c Rn. 30). Schließlich dürfen **keine Hinderungsgründe** bestehen, die die Realisierung des Vorhabens ausschließen (etwa fehlende Finanzierbarkeit oder fehlende Netzein- bzw. -anbindung; mN Schoch/Schneider/*Kupfer* VwVfG Vorb § 72 Rn. 130).

86 Mitunter ist die Neigung der Rechtsprechung, sich nicht mit einer bloß oberflächlichen Bedarfsprüfung zu begnügen, sondern auf eine ernsthafte und fundierte Prüfung im konkreten Einzelfall zu bestehen, nicht ausgeprägt. An die Stelle einer echten und nachvollziehbaren – wenn auch kurzen – Prüfung des konkreten Vorhabens darf nicht der bloße Hinweis treten, dass ein Vorhaben in der konkreten Situation zwar erforderlich sein müsse, dies aber nicht erst bei Unausweichlichkeit des Vorhabens der Fall sei, sondern bereits dann, wenn es vernünftigerweise geboten ist. Gleichwohl streiten insbesondere zwei rechtliche Gründe für eine *echte* (ernsthafte und fundierte) Prüfung der Planrechtfertigung durch die Planfeststellungsbehörde: Art. 14 Abs. 3 S. 1 GG und § 34 Abs. 3 f. BNatSchG iVm Art. 6 Abs. 4 FFH-RL.

87 Erfordert die Errichtung eines planfeststellungsbedürftigen Vorhabens die Enteignung fremden Grundeigentums (in der Praxis handelt es sich typischerweise nicht um einen vollständigen Entzug des Eigentums – häufiger geht es um die Eintragung von Dienstbarkeiten im Grundbuch etwa für Maststandorte oder Schutzstreifen) und entfaltet der Planfeststellungsbeschluss **enteignungsrechtliche Vorwirkung,** so ist bereits im Rahmen des Planfeststellungsverfahrens zu prüfen, ob das Vorhaben öffentlichen Interessen dient, die geeignet sind, das Gemeinwohlerfordernis des Art. 14 Abs. 3 S. 1 GG auszufüllen (vgl. BVerfGE 134, 242 Rn. 182 ff.; dazu *Kupfer* Die Verwaltung 47 (2014), 77 (102 ff.)). Die enteignungsrechtliche Vorwirkung eines Planfeststellungsbeschlusses nach § 43 ergibt sich aus § 45 Abs. 1 Nr. 1, Abs. 2 S. 1. Eigentümer, deren durch Art. 14 Abs. 1 GG geschütztes Grundeigentum jedenfalls partiell durch Grunddienstbarkeiten in Anspruch genommen werden soll, haben grundsätzlich einen Anspruch auf vollständige gerichtliche Kontrolle des Planfeststellungsbeschlusses (näher *Korbmacher* DVBl 2022, 1 (3 f.); *Steinkühler* UPR 2022, 241 (245); Schoch/Schneider/*Kupfer* VwVfG § 75 Rn. 2).

88 Ergibt die Prüfung der Verträglichkeit eines Vorhabens mit den **Schutzzielen eines FFH-Gebietes,** dass diese durch das Projekt erheblich beeinträchtigt werden können (§ 34 Abs. 2 BNatSchG), liegt ein im Rahmen der Prüfung nach § 34 Abs. 3 und gegebenenfalls auch nach § 34 Abs. 4 BNatSchG berücksichtigungsfähiger Abweichungsgrund vor, wenn das Vorhaben den Vorgaben der fachplanerischen Rechtfertigung entspricht (→ Rn. 109). Entsprechendes gilt für die artenschutzrechtliche Ausnahmeregelung nach § 45 Abs. 7 S. 1 Nr. 5 BNatSchG (→ Rn. 113).

89 Vor diesem grundrechtlichen und unionsrechtlichen Hintergrund gilt: Vorhabenträger von Leitungsbauvorhaben nach § 43 ist regelmäßig nicht die öffentliche Hand, sondern ein privates Unternehmen. Ein privates Unternehmen verfolgt in erster Linie – legitimer Weise (!) – nicht öffentliche Interessen, sondern die bestmögliche Entwicklung seines eigenen unternehmerischen Erfolgs. Aus diesem Grund hat die Planfeststellungsbehörde für alle **Vorhaben, deren Bedarf nicht gesetzlich festgestellt ist – ohne Bindung an Prognosen oder Einschätzungen des antragstellenden Netzbetreibers** – ernsthaft und fundiert zu prüfen, ob das Vorhaben tatsächlich den Zielen des § 1 entspricht und das Vorhaben tatsächlich in der konkreten Situation erforderlich ist (Schoch/Schneider/*Kupfer* VwVfG Vorb § 72 Rn. 126).

90 Bei der Prüfung des Bedarfs nimmt die Prüfung der vom Vorhabenträger vorgelegten Bedarfsprognose eine zentrale Rolle ein. Im fachlichen Rahmen der Bundesbedarfsplanung nach §§ 12a ff. (vgl. BNetzA, www.netzausbau.de) ist es den

Planfeststellungsbehörden möglich, die vom Vorhabenträger in das Planfeststellungsverfahren eingeführte Bedarfsprognose einer fachlichen Kontrolle zu unterziehen. Vor diesem Hintergrund ist es nicht gerechtfertigt, den Prüfungsumfang der Planfeststellungsbehörde auf eine bloße Vertretbarkeitskontrolle der Prognose des Netzbetreibers zu beschränken. Legte eine Behörde diesen Maßstab zugrunde, wäre sie nicht in der Lage, zu prüfen ob beispielsweise die in § 43b Abs. 1 Nr. 1 lit. a) an den Bedarf für ein konkretes Vorhaben gestellten qualifizierten Voraussetzungen tatsächlich gegeben sind (→ § 43b Rn. 21f.). Spätestens, wenn der Netzbetreiber für das Leitungsbauvorhaben eine Investitionsmaßnahme beantragt, ist gem. § 23 Abs. 1 S. 1 ARegV zu prüfen, ob die Maßnahme zur Stabilität des Gesamtsystems, für die Einbindung in das nationale oder internationale Verbundnetz oder für einen bedarfsgerechten Ausbau des Energieversorgungsnetzes notwendig ist (näher Baur/Salje/Schmidt-Preuß/*Weyer,* Regulierung in der Energiewirtschaft, Kap. 81 Rn. 11). Ist die fachliche Bewertung des Vorhabens anhand dieses Prüfungsmaßstabs im Rahmen der Netzentgeltregulierung zwingend, besteht kein Anlass, diesen Maßstab zur Arbeitserleichterung der Planfeststellungsbehörde im Vorfeld zu reduzieren. Schließlich ist nicht der Vorhabenträger, sondern die Behörde sowohl demokratisch legitimiert, die Zulassungsentscheidung zu treffen, als auch rechtlich für die Zulassungsentscheidung verantwortlich.

II. Zwingende Rechtsvorschriften

Zwingende Rechtsvorschriften zeichnen sich dadurch aus, dass sie **in der Abwägung** (→ Rn. 147ff.) **nicht überwindbar** sind **und** sich **nicht** darauf beschränken, den **Bedarf für Vorhaben verbindlich festzulegen** (→ Rn. 82). Die Nichterfüllung der Anforderungen zwingender Rechtsvorschriften führt im Einzelfall dazu, dass das Vorhaben nicht oder jedenfalls nicht in der vorgesehenen Form planfestgestellt werden darf; es handelt sich um „K.-o.-Kriterien" (*Rubel* jM 2018, 329 [330]; BeckOK VwVfG/*Kämper* § 74 Rn. 28). Zu beachten ist, dass die **Konzentrationswirkung** der Planfeststellung rein formeller, nicht jedoch materieller Art ist. Das heißt: Der inhaltliche Geltungsanspruch des jeweils anzuwendenden materiellen Rechts wird durch die Konzentrationswirkung nicht eingeschränkt. Vielmehr hat die Planfeststellungsbehörde das jeweils berührte Fachrecht – regelmäßig als zwingend zu beachtende Rechtsvorschrift – zu prüfen (*Kment* EnWG § 43 Rn. 40; Schoch/Schneider/*Kupfer* VwVfG Vorb § 72 Rn. 33). **Das förmliche Planfeststellungsrecht wird zum Trägermedium des materiellen Fachrechts** (*Klement/Saurer* in Rehbinder/Schink Grundzüge des Umweltrechts Kap. 5 Rn. 12). Nachfolgend werden zunächst die Vorgaben der verschiedenen Akte der Raumplanung in den Blick genommen (→ Rn. 92ff.). Danach rücken die grundlegenden Vorgaben des Naturschutzrechts – naturschutzrechtliche Eingriffsregelung (→ Rn. 97ff.), Schutz des Netzes Natura 2000 (→ Rn. 104ff.) und der besondere Artenschutz (→ Rn. 111ff.) – in den Fokus; schließlich das Immissionsschutzrecht – Lärmschutz (→ Rn. 114ff.), Baulärm (→ Rn. 126f.) und der Schutz vor elektrischen und magnetischen Feldern (→ Rn. 128ff.). Von großer praktischer Bedeutung für die Planfeststellung elektrischer Leitungen ist das Thema Erdverkabelung (→ Rn. 136ff.). Schließlich werden spezielle Sicherheitsanforderungen kurz beleuchtet (→ Rn. 145) und sonstige Anforderungen (→ Rn. 146) angesprochen.

1. Raumplanung. Für die Frage, ob ein Planfeststellungsbeschluss für ein Vorhaben ergehen darf oder nicht, ergeben sich **Bindungen durch höherstufige**

§ 43 Teil 5. Planfeststellung, Wegenutzung

Raum- und Fachplanungen. Dazu gehören – außerhalb des Anwendungsbereiches der Bundesfachplanung nach NABEG – die Instrumente der Landesplanung, also vor allem die Ziele der Raumordnung (§ 4 Abs. 1 S. 1 Nr. 3 ROG und entsprechende Regelungen der Landesplanungsgesetze; näher → Rn. 44).

93 Eine **Bindung** für die Planfeststellung kann sich gemäß § 38 BauGB durch Darstellungen in **Flächennutzungsplänen** ergeben. Während § 38 S. 1 BauGB Planfeststellungsverfahren für Vorhaben von *überörtlicher* Bedeutung (näher Schoch/Schneider/*Kupfer* VwVfG Vorb § 72 Rn. 143) von den Bindungswirkungen der §§ 29 ff. BauGB dispensiert, wenn die Gemeinde beteiligt wird, stellt § 38 S. 2 BauGB klar, dass anderes für Flächennutzungspläne gilt.

94 An die Stelle strikter Verbindlichkeit bauplanungsrechtlicher Anforderungen aufgrund §§ 29 ff. BauGB tritt nach § 38 S. 1 Hs. 2 BauGB das Gebot, städtebauliche Belange in der Planfeststellung im Rahmen der fachplanerischen Abwägung (BVerwGE 157, 73 Rn. 67; → Rn. 170) zu berücksichtigen – sog. „**Fachplanungsprivileg – Vorrang der Fachplanung**" (vgl. Ziekow Handbuch des Fachplanungsrechts/*Ziekow* § 4 Rn. 43). Die Festsetzungen eines dem Vorhaben entgegenstehenden Bebauungsplans werden hierdurch zwar nicht aufgehoben und auch nicht ohne Weiteres funktionslos. Sie werden aber als Ausnahme zu der ansonsten nur formellen Konzentrationswirkung der Planfeststellung materiellrechtlich überlagert (Schrödter BauGB/*Rieger* § 38 Rn. 6, 8; Battis/Krautzberger/Löhr BauGB/*Reidt* § 38 Rn. 7).

95 Demgegenüber greift gem. § 38 S. 2 BauGB die Bindungswirkung von Darstellungen in Flächennutzungsplänen nach Maßgabe von § 7 BauGB auch in Planfeststellungsverfahren. Nach § 7 S. 1 BauGB haben öffentliche Planungsträger (zur Bindung auch *privater* **Vorhabenträger** vgl. Schoch/Schneider/*Kupfer* VwVfG Vorb § 72 Rn. 146), die am Verfahren zur Aufstellung des Flächennutzungsplans nach § 4 BauGB oder § 13 BauGB beteiligt worden sind, ihre Planungen dem **Flächennutzungsplan** insoweit **anzupassen**, als sie diesem Plan nicht widersprochen haben. Wird ein Flächennutzungsplan allerdings erst nach einem großen Zeitabstand neu aufgestellt, liegt dem regelmäßig eine völlig neue Abwägung zugrunde. Dies hat zur Folge, dass ein **Widerspruch** auch dann zulässig ist, wenn dieselbe Darstellung schon in der Vorgängerfassung enthalten war (BVerwGE 169, 94 Ls. 3 und Rn. 56). Als zwingendes Recht (→ Rn. 91) geht die Anpassungspflicht über die aus dem Abwägungsgebot folgende Verpflichtung der Planfeststellungsbehörde hinaus, städtebauliche Belange zu berücksichtigen (→ Rn. 170). Die Darstellungen des Flächennutzungsplans werden zu bindenden Vorgaben, die es verbieten, ein ihnen widersprechendes Vorhaben zuzulassen (BVerwGE 138, 226 Rn. 37). „Die Anpassungspflicht ist allerdings nicht im Sinne einer rechtssatzmäßigen Anwendung (‚Vollzug'), sondern – entsprechend der inhaltlichen Bindung, die sich für Bebauungspläne aus § 8 Abs. 2 S. 1 BauGB ergibt – als planerische Fortentwicklung der im Flächennutzungsplan dargestellten Grundkonzeption zu verstehen. Die Fachplanung ist so auszurichten, dass sie als aus dem Flächennutzungsplan entwickelt angesehen werden kann"; BVerwGE 169, 94 Rn. 52. Die Bindung an die Flächennutzungsplanung dient sowohl dem *subjektivrechtlichen* **Schutz der Gemeinde** als Trägerin städtebaulicher Planungshoheit als auch dem *objektivrechtlichen* **Belang einer geordneten städtebaulichen Entwicklung** (vgl. Battis/Krautzberger/Löhr/*Reidt* BauGB § 38 Rn. 20; Schrödter/*Rieger* BauGB § 38 Rn. 20).

96 Die Anpassungspflicht nach § 7 S. 1 BauGB wird durch die in § 7 S. 4 BauGB vorgesehene Möglichkeit für die Vorhabenträger, dem Flächennutzungsplan auch noch *nachträglich* **zu widersprechen**, eingeschränkt (näher Schoch/Schneider/

Erfordernis der Planfeststellung **§ 43**

Kupfer VwVfG Vorb § 72 Rn. 150). Folge eines zulässigen nachträglichen Widerspruchs ist aber nicht das Entfallen jeglicher Bindungswirkung der Darstellungen im Flächennutzungsplan. Die Steuerungswirkung des Flächennutzungsplans wird dann und auch nur insoweit lediglich – der Behandlung von Festsetzungen in Bebauungsplänen durch § 38 S. 1 BauGB vergleichbar (→ Rn. 94) – auf die abwägungserheblichen Belange reduziert (→ Rn. 170).

2. Naturschutzrechtliche Eingriffsregelung. Bei der naturschutzrechtlichen Eingriffsregelung handelt es sich um **zwingendes Recht** (vgl. BVerwGE 154, 73 (75 f.); *Kment* EnWG § 43 Rn. 42; BeckOK VwVfG/*Kämper* § 74 Rn. 37). **Eingriffe** in Natur und Landschaft im Sinne der naturschutzrechtlichen Eingriffsregelung sind gemäß § 14 Abs. 1 BNatSchG Veränderungen der Gestalt oder Nutzung von Grundflächen oder des mit der belebten Bodenschicht in Verbindung stehenden Grundwasserspiegels, die die Leistungs- und Funktionsfähigkeit des Naturhaushalts oder das Landschaftsbild erheblich beeinträchtigen können. Bei der Bewertung der Eingriffswirkungen steht der Planfeststellungsbehörde eine naturschutzfachliche Einschätzungsprärogative zu, die nur eingeschränkter gerichtlicher Kontrolle zugänglich ist (so und näher BVerwGE 154, 73 Rn. 146). 97

Gem. § 15 Abs. 1 S. 1 BNatSchG ist der Verursacher eines Eingriffs im Sinn des Vorsorgeprinzips verpflichtet, *vermeidbare* **Beeinträchtigungen** von Natur und Landschaft zu **unterlassen**. Beeinträchtigungen sind vermeidbar – so § 15 Abs. 1 S. 2 BNatSchG –, wenn es zumutbare Alternativen gibt, den mit dem Eingriff verfolgten Zweck am gleichen Ort ohne oder mit geringeren Beeinträchtigungen von Natur und Landschaft zu erreichen. 98

Soweit Beeinträchtigungen nicht vermieden werden können, ist dies zu begründen (§ 15 Abs. 1 S. 3 BNatSchG). **Unvermeidbare Beeinträchtigungen sind nicht verboten. Sie sind jedoch zumindest zu kompensieren.** Nach § 15 Abs. 2 S. 1 BNatSchG hat der Eingriffsverursacher unvermeidbare Beeinträchtigungen durch Maßnahmen des Naturschutzes und der Landschaftspflege vorrangig in gleichartiger Weise auszugleichen – **Ausgleichsmaßnahmen** – oder in gleichwertiger zu ersetzen – **Ersatzmaßnahmen**. Bei der Bewertung der Kompensationswirkung von Ausgleichs- und Ersatzmaßnahmen steht der Planfeststellungsbehörde – wie bereits bei der Bewertung der Eingriffswirkungen (→ Rn. 97) eine naturschutzfachliche Einschätzungsprärogative zu, die nur eingeschränkter gerichtlicher Kontrolle zugänglich ist (so und näher BVerwGE 154, 73 Rn. 146). 99

Können unvermeidbare Beeinträchtigungen in angemessener Frist weder ausgeglichen noch ersetzt werden, ist nach § 15 Abs. 5 BNatSchG im Rahmen einer **bipolaren** – und damit von der allgemeinen fachplanungsrechtlichen (→ Rn. 147 ff.) zu unterscheidenden – **Abwägung** zu prüfen, ob die Belange des Naturschutzes und der Landschaftspflege den für die Verwirklichung des Vorhabens streitenden Belangen vorgehen und der Eingriff deshalb zu unterbleiben hat; BVerwGE 128, 76 (Rn. 22). 100

Können unvermeidbare Beeinträchtigungen zwar nicht ausgeglichen oder ersetzt werden, überwiegen aber gleichwohl die für die Verwirklichung des Vorhabens streitenden Belange, hat der Eingriffsverursacher nach § 15 Abs. 6 S. 1 BNatSchG eine **finanzielle Kompensation** zu leisten. Die Planfeststellungsbehörde setzt die Ersatzzahlung gemäß § 15 Abs. 6 S. 4 BNatSchG im Planfeststellungsbeschluss nach §§ 43 Abs. 4, 43b EnWG iVm § 74 Abs. 2 S. 2 VwVfG fest (→ § 43b Rn. 8). Zur Bemessung der Höhe einer Ausgleichszahlung mit Blick auf den von Masten ausgehenden Eingriff in das Landschaftsbild BVerwG Urt. v. 27.7.2021 – 4 A 14.19 101

§ 43 Teil 5. Planfeststellung, Wegenutzung

Rn. 98f.; zum Ganzen *Kahl/Gärditz* Umweltrecht, 12. Aufl. 2021, § 10 Rn. 44ff.; Schoch/Schneider/*Kupfer* VwVfG Vorb § 72 Rn. 162ff.

102 Nach §§ 43 Abs. 4 EnWG, 72ff. VwVfG, 17 Abs. 4 S. 3 iVm S. 1 BNatSchG hat der Vorhabenträger die zur Anwendung des § 15 BNatSchG erforderlichen Angaben bereits in seinem Planfeststellungsantrag zu machen. Ist für das Vorhaben eine Umweltverträglichkeitsprüfung durchzuführen (vgl. Nr. 19 der Anlage 1 zum UVPG; näher Schneider/Theobald EnergieWirtschaftsR.-HdB/*Hermes* § 8 Rn. 37ff.) hat die Anwendung der vorstehenden naturschutzrechtlichen Eingriffsregelung den Anforderungen des UVPG zu entsprechen (§ 17 Abs. 10 BNatSchG).

103 Die in einem Planfeststellungsbeschluss vorgenommenen Quantifizierungen bei Eingriffswirkungen und Kompensationsmaßnahmen sind einer **nur eingeschränkten gerichtlichen Kontrolle** zugänglich. Sie sind „vom Gericht hinzunehmen, sofern sie im Einzelfall naturschutzfachlich vertretbar sind und auch nicht auf einem Bewertungsverfahren beruhen, das sich als unzulängliches oder gar ungeeignetes Mittel erweist, um den gesetzlichen Anforderungen gerecht zu werden" (BVerwGE 154, 73 Rn. 146).

104 3. **Schutz des Netzes „Natura 2000".** Während es sich bei der oben dargestellten **naturschutzrechtlichen Eingriffsregelung** (→ Rn. 97ff.) um ein Instrument des *allgemeinen* Gebietsschutzes handelt, stehen die besonderen, zum zusammenhängenden europäischen ökologischen Netz „Natura 2000" gehörenden Gebiete im Zentrum der §§ **31ff. BNatSchG** (zum Schutzstatus der Natura 2000-Gebiete näher BeckOK VwVfG/*Kämper* § 74 Rn. 42ff.). Zwischen dem allgemeinen und diesem besonderen Gebietsschutz besteht kein Spezialitätenverhältnis – die Vorschriften sind **nebeneinander anwendbar** (vgl. *Kahl/Gärditz* Umweltrecht, 12. Aufl. 2021, § 10 Rn. 39, 41 und 84).

105 Errichtung und Betrieb von Hoch- und Höchstspannungsleitungen sind typischerweise als ein **Projekt** iSv § 34 Abs. 1 S. 1 BNatSchG zu qualifizieren, weil sie erhebliche Auswirkungen auf die Umwelt haben (Schneider/Theobald EnergieWirtschaftsR-HdB/*Hermes* § 8 Rn. 29) und dementsprechend zu erheblichen Beeinträchtigungen von Natura 2000-Gebieten führen können (zur (aus)wirkungsbezogenen Auslegung des Projektbegriffs BVerwGE 146, 176 Rn. 29; 150, 294 Rn. 29; *Frenz*/Müggenborg, 3. Aufl. 2021, BNatSchG § 34 Rn. 29). Nach Art. 6 Abs. 3 FFH-RL und § 34 Abs. 1 S. 1 BNatSchG ist ein Projekt vor seiner Zulassung oder Durchführung auf seine Verträglichkeit mit den Erhaltungszeilen eines Natura 2000-Gebietes (zu sog. „faktischen Vogelschutzgebieten" OVG Münster UPR 2022, 187 (189ff.), *Kahl/Gärditz* Umweltrecht, 12. Aufl. 2021, § 10 Rn. 117; zu potenziellen FFH-Gebieten BeckOK VwVfG/*Kämper* § 74 Rn. 42.1) zu überprüfen, wenn es für sich genommen oder im Zusammenwirken mit anderen Projekten oder Plänen geeignet ist, das Gebiet erheblich zu beeinträchtigen. Die „Beeinträchtigungseignung" des Vorhabens ist im Rahmen einer **Vorprüfung** – auch **„Screening"** genannt – festzustellen. Für die Vorprüfung gilt jede Beeinträchtigung von Erhaltungszielen als erheblich. Steht als Ergebnis der Vorprüfung nicht fest, dass das Vorhaben ohne Beeinträchtigung des Schutzgebiets errichtet und betrieben werden kann, schließt sich – in einem zweiten Schritt – die eigentliche Verträglichkeitsprüfung an.

106 Die **Verträglichkeitsprüfung** muss unter Berücksichtigung der **besten wissenschaftlichen Erkenntnisse** erfolgen (BVerwG Beschl. v. 20.3.2018 – 9 B 43.16 Rn. 19; näher Kodal Handbuch Straßenrecht/*Springe,* 8. Aufl. 2021, Kap. 32 Rn. 104). Bestehen nach Ausschöpfung aller wissenschaftlichen Mittel und Quellen vernünftige Zweifel daran, dass das Projekt die Erhaltungsziele nicht beeinträchtigen wird, ist es nach § 34 Abs. 2 BNatSchG vorbehaltlich der Möglichkeit einer Abweichungsentscheidung nach § 34 Abs. 3 bis 5 BNatSchG **unzulässig.** Grundsätzlich ist **jede Beeinträchtigung** eines für die Erhaltungsziele maßgeblichen Bestandteils eines Gebiets **erheblich** und muss als Beeinträchtigung des Gebiets als solches gewertet werden (BVerwGE 154, 73 Rn. 83). Besonders in Vogelschutzgebieten kann insoweit das mit einer Freileitung für Vögel verbundene Anprallrisiko zum Zulassungshindernis werden (näher *Rubel* UPR 2018, 422 (425)). Allerdings kann durch die Festsetzung geeigneter **Schutz- und Kompensationsmaßnahmen** dem Überschreiten der Erheblichkeitsschwelle vorgebeugt werden (BVerwGE 154, 73 Rn. 108).

Ausnahmsweise kann ein an sich nach § 34 Abs. 2 BNatSchG unzulässiges Projekt im Wege einer **Abweichungsprüfung** zugelassen werden, soweit es aus **zwingenden Gründen des überwiegenden öffentlichen Interesses,** einschließlich solcher sozialer und wirtschaftlicher Art, erforderlich ist und eine zumutbare **Alternative,** den mit dem Projekt verfolgten Zweck an anderer Stelle ohne oder mit geringeren Beeinträchtigungen zu erreichen, nicht gegeben ist (§ 34 Abs. 3 BNatSchG, Art. 6 Abs. 4 S. 1 FFH-RL). Gibt es aber eine solche Alternative, *muss* (!) die Vorhabenträgerin diese umsetzen (BVerwGE 148, 373 Rn. 74; BVerwG Beschl. v. 20.3.2018 – 9 B 43.16 Rn. 11). 107

Eine **Verschärfung** erfährt die Abweichungsprüfung gem. § 34 Abs. 4 BNatSchG, wenn von dem Projekt im Gebiet vorkommende **prioritäre natürliche Lebensraumtypen oder prioritäre Arten** betroffen werden können. Soll aufgrund einer Abweichungsprüfung ein Projekt zugelassen werden, obwohl es geeignet ist, das Gebiet erheblich zu beeinträchtigen, sind gem. § 34 Abs. 5 S. 1 BNatSchG in jedem Fall zur Sicherung des Zusammenhangs des Netzes „Natura 2000" notwendige Maßnahmen – sog. **„Kohärenzsicherungsmaßnahmen"** – vorzusehen. 108

Erfüllt ein Vorhaben die Anforderungen an die **Planrechtfertigung** (→ Rn. 81 ff.), liegen grundsätzlich **zwingende Gründe** nach § 34 Abs. 3 Nr. 1 und gegebenenfalls auch nach § 34 Abs. 4 S. 1 BNatSchG vor. Dieser Schluss setzt freilich voraus, dass die Planrechtfertigung des konkret in Rede stehenden Vorhabens von der Planfeststellungsbehörde ernsthaft und fundiert geprüft worden ist. Dies gilt in besonderem Maße für Vorhaben, deren Bedarf nicht bereits gesetzlich feststeht (→ Rn. 89). Bejaht die Planfeststellungsbehörde bei Anlegung dieses Maßstabs die Planrechtfertigung, dürfte es ihr in der Regel auch gelingen, mit Blick auf die konkreten Umstände des Einzelfalls, einen hinreichenden Zusammenhang zwischen der zur Planfeststellung beantragten Leitung und insbesondere der „öffentlichen Sicherheit" als einem in Art. 6 Abs. 4 UAbs. 2 FFH-RL ausdrücklich benannten Ausnahmegrund herauszuarbeiten (vgl. etwa BVerwGE 149, 289 Rn. 72 ff. oder 158, 1 Rn. 389 ff.; *Frenz*/Müggenborg BNatSchG § 34 Rn. 146). 109

Schließlich müssen mit Blick auf die konkreten Umstände des zu entscheidenden Einzelfalls die **zwingenden Gründe das Interesse an der Integrität des FFH-Gebiets** überwiegen. Die Bindungswirkung der gesetzlichen Bedarfsfeststellungen reicht für sich genommen nicht aus, um dem planfestzustellenden Vorhaben einen Vorrang gegenüber dem FFH-Schutz zu sichern (zu Recht Kodal Handbuch Straßenrecht/*Springe,* 8. Aufl. 2021, 32. Kapitel Rn. 107). Dies gilt auch für Vorhaben, die in die Unionsliste nach TEN-E-VO aufgenommen worden sind (→ Rn. 34). Nach Art. 7 Abs. 8 S. 1 TEN-E-VO müssen die Voraussetzungen der FFH-RL erfüllt werden. Insoweit hat auch das Inkrafttreten der VO 2022/869 110 nichts geändert. Nach wie vor kann mit dem EuGH (Urt. v. 29.7.2019 – C 411/17, Rn. 159) zusammenfassend festgehalten werden: Art. 6 Abs. 4 UAbs. 1 FFH-RL ist dahin auszulegen,

> „*dass das Ziel, die Stromversorgungssicherheit eines Mitgliedstaats jederzeit zu gewährleisten, einen zwingenden Grund des überwiegenden öffentlichen Interesses im Sinne dieser Vorschrift darstellt. Art. 6 Abs. 4 Unterabs. 2 dieser Richtlinie ist dahin auszulegen, dass, wenn das geschützte Gebiet, das durch ein Projekt beeinträchtigt werden könnte, einen prioritären natürlichen Lebensraumtyp oder eine prioritäre Art einschließt, was vom vorlegenden Gericht zu prüfen ist, nur die Notwendigkeit der Abwendung einer tatsächlichen und schwerwiegenden Gefahr, dass die Stromversorgung des betreffenden Mitgliedstaats unterbrochen wird, unter Umständen wie denen des Ausgangsverfahrens einen Grund der öffentlichen Sicherheit im Sinne dieser Vorschrift darstellen kann.*"

111 **4. Besonderer Artenschutz.** Zentralnorm des besonderen Artenschutzes ist § 44 BNatSchG (zum allgemeinen Artenschutz nach §§ 39ff. BNatSchG *Kahl/Gärditz* Umweltrecht, 12. Aufl. 2021, § 10 Rn. 140). Im Bereich der Planfeststellung von Energieleitungen spielt der besondere Artenschutz, **verglichen mit der Planfeststellung von anderen überörtlichen Infrastrukturanlagen** wie etwa von Straßen, Eisenbahnschienenwegen oder eines Flughafens, eine **kleinere Rolle** (vgl. etwa BVerwGE 154, 73 Rn. 143). Für den Betrieb der Infrastruktur liegt das auf der Hand: Der Strom fließt durch die Leitungen, fährt aber nicht vergleichbar mit Eisenbahnen oder Kraftfahrzeugen über Straßen oder Schienenwege. Insoweit ist ein Kollisionsrisiko von vornherein deutlich reduziert. Das Anprallrisiko insbesondere für Vögel wird typischerweise bereits im Rahmen des Habitatschutzes tatsächlich erfasst und rechtlich abgearbeitet (→ Rn. 106). Die Gefahr für Vögel, durch Freileitungen einen Stromschlag zu erleiden, ist bei Hoch- und Höchstspannungsfreileitungen aufgrund der größeren Abstände zwischen den Strom führenden Leitungen und geerdeten Bauteilen geringer als bei Mittelspannungsfreileitungen (vgl. *Frenz/Müggenborg* BNatSchG/*Appel*, 3. Aufl. 2021, § 41 BNatSchG Rn. 5; OVG Münster Urt. v. 21.6.2013 – 11 D 8/10.AK, Rn. 134), weshalb § 41 BNatSchG auch nur für Mittelspannungsfreileitungen gilt. Mit der Errichtung der Infrastruktur einhergehende Maßnahmen werden mit Blick auf die – kritikwürdige – Geringschätzung der rechtlichen Bedeutung der Bauphase für die Planfeststellung (→ Rn. 127) typischerweise kaum thematisiert. Obwohl Baumaßnahmen gerade im Fall eines sog. Ersatzneubaus (Beseitigung von mitunter seit vielen Jahrzehnten stehenden Masten und Fundamenten, Errichtung neuer Masten mit neuen Fundamenten an meist neuen Standorten) durchaus von Relevanz für wild lebende Tiere sein können.

112 Nach § 44 Abs. 1 Nr. 1 BNatSchG ist es insbesondere verboten, wild lebenden Tieren der besonders geschützten Arten nachzustellen, sie zu fangen, zu verletzen oder zu töten oder ihre Entwicklungsformen aus der Natur zu entnehmen, zu beschädigen oder zu zerstören. Unter das artenschutzrechtliche Tötungsverbot fallen nach § 7 Abs. 2 Nr. 13 und 14 BNatSchG insbesondere die im Anhang IV FFH-RL und die in Anlage 1 Bundesartenschutzverordnung aufgelisteten besonders geschützten und streng geschützten Arten (*Kment* NuR 2020, 361 (363)). Der Tatbestand der Tötung ist zunächst weit zu verstehen. Er ist individuenbezogen (BVerwGE 133, 239 Rn. 58). Geschützt ist jedes einzelne Exemplar (*Frenz/Müggenborg* BNatSchG/*Lau*, 3. Aufl. 2021, § 44 BNatSchG Rn. 23). § 44 Abs. 5 S. 2 Nr. 1 BNatSchG münzt das **Tötungsverbot** für Vorhaben, die durch Planfeststellung zugelassen werden (vgl. § 17 Abs. 1 BNatSchG), in die Frage um, ob das Vorhaben das Mortalitätsrisiko für die Tiere lediglich in einem „noch als sozialadäquat zu bezeichnenden Maß erhöht" (Frenz/Müggenborg BNatSchG/*Lau*, 3. Aufl. 2021, § 44 Rn. 65 unter Verweis auf BVerwGE 158, 1 Rn. 466). Ein Verstoß gegen das Tötungsverbot liegt danach nicht vor, wenn das Vorhaben das **Tötungs- und Verletzungsrisiko** für Exemplare der betroffenen Art nicht *signifikant erhöht* (zum Signifikanzansatz Bick/Wulfert NVwZ 2017, 346; Frenz/Müggenborg BNatSchG/*Lau*, 3. Aufl. 2021, § 44 BNatSchG Rn. 62; *Kment* NuR 2020, 361 (363f.); zur Geltung für Energieleitungen OVG Münster Urt. v. 21.6.2013 – 11 D 8/10.AK, Rn. 130). Dabei sind Schadensvermeidungsmaßnahmen risikomindernd in die Gesamtbetrachtung einzustellen. „Wird das baubedingte Tötungsrisiko durch Vermeidungsmaßnahmen bereits bis zur Schwelle des allgemeinen Lebensrisikos, dem die Individuen der jeweiligen Art ohnehin unterliegen, gesenkt, kann nach dem Maßstab praktischer Vernunft keine weitergehende artenschutzrechtliche Verantwortlichkeit bestehen" (BVerwG Urt. v. 8.1.2014 – 9 A 4.13 Rn. 99, nicht abgedruckt in BVerwGE 149, 31). Bei der Signifikanzprüfung soll der Planfeststellungsbehörde nach der Rechtsauffassung des BVerwG eine naturschutzfachliche Einschätzungsprärogative zustehen (BVerwGE 140, 149 Rn. 99). Anderer Ansicht ist das BVerfG. Es handele sich um eine faktische Grenze gerichtlicher Kontrolle und nicht um eine der Behörde vom Gesetzgeber willentlich eingeräumte Einschätzungsprärogative (BVerfGE 149, 407 Rn. 17 und 23; zum Ganzen *Kment* NuR 2020, 361 (365)).

113 Ist ein Verbotstatbestand nach § 44 Abs. 1 BNatSchG verwirklicht, kommt eine Zulassung des Vorhabens nur über eine artenschutzrechtliche Ausnahme in Betracht. In der fachplanungsrechtlichen Praxis kommt dem Ausnahmegrund nach § 45 Abs. 7 S. 1 Nr. 5 BNatSchG die größte Bedeutung zu. Danach können Ausnahmen insbesondere vom Tötungsverbot nach § 44 Abs. 5 S. 2 Nr. 1, Abs. 1 Nr. 1 BNatSchG zugelassen werden, „aus anderen **zwingenden Gründen des überwiegenden öffentlichen Interesses** einschließlich solcher sozialer oder wirtschaftlicher Art". Das setzt gemäß § 45 Abs. 7 S. 2 BNatSchG aber voraus, dass zumutbare Alternativen (näher *Kment* NuR 2020, 361 (368f.) nicht gegeben sind und sich der Erhaltungszustand der Population der betroffenen Art nicht verschlechtert. Da an die zwingenden Gründe des überwiegenden öffentlichen Interesses keine strengeren Anforderungen zu stellen sind als im Rahmen des Habitatschutzes (vgl. BVerwGE 149, 289 Rn. 119) gelten die dortigen Ausführungen (→Rn. 107ff.) entsprechend. Zum Ganzen Schoch/Schneider/*Kupfer* VwVfG Vorb § 72 Rn. 176ff.

5. TA Lärm. Infolge der rechtlichen Privilegierung neuer Leitungen in alten **114** Trassen – etwa durch § 43h S. 2 iVm S. 1, durch das auf neue Trassen beschränkte Überspannungsverbot in § 4 Abs. 3 S. 1 26. BImSchV (→Rn. 135) oder aufgrund der allgemeinen Minderung der Schutzwürdigkeit betroffener Belange durch Vorbelastung (→Rn. 162; Schoch/Schneider/*Kupfer* VwVfG Vorb § 72 Rn. 217ff.) – kommt es häufig dazu, dass **neue leistungsstarke Leitungen in unmittelbarere Nähe zu oder gar in bebauten Bereichen als Freileitungen** errichtet werden. In der Praxis scheuen Vorhabenträger selbst in Fällen der vollständigen Neuerrichtung von Ersatzleitungen (neue Leitungen und neue Masten an neuen Maststandorten) auch sachlich naheliegende Abweichungen von einer alten Trasse. Die Neuerrichtung in alter Trasse erscheint typischerweise als die einfachere Variante – und zwar auch dann, wenn sie ohne diese Privilegierung die klar schlechtere Alternative ist. In der Folge werden selbst bei der Errichtung von Leitungen, die nicht der ört-

§ 43 Teil 5. Planfeststellung, Wegenutzung

lichen Versorgung, sondern allein dem überregionalen Transport von Energie dienen, viele Menschen von Immissionen betroffen, weil die neuen Leitungen in alten Trassen als Freileitungen in unmittelbarer Nachbarschaft zu oder sogar über Wohnungen hinweg errichtet und betrieben, anstatt in neuen Trassen – gegebenenfalls sogar als Erdkabel – an Ortschaften vorbei geführt zu werden. Dies trägt zu einem erheblichen Teil zu dem vielerorts aufflammenden Widerstand in der Bevölkerung gegen die Errichtung neuer Leitungen bei.

115 Typischerweise sind **zwei Geräuschquellen** von Relevanz:

116 Beim Betrieb von Hochspannungsfreileitungen ist ein breitbandiges höherfrequentes Geräusch wahrnehmbar, das mitunter als „Knistern" oder „Britzeln" beschrieben werden kann (vgl. etwa *Külpmann* jurisPR-BVerwG 12/2021 Anm. 5 S. 3). Dieses Geräusch ist sowohl bei Wechsel- als auch bei Gleichstrom-Übertragungssystemen auf **Koronaentladungen** zurückzuführen. Mit dem Begriff „Koronaentladungen" werden Entladungsvorgänge in ein Gas bezeichnet: die stoßweise Ionisierung von Luftmolekülen (*Runge/Baum/Meister/Rottgardt* Umweltauswirkungen unterschiedlicher Netzkomponenten, Sept. 2012, S. 23). Mit der Erhöhung der zu übertragenden Spannung einer Freileitung nehmen auch die elektrischen Feldstärken zu, was die Koronaentladungen begünstigt. Koronaentladungen stehen in einem direkten Zusammenhang mit den Faktoren Übertragungsspannung, Leiterseilbeschaffenheit und Bündelung. Steht die Übertragungsspannung fest, kommt die Herstellung einer hydrophilen Beschichtung der Leiterseile (vgl. *Pischler/Schichler* Oberflächenbehandelte Leiterseile und ihre Auswirkungen auf die Lärmreduktion, Sept. 2020) oder die Verwendung „dicker(er)" Leiterseile als mögliche Lärmminderungsmaßnahme in Betracht. Durch die Verwendung von Leiterseilen mit einem größeren Durchmesser wird die Randfeldstärke vermindert. Damit werden Koronaentladungen erheblich reduziert und die längenbezogene Schallleistung vermindert (*Sames/Goossens* in Hessisches Landesamt für Umwelt und Geologie Messtechnische Felduntersuchungen zu Koronageräuschen, 2015, S. 75).

117 Neben den Koronaentladungen können **bei Wechselstrom-Übertragungssystemen** unter bestimmten Bedingungen weitere tonale Schallemissionen auftreten. Die sog. **2f-Emissionen** werden als „tieffrequentes Brummen/Summen" wahrgenommen (*Semmler/Straumann/Roero/Teich* Bulletin SEV/VSE 15/05, 13ff.).

118 Der von Energieleitungen ausgehende betriebsbedingte Lärm fällt in den Anwendungsbereich der **TA Lärm**. Energieleitungen sind als sonstige ortsfeste Einrichtungen zwar Anlagen iSd § 3 Abs. 5 Nr. 1 Alt. 2 BImSchG. Da sie im Anhang 1 zur 4. BImSchV aber nicht aufgeführt sind, zählen sie nach deren § 1 Abs. 1 S. 1 nicht zu den nach § 4 Abs. 1 S. 3 BImSchG genehmigungsbedürftigen Anlagen (BVerwG Urt. v. 22.6.2017 – 4 A 18.16 Rn. 19). Sie bedürfen keiner Genehmigung nach § 10 BImSchG. Folglich sind Energieleitungen nach § 22 Abs. 1 S. 1 Nr. 1 und Nr. 2 BImSchG so zu errichten und zu betreiben, dass schädliche Umwelteinwirkungen verhindert werden, die nach dem Stand der Technik vermeidbar sind, und nach dem Stand der Technik unvermeidbare schädliche Umwelteinwirkungen auf ein Mindestmaß beschränkt werden (BVerwGE 148, 353 Rn. 47). Hinsichtlich des von den Leitungen ausgehenden Lärms werden diese Anforderungen durch die TA Lärm konkretisiert. Ihr kommt grundsätzlich (→ Rn. 119 aE) eine im gerichtlichen Verfahren zu beachtende Bindungswirkung zu; BVerwG Urt. v. 12.11.2020 – 4 A 13.18 Rn. 46; BVerwGE 161, 263 Rn. 60.

119 Die TA Lärm bestimmt für die maßgeblichen Immissionsorte (Nr. 2.3 TA Lärm) die **höchstzulässigen Immissionsrichtwerte** tags und nachts (Nr. 6 TA Lärm).

Erfordernis der Planfeststellung **§ 43**

In Nr. 6.1 TA Lärm werden Typen von Baugebieten nach der BauNVO in Bezug genommen. Diese Regelungstechnik findet sich auch in der Verkehrslärmschutzverordnung – in § 2 Abs. 1 16. BImSchV. Die Schutzwürdigkeit der Nachbarschaft im Einwirkungsbereich der emittierenden Anlage wird normativ durch den **Bebauungsplan iVm den Gebietskategorien der BauNVO** bestimmt (Feldhaus Bundesimmissionsschutzrecht/*Feldhaus/Tegeder* B 3.6 Nr. 6 – 6. BImSchVwV [TA-Lärm] Rn. 45). Es ist die „Vereinfachte Regelfallprüfung" nach Nr. 4.2 TA Lärm durchzuführen. Der Prognose der künftigen Geräuschimmissionen ist das von der Vorhabenträgerin konkret vorgesehene Betriebskonzept zugrunde zu legen. Für **seltene Ereignisse** nach Nummer 7.2 TA Lärm können gem. Nr. 6.3 TA Lärm deutlich höhere Immissionsrichtwerte gelten. Diese Regelungssystematik hat der Gesetzgeber im Rahmen der **Klimaschutz-Sofortprogramm-Novelle 2022** nunmehr durch die Einfügung des neuen Abs. 2b in § 49 „*auf den Kopf gestellt*". Witterungsbedingte Anlagengeräusche von Höchstpannungsnetzen – der Hauptanwendungsfall der TA Lärm im vorliegenden Kontext – gelten nach § 49 Abs. 2b S. 1 „unabhängig von der Häufigkeit und Zeitdauer des sie verursachenden Wetter- und insbesondere Niederschlagsgeschehen" als seltene Ereignisse iSd TA Lärm. Tatsächlich handelt es sich um eine partielle Außerkraftsetzung der Schutznormen der TA Lärm: „Die bislang für Anlagen geltenden Grenzwerte nach Nr. 6.1 der TA Lärm müssen durch die Änderungen für Höchstspannungsnetze entsprechend nicht mehr eingehalten werden"; BT-Drs. 20/2402, 46. Hiervon unberührt bleiben allerdings die *verfassungsrechtlichen* Zumutbarkeitsgrenzen für eine Gesamtlärmbelastung (→ Rn. 179).

Irrelevanzkriterium: Ist Nr. 4.2 lit. a) TA Lärm eingehalten, weil die Geräuschimmissionen die Immissionsgrenzwerte nach Nr. 6 nicht überschreiten, kann nach Nr. 4.2 lit. c) auch eine gegebenenfalls bestehende Vorbelastung unberücksichtigt bleiben, wenn der Lärmbeitrag der zuzulassenden Leitung am jeweils maßgeblichen Immissionsort um mehr als 6 dB(A) unterhalb des dort geltenden Immissionsrichtwertes verbleibt (Nr. 3.2.1 Abs. 2 S. 2 TA Lärm). Hintergrund ist, dass sich bei einem Schallpegelunterschied von mehr als 6 db(A) der Gesamtlärm um weniger als 1 dB(A) erhöht. Eine Schallpegelerhöhung von weniger als 1 dB(A) ist für das menschliche Ohr typischerweise nicht wahrnehmbar (BVerwG Urt. v. 28.9.2021 – 9 A 12.20 Rn. 19). 120

In der Praxis wird häufig um die **Relativierung der Immissionsrichtwerte** nach Nr. 6.1 TA Lärm gerungen. Insoweit sind zwei Anknüpfungspunkte von Relevanz: Erstens eine Anpassung des Schutzniveaus „nach unten" wegen veränderter tatsächlicher Verhältnisse vor Ort und zweitens – die Berufung auf das Vorliegen einer Gemengelage: 121

Auch dann, wenn im konkreten Einzelfall eine Gebietsfestsetzung in einem Bebauungsplan besteht, soll in Abweichung von den in Nr. 6.1 TA Lärm bestimmten Werten eine **Anpassung des Schutzniveaus „nach unten"** methodisch grundsätzlich zulässig sein, wenn diese Korrektur nur ausnahmsweise, sorgfältig und behutsam erfolge – so Steinbach/Franke/*Fest/Riese* EnWG § 43 Rn. 159. 122

Einer derartigen Absenkung des Schutzniveaus **ist** jedoch **zu widersprechen**, da es hierfür keine Regelung in der TA Lärm gibt. In Nr. 6.6 S. 1 TA Lärm ist vorgeschrieben, dass sich die Art der in Nr. 6.1 TA Lärm bezeichneten Gebiete aus den Festlegungen in den Bebauungsplänen ergibt. Nur Gebiete, für die insoweit keine einschlägigen Festsetzungen bestehen, werden nach Nr. 6.6 S. 2 TA Lärm entsprechend ihrer Schutzbedürftigkeit beurteilt. Eine der für genehmigungsbedürftige Anlagen vorgesehenen „Ergänzenden Prüfung im Sonderfall" (Nr. 3.2.2 TA Lärm) 123

Hermes/Kupfer 1885

§ 43 Teil 5. Planfeststellung, Wegenutzung

vergleichbare Regelung ist weder in Nr. 6 TA Lärm noch in der die Prüfung nicht genehmigungsbedürftiger Anlagen regelnden Nr. 4 TA Lärm enthalten. Insoweit bleibt es bei den allgemeinen Regeln: Bebauungspläne bleiben wirksam bis sie entweder rechtsförmlich aufgehoben bzw. ersetzt werden oder wegen Funktionslosigkeit außer Kraft treten (*v. Komorowski/Kupfer* VBlBW 2003, 1 (2)). An die Feststellung der Funktionslosigkeit eines Bebauungsplans stellt die Rechtsprechung qualifizierte Anforderungen (vgl. etwa BVerwGE 122, 207 (214); BVerwG NVwZ 2004, 1244 (1245)). Eine einzelfallbezogene Anpassung normierter Immissionsrichtwerte „nach unten" als Ergebnis einer materiellrechtlichen Korrektur einer rechtsförmlichen Gebietsfestsetzung in einem wirksamen Bebauungsplan durch eine staatliche Verwaltungsbehörde wegen „Wegfalls der Geschäftsgrundlage" kennt die Rechtsordnung nicht (iE ebenso Feldhaus Bundesimmissionsschutzrecht/*Feldhaus/Tegeder* B 3.6 Nr. 6 – 6. BImSchVwV (TA Lärm) Rn. 45; wohl aA Landmann/Rohmer/*Hansmann* TA Lärm Nr. 6 Rn. 14.)

124 Mit dem Begriff **„Gemengelage"** werden nach Nr. 6.7 TA Lärm Situationen beschrieben, in denen gewerblich, industriell oder hinsichtlich ihrer Geräuschwirkungen vergleichbar genutzte Gebiete an Gebiete grenzen, die dem Wohnen dienen. Die Regelung nimmt das **Zusammentreffen mehrerer Gebiete** in den Blick. Sie zielt darauf ab, einen Interessenausgleich zwischen einem seine Gebietsgrenzen überschreitenden Emissionsverhalten und mindestens einem auch seine Gebietsgrenzen überschreitenden Schutzbedürfnis herbeizuführen. Vor diesem Hintergrund überrascht es, wenn das Bundesverwaltungsgericht die Regelung nutzt, um **Nutzungskonflikte innerhalb ein und desselben Gebiets** zu regeln. In seiner Entscheidung vom 14.3.2018 (BVerwGE 161, 263 Rn. 62) wendet das Gericht die Regelung auf den Nutzungskonflikt innerhalb ein und desselben Gebiets an:

„Die Immissionsorte IO 3 und IO 4 liegen im Bereich eines bauplanerisch festgesetzten reinen Wohngebiets, so dass im Ausgangspunkt der Immissionsrichtwert nach Nr. 6.6 Satz 1 i. V. m. Nr. 6.1 Buchst. e der TA Lärm von 35 dB(A) zur Nachtzeit zugrunde zu legen ist. Dieser Immissionsrichtwert ist aber wegen der Gemengelage zwischen der Wohnnutzung und der gewerblichen Nutzung der bestehenden Trasse nach Nr. 6.7 Abs. 1 Satz 1 der TA Lärm zu erhöhen; denn die Vorschrift kann auch auf einzelne Grundstücke jedenfalls entsprechend Anwendung finden (vgl. OVG Münster, Beschluss vom 12. Februar 2013 – 2 B 1336/12 – BauR 2013, 1078 <1080>; Feldhaus, Bundesimmissionsschutzrecht/Feldhaus/Tegeder, Februar 2018, B 3.6, 6. BImSchVwV <TA Lärm>, Nr. 6 Rn. 59)."

125 Gegen diese „innergebietliche" Annahme einer Gemengelage ist anzuführen: Die Lärmschutzvorschriften gem. § 22 Abs. 1 S. 1 Nr. 1 und Nr. 2 BImSchG iVm Nr. 2.3 und Nr. 6.1 TA Lärm sind **drittschützend:**

„Diese Anforderungen dienen dem allgemeinen Interesse und dem Schutz Betroffener und sind nicht dem kommunalen Selbstverwaltungsrecht zugeordnet (...). Die Klägerin könnte indes einen Eingriff in ihr Eigentum rügen, wenn Nutzer und Bewohner ihrer Anlagen in rechtswidriger Weise Immissionen ausgesetzt würden" (BVerwGE 148, 353 Rn. 48).

Weiter konkretisieren die Vorschriften der TA Lärm den unbestimmten Rechtsbegriff der schädlichen Umwelteinwirkungen für anlagenbezogene Lärmimmissionen **abschließend und mit Bindungswirkung** für die streitentscheidenden Ge-

Erfordernis der Planfeststellung **§ 43**

richte. Der TA-Lärm „kommt eine im gerichtlichen Verfahren zu beachtende Bindungswirkung zu. Die normative Konkretisierung des gesetzlichen Maßstabs für die Schädlichkeit von Geräuschen ist jedenfalls insoweit abschließend, als sie bestimmte Gebietsarten und Tageszeiten entsprechend ihrer Schutzbedürftigkeit bestimmten Immissionsrichtwerten zuordnet und das Verfahren der Ermittlung und Beurteilung der Geräuschimmissionen vorschreibt" (BVerwGE 148, 353 Rn. 53). Aus all dem ergibt sich, dass der Wortlaut der TA Lärm – hier der Nr. 6.7 – ernst zu nehmen ist. Der gesamte Wortlaut der Nr. 6.7 TA Lärm bezieht sich auf das Aufeinandertreffen von Gebieten – nicht aber auf Nutzungskonflikte innerhalb ein und desselben Gebiets. Vor diesem Hintergrund hätte sich das BVerwG nicht mit einer – bestenfalls – vagen Rechtsprüfung – „denn die Vorschrift kann auch auf einzelne Grundstücke jedenfalls entsprechend Anwendung finden" – begnügen dürfen. Vielmehr hätte es sich der Mühe einer ernsthaften Analogie-Prüfung unterziehen müssen. Am Anfang einer solchen Prüfung hat die Beantwortung der Frage zu stehen, ob die hier in Rede stehende Kassation des Immissionsabwehranspruchs dem **Vorbehalt des Gesetzes** unterfällt. Schließlich handelt es sich um abschließende, drittschützende Vorschriften des zwingenden Rechts – um ein K.o.-Kriterium (→ Rn. 91). Auch die vom BVerwG genannten Belegstellen lassen das Erfordernis, die Voraussetzungen einer Analogie – die **planwidrige Unvollständigkeit des Gesetzes und eine gleichgerichtete Interessenlage zwischen dem geregelten und dem nicht geregelten Fall** – zu prüfen, nicht entfallen. Der vom BVerwG vorrangig in Bezug genommene Beschluss des OVG Münster (v. 12.2.2013 – 2 B 1336/12 Rn. 26) behandelt die Frage, ob ein Wohngebiet mit dem angrenzenden Außenbereich eine Gemengelage bilden kann. Kein anderes Thema behandeln *Feldhaus/Tegeder* in der von dem Gericht in Bezug genommenen Kommentierung: „Unter Gebieten i. S. von Nr. 6.7 sind nicht nur Baugebiete zu verstehen, auch einzelne dem Wohnen dienende Grundstücke können mit einem angrenzenden gewerblich oder industriell genutzten Gebiet eine Gemengelage bilden. [...] Das gilt auch für den umgekehrten Fall, dass ein einzelnes Betriebsgrundstück an ein dem Wohnen dienendes Gebiet grenzt" (Feldhaus Bundesimmissionsschutzrecht/*Feldhaus/Tegeder* B. 3.6 Nr. 6 – 6. BImSchVwV (TA Lärm) Rn. 59).

6. Baulärm. Die Planfeststellungsbehörde kann zum Schutz insbesondere der **126** Anwohner auf der Grundlage der §§ 43 Abs. 4, 43b Abs. 1 vor Nr. 1 EnWG, 74 Abs. 2 S. 2 VwVfG nach Maßgabe der §§ 22 Abs. 1, 3 Abs. 1 BImSchG iVm der gem. § 66 Abs. 2 BImSchG maßgeblichen Allgemeinen Verwaltungsvorschrift zum Schutz gegen Baulärm – AVV Baulärm – Schutzmaßnahmen anordnen (BVerwGE 143, 249 Rn. 24 ff.; mwN Schoch/Schneider/*Kupfer* VwVfG § 74 Rn. 68). Baustellen sind nach Nr. 1 lit. f) TA Lärm von deren Anwendungsbereich ausdrücklich ausgenommen.

In der Praxis fällt die Prüfung der Einhaltung der Vorgaben der AVV Baulärm, **127** insbesondere der Immissionsrichtwerte nach deren Nr. 3, typischerweise nur sehr oberflächlich aus. Häufig haben Lärmschutzmaßnahmen nur Empfehlungscharakter. So kann etwa zu lesen sein: Die Baustelleneinrichtung sowie die Verladestelle und Zufahrtswege für LKW sollten möglichst entfernt von den jeweiligen Immissionsorten positioniert werden, um einen größtmöglichen Abstand zu gewährleisten. Grund für diese unzureichende Durchdringungstiefe ist, dass die Rechtsprechung es zulässt, die **Bauablaufplanung auf die Phase nach Abschluss des Planfeststellungsverfahrens zu verschieben** (beispielhaft etwa OVG Münster Urt. v. 3.9.2021 – 11 D 79/19.AK Rn. 80 ff.). Defizite bei der Beachtung der Vor-

§ 43 Teil 5. Planfeststellung, Wegenutzung

gaben der AVV Baulärm seien – so BVerwG NVwZ 2021, 1145 Rn. 100 – „eine Frage des Vollzugs und können die Rechtmäßigkeit des Planfeststellungsbeschlusses nicht in Zweifel ziehen." Diese Rechtsauffassung steht in einem **Spannungsverhältnis** sowohl zu dem Umstand, dass es sich bei der **AVV Baulärm um zwingendes Recht** handelt (Schoch/Schneider/*Kupfer* VwVfG Vorb § 72 Rn. 196), als auch zu dem **Gebot der Konfliktbewältigung** (Schoch/Schneider/*Kupfer* VwVfG § 72 Rn. 207 ff.) und dem Gebot, den Schutz des Klimas (Schutz vor Staub und Abgasen) bestmöglich zu befördern (→ Rn. 158 ff.). Die unzureichende Prüfung der Bauablaufplanung kann auch mit Blick auf das Artenschutzrecht zum Tragen kommen (→ Rn. 111).

128   7. **26. BImSchV.** Zu den schädlichen Umwelteinwirkungen, die Energieleitungen nach § 22 Abs. 1 S. 1 Nr. 1 und Nr. 2 BImSchG nach dem Stand der Technik zu vermeiden, zumindest aber auf ein Mindestmaß zu beschränken haben, gehört neben dem Lärm (→ Rn. 115 ff.) auch die Erzeugung **elektrischer und magnetischer Felder.** Diese Felder lassen sich durch ihre Stärke (Amplitude), ihre Schwingung (Wellenlänge) sowie Schwingungszahl (Frequenz) beschreiben. Unterschieden werden hoch- und niederfrequente Felder. Typische Hochfrequenzanlagen sind Funkanlagen. Elektrische Leitungen rechnen zu den niederfrequenten Anlagen. Elektrische und magnetische Felder bewirken eine **nichtionisierende Strahlung.** Zwar reicht deren Energie grundsätzlich nicht aus, um Atome und Moleküle elektrisch aufzuladen. Trotzdem kann auch diese Art der Strahlung **gesundheitliche Folgen** haben. So erzeugen niederfrequente Felder im menschlichen Körper elektrische Felder und Ströme. Als Folge davon können Nerven- und Muskelzellen gereizt werden. Bei hohen Stromdichten können Gesundheitsschäden eintreten; vgl. Bundesamt für Strahlenschutz, www.bfs.de.

129   Sowohl für elektrische als auch für magnetische Felder gilt: Grundsätzlich verringern sich die Feldstärken mit jedem Meter Abstand von der Feldquelle. **Elektrische und magnetische Felder unterscheiden sich jedoch dadurch, dass elektrische Felder durch übliche Baustoffe für Gebäude und durch Erdreich gut abgeschirmt werden – magnetische Felder aber nicht.** Magnetfelder werden etwa durch Gebäudewände oder Dachflächen kaum abgeschwächt und können in Gebäude eindringen. Mit Blick auf die **Alternativendiskussion „Freileitung oder Erdkabel"** (→ Rn. 168) ist ein weiterer Umstand von Bedeutung: Da bei der Verlegung von Erdkabeln die Leiter jeweils einzeln isoliert und dadurch vor gegenseitiger Berührung geschützt sind, können Erdkabel dichter beieinander verlegt werden. Deshalb nehmen die Magnetfelder bei Erdkabeln im Vergleich zu Freileitungen mit zunehmendem Abstand von der Trassenmitte „deutlich stärker ab" (Bundesamt für Strahlenschutz, Strahlenschutz beim Ausbau der Stromnetze, 2015, S. 6), obwohl allein die Verlegung im Erdreich keine erhebliche Abschirmungswirkung bewirkt.

130   Hinsichtlich der von Energieleitungen ausgehenden elektrischen und magnetischen Immissionen werden die **Vorgaben des § 22 Abs. 1 S. 1 Nr. 1 f. BImSchG durch die 26. BImSchV konkretisiert** (BVerwG Urt. v. 22.6.2017 – 4 A 18.16 Rn. 20). Bei Leitungsvorhaben im Anwendungsbereich des § 43 (Hochspannungsleitungen mit einer Nennspannung von 110 kV oder mehr) handelt es sich typischerweise um **Niederfrequenzanlagen** (bei Wechselstrombetrieb mit einer Nennspannung von 1 kV oder mehr) gem. § 1 Abs. 2 Nr. 2 oder um **Gleichstromanlagen** nach § 1 Abs. 2 Nr. 3 26. BImSchV (mit einer Nennspannung von 2 kV oder mehr). Ändert der Strom im Fall des Wechselstrombetriebs 100 Mal pro

Sekunde seine Richtung – was einer Frequenz von 50 Hertz entspricht –, so werden sowohl das elektrische als auch das magnetische Feld im gleichen Rhythmus umgepolt. Es entstehen elektrische und magnetische Wechselfelder mit der gleichen Frequenz. Im Fall des Gleichstrombetriebs entstehen elektrische und magnetische Gleichfelder (näher Bundesamt für Strahlenschutz Elektrische und magnetische Felder der Stromversorgung Strahlenschutz konkret, 2021, S. 2). Mit Blick auf die 26. BImSchV lassen sich zwei Anwendungsfelder unterscheiden: Zunächst ist die Einhaltung der Grenzen zur fachplanungsrechtlichen Unzumutbarkeit sicherzustellen: für Niederfrequenzanlagen nach Maßgabe von § 3 (→ Rn. 131), für Gleichstromanlagen gem. § 3a 26. BImSchV (→ Rn. 132). Dann ist für beide Anlagentypen den in § 4 26. BImSchV normierten Anforderungen zur Vorsorge Rechnung zu tragen (→ Rn. 133ff.). Schließlich ist in § 4 Abs. 3 S. 1 26. BImSchV für Niederfrequenzanlagen in neuen Trassen ein zwingendes Überspannungsverbot normiert (→ Rn. 135).

Nach § 3 Abs. 2 S. 1 26. BImSchV sind **Niederfrequenzanlagen,** die nach dem 22. 8. 2013 errichtet werden, zum Schutz vor schädlichen Umwelteinwirkungen so zu errichten und zu betreiben, dass sie bei höchster betrieblicher Anlagenauslastung in ihrem Einwirkungsbereich an Orten, die nicht nur zum vorübergehenden Aufenthalt von Menschen bestimmt sind, die im Anhang 1a genannten Grenzwerte nicht überschreiten, wobei Niederfrequenzanlagen mit einer Frequenz von 50 Hertz (→ Rn. 130) die Hälfte des in Anhang 1a genannten Grenzwertes der magnetischen Flussdichte nicht überschreiten dürfen. Damit betragen die maßgeblichen **Grenzwerte** für Hochspannungsleitungen, die mit Wechselstrom betrieben werden sollen, für die **elektrische Feldstärke 5 kV/m** und für die **magnetische Flussdichte 100 µT**. Gegenüber der Kritik an der Höhe der Werte stellt sich das Bundesverwaltungsgericht auf den Standpunkt, dass diese „von Rechts wegen" nicht zu beanstanden seien (BVerwGE 148, 353 Rn. 51 f.; BVerwG Urt. v. 4. 4. 2019 – 4 A 6.18 Rn. 28). Nach Maßgabe von § 3 Abs. 3 ist sowohl bei der Ermittlung der elektrischen Feldstärke als auch der magnetischen Flussdichte eine **Gesamtbetrachtung** anzustellen. 131

Für **Gleichstromanlagen** (Frequenz von 0 Hertz) sieht der Verordnungsgeber einen **Grenzwert** für die **magnetische Flussdichte** vor, der das Fünffache des Grenzwertes für Niederfrequenzanlagen beträgt: **500 µT!** An die Stelle eines echten Grenzwertes für die elektrische Feldstärke tritt die Regelung indirekter Effekte elektrischer Felder gem. § 3a S. 1 Nr. 2 26. BImSchV: Wirkungen wie Funkentladungen auch zwischen Personen und leitfähigen Objekten, die zu erheblichen Belästigungen oder Schäden führen können, sind zu vermeiden. Dabei gilt: Geschützt sind bereits **Orte, die lediglich zum vorübergehenden Aufenthalt** von Menschen bestimmt sind. Der Prüfung ist die **höchste betriebliche Anlagenauslastung** zugrunde zu legen. Schließlich sind alle relevanten Immissionen nach § 3a S. 2 26. BImSchV zu berücksichtigen – **Gesamtbetrachtung!** 132

Da Grenzwerte „nur" nach dem Stand der Wissenschaft im Zeitpunkt ihrer Bestimmung durch den Gesetz- oder Verordnungsgeber und auch nur gegen nach seiner damaligen Auffassung nachgewiesene schädliche Wirkungen schützen sowie die Einflüsse elektrischer und magnetischer Felder auf die menschliche Gesundheit nicht umfassend erforscht sind (vgl. Bundesamt für Strahlenschutz Strahlenschutz beim Ausbau der Stromnetze, 2015, S. 10 f. und BT-Drs. 18/5948, 169), soll die **Belastung durch elektrische und magnetische Felder auch unterhalb der Grenzwerte** *bestmöglich minimiert* werden: Nach § 4 Abs. 2 S. 1 26. BImSchV sind bei Errichtung und wesentlicher Änderung von Niederfrequenzanlagen sowie 133

§ 43 Teil 5. Planfeststellung, Wegenutzung

Gleichstromanlagen die Möglichkeiten auszuschöpfen, die von der jeweiligen Anlage ausgehenden elektrischen, magnetischen und elektromagnetischen Felder nach dem Stand der Technik zu minimieren. Ziel sollte – nach Ansicht des Bundesamtes für Strahlenschutz (BT-Drs. 18/5948, 169) – sein: „Der zusätzliche Immissionsbeitrag einer neuen oder wesentlich veränderten Hochspannungsleitung sollte die bestehende zivilisatorisch bedingte Hintergrundbelastung an Orten, wo sich Personen gewöhnlich einen großen Teil des Tages aufhalten, nicht wesentlich erhöhen." Um die im Einzelfall zuständigen Behörden bei ihren Entscheidungen zu unterstützen, ob die Minimierung der Felder unter Berücksichtigung von Gegebenheiten im Einwirkungsbereich der jeweiligen Anlage sachgerecht geplant und umgesetzt wird, hat die Bundesregierung auf der Grundlage von § 4 Abs. 2 S. 2 26. BImSchV iVm § 48 BImSchG eine Allgemeine Verwaltungsvorschrift zur Durchführung der 26. BImSchV erlassen – die sog. **„26. BImSchVVwV"**.

134 Das **BVerwG** ordnet das Minimierungsgebot nach § 4 Abs. 2 S. 1 26. BImSchV (→ Rn. 133) *nicht* dem zwingenden Recht, sondern dem Abwägungsgebot zu (→ Rn. 164). Das Gericht zieht ausdrücklich den Vergleich zu § 50 S. 1 BImSchG und behandelt das Minimierungsgebot dann als **Abwägungsdirektive**: „Dieses Gebot fordert nicht die Ausschöpfung des technisch-wissenschaftlich möglichen Minimierungspotentials, sondern eine risikoproportionale Emissionsbegrenzung im Rahmen des Standes der Technik und damit ein vernünftiges Optimum. Verlangt ist keine Vorsorge vor Immissionen durch elektromagnetische Felder ‚um jeden Preis' und auf Kosten anderer, in § 1 Abs. 1 EnWG genannter Ziele. Die Norm erweist sich danach – insoweit vergleichbar dem § 50 Satz 1 BImSchG – nicht als konkurrenzlos, sondern kann in einer Bewertung der konkreten Einzelfallumstände hinter anderen Belangen zurücktreten"; so BVerwG Beschl. v. 27. 7. 2020 – 4 VR 7.19 ua Rn. 44; Urt. v. 14. 3. 2018 – 4 A 11.17 Rn. 52.

135 Schließlich ist in § 4 Abs. 3 S. 1 26. BImSchV ein **Überspannungsverbot** normiert: Höchstspannungsfreileitungen, die in einer neuen Trasse errichtet (kritisch zu der hierdurch bewirkten Privilegierung alter Trassen → Rn. 114), mit Wechselstrom und einer Nennspannung von 220 kV oder mehr betrieben werden, dürfen Gebäude oder Gebäudeteile, die zum dauerhaften Aufenthalt von Menschen bestimmt sind, nicht überspannen. Im Einzelfall kann die Planfeststellungsbehörde eine **Ausnahme** vom Überspannungsverbot aufgrund § 8 Abs. 2 26. BImSchV zulassen (BVerwG Beschl. v. 27. 7. 2020 – 4 VR 7.19 ua Rn. 54).

136 **8. Erdverkabelung.** Die *Pflicht* **zur Erdverkabelung** kann sich für den Vorhabenträger aus verschiedenen Vorschriften ergeben. In Betracht kommen § 2 Abs. 2 EnLAG (→ Rn. 137 ff.), § 2 Abs. 3 BBPlG (→ Rn. 141) und § 2 Abs. 5 BBPlG (→ Rn. 142) sowie § 43 h (→ Rn. 144). Dabei ist der **Begriff der Erdverkabelung** weit zu verstehen. Nach § 2 Abs. 1 S. 2 EnLAG gelten als Erdkabel alle **unterirdisch geführte Leitungen** einschließlich Kabeltunnel und gasisolierter Rohrleitungen (vgl. BVerwG Urt. v. 27. 7. 2021 – 4 A 14.19 Rn. 51 f.).

137 Nach **§ 2 Abs. 2 S. 1 EnLAG** ist im Falle des Neubaus auf Verlangen der Planfeststellungsbehörde bei einem der sechs in § 2 EnLAG abschließend aufgezählten EnLAG-Vorhaben (→ Rn. 14; zur Auswahl dieser Vorhaben BT-Drs. 16/10491, 16 und Steinbach/Franke/*Lecheler*/*Steinbach* ENLAG § 2 Rn. 147) eine Höchstspannungsleitung auf technisch und wirtschaftlich effizienten Teilabschnitten als Erdkabel zu errichten und zu betreiben, wenn bestimmte Abstände zu Wohngebäuden im Bebauungsplanbereich (§ 30 BauGB) oder im unbeplanten Innenbereich (§ 34 BauGB) – 400 m – bzw. zu Wohngebäuden im Außenbereich

Erfordernis der Planfeststellung §43

(§ 35 BauGB) – 200 m – unterschritten werden. Maßgeblich ist dabei der Abstand von der Trassenmitte bis zum nächstgelegenen Punkt der Außenwand eines Wohngebäudes; auf etwaige Grundstücksgrenzen kommt es nicht an (BVerwG Urt. v. 6.4.2017 – 4 A 2.16 ua Rn. 41).

Liegen die tatbestandlichen Voraussetzungen des § 2 Abs. 2 S. 1 EnLAG vor, entscheidet die Planfeststellungsbehörde in Ausübung **pflichtgemäßen Ermessens** darüber, ob statt einer Freileitung eine Erdverkabelung vom Vorhabenträger verlangt wird. Diese fachrechtliche Abwägung darf nicht mit der allgemeinen planungsrechtlichen Abwägung, die in § 43 Abs. 3 normiert ist, verwechselt werden. Die Abwägung nach § 2 Abs. 2 S. 1 EnLAG unterliegt einem spezifischen Prüfprogramm (Identifikation und Abgrenzung von „technisch und wirtschaftlich effizienten Teilabschnitten"; näher Steinbach/Franke/*Lecheler/Steinbach* EnLAG § 2 Rn. 174), stellt aber keine Ausübung planungsrechtlicher Gestaltungskompetenz dar. Insoweit dogmatisch vergleichbar ist die Ermessensausübung der Planfeststellungsbehörde bei der Anwendung des § 41 Abs. 2 BImSchG beispielsweise im Rahmen der Planfeststellung von Straßen oder Schienenwegen (vgl. hierzu Schoch/Schneider/*Kupfer* VwVfG Vorb § 72 Rn. 194). Kommt es dann zu einer partiellen Verlegung der Leitung als Erdkabel, fallen die als Erdkabel zu verlegenden Leitungsabschnitte gleichwohl nicht aus der UVP-Pflicht heraus. Zwar besteht für Errichtung und Betrieb von Erdkabeln gem. Nr. 19.11 der Anlage 1 zum UVPG nur dann eine UVP-Pflicht, wenn es sich um eine Erdkabelleitung nach § 2 Abs. 5 BBPlG handelt. Mit anderen Worten: Handelt es sich bei dem Erdkabel nicht um ein Vorhaben, das im Bundesbedarfsplan mit „E" gekennzeichnet ist, findet grundsätzlich keine UVP statt. Eine bloß partielle Erdverkabelung führt aber nicht dazu, dass das Vorhaben aus dem Anwendungsbereich der Nr. 19.1 der Anlage 1 zum UVPG ganz oder teilweise herausfällt. Das Vorhaben wird nicht in isoliert zu betrachtende Freileitungs- und Erdkabelabschnitte aufgeteilt – es bleibt *ein* Vorhaben im fachplanungsrechtlichen Sinn (*Snjka* UPR 2021, 373).

Das BVerwG hat entschieden, im Anwendungsbereich von § 2 Abs. 1 und Abs. 2 EnLAG gelte das allgemeine fachplanerische Abwägungsgebot nur eingeschränkt. Handele es sich im konkreten Fall um ein EnLAG-Vorhaben, ist das Vorhaben in § 2 Abs. 1 S. 1 EnLAG aber nicht genannt und deshalb **kein Pilotvorhaben, scheide eine Erdverkabelung aus** (BVerwG Beschl. v. 27.7.2020 – 4 VR 7.19 ua Rn. 101 ff.; Urt. v. 27.7.2021 – 4 A 14.19 Rn. 45). Der Gesetzgeber habe insoweit eine abschließende Spezialregelung getroffen (vgl. auch BVerwGE 165, 166 Ls. und Rn. 41).

Diese Beschränkung des fachplanungsrechtlichen Abwägungsgebots begegnet den folgenden **Bedenken:** Das Abwägungsgebot ist Ausfluss des Rechtsstaatsprinzips und gilt unabhängig davon, ob es einfachgesetzlich normiert ist (mwN Schoch/Schneider/*Kupfer* VwVfG Vorb § 72 Rn. 204). Vor diesem Hintergrund erscheint es als „*mit Kanonen auf Spatzen geschossen*", wenn das BVerwG vorrangig unter Berufung auf den Erprobungscharakter der Erdkabeltechnologie für Höchstspannungsleitungen im Drehstrombereich (vgl. BVerwG Beschl. v. 27.7.2020 – 4 VR 7.19 ua Rn. 104 ff.) eine der drei materiell-rechtlichen Anforderungen an die Planfeststellung einfach „beiseite schiebt", anstatt sich darauf zurückzuziehen, auf eine rechtsfehlerfreie Abwägung durch die Planfeststellungsbehörde zu bestehen. In der Sache entzieht das Gericht der Planfeststellungsbehörde ihr originär zustehende Gestaltungskompetenz. Das Abwägungsgebot räumt der Planfeststellungsbehörde hinreichende Gestaltungskompetenz ein, unverhältnismäßige Forderungen nach Erdverkabelungen abzulehnen (ebenso *Külpmann* jurisPR-BVerwG 4/2021 Anm. 1 S. 3). Im Übrigen ist es alles andere als ausgeschlossen, dass sich im

138

139

140

§ 43 Teil 5. Planfeststellung, Wegenutzung

Laufe der Zeit – etwa mit der fortschreitenden technischen Entwicklung und Erfahrung oder der Veränderung der Kostensituation – zumindest eine teilweise Erdverkabelung eines der EnLAG-Vorhaben, die keine Pilotvorhaben nach § 2 Abs. 1 EnLAG sind, im Einzelfall als erforderlich und angemessen erweisen kann, um dieses Vorhaben möglichst sachgerecht und ausgewogen in seine Umgebung einzubinden (zu diesem Maßstab Schoch/Schneider/*Kupfer* VwVfG Vorb § 72 Rn. 19). Schließlich überzeugt es auch nicht, wenn das Gericht ausführt, der Gesetzgeber bewerte die Erdkabeltechnologie für Höchstspannungsleitungen im Drehstrombereich nicht als dem Stand der Technik entsprechend. Er habe ihren Einsatz im „Interesse der Netzstabilität und der Vermeidung von Störungen oder Ausfällen der Übertragungsnetze" auf Pilotvorhaben beschränkt (BVerwG Beschl. v. 27.7.2020 – 4 VR 7.19 ua Rn. 105). Das ist keine Frage der Alternativenprüfung, sondern der Sicherheit (→ Rn. 145).

141 Aus **§ 2 Abs. 3 BBPlG** folgt keine unmittelbar zwingende Verpflichtung des Vorhabenträgers zur Verlegung der Offshore-Anbindungsleitung als Erdkabel. Die Vorschrift äußert sich nicht ausdrücklich dazu, wer diese Entscheidung zu treffen hat. Folglich gelten die allgemeinen Regeln: Die Ausarbeitung der Planungsunterlagen ist Sache des Vorhabenträgers. Aufgabe der Planfeststellungsbehörde ist es, die möglichst sachgerechte und ausgewogene Einbindung des Vorhabens in seine Umgebung zu gewährleisten. Zum Ganzen Schoch/Schneider/*Kupfer* VwVfG Vorb § 72 Rn. 19 ff. Den Maßstab für die Entscheidung, ob im Anwendungsbereich von § 2 Abs. 3 S. 2 BBPlG schlussendlich eine Freileitung errichtet oder ein Erdkabel verlegt werden wird, bildet somit das fachplanerische Abwägungsgebot (→ Rn. 168).

142 Demgegenüber sind Leitungen zur **Höchstspannungs-*Gleichstrom*-Übertragung**, die gem. **§ 2 Abs. 5 BBPlG** mit einem „**E**" gekennzeichnet sind, nach § 3 Abs. 1 BBPlG grundsätzlich als Erdkabel zu errichten und zu betreiben – Vorrang der Erdverkabelung (Steinbach/*Franke* BBPlG § 3 Rn. 1). In § 3 Abs. 4 S. 1 BBPlG hat der Gesetzgeber für den Fall der Siedlungsannäherung sogar ein absolutes Freileitungsverbot normiert. Diese Vorgaben gelten auch für die Planfeststellung nach § 43 – also für Leitungen, die zwar im Bundesbedarfsplan genannt werden, aber – weil sie weder mit „A1", noch mit „A2" oder einem „C" gekennzeichnet sind – nicht nach §§ 18 ff. NABEG planfestgestellt werden (→ Rn. 18); vgl. etwa die Leitung Nr. 30 („Höchstspannungsleitung Oberzier – Bundesgrenze (BE); Gleichstrom").

143 Anders als für Leitungen zur Höchstspannungs-*Gleichstrom*-Übertragung überlässt es der Gesetzgeber in § 4 Abs. 1 BBPlG grundsätzlich dem Vorhabenträger, zu entscheiden, ob eine im Bundesbedarfsplan nach **§ 2 Abs. 6 BBPlG mit „F" gekennzeichnete** Leitung zur **Höchstspannungs-*Drehstrom*-Übertragung** als Erdkabel verlegt wird. Um die mit einer Erdverkabelung verbundenen Mehrkosten für den Vorhabenträger bei seiner Entscheidung aber nicht ausschlaggebend sein zu lassen, hat der Gesetzgeber über den Verweis in § 4 Abs. 3 S. 2 BBPlG auf die Kostenumlage nach § 2 Abs. 5 EnLAG für einen finanziellen Ausgleich gesorgt. Auch in diesem Kontext wird die Auffassung vertreten, aus einer fehlenden Kennzeichnung folge der Ausschluss der Erdverkabelung. Dabei wird ausdrücklich Bezug genommen auf die Ausführungen des BVerwG zu § 2 EnLAG (→ Rn. 138; so etwa *Christiansen* jurisPR-UmwR 12/2020 Anm. 1). Mit Blick auf § 2 Abs. 6 BBPlG gilt nichts anderes als im Anwendungsbereich von § 2 Abs. 2 iV. Abs. 1 EnLAG: Es besteht keine Rechtfertigung, das planungsrechtliche Abwägungsgebot außer Kraft zu setzen (→ Rn. 140).

144 Nach **§ 43h** sind Hochspannungsleitungen auf neuen Trassen mit einer Nennspannung von 110 kV oder weniger als Erdkabel auszuführen, soweit die Gesamt-

kosten für Errichtung und Betrieb des Erdkabels die Gesamtkosten der technisch vergleichbaren Freileitung den Faktor 2,75 nicht überschreiten und naturschutzfachliche Belange nicht entgegenstehen; die Planfeststellungsbehörde kann die Errichtung als Freileitung zulassen, wenn öffentliche Interessen nicht entgegenstehen (→ § 43h Rn. 1 ff.). Soll der Neubau einer Hochspannungsleitung weit überwiegend in oder unmittelbar neben einer Bestandstrasse durchgeführt werden, handelt es sich nicht um eine neue Trasse. § 43h zählt zu den in der Planfeststellung zwingend einzuhaltenden Rechtsvorschriften. Die bloße Möglichkeit, nach S. 1 Hs. 2 auf Antrag des Vorhabenträgers eine ausnahmsweise Errichtung als Freileitung zuzulassen, ändert nichts daran, dass diese Entscheidung letztendlich nicht in der Gestaltungsfreiheit des Vorhabenträgers, sondern in der Kompetenz der Planfeststellungsbehörde liegt. Dabei ist diese an das gesetzliche Prüfprogramm – Fehlen entgegenstehender öffentlicher Interessen – gebunden.

9. Sicherheitsanforderungen. Nach § 49 Abs. 1 S. 1 sind Energieanlagen so zu errichten und zu betreiben, dass die technische Sicherheit gewährleistet ist. Dabei sind – so § 49 Abs. 1 S. 2 – vorbehaltlich sonstiger Rechtsvorschriften die allgemein anerkannten Regeln der Technik zu beachten. § 49 Abs. 2 verweist durch eine Vermutungsregel auf die einschlägigen technischen Regeln. Das sind solche technische Regeln, die von den herrschenden Fachkreisen als richtig anerkannt sind und praktiziert werden; darüber hinaus müssen sie in der Praxis erprobt sein. Beispielsweise erfüllt die „eingehauste" Verlegung einer Höchstspannungsleitung in einem „Infrastrukturkanal entlang einer Lärmschutzwand" diese Voraussetzungen nicht; BVerwG Urt. v. 27.7.2021 – 4 A 14.19 Rn. 49. 145

10. Sonstige zwingende gesetzliche Vorgaben. Weitere zwingend zu beachtende Vorgaben können aus dem Wasserrecht (mN *Kümper* Die Verwaltung 53 (2020), 535 (560f.)), dem Bauordnungsrecht (vgl. BVerwGE 157, 73 Rn. 19ff.; → Rn. 177), dem Denkmalrecht oder auch dem Bundeswaldgesetz bzw. den Landeswaldgesetzen (dazu *Schiller* UPR 2009, 245 (248f.)) folgen. Für spezifische Anforderungen an Gashochdruckleitungen ist die GashochdruckVO einschlägig (instruktiv OVG Lüneburg Beschl. v. 29.6.2011 – 7 MS 72.11 Rn. 41 ff.). 146

III. Abwägung

1. Das Abwägungsgebot im System der materiell-rechtlichen Anforderungen an die Planfeststellung. Neben der Planrechtfertigung und dem zwingenden Recht stellt das **Abwägungsgebot** die dritte maßgebliche **materiell-rechtliche Schranke** der fachplanerischen Gestaltungskompetenz dar (→ Rn. 80). Allerdings stehen diese drei Schranken nicht unverbunden nebeneinander. Erst dann, wenn das Vorhaben erforderlich ist und nicht gegen zwingendes Recht verstößt, ist das Planungsermessen eröffnet (Schoch/Schneider/*Kupfer* VwVfG Vorb § 72 Rn. 204). 147

Nach § 43 Abs. 3 sind bei der Planfeststellung die von dem Vorhaben **berührten öffentlichen und privaten Belange** im Rahmen der Abwägung zu berücksichtigen. Die Belange sind **untereinander und gegeneinander abzuwägen.** Hierzu müssen die nach Lage der Dinge zu berücksichtigenden Belange ermittelt und in die Abwägung eingestellt werden. Keiner der Belange darf abweichend von seiner objektiven Gewichtigkeit bewertet werden. Die Ausgleichsentscheidung zwischen den berührten privaten und öffentlichen Belangen darf nicht in einer Weise vorgenommen werden, die zur objektiven Gewichtigkeit der Belange außer Verhältnis 148 steht (zusammenfassend BVerwG Urt. v. 27.7.2021 – 4 A 14.19 Rn. 43). Innerhalb dieser – einen Rahmen markierenden – Vorgaben verfügt die Planfeststellungsbehörde über einen erheblichen Spielraum, den sie zur Gestaltung zu nutzen hat. **Aufgabe der Behörde** bei ihrer Entscheidung über den Planfeststellungsantrag ist nicht die am Handlungsziel der Vorhabenträgerin ausgerichtete optimale Ausgestaltung des Vorhabens, sondern die **möglichst sachgerechte und ausgewogene Einbindung des Vorhabens in seine Umgebung** (Schoch/Schneider/*Kupfer* VwVfG Vorb § 72 Rn. 19).

149 **2. Abwägung als Planungswerkzeug und Abwägungsfehlerlehre als Prüfungsmaßstab.** Mit Blick auf die Abwägung ist kategorial zwischen der behördlichen Phase der Planfeststellung und einer gegebenenfalls nachfolgenden gerichtlichen Phase der Überprüfung des Planfeststellungsbeschlusses zu unterscheiden. Bei der retrospektiven verwaltungsgerichtlichen Kontrolle nimmt die Regelungsintensität des Abwägungsgebotes ab, während es im Verwaltungsverfahren noch größere Steuerungswirkung entfaltet. **Im Planfeststellungsverfahren** fungiert die Abwägung in der Hand der Planfeststellungsbehörde zunächst als **Planungswerkzeug**. Kommt es nach Erlass des Planfeststellungsbeschlusses zu einer gerichtlichen Überprüfung, dient die **Abwägungsfehlerlehre** dem Gericht als **Prüfungsmaßstab**. Die Planfeststellungsbehörde *plant* im Wege der Abwägung. Das Gericht *kontrolliert* den Planfeststellungsbeschluss am Maßstab der Abwägungsfehlerlehre darauf, ob der Planfeststellungsbehörde Abwägungsfehler unterlaufen sind. Zum Ganzen eingehend Schoch/Schneider/*Kupfer* VwVfG Vorb § 72 Rn. 16ff. Maßgeblich für die gerichtliche Kontrolle ist die **Sach- und Rechtslage zum Zeitpunkt des Erlasses des Planfeststellungsbeschlusses** (BVerwG Urt. v. 6.4.2017 – 4 A 2.16 ua Rn. 60).

150 **3. Alternativenprüfung.** Diese Unterscheidung – Abwägung als Planungswerkzeug und Abwägungsfehlerlehre als Prüfungsmaßstab – wird in der **Praxis** von Planfeststellungsbehörden mitunter nicht hinreichend wahrgenommen. Paradigmatisch hierfür sind die Diskussionen zwischen EinwenderInnen und Planfeststellungsbehörden um die Erforderlichkeit, **Alternativen im Planfeststellungsverfahren zu prüfen.**

151 Manche Planfeststellungsbehörden nehmen den folgenden Rechtsstandpunkt ein: Es ist die Vorhabenträgerin, die die Planfeststellung initiiert, die Planfeststellungsunterlagen ausarbeitet und die Planfeststellung beantragt. Es ist die Vorhabenträgerin, die das Vorhaben später errichten, betreiben und unternehmerisch verantworten wird. Vor diesem Hintergrund sei die Planfeststellungsbehörde grundsätzlich an die Ausgestaltung des Vorhabens gebunden, welche die Vorhabenträgerin gewählt habe. Nur ausnahmsweise und zwar dann, wenn eine alternative Ausgestaltung des Vorhabens – beispielsweise eine **alternative Trassenführung** – **eindeutig vorzugswürdig** sei, könne diese planfestgestellt werden. Die Planfeststellung einer alternativen Ausgestaltung des Vorhabens habe jedoch auszuscheiden – eine eingehende Untersuchung der Alternativen im Planfeststellungsverfahren sei somit gar nicht erforderlich –, wenn die Alternative allenfalls etwas verträglicher erscheine als die Antragsvariante. Typischerweise wird dann auf die Rechtsprechung des BVerwG zur Kontrolle der Alternativenprüfung verwiesen. Danach seien die Grenzen der planerischen Gestaltungsfreiheit erst dann überschritten, „wenn eine andere als die gewählte Lösung sich unter Berücksichtigung aller abwägungserheblicher Belange als die eindeutig bessere, weil öffentliche und private Belange insgesamt schonendere darstellen würde" (BVerwG NVwZ-RR 2009, 753 Rn. 10). Die Einnahme dieses Standpunktes **ist als abwägungsfehlerhaft** zu qualifizieren. Das Verhältnis zwi-

schen exekutiver Planungskompetenz und gerichtlichem Kontrollmaßstab wird verkannt. Mit einem derart verkürzten Verweis auf die Rechtsprechung zur Kontrolle der Alternativenprüfung wird nämlich übersehen, dass das BVerwG hierbei voraussetzt, dass die im Raum stehenden Alternativen zuvor von der Planfeststellungsbehörde tatsächlich erwogen – und eben nicht außen vor gelassen – worden sind: Die **Planfeststellungsbehörde** darf sich „nicht auf die Kontrolle zurückziehen, ob sich der Vorhabenträgerin eine andere Linienführung hätte aufdrängen müssen. Sie muss vielmehr **selbst alle ernsthaft in Betracht kommenden Alternativen berücksichtigen** und mit der ihnen zukommenden Bedeutung in die vergleichende Prüfung der von den möglichen Alternativen berührten öffentlichen und privaten Belange einstellen" (BVerwGE 154, 73 Rn. 169). „Ernsthaft in Betracht kommende Trassenalternativen müssen allerdings untersucht und im Verhältnis zueinander gewichtet werden" (BVerwGE 157, 73 Rn. 32). Voraussetzung der Zurücknahme des gerichtlichen Kontrollmaßstabs auf ein „Sichaufdrängenmüssen" ist also, dass die Planfeststellungsbehörde im Planfeststellungsverfahren eine eigene Abwägungsentscheidung über die im Raum stehenden Alternativen rechtsfehlerfrei getroffen hat (Stichwort: Grobanalyse; vgl. BVerwG Urt. v. 7.10.2021 – 4 A 9.19 Rn. 48; OVG Lüneburg Beschl. v. 29.6.2011 – 7 MS 72/11 Rn. 61; VGH Mannheim Beschl. v. 18.12.2014 – 5 S 1444/14 Rn. 27f.).

Es ist Ausfluss des **Abwägungsgebots** und liegt in der **Gestaltungskompetenz der Planfeststellungsbehörde,** alternative Ausgestaltungen des planfestzustellenden Vorhabens, für die ernstlich in Betracht kommt, dass sie sich bei näherer Untersuchung als besser erweisen können, detailliert zu untersuchen und in die planerische Abwägung einzubeziehen. Kommt die Planfeststellungsbehörde dann zu der Auffassung, dass die alternative Ausgestaltung der ursprünglichen Ausgestaltung des Vorhabens durch die Vorhabenträgerin überlegen ist, hat sie die alternative Ausgestaltung planfestzustellen. 152

4. Weite des Abwägungsgebots. Der **Kreis der abwägungsrelevanten Belange** ist grundsätzlich *weit zu ziehen*. Bereits mit Blick auf den Zweck eines Planfeststellungsverfahrens, überörtliche Infrastruktureinrichtungen mit erheblichen Auswirkungen zuzulassen (Schoch/Schneider/*Kupfer* VwVfG Vorb § 72 Rn. 9), sind grundsätzlich alle Belange in den Blick zu nehmen, die von Relevanz für die Beantwortung der Frage sind, wie das Vorhaben möglichst sachgerecht und ausgewogen in seine Umgebung eingebunden werden kann (→ Rn. 148). Zu berücksichtigen sind Belange, die von Bedeutung für die Alternativenprüfung sind. Grundsätzlich müssen in der Planfeststellung alle durch das Vorhaben geschaffenen bzw. ihm sonst zurechenbare Probleme und Konflikte gelöst bzw. austariert werden. Dementsprechend sind grds. alle insoweit relevanten Gesichtspunkte von der Planfeststellungsbehörde in den Blick zu nehmen (zum Gebot der Problem-/**Konfliktbewältigung** Schoch/Schneider/*Kupfer* VwVfG Vorb § 72 Rn. 207). 153

Diese **sachliche Weite des Abwägungsgebots** wird insbesondere dadurch **begrenzt,** dass die Planfeststellungsbehörde nur Belange zu berücksichtigen hat, die für sie im Entscheidungszeitpunkt **erkennbar, rechtlich schutzwürdig** und im konkret zu entscheidenden Fall **nicht nur geringfügig** betroffen sind. Hinzu können **vertikale** (Verlagerung der Konfliktlösung auf nachgelagerte Verfahren) und **horizontale** (Abschnittsbildung bei linienförmigen Vorhaben) **Grenzen** kommen (zum Ganzen Schoch/Schneider/*Kupfer* VwVfG Vorb § 72 Rn. 210ff.). 154

Keine strikte Begrenzung erfährt die Weite des Abwägungsgebots indessen durch die dogmatische Unterscheidung innerhalb der materiell-rechtlichen Anfor- 155

Hermes/Kupfer

§ 43 Teil 5. Planfeststellung, Wegenutzung

derungen an die Planfeststellung. Als dritte und letzte materiell-rechtliche Anforderung ist die Abwägung inhaltlich nicht von der vorgelagerten Prüfung sowohl der **Planrechtfertigung** (→ Rn. 81 ff.) als auch der Einhaltung **zwingender Rechtsvorschriften** (→ Rn. 91 ff.) losgelöst. Erwägungen zur Planrechtfertigung sowie zur Vereinbarkeit des Vorhabens mit zwingendem Recht können sich in der Abwägung fortsetzen. So hat etwa die gesetzliche Bedarfsfeststellung nicht nur Bedeutung für die Planrechtfertigung, sondern auch für das Gewicht des für ein Vorhaben sprechenden Bedarfs in der Abwägung (vgl. *Kupfer/Wurster* Die Verwaltung 40 (2007), 239 (241)). Auch dann, wenn umweltrechtliche Belange nicht zur Unzulässigkeit eines Leitungsbauvorhabens geführt haben, weil etwa mit der Planrechtfertigung zugleich die Abweichung vom Gebietsschutz gem. § 34 Abs. 3 Nr. 1 BNatSchG oder die Ausnahme vom artenschutzrechtlichen Tötungsverbot nach § 45 Abs. 7 S. 1 Nr. 5 BNatSchG indiziert war (→ Rn. 111 ff.), können diese Belange durchaus abwägungsrelevant sein.

156 Von diesem Grundsatz – Erwägungen zur Planrechtfertigung sowie zur Vereinbarkeit des Vorhabens mit zwingendem Recht können sich in der Abwägung fortsetzen – hat das Bundesverwaltungsgericht eine Ausnahme gemacht: Im Anwendungsbereich des EnLAG gelte das allgemeine fachplanerische Abwägungsgebot nur eingeschränkt. Handelt es sich um ein EnLAG-Vorhaben (→ Rn. 14), das in § 2 Abs. 1 S. 1 EnLAG aber nicht benannt ist, könne die Planfeststellungsbehörde keine auf das in § 43 Abs. 3 normierte Abwägungsgebot gestützte Erdverkabelung fordern (BVerwG Urt. v. 27.7.2021 – 4 A 14.19 Rn. 45; → Rn. 139). Überzeugend ist das jedoch nicht (→ Rn. 140). Vorzugswürdig erscheint vielmehr auch insoweit die Anwendung des Abwägungsgebots.

157 **5. Abwägungsdirektiven.** Die Abwägung wird durch spezielle gesetzliche Zielvorgaben rechtlich strukturiert. Der in der jeweiligen **Abwägungsdirektive** normierten Zielvorgabe kommt zwar kein absoluter Geltungsvorrang, aber eine in der Abwägung zu berücksichtigende **relative Bedeutungsverstärkung** zu (Schoch/Schneider/*Kupfer* VwVfG Vorb § 72 Rn. 235). Es gibt keinen in sich abgeschlossenen, feststehenden Katalog von Abwägungsdirektiven. Abwägungsvorgaben können im Laufe der Zeit in die Kategorie der Abwägungsdirektiven „hineinwachsen" oder auch „herausfallen". Zu den mit Blick auf die Zulassung von Energieleitungen wichtigsten Abwägungsdirektiven zählen:

158 **a) Klimaschutz.** Spätestens bis zum Jahr 2045 sind nach Vorgabe des § 3 Abs. 2 S. 1 KSG die Treibhausgasemissionen so weit zu mindern, dass Netto-Treibhausgasneutralität erreicht wird. Dementsprechend haben nach **§ 13 Abs. 1 S. 1 KSG** alle Träger öffentlicher Aufgaben bei ihren Planungen und Entscheidungen insbesondere dieses **Ziel des KSG zu berücksichtigen**. Im nationalen Fachrecht kommt die Aufnahme der Treibhausgasneutralität als ausdrückliche Zweckbestimmung in § 1 Abs. 1 EnWG hinzu. Auf sekundärrechtlicher Ebene bestimmt Art. 2 VO (EU) 2021/1119, dass die Mitgliedstaaten auf nationaler Ebene die Maßnahmen zu treffen haben, die notwendig sind, um zu gewährleisten, dass die Union spätestens bis 2050 klimaneutral sein wird. Künftig wird kein Vorhaben mehr in die Unionsliste aufgenommen werden, das nicht auch hinsichtlich seiner klimabezogenen Auswirkungen als positiv bewertet werden kann (Art. 7 Abs. 1 VO (EU) 347/2013; → Rn. 36). Nach § 13 Abs. 1 S. 1 KSG sind alle öffentlichen Stellen verpflichtet, den Klimaschutz umfassend bei ihren Planungen und Entscheidungen zu berücksichtigen, sobald und soweit überhaupt ein Gestaltungsspielraum besteht. Ausgenommen sind allein gebundene Entscheidungen (Frenz Klimaschutzrecht/*Schink*

Erfordernis der Planfeststellung **§ 43**

2021 § 13 KSG Rn. 1). Zwar ist die Planfeststellungsbehörde keine Trägerin von Planungshoheit vergleichbar etwa einer Gemeinde im Rahmen von § 1 Abs. 3 S. 1 BauGB. Gleichwohl verfügt die Planfeststellungsbehörde über Planungskompetenz, um zu gewährleisten, dass das Vorhaben möglichst sachgerecht und ausgewogen in seine Umgebung eingebunden werden wird (Schoch/Schneider/*Kupfer* VwVfG Vorb § 72 Rn. 17 ff.). Folglich gilt das **Berücksichtigungsgebot** des § 13 Abs. 1 S. 1 KSG auch für Planfeststellungen nach § 43. Eine verfahrensrechtliche Absicherung erfährt dieses Berücksichtigungsgebot insbesondere durch § 16 Abs. 3 iVm Anlage 4 Nr. 4 lit. b und lit. c gg UVPG.

Obwohl der Wortlaut des § 13 Abs. 1 S. 1 KSG („berücksichtigen") eine Behandlung des Klimaschutzes lediglich als „normalen Belang in der Abwägung" nahelegt (so Frenz Klimaschutzrecht/*Schink* 2021 § 13 Rn. 12), hat nicht zuletzt die Rechtsprechung des BVerfG – im Hinblick auf die intertemporale Freiheitssicherung der Grundrechte (BVerfGE 157, 30 Rn. 183; BVerfG Beschl. v. 18.1.2022 – 1 BvR 1565/21 ua Rn. 4f.) – insoweit zur einer materiellrechtlichen Aufladung des Klimaschutzziels beigetragen. Vor dem Hintergrund des fortschreitenden Klimawandels – und einem immer wahrscheinlicher werdenden weiteren Verfehlen der Zwischenziele nach § 3 Abs. 1 KSG (vgl. Bundesrechnungshof Bericht nach § 99 BHO zur Steuerung des Klimaschutzes in Deutschland, 2022, Rn. 0.1) – muss der Klimaschutz eine fortschreitende Gewichtungsverstärkung erfahren (BVerfGE 157, 30 Rn. 198; vgl. *Burgi* NVwZ 2021, 1401 (1406)). Vor diesem Hintergrund ist es gerechtfertigt, die **Berücksichtigung des Klimaschutzes** nach § 13 Abs. 1 S. 1 KSG als **Optimierungsgebot** zu qualifizieren (aA *Uechtritz/Ruttloff* NVwZ 2022, 9 (11)). In seinem Urteil vom 4.5.2022 – 9 A 7.21 – hat das BVerwG erstmals hierzu Stellung genommen. Gegenstand seiner Prüfung war ein straßenrechtlicher Planfeststellungsbeschluss, der im Dezember 2020 erlassen worden war. Das Planfeststellungsverfahren war bereits im Jahr 2014 begonnen worden. Zugunsten der Planfeststellungsbehörde führt das Gericht zunächst aus, dass es „gegenwärtig keine konkretisierenden Vorgaben" dazu gebe, wie klimarelevante Auswirkungen zu ermitteln oder zu bewerten sind (Rn. 80 der Entscheidung). Bereits deshalb dürften die Anforderungen „nicht überspannt werden" – der Aufwand müsse für die Planfeststellungsbehörde „vertretbar" bleiben (Rn. 82). Zwar habe die Planfeststellungsbehörde zu ermitteln, „welche CO_2-relevanten Auswirkungen das Vorhaben hat und welche Folgen sich daraus für die Klimaziele des Bundes-Klimaschutzgesetzes ergeben" (Rn. 82), eine gesteigerte Beachtenspflicht bestehe jedoch nicht. § 13 Abs. 1 S. 1 KSG sei nicht im Sinne eines Optimierungsgebots zu verstehen (Rn. 85). Das BVerfG habe klargestellt, „dass Art. 20a GG keinen unbedingten Vorrang gegenüber anderen Belangen genießt, sondern im Konfliktfall in einen Ausgleich mit anderen Verfassungsrechtsgütern und Verfassungsprinzipien zu bringen ist, wobei das relative Gewicht des Klimaschutzgebots in der Abwägung bei fortschreitendem Klimawandel weiter zunimmt" (Rn. 86). Dem ist zunächst entgegen zu halten, dass einem „Optimierungsgebot" – besser: einer „Abwägungsdirektive" – von vornherein kein „unbedingter Vorrang" zukommt (→ Rn. 157). Aber auch das Streben nach praktischer Konkordanz steht nicht in einem kategorischen Widerspruch zur ausnahmsweisen Qualifizierung eines besonderen Handlungsziels als Abwägungsdirektive. Die vom Gericht selbst geäußerten Hinweise auf die derzeit noch fehlenden Arbeitshilfen und auf die zeitlich fortschreitende Gewichtungsverstärkung des Klimaschutzes lassen das Judikat eher als eine „Momentaufnahme" (so pointiert *Spieler* jurisPR-UmwR 9/2022 Anm. 2 S.4) denn als eine zukunftsprägende dogmatische Weichenstellung erscheinen (vgl. auch *Sieveking* jurisPR-BVerwG 19/2022 Anm. 1 S. 4f.).

159

§ 43

160 Umgesetzt werden kann die Pflicht zur Optimierung des Klimaschutzes in der Planfeststellung, indem die Planfeststellungsbehörde alle CO_2-relevanten Umstände des **Zwecks des Vorhabens,** der **Errichtung,** des **Betriebs** und des **Rückbaus** des Vorhabens in den Blick nimmt (für eine kleinteilige Sichtweise etwa BVerfGE 157, 30 Rn. 37; *Burgi* NVwZ 2021, 1401 (1403)). Beispielsweise kann es für ein Vorhaben von Bedeutung sein, wenn es in einem Zusammenhang mit der Erzeugung von grünem Wasserstoff steht (also etwa der Bereitstellung von regenerativ erzeugtem Strom für einen Elektrolyseur zur Herstellung von Wasserstoff dient). Bei der technischen Alternativenprüfung sind die CO_2-Emissionen der Stahlproduktion für die erforderlichen Freileitungsmasten und deren Entsorgung in den Blick zu nehmen. Schließlich kann auch das Emissionsverhalten der zur Errichtung eingesetzten Maschinen und Fahrzeuge von Relevanz sein.

161 **b) Bündelung, Nutzung vorhandener Trassenräume. Bündelungsgebot:** Mehrere lineare Infrastrukturen – Straßen, Schienenwege oder Energieleitungen – sollen möglichst parallel geführt werden; BVerwGE 157, 73 Rn. 35. Nach **§ 1 Abs. 5 S. 3 BNatSchG** sollen Verkehrswege, Energieleitungen und ähnliche Vorhaben landschaftsgerecht geführt, gestaltet und so gebündelt werden, dass die Zerschneidung und die Inanspruchnahme der Landschaft sowie Beeinträchtigungen des Naturhaushalts vermieden oder so gering wie möglich gehalten werden; vgl. auch BVerwG Urt. v. 27.7.2021 – 4 A 14.19 Rn. 60f.; Urt. v. 7.10.2021 – 4 A 9.19 Rn. 78.

162 **Vorrang der Nutzung vorhandener Trassenräume:** Der Ausbau des Netzes unter Nutzung vorhandener Trassenräume hat grundsätzlich Vorrang vor dem Neubau auf neuen Trassen (BVerwG Urt. v. 27.7.2020 – 4 VR 7.19 ua Rn. 70). Begründet wird dieser Vorrang mit einer von der Bestandstrasse geprägten Situationsgebundenheit von Grundstücken und Gebieten. Eine „Neutrassierung würde Konflikte nur verlagern, neue Konflikte schaffen und, da Einwirkungen der bisherigen Trasse in Natur und Landschaft auch nach deren Abbau zumindest eine geraume Zeit fortwirken, in gewissem Umfang verdoppeln"; BVerwGE 157, 73 Rn. 35.

163 Diese Begründung wird vielen **Konfliktlagen tatsächlich jedoch nicht gerecht** (dazu bereits → Rn. 114) und steht in einem Spannungsverhältnis insbesondere zum Trennungsgebot (→ Rn. 165). Nicht selten verlaufen Hochspannungsfreileitungen mit einem Alter von deutlich mehr als sechzig Jahren entlang oder gar durch häufig zwischenzeitlich entstandene Bebauung. Diese an die alte Leitung herangerückte Bebauung mag eine Mindergewichtung mit Blick auf die Masten, die Leitung(en) und die Betriebsauswirkungen hinzunehmen, an die sie herangerückt ist. Aus dieser Vorbelastung aber ohne Weiteres auf eine erhebliche Mindergewichtung auch mit Blick auf neue (typischerweise höhere) Masten an typischerweise neuen Maststandorten, (typischerweise leistungsstärkere und zahlreichere) Leitungen, Betriebssysteme und (typischerweise stärkere) Immissionen zu schließen, soweit diese nur an Stelle der abgebauten alten Leitung in der bisherigen Trasse errichtet und betrieben werden bzw. entlang der alten Trasse auftreten, ist als Abwägungsfehlgewichtung bzw. Abwägungsdisproportionalität zu qualifizieren (zur Abwägungsfehlerlehre Schoch/Schneider/*Kupfer* VwVfG Vorb § 72 Rn. 22ff.). In diese Richtung, jedoch im Tatsächlichen und dogmatisch etwas unscharf, das BVerwG: „Ist die zusätzliche Belastung durch die Änderung der Nutzung einer bestehenden Trasse erheblich größer als die Neubelastung durch eine bislang nicht genutzte Trasse, greifen sie" – die Trassierungsvorgaben – „ebenso wenig wie im Fall, dass die zu erwartenden Einwirkungen rechtswidrige Eigentums-

Erfordernis der Planfeststellung **§ 43**

und Gesundheitsbeeinträchtigungen darstellen"; BVerwGE 157, 73 Rn. 35. „Sofern eine vorhandene Leitung bereits eine Trasse vorgibt, die sich insgesamt als verträglich erweist, kann es fehlerfrei sein, wenn eine vertiefte Prüfung alternativer großräumiger Trassen unterbleibt"; BVerwG Urt. v. 27.7.2021 – 4 A 14.19 Rn. 60.

c) Minimierungs- und Trennungsgebot. Minimierungsgebot: Nach § 4 **164** Abs. 2 S. 1 26. BImSchV soll die Belastung durch elektrische und magnetische Felder auch unterhalb der Grenzwerte (→ Rn. 131 f.) bestmöglich minimiert werden (→ Rn. 134).

Trennungsgebot: Nach dem in § 50 S. 1 BImSchG normierten Trennungs- **165** gebot sind störende oder gefährliche Anlagen und Einrichtungen – möglichst gebündelt (→ Rn. 161) – von immissionsempfindlichen oder sonst schutzbedürftigen Gebieten, insbesondere von Wohngebieten oder naturschutzfachlich besonders wertvollen oder besonderes empfindlichen Gebieten, möglichst fern zu halten.

6. Einzelne Abwägungsbelange. Vor dem Hintergrund der allgemeinen **166** rechtlichen Struktur des Abwägungsgebotes (→ Rn. 147 f.) werden nachfolgend einzelne Belange konkret angesprochen, die in der Praxis typischerweise in der Abwägung von Bedeutung sein können.

a) Abschnittsbildung. Eine **Abschnittsbildung** (*Kümper* Die Verwaltung 53 **167** (2020), 535 (565 ff.); Schoch/Schneider/*Kupfer* VwVfG Vorb § 72 Rn. 226 ff.) beschränkt nur dann die Rechtsschutzmöglichkeiten Dritter unangemessen, wenn sie den „durch Art. 19 Abs. 4 Satz 1 GG gewährleisteten Rechtsschutz faktisch unmöglich macht oder dazu führt, dass die abschnittsweise Planfeststellung dem Grundsatz umfassender Problembewältigung nicht gerecht werden kann, oder wenn ein dadurch gebildeter Abschnitt der eigenen sachlichen Rechtfertigung vor dem Hintergrund der Gesamtplanung entbehrt (…). Zudem dürfen nach einer summarischen Prüfung der Verwirklichung des Gesamtvorhabens auch im weiteren Verlauf keine von vornherein unüberwindlichen Hindernisse entgegenstehen"; BVerwGE 157, 73 Rn. 26. Die Planrechtfertigung kann aus dem Gesamtvorhaben abgeleitet werden. Der Leitungsabschnitt muss keine vom Gesamtvorhaben unabhängige Versorgungsfunktion erfüllen (BVerwGE 157, 73 Rn. 28). Ebenso sind mit Blick auf das Gesamtvorhaben – und nicht lediglich bezogen auf den jeweils betroffenen Abschnitt – Alternativen zu prüfen (BVerwGE 157, 73 Rn. 27).

b) Erdverkabelung. Außerhalb der sachlichen Anwendungsbereiche zwin- **168** gender Verkabelungsvorschriften (→ Rn. 136 ff.) und unbeschadet des Streits um die neuere Auffassung des Bundesverwaltungsgerichts, im Anwendungsbereich der EnLAG gelte das allgemeine fachplanerische Abwägungsgebot nur eingeschränkt (→ Rn. 139 f.), sind im Rahmen der von der Planfeststellungsbehörde durchzuführenden Prüfung, ob eine Hochspannungsleitung als technische Alternative zur beantragten Freileitung als Erdkabel zu verlegen ist, insbesondere die folgenden Gesichtspunkte abwägungsrelevant: Versorgungssicherheit, Störanfälligkeit, technische Belastbarkeit, Reparaturmöglichkeiten, Lebensdauer, Kosten, Schutz von Natur und Landschaft, Schutz des Ortsbildes und des Wohnumfeldes vor visuellen Beeinträchtigungen sowie raumordnerische Beurteilung (vgl. BVerwGE 154, 73 Rn. 181; *Rubel* DVBl. 2017, 585 (590)). In diesem Zusammenhang sind auch die Immissionen zu nennen, insbesondere Lärm und elektrische sowie magnetische Felder. Das Erdreich um das Erdkabel schirmt die elektrischen Felder ohne Weiteres ab. Obwohl Magnetfelder durch das Erdreich kaum abgeschirmt werden, treten sie bei Erdkabeln doch in deutlich schwächerer Form auf als dies bei Freileitungen der

§ 43 Teil 5. Planfeststellung, Wegenutzung

Fall ist, da Erdkabel dichter beieinander verlegt werden können (Bundesamt für Strahlenschutz, Strahlenschutz beim Ausbau der Stromnetze, 2015, S. 6).

169 **c) Planungshoheit und städtebauliche Belange.** Die gemeindliche **Planungshoheit** vermittelt eine wehrfähige, in die Abwägung einzubeziehende Rechtsposition gegen fremde Fachplanungen auf dem eigenen Gemeindegebiet, wenn ein Vorhaben eine hinreichend konkrete und verfestigte Planung nachhaltig stört, wesentliche Teile des Gemeindegebiets einer Planung entzieht oder wenn kommunale Einrichtungen in ihrer Funktionsfähigkeit durch das Vorhaben erheblich beeinträchtigt werden (BVerwGE 157, 73 Rn. 58; BVerwG Urt. v. 4.4.2019 – 4 A 6.18 Rn. 34; Urt. v. 7.10.2021 – 4 A 9.19 Rn. 63; *Kümper* Die Verwaltung 53 (2020), 535 (564f.)). „Freihaltebelange" unterhalb dieser Schwelle sollen demgegenüber durch Art. 28 Abs. 2 S. 1 GG nicht geschützt sein; BVerwG Urt. v. 22.2.2022 – 4 A 7.20 Rn. 14. Erhebliche Bedeutung kommt dem Gesichtspunkt der Priorität zu: Die Gemeinde hat mit ihrer Bauleitplanung auf eine Fachplanung Rücksicht zu nehmen, wenn letztere hinreichend verfestigt ist; umgekehrt ist aber die kommunale Bauleitplanung im Rahmen einer zeitlich nachfolgenden Fachplanung bei hinreichender Verfestigung zu berücksichtigen (*Külpmann* juris PR-BVerwG 4/2022 Anm. 2 S. 3). Im Rahmen der Planfeststellung tritt regelmäßig erst mit der Auslegung der Planunterlagen eine hinreichende Verfestigung ein (BVerwG Beschl. v. 5.11.2002 – 9 VR 14.02 Rn. 9). Zu den städtebaulichen Belangen → Rn. 170; zum Schutz des einfachgesetzlich geschützten Eigentums → Rn. 173.

170 **Städtebauliche Belange:** Die Verbindlichkeit bestehender **Bebauungspläne** gemäß § 30 Abs. 1 BauGB ist für die Planfeststellung von Vorhaben mit überörtlicher Bedeutung gem. § 38 S. 1 Hs. 1 BauGB aufgehoben (→ Rn. 94). Der Hs. 2 dieser Vorschrift stellt dann klar, dass die von den durch den ersten Halbsatz degradierten Vorschriften erfassten städtebaulichen Belange „zumindest" in der Abwägung zu berücksichtigen sind. Das gilt auch für das bauplanungsrechtliche **Gebot der Rücksichtnahme** (BVerwGE 157, 73 Rn. 67) sowie für die von einem Vorhaben negativ betroffenen Darstellungen in einem **Flächennutzungsplan**, soweit der Vorhabenträger dem Flächennutzungsplan wirksam widersprochen hat (→ Rn. 95f.). Näher *Kümper* Die Verwaltung 53 (2020), 535 (558f.). Das **Ortsbild** ist vor Maßnahmen zu schützen, die es entscheidend prägen und hierdurch nachhaltig auf das Gemeindegebiet und die Entwicklung der Gemeinde einwirken können (BVerwGE 157, 73 Rn. 59). Zur gemeindlichen Planungshoheit → Rn. 169; zum Schutz des Landschaftsbildes → Rn. 172.

171 **d) Gebietsschutz und Schutz des Landschaftsbildes. Querung von Schutzgebieten:** Schutzgebiete können durch Überspannung beeinträchtigt werden, auch wenn keine Flächen durch Masten oder Nebenanlagen in Anspruch genommen werden. Denn innerhalb des Schutzstreifens der Leitungen gelten Nutzungsbeschränkungen für Tätigkeiten, die die Leitung gefährden oder ihre Erreichbarkeit für Reparatur und Wartungszwecke verhindern. Näher BVerwG Urt. v. 27.7.2021 – 4 A 14.19 Rn. 63; Urt. v. 27.7.2020 – 4 VR 7.19 ua Rn. 76.

172 **Landschaftsbild:** Nach § 14 Abs. 1 BNatSchG und § 38 S. 1 Hs. 2 iVm § 1 Abs. 6 Nr. 5 BauGB (städtebauliche Belange → Rn. 170) ist die Beeinträchtigung des Landschaftsbildes durch das Vorhaben in der Abwägung zu berücksichtigen (BVerwG Urt. v. 27.7.2020 – 4 VR 7.19 ua Rn. 86ff.). Eine erhebliche Beeinträchtigung des Landschaftsbildes ist anzunehmen, „wenn die Veränderung von einem gegenüber den Belangen des Naturschutzes und der Landschaftspflege aufgeschlossenen Durchschnittsbetrachter als nachteilig und störend empfunden

Erfordernis der Planfeststellung **§ 43**

wird"; BVerwG Urt. v. 27.7.2021 – 4 A 14.19 Rn. 93. Wie bei der Abwägung visueller Wirkungen von Leitungen auf Wohnbereiche (→ Rn. 180 ff.) sollen Eingriffe in das Landschaftsbild hinreichend durch die Berücksichtigung allein der Masten erfasst werden. Die Leiterseile seien insoweit irrelevant; BVerwG Urt. v. 27.7.2021 – 4 A 14.19 Rn. 95.

e) Grundeigentum, Bebaubarkeit, Verkehrswert. Grundeigentum und **173**
Bebaubarkeit von Grundstücken: Wird fremdes Grundeigentum durch ein Vorhaben negativ betroffen, indem es entweder unmittelbar überplant oder mittelbar, insbesondere durch Immissionen (→ Rn. 179) oder visuelle Beeinträchtigungen (→ Rn. 180) belastet wird, so ist dieser Umstand grundsätzlich als privater Belang in die planerische Abwägung einzubeziehen (BVerwGE 157, 73 Rn. 63). Dies gilt auch, wenn Eigentümerin eine Gemeinde ist; vgl. BVerwG Urt. v. 22.2.2022 – 4 A 7.20 Rn. 14. Eine *konkret-individuelle* Abwägung der Eigentumsbetroffenheit setzt allerdings voraus, dass die Eigentümerin insbesondere im Rahmen ihrer Einwendungen Anhaltspunkte für eine besondere Schutzbedürftigkeit ihres Eigentums vorgetragen hat (BVerwGE 157, 73 Rn. 65). Entsprechendes gilt zugunsten Erbbauberechtigter (BVerwG Urt. v. 7.10.2021 – 4 A 9.19 Rn. 69). Mögliche Beeinträchtigungen bei der Bebaubarkeit von Grundstücken – etwa durch die Errichtung von Schutzstreifen und deren Absicherung durch Dienstbarkeiten – sind deshalb abwägungsrelevant (BVerwGE 161, 263 Rn. 91 ff.). Zwar führt der Rückbau einer Leitung zum Erlöschen einer bestehenden Dienstbarkeit für einen Schutzstreifen, weshalb für den Fall eines Ersatzneubaus gegebenenfalls eine neue Dienstbarkeit zu bestellen ist. In der Abwägung ist diese Neubestellung mit Blick auf den Ersatzneubau gleichwohl – in Folge der Fortwirkung der faktischen Vorbelastung des Grundstücks mit dem alten Schutzstreifen – nur insoweit zu berücksichtigen, wie sie letztendlich zu einer „Schutzstreifenaufweitung/-verbreiterung" führt (BVerwGE 157, 73 Rn. 54; BVerwG Urt. v. 7.10.2021 – 4 A 9.19 Rn. 74).

Während die Rechtsprechung dazu tendiert, zulasten Betroffener mit der **174**
Reichweite und dem Gewicht sog. Vorbelastungen großzügig umzugehen (dazu bereits → Rn. 114, 162 f.), vertritt sie mit Blick auf **exogene Begünstigungen** eine restriktivere Rechtsposition. So dienen etwa die zum Schutz von Natura 2000-Gebieten erlassenen Vorschriften der §§ 32 ff. BNatSchG „allein dem Schutz der natürlichen Lebensräume und der Tier- und Pflanzenarten von gemeinschaftlichem Interesse einschließlich der europäischen Vogelarten; sie sind nicht dazu bestimmt, private Belange zu schützen (…). Soweit auch Menschen von den auf den **Schutz** der genannten **Umweltgüter** zielenden rechtlichen Vorgaben profitieren – sei es in Gestalt einer Steigerung der empfundenen Lebensqualität, namentlich bei der Befriedigung von Erholungsbedürfnissen, sei es in sonstiger Weise –, liegt darin jeweils ein **bloßer Rechtsreflex.** Den Personen wird aber keine wehrfähige individuelle Rechtsposition eingeräumt"; BVerwGE 171, 292 Rn. 9. Diese Ausführungen können aber nicht ohne Weiteres auf den vorliegenden Zusammenhang übertragen werden. Im Rahmen des Abwägungsgebots ist zu berücksichtigen, dass auch eine bloß mittelbare Begünstigung eines Grundstücks durchaus das Gewicht eines abwägungserheblichen Belangs erreichen kann. Denn Belange in diesem Sinne können Interessen tatsächlicher oder rechtlicher Art sein – es muss sich nicht um Rechte im engeren Sinne handeln (eingehend Schoch/Schneider/*Kupfer* VwVfG Vorb § 72 Rn. 211). Abwägungserheblich ist **jeder Belang, sofern er erkennbar, schutzwürdig und erheblich ist.** Schutzunwürdig ist die mittelbare Begünstigung eines Grundstücks durch den Schutz eines Natura 2000-Gebietes sicher

nicht, da sie nicht unter Missachtung der Rechtsordnung entstanden ist (zu diesem Maßstab Schoch/Schneider/*Kupfer* VwVfG Vor § 72 Rn. 217).

175 **Verkehrswertminderungen von Grundstücken:** Wertverluste in Folge der Errichtung und des Betriebs einer Energieleitung sind zwar grundsätzlich abwägungsrelevant. Einer detaillierten Betrachtung bedarf die Wertminderung allerdings nicht, wenn sie lediglich als wirtschaftlicher Reflex der tatsächlichen oder rechtlichen Beeinträchtigung des Grundstücks durch das Vorhaben zu qualifizieren ist. Stellt die Wertminderung nur das Spiegelbild der tatsächlichen Belastungen dar, mit denen sich der Planfeststellungsbeschluss auseinandersetzt und deren Hinnahme er verlangt, kommt dem hierdurch bedingten Wertverlust keine eigenständige Bedeutung in der Abwägung zu; BVerwG Urt. v. 6.4.2017 – 4 A 1.16 Rn. 51; Schoch/Schneider/*Kupfer* VwVfG § 74 Rn. 86.

176 **f) Landwirtschaftlich genutzte Grundstücke. Landwirtschaft:** Zu berücksichtigen sind insbesondere die Bewirtschaftbarkeit von Restflächen, die Auswirkungen von Maststandorten und Überspannungen auf Beregnungsanlagen (BVerwG Urt. v. 6.4.2017 – 4 A 2.16 ua Rn. 67ff.). „Nach allgemeiner Erfahrung kann ein Verlust an Eigentumsflächen oder von langfristig gesicherten Pachtflächen in einer Größenordnung von bis zu 5% der Betriebsfläche einen gesunden landwirtschaftlichen (Vollerwerbs-) Betrieb in der Regel nicht gefährden"; so BVerwG Urt. v. 6.4.2017 – 4 A 2.16 ua Rn. 74. Näher Rosin ua Praxiskommentar EnWG/*Engel* EnWG §§ 43 bis 43h Rn. 274. Ein Landwirt, der sich auf seine spezielle betriebliche Situation beruft, muss die Umstände, die er im Planfeststellungsverfahren berücksichtigt wissen will, der Planfeststellungsbehörde zur Kenntnis bringen. Betriebs- und Geschäftsgeheimnisse darf er „schwärzen" (näher BVerwGE 166, 1 Rn. 27).

177 **g) Schutz des Wohnens (Abstände, elektromagnetische Felder, Lärm, visuelle Beeinträchtigungen). Abstand zu Wohngebäuden:** Anforderungen an die Einhaltung eines Abstandes zu Wohngebäuden ergeben sich bei Freileitungen bereits aus ihrem **Erscheinungsbild.** „Nähern sich Freileitungen Wohngebäuden an, wird das Wohnumfeld gestört"; BVerwG Urt. v. 27.7.2021 – 4 A 14.19 Rn. 66. Visuellen Wirkungen auf Wohnbereiche → Rn. 180ff. Im Übrigen gelte: Das **bauordnungsrechtliche Abstandsflächenrecht** sei nur im Rahmen des zwingenden Rechts zu beachten (→ Rn. 146), nicht mehr jedoch in der Abwägung zu berücksichtigen, weil es insofern abschließend sei (BVerwGE 157, 73 Rn. 21).

178 **Elektrische und magnetische Felder:** Sind die zwingenden Vorgaben des Fachrechts, insbesondere die Anforderungen des § 22 Abs. 1 S. 1 Nr. 1f. BImSchG iVm 26. BImSchV, eingehalten (→ Rn. 128ff.), bietet die folgende Systematik Orientierung: Das Interesse an jeglicher Verschonung vor elektromagnetischen Feldern stellt einen abwägungsbeachtlichen Belang dar – und zwar auch dann, „wenn diese die Grenzwerte unterschreiten" (BVerwGE 148, 353 Rn. 38; 154, 73 Rn. 189; *Kümper* Die Verwaltung 53 (2020), 535 (546 und 561); *Rubel* DVBl 2017, 585 (590)). In der Abwägung ist das Gewicht des Verschonungsinteresses dann wiederum ausgehend von den Grenzwerten des zwingenden Rechts zu gewichten. Das Verschonungsinteresse ist umso schwerer zu gewichten, je näher die Belastung an die Grenzwerte heranreicht – umso leichter, je weiter die Belastung unterhalb der Grenzwerte verbleibt oder eine Vorbelastung gegeben ist. Auch dann, wenn das Überspannungsverbot nach § 4 Abs. 3 S. 1 26. BImSchV nicht einschlägig sein sollte (→ Rn. 135), ist der zugrunde liegende Schutzansatz gleichwohl von beson-

Erfordernis der Planfeststellung **§ 43**

derem Gewicht im Rahmen der Abwägung. Die Überspannung von Gebäuden oder Gebäudeteilen, die zum dauerhaften Aufenthalt von Menschen bestimmt sind, sollte vermieden werden. Das gilt insbesondere auch für den Ersatzneubau in alter Trasse oder für den Betrieb einer neuen Leitung mit Gleichstrom.

Lärm: Die TA Lärm (→ Rn. 114ff.) ist in ihrem Anwendungsbereich begrenzt. **179** Gesamtbelastung iSd TA Lärm ist nach deren Nr. 2.4 S. 3 die Belastung eines Immissionsortes, die von allen Anlagen hervorgerufen wird, für die die TA Lärm gilt. Die TA Lärm gilt beispielsweise nicht für Verkehrslärm. Mit den in Nr. 6 TA Lärm normierten Immissionsrichtwerten wird lediglich eine relative Grenze – die sog. **fachplanungsrechtliche Zumutbarkeitsgrenze** – markiert. Tatsächlich können infolge des Baus insbesondere von Höchstspannungsfreileitungen höhere Lärmbelastungen insbesondere im Freien entstehen, ohne dass die Zulassung dieser Leitung gegen die Vorgaben der TA Lärm verstößt. Dies gilt insbesondere mit Blick auf die durch § 49 Abs. 2b bewirkte Neuregelung (→ Rn. 119). Eine absolute Grenze bestimmt das Verfassungsrecht. Diese Grenze ist erreicht, wenn bereits vorhandener Umgebungslärm zusammen mit den durch das Vorhaben zusätzlich verursachten Lärmauswirkungen zu einer Gesamtbelastung führen kann, die als Gesundheitsgefährdung (Art. 2 Abs. 2 S. 1 GG) oder als Verletzung des Grundrechts auf Eigentumsfreiheit (Art. 14 Abs. 1 S. 1 GG) zu qualifizieren ist – sog. **verfassungsrechtliche Zumutbarkeitsgrenze.** Ausgehend von den Erkenntnissen der Lärmwirkungsforschung sollten die verfassungsrechtlichen Zumutbarkeitsgrenzen nicht über 65 dB(A) tags und 55 dB(A) nachts liegen (mN Schoch/Schneider/*Kupfer* VwVfG Vorb § 72 Rn. 249). Unterhalb der fachplanungsrechtlichen Zumutbarkeitsgrenze ist zwischen **schlicht abwägungsbeachtlichem** und **lediglich geringfügigem Lärm** zu unterscheiden (zu dieser Systematik Popp ua Lärmschutz in der Verkehrs- und Stadtplanung/*Kupfer,* 2016, Kapitel 3 S. 105 (138f.)). Darüber, bis zu welcher Intensität Lärm oder ein Lärmbeitrag geringfügig ist und deshalb als unterhalb der Bagatellgrenze verbleibend aus dem Abwägungsmaterial ausgeschieden werden kann, herrscht Unsicherheit. Das Bundesverwaltungsgericht steht auf dem Standpunkt, dass ein Lärmbeitrag, der den jeweiligen Immissionsrichtwert nach Nr. 6 TA Lärm um mindestens 6 dB(A) unterschreitet, in diesem Sinn geringfügig ist und deshalb auch in der Abwägung nicht berücksichtigt werden muss: BVerwGE 157, 73 Rn. 18. Im Zweifel ist die Praxis gut beraten, in eine fachliche Abwägung einzutreten. Geringe Lärmintensitäten sind in der Abwägung entsprechend gering zu gewichten.

Visuelle Wirkungen auf Wohnbereiche: Was die visuellen Wirkungen einer **180** Leitung angeht, ist nach Maßgabe der Rechtsprechung regelmäßig wie folgt zu differenzieren. **Nur die Masten, nicht aber die Leiterseile,** werden in optischer Hinsicht als für die Abwägung beachtlich angesehen (BVerwGE 161, 263 Rn. 89; vgl. auch BVerwG Urt. v. 27.7.2021 – 4 A 14.19 Rn. 95). Hinsichtlich der Masten ist zu unterscheiden, ob diese eine visuell erdrückende Wirkung entfalten oder sich darauf beschränken, optisch das Wohnumfeld erheblich oder lediglich unerheblich zu stören.

Entfalten Masten einer Freileitung für Wohngebäude eine *erdrückende* **Wir- 181 kung,** ist das für deren Bewohner *unzumutbar;* BVerwG Urt. v. 27.7.2021 – 4 A 14.19 Rn. 69. Die Annahme einer erdrückenden Wirkung ist **Extremfällen** vorbehalten (BVerwGE 161, 263 Rn. 89; näher *Külpmann* jurisPR-BVerwG 4/2022 Anm. 2 S. 2). In einem solchen Fall kann die Leitung grundsätzlich nur zugelassen werden, wenn die Planfeststellungsbehörde Schutzmaßnahmen nach Abs. 4, § 43b vor Nr. 1 iVm § 74 Abs. 2 S. 2 VwVfG anordnet. Sind solche Vorkehrungen oder

Anlagen jedoch untunlich oder mit dem Vorhaben unvereinbar, weil es dann zu einer konzeptionellen Änderung der Grundzüge des Vorhabens käme, haben die Betroffenen nach § 74 Abs. 2 S. 3 VwVfG einen Anspruch auf angemessene Entschädigung in Geld (BVerwGE 161, 263 Rn. 88; BVerwG Urt. v. 27.7.2021 – 4 A 14.19 Rn. 69). Die Entschädigung ist dem Grunde nach im Planfeststellungsbeschluss festzustellen. Der Höhe nach gleicht die Entschädigung aber nicht den allgemeinen Wertverlust aus, den das Grundstück auf dem Immobilienmarkt durch die optisch erdrückenden Masten erleidet (→ Rn. 175). Auszugleichen ist nur der Nachteil, der die Grenze des Zumutbaren überschreitet (Schoch/Schneider/*Kupfer* VwVfG § 74 Rn. 86).

182 Wird die Schwelle zu einer erdrückenden Wirkung nicht erreicht, ist die Leitung insoweit also nicht unzumutbar, können die von den Masten ausgehenden visuellen Wirkungen gleichwohl ***abwägungsbeachtlich*** sein (BVerwGE 161, 263 Rn. 90). Das ist der Fall, wenn Leitungsmasten die Wohnbebauung **optisch bedrängen** – sich die Masten bestimmten einzelnen Grundstücken so annähern, dass sie gerade deren Situation deutlich mitprägen; BVerwG Urt. v. 27.7.2021 – 4 A 14.19 Rn. 70 und Rn. 73. Erreicht die optische Wirkung die Intensität des Bedrängens nicht, verbleibt sie im Bereich des „bloß Lästigen" (*Külpmann* jurisPR-BVerwG 4/2022 Anm. 2 S. 1) und ist im Rahmen der Abwägung unbeachtlich.

D. Zuständigkeit und Verfahren

I. Zuständigkeit

183 Die Durchführung des Planfeststellungsverfahrens ist gem. § 43 Abs. 1 und 2 der nach **Landesrecht zuständigen Behörde** zugewiesen. Das ist der verfassungsrechtliche Normalfall (Art. 83 iVm Art. 84 Abs. 1 S. 1 GG) und gilt auch für PCI, die nicht in den Anwendungsbereich des NABEG fallen (→ Rn. 18; Art. 8 Abs. 2 TEN-E-VO lässt dies zu; *Dietrich/Steinbach* DVBl 2014, 488 (493f.)). Nach § 1 der Verordnung über die Zuweisung der Planfeststellung für länderübergreifende und grenzüberschreitende Höchstspannungsleitungen auf die BNetzA (Planfeststellungszuweisungsverordnung – PlfZV) vom 23.7.2013 ist die BNetzA für die Planfeststellung von Vorhaben zuständig, die im Bundesbedarfsplan mit „A1" oder „A2" (Planfeststellung nach §§ 18 ff. NABEG) gekennzeichnet sind. Für die Planfeststellung nach § 45 WindSeeG (→ Rn. 13) ist nach dessen Absatz 2 das Bundesamt für Seeschifffahrt und Hydrographie zuständig. § 43 enthält keine weiteren Vorgaben für die **landesrechtliche Bestimmung der zuständigen Behörde**, also auch nicht hinsichtlich der zulässigen Handlungsform (Parlamentsgesetz oder Rechtsverordnung).

II. Verfahren (Abs. 4 und 5)

184 Hinsichtlich des **Planfeststellungsverfahrens** erklärt § 43 Abs. 4 ausdrücklich die **§§ 72 bis 78 des Verwaltungsverfahrensgesetzes des Bundes** „nach Maßgabe dieses Gesetzes" für anwendbar. Dass der Anwendungsbefehl des § 43 Abs. 4 sich nicht auf die Landes-VwVfGe beziehen kann (so aber ohne Begründung BVerwG Urt. v. 12.7.2022 – 4 A 10.20, BeckRS 2022, 28136 Rn. 13), folgt aus dem eindeutigen Wortlaut, der nicht den Plural verwendet. Hierdurch wird dreierlei bewirkt: Erstens trifft § 43 Abs. 4 eine **von § 1 Abs. 3 VwVfG abweichende**

Erfordernis der Planfeststellung **§ 43**

Spezialregelung: Die §§ 72 bis 78 VwVfG des Bundes sind auch dann von den zuständigen Landesbehörden anzuwenden, wenn deren Verwaltungstätigkeit landesrechtlich durch ein Verwaltungsverfahrensgesetz geregelt ist. Mit § 43 Abs. 4 macht der Bundesgesetzgeber von der anerkannten Möglichkeit Gebrauch, durch spezielles (Bundes-)Fachgesetz abweichend von der allgemeinen Regel des § 1 Abs. 3 VwVfG die **Anwendung des Bundes-VwVfG durch die Landesbehörden** anzuordnen (klar dazu Schoch/Schneider/*Weiß* VwVfG § 72 Rn. 8). Zweitens wird mit der Formulierung „nach Maßgabe dieses Gesetzes" klargestellt, dass die Vorschriften der §§ 43a ff. leges speciales gegenüber den Regelungen der §§ 72ff. VwVfG sind, was allerdings bereits aus § 1 Abs. 1 und Abs. 2 S. 1 VwVfG folgt. Schließlich handelt es sich – drittens – um eine dynamische Verweisung mit der Folge, dass das VwVfG des Bundes in seiner jeweils geltenden Fassung in Bezug genommen wird. Zum Ablauf des Planfeststellungsverfahrens nach den §§ 72ff. VwVfG und den speziellen Regelungen in §§ 43a ff. wird auf die Kommentierungen dieser Spezialvorschriften verwiesen.

Auch ohne expliziten Verweis in § 43 Abs. 4 sind – bis zum 31.12.2022, wenn das **185** Außerkrafttreten des Gesetzes nicht nochmals hinausgeschoben wird – zusätzlich oder modifizierend die Regelungen des Gesetzes zur Sicherstellung ordnungsgemäßer Planungs- und Genehmigungsverfahren während der COVID-19-Pandemie (**Planungssicherstellungsgesetz**, BGBl. 2020 I S. 1041) auf das Planfeststellungsverfahren nach §§ 43ff. anzuwenden (§ 1 S. 1 Nr. 9 PlanSiG). Ortsübliche Bekanntmachungen, die Auslegung von Unterlagen oder Entscheidungen können durch Veröffentlichungen im Internet ersetzt werden und Erörterungstermine, mündliche Verhandlungen und Antragskonferenzen können in Form von Online-Konsultationen oder – mit Einverständnis der Berechtigten – durch Telefon- oder Videokonferenzen ersetzt werden (dazu *Appel/Bärenz* EnWZ 2020, 152ff.; *Ruge* ZUR 2020, 481ff.). Der Koalitionsvertrag sieht vor, insbesondere die digitalen Möglichkeiten des Planungssicherstellungsgesetzes künftig in den allgemeinen Rechtsrahmen zu übernehmen und insbesondere im Hinblick auf die Bürgerbeteiligung weiterzuentwickeln (SPD/Bündnis 90 Die Grünen/FDP Koalitionsvertrag 2021–2025 S. 10).

Vor dem Hintergrund, dass im Anwendungsbereich des § 43 von den Landes- **186** behörden die §§ 72 bis 78 des Verwaltungsverfahrensgesetzes des Bundes anzuwenden sind (→ Rn. 184), hat die Vorschrift des § 43 **Abs. 5 kaum einen erkennbaren Anwendungsbereich** (so für die Parallelvorschrift in § 17 Abs. 1 S. 5 FStrG auch Müller/Schulz FStrG/*Kromer* § 17 Rn. 121). Denn die „Maßgaben" der §§ 43a ff. beziehen sich – soweit ersichtlich – auf die §§ 72 bis 78 VwVfG. Eingefügt wurde die heute in § 43 Abs. 5 enthaltene Regelung im Dezember 2006 durch Art. 7 des Gesetzes zur Beschleunigung von Planungsverfahren für Infrastrukturvorhaben (BGBl. 2006 I S. 2833) und sollte die Forderung des Bundesrates umsetzen (BT-Drs. 16/3158, 40, 44), der die Beibehaltung der allgemeinen Regel des § 1 Abs. 3 VwVfG gefordert hatte (BT-Drs. 16/54, 42). Dieses Unterfangen ist allerdings misslungen, weil es – mit Zustimmung des Bundesrates – bei der eindeutigen Anordnung der Anwendbarkeit der §§ 72 bis 78 des Bundes-VwVfG geblieben ist. Nach § 1 Abs. 3 VwVfG sind deshalb die Verwaltungsverfahrensgesetze der Länder nur insoweit anwendbar, als es nicht um die Vorschriften über das Planfeststellungsverfahren (§§ 72 bis 78 VwVfG) geht. Allgemeine Vorschriften in den Verwaltungsverfahrensgesetzen der Länder etwa über die Zustellung, Bekanntmachung oder Bevollmächtigte und Beistände gelten, weil § 43 Abs. 4 die Vorschrift des § 1 Abs. 3 VwVfG nur partiell verdrängt, auch für die Planfeststellung nach § 43. Wenn im Einzelfall die Maßgaben der §§ 43a ff. von diesen allgemeinen landesverwaltungsverfahrensrechtlichen Regelungen abweichen sollten, wäre nur dies der – minimale – denkbare Anwendungsbereich von § 43 Abs. 5.

III. Verhältnis von Planfeststellungsverfahren und UVP-Verfahren

187 Zum **Verhältnis von Planfeststellungsverfahren und UVP-Verfahren** gilt Folgendes: Nach dem Regelungskonzept des UVPG wird eine UVP nicht als eigenständiges Verfahren durchgeführt, sondern in andere Verfahrensarten – hier das Planfeststellungsverfahren, soweit nicht bereits das Raumordnungsverfahren als Trägerverfahren fungierte (→ Rn. 5) – integriert (§ 4 UVPG). Dies bedeutet, dass der Träger des Vorhabens in einem sog. Scoping-Termin (dazu näher Schneider/Theobald EnergieWirtschaftsR-HdB/*Hermes* § 8 Rn. 45) von der zuständigen Behörde über den voraussichtlichen Untersuchungsrahmen sowie Umfang und Inhalt der Unterlagen informiert wird, die er der Behörde nach § 6 UVPG zu übermitteln hat. In dem Verfahren nach §§ 15 ff. UVPG sind nationale und internationale Behörden und die Öffentlichkeit zu beteiligen. Auf dieser Basis wird von der Behörde eine zusammenfassende Darstellung der Auswirkungen auf die Schutzgüter des § 2 Abs. 1 UVPG erarbeitet (§ 24 UVPG). Abgeschlossen wird das Verfahren gem. § 25 Abs. 1 UVPG mit einer begründeten Bewertung der Umweltauswirkungen des Vorhabens. Diese **Bewertung nach § 25 UVPG** ist Angelegenheit der Planfeststellungsbehörde im Rahmen ihrer **abschließenden** Entscheidung über den Erlass und gegebenenfalls den Inhalt des Planfeststellungsbeschlusses. Als „Trägerverfahren" für die UVP kommt das Planfeststellungsverfahren vor allem wegen des **Abwägungsgebotes** in Betracht (dazu genauer → Rn. 147 ff.), das auf einen schonenden Ausgleich der unterschiedlichen, vielfach konfligierenden öffentlichen und privaten Interessen zielt. Deshalb hat sich die UVP bei den Vorhaben nach § 43 Abs. 1 inzwischen als zentraler Bestandteil des Planfeststellungsverfahrens etabliert (Steinbach/*Fest/Riese* EnWG § 43 Rn. 91).

188 Zu beachten ist allerdings, dass nicht für jede Planfeststellung nach § 43 Abs. 1 oder 2 eine Umweltverträglichkeitsprüfung durchzuführen ist. Denn das Gesetz über die Umweltverträglichkeitsprüfung entscheidet nach seinen **§§ 6 ff. iVm Anlage 1 UVPG** autonom über die **UVP-Pflichtigkeit** von Vorhaben. Dabei ist zwischen unbedingter UVP-Pflicht (§ 6 Abs. 1 S. 1 UVPG), UVP-Pflicht nach allgemeiner Vorprüfung des Einzelfalles (§ 7 Abs. 1 S. 1 UVPG) und UVP-Pflicht nach standortbezogener Vorprüfung (§ 7 Abs. 2 S. 1 UVPG) zu unterscheiden (eine Liste der Leitungsvorhaben bei Schneider/Theobald EnergieWirtschaftsR-HdB/*Hermes* § 8 Rn. 37 ff.). Hinzuweisen ist in diesem Zusammenhang auf die spezielle, dem Gesetz über die Umweltverträglichkeitsprüfung vorgehende Regelung in § 43 f Abs. 2, wonach bei der **Änderung- oder Erweiterung bestehender Leitungen** unter den dort genannten Voraussetzungen **Änderungen des Betriebskonzepts, Umbeseilungen** und **Zubeseilungen** nicht UVP-pflichtig sind (→ § 43 f Rn. 33 ff.).

E. Rechtsschutzfragen

189 Verwaltungsgerichtliche Verfahren im Zusammenhang mit Planfeststellungen nach § 43 kommen in der Praxis typischerweise in Gestalt von **Rechtsschutzbegehren betroffener Eigentümer, Nachbarn und Gemeinden** vor. Da § 43 e dazu **Sonderregeln** enthält, werden die damit in Zusammenhang stehenden

Erfordernis der Planfeststellung **§ 43**

Rechtsschutzfragen dort behandelt (→ § 43e Rn. 3ff.). Für den eher theoretischen Fall eines gerichtlich geltend gemachten Begehrens des **Vorhabenträgers** auf Erlass des beantragten Planfeststellungsbeschlusses würden die allgemeinen verwaltungsprozessualen Regeln gelten, ohne dass insoweit – abgesehen von der sogleich zu behandelnden gerichtlichen Zuständigkeit – abweichende Regeln im Energiewirtschaftsgesetz ersichtlich sind. Angesichts des planerischen Gestaltungsermessens der zuständigen Planfeststellungsbehörde kommt für das Rechtsschutzbegehren des Vorhabenträgers anstelle einer Verpflichtungsklage nur die Rechtsschutzform der Bescheidungsklage in Betracht.

Während materiell- und verwaltungsverfahrensrechtlich zwischen Planfeststellungen nach §§ 18 ff. NABEG und nach §§ 43 ff. grundsätzlich zu unterscheiden ist (→ Rn. 13 ff.), ist für Klageverfahren in beiden Fällen das **BVerwG erst- und letztinstanzlich zuständig,** wenn sie Vorhaben des Bedarfsplans (Anlage zu § 1 Abs. 1 EnLAG) oder Vorhaben des Bundesbedarfsplans (Anlage zu § 1 BBPlG) zum Gegenstand haben. Für **EnLAG-Vorhaben** folgt das aus § 1 Abs. 3 EnLAG iVm § 50 Abs. 1 Nr. 6 VwGO, für **Bundesbedarfsplan-Vorhaben** aus § 6 BBPlG iVm § 50 Abs. 1 Nr. 6 VwGO (für Vorhaben des Bedarfsplans etwa BVerwGE 161, 263 Rn. 12; für Vorhaben des Bundesbedarfsplans etwa BVerwG NVwZ 2019, 1357 Rn. 12 f.; vgl. auch Schoch/Schneider/*Bier* VwGO § 50 Rn. 17). Durch § 43e Abs. 4 wurde die erstinstanzliche Zuständigkeit darüber hinaus erstreckt auch auf die Planfeststellung von **Netzanbindungsleitungen von Windenergieanlagen auf See** nach § 43 Abs. 1 S. 1 Nr. 2 sowie deren Nebenanlagen, wenn sie nach § 43 Abs. 2 Nr. 1 planfestgestellt werden (→ § 43e Rn. 4). **190**

Sachlich zuständig ist das oberste deutsche Verwaltungsgericht aber nicht nur für die Entscheidung über **Klagen gegen Planfeststellungsbeschlüsse oder Plangenehmigungen.** Im Hinblick auf den Zweck der Zuständigkeitsregelung, die Verwirklichung von Infrastrukturvorhaben zu beschleunigen und divergierende Entscheidungen zu vermeiden, sieht das Bundesverwaltungsgericht vielmehr alle Verfahren als von § 50 Abs. 1 Nr. 6 VwGO erfasst an, die einen **unmittelbaren Bezug zu** konkreten Planfeststellungs- oder Plangenehmigungsverfahren haben, weil sie „Teil der genehmigungsrechtlichen Bewältigung des Vorhabens" sind (BVerwG NVwZ 2019, 1357 Rn. 13; *Külpmann* juris-PR-BVerwG 15/2019 Anm. 2 S. 2) – also in Verbindung stehen mit der Planrechtfertigung, den einschlägigen zwingenden Rechtsvorschriften oder dem Abwägungsgebot (vgl. Schoch/Schneider/*Kupfer* VwVfG Vorb § 72 Rn. 114 f.). Zu diesen materiell-rechtlichen Anforderungen an die Planbenzulassung zählt jedoch nicht das Unterlassen von „Schwarzbauten" bzw. einer planabweichenden Bauausführung (BVerwG Beschl. v. 29.10.2020 – 4 VR 7.20, Rn. 13). **191**

In allen anderen Fällen, in denen sich die Klage gegen einen nach § 43 erlassenen Planfeststellungsbeschluss bzw. gegen eine nach § 43b Abs. 1 vor Nr. 1 EnWG iVm § 74 Abs. 6 VwVfG ergangene Plangenehmigung richtet, gilt § 48 VwGO. Zuständig für Klagen gegen derartige Vorhaben ist in **erster Instanz das Oberverwaltungsgericht** des jeweiligen Landes. Für Planfeststellungsbeschlüsse folgt dies aus § 48 S. 1 Nr. 4 VwGO; für Plangenehmigungen aus S. 2 dieser Vorschrift. Hierbei handelt es sich um dynamische Verweisungen auf § 43, so dass Änderungen des Fachrechts – etwa die Erweiterung der nach § 43 planfeststellbaren Vorhaben – unmittelbar prozessrechtlich wirken (Schoch/Schneider/*Panzer* VwGO § 48 Rn. 25). **192**

§ 43a Anhörungsverfahren

Für das Anhörungsverfahren gilt § 73 des Verwaltungsverfahrensgesetzes mit folgenden Maßgaben:
1. Der Plan ist gemäß § 73 Absatz 2 des Verwaltungsverfahrensgesetzes innerhalb von zwei Wochen nach Zugang auszulegen.
2. Die Einwendungen und Stellungnahmen sind dem Vorhabenträger und den von ihm Beauftragten zur Verfügung zu stellen, um eine Erwiderung zu ermöglichen; datenschutzrechtliche Bestimmungen sind zu beachten; auf Verlangen des Einwenders sollen dessen Name und Anschrift unkenntlich gemacht werden, wenn diese zur ordnungsgemäßen Durchführung des Verfahrens nicht erforderlich sind; auf diese Möglichkeit ist in der öffentlichen Bekanntmachung hinzuweisen.
3. Die Anhörungsbehörde kann auf eine Erörterung im Sinne des § 73 Absatz 6 des Verwaltungsverfahrensgesetzes und des § 18 Absatz 1 Satz 4 des Gesetzes über die Umweltverträglichkeitsprüfung verzichten. Ein Erörterungstermin findet nicht statt, wenn
   a) Einwendungen gegen das Vorhaben nicht oder nicht rechtzeitig erhoben worden sind,
   b) die rechtzeitig erhobenen Einwendungen zurückgenommen worden sind,
   c) ausschließlich Einwendungen erhoben worden sind, die auf privatrechtlichen Titeln beruhen, oder
   d) alle Einwender auf einen Erörterungstermin verzichten.
   Findet keine Erörterung statt, so hat die Anhörungsbehörde ihre Stellungnahme innerhalb von sechs Wochen nach Ablauf der Einwendungsfrist abzugeben und sie der Planfeststellungsbehörde zusammen mit den sonstigen in § 73 Absatz 9 des Verwaltungsverfahrensgesetzes aufgeführten Unterlagen zuzuleiten.
4. Soll ein ausgelegter Plan geändert werden, so kann im Regelfall von der Erörterung im Sinne des § 73 Absatz 6 des Verwaltungsverfahrensgesetzes und des § 18 Absatz 1 Satz 4 des Gesetzes über die Umweltverträglichkeitsprüfung abgesehen werden.

Übersicht

	Rn.
A. Allgemeines	1
B. Anknüpfung an die Systematik des VwVfG	7
C. Maßgaben	10
I. Veranlassung der Auslegung innerhalb von zwei Wochen (Nr. 1)	11
II. Vorlage der Einwendungen und Stellungnahmen an den Vorhabenträger (Nr. 2)	17
III. Entfallen des Erörterungstermins (Nr. 3)	33
IV. Planänderung (Nr. 4)	53

Literatur: Vgl. die Hinweise zu § 43.

Anhörungsverfahren **§ 43 a**

A. Allgemeines

§ 43a war im Dezember 2006 durch Art. 7 des Gesetzes zur Beschleunigung von 1
Planungsverfahren für Infrastrukturvorhaben (**Infrastrukturplanungsbeschleu-
nigungsgesetz;** BGBl. 2006 I S. 2833) in das EnWG eingefügt worden. Die Vor-
schrift gilt seit dem 17.12.2006. Durch das **Gesetz zur Beschleunigung des
Energieleitungsausbaus** vom 13.5.2019 (BGBl. 2019 I S. 706) ist die heutige
Nr. 2 mit Wirkung seit dem 17.5.2019 neu eingefügt worden. Die bis dahin als
Nr. 2 und Nr. 3 normierten Regelungen wurden – ohne inhaltliche Änderungen –
in ihrer Nummerierung entsprechend erhöht (BGBl. 2019 I S. 712).

Mit dem **Gesetz zur Verbesserung der Öffentlichkeitsbeteiligung und** 2
Vereinheitlichung von Planfeststellungsverfahren vom 31.5.2013 (**PlVereinhG;** BGBl. 2013 I S. 1388) war § 43a vollständig novelliert worden. In Kraft getreten war diese Fassung aber erst zwei Jahre später, nämlich mit Wirkung ab dem
1.6.2015 (Art. 16 S. 2 iVm Art. 4 Nr. 1 PlVereinhG idF durch Art. 1 b des Ersten
Gesetzes zur Änderung des Arbeitnehmer-Entsendegesetzes vom 24.5.2014,
BGBl. 2014 I S. 538). Zum Ganzen eingehend Vorauflage Rn. 2.

Die mit dem PlVereinhG insgesamt einhergehenden Änderungen waren erheb- 3
lich – sowohl was den Normtext der §§ 43a ff., aber auch die bereits mit Wirkung
zum 7.6.2013 in Kraft getretenen Änderungen der §§ 73ff. VwVfG (Art. 16 S. 1
iVm Art. 1 PlVereinhG) als auch das Verhältnis der fachplanungsrechtlichen Vorschriften im EnWG insgesamt zu den §§ 72ff. VwVfG angeht. Hatte der Gesetzgeber mit dem Infrastrukturplanungsbeschleunigungsgesetz noch umfangreiche
Vorschriften zur Regelung der Planfeststellungsverfahren in sechs Fachgesetze eingeführt (vgl. BT-Drs. 16/3158, 29; näher Schoch/Schneider/*Schoch* VwVfG Einl
Rn. 250), verfolgte er jetzt das Ziel, das **Planfeststellungsverfahrensrecht zu
vereinheitlichen und zu bereinigen**, indem er verallgemeinerungsfähige Regelungen aus den Fachgesetzen in das VwVfG überführte (BT-Drs. 17/9666, 1;
17/12525, 1; näher Schoch/Schneider/*Schoch* VwVfG Einl Rn. 258). In den betroffenen Fachgesetzen wurden die überflüssig gewordenen Regelungen gestrichen.
Neben die Rechtsvereinheitlichung und Rechtsvereinfachung war als ein weiteres
vom Gesetzgeber verfolgtes Ziel die Gewährleistung einer **„frühen Öffentlichkeitsbeteiligung"** getreten (vgl. Art. 1 Nr. 3 PlVereinhG; BT-Drs. 17/12525, 1 f.;
Schoch/Schneider/*Schoch* VwVfG Einl Rn. 259). Durch die Kombination von
Rechtsvereinheitlichung, Rechtsvereinfachung und früherer sowie stärkerer Öffentlichkeitsbeteiligung sollten insbesondere Großvorhaben schneller verwirklicht
werden können (BT-Drs. 17/12525, 1 f.).

Neben § 43a bestehen die Vorgaben des Gesetzes zur Sicherstellung ordnungs- 4
gemäßer Planungs- und Genehmigungsverfahren während der COVID-19-Pande-
mie (**Planungssicherstellungsgesetz** – PlanSiG; → § 43 Rn. 185; BeckOK
EnWG/*Winkler/Zeccola* § 43a Rn. 2.1).

Das **Gesetz zur Beschleunigung des Einsatzes verflüssigten Erdgases** vom 5
24.5.2022 (**LNG-Beschleunigungsgesetz** – LNGG; BGBl. 2022 I S. 802) hat
zwar den Wortlaut des § 43a unberührt gelassen. Mit **§ 8 Abs. 1 Nr. 1 LNGG** hat
der Gesetzgeber jedoch **Ausnahmevorschriften geschaffen**. Abweichend von
§ 43a gilt im Anwendungsbereich des LNGG nach dessen § 2 für das Anhörungsverfahren, dass der Plan nur für die Dauer einer Woche auszulegen ist (§ 8 Abs. 1
Nr. 1 lit. a LNGG) und Einwendungen nur bis eine Woche nach Ablauf der Auslegungsfrist erhoben werden können (§ 8 Abs. 1 Nr. 1 lit. b LNGG). Soweit es um

Kupfer

§ 43 a Teil 5. Planfeststellung, Wegenutzung

die Planfeststellung von LNG-Anbindungsleitungen nach § 2 Abs. 1 Nr. 3 LNGG geht, soll ein Erörterungstermin nur durchgeführt werden, soweit die Planfeststellungsbehörde dies für erforderlich hält (§ 8 Abs. 1 Nr. 1 lit. c LNGG). Der zeitliche Geltungsbereich dieser Ausnahmevorschrift ist gem. § 14 Abs. 2 S. 1 LNGG – zunächst – auf den Zeitraum **bis zum Ablauf des 30. 6. 2025** begrenzt. Durch Art. 3 Nr. 12 des **Gesetzes zur Änderung des Energiesicherungsgesetzes und anderer energiewirtschaftlicher Vorschriften** vom 8. 10. 2022 (**Erstes Energiesicherungsänderungsgesetz; BGBl. 2022 I S. 1726 (1730)**) ist in § 43 a Nr. 3 ein neuer S. 1 eingefügt worden. Nunmehr wird die Durchführung des Erörterungstermins in das Ermessen der Anhörungsbehörde gestellt (→ Rn. 37, 44 und 53). In § 43 a Nr. 3 werden die bisherigen S. 1 und 2 zu den S. 2 und 3. Indem der Erörterungstermin nicht mehr grundsätzlich zwingend, sondern in das Ermessen der Anhörungsbehörde gestellt ist, will der Gesetzgeber der Anhörungsbehörde eine flexiblere Vorgehensweise ermöglichen und dadurch zu einer Verfahrensbeschleunigung beitragen (BT-Drs. 20/3497, 39).

6 Soweit ein Leitungsbauvorhaben in den Anwendungsbereich des 5. Teils dieses Gesetzes fällt (näher zum Anwendungsbereich des § 43 → § 43 Rn. 13 ff.), gelten gem. § 43 Abs. 4 für das Planfeststellungsverfahren die §§ 72–78 VwVfG, soweit in den §§ 43 a ff. keine abweichenden Regelungen getroffen werden (→ § 43 Rn. 184). Dementsprechend besteht der Regelungsansatz des § 43 a in einem Verweis auf § 73 VwVfG für den Ablauf des Anhörungsverfahrens (§ 43 a vor Nr. 1). Ergänzt wird dieser Verweis durch einige **Spezialregelungen**, die zum Teil auf die (weitere) **Verfahrensbeschleunigung** abzielen. So verkürzt beispielsweise § 43 a Nr. 1 die Monatsfrist nach § 73 Abs. 2 VwVfG auf eine Frist von zwei Wochen (→ Rn. 11 ff.). Nach § 43 a Nr. 3 S. 1 kann auf die Durchführung des Erörterungstermins verzichtet werden.

B. Anknüpfung an die Systematik des VwVfG

7 Für das Planfeststellungsverfahren (PFVf) gelten nach § 43 Abs. 4 die §§ 72–78 VwVfG nach Maßgabe des EnWG (→ § 43 Rn. 184). Diesen Ansatz setzt § 43 a konsequent fort: Für das Anhörungsverfahren gilt § 73 VwVfG mit den in § 43 a ausdrücklich benannten Maßgaben – so § 43 a vor Nr. 1.
8 Der **Ablauf des PFVf** nach VwVfG ist durch die folgenden **Verfahrensschritte** geprägt (näher Schoch/Schneider/*Kupfer* VwVfG Vorb § 72 Rn. 113; *Wickel* in Ehlers/Fehling/Pünder (Hrsg.), BesVwR Bd. 2, 4. Aufl. 2020, § 39 Rn. 19 ff.; Kodal Handbuch Straßenrecht/*Springe*, 8. Aufl. 2021, Kap. 36 Rn. 2 ff.):
a) Vorbereitung des PFVf und frühe Öffentlichkeitsbeteiligung
  aa) Erörterung mit der Planfeststellungsbehörde; § 25 Abs. 2 VwVfG (Schoch/Schneider*Weiß* VwVfG § 73 Rn. 32)
  bb) Frühe Öffentlichkeitsbeteiligung; § 25 Abs. 3 VwVfG (Schoch/Schneider/*Weiß* VwVfG § 73 Rn. 33)
  cc) Erarbeitung der Planunterlagen durch die Vorhabenträgerin, gegebenenfalls Durchführung der UVP (→ § 43 Rn. 187 f.)
b) Anhörungsverfahren
  aa) Einreichung des Antrags auf Planfeststellung bei der Anhörungsbehörde (§ 73 Abs. 1 VwVfG)
  bb) Prüfung des Antrags durch die Anhörungsbehörde (insbesondere Antragsberechtigung, rechtswirksame Antragserklärung, Formrichtigkeit, Voll-

Anhörungsverfahren **§ 43a**

ständigkeit des Antrags, Abschnittsbildung, gegebenenfalls Nachforderung von Unterlagen; vgl. § 73 Abs. 2 iVm Abs. 1 VwVfG (Schoch/Schneider/*Weiß* VwVfG § 73 Rn. 83)
cc) Gegebenenfalls Sachverhaltsermittlung durch die Anhörungsbehörde (§ 24 VwVfG) (Schoch/Schneider/*Weiß* VwVfG § 73 Rn. 88)
dd) Vorbereitung der Behördenbeteiligung (Schoch/Schneider/*Weiß* VwVfG § 73 Rn. 94) und der Planauslegung (Schoch/Schneider/*Weiß* VwVfG § 73 Rn. 159)
ee) Übersendung der jeweils einschlägigen Planunterlagen an die betroffenen Behörden binnen eines Monats zur fristgebundenen Stellungnahme (maximal drei Monate) (§ 73 Abs. 2 Hs. 1, Abs. 3a S. 1 VwVfG) (Schoch/Schneider/*Weiß* VwVfG § 73 Rn. 87 und 107 ff.)
ff) Übersendung der Planunterlagen an die Gemeinden, in denen sich das Vorhaben voraussichtlich auswirken wird, binnen eines Monats zur Auslegung der Planunterlagen für die Öffentlichkeit und die Vereinigungen innerhalb von weiteren drei Wochen nach Zugang der Planunterlagen (§ 73 Abs. 2 Hs. 2, Abs. 3 S. 1 VwVfG) (Schoch/Schneider/*Weiß* VwVfG § 73 Rn. 142 ff.)
gg) Ortsübliche Bekanntmachung der Auslegung durch die Gemeinden und Benachrichtigung nicht ortsansässiger Betroffener (§ 73 Abs. 5 S. 1 ff. VwVfG) (Schoch/Schneider/*Weiß* VwVfG § 73 Rn. 167 ff., 182 ff.)
hh) Auslegung des Plans durch die Gemeinden für die Dauer eines Monats (§ 73 Abs. 3 S. 1 VwVfG) (Schoch/Schneider/*Weiß* VwVfG § 73 Rn. 196 ff.)
ii) Abgabe der behördlichen Stellungnahmen (§ 73 Abs. 3a S. 1 VwVfG) (Schoch/Schneider/*Weiß* VwVfG § 73 Rn. 114 ff.)
jj) Erhebung von Einwendungen durch Betroffene und Abgabe von Stellungnahmen durch anerkannte und gegebenenfalls auch nicht anerkannte Vereinigungen innerhalb der zweiwöchigen Einwendungsfrist (§ 73 Abs. 4 S. 1 und S. 5 VwVfG) (Schoch/Schneider/*Weiß* VwVfG § 73 Rn. 238 ff.)
kk) Vorbereitung, Bekanntgabe und Durchführung des Erörterungstermins (§ 73 Abs. 6 und Abs. 7 VwVfG) (Schoch/Schneider/*Weiß* VwVfG § 73 Rn. 299 ff.)
ll) Bei etwaigen Planänderungen nach Auslegung Durchführung eines Planänderungsverfahrens(§ 73 Abs. 8 VwVfG) (Schoch/Schneider/*Weiß* VwVfG § 73 Rn. 349 ff.)
mm) Vorlage der Stellungnahme und Weiterleitung der Verfahrensakten an die Planfeststellungsbehörde, gegebenenfalls einschließlich der zusammenfassenden Darstellung und Bewertung nach §§ 24, 25 UVPG, § 73 Abs. 9 VwVfG (Schoch/Schneider/*Weiß* VwVfG § 73 Rn. 392 ff.)
c) Planfeststellungsbeschluss
Entscheidung der Planfeststellungsbehörde (§ 74 VwVfG): Erlass des Planfeststellungsbeschlusses oder Ablehnung des Antrags (Schoch/Schneider/*Kupfer* VwVfG § 74 Rn. 19 ff.)

Über die unmittelbar in den §§ 43 ff. normierten Abweichungen von den vorgenannten Verfahrensschritten des allgemeinen Planfeststellungsverfahrens hinaus könnte die Bundesregierung auf der Grundlage von § 117b weitere Konkretisierungen und Vereinheitlichungen mit Blick auf die Besonderheiten der energierechtlichen Planfeststellung durch den **Erlass allgemeiner Verwaltungsvorschriften** vornehmen. Von dieser Harmonisierungs-, Vereinfachungs- und Beschleunigungsmöglichkeit hat sie jedoch (noch) keinen Gebrauch gemacht.

9

C. Maßgaben

10 Vor dem Hintergrund der oben dargestellten allgemeinen Verfahrensschritte im Anhörungsverfahren nach VwVfG (→ Rn. 8) werden nachfolgend die durch den Gesetzgeber des § 43a angeordneten besonderen Maßgaben für die Planfeststellung nach EnWG erläutert (vgl. auch BNetzA, Verfahrenshandbuch PCI, 2018, S. 24 ff.; zu Vorhaben von gemeinsamem Interesse, projects of common interest, → § 43 Rn. 30). **Soweit in den Nr. 1 bis 4 des § 43a nichts Abweichendes geregelt ist, bleibt es bei der Anwendung der in § 73 VwVfG normierten Vorschriften** (vgl. § 43a vor Nr. 1).

I. Veranlassung der Auslegung innerhalb von zwei Wochen (Nr. 1)

11 § 73 Abs. 2 VwVfG bestimmt, dass die Beteiligung sowohl der Behörden als auch der Öffentlichkeit, einschließlich der Betroffenen und anerkannter Vereinigungen, spätestens innerhalb eines Monats nach Zugang des vollständigen Plans nach § 73 Abs. 1 VwVfG bei der Anhörungsbehörde von dieser anzustoßen ist. Nach § 73 Abs. 2 Hs. 1 VwVfG fordert die Anhörungsbehörde innerhalb eines Monats nach Zugang des vollständigen Plans die Behörden, deren Aufgabenbereich durch das Vorhaben berührt wird, zur Stellungnahme auf (→ Rn. 8 lit. b ee). In der gleichen Frist hat die Anhörungsbehörde nach § 73 Abs. 2 Hs. 2 die Gemeinden, in denen sich das Vorhaben voraussichtlich auswirken wird, zu veranlassen, dass der Plan ausgelegt wird (→ Rn. 8 lit. b ff).

12 Seit seiner Neufassung durch das PlVereinhG (→ Rn. 3; vgl. BR-Drs. 171/12, 37 und BT-Drs. 17/9666, 21) lautet § 43a Nr. 1: „Der Plan ist gemäß § 73 Absatz 2 des Verwaltungsverfahrensgesetzes innerhalb von zwei Wochen nach Zugang auszulegen."

13 Der **Wortlaut** der Norm ist *missverständlich:* Mit dem Begriff der Auslegung nimmt § 43a Nr. 1 Bezug auf die Auslegung der Planungsunterlagen durch die Gemeinde – somit auf § 73 Abs. 3 S. 1 VwVfG (→ Rn. 8 lit. b hh). In dem von § 43a Nr. 1 ausdrücklich in Bezug genommenen § 73 Abs. 2 VwVfG ist jedoch nicht die Auslegung selbst, sondern lediglich die Veranlassung der Öffentlichkeitsbeteiligung und die Initiierung der Behördenbeteiligung geregelt (→ Rn. 11). Die Auslegung selbst ist dann Gegenstand des Abs. 3, die Behördenbeteiligung des Abs. 3a. Vom Wortlaut des § 43a Nr. 1 – „auszulegen" – wird insoweit allerdings nur die Öffentlichkeitsbeteiligung in Bezug genommen. Die Behördenbeteiligung wird nicht durch Auslegung, sondern typischerweise durch Überlassung der Unterlagen und Bitte um Stellungnahme vollzogen.

14 Aus der **Gesetzesbegründung** lässt sich entnehmen, welchen Zweck der historische Gesetzgeber mit der Neufassung der Vorschrift verfolgt hat: „Die in § 43a durch das Infrastrukturplanungsbeschleunigungsgesetz eingeführten Maßgabevorschriften zum Anhörungsverfahren" (→ Rn. 1) „werden wegen der Übernahme in das VwVfG fast vollständig aufgehoben. Bestehen bleiben die Regelungen über den Verzicht auf einen Erörterungstermin und über die verkürzte Frist von zwei Wochen, innerhalb derer die Anhörungsbehörde die Planauslegung zu veranlassen hat"; BT-Drs. 17/9666, 21.

15 **Ergebnis der Gesetzesauslegung:** Innerhalb von zwei Wochen nachdem der Plan der Anhörungsbehörde zugegangen ist, hat diese den Plan den Gemeinden zu übersenden, in denen er auszulegen ist (Kment/*Kment* EnWG § 43a Rn. 3; Elspas/

Anhörungsverfahren § 43 a

Graßmann/Rasbach/*Greinacher* EnWG § 43 a Rn. 3; BeckOK EnWG/*Winkler/Zeccola* § 43 a Rn. 7). Die Vorgaben des § 73 Abs. 2 hinsichtlich der Behördenbeteiligung – binnen eines Monats nach Zugang des Plans bei der Anhörungsbehörde sind die Fachbehörden von der Anhörungsbehörde aufzufordern, Stellung zu nehmen – bleiben indessen unberührt (→ Rn. 11). Diese Auslegung überschreitet die Wortlautgrenze des § 43 a Nr. 1 nicht, denn sie bezieht sich auf § 73 Abs. 2 VwVfG und betrifft die Planauslegung. Unzweifelhaft wäre es vorzugswürdig gewesen, der Gesetzgeber hätte – zum einen – eine klare Regelung normiert, die sich – zum anderen – gleichermaßen auf die Öffentlichkeits- und die Behördenbeteiligung erstreckt hätte. Die jetzt vorliegende Regelung verursacht mehr Rechtsunsicherheit und verfahrensverzögerndes Streitpotenzial, als dass sie tatsächlich Beschleunigungswirkung entfaltet.

Fristberechnung: Die Zwei-Wochen-Frist (→ Rn. 15) beginnt mit der Einreichung der (letzten) erforderlichen Unterlagen bei der Anhörungsbehörde. Sie beginnt am Folgetag (§ 31 Abs. 1 VwVfG iVm § 187 Abs. 1 BGB) und endet dementsprechend nach § 188 Abs. 2 Alt. 1 BGB mit dem Ablauf desjenigen Tages der zweiten Woche, welcher durch seine Benennung dem Tag vor Beginn der Frist entspricht (vgl. Obermayer/Funke-Kaiser/*Masing/Schiller* VwVfG § 73 Rn. 36). 16

II. Vorlage der Einwendungen und Stellungnahmen an den Vorhabenträger (Nr. 2)

Die Einwendungen und Stellungnahmen (→ Rn. 18 f.) sind nach § 43 a Nr. 2 Hs. 1 dem Vorhabenträger (→ Rn. 20) und den von ihm Beauftragten (→ Rn. 21) zur Verfügung zu stellen, um eine Erwiderung zu ermöglichen (→ Rn. 22 f.). Datenschutzrechtliche Bestimmungen sind zu beachten (§ 43 a Nr. 2 Hs. 2; → Rn. 24). Hs. 3 gibt vor, dass auf Verlangen des Einwenders dessen Name und Anschrift unkenntlich gemacht werden sollen, wenn diese zur ordnungsgemäßen Durchführung des Verfahrens nicht erforderlich sind (→ Rn. 25). Nach Hs. 4 ist auf diese Möglichkeit in der öffentlichen Bekanntmachung hinzuweisen (→ Rn. 32). 17

„Die" Einwendungen „und" Stellungnahmen sind zur Verfügung zu stellen. Das bedeutet, dass grundsätzlich **alle Einwendungen und Stellungnahmen** an den Vorhabenträger und seine Dienstleister weiterzugeben sind. Der Wortlaut räumt der Planfeststellungsbehörde keinen dahingehenden Entscheidungsspielraum ein, frei darüber zu entscheiden, ob bzw. welche Inhalte der Einwendungen und Stellungnahmen sie zurückhalten möchte. Zur Wahrung rechtlich geschützter Interessen Dritter kann die Planfeststellungsbehörde jedoch berechtigt bzw. verpflichtet sein, Beschränkungen, insbesondere durch Schwärzung bestimmter Informationen, vorzunehmen (→ Rn. 24 f. und 29). Zur **Form der Weitergabe** vgl. Feldhaus Bundesimmissionsschutzrecht/*Czajka* B.2.9 9. BImSchV § 12 Rn. 11. 18

Im Rahmen des Anhörungsverfahrens kann zwischen der Beteiligung von Behörden, Betroffenen und anerkannten Vereinigungen unterschieden werden. Die Gruppen sind nicht gegeneinander abgeschlossen. **Maßgeblich ist der Inhalt des Vorbringens.** Werden individuelle Betroffenheiten gegen das Vorhaben bzw. gegen dessen vom Vorhabenträger geplante Ausgestaltung vorgebracht, um eigene Rechte oder Belange gegen das Vorhaben bzw. dessen Auswirkungen zu schützen, so ist das Vorbringen als **Einwendung** zu qualifizieren (vgl. BVerwGE 151, 213 Rn. 17; Kopp/Ramsauer/*Wysk* VwVfG § 73 Rn. 64; Ziekow/*Ziekow* VwVfG § 73 Rn. 42). Dabei ist nicht entscheidend, ob die vortragende Betroffene eine Trägerin öffentlicher Belange, eine Bürgerin oder eine anerkannte Vereinigung ist. Dementsprechend kann insbesondere eine Gemeinde als Behörde eine **Stellung-** 19

Kupfer

§ 43 a
Teil 5. Planfeststellung, Wegenutzung

nahme dazu abgeben, wie sie öffentliche Belange durch das Vorhaben berührt sieht (§ 73 Abs. 2 Hs. 1, Abs. 3 a S. 1 VwVfG). Sie kann aber auch Einwendungen gegen den Plan formulieren, weil sie sich in ihrer durch Art. 28 Abs. 2 S. 1 GG geschützten gemeindlichen Planungshoheit (→ § 43 Rn. 169) und/oder in ihrem zivilrechtlich geschützten Eigentum verletzt sieht (→ § 43 Rn. 173). Zum Ganzen mN Schoch/Schneider/*Kupfer* VwVfG § 74 Rn. 48.

20 „**Vorhabenträger**" ist diejenige – typischerweise juristische – Person, die die Planfeststellung nach § 43 beantragt hat (vgl. auch § 43 Abs. 4 iVm § 73 Abs. 1 S. 1 VwVfG). Sie will das planfeststellungsbedürftige (§ 43 Abs. 1) bzw. planfeststellungsfähige (§ 43 Abs. 2) Vorhaben errichten bzw. ändern. Der spätere Betrieb des Vorhabens kann auch durch eine andere Person erfolgen.

21 Der Begriff der „**Beauftragten**" des Vorhabenträgers ist weit zu verstehen. Hierunter sind insbesondere „Fachbüros (Umweltgutachter, Rechtsanwaltskanzleien, technische Dienstleister usw.)" zu verstehen; BR-Drs. 11/19, 66, BT-Drs. 19/9027, 14 sowie Steinbach/Franke/*Nebel/Riese* EnWG § 43a Rn. 27.

22 **Zweck der Überlassung:** Die Einwendungen und Stellungnahmen sollen dem Vorhabenträger und den von ihm Beauftragten überlassen werden, „damit diese eine Erwiderung verfassen können. Hierdurch wird insgesamt eine informierte und ausgewogene Entscheidungsfindung der Behörde ermöglicht" (BR-Drs. 11/19, 66; ebenso BT-Drs. 19/7375, 60).

23 **Kritik:** Die Erwägung des Gesetzgebers, eine informierte und ausgewogene Entscheidungsfindung der Behörde werde dadurch „ermöglicht", dass Einwendungen und Stellungnahmen dem Vorhabenträger und seinen Dienstleistern zur Verfügung gestellt werden, erscheint indessen kurzschlüssig. Bei genauer Betrachtung zeigt sich nämlich, dass **Vorhabenträger und Planfeststellungsbehörde keine kongruenten Ziele** verfolgen. Während der Vorhabenträger typischer- und legitimerweise das Ziel verfolgt, das Vorhaben auf möglichst effiziente Weise für seine Zwecke optimal auszugestalten und zu betreiben, ist es die Aufgabe der Planfeststellungsbehörde, für eine möglichst sachgerechte und ausgewogene Einbindung des Vorhabens in seine Umgebung zu sorgen (→ § 43 Rn. 148; Schoch/Schneider/*Kupfer* VwVfG Vorb § 72 Rn. 19). Die Erfüllung dieser Aufgabe wird für die Planfeststellungsbehörde aber umso herausforderungsvoller, je weniger sie selbst die Dinge aufarbeitet und bewertet – je mehr sie Arbeitsergebnisse lediglich übernimmt („Wer schreibt, der bleibt!"). Der Wissensvorsprung des Vorhabenträgers gegenüber der Planfeststellungsbehörde ist typischerweise erheblich; durch die vorliegende Regelung erhöht er sich weiter. Es besteht die Gefahr, dass die Planfeststellungsbehörde nicht über eine hinreichende einzelfallbezogene Kenntnis verfügt, um ihrer spezifischen Aufgabe in der Planfeststellung nachzukommen, insbesondere ihr **Planungsermessen** auszuüben. Hierin – in der Verpflichtung, für eine möglichst sachgerechte und ausgewogene Einbindung des Vorhabens in seine Umgebung, insbesondere durch Ausübung des Planungsermessens, zu sorgen – liegt der Unterschied etwa zu einer immissionsschutzrechtlichen Genehmigung, die der Gesetzgeber in § 6 BImSchG dem Grunde nach als gebundene Genehmigung ausgestaltet hat (vgl. BVerwGE 97, 143 (149)). Von Anfang an ist der Vorhabenträger „näher an der Sache dran", weil er die Planfeststellungsunterlagen vorbereitet und erarbeitet hat. Diese gegenüber der Planfeststellungsbehörde größere Sachnähe perpetuiert sich dann aufgrund der vorliegenden Vorschrift vor und in der Erörterung. Es ist nicht die Planfeststellungsbehörde, die die Einwendungen und Stellungnahmen fachlich sichtet, auswertet und den im Rahmen der Erörterung stattfindenden Diskurs vorbereitet. Auch das obliegt dem Vorhabenträger. In der Praxis bestreiten die

Anhörungsverfahren **§ 43 a**

Fachleute des Vorhabenträgers oder die von diesem entsprechend beauftragten Fachbüros den fachlichen Diskurs im Rahmen des Erörterungstermins mit den Einwendern und den Fachbehörden. Häufig beschränkt sich die Planfeststellungsbehörde auf eine moderierende Rolle (vgl. jedoch → Rn. 33 f.). Vor diesem Hintergrund ist es durchaus zu bezweifeln, dass die Erarbeitung einer Erwiderung durch den Vorhabenträger und seine Dienstleister tatsächlich „insgesamt eine informierte und ausgewogene Entscheidungsfindung der Behörde ermöglicht"; so aber BR-Drs. 11/19, 66 und BT-Drs. 19/9027, 14.

Der Begriff der „**datenschutzrechtlichen Bestimmungen**" ist weit zu verstehen. § 43a Nr. 2 Hs. 2 hat nur deklaratorische Funktion. Der Vorschrift kommt eine Hinweisfunktion zu. In Planfeststellungsverfahren sind datenschutzrechtliche Bestimmungen auch ohne die Normierung eines besonderen Rechtsanwendungsbefehls zu beachten; Steinbach/Franke/*Nebel*/*Riese* EnWG § 43a Rn. 28. Beispielhaft wird in BT-Drs. 19/7914, 5 auf die Datenschutz-Grundverordnung verwiesen. In diesem Zusammenhang kann auch der Schutz von **Geschäftsgeheimnissen** durch das GeschGehG von Bedeutung sein. Das ist beispielsweise der Fall, wenn sich ein Gewerbebetrieb unter Hinweis auf seine gegenüber Erschütterungen oder Auswirkungen elektrischer und/oder magnetischer Felder sensiblen, von ihm geheim gehaltenen Produktionsabläufe gegen die Errichtung einer Höchstspannungsfreileitung zur Wehr setzt. 24

Anonymisierung: Auf Verlangen des Einwenders sollen dessen **Name und Anschrift** unkenntlich gemacht werden, wenn diese zur ordnungsgemäßen Durchführung des Verfahrens nicht erforderlich sind; § 43a Nr. 2 Hs. 3. 25

Der **Normwortlaut ist missverständlich!** Er legt nämlich nahe, dass selbst dann, wenn ein Einwender die Anonymisierung seines Namens und seiner Anschrift verlangt hat und der Anonymisierung kein Verfahrenshindernis entgegensteht – selbst dann (!) – habe die Behörde Name und Anschrift nicht zwingend zu anonymisieren; sie „solle" es lediglich. Folglich müsste es Konstellationen geben, in denen der Einwender die Unkenntlichmachung seines Namens und seiner Anschrift verlangt hat, eine derartige Anonymisierung einer ordnungsgemäßen Verfahrensführung auch nicht entgegensteht, gleichwohl aber überwiegende Gründe dafür streiten, Namen und Anschrift des Einwenders dem Vorhabenträger mitzuteilen. Das ist nur schwer vorstellbar. Hinzu kommt: Es ist Ausfluss des Rechts auf informationelle Selbstbestimmung, dass jede Person grundsätzlich selbst darüber entscheidet, wem ihr Name und ihre Anschrift mitgeteilt wird. Dieser Verfügungsbefugnis begibt sich ein Einwender auch nicht zwangsläufig dadurch, dass er sich als Einwender an einem Planfeststellungsverfahren beteiligt – insbesondere dann nicht, wenn er von Anfang an eine Anonymisierung gegenüber Personen außerhalb der Verwaltung verlangt hat. Der Sache nach begründet § 43a Nr. 2 Hs. 3 somit einen **Anspruch auf Anonymisierung** (iErg vgl. Feldhaus Bundesimmissionsschutzrecht/*Czajka* B.2.9 9. BImSchV § 12 Rn. 21). 26

Das **Verlangen,** seinen Namen und seine Anschrift unkenntlich zu machen, hat der jeweilige Einwender zwar ***nicht* zu begründen,** er hat es **aber deutlich zu machen.** Der Einwender muss also nicht darlegen, welche Nachteile ihm drohen, wenn der Vorhabenträger seinen Namen und seine Anschrift erfährt (Feldhaus Bundesimmissionsschutzrecht/*Czajka* B.2.9 9. BImSchV § 12 Rn. 21). Bringt ein Einwender aber kein entsprechendes Verlangen zum Ausdruck, ist seine Einwendung in „Klartext" an den Vorhabenträger weiterzugeben (vgl. BT-Drs. 19/9027, 14). 27

Unkenntlich machen darf der Einwender grundsätzlich nur seinen Namen und seine Anschrift. Er kann *nicht* verlangen, dass der **gesamte Inhalt seiner Einwen-** 28

Kupfer 1915

§ 43 a Teil 5. Planfeststellung, Wegenutzung

dung unkenntlich gemacht wird. Anderenfalls bestünde die Möglichkeit, das Recht des Vorhabenträgers nach § 43 a Nr. 2 Hs. 1 zu unterlaufen, grundsätzlich alle Einwendungen zur Erarbeitung einer Erwiderung zu erhalten (→ Rn. 18).

29 Das **Recht** des Einwenders **zur Unkenntlichmachung** von Namen und Anschrift **erstreckt sich jedoch auch** auf die **weiteren Inhalte** des Einwendungsschriftsatzes, die ohne Weiteres, zumindest ohne größere Nachforschungen (etwa allein durch eine einfache Abfrage bei einer der gängigen Internet-Suchmaschinen), **Rückschlüsse auf die Identität des Einwenders** zulassen. Anderenfalls drohte das Recht auf Anonymisierung, leer zu laufen. Allerdings ist es eine Obliegenheit des Einwenders, auch diese Inhalte in seiner Einwendung kenntlich zu machen. Die Planfeststellungsbehörde muss nicht von sich aus – nur weil der Einwender verlangt hat, seinen Namen und seine Anschrift zu anonymisieren – nach derartigen Inhalten in dem Einwendungsschriftsatz suchen, um diese dann selbst zu schwärzen.

30 Bei der Fassung dieser Vorschrift will sich der Gesetzgeber an § 12 Abs. 2 S. 2 der 9. BImSchV orientiert haben („Vorbild der Ergänzung ist § 12 Absatz 2 Satz 2 der 9. BImSchV, wobei dieser allein die Bekanntgabe der Einwendungen gegenüber dem Antragsteller regelt"). Bei dem Verweis in BT-Drs. 19/7914, 5 auf Satz 2 des § 12 Abs. 2 9. BImSchV handelt es sich jedoch um ein redaktionelles Versehen. Gemeint war (wohl) S. 3 der Vorschrift. S. 2 des § 12 Abs. 2 9. BImSchV betrifft die Weitergabe der Einwendungen an die Fachbehörden, während § 12 Abs. 2 S. 3 9. BImSchV einen § 43 a Nr. 2 Hs. 3 und Hs. 4 entsprechenden Inhalt aufweist.

31 Über die Anonymisierung von Namen und Anschrift (→ Rn. 25 ff.) hinausgehende **Schwärzungen:** § 43 a Nr. 2 Hs. 3 regelt lediglich die Unkenntlichmachung von Namen und Anschriften von Einwendern. Die Regelung ist nicht abschließend. Nicht erfasst von Hs. 3 ist die Unkenntlichmachung weiterer personenbezogener Inhalte oder die Schwärzung von Geschäftsgeheimnissen (→ Rn. 24). Nach § 2 Nr. 1 lit. b) GeschGehG setzt der Schutz einer Information als Geschäftsgeheimnis ua voraus, dass die Information Gegenstand von den Umständen nach angemessenen Geheimhaltungsmaßnahmen durch ihren rechtmäßigen Inhaber ist. Zu diesen angemessenen Geheimhaltungsmaßnahmen kann im vorliegenden Zusammenhang auch die Schwärzung von Inhalten eines Einwendungsschriftsatzes vor Weitergabe an den Vorhabenträger und seine Dienstleister zählen.

32 **Hinweis in der öffentlichen Bekanntmachung:** Auf die Möglichkeit, den Namen und die Anschrift des Einwenders im Einwendungsschriftsatz vor dessen Weitergabe an den Vorhabenträger und seine Dienstleister zu anonymisieren, ist nach § 43 a Nr. 2 Hs. 4 in der öffentlichen Bekanntmachung hinzuweisen. Diese Regelung ergänzt § 73 Abs. 5 S. 2 VwVfG. Um den Informationszweck vollständig zu erreichen, muss sich die Bekanntmachung inhaltlich auf die gesamte Regelung in § 43 a Nr. 2 erstrecken. Aus der Bekanntmachung hat sich unzweifelhaft zu ergeben, dass Einwender verlangen können, dass ihre Namen und Anschriften vor der Weitergabe ihrer Einwendungen an den Vorhabenträger und die von ihm Beauftragten zur Vorbereitung einer Erwiderung unkenntlich gemacht werden. Da sich das Recht der Einwender zur Unkenntlichmachung von Namen und Anschrift auch auf die übrigen Inhalte des Einwendungsschriftsatzes bezieht, die ohne Weiteres Rückschlüsse auf ihre Identität zulassen (→ Rn. 29), ist in der Bekanntmachung ebenfalls mitzuteilen, dass die Einwender gegebenenfalls auch diese Inhalte eindeutig zu markieren haben.

Anhörungsverfahren §43a

III. Entfallen des Erörterungstermins (Nr. 3)

Der Erörterungstermin (→ Rn. 8 lit. b kk) ist das **„Herzstück"** (*Stüer/Probstfeld* 33
DÖV 2000, 701 (704); BerlKommEnergieR/*Pielow* EnWG §43a Rn. 21; Schneider/Theobald/*Hermes* §8 Rn. 124) des Planfeststellungsverfahrens. Er bildet nach der Planauslegung und dem Einwendungs- und Stellungnahmeverfahren (→ Rn. 18) die dritte Stufe der Öffentlichkeitsbeteiligung innerhalb des Anhörungsverfahrens (→ Rn. 8 lit. b; Schoch/Schneider/*Weiß* VwVfG §73 Rn. 299).
Der Erörterungstermin dient als Gelegenheit, um – wie sich §73 Abs. 9 VwVfG 34
ausdrückt – Einwendungen zu „erledigen", indem für Einwendungen **einvernehmliche Lösungen** herbeigeführt werden (vgl. §74 Abs. 2 S. 1 VwVfG: „Einigung"). Aber auch insoweit, wie es nicht gelingt, Streitpunkte auszuräumen, kann durch eine von der Anhörungsbehörde neutral geleitete, transparente, objektive und fundierte Erörterung ein positiver Beitrag zur **Steigerung der Akzeptanz** des Vorhabens und des staatlichen Zulassungsverfahrens in der Öffentlichkeit geleistet werden (vgl. Ziekow/*Ziekow* VwVfG §73 Rn. 60). Da die Energie- und Klimawende, wenn sie gelingen soll, insbesondere in Form von Leitungen und dezentraler regenerativer Erzeugungsanlagen überall sichtbar werden wird, kann sie ohne Akzeptanz insbesondere bei den jeweils Betroffenen nicht gelingen. Werden Einwendungen in der Erörterung erledigt, reduziert sich der streitige Sachverhalt, der später von der Planfeststellungsbehörde noch verarbeitet werden muss (§74 Abs. 2 S. 1 VwVfG), was zur **Verfahrensbeschleunigung** beiträgt (Kopp/Ramsauer/ *Wysk* VwVfG §73 Rn. 114). Schließlich dient der Erörterungstermin im laufenden Planfeststellungsverfahren als Grundlage der Stellungnahme, die die Anhörungsbehörde mit dem Plan, den nicht erledigten Einwendungen und den Behördenstellungnahmen der Planfeststellungsbehörde am Ende des Anhörungsverfahrens zukommen lässt (→Rn. 8 lit. b mm)). Mit zutreffenden Erwägungen (BT-Drs. 17/9666, 19) hat der Gesetzgeber bei der Überarbeitung des VwVfG im Zuge des PlVereinhG an der Pflicht der Planfeststellungsbehörde festgehalten, grundsätzlich einen Erörterungstermin durchzuführen.

§43a Nr. 3 S. 1 f. regeln, wann ein Erörterungstermin *nicht* stattfindet 35
(→Rn. 37 ff.). Für diesen Fall trifft S. 3 dann eine Fristenregelung für den Abschluss des Anhörungsverfahrens (→Rn. 51).

Die früher im Gesetz noch enthaltene Vorschrift, dass die Anhörungsbehörde 36
die rechtzeitig erhobenen Einwendungen mit den Vorhabenträgern und denjenigen, die Einwendungen erhoben haben, mündlich zu erörtern hat (§43a Nr. 5 S. 1 in der Fassung mit Wirkung bis zum 31.5.2015), wurde im Zuge des PlVereinhG (→Rn. 2f.) gestrichen. Die **Pflicht zur Durchführung eines Erörterungstermins** (→Rn. 8 lit. b kk) hat sich bis zur Einfügung des neuen S. 1 in §43a Nr. 3 im Oktober 2022 (→Rn. 5 aE) aus dem Verweis in §43a vor Nr. 1 auf §73 VwVfG ergeben. Gemäß §73 Abs. 6 S. 1 VwVfG hat nach Ablauf der Einwendungsfrist die Anhörungsbehörde
– rechtzeitig gegen den Plan erhobenen Einwendungen,
– rechtzeitig abgegebenen Stellungnahmen von Vereinigungen sowie
– Stellungnahmen der Behörden zu dem Plan
mit dem Vorhabenträger, den Behörden, den Betroffenen sowie denjenigen, die Einwendungen erhoben oder Stellungnahmen abgegeben haben, zu erörtern. Auch für die früher in §43a Nr. 5 S. 3f. aF normierten Regelungen gilt, dass sich heute die diesen früheren Regelungen entsprechenden Vorgaben gemäß dem Verweis in §43a vor Nr. 1 aus §73 VwVfG ergeben – namentlich aus §73 Abs. 6 S. 7

Kupfer

§ 43 a

und Abs. 9 VwVfG. Mit der Streichung der früheren S. 1, 3 und 4 in § 43a Nr. 5 aF und der Reduktion der Regelung auf die früheren S. 2 und 5 hat der Gesetzgeber keine Änderung der allein bestehend bleibenden Regelungen beabsichtigt (BR-Drs. 171/12, 18 u. 37f.; BT-Drs. 17/9666, 21). Vor diesem Hintergrund kann zur Auslegung der heutigen Regelungen grundsätzlich auch auf Erkenntnisse zurückgegriffen werden, die noch unter der Geltung des alten Rechts gewonnen worden waren (→ 3. Aufl., Rn. 22 ff.).

37 Durch Einfügung des neuen S. 1 in § 43a Nr. 3 hat der Gesetzgeber im Oktober 2022 (→ Rn. 5 aE) einen „Vorzeichenwechsel" vorgenommen. Zur Verfahrensbeschleunigung und zur künftigen Einsparung von durchschnittlich 23.400 EUR je Planfeststellungsverfahren (BT-Drs. 20/3497, 28) hat er die grundsätzliche Pflicht zur Durchführung eines Erörterungstermins fallen gelassen. Zwar gibt es keine Pflicht aus höherrangigem Recht, vor Erlass eines Planfeststellungsbeschlusses einen Erörterungstermin durchzuführen (→ Rn. 44). Gleichwohl ist es zu kritisieren, dass sich der Gesetzgeber bei seiner Neuausrichtung tatsächlich weder mit der Bedeutung und dem Zweck eines Erörterungstermins (→ Rn. 33f.) auseinandergesetzt, noch die systematischen Auswirkungen der Einfügung dieser neuen Regelung auf die im Übrigen bestehenbleibenden Normen in den Blick genommen hat. Ob künftig überhaupt noch ein Erörterungstermin durchgeführt werden wird, steht nach § 43a Nr. 3 S. 1 im Ermessen der Anhörungsbehörde. Anders als in § 43a Nr. 4 („... so kann *im Regelfall* von der Erörterung ... abgesehen werden.") ist das Verfahrensermessen nach Nr. 3 S. 1 nicht vorgeprägt. Vielmehr handelt es sich um eine typische „Kann-Vorschrift". Diese Ermessensentscheidung wird nach Maßgabe von § 43a Nr. 3 S. 2 zur gebundenen Entscheidung. Liegt einer der in S. 2 normierten Fälle vor, darf eine Erörterung nicht stattfinden (vgl. BeckOK EnWG/ *Winkler/Zeccola* § 43a Rn. 9).

Eine Erörterung findet nicht statt, wenn
– Einwendungen gegen das Vorhaben nicht (→ Rn. 40) oder nicht rechtzeitig (→ Rn. 41ff.) erhoben worden sind (§ 43a Nr. 3 S. 2 lit. a),
– die rechtzeitig erhobenen Einwendungen zurückgenommen worden sind (§ 43a Nr. 3 S. 2 lit. b; → Rn. 45ff.),
– ausschließlich Einwendungen erhoben worden sind, die auf privatrechtlichen Titeln beruhen (§ 43a Nr. 3 S. 2 lit. c; → Rn. 49) oder
– alle Einwender auf einen Erörterungstermin verzichten (§ 43a Nr. 3 S. 2 lit. d; → Rn. 50).

38 Demgegenüber **kann** außerhalb des § 43a Nr. 3 S. 1 in folgenden Fällen auf die Durchführung einer Erörterung **verzichtet werden** (vgl. → Rn. 37):
– für den Fall, dass ein Plan nach Auslegung der Planunterlagen, aber vor Erlass des Planfeststellungsbeschlusses bzw. der Plangenehmigung geändert werden soll (→ Rn. 53ff.),
– in Fällen besonderer Dringlichkeit gem. § 43b Abs. 1 Nr. 1 (dringliche Sonderprojekte nach § 43b Abs. 1 Nr. 1 lit. a und gem. § 43b Abs. 1 Nr. 1 lit. b für Vorhaben, die im Bedarfsplan nach EnLAG benannt sind; → § 43b Rn. 18ff.) und
– nach § 43d S. 1 in Fällen der Planergänzung, des ergänzenden Verfahrens und der Planänderung vor Fertigstellung des Vorhabens (→ § 43d Rn. 3ff.).

39 § 43a Nr. 3 S. 2 schließt jedoch nicht bruchlos an § 73 Abs. 6 S. 1 VwVfG an (Elspas/Graßmann/Rasbach/*Greinacher* EnWG § 43a Rn. 9). Nach Maßgabe des VwVfG sollen im Erörterungstermin nicht nur die Einwendungen, sondern auch die Stellungnahmen von Vereinigungen und Behörden behandelt werden. Vor diesem Hintergrund erscheint es als nicht konsequent, den Erörterungstermin ins-

Anhörungsverfahren **§ 43a**

gesamt zwangsweise entfallen zu lassen, „nur" weil keine erörterungsbedürftigen Einwendungen (mehr) vorliegen.

Der Fall, dass **Einwendungen** gegen das Vorhaben **nicht erhoben worden** 40 **sind** (§ 43a Nr. 3 S. 2 lit. a Alt. 1), ist gegeben, wenn tatsächlich keine Verlautbarung gegen das Vorhaben oder gegen dessen vom Vorhabenträger geplante Ausgestaltung vorgebracht worden ist. Zur Abgrenzung von Einwendungen gegenüber Stellungnahmen → Rn. 19. Dieser Fall, dass Einwendungen gegen das Vorhaben nicht erhoben worden sind, liegt aber auch vor, wenn zwar ein entsprechendes Vorbringen vorliegt, dieses die Voraussetzungen für eine wirksame Erhebung von Einwendungen aber nicht erfüllt. Zu den persönlichen Einwendungsvoraussetzungen Schoch/Schneider/*Weiß* VwVfG § 73 Rn. 210ff.; zu den sachlichen Einwendungsvoraussetzungen Schoch/Schneider/*Weiß* VwVfG § 73 Rn. 225ff.; vgl. auch Kopp/Ramsauer/*Wysk* VwVfG § 73 Rn. 64ff.

Zu den Einwendungsvoraussetzungen gehört insbesondere die Einhaltung der 41 **Einwendungsfrist** (→ Rn. 8 lit. b jj). Nach § 43a vor Nr. 1 iVm § 73 Abs. 4 S. 1 VwVfG beträgt die Einwendungsfrist zwei Wochen nach Ablauf der Auslegungsfrist. Die Auslegungsfrist beträgt nach § 73 Abs. 3 S. 1 VwVfG einen Monat (→ Rn. 8 lit. b hh). Dementsprechend beträgt die Frist für die Erhebung von Einwendungen ab Auslegung einen Monat und zwei Wochen. Die Frist berechnet sich gem. § 31 Abs. 1 VwVfG grundsätzlich nach §§ 187 Abs. 2 S. 1, 188 Abs. 2 Alt. 2 BGB; näher Obermayer/Funke-Kaiser/*Masing*/*Schiller* VwVfG § 73 Rn. 106; Kopp/Ramsauer/ *Wysk* VwVfG § 73 Rn. 84ff. In der Praxis wird bei der Planfeststellung UVP-pflichtiger Vorhaben häufig von der Möglichkeit Gebrauch gemacht, die Einwendungsfrist gem. § 21 Abs. 3 UVPG auf einen Zeitraum von drei Monaten auszudehnen.

Wird die Einwendungsfrist nicht eingehalten, liegt, da insoweit die Einwen- 42 dungsvoraussetzungen nicht gewahrt sind, grundsätzlich keine wirksame Einwendung vor; zur Wiedereinsetzung in den vorigen Stand nach § 32 VwVfG Obermayer/Funke-Kaiser/*Masing*/*Schiller* VwVfG § 73 Rn. 120; Kopp/Ramsauer/ *Wysk* VwVfG § 73 Rn. 87; Schoch/Schneider/*Weiß* VwVfG § 73 Rn. 270ff. Deshalb bedarf es der zweiten Alternative in § 43a Nr. 3 S. 2 lit. a eigentlich nicht. Ist eine Einwendung verspätet vorgebracht worden, ist sie in diesem Sinne nicht erhoben worden.

Fraglich ist, ob sich hieran – **zwingendes Entfallen des Erörterungstermins** 43 bei nicht rechtzeitig erhobenen Einwendungen – etwas geändert hat, indem bei potenziell UVP-pflichtigen Vorhaben nur noch eine **formelle, nicht mehr aber eine materielle Präklusion** eintreten kann (näher Ziekow/*Ziekow* VwVfG § 73 Rn. 53ff.; Kopp/Ramsauer/*Wysk* VwVfG § 73 Rn. 89a). Mit anderen Worten: Hat ein Erörterungstermin auch dann zu entfallen, wenn Einwendungen zwar nicht wirksam, beispielsweise nach Ablauf der Einwendungsfrist erhoben worden sind, insoweit eine materielle Präklusion jedoch nicht eingreift, weil das Vorhaben potenziell UVP-pflichtig ist? Für die Durchführung einer Erörterung spricht, dass die betroffenen Aspekte in einem nachfolgenden Gerichtsverfahren durchaus von Bedeutung für die Frage sein können, ob der Planfeststellungsbeschluss an Rechtsfehlern leidet. Insoweit könnte eine Erörterung der zwar verspäteten, aber eben nicht materiell präkludierten Einwendungen zur Rechtskonformität des Planfeststellungsbeschlusses durchaus beitragen. Auch zur Befriedung der Situation und zur Steigerung der Akzeptanz des Vorhabens könnte eine Erörterung förderlich sein (→ Rn. 34; so NK-EnWG/*Kment* § 43a Rn. 6). Dabei wäre freilich zu beachten, dass nicht für jede Planfeststellung nach § 43 Abs. 1 oder Abs. 2 eine Umweltverträglichkeitsprüfung durchzuführen ist (→ § 43 Rn. 187f.). Soweit das Vorhaben

§ 43 a

Teil 5. Planfeststellung, Wegenutzung

nicht in den Anwendungsbereich von UVPG und UmwRG fällt, bleibt es bei der Anwendbarkeit von § 73 Abs. 4 S. 3 VwVfG (Kopp/Ramsauer/*Wysk* VwVfG § 73 Rn. 89 b) und damit bei der materiellen Präklusion.

44 Vor dem Hintergrund, dass **weder Unions- noch Völkerrecht** (BVerwG Urt. v. 7.10.2021 – 4 A 9.19 Rn. 39; Urt. v. 16.6.2016 – 9 A 4.15 Rn. 17; Hoppe/Beckmann/Kment/*Hagmann* UVPG § 22 Rn. 16; Kopp/Ramsauer/*Wysk* VwVfG § 73 Rn. 114 a) **noch nationales Verfassungsrecht** (Kopp/Ramsauer/*Wysk* VwVfG § 73 Rn. 118) dazu verpflichten, **vor Erlass eines Planfeststellungsbeschlusses** einen **Erörterungstermin durchzuführen**, gewinnen Wortlaut und Systematik des bestehenden Gesetzes entscheidende Bedeutung. Die Frage, ob ein Erörterungstermin durchzuführen ist, ist keine Frage der materiellrechtlichen Präklusion, sondern bereits – und in diesem Sinne der Präklusionsfrage vorgelagert – der verfahrensrechtlichen Einwendungsfrist. Nach § 43 a vor Nr. 1 iVm § 73 Abs. 6 S. 1 VwVfG werden die „rechtzeitig gegen den Plan erhobenen Einwendungen" erörtert, nicht aber die erst nach Ablauf der Einwendungsfrist erhobenen Einwendungen – und zwar auch dann nicht, wenn eine materielle Präklusion ausgeschlossen ist (aA NK-EnWG/*Kment* § 43 a Rn. 6).

45 Waren die Einwendungen aber rechtzeitig erhoben worden, hat der Erörterungstermin gleichwohl zu entfallen, wenn die **Einwendungen zurückgenommen** werden – § 43 a Nr. 3 S. 2 lit. b. Das ist folgerichtig. Werden Einwendungen zurückgenommen, besteht kein Konflikt mehr, der Gegenstand einer Erörterung sein könnte (BeckOK EnWG/*Winkler/Zeccola* § 43 a Rn. 12).

46 Hat ein Einwender **mehrere sachlich abgrenzbare Einwendungen** erhoben, kann er diese auch nur **teilweise zurücknehmen.** So kann er beispielsweise seinen anfänglichen Widerstand gegen die Linienführung einer Leitung zwar aufgeben und sich insoweit mit dem Vorhaben einverstanden erklären. Seine Bedenken wegen der mit dem Leitungsbetrieb verbundenen Lärmbelastung oder der elektrischen und magnetischen Felder kann er aber gleichwohl aufrechterhalten.

47 Die Erklärung der Rücknahme einer Einwendung ist eine **form- und empfangsbedürftige einseitige rechtsgestaltende Willenserklärung.** Sie bringt die Rechtsposition des Einwenders, die er durch die wirksame Erhebung seiner Einwendung erlangt hat, insoweit wieder in Wegfall, wie die Rücknahme sachlich reicht. Durch die Rücknahme seiner Einwendung verliert der Einwender insbesondere seinen Anspruch auf Teilnahme am Erörterungstermin – soweit ein solcher überhaupt stattfindet (→ Rn. 37). Vom Beteiligten an dem Planfeststellungsverfahren wird er insoweit zu einem „Jedermann aus der allgemeinen Öffentlichkeit". Gegebenenfalls tritt mit der Rücknahme der Einwendungen durch die damit gegebenenfalls verbundene materielle Präklusion auch der Verlust materieller Rechtspositionen ein (→ Rn. 43).

48 Im Hinblick auf die Gestaltbarkeit der Einwendungsrücknahme (→ Rn. 46) und die mit einer Rücknahme verbundenen, gegebenenfalls weitreichenden Folgen (→ Rn. 47), gelten die Formvorschriften des § 73 Abs. 4 S. 1 VwVfG für die Erhebung von Einwendungen auch für deren Rücknahme entsprechend. Die Rücknahmeerklärung bedarf der **Schriftform** oder muss zur **Niederschrift bei der Behörde** erklärt werden; vgl. BeckOK EnWG/*Winkler/Zeccola* § 43 a Rn. 12. Solange die Einwendungsfrist noch nicht abgelaufen ist, kann die Rücknahme bereits erhobener Einwendungen auch gegenüber der Auslegungsgemeinde erfolgen. Die Rücknahmeerklärung muss hinreichend bestimmt sein. Der Wille zur Beseitigung der erhobenen Einwendungen und die Reichweite der Rücknahmeerklärung müssen unzweifelhaft feststehen.

Anhörungsverfahren **§ 43 a**

Sind ausschließlich **Einwendungen** erhoben worden, die auf **privatrecht-** 49
lichen Titeln beruhen, findet ein Erörterungstermin nicht statt; § 43a Nr. 3 S. 2
lit. c. Grund hierfür ist, dass sich Präklusion (§ 73 Abs. 4 S. 3 VwVfG: ... „alle Einwendungen ausgeschlossen, die nicht auf besonderen privatrechtlichen Titeln beruhen.") sowie Ausschluss- und Duldungswirkung nach § 75 Abs. 2 S. 1 VwVfG
(→ § 43c Rn. 9) von vorneherein nicht auf privatrechtliche Titel erstrecken. Stehen
privatrechtliche Titel insoweit aber außerhalb der Planfeststellung, ist es auch nicht
zweckmäßig (→ Rn. 34), diese im Planfeststellungsverfahren zu erörtern. Der **Begriff** der privatrechtlichen Titel ist *weit* **zu verstehen.** Erfasst werden private und
öffentlich-rechtliche Verträge sowie sonstige privatrechtliche Titel, wie etwa dinglich gesicherte Dienstbarkeiten. Ein Titel im vollstreckungsrechtlichen Sinn ist
nicht erforderlich. Zum Ganzen und näher Schoch/Schneider/*Kupfer* VwVfG § 75
Rn. 49ff. (56); Mann/Sennekamp/Uechtritz/*Deutsch* VwVfG § 75 Rn. 99 und
Mann/Sennekamp/Uechtritz/*Lieber* VwVfG § 73 Rn. 266.

Schließlich findet eine Erörterung auch dann nicht statt, wenn **alle Einwender** 50
auf einen Erörterungstermin verzichten (§ 43 a Nr. 3 S. 2 lit. d). Vergleicht man
diese Voraussetzungen für einen zwingenden Ausfall des Erörterungstermins mit
den Zielen, die mit einer Erörterung verfolgt werden (→ Rn. 34), fällt auf, dass ein
Hauptzweck – nämlich die Schaffung einer Plattform für die Einwender, um ihre
Vorbehalte zu thematisieren – durch den Verzicht der Einwender zwar hinfällig geworden ist, andere Zwecke aber durchaus erreicht werden könnten: die Steigerung
der Akzeptanz des Vorhabens samt des staatlichen Zulassungsverfahrens bei den Betroffenen und die Findung einvernehmlicher Lösungen für die bestehenden Einwendungen. Mit der letztgenannten Erwägung korreliert der Befund, dass nach
§§ 73 Abs. 6 S. 6, 67 Abs. 2 Nr. 4 VwVfG alle Beteiligten und nicht nur die Einwender auf die Erörterung verzichten müssten. Die Befürchtung, dass eine Erörterung
gegen den Willen des Vorhabenträgers unterbleiben könnte, weil es nach dem
Wortlaut des § 43a Nr. 3 S. 1 lit. d nur auf die Verzichtserklärung der Einwender ankommt, dürfte jedoch eher theoretischer Natur sein. Ohne ein Entgegenkommen
des Vorhabenträgers in der Sache ist die Wahrscheinlichkeit, dass Einwender auf
eine Erörterung verzichten, erfahrungsgemäß eher gering.

§ 43a Nr. 3 S. 3 modifiziert die Frist des § 73 Abs. 9 VwVfG und passt die 51
Regelung insgesamt an den Fall an, dass der Erörterungstermin entfällt. Wird ein
Erörterungstermin durchgeführt, hat die Anhörungsbehörde diesen gem. § 73
Abs. 6 S. 7 VwVfG innerhalb von drei Monaten nach Ablauf der Einwendungsfrist
abzuschließen. Innerhalb eines weiteren Monats hat die Anhörungsbehörde dann
gem. § 73 Abs. 9 VwVfG das Verfahren samt ihrer abschließenden Stellungnahme
(näher Schneider/Theobald EnergieWirtschaftsR-HdB/*Hermes* § 8 Rn. 124) an
die Planfeststellungsbehörde zur Entscheidung über den Planfeststellungsantrag abzugeben. **Entfällt der Erörterungstermin,** gilt der folgende **Zeitplan:** Innerhalb
von zwei Wochen nachdem der Plan der Anhörungsbehörde zugegangen ist, hat
diese den Plan den Gemeinden zur Auslegung zu übersenden, in denen sich das
Vorhaben voraussichtlich auswirken wird (§ 43a vor Nr. 1, Nr. 1 iVm § 73 Abs. 2
VwVfG; → Rn. 8 lit. b ff und Rn. 13). Innerhalb von weiteren drei Wochen haben
die Gemeinden den Plan dann für die Dauer eines Monats zur Einsicht auszulegen
(§ 43 a vor Nr. 1 iVm § 73 Abs. 3 S. 1 VwVfG; → Rn. 8 lit. b hh). An diese Offenlage schließt sich dann grundsätzlich die Einwendungsfrist von zwei Wochen an
(→ Rn. 41). Findet dann kein Erörterungstermin statt, verbleibt der Anhörungsbehörde nach Ablauf der Einwendungsfrist ein Zeitraum von sechs Wochen, um
das Anhörungsverfahren abzuschließen.

Kupfer 1921

§ 43a Teil 5. Planfeststellung, Wegenutzung

52   Bereitet ein Vorhabenträger das Planfeststellungsverfahren sorgfältig vor und legt von Anfang an, zumindest weitgehend fehlerfreie und aussagekräftige Planunterlagen vor, ist es somit (→ Rn. 51) möglich, ein **Anhörungsverfahren für den Fall, dass kein Erörterungstermin stattfindet, in rund 17 bis 18 Wochen abzuschließen.** Findet eine Erörterung statt, sollte diese innerhalb eines vergleichbaren Zeitraums zu bewältigen sein. Für die Durchführung des Erörterungstermins setzt das Gesetz drei Monate (§ 73 Abs. 6 S. 7 VwVfG; beachte § 73 Abs. 7 VwVfG) und für den Abschluss des Anhörungsverfahrens einen weiteren Monat (§ 73 Abs. 9 VwVfG) an. Nach diesen gesetzlichen Vorgaben sind **Anhörungsverfahren mit Erörterungstermin somit in einem Zeitraum von rund acht Monaten durchzuführen.** In der Praxis sind jedoch erheblich längere Zeiträume üblich. All dies zeigt aber, dass die langen Genehmigungsverfahren nicht auf den bestehenden gesetzlichen Rahmen zurückzuführen sind (vgl. Elspas/Graßmann/Rasbach/*Greinacher* EnWG § 43a Rn. 10; offensichtlich aA BT-Drs. 20/3497, 28).

IV. Planänderung (Nr. 4)

53   Nach § 43a Nr. 4 kann von der Erörterung abgesehen werden, wenn ein ausgelegter Plan geändert werden soll. § 43a Nr. 4 ist durch die Einfügung von S. 1 in § 43a Nr. 3 unberührt geblieben (→ Rn. 37). Insoweit steht § 43a Nr. 4 grundsätzlich neben § 43a Nr. 3 S. 1, ist aber als die speziellere und deshalb vorrangig anzuwendende Vorschrift zu qualifizieren. Eine Sperrwirkung entfaltet § 43 Nr. 4 gegenüber § 43 Nr. 3 S. 1 indessen nicht. § 43a Nr. 4 betrifft den Fall, dass ein **ausgelegter Plan geändert** (→ Rn. 54) werden soll. Die Vorschrift setzt voraus, dass sich aus § 73 Abs. 8 S. 2 iVm Abs. 6 S. 1 VwVfG (→ Rn. 55) oder aus § 18 Abs. 1 S. 4 UVPG (→ Rn. 56) eine Pflicht zur Durchführung einer Erörterung ergibt. § 43a Nr. 4 selbst begründet keine Pflicht zur Durchführung eines Erörterungstermins, sondern ermächtigt die Anhörungsbehörde, im Regelfall von einer, durch die in Bezug genommenen Vorschrift gebotenen, Erörterung abzusehen (→ Rn. 57).

54   Der Gesetzeswortlaut ist insoweit unpräzise, als er die **Änderung eines** „*ausgelegten Plans*" zum Anlass nimmt. Die angesprochene Planänderung ist nach zwei Seiten abzugrenzen. Zum einen sind hiermit nicht pauschal alle ausgelegten Unterlagen, sondern das Vorhaben selbst gemeint (Kopp/Ramsauer/*Wysk* VwVfG § 73 Rn. 135a; Schoch/Schneider/*Kupfer* VwVfG Vorb § 72 Rn. 2). Der Planfeststellungsbeschluss stellt den Plan fest – so § 74 Abs. 1 S. 1 VwVfG. Nach § 73 Abs. 1 S. 2 VwVfG besteht der Plan aus den Zeichnungen und Erläuterungen, die das Vorhaben, seinen Anlass und die von dem Vorhaben betroffenen Grundstücke und Anlagen erkennen lassen. Zum anderen muss die Änderung das Wesen – die „Gesamtkonzeption" (NK-EnWG/*Kment* § 43a Rn. 9) – des ursprünglichen Vorhabens wahren. Die Modifikation darf das Vorhaben nur ändern. Das bisherige Vorhaben darf nicht durch ein anderes Vorhaben ersetzt werden (Elspas/Graßmann/Rasbach/ *Greinacher* EnWG § 43a Rn. 11). Im letztgenannten Fall, ist das laufende Planfeststellungsverfahren zu beenden und ein neues durchzuführen (Schoch/Schneider/ *Weiß* VwVfG § 73 Rn. 359).

55   Über den Verweis in § 43a vor Nr. 1 (→ Rn. 6 und 10) knüpft § 43a Nr. 4 („*soll ein Plan geändert werden*") zunächst an § 73 Abs. 8 VwVfG an. Diese Vorschrift betrifft den Fall, dass ein Vorhaben *nach* **Auslegung der Planunterlagen** (→ Rn. 8 lit. b hh) **und *vor* Erlass des Planfeststellungsbeschlusses** (→ Rn. 8 lit. c) geändert wird (Kopp/Ramsauer/*Wysk* VwVfG § 73 Rn. 135ff.; Elspas/Graßmann/ Rasbach/*Greinacher* EnWG § 43a Rn. 11; NK-EnWG/*Kment* § 43a Rn. 9) und da-

Anhörungsverfahren **§ 43 a**

durch neue Betroffenheiten ausgelöst werden (zu einer Änderung des Vorhabens nach Erlass des Planfeststellungsbeschlusses → § 43 d Rn. 14 f.). Gem. § 73 Abs. 8 S. 1 VwVfG muss in dieser Konstellation nicht das gesamte Beteiligungsverfahren nach § 73 Abs. 2 bis Abs. 6 VwVfG wiederholt werden; vielmehr genügt eine individuelle Anhörung der Änderungsbetroffenen. Ein zusätzliches Beteiligungsverfahren bedarf es gem. § 73 Abs. 8 S. 2 Hs. 1 VwVfG nur bei voraussichtlichen Auswirkungen auf das Gebiet einer anderen Gemeinde und dann grundsätzlich auch nur in dieser Gemeinde (Schoch/Schneider/*Weiß* VwVfG § 73 Rn. 349). Bedarf es hiernach aber eines zusätzlichen Beteiligungsverfahrens, dann ist nach § 73 Abs. 8 S. 2 Hs. 2 iVm Abs. 6 S. 1 VwVfG auch eine Erörterung durchzuführen.

Ist das geänderte **Vorhaben UVP-pflichtig** (→ § 43 Rn. 187 f.), ist für den Fall 56 der Planänderung – über § 73 Abs. 8 VwVfG hinaus – auch nach § 22 UVPG zu prüfen, ob eine erneute Öffentlichkeitsbeteiligung durchzuführen ist. Dabei ist nach § 22 Abs. 1 S. 1 UVPG zu prüfen, ob nach § 19 Abs. 2 UVPG für die Unterrichtung der Öffentlichkeit unverzichtbare Unterlagen geändert worden sind. Ist das der Fall, ist eine, allerdings auf die Änderungen beschränkte (§ 22 Abs. 1 S. 2 UVPG), erneute Beteiligung der Öffentlichkeit grundsätzlich erforderlich. Hierzu gehört auch die Durchführung eines erneuten Erörterungstermins nach § 18 Abs. 1 S. 4 UVPG iVm § 73 Abs. 6 S. 1 VwVfG (Hoppe/Beckmann/Kment/*Hagmann* UVPG § 22 Rn. 16). Von dem erneuten Beteiligungsverfahren soll allerdings nach § 22 Abs. 2 S. 1 UVPG abgesehen werden, wenn zusätzliche erhebliche oder andere erhebliche Umweltauswirkungen nicht zu besorgen sind. Um dies zu gewährleisten, kann der Vorhabenträger geeignete Vorkehrungen in seine Planänderung aufnehmen; § 22 Abs. 5 S. 2 UVPG. Da das unionsrechtliche Umweltrecht die Durchführung eines Erörterungstermins nicht verlangt (→ Rn. 44), bestehen insoweit auch keine Bedenken, wenn § 43 a Nr. 4 erlaubt, von der Durchführung eines durch das UVPG gebotenen Erörterungstermins abzusehen (iErg ebenso Hoppe/Beckmann/Kment/*Hagmann* UVPG § 22 Rn. 16).

Während das Gesetz für die in § 43 a Nr. 3 S. 2 lit. a bis d normierten Fälle das Ent- 57 fallen des Erörterungstermins zwingend vorschreibt (→ Rn. 37), räumt es in § 43 a Nr. 4 der Anhörungsbehörde **Ermessen** ein. Zwar handelt es sich nicht um eine typische „Kann-Vorschrift". Das Gesetz lautet eben nicht nur, die Behörde „kann" von einer Erörterung absehen. Vielmehr „kann in Regelfall" von der Erörterung abgesehen werden. Im Vergleich zu einer klassischen „Soll-Vorschrift" stellt diese Formulierung zwar eine weniger intensive Festlegung auf das Entfallen des Erörterungstermins dar. Immerhin handelt es sich aber um einen Fall sog. „intendierten Ermessens". Danach ist das von der Behörde zu findende Ergebnis bereits durch eine gesetzliche Intention vorgegeben (zu dieser Kategorisierung und näher Schoch/Schneider/*Geis* VwVfG § 40 Rn. 25 ff.) – und zwar in zwei Richtungen. Handelt es sich um einen Regelfall, mithin um einen Fall, der keine außergewöhnlichen Besonderheiten aufweist, kann ohne Weiteres von der Durchführung eines Erörterungstermins abgesehen werden, obwohl der erneute Erörterungstermin durch VwVfG oder UVPG für den vorliegenden Fall einer Planänderung eigentlich vorgesehen wäre. Liegen allerdings entsprechende Besonderheiten vor, kann ohne Weiteres ein Erörterungstermin anberaumt werden. Als derartige Besonderheiten kommen aber nur Umstände in Betracht, die – zum einen – nicht bereits nach VwVfG oder UVPG die erneute Erörterung erforderlich gemacht haben und die – zum anderen – nicht bereits Gegenstand der früheren Erörterung waren.

Im **Ergebnis** ist festzuhalten: Eine Anhörungsbehörde wird für den Fall einer 58 Planänderung nach Ablauf der Einwendungsfrist und vor Erlass des Planfeststel-

§ 43 b   Teil 5. Planfeststellung, Wegenutzung

lungsbeschlusses typischerweise nur dann einen erneuten Erörterungstermin zur Diskussion dieser Planänderung anberaumen, wenn
- sich die Planänderung auf das Gebiet einer Gemeinde auswirkt, in der noch keine Offenlage stattgefunden hat (→ Rn. 55), oder
- wenn mit der Planänderung die Änderung von Unterlagen einhergeht, die nach § 19 Abs. 2 UVPG zwingend vorzulegen waren, und mit Blick auf den materiellen Gehalt der Planänderung noch unbewältigte zusätzliche erhebliche oder andere erhebliche Umweltauswirkungen zu besorgen sind (→ Rn. 56), und
- unbeschadet der vorgenannten Umstände zusätzlich außergewöhnliche Besonderheiten gegeben sind, die noch nicht Gegenstand der früheren Erörterung waren (→ Rn. 57).

§ 43 b Planfeststellungsbeschluss, Plangenehmigung

(1) **Für Planfeststellungsbeschluss und Plangenehmigung gelten die §§ 73 und 74 des Verwaltungsverfahrensgesetzes mit folgenden Maßgaben:**
1. **Bei Planfeststellungen für Vorhaben im Sinne des § 43 Absatz 1 Satz 1 wird**
   a) **für ein bis zum 31. Dezember 2010 beantragtes Vorhaben für die Errichtung und den Betrieb sowie die Änderung von Hochspannungsfreileitungen oder Gasversorgungsleitungen, das der im Hinblick auf die Gewährleistung der Versorgungssicherheit dringlichen Verhinderung oder Beseitigung längerfristiger Übertragungs-, Transport- oder Verteilungsengpässe dient,**
   b) **für ein Vorhaben, das in der Anlage zum Energieleitungsausbaugesetz vom 21. August 2009 (BGBl. I S. 2870) in der jeweils geltenden Fassung aufgeführt ist,**
   die Öffentlichkeit einschließlich der Vereinigungen im Sinne von § 73 Absatz 4 Satz 5 des Verwaltungsverfahrensgesetzes ausschließlich entsprechend § 18 Absatz 2 des Gesetzes über die Umweltverträglichkeitsprüfung mit der Maßgabe einbezogen, dass die Gelegenheit zur Äußerung einschließlich Einwendungen und Stellungnahmen innerhalb eines Monats nach der Einreichung des vollständigen Plans für eine Frist von sechs Wochen zu gewähren ist.
2. **Verfahren zur Planfeststellung oder Plangenehmigung bei Vorhaben, deren Auswirkungen über das Gebiet eines Landes hinausgehen, sind zwischen den zuständigen Behörden der beteiligten Länder abzustimmen.**

(2) ¹Die nach Landesrecht zuständige Behörde soll einen Planfeststellungsbeschluss in den Fällen des § 43 Absatz 1 Satz 1 Nummer 2 und 4 für Offshore-Anbindungsleitungen nach Eingang der Unterlagen innerhalb von zwölf Monaten fassen. ²Die nach Landesrecht zuständige Behörde kann die Frist um drei Monate verlängern, wenn dies wegen der Schwierigkeit der Prüfung oder aus Gründen, die dem Antragsteller zuzurechnen sind, erforderlich ist. ³Die Fristverlängerung soll gegenüber dem Antragsteller begründet werden.

Planfeststellungsbeschluss, Plangenehmigung **§ 43 b**

Übersicht

	Rn.
A. Allgemeines	1
B. Anknüpfung an die Systematik des VwVfG	6
C. Maßgaben	8
I. Besondere Fristenregelungen und Entfallen des Erörterungstermins (Abs. 1 Nr. 1)	13
II. Abstimmungspflicht bei Ländergrenzen überschreitenden Vorhaben (Abs. 1 Nr. 2)	28
III. Verfahrensdauer bei der Zulassung von Offshore-Anbindungsleitungen (Abs. 2)	29

Literatur: Vgl. die Hinweise zu § 43.

A. Allgemeines

§ 43 b war durch Art. 7 Nr. 6 des Gesetzes zur Beschleunigung von Planungs- 1 verfahren für Infrastrukturvorhaben vom 9.12.2006 (**Infrastrukturplanungsbeschleunigungsgesetz;** BGBl. 2006 I S. 2833 (2848 f.)) in das EnWG eingeführt worden. Die Vorschrift gilt seit dem 17.12.2006. Durch das **Gesetz zur Beschleunigung des Energieleitungsausbaus** vom 13.5.2019 (BGBl. 2019 I S. 706) wurde der Wortlaut des § 43 angepasst (Bei Planfeststellungen für Vorhaben iSd § 43 *Absatz 1* Satz 1 …). Auch die davorliegende Gesetzesänderung war rein redaktioneller Natur (BR-Drs. 164/17, 139; BT-Drs. 18/11499, 119): Durch Art. 2 Abs. 6 Nr. 4 des Gesetzes zur Modernisierung des Rechts der Umweltverträglichkeitsprüfung vom 20.7.2017 (BGBl. 2017 I 2808, 2833) war der Verweis in Nr. 1 nach lit. b auf § 9 Abs. 3 UVPG aF durch den Verweis auf § 18 Abs. 2 UVPG nF ersetzt worden.

Während § 43 b mit diesen Gesetzesmodifikationen jeweils lediglich redaktionell 2 an andere Gesetzesänderungen angepasst worden war, ist die Vorschrift mit dem **Gesetz zur Verbesserung der Öffentlichkeitsbeteiligung und Vereinheitlichung von Planfeststellungsverfahren** vom 31.5.2013 (**PlVereinhG;** BGBl. 2013 I S. 1388; näher Schoch/Schneider/*Schoch* VwVfG Einleitung Rn. 258) und dem **Gesetz zur Änderung des Energiesicherungsgesetzes und anderer energiewirtschaftlicher Vorschriften** vom 8.10.2022 (**Erstes Energiesicherungsänderungsgesetz;** BGBl. 2022 I S. 1726 (1730)) erheblich geändert worden. Durch das PlVereinhG wurden die Regelungen in den früheren Nr. 2, 3 und 5 gestrichen. § 43 b Nr. 4 aF ist infolge der Streichung von Nr. 2 und 3 zur neuen Nr. 2 geworden. Wäre der Gesetzgeber seinem mit dem PlVereinhG verfolgten Ziel konsequent gefolgt, in den Fachgesetzen lediglich fachspezifische Abweichungen vom allgemeinen Planfeststellungsrecht bestehen zu lassen (BT-Drs. 17/9666, 22), hätte er auch § 43 b Nr. 4 aF streichen müssen. Die heute in § 43 b Abs. 1 Nr. 2 normierte Pflicht zur Zusammenarbeit ist rein deklaratorischer Natur (→ Rn. 28). Durch Art. 3 Nr. 13 des Ersten Energiesicherungsänderungsgesetzes ist § 43 b in zwei Absätze gegliedert worden. Der bisherige Wortlaut der Vorschrift ist zu Abs. 1 geworden. In dem neuen Abs. 2 wird die Verfahrensdauer zur Planfeststellung von Offshore-Anbindungsleitungen geregelt (→ Rn. 29).

§ 43 b und § 43 a gleichen sich im Regelungsansatz (→ § 43 a Rn. 6 f.). Beide 3 Vorschriften knüpfen an Normen des VwVfG an, um diese dann zu modifizieren.

§ 43 b

Während § 43 a – bereits seiner amtlichen Überschrift nach – das Anhörungsverfahren zum Gegenstand hat (→ § 43 a Rn. 8 lit. b), wendet sich § 43 b – ebenfalls bereits in seiner amtlichen Überschrift – der verfahrensabschließenden Entscheidung der Planfeststellungsbehörde zu: dem Planfeststellungsbeschluss bzw. der Plangenehmigung (→ § 43 Rn. 8 lit. c).

4   Diese **ursprüngliche Zuordnung** – § 43 a betrifft das Anhörungsverfahren und nimmt § 73 VwVfG in Bezug; § 43 b betrifft die das Planfeststellungsverfahren abschließende Zulassungsentscheidung (Planfeststellungsbeschluss bzw. Plangenehmigung) und bezieht sich auf § 74 VwVfG – war zwischenzeitlich **ausgehöhlt** worden. Zum einen nimmt § 43 b Abs. 1 vor Nr. 1 seit der Änderung durch das PlVereinhG (→ Rn. 2) wegen der Aufnahme des Verweises in § 43 b Abs. 1 Nr. 1 nach lit. b auf § 73 Abs. 4 S. 5 VwVfG auch § 73 VwVfG dem Wortlaut nach mit gleicher Relevanz in Bezug wie § 74 VwVfG (vgl. hierzu BT-Drs. 17/9666, 9 und 22). Zum anderen waren durch die weitreichende Einkürzung der Vorschrift durch Rückführung der Regelungen in das VwVfG im Rahmen des PlVereinhG alle Regelungen mit einem unmittelbaren Bezug zu § 74 VwVfG gestrichen worden (BT-Drs. 17/9666, 22). Mit der Regelung der Verfahrensdauer für die Erteilung des Planfeststellungsbeschlusses für die Errichtung von Offshore-Anbindungsleitungen hat der Gesetzgeber des Ersten Energiesicherungsänderungsgesetzes im Oktober 2022 (→ Rn. 2) in § 43 b zwar wieder einen unmittelbaren Bezug auf den in § 74 Abs. 1 S. 1 VwVfG geregelten Planfeststellungsbeschluss hergestellt. Systematisch ist die Regelung jedoch als eine das gesamte Planfeststellungsverfahren umfassende Verfahrensregelung zu qualifizieren. Folglich bleibt es dabei: **§ 43 b hat einen verfahrensrechtlichen Schwerpunkt und ist insoweit inhaltlich primär mit § 73 VwVfG, nicht aber mit § 74 VwVfG verbunden.**

5   Vor diesem Hintergrund wäre es aus Gründen der Rechtsklarheit vorzugswürdig gewesen, der Gesetzgeber des PlVereinhG hätte nicht nur § 43 b Nr. 2, 3 und 5 aF, sondern auch § 43 b Nr. 4 aF gestrichen, nicht aber als § 43 b Abs. 1 Nr. 2 nF aufrechterhalten. § 43 b Abs. 1 Nr. 1 hätte er in § 43 a einfügen sollen. Die grundsätzliche Anwendbarkeit von § 74 VwVfG folgt bereits aus § 43 Abs. 4 (→ § 43 Rn. 184; Steinbach/Franke/*Fest*/*Riese* EnWG § 43 b Rn. 11). Systematisch vorzugswürdig wäre es auch gewesen, der Gesetzgeber hätte § 43 b Abs. 2 als dritte Maßgabe, nicht aber als gesonderten Absatz in § 43 b integriert. Nichts anderes als eine derartige Maßgabe stellt § 43 b Abs. 2 inhaltlich nämlich dar.

B. Anknüpfung an die Systematik des VwVfG

6   Für das Planfeststellungsverfahren gelten gem. § 43 Abs. 4 die §§ 72 bis 78 VwVfG nach Maßgabe des EnWG (→ § 43 Rn. 184). Diesen Ansatz setzen die §§ 43 a ff. jeweils konsequent fort: Während für das Anhörungsverfahren (→ § 43 a Rn. 8 lit. b) § 73 VwVfG mit den in § 43 a ausdrücklich benannten Maßgaben gilt, erklärt § 43 b mit Blick auf die das Planfeststellungsverfahren abschließende Zulassungsentscheidung (→ § 43 a Rn. 8 lit. c) § 74 VwVfG für anwendbar und benennt dann hierfür bestimmte Maßgaben – so § 43 b Abs. 1 vor Nr. 1 (beachte jedoch → Rn. 4). Im Anschluss modifiziert § 43 c dann die Rechtswirkungen von Planfeststellung und Plangenehmigung nach § 75 VwVfG.

7   Im fachplanungsrechtlichen Regelungsgefüge der §§ 72 ff. VwVfG bestimmt § 74 VwVfG als Ziel des Planfeststellungsverfahrens den Erlass des Planfeststellungs-

Planfeststellungsbeschluss, Plangenehmigung **§ 43 b**

beschlusses. Damit steht § 74 VwVfG nicht nur numerisch, sondern auch systematisch zwischen dem das Anhörungsverfahren konturierenden § 73 und dem die Rechtswirkungen eines erlassenen Planfeststellungsbeschlusses normierenden § 75 VwVfG (Schoch/Schneider/*Kupfer* VwVfG § 74 Rn. 6). Diese Reihung kommt auch in den amtlichen Überschriften der §§ 43 a bis 43 c zum Ausdruck (dazu jedoch → Rn. 4).

C. Maßgaben

Für Planfeststellungsbeschluss und Plangenehmigung gelten nach § 43 b Abs. 1 **8** vor Nr. 1 die §§ 73 und 74 VwVfG unter Beachtung der vom Gesetz als Maßgaben bezeichneten besonderen Regelungen in Nr. 1 und Nr. 2. **Soweit in Nr. 1 und Nr. 2 des § 43 b Abs. 1 nichts Abweichendes geregelt ist, bleibt es somit grundsätzlich bei der Anwendung der in § 73 VwVfG und § 74 VwVfG normierten Vorschriften.**

Der Verweis in § 43 b Abs. 1 vor Nr. 1 auf § 73 VwVfG ist insoweit missverständ- **9** lich, als er die Regelungssystematik der §§ 43 a ff., insbesondere das systematische Verhältnis zu § 43 a, durchbricht (→ Rn. 4 f.). § 73 VwVfG ist bereits durch die verfahrensrechtliche Spezialvorschrift in § 43 a vor Nr. 1 für anwendbar erklärt worden (→ § 43 a Rn. 7, 10).

Der **Vorbehalt abweichender Maßgaben** mit Blick auf die **Anwendbarkeit** **10** **von § 74 VwVfG** in § 43 b Abs. 1 vor Nr. 1 **läuft von vornherein leer,** weil die in Nr. 1 und Nr. 2 des § 43 b Abs. 1 normierten Maßgaben keinen unmittelbaren Bezug zu § 74 VwVfG mehr (→ Rn. 4 f.) haben. Bei Nr. 1 und Nr. 2 des § 43 b Abs. 1 handelt es sich um Vorschriften des Verfahrensrechts mit unmittelbarem Bezug zu dem in § 73 VwVfG geregelten Anhörungsverfahren.

Der Terminus „**Planfeststellungsbeschluss**" ist legaldefiniert: Die Planfest- **11** stellungsbehörde stellt den Plan fest – so § 74 Abs. 1 S. 1 VwVfG. Nach § 73 Abs. 1 S. 2 VwVfG besteht der Plan aus den Zeichnungen und Erläuterungen, die das Vorhaben, seinen Anlass und die von dem Vorhaben betroffenen Grundstücke und Anlagen erkennen lassen. Bereits aus der gegenüber dem Vorhabenträger eingreifenden Genehmigungswirkung eines Planfeststellungsbeschlusses folgt, dass es sich um einen **Verwaltungsakt** handelt. Da Planfeststellungsbeschlüsse grundsätzlich unbefristet gelten, sind sie als Verwaltungsakte mit **Dauerwirkung** zu qualifizieren. Im Verhältnis zu den (sonstigen) Betroffenen hat der Planfeststellungsbeschluss die Wirkung einer **Allgemeinverfügung**. Um einen Verwaltungsakt handelt es sich auch, wenn der Antrag des Vorhabenträgers auf Planfeststellung abgelehnt wird. Zum Ganzen Schoch/Schneider/*Kupfer* VwVfG Vorb § 72 Rn. 2. Der Planfeststellungsbeschluss zeichnet sich durch besondere Rechtswirkungen aus, die Gegenstand von § 75 VwVfG sind. § 75 VwVfG ist die Bezugsnorm von § 43 c; zu den Rechtswirkungen im Einzelnen daher → § 43 c Rn. 5 ff.

Nach § 43 b Abs. 1 vor Nr. 1 iVm § 74 Abs. 6 S. 2 Hs. 1 VwVfG entfaltet die **Plan- 12 genehmigung** dieselben Rechtswirkungen wie ein Planfeststellungsbeschluss (→ Rn. 11; Steinbach/Franke/*Nebel/Riese* EnWG § 43 c Rn. 25). Wie der Planfeststellungsbeschluss ist auch die Plangenehmigung als Verwaltungsakt zu qualifizieren. Die Plangenehmigung kann jedoch in einem gegenüber der Planfeststellung erleichterten Verfahren erlassen werden. Sie ergeht in einem Verwaltungsverfahren ohne förmliche Öffentlichkeitsbeteiligung. Grundsätzlich eignet sich die Plangenehmigung nur für einfach gelagerte Vorhaben. Das Plangenehmigungsverfahren eignet

§ 43 b

sich nicht als Trägerverfahren für die Durchführung einer UVP. Zum Ganzen Schoch/Schneider/*Kupfer* VwVfG Vorb § 72 Rn. 3.

I. Besondere Fristenregelungen und Entfallen des Erörterungstermins (Abs. 1 Nr. 1)

13 Für Planfeststellungsverfahren zur Zulassung bestimmter dringlicher Vorhaben iSd § 43 Abs. 1 S. 1 trifft § 43 b Abs. 1 Nr. 1 besondere Verfahrensvorgaben, die das jeweilige Zulassungsverfahren erleichtern, insbesondere beschleunigen sollen.

14 Der sachliche Anwendungsbereich des § 43 b Abs. 1 Nr. 1 bezieht sich seinem **Wortlaut** nach **nur** auf **Vorhaben iSd § 43 Abs. 1 S. 1** – nicht aber auf Vorhaben im Anwendungsbereich außerhalb dieser Vorschrift.

15 Der **Wortlaut** – die Inbezugnahme von Vorhaben iSd § 43 Abs. 1 S. 1 – ist indessen **weit zu verstehen**. So fallen auch EnLAG-Erdkabelvorhaben in den Anwendungsbereich von § 43 b Abs. 1 Nr. 1, soweit sie nach § 43 Abs. 1 S. 1 Nr. 1 iVm § 2 Abs. 3 EnLAG (→ § 43 Rn. 49) planfestgestellt werden. Anderenfalls drohte § 43 b Abs. 1 Nr. 1. lit. b, sinnwidrig eingeschränkt zu werden.

16 Vom Wortlaut des § 43 b Abs. 1 Nr. 1 vor lit. a nicht erfasst sind **Vorhaben nach § 43 Abs. 1 S. 2.** Leitungen nach § 2 Abs. 1 NABEG werden gem. § 18 Abs. 1 NABEG nach den §§ 18 ff. NABEG planfestgestellt. Der subsidiäre Rückverweis in § 18 Abs. 5 NABEG auf die §§ 43 ff. EnWG (→ § 43 Rn. 17) kommt im vorliegenden Zusammenhang nicht zum Tragen, da §§ 22 (Abs. 6 iVm § 10), 24 und 25 NABEG insoweit spezielle Regelungen enthalten. Zu Vorhaben des Bundesbedarfsplans, die nicht nach §§ 18 ff. NABEG planfestgestellt werden → Rn. 23.

17 Ebenfalls vom Wortlaut des § 43 b Abs. 1 Nr. 1 vor lit. a nicht erfasst sind die **Fälle der optionalen Planfeststellung nach § 43 Abs. 2** (→ § 43 Rn. 55 ff.). Insoweit ist jedoch zu unterscheiden: Ein Vorhaben nach § 43 Abs. 2 S. 1 Nr. 1 ist in analoger Anwendung in den Anwendungsbereich von § 43 b Abs. 1 Nr. 1 einzubeziehen, soweit es sich um eine Nebenanlage zu einem Vorhaben nach § 43 Abs. 1 S. 1 handelt (→ § 43 Rn. 59) und diese Nebenanlage in das Planfeststellungsverfahren der Hauptanlage integriert wird (zur nachträglichen Integration → § 43 Rn. 60). Diese Nähe zu Planfeststellungsverfahren nach § 43 Abs. 1 S. 1 ist für Vorhaben nach § 43 Abs. 2 S. 1 Nr. 2 bis 8 nicht in gleichem Maß gewährleistet, weshalb auf diese § 43 b keine analoge Anwendung findet.

18 § 43 b Abs. 1 Nr. 1 benennt **zwei Fälle besonderer Dringlichkeit,** die der Gesetzgeber zum Anlass nimmt, besondere Verfahrensvorgaben zu treffen, die das jeweilige Zulassungsverfahren erleichtern, insbesondere beschleunigen sollen. Im Fall der Dringlichkeit nach lit. a der Nr. 1 des § 43 b Abs. 1 ist eine konkrete Einzelfallprüfung durchzuführen (→ Rn. 19 ff.). Die Nr. 2 lässt die Dringlichkeit unmittelbar aus der Aufnahme des Vorhabens in den Bedarfsplan nach EnLAG folgen (→ Rn. 23).

19 Prüfung der **besonderen Dringlichkeit im konkreten Einzelfall** nach **§ 43 b Abs. 1 Nr. 1 lit. a:** Zunächst wird der Kreis der erfassten Vorhaben eingeschränkt. Wurde in § 43 b Abs. 1 Nr. 1 vor lit. a Bezug auf alle Vorhaben iSd § 43 Abs. 1 S. 1 genommen (→ Rn. 14), wird die Fallgruppe „einzelfallbezogener" Dringlichkeit lediglich für „Hochspannungs*frei*leitungen oder Gasversorgungsleitungen" – einschließlich der in die Planfeststellung integrierten Nebenanlagen – eröffnet. Erdkabel sind aber grundsätzlich ausgeschlossen (BeckOK EnWG/*Winkler/Zeccola* § 43 b Rn. 4). Handelt es sich um ein Erdkabel nach § 2 Abs. 1 EnLAG, das nach § 2 Abs. 3 EnLAG gem. § 43 Abs. 1 S. 1 Nr. 1 planfestgestellt werden kann, ergibt sich die Dringlichkeit aus § 43 b Abs. 1 Nr. 1 lit. b (→ Rn. 15).

Planfeststellungsbeschluss, Plangenehmigung § 43 b

Das **Vorhaben** muss **bis zum 31.12.2010,** also vor dem 1.1.2011, **beantragt** 20
worden sein. Maßgeblich ist die Einreichung des Plans bei der Anhörungsbehörde
durch den Vorhabenträger zur Durchführung des Anhörungsverfahrens (vgl. § 73
Abs. 1 S. 1 und 2 VwVfG; → § 43a Rn. 8 lit. b aa).

Schließlich muss das **Vorhaben zur Gewährleistung der Versorgungs-** 21
sicherheit *dringend* **erforderlich** sein, entweder um längerfristige Übertragungs-,
Transport- oder Verteilungsengpässe zu verhindern oder um solche bereits bestehenden Engpässe zu beseitigen (BT-Drs. 16/54, 26: „Maßnahmen von höchster
Priorität"). Ob diese **Voraussetzungen** für Vorhaben außerhalb des Bedarfsplans
nach EnLAG (vgl. § 43b Abs. 1 Nr. 1 lit. b) im konkreten Einzelfall tatsächlich vorliegen, **hat die Planfeststellungsbehörde genau zu prüfen.**

Dem wird allerdings entgegengehalten: Die Bedarfsprognose des Netzbetreibers 22
müsse „aufgrund der ihm nach § 11 Abs. 1 S. 1 obliegenden Pflicht ein sicheres, zuverlässiges und leistungsfähiges Energieversorgungsnetz zu betreiben, gegenüber der
Anhörungsbehörde bindend sein"; so BerlKommEnergieR/*Pielow* EnWG § 43b
Rn. 9; Theobald/Kühling/*Missling* EnWG § 43b Rn. 7). Eher im Sinne einer
„Beweislastumkehr" NK-EnWG/*Kment* § 43b Rn. 3: „Richtigerweise hat die
Anhörungsbehörde das Vorbringen der Dringlichkeit seitens des Vorhabenträgers
damit auf Plausibilität zu prüfen und trägt die Rechtfertigungslast insofern, als sie die
Durchführung eines Verfahrens nach § 43b Nr. 1 ablehnt." Zustimmend BeckOK
EnWG/*Winkler/Zeccola* § 43b Rn. 4; offenlassend Steinbach/Franke/*Fest/Riese*
EnWG § 43b Rn. 17. Überzeugend ist die überschießende Bindung der Anhörungsbehörde allerdings nicht. Wenn schon aus der allgemeinen Netzbetreiberpflicht
gem. § 11 Abs. 1 S. 1 nicht auf das Vorliegen der Planrechtfertigung geschlossen werden kann (→ § 43 Rn. 85 ff.), genügt der Verweis auf die allgemeine Netzbetreiberpflicht im vorliegenden Zusammenhang erst recht nicht. Hinzu kommt insbesondere, dass
– Vorhabenträger und Planfeststellungsbehörde keine kongruenten Ziele verfolgen (→ § 43a Rn. 23) und
– alleine die Behörde Herrin des Planfeststellungsverfahrens ist und darüber hinaus
 auch fachlich in der Lage sein muss, das ihr zukommende Planungsermessen auszuüben (→ § 43a Rn. 23).

Vor diesem Hintergrund ist die Anhörungsbehörde verpflichtet, den Sachverhalt
des konkret zu entscheidenden Falles unter den Tatbestand der Ausnahmevorschrift
selbst zu subsumieren. Mit anderen Worten: Die Anhörungsbehörde ist verpflichtet, zu prüfen, ob das konkret in Rede stehende Vorhaben zur Gewährleistung der
Versorgungssicherheit tatsächlich dringend erforderlich ist. Im konkreten Einzelfall
dürfte es immer schwerer fallen, dies heute noch für Vorhaben zu begründen, deren
Zulassung bereits vor 2011 beantragt worden ist (→ Rn. 20).

Anderes gilt im Fall der Dringlichkeit nach § 43b Abs. 1 Nr. 1 lit. b. Für die hier 23
in Bezug genommenen **Vorhaben des Bedarfsplans nach EnLAG** (→ § 43
Rn. 14, 23, 82) steht die Dringlichkeit unmittelbar kraft Gesetzes fest. Gleiches gilt
aber nicht für Vorhaben nach dem Bundesbedarfsplan, die nach § 43 und nicht auf
der Grundlage des NABEG planfestgestellt werden (→ § 43 Rn. 20). Mit der Etablierung des Bundesbedarfsplans im Jahr 2011 hat der Gesetzgeber darauf verzichtet,
§ 43 b Abs. 1 Nr. 1 entsprechend zu erweitern. Vor diesem Hintergrund kommt
eine verfahrensrechtliche Privilegierung nach § 43 b Abs. 1 Nr. 1 für Vorhaben des
Bundesbedarfsplans nach BBPlG, die nach §§ 43ff. EnWG planfestzustellen sind
(→ § 43 Rn. 18), grundsätzlich nicht in Betracht. Zu Vorhaben des Bundesbedarfsplans, die nach §§ 18ff. NABEG planfestgestellt werden, → Rn. 16.

Kupfer

§ 43 b

Teil 5. Planfeststellung, Wegenutzung

24 **Rechtsfolgen:** Handelt es sich nach § 43 b Abs. 1 Nr. 1 vor lit. a um ein Vorhaben iSd § 43 Abs. 1 S. 1 und liegen die Voraussetzungen einer besonderen Dringlichkeit nach lit. a oder b vor, findet § 18 Abs. 2 UVPG Anwendung und es gelten besondere Fristen für die Offenlage sowie die Erhebung von Einwendungen und Abgabe von Stellungnahmen. Betroffen ist aber nur die Öffentlichkeitsbeteiligung – nicht die Beteiligung der Behörden:

25 Nach § 43 Abs. 4 iVm §§ 72 ff. VwVfG gilt für den **Normalfall eines Planfeststellungsverfahrens,** dass
– die Anhörungsbehörde binnen eines Monats nach Zugang der vollständigen Planunterlagen bei ihr diese den „Offenlage-Gemeinden" zur Auslegung innerhalb einer weiteren Frist von drei Wochen zuleitet (→ § 43 a Rn. 8 lit. b ff),
– die „Offenlage-Gemeinden" die Auslegung vorher ortsüblich bekannt machen; nicht ortsansässige, aber bekannte Betroffene werden von der Auslegung individuell benachrichtigt (→ § 43 a Rn. 8 lit. b gg);
– die „Offenlage-Gemeinden" den Plan für die Dauer eines Monats auslegen (→ § 43 a Rn. 8 lit. b hh),
– innerhalb einer Frist von weiteren zwei Wochen nach Ende der Auslegung die Betroffenen Einwendungen erheben und die Vereinigungen Stellungnahmen abgeben (→ § 43 a Rn. 8 lit. b jj) und
– die Anhörungsbehörde einen Erörterungstermin durchführt (→ § 43 a Rn. 8 lit. b kk).

26 Abweichend hiervon gilt gem. **§ 43 b Abs. 1 Nr. 1 nach lit. b:**
– Die Offenlage hat binnen einer Frist von insgesamt einem Monat nach Einreichung des vollständigen Plans bei der Anhörungsbehörde zu beginnen.
– Dabei kann nach § 43 b Abs. 1 Nr. 1 nach lit. b iVm § 18 Abs. 2 S. 2 UVPG auf die individuelle Benachrichtigung nicht ortsansässiger Betroffener über die Offenlage verzichtet werden (näher BeckOK EnWG/*Winkler/Zeccola* § 43 b Rn. 7).
– Einwendungen und Stellungnahmen sind innerhalb einer Frist von sechs Wochen nach Beginn der Einsichtnahmemöglichkeit zu erheben bzw. vorzulegen (BeckOK EnWG/*Winkler/Zeccola* § 43 b Rn. 8).
– Nach § 43 b Abs. 1 Nr. 1 nach lit. b iVm § 18 Abs. 2 S. 1 UVPG kann die Anhörungsbehörde auf die Durchführung eines Erörterungstermins verzichten. Entfällt der Erörterungstermin greift die weitere Fristenregelung nach § 43 a Nr. 3 S. 3 ein: Die Anhörungsbehörde hat ihre abschließende Stellungnahme zur Vorbereitung der Entscheidung der Planfeststellungsbehörde über den Planfeststellungsantrag innerhalb von sechs Wochen nach Ablauf der Einwendungsfrist abzugeben (→ § 43 a Rn. 51; NK-EnWG/*Kment* § 43 b Rn. 7).
Von diesen Abweichungen abgesehen, bleibt es aber grundsätzlich bei dem üblichen Ablauf eines Planfeststellungsverfahrens (→ § 43 a Rn. 8; NK-EnWG/*Kment* § 43 b Rn. 5).

27 Indem die Anhörungsbehörde auf die Durchführung eines Erörterungstermins verzichten kann, bildet § 43 b Abs. 1 Nr. 1 iVm § 18 Abs. 2 S. 1 UVPG neben § 43 a Nr. 3 S. 1 einen weiteren Fall des fakultativen Entfallens der Erörterung (→ § 43 a Rn. 37).

II. Abstimmungspflicht bei Ländergrenzen überschreitenden Vorhaben (Abs. 1 Nr. 2)

28 § 43 b Abs. 1 Nr. 2 sieht vor, dass Planfeststellungs- und Plangenehmigungsverfahren zur Zulassung von Vorhaben, deren Auswirkungen über das Gebiet eines

Landes hinausgehen, **zwischen den zuständigen Behörden der beteiligten Länder abzustimmen sind.** Die Norm ist rein deklaratorisch (→ Rn. 2; BeckOK EnWG/*Winkler/Zeccola* § 43b Rn. 10). Sie begründet auch keine Abweichung von den Vorschriften zur örtlichen Zuständigkeit nach den Verwaltungsverfahrensrechten der Länder (→ § 43 Rn. 183). Örtlich zuständig für den Erlass von Planfeststellungsbeschlüssen und Plangenehmigungen ist daher die Behörde, in deren Bezirk das Vorhaben liegt (vgl. § 3 Abs. 1 Nr. 2 VwVfG; Steinbach/Franke/*Fest/Riese* EnWG § 43b Rn. 24). Vorgaben dazu, wie die „Abstimmung" vorzunehmen ist, macht das Gesetz nicht. Behörden benachbarter Bundesländer, in deren Gebiet sich ein Vorhaben auswirken wird, sind bereits auf der Grundlage der allgemeinen Behördenbeteiligung in das Zulassungsverfahren einzubeziehen. Am ehesten dürfte man dem Willen des Gesetzgebers daher entsprechen, wenn man hier eine, über die allgemeine Amtshilfepflicht nach Art. 35 GG hinausgehende, Obliegenheit zur **informellen Abstimmung** annimmt, die zB Terminsabstimmungen und wechselseitige Informationen umfasst (NK-EnWG/*Kment* § 43b Rn. 8; Steinbach/Franke/ *Fest/Riese* EnWG § 43b Rn. 26; Rosin/Pohlmann/Metzenthin/Böwing/*Engel* EnWG §§ 43–43h Rn. 120).

III. Verfahrensdauer bei der Zulassung von Offshore-Anbindungsleitungen (Abs. 2)

§ 43b Abs. 2 S. 1 regelt die „grundsätzliche Verfahrensdauer" (BT-Drs. 20/3497, **29** 39) für die Erteilung von Planfeststellungsbeschlüssen für die Errichtung von Offshore-Anbindungsleitungen. Nach § 43b Abs. 2 S. 1 „soll" die Behörde einen Planfeststellungsbeschluss innerhalb von zwölf Monaten nach Eingang der Unterlagen fassen. Im Gesetzgebungsverfahren hat sich der Bundesrat kritisch zu dieser Fristenregelung geäußert. Er hält die Frist von einem Jahr für unrealistisch kurz bemessen, weil Offshore-Anbindungsleitungen mitunter mehrere hundert Kilometer ins Binnenland reichten und für derartige Leitungen keine entsprechenden Beschleunigungsinstrumente zur Verfügung stünden; BR-Drs. 479/22, 4. Bei § 43b Abs. 2 S. 1 handelt es sich um eine verfahrensrechtliche Regelung. Der Gesetzgeber hat keine Verpflichtung der Planfeststellungsbehörde zur Zulassung des Vorhabens in der vom Vorhabenträger beantragten Ausgestaltung normiert. Insbesondere § 43 Abs. 3 bleibt unberührt (→ § 43 Rn. 148). Es handelt sich um eine reine Ordnungsvorschrift. Die Überschreitung der Frist führt nicht zu einer Entscheidungsfiktion. Dabei beginnt die Frist grundsätzlich erst mit dem Eingang der vollständigen Unterlagen bei der Behörde zu laufen. Nach § 43b Abs. 2 S. 2 kann die Frist von der Behörde um drei Monate verlängert werden, wenn dies wegen der Schwierigkeit der Prüfung oder aus Gründen, die dem Antragsteller zuzurechnen sind, erforderlich ist. Macht die Behörde aus den im Gesetz genannten Gründen von der Verlängerungsmöglichkeit Gebrauch, soll die Fristverlängerung nach § 43b Abs. 2 S. 3 gegenüber dem Antragsteller begründet werden.

§ 43c Rechtswirkungen der Planfeststellung und Plangenehmigung

Für die Rechtswirkungen der Planfeststellung und Plangenehmigung gilt § 75 des Verwaltungsverfahrensgesetzes mit folgenden Maßgaben:
1. Wird mit der Durchführung des Plans nicht innerhalb von zehn Jahren nach Eintritt der Unanfechtbarkeit begonnen, so tritt er außer Kraft, es

§ 43 c

Teil 5. Planfeststellung, Wegenutzung

sei denn, er wird vorher auf Antrag des Trägers des Vorhabens von der Planfeststellungsbehörde um höchstens fünf Jahre verlängert.
2. Vor der Entscheidung nach Nummer 1 ist eine auf den Antrag begrenzte Anhörung nach den für die Planfeststellung oder für die Plangenehmigung vorgeschriebenen Verfahren durchzuführen.
3. Für die Zustellung und Auslegung sowie die Anfechtung der Entscheidung über die Verlängerung sind die Bestimmungen über den Planfeststellungsbeschluss entsprechend anzuwenden.

Übersicht

	Rn.
A. Allgemeines	1
B. Rechtswirkungen der Planfeststellung	5
C. Rechtswirkungen der Plangenehmigung	11
D. Sonderregelungen in § 43c	12
I. Allgemeines	12
II. Außerkrafttreten nach zehn Jahren	18
III. Verlängerungsverfahren	25

Literatur: Vgl. die Hinweise zu § 43.

A. Allgemeines

1 § 43c wurde im Dezember 2006 durch Art. 7 des Gesetzes zur Beschleunigung von Planungsverfahren für Infrastrukturvorhaben (**Infrastrukturplanungsbeschleunigungsgesetz;** BGBl. 2006 I S. 2833 (2849)) in das EnWG eingefügt. Die Vorschrift gilt seit dem 17.12.2006. Ihre heutige Fassung hat die Vorschrift durch das **Gesetz zur Verbesserung der Öffentlichkeitsbeteiligung und Vereinheitlichung von Planfeststellungsverfahren** vom 31.5.2013 (**PlVereinhG;** BGBl. 2013 I S. 1388; näher → § 43a Rn. 2f.) erhalten. Die Regelung in der früheren Nr. 4 zum Beginn der Durchführung eines Plans war gestrichen worden. Sie findet sich heute in § 75 Abs. 4 S. 2 VwVfG (Schoch/Schneider/*Kupfer* VwVfG § 75 Rn. 140ff.).

2 § 43c steht **systematisch in einem Regelungsgefüge mit §§ 43 Abs. 4, 43a, 43b und 43d:** Für das Planfeststellungsverfahren gelten gem. § 43 Abs. 4 die §§ 72–78 VwVfG nach Maßgabe des EnWG (→ § 43 Rn. 184). Diesen Ansatz setzen die §§ 43a ff. jeweils konsequent fort: Während für das Anhörungsverfahren (→ § 43a Rn. 8 lit. b) § 73 VwVfG mit den in § 43a ausdrücklich benannten Maßgaben gilt, erklärt § 43b mit Blick auf die das Planfeststellungsverfahren abschließende Zulassungsentscheidung (→ § 43a Rn. 8 lit. c) § 74 VwVfG für anwendbar und benennt hierfür bestimmte Maßgaben – so § 43b Abs. 1 vor Nr. 1 (beachte jedoch → § 43b Rn. 4f.). Im Anschluss modifiziert § 43c dann die Rechtswirkungen von Planfeststellung und Plangenehmigung nach § 75 VwVfG. Soll der Plan nach Erlass des Planfeststellungsbeschlusses bzw. der Plangenehmigung, aber vor Fertigstellung des Vorhabens geändert werden, greift § 43d ein. § 43d S. 1 erklärt § 76 VwVfG für anwendbar, sieht jedoch in Abweichung von §§ 76 Abs. 1, 73 Abs. 6 VwVfG einen Verzicht auf die Durchführung eines Erörterungstermins vor. Diese Reihung kommt auch in den amtlichen Überschriften der §§ 43a–43d zum Ausdruck.

In § 43c hat sich der Gesetzgeber auch der gleichen **Regelungstechnik** bedient 3
wie in § 43a und § 43b (→ § 43a Rn. 6 und 9; → § 43b Rn. 8). Die Vorschriften
knüpfen jeweils an Normen des VwVfG an, um diese dann zu modifizieren. Dementsprechend **verweist § 43c auf § 75 VwVfG und trifft im Übrigen Sonderregelungen.**

Mit der Formulierung in § 43c vor Nr. 1 – für die „Rechtswirkungen" der 4
Planfeststellung und Plangenehmigung gilt § 75 VwVfG – ist keine inhaltliche Beschränkung der Inbezugnahme des § 75 VwVfG verbunden. Weder wird das besondere Fehlerfolgenregime des § 75 Abs. 1a VwVfG noch die Möglichkeit nachträglicher Schutzanordnungen und nachträglicher Geldentschädigungen auf der Grundlage von § 75 Abs. 2 S. 2 ff., Abs. 3 VwVfG von der Anwendbarkeit ausgenommen. Vielmehr handelt es sich bei dem Verweis in § 43c vor Nr. 1 auf die „Rechtswirkungen" um die redaktionelle Anknüpfung an die amtliche Überschrift des § 75 VwVfG: „Rechtswirkungen der Planfeststellung". Somit ist festzuhalten: Soweit in Nr. 1–3 des § 43c nichts Abweichendes geregelt ist, bleibt es bei der Anwendung der in § 75 VwVfG normierten Vorschriften. Da § 43c **ausschließlich** Sonderregelungen mit Bezug auf § 75 Abs. 4 S. 1 VwVfG – **Außerkrafttreten wegen unterlassener Plandurchführung** – trifft, gelten **alle anderen Vorschriften des § 75 VwVfG ohne Modifikation** auch für die Planfeststellung nach §§ 43 ff. EnWG (vgl. Elspas/Graßmann/Rasbach/*Greinacher* EnWG § 43c Rn. 1f.; Steinbach/Franke/*Nebel/Riese* EnWG § 43c Rn. 5 und 11).

B. Rechtswirkungen der Planfeststellung

Es sind seine spezifischen Rechtswirkungen, die dem Planfeststellungsbeschluss 5
(→ § 43b Rn. 11) seine besondere Durchsetzungskraft in zeitlicher und inhaltlicher Hinsicht verleihen. Konkret zu nennen sind:
– die Genehmigungswirkung (→ Rn. 6)
– die Konzentrationswirkung (→ Rn. 7)
– die Gestaltungswirkung (→ Rn. 8)
– die Ausschluss- und Duldungswirkung (→ Rn. 9)
– die enteignungsrechtliche Vorwirkung
Bis auf die enteignungsrechtliche Vorwirkung, die Gegenstand von § 45 Abs. 2 S. 1 ist (→ § 45 Rn. 23 ff.), sind alle diese Rechtswirkungen in § 75 VwVfG normiert und kommen vorliegend über die besondere Geltungsanordnung in § 43c vor Nr. 1 (→ Rn. 4) zur Anwendung.

Genehmigungswirkung: Nach § 75 Abs. 1 S. 1 Hs. 1 VwVfG wird durch die 6
Planfeststellung die Zulässigkeit des Vorhabens insgesamt festgestellt. In der Planfeststellung wird über die Zulässigkeit der Errichtung und des Betriebs der für das Vorhaben erforderlichen Anlagen, Leitungen oder Einrichtungen einschließlich der notwendigen Folgemaßnahmen an anderen Anlagen nach Maßgabe öffentlich-rechtlicher Vorschriften entschieden (iE Schoch/Schneider/*Kupfer* VwVfG § 75 Rn. 10 ff.).

Konzentrationswirkung: Voraussetzung für die umfassende Genehmigungswirkung des Planfeststellungsbeschlusses (→ Rn. 6) ist, dass der Planfeststellungsbeschluss alle notwendigen behördlichen Entscheidungen – insbesondere bau-, naturschutz- und immissionsschutzrechtlicher Art – unmittelbar enthält. Neben der Planfeststellung – so § 75 Abs. 1 S. 1 Hs. 2 – sind andere behördliche Entscheidungen nicht erforderlich; und zwar auch dann nicht, wenn diese nach einschlägigem 7

§ 43 c Teil 5. Planfeststellung, Wegenutzung

Fachrecht gefordert werden. Die Zusammenfassung aller notwendigen behördlichen Entscheidungen in der Planfeststellung ist aber eine rein formelle, jedoch keine materielle (→ § 43 Rn. 91; Schoch/Schneider/*Kupfer* VwVfG Vorb § 72 Rn. 33; iE Schoch/Schneider/*Kupfer* VwVfG § 75 Rn. 29 ff.).

8 **Gestaltungswirkung:** Gem. § 75 Abs. 1 S. 2 werden durch die Planfeststellung alle öffentlich-rechtlichen Beziehungen zwischen dem Träger des Vorhabens und den durch den Plan Betroffenen rechtsgestaltend geregelt. Mit der Bekanntgabe des Planfeststellungsbeschlusses werden gegenüber den Adressaten der Bekanntgabe unmittelbar durch den Planfeststellungsbeschluss alle öffentlich-rechtlichen Beziehungen zwischen dem Vorhabenträger und den von dem Planfeststellungsbeschluss Betroffenen mit Blick auf die Errichtung und den Betrieb des Vorhabens abschließend gestaltet bzw. umgestaltet (iE Schoch/Schneider/*Kupfer* VwVfG § 75 Rn. 43 ff.).

9 **Ausschluss- und Duldungswirkung:** § 75 Abs. 2 S. 1 VwVfG ist pointiert formuliert. „Ist der Planfeststellungsbeschluss unanfechtbar geworden, so sind Ansprüche auf Unterlassung des Vorhabens, auf Beseitigung oder Änderung der Anlagen oder auf Unterlassung ihrer Benutzung ausgeschlossen." In dem Umfang, in dem der Planfeststellungsbeschluss Errichtung und Betrieb des Vorhabens zulässt, sind entgegenstehende Ansprüche Planbetroffener, die nicht auf privatrechtlichen Titeln beruhen (→ § 43 a Rn. 49), ausgeschlossen – Errichtung und Betrieb des Vorhabens sind von den Betroffenen insoweit zu dulden (iE Schoch/Schneider/*Kupfer* VwVfG § 75 Rn. 47 ff.).

10 Die von diesen spezifischen Rechtswirkungen ausgehende besondere Durchsetzungskraft der Planfeststellung und die hiermit einhergehende Effizienz und Effektivität dieses Rechtsinstituts haben dazu geführt, dass die Planfeststellung von der EU als Muster für das **integrierte Schema nach Art. 8 Abs. 3 lit. a** VO 347/2013/EU **(TEN-E-VO)** herangezogen worden ist (Schoch/Schneider/*Kupfer* VwVfG Vorb § 72 Rn. 76 f.). Daran hat sich auch im Rahmen der Novellierung der TEN-E-VO (→ § 43 Rn. 36 ff.) nichts geändert (Art. 8 Abs. 3 lit. a VO (EU) 2022/869).

C. Rechtswirkungen der Plangenehmigung

11 Die Plangenehmigung entfaltet dieselben Rechtswirkungen wie ein Planfeststellungsbeschluss (§ 74 Abs. 6 S. 2 VwVfG; → § 43 b Rn. 12).

D. Sonderregelungen in § 43 c

I. Allgemeines

12 § 43 c greift (nur) das in § 75 Abs. 4 VwVfG allgemein geregelte Außerkrafttreten eines Plans wegen unterlassener Durchführung auf (→ Rn. 4).

13 Zwar verpflichtet ein Planfeststellungsbeschluss den Vorhabenträger grundsätzlich nicht, das Vorhaben tatsächlich umzusetzen. Die Genehmigungswirkung (→ Rn. 6) erweitert seine Rechtsmacht lediglich. Er ist berechtigt, grundsätzlich aber nicht verpflichtet, das Vorhaben zu errichten und in Betrieb zu nehmen. Eine sog. Planvollzugspflicht ist dem überkommenen Recht mit Blick auf den Errichtungsbeginn (zu der Pflicht, ein einmal begonnenes Vorhaben vollständig zu errichten Kopp/Ramsauer/*Wysk* VwVfG § 75 Rn. 60a; Müller/Schulz/*Pokorni*

Rechtswirkungen der Planfeststellung und Plangenehmigung **§ 43 c**

FStrG § 17c Rn. 4) fremd (beachte jedoch → Rn. 16). Dieser Rechtsbefund ändert aber nichts daran, dass ein **Vorhaben, wenn es erst einmal unanfechtbar planfestgestellt ist, grundsätzlich auch zügig realisiert werden sollte.**

Das gilt bereits im Allgemeinen: Die von einem Planfeststellungsbeschluss aus- 14 gehende **Duldungswirkung** (→ Rn. 9), erst recht die **enteignungsrechtliche Vorwirkung** (→ Rn. 5), belasten die Planbetroffenen bereits vor der tatsächlichen Realisierung des Vorhabens. Hier sind insbesondere Schwierigkeiten bzw. Einbußen bei der Veräußerung, Vermietung oder Verpachtung von Grundstücken oder Gebäuden zu nennen (Kopp/Ramsauer/*Wysk* VwVfG § 75 Rn. 60). Hinzu kommt die mit dem Schwebezustand vor Realisierung des Vorhabens verbundene Unsicherheit über die tatsächlichen Auswirkungen seiner Errichtung und seines Betriebs. Auch die Umwelt kann sich in dem Zeitraum seit Erlass der Zulassungsentscheidung erheblich gewandelt haben (BR-Drs. 171/1/12, 12 f.). Diese **Verzögerungsnachteile** müssen ausschließlich mit den durch das Vorhaben verfolgten öffentlichen Interessen gerechtfertigt werden können. Je unwahrscheinlicher die Realisierung des Vorhabens wird, desto weniger kann das mit dem Vorhaben verfolgte öffentliche Interesse diese Nachteile rechtfertigen. Vor diesem Hintergrund verbietet sich eine reine Vorratsplanung (vgl. auch Beck AEG/*Fellenberg* § 18 c Rn. 7). Schließlich streitet auch das öffentliche Interesse per se – der Bedarf (!) – für eine zügige Realisierung des Vorhabens (zum Ganzen Schoch/Schneider/*Kupfer* VwVfG § 75 Rn. 133).

Das gilt aber „**erst recht**" in der hochdynamischen Energiewirtschaft: **Atom-** 15 **ausstieg, Klimaschutz** und Sicherung der Energieversorgung auch in Zeiten von **Konflikten und Krieg in Europa** machen es erforderlich, **planfestgestellte Energieleitungen zügig zu errichten und in Betrieb zu nehmen.**

Auch wenn das gegenwärtige Energiewirtschaftsrecht (*noch*) **keine Planvoll-** 16 **zugspflicht** (→ Rn. 13) kennt, erschiene es als folgerichtig, wenn der Gesetzgeber eine solche – zumindest für besonders dringliche Vorhaben – künftig einführte. Bereits heute sind Vorhabenträger im Bereich des NABEG nach dessen § 6 S. 2 verpflichtet, spätestens innerhalb von 18 Monaten nach Aufnahme des Vorhabens in den Bundesbedarfsplan (→ § 43 Rn. 19) einen Antrag auf Bundesfachplanung zu stellen. Nach Abschluss der Bundesfachplanung hat die BNetzA dann gem. § 12 Abs. 2 S. 4 NABEG den Vorhabenträger aufzufordern, innerhalb einer von ihr zu bestimmenden angemessenen Frist den Antrag auf Planfeststellung zu stellen. Eine entsprechende Realisierungspflicht wäre der naheliegende dritte Baustein: Auf Trassen- bzw. Standortbestimmung folgt die Zulassung des Vorhabens und hierauf schließlich Errichtung und Inbetriebnahme.

Bei § 43c Nr. 1 handelt es sich um eine **gesetzliche auflösende Bedingung.** 17 Als Verwaltungsakt wird der Planfeststellungsbeschluss mit seiner Bekanntgabe wirksam (vgl. § 43 Abs. 1 VwVfG). Ist mit der Durchführung des Plans nicht spätestens vor Ablauf einer Frist von zehn Jahren nach Eintritt der Unanfechtbarkeit des Planfeststellungsbeschlusses oder der Plangenehmigung begonnen worden und auch keine Verlängerung der Geltungsdauer verfügt worden, endet seine Wirksamkeit unmittelbar aufgrund § 43c Nr. 1 („so tritt er außer Kraft"). **Der Planfeststellungsbeschluss wird unwirksam –** *ex nunc et ipso iure* (Steinbach/Franke/*Nebel/Riese* EnWG § 43 c Rn. 27) Auf ein Verschulden des Vorhabenträgers kommt es nicht an. Zum Ganzen Schoch/Schneider/*Kupfer* VwVfG § 75 Rn. 136.

II. Außerkrafttreten nach zehn Jahren

18 Vor dem Hintergrund, dass sich die Energiewirtschaft hochdynamisch entwickelt (→ Rn. 15), erscheint es als geradezu anachronistisch (BeckOK EnWG/ *Winkler/Zeccola* § 43c Rn. 1: „paradoxerweise"), dass in § 43c Nr. 1 die Frist für den Beginn der Realisierung des Vorhabens gegenüber der allgemeinen fachplanungsrechtlichen Regelung in § 75 Abs. 4 S. 1 VwVfG von fünf auf zehn Jahre verdoppelt bzw. für den Fall der Verlängerung der Gültigkeitsdauer auf 15 Jahre verdreifacht wird: „Wird mit der Durchführung des Plans nicht innerhalb von zehn Jahren nach Eintritt der Unanfechtbarkeit begonnen, so tritt er außer Kraft, es sei denn, er wird vorher auf Antrag des Trägers des Vorhabens von der Planfeststellungsbehörde um höchstens fünf Jahre verlängert."

19 **Fristberechnung:** Die Zehn-Jahres-Frist berechnet sich nach § 43 Abs. 4 iVm § 72 Abs. 1 Hs. 1 iVm § 31 Abs. 1 VwVfG und §§ 187ff. BGB (Schoch/ Schneider/*Kupfer* VwVfG § 75 Rn. 146; Obermayer/Funke-Kaiser/*Masing/Schiller* VwVfG § 75 Rn. 44).

20 **Fristbeginn:** Die Zehn-Jahres-Frist beginnt mit **Eintritt der Unanfechtbarkeit des Planfeststellungsbeschlusses.** Zwar ist der Zeitpunkt des Eintritts der Unanfechtbarkeit für jeden Planbetroffenen individuell zu bestimmen – sog. relative Unanfechtbarkeit. Die Unanfechtbarkeit muss gleichwohl gegenüber allen Anfechtungsberechtigten eingetreten sein (Kopp/Ramsauer/*Wysk* VwVfG § 75 Rn. 61; Obermayer/Funke-Kaiser/*Masing/Schiller* VwVfG § 75 Rn. 43; Stelkens/ Bonk/Sachs/*Neumann/Külpmann* VwVfG § 75 Rn. 94; Schoch/Schneider/*Kupfer* VwVfG § 75 Rn. 145).

21 Ein Plan ist unanfechtbar, wenn der Planfeststellungsbeschluss oder die Plangenehmigung nicht innerhalb der Rechtsbehelfsfrist angefochten wurde oder wenn im Fall einer bereits erfolgten gerichtlichen Auseinandersetzung eine Entscheidung vorliegt, gegen die ihrerseits kein ordentlicher Rechtsbehelf mehr gegeben ist (Steinbach/Franke/*Nebel/Riese* EnWG § 43c Rn. 32; Kopp/Ramsauer/*Ramsauer* VwVfG § 43 Rn. 51; vgl. auch BerlKommEnergieR/*Pielow* EnWG § 43c Rn. 8). Der Zeitpunkt des Ablaufs der Rechtsbehelfsfrist zur Anfechtung des **Planfeststellungsbeschlusses** vor dem Verwaltungsgericht wird durch den Zeitpunkt der Bekanntgabe des Planfeststellungsbeschlusses bestimmt. Ist keine Individualzustellung erfolgt, erleichtert die **Zustellungsfiktion gem. § 43b Abs. 1 vor Nr. 1 iVm § 74 Abs. 4 S. 3 VwVfG** die Bestimmung des Beginns der Rechtsbehelfsfrist und damit die Ermittlung des Zeitpunkts der Unanfechtbarkeit. Diese Zustellungsfiktion findet gem. § 43b Abs. 1 vor Nr. 1 iVm § 74 Abs. 6 S. 2 Hs. 2 und Hs. 3 VwVfG auf **Plangenehmigungen** aber *keine* **Anwendung.** Die Plangenehmigung ist nur den Betroffenen zuzustellen, über deren Einwendungen entschieden worden ist (§ 74 Abs. 4 S. 1 VwVfG). Betroffene, die zwar materiell von der Plangenehmigung betroffen werden, am Plangenehmigungsverfahren aber überhaupt nicht beteiligt waren, erfahren von der Plangenehmigung regelmäßig zunächst einmal nichts. Dann beginnt ihnen gegenüber aber auch keine Rechtsbehelfsfrist zu laufen (§ 58 Abs. 1 VwGO; Schoch/Schneider/*Meissner/Schenk* VwGO § 57 Rn. 18). In solchen Fällen wird bei der Prüfung der Verwirkung § 58 Abs. 2 VwGO mit der Folge herangezogen, dass sich der Betroffene so behandeln lassen muss, als sei ihm die Entscheidung in dem Zeitpunkt amtlich bekannt gegeben worden, in dem er zuverlässig von ihr Kenntnis erlangt hat oder hätte erlangen müssen. Von diesem Zeitpunkt an lässt die Rechtsprechung für den Betroffenen, da es an einer ihm erteilten Rechtsbehelfsbelehrung fehlt, die Jahresfrist des § 58 Abs. 2

VwGO laufen (mN Schoch/Schneider/*Meissner*/*Schenk* VwGO § 58 Rn. 55). Typischerweise erlangt der Betroffene spätestens mit Beginn der Bauarbeiten zuverlässig Kenntnis von dem Vorhaben. In der vorliegenden Konstellation wurde mit den Bauarbeiten aber gerade noch nicht begonnen. Die Schwierigkeit in Fällen dieser Art den Zeitpunkt der Unanfechtbarkeit einer Plangenehmigung und damit den Beginn sowie schließlich das Ende der Zehn-Jahres-Frist sicher zu berechnen, führt zu einer **inakzeptablen Rechtsunsicherheit.** Sie ist die Folge der Ausdehnung der Plangenehmigung auch auf Fälle der unwesentlichen Rechtsbeeinträchtigung Dritter unter Aussparung eines förmlichen Beteiligungsverfahrens. Plangenehmigung und Massenverfahren mit sehr vielen Einwendern passen systematisch nicht zusammen.

Eine **Wiedereinsetzung in den vorigen Stand** nach § 32 VwVfG ist aufgrund 22 der unmittelbar rechtsgestaltenden Wirkung des Eintritts der auflösenden Bedingung (→ Rn. 17) nicht möglich (Schoch/Schneider/*Kupfer* VwVfG § 75 Rn. 137).

Endgültiges **Entfallen der auflösenden Bedingung mit Plandurchfüh-** 23 **rung:** Nach § 43 c vor Nr. 1 iVm § 75 Abs. 4 S. 2 VwVfG (→ Rn. 4) entfällt die auflösende Bedingung endgültig, wenn mit der Durchführung des Plans vor Ablauf der Zehn-Jahres-Frist begonnen wird. Eine **spätere Unterbrechung** der Verwirklichung des Vorhabens wird in § 75 Abs. 4 S. 2 Hs. 2 VwVfG ausdrücklich für **unschädlich** erklärt (zur Verpflichtung, ein einmal begonnenes Vorhaben vollständig zu errichten, *Wysk* VwVfG § 75 Rn. 60 a; Müller/Schulz/*Pokorni* FStrG § 17 c Rn. 4). Hatte der Vorhabenträger mit der Durchführung des Vorhabens zwar begonnen, dann aber dessen **Realisierung endgültig aufgegeben,** ist der Planfeststellungsbeschluss nach § 43 Abs. 4 iVm § 77 S. 1 VwVfG aufzuheben (Elspas/Graßmann/Rasbach/*Greinacher* EnWG § 43 c Rn. 2). In besonderen Fällen kann ein Unwirksamwerden des Planfeststellungsbeschlusses wegen **Funktionslosigkeit** in Betracht kommen (Steinbach/Franke/*Nebel*/*Riese* EnWG § 43 c Rn. 26; Kopp/Ramsauer/*Wysk* VwVfG § 75 Rn. 60; Schoch/Schneider/*Kupfer* VwVfG § 75 Rn. 138). Das ist der Fall, wenn die Verhältnisse wegen der tatsächlichen Entwicklung einen Zustand erreicht haben, der die Verwirklichung der Planung auf unabsehbare Zeit ausschließt (BVerwGE 99, 166 (170)). Mit anderen Worten: Wäre das Vorhaben heute Gegenstand eines Planfeststellungsverfahrens, fehlte ihm die Planrechtfertigung.

Beginn der Plandurchführung: Spätestens mit Baubeginn wird der Plan zwei- 24 felsfrei durchgeführt. Mit der Durchführung des Plans kann aber bereits vor Beginn der Bauarbeiten vor Ort begonnen worden sein. Als Beginn der Durchführung des Plans gilt nach § 43 c vor Nr. 1 iVm § 75 Abs. 4 S. 2 Hs. 1 VwVfG (→ Rn. 4) jede erstmals nach außen erkennbare Tätigkeit von mehr als geringfügiger Bedeutung zur plangemäßen Verwirklichung des Vorhabens. Notwendig, aber auch hinreichend für die Annahme des Beginns der Durchführung des Plans ist, dass die betrachtete Tätigkeit nach außen deutlich erkennbar auf die Umsetzung des Vorhabens in überschaubarem Zeitraum gerichtet und dabei von mehr als nur geringfügiger Bedeutung ist (BVerwGE 135, 110 Rn. 12). Dementsprechend genügen rein betriebsinterne Vorbereitungsmaßnahmen ebenso wenig wie der symbolische „Spatenstich". Demgegenüber kann der Erwerb eines mehr als nur geringfügigen Teils der für das Vorhaben benötigten Grundstücke genügen; vgl. BerlKommEnergieR/*Pielow* EnWG § 43 c Rn. 9; Elspas/Graßmann/Rasbach/*Greinacher* EnWG § 43 c Rn. 2; Müller/Schulz/*Pokorni* FStrG § 17 c Rn. 20 ff.; Kodal StraßenR-HdB/*Springe* Kap. 36 Rn. 75; Schoch/Schneider/*Kupfer* VwVfG § 75 Rn. 142.

III. Verlängerungsverfahren

25 Für den Fall, dass die Zehn-Jahres-Frist ungenutzt zu verstreichen droht, sieht § 43c in Nr. 1 die Möglichkeit vor, dass die Planfeststellungsbehörde den Plan vorher auf Antrag des Trägers verlängert. Die Verlängerung kann **für höchstens fünf Jahre** erfolgen. Für das Verlängerungsverfahren gelten die in § 43c Nr. 2 und Nr. 3 normierten besonderen Verfahrensregelungen. Soweit in § 43c Nr. 2 f. keine besonderen Verfahrensregelungen getroffen sind, gelten für das Verlängerungsverfahren §§ 43a f. iVm §§ 73 f. VwVfG.

26 Der Plan tritt außer Kraft, es sei denn, er wird **„vorher"** verlängert. Der Gesetzeswortlaut ist ernst zu nehmen. Sind die Voraussetzungen der im Gesetz normierten auflösenden Bedingung eingetreten, ist die Zulassungsentscheidung erloschen (→ Rn. 17). Zu ihrer Wiederherstellung wäre ein neues „Grund-Verfahren" erforderlich. Es **genügt nicht, dass das Verlängerungsverfahren vor Fristablauf vom Vorhabenträger lediglich beantragt** wird. Das bedeutet, dass der Vorhabenträger den Verlängerungsantrag so rechtzeitig stellen muss, dass der Planfeststellungsbeschluss oder die Plangenehmigung vor Ablauf der Zehn-Jahres-Frist verlängert werden kann (vgl. Marschall/*Ronellenfitsch* FStrG § 17c Rn. 20). Ist die Zulassungsentscheidung durch Fristablauf erloschen, besteht auch **kein Anknüpfungspunkt für eine Wiedereinsetzung** nach § 32 VwVfG (→ Rn. 22).

27 Die Verlängerung kann **nur auf Antrag des Vorhabenträgers** verfügt werden. Das Vorliegen eines wirksamen Verlängerungsantrags bei der Planfeststellungsbehörde ist zwingende Voraussetzung für eine Verlängerung. Die Planfeststellungsbehörde kann den Planfeststellungsbeschluss bzw. die Plangenehmigung insbesondere nicht von Amts wegen verlängern.

28 Kernstück des Verlängerungsverfahrens ist die **Anhörung nach § 43c Nr. 2**. Die in § 43c Nr. 2 getroffene Regelung, dass diese Anhörung auf den (Verlängerungs-)Antrag begrenzt ist, ist überflüssig. Der Verlängerungsantrag bestimmt den Gegenstand des Verlängerungsverfahrens. Dass ein Verfahren sich auf den Verfahrensgegenstand bezieht, ist selbstverständlich. Demgegenüber konstitutiven Gehalt hat die Anordnung, dass diese „Anhörung" nach den für das Planfeststellungs- oder Plangenehmigungsverfahren geltenden Vorschriften durchzuführen ist. Für das **Anhörungsverfahren zur Verlängerung eines Planfeststellungsbeschlusses gilt somit § 73 VwVfG nach Maßgabe der in § 43a ausdrücklich normierten besonderen Vorgaben** (→ § 43a Rn. 6). Da die Vorschriften über das Planfeststellungsverfahren auf Plangenehmigungsverfahren nach § 43b Abs. 1 vor Nr. 1 EnWG iVm § 74 Abs. 6 S. 2 Hs. 2 VwVfG nicht anwendbar sind, gelten für das Verfahren zur Verlängerung einer **Plangenehmigung die allgemeinen Vorschriften der §§ 9 ff. VwVfG** (näher Schoch/Schneider/*Kupfer* VwVfG § 74 Rn. 167).

29 Besondere *materielle* **Vorgaben** an die von der Planfeststellungsbehörde zu treffende Entscheidung, ob sie dem Verlängerungsantrag entspricht oder nicht, enthält das Gesetz nicht. Allgemein ist jedoch zunächst zu prüfen, ob die Zulassungsentscheidung (noch) wirksam ist. Das ist etwa nicht der Fall, wenn sie funktionslos geworden ist (→ Rn. 23). Mit Eintritt der Funktionslosigkeit wird der Planfeststellungsbeschluss nach § 43 Abs. 2 VwVfG unwirksam (Fall der Erledigung; Schoch/Schneider/*Weiß* VwVfG § 77 Rn. 26). Zwar stellt die Verlängerungsentscheidung keine erneute Zulassungsentscheidung dar. Die Behörde hat aber gleichwohl zu prüfen, ob zugunsten des Vorhabens (noch) eine Planrechtfertigung besteht. Ist das Vorhaben nicht erforderlich, besteht keine Rechtfertigung, die Planbetroffenen den Maßnahmen zur Sicherung des Vorhabens noch länger (→ Rn. 14) und den Auswirkungen einer möglichen Realisierung und Inbetriebnahme des Vorhabens überhaupt auszusetzen (vgl. BeckOK EnWG/*Winkler/Zeccola* § 43c Rn. 8; NK-EnWG/*Kment* § 43c Rn. 5). In der Nichtdurchführung des Vorhabens über so lange Zeit kann gerade in der sich hochdynamisch entwickelnden Energiewirtschaft (→ Rn. 15 und 18) ein Indiz dafür gesehen werden, dass es nicht erforderlich ist. Entschließt sich die Planfeststellungsbehörde, dem Verlängerungsantrag grundsätzlich zu entsprechen, hat sie über die Dauer der Verlängerung zu entscheiden. Sie muss den maximalen Rahmen von fünf Jahren nicht ausschöpfen. Insoweit besteht Raum, die Interessen der Planbetroffenen zu schützen und zugleich den zeitlichen Druck auf den Vorhabenträger zu erhöhen, angesichts einer noch bestehenden Planrechtfertigung das Vorhaben zumindest letztendlich zügig durchzuführen. Bei der Bemessung des konkreten weiteren Zeitfensters wird zu berücksichtigen sein, dass für ein endgültiges Entfallen der auflösenden Bedingung weder die Fertigstellung des Vorhabens noch der Beginn der konkreten Bauarbeiten vor Ort zwingend erforderlich sind (→ Rn. 24).

§ 43c Nr. 3 bestimmt schließlich, dass der Verlängerungsbeschluss in entsprechender Anwendung der Vorschriften für Planfeststellungsbeschlüsse zuzustellen und auszulegen ist. Insoweit unterscheidet der Gesetzgeber also nicht zwischen Verlängerungsbeschlüssen, die Planfeststellungsbeschlüsse und solchen die Plangenehmigungen betreffen. Auch eine Verfügung, die die Verlängerung einer Plangenehmigung zum Gegenstand hat, ist nach den Vorschriften für Planfeststellungsbeschlüsse zuzustellen und auszulegen. Das bedeutet, dass gem. § 43b Abs. 1 vor Nr. 1 die entsprechenden Vorschriften des § 74 VwVfG anzuwenden sind (→ § 43b Rn. 6f.). Art und Weise sowie Inhalt der Bekanntgabe sind in § 74 Abs. 4f. VwVfG abweichend von § 41 VwVfG geregelt (Schoch/Schneider/*Kupfer* VwVfG § 74 Rn. 112). 30

Der Verlängerungsbeschluss ist gem. § 43c Nr. 3 nach den Vorschriften über die Anfechtung eines Planfeststellungsbeschlusses anfechtbar. Folglich ist gem. §§ 43c Nr. 3, 43b Abs. 1 vor Nr. 1 iVm § 74 Abs. 1 S. 2, 70 VwVfG und § 68 Abs. 1 S. 2 vor Nr. 1 VwGO kein Widerspruchsverfahren durchzuführen, bevor die Verwaltungsgerichte wegen eines Verlängerungsbeschlusses angerufen werden können (NK-EnWG/*Kment* § 43c Rn. 6). 31

§ 43d Planänderung vor Fertigstellung des Vorhabens

¹**Für die Planergänzung und das ergänzende Verfahren im Sinne des § 75 Abs. 1a Satz 2 des Verwaltungsverfahrensgesetzes und für die Planänderung vor Fertigstellung des Vorhabens gilt § 76 des Verwaltungsverfahrensgesetzes mit der Maßgabe, dass im Falle des § 76 Abs. 1 des Verwaltungsverfahrensgesetzes von einer Erörterung im Sinne des § 73 Abs. 6 des Verwaltungsverfahrensgesetzes und des § 18 Absatz 1 Satz 4 des Gesetzes über die Umweltverträglichkeitsprüfung abgesehen werden kann. ²Im Übrigen gelten für das neue Verfahren die Vorschriften dieses Gesetzes.**

Literatur: Vgl. die Hinweise zu § 43.

§ 43 d

A. Allgemeines

1   Seit seiner Einfügung in das EnWG im Dezember 2006 durch Art. 7 des Gesetzes zur Beschleunigung von Planungsverfahren für Infrastrukturvorhaben (**Infrastrukturplanungsbeschleunigungsgesetz**, BGBl. 2006 I S. 2833 (2849)) ist der **Wortlaut der Vorschrift** im Grundsatz **unverändert** geblieben. Die einzigen zwei Änderungen waren redaktioneller Natur: Durch Art. 13 Nr. 2 des Gesetzes zur Anpassung des Umwelt-Rechtsbehelfsgesetzes und anderer Vorschriften an europa- und völkerrechtliche Vorgaben vom 29.5.2017 (BGBl. 2017 I S. 1298 (1304)) und durch Art. 2 Abs. 6 Nr. 6 des Gesetzes zur Modernisierung des Rechts der Umweltverträglichkeitsprüfung vom 20.7.2017 (BGBl. 2017 I S. 2808 (2833)) ist der Verweis am Ende von S. 1 auf § 9 Abs. 1 S. 3 UVPG aF schließlich durch den **Verweis auf § 18 Abs. 1 S. 4 UVPG nF** ersetzt worden. Auch durch das PlVereinhG (dazu näher → § 43a Rn. 2) ist der Wortlaut des § 43 d – im Unterschied etwa zu den §§ 43a– 43c – zwar unberührt geblieben, gleichwohl hat das PlVereinhG dadurch *mittelbar* **inhaltliche Auswirkungen** auf § 43 d entfaltet, dass durch Art. 1 Nr. 8 lit. a PlVereinhG § 75 Abs. 1 a S. 2 VwVfG mit Wirkung seit dem 7.6.2013 erweitert worden ist (BerlKommEnergieR/*Pielow* EnWG § 43 d Rn. 1).

2   § 43 d steht systematisch in einem Regelungsgefüge mit §§ 43 Abs. 4, 43a ff.: Für das Planfeststellungsverfahren gelten gem. § 43 Abs. 4 die §§ 72–78 VwVfG nach Maßgabe des EnWG (→ § 43 Rn. 184). Diesen Ansatz setzen die §§ 43a ff. jeweils konsequent fort (→ § 43c Rn. 2). Entsprechend dieser Regelungstechnik **verweist § 43 d auf das VwVfG – hier § 76** – und erklärt diese Vorschrift grundsätzlich für anwendbar. In Abweichung von § 76 Abs. 1 iVm § 73 Abs. 6 VwVfG und von § 18 Abs. 1 S. 4 UVPG sieht § 43 d S. 1 zum Zweck der **Verfahrensbeschleunigung** jedoch einen **Verzicht auf** die Durchführungen eines **Erörterungstermins** vor (vgl. BR-Drs. 363/05, 41 f.).

B. Anwendungsbereich

3   § 43 d S. 1 erfasst **zwei unterschiedliche Fallgruppen**: die **Planerhaltung** (→ Rn. 6) und die **Planänderung *vor* Fertigstellung des Vorhabens** (→ Rn. 10). Die Planerhaltung dient der Erhaltung rechtsfehlerhafter Planfeststellungsbeschlüsse und Plangenehmigungen. Demgegenüber hat die „Planänderung vor Fertigstellung des Vorhabens" nichts mit der Rechtswidrigkeit der Entscheidung und deren Folgen zu tun (BerlKommEnergieR/*Pielow* EnWG § 43 d Rn. 7). Sie hat typischerweise Gründe tatsächlicher Natur.

4   Der von § 43 d S. 1 für anwendbar erklärte § 76 VwVfG (zur Regelungssystematik → Rn. 2) erfasst seinem Wortlaut nach nur die Planänderungen vor Fertigstellung des Vorhabens – nicht aber die Planerhaltung. Der demgegenüber erweiterte Wortlaut des § 43 d stellt dennoch keine Erweiterung des § 76 VwVfG im Anwendungsbereich des EnWG dar (aA BerlKommEnergieR/*Pielow* EnWG § 43 d Rn. 1). Denn auch bei unmittelbarer Anwendung des VwVfG werden die **verfahrensmäßigen Anforderungen an die Planerhaltung § 76 VwVfG entnommen** (Schoch/Schneider/*Kupfer* VwVfG § 75 Rn. 66 und Schoch/Schneider/ *Weiß* VwVfG § 76 Rn. 26 ff.). Die Planerhaltung durch ergänzendes Verfahren soll sogar den Hauptanwendungsfall des § 76 VwVfG in der Praxis darstellen; so Kopp/ Ramsauer/*Wysk* VwVfG § 76 Rn. 2.

§ 43 d
Planänderung vor Fertigstellung des Vorhabens

Die **Grenzen** von Planerhaltung und Planänderung vor Fertigstellung des Vor- 5
habens sind überschritten, wenn die **Identität des Vorhabens** nicht mehr gewahrt
ist (Kopp/Ramsauer/*Wysk* VwVfG § 76 Rn. 6). Die Modifikation darf das Vorhaben nur ändern. Gerechtfertigt wird der Grundsatz der Planerhaltung mit der Verfahrensökonomie. Deshalb müssen Planergänzung und ergänzendes Verfahren das Wesen des fehlerhaften Planfeststellungsbeschlusses oder der Plangenehmigung unberührt lassen (Schoch/Schneider/*Kupfer* VwVfG § 75 Rn. 64 (83 ff.)). Die Planänderung hat nicht nur ein erneuerndes, sondern auch ein bewahrendes Element. „Die ‚Identität' des Vorhabens darf nicht in Frage gestellt werden" (Schoch/Schneider/*Weiß* VwVfG § 76 Rn. 7 (60)). Festzuhalten ist somit: Das bisherige Vorhaben darf nicht durch ein anderes Vorhaben ersetzt werden (→ § 43a Rn. 54). „Art, Gegenstand und Betriebsweise dürfen sich nicht wesentlich ändern. Ansonsten liegt eine erneute Planaufstellung vor" (so NK-EnWG/*Kment* § 43d Rn. 3; vgl. auch BeckOK EnWG/*Assmann/Peiffer* § 43d Rn. 6). Im letztgenannten Fall ist das gegebenenfalls noch laufende alte Planfeststellungsverfahren zu beenden und ein vollständig neues durchzuführen.

Planerhaltung: Gem. § 43c vor Nr. 1 iVm § 75 Abs. 1a S. 2 Hs. 1 VwVfG 6
(→ § 43c Rn. 4) führen erhebliche Mängel bei der Abwägung oder eine Verletzung von Verfahrens- oder Formvorschriften nur dann zur (gerichtlichen) Aufhebung des Planfeststellungsbeschlusses oder der Plangenehmigung, wenn sie nicht durch Planergänzung (→ Rn. 8) oder ein ergänzendes Verfahren (→ Rn. 9) behoben werden können. Nach Hs. 2 des § 75 Abs. 1a S. 2 VwVfG bleiben die §§ 45 und 46 VwVfG unberührt (→ Rn. 7).

Verhältnis der Planerhaltung zu §§ 45 und 46 VwVfG: Da nach § 43c vor 7
Nr. 1 iVm § 75 Abs. 1a S. 2 Hs. 2 VwVfG die §§ 45 und 46 VwVfG unberührt bleiben, ist S. 2 „von hinten" zu lesen: Nur dann, wenn Verfahrens- und Formfehler nicht bereits nach § 45 VwVfG unbeachtlich sind, weil die fehlende Handlung zwischenzeitlich nachgeholt worden ist, und die Fehler auch nicht nach § 46 VwVfG folgenlos bleiben, weil sie für die gerichtliche Entscheidung ohne Bedeutung sind, kann Raum für eine Planergänzung oder für ein ergänzendes Verfahren bestehen. Unbeachtliche bzw. folgenlose Fehler müssen nicht durch Planergänzung oder ein ergänzendes Verfahren geheilt werden. In diesen Fällen ist von vornherein kein neues Planfeststellungsverfahren nach § 76 Abs. 1 VwVfG durchzuführen. Somit muss die Durchführung eines Erörterungstermins auch nicht für verzichtbar erklärt werden. Die Regelungen in §§ 45 und 46 VwVfG gehen der Fehlerheilung nach § 75 Abs. 1a S. 2 Hs. 2 VwVfG vor (zum Ganzen mN Schoch/Schneider/*Kupfer* VwVfG § 75 Rn. 69). Die §§ 45 und 46 VwVfG sind gem. § 43 Abs. 4 iVm § 72 Abs. 1 Hs. 1 Alt. 2 VwVfG anwendbar (vgl. Schoch/Schneider/*Weiß* VwVfG § 72 Rn. 91 f.).

Planergänzung: Die Planergänzung beschneidet den vorliegenden rechtsfeh- 8
lerhaften Planfeststellungsbeschluss grundsätzlich nicht, sondern *ergänzt* diesen – typischerweise um eine oder mehrere bislang fehlende Schutzanordnungen (Kopp/Ramsauer/*Wysk* VwVfG § 75 Rn. 31; BeckOK EnWG/*Assmann/Peiffer* § 43d Rn. 4; Schoch/Schneider/*Kupfer* VwVfG § 75 Rn. 65). Die Planergänzung ist eine Planänderung iSv § 76 VwVfG (Schoch/Schneider/*Weiß* VwVfG § 76 Rn. 27). Planergänzungsbeschlüsse „wachsen dem ursprünglichen Planfeststellungsbeschluss mit der Folge zu, dass der festgestellte Plan und die nachträglichen Änderungen zu einem einzigen Plan in der durch den Änderungsbeschluss erreichten Gestalt verschmelzen" (BVerwGE 160, 78 Rn. 20).

Ergänzendes Verfahren: Das ergänzende Verfahren ist weiterreichend als die 9
Planergänzung. Im Vergleich der beiden Instrumente geht das ergänzende Verfah-

§ 43 d   Teil 5. Planfeststellung, Wegenutzung

ren über die im Grundsatz rein materiellrechtliche Planergänzung hinaus, weil das Verfahren wieder aufgegriffen wird. Die Planergänzung wirkt nur materiell-rechtlich, weil sie den Beschluss selbst ergänzt, das abgeschlossene Verwaltungsverfahren im Grundsatz aber unberührt lässt. Demgegenüber wird bei Durchführung eines ergänzenden Verfahrens das dem Planfeststellungsbeschluss zugrunde liegende Verfahren von der Planfeststellungsbehörde wieder aufgegriffen und ab der Stelle wiederholt, an der ihr der Fehler unterlaufen ist (Schoch/Schneider/*Riese* VwGO § 114 Rn. 237). Das ergänzende Verfahren muss von der Planfeststellungsbehörde ergebnisoffen geführt werden. Es kann mit der Modifikation des bisherigen Planfeststellungsbeschlusses enden. Es kann aber auch damit enden, dass der bisherige Planfeststellungsbeschluss unverändert bestätigt wird (Schoch/Schneider/*Kupfer* VwVfG § 75 Rn. 66; BeckOK EnWG/*Assmann/Peiffer* § 43 d Rn. 5).

10 Die Gründe für eine **Planänderung vor Fertigstellung des Vorhabens** sind typischerweise tatsächlicher Natur und können dementsprechend vielfältig sein. Rechtlich kommt es auf sie grundsätzlich nicht an (Kopp/Ramsauer/*Wysk* VwVfG § 76 Rn. 2). Anlass können insbesondere unerwartete technische Schwierigkeiten bei der Bauausführung, technische Neuerungen, neue Erkenntnisse, betriebliche Gründe oder abweichende unternehmerische Entscheidungen sein (Schoch/Schneider/*Weiß* VwVfG § 76 Rn. 1).

11 Die **rechtlichen Anforderungen** an eine **Planänderung hängen vom Zeitpunkt ihrer Vornahme ab**. Dabei kommt insbesondere dem Erlass des Planfeststellungsbeschlusses als zentraler Zäsur auf der Zeitachse der Vorhabenzulassung und -realisierung eine maßgebliche Bedeutung zu (Schoch/Schneider/*Weiß* VwVfG § 76 Rn. 9; vgl. auch Kopp/Ramsauer/*Wysk* VwVfG § 76 Rn. 5).

12 Planänderungen vor Übersendung der Planunterlagen an die betroffenen Behörden zur Stellungnahme und vor Übersendung an die Gemeinden zur Auslegung (→ § 43 a Rn. 8 lit. b ee und ff) ziehen keine besonderen Verfahrensmaßnahmen nach sich. Das leuchtet ein, denn bis dahin wurde das Vorhaben in seiner zur Zulassung beantragten Ausgestaltung im Planfeststellungsverfahren noch überhaupt nicht förmlich kommuniziert.

13 Planänderungen nach Beginn der Offenlegung der Planunterlagen (→ § 43 a Rn. 8 lit. b hh) und vor Erlass des Planfeststellungsbeschlusses (→ § 43 a Rn. 8 lit. c) fallen in den Anwendungsbereich von § 43 a vor Nr. 1 iVm § 73 Abs. 8 VwVfG. Nach Maßgabe von § 43 a Nr. 4 kann von der Durchführung eines Erörterungstermins abgesehen werden (→ § 43 a Rn. 53 ff.).

14 Der zeitliche Anwendungsbereich des § 43 d erstreckt sich von der Feststellung des Plans bis zur Fertigstellung des Vorhabens (→ Rn. 16).

15 Planänderungen nach Fertigstellung des Vorhabens können in den Regelungsbereich von § 43 f fallen (→ § 43 f Rn. 16; vgl. Schoch/Schneider/*Weiß* VwVfG § 76 Rn. 9 (18 ff.); BeckOK EnWG/*Assmann/Peiffer* § 43 d Rn. 2).

C. Sonderregelungen im Verhältnis zu § 76 VwVfG

16 **Inhalt des § 76 VwVfG:** Die Vorschrift erfasst den Zeitraum zwischen Abschluss des Planfeststellungsverfahrens und Fertigstellung des Vorhabens, also nach Erlass des Planfeststellungsbeschlusses (→ § 43 a Rn. 8 lit. c) und vor Abschluss der Bauarbeiten (→ Rn. 14). Soll in dieser Phase der festgestellte **Plan geändert** werden, ist gem. § 76 Abs. 1 VwVfG **grundsätzlich** ein **neues Planfeststellungsverfahren** durchzuführen. Im Vergleich zu einem völlig neuen Planfeststellungsverfahren hat das

Planänderung vor Fertigstellung des Vorhabens **§ 43 d**

„Änderungs-Planfeststellungsverfahren" aber einen auf den Änderungsinhalt beschränkten Gegenstand. Die Durchführung eines neuen **„Änderungs-Planfeststellungsverfahrens"** ist **ausnahmsweise** dann **verzichtbar,** wenn die **Planänderung von unwesentlicher Bedeutung** ist und die **Belange anderer nicht berührt** werden (§ 76 Abs. 2 Alt. 1 VwVfG) oder die Planänderung von unwesentlicher Bedeutung ist und die **Betroffenen der Änderung zugestimmt** haben (§ 76 Abs. 2 Alt. 2 VwVfG). Wird aber ein „Änderungs-Planfeststellungsverfahren" zur Zulassung einer Planänderung von unwesentlicher Bedeutung durchgeführt, dann bedarf es nach § 76 Abs. 3 VwVfG in keinem Fall eines Anhörungsverfahrens und einer öffentlichen Bekanntgabe des Planfeststellungsbeschlusses (vgl. BVerwG Urt. v. 12.7.2022 – 4 A 10.20 Rn. 13f.).

Handelt es sich um eine Planänderung von wesentlicher Bedeutung, bleibt es bei 17 dem in § 76 Abs. 1 VwVfG normierten Grundsatz, wonach ein neues Änderungs-Planfeststellungsverfahren durchzuführen ist – einschließlich Anhörungsverfahren (vgl. Kopp/Ramsauer/*Wysk* VwVfG § 76 Rn. 8). Die in Abs. 2 und 3 des § 76 VwVfG vorgesehenen Erleichterungen greifen nicht ein, denn sie setzen voraus, dass eine Planänderung von bloß unwesentlicher Bedeutung vorliegt. Somit kommt der Beantwortung der Frage, ab wann eine Planänderung die Grenze zur wesentlichen Bedeutung überschreitet, große Bedeutung zu. § 76 VwVfG hat die Änderung des festgestellten Plans zum Gegenstand. Für die Beurteilung der Wesentlichkeit kommt es daher auf das Verhältnis der Änderung zum festgestellten Plan an (Schoch/Schneider/*Weiß* VwVfG § 76 Rn. 80). Mit dem festgestellten Plan hat die Behörde ihre Aufgabe erfüllt, das konkrete Vorhaben möglichst sachgerecht und ausgewogen in seine Umgebung einzubinden (→ § 43 Rn. 148). Das wesentliche Planungswerkzeug hierbei war die Abwägung (→ § 43 Rn. 149). Vor diesem Hintergrund überschreitet eine **Planänderung** die Grenze zur **Wesentlichkeit, wenn die ursprüngliche Abwägung die Änderung nicht abdeckt, insoweit zumindest neu durchzuführen ist** (vgl. Kopp/Ramsauer/*Wysk* VwVfG § 75 Rn. 26). Das ist typischerweise (noch) nicht der Fall, wenn „Umfang und Zweck des Vorhabens unverändert bleiben und wenn zusätzliche belastende Auswirkungen von einigem Gewicht sowohl auf die Umgebung als auch hinsichtlich der Belange Einzelner auszuschließen sind"; so BerlKommEnergieR/*Pielow* EnWG § 43d Rn. 9. Dabei ist es der Abwägung als dynamischem und ergebnisoffenem Planungsinstrument (Schoch/Schneider/*Kupfer* VwVfG Vorb § 72 Rn. 16ff.) geschuldet, dass es für die Bestimmung der Grenze der Planänderung zur Wesentlichkeit nicht darauf ankommen kann, ob das Ergebnis der Abwägung letztendlich ein anderes sein wird.

Ist die **Planänderung von unwesentlicher Bedeutung,** kann die Planfeststellungsbehörde von der Durchführung eines neuen Verfahrens absehen, wenn die 18 Belange anderer nicht berührt werden oder wenn die Betroffenen der Änderung zugestimmt haben. Die Planfeststellungsbehörde kann den bereits erstellten Planfeststellungsbeschluss durch einfachen, die Planfeststellung ergänzenden Verwaltungsakt modifizieren (*Steinberg/Wickel/Müller,* Fachplanung, 4. Aufl. 2012, § 5 Rn. 41). Handelt es sich zwar um eine Planänderung von unwesentlicher Bedeutung, werden aber die Belange anderer berührt und haben die Betroffenen der Änderung nicht zugestimmt, dann kann die Planfeststellungsbehörde auf ein neues Planfeststellungsverfahren nicht verzichten (§ 43d S. 1 iVm § 76 Abs. 2 Hs. 2 VwVfG). Für diesen Fall greifen aber die in § 76 Abs. 3 VwVfG normierten Verfahrenserleichterungen (kein Anhörungsverfahren und keine öffentliche Bekanntgabe des Planfeststellungsbeschlusses). Dem liegt die gleiche Wertung zugrunde, die den Gesetzgeber veranlasst hat, das Plangenehmigungsverfahren gem. § 74

Kupfer 1943

§ 43 e — Teil 5. Planfeststellung, Wegenutzung

Abs. 6 S. 1 Nr. 1 VwVfG auch auf Fälle unwesentlicher Rechtsbeeinträchtigung zu erstrecken.

19 Ist die **Planänderung von wesentlicher Bedeutung,** richtet sich das neue Zulassungsverfahren nach §§ 43 d S. 2, 43 ff., wobei gem. § 43 d S. 1 von einem Erörterungstermin iSd § 73 Abs. 6 VwVfG und des § 9 Abs. 1 S. 3 UVPG abgesehen werden kann (vgl. *Friesecke* WaStrG § 14 d Rn. 5). Damit ist § 43 d S. 1 lex specialis zu § 43 a Nr. 3 f. (→ § 43 a Rn. 37 und 53). Bei der Ausübung des Ermessens ist jedoch zu beachten, dass sich durch eine wesentliche Planänderung regelmäßig auch die Abwägungsproblematik neu stellt. Verzichtet die Planfeststellungsbehörde in diesem Fall vorschnell auf die Erörterung als Erkenntnisquelle, erhöht sich die Gefahr von Abwägungsfehlern.

20 Entsprechendes gilt für die **Fälle der Fehlerheilung durch Planerhaltung.** Selbst dann, wenn absehbar ist, dass das ergänzende Verfahren und die Planergänzung zu einer Modifikation des vorliegenden, mangelbehafteten Planfeststellungsbeschlusses von wesentlicher Bedeutung führen werden, liegt es gem. § 43 d S. 1 im Ermessen der Planfeststellungsbehörde, ob sie einen Erörterungstermin durchführt. Bei der **Ausübung des (Verfahrens-)Ermessens,** ob auf den Erörterungstermin iSv § 73 Abs. 6 VwVfG verzichtet wird oder nicht, hat die Planfeststellungsbehörde **im Falle der Planergänzung und des ergänzenden Verfahrens,** die der Abwägungsfehlerbehebung dienen, zu berücksichtigen, dass dem Erörterungstermin eine wesentliche Funktion für die Einhaltung des Abwägungsgebots zukommt.

§ 43 e Rechtsbehelfe

(1) ¹**Die Anfechtungsklage gegen einen Planfeststellungsbeschluss oder eine Plangenehmigung hat keine aufschiebende Wirkung.** ²**Der Antrag auf Anordnung der aufschiebenden Wirkung der Anfechtungsklage gegen einen Planfeststellungsbeschluss oder eine Plangenehmigung nach § 80 Abs. 5 Satz 1 der Verwaltungsgerichtsordnung kann nur innerhalb eines Monats nach der Zustellung des Planfeststellungsbeschlusses oder der Plangenehmigung gestellt und begründet werden.** ³**Darauf ist in der Rechtsbehelfsbelehrung hinzuweisen.** ⁴**§ 58 der Verwaltungsgerichtsordnung gilt entsprechend.**

(2) ¹**Treten später Tatsachen ein, die die Anordnung der aufschiebenden Wirkung rechtfertigen, so kann der durch den Planfeststellungsbeschluss oder die Plangenehmigung Beschwerte einen hierauf gestützten Antrag nach § 80 Abs. 5 Satz 1 der Verwaltungsgerichtsordnung innerhalb einer Frist von einem Monat stellen und begründen.** ²**Die Frist beginnt mit dem Zeitpunkt, in dem der Beschwerte von den Tatsachen Kenntnis erlangt.**

(3) ¹**Der Kläger hat innerhalb einer Frist von sechs Wochen die zur Begründung seiner Klage dienenden Tatsachen und Beweismittel anzugeben.** ²**§ 87 b Abs. 3 der Verwaltungsgerichtsordnung gilt entsprechend.**

(4) ¹**Für Energieleitungen, die nach § 43 Absatz 1 Satz 1 Nummer 2 planfestgestellt werden, sowie für Anlagen, die für den Betrieb dieser Energieleitungen notwendig sind und die nach § 43 Absatz 2 Satz 1 Nummer 1 planfestgestellt werden, ist § 50 Absatz 1 Nummer 6 der Verwaltungsgerichtsordnung anzuwenden.** ²**§ 50 Absatz 1 Nummer 6 der Verwaltungsgerichtsordnung ist auch anzuwenden für auf diese Energieleitungen und**

Rechtsbehelfe **§ 43 e**

auf für deren Betrieb notwendige Anlagen bezogene Zulassungen des vorzeitigen Baubeginns und Anzeigeverfahren sowie für Genehmigungen nach dem Bundes-Immissionsschutzgesetz für Anlagen, die für den Betrieb dieser Energieleitungen notwendig sind.

Literatur: Vgl. die Hinweise zu § 43.

A. Allgemeines

Eingefügt wurde § 43e im Dezember 2006 durch Art. 7 des Gesetzes zur 1 Beschleunigung von Planungsverfahren für Infrastrukturvorhaben (BGBl. 2006 I S. 2833). Sie trifft mehrere **Sonderregeln für den verwaltungsgerichtlichen (Dritt-)Rechtsschutz** (Hauptsacheverfahren und einstweiliger Rechtsschutz), die einen **Beschleunigungseffekt** durch Entfall der aufschiebenden Wirkung (Abs. 1), durch Fristverkürzungen (Abs. 2 und 3) und durch die erstinstanzliche Zuständigkeit des Bundesverwaltungsgerichts für Offshore-Anbindungsleitungen (Abs. 4) bewirken sollen (Steinbach/Franke/*Fest*/*Riese* EnWG § 43e Rn. 5). In der vorhergehenden Gesetzesfassung (EnWG 2005) hatte § 43 Abs. 3 Sonderregelungen lediglich für den einstweiligen Rechtsschutz getroffen (gesetzliche Anordnung des Entfallens der aufschiebenden Wirkung iSv § 80 Abs. 1 S. 1 VwGO für Anfechtungsklagen gegen Planfeststellungen und Plangenehmigungen). Durch das Gesetz zur Verbesserung der Öffentlichkeitsbeteiligung und Vereinheitlichung von Planfeststellungsverfahren **(PlVereinhG)** vom 31.5.2013 (BGBl. 2013 I S. 1388) wurde § 43e Abs. 1 S. 1 neu gefasst, ohne dass damit eine Änderung in der Sache bewirkt wurde. Außerdem wurde § 43e Abs. 4 aufgehoben, weil dessen Regelung in § 75 Abs. 1a VwVfG übernommen und somit in § 43e entbehrlich wurde (BT-Drs. 17/9666, 22). Beide Änderungen traten am 1.6.2015 in Kraft (Art. 16 S. 2 PlVereinhG). Durch das Gesetz zur Änderung des Windenergie-auf-See-Gesetzes und anderer Vorschriften vom 3.12.2020 (BGBl. 2020 I S. 2682) wurde dann in Abs. 4 die **erstinstanzliche Zuständigkeit des BVerwG** für Anbindungsleitungen von Windenergieanlagen auf See eingeführt.

Hintergrund der in § 43e zum Ausdruck kommenden Beschleunigungsbemü- 2 hungen (aktuell dazu *Roth* ZRP 2022, 82 ff.) ist das **Spannungsverhältnis** zwischen dem zwischenzeitlich immer dringenderen öffentlichen Interesse an einer schnellstmöglichen Umstrukturierung des Energieversorgungssystems und an dem dazu erforderlichen **Aus- und Umbau des Energieleitungsnetzes** einerseits und dem Umstand, dass angesichts der weitreichenden Auswirkungen von Leitungsvorhaben (dazu etwa Schneider/Theobald EnergieWirtschaftsR-HdB/*Hermes* § 8 Rn. 29) ihre Planung regelmäßig gerichtlich angefochten wird (s. etwa *Rubel* UPR 2018, 422 ff.), andererseits. Denn **Nachbarn** und **Grundstücksbetroffene** können gegen einen Planfeststellungsbeschluss oder Plangenehmigung vorgehen, wenn sie geltend machen können, durch diese Entscheidung in ihren subjektiven Rechten verletzt zu sein (§ 42 Abs. 2 VwGO, dazu näher Schoch/Schneider/*Kupfer* VwVfG Vor § 72 Rn. 257 ff.). **Gemeinden** können zulässigerweise gegen Planfeststellungsbeschlüsse oder Plangenehmigungen klagen, wenn sie geltend machen können, in ihrem Recht aus Art. 28 Abs. 2 S. 1 GG (sog. Selbstverwaltungsgarantie) verletzt zu sein (Schoch/Schneider/*Kupfer* VwVfG Vorb § 72 Rn. 333 ff.). Schließlich kommt der Klagemöglichkeit von anerkannten **Naturschutz-** (§ 64 BNatSchG) und **Um-**

weltschutzvereinigungen (§§ 2, 3 UmwRG) erhebliche praktische Bedeutung zu.

B. Rechtsschutz betroffener Eigentümer, Nachbarn und Gemeinden

I. Sachliche Zuständigkeit des BVerwG (Abs. 4)

3   Für sämtliche Streitigkeiten, die Planfeststellungsverfahren nach § 43 (Abs. 1 oder Abs. 2) betreffen, ist nach § 48 Abs. 1 Nr. 4 VwGO das Oberverwaltungsgericht zuständig, soweit nicht nach § 50 Abs. 1 Nr. 6 VwGO die erstinstanzliche Zuständigkeit des **BVerwG** begründet ist. Zu diesen erstinstanzlichen Zuständigkeiten des BVerwG gehören neben Streitigkeiten, die Planfeststellungsverfahren und Plangenehmigungsverfahren für Vorhaben nach dem EnLAG, dem BBPlG und nach § 54a Abs. 1 WindSeeG betreffen, auch sämtliche Streitigkeiten, die Planfeststellungsverfahren, Plangenehmigungsverfahren sowie bestimmte weitere Zulassungsverfahren für die in **§ 43 Abs. 4** genannten **Energieleitungen** und **Anlagen** betreffen.

4   Dabei handelt es sich um die **Netzanbindungsleitungen für Windenergieanlagen** auf See nach § 43 Abs. 1 S. 1 Nr. 2 (→ § 43 Rn. 50) und die für diese **notwendigen Nebenanlagen** nach § 43 Abs. 2 S. 1 Nr. 1 (→ § 43 Rn. 58–60), wenn für diese Nebenanlagen von der optionalen Planfeststellung Gebrauch gemacht wurde. Auf diese Weise soll sichergestellt werden, dass nicht nur der Abschnitt der Offshore-Anbindungsleitung in der ausschließlichen Wirtschaftszone, der nach dem WindSeeG planfestgestellt wird, der erstinstanzlichen Zuständigkeit des Bundesverwaltungsgerichts unterfällt (§ 54a Abs. 1 WindSeeG), sondern „auch der Abschnitt im Küstenmeer und an Land bis zum Netzverknüpfungspunkt, der nach dem EnWG planfestgestellt bzw. nach dem BImSchG genehmigt wird" (BT-Drs. 19/24039, 33). Die erstinstanzliche Zuständigkeit des BVerwG ist umfassend ausgestaltet und gilt außer für **Planfeststellungsverfahren** auch für **Anzeigeverfahren** nach § 43f, für **Zulassungen des vorzeitigen Baubeginns** nach § 44c. Dass auch **Plangenehmigungsverfahren** für Vorhaben, die unter § 43 Abs. 1 S. 1 Nr. 2 oder Abs. 2 S. 1 Nr. 1 fallen, von der § 43 Abs. 4 erfasst sind, folgt trotz auch ohne ausdrückliche Erwähnung aus dem allgemeinen Verweis in § 43 Abs. 4 auf das VwVfG und damit auch auf die Plangenehmigungsnorm des § 74 Abs. 6 und 7 VwVfG. Erfasst sind von § 43e Abs. 4 schließlich auch **Genehmigungen nach BImSchG** für Anlagen, die zum Betrieb von Netzanbindungsleitungen nach § 43 Abs. 1 S. 1 Nr. 2 notwendig sind, für die aber von der optionalen Planfeststellung nach § 43 Abs. 2 S. 1 Nr. 1 kein Gebrauch gemacht wurde. **Nicht** in die Zuständigkeit des BVerwG gehört die Geltendmachung eines Anspruchs auf behördliches Einschreiten gegen den Vorhabenträger wegen **planabweichender Bauausführung** (BVerwG Beschl. v. 29.10.2020 – 4 VR 7.20, BeckRS 2020, 32045 Rn. 13).

II. Hauptsacheverfahren: Klagebegründung (Abs. 3)

5   § 43e Abs. 3 S. 1 **verschärft** – wiederum im Sinne der Verfahrensbeschleunigung – die **Mitwirkungslast des Klägers** im Verwaltungsprozess. Er muss binnen sechs Wochen nach Klageerhebung die der Begründung seiner Klage dienenden

Tatsachen und Beweismittel angeben. Eine vergleichbare Regelung kennt die VwGO nicht; § 82 Abs. 1 S. 3 VwGO bestimmt lediglich ohne Fristbestimmung, dass die Klageschrift die der Begründung der Klage dienenden Tatsachen und Beweismittel angeben *soll*. Unberührt von § 43 e Abs. 3 S. 1 bleibt die spezielle und abschließende Zehn-Wochen-Frist des § 6 UmwRG (OVG Berlin-Brandenburg Urt. v. 29. 10. 2020 – OVG 11 A 2.18, BeckRS 2020, 31526, Rn. 20). Ist Gegenstand der Klage ein Anspruch auf Aufhebung eines Planfeststellungsbeschlusses oder auf Feststellung seiner Rechtswidrigkeit, so verlangt § 43 e Abs. 3 S. 1, dass sich die **Klagebegründung mit dem Planfeststellungsbeschluss auseinandersetzt.** Eine pauschale Bezugnahme auf die im Planfeststellungsverfahren erhobene Einwände oder deren wörtliche Wiederholung in der Klagebegründung ohne Würdigung des Planfeststellungsbeschlusses genügt den Begründungsanforderungen nicht (BVerwG Urt. v. 6. 4. 2017 – 4 A 16.16, NVwZ-RR 2017, 768 (772, Rn. 37 mwN)).

Der in § 43 e Abs. 3 S. 2 enthaltene **Verweis auf die entsprechende Anwendung des § 87b Abs. 3 VwGO** sanktioniert die Frist des § 43 e Abs. 3 S. 1 durch die Möglichkeit der Zurückweisung verspäteten Vorbringens durch das Gericht. § 87b Abs. 3 VwGO ist jedoch so ausgestaltet, dass ein für die gerichtliche Entscheidung relevantes verspätetes Vorbringen trotz der Verspätung Eingang in den gerichtlichen Entscheidungsstoff finden kann. Denn § 87b Abs. 3 S. 1 Nr. 1 VwGO macht die Zurückweisung verspäteten Vorbringens davon abhängig, dass die Zulassung des Vorbringens nach **der freien Überzeugung** des Gerichts **die Erledigung des Rechtsstreits verzögern würde.** Das ist regelmäßig der Fall, wenn nach einer durchgeführten mündlichen Verhandlung die Sache spruchreif ist (BVerwG Urt. v. 6. 4. 2017 – 4 A 16.16, NVwZ-RR 2017, 768 (776 Rn. 67). 6

Bei der **Entscheidung des Gerichts über die Zurückweisung** des verspäteten Vorbringens handelt es ich um eine **Ermessensentscheidung** (zB BVerwG Urt. v. 6. 4. 2017 – 4 A 16.16, NVwZ-RR 2017, 768 (776 Rn. 68)). Dabei wird sich das überragende öffentliche Interesse an einem beschleunigten Ausbau der Energieleitungsinfrastruktur (→ Rn. 2, 8) regelmäßig zugunsten einer Zurückweisung auswirken, soweit die Verzögerung nennenswert ist. 7

III. Einstweiliger Rechtsschutz (Abs. 1 und 2)

Nach § 43 e **Abs. 1 S. 1 entfällt die aufschiebende Wirkung der Anfechtungsklage** gegen einen Planfeststellungsbeschluss oder eine Plangenehmigung. Gegen Planfeststellungsbeschlüsse und Plangenehmigungen findet **kein Widerspruchsverfahren** statt (§ 74 Abs. 1 S. 2 iVm § 70 VwVfG und § 74 Abs. 6 S. 3 VwVfG), weshalb § 43 e Abs. 1 S. 1 nur das Entfallen der aufschiebenden Wirkung der Anfechtungsklage regelt. Die Vorschrift, die durch das PlVereinhG lediglich redaktionell geändert wurde (→ Rn. 1), trägt dem Interesse des Vorhabenträgers an Planungssicherheit Rechnung. Sie verstößt nach Ansicht des Gesetzgebers nicht gegen Art. 19 Abs. 4 GG, da den Betroffenen die Möglichkeit offenbleibt, die **Anordnung der aufschiebenden Wirkung gem. § 80a Abs. 3, § 80 Abs. 5 S. 1 VwGO** zu beantragen (BT-Drs. 14/4599, 161 f.). Dieser Antrag ist beim Gericht der Hauptsache, also beim Oberverwaltungsgericht bzw. beim Bundesverwaltungsgericht (→ Rn. 3), zu stellen. Die Erfolgsaussichten werden allerdings dadurch von vornherein minimiert, da nach der Rechtsprechung bereits aus der gesetzlich angeordneten sofortigen Vollziehbarkeit nach § 43 e Abs. 1 S. 1 das erhebliche Gewicht des Vollzugsinteresses folgt, und da dieses Gewicht auch nicht durch eine lange vorangehende Verfahrensdauer geschmälert wird (BVerwG Beschl. v. 28. 3. 2020 – 4 VR 8

5.19, BeckRS 2020, 7484 Rn. 11 mwN). Gibt das Gericht dem Antrag statt, so bestimmt sich die Dauer der aufschiebenden Wirkung aus § 80b Abs. 1 S. 1 VwGO.

9 § 43e Abs. 1 S. 2 schafft eine in der VwGO nicht vorgesehene **Frist für den Antrag nach § 80 Abs. 5 VwGO** auf Anordnung der aufschiebenden Wirkung einer Anfechtungsklage gegen einen Planfeststellungsbeschluss oder eine Plangenehmigung. Die Frist läuft einen Monat ab Zustellung des Bescheides. Innerhalb dieser Frist ist der Antrag auch **zu begründen.** Verlangt ist eine Darlegung, warum abweichend von dem in § 43e Abs. 1 S. 1 angeordneten Ausschluss der aufschiebenden Wirkung der Anfechtungsklage die aufschiebende Wirkung seiner Klage anzuordnen sein soll (BVerwG Beschl. v. 24.8.2016 – 4 VR 15.16, BeckRS 2016, 50722 Rn. 4 mwN). Die **Prüfung** im Eilverfahren ist **auf die fristgerecht vorgebrachten Einwände beschränkt** (BVerwG Beschl. v. 28.3.2020 – 4 VR 5.19, BeckRS 2020, 7484 Rn. 11). Auch hierdurch werden im Interesse der Verfahrensbeschleunigung Mitwirkungslasten der Antragsteller erhöht.

10 Maßgeblich für den **Fristlauf** ist gem. **§ 43e Abs. 1 S. 3,** dass in der **Rechtsbehelfsbelehrung auf die Frist hingewiesen** wird. Was den Inhalt der Rechtsbehelfsbelehrung im Übrigen (zu den Anforderungen BVerwG Beschl. v. 24.8.2016 – 4 VR 15.16, BeckRS 2016, 50722 Rn. 5 ff.) sowie die Folgen eines Unterbleibens oder einer Unrichtigkeit der Belehrung angeht, erklärt § 43e Abs. 1 S. 4 die Vorschrift des **§ 58 VwGO für entsprechend anwendbar.** Ist die Frist nicht wirksam in Lauf gesetzt, ergibt sich der Fristlauf aus der entsprechenden Anwendung des § 58 Abs. 2 VwGO, verlängert sich also auf ein Jahr seit Zustellung. Planfeststellungsbeschluss und Plangenehmigung müssen **zugestellt** werden. Eine einfache Bekanntgabe nach § 41 VwVfG reicht nicht aus.

11 Härten, die sich aus der Frist des § 43e Abs. 1 S. 2 ergeben, versucht **§ 43e Abs. 2** zu begegnen, der als eine weitere Rechtsschutzmöglichkeit neben das Abänderungsverfahren nach § 80 Abs. 7 VwGO tritt und dieses nicht verdrängt (OVG Lüneburg Beschl. v. 15.4.2019 – 7 MS 73/18, BeckRS 2019, 6601 Rn. 15 mwN; zur Übertragung der Monatsfrist des § 43e Abs. 2 auf den Antrag nach § 80 Abs. 7 S. 2 VwGO s. OVG Bautzen Beschl. v. 20.8.2020 – 4 B 159/11, BeckRS 2020, 25929 Rn. 12 mwN). § 43e Abs. 2 ermöglicht einen **Antrag auf Anordnung der aufschiebenden Wirkung** auch für den Fall, dass **nachträglich** (also nach Ablauf der Monatsfrist des § 43e Abs. 1 S. 2) **Tatsachen eintreten, die die Anordnung der aufschiebenden Wirkung rechtfertigen.** Diese (Rück-) Ausnahme dürfte unter dem Gesichtspunkt des effektiven Rechtsschutzes (Art. 19 Abs. 4 GG) verfassungsrechtlich geboten sein. Nicht zu den später eingetretenen Tatsachen sollen nachträgliche Änderungen des ursprünglichen Planfeststellungsbeschlusses gehören, wenn Rechte des Betroffenen durch die Änderung nicht erstmalig oder weitergehend betroffen sind (OVG Münster Beschl. v. 16.8.2010 – 11 B 638/10.AK, NVwZ-RR 2010, 953 Rn. 21). Zulässig ist auch dieser Antrag nach Abs. 2 wiederum nur binnen **Monatsfrist** seit Erlangung der Kenntnis von den Tatsachen, auf die der Antrag gestützt werden soll (§ 43e Abs. 2 S. 2). Eines Hinweises auf diese Frist – entsprechend § 43e Abs. 1 S. 3 – bedarf es nicht (OVG Lüneburg Beschl. v. 15.4.2019 – 7 MS 73/18, BeckRS 2019, 6601 Rn. 17). Im Rahmen eines auf § 43e Abs. 2 S. 1 EnWG gestützten Antrages sind nur die vom Antragsteller **rechtzeitig geltend gemachten später eingetretenen Tatsachen zu prüfen,** weil der Antrag nur „hierauf" gestützt werden kann und anderenfalls die Monatsfrist des § 43e Abs. 1 S. 2 leerliefe (BVerwG Beschl. v. 29.10.2020 – 4 VR 7.20, BeckRS 2020, 32045 Rn. 10, 12). Dies ist insofern unbedenklich, als mit jeder neu eintretenden Tatsache diese Monatsfrist erneut in Lauf gesetzt wird. Ob der intendierte Beschleunigungs-

effekt auf diese Weise tatsächlich erreichbar sein wird, ist allerdings sehr zweifelhaft. Die Rechtsprechung bemüht sich, den Beschleunigungseffekt dadurch zu fördern, dass sie die Ausnahme des § 43 Abs. 2 S. 1 eng auslegt (OVG Münster Beschl. v. 16.8.2010 – 11 B 638/10.AK, NVwZ-RR 2010, 953 Rn. 19).

§ 43f Änderungen im Anzeigeverfahren

(1) ¹Unwesentliche Änderungen oder Erweiterungen können anstelle des Planfeststellungsverfahrens durch ein Anzeigeverfahren zugelassen werden. ²Eine Änderung oder Erweiterung ist nur dann unwesentlich, wenn
1. nach dem Gesetz über die Umweltverträglichkeitsprüfung oder nach Absatz 2 hierfür keine Umweltverträglichkeitsprüfung durchzuführen ist,
2. andere öffentliche Belange nicht berührt sind oder die erforderlichen behördlichen Entscheidungen vorliegen und sie dem Plan nicht entgegenstehen und
3. Rechte anderer nicht beeinträchtigt werden oder mit den vom Plan Betroffenen entsprechende Vereinbarungen getroffen werden.

(2) ¹Abweichend von den Vorschriften des Gesetzes über die Umweltverträglichkeitsprüfung ist eine Umweltverträglichkeitsprüfung für die Änderung oder Erweiterung nicht durchzuführen bei
1. Änderungen oder Erweiterungen von Gasversorgungsleitungen zur Ermöglichung des Transports von Wasserstoff nach § 43l Absatz 4,
2. Umbeseilungen,
3. Zubeseilungen oder
4. standortnahen Maständerungen.

²Satz 1 Nummer 2 und 3 ist nur anzuwenden, wenn die nach Landesrecht zuständige Behörde feststellt, dass die Vorgaben der §§ 3, 3a und 4 der Verordnung über elektromagnetische Felder und die Vorgaben der Technischen Anleitung zum Schutz gegen Lärm vom 26. August 1998 (GMBl S. 503) in der jeweils geltenden Fassung eingehalten sind. ³Einer Feststellung, dass die Vorgaben der Technischen Anleitung zum Schutz gegen Lärm vom 26. August 1998 (GMBl S. 503) in der jeweils geltenden Fassung eingehalten sind, bedarf es nicht bei Änderungen, welche nicht zu Änderungen der Beurteilungspegel im Sinne der Technischen Anleitung zum Schutz gegen Lärm in der jeweils geltenden Fassung führen. ⁴Satz 1 Nummer 2 bis 4 ist ferner jeweils nur anzuwenden, sofern einzeln oder im Zusammenwirken mit anderen Vorhaben eine erhebliche Beeinträchtigung eines Natura 2000-Gebiets oder eines bedeutenden Brut- oder Rastgebiets geschützter Vogelarten nicht zu erwarten ist. ⁵Satz 1 Nummer 2 bis 4 ist bei Höchstspannungsfreileitungen mit einer Nennspannung von 220 Kilovolt oder mehr ferner nur anzuwenden, wenn die Zubeseilung eine Länge von höchstens 15 Kilometern hat, oder die standortnahen Maständerungen oder die bei einer Umbeseilung erforderlichen Masterhöhungen räumlich zusammenhängend auf einer Länge von höchstens 15 Kilometern erfolgen.

(3) ¹Abweichend von Absatz 1 Satz 2 Nummer 2 kann eine Änderung oder Erweiterung auch dann im Anzeigeverfahren zugelassen werden, wenn die nach Landesrecht zuständige Behörde im Einvernehmen mit der

§ 43 f   Teil 5. Planfeststellung, Wegenutzung

zuständigen Immissionsschutzbehörde feststellt, dass die Vorgaben nach den §§ 3, 3 a und 4 der Verordnung über elektromagnetische Felder und die Vorgaben der Technischen Anleitung zum Schutz gegen Lärm vom 26. August 1998 (GMBl S. 503) in der jeweils geltenden Fassung eingehalten sind, und wenn weitere öffentliche Belange nicht berührt sind oder die hierfür erforderlichen behördlichen Entscheidungen vorliegen und sie dem Plan nicht entgegenstehen. [2]Absatz 2 Satz 3 ist entsprechend anzuwenden.

(4) [1]Der Vorhabenträger zeigt gegenüber der nach Landesrecht zuständigen Behörde die von ihm geplante Maßnahme an. [2]Der Anzeige sind in ausreichender Weise Erläuterungen beizufügen, aus denen sich ergibt, dass die geplante Änderung oder Erweiterung den Voraussetzungen der Absätze 1 bis 3 genügt. [3]Insbesondere bedarf es einer Darstellung zu den zu erwartenden Umweltauswirkungen. [4]Die nach Landesrecht zuständige Behörde entscheidet innerhalb eines Monats, ob anstelle des Anzeigeverfahrens ein Plangenehmigungs- oder Planfeststellungsverfahren durchzuführen ist oder die Maßnahme von einem förmlichen Verfahren freigestellt ist. [5]Prüfgegenstand ist nur die jeweils angezeigte Änderung oder Erweiterung; im Falle des Absatzes 2 Satz 1 Nummer 1 bedarf es keiner Prüfung der dinglichen Rechte anderer; im Fall der standortnahen Maständerung bleibt es unabhängig von den Vorgaben der §§ 3, 3 a und 4 der Verordnung über elektromagnetische Felder und den Vorgaben der Technischen Anleitung zum Schutz gegen Lärm vom 26. August 1998 (GMBl S. 503) in der jeweils geltenden Fassung beim Anzeigeverfahren. [6]Die Entscheidung ist dem Vorhabenträger bekannt zu machen.

(5) Für die Zwecke des § 43 und dieses Paragrafen sind die Begriffsbestimmungen des § 3 Nummer 1 des Netzausbaubeschleunigungsgesetzes Übertragungsnetz entsprechend anzuwenden.

Übersicht

	Rn.
A. Allgemeines	1
B. Aufbau, Anwendungsbereich und Verfahren	6
I. Aufbau	6
II. Anwendungsbereich	7
III. Verfahren	18
C. Die Verfahrensentscheidung	19
D. Tatbestand	27
I. Das Vorliegen von Änderungen oder Erweiterungen	28
II. Die Unwesentlichkeit von Änderungen oder Erweiterungen	32
1. Umweltverträglichkeitsprüfung	33
2. Öffentliche Belange	41
3. Rechte anderer	50
E. Rechtsfolge	63
F. Rechtsschutz	67

Literatur: *Grigoleit/Klanten,* Die Zulassung von Änderungen im Anzeigeverfahren nach § 43f EnWG, EnWZ 2020, 435; *Grigoleit/Klanten,* Die Anwendung des § 43f EnWG auf nicht planfestgestellte Bestandsleitungen, RdE 2022, 222; *Kümper,* Die Freistellung von der Planfeststellungspflicht, DÖV 2017, 856; *Leidinger,* Netzausbaubeschleunigung zum Zweiten, NVwZ 2020, 1377; vgl. auch die Hinweise zu § 43.

Änderungen im Anzeigeverfahren §43f

A. Allgemeines

Gemeinsam mit den §§ 43g, 43h und 45b ist § 43f neu in den 5. Teil des EnWG 1 durch Art. 2 Nr. 6 und 8 des **Gesetzes über Maßnahmen zur Beschleunigung des Netzausbaus Elektrizitätsnetze vom 28.7.2011** aufgenommen worden (BGBl. 2011 I S. 1690 (1699)). Mit Art. 1 dieses Gesetzes ist das NABEG erlassen worden (zum NABEG und zur Abgrenzung des Anwendungsbereichs der §§ 43 ff. zwischen WindSeeG, EnLAG, und NABEG, → § 43 Rn. 13 ff.). § 25 NABEG und § 43f sind – bis heute – weitgehend wortgleich (zu § 25 NABEG → Rn. 11; Steinbach/Franke Netzausbau/*Riese*/*Nebel* § 25 NABEG). Durch die Einführung des Anzeigeverfahrens wollte der Gesetzgeber – in Abweichung von § 74 Abs. 7 VwVfG (Planfreistellung infolge des Entfallens von Planfeststellung und Plangenehmigung unmittelbar von Gesetzes wegen; Schoch/Schneider/*Kupfer* VwVfG Vorb § 72 Rn. 5) – die **Verfahrenshoheit** der nach Landesrecht zuständigen **Planfeststellungsbehörde absichern.** Die Frage, ob ein Vorhaben einer Planfeststellung oder einer Plangenehmigung bedarf, soll „vor" Baubeginn durch die Planfeststellungsbehörde und nicht durch den Vorhabenträger beantwortet werden (BR-Drs. 342/11, 56; Schoch/Schneider/*Kupfer* VwVfG § 74 Rn. 178). Die Frist von einem Monat, innerhalb der die Behörde ihre Verfahrensentscheidung zu treffen hat (§ 43f Abs. 4 S. 4; → Rn. 18), dient der **Verfahrensbeschleunigung** (BR-Drs. 342/11, 56).

Während das **PlVereinhG** (näher → § 43a Rn. 2 f.) den Wortlaut des § 43f noch 2 unberührt gelassen hatte, wurde dieser mit dem Ziel der *weiteren* **Verfahrensbeschleunigung** durch das **Gesetz zur Beschleunigung des Energieleitungsausbaus** vom 13.5.2019 (BGBl. 2019 I S. 706) geändert und deutlich erweitert (BR-Drs. 19/11, 66; BT-Drs. 19/7375, 60 ff.; Theobald/Kühling/*Missling*/*Winkler* EnWG § 43f Rn. 1a ff.). Durch das **Gesetz zur Änderung des Bundesbedarfsplangesetzes und anderer Vorschriften** vom 25.2.2021 (BGBl. 2021 I. S. 298 ff.) hat die TA Lärm Aufnahme in den Wortlaut sowohl von Abs. 2 S. 2 als auch Abs. 3 des § 43f gefunden (BGBl. 2021 I. S. 301). Der Gesetzgeber wollte sicherstellen, dass auch im Rahmen eines Anzeigeverfahrens nach § 43f die Vorgaben der TA-Lärm (→ § 43 Rn. 114 ff.) eingehalten werden (BT-Drs. 19/23491, 35).

Ein Vorhabenträger hat die Einhaltung der Vorgaben der TA-Lärm durch sein 3 Änderungsvorhaben bislang gem. § 43f Abs. 4 S. 2 gegenüber der zuständigen Behörde in der Regel durch Vorlage eines Sachverständigengutachtens nachgewiesen. Um den Unternehmen die Mühen und Kosten der Erarbeitung eines solchen Gutachtens und den Behörden die Prüfung dessen Ausarbeitungen zu ersparen, wurde durch das **Gesetz zur Änderung des Energiewirtschaftsrechts im Zusammenhang mit dem Klimaschutz-Sofortprogramm und zu Anpassungen im Recht der Endkundenbelieferung** (Klimaschutz-Sofortprogramm-Novelle 2022) vom 19.7.2022 in § 43f Abs. 2 in neuer S. 3 eingefügt (BGBl. 2022 I S. 1214 (1223)). „Einer Feststellung, dass die Vorgaben der Technischen Anleitung zum Schutz gegen Lärm vom 26.8.1998 (GMBl S. 503) in der jeweils geltenden Fassung eingehalten sind, bedarf es nicht bei der Einführung eines witterungsabhängigen Freileitungsbetriebs oder sonstigen Änderungen, welche nicht zu Änderungen der Beurteilungspegel im Sinne der Technischen Anleitung zum Schutz gegen Lärm in der jeweils geltenden Fassung führen"; → Rn. 38. Diese Regelung gilt nach § 43f Abs. 3 S. 2 in dessen Anwendungsbereich entsprechend; → Rn. 49. Zum Ganzen BT-Drs. 20/1599, 15, 39 und 60; BT-Drs. 20/1977, 15 f. und 34; BR-Drs. 292/22. Diese ausdrückliche Privilegierung der Einführung eines witterungsabhängigen

§ 43f Teil 5. Planfeststellung, Wegenutzung

Freileitungsbetriebs durch Beschränkung des Erfordernisses, die Einhaltung der Vorgaben der TA-Lärm festzustellen, ist nicht einmal drei Monate nach ihrem Inkrafttreten vom Gesetzgeber erneut geändert worden. Das war aber nicht die einzige Änderung, die § 43f durch Art. 3 Nr. 14 des **Gesetzes zur Änderung des Energiesicherungsgesetzes und anderer energiewirtschaftlicher Vorschriften** vom 8.10.2022 (**Erstes Energiesicherungsänderungsgesetz**; BGBl. 2022 I S. 1726 (1730)) erfahren hat (vgl hierzu BT-Drs. 20/3497, 39f.). Die durch das Erste Energiesicherungsänderungsgesetz erfolgten Änderungen konnten in der vorliegenden Kommentierung jedoch nur noch punktuell, nicht mehr aber umfassend und vollständig differenziert aufgearbeitet werden (dazu insbesondere → Rn. 29, 53 und 65).

4 Im Unterschied zum allgemeinen Fachplanungsrecht, wie es in den §§ 72ff. VwVfG normiert ist (→ Rn. 1), tritt im energiewirtschaftsrechtlichen Fachplanungsrecht mit positiven **Freistellungsentscheidungen** nach § 43f Abs. 4 S. 4 eine **dritte Art von Zulassungsentscheidungen** neben Planfeststellungsbeschlüsse (→ § 43b Rn. 11) und Plangenehmigungen (→ § 43b Rn. 12). Nach § 43f Abs. 1 S. 1 können unwesentliche Änderungen oder Erweiterungen (→ Rn. 15 und → Rn. 28ff.) anstelle des Planfeststellungsverfahrens (→ Rn. 8ff.) durch ein Anzeigeverfahren (→ Rn. 18) zugelassen werden. Objekt der Freistellungsentscheidung ist alleine die jeweils angezeigte Änderung oder Erweiterung (§ 43f Abs. 4 S. 5 Hs. 1; *Grigoleit/Klanten* RdE 2022, 222 (225)). Mit diesen Regelungen ist positiv angeordnet, dass für die Zulassung unwesentlicher Änderungen oder Erweiterungen nicht zwangsläufig ein Planfeststellungs- oder Plangenehmigungsverfahren durchzuführen ist, sondern dass unter bestimmten Bedingungen auch das erleichterte Anzeigeverfahren hierfür genügen kann. Negativ gewendet – und hierin liegt der wesentliche Unterschied zu der Planfreistellung nach § 74 Abs. 7 VwVfG (→ Rn. 1) – errichtet § 43f Abs. 1 S. 1 iVm § 43 Abs. 1 das Verbot, ohne die nach § 43f Abs. 4 S. 4 zu treffende **Freistellungsentscheidung** (→ Rn. 19ff.) an der Anlage unwesentliche Änderungen oder Erweiterungen vorzunehmen. § 43f Abs. 1 S. 1 iVm Abs. 4 S. 4 enthält somit ein **präventives Verbot mit Erlaubnisvorbehalt** (Steinbach/Franke Netzausbau/*Fest/Nebel* § 43f Rn. 15). Die Wirkung des Verbots besteht darin, dass der Vorhabenträger mit der Notwendigkeit belastet ist, durch die Durchführung des Anzeigeverfahrens und die Erwirkung der Freistellungsentscheidung der Planfeststellungsbehörde nach Abs. 4 die einer Änderung oder Erweiterung entgegenstehende Sperre im konkreten Fall zu beseitigen (vgl. BVerwGE 64, 325 (328)). Mit einer positiven Freistellungsentscheidung hebt die Planfeststellungsbehörde das gesetzlich bestehende präventive Verbot im Einzelfall insoweit auf, wie die Änderung oder Erweiterung angezeigt worden ist (→ Rn. 25; vgl. HessVGH Urt. v. 12.12.2016 – 6 C 1422/14 T Rn. 19; *Kümper* DÖV 2017, 856 (863)). Realisiert der Vorhabenträger sein Änderungsvorhaben ohne die erforderliche positive Freistellungsentscheidung, ist es formell illegal – er errichtet einen Schwarzbau. Mit einer negativen Entscheidung nach § 43f Abs. 4 S. 4 perpetuiert die als Anzeigebehörde fungierende Planfeststellungsbehörde das präventive Verbot und verweist dessen Aufhebung in das noch durchzuführende Planfeststellungsverfahren. In beiden Fällen – positive Freistellungsentscheidung als auch negative Entscheidung – stellt die behördliche Entscheidung einen Verwaltungsakt iSd § 35 S. 1 VwVfG dar; vgl. auch BeckOK EnWG/*Hermeier/Hilsmann* § 43f Rn. 46; Steinbach/Franke Netzausbau/*Fest/Nebel* § 43f Rn. 62.

5 Auf der Grundlage von § 117b könnte die Bundesregierung mit Zustimmung des Bundesrats **allgemeine Verwaltungsvorschriften** über die Durchführung von Verfahren auch nach § 43f erlassen. Von dieser Möglichkeit hat die Bundes-

Änderungen im Anzeigeverfahren   § 43 f

regierung bislang aber keinen Gebrauch gemacht; BeckOK EnWG/*Asmann/Peiffer* § 117b vor Rn. 1.

B. Aufbau, Anwendungsbereich und Verfahren

I. Aufbau

Die Abs. 1 bis 3 des § 43 f enthalten im Grundsatz inhaltliche Regelungen. Die 6 Vorschriften bestimmen, unter welchen Voraussetzungen das Anzeigeverfahren an die Stelle von Planfeststellungs- bzw. Plangenehmigungsverfahren treten kann. In Abs. 4 wird der verfahrensrechtliche Rahmen normiert, innerhalb dessen diese Entscheidung zu treffen ist (→ Rn. 18). Abs. 5 nimmt dann wiederum Bezug auf die inhaltlichen Regelungen insbesondere in Abs. 1, indem die Begriffsbestimmungen des § 3 Nr. 1 NABEG für entsprechend anwendbar erklärt werden (→ Rn. 29).

II. Anwendungsbereich

§ 43 f beginnt mit der **Kernregelung. Abs. 1 S. 1** lautet: Unwesentliche Ände- 7 rungen oder Erweiterungen (→ Rn. 15 und → Rn. 28 ff.) können anstelle des Planfeststellungsverfahrens (→ Rn. 8-14) durch ein Anzeigeverfahren zugelassen werden.

Das Anzeigeverfahren kann nur **an die Stelle** des Planfeststellungsverfahrens 8 treten, wenn ein solches ohne die Regelungen in § 43 f durchgeführt werden *müsste*. Überlässt es die Rechtsordnung dem Vorhabenträger, ob er für die Zulassung seines Änderungsvorhabens ein Planfeststellungsverfahren beantragen möchte – **Fälle der optionalen Planfeststellung** –, bedarf er des Verfahrens nach § 43 f nicht, um sich von der Pflicht zu befreien, ein Planfeststellungsverfahren zu durchlaufen (Kment EnWG/*Turiaux* § 43 f Rn. 4). Denn eine solche Pflicht besteht von vornherein nicht. Anderes gilt jedoch dann, wenn eine Anlage geändert werden soll, die aufgrund eines optionalen Planfeststellungsvorbehalts durch Planfeststellungsbeschluss zugelassen worden ist (→ Rn. 12).

Die Änderung oder die Erweiterung einer bestehenden Anlage – und nur auf 9 diese kommt es gem. § 43 f Abs. 4 S. 5 Hs. 1 an – ist **planfeststellungspflichtig, wenn** die Planfeststellungs- oder Plangenehmigungspflichtigkeit dieser Maßnahme
– **gesetzlich angeordnet** oder
– die **zu ändernde Anlage durch einen Planfeststellungsbeschluss oder eine Plangenehmigung zugelassen worden ist und die beabsichtigte Maßnahme von dieser Zulassung nicht mehr gedeckt ist.**

Mit anderen Worten: Das Vorliegen eines Planfeststellungsbeschlusses oder einer Plangenehmigung für die zu ändernde oder zu erweiternde Anlage ist keine notwendige Bedingung (→ Rn. 10), kann aber ein hinreichender Umstand für die Eröffnung des Anwendungsbereichs des § 43 f sein (→ Rn. 12).

§ 43 Abs. 1 S. 1 vor Nr. 1 ordnet die Planfeststellungspflichtigkeit nicht nur für 10 die Errichtung, sondern auch für die Änderung der in Abs. 1 S. 1 Nr. 1 bis 6 benannten Anlagen ausdrücklich an (*... sowie die Änderung* von folgenden Anlagen bedürfen der Planfeststellung ...). Die Änderung einer Anlage kann somit auch dann planfeststellungspflichtig sein, wenn es die Errichtung dieser Anlage noch nicht war. Dementsprechend lautet § 43 f Abs. 1 S. 1 auch nicht: Unwesentliche Änderungen oder Erweiterungen *planfestgestellter* Anlagen können anstelle des Planfeststellungsverfahrens durch ein Anzeigeverfahren zugelassen werden. Vielmehr können auch Änderungen oder Erweiterungen von **Anlagen** in den Anwendungsbereich der

Kupfer   1953

§ 43 f

Vorschrift fallen, **die tatsächlich nicht durch Planfeststellung oder Plangenehmigung zugelassen worden sind** (BeckOK EnWG/*Hermeier/Hilsmann* § 43 f Rn. 4 und 11). Das kann insbesondere Änderungen oder Erweiterungen betreffen, die an Leitungen vorgenommen werden sollen, die bereits vor der erstmaligen Normierung eines Planfeststellungsvorbehalts im Jahr 2001 (→ § 43 Rn. 5) errichtet worden waren (*Grigoleit/Klanten* RdE 2022, 222 (223 f. und 227) – allerdings unschlüssig, ob in unmittelbarer oder analoger Anwendung des § 43 f bzw. durch Fiktion einer historischen Planfeststellung).

11 Enthält eine fachgesetzliche Regelung einen § 43 Abs. 1 S. 1 vergleichbaren Planfeststellungsvorbehalt und erklärt das Fachgesetz die Bestimmungen des **Teils 5 des EnWG für entsprechend anwendbar,** kommt für die Änderung oder Erweiterung derartiger Anlagen die Anwendung des § 43 f in Betracht. Diese Voraussetzungen sind mit Blick auf das **NABEG** grundsätzlich erfüllt. § 18 Abs. 1 NABEG unterwirft auch die Änderung von Leitungen iSd § 2 Abs. 1 NABEG dem Planfeststellungsvorbehalt. § 18 Abs. 5 NABEG erklärt die Bestimmungen in Teil 5 des EnWG – und damit auch § 43 f – für grundsätzlich entsprechend anwendbar. Somit bedarf es der ausdrücklichen Normierung der „Änderungen im Anzeigeverfahren" in § 25 NABEG eigentlich nicht. Da § 25 NABEG aber existiert, ist diese Vorschrift für **Vorhaben im Anwendungsbereich der §§ 18 ff. NABEG** die gegenüber § 43 f speziellere Regelung (→ § 43 Rn. 17; Kment/*Turiaux* EnWG § 43 f Rn. 5; Steinbach/Franke Netzausbau/*Fest/Nebel* § 43 f Rn. 14). Anderes gilt für **Vorhaben außerhalb des Bundesbedarfsplans, die *nicht* in den Anwendungsbereich der §§ 18 ff. NABEG** fallen (→ § 43 Rn. 18 f.), und für **EnLAG-Vorhaben** (→ § 43 Rn. 14). Werden diese geändert, kann § 43 f zur Anwendung kommen (Kment/*Turiaux* EnWG § 43 f Rn. 5).

12 Sind Errichtung und Betrieb der Anlage, die geändert oder erweitert werden soll, durch einen Planfeststellungsbeschluss oder durch eine Plangenehmigung zugelassen, bedarf es grundsätzlich eines Planfeststellungs- bzw. eines Plangenehmigungs(änderungs)verfahrens. Denn Errichtung und dauerhafter Betrieb der planfestgestellten Anlage haben sich innerhalb des von dem Planfeststellungsbeschluss verfügten Rahmens zu halten. Überschreitet die beabsichtigte Änderung diesen Rahmen, muss grundsätzlich der Planfeststellungsbeschluss bzw. die Plangenehmigung entsprechend angepasst werden. Ist etwa eine Anlage aufgrund des optionalen Planfeststellungsvorbehalts in § 43 Abs. 2 (... *können* durch Planfeststellung ... zugelassen werden) planfestgestellt worden und soll jetzt geändert werden, ist der Anwendungsbereich des § 43 f grundsätzlich eröffnet.

13 Soll aber eine Anlage geändert werden, die nicht auf der Grundlage eines Planfeststellungsbeschlusses oder einer Plangenehmigung errichtet worden ist und betrieben wird, sondern allein die optionale Planfeststellung nach § 43 Abs. 2 für sich in Anspruch nehmen könnte, wenn sie heute erneut errichtet werden würde, ist der Anwendungsbereich des § 43 f nicht eröffnet (→ Rn. 8). Dies gilt – erst recht – für Anlagen, die heute nicht einmal der optionalen Planfeststellung unterfallen.

14 Maßnahmen, deren Vornahme gemessen an den vorstehenden Maßgaben (→ Rn. 9 ff.) nicht planfeststellungspflichtig ist, werden vom Anwendungsbereich des § 43 f nicht erfasst. Deshalb kann es durchaus der Fall sein, dass Änderungen oder Erweiterungen beispielsweise an Erzeugungsanlagen oder Mittelspannungsfreileitungen einer ausdrücklichen Zulassung nach Bau-, Immissionsschutz- oder Wasserrecht bedürfen, während dies für Änderungen oder Erweiterungen an größer dimensionierten Anlagen (zB Höchstspannungsleitungen) aufgrund der Regelungswirkung des § 43 f nicht der Fall ist (→ § 43 Rn. 76 ff.).

Änderungen im Anzeigeverfahren **§ 43f**

Indem § 43f Abs. 1 S. 1 ausweislich seines Wortlauts *nur* für „**Änderungen oder** 15 **Erweiterungen**" gilt, nicht aber für die „Errichtung" einer Anlage – wie § 43 Abs. 1 S. 1 vor Nr. 1 – setzt die Eröffnung des sachlichen Anwendungsbereichs des § 43f das Vorhandensein einer bereits bestehenden – typischerweise einer in Betrieb befindlichen planfestgestellten oder plangenehmigten – Anlage voraus. Das gleiche Ergebnis folgt aus § 43f Abs. 5, der die Begriffsbestimmungen des § 3 Nr. 1 NABEG für anwendbar erklärt. In § 3 Nr. 1 NABEG werden die „Änderung oder Erweiterungen einer Leitung" definiert. § 3 Nr. 3 NABEG, der den Begriff der „Errichtung" legaldefiniert, wird hingegen nicht für anwendbar erklärt. Auch auf § 3 Nr. 4 NABEG – „Ersatzneubau" – verweist § 43f Abs. 5 nicht. Folglich ist festzuhalten: **§ 43f gilt *nicht* für die Errichtung neuer Anlagen** (*Kümper* DÖV 2017, 856 (864); Rosin/Pohlmann/Gentzsch/Metzenthin/Böwing/*Engel* EnWG §§ 43 bis 43h Rn. 339; Kment/*Turiaux* EnWG § 43f Rn. 4; Steinbach/Franke Netzausbau/ *Fest/Nebel* § 43f Rn. 21). Soweit Errichtung und Betrieb einer neuen Anlage insgesamt von „unwesentlicher Bedeutung" sind, entfallen gem. § 43b Abs. 1 vor Nr. 1 bzw. § 43 Abs. 4 iVm **§ 74 Abs. 7 VwVfG** (→ § 43b Rn. 8) Planfeststellungs- und Plangenehmigungsverfahren unmittelbar kraft Gesetzes (Rosin/Pohlmann/ Gentzsch/Metzenthin/Böwing/*Engel* EnWG §§ 43 bis 43h EnWG Rn. 334 und 340; aA Theobald/Kühling/*Missling/Winkler* EnWG § 43f Rn. 7; Steinbach/ Franke Netzausbau/*Fest/Nebel* § 43f Rn. 14 und Rn. 19). Zwar hätte es nahe gelegen, der Gesetzgeber hätte auch die Errichtung neuer Anlagen in den Anwendungsbereich des § 43f einbezogen. Das hat er aber nicht getan. Indem der Gesetzgeber darauf verzichtet hat, auch die Fälle der Errichtung einer neuen Anlage in den Anwendungsbereich von § 43f einzubeziehen, gelingt es ihm zwar nicht, sein selbst bestimmtes Ziel, die Verfahrenshoheit der Planfeststellungsbehörde abzusichern (→ Rn. 1), umfassend zu erreichen. Der Verfahrensbeschleunigung (→ Rn. 2f.) ist es aber durchaus zuträglich, wenn die Errichtung neuer Anlagen von unwesentlicher Bedeutung – nach wie vor – ohne Durchführung eines Planfeststellungs- oder Plangenehmigungsverfahrens möglich ist. Im Zuge des Auf- und Ausbaus von Wasserstoffnetzen kann dies künftig durchaus von praktischem Nutzen sein. Im Anwendungsbereich des § 74 Abs. 7 VwVfG obliegt der Ersteinschätzung, ob das Vorhaben tatsächlich von bloß unwesentlicher Bedeutung ist, dem Vorhabenträger (krit. zu der hierdurch drohenden Rechtsunsicherheit Schoch/Schneider/*Kupfer* VwVfG § 74 Rn. 178). Ist das Vorhaben zwar nicht von unwesentlicher Bedeutung, aber insgesamt noch einfach gelagert, kann die Zulassung durch Plangenehmigung in Betracht kommen. Zum Ganzen Schoch/Schneider/*Kupfer* VwVfG Vorb § 72 Rn. 5 und § 74 Rn. 173ff.

Indem § 43d S. 1 – ebenfalls ausdrücklich – die Geltung des § 76 VwVfG für 16 Planänderungen vor Fertigstellung des Vorhabens vorschreibt, **gilt § 43f nur für Änderungen oder Erweiterungen *nach* Fertigstellung des Vorhabens.**

§ 43f schließt in seinem Geltungsbereich – Änderungen oder Erweiterun- 17 gen, keine erstmalige Errichtung (→ Rn. 15) – **die Anwendung von § 74 Abs. 7 VwVfG aus** (*Grigoleit/Klanten* EnWZ 2020, 435). § 43f will die Verfahrenshoheit der nach Landesrecht zuständigen Planfeststellungsbehörde absichern (→ Rn. 1; vgl. BerlKommEnergieR/*Pielow* EnWG § 43 Rn. 7 und § 43f Rn. 3). Deshalb findet § 74 Abs. 7 VwVfG auf Änderungen und Erweiterungen auch dann keine Anwendung, wenn diese nach Maßgabe von § 74 Abs. 7 VwVfG von unwesentlicher Bedeutung sind. Anderes gilt im Fall der Errichtung einer neuen Anlage, denn die Errichtung neuer Anlagen fällt nicht in den Anwendungsbereich des § 43f. Insoweit bleibt es bei den allgemeinen Regelungen (→ Rn. 15).

§ 43 f

Teil 5. Planfeststellung, Wegenutzung

III. Verfahren

18   Indem der Vorhabenträger nach § 43f Abs. 4 S. 1 die von ihm geplante Maßnahme der **nach Landesrecht zuständigen Behörde** (→ § 43 Rn. 183) anzeigt, setzt er das Anzeigeverfahren in Gang (Antragsverfahren; → Rn. 4). Nach § 43 f Abs. 4 S. 2 f. trifft ihn eine umfassende **Beibringungsobliegenheit.** Er übergibt der Behörde alle Informationen, legt ihr insbesondere alle Unterlagen vor, die diese benötigt, um die Verfahrensentscheidung nach § 43f Abs. 4 S. 4 (→ Rn. 19 ff.) zu treffen; beachte jedoch → Rn. 3 und → Rn. 37. Gleichwohl gilt der **Untersuchungsgrundsatz** nach § 24 VwVfG (§ 43 Abs. 4 iVm §§ 72 Abs. 1, 24 VwVfG; Schoch/Schneider/*Weiß* VwVfG § 72 Rn. 65ff.; vgl. Steinbach/Franke Netzausbau/*Fest/Nebel* § 43f Rn. 58). Gem. § 43f Abs. 4 S. 4 entscheidet die Behörde innerhalb eines Monats nach Vorlage aller erforderlichen Unterlagen (Kment/*Turiaux* EnWG § 43f Rn. 14; Steinbach/Franke Netzausbau/*Fest/Nebel* § 43f Rn. 60), ob die angezeigte Maßnahme verwirklicht werden kann, oder ob die Zulassung der angezeigten Maßnahme eines Plangenehmigungs- oder sogar eines Planfeststellungsverfahrens bedarf (→ Rn. 19 ff.). Die Entscheidung, die in Form eines **Verwaltungsakts** ergeht, ist nach § 43f Abs. 4 S. 6 dem Vorhabenträger **bekannt zu machen** – und zwar durch Individualzustellung gem. § 43b Abs. 1 vor Nr. 1 bzw. § 43 Abs. 4 iVm § 74 Abs. 4 S. 1 VwVfG. Für den Fall, dass die Behörde die **Monatsfrist** nicht einhält, sieht § 43f keine Folgen vor, insbesondere keine Entscheidungsfiktion (Steinbach/Franke Netzausbau/*Fest/Nebel* § 43f Rn. 63). Bei der Monatsfrist nach § 43f Abs. 4 S. 4 handelt es sich um eine **reine Ordnungsfrist.**

C. Die Verfahrensentscheidung

19   Freistellungsentscheidungen nach § 43f Abs. 4 S. 4 können als dritte Art von Zulassungsentscheidungen neben Planfeststellungsbeschlüssen und Plangenehmigungen qualifiziert werden (→ Rn. 4). Nach § 43f Abs. 4 S. 4 „entscheidet" die Planfeststellungsbehörde innerhalb eines Monats (zur Monatsfrist → Rn. 18), „ob anstelle des Anzeigeverfahrens ein Plangenehmigungs- oder Planfeststellungsverfahren durchzuführen ist oder die Maßnahme von einem förmlichen Verfahren freigestellt ist". Der Wortlaut des § 43f Abs. 4 S. 4 ist indessen in mehrfacher Hinsicht *missverständlich* (→ Rn. 20 f.). Die Entscheidung selbst ist unter verschiedenen Aspekten von erheblicher Bedeutung (→ Rn. 22 ff.).

20   Zunächst erfolgt die Verfahrensentscheidung nach § 43f Abs. 4 S. 4 am Ende des Anzeigeverfahrens. Deshalb ist es nicht zutreffend, wenn das Gesetz davon spricht, die Behörde entscheide, ob „anstelle" des Anzeigeverfahrens ein weiteres Verfahren durchzuführen sei oder die Maßnahme „von einem förmlichen Verfahren freigestellt ist". **Die Verfahrensentscheidung nach § 43f Abs. 4 S. 4 ist der letzte Schritt im Anzeigeverfahren.** Kommt die Behörde zu der Auffassung, die angezeigte Maßnahme bedürfe keiner weiteren Prüfung in einem Plangenehmigungs- oder Planfeststellungsverfahren, stellt sie dies durch Verwaltungsakt gegenüber dem Vorhabenträger fest (→ Rn. 4 aE). Das Anzeigeverfahren ist dann beendet und der Vorhabenträger kann die Änderung oder Erweiterung an der Anlage vornehmen. Insoweit ist es auch nicht zutreffend, wenn im Gesetz formuliert ist, die Maßnahme sei von einem förmlichen Verfahren freigestellt. Die Maßnahme hat immerhin das Anzeigeverfahren durchlaufen. Die Vorschrift wäre eindeutiger, würde sie beispielsweise lauten: ... „entscheidet, ob die angezeigte Maßnahme auf

Änderungen im Anzeigeverfahren § 43 f

der Grundlage dieses Anzeigeverfahrens umgesetzt werden kann oder ob die Maßnahme der Zulassung durch Plangenehmigung oder Planfeststellung bedarf." Vor diesem Hintergrund ist die Formulierung „oder die Maßnahme von einem förmlichen Verfahren freigestellt ist" als die Kehrseite der Münze zu verstehen, auf deren anderer Seite die Durchführung eines Plangenehmigungs- oder Planfeststellungsverfahrens steht.

Die in § 43f Abs. 4 S. 4 verwendete Formulierung – „oder von einem förmlichen Verfahren freigestellt ist" –, nimmt insbesondere keinen Bezug auf § 74 Abs. 7 VwVfG. Soweit im Anwendungsbereich von § 43f das Vorliegen einer tatbestandlichen „Änderung oder Erweiterung einer Anlage" zu bejahen ist, gibt es **keine Änderungen oder Erweiterungen** bestehender planfestgestellter Anlagen, **die von so unwesentlicher Bedeutung sind, dass sie nicht einmal angezeigt werden müssen.** Soweit der Anwendungsbereich des § 43f sachlich reicht (→ Rn. 7 ff.), findet § 74 Abs. 7 VwVfG keine Anwendung (→ Rn. 17). 21

Ausgehend von dem Charakter positiver Freistellungsentscheidungen nach § 43f Abs. 4 S. 4 als dritte Art von Zulassungsentscheidungen neben Planfeststellungsbeschlüssen und Plangenehmigungen (→ Rn. 4) ist die Entscheidung der Planfeststellungsbehörde, es mit Blick auf die beabsichtigte Änderungsmaßnahme bei ihrer bloßen Anzeige zu belassen und kein Plangenehmigungs- und erst recht kein Planfeststellungsverfahren durchzuführen, unter verschiedenen Gesichtspunkten von erheblicher Bedeutung. Insoweit sind insbesondere die folgenden Aspekte hervorzuheben: 22

Rechtsdogmatische Bedeutung: Da § 43f typischerweise Fälle betrifft, in denen eine sich in Betrieb befindliche planfestgestellte Anlage geändert werden soll, bedürfte es grundsätzlich eines Planfeststellungs(änderungs)verfahrens. Denn Errichtung und dauerhafter Betrieb der planfestgestellten Anlage haben sich innerhalb des von dem Planfeststellungsbeschluss verfügten Rahmens zu halten. Soweit § 43f eine über den bestandskräftigen Planfeststellungsbeschluss hinausgehende Maßnahme zulässt, erfährt der Planfeststellungsbeschluss insoweit eine gesetzliche Erweiterung. 23

Verzicht auf die Ausgleichsfunktion der Planfeststellung: Der Verzicht auf die Durchführung eines Planfeststellungs(änderungs)verfahrens hat erhebliche Folgen. Nach § 43 Abs. 3 sind bei der Planfeststellung die von dem Vorhaben berührten öffentlichen und privaten Belange untereinander und gegeneinander abzuwägen. Aufgabe der Planfeststellungsbehörde ist es, für eine möglichst sachgerechte und ausgewogene Einbindung des Vorhabens in seine Umgebung zu sorgen (→ § 43 Rn. 148). Entfällt aber das Planfeststellungs(änderungs)verfahren, kommt es auch zu keiner planerischen Entscheidung der Behörde (BT-Drs. 19/7375, 61). Kommt die Behörde zu der Auffassung, dass die Anzeige eines konkreten Vorhabens hinreichend ist, verzichtet sie auf die Ausübung ihrer planerischen Gestaltungskompetenz (Schoch/Schneider/*Kupfer* VwVfG Vorb § 72 Rn. 19f.). Die Ausgleichsfunktion der Planfeststellung entfällt (vgl. *Kümper* DÖV 2017, 856 (858); Rosin/Pohlmann/ Gentzsch/Metzenthin/Böwing/*Engel* EnWG §§ 43 bis 43h Rn. 94). 24

Erlaubnis durch Aufhebung des präventiven Verbots: Mit ihrer Entscheidung, die Anzeige des Vorhabens sei hinreichend, schließt die Behörde aber nicht nur aus, Gebrauch von ihrer planerischen Gestaltungskompetenz zu machen (→ Rn. 24). Zugleich hebt sie das in § 43f Abs. 1 S. 1 iVm § 43 Abs. 1 enthaltene Verbot auf, ohne die nach Abs. 4 S. 4 von ihr zu treffende Entscheidung, dass die Maßnahme von einem förmlichen Verfahren freigestellt ist, an der Anlage andere als unwesentliche Änderungen oder Erweiterungen vorzunehmen (→ Rn. 4). 25

Kupfer 1957

§ 43 f Teil 5. Planfeststellung, Wegenutzung

26 **Verzicht auf die Überwindungsfunktion eines Planfeststellungsbeschlusses** (*Kümper* NuR 2022, 77 (81)): Entscheidet sich die Behörde, auf die Durchführung eines Planfeststellungs(änderungs)verfahrens bzw. eines Plangenehmigungs(änderungs)verfahrens zu verzichten, erlaubt sie zwar die Realisierung des Änderungsvorhabens durch Aufhebung des präventiven Verbots (→ Rn. 25). Dementsprechend kann dem Vorhabenträger ohne vorherige Aufhebung der positiven Freistellungsentscheidung auch nicht die formelle Illegalität seines Änderungsvorhabens wegen Verstoßes gegen den Planfeststellungsvorbehalt entgegengehalten werden. Auf die spezifischen Rechtswirkungen, die dem Planfeststellungsbeschluss und der Plangenehmigung ihre besondere Durchsetzungskraft verleihen, kann sich der Vorhabenträger jedoch nicht berufen. Denn eine positive **Freistellungsentscheidung** nach § 43f Abs. 4 S. 4 entfaltet **keine Konzentrations-, Gestaltungs-, Ausschluss- und Duldungswirkung** iSd § 43c vor Nr. 1 iVm § 75 VwVfG (→ § 43c Rn. 5 ff.).

D. Tatbestand

27 § 43 Abs. 1 S. 1 erstreckt den Planfeststellungsvorbehalt auch auf die Änderung bereits fertiggestellter Anlagen („Die Errichtung und der Betrieb *sowie die Änderung* ... bedürfen der Planfeststellung..."). Bestehende planfestgestellte Energieleitungen dürfen hiernach grundsätzlich geändert werden, wenn der Plan zur Änderung der Anlage vorher festgestellt ist (→ § 43 Rn. 72; → Rn. 24 und 25). Hiervon macht § 43 f Abs. 1 S. 1 eine Ausnahme. Bloß unwesentliche Änderungen oder Erweiterungen können anstelle eines Planfeststellungs(änderungs)verfahrens (→ Rn. 7 ff.) durch ein Anzeigeverfahren zugelassen werden. Auf die Wesentlichkeit bzw. Unwesentlichkeit der beabsichtigten Modifikation der Anlage (→ Rn. 32 ff.) kommt es jedoch erst an, wenn überhaupt eine Änderung oder Erweiterung in diesem Sinne (→ Rn. 28 ff.) vorliegt (vgl. *Steinberg/Wickel/Müller*, Fachplanung, § 1 Rn. 121 und § 5 Rn. 40; BeckOK EnWG/*Hermeier/Hilsmann* § 43 f Rn. 5).

I. Das Vorliegen von Änderungen oder Erweiterungen

28 Dem Tatbestandsmerkmal der Erweiterung kommt neben dem der Änderung kein eigenständiger Regelungsgehalt zu. Die Erweiterung ist vielmehr ein Spezialfall der Änderung, nämlich die vergrößernde Änderung einer bestehenden Anlage (*Grigoleit/Klanten* EnWZ 2020, 435; *Grigoleit/Klanten* RdE 2022, 222 (223); BeckOK EnWG/*Hermeier/Hilsmann* § 43 f Rn. 7). Eine Änderung liegt grundsätzlich dann vor, wenn das Vorhaben im Tatsächlichen, insbesondere in seiner Lage, Beschaffenheit oder seinem Betrieb, modifiziert wird und diese Modifikation in rechtlicher Hinsicht vom Regelungsgehalt einer bestandskräftigen früheren Zulassungsentscheidung nicht mehr gedeckt ist („Schon Zugelassenes bedarf nicht erneut einer Zulassung" – so BVerwGE 127, 208 Rn. 31 ff.; vgl. Steinbach/Franke Netzausbau/*Fest/Nebel* § 43 f Rn. 23). Dementsprechend sind der Instandhaltung dienende **Reparatur- und Unterhaltungsmaßnahmen** keine Änderungen (vgl. BerlKommEnergieR/*Pielow* EnWG § 43 f Rn. 5; BeckOK EnWG/*Hermeier/Hilsmann* § 43 f Rn. 7 und 10) – und zwar auch dann nicht, wenn hierdurch die Qualität oder der Sicherheitsstandard verbessert wird (Kment/*Turiaux* EnWG § 43 f Rn. 7).

29 Mit dem **Gesetz zur Beschleunigung des Energieleitungsausbaus** vom 13.5.2019 (BGBl. 2019 I S. 706) wurden die Legaldefinitionen des § 3 Nr. 1

Änderungen im Anzeigeverfahren **§ 43 f**

NABEG in § 43 f integriert. **Nach § 43 f Abs. 5 sind die Begriffsbestimmungen des § 3 Nr. 1 NABEG auf § 43 f und § 43 entsprechend anzuwenden.** Diese Begriffsbestimmungen sind zuletzt durch Art. 4 Nr. 2 des **Gesetzes zur Änderung des Energiesicherungsgesetzes** und anderer energiewirtschaftlicher Vorschriften vom 8.10.2022 (Erstes Energiesicherungsänderungsgesetz; BGBl. 2022 I S. 1726 (1734)) geändert worden. Waren **Änderungen des Betriebskonzepts** bis dahin noch grundsätzlich als „Änderung oder Erweiterung einer Leitung" iSd § 3 Nr. 1 NABEG und damit des § 43 f anzusehen, soll das künftig grundsätzlich nicht mehr der Fall sein. Eine Modifikation der bei der Änderung des Betriebskonzepts bzw. beim Betrieb der Leitungen einzuhaltenden materiellen Vorschriften soll mit dieser Neuregelung aber nicht verbunden sein; zum Ganzen BT-Drs. 20/3497, 39 und 45. Da Änderungen des Betriebskonzepts in der Praxis typischerweise nicht vollständig ohne Änderungen an bestehenden Anlagen, insbesondere an den Masten, vorgenommen werden, hat der Gesetzgeber des Ersten Energiesicherungsänderungsgesetzes zur Erreichung der von ihm angestrebten grundsätzlichen Verfahrensfreistellung entsprechende „Begleitänderungen" in § 3 Nr. 1 nach lit. c NABEG nF vorgenommen. Danach ist für Stromleitungen die Schwelle von der Verfahrensfreistellung zur Anzeigepflicht überschritten, wenn es an Masten zu nicht nur geringfügigen und punktuellen baulichen Änderungen kommt (vgl. *Kirch/Mainz/Löffler* jurisPR-UmwR 9/2022 Anm. 1 V 2). **Zubeseilungen, Umbeseilungen und standortnahe Maständerungen** sind anzeigepflichtig (vgl. § 43 f Abs. 2 S. 1 Nr. 4, Abs. 5 nF iVm § 3 Nr. 1 lit. a bis c NABEG nF; BT-Drs. 20/3497, 45). Die Neufassung von § 43 f Abs. 2 S. 1 Nr. 1 – Ersetzung der Änderungen des Betriebskonzepts durch die **Änderung von Gasversorgungsleitungen zur Ermöglichung des Wasserstofftransports nach § 43 l Abs. 4** – zeigt, dass der Gesetzgeber für den Gasbereich iwS hierin eine das Anzeigeverfahren grundsätzlich auslösende Änderung des Betriebskonzepts sieht. Da die durch das Erste Energiesicherungsänderungsgesetz erfolgten Änderungen in der vorliegenden Kommentierung nur noch punktuell, aber nicht mehr umfassend und vollständig differenzierend aufgearbeitet werden konnten, beziehen sich die nachfolgenden Ausführungen überwiegend noch auf die Gesetzeslage vor Inkrafttreten dieser jüngsten Novellierung (→ Rn. 3): Demnach sind „Änderung oder Erweiterung einer Leitung" die Änderung oder der Ausbau der Leitung in einer Bestandstrasse, wobei die bestehende Leitung grundsätzlich fortbestehen soll"; § 3 Nr. 1 vor lit. a NABEG aF. In den lit. a bis c dieser Vorschrift werden dann weitere – „hierzu zählen auch" – Konkretisierungen genannt:

- Errichtung zusätzlicher Seilsysteme, wobei einzelne der bestehenden Masten um bis zu 20 Prozent erhöht werden dürfen, wenn die Fundamente nicht wesentlich geändert werden; § 3 Nr. 1 lit. a NABEG aF – **Zubeseilung**;
- unter Fortschreibung der Grenzen an die Änderung der Masten: Ersetzung eines bestehenden Seilsystems durch ein neues leistungsstärkeres; § 3 Nr. 1 lit. b NABEG aF – **Umbeseilung**;
- Maßnahmen, die unter Beibehaltung der Masten lediglich die Auslastung der Leitung anpassen und keine oder allenfalls geringfügige und punktuelle bauliche Änderungen erfordern; § 3 Nr. 1 lit. c NABEG aF – **Änderung des Betriebskonzepts**.

Dementsprechend liegt von vornherein keine unwesentliche Zubeseilung und keine unwesentliche Umbeseilung mehr vor, wenn insbesondere die Bestandstrasse verlassen wird, Masterhöhungen nicht mehr nur die Ausnahme bilden, Maststandorte geändert oder neue Masten hinzukommen sollen (vgl. BT-Drs. 19/7375, 67: „Die Maststruktur bleibt bei einer Zubeseilung dann bestehen, wenn Standort,

Kupfer 1959

§ 43 f Teil 5. Planfeststellung, Wegenutzung

Höhe und Breite der Masten erhalten bleiben; das Austauschen einzelner Masten aus technischen Gründen ist unter Einhaltung dieser Voraussetzungen möglich."). Die Frage, ab wann eine Fundamentänderung die Grenze zur Wesentlichkeit erreicht, bestimmt sich nicht allein nach dem Verhältnis der Dimensionen von altem und neuem Fundament. Maßgeblich ist auch, welche Auswirkungen sowohl die Arbeiten an dem Fundament als auch dessen Gründung haben werden. Werden im Zuge der Fundamentarbeiten beispielsweise Altlasten frei, dürfte es sich um eine wesentliche Änderung handeln, weil hierin ein Planungsbedürfnis liegt. Entsprechendes gilt für mehr als unerhebliche Auswirkungen auf das Grundwasser (Durchbrechung wasserführender oder wassertrennender Schichten).

30 Zubeseilung, Umbeseilung und Änderungen des Betriebskonzepts (→ Rn. 29) können von erheblichen Auswirkungen auf die Umwelt und die betroffenen Anwohner sein. Zugleich macht der Gesetzgeber die Privilegierung in Form einer Befreiung vom Planfeststellungsvorbehalt (→ Rn. 24) davon abhängig, dass die Grenzen der Bestandstrasse nicht überschritten werden (§ 43 f Abs. 5 iVm § 3 Nr. 1 vor lit. a NABEG). Damit setzt er für den Netzbetreiber einen ganz deutlichen Anreiz, die Bestandstrasse in keinem Fall zu verlassen. In der Praxis sind es häufig Jahrzehnte alte Leitungen, die geändert werden. Es handelt sich um Leitungen, die sehr nahe an oder gar durch bebaute Bereiche führen. In derartigen Fällen gibt es häufig kleinräumige Alternativen, die zu deutlich verträglicheren Lösungen führen würden, als es das Beharren auf historischen Leitungsverläufen tut. Der Gesetzgeber sollte kritisch reflektieren, ob es wirklich zweckmäßig ist, den so dringend notwendigen Netzausbau zu einem erheblichen Teil nach einem Muster ablaufen zu lassen, das für die Erforderlichkeiten im Einzelfall blind ist und selbst tatsächlich bessere Lösungen ausschließt (→ § 43 Rn. 114 und → § 43 Rn. 163). Zwar erspart dieses Vorgehen zunächst Zeit und Aufwand. Mitunter erfahren die Anwohner von der Zubeseilung oder der Umbeseilung erst, wenn die Bauarbeiten beginnen. Allerdings führt ein derartiges Vorgehen zu suboptimalen Lösungen und löst allerorts Widerstand und Ablehnung insbesondere bei den Anwohnern aus, was einem erfolgreichen Netzausbau insgesamt nicht zuträglich ist.

31 Die Änderungen oder Erweiterungen, die mit der **Umstellung** einer **Erdgasleitung** hin zu einer **Wasserstoffleitung** zum Auf- und Ausbau von Wasserstoffnetzen einhergehen, fallen in den sachlichen Anwendungsbereich des § 43 f Abs. 2 S. 1 Nr. 1 nF. Hierin liegt die im Rahmen des § 43 f maximal mögliche Verfahrenserleichterung.

II. Die Unwesentlichkeit von Änderungen oder Erweiterungen

32 § 43 f Abs. 1 S. 2 definiert die Fälle *unwesentlicher* **Änderungen oder Erweiterungen** abschließend durch drei Voraussetzungen, die kumulativ erfüllt sein müssen („nur dann" vor Nr. 1 sowie „und" am Ende von Nr. 2; BeckOK EnWG/*Hermeier/Hilsmann* § 43 f Rn. 5, 24; Steinbach/Franke Netzausbau/*Fest/Nebel* § 43 f Rn. 22): Es darf kein Erfordernis bestehen, vor Durchführung der Maßnahme eine Umweltverträglichkeitsprüfung durchzuführen (Nr. 1), andere öffentliche Belange dürfen nicht berührt (Nr. 2) und Rechte anderer nicht beeinträchtigt sein (Nr. 3).

33 **1. Umweltverträglichkeitsprüfung.** Eine Änderung oder Erweiterung ist nach § 43 f Abs. 1 S. 2 Nr. 1 nur dann unwesentlich, wenn nach dem UVPG oder nach § 43 f Abs. 2 hierfür *keine* **Umweltverträglichkeitsprüfung** durchzuführen ist. Unterliegt die vorgesehene Änderung oder Erweiterung jedoch der UVP-

Pflicht, bedarf die Maßnahme der Zulassung durch Planfeststellungsbeschluss. Die Zulassung durch Plangenehmigung scheidet aus, weil das Plangenehmigungsverfahren nicht als Trägerverfahren für die Durchführung einer UVP taugt (§ 43b Abs. 1 vor Nr. 1 iVm § 74 Abs. 6 S. 1 Nr. 3 VwVfG und § 18 Abs. 1 S. 4 UVPG; Schoch/Schneider/*Kupfer* VwVfG § 74 Rn. 162). Für die Zulassung von Vorhaben, für die eine UVP-Pflicht besteht, ist im Anwendungsbereich der §§ 43 ff. immer ein Planfeststellungsverfahren durchzuführen.

Ob nach dem **UVPG** eine Umweltverträglichkeitsprüfung durchzuführen ist, **34** bestimmt sich nach **§§ 1 Abs. 1, 2 Abs. 4 Nr. 2, 5 und 9 iVm Anlage 1 UVPG** (→ § 43 Rn. 188; Steinbach/Franke Netzausbau/*Fest*/*Nebel* § 43 f Rn. 27; vgl. auch Schneider/Theobald EnergieWirtschaftsR-HdB/*Hermes* § 8 Rn. 37 ff.).

Selbst dann, wenn nach dem UVPG „an sich" für das Änderungsvorhaben eine **35** UVP durchzuführen wäre, ist diese gleichwohl **nach § 43f Abs. 1 S. 2 Nr. 1 Alt. 2, Abs. 2 S. 1 aF verzichtbar** bei
1. **Änderungen des Betriebskonzepts** (§ 47 f Abs. 5 iVm § 3 Nr. 1 lit. c NABEG aF; → Rn. 29),
2. **Umbeseilungen** (§ 47 f Abs. 5 iVm § 3 Nr. 1 lit. b NABEG aF; → Rn. 29),
3. **Zubeseilungen** (§ 47 f Abs. 5 iVm § 3 Nr. 1 lit. a NABEG aF; → Rn. 29).

Die Umweltverträglichkeitsprüfung entfällt in diesen Fällen aber nur dann, wenn auch die weiteren Voraussetzungen nach Abs. 2 S. 2 bis S. 5 ebenfalls erfüllt sind.

Der unionsrechtliche Rahmen für die Ausnahmen in § 43 f Abs. 2 vom UVPG **36** bestimmt sich nach Art. 4 Abs. 2 S. 2 lit. b, Abs. 3 FFH-RL iVm Anhang II Nr. 3 lit. b, Anhang III; vgl. BT-Drs. 19/7375, 60 f.; *Leidinger* NVwZ 2020, 1377 (1378 f.); *Grigoleit/Klanten* EnWZ 2020, 435 (436); *Grigoleit/Klanten* RdE 2022, 222 (225); BeckOK EnWG/*Hermeier/Hilsmann* § 43f Rn. 27; Steinbach/Franke Netzausbau/*Fest*/*Nebel* § 43 f Rn. 13.

Nach **§ 43f Abs. 2 S. 2** bedarf es in den Fällen von Betriebskonzeptänderungen **37** (beachte → Rn. 29), Umbeseilungen und Zubeseilungen keiner Umweltverträglichkeitsprüfung, wenn die Planfeststellungsbehörde feststellt, dass die Vorgaben der **§§ 3, 3a und 4 der 26. BImSchV** (→ § 43 Rn. 128 ff.) und der **TA Lärm** (→ § 43 Rn. 114 ff.) eingehalten sind. Das ist konsequent, weil es sich bei elektrischen und magnetischen Feldern sowie Koronaentladungen und sog. 2f-Emissionen um die zentralen Diskussionsbereiche mit Blick auf das Schutzgut „Mensch" (§ 2 Abs. 1 Nr. 1 UVPG) handelt (vgl. Storm/Bunge HdbUVP/*Runge*/*Baum*/*Meister*/*Rottgardt* 4415 S. 8 ff.). Ob die Vorgaben der genannten Regelwerke im konkreten Fall eingehalten sind, hat grundsätzlich die Planfeststellungsbehörde („die nach Landesrecht zuständige Behörde") festzustellen.

Hieran – an der grundsätzlichen Pflicht der Behörde, festzustellen, ob die **38** Vorgaben der TA Lärm eingehalten sind (→ Rn. 37) – knüpft § 43f Abs. 2 S. 3 an: Einer Feststellung, dass die Vorgaben der TA Lärm eingehalten sind, bedarf es nicht bei Änderungen, welche nicht zu Änderungen der Beurteilungspegel iSd TA Lärm führen.

Zunächst erscheint es überzeugend, in den Fällen auf eine gesonderte Untersuchung zu verzichten, in denen sich die Lärmimmissionen infolge der beabsichtigten Änderung der Leitung nicht verändern werden. Aber genau das – die Beantwortung der Frage, ob sich die Lärmimmissionen infolge der Durchführung der Änderung oder Erweiterung verändern werden – ist Gegenstand und Prüfungsaufgabe der Untersuchung, auf die der Gesetzgeber jetzt verzichten will. Rechtstatsächlich wird diese Regelung zu einer faktischen Umkehr der Beweislast führen. Künftig wird der änderungswillige Netzbetreiber erläutern, warum nach seiner Ansicht die

Änderung der Anlage zu keiner Änderung der Beurteilungspegel iSd TA Lärm führen wird. „Dies kann bspw. durch eine Erläuterung, welchen Einfluss die Änderung des Betriebssystems auf die Randfeldstärke der Freileitung hat, erfolgen"; BT-Drs. 20/1599, 60. Dann ist es Sache der Behörde darzulegen, warum diese Erläuterung noch nicht hinreichend ist, um zu gewährleisten, dass sich die Lärmimmissionen nicht verändern werden. Es ist nicht damit zu rechnen, dass dies in der künftigen Verwaltungspraxis häufig der Fall sein wird. Denn ein solches „Gegenhalten" setzt ein erhebliches fachliches Wissen und einen entsprechenden politischen Willen innerhalb der Planfeststellungsbehörde voraus. In seiner Folgenabschätzung geht der Gesetzgeber davon aus, dass durch die Behörde insoweit keine fachliche Prüfung mehr erfolgen wird (vgl. BT-Drs. 20/1599, 47). Schließlich ist die fachliche Begründung des Gesetzgebers nicht überzeugend, weil er nur auf das unmittelbar zu ändernde Kabel abstellt. Erfolgt aber eine Umbeseilung oder eine Zubeseilung auf bestehenden Masten können auch die bereits bestehenden Stromkreise insbesondere auf diesen Masten eine Rolle spielen. Dabei ist auch das Gesamtbetriebskonzept in den Blick zu nehmen. Für die Lärmentwicklung kann es durchaus von Bedeutung sein, ob auf allen Stromkreisen paralleler Wechselstrom- oder paralleler Gleichstrombetrieb oder ein Hybridbetrieb (paralleler Wechselstrom- und Gleichstrombetrieb auf den benachbarten Stromkreisen) stattfindet. Gem. Nr. 3.2.1 TA Lärm gilt der Grundsatz der Gesamtlärmbetrachtung.Nach alldem ist fraglich, ob mit dieser vorgesehenen Gesetzesänderung noch die Anforderungen der Nr. 3 des Anhangs III der UVP-RL gewahrt werden, was wiederum Voraussetzung für die Unionsrechtskonformität des Verzichts auf die UVP ist (→ Rn. 36; vgl. *Grigoleit/Klanten* EnWZ 2020, 435 (436)). Zumindest hat die zuständige Behörde in unionsrechtskonformer Auslegung der vorgesehenen gesetzlichen Regelung darauf zu beharren, dass die fachliche Begründung des Vorhabenträgers im konkreten Einzelfall umfassend belastbar ist und nicht daran leidet, dass der Vorhabenträger unter Ausblendung weiterer relevanter Umstände nur das unmittelbar zu ändernde Kabel betrachtet.

39 § 43 f Abs. 2 S. 4 schreibt vor, dass für die Änderungsfälle nach § 43 f Abs. 2 S. 1 Nr. 2 bis 4 nur dann keine Umweltverträglichkeitsprüfung durchzuführen ist, „sofern einzeln oder im Zusammenwirken mit anderen Vorhaben eine erhebliche Beeinträchtigung eines **Natura 2000-Gebiets** oder eines bedeutenden Brut- oder Rastgebiets **geschützter Vogelarten** nicht zu erwarten ist"; → § 43 Rn. 104 ff.; näher BeckOK EnWG/*Hermeier/Hilsmann* § 43 f Rn. 26.

40 § 43 f Abs. 2 S. 5: Soll eine Zubeseilung mit einer Höchstspannungsfreileitung mit einer Nennspannung von 220 kV oder mehr für eine längere Strecke als 15 km erfolgen, so entfällt die Umweltverträglichkeitsprüfung nicht nach § 43 f Abs. 2 S. 1 Nr. 3. Eine derartige Zubeseilung kann nur durch Planfeststellungsbeschluss zugelassen werden; §§ 9 Abs. 1 S. 1 Nr. 1, 6 S. 1 UVPG iVm Nr. 19.1.1 Anlage 1 UVPG (→ Rn. 34; *Leidinger* NVwZ 2020, 1377 (1378); eingehend Steinbach/Franke Netzausbau/*Fest/Nebel* § 43 f Rn. 27 und Rn. 53). Die unionsrechtliche Notwendigkeit für § 43 f Abs. 2 S. 5 folgt aus Art. 4 Abs. 2 S. 1 FFH-RL (Bei Projekten des Anhangs II …). Der Bau von Hochspannungsfreileitungen für eine Stromstärke von 220 kV oder mehr und mit einer Länge von mehr als 15 km wird nämlich vom Anwendungsbereich des Anhangs II der FFH-RL ausdrücklich ausgenommen; Anhang II Nr. 3 lit. b iVm Anhang I Nr. 20.

41 **2. Öffentliche Belange.** Ist keine Umweltverträglichkeitsprüfung durchzuführen, bleibt dies zunächst ohne unmittelbare materiell-rechtliche Rückwirkung auf die öffentlichen Belange, die in einer Umweltprüfung zu untersuchen wären.

Änderungen im Anzeigeverfahren **§ 43 f**

Denn die eine Umweltprüfung abschließende zusammenfassende Darstellung bildet nach § 25 Abs. 1 S. 1 UVPG „nur" die Grundlage für die Bewertung der Umweltauswirkungen nach Maßgabe der jeweils einschlägigen Fachgesetze. Vor diesem Hintergrund setzt die Unwesentlichkeit der konkret betrachteten Änderung oder Erweiterung nicht nur voraus, dass insoweit keine Umweltprüfung durchzuführen ist (§ 43 f Abs. 1 S. 2 Nr. 1; → Rn. 32 ff.). Das Änderungsvorhaben darf nach § 43 f Abs. 1 S. 2 Nr. 2 auch keine „anderen öffentlichen Belange" berühren. Sind „andere öffentliche Belange" berührt, müssen die „erforderlichen behördlichen Entscheidungen" vorliegen und dürfen dem Plan nicht entgegenstehen (→ Rn. 45 ff.). Ansonsten ist die vorgesehene Änderung oder Erweiterung nicht unwesentlich. Abweichend hiervon kann nach § 43 f Abs. 3 eine Änderung oder Erweiterung aber auch dann im Anzeigeverfahren zugelassen werden, wenn die als Anzeigebehörde fungierende Planfeststellungsbehörde im Einvernehmen mit der zuständigen Immissionsschutzbehörde die Einhaltung der Vorgaben der 26. BImSchV und der TA Lärm feststellt und wenn weitere öffentliche Belange nicht berührt sind oder die hierfür erforderlichen behördlichen Entscheidungen vorliegen und sie dem Plan nicht entgegenstehen.

Der **Begriff der öffentlichen Belange** ist umfassend zu verstehen. Erfasst wird **42** **jedes öffentliche Interesse** – vgl. etwa die in § 2 Abs. 1 UVPG genannten Schutzgüter –, das von dem Änderungsvorhaben im konkreten Einzelfall negativ berührt werden kann (vgl. Kopp/Ramsauer/*Wysk* VwVfG § 74 Rn. 225; *Grigoleit/Klanten* EnWZ 2020, 435 (436); *Grigoleit/Klanten* RdE 2022, 222 (226); Steinbach/Franke Netzausbau/*Fest/Nebel* § 43 f Rn. 33). Wenn auf die planungsrechtliche Abwägung vollständig verzichtet werden soll (→ Rn. 24), darf grundsätzlich überhaupt kein öffentliches Interesse von vornherein außer Betracht bleiben (vgl. Schoch/Schneider/*Kupfer* VwVfG § 74 Rn. 182).

Andere **öffentliche Belange:** Schutzobjekt von § 43 f Abs. 1 S. 2 Nr. 2 sind *„an-* **43** *dere* öffentliche Belange" **als das öffentliche Interesse an der Realisierung des Änderungsvorhabens.** Das letztgenannte öffentliche Interesse konkretisiert sich im Fall einer negativen Entscheidung nach § 43 f Abs. 4 S. 4 – also in dem Fall, dass zur Zulassung des Änderungsvorhabens ein Planfeststellungsänderungsverfahren durchzuführen ist – in der Planrechtfertigung, namentlich in der fachplanerischen Zielkonformität und dem Bedarf (→ § 43 Rn. 85 ff.). Öffentliche Belange, die durch die Realisierung des Änderungsvorhabens negativ berührt werden, sind „andere öffentliche Belange" iSd § 43 f Abs. 1 S. 2 Nr. 2 (vgl. Schoch/Schneider/*Kupfer* VwVfG § 74 Rn. 181).

Auf die **Intensität der Auswirkung** des Änderungsvorhabens auf das öffent- **44** liche Interesse kommt es grundsätzlich nicht an, weil bereits die bloße „Berührung" des öffentlichen Belangs genügt, um die Voraussetzungen des § 43 f Abs. 1 S. 2 Nr. 2 Alt. 1 nicht mehr annehmen zu können. Das ist typischerweise der Fall, wenn das Änderungsvorhaben **Auswirkungen** auf einen öffentlichen Belang hat. Allerdings muss die **Berührung** eine *negative* sein. Eine positive Berührung ist – im wahrsten Sinne des Wortes – unschädlich (*Grigoleit/Klanten* EnWZ 2020, 435 (437); Steinbach/Franke Netzausbau/*Fest/Nebel* § 43 f Rn. 32; vgl. Schoch/Schneider/Kupfer VwVfG § 74 Rn. 183).

Ausnahme: Vorliegen erforderlicher behördlicher Entscheidungen. Sind **45** andere öffentliche Belange (→ Rn. 41 f.) durch das Änderungsvorhaben berührt, kann gemäß § 43 f Abs. 1 S. 2 Nr. 2 Alt. 2 die Änderung oder Erweiterung gleichwohl unwesentlich sein, wenn die erforderlichen behördlichen Entscheidungen (etwa eine Baugenehmigung oder die Befreiung von einer Landschaftsschutzver-

§ 43f Teil 5. Planfeststellung, Wegenutzung

ordnung; Steinbach/Franke Netzausbau/*Fest/Nebel* § 43f Rn. 34) vorliegen **und dem (Änderungs-)Plan nicht entgegenstehen.** Die **Problematik** besteht in dem spezifischen Zusammentreffen mehrerer rechtlicher Vorgaben:
- Zunächst ist die Unwesentlichkeit schon dann zu verneinen ist, wenn irgendein öffentliches Interesse (→ Rn. 42) bloß negativ berührt ist (→ Rn. 44).
- Auch dann, wenn ein Vorhaben die einschlägigen zwingenden Rechtsvorschriften (→ § 43 Rn. 91 ff.) einhält, sind die von den Vorschriften des zwingenden Rechts geschützten Belange gleichwohl in der Abwägung zu berücksichtigen, wenn sie nicht ausnahmsweise durch besondere Regelungen des zwingenden Rechts abschließend rechtlich behandelt sind (→ § 43 Rn. 155; Schoch/Schneider/*Kupfer* VwVfG Vorb § 72 Rn. 241).
- Für viele Fälle des negativen „Berührtseins" öffentlicher Belange gibt es keine spezifischen in diesem Sinne „erforderlichen" Genehmigungs- oder Dispensverfahren (dazu etwa → § 43 Rn. 118).

46 Hier (→ Rn. 45) setzt § 43f Abs. 3 an und normiert ein besonderes Einvernehmensverfahren für die beiden öffentlichen Belange „Schutz vor Lärm" und „Schutz vor elektrischen und magnetischen Feldern". Abweichend von Abs. 1 S. 2 Nr. 2 kann – so § 43f Abs. 3 – eine Änderung oder Erweiterung auch dann im Anzeigeverfahren zugelassen werden, wenn die als Anzeigebehörde fungierende Planfeststellungsbehörde im **Einvernehmen mit der zuständigen Immissionsschutzbehörde** feststellt, dass die Vorgaben der TA Lärm (→ § 43 Rn. 114 ff.) eingehalten sind. Entsprechendes gilt für die Vorgaben der 26. BImSchV mit Blick auf die von Energieleitungen ausgehenden elektrischen und magnetischen Felder (→ § 43 Rn. 128 ff.).

47 Bemerkenswert ist, dass es nicht die Immissionsschutzbehörde ist, die die fachliche Prüfung vornimmt. Vielmehr weist das Gesetz die **fachliche Prüfung** der als **Anzeigebehörde** fungierenden Planfeststellungsbehörde zu. Obwohl kein Planfeststellungsverfahren mit Konzentrationswirkung durchgeführt wird, sondern ein Anzeigeverfahren, das im Grundsatz „nur" Verfahrensfragen zum Gegenstand hat, wird die fachliche Prüfung in das Anzeigeverfahren integriert. Der **Immissionsschutzbehörde** kommt lediglich eine fachliche Kontroll- und Begleitaufgabe zu, die allerdings infolge des **Einvernehmenserfordernisses** nach § 43f Abs. 3 mit einem Veto-Recht bewehrt ist. Im Ergebnis tritt an die Stelle einer Anzeige des Betreibers der Leitung nach § 7 Abs. 2 26. BImSchV bei der Immissionsschutzbehörde das Ersuchen der als Anzeigebehörde fungierenden Planfeststellungsbehörde bei der Immissionsschutzbehörde um Erteilung des Einvernehmens nach § 43f Abs. 3 (BT-Drs. 19/7375, 61).

48 Dieses Einvernehmensverfahren mit Verlagerung der fachlichen Prüfungskompetenz auf die als Anzeigebehörde fungierende Planfeststellungsbehörde ist allerdings nach § 43 Abs. 3 Hs. 2 auf diese beiden öffentlichen Belange – Schutz vor elektrischen und magnetischen Feldern und Schutz vor Lärm – beschränkt. Für die „*weiteren* öffentlichen Belange" gilt, dass sie nicht berührt sein dürfen oder die hierfür erforderlichen behördlichen Entscheidungen vorliegen haben und dem Plan nicht entgegenstehen dürfen. Diese nahezu wortgleiche textliche Wiederholung von § 43f Abs. 1 S. 2 Nr. 2 in Abs. 3 Hs. 2 erklärt sich aus der umfassenden Formulierung des Hs. 1 („Abweichend von Absatz 1 Satz 2 Nummer 2 ..."). Für die „weiteren öffentlichen Belange" gelten die Ausführungen zu → Rn. 42 ff. entsprechend.

49 Durch die Klimaschutz-Sofortprogramm-Novelle 2022 (→ Rn. 3) wurde Abs. 3 um den folgenden S. 2 ergänzt: „Absatz 2 Satz 3 ist entsprechend anzuwenden." Rechtstatsächlich handelt es sich hierbei um eine Regelung, die zu einer faktischen

Änderungen im Anzeigeverfahren **§ 43f**

Umkehr der Beweislast führen wird. Die an Abs. 2 S. 3 geübte Kritik (→ Rn. 38) gilt dementsprechend auch mit Blick auf Abs. 3 S. 2.

3. Rechte anderer. Schließlich ist eine Änderung oder Erweiterung nur dann 50 unwesentlich, wenn Rechte anderer (→ Rn. 52) nicht beeinträchtigt werden (→ Rn. 54f.) oder mit den vom Plan Betroffenen entsprechende Vereinbarungen getroffen werden (→ Rn. 58ff.); § 43f Abs. 1 S. 2 Nr. 3. Der Wortlaut der Regelung ist nahezu deckungsgleich mit § 74 Abs. 7 S. 2 Nr. 2 51 VwVfG. Lediglich zwei Abweichungen sind festzustellen: Während im VwVfG davon gesprochen wird, ein Fall von unwesentlicher Bedeutung liege nur vor, wenn Rechte anderer durch das Vorhaben nicht „beeinflusst" werden, spricht § 43f Abs. 1 S. 2 Nr. 3 davon, dass Rechte anderer nicht „beeinträchtigt" werden (→ Rn. 54). Während im VwVfG vorausgesetzt wird, dass mit den vom Plan Betroffenen Vereinbarungen „getroffen worden sind", genügt es nach dem EnWG, dass Vereinbarungen mit den vom Plan Betroffenen „getroffen werden". Bevor auf diese Punkte eingegangen wird, ist jedoch zu klären, was „Rechte anderer" sind.

„Rechte anderer" sind alle subjektiven Rechte sowohl des öffentlichen als 52 auch des privaten Rechts; vgl. HessVGH Urt. v. 12.12.2016 – 6 C 1422/14 T, Rn. 28; BeckOK EnWG/*Assmann/Peiffer* § 43f Rn. 31. Hierzu zählt auch das **Recht auf gerechte fachplanungsrechtliche Abwägung** im Rahmen eines Planfeststellungs- oder Plangenehmigungs(änderungs)verfahrens (aA wohl Steinbach/Franke Netzausbau/*Fest/Nebel* § 43f Rn. 39). Denn entscheidet sich die zuständige Behörde nach § 43f Abs. 4 S. 4 dafür, dass ein Plangenehmigungs- oder Planfeststellungsverfahren nicht durchzuführen ist, sondern das Änderungsvorhaben bereits aufgrund des Anzeigeverfahrens realisiert werden kann, entfällt die fachplanungsrechtliche Abwägung (→ Rn. 24; vgl. BVerwGE 151, 138 Rn. 12). Indem § 43f Abs. 1 S. 2 Nr. 3 ausdrücklich auf die Rechte anderer abstellt, wirkt die Vorschrift *drittschützend* (BVerwG Beschl. v. 31.7.2017 – 4 B 12.17 Rn. 7).

Eine gesetzliche Ausnahme von der Pflicht, dingliche Rechte zu prüfen, macht 53 **§ 43f Abs. 4 S. 5 Hs. 2:** Im Falle des Abs. 2 S. 1 Nr. 1 bedarf es **keiner Prüfung der dinglichen Rechte anderer.** Dabei ist freilich zu beachten, dass § 43f Abs. 2 S. 1 Nr. 1 durch Art. 3 Nr. 14 des Ersten Energiesicherungsänderungsgesetzes (→ Rn. 3) geändert worden ist. Bis zu dieser Änderung fielen Änderungen des Betriebskonzepts unter § 43f Abs. 2 S. 1 Nr. 1. Für Änderungen des Betriebskonzepts sollte die Prüfung der dinglichen Rechte anderer entfallen, weil es in derartigen Konstellationen typischerweise nicht zu einer Erweiterung der Anlage und damit auch nicht zu einer Ausdehnung des Schutzstreifens kommt (BeckOK EnWG/*Assmann/Peiffer* § 43f Rn. 32). Nunmehr werden Änderungen oder Erweiterungen von Gasversorgungsleitungen zur Ermöglichung des Transports von Wasserstoff nach § 43l Abs. 4 von dieser Vorschrift erfasst. Änderungen des Betriebskonzepts sollen nach dem Willen des Gesetzgebers des Ersten Energiesicherungsänderungsgesetzes künftig grundsätzlich verfahrensfrei sein (→ Rn. 29). Im Fall der **standortnahen Maständerung** (§ 43f Abs. 2 S. 1 Nr. 4, Abs. 5 iVm § 3 Nr. 1 lit. c NABEG) bleibt es nach **§ 43f Abs. 4 S. 5 Hs. 3** unabhängig von den **Vorgaben der §§ 3, 3a und 4 der 26. BImSchV** (→ § 43 Rn. 128ff.) **und den Vorgaben der TA Lärm** (→ § 43 Rn. 114ff.) beim Anzeigeverfahren. Hierin liegt keine Rücknahme des materiellrechtlichen Geltungsanspruchs dieser Vorschriften als solche. Lediglich mit Blick auf die gemäß Absatz 4 Satz 4 zu treffende Verfahrensentscheidung wird deren Bedeutung neutralisiert. Zur Bedeutung des Verzichts auf die Überwindungsfunktion eines Planfeststellungsbeschlusses bei Zulassung durch eine Freistel-

Kupfer 1965

§ 43 f Teil 5. Planfeststellung, Wegenutzung

lungsentscheidung → Rn. 26; zur Bedeutung der Vorschrift für die Ermessensausübung → Rn. 65.

54 Werden Rechte anderer durch das Änderungsvorhaben „**beeinträchtigt**", ist dies grundsätzlich nicht mehr als bloß unwesentliche Änderung oder Erweiterung anzusehen. Demgegenüber wird in § 74 Abs. 7 S. 2 VwVfG – als Voraussetzung für das Vorliegen eines Vorhabens von unwesentlicher Bedeutung – davon gesprochen, dass Rechte anderer „**nicht beeinflusst**" werden dürfen. Allerdings findet sich die vom Gesetzgeber in § 43f Abs. 1 S. 2 Nr. 3 verwendete Formulierung deckungsgleich in § 74 Abs. 6 S. 1 Nr. 1 VwVfG wieder. Nach dieser Regelung setzt die Erteilung einer Plangenehmigung an Stelle eines Planfeststellungsbeschlusses insbesondere voraus, dass „Rechte anderer nicht oder nur unwesentlich beeinträchtigt werden". Vor dem Hintergrund dieser Verwendung einmal des Begriffs der Beeinflussung (Fall unwesentlicher Bedeutung nach § 74 Abs. 7 VwVfG) und einmal des Begriffs der Beeinträchtigung (Erteilung einer Plangenehmigung an Stelle eines Planfeststellungsbeschlusses nach § 74 Abs. 6 VwVfG) im Normtext des § 74 VwVfG ist für den einen *vergleichbaren* rechtlichen Kontext (Fall unwesentlicher Änderung), jedoch auf *andere* Art und Weise (Zulassungsentscheidung mit Elementen fachlicher Prüfung unter Einräumung von Ermessen) regelnden § 43 f davon auszugehen, dass zur weiteren Verfahrensbeschleunigung (→ Rn. 2) mit der Übernahme des Begriffs der „**Beeinträchtigung**" aus § 74 Abs. 6 VwVfG eine gegenüber dem Begriff der „**Beeinflussung**" stärkere Rechtsbetroffenheit zum Ausdruck gebracht wird (ebenso Steinbach/Franke Netzausbau/*Fest/Nebel* § 43 f Rn. 18).

55 Eine „**Berührung**" öffentlicher Belange" nach § 43 f Abs. 1 S. 2 Nr. 2 ist bereits dann anzunehmen, wenn das Änderungsvorhaben negative Auswirkungen auf einen öffentlichen Belang hat (→ Rn. 43). **Beeinflusst** wird ein Recht typischerweise dann, wenn es eine zumindest spürbare Beschränkung erfährt (Schoch/Schneider/*Kupfer* VwVfG § 74 Rn. 189). Eine **Beeinträchtigung** wird dementsprechend in der Regel erst dann anzunehmen sein, wenn **direkt Zugriff auf das betroffene Recht** genommen wird (*Grigoleit/Klanten* EnWZ 2020, 435 (439); *Grigoleit/Klanten* RdE 2022, 222 (226); Steinbach/Franke Netzausbau/*Fest/Nebel* § 43 f Rn. 18; vgl. Schoch/Schneider/*Kupfer* VwVfG § 74 Rn. 151).

56 **Direkt Zugriff auf das Recht auf gerechte Abwägung** wird *jedenfalls dann* genommen, wenn in dem Verzicht auf die planerische Abwägung mit Blick auf das – durch das Änderungsvorhaben – konkret betroffene private Interesse ein **Abwägungsfehler** liegen würde (vgl. *Grigoleit/Klanten* RdE 2022, 222 (226)). Bei dieser Prüfung indiziert ein potenzielles Abwägungsdefizit, eine potenzielle Abwägungsfehlgewichtung und/oder eine potenzielle -disproportionalität einen drohenden fehlerhaften Abwägungsausfall (zur Abwägungsfehlerlehre Schoch/Schneider/*Kupfer* VwVfG Vorb § 72 Rn. 22 ff.). Gegenstand der Entscheidung nach § 43 f Abs. 4 S. 4 ist der Verzicht auf die planerische Abwägung (→ Rn. 24). Somit läge etwa eine Beeinträchtigung des Rechts auf gerechte Abwägung iSd § 43 f Abs. 1 S. 2 Nr. 3 vor, wenn im Rahmen der positiven Freistellungsentscheidung nach Abs. 4 S. 4 ein abwägungserheblicher Belang – ein für die Behörde erkennbares, rechtlich schutzwürdiges und tatsächlich nicht nur geringfügig betroffenes privates Interesse (vgl. Schoch/Schneider/*Kupfer* VwVfG Vorb § 72 Rn. 210 ff.) – unbeachtet bliebe.

57 Diese Auslegung des Tatbestandsmerkmals der Beeinträchtigung der Rechte anderer, soweit das Recht auf gerechte Abwägung betroffen ist (→ Rn. 56), trägt der Rechtsprechung des BVerwG Rechnung. In seiner Entscheidung vom 18.12.2014 (BVerwGE 151, 138) hat sich das BVerwG bei der Auslegung des § 8 Abs. 3 LuftVG

Änderungen im Anzeigeverfahren **§ 43 f**

aF gegen eine restriktive Auslegung des Tatbestandsmerkmals der Rechtsbeeinträchtigung ausgesprochen. Die Rechtsbeeinträchtigung sei im Kontext des § 8 Abs. 3 LuftVG „– nach wie vor – im Sinne einer ‚Beeinflussung der Rechte Dritter' zu verstehen" (BVerwGE 151, 138 Rn. 15). Nach Auffassung des Gerichts sei davon auszugehen, dass die in der Norm „angesprochenen Rechte anderer weiter zu fassen sind (mithin in Richtung auf die abwägungserheblichen Belange i. S. v. § 8 Abs. 1 Satz 2 LuftVG) als die in Absatz 2 Satz 1 Nr. 3 genannten"; BVerwGE 151, 138 Rn. 16. Hinzu kommt aber auch ein erheblicher teleologischer Unterschied zwischen § 8 Abs. 3 LuftVG aF und § 43 f. Spätestens mit der Öffnung des § 43 f für Umbeseilungen sowie Zubeseilungen (→ Rn. 29) und der Transformation fachlicher Prüfungen in das Anzeigeverfahren (→ Rn. 46 f.) wurde der Zulassungscharakter des Anzeigeverfahrens (→ Rn. 4) so sehr gestärkt, dass der Vergleich mit § 8 Abs. 3 LuftVG aF (dazu BVerwGE 151, 138 Rn. 18 S. 1) nicht mehr in dem Maße trägt wie das vor der Novellierung des § 43 f durch das Gesetz zur Beschleunigung des Energieleitungsbaus (→ Rn. 2) noch der Fall war. Zum Ganzen *Grigoleit/Klanten* EnWZ 2020, 435 (438 f.).

Werden Rechte anderer (→ Rn. 52 f.) durch das Änderungsvorhaben beeinträchtigt (→ Rn. 54 ff.), kann dieses nur noch dann als unwesentlich angesehen werden, wenn mit den von dem Änderungsvorhaben Betroffenen entsprechende Vereinbarungen (→ Rn. 59) getroffen werden (→ Rn. 60). Damit die Behörde das Vorliegen dieser Voraussetzung prüfen kann, muss ihr der Kreis der in ihren Rechten Betroffenen bekannt und klar abgrenzbar sein (Steinbach/Franke Netzausbau/*Fest/Nebel* § 43 f Rn. 38). **58**

Aus diesem (→ Rn. 58), bereits im Wortlaut des § 43 f Abs. 1 S. 2 Nr. 3 zum Ausdruck kommenden, Zusammenhang folgt, dass die Vereinbarung einen derartigen Inhalt haben muss, dass die Rechtsbeeinträchtigung, aus der an sich die Wesentlichkeit des Änderungsvorhabens folgen würde, ausgeglichen wird („oder … *entsprechende* **Vereinbarungen** getroffen werden"). Ein derartiger, die **Rechtsbeeinträchtigung neutralisierender Ausgleich** setzt voraus, dass mit jedem Betroffenen eine Vereinbarung abgeschlossen wird, in der er sich mit der ihn konkret treffenden bzw. ihm drohenden Rechtsbeeinträchtigung einverstanden erklärt. Der Betroffene muss auf die aus der beeinträchtigten Rechtsposition folgenden Abwehrrechte verzichten. Die Einverständniserklärung muss dementsprechend bestimmt sein. Es genügt nicht, dass sich die Betroffenen pauschal damit einverstanden erklären, dass kein Planfeststellungsverfahren durchgeführt wird. **59**

Schriftform: Die Vereinbarung (→ Rn. 59) bedarf zumindest der Schriftform (so und näher Steinbach/Franke Netzausbau/*Fest/Nebel* § 43 f Rn. 44 ff.). Zwar enthält § 43 f keine ausdrückliche Regelung hierzu. Das Schriftformerfordernis folgt aber in der Regel aus § 43 Abs. 4 iVm §§ 72 Abs. 1 Hs. 1, 57 VwVfG, da es sich bei der Vereinbarung typischerweise um einen öffentlich-rechtlichen Vertrag nach §§ 54 ff. VwVfG handelt (vgl. Schoch/Schneider/*Weiß* VwVfG § 72 Rn. 101). Verpflichtet sich ein Betroffener zu einer Rechtsübertragung, sind auch die gegebenenfalls hierfür geltenden Formvorschriften zu beachten. **60**

Die Vereinbarung hat eine doppelte Qualität: sie ist materiell-rechtliche Verzichtserklärung mit verfahrensrechtlicher Wirkung. Der verfahrensrechtliche Aspekt – Erfüllung einer Voraussetzung für die Zulassung des Änderungsvorhabens durch Anzeigeverfahren anstelle des Planfeststellungsverfahrens – ist Folge der materiellrechtlichen Verzichtserklärung. **61**

Während der Wortlaut des § 74 Abs. 7 S. 2 Nr. 2 VwVfG fordert, dass entsprechende Vereinbarungen mit den vom Plan Betroffenen „getroffen worden sind", **62**

Kupfer 1967

§ 43 f Teil 5. Planfeststellung, Wegenutzung

lässt es § 43 f Abs. 1 S. 2 Nr. 3 zu, dass entsprechende **Vereinbarungen „getroffen werden"**. Die unterschiedlichen Formulierungen erklären sich aus den unterschiedlichen Bezugspunkten der Vorschriften. Ein Vorhaben von unwesentlicher Bedeutung kann nach § 74 Abs. 7 VwVfG errichtet werden, ohne dass zuvor eine Zulassungsentscheidung der Behörde erfolgt sein muss (→ Rn. 1 und → Rn. 4). Maßgeblicher Bezugspunkt des § 74 Abs. 7 VwVfG ist der Beginn der Arbeiten zur Errichtung des Vorhabens. Deshalb ist es folgerichtig, dass die entsprechenden Vereinbarungen vor Baubeginn getroffen sein müssen. Anders verhält es sich im Anwendungsbereich von § 43 f. Hier bildet die Entscheidung der Behörde nach Abs. 4 S. 4 den Bezugspunkt. Da es der Behörde nach § 43 Abs. 4 iVm §§ 72 Abs. 1 Hs. 1, 36 Abs. 2 Nr. 2 VwVfG (vgl. Schoch/Schneider/*Weiß* VwVfG § 72 Rn. 80 f.) möglich ist, diese Zulassungsentscheidung (→ Rn. 4) mit der aufschiebenden Bedingung zu versehen, dass die Bauarbeiten erst begonnen werden dürfen, wenn die entsprechenden Vereinbarungen nach Abs. 1 S. 2 Nr. 3 bis dahin abgeschlossen sein werden, ist es nicht erforderlich, dass die Vereinbarungen bereits im Zeitpunkt der Entscheidung nach Abs. 4 S. 4 vorliegen.

E. Rechtsfolge

63   Auch dann, wenn im konkreten Einzelfall der Tatbestand des § 43 f erfüllt ist (→ Rn. 27 ff.), kann sich die Behörde dazu entschließen, ein Plangenehmigungs- oder ein Planfeststellungsverfahren durchzuführen. Sie ist nicht verpflichtet, das Änderungsvorhaben allein auf der Grundlage des Anzeigeverfahrens zuzulassen (zu dem Charakter positiver Freistellungsentscheidungen als dritte Art von Zulassungsentscheidungen neben Planfeststellungsbeschlüssen und Plangenehmigungen → Rn. 4). Das Gesetz räumt ihr ein entsprechendes **Ermessen** ein (§ 43 f Abs. 1 S. 1: „können"; § 43 f Abs. 4 S. 4: die Behörde entscheidet, ob anstelle des Anzeigeverfahrens ein Plangenehmigungs- oder Planfeststellungsverfahren durchzuführen ist; Kment/*Turiaux* EnWG § 43 f Rn. 2; *Kümper* DÖV 2017, 856 (865); *Grigoleit/ Klanten* RdE 2022, 222 (223)).

64   Bei der **Ermessensausübung** sind auf der einen Seite das Interesse des Vorhabenträgers an einer zügigen Entscheidung sowie das öffentliche Interesse an dem mit der Änderung verfolgten versorgungswirtschaftlichen Zweck zu berücksichtigen (→ Rn. 1 f. und → Rn. 43). Auf der anderen Seite fällt insbesondere die Bedeutung des Verzichts auf die planerische Gestaltungskompetenz ins Gewicht, die mit einem Verzicht auf ein Plangenehmigungs- oder Planfeststellungsverfahren einhergeht (→ Rn. 65). Auch die Schwierigkeit, ohne detaillierte Prüfung die Auswirkungen des Änderungsvorhabens realitätsnah einzuschätzen, kann ein Argument für die Durchführung eines Planfeststellungsverfahrens sein. Ist für den Fall der Umsetzung des Änderungsvorhabens mit intensivem Widerstand, insbesondere der Anrainer und der Öffentlichkeit, zu rechnen, so können auch die besondere Durchsetzungskraft eines Planfeststellungsbeschlusses (zur Überwindungsfunktion eines Planfeststellungsbeschlusses → Rn. 26), der Grundsatz der Planerhaltung und die Planstabilität (zusammenfassend Schoch/Schneider/*Kupfer* VwVfG § 75 Rn. 1 ff.) gegen ein bloßes Anzeigeverfahren sprechen.

65   Von besonderer Bedeutung bei der Ermessensausübung und in diesem Sinn *ermessensleitend* ist der **Wegfall der Ausgleichsfunktion der Planfeststellung** (→ Rn. 24): Die als Anzeigebehörde handelnde Planfeststellungsbehörde hat zu untersuchen und zu bewerten, ob sich das Änderungsvorhaben auch dann möglichst

Änderungen im Anzeigeverfahren **§ 43 f**

sachgerecht und ausgewogen in seine Umgebung einfügen wird, wenn keine Abwägung der betroffenen und möglicherweise widerstreitenden privaten und öffentlichen Belange erfolgt. Von Belang kann auch das Interesse Betroffener sein, vor einer mit dem Änderungsvorhaben einhergehenden Erhöhung der Belastung mit Lärm und/oder elektrischen und magnetischen Feldern geschützt zu werden – und zwar auch dann, wenn die Belastungszunahme noch unterhalb der Schwelle zur fachplanungsrechtlichen Unzumutbarkeit verbleibt. Die Integration der fachlichen Prüfung der 26. BImSchV und der TA Lärm durch § 43 Abs. 2 auf der Tatbestandsebene des Anzeigeverfahrens (→ Rn. 46 f.), sperrt nicht die Berücksichtigungsfähigkeit dieser Belange auf der Ermessensebene (→ Rn. 45 2. Spiegelstrich). Anderes gilt seit Inkrafttreten des Ersten Energiesicherungsänderungsgesetzes (→ Rn. 3) für **standortnahe Maständerungen** nach § 43 f Abs. 2 S. 1 Nr. 4. Für diese bleibt es nach § 43 f Abs. 4 S. 5 Hs. 3 ohne Rücksicht darauf beim Anzeigeverfahren, ob bzw. inwieweit die Immissionsschutzanforderungen der 26. BImSchV oder der TA Lärm verletzt werden oder nicht (→ Rn. 53). Eine Grenze dieses zugunsten der schnellen Realisierbarkeit standortnaher Maständerungen eingeführten gesetzlichen Ermessensausübungsverbots bildet freilich das **Verfassungsrecht** (→ § 43 Rn. 119 aE und 179). Die Grenze zulässiger Ermessensausübung ist überschritten, wenn in dem künftigen Verzicht auf die planerische Abwägung mit Blick auf betroffene private Interessen ein Abwägungsfehler liegen würde (→ Rn. 56). Das Gleiche gilt für betroffene öffentliche Belange, es sei denn, es liegen die insoweit erforderlichen behördlichen Entscheidungen vor (→ Rn. 45 ff.). Innerhalb dieses Rahmens kann sich die Planfeststellungsbehörde trotz einer fehlerfreien Prognose des Vorhabenträgers über die Auswirkungen einer geplanten Änderung auf öffentliche Belange und/oder private Rechte im Hinblick auf den gleichwohl nicht auszuschließenden Umfang oder die Intensität dieser Betroffenheiten für die Durchführung eines Planfeststellungsverfahrens entscheiden.

Die als Anzeigebehörde handelnde Planfeststellungsbehörde kann die Zulassungsentscheidung nach § 43 f Abs. 4 S. 4 gem. § 43 Abs. 4 iVm §§ 72 Abs. 1 Hs. 1, 36 Abs. 2 VwVfG auch mit **Nebenbestimmungen** versehen (vgl. Schoch/Schneider/*Weiß* VwVfG § 72 Rn. 80 f.). Beispielsweise kann die Planfeststellungsbehörde gem. § 36 Abs. 2 Nr. 2 VwVfG ihre Zulassungsentscheidung mit der aufschiebenden Bedingung versehen, dass die verfahrensrechtliche Freistellung erst dann wirksam wird, wenn der Vorhabenträger mit den von der Änderung Betroffenen Vereinbarungen hierüber getroffen haben wird (vgl. Abs. 1 S. 2 Nr. 3 Alt. 2; → Rn. 62). 66

F. Rechtsschutz

Lässt die Planfeststellungsbehörde die Änderung nicht zu (eingehend → Rn. 4), kann der Vorhabenträger **Verpflichtungsklage** erheben (Steinbach/Franke Netzausbau/*Fest/Nebel* § 43 f Rn. 73). Für den Fall der Zulassung ist die Entscheidung durch etwaige Drittbetroffene schon deshalb durch **Anfechtungsklage** anfechtbar, weil § 43 f Abs. 1 S. 2 Nr. 3 ausdrücklich auf den Schutz der Rechte anderer abstellt (→ Rn. 52; BVerwG Beschl. v. 31. 7. 2017 – 4 B 12.17, Rn. 7). Da die Entscheidung gem. § 43 f Abs. 4 S. 6 nur dem Vorhabenträger, nicht aber betroffenen Dritten bekannt zu machen ist (→ Rn. 18), können diese gem. § 58 Abs. 2 VwGO regelmäßig binnen Jahresfrist nach Kenntniserlangung Klage erheben (HessVGH Urt. v. 12. 12. 2016 – 6 C 1422/14 T, Rn. 23). 67

§ 43g Projektmanager

(1) Die nach Landesrecht zuständige Behörde kann einen Dritten, der als Verwaltungshelfer beschäftigt werden kann, auf Vorschlag oder mit Zustimmung des Trägers des Vorhabens und auf dessen Kosten mit der Vorbereitung und Durchführung von Verfahrensschritten beauftragen wie
1. der Erstellung von Verfahrensleitplänen unter Bestimmung von Verfahrensabschnitten und Zwischenterminen,
2. der Fristenkontrolle,
3. der Koordinierung von erforderlichen Sachverständigengutachten,
4. dem Qualitätsmanagement der Anträge und Unterlagen der Vorhabenträger,
5. der Koordinierung der Enteignungs- und Entschädigungsverfahren nach den §§ 45 und 45a,
6. dem Entwurf eines Anhörungsberichtes,
7. der ersten Auswertung der eingereichten Stellungnahmen,
8. der organisatorischen Vorbereitung eines Erörterungstermins,
9. der Leitung des Erörterungstermins und
10. dem Entwurf von Entscheidungen.

(2) ¹Die nach Landesrecht zuständige Behörde soll im Falle einer Beauftragung des Projektmanagers mit diesem vereinbaren, dass die Zahlungspflicht unmittelbar zwischen Vorhabenträger und Projektmanager entsteht und eine Abrechnung zwischen diesen erfolgt; Voraussetzung ist, dass der Vorhabenträger einer solchen zugestimmt hat. ²Der Projektmanager ist verpflichtet, die Abrechnungsunterlagen ebenfalls der zuständigen Behörde zu übermitteln. ³Die zuständige Behörde prüft, ob die vom Projektmanager abgerechneten Leistungen dem jeweiligen Auftrag entsprechen, und teilt dem Vorhabenträger das Ergebnis dieser Prüfung unverzüglich mit.

(3) Die Entscheidung über den Planfeststellungsantrag liegt allein bei der zuständigen Behörde.

Literatur: *Appel/Eding*, Der Projektmanager nach § 43 EnWG und § 29 NABEG, EnWZ 2017, 392; *Riege*, Praxisfragen zum Projektmanager – Ein Beitrag zu § 43g EnWG und § 29 NABEG, EnWZ 2022, 170; vgl. auch die Hinweise zu §§ 43 und 43a.[1]

A. Allgemeines

1   Gemeinsam mit den §§ 43f, 43h und 45b wurde § 43g in den 5. Teil des EnWG durch Art. 2 Nr. 6 und 8 des **Gesetzes über Maßnahmen zur Beschleunigung des Netzausbaus Elektrizitätsnetze vom 28.7.2011** aufgenommen (BGBl. 2011 I S. 1690 (1699)). Mit Art. 1 dieses Gesetzes wurde das NABEG (zum NABEG und zur Abgrenzung des Anwendungsbereichs der §§ 43ff. zwischen EnLAG, Bundesbedarfsplan und NABEG, → § 43 Rn. 8ff.). § 29 NABEG und § 43g entsprechen sich inhaltlich weitgehend (zu § 29 NABEG de Witt/Scheuten/

---

[1] Für die Zurverfügungstellung des Textes der Vorauflage danke ich Herrn Prof. Dr. Dominik Kupfer.

Projektmanager **§ 43 g**

Scheuten, 2013, NABEG § 29). Die Planfeststellungsbehörde hat die Möglichkeit, auf Vorschlag oder mit Zustimmung des Vorhabenträgers und auf dessen Kosten, durch die Beauftragung eines privaten Dritten, des sog. **Projektmanagers,** mit der Durchführung bestimmter, nicht abschließend benannter Verfahrensschritte das Zulassungsverfahren insgesamt zu beschleunigen (BR-Drs. 342/11, 56 f.). Das **PlVereinhG** (näher → § 43a Rn. 2) ließ § 43 g unberührt. Da ein Regelungszweck des PlVereinhG die Rechtsvereinheitlichung war, kann aus dem Ausblenden des § 43 g im Zuge dieses Gesetzgebungsverfahrens geschlossen werden, dass der Gesetzgeber nicht beabsichtigt, eine partielle Privatisierung der Planfeststellungsverfahren durch die Aufnahme eines „Projektmanagers" in die Vorschriften des VwVfG zu verallgemeinern.

Durch das **Gesetz zur Beschleunigung des Energieleitungsausbaus** vom 13. 5. 2019 (BGBl. 2019 I S. 706) wurde in S. 1 klargestellt, dass der Projektmanager als Verwaltungshelfer beschäftigt werden kann (BR-Drs. 11/19, 68) und als übertragbare Aufgaben das Qualitätsmanagement der Anträge und Unterlagen sowie die Koordinierung der Enteignungs- und Entschädigungsverfahren nach § 45 (→ Rn. 4) eingefügt. Durch die **Klimaschutz-Sofortprogramm-Novelle** wurde § 43g umfassend neu gefasst (BGBl. 2022 I S. 1214). S. 1 wurde umstrukturiert (nunmehr Abs. 1) und als exemplarische Aufgabe des Projektmanagers der Entwurf von Entscheidungen in Nr. 10 eingefügt, was der Beschleunigung des Genehmigungsverfahrens dienen soll (BT-Drs. 20/2402, 45). Zudem enthält Abs. 2 nun genauere Vorgaben zur Zahlungspflicht zwischen dem Vorhabenträger und dem Projektmanager sowie zu den Abrechnungsunterlagen und einer diesbezüglichen Prüfung durch die zuständige Behörde (→ Rn. 9 ff.). Die Klarstellung, dass die Entscheidungsverantwortung auch bei der Beauftragung eines Projektmanagers bei der Behörde verbleibt, findet sich nunmehr in Abs. 3. Entsprechende Änderungen wurden auch in der Parallelnorm des § 29 NABEG vollzogen. Zu beachten ist, dass die Bundesregierung zum Erlass von **Verwaltungsvorschriften** über die Durchführung des Verfahrens nach § 43 g durch Art. 84 Abs. 2 GG ermächtigt ist, was **§ 117 b** klarstellend wiederholt (→ § 117 b Rn. 1; BT-Drs. 17/6073, 35; aus Art. 84 Abs. 2 folgt eine Ermächtigung aber keine Verpflichtung zum Erlass, Dreier/*Hermes,* Bd. 3, GG Art. 84 Rn. 87). 2

Übernehmen Private die Durchführung einzelner Arbeitsschritte innerhalb eines Verwaltungsverfahrens, handelt es sich um einen Fall **funktionaler Privatisierung** (zu den vier Grundmodellen von Privatisierungstypen *Schoch* DVBl 1994, 962 f.; *Schulze Fietitz* in Hoffmann-Riem/Schmidt-Aßmann/Voßkuhle, Grundlagen des Verwaltungsrechts, 2. Aufl., Bd. 1 § 12 Rn. 91 ff.). **Wesensmerkmal** der funktionalen Privatisierung ist, dass die abschließenden Entscheidungen zwar unverändert durch staatliche Stellen getroffen werden, die eingebundenen Privaten jedoch über einen größeren Verfahrensabschnitt hinweg selbstständig handeln (Erichsen/Ehlers AllgVerwR/*Burgi* § 10 Rn. 31). Dabei bleiben die Privaten allerdings Wirtschaftssubjekte, die zur Erfüllung ihrer vertraglichen Verpflichtungen gegenüber den beauftragenden staatlichen Stellen tätig sind. Sie sind nicht als Personen zu qualifizieren, die unmittelbar Staatsaufgaben wahrnehmen. Hierin liegt der Unterschied zur Beleihung (Ehlers/Fehling/Pünder BesVwR/*Kämmerer* Bd. 1 § 14 Rn. 19). Im Städtebaurecht ist die Einschaltung eines Dritten in das Verfahren zur Aufstellung von Bauleitplänen seit der Einfügung von § 4 b in das BauGB mit dem BauROG 1998 fest etabliert. **Ähnliche Regelungen** zur Beauftragung eines Projektmanagers finden sich nunmehr auch in § 17 h FStrG, § 17a AEG, § 14 f WaStrG und § 28 b PBefG. 3

Gegenwart 1971

B. Übertragung auf den Projektmanager (Abs. 1)

I. Übertragbare Aufgaben

4   Die Ausgestaltung des § 43g entspricht dem Leitbild der funktionalen Privatisierung (→ Rn. 3). Bereits die in den Nr. 1-10 des Abs. 1 ausdrücklich als übertragbar benannten Aufgaben ermöglichen es der Planfeststellungsbehörde, die Durchführung des **Anhörungsverfahrens** (zum Ablauf des Planfeststellungsverfahrens näher → § 43a Rn. 8) sowie die Koordinierung der Sachverständigenaufgaben (Nr. 3) und der **Enteignungs- und Entschädigungsverfahren** gemäß §§ 45, 45a (zum klarstellenden Charakter der Nr. 5 BT-Drs. 19/7375, 62 siehe §§ 45, 45a) weitgehend auf den Projektmanager zu übertragen. Die aufgeführten Aufgaben umfassen neben der zeitlichen Koordinierung auch die Kommunikation mit den Beteiligten, wodurch Beschleunigungseffekte erzielt werden sollen (BerlKommEnergieR/*Pielow* EnWG § 43g Rn. 17f.). Hinzu kommt, dass der **Katalog nicht abschließend** ist („Durchführung von Verfahrensschritten wie"). Das Gegengewicht bildet **Abs. 3**. Die Entscheidung über den Planfeststellungsantrag wird durch diesen „allein" der Behörde vorbehalten. Dieser **Entscheidungsvorbehalt** – zugunsten und zulasten – der **Planfeststellungsbehörde** hat sich schließlich auch im Katalog des Abs. 1 niedergeschlagen und ist auch bei der Heranziehung von Projektmanagern für sonstige Vorbereitungs- oder Durchführungsmaßnahmen zu beachten.

5   Ausgenommen von der Übertragbarkeit auf einen Projektmanager sind deshalb Aufgaben, die bereits einen unmittelbaren inhaltlichen Bezug zur verfahrensabschließenden Entscheidung – dem Erlass des Planfeststellungsbeschlusses oder der Ablehnung des Antrags – haben. So darf nur der Entwurf der Entscheidung durch den Projektmanager erfolgen (Nr. 10). Auch darf allein die „erste" Auswertung **(Nr. 7)** der eingereichten **Stellungnahmen** auf den Projektmanager übertragen werden. Nr. 8 und Nr. 9 erlauben es zwar, den Projektmanager mit der Vorbereitung und der Durchführung des Erörterungstermins zu beauftragen. Den **Anhörungsbericht** selbst darf der Projektmanager jedoch nicht fertigen – nur dessen „Entwurf" **(Nr. 6)** (BerlKommEnergieR/*Pielow* EnWG § 43g Rn. 21; zur Stellungnahme der Anhörungsbehörde Schoch/Schneider/*Weiß* VwVfG § 73 Rn. 392ff.). Zudem ist zu beachten, dass dem Projektmanager mit der Aufgabe der Leitung des Erörterungstermins (Nr. 9) gemäß § 73 Abs. 6 S. 6 iVm § 68 Abs. 3 VwVfG **hoheitliche Befugnisse** zukommen könnten. Da es allerdings an der gesetzlichen Ermächtigung hierfür fehlt, hat die Behörde den Projektmanager diesbezüglich **auf die Moderation zu beschränken** (de Witt/Scheuten/*Scheuten*, 2013, NABEG § 29 Rn. 26f.; BeckOK EnWG/*Winkler*/*Zeccola* § 43g Rn. 14; die Möglichkeit der Ausübung der Hoheitsgewalt durch den Dritten bejahend *Riege* EnWZ 2022, 170 (175f.); zur Erforderlichkeit einer Ermächtigung Schoch/Schneider/*Weiß* VwVfG § 73 Rn. 335ff.; ebenso Schoch/Schneider/*Reimer* VwVfG § 68 Rn. 29; zu den vergaberechtlichen Auswirkungen dessen → Rn. 12). Gegenstände, die im Gegenschluss zum Gesetzeswortlaut von der Übertragbarkeit auf einen Projektmanager ausgenommen sind, wie etwa die finale Auswertung von Stellungnahmen (Nr. 7) oder die Erarbeitung der abschließenden Fassung des Anhörungsberichts (Nr. 6), können nicht mit der Begründung auf einen Dritten übertragen werden, dass der Katalog nicht abschließend sei.

II. Der Projektmanager

Bei dem Projektmanager muss es sich gem. Abs. 1 S. 1 um einen Dritten handeln. Der betreffende Dienstleister wird im Auftrag der Behörde tätig und darf somit weder Mitarbeiter der zuständigen Behörde noch des vorschlagenden oder zustimmenden Vorhabenträgers sein (BeckOK EnWG/*Winkler/Zeccola* § 43 g Rn. 11; zu den Beschäftigungsmöglichkeiten Theobald/Kühling/*Missling/Winkler* EnWG § 43 g Rn. 5 b). Grundsätzlich ist der Projektmanager auf **organisatorische Aufgaben** beschränkt (s. Abs. 1 Nr. 1–5). Allerdings hat der Gesetzgeber mit der Fertigung von Entscheidungsentwürfen (Nr. 10) auch eine Aufgabe eher inhaltlicher Natur in den Katalog der Regelbeispiele übernommen, was vor dem Hintergrund der Grenzen der Übertragbarkeit problematisch erscheint (→ Rn. 14). Die Begründung der Beschlussempfehlung des Ausschusses für Klimaschutz und Energie weist der Einfügung hingegen allein eine klarstellende Funktion zu (BT-Drs. 20/2402, 45). 6

III. Zuständigkeit und behördliches Ermessen

§ 43 g Abs. 1 S. 1 stellt die Möglichkeit der Beauftragung eines Dritten als Projektmanager in das Ermessen der nach Landesrecht für die Planfeststellung und die Anhörung zuständigen Behörden. Des Verweises auf die landesrechtliche Zuständigkeitsregelung bedarf es aufgrund des § 54 Abs. 3 S. 1 (→ § 54 Rn. 50 f.). Der Behörde kommt hierbei sowohl **Entschließungs-** als auch **Auswahlermessen** zu (BerlKommEnergieR/*Pielow* EnWG § 43 g Rn. 26; *Riege* EnWZ 2022, 170 (171)). Bei der Ermessensausübung hat die Behörde den Normzweck der Verfahrensbeschleunigung zu berücksichtigen (vgl. § 40 VwVfG). Die Initiative zur Beauftragung des Projektmanagers kann hierbei vom Vorhabenträger (→ Rn. 8) oder der Behörde ausgehen. Ein **Anspruch auf ermessensfehlerfreie Entscheidung** des Vorhabenträgers besteht **nicht**, da dem Projektmanager in Gestalt der Vorbereitung und Durchführung von Verfahrensschritten allein organisatorische Aufgaben übertragen werden, so dass es sich um eine rein innere Verfahrenshandlung der Behörde handelt, welche – entsprechend der Konzeption des § 43 g (→ Rn. 4) – keine inhaltliche Festlegung beinhaltet. Daher scheidet auch ein Anspruch im Falle einer **Ermessensreduzierung auf Null** erst recht aus (Theobald/Kühling/*Missling/Winkler* EnWG § 43 g Rn. 18; NK-EnWG/*Turiaux* § 43 g Rn. 8; Steinbach/Franke/*Nebel/Riese* EnWG § 43 g Rn. 18; aA *Riege* EnWZ 2022, 170 (171)). 7

IV. Vorschlag oder Zustimmung des Vorhabenträgers

Ohne die **Zustimmung des Vorhabenträgers** (bzw. den Vorschlag) ist die Einbindung eines Projektmanagers nach § 43 g nicht möglich. Das ist folgerichtig, da der Vorhabenträger die hiermit verbundenen Kosten zu tragen hat (ebenso Theobald/Kühling/*Missling/Winkler* EnWG § 43 g Rn. 11; → Rn. 9). Die Möglichkeit der Behörde, einen Projektmanager ohne unmittelbare Kostentragungspflicht des Vorhabenträgers bei der Vorbereitung und Durchführung von Verfahrensschritten einzubinden, bleibt hiervon jedoch unberührt (so auch NK-EnWG/*Turiaux* § 43 g Rn. 2; Steinbach/Franke/*Nebel/Riese* EnWG § 43 g Rn. 17; zu § 29 NABEG BerlKommEnergieR/*Naujoks* NABEG § 29 Rn. 14). Eine **Rücknahme** der Zustimmung durch den Vorhabenträger oder eine **Beendigung** der Beauftragung durch die Behörde sind bei Vorliegen eines sachlichen Grundes möglich (Steinbach/Franke/*Nebel/Riese* EnWG § 43 g Rn. 36; BeckOK EnWG/*Winkler/Zeccola* § 43 g 8

§ 43 g Teil 5. Planfeststellung, Wegenutzung

Rn. 7). Die im Einzelfall relevanten Fragestellungen sollten die Planfeststellungsbehörde und der Vorhabenträger im Rahmen eines von ihnen abzuschließenden **öffentlich-rechtlichen Vertrages** regeln (zu den weiteren Gestaltungsmöglichkeiten BerlKommEnergieR/*Pielow* EnWG § 43g Rn. 30f.). Insoweit empfiehlt es sich, ausdrücklich zu regeln, dass alleine die Planfeststellungsbehörde, unbeeinflusst vom Vorhabenträger, den Projektmanager bestimmt – obgleich es der Vorhabenträger ist, der die Kosten des Projektmanagers zu tragen hat. Denn der Wortlaut des Abs. 1 S. 1 diesbezüglich ist nicht eindeutig (die Umlegung dieser Kosten auf die Netzentgelte erfolgt nach Maßgabe der ARegV; BerlKommEnergieR/*Pielow* EnWG § 43g Rn. 27, 33f.). Der behördliche Entscheidungsvorbehalt des Abs. 3 sollte ausdrücklich geregelt und durch die Vereinbarung eines entsprechenden Haftungsausschlusses abgesichert werden.

C. Kosten, Verfahren und Vergaberecht (Abs. 2)

9   Der **Vorhabenträger** hat zwar die **Kosten** der Einbindung des Projektmanagers zu tragen, **beauftragt** wird der Dritte jedoch **durch die Planfeststellungsbehörde**. Auch das ist folgerichtig, da der Projektmanager der Planfeststellungsbehörde zuarbeitet. Zugleich folgt aus dieser Konstruktion jedoch auch ihre Begrenzung. Ist die Durchführung der zu übertragenden Aufgaben mit einem Arbeitsaufwand und folglich mit einem Auftragsvolumen verbunden, das eine **Ausschreibung nach Vergaberecht** (→ Rn. 12) erforderlich macht, mindert der hiermit verbundene Aufwand die mit der Einschaltung des Privaten beabsichtigten Beschleunigungseffekte (vgl. BR-Drs. 342/11, 56; zum Einfluss auf die Beteiligung des Vorhabenträgers *Appel/Eding* EnWZ 2017, 392 (395)). In dem zwischen dem Projektmanager und der Planfeststellungsbehörde regelmäßig abzuschließenden **Vertrag** sollten insbesondere Vereinbarungen zur Gewährleistung seiner **Neutralität** bei der Erledigung der ihm übertragenen Verfahrensaufgaben sowohl gegenüber dem Vorhabenträger als auch gegenüber den Trägern öffentlicher Belange, Betroffenen und Vereinigungen getroffen werden. Hinsichtlich der **Vertraulichkeit** und der Wahrung des Datenschutzes ist sicherzustellen, dass der Projektmanager „wie die Behörde die Vorschriften einhält" (BR-Drs. 342/11, 57).

I. Zahlungspflicht des Vorhabenträgers

10   Während § 43g bereits in seiner ursprünglichen Fassung die Kostentragungspflicht des Vorhabenträgers vorsah, normiert der 2022 eingefügte Abs. 2 S. 1 (→ Rn. 2) die Vermeidung von Dreieckszahlungen zwischen Projektmanager, Behörde und Vorhabenträger, indem er eine **alleinige Schuldnerschaft** des Vorhabenträgers als Soll-Vorschrift – unter der Bedingung der Zustimmung des Vorhabenträgers – vorsieht. Durch dieses **intendierte Ermessen** soll der Verwaltungsaufwand reduziert werden (BT-Drs. 20/2402, 45). Für den Vorhabenträger entsteht durch die Beteiligung eines Projektmanagers der Nachteil, dass er die Kosten hierfür tragen muss, sich die weiteren Verwaltungsgebühren aber dadurch nicht zwangsläufig reduzieren, da diese oftmals nicht nach behördlichem Aufwand, sondern beispielsweise nach den Investitionskosten bestimmt werden (NK-EnWG/*Turiaux* § 43g Rn. 7a). Allerdings profitiert der Vorhabenträger auch durch die mit der Einschaltung des Projektmanagers bezweckte Verfahrensbeschleunigung (Steinbach/Franke/*Nebel/Riese* EnWG § 43g Rn. 29; kritisch Theobald/Kühling/*Missling/*

Winkler EnWG § 43g Rn. 16, die eine zwingende Gebührenreduzierung vorschlagen).

II. Übermittlung der Abrechnungsunterlagen und Prüfung durch die Behörde

Trotz der Kostentragung durch den Vorhabenträger verpflichtet Abs. 2 S. 2 den Projektmanager, die **Abrechnungsunterlagen** der Behörde zu übermitteln, und S. 3 die zuständige Behörde, die abgerechneten Leistungen zu **überprüfen**. Dies findet seine Berechtigung darin, dass der Projektmanager in die Vorbereitung und Durchführung von Verfahrensschritten der Behörde eingebunden ist, diese somit als Auftraggeberin fungiert und gemäß Abs. 3 auch die Letztverantwortung für die inhaltliche Entscheidung trägt (BT-Drs. 20/2402, 45; → Rn. 15f.). Das Ergebnis dieser Prüfung ist gem. Abs. 3 S. 3 unverzüglich dem Vorhabenträger mitzuteilen. **11**

III. Vergaberechtliche und haushaltsrechtliche Vorgaben

Hinsichtlich der Beauftragung eines Projektmanagers sind die vergabe- und haushaltsrechtlichen Vorgaben zu beachten. Auftraggeber ist ausweislich des Wortlautes des § 43g Abs. 1 die zuständige Behörde und damit ein öffentlicher Auftraggeber iSd § 99 GWB (*Appel/Eding* EnWZ 2017, 392 (394)). Bei der Vergabe der Aufgaben des Abs. 1 handelt es sich um Dienstleistungen iSd § 103 Abs. 4 GWB, so dass sich die **Schwellenwerte** nach § 106 Abs. 2 Nr. 1 GWB iVm Art. 4 RL 2014/24/EU bestimmen (*Riege* EnWZ 2022, 170 (174f.)). Im Unterschwellenbereich gelten die haushaltsrechtlichen Grundsätze der Unterschwellenvergabeordnung (Gabriel/Krohn/Neun/*Reichling,* 3. Aufl. 2021, § 2 Rn. 112ff.). Sofern der Schwellenwert überschritten wird, findet der vierte Teil des GWB sowie die VGV dennoch keine Anwendung, soweit eine Ausnahme nach § 116 Abs. 1 Nr. 1 GWB im Falle von **Rechtsdienstleistungen** vorliegt. Eine solche Rechtsdienstleistung ist gemäß § 116 Abs. 1 Nr. 1 lit. e GWB gegeben, wenn der Auftrag Tätigkeiten, die zumindest teilweise mit der Ausübung von **hoheitlichen Befugnissen** verbunden sind, umfasst. Zwar kommen dem Projektmanager, der regelmäßig als Verwaltungshelfer beschäftigt wird, grundsätzlich keine hoheitlichen Befugnisse zu. Dies könnte jedoch der Fall sein, soweit dieser als Dritter nach § 43g Abs. 2 Nr. 9 ermächtigt wird, den Erörterungstermin zu leiten und ihm somit auch das Hausrecht nach § 73 Abs. 6 S. 6 iVm § 68 Abs. 3 VwVfG obliegt. Allerdings fehlt es für eine Beleihung des Dritten an der erforderlichen Ermächtigungsgrundlage (→ Rn. 5). Somit ist die Anwendbarkeit des vierten Teils des GWB im Oberschwellenbereich in Abhängigkeit von der übertragenen Tätigkeit des Kataloges des Abs. 1 gegeben. Eine generelle Pflicht zur öffentlichen **Ausschreibung** ergibt sich bereits aus § 55 BHO. **12**

D. Grenzen der Übertragbarkeit (insbesondere Abs. 3)

Ein Planfeststellungsbeschluss entfaltet insbesondere Gestaltungs- und Duldungswirkung. Hinzu tritt die enteignungsrechtliche Vorwirkung gem. § 45. Das Fachplanungsprivileg nach § 38 BauGB räumt der Planfeststellung Vorrang gegenüber der Bauleitplanung ein. Weiterer Erlaubnisse oder Genehmigungen zur Verwirklichung seines Leitungsvorhabens bedarf der Vorhabenträger neben dem Planfeststellungs- **13**

§ 43 g

beschluss nicht (zum Ganzen → § 43 c Rn. 5 f.). Die mit diesen Rechtswirkungen verbundene „Durchschlagskraft" eines Planfeststellungsbeschlusses setzt zwingend voraus, dass die **Planfeststellungsbehörde selbst** ihre **fachplanungsrechtliche Gestaltungskompetenz** unter Einhaltung der rechtsstaatlichen Anforderungen des **Abwägungsgebots ausübt** (BT-Drs. 17/6073, 34; Theobald/Kühling/*Missling*/*Winkler* EnWG § 43 g Rn. 8; BeckOK EnWG/*Winkler*/*Zeccola* § 43 g Rn. 14). Insoweit besteht kein Raum für Privatisierung. Die Behörde hat formelle und materielle Anforderungen bei der Einbindung eines Projektmanagers in das Planfeststellungsverfahren zu beachten, um zu gewährleisten, dass sie die ihr vorbehaltene verfahrensabschließende Entscheidung auch tatsächlich selbst fehlerfrei treffen kann.

14 Tatsächlich wird es einer Planfeststellungsbehörde nur schwer gelingen, nachdem sie den **Entwurf des Anhörungsberichts** vom Projektmanager erhalten hat (vgl. Abs. 1 Nr. 6), dessen Vorschläge zum Umgang mit den nicht erledigten Einwendungen zu hinterfragen oder gar vollständig abweichend zu verfahren, wenn sie an dem Verfahren weitgehend nicht beteiligt war. Vor diesem Hintergrund ist es konsequent, dass lediglich die Erarbeitung des Entwurfs des Anhörungsberichts auf den Projektmanager übertragen werden kann (Abs. 1 Nr. 6). Kann die Planfeststellungsbehörde die Erarbeitung der finalen Fassung des Anhörungsberichts aber nicht auf den Projektmanager übertragen, muss sie diese Aufgabe selbst erledigen. Das kann sie aber nur, wenn sie am **Erörterungstermin** auch teilgenommen hat. Damit hat der Gesetzgeber den Ansatz der Sachverständigenkommission zum UGB übernommen (vgl. UGB-KomE § 89 Abs. 2 iVm 5). Es ist sichergestellt, dass die maßgebliche Behörde an der Aushandlung von einvernehmlichen Lösungen (*Steinberg*/*Franke*/*Wickel*/*Müller* Fachplanung § 2 Rn. 8) aber auch am Scheitern von Einigungsversuchen teilnimmt. Selbiges gilt für die übertragbare Aufgabe des Entwurfs von Entscheidungen (Abs. 1 Nr. 10) (BT-Drs. 20/2402, 45), die eine ebenso problematische Übertragung zunehmend inhaltlicher Aufgaben auf den Projektmanager enthält.

15 Auch dann, wenn die Planfeststellungsbehörde einen Projektmanager mit der Durchführung von Verfahrensschritten beauftragt, darf sie sich **zu keinem Zeitpunkt vollständig** aus dem Verfahren **zurückziehen** (so auch BerlKommEnergieR/*Pielow* EnWG § 43 g Rn. 13). Dies stellt Abs. 3 klar. Ihre Erfüllungsverantwortung wandelt sich in eine **Gewährleistungsverantwortung** um (vgl. Erichsen/Ehlers AllgVerwR/*Burgi* § 10 Rn. 35). Die Planfeststellungsbehörde hat **Vorkehrungen** dafür zu treffen, dass der Projektmanager die von ihm übernommenen Aufgaben tatsächlich und fehlerfrei ausführt. Hierzu sollte sich die Planfeststellungsbehörde der Zuverlässigkeit und der Fachkunde des Projektmanagers vor seiner Beauftragung vergewissern, vom Projektmanager regelmäßig über den Fortgang des Verfahrens berichten lassen und stichprobenartig Einblick in die Verfahrensunterlagen nehmen. Insbesondere hat sie darauf zu achten, dass sich die Öffentlichkeit im konkreten Einzelfall effektiv beteiligen kann. Die Behörde darf sich nicht auf eine Rechtmäßigkeitskontrolle des Handelns des Projektmanagers beschränken (NK-EnWG/*Turiaux* § 43 g Rn. 3).

16 Macht sich die Planfeststellungsbehörde die **fehlerhaften Vorarbeiten des Projektmanagers** zu eigen, dann kann „die behördliche Entscheidung infiziert und als rechtswidrig zu qualifizieren sein" (Erichsen/Ehlers AllgVerwR/*Burgi* § 10 Rn. 35). Dementsprechend gilt: Legt die Planfeststellungsbehörde ihrer abschließenden Entscheidung Ausarbeitungen Dritter zugrunde, die den entscheidungsrelevanten Sachverhalt nicht vollständig erfassen, liegt ein **Abwägungsdefizit** vor. Entsprechendes gilt auch für die anderen Kategorien von Abwägungsfehlern (dazu näher *Kupfer*/*Wurster* Die Verwaltung 40 (2007), 239 (273)).

E. Rechtsschutz

Da die Entscheidung über die Beauftragung des Projektmanagers im pflicht- 17
gemäßen Ermessen der Behörde ohne einen korrespondierenden Anspruch des
Vorhabenträgers liegt (→ Rn. 7), **scheidet** eine **gerichtliche Durchsetzung aus.**
Zudem ist die Entscheidung über die Beauftragung des Dritten als reine Verfahrenshandlung einzuordnen, die gemäß § 44a VwGO nicht gerichtlich durchgesetzt
werden kann, es sei denn die Behörde überschreitet die zuvor beschriebenen
Grenzen des § 43g (→ Rn. 15f.) und überträgt die inhaltliche Entscheidung auf
den Dritten (Theobald/Kühling/*Missling*/*Winkler* EnWG § 43g Rn. 18ff.; NK-EnWG/*Turiaux* § 43g Rn. 8f.; aA *Riege* EnWZ 2022, 170 (173f.)). In diesen Fällen
ist die erstinstanzliche Zuständigkeit des OVG gem. § 48 Abs. 1 Nr. 4 VwGO zu beachten, soweit nicht ausnahmsweise das BVerwG nach § 50 Abs. 1 Nr. 6 VwGO
iVm § 43e Abs. 4 EnWG erstinstanzlich zuständig ist (→ § 43e Rn. 3f.).

§ 43h Ausbau des Hochspannungsnetzes

**¹Hochspannungsleitungen auf neuen Trassen mit einer Nennspannung
von 110 Kilovolt oder weniger sind als Erdkabel auszuführen, soweit die
Gesamtkosten für Errichtung und Betrieb des Erdkabels die Gesamtkosten
der technisch vergleichbaren Freileitung den Faktor 2,75 nicht überschreiten und naturschutzfachliche Belange nicht entgegenstehen; die für die
Zulassung des Vorhabens zuständige Behörde kann auf Antrag des Vorhabenträgers die Errichtung als Freileitung zulassen, wenn öffentliche Interessen nicht entgegenstehen. ²Soll der Neubau einer Hochspannungsleitung weit überwiegend in oder unmittelbar neben einer Bestandstrasse
durchgeführt werden, handelt es sich nicht um eine neue Trasse im Sinne
des Satzes 1.**

Übersicht

	Rn.
A. Allgemeines	1
I. Inhalt	1
II. Zweck	4
III. Folgen für die Planfeststellung	5
B. Einzelerläuterungen	8
I. Anwendungsbereich	8
II. Ausführung als Erdkabel – Voraussetzungen (S. 1 Hs. 1)	12
1. Abschnittsbestimmung	12
2. Kostenfaktor Erdkabel/Freileitung nicht größer 2,75	13
3. Keine entgegenstehenden naturschutzfachlichen Belange	15
III. Ausnahmsweise Zulassung Freileitung (S. 1 Hs. 2)	18
C. Behördenentscheidung und Rechtsschutz	22

Literatur: *Sailer,* Ausbau des Stromnetzes – Freileitung oder Erdkabel, NVwZ 2019, 612;
Schiller, Die Pflicht zur Erdverkabelung von Hochspannungsleitungen nach § 43h EnWG,
RdE 2012, 423; *Vogt,* Der Ausbau der Verteilnetze als planungsrechtliche Herausforderung,
RdE 2014, 483; *Weisensee,* Die energierechtliche Planfeststellung von Erdkabeln, 2014.

A. Allgemeines

I. Inhalt

1 § 43h wurde durch Art. 2 Nr. 6 und 8 des **Gesetzes über Maßnahmen zur Beschleunigung des Netzausbaus Elektrizitätsnetze vom 28.7.2011** (BGBl. 2011 I S. 1690) neu in den 5. Teil des EnWG aufgenommen. § 43h selbst ordnet keine Planfeststellungspflichtigkeit oder -fähigkeit bestimmter Vorhaben an, sondern bestimmt **materiell-rechtliche Anforderungen an einen Planfeststellungsbeschluss** (→ Rn. 9). (Allerdings ist die Erfüllung der Vorgaben des § 43h Voraussetzung für die Planfeststellungsfähigkeit „sonstiger Erdkabel" nach § 43 Abs. 2 S. 1 Nr. 4 (→ § 43 Rn. 64)). S. 1 Hs. 1 ordnet für Hochspannungsleitungen auf **neuen Trassen** mit einer Nennspannung von 110 kV oder weniger den grundsätzlichen **Vorrang der Erdverkabelung** vor der Errichtung als Freileitung an. Nach § 43h S. 1 Hs. 2 kann die Planfeststellungsbehörde von diesem Vorrang der Erdverkabelung auf Antrag des Vorhabenträgers ausnahmsweise abweichen, wenn öffentliche Interessen nicht entgegenstehen. Der nachträglich durch das **Gesetz zur Beschleunigung des** Energieleitungsausbaus vom 13.5.2019 (BGBl. 2019 I S. 706) eingefügte S. 2 konkretisiert den Begriff der neuen Trassen aus S. 1 und soll die praktische Handhabbarkeit der Vorschrift verbessern (BT-Drs. 19/9027, 15). § 43h ist eine im Planfeststellungsverfahren nach § 43 **zwingende Rechtsvorschrift** (→ § 43 Rn. 144) und **nicht bloß eine Abwägungsdirektive** (so aber BerlKommEnergieR/*Pielow* EnWG § 43h Rn. 1).

2 Die Frage, ob eine Hochspannungsleitung als Freileitung oder als Erdkabel ausgeführt wird, stellt einen wesentlichen Aspekt der **Gestaltung des konkreten Netzausbaus** dar. Betroffene **Belange** sind etwa: technische Eigenschaften beim Stromtransport, Errichtungskosten, Eingriffe in den Boden- und Wasserhaushalt, Sichtbarkeit – Landschaftsbild, Einwirkungen auf die Tierwelt, Ausbreitung elektrischer und magnetischer Felder; Möglichkeiten zur Bündelung mit anderen Infrastrukturanlagen sowie die Verfügbarkeit im Falle von Wartungs- und Reparaturarbeiten (*Weisensee* Planfeststellung S. 29 ff.). Insbesondere die Anwohner, aber auch betroffene Kommunen, setzen sich regelmäßig für eine Ausführung als Erdkabel ein. Argumente der Betroffenen sind der Schutz des Landschaftsbildes sowie der (oberirdischen) Fauna und Flora, gegebenenfalls geringere Wertverluste von Grundstücken, aber auch Aspekte des Gesundheitsschutzes, da Erdkabel mit Blick auf befürchtete Nachteile durch „Elektrosmog" als weniger gefährlich gelten (*Sailer* NVwZ 2019, 612 (612 f.)). Als die von den Anwohnern bevorzugte Ausführung gelten Erdkabel als **besonders akzeptanzfördernd.** Für die Ausführung eines Vorhabens als Freileitung sprechen dagegen die geringeren **Kosten.** So ist die Errichtung von Freileitungen erheblich günstiger als die Verlegung von Erdkabeln bei einer erheblich längeren prognostizierten Lebensdauer (80 Jahre gegenüber 40 Jahren). Dieser Kostennachteil der Ausführung eines Vorhabens als Erdkabel kann zumeist nicht durch die geringeren Betriebskosten ausgeglichen werden (Nw. bei BerlKommEnergieR/*Pielow* EnWG § 43h Rn. 6). Daneben schonen Freileitungen die Bodenfunktionen sowie die unterirdische Fauna und Flora.

3 Der Gesetzgeber hat sich in § 43h für die Schaffung eines **Regel-Ausnahme-Prinzips** zugunsten der Erdverkabelung entschieden. Für neu zu errichtende Hochspannungsleitungen bis zu 110 kV ist nunmehr die Ausführung als Erdkabel der **gesetzliche Regelfall** (BR-Drs. 342/11, 57). Eine Ausführung als Freileitung

Ausbau des Hochspannungsnetzes §43h

ist nur zulässig, wenn die Voraussetzungen aus § 43h S. 1 Hs. 1 – Faktor Gesamtkosten Erdkabel im Vergleich zur Ausführung als Freileitung nicht größer 2,75, keine entgegenstehenden naturschutzfachlichen Belange – nicht erfüllt sind, oder die Behörde eine Ausnahme nach Hs. 2 zulässt (dann gelten die allgemeinen Regeln für die Zulassung von Hochspannungsleitungen, → Rn. 7.) Die Voraussetzungen des § 43h S. 1 leisten einen **Ausgleich zwischen widerstreitenden Interessen:** So berücksichtigt die Festlegung eines Kostenfaktors die Interessen der Allgemeinheit, durch die Ausführung eines Vorhabens als Erdkabel nicht unangemessen finanziell belastet zu werden. Tatsächlich tragen nämlich im Ergebnis die Stromkunden die zusätzlichen Kosten für eine Erdverkabelung, da die Vorhabenträger die zusätzlichen Kosten gem. § 23 Abs. 1 S. 2 Nr. 6 ARegV auf die Netzentgelte aufschlagen können (→ 13f.). Die erst im Gesetzgebungsverfahren eingefügte zweite Voraussetzung (keine entgegenstehenden naturschutzfachlichen Belange) berücksichtigt die durch eine Erdverkabelung berührten Belange des Naturschutzes (→ 15ff.). Während die Voraussetzungen des Hs. 1 für alle Vorhaben gelten, stellt die Ausnahmeregelung des Hs. 2 sicher, dass die Planfeststellungsbehörde projektspezifische Besonderheiten berücksichtigen kann (→ 18ff.).

II. Zweck

§ 43h dient **unmittelbar** der **Akzeptanzförderung,** indem die von den Anwohnern befürwortete Ausführung neuer Hochspannungsleitungen als Erdkabel zum gesetzlichen Regelfall erhoben wird. **Mittelbar** soll § 43h den **Ausbau der Stromnetze beschleunigen,** indem die politische Durchsetzbarkeit entsprechender Vorhaben erleichtert und Verzögerungen durch Klagen vermieden werden (BeckOK EnWG/*Winkler/Kelly* § 43h Rn. 2; BerlKommEnergieR/*Pielow* EnWG § 43h Rn. 2; Steinbach/Franke/*Riese/Fest* EnWG § 43h Rn. 4). Öffentliche Belange, die im Einzelfall einer Ausführung als Erdkabel entgegenstehen können, werden durch die Zulassungsvoraussetzungen und die Möglichkeit einer behördlichen Ausnahmegenehmigung berücksichtigt (→ Rn. 3). Die Ausgestaltung des § 43h als zwingend zu beachtende Rechtsvorschrift schafft sowohl für die (potenziell) betroffenen Anwohner als auch für die Vorhabenträger **Rechtssicherheit** und bewirkt zugleich eine **Entlastung des Planfeststellungsverfahrens.** 4

III. Folgen für die Planfeststellung

Die Entscheidung, ob ein Vorhaben als Erdkabel oder Freileitung ausgeführt wird, wurde vor Einführung des § 43h im Planfeststellungsverfahren getroffen. Die zuständige Behörde musste dafür die widerstreitenden Interessen ermitteln, bewerten und den Konflikt durch Abwägung (§ 43 Abs. 3) bewältigen. Mit der Schaffung des § 43h hat sich der Gesetzgeber dafür entschieden, diesen Interessenkonflikt bereits auf gesetzlicher Ebene zu bewältigen. Damit einher geht ein **Verlust der für das Planfeststellungsverfahren charakteristischen planerischen Gestaltungsmöglichkeiten** der Planfeststellungsbehörde. Die Planfeststellungsbehörde prüft stattdessen nur die Voraussetzungen des § 43h und übernimmt das Ergebnis. Auch die durch § 43h S. 1 Hs. 2 eröffnete Möglichkeit der Behörde, ausnahmsweise doch eine Ausführung als Freileitung zuzulassen, schafft nur wenig Raum für Planungsermessen, da diese Ausnahme ihrem Zweck entsprechend eng auszulegen ist (→ Rn. 21; dazu auch → 3. Aufl., § 43h Rn. 11). 5

Kloidt 1979

6 Materiell bewirkt § 43h eine **erhebliche Aufwertung des Anwohnerinteresses** an der Ausführung von Vorhaben als Erdkabel. Ohne die Regelungswirkung des § 43h müssten für jedes Vorhaben die Interessen der Anwohner an einer Erdverkabelung (wohl insbesondere der Schutz des Landschaftsbildes) mit entgegenstehenden öffentlichen Interessen an einer Ausführung als Freileitung (insbesondere den erheblich geringeren Kosten) abgewogen werden. Nicht wissenschaftlich belegbare oder fernliegende Gründe, die gegen eine Ausführung als Freileitung sprechen, müssten dagegen unberücksichtigt bleiben. Bei der Anwendung des § 43h ist es aber aufgrund des Anknüpfungspunkts „Akzeptanz" **unerheblich**, ob und in welchem Umfang **tatsächlich berechtigte Gründe für eine Erdverkabelung sprechen** und ob diese **gegenüber den Interessen der Allgemeinheit** an einer Ausführung als Freileitung **überwiegen.**

7 Dem § 43h lässt sich **keine allgemeine Wertung zugunsten von Erdkabeln** entnehmen (*Sailer* NVwZ 2019, 612 (614ff.)) Außerhalb des Anwendungsbereichs des § 43h besteht damit nur eine Pflicht zur sachgerechten Abwägung der Planungsalternativen (OVG Magdeburg Urt. v. 5.12.2018 – 2 K 108/16, NVwZ-RR 2019, 451 (Ls. 1)). Dies bedeutet aber auch, dass die Planfeststellungsbehörde **eine Erdverkabelung bestimmen kann, wenn die Voraussetzungen des § 43h nicht erfüllt sind,** soweit dies nach allgemeinen fachplanerischen Erwägungen geboten ist (BeckOK EnWG/*Winkler/Kelly* § 43h Rn. 21).

B. Einzelerläuterungen

I. Anwendungsbereich

8 Regelungsgegenstand des § 43h sind Hochspannungsleitungen mit einer Nennspannung von 110 kV oder weniger. **Hauptanwendungsfall** des § 43h sind **Verteilernetze mit einer Nennspannung von 110 kV.** Diese haben im ländlichen Raum meist eine Länge von 50 bis 100 km, im städtischen Raum dagegen nur eine Länge von 10 bis 20 km. Ebenfalls erfasst sind die (nur noch selten vorkommenden) Leitungen mit einer Nennspannung von 60 kV sowie im Ausgangspunkt auch Bahnstromfernleitungen mit einer Nennspannung von § 110 kV (zu den Bahnstromfernleitungen → Rn. 9). § 43h erfasst sowohl Gleichstrom- als auch Wechselstromleitungen. Nicht erfasst werden dagegen Höchstspannungsleitungen mit einer Nennspannung von 220 oder 380 kV sowie Leitungen mit Mittelspannung (35 kV oder weniger).

9 Es ist in der Literatur umstritten, ob § 43h nur auf Vorhaben anwendbar ist, für die ein Planfeststellungsverfahren durchgeführt wird, oder ob § 43h auch für Vorhaben gilt, die nach dem einschlägigen Fachrecht ohne Planfeststellungsverfahren zugelassen werden. Die besseren Argumente – insbesondere die systematische Stellung des § 43h im 5. Teil des EnWG – sprechen dafür, **§ 43h nur auf Planfeststellungsverfahren anzuwenden** (BerlKommEnergieR/*Pielow* EnWG § 43h Rn. 7; Steinbach/Franke/*Riese/Fest* EnWG § 43h Rn. 13; BeckOK EnWG/*Winkler/Kelly* § 43h Rn. 8; aA Theobald/Kühling/*Missling* EnWG § 43h Rn. 6; NK-EnWG/*Turiaux* § 43h Rn. 3 sowie → 3. Aufl., § 43h Rn. 1). Für den Hauptanwendungsfall des § 43h – Hochspannungsleitungen mit einer Nennspannung von 110 kV – ist die Durchführung eines **Planfeststellungsverfahrens** gem. § 43 Abs. 1 S. 1 Nr. 1 **obligatorisch.** Für Hochspannungsleitungen mit einer Nennspannung von 60 kV (keine Bahnstromleitungen), die die Voraussetzungen des

§ 43h erfüllen, eröffnet § 43 Abs. 2 S. 1 Nr. 4 die Möglichkeit, nach **Wahl des Vorhabenträgers** ein Planfeststellungsverfahren durchzuführen (→ § 43 Rn. 64). Da die Durchführung eines Planfeststellungsverfahrens für den Vorhabenträger bei komplexen Vorhaben regelmäßig vorteilhaft ist, dürften im Ergebnis allenfalls kleinere Vorhaben nicht von § 43h erfasst werden (BeckOK EnWG/*Winkler/Kelly* § 43h Rn. 8). Für Bahnstromleitungen besteht diese Möglichkeit nicht, sodass § 43h auf diese nicht anwendbar ist.

§ 43h ist gem. S. 1 Hs. 1 nur auf **neue Trassen** anzuwenden. Der Begriff der 10 Trasse wird als konkreter „parzellenscharfer" Verlauf einer Stromleitung einschließlich der Maststandorte und sonstiger Nebeneinrichtungen verstanden. Eine neue Trasse beschreibt damit die **erstmalige Inanspruchnahme von Grundstücken** für die Errichtung einer Hochspannungsleitung (Steinbach/Franke/*Riese/Fest* EnWG § 43h Rn. 22f.). Auf Änderungen an bestehenden Hochspannungsleitungen (etwa Mastverschiebungen), Ausbauten einer bestehenden Hochspannungsleitung oder Ersatzneubauten ist § 43h daher nicht anwendbar (*Sailer* NVwZ 2019, 612 (613)). Keine Bestandstrasse iSd § 43h ist eine bereits geführte Mittelspannungsleitung, selbst wenn diese die Funktion einer Hochspannungsleitung (Verteilernetz) erfüllt und die Errichtung der Hochspannungsleitung keine wesentliche Veränderung an der Trasse erfordert (OVG Bautzen Urt. v. 8.9.2020 – 4 C 18/17, BeckRS 2020, 31668 Rn. 110f.) Die Neuerrichtung einer Hochspannungsleitung **parallel zu einer Bestandsleitung** sollte vom Anwendungsbereich des § 43h nicht erfasst sein (Steinbach/Franke/*Riese/Fest* EnWG § 43h Rn. 24). Umstritten war die Bewertung von Ersatzneubauten, die **abschnittsweise auf und in der Nähe einer bestehenden Trasse** errichtet werden sollten. Einerseits wurde vertreten, unwesentliche Abweichungen sollten (wohl im Wege einer teleologischen Reduktion) unbeachtlich bleiben (Steinbach/Franke/*Riese/Fest* EnWG § 43h Rn. 26; BerlKommEnergieR/*Pielow* EnWG § 43h Rn. 7; OVG Lüneburg Beschl. v. 3.12.2013 – 7 MS 4/13, BeckRS 2013, 59330). Andererseits wurde vertreten, eine Pflicht zur Erdverkabelung könne allenfalls an einem zu hohen Kostenfaktor scheitern (Theobald/Kühling/*Missling* EnWG § 43h Rn. 11). Seit dem 17.5.2019 ist in **§ 43h S. 2** klargestellt, dass die Neuerrichtung einer Hochspannungsleitung weit überwiegend in oder unmittelbar neben einer Bestandstrasse keine neue Trasse iSd S. 1 ist. Nichts Anderes kann für entsprechende Ersatzneubauten gelten. Nach dem Willen des Gesetzgebers liegen Hochspannungsleitungen in oder unmittelbar neben einer Bestandstrasse, wenn die Leitungen optisch eine Einheit bilden – ohne trennende Merkmale wie größere Abstandsflächen, trennende Gehölze, Wasser- oder Siedlungsflächen (BT-Drs. 19/9027, 15). Die Neuregelung überzeugt, da in den dort geregelten Fällen eine Erdverkabelung kaum zu einer Akzeptanzsteigerung und einer damit verbundenen Beschleunigung der Vorhaben führt.

In **zeitlicher Hinsicht** ist § 43h nicht auf Vorhaben anwendbar, die vor dem 11 5.8.2011 beantragt wurden, wenn der Vorhabenträger nicht gem. § 118 Abs. 11 aF eine Anwendung des neuen Rechts beantragt hat (zu den **Altfällen** → 3. Aufl., § 43h Rn. 3f.).

II. Ausführung als Erdkabel – Voraussetzungen (S. 1 Hs. 1)

1. Abschnittsbestimmung. Hochspannungsleitungen im Anwendungsbe- 12 reich des § 43h (→ Rn. 8ff.) sind als Erdkabel auszuführen, wenn die Voraussetzungen des § 43h S. 1 Hs. 1 – Gesamtkostenfaktor nicht größer 2,75 (→ Rn. 13ff.), keine entgegenstehenden naturschutzfachlichen Belange (→ Rn. 15ff.) – erfüllt

§ 43h Teil 5. Planfeststellung, Wegenutzung

sind. Als **Vorfrage** ist zu klären, für welche räumlichen Abschnitte diese Voraussetzungen jeweils vorliegen müssen. Die Verwendung des Wortes „soweit" in § 43 S. 1 Hs. 1 weist darauf hin, dass insbesondere bei größeren Projekten **nicht auf das Gesamtvorhaben** abzustellen ist, sondern eine **Betrachtung verschiedener Teilabschnitte** geboten ist (Steinbach/Franke/*Riese*/*Fest* EnWG § 43h Rn. 36ff.). Es ist daher auch möglich, dass ein Vorhaben abschnittsweise als Erdkabel oder als Freileitung ausgeführt wird, wenn die Voraussetzungen des Hs. 1 nur auf einzelnen Abschnitten erfüllt sind. Umgekehrt sollten die einzelnen Teilabschnitte auch nicht zu klein sein, da ein häufiger Wechsel von Erdkabeln und Freileitungen hohe Kosten verursacht und keinen Beitrag zur Akzeptanzsteigerung leistet. Die Kriterien für die Abschnittsbildung haben sich an den Voraussetzungen aus S. 1 Hs. 1 – Gesamtkosten, Naturschutz – zu orientieren, sollten aber auch die Realisierbarkeit der geforderten Prüfung nicht aus dem Blick verlieren.

13 **2. Kostenfaktor Erdkabel/Freileitung nicht größer 2,75.** Eine Hochspannungsleitung auf einer neuen Trasse ist als Erdkabel auszuführen, wenn die Gesamtkosten für die Erdverkabelung die Gesamtkosten einer technisch vergleichbaren Freileitung um **nicht mehr als den Faktor 2,75 überschreiten (Kostenfaktor,** dazu: NK-EnWG/*Turiaux* § 43h Rn. 7). In dieser Voraussetzung wird deutlich, dass der Gesetzgeber bereit ist, Mehrkosten für die Erdverkabelung bis zu einer bestimmten Grenze – dem Kostenfaktor von 2,75 – zu akzeptieren, um so die Akzeptanz für den Ausbau der Stromnetze zu verbessern (BeckOK EnWG/*Winkler/Kelly* § 43h Rn. 20). Erst wenn der Kostenfaktor von 2,75 überschritten wird, überwiegt das Interesse der Allgemeinheit an einer (kostengünstigeren) Ausführung des Vorhabens als Freileitung. Die durch die Erdverkabelung entstehenden Mehrkosten fallen zunächst bei dem Vorhabenträger an. Dieser kann die Mehrkosten aber – wiederum bis zu einem Faktor von 2,75 – gem. § 23 Abs. 1 S. 2 Nr. 6 ARegV auf die Netzentgelte umlegen, sodass die Mehrkosten für die Ausführung eines Vorhabens als Erdkabel im Endeffekt von den Stromkunden getragen werden.

14 Um den Kostenfaktor zu ermitteln, müssen die Gesamtkosten sowohl für die Ausführung als Erdkabel als auch für die Ausführung als Freileitung ermittelt werden. Dafür ist zunächst **der exakte Verlauf der Trasse innerhalb der Abschnitte zu planen.** Dabei kann es durchaus vorkommen, dass sich die Trassenverläufe je nach Ausführung geringfügig unterscheiden (Steinbach/Franke/*Riese*/*Fest* EnWG § 43h Rn. 33). Anschließend sind die **Gesamtkosten für Errichtung und Betrieb** (§ 43h S. 1 Hs. 1) für beide Ausführungen zu ermitteln Der Begriff der Gesamtkosten ist dabei **weit auszulegen,** um einen realistischen Kostenvergleich der Ausführungsvarianten zu gewährleisten. Zu berücksichtigen sind so nicht nur die Errichtungs- und Betriebskosten, sondern auch die zu erwartenden Lebensdauer und der gegebenenfalls unterschiedliche Stromverlust der Leitungen (BeckOK EnWG/*Winkler/Kelly* § 43h Rn. 22). Zu betrachten sind nicht nur die Stromleitungen selbst, sondern alle für den Betrieb der Stromleitung erforderlichen Anlagen. Als Auslegungshilfe kann auch der **Leitfaden zu Investitionsmaßnahmen nach § 23 ARegV** (www.bundesnetzagentur.de/DE/Beschlusskammern/B K04/BK4_73_InvestM/LeitfadenAntragInv/Archiv/Leitfaden_zu_Investitionsbud getantraegen_2015_node.html) herangezogen werden. Da die Ermittlung der Kosten vor dem eigentlichen Baubeginn notwendigerweise mit Unsicherheiten und Unwägbarkeiten verbunden ist, können die Gesamtkosten nur als **Schätzungen** ermittelt werden. In einem anschließenden Rechtsschutzverfahren können sowohl die Trassierung als auch die Ermittlung der Kosten mit anderslautenden Gutachten angegriffen werden (zum Risiko eines „Gutachterstreits" Steinbach/Franke/*Riese/ Fest* EnWG § 43h Rn. 32; zum „eingeschränkten" Prüfungsmaßstab der Gerichte NK-EnWG/*Turiaux* § 43h Rn. 18).

3. Keine entgegenstehenden naturschutzfachlichen Belange.

Hochspannungsleitung sind nicht als Erdkabel auszuführen, wenn naturschutzfachliche Belange entgegenstehen. Diese zweite Voraussetzung des § 43h S. 1 Hs. 1 wurde erst im Gesetzgebungsverfahren durch den Ausschuss für Wirtschaft und Technologie hinzugefügt (BT-Drs. 17/6366, 19). Sie trägt dem Umstand Rechnung, dass eine **Erdverkabelung** meistens – aber nicht immer – **aus Naturschutzgesichtspunkten vorzugswürdig** ist und eröffnet die Möglichkeit, Naturschutzbelange im Rahmen des § 43h zu berücksichtigen.

Im Gegensatz zu der ersten Voraussetzung (Kostenfaktor) fordert die Berücksichtigung naturschutzfachlicher Belange **keinen Vergleich der Ausführungsvarianten.** Zu prüfen ist nur, ob die Ausführung eines Vorhabens als Erdkabel naturschutzfachliche Belange im Einzelfall so stark beeinträchtigt, dass diese Beeinträchtigungen **im Hinblick auf das Ziel der Verfahrensbeschleunigung durch die Vermeidung von Akzeptanzdefiziten nicht mehr hingenommen werden können (Prüfungsmaßstab).** Es ist daher möglich, dass ein Vorhaben auch dann als Erdkabel auszuführen ist, wenn dies naturfachliche Belange stärker beeinträchtigt als eine Ausführung als Freileitung, die Beeinträchtigungen durch eine Erdverkabelung aber mit Blick auf die Ziele des § 43h (Verfahrensbeschleunigung durch Akzeptanzförderung) hinzunehmen sind.

In der Sache fordert die zweite Voraussetzung des § 43h S. 1 Hs. 1 eine Berücksichtigung der **nachteiligen Auswirkungen einer Erdverkabelung auf den Naturhaushalt.** Der Begriff der naturschutzfachlichen Belange geht damit über den Anwendungsbereich des § 1 Abs. 1 BNatSchG hinaus und erfasst etwa auch Schutzgüter anderer Gesetze (BWaldG, WHG, FFH-RL etc, BeckOK EnWG/ *Winkler/Kelly* § 43h Rn. 25). Praktisch relevant dürften vor allem Beeinträchtigungen der **Bodenfunktionen** etwa von Feuchtbiotopen und Wäldern sowie der im Boden lebenden Tiere und Pflanzen sein. Beeinträchtigungen können einerseits von den Erdkabeln selbst ausgehen. Darüber hinaus beeinträchtigen auch die Arbeiten für die **Errichtung und den Betrieb** naturschutzfachliche Belange.

III. Ausnahmsweise Zulassung Freileitung (S. 1 Hs. 2)

Gem. § 43h S. 1 Hs. 2 „kann" die Planfeststellungsbehörde auf Antrag des Vorhabenträgers, als Ausnahme von der allgemeinen Regel des S. 1 Hs. 1, ein Vorhaben als Freileitung zulassen, wenn öffentliche Interessen nicht entgegenstehen. Der erforderliche **Antrag des Vorhabenträgers** wird in Verbindung mit dem Antrag auf Planfeststellung gestellt, da erst im Planfeststellungsverfahren geprüft werden kann, ob die Voraussetzung für eine ausnahmsweise Zulassung einer Freileitung nach Hs. 2 erfüllt sind (Steinbach/Franke/*Riese/Fest* EnWG § 43h Rn. 52). Zweck dieser Regelung ist es, eine über die allgemeinen Kriterien des Hs. 1 hinausgehende **projektspezifische Einzelfallbetrachtung** ermöglichen. Diesen Zweck des Hs. 2 hat die Behörde bei der Ausübung ihres Ermessens zu berücksichtigen.

Eine Zulassung des Vorhabens als Freileitung ist nur möglich, wenn **öffentliche Interessen** einer solchen Ausführung nicht entgegenstehen. Erfasst sind sämtliche öffentlichen Interessen, die gem. § 43 Abs. 3 auch bei der Planfeststellung zu berücksichtigen sind, wie etwa die in § 1 niedergelegten energiewirtschaftsrechtlichen

Ziele oder Belange des Städtebaus und der Raumordnung (*Schiller* RdE 2012, 423 (427)). Sowohl zur Auslegung des unbestimmten Rechtsbegriffs „öffentliche Interessen" als auch des „Entgegenstehens" bietet sich eine **Orientierung an § 35 Abs. 1 BauGB** an, schließlich handelt es sich bei einer Hochspannungsfreileitung um eine bauliche Anlage im bauplanungsrechtlichen Sinne (so bereits → 3. Aufl., § 43h Rn. 14). Öffentliche Interessen stehen einer Ausführung als Freileitung grundsätzlich erst dann entgegen, wenn sie **mehr als lediglich beeinträchtigt werden**. Eine solche zurückhaltende Auslegung des Begriffs „entgegenstehen" dient auch dem Zweck der Ausnahmeregelung, der Behörde eine Würdigung atypischer Einzelfälle zu ermöglichen.

20 Nicht zu berücksichtigen sind dagegen **private Interessen**. Teilweise wird angenommen, die Kosten für Errichtung und Betrieb, naturschutzfachliche Belange (so Steinbach/Franke/*Riese*/*Fest* EnWG § 43h Rn. 48) sowie Verzögerungen aufgrund von Akzeptanzdefiziten (so BerlKommEnergieR/*Pielow* EnWG § 43h Rn. 14; BeckOK EnWG/*Winkler*/*Kelly* § 43h Rn. 30) könnten einer Ausführung als Freileitung nicht entgegenstehen, da diese bereits durch die Berücksichtigung in S. 1 „verbraucht" seien. Diese Ansicht verkennt jedoch, dass in S. 1 nur geprüft wird, ob diese Belange einer Ausführung als Erdkabel entgegenstehen. Im Hinblick auf die Zulassung einer Freileitung können diese Belange daher nicht „verbraucht" sein. Der Ausführung eines Vorhabens als Freileitung können folglich sehr wohl naturschutzfachliche Belange entgegenstehen (BerlKommEnergieR/*Pielow* EnWG § 43h Rn. 14). Dem – kritikwürdigen – Gesetzeszweck des § 43h entsprechend (dazu bereits → Rn. 4, 6), können auch drohende Verzögerungen infolge von Akzeptanzdefiziten als „öffentliche Interessen" entgegenstehen (Steinbach/Franke/ *Riese*/*Fest* EnWG § 43h Rn. 49).

21 Der Planfeststellungsbehörde steht bei der Entscheidung über einen Antrag nach Halbsatz 2 ein **Ermessen** zu („kann"). Bei der Ausübung ihres Ermessens hat die Behörde jedoch zu berücksichtigen, dass die Ausführung eines Vorhabens als Erdkabel gesetzlich gewollt ist, wenn die Voraussetzungen des Hs. 1 erfüllt sind. Diese durch das Gesetz bestimmte, allgemeine Regel darf die Behörde nicht unterlaufen. Gefordert ist damit eine **restriktive Anwendung des Ermessens** (BeckOK EnWG/*Winkler*/*Kelly* § 43h Rn. 29). Damit wird auch berücksichtigt, dass der Begriff des „Entgegenstehens" im Hs. 2 eng ausgelegt wird, sodass als Kompensation eine restriktive Ermessensanwendung erforderlich ist. Die Zulassung von Freileitungen ist damit auf **Sondersituationen** beschränkt, die sich aus den spezifischen Besonderheiten eines Vorhabens ergeben und daher in der allgemeinen Regel des Hs. 1 nicht berücksichtigt sind. Die Begründung des Gesetzentwurfs nennt als Beispiel die Errichtung einer Hochspannungsleitung auf einer gemeinsamen Trasse mit einer auf Grundlage des NABEG zugelassenen Höchstspannungsfreileitung (BR-Drs. 342/11, 57). Ein Beispiel aus der Literatur beschreibt die Neuerrichtung einer Freileitung, wobei eine neue Trassenführung gewählt wird, die einen zusätzlichen Abstand zur Wohnbebauung einhält, sodass auch die Umsetzung des Vorhabens als Freileitung die Akzeptanz bereits fördert (*Schiller* RdE 2012, 423 (424)). Gemeinsam ist diesen Beispielen, dass eine Erdverkabelung ausnahmsweise nicht die Akzeptanz für ein Vorhaben erhöhen würde.

C. Behördenentscheidung und Rechtsschutz

Die **Planfeststellungsbehörde** bestimmt auf Grundlage der **durch die Vorhabenträger erstellten Planungsunterlagen,** ob Vorhaben gem. § 43h S. 1 Hs. 1 als Erdkabel auszuführen sind und entscheidet über Anträge der Vorhabenträger auf ausnahmsweise Zulassung einer Freileitung gem. § 43h S. 1 Hs. 2. Die Behörde kann ihre Entscheidung zum einen erst nach der vollständigen Durchführung des Planfeststellungsverfahrens treffen. Praktisch werden aber sowohl die Vorhabenträger als auch die betroffenen Anwohner auf eine **frühzeitige Entscheidung** über die zulässige Ausführungsvariante drängen, um Planungssicherheit zu schaffen. Eine frühzeitige Behördenentscheidung legt auch der Zweck des § 43h nahe: So kann § 43h seine akzeptanzfördernde Wirkung nur entfalten, wenn rasch Klarheit über die Ausführung eines Vorhabens als Erdkabel geschaffen wird. Die Realisierung des Vorhabens wird beschleunigt, wenn die Vorhabenträger nicht parallele Planungen für beide Ausführungsvarianten erstellen müssen (grundsätzlich zu dieser Problematik: Theobald/Kühling/*Missling* EnWG § 43h Rn. 7f.). Ob aber ein Anspruch auf eine vorzeitige Entscheidung der Behörde besteht (so *Schiller* RdE 2012, 423 (429)) muss bezweifelt werden. Allerdings dürfte sie regelmäßig dem Gebot entsprechen, Verwaltungsverfahren einfach, zweckmäßig und zügig durchzuführen (§ 10 S. 2 VwVfG). Letztlich handelt es sich um ein **Gebot klugen Verwaltungshandelns** sein. 22

Der Rechtsschutz gegen die Zulassung eines Vorhabens als Erdkabel oder Freileitung richtet sich nach den allgemeinen Regeln zum Rechtsschutz gegen einen Planfeststellungsbeschluss (zum Rechtsschutz gegen einen Planfeststellungsbeschluss → § 43 Rn. 189 ff.). Dies gilt auch dann, wenn die Behörde frühzeitig (also vor Durchführung des vollständigen Planfeststellungsverfahrens → Rn. 22) über den Planfeststellungsantrag entscheidet und diesen gegebenenfalls verwirft (NK-EnWG/*Turiaux* § 43h Rn. 16f.). 23

§ 43i Überwachung

(1) ¹**Die für die Zulassung des Vorhabens zuständige Behörde hat durch geeignete Überwachungsmaßnahmen sicherzustellen, dass das Vorhaben im Einklang mit den umweltbezogenen Bestimmungen des Planfeststellungsbeschlusses oder der Plangenehmigung durchgeführt wird; dies gilt insbesondere für Bestimmungen zu umweltbezogenen Merkmalen des Vorhabens, dem Standort des Vorhabens, für Maßnahmen, mit denen erhebliche nachteilige Umweltauswirkungen ausgeschlossen, vermindert oder ausgeglichen werden sollen, für bodenschonende Maßnahmen sowie für Ersatzmaßnahmen bei Eingriffen in Natur und Landschaft. ²Die Überwachung nach diesem Absatz kann dem Vorhabenträger aufgegeben werden. ³Bereits bestehende Überwachungsmechanismen, Daten und Informationsquellen können für die Überwachungsmaßnahmen genutzt werden.**

(2) **Die für die Zulassung des Vorhabens zuständige Behörde kann die erforderlichen Maßnahmen treffen, um sicherzustellen, dass das Vorhaben im Einklang mit den umweltbezogenen Bestimmungen des Planfeststellungsbeschlusses oder der Plangenehmigung durchgeführt wird.**

§ 43i

(3) § 28 des Gesetzes über die Umweltverträglichkeitsprüfung ist nicht anzuwenden.

Literatur: *Bunge,* Neue Anforderungen an die Umweltverträglichkeitsprüfung: die UVP-Änderungsrichtlinie 2014, NVwZ 2014, 1257; vgl. auch die Hinweise zu § 43.

A. Allgemeines

1 § 43i Abs. 1 S. 1 gewährleistet die Konformität von Vorhaben mit den **umweltbezogenen Bestimmungen** des Planfeststellungsbeschlusses oder der Plangenehmigung, indem die zuständige Behörde verpflichtet wird diese durch geeignete **Überwachungsmaßnahmen** sicherzustellen (→ Rn. 3 ff.). Gem. Abs. 1 S. 2 kann die Überwachung auch dem **Vorhabenträger aufgegeben** werden (→ Rn. 8 f.). Die Nutzung der zur Überwachung erforderlichen Daten, die bereits vorhanden sind, wird durch Abs. 1 S. 3 ermöglicht (→ Rn. 10). Auf der Grundlage der Überwachung nach Abs. 1 kann die Behörde gem. Abs. 2 Maßnahmen vornehmen, um den Einklang des Vorhabens mit den umweltbezogenen Bestimmungen der Zulassung sicherzustellen (→ Rn. 11). Schließlich regelt Abs. 3 den Ausschluss der allgemeinen Überwachungsnorm des § 28 UVPG. Letzterer enthält die Subsidiarität für Überwachungsmaßnahmen bereits in Abs. 1 S. 1, so dass es der Regelung in § 43i Abs. 3 nicht bedurft hätte. § 43i gilt aufgrund des Verweises in § 18 Abs. 5 NABEG auch für die Planfeststellung nach dem **Netzausbaubeschleunigungsgesetz,** sofern dieses keine abweichenden Regelungen vorsieht (BR-Drs. 164/17, 139; hierzu umfassend Theobald/Kühling/*Keienburg* NABEG § 18 Rn. 45 ff.).

2 Die Norm wurde durch Art. 2 Abs. 6 des Gesetzes zur Modernisierung des Rechts der Umweltverträglichkeitsprüfung (BGBl. 2017 I S. 2808) in das EnWG eingefügt und dient ebenso wie § 28 UVPG der Umsetzung des Art. 8a Abs. 4 der RL 2014/52/EU (**UVP-Änderungsrichtlinie;** BT-Drs. 18/11499, 24, 96). In der Folge wurde in § 43i Abs. 1 S. 1 der Maßnahmenzweck „für bodenschonende Maßnahmen" durch Art. 1 des Gesetzes zur Beschleunigung des Energieleitungsausbaus eingefügt (BGBl. 2019 I S. 706; → Rn. 6).

B. Einzelerläuterungen

I. Sicherstellung der Konformität mit umweltbezogenen Bestimmungen (Abs. 1 S. 1)

3 Abs. 1 S. 1 verpflichtet die zuständige Behörde dazu, durch ein **Monitoring** die Beachtung der umweltbezogenen Bestimmungen aus dem Planfeststellungsbeschluss oder der Plangenehmigung sicherzustellen.

4 **1. Verpflichtung der zuständigen Behörde.** Die Zuständigkeit zur Überwachung und den entsprechenden Maßnahmen nach § 43i Abs. 1, 2 folgt der Zuständigkeit für die Zulassung des Vorhabens. Gem. § 43 Abs. 1, 2 bestimmt sich die **Zuständigkeit** für das Planfeststellungsverfahren sowohl bei planfeststellungspflichtigen, als auch bei planfeststellungsfähigen Vorhaben nach dem jeweiligen Landesrecht, soweit es sich nicht um ein Vorhaben im Anwendungsbereich des NABEG handelt, für welches die BNetzA zuständig ist (→ § 43 Rn. 183).

Überwachung **§ 43i**

2. Planfeststellungsbeschluss oder Plangenehmigung. Voraussetzung für 5
die Überwachungsmaßnahmen nach § 43i ist ein Planfeststellungsbeschluss oder
eine Plangenehmigung für das Vorhaben, welche umweltbezogene Vorgaben
(→ Rn. 6) enthalten. Die Umweltverträglichkeitsprüfung ist nach § 4 UVPG unselbstständiger Teil verwaltungsbehördlicher Verfahren, so auch des **Planfeststellungsverfahrens** (allgemein zum Verhältnis von Planfeststellungsverfahren und
der Umweltverträglichkeitsprüfung → § 43 Rn. 187 f.). Dass auch die **Plangenehmigung** von § 43i erfasst ist, erstaunt vor dem Hintergrund, dass durch diese Norm
der Gesetzesbegründung zufolge nur Art. 8 a Abs. 4 der RL 2014/52/EU umgesetzt
werden sollte (BT-Drs. 18/11499, 119). Allerding kann gem. § 74 Abs. 6 S. 1 Nr. 3
VwVfG eine Plangenehmigung an Stelle eines Planfeststellungsbeschlusses nur erteilt werden, soweit nicht andere Vorschriften eine Öffentlichkeitsbeteiligung erfordern. Dies ist jedoch im Kontext der UVP in Form des § 18 UVPG typischerweise
der Fall und war so auch bereits vom Gesetzgeber bei Einführung des Abs. 6 S. 1
Nr. 3 vorgesehen (BT-Drs. 17/9666, 20; so auch BerlKommEnergieR/*Pielow*
EnWG § 43i Rn. 4; zu den Besonderheiten der Plangenehmigung Schneider/
Theobald/*Hermes* § 8 Rn. 151 ff.). Eine Zulassung durch Plangenehmigung kommt
daher nur in Frage, wenn nach § 65 Abs. 2 S. 1 UVPG keine Verpflichtung zur
Durchführung einer UVP besteht. Insofern liegt ein redaktionelles Versehen des
Gesetzgebers nahe, da von solchen Vorhaben keine erheblichen nachteiligen Umweltauswirkungen ausgehen können, wie es § 43i Abs. 1 S. 1 fordert (vgl. § 74
Abs. 6 S. 1 Nr. 1 VwVfG; BeckOK EnWG/*Rietzler* § 43i Rn. 2).

3. Umweltbezogene Bestimmungen des Planfeststellungsbeschlusses 6
oder der Plangenehmigung. Durch die Verpflichtung der zuständigen Behörde
zur Überwachung soll die Konformität des Vorhabens mit den **umweltbezogenen Bestimmungen** des Planfeststellungsbeschlusses oder der Plangenehmigung
sichergestellt werden. Diese umweltbezogenen Bestimmungen sind aufgrund der
UVP, die Teil der Planfeststellung ist, im Zulassungsbescheid nach § 26 Abs. 1 Nr. 1
UVPG – meist als umweltrechtliche **Nebenbestimmungen** (BT-Drs. 18/11499,
119) – anzugeben. Bei diesen umweltbezogenen Bestimmungen kann es sich ausweislich des S. 1 unter anderem um Bestimmungen zu den umweltbezogenen
Merkmalen (zB Lärmschutzauflagen) sowie zu dem Standort des Vorhabens (zB
Abstandsregelungen), um den Ausschluss, den Ausgleich oder die Verminderung
von erheblichen nachteiligen Umweltauswirkungen sowie um bodenschonende
Maßnahmen und Ersatzmaßnahmen bei Eingriffen in Natur und Landschaft (Kompensationsmaßnahmen nach § 15 Abs. 2 BNatSchG) handeln (BerlKommEnergieR/*Pielow* EnWG § 43i Rn. 6). Die Aufnahme bodenschonender Maßnahmen
in S. 1 erfolgte aufgrund der Beschlussempfehlung des Ausschusses für Wirtschaft
und Energie durch Art. 1 des Gesetzes zur Beschleunigung des Energieleitungsausbaus (→ Rn. 2), um den vor- und nachsorgenden Bodenschutz zu stärken (BT-Drs.
19/8913, 28; 19/9027, 15)

4. Geeignete Überwachungsmaßnahmen. Die Einhaltung der umweltbezo- 7
genen Bestimmungen (→ Rn. 6) ist durch geeignete Überwachungsmaßnahmen
von der Behörde sicherzustellen, die das Ergreifen von **Abhilfemaßnahmen** bei
Nichteinhaltung ermöglichen (BT-Drs. 17/11499, 119). Die geeigneten Mechanismen zum Monitoring sind bereits im Planfeststellungsbeschluss zu beschreiben, § 26
Abs. 1 Nr. 2 UVPG. Soweit fachrechtlich bereits Überwachungsmechanismen vorgesehen sind, stellt Abs. 1 S. 3 klar, dass diese auch zur Überwachung nach § 43i genutzt werden können (→ Rn. 10). Die durch § 43i umgesetzte RL 2014/52/EU hält

Gegenwart 1987

§ 43 i Teil 5. Planfeststellung, Wegenutzung

in Art. 8a Abs. 4 fest, dass die Art der zu überwachenden Parameter und die Dauer der Überwachung der Art, dem Standort und dem Umfang des Projekts sowie dem Ausmaß seiner Auswirkungen auf die Umwelt angemessen sein müssen. Durch die **Beschränkung** auf erhebliche Nachteile kann die zuständige Behörde sich auf die Überwachung der wesentlichen Vorgaben des Planfeststellungsbeschlusses bzw. der Plangenehmigung beschränken, soweit es sich um Bestimmungen zum Ausschluss, zur Verminderung oder zum Ausgleich von Umweltauswirkungen handelt (anders NK-EnWG/*Turiaux* § 43i Rn. 2 der dies auf alle umweltbezogenen Vorschriften bezieht). Die Überwachungsmaßnahmen dienen unabhängig davon, ob sie durch die Behörde selbst oder den Vorhabenträger (→ Rn. 8f.) wahrgenommen werden, dem Zweck, der Behörde Kenntnis von Verstößen gegen die umweltbezogenen Bestimmungen zu verschaffen und Maßnahmen zur Sicherstellung der Konformität mit ebendiesen Bestimmungen zu ermöglichen (→ Rn. 10).

II. Übertragung der Überwachung an den Vorhabenträger (Abs. 1 S. 2)

8   Die Überwachung der Einhaltung umweltbezogener Bestimmungen kann nach Abs. 1 S. 2 auch dem Vorhabenträger aufgegeben werden. Der Vorhabenträger berichtet in der Folge über seine Überwachungsmaßnahmen an die zuständige Behörde (NK-EnWG/*Turiaux* § 43i Rn. 3). Eine solche **Eigenüberwachung** war in Art. 8a Abs. 4 RL 2014/52/EU, der durch § 43i umgesetzt wurde, nicht vorgesehen, aber auch nicht ausgeschlossen. Die Eigenüberwachung ist aber auf den Anwendungsbereich des § 43i beschränkt; eine generelle Umweltüberwachung kann hierauf nicht gestützt werden (BeckOK EnWG/*Rietzler* § 43i Rn. 8). Die zuständige Behörde hat hinsichtlich der Übertragung der Überwachung an den Vorhabenträger Ermessen. Bei der Eigensicherung handelt es sich um eine das Verursacherprinzip umsetzende **Indienstnahme Privater**, da die Betreiber in Form der Überwachungspflicht mit einer öffentlichen Aufgabe betraut werden, dies aber im Unterschied zur Beleihung nicht freiwillig erfolgt und keine Hoheitsbefugnisse übertragen werden (Schoch/Schneider/*Schoch* VwVfG § 1 Rn. 175; BerlKomm-EnergieR/*Pielow* EnWG § 43i Rn. 7).

9   Aufgrund des mit der Indienstnahme verbundenen Eingriffs in die Berufs- und Eigentumsfreiheit des Vorhabenträgers aus Art. 12 Abs. 1; 14 Abs. 1 GG werden Bedenken erhoben, ob die Ermächtigung in Abs. 1 S. 2 dem grundrechtlichen **Gesetzesvorbehalt** gerecht wird (BerlKommEnergieR/*Pielow* EnWG § 43i Rn. 7). Das überzeugt nicht. Bezüglich der Bestimmtheit des Abs. 1 S. 2 ist zu berücksichtigen, dass die Pflicht des Vorhabenträgers zur Überwachung in hohem Maße von den jeweiligen fachrechtlichen Umweltvorgaben abhängig ist und daher auch durch diese bestimmt wird. Zudem sind an den Grad der Bestimmtheit bei einer solchen Berufsausübungsregel geringere Anforderungen als bei der Berufswahl zu stellen (Sachs/*Mann* Art. 12 Rn. 109). Hinsichtlich des Kostenaufwandes der Eigenüberwachung besteht kein Bestimmtheitsdefizit. So ist bezüglich eigener Leistungspflichten im Grundsatz von einer Tragung der eigenen Kosten auszugehen (zu anderen Eigenüberwachungspflichten Landmann/Rohmer UmweltR/*Dietlein* BImSchG § 7 Rn. 49; *Jarass* BImSchG, 13. Aufl. 2020, § 7 Rn. 8; Landmann/Rohmer UmweltR/*Ganske* WHG § 61 Rn. 25; *Kloepfer* Umweltrecht, 4. Aufl. 2016, § 16 Rn. 225). Des Weiteren wird der Vorhabenträger oftmals bereits im Eigeninteresse die Konformität des Vorhabens mit den umweltbezogenen Bestimmungen kontrollieren, um etwaigen umweltrechtlichen Auflagen gerecht zu werden. Es handelt sich bei der Ver-

Überwachung §43i

pflichtung zur Überwachung um eine sachnahe und unternehmenstypische Tätigkeit, weswegen an die **Verhältnismäßigkeit** keine erhöhten Anforderungen zu stellen sind (zu den Kriterien der Sachnähe und der unternehmenstypischen Tätigkeit BVerfGE 22, 380 (386); BVerfGE 30, 292 (324ff.); v. Mangoldt/Klein/Starck/ *Manssen* Art. 12 Rn. 202; zur Verhältnismäßigkeit der mit der Indienstnahme einhergehenden finanziellen Belastungen am Beispiel des Telekommunikationsbereiches BVerfGE 125, 260 (358ff.)).

III. Nutzung bestehender Überwachungsmechanismen, Daten und Informationsquellen (Abs. 1 S. 3)

Dem Gesetzesentwurf zufolge soll S. 3 klarstellen, dass bereits bestehende **Überwachungsmechanismen,** Daten und Informationsquellen genutzt werden können um Mehraufwand zu vermeiden (BT-Drs. 19/11499, 119; so auch Art. 8a Abs. 4 RL 2014/52/EU). Dies gilt nicht nur für die Behörde, sondern auch für die Vorhabenträger, soweit diese im Rahmen der Eigenüberwachung nach Abs. 1 S. 2 tätig werden (→ Rn. 8f.). Die bestehenden Überwachungsmechanismen umfassen insbesondere die §§ 26ff. BImSchG; § 13 Abs. 2 Nr. 2 lit. c, d WHG; § 17 Abs. 7 BNatSchG (BeckOK EnWG/*Rietzler* § 43i Rn. 9). Diese bestehenden eigenständigen Mechanismen kommen unbeschadet des Abs. 1 S. 3 weiterhin zur Anwendung. S. 3 hat diesbezüglich nur **subsidiären Charakter** (BerlKommEnergieR/*Pielow* EnWG § 43i Rn. 9). Bei den erfassten **Daten und Informationsquellen** handelt es sich um solche, die in anderen Verfahren erlangt beziehungsweise zugänglich gemacht wurden, wie beispielsweise Emissions- und Geodaten (zum Begriff und zum Anspruch auf Zurverfügungstellung letzterer → § 43k Rn. 1ff., 11). 10

IV. Erforderliche Maßnahmen zur Sicherstellung der Umsetzung der umweltbezogenen Bestimmungen (Abs. 2)

Auf der Grundlage der Überwachung durch die Behörde oder der Eigenüberwachung (→ Rn. 8f.) gibt Abs. 2 der Behörde die **Ermächtigung,** die erforderlichen Maßnahmen zu treffen, um sicherzustellen, dass das Vorhaben entsprechend den umweltbezogenen Bestimmungen des Planfeststellungsbeschlusses oder der Plangenehmigung durchführt wird **(Befugnisnorm).** Auch hierbei verfügt die Behörde über **Entschließungs- und Auswahlermessen** (BT-Drs. 18/11499, 119), ist aber selbstverständlich an den Verhältnismäßigkeitsgrundsatz gebunden. Zu beachten ist, dass auf der Grundlage des Abs. 2 nur Maßnahmen zur Sicherstellung der Wahrung der umweltbezogenen Bestimmungen des Planfeststellungsbeschlusses bzw. der Plangenehmigung vorgenommen werden können. Darüber hinausgehende Maßnahmen können nur auf das entsprechende **Fachrecht** gestützt werden (BeckOK EnWG/*Rietzler* § 43i Rn. 10). 11

C. Rechtsschutz

Im Kontext des § 43i sind verschiedene Konstellationen des Rechtsschutzes denkbar. Soweit ein **Vorhabenträger** gegen die umweltrechtlichen Bestimmungen des Planfeststellungsbeschlusses oder der Plangenehmigung vorgehen möchte, muss er den entsprechenden Beschluss bzw. die Genehmigung angreifen (→ § 43 Rn. 189ff.; → § 43e Rn. 1ff.;) oder soweit es sich um eine Nebenbestimmung handelt und diese 12

Gegenwart

§ 43j Teil 5. Planfeststellung, Wegenutzung

teilbar ist gegen diese vorgehen. Sowohl bei der Anordnung von Überwachungsmaßnahmen (→ Rn. 7), als auch bei der Aufgabe der Eigenüberwachung (→ Rn. 8f.) und den Durchsetzungsmaßnahmen nach Abs. 2 (→ Rn. 11) handelt es sich um **Verwaltungsakte**, so dass diese durch Widerspruch und Anfechtungsklage angegriffen werden können (BeckOK EnWG/*Rietzler* § 43i Rn. 11; zu § 28 UVPG Schink/Reidt/Mitschang/*Reidt*/*Augustin*, 2018, UVPG § 28 Rn. 8).

13 Hinsichtlich des Rechtsschutzes für von dem Vorhaben betroffene **Dritte** ist zu beachten, dass die Überwachungsbefugnis hinsichtlich der umweltbezogenen Bestimmungen des Abs. 1 S. 1 ebenso wie das UVPG **keinen Drittschutz** vermittelt, da diese grundsätzlich allein im öffentlichen Interesse erfolgen (zum UVPG VGH München Urt. v. 26.1.1993 – 8 A 92.40143, NVwZ 1993, 906; Schoch/Schneider/*Wahl*/*Schütz* VwGO § 42 Abs. 2 Rn. 267; Koch/Hoffmann/Reese Handbuch Umweltrecht/*Sanden*, 5. Aufl. 2018, § 13 Rn. 205; explizit offengelassen in BVerwG Urt. v. 13.12.2007 – 4 C 9.06, NVwZ 2008, 563 Rn. 43). Ausnahmsweise kann aber ein **Anspruch auf ermessensfehlerfreie Entscheidung** über die Vornahme von Durchsetzungsmaßnahmen nach Abs. 2 bestehen, wenn die umweltbezogenen Regelungen gezielt zugunsten der Klagenden festgesetzt wurden (BeckOK EnWG/*Rietzler* § 43i Rn. 12). Sowohl die Überwachungsmaßnahmen nach Abs. 1, unabhängig davon ob sie durch die Behörde oder in Eigenüberwachung erfolgen, als auch die Durchsetzungsmaßnahmen des Abs. 2 sind zudem **umweltrechtsbehelfsfähig** nach § 1 Abs. 1 S. 1 Nr. 6 UmwRG (BeckOK EnWG/*Rietzler* § 43i Rn. 13; Landmann/Rohmer UmweltR/*Fellenberg*/*Schiller* UmwRG § 1 Rn. 117ff.), so dass Vereinigungen iSd § 2 UmwRG klagebefugt sind.

§ 43j Leerrohre für Hochspannungsleitungen

¹Bei Vorhaben im Sinne von § 43 Absatz 1 Satz 1 Nummer 2 bis 4 oder Absatz 2 Satz 1 Nummer 2 bis 4 können Leerrohre nach § 43 Absatz 2 Satz 1 Nummer 6 in ein Planfeststellungsverfahren einbezogen werden, wenn
1. die Leerrohre im räumlichen und zeitlichen Zusammenhang mit der Baumaßnahme eines Erdkabels verlegt werden und
2. die zuständige Behörde anhand der Umstände des Einzelfalls davon ausgehen kann, dass die Leerrohre innerhalb von 15 Jahren nach der Planfeststellung zur Durchführung einer Stromleitung im Sinne von § 43 Absatz 1 Satz 1 Nummer 2 bis 4 oder Absatz 2 Satz 1 Nummer 2 bis 4 genutzt werden.

²Gegenstand des Planfeststellungsverfahrens und des Planfeststellungsbeschlusses sind die Verlegung der Leerrohre, die spätere Durchführung der Stromleitung und deren anschließender Betrieb. ³Für die Nutzung der Leerrohre zur Durchführung einer Stromleitung und zu deren anschließendem Betrieb bedarf es keines weiteren Genehmigungsverfahrens, wenn mit der Durchführung der Stromleitung innerhalb der Frist des § 43c Nummer 1 begonnen wird und sich die im Planfeststellungsverfahren zugrunde gelegten Merkmale des Vorhabens nicht geändert haben. ⁴Die Einbeziehung von Leerrohren nach Satz 1 kann auf einzelne Abschnitte des betroffenen Vorhabens beschränkt werden.

Leerrohre für Hochspannungsleitungen **§ 43j**

Literatur: *Franke/Karrenstein,* Neue Instrumente zur Beschleunigung des Netzausbaus, EnWZ 2019, 195; *Holznagel,* Beschleunigter Stromleitungsausbau im gestuften Verfahren – ein Abschied auf Raten?, ZUR 2020, 515; *Kelly/Schmidt,* Energieleitungsausbau auf der infrastrukturellen Überholspur, AÖR 2019, 577; *Leidinger,* Netzausbaubeschleunigung zum Zweiten, NVwZ 2020, 1377; *Mehde,* Die nächste Runde der Beschleunigungsdiskussion – Planungsverfahren und Infrastrukturentwicklung als Organisations- und Managementaufgabe, DVBl. 2020, 312; *Ruge,* NABEG 2.0: Einmal mehr Beschleunigung von Planungsverfahren, ER 2019, 135; *Schlacke/Römling,* Die Novelle von NABEG und EnWG 2019: Beschleunigung des Planungsverfahrens durch Verfahrensvereinfachung und Flexibilisierung, DVBl. 2019, 1429.

A. Allgemeines

Die Vorschrift des § 43j wurde eingeführt durch das Gesetz zur Beschleunigung 1 des Energieleitungsausbaus vom 13.5.2019 (BGBl. 2019 I S. 706). Sie führt eine **optionale Planfeststellung** für **Leerrohre** ein, die „bei Gelegenheit" der Verlegung von Erdkabeln realisiert werden sollen. Hintergrund ist die naheliegende Erkenntnis, dass es „volkswirtschaftlich deutlich sinnvoller und gleichzeitig wesentlich umweltverträglicher" ist, die „geringe Wahrscheinlichkeit nicht für Leitungen benötigter Leerrohre hinzunehmen, als die umfänglichen Prüfungen und Tiefbauarbeiten zweimal vorzunehmen" (so die Regierungsbegründung in BT-Drs. 19/7375, 36). Intendiert ist damit eine Verringerung der Anzahl von Genehmigungsverfahren (*Leidinger* NVwZ 2020, 1377 (1379)). Den Vorteil, dass mit Hilfe von Leerrohren absehbare zukünftige Leitungsvorhaben **schneller, wirtschaftlicher** und **umweltfreundlicher** verwirklicht werden können, hatte der Gesetzentwurf der Bundesregierung vor allem für Offshore-Anbindungsleitungen (landseitiger Teil der Anbindungsleitungen) im Blick (BT-Drs. 19/7375, 62; zum Kostenaspekt *Holznagel* ZUR 2020, 515 (519 f.)). Die Möglichkeit einer Einbeziehung von Leerrohren in Planfeststellungsverfahren **auch bei Verteilernetzen** wurde im Gesetzgebungsverfahren durch den Ausschuss für Wirtschaft und Energie hinzugefügt (Beschlussempfehlung in BT-Drs. 19/8913, 28 und Bericht in BT-Drs. 19/9027, 15).

Nach der **Systematik der Norm** ist zu unterscheiden zwischen dem primären 2 Planfeststellungsverfahren für Erdkabel (→ Rn. 4), in das die Planfeststellung für Leerrohre einbezogen werden kann. In S. 1 sind neben diesen primären Verfahren die Voraussetzungen für die Einbeziehung bestimmt (→ Rn. 11–14). Der Gegenstand der einbezogenen Planfeststellung wird in S. 2 genauer festgelegt (→ Rn. 7–9) und durch die Klarstellung in S. 4 ergänzt, dass Gegenstand der Einbeziehung auch Leerrohre sein können, die nur auf einzelnen Abschnitten des primären Leitungsvorhabens realisiert werden sollen. S. 3 präzisiert die Rechtswirkungen der einbezogenen Planfeststellung und ihre Grenzen (→ Rn. 15–17).

B. Optionale Planfeststellung für Leerrohre

Bei der Einbeziehung von Leerrohren in ein Planfeststellungsverfahren für Erd- 3 kabel nach jeder der Varianten des § 43 handelt es sich um eine **optionale Planfeststellung,** die Einbeziehung erfolgt also **nur auf Antrag** des Vorhabenträgers (näher → § 43 Rn. 46). Dies ergibt sich aus dem Zusammenhang zwischen § 43j und § 43 Abs. 2 S. 1 Nr. 6 (vgl. dort die Formulierung des Absatzes 2: „Auf Antrag des Trägers des Vorhabens …"). Der Antragssteller ist hinsichtlich der Voraussetzungen nach § 19 S. 4 Nr. 5 NABEG darlegungspflichtig.

Hermes/Kupfer 1991

§ 43j Teil 5. Planfeststellung, Wegenutzung

I. Primäres Verfahren: Planfeststellung für Erdkabel

4   In Satz 1 sind zunächst die Vorhaben bestimmt, in die die Planfeststellung für Leerrohre einbezogen werden kann. Dabei handelt es sich um **alle in § 43 vorgesehenen** obligatorischen und optionalen **Planfeststellungen für Erdkabel**. Die Einbeziehung von Leerrohren in eine Planfeststellung für Freileitungen ist – auch für Teilabschnitte – nicht zulässig (Beck OK EnWG/*Rietzler* § 43j Rn. 5; *Ruge* ER 2019, 135 (137)).

II. Sekundäres Vorhaben: Leerrohre (S. 2)

5   Das sekundäre Vorhaben, das in die primäre Planfeststellung einbezogen werden kann, ist definiert zunächst durch den Begriff des Leerrohrs, sodann durch den Zweck, Stromleitungen aufzunehmen, die die Kriterien des § 43 für die Planfeststellung von Erdkabeln erfüllen, und schließlich durch die in Satz 2 umschriebenen Tätigkeiten der Verlegung, der späteren Durchführung einer Stromleitung und des Betriebs der Stromleitung.

6   **1. Verlegung der Leerrohre.** Gegenstand der Planfeststellung ist zunächst die Verlegung der Leerrohre. Dabei können auch Kabeltunnel und technische Lösungen zB für Flussquerungen vorgesehen werden (BT-Drs. 19/7375, 62). Die konkrete Lage und Gestalt des Leerrohrs ist im Planfeststellungsbeschluss festzulegen.

7   **2. Zweck: Stromleitungen (Erdkabel) nach § 43.** Das Vorhaben, das in das primäre Verfahren (→ Rn. 4) integriert werden kann, ist durch seinen Zweck genauer definiert: Das Leerrohr muss dem Zweck dienen, später eine „Stromleitung im Sinne von § 43 Absatz 1 Satz 1 Nummer 2 bis 4 oder Absatz 2 Satz 1 Nummer 2 bis 4" aufzunehmen. Mit dieser Bezugnahme auf **alle in § 43 vorgesehenen Erdkabelvorhaben** wurde der Kreis der für die Durchführung in Leerrohren geeigneten Projekte denkbar weit gezogen. Insbesondere die sonstigen Erdkabel für Hochspannungsleitungen mit einer Nennspannung von 110 kV oder weniger (§ 43 Abs. 2 S. 1 Nr. 4) öffnet den Anwendungsbereich der Vorschrift auch für Verteilernetze.

8   **3. Durchführung und Betrieb der Stromleitung.** Gegenstand der Planfeststellung wird durch die Einbeziehung nach § 43j neben der Verlegung der Leerrohre auch die spätere **Durchführung der Stromleitung** durch das Rohr und der **Betrieb der Stromleitung**. Das bedeutet zum einen, dass die **wesentlichen Merkmale der Stromleitung** im Planfeststellungsbeschluss definiert sein müssen, weil anderenfalls die Reichweite der Planfeststellungswirkung (→ Rn. 15–16) nicht bestimmt werden kann. Wie nämlich § 43j S. 3 bestimmt, dürfen sich die „Merkmale des Vorhabens" zum Zeitpunkt der Durchführung der Stromleitung gegenüber den im Planfeststellungsbeschluss zugrunde gelegten Merkmalen nicht geändert haben. Das setzt voraus, dass der Planfeststellungsbeschluss Aussagen zu diesen Merkmalen enthält. „Hinsichtlich der späteren Durchführung der Stromleitung und deren Betrieb sind im Entscheidungstenor des Planfeststellungsbeschlusses insoweit basierend auf dem Antrag des Vorhabenträgers bestimmte angenommene technische Parameter (z. B. Spannungsebene) für die künftige Stromleitung festzulegen. Die technische Prüfung einschließlich der Umweltverträglichkeitsprüfung legt diese Parameter zugrunde." (BT-Drs. 19/7375, 63).

9   Zum anderen folgt daraus, dass die Planfeststellung sich auch auf die spätere Durchführung und den Betrieb der Stromleitung erstreckt sowie dass **Sicherheits-**

und **Umweltanforderungen** an die spätere Durchführung der Leitung und an deren Betrieb zum **Prüfprogramm der Planfeststellung** gehören (BT-Drs. 19/7375, 62; BeckOK EnWG/*Rietzler* § 43j Rn. 9; *Leidinger* NVwZ 2020, 1377 (1379)).

4. Abschnittsweise Einbeziehung (S. 4). Durch S. 4 wird klargestellt, dass die 10 Einbeziehung von Leerrohren auch abschnittsweise erfolgen kann. Wenn also nur für einen oder mehrere Abschnitte eines primären Vorhabens die Einbeziehung von Leerrohren beantragt wird, so ist zum Nachweis des Bedarfs (Planrechtfertigung) darzulegen, wie die später durchzuführende Stromleitung auf den **Teilabschnitten ohne Leerrohr** realisiert werden kann (BT-Drs. 19/9027, 19).

III. Voraussetzungen für die Einbeziehung

1. Räumlicher und zeitlicher Zusammenhang (S. 1 Nr. 1). Erste Voraus- 11 setzung dafür, dass Leerrohre in das primäre Verfahren einbezogen werden können, ist, dass sie im räumlichen und zeitlichen Zusammenhang mit der Baumaßnahme eines Erdkabels verlegt werden. Bei der **Baumaßnahme eines Erdkabels** kann es sich nur um das Vorhaben handeln, welches Gegenstand des primären Verfahrens ist. Der **räumliche und zeitliche Zusammenhang** ist mit Hilfe des Zwecks der Norm zu konkretisieren. Nur dort, wo der Beschleunigungseffekt erzielt wird, wo ein deutlicher wirtschaftlicher Vorteil durch die Leerrohre erzielt wird und wo die Umweltbeeinträchtigungen deutlich geringer sind als bei einer gesonderten Realisierung des zweiten Vorhabens, kann von einem räumlichen und zeitlichen Zusammenhang die Rede sein. Wenn das **Leerrohr in der Trasse** (vgl. dazu § 3 Nr. 6 NABEG) **des Erdkabels** verlegt wird, dürfte der Zusammenhang regelmäßig zu bejahen sein (BeckOK EnWG/*Rietzler* § 43j Rn. 5). Ob dagegen das Kriterium eines Abstandes von 200 m für die Definition des Ersatzneubaus (§ 3 Nr. 4 NABEG) auf den räumlichen Zusammenhang des § 43j übertragbar ist, erscheint zweifelhaft (aA und insgesamt für eine Orientierung an § 3 Nr. 4 -6 NABEG Theobald/Kühling/*Keienburg* NABEG § 18 Rn. 23; BeckOK EnWG/*Rietzler* § 43j Rn. 5). Umgekehrt kann bei besonderen topographischen Verhältnissen möglicherweise auch ein Abstand von mehr als 200 m tolerabel sein (so auch BeckOK EnWG/*Rietzler* § 43j Rn. 5).

2. Positive Bedarfsprognose (S. 1 Nr. 2). Die zweite Voraussetzung für die 12 Einbeziehung von Leerrohren in das primäre Verfahren ist eine **positive Bedarfsprognose,** wonach davon ausgegangen werden kann, dass innerhalb von 15 Jahren nach der Planfeststellung das **Leerrohr für eine Stromleitung genutzt** wird, die die **Kriterien der in § 43 definierten Erdkabelprojekte** (→ § 43 Rn. 7) erfüllt. Mit der behördlichen Prognose soll eine rechtswidrige „Vorratsplanung" verhindert werden (BT-Drs. 19/7375, 62; *Schlacke/Römling* DVBl 2019, 1429 (1430f.); zur Zweckmäßigkeit des Erfordernisses Beck OK EnWG/*Rietzler* § 43j Rn. 6). Bei dem Prognosehorizont von 15 Jahren hat der Gesetzgeber sich an der Frist zur Ausnutzung des Planfeststellungsbeschlusses nach § 43c orientiert. Leerrohre können also auf Antrag des Vorhabenträgers planfestgestellt werden, wenn „Anhaltspunkte die Prognose der zuständigen Behörde erlauben, dass die Rohre in einem Zeitraum von 15 Jahren für Kabel genutzt werden" (BT-Drs. 19/7375, 62). Es handelt sich um eine **spezifische Art der Planrechtfertigung,** die einerseits durch abgeschwächte Anforderungen – nur durch Prognose für die Zukunft zu ermittelnden – Bedarf gekennzeichnet ist, andererseits aus dem zeitlichen und räumlichen Zusam-

§ 43j Teil 5. Planfeststellung, Wegenutzung

menhang mit dem eigenständig gerechtfertigten Erdkabelvorhaben und den daraus resultierenden Vorteilen (→ Rn. 1, 13) einen Teil ihrer Rechtfertigung zieht.

13 **Grundlage der Prognose** ist der Netzentwicklungsplan sowie der Szenariorahmen (BT-Drs. 19/7375, 62). Hinsichtlich der Verteilernetze wird als Grundlage der Prognose auf die Netzausbauberichte nach § 14 verwiesen (BT-Drs. 19/9027, 15). Zukünftig wird es auch maßgeblich auf die Netzausbaupläne nach § 14d ankommen.

14 **Zuständig** für die Prognose ist die **Planfeststellungsbehörde** (→ § 43 Rn. 85 ff.). Der Vorhabenträger muss in seinem Antrag nach 43 Abs. 2 S. 1 Nr. 6 nachvollziehbar Umstände darlegen, die eine Nutzung der Leerrohre 15 Jahre nach Planfeststellung wahrscheinlich erscheinen lassen (Beck OK EnWG/*Rietzler* § 43j Rn. 7). Die Planfeststellungsbehörde hat gleichwohl eine eigenständige Prognosekompetenz und darf sich weder allein auf Prognosen des Vorhabenträgers stützen noch sich darauf beschränken, solche Prognosen im Sinne einer Plausibilitätskontrolle nur „nachzuvollziehen". Eine besondere Bedeutung bei der Prognose sollte den Netzentwicklungsplänen nach § 12b und § 12c (*Kelly/Schmidt* AÖR 2019, 577 (596)) und den Netzausbauplänen nach § 14d zukommen.

C. Rechtswirkungen und ihre Grenzen (S. 3)

15 Die Rechtswirkungen der Planfeststellung für die Leerrohre richten sich nach § 43 Abs. 2 S. 1 Nr. 6, Abs. 4 iVm §§ 72ff. VwVfG, nach § 43c sowie nach der speziellen Regelung in § 43j S. 3. Dieser S. 3 macht die Rechtswirkungen der Planfeststellung nach den allgemeinen Regeln (→ § 43c Rn. 5–11) abhängig von der Beachtung der Frist des § 43c Nr. 1 sowie davon, dass sich die Merkmale des Vorhabens nicht geändert haben.

16 Durch den Verweis auf § 43c Nr. 1 in S. 3 wird eine **Frist von zehn Jahren** mit einer Verlängerungsmöglichkeit von fünf Jahren auf Antrag des Vorhabenträgers durch die Planfeststellungsbehörde normiert. Die Frist beginnt mit der Unanfechtbarkeit des Planfeststellungsbeschlusses. Innerhalb dieser Frist muss mit der Durchführung der Stromleitung begonnen werden. Das bedeutet die Vornahme konkreter Realisierungsmaßnahmen, die über die Planung oder Beauftragung hinausgehen. Bei Überschreitung der Frist bedarf es eines neuen eigenständigen Planfeststellungsverfahrens nach den Regeln für Erdkabel nach § 43.

17 Ausnahmsweise ist ein **neues Zulassungsverfahren** für die Durchführung und für den Betrieb der Stromleitung nach dem dann einschlägigen Fachrecht erforderlich, wenn „sich die der Prüfung zugrunde gelegten technischen Parameter oder sonstigen **zulassungsrelevanten Merkmale** der Durchführung oder des Betriebs der Stromleitung **in planungsrelevanter Weise ändern**" (BT-Drs. 19/7375, 63). Ob das dann erforderliche neue Zulassung im Wege eines Änderungsverfahrens möglich ist (so die Regierungsbegründung, BT-Drs. 19/7375, 63), richtet sich nach dem dann (zum Zeitpunkt der Beantragung der Durchführung und des Betriebs der Stromleitung) geltenden Recht.

§ 43k Zurverfügungstellung von Geodaten

¹Soweit für die Planfeststellung, die Plangenehmigung oder das Anzeigeverfahren Geodaten, die bei einer Behörde oder einem Dritten zur Erfüllung öffentlicher Aufgaben vorhanden sind, benötigt werden, sind diese Daten auf Verlangen dem Vorhabenträger, den von ihm Beauftragten oder den zuständigen Planfeststellungsbehörden der Länder für die Zwecke der Planfeststellung, der Plangenehmigung oder des Anzeigeverfahrens zur Verfügung zu stellen. ²Der Betreiber von Einheiten Kritischer Infrastrukturen im Sinne von § 2 Absatz 5 der Verordnung zur Bestimmung Kritischer Infrastrukturen nach dem BSI-Gesetz kann die Bereitstellung von Geodaten verweigern, wenn diese Daten besonders schutzbedürftig sind. ³Der Betreiber kann in diesem Fall die Geodaten über ein geeignetes Verfahren zur Verfügung stellen, wenn ihm die Datenhoheit über seine Geodaten garantiert wird. ⁴Die §§ 8 und 9 des Umweltinformationsgesetzes und entsprechende Regelungen des Landesrechts bleiben unberührt.

Übersicht

	Rn.
A. Allgemeines	1
B. Zurverfügungstellung von Geodaten (S. 1)	3
I. Anspruchsberechtigte	3
1. Vorhabenträger	3
2. Beauftragte	4
3. Planfeststellungsbehörden	5
II. Anspruchsverpflichtete	7
1. Behörde	7
2. Dritte	8
3. Vorhanden sein zur Erfüllung öffentlicher Aufgaben	9
4. Berechtigung zur Weitergabe	10
III. Geodaten	11
IV. Notwendigkeit für Verfahren und Zweckbindung der Daten	12
V. Zurverfügungstellung auf Verlangen	14
C. Verweigerungsrecht für Betreiber Kritischer Infrastrukturen (S. 2 und 3)	16
I. Betreiber von Einheiten Kritischer Infrastrukturen	17
II. Besondere Schutzbedürftigkeit der Geodaten	20
III. Verweigerungsrecht (S. 2) und geeignetes Verfahren (S. 3)	21
D. Abgrenzung zu UIG und Landesrecht (S. 4)	24
E. Rechtsschutz	26

Literatur: *Martini/Kolain/Neumann/Rehorst/Wagner*, Datenhoheit – Annäherung an einen offenen Leitbegriff, MMR-Beil. 2021, 3.

A. Allgemeines

S. 1 normiert einen **Anspruch** des Vorhabenträgers – beziehungsweise des von 1
ihm Beauftragten – und der Planfeststellungsbehörden auf Zurverfügungstellung
von Geodaten für die Planfeststellung und -genehmigung sowie für das Anzeigever-

§ 43k
Teil 5. Planfeststellung, Wegenutzung

fahren (→ Rn. 3 ff.). Die **S. 2 und 3** enthalten eine **Ausnahme** von der Pflicht zur Verfügungstellung für Betreiber Kritischer Infrastruktur (→ Rn. 16 ff.). **S. 4** verweist auf den Schutz öffentlicher sowie sonstiger Belange nach dem UIG und den entsprechenden landesrechtlichen Normen (→ Rn. 24 f.). § 43k wurde durch Art. 1 des Gesetzes zur Beschleunigung des Energieleitungsausbaus vom 13.5.2019 (BGBl. 2019 I S. 706) in das EnWG eingefügt. Die Norm war im ursprünglichen Regierungsentwurf nicht enthalten, sondern wurde in der Beschlussempfehlung des Ausschusses für Wirtschaft und Energie aus dem Entwurf zu **§ 31 Abs. 4 NABEG** übernommen (BT-Drs. 19/7375, 25; BT-Drs. 19/9027, 15).

2 Der Regierungsentwurf zur **Parallelnorm des § 31 Abs. 4 NABEG** ging davon aus, dass durch die Übermittlung von Geodaten für die Behörden kein zusätzlicher Aufwand entstehe, da diese bereits durch die RL 2007/2/EG (**INSPIRE-RL;** umfassend hierzu Schneider/Theobald EnergieWirtschaftsR-HdB/*Bartsch* § 7 Rn. 52 ff.) zur Bereitstellung von Geodaten verpflichtet seien (BT-Drs. 19/7375, 47). Die INSPIRE-RL wurde durch das **GeoZG** und entsprechende Landesgesetze umgesetzt (BT-Drs. 16/10530, 11; → Rn. 7). Des Weiteren werden die ÜNB und die Behörden durch **§ 12d** Abs. 2 S. 2 zur Bereitstellung notwendiger Informationen für das Monitoring durch die Regulierungsbehörde verpflichtet, wovon auch Geodaten umfasst sind (BT-Drs. 19/7375, 51; → § 12d Rn. 12 f.).

B. Zurverfügungstellung von Geodaten (S. 1)

I. Anspruchsberechtigte

3 **1. Vorhabenträger.** Durch die Anspruchsgrundlage aus S. 1 werden der Vorhabenträger selbst, seine Beauftragten und die Planfeststellungsbehörden berechtigt Geodaten von den verpflichteten Behörden und Dritten zu verlangen. Der Begriff des Vorhabenträgers bezieht sich auf die planfeststellungsbedürftigen Energieleitungsvorhaben des § 43 Abs. 1, wie beispielsweise Hochspannungsfreileitungen, Gasversorgungsleitungen und Anbindungsleitungen von LNG-Anlagen sowie die planfeststellungsfähigen Vorhaben nach § 43 Abs. 2 wie Erdkabel für Hochspannungsleitungen und Leerrohre (→ § 43 Rn. 47 ff.). Anspruchsberechtigte Vorhabenträger sind die jeweiligen **Betreiber** der planfeststellungs-, plangenehmigungs- oder anzeigepflichtigen bzw. -fähigen Anlage (zum Begriff des Vorhabenträgers Schoch/Schneider/*Weiß* VwVfG § 73 Rn. 55 ff.).

4 **2. Beauftragte. Beauftragte** des Vorhabenträgers werden ebenfalls vom Anspruch des § 43k S. 1 erfasst, soweit diese die Geodaten für ihren Auftrag benötigen. Hierbei handelt es sich vornehmlich um den Vorhabenträger bei der Planung unterstützende Experten wie Planungsbüros, die der Regierungsentwurf zur Parallelnorm des § 31 Abs. 4 S. 1 NABEG auch exemplarisch nennt (BT-Drs. 19/7375, 82).

5 **3. Planfeststellungsbehörden.** Über den Vorhabenträger und seine Beauftragten hinaus sind des Weiteren die zuständigen Planfeststellungsbehörden **der Länder** durch § 43k S. 1 berechtigt, Geodaten von den Verpflichteten (→ Rn. 7 f.) zu verlangen. Ebenso wie für die zuvor genannten Berechtigten ist der Anspruch auf die Zwecke der Planfeststellung, der Plangenehmigung und des Anzeigeverfahrens beschränkt. Die **Zuständigkeit** der Planfeststellungsbehörden ergibt sich im Planfeststellungsverfahren, bei der Plangenehmigung und im Anzeigeverfahren aus

Zurverfügungstellung von Geodaten **§ 43 k**

§§ 43 Abs. 1 S. 1, Abs. 2 S. 1; 43b Nr. 2; 43f Abs. 2 S. 1, Abs. 3, Abs. 4 S. 1 sowie aus dem jeweiligen Landesrecht (zu Ausnahmen bei länderübergreifenden und grenzüberschreitenden Vorhaben → § 43 Rn. 183).
Auch wenn im Gesetzesentwurf des § 31 Abs. 4 S. 1 NABEG auch die **Bundes-** 6 **netzagentur** als berechtigte Behörde des Bundes genannt wird (BT-Drs. 19/7375, 82) und die Beschlussempfehlung des Ausschusses für Wirtschaft und Energie umfassend auf diesen Gesetzesentwurf verweist (BT-Drs. 19/9027, 15), ist die Bundesnetzagentur vom Wortlaut des § 43k S. 1 nicht umfasst. Eine Berechtigung der Bundesnetzagentur ist aber auch nicht erforderlich, da – soweit diese bei länderübergreifenden und grenzüberschreitenden Höchstspannungsleitungen ausnahmsweise zuständig ist – die Planfeststellung nach den §§ 18ff. NABEG erfolgt und daher ein Anspruch auf Zurverfügungstellung der Geodaten aus § 31 Abs. 4 S 1 NABEG besteht (BeckOK EnWG/*Winkler/Kelly* § 43k Rn. 11.1). Somit ist die Bundesnetzagentur im Kontext des § 43k S. 1 allein als verpflichtete Stelle relevant (→ Rn. 7).

II. Anspruchsverpflichtete

1. Behörde. Zur Bereitstellung von Geodaten werden durch § 43k S. 1 vor- 7 nehmlich **Behörden** verpflichtet. Diese Verpflichtung besteht allerdings nur, soweit die Daten bei der Behörde bereits vorhanden sind und diese zur Weitergabe berechtigt ist. Es wird also keine Pflicht zur Datenerhebung, sondern allein zur Zurverfügungstellung begründet (BT-Drs. 19/7375, 82). Zudem wird die Behörde nur zur Weitergabe verpflichtet, wenn sie auch zu dieser berechtigt ist (→ Rn. 10). Erfasst vom Behördenbegriff des § 43k S. 1 werden alle geodatenhaltenden Stellen des **Bundes** und der bundesunmittelbaren juristischen Personen des öffentlichen Rechts iSd §§ 2 Abs. 1; 3 Abs. 8 GeoZG iVm § 2 Abs. 1 UIG sowie die geodatenhaltenden Stellen der **Länder** einschließlich der Kommunen nach den entsprechenden Geodatenzugangsgesetzen. Eine Übersicht über die Geodatenzugangsgesetze findet sich unter www.bmuv.de/themen/bildung-beteiligung/umweltinformation/um weltinformationsgesetz/uebersicht-der-geodatenzugangsgesetze-der-bundes laender).

2. Dritte. Durch S. 1 werden auch **Dritte** zur Weitergabe von Geodaten ver- 8 pflichtet, wenn und soweit diese Daten zur Erfüllung öffentlicher Aufgaben vorhanden sind. Der Kreis der verpflichteten Dritten ist hierbei weit auszulegen und wird allein durch die Erlangung zur Erfüllung öffentlicher Aufgaben beschränkt (→ Rn. 9). Bei den Dritten wird es sich oftmals um Telekommunikationsanbieter sowie um andere ÜNB und VNB handeln, da diese über die in Frage stehenden Geodaten verfügen und diese meist zur Erfüllung öffentlicher Aufgaben erlangt haben (BeckOK EnWG/*Winkler/Kelly* § 43k Rn. 12.1).

3. Vorhanden sein zur Erfüllung öffentlicher Aufgaben. Sowohl bei der 9 zur Bereitstellung verpflichteten Behörde als auch bei den von S. 1 erfassten Dritten müssen die Geodaten zur Erfüllung öffentlicher Aufgaben vorhanden sein. Der Begriff der öffentlichen Aufgabe ist in Ermangelung speziellerer Anforderungen in Anlehnung an die §§ 1 Abs. 4; 56 Abs. 1 S. 1 VwVfG zu bestimmen und umfasst somit alle **Aufgaben an deren Erledigung ein öffentliches Interesse** besteht, unabhängig davon, ob diese in privatrechtlicher Form ausgeführt werden (BeckOK EnWG/*Winkler/Kelly* § 43k Rn. 17; Stelkens/Bonk/Sachs/*Bonk/Neumann/Siegel* § 56 Rn. 29; grundlegend zur Erfüllung öffentlicher Aufgaben durch Private *Voß*-

Gegenwart 1997

kuhle VVDStRL 62 (2003), 266; Voßkuhle/Eifert/*Möllers*/*Baer*, Grundlagen des Verwaltungsrechts, 3. Aufl., Bd. 1 § 13 Rn. 16). Anders als § 56 Abs. 1 S. 1 VwVfG ist § 43 k S. 1 jedoch nicht auf Behörden beschränkt, sondern umfasst auch **Private**, wodurch die Pflicht zur Bereitstellung von Geodaten aus S. 1 über §§ 5 Abs. 1; 4 Abs. 1; 2 Abs. 1, 2 GeoZG und die entsprechenden Landesgesetze hinaus geht (→ Rn. 7 f.). Dadurch wird die Möglichkeit geschaffen, auch von Privaten Geodaten zu verlangen, wenn diese eine Aufgabe im öffentlichen Interesse, wie beispielsweise im Bereich der Daseinsvorsorge, erfüllen und die Geodaten für die Planfeststellung, die Plangenehmigung oder das Anzeigeverfahren benötigt werden (→ Rn. 12 f.).

10 **4. Berechtigung zur Weitergabe.** Die zur Bereitstellung Verpflichteten müssen zudem zur Weitergabe berechtigt sein. Daran fehlt es, wenn die Behörde oder der Dritte die Daten selbst nur zu beschränkten eigenen Zwecken erlangt hat und die Weitergabe durch den Berechtigten beschränkt wurde (BT-Drs. 19/7375, 82). Es kommen insbesondere **datenschutzrechtliche Beschränkungen** durch die Art. 5 f. DS-GVO in Betracht (BeckOK EnWG/*Winkler*/*Kelly* § 43 k Rn. 16). So können Geodaten nur zweckgebunden mit der datenhaltenden Stelle geteilt worden sein und diese nicht zur Weitergabe berechtigt sein (**Zweckbindungsgrundsatz** des Art. 5 Abs. 1 lit. b DS-GVO) oder die **Einwilligung** zur Datenverarbeitung kann zu einem späteren Zeitpunkt widerrufen werden (Art. 6 Abs. 1 S. 1 lit. a DS-GVO; zur Einwilligung in die Datenverarbeitung gegenüber öffentlichen Stellen Simitis/Hornung/Spiecker gen. Döhmann/*Schantz* DS-GVO Art. 6 Abs. 1 Rn. 13 f.). Zur datenschutzrechtlichen Relevanz von Geodaten siehe BeckOK EnWG/*Winkler*/*Kelly* § 43 k Rn. 28 ff.; Simitis/Hornung/Spiecker gen. Döhmann/*Karg* DS-GVO Art. 4 Nr. 1 Rn. 28.

III. Geodaten

11 Geodaten sind gem. Art. 3 Nr. 2 INSPIRE-RL und des diesen umsetzenden § 3 Abs. 1 GeoZG alle Daten mit direktem oder indirektem Bezug zu einem bestimmten **Standort** oder **geografischen Gebiet**. Durch diesen **Raumbezug** schaffen sie Referenzen zur direkten oder indirekten Bestimmung der Position von Objekten (BT-Drs. 16/10530, 14). Die Geodaten umfassen dem Regierungsentwurf zu Folge im planungsrechtlichen Kontext vor allem Daten zu Kreuzungen mit Gas- und Wasserversorgungsanlagen sowie mit Telekommunikationsleitungen (BT-Drs. 19/7375, 82). Art. 4 Abs. 1 lit. a der INSPIRE-RL sowie § 4 Abs. 1 Nr. 1 GeoZG folgend ist der räumliche Anwendungsbereich, auf den sich die Zurverfügungstellung von Geodaten bezieht, auf das Hoheitsgebiet der Bundesrepublik zu beschränken (BeckOK EnWG/*Winkler*/*Kelly* § 43 k Rn. 15.1).

IV. Notwendigkeit für Verfahren und Zweckbindung der Daten

12 Aufgrund des ansonsten weiten sachlichen und persönlichen Anwendungsbereiches erfordert § 43 k S. 1, dass die Anspruchsberechtigten die Geodaten für die Planfeststellung, die Plangenehmigung oder das Anzeigeverfahren benötigen. Durch die **Notwendigkeit** der Daten für das Vorhaben wird die Relevanz der Daten für den Berechtigtenkreis sichergestellt und dem Grundsatz der **Datenminimierung** aus Art. 5 Abs. 1 lit. c DS-GVO Rechnung getragen (umfassend hierzu Simitis/Hornung/Spiecker gen. Döhmann/*Roßnagel* DS-GVO Art. 5 Rn. 116 ff.). So müssen Geodaten für ein bestimmtes Vorhaben zur Verfügung gestellt werden und müssen

Zurverfügungstellung von Geodaten **§ 43 k**

sich auch in ihrem Umfang auf dieses beschränken (BeckOK EnWG/*Winkler/Kelly* § 43k Rn. 18).

Neben der Notwendigkeit für eines der genannten Verfahren beschränkt § 43k **13** S. 1 auch die weitere Verwendung der Daten auf die Zwecke dieses Verfahrens. Dadurch wird der Gesetzgeber der datenschutzrechtlichen **Zweckbindung** des Art. 5 Abs. 1 lit. b DS-GVO gerecht (→ Rn. 10).

V. Zurverfügungstellung auf Verlangen

Dem Vorhabenträger, beziehungsweise den von ihm Beauftragten, sowie den **14** Planfeststellungsbehörden der Länder sind die Geodaten unter den zuvor genannten Bedingungen (→ Rn. 12f.) **auf Verlangen** zur Verfügung zu stellen. Bei S. 1 handelt es sich um einen Anspruch auf Zurverfügungstellung planungsspezifischer Geodaten und nicht um die Schaffung einer allgemeinen Geodateninfrastruktur, wie diese die RL 2007/2/EG und das diese umsetzende GeoZG vorsehen (BT-Drs. 16/10530, 11). Daraus folgt aber auch, dass der Anspruchsberechtigte die Zurverfügungstellung der Geodaten bei den verpflichteten Behörden und Dritten anfordern muss. Offen lässt der Wortlaut des S. 1, ob die Planfeststellungsbehörden berechtigt sind, die Verpflichtung zur Bereitstellung von Geodaten durch Verwaltungsakt festzusetzen **(Verwaltungsaktbefugnis)** Dies ist durch Auslegung zu ermitteln (BVerwG Urt. v. 11.10.2012 –5 C 20.11, NJW 2013, 405 (406)). Der Wortlaut der Zurverfügungstellung „auf Verlangen", der neben der Behörde auch den Vorhabenträger und die von ihm Beauftragten als Anspruchssteller erfasst, spricht nicht für eine solche Befugnis der Behörde. Zudem sieht § 43k S. 1 keine klassische Subordinationsbeziehung vor (hierzu Schoch/Schneider/*Knauff,* VwVfG § 35 Rn. 55). Das wird daraus deutlich, dass die Planfeststellungsbehörde sowohl anspruchsberechtigt, als auch anspruchsverpflichtet sein kann. Dies erscheint vielmehr vergleichbar mit dem Verhältnis der Parteien in einem öffentlich-rechtlichen Vertrag im Sinne der §§ 54ff. VwVfG, bei welchen eine Feststellung von Ansprüchen durch Verwaltungsakt nicht möglich ist (*Maurer/Waldhoff,* Allg. Verwaltungsrecht, 20. Aufl. 2020, § 10 Rn. 30; ablehnend *Payandeh* DÖV 2012, 590; insgesamt zur Kasuistik BeckOK VwVfG/*Alemann/Scheffczyk,* 57. Ed., § 35 Rn. 97.1). Somit können die Planfeststellungsbehörden die Herausgabe der Geodaten nicht durch einen Verwaltungsakt festsetzen, sondern nur durch **Leistungsklage** erzwingen (zum Rechtsschutz → Rn. 26).

Hinsichtlich des Vorgangs der **Zurverfügungstellung** kann vor allem für die **15** anspruchsverpflichteten Behörden auf die Geodateninfrastruktur zurückgegriffen werden, die technische Standards setzt und zu deren Schaffung § 5 Abs. 1 GeoZG in Umsetzung der RL 2007/2/EG (INSPIRE-RL) die geodatenhaltenden Stellen des Bundes verpflichtet. Daher sieht auch der Gesetzgeber in der Zurverfügungstellung der entsprechenden Daten keinen Mehraufwand (BT-Drs. 19/7375, 47; → Rn. 2).

C. Verweigerungsrecht für Betreiber Kritischer Infrastrukturen (S. 2 und 3)

Aufgrund der besonderen Schutzbedürftigkeit kritischer Infrastruktur wurde in **16** § 43k S. 2 im Laufe des Gesetzgebungsverfahren ein **Verweigerungsrecht** für Betreiber von Einheiten Kritischer Infrastruktur eingeführt (→ Rn. 17ff.). Soweit die

§ 43 k   Teil 5. Planfeststellung, Wegenutzung

Betreiber Kritischer Infrastruktur nicht von ihrem Verweigerungsrecht Gebrauch machen wollen, wurde zudem in S. 3 die Möglichkeit zur Bereitstellung in einem **geeigneten Verfahren** eingefügt, welches es ermöglichen soll, Geodaten teilen zu können (BT-Drs. 19/9027, 15; → Rn. 20).

I. Betreiber von Einheiten Kritischer Infrastrukturen

17 S. 2 beschränkt den Kreis der **Verweigerungsberechtigten** durch den Verweis auf § 2 Abs. 5 der Verordnung zur Bestimmung Kritischer Infrastrukturen nach dem BSI-Gesetz (BSI-KritisV) auf die Betreiber von Einheiten Kritischer Infrastrukturen. Bei Inkrafttreten des § 43 k S. 2 EnWG am 17.5.2019 umfasste § 2 Abs. 5 BSI-KritisV aF alle Anlagen und Teile derselben, die für die Strom-, Gas-, Kraftstoff- und Heizölversorgung erforderlich sind, soweit diese den Kategorien des Anhangs 1 Teil 3 Spalte B zuzuordnen sind, der Schwellenwert nach Anhang 1 Teil 3 Spalte D überschritten wurde und der Bereich in § 2 Abs. 2–4 BSI-KritisV genannt wird. In der Fassung des § 2 Abs. 5 BSI-KritisV vom 1.1.2022 wird allerdings nur noch aufgelistet, in welchen Bereichen die **Fernwärmeversorgung** erbracht wird (Erzeugung, Steuerung und Überwachung), während die Aufzählung der kritischen Dienstleistungen im Sektor Energie in § 2 Abs. 1, 6 BSI-KritisV nF erfolgt.

18 Somit ist für die Bestimmung der Verweigerungsberechtigten maßgeblich, ob es sich um eine starre oder dynamische Verweisung auf die BSI-KritisV handelt. Um eine **starre Verweisung** handelt es sich, wenn der Verweis sich auf die Fassung der Norm bezieht, die zu einem bestimmten Zeitpunkt – meist das Inkrafttreten der verweisenden Norm – galt. Starre Verweisungen werden in der Regel durch ein Vollzitat kenntlich gemacht; soweit nur der Zitiername verwendet wird, ist die Fassung anzugeben (Bundesministerium der Justiz, Handbuch der Rechtsförmlichkeit, 2008, Rn. 239 f.). Ein Vollzitat ist in Bezug auf § 2 Abs. 5 der Verordnung zur Bestimmung Kritischer Infrastrukturen nach dem BSI-Gesetz zwar nicht in § 43 k S. 2 erfolgt; allerdings findet sich die Angabe des Vollzitates der BSI-KritisV in § 11 b Abs. 1 b S. 1, Abs. 1 c S. 1, Abs. 1 d S. 1, Abs. 1 e S. 1. Jedoch enthält § 11 b Abs. 1 b S. 1 durch die Bezugnahme auf die jeweils geltende Fassung eine **dynamische Verweisung,** so dass sich diese immer auf den aktuellen Gehalt der verwiesenen Norm bezieht (vgl. Bundesministerium der Justiz, Handbuch der Rechtsförmlichkeit, 2008, Rn. 243; zur Verfassungskonformität dynamischer Verweisungen mwN Dreier/*Schulze-Fielitz* Bd. 2 Art. 20 [Rechtsstaat] Rn. 144). Auch wenn die darauffolgenden Absätze 1 c S. 1; 1 d S. 1; 1 e S. 1 keinen Bezug auf die jeweils geltende Fassung enthalten, genügt der erstmalige Verweis, weswegen von einer dynamischen Verweisung auszugehen ist (vgl. Handbuch der Rechtsförmlichkeit, 2008, Rn. 239 f.).

19 Damit würde § 43 k S. 2 allein die Betreiber von Einheiten Kritischer Infrastruktur im Bereich der **Fernwärmeversorgung** zur Verweigerung der Bereitstellung von Geodaten nach S. 1 berechtigen. Allerdings definiert § 2 Abs. 5 BSI-KritisV aF die Fernwärmeversorgung auch nicht als kritische Dienstleistung iSd § 10 Abs. 1 S. 1 BSIG. Vielmehr werden nur die vom Begriff der Fernwärmeversorgung umfassten Bereiche aufgezählt. Der Verweis aus S. 2 auf die BSI-KritisV ginge somit vollkommen fehl. Dies ist die Folge eines **Redaktionsversehens** bei der Aktualisierung der BSI-KritisV. So benennt die Begründung des Referentenentwurfs des Bundesministeriums des Innern, für Bau und Heimat (S. 41) maßgeblich redaktionelle Gründe für die Änderung des § 2 Abs. 5 BSI-KritisV n. F., weswegen nicht von einer bewussten Entscheidung des Verordnungsgebers ausgegangen werden kann. Dies zeigt auch die

Zurverfügungstellung von Geodaten **§ 43 k**

entsprechende Korrektur in der Parallelnorm des § 31 Abs. 4 NABEG. Daher ist § 43 k S. 2 korrigierend so auszulegen, dass er auf die in § 2 Abs. 1 BSI-KritisV n. F. genannten **kritischen Dienstleistungen im Sektor Energie** verweist, soweit diese nach § 2 Abs. 6 BSI-KritisV den in Anhang 1 Teil 3 Spalte B genannten Kategorien zuzuordnen sind und die Schwellenwerte nach Anhang 1 Teil 3 Spalte D erreichen.

II. Besondere Schutzbedürftigkeit der Geodaten

Gemäß S. 2 dürfen die Betreiber von Einheiten Kritischer Infrastruktur 20 (→ Rn. 17 ff.) die Herausgabe nur verweigern soweit die **Geodaten besonders schutzbedürftig** sind. Diese besondere Schutzbedürftigkeit der Geodaten ergibt sich systematisch aus ihrem **Bezug zur kritischen Infrastruktur.** Einer Bezugnahme auf andere Schutzgüter über § 12 GeoZG wie beispielsweise der internationalen Beziehungen oder der Verteidigung (so BeckOK EnWG/*Winkler/Kelly* § 43 k Rn. 23) steht entgegen, dass § 12 GeoZG eine freie Zugänglichkeit im Rahmen der Geodateninfrastruktur verhindern soll (BT-Drs. 16/10530, 16). Im Rahmen des § 43 k geht es dagegen um einen engen Adressatenkreis, welchem die Daten nur zu Zwecken der Planung zur Verfügung gestellt werden. Zudem hat der Gesetzgeber in S. 3 (→ Rn. 22) ein besonderes Verfahren geschaffen, um eine Herausgabe sensibler Daten zu ermöglichen und in S. 4 den Schutz öffentlicher und sonstiger Belange durch die §§ 8 f. UIG sowie entsprechende landesrechtliche Regelungen unberührt belassen (→ Rn. 24 f.). Auch der Bericht des Ausschusses für Wirtschaft und Energie zur Beschlussempfehlung (BT-Drs. 19/8913, 28 f.), die die S. 2 und 3 einfügte, sah ihren Zweck allein im Schutz kritischer Infrastrukturen im Bereich der Energieversorgung (BT-Drs. 19/9027, 15). Zuletzt können andere Schutzgüter – über den S. 4 hinaus – auch über die Berechtigung zur Weitergabe (→ Rn. 10) berücksichtigt werden. Daher fehlt es an einer Vergleichbarkeit zur öffentlichen Bereitstellung in § 12 GeoZG.

III. Verweigerungsrecht (S. 2) und geeignetes Verfahren (S. 3)

S. 2 gewährt den Betreibern von Einheiten Kritischer Infrastrukturen iSv § 2 21 Abs. 6 BSI-KritisV (zur korrigierenden Auslegung → Rn. 17 ff.) ein **Verweigerungsrecht** wenn die Daten besonders schutzbedürftig (→ Rn. 20) sind. Dieses ist dem Verlangen des anspruchsstellenden Vorhabenträgers, des von ihm Beauftragten oder der Planfeststellungsbehörde eines Landes entgegenzuhalten.

Neben der zuvor genannten Verweigerung sieht S. 3 jedoch auch die Möglich- 22 keit vor, Geodaten **fakultativ** über ein **geeignetes Verfahren** bereitzustellen. Ein solches Verfahren kann dem Bericht des Ausschusses für Wirtschaft und Energie zu Folge darin bestehen, dass **keine Rohdaten geteilt** werden. Vielmehr könne der Betreiber die Daten in einem Onlineportal zur Einsicht zur Verfügung stellen, ohne dass ein Export oder eine Speicherung der sensiblen Daten möglich ist. Durch den Zugriff auf ein solches Portal sollen die Anspruchsberechtigten aus S. 1 die Nichtveröffentlichung der Daten ohne die Zustimmung des Betreibers der Einheit Kritischer Infrastruktur akzeptieren (BT-Drs. 19/9027, 15). Ein solches Portal, wie es der Ausschussbericht vorsieht, steht allerdings nur exemplarisch für geeignete Verfahren zur Herausgabe besonders schutzbedürftiger Geodaten. Da die Betreiber der Einheiten kritischer Infrastruktur nicht zur Herausgabe der Daten verpflichtet

Gegenwart 2001

§ 43 k

sind, wird das konkrete Verfahren zur Bereitstellung Teil einer Vereinbarung mit dem Anspruchssteller sein.

23 Diese geeigneten Verfahren sollen sicherstellen, dass die **Datenhoheit** des Betreibers der Einheit kritischer Infrastruktur erhalten bleibt. Die Datenhoheit beschreibt in diesem Kontext vor allem die alleinige tatsächliche Zugriffsmacht des Betreibers auf diese Geodaten und wurde in § 43 k S. 3 und der Parallelnorm des § 31 Abs. 4 S. 3 NABEG erstmals vom Gesetzgeber verwendet (*Martini/Kolain/ Neumann/Rehorst/Wagner* MMR-Beil. 2021, 3 (6)) Aus dieser Zugriffsmacht folgt eine Pflicht des Inhabers zur Gewährleistung des Schutzes der sensiblen Daten, der die Anspruchsverpflichteten durch die geeigneten Verfahren aus S. 3 gerecht werden und die durch die Datenempfänger garantiert wird (→ Rn. 22).

D. Abgrenzung zu UIG und Landesrecht (S. 4)

24 Nach S. 4 bleiben die §§ 8 f. UIG und entsprechenden landesrechtlichen Regelungen vom Anspruch aus § 43 k S. 1 und dem Verweigerungsrecht für Betreiber kritischer Infrastruktur aus S. 2 unberührt. Gem. § 8 Abs. 1 S. 1 UIG sind Anträge nach dem **Umweltinformationsgesetz** aufgrund des **Schutzes öffentlicher Belange** abzulehnen, soweit das Bekanntgeben der betroffenen umweltbezogenen Informationen nachteilige Auswirkungen auf die internationalen Beziehungen, die Verteidigung oder die öffentliche Sicherheit (Nr. 1), auf laufende Gerichtsverfahren sowie Ermittlungen (Nr. 2) oder auf den Zustand der Umwelt oder umweltbezogene Schutzgüter (Nr. 3) hätte und das öffentliche Interesse an der Bekanntgabe nicht überwiegt. Zudem können gem. § 8 Abs. 2 UIG Anträge abgelehnt werden, wenn sie beispielsweise offensichtlich missbräuchlich gestellt wurden oder zu unbestimmt sind und das öffentliche Interesse an der Bekanntgabe nicht überwiegt (umfassend zu den Ablehnungsgründen Landmann/Rohmer UmweltR/*Reidt/ Schiller* UIG § 8 Rn. 4 ff.). § 9 Abs. 1 UIG schützt hingegen **Einzelne** vor der Bekanntgabe personenbezogener Daten (Nr. 1), der Verletzung von Eigentumsrechten (Nr. 2) sowie der Bekanntgabe von Betriebs- Geschäftsgeheimnissen (Nr. 3), wenn diese nicht zugestimmt haben oder das öffentliche Interesse nicht überwiegt. Zudem ist nach § 9 Abs. 2 UIG die Veröffentlichung von Umweltinformationen, die freiwillig mit der informationspflichtigen Stelle geteilt wurden, ohne Einwilligung ausgeschlossen, soweit auch hier nicht das öffentliche Interesse überwiegt (→ Rn. 10). Als entsprechende landesrechtliche Regelungen im Sinne des S. 4 kommen vornehmlich die **Landesumweltinformationsgesetze** und hierbei insbesondere deren Vorschriften zum Schutz öffentlicher und sonstiger Belange (sinngemäß oder wortgleich übernommen beispielsweise in Art. 7 f. BayUIG; §§ 28 f. BwUVwG; §§ 7 f. HessUIG) in Betracht. Teils verweisen diese auch auf die §§ 8 f. Bundes-UIG (so beispielsweise § 3 S. 2 Nd-UIG; § 2 NRW-UIG; § 3 MV-UIG)

25 Die Feststellung, dass die zuvor genannten Normen unberührt bleiben, soll nach dem Bericht des Wirtschaftsausschusses klarstellen, dass im Einzelfall schützenswerte öffentliche Belange oder grundrechtlich geschützte Belange Dritter **der Bereitstellung von Geodaten entgegenstehen** können (BT-Drs. 19/9027, 15). Daher bedarf es auch keiner extensiven Auslegung der besonderen Schutzbedürftigkeit der Geodaten in S. 2 (→ Rn. 20). Vielmehr schließen die Ausnahmen aus S. 4 auch die Bereitstellung der Geodaten in einem geeigneten Verfahren nach **S. 3** aus. Der allgemeine Ausschluss aufgrund des Schutzes öffentlicher oder sonstiger Belange nach den §§ 8 f. UIG, bzw. den korrespondierenden landesrechtlichen Vorschriften steht neben dem Spezialfall des Verweigerungsrechts für Betreiber von Einheiten kritischer Infrastruktur nach **S. 2** (ebenso BeckOK EnWG/*Winkler/ Kelly* § 43k Rn. 26).

E. Rechtsschutz

Eine explizite Normierung der Rechtsschutzmöglichkeiten bei einer Verweigerung der Zurverfügungsstellung von Geodaten nach § 43k S. 1 findet sich im EnWG – anders als beispielsweise im UIG, im VIG sowie im IFG (§ 6 UIG; § 5 Abs. 4–5 VIG; § 9 Abs. 4 IFG, auch wenn diesen teils nur deklaratorischer Charakter zugeschrieben wird, vgl. BeckOK Informations- und Medienrecht/*Gersdorf/ Paal*, 37. Ed. 2022, IFG § 9 Rn. 52 ff.) – nicht. Allerdings weisen diese Gesetze durch die Verpflichtung sowohl privater als auch staatlicher Stellen zur Informationspreisgabe eine Sachverwandschaft auf. Etwaige Rechtsschutzmöglichkeiten wurden auch im Gesetzgebungsverfahren nicht thematisiert. Soweit auf Seiten des Berechtigten oder des Verpflichteten ein **Hoheitsträger** steht, handelt es sich um eine öffentlich-rechtliche Streitigkeit im Sinne des § 40 Abs. 1 S. 1 VwGO. Wie im Rahmen der Zurverfügungstellung von Geodaten geschildert, fehlt es an einem Subordinationsverhältnis, so dass anspruchsberechtigte Planfeststellungsbehörden ihren Anspruch auf Geodaten, nicht durch einen Verwaltungsakt regeln können, sondern dies nur im Wege der allgemeinen **Leistungsklage** durchsetzen können (→ Rn. 14). 26

Problematisch erscheint der Rechtsschutz vornehmlich, soweit der Vorhabenträger oder ein von ihm Beauftragter von einem Dritten die Zurverfügungstellung von Geodaten verlangt. Allerdings sind **Dritte** gemäß § 43k S. 1 nur zur Herausgabe von Geodaten verpflichtet, wenn diese Daten bei ihnen **zur Erfüllung öffentlicher Aufgaben** vorhanden sind. Dies umfasst alle Aufgaben an deren Erledigung ein öffentliches Interesse besteht, unabhängig davon, ob diese in privatrechtlicher Form ausgeführt werden (→ Rn. 9). Somit handeln diese mithin im öffentlichen Interesse, auch wenn sie – da es sich meist um Verwaltungshelfer handeln wird – nicht als Hoheitsträger handeln. Infolgedessen ist auch gegen die Verweigerung von Dritten eine allgemeine Leistungsklage auf Zurverfügungstellung der benötigten Geodaten vor dem Verwaltungsgericht statthaft und daher keine bürgerliche Rechtsstreitigkeit iSd § 102 Abs. 1 S. 1 gegeben (→ § 102 Rn. 6 ff.). 27

§ 431 Regelungen zum Auf- und Ausbau von Wasserstoffnetzen

(1) ¹**Der Begriff der Gasversorgungsleitung in Teil 5 dieses Gesetzes umfasst auch Wasserstoffnetze.** ²**Die Errichtung von Wasserstoffleitungen liegt bis zum 31. Dezember 2025 im überragenden öffentlichen Interesse.**

(2) ¹**Die Errichtung und der Betrieb sowie die Änderung von Wasserstoffleitungen einschließlich der Anbindungsleitungen von Anlandungsterminals für Wasserstoff mit einem Durchmesser von mehr als 300 Millimetern bedürfen der Planfeststellung durch die nach Landesrecht für Verfahren nach § 43 Absatz 1 Satz 1 Nummer 5 zuständige Behörde.** ²**Anlage 1 Nummer 19.2 des Gesetzes über die Umweltverträglichkeitsprüfung ist auf Wasserstoffnetze entsprechend anzuwenden.**

§ 431 Teil 5. Planfeststellung, Wegenutzung

(3) ¹Auf Antrag des Trägers des Vorhabens kann die nach Landesrecht für Verfahren nach § 43 Absatz 1 Satz 1 Nummer 5 zuständige Behörde die Errichtung und den Betrieb sowie die Änderung von Wasserstoffleitungen einschließlich der Anbindungsleitungen von Anlandungsterminals für Wasserstoff mit einem Durchmesser von 300 Millimeter oder weniger durch Planfeststellung zulassen. ²§ 43 Absatz 2 Satz 1 Nummer 1 bleibt unberührt.

(4) ¹Behördliche Zulassungen für die Errichtung, die Änderung und den Betrieb einer Gasversorgungsleitung für Erdgas einschließlich der für den Betrieb notwendigen Anlagen, soweit sie in ein Planfeststellungsverfahren integriert wurden und keine nach dem Bundes-Immissionsschutzgesetz genehmigungsbedürftigen Anlagen sind, gelten auch als Zulassung für den Transport von Wasserstoff. ²Das Gleiche ist für Gasversorgungsleitungen für Erdgas anzuwenden, für die zum Zeitpunkt der Errichtung ein Anzeigenvorbehalt bestand. ³Die §§ 49 und 113 c bleiben unberührt. ⁴Für erforderliche Änderungen oder Erweiterungen von Gasversorgungsleitungen zur Ermöglichung des Transports von Wasserstoff bleibt § 43 f unberührt.

(5) Absatz 4 ist entsprechend anzuwenden auf behördliche Zulassungen und Anzeigenvorbehalte für Gas-, Wasserstoff- und Produktleitungen auf Grundlage eines anderen Gesetzes.

(6) Die anlagenbezogenen Regelungen des Bundes-Immissionsschutzgesetzes bleiben unberührt.

(7) Der in § 35 Absatz 1 Nummer 3 des Baugesetzbuches verwendete Begriff des Gases sowie der in § 1 Nummer 14 der Raumordnungsverordnung genannte Begriff der Gasleitungen umfassen auch Wasserstoffnetze.

(8) Die Absätze 1 bis 7 sind entsprechend anzuwenden für Maßnahmen bei Errichtung und Betrieb sowie bei Änderungen und Erweiterungen von Gasversorgungsleitungen einschließlich der Anbindungsleitungen von LNG-Terminals sowie Nebenanlagen, die der Vorbereitung auf einen Transport von Wasserstoff dienen.

A. Allgemeines

I. Inhalt

1 Der Paragraph regelt vor allem die **planungsrechtlichen Aspekte** der Errichtung neuer Wasserstoffleitungen und der Umstellung von Erdgasleitungen auf Wasserstoff. Hierfür wird vor allem geregelt, wie mit bereits vorhandenen Genehmigungen umgegangen wird und unter welchen Bedingungen und Voraussetzungen diese fortgelten. Darüber hinaus wird geregelt, wie mit Genehmigungen nach anderen Gesetzen, zB dem BImSchG, umgegangen wird. Die Regelungen orientieren sich dabei an der Systematik, Reihenfolge und Struktur des Teils 5: Obligatorische vor fakultativer Planfeststellung, Leitungen vor Nebenanlagen, Planfeststellung vor Anzeige und Verfahrenstatbestände vor Verfahrensvoraussetzungen (BR-Drs. 165/21, 3 (Beschl.)).

II. Zweck

Die Regelung dient dazu, das **Zulassungsrecht** für Wasserstoffleitungen (Planfeststellung, Genehmigung, Anzeige) umfassend zu regeln. Dafür wird sowohl die Umstellung von bestehenden Erdgasleitungen als auch der Neubau von Wasserstoffnetzen geregelt. 2

III. Entstehungsgeschichte

Der Paragraph hat im Rahmen des Gesetzgebungsprozesses deutliche Änderungen erfahren. Während der ursprüngliche Gesetzentwurf nur vier Absätze vorsah (BT-Drs. 19/27453, 41), hat der Bundesrat weitergehende Änderungen vorgeschlagen (BT-Drs. 19/28407, 1 ff.). Auch diese Vorschläge wurden letztlich noch mal abgeändert: So hatte der Bundesrat noch eine Fortgeltung von Genehmigungen nach dem BImSchG vorgesehen sowie Regelungen im Hinblick auf die energiewirtschaftliche Notwendigkeit von Wasserstoffleitungen. Beide Regelungen, die in den Abs. 6 und 7 vorgesehen waren, konnten sich jedoch im Gesetzgebungsverfahren nicht durchsetzen. 3

Eine weitere Änderung hat § 431 durch das Gesetz zur Änderung des Energiewirtschaftsrechts im Zusammenhang mit dem Klimaschutz-Sofortprogramm und zu Anpassungen im Recht der Endkundenbelieferung erfahren (BGBl. 2022 I S. 1214). So wurde in Abs. 1, das überragende öffentliche Interesse für die Errichtung von Wasserstoffleitungen festgeschrieben, soweit dies bis zum 31.12.2025 erfolgt. Zuletzt wurde § 431 durch das Gesetz zur Änderung des Energiesicherungsgesetzes und anderer energiewirtschaftlicher Vorschriften geändert (BGBl. 2022 I S. 1726 (1730), → Rn. 16). 4

B. Einzelerläuterung

I. Begriff der Wasserstoffnetze (Abs. 1)

Durch Abs. 1 wird der Begriff der **Gasversorgungsleitung in Teil 5** zur Planfeststellung und Wegenutzung auf Wasserstoffnetze erweitert. Ziel des Bundesrats war es, hierdurch einen **umfassenden Regelungsrahmen** bzgl. der Genehmigungsverfahren für die erforderliche Wasserstoffinfrastruktur zu schaffen (BR-Drs. 165/21, 2 (Beschl.)). Somit finden die Regelungen des Teils 5 grundsätzlich auf Wasserstoffnetze Anwendung. 5

Hierbei ist allerdings zu berücksichtigen, dass es bestimmte **Spezialregelungen** in den Absätzen 2 bis 5 gibt. Darüber hinaus sind die Spezialregelungen in Bezug auf die Wegenutzungsverträge in § 113a zu berücksichtigen, sodass die Regelungen des Teils 5 zu den Wegenutzungsverträgen insofern hinter die Regelungen des § 113a als lex specialis zurücktreten. 6

Mit dem Gesetz zur Änderung des Energiewirtschaftsrechts im Zusammenhang mit dem Klimaschutz-Sofortprogramm und zu Anpassungen im Recht der Endkundenbelieferung wurde Abs. 1 um S. 2 ergänzt (BGBl. 2022 I S. 1214 (1223)). Demnach liegt die Errichtung von Wasserstoffleitungen bis zum 31.12.2025 im überragenden öffentlichen Interesse. Durch die Regelung wird der Wasserstoffinfrastruktur im Verhältnis zu anderen Abwägungsbelangen eine besondere Gewichtung zugewiesen, die andere Abwägungserwägungen zurücktreten lässt (BT-Drs. 20/2402, 45). Da mit der Formulierung alle Wasserstoffleitungen erfasst sind, 7

§ 431 Teil 5. Planfeststellung, Wegenutzung

hat der Gesetzgeber wohl die Frist des 31.12.2025 aufgenommen. Er hätte alternativ auch nur bestimmte Leitungen, die zB dem europäischen Backbone dienen, adressieren können. Er hat sich stattdessen für eine umfassende Privilegierung aller Wasserstoffleitungen entschieden, unabhängig von ihrer Größe oder Bedeutung, und dafür im Ausgleich eine Befristung bis zum 31.12.2025 aufgenommen.

II. Errichtung und Betrieb von Wasserstoffleitungen (Abs. 2)

8 Nach Abs. 2 S. 1 bedürfen die Errichtung und der Betrieb sowie die Änderung von Wasserstoffleitungen einschl. der Anbindungsleitungen von Anlandungsterminals für Wasserstoff mit einem Durchmesser von mehr als 300 Millimetern der **Planfeststellung.** Die Vorschrift überträgt danach das bereits bestehende Erfordernis der Planfeststellung für Gasversorgungsleitungen nach § 43 Abs. 1 S. 1 Nr. 5 auf Wasserstoffleitungen. Da Abs. 1 bereits anordnet, dass der Begriff der Gasversorgungsleitung in Teil 5 auch Wasserstoffnetze umfasst, hat die Regelung in dieser Hinsicht eher klarstellenden Charakter.

9 Darüber hinaus sieht S. 1 vor, dass die Planfeststellung durch die **nach Landesrecht zuständige Behörde** durchgeführt wird. Hierfür wird § 43 Abs. 1 S. 1 Nr. 5 in Bezug genommen und die gleiche Behörde wie für Gasversorgungsleitungen für zuständig erklärt. Auch insofern hat die Regelung eher klarstellenden Charakter als einen eigenen Normgehalt.

10 S. 2 schreibt vor, dass die Anlage 1 Nr. 19.2 UVPG auf Wasserstoffnetze entsprechende Anwendung findet. Es handelt sich dabei um eine Rechtsfolgenverweisung, die vorsieht, dass Wasserstoffleitungen bzw. Wasserstoffnetze – der Begriff ist synonym zu verstehen, da in der Anfangszeit wohl vor allem einzelne Leitungen bzw. kleine Teilnetze entstehen werden, die gegebenenfalls zu größeren Netzen zusammenwachsen – der Einordnung nach Nr. 19.2 bezüglich UVP-pflichtiger Vorhaben unterfallen. Als Beispiel wäre eine Wasserstoffleitung mit einer Länge von mehr als 40 km und einem Durchmesser von mehr als 800 mm nach Nr. 19.2.1 UVP-pflichtig.

III. Zulässigkeit von Planfeststellung (Abs. 3)

11 Abs. 3 S. 1 regelt die **fakultative Planfeststellung.** Demnach kann ein Vorhabenträger auch für Leitungen mit einem Durchmesser von 300 mm oder weniger einen Antrag auf Planfeststellung bei der jeweils nach Landesrecht zuständigen Behörde stellen. Die zuständige Behörde kann diesen Antrag dann zulassen; muss es aber nicht. Wie bei anderen fakultativen Planfeststellungen steht dem antragstellenden Vorhabenträger ein Anspruch auf ermessensfehlerfreie Prüfung der Behörde zu, ob sie ein Planfeststellungsverfahren eröffnet (→ § 43 Rn. 55 ff.).

12 Nach S. 2 bleibt § 43 Abs. 2 S 1 Nr 1 unberührt, sodass die Möglichkeit verbleibt, in die Planfeststellung von Wasserstoffleitungen auch Nebenanlagen wie zB Verdichterstationen mit einzubeziehen.

IV. Fortgeltung von Zulassungen (Abs. 4 und 5)

13 Abs. 4 S. 1 Hs. 1 schreibt vor, dass **behördliche Zulassungen** für die Errichtung, die Änderung und den Betrieb einer Gasversorgungsleitung einschließlich der für den Betrieb notwendigen Anlagen auch für den Transport für Wasserstoff fortgelten, soweit sie in ein Planfeststellungsverfahren integriert wurden. Hierdurch wird er-

reicht, dass im Fall der Umstellung einer Erdgasleitung auf Wasserstoff keine neue Zulassung notwendig wird, da dies zu einem bürokratischen und nicht notwendigen Zusatzaufwand führen und damit den Markthochlauf verlangsamen würde. Dies gilt jedoch nur soweit es sich nicht um eine nach dem BImSchG genehmigungsbedürftige Anlage handelt. In diesem Fall gehen die Vorgaben des BImSchG vor, sodass im Einzelfall zu prüfen ist, ob zB ein Verfahren nach § 15 BImSchG notwendig ist oder ob die Anzeige ausreichend ist. Eine Genehmigungsfiktion würde insofern der Systematik des BImSchG widersprechen.

S. 2 sieht vor, dass das Gleiche auch für **Gasversorgungsleitungen** gilt, für die 14 zum Zeitpunkt der Errichtung nur ein **Anzeigenvorbehalt** bestand. Somit besteht auch für diese Anlagen eine durch die ordnungsgemäße Anzeige in der Vergangenheit bewirkte formelle Legalität fort, ohne dass es weiterer Zulassungen bedarf.

Nach S. 3 bleiben die §§ 49 und 113c unberührt. Die Vorschriften zur Einhal- 15 tung der **Sicherheitsanforderungen** bleiben also unberührt, sodass die Anlagen unabhängig von der Fortgeltung der Zulassungen die jeweils für die Anlage einschlägigen Sicherheitsanforderungen erfüllen müssen.

S. 4 sieht vor, dass § 43f für erforderliche **Änderungen oder Erweiterungen** 16 **der Gasversorgungsleitungen** zur Ermöglichung des Transports von Wasserstoff unberührt bleibt. § 43f regelt, unter welchen Voraussetzungen Änderungen auch im Anzeigeverfahren durchgeführt werden können. Das heißt, dass Änderungen für die Umstellung von Erdgasleitungen auf Wasserstoff ebenfalls im **Anzeigeverfahren** durchgeführt werden können, soweit sie die Voraussetzungen des § 43f erfüllen. Ursprünglich sah S. 5 vor, dass als Änderungen nach S. 4 auch Änderungen des Betriebskonzepts nach § 43f Abs. 2 Nr. 1 gelten. Allerdings wurde S. 5 gestrichen (→ Rn. 4). Hierfür wurde § 43f Abs. 2 S. 1 Nr. 1 geändert und verweist nunmehr auf § 431 Abs. 4. Damit wird die gleiche Rechtsfolge, nämlich, dass eine Umweltverträglichkeitsprüfung nicht durchzuführen ist, erreicht (BGBl. 2022 I S. 1726 (1730)).

Abs. 5 regelt, dass Abs. 4 entsprechende Anwendung auf behördliche Zulassun- 17 gen und Anzeigenvorbehalte für Gas-, Wasserstoff- und Produktenleitungen auf **Grundlage eines anderen Gesetzes** findet. Somit gelten auch solche Zulassungen auf Grund von anderen Gesetzen fort, sofern die Regelungen des Absatzes 4 dies vorsehen.

V. Anwendbarkeit anderer Gesetze (Abs. 6 und 7)

Abs. 6 regelt, dass die **anlagenbezogenen Regelungen des BImSchG un-** 18 **berührt** bleiben. Somit müssen die Anlagen für Wasserstoff auch weiterhin diese Anforderungen erfüllen.

Abs. 7 **erweitert den Begriff der Gasleitungen in § 35 Abs. 1 Nr. 3 BauGB** 19 **und in § 1 Nr. 14 RoV** auch auf Wasserstoffnetze. Insofern ist die Raumordnungsverordnung auch auf Wasserstoffleitungen anwendbar. Darüber hinaus ist ein solches Vorhaben im Außenbereich nach dem BauGB zulässig, wenn es Wasserstoff umfasst.

VI. Anwendbarkeit auf Gasversorgungsleitungen (Abs. 8)

Abs. 8 regelt die Anwendbarkeit der Absätze 1 bis 7 für Maßnahmen bei Errich- 20 tung und Betrieb sowie bei **Änderungen und Erweiterungen von Gasversorgungsleitungen** einschließlich Anbindungsleitungen von LNG-Terminals sowie Nebenanlagen, die der **Vorbereitung** auf einen Transport von Wasserstoff dienen. Somit werden bereits Vorbereitungshandlungen für einen möglicherweise später stattfindenden Transport von Wasserstoff ebenfalls von den Abs. 1 bis 7 erfasst.

§ 44 Vorarbeiten

(1) **Eigentümer und sonstige Nutzungsberechtigte haben zur Vorbereitung der Planung und der Baudurchführung eines Vorhabens oder von Unterhaltungsmaßnahmen notwendige Vermessungen, Boden- und Grundwasseruntersuchungen einschließlich der vorübergehenden Anbringung von Markierungszeichen, bauvorbereitende Maßnahmen zur bodenschonenden Bauausführung, Kampfmitteluntersuchungen und archäologische Voruntersuchungen einschließlich erforderlicher Bergungsmaßnahmen sowie sonstige Vorarbeiten durch den Träger des Vorhabens oder von ihm Beauftragte zu dulden.**

(2) **¹Die Absicht, solche Arbeiten auszuführen, ist dem Eigentümer oder sonstigen Nutzungsberechtigten mindestens zwei Wochen vor dem vorgesehenen Zeitpunkt unmittelbar oder durch ortsübliche Bekanntmachung in den Gemeinden, in denen die Vorarbeiten durchzuführen sind, durch den Träger des Vorhabens bekannt zu geben. ²Auf Antrag des Trägers des Vorhabens soll die Planfeststellungsbehörde die Duldung der Vorarbeiten anordnen. ³Eine durch Allgemeinverfügung erlassene Duldungsanordnung ist öffentlich bekannt zu geben.**

(3) **¹Entstehen durch eine Maßnahme nach Absatz 1 einem Eigentümer oder sonstigen Nutzungsberechtigten unmittelbare Vermögensnachteile, so hat der Träger des Vorhabens eine angemessene Entschädigung in Geld zu leisten. ²Kommt eine Einigung über die Geldentschädigung nicht zustande, so setzt die nach Landesrecht zuständige Behörde auf Antrag des Trägers des Vorhabens oder des Berechtigten die Entschädigung fest. ³Vor der Entscheidung sind die Beteiligten zu hören.**

(4) **¹Ein Rechtsbehelf gegen eine Duldungsanordnung nach Absatz 2 Satz 2 einschließlich damit verbundener Vollstreckungsmaßnahmen nach dem Verwaltungsvollstreckungsgesetz hat keine aufschiebende Wirkung. ²Der Antrag auf Anordnung der aufschiebenden Wirkung des Rechtsbehelfs nach § 80 Absatz 5 Satz 1 der Verwaltungsgerichtsordnung gegen eine Duldungsanordnung kann nur innerhalb eines Monats nach der Zustellung oder Bekanntgabe der Duldungsanordnung gestellt und begründet werden. ³Darauf ist in der Rechtsbehelfsbelehrung hinzuweisen. ⁴§ 58 der Verwaltungsgerichtsordnung ist entsprechend anzuwenden.**

Übersicht

	Rn.
A. Allgemeines	1
I. Inhalt	1
II. Zweck	4
B. Die Pflicht zur Duldung von Vorarbeiten (Abs. 1)	6
I. Begünstigter: Vorhabenträger	7
II. Verpflichtete: Eigentümer und Nutzungsberechtigte	8

Vorarbeiten **§ 44**

Rn.
III. Anwendungsbereich 10
   1. Sachlicher Anwendungsbereich: Vorhaben 10
   2. Zeitlicher Anwendungsbereich 12
IV. Zu duldende Maßnahmen und Grenzen 15
V. Erforderliche Bekanntgabe (Abs. 2 S. 1) 18
C. Durchsetzung der Duldungspflicht durch Anordnung (Abs. 2 S. 2, 3) .. 24
D. Entschädigung (Abs. 3) 31
E. Rechtsschutz (Abs. 4) 34

Literatur: *Buschbaum/Reidt*, Vorarbeiten und Betretungsrechte gem. § 44 EnWG im Energieleitungsbau, UPR 2020, 292; *Hönig*, Vorbereitende Maßnahmen für das Planfeststellungsverfahren, UPR 2001, 374; *Kirchberg*, Planfeststellungsverfahren, in: Ziekow (Hrsg.), Handbuch des Fachplanungsrechts, 2. Aufl. 2014, § 2 Rn. 99 ff. (zit. *Kirchberg* in Ziekow FachplanungsR-HdB); *Kümper*, Zur Zweispurigkeit von Zulassungs- und Enteignungsrecht, UPR 2020, 468; *Ruge/Hennig*, Zur Anwendbarkeit des § 44 EnWG auf Energieleitungsvorhaben außerhalb der Planfeststellung, EnWZ 2014, 555.

A. Allgemeines

I. Inhalt

§ 44 regelt die Pflicht von Eigentümern und sonstigen Nutzungsberechtigten, **1** **Vorarbeiten** zum Zweck der Vorbereitung der Planung und der Baudurchführung oder von Unterhaltungsmaßnahmen **zu dulden,** und fügt sich so in die Vorschriften zum Planfeststellungsverfahren im 5. Teil des EnWG ein. Dabei regelt § 44 allerdings nicht das Planfeststellungsverfahren im engeren Sinne, sondern gestaltet das **Verhältnis zwischen Vorhabenträger und den dinglichen Berechtigten** aus. Abs. 1 bestimmt die Voraussetzungen für das Bestehen einer Duldungspflicht und dient damit dem Ausgleich widerstreitender Interessen (→ Rn. 6 ff.). Abs. 2 S. 1 begründet **Bekanntmachungspflichten des Vorhabenträgers** gegenüber den Eigentümern und sonstigen Nutzungsbrechtigten (→ Rn. 18 ff.), während Abs. 2 S. 2 die Planfeststellungsbehörde ermächtigt, die **Duldung von Maßnahmen anzuordnen** (→ Rn. 24 ff.). Abs. 3 regelt **Entschädigungspflichten** des Vorhabenträgers (→ Rn. 31 ff.). Abs. 4 schließlich **beschränkt den vorläufigen Rechtsschutz** gegen Duldungsanordnungen nach Abs. 2 S. 2, indem er die aufschiebende Wirkung von Rechtsbehelfen beseitigt und die Fristen für einen Antrag nach § 80 Abs. 5 S. 1 VwGO verkürzt. Die Duldung von Vorarbeiten ist auch im sonstigen Planfeststellungsrecht jeweils eigens geregelt (§ 16 a FStrG, § 17 AEG, § 34 KrWG, § 16 WaStrG, § 32 PBefG, § 3 Magnetschwebebahn-PlG). Eine entsprechende Vorschrift für Maßnahmen nach dem Baugesetzbuch findet sich in § 209 BauGB.

Verfassungsrechtlich betrachtet, stellt die in § 44 geregelte Duldungspflicht **2** eine (unbedenkliche) **Inhaltsbestimmung des Eigentums** iSv Art. 14 Abs. 1 S. 2, Abs. 2 GG dar (BVerwG Beschl. v. 1. 4. 1999 − 4 VR 4.99, BeckRS 1999, 30434438) und keine Enteignung (*Kümper* UPR 2020, 468 (470 f.)). Die Vorschrift bildet daneben die nach dem Vorbehalt des Gesetzes erforderliche Ermächtigungsgrundlage für eingreifende Hoheitsakte in Form von Duldungsverfügungen (→ Rn. 6).

§ 44 EnWG wurde zum 7. 7. 2005 in das Energiewirtschaftsgesetz eingefügt. Die **3** Vorschrift übernahm § 11 b EnWG aF (BT-Drs. 15/3917, 67). Modifiziert wurde

Hermes 2009

§ 44 Teil 5. Planfeststellung, Wegenutzung

§ 44 durch das Gesetz zur Beschleunigung von Planungsverfahren für Infrastrukturvorhaben vom 9.12.2006 (BGBl. 2006 I S. 2833), mit dem in Abs. 1 S. 1 der Zweck der zu duldenden Vorarbeiten von der „Vorbereitung der Planung" auf die **„Vorbereitung der Planung und der Baudurchführung"** erweitert wurde (BT-Drs. 16/54, 27; dazu →Rn. 12–14). Sodann wurde § 44 durch das Gesetz zur Beschleunigung des Energieleitungsausbaus vom 13.5.2019 geändert, das den Kreis der von der Duldungspflicht erfassten Maßnahmen iSd § 44 Abs. 1 erweitert und so an die besonderen Anforderungen für die Verlegung von Erkabeln anpasst (BGBl. 2019 I S. 706; dazu →Rn. 15f.). Zuletzt wurde § 44 im Jahr **2022** durch die **Klimaschutz-Sofortprogramm-Novelle** im Interesse der Beschleunigung umfangreich geändert und ergänzt, indem der Erlass einer Duldungsverfügung in die Hand der Planfeststellungsbehörde gelegt und auf Antrag des Vorhabenträgers zur Regel erklärt (§ 44 Abs. 2 S. 2) und der vorläufige Rechtsschutz gegen Duldungsverfügungen in Abs. 4 beschränkt wurde. Zur **Abgrenzung zu § 44c (Zulassung des vorzeitigen Baubeginns)** →§ 44c Rn. 10.

II. Zweck

4   Zunächst kommt § 44 eine **Informationsfunktion** sowohl **zugunsten des Vorhabenträgers** als auch **zugunsten der planfeststellenden Behörde** zu. Der Vorhabenträger ist darauf angewiesen, fremde Grundstücke zu betreten, um dort bestimmte Arbeiten – die Vorschrift nennt ua notwendige Vermessungen, Boden- und Grundwasseruntersuchungen – vorzunehmen und so Standorte für Trassen zu erkunden und zu bewerten. Diese Arbeiten zur Erstellung des eigentlichen Plans (vgl. § 73 Abs. 1 VwVfG) müssen notwendigerweise vor dem Planfeststellungsverfahren durchgeführt werden. Wären die dinglich Berechtigten nicht zur Duldung verpflichtet, könnten sie durch Verweigerung ihres zivilrechtlichen Einverständnisses ein Vorhaben bereits in dieser Phase behindern oder vereiteln (BerlKomm-EnergieR/*Pielow* EnWG § 44 Rn. 1; BeckOK EnWG/*Riege* § 44 Rn. 1). Die Duldungspflicht auf der Grundlage des § 44 dient darüber hinaus auch der umfassenden Information der planfeststellenden Behörden. Im Interesse der Behörde soll der Vorhabenträger die notwendige Informationsgrundlage für die Entscheidung der Planfeststellungsbehörde (etwa bezüglich alternativer Trassenführungen) beschaffen können (Steinbach/Franke/*Nebel/Riese* EnWG § 44 Rn. 4; BeckOK EnWG/*Riege* § 44 Rn. 2). Die Vorschrift dient insoweit einem **„bestmöglich erarbeiteten Abwägungsergebnis"** (BVerwG Beschl. v. 7.8.2002 – 4 VR 9/02 (4 A 16/02), NVwZ-RR 2003, 66 (67) zu § 16a FStrG). § 44 dient damit nicht allein dem Interesse des Vorhabenträgers, sondern in erster Linie den Belangen der Allgemeinheit (*Buschbaum/Reidt* UPR 2020, 292).

5   Darüber hinaus bezweckt § 44 auch eine beschleunigte Realisierung von Vorhaben **(Beschleunigungsfunktion)**. Dies wird vor allem mit Blick auf die von § 44 erfasste Vorbereitung der Baudurchführung deutlich (→Rn. 13). Diese dient nicht mehr der Ermittlung der Planungsgrundlagen, sondern wird von dem Zweck einer schnelleren Durchführung des Vorhabens getragen (BeckOK EnWG/*Riege* § 44 Rn. 14; NK-EnWG/*Turiaux* § 44 Rn. 15). § 44 ist damit Teil der umfangreichen Bemühungen, den Ausbau der Energienetze vor dem Hintergrund einer verstärkten Nutzung erneuerbarer Energien zu beschleunigen.

B. Die Pflicht zur Duldung von Vorarbeiten (Abs. 1)

Wie auch in § 16a BFStrG, § 17 AEG und § 3 Magnetschwebebahn-PlG ist der Vorhabenträger nach § 44 EnWG nicht darauf verwiesen, dass ihm die Durchführung von Vorarbeiten behördlich gestattet wird. Die **Duldungspflicht** des Grundstückseigentümers ergibt sich **unmittelbar aus dem Gesetz**. Zur Durchsetzung und näheren Konkretisierung (dazu Marschall/Schroeter/Kastner/*Ronellenfitsch* FStrG § 16a Rn. 15, zu § 44 Steinbach/Franke/*Nebel*/*Riese* EnWG § 44 Rn. 10) dieser Duldungspflicht können jedoch Verwaltungsakte erforderlich werden (§ 44 Abs. 2 S. 2, dazu → Rn. 24 ff.). 6

I. Begünstigter: Vorhabenträger

Begünstigter der öffentlich-rechtlichen Duldungspflicht aus § 44 Abs. 1, nicht aber Inhaber eines zivilrechtlichen Anspruchs (so noch → 3. Aufl., § 44 Rn. 5 im Anschluss an BerlKommEnergieR/*Pielow* EnWG § 44 Rn. 11), ist der **Vorhabenträger**, also derjenige, der die Planfeststellung zur Durchführung des von ihm beabsichtigten Vorhabens anstrebt (Schoch/Schneider/*Weiß* VwVfG § 73 Rn. 55) oder Adressat des bereits erlassenen Planfeststellungsbeschlusses ist. Die Duldungspflicht besteht nicht nur im Hinblick auf Maßnahmen des Vorhabenträgers selbst, sondern auch im Hinblick auf Maßnahmen seiner **Beauftragten** (also zB Subunternehmer des Vorhabenträgers; BeckOK EnWG/*Riege* § 44 Rn. 16). 7

II. Verpflichtete: Eigentümer und Nutzungsberechtigte

Verpflichtete sind Grundstückseigentümer sowie die sonstigen Nutzungsberechtigten, wobei unerheblich ist, ob das Nutzungsrecht dinglicher (Erbbau- und Dienstbarkeitsberechtigte) oder schuldrechtlicher Natur (Mieter und Pächter) ist (BeckOK EnWG/*Riege* § 44 Rn. 18; *Salje* EnWG § 44 Rn. 8). Dies kann allerdings Folgen für die Bekanntgabe haben (→ Rn. 20). Auch staatliche Stellen (insbesondere die Kommunen) können duldungspflichtig sein (*Ruge/Hennig* EnWZ 2014, 555 (556)). 8

Gem. § 44 zur Duldung verpflichtet sind nicht nur die Eigentümer und Nutzungsberechtigten von Grundstücken, die später für das Vorhaben in Anspruch genommen werden (Steinbach/Franke/*Nebel*/*Riese* EnWG § 44 Rn. 14). Oft ist in der von § 44 geregelten Entwurfsphase noch gar nicht absehbar, welche Grundstücke später für die Verwirklichung des Vorhabens benötigt werden. Für die Frage, welche Grundstücke nach § 44 für die Planungsvorbereitung in Anspruch genommen werden müssen, ist daher alleine der **Aufklärungsbedarf im Hinblick auf die für die spätere Abwägungsentscheidung** bedeutsamen Belange maßgeblich (so auch *Salje* EnWG § 44 Rn. 12). Dazu gehört auch, dass Vorhabenalternativen (etwa alternative Trassenverläufe) untersucht werden müssen. Die Duldungspflicht trifft daher auch Eigentümer und Nutzungsberechtigte solcher Grundstücke, die für eine **Alternativtrasse** in Anspruch genommen werden müssten (BVerwG Beschl. v. 7.8.2002 – 4 VR 9.02 (4 A 16.02), NVwZ-RR 2003, 66 (67) zu § 16a FStrG; VGH Kassel Beschl. v. 12.7.2001–2 Q 777/01, DVBl. 2001, 1863 (1868) zu § 7 LuftVG; *Deutsch* DVBl. 2001, 1868 (1869); *Hönig* UPR 2001, 374 (379))). 9

§ 44 Teil 5. Planfeststellung, Wegenutzung

III. Anwendungsbereich

10 **1. Sachlicher Anwendungsbereich: Vorhaben.** § 44 Abs. 1. ist ausweislich des Wortlauts auf **Vorhaben** bezogen und begrenzt. Dieses Vorhaben bildet den Bezugspunkt sowohl für die Planung und Baudurchführung als auch für die Unterhaltungsmaßnahmen. Die konkrete Bedeutung des Vorhabenbegriffs ist allerdings umstritten: Die überwiegende Ansicht möchte – gestützt auf die systematische Stellung des § 44 im 5. Teil des EnWG – nur planfeststellungspflichtige und -fähige Vorhaben iSd § 43 Abs. 1 und 2 erfasst wissen (BerlKommEnergieR/*Pielow* EnWG § 44 Rn. 3; NK-EnWG/*Turiaux* § 44 Rn. 4; Theobald/Kühling/*Missling* § 44 Rn. 6), wobei ergänzend zu berücksichtigen ist, dass gem. § 18 Abs. 5 NABEG der § 44 für NABEG-Vorhaben entsprechend anwendbar ist. Eine Duldungspflicht für andere – nicht planfeststellungspflichtige – Vorhaben kann sich dagegen nur aus den Landesenteignungsgesetzen ergeben, wobei solche Regelungen nicht in allen Ländern existieren. Eine andere Ansicht möchte den Vorhabenbegriff dagegen weiter verstehen und damit insbesondere nicht-planfeststellungsfähige Energieleitungsvorhaben (zB Kraftwerksanschlussleitungen, Biogasnetzanschlüsse) erfasst wissen (*Ruge/Hennig* EnWZ 2014, 555 (558ff.); zust. BeckOK EnWG/*Riege* § 44 Rn. 19). Die letztgenannte Ansicht verkennt allerdings, dass der Gesetzgeber mit der Planfeststellungspflichtigkeit oder -fähigkeit bestimmter Vorhaben über ihre Allgemeinwohldienlichkeit entscheidet, die ua mit der Konzentrationswirkung, der enteignungsrechtlichen Vorwirkung und eben auch mit der Duldungspflicht für Vorarbeiten nach § 44 verknüpft ist. Deshalb sind **Vorhaben iSd § 44 nur** die planfeststellungspflichtigen und -fähigen **Vorhaben nach § 43 Abs. 1 und 2.**

11 § 44 Abs. 1 verpflichtet Eigentümer und sonstige Nutzungsberechtigte auch im Hinblick auf **Unterhaltungsmaßnahmen** zur Duldung von Vorarbeiten (dazu auch Steinbach/Franke/*Nebel/Fest* § 44 EnWG Rn. 33f.). Sachlich begrenzt ist auch diese Duldungspflicht der Vorarbeiten für Unterhaltungsmaßnahmen durch den Bezug auf **Vorhaben nach § 43 Abs. 1 und 2.** Der Begriff der Unterhaltungsmaßnahmen kann analog zum eisenbahnrechtlichen Parallelbegriff (Beck AEG/*Schütz* § 17 Rn. 66) definiert werden. Unterhaltungsmaßnahmen dienen danach der Bewahrung oder Wiederherstellung eines planungsrechtlich genehmigten Zustandes, um die Funktionsfähigkeit der Anlage zu erhalten, wiederherzustellen und/oder sie an neue technische Standards anzupassen. Die Unterhaltungsmaßnahmen als solche sind nicht planfeststellungs- oder plangenehmigungspflichtig nach § 43 (so zum parallelen Problem im Eisenbahnrecht mwN Beck AEG/*Vallendar* § 18 Rn. 77). Dem Anwendungsbereich Unterhaltungsmaßnahmen kommt nur eine **geringe praktische Bedeutung** zu, da der Planfeststellungsbeschluss zumeist auch zur Vorbereitung der erforderlichen Unterhaltungsmaßnahmen berechtigt (BerlKommEnergieR/*Pielow* EnWG § 44 Rn. 4).

12 **2. Zeitlicher Anwendungsbereich.** § 44 betrifft die **Vorbereitungsphase der Planung und** – seit der Ergänzung in § 44 Abs. 1 aus dem Jahr 2006 – **der Baudurchführung (zeitlicher Anwendungsbereich).** Erfasst ist damit jedenfalls die Phase bis zum Beginn des Planfeststellungsverfahrens, der durch Stellung des Planfeststellungsantrags markiert wird. Darüber hinaus entspricht es gängiger Auffassung, dass die Vorschrift den gesamten Zeitraum bis zum Erlass des Planfeststellungsbeschlusses abdeckt (*Kirchberg* in Ziekow FachplanungsR-HdB Rn. 112; zur Phase nach der öffentlichen Auslegung s. BVerwG Beschl. v. 3.3.1994– 7 VR 4, 5 und 6.94, NVwZ 1994, 483 (passim)). Insbesondere auch im Rahmen des be-

Vorarbeiten § 44

gonnenen Planfeststellungsverfahrens erforderliche Planergänzungsanträge sollen mit Hilfe des § 44 vorbereitet werden können (BT-Drs. 16/54, 27). Nicht von § 44 EnWG erfasst werden Arbeiten, die Teil der **Durchführung** des Vorhabens sind (BT-Drs. 16/54, 27; BVerwG Beschl. v. 7.8.2002 – 4 VR 9.02 (4 A 16.02), NVwZ-RR 2003, 66 (67), zu § 16a BFStrG; *Kirchberg* in Ziekow FachplanungsR-HdB Rn. 109; *Hönig* UPR 2001, 374 (376)). Die wesentliche **Abgrenzungsfrage** in zeitlicher Hinsicht betrifft vor diesem Hintergrund diejenige zwischen der **Vorbereitung** der Planung und Bauausführung einerseits und der **Durchführung** des Vorhabens andererseits.

Problematisch war in diesem Zusammenhang, ob § 44 auch die Vorarbeiten zur **13 Erstellung der Ausführungsplanung** oder der Ausschreibungsunterlagen erfasst, oder ob diese Maßnahmen bereits zur Durchführung des Vorhabens zu rechnen sind (hierzu → 3. Aufl., § 44 Rn. 12–14). Nachdem der Gesetzgeber im Jahre 2006 die zu duldenden Vorarbeiten ausdrücklich über die Planung hinaus auch auf die **Baudurchführung** bezogen hat (→ Rn. 3), ist diese Unsicherheit nun beseitigt. Bezugspunkt für die Vorbereitungen ist nicht mehr allein die Planung (Unterlagen für den Antrag auf Planfeststellung) sondern auch die Realisierung (Baudurchführung) und Unterhaltung (Unterhaltungsmaßnahmen) des planfestgestellten Vorhabens. Konsequent hebt die Begründung der Gesetzesänderung hervor, dass „eine gesetzliche **Duldungspflicht für Vorarbeiten** kurz vor sowie auch **nach dem Erlass des Planfeststellungsbeschlusses**" besteht, und zwar auch dann, „wenn der Planfeststellungsbeschluss beklagt wird und keine sofortige Vollziehbarkeit besteht" (BT-Drs. 16/54, 27). Den erwünschten **Beschleunigungseffekt** im Interesse eines zügigen Ausbaus der Transportverbindungen – insbesondere vor dem Hintergrund der Entwicklung der Offshore-Windenergie – verspricht sich der Gesetzgeber insoweit von einer vorgezogenen Baudurchführungsvorbereitung vor Bestandskraft oder sofortiger Vollziehbarkeit des Planfeststellungsbeschlusses (BT-Drs. 16/54, 27, 40f.). Vor diesem Hintergrund kann der Planfeststellungsbeschluss nicht mehr als die zeitliche Zäsur angesehen werden, ab der die Anwendbarkeit des § 44 beendet (BVerwG Beschl. v. 9.10.2012 – 7 VR 10.12, ZNER 2012, 653 (655); zur Parallelvorschrift des § 16a FStrG auch BVerwG Beschl. v. 1.3.2012 – 9 VR 7.11, NVwZ 2012, 571 (573) mwN). Der Erstreckung des Anwendungsbereichs des § 44 auf die Phase **nach Erlass des Planfeststellungsbeschlusses** stehen dabei weder **verfassungsrechtliche** noch **systematische Erwägungen** entgegen. Verfassungsrechtlich ist zunächst die behördliche Einzelfallprüfung nach § 44 Abs. 2 (→ Rn. 24ff.) von Bedeutung, die insbesondere in Fällen angefochtener und nicht vorläufig vollziehbarer Planfeststellungsbeschlüsse die Besonderheiten des Einzelfalls und die Verhältnismäßigkeit einer Duldungspflicht zu prüfen haben wird. Nimmt man die finanzielle Ausgleichspflicht nach § 44 Abs. 3 hinzu, so stellt sich die Duldungspflicht auch nach Erlass des Planfeststellungsbeschlusses als verhältnismäßige Inhalts- und Schrankenbestimmung dar (→ Rn. 2).

Was das systematische Verhältnis zwischen den **Vorbereitungsmaßnahmen 14** nach § 44 einerseits und den in **Vollzug der Planfeststellungsentscheidung** ergehenden Ausführungs- bzw. Baumaßnahmen andererseits angeht, so kann zwar der Zeitpunkt der Planfeststellungsentscheidung diese Abgrenzung nicht mehr leisten. Allerdings bleibt die Abgrenzung zwischen den nur vorbereitenden Maßnahmen im Sinne des § 44 einerseits und Arbeiten in Vollziehung des Planfeststellungsbeschlusses andererseits möglich und erforderlich (BVerwG Beschl. v. 1.3.2012 – 9 VR 7.11, NVwZ 2012, 571 (572): „strikt zu unterscheiden"). Diese Abgrenzung zwischen „**Vorarbeiten**" und **den Plan vollziehenden Arbeiten,** die insbeson-

Hermes 2013

§ 44 Teil 5. Planfeststellung, Wegenutzung

dere die Grenze zwischen § 44 und § 44b (vorzeitige Besitzeinweisung) markiert, hat sich zu orientieren an den normativen Anhaltspunkten des § 44 Abs. 1. Danach sind Vorarbeiten gekennzeichnet durch ihren Zweck, erforderliche **Informationen zu erheben** (Vermessungen), und durch ihren **vorläufigen Charakter** (vorübergehende Anbringung von Markierungszeichen). Anhand dieser beiden Kriterien (ähnlich BerlKommEnergieR/*Pielow* EnWG § 44 Rn. 6) wird die zuständige Behörde nach § 44 Abs. 2 S. 2 verbleibende Zweifelsfälle entscheiden können und müssen. Irrelevant für die Anwendbarkeit von § 44 ist dagegen der Zeitpunkt des Erlasses des Planfeststellungsbeschlusses wie auch die Frage, ob das betroffene Grundstück von der enteignungsrechtlichen Vorwirkung der Planfeststellung erfasst ist oder nicht. Letzteres folgt schon daraus, dass Vorarbeiten aus tatsächlichen Gründen (zB bei Grundwasseruntersuchungen) auf Grundstücken erforderlich werden können, die außerhalb des räumlichen Geltungsbereichs der Planfeststellung liegen.

IV. Zu duldende Maßnahmen und Grenzen

15   § 44 Abs. 1 normiert eine **Duldungs-** und **keine Mitwirkungspflicht** (BerlKommEnergieR/*Pielow* EnWG § 44 Rn. 10; Steinbach/Franke/*Nebel*/Riese EnWG § 44 Rn. 30). Zu dulden sind nach dem Wortlaut der Vorschrift notwendige Vermessungen, Boden- und Grundwasseruntersuchungen einschließlich der vorübergehenden Anbringung von Markierungszeichen. Durch die Gesetzesänderung vom 13.5.2019 (BGBl. 2019 I S. 706) werden auch bauvorbereitende Maßnahmen zur bodenschonenden Bauausführung, Kampfmitteluntersuchungen und archäologische Voruntersuchungen ausdrücklich genannt. Damit wurde § 44 an die neuen Anforderungen angepasst, die sich aus der Verwendung von **Erdkabeln** ergeben. Von der Duldungspflicht erfasst sind – über die ausdrücklich genannten hinaus – aber auch sämtliche **sonstigen Vorarbeiten**. Die in § 44 Abs. 1 enthaltene Aufzählung bestimmter Vorarbeiten ist also lediglich beispielhaft und **nicht abschließend**.

16   **Vermessungen** dienen dem Zweck, die betroffenen Grundstücke und den Kreis betroffener Eigentümer oder auch sonst Berechtigter zu ermitteln (BT-Drs. 14/5750, 139). Unter **Bodenuntersuchungen** sind (wie auch bei § 17 AEG, dazu Beck AEG/*Schütz* § 17 Rn. 16) etwa Aufschürfungen, Entnahmen von Bodenproben und Bohrungen zur Gesteinsprüfung zu verstehen. Auch für eine **Grundwasseruntersuchung** sind regelmäßig Bohrungen erforderlich. Eventuell erforderliche wasserrechtliche Erlaubnisse sind vom Vorhabenträger einzuholen (Beck AEG/*Schütz* § 17 Rn. 16). **Bauvorbereitende Maßnahmen** zur bodenschonenden Bauausführung, Kampfmitteluntersuchungen und archäologische Voruntersuchungen sind vor allem bei Erdkabelvorhaben von Bedeutung. Hier soll angesichts des Umstandes, dass ein Planfeststellungsbeschluss oft in Zeiten ergeht, „in denen bestimmte Maßnahmen rechtlich unzulässig sind oder zumindest eine bodenschonende Ausführung nicht gewährleistet werden kann" sichergestellt werden, „dass entsprechende Arbeiten bereits durchgeführt werden können, bevor der Planfeststellungsbeschluss ergeht" (BT-Drs. 19/9027, 16). Durch die Klimaschutz-Sofortprogramm-Novelle wurden 2022 schließlich – klarstellend – die **Bergungsmaßnahmen** aufgenommen, weil in der Praxis eine Bergung oft unmittelbar im Anschluss an die Voruntersuchung erforderlich ist, um Raubgrabungen oder witterungsbedingte Schäden zu vermeiden (so BT-Drs. 20/1599, 61). Soweit es um **LNG-Vorhaben** im Sinne des § 2 LNGG geht, ist § 44 mit der Maßgabe anzuwenden, dass auch Kampfmittelräumungen, archäologische Untersuchungen und Ber-

Vorarbeiten **§ 44**

gungen als Vorarbeiten gelten (§ 8 Abs. 1 Nr. 2 LNGG). **Sonstige Vorarbeiten** sind Maßnahmen, die zur Ermittlung des planerischen Abwägungsmaterials oder der für die Vorbereitung der Baumaßnahmen erforderlichen Informationen notwendig werden können (Marschall/Schroeter/Kastner/*Ronellenfitsch* FStrG § 16a Rn. 5; BeckOK EnWG/*Riege* § 44 Rn. 38).

§ 44 Abs. 1 fordert nur die Duldung von Maßnahmen, die zur Vorbereitung der 17 Planung und Baudurchführung notwendig sind. Die Reichweite der Duldungspflicht wird so durch das Kriterium der **Notwendigkeit** begrenzt. Die Notwendigkeit selbst ist auch einfachgesetzliche Ausprägung des rechtsstaatlichen Grundsatz der **Verhältnismäßigkeit** (Marschall/Schröder/Kastner/*Ronellenfitsch* FStrG § 16a Rn. 8; *Hönig* UPR 2001, 374 (379)). Erforderlich ist daher eine **Abwägung** des verfolgten Zwecks und der verursachten Beeinträchtigungen (**Zweck-Mittel-Relation,** vgl. auch BVerwG Beschl. v. 9.10.2012 – 7 VR 10.12, ZNER 2012, 653 (655)). Die Anforderungen an die Darlegung der Notwendigkeit sind umso höher, je stärker durch die Duldung in das Eigentum oder sonstige Nutzungsrecht eingegriffen wird (BeckOK EnWG/*Riege* § 44 Rn. 39). Flurschäden sind jedenfalls auf das Unvermeidbare zu beschränken (BVerwG Beschl. v. 1.4.1999 – 4 VR 4.99, zu § 16a FStrG). An einem gewichtigen Interesse an der Durchführung der Vorarbeiten fehlt es, wenn die Geeignetheit oder Ungeeignetheit eines Geländes bereits ohne sie zuverlässig beurteilt werden kann (BeckOK EnWG/*Riege* § 44 Rn. 41). Die **„Beweislast"** für die die Verhältnismäßigkeit der Maßnahme belegenden Umstände, die nicht im Sinne der zivil- und zivilprozessrechtlichen Beweislast missverstanden werden darf (Schoch/Schneider/*Schneider* VwVfG § 24 Rn. 122ff.), liegt bei der Behörde, die sich im Zweifel auf Informationen des Vorhabenträgers stützen wird, die von ihr allerdings nach Maßgabe des § 24 der Landesverwaltungsverfahrensgesetze zu würdigen sind.

V. Erforderliche Bekanntgabe (Abs. 2 S. 1)

Die Absicht, Vorarbeiten durchzuführen, ist nach § 44 Abs. 2 S. 1 den zur Dul- 18 dung Verpflichteten mindestens zwei Wochen vor dem vorgesehenen Zeitpunkt bekanntzugeben. Diese Bekanntgabe ist durch den Vorhabenträger zu veranlassen. Sie ist **Voraussetzung der Duldungspflicht** nach § 44 Abs. 1 (s. nur *Hönig* UPR 2001, 374 (377)).

Die Bekanntgabe iSd § 44 Abs. 2 S. 1 ist **kein Verwaltungsakt,** sondern ein 19 Realakt (Steinbach/Franke/*Nebel/Riese* EnWG § 44 Rn. 38). Ihr fehlt der nach § 35 S. 1 VwVfG erforderliche Regelungscharakter; außerdem ist der Vorhabenträger, dem die Bekanntgabe obliegt, keine Behörde iSd § 35 S. 1 VwVfG. Anders als bei der Parallelvorschrift des § 17 AEG ist wegen der ausdrücklichen Regelung der Duldungsverfügung in § 44 Abs. 2 S. 2 die Konstruktion einer der Bekanntgabe zu Grunde liegenden Duldungsverfügung überflüssig (unklar BVerwG Beschl. v. 1.3.2012– 9 VR 7.11, NVwZ 2012, 571 (573), das einen Widerspruch gegen die Bekanntgabe in Betracht zieht – offenbar, weil in der Bekanntgabe zugleich eine Anordnung – dazu →Rn. 24ff. – zu sehen sei oder der Bekanntgabe eine solche Anordnung zu Grunde liege).

Hinsichtlich der Frage, gegenüber welchem Duldungsverpflichteten die Be- 20 kanntgabe zu erfolgen hat **(Adressat der Bekanntgabe),** wenn es deren mehrere (zB Eigentümer und Mietbesitzer) gibt, gilt Folgendes: Beeinträchtigen Vorarbeiten den Mietbesitz, so muss eine Duldungsverfügung jedenfalls gegenüber dem **Mietbesitzer** ergehen. Ob darüber hinaus die Bekanntgabe auch gegenüber dem

Eigentümer erfolgen muss, hängt davon ab, ob Vorarbeiten beabsichtigt sind, die der Mietbesitzer selbst im Rahmen seines Nutzungsrechts auf dem Grundstück nicht ohne Zustimmung des Eigentümers vornehmen dürfte (wie Veränderungen des Grundstücks; zB das Entfernen eines Zaunes oder Fällen eines Baumes; Beck AEG/*Schütz* § 17 Rn. 40).

21 § 44 Abs. 2 lässt neben der **individuellen Bekanntgabe** gegenüber dem Eigentümer bzw. Nutzungsberechtigten (§ 41 Abs. 1 VwVfG) auch die **ortsübliche Bekanntmachung** in den Gemeinden zu, in deren Bereich die Vorarbeiten durchzuführen sind (§ 41 Abs. 3, 4 VwVfG). Im Falle der individuellen Bekanntgabe besteht kein Schriftformerfordernis (§ 37 Abs. 2 VwVfG). Die Form der öffentlichen Bekanntmachung richtet sich nach dem jeweiligen Kommunalrecht des Landes in Verbindung mit der kommunalen Bekanntmachungssatzung. Ein Nachrang der ortsüblichen gegenüber der individuellen Bekanntgabe in dem Sinne, dass die ortsübliche Bekanntgabe nur in Frage kommt, wenn Eigentümer oder Nutzungsberechtigte nicht oder nur unter großen Schwierigkeiten ermittelbar sind (so aber Marschall/Schroeter/Kastner/*Ronellenfitsch* FStrG § 16a Rn. 11; *Hönig* UPR 2001, 374 (377)), besteht nicht (so wohl auch Beck AEG/*Schütz* § 17 Rn. 43, unter Berufung auf BVerwG Beschl. v. 1.4.1999 – 4 VR 4.99, BeckRS 1999, 30434438).

22 Auch die Bekanntgabe unterliegt **Bestimmtheitsanforderungen,** die sich allerdings mangels Verwaltungsaktscharakters nicht aus § 37 VwVfG ergeben. Maßgeblich sind stattdessen das allgemeine Rechtsstaatsprinzip und der Grundrechtsschutz der Betroffenen. Insofern kommt es darauf an, dass diesen die zu gewärtigenden Maßnahmen ausreichend erkennbar sind. Erforderlich sind auch hier (zum Inhalt einer Duldungsverfügung nach § 44 Abs. 2 → Rn. 32) die Bezeichnung der betroffenen Grundstücke, die Angabe des voraussichtlichen Beginns und der voraussichtlichen Dauer der Vorarbeiten sowie mindestens überschlägige Angaben zu deren Art und Umfang (Steinbach/Franke/*Nebel*/*Riese* EnWG § 44 Rn. 43).

23 Die Duldungspflicht wird nur dann ausgelöst, wenn dem Betroffenen die Absicht, Vorarbeiten durchzuführen, mindestens zwei Wochen vor deren Beginn bekannt gegeben wird. Die **Zwei-Wochen-Frist** schafft den Raum für eine vom Betroffenen gewünschte Beweissicherung (so zur Parallelvorschrift in § 17 AEG Beck AEG/*Schütz* § 17 Rn. 47). Daneben dient die Frist auch dazu, dem Betroffenen Gelegenheit zu geben, dem Vorhabenträger sein fehlendes Einverständnis mitzuteilen mit der Folge, dass dieser sich um eine Duldungsverfügung (§ 44 Abs. 2 S. 2, dazu → Rn. 24) bemühen muss.

C. Durchsetzung der Duldungspflicht durch Anordnung (Abs. 2 S. 2, 3)

24 In § 44 Abs. 2 S. 2 und 3 wird die Durchsetzung der Duldungspflicht nach Absatz 1 durch Anordnung der Planfeststellungsbehörde auf Antrag des Vorhabenträgers geregelt, die auch durch Allgemeinverfügung erfolgen kann (**Duldungsverfügung**). Entgegen der Rechtslage vor 2022 ist eine **Weigerung der Verpflichteten nicht** mehr **Voraussetzung** einer Duldungsanordnung. Im Gegenteil: eine solche soll im Regelfall erfolgen, ohne dass es hierfür eines besonderen Anlasses in Gestalt einer Weigerung der Verpflichteten bedarf. Da es zu Zeitverlusten führen kann, wenn der Vorhabenträger „zunächst eine Weigerung abwarten muss", soll dem Vorhabenträger vor bzw. ohne eine Weigerung des Eigentümers oder Nut-

Vorarbeiten **§ 44**

zungsberechtigten ermöglicht werden, einen Antrag bei der Behörde auf Erlass einer Duldungsanordnung zu stellen (BT-Drs. 20/1599, 61). Wenn die Regierungsbegründung in diesem Zusammenhang bemerkt, es sei erforderlich, „dass sich der Vorhabenträger um eine Zustimmung der Eigentümer oder Nutzungsberechtigten bemüht" (BT-Drs. 20/1599, 61), so ist dem zwar nicht zu widersprechen. Allerdings stellt ein solches **erfolgloses Bemühen um Zustimmung der Verpflichteten** jedenfalls bei Allgemeinverfügungen mit vielen Adressaten **keine Rechtmäßigkeitsvoraussetzung der Duldungsanordnung** dar, weil anderenfalls der intendierte Beschleunigungseffekt sicher nicht erreicht würde.

Die Duldungsverfügung nach § 44 Abs. 2 S. 2 stellt einen **Verwaltungsakt** iSd 25 § 35 S. 1 VwVfG dar. Der Erlass als **Allgemeinverfügung** iSd § 35 S. 2 VwVfG ist zulässig, „wenn beispielsweise der Kreis der Eigentümer oder Nutzungsberechtigten unklar ist oder gesonderte Bescheide an die jeweiligen Eigentümer oder sonstigen Nutzungsberechtigten wegen der Vielzahl der Eigentümer oder sonstigen Nutzungsberechtigten untunlich sind" (BT-Drs. 20/1599, 61). Für diesen Fall des Erlasses der Duldungsanordnung als Allgemeinverfügung ordnet **Abs. 2 S. 3** die **obligatorische öffentliche Bekanntgabe** an und geht damit über die nur fakultative öffentliche Bekanntgabe nach § 41 Abs. 3 VwVfG hinaus. Denn in „den Fällen, in denen die Allgemeinverfügung in Betracht kommt, ist regelmäßig von einem hohen Verwaltungsaufwand für die individuelle Bekanntmachung auszugehen, der mit der besonderen Eilbedürftigkeit der Vorhaben, a deren Durchführung ein überragendes oder jedenfalls großes öffentliches Interesse besteht, nicht zu vereinbaren ist" (BT-Drs. 20/1599, 61).

Da die Duldungsanordnung einen Verwaltungsakt darstellt, findet **§ 28 VwVfG** 26 Anwendung, so dass der Adressat vor Erlass der Verfügung **anzuhören** ist. Auch für einen möglichen Verzicht auf die Anhörung bleibt es bei den allgemeinen Regeln des § 28 Abs. 2 VwVfG bzw. der entsprechenden Landesverwaltungsverfahrensgesetze (insbesondere § 28 Abs. 2 Nr. 4 für Allgemeinverfügungen).

Zuständig für den Erlass der Duldungsanordnung ist die für das Vorhaben 27 (→ Rn. 10) zuständige **Planfeststellungsbehörde**. Dieser 2022 eingeführte Wechsel von den zuständigen Landes- zu den Planfeststellungsbehörden hält der Gesetzgeber für sinnvoll, „da sie mit den entsprechenden Sachverhalten in der Regel bereits befasst sind, bevor es zu einer Duldungsanordnung kommt" (BT-Drs. 20/1599, 61).

Der Erlass einer Duldungsverfügung setzt einen **Antrag des Vorhabenträgers** 28 voraus, in dem dieser die beabsichtigten erforderlichen Maßnahmen benennt sowie deren Bekanntgabe (→ Rn. 18 ff.) nachweist. Nach der Gesetzesbegründung hat der Antrag darüber hinaus folgende Angaben **(notwendiger Antragsinhalt)** zu enthalten: „Begründung der Notwendigkeit der Vorarbeiten, Beschreibung der Vorarbeiten in zeitlicher und räumlicher Hinsicht, sowie Darlegung der Betroffenheit, der Bemühungen um die Zustimmung der Eigentümer oder Nutzungsberechtigten der Voraussetzungen, die für eine Allgemeinverfügung sprechen" (BT-Drs. 20/1599, 61; dazu, dass allerdings das erfolglose Bemühen um Zustimmung jedenfalls bei Allgemeinverfügungen nicht zu fordern ist, → Rn. 24). Der Antrag ist so **rechtzeitig** zu stellen, dass der zuständigen Behörde ausreichend Zeit für eine etwaige Anhörung und die zu erlassende Duldungsanordnung verbleibt (BT-Drs. 20/1599, 61).

Die Planfeststellungsbehörde **soll** die Duldungsanordnung erlassen; es handelt 29 sich hierbei also um ein **intendiertes Ermessen** (BT-Drs. 20/1599, 61). Dem Vorhabenträger steht kein Anspruch auf Erlass einer Duldungsverfügung zu, sondern

Hermes 2017

§ 44 Teil 5. Planfeststellung, Wegenutzung

nur ein Anspruch auf fehlerfreie Ermessensbetätigung (BerlKommEnergieR/*Pielow* EnWG § 44 Rn. 14) zu. Dabei sind allerdings die Besonderheiten des intendierten Ermessens (BVerwG Urt. v. 5.7.1985 – 8 C 22.83, NJW 1986, 738 (739f.); BVerwG Urt. 16.6.1997 – 3 C 22.96, NJW 1998, 2233 (2234)) zu beachten. Mit der Soll-Vorschrift hat der Gesetzgeber dem Interesse an einem funktionsfähigen Versorgungssystem mit verstärkter Nutzung erneuerbarer Energien (§ 1 Abs. 1) den grundsätzlichen Vorrang vor den Interessen der betroffenen Eigentümer und Nutzungsberechtigten eingeräumt.

30   Die Duldungsverfügung muss so **ausreichend bestimmt** sein (§ 37 VwVfG), dass sie dem Informationsinteresse des Betroffenen gerecht wird (BVerwG Beschl. v. 9.10.2012 – 7 VR 10.12, ZNER 2012, 653 (654)). Erforderlich sind also die genaue Bezeichnung der betroffenen Grundstücke, die Angabe des voraussichtlichen Beginns und der voraussichtlichen Dauer der Vorarbeiten sowie mindestens überschlägige Angaben zu deren Art und Umfang (BVerwG Beschl. v. 9.10.2012 – 7 VR 10.12, ZNER 2012, 653 (654)). Die Rechtsprechung lässt es ausreichen, dass in der Benachrichtigung über Probebohrungen die metergenaue Angabe der einzelnen Bohrpunkte sowie der Fahrstrecke etc unterbleibt, weil diese Einzelheiten von den jeweiligen örtlichen Gegebenheiten und den wetterbedingten Bodenverhältnissen abhängen (BVerwG Beschl. v. 9.10.2012 – 7 VR 10.12, ZNER 2012, 653 (654)).

D. Entschädigung (Abs. 3)

31   § 44 Abs. 3 sieht eine angemessene Entschädigung in Geld für die durch die Vorarbeiten verursachten unmittelbaren Vermögensnachteile vor. Der Entschädigung in Geld geht allerdings die Verpflichtung des Vorhabenträgers vor, nach Abschluss der Arbeiten den **vorherigen Zustand** unverzüglich **wiederherzustellen,** wie dies zB im Abfallrecht ausdrücklich gesetzlich bestimmt ist (§ 34 Abs. 2 KrWG).

32   Die gleichwohl verbleibenden Schäden sind in Geld auszugleichen (*Kirchberg* in Ziekow FachplanungsR-HdB Rn. 123). § 44 Abs. 3 beschränkt die Ersatzpflicht allerdings auf **unmittelbare Vermögensnachteile,** sodass lediglich Wertersatz zu leisten, nicht aber auch der entgangene Gewinn zu ersetzen ist (BeckOK EnWG/ *Riege* § 44 Rn. 64; BerlKommEnergieR/*Pielow* EnWG § 44 Rn. 25). Zur Entschädigung verpflichtet ist der Vorhabenträger.

33   Das **Verfahren** der Entschädigung ist dem Enteignungsrecht nachgebildet (so zur Parallelvorschrift in § 17 AEG Beck AEG/*Schütz* § 17 Rn. 62). Danach hat sich der Vorhabenträger zunächst um eine Einigung mit dem Betroffenen zu bemühen. Erst wenn diese Bemühungen scheitern, wird die Entschädigung durch die nach Landesrecht zuständige Behörde (nach Gewährung rechtlichen Gehörs) festgesetzt (zum Rechtsschutz → Rn. 34).

E. Rechtsschutz (Abs. 4)

34   Gegen die **Bekanntgabe der Absicht, Vorarbeiten durchzuführen,** durch den Vorhabenträger (§ 44 Abs. 2) ist Rechtsschutz weder möglich noch erforderlich. Hier genügt die Mitteilung des Betroffenen an den Vorhabenträger, dass er nicht zur Duldung bereit ist. Diese Mitteilung löst die Notwendigkeit einer Duldungsverfügung nach § 44 Abs. 2 S. 2 aus (→ Rn. 24).

Der Rechtsschutz gegen die **Duldungsverfügung** nach § 44 Abs. 2 richtet sich 35 in der Hauptsache nach § 42 Abs. 1 VwGO, dh der Betroffene hat Widerspruch einzulegen (§ 68 VwGO) und im Misserfolgsfalle sodann eine **Anfechtungsklage** zu erheben. Die **erstinstanzliche Zuständigkeit des BVerwG** nach § 50 Abs. 1 Nr. 6 VwGO für Vorhaben, die in der Anlage zum EnLAG oder im Bundesbedarfsplangesetz enthalten sind, gilt auch für Streitigkeiten, welche sich auf die Duldung von Maßnahmen zur Vorbereitung der Planung oder der Baudurchführung beziehen (BVerwG Beschl. v. 9.10.2012 – 7 VR 10.12, ZNER 2012, 653f.). Gleiches gilt für die Vorhaben, für die eine erstinstanzliche Zuständigkeit des BVerwG nach § 43e Abs. 4 angeordnet ist. Die erstinstanzliche Zuständigkeit gilt dagegen nicht für Streitigkeiten über Maßnahmen, die bereits Teil der Bauausführung sind oder Unterhaltungsmaßnahmen darstellen (BVerwG Beschl. v. 9.10.2012 – 7 VR 10.12, ZNER 2012, 653). Die Frist des § 70 Abs. 1 VwGO ist zu beachten.

Der Betroffene kann die Duldungsverfügung nur darauf hin überprüfen lassen, 36 ob ihre **sachlichen Voraussetzungen** vorliegen und ob eine ordnungsgemäße **Bekanntgabe** der Ausführungsabsicht erfolgt ist. Einwendungen gegen das geplante Vorhaben selbst sind im Verwaltungsstreitverfahren über die Zulässigkeit von Vorarbeiten ausgeschlossen (BVerwG Beschl. v. 9.10.2012 – 7 VR 10.12, NVwZ 2013, 78 (80)).

Fragen des **Eilrechtsschutzes gegen eine Duldungsanordnung** nach Abs. 2 37 S. 2 hat der Gesetzgeber mit der Klimaschutz-Sofortprogramm-Novelle im Jahr 2022 in Abs. 4 im Interesse der weiteren **Beschleunigung** geregelt. Danach haben **Rechtsbehelfe** (Widerspruch, Anfechtungsklage) gegen eine Duldungsanordnung und gegen Vollstreckungsmaßnahmen zur Durchsetzung der Duldungsanordnung **keine aufschiebende Wirkung** (S. 1), da „aufgrund der Eilbedürftigkeit der Vorhaben das zügige Durchführen von Vorarbeiten für das weitere Vorgehen" erforderlich ist (BT-Drs. 20/1599, 61, wo auf Verzögerungen im Ablauf der Vorhaben verwiesen wird, „an deren Durchführung ein überragendes oder jedenfalls großes öffentliches Interesse besteht"). Darüber hinaus werden in S. 2 die **Fristen** (Stellung des Antrags, Begründung des Antrags) für einen **Antrag** auf Anordnung der aufschiebenden Wirkung **nach § 80 Abs. 5 S. 1 VwGO** auf einen Monat verkürzt, worauf in der Rechtsbehelfsbelehrung – für diese ist § 58 VwGO entsprechend anzuwenden (S. 4) – hinzuweisen ist (S. 3). Die Regelung entspricht § 43e Abs. 1, so dass auf die dortigen Erläuterungen verwiesen werden kann (→ § 43e Rn. 8ff.).

Rechtsschutz gegen die **Festsetzung der Entschädigung** durch die nach Lan- 38 desrecht zuständige Behörde (§ 44 Abs. 3) kann vor den Verwaltungsgerichten gesucht werden (BerlKommEnergieR/*Pielow* EnWG § 44 Rn. 31).

§ 44a Veränderungssperre, Vorkaufsrecht

(1) ¹**Vom Beginn der Auslegung der Pläne im Planfeststellungsverfahren oder von dem Zeitpunkt an, zu dem den Betroffenen Gelegenheit gegeben wird, den Plan einzusehen, dürfen auf dem vom Plan betroffenen Flächen bis zu ihrer Inanspruchnahme wesentlich wertsteigernde oder die geplante Baumaßnahme erheblich erschwerende Veränderungen nicht vorgenommen werden (Veränderungssperre).** ²**Veränderungen, die in rechtlich zulässiger Weise vorher begonnen worden sind, Unterhaltungsarbeiten und die Fortführung einer bisher ausgeübten Nutzung werden davon nicht berührt.** ³**Unzulässige Veränderungen bleiben bei Anordnungen nach § 74**

§ 44 a

Abs. 2 Satz 2 des Verwaltungsverfahrensgesetzes und im Entschädigungsverfahren unberücksichtigt.

(2) ¹Dauert die Veränderungssperre über vier Jahre, im Falle von Hochspannungsleitungen über fünf Jahre, können die Eigentümer für die dadurch entstandenen Vermögensnachteile Entschädigung verlangen. ²Sie können ferner die Vereinbarung einer beschränkt persönlichen Dienstbarkeit für die vom Plan betroffenen Flächen verlangen, wenn es ihnen mit Rücksicht auf die Veränderungssperre wirtschaftlich nicht zuzumuten ist, die Grundstücke in der bisherigen oder einer anderen zulässigen Art zu benutzen. ³Kommt keine Vereinbarung nach Satz 2 zustande, so können die Eigentümer die entsprechende Beschränkung des Eigentums an den Flächen verlangen. ⁴Im Übrigen gilt § 45.

(3) In den Fällen des Absatzes 1 Satz 1 steht dem Träger des Vorhabens an den betroffenen Flächen ein Vorkaufsrecht zu.

Übersicht

	Rn.
A. Allgemeines	1
B. Veränderungssperre (Abs. 1)	2
I. Beginn und Ende der Veränderungssperre	2
II. Gegenstand der Veränderungssperre	4
III. Wirkungen der Veränderungssperre	10
IV. Räumlicher Geltungsbereich	13
C. Entschädigung (Abs. 2)	14
I. Allgemeines	14
II. Die Vier- bzw. Fünfjahresfrist	15
III. Entschädigungsverpflichteter und -berechtigter	16
IV. Voraussetzungen und Umfang der Entschädigung	17
V. Vereinbarung einer beschränkt persönlichen Dienstbarkeit (S. 2 und 3)	19
VI. Verfahren und Rechtsschutz	20
D. Vorkaufsrecht (Abs. 3)	22
I. Allgemeines	22
II. Anwendungsbereich	23
III. Ausübung, Rechtswirkung und Rechtsschutz	24

Literatur: Vgl. die Hinweise zu § 44.

A. Allgemeines

1 § 44a wurde im Dezember 2006 durch Art. 7 des Gesetzes zur Beschleunigung von Planungsverfahren für Infrastrukturvorhaben (BGBl. 2006 I S. 2833) in das EnWG eingefügt. Die Vorschrift gilt seit dem 17.12.2006. Entsprechende Vorschriften finden sich in § 19 AEG, § 15 WaStrG und § 16 NABEG. Das EnWG kannte eine vergleichbare Regelung zuvor nicht. § 44a Abs. 1–2 regelt die Modalitäten der ex lege eintretenden **Veränderungssperre**, § 44a Abs. 3 sieht das **Vorkaufsrecht des Vorhabenträgers** vor. Beide Instrumente dienen der Erleichterung der Umsetzung energierechtlicher Fachplanungen. Sie bestimmen damit die Vorwirkungen der Planfeststellung (BerlKommEnergieR/*Pielow* EnWG

§ 44 Rn. 2). Ihre (verfassungsrechtliche) Rechtfertigung finden sie in dem öffentlichen Interesse an einem beschleunigten **Ausbau der Energietransportinfrastruktur** (BT-Drs. 16/54, 40 f.; Steinbach/Franke/*Nebel*/*Riese* EnWG § 44 a Rn. 10 f.), das insbesondere mit dem verstärkten Ausbau der erneuerbaren Energien (§ 1 Abs. 1) an Dringlichkeit gewonnen hat (dazu → § 43 Rn. 4).

B. Veränderungssperre (Abs. 1)

I. Beginn und Ende der Veränderungssperre

Die Veränderungssperre greift nach § 44 a Abs. 1 S. 1 mit dem **Beginn der Auslegung der Pläne im Planfeststellungsverfahren** bzw. von dem Zeitpunkt an, zu dem den Betroffenen **Gelegenheit zur Einsichtnahme** nach § 73 Abs. 3 S. 2 VwVfG gegeben wird (BerlKommEnergieR/*Pielow* EnWG § 44 Rn. 6). Voraussetzung für die Veränderungssperre ist in beiden Fällen die bereits begonnene Durchführung eines obligatorischen oder eines optionalen Planfeststellungsverfahrens nach § 43. Im Falle der vereinfachten Anhörung nach § 73 Abs. 3 S. 2 und Abs. 4 S. 2 wird die Veränderungssperre mit dem Zugang der den Betroffenen zur Einsichtnahme zugeleiteten Pläne oder dem Zugang der schriftlichen Mitteilung der Anhörungsbehörde, dass die Pläne eingesehen werden können, wirksam (BeckOK EnWG/*Rietzler* § 44 a Rn. 8). Die Veränderungssperre tritt dabei **kraft Gesetzes** ein (**akzessorische Veränderungssperre,** Theobald/Kühling/*Missling* EnWG § 44 a Rn. 5). 2

Die Veränderungssperre **endet** erst dann, wenn die betroffenen Flächen vom Vorhabenträger in Anspruch genommen werden. **Inanspruchnahme** in diesem Sinne ist der Erwerb des Eigentums oder einer anderen zur Verhinderung der verbotenen Veränderung ausreichenden Rechtsposition durch den Vorhabenträger (BerlKommEnergieR/*Pielow* EnWG § 44 Rn. 7). Besteht der Grunderwerb lediglich in der dinglichen Belastung eines Grundstücks, so ist deren Eintragung in das Grundbuch als „Inanspruchnahme" iSd § 44 a Abs. 1 S. 1 anzusehen (BeckOK EnWG/*Rietzler* § 44 a Rn. 9). Darüber hinaus endet die Veränderungssperre dann, wenn der Sicherungszweck dadurch entfällt, dass der Vorhabenträger das Vorhaben nicht mehr ernsthaft betreibt oder es endgültig unmöglich geworden ist (BerlKommEnergieR/*Pielow* EnWG § 44 Rn. 7 mwN). 3

II. Gegenstand der Veränderungssperre

Die Veränderungssperre betrifft nach § 44 a Abs. 1 S. 1 **wesentlich wertsteigernde oder die geplante Maßnahme erheblich erschwerende Veränderungen.** Diese beiden Tatbestände werden in der Praxis häufig kumulativ vorliegen, weil wesentlich wertsteigernde Veränderungen – zum Beispiel die Errichtung baulicher Anlagen – regelmäßig auch eine Erschwerung der Baudurchführung zur Folge haben (so auch zur Parallelvorschrift in § 19 AEG Beck AEG/*Schütz* § 19 Rn. 21). 4

Wesentlich wertsteigernd sind alle Maßnahmen, die den Grundstückswert des von der Veränderungssperre erfassten Grundstücks nicht nur unwesentlich erhöhen. Dies kann zB bei einer Intensivierung der land- oder forstwirtschaftlichen Nutzung der Fall sein (weitere Beispiele Beck AEG/*Schütz* § 19 Rn. 22). Regelmäßig wird die Errichtung oder Erweiterung baulicher Anlagen zu einer wesentlichen Wertsteigerung des Grundstücks führen. 5

Hermes 2021

6 Zu den die geplante Maßnahme erheblich **erschwerenden Veränderungen** gehören zB Ablagerungen, Aufschüttungen und Abgrabungen, die zur Errichtung der planfestgestellten Leitungsanlage wieder beseitigt werden müssen, aber auch die Verlegung von Leitungen. Eine erhebliche Erschwerung kann dabei auch in einer Verteuerung der Baumaßnahme bestehen (Steinbach/Franke/*Nebel/Riese* EnWG § 44a Rn. 19).

7 **Ausgenommen von der Veränderungssperre** sind nach § 44a Abs. 1 S. 2 Veränderungen, die vor ihrem Inkrafttreten in rechtlich zulässiger Weise **begonnen** worden sind. Die Vorschrift ist damit – wie auch § 19 AEG (dazu Beck AEG/*Schütz* § 19 Rn. 24) – enger als beispielsweise § 14 Abs. 3 BauGB, nach dem es für die Freistellung ausreicht, dass das Vorhaben vor Inkrafttreten der Veränderungssperre baurechtlich genehmigt wurde. In rechtlich zulässiger Weise wurde mit Maßnahmen begonnen, wenn diese in formeller und materieller Hinsicht legal sind (BeckOK EnWG/*Rietzler* § 44a Rn. 15). Die Durchführung genehmigungsbedürftiger Bauarbeiten ohne die erforderliche Baugenehmigung reicht hierfür auch dann nicht aus, wenn ein Anspruch auf Erteilung dieser Baugenehmigung besteht (NK-EnWG/*Turiaux* § 44a Rn. 14).

8 Von der Veränderungssperre ebenfalls nicht betroffene **Unterhaltungsarbeiten** sind Maßnahmen, die der Erhaltung des vorhandenen Bestandes dienen. Der Begriff der Unterhaltungsarbeiten ist im Hinblick auf den Charakter des § 44a Abs. 1 S. 2 als Ausnahmeregelung und wegen des mit § 44a Abs. 1 S. 1 verfolgten Zwecks eng auszulegen (mit Bsp. BeckOK EnWG/*Rietzler* § 44a Rn. 16; Beispiele sind etwa die Neueindeckung eines Dachs, die Erneuerung eines morschen Dachstuhls, das Verputzen einer feuchtigkeitsgefährdeten Wand oder das Aufmauern rissiger Gebäudeteile).

9 Unter die ebenfalls von der Veränderungssperre nicht betroffene **Fortführung der bisher ausgeübten Nutzung** fällt beispielsweise die weitere Bewirtschaftung eines Feldes im Rahmen der Fruchtfolge, nicht aber zB die Intensivierung der Nutzung, etwa durch Anlage einer Obstplantage auf einer zuvor als Wiese genutzten Fläche (NK-EnWG/*Turiaux* § 44a Rn. 16).

III. Wirkungen der Veränderungssperre

10 Die wesentliche rechtliche Wirkung der Veränderungssperre besteht in einem **Verbot, wesentlich wertsteigernde oder die geplanten Baumaßnahmen erheblich erschwerende Veränderungen durchzuführen.** Verbotene Veränderungen, die trotzdem vorgenommen werden, sind rechtswidrig. Der Eigentümer kann aus solchen Veränderungen keine Rechte gegenüber dem Vorhabenträger oder gegenüber der Planfeststellungsbehörde herleiten. Die zuständigen Behörden können verbotene Veränderungen mit den Mitteln der Eingriffsverwaltung – also namentlich durch Untersagungsverfügungen und deren Durchsetzung – unterbinden. Der Vorhabenträger hat hierauf einen Anspruch aus § 44a, da die Vorschrift als eine Schutznorm zu seinen Gunsten zu verstehen ist (Steinbach/Franke/ *Nebel/Riese* EnWG § 44a Rn. 21). Da § 44a selbst keine Ermächtigungsgrundlage enthält, müssen die Behörden hierzu auf das allgemeine Bauordnungsrecht zurückgreifen (Theobald/Kühling/*Missling* EnWG § 44a Rn. 21).

11 Ausdrücklich geregelt ist in § 44a Abs. 1 S. 3, dass Anlagen, die unter Verstoß gegen § 44a Abs. 1 S. 1 entstanden sind, bei Schutzvorkehrungsanordnungen gem. § 74 Abs. 2 S. 2 VwVfG oder im Entschädigungsverfahren unberücksichtigt bleiben. Konsequent ist insofern auch die auf § 19 AEG bezogene, aber auch für § 44a gültige Aussage, **dass die Veränderungssperre bereits Auswirkungen auf das Gewicht hat, mit dem die Belange des Betroffenen in die Abwägung einzustellen sind** (so zur Parallelvorschrift in § 19 AEG Beck AEG/*Schütz* § 19 Rn. 10). Entgegen § 44a Abs. 1 S. 1 vorgenommene Veränderungen bleiben demnach im Rahmen der Abwägung nach § 43 S. 3 unberücksichtigt (zu § 19 AEG auch BVerwG Urt. v. 12.2.1997 – 11 A 66.95, NVwZ-RR 1998, 90).

Eine Sperrwirkung entfaltet § 44a Abs. 1 S. 1 auch gegenüber einem **Bebauungsplan,** der der Veränderungssperre widersprechende Bauvorhaben bauplanungsrechtlich legalisiert. Ein solcher Bebauungsplan ist mangels Erforderlichkeit iSd § 1 Abs. 3 BauGB nichtig (BVerwG Beschl. v. 21.1.1993 – 4 B 206.92, NVwZ 1993, 884 (885); vgl. ferner BVerwG Urt. v. 12.8.1999 – 4 CN 4.98, DVBl. 2000, 187; VGH Mannheim Urt. v. 14.11.1996 – 5 S 5/95, ZfBR 1997, 101 (103f.)). 12

IV. Räumlicher Geltungsbereich

In **räumlicher Hinsicht** betrifft die Veränderungssperre die „vom Plan betroffenen Flächen". Welche dies sind, ergibt sich aus den ausgelegten – bzw. gem. § 73 Abs. 3 S. 2 VwVfG zur Einsichtnahme gebrachten – Planunterlagen. „Vom Plan betroffen" iSd § 44a Abs. 1 S. 1 sind dabei diejenigen Flächen, welche für das Vorhaben unmittelbar endgültig oder vorübergehend in Anspruch genommen werden (BerlKommEnergieR/*Pielow* EnWG § 44 Rn. 9). Es kommt nicht darauf an, ob die Flächen für das Vorhaben selbst, für notwendige Folgemaßnahmen an Anlagen Dritter (§ 75 Abs. 1 S. 1 VwVfG) oder für Maßnahmen der landschaftspflegerischen Begleitplanung benötigt werden. Nicht von der Veränderungssperre betroffen sind Flächen, die durch das Vorhaben nur mittelbar, zB durch Verkehrslärmimmissionen, betroffen sind. 13

C. Entschädigung (Abs. 2)

I. Allgemeines

§ 44a Abs. 2 gewährt Eigentümern einen **Entschädigungsanspruch,** wenn die Veränderungssperre mehr als vier Jahre, bei Hochspannungsleitungen mehr als fünf Jahre dauert. In Abs. 2 S. 1 wurde der Begriff „Hochspannungsfreileitungen" durch Art. 2 des Gesetzes zur Änderung des Bundesbedarfsplangesetzes und anderer Vorschriften vom 25.2.2021 (BGBl. 2021 I S. 298) zu „Hochspannungsleitungen" geändert und umfasst daher nicht mehr nur Freileitungen, sondern auch Erdkabel (BT-Drs. 19/23491, 35f.). Die Entschädigung nach § 44a Abs. 2 ist keine Enteignungsentschädigung für einen gezielten staatlichen Zugriff, sondern Ausgleich für eine sonst unverhältnismäßige Belastung des Eigentümers im Rahmen der Inhalts- und Schrankenbestimmung (BerlKommEnergieR/*Pielow* EnWG § 44a Rn. 3, 18). 14

II. Die Vier- bzw. Fünfjahresfrist

Während der ersten vier bzw. fünf (Hochspannungsleitungen) Jahre der Geltungsdauer der Veränderungssperre besteht kein Entschädigungsanspruch. Dies ist eine nicht zu beanstandende Inhalts- und Schrankenbestimmung des Eigentums (NK-EnWG/*Turiaux* § 44a Rn. 26). Die **Frist beginnt** mit der Planauslegung bzw. mit der individuellen Bekanntgabe gem. § 73 Abs. 3 S. 2 VwVfG. Allerdings können bereits vor dem eigentlichen Fristbeginn Bauanträge oder andere Geneh- 15 migungsgesuche mit Rücksicht auf die noch nicht offengelegte Planung zurückgestellt werden. Diese sog. **faktischen Veränderungssperren** sind auf die Frist anzurechnen, wenn der Eigentümer alle zumutbaren Rechtsbehelfe ergriffen hat (BGH Urt. v. 25.9.1980 – III ZR 18/79, NJW 1981, 458; BeckOK EnWG/*Rietzler* § 44a Rn. 27). Der Anspruch entfällt dagegen, wenn der Vorhabenträger vor ihrem Ablauf das Grundstück in Anspruch genommen – also das Eigentum erlangt (dazu → Rn. 3) – hat. Ausreichend ist aber auch die Besitzerlangung im Rahmen der vorzeitigen Besitzeinweisung nach § 44b, weil die Beschränkung des Eigentums von diesem Zeitpunkt an auf der vorzeitigen Besitzeinweisung beruhend nach den hierfür geltenden Maßstäben zu entschädigen ist (→ § 44b Rn. 19f.).

III. Entschädigungsverpflichteter und -berechtigter

16   **Entschädigungsverpflichteter** ist der Vorhabenträger, **Berechtigter** (lediglich) der Eigentümer (BerlKommEnergieR/*Pielow* EnWG § 44 Rn. 20). Wie die Parallelvorschrift des § 19 Abs. 2 AEG ist aber auch diese Vorschrift **verfassungskonform** dahin auszulegen, dass auch denjenigen, die aufgrund eines dinglichen oder persönlichen Rechts zur Nutzung eines Grundstücks berechtigt sind, ein Entschädigungsanspruch zuzubilligen ist, falls die übrigen Voraussetzungen hierfür erfüllt sind (Steinbach/Franke/*Nebel*/Riese EnWG § 44a Rn. 38).

IV. Voraussetzungen und Umfang der Entschädigung

17   Die Entschädigung zielt – wie auch bei der bauplanungsrechtlichen Veränderungssperre – nur auf **Wertausgleich für Substanzverlust.** Nicht erfasst ist also entgangener Gewinn (Steinbach/Franke/*Nebel*/Riese EnWG § 44a Rn. 44). In Fällen erschwerter Nutzung des von der Veränderungssperre betroffenen Grundstücks setzt der Anspruch voraus, dass der Eigentümer tatsächlich in der Lage und ernsthaft gewillt war, eine über die bisherige Nutzung hinausgehende Nutzung vorzunehmen und diese Nutzung nach den für sie geltenden Rechtsvorschriften des Bauplanungs-, Bauordnungs- oder Naturschutzrechts rechtlich zulässig war (Steinbach/Franke/*Nebel*/Riese EnWG § 44a Rn. 45; BGH Urt. v. 20.9.1971 – III ZR 18/70, BGHZ 57, 278 (285); BGH Urt. v. 14.12.1978 – III ZR 77/76, BGHZ 73, 161 (166); BGH Urt. v. 25.9.1980 – III ZR 18/79, NJW 1981, 458; BGH Urt. v. 10.2.1983 – III ZR 105/81, NVwZ 1983, 500).
18   Die **Höhe der Nutzungsentschädigung** ist an die Bodenrente anzupassen (BeckOK EnWG/*Rietzler* § 44a Rn. 30; BGH Urt. v. 25.6.1959 – III ZR 220/57, BGHZ 30, 338; BGH Urt. v. 11.6.1992 – III ZR 210/90, NVwZ 1992, 1119 (1121)). Diese bestimmt sich danach, was ein Bauwilliger gezahlt hätte, wenn ihm gestattet worden wäre, auf dem betreffenden Grundstück die verbotene Nutzung durchzuführen (Miet-, Pacht- oder Erbbauzins). Hiervon ist der Wert der Nutzungen, die durch die Veränderungssperre nicht beeinträchtigt wurden, abzuziehen (BGH Urt. v. 20.3.1975 – III ZR 16/72, BauR 1975, 328). Wenn der Eigentümer die Entschädigung nach § 44a Abs. 2 schon vor der endgültigen Inanspruchnahme des Grundstücks erhalten hat, so ist diese von der Entschädigung für das Grundstück abzuziehen (so auch zur Parallelvorschrift in § 19 AEG Beck AEG/*Schütz* § 19 Rn. 43, mwN).

V. Vereinbarung einer beschränkt persönlichen Dienstbarkeit (S. 2 und 3)

§ 44a Abs. 2 S. 2 stellt neben („ferner") die Entschädigung nach § 44a Abs. 2 S. 1 die Vereinbarung einer **beschränkt persönlichen Dienstbarkeit** für die vom Plan betroffenen Flächen. Diese kann von deren Eigentümern verlangt werden, insofern besteht also ein **Kontrahierungszwang.** Voraussetzung ist, dass es den Eigentümern mit Rücksicht auf die Veränderungssperre wirtschaftlich nicht zuzumuten ist, die Grundstücke in der bisherigen oder einer anderen zulässigen Art zu benutzen. Kommt eine solche Vereinbarung nicht freiwillig zustande, so können die Eigentümer die entsprechende Beschränkung des Eigentums an den Flächen direkt verlangen, dh gerichtlich geltend machen (klargestellt: § 44a Abs. 2 S. 3).

VI. Verfahren und Rechtsschutz

§ 44a Abs. 2 S. 4 („Im Übrigen gilt § 45") verweist auf die einschlägige Vorschrift zur Enteignung. Dies bedeutet für das **Verfahren der Entschädigung,** dass die Landesenteignungsgesetze maßgeblich sind. Dies folgt aus dem weiterführenden Verweis in § 45 Abs. 3.

Die Eigentümer betroffener Grundstücke können die Wirksamkeit oder Reichweite der Veränderungssperre im Wege der **Feststellungsklage** nach § 43 Abs. 1 VwGO verwaltungsgerichtlich klären lassen. Voraussetzung im Sinne der Sachurteilsvoraussetzung des besonderen Feststellungsbedürfnisses ist es jedoch, dass eine möglicherweise verbotene Veränderung am Grundstück beabsichtigt ist oder (im Falle einer Veräußerungsabsicht) die auf der Veränderungssperre beruhende Wertminderung beseitigt werden soll (BeckOK EnWG/*Rietzler* § 44a Rn. 24). Bedarf die möglicherweise verbotene Veränderung einer Genehmigung nach anderen Vorschriften, so muss der Betroffene gegen eine versagende Entscheidung zB der Baugenehmigungsbehörde Widerspruch und Verpflichtungsklage erheben; über die Veränderungssperre wird dann inzident entschieden (NK-EnWG/*Turiaux* § 44a Rn. 21).

D. Vorkaufsrecht (Abs. 3)

I. Allgemeines

Auch das **Vorkaufsrecht des § 44a Abs. 3** sichert die Durchführung des planfestgestellten oder plangenehmigten Vorhabens. Es eröffnet dem Vorhabenträger die Möglichkeit, sich die für das Vorhaben benötigten Grundstücke ohne Durchführung eines Enteignungsverfahrens zu beschaffen, wenn diese von ihren Eigentümern verkauft werden. Außer dem Eigentum können auch andere Rechte (etwa ein Erbbaurecht) von dem Vorkaufsrecht erfasst sein. § 44a Abs. 3 verdrängt gemeindliche Vorkaufsrechte aufgrund der §§ 24ff. BauGB (BerlKommEnergieR/ *Pielow* EnWG § 44 Rn. 27). Ratio legis des Abs. 3 ist die Befürchtung, dass zB Verbände während des Planfeststellungsverfahrens Grundstücke, die für das Vorhaben benötigt werden, als **„Sperrgrundstücke"** erwerben, um auf diese Weise ein eigenes Einwendungsrecht im Planfeststellungsverfahren und ein Klagerecht gegen den Planfeststellungsbeschluss zu erwerben (Steinbach/Franke/*Nebel/Riese* EnWG § 44a Rn. 53). Allerdings hat die Einführung der naturschutzrechtlichen Verbandsklage den Grund solcher „Sperrgrundstücks-Klagen" zum Teil entfallen lassen, auch wenn die Verbandsklage nicht zu einer Vollüberprüfung des Planfeststellungsbeschlusses, sondern nur zu einer naturschutzbezogenen Kontrolle führt.

II. Anwendungsbereich

23 Das Vorkaufsrecht soll dem Wortlaut des § 44a Abs. 3 nach **in denselben Fällen wie die Veränderungssperre** greifen. Wie die Parallelvorschrift des § 19 Abs. 3 AEG (Beck AEG/*Schütz*- § 19 Rn. 57ff.) ist § 44a Abs. 3 im Hinblick auf den sachlichen Anwendungsbereich in zweifacher Hinsicht einschränkend auszulegen: Zum einen ist ein Vorkaufsrecht für Flächen, die für das Vorhaben nur vorübergehend (zB zur Baustelleneinrichtung) benötigt werden, nicht anzuerkennen. Zum anderen kann ein Vorkaufsrecht dann nicht bestehen, wenn nach Grunderwerbsverzeichnis und Grunderwerbsplan nicht die vollständige oder teilweise Übertragung eines Grundstücks auf den Vorhabenträger vorgesehen ist, sondern lediglich die Eintragung eines dinglichen Nutzungsrechts. In beiden Fällen wäre ein Vorkaufsrecht auch schon nicht vom Normzweck, der Sicherung der Durchführung der Planung, gedeckt (BerlKommEnergieR/*Pielow* EnWG § 44 Rn. 28; Steinbach/Franke/*Nebel*/*Riese* EnWG § 44a Rn. 55).

III. Ausübung, Rechtswirkung und Rechtsschutz

24 Auf das Vorkaufsrecht des § 44a Abs. 3 finden als **gesetzliche Vorkaufsrechte die §§ 463–472 BGB entsprechende Anwendung** (BeckOK EnWG/*Rietzler* § 44a Rn. 36). Die Ausübung des Vorkaufsrechts setzt also einen wirksamen Kaufvertrag zwischen dem Vorkaufsverpflichteten und einem Dritten voraus. Ausgeübt wird das Vorkaufsrecht durch einseitige empfangsbedürftige Willenserklärung des Vorhabenträgers gegenüber dem Vorkaufsverpflichteten. Durch die Ausübung kommt ein neuer selbständiger Kaufvertrag zwischen dem Vorhabenträger und dem Vorkaufsverpflichteten unter den Bedingungen zustande, welche der Verpflichtete mit dem Dritten vereinbart hat (§ 464 Abs. 2 BGB). Das Vorkaufsrecht besteht unabhängig von der Kenntnis des Eigentümers oder des Dritten; ein gutgläubiger lastenfreier Erwerb ist ausgeschlossen (NK-EnWG/*Turiaux* § 44a Rn. 39).

25 Die Ausübung des Vorkaufsrechts ist **kein Verwaltungsakt**. Der Rechtsschutz des Eigentümers und des Dritten gegen die Ausübung des Vorkaufsrechts führt daher vor die Zivilgerichte (BerlKommEnergieR/*Pielow* EnWG § 44 Rn. 29).

§ 44b Vorzeitige Besitzeinweisung

(1) ¹**Ist der sofortige Beginn von Bauarbeiten geboten und weigert sich der Eigentümer oder Besitzer, den Besitz eines für den Bau, die Änderung oder Betriebsänderung von Hochspannungsfreileitungen, Erdkabeln oder Gasversorgungsleitungen im Sinne des § 43 benötigten Grundstücks durch Vereinbarung unter Vorbehalt aller Entschädigungsansprüche zu überlassen, so hat die Enteignungsbehörde den Träger des Vorhabens auf Antrag nach Feststellung des Plans oder Erteilung der Plangenehmigung in den Besitz einzuweisen.** ²**Der Planfeststellungsbeschluss oder die Plangenehmigung müssen vollziehbar sein.** ³**Weiterer Voraussetzungen bedarf es nicht.**

(1a) ¹**Der Träger des Vorhabens kann verlangen, dass nach Abschluss des Anhörungsverfahrens gemäß § 43a eine vorzeitige Besitzeinweisung**

§ 44b

durchgeführt wird. ²In diesem Fall ist der nach dem Verfahrensstand zu erwartende Planfeststellungsbeschluss dem vorzeitigen Besitzeinweisungsverfahren zugrunde zu legen. ³Der Besitzeinweisungsbeschluss ist mit der aufschiebenden Bedingung zu erlassen, dass sein Ergebnis durch den Planfeststellungsbeschluss bestätigt wird. ⁴Anderenfalls ist das vorzeitige Besitzeinweisungsverfahren auf der Grundlage des ergangenen Planfeststellungsbeschlusses zu ergänzen.

(2) ¹Die Enteignungsbehörde hat spätestens sechs Wochen nach Eingang des Antrags auf Besitzeinweisung mit den Beteiligten mündlich zu verhandeln. ²Hierzu sind der Antragsteller und die Betroffenen zu laden. ³Dabei ist den Betroffenen der Antrag auf Besitzeinweisung mitzuteilen. ⁴Die Ladungsfrist beträgt drei Wochen. ⁵Mit der Ladung sind die Betroffenen aufzufordern, etwaige Einwendungen gegen den Antrag vor der mündlichen Verhandlung bei der Enteignungsbehörde einzureichen. ⁶Die Betroffenen sind außerdem darauf hinzuweisen, dass auch bei Nichterscheinen über den Antrag auf Besitzeinweisung und andere im Verfahren zu erledigende Anträge entschieden werden kann.

(3) ¹Soweit der Zustand des Grundstücks von Bedeutung ist, hat die Enteignungsbehörde diesen bis zum Beginn der mündlichen Verhandlung in einer Niederschrift festzustellen oder durch einen Sachverständigen ermitteln zu lassen. ²Den Beteiligten ist eine Abschrift der Niederschrift oder des Ermittlungsergebnisses zu übersenden.

(4) ¹Der Beschluss über die Besitzeinweisung ist dem Antragsteller und den Betroffenen spätestens zwei Wochen nach der mündlichen Verhandlung zuzustellen. ²Die Besitzeinweisung wird in dem von der Enteignungsbehörde bezeichneten Zeitpunkt wirksam. ³Dieser Zeitpunkt soll auf höchstens zwei Wochen nach Zustellung der Anordnung über die vorzeitige Besitzeinweisung an den unmittelbaren Besitzer festgesetzt werden. ⁴Durch die Besitzeinweisung wird dem Besitzer der Besitz entzogen und der Träger des Vorhabens Besitzer. ⁵Der Träger des Vorhabens darf auf dem Grundstück das im Antrag auf Besitzeinweisung bezeichnete Bauvorhaben durchführen und die dafür erforderlichen Maßnahmen treffen.

(5) ¹Der Träger des Vorhabens hat für die durch die vorzeitige Besitzeinweisung entstehenden Vermögensnachteile Entschädigung zu leisten, soweit die Nachteile nicht durch die Verzinsung der Geldentschädigung für die Entziehung oder Beschränkung des Eigentums oder eines anderen Rechts ausgeglichen werden. ²Art und Höhe der Entschädigung sind von der Enteignungsbehörde in einem Beschluss festzusetzen.

(6) ¹Wird der festgestellte Plan oder die Plangenehmigung aufgehoben, so sind auch die vorzeitige Besitzeinweisung aufzuheben und der vorherige Besitzer wieder in den Besitz einzuweisen. ²Der Träger des Vorhabens hat für alle durch die Besitzeinweisung entstandenen besonderen Nachteile Entschädigung zu leisten.

(7) ¹Ein Rechtsbehelf gegen eine vorzeitige Besitzeinweisung hat keine aufschiebende Wirkung. ²Der Antrag auf Anordnung der aufschiebenden Wirkung nach § 80 Abs. 5 Satz 1 der Verwaltungsgerichtsordnung kann nur innerhalb eines Monats nach der Zustellung des Besitzeinweisungsbeschlusses gestellt und begründet werden.

§ 44 b Teil 5. Planfeststellung, Wegenutzung

Übersicht

	Rn.
A. Allgemeines	1
B. Voraussetzungen der vorzeitigen Besitzeinweisung (Abs. 1 und 1a)	4
I. Vorzeitigkeit	4
1. Vollziehbarkeit der Planungsentscheidung (Abs. 1)	5
2. Abschluss des Anhörungsverfahrens (Abs. 1a) oder Ablauf der Einwendungsfrist (LNG-Vorhaben)	8
II. Benötigte Grundstücke	10
III. Dringlichkeit der Inanspruchnahme	11
C. Verfahren (Abs. 2 und 3)	12
D. Besitzeinweisungsbeschluss (Abs. 4)	15
E. Entschädigung (Abs. 5)	19
F. Aufhebung des Planfeststellungsbeschlusses/der Plangenehmigung (Abs. 6)	21
G. Rechtsschutz (Abs. 7)	23

Literatur: *Kment,* Vorzeitige Besitzeinweisung und vorzeitiges Enteignungsverfahren nach dem Energiewirtschaftsgesetz, NVwZ 2012, 1134; *Kümper,* Vorzeitiges Enteignungsverfahren und „vor-vorzeitige" Besitzeinweisung, DÖV 2021, 110; *Riedel,* Die vorzeitige Besitzeinweisung nach § 44b EnWG, RdE 2008, 81; *Scheidler,* Beschleunigung des Baus von Hochspannungsfreileitungen, Erdkabeln und Gasversorgungsleitungen durch § 44b EnWG, GewArch 2010, 97; *Scheidler,* Vorzeitige Besitzeinweisung nach § 44b EnWG, DÖV 2012, 274; *Weghake,* Verfassungsmäßigkeit der vorzeitigen Besitzeinweisung und des vorzeitigen Enteignungsverfahrens nach dem Netzausbaubeschleunigungsgesetz, NVwZ 2016, 496; *Wichert,* Enteignung und Besitzeinweisung für energiewirtschaftliche Leitungsvorhaben, NVwZ 2009, 876; vgl. auch die Hinweise zu § 44.

A. Allgemeines

1 § 44b wurde im Dezember 2006 durch Art. 7 des **Gesetzes zur Beschleunigung von Planungsverfahren für Infrastrukturvorhaben** (BGBl. 2006 I S. 2833) in das EnWG eingefügt. Die Vorschrift gilt seit dem 17.12.2006. Entsprechende Vorschriften finden sich in § 21 AEG und § 18f FStrG. Das EnWG kannte eine vergleichbare Regelung zuvor nicht (zur alten Rechtslage *Riedel* RdE 2008, 81 (82)). **§ 44b Abs. 1a** wurde durch Art. 2 Nr. 7 des Gesetzes über Maßnahmen zur Beschleunigung des Netzausbaus Elektrizitätsnetze vom 28.7.2011 (BGBl. 2011 I S. 1690) eingefügt, entspricht weitgehend § 27 NABEG, und soll wie diese Vorschrift einen Beschleunigungseffekt dadurch erreichen, dass der Vorhabenträger bereits nach Abschluss des Anhörungsverfahrens das Besitzeinweisungsverfahren betreiben kann (BT-Drs. 17/6073, 30, 35). Wie auch § 44a dient § 44b insgesamt der **beschleunigten Durchführung von energierechtlichen Fachplanungsvorhaben iSd § 43** (BT-Drs. 16/54, 40f.; BT-Drs. 17/6073, 31, 35). Da Planfeststellungsbeschluss und Plangenehmigung als solche weder unmittelbar das Eigentum (die Enteignung erfolgt auf der Grundlage des § 45) noch den Besitz an den betroffenen Grundstücken betreffen, muss der Vorhabenträger, der vor Ablauf des Enteignungsverfahrens mit der Durchführung des Vorhabens beginnen will, zum Zwecke der schnellen Erlangung des Besitzes an den benötigten Grundstücken entweder mit dem Betroffenen eine gütliche Einigung herbeiführen oder aber auf der Grundlage des § 44b in den Besitz der Grundstücke vorzeitig eingewiesen werden (Steinbach/Franke/*Nebel/Riese* EnWG § 44b Rn. 10). Die vorzeitige Besitzeinweisung ist von erheblicher praktischer Bedeutung (*Scheidler* GewArch 2010, 97 (98)).

§ 44b hat folgende **Regelungsbestandteile:** § 44b Abs. 1 und 1a regeln die Voraussetzungen der vorzeitigen Besitzeinweisung, § 44b Abs. 2 und 3 betreffen das Verwaltungsverfahren, während § 44b Abs. 4 die Bekanntgabe und die Rechtswirkungen der vorzeitigen Besitzeinweisung betrifft. § 44b Abs. 5 sieht einen Entschädigungsanspruch des Eigentümers vor, der Vermögensnachteile aus der vorzeitigen Besitzeinweisung ausgleichen soll. § 44b Abs. 6 regelt das Schicksal der vorzeitigen Besitzeinweisung, wenn der Planfeststellungsbeschluss oder die Plangenehmigung aufgehoben werden. § 44b Abs. 7 schließlich trifft Sonderregeln für den verwaltungsgerichtlichen Rechtsschutz des Eigentümers gegen die vorzeitige Besitzeinweisung. 2

§ 44b ermöglicht – wie auch § 44 und § 44a – eine Einwirkung auf das Eigentum (im Sinne des **Art. 14 GG**) bereits parallel zum Zulassungsverfahren und damit vor der eigentlichen Enteignung gem. §§ 45ff. EnWG. Zweck dieser „Parallelführung von Zulassung und Enteignung" ist in allen Fällen die Beschleunigung des Netzausbaus (NK-EnWG/*Kment* § 44b Rn. 3). Durch die vorzeitige Besitzeinweisung verliert der Besitzer (Eigentümer, Mieter, Pächter etc.) seinen zivilrechtlichen Besitz (→ Rn. 17) an den betroffenen Grundstücken bei gleichzeitigem Besitzerwerb des Vorhabenträgers. Die vorzeitige Besitzeinweisung ist damit verfassungsrechtlich bereits als **Enteignung iSd Art. 14 Abs. 3 S. 1 GG** zu qualifizieren, die zum Wohle der Allgemeinheit zulässig ist (BeckOK EnWG/*Riege* § 44b Rn. 1; *Kümper* DÖV 2021, 110 (114)). Besondere Anforderungen gelten für die vor-vorzeitige Besitzeinweisung nach Abs. 1a, die zur Wahrung des Verhältnismäßigkeitsgrundsatzes nur unter der aufschiebenden Bedingung einer Bestätigung durch den Planfeststellungsbeschluss erlassen werden darf (ausf. → Rn. 8). 3

B. Voraussetzungen der vorzeitigen Besitzeinweisung (Abs. 1 und 1a)

I. Vorzeitigkeit

Eine vorzeitige Besitzeinweisung ist zu **zwei unterschiedlichen Zeitpunkten** des Planungsverfahrens möglich: Während nach § 44b Abs. 1 Voraussetzung ist, dass der Planfeststellungsbeschluss oder die Plangenehmigung **vollziehbar** und folglich bereits erlassen sind, kann nach § 44b Abs. 1a der Vorhabenträger im Planfeststellungsverfahren bereits vor diesem Zeitpunkt, nämlich nach **Abschluss des Anhörungsverfahrens** nach § 43a, die Durchführung der vorzeitigen Besitzeinweisung verlangen (sog. vor-vorzeitige Besitzeinweisung). Allerdings steht eine zu diesem frühen Zeitpunkt ergehende, vorläufige Besitzeinweisung unter der aufschiebenden Bedingung, dass der spätere Planfeststellungsbeschluss dem Besitzeinweisungsbeschluss entspricht. 4

1. Vollziehbarkeit der Planungsentscheidung (Abs. 1). § 44b Abs. 1 trifft ausweislich seines Satzes 3 eine **abschließende Regelung der Voraussetzungen einer vorzeitigen Besitzeinweisung** nach § 44b Abs. 1 (dazu vor Einführung des § 44b Abs. 1a *Scheidler* GewArch 2010, 97 (101)). Danach kommt es allein auf die Erforderlichkeit des sofortigen Baubeginns, auf die Weigerung des Eigentümers oder Besitzers sowie auf den Erlass und die Vollziehbarkeit des Planfeststellungs- 5

§ 44 b Teil 5. Planfeststellung, Wegenutzung

beschlusses oder der Plangenehmigung an. Auf die **Besitzeinweisung besteht ein Anspruch des Vorhabenträgers,** wenn die Voraussetzungen vorliegen (*Riedel* RdE 2008, 81 (85); Steinbach/Franke/*Nebel/Riese* EnWG § 44 b Rn. 22). Ein Ermessensspielraum steht der zuständigen Behörde nach dem eindeutigen Wortlaut, nach dem es sich um eine **gebundene Entscheidung** handelt, nicht zu (VGH München Beschl. v. 13.5.2013 – 22 AS 13.40009, DVBl 2013, 991 (992)).

6 Erforderlich ist also zunächst, dass sich der Eigentümer oder Besitzer **weigert,** den Besitz eines für den Bau, die Änderung oder Betriebsänderung von Hochspannungsfreileitungen, Erdkabeln oder Gasversorgungsleitungen iSd § 43 benötigten Grundstücks durch **Vereinbarung unter Vorbehalt aller Entschädigungsansprüche** zu überlassen oder eine Bauerlaubnis zu erteilen (BeckOK EnWG/ *Riege* § 44 b Rn. 10). Der Vorhabenträger muss deshalb zuerst im Sinne eines gegenüber der vorzeitigen Besitzeinweisung milderen Mittels versuchen, eine solche Vereinbarung herbeizuführen. Erforderlich ist, dass Gespräche oder Verhandlungen über die Besitzüberlassung stattgefunden haben. Nicht erforderlich ist allerdings, dass der Vorhabenträger dem Berechtigten ein angemessenes Kaufangebot für die benötigten Grundstücke unterbreitet hat (NK-EnWG/*Kment* § 44 b Rn. 7; s. auch VGH München Beschl. v. 13.5.2013 – 22 AS 13.40009, DVBl 2013, 991 (992)). Die Weigerung ist an keine Form gebunden, kann also auch konkludent oder durch Untätigkeit erfolgen (BeckOK EnWG/*Riege* § 44 b Rn. 11; BerlKommEnergieR/ *Pielow* EnWG § 44 b Rn. 7).

7 Kommt die Vereinbarung nicht zustande, setzt die vorzeitige Besitzeinweisung weiter nur voraus, dass **der Plan festgestellt oder die Plangenehmigung erteilt ist und die Entscheidungen vollziehbar sind** (§ 44 b Abs. 1 S. 2). Da Rechtsbehelfe gegen Planfeststellungsbeschlüsse und Plangenehmigungen von Gesetzes wegen (§ 43 e Abs. 1 S. 1) keine aufschiebende Wirkung haben, ist die vorzeitige Besitzeinweisung regelmäßig mit dem Eintritt der Wirksamkeit (§ 43 VwVfG) zulässig (VGH München Beschl. v. 13.5.2013 – 22 AS 13.40009, DVBl. 2013, 991 (992); VG Weimar Beschl. v. 6.3.2014 – 7 E 190/14, ZNER 2014, 217 (218)). Sie ist jedoch unzulässig, wenn und solange aufgrund verwaltungsgerichtlicher Entscheidung im Verfahren nach § 80 Abs. 5 VwGO die aufschiebende Wirkung eines Rechtsbehelfs angeordnet ist. **Nicht erforderlich ist,** dass das **Enteignungsverfahren** im Hinblick auf die in Anspruch zu nehmende Fläche bereits **eingeleitet ist** (so auch *Scheidler* GewArch 2010, 97 (98 f.)).

8 **2. Abschluss des Anhörungsverfahrens (Abs. 1 a) oder Ablauf der Einwendungsfrist (LNG-Vorhaben).** § 44 b Abs. 1 a eröffnet dem Vorhabenträger im Interesse einer weiteren Beschleunigung des Baubeginns die Möglichkeit (**„prozedurales Wahlrecht",** so BT-Drs. 17/6073, 30; krit. *Frik* in Gundel/Lange (Hrsg.), Der Umbau der Energienetze als Herausforderung für das Planungsrecht, 2012, S. 49 (72); *Moench/Ruttloff* NVwZ 2011, 1040 (1044)), bei planfeststellungsbedürftigen Vorhaben (nicht im Rahmen eines Plangenehmigungsverfahrens) bereits **nach Abschluss des Anhörungsverfahrens** nach § 43 a die Durchführung einer vorzeitigen Besitzeinweisung zu verlangen („Unbehagen" äußert auch *Kment* NVwZ 2012, 1134 (1136)). Voraussetzung für diese **vor-vorzeitige Besitzeinweisung** ist schon aus verfassungsrechtlichen Gründen der Verhältnismäßigkeit, dass der Vorhabenträger auch hier zuvor vergeblich eine Einigung mit dem Eigentümer bzw. dem Besitzer gesucht hat (→ Rn. 6). Auch die übrigen Voraussetzungen des § 44 b Abs. 1 (Dringlichkeit, → Rn. 11) sind zu beachten. Der mögliche Beschleunigungseffekt des § 44 b Abs. 1 a liegt also allein darin, dass der Vorhabenträger

mit der Durchführung des Besitzeinweisungsverfahrens nicht bis zum Erlass des Planfeststellungsbeschlusses warten muss (krit. die Stellungnahme des BRates, BT-Drs. 17/6249, Anl. 3). Allerdings ist zu diesem frühen Zeitpunkt die Grundlage eines vorzeitigen Besitzeinweisungsverfahrens unsicher, weshalb das Gesetz auf den „nach dem Verfahrensstand zu erwartenden Planfeststellungsbeschluss" abhebt. Von dem Vorhabenträger im Rahmen seines Antrags auf vorzeitige Besitzeinweisung sowie von der Enteignungsbehörde im Rahmen ihrer Entscheidung durch Beschluss (→ Rn. 15 ff.) wird also eine Prognose über die zu erwartende Entscheidung der Planfeststellungsbehörde verlangt (BerlKommEnergieR/*Pielow* EnWG § 44b Rn. 14). Auf diese Unsicherheit reagiert § 44b Abs. 1a S. 3: Der Besitzeinweisungsbeschluss muss zwingend mit der **aufschiebenden Bedingung** (§ 36 Abs. 2 Nr. 2 VwVfG) erlassen werden, dass der Besitzeinweisungsbeschluss dem späteren Planfeststellungsbeschluss entspricht (erforderlich zur Wahrung des Verhältnismäßigkeitsgrundsatzes; *Weghake* NVwZ 2016, 496 (497 f.)); die erforderliche Ermächtigungsgrundlage ergibt sich aus Abs. 1a S. 3 selbst (Steinbach/Franke/*Nebel/Riese* EnWG § 44b Rn. 39). Nach dem Wortlaut dieser Vorschrift und im Interesse der Rechtssicherheit muss dies bedeuten, dass jede grundstücksrelevante Differenz zwischen dem Besitzeinweisungsbeschluss und dem späteren Planfeststellungsbeschluss zur Folge hat, dass der Besitzeinweisungsbeschluss in Gänze mangels Eintritts der aufschiebenden Bedingung nicht wirksam wird, solange das ergänzende Verfahren nach § 44b Abs. 1a S. 4 nicht abgeschlossen ist. Noch weiter als nach § 44b Abs. 1a ist der Zeitpunkt für die Durchführung des Besitzeinweisungsverfahrens vorverlegt, wenn es sich um **LNG-Anschlussleitungen** handelt: Hier gilt für § 44b mit der Maßgabe, dass der Vorhabenträger bereits **nach Ablauf der Einwendungsfrist** verlangen kann, dass das Verfahren der vorzeitigen Besitzeinweisung durchgeführt wird (§ 8 Abs. 1 Nr. 3 LNGG). Der Gesetzgeber geht davon aus, dass die Behörde bereits zu diesem frühen Zeitpunkt „über ausreichende Kenntnisse über das Vorhaben verfügt, um eine Prognoseentscheidung zu treffen" (BT-Drs. 20/1742, 23).

Wenn und soweit sich die Prognose des Vorhabenträgers und der Enteignungsbehörde nicht bestätigt und der Planfeststellungsbeschluss von dem Besitzeinweisungsbeschluss hinsichtlich der in Anspruch zu nehmenden Grundstücke abweicht, ist ein **ergänzendes Besitzeinweisungsverfahren** durchzuführen (§ 44b Abs. 1a S. 4), an dessen Ende eine Änderung des Besitzeinweisungsbeschlusses steht (*Kment* NVwZ 2012, 1134 (1137)). Erst der nach dessen Abschluss ergehende (geänderte) Besitzeinweisungsbeschluss führt zu einer wirksamen und vollstreckungsfähigen Rechtsgrundlage für ein Vorgehen gegen Eigentümer und Besitzer. 9

II. Benötigte Grundstücke

Die vorzeitige Besitzeinweisung bezieht sich auf ein für den **Bau**, die **Änderung** 10 oder **Betriebsänderung** von **Hochspannungsfreileitungen, Erdkabeln** oder **Gasversorgungsleitungen** iSd § 43 benötigtes Grundstück. Welche Grundstücke dies sind, ergibt sich aus dem Planfeststellungsbeschluss bzw. der Plangenehmigung. Die vorzeitige Besitzeinweisung kommt mithin nur für Grundstücke in Betracht, deren Inanspruchnahme durch den Planfeststellungsbeschluss nach Maßgabe des Grunderwerbsverzeichnisses und Grunderwerbsplans zugelassen ist. Im Hinblick auf Flächen, die für notwendige Folgemaßnahmen an Anlagen Dritter benötigt werden, gilt, dass die sofortige Besitzeinweisung ebenfalls zulässig ist. Gleiches gilt für Flächen, die für naturschutzrechtliche Kompensationsmaßnahmen iSd § 19 BNatSchG benötigt werden (Steinbach/Franke/*Nebel/Riese* EnWG § 44b

§ 44b Teil 5. Planfeststellung, Wegenutzung

Rn. 49). Die mit § 44b bezweckte Beschleunigung des Netzausbaus legt eine extensive Auslegung nahe (BerlKommEnergieR/*Pielow* EnWG § 44b Rn. 6). § 44b gilt nicht für andere als die in § 43 genannten Vorhaben, wie zB immissionsschutzrechtlich genehmigte Windenergieanlagen und die zu ihrem Betrieb erforderlichen Erdkabel (OLG Jena Beschl v. 27.11.2007 – Bl W 490/07, MDR 2008, 407).

III. Dringlichkeit der Inanspruchnahme

11 Die vorzeitige Besitzeinweisung setzt voraus, dass der **sofortige Beginn von Bauarbeiten geboten** ist. Damit ist – entgegen dem Wortlaut – nicht ausschließlich ein zeitliches Moment gemeint, sondern diese Dringlichkeit ist gegeben, wenn das Interesse des Vorhabenträgers, mit den Bauarbeiten zu beginnen, und das dahinterstehende Interesse der Allgemeinheit an der zügigen Realisierung des Vorhabens, das Stillhalteinteresse des Eigentümers überwiegen (BerlKommEnergieR/*Pielow* EnWG § 44b Rn. 8f.; s. auch *Kment* NVwZ 2012, 1134 (1136); *Scheidler* GewArch 2010, 97 (101)). Es kann also auch dann vorzeitig in den Besitz eingewiesen werden, wenn nur mit notwendigen Vorarbeiten begonnen werden soll, auch wenn danach bis zum eigentlichen Baubeginn noch Unterbrechungen eintreten (*Scheidler* DÖV 2012, 274 (278)). Die Dringlichkeit ist vom Vorhabenträger substantiiert, dh plausibel und nachvollziehbar darzulegen (VGH München Beschl. v. 13.5.2013 – 22 AS 13.40009, DVBl 2013, 991 (992); OVG Berlin-Brandenburg Urt. v. 29.10.2020 – OVG 11 A 6.18, BeckRS 2020, 31525 Rn. 33).

C. Verfahren (Abs. 2 und 3)

12 Das Verfahren der vorzeitigen Besitzeinweisung (ausf. dazu *Scheidler* GewArch 2010, 97 (99f.); *Scheidler* DÖV 2012, 275 (276ff.)) ist ein **Verwaltungsverfahren iSv § 9 VwVfG**. Es beginnt mit dem Antrag des Vorhabenträgers bei der landesrechtlich bestimmten (Nachw. dazu bei *Scheidler* GewArch 2010, 97 (98)) Enteignungsbehörde und endet mit der negativen oder positiven Entscheidung der Behörde über den Antrag. Vor der Entscheidung, einen Antrag („Verlangen") nach § 44b Abs. 1a – also bereits nach Abschluss des Anhörungsverfahrens – zu stellen, wird der Vorhabenträger ratsamerweise Akteneinsicht nehmen (dazu *Kment* NVwZ 2012, 1134 (1137)), um die Chancen eines bisherigen Verfahrensstand entsprechenden Planfeststellungsbeschlusses bzw. einer entsprechenden Plangenehmigung einschätzen zu können. **Antragsgegner** iSd § 13 Abs. 1 S. 1 Alt. 1 VwVfG sind die betroffenen Grundstückseigentümer, daneben auch Miteigentümer, Gesamthandseigentümer, Erbbauberechtigte sowie schuldrechtlich zum Besitz Berechtigte (Mieter und Pächter).

13 Gegenüber § 28 VwVfG speziell regelt § 44b Abs. 2 S. 1 die Gewährung rechtlichen Gehörs als **mündliche Verhandlung.** Diese ist spätestens sechs Wochen nach Eingang des Besitzeinweisungsantrags durchzuführen. Der Antragsteller und die Betroffenen sind mit einer Ladungsfrist von drei Wochen zur mündlichen Verhandlung zu laden. Dabei ist den Betroffenen der Antrag auf Besitzeinweisung mitzuteilen und diese sind aufzufordern, etwaige Einwendungen gegen den Antrag vor der mündlichen Verhandlung bei der Enteignungsbehörde einzureichen. Die Ladung muss ferner den Hinweis enthalten, dass auch bei Nichterscheinen über den Antrag auf Besitzeinweisung und andere im Verfahren zu erledigende Anträge ent-

schieden werden kann. Ziel der mündlichen Verhandlung ist die gütliche Einigung der Beteiligten (*Scheidler* GewArch 2010, 97 (99)).

§ 44b Abs. 3 regelt die **Beweissicherung.** Soweit der Zustand des Grundstücks von Bedeutung ist, hat die Enteignungsbehörde diesen bis zum Beginn der mündlichen Verhandlung (längstens sechs Wochen, Abs. 2 S. 1) in einer Niederschrift festzustellen oder durch einen Sachverständigen ermitteln zu lassen. Den Beteiligten – also dem Vorhabenträger als Antragsteller sowie den weiteren Beteiligten iSd § 13 Abs. 1 S. 1 Alt. 2 VwVfG – ist eine Abschrift der Niederschrift oder des Ermittlungsergebnisses zu übersenden. Voraussetzung der Beweissicherung ist allerdings, dass der Zustand des Grundstücks strittig ist oder sich nach Beginn der Baumaßnahmen nicht mehr feststellen lässt (Steinbach/Franke/*Nebel/Riese* EnWG § 44b Rn. 52). Die Beweissicherung ist nur eine Verfahrensvorschrift; Mängel bei der Durchführung der Beweissicherung berühren daher nicht die Rechtmäßigkeit der vorzeitigen Besitzeinweisung (VG Berlin-Brandenburg Urt. v. 29.10.2020 – OVG 11 A 6.18, BeckRS 2020, 31525 Rn. 38). 14

D. Besitzeinweisungsbeschluss (Abs. 4)

Die Enteignungsbehörde entscheidet nach § 44b Abs. 4 S. 1 durch **„Beschluss"** (Verwaltungsakt iSd § 35 VwVfG), der dem Antragsteller und den Betroffenen (→ Rn. 12) spätestens zwei Wochen nach der mündlichen Verhandlung zuzustellen ist. Die Rechtswirkungen des Besitzeinweisungsbeschlusses, der Übergang des Besitzrechts auf den Vorhabenträger, treten zu dem in dem von der Enteignungsbehörde bezeichneten Zeitpunkt ein, welcher auf höchstens zwei Wochen nach Zustellung über die vorzeitige Besitzeinweisung an den unmittelbaren Besitzer festgesetzt werden soll (§ 44b Abs. 4 S. 2 und 3). Welche Frist angemessen ist, ist nach den Umständen des Einzelfalles zu entscheiden. Maßgeblich für die Bemessung ist die Dringlichkeit der geplanten Maßnahmen und andererseits der Zeitbedarf des Betroffenen, um sich auf den Besitzverlust einzustellen. 15

Die **Besitzeinweisung erledigt** sich auf „andere Weise" iSd § 43 Abs. 2 VwVfG mit einer endgültigen Regelung des Eigentumswechsels, also mit der Anordnung der Ausführung des Enteignungsbeschlusses durch die Enteignungsbehörde oder mit einer gütlichen Einigung. Eine (deklaratorische) Feststellung der Erledigung ist nicht notwendig. Eine Sonderregel über die Geltung des Planfeststellungsbeschlusses oder der Plangenehmigung trifft § 44b Abs. 6 für den Fall der Aufhebung dieser Entscheidungen (→ Rn. 21 f.). 16

Die **Rechtswirkung** der Besitzeinweisung (dazu *Scheidler* GewArch 2010, 97 (100)) besteht nach § 44b Abs. 4 S. 4 darin, dass der Vorhabenträger **Besitzer der in Anspruch zu nehmenden Flächen** wird (und nicht etwa nur ein Recht zum Besitz an diesen Flächen erlangt). Der Besitzeinweisungsbeschluss ist damit als **privatrechtsgestaltender Verwaltungsakt** zu qualifizieren (BerlKommEnergieR/*Pielow* EnWG § 44b Rn. 21; Theobald/Kühling/*Missling* EnWG § 44b Rn. 20). Da Besitz aber tatsächliche Sachherrschaft bedeutet, liegt hierin bis zur tatsächlichen Besitzerlangung eine gesetzliche Fiktion (*Kümper* DÖV 2021, 110 (113); Theobald/Kühling/*Missling* EnWG § 44b Rn. 23). Der Besitzeinweisungsbeschluss muss daher noch mit den Mitteln des Verwaltungszwanges vollzogen werden, wenn der Betroffene ihn nicht befolgt (also den Besitz nicht aufgibt). Zwar hat der Vorhabenträger auch die Möglichkeit, auf der Grundlage der §§ 861, 862 BGB sein Besitzrecht mit Hilfe der einstweiligen Verfügung vor dem Zivilgericht durchzuset- 17 zen. Da eine entsprechende einstweilige Verfügung aber ebenfalls noch vollstreckt werden müsste, handelt es sich dabei nicht um eine Möglichkeit, welche die Verpflichtung der Enteignungsbehörde zur Anwendung von Verwaltungszwang entfallen ließe (BeckOK EnWG/*Riege* § 44b Rn. 63.1; OVG Münster Beschl. v. 8.2.1995 – 20 B 73/95, NVwZ-RR 1996, 182). Das Entscheidungsermessen bezüglich der Anwendung des Verwaltungszwangs dürfte daher regelmäßig auf Null reduziert sein (BerlKommEnergieR/*Pielow* EnWG § 44b Rn. 24).

18 Neben der Änderung der Besitzlage bewirkt der Besitzeinweisungsbeschluss gem. § 44b Abs. 4 S. 5 auch eine Pflicht des dinglich Berechtigten, die Durchführung des Bauvorhabens und die dafür erforderlich (Bau-) Maßnahmen zu dulden (**Duldungspflicht;** zur Parallelnorm in § 21 AEG OVG Münster Beschl. v. 8.2.1995 – 20 B 73/95, NVwZ-RR 1996, 182 (182 f.)).

E. Entschädigung (Abs. 5)

19 Wie auch im Falle der Veränderungssperre des § 44a Abs. 2, ist auch der Anspruch nach § 44b Abs. 5 kein Schadensersatz-, sondern ein **Entschädigungsanspruch für die entzogene Nutzungsmöglichkeit.** Der Nutzungsentzug ab Wirksamwerden der Besitzeinweisung (→ Rn. 17) bis zur späteren Festsetzung der Entschädigung im Enteignungsverfahren oder bis zu einer gütlichen Regelung soll damit ausgeglichen werden (BeckOK EnWG/*Riege* § 44b Rn. 65). Art und Höhe der Entschädigung sind von der Enteignungsbehörde festzusetzen. Dies kann durch Besitzeinweisungsbeschluss geschehen, aber auch als gesonderter Verwaltungsakt (Theobald/Kühling/*Missling* EnWG § 44b Rn. 38).

20 Soweit das in Anspruch genommene Grundstück später in das Eigentum des Vorhabenträgers übergehen soll, ist die **Besitzeinweisungsentschädigung** durch eine auf den Zeitpunkt des Wirksamwerdens der Besitzeinweisung bezogene **Verzinsung der späteren Enteignungsentschädigung** zu gewähren (§ 44b Abs. 5 S. 1). Die Höhe des Zinssatzes ergibt sich aus den Enteignungsgesetzen der Länder. Soweit die Verzinsung des Entschädigungsbetrages für die spätere Enteignung des Grundstücks nicht ausreicht, um dem Betroffenen Ausgleich für die entgehenden Vorteile und Erträge zu verschaffen, besteht nach § 44a Abs. 1 S. 1 ein Anspruch auf weitergehende konkrete Nutzungsentschädigung. Dafür trägt allerdings der Betroffene die Darlegungs- und Beweislast (BerlKommEnergieR/*Pielow* EnWG § 44b Rn. 27). Scheidet eine Entschädigung durch Verzinsung ganz aus (wenn etwa ein Grundstück nur vorübergehend in Anspruch genommen wird), wird der Ausgleich in Form der ortsüblichen Miete oder Pacht durch Erstattung des wirklichen Nutzungsausfalls vorgenommen (Theobald/Kühling/*Missling* EnWG § 44b Rn. 35).

F. Aufhebung des Planfeststellungsbeschlusses/ der Plangenehmigung (Abs. 6)

21 § 44b Abs. 6 regelt die **Folgen einer Aufhebung von Planfeststellungsbeschluss und Plangenehmigung für die einstweilige Besitzeinweisung.** Werden diese Entscheidungen aufgehoben, so ist auch die vorzeitige Besitzeinweisung durch Beschluss der Enteignungsbehörde aufzuheben; der vorherige Besitzer ist wieder in den Besitz einzuweisen (§ 44a Abs. 6 S. 1). Die Wirksamkeit der vorzeitigen Besitzeinweisung und die Wirksamkeit des Planfeststellungsbeschlusses bzw. der Plangenehmigung stehen daher in einem Verhältnis der **Akzessorietät** zueinander (NK-EnWG/*Kment* § 44b Rn. 21). Der Vorhabenträger hat die von ihm errichteten Anlagen zu beseitigen und das Grundstück dem Besitzer zurückzugeben (VGH München Beschl. v. 13.5.2013 – 22 AS 13.40009, DVBl 2013, 991 (992)).

Für diesen Fall sieht § 44b Abs. 6 S. 2 einen **besonderen Entschädigungsanspruch** vor. Der Betroffene kann für die durch die vorzeitige Besitzeinweisung entstandenen besonderen Nachteile Entschädigung verlangen. Der Betroffene ist so zu stellen, wie er ohne die Besitzeinweisung stünde (BeckOK EnWG/*Riege* § 44b Rn. 73). Die Entschädigung wird von der Enteignungsbehörde durch Beschluss festgesetzt. 22

G. Rechtsschutz (Abs. 7)

Wie in jüngeren Beschleunigungsgesetzen üblich, ordnet § 44b Abs. 7 S. 1 an, dass ein Rechtsbehelf gegen die vorzeitige Besitzeinweisung **keine aufschiebende Wirkung** hat. Rechtsschutz muss daher (auch) im Wege des Anordnungsverfahrens nach § 80 Abs. 5 VwGO gesucht werden. Für den Antrag auf Anordnung der aufschiebenden Wirkung gilt gem. § 44b Abs. 7 S. 2 eine Antrags- und Begründungsfrist von einem Monat. Dabei handelt es sich um eine Ausschlussfrist, deren Versäumung zur Unzulässigkeit des vorläufigen Rechtsschutzantrags führt (zur Parallelvorschrift in § 21 AEG Beck AEG/*Schütz* § 21 Rn. 46). 23

Die **gerichtliche Zuständigkeit** für das Anordnungsverfahren nach § 80 Abs. 5 VwGO folgt in Ermangelung (abschließender) bundesgesetzlicher Regelung in § 44b aus dem Landes- (Enteignungs-)Recht (NK-EnWG/*Kment* § 44b Rn. 23). Soweit das Landesrecht nicht die Baulandkammern der Zivilgerichtsbarkeit für zuständig erklärt, sondern den Verwaltungsrechtsweg eröffnet, ist gegen den Besitzeinweisungsbeschluss (vorbehaltlich landesrechtlicher Sonderregelung, § 68 Abs. 1 S. 2 VwGO) Widerspruch einzulegen. Außerdem kann die erstinstanzliche Zuständigkeit des OVG landesrechtlich begründet sein (§ 48 Abs. 1 S. 3 VwGO). Das gilt aber nicht für solche Planfeststellungsverfahren, für die das BVerwG nach § 50 Abs. 1 Nr. 6 VwGO erstinstanzlich zuständig ist. Hier bleibt es im Streit über die Besitzeinweisung bei der Zuständigkeit der Verwaltungsgerichte (VG Weimar Beschl. v. 6.3.2014 – 7 E 190/14, ZNER 2014, 217). 24

Der gerichtliche **Prüfungsumfang** ist auf die in Abs. 1 geregelten, formellen und materiellen Anforderungen beschränkt (vgl. Abs. 1 S. 3). Da § 44b Abs. 1 S. 1 nur einen vollziehbaren Planfeststellungsbeschluss oder eine vollziehbare Plangenehmigung voraussetzt, nicht aber die Rechtmäßigkeit dieser Entscheidungen, kann der Rechtsschutz gegen den Besitzeinweisungsbeschluss nicht auf Einwendungen gegen die Rechtmäßigkeit des Planfeststellungsbeschlusses oder der Plangenehmigung gestützt werden. Gerügt werden kann in materieller Hinsicht nur das **Fehlen der Voraussetzungen der Vollziehbarkeit** (NK-EnWG/*Kment* § 44b Rn. 23; BVerwG Beschl. v. 1.4.1999 – 4 B 26.99, NVwZ-RR 1999, 485 (486)) und **der Dringlichkeit der Besitzeinweisung** (BerlKommEnergieR/*Pielow* EnWG § 44b Rn. 31). In formeller Hinsicht zu prüfen ist die Zuständigkeit der Enteignungsbehörde, die ordnungsgemäße Durchführung der mündlichen Verhandlung, nicht aber die in Absatz 3 geregelte ordnungsgemäße Durchführung der Beweissicherung (VG Berlin-Brandenburg Urt. v. 29.10.2020 – OVG 11 A 6.18, BeckRS 2020, 31525 Rn. 38f.). 25

26 Rechtsstreitigkeiten im Hinblick auf die **Höhe der Entschädigung** gem. § 44b Abs. 5 S. 2 und Abs. 6 S. 2 sind vor den Zivilgerichten auszutragen (Art. 14 Abs. 3 S. 4 GG).

§ 44c Zulassung des vorzeitigen Baubeginns

(1) ¹In einem Planfeststellungs- oder Plangenehmigungsverfahren soll die für die Feststellung des Plans oder für die Erteilung der Plangenehmigung zuständige Behörde vorläufig zulassen, dass bereits vor Feststellung des Plans oder der Erteilung der Plangenehmigung in Teilen mit der Errichtung oder Änderung eines Vorhabens im Sinne des § 43 Absatz 1 Satz 1 Nummer 1 bis 6 und Absatz 2 einschließlich der Vorarbeiten begonnen wird, wenn
1. unter Berücksichtigung der Stellungnahmen der Träger öffentlicher Belange einschließlich der Gebietskörperschaften bei einer summarischen Prüfung mit einer Entscheidung im Planfeststellungs- oder Plangenehmigungsverfahren zugunsten des Vorhabenträgers gerechnet werden kann,
2. der Vorhabenträger ein berechtigtes oder ein öffentliches Interesse an der Zulassung des vorzeitigen Baubeginns darlegt,
3. der Vorhabenträger nur Maßnahmen durchführt, die reversibel sind und
4. der Vorhabenträger sich verpflichtet,
   a) alle Schäden zu ersetzen, die bis zur Entscheidung im Planfeststellungs- oder Plangenehmigungsverfahren durch die Maßnahmen verursacht worden sind, und
   b) sofern kein Planfeststellungsbeschluss oder keine Plangenehmigung erfolgt, einen im Wesentlichen gleichartigen Zustand herzustellen.

²Maßnahmen sind reversibel gemäß Satz 1 Nummer 3, wenn ein im Wesentlichen gleichartiger Zustand hergestellt werden kann und die hierfür notwendigen Maßnahmen in einem angemessenen Zeitraum umgesetzt werden können. ³Ausnahmsweise können irreversible Maßnahmen zugelassen werden, wenn sie nur wirtschaftliche Schäden verursachen und für diese Schäden eine Entschädigung in Geld geleistet wird. ⁴Die Zulassung des vorzeitigen Baubeginns erfolgt auf Antrag des Vorhabenträgers und unter dem Vorbehalt des Widerrufs. ⁵§ 44 bleibt unberührt.

(2) ¹Die für die Feststellung des Plans oder für die Erteilung der Plangenehmigung zuständige Behörde kann die Leistung einer Sicherheit verlangen, soweit dies erforderlich ist, um die Erfüllung der Verpflichtungen des Vorhabenträgers nach Absatz 1 Satz 1 Nummer 4 sowie Absatz 1 Satz 2 zu sichern. ²Soweit die zugelassenen Maßnahmen durch die Planfeststellung oder Plangenehmigung für unzulässig erklärt sind, ordnet die Behörde gegenüber dem Träger des Vorhabens an, einen im Wesentlichen gleichartigen Zustand herzustellen. ³Dies gilt auch, wenn der Antrag auf Planfeststellung oder Plangenehmigung zurückgenommen wurde.

(3) Die Entscheidung über die Zulassung des vorzeitigen Baubeginns ist den anliegenden Gemeinden und den Beteiligten zuzustellen.

(4) ¹Ein Rechtsbehelf gegen die Zulassung des vorzeitigen Baubeginns einschließlich damit verbundener Vollstreckungsmaßnahmen nach dem

Verwaltungsvollstreckungsgesetz hat keine aufschiebende Wirkung. ²Der Antrag auf Anordnung der aufschiebenden Wirkung des Rechtsbehelfs nach § 80 Absatz 5 Satz 1 der Verwaltungsgerichtsordnung gegen die Zulassung des vorzeitigen Baubeginns kann nur innerhalb eines Monats nach der Zustellung oder Bekanntgabe der Zulassung des vorzeitigen Baubeginns gestellt und begründet werden. ³Darauf ist in der Rechtsbehelfsbelehrung hinzuweisen. ⁴§ 58 der Verwaltungsgerichtsordnung ist entsprechend anzuwenden.

Übersicht

	Rn.
A. Allgemeines	1
I. Inhalt	1
II. Zweck	5
III. Wirkungsweise und Grenzen	7
IV. Verhältnis zu anderen Vorschriften	11
V. Vereinbarkeit mit höherrangigem Recht	13
B. Die Zulassung des vorzeitigen Baubeginns	14
I. Anwendungsbereich	14
II. Zulassungsvoraussetzungen (Abs. 1 S. 1)	16
1. Positive Prognose (Nr. 1)	17
2. Berechtigtes oder öffentliches Interesse (Nr. 2)	21
3. Reversibilität (Nr. 3) und Ausnahme (S. 3)	24
4. Verpflichtung zu Schadensersatz und Wiederherstellung (Nr. 4)	28
III. Zulassungsverfahren und -entscheidung	29
1. Einleitung durch Antrag des Vorhabenträgers (Abs. 1 S. 4)	29
2. Zulassung durch die Behörde als Ermessensentscheidung	30
3. Widerrufsvorbehalt (Abs. 1 S. 4)	32
C. Sicherheitsleistung (Abs. 2 S. 1)	33
D. Wiederherstellungsanordnung (Abs. 2 S. 2 und 3)	34
E. Rechtsschutz (Abs. 4)	35
F. Besondere Maßgaben für LNG-Anlagen (§ 8 Abs. 1 Nr. 4 LNGG)	38

Literatur: *Hohnerlein*, Die Zulassung des vorzeitigen Beginns umweltrelevanter Vorhaben als Interimsentscheidung, NVwZ 2022, 750; *Leidinger*, Netzausbaubeschleunigung zum Zweiten, NVwZ 2020, 1377; *Riege*, Erste Erfahrungen zum vorzeitigen Baubeginn nach § 44c EnWG, EnWZ 2020, 305.

A. Allgemeines

I. Inhalt

§ 44c wurde durch das **Gesetz zur Beschleunigung des Energieleitungsausbaus** vom 13.5.2019 (BGBl. 2019 I S. 706) in das EnWG eingefügt. Durch Gesetz vom 25.2.2021 (BGBl. 2021 I S. 298) wurde der Anwendungsbereich erweitert (→ Rn. 14). § 44c Abs. 1 S. 1 ermächtigt die für die Planfeststellung oder Plangenehmigung zuständige Behörde, auf Antrag des Vorhabenträgers bereits vor der Planentscheidung einen vorzeitigen Beginn mit einzelnen baulichen Tätigkeiten einschließlich der Vorarbeiten zuzulassen, wenn die in Abs. 1 S. 1 aufgelisteten Zulassungsvoraussetzungen – positive Prognose, berechtigtes oder öffentliches Inter-

§ 44c
Teil 5. Planfeststellung, Wegenutzung

esse, Reversibilität der Maßnahmen Verpflichtung zu Schadensersatz und Wiederherstellung – erfüllt sind (→ Rn. 16 ff.). Die Zulassung bewirkt dabei eine **Gestattung** bestimmter Arbeiten entgegen des grundsätzlich geltenden, präventiven Errichtungsverbots (zur Parallelvorschrift des § 8a BImSchG BeckOK UmweltR/ *Enders* BImSchG § 8a Rn. 22). **§ 44c weicht damit vom Grundsatz des Planfeststellungsrechts ab, demzufolge erst die Planentscheidung die Voraussetzung für die Umsetzung eines Vorhabens schafft.** In § 44c Abs. 2 S. 1 findet sich weiterhin eine Ermächtigungsgrundlage, die es der Behörde ermöglicht, Sicherheitsleistungen von dem Vorhabenträger zu verlangen (→ Rn. 33). Abs. 3 bestimmt, dass Entscheidungen über die Zulassung des vorzeitigen Baubeginns den anliegenden Gemeinden und den Beteiligten zuzustellen sind (→ Rn. 30). Gem. Abs. 4 haben Rechtsbehelfe gegen die Zulassung des vorzeitigen Baubeginns keine aufschiebende Wirkung (→ Rn. 35 ff.)

2 § 44c wurde durch das Gesetz zur Änderung des Energiewirtschaftsrechts im Zusammenhang mit dem Klimaschutz-Sofortprogramm und zu Anpassungen im Recht der Endkundenbelieferung vom 29.7.2022 (**Klimaschutz-Sofortprogramm-Novelle**, BGBl. 2022 I S. 1214) im Rahmen des sog. „**Osterpakets**" **nachgeschärft**. Abs. 1 Nr. 1 bestimmt nun, dass die Behörde die Zulassung des vorzeitigen Baubeginns erteilen „soll" (intendiertes Ermessen, → Rn. 31). Die Verfügungsbefugnis des Vorhabenträgers über die für die Realisierung des Vorhabens erforderlichen privaten Rechte ist keine Zulassungsvoraussetzung mehr und damit nicht mehr Teil des behördlichen Prüfprogramms. Um mit dem Bau beginnen zu können, benötigt der Vorhabenträger jedoch weiterhin die erforderlichen privaten Rechte (→ Rn. 10). Außerdem wurden die Rechtsschutzmöglichkeiten gegen die Zulassung eines vorzeitigen Baubeginns in Abs. 4 weiter beschränkt (→ Rn. 37). Ebenfalls im Rahmen des Osterpakets wurden im **Gesetz zur Beschleunigung des Einsatzes verflüssigten Erdgases** (LNGG, BGBl. 2022 I S. 802) in § 8 Abs. 1 Nr. 4 LNGG besondere Maßgaben für die Anwendung des § 44c betreffend die Zulassung von LNG-Anlagen iSd § 2 LNGG geschaffen, die die Zulassungsvoraussetzungen im Interesse einer möglichst raschen Realisierung solcher Vorhaben weiter reduzieren (→ Rn. 38 f.). Zuletzt wurde § 44c durch das Gesetz zur Änderung des Energiewirtschaftsgesetzes und anderer energiewirtschaftlicher Vorschriften vom 8.10.2022 (BGBl. 2022 I S. 1726) um klarstellende Formulierungen ergänzt (insbes. → Rn. 18, 25).

3 Die Zulassung eines vorzeitigen Baubeginns ist eine **Interimsentscheidung** (*Hohnerlein* NVwZ 2019, 750 (751)), die es dem Vorhabenträger vorläufig gestattet, bereits vor der eigentlichen Planentscheidung mit einzelnen Arbeiten zu beginnen. Im Gegensatz zu einer Teilgenehmigung oder einem Vorbescheid darf eine Zulassung gem. § 44c die spätere Entscheidung der Behörde nicht präjudizieren; die Zulassung wird so nur vorläufig erteilt (→ Rn. 24 ff.). Der Vorhabenträger erlangt im Hinblick auf die spätere Entscheidung daher auch keine schutzwürdige Rechtsposition. Als **Ausnahmeentscheidung** ist die Zulassung des vorzeitigen Baubeginns immer auf einen Teil der Arbeiten beschränkt, auf Grundlage des § 44c darf nicht das gesamte Vorhaben zugelassen werden (→ Rn. 15). Da die Entscheidung über eine Zulassung gem. § 44c zu einem frühen Zeitpunkt im Planungsverfahren zu treffen ist, entscheidet die Behörde, ohne den zugrundeliegenden Sachverhalt vollständig ermittelt und alle rechtlichen Erwägungen angestellt zu haben. Die Behörde trifft so eine **Prognoseentscheidung** (→ Rn. 17 ff.). § 44c ermöglicht nur eine (vorläufige) öffentlich-rechtliche Zulassung. Eine Überwindung privater Rechte ist dagegen ausgeschlossen; § 44c hat **keine enteignungsrecht-**

liche **Vorwirkung** (BeckOK EnWG/*Hermeier/Kalinna* § 44c Rn. 27, dazu auch → Rn. 10).

Vorschriften, die die Zulassung eines vorzeitigen Baubeginns für bestimmte Vorhaben ermöglichen, existieren auch in **anderen Gesetzen** (§ 18 Abs. 2 AEG; § 57b BBergG; § 8a BImSchG § 17 Abs. 2 FStrG; § 37 KrWG; § 14 Abs. 2 WaStrG und § 17 WHG). Der Gesetzgeber hat sich bei der Schaffung des § 44c einerseits an diesen Vorbildern orientiert, andererseits aber auch die Tatbestandsvoraussetzungen an die besonderen Anforderungen des Energiewirtschaftsrechts angepasst (*Riege* EnWZ 2020, 305 (311)). 4

II. Zweck

§ 44c dient dem Zweck, die Realisierung von Energieleitungsvorhaben zu beschleunigen (**Beschleunigungszweck;** BeckOK EnWG/*Hermeier/Kalinna* § 44c Rn. 1; *Riege* EnWZ 2020, 305 (305); skeptisch bezüglich der Zweckerreichung *Leidinger* NVwZ 2020, 1377 (1380)). Die Einführung des § 44c ist damit Teil der umfassenden gesetzgeberischen Bemühungen, den **für die Umsetzung der Energiewende erforderlichen Netzausbau** zu beschleunigen. Der Beitrag des § 44c innerhalb dieses Konzeptes ist es, einen vorzeitigen Baubeginn zielgerichtet für **einzelne (Teil-) Arbeiten** zuzulassen, bei denen ein Abwarten die Realisierung des **Gesamtvorhabens unverhältnismäßig verzögern** würden. Die Gesetzesbegründung nennt als Beispiele enge **Bauzeitfenster**, die sich etwa aus zu beachtenden Brutzeiten oder Vegetationsphasen ergeben können, und einzelne, besonders komplexe Bauabschnitte und Sonderbauten mit erheblich längeren Bauzeiten als die anderen Arbeiten (BT-Drs. 19/7375, 63). Nicht vom Gesetzeszweck erfasst ist dagegen ein vorzeitiger Beginn mit sämtlichen oder einem überwiegenden Teil der Bauarbeiten (→ Rn. 15), da dies dem Charakter des § 44c als **Ausnahmeentscheidung** widersprechen würde. 5

Darüber hinaus besteht die Hoffnung, § 44c könne zu einer **Entlastung** des Planfeststellungs- oder Plangenehmigungsverfahrens beitragen, indem der durch drohende Verzögerungen entstehende „**Druck**" auf die Behörden durch die Zulassung eines vorzeitigen Baubeginns gemindert werden kann (BT-Drs. 19/7375, 63). 6

III. Wirkungsweise und Grenzen

Die Zulassung des vorzeitigen Baubeginns erfordert einen **Ausgleich** zwischen dem **Interesse an einem vorzeitigen Baubeginn (Beschleunigungsinteresse)** einerseits und dem **Interesse an einem Abwarten mit dem Baubeginn** bis zur Planentscheidung andererseits. Für einen vorzeitigen Baubeginn können sowohl die (wirtschaftlichen) **Interessen des Vorhabenträgers** als auch das **öffentliche Interessen an einem beschleunigten Netzausbau** oder an der raschen **Verwirklichung von Umweltmaßnahmen** streiten. Gegen einen vorzeitigen Baubeginn sprechen öffentliche Belange wie etwa der **Natur- und Umweltschutz**, aber auch Aspekte des Gesundheitsschutzes (etwa Lärmschutz), in die durch den vorzeitigen Baubeginn eingegriffen wird, sowie insbesondere das **rechtsstaatliche Gebot**, die für den Planfeststellungsbeschluss maßgeblichen Vorschriften nicht zu umgehen (dazu → Rn. 13). 7

Umgesetzt wird dieser Interessenausgleich zum einen durch die **Zulassungsvoraussetzungen.** So fordert § 44c Abs. 1 S. 1 Nr. 1 eine **positive Prognose** bezüglich 8

§ 44 c Teil 5. Planfeststellung, Wegenutzung

der Erteilung einer Planentscheidung zugunsten des Vorhabenträgers. Tatsächlich wiegt ein Eingriff durch einen vorzeitigen Baubeginn besonders schwer, wenn im Nachhinein keine Planentscheidung erteilt wird oder die Baumaßnahme nicht durch die Planentscheidung erfasst wird. Wird die Maßnahme dagegen durch die Planentscheidung legitimiert, wiegt der Eingriff weniger schwer (→ Rn. 17 ff.). Weiterhin muss ein **berechtigtes oder öffentliches Interesse** an dem vorzeitigen Baubeginn bestehen (Abs. 1 S. 1 Nr. 2; → Rn. 21 ff.). Außerdem können grundsätzlich nur Maßnahmen zugelassen werden, die **reversibel** sind (Abs. 1 S. 1 Nr. 3; Ausnahme in Abs. 1 S. 3, → Rn. 24 ff.). Zum anderen steht der Behörde ein **Ermessen** bei der Entscheidung über die Zulassung des vorzeitigen Baubeginns zu. Die Ausübung des Ermessens erfordert trotz der „Soll"-Formulierung in Abs. 1 S. 1 weiterhin eine auf den Einzelfall bezogene **Abwägung** zwischen dem Beschleunigungsinteresse und dem Interesse an einem Abwarten bis zur Planentscheidung (→ Rn. 31). Da **private Rechte Dritter** an den benötigten Grundstücken durch die Zulassung des vorzeitigen Baubeginns nicht berührt werden (→ Rn. 10), sind diese im Rahmen der Abwägung nicht zu berücksichtigen.

9 Der Vorhabenträger muss sich verpflichten, Schäden zu ersetzen und einen im Wesentlichen gleichartigen Zustand herzustellen, wenn kein Planfeststellungsbeschluss erfolgt oder keine Plangenehmigung erteilt wird (Abs. 1 S. 1 Nr. 5, → Rn. 28). Zur Sicherung dieser Verpflichtungen kann die zuständige Behörde von dem Vorhabenträger eine Sicherheitsleistung verlangen (Abs. 2 S. 1, → Rn. 33). Somit trägt der Vorhabenträger das **wirtschaftliche Risiko** für den vorzeitigen Baubeginn. Die Zuweisung des wirtschaftlichen Risikos an den Vorhabenträger korrespondiert mit einem **Wahlrecht des Vorhabenträgers,** ob er eine Zulassung gem. § 44c begehrt oder nicht. Darüber hinaus besteht auch keine Pflicht, von einer gem. § 44c erteilten Zulassung Gebrauch zu machen. Der Vorhabenträger muss also selbst den Sachverhalt bewerten und aufgrund dessen entscheiden, ob er einen Antrag auf Zulassung des vorzeitigen Baubeginns stellt und damit das wirtschaftliche Risiko eingehen möchte (→ Rn. 29).

10 Die Befugnis des Vorhabenträgers, vorzeitig mit einzelnen Bauarbeiten zu beginnen, wird durch **private Rechte Dritter** begrenzt. Der Vorhabenträger muss also Inhaber der erforderlichen privaten Rechte sein, um von der Zulassung des vorzeitigen Baubeginns Gebrauch machen zu können. § 44c eröffnet – anders als die §§ 44, 44a, 44b und 45b – keine Einwirkungsmöglichkeiten auf private Rechte Dritter (zu Fragen der Abgrenzung und „Kombinationsmöglichkeiten" der Vorschriften → Rn. 12). § 44c hat folglich keine enteignungsrechtliche Vorwirkung (BeckOK EnWG/*Hermeier/Kalinna* § 44c Rn. 27). In Betracht kommen zunächst **dingliche Rechte** (Eigentum oder Dienstbarkeiten), über die die Netzbetreiber bei bestehenden Leitungen verfügen. Diese dinglichen Rechte ermächtigen (zumeist auch) zu Maßnahmen, die dem Bau, Betrieb oder Wartung einer Anlage dienen. Bei **Änderungen an bestehenden Leitungen** verfügt der Vorhabenträger daher zumeist über die erforderlichen privaten Rechte (*Riege* EnWZ 2020, 305 (308); BeckOK EnWG/*Hermeier/Kalinna* § 44c Rn. 27). Die notwendigen privaten Rechte können aber auch aus **schuldrechtlichen Vereinbarungen** (Bauerlaubnis, Gestattungsvertrag) hergeleitet werden. Solche Vereinbarungen wird der Vorhabenträger bei der **Neuerrichtung einer Energieleitung** mit den dinglich Berechtigten treffen (BeckOK EnWG/*Hermeier/Kalinna* § 44c Rn. 28). Kam eine Einigung zwischen dem Vorhabenträger und dem dinglich Berechtigten nicht zustande, schied die Zulassung des vorzeitigen Baubeginns gem. § 44c Abs. 1 S. 1 Nr. 4 aF aus. Nur im Bereich der Vorbereitung der Baudurchführung war unter

Umständen eine Überwindung privater Rechte durch eine Kombination des § 44c mit § 44 möglich (→ Rn. 12). Dies schränkte den Anwendungsbereich des § 44c bei Neubauvorhaben erheblich ein, da sich die Vorhabenträger zumeist erst parallel zum Planfeststellungs- oder Plangenehmigungsverfahren um den Erwerb der notwendigen privaten Rechte bemühen (BeckOK EnWG/*Hermeier*/*Kalinna* § 44c Rn. 28; *Riege* EnWZ 2020, 305 (308)). Eine entsprechende Begrenzung war dagegen in den Parallelvorschriften zum vorzeitigen Baubeginn nicht vorgesehen (*Riege* EnWZ 2020, 305 (308); zu § 17 Abs. 2 FStrG vgl. BT-Drs. 19/4459, 28 ff.). Da § 44c nur die Überwindung öffentlich-rechtlicher Vorschriften ermöglicht, erschien die Zulassungsvoraussetzung aus § 44c Abs. 1 S. 1 Nr. 4 aF systemfremd. Mit der Klimaschutz-Sofortprogramm-Novelle wurde diese Zulassungsvoraussetzung im § 44c gestrichen. Das **Fehlen privater Rechte steht der Zulassung eines vorzeitigen Baubeginns nicht mehr entgegen** und wird **von der Behörde auch nicht geprüft**. Um mit den Bauarbeiten beginnen zu können, **benötigt der Vorhabenträger weiterhin die erforderlichen privaten Rechte**, da die Berechtigten sonst zivilrechtliche Abwehransprüche geltend machen können. Der Vorhabenträger kann sich nun aber parallel um die privaten Rechte und die Zulassung nach § 44c bemühen, bzw. die Zulassung sogar vorziehen. Dadurch erhofft sich der Gesetzgeber eine weitere Beschleunigung des Netzausbaus (BT-Drs. 20/2402, 46).

IV. Verhältnis zu anderen Vorschriften

Die Zulassung des vorzeitigen Baubeginns darf nicht zu einer **Umgehung, Entwertung oder Präjudizierung** der nach §§ 43 ff. erforderlichen Planentscheidung führen. Die Anwendbarkeit des § 44c wird daher durch das Planfeststellungs- bzw. das Plangenehmigungsverfahren **bedingt und begrenzt**. So ist § 44c zunächst ein akzessorisches (also bedingtes) Beschleunigungsinstrument. **Akzessorietät** bedeutet, dass ein vorzeitiger Baubeginn nur beantragt und zugelassen werden kann, wenn ein Planfeststellungs- oder Plangenehmigungsverfahren anhängig ist oder zeitgleich beantragt wird - zum zulässigen Antragszeitpunkt → Rn. 20, 29). Ein Antrag des Vorhabenträgers oder eine Zulassung durch die Behörde sind im Umkehrschluss nicht möglich, wenn die Behörde bereits über die Planfeststellung oder Plangenehmigung entschieden hat – die Zulässigkeit der Fortführung der Bauarbeiten ergibt sich dann aus der Planfeststellung oder Plangenehmigung –, sich die Planfeststellung oder -genehmigung anderweitig erledigt oder wenn der Vorhabenträger diese nicht mehr ernsthaft verfolgt. Darüber hinaus dürfen über § 44c immer nur **ein Teil der erforderlichen Arbeiten** zugelassen werden, die zusammen nicht das gesamte Vorhaben ergeben dürfen (*Riege* EnWZ 2020, 305 (309); zum Ausnahmecharakter des § 44c → Rn. 3). 11

§ 44 („**Vorarbeiten**") und der § 44c regeln die Duldung (→ § 44 Rn. 1) bzw. vorläufige Gestattung (→ Rn. 1) bestimmter Tätigkeiten bereits vor der Planentscheidung. Die Einführung des § 44c lässt § 44 ausdrücklich unberührt (§ 44c Abs. 1 S. 5). Die Vorschriften unterscheiden sich hinsichtlich der **überwindbaren Belange:** So ermöglicht § 44c allein eine Überwindung öffentlich-rechtlicher Vorschriften, während § 44 den Inhabern privater Rechte eine Duldungspflicht auferlegt. Eine **Kombination der beiden Vorschriften** zur Überwindung öffentlich-rechtlicher Vorschriften und privater Rechte ist daher möglich. Allerdings erfasst der § 44 neben Maßnahmen zur Vorbereitung der Planung nur Vorarbeiten zur Baudurchführung, nicht aber die Durchführung von Bauarbeiten selbst (→ § 44 12

Rn. 15 f.). § 44 c gestattet dagegen nicht nur vorbereitende Tätigkeiten, sondern auch die Durchführung von Bauarbeiten; die von § 44 c erfassten Tätigkeiten reichen damit erheblich weiter (BeckOK EnWG/*Hermeier/Kalinna* § 44 c Rn. 5, die eine Abgrenzung allein anhand der gestatteten Arbeiten vornehmen möchten). Eine Kombination der beiden Vorschriften ist daher nur für die **Vorarbeiten der Baudurchführung** denkbar. Die Vorschriften der §§ 44 a, 44 b und 45 b bezwecken dagegen den Erwerb privater Rechte bereits vor der eigentlichen Planentscheidung und verfolgen damit einen grundsätzlich anderen Regelungsansatz. Eine Überwindung privater Rechte durch eine Kombination des § 44 c mit **§ 44 b Abs. 1 a S. 1 (vor-vorzeitige Besitzeinweisung)** ist nicht möglich, da der Besitzeinweisungsbeschluss aufgrund einer aufschiebenden Bedingung (§ 44 b Abs. 1 a S. 2; → § 44 b Rn. 8) erst mit der Planentscheidung wirksam wird (*Riege* EnWZ 2020, 305 (308)).

V. Vereinbarkeit mit höherrangigem Recht

13   Der Zulassung eines vorzeitigen Baubeginns begegnen, obwohl entsprechende Vorschriften in vielen Zulassungsregimen verankert sind, verfassungsrechtliche Bedenken. Zum einen droht eine **Verkürzung verfassungs,- unions- und völkerrechtlich abgesicherter Beteiligungs- und Verfahrensrechte sowie eine Beeinträchtigung von Rechtsschutzmöglichkeiten,** zum anderen droht eine, nicht zuletzt aus rechtsstaatlichen Gründen problematische, **Präjudizierung der eigentlichen Planentscheidung** (Überblick bei *Hohnerlein* NVwZ 2022, 750 (752 f.)). Diese verfassungsrechtlichen Bedenken greifen nur dann nicht durch, wenn die Folgen der vorzeitigen Zulassung **reversibel** sind, sodass die Behörde bei der Ausübung ihres Planungsermessens nicht präkludiert wird. Beteiligungs- und Verfahrensrechte können dann im eigentlichen Planungsverfahren effektiv ausgeübt werden; Rechtsschutz kann gegen die eigentliche Planentscheidung ersucht werden. Es genügt dabei nicht, dem Vorhabenträger eine Zulassung nur unter dem Vorbehalt des Widerrufs zu erteilen. Die Rechtsprechung fordert darüber hinaus einerseits eine **technische Wiederherstellbarkeit** des vorherigen Zustands. Dies erfordert nicht die Wiederherstellbarkeit eines identischen Zustands, wohl aber eines (etwa ökologisch) gleichwertigen Zustands innerhalb einer angemessenen Zeit. Andererseits fordern die Gerichte aber auch eine **faktische Wiederherstellbarkeit.** So drohe eine faktische Präkludierung der späteren Behördenentscheidung, wenn die Rückgängigmachung der zugelassenen Maßnahmen wirtschaftlich schlechthin unvernünftig und unvertretbar sei. Zu berücksichtigen ist daher auch, inwieweit getätigte Investitionen entwertet würden (BVerwG Beschl. v. 30. 4. 1991 – 7 C 35.90, NVwZ 1991, 994 (995 f.); VGH München Beschl. v. 14. 11. 1989 – 20 AS 89.40007, NVwZ 1990, 990 (991); s. auch *Hohnerlein* NVwZ 2022, 750 (753 f.)).

B. Die Zulassung des vorzeitigen Baubeginns

I. Anwendungsbereich

14   Die Zulassung des vorzeitigen Baubeginns ist für **Vorhaben iSd § 43 Abs. 1 Nr. 1 bis 6 und Abs. 2** möglich. Erfasst sind damit – nach der Erweiterung des Anwendungsbereichs zum 4. 3. 2021 (BGBl. 2021 I S. 298) – alle Vorhaben, für die

Zulassung des vorzeitigen Baubeginns **§ 44 c**

eine Planfeststellung oder Plangenehmigung gemäß dem 5. Teil des EnWG erfolgen kann. Über den Verweis in § 18 Abs. 5 NABEG ist § 44 c auch auf **NABEG-Vorhaben** anwendbar.

Die Zulassung des vorzeitigen Baubeginns erfasst die **Errichtung oder Änderung eines Vorhabens in Teilen einschließlich der Vorarbeiten** (§ 44 c Abs. 1 S. 1). Die Arbeiten müssen also auf **Teilmaßnahmen** beschränkt bleiben; die einzelnen Teilmaßnahmen dürfen zusammengenommen nicht das gesamte Vorhaben ergeben (BT-Drs. 19/7375, 63; *Riege* EnWZ 2020, 305 (309)). Diese Beschränkung dient der Abgrenzung zur eigentlichen Planentscheidung (→ Rn. 11). Vorarbeiten iSd § 44 c sind nicht nur bauvorbereitende Maßnahmen, sondern auch **naturschutzrechtliche Maßnahmen.** Die Begründung des Gesetzentwurfs nennt: Maßnahmen zur Schadensbegrenzung, vorgezogene Ausgleichsmaßnahmen iSd § 44 Abs. 5 BNatSchG und Maßnahmen zur Kohärenzsicherung iSd § 34 Abs. 5 BNatSchG (BT-Drs. 19/7375, 63; weitere Bsp. bei *Riege* EnWZ 2020, 305 (306)). 15

II. Zulassungsvoraussetzungen (Abs. 1 S. 1)

Die in § 44 c Abs. 1 S. 1 Nr. 1 bis 4 aufgezählten Voraussetzungen müssen **kumulativ** vorliegen, damit die zuständige Behörde einen vorzeitigen Baubeginn zulassen kann (BT-Drs. 19/7375, 63). Sie dienen dem Ausgleich zwischen dem Interesse an einem beschleunigten Baubeginn und dem Interesse an einem Abwarten bis zur Planentscheidung (→ Rn. 8). Daneben konturieren die Zulassungsvoraussetzungen auch die abwägungserheblichen Belange, die die Behörde im Rahmen ihrer Ermessensentscheidung (→ Rn. 31) gem. § 40 VwVfG berücksichtigen muss (BeckOK EnWG/*Hermeier/Kalinna* § 44 c Rn. 7). 16

1. Positive Prognose (Nr. 1). Gem. **§ 44 c Abs. 1 S. 1 Nr. 1** kann ein vorzeitiger Baubeginn nur zugelassen werden, wenn mit einer Planentscheidung zugunsten des Vorhabenträgers gerechnet werden kann. Gefordert wird damit eine **positive Prognose** bezüglich der Zulassung des Gesamtvorhabens einerseits und der in Rede stehenden Maßnahme andererseits. Fehlt es an einer positiven Prognose, besteht auch kein Interesse an einem vorzeitigen Baubeginn. Die Anforderungen an die Prognose bemessen sich anhand des Umfangs und der Eingriffsintensität der zuzulassenden Baumaßnahmen (BeckOK EnWG/*Hermeier/Kalinna* § 44 c Rn. 9, 15). 17

Der **Prüfungsumfang** der Prognoseentscheidung **entspricht dem der Planentscheidung.** Zu prüfen sind daher alle rechtlichen Voraussetzungen und sonstigen öffentlich-rechtlichen Belange, die von der Konzentrationswirkung der Planfeststellungs- oder Plangenehmigungsentscheidung erfasst sind (BT-Drs. 19/7375, 63). Bezüglich der **Prüfungsintensität** wird die Prognoseentscheidung dagegen gegenüber der endgültigen Planentscheidung entlastet. Es genügt, wie der Gesetzeswortlaut nun auch klarstellt, bereits eine **summarische Prüfung,** bei der einzelne Detailfragen offenstehen können. Eine gewisse Prognoseunsicherheit ist hinzunehmen, um den Beschleunigungszweck des § 44 c nicht zu vereiteln (BT-Drs. 20/3743, 21 sowie BeckOK EnWG/*Hermeier/Kalinna* § 44 c Rn. 9 f.). Hinsichtlich des **Prüfungsmaßstabs** gilt, dass eine **überwiegende Wahrscheinlichkeit einer stattgebenden Entscheidung** genügt (BT-Drs. 19/7375, 63). 18

Die Prognose ist gemäß dem Wortlaut der Nr. 1 unter Berücksichtigung der Stellungnahmen der Träger öffentlicher Belange einschließlich der Gebietskörperschaften zu treffen **(Bewertungsgrundlage).** Diese Aufzählung ist nicht abschließend. So sind nach dem Willen des Gesetzgebers der UVP-Bericht (so erforder- 19 lich), die Ergebnisse einer FFH-Verträglichkeitsprüfung und einer Minimierungsprüfung (§ 4 Abs. 2 der 26. BImSchV) abzuwarten und zu berücksichtigen. Die zuständige Behörde darf über die Zulassung des vorherigen Baubeginns nur auf Grundlage einer **ausreichenden Informationsgrundlage** entscheiden, die es ihr ermöglicht, **berechtigte Einwände zu prüfen** (BT-Drs. 19/7375, 63). Unter Umständen kann es daher auch erforderlich sein, die Öffentlichkeitsbeteiligung abzuwarten und zu berücksichtigen (BeckOK EnWG/*Hermeier/Kalinna* Rn. 11). Der Behörde ist bei der Bestimmung der ausreichenden Informationsgrundlage ein **Beurteilungsspielraum** zuzubilligen.

20 Die Prognoseentscheidung setzt damit die Ermittlung und Berücksichtigung einer **ausreichenden Bewertungsgrundlage** voraus. Dies schränkt den **zeitlichen Anwendungsbereich** des § 44c erheblich ein. So können die erforderlichen Informationen unter Umständen erst in einem bereits (weit) fortgeschrittenen Planfeststellungs- oder Plangenehmigungsverfahren beigebracht werden. Dadurch steigt einerseits die Qualität der Prognoseentscheidung, andererseits wird die Beschleunigungswirkung des § 44c aber gemindert (*Leidinger* NVwZ 2020, 1377 (1380); *Riege* EnWZ 2020, 305 (306)).

21 **2. Berechtigtes oder öffentliches Interesse (Nr. 2).** Für eine Zulassung gem. § 44c ist – zur Wahrung des Ausnahmecharakters des vorzeitigen Baubeginns – ein besonderes Interesse erforderlich (*Riege* EnWZ 2020, 305 (307)). § 44c Abs. 1 S. 1 Nr. 2 lässt dabei sowohl ein **berechtigtes Interesse des Vorhabenträgers** als auch **jedes öffentliche Interesse** an dem vorzeitigen Baubeginn zu. Eine **Abgrenzung** dieser Interessen bereitet Schwierigkeiten, da die Interessen des Vorhabenträgers und der Allgemeinheit oftmals kongruent sind (dazu → Rn. 23). In beiden Fällen muss das **Interesse gerade an der Beschleunigung** durch den vorzeitigen Beginn der Bauarbeiten bestehen. An einem Interesse fehlt es dagegen, wenn Zweifel an der Rechtmäßigkeit der beabsichtigten Maßnahmen oder Vorarbeiten bestehen (BT-Drs. 19/7375, 64).

22 Zunächst ist eine Zulassung möglich, wenn irgendein **öffentliches Interesse** an dem vorzeitigen Baubeginn besteht. Ein öffentliches Interesse besteht nach dem Willen des Gesetzgebers einerseits, wenn die beschleunigte **Umsetzung der Maßnahme** einem öffentlichen Interesse dient – etwa, wenn die Maßnahme den Umweltschutz verbessert (Umweltmaßnahmen; BT-Drs. 19/7375, 64). Andererseits genügt auch ein öffentliches Interesse an der beschleunigten **Umsetzung des Vorhabens**, etwa, wenn die beschleunigte Umsetzung des Vorhabens der Versorgungssicherheit dient (*Riege* EnWZ 2020, 305 (307); BeckOK EnWG/*Hermeier/Kalinna* § 44c Rn. 18). Eine entsprechende Auslegung ist mit dem (offenen) Wortlaut vereinbar und wird von dem Zweck des § 44c, die Realisierung von **Energieleitungsvorhaben zu beschleunigen** (→ Rn. 5f.), getragen. Eine entsprechende Auslegung ist auch für die Parallelvorschrift in § 8a BImSchG anerkannt (Landmann/Rohmer UmweltR/*Mann* BImSchG § 8a Rn. 63). Eine Ausdehnung des öffentlichen Interesses auf sämtliche arbeitsmarkt- und wirtschaftspolitische Gründe – auch ohne Bezug zu den in § 1 Abs. 1 niedergelegten Zwecken des EnWG – ist dagegen abzulehnen (dafür aber *Leidinger* NVwZ 2020, 1377 (1380); *Riege* EnWZ 2020, 305 (307) gestützt auf OVG Berlin-Brandenburg Beschl. v. 20.2.2020 – OVG 11 S 8/20, BeckRS 2020, 1968 Rn. 49 zu § 8a BImSchG). Diese andere Ansicht verkennt mit ihrer Bezugnahme auf die Rechtsprechung zu § 8a BImSchG, dass der Regelungszweck des § 8a BImSchG weiter ist und auch allgemeine, wirtschaftspolitische Ziele erfasst (Landmann/Rohmer UmweltR/*Mann*

Zulassung des vorzeitigen Baubeginns **§ 44 c**

BImSchG § 8 a Rn. 2). Der Regelungszweck des § 44 c (Beschleunigung) erschöpft sich dagegen in den energiewirtschaftlichen Zielen des § 1 Abs. 1 und ist damit enger (→ Rn. 5 f.). Das öffentliche Interesse muss darüber hinaus die **beschleunigte Umsetzung** des Vorhabens umfassen. Das öffentliche Interesse an der Realisierung eines Vorhabens (also die energiewirtschaftliche Bedarfsfeststellung) allein rechtfertigt für sich genommen nur die Planfeststellung oder Plangenehmigung, die Zulassung des vorzeitigen Baubeginns erfordert ein **darüberhinausgehendes, „überschießendes" Beschleunigungsinteresse.** Dies dürfte zumindest immer dann vorliegen, wenn ansonsten der anvisierte Fertigstellungstermin gefährdet wäre (BeckOK EnWG/*Hermeier/Kalinna* § 44 c Rn. 18). Die dem vorzeitigen Baubeginn entgegenstehenden öffentlichen Interessen bleiben bei der Prüfung eines öffentlichen Interesses unberücksichtigt, es ist also keine „Abwägung" oder „Saldierung" der verschiedenen Interessen vorzunehmen (aA für die Parallelvorschrift in § 8 a BImSchG Landmann/Rohmer UmweltR/*Mann* BImSchG § 8 a Rn. 94 f.). Entgegenstehende öffentliche Interessen sind stattdessen bei der Ausübung des Ermessens zu berücksichtigen.

Eine Zulassung gem. § 44 c ist auch möglich, wenn ein **Interesse des Vorhabenträgers** an dem vorzeitigen Baubeginn besteht und dieses **berechtigt** ist. Berechtigt ist sein Interesse, wenn es **verständig und durch die Sachlage gerechtfertigt** ist. Diesen Anforderungen genügt im Regelfall das Interesse des Vorhabenträgers, einen im Netzentwicklungsplan bestimmten Fertigstellungstermin einzuhalten (BT-Drs. 19/7375, 64; auch wenn in diesem Fall nach der hier vertretenen Ansicht auch ein öffentliches Interesse anzunehmen wäre). Daneben kann ein berechtigtes Interesse aber auch bestehen, wenn ein späterer Baubeginn aus wirtschaftlichen oder technischen Gründen mit erheblichen Kostensteigerungen verbunden ist (jew. mit Bsp. *Riege* EnWZ 2020, 305 (307); BeckOK EnWG/*Hermeier/Kalinna* § 44 c Rn. 16). 23

3. Reversibilität (Nr. 3) und Ausnahme (S. 3). § 44 c Abs. 1 S. 1 Nr. 3 lässt den vorzeitigen Baubeginn nur für reversible Maßnahmen zu und dient damit der Umsetzung verfassungs,- unions- und völkerrechtlicher Vorgaben für die Zulassung eines vorzeitigen Baubeginns (dazu → Rn. 13). Die **Reversibilität** ist Voraussetzung für die Herstellung eines im Wesentlichen gleichartigen Zustands, den die Behörde gem. Abs. 2 S. 2 anordnet, wenn die Maßnahme durch die Planfeststellung oder -genehmigung nicht für zulässig erklärt wird. Unter den Voraussetzungen des **Abs. 1 S. 3** kann eine Zulassung ausnahmsweise auch für technisch **irreversible Maßnahmen** erfolgen. 24

Der Begriff der **Reversibilität** wird seit dem 13.10.2022 in § 44 c Abs. 1 S. 2 als **Herstellung eines im Wesentlichen gleichartigen Zustands in einem angemessenen Zeitraum** legaldefiniert. Reversibilität bedeutet damit nicht die (regelmäßig unmögliche) Wiederherstellbarkeit eines identischen Zustands. Bereits vor der Gesetzesänderung war trotz des damaligen Wortlauts (Wiederherstellung des vorherigen Zustands) anerkannt, dass die Reversibilität nur die Wiederherstellung eines **funktional gleichwertigen Zustands** erfordert (BT-Drs. 19/7375, 64; Beispiele für reversible Maßnahmen bei *Riege* EnWZ 2020, 305 (308)). Diese Auslegung des Begriffs Reversibilität wird nun durch die neue Legaldefinition bestätigt (BT-Drs. 20/3497, 40). Der Begriff der Reversibilität beinhaltet ein räumliches und ein zeitliches Element (BT-Drs. 19/7375, 64). **Räumliche Reversibilität** bedeutet die Herstellung am Ort der Maßnahme (BeckOK EnWG/*Hermeier/ Kalinna* § 44 c Rn. 23). **Zeitliche Reversibilität** bedeutet, dass die Maßnahmen 25

Kloidt 2045

§ 44 c Teil 5. Planfeststellung, Wegenutzung

zur Herstellung in einem angemessenen Zeitraum umgesetzt werden können. Die Herstellung muss weiterhin **technisch möglich** und **wirtschaftlich vertretbar** sein, um einer faktischen Präjudizierung der nachfolgenden Planentscheidung vorzubeugen (→ Rn. 3 sowie *Riege* EnWZ 2020, 305 (307); zur Parallelvorschrift des § 8a BImSchG OVG Berlin-Brandenburg Beschl. v. 20.2.2020 – OVG 11 S 8/20, BeckRS 2020, 1968 Rn. 15; aus der älteren Rechtsprechung BVerwG Beschl. v. 30.4.1991 – 7 C 35.90, NVwZ 1991, 994 (995f.); VGH München Beschl. v. 14.11.1989 – 20 AS 89.40007, NVwZ 1990, 990 (991)).

26 Die Bestimmung der Anforderungen an die Herstellung eines im Wesentlichen gleichartigen Zustands und die Bemessung eines angemessenen Herstellungszeitraums fordern von der zuständigen Behörde eine **Abwägung der widerstreitenden Interessen** unter **Berücksichtigung des Einzelfalls und des Regelungszwecks von § 44c**. Zu berücksichtigen sind einerseits die Interessen des Antragstellers und der Öffentlichkeit an einem vorzeitigen Baubeginn (Zweck des § 44c), andererseits der Schutz der durch den vorzeitigen Baubeginn betroffenen Rechtsgüter (zB Natur und Landschaft). Dabei ist insbesondere der **ökologische Wert** der durch die Maßnahmen betroffenen Flächen zu berücksichtigen: So sind bei intensiv-landwirtschaftlich genutzten Flächen niedrigere Anforderungen an die Reversibilität zu stellen als bei hochwertigen Biotopen (BeckOK EnWG/*Hermeier/Kalinna* § 44c Rn. 22ff.; vgl. auch zur Parallelvorschrift des § 8a BImSchG OVG Berlin-Brandenburg Beschl. v. 20.2.2020 – OVG 11 S 8/20, BeckRS 2020, 1968 Rn. 15). Bei Vorhaben, an denen ein überragendes öffentliches Interesse besteht oder die im Interesse der öffentlichen Sicherheit erforderlich sind, können auch längere Zeiträume für die Herstellung eines im Wesentlichen gleichartigen Zustands angemessen sein. Etwas Anderes kann für besonders wertvolle, langsam wachsende Bäume (etwa Buchen) gelten (BT-Drs. 20/3497, 40; vgl. zur Parallelvorschrift § 8a BImSchG: OVG Berlin-Brandenburg Beschl. v. 20.2.2020 – OVG 11 S 8/20, BeckRS 2020, 1968 Rn. 15).

27 Ausnahmsweise können auch **irreversible Maßnahmen** zugelassen werden **(Abs. 1 S. 3),** wenn nur wirtschaftliche (und somit keine ökologischen) Schäden entstehen und für diese Schäden eine Entschädigung in Geld geleistet wird. Als Beispiel nennt die Gesetzesbegründung die Rodung eines nur wirtschaftlich genutzten Waldes (BT-Drs. 19/7375, 64; krit. BeckOK EnWG/*Hermeier/Kalinna* § 44c Rn. 26).

28 **4. Verpflichtung zu Schadensersatz und Wiederherstellung (Nr. 4).** Zuletzt muss sich der Vorhabenträger verpflichten, alle Schäden zu ersetzen, die bis zur Entscheidung im Planfeststellungs- oder Plangenehmigungsverfahren durch die Maßnahmen verursacht werden (§ 44c Abs. 1 S. 1 Nr. 4 lit. a, **Schadensersatzpflicht**), und, sofern kein Planfeststellungsbeschluss erfolgt oder keine Plangenehmigung erteilt wird, einen im Wesentlichen gleichartigen Zustand wiederherzustellen (§ 44c Abs. 1 S. 1 Nr. 4 lit. b, **Wiederherstellungspflicht**). Die Nr. 4 ist damit Ausdruck der **Risikoübernahme** durch den Vorhabenträger (→ Rn. 9). Die entsprechenden Verpflichtungen kann der Vorhabenträger durch einseitige **Verpflichtungserklärung** gegenüber der zuständigen Behörde oder durch Abschluss eines **öffentlich-rechtlichen Vertrags** begründen. Die Verpflichtung des Vorhabenträgers besitzt kraft Gesetzes **Schutzwirkung zugunsten Dritter** (BeckOK EnWG/*Hermeier/Kalinna* § 44c Rn. 29; *Riege* EnWZ 2020, 305 (308)). Die dinglich Berechtigten können so einen **verschuldensunabhängigen Schadensersatzanspruch** gegen den Vorhabenträger geltend machen. Von dem Anspruch

sind sämtliche Schäden erfasst, die adäquat kausal durch den vorzeitigen Baubeginn verursacht wurden. Dazu gehört auch der entgangene Gewinn für das Ziehen von Früchten auf dem Grundstück (BT-Drs. 19/7375, 64).

III. Zulassungsverfahren und -entscheidung

1. Einleitung durch Antrag des Vorhabenträgers (Abs. 1 S. 4). Das Verfahren zur Zulassung des vorzeitigen Baubeginns wird durch einen formlosen (vgl. § 10 S. 1 VwVfG) **Antrag** des Vorhabenträgers bei der für die Planfeststellung oder Plangenehmigung zuständigen Behörde eingeleitet (§ 44c Abs. 1 S. 4). Der Antrag muss bestimmt sein und so die konkret beabsichtigten baulichen Maßnahmen benennen. Außerdem muss der Antrag das Vorliegen der Tatbestandsvoraussetzungen aus § 44c Abs. 1 S. 1 Nr. 1 bis 3 belegen und die nach Abs. 1 S. 1 Nr. 4 erforderliche Verpflichtungserklärung enthalten (*Riege* EnWZ 2020, 305 (307)). Ob der Vorhabenträger einen Antrag stellt und damit sein **Wahlrecht** für eine vorherige Zulassung ausübt, bleibt ihm überlassen (→ Rn. 9). Aufgrund der Akzessorietät der Zulassung des vorzeitigen Baubeginns (→ Rn. 11) kann der Antrag gem. § 44c nicht vor (aber gegebenenfalls mit) dem Antrag auf Planfeststellung- oder Plangenehmigung gestellt werden. Da zu diesem Zeitpunkt die Zulassungsvoraussetzungen aber noch nicht nachgewiesen werden können (insbesondere der Nachweis der positiven Prognose erfordert das Abwarten bestimmter Verfahrensschritte; dazu → Rn. 20) und der Vorhabenträger das Risiko eines Scheiterns der Planfeststellung oder -genehmigung noch nicht kalkulieren kann, kommt regelmäßig erst ein **Zeitpunkt im fortgeschrittenen Verfahren** in Betracht (*Leidinger* NVwZ 2020, 1377 (1380); *Riege* EnWZ 2020, 305 (306)). 29

2. Zulassung durch die Behörde als Ermessensentscheidung. Die Zulassungsentscheidung ist ein **Verwaltungsakt** im Sinne des § 35 S. 1 VwVfG (*Riege* EnWZ 2020, 305 (310)). Für die Zulassung sind die **Landesbehörden zuständig**, in deren Zuständigkeitsbereich das Planfeststellungs- oder Plangenehmigungsverfahren fällt. Für Vorhaben gemäß § 2 Abs. 1 BBPlG ist die **BNetzA** gem. § 1 PlfZV zuständig. Die Zulassung erfolgt in einem eigenen, beschleunigten **Verwaltungsverfahren**. Daher ist weder eine **Öffentlichkeitsbeteiligung** noch eine **UVP** durchzuführen – eine Beteiligung (etwa anderer Behörden) ist aber auch nicht ausgeschlossen (*Riege* EnWZ 2020, 305 (309f.)). Allein die Entscheidung über die Zulassung ist den anliegenden Gemeinden und den Beteiligten zuzustellen (§ 44c Abs. 3). In der Verwaltungspraxis scheint so eine sehr kurze Verfahrensdauer (nur wenige Wochen) realisierbar zu sein (*Riege* EnWZ 2020, 305 (311)). 30

Die Entscheidung, ob ein vorzeitiger Baubeginn zugelassen wird, liegt im **Ermessen** (seit 29.7.2022 im intendierten Ermessen) der Behörde. Es ist auch möglich, nur einen Teil der beantragten Bauarbeiten zu genehmigen (BeckOK EnWG/ *Hermeier/Kalinna* § 44c Rn. 42). Der Vorhabenträger hat im Umkehrschluss nur einen Anspruch auf eine ermessensfehlerfreie Entscheidung der Behörde. Die Behörde hat bei Ausübung ihres Ermessens den § 40 VwVfG insbesondere den **Zweck des § 44c** (Beschleunigung von Energieleitungsvorhaben) zu berücksichtigen (BeckOK EnWG/*Hermeier/Kalinna* § 44c Rn. 41). Gegebenenfalls ist eine **Abwägung** der Beschleunigungsinteressen (sowohl des Vorhabenträgers als auch der Allgemeinheit) mit den entgegenstehenden öffentlichen Belangen, die in § 44c Abs. 1 genannt werden, unter Berücksichtigung der **Umstände des Einzelfalls** durchzuführen (*Riege* EnWZ 2020, 305 (309)). Bereits für § 44c aF („kann") war 31 anerkannt, dass sich das Beschleunigungsinteresse in der Regel durchsetzt (BeckOK EnWG/*Hermeier/Kalinna* § 44c Rn. 41). So entspricht es dem gesetzgeberischen Willen, im Regelfall eine Zulassung zu erteilen, wenn die Zulassungsvoraussetzungen aus Abs. 1 S. 1 erfüllt sind, und so den Beschleunigungszweck zu realisieren. Insbesondere können nur reversible Maßnahmen zugelassen werden (→ Rn. 24 ff.); private Rechte werden nicht beeinträchtigt (→ Rn. 10). Außerdem besteht jederzeit die Möglichkeit eines Widerrufs. Eine zu restriktive Anwendung des Ermessens würde dem gesetzgeberischen Zweck der beschleunigten Umsetzung des Energieleitungsausbaus (→ Rn. 5) dagegen widersprechen. Gem. § 44c nF „soll" die Zulassung nun erteilt werden, wenn die Zulassungsvoraussetzungen gegeben sind. Das Ermessen der Behörde ist folglich intendiert. Eine Zulassung ist dagegen zu versagen, wenn der vorzeitige Baubeginn nicht zu einer relevanten Beschleunigung des Vorhabens führt.

32 3. **Widerrufsvorbehalt (Abs. 1 S. 4).** Die Zulassung erfolgt von Gesetzes wegen unter dem Vorbehalt des Widerrufs (§ 44c Abs. 1 S. 4). Ein (deklaratorischer) Widerrufsvorbehalt im Zulassungsbescheid ist daher entbehrlich. Der **Widerrufsvorbehalt** berücksichtigt den vorläufigen Charakter der Zulassungsentscheidung.

C. Sicherheitsleistung (Abs. 2 S. 1)

33 § 44c Abs. 2 S. 1 ermächtigt die zuständige Behörde, von dem Vorhabenträger eine **Sicherheitsleistung** zu verlangen, soweit dies erforderlich ist, um die Erfüllung der Verpflichtungen aus Abs. 1 Nr. 4 und Abs. 1 S. 3 zu gewährleisten. Es ist einerseits möglich, eine Sicherheitsleistung als **Auflage** mit der Zulassung des vorzeitigen Baubeginns zu verbinden, andererseits kann eine Sicherheitsleistung aber auch erst im **Nachhinein** festgesetzt werden. Die **Höhe der Sicherheitsleistung** ist anhand der Aufwendungen zu bemessen, die für die Wiederherstellung und die Schadensersatzleistungen (→ Rn. 28) zu erwarten sind (BT-Drs. 19/7375, 64). Es ist auch möglich, die Höhe der Sicherheitsleistung im Nachhinein an veränderte Umstände anzupassen. Eine bestimmte Form der Sicherheitsleistung ist in Abs. 2 S. 1 nicht vorgesehen. Daher ist es zum Beispiel auch möglich, Sicherheit in Form einer Bürgschaft zu leisten (BT-Drs. 19/7375, 64). Der Behörde steht bei der Entscheidung, ob und in welcher Höhe eine Sicherheitsleistung verlangt wird, ein Ermessensspielraum zu (BeckOK EnWG/*Hermeier/Kalinna* § 44c Rn. 30).

D. Wiederherstellungsanordnung (Abs. 2 S. 2 und 3)

34 Wenn die gem. § 44c zugelassene Maßnahme durch die Planfeststellung oder Plangenehmigung für unzulässig erklärt wird (die Maßnahme also nicht durch den Planfeststellungsbeschluss und die mit dieser verbundenen Gestattungswirkung erfasst wird; Abs. 2 S. 2) oder der Antrag auf Planfeststellung oder Plangenehmigung zurückgenommen wird (Abs. 2 S. 3), ordnet die Behörde gegenüber dem Vorhabenträger die Herstellung eines im Wesentlichen gleichartigen Zustands an. Dasselbe gilt, wenn der Vorhabenträger das Planfeststellungs- oder Plangenehmigungsverfahren nicht mehr ernsthaft betreibt. Es handelt sich bei der **Wiederherstellungsanordnung** um eine gebundene Entscheidung, die die zuständige Behörde von Amts wegen trifft.

E. Rechtsschutz (Abs. 4)

Rechtsschutz gegen eine Entscheidung auf Grundlage des § 44c ist im Regelfall 35
vor den **Verwaltungsgerichten** zu ersuchen (BeckOK EnWG/*Hermeier/Kalinna*
§ 44c Rn. 45). Eine erst- und letztinstanzliche Zuständigkeit des **BVerwG** ergibt
sich ausnahmsweise aus den **§ 43e Abs. 4 S. 2 V. 1; § 1 Abs. 3 S. 2 Alt. 1 EnLAG**
und **§ 6 Nr. 1 V. 2 BBPlG** iVm § 50 Abs. 1 Nr. 6 VwGO für die dort bezeichneten
Vorhaben. Für Streitigkeiten, die allein die Baudurchführung betreffen, sind dagegen in jedem Fall die Verwaltungsgerichte zuständig (BVerwG Beschl. v.
29.10.2020 – 4 VR 7.20, BeckRS 2020, 32045 Rn. 13). Eine alleinige Zuständigkeit des BVerwG für Vorhaben iSd § 2 Abs. 1 Nr. 3 LNGG folgt aus **§ 12 S. 1
LNGG.**

Vorhabenträger können eine **Verpflichtungsklage** erheben, die auf die Zu- 36
lassung des vorzeitigen Baubeginns gerichtet ist. Diese ist aber immer nur auf eine
ermessensfehlerfreie Entscheidung gerichtet (→ Rn. 31). **Dritte** (Nachbarn, Gemeinden etc.) können sich mit einem **Widerspruch** oder einer **Anfechtungsklage** gegen die Zulassung eines vorzeitigen Baubeginns wehren. Sie müssen dabei
gem. § 42 Abs. 2 VwGO geltend machen, durch die vorzeitig zugelassene Maßnahme selbst in ihren Rechten verletzt zu werden. Da eine vorzeitige Zulassung
keine Bindungswirkung hat, genügt es umgekehrt nicht, wenn nur eine Beeinträchtigung durch das Gesamtvorhaben geltend gemacht wird. Rechtsschutz
kann dann nur gegen die eigentliche Planentscheidung ersucht werden (BVerwG
Beschl. v. 30.4.1991 – 7 C 35.90, NVwZ 1991, 994 (995)). Soweit Rechtsschutz
gegen die vorzeitig zugelassenen Maßnahmen ersucht wird, ist zu beachten, dass
§ 44c nur partiell drittschützend ist: So können Dritte Verstöße gegen die Beschränkung der Zulassung auf reversible Maßnahmen (§ 44c Abs. 1 S. 1 Nr. 3), gegen die Festsetzung einer Schadensersatzverpflichtung (§ 44c Abs. 1 S. 1 Nr. 4) sowie gegen Ermessensfehler bei der Festlegung der Sicherheitsleistung angreifen
(§ 44c Abs. 2 S. 1). Keinen Drittschutz vermitteln dagegen die Zulassungsvoraussetzungen aus § 44c Abs. 1 S. 1 Nr. 1 und 2 (für die Parallelvorschrift aus § 8a BImschG
Landmann/Rohmer UmweltR/*Mann* BImSchG § 8a Rn. 123f.). **Anerkannte
Umweltvereinigungen** können gestützt auf §§ 2 Abs. 1, 1 Abs. 1 Nr. 1 UmwRG
Rechtsschutz gegen die vorzeitige Zulassung von Teilen eines insgesamt UVP-pflichtigen Vorhabens als sonstige behördliche Entscheidung iSd § 2 Abs. 6 Nr. 1
UVPG ersuchen (OVG Berlin-Brandenburg Beschl. v. 20.2.2020 – OVG 11
S 8/20, BeckRS 2020, 1968 Rn. 8). Es kommt nicht darauf an, ob für die vorzeitige Zulassung selbst keine UVP durchzuführen ist (dazu → Rn. 30); maßgeblich ist
allein die UVP-Bedürftigkeit der späteren Planentscheidung (aA für die Parallelvorschrift aus § 8a BImSchG Landmann/Rohmer UmweltR/*Mann* BImSchG § 8a
Rn. 127f., der folglich eine Klagebefugnis der Umweltvereinigungen verneint).
Da der Rechtsschutz nach dem UmwRG nicht schutznormakzessorisch ausgestaltet ist, können die Umweltvereinigungen Verstöße gegen § 44c umfassend angreifen, soweit dies vom satzungsmäßigen Zweck der Vereinigungen erfasst ist (dazu
Hohnerlein NVwZ 2022, 750 (755f.)).

Rechtsbehelfe gegen eine vorzeitige Zulassung haben keine aufschiebende Wir- 37
kung (§ 44c Abs. 4 S. 1). Seit 29.7.2022 sind davon auch Rechtsbehelfe gegen die
mit der Zulassung verbundenen Vollstreckungsmaßnahmen nach dem VwVG erfasst. § 44c Abs. 4 S. 1 sichert so einen Gleichlauf mit den auf die Öffnungsklausel
des § 80 Abs. 2 S. 2 VwGO gestützten Regelungen der Länder (etwa § 16

§ 44 c Teil 5. Planfeststellung, Wegenutzung

HessAGVwGO, BT-Drs. 20/2402, 46). Die allgemeinen Landesregelungen sind anwendbar, wenn eine Landesbehörde über die Zulassung nach § 44c entscheidet. (Dies ist der gesetzliche Regelfall.) Die Neuregelung in § 44c Abs. 4 S. 1 ist von Bedeutung, soweit die BNetzA als Bundesbehörde zuständig ist und damit gem. § 1 Abs. 1 VwVG das Bundes-VwVG anwendbar ist (→ Rn. 30). Die Anordnung einer aufschiebenden Wirkung kann gem. § 80 Abs. 5 S. 1 VwGO beantragt werden. Ein solcher Antrag kann aber nur innerhalb einer **Ausschlussfrist** von einem Monat nach Zustellung oder Bekanntgabe des vorzeitigen Baubeginns gestellt und begründet werden (§ 44c Abs. 4 S. 2). Zweck dieser Regelungen ist es, Verzögerungen zu verhindern (BT-Drs. 20/2402, 46). Auf die Ausschlussfrist ist in der Rechtsbehelfsbelehrung hinzuweisen (§ 44c Abs. 4 S. 3). § 58 VwGO gilt entsprechend (§ 44c Abs. 4 S. 4).

F. Besondere Maßgaben für LNG-Anlagen (§ 8 Abs. 1 Nr. 4 LNGG)

38 § 44c wird durch § 8 Abs. 1 Nr. 4 LNGG modifiziert. **Zweck des LNGG ist es, die Errichtung und Zulassung von Anlagen im Sinne des § 2 LNGG zur Einfuhr und Einbindung verflüssigten Erdgases** (Liquefied Natural Gas – LNG) zu beschleunigen (§ 1 LNGG). An der schnellstmöglichen Errichtung dieser LNG-Infrastrukturen besteht ein **besonderes öffentliches Interesse**, da nur so die Unabhängigkeit von russischen Gasimporten und damit die Sicherheit der Energieversorgung Deutschlands gewährleistet werden kann (BT-Drs. 20/1742, 15 sowie § 3 LNGG). Um den Import von LNG aus anderen Staaten zu ermöglichen, werden **einerseits LNG-Terminals** benötigt, an denen Tankschiffe entladen sowie das verflüssigte Gas durch Erwärmung regasifiziert und gespeichert werden können. Bis zur Errichtung dauerhafter Terminals an Land iSd § 2 Nr. 1 LNGG sollen schwimmende Terminals (Floating Storage and Regasification Units – FSRUs, § 2 Nr. 2 LNGG) diese Aufgabe übernehmen. Die Errichtung dieser LNG-Anlagen ist (soweit Änderungen an Hafenanlagen erforderlich sind) ein planfeststellungsbedürftiger Gewässerausbau gem. § 68 WHG, Terminals an Land benötigen eine Genehmigung nach den Vorschriften des BImSchG. **Andererseits** müssen die LNG-Terminals durch Leitungen mit den bestehenden Gasversorgungsnetzen verbunden werden **(Leitungen i. S. d. § 2 Abs. 1 Nr. 3 LNGG)**, für die eine **Planfeststellung** gem. § 43 Abs. 1 Nr. 5 EnWG erforderlich sein kann.

39 Um eine möglichst zügige Genehmigung und Errichtung dieser Infrastrukturen zu ermöglichen, sieht das LNGG erhebliche **Modifizierungen und Vereinfachungen** des Zulassungsverfahrens vor. Für den vorzeitigen Baubeginn nach § 44c EnWG iVm § 8 Abs. 1 Nr. 4 LNGG entfallen die Zulassungsvoraussetzungen der **Reversibilität** aus § 44c Abs. 1 S. 1 Nr. 3, S. 2 und 3 sowie die nach § 44c Abs. 1 S. 1 Nr. 4 aF erforderliche Inhaberschaft privater Rechte (zum Entfall dieser Voraussetzung in § 44c nF bereits → Rn. 10). Damit soll die Zulassung beschleunigt und ein Gleichlauf mit den Parallelvorschriften zur immissionsschutzrechtlichen und wasserrechtlichen vorzeitigen Zulassung (§ 8a BImSchG und § 17 WHG) gewährleistet werden (BT-Drs. 20/1742, 24). Zu beachten ist aber, dass auch die vorzeitige Zulassung auf Grundlage von § 8a BImSchG und § 17 WHG nur bei reversiblen Maßnahmen möglich ist (auch wenn die Vorschriften keine entsprechende explizite Zulassungsvoraussetzung kennen), da **eine vorzeitige Zulassung irreversibler**

Enteignung § 45

Maßnahmen nach der Rechtsprechung des BVerwG schlicht unzulässig ist (BVerwG Beschl. v. 30.4.1991 – 7 C 35.90, NVwZ 1991, 994 (995f.), dazu bereits → Rn. 13). Dies haben die zuständigen Behörden bei der Ausübung ihres Ermessens zwingend zu beachten. Das gem. § 3 LNGG von Gesetzes wegen zu berücksichtigende besondere öffentliche Interesse an einer zügigen Verwirklichung der LNG-Anlagen genügt zur Begründung eines **energiewirtschaftlichen öffentlichen Interesses** im Sinne des § 44c Abs. 1 S. 1 Nr. 2 (ungenau BT-Drs. 20/1742, 24, das öffentliche Interesse muss an der beschleunigten Umsetzung des Vorhabens und nicht an der Realisierung des Vorhabens insgesamt bestehen, dazu bereits → Rn. 22) und streitet als **gewichtiges Ermessenskriterium** für eine Zulassung des vorzeitigen Baubeginns. Darüber hinaus bestimmt § 8 Abs. 1 Nr. 4 Hs. 2 LNGG, dass für die gem. § 44c Abs. 3 erforderlichen Zustellungen § 74 Abs. 5 VwVfG entsprechend anwendbar ist. Dies ermöglicht es, Zustellungen durch eine **öffentliche Bekanntmachung** zu ersetzen, wenn außer an den Vorhabenträger mehr als 50 Zustellungen vorzunehmen sind (BT-Drs. 20/1742, 24). §§ 11 und 12 LNGG modifizieren darüber hinaus den **Rechtsschutz.** So ist gem. § 12 S. 1 LNGG das BVerwG im ersten und letzten Rechtszug für sämtliche Streitigkeiten zuständig.

§ 45 Enteignung

(1) **Die Entziehung oder die Beschränkung von Grundeigentum oder von Rechten am Grundeigentum im Wege der Enteignung ist zulässig, soweit sie zur Durchführung**
1. eines Vorhabens nach § 43 oder § 43b Nr. 1, für das der Plan festgestellt oder genehmigt ist, oder
2. eines sonstigen Vorhabens zum Zwecke der Energieversorgung erforderlich ist.

(2) ¹**Einer weiteren Feststellung der Zulässigkeit der Enteignung bedarf es in den Fällen des Absatzes 1 Nummer 1 nicht; der festgestellte oder genehmigte Plan ist dem Enteignungsverfahren zugrunde zu legen und für die Enteignungsbehörde bindend.** ²**Hat sich ein Beteiligter mit der Übertragung oder Beschränkung des Eigentums oder eines anderen Rechtes schriftlich einverstanden erklärt, kann das Entschädigungsverfahren unmittelbar durchgeführt werden.** ³**Die Zulässigkeit der Enteignung in den Fällen des Absatzes 1 Nr. 2 stellt die nach Landesrecht zuständige Behörde fest.**

(3) **Das Enteignungsverfahren wird durch Landesrecht geregelt.**

Übersicht

	Rn.
A. Allgemeines	1
I. Funktion und Entstehungsgeschichte	1
II. Position des Grundstückseigentümers nach allgemeinem Zivilrecht	5
III. Duldungspflicht des Eigentümers nach NAV und NDAV	7
IV. Verfassungsrechtliche Problematik von Enteignungen für Energieversorgungsanlagen	14
B. Vorhaben, die Enteignung rechtfertigen können	22
I. Planfestgestellte und plangenehmigte Leitungsvorhaben	23
II. Sonstige Vorhaben der Energieversorgung	28

§ 45 Teil 5. Planfeststellung, Wegenutzung

Rn.
C. Entscheidung über die Zulässigkeit der Enteignung im Einzelfall 30
  I. Materieller Prüfungsmaßstab (Erforderlichkeit) 30
  II. Verfahren 36
  III. Behördenzuständigkeit 40
  IV. Rechtsschutz 41
D. Enteignungsverfahren nach Landesrecht 45
  I. Zuständigkeit und Verfahren 46
  II. Materielle Anforderungen 47
  III. Zur Entschädigungshöhe 50
  IV. Rechtsschutz 51

Literatur: *Bartsch/Ahnis,* Leitungsrechte in der Energiewirtschaft: Die Enteignung nach § 45 EnWG, IR 2014, 98; *Daiber,* Die Enteignung für Zwecke der Energieversorgung, DÖV 1990, 961; *Gartner,* Privateigentum und öffentliche Energieversorgung – Betrachtung zu einem normativen Instrumentarium, das unentgeltliche Grundstücksnutzung und Enteignung vorsieht, 1990; *Hermes,* Staatliche Infrastrukturverantwortung, 1998, S. 370, 433; *Hermes,* Energieversorgung und Enteignung zugunsten Privater, in: F. Shirvani (Hrsg.), Eigentum im Recht der Energiewirtschaft, 2018, S. 53 (zit. *Hermes,* Enteignung zugunsten Privater); *Hönig,* Fachplanung und Enteignung, 2001; *Lecheler,* Enteignung zu Gunsten Privater beim Bau von Elektrizitätsfernleitungen, RdE 2005, 125; *Möller,* Leitungsrechte in den neuen Bundesländern nach § 9 Grundbuchbereinigungsgesetz, RdE 1997, 101; *Pielow,* Vorhaben der Energiewende als Gegenstand der Enteignung nach § 45 EnWG, RdE 2017, 27; *Schmidt-Räntsch,* Energieleitungsrechte in den neuen Bundesländern, RdE 1994, 214; *Stelkens,* Inanspruchnahme privater Grundstücke für den Ausbau von Versorgungsnetzen, VerwArch 2009, 192; *Wichert,* Enteignung und Besitzeinweisung für energiewirtschaftliche Leitungsvorhaben, NVwZ 2009, 876.

A. Allgemeines

I. Funktion und Entstehungsgeschichte

1   Ein funktionsfähiges System einer leitungsgebundenen Energieversorgung muss Instrumente bereitstellen, mit deren Hilfe die für Anlagen erforderlichen Grundstücke zwangsweise in Anspruch genommen werden können, wenn deren Eigentümer nicht freiwillig bereit ist, die Grundstücke zu übereignen oder zugunsten des Trägers eines Vorhabens zu belasten. § 45 erklärt deshalb die Enteignung für planfestgestellte oder -genehmigte Leitungsvorhaben sowie für „sonstige Vorhaben zum Zwecke der Energieversorgung" für zulässig. Soweit für das Vorhaben ein Planfeststellungsbeschluss oder eine Plangenehmigung ergeht, wird darin auch über die Zulässigkeit der Enteignung entschieden. Diese Entscheidung ist für die Enteignungsbehörde bindend (§ 45 Abs. 2 S. 1). In den sonstigen Fällen wird die Zulässigkeit der Enteignung von der nach Landesrecht zuständigen Behörde festgestellt (§ 45 Abs. 2 S. 3). Für das Enteignungsverfahren wird auf die landesrechtlichen Regelungen verwiesen (§ 45 Abs. 3). Die **praktische Bedeutung der Enteignung** vor allem bei **Transportleitungen** (vgl. zB *Labbé/Wölfel* BayVBl. 1990, 161 (165)) wird an der langen Reihe gerichtlicher Entscheidungen über deren Zulässigkeit deutlich, die nicht erst mit der Entscheidung des Bundesverfassungsgerichts aus dem Jahr 1984 (BVerfG Beschl. v. 20.3.1984 – 1 BvL 28/82, BVerfGE 66, 248) beginnt und mit dem Urteil des BGH aus dem Jahr 2015 (BGH Urt. v. 12.3.2015 – III ZR 36/14, NVwZ 2015, 915) sicher noch nicht ihr Ende gefun-

Enteignung **§ 45**

den hat (Nw. bei Schneider/Theobald EnergieWirtschaftsR-HdB/*Hermes* § 11 Rn. 1; *Wichert* NVwZ 2009, 876 ff.; *Stelkens* VerwArch 2009, 192 ff.).

Die Enteignung „für Zwecke der öffentlichen Energieversorgung" war bereits in **2** § 11 EnWG 1935 enthalten. In der durch die **Reform des Energiewirtschaftsrechts 1998** eingeführten Fassung erklärte § 12 die Enteignung von Grundeigentum für zulässig, „soweit sie für Vorhaben zum Zwecke der Energieversorgung erforderlich ist". Die Zulässigkeit der Enteignung war durch die Energieaufsichtsbehörde festzustellen. Im Übrigen verwies die Vorschrift auf die landesrechtlichen Regelungen über das Enteignungsverfahren. Die **Änderung der Enteignungsvorschrift (§ 12) im Jahr 2001,** die durch das UVP-Änderungsgesetz 2001 (Art. 20 Nr. 2 des Gesetzes zur Umsetzung der UVP-Änderungsrichtlinie, der IVU-Richtlinie und weiterer EG-Richtlinien zum Umweltschutz v. 27.7.2001, BGBl. 2001 I S. 1950) erfolgte, vollzog dann die Einführung des Planfeststellungsverfahrens für bestimmte Vorhaben im Bereich der Energieversorgung nach. Danach war die Enteignung zulässig für Vorhaben, für die nach § 11a EnWG aF der Plan festgestellt oder genehmigt war, sowie für sonstige Vorhaben zum Zwecke der Energieversorgung (zur Rechtslage seit 2001 Schneider/Theobald EnergieWirtschaftsR-HdB/*Hermes* § 11 Rn. 40 ff.). Die Norm wurde damit begründet, dass ohne die Inanspruchnahme fremden Grundeigentums (insbesondere bei Leitungen) die Versorgung mit Elektrizität und Gas nicht durchführbar ist. „Im Interesse einer sicheren, preisgünstigen und umweltverträglichen Energieversorgung und im Interesse des Wettbewerbs bei Strom und Gas ist die Entziehung oder die Beschränkung von Grundeigentum oder von Rechten am Grundeigentum im Wege der Enteignung zugelassen" (BT-Drs. 14/4599, 162).

An diese Rechtslage knüpfte die **Neufassung des EnWG im Jahr 2005** an. **3** § 45 war bereits im Gesetzesentwurf der Bundesregierung (BT-Drs. 15/3917, 24) enthalten und übernahm § 12 des EnWG aF (BT-Drs. 15/3917, 67).

Eine weitere Änderung erfolgte mit Art. 7 des Gesetzes zur Beschleunigung **4** von Planungsverfahren für Infrastrukturvorhaben vom 9.12.2006 (BGBl. 2006 I S. 2833). Sie gilt seit dem 17.12.2006 und betrifft (in § 45 Abs. 1 Nr. 1) **Folgeänderungen zu den Änderungen bei Planfeststellung und Plangenehmigung** (§§ 43, 43b) sowie die **Einfügung des § 45 Abs. 2 S. 2.** § 45 Abs. 2 S. 1 wurde durch das Gesetz zur Neuregelung energiewirtschaftsrechtlicher Vorschriften vom 26.7.2011 (BGBl. 2011 S. 1554) neu gefasst, ohne in der Sache etwas an der enteignungsrechtlichen Vorwirkung der Planfeststellung und Plangenehmigung zu ändern (BT-Drs. 17/6365, 11, 34). Schließlich musste im Rahmen der Änderungen durch das Gesetz zur Verbesserung der Öffentlichkeitsbeteiligung und Vereinheitlichung von Planfeststellungsverfahren vom 31.5.2013 (BGBl. 2013 I S. 1388) – als Folgeänderung zur Änderung des § 43b – mit Wirkung vom 1.6.2015 in § 45 Abs. 1 Nr. 1 die Bezugnahme auf § 43b Nr. 2 gestrichen werden (BT-Drs. 17/9666, 9, 22; durch Art. 1b des Gesetzes v. 24.5.2014, BGBl. 2014 I S. 538, wurde der Zeitpunkt vom 1.6.2014 auf den 1.6.2015 verschoben).

II. Position des Grundstückseigentümers nach allgemeinem Zivilrecht

Gem. § 903 BGB hat der Grundstückseigentümer das Recht, mit seinem **5** Grundstück nach Belieben zu verfahren. Grundsätzlich ist es dem Eigentümer also freigestellt, ob er eine Grundstücksnutzung durch **obligatorische Gestattung** erlaubt oder ob er **dingliche Nutzungsrechte** einräumt.

§ 45   Teil 5. Planfeststellung, Wegenutzung

6   § 905 S. 2 BGB beschränkt das in § 903 umfassend gewährleistete Eigentum, indem er die Abwehr von Einwirkungen auf ein Grundstück ausschließt, wenn diese in solcher Höhe oder Tiefe vorgenommen werden, dass der Eigentümer an der Ausschließung kein Interesse hat. Allerdings liefert § 905 S. 2 BGB in der Praxis nur selten eine verlässliche Grundlage für die Realisierung von Energieversorgungsvorhaben (Theobald/Kühling/ *Theobald* EnWG § 45 Rn. 5).

III. Duldungspflicht des Eigentümers nach NAV und NDAV

7   In **§ 12 Niederspannungsanschlussverordnung (NAV)** und **§ 12 Niederdruckanschlussverordnung (NDAV)** werden Kunden und Anschlussnehmern, die Grundeigentümer sind, Pflichten zur Duldung der Benutzung ihrer Grundstücke zum Zwecke der örtlichen Energieversorgung auferlegt. Diese Regelungen ersetzen § 8 der Allgemeinen Versorgungsbedingungen für die Elektrizitätsversorgung von Tarifkunden (AVBEltV) und § 8 der Allgemeinen Versorgungsbedingungen für die Gasversorgung von Tarifkunden (AVBGasV). **§ 12 NAV** verpflichtet dazu, das Anbringen und Verlegen von Leitungen zur Zu- und Fortleitung von Elektrizität über ihre im gleichen Versorgungsgebiet liegenden Grundstücke sowie das Anbringen von Leitungsträgern und sonstigen Einrichtungen einschließlich erforderlicher Schutzmaßnahmen unentgeltlich zuzulassen (zu den Vorgängerregelungen *Büdenbender* EnWG § 12 Rn. 8), § 12 NDAV trifft die Parallelregelung für Gasleitungs- und Verteilungsanlagen.

8   NAV und NDAV enthalten als **Rechtsverordnungen** verbindliche Regelungen für die Ausgestaltung der Energielieferverträge (zu den Vorgängerregelungen *Büdenbender/Heintschel von Heinegg/Rosin* EnergieR Rn. 1844; BGHZ 9, 390 (393) = BGH Gutachten v. 6.10.1952 – I VRG 11/52; BGHZ 66, 62 (65) = BGH Urt. v. 4.2.1976 – VIII ZR 167/74; vgl. hierzu auch LG Wuppertal Urt. v. 18.3.2005 – 10 S 211/04, RdE 2005, 203 (204)). Die darin enthaltenen Versorgungsbedingungen sind kraft Rechtsverordnung Bestandteil der Versorgungsverträge (§ 1 Abs. 1 S. 2 NAV; § 1 Abs. 1 S. 2 NDAV). Da die Realisierung von Leitungen **örtlicher Energieversorgungsnetze** in wesentlichem Umfang auf § 12 NAV und § 12 NDAV gestützt wird, ist die **praktische Bedeutung** der Vorschriften **groß.**

9   Die **Grundstücksinanspruchnahme** ist gem. § 12 NAV und § 12 NDAV **unentgeltlich** und damit als entschädigungslose Inhalts- und Schrankenbestimmung des Eigentums iSd Art. 14 Abs. 1 S. 2, Abs. 2 GG ausgestaltet (dazu *Stelkens* VerwArch 2009, 192 (199 ff., 206 ff.)). Diese Belastung wird mit der Solidargemeinschaft der Kunden im Versorgungsgebiet und der überragenden Bedeutung einer stets gesicherten Energieversorgung für die Gemeinschaft gerechtfertigt (BGH Urt. v. 13.3.1991 – VIII ZR 373/89, MDR 1991, 637; Theobald/Kühling/*Theobald* EnWG § 45 Rn. 6, 14; wN bei *Stelkens* VerwArch 2009, 192 (206 ff.)). Da § 12 Abs. 1 S. 3 NAV und § 12 Abs. 1 S. 3 NDAV im Falle der mehr als notwendigen oder unzumutbaren Belastung des Eigentümers die Duldungspflicht ausschließen, wird die Vorschrift als verfassungsgemäß angesehen (so noch zu § 8 AVBEltV/§ 8 AVBGasV BVerfG Beschl. v. 31.1.1989 – 1 BvR 1631/88, RdE 1989, 143 f.; vgl. auch die Darstellung der Rspr. zu dieser Frage bei *Gartner,* Privateigentum und öffentliche Energieversorgung, S. 42 ff.).

10   Die Normen gelten für alle **Grundstücke** (als Grundstück wird nicht die katastermäßig erfasste Parzelle angesehen, sondern die Grundfläche, die eine wirtschaftliche Einheit bildet, insoweit zu den Vorgängerregelungen OLG Hamm Urt. v. 4.11.1996 – 2 U 97/96, RdE 1997, 152 (153)), die selbst an die Strom- oder Gas-

Enteignung **§ 45**

versorgungsnetze angeschlossen sind. Steht ein Grundstück in Miteigentum (**Wohnungseigentum**), so ist es nur dann duldungspflichtig, wenn alle Miteigentümer angeschlossen sind (zu den Vorgängerregelungen BVerfG Beschl. v. 3.7.2001 – 1 BvR 432/00, RdE 2002, 15 (16f.)). Weiterhin werden alle anderen **im gleichen Versorgungsgebiet** liegenden Grundstücke desselben Eigentümers erfasst, sofern sie in **wirtschaftlichem Zusammenhang** mit den an die Versorgung angeschlossenen Grundstücken genutzt werden. Ein solcher wirtschaftlicher Zusammenhang liegt jedenfalls dann vor, wenn das Grundstück unmittelbar an das an das Netz angeschlossene Grundstück angrenzt (BGH Urt. v. 9.12.2016 – V ZR 231/15, NJW-RR 2017, 653 (654)). Er kann auch in einer Vermietung (LG Chemnitz Urt. v. 26.6.2012 – 4 O 171/12, GWF/Recht und Steuern 2012, 43f.) oder Verpachtung an Dritte liegen, wobei eine räumliche Nähe der Grundstücke nicht erforderlich ist (OLG Naumburg Urt. v. 19.4.2013 – 10 U 43/12, NJW-RR 2014, 18 (20) mwN). Ein Versorgungsgebiet ist nach herkömmlicher Auffassung der räumliche Wirkungsbereich des betreffenden Versorgungsunternehmens (zu den Vorgängerregelungen insoweit OLG Hamm Urt. v. 4.11.1996 – 2 U 97/96, RdE 1997, 152f.).

Daneben kann die Duldungspflicht auch dadurch ausgelöst werden, dass die **11 Möglichkeit der Versorgung** sonst wirtschaftlich vorteilhaft ist (§ 12 Abs. 1 S. 2 letzte Alt. NAV/NDAV). Dies ist dann der Fall, wenn die reale Möglichkeit der Versorgung besteht, der Anschluss bislang jedoch noch nicht realisiert wurde (zu den Vorgängerregelungen *Büdenbender/Heintschel von Heinegg/Rosin* EnergieR Rn. 1845; näher dazu Schneider/Theobald EnergieWirtschaftsR-HdB/*Hermes* § 11 Rn. 12).

Geduldet werden müssen nach § 12 Abs. 1 NAV das Anbringen und Verlegen **12** von **Leitungen,** von Leitungsträgern und **sonstigen Einrichtungen** sowie erforderliche **Schutzmaßnahmen**. Erfasst ist auch die Errichtung von Freileitungsmasten (zu der Vorgängerregelung OLG Schleswig Urt. v. 7.7.1988 – 7 U 64/87, RdE 1988, 253). § 12 Abs. 1 NDAV legt dem Eigentümer die Duldung der Verlegung von Rohrleitungen, den Einbau von **Verteilungsanlagen** und erforderlicher Schutzmaßnahmen auf. In beiden Fällen sind neben der Leitung, die der Versorgung des duldungspflichtigen Grundstücks selbst dient, auch solche Leitungen zu dulden, die der Versorgung anderer Grundstücke dienen (BGHZ 66, 62 (65) = BGH Urt. v. 4.2.1976 – VIII ZR 167/74 zur alten Rechtslage). Von der Duldungspflicht nicht mehr umfasst sind Übertragungs- und Hochdruckfernleitungsnetze (s. auch die amtl. Begr. zur Vorgängerregelung in § 8 AVBEltV, BR-Drs. 76/79, 47). Zur Verwirklichung von Hochspannungs- und Hochdrucknetzen ist der Zugriff auf Grund und Boden nur im Wege der Enteignung nach § 45 möglich (näher zu diesen Punkten Schneider/Theobald EnergieWirtschaftsR-HdB/*Hermes* § 11 Rn. 13).

Die Duldungspflicht des Eigentümers entfällt gem. § 45 Abs. 1 S. 3 der §§ 12 bei- **13** der Verordnungen bei **mehr als notwendiger oder unzumutbarer Belastung** (näher zu den Begriffen der notwendigen und zumutbaren Belastung *Gartner,* Privateigentum und öffentliche Energieversorgung, S. 38f.) der Eigentümer durch Inanspruchnahme der Grundstücke. Kriterium für die Gewichtung der Interessen des Grundeigentümers ist, ob die bisherige, situationsbedingte Nutzungsart des Grundstücks durch Art und Umfang der Einwirkung beeinträchtigt wird (dazu näher Schneider/Theobald EnergieWirtschaftsR-HdB/*Hermes* § 11 Rn. 18). Im Falle der Unzumutbarkeit kann der Zugriff nur im Wege der Enteignung von Grund und Boden nach § 45 erfolgen.

§ 45 Teil 5. Planfeststellung, Wegenutzung

IV. Verfassungsrechtliche Problematik von Enteignungen für Energieversorgungsanlagen

14 Bei der Enteignung zum Zwecke der Realisierung von Energieversorgungsvorhaben handelt es sich um eine **Enteignung zugunsten privater Unternehmen** (*Lecheler* RdE 2005, 125 ff.; *Hermes,* Enteignung zugunsten Privater, S. 53 ff.). Die verfassungsrechtliche Zulässigkeit einer Enteignung für das Wohl der Allgemeinheit ist allerdings dann grundlegenden Zweifeln ausgesetzt, wenn Private Aufgaben der Daseinsvorsorge im Wettbewerb übernehmen. Hier stellt sich nämlich die Frage, ob ein privater Grundeigentümer zugunsten privater Anbieter von Infrastrukturleistungen enteignet werden darf. Dieses Problem ist bis heute nicht zufriedenstellend gelöst. Ein Konsens lässt sich nur insoweit feststellen, als einerseits Enteignungen zum Vorteil „bloßer Privatinteressen" nicht mit Art. 14 Abs. 3 GG vereinbar sind (s. etwa *Schmidbauer,* Enteignung zugunsten Privater, 1989, S. 112 f., 151), andererseits aber die privatrechtliche Organisationsform des Enteignungsbegünstigten allein noch nicht die Unzulässigkeit einer Enteignung nach sich zieht (BVerwG Urt. v. 8.12.1953 – I C 100.53, BVerwGE 1, 42 (43); Urt. v. 14.3.1985 – 5 V 130.83, BVerwGE 71, 108 (124 f.) = NVwZ 1985, 739; OVG Koblenz Beschl. v. 30.5.1968 – 1 A 85/67, NJW 1968, 2121; *Bullinger* Der Staat 1962, 449 (451); *Keller,* Enteignung für Zwecke der öffentlichen Energieversorgung, 1967, S. 54 f.; Theobald/Kühling/ *Theobald* EnWG § 45 Rn. 8 ff.; einen komprimierten Überblick über Verwaltungspraxis, Rspr. und Lit. gibt *Schmidbauer,* Enteignung zugunsten Privater, 1989, S. 44 ff.), weil Hoheitsträgern kein Monopol auf die Verwirklichung des Allgemeinwohls zukommt und privatwirtschaftliche Organisationsformen nicht notwendig die Gemeinwohlorientierung ausschließen.

15 Die **Rechtsprechung des BVerfG** hat zum Problem der privatnützigen Enteignung in der **„Boxberg"-** (BVerfGE 74, 264 ff. = BVerfG Urt. v. 24.3.1987 – 1 BvR 1046/85) und in der **Garzweiler-Entscheidung** (BVerfGE 134, 242 ff.) Stellung genommen. Es hat die Argumentation, eine Enteignung verstoße bereits deshalb gegen Art. 14 Abs. 3 GG, weil sie zugunsten eines Privaten erfolge, zurückgewiesen (BVerfGE 134, 242 (294 f. Rn. 178)). Der Person des Begünstigten komme bei der Beurteilung der Verfassungsmäßigkeit einer Enteignung keine ausschlaggebende Bedeutung zu. Entscheidend sei vielmehr der qualifizierte Enteignungszweck – das Wohl der Allgemeinheit –, der seine konkrete Ausformung durch oder aufgrund eines Gesetzes gefunden haben müsse. Unter diesen Voraussetzungen komme es nicht maßgeblich darauf an, ob die danach erfolgte Enteignung zugunsten eines Trägers öffentlicher Verwaltung oder eines Privaten erfolge (BVerfG Urt. v. 24.3.1987 – 1 BvR 1046/85, BVerfGE 74, 264 (284 f.)). Allerdings stellt das Gericht für den Fall einer Enteignung zugunsten Privater „besondere Anforderungen an die gesetzliche Konkretisierung" (BVerfG Urt. v. 24.3.1987 – 1 BvR 1046/85, BVerfGE 74, 264 (286); BVerfGE 134, 242 (295 Rn. 178); dazu *Hermes,* Enteignung zugunsten Privater, S. 67 ff.) des Enteignungszwecks, wenn sich der Nutzen für das allgemeine Wohl nicht bereits aus dem Unternehmensgegenstand selbst ergibt.

16 Zu der **Vorschrift des § 11 EnWG 1935** hatte das BVerfG festgestellt, dass eine Enteignung zugunsten eines privatrechtlich organisierten Unternehmens jedenfalls dann zulässig sei, wenn ihm die Erfüllung einer dem Gemeinwohl dienenden Aufgabe durch Gesetz oder aufgrund eines Gesetzes zugewiesen und darüber hinaus sichergestellt sei, dass es zum Nutzen der Allgemeinheit geführt werde (BVerfG Beschl. v. 20.3.1984 – 1 BvL 28/82, BVerfGE 66, 248 (257)). Die besondere Ziel-

Enteignung § 45

richtung des Unternehmens überlagere dessen privatrechtliche Struktur sowie den auf die Erzielung von Gewinn gerichteten Zweck und lasse diese unter dem Blickwinkel des Enteignungsrechts in den Hintergrund treten. Die genannten Voraussetzungen seien im Falle des § 11 EnWG 1935 gegeben. Die Energieversorgung sei eine öffentliche Aufgabe aus dem Bereich der Daseinsvorsorge von größter Bedeutung. Die Erfüllung dieser öffentlichen Aufgabe sei den Energieversorgungsunternehmen durch das Energiewirtschaftsgesetz „zugewiesen" und durch das Aufsichtsinstrumentarium nach diesem Gesetz (EnWG 1935) sei auch die Führung dieser Unternehmen zum Nutzen der Allgemeinheit sichergestellt (BVerfG Beschl. v. 20.3.1984 – 1 BvL 28/82, BVerfGE 66, 248 (258f.)).

Diese einfachen Kategorisierungen, die das BVerfG bei der Prüfung von § 11 EnWG 1935 zugrundegelegt hat, sind allerdings **heute nicht mehr tragfähig** (zur Kritik im Einzelnen s. Schneider/Theobald EnergieWirtschaftsR-HdB/*Hermes* § 11 Rn. 27ff.). An ihre Stelle hat die Anforderung zu treten, wonach der Gesetzgeber den Enteignungszweck so genau beschreiben muss, dass die Entscheidung über die Zulässigkeit der Enteignung nicht in die Hand der Verwaltung und schon gar nicht in die Hand des privaten Begünstigten gegeben wird. Darüber hinaus muss er durch differenzierte materiell- und verfahrensrechtliche Regelungen den Gemeinwohlbezug der Unternehmenstätigkeit rechtlich dauerhaft sichern, indem er den begünstigten Privaten effektiv an das Wohl der Allgemeinheit bindet (BVerfG Beschl. v. 20.3.1984 – 1 BvL 28/82, BVerfGE 66, 248 (257); BVerfGE 74, 264 (286)). Das BVerfG verlangt hierfür, dass „besondere Anforderungen an die gesetzliche Konkretisierung" (BVerfG Urt. v. 24.3.1987 – 1 BvR 1046/85, BVerfGE 74, 264 (286)) des Enteignungszwecks zu erfüllen sind, wenn sich der Nutzen für das allgemeine Wohl nicht bereits aus dem Unternehmensgegenstand selbst ergibt. Demnach ist erstens eine **unternehmensbezogene** Sicherung der Gemeinwohlbindung und zweitens eine **vorhabenbezogene Konkretisierung des Allgemeinwohls** möglich. 17

Für die Annahme einer **allgemeinen Gemeinwohlbindung von EVU** ist spätestens seit der Energierechtsreform aus dem Jahr 1998 kein Raum mehr (ausf. *Hermes,* Staatliche Infrastrukturverantwortung, S. 445f. mwN; krit. insoweit auch BVerwG Urt. v. 11.7.2002 – 4 C 9.00, BVerwGE 116, 365 (369), wo allerdings darauf verwiesen wird, dass diese Erkenntnis bereits bei der Entscheidung des BVerfG aus dem Jahr 1984 – BVerfG Beschl. v. 20.3.1984 – 1 BvL 28/82, BVerfGE 66, 248 (257f.) – nicht neu war; mit pauschalem Verweis auf diese Rspr. des BVerfG – zu § 11 EnWG 1935 – auch *Büdenbender* Schwerpunkte S. 243). Vor diesem Hintergrund gewinnt jedoch die infrastrukturtypische Trennung von Netz und Diensten (Produktion, Handel, Vertrieb) an Bedeutung für die Rechtfertigung nach Art. 14 Abs. 3 GG (ausf. *Hermes,* Staatliche Infrastrukturverantwortung, S. 477ff.). Diese Trennung erlaubt, das legitime Gewinninteresse der Unternehmen, die im Wettbewerb stehen, und das Enteignungsrecht nicht beanspruchen können, von der gemeinwohlgebundenen Aufgabe des enteignungsbegünstigten Netzbetreibers abzugrenzen. 18

Da eine unternehmensbezogene Allgemeinwohlbindung der Energieversorgungsunternehmen nicht feststellbar ist, kommt zur verfassungsrechtlichen Rechtfertigung der Enteignungsmöglichkeit in § 45 nur die **vorhabenbezogene Gemeinwohlzweckbindung** in Betracht. Dazu muss eine generelle Allgemeinwohlbindung des Netzbetriebs ebenso erkennbar sein wie die Erforderlichkeit des konkreten Netzvorhabens. Diese Allgemeinwohlbindung folgt für die Energieversorgungsnetze (allg. zu Netzwirtschaften *Hermes,* Staatliche Infrastrukturver- 19

§ 45   Teil 5. Planfeststellung, Wegenutzung

antwortung, S. 370, 375 ff.) aus den Betreiberpflichten in §§ 11 ff. und aus den Netzanschluss- und -zugangsregeln der §§ 17 ff., 20 ff. in Kombination mit den Entflechtungsregeln der §§ 6 ff. Im Gegensatz zu den Regelungen im EnWG 1998 (§§ 5 ff.) rechtfertigen diese Neuregelungen im EnWG 2005 die Prognose, dass eine ausreichende Allgemeinwohlbindung aller Netzbetreiber insbesondere durch effektive Netzzugangsregeln gewährleistet ist (so auch *Lecheler* RdE 2005, 125 (129); offengelassen in BVerfG Beschl. v. 10.9.2008 – 1 BvR 1914/02, WM 2009, 425 f.). Verfassungsrechtliche Bedenken gegen § 45 bestehen also unter dem Gesichtspunkt einer erforderlichen **Gemeinwohlbindung der Netze** nicht.

20   Hinzutreten muss die **konkrete Rechtfertigung** des jeweiligen Netzvorhabens, die darin liegt, dass im Rahmen der allgemeinen Transportfunktion des jeweiligen Netzes ein geplantes neues Teilstück eine sinnvolle und die Allgemeinwohlnützlichkeit des Gesamtnetzes erhöhende Funktion übernimmt. Das gilt auch dann, wenn ein konkretes Vorhaben nach seiner aktuellen Funktion scheinbar nur einem Nutzer zugutekommt, wie dies etwa bei Leitungsvorhaben zur Einspeisung von Strom aus Erneuerbaren Energien häufig der Fall ist (dazu *Wichert* NVwZ 2009, 876 (879 f.)). Denn es darf auch hier nicht ausgeschlossen sein, dass das jeweilige Teilstück zukünftig weiteren Nutzern zur Verfügung steht. Im Übrigen nimmt auch die „letzte Meile" sowohl auf der Seite des Einspeisers als auch auf der Seite des Abnehmers an der allgemeinen Transportfunktion des Netzes teil (dies berücksichtigt *Wichert* NVwZ 2009, 876 (879 f.), nicht ausreichend). Diese allgemeine Transportfunktion einzelner Teileelemente des Netzes sicherzustellen, ist vor allem die Funktion der **planerischen Vorbereitung** (zum Zusammenhang zwischen Planung und Enteignung *Hermes,* Staatliche Infrastrukturverantwortung, S. 359 ff., 402 f. mwN; → § 43 Rn. 46, 87), die zu gewährleisten hat, dass das Vorhaben „vernünftigerweise geboten" ist (vgl. die Übersichten bei *Kühling/Herrmann,* Fachplanungsrecht, 2. Aufl. 2000, Rn. 270 ff.; *Wahl* NVwZ 1990, 426 (434 f.); *Wahl/Hönig* NVwZ 2006, 161 (167)). Seine „Rationalität" in diesem Sinne erhält ein Vorhaben durch Konformität mit übergeordneten und vorgelagerten Planungsstufen, mit besonderen Planungsleitsätzen und mit dem Abwägungsgebot, in das neben dem Interesse des Enteignungsbetroffenen auch die vielfältigen Wechselwirkungen mit öffentlichen Belangen einfließen (*Kühling,* Die privatnützige Planfeststellung, in: Franßen ua (Hrsg.) FS Sendler, 1991, S. 391 (394)).

21   Nach der ständigen Rechtsprechung (etwa BVerwG Beschl. v. 29.6.1994 – 1 B 189.93, RdE 1994, 232 (233)) zur Enteignungsentscheidung nach § 11 EnWG 1935, die für den Bereich der **nicht planfeststellungsbedürftigen Vorhaben** nach wie vor Geltung hat, soll im Verlauf der verschiedenen Prüfungen und Genehmigungen erst anlässlich des allerletzten Verfahrensschritts einer einzelnen Enteignung das in Rede stehende Leitungsvorhaben auf seine Allgemeinwohlerforderlichkeit geprüft werden (zusammenfassend BVerwG Urt. v. 11.7.2002 – 4 C 9.00, BVerwGE 116, 365 (373 f.); s. auch *Daiber* DÖV 1990, 961 (964)). Danach muss eine planerische Würdigung der für und wider das Vorhaben streitenden öffentlichen Belange untereinander und im Verhältnis zu den privaten Belangen durch die Behörde erst dann stattfinden, wenn und nur deshalb, weil enteignet werden soll (BVerwG Beschl. v. 29.6.1994 – 1 B 189/93, RdE 1994, 232 (233)). Ob die Enteignungsentscheidung als letztes Glied in der bei anderen Infrastrukturplanungen vorhandenen Kette vorangegangener Planungsentscheidungen in der Lage ist, die Last einer vollen planerischen Prüfung zu tragen, ist allerdings sehr zweifelhaft (näher dazu Schneider/Theobald EnergieWirtschaftsR-HdB/*Hermes* § 11 Rn. 36 f.; dagegen hält BVerwG Urt. v. 11.7.2002 – 4 C 9.00, BVerwGE 116, 365 (374) an

Enteignung **§ 45**

der Zulässigkeit einer Konzentration der behördlichen und gerichtlichen Kontrolle auf der letzten Verfahrensstufe der Enteignung fest). Das vom BVerwG zur verfassungsrechtlichen Rettung der Enteignungsermächtigung verlangte „abwägende Nachvollziehen" der Vorhabenplanung des Privaten durch die Behörde (BVerwG Urt. v. 17.1.1986 – 4 C 6.84, 4 C 7.84, BVerwGE 72, 365 (367); BVerwG Beschl. v. 29.6.1994 – 1 B 189.93, RdE 1994, 232 (233)) genügt nicht, um die in Art. 14 Abs. 3 GG verlangte Allgemeinwohlbindung sicherzustellen.

B. Vorhaben, die Enteignung rechtfertigen können

Seit der Neuregelung des EnWG 2001 (damals § 12) ist bei Enteignungen zu unterscheiden zwischen Vorhaben, für welche der **Plan festgestellt oder genehmigt** ist (§ 45 Abs. 1 Nr. 1) und **sonstigen Vorhaben** zum Zwecke der Energieversorgung (§ 45 Abs. 2 Nr. 2; dazu auch *Salje* EnWG § 45 Rn. 32 ff.). 22

I. Planfestgestellte und plangenehmigte Leitungsvorhaben

Ein Vorhaben kann Enteignungen rechtfertigen, wenn über die Zulässigkeit der Enteignung **im Planfeststellungsbeschluss entschieden** ist. Die Regelung in § 45 Abs. 1 Nr. 1 ergänzt damit das in § 43 geregelte Planfeststellungsverfahren, in dem die privaten Belange der Grundstückseigentümer in die Abwägung mit einbezogen werden und die Entscheidung getroffen wird, dass das Vorhaben dem Allgemeinwohl dient und grundsätzlich eine Enteignung erforderlicher Grundstücke rechtfertigt. Der festgestellte Plan ist dem Enteignungsverfahren deshalb zugrunde zu legen und für die Enteignungsbehörde bindend **(§ 45 Abs. 2 S. 1).** Eine gesonderte Prüfung der Zulässigkeit der Enteignung ist in diesem Fall nicht mehr erforderlich. Diese **enteignungsrechtliche Vorwirkung** – also die Entbehrlichkeit einer späteren gesonderten Prüfung der Zulässigkeit einer Enteignung – ist bei der Planfeststellung systemkonform und verfassungsrechtlich unbedenklich, weil die privaten Belange der Grundstückseigentümer im Planfeststellungsverfahren umfassende Berücksichtigung gefunden haben. 23

Dieselbe enteignungsrechtliche Vorwirkung soll nach § 45 Abs. 1 Nr. 1, Abs. 2 S. 1 auch der **Plangenehmigung** (zB VGH München Urt. v. 24.5.2011 – 22 A 10.40049, ZNER 2011, 522) zukommen. Unabhängig vom Wortlaut des § 45 Abs. 1 Nr. 1, der ausdrücklich von einem Vorhaben spricht, für das der Plan „genehmigt" ist, folgt dies aus der Geltung des **§ 74 Abs. 6 VwVfG,** die in § 43b angeordnet ist. Fraglich ist allerdings, ob das Plangenehmigungsverfahren die verfassungsrechtlichen Mindestvoraussetzungen erfüllt, die an eine Planungsentscheidung mit enteignungsrechtlicher Vorwirkung zu stellen sind (dagegen Schneider/Theobald EnergieWirtschaftsR-HdB/*Hermes* § 8 Rn. 151 ff.; dafür BerlKommEnergieR/*Pielow* EnWG § 45 Rn. 14 f.). Bis zum PlVereinhG aus dem Jahr 2013 hatte der Gesetzgeber diese Frage in der allgemeinen Regelung des § 74 Abs. 6 S. 2 VwVfG verneint und der Plangenehmigung die enteignungsrechtliche Vorwirkung explizit abgesprochen. Dies war konsequent angesichts des Umstandes, dass die Plangenehmigung die Planfeststellung nur ersetzen durfte, wenn Rechte anderer nicht beeinträchtigt werden oder die Betroffenen sich mit der Inanspruchnahme ihres Eigentums schriftlich einverstanden erklärt haben (§ 74 Abs. 6 S. 1 Nr. 1 VwVfG aF). 24

Durch das PlVereinhG wurde 2013 der **Anwendungsbereich der Plangenehmigung** allerdings „maßvoll erweitert" (BT-Drs. 17/9666, 20), indem die Plan- 25

§ 45 Teil 5. Planfeststellung, Wegenutzung

genehmigung auch bei „**unwesentlichen**" **Beeinträchtigungen** der Rechte Dritter zugelassen wurde (§ 74 Abs. 6 S. 1 Nr. 1 VwVfG nF). Unter solchen unwesentlichen Beeinträchtigungen – zB die Inanspruchnahme eines Grundstücks „in sehr geringem Maße" (BT-Drs. 17/9666, 20) – wollte der Gesetzgeber offensichtlich **auch Enteignungen** verstanden wissen, weshalb er in § 74 Abs. 6 S. 2 VwVfG nF die Plangenehmigung auch mit enteignungsrechtlicher Vorwirkung ausgestattet hat. Damit übernimmt das VwVfG eine Einebnung des Unterschiedes in den Rechtswirkungen von Planfeststellung und Plangenehmigung, die im Energieplanungsrecht erstmals durch § 12 Abs. 1 EnWG 2001 erfolgt war und dann in § 45 Abs. 1 Nr. 1 fortgeschrieben wurde. Diese **enteignungsrechtliche Vorwirkung** der Plangenehmigung ist allerdings systemfremd und **verfassungsrechtlich bedenklich** (dazu näher Hermes/Pöcker RdE 2002, 85 (89 f.)). Denn dass der Plangenehmigung nach den allgemeinen Vorschriften keine enteignungsrechtliche Vorwirkung zukam, hatte seinen guten Grund darin, dass sie wegen ihrer Erlassvoraussetzungen dieser Wirkung nicht bedurfte und dass deshalb auch die Verfahrensregelungen des Planfeststellungsrechts nicht gelten (mussten): Diese sichern nämlich die Einhaltung der materiell-rechtlichen Vorgaben des Abwägungsgebotes, indem sie die durch das Abwägungsgebot vorgezeichneten Prüfungsschritte durch ein diesen Anforderungen adäquates Verfahrensrecht unterfangen. Der Gesetzgeber hatte bei der Änderung des Verwaltungsverfahrensgesetzes im Jahr 1996 diesen Zusammenhang noch klar erkannt: „Auf das enteignungsrechtliche Vorwirkung der Planfeststellung wurde verzichtet, da das **vereinfachte Verfahren der Plangenehmigung keine ausreichende Grundlage für eine Enteignung** darstellt" (so die Begr. zu § 74 Abs. 6 S. 2 VwVfG, BT-Drs. 13/3995, 10, Hervorhebung nicht im Original).

26 Diese zwingende und verfassungsrechtlich gebotene Relation zwischen erforderlicher **Abwägung,** notwendiger **verfahrensrechtlicher Absicherung** und **enteignungsrechtlicher Vorwirkung** ist im Falle der Plangenehmigung aber durchbrochen: Voraussetzung ihres Erlasses ist nämlich nicht das Einverständnis aller Betroffenen oder die Nicht-Berührung privater Rechte. Eine Plangenehmigung kann vielmehr bereits dann ergehen, wenn Rechte anderer nur „unwesentlich" beeinträchtigt werden (§ 74 Abs. 6 S. 1 Nr. 1 VwVfG). Da deshalb Fälle auftreten können, in denen Eigentum Privater in Anspruch genommen werden muss, bedarf die Plangenehmigung in diesen Fällen der Abwägung, der enteignungsrechtlichen Vorwirkung und notwendig auch der entsprechenden verfahrensrechtlichen Absicherung.

27 Vergleichbare Bedenken gelten auch im Hinblick auf die enteignungsrechtliche Vorwirkung von **Planfeststellungsbeschlüssen nach § 43b Nr. 1.** Denn diese ergehen ohne Erörterungstermin, obwohl dem Erörterungstermin im Planfeststellungsverfahren eine integrale Funktion zukommt. Diese besteht vor allem in der Erledigung von Einwendungen und in der Sicherung der Einhaltung des materiell-rechtlichen Abwägungsgebotes, da der Erörterungstermin der Aufbereitung des typischerweise komplexen Sachverhalts dient und die zutreffende Bewertung der betroffenen Belange vorbereitet (→ § 43 Rn. 147 ff.; → § 43a Rn. 1 ff.). Die Voraussetzungen, unter denen nach § 43b Nr. 1 der Erörterungstermin durch die reduzierte Öffentlichkeitsbeteiligung nach § 18 Abs. 2 UVPG ersetzt wird, indizieren jedoch keineswegs eine vorhabenspezifische Funktionslosigkeit des Erörterungstermins, sondern liegen auf einer völlig anderen Ebene. Insofern wird durch § 43b Nr. 1 eine normativ erhöhte Wahrscheinlichkeit der **Verfehlung des Abwägungsgebotes** und damit einer materiell rechtswidrigen Entscheidung geschaf-

Enteignung **§ 45**

fen (ähnlich *Schütte* RdE 2007, 300 (302))). Insoweit gelten deshalb dieselben **verfassungsrechtlichen Bedenken,** die auch gegen eine Plangenehmigung mit enteignungsrechtlicher Vorwirkung zu erheben sind.

II. Sonstige Vorhaben der Energieversorgung

Neben den in § 43 Abs. 1 und 2 ausdrücklich erwähnten planfeststellungsbedürftigen oder -fähigen Leitungs- und weiteren Vorhaben (insbesondere Nebenanlagen nach § 43 Abs. 2 Nr. 1) fallen unter die sonstigen Vorhaben zum Zwecke der Energieversorgung, für die nach § 45 Abs. 1 Nr. 2 eine Enteignung in Betracht kommt, sonstige über- und unterirdische **Leitungen** (s. etwa VG Schleswig Urt. v. 20.1.2011 – 12 A 193/09, für Gasversorgungsleitung unterhalb des planfeststellungsbedürftigen Durchmessers) oder auch Gasspeicher (BerlKommEnergieR/*Pielow* EnWG § 45 Rn. 17). Praktisch bedeutsam sind insbesondere Leitungen zur Einspeisung von Strom aus Erneuerbaren Energien (*Wichert* NVwZ 2009, 876 (877)). Auch **Erdkabel,** die nicht in § 43 Abs. 1 oder Abs. 2 aufgeführt sind und die deshalb weder planfeststellungsbedürftig noch planfeststellungsfähig sind (→ § 43 Rn. 45 ff., 64), gehören hierher. Nicht unter § 45 Abs. 1 Nr. 2 fallen hingegen **Energieerzeugungsanlagen,** insbesondere Kraftwerke. Nach aA wird darauf verwiesen, dass der Wortlaut der Norm alle Vorhaben von Energieversorgungsunternehmen iSv § 3 Nr. 18 erfasst, also auch Energielieferungen durch Unternehmen an andere. Diese Unternehmen sind nach § 2 Abs. 1 iVm § 1 Abs. 1 zur Versorgung der Allgemeinheit mit Elektrizität und Gas verpflichtet (aA BeckOK EnWG/*Assmann/Pfeiffer* § 45 Rn. 28). Daher seien ausschließlich Erzeugungsanlagen zur Eigenversorgung nicht erfasst (NK-EnWG/*Kment* § 45 Rn. 14; Theobald/Kühling/*Theobald* EnWG § 45 Rn. 31). Allerdings ist eine Enteignung zugunsten von Erzeugungsanlagen nach dem mit der Energiewirtschaftsreform durchgesetzten Wettbewerbsmodell auf dem Erzeugungsmarkt verfassungsrechtlich nicht mehr zu rechtfertigen (überzeugend OLG Jena Urt. v. 30.12.2013 – BI U 299/12, NVwZ 2014, 1471, Rn. 51 ff.; aA BerlKommEnergieR/*Pielow* EnWG § 45 Rn. 19; BGH Urt. v. 12.3.2015 – III ZR 36/14, NVwZ 2015, 915, Rn. 24, 45; krit. dazu *Hermes*, Enteignung zugunsten Privater, S. 76 f.). Die Erzeuger von Energie unterliegen keiner Gemeinwohlbindung mehr (→ Rn. 18), können ihre Tätigkeit jederzeit einstellen (BeckOK EnWG/*Assmann/Pfeiffer* § 45 Rn. 27) und daher nicht von einer Enteignung profitieren. Deshalb ist § 45 Abs. 1 Nr. 2 **verfassungskonform** dahin **einschränkend auszulegen,** dass von dieser Vorschrift nur die zuvor genannten Leitungs- und damit zusammenhängenden ortsgebundenen Vorhaben erfasst werden. Das gilt auch für Anlagen zur **Erzeugung von Strom aus Erneuerbaren Energien.** Gründe, die eine Enteignung zu ihren Gunsten rechtfertigen könnten, sind nicht ersichtlich (s. OLG Jena Urt. v. 3.3.2010 – Bl U 687/08, BeckRS 2010, 33195, wo eine ausreichende Begründung für die energiewirtschaftliche Erforderlichkeit vermisst wird, die aber weder im konkreten Fall noch in anderen Fällen gelingen kann).

Unabhängig von einer derartigen einschränkenden Auslegung sieht auch der **29** Gesetzgeber Enteignungen zugunsten „sonstiger Vorhaben zum Zwecke der Energieversorgung" nicht generell als zulässig an. Sie müssen vielmehr **im Interesse** einer möglichst sicheren, preisgünstigen, verbraucherfreundlichen, effizienten und umweltverträglichen **Energieversorgung** sowie im Interesse des **Wettbewerbs bei Strom und Gas erforderlich** sein (vgl. dazu die – noch nicht auf die umfassendere Zielformulierung in § 1 EnWG 2005 bezogene – Begr. des Gesetzent-

28

wurfs, BT-Drs. 14/4599, 162). Die zuständige Behörde hat die Zulässigkeit der Enteignung für den konkreten Einzelfall zu prüfen (§ 45 Abs. 2 S. 3). Bei dieser Feststellung handelt es sich im Kern um die „Feststellung eines energiewirtschaftlichen Bedarfs" (BVerwG Urt. v. 11.7.2002 – 4 C 9.00, BVerwGE 116, 365 (376)). Entscheidende Bedeutung für die Prüfung, ob das öffentliche Interesse an dem Vorhaben solches Gewicht hat, dass es das Eigentumsrecht zu überwinden in der Lage ist, kommt also der Frage zu, ob die Inanspruchnahme von Grundeigentum **für Zwecke der öffentlichen Energieversorgung erforderlich** ist. Es bleibt der Verwaltungsentscheidung im Einzelfall überlassen zu prüfen, ob das konkrete Vorhaben „energiewirtschaftlich notwendig" (so zB *Horstmann,* Anforderungen an den Bau und Betrieb von Energieversorgungsleitungen in Deutschland, 2000, S. 372; OLG Braunschweig Urt. v. 28.3.1984 – 3 U 2/83 (Baul), ET 1984, 542, jew. mwN) ist (dazu → Rn. 30 ff.).

C. Entscheidung über die Zulässigkeit der Enteignung im Einzelfall

I. Materieller Prüfungsmaßstab (Erforderlichkeit)

30 Die gesetzliche Vorgabe für die Entscheidung über die Zulässigkeit der Enteignung in den Fällen, in denen sie noch nicht im Planfeststellungsverfahren gefallen ist, beschränkt sich darauf, dass die Entziehung oder die Beschränkung von Grundeigentum für das Vorhaben zum Zwecke der Energieversorgung „erforderlich" sein muss (→ Rn. 29). Diese **Erforderlichkeitsprüfung** umfasst „eine Würdigung der für und wider das Vorhaben streitenden öffentlichen Belange untereinander und im Verhältnis zu den privaten Belangen" (BVerwG Urt. v. 17.1.1986 – 4 C 6.84, BVerwGE 72, 365 (367)). Die Bedeutung des Tatbestandsmerkmals der Erforderlichkeit folgt daraus, dass seine Auslegung und Anwendung durch die Behörden sowie seine gerichtliche Überprüfung über die Grenzziehung zwischen dem planerischen Spielraum und der wirtschaftlichen Gestaltungsfreiheit des jeweiligen Energieversorgungsunternehmens bei seinen Dispositionen einerseits und der Position des Grundeigentümers andererseits entscheidet (zutr. stellt *Keller,* Enteignung für Zwecke der öffentlichen Energieversorgung, 1967, S. 63, fest, dass die Gerichte dabei vor eine nur schwer lösbare Aufgabe gestellt sind). Ein Vorhaben soll dann erforderlich sein, wenn es „eine vorhandene **Versorgungslücke** schließen sollte oder wenn es der **Versorgungssicherheit** dient" (so BVerwG Urt. v. 11.7.2002 – 4 C 9.00, BVerwGE 116, 365 (376); BGH Urt. v. 12.3.2015 – III ZR 36/14, NVwZ 2015, 915, Rn. 38; Theobald/Kühling/*Theobald* EnWG § 45 Rn. 31).

31 Die Prüfung der generellen Erforderlichkeit des Vorhabens für die Zwecke der Energieversorgung auf der ersten Stufe ist **zu unterscheiden von** der **Prüfung der Verhältnismäßigkeit** (hierzu etwa NK-EnWG/*Kment* § 45 Rn. 18) des Eingriffs gegenüber dem konkreten Enteignungsbetroffenen. Diese erfolgt erst auf der zweiten Stufe im Rahmen des Enteignungsverfahrens (BerlKommEnergieR/*Pielow* EnWG § 45 Rn. 32). Erst in diesem Verfahren ist also beispielsweise zu klären, ob Verhandlungen über eine privatrechtliche Vereinbarung mit dem Eigentümer gescheitert sind oder ob statt des vollen Eigentumsentzugs auch die dingliche Belastung für die Durchführung des Vorhabens ausreichend ist, da beide Prüfungen voraussetzen, dass die benötigte Grundfläche bereits parzellengenau feststeht (*Gartner,* Privateigentum und öffentliche Energieversorgung, S. 231 f.).

Enteignung **§ 45**

Der allgemeine Grundsatz, wonach die Erforderlichkeit einer Enteignung die 32
Prüfung aller maßgebenden privaten und öffentlichen Belange erfordert,
soll auch im Rahmen der Enteignung zugunsten von Energieversorgungsvorhaben
Geltung beanspruchen (so zur Enteignung nach § 11 EnWG 1935 BVerwG Beschl.
v. 9.9.1988 – 4 B 37.88, UPR 1989, 105 (107)). Die bei der Zulassung raumbeanspruchender Vorhaben erforderliche Abwägung umfasst demnach notwendigerweise auch die für und gegen das Vorhaben sprechenden öffentlichen Interessen
(→ § 43 Rn. 147 ff.; VGH München Urt. v. 21.6.1995 – 22 A 94.40095, RdE
1996, 25 (26); OLG Celle Beschl. v. 28.5.2008 – 4 U 11/08, ZNER 2008, 248;
Wichert NVwZ 2009, 876 (877)). Diese erforderliche umfassende Abwägung bringt
zum Ausdruck, dass es sich bei der Entscheidung über die grundsätzliche Zulässigkeit der Enteignung für die Realisierung eines konkreten Energieversorgungsvorhabens um eine materielle Planungsentscheidung handelt (ausf. dazu *Hermes,*
Staatliche Infrastrukturverantwortung, S. 400 ff.; aA *Horstmann,* Anforderungen an
den Bau und Betrieb von Energieversorgungsleitungen in Deutschland, 2000,
S. 371).

Trägt man dem verfassungsrechtlichen Erfordernis nach einer Abwägung sämt- 33
licher öffentlichen Belange bei dieser Entscheidung Rechnung, so ist eine umfassende Erforderlichkeitsprüfung unter **Berücksichtigung der gesamten Versorgungssituation** vorzunehmen. Deshalb sind sämtliche Versorgungsalternativen in
diese Prüfung mit einzustellen (BVerwG Urt. v. 11.7.2002 – 4 C 9.00, BVerwGE
116, 365 (376 f.), zählt dazu sowohl technische Alternativen als auch die Möglichkeit der Durchleitung). Insbesondere ist der durch die Energierechtsreform geschaffene Anspruch auf diskriminierungsfreien Zugang zu bestehenden Netzen (vgl.
§§ 20 ff.) ist als Alternative zum Leitungsneubau in Betracht zu ziehen. Wenn das
mit der neu zu errichtenden Leitung angestrebte Versorgungsziel gleichwertig im
Wege der Durchleitung erreicht werden kann, ist eine Enteignung für die Errichtung einer neuen Leitung nicht zur Energieversorgung erforderlich und damit unzulässig (*Büdenbender* Schwerpunkte S. 246 f.; zu Belangen des Wettbewerbs als Gemeinwohlbelange, die eine Enteignung rechtfertigen können, Schneider/Theobald
EnergieWirtschaftsR-HdB/*Hermes* § 11 Rn. 54).

Die verfassungsrechtlich gebotene Sicherung der Allgemeinwohldienlichkeit der 34
Enteignung berührt auch die Frage nach der Intensität, mit der die Energieaufsichtsbehörde den Antrag des Energieversorgungsunternehmens prüft. In der Literatur
wird der zuständigen **Energieaufsichtsbehörde** in diesem Zusammenhang teilweise nur ein begrenzter Entscheidungsspielraum eingeräumt. Dem antragstellenden
Energieversorgungsunternehmen soll ein „Ermessens- und Prognosespielraum"
zukommen (*Büdenbender/Heintschel von Heinegg/Rosin* EnergieR Rn. 1864). Diese
Auffassung kann sich insoweit auf die Rechtsprechung des BVerwG stützen, als es in
einem Urteil aus dem Jahre 1986 heißt, die Behörde habe „die Vorhabenplanung abwägend nachzuvollziehen" (BVerwG Urt. v. 17.1.1986 – 4 C 6.84, BVerwGE 72,
365 (367); ebenso VGH Mannheim Urt. v. 8.9.1999 – 10 S 1406/98, NuR 2000,
455 (456)). Gleichzeitig wird der Behörde von der Rechtsprechung jedoch abverlangt, dass sie selbst eine vollständige Prüfung vornehmen und auf der Grundlage
„eigener Prüfung" die Rechtfertigung der Enteignung feststellen muss (BVerwG
Urt. v. 17.1.1986 – 4 C 6.84, BVerwGE 72, 365 (367 f.)). Insgesamt ergibt die
Rechtsprechung zur Frage der Prüfungsintensität also kein klares Bild. Immerhin
hat das BVerwG jüngst betont, dass den Energieversorgungsunternehmen kein
„staatsfreies Trassenselbstfindungsrecht" zukommt (BVerwG Urt. v. 11.7.2002 – 4
C 9.00, BVerwGE 116, 365 (374)).

§ 45 Teil 5. Planfeststellung, Wegenutzung

35 Die Ansicht, dem antragstellenden Energieversorgungsunternehmen stehe ein Ermessens- bzw. Prognosespielraum zu, ist allerdings verfehlt. Ebenso wie in den gesetzlich vorgesehenen Fällen der Planfeststellung für Energieversorgungsanlagen (§ 45 Abs. 1 Nr. 1 iVm § 43) kann das **Allgemeinwohl** auch bei der Entscheidung über die Zulässigkeit der Enteignung ohne vorausgehendes Planfeststellungsverfahren (§ 45 Abs. 1 Nr. 2) **nur von der Behörde selbst konkretisiert** werden. Nur diese ist in der Lage, die zur Rechtfertigung der Enteignung notwendigen energiewirtschaftlichen Bedarfs- und energiepolitischen Prioritätsentscheidungen sowie die Abwägung zwischen den unterschiedlichen öffentlichen Belangen zu treffen. Den privatwirtschaftlichen Energieversorgungsunternehmen hingegen fehlt hierfür nicht nur die erforderliche demokratische Legitimation. Sie sind auch in der Sache hierzu nicht die Berufenen, weil sie sich nach dem geltenden energierechtlichen Rahmen zulässigerweise von ihren Gewinnerzielungsabsichten leiten lassen. Aus dieser Verteilung der Prüfungs- und Abwägungskompetenzen ergibt sich folgerichtig auch der Anspruch des Enteignungsbetroffenen auf fehlerfreie Abwägung der betroffenen Belange durch die Behörde.

II. Verfahren

36 Ein **Enteignungsverfahren entfällt nach § 45 Abs. 2 S. 2,** wenn sich ein Beteiligter mit der Übertragung oder Beschränkung des Eigentums oder eines anderen Rechts schriftlich einverstanden erklärt. In diesem Fall wird direkt in das Entschädigungsverfahren übergeleitet. Die Vorschrift wurde durch Art. 7 des Gesetzes zur Beschleunigung von Planungsverfahren für Infrastrukturvorhaben (BGBl. 2006 I S. 2833) eingefügt und gilt seit dem 17.12.2006. Ihr Sinn ist klar: Das Enteignungsverfahren ist nur notwendig, wenn der Enteignungsbetroffene sich der Entziehung oder Beschränkung seiner Rechte entgegenstellt. Ist dies nicht der Fall, kann unmittelbar über die Entschädigungshöhe entschieden werden.

37 Ist ein Enteignungsverfahren durchzuführen, so ist der Verfahrensablauf einer Enteignung für energiewirtschaftliche Vorhaben **zweistufig** (BVerwG Urt. v. 11.7.2002 – 4 C 9.00, BVerwGE 116, 365 (375f.); *Horstmann,* Anforderungen an den Bau und Betrieb von Energieversorgungsleitungen in Deutschland, 2000, S. 367; *Büdenbender* Schwerpunkte S. 244). Die **erste Stufe** besteht in der Entscheidung nach § 45 Abs. 2 S. 1. Diese klärt die Zulässigkeit der **Enteignung dem Grunde** nach. Ihr Gehalt entspricht also der enteignungsrechtlichen Vorwirkung des Planfeststellungsbeschlusses (§ 74 Abs. 6 S. 2 VwVfG; vgl. hierzu Stelkens/Bonk/Sachs/*Neumann*/*Külpmann*, VwVfG § 72 Rn. 29). Sofern die Energieaufsichtsbehörde die Zulässigkeit der Enteignung verneint, ist das Verfahren auf administrativer Ebene schon beendet (*Büdenbender/Heintschel von Heinegg/Rosin* EnergieR Rn. 1853). Sofern die Enteignung dem Grunde nach für zulässig gehalten wird, schließt sich als **zweite Stufe** das eigentliche **Enteignungsverfahren** an. Gem. § 45 Abs. 3 richtet sich das Enteignungsverfahren **nach Landesrecht.** Das weitere Verfahren ist daher nach den Regelungen in den Landesenteignungsgesetzen durchzuführen.

38 Nach hM kommt der Entscheidung über die Zulässigkeit der Enteignung dem Grunde nach für den (später enteignungsbetroffenen) Bürger keinerlei Außenwirkung zu (BerlKommEnergieR/*Pielow* EnWG § 45 Rn. 30 mwN), sodass die von der Planung Betroffenen an dem **Verwaltungsverfahren** der ersten Stufe nicht zu beteiligen sind (BVerwG Beschl. v. 29.6.1994 – 1 B 189.93, RdE 1994, 232 (233)). Auch eine Verpflichtung zur Anhörung von Trägern öffentlicher Belange lässt sich

Enteignung § 45

weder aus dem allgemeinen Verwaltungsverfahrensrecht noch aus speziellen Vorgaben des Energiewirtschaftsgesetzes entnehmen. Gleiches gilt für die Einbeziehung externen Sachverstandes, was bereits daraus folgt, dass die Energieaufsichtsbehörde mangels Beteiligung der betroffenen Bürger regelmäßig keinerlei Anhaltspunkte dafür hat, den Angaben des Vorhabenträgers zu misstrauen.

Die verfassungsrechtlich gebotene Einordnung der Entscheidung über die Erforderlichkeit der Enteignung nach § 45 Abs. 1 als von der Behörde unter Berücksichtigung aller betroffenen öffentlichen und privaten Belange zu treffende Planungsentscheidung, muss sich jedoch auch in einer **verfassungskonformen Ausgestaltung** des Verfahrens widerspiegeln. Erforderlich ist damit eine Ausgestaltung des Verfahrens, die sicherstellt, dass alle relevanten öffentlichen und privaten Belange, die von dem Vorhaben berührt werden, in das behördliche Entscheidungsverfahren einfließen (vgl. dazu nur BVerfG Urt. v. 24.3.1987 – 1 BvR 1046/85, BVerfGE 74, 264 (286); *Steinberg/Wickel/Müller*, Fachplanung, 4. Aufl. 2012, S. 114 ff.). Als minimale Garantien für eine verfassungskonforme Gestaltung des Verfahrens sind die Beteiligung der potentiell (Enteignungs-)Betroffenen, der Träger berührter öffentlicher Belange sowie des antragstellenden Vorhabenträgers, die Zusammenführung der von diesen Beteiligten vorgebrachten Anregungen und Einwände in einem einheitlichen Verfahrensschritt, der die in der materiellen Abwägungsentscheidung einzubeziehenden Belange verfahrensrechtlich „abbildet", und die Einbeziehung externen Sachverstandes unabdingbar, soweit die Behörde, die die planerische Abwägungsentscheidung zu treffen hat, über diesen Sachverstand nicht selbst verfügt. 39

III. Behördenzuständigkeit

§ 45 Abs. 2 S. 3 verweist die Entscheidung über die Zulässigkeit der Enteignung für sonstige Vorhaben an die **„zuständige Behörde"**. Teilweise wird davon ausgegangen, dass die Energieaufsichtsbehörde die zuständige Behörde ist (*Büdenbender/Heintschel von Heinegg/Rosin* EnergieR Rn. 1853). Im Wortlaut des § 45 Abs. 2 findet sich hierfür jedoch kein entsprechender Anhaltspunkt. Damit fällt die Bestimmung, welche Landesbehörde zuständig ist, in die Organisationskompetenz der Länder (Theobald/Kühling/*Theobald* EnWG § 45 Rn. 48; BerlKommEnergieR/ *Pielow* EnWG § 45 Rn. 31). Es wird als zweckmäßig angesehen, wenn die Länder die Energieaufsichtsbehörde beauftragen, weil diese als Fachbehörde besonders geeignet ist, die Zweckbestimmung des Vorhabens zu beurteilen (Theobald/Kühling/*Theobald* EnWG § 45 Rn. 49; auch der Gesetzgeber sah die das Energiewirtschaftsgesetz ausführende Behörde als am besten geeignet für diese Prüfung an; vgl. Begr. des Gesetzentwurfs, BT-Drs. 14/4599, 162). 40

IV. Rechtsschutz

Die ablehnende Entscheidung der zuständigen Behörde über die Zulässigkeit einer Enteignung (§ 45 Abs. 2) stellt sich **für die Energieversorgungsunternehmen** als Verweigerung eines begünstigenden Verwaltungsakts dar, gegen die sie mit der Verpflichtungsklage vorgehen können (*Büdenbender/Heintschel von Heinegg/ Rosin* EnergieR Rn. 1853). Grundsätzlich besteht allerdings **kein Anspruch auf die Zulässigkeitserklärung,** sondern nur auf fehlerfreie Abwägung der betroffenen öffentlichen und privaten Belange. Die Bescheidungsklage, die zu einer ent- 41 sprechenden gerichtlichen Abwägungskontrolle führt, ist deshalb die einschlägige Klageart.

42 Nach hM und bisheriger Rechtsprechung soll die Entscheidung der Energieaufsichtsbehörde nach § 45 Abs. 2 aus Sicht des betroffenen **Grundstückseigentümers** nur ein Teil eines mehrstufigen Verwaltungsverfahrens sein, dem für sich allein die **Außenwirkung** fehlt. Gegenüber dem Bürger ergeht nach dieser Ansicht in der ersten Stufe des Enteignungsverfahrens also kein Verwaltungsakt. Für ihn soll deshalb nur die anschließende Entscheidung im Enteignungsverfahren − zweite Stufe (→ Rn. 45 ff.) − angreifbar sein (BVerfG Beschl. v. 20.3.1984 − 1 BvL 28/82, BVerfGE 66, 248 (251); BVerwG Urt. v. 11.7.2002 − 4 C 9.00, BVerwGE 116, 365 (376); VGH Mannheim Beschl. v. 20.12.1999 − 10 S 2699/99, RdE 2000, 150; BVerwG Beschl. v. 29.6.1994 − 1 B 189.93, RdE 1994, 232 (233); OLG Celle Beschl. v. 28.5.2008 − 4 U 11/08, ZNER 2008, 248 (249); Theobald/Kühling/ *Theobald* EnWG § 45 Rn. 46; VGH München Urt. v. 20.11.1972 − 51 II 72, BayVBl. 1974, 43; OLG Jena Urt. v. 3.3.2010 − Bl U 687/08,BeckRS 2010, 33195). Eine Verkürzung seines Rechtsschutzes soll damit nicht verbunden sein, weil im Rahmen der Anfechtungsklage gegen die Entscheidung der Enteignungsbehörde die Zulassungsentscheidung der Energieaufsichtsbehörde nach § 45 Abs. 2 ebenso wie „die gesamte vorgängige Planung" inzident mit überprüft wird (OVG Lüneburg Urt. v. 17.4.1998 − 2 K 2/98, NuR 1999, 533; krit. zu dieser Ansicht *v. Götz* DVBl 1999, 1413 (1416)). Diese Ansicht hat in der Rechtsprechungspraxis zur Folge, dass zwischen erster und zweiter Verfahrensstufe bei der Enteignung nicht mehr unterschieden wird. Vielmehr wird von der Enteignungsbehörde eine umfassende Prüfung der Erforderlichkeit der Enteignung dem Grunde nach erwartet. Die **verwaltungsgerichtliche Kontrolle** beschränkt sich auf die nach außen verbindliche **abschließende Enteignungsentscheidung** und muss dann die vorausgegangenen Planungsentscheidungen ebenso wie die energiewirtschaftliche Bedarfsentscheidung inzident überprüfen (zusammenfassend dazu BVerwG Urt. v. 11.7.2002 − 4 C 9.00, BVerwGE 116, 365 (376)).

43 Diese Ansicht stößt auf Bedenken. Sie wird weder den verwaltungspraktischen noch den rechtssystematischen Anforderungen an eine sinnvolle Ordnung **gestufter Verwaltungsverfahren** gerecht. Sie verkürzt darüber hinaus den Rechtsschutz der Betroffenen, weil die vollständige inzidente Kontrolle aller vorausliegenden Entscheidungen im Rahmen des Rechtsschutzes gegen die abschließende Enteignungsentscheidung eine nur theoretische Möglichkeit darstellt. Stattdessen sollte anerkannt werden, dass die Entscheidung nach § 45 Abs. 2 S. 1 mit Bindungswirkung für die Enteignungsbehörde die energiewirtschaftliche Notwendigkeit des Vorhabens und damit die Zulässigkeit der Enteignung „dem Grunde nach" feststellt (so BVerwG Urt. v. 11.7.2002 − 4 C 9.00, BVerwGE 116, 365 (375)) und damit **auch gegenüber dem Grundstückseigentümer Regelungswirkung** (BerlKommEnergieR/*Pielow* EnWG § 45 Rn. 37) besitzt. Die Außenwirkung dieser Entscheidung wird durch die Einführung des Planfeststellungsverfahrens in § 45 Abs. 1 Nr. 1 zusätzlich verdeutlicht. Denn der Regelungsgehalt der Entscheidung über Zulässigkeit der Enteignung nach § 45 Abs. 1 Nr. 1 unterscheidet sich nicht von der enteignungsrechtlichen Vorwirkung eines Planfeststellungsbeschlusses. Auch diesem folgt ein landesrechtlich geregeltes Enteignungsverfahren nach. Gem. § 45 Abs. 2 S. 1 ist die Enteignungsbehörde im nachfolgenden Verfahrensschritt daran gebunden. Dieser sinnvollen Verfahrensstufung widerspricht es, die gerichtliche Nachprüfbarkeit auf den letzten Verfahrensakt zu beschränken. Die Entscheidung der Behörde am Ende der ersten Verfahrensstufe über die Zulässigkeit der

Enteignung dem Grunde nach wäre danach von den Eigentümern mit der Anfechtungsklage angreifbar.

Sofern das vorausgegangene behördliche Entscheidungsverfahren den oben dargestellten verfassungsrechtlichen Anforderungen an eine planerische Abwägung der Belange entspricht, sind auch die allgemeinen Regeln über die rechtsstaatlichen Bindungen planerischer Gestaltungsfreiheit (vgl. nur die Übersicht bei *Wahl* NVwZ 1990, 426 ff.) bei der **gerichtlichen Kontrolle** zu berücksichtigen. In diesem Falle müssen sich die Gerichte auf eine nachvollziehende Abwägungskontrolle zurückziehen, um nicht unzulässigerweise diese rechtlich nur begrenzt determinierte Gestaltungsfreiheit zu beeinträchtigen. Die von der Behörde getroffenen wertenden Einschätzungen, Prognosen und Abwägungen sind dann nicht gerichtlich ersetzbar, „soweit sie methodisch einwandfrei zustande gekommen und in der Sache vernünftig sind" (VGH Mannheim Urt. v. 8. 9. 1999 – 10 S 1406/98, NuR 2000, 455 (456) mwN). 44

D. Enteignungsverfahren nach Landesrecht

An die Entscheidung über die Zulässigkeit der Enteignung dem Grunde nach, die in der Regel von der Energieaufsichtsbehörde vorzunehmen ist, schließt sich auf der zweiten Verfahrensstufe das **enteignungsrechtliche Verfahren nach Landesrecht** an (§ 45 Abs. 3). In einigen Bundesländern ist dafür zwingend ein enteignungsrechtliches Planfeststellungsverfahren (ausf. dazu *Stuchlik* UPR 1998, 1 ff.) durchzuführen, in anderen Ländern ist dies fakultativ (Übersicht bei *Horstmann,* Anforderungen an den Bau und Betrieb von Energieversorgungsleitungen in Deutschland, 2000, S. 375 f.). Diesem Verfahren kam vor den jüngeren Gesetzesänderungen die Funktion zu, die fehlende Planfeststellung für Energieversorgungsleitungen zu ersetzen. Mit der Einführung der Planfeststellung für bestimmte Leitungsvorhaben durch § 43 ist dem jedoch die Grundlage entzogen. Aber auch bei der Enteignung für Vorhaben, die nicht planfeststellungsbedürftig sind, ist die Erforderlichkeit des Vorhabens und somit die Zulässigkeit einer Enteignung dem Grunde nach gar nicht mehr Gegenstand des enteignungsrechtlichen Verfahrens nach den Landesenteignungsgesetzen. Nach der oben dargelegten Verfahrensstufung (→ Rn. 37) ist über diese Frage nämlich bereits verbindlich im Verfahren nach § 45 Abs. 1 und 2 durch die Planfeststellungs- oder Energieaufsichtsbehörde entschieden (BerlKommEnergieR/*Pielow* EnWG § 45 Rn. 40; *Wichert* NVwZ 2009, 876 (878); *Horstmann,* Anforderungen an den Bau und Betrieb von Energieversorgungsleitungen in Deutschland, 2000, S. 377), während in der zweiten Stufe die Enteignungsbehörden **nur noch** über die **Modalitäten der Enteignung** im Einzelnen zu entscheiden haben (aA *Wichert* NVwZ 2009, 876 (878), nach dessen Auffassung trotz der anerkannten Verbindlichkeit der erststufigen Entscheidung offenbar die Zulässigkeit der Enteignung und damit die Realisierbarkeit des Vorhabens auf der zweiten Stufe noch insgesamt scheitern kann). Diese Beschränkung des Prüfprogramms der Enteignungsbehörde wird in der Praxis offenbar nicht ausreichend beachtet, wenn die Enteignungsbehörden eine (nochmalige) Prüfung vornehmen, ob das Vorhaben eine Enteignung dem Grunde nach rechtfertigt (dazu VG Schleswig Urt. v. 20. 1. 2011 – 12 A 193/09, BeckRS 2011, 46714). Entsprechend diesem Entscheidungsprogramm ist die gesetzliche Ausgestaltung des Verfahrens in den Landesenteignungsgesetzen wie auch ihre Auslegung und Anwendung durch die Enteignungsbehörden nur noch auf diese „Modalitäten" der Enteignung gerichtet. 45

§ 45 Teil 5. Planfeststellung, Wegenutzung

I. Zuständigkeit und Verfahren

46 § 45 Abs. 3 verweist für die Durchführung des Enteignungsverfahrens auf die Regelungen des Landesrechts. Einschlägig sind die Landesenteignungsgesetze. Diese regeln zum einen die **Zuständigkeit** (im Falle des Hessischen Enteignungsgesetzes ist etwa der Regierungspräsident Enteignungsbehörde, § 11 HEG). Das **Verfahren** wird typischerweise auf schriftlichen Antrag des EVU unter Beifügung der zur Beurteilung des Vorhabens erforderlichen Unterlagen bei der Enteignungsbehörde eröffnet (§ 22 HEG). Diese klärt den Sachverhalt von Amts wegen auf (§ 24 Abs. 1 HEG) und soll das Verfahren beschleunigt – tunlichst in einem Verhandlungstermin – durchführen (§ 25 S.1 und 2 HEG). Verfahrensbeteiligte sind das enteignungsbegünstigte EVU sowie der betroffene Grundstückseigentümer sowie Inhaber sonstiger dinglicher oder grundstücksbezogener Rechte (§ 23 HEG). In der mündlichen Verhandlung mit den Beteiligten hat die Behörde auf eine Einigung hinzuwirken. Sofern das nicht gelingt, ist durch Beschluss zu entscheiden. Der Enteignungsbeschluss ist mit einer Begründung und Rechtsmittelbelehrung versehen den Beteiligten zuzustellen. Weder die Einleitung des Enteignungsverfahrens noch die das Verfahren abschließende positive Entscheidung haben zur Voraussetzung, dass alle für das Vorhaben erforderlichen **öffentlich-rechtlichen Gestattungen** (Genehmigungen, Erlaubnisse etc) vorliegen (VGH München Urt. v. 13.2.2003 – 22 A 97.40029, NVwZ 2003, 1534, Ls. 5). Der Enteignungsbeschluss beinhaltet Gegenstand und Umfang der Enteignung sowie Art und Höhe der Entschädigung. Nach Eintritt der Unanfechtbarkeit und Zahlung bzw. unwiderruflicher Hinterlegung der Entschädigung durch das enteignungsbegünstigte EVU ordnet die Behörde die Ausführung an. Diese Ausführungsanordnung ist allen Beteiligten zuzustellen, deren Rechtsstellung durch den Enteignungsbeschluss betroffen wird. Falls das Vorhaben nicht innerhalb der im Enteignungsbeschluss festgelegten Frist durchgeführt wird, hat der frühere Eigentümer unter bestimmten Voraussetzungen einen Anspruch auf Rückenteignung.

II. Materielle Anforderungen

47 Die Enteignungsbehörde ist an die Entscheidung der zuständigen Behörde auf der ersten Verfahrensstufe, in der Regel also der Planfeststellungs- oder Energieaufsichtsbehörde, über die **Zulässigkeit der Enteignung dem Grunde nach gebunden** (→ Rn. 23). Die Enteignungsbehörde darf dem Enteignungsantrag nur insoweit entsprechen, als die Zulässigkeit der Enteignung auf der ersten Verfahrensstufe festgestellt wurde. Die Entscheidung darüber ist nicht mehr Gegenstand des Enteignungsverfahrens nach den Landesenteignungsgesetzen.

48 Aus dem Grundsatz der Beschränkung von Grundrechtseingriffen auf das Erforderliche ergibt sich, dass die Enteignungsbehörde nur dann dem Enteignungsantrag stattgeben darf, wenn eine **freiwillige Rechtseinräumung** im Wege freihändiger Vereinbarungen gescheitert ist (*Gartner*, Privateigentum und öffentliche Energieversorgung, S. 231 f.; zur Zuordnung dieser Frage zur zweiten Verfahrensstufe → Rn. 31).

49 Der Grundsatz des möglichst schonenden Grundrechtseingriffs begrenzt zudem den Umfang der Enteignung auf das für die **Durchführung des Vorhabens Erforderliche** (VGH München Urt. v. 13.2.2003 – 22 A 97.40029, NVwZ 2003, 1534 (1535)). Die Enteignungsbehörde muss deshalb prüfen, ob statt des Vollentzugs des Eigentums auch die dingliche Belastung des Grundstücks mit einer

Enteignung **§ 45**

Dienstbarkeit, üblicherweise in der Form einer beschränkten persönlichen Dienstbarkeit nach § 1090 BGB, ausreicht. Für die Durchführung von Leitungsvorhaben genügt regelmäßig eine solche dingliche Belastung des Grundstücks (BerlKomm-EnergieR/*Pielow* EnWG § 45 Rn. 40 ff.; *Salje* EnWG § 45 Rn. 25).

III. Zur Entschädigungshöhe

Gem. Art. 14 Abs. 3 S. 2 GG ist die Enteignung nur bei angemessener **Entschä-** 50 **digung** des Eigentümers zulässig, wobei die Interessen der Allgemeinheit und der Beteiligten gerecht abzuwägen sind. Der Umfang der Enteignungsentschädigung richtet sich nach dem Wert des entzogenen Objektes. Die hypothetische Weiterentwicklung dieses Wertes wird nicht berücksichtigt (*Ossenbühl/Cornils*, Staatshaftungsrecht, 6. Aufl. 2013, S. 252). Auch auf den wirtschaftlichen Wert, den das Enteignungsobjekt für den (privaten) Enteignungsbegünstigten hat (so der Vorschlag von *Holznagel* DÖV 2010, 847 (852)), kann es nicht ankommen, weil Rechtfertigungsgrund der Enteignung nur das Allgemeinwohl sein kann. In den Landesenteignungsgesetzen ist die Bemessung der Entschädigung nach dem **Verkehrswert des zu enteignenden Grundstücks** vorgesehen, wobei für die Bemessung der Zeitpunkt maßgeblich ist, in dem die Enteignungsbehörde über den Enteignungsantrag entscheidet. Im Falle des vollständigen Entzugs des Grundeigentums hat der Betroffene demnach Anspruch auf Erstattung des Grundstückswertes. Wird dem Eigentümer die Einräumung von dinglichen Rechten an seinem Grundstück auferlegt, hängt die Bestimmung der angemessenen Entschädigung davon ab, inwieweit sich der Verkehrswert durch die Einräumung der Dienstbarkeit reduziert (BGH Urt. v. 1.2.1982 – III ZR 93/80, BGHZ 83, 61 (64)).

IV. Rechtsschutz

Gem. Art. 14 Abs. 3 S. 4 GG steht den Betroffenen wegen der **Entschä-** 51 **digungshöhe** der Rechtsweg zu den **ordentlichen Gerichten** offen. Nach der Rechtsprechung ist von dieser Zuständigkeit der ordentlichen Gerichte auch die Entscheidung über den Grund dieses Anspruchs umfasst (dazu mwN Dreier/*Wieland*, Bd. I, GG Art. 14 Rn. 141). Die herrschende Ansicht und Rechtsprechung, wonach eine isolierte Anfechtung der Entscheidung über die generelle Zulässigkeit der Enteignung zu Energieversorgungszwecken nach § 45 Abs. 2 S. 3 durch den Betroffenen nicht möglich ist, sondern stets nur der konkrete Enteignungsbeschluss insgesamt anfechtbar sein soll (→ Rn. 42), führt dazu, dass in der Regel die **Zivilgerichte** auch über den **Grund des Enteignungsanspruches** mitentscheiden. Auch dies zeigt die Fragwürdigkeit dieser Auffassung. Allerdings schließt Art. 14 Abs. 3 S. 4 GG nicht aus, dass die Entscheidung über die Zulässigkeit der Enteignung dem Grunde nach gesetzlich den Verwaltungsgerichten zugewiesen wird. So waren gem. § 48 Abs. 1 S. 1 Nr. 4 VwGO in der Fassung bis 2006 die Oberverwaltungsgerichte für sämtliche Streitigkeiten zuständig, die die Errichtung von Freileitungen mit mehr als 100.000 V Nennspannung sowie die Änderung ihrer Linienführung betreffen. Sofern über die Zulässigkeit einer Enteignung dem Grunde nach erst im konkreten Enteignungsbeschluss mitentschieden wird, konnte deshalb ein solcher Enteignungsbeschluss auch Gegenstand eines Verfahrens vor den Oberverwaltungsgerichten sein (VGH Mannheim Beschl. v. 20.12.1999 – 10 S 2699/99, RdE 2000, 150). Die verfassungsrechtliche Zuweisung der Zuständigkeit zur Entscheidung über die Höhe der Entschädigung an die Zivilgerichte in Art. 14 Abs. 3

§ 45 a Teil 5. Planfeststellung, Wegenutzung

S. 4 GG kann durch solche gesetzlichen Zuweisungen an die Verwaltungsgerichtsbarkeit selbstverständlich nicht überwunden werden. Sofern Enteignungsbetroffene den Enteignungsbeschluss sowohl im Hinblick auf die Zulässigkeit der Enteignung als auch im Hinblick auf die Höhe der Entschädigung angreifen wollen, müssen sie letzteres jedenfalls vor den Zivilgerichten geltend machen.

52 Diese **Doppelgleisigkeit des Rechtsschutzes** zumindest für Vorhaben, für die eine Zuweisung an die Verwaltungsgerichtsbarkeit zur Prüfung des Enteignungsgrundes besteht, zeigt die Problematik der herrschenden Ansicht, die den Enteignungsbetroffenen dazu zwingt, diese unterschiedlichen Fragen erst durch ein Vorgehen gegen den Enteignungsbeschluss prüfen zu lassen. Vorzuziehen ist deshalb die Lösung, nach der der Enteignungsbetroffene sowohl gegen die Feststellung der Zulässigkeit der Enteignung auf der ersten Verfahrensstufe als auch gegen den Enteignungsbeschluss auf der zweiten Verfahrensstufe Rechtsschutz geltend machen kann (→ Rn. 43).

§ 45 a Entschädigungsverfahren

Soweit der Vorhabenträger auf Grund eines Planfeststellungsbeschlusses oder einer Plangenehmigung verpflichtet ist, eine Entschädigung in Geld zu leisten, und über die Höhe der Entschädigung keine Einigung zwischen dem Betroffenen und dem Träger des Vorhabens zustande kommt, entscheidet auf Antrag eines der Beteiligten die nach Landesrecht zuständige Behörde; für das Verfahren und den Rechtsweg gelten die Enteignungsgesetze der Länder entsprechend.

Literatur: *Baron*, Enteignung und vorzeitige Besitzeinweisung zur Verwirklichung eines planfestgestellten Bauvorhabens in Sachsen-Anhalt am Beispiel einer Bundesfernstraße, DVP 2003, 348; *Bauer*, Entschädigungsrechtliche Auflagen im straßenrechtlichen Planfeststellungsbeschluss, NVwZ 1993, 441.

A. Allgemeines

1 § 45 a regelt **Verfahrensfragen im Zusammenhang mit Streitigkeiten über die Höhe einer Entschädigung,** die aufgrund entsprechender Regelungen in Planfeststellungsbeschluss oder Plangenehmigung zu zahlen ist (§ 43 b iVm § 74 Abs. 2 S. 3 VwVfG). Seine systematische Stellung nach § 45, der die Enteignung behandelt, ist also insofern irreführend, als es in § 45 a **nicht um Enteignungsfragen** geht, sondern um Probleme, die sich unmittelbar aus Nebenregelungen in fachplanungsrechtlichen Entscheidungen wegen mittelbarer Grundstücksbeeinträchtigungen ergeben. § 45 a ist § 19 a BFStrG (eingefügt durch Art. 26 Nr. 5 G v. 28. 6. 1990, BGBl. 1990 I S. 1221, in Kraft seit dem 1. 7. 1990) nachgebildet. Die Übernahme dieser Regelung in das EnWG (und – parallel – in das AEG) diente 2006 ausweislich der Gesetzesbegründung (BT-Drs. 16/54, 31) der Verfahrensbeschleunigung insoweit, als Streitigkeiten über die Höhe einer im Planfeststellungsbeschluss oder in einer Plangenehmigung vorgesehenen Entschädigung in ein gesondertes Verfahren verwiesen werden, das die nach Landesrecht zuständige Enteignungsbehörde führt.

B. Anwendungsbereich: Entschädigungsauflagen

§ 45a knüpft an die in § 74 Abs. 2 S. 3 VwVfG enthaltene Möglichkeit an, zu 2
Gunsten Betroffener **Entschädigungsauflagen in Planfeststellungsbeschlüssen und Plangenehmigungen vorzusehen.** Solche Auflagen verpflichten den Vorhabenträger und entsprechen dem fachplanungsrechtlichen Grundsatz der Problembewältigung. Dieser erfordert, dass in dem Planfeststellungsbeschluss oder der Plangenehmigung über etwaige Ansprüche Dritter auf Schutzvorkehrungen oder Geldausgleich entschieden wird. Ansprüche auf Schutzauflagen oder Geldausgleich sind grundsätzlich ausgeschlossen, wenn der Planfeststellungsbeschluss unanfechtbar wird, ohne insoweit eine Regelung getroffen zu haben (BVerwGE 80, 8 (9) = NVwZ 1989, 253; s. dazu auch Beck AEG/*Vallendar*/*Wurster* § 18 Rn. 235). Solche Entschädigungsauflagen setzen voraus, dass inhaltliche Schutzvorkehrungen untunlich oder mit dem Vorhaben unvereinbar sind (§ 74 Abs. 2 S. 3 VwVfG). Eine Geldentschädigung ist etwa zu gewähren, wenn eine Lärmschutzwand einem Streckenanlieger den Zutritt von Licht und Luft zu einer Wohnung erheblich beeinträchtigt (Beck AEG/*Vallendar*/*Wurster* § 18 Rn. 257). Die Verpflichtung zur Geldentschädigung ist in der Planfeststellung dem Grunde nach auszusprechen. Der Höhe nach genügt es, wenn die für einen Berechnung maßgeblichen Faktoren benannt werden (Beck AEG/*Vallendar*/*Wurster* § 18 Rn. 257; BVerwGE 71, 166 (174) = NVwZ-RR 2001, 653 (656); *Kühling*/*Herrmann*, Fachplanungsrecht Rn. 466).

C. Entschädigungshöhe

Zur Entschädigungshöhe kann derzeit nur auf die **Rechtsprechung zu § 19a** 3
BFStrG zurückgegriffen werden. Allgemein gilt, dass der Betroffene so zu stellen ist, wie er ohne die durch den Planfeststellungsbeschluss oder die Plangenehmigung gedeckte Beeinträchtigung seiner Rechte stehen würde; entgangener Gewinn ist hingegen – wie auch bei den anderen Entschädigungsansprüchen der §§ 43 ff. (→ § 44 Rn. 31 ff., → § 44a Rn. 17, → § 44b Rn. 19 f.) – nicht ersatzfähig. Beispielsweise hat das LG Meiningen zu § 19a BFStrG judiziert, dass bei der Durchschneidung eines Jagdbezirks infolge des Baus einer Bundesstraße die Ermittlung der Höhe des Anspruchs der Jagdgenossenschaft auf Entschädigung nach dem Pachtzinsdifferenzverfahren nicht zu beanstanden ist. Danach bemisst sich der der Jagdgenossenschaft infolge des Straßenbaus in ihrem Bezirk entstandene jährliche Nachteil nach der Differenz zwischen dem vorher und dem nachher möglichen Pachtzins (LG Meiningen Urt. v. 14.6.2006 – BLK O 2/05).

D. Verfahren und Rechtsschutz

§ 45a setzt verfahrensrechtlich voraus, dass über die Höhe der Entschädigung 4
zwischen dem Betroffenen und dem Vorhabenträger **eine Einigung nicht erzielt** werden konnte. Die Vorschrift ähnelt insofern dem in § 44 Abs. 3 vorgesehenen Entschädigungsanspruch infolge von zu duldenden Vorarbeiten (→ § 44 Rn. 32 f.). Wie dort wird man also anzunehmen haben, dass der Vorhabenträger die Initiative ergreifen und eine Einigung mit dem Betroffenen herbeizuführen versuchen muss.

§ 45b

5   Um die Entscheidung der nach Landesrecht zuständigen Behörde herbeizuführen, bedarf es nach Scheitern der Bemühungen um eine einvernehmliche Lösung lediglich eines entsprechenden **Antrags** eines der Beteiligten – also des Betroffenen oder des Vorhabenträgers.

6   § 45a Hs. 2 verweist für die Verfahrens- und Rechtsschutzmodalitäten auf die **Enteignungsgesetze der Länder**. Dies bedeutet namentlich, dass der Rechtsweg gegen die Festsetzung der Entschädigungshöhe vor die Zivilgerichte – Kammern für Baulandsachen – führt. Im Übrigen kann auf die entsprechenden Ausführungen bei § 45 verwiesen werden (→ § 45 Rn. 45 ff.).

§ 45b Parallelführung von Planfeststellungs- und Enteignungsverfahren

¹Der Träger des Vorhabens kann verlangen, dass nach Abschluss der Anhörung ein vorzeitiges Enteignungsverfahren durchgeführt wird. ²Dabei ist der nach dem Verfahrensstand zu erwartende Planfeststellungsbeschluss dem Enteignungsverfahren zugrunde zu legen. ³Der Enteignungsbeschluss ist mit der aufschiebenden Bedingung zu erlassen, dass sein Ergebnis durch den Planfeststellungsbeschluss bestätigt wird. ⁴Anderenfalls ist das Enteignungsverfahren auf der Grundlage des ergangenen Planfeststellungsbeschlusses zu ergänzen.

Literatur: *Kment,* Vorzeitige Besitzeinweisung und vorzeitiges Enteignungsverfahren nach dem Energiewirtschaftsgesetz, NVwZ 2012, 1134; *Kümper,* Parallelführung von Planfeststellungs- und Enteignungsverfahren im Recht des Energieleitungsausbaus, NVwZ Extra 2020, 1; *Kümper,* Vorzeitiges Enteignungsverfahren und „vor-vorzeitige" Besitzeinweisung, DÖV 2021, 110; *Kümper,* Zur Zweispurigkeit von Zulassungs- und Enteignungsrecht, UPR 2020, 468; *Moench/Ruttloff,* Enteignung zur „Vorzeit" bei Netzausbauprojekten, NVwZ 2013, 463; *Weghake,* Verfassungsmäßigkeit der vorzeitigen Besitzeinweisung und des vorzeitigen Enteignungsverfahrens nach dem Netzausbaubeschleunigungsgesetz, NVwZ 2016, 496; vgl. auch die Hinweise zu § 45.

A. Allgemeines

1   § 45b regelt – parallel zu § 44b Abs. 1a, der die Einleitung der vorzeitigen Besitzeinweisung bereits nach Abschluss des Anhörungsverfahrens ermöglicht – ein zeitlich auf den Zeitpunkt des Abschlusses der Anhörung vorverlagertes „vorzeitiges Enteignungsverfahren". Dabei handelt es sich allerdings entgegen dem Wortlaut, der dies suggeriert, nicht um ein eigenständiges, neben dem eigentlichen Enteignungsverfahren nach § 45 Abs. 3 iVm dem Landesrecht stehendes Verfahren, sondern lediglich um eine Modifikation dieses Verfahrens in zeitlicher Hinsicht, nämlich die **Ermöglichung eines vorzeitigen Beginns des Enteignungsverfahrens** (NK-EnWG/*Kment* § 45b Rn. 5). Eine praktische Notwendigkeit für die Regelung des § 45b ist angesichts der Möglichkeit einer vorzeitigen Besitzeinweisung nach § 44b Abs. 1 und 1a nicht ersichtlich. § 45b stellt sich deshalb als ein Fall **symbolischer Beschleunigungsgesetzgebung** dar.

2   Eingeführt wurde § 45b durch Art. 2 Nr. 8 des **Gesetzes über Maßnahmen zur Beschleunigung des Netzausbaus Elektrizitätsnetze vom 28.7.2011** (BGBl. 2011 I S. 1690). Eine nahezu wortgleiche Regelung enthält der gleichzeitig eingeführte **§ 27 Abs. 2 NABEG**. Wie diese Vorschrift soll § 45b dem Vorhaben-

träger ein „prozedurales Wahlrecht" des Inhalts einräumen, dass er „nach Abschluss des Anhörungsverfahrens die vorgezogene Einleitung und Durchführung eines Enteignungsverfahrens – auf eigenes Kostenrisiko – verlangen kann" (BT-Drs. 17/6073, 30, 35). Intendiert ist eine „Straffung des Gesamtverfahrens durch eine frühzeitige und möglichst parallele Durchführung von Zulassungs- und Enteignungsverfahren", was insbesondere dort naheliegen soll, wo sich frühzeitig eine konkrete Trassenführung abzeichnet. Die Gesetzesbegründung lehnt sich dabei an das Parallelverfahren nach § 33 BauGB an und verweist außerdem auf den Vorbescheid nach § 9 BImSchG (BT-Drs. 17/6073, 31, 35). Die überzeugende **Kritik des Bundesrates** an der Tragfähigkeit dieser Parallele wie auch an der Notwendigkeit eines vorzeitigen Enteignungsverfahrens überhaupt hat die Bundesregierung unter Hinweis auf das Beschleunigungspotential in einer überschaubaren Zahl von Fällen zurückgewiesen (BT-Drs. 17/6249, Anlage 3, S. 15, und Anlage 4, S. 18).

Wegen erheblicher und nachvollziehbaren Zweifel an dem mit § 45 b zu erzielenden Beschleunigungseffekt wird die Auffassung vertreten, die Norm sei mangels Erforderlichkeit und wegen Unangemessenheit **mit Art. 14 GG nicht vereinbar** (*Mönch/Ruttloff* NVwZ 2013, 463). Dabei wird zutreffend auf das Instrument der vor-vorzeitigen Besitzeinweisung nach § 44 b Abs. 1 a verwiesen, das – ebenfalls bereits nach Abschluss des Anhörungsverfahrens (→ § 44 b Rn. 8 f.) – einen frühzeitigen Beginn der Realisierung des Vorhabens ermöglicht. Für eine beschleunigte Projektrealisierung in der Phase der Ungewissheit über die endgültige Gestalt des Planfeststellungsbeschlusses ist der (vorzeitige) Besitz des Vorhabenträgers aber ausreichend (a. A. NK-EnWG/*Kment* § 45 b Rn. 7, der meint, ein „Weniger" (Besitzeinweisung) könne das „Mehr" (Enteignung) nicht überflüssig machen; ähnlich Theobald/Kühling/*Missling* EnWG § 45 b Rn. 18). Ein darüber hinausgehender Beschleunigungseffekt durch das vorzeitige Enteignungsverfahren nach § 45 b ist nicht erkennbar. Ob allgemeine Verfahrenserleichterungen für den Vorhabenträger, der mit Hilfe des § 45 b das gesamte Verfahren einschließlich der endgültigen Neuordnung der Eigentumsverhältnisse schneller zum Abschluss bringen kann, einen Beschleunigungseffekt durch freie (Personal-)Kapazitäten für weitere Netzausbauprojekte begründen kann (so *Kment* NVwZ 2012, 1134 (1138)), erscheint dagegen fragwürdig. Die Verfassungsmäßigkeit des § 45 b bleibt damit umstritten (wN zu diesem Streit bei BeckOK EnWG/*Winkler* § 45 b Rn. 7, der im Ergebnis eine Verfassungsmäßigkeit annimmt). 3

B. Vorzeitiges Enteignungsverfahren

Bei dem in § 45 b geregelten „vorzeitigen Enteignungsverfahren" handelt es sich um ein **Enteignungsverfahren nach § 45 Abs. 3** iVm dem Landesenteignungsrecht (→ § 45 Rn. 45 ff.) zur Umsetzung von Planfeststellungsbeschlüssen (nicht Plangenehmigungen, aA NK-EnWG/*Kment* § 45 b Rn. 6), das lediglich im Hinblick auf den zulässigen Beginn des Enteignungsverfahrens **modifiziert** und durch notwendige Folgeregelungen (aufschiebend bedingter Enteignungsbeschluss, ergänzendes Enteignungsverfahren) **ergänzt** wird (Theobald/Kühling/*Missling* § 45 b Rn. 9). Wenn der spätere Planfeststellungsbeschluss dem Enteignungsbeschluss entspricht, kann ein Zeitgewinn im Hinblick auf den Erlass des Enteignungsbeschlusses erzielt werden, der der Dauer eines Enteignungsverfahrens entspricht, welches erst nach Erlass des Planfeststellungsbeschlusses begonnen worden wäre. Ein Zeitgewinn 4

§ 45 b Teil 5. Planfeststellung, Wegenutzung

im Hinblick auf den Baubeginn ist nicht erkennbar wegen der Möglichkeit der vorzeitigen Besitzeinweisung (§ 44b).

5   Den **Zeitpunkt,** zu dem der Vorhabenträger seinen – durch einen entsprechenden Antrag geltend zu machenden – verfahrensrechtlichen Anspruch auf Einleitung des vorgezogenen Enteignungsverfahrens geltend machen kann, bestimmt § 45b S. 1 mit dem **Abschluss der Anhörung.** Was damit gemeint ist, kann nur unter Rückgriff auf das Verfahrensrecht der energierechtlichen Planfeststellung bestimmt werden. Dieses bestimmt sich nach § 43a iVm § 73 VwVfG, nach dessen Absatz 9 das Anhörungsverfahren abgeschlossen wird mit der Stellungnahme der Anhörungsbehörde und deren Weiterleitung an die Planfeststellungsbehörde. Damit der Vorhabenträger von seinem Antragsrecht nach § 45b S. 1 Gebrauch machen kann, hat die Anhörungsbehörde diesem ihre Stellungnahme auf Verlangen zuzuleiten.

6   Dass der **nach dem Verfahrensstand zu erwartende Planfeststellungsbeschluss** dem Enteignungsverfahren zugrunde zu legen ist, bedeutet, dass die Enteignungsbehörde – unter Beachtung aller sonstigen Anforderungen an den Enteignungsbeschluss – das Enteignungsverfahren so zu führen hat, als sei der Planfeststellungsbeschluss in der Form und mit dem Inhalt erlassen, den die Anhörungsbehörde in ihrer das Anhörungsverfahren abschließenden Stellungnahme befürwortet. Die Entscheidung über die vorzeitige Enteignung beruht damit im Ergebnis auf einer Prognose (Steinbach/Franke/Nebel/Riese EnWG § 45b Rn. 28ff.). Soweit die Stellungnahme der Anhörungsbehörde die ausreichende Bestimmtheit vermissen lässt – etwa weil sie die Entscheidung wesentlicher Fragen ohne eigene Empfehlung in die Hände der Planfeststellungsbehörde legt, fehlt es für ein vorzeitiges Enteignungsverfahren an der erforderlichen Grundlage (BeckOK EnWG/ *Winkler* § 45b Rn. 3).

7   Die Rechtmäßigkeit eines Enteignungsbeschlusses im Verfahren nach § 45b setzt gem. § 45b S. 3 weiterhin – jenseits der allgemeinen aus § 45 und den Landesenteignungsgesetzen folgenden Anforderungen – voraus, dass er mit der **aufschiebenden Bedingung** (§ 36 Abs. 2 Nr. 2 VwVfG) erlassen und sein Ergebnis durch den Planfeststellungsbeschluss bestätigt wird. Die Bezeichnung der in Anspruch genommenen Grundstücke sowie die Art und der Umfang ihrer Inanspruchnahme müssen also im Enteignungsbeschluss und im Planfeststellungsbeschluss identisch sein. Ein ohne diese aufschiebende Bedingung ergehender Enteignungsbeschluss ist rechtswidrig. Die aufschiebende Bedingung bestimmt allerdings nur über die Wirksamkeit im Innenverhältnis. Im Außenverhältnis tritt Wirksamkeit dagegen bereits mit Bekanntmachung des Enteignungsbeschlusses ein (Theobald/Kühling/*Missling* § 45b Rn. 14ff.; Steinbach/Franke/Nebel/Riese EnWG § 45b Rn. 25, 40; aA NK-EnWG/*Kment* § 45b Rn. 8). Dies hat Auswirkungen auf die Rechtsschutzmöglichkeiten (→ Rn. 9).

8   **Weicht** der spätere **Planfeststellungsbeschluss von** dem **Enteignungsbeschluss ab,** so fehlt es insoweit an dem Eintritt der aufschiebenden Bedingung, der Enteignungsbeschluss wird in Gänze nicht wirksam und das Enteignungsverfahren ist auf der Grundlage des ergangenen Planfeststellungsbeschlusses zu ergänzen (§ 45b S. 4). Das Enteignungsverfahren ist also in allen seinen verfahrensrechtlichen Elementen erneut durchzuführen, wobei Gegenstand dieses **ergänzenden Verfahrens** nur die Abweichungen hinsichtlich der Lage der betroffenen Grundstücke, des Umfangs und der Art der Inanspruchnahme sind. Dass ein solches ergänzendes Verfahren nur bei unerheblichen Abweichungen des Enteignungsbeschlusses vom Planfeststellungsbeschluss möglich sein soll (so *Mönch/Ruttloff* NVwZ 2013, 463), lässt sich dem Wortlaut des § 45b S. 4 nicht entnehmen. Allerdings dürfte sich bei wesent-

lichen Abweichungen das „ergänzende" Enteignungsverfahren kaum von einem regulären Enteignungsverfahren unterscheiden. Das (finanzielle) Risiko für den Nichteintritt der aufschiebenden Bedingung trägt der Vorhabenträger (→ Rn. 2; BerlKommEnergieR/*Pielow* EnWG § 45b Rn. 1; NK-EnWG/*Kment* § 45b Rn. 7). Dieses Risiko muss der Vorhabenträger im Einzelfall berücksichtigen und abwägen, wenn er die Anstrengung eines vorzeitigen Enteignungsverfahrens gem. § 45b in Erwägung zieht.

C. Rechtsschutz

Der Enteignungsbeschluss ist als Verwaltungsakt mit Doppelwirkung zu qualifizieren. Die Möglichkeit, Rechtsschutz gegen diese zu suchen, besteht unabhängig von dem Eintritt der aufschiebenden Bedingung. Maßgeblich ist stattdessen die Bekanntgabe des Enteignungsbeschlusses, die über die Wirksamkeit des Enteignungsbeschlusses im Außenverhältnis bestimmt. Mit der Bekanntgabe beginnen daher auch die allgemeinen Rechtsbehelfsfristen zu laufen (Theobald/Kühling/*Missling* § 45b Rn. 14ff.; NK-EnWG/*Kment* § 45b Rn. 8; zweifelnd Steinbach/Franke/*Nebel*/*Riese* EnWG § 45b Rn. 41). 9

§ 46 Wegenutzungsverträge

(1) ¹Gemeinden haben ihre öffentlichen Verkehrswege für die Verlegung und den Betrieb von Leitungen, einschließlich Fernwirkleitungen zur Netzsteuerung und Zubehör, zur unmittelbaren Versorgung von Letztverbrauchern im Gemeindegebiet diskriminierungsfrei durch Vertrag zur Verfügung zu stellen. ²Unbeschadet ihrer Verpflichtungen nach Satz 1 können die Gemeinden den Abschluss von Verträgen ablehnen, solange das Energieversorgungsunternehmen die Zahlung von Konzessionsabgaben in Höhe der Höchstsätze nach § 48 Absatz 2 verweigert und eine Einigung über die Höhe der Konzessionsabgaben noch nicht erzielt ist.

(2) ¹Verträge von Energieversorgungsunternehmen mit Gemeinden über die Nutzung öffentlicher Verkehrswege für die Verlegung und den Betrieb von Leitungen, die zu einem Energieversorgungsnetz der allgemeinen Versorgung im Gemeindegebiet gehören, dürfen höchstens für eine Laufzeit von 20 Jahren abgeschlossen werden. ²Werden solche Verträge nach ihrem Ablauf nicht verlängert, so ist der bisher Nutzungsberechtigte verpflichtet, seine für den Betrieb der Netze der allgemeinen Versorgung im Gemeindegebiet notwendigen Verteilungsanlagen dem neuen Energieversorgungsunternehmen gegen Zahlung einer wirtschaftlich angemessenen Vergütung zu übereignen. ³Das neue Energieversorgungsunternehmen kann statt der Übereignung verlangen, dass ihm der Besitz hieran eingeräumt wird. ⁴Für die wirtschaftlich angemessene Vergütung ist der sich nach den zu erzielenden Erlösen bemessende objektivierte Ertragswert des Energieversorgungsnetzes maßgeblich. ⁵Die Möglichkeit zur Einigung auf eine anderweitig basierte Vergütung bleibt unberührt.

(3) ¹Die Gemeinden machen spätestens zwei Jahre vor Ablauf von Verträgen nach Absatz 2 das Vertragsende und einen ausdrücklichen Hinweis

auf die nach § 46a von der Gemeinde in geeigneter Form zu veröffentlichenden Daten sowie den Ort der Veröffentlichung durch Veröffentlichung im Bundesanzeiger bekannt. ²Wenn im Gemeindegebiet mehr als 100 000 Kunden unmittelbar oder mittelbar an das Versorgungsnetz angeschlossen sind, hat die Bekanntmachung zusätzlich im Amtsblatt der Europäischen Union zu erfolgen. ³Beabsichtigen Gemeinden eine Verlängerung von Verträgen nach Absatz 2 vor Ablauf der Vertragslaufzeit, so sind die bestehenden Verträge zu beenden und die vorzeitige Beendigung sowie das Vertragsende nach Maßgabe der Sätze 1 und 2 öffentlich bekannt zu geben.

(4) ¹Die Gemeinde ist bei der Auswahl des Unternehmens den Zielen des § 1 Absatz 1 verpflichtet. ²Unter Wahrung netzwirtschaftlicher Anforderungen, insbesondere der Versorgungssicherheit und der Kosteneffizienz, können auch Angelegenheiten der örtlichen Gemeinschaft berücksichtigt werden. ³Bei der Gewichtung der einzelnen Auswahlkriterien ist die Gemeinde berechtigt, den Anforderungen des jeweiligen Netzgebietes Rechnung zu tragen. ⁴Die Gemeinde hat jedem Unternehmen, das innerhalb einer von der Gemeinde in der Bekanntmachung nach Absatz 3 Satz 1 oder 3 gesetzten Frist von mindestens drei Kalendermonaten ein Interesse an der Nutzung der öffentlichen Verkehrswege bekundet, die Auswahlkriterien und deren Gewichtung in Textform mitzuteilen.

(5) ¹Die Gemeinde hat die Unternehmen, deren Angebote nicht angenommen werden sollen, über die Gründe der vorgesehenen Ablehnung ihres Angebots und über den frühesten Zeitpunkt des beabsichtigten Vertragsschlusses in Textform zu informieren. ²Die Gemeinde macht bei Neuabschluss oder Verlängerung von Verträgen nach Absatz 2 ihre Entscheidung unter Angabe der maßgeblichen Gründe öffentlich bekannt.

(6) Die Absätze 2 bis 5 finden für Eigenbetriebe der Gemeinden entsprechende Anwendung.

(7) Die Aufgaben und Zuständigkeiten der Kartellbehörden nach dem Gesetz gegen Wettbewerbsbeschränkungen bleiben unberührt.

Übersicht

	Rn.
A. Allgemeines	1
I. Inhalt und Zweck	1
1. Inhalt	1
2. Zweck	6
II. Entstehungsgeschichte	16
1. Vorgeschichte	16
2. Gesetzgebungsgeschichte	21
III. Unionsrechtliche Vorgaben	24
IV. Verfassungsrechtliche Beurteilung	26
1. Gesetzgebungskompetenz	26
2. Materielle Verfassungsrechtspositionen	28
V. Laufende Wegenutzungsverträge	32
B. (Einfache) Wegenutzungsverträge (Abs. 1)	33
I. Anwendungsbereich	34
II. Diskriminierungsverbot	38

Wegenutzungsverträge §46

	Rn.
III. Kontrahierungszwang für einfache Wegenutzungsverträge	39
1. Anspruchsverpflichtung und -berechtigung	40
2. Wegerechtseinräumung durch Vertrag	43
3. Laufzeit	44
4. Diskriminierungsfreie Vergabe einfacher Wegerechte	45
C. Qualifizierte Wegenutzungsverträge/Konzessionsverträge (Abs. 2–6)	53
I. Inhalt, Rechtsnatur und Form des Konzessionsvertrags (Abs. 2 S. 1)	54
1. Vertragspartner	55
2. Gegenstand des Vertrages	56
3. Rechtsnatur des Vertrages	59
4. Erforderlichkeit einer notariellen Beurkundung	60
II. Laufzeitbegrenzung (Abs. 2 S. 1)	61
III. Bekanntmachung des Vertragsablaufs (Abs. 3)	62
1. Bekanntmachung des regulären Vertragsablaufs (Abs. 3 S. 1 und 2)	62
2. Sonderfall der vorzeitigen Vertragsverlängerung (Abs. 3 S. 3)	66
IV. Auswahl des Konzessionsvertragspartners (Abs. 4)	69
1. Rechtliche Grundlagen	70
2. Verfahrensanforderungen	78
3. Materiellrechtliche Vorgaben	83
4. Fehlerfolgen	99
V. Informations- und Bekanntmachungspflicht (Abs. 5)	103
VI. Wechsel des konzessionierten EVU	105
1. Gesetzlicher Übereignungs-/Überlassungsanspruch (Abs. 2 S. 2, 3)	105
2. Verhältnis zu konzessionsvertraglichen Endschaftsklauseln	119
VII. Entsprechende Anwendung auf Eigenbetriebe (Abs. 6)	122
1. Reichweite unmittelbarer Anwendbarkeit auf gemeindeeigene Unternehmen	122
2. Anordnung entsprechender Anwendung	124
D. Kartellbehördliche Aufgaben und Zuständigkeiten (Abs. 7)	127

Literatur: *Ballwieser/Lecheler,* Die angemessene Vergütung für Netze nach § 46 Abs. 2 EnWG, 2007; *Boos,* Kommunales Konzessionsvertragsrecht für Strom und Gas, in: Albrecht ua (Hrsg.), Kommunale Wirtschaft im 21. Jahrhundert, 2006, S. 353; *Börner/Pohl,* Die Wegerechte für das Strom- und Gasnetz in der Entflechtung, VersWirt 2006, 221; *Brüning/Schulz,* Das Verhältnis der Zielsetzungen aus § 1 EnWG zu weiteren Vergabekriterien, EWeRK 2013, 237; *Büdenbender,* Materiellrechtliche Entscheidungskriterien der Gemeinden bei der Auswahl des Netzbetreibers in energiewirtschaftlichen Konzessionsverträgen, 2011 (zit. Materiellrechtliche Entscheidungskriterien); *Büdenbender,* Rechtliche Anforderungen an die kommunale Auswahl des Vertragspartners in energiewirtschaftlichen Konzessionsverträgen, DVBl. 2012, 1530; BKartA/BNetzA, Gemeinsamer Leitfaden von Bundeskartellamt und Bundesnetzagentur zur Vergabe von Strom- und Gaskonzessionen und zum Wechsel des Konzessionsnehmers, 15.12.2010 (zit. BKart/BNetzA Gemeinsamer Leitfaden); *Burgi/Zimmermann,* Voraussetzungen und Grenzen der Bewerberauswahl nach § 46 EnWG unter besonderer Berücksichtigung des Konzept- und Ideenwettbewerbs, in: Körber (Hrsg.), Zukunft der Verteilernetze – Verteilernetze der Zukunft, 2020, S. 21; *Byok,* Neuabschluss und Verlängerung von Konzessionsverträgen – Anforderungen an Bekanntmachung und Durchführung des Auswahlverfahrens, RdE 2008, 268; *Dünchheim/Bremke,* Die Grundsätze des Geheimwettbewerbs und der Bieteridentität in Kon-

§ 46
Teil 5. Planfeststellung, Wegenutzung

zessionsverfahren nach § 46 EnWG, DVBl. 2016, 357; *Fischer/Wolf/Embacher,* Rechtliche Anforderungen an die Ausgestaltung der Auswahlverfahren zur Vergabe von Strom- und Gaskonzessionen nach § 46 EnWG, RdE 2012, 274; *Hellermann,* Probleme des Kundenübergangs in Zeiten des „Grundversorgers", ZNER 2004, 329; *Hellermann,* Die gemeindliche Entscheidung über die Vergabe von Strom- und Gaskonzessionsverträgen, 2013 (zit. Die gemeindliche Entscheidung); *Hellermann,* Die Rechtsposition der Gemeinde bei der Vergabe von Strom- und Gaskonzessionsverträgen, EnZW 2013, 147; *Hellermann,* § 46 EnWG und die gemeindliche Selbstverwaltung – aus Sicht des Bundesgerichtshofs. Zu den Urteilen des BGH vom 17.12.2013, KZR 65/12 und KZR 66/12, EnWZ 2014, 339; *Hellermann,* Anmerkung, EnWZ 2015, 239; *Hellermann,* Anwendbarkeit des Rechtsgedankens des § 16 VgV auf die kommunale Entscheidung über die Strom- und Gaskonzessionsvertragsvergabe?, EnWZ 2016, 7; *Hellermann,* Anmerkung, EnWZ 2020, 326; *Höch,* Zulässige Auswahlkriterien im Konzessionsvergabeverfahren gem. § 46 EnWG, RdE 2013, 60; *Höch/Christ,* Das Ziel der Preisgünstigkeit gem. § 1 EnWG und seine Berücksichtigung in konzessionsvertraglichen Auswahlverfahren, RdE 2021, 527; *Kermel,* Aktuelle Entwicklungen im Konzessionsvertragsrecht, RdE 2005, 153; *Kermel* (Hrsg.), Praxishandbuch der Konzessionsverträge und der Konzessionsabgaben, 2012; *Kermel/Brucker/Baumann,* Wegenutzungsverträge und Konzessionsabgaben in der Energieversorgung, 2008; *Kermel/Hofmann,* Keine Herausgabepflicht gemischt genutzter Anlagen nach § 46 Abs. 2 EnWG; RdE 2011, 353; *Kermel/Vaulont,* Anforderungen an die Zulässigkeit des Ausschlusses eines Bewerbers aus dem Konzessionierungsverfahren nach § 46 EnWG, RdE 2021, 466; *Klemm,* Konzessionsverträge und Konzessionsabgaben nach der Energierechtsreform 2005, VersWirt 2005, 197; *Kühling,* Der Streit um die „wirtschaftlich angemessene Vergütung" für Netzanlagen nach § 46 II 2 EnWG, EnZW 2012, 7; *Kühling/Seiler,* Der Ausschluss der Inhouse-Vergabe von Energiekonzessionen nach der Novellierung von § 46 EnWG im Mehrebenensystem, EnWZ 2017, 99; *Kupfer,* Die Neufassung des Rechts zur Vergabe von Energiekonzessionen. Novellierung des § 46 EnWG, NVwZ 2017, 428; *Lecheler,* Der Umfang der nach § 46 Abs 2 EnWG herauszugebenden Netzanlagen beim Wechsel des Versorgers, RdE 2007, 181; *Martel/Ebbinghaus,* Zur Zulässigkeit der relativen Bewertungsmethode bei der Vergabe von Strom- und Gaskonzessionen nach §§ 46 ff. EnWG, RdE 2018, 354; *Meyer-Hetling/Schneider,* Das Neutralitätsgebot in Konzessionierungsverfahren, EnWZ 2017, 387; *Meyer-Hetling/Schneider,* Die Entwicklung des Konzessionsrechts im Lichte der Rechtsprechung, FS Danner, S. 159; *Papier/Schröder,* Wirtschaftlich angemessene Vergütung für Netzanlagen, RdE 2012, 125; *Pippke/Gaßner,* Neuabschluss, Verlängerung und Änderung von Konzessionsverträgen nach dem neuen EnWG, RdE 2006, 33; *Reimann/Decker,* § 13 EnWG – ein Schritt zu mehr Wettbewerb?, RdE 2000, 16; *Säcker/Jäcks,* Die Netzüberlassungspflicht im Energiewirtschaftsgesetz: Eigentumsübertragung oder Gebrauchsüberlassung?, BB 2001, 997; *Säcker/Mohr/Wolf,* Konzessionsverträge im System des europäischen und deutschen Wettbewerbsrechts, 2011; *Schau,* Die wettbewerbliche Vergabe von Konzessionen nach § 46 EnWG – Verfahren ohne Regeln und Schiedsrichter?, RdE 2011, 1; *Scholtka/Helmes,* Energiewende 2011 – Schwerpunkte der Neuregelungen im Energiewirtschafts- und Energieumweltrecht, NJW 2011, 3185; *Stieper,* Das Eigentum an Versorgungsleitungen in öffentlichen Wegen. Ein Problem der Rekommunalisierung privatisierter Leitungsnetze, EnWZ 2020, 339; *Templin,* Recht der Konzessionsverträge, 2009; *Templin,* Kriterien und Verfahren bei der kommunalen Auswahlentscheidung bei Abschluß eines Konzessionsvertrages, IR 2009, 101 und 125; *Theobald,* Auslaufende Konzessionsverträge Strom und Gas: Was ist seitens der Kommunen zu tun?, DÖV 2009, 356; *Theobald/Wolkenhauer,* Aktueller Referentenentwurf zu § 46 EnWG. Stärkung oder Schwächung der kommunalen Selbstverwaltung? EnWZ 2015, 483; *Thomale/Kießling,* Anforderungen an den (Neu-)Abschluß von Konzessionsverträgen, N&R 2008, 166; *Tinkl/Saitzek,* Vertragliche und gesetzliche Endschaftsbestimmungen bei Konzessionsverträgen – OLG Frankfurt in Widerspruch zur bisherigen Rechtsprechung, BB 2008, 1524.

A. Allgemeines

I. Inhalt und Zweck

1. Inhalt. § 46 regelt die **Nutzung der öffentlichen, insbesondere ge-** 1
meindlichen Verkehrswege für die Verlegung und den Betrieb von Leitun-
gen zur unmittelbaren Versorgung von Letztverbrauchern mit Energie. Es werden
die verfahrensmäßigen und sachlichen Voraussetzungen, unter denen Gemeinden
ihre Verkehrswege EVU zur Verfügung zu stellen haben, festgelegt sowie einzelne
Folgeregelungen getroffen.

Von besonderer Bedeutung ist in § 46 die **Unterscheidung zwischen Leitun-** 2
gen eines Energieversorgungsnetzes der allgemeinen Versorgung und
sonstigen Leitungen zur unmittelbaren Versorgung von Letztverbrauchern im
Gemeindegebiet. Der – für diese sonstigen Leitungen abschließend einschlägige –
§ 46 Abs. 1 einerseits, die § 46 Abs. 2–6 andererseits gestalten das Wegenutzungsrecht insoweit deutlich unterschiedlich aus.

Für Leitungen, die nicht einem Energieversorgungsnetz der allgemeinen Versor- 3
gung iSv § 3 Nr. 17 (→ § 3 Rn. 42) zuzurechnen sind (→ Rn. 57), sondern in sonstiger Weise zur unmittelbaren Versorgung von Letztverbrauchern bestimmt sind,
trifft § 46 Abs. 1 eine Regelung über **sog. einfache Wegenutzungsverträge**. Insoweit ist grundsätzlich ein Anspruch der EVU darauf vorgesehen, dass die Gemeinden ihnen ihre Verkehrswege durch Vertrag gegen Zahlung von Konzessionsabgaben diskriminierungsfrei zur Verfügung stellen (im Einzelnen → Rn. 38 ff.).

Für die Leitungen, die zu einem Energieversorgungsnetz der allgemeinen Ver- 4
sorgung im Gemeindegebiet gehören, treffen § 46 Abs. 2–6 eine über § 46 Abs. 1
hinausgehende, ausführliche und differenzierte Regelung über **sog. qualifizierte**
Wegenutzungsverträge oder Konzessionsverträge, wie die herkömmliche Bezeichnung lautet. Im Kern vorgesehen ist, dass solche Konzessionsverträge nur für
eine Laufzeit von höchstens 20 Jahren abgeschlossen werden dürfen (§ 46 Abs. 2
S. 1). Der Verlängerung oder dem Neuabschluss solcher Verträge hat eine öffentliche Bekanntmachung des Vertragsendes durch die Gemeinde vorauszugehen
(§ 46 Abs. 3); wenn sich mehrere EVU um den Neuabschluss bewerben, hat die
Gemeinde eine Auswahlentscheidung zu treffen, für die nähere verfahrens- und
materiellrechtliche Vorgaben gemacht werden (§ 46 Abs. 4). Gegenüber den EVU,
deren Angebote nicht angenommen werden sollen, besteht eine Informationspflicht, und die Gemeinde hat ihre Entscheidung unter Angabe der maßgeblichen
Gründe öffentlich bekannt zu machen (§ 46 Abs. 5). Kommt es zu einem Wechsel
des Konzessionsvertragspartners der Gemeinde, ist das bisher nutzungsberechtigte
EVU verpflichtet, dem neuen EVU die für den Betrieb der Netze der allgemeinen
Versorgung im Gemeindegebiet notwendigen Verteilungsanlagen gegen wirtschaftlich angemessene Vergütung zu übereignen bzw. zu überlassen (§ 46 Abs. 2
S. 2–5). Diese in § 46 Abs. 2–5 getroffenen Regelungen finden auch für Eigenbetriebe der Gemeinden entsprechende Anwendung (§ 46 Abs. 6).

Ergänzend wird in § 46 Abs. 7 das Verhältnis dieser energiewirtschaftsrechtlichen 5
Regelung der Wegenutzung zu **Aufgaben und Zuständigkeiten der Kartellbehörden** nach dem GWB behandelt.

2. Zweck. a) Hintergrund der Regelung. Der mit der Regelung verfolgte 6
Zweck tritt deutlicher hervor, wenn man ihren tatsächlichen und rechtlichen Hin-

§ 46 Teil 5. Planfeststellung, Wegenutzung

tergrund beleuchtet, nämlich die **Besonderheiten der leitungsgebundenen Energieversorgung** (→ § 1 Rn. 20 ff., zur leitungsgebundenen Energieversorgung als Regelungsgegenstand des EnWG). Ähnlich wie andere sog. Netzwirtschaften unterliegt auch die leitungsgebundene Energieversorgung spezifischen tatsächlichen und rechtlichen Funktionsbedingungen, die sich gerade in der Regelung der Inanspruchnahme des örtlichen Wegenetzes niederschlagen.

7 Ausgangspunkt ist insoweit die tatsächliche **Angewiesenheit der leitungsgebundenen Energieversorgung der Letztverbraucher auf das örtliche Wegenetz**. Ohne Inanspruchnahme dieses Wegenetzes ist eine leitungsgebundene, öffentliche Versorgung mit Strom und Gas nicht möglich. Nur über dieses Wegenetz sind die Grundstücke der einzelnen Letztverbraucher mit Leitungen zur Energieversorgung flächendeckend zu erreichen.

8 Rechtlich steht dieses örtliche Wegenetz in der **Herrschaft der jeweiligen Gemeinde**. Sie verfügt damit quasi monopolartig über diese Ressource des öffentlichen Wegenetzes, auf deren Inanspruchnahme die EVU für die Durchführung der leitungsgebundenen Energieversorgung zwingend angewiesen sind. Die rechtliche Qualifikation der Herrschaft der Gemeinden über das örtliche Wegenetz und der auf dessen Nutzung bezogenen rechtlichen Beziehungen von Gemeinden und EVU ist umstritten. Rechtsprechung (BGH Urt. v. 11.7.1962 – V ZR 175/60, BGHZ 37, 353 (354 f.); Urt. v. 21.3.1996 – III ZR 245/94, BGHZ 132, 198 (201); Urt. v. 2.4.1998 – III ZR 91/95, BGHZ 138, 266 (274); vgl. auch OVG Münster Beschl. v. 10.2.2012 – 11 B 1187/11, NVwZ-RR 2012, 415) und Literatur (vgl. nur BerlKommEnergieR/*Wegner* EnWG § 46 Rn. 2; Theobald/Kühling/*Theobald/Schneider* EnWG § 46 Rn. 22) nehmen an, dass es sich um eine privatrechtliche, im Grundeigentum wurzelnde Rechtsposition der Gemeinden handele, weshalb die Wegenutzungs- einschließlich der Konzessionsverträge insgesamt als privatrechtliche Verträge anzusehen seien. Diese Auffassung stützt sich insbesondere auf § 8 Abs. 10 FStrG und die – außer in Berlin und Hamburg – entsprechenden landesstraßenrechtlichen Regelungen, wonach die Einräumung von Rechten zur Benutzung des Eigentums an Straßen sich nach bürgerlichem Recht richtet, wenn diese Benutzung den Gemeingebrauch nur kurzzeitig, nämlich für die Dauer des Leitungsbaus, für Zwecke der öffentlichen Versorgung beeinträchtigt. Weniger die auf diese Normen gestützte Annahme der Privatrechtsförmigkeit als vielmehr die Qualifikation der Wegerechtsvergabe als auf das Privateigentum gestützte, bloß privatwirtschaftliche und unternehmerische Betätigung der Gemeinde trifft allerdings auf beachtliche, gut begründete Kritik. Sie verweist darauf, dass die Herrschaft der Gemeinden über das örtliche Wegenetz sich von ihrem rein fiskalisch zu bewertenden Eigentum etwa an einzelnen Grundstücken und Gebäuden grundlegend unterscheidet und sich nicht in der privatrechtlichen Eigentümerstellung erschöpft, sondern eine spezifische, hoheitliche Herrschaftsposition darstellt (vgl. *Bartlsperger* DVBl 1980, 249 (250 ff.); *Wieland*, Die Konzessionsabgaben, 1991, S. 383 f.; *Hermes* Infrastrukturverantwortung, S. 382, 452; *Hellermann* Örtliche Daseinsvorsorge, S. 276 ff.; *Hellermann* EnWG 2013, 147 (147 f.)). Nur hiervon ausgehend erklärt sich auch überzeugend, dass es sich bei der Vergabe von Wegenutzungsrechten um eine in Art. 28 Abs. 2 GG verfassungsrechtlich garantierte Selbstverwaltungsaufgabe handelt (*Hellermann* Örtliche Daseinsvorsorge, S. 280; zur verfassungsrechtlichen Beurteilung des § 46 mit Blick auf Art. 28 Abs. 2 GG → Rn. 29 f.).

9 **b) Gesetzgeberische Zielsetzung.** § 46 will – allgemein gesprochen – einen rechtlichen Rahmen für das Rechtsverhältnis zwischen der Gemeinde als Inhaber

Wegenutzungsverträge **§ 46**

des öffentlichen Wegenetzes und den darauf angewiesenen EVU bereitstellen. Zur näheren inhaltlichen Konkretisierung der gesetzgeberischen Zielsetzung ist grundlegend immer noch auf die **Gesetzesbegründung** zur Vorgängervorschrift des § 13 EnWG 1998 (BT-Drs. 13/7274, 20f.) zu rekurrieren, auf die die ansonsten unergiebige Begründung zum § 46 EnWG 2005 zurückverwiesen hat (vgl. BT-Drs. 15/3917, 67). Weiter ist auch die Begründung zum Gesetz zur Änderung der Vorschriften zur Vergabe von Wegenutzungsrechten zur leitungsgebundenen Energieversorgung vom 27.1.2017 (→ Rn. 23) aussagekräftig (BT-Drs. 18/8184, 8ff., 12ff.).

aa) Förderung von Wettbewerb. Das mit der Regelung der Wegenutzungs- 10 rechte verfolgte Kernanliegen ist bereits 1998 benannt worden, als der Gesetzgeber die **Ermöglichung zusätzlichen Wettbewerbs als eine generelle Zielsetzung** der Regelung angegeben hat (BT-Drs. 13/7274, 20). Genauer und schärfer gefasst geht es insoweit darum, der Einschränkung möglichen Wettbewerbs, die aus der Angewiesenheit der leitungsgebundenen Versorgung der Letztverbraucher mit Energie auf das im gemeindlichen Monopol stehende örtliche Wegenetz (→ Rn. 7) folgt, entgegenzuwirken. Dabei handelt es sich, wie aus den Überlegungen zur rechtlichen Qualifikation folgt (→ Rn. 8), nicht eigentlich um ein Problem der wettbewerbsrechtlich verorteten essential facilities-Doktrin (so *Salje* EnWG § 46 Rn. 1), sondern um die Frage der Zurverfügungstellung öffentlicher, nämlich gemeindlicher Infrastruktur für wirtschaftliche Betätigungen.

Grundlegend war 1998 das Vorhaben der **Aufhebung der – die Belieferung** 11 **einschließenden – Monopolstellung der EVU in geschlossenen Versorgungsgebieten** auf der Grundlage von Konzessionsverträgen mit sog. Ausschließlichkeitsklauseln (BT-Drs. 13/7274, 1, 9). Durch die Streichung der kartellrechtlichen Freistellung in § 103a GWB aF (→ Rn. 16), die mit § 46 Abs. 2 S. 1 EnWG 2005 vollständig vollzogene Entscheidung, dass der verantwortliche Gebietsversorger nicht mehr im Konzessionsvertrag, sondern als Grundversorger nach Maßgabe von § 36 bestimmt wird (→ § 36 Rn. 5f., 51ff.), und den Netzzugangsanspruch anderer Energielieferanten hat der Konzessionsvertrag an wettbewerbsbeschränkender Bedeutung für die Energiebelieferung eingebüßt.

Als ein Instrument der Wettbewerbsförderung hat die Gesetzesbegründung zu 12 § 13 EnWG 1998 zunächst auch den Wettbewerb um Endkunden durch die **Ermöglichung zusätzlichen Leitungsbaus, dh des Baus sog. Direktleitungen** herausgestellt (vgl. BT-Drs. 13/7274, 10, 20f.). Über solche Direktleitungen können Letztverbraucher unmittelbar, ohne das vorhandene örtliche Verteilungsnetz im Wege der Durchleitung in Anspruch nehmen zu müssen, mit Energie versorgt werden. Zur Ermöglichung solcher Versorgung über Direktleitungen verpflichtet heute § 46 Abs. 1 (früher: § 13 Abs. 1 EnWG 1998) die Gemeinde zur diskriminierungsfreien Zurverfügungstellung von Wegenutzungsrechten. Insoweit will der Gesetzgeber über Wegenutzungsregelungen unmittelbar einen Wettbewerb um Endkunden begünstigen. Dieser Regelungsansatz zur Wettbewerbsstimulierung ist jedoch in der Sache nicht unproblematisch. Er muss in Rechnung stellen, dass die hohen Kosten und die langen Vorlaufzeiten dem alternativen Leitungsbau nur einen eher eng begrenzten Anwendungsbereich und deshalb auch nur eine begrenzte wettbewerbsfördernde Wirkung lassen (Schneider/Theobald EnergieWirtschaftsR-HdB/*Albrecht* § 9 Rn. 44); zudem kann die Möglichkeit des Direktleitungsbaus uU sogar eine wettbewerbshemmende Wirkung entfalten, weil sie als Druckmittel den angestrebten Wettbewerb um Netze (→ Rn. 13) beein-

§ 46 Teil 5. Planfeststellung, Wegenutzung

trächtigen kann (vgl. Schneider/Theobald EnergieWirtschaftsR-HdB/*Albrecht* § 9 Rn. 46). Dieser Regelungsansatz ist dann auch im Zuge des Gesetzgebungsverfahrens zum EnWG 1998 mit der Aufnahme eines besonderen Tatbestands der Durchleitung in seiner Bedeutung erkennbar zurückgetreten hinter der Vorstellung eines Wettbewerbs um Endkunden durch Durchleitung (→ Rn. 18).

13 Im Hinblick auf die örtlichen Verteilernetze verfolgt das EnWG in § 46 darüber hinaus auch den Zweck, einen **Wettbewerb um Netzgebiete** zu befördern. Auf Grund des veränderten, Netzbetrieb und Versorgung trennenden Ordnungsrahmens des EnWG 2005 ist das früher damit zugleich verfolgte weitergehende Ziel, auch für die Versorgung der Letztverbraucher über das Netz der allgemeinen Versorgung einen Wettbewerb um das Netz zu erzeugen, zurückgetreten; geblieben ist der Wettbewerb allein um die Tätigkeit als Netzbetreiber (krit. zu dessen Rechtfertigung *Pippke/Gaßner* RdE 2006, 33 (33, 37f.)). Das Ziel, die Begründung von ewigen Monopolrechten zu verhindern und einen regelmäßigen Wettbewerb um das jeweilige örtliche Verteilernetz zu etablieren, kommt maßgeblich in § 46 Abs. 2–6 (früher: § 13 Abs. 2–4 EnWG 1998) zum Ausdruck, indem eine zeitliche Beschränkung der Einräumung des Rechts zum Betrieb eines Netzes der allgemeinen Versorgung im Gemeindegebiet vorgesehen wird (→ Rn. 61) und für die Verlängerung bzw. Neuvergabe dieses Rechts verfahrens- und materiellrechtliche Vorgaben (→ Rn. 62ff.) getroffen werden.

14 **bb) Kommunale Interessen.** Mit Blick auf die kommunale Seite verfolgt die Regelung zunächst den Zweck, den Gemeinden **Konzessionseinnahmen als Gegenleistung für die Gewährung von Wegenutzungsrechten** zu sichern (vgl. BT-Drs. 13/7274, 20, wo einleitend der enge Zusammenhang mit dem gemeindlichen Recht zur Konzessionsabgabenerhebung betont wird). Dies geht aus der Einschränkung des Anspruchs auf Abschluss sog. einfacher und auch qualifizierter Wegenutzungsverträge gem. § 46 Abs. 1 S. 2 besonders deutlich hervor und schlägt sich in der Regelung des § 48 nieder.

15 Auch wenn der Gesetzgeber des Gesetzes zur Änderung der Vorschriften zur Vergabe von Wegenutzungsrechten zur leitungsgebundenen Energieversorgung vom 27.1.2017 (→ Rn. 23) als ein Ziel die stärkere Berücksichtigung von Belangen der örtlichen Gemeinschaft angegeben hat (BT-Drs. 18/8184, 1, 15), verfolgt § 46 nunmehr nur noch eingeschränkt die weitergehende Zielsetzung, einen **sachlichen Einfluss der Gemeinde auf die örtliche Energieversorgung** zu wahren. Unter den Bedingungen des energiewirtschaftlichen Ordnungsrahmens des EnWG 2005 hat die Gemeinde jeglichen Einfluss auf die Belieferung mit Energie im Gemeindegebiet verloren (zur geschichtlichen Entwicklung, → Rn. 16ff.). So beschränkt sich ihr Einfluss im Kern auf die – zudem unter einschränkende Kautelen gestellte – Möglichkeit, den Betreiber des Netzes der allgemeinen Versorgung für das Gemeindegebiet auszuwählen.

II. Entstehungsgeschichte

16 **1. Vorgeschichte. a) EnWG 1935.** Das **EnWG 1935 in seiner bis 1998 geltenden Fassung** kannte keine besondere energiewirtschaftsrechtliche Regelung über die Vergabe von Rechten zur Nutzung des gemeindlichen Wegenetzes für Zwecke leitungsgebundener Energieversorgung. Einschlägige gesetzliche Regelungen fanden sich zum einen im Straßenrecht, in § 8 Abs. 10 FStrG und entsprechenden landesstraßengesetzlichen Bestimmungen, die für die Einräumung von Straßen-

Wegenutzungsverträge § 46

benutzungsrechten im Zusammenhang mit der Verlegung und dem Betrieb von Leitungen der öffentlichen Versorgung auf den Abschluss privatrechtlicher Verträge verwiesen. Zum anderen waren Konzessionsverträge zwischen Gemeinde und EVU ausschließlich Regelungsgegenstand des GWB; § 103 Abs. 1 Nr. 2 GWB aF nahm die in Konzessionsverträgen zwischen Gebietskörperschaften und EVU vereinbarten ausschließlichen Wegenutzungsrechte für die öffentliche Strom-, Gas- und Wasserversorgung vom Kartellverbot des § 1 GWB aF aus, wobei 103a Abs. 1 S. 1 GWB seit der 4. Kartellrechtsnovelle des Jahres 1980 (BGBl. 1980 I S. 458) eine Höchstdauer von 20 Jahren vorsah. In diesem Rahmen konnten durch den Abschluss von Konzessionsverträgen zwischen Gemeinden und EVU ausschließliche Versorgungsrechte und damit geschlossene gemeindliche Versorgungsgebiete begründet werden, zumal auch der Durchleitungstatbestand des § 103a Abs. 5 S. 2 Nr. 4 GWB aF im Ergebnis keine Öffnung zugunsten anderer EVU herbeizuführen vermochte (vgl. BGH Beschl. v. 5.11.1994 – KVR 29/93, BGHZ 128, 17 (34 ff.) = NJW 1995, 2718).

b) **EnWG 1998.** Eine grundlegende Änderung brachte die Neuregelung des 17 Energiewirtschaftsrechts 1998. Seit dem Inkrafttreten des Neuregelungsgesetzes am 29.4.1998 sind die **§§ 103, 103 a GWB aF nicht mehr auf die Strom- und Gasversorgung anzuwenden;** damit ist die wettbewerbsrechtliche Abschirmung von Verträgen über ausschließliche Wegenutzungsrechte entfallen. Zugleich ist in § 13 EnWG 1998 die erste energiewirtschaftsrechtliche Regelung des Wegenutzungsrechts getroffen worden.

§ 13 Abs. 1 EnWG 1998 begründete die grundsätzliche Verpflichtung der Ge- 18 meinden zum diskriminierungsfreien Abschluss von Verträgen über die Wegenutzung für sog. Direktleitungen. Diese Regelung sollte nach der ursprünglichen Regelungsabsicht zunächst wesentliche Bedeutung für die Förderung des Wettbewerbs haben, insbes. auch freiwillige Vereinbarungen über die Nutzung vorhandener Leitungen herbeiführen (BT-Drs. 13/7274, 10 f.). Im weiteren Verlauf des Gesetzgebungsverfahrens ist dann jedoch ein besonderer gesetzlicher Durchleitungstatbestand, der spätere § 6 EnWG 1998, aufgenommen worden, dem nunmehr entscheidende Bedeutung für die Förderung von Wettbewerb im Netz zukommen sollte. Die wettbewerbsfördernde Bedeutung des § 13 Abs. 1 EnWG 1998 ist dadurch in den Hintergrund getreten.

In **§ 13 Abs. 2, 3 EnWG 1998** fanden sich die zentralen Regelungen über die 19 sog. Konzessionsverträge, dh Verträge über die Wegenutzung zur Durchführung der allgemeinen Versorgung iSv § 10 Abs. 1 S. 1 EnWG 1998; mit Blick hierauf wurden insbes. geregelt: die – bereits zuvor vorgesehene – zeitliche Befristung auf höchstens 20 Jahre, die Verpflichtung der Gemeinde zur öffentlichen Bekanntmachung des anstehenden Vertragsablaufs sowie ihrer Entscheidung über Neuabschluss bzw. Verlängerung bei Bewerbung mehrerer EVU und schließlich der gesetzliche Anspruch auf Überlassung der Verteilungsanlagen im Verhältnis von neuem und altem gemeindlichen Konzessionsvertragspartner. Auf dieser gesetzlichen Grundlage konnte die Gemeinde weiterhin einen Konzessionsvertrag über bis zu 20 Jahre mit einem EVU schließen, so dass nur dieses das der allgemeinen Versorgung dienende Netz innehatte und zugleich auch allgemeiner Versorger iSv § 10 Abs. 1 S. 1 EnWG 1998 war.

Die zuvor starke gemeindliche Position ist durch diese Neuregelung deutlich be- 20 schränkt worden. Das **gemeindliche Recht zur Konzessionsvergabe** ist nicht nur durch die Kautelen des § 13 Abs. 2, 3 EnWG 1998, sondern auch durch die in § 13 Abs. 1 EnWG 1998 eröffnete Möglichkeit des Direktleitungsbaus und – wichtiger noch – durch den in §§ 6, 6a EnWG 1998 begründeten Anspruch anderer

Hellermann 2083

EVU darauf, Leitungen im Wege der Durchleitung für die Versorgung von Endkunden in Anspruch zu nehmen, beschränkt worden.

21 **2. Gesetzgebungsgeschichte.** Ausweislich der Begründung knüpft § 46 RegE unmittelbar an § 13 EnWG 1998 an und will diesem Vorbild in einer an die neuen rechtlichen Rahmenbedingungen angepassten Form entsprechen (BT-Drs. 15/3917, 67). § 46 RegE folgte daher im Wortlaut weitgehend § 13 EnWG 1998. Mit Rücksicht auf den veränderten Ordnungsrahmen entfallen ist die Privilegierungsregelung des früheren § 13 Abs. 1 S. 2 iVm § 6 Abs. 3 EnWG 1998 zugunsten von Elektrizität aus fernwärmeorientierten, umwelt- und ressourcenschonenden sowie Kraft-Wärme-Kopplungsanlagen oder Anlagen zur Nutzung erneuerbarer Energien. Die zentrale konzeptionelle Veränderung spiegelt sich darin, dass § 13 Abs. 2 S. 1 EnWG 1998 Konzessionsverträge „für die Verlegung und den Betrieb von Leitungen zur Durchführung der allgemeinen Versorgung nach § 10 Abs. 1 Satz 1" vorsah; diese Verknüpfung mit der Durchführung der allgemeinen Versorgung ist entfallen. Hierin liegt die wesentliche Anpassung an die veränderten rechtlichen Rahmenbedingungen, die vor allem in der Entflechtung der vertikal integrierten EVU (vgl. Kommentierungen zu §§ 6 ff.) und der Trennung von Netzbetrieb und Energielieferung liegen.

22 Im Laufe des Gesetzgebungsverfahrens ist § 46 Abs. 3 noch um **einzelne Regelungen zur vorzeitigen Verlängerung von Konzessionsverträgen** ergänzt worden (vgl. BT-Drs. 15/3917, 91, 15/4068, 8). Solche vorzeitigen Verlängerungsabsprachen, die in der Praxis durchaus häufiger vorkamen, waren bis dahin nicht besonders geregelt.

23 § 46 idF des EnWG 2005 hat nachfolgend beträchtliche **Änderungen und Ergänzungen** erfahren. Durch Art. 1 des Gesetzes vom 26.7.2011 (BGBl. 2011 I S. 1554) sind Änderungen und Ergänzungen von § 46 Abs. 2 und 3 erfolgt, die für die Bekanntgabe des Ablaufs eines Konzessionsvertrags, die Auswahl der Gemeinde unter mehreren Bewerbern bei den Neuabschluss eines Konzessionsvertrags sowie einen eventuellen Wechsel des Konzessionsnehmers von erheblicher Bedeutung sind. Von weniger weitreichender, eher redaktioneller Bedeutung sind die Änderungen des § 46 Abs. 3 S. 1 durch Art. 2 LXVI des Gesetzes vom 22.12.2011 (BGBl. 2011 I S. 3044) und des § 46 Abs. 3 S. 1 durch Art. 1 des Gesetzes vom 20.12.2012 (BGBl. 2012 I S. 2730). Zuletzt hat das Gesetz zur Änderung der Vorschriften zur Vergabe von Wegenutzungsrechten zur leitungsgebundenen Energieversorgung vom 27.1.2017 (BGBl. 2017 I S. 130) § 46 erheblich verändert und zugleich §§ 46a, 47 eingefügt. § 46 Abs. 2 S. 4 und 5 nF enthalten nun konkretisierende Vorgaben für die angemessene Vergütung bei der Übertragung des Energieversorgungsnetzes vom alten auf den neuen Konzessionär. Die Regelung der Informationspflichten des bisherigen Nutzungsberechtigten in § 46 Abs. 2 S. 4 und 5 aF ist im neuen § 46a aufgegangen. Die frühere, tatbestandlich auf die Situation vorzeitiger Konzessionsvertragsverlängerung begrenzte dreimonatige Sperre des Vertragsabschlusses (§ 46 Abs. 3 S. 4 aF) ist entfallen; sie ist wegen der neu eingeführten mindestens dreimonatigen Interessenbekundungsfrist (§ 46 Abs. 4 S. 4), zudem wegen der Vertragssperre nach der Erhebung von Verfahrensrügen gem. § 47 Abs. 6 entbehrlich geworden (BT-Drs. 18/8184, 13). Die Vorgaben zur Auswahl des Konzessionsvertragspartners durch die Gemeinde, früher in § 46 Abs. 3 S. 5 aF, sind nunmehr ausführlicher in § 46 Abs. 4 geregelt. Der aufgehobene § 46 Abs. 3 S. 6 aF hat seine Nachfolgeregelung in den erweiterten Informations- und Bekanntmachungsverpflichtungen der Gemeinde nach § 46 Abs. 5 gefunden.

III. Unionsrechtliche Vorgaben

Die Regelung über einfache Wegenutzungsrechte in § 13 Abs. 1 EnWG 1998 24
bzw. jetzt in § 46 Abs. 1 geht auf unionsrechtliche Vorgaben zurück, die den Mitgliedstaaten **die – begrenzte – Zulassung von Direktleitungen** aufgeben. Entsprechende Verpflichtungen ergaben sich zunächst aus Art. 21 Elt-RL 96/Art. 20 Gas-RL 98, dann aus Art. 22 Elt-RL 03/Art. 24 Gas-RL 03 bzw. aus Art. 34 Elt-RL 09/Art. 38 Gas-RL 09. Diese Verpflichtungen sind allerdings in Art. 22 Abs. 4, 5 iVm Art. 3 Elt-RL 03/Art. 24 Abs. 3 und Art. 4 Abs. 4 Gas-RL 03 bzw. Art. 34 Abs. 4, 5 Elt-RL 09/Art. 38 Abs. 3 und Art. 4 Abs. 4 Gas-RL 09 deutlich eingeschränkt; insbesondere ist hier auch gemeinschaftsrechtlich ein Vorrang der Durchleitung vor dem Direktleitungsbau zugelassen.

Für die **Regelung der Konzessionsverträge** finden sich, was aus den unter- 25
schiedlichen Strukturen der Mitgliedstaaten erklärbar sein dürfte, keine vergleichbar konkreten Vorgaben im Unionsrecht. Man wird insoweit nur auf die mitgliedstaatliche Verpflichtung zur Sicherstellung einer Grundversorgung im Strombereich (Art. 3 Abs. 3 S. 1 Elt-RL 03/Elt-RL 09) sowie die Verpflichtung zur Benennung von Verteilernetzbetreibern (Art. 13 Elt-RL 03/Art. 11 Gas-RL 03 bzw. Art. 24 Elt-RL 09/Gas-RL 09) verweisen können. Zur Einführung eines Vergabeverfahrens, wie es in § 46 Abs. 2–6 vorgesehen ist, besteht danach unionsrechtlich keine Verpflichtung (Hempel/Franke/*Dünchheim* EnWG § 46 Rn. 35). Dessen Durchführung unterliegt dann allerdings auch unionsrechtlichen Vorgaben (→ Rn. 73, 75).

IV. Verfassungsrechtliche Beurteilung

1. Gesetzgebungskompetenz. Hinsichtlich der Regelungszuständigkeit des 26
Bundesgesetzgebers wird § 46 auf die Gesetzgebungskompetenz für das **Recht der Wirtschaft (Art. 74 Abs. 1 Nr. 11 GG)** gestützt (vgl. BT-Drs. 15/3917, 46). Die vorherrschende Auffassung geht davon aus, dass der Gesetzgeber hier in Wahrnehmung seines energiewirtschaftsrechtlichen Handlungsspielraums die ordnungspolitischen Rahmenbedingungen für die leitungsgebundene Energieversorgung regele (*Ossenbühl*, Energierechtsreform und kommunale Selbstverwaltung, 1998, S. 11; *Büdenbender* EnWG § 13 Rn. 18, 20; Hempel/Franke/*Dünchheim* EnWG § 46 Rn. 37f.).

Nicht durchgesetzt hat sich der schon § 13 EnWG 1998 entgegengehaltene Ein- 27
wand einer **Zuständigkeit der Landesgesetzgeber.** Der Einwand stützt sich darauf, dass die Regelung der Wegenutzung gerade nicht mehr im Bereich energiewirtschaftlicher Regelungen verbleibe, sondern darüber hinaus reiche, nämlich auf den spezifisch hoheitlichen Regelungsgegenstand der kommunalen Wegehoheit (→ Rn. 8, 29) und ihrer Inanspruchnahme für Zwecke der Energieversorgung zugreife; nicht das Wirtschaftsrecht iSv Art. 74 Abs. 1 Nr. 11 GG, sondern das Straßenrecht als landesrechtliche Regelungsmaterie sei deshalb insoweit einschlägig (*Wieland/Hellermann* DVBl 1996, 401 (405); *Hellermann* Örtliche Daseinsvorsorge, S. 307 ff.).

2. Materielle Verfassungsrechtspositionen. Materiell steht die Regelung 28
des § 46 im **Spannungsfeld von teils konfligierenden Verfassungsrechtspositionen,** die im Ergebnis durchaus unterschiedlich gewichtet werden können. Entsprechend werden die verschiedenen Regelungen des § 46 teils auch unterschiedlich in ihrer materiellen Verfassungsrechtmäßigkeit beurteilt bzw. im Lichte des Verfassungsrechts ausgelegt.

§ 46
Teil 5. Planfeststellung, Wegenutzung

29   **a) Art. 28 Abs. 2 GG.** Einerseits wird verfassungsrechtlich die gemeindliche Selbstverwaltungsgarantie des Art. 28 Abs. 2 GG ins Feld geführt. Sie umfasst auch die **Verantwortlichkeit der Gemeinde für die leitungsgebundene Versorgung ihrer Einwohner mit Energie** (BVerfG Beschl. v. 16.5.1989 – 1 BvR 705/88, NJW 1990, 1783; BVerwG Urt. v. 18.5.1995 – 7 C 58/94, BVerwGE 98, 273 (275ff.); VerfGH RhPf Urt. v. 28.3.2000 – VGH N 12/98, NVwZ 2000, 801 (803); BGH Urt. v. 17.12.2013 – KZR 65/12, NVwZ 2014, 817 Rn. 40; *Hampel*, Die Zukunft der Tarifkundenversorgung, S. 303). Historische, aber auch sachliche, auf den Charakter des Straßennetzes als multifunktionales Universal- oder Basisinfrastrukturnetz (vgl. *Bartlsperger* DVBl 1980, 249 (252, 259); *Hermes* Infrastrukturverantwortung, S. 382) verweisende Gründe sprechen dafür, dass diese gemeindliche Verantwortlichkeit ihre Grundlage und ihr Instrument gerade in der Hoheit über das gemeindliche Wegenetz hat (ausf. *Hellermann* Örtliche Daseinsvorsorge, S. 281ff.). Energiewirtschaftsrechtliche Einschränkungen der gemeindlichen Wegehoheit stellen sich deshalb als Beschränkung kommunaler Selbstverwaltung dar, die sich vor Art. 28 Abs. 2 GG rechtfertigen müssen. Nach der Rspr. des BVerfG setzen Beschränkungen, die nicht den Kernbereich, sondern den sog. Randbereich der Selbstverwaltungsgarantie tangieren, materiell voraus, dass überwiegende öffentliche Interessen sie erfordern, insbes. weil die Gemeinde zur ordnungsgemäßen Wahrnehmung der Aufgabe nicht in der Lage ist oder die gemeindliche Aufgabenwahrnehmung unverhältnismäßig höhere Kosten verursachen würde (BVerfG Beschl. v. 23.11.1988 – 2 BvR 1619/83, 2 BvR 1628/83, BVerfGE 79, 127 (153) = NVwZ 1989, 347).

30   Die Vereinbarkeit der verschiedenen **Beschränkungen kommunaler Selbstverwaltung durch § 13 EnWG 1998, § 46 EnWG** (→ Rn. 18ff.) mit Art. 28 Abs. 2 GG ist teilweise kritisch beurteilt worden. Zum EnWG 1998 ist die – inzwischen als erledigt anzusehende – Grundsatzfrage, ob die damit vorgenommene Durchbrechung geschlossener gemeindlicher Versorgungsgebiete verfassungskonform ist, streitig erörtert worden (dafür etwa *Büdenbender* EnWG § 13 Rn. 18f.; zur Kritik vgl. *Wieland/Hellermann* DVBl 1996, 401 (406ff.); *Friauf* in Baur/Friauf, Energierechtsreform zwischen Europarecht und kommunaler Selbstverwaltung, 1997, S. 55ff.; *Hellermann* Örtliche Daseinsvorsorge, S. 303ff.). Die weitere, durch das EnWG 2005 vorgenommene Änderung, wonach die Auswahl eines EVU als Konzessionsvertragspartner der Gemeinde nicht mehr zugleich eine besondere Rechtsstellung in der Versorgung der Letztverbraucher begründet, hat zu einer kritischen verfassungsrechtlichen Diskussion um die nunmehr gem. § 36 Abs. 2 in Anknüpfung an objektive Marktgegebenheiten erfolgende Bestimmung des sog. Grundversorgers geführt (→ § 36 Rn. 13). Auch für den verbleibenden, auf die Bestimmung des örtlichen Verteilernetzbetreibers beschränkten Regelungsbereich des § 46 verlangt Art. 28 Abs. 2 GG, dass insbesondere die Freiheit der Gemeinde, über den Betreiber des Netzes der allgemeinen Versorgung im Gemeindegebiet zu entscheiden, nur soweit eingeschränkt wird, wie hinreichende rechtfertigende Gemeinwohlgründe dies rechtfertigen. Insoweit ist zuletzt insbesondere die materiellrechtliche Einschränkung der gemeindlichen Auswahlfreiheit (→ Rn. 83ff.) verfassungsrechtlich kritisch beurteilt worden (VG Oldenburg Beschl. v. 17.7.2012 – 1 B 3594/12, ZNER 2012, 541 (544f.); *Hellermann* Die gemeindliche Entscheidung, S. 7ff., 27ff.; *Hellermann* EnZW 2013, 147 (150ff.); vgl. auch Theobald/Kühling/*Theobald/Schneider* EnWG § 46 Rn. 144). Der BGH (Urt. v. 17.12.2013 – KZR 65/12, NVwZ 2014, 817 Rn. 39ff.) sieht die zunächst von ihm, heute in § 46 Abs. 4 konkretisierte Pflicht der Gemeinden zur diskriminierungsfreien Auswahl des

Konzessionärs (→ Rn. 83ff.) durch die Förderung des Wettbewerbs, welche dem Interesse der Allgemeinheit an einer Verbesserung der Versorgungsbedingungen diene, gerechtfertigt und mit dem Recht auf kommunale Selbstverwaltung im Einklang (krit. zur Begründung *Hellermann* EnWZ 2014, 339 (344f.)).

b) Grundrechte. Andererseits wird aus Perspektive der EVU deren **Berufs-** 31 **freiheit (Art. 12 Abs. 1 GG) und Eigentumsgrundrecht (Art. 14 GG)** ins Feld geführt. Insbesondere geht es dabei um die Eigentumsposition von EVU, die eine durch Konzessionsvertrag iSv § 46 Abs. 2 S. 1 begründete Rechtsposition innehaben, und dabei vordringlich um die Frage, ob und unter welchen Bedingungen die Verpflichtung zur Übertragung der Verteilungsanlagen gegen angemessene Entschädigung beim Wechsel des Nutzungsberechtigten nach § 46 Abs. 2 mit dem Eigentumsgrundrecht des bisherigen Nutzungsberechtigten vereinbar ist; va die Bestimmung der angemessenen Entschädigung nach dem objektivierten Ertragswert anstelle des Sachzeitwerts ist insoweit kritisiert worden (vgl. etwa *Säcker/Jaecks,* BB 2001, 997 (1001f.); *Papier/Schröder,* RdE 2012, 125). Der BGH (Beschl. v. 3.6.2014 – EnVR 10/13, NVwZ 2014, 1600 Rn. 29; Urt. v. 7.4.2020 – EnZR 75/18, NVwZ-RR 2020, 929 Rn. 20) hat hingegen die Regelung des § 46 Abs. 2 zu Recht für mit Art. 14 GG vereinbar erklärt. Dies rechtfertigt sich vor aus, dass das netzbetreibende EVU, in dessen Eigentum die Verteilungsanlagen als sog. Scheinbestandteile des Grundstücks stehen (→ Rn. 107), nach Ablauf seiner Wegenutzungsberechtigung ohnehin Beseitigungsansprüchen der Gemeinde nach § 1004 BGB ausgesetzt ist (Schneider/Theobald EnergieWirtschaftsR-HdB/ *Albrecht* § 9 Rn. 161); es handelt sich also von vornherein sozusagen nur um ein Eigentum auf Zeit (ausführlich zur Verfassungsmäßigkeit Theobald/Kühling/*Theobald/Schneider* EnWG § 46 Rn. 88ff.).

V. Laufende Wegenutzungsverträge

§ 113 enthält eine **Übergangsregelung** im Hinblick auf zum Zeitpunkt des In- 32 krafttretens bereits geltende Wegenutzungsverträge. Diese sollen danach unbeschadet der ua durch § 46 bewirkten Änderungen im Übrigen unberührt fortbestehen (→ Rn. 120 sowie näher die Kommentierung zu § 113).

B. (Einfache) Wegenutzungsverträge (Abs. 1)

§ 46 Abs. 1 enthält eine **allgemeine Regelung zur gemeindlichen Wege-** 33 **rechtsvergabe,** deren Vorgaben auf sämtliche Wegenutzungsverträge iSv § 46 Anwendung finden (vgl. BGH Urt. v. 17.12.2013 – KZR 65/12, NVwZ 2014, 817 Rn. 27; vgl. auch OLG Schleswig Urt. v. 22.11.2012 – 16 U (Kart) 21/12, EnWZ 2013, 76 (77); *Büdenbender* DVBl. 2012, 1530 (1534f.)). Danach erfassen sie grundsätzlich auch die in § 46 Abs. 2–6 näher und speziell geregelten sog. qualifizierten Wegenutzungs- oder Konzessionsverträge; soweit sie sind – unter Berücksichtigung der speziellen Regelungen in § 46 Abs. 2–6 (→ Rn. 53) – insbes. das Diskriminierungsverbot des § 46 Abs. 1 S. 1 (→ Rn. 38, 45f., 72) sowie § 46 Abs. 1 S. 2 (→ Rn. 47f., 86) anzuwenden. Eine abschließende energiewirtschaftsrechtliche Regelung ist § 46 Abs. 1 für die nicht von § 46 Abs. 2–6 erfassten Vereinbarungen über die Wegenutzung, für die in Abgrenzung zu den sog. qualifizierten Wegenutzungs- oder Konzessionsverträgen die Bezeichnung als einfache Wegenutzungsverträge etabliert ist. Ihr Gegenstand ist die Wegenutzung zur Verlegung und zum Be-

§ 46 Teil 5. Planfeststellung, Wegenutzung

trieb von Leitungen zur unmittelbaren Letztverbraucherversorgung im Gemeindegebiet, die nicht einem Energieversorgungsnetz der allgemeinen Versorgung iSv § 3 Nr. 17 zuzurechnen sind (→ § 3 Rn. 42; → Rn. 56 ff.). In der Sache geht es dabei um sog. Direkt- oder Stichleitungen, die errichtet und betrieben werden, um darüber einzelne Letztverbraucher mit Strom oder Gas zu versorgen.

I. Anwendungsbereich

34   § 46 Abs. 1 S. 1 erfasst ausdrücklich und ausschließlich **Verkehrswege der Gemeinden,** worunter dem verfassungs- und kommunalrechtlichen Sprachgebrauch entsprechend die Gemeinden einschließlich der Städte als untere kommunale Ebene zu verstehen sind. Andere, höherstufige kommunale Gebietskörperschaften wie die Kreise sind nicht mitumschlossen (Theobald/Kühling/*Theobald/Schneider* EnWG § 46 Rn. 19; NK-EnWG/*Huber* § 46 Rn. 14; zu Unrecht aA *Salje* EnWG § 46 Rn. 13). Erst recht ist nach dem Wortlaut die Einbeziehung auch staatlicher Gebietskörperschaften, also des Bundes und der Länder, ausgeschlossen. Hinter dieser gesetzgeberischen Differenzierung steht die Einschätzung, dass die öffentlichen Verkehrswege dieser anderen Gebietskörperschaften keine vergleichbar bedeutende Rolle für die Versorgung der Letztverbraucher spielen (*Büdenbender* EnWG § 13 Rn. 21). Auch eine gemeinschaftsrechtskonforme Auslegung, die auch Verkehrswege von staatlichen Gebietskörperschaften oder gar Privaten einbezöge, erscheint weder möglich noch geboten (krit. insoweit mit Rücksicht auf Art. 22 Abs. 1 Elt-RL 03/Art. 24 Abs. 1 Gas-RL 03 *Salje* EnWG § 46 Rn. 15 ff.).

35   Gegenständlich erstreckt sich die Regelung auf **öffentliche Verkehrswege** der Gemeinden. Das sind Straßen, Wege und Plätze, die dem öffentlichen Verkehr gewidmet sind. Hierunter sollen gemäß den einschlägigen Straßengesetzen förmlich dem öffentlichen Verkehr gewidmete Wege, aber auch nur faktisch für den öffentlichen Verkehr geöffnete Wege fallen; es soll zureichend sein, wenn der fragliche Weg dazu dient, die Erschließung der angrenzenden Grundstücke sicherzustellen (vgl. BGH Urt. v. 11.11.2008 – KZR 43/07, NVwZ-RR 2009, 596 (597); aA OLG Brandenburg Urt. v. 15.5.2007– Kart U 3/06, RdE 2008, 291 (292 f.)). Nicht erfasst sind fiskalischen Zwecken dienende gemeindliche Grundstücke; insoweit befindet sich die Gemeinde, sieht man von der ihr nach vorherrschender Auffassung fehlenden Grundrechtsschutz nach Art. 14 GG ab, in der gleichen rechtlichen Position wie auch ein privater Grundeigentümer (vgl. OLG Brandenburg Urt. v. 15.5.2007– Kart U 3/06, RdE 2008, 291 (292)).

36   Regelungsgegenstand ist die Inanspruchnahme gemeindlicher öffentlicher Wege für die **Verlegung und den Betrieb von Leitungen zum Transport von Energie,** dh Elektrizität und Gas (vgl. § 3 Nr. 14). Da eine Beschränkung auf bestimmte Spannungs- bzw. Druckstufen der Bestimmung nicht zu entnehmen ist, fallen darunter nicht nur Niederspannungs- bzw. Niederdruck-, sondern auch Mittelspannungs- bzw. Mitteldruckleitungen (vgl. Theobald/Kühling/*Theobald/Schneider* EnWG § 46 Rn. 20). Verlegung meint dabei das erstmalige Herstellen und und spätere wesentliche Veränderungen. Zum Betrieb sollen etwa die laufende Kontrolle und eine eventuelle Reparatur zählen (*Salje* EnWG § 46 Rn. 35).

37   Jedoch sind nur Leitungen zur **unmittelbaren Versorgung von Letztverbrauchern im Gemeindegebiet** von der Regelung erfasst. Dies erfordert, wie sich aus dem Wortlaut und einer systematischen, insbesondere § 46 Abs. 2 in den Blick nehmenden Interpretation ergibt, nicht etwa eine Versorgung von Letztverbrauchern im Rahmen einer allgemeinen Versorgung (→ Rn. 57); vielmehr sind

auch und gerade Stichleitungen zur Versorgung nur einzelner Letztverbraucher erfasst. Auch aus dem Merkmal der Letztverbraucherbelieferung folgt keine Beschränkung auf Niederspannungs- bzw. Niederdruckleitungen, denn Letztverbraucher mit großem Energiebedarf werden nicht selten in Mittelspannung bzw. Mitteldruck beliefert werden. Erfasst sind nur Leitungen zur Belieferung von Letztverbrauchern im Gebiet der jeweiligen Gemeinde, nicht hingegen von solchen in Nachbargemeinden (aA *Salje* EnWG § 46 Rn. 43 ff., dessen abweichende Auffassung mit Rücksicht auf die Rechtsposition der jeweiligen Gemeinde nicht überzeugt). Sofern Leitungen multifunktional in dem Sinne sind, dass sie der unmittelbaren Letztverbraucherbelieferung im Gemeindegebiet und zugleich auch der Versorgung von Nachbargemeinden dienen, steht das der Anwendbarkeit von § 46 Abs. 1 nicht entgegen (Theobald/Kühling/*Theobald/Schneider* EnWG § 46 Rn. 20; ausführlicher dazu *Salje* EnWG § 46 Rn. 38 ff.). Nicht erfasst sind Leitungen, die eine Stromerzeugungsanlage mit einem vorhandenen Netz zum Zweck der Stromeinspeisung verbinden, und zwar auch dann nicht, wenn dieses Netz seinerseits auf die unmittelbare Versorgung von Letztverbrauchern ausgerichtet ist (BGH Urt. v. 11.11.2008 – KZR 43/07, NVwZ-RR 2009, 596 Rn. 14; OLG Brandenburg Urt. v. 15.5.2007– Kart U 3/06, RdE 2008, 291 (292); vgl. auch BGH Urt. v. 1.10.2008 – VIII ZR 21/07, NVwZ-RR 2009, 104 Rn. 20).

II. Diskriminierungsverbot

§ 46 Abs. 1 S. 1 verlangt die **diskriminierungsfreie Wegerechtsvergabe** 38 durch die Gemeinde. Dieses Diskriminierungsverbot gilt für die sog. einfachen Wegerechte, nach inzwischen gefestigter Ansicht darüber hinaus aber auch auf die in § 46 Abs. 2–4 besonders geregelten Konzessionsverträge (BGH Urt. v. 17.12.2013 – KZR 65/12, NVwZ 2014, 817 Rn. 27; OLG Schleswig Urt. v. 22.11.2012 – 16 U (Kart) 21/12, EnWZ 2013, 76 (77); *Säcker/Mohr/Wolf* Konzessionsverträge im System des europäischen und deutschen Wettbewerbsrechts, S. 46; *Klemm* VersorgW 2005, 197 (200); *Büdenbender* DVBl. 2012, 1530 (1534f.)). Was Diskriminierungsfreiheit bedeutet, ist jedoch für einfache Wegenutzungsverträge (→ Rn. 45 f.) und für Konzessionsverträge (→ Rn. 72, 79 ff., 83 ff.) mit Rücksicht auf den unterschiedlichen Vertragsgegenstand jeweils gesondert zu ermitteln.

III. Kontrahierungszwang für einfache Wegenutzungsverträge

Als Rechtsfolge ordnet § 46 Abs. 1 einen **Kontrahierungszwang zur Einräumung** 39 **sog. einfacher Wegerechte** zu Lasten der Gemeinde an (vgl. BGH Urt. v. 11.11.2008 – KZR 43/07, NVwZ-RR 2009, 596 Rn. 10).

1. Anspruchsverpflichtung und -berechtigung. Dem Anwendungsbereich 40 korrespondierend sind, wie sich aus § 46 Abs. 1 S. 1 ausdrücklich ergibt, die **Anspruchsverpflichteten** die Gemeinden. Eine Ausdehnung auf Landkreise als Gemeindeverbände oder gar auf staatliche Gebietskörperschaften und Private scheidet aus (→ Rn. 34).

Zur **Anspruchsberechtigung** äußert sich § 46 Abs. 1 S. 1 hingegen nicht expli- 41 zit. Die Auffassung, jede natürliche oder juristische Person, die ein Interesse daran hat, eine Direktleitung zu bauen und/oder zu betreiben, sei daher Gläubiger des Anspruchs (*Salje* EnWG § 46 Rn. 50), überzeugt dennoch nicht. Aus dem in § 46 Abs. 1 S. 1 enthaltenen Hinweis auf den Zweck der unmittelbaren Versorgung von Letztverbrauchern und aus § 46 Abs. 1 S. 2 lässt sich vielmehr ableiten, dass EVU anspruchsberechtigt sind (NK-EnWG/*Huber* § 46 Rn. 15; Hempel/Franke/*Dünchheim* EnWG § 46 Rn. 20), soweit es um die Energieversorgung Dritter geht. Zwar ist auf die Definition des EVU nach § 3 Nr. 18, aus der dies ableitbar sein könnte, hier nicht Bezug genommen (so zu Recht *Salje* EnWG § 46 Rn. 51). § 46 Abs. 1 S. 1 geht es jedoch um die Versorgung von Letztverbrauchern; das sind nach § 3 Nr. 25 Kunden, die Energie für den eigenen Verbrauch kaufen, und damit vom Versorger rechtlich unterschiedene Personen. Nicht anspruchsberechtigt ist danach der Eigenversorger, namentlich der Energieerzeuger, der seine eigenen rechtlich unselbständigen Betriebsstätten oder Tochterunternehmen versorgen will (Theobald/Kühling/*Theobald*/*Schneider* EnWG § 46 Rn. 20; NK-EnWG/*Huber* § 46 Rn. 15; aA *Salje* EnWG § 46 Rn. 51, unter Hinweis auf die gemeinschaftsrechtliche Vorgabe in Art. 22 Abs. 1 lit. a Elt-RL 03, die von den Mitgliedstaaten in der Tat verlangt sicherzustellen, dass die Elektrizitätserzeuger ua auch ihre eigenen Betriebsstätten und Tochterunternehmen über eine Direktleitung versorgen können; Hempel/Franke/*Dünchheim* EnWG § 46 Rn. 63). Ebenfalls nicht anspruchsberechtigt sind die Letztverbraucher selbst, zB Unternehmen, die über eine Direktleitung mit Energie versorgt werden wollen (aA *Salje* EnWG § 46 Rn. 51, 54; *Thomale*/ *Kießling* NuR 2008, 166); dass die gemeinschaftsrechtlichen Vorgaben in Art. 22 Abs. 1 lit. b Elt-RL 03/Art. 34 Abs. 1 lit. b Elt-RL 03 bzw. Art. 24 Abs. 1 lit. b Gas-RL 03/Art. 38 Abs. 1 lit. b Gas-RL 09, die allein verlangen sicherzustellen, dass jeder zugelassene Kunde im Wege der Direktleitung versorgt werden kann, zwingend die Gewährung eines entsprechenden subjektiven Rechts erforderten, überzeugt nicht.

42   Auch eine **Übertragung dieses Rechts des EVU auf einen Dritten** ohne Zustimmung der Gemeinde soll nach vorherrschender Auffassung nach § 413 iVm § 398 BGB ausgeschlossen sein, weil die Vertragspartnerwahl ein verfassungsrechtlich abgesichertes Recht der Gemeinde ist (vgl. *Börner*/*Pohl* VersWirt 2006, 221 (223f.); Theobald/Kühling/*Theobald*/*Schneider* EnWG § 46 Rn. 23).

43   **2. Wegerechtseinräumung durch Vertrag.** Das Wegenutzungsrecht wird nicht im Sinne eines unmittelbaren gesetzlichen Benutzungsanspruchs, sondern durch einen **Anspruch auf Vertragsschluss** verwirklicht, setzt also den Abschluss eines entsprechenden Vertrages voraus. § 46 Abs. 1 S. 1 selbst sagt dies ausdrücklich mit der Formulierung „durch Vertrag". Entstehungsgeschichtlich wird das dadurch bestätigt, dass diese Formulierung im Entwurf des EnWG 1998 zunächst nicht ausdrücklich enthalten war (BT-Drs. 13/7274, 6; vgl. aber S. 21, wo bereits auf die Wegerechtseinräumung „durch Vertrag" hingewiesen wird) und erst später eingefügt worden ist (*Salje* EnWG § 46 Rn. 56). § 48 Abs. 3, 4 bekräftigt dies mit dem Hinweis auf die vertraglich vereinbarten Konzessionsabgaben. Darin wird zugleich die sachliche Rechtfertigung des bloßen Kontrahierungszwangs deutlich; Art und Umfang von Leistung und Gegenleistung sind gesetzlich nicht so präzis umschrieben, dass eine vertragliche Konkretisierung verzichtbar wäre (vgl. *Salje* EnWG § 46 Rn. 56).

44   **3. Laufzeit.** Für die abzuschließenden Verträge über einfache Wegerechte sieht § 46 Abs. 1 **keine gesetzliche Laufzeitbegrenzung** vor (*Büdenbender* § 13 Rn. 27). Die in § 46 Abs. 2 S. 1 vorgesehene Beschränkung auf höchstens 20 Jahre gilt nur für die dort geregelten sog. Konzessionsverträge (→ Rn. 61). Eine generelle Laufzeitbegrenzung für Wegenutzungsrechte in der Energieversorgung hielt der Gesetzgeber für entbehrlich.

Wegenutzungsverträge § 46

4. Diskriminierungsfreie Vergabe einfacher Wegerechte. a) Grundsatz des Anspruchs auf diskriminierungsfreie Vergabe. § 46 Abs. 1 S. 1 verlangt keine unbedingte, sondern eine diskriminierungsfreie Vergabe der einfachen Wegenutzungsrechte. Diese Formulierung kann auf gemeinschaftsrechtliche Vorgaben zurückgeführt werden (vgl. Art. 22 Abs. 2 S. 2 Elt-RL 03/Art. 24 Abs. 2 S. 2 Gas-RL 03 bzw. Art. 34 Abs. 2 S. 2 Elt-RL 09/Art. 38 Abs. 2 S. 2 Gas-RL 09), wird aber überwiegend als **Verweis auf die Anforderungen des allgemeinen kartellrechtlichen Diskriminierungsverbots** verstanden (*Büdenbender* § 13 Rn. 29; Theobald/Kühling/*Theobald/Schneider* EnWG § 46 Rn. 24). Im Ansatz erscheint das folgerichtig, wenn man mit der gefestigten Rspr. und der vorherrschenden Auffassung in der Lit. davon ausgeht, dass die Gemeinde bei der Wegerechtsvergabe unternehmerisch handele und folglich das GWB anwendbar sei (vgl. BGH Beschl. v. 15.4.1986 – KVR 6/85, NJW-RR 1986, 880; Beschl. v. 15.4.1986 – KVR 5/85, RdE 1986, 118 (119); Urt. v. 7.7.1992 – KZR 2/91, NJW 1992, 2888; Urt. v. 17.12.2013 – KZR 65/12, NVwZ 2014, 817 Rn. 18); Schneider/Theobald EnergieWirtschaftsR-HdB/*Albrecht* § 9 Rn. 24; → Rn. 8 zur Kritik daran, wonach es hier nicht um die Verhinderung von ungerechtfertigter Ungleichbehandlung von Unternehmen durch Unternehmen im wirtschaftlichen Wettbewerb, sondern um den Zugang von Unternehmen zu einer hoheitlichen Ressource, zum gemeindlichen Wegenetz geht). 45

§ 46 Abs. 1 S. 1 trifft bezüglich der Verleihung einfacher Wegerechte eine grundsätzliche Entscheidung, nach der Diskriminierungsfreiheit iSv § 46 Abs. 1 S. 1 über bloße Gleichbehandlung hinausgehend bedeutet, dass die Nutzung grundsätzlich zu ermöglichen und eine **Verweigerung allein bei Vorliegen zureichender sachlicher Gründe** zulässig ist. Dies entspricht auch der Gesetzesbegründung, wonach die „Einräumung eines Wegerechts … nur aus sachlich gerechtfertigten Gründen verweigert werden" darf (BT-Drs. 13/7274, 21). 46

b) Verweigerungsgründe. aa) Mangelnde Einigung über Konzessionsabgaben (Abs. 1 S. 2). Eine ausdrückliche und zugleich die einzige gesetzliche Regelung eines Rechtfertigungsgrundes für die Verweigerung eines Vertragsschlusses nach § 46 Abs. 1 S. 1 trifft § 46 Abs. 1 S. 2. Die Regelung erfasst nunmehr **alle EVU und damit sowohl Strom- wie auch Gasversorger**. Die Vorgängervorschrift des § 13 Abs. 1 S. 3 EnWG 1998 kannte ein entsprechendes Verweigerungsrecht zunächst nur in Bezug auf Elektrizitätsversorgungsunternehmen; erst mit dem Änderungsgesetz vom 20.5.2003 (BGBl. 2003 I S. 686) ist eine Erweiterung auch auf Gasversorgungsunternehmen vorgesehen worden. 47

Ungeachtet der sprachlich wenig geglückten Formulierung des § 46 Abs. 1 S. 2 handelt es sich im Kern um einen einheitlichen Verweigerungsgrund, nämlich den der **mangelnden Einigung über die Höhe der Konzessionsabgaben**. Auch die erste, auf die Zahlung des Höchstbetrages der Konzessionsabgaben abstellende Alternative zielt wohl eigentlich auf das Erfordernis einer vertraglichen Einigung, nicht auf Zahlung im Sinne von Erfüllung der Leistungspflicht (vgl. *Salje* EnWG § 46 Rn. 88). Die zweite Alternative verlangt ebenfalls eine vertragliche Einigung und macht lediglich deutlich, dass diese Einigung nicht zwingend die Höchstbeträge vorsehen muss, sondern auch eine niedrigere Festsetzung der Konzessionsabgaben vornehmen kann; allerdings besteht insoweit kein Kontrahierungszwang der Gemeinde (Theobald/Kühling/*Theobald/Schneider* EnWG § 46 Rn. 27). 48

bb) Sonstige Verweigerungsgründe. Hinsichtlich der ansonsten in Betracht kommenden Verweigerungsgründe wird an die Kriterien des allgemeinen kartell- 49 rechtlichen Diskriminierungsverbots angeknüpft (→ Rn. 45). Hiergegen wird verstoßen, wenn gleichartige Unternehmen ohne sachlichen Grund mittelbar oder unmittelbar unterschiedlich behandelt werden; ein sachlich gerechtfertigter Grund wird insoweit vom BGH angenommen, wenn eine Ungleichbehandlung unter Abwägung der wechselseitigen Interessen unter Berücksichtigung des Gesetzeszwecks des GWB akzeptabel ist (vgl. BGH Urt. v. 27.9.1962 – KZR 6/61, BGHZ 38, 90 (102)). Entsprechend wird man eine Diskriminierung iSv § 46 Abs. 1 S. 1 verneinen müssen, wenn **vom Gesetzeszweck des EnWG gedeckte sachliche Gründe** die Verweigerung des Wegenutzungsrechts rechtfertigen; dies ist anzunehmen, wenn das gemeindliche Interesse an der Verweigerung des begehrten Wegerechts gegenüber dem Interesse des Investors unter Berücksichtigung der Zielsetzungen des § 1 Abs. 1 Vorrang verdient (vgl. *Büdenbender* § 13 Rn. 29; *Templin* Recht der Konzessionsverträge S. 398).

50 Anerkannt sind insoweit im engeren Sinne **wegenutzungsspezifische Verweigerungsgründe** (vgl. *Büdenbender* § 13 Rn. 29; Theobald/Kühling/*Theobald/Schneider* EnWG § 46 Rn. 24). Das gilt namentlich für den Fall der Unmöglichkeit der Leitungsverlegung, wird darüber hinaus aber auch bei Unzumutbarkeit einer Leitungsverlegung anzunehmen sein, wenn etwa durch die Vielzahl der Leitungen häufige Störungen des Gemeingebrauchs zu besorgen sind (vgl. *Büdenbender* § 13 Rn. 29).

51 Richtigerweise müssen uU auch **Versorgungsaspekte** eine Verweigerung rechtfertigen können (aA *Büdenbender* § 13 Rn. 29). Die sichere und preisgünstige sowie verbraucherfreundliche Versorgung ist ein ausdrückliches Ziel des § 1 Abs. 1. An der Verwirklichung dieser Zielsetzung wirken auch die Gemeinden, deren Verantwortlichkeit für die Energieversorgung ihres Gebiets auch verfassungsrechtlich abgesichert ist (→ Rn. 29), in der Wahrnehmung ihrer Hoheit über das örtliche Wegenetz mit. Bei der nach § 46 Abs. 1 S. 1 zu treffenden Abwägung treffen diese Zielvorgaben und das Liberalisierungsziel des EnWG aufeinander (vgl. BGH B. v. 28.6.2005 – KVR 27/04, BGHZ 163, 296 (306ff.), zu der ähnlich gelagerten, ebenfalls in einen Konflikt der Ziele der Versorgungssicherheit und der Liberalisierung führenden Frage, unter welchen Voraussetzungen ein regionales EVU Arealversorgern den Netzzugang verweigern darf; vgl. dazu *Templin* Recht der Konzessionsverträge S. 401f.). Konkret stellt sich das Problem bei der Frage, ob und unter welchen Voraussetzungen die Einräumung eines einfachen Wegerechts wegen des Bestehens eines Konzessionsvertrages iSv § 46 Abs. 2 mit einem anderen EVU verweigert werden darf (vgl. *Kermel* RdE 2005, 153 (154)). Dies wird einerseits zu bejahen sein, wenn die Ziele des § 1 Abs. 1, insbesondere die Ziele der Versorgungssicherheit und auch der Wirtschaftlichkeit (Theobald/Kühling/*Theobald/Schneider* EnWG § 46 Rn. 25f.) gravierend tangiert sind, kann aber andererseits nicht wegen jeder nachteiligen Auswirkung auf den Betrieb des Netzes der allgemeinen Versorgung als Verweigerungsgrund ausreichen.

52 Als Verweigerungsgrund nicht zureichend ist der **Schutz bloß wirtschaftlicher Interessen einzelner EVU,** etwa der Stadtwerke der fraglichen Gemeinde oder auch anderer Versorgungsunternehmen (*Büdenbender* § 13 Rn. 29). Das lässt sich schon entstehungsgeschichtlich eindeutig belegen (vgl. BT-Drs. 13/7274, 21) und folgt im Übrigen aus der auf Wettbewerb angelegten Konzeption des EnWG.

C. Qualifizierte Wegenutzungsverträge/Konzessionsverträge (Abs. 2–6)

Die auch insoweit anwendbaren Vorgaben des § 46 Abs. 1 S. 1 und 2 (→ Rn. 33, 38) werden in Gestalt von § 46 Abs. 2–6 ergänzt durch **besondere Regelungen für sog. qualifizierte Wegenutzungsverträge oder Konzessionsverträge**, wie diese Verträge herkömmlich bezeichnet werden; der Gesetzgeber vermeidet diesen Begriff durchgängig, spricht aber in §§ 46 Abs. 1 S. 2, 48 von Konzessionsabgaben. Für diese Wegenutzungsverträge ergeben sich im Vergleich zu den aus § 46 Abs. 1 S. 1 für einfache Wegenutzungsverträge ableitbaren Vorgaben wesentliche Abweichungen; das folgt insbes. aus den Regelungen zur Laufzeitbegrenzung in § 46 Abs. 2 S. 1 (→ Rn. 61), zum Wechsel des konzessionierten EVU in § 46 Abs. 2 S. 2–5 (→ Rn. 105 ff.) sowie zur Verlängerung bzw. zum Neuabschluss von Verträgen in § 46 Abs. 3 und 4 (→ Rn. 62 ff.).

I. Inhalt, Rechtsnatur und Form des Konzessionsvertrags (Abs. 2 S. 1)

Die für die Anwendbarkeit von § 46 Abs. 2–6 maßgebliche **Definition des sog. Konzessionsvertrags** findet sich in § 46 Abs. 2 S. 1. Danach sind Konzessionsverträge Verträge von EVU mit Gemeinden über die Nutzung öffentlicher Verkehrswege für die Verlegung und den Betrieb von Leitungen, die zu einem Energieversorgungsnetz der allgemeinen Versorgung im Gemeindegebiet gehören.

1. Vertragspartner. Vertragspartner des Konzessionsvertrags sind danach **Gemeinden einerseits und netzbetreibende EVU andererseits**. Als EVU kommen dabei sowohl gemeindeeigene Unternehmen, „Stadtwerke", soweit sie rechtlich verselbständigt sind (näher → Rn. 122 f.), wie auch sonstige EVU in Betracht.

2. Gegenstand des Vertrages. Gegenstand des Konzessionsvertrags ist nach § 46 Abs. 2 S. 1 das Recht zur **Nutzung öffentlicher Verkehrswege für die Verlegung und den Betrieb von Leitungen, die zu einem Energieversorgungsnetz der allgemeinen Versorgung im Gemeindegebiet gehören**. Anders als das Nutzungsrecht nach § 46 Abs. 1, das leitungsbezogen ist, kann das nach § 46 Abs. 2 S. 1 somit als nicht leitungs-, sondern gebietsbezogen charakterisiert werden (BGH Urt. v. 7.4.2020 – EnZR 75/18, NVwZ-RR 2020, 929 Rn. 26; Theobald/ Kühling/Theobald/Schneider EnWG § 46 Rn. 21). Dabei lässt § 46 Abs. 2 S. 1 ein Nebeneinander mehrerer Konzessionsverträge für verschiedene Gemeinde(teil)gebiete zu (Salje EnWG § 46 Rn. 104; Schneider/Theobald EnergieWirtschaftsR-HdB/de Wyl § 14 Rn. 36).

Für die Reichweite des Wegenutzungsrechts maßgeblich ist die Zugehörigkeit von Leitungen zu einem **Energieversorgungsnetz der allgemeinen Versorgung**. Eine Legaldefinition dieses Begriffs findet sich in § 3 Nr. 17 (→ § 3 Rn. 42). Sie knüpft an den etablierten Begriff der allgemeinen Versorgung an, der kennzeichnet, dass diese nicht von vornherein auf bestimmte Abnehmer begrenzt sein darf, sondern grundsätzlich für jeden Abnehmer offen sein muss; dies soll nicht nur objektiv voraussetzen, dass der Netzbetreiber grundsätzlich in der Lage ist, jeden Letztverbraucher an sein Netz anzuschließen und darüber versorgen zu lassen, sondern als subjektives Moment auch seine Bereitschaft, evtl. auch vertragliche Ver-

§ 46 Teil 5. Planfeststellung, Wegenutzung

pflichtung hierzu (OLG Düsseldorf Beschl. v. 24.1.2007 – VI-3 Kart 452/06 (V), RdE 2007, 274 (275)).

58 Anders als noch nach § 13 Abs. 2 S. 1 EnWG 1998, der im Konzessionsvertrag das Recht zur Nutzung öffentlicher Verkehrswege für die Verlegung und den Betrieb von Leitungen „zur Durchführung der allgemeinen Versorgung" begründet sah, umschließt nach § 46 Abs. 2 S. 1 der Konzessionsvertrag **nicht mehr das Recht zur Versorgung der Letztverbraucher**. § 46 Abs. 2 S. 1 bringt die Abweichung schon im Wortlaut deutlich zum Ausdruck. Sie ist im Übrigen eine zwingende Konsequenz aus der Trennung von Netzbetrieb und Versorgung im EnWG 2005, die sich darin niederschlägt, dass an die Stelle der allgemeinen Versorgung nunmehr die in § 36 geregelte, vom Konzessionsvertrag abgekoppelte Grundversorgung getreten ist.

59 **3. Rechtsnatur des Vertrages.** Außer für die Stadtstaaten Berlin und Hamburg, wo die Wegerechtsgewährung straßenrechtlich eine öffentlich-rechtliche Sondernutzungserlaubnis voraussetzt und in öffentlich-rechtlicher Form erfolgt (*Büdenbender* DVBl. 2012, 1530; Hempel/Franke/*Dünchheim* EnWG § 46 Rn. 81; insoweit ohne nähere Begr. aA LG Berlin Urt. v. 21.2.2018 – 2 O 340/16, Rn. 174f.), wird der Konzessionsvertrag seiner Rechtsnatur nach als **privatrechtlicher Vertrag** qualifiziert (BGH Urt. v. 21.3.1996 – III ZR 245/94, BGHZ 132, 198 (201) = NJW 1996, 3409; OVG Münster Beschl. v. 10.2.2012 – 11 B 1187/1, NVwZ-RR 2012, 415); BerlKommEnergieR/*Wegner* EnWG § 46 Rn. 52). Gestützt wird dies insbesondere auf § 8 Abs. 10 FStrG und die entsprechenden landesstraßenrechtlichen Regelungen. Die hier verankerte privatrechtliche Ausgestaltung der Konzessionsverträge stößt seit langem auf gut begründete Kritik (vgl. *Bartlsperger* DVBl 1980, 249 (250f.); *Wieland*, Die Konzessionsabgaben, 1991, S. 384; *Hermes* Infrastrukturverantwortung, S. 454; *Hellermann* Örtliche Daseinsvorsorge, S. 279f.; Schneider/Theobald EnergieWirtschaftsR-HdB/*Albrecht* § 9 Rn. 13); va erlaubt sie richtigerweise noch nicht den Schluss auf eine rein privatwirtschaftliche oder unternehmerische Qualifikation der gemeindlichen Betätigung (→ Rn. 8).

60 **4. Erforderlichkeit einer notariellen Beurkundung.** Einzelne Entscheidungen, die eine Formnichtigkeit von Konzessionsverträgen nach § 125 BGB erwogen haben, haben die Frage nach der **Erforderlichkeit einer notariellen Beurkundung** gem. § 313 S. 1 BGB aF, § 311b Abs. 1 BGB aufgeworfen. Die Frage stellt sich im Hinblick auf Endschaftsbestimmungen in Konzessionsverträgen, die eine Übertragung des Eigentums an Verteilungsanlagen vorsehen. Die Erforderlichkeit einer notariellen Beurkundung ist bejaht worden, sofern in einem Konzessionsvertrag eine Verpflichtung zur Übereignung von Grundstücken eingegangen wird (LG Darmstadt Urt. v. 24.4.2007 – 18 O 517/06, RdE 2007, 239; Urt. v. 24.4.2007 – 14 O 494/06, RdE 2007, 240 (241); OLG Frankfurt a. M. Urt. v. 29.1.2008 – 11 U 20/07 (Kart), RdE 2008, 146 (148); OLG Koblenz Urt. v. 23.4.2009 – U 646/08.Kart, ZNER 2009, 146 (147)). Wenn man dieser Beurteilung im Ausgangspunkt folgt (bedenkenswerte grundsätzliche Einwände bei *Templin* Recht der Konzessionsverträge S. 386), fehlt es jedoch richtigerweise an der Beurkundungspflichtigkeit, wenn in Endschaftsbestimmungen keine eindeutigen Hinweise auf die Übertragung von Grundeigentum enthalten sind (*Tinkl*/*Saitzek* BB 2008, 1524 (1526)) und lediglich die Übertragung des Eigentums an den auf dem Betriebsgrundstück befindlichen, mit diesem verbundenen Verteilungsanlagen vereinbart ist (OLG Frankfurt a. M. Urt. v. 29.1.2008 – 11 U 20/07 (Kart), RdE 2008, 146 (148); OLG Koblenz Urt. v. 23.4.2009 – U 646/08.Kart, ZNER 2009,

146 (147)). Diese Anlagen werden regelmäßig als nur zu einem vorübergehenden Zweck mit einem fremden Grundstück und deshalb als sog. Scheinbestandteile des Grundstücks iSv § 95 BGB beurteilt, die Gegenstand selbständigen Eigentums sein können (→ Rn. 107). Das soll auch für Betriebsgebäude, die Teil der Verteilungsanlagen sind, gelten, und zwar auch dann, wenn der Gebäudeeigentümer zugleich Eigentümer des Grundstücks ist; zwar wird dann in aller Regel das aufstehende Gebäude als wesentlicher Bestandteil des Grundstücks angesehen, jedoch darf der Grundeigentümer die mit seinem Grundstück verbundenen Verteilungsanlagen zum Scheinbestandteil bestimmen, um sie – ohne der notariellen Beurkundung zu bedürfen – auf einen anderen zu übertragen (OLG Koblenz Urt. v. 23.4.2009 – U 646/08.Kart, ZNER 2009, 146 (147)). Soweit gleichwohl eine Endschaftsbestimmung im Hinblick auf einzelne, darin vereinbarte Grundstücksübereignungen der notariellen Beurkundung bedarf und diese fehlt, darf daraus nach § 139 BGB nicht ohne weiteres auf die Nichtigkeit des gesamten Vertrages geschlossen werden (Schneider/Theobald EnergieWirtschaftsR-HdB/*Albrecht* § 9 Rn. 111; krit. zu LG Darmstadt Urt. v. 24.4.2007 – 18 O 517/06, RdE 2007, 239; Urt. v. 24.4.2007 – 14 O 494/06, RdE 2007, 240 (241)).

II. Laufzeitbegrenzung (Abs. 2 S. 1)

Wie bereits früher nach § 103a GWB aF, § 13 Abs. 2 EnWG 1998 dürfen gem. § 46 Abs. 2 S. 1 Konzessionsverträge **höchstens für eine Laufzeit von 20 Jahren** abgeschlossen werden. Diese Laufzeitbegrenzung dient der Implementierung von Wettbewerb auch auf der Ebene des örtlichen Verteilnetzbetriebs; da wegen dessen Eigenschaft als natürliches Monopol ein Wettbewerb zwischen Netzen nicht möglich ist, wird ein regelmäßiger Wettbewerb um das Netz im Zeitverlauf ermöglicht. Die Vereinbarung längerer Laufzeiten wäre gem. § 134 BGB unwirksam (*Pippke/Gaßner* RdE 2006, 33 (34)).

III. Bekanntmachung des Vertragsablaufs (Abs. 3)

1. Bekanntmachung des regulären Vertragsablaufs (Abs. 3 S. 1 und 2). Im Vergleich zu § 13 Abs. 2 S. 1 EnWG 1998 ist die Grundregel des inzwischen mehrfach geänderten (→ Rn. 23) § 46 Abs. 3 konkretisiert und verschärft worden. § 46 Abs. 3 S. 1 schreibt die **Bekanntmachung des bevorstehenden Vertragsendes spätestens zwei Jahre vor Ablauf des Vertrages** vor. Diese Verfahrensregelung zielt darauf, durch die Information Dritter Wettbewerb um die Konzessionierung zu ermöglichen (*Thomale/Kießling* NuR 2008, 166 (167), mwN) und zudem durch die großzügige Zweijahresfrist eine ordnungsgemäße Abwicklung eines Konzessionsvertragswechsels sicherzustellen (vgl. *Theobald* DÖV 2009, 356 (357)). Die Bekanntmachung hat in dem durch das Bundesministerium der Justiz elektronisch herausgegebenen Bundesanzeiger zu erfolgen. Der Inhalt der Bekanntmachung ist gesetzlich zunächst nicht näher bestimmt. Seit dem Änderungsgesetz vom 26.7.2011 (BGBl. 2011 I S. 1554) ist jedoch ein ausdrücklicher Hinweis auf die nach § 46a von der Gemeinde in geeigneter Form zu veröffentlichenden Daten sowie den Ort der Veröffentlichung gefordert. Damit soll klargestellt werden, dass die Gemeinde die vom bisherigen Netzbetreiber gelieferten Daten im Rahmen der Ausschreibung allen potentiellen Bewerbern zur Verfügung stellen muss; wenn die Veröffentlichung der Daten auf der offiziellen

§ 46 Teil 5. Planfeststellung, Wegenutzung

Homepage der Gemeinde erfolgt, soll es genügen, wenn der Bekanntmachung ein entsprechender Link angefügt wird (BT-Drs. 17/6072, 88).

63 Ergänzend verlangt § 46 Abs. 3 S. 2 die **zusätzliche Bekanntmachung im Amtsblatt der EU,** wenn mehr als 100.000 Kunden unmittelbar oder mittelbar an das fragliche Versorgungsnetz angeschlossen sind.

64 Probleme bereitet die **Bekanntmachungsfrist bei Konzessionsverträgen mit kurzer, weniger als zweijähriger Laufzeit.** Zum Abschluss solcher Verträge kann es vereinzelt, in besonderen Ausnahmekonstellationen kommen. Es ist nicht anzunehmen, dass § 46 Abs. 3 S. 1 mit der Anordnung der zweijährigen Bekanntmachungsfrist das Recht zum Abschluss solcher Verträge ausschließen will. In diesen Fällen erscheint vielmehr eine Verkürzung der Bekanntmachungsfrist als unvermeidliche Folge der kurzen Vertragslaufzeit angemessen. Jedoch müssen im weiteren Verfahrensverlauf jedenfalls die mindestens dreimonatige Interessenbekundungsfrist nach § 46 Abs. 4 S. 4 (→ Rn. 79) und die Chance zur Abgabe von Angeboten gewahrt bleiben.

65 Die Frage nach der **Rechtsfolge eines Verstoßes gegen § 46 Abs. 3** ist differenziert zu beantworten. Der Abschluss eines Konzessionsvertrags ohne jegliche Bekanntmachung des Ablaufs des früheren Konzessionsvertrags ist wegen Verstoßes gegen ein gesetzliches Verbot gem. § 134 BGB nichtig (OLG Düsseldorf Urt: v. 12.3.2008 – VI-2 U (Kart) 8/07, RdE 2008, 287 (288); OLG Schleswig Urt. v. 22.11.2012 – 16 U (Kart) 22/12, Rn. 159; LG Köln Urt. v. 20.4.2007 – 81 O [Kart] 193/06, zu § 13 EnWG 1998; zustimmend Schneider/Theobald EnergieWirtschaftsR-HdB/*Albrecht* § 9 Rn. 77; *Templin* IR 2009, 101 (104)). Bei einer bloß fehlerhaften Bekanntmachung wird zu Recht eine differenzierte Beurteilung danach, ob der mit der Bekanntmachungspflicht intendierte diskriminierungsfreie Wettbewerb um das Netz noch erreicht werden kann, vorgeschlagen (vgl. *Templin* IR 2009, 101 (104); *Tischmacher* IR 2011, 246 (249); Hempel/Franke/*Dünchheim* EnWG § 46 Rn. 230). Wenn keine Bekanntmachung in dem gesetzlich vorgesehenen Veröffentlichungsorgan erfolgt ist, soll das danach die Nichtigkeitsfolge auslösen (BGH Urt. v. 18.11.2014 – EnZR 33/13, NVwZ 2015, 457 Rn. 21). Wenn der Fehler in der Nichtbeachtung der Frist von zwei Jahren liegt, wird das nicht ohne Weiteres die Nichtigkeit nach sich ziehen; entscheidend wird auch hier sein, dass interessierte Unternehmen die Gelegenheit zur Bewerbung und eine Chance auf den Vertragsschluss behalten (vgl. *Kermel* RdE 2005, 153 (158)), wofür die mindestens dreimonatige Frist nach § 46 Abs. 4 S. 4 (→ Rn. 79) mit einer Zugabe für die Angebotsabgabe eine unbedingte zeitliche Untergrenze markiert. Hat die Gemeinde die Bekanntmachungsfrist gem. § 46 Abs. 3 S. 1 versäumt, erscheint es im Übrigen im Interesse der Herstellung möglichst rechtstreuer Zustände auch vertretbar, ihr das Recht zuzugestehen, mit dem bisherigen Netzbetreiber einen Interimsvertrag zu schließen, der dessen Recht zur Wegenutzung so verlängert, dass die Wahrung der Zwei-Jahres-Frist möglich ist (vgl. *Templin* IR 2009, 101 (104)).

66 **2. Sonderfall der vorzeitigen Vertragsverlängerung (Abs. 3 S. 3).** Der Fall, dass Gemeinden beabsichtigen, bestehende Konzessionsverträge vor deren Ablauf zu verlängern, war in § 13 EnWG 1998 nicht ausdrücklich geregelt. Dem Problem einer möglichen Umgehung der Bekanntmachungspflicht gem. § 13 Abs. 3 S. 1 EnWG 1998 sollte durch eine analoge Anwendung begegnet werden (OLG Düsseldorf Urt. v. 12.3.2008 – VI-2 U (Kart) 8/07, RdE 2008, 287 (289); LG Köln Urt. v. 20.4.2007 – 81 O [Kart] 193/06, Rn. 22ff.). Um die Umgehung der in § 46 Abs. 3 S. 1 angeordneten Bekanntmachungspflicht durch eine solche vorzei-

tige Verlängerung von Konzessionsverträgen zu verhindern (vgl. BT-Drs. 15/3917, 91), ordnet seit dem EnWG 2005 § 46 Abs. 3 S. 3 ausdrücklich eine **besondere Beendigungs- und Bekanntmachungspflicht** an. Die Regelung wird, da eine einseitige vorzeitige Beendigung zwecks Verlängerung ausscheiden wird, nur bei Einvernehmen der Vertragspartner Anwendung finden (*Pippke/Gaßner* RdE 2006, 33 (39)). In der Sache führt sie nicht eigentlich zu einer Verlängerung, sondern zu einer Neuvergabe des Konzessionsvertrages.

Die zuvor zunächst streitige, dann vom BGH (BGH Urt. v. 18.11.2014 – EnZR 33/13, NVwZ 2015, 457 Rn. 11 ff.) geklärte Frage der Anforderungen an die **Form der Bekanntgabe** ist nunmehr gesetzlich klar geregelt. Da § 46 Abs. 3 S. 3 für die öffentliche Bekanntgabe auf § 46 Abs. 3 S. 1 und 2 verweist, hat sie im Bundesanzeiger, ggf. zusätzlich im Amtsblatt der EU zu erfolgen. 67

Weiterhin weniger klar ist, welche **Frist zwischen Bekanntmachung der Vertragsbeendigung und zulässigem Neuabschluss** liegen muss. Fraglich ist, ob der Verweis in § 46 Abs. 3 S. 3 auch die in § 46 Abs. 3 S. 1 geregelte Zwei-Jahres-Frist erfasst. Dagegen spricht schon sprachlich, dass dort der maßgebliche Zeitpunkt der Vertragsablauf ist, während es im Falle von § 46 Abs. 3 S. 3 um die beabsichtigte Vereinbarung eines vorzeitigen Vertragsendes geht. Dass mit dem Verweis auf § 46 Abs. 3 S. 1 zugleich die Vertragsautonomie der Konzessionsvertragspartner dahingehend eingeschränkt werden sollte, dass eine vorzeitige Vertragsbeendigung und -verlängerung nur unter Einhaltung einer Zweijahresfrist zugelassen werden sollte (in diesem Sinne zur früheren Rechtslage *Byok* RdE 2008, 268 (269)), ist nicht anzunehmen (→ Rn. 64 zum vergleichbar gelagerten Problem der Vereinbarung von Konzessionsverträgen mit weniger als zweijähriger Laufzeit). Ein so weitreichendes Verständnis ist insbes. vom Zweck der Zweijahresfrist (→ Rn. 62) nicht zwingend gefordert. Die Bekanntmachung muss jedoch jedenfalls so frühzeitig vor einem Neuabschluss erfolgen, dass im Interesse anderer EVU auch hier die mindestens dreimonatige Interessenbekundungsfrist nach § 46 Abs. 4 S. 4 (→ Rn. 79) und die Chance zur Abgabe von Angeboten gewahrt bleiben. 68

IV. Auswahl des Konzessionsvertragspartners (Abs. 4)

Anders als für einfache Wegenutzungsverträge (→ Rn. 39 ff.) besteht für Konzessionsverträge kein energiewirtschaftsrechtlicher Kontrahierungszwang mit einem Petenten (*Salje* EnWG § 46 Rn. 132). Aus der grundsätzlichen Anwendbarkeit des § 46 Abs. 1 S. 1 auf Konzessionsverträge (→ Rn. 33, 38, 53) folgt wegen der Besonderheit des Vertragsgegenstandes nichts anderes, denn wegen der Eigenschaft des örtlichen Verteilnetzes als natürliches Monopol kann die Vergabe nur an einen Interessenten erfolgen. Daraus erwächst die **Aufgabe der Auswahl des Konzessionsvertragspartners** durch die Gemeinde beim anstehenden Neuabschluss eines Konzessionsvertrages. 69

1. Rechtliche Grundlagen. a) Konzessionsvergabe als verfassungsgeschützte Selbstverwaltungsaufgabe. Die gemeindliche Selbstverwaltungsgarantie des Art. 28 Abs. 2 GG umfasst auch **die leitungsgebundene Energieversorgung der Einwohner als eine verfassungsgeschützte Angelegenheit der örtlichen Gemeinschaft** (→ Rn. 29). Damit sind auch die Entscheidung der Gemeinde über den Abschluss eines Konzessionsvertrages und insbes. auch die Auswahl des Konzessionsvertragspartners ein Gegenstand der verfassungsgeschützten gemeindlichen Selbstverwaltung. 70

§ 46 Teil 5. Planfeststellung, Wegenutzung

71 Im Rahmen dieser Auswahl stellt sich auch die grundsätzliche Frage, ob der **Netzbetrieb durch ein gemeindeeigenes oder ein fremdes EVU** wahrgenommen werden soll. Sie wird zu Recht als Systementscheidung gekennzeichnet (BGH Urt. v. 17.12.2013 – KZR 65/12, NVwZ 2014, 817 Rn. 35; VG Oldenburg Beschl. v. 17.7.2012 – 1 B 3594/12, ZNER 2012, 541 (545); *Templin* Recht der Konzessionsverträge S. 358; Theobald/Kühling/*Theobald/Schneider* EnWG § 46 Rn. 144). Im einen Fall bedient die Gemeinde sich des Instruments der eigenen energiewirtschaftlichen Betätigung zur Wahrnehmung ihrer Selbstverwaltungsaufgabe. Im anderen Fall entledigt sich die Gemeinde der ihr obliegenden Aufgabe einer ordentlichen und gesicherten Energieversorgung durch Übertragung auf ein privates Unternehmen (BGH Beschl. v. 15.4.1986 – KVR 6/85, NJW-RR 1986, 880; Urt. v. 7.7.1992 – KZR 2/91, BGHZ 119, 101 (105) = NJW 1992, 2888).

72 **b) Beschränkungen.** Eine grundlegende verfassungsrechtliche Bindung der Gemeinde folgt aus dem **Gleichheitssatz des Art. 3 Abs. 1 GG** (OLG Düsseldorf Urt. v. 12.3.2008 – VI-2 U (Kart) 8/07, RdE 2008, 287 (288); vgl. auch Schneider/Theobald EnergieWirtschaftsR-HdB/*Albrecht* § 9 Rn. 21; *Byok* RdE 2008, 268 (271 f.)). Diese Bindung besteht auch, wenn man im Abschluss von Konzessionsverträgen ein privatwirtschaftliches oder unternehmerisches Handeln auf der Grundlage privatrechtlichen Eigentums sieht (vgl. BVerfG Urt. v. 22.1.2011 – 1 BvR 699/06, BVerfGE 128, 226 (249)), erst recht aber bei Annahme einer hoheitlichen Betätigung. Sie tritt allerdings im Ergebnis regelmäßig hinter der durch das Diskriminierungsverbot des § 46 Abs. 1 S. 1 (→ Rn. 38) zurück.

73 Weiter unterliegt die Konzessionsvertragsvergabe, soweit Binnenmarktrelevanz gegeben ist, den **Vorgaben des unionsrechtlichen Diskriminierungsverbots und Transparenzgebots** (BerlKommEnergieR/*Wegner* EnWG § 46 Rn. 102). Der EuGH hat diese primärrechtlichen Vorgaben insbes. mit Blick auf die Vergabe von Dienstleistungskonzessionen entfaltet (vgl. EuGH Urt. v. 7.12.2000 – C-324/98, NZBau 2001, 148 Rn. 60 ff.; Urt. v. 21.7.2005 – C-231/03, NVwZ 2005, 1052 Rn. 16; Urt. v. 13.10.2005 – C-458/03, NVwZ 2005, 1407 Rn. 46 ff.). Sie sind jedoch auch auf die Energiekonzessionsvertragsvergabe, ohne dass es auf deren umstrittene Qualifikation als Dienstleistungskonzession (→ Rn. 75) ankommt, anwendbar (*Templin* Recht der Konzessionsverträge S. 136; *Thomale/Kießling* NuR 2008, 166 (169 f.); *Dünchheim/Bremke,* DVBl. 2016, 357 (358); BerlKommEnergieR/*Wegner* EnWG § 46 Rn. 104).

74 Auf die Konzessionsvertragsvergabe ist das **Recht der Vergabe öffentlicher Aufträge (§§ 97 ff. GWB)** nicht anwendbar, da beim Konzessionsvertragsschluss durch die Gemeinde kein Dienstleistungsauftrag vergeben wird (NK-EnWG/*Huber* § 46 Rn. 63). Es gelten daher weder die verfahrensrechtlichen Anforderungen des Vergaberechts noch die materiellrechtlichen Vorgaben; insbes. gilt nicht die Verpflichtung zur Zuschlagserteilung auf das wirtschaftlichste Gebot nach § 97 Abs. 5 GWB.

75 Unterschiedlich beurteilt wird die Anwendbarkeit des **Rechts der Vergabe von Dienstleistungskonzessionen.** Ausgehend von der Definition des EuGH (Urt. v. 13.10.2005 – C-458/03, NVwZ 2005, 1407 Rn. 38 ff.) sprechen die besseren Gründe für die Annahme, dass es sich bei Energiekonzessionsverträgen um Dienstleistungskonzessionen handelt (vgl. *Kermel* RdE 2005, 153 (158); *Pippke/Gaßner* RdE 2006, 33 (36); *Thomale/Kießling* NuR 2008, 166 (168); vorsichtig krit. dazu *Byok* RdE 2008, 268 (270)). An dem nötigen Beschaffungszweck dürfte es nicht fehlen (so aber NK-EnWG/*Huber* § 46 Rn. 65); zwar wird mit dem Konzes-

sionsvertrag keine Versorgungsverpflichtung mehr übernommen, wohl aber die Verpflichtung zum Betrieb des Netzes der allgemeinen Versorgung und zur Gewährung von Netzanschluss und Netzzugang (*Kupfer* NVwZ 2017, 428 (433); *Theobald/Wolkenhauer* EnWZ 2015, 483 (489)). Auch der Umstand, dass der Konzessionär seine wirtschaftliche Leistung nicht gegenüber der Gemeinde, sondern gegenüber den Netznutzern erbringt, dürfte nicht entgegen; vielmehr dürfte zureichend sein, dass er diese Dienstleistung im öffentlichen Interesse der Gemeinde erbringt, die sich insoweit der ihr obliegenden Energieversorgungsaufgabe entledigt. Nach Erwgr. 16 der RL 2014/23/EU, der sog. Konzessionsvergabe-RL gelten jedoch Vereinbarungen über die Gewährung von Wegerechten hinsichtlich der Nutzung öffentlicher Liegenschaften für die Bereitstellung oder den Betrieb fester Leitungen und Netze, über die eine Dienstleistung für die Allgemeinheit erbracht werden soll, nicht als Konzession. Hierauf gestützt sollen die Konzessionsrichtlinie und daher auch die nationale Konzessionsvergabeverordnung auf Wegenutzungsverträge nicht anwendbar sein (vgl. BT-Drs. 18/8184, 10; *Kühling/Seiler* EnWZ 2017, 99 (102); mit guten Gründen aA *Kupfer*, NVwZ 2017, 428 (433); *Theobald/Wolkenhauer*, EnWZ 2015, 483 (489); *Mohr*, RdE 2016, 269 (275)).

Einfachgesetzlich sind in erster Linie die speziellen **energiewirtschaftsrechtlichen Vorgaben des § 46 Abs. 1, 3 bis 6** zu beachten, wozu insbes. auch das – auch insoweit anwendbare (→ Rn. 33, 38, 53) – Diskriminierungsverbot des § 46 Abs. 1 S. 1 zählt. Diese Vorgaben sind die Grundlage (vgl. BGH Urt. v. 17.12.2013 – KZR 66/12, NVwZ 2014, 807 Rn. 34; Urt. v. 17.12.2013 – KZR 65/12, NVwZ 2014, 817 Rn. 43) für sowohl verfahrensbezogene (→ Rn. 78 ff.) als auch materielle (→ Rn. 83 ff.) Anforderungen an die Vergabe von Energiekonzessionsverträgen durch die Gemeinden. 76

Ausgehend von der Auffassung, dass die Wegenutzungsrechtvergabe als unternehmerische Betätigung der Gemeinde anzusehen sei (bereits → Rn. 8, 45, dort auch zur Kritik an dieser Auffassung), wird verbreitet angenommen, die Kommune sei bei der Vergabe der Wegenutzungsrechte an das **Kartellrecht, insbesondere §§ 19, 20 GWB** gebunden (BGH Urt. v. 17.12.2013 – KZR 65/12, NVwZ 2014, 817 Rn. 16; *Boos* in Albrecht ua (Hrsg.), Kommunale Wirtschaft im 21. Jahrhundert, S. 353, 358 f.; Schneider/Theobald EnergieWirtschaftsR-HdB/*Albrecht* § 9 Rn. 24 ff.). Dabei wird zugrunde gelegt, dass der sachlich relevante Markt das Angebot von Wegenutzungsrechten zur Verlegung und zum Betrieb von Leitungen, die zum Netz der allgemeinen Versorgung mit Elektrizität oder Energie gehören, ist und der räumlich relevante Markt auf das jeweilige Gemeindegebiet beschränkt ist, so dass die jeweilige Gemeinde insoweit marktbeherrschend sei (BGH Urt. v. 17.12.2013 – KZR 65/12, NVwZ 2014, 817 Rn. 19 ff.; BKart/BNetzA Gemeinsamer Leitfaden, Rn. 18; *Säcker/Mohr/Wolf* Konzessionsverträge im System des europäischen und deutschen Wettbewerbsrechts, S. 55 ff.; *Büdenbender* DVBl 2012, 1530 (1536); krit. dazu *Kermel/Brucker/Baumann* Wegenutzungsverträge und Konzessionsabgaben in der Energieversorgung, S. 91 ff.; *Hellermann* EnWZ 2013, 147 (154); offen gelassen bei OLG Düsseldorf Beschl. v. 9.1.2013 – VII-Verg 26/12, EnWZ 2013, 125 (130)). Über das energiewirtschaftsrechtliche Diskriminierungsverbot hinausreichende Anforderungen sollen der Sache nach dadurch freilich nicht begründet werden; der BGH nimmt an, dass die kartellrechtlichen und die energiewirtschaftsrechtlichen Anforderungen insoweit übereinstimmen (BGH Urt. v. 17.12.2013 – KZR 65/12, NVwZ 2014, 817 Rn. 27; Urt. v. 9.3.2021 – KZR 55/19, EnWZ 2021, 367 Rn. 19). 77

§ 46   Teil 5. Planfeststellung, Wegenutzung

78   **2. Verfahrensanforderungen.** Ausgangspunkt des **Verfahrens zur Vergabe eines Konzessionsvertrages** ist die in § 46 Abs. 3 vorgeschriebene Bekanntmachung des bevorstehenden Vertragsablaufs (→ Rn. 62 ff.). Dadurch soll rechtzeitig der Wettbewerb um den Konzessionsvertrag initiiert werden; EVU sollen Gelegenheit erhalten, ggf. ihr Interesse an diesem Vertragsschluss gegenüber der Gemeinde zu bekunden (*Thomale/Kießling* NuR 2008, 166 (167), mwN; Theobald/Kühling/*Theobald/Schneider* EnWG § 46 Rn. 101). Mit ihrer Interessensbekundung werden sie Beteiligte des weiteren Auswahlverfahrens, das in der Praxis typischerweise etwa wie folgt verläuft (vgl. NK-EnWG/*Huber* § 46 Rn. 96): Nachdem die Interessenten in einem ersten Verfahrensbrief über den Verfahrensablauf, die Eignungsvoraussetzungen und Auswahlkriterien und deren Gewichtung informiert worden sind (→ Rn. 79) und Gelegenheit zur Abgabe eines unverbindlichen, sog. indikativen Angebots erhalten haben, werden ihnen in einem zweiten Verfahrensbrief konkrete Vertragsentwürfe mit der Aufforderung zur Abgabe eines verbindlichen Angebots übersandt; es können sich Verhandlungen anschließen; das Verfahren führt zu der abschließenden Bewertung der verhandelten Angebote durch das zuständige Gemeindeorgan und endet mit der Information und öffentlichen Bekanntmachung nach § 46 Abs. 5 (→ Rn. 103 f.).

79   **a) Mitteilung der Auswahlkriterien und ihrer Gewichtung.** Nach § 46 Abs. 4 S. 4 ist die Gemeinde gegenüber allen Unternehmen, die innerhalb der in der Bekanntmachung gesetzten, mindestens dreimonatigen Frist ihr Interesse an dem Wegenutzungsrecht bekundet haben, zur **Mitteilung der Auswahlkriterien und ihrer Gewichtung** verpflichtet. Der Gesetzgeber hat damit eine schon zuvor vom BGH (Urt. v. 17. 12. 2013 – KZR 66/12, NVwZ 2014, 807 Rn. 35; Urt. v. 17. 12. 2013 – KZR 65/12, NVwZ 2014, 817 Rn. 44) aus dem – aus dem Diskriminierungsverbot folgenden – Transparenzgebot abgeleitete Anforderung an das weitere Verfahren positiviert. Für die Reichweite der Bekanntmachungspflicht ist maßgeblich, dass für die Bewerber erkennbar sein muss, worauf es der Gemeinde bei der Auswahlentscheidung ankommt (Hempel/Franke/*Dünchheim* EnWG § 46 Rn. 343). Weder in den genannten Entscheidungen des BGH noch im Wortlaut von § 46 Abs. 4 S. 4 ist explizit gefordert, dass auch die Bewertungsmethode (→ Rn. 98) mitgeteilt werden muss. Gleichwohl ist dies vereinzelt wohl für geboten gehalten worden (vgl. OLG Stuttgart Urt. v. 19. 11. 2015 – 2 U 60/15, EnWZ 2016, 89 (94 f.)). Nachdem der *EuGH* für das Kartellvergaberecht abweichend judiziert hat (EuGH Urt. v. 14. 7. 2016 – C-6/15, NZBau 2016, 772 Rn. 19 ff.), erscheint dies jedoch nicht überzeugend (*Martel/Ebbinghaus* RdE 2018, 354 (357 f.); strenger BerlKommEnergieR/*Wegner* EnWG § 46 Rn. 124).

80   **b) Weitere Nichtdiskriminierungs- und Transparenzanforderungen.** Auch in dem hieran anschließenden **weiteren Verfahrensablauf** sind Anforderungen des Nichtdiskriminierungs- und Transparenzgebots zu beachten (NK-EnWG/*Huber* § 46 Rn. 94 f.). Das soll etwa erfordern, dass die vorab mitgeteilten Kriterien im Laufe des Verfahrens eingehalten und nicht mehr geändert werden (OVG Münster Beschl. v. 10. 2. 2012 – 11 B 1187/11, NVwZ-RR 2012, 415 (416); *Schau* RdE 2011, 1 (3); *Büdenbender* DVBl 2012, 1530 (1531 f.); krit. und relativierend zum Verbot der Änderung der Kriterien im Laufe des Verfahrens Schneider/Theobald EnergieWirtschaftsR-HdB/*Albrecht* § 9 Rn. 95). Der gesamte Verfahrensgang soll sorgfältig zu dokumentieren sein (OLG Brandenburg Urt. v. 22. 8. 2017 – 6 U 1/17 (Kart), EnWZ 2017, 457 Rn. 121 ff.; NK-EnWG/*Huber* § 46 Rn. 95; Hempel/Franke/*Dünchheim* EnWG § 46 Rn. 336). Die Gemeinde darf sich bei der Durchführung des Konzessionsverfahrens externer Berater bedienen (OLG Celle Urt. v. 26.1.2017 – 13 U 9/16 (Kart), Rn. 41; OLG Brandenburg Urt. v. 22.8.2017 – 6 U 1/17 (Kart), EnWZ 2017, 457 Rn. 85); die abschließende Entscheidung hat jedoch das zuständige Gemeindeorgan selbst zu treffen (NK-EnWG/*Huber* § 46 Rn. 96). Weiter ist die Entscheidung, wie auch aus § 46 Abs. 5 S. 2 ersichtlich, zu begründen.

c) Verfahrensanforderungen bei Inhouse-Vergaben. Wenn ein gemeindeeigenes EVU sich an dem Verfahren beteiligt und konzessioniert werden soll, sind nach Auffassung des BGH (Urt. v. 17.12.2013 – KZR 65/12, NVwZ 2014, 817 Rn. 31; vgl. auch bereits OLG Düsseldorf Beschl. v. 9.1.2013 – VII-Verg 26/12, EnWZ 2013, 125 (127)) die **Grundsätze des sog. Inhouse-Geschäfts ebenso wie das sog. Konzernprivileg unanwendbar** (→ Rn. 93 f. zu den daraus folgenden materiellrechtlichen Anforderungen). Somit sollen nicht nur die ausdrücklichen gesetzlichen Verfahrensregeln, sondern auch weitergehenden Transparenzanforderungen umfassend zu beachten sein. Der BGH ist damit dem Einwand, dass die unionsrechtlichen Voraussetzungen des Inhouse-Privilegs vorliegen, soweit eine Gemeinde den Verteilnetzbetrieb für ihr Gemeindegebiet einem im Wesentlichen nur für sie tätigen, von ihr beherrschten Unternehmen übertragen will, und dass auch aus § 46 ein Ausschluss der Anwendbarkeit dieses Privilegs nicht überzeugend herzuleiten ist (vgl. VG Oldenburg Beschl. v. 17.7.2012 – 1 B 3594/12, ZNER 2012, 541 (544f.); *Hellermann* Die gemeindliche Entscheidung, S. 17ff., 25ff.; *Hellermann* EnZW 2013, 147 (149f.); *Meyer-Hetling/Schneider* FS Danner, 2019, 159 (169); vgl. auch Theobald/Kühling/*Theobald/Schneider* EnWG § 46 Rn. 142ff.; *Säcker/Mohr/Wolf* Konzessionsverträge im System des europäischen und deutschen Wettbewerbsrechts, S. 122), nicht gefolgt.

Aus der im Falle der Beteiligung gemeindeeigener Unternehmen an dem Auswahlverfahren folgenden Doppelstellung der Gemeinde als Vergabestelle und Bieter hat die Rspr. **weitergehende Verfahrensanforderungen** abgeleitet. Die Annahme, die Zulassung eines gemeindeeigenen Unternehmens ohne eigene Rechtspersönlichkeit oder zumindest funktionale Eigenständigkeit als Bieter begründe bereits als solche einen Verstoß gegen das Transparenz- und Neutralitätsgebot (LG Berlin Urt. v. 9.12.2014 – 16 O 224/14, EnWZ 2015, 230 (234f.); krit. dazu *Hellermann* EnWZ 2015, 239 (240)), ist unhaltbar; sie verkennt das in § 46 Abs. 6 explizit anerkannte Beteiligungsrecht. Der BGH hat wegen des bestehenden Interessenkonflikts ein Gebot der organisatorischen und personellen Trennung, dem durch die Zuordnung eines als Bewerber auftretenden Eigenbetriebs zu einem gegenüber der Vergabestelle personell und organisatorisch vollständig getrennten anderen Verwaltungsressort Rechnung getragen werden könne, angenommen (BGH Beschl. v. 18.10.2016 – KZB 46/15 (KG), NZBau 2017, 236 Rn. 40). Darüber hinaus hat sich die Frage nach einem möglichen Mitwirkungsverbot für Gemeinderatsmitglieder im Auswahlverfahren gestellt. Konkrete gesetzliche Mitwirkungsverbote bestehen insoweit nicht, da die für Auftrags- und Dienstleistungskonzessionsvergaben einschlägigen Vorschriften nicht anwendbar sind, die landesverwaltungsverfahrensrechtlichen Befangenheitsvorschriften hinter den speziellen Vorschriften der Gemeindeordnungen über Mitwirkungsverbote für Ehrenamtliche, insbesondere auch Ratsmitglieder zurückstehen und die gemeinderechtlichen Mitwirkungsverbote regelmäßig eine hier relevante Ausnahme vorsehen, wenn ein Ratsmitglied dem Vorstand, dem Aufsichtsrat oder einem gleichartigen Organ einer von der Entscheidung unmittelbar betroffenen juristischen Person oder Vereinigung als Vertreter (oder auf Vorschlag) der Gemeinde angehört (vgl. *Hellermann* EnWZ 2016, 7 (8 ff.)). Ungeachtet grundsätzlicher, auf die landesrechtliche Kommunalrechtszuständigkeit und die verfassungsrechtlich garantierte kommunale Selbstverwaltung gestützter Bedenken (vgl. *Hellermann* EnWZ 2016, 7 (12); *Hellermann* EnWZ 2020, 326; *Meyer-Hetling/Schneider* EnWZ 2017, 387 (389 f.)) hat der BGH ein richterrechtlich begründetes Mitwirkungsverbot für solche Personen angenommen, die bei einem Bewerber gegen Entgelt beschäftigt oder bei ihm als Mitglied eines Organs, auch als Mitglied des Aufsichtsrats tätig sind (BGH Urt. v. 28.1.2020 – EnZR 99/18, EnWZ 2020, 321 Rn. 34). Ausgehend davon, dass damit insbesondere der Gefahr Rechnung getragen werden soll, dass die Eigengesellschaft der Gemeinde einen Informationsvorsprung erhält oder ihre Interessen in einer besonderen Weise in die Entscheidungsfindung der Gemeinde einfließen lassen kann, differenziert der BGH dann bei den Rechtsfolgen; die Betätigung eines Ratsmitglieds mit Doppelmandat in dem dem Ratsbeschluss vorgelagerten Verfahren, insbesondere bei der Festlegung der Auswahlkriterien sowie in Gestalt sonstiger einflussnehmender Aktivitäten wird strenger beurteilt, während die Teilnahme an der abschließenden Entscheidung des Rates über die Konzessionsvertragsvergabe hingegen für sich genommen keine Nichtigkeit auslösen soll (BGH Urt. v. 28.1.2020 – EnZR 99/18, EnWZ 2020, 321 Rn. 36 ff.).

83   **3. Materiellrechtliche Vorgaben.** Im Ausgangspunkt wohl unbestritten muss die Konzessionsvertragsvergabe durch die Gemeinde materiellrechtlich diskriminierungsfrei erfolgen; dies folgt schon aus ihrer Bindung an Art. 3 Abs. 1 GG und weiter aus der Anwendbarkeit von § 46 Abs. 1 S. 1 auch auf Konzessionsverträge (→ Rn. 33, 38, 53). Nicht nur unter der Rechtslage vor dem EnWG 1998 (vgl. dazu BGH Urt. v. 16.11.1999 – KZR 12/97, BGHZ 143, 128 (146 f.) = NJW 2000, 577), sondern auch noch unter der Geltung des EnWG 1998 und 2005 zunächst verbreitet angenommen worden, dass die Gemeinde darüber hinaus keinen **spezifischen materiellrechtlichen Bindungen** unterliege. Dafür sprach, dass der Gesetzgeber des EnWG 1998 in der Sache nicht hat bestimmen wollen, nach welchen Kriterien die Gemeinde ihre (Auswahl-)Entscheidung zu treffen hat (BT-Drs. 13/7274, 21), und der Gesetzgeber des EnWG 2005 sich davon nicht distanziert hat (vgl. BT-Drs. 15/3917, 67). In der Folge ist der Gemeinde für diese Entscheidung ein lokalpolitischer Entscheidungsspielraum zuerkannt worden (vgl. VG Oldenburg Beschl. v. 17.7.2012 – 1 B 3594/12, ZNER 2012, 541 (544); *Pippke/Gassner* RdE 2006, 33 (37); *Byok* RdE 2008, 268 (271); *Templin* Recht der Konzessionsverträge S. 135, 357 ff.; BerlKommEnergieR/*Wegner* EnWG § 46 Rn. 114; Schneider/Theobald EnergieWirtschaftsR-HdB/*Albrecht* § 9 Rn. 92; *Scholtka/Helmes* NJW 2011, 3185 (3190); → 3. Aufl., § 46 Rn. 67 e). Insbesondere seit dem Inkrafttreten des § 46 Abs. 3 S. 5 a.F mit dem Gesetz vom 26.7.2011 (BGBl. 2011 I S. 1554) sind jedoch die materiellrechtlichen Kriterien der Entscheidung der Gemeinde über den Konzessionsvertragsschluss zum Gegenstand einer intensiven Auseinandersetzung geworden. Ungeachtet erheblicher, teils auf die Gesetzesauslegung, teils auf Art. 28 Abs. 2 GG gestützter Bedenken (vgl. näher *Hellermann* Die gemeindliche Entscheidung, S. 27 ff.; *ders.* EnZW 2013, 147 (150 ff.)) sind sie dabei insbes. in der obergerichtlichen Rspr. überwiegend im Sinne einer strengeren Bindung der Gemeinde bestimmt worden. Für die Praxis haben im Jahr 2013 die beiden Grundsatzentscheidungen des BGH in Sachen Heiligenhafen (BGH Urt. v. 17.12.2013 – KZR 65/12, NVwZ 2014, 817) und Berkenthin (BGH Urt. v. 17.12.2013 – KZR 66/12, NVwZ 2014, 807) eine gewisse Klärung gebracht.

Spätestens seither war klar, dass die Auswahl auf der Grundlage von Kriterienkatalogen zu erfolgen hat, in denen die Ziele nach § 1 Abs. 1 vorrangig Berücksichtigung finden. Mit der Neufassung von § 46 Abs. 4 S. 1–3 durch das Gesetz zur Änderung der Vorschriften zur Vergabe von Wegenutzungsrechten zur leitungsgebundenen Energieversorgung vom 27.1.2017 (BGBl. I S. 130) hat der Gesetzgeber detailliertere Regelungen getroffen, die aber nach der Intention des Gesetzgebers nicht mehr als eine Bestätigung der mit diesen höchstrichterlichen Entscheidungen erreichten Rechtslage darstellen sollen (vgl. BT-Drs. 18/8184, 13 ff.). In der Folge bestehen bis heute nicht unerhebliche Rechtsunsicherheiten, die sich in einer nach wie vor wenig berechenbaren Rspr. insbes. von Obergerichten niederschlagen (*Kupfer* NVwZ 2017, 428 (428 f., 433); *Meyer-Hetling/Schneider* FS Danner, 2019, 159 (166, 168, 174)).

a) Eignungskriterien. Obgleich § 46 Abs. 4 dies nicht explizit regelt, ist mit Recht anerkannt, dass die Gemeinde im Konzessionierungsverfahren nur geeignete Bieter berücksichtigen kann und muss. Sie darf daher der Auswahl vorgeschaltete Eignungskriterien vorsehen, mittels derer die für einen dauerhaften, den Vorschriften des EnWG genügenden Netzbetrieb erforderliche **personelle, technische und wirtschaftliche Leistungsfähigkeit und Zuverlässigkeit** der Bieter überprüft und festgestellt werden kann (KG Berlin Urt. v. 25.10.2018 – 2 U 18/18 EnWG, EnWZ 2019, 76 Rn. 36 ff.; BerlKommEnergieR/*Wegner* EnWG § 46 Rn. 132; Elspas/Graßman/Rasbach/*Peiffer* § 46 Rn. 53 f.). Die von der Gemeinde festgelegten Eignungskriterien müssen im Hinblick auf die Aufgabe des Konzessionierungsverfahrens sachlich gerechtfertigt und insbesondere mit den Anforderungen des Transparenzgebots und des Diskriminierungsverbots vereinbar sein (KG Berlin Urt. v. 25.10.2018 – 2 U 18/18 EnWG, EnWZ 2019, 76 Rn. 41). Sie sind daher auf alle Bieter gleichermaßen anzuwenden (*Kermel/Vaulont* RdE 2021, 466 (472)). Die für den Netzbetrieb erforderliche, die personelle, technische und wirtschaftliche Leistungsfähigkeit und Zuverlässigkeit bestätigende Genehmigung nach § 4, die erst im Zeitpunkt der Vertragsausführung vorliegen muss, darf nicht schon im Verfahren zur Konzessionsvergabe verlangt werden (OLG Düsseldorf Beschl. v. 17.4.2014 – VI-2 Kart 2/13 (V), NZBau 2014, 577 (581); KG Berlin Urt. v. 24.9.2020 – 2 U 93/19.EnWG, EnWZ 2021, 20 Rn. 162 f.). Unzulässig soll es sein, einen Bewerber, dessen Angebot sachlich nicht aussichtslos ist, allein deshalb vom Verfahren auszuschließen, weil er bei einer Vorprüfung geforderte, ohnedies offenkundige Informationen nicht fristgerecht vorgelegt hat (OLG Schleswig Urt. v. 13.7.2017 – 16 U 32/17, Rn. 54).

b) Zulässigkeit von Auswahlkriterien. Die unbestrittene Bindung der Gemeinde an den Gleichheitssatz bzw. das Diskriminierungsverbot verlangt, dass die Auswahl nach **sachgerechten, zulässigen Differenzierungsgründen** erfolgt. Gleichheitssatz und Diskriminierungsverbot geben aus sich heraus freilich noch keine Auskunft darüber, welche Gründe sachgerecht sind und damit eine Ungleichbehandlung rechtfertigen können. Dies ist vielmehr konkret für den jeweiligen Sachbereich, hier aus dem energiewirtschaftsrechtlichen Kontext heraus zu ermitteln (so im Ausgangspunkt zutr. BGH Urt. v. 17.12.2013 – KZR 66/12, NVwZ 2014, 807 Rn. 36).

aa) Konzessionsabgaben und sonstige Leistungen nach der KAV. Grundsätzlich geklärt ist, dass die Gemeinde fiskalische Interessen im Zusammenhang mit der Überlassung des Wegenutzungsrechts bei der Vergabe berücksichtigen darf. Ins-

§ 46 Teil 5. Planfeststellung, Wegenutzung

bes. darf sie den Abschluss eines Konzessionsvertrages mit einem EVU verweigern, das nicht bereit ist, sich zur Zahlung von **Konzessionsabgaben in Höhe der Höchstsätze** nach § 48 Abs. 2 und der KAV zu verpflichten (BGH Urt. v. 17.12.2013 – KZR 66/12, NVwZ 2014, 807 Rn. 45; zu § 46 Abs. 1 S. 2 → Rn. 47 f.). Dies folgt aus der Anwendbarkeit von § 46 Abs. 1 S. 2 auch auf Konzessionsverträge (BGH Urt. v. 17.12.2013 – KZR 65/12, NVwZ 2014, 817 Rn. 30; → Rn. 33) und nicht erst aus § 46 Abs. 4 S. 2 (→ Rn. 92).

87 Auch von der Gewährung **sonstiger Leistungen** darf die Gemeinde die Konzessionsvertragsvergabe abhängig machen, soweit diese nach § 3 KAV zulässig sind. Der nach § 3 Abs. 1 Nr. 1 KAV zugelassene sog. Kommunalrabatt darf nur auf das Entgelt für den Netzzugang gewährt werden; das soll den Arbeits-, Leistungs- und Grundpreis, nicht jedoch auch auf weitere, mit dem Netzzugang lediglich in Zusammenhang stehende Rechnungsbestandteile wie Abgaben, Umlagen und Entgelte für den Messstellenbetrieb, Messung und Abrechnung erfassen (vgl. OLG Düsseldorf Beschl. v. 29.9.2021 – 3 Kart 210/202A, EnWZ 2022, 77 Rn. 31 ff.). Nach der KAV unzulässige Leistungen, namentlich die Höchstbeträge übersteigende Konzessionsabgaben oder sonstige Leistungen, die nach § 3 KAV unzulässig sind, zu verlangen, ist der Gemeinde im Verfahren der Auswahl des Konzessionsvertragspartners untersagt.

88 **bb) Beschränkung auf netzbezogene Kriterien.** Wegen der Entflechtung des Netzbetriebs von Erzeugung und Vertrieb und der entsprechenden Beschränkung des Gegenstands des Konzessionsvertrags (→ Rn. 56 ff.) sollen von der Gemeinde insbes. nur sog. **netzbezogene Kriterien** als Auswahlkriterien herangezogen werden dürfen (vgl. BT-Drs. 17/6072, 88; BKartA/BNetzA Gemeinsamer Leitfaden, Rn. 23; vgl. auch *Büdenbender,* Materiellrechtliche Entscheidungskriterien, S. 33 ff.; *Schwensfeier* in Kermel (Hrsg.), Konzessionsverträge und Konzessionsabgaben, Kap. 5 Rn. 154; 157 ff.; *Höch* RdE 2013, 60 (61)). Überzeugend werden damit solche Kriterien für unzulässig erklärt, die mit der durch das EnWG vorgegebenen Trennung des Netzbetriebs von Energieerzeugung und -lieferung unvereinbar sind und die der Bewerber gar nicht erfüllen kann bzw. darf; so ist das Abhängigmachen der Auswahlentscheidung von explizit erzeugungs- oder vertriebsbezogenen Zusagen unzulässig. Eine darüber hinaus gehende, strenge Netzbezogenheit der Auswahlkriterien kann jedoch nicht gefordert werden (*Schau* RdE 2011, 1 (3); *Hellermann* EnZW 2013, 147 (151)).

89 **cc) Verpflichtung auf die Ziele des § 1 Abs. 1.** Die Annahme, bei ihrer Auswahlentscheidung habe eine **Bindung der Gemeinde an die Ziele des § 1 Abs. 1** bereits unabhängig von deren ausdrücklicher gesetzlicher Anordnung bestanden (BGH Urt. v. 17.12.2013 – KZR 66/12, NVwZ 2014, 807 Rn. 36 ff.; OVG Lüneburg Beschl. v. 11.9.2013 – 10 ME 88/12, 10 ME 87/12, EnWZ 2013, 570 (571); OLG Stuttgart Beschl. v. 7.11.2013 – 201 Kart 1/13, EnZW 2014, 83 (85 f.); *Büdenbender,* Materiellrechtliche Entscheidungskriterien, S. 37 f., 63; vgl. auch BT-Drs. 17/6072, 88, wonach die Regelung bloß klarstellend sein soll), verkannte die Stellung der Gemeinden und war nicht überzeugend (→ § 1 Rn. 28). Seit dem Änderungsgesetz vom 26.7.2011 (BGBl. 2011 I S. 1554) hat § 46 Abs. 3 S. 5 aF die Bindung an die Ziele des § 1 EnWG explizit angeordnet; nunmehr findet sie sich, durch den Verweis auf § 1 Abs. 1 präzisiert (BT-Drs. 18/8184, 13), in § 46 Abs. 4 S. 1. Diese grundsätzliche Verpflichtung der Gemeinde zur Berücksichtigung der Ziele des § 1 Abs. 1 ist auch im Lichte von Art. 28 Abs. 2 GG nicht zu beanstanden (*Hellermann* Die gemeindliche Entscheidung, S. 32 f.).

Wegenutzungsverträge **§ 46**

Umstritten ist freilich die Intensität der dadurch bewirkten rechtlichen Bindung, die auch aus verfassungsrechtlicher Perspektive erörterungsbedürftig ist (→ Rn. 93, 96).

Als **den Zielen des § 1 Abs. 1 verpflichtete Kriterien** (vgl. zum Folgenden 90 die Überblicke bei BerlKommEnergieR/*Wegner* EnWG § 46 Rn. 108 ff.; Hempel/Franke/*Dünchheim* EnWG § 46 Rn. 296 ff.; Theobald/Kühling/*Theobald/Schneider* EnWG § 46 Rn. 119 ff.) gelten zunächst mit Blick auf das Gesetzesziel der Versorgungssicherheit solche des sicheren Netzbetriebs; als Unterkriterien kommen insoweit ua die Störungshäufigkeit bzw. die Schnelligkeit der Störungsbeseitigung. Konzepte für Investitions-, Instandhaltungs- und Netzentwicklungsmaßnahmen sowie Erfahrungen im Netzbetrieb bzw. ein konkretes und plausibles Betriebskonzept in Betracht. Mit Blick auf das Ziel der Preisgünstigkeit wird va die Höhe der zu erwartenden Netzentgelte im Konzessionsgebiete herangezogen (dazu ausf. Hempel/Franke/*Dünchheim* EnWG § 46 Rn. 297 ff.). Hinsichtlich des Auswahlkriteriums der Verbraucherfreundlichkeit kommt es auf näher ausgestaltete Anforderungen an die Kundenservicestandards des Netzbetreibers an. Das Gesetzesziel der Effizienz wird in § 1 Abs. 1 im Sinne sowohl von Kosten- wie auch Energieeffizienz verstanden (→ § 1 Rn. 44 ff.); für das daraus abgeleitete Auswahlkriterium wird aus Transparenzgründen dafür plädiert, die Kosteneffizienz allein dem Preisgünstigkeitsziel zuzurechnen und als Effizienzkriterium nur auf die Energieeffizienz abzustellen, wobei die hier in Betracht kommenden Unterkriterien wie die Verminderung des Betriebsverbrauchs oder die Minimierung der Verlustenergie bzw. des Gasschwundes auch dem Auswahlkriterium der Umweltverträglichkeit zugeordnet werden können (vgl. BerlKommEnergieR/*Wegner* EnWG § 46 Rn. 115). Mit Blick auf das Umweltverträglichkeitsziel kommen Anforderungen an die Verwendung umweltschonender Materialien, Schonung von Bäumen, Erdverkabelung oder Nutzung einer CO_2-schonenden Fahrzeugflotte in Betracht. Mit dem Umweltverträglichkeitsziel wiederum deckt sich partiell das Ziel, die Versorgung der Allgemeinheit mit Elektrizität und Gas zunehmend auf erneuerbaren Energien zu stützen; als netzbezogene Beiträge zum Ausbau erneuerbarer Energien kommen – über die Erfüllung ohnehin bestehender gesetzlicher Verpflichtungen hinausgehende – Unterkriterien wie die Integration dezentraler Erzeugungsanlagen (insbesondere umweltfreundliche Energie aus Wind und Sonne) und damit zusammenhängende Konzepte für den Einsatz von Speichern, Maßnahmen des Lasten- und Einspeisemanagements sowie regelbare Ortsnetztransformatoren in Betracht (vgl. BT-Drs. 18/8184, 14).

dd) Berücksichtigung von Angelegenheiten der örtlichen Gemein- 91 **schaft/Rekommunalisierung.** § 46 Abs. 4 S 2 erlaubt der Gemeinde eine **– begrenzte – Berücksichtigung von Angelegenheiten der örtlichen Gemeinschaft** bei ihrer Auswahlentscheidung. Die Begrenzung liegt in der ausdrücklich aufgegebenen Wahrung netzwirtschaftlicher Anforderungen. Der Gesetzgeber hat damit die einschlägige Rechtsprechung des BGH (Urt. v. 17.12.2013 – KZR 66/12, NVwZ 2014, 807 Rn. 48 ff.) gesetzlich fixieren wollen (BT-Drs. 18/8184, 14).

Als **berücksichtigungsfähige kommunale Belange** nennt die Gesetzent- 92 wurfsbegründung beispielhaft – neben der richtigerweise schon durch § 46 Abs. 1 S. 2 verbürgten Zahlung der nach KAV höchstmöglichen Konzessionsabgabe (→ Rn. 86) – Vertragslaufzeit und Modelle sowie die Koordinierung von Baumaßnahmen (BT-Drs. 18/8184, 14 f.); dabei handelt es sich um klassische Bestandteile von Konzessionsverträgen. Auch im Zusammenhang mit der Wegerechtsvergabe stehende fiskalische Interessen der Gemeinde, soweit sie mit der KAV vereinbar sind, sind danach berücksichtigungsfähig (BGH Urt. v. 17.12.2013 – KZR 66/12, NVwZ 2014, 807 Rn. 74f.; Theobald/Kühling/*Theobald*/*Schneider* EnWG § 46 Rn. 125; teilweise aA Hempel/Franke/*Dünchheim* EnWG § 46 Rn. 315f.). Zulässig sind insbes. auch Auswahlkriterien, mittels derer die Gemeinde auch nach der Konzessionsvergabe, während der Laufzeit des Vertrages ihre legitimen Interessen an der Ausgestaltung des Netzbetriebs verfolgen kann. Dazu zählen etwa Einflussmöglichkeiten der Gemeinde in Bezug auf Effizienz, Sicherheit und Preisgünstigkeit des Netzbetriebs oder zur Absicherung ihrer Planungshoheit bei Netz- oder Kapazitätserweiterungen oder Maßnahmen zur Modernisierung des Netzes. Die Bereitschaft zur vertraglichen Einräumung von diesbezüglichen Informations- und Nachverhandlungspflichten, Mitwirkungs- und Konsultationsrechten (BGH Urt. v. 17.12.2013 – KZR 66/12, NVwZ 2014, 807 Rn. 52), auch von Kündigungsrechten oder Vertragsstrafenabreden darf danach bei der Auswahl berücksichtigt werden (Theobald/Kühling/*Theobald*/*Schneider* EnWG § 46 Rn. 117). Aus demselben Grund ist auch das Verlangen einer sog. Change of control-Klausel, die der Gemeinde ein Zustimmungserfordernis oder ein Kündigungsrecht für den Fall eines Kontrollwechsels beim Konzessionär, dh des Übergangs der Kontrolle auf ein anderes, nicht konzernverbundenes Unternehmen, sichert, nicht zu beanstanden (BGH Urt. v. 17.12.2013 – KZR 66/12, NVwZ 2014, 807 Rn. 92; OLG Celle Urt. v. 26.1.2017 – 13 U 9/16 (Kart), Rn. 18; KG Berlin Urt. v. 25.10.2018 – 2 U 18/18.EnWG, EnWZ 2019, 76 Rn. 140).

93 Vor dem Hintergrund einer verstärkten Tendenz zur Rekommunalisierung hat in den zurückliegenden Jahren die Frage nach der **Zulässigkeit der bevorzugten Übertragung des Wegenutzungsrechts und des Netzbetriebs auf gemeindeeigene EVU (Inhouse-Vergabe)** eine besondere Rolle gespielt. Lange war die Freiheit der Gemeinde, aus auch kommunalpolitischen Erwägungen heraus ein eigenes EVU zu bevorzugen, weithin anerkannt (vgl. *Boos* in Albrecht ua [Hrsg.], Kommunale Wirtschaft im 21. Jahrhundert, S. 353, 358f.). Die Anwendung des Inhouse-Privilegs ließ sich darauf stützen, dass dessen unionsrechtlichen Voraussetzungen vorliegen, soweit eine Gemeinde den Verteilnetzbetrieb für ihr Gemeindegebiet einem im Wesentlichen nur für sie tätigen eigenen Unternehmen übertragen will. Ein Ausschluss seiner Anwendbarkeit war aus § 46 aF nicht überzeugend herzuleiten; insbes. ergab sich dies nicht aus § 46 Abs. 4 aF, § 46 Abs. 6 nF (→ Rn. 126), und es war auch aus § 46 Abs. 1 S. 1, den § 46 Abs. 4 aF, § 46 Abs. 6 nF nicht einmal auf für Eigenbetriebe anwendbar erklärt, nicht überzeugend herzuleiten (vgl. VG Oldenburg Beschl. v. 17.7.2012 – 1 B 3594/12, ZNER 2012, 541 (544f.); *Hellermann* Die gemeindliche Entscheidung, S. 17ff., 25ff.; *ders.* EnZW 2013, 147 (149f.); vgl. auch *Säcker*/*Mohr*/*Wolf* Konzessionsverträge im System des europäischen und deutschen Wettbewerbsrechts, S. 122). Gleichwohl hat der BGH schon zu § 46 aF unter Verweis auf das Diskriminierungsverbot des § 46 Abs. 1 und den Gesetzeszweck entschieden, dass weder ein Inhouse-Privileg, wie es im Vergaberecht anerkannt ist, noch ein im Kartellrecht anerkanntes Konzernprivileg anwendbar seien, weshalb eine bedingungslose Vergabe an einen Eigenbetrieb ausgeschlossen sei (BGH Urt. v. 17.12.2013 – KZR 65/12, NVwZ 2014, 817 Rn. 31ff.; vgl. auch OLG Schleswig Urt. v. 22.11.2012 – 16 U (Kart) 22/12, EnWZ 2013, 84 (88); OLG Düsseldorf Beschl. v. 9.1.2013 – VII-Verg 26/12, EnZW 2013, 125 (127)). Die Nichtanwendung des Inhouse-Privilegs war aus den genannten Gründen ebenso wie die Verwerfung des Konzernprivilegs nicht überzeugend; die hierfür angebotene Begründung, andernfalls könne die öffentliche Hand eine auf ihre straßenrechtlichen hoheitlichen Aufgaben gegründete Monopolstellung zur Verdrängung privater Wettbewerber nutzen (BerlKommEnergieR/*Wegner* EnWG § 46 Rn. 142), ist in sich widersprüchlich, da sie die gemeindliche Wegerechtsvergabe zunächst als unternehmerisches Handeln, dann aber mit Blick auf das Konzern-Privileg als Wahrnehmung einer hoheitlichen Aufgabe qualifiziert (*Hellermann* Die gemeindliche Entscheidung, S. 49f.). Mit der Neufassung von § 46 Abs. 4 S. 1 und 2 ist, zumal im Gesetzgebungsverfahren Vorschläge zur Aufnahme eines Inhouse-Privilegs ausdrücklich zurückgewiesen worden sind (BT-Drs. 18/8184, 1f.), diese Rspr. jetzt allerdings als gesetzlich festgeschrieben anzusehen (*Kühling/Seiler* EnWZ 2017, 99 (101)). Der Ausschluss der Inhouse-Vergabe ist inzwischen praktisch unangefochten, obgleich im Lichte von Art. 28 Abs. 2 GG die Tragfähigkeit der Begründung, die Erreichung der Ziele des § 1 Abs. 1 erfordere und rechtfertige dies, nach wie vor mit guten Gründen angezweifelt werden kann (Theobald/Kühling/*Theobald/Schneider* EnWG § 46 Rn. 144; aA *Kühling/Seiler* EnWZ 2017, 99 (103ff.)).

Aus dem Gebot eines diskriminierungsfreien Wettbewerbs ist teilweise noch **94** weitergehend abgeleitet worden, die Vergabe an ein gemeindeeigenes EVU sei nur in einem Leistungswettbewerb zulässig, in dem keine Kriterien zugrunde gelegt werden dürften, die spezifisch gerade bei gemeindeeigenen EVU erfüllt sein und diese im Ergebnis bevorzugen könnten (vgl. OLG Schleswig Urt. v. 22.11.2012 – 16 U (Kart) 21/12, EnWZ 2013, 76 (79f.); *Schwensfeier* in Kermel (Hrsg.), Konzessionsverträge und Konzessionsabgaben, Kap. 5 Rn. 191; *Höch* RdE 2013, 60 (64)). Zu dieser Frage der **Zulässigkeit gemeindeeigene Unternehmen begünstigender Kriterien** hat der BGH (Urt. v. 17.12.2013 – KZR 66/12, NVwZ 2014, 807 Rn. 51ff.) nicht abschließend Position bezogen. So hat er ein Wertungskriterium „gesellschaftsrechtlicher Einfluss" zwar problematisiert, weil es gemeindeeigenen Unternehmen stets einen Vorteil gegenüber anderen Bewerbern, die die Aufgabe des Netzbetriebs eigenverantwortlich übernehmen wollen, verschaffe; er hat seine Zulässigkeit aber jedenfalls für den Fall nicht ausgeschlossen, dass dem legitimen Interesse, die Konkretisierung der energiewirtschaftsrechtlichen Ziele des Netzbetriebs über die Laufzeit des Konzessionsvertrages nachzuhalten, nicht in anderer, insbesondere vertragsrechtlicher Weise angemessen Rechnung getragen werden kann (BGH Urt. v. 17.12.2013 – KZR 66/12, NVwZ 2014, 807 Rn. 53). Den gemeindlichen Entscheidungsspielraum durch einen Ausschluss solcher Kriterien einzuschränken, erscheint weder gesetzlich überzeugend herzuleiten noch mit Art. 28 Abs. 2 GG vereinbar. Für die Vergabe an ein gemeindeeigenes Unternehmen können sachliche, auch energiewirtschaftsrechtlich sachgerechte Gründe wie die Stärkung des kommunalen Einflusses auf den Netzbetrieb oder auch die fiskalische Vorteilhaftigkeit sprechen (vgl. *Templin* IR 2009, 125; *Theobald* DÖV 2009, 356 (357ff.)). Deshalb ist den Gemeinden das Recht zuzugestehen, solche kommunalen Interessen als Kriterium einzuführen, auch wenn sie gemeindeeigene EVU im Ergebnis begünstigen (vgl. VG Oldenburg Beschl. v. 17.7.2012 – 1 B 3594/12, ZNER 2012, 541 (545); *Fischer/Wolff/Embacher* RdE 2012, 274; *Hellermann* EnWZ 2013, 147 (153)). Es ist allerdings zutreffend, dass die Aufnahme solcher Kriterien angesichts der nicht abschließend geklärten Rechtslage und wenig berechenbaren obergerichtlichen Rechtsprechung ein Risiko beinhaltet (Hempel/Franke/*Dünchheim* EnWG § 46 Rn. 311).

c) Gewichtung der Auswahlkriterien. Der Auswahlentscheidung werden **95** heute üblicherweise Kriterienkataloge zugrunde gelegt, in denen die einzelnen Auswahlkriterien mit einem bestimmten, von den einzelnen Angeboten höchstens erreichbaren Punktwert versehen werden. Hinsichtlich der Gewichtung, mit der zulässige Kriterien in diese Kataloge aufgenommen werden, soll ein **gemeindlicher Entscheidungsspielraum** bestehen (BGH Urt. v. 17.12.2013 – KZR 66/12, NVwZ 2014, 807 Rn. 48; KG Berlin Urt. v. 25.10.2018 – 2 U 18/18.EnWG, EnWZ 2019, 76 Rn. 59). § 46 Abs. 4 S. 3 erkennt das an, wenn auch eher indirekt, indem die Anforderungen des jeweiligen Netzgebiets als Begrenzung der Spielraums genannt werden.

96 Im Gesetz nicht klar geregelt und in der Folge nicht ganz unumstritten ist die **Intensität der durch § 46 Abs. 4 S. 1 bewirkten rechtlichen Bindung an die Ziele des § 1 Abs. 1**. Die nach dem Willen des Gesetzgebers in § 46 Abs. 4 rezipierte Rechtsprechung des BGH (Urt. v. 17.12.2013 – KZR 66/12, NVwZ 2014, 807 Rn. 16, 36 ff.; Urt. v. 17.12.2013 – KZR 65/12, NVwZ 2014, 817 Rn. 15, 49) hat eine – nicht näher quantifizierte – vorrangige Beachtung der Ziele des § 1 Abs. 1 verlangt. Davon ausgehend hat das Bundeskartellamt ein Gewicht von 70 Prozent der maximal möglichen Gesamtpunktzahl für Kriterien mit Bezug zu den Zielen des § 1 im Sinne eines „safe harbour" für die Gemeinden vorgeschlagen (BKartA/BNetzA Gemeinsamer Leitfaden, Rn. 32). Vereinzelt ist auch eine gegenüber anderen gemeindlichen Zielen deutlich vorrangige Berücksichtigung der Ziele des § 1 Abs. 1 verlangt worden (vgl. OLG Schleswig Urt. v. 22.11.2012 – 16 U (Kart) 21/12, EnWZ 2013, 76 (79); OLG Stuttgart Beschl. v 26.9.2013 – 201 Kart 1/13, EnWZ 2014, 83 (86 f.)). Überwiegend wird angenommen, dass eine mindestens gleichwertige, dh mindestens 50-prozentige Berücksichtigung der Ziele des § 1 Abs. 1 den Anforderungen genügt (OVG Lüneburg Beschl. v. 11.9.2013 – 10 ME 88/12, 10 ME 87/12, EnWZ 2013, 570 (571); OLG Düsseldorf Urt. v. 23.12.2015 – VI-2 U (Kart) 4/15, 2 U (Kart) 4/15, EnWZ 2016, 171 (171 f.); OLG Celle Urt. v. 17.3.2016 – 13 U 141/15 b (Kart), EnWZ 2016, 310 Rn. 45; vgl. auch BKartA/BNetzA Gemeinsamer Leitfaden, Rn. 32 Fn. 52). Dabei ist zu beachten, dass auch Auswahlkriterien, die gemeindliche Einflussmöglichkeiten in Bezug auf Effizienz, Sicherheit, Preisgünstigkeit des Netzbetriebs während der Laufzeit des Konzessionsvertrages sicherstellen (→ Rn. 90), hierunter fallen (OLG Celle Urt. v. 26.1.2017 – 13 U 9/16 (Kart), Rn. 63 f.; KG Berlin Urt. v. 25.10.2018 – 2 U 18/18.EnWG, EnWZ 2019, 76 Rn. 61). Mehr als eine Berücksichtigung der Ziele des § 1 Abs. 1 in diesem Umfang kann angesichts des Umstands, dass schon ein Vorrang der Verpflichtung auf die Ziele des § 1 Abs. 1 durch § 46 Abs. 3 S. 5 nicht zwingend vorgegeben ist und mit Art. 28 Abs. 2 GG in Konflikt steht (*Hellermann* EnWZ 2013, 147 (151 f.); Theobald/Kühling/*Theobald/Schneider* EnWG § 46 Rn. 116), jedenfalls nicht gefordert werden.

97 Weiter soll sich eine unterschiedliche Wertigkeit der einzelnen Ziele des § 1 Abs. 1 auch in deren **unterschiedlicher Gewichtung** in den Kriterienkatalogen niederschlagen müssen. Im Vordergrund stehen dabei die Ziele der Versorgungssicherheit und der Preisgünstigkeit, für die va auf die in der Höhe der zu erwartenden Netzentgelte rekurriert wird. Diese Ziele sind auch in § 46 Abs. 4 S. 2 hervorgehoben (vgl. *Höch/Christ* RdE 2021, 527 (532 f.) dazu, dass dort allerdings nicht auf Preisgünstigkeit, sondern auf Kosteneffizienz Bezug genommen wird), doch soll darin nach dem Willen des Gesetzgebers keine von den Aussagen des *BGH* abweichende Pflicht zur höheren Gewichtung im Vergleich zu anderen Zielen des § 1 Abs. 1 zum Ausdruck kommen (BT-Drs. 18/8184, 26; vgl. auch Elspas/Graßman/Rasbach/*Peiffer* Rn. 60, 66). Der BGH (Urt. v. 17.12.2013 – KZR 66/12, NVwZ 2014, 807 Rn. 84) hat betont, dass der sichere Netzbetrieb von fundamentaler Be-

deutung für die Versorgungssicherheit sei und dies bei der Bewertung angemessen berücksichtigt werden müsse; eine – ausdrücklich als nicht verbindlich gekennzeichnete – Orientierungshilfe hat er im Musterkriterienkatalog der Energiekartellbehörde Baden-Württemberg gesehen, die die Netzsicherheit mit mindestens 25 Prozent der möglichen Gesamtpunktzahl gewichtet. Nicht überzeugend ist hieraus die Annahme abgeleitet worden, das Ziel der Versorgungssicherheit sei stets mit mindestens 25 Prozent zu gewichten (OLG Stuttgart Urt. v. 19.11.2015 – 2 U 60/15, EnWZ 2016, 89 (94); krit. dazu auch Theobald/Kühling/*Theobald/Schneider* EnWG § 46 Rn. 120). Auch eine zumindest vorrangige Berücksichtigung der Effizienz des Netzbetriebs ist verlangt worden (*Büdenbender*, Materiellrechtliche Entscheidungskriterien, S. 47ff., 64; etwas zurückhaltender OLG Schleswig Urt. v. 22.11.2012 – 16 U (Kart) 21/12, EnWZ 2013, 76 (79)); jedoch ist eine Verengung auf das Effizienzziel schon aus § 46 Abs. 3 S. 5 EnWG nicht herzuleiten und zudem kaum vereinbar mit der Garantie kommunaler Selbstverwaltung, der gegenüber eine auf möglichst effiziente, billige Aufgabenwahrnehmung zielende Rechtfertigung mit Rücksicht auf die entgegenstehende politisch-demokratische Funktion der gemeindlichen Selbstverwaltung nicht zureicht (vgl. näher *Hellermann* EnZW 2013, 147 (152); *Brüning/Schulz* EWeRK 2013, 237 (241f.)).

d) **Bewertungsmethode.** Der auch hinsichtlich der Bewertungsmethode bestehende Entscheidungsspielraum erlaubt der Gemeinde die **Wahl zwischen einer absoluten und einer relativen Bewertung.** Bei einer absoluten Bewertung wird für einzelne Kriterien jeweils das bestmögliche Ergebnis vorgegeben, und die einzelnen Angebote werden nach dem Grad der Erreichung dieser Vorgabe bepunktet; bei der relativen Bewertung werden die Angebote im Hinblick auf die Erfüllung der einzelnen Kriterien miteinander verglichen und auf dieser Grundlage bepunktet. Als Vorzug der relativen Methode gilt, dass sie keine detaillierte Aufstellung feststehender Anforderungen von der Gemeinde verlangt, sondern die Eröffnung eines Ideenwettbewerbs zulässt, der das Know-how der Bewerber aktiviert; vorgehalten wird ihr gelegentlich mangelnde Transparenz. Teilweise ist die Zulässigkeit der relativen Bewertungsmethode deshalb zunächst ablehnend oder zumindest tendenziell restriktiv beurteilt worden (OLG Stuttgart, Urt. v. 19.11.2015 – 2 U 60/15, EnWZ 2016, 89 (95); inzwischen darf ihre Zulässigkeit als in Rspr. und Lit. gesichert angesehen werden (OLG Celle Urt. v. 17.3.2016 – 13 U 141/15 (Kart), EnWZ 2016, 310 Rn. 124ff.; OLG Brandenburg Urt. v. 22.8.2017 – 6 U 1/17 Kart, EnWZ 2017, 457 Rn. 116ff.; OLG Schleswig Urt. v. 16.4.2018 – 16 U 110/17 Kart, EnWZ 2018, 277 Rn. 80; *Martel/Ebbinghaus* RdE 2018, 354 (358f.); *Burgi/Zimmermann* in Körber (Hrsg.), Zukunft der Verteilernetze – Verteilernetze der Zukunft, 2020, S. 21 (35))). 98

4. Fehlerfolgen. Die Geltendmachung eines Fehlers im Auswahlverfahren gem. § 46 Abs. 1–4 setzt voraus, dass die **mit Präklusionswirkung versehenen Rügeobliegenheiten nach § 47** beachtet worden sind. Über die Rüge hat zunächst nach § 47 Abs. 4 die Gemeinde und sodann, hilft die Gemeinde der Rüge nicht ab, das Gericht nach § 47 Abs. 5 zu entscheiden. Gegebenenfalls tritt Präklusion ein. 99

Wenn die Konzessionsvergabe den aus § 19 Abs. 2 Nr. 1 GWB, § 46 Abs. 1–4 abzuleitenden Anforderungen nicht genügt und damit eine unbillige Behinderung derjenigen Bewerber vorliegt, deren Chancen auf die Konzession dadurch beeinträchtigt wurden, soll ein **Nichtigkeitsgrund nach § 134 BGB** gegeben sein (vgl. BGH Urt. v. 17.12.2013 – KZR 66/12, NVwZ 2014, 807 Rn. 101ff.; Urt. 100

§ 46 Teil 5. Planfeststellung, Wegenutzung

v. 17.12.2013 – KZR 65/12, NVwZ 2014, 817 Rn. 81; Beschl. v. 3.6.2014 – EnVR 10/13, NVwZ 2014, 1600 Rn. 53; Urt. v. 18.11.2014 – EnZR 33/13, NVwZ 2015, 457 Rn. 20). Bei einem – nicht präkludierten – Fehler im Auswahlverfahren soll das der Fall sein, es sei denn, es steht zweifelsfrei fest, dass dieser sich nicht auf dessen Ergebnis ausgewirkt haben kann, weil derselbe Bewerber die Konzession auf jeden Fall auch ohne den Verfahrensfehler erhalten hätte (BGH Urt. v. 17.12.2013 – KZR 66/12, NVwZ 2014, 807 Rn. 99). Eine nicht ordnungsgemäße Mitteilung der Auswahlkriterien und ihrer Gewichtung hat danach die Nichtigkeit des später geschlossenen Konzessionsvertrages zur Folge (Hempel/Franke/*Dünchheim* EnWG § 46 Rn. 344). Ob die Unzulässigkeit einzelner Auswahlkriterien zur Nichtigkeit allein der entsprechenden vertraglichen Einzelregelungen im Konzessionsvertrag gem. § 134 BGB führen oder zur Nichtigkeit des gesamten Konzessionsvertrags, beurteilt sich nach § 139 BGB; Gesamtnichtigkeit soll vorliegen, wenn eine unzulässige Leistung kausal für die Auswahlentscheidung war (BGH Urt. v. 7.10.2014, EnZR 86/13, NVwZ 2015, 459 (Rn. 37 ff.), zur Vereinbarung von nach § 3 Abs. 2 KAV unzulässigen Nebenleistungen). Keine Nichtigkeit soll etwa bei einer geringfügigen Fehlgewichtung im Kriterienkatalog, die ersichtlich keinen Einfluss auf die Platzierung der Bewerber haben konnte, eintreten können (BGH Urt. v. 17.12.2013 – KZR 66/12, NVwZ 2014, 807 Rn. 99).

101 Zur Behebung eines im Auswahlverfahren aufgetretenen erheblichen Fehlers kommt grundsätzlich entsprechend den im Kartellrecht entwickelten Grundsätzen eine **Zurückversetzung des Vergabeverfahrens** auch im Auswahlverfahren nach § 46 Abs. 4 in Betracht (vgl. OLG Celle Urt. v. 12.9.19 – 13 U 41/19, EnWZ 2019, 408 Rn. 12). Die Übertragung dieser Grundsätze sieht der BGH jedoch durch die gesetzliche Pflicht, den Wettbewerb um das Netz jedenfalls alle 20 Jahre rechtzeitig zu eröffnen und nach ordnungsgemäßer Durchführung des Verfahrens eine Vergabeentscheidung zu treffen, sowie durch die aus der Daseinsvorsorgeverpflichtung erwachsende Pflicht der Gemeinde, den Betrieb des kommunalen Strom- und Gasnetzes sicherzustellen, eingeschränkt. Eine Rückversetzung des Konzessionsvergabeverfahrens in ein früheres Stadium – ebenso wie eine Aufhebung des Verfahrens – soll daher nur zulässig sein, wenn dafür ein gewichtiger Grund vorliegt und zudem im Rahmen der von der Gemeinde zu treffenden Ermessensentscheidung eine Gesamtwürdigung und Abwägung aller beteiligten Interessen anhand unter Berücksichtigung der Zielsetzung des Gesetzes dies rechtfertigt (BGH Urt. v. 9.3.2021 – KZR 55/19, EnWZ 2021, 367 Rn. 37 ff.).

102 Ist danach eine Rückversetzung oder Aufhebung des Konzessionsvergabeverfahrens nicht gerechtfertigt, soll § 46 für die Bewerber nicht nur ein subjektives Recht auf transparente und diskriminierungsfreie Durchführung des Konzessionierungsverfahrens, sondern auch einen Anspruch darauf begründen, dass die Gemeinde tatsächlich eine verfahrensfehlerfreie Vergabeentscheidung trifft. Ein wegen eines Fehlers im Auswahlverfahren nicht berücksichtigter Bewerber soll daher einen **Anspruch auf Erteilung der Konzession** haben können, wenn sich die Auswahlmöglichkeiten der Gemeinde unter den besonderen Umständen des Einzelfalls dahin verdichtet haben, dass trotz des fehlerhaften Verfahrens eine Vergabeentscheidung und die Erteilung der Konzession nur zugunsten dieses einen Bewerbers ermessensfehlerfrei ist (BGH Urt. v. 9.3.2021 – KZR 55/19, EnWZ 2021, 367 Rn. 35 ff.).

V. Informations- und Bekanntmachungspflicht (Abs. 5)

Der mit dem Änderungsgesetz vom 27.1.2017 (BGBl. 2017 I S. 130) neu eingefügte § 46 Abs. 1 S. 5 schreibt der Gemeinde vor, die nicht berücksichtigten Bewerber Unternehmen über die **Gründe der vorgesehenen Ablehnung ihres Angebots** und über den **frühesten Zeitpunkt des beabsichtigten Vertragsschlusses** in Textform zu informieren. Diese Informationspflicht steht im Zusammenhang mit der ebenfalls neu eingeführten Rügeobliegenheit nach § 47. Der Gesetzgeber hielt es schon für verfassungsrechtlich geboten, diese Rügeobliegenheit durch eine klare Vorgabe von Informationsrechten und -pflichten zu ergänzen (BT-Drs. 18/8184, 15). Ein ohne zureichende Information unterlegener Bieter gem. § 46 Abs. 5 S. 1 abgeschlossener Konzessionsvertrag verstößt bereits deshalb gegen ein gesetzliches Verbot, weil der Vertrag entgegen § 47 Abs. 6 bereits vor Ablauf der Frist aus § 47 Abs. 2 S. 3 abgeschlossen worden ist, denn diese Frist wird erst durch eine ordnungsgemäße Information nach § 46 Abs. 5 S. 1 in Gang gesetzt (BerlKommEnergieR/*Wegner* EnWG § 46 Rn. 159).

103

Die in § 46 Abs. 5 S. 2 geregelte **Verpflichtung der Gemeinde zur öffentlichen Bekanntmachung ihrer Entscheidung** über Neuabschluss bzw. Verlängerung eines Konzessionsvertrages fand sich ähnlich bereits im EnWG 1998 und im EnWG 2005; aus Gründen der Transparenz (BT-Drs. 18/8184, 15) ist die dort vorgenommene Beschränkung auf den Fall einer Bietermehrheit mit dem Gesetz zur Änderung der Vorschriften zur Vergabe von Wegenutzungsrechten zur leitungsgebundenen Energieversorgung vom 27.1.2017 (BGBl. 2017 I S. 130) entfallen. Die Veröffentlichung muss nicht in der gleichen Weise wie die Bekanntmachung nach § 46 Abs. 3 erfolgen; es wird eine Bekanntmachung nach den für die jeweilige Gemeinde geltenden landesrechtlichen Bekanntmachungsvorschriften gefordert sein (vgl. Hempel/Franke/*Dünchheim* EnWG § 46 Rn. 354, der außerdem auf § 41 Abs. 4 VwVfG verweist). Diese verfahrensrechtliche, auf Transparenz zielende Vorgabe soll nach der ursprünglichen gesetzgeberischen Intention die Gemeinde dazu veranlassen, die Auswahl unter mehreren Bewerbern auf der Grundlage von begründeten, nachvollziehbaren, rationalen und wettbewerbsorientierten Kriterien zu treffen (BT-Drs. 13/7274, 21); dieser Zweck hat allerdings durch die inzwischen eingeführten materiellrechtlichen Bindungen der Auswahlentscheidung erheblich an Bedeutung eingebüßt. Ein Verstoß gegen § 46 Abs. 5 S. 2 führt nicht zur Nichtigkeit des Konzessionsvertrages (BerlKommEnergieR/*Wegner* EnWG § 46 Rn. 160).

104

VI. Wechsel des konzessionierten EVU

1. Gesetzlicher Übereignungs-/Überlassungsanspruch (Abs. 2 S. 2, 3)

a) Tatbestand. § 46 Abs. 2 S. 2, 3 trifft eine Folgeregelung für die Situation eines **Wechsels des konzessionierten EVU** mit Blick auf die Verteilungsanlagen. Nach dem Wortlaut der Bestimmung ist die Situation erfasst, in der ein EVU bislang auf der Grundlage eines Konzessionsvertrages wegenutzungsberechtigt gewesen ist, dieser Konzessionsvertrag jedoch abgelaufen ist und auch nicht verlängert wird und die Gemeinde statt dessen mit einem anderen EVU einen neuen Konzessionsvertrag schließt. Richtigerweise gilt dies nicht nur für den in § 46 Abs. 2 geregelten Fall des regulären Ablaufs, sondern auch für den in § 46 Abs. 3 S. 3 und 4 geregelten Fall der vorzeitigen Beendigung, sofern es hier nicht zur Verlängerung mit dem bisherigen EVU, sondern zum Konzessionsvertragsschluss mit einem neuen EVU kommt.

105

§ 46 Teil 5. Planfeststellung, Wegenutzung

106 Mitunter nutzen EVU das gemeindliche Wegenetz für Zwecke des Verteilungsnetzbetriebs ohne konzessionsvertragliche Grundlage. In der Situation der **Beendigung eines konzessionsvertragslosen Zustands** durch Konzessionsvertragsschluss mit einem anderen EVU ist § 46 Abs. 2 S. 2, 3 dem Wortlaut nach wohl nicht unmittelbar, aber doch jedenfalls entsprechend anwendbar (vgl. LG Rostock Urt. v. 17.5.1999 – 3 O 234/98, RdE 2000, 28 (30); *Reimann/Decker* RdE 2000, 16 (19)). Dies ist auch aus Gründen verfassungskonformer Auslegung mit Rücksicht auf die gemeindliche Selbstverwaltung, die sich in der Auswahl eines neuen Konzessionsvertragspartners realisiert, geboten.

107 b) **Rechtsfolge.** Als Rechtsfolge des Netzbetreiberwechsels ordnet § 46 Abs. 2 S. 2–5 einen **gesetzlichen Anspruch auf Übereignung bzw. Überlassung der notwendigen Verteilungsanlagen gegen angemessene Entschädigung** an. Der Anspruch besteht zwischen dem alten EVU als Schuldner und dem neuen EVU als Gläubiger. Zugrunde liegt der Umstand, dass nach höchstrichterlicher Rspr. insbes. die in Grund und Boden liegenden Leitungen nicht notwendig im Eigentum des jeweiligen Grundstückseigentümers stehen, sondern zu sog. Scheinbestandteilen bestimmt werden können, an denen gesondertes Eigentum bestehen kann (BGH Urt. v. 25.6.1962 – III ZR 62/61, NJW 1962, 1817 (1818); Urt. v- 2.12.2005 – V ZR 35/05, NJW 2006, 990; krit. und differenzierend für den Fall, dass die Verteilungsanlagen erstmalig durch die Gemeinde oder ein gemeindeeigenes Unternehmen verlegt worden sind, *Stieper* EnWZ 2020, 339 (340 ff.)); regelmäßig stehen sie im Eigentum des jeweiligen netzbetreibenden EVU. Der Zweck der Regelung liegt darin zu verhindern, dass der bisherige Konzessionsnehmer durch seine fortbestehende Verfügungsmacht über das Verteilungsnetz einen möglichen Wechsel des konzessionierten EVU und damit den Wettbewerb behindert (vgl. Schneider/Theobald EnergieWirtschaftsR-HdB/*Albrecht* § 9 Rn. 116).

108 aa) **Gegenstand und Umfang des Überlassungsanspruchs.** Nach § 46 Abs. 2 S. 2 sind **die für den Betrieb der Netze der allgemeinen Versorgung erforderlichen Verteilungsanlagen** Gegenstand der Überlassungspflicht. Die zu § 13 Abs. 2 S. 2 EnWG 1998 noch streitige, freilich auch damals richtigerweise schon zu verneinende Frage, ob der Überlassungsanspruch zugleich auch einen Übergang der (Tarif-)Kundenverhältnisse auf den neuen Konzessionsvertragspartner der Gemeinde einschließt, hat sich auf Grund der mit dem EnWG 2005 vollzogenen strikten Trennung zwischen Netzbetrieb und Versorgung erledigt (→ 3. Aufl., § 46 Rn. 71); danach kann der Wechsel des Konzessionsnehmers für die Zuordnung bzw. einen Wechsel von Versorgungsverhältnissen keine Rolle mehr spielen (*Hellermann* ZNER 2004, 329 (330); auch → § 36 Rn. 79), und ein gesetzlich begründeter Kundenübergang ist danach ausgeschlossen (zu konzessionsvertraglichen Ansprüchen auf Übertragung der Kundenverhältnisse → Rn. 120; → § 113 Rn. 12).

109 Die Überlassungspflicht gilt **unabhängig von Spannungs- bzw. Druckstufe** (BGH Beschl. v. 3.6.2014 – EnVR 10/13, NVwZ 2014, 1600 Rn. 31). Zwar beschränkt § 36 Abs. 1 S. 1 ausdrücklich den Grundversorgungsanspruch auf die Belieferung von Haushaltskunden über das Netz der allgemeinen Versorgung in Niederspannung bzw. Niederdruck (→ § 36 Rn. 26). Eine entsprechende Einschränkung gilt aber nicht für die Leitungen des Netzes der allgemeinen Versorgung (vgl. auch zu § 46 Abs. 1 → Rn. 36).

110 Im Anschluss an eine zur früheren Rechtslage ergangene Entscheidung des OLG Frankfurt a. M. (Urt. v. 11.2.1997 – 11 U (Kart) 38/96, RdE 1997, 146 (152)) wird teilweise angenommen, nur solche Leitungen unterfielen dem Überlassungs-

Wegenutzungsverträge § 46

anspruch, die ausschließlich der Letztverbraucherversorgung im Gemeindegebiet dienen (*Kermel* RdE 2005, 153 (156); *Lecheler* RdE 2007, 181; *Kermel/Hofmann* RdE 2011, 353). § 46 Abs. 2 S. 2 verlangt jedoch nicht Ausschließlichkeit der Nutzung, sondern die Erforderlichkeit für Zwecke der Letztverbraucherversorgung im Gemeindegebiet. Sog. **multifunktionale Leitungen,** die auch einem überörtlichen Versorgungszweck dienen, zugleich aber für die Versorgung von Letztverbrauchern im Gemeindegebiet erforderlich sind, sind somit unabhängig von der Spannungs- bzw. Druckstufe auch zu übertragen (BGH Beschl. v. 3.6.2014 – EnVR 10/13, NVwZ 2014, 1600 Rn. 30ff.; Urt. v. 7.4.2020 – EnZR 75/18, NVwZ-RR 2020, 929 Rn. 24; OLG Naumburg Urt. v. 11.9.2014 – 2 U 122/13 (EnWG), EnWZ 2014, 520 (522ff.); OLG Frankfurt a.M. Urt. v. 14.6.2011 – 11 U 36/10 (Kart), RdE 2011, 422; BKartA/BNetzA Gemeinsamer Leitfaden Rn. 38; Theobald/Kühling/*Theobald/Schneider* EnWG § 46 Rn. 38ff.; aA noch OLG Düsseldorf Urt. v. 12.12.2012 – VI-3 Kart 137/12 (V), 3 Kart 137/12 (V), EnWZ 2013, 269 (273ff.)).

Nicht erfasst sind hingegen im Gemeindegebiet befindliche Leitungen und Anlagen, die der **überörtlichen Versorgung,** nicht jedoch der Letztverbraucherversorgung im Gemeindegebiet dienen bzw. hierfür jedenfalls nicht erforderlich sind (*Klemm* VersWirt 2005, 197 (199)). **111**

Zu den für den Betrieb des Netzes notwendigen Verteilungsanlagen gehören grundsätzlich auch die **Messeinrichtungen** (vgl. *Boos* in Albrecht ua [Hrsg.], Kommunale Wirtschaft im 21. Jahrhundert, 353 (363)). Der Überlassungsanspruch nach § 46 Abs. 2 S. 2 erstreckt sich deshalb auch auf diese Messeinrichtungen des bisherigen Netzbetreibers. Aufgrund der Liberalisierung des Messwesens (vgl. § 21b) können jedoch auch Dritte die Funktion des Messstellenbetriebs übernehmen; Zähler solcher dritter Messstellenbetreiber sind vom Überlassungsanspruch nicht umfasst (vgl. *Benz* ZUR 2009, 457 (462), der eine entsprechende Ergänzung von § 46 Abs. 2 S. 2 anmahnt). **112**

bb) Art der Überlassung. § 13 Abs. 2 S. 2 EnWG 1998 und § 46 Abs. 2 S. 2 EnWG 2005 hatten dem bisherigen Nutzungsberechtigten aufgegeben, die Verteilungsanlagen dem neuen EVU zu „überlassen". In der Folge war in Rechtsprechung und Literatur umstritten, ob dieser Überlassungsanspruch auch durch bloß schuldrechtliche Einräumung von Nutzungsrechten, namentlich Verpachtung erfüllt werden konnte oder ob er notwendig auf Eigentumsübertragung gerichtet war, wofür bereits unter dieser Gesetzeslage die besseren Gründe sprachen (vgl. Theobald/Kühling/*Theobald/Schneider* EnWG § 46 Rn. 47 ff.). Seit dem Änderungsgesetz vom 26.7.2011 (BGBl. 2011 I S. 1554) verlangt § 46 Abs. 2 S. 2 nunmehr grundsätzlich, die Verteilungsanlagen zu übereignen. Damit ist gesetzlich klargestellt, dass im Falle eines Konzessionswechsels der neue Konzessionär gegenüber dem bisherigen Konzessionär grundsätzlich einen Anspruch auf **Übereignung** der notwendigen Verteilungsanlagen hat. Der Gesetzgeber hat damit Rechtssicherheit schaffen wollen, darüber hinaus aber auch sicherstellen wollen, dass die benötigten Wegerechte für die Anlagen und das Eigentum an den Anlagen in einer Hand zusammengeführt werden können (BT-Drs. 17/6072, 88). **113**

Nach § 46 Abs. 2 S. 3 kann das neu konzessionierte EVU jedoch **statt der Übereignung auch die bloße Besitzüberlassung** verlangen. Dem neuen Konzessionär soll damit weiterhin die Möglichkeit eröffnet werden, mit dem bisherigen Konzessionär eine Besitzüberlassung an den Netzanlagen beispielsweise durch Pachtvertrag zu vereinbaren (BT-Drs. 17/6072, 88). Entscheidend ist jedoch, **114** dass der Altkonzessionär nicht das Recht hat, auf bloßer Besitzüberlassung zu bestehen.

115   cc) **Wirtschaftlich angemessene Vergütung.** Der durch § 46 Abs. 2 S. 2 begründete Überlassungsanspruch besteht nur gegen **angemessene Vergütung.** Der Gesetzgeber will damit einerseits unsinnige Doppelinvestitionen vermeiden, andererseits prohibitiv hohe Kaufpreise für das Netz verhindern (vgl. BT-Drs. 13/7274, 21).

116   Eine Konkretisierung der Vergütungsberechnung, die von manchen schon früh als wünschenswert angesehen wurde (*Welge* IR 2004, 103 (105); *Pippke/Gaßner* RdE 2006, 33 (35)), hat der Gesetzgeber zunächst nicht vorgenommen. In der Folge war va die **Maßgeblichkeit des sog. Sachzeitwerts oder des sog. Ertragswerts** für die Bemessung dieser angemessenen Vergütung nicht abschließend geklärt. Unter der Geltung des EnWG 1998 hat insoweit das sog. Kaufering-Urteil des BGH (Urt. v. 16.11.1999 – KZR 12/97, BGHZ 143, 128 = NJW 2000, 577; vgl. ausf. dazu Theobald/Kühling/*Theobald/Schneider* EnWG § 46 Rn. 65ff.) eine gewisse Klärung gebracht. Danach ist grundsätzlich die Vereinbarung des sog. Sachzeitwerts als angemessene Vergütung zulässig; als Sachzeitwert wird dabei der auf der Grundlage des Tagesneuwerts oder Wiederbeschaffungswerts unter Berücksichtigung des Alters und Zustands ermittelte Restwert zugrunde gelegt (*Klemm* VersWirt 2005, 197 (200); *Lecheler* in Ballwieser/Lecheler, Die angemessene Vergütung für Netze nach § 46 Abs. 2 EnWG, S. 38). Der Sachzeitwert sei nur ausnahmsweise in solchen Fällen zu beanstanden, in denen der Sachzeitwert den Ertragswert des Netzes in einem solchen Maße übersteigt, dass die Übernahme des Netzes und der Versorgung für einen nach wirtschaftlichen Maßstäben handelnden Dritten ausgeschlossen erscheint und die Gemeinde daher nach Auslaufen des Konzessionsvertrages faktisch an den bisherigen Versorger gebunden bleibt. Diese Rechtsprechungsvorgaben sind auch für Übernahmen unter dem EnWG 2005 übernommen worden (LG Dortmund Urt. v. 10.7.2008 – 13 O 126/06 Kart, ZNER 2008, 252), doch hat ihre weitere Anwendung die veränderten Rahmenbedingungen beachten müssen, insbes. die Regulierung der Netzentgelte auf der Grundlage von StromNEV und GasNEV bzw. ARegV. Überzeugend ist davon ausgegangen worden, dass unter diesen Rahmenbedingungen das an zukünftiger rentierlicher Nutzung orientierte Ertragswertverfahren als Korrektiv des substanzorientierte Sachzeitwertverfahrens erheblich an Bedeutung gewinnen wird (*Klemm* VersWirt 2005, 197 (200); *Theobald* DÖV 2009, 356 (362)) und als sachlich und wirtschaftlich überzeugendes Verfahren zur Ermittlung der angemessenen Vergütung heranzuziehen ist (OLG Karlsruhe Beschl. v. 24.10.2012 – 6 U 168/10 (Kart), EnWZ 2012, 43 (45)). Entsprechend ist auch in der Begründung des Entwurfs zur EnWG-Novelle 2011 ausdrücklich auf das Ertragswertverfahren als geeignetes Verfahren hingewiesen worden (BT-Drs. 17/6072, 88); jedoch hat der Gesetzgeber sich damals nicht dazu entschließen können, dieses Verfahren einem Vorschlag des Bundesrates folgend gesetzlich verbindlich zu machen (vgl. BT-Drs. 17/6248, 17, 25).

117   Erst mit dem Gesetz zur Änderung der Vorschriften zur Vergabe von Wegenutzungsrechten zur leitungsgebundenen Energieversorgung vom 27.1.2017 (BGBl. I S. 130) hat der Gesetzgeber eine nähere Regelung getroffen. § 46 Abs. 2 S. 4 legt nunmehr den nach den zu erzielenden Erlösen bemessenen **objektivierten Ertragswert** des Energieversorgungsnetzes als maßgeblich für die wirtschaftlich angemessene Vergütung fest (näher zur Ertragswertermittlung Theobald/Kühling/

Wegenutzungsverträge **§ 46**

Theobald/Schneider EnWG § 46 Rn. 74 ff.). Die – auch verfassungsrechtlich gestützte – Kritik hieran, die die Position des Altkonzessionärs stärken will und den Sachzeitwert als angemessene Vergütung präferiert (vgl. *Lecheler* in Ballwieser/Lecheler, Die angemessene Vergütung für Netze nach § 46 Abs. 2 EnWG, S. 48; *Papier/Schroeder* RdE 2012, 125 (131 ff.)), überzeugt nicht (vgl. *Kühling* EnWZ 2012, 7; Theobald/Kühling/*Theobald/Schneider* EnWG § 46 Rn. 97 ff.).

Gesetzlich wenig klar geregelt ist die **Vergütungspflicht im Falle der Besitz-** **118** **einräumung** gemäß § 46 Abs. 2 S. 3. Richtigerweise ist diese Bestimmung so zu verstehen, dass sie den gesetzlichen Überlassungsanspruch nach § 46 Abs. 2 S. 2 nur insofern modifiziert, als sie dem neuen Konzessionär das Recht gibt, anstelle der ihm gesetzlich zustehenden Übereignung eine andere Form der Überlassung der Verteilungsanlagen zu verlangen; die Verpflichtung zur Zahlung einer wirtschaftlich angemessenen Vergütung lässt sie damit auch für den Fall, dass Besitzeinräumung verlangt wird, unberührt. In der Folge ist dann auch in diesem Falle § 46 Abs. 2 S. 4 und 5 für die Bemessung der wirtschaftlich angemessenen Vergütung anwendbar, so dass der wirtschaftlich angemessene Pachtzins regelmäßig, vorbehaltlich abweichender Vereinbarung, ausgehend vom objektivierten Ertragswert zu bestimmen ist (iErg ebenso, von einer analogen Anwendung ausgehend BerlKommEnergieR/ *Wegner* EnWG § 46 Rn. 85; Hempel/Franke/*Dünchheim* EnWG § 46 Rn. 193).

2. Verhältnis zu konzessionsvertraglichen Endschaftsklauseln. Neben die **119** gesetzliche Regelung des § 46 Abs. 2 S. 2 können als vertragliche Regelung sog. **Endschaftsklauseln** treten, wie sie insbes. in vor Inkrafttreten des EnWG 1998 abgeschlossenen Konzessionsverträgen regelmäßig enthalten gewesen sind, sich aber auch in danach abgeschlossenen Konzessionsverträgen finden. Von besonderer Relevanz sind (früher getroffene) Vereinbarungen über einen Kundenübergang sowie vertragliche Ansprüche der Gemeinde gegen das EVU auf Übertragung der Versorgungsanlagen für den Fall, dass der Konzessionsvertrag nicht verlängert wird.

Das Energiewirtschaftsrecht enthält Regelungen über die **Fortgeltung** solcher **120** konzessionsvertraglicher Endschaftsklauseln. Zunächst hatte Art. 4 § 1 Gesetz zur Neuregelung des Energiewirtschaftsrechts vom 24. 4. 1998 (BGBl. 1998 I S. 730) die unveränderte Fortgeltung der bestehenden Konzessionsverträge angeordnet, und zwar ungeachtet des neu eingeführten gesetzlichen Anspruchs nach § 13 Abs. 2 S. 2 EnWG 1998 (*Schulz-Jander* in VWEW EnWG Art. 1, 14 Rn. 8.1; *Büdenbender* § 13 Rn. 71). Nunmehr regelt § 113 die Fortgeltung bestehender Wegenutzungsverträge, also auch bestehender Konzessionsverträge nach § 46 Abs. 2 unbeschadet ihrer Änderung durch §§ 36, 46 und 48 (näher → § 113 Rn. 5 ff.). Hiernach ist richtigerweise davon auszugehen, dass konzessionsvertragliche Regelungen über einen Kundenübergang wegen der Änderungen durch §§ 36, 46 nicht fortgelten (→ § 113 Rn. 12), konzessionsvertragliche Ansprüche von Gemeinden auf Übertragung des Eigentums an Verteilungsanlagen hingegen weiterhin bestehen (→ § 113 Rn. 11).

Sowohl hinsichtlich der von dieser Übergangsregelung erfassten früheren wie **121** auch hinsichtlich später, unter der neuen Rechtslage abgeschlossener Konzessionsverträge besteht somit in Bezug auf die Verteilungsanlagen ein **Nebeneinander von vertraglichem Übertragungsanspruch und gesetzlichem Überlassungsanspruch** (BGH Urt. v. 29. 9. 2009 – EnZR 14/08, NJW-RR 2010, 1070 Rn. 12 ff.). Die durch den Konzessionsvertrag regelmäßig begünstigte Gemeinde und das nach § 46 Abs. 2 S. 2 anspruchsberechtigte EVU sollen Gesamtgläubiger nach § 428 BGB sein; schon unter der früheren Rechtslage hat die Gemeinde ihren

Anspruch regelmäßig an das neue EVU abgetreten, und so ist zu erwarten, dass sie auch unter der neuen Rechtslage ihren Anspruch abtreten oder dem neuen EVU die Durchsetzung seines gesetzlichen Anspruchs überlassen wird (vgl. *Büdenbender* § 13 Rn. 71).

VII. Entsprechende Anwendung auf Eigenbetriebe (Abs. 6)

122 **1. Reichweite unmittelbarer Anwendbarkeit auf gemeindeeigene Unternehmen.** Für den Fall der Wahrnehmung des Betriebs des Energieversorgungsnetzes der allgemeinen Versorgung durch ein Unternehmen der Gemeinde selbst ist die – unmittelbare – Anwendbarkeit der Regelungen des § 46 Abs. 2 und 3 gegeben, sofern es sich um **ein gegenüber der Trägergemeinde rechtlich verselbständigtes gemeindeeigenes Unternehmen** handelt (unzutreffend OLG Düsseldorf Beschl. v. 9. 1. 2013 – VII-Verg 26/12, EnZW 2013, 125 (128), wonach § 46 Abs. 4 selbstverständlich auch den Abschluss von Konzessionsverträgen mit Eigengesellschaften erfasse). Insoweit in Betracht kommende Unternehmensformen mit eigener Rechtsfähigkeit können grundsätzlich auch öffentlich-rechtlicher Art sein, so etwa in Gestalt des in einigen Kommunalordnungen vorgesehenen sog. Kommunalunternehmens, einer rechtsfähigen Anstalt des öffentlichen Rechts (vgl. etwa § 114a GO NRW); praktisch bedeutsam werden allerdings regelmäßig die privatrechtlichen Rechtsformen, insbes. GmbH und AG, sein.

123 Hingegen sind § 46 Abs. 2 und 3 nicht unmittelbar anwendbar, wenn eine Gemeinde die Wahrnehmung dieser Aufgabe auf ein **gemeindeeigenes Unternehmen ohne eigene Rechtsfähigkeit** übertragen will bzw. übertragen hat. Dies ist zum einen theoretisch möglich, praktisch jedoch wohl nicht vorzufinden in Gestalt eines sog. Regiebetriebs, der ein integraler Bestandteil der Gemeindeverwaltung ist. Zum anderen kommt die Unternehmensform des sog. Eigenbetriebs in Betracht. In diesen Fällen scheitert die unmittelbare Anwendbarkeit von § 46 Abs. 2 und 3 schon daran, dass wegen rechtlicher Identität kein Vertragsschluss zwischen Gemeinde und EVU möglich ist.

124 **2. Anordnung entsprechender Anwendung.** Die in § 46 Abs. 6 angeordnete **entsprechende Anwendbarkeit von § 46 Abs. 2 bis 5 für Eigenbetriebe der Gemeinden** betrifft nicht etwa nur die Vergabe von Wegerechten durch Eigenbetriebe, sondern insbes. die gemeindliche Übertragung von Wegerechten auf Eigenbetriebe (BGH Urt. v. 17. 12. 2013 – KZR 65/12, NVwZ 2014, 817 Rn. 33). Insoweit hat das seinen Grund darin, dass die Konzessionierung von Eigenbetrieben durch die Gemeinde, deren rechtlich unselbständige Teile sie sind, nicht durch Vertrag erfolgt, wie dies in § 46 Abs. 2 S. 1 vorausgesetzt wird. Die Norm ist nicht nur auf Eigenbetriebe, sondern auch auf andere rechtlich unselbständige Unternehmensformen anwendbar (vgl. BGH Urt. v. 4. 4. 2019, 2 U 5/15 Kart, EnWZ 2019, 264, Rn. 64f., zum Landesbetrieb nach Berliner Recht). In der Regelung des § 46 Abs. 6 kommt weniger eine Aufwertung der Eigenbetriebe (so *Salje* EnWG § 46 Rn. 172) als vielmehr eine Durchsetzung des Wettbewerbsgedankens zum Ausdruck; die wettbewerbsfördernden Mechanismen des § 46 Abs. 2 bis 5 sollen auch dann zur Geltung kommen, wenn eine Gemeinde den Betrieb des Netzes der allgemeinen Versorgung unter Inanspruchnahme des gemeindlichen Wegenetzes selbst, dh durch rechtlich nicht verselbständigte eigene Unternehmen wahrnimmt.

125 Die entsprechende Anwendung hat die **Unterwerfung der Gemeinde unter die in § 46 Abs. 2–5 statuierten Rechtspflichten** sowohl der Gemeinde wie

Wegenutzungsverträge **§ 46**

auch des EVU zur Folge. Auch hier sind also einerseits die Laufzeitbegrenzung nach § 46 Abs. 2 S. 1, die Bekanntmachungsverpflichtungen nach § 46 Abs. 3 und die Regelungen zur Durchführung des Interessenbekundungs- und Auswahlverfahrens nach § 46 Abs. 4 und 5 durch die Gemeinde zu beachten. Andererseits treffen auch die in § 46 Abs. 2 S. 2–4 geregelten Verpflichtungen des EVU die Gemeinde. Kraft der Anordnung entsprechender Anwendung sind sie auch auf den gemeindlichen Eigenbetrieb, der als EVU die Funktion des Betreibers des Netzes der allgemeinen Versorgung wahrnimmt, bezogen. Da dieser mangels Rechtsfähigkeit nicht selbst Träger von Rechten und Pflichten im Außenverhältnis ist, vielmehr die Gemeinde als Trägerin des Eigenbetriebs diese Rechte und Pflichten im Außenverhältnis trägt, hat die Gemeinde hier auch die auf das EVU bezogenen Pflichten zu erfüllen. Danach trifft insbes. der Übereignungsanspruch gem. § 46 Abs. 2 S. 2 hier die Gemeinde, wenn ein Konzessionsvertragswechsel zu einem anderen EVU ansteht.

Zu Unrecht ist die Regelung des § 46 Abs. 6 als Argument dafür herangezogen 126 worden, dass bei der Konzessionierung eines gemeindeeigenen EVU das sog. Inhouse-Privileg ausgeschlossen sei (vgl. OLG Düsseldorf Beschl. v. 9.1.2013 – VII-Verg 26/12, EnZW 2013, 125 (127); näher krit. dazu *Hellermann* Die gemeindliche Entscheidung, S. 26f.; *Meyer-Hetling/Schneider,* FS Danner, 2019, 159 [169]). Erst recht ist die Regelung **keine Grundlage für die Herleitung weiter einschränkender Anforderungen an die Konzessionierung gemeindeeigener Unternehmen.** So ist aus der Regelung nicht abzuleiten, dass der gemeindliche Betrieb organisatorisch und strukturell gegenüber der Gemeinde besonders verselbständigt sein müsste (so LG Berlin Urt. v. 9.12.2014 – 16 O 224/14, EnWZ 2015, 230 (236); krit. dazu *Hellermann* EnWZ 2015, 239 (240)) oder dass das Angebot eines Eigenbetriebs wegen einer angeblichen geringeren Verbindlichkeit von Zusagen schlechter gewertet werden müsse (so BerlKommEnergieR/*Wegner* EnWG § 46 Rn. 168; zutr. krit. Hempel/Franke/*Dünchheim* EnWG § 46 Rn. 362).

D. Kartellbehördliche Aufgaben und Zuständigkeiten (Abs. 7)

Nach § 46 Abs. 7 bleiben die **Aufgaben und Zuständigkeiten der Kartell-** 127 **behörden nach dem GWB unberührt.** Damit wird klargestellt, dass das EnWG als Spezialregelung nicht etwa den Rückgriff auf das allgemeine Kartellrecht sperrt (vgl. *Büdenbender* § 13 Rn. 89). Weder die Möglichkeiten (zivil-)gerichtlicher Klärung noch die regulierungsbehördlichen Befugnisse sollen somit ein kartellrechtliches Einschreiten ausschließen (*Salje* EnWG § 46 Rn. 175). Kartellbehördliche Befugnisse werden sich vor allem aus §§ 19, 20 GWB ergeben können (*Salje* EnWG § 46 Rn. 184). Ausgehend von der Annahme, dass die Gemeinde im Zusammenhang mit dem Abschluss von Wegenutzungsverträgen als Unternehmerin iSd GWB agiert (→ Rn. 8, 45, dort auch zur Kritik hieran), kommt nach vorherrschender Auffassung ein hierauf gestütztes Einschreiten insbesondere dann in Betracht, wenn die Gemeinde ihre Rechtsstellung in Bezug auf das kommunale Wegenetz bei dem Abschluss von Wegenutzungsverträgen missbräuchlich ausnutzt (*Büdenbender* § 13 Rn. 90); so soll insbesondere die Frage, ob im Einzelfall eine Diskriminierung nach § 46 Abs. 1 vorliegt, der kartellbehördlichen Überprüfung unterliegen (vgl. BT-Drs. 13/7274, 21). Gegenstand kartellbehördlicher Kontrolle kann auch etwa das Verhalten von EVU bei der Aushandlung der angemessenen Vergütung nach § 46 Abs. 2 S. 2 sein (*Lecheler* in Ballwieser/Lecheler, Die angemessene Vergütung für Netze nach § 46 Abs. 2 EnWG, S. 13f.).

128 Umgekehrt kann aus § 46 Abs. 7 nicht abgeleitet werden, dass **regulierungsbehördliche Maßnahmen** durch § 46 ausgeschlossen sind. Vielmehr können auch sie nach Maßgabe insbes. von §§ 54, 65 in Betracht kommen (OLG Düsseldorf Urt. v. 12.12.2012 – VI-3 Kart 137/12 (V), 3 Kart 137/12 (V), EnWZ 2013, 269 (Rn. 82 ff.); Theobald/Kühling/ *Theobald/Schneider* EnWG § 46 Rn. 156 ff.).

§ 46a Auskunftsanspruch der Gemeinde

¹Der bisherige Nutzungsberechtigte ist verpflichtet, der Gemeinde spätestens ein Jahr vor Bekanntmachung der Gemeinde nach § 46 Absatz 3 diejenigen Informationen über die technische und wirtschaftliche Situation des Netzes zur Verfügung zu stellen, die für eine Bewertung des Netzes im Rahmen einer Bewerbung um den Abschluss eines Vertrages nach § 46 Absatz 2 Satz 1 erforderlich sind. ²Zu den Informationen über die wirtschaftliche Situation des Netzes gehören insbesondere
1. die im Zeitpunkt der Errichtung der Verteilungsanlagen jeweils erstmalig aktivierten Anschaffungs- und Herstellungskosten gemäß § 255 des Handelsgesetzbuchs,
2. das Jahr der Aktivierung der Verteilungsanlagen,
3. die jeweils in Anwendung gebrachten betriebsgewöhnlichen Nutzungsdauern und
4. die jeweiligen kalkulatorischen Restwerte und Nutzungsdauern laut den betreffenden Bescheiden der jeweiligen Regulierungsbehörde.

³Die Bundesnetzagentur kann im Einvernehmen mit dem Bundeskartellamt Entscheidungen über den Umfang und das Format der zur Verfügung zu stellenden Daten durch Festlegung gegenüber den Energieversorgungsunternehmen treffen.

Literatur: *BKartA/BNetzA,* Gemeinsamer Leitfaden von Bundeskartellamt und Bundesnetzagentur zur Vergabe von Strom- und Gaskonzessionen und zum Wechsel des Konzessionsnehmers, 2. Aufl. 2015 (zit. BKartA/BNetzA, Gemeinsamer Leitfaden); *Dörfler/Stein,* Novelle des Energiewirtschaftsgesetzes (EnWG) – mehr Rechtssicherheit für Konzessionsverfahren?, VW 2017, 97; *Katz,* kommunales Konzessionierungsverfahren – am Beispiel der Strom-/Gas- und Wasserkonzessionsverträge, KommJur 2018, 1; *Kupfer,* Die Neufassung des Rechts zur Vergabe von Energiekonzessionen, NVwZ 2017, 428; *Schnabel,* Rechtswidrige Praktiken als Betriebs- und Geschäftsgeheimnisse?, CR 2016, 342; *Theobald,* Das neue Konzessionsrecht: Auswege aus der Komplexitätsfalle?, EnWZ 2017, 1.

A. Allgemeines

I. Inhalt und Zweck

1 § 46a regelt den **Auskunftsanspruch** der Gemeinde gegenüber dem bisherigen Nutzungsberechtigten hinsichtlich der Daten über die technische und wirtschaftliche Situation des Netzes, die benötigt werden, um einen Vertrag nach § 46 Abs. 2 S. 1 (→ § 46 Rn. 54 ff.) abschließen zu können (vgl. BT-Drs. 18/8184, 16). Der bisherige Nutzungsberechtigte hat der Gemeinde spätestens ein Jahr vor der Bekanntmachung der Gemeinde nach § 46 Abs. 3 die Daten herauszugeben. Der Umfang der herauszugebenden Daten wird in § 46a S. 2 konkretisiert. Eine darüberhinaus-

Auskunftsanspruch der Gemeinde **§ 46 a**

gehende Konkretisierung hinsichtlich Umfang und Format der zur Verfügung zu stellenden Daten darf nach § 46 a S. 3 die BNetzA im Einvernehmen mit dem BKartA durch Festlegung gegenüber den EVU vornehmen.

Der im Hinblick auf Zeitpunkt und Umfang konkretisierte Informations- 2 anspruch der Gemeinde dient der Schaffung von **Rechtssicherheit** (BT-Drs. 18/8184, 16; *Theobald* EnWZ 2017, 1 f.). Diese rechtssichere Ausgestaltung des Informationsanspruchs wiederum ist notwendig, um das Ausschreibungsverfahren transparent und diskriminierungsfrei durchführen zu können und den Bewerbern eine Bewertung des Netzes zu ermöglichen (BT-Drs. 18/8184, 16).

II. Entstehungsgeschichte

Der Informationsanspruch der Gemeinde war bereits zuvor als konzessionsvertrag- 3 liche Nebenpflicht in der Rspr. anerkannt (OLG Frankfurt a. M. Urt. v. 14.6.2011 – 11 U 36/10 (Kart), RdE 2011, 422; *Katz* KommJur 2018, 6; daher fehlende Praxisrelevanz laut *Dörfler/Stein* VW 2017, 97). Da er jedoch in der Praxis oft bestritten wurde (BT-Drs. 17/6072, 88; vgl. *Kupfer* NVwZ 2017, 429), wurde durch das Gesetz zur Neuregelung energiewirtschaftsrechtlicher Vorschriften vom 26.7.2011 (BGBl. 2011 I S. 1554) erstmals ein gesetzlicher Auskunftsanspruch in § 46 Abs. 2 S. 4 und 5 aF verankert. Unter Aufhebung dieser Regelung ist § 46a durch das **Gesetz vom 27.1.2017** (BGBl. 2017 I S. 130) eingefügt worden. Dabei sind die Regelungen in § 46 Abs. 2 S. 4 und 5 aF unverändert in § 46a S. 1 und 3 übernommen worden; die Ergänzung um § 46 S. 2 ist in Reaktion auf die Gasnetz Springe-Entscheidung des BGH (Urt. v. 14.4.2015 – EnZR 11/14, NVwZ-RR 2015, 670 Rn. 11 ff.) erfolgt.

B. Einzelerläuterungen

I. Auskunftsanspruch (S. 1)

1. Der gesetzliche Auskunftsanspruch. Wie sich aus der Bezugnahme auf 4 § 46 Abs. 2 S. 1, Abs. 3 in § 46 a S. 1 ergibt, entspricht der **Anwendungsbereich des Auskunftsanspruchs nach S. 1** dem Anwendungsbereich von § 46 Abs. 2 bis 6. Regelungsgegenstand sind danach Informationen über die technische und wirtschaftliche Situation eines Energieversorgungsnetzes der allgemeinen Versorgung im Gemeindegebiet iSv § 46 Abs. 2 S. 1 (→ § 3 Rn. 42; § 46 Rn. 57). Wie sich aus § 3 Nr. 16 und 17 ergibt, fallen darunter der allgemeinen Versorgung dienende Elektrizitäts- und Gasversorgungsnetze. Ob der Auskunftsanspruch danach auch auf ein Netz, das der Versorgung mit Flüssiggas dient, anwendbar ist, ist nicht unumstritten. Nach der Definition des § 3 Nr. 19a fällt Flüssiggas „im Rahmen der §§ 4 und 49" unter den Begriff Gas; danach sprechen die stärkeren Argumente dafür, dass Flüssiggas nur bezüglich der sicherheitsrelevanten Anforderungen nach §§ 4, 49, nicht aber weitergehend, soweit es in ein Gasversorgungsnetz eingespeist wird, in den Anwendungsbereich des EnWG fällt (→ § 3 Rn. 50). In der Folge gilt der Auskunftsanspruch nach § 46a S. 1 insoweit nicht (LG Düsseldorf Urt. v. 12.9.2013 – 37 O 159/12, RdE 2014, 96; tendenziell wohl aA OLG Naumburg Urt. v. 29.1.2015 – 2 W 67/14, NZBau 2015, 509 Rn. 58 ff.).

§ 46 S. 1 begründet einen **Anspruch der Gemeinde gegen den bisherigen** 5 **Nutzungsberechtigten.** Anspruchsverpflichtet ist der jeweilige Nutzungsberechtigte, nicht jedoch der Eigentümer des Netzes; der Gesetzgeber sieht dies aufgrund

§ 46a
Teil 5. Planfeststellung, Wegenutzung

der jeweiligen Vertragsparteien als konsequent an und verweist darauf, dass bei etwaigen „Pachtmodellen" Auskunftsansprüche schuldrechtlich zuzusichern sind, um Angaben gegenüber der Regulierungsbehörde tätigen zu können (vgl. BT-Drs. 18/8184, 27). Anspruchsinhaber ist ausschließlich die jeweilige Gemeinde, nicht hingegen ein anderes EVU.

6 Der bisherige Nutzungsberechtigte hat der Gemeinde **spätestens ein Jahr vor der Bekanntmachung der Gemeinde** nach § 46 Abs. 3 die Daten herauszugeben. Da die Bekanntmachung spätestens zwei Jahre vor Ablauf der Verträge zu erfolgen hat, ist der Auskunftsanspruch tatsächlich drei Jahre vor Ablauf des jeweiligen Konzessionsvertrags zu erfüllen.

7 Der **Umfang der herauszugebenden Daten** wird in § 46a S. 1 allgemein umschrieben. Erfasst sind danach sowohl technische als auch wirtschaftliche Daten in dem Umfang, der erforderlich ist, um eine Bewertung des Netzes vornehmen zu können. Nur dann ist eine Risikobewertung einer Bewerbung um den Abschluss eines Vertrags nach § 46 Abs. 2 S. 1 sinnvollerweise möglich (vgl. BT-Drs. 18/8184, 16). Dabei sind im Einzelfall sämtliche zur Verfügung stehenden Daten herauszugeben (BT-Drs. 18/8184, 16). Auch in diesem frühen Stadium des bevorstehenden Vergabeverfahrens bestehende Unsicherheiten hinsichtlich der kalkulatorischen Daten führen nicht zur Verneinung des Auskunftsanspruchs (BGH Urt. v. 14.4.2015 – EnZR 11/14, NVwZ-RR 2015, 670 Rn. 20, mit dem Hinweis, dass dies lediglich zur Folge hat, dass die Bieter diese Unsicherheiten bei der Kalkulation der Kosten zu berücksichtigen haben). Eine regelbeispielhafte Konkretisierung der offenzulegenden Daten erfolgt in § 46a S. 2 (→ Rn. 13 f.).

8 Ausgehend von der Annahme, dass bei der Konzessionsvertragsvergabe auch die Gemeinde unternehmerisch handelt (→ § 46 Rn. 8), stellt es zugleich auch eine Wettbewerbsbeschränkung und einen **Verstoß gegen das Kartellrecht** dar, wenn der bisherige Nutzungsberechtigte seiner Auskunftspflicht nicht bzw. nicht vollständig nachkommt (Theobald/Kühling/*Theobald/Schneider* EnWG § 46a Rn. 8). Dies ist eine Folgerung daraus, dass die Informationspflicht nach § 46a der Herstellung eines transparenten und diskriminierungsfreien Wettbewerbs um die Neuvergabe des Konzessionsvertrages dient.

9 Regelungstechnisch wenig überzeugend ist die **Verpflichtung der Gemeinde zur Veröffentlichung bzw. Weitergabe** der vom bisherigen Nutzungsberechtigten herauszugebenden Daten durch die Gemeinde in § 46a nicht ausdrücklich vorgeschrieben, in § 46 Abs. 3 S. 1 jedoch vorausgesetzt, wenn dort auf die nach § 46a von der Gemeinde in geeigneter Form zu veröffentlichenden Daten Bezug genommen wird. Die Annahme einer Pflicht zur Veröffentlichung kann sich entscheidend auf den Zweck der Vorschrift stützen, die einen Wettbewerb um die Netze ermöglichen und damit dem energiewirtschaftsrechtlichen Ziel einer möglichst sicheren, preisgünstigen, verbraucherfreundlichen, effizienten und umweltverträglichen leitungsgebundenen Versorgung der Allgemeinheit mit Elektrizität und Gas (§ 1 Abs. 1) dienen soll; vor diesem Hintergrund dienen die gegenüber der Gemeinde bestehenden Auskunftspflichten des § 46a der Information potentieller Bieter, damit sich andere Unternehmen um die Wegenutzungsrechte bewerben können, um damit zugleich der Gemeinde eine Bestenauslese zu ermöglichen (BGH Urt. v. 14.4.2015 – EnZR 11/14, NVwZ-RR 2015, 670 Rn. 16). Dabei soll eine bloße Abtretung des Auskunftsanspruchs der Gemeinde an die Bieter den Anforderungen des Transparenzgebots und des Diskriminierungsverbots nicht genügen; die Gemeinde soll selbst die Netzdaten auf Vollständigkeit und Verwertbarkeit zuvor zu überprüfen haben (Hempel/Franke/*Dünchheim* EnWG § 46a Rn. 10).

Der Weitergabe der nach § 46a erlangten Informationen steht der **Schutz von** 10
Betriebs- und Geschäftsgeheimnissen regelmäßig nicht entgegen. Zwar kann es sich bei den an die Gemeinde übermittelten Netzdaten um Geschäftsgeheimnisse handeln, so dass das Interesse des Nutzungsberechtigte an der Geheimhaltung durchaus besteht und die Gemeinde diese nach § 30 VwVfG, § 71 S. 1 EnWG zu schützen hat (BGH Urt. v. 14.4.2015 – EnZR 11/14, NVwZ-RR 2015, 670 Rn. 24; zur Definition von Betriebs- und Geschäftsgeheimnissen s. *Schnabel* CR 2016, 343). Jedoch ist die Herausgabe nötig, um die Beurteilungsgrundlage zu verbessern und um eine angemessene Vergütung gem. § 46 Abs. 2 S. 2 ermitteln zu können, so dass ein öffentliches Interesse an der Herausgabe der Daten besteht (→ Rn. 8). Dem Geheimhaltungsinteresse wird jedenfalls dadurch Rechnung getragen, dass die Daten lediglich gegenüber den Bietern zu offenbaren sind, nicht jedoch gegenüber der Öffentlichkeit (BGH Urt. v. 14.4.2015 – EnZR 11/14, NVwZ-RR 2015, 670 Rn. 28).

2. Sonstige Grundlagen der Offenlegung von Netzdaten. Zwischen Ge- 11
meinde und Nutzungsberechtigtem, dh dem derzeitigen Konzessionsvertragspartner, können auch **konzessionsvertragliche Informationspflichten** vereinbart werden. Diese können über die gesetzlich bestehende Verpflichtung zur Herausgabe von technischen und wirtschaftlichen Daten hinausgehen (BKartA/BNetzA, Gemeinsamer Leitfaden Rn. 44).

Da der gesetzliche Anspruch nach § 46a – ebenso wie ein evtl. bestehender kon- 12
zessionsvertraglicher Anspruch – nur der Gemeinde, hingegen nicht anderen EVU, insbesondere (potentiellen) Bietern im bevorstehenden Konzessionsvertragsvergabeverfahren zusteht, erlangen diese Kenntnis von den Netzdaten des bisherigen Nutzungsberechtigten allein durch die der Gemeinde obliegende Weitergabe. Ein **eigener Auskunftsanspruch eines anderen EVU gegen den bisherigen Nutzungsberechtigten** entsteht erst, wenn dieses EVU als erfolgreicher Bieter mit der Gemeinde einen neuen Konzessionsvertrag geschlossen hat. Nach dessen Abschluss entsteht ein gesetzliches Schuldverhältnis zwischen dem alten und dem neuen Nutzungsberechtigten, das auf die in § 46 Abs. 2 S. 2ff. geregelte Übereignungs- bzw. Überlassungspflicht gegründet ist. Als selbständige Nebenpflicht zu diesem gesetzlichen Schuldverhältnis folgt daraus die Verpflichtung des bisherigen Nutzungsberechtigten zur Herausgabe der nötigen Daten an den neuen Nutzungsberechtigten (BKartA/BNetzA, Gemeinsamer Leitfaden, Rn. 43, 46).

II. Umfang der herauszugebenden wirtschaftlichen Daten (S. 2)

Die Vorgabe des § 46a S. 1 konkretisierend enthält § 46a S. 2 eine – nicht ab- 13
schließende („insbesondere") – **Aufzählung der herauszugebenen wirtschaftlichen Daten.** Danach umfassen die Informationen zur wirtschaftlichen Situation jedenfalls die im Zeitpunkt der Errichtung der Verteileranlagen jeweils erstmalig aktivierten Anschaffungs- und Herstellungskosten nach § 255 HGB (Nr. 1), das Jahr der Aktivierung der Verteilungsanlagen (Nr. 2), die jeweils in Anwendung gebrachten betriebsgewöhnlichen Nutzungsdauern (Nr. 3) und die jeweiligen kalkulatorischen Restwerte und Nutzungsdauern laut den betreffenden Bescheiden der jeweiligen Regulierungsbehörde (Nr. 4).

Die in § 46a S. 2 genannten Informationen weiter spezifizierend wird in der Ge- 14
setzesbegründung (BT-Drs. 18/8184, 16) auf folgende praxisrelevante **Beispiele im Gemeinsamen Leitfaden von BKartA und BNetzA** (BKartA/BNetzA, Gemeinsamer Leitfaden Rn. 40) verwiesen:

§ 46 a   Teil 5. Planfeststellung, Wegenutzung

1. Allgemeine Angaben zu Art, Umfang, Alter und Oberflächenstruktur der zu überlassenden Anlagegüter des Elektrizitäts- bzw. Gasversorgungsnetzes, insbesondere auch Art und Zugehörigkeit der jeweiligen Messeinrichtungen,
2. originäre historische Anschaffungs- und Herstellungskosten der Anlagegüter des zu überlassenden Elektrizitäts- bzw. Gasversorgungsnetzes und der Grundstücke, aufgeteilt nach Anlagengruppen gem. Anlage 1 zu § 6 Abs. 5 S. 1 Gasbzw. StromNEV und Anschaffungsjahren,
3. in der Netzkostenkalkulation gem. § 6 Abs. 5 S. 1 Gas- bzw. StromNEV verwendete Nutzungsdauern je Anlagengruppe und etwaige Nutzungsdauerwechsel, unter Angabe des Jahres des Nutzungsdauerwechsels und der bis zum und ab dem Nutzungsdauerwechsel verwendeten Nutzungsdauern,
4. Art und Besonderheiten des Elektrizitäts- bzw. Rohrleitungsnetzes (zB verbaute Materialien, herausragende Schadensereignisse) und der sonstigen Anlagegüter,
5. Höhe der nicht aufgelösten Netzanschlussbeiträge und Baukostenzuschüsse,
6. kalkulatorische Restwerte, kalkulatorische Nutzungsdauern laut Genehmigungsbescheid, aufwandsgleiche Kostenpositionen iSd § 5 Strom- bzw. GasNEV, kalkulatorische Abschreibungen iSd § 6 Strom- bzw. GasNEV, kalkulatorische Eigenkapitalverzinsung iSd § 7 Strom- bzw. GasNEV, kalkulatorische Gewerbesteuer iSd. § 8 Strom- bzw. GasNEV, kostenmindernde Erlöse und Erträge iSd § 9 Strom- bzw. GasNEV,
7. Netzabsatzmengen im Konzessionsgebiet,
8. zugehörige Bilanz- und GuV-Werte des jeweiligen Konzessionsgebietes, soweit diese vorliegen, Auskünfte über die auf das Konzessionsgebiet bezogene mehrjährige Vermögens-, Ertrags-, Finanz- und Investitionsplanung,
9. neutrale Schadensberichte (soweit vorhanden),
10. Angaben zum Konzessionsgebiet einschließlich eines Netzplans mit Kennzeichnung zB der Netzverknüpfungspunkte und derjenigen Leitungen, welche nicht vom Überlassungsanspruch nach § 46 Abs. 2 S. 2 EnWG erfasst werden,
11. Strukturdaten gemäß § 27 Abs. 2 Strom- bzw. GasNEV (Veröffentlichungspflichten des Netzbetreibers) bezogen auf das Konzessionsgebiet, also insbesondere
    a) im Falle von Gasnetzen:
       i) die Länge des Gasleitungsnetzes jeweils getrennt für die Niederdruck-, Mitteldruck- und Hochdruckebene zum 31. Dezember des Vorjahres,
       ii) die Länge des Gasleitungsnetzes in der Hochdruckebene nach Leitungsdurchmesserklassen,
       iii) die im Vorjahr durch Weiterverteiler und Letztverbraucher entnommene Jahresarbeit in Kilowattstunden oder in Kubikmetern,
       iv) die Anzahl der Ausspeisepunkte jeweils für alle Druckstufen und
       v) die zeitgleiche Jahreshöchstlast aller Entnahmen in Megawatt oder Kubikmetern pro Stunde und den Zeitpunkt des jeweiligen Auftretens;
    b) im Falle von Stromnetzen:
       i) die Stromkreislänge jeweils der Kabel- und Freileitungen in der Niederspannungs-, Mittelspannungs-, Hoch- und Höchstspannungsebene zum 31. Dezember des Vorjahres,
       ii) die installierte Leistung der Umspannebenen zum 31. Dezember des Vorjahres,
       iii) die im Vorjahr entnommene Jahresarbeit in Kilowattstunden pro Netz- und Umspannebene,

iv) die Anzahl der Entnahmestellen jeweils für alle Netz- und Umspannebenen,
v) die Einwohnerzahl im Netzgebiet von Betreibern von Elektrizitätsversorgungsnetzen der Niederspannungsebene zum 31. Dezember des Vorjahres,
vi) die versorgte Fläche nach § 24 Abs. 2 Satz 2 und 3 StromNEV zum 31. Dezember des Vorjahres und
vii) die geographische Fläche des Netzgebietes zum 31. Dezember des Vorjahres.
sowie
12. das Konzessionsabgabenaufkommen (getrennt nach den jeweiligen Tarif- und Sondervertragskunden).

III. Festlegungsbefugnis (S. 3)

§ 46a S. 3 begründet eine **Festlegungsbefugnis der BNetzA im Einvernehmen mit dem BKartA** hinsichtlich des Umfangs und des Formats der herauszugebenden Daten. Dies erfolgt durch Festlegung gegenüber den EVU. Der Gesetzgeber hat das Einvernehmen des Bundeskartellamts für notwendig erachtet, weil Wettbewerbsrecht betroffen ist (BT-Drs. 17/6072, 88). Einvernehmen bedeutet wie allgemein beiderseits übereinstimmende Zustimmung. Das Verfahren richtet sich nach § 29 (BT-Drs. 17/6072, 88; NK-EnWG/*Huber* § 46a Rn. 9; zweifelnd Theobald/Kühling/*Theobald/Schneider* EnWG § 46a Rn. 15). Von dieser Festlegungsbefugnis ist bislang nicht Gebrauch gemacht worden. Der Gemeinsame Leitfaden von BKartA und BNetzA stellt eine solche Festlegung nicht dar (Hempel/Franke/*Dünchheim* EnWG § 46a Rn. 21); er ist vielmehr bloße Auslegungs- und Anwendungshilfe (BKartA/BNetzA, Gemeinsamer Leitfaden Rn. 6).

§ 47 Rügeobliegenheit, Präklusion

(1) ¹**Jedes beteiligte Unternehmen kann eine Rechtsverletzung durch Nichtbeachtung der Grundsätze eines transparenten und diskriminierungsfreien Verfahrens nach § 46 Absatz 1 bis 4 nur geltend machen, soweit es diese nach Maßgabe von Absatz 2 gerügt hat.** ²**Die Rüge ist in Textform gegenüber der Gemeinde zu erklären und zu begründen.**

(2) ¹**Rechtsverletzungen, die aufgrund einer Bekanntmachung nach § 46 Absatz 3 erkennbar sind, sind innerhalb der Frist aus § 46 Absatz 4 Satz 4 zu rügen.** ²**Rechtsverletzungen, die aus der Mitteilung nach § 46 Absatz 4 Satz 4 erkennbar sind, sind innerhalb von 15 Kalendertagen ab deren Zugang zu rügen.** ³**Rechtsverletzungen, die im Rahmen der Auswahlentscheidung, die aus der Information nach § 46 Absatz 5 Satz 1 erkennbar sind, sind innerhalb von 30 Kalendertagen ab deren Zugang zu rügen.** ⁴**Erfolgt eine Akteneinsicht nach Absatz 3, beginnt die Frist nach Satz 3 für den Antragsteller erneut ab dem ersten Tag, an dem die Gemeinde die Akten zur Einsichtnahme bereitgestellt hat.**

(3) ¹**Zur Vorbereitung einer Rüge nach Absatz 2 Satz 3 hat die Gemeinde jedem beteiligten Unternehmen auf Antrag Einsicht in die Akten zu gewähren und auf dessen Kosten Ausfertigungen, Auszüge oder Abschriften zu erteilen.** ²**Der Antrag auf Akteneinsicht ist in Textform inner-**

halb einer Woche ab Zugang der Information nach § 46 Absatz 5 Satz 1 zu stellen. ³Die Gemeinde hat die Einsicht in die Unterlagen zu versagen, soweit dies zur Wahrung von Betriebs- oder Geschäftsgeheimnissen geboten ist.

(4) Hilft die Gemeinde der Rüge nicht ab, so hat sie das rügende Unternehmen hierüber in Textform zu informieren und ihre Entscheidung zu begründen.

(5) ¹Beteiligte Unternehmen können gerügte Rechtsverletzungen, denen die Gemeinde nicht abhilft, nur innerhalb von 15 Kalendertagen ab Zugang der Information nach Absatz 4 vor den ordentlichen Gerichten geltend machen. ²Es gelten die Vorschriften der Zivilprozessordnung über das Verfahren auf Erlass einer einstweiligen Verfügung. ³Ein Verfügungsgrund braucht nicht glaubhaft gemacht zu werden.

(6) Ein Vertrag nach § 46 Absatz 2 darf erst nach Ablauf der Fristen aus Absatz 2 Satz 3 und Absatz 5 Satz 1 geschlossen werden.

Übersicht

	Rn.
A. Allgemeines	1
I. Inhalt und Zweck	1
II. Entstehungsgeschichte	3
III. Verfassungsmäßigkeit	4
IV. Anwendungsbereich	5
B. Einzelerläuterungen	6
I. Rügeobliegenheit (Abs. 1)	6
II. Fristen (Abs. 2)	9
1. Befristung der Geltendmachung erkennbarer Rechtsverletzungen	9
2. Zeitliche Stufung	11
3. Rechtsfolge der Fristversäumnis	15
III. Akteneinsicht (Abs. 3)	17
IV. Begründung bei Nichthilfe (Abs. 4)	22
V. Gerichtliche Geltendmachung (Abs. 5)	23
VI. Vertragssperre (Abs. 6)	29

Literatur: *Czernek,* Das neue Rügerecht des § 47 EnWG – Mehr Rechtssicherheit für die Gemeinden?, EnZW 2018, 99, 102; *Dörfler/Stein,* Novelle des Energiewirtschaftsgesetzes (EnWG) – mehr Rechtssicherheit für Konzessionsvergaben?, VW 2017, 97; *Dümke,* Der Rechtsschutz nach § 47 EnWG im Konzessionsvergabeverfahren, ER 2019, 142; *Fischer/Embacher/Harke,* Neuer Rechtsrahmen für die Vergabe von Strom- und Gaskonzessionen iSd § 46 Abs. 2 Satz 1 EnWG, RdE 2017, 329; *Höch,* Überprüfung der gemeindlichen Auswahlentscheidung im Konzessionierungsverfahren, RdE 2017, 157; *Kermel,* Die Akteneinsichtspflicht der Kommunen nach § 47 Abs. 3 EnWG und die Folgen der Nichteinhaltung im Zivilprozess, VW 2020, 11; *Kupfer,* Die Neufassung des Rechts zur Vergabe von Energiekonzessionen, NVwZ 2017, 428; *Meyer-Hetling/Schneider,* Aktuelle Entwicklungen des Konzessionsrechts, NZBau 2020, 142; *Reimann,* Das Verhältnis von einstweiligem Rechtsschutz gegen die Gemeinde und Klagen auf Netzherausgabe – Die Mär von mehr Rechtssicherheit durch § 47 EnWG, EWeRK 2019, 121; *Templin,* Zum gerichtlichen Prüfungsmaßstabs bei der Vorabprüfung kommunaler Auswahlkriterien im Eilverfahren, EnWZ 2019, 76; *Wolkenhauer,* Stromkonzessionsvergabe des Landesberlin, EnwZ 2021, 20.

A. Allgemeines

I. Inhalt und Zweck

§ 47 statuiert für EVU, die an einem Verfahren zur Vergabe von Wegerechten beteiligt sind, eine **Rügeobliegenheit als Voraussetzung für die gerichtliche Geltendmachung einer Rechtsverletzung** durch Nichtbeachtung der Grundsätze eines transparenten und diskriminierungsfreien Verfahrens nach § 46 Abs. 1–4. An die grundsätzliche Aufstellung dieser Rügeobliegenheit (Abs. 1) schließen sich eine – für unterschiedliche Rügen zeitlich gestufte (BT-Drs. 18/8184, 16) – Regelung von Rügefristen (Abs. 2) und die Begründung eines Akteneinsichtsrechts zur Vorbereitung von die eigentliche Auswahlentscheidung betreffenden Rügen (Abs. 3) an. Wird der Rüge nicht abgeholfen, muss die Gemeinde das Unternehmen in Textform unterrichten und diese Entscheidung begründen (Abs. 4). Bei Nichtabhilfe kann die Rechtsverletzung nur innerhalb von 15 Tagen ab Informationszugang vor den ordentlichen Gerichten im Rahmen eines einstweiligen Rechtsschutzverfahrens geltend gemacht werden (Abs. 5). Zum Schutz des Rügerechts sind Wartefristen für den Abschluss des Vertrages gem. § 46 Abs. 2 vorgesehen (Abs. 6).

Die Rügeobliegenheit soll **Rechtssicherheit** für die Gemeinde und den neuen Wegenutzungsberechtigten schaffen und dadurch den Netzbetrieb und unter Umständen auch den Netzausbau sichern (zur etwaigen Zielverfehlung *Reimann* EWeRK 2019, 121); es soll insbesondere verhindert werden, dass Verfahrensfehler auch noch Jahre nach dem Neuabschluss eines Wegenutzungsvertrages geltend gemacht werden können (vgl. BT-Drs. 18/8184, 16). Damit sollen zugleich die Gerichte wesentlich entlastet werden, indem uU ganze Gerichtsverfahren obsolet werden, sofern sich die Gemeinde erneut mit dem behaupteten Verstoß auseinandersetzt und diesem abhilft (BT-Drs. 18/8184, 2; von einer steigenden Anzahl an Gerichtsverfahren gehen *Dörfler/Stein,* VW 2017, 97, aus), und im Übrigen die Gerichte nur die fristgerecht gerügten Streitpunkte zu überprüfen haben (BT-Drs. 18/8184, 16).

II. Entstehungsgeschichte

Vor der Einfügung des § 47 war es in der Vergangenheit wiederholt dazu gekommen, dass ein Gericht Jahre nach Abschluss des Konzessionierungsverfahrens die Rechtswidrigkeit des abgeschlossenen Konzessionsvertrages feststellt (zB OLG Schleswig Urt. v. 22.11.2012 – 16 U (Kart) 21/12, EnWZ 2013, 76), teils nachdem bereits die Rechtmäßigkeit des Verfahrens umfassend im einstweiligen Verfügungsverfahren bestätigt worden war (OLG Naumburg Urt. v. 21.9.2018 – 7 U 33/17 (Hs), BeckRS 2018, 39311; LG Dortmund Urt. v. 24.7.2019 – 10 O 52/17 (Enw), BeckRS 2019, 16683). Um dem entgegenzuwirken, ist angenommen worden, bei Konzessionsvergaben ergebe sich aus einem durch Anforderung der Vergabeunterlagen begründeten vorvertraglichen Schuldverhältnis nach §§ 241 Abs. 2, 311 Abs. 2 Nr. 1 BGB eine unselbständige Nebenpflicht der Bieter, den Auftraggeber auf Rechtsverstöße im Vergabeverfahren hinzuweisen, deren Missachtung zum Ausschluss der entsprechenden Rügen führe (LG Köln Urt. v. 7.11.2012 – 90 O 59/12, ZNER 2013, 64 f.; vgl. dazu BGH Urt. v. 17.12.2013 – KZR 66/12 Rn. 115; BGH Urt. v. 28.1.2020 – EnZR 116/18 Rn. 26); jedoch sind diese Rügepflicht und die Folgen ihrer Nichtbeachtung stark umstritten geblieben

(*Meyer-Hetling/Schneider* NZBau 2020, 142, 143). Die in § 47 näher ausgestaltete, mit Präklusionswirkung versehene gesetzliche Rügeobliegenheit ist dann mit dem **Gesetz zur Änderung der Vorschriften zur Vergabe von Wegenutzungsrechten zur leitungsgebundenen Energieversorgung vom 27.1.2017** (BGBl. 2017 I S. 130) eingefügt worden. Sie entfaltet seit dem 3.2.2017 Wirkung.

III. Verfassungsmäßigkeit

4   Die mit Präklusionswirkung versehene Rügeobliegenheit schränkt den Rechtsschutz von Unternehmen gegenüber der Gemeinde ein. Das wirft die Frage der **Vereinbarkeit mit der verfassungsrechtlichen Rechtsschutzgewährleistung** auf. Ob Art. 19 Abs. 4 GG insoweit der richtige Maßstab ist (so BerlKommEnergieR/*Wegner* EnWG § 47 Rn. 6), erscheint fraglich, weil kaum folgerichtig, wenn man die Gemeinde bei der Vergabe von Wegenutzungsrechten als privatwirtschaftlich handelndes Unternehmen ansieht (vgl. BVerfG Beschl. v. 13.6.2006 – 1 BvR 1160/03, BVerfGE 116, 135 Rn. 50ff.); andernfalls bleibt der rechtsstaatlich begründete allgemeine Justizgewährungsanspruch (BVerfG Beschl. v. 30.4.2003 – 1 PBvU 1/02, BVerfGE 107, 395 (401); Beschl. v. 13.6.2006 – 1 BvR 1160/03, BVerfGE 116, 135 Rn. 53). Unabhängig von der Frage nach der verfassungsrechtlichen Maßstabsnorm geht die Rechtsprechung zu Recht davon aus, dass auch der Fortbestand eines fehlerhaft abgeschlossenen Konzessionsvertrags im Interesse der Rechtssicherheit hingenommen werden kann, wenn alle unbillig behinderten oder diskriminierten Bewerber um die Konzession ausreichend Gelegenheit haben, ihre Rechte zu wahren, diese Möglichkeit aber nicht genutzt haben (vgl. BGH Urt. v. 17.12.2013 – KZR 66/12, NVwZ 2014, 807 Rn. 108; BGH Urt. v. 28.1.2020 – EnZR 116/18 Rn. 26).

IV. Anwendungsbereich

5   Auch wenn in § 47 Abs. 1 S. 1 Verfahrensfehler nach § 46 Abs. 1–4 genannt sind, hat § 47 nicht sämtliche Wegenutzungsverträge zum Regelungsgegenstand. Die allein in § 46 Abs. 1 geregelte Vergabe sog. einfachen Wegenutzungsrechte (→ § 46 Rn. 33ff.) erfasst die Bestimmung nicht, sondern allein **Verfahren zur Vergabe von Energiekonzessionsverträgen** iSv § 46 Abs. 2. Dies verdeutlichen insbesondere § 47 Abs. 2 S. 1–3, wo an einzelne Schritte in diesem Verfahren unterschiedliche Rügefristen geknüpft werden, und § 47 Abs. 6, der für Verträge nach § 46 Abs. 2 eine Wartefrist vorgibt.

B. Einzelerläuterungen

I. Rügeobliegenheit (Abs. 1)

6   Nach der Grundaussage des § 46 Abs. 1 S. 1 kann eine Rechtsverletzung durch **Nichtbeachtung der Grundsätze eines transparenten und diskriminierungsfreien Verfahrens nach § 46 Abs. 1–4** nur nach vorheriger Rüge geltend gemacht werden (BT-Drs. 18/8184, 16). Dem Anwendungsbereich der Rügepflicht unterfallen danach nur Rechtsverletzungen wegen Verfahrensfehlern nach § 46 Abs. 1–4, nicht aber sonstige Rechtsverstöße (BerlKommEnergieR/*Wegner* EnWG § 47 Rn. 11; *Kupfer* NVwZ 2017, 433). Nicht unter die Rügeobliegenheit unterfällt danach etwa die Konzessionsvertragsvergabe ohne vorherige Bekannt-

Rügeobliegenheit, Präklusion **§ 47**

machung nach § 46 Abs. 3 S. 1 bzw. S. 3 (OLG Brandenburg Urt. v. 20.3.2018 – 6 U 4/17 Rn. 43). Gerügt werden müssen auch nur bereits geschehene Rechtsverletzungen, nicht hingegen mögliches künftiges rechtswidriges Verhalten (OLG Celle Urt. v. 12.9.2019 – 13 U 41/19 (Kart), EnWZ 2019, 408 Rn. 7). Erfasst sind jedoch sämtliche Verfahrensfehler nach § 46 Abs. 1–4. Dabei ist es unschädlich, wenn die maßgeblichen rechtlichen Anforderungen an ein transparentes und diskriminierungsfreies Verfahren sich auch, gegebenenfalls auch konkretisierend aus weiteren Vorschriften, ergeben (aA BerlKommEnergieR/*Wegner* EnWG § 47 Rn. 11 f., mit Blick auf Anforderungen aus der KAV, dem deutschen und europäischen Wettbewerbsrecht und dem europäischen Primärrecht). Auch schwerwiegende oder offensichtliche Rechtsverletzungen unterliegen der Präklusion, da dies dem Zweck der frühzeitigen Rechtssicherheit entgegenstehen würde (OLG Karlsruhe Urt. v. 28.8.2019- 6 U 109/18 (Kart) Rn. 139, unter Zurückweisung einer entsprechenden Heranziehung der Rechtsanwendung von § 160 Abs. 3 S. 1, 163 GWB). Richtigerweise dürfte die Rügeobliegenheit auch nicht entfallen, wenn die Gemeinde zu erkennen gibt, dass sie unumstößlich an ihrer Entscheidung festhalten wird (so NK-EnWG/*Huber* § 47 Rn. 10, unter Verweis auf OLG Brandenburg Urt. v. 14.1.2013 – Verg W 13/12, ZfBR 2013, 818 Rn. 12).

Die Rügeobliegenheit gilt für **jedes beteiligte Unternehmen,** dh jedes Unternehmen, das auf die Bekanntmachung der Gemeinde nach § 46 Abs. 3 S. 1 bzw. S. 3 hin sein Interesse an der Beteiligung an dem Vergabeverfahren bekundet hat. Sie gilt damit auch gleichermaßen wie für andere beteiligte Unternehmen für den bisherigen Nutzungsberechtigten, den sog. Altkonzessionär (BGH Urt. v. 28.1.2020 – EnZR 116/18 Rn. 33). **7**

Nach § 46 Abs. 1 S. 2 muss die **Rüge in Textform und mit Begründung** gegenüber der Gemeinde geltend gemacht werden. Das Verlangen der Textform verweist auf § 126b BGB. Die Rüge muss dabei die vermeintliche Rechtsverletzung konkret bezeichnen, damit sich die Gemeinde mit der Rüge auseinandersetzen kann. Nicht ausreichend sind pauschale Behauptungen, Aussagen ins Blaue hinein, die Nennung einer abstrakten Möglichkeit (OLG Brandenburg Beschl. v. 14.1.2013 – Verg W 13/12, ZfBR 2013, 818 Rn. 8), Bedenken oder Nachfragen (KG Urt. v. 25.10.2018 – 2 U 18/18 EnWG, EnWZ 2019, 76 Rn. 53; OLG Karlsruhe Urt. v. 28.8.2019- 6 U 109/18 (Kart) Rn. 140). **8**

II. Fristen (Abs. 2)

1. Befristung der Geltendmachung erkennbarer Rechtsverletzungen. § 47 Abs. 2 unterwirft die Rügeobliegenheiten nach § 47 Abs. 1 einer **zeitlich gestuften Befristung.** Die Geltendmachung von Verfahrensfehlern in unterschiedlichen Phasen des Konzessionsvertragsvergabeverfahrens wird jeweils besonderen Fristen unterworfen. Für die Fristberechnung gelten jeweils die §§ 187 ff. BGB. **9**

In allen Konstellationen ist die **Erkennbarkeit der Rechtsverletzungen** Voraussetzungen für die Begründung der Rügeobliegenheit. Die daran geknüpfte Präklusion ist mit der Garantie effektiven Rechtsschutzes nur insoweit vereinbar, wie ein in seinen Rechten verletzter unterlegener Bieter die geltend zu machende Verfahrensfehlerhaftigkeit hinreichend klar erkennen konnte, was dann nicht der Fall ist, wenn der Fehler aus der Begründung nicht hervorgeht (vgl. BGH Urt. v. 28.1.2020 – EnZR 116/18 Rn. 44). Die Erkennbarkeit umfasst auch die Verstöße, die lediglich für einen fachkundigen Berater erkennbar sind, sodass sich der Bieter **10** erforderlichenfalls beraten lassen muss (OLG Karlsruhe Urt. v. 27.3.2019 – 6 U 113/18 Rn. 78).

11 2. **Zeitliche Stufung.** Im Rahmen der zeitlichen Stufung verschiedener Rügeobliegenheiten gilt eine erste Stufe der **Rüge von aufgrund einer Bekanntmachung nach § 46 Abs. 3 erkennbaren Rechtsverletzungen** (§ 47 Abs. 2 S. 1). Dabei handelt es sich um Fehler bei der Bekanntmachung des bevorstehenden Ablaufs (§ 46 Abs. 3 S. 1) bzw. der vorzeitigen Beendigung sowie des Vertragsendes (§ 46 Abs. 3 S. 3) des Konzessionsvertrages. Wegen der eher geringen und formalen Anforderungen an die Bekanntmachung dürfte die Fehleranfälligkeit begrenzt sein; denkbare Fehler sind die fehlende oder fehlerhafte Angabe des Vertragsablaufs bzw. -endes, der fehlende oder inhaltlich unzureichende Hinweis auf die zu veröffentlichen den Netzdaten oder ein Fehler bei der Wahl des Publikationsorgans (BerlKommEnergieR/*Wegner* EnWG § 47 Rn. 17). Solche Fehler sind nach § 46 Abs. 2 S. 1 innerhalb der Frist aus § 46 Abs. 4 S. 4 zu rügen, dh innerhalb der von der Gemeinde in der Bekanntmachung nach § 46 Abs. 3 S. 1 oder 3 gesetzten Interessenbekundungsfrist von mindestens drei Kalendermonaten (BT-Drs. 18/8184, 16).

12 Eine zweite Stufe betrifft die **Rüge von aus der Mitteilung nach § 46 Abs. 4 S. 4 erkennbaren Rechtsverletzungen.** Hierbei geht es um alle die Unternehmen, die innerhalb der von der Gemeinde in der Bekanntmachung nach Abs. 3 S. 1 oder 3 gesetzten Frist zur Interessensbekundung abgegeben haben, geschuldete Mitteilung der Auswahlkriterien und ihrer Gewichtung. Damit kommt als hiernach zu rügende Rechtsverletzung insbesondere die Verwendung fehlerhafter oder falsch gewichteter Auswahlkriterien in Betracht; zutreffend wird angenommen, dass Auswahlkriterien in diesem Sinne auch die Eignungskriterien sind, die der Auswahl vorgeschaltet zur Prüfung der Eignung der interessierten Unternehmen herangezogen werden (KG Urt. v. 25.10.2018 – 2 U 18/18 EnWG, EnWZ 2019, 76 Rn. 36 ff.; BerlKommEnergieR/*Wegner* EnWG § 47 Rn. 23). Die Rüge nach § 47 Abs. 2 S. 2 ist innerhalb von 15 Kalendertagen ab Zugang der Mitteilung nach § 46 Abs. 4 S. 4 gegenüber der Gemeinde zu erheben.

13 Die dritte Stufe gilt der **Rüge aus der Information nach § 46 Abs. 5 S. 1 erkennbaren Rechtsverletzungen im Rahmen der Auswahlentscheidung.** Hier geht es um die konkrete Auswahlentscheidung selbst. Dabei kommen verschiedene mögliche Rechtsverletzungen in Betracht. Denkbar ist zB, dass die Entscheidung aufgrund anderer Kriterien getroffen wurde als nach den bekannt gemachten Auswahlkriterien. Weiterhin kann eine Bevorzugung einzelner Bieter vorliegen oder es gibt Fehler bei der Bepunktung der einzelnen Angebote (vgl. dazu § 46 Rn. 95 ff.). Es kann weiterhin zur Verwendung einer falschen Bewertungsmethode gekommen sein oder unplausible Angaben von Bewerbern können fälschlicherweise bepunktet worden sein. Derartige Fehler sind innerhalb von 30 Kalendertagen ab Zugang der Information nach § 46 Abs. 5 S. 1 zu rügen.

14 Mit Blick auf Rechtsverletzungen im Rahmen der Auswahlentscheidung begründet § 47 Abs. 2 S. 4 eine besondere Frist für die **Rüge nach der Gewährung von Akteneinsicht** nach § 47 Abs. 3. In diesem Falle beginnt die Frist nach § 47 Abs. 2 S. 3 für den Antragsteller erneut ab dem ersten Tag, an dem die Gemeinde die Akten zur Einsichtnahme bereitgestellt hat. Wird nach einem gem. § 46a Abs. 3 S. 2 verfristeten Antrag eines Bieters diesem von der Gemeinde Akteneinsicht gewährt, führt dies nicht zu einem Neubeginn der Frist gem. § 47 Abs. 2 S. 4 (OLG Dresden Urt. v. 27.1.2021 – U 6/20 Kart Rn. 12; BeckOK EnWG/*Peiffer* § 47 Rn. 21).

3. Rechtsfolge der Fristversäumnis. Wird die erforderliche Rüge nicht oder 15
verspätet erhoben, kann die fragliche Rechtsverletzung nicht mehr geltend gemacht werden. Nicht unumstritten ist die **Reichweite der Präklusion.** Zwar wird der Wortlaut des § 47 Abs. 1 S. 1, der von der Geltendmachung durch beteiligte Unternehmern spricht, als Argument für eine bloß formelle Präklusionswirkung angeführt (so wohl OLG Dresden Urt. v. 18.9.2019 – U 1/19 (Kart), BeckRS 2019, 38388 Rn. 28). Der entstehungsgeschichtlich klar erkennbare Sinn und Zweck der Regelung, umfassende Rechtssicherheit insbesondere für die Gemeinde herzustellen, steht jedoch einer Beschränkung der Präklusionswirkung auf die Geltendmachung der Rechtsverletzung durch das betroffene beteiligte Unternehmen im Konzessionsvergabeverfahren entgegen. Zutreffend wird angenommen, dass jedenfalls beteiligte Unternehmen dauerhaft von der Geltendmachung ausgeschlossen sein sollen, so dass die Präklusionswirkung – einer beschränkt materiellen Präklusion vergleichbar – die gesamten Rechtsbeziehung zwischen der Gemeinde und den beteiligten Unternehmen erfasst (Hempel/Franke/*Dünchheim* EnWG § 47 Rn. 53; so wohl auch OLG Brandenburg Urt. v. 20.3.2018 – 6 U 4/17 Rn. 49). Da die Präklusion zwar die Geltendmachung des Rechtsfehlers durch das beteiligte Unternehmen ausschließt, die materielle Rechtslage jedoch unberührt lässt, steht die Präklusion der Berufung Dritter auf Rechtsverletzungen nicht entgegen; insbesondere die Kartell- und Rechtsaufsichtsbehörden sollen danach an einem Einschreiten nicht gehindert sein (*Czernek* EnWZ 2018, 99 (104); BerlKommEnergieR/*Wegner* EnWG § 47 Rn. 15 mit dem Hinweis auf die anzunehmende beschränkte Praxisrelevanz).

Mit Blick auf die **Wirkung der Präklusion im Gerichtsverfahren** begründet 16
§ 47 Abs. 1 S. 1, Abs. 2 keine Zugangsvoraussetzungen zu einem speziellen Nachprüfungsverfahren (OLG Brandenburg Urt. v. 18.8.2020 – 17 U 1/19, Rn. 98). Ob eine Rüge präkludiert ist, ist deshalb keine Frage der Zulässigkeit, sondern gegebenenfalls allein für die Begründetheit eines gerichtlichen Verfahrens bedeutsam; insbesondere kann danach der Altkonzessionär im Rahmen einer vom Neukonzessionär gegen ihn erhobenen Netzherausgabeklage nicht die Nichtigkeit des Konzessionsvertrages unter Berufung auf Rechtsverletzungen, in Bezug auf die er präkludiert ist, geltend machen (BerlKommEnergieR/*Wegner* EnWG § 47 Rn. 15).

III. Akteneinsicht (Abs. 3)

Zur Vorbereitung einer Rüge nach § 47 Abs. 2 S. 3, also einer Rüge von solchen 17
Rechtsverletzungen, die im Rahmen der Auswahlentscheidung nach § 46 Abs. 5 S. 1 erkennbar waren, hat der unterlegene Bewerber **auf Antrag ein Recht auf Akteneinsicht** (§ 47 Abs. 3 S. 1). Einzige Voraussetzung für die Akteneinsicht ist die Antragstellung (vgl. OLG Düsseldorf Urt. v. 4.11.2020 – 27 U 3/20 Rn. 49). Der erforderliche Antrag ist in Textform innerhalb einer Woche ab Zugang der Information nach § 46 Abs. 5 S. 1 zu stellen (§ 47 Abs. 3 S. 2).

Hinsichtlich des **Umfangs des Akteneinsichtsrechts** gilt nach Sinn und 18
Zweck, dass es nur in Bezug auf Aktenbestandteile des Vergabevorgangs, die für die Auswahlentscheidung relevant sind, besteht (OLG Düsseldorf Urt. v. 4.11.2020 – I-27 U 3/20, NZBau 2021, 283 Rn. 44; NK-EnWG/*Huber* § 47 Rn. 20; *Embacher*/*Wolf* RdE 2019, 374; weitergehend, für einen Anspruch auf Einsichtnahme in die vollständige Verfahrensakte inklusive der Angebote sowie sämtlicher vorbereitender, interner Dokumente BerlKommEnergieR/*Wegner* EnWG § 47 Rn. 35). Entsprechend der Gesetzentwurfsbegründung, wonach in solche Akten Einsicht zu

gewähren ist, die eine Rechtsverletzung darstellen könnten (BT-Drs. 18/8184, 17), reicht die Möglichkeit einer berechtigten Rüge aus. Umstritten ist, ob der Anspruch auf Akteneinsicht sich auch die Angebote der anderen Bieter erstreckt (bejahend: OLG Frankfurt a. M. Urt. v. 12.8.2021 – 11 U 1/21 (Kart); krit. Theobald/Kühling/*Theobald/Schneider* EnWG § 47 EnWG Rn. 46). Das Einsichtsrecht insoweit pauschal auszuschließen, dürfte nicht angängig sein; dagegen sprechen entstehungsgeschichtliche Gründe (vgl. BT-Drs. 18/8184, 21, 27f.; Hempel/Franke/*Dünchheim* EnWG § 47 Rn. 25) sowie der Gesetzeszweck, da die Einsicht in die anderen Angebote für die Nachvollziehbarkeit der Auswahlentscheidung wesentlich ist. Seine Grenze findet das Einsichtsrecht insoweit im Schutz eventueller Geschäfts- und Betriebsgeheimnisse (→ Rn. 19).

19 Nach § 47 Abs. 3 S. 3 ist die Akteneinsicht in Bezug auf **Geschäfts- und Betriebsgeheimnisse** zu versagen. Darunter fallen alle auf ein Unternehmen bezogene Tatsachen, Umstände und Vorgänge, die nicht offenkundig, sondern nur einem begrenzten Personenkreis zugänglich sind und an deren Nichtverbreitung der Rechtsträger ein berechtigtes Interesse hat. Betriebsgeheimnisse umfassen im Wesentlichen technisches Wissen im weitesten Sinne; Geschäftsgeheimnisse betreffen vornehmlich kaufmännisches Wissen, etwa in Bezug auf Umsätze, Ertragslagen, Konditionen, Marktstrategien, Unterlagen zur Kreditwürdigkeit, Kalkulationsunterlagen usw durch welche die wirtschaftlichen Verhältnisse eines Betriebs maßgeblich bestimmt werden können (BVerfG NVwZ 2021, 1211 Rn. 50). Dabei kann die Gemeinde von den Unternehmen die Kenntlichmachung dieser Geheimnisse verlangen (BT-Drs. 18/8184, 17). Die Gemeinde kann dem Geheimnisschutz gegebenenfalls durch Schwärzungen Rechnung tragen (BeckOK EnWG/*Peiffer* § 47 Rn. 16).

20 Hinsichtlich der **Durchführung der Akteneinsicht** beschränkt sich § 47 Abs. 3 S. 1 auf die Vorgabe, dass die Gemeinde Akteneinsicht zu gewähren und auf Kosten des antragstellenden Unternehmens Ausfertigungen, Auszüge oder Abschriften zu erteilen hat. Nach der Gesetzentwurfsbegründung kann die Akteneinsicht auch in elektronischer Weise erfolgen (BT-Drs. 18/8184, 17). Sofern die Akten elektronisch vorhanden sind, dürfte im Rahmen von Treu und Glauben ein gebundener Anspruch auf Einsicht in elektronischer Form zu bejahen sein.

21 Mit Blick auf die **Folgen einer unzureichend gewährten Akteneinsicht** wird zutreffend angenommen, dass diese als solche nicht der Rügepräklusion unterliegt, da sie keine rügefähige Rechtsverletzung im Rahmen des Konzessionsvergabeverfahrens nach § 47 Abs. 2 darstellt, die Akteneinsicht vielmehr der Vorbereitung solcher Rügen dient (OLG Koblenz Urt. v. 12.9.2019 – U 678/19 (Kart) Rn. 26; LG Stuttgart Urt. v. 18.2.2021 – 11 O 398/20, EnWZ 2021, 324 Rn. 30ff.; vgl. *Wolkenhauer* EnWZ 2021, 33; aA KG Urt. v. 24.9.2020 – 2 U 93/19 Rn. 94). Die Versagung der zureichenden Akteneinsicht soll eine – einen Verfügungsanspruch aus § 33 Abs. 1 und 2 iVm § 19 Abs. 1 und 2 Nr. 1 GWB begründende – unbillige Behinderung darstellt (OLG Düsseldorf Urt. v. 4.11.2020 – I-27 U 3/20, NZBau 2021, 283 Rn. 30). IÜ kann in der unzureichenden Akteneinsicht ein rügefähiger Transparenzmangel der Auswahlentscheidung zu Tage treten (vgl. Theobald/Kühling/*Theobald/Schneider* EnWG § 47 Rn. 47; *Kermel* VW 2020, 11).

IV. Begründung bei Nichtabhilfe (Abs. 4)

22 Beurteilt die Gemeinde die Rüge als berechtigt, hat sie der Rüge abzuhelfen, indem sie den beanstandeten Verfahrensfehler korrigiert (BeckOK EnWG/*Peiffer*

Rügeobliegenheit, Präklusion **§ 47**

§ 47 Rn. 28). Wenn die Gemeinde nicht abhilft, hat sie das Unternehmen darüber in **Textform unter Begründung ihrer Entscheidung** zu informieren. Nach dem Willen des Gesetzgebers soll dies die Gemeinde dazu anhalten, sich tatsächlich mit dem gerügten Rechtsverstoß auseinanderzusetzen (BT-Drs. 18/8184, 17). Die Gemeinde kann den Zeitpunkt der Mitteilung selbst wählen. Dies ermöglicht ihr, die Frist für die gerichtliche Geltendmachung nach Abs. 5 selbst in Gang zu setzen; sie kann etwa darauf warten, bis mehrere Rügen eingegangen sind, um dann über die entsprechenden Rügen zu entscheiden (BT-Drs. 18/8184, 17).

V. Gerichtliche Geltendmachung (Abs. 5)

Für die gerichtliche Geltendmachung gerügter Verletzungen, denen die Gemeinde nicht abgeholfen hat, sieht § 47 Abs. 5 eine **Frist von 15 Tagen** nach der Mitteilung gem. § 47 Abs. 4 vor. Darin findet die in § 47 Abs. 1–3 geregelte befristete Rügeobliegenheit im Verhältnis zur Gemeinde im Interesse der Sicherstellung frühzeitiger Rechtssicherheit ihre Fortsetzung für den gerichtlichen Rechtsschutz. 23

Nach § 47 Abs. 5 S. 1 können gerügte Rechtsverletzungen, denen die Gemeinde nicht abhilft, vor den **ordentlichen Gerichten** geltend gemacht werden. Bei dieser Zuweisung zum ordentlichen Rechtsweg handelt es sich nach der Gesetzesbegründung lediglich um eine Klarstellung (BT-Drs. 18/8184, 28). Mit der Zuweisung zur ordentlichen Gerichtsbarkeit werden folgerichtig auch die Prozessmaximen des Zivilverfahrens heranzuziehen sein, insbesondere auch der Beibringungsgrundsatz, so dass das Gericht den Sachverhalt nicht von sich aus zu erforschen hat (aA NK-EnWG/*Huber* § 47 Rn. 30); die auf die Beschwerde gegen regulierungsbehördliche Entscheidungen bezogene Sondervorschrift des § 82 Abs. 1 greift hier nicht. Ausschließlich zuständig ist gem. § 102 Abs. 1 das Landgericht in Zivilsachen (BT-Drs. 18/8184, 17). 24

Nach § 47 Abs. 5 S. 2 gelten für das gerichtliche Vorgehen gegen gerügte Rechtsverletzungen die **Vorschriften über das Verfahren auf Erlass einer einstweiligen Verfügung** der ZPO. Der zustellende Antrag wird darauf gerichtet sein, eine Fortsetzung des Auswahlverfahrens oder einen bereits drohenden Vertragsschluss nach § 46 Abs. 2 zu verhindern (BT-Drs. 18/8184, 17). Soweit die Gemeinde Gestaltungsfreiheit hat, darf das Gericht diese in seinem Ausspruch nicht beschränken; ggf. kann es der Gemeinde die Fortsetzung des Verfahrens erst nach neuer Entscheidung unter Beachtung der Rechtsauffassung des Gerichts gestatten (BeckOK EnWG/*Peiffer* § 47 Rn. 32). Dabei handelt es sich allein um einen Individualrechtsschutz und nicht um eine allgemeine Rechtmäßigkeitskontrolle (OLG Karlsruhe Urt. v. 18.8.2019 – 6 U 109/18 (Kart)). Jede Rüge stellt dabei im gerichtlichen Verfahren einen einzelnen prozessualen Streitgegenstand dar (OLG Stuttgart Urt. v. 6.6.2019 – 2 U 218/18). Abweichend von den allgemeinen Verfahrensregeln muss nach § 47 Abs. 5 S. 3 ein Verfügungsgrund nicht geltend gemacht werden (S. 3); er ergibt sich bereits aus der drohenden Präklusion und muss daher nicht besonders glaubhaft gemacht werden (BT-Drs. 18/8184, 17). 25

Umstritten sind die Folgen des § 47 Abs. 5 S. 2 für die **Zulässigkeit eines Hauptsacheverfahrens**. Die Annahme, dass anstelle des Antrags auf einstweilige Verfügung auch die Erhebung einer Klage, auf die dann die Vorschriften der ZPO über das Verfahren auf Erlass einer einstweiligen Verfügung anzuwenden seien (*Czernek*, EnWZ 2018, 199, 104 f.), zulässig sei, überzeugt nicht (vgl. Theobald/Kühling/*Theobald/Schneider* EnWG § 47 Rn. 54, zu einer parallel erhobenen Klage). Ihr steht schon die klare Formulierung der Gesetzentwurfsbegründung, 26 wonach bei Nicht-Abhilfe eine einstweilige Verfügung zu beantragen ist (BT-Drs. 18/8184, 17), entgegen. Gegebenenfalls wird allenfalls eine Auslegung des Antrags im Sinne eines einstweiligen Rechtsschutzbegehrens weiterhelfen können. Weiter ist fraglich, ob nach dem einstweiligen Rechtsschutzverfahren noch ein Hauptsacheverfahren anhängig gemacht werden kann. Ausgehend von der Annahme, dass schon die bloße Erhebung des Eilantrags der Rügeobliegenheit genüge und in dem einstweiligen Rechtsschutzverfahren eine befristete Untersagung des Vertragsschlusses ausreichend sei und allein erreicht werden könne, wird angenommen, dass ein anschließendes Hauptsacheverfahren zulässig sei (Hempel/Franke/*Dünchheim* EnWG § 47 Rn. 37f.). Diese Annahme ist mit dem entstehungsgeschichtlich klar erkennbaren Gesetzeszweck (→ Rn. 2) unvereinbar. Ihm wird nur Rechnung getragen, wenn im einstweiligen Rechtsschutzverfahren, ohne dass das Verbot der Vorwegnahme der Hauptsache entgegensteht, auch eine dauerhafte Unterbindung des Vertragsschlusses erreicht werden kann (NK-EnWG/*Huber* § 47 Rn. 30; LG Dortmund Urt. v. 28.7.2017 – 13 O 22/17 Enw Rn. 73; OLG Brandenburg Urt. v. 20.3.2018 – 6 U 4/17 (Kart) Rn. 45) und im einstweiligen Rechtsschutzverfahren abschließend über die zu rügenden Rechtsverletzungen befunden wird, so dass die Entscheidung materielle Rechtskraft entfaltet (Theobald/Kühling/*Theobald/ Schneider* EnWG § 47 Rn. 53).

27 Eine durch die Rechtsschutzgarantie gebotene, notwendige Folgerung daraus ist, dass im einstweiligen Rechtsschutz – anders als sonst regelmäßig – keine nur summarische, sondern eine **umfassende und detaillierte gerichtliche Überprüfung** jedes einzelnen (wirksam) gerügten Rechtsverstoßes erfolgt (KG Urt. v. 25.10.2018 – 2 U 18/18 EnWG Rn. 52, EnWZ 2019, 76; OLG Karlsruhe Urt. v. 28.8.2019 – 6 U 109/18 (Kart) Rn. 99; Theobald/Kühling/*Theobald/Schneider* EnWG § 47 Rn. 51; *Templin* EnWZ 2019, 86).

28 Die auf § 47 Abs. 5 gestützte Beschränkung auf das einstweilige Rechtsschutzverfahren gilt jedoch allein hinsichtlich der gerichtlichen Geltendmachung rügefähiger Rechtsverletzungen. Die **Zulässigkeit von (Hauptsache-)Verfahren mit anderen Streitgegenständen** bleibt davon unberührt. Das betrifft insbesondere Streitigkeiten, die nach der Vergabeentscheidung zwischen Altkonzessionär und neuem Nutzungsberechtigten über eventuelle Informationsansprüche oder über die Übereignung bzw. Überlassung der Leitungsanlagen und die dafür zu leistende angemessene Vergütung auftreten. In diesen Verfahren ist dann jedoch die Geltendmachung von – nach § 47 rügefähigen, jedoch nicht oder nicht fristgerecht gerügten – Verfahrensfehlern, die die Nichtigkeit des Konzessionsvertrags begründen könnten, ausgeschlossen. Die Annahme, allein die Antragstellung, nicht jedoch der Erfolg im einstweiligen Rechtsschutzverfahren sei zur Vermeidung der Präklusion erforderlich (so BerlKommEnergieR/*Wegner* EnWG § 47 Rn. 47; Hempel/Franke/*Dünchheim* EnWG § 47 Rn. 38), missachtet eklatant den Gesetzeszweck und entwertet die Durchführung des einstweiligen Rechtsschutzverfahrens. Ebenso wie die nicht rechtzeitige Rüge gegenüber der Gemeinde (→ Rn. 15f.) führt das erfolglose einstweilige Rechtsschutzverfahren zur Präklusion.

VI. Vertragssperre (Abs. 6)

29 Das **Verbot eines Vertragsschlusses nach § 46 Abs. 2 innerhalb der Fristen nach § 47 Abs. 3 S. 3 und Abs. 5 S. 1** ist Ausdruck eines funktionsfähigen Rügeregimes, denn nur so ist ausreichend Zeit für die Vorbereitung der Rüge (BT-Drs. 18/8184, 17). Solange noch Rügen möglich sind bzw. diese mangels (Nicht-)Abhilfe noch keinen Abschluss gefunden haben, ist ein Vertragsschluss nicht zulässig (BT-Drs. 18/8184, 17). § 47 Abs. 6 ist ein Verbotsgesetz iSv § 134 BGB; wird entgegen des Verbots ein Vertrag geschlossen, ist dieser daher nichtig (Kment/*Huber* § 47 Rn. 31; BerlKommEnergieR/*Wegner* EnWG § 47 Rn. 54; zu Unrecht einen wirksamen Konzessionsvertrag annehmend *Czernek* EnWZ 2018, 99 (105); *Fischer/Embacher/Harke* RdE 2017, 329 (331)).

§ 48 Konzessionsabgaben

(1) ¹Konzessionsabgaben sind Entgelte, die Energieversorgungsunternehmen für die Einräumung des Rechts zur Benutzung öffentlicher Verkehrswege für die Verlegung und den Betrieb von Leitungen, die der unmittelbaren Versorgung von Letztverbrauchern im Gemeindegebiet mit Energie dienen, entrichten. ²Eine Versorgung von Letztverbrauchern im Sinne dieser Vorschrift liegt auch vor, wenn ein Weiterverteiler über öffentliche Verkehrswege mit Elektrizität oder Gas beliefert wird, der diese Energien ohne Benutzung solcher Verkehrswege an Letztverbraucher weiterleitet.

(2) ¹Die Bundesregierung kann durch Rechtsverordnung mit Zustimmung des Bundesrates die Zulässigkeit und Bemessung der Konzessionsabgaben regeln. ²Es kann dabei jeweils für Elektrizität oder Gas, für verschiedene Kundengruppen und Verwendungszwecke und gestaffelt nach der Einwohnerzahl der Gemeinden unterschiedliche Höchstsätze in Cent je gelieferter Kilowattstunde festsetzen.

(3) Konzessionsabgaben sind in der vertraglich vereinbarten Höhe von dem Energieversorgungsunternehmen zu zahlen, dem das Wegerecht nach § 46 Abs. 1 eingeräumt wurde.

(4) ¹Die Pflicht zur Zahlung der vertraglich vereinbarten Konzessionsabgaben besteht auch nach Ablauf des Wegenutzungsvertrages bis zur Übertragung der Verteilungsanlagen auf einen neuen Vertragspartner nach § 46 Absatz 2 fort. ²Satz 1 gilt nicht, wenn die Gemeinde es unterlassen hat, ein Verfahren nach § 46 Absatz 3 bis 5 durchzuführen.

Übersicht

	Rn.
A. Allgemeines	1
I. Inhalt und Zweck	1
1. Inhalt	1
2. Zweck	3
II. (Entstehungs-)Geschichte	5
III. Untergesetzliche Konkretisierung	10
B. Definition der Konzessionsabgaben (Abs. 1)	11
I. Allgemeine Begriffsbestimmung (Abs. 1 S. 1)	11
II. Klarstellung für die Weiterverteilung (Abs. 1 S. 2)	17
C. Verordnungsermächtigung (Abs. 2)	20
I. Vorgaben der Verordnungsermächtigung	20
II. Umsetzung der Verordnungsermächtigung	22
D. Konzessionsabgabenpflicht des Wegerechtsinhabers (Abs. 3)	28

	Rn.
E. Konzessionsabgabenpflicht im vertragslosen Zustand	30
I. Nachvertragliche Konzessionsabgaben	31
1. Gesetzliche Regelung nachvertraglicher Konzessionsabgaben (Abs. 4)	31
2. Vertraglicher Anspruch auf nachvertragliche Konzessionsabgaben	34
3. Bereicherungsrechtlicher Wertersatz	36
II. Konzessionsabgaben in sonstigen vertragslosen Konstellationen	37

Literatur: *Bachert,* Die Fortgeltung vereinbarter Gemeinderabatte nach der Änderung der Konzessionsabgabenverordnung durch das Zweite Gesetz zur Neuregelung des Energiewirtschaftsgesetzes, RdE 2006, 76; *Giessing,* Steigende Energieeffizienz erfordert Reform der Konzessionsabgabenverordnung, VersWirt 2008, 266; *Hellermann,* Konzessionsvertragliche Mengenbandvereinbarungen unter dem geltenden Energiewirtschafts- und Konzessionsabgabenrecht, EnWZ 2018, 291; *Kermel,* Praxishandbuch der Konzessionsverträge und der Konzessionsabgaben, 2012 (zit. Kermel Praxishandbuch/*Bearbeiter*); *Klemm,* Konzessionsverträge und Konzessionsabgaben nach der Energierechtsreform 2005, VersWirt 2005, 197; *Kühne,* Mengenbandvereinbarungen in Gaskonzessionsverträgen, RdE 2010, 6; *Kühne,* Konzessionsabgabenpflichtigkeit der Abgabe von Erdgas aus Erdgastankstellen?, RdE 2010, 273; *Säcker,* Vorauszahlungen auf Konzessionsabgaben, ET 2004, 349; *Schmid/Maqua,* Konzessionsabgabe Gas im Durchleitungsfall, VersWirt 2007, 117; *Scholz/Stappert/Haus,* Auswirkungen der Entflechtung auf den Gemeinderabatt nach der Konzessionsabgabenverordnung, RdE 2007, 106; *Tödtmann/Kaluza,* Gas-Haushaltskunden als Tarifkunden im Konzessionsabgabenrecht, ZNER 2011, 412; *Wieland,* Die Konzessionsabgaben, 1991.

A. Allgemeines

I. Inhalt und Zweck

1 **1. Inhalt.** Die Bestimmung enthält die **gesetzliche Grundlage für Konzessionsabgaben,** dh für die von EVU an die Gemeinden als Gegenleistung für die Einräumung von Wegenutzungsrechten nach § 46 entrichteten Entgelte. § 48 schafft dabei grundsätzlich keine gesetzliche Anspruchsgrundlage bzw. Zahlungsverpflichtung; vielmehr findet sich die Rechtsgrundlage hierfür – soweit nicht in Ausnahmesituationen der gesetzliche Anspruch nach § 48 Abs. 4 (→ Rn. 31 ff.) oder §§ 812 ff. BGB (→ Rn. 36 ff.) herangezogen werden – in den Wegenutzungsverträgen, in deren Rahmen Vereinbarungen über Konzessionsabgaben rechtlich nicht getroffen werden müssen, faktisch allerdings insbesondere in Stromkonzessionsverträgen immer getroffen werden (*Büdenbender* § 13 Rn. 3). § 48 enthält neben der gesetzlichen Definition der Konzessionsabgaben in Abs. 1 in Abs. 3 und 4 einzelne gesetzliche Regelungen zum Zahlungsanspruch der Kommunen. Darüber hinaus enthält § 48 Abs. 2 eine Verordnungsermächtigung und preisrechtliche Vorgaben für die darauf gestützte Rechtsverordnung, indem die Höhe zulässiger Konzessionsabgaben begrenzt und Parameter für deren Festsetzung vorgegeben werden.

2 Die Regelung erfasst **sowohl einfache wie auch qualifizierte Wegenutzungsverträge,** dh Konzessionsverträge. Das wird in systematischer Interpretation durch den auf beide Vertragstypen anwendbaren § 46 Abs. 1 S. 2 (→ § 46 Rn. 47, 86) bestätigt und gilt ungeachtet der Verwendung des Begriffs Konzessionsabgaben, der die Anwendung nur auf Konzessionsverträge nahelegen könnte. Zutreffend spricht § 48 Abs. 4 denn auch – anders als noch § 14 Abs. 4 EnWG 1998 – nicht

Konzessionsabgaben § 48

vom Konzessions-, sondern allgemeiner vom Wegenutzungsvertrag (vgl. *Salje* EnWG § 48 Rn. 73).

2. Zweck. § 48 iVm der einschlägigen konkretisierenden Rechtsverordnung 3 verfolgt einerseits den **Zweck, die Belastung der Energiepreise durch Konzessionsabgaben zu begrenzen** (vgl. *Büdenbender* § 13 Rn. 3). Zwar ist die ursprünglich mit der KAE (→ Rn. 5) verbundene Zielsetzung einer völligen Abschaffung der Konzessionsabgaben obsolet (Theobald/Kühling/ *Theobald/Schneider* EnWG § 48 Rn. 7 f.; zu nach wie vor gelegentlich unternommenen Vorstößen im Schrifttum zu ihrer Abschaffung vgl. Hempel/Franke/ *Dünchheim* EnWG § 8 Rn. 14). Das Ziel, sie der Höhe nach zu begrenzen, hat aber Bestand.

Andererseits verfolgt § 48 den **Zweck, das Konzessionsabgabenaufkom-** 4 **men der Gemeinden zu sichern.** Dahinter stehen zwei unterschiedliche Aspekte. Energiepolitisch soll die Garantie der Konzessionsabgaben den sonst auch für kleine Gemeinden bestehenden Anreiz mindern, den Verteilungsnetzbetrieb selbst durchzuführen, was eine ungünstige kleinräumige Struktur der leitungsgebundenen Energieversorgung zur Folge haben könnte (vgl. *Büdenbender* § 14 Rn. 16; Theobald/Kühling/ *Theobald/Schneider* EnWG § 48 Rn. 3). Vor allem allerdings handelt es sich bei den Konzessionsabgaben um ein gewichtiges Element der kommunalen Finanzen; das Volumen soll in der Größenordnung von etwa 3,4 Mrd. Euro/Jahr insgesamt liegen (vgl. *Klemm* VersWirt 2005, 197 (201)) und etwa zwei bis drei Prozent der gemeindlichen Einnahmen ausmachen. Die Sicherung dieser Einnahmequelle ist vor allem deshalb eine besondere Zielsetzung des § 48, weil die Gegenleistung, die Wegerechtsgewährung, eine wesentliche Änderung, und zwar eine Verkürzung dadurch erfahren hat, dass das Wegenutzungsrecht nach § 46 Abs. 2 nur noch für Verlegung und Betrieb der Verteilernetze, nicht aber mehr für die Durchführung der Versorgung von Bedeutung ist (→ § 46 Rn. 58); gleichwohl die ungeschmälerten Konzessionsabgaben zu erhalten ist ein in § 46 Abs. 1 S. 2 deutlich zum Ausdruck kommendes und auch § 48 zugrunde liegendes gesetzgeberisches Ziel (vgl. BT-Drs. 15/3917, 68).

II. (Entstehungs-)Geschichte

Die Erhebung von Konzessionsabgaben geht zurück auf den Beginn leitungs- 5 gebundener Energieversorgung durch private EVU im späten **19. Jahrhundert.** Als die Energieversorgung über einzelne Häuserblocks hinausgriff und die öffentlichen Wege für Leitungen benötigte, kam es – erstmals 1884 in Berlin – zu konzessionsvertraglichen Vereinbarungen zwischen Kommunen und EVU. Seither wurden auf dieser vertraglichen Grundlage, die lange Zeit im Wesentlichen unverändert geblieben ist, Konzessionsabgaben an die Kommunen entrichtet (vgl. *Wieland*, Die Konzessionsabgaben, S. 80 ff.).

Die erste gesetzliche Regelung erfolgte in **§ 12 EnWG 1935,** der die Benutzung 6 von Straßen und Verkehrswegen jeder Art durch EVU erfasste und den Reichswirtschaftsminister insoweit zu Vorschriften und Einzelanordnungen über Zulässigkeit und Höhe von Benutzungsgebühren usw ermächtigte. Nicht hierauf, sondern auf das Gesetz zur Durchsetzung des Vierjahresplanes vom 29.10.1936 (RGBl. 1936 I S. 927) gestützt erging untergesetzlich die Anordnung über die Zulässigkeit von Konzessionsabgaben der Unternehmen und Betriebe zur Versorgung mit Elektrizität, Gas und Wasser an Gemeinden und Gemeindeverbände (KAE) vom 4.3.1941 (RAnz. 1941 Nr. 57 und 120); sie strebte eine Entlastung der EVU von Konzessionsabgaben, letztlich deren Abschaffung an und sah ua ein Verbot der Neueinführung und Erhöhung von Konzessionsabgaben vor. Nachdem das BVerwG (Urt. v. 20.11.1990 – 1 C 30.89, BVerwGE 87, 133 (135ff.) = NVwZ 1991, 1192) ua dieses Verbot der Neueinführung sowie das Erhöhungsverbot für unzulässig erklärt hatte, wurde die KAE für Strom und Gas durch die KAV vom 9.1.1992 (BGBl. 1992 I S. 407) abgelöst; diese wurde nunmehr auf der Grundlage von §§ 7, 12 EnWG 1935 erlassen (zu Konzessionsabgaben in der öffentlichen Wasserversorgung → § 117 Rn. 1ff.).

7 Die Nachfolgeregelung des **§ 14 EnWG 1998** beschränkte nun auch die gesetzliche Regelung und Verordnungsermächtigung auf Gemeinden und ergänzte die bisherige gesetzliche Regelung insbesondere um eine Regelung der nachvertraglichen Konzessionsabgabenpflicht in § 14 Abs. 4 EnWG 1998. Um das gemeindliche Konzessionsabgabenaufkommen zu sichern, wurde § 14 EnWG 1998 durch Gesetz vom 20.5.2003 (BGBl. 2003 I S. 686) geändert; in § 14 Abs. 1 EnWG 1998 entfiel das in der Ursprungsfassung enthaltene Erfordernis der unmittelbaren Letztverbraucherversorgung, und eine mit dem heutigen § 48 Abs. 1 S. 2 identische Regelung wurde eingefügt, um klarzustellen, dass die über öffentliche Verkehrswege erfolgende Belieferung von Weiterverteilern konzessionsabgabenpflichtig sein soll, und damit eine klare Rechtsgrundlage für § 2 Abs. 8 KAV zu schaffen (vgl. BT-Drs. 14/5969, 13).

8 Dem Beispiel des so geänderten § 14 EnWG 1998 folgte **§ 48 RegE** mit gewissen Anpassungen an die veränderten rechtlichen Rahmenbedingungen (BT-Drs. 15/3917, 68). Wieder aufgenommen wurde das das Erfordernis einer „unmittelbaren" Letztverbraucherversorgung in § 48 Abs. 1 S. 1; zugleich war – wie in § 14 Abs. 1 S. 2 EnWG 1998 – eine besondere Regelung für die Weiterverteilung in § 48 Abs. 1 S. 2 vorgesehen. Die Entwurfsfassung ist im Gesetzgebungsverfahren unverändert geblieben und so im Zweiten Gesetz zur Neuregelung des Energiewirtschaftsrechts vom 7.7.2005 (BGBl. 2005 I S. 1970) Gesetz geworden.

9 Eine erste **Änderung des § 48** ist durch das Gesetz vom 26.7.2011 (BGBl. 2011 I S. 1554) erfolgt; in § 48 Abs. 2 wird seither anstelle des Bundeswirtschaftsministeriums die BReg zur Verordnungsgebung ermächtigt. Weiter hat das Gesetz zur Änderung der Vorschriften zur Vergabe von Wegenutzungsrechten zur leitungsgebundenen Energieversorgung vom 27.1.2017 (BGBl. 2017 I 130) in § 48 Abs. 4 eine Neuregelung zur Fortzahlung der Konzessionsabgabe nach Ablauf des Wegenutzungsvertrages bis zur Übertragung der Verteilungsanlagen auf einen neuen Vertragspartner getroffen.

III. Untergesetzliche Konkretisierung

10 Die bis heute maßgebliche untergesetzliche Konkretisierung geht zurück auf die **KAV** vom 9.1.1992 (BGBl. 1992 I S. 12, 407). Anders als die von ihr abgelöste KAE (→ Rn. 6) hat sie klargestellt, dass alle Gemeinden Konzessionsabgaben für Strom und Gas erheben dürfen. Weiter hat sie die frühere prozentuale Koppelung der Höchstbeträge der Konzessionsabgaben an die Energiepreise abgelöst durch die nach verschiedenen Kriterien differenzierte Festsetzung absoluter, fixer Höchstbeträge, womit die Höhe der Konzessionsabgaben von der Entwicklung des Endverbraucherpreisniveaus abgekoppelt worden ist (*Büdenbender* § 14 Rn. 13; für eine Reform dieses Ansatzes wegen eines verringerten Konzessionsabgabenaufkommens aufgrund von sinkendem Elektrizitätsverbrauch und steigender dezentraler Erzeugung *Giessing* VersWirt 2008, 266). Außerdem sind danach die Konzessionsabgaben

Konzessionsabgaben **§ 48**

in den allgemeinen Strom- und Gastarifen auszuweisen (zu diesen Kernpunkten der KAV vgl. Theobald/Kühling/*Theobald/Schneider* EnWG § 48 Rn. 10). Durch die Erste Verordnung zur Änderung der KAV vom 22.7.1999 (BGBl. 1999 I S. 1669) ist sie den durch das EnWG 1998 veränderten Rahmenbedingungen angepasst worden. Durch Art. 3 Abs. 40 Zweites Gesetz zur Neuregelung des Energiewirtschaftsrechts vom 7.7.2005 (BGBl. 2005 I S. 1970, 3621) hat sie die nötigen Anpassungen an das EnWG 2005 erfahren. Die letzte Änderung ist durch Art. 3 Abs. 4 der Verordnung vom 1.11.2006 (BGBl. 2006 I S. 2477) erfolgt.

B. Definition der Konzessionsabgaben (Abs. 1)

I. Allgemeine Begriffsbestimmung (Abs. 1 S. 1)

Nach der allgemeinen Begriffsbestimmung des § 48 Abs. 1 S. 1 sind **Konzessionsabgaben** Entgelte, die EVU für die Einräumung des Rechts zur Benutzung öffentlicher Verkehrswege für die Verlegung und den Betrieb von Leitungen, die der unmittelbaren Versorgung von Letztverbrauchern im Gemeindegebiet mit Energie dienen, entrichten. **11**

Schuldner sind danach **EVU iSv § 3 Nr. 18**. Eine nähere Konkretisierung, welches EVU zahlungspflichtig ist, erfolgt durch § 48 Abs. 3 (→ Rn. 29). **12**

Gläubiger sind – nur – die **Gemeinden**. Das ergibt sich zwar nicht unmittelbar aus dem Wortlaut, der die Gemeinden nicht ausdrücklich nennt. Es erschließt sich aber aus dem ausdrücklichen Bezug auf das Gemeindegebiet in § 48 Abs. 1 S. 1, aus dem systematischen Zusammenhang mit § 46 Abs. 1, 2 und aus der geschichtlichen Entwicklung der Konzessionsabgaben als an Gemeinden zu entrichtender Entgelte. Die in § 7 KAV vorgesehene Entrichtung von Konzessionsabgaben an Landkreise erklärt sich allein aus von den kreisangehörigen Gemeinden abgeleiteten Rechten des Landkreises. **13**

Während der Begriff der Konzessionsabgabe in Richtung einer öffentlich-rechtlichen Abgabenpflicht deutet, verwendet die Definition des § 48 Abs. 1 den neutralen Begriff des **Entgelts**. Dies trägt dem Umstand Rechnung, dass Konzessionsabgaben auf vertraglicher Rechtsgrundlage, und zwar nach vorherrschender Auffassung auf der Grundlage privatrechtlicher Verträge entrichtet werden (→ § 46 Rn. 9, 59). **14**

Während § 14 Abs. 1 EnWG 1998 als Gegenleistung das Recht zur Letztverbraucherversorgung mittels Benutzung öffentlicher Verkehrswege angesehen hatte, besteht die Gegenleistung nach § 48 Abs. 1 S. 1 nunmehr in der **Wegerechtseinräumung für die Verlegung und den Betrieb von Leitungen zur unmittelbaren Letztverbraucherversorgung** im Gemeindegebiet. In dieser Umschreibung des Zwecks der Wegerechtseinräumung kommt die Anpassung an die veränderten Rahmenbedingungen, die strikt zwischen Verteilungsnetzbetrieb und Versorgung im Sinne von Energielieferung trennen, explizit zum Ausdruck; damit ist klargestellt, dass die Konzessionsabgabenpflicht des Netzbetreibers insbesondere unabhängig davon besteht, ob ein ihm verbundenes oder aber ein fremdes EVU Grundversorger im Vertragsgebiet ist (*Klemm* VersWirt 2005, 197 (201)). **15**

Leitungsverlegung und -betrieb müssen der **unmittelbaren Letztverbraucherversorgung im Gemeindegebiet** dienen. Das zwischenzeitlich mit Blick auf die Weiterverteilungsproblematik gestrichene, dann wieder aufgenommene (→ Rn. 6f.) Unmittelbarkeitserfordernis schließt die Verlegung und den Betrieb von Durchgangsleitungen, die dem Transport von Energie durch das Gemeinde- **16**

Hellermann 2137

gebiet hindurch dienen, von der Konzessionsabgabenpflichtigkeit aus (NK-EnWG/ *Huber* § 48 Rn. 6). Erfasst sind die Verlegung und der Betrieb sowohl von Direktleitungen iSv § 46 Abs. 1 (BT-Drs. 13/7274, 21), was durch § 46 Abs. 1 S. 2 bestätigt wird, wie auch von Leitungen, die zu einem Netz der allgemeinen Versorgung gehören und Gegenstand eines Konzessionsvertrages nach § 46 Abs. 2 sind (NK-EnWG/ *Huber* § 48 Rn. 5 f.). Richtigerweise erfolgt unmittelbare Letztverbraucherversorgung iSv § 48 Abs. 1 S. 1 auch bei der über öffentliche Verkehrswege vorgenommenen Belieferung von Weiterverteilern, die ihrerseits die gelieferte Energie ohne Benutzung solcher Verkehrswege an Letztverbraucher weiterleiten; § 48 Abs. 1 S. 2 stellt dies klar (→ Rn. 17 ff.).

II. Klarstellung für die Weiterverteilung (Abs. 1 S. 2)

17 § 48 Abs. 1 S. 2 hat vor dem Hintergrund einer wenig durchsichtigen Gesetzgebungsgeschichte **klarstellende Funktion.** Schon unter der Geltung von § 14 Abs. 1 EnWG 1998 ist zutreffend davon ausgegangen worden, dass die dort für die Konzessionsabgabenpflichtigkeit tatbestandlich vorausgesetzte unmittelbare Versorgung von Letztverbrauchern im Gemeindegebiet auch in Fällen des gebündelten Energiebezugs durch einen Bezieher, der die von ihm bezogene Energie an die einzelnen Abnehmer ohne Inanspruchnahme öffentlicher Verkehrswege weiterleitet, gegeben ist (*Büdenbender* § 14 Rn. 9 f., 31 ff.). Hiervon ausgehend hat der durch Änderungsverordnung vom 22.7.1999 (BGBl. 1999 I S. 1669) eingefügte § 2 Abs. 8 S. 1 KAV die Konzessionsabgabenpflichtigkeit von Weiterverteilungen ausdrücklich vorgesehen; der Verordnungsgeber ging davon aus, dass das Erfordernis unmittelbarer Letztverbraucherbelieferung eine doppelte Konzessionsabgabenbelastung insbesondere bei der Durchleitung von Strom- und Gasmengen zur Versorgung von Letztverbrauchern in Nachbargemeinden vermeiden sollte, dass aber – vor dem Hintergrund des Gesetzesziels der Sicherung des gemeindlichen Konzessionsabgabenaufkommens – die Weiterverteilung innerhalb derselben Gemeinde als unmittelbare Letztverbraucherversorgung anzusehen sei (BR-Drs. 358/99, 7 f.). Die im Jahr 2003 erfolgte Gesetzesänderung (→ Rn. 7), die in § 14 Abs. 1 S. 1 EnWG 1998 das Unmittelbarkeitserfordernis strich und einen dem heutigen § 48 Abs. 1 S. 2 beinahe wortgleichen § 14 Abs. 1 S. 2 EnWG 1998 hinzufügte, wollte lediglich klarstellend verbleibende Unsicherheiten beseitigen und nahm zu diesem Zweck bewusst das Anliegen und die Formulierung von § 2 Abs. 8 KAV auf (BT-Drs. 14/5969, 13). Dass in § 48 Abs. 1 S. 1 dann das Erfordernis einer „unmittelbaren" Letztverbraucherversorgung wieder aufgenommen wurde, ist nicht begründet worden und dürfte auf einem redaktionellen Versehen beruhen (Theobald/Kühling/*Theobald/Schneider* EnWG § 48 Rn. 19); dass unverändert auch Weiterverteilung unmittelbare Letztverbraucherversorgung iSd § 48 Abs. 1 bleiben sollte, lässt sich schon aus § 48 Abs. 1 S. 2 ablesen.

18 Ungeachtet des Umstands, dass § 48 Abs. 1 S. 1 wieder die unmittelbare Letztverbraucherbelieferung verlangt (→ Rn. 16), ist durch § 48 Abs. 1 S. 2 die **Konzessionsabgabenpflichtigkeit von Energielieferungen des Wegerechtsinhabers auch an Weiterverteiler** klargestellt. Ausgenommen von der Konzessionsabgabenpflichtigkeit sind, wie auch § 3 Abs. 1 S. 2 KAV anordnet, Lieferungen für den Eigenverbrauch des Weiterverteilers (Schneider/Theobald EnergieWirtschaftsR-HdB/*Albrecht* § 9 Rn. 193; Hempel/Franke/*Dünchheim* EnWG § 48 Rn. 25). Erfasst sind Strom- und Gasmengen, mit denen der Weiterverteiler über öffentliche Verkehrswege beliefert wird und die er seinerseits ohne Benutzung sol-

Konzessionsabgaben **§ 48**

cher Verkehrswege an Letztverbraucher weiterleitet. Hierbei geht es um Konstellationen, in denen sog. Bündelkunden den Energiebedarf einer Mehrzahl von Verbrauchern in einem Vertrag zusammenfassen und die ihnen gelieferte Energie an diese weiterverteilen; als Beispiele hierfür werden etwa der Energiebezug durch einen Vermieter für alle Mieter eines großen Mietshauses, durch ein Unternehmen in einem Industriepark oder durch die Betreiber von Flughäfen oder Bahnhöfen für die dortigen Geschäfte genannt (*Büdenbender* § 14 Rn. 31). Auch die Energielieferungen an Betreiber von Tankstellen zum Auftanken von Automobilen mit Erdgas bzw. zum Aufladen mit Strom unterfallen danach der Konzessionsabgabenpflicht (vgl. BerlKommEnergieR/*Kermel* EnWG § 48 Rn. 33ff.; aA *Kühne* RdE 2010, 273); mit Blick auf Stromtankstellen ist jetzt zu beachten, dass das Strommarktgesetz in § 3 Nr. 25 (→ § 3 Rn. 67) den Strombezug der Ladepunkte für Elektromobile dem Letztverbrauch gleichgestellt hat, so dass schon deshalb insoweit unmittelbare Letztverbraucherversorgung anzunehmen sein wird.

Auch im Falle der Weiterverteilung bleibt die **Konzessionsabgabenpflichtig-** 19 **keit des Wegerechtsinhabers** unberührt. Dass auch insoweit bei Energielieferung an Weiterverteiler der Wegerechtsinhaber Schuldner der Konzessionsabgabe ist, ergibt sich explizit aus § 48 Abs. 3 (→ Rn. 29).

C. Verordnungsermächtigung (Abs. 2)

I. Vorgaben der Verordnungsermächtigung

Die **grundsätzliche Ermächtigung zur Verordnungsgebung** findet sich in 20 § 48 Abs. 2 S. 1. Zuständig für die Verordnungsgebung ist seit dem Gesetz vom 26.7.2011 nicht mehr das Bundeswirtschaftsministerium, sondern die Bundesregierung; der Gesetzgeber hat damit der besonderen Bedeutung der Verordnung Rechnung tragen wollen (BT-Drs. 17/6072, 89). Es ist die Zustimmung des Bundesrates erforderlich. Gegenstand der Verordnung können Zulässigkeit und Bemessung der Konzessionsabgaben iSv § 48 Abs. 1 sein.

§ 48 Abs. 2 S. 2 gibt **nähere Vorgaben für die Festsetzung von Höchstsät-** 21 **zen** der Konzessionsabgaben in der Verordnung. Danach sind die Höchstbeträge – anders als früher in der KAE, wo sie prozentual an die Energiepreise gekoppelt waren (→ Rn. 10) – in Cent je gelieferter Kilowattstunde festzusetzen. § 48 Abs. 2 S. 2 lässt weiter rechtlich eine nach verschiedenen Kriterien differenzierte Festsetzung zu: Die Höchstbeträge können jeweils für Elektrizität und Gas, für verschiedene Kundengruppen und für verschiedene Verwendungszwecke sowie gestaffelt nach der Einwohnerzahl unterschiedlich geregelt werden.

II. Umsetzung der Verordnungsermächtigung

Die – nach heutiger Gesetzeslage auf § 48 Abs. 2 zu stützende – KAV in ihrer 22 aktuellen, dem EnWG 2005 angepassten Fassung (→ Rn. 10) legt in § 1 Abs. 2 KAV den **Konzessionsabgabenbegriff** zugrunde, wie er gesetzlich in § 48 Abs. 1 S. 1 definiert ist (→ Rn. 11 ff.).

Der Vorgabe in § 48 Abs. 2 S. 2 entsprechend (→ Rn. 21) schreibt § 2 Abs. 1 KAV 23 für die **Bemessung der Konzessionsabgaben** ausdrücklich vor, dass nur eine Festsetzung in Cent je gelieferter Kilowattstunde zulässig ist. Die in § 48 Abs. 2 S. 2 eingeräumten Differenzierungsmöglichkeiten in Anspruch nehmend werden in § 2

Hellermann

§ 48 Teil 5. Planfeststellung, Wegenutzung

Abs. 2, 3 KAV die Höchstbeträge für Strom und Gas unterschiedlich, bei Tarifkunden außerdem nach Einwohnerzahl differenziert festgesetzt; dabei werden für Tarifkunden erheblich höhere Konzessionsabgaben zugelassen. Diese Differenzierung zwischen Tarif- und Sondervertragskunden ist unter den Bedingungen der Liberalisierung problematisch geworden, weil nach § 36 grundversorgungsberechtigte Haushaltskunden auch das Recht zum Abschluss von Sonderverträgen haben und damit nach EnWG nicht mehr Tarifkunde sind (zur Qualifikation nach §§ 36, 41b EnWG → § 36 Rn. 30; → § 41b Rn. 9). Die entsprechende Differenzierung auch für die konzessionsabgabenrechtliche Qualifikation ist fragwürdig, weil damit Kunden mit gleichem Abnahmeverhalten je nach ihrer Vertragswahl zu Tarif- oder Sondervertragskunden werden, was erhebliche Unterschiede im Konzessionsabgabenaufkommen auslöst. Die durch das Zweite Gesetz zur Neuregelung des Energiewirtschaftsrechts vom 7.7.2005 (BGBl. 2005 I S. 1970, 3621) eingefügte Definition in § 1 Abs. 3, 4 KAV, wonach Tarifkunden die aufgrund von Verträgen nach §§ 36, 39, 115 Abs. 2, 116 belieferten Kunden sind, sieht das zunächst so vor. Für den Stromsektor bleibt dies jedoch wenig bedeutsam, weil § 2 Abs. 7 KAV den Tarifkunden die Sonderkunden mit geringer Leistungsanforderung bzw. geringem Verbrauch gleichstellt und damit im Ergebnis maßgeblich zwischen Groß- und Kleinabnehmern unterscheidet (*Klemm* VersWirt 2005, 197 (202)). Für den Gassektor fehlt eine entsprechende Regelung. Hier ist es va bis zur Einfügung von § 1 Abs. 3, 4 KAV verbreitet üblich gewesen, die Abgrenzung zwischen Tarif- und Sondervertragskundenkonzessionsabgaben durch konzessionsvertragliche Vereinbarungen zwischen der Gemeinde und dem Gasverteilnetzbetreiber, sog. Mengenbandvereinbarungen, vorzunehmen; diese sahen vor, dass die in § 2 Abs. 2, 3 KAV vorgesehenen Tarifgruppen mit ihren dort festgesetzten Höchstbeträgen von ct/kWh nicht nach den unterschiedlichen Vertragstypen, sondern nach Maßgabe von – in sehr unterschiedlicher Höhe vereinbarten – jährlichen Verbrauchsmengen zur Anwendung kommen, so dass für alle unter den vereinbarten jährlichen Verbrauchsmengen bleibenden Lieferungen unabhängig von der Gestaltung des zugrunde liegenden Liefervertrages die deutlich höheren Höchstbeträge für die Tarifkundenkonzessionsabgaben anwendbar sind und nur für die Mengengrenze überschreitende Lieferungen die Sondervertragskundenkonzessionsabgabe anfällt (vgl. *Kühne* RdE 2010, 6 (7); Kermel Praxishandbuch/*Kermel* Kap. 10 Rn. 65 ff.). Die Zulässigkeit einer solchen am Abnahmeverhalten orientierten konzessionsabgabenrechtlichen Qualifikation als Tarif- oder Sondervertragskunde ist streitig gewesen (vgl. *Schmid*/*Maqua* VersWirt 2007, 117; *Kühne* RdE 2010, 6 (10ff.); *Tödtmann*/*Kaluza* ZNER 2011, 412). Mit dem Ahrensburg-Beschluss des BGH (Beschl. v. 6.11.2012 – KVR 54/11, NVwZ-RR 2013, 604 (606)) ist jedoch geklärt, dass es bei der konzessionsabgabenrechtlichen Abgrenzung von Tarif- und Sondervertragskunden nicht auf das Abnahmeverhalten, sondern allein auf die vertragliche Ausgestaltung des Lieferverhältnisses und damit auf die energiewirtschaftsgesetzlich vorgegebene Qualifikation ankommt (vgl. *Hellermann* EnWZ 2018, 291 (292ff.)). Dem kann auch nicht entgegengehalten werden, eine konzessionsvertragliche Mengenbandvereinbarung sei mit der KAV als Höchstpreisrecht vereinbar, weil sie in ihrer konkreten Ausgestaltung zu einem unter dem zulässigen Höchstbetrag bleibenden Konzessionsabgabenaufkommen führe (*Hellermann* EnWZ 2018, 291 (295f.)). Die Unzulässigkeit erfasst auch vor der Einfügung von § 1 Abs. 3, 4 KAV geschlossene Mengenbandvereinbarungen (→ § 113 Rn. 13).

24 Für die **Situation der Energielieferung durch fremde EVU („Durchleitung")** und der Weiterverteilung ohne Inanspruchnahme öffentlicher

Konzessionsabgaben §48

Wege (→ Rn. 17f.) werden in § 2 Abs. 6, 8 KAV die nötigen Vorkehrungen getroffen. Sie stellen sicher, dass hier im Verhältnis von Gemeinde und Netzbetreiber die Konzessionsabgaben ungeschmälert anfallen. Sie können dann vom Netzbetreiber im Verhältnis zum liefernden bzw. zum weiterverteilenden EVU dem Durchleitungsentgelt hinzugerechnet werden.

§ 3 KAV regelt nach wie vor **das grundsätzliche Verbot sonstiger Leistungen und die ausnahmsweise Zulässigkeit insbesondere des sog. Gemeinderabatts.** Während dieser Rabatt früher auf den gesamten Rechnungsbetrag gewährt werden konnte, ist seit dem Zweiten Gesetz zur Neuregelung des Energiewirtschaftsrechts vom 7.7.2005 (BGBl. 2005 I S. 1970, 3621) die Vereinbarung eines Preisnachlasses auf den Eigenverbrauch der Gemeinde nur noch von bis zu 10 Prozent des Rechnungsbetrages für den Netzzugang zulässig (§ 3 Abs. 1 Nr. 1 KAV). Dies gilt für die Energielieferung sowohl in Niederspannung wie auch – seit der Änderungsverordnung vom 1.11.2006 (BGBl. 2006 I S. 2477) – wieder für die in Niederdruck; die zwischenzeitlich diskutierte Frage, ob der Preisnachlass für Gaslieferungen ausgeschlossen sein sollte (vgl. *Klemm* VersWirt 2005, 197 (202); *Bachert* RdE 2006, 76 (77)), hat sich damit erledigt (zum Gemeinderabatt vgl. näher *Scholz/Stappert/Haus* RdE 2007, 106). 25

Dem gleichen Zweck, eine Umgehung der Höchstbetragsregelungen zu verhindern, dient auch das **Verbot von Abschlagszahlungen für künftige Zeitabschnitte und von Vorauszahlungen** (§ 5 KAV). Dieses Verbot soll einer Vorauszahlung marktgerecht abgezinster Konzessionsabgaben oder der Gewährung eines Darlehens an die Gemeinde, dessen Rückzahlung durch die künftig fällig werdenden Konzessionsabgaben gesichert ist, nicht grundsätzlich entgegenstehen; Voraussetzung soll danach nur sein, dass die Höchstbetragsregelung nicht umgangen und das Transparenzgebot beachtet werden (*Säcker* ET 2004, 349). Diese Annahme steht zwar in einem gewissen Konflikt zu einem strengen Verständnis des Wortlauts, rechtfertigt sich aber aus entstehungsgeschichtlichen Erwägungen (vgl. die amtliche Begründung zu § 5 Abs. 2 KAV in BR-Drs. 686/91, 21) und aus Sinn und Zweck der Norm. 26

Mit Blick auf die **Aufsichtsbefugnisse** gewährt § 6 Abs. 1 KAV der zuständigen Behörde die zur Überwachung erforderlichen Auskunftsrechte und Ansprüche auf Vorlage von Belegen, und § 6 Abs. 2 KAV ordnet die entsprechende Anwendung von §§ 65, 69 an. Auch der Verweis auf § 65 klärt nicht unmittelbar, welche Behörde zuständig ist; die Zuständigkeit dürfte jedoch gem. § 54 Abs. 3 analog bei der BNetzA liegen (*Klemm* VersWirt 2005, 197 (202)). Richtigerweise sind auch die weiteren Verfahrensvorschriften der §§ 65 ff. als anwendbar anzusehen (*Klemm* VersWirt 2005, 197 (202 f.)). 27

D. Konzessionsabgabenpflicht des Wegerechtsinhabers (Abs. 3)

Nach § 48 Abs. 3 sind Konzessionsabgaben in der **vertraglich vereinbarten Höhe** zu entrichten. Dem ist zunächst zu entnehmen, dass der Rechtsgrund der Konzessionsabgaben im jeweiligen (Wegenutzungs-)Vertrag liegt (bereits → Rn. 1) und Konzessionsabgaben also nur zu zahlen sind, wenn und – mit Blick auf ihre Höhe – soweit sie zulässig vereinbart worden sind. 28

Wichtiger ist die daran anschließende, zur Beseitigung einer bis dahin bestehenden Unsicherheit bereits durch das Änderungsgesetz vom 20.5.2003 eingefügte 29

Klarstellung der **Zahlungspflicht des EVU, dem das Wegerecht nach § 46 Abs. 1 eingeräumt wurde** (vgl. BT-Drs. 14/5969, 13, 17). Auch insoweit sind ungeachtet der Bezugnahme allein auf § 46 Abs. 1 nicht nur einfache Wegenutzungsverträge, sondern auch Konzessionsverträge iSv § 46 Abs. 2 erfasst (→ Rn. 16; *Salje* EnWG § 48 Rn. 64). Es gilt also umfassend, dass nur das EVU, das Vertragspartner der Gemeinde im Wegenutzungsvertrag ist, zahlungspflichtig ist, nicht hingegen andere EVU, die als Dritte die fraglichen Leitungen für Energielieferungen in Anspruch nehmen. § 2 Abs. 6 KAV erlaubt im Übrigen folgerichtig die Umlegung der Konzessionsabgabe auf das Durchleitungsentgelt des Weiterverteilers. Für die Zulässigkeit einer Abwälzung des Insolvenz- oder sonstigen Inkassorisikos von dem wegerechtsinhabenden EVU auf die Gemeinde, etwa durch Abtretung dieses Anspruchs gegen Dritte an Erfüllung statt, gibt § 48 Abs. 3 jedoch nichts her (so zutreffend Theobald/Kühling/ *Theobald/Schneider* EnWG § 48 Rn. 29; aA *Salje* EnWG § 48 Rn. 69).

E. Konzessionsabgabenpflicht im vertragslosen Zustand

30 Der reguläre Rechtsgrund der Konzessionsabgabenpflicht liegt im Wegenutzungsvertrag. Die Frage einer möglichen Konzessionsabgabenpflicht auch im sog. vertragslosen Zustand, die sich wegen der Laufzeitbegrenzung gem. § 46 Abs. 2 S. 1 vornehmlich bei Konzessionsverträgen stellt (vgl. Hempel/Franke/*Dünchheim* EnWG § 48 Rn. 52), ist zunächst energiewirtschaftsgesetzlich ungeregelt und Gegenstand richterlicher Beurteilung unter Heranziehung allgemeiner Rechtsgrundlagen, namentlich des Bereicherungsrechts, gewesen (vgl. BGH Urt. v. 10.10.1990 – VIII ZR 370/89, RdE 1991, 104; BGH Urt. v. 22.3.1994 – KZR 22/92, RdE 1994, 194; BGH Urt. v. 21.3.1996 – III ZR 245/94, BGHZ 132, 198 = NJW 1996, 3409; BGH Urt. v. 3.7.2001 – KZR 10/00, NJW-RR 2002, 180). Eine freilich nur partielle **energiewirtschaftsgesetzliche Regelung** hat es erstmals in § 14 Abs. 4 EnWG 1998 gegeben und gibt es heute in § 48 Abs. 4; sie ist in § 48 Abs. 4 S. 1 annähernd wortgleich mit der Vorgängerregelung und nunmehr ergänzt um § 48 Abs. 4 S. 2.

I. Nachvertragliche Konzessionsabgaben

31 1. **Gesetzliche Regelung nachvertraglicher Konzessionsabgaben (Abs. 4).** § 48 Abs. 4 betrifft Fälle der **Weiternutzung gemeindlicher öffentlicher Wege nach Ablauf eines Wegenutzungsvertrages.** Die Regelung ist also tatbestandlich nur einschlägig, wenn überhaupt ein Wegenutzungsvertrag bestanden hat (zu sonstigen Konstellationen → Rn. 37 f.). In Betracht kommen sowohl einfache wie auch qualifizierte Wegenutzungsverträge, dh Konzessionsverträge (→ Rn. 2).

32 § 48 Abs. 4 S. 1 begründet eine **gesetzliche Regelung einer Konzessionsabgabenpflicht nach Ablauf des Wegenutzungsvertrags** und damit ohne vertragliche Grundlage. Abgabenpflichtig ist das EVU, dem durch Vertrag ein Wegenutzungsrecht eingeräumt worden ist. Zahlungspflichtig ist es, was im Wortlaut der Bestimmung nicht deutlich hervortritt, sofern und solange es das Wegenetz auch über den Vertragsablauf hinaus für Zwecke des Leitungsbetriebs in Anspruch nimmt. Geschuldet ist die (Weiter-)Zahlung der vertraglich vereinbarten Konzessionsabgaben.

Konzessionsabgaben **§ 48**

Für die **Beendigung der so begründeten gesetzlichen Konzessionsabga-** 33
benpflicht ist nach § 48 Abs. 4 S. 1 die Übertragung der Verteilungsanlagen auf
einen neuen Vertragspartner nach § 46 Abs. 2 maßgeblich; da damit die vertraglich
begründete Konzessionsabgabenpflicht des neuen EVU wirksam wird, ist grundsätzlich die ununterbrochene Zahlung von Konzessionsabgaben an die Gemeinde
gesichert. Eine ergänzende Klarstellung für den Fall der Fortsetzung des Konzessionsvertragsverhältnisses mit dem bisherigen EVU ist von der BReg als nicht erforderlich zurückgewiesen und nicht in das Gesetz aufgenommen worden (vgl.
BT-Drs. 18/8184, 24, 29). Die frühere Begrenzung der gesetzlichen Verpflichtung
zur Weiterzahlung der Konzessionsabgaben auf ein Jahr ist mit dem Gesetz zur
Änderung der Vorschriften zur Vergabe von Wegenutzungsrechten zur leitungsgebundenen Energieversorgung vom 27.1.2017 (BGBl. 2017 I S. 130) entfallen;
der Gesetzgeber hat damit auf häufig eintretende zeitliche Verzögerungen bei der
Netzübernahme reagieren und über die bisherige Jahresfrist hinaus für mehr
Rechtssicherheit im Interesse der Gemeinde sorgen wollen (BT-Drs. 18/8184, 17).
Mit diesem Gesetz ist zugleich § 48 Abs. 4 S. 2 eingefügt worden, wonach die Fortzahlungspflicht nach § 48 Abs. 4 S. 2 nicht gilt, wenn die Gemeinde es unterlassen
hat, ein Verfahren nach § 46 Abs. 3 bis 5 durchzuführen. Nach der Begründung im
Gesetzentwurf der Bundesregierung ist die Gemeinde nicht schützenswert, wenn
sie es unterlassen hat, das Verfahren zu initiieren und zügig voranzutreiben (BT-
Drs. 18/8184, 17). Das bedeutet jedoch nicht, dass eine Fortzahlungspflicht nur
dann besteht, wenn die Gemeinde ein fehlerfreies, *wirksames Konzessionierungsverfahren* durchführt (Theobald/Kühling/*Theobald/Schneider* EnWG § 48 Rn. 33; NK-
EnWG/*Huber* § 48 Rn. 19).

2. Vertraglicher Anspruch auf nachvertragliche Konzessionsabgaben. 34
Mit der Neuregelung in § 48 Abs. 4 hat sich die frühere Diskussion darüber, ob nach
Ablauf der bis dahin auf ein Jahr begrenzten gesetzlichen Verpflichtung zur Fortzahlung der Konzessionsabgaben ein weiterer **Konzessionsabgabenanspruch auf
vertraglicher Grundlage, insbesondere kraft ergänzender Vertragsauslegung** begründet sein könnte, erledigt. Schon nach der früheren Rechtslage sprachen die besseren Gründe gegen diese Annahme und dafür, dass § 48 Abs. 4 insoweit
ein begrenzender Zweck zukommt (→ 3. Aufl., § 48 Rn. 30). Mit dem Fortfall der
Begrenzung auf ein Jahr und dem neu eingeführten § 48 Abs. 4 S. 2 lässt die gesetzliche Regelung keinen Raum mehr für einen Anspruch auf nachvertragliche
Konzessionsabgaben aus ergänzender Vertragsauslegung (NK-EnWG/*Huber* § 48
Rn. 20).

Auch die **konzessionsvertragliche Vereinbarung der Zahlung von Kon-** 35
zessionsabgaben auch über den Ablauf der Konzessionsvertragsdauer hinaus bis zur Netzübernahme ist unzulässig weil sie eine nach § 3 KAV verbotene
Leistung darstellen (LG Wiesbaden Urt. v. 9.12.2020 – 12 O 2003/20, Rn. 307ff.).
Dies wird mit der vorhandenen gesetzlichen Regelung in § 48 Abs. 4 und insbesondere dessen S. 2 (→ Rn. 33) begründet.

3. Bereicherungsrechtlicher Wertersatz. Bis zur Neuregelung war die 36
Frage, ob und inwieweit § 48 Abs. 4 eine abschließende, neben vertraglichen auch
bereicherungsrechtliche Ansprüche auf Wertersatz für eine nachvertragliche Wegenutzung ausschließende Regelung darstellt, insbes. mit Blick auf eine
die Jahresfrist überschreitende Wegenutzung erörtert worden. Auf Grund der Neuregelung stellt sich die Frage nunmehr für den Fall, dass der gesetzliche Konzessionsabgabenanspruch nach § 48 Abs. 4 S. 2 entfällt. Aus den gleichen Gründen, die

auch schon unter der früheren Rechtslage für einen solchen bereicherungsrechtlichen Anspruch nach §§ 812 ff. BGB sprachen (vgl. BGH Urt. v. 21.3.1996 – III ZR 245/94, BGHZ 132, 198 (203 ff.) = NJW 1996, 3409; OLG Rostock Urt. v. 6.9.2000 – 9 U 4/99, RdE 2001, 115), ist dieser auch unter der neuen Rechtslage anzuerkennen (OLG Düsseldorf Urt. v. 16.11.2016 – VI-2 U (Kart) 1/15, EnWZ 2017, 133 Rn. 37; *Salje* EnWG § 48 Rn. 74 ff.; BerlKommEnergieR/*Kermel* EnWG § 48 Rn. 54; NK-EnWG/*Huber* § 48 Rn. 20). Dem Umfang nach soll der bereicherungsrechtlich zu leistende Wertersatz am objektiven Verkehrswert des Erlangten zu orientieren sein; für dessen Bestimmung soll von den in der KAV vorgesehenen Beträgen auszugehen, jedoch zu berücksichtigen sein, dass mit dem Auslaufen des Konzessionsvertrages keine langfristig gesicherte Rechtsposition des EVU mehr besteht und deshalb die in Anspruch genommene Wegenutzung in ihrem Wert geschmälert ist (vgl. BGH Urt. v. 21.3.1996 – III ZR 245/94, BGHZ 132, 198 (203 ff.) = NJW 1996, 3409; krit. dazu Schneider/Theobald EnergieWirtschaftsR-HdB/*Albrecht* § 9 Rn. 226). Hiervon ausgehend hat die obergerichtliche Judikatur, gegebenenfalls gestützt auf die Schätzung gemäß § 287 Abs. 2 ZPO, zwischen 75 Prozent und 90 Prozent der nach KAV zulässigen Höchstbeträge gewährt (BerlKommEnergieR/*Kermel* EnWG § 48 Rn. 56; NK-EnWG/*Huber* § 48 Rn. 21). Das EVU kann sich auf Entreicherung gemäß § 818 Abs. 3 BGB berufen, wenn es von den Letztverbrauchern keine Konzessionsabgabenanteile erhoben und dies bei den Entgelten für den Netzzugang bzw. den allgemeinen Tarifen entsprechend berücksichtigt hat (BGH Urt. v. 21.3.1996 – III ZR 245/94, BGHZ 132, 198 (210 f.) = NJW 1996, 3409 (3412 f.); BerlKommEnergieR/*Kermel* EnWG § 48 Rn. 53; NK-EnWG/*Huber* § 48 Rn. 22).

II. Konzessionsabgaben in sonstigen vertragslosen Konstellationen

37 Es bleibt die Frage, wie in sonstigen vertragslosen Konstellationen die Konzessionsabgabenpflicht zu beurteilen ist. Dies betrifft insbesondere den – von § 48 Abs. 4 schon dem Wortlaut nach nicht erfassten (*Salje* EnWG § 48 Rn. 82) – Fall der **Wegenutzung ohne jede – frühere – vertragliche Grundlage.** Hierzu kann es insbesondere kommen in Fällen „vorvertraglicher" Wegenutzung, wenn einem EVU, mit dem ein Wegenutzungs-, insbesondere ein Konzessionsvertrag geschlossen werden soll, aber nicht so schnell wie gedacht zustande kommt, die Verteilungsanlagen und damit auch die Wegenutzung bereits vorab überlassen werden (*Salje* EnWG § 48 Rn. 83).

38 In solchen Fällen, in denen eine Anknüpfung an einen Vertrag etwa durch ergänzende Vertragsauslegung von vornherein ausscheidet, kommt ein auf §§ 812 ff. BGB gestützter **bereicherungsrechtlicher Anspruch auf Wertersatz** in Betracht (vgl. BGH Urt. v. 21.3.1996 – III ZR 245/94, BGHZ 132, 198 (203 ff.) = NJW 1996, 3409; Schneider/Theobald EnergieWirtschaftsR-HdB/*Albrecht* § 9 Rn. 225). Insoweit sind die gleichen Grundsätze heranzuziehen wie unter der früheren Rechtslage bei einer die Jahresfrist überschreitenden nachvertraglichen Wegenutzung und unter heutiger Rechtslage bei einem Wegfall des gesetzlichen Konzessionsabgabeanspruchs nach § 48 Abs. 4 S. 2 (→ Rn. 36).

Teil 6. Sicherheit und Zuverlässigkeit der Energieversorgung

§ 49 Anforderungen an Energieanlagen

(1) ¹Energieanlagen sind so zu errichten und zu betreiben, dass die technische Sicherheit gewährleistet ist. ²Dabei sind vorbehaltlich sonstiger Rechtsvorschriften die allgemein anerkannten Regeln der Technik zu beachten.

(2) ¹Die Einhaltung der allgemein anerkannten Regeln der Technik wird vermutet, wenn bei Anlagen zur Erzeugung, Fortleitung und Abgabe von
1. Elektrizität die technischen Regeln des Verbandes der Elektrotechnik Elektronik Informationstechnik e. V.,
2. Gas und Wasserstoff die technischen Regeln des Deutschen Vereins des Gas- und Wasserfaches e. V.

eingehalten worden sind. ²Die Bundesnetzagentur kann zu Grundsätzen und Verfahren der Einführung technischer Sicherheitsregeln, insbesondere zum zeitlichen Ablauf, im Verfahren nach § 29 Absatz 1 nähere Bestimmungen treffen, soweit die technischen Sicherheitsregeln den Betrieb von Energieversorgungsnetzen betreffen. ³Dabei hat die Bundesnetzagentur die Grundsätze des DIN Deutsches Institut für Normung e. V. zu berücksichtigen.

(2a) Unbeschadet sonstiger Anforderungen nach Absatz 1 müssen bei der Errichtung oder Erneuerung von Anlagen zur landseitigen Stromversorgung für den Seeverkehr die technischen Spezifikationen der Norm IEC/ISO/IEEE 80005-1, Edition 1.0, Juli 2012,[2] eingehalten werden, soweit sie auf die landseitige Stromversorgung anwendbar sind.

(2b) ¹Witterungsbedingte Anlagengeräusche von Höchstspannungsnetzen gelten unabhängig von der Häufigkeit und Zeitdauer der sie verursachenden Wetter- und insbesondere Niederschlagsgeschehen bei der Beurteilung des Vorliegens schädlicher Umwelteinwirkungen im Sinne von § 3 Absatz 1 und § 22 des Bundes-Immissionsschutzgesetzes als seltene Ereignisse im Sinne der Sechsten Allgemeinen Verwaltungsvorschrift zum Bundes-Immissionsschutzgesetz (Technische Anleitung zum Schutz gegen Lärm). ²Bei diesen seltenen Ereignissen kann der Nachbarschaft eine höhere als die nach Nummer 6.1 der Technischen Anleitung zum Schutz gegen Lärm zulässige Belastung zugemutet werden. ³Die in Nummer 6.3 der Technischen Anleitung zum Schutz gegen Lärm genannten Werte dürfen nicht überschritten werden. ⁴Nummer 7.2 Absatz 2 Satz 3 der Technischen Anleitung zum Schutz gegen Lärm ist nicht anzuwenden.

(3) ¹Bei Anlagen oder Bestandteilen von Anlagen, die nach den in einem anderen Mitgliedstaat der Europäischen Union oder in einem anderen Vertragsstaat des Abkommens über den Europäischen Wirtschaftsraum geltenden Regelungen oder Anforderungen rechtmäßig hergestellt und in den Verkehr gebracht wurden und die gleiche Sicherheit gewährleisten, ist

davon auszugehen, dass die Anforderungen nach Absatz 1 an die Beschaffenheit der Anlagen erfüllt sind. ²In begründeten Einzelfällen ist auf Verlangen der nach Landesrecht zuständigen Behörde nachzuweisen, dass die Anforderungen nach Satz 1 erfüllt sind.

(4) ¹Das Bundesministerium für Wirtschaft und Energie wird ermächtigt, zur Gewährleistung der technischen Sicherheit, der technischen und betrieblichen Flexibilität von Energieanlagen sowie der Interoperabilität von Ladepunkten für Elektromobile durch Rechtsverordnung mit Zustimmung des Bundesrates
1. Anforderungen an die technische Sicherheit dieser Anlagen, ihre Errichtung und ihren Betrieb festzulegen;
2. das Verwaltungsverfahren zur Sicherstellung der Anforderungen nach Nummer 1 zu regeln, insbesondere zu bestimmen,
    a) dass und wo die Errichtung solcher Anlagen, ihre Inbetriebnahme, die Vornahme von Änderungen oder Erweiterungen und sonstige die Anlagen betreffenden Umstände angezeigt werden müssen,
    b) dass der Anzeige nach Buchstabe a bestimmte Nachweise beigefügt werden müssen und
    c) dass mit der Errichtung und dem Betrieb der Anlagen erst nach Ablauf bestimmter Prüffristen begonnen werden darf;
3. Prüfungen vor Errichtung und Inbetriebnahme und Überprüfungen der Anlagen vorzusehen und festzulegen, dass diese Prüfungen und Überprüfungen durch behördlich anerkannte Sachverständige zu erfolgen haben;[1]
4. behördliche Anordnungsbefugnisse festzulegen, insbesondere die Befugnis, den Bau und den Betrieb von Energieanlagen zu untersagen, wenn das Vorhaben nicht den in der Rechtsverordnung geregelten Anforderungen entspricht;
5. zu bestimmen, welche Auskünfte die zuständige Behörde vom Betreiber der Energieanlage gemäß Absatz 6 Satz 1 verlangen kann;
6. die Einzelheiten des Verfahrens zur Anerkennung von Sachverständigen, die bei der Prüfung der Energieanlagen tätig werden, sowie der Anzeige der vorübergehenden Tätigkeit von Sachverständigen aus anderen Mitgliedstaaten der Europäischen Union oder eines Vertragsstaates des Abkommens über den Europäischen Wirtschaftsraum zu bestimmen;
7. Anforderungen sowie Meldepflichten festzulegen, die Sachverständige nach Nummer 6 und die Stellen, denen sie angehören, erfüllen müssen, insbesondere zur Gewährleistung ihrer fachlichen Qualifikation, Unabhängigkeit und Zuverlässigkeit;
8. Anforderungen an die technische und betriebliche Flexibilität neuer Anlagen zur Erzeugung von Energie zu treffen;
9. Rechte und Pflichten der Betreiber von Elektrizitätsversorgungsnetzen und der Betreiber von Energieanlagen für den Fall festzulegen, dass an das jeweilige Elektrizitätsversorgungsnetz angeschlossene Energieanlagen nicht den Anforderungen einer nach Nummer 3 erlassenen Rechtsverordnung entsprechen, und dabei insbesondere vorzusehen, dass

---

[1] **Amtlicher Hinweis:** Die Norm ist bei der Beuth Verlag GmbH, Berlin, zu beziehen.

diese Energieanlagen vom Elektrizitätsversorgungsnetz zu trennen sind, und festzulegen, unter welchen Bedingungen sie wieder in Betrieb genommen werden können, sowie Regelungen zur Erstattung der dem Betreiber von Elektrizitätsversorgungsnetzen durch die Netztrennung und die etwaige Wiederherstellung des Anschlusses entstandenen Kosten durch den Betreiber der Energieanlage zu treffen. ²Die Regelungen des Erneuerbare-Energien-Gesetzes und des Kraft-Wärme-Kopplungsgesetzes bleiben davon unberührt. ³In einer nach Satz 1 Nummer 3 und 9 bis einschließlich 30. Juni 2023 erlassenen Rechtsverordnung kann vorgesehen werden, dass die Regelungen bereits frühestens mit Wirkung vom 29. Juli 2022 in Kraft treten.

(4a) ¹Das Bundesministerium für Wirtschaft und Energie wird ermächtigt, durch Rechtsverordnung mit Zustimmung des Bundesrates einen Ausschuss zur Beratung in Fragen der technischen Sicherheit von Gasversorgungsnetzen und Gas-Direktleitungen einschließlich der dem Leitungsbetrieb dienenden Anlagen einzusetzen. ²Diesem Ausschuss kann insbesondere die Aufgabe übertragen werden, vorzuschlagen, welches Anforderungsprofil Sachverständige, die die technische Sicherheit dieser Energieanlagen prüfen, erfüllen müssen, um den in einer Verordnung nach Absatz 4 festgelegten Anforderungen zu genügen. ³Das Bundesministerium für Wirtschaft und Energie kann das Anforderungsprofil im Bundesanzeiger veröffentlichen. ⁴In den Ausschuss sind sachverständige Personen zu berufen, insbesondere aus dem Kreis
1. der Sachverständigen, die bei der Prüfung der Energieanlagen tätig werden,
2. der Stellen, denen Sachverständige nach Nummer 1 angehören,
3. der zuständigen Behörden und
4. der Betreiber von Energieanlagen.

(5) Die nach Landesrecht zuständige Behörde kann im Einzelfall die zur Sicherstellung der Anforderungen an die technische Sicherheit von Energieanlagen erforderlichen Maßnahmen treffen.

(6) ¹Die Betreiber von Energieanlagen haben auf Verlangen der nach Landesrecht zuständigen Behörde Auskünfte über technische und wirtschaftliche Verhältnisse zu geben, die zur Wahrnehmung der Aufgaben nach Absatz 5 erforderlich sind. ²Der Auskunftspflichtige kann die Auskunft auf solche Fragen verweigern, deren Beantwortung ihn selbst oder einen der in § 383 Abs. 1 Nr. 1 bis 3 der Zivilprozessordnung bezeichneten Angehörigen der Gefahr strafrechtlicher Verfolgung oder eines Verfahrens nach dem Gesetz über Ordnungswidrigkeiten aussetzen würde.

(7) Die von der nach Landesrecht zuständigen Behörde mit der Aufsicht beauftragten Personen sind berechtigt, Betriebsgrundstücke, Geschäftsräume und Einrichtungen der Betreiber von Energieanlagen zu betreten, dort Prüfungen vorzunehmen sowie die geschäftlichen und betrieblichen Unterlagen der Betreiber von Energieanlagen einzusehen, soweit dies zur Wahrnehmung der Aufgaben nach Absatz 5 erforderlich ist.

Übersicht

	Rn.
A. Allgemeines	1
I. Inhalt	1
II. Entstehungsgeschichte und Zweck	10
B. Errichtung und Betrieb von Energieanlagen (Abs. 1)	19
I. Gewährleistung der technischen Sicherheit (Abs. 1 S. 1)	21
II. Einhaltung der allgemein anerkannten Regeln der Technik (Abs. 1 S. 2)	30
C. Vermutungswirkung des VDE- und DVGW-Regelwerks (Abs. 2)	33
D. Standards für Landstromanbindungen (Abs. 2a)	39
E. Gesetzliche Fiktion zum Lärmschutz von Höchstspannungsleitungen (Abs. 2b)	42
F. Ausländische Anlagen und Anlagenteile (Abs. 3)	43
I. Vermutung der Einhaltung der Anforderungen nach Abs. 1 (Abs. 3 S. 1)	44
II. Nachweis im Einzelfall (Abs. 3 S. 2)	45
G. Verordnungsermächtigungen (Abs. 4 und 4a)	46
H. Maßnahmen der Landesbehörden (Abs. 5)	55
I. Auskunftspflicht der Betreiber von Energieanlagen (Abs. 6)	58
I. Auskunft an die Landesbehörden (Abs. 6 S. 1)	59
II. Auskunftsverweigerungsrecht (Abs. 6 S. 2)	63
J. Behördliche Betretungs-, Prüfungs- und Einsichtsrechte (Abs. 7)	64
I. Allgemeine Voraussetzungen	65
II. Betreten von Grundstücken, Räumen und Einrichtungen	66
III. Prüfungen und Einsichtnahme in Unterlagen	67
K. Rechtsschutz	69

Literatur: *Brechtken/Schauer/Halstenberg,* Rechtliche und technische Aspekte bei umstrittenen Normen, DS 2017, 23; *Büdenbender,* Die Energieaufsicht über Energieversorgungsunternehmen nach dem neuen Energiewirtschaftsgesetz, DVBl. 1999, 7; *Fette,* EU-Grid Codes/VDE | FNN TAR verstehen, EWeRK 2021, 26; *Frenz,* Technische Regelwerke auf Unionsebene und Wettbewerbsrecht in der Energiewende, N&R 2018, 139; *Langner/Klindt/Schucht,* in: Dauses/Ludwigs, Handbuch des EU-Wirtschaftsrechts, C.VI. Technische Sicherheitsvorschriften und Normen; *Leffler/Fischerauer,* EU-Netzkodizes und Kommissionsleitlinien, Praxishandbuch, 2017; *Meier/Terboven,* Das Spannungsverhältnis zwischen wirksamer Einbeziehung und Urheberrecht von technischen Normen am Beispiel der Technischen Anwendungsregeln VDE-AR-N 4100ff. zur Konkretisierung der EU Network Codes, RdE 2020, 57; *Tettinger,* Zum Thema „Sicherheit" im Energierecht, RdE 2002, 225; *Thiele,* Starre und gleitende Verweise auf technische Normen im Recht, DS 2020, 308; *Weise/Voß/Schüttke,* Technische Regelwerke und ihre rechtliche Relevanz am Beispiel der VDE-Anwendungsregel zur Kaskade, N&R 2018, 97; *Wyl/Wagner/Bartsch,* Die energie- und zivilrechtliche Bedeutung technischer Regeln gemäß § 49 EnWG für Netzbetreiber, Versorgungswirtschaft 2015, 204.

A. Allgemeines

I. Inhalt

1 Der Betrieb von Anlagen zur Energieversorgung birgt Risiken für Vermögenswerte und für Leib und Leben von Personen, die mit dem Betrieb der Anlagen be-

Anforderungen an Energieanlagen **§ 49**

fasst sind oder unbeteiligte Dritte. § 49 regelt die Anforderungen an die **technische Sicherheit** von Energieanlagen und **Befugnisse** der Normungsverbände, der zuständigen Landesbehörden, der BNetzA und der Bundesregierung, um die Einhaltung dieser Anforderungen zu gewährleisten. Mithin dient die Norm der Gefahrenvorsorge und Gefahrenabwehr. Es können sich aus anderen Gesetzen besondere Anforderungen für bestimmte Anlagen ergeben (s. BerlKommEnergieR/*Säcker/König* EnWG § 49 Rn. 5f.), so ausdrücklich in Abs. 2a für Anlagen zur landseitigen Stromversorgung für den Seeverkehr.

Nach Abs. 1 müssen bei der Errichtung und dem Betrieb von Energieanlagen 2 die technische Sicherheit gewährleistet und die **allgemein anerkannten Regeln der Technik** beachtet werden. Dieser unbestimmte Rechtsbegriff wird dadurch näher konkretisiert, in dem die Einhaltung der allgemein anerkannten Regeln der Technik widerlegbar vermutet wird, wenn die technischen Regeln des VDE|FNN und des DVGW eingehalten werden (Abs. 2).

Die Übertragung quasi normsetzender Funktion auf **private Verbände** birgt 3 das Risiko der Diskriminierung und des Marktverschlusses (krit. zur Privatisierung von Normsetzung *Meier/Terboven* RdE 2020, 57). Daher sind bei der Aufstellung dieser Regeln transparente Verfahren unter Einbeziehung aller Anwender anzuwenden. Die BNetzA erhält die Kompetenz, das Verfahren zur Aufstellung der technischen Regeln festzulegen (Abs. 2 S. 2).

Abs. 2b enthält eine gesetzliche Fiktion im Hinblick auf witterungsbedingte Ge- 4 räuschemissionen von Höchstspannungsleitungen für die Interpretation des § 22 BImschG sowie TA Lärm. Dies dient der **Beschleunigung von Planungsverfahren** des Übertragungsnetzes und ist als abwägungsleitende Maßgabe etwas atypisch (→ Rn. 42).

Abs. 3 stellt im Hinblick auf die **Warenverkehrsfreiheit** für Anlagen und An- 5 lagenteilen, die innerhalb des europäischen Wirtschaftsraums hergestellt und in den Verkehr gebracht worden sind (*Frenz* N&R 2018, 139), den diskriminierungsfreien Marktzugang her. Hier ist von der Einhaltung der Anforderungen nach Abs. 1 auszugehen, wenn entsprechende Sicherheitsstandards bestehen und beachtet werden (Abs. 3).

Abs. 4 enthält eine **Verordnungsermächtigung** für die Festlegung von An- 6 forderungen an die technische Sicherheit von Anlagen. Hier gibt es gewisse Überschneidungen zur Verordnungsermächtigung in § 12 Abs. 3a, die auch eine Verordnungsermächtigung zur Wahrung der technischen Sicherheit von Erzeugungsanlagen darstellt. Durch die Vorgaben hinsichtlich der technischen und betrieblichen **Flexibilität** von Energieanlagen und der **Interoperabilität** von Ladepunkten für Elektromobilen wird dieser Regelungsgegenstand **erheblich ausgeweitet**. Er ist angesichts des Regelungszusammenhangs in § 49 **unter der Maßgabe zu interpretieren,** dass in allen neuen Anwendungen die Betriebssicherheit des Systems aufrecht zu erhalten ist.

Abs. 4a enthält die Ermächtigung für das zuständige Bundesministerium durch 7 Verordnung mit Zustimmung des Bundesrates einen Ausschuss zur technischen Sicherheit von Gasversorgungsnetzen und -leitungen und zur Bestimmung von Anforderungen an technische Sachverständige einzusetzen.

Die technische **Überwachungsfunktion** liegt im föderalen System **bei den** 8 **Ländern.** Nach Abs. 5 haben die nach Landesrecht zuständigen Behörden die Ermächtigungsgrundlage für Eingriffe zur Sicherstellung der Einhaltung der Anforderungen an die technische Sicherheit von Energieanlagen im Einzelfall. Um den Behörden die Wahrnehmung ihrer Überwachungsaufgaben zu ermöglichen, sieht

Bourwieg

Abs. 6 eine Auskunftspflicht der Betreiber von Energieanlagen vor. Ergänzend dazu regelt Abs. 7 behördliche Betretungs-, Prüfungs- und Einsichtsrechte.

9 Auf die Vorschriften wird umfangreich verwiesen, wenn es auf den Stand der Technik ankommt: in §§ 3 Nr. 19a (Definition zu Flüssiggas), 19 Abs. 3 zu technischen Anschlussbedingungen, in der Zuständigkeitsnorm § 59 sowie im Bußgeldkatalog in 95 Abs. 1 S. 1 Nr. 5c EnWG. Darüber hinaus in § 10 EEG 2021 zum Netzanschluss. Auf Verordnungsebene kommt Abs. 5 Bedeutung zu im Rahmen des § 23 Abs. 1 Nr. 7 ARegV zur Rechtfertigung einer sog. Investitionsmaßnahme (zur Frage der Auslegung der Tatbestandsvoraussetzungen in § 23 Abs. 1 Nr. 7 ARegV s. OLG Düsseldorf Beschl. v. 16.2.2011 – VI Kart 279/09, ZNER 2011, 445 (447)). Weitere Verweise gibt es in §§ 2, 3 und 5 NELEV sowie § 2 NetzResV im Rahmen der Definition der Versorgungssicherheit, in § 13 NAV/NDAV, § 19 GasNZV und nicht zuletzt in der GasHDRltgV und der LSV (Ladesäulenverordnung), die auf Basis von Abs. 4 erlassen wurden.

II. Entstehungsgeschichte und Zweck

10 In § 49 wurden ursprünglich die zuvor in den §§ 16, 18 EnWG idF von 1998 enthaltenen Regelungen zusammengefasst (ausf. zur Normgeschichte *Salje* EnWG § 49 Rn. 5 ff.; *Büdenbender* DVBl. 1999, 7). § 49 konkretisiert das in § 1 Abs. 1 enthaltene Ziel der **sicheren** Energieversorgung (§ 11), bezogen auf die **technische Sicherheit von Energieanlagen.** Das Ziel der Vorschrift ist einerseits der Schutz vor Gefahren, die mit dem Einsatz technischer Anlagen im Bereich der Strom-, Gas- und Wasserstoffversorgung verbunden sind, andererseits **Industriestandards** für Anlagenbetreiber zu gewährleisten. Dabei spielt die Einhaltung der für Energieanlagen allgemein anerkannten Regeln der Technik eine zentrale Rolle.

11 Durch Änderung vom 7.3.2011 (BGBl. 2011 I S. 338) und der EEG-Novelle 2014 ist **Abs. 4** neu strukturiert und **Abs. 4a** neu eingefügt worden. Die Änderung im § 49 ist dabei im parlamentarischen Verfahren durch die Beschlussempfehlung des Wirtschaftsausschusses an das Gesetz zur Umsetzung der Dienstleistungsrichtlinie im Eichgesetz et al. (BT-Drs. 17/3983) eingeführt worden (BT-Drs. 17/17/4559). Die Konkretisierung des Abs. 4 war erforderlich, um im Rahmen der Neufassung der **Verordnung über Gashochdruckleitungen** vom 17.12.1974 (BGBl. 2011 I S. 3591), die vor allem zum Zwecke der Umsetzung der **EU-Dienstleistungsrichtlinie** erfolgen musste, alle diesbezüglich geltenden Regelungen aus der Verordnung von 1974 übernehmen zu können. Die Ermächtigungsgrundlagen, auf denen die Verordnung von 1974 ursprünglich basierte, waren zum Teil nicht mehr existent oder nicht mehr anwendbar, sodass die Änderung des § 49 notwendig war. Abs. 4 S. 1 Nr. 6 und Nr. 7 sind eingeführt worden, damit die schon bislang mögliche Festlegung der Anforderungen an Sachverständige nicht nur materielle Anforderungen umfasst, sondern zum Zwecke der Umsetzung der Dienstleistungsrichtlinie auch verfahrensrechtliche Regelungen getroffen und den Sachverständigen Meldepflichten auferlegt werden können.

12 Die Einfügung des neuen Abs. 4a ermöglicht, im Rahmen der Neufassung der Verordnung über Gashochdruckleitungen, einen **Ausschuss** einzusetzen, der die Bundesregierung zu technischen Fragen von Gashochdruckleitungen berät und Vorschläge zur Konkretisierung des in der Gashochdruckleitungsverordnung zu regelnden Anforderungsprofils an Sachverständige machen kann (so BT-Drs. 17/4559, 6). Ein solcher Ausschuss ist jedoch bis Sommer 2022 nicht gebildet worden.

Mit dem EnWG 2011 sind zwei weitere Ergänzungen in § 49 vorgenommen worden. In **Abs. 2 S. 2** wird für die BNetzA die Befugnis aufgenommen, die Grundsätze und Verfahren zur **Einführung technischer Sicherheitsregeln** zu beeinflussen. Es handelt sich hierbei nicht um eine Ermächtigung, selbst technische Standards vorzugeben. Die Änderung spiegelt die Veränderung in der deutschen Marktstruktur wider. Es treten viele neue Teilnehmer in den Markt ein, die möglicherweise nicht alle in den einschlägigen Gremien und Verbänden vertreten sind. Daher müssen die Verfahren zur Einführung neuer technischer Regeln transparent und offen für alle Betroffenen sein. Die neue Regelung soll ermöglichen, dass die BNetzA Pflichten der betroffenen Verbände zB hinsichtlich der Konsultation der Marktakteure und Transparenz regelt. Dies ermöglicht, auch zukünftige Anforderungen an die technischen Sicherheitsregeln bereits bei deren Erstellung unter Einbeziehung aller berechtigten Interessen angemessen zu berücksichtigen (BT-Drs. 17/6072, 89) und verhindert unangemessene Markteintrittsbarrieren durch technische Standards. 13

Die Ergänzungen in **Abs. 4 S. 1** zur Verordnungsregelung zur Gewährleistung „der technischen und betrieblichen Flexibilität" und Abs. 4 S. 2 Nr. 8, Anforderungen an die Flexibilität neuer Erzeugungsanlagen vorzugeben, sind Folgen der Energiewende mit zunehmender Einspeisung volatiler Erzeugungslasten. Dies stellt neue und höhere Anforderungen an die Flexibilität aller Erzeugungsanlagen, um einen sicheren Netzbetrieb zu gewährleisten. Unbedingt sind auch die europäischen Netzanschlussregelungen mit scharfen Anforderungen an alle Anschlussnehmer zu beachten (→ Rn. 18). Aus diesem Grund ist die Verordnungsermächtigung dahingehend erweitert worden. Durch das StrommarktG wurde aus „öffentlich zugänglichen Ladeeinrichtungen für Elektromobile" nunmehr „Ladepunkte für Elektromobile" (Begr. RegE. BT-Drs. 18/7317, 118). 14

Neu eingeführt durch das Gesetz zur Beschleunigung des Netzausbaus 2019 (G. v. 13.5.2019, BGBl. I S. 706) wurde die Regelung in **Abs. 2a.** Sie setzt die technischen Vorgaben der RL 2014/94/EU über den Aufbau der Infrastruktur für alternative Kraftstoffe an Anlagen zur landseitigen Stromversorgung von Seeschiffen um. Gem. Art. 4 Abs. 6 iVm Anhang II Nr. 1.7 der RL 2014/94/EU sind die Mitgliedstaaten verpflichtet, sicherzustellen, dass Anlagen zur landseitigen Stromversorgung für Seeschiffe, einschließlich Auslegung, Installation und Test der Systeme, die ab dem 18.11.2017 errichtet oder erneuert wurden, den technischen Spezifikationen der Norm IEC/ISO/IEEE 80005-1 (krit. zur Privatisierung von Normsetzung *Meier/Terboven* RdE 2020, 57) entsprechen, soweit diese auf die landseitige Stromversorgung anwendbar sind (Begr. Ausschussbericht, BT-Drs. 19/9027, 16). 15

Mit der EnWG-Novelle 2021 wird die Errichtung einer Wasserstoffinfrastruktur Gegenstand des EnWG, die ebenfalls Fragen der technischen Anlagensicherheit mit sich bringt. Teile des DVGW – Regelwerkes berücksichtigen bereits Wasserstoff, andere werden über diesen Verband ab 2020 geschaffen. Über § 113c Abs. 1 wird der Verweis auf die allgemeinen Regeln der Technik und den allgemeinen Grundsatz der Einhaltung der technischen Sicherheit auch für Wasserstoffanlagen und -infrastrukturen im EnWG verankert. 16

Mit der Klimaschutz-Sofortprogramm-Novelle 2022 wurden durch den federführenden BT-Ausschuss (BT-Drs. 20/2042) Abs. 2b sowie Abs. 4 Nr. 9 ergänzt. Abs. 2b dient der Planungsbeschleunigung für Übertragungsnetze, indem eine gesetzliche Maßgabe hinsichtlich der Bewertung von witterungsbedingten Geräuschemissionen von Höchstspannungsleitungen geschaffen wird (→ Rn. 42). Der neue Abs. 4 Nr. 9 ergänzt die Ermächtigungsgrundlage für die NELEV aus Abs. 4 Nr. 3. 17

Er soll die Ermächtigungsgrundlage schaffen, in der NELEV die 2017 geschaffenen Anforderungen an Anlagenzertifikaten abzusenken. Im Interesse des beschleunigten Ausbaus der Windenergie soll ein „Anlagenzertifikat unter Auflagen" eingeführt werden, um einen vorzeitigen Anschluss einer Windenergieanlage an das Stromnetz zu ermöglichen (BT-Drs. 20/2042, S 47). Eine solche Regelung in der NELEV wird mit dieser Änderung ermöglicht, in Abs. 4 S. 3 sogar rückwirkend.

18 Auch zu den **europarechtlichen Pflichten** der Mitgliedstaaten aus den Strom- und Gasrichtlinien gehört es, Kriterien für die technische Betriebssicherheit von Elektrizitäts- und Gasanlagen festzulegen (Art. 5 Elt-RL 09 und Art. 8 Gas-RL 09). Art. 5 ist in der Elt-RL 19 nicht mehr enthalten. Die Netzkodizes für den Anschluss von Erzeugungsanlagen (NC RfG), für Lasten (NC DCC und für Gleichstromverbindungsleitungen (NC HVDC) haben die Vorgaben im Elektrizitätssektor sehr weitgehend selbst europaweit schon harmonisiert (→ Vor § 17 Rn. 61; → § 19 Rn. 27). Darüber hinaus dient § 49 der Umsetzung der RL 2014/94/EU über den Aufbau der Infrastruktur für alternative Kraftstoffe zurück.

B. Errichtung und Betrieb von Energieanlagen (Abs. 1)

19 Abs. 1 S. 1 schreibt vor, dass Energieanlagen so zu errichten und zu betreiben sind, dass die technische Sicherheit gewährleistet ist. Nach Abs. 1 S. 2 sind dazu – vorbehaltlich sonstiger Rechtsvorschriften – insbesondere die allgemein anerkannten Regeln der Technik zu beachten. Als **Generalklausel** kommt Abs. 1 S. 1 nur dann Bedeutung zu, wenn konkretere Anforderungen in anderen gesetzlichen Bestimmungen oder Regelwerken nicht getroffen sind (vgl. zu der entsprechenden Generalklausel des § 4 Abs. 1 AEG im Eisenbahnrecht in Beck AEG/*Hermes/ Schweinsberg* AEG § 4 Rn. 49).

20 Die Anforderungen von Abs. 1 S. 1 gelten für **Energieanlagen** iSd § 3 Nr. 15. Dabei handelt es sich um Anlagen zur **Erzeugung, Speicherung, Fortleitung** oder **Abgabe** von Energie, soweit sie nicht nur der Übertragung von Signalen dienen. Zu Energieanlagen gehören gem. § 3 Nr. 15 auch Verteileranlagen der Letztverbraucher und bei der Gasversorgung die letzte Absperreinrichtung vor der Verbrauchsanlage (dazu → § 3 Rn. 36) sowie Flüssiggasnetze (dazu → § 3 Rn. 50). Auch **Ladeeinrichtungen für Elektromobile** oder Erdgasfahrzeuge können demnach unter diesen Begriff fallen. **Energie** iSd EnWG ist in § 3 Nr. 14 und 19a maßgeblich definiert und meint leitungsgebundene Elektrizität, Gas und Wasserstoff.

I. Gewährleistung der technischen Sicherheit (Abs. 1 S. 1)

21 Abs. 1 normiert zunächst die **Grundpflicht**, Energieanlagen iSd § 3 Nr. 15 so zu errichten und zu betreiben, dass die technische Sicherheit gewährleistet ist. Damit ist der sichere Betrieb der Anlagen Teil der jeweiligen Betreiberpflichten, bei Netzbetreibern den Pflichten nach §§ 11, 12 und 15. Schon über die Zuordnung dieser Pflichten kann anhand der manchmal schwierigen Abgrenzungen der Verantwortungsgrenzen eine Auslegung im Einzelfall erforderlich sein, die Eigentumszuordnung hilft hier nicht immer (am Bsp. der Herstellung eines Anschlusses von WEA OLG Brandenburg Urt. v. 7.7.2020 – 6 U 164/18, BeckRS 2020, 19549; dazu auch → Vor § 17 Rn. 13 ff.). Abs. 1 S. 1 erfasst neben dem **Betrieb** auch die **Errichtung** der Anlagen. Es sind deshalb bereits in der Errichtungsphase einschlä-

Anforderungen an Energieanlagen **§ 49**

gige Sicherheitsanforderungen zu beachten. Dies können einerseits die Errichtung der Anlagen selbst, also die Arbeiten beim Bau von Energieanlagen betreffende Anforderungen und andererseits auch die Einhaltung der anerkannten Regeln der Technik als Voraussetzung der Errichtungsgenehmigung sein (OVG Lüneburg Beschl. v. 29.6.2011 – 7 MS 73/11; OVG Bautzen Beschl. v. 23.7.2010, ZUR 2011, 88 – Sicherheitsabstand).

Die Gewährleistung der technischen Sicherheit ist ein unbestimmter Rechts- 22 begriff. Sie verlangt, dass bei der Errichtung und dem Betrieb von Energieanlagen Gefahren für die Allgemeinheit und die Mitarbeiter der Anlagenbetreiber vermieden werden. Dies bedeutet nicht, dass Schäden bei der Aufstellung technischer Normen und Sicherheitsstandards mit absoluter Sicherheit ausgeschlossen sein müssen. Erforderlich ist vielmehr, dass der **Schadenseintritt** aufgrund der getroffenen Sicherheitsvorkehrungen **hinreichend unwahrscheinlich** ist. Entsprechend der „je-desto-Formel" des Polizeirechts (dazu bspw. BeckOK Polizei- und Ordnungsrecht Nordrhein-Westfalen/*Möstl* Systematische und begriffliche Vorbemerkungen Rn. 36) hängt die rechtlich noch akzeptable Eintrittswahrscheinlichkeit vom Umfang des möglichen Schadens ab. Deshalb ist bei Ereignissen mit potenziell großen Schäden eine geringere Eintrittswahrscheinlichkeit zu verlangen, als bei Schäden mit potenziell begrenztem Ausmaß.

Der Eigentümer einer Anlage erfüllt die Voraussetzungen der Pflichten aus 23 Abs. 1 bei der **Errichtung,** wenn er zum Errichtungszeitpunkt die geltenden anerkannten Regeln der Technik einhält. Dies entspricht dem Wortlaut von Abs. 2 S. 1 („eingehalten worden sind") und der üblichen Regelung in den technischen Normen.

Zu den Betreiberpflichten gehört es aber auch, die technische Sicherheit der 24 Anlage **im Betrieb,** dh ab dem Zeitpunkt der Inbetriebnahme bis zur Außerbetriebnahme sicherzustellen. Die Einhaltung des Stands der Technik schützt den Anlagenbetreiber allerdings nicht vor Haftungsansprüchen nach dem **Produkthaftungsgesetz** (BGH Urt. v. 25.2.2014 – VI ZR 144/13 Rn. 11, NJW 2014, 2080; → Vor § 17 Rn. 38).

Den Betreiber der Energieanlage trifft die Pflicht zur Gewährleistung der tech- 25 nischen Sicherheit fortlaufend, während der **Dauer der tatsächlichen Nutzung** der Anlage. Hier kann angesichts der langen Nutzungsdauer energietechnischer Anlagen die Problematik entstehen, ob der Pflicht zum sicheren Betrieb der Anlage Genüge getan ist, wenn die technischen Normen nur zum **Errichtungszeitpunkt** eingehalten wurden. Diese Frage ist nicht abschließend geklärt. Es können bei langlebigen Anlagen gerade bei den **durch den Klimawandel** verursachten Anforderungen an energietechnische Anlagen im Zeitablauf neue Gefährdungslagen eintreten. Daneben gibt es ständig technische Verbesserungen. Mit technischen Weiterentwicklungen entsteht nicht notwendigerweise eine neue **Gefährdungslage,** aber eventuell ein **höheres, mögliches Sicherheitsniveau.** Die technischen Normen selbst weisen in Einzelfällen auf einen Anpassungsbedarf auch für Altanlagen hin, wenn die technische Sicherheit nach Meinung der Verbände objektiv durch den alten Standard gefährdet ist. Auch Art. 71 Abs. 2 NC RfG und Art. 58 Abs. 2 für die Fälle gem. Art. 4 Abs. 1 NC DCC sehen in diesem Sinne eine Anpassung bestehender Verträge und allgemeiner Geschäftsbedingungen für den Netzanschluss binnen drei Jahren ab einer entsprechenden Entscheidung der Regulierungsbehörde vor.

Fehlt eine Selbstbindung durch Entscheidung der technischen Normungsgre- 26 mien, kann im Regelfall aus Abs. 1 S. 1 wegen des **Bestandsschutzes** keine Verpflichtung zur Fortentwicklung bzw. Nachrüstung bestehender Anlagen abgeleitet

Bourwieg 2153

werden (LG Essen Urt. v. 4.5.2007 – 3 O 48/06, NJW 2007, 3787 (3788) – Stromausfälle Münsterland). Spezialmaterien wie das Immissionsschutzrecht kennen eigene Regelungen.

27 Eine Anpassungspflicht kann auch durch eine Verordnung nach Abs. 4 Nr. 1 oder vergleichbare Regelungen eingeführt werden. Ein Beispiel hierfür ist die **Systemstabilitätsverordnung** vom 26.7.2012 (→ § 12 Rn. 65).

28 Auch können die **nach Landesrecht zuständigen Behörden** im Einzelfall nach Abs. 5 die Nachrüstung von Anlagen verlangen, wenn die technische Sicherheit gefährdet ist. Allerdings kann die Behörde nur die Einhaltung der in Abs. 1 S. 1 festgelegten Standards einfordern. Es wäre also im Einzelfall die Vermutungswirkung, die von der Einhaltung der technischen Standards zum Errichtungszeitpunkt ausgeht, zu widerlegen oder eine sehr konkrete Gefahr für andere Rechtsgüter bestehen.

29 Enthalten die einschlägigen Regelwerke keine zwingenden Gebote, zB zu Mindestabstandsflächen bei der Errichtung, kann die Verletzung technischer Regeln iSv Abs. 1 nicht festgestellt werden. In diesem Fall kommt dem Anlagen-Errichter und der Planfeststellungsbehörde eine eigene Einschätzung zu, was als allgemein anerkannte Regeln der Technik auf Basis des aktuellen Stands der Forschung anzusehen ist. Dabei sind sicherheitstechnische Anforderungen im Grundsatz **bindende Rechtspflichten.** Technische Sicherheitsregeln unterfallen als solche nicht dem fachplanerischen Abwägungsgebot (OVG Lüneburg Urt. v. 23.9.2009 – 7 KS 122/05, Rn. 68, zitiert nach juris) und können nicht mit der Begründung, dass das Risiko gering sei und der Erwägung, dass schon nichts passieren werde, von der Planfeststellungsbehörde „weggewogen" werden. Daher ist die Einschätzung des Stands der Technik gerichtlich überprüfbar (OVG Lüneburg Urt. v. 23.9.2009 – 7 KS 122/05, Rn. 58, NordÖR 2010, 88 (90)).

II. Einhaltung der allgemein anerkannten Regeln der Technik (Abs. 1 S. 2)

30 Nach Abs. 1 S. 2 sind vorbehaltlich sonstiger Rechtsvorschriften bei der Errichtung und dem Betrieb von Energieanlagen die allgemein anerkannten Regeln der Technik zu beachten (OLG Düsseldorf Urt. v. 12.6.2013 – VI-3 Kart 165/12, EnWZ 2013, 506). Es handelt sich dabei um solche technischen Regeln, die von der Mehrheit der Fachleute **als richtig anerkannt** sind. Sie müssen darüber hinaus – anders als zum Stand der Technik zählende Verfahren – **in der Praxis erprobt** sein (*Brechtken/Schauer/Halstenberg,* DS 2017, 273 (274)). Sicherheitstechnische Lösungen, die zwar schon in ein technisches Regelwerk aufgenommen wurden, deren praktische Erprobung aber noch aussteht, zählen deshalb nicht zu den anerkannten Regeln der Technik (BVerwG Urt. v. 18.7.2013 – 7 A 4.12, EnWZ 2013, 518 Rn. 40).

31 Kritik an dieser Auffassung (BerlKommEnergieR/*Säcker/König* EnWG § 49 Rn. 20) ist nachvollziehbar, wenn man bedenkt, dass die technologische Weiterentwicklung sehr langsam in die technischen Regelwerke als allgemein anerkannte Regel der Technik aufgenommen werden und dort ua auch Anlagenhersteller an der Normsetzung mitwirken mit ihren je eigenen Interessen. Allerdings geht es hier um die technische Sicherheit eines **hochkomplexen Energiesystems,** bei dem es nicht gerechtfertigt wäre, eine Innovation ohne ausreichende Erprobung als Standard einzusetzen, weil sie sich technisch „als möglich und machbar" erwiesen hat. Dies entspricht dann möglicherweise dem Stand von Wissenschaft und

Technik, aber nicht dem „den allgemein anerkannten Regeln der Technik" (*Brechtken/Schauer/Halstenberg* DS 2017, 273 (275)). Betriebsverantwortung und Haftung liegt bei den Anlagenherstellern bzw. den Betreibern der Energieversorgungsnetze. Das Risiko, dass primär aufgrund von politischem Wollen, zB zu Innovation in der Energiewende oder Digitalisierung, oder der Vorstellungskraft Einzelner, falsche technische Entscheidungen getroffen werden, erscheint gravierender, als das Risiko, eine innovative technische Möglichkeit in einem System mit 20–40-jähriger technischer Nutzungsdauer von Anlagen (Anlage 1 StromNEV) wenige Jahre später zur allgemein anerkannten Regel der Technik zu erklären.

Neben den Abs. 2 genannten technischen Regeln des VDE und des DVGW ist **32** für die technische Sicherheit von Energieanlagen insbesondere das Regelwerk des VDI und des DIN von Bedeutung. Mit dem Vorbehalt **sonstiger Rechtsvorschriften** stellt Abs. 1 S. 2 klar, dass allgemein anerkannte Regeln der Technik nur unter der Voraussetzung maßgeblich sind, dass sie mit sonstigen Bestimmungen des technischen Sicherheitsrechts vereinbar (BerlKommEnergieR/*Säcker/König* EnWG § 49 Rn. 22)) und nicht durch aktuellere Erkenntnisse überholt sind (OVG Lüneburg Beschl. v. 29.6.2011 – 7 MS 73/11). Dazu zählen die Netzkodizes NC RfG, NC DCC und NC HVDC (→ Vor § 17 Rn. 61). Ist dies nicht der Fall, gehen diese Bestimmungen den allgemein anerkannten Regeln der Technik vor und schränken setzen so die Vermutungswirkung außer Kraft (*Frenz* N&R 2018, 130 (140)).

C. Vermutungswirkung des VDE- und DVGW-Regelwerks (Abs. 2)

Abs. 2 verleiht den technischen Regeln des VDE und des DVGW besonderen **33** Stellenwert. Soweit diese Regeln eingehalten werden, wird die Einhaltung der allgemein anerkannten Regeln der Technik **vermutet**. Eine weitere praktische Bedeutung entfaltet die Vermutungsregelung zivilrechtlich, da ein Unternehmer werkvertraglich grundsätzlich die Einhaltung der anerkannten Regeln der Technik schuldet.

Da Abs. 2 nicht auf eine bestimmte Fassung dieses Regelwerks Bezug nimmt, **34** handelt es sich um eine **dynamische Verweisung** auf das Regelwerk in seiner jeweils geltenden Fassung (BerlKommEnergieR/*Säcker/König* EnWG § 49 Rn. 48). Die Dynamik der Verweisung erschöpft sich vorliegend jedoch in der Beschreibung der bei der Verweisung verwendeten Gesetzestechnik, dass durch Abs. 1 S. 2 auf die jeweils geltenden allgemein anerkannten Regeln der Technik Bezug genommen wird. Die Dynamik gilt aber nur im Rahmen des Geltungsanspruchs der in Bezug genommenen technischen Norm – dh eine Anpassungspflicht des Betreibers nach Errichtung der Anlage ergibt sich ohne weitere gesetzliche Regelung nur im Rahmen der technischen Norm selbst (*Thiele*, DS 2020, 308, 311). Eine dynamische Verweisung ist verfassungsrechtlich dann problematisch, wenn der Gesetzgeber seine Regelungskompetenz – außerhalb von Art. 80 GG – delegiert und dadurch die Anforderungen an die demokratische Legitimation des jeweiligen Gesetzes nicht mehr erfüllt sind (BVerfG Beschl. v. 16.10.1984 – 1 BvL 17/80, BVerfGE 67, 348 (363 f.) = NJW 1985, 1329 ff.). In Abs. 2 dient die Verweisung jedoch nur zur Konkretisierung des in Abs. 1 S. 2 für die Einhaltung der Sicherheitsanforderungen in Bezug genommenen Maßstabs der allgemein anerkannten Regeln der Technik. Gegen die dynamische Verweisung auf das Regelwerk des VDE und des DVGW in Abs. 2 bestehen deshalb keine verfassungsrechtlichen Bedenken.

§49 Teil 6. Sicherheit und Zuverlässigkeit der Energieversorgung

35 Beispielhaft die Regelwerke, die Teil der TAB von Gasnetzbetreibern sein können (ohne Anspruch auf Vollständigkeit):
- DVGW-Arbeitsblatt G 491 Gas-Druckregelanlagen für Eingangsdrücke bis einschließlich 100 bar – Planung, Fertigung, Errichtung, Prüfung, Inbetriebnahme und Betrieb
- Für Eingangsdrücke < 4 bar gilt analog Arbeitsblatt G 490•DVGW
- DVGW Arbeitsblatt G 492 Gas-Messanlagen für einen Betriebsdruck bis einschließlich 100 bar; Planung, Fertigung, Errichtung, Prüfung, Inbetriebnahme, Betrieb und Instandhaltung
- DVGW-Arbeitsblatt G 493/I Qualifikationskriterien für Unternehmen für Planung, Fertigung und betriebsbereite Errichtung von Gas-Druckregel- und Messanlagen
- DVGW-Arbeitsblatt G 493/II Ausführung von Instandhaltungsarbeiten an Gas-Druckregel- und Messanlagen
- DVGW-Arbeitsblatt G 495 Gasanlagen – Instandhaltung
- DVGW-Arbeitsblatt G 496 Rohrleitungen in Gasanlagen
- DVGW-Arbeitsblatt G 498 Durchleitungsdruckbehälter in Gasrohrleitungen und -anlagen der öffentlichen Gasversorgung
- DVGW-Arbeitsblatt G 499 Vorwärmung in Gasanlagen
- DVGW-Arbeitsblatt G 463 Gasleitungen aus Stahlrohren für einen Betriebsdruck > 16 bar – Errichtung
- DVGW-Arbeitsblatt G 466 Gasleitungen aus Stahlrohren für Betriebsdruck > 5 bar – Instandhaltung
- DVGW-Arbeitsblatt G 469 Druckprüfverfahren für Leitungen und Anlagen der Gasversorgung
- DVGW-Arbeitsblatt G 488 Anlagen für die Gasbeschaffenheitsmessung – Planung, Errichtung, Betrieb
- DVGW-Arbeitsblatt G 260 Gasbeschaffenheit
- DVGW-Arbeitsblatt G 261 Prüfung der Gasbeschaffenheit
- DVGW-Arbeitsblatt G 262 Nutzung von regenerativ erzeugten Gasen
- DVGW-Arbeitsblatt G 685 Gasabrechnung
- DVGW-Arbeitsblatt G 600 Technische Regeln für Gas-Installation (DVGW-TRGI)
- DIN EN 12186 Gasversorgungssysteme Gas-Druckregelanlagen für Transport und Verteilung Funktionale Anforderungen
- DIN 30690 Teil 1, Bauteile in Anlagen der Gasversorgung – Teil 1, Anforderungen an Bauelemente in Gasversorgungsanlagen
- DIN EN 1776 Erdgasmessanlagen Funktionale Anforderungen
- DIN 3381 Sicherheitseinrichtungen für Gasversorgungsanlagen mit Betriebsdrücken bis 100 bar
- DIN 14382 Sicherheitseinrichtungen für Gas-Druckregelanlagen und -einrichtungen – Gas-Sicherheitsabsperreinrichtungen für Betriebsdrücke bis 100 bar
- DIN 3230 Teil 5, Technische Lieferbedingungen für Armaturen; Armaturen für Gasleitungen und Gasanlagen; Anforderungen und Prüfung
- DIN EN 1776 Erdgasmessanlagen Funktionale Anforderungen
- DIN EN 12261 Turbinenradgaszähler
- DIN EN 334 Gas-Druckregelgeräte für Eingangsdrücke bis 100 bar
- DIN EN 1594 Gasversorgungssysteme Rohrleitungen für einen maximal zulässigen Betriebsdruck über 16 bar Funktionale Anforderungen
- DIN 60079 Teil 14, Elektrische Betriebsmittel für gasexplosionsgefährdete Bereiche
- DIN VDE 0165 Errichtung elektrischer Anlagen in explosionsgefährdeten Bereichen
- PTB G 9 Messgeräte für Gas; Eichung von Zustands-Mengenumwertern und Wirkdruckgaszählern mit Zustandserfassung für Gas mit realem Zustandsverhalten
- PTB G 13 Messgeräte für Gas – Einbau und Betrieb von Turbinenradgaszählern

Anforderungen an Energieanlagen **§ 49**

Die Vermutung gem. Abs. 2 ist **widerlegbar**. Es ist denkbar, dass Normen tech- 36
nische Regeln fixieren, die entweder hinter der Praxis zurückbleiben oder sich
noch nicht bewährt haben. Die Vermutungswirkung hat in erster Linie Bedeutung
für die Darlegungs- und Beweislast. Wer sich darauf beruft, dass die Regeln des
VDE oder des DVGW nicht den allgemein anerkannten Regeln der Technik entsprechen, muss dies darlegen und – falls erforderlich – beweisen (dazu OVG Bautzen Beschl. v. 23.7.2010 – 4 B 444/09, ZUR 2011, 88 (89) – Sicherheitsabstand).
Bedeutung hat der Charakter von Abs. 2 als widerlegliche Vermutung in atypischen
Fällen, in denen das VDE- bzw. DVGW-Regelwerk nicht passt und deshalb für die
Gewährleistung der technischen Sicherheit keinen geeigneten Maßstab liefert. Entsprechendes gilt, wenn die technischen Regeln des VDE oder der DVGW mit der
Entwicklung der allgemein anerkannten Regeln der Technik nicht Schritt halten
und deshalb überholt sind (→ Rn. 31). In beiden Fällen ist die Einhaltung der allgemein anerkannten Regeln der Technik gem. Abs. 1 S. 2 unabhängig vom Regelwerk des VDE bzw. des DVGW darzulegen, aber nachweisbar.

Konflikte können auch entstehen, wenn das technische Regelwerk sich in der 37
Weiterentwicklung für eine von mehreren möglichen technischen Ausgestaltungsvarianten entscheidet (*Brechtken/Schauer/Halstenberg* DS 2017, 23, 24; dazu BNetzA,
Beschlusskammer 6 Positionspapier zur **Errichtung von Erdungsanlagen** in neu
zu errichtenden Gebäuden v. 15.6.2021; www.bundesnetzagentur.de/DE/Be
schlusskammern/BK06/BK6_82_NetzAs/825_erdungsanlagen_papier/erdungsan
lagen_papier_node.html). Maßstab ist das Ziel der technischen Sicherheit. Eine Beschränkung auf eine einzige zulässige technische Lösung muss sachlich begründet
werden können, allzumal wenn im Bestand andere technische Lösungen betrieben
wurden (BNetzA Beschl. v. 29.6.2017 – BK6-16-208 – Einheitszertifikat).

Abs. 2 S. 2 sieht eine verfahrensgestaltende **Festlegungsbefugnis** der BNetzA 38
vor. Damit kommt der BNetzA keine eigene Befugnis im Rahmen der Aufsicht
über die technische Sicherheit zu. Diese obliegt den nach Landesrecht zuständigen
Behörden (Abs. 5) oder der beauftragten Stelle zB gem. Art. 7 Abs. 1 NC RfG
(→ § 19 Rn. 29). Die Regelung erweitert den Anwendungsbereich der Festlegung
nach § 29 Abs. 1 auf Festlegungen gegenüber dem DVGW und VDE, um sicherzustellen, dass durch die Einführung von technischen Sicherheitsregelungen die
Öffnung der Märkte und die Betätigung neuer Marktteilnehmer nicht behindert
werden. Die Befugnis besteht nur, soweit die technischen Regelungen den Betrieb
von **Energieversorgungsnetzen** betreffen – dies können im Einzelfall auch
Regelungen für **Erzeugungsanlagen** sein, die in ihren Wirkungen auf die Energieversorgungsnetze geregelt werden.

D. Standards für Landstromanbindungen (Abs. 2 a)

Die Regelung in Abs. 2 a setzt die technischen Vorgaben der RL 2014/94/EU 39
über den Aufbau der Infrastruktur für alternative Kraftstoffe an Anlagen zur **landseitigen Stromversorgung** von Seeschiffen um. Gem. Art. 4 Abs. 6 in Verbindung mit Anhang II Nr. 1.7 der RL 2014/94/EU ist sicherzustellen, dass Anlagen
zur landseitigen Stromversorgung für Seeschiffe, einschließlich Auslegung, Installation und Test der Systeme, die ab dem 18.11.2017 errichtet oder erneuert wurden, den **technischen Spezifikationen der Norm IEC/ISO/IEEE 80005-1**
(Versorgungsanschlüsse im Hafen – Teil 1: Mittelspannungs-Landanschlusssysteme
(HVSC) – Allgemeine Anforderungen, zu beziehen über https://www.beuth.de/

de/norm/iec-ieee-80005-1/306244586) entsprechen, soweit diese auf die landseitige Stromversorgung anwendbar sind. Die übrigen Anforderungen, die sich aus Abs. 1 ergeben, gelten weiterhin.

40 Die **rückwirkende Einführung** der technischen Vorgaben bereits zum 18.11.2017 hatte keine praktischen Auswirkungen, da sichergestellt wurde, dass zwischen dem 18.11.2017 und dem Inkrafttreten keine Anlagen errichtet oder erneuert wurden, die nicht den Anforderungen der og technischen Spezifikationen entsprechen (BT-Drs. 19/9027 Begr. Bericht des federführenden Ausschusses, S.16).

41 Die Regelung wird ergänzt durch die Definition in § 3 **Nr. 24 d** von landseitiger Stromversorgung (→ § 3 Rn. 65). Die Definition entspricht Art. 2 Nr. 6 RL 2014/94/EU.

E. Gesetzliche Fiktion zum Lärmschutz von Höchstspannungsleitungen (Abs. 2 b)

42 Mit der Klimaschutz-Sofortprogramm-Novelle 2022 wurden durch den federführenden BT-Ausschuss (BT-Drs. 20/2042) Abs. 2 b ergänzt. Abs. 2 b dient der **Planungsbeschleunigung** für Übertragungsnetze, indem eine gesetzliche Maßgabe hinsichtlich der Bewertung von witterungsbedingten Geräuschemissionen von Höchstspannungsleitungen geschaffen wird. Die Änderung soll dazu führen, „dass **witterungsbedingte Anlagengeräusche** von Höchstspannungsnetzen, die in der Regel an wenigen Stunden bzw. Tagen eines Jahres durch Niederschlag oder hohe Luftfeuchtigkeit auftreten können, bei der Beurteilung des Vorliegens schädlicher Umwelteinwirkungen im Sinne von §§ 3 Absatz 1 und 22 Bundesimmissionsschutzgesetz **als seltenes Ereignis im Sinne des TA Lärm gelten.** Als Konsequenz gelten die höheren Grenzwerte der Nummer 6.3 der TA Lärm. Die bislang für Anlagen geltenden Grenzwerte nach Nummer 6.1 der TA Lärm (grds. zu Lärmemissionen bei Energieleitungen → § 43 Rn. 117) müssen durch die Änderungen für Höchstspannungsnetze entsprechend nicht mehr eingehalten werden. (BT-Drs. 20/2402, S. 46). Das Gesetz definiert damit quasi für diese Anlagengeräusche einen „Stand der Technik". Energieleitungen sind nach § 22 Abs. 1 S. 1 Nr. 1 und Nr. 2 BImSchG so zu errichten und zu betreiben, dass schädliche Umwelteinwirkungen verhindert werden, die nach dem Stand der Technik vermeidbar sind, und nach dem Stand der Technik unvermeidbare schädliche Umwelteinwirkungen auf ein Mindestmaß beschränkt werden (BVerwGE 148, 353 Rn. 47).

F. Ausländische Anlagen und Anlagenteile (Abs. 3)

43 Die Anforderungen an die technische Anlagensicherheit nach Abs. 1 finden im Ausland keine Anwendung. Im Hinblick auf den **Grundsatz des freien Warenverkehrs** in der Europäischen Union (Art. 28 Abs. 1, 34 AEUV) erkennt Abs. 3 jedoch unter bestimmten Voraussetzungen für ausländische Anlagen und Anlagenteile in den jeweiligen Herkunftsstaaten geltende Sicherheitsstandards an (EuGH Urt. v. 12.7.2012 – C-171/11, ECLI:EU:C:2012:453 = EuZW 2012, 765 mAnm *Schweitzer – DVGW; Fischerauer* IR 2013, 94).

I. Vermutung der Einhaltung der Anforderungen nach Abs. 1 (Abs. 3 S. 1)

Abs. 3 S. 1 bestimmt, dass bei (Energie-)Anlagen oder Bestandteilen von Anlagen, die nach den Regeln oder Anforderungen eines anderen Mitgliedstaates der Europäischen Union oder eines Vertragsstaates des Abkommens über den Europäischen Wirtschaftsraum hergestellt und in Verkehr gebracht wurden, von der Einhaltung der Anforderungen gem. Abs. 1 an die Beschaffenheit der Anlagen auszugehen ist. Voraussetzung dieser **tatsächlichen Vermutung** ist, dass die jeweiligen Regeln oder Anforderungen eine Abs. 1 entsprechende Sicherheit gewährleisten. Dies bedeutet nicht, dass im Ausland geltende Sicherheitsvorschriften und technische Standards den in Deutschland allgemein anerkannten Regeln der Technik exakt entsprechen müssen. Erforderlich ist vielmehr, dass ausländische Standards im Hinblick auf das danach erreichte **Sicherheitsniveau gleichwertig** sind. Ist dies der Fall und werden Energieanlagen oder Anlagenteile unter Beachtung dieser Standards hergestellt und in Verkehr gebracht, muss aufgrund der durch Abs. 3 S. 1 aufgestellten tatsächlichen Vermutung die Einhaltung der sich aus Abs. 1 ergebenden Anforderungen nicht im Einzelnen nachgewiesen werden.

44

II. Nachweis im Einzelfall (Abs. 3 S. 2)

Eine Ausnahme von diesem Grundsatz enthält Abs. 3 S. 2. Danach ist in begründeten Einzelfällen auf Verlangen der nach Landesrecht zuständigen Behörde nachzuweisen, dass die Anforderungen nach Abs. 3 S. 1 erfüllt sind. Abs. 3 S. 1 regelt nicht selbst Anforderungen an die Anlagensicherheit, sondern verweist auf Abs. 1. Der Nachweis muss sich daher auf die Gewährleistung der technischen Sicherheit und die Beachtung der allgemein anerkannten Regeln der Technik gem. Abs. 1 beziehen. Er kann von der zuständigen Landesbehörde nur in begründeten Einzelfällen gefordert werden. Die Behörde kann also einen Nachweis nicht ohne Vorliegen konkreter Anhaltspunkte stichprobenartig verlangen. Es müssen sich im Einzelfall vielmehr **konkrete und begründete Zweifel an der technischen Anlagensicherheit** ergeben. Dies kann der Fall sein, wenn in dem betreffenden Staat keine, oder nur unzulängliche technische Sicherheitsstandards bestehen. Ferner kann, unabhängig von bestehenden Standards, die Beschaffenheit von Energieanlagen oder Anlagenteilen selbst, etwa aufgrund negativer Erfahrungen in der Vergangenheit, Anlass zu Zweifeln an der Einhaltung der Anforderungen des Abs. 1 (*Büdenbender* EnWG § 16 Rn. 15).

45

G. Verordnungsermächtigungen (Abs. 4 und 4a)

Abs. 4 ermächtigt das zuständige Bundesministerium durch Rechtsverordnung Anforderungen an die technische Sicherheit von Anlagen zur Erzeugung von Strom zu stellen. Abs. 1 S. 2 stellt jedoch die Pflicht zur Einhaltung der allgemein anerkannten Regeln der Technik ausdrücklich unter den Vorbehalt sonstiger Rechtsvorschriften. Zu solchen Rechtsvorschriften gehört auch eine Rechtsverordnung gem. Abs. 4.

46

Mit dem EnWG 2011 ist in § 12 Abs. 3a eine weitere Verordnungsermächtigung für Vorgaben an Energieanlagen, insbesondere für Anlagen nach dem EEG und KWKG, eingefügt worden (→ § 12 Rn. 61). Ein materieller Unterschied liegt in

47

§ 49 Teil 6. Sicherheit und Zuverlässigkeit der Energieversorgung

der Berücksichtigung der „Systemstabilität" des Übertragungsnetzes durch Vorgaben an Erzeugungsanlagen. Ein verfahrensmäßiger Unterschied ist, dass die Verordnung nach § 12 Abs. 3a ohne Zustimmung des Bundesrats ergehen kann. Die **Systemstabilitätsverordnung** vom 26.7.2012 (BGBl. 2012 I S. 1635, zuletzt geändert durch Art. 2 der VO vom 1.9.2016 (BGBl. 2016 I S. 2147) ist auch auf diese Verordnungsermächtigung gestützt, zusätzlich auf den neuen § 12 Abs. 3a (genauer und zu den Kostenregelungen → § 12 Rn. 65). Für neue Erzeugungsanlagen sind die technischen Anforderungen mittlerweile seit 2016 in dem NC RfG (→ Vor § 17 Rn. 77) und den daraus abgeleiteten Technischen Anschlussregeln (TAR) des VDE|FNN niedergelegt. Diesen sind durch ihre verbindliche Ermächtigung mehr als nur anerkannte Regel der Technik nach Abs. 1.

48   Eine Verordnung ist auf Basis dieser Verordnungsermächtigung neu erlassen worden: die **Verordnung über Gashochdruckleitungen** (→ Rn. 3).

49   Auf Basis eines Entschließungsantrags des Bundesrats (BR-Drs. 157/14, 13) hat 2014 es im Zuge der Novellierung des EEG auch die Anpassung der Ermächtigungsgrundlage in Abs. 4 im Hinblick auf die Voraussetzung einer **Ladeinfrastruktur für Elektrofahrzeuge** gegeben. Die Formulierung wurde mit dem StrommarktG 2016 an den Wortlaut der RL 2014/94/EU (→ Rn. 14) angepasst und gilt nunmehr für öffentliche wie private Ladepunkte von Elektromobilen. Durch europäische einheitliche Industriestandards soll die europäische Elektromobilität gefördert werden. Die Verordnungsermächtigung möchte eine Standardisierung der Ladeinfrastruktur als kritische Voraussetzung für die Entwicklung der Elektromobilität unterstützen. Die Ermächtigung in Abs. 4 ist Grundlage der LSV (Ladesäulenverordnung v. 9.3.2016).

50   Ebenfalls aufgrund des Abs. 4 S. 1 Nr. 3 wurde die Rechtsverordnung zum **Nachweis von elektrotechnischen Eigenschaften von Energieanlagen** erlassen (NELEV). Die neue Verordnung greift die bisherige Praxis auf, die Konformität von Erzeugungsanlagen aller Art und Anlagen zur Speicherung von Elektrizität mit den in den technischen Regelwerken geforderten elektrotechnischen Eigenschaften nachzuweisen, und gestaltet sie rechtssicher aus. Dabei wird lediglich allgemein die Pflicht für einen Nachweis über die Einhaltung der allgemeinen technischen Mindestanforderungen iSd § 19 gefordert. Zur konkreten Ausgestaltung des Nachweisprozesses (zB zu Messvorschriften für unterschiedliche Technologien) werden keine weiteren Anforderungen festgelegt. Der Nachweis erfolgt in einem Zertifizierungsverfahren, in dem u. a. ein sog. Anlagenzertifikat ausgestellt wird.

51   Da die Bundesregierung im Zuge der Energiewende und im Lichte des russischen Angriffskrieges auf die Ukraine zahlreiche Maßnahmen zur Beschleunigung des Ausbaus von Windenergieanlagen plant, hat sie mit dem Klimaschutz-Sofortprogramm die Ermächtigungsgrundlagen für die das **Anlagenzertifikat nach NELEV** abgesenkt. Damit soll ein Anlagenzertifikat unter Auflagen eingeführt werden können, dass es Erzeugungsanlagen ermöglicht, schon zu einem Zeitpunkt an das Stromnetz angeschlossen zu werden, zu dem noch nicht sämtliche Nachweise vorliegen, die zur Erteilung des vollständigen Anlagenzertifikats notwendig wären.

52   Eine solche „vorläufige" Anschlusspflicht geht einher, mit Folgefragen, falls das Anlagenzertifikat im Ergebnis nicht erteilt wird. Da es um technische Sicherheit geht, wird der Netzbetreiber ermächtigt und verpflichtet werden müssen, solche Anlagen wieder **vom Netz zu trennen,** die im Ergebnis nicht alle Auflagen erfüllen. Die Bundesregierung wird ermächtigt, Stromnetzbetreibern und Anlagenbetreibern Pflichten aufzuerlegen, wenn die Anforderungen der NELEV nicht

eingehalten werden. Ebenfalls enthalten ist eine Ermächtigung, eine „Kostenerstattung" für den Netzbetreiber zu regeln. Die Gesetzesbegründung sieht hier insbesondere die Notwendigkeit zur Erstattung „mit Blick auf die Kosten notwendig, die dem Netzbetreiber entstehen, wenn er eine Erzeugungsanlage vom Stromnetz zu trennen hat". Dies können zum einen Kosten durch technische Maßnahmen im Rahmen der Netztrennung sein. Ob damit zum anderen auch die sonst im Zuge der Abregelung entstehenden **Entschädigungskosten im Rahmen des Redispatch** gemeint sind, wird nicht eindeutig klar. Eine spezielle Ermächtigungsgrundlage zur Kostenregelung nur für Netzanschluss oder –trennungskosten, die zum täglichen Betrieb eines Stromnetzbetreibers gehört, erscheint einerseits ungewöhnlich. Andererseits sollte ein Netzbetreiber eine Anlage für den Ertragsausfall bei einer Trennung vom Netz **gar nicht entschädigen** müssen, die dadurch verursacht ist, dass er aufgrund gesetzlicher Regelungen vorzeitig anschließen muss und die Anlage letztlich die Anforderungen an den sicheren Anschluss und Betrieb am Elektrizitätsversorgungsnetz nicht herstellen kann. Die Einhaltung der technischen Anforderungen für einen sicheren Netzanschluss gehören ohne Zweifel in die Sphäre des Anlagenbetreibers.

Bei der Verordnung werden außerdem die Spielräume der Art. 15 und 16 sowie 53 des Art. 32 NC RfG ausgenutzt. Sie wurde gemäß der RL (EU) 2015/1535 des Europäischen Parlaments und des Rates vom 9. September 2015 über ein Informationsverfahren auf dem Gebiet der technischen Vorschriften und der Vorschriften für die Dienste der Informationsgesellschaft (ABl. 2015 L 241, 1) notifiziert.

Abs. 4a S. 1 ermöglicht die Einsetzung eines Ausschusses zur Beratung des Bun- 54 desministeriums für Wirtschaft und Energie in Fragen der technischen Sicherheit von Gasversorgungsnetzen und Gas-Direktleitungen einschließlich der dem Leitungsbetrieb dienenden Anlagen durch eine Rechtsverordnung mit Zustimmung des Bundesrates erlassen werden. Bis Ende 2021 hatte die Bundesregierung von der Ermächtigung in Abs. 4a S. 1 noch keinen Gebrauch gemacht.

H. Maßnahmen der Landesbehörden (Abs. 5)

Die Einhaltung der Anforderungen gem. Abs. 1 wird von den nach Landesrecht 55 zuständigen Behörden überwacht. Dies sind nicht die Regulierungsbehörden, sondern regelmäßig sog. Energieaufsichtsbehörden. Diese sind nach Abs. 5 befugt, im Einzelfall die zur Sicherstellung der Anforderungen an die technische Sicherheit von Energieanlagen erforderlichen Maßnahmen zu treffen. Abs. 5 enthält eine als **Generalklausel** ausgestaltete **Befugnisnorm** im Sinne präventiver Gefahrenabwehr. Sie deckt den Erlass von Verwaltungsakten (§ 35 VwVfG) ebenso ab wie schlicht hoheitliches Handeln (Realakte) der Behörden. Die §§ 65 ff. stehen der nach Landesrecht zuständigen Behörde nicht zur Verfügung, da es sich nicht um eine Regulierungsbehörde handelt und auf die Aufsichtsbefugnisse nicht verwiesen wird. In jedem Fall müssen die behördlichen Maßnahmen zur Gewährleistung der technischen Sicherheit erforderlich sein. Anders ausgedrückt: es muss eine **Verletzung der sich aus Abs. 1 ergebenden Pflichten** vorliegen. Materiell bestimmt daher Abs. 1 die Voraussetzungen und Grenzen der den Landesbehörden durch Abs. 5 eingeräumten Befugnisse. Bei Einhaltung der Standards nach Abs. 2 S. 1 Nr. 1 und 2 ist bei behördlichem Handeln die Vermutung zu widerlegen.

In §§ 5 iVm § 2 Nr. 11 LSV wird die BNetzA ermächtigt, den Betrieb von **La-** 56 **depunkten für Elektromobile** zu überprüfen und bei Nichteinhaltung der maßgeblichen technischen Vorschriften zu untersagen. Dies ist eine spezielle Aufsichtsregelung abweichend von der Aufgabenzuweisung in Abs. 5.

57 Abs. 5 billigt den nach Landesrecht zuständigen Behörden bei der Entscheidung darüber, ob und welche Maßnahmen konkret getroffen werden, ein **Ermessen** zu. Dies ergibt sich aus dem insofern eindeutigen Wortlaut der Vorschrift. Danach *kann* die Behörde erforderliche Maßnahmen treffen. Sie hat ihr Ermessen dem Zweck der Ermächtigung entsprechend und innerhalb der gesetzlichen Grenzen auszuüben (vgl. § 40 VwVfG). Von Bedeutung ist deshalb vor allem, ob und in welchem Maße sich bei einem Verstoß gegen Abs. 1 **Gefahren für die Allgemeinheit oder Mitarbeiter** der Betreiber von Energieanlagen ergeben. Soweit aufgrund von Sicherheitsmängeln an Energieanlagen eine Gefahrenlage besteht und erhebliche Schäden zu befürchten sind, muss sich die Behörde im Regelfall für ein Einschreiten entscheiden. Entsprechend dem **Grundsatz der Verhältnismäßigkeit** hat sie konkret die Maßnahmen zu ergreifen, die einerseits eine effektive Gefahrenabwehr versprechen und andererseits die davon betroffenen so wenig wie möglich belasten (VG Ansbach Beschl. v. 6.8.2010 – AN 19 S 09.01860, BeckRS 2010, 34678). Unabhängig davon darf der mit der jeweiligen Maßnahme erzielbare Erfolg nicht außer Verhältnis zu den damit verbundenen Belastungen stehen (Verhältnismäßigkeit ieS).

I. Auskunftspflicht der Betreiber von Energieanlagen (Abs. 6)

58 Die Landesbehörden werden in vielen Fällen nicht über die erforderlichen Informationen verfügen, um eine abschließende Entscheidung über Maßnahmen nach Abs. 5 treffen zu können. Abs. 6 ergänzt daher die Befugnisse der Behörden durch eine Auskunftspflicht der Betreiber von Energieanlagen.

I. Auskunft an die Landesbehörden (Abs. 6 S. 1)

59 Nach Abs. 6 S. 1 haben Betreiber von Energieanlagen auf Verlangen der nach Landesrecht zuständigen Behörde Auskünfte über technische und wirtschaftliche Verhältnisse zu geben, die zur Wahrnehmung der Aufgaben nach Abs. 5 erforderlich sind. Die Betreiber sind danach nicht von sich aus zur Auskunft verpflichtet. Dies gilt selbst dann, wenn ihnen Sicherheitsmängel an Energieanlagen bekannt werden oder es zu Schäden kommt (zur Meldung von Versorgungsstörungen durch Betreiber von Energieversorgungsnetzen → § 52). Abs. 6 S. 1 setzt vielmehr ein **behördliches Auskunftsverlangen** voraus. In der Praxis wird das Auskunftsverlangen vielfach **informellen Charakter** haben. Soweit Betreiber von Energieanlagen zur Erteilung der erforderlichen Auskünfte bereit sind, ergeben sich keine Probleme. Insbesondere dann, wenn die Behörde nicht mit einer Kooperation des Betreibers rechnen kann, wird sie das Auskunftsverlangen in Form eines (vollstreckbaren und anfechtbaren) **Verwaltungsakts** (§ 35 VwVfG) an den Betreiber richten.

60 Gegenstand der Auskunftspflicht gem. Abs. 6 S. 1 sind Auskünfte über technische und wirtschaftliche Verhältnisse, die zur Wahrnehmung der Aufgaben nach Abs. 5 erforderlich sind. Auskünfte über **technische Verhältnisse** betreffen die Energieanlagen selbst. Die Behörde kann insbesondere Informationen über Typ, Alter, Kapazität, Betrieb und Unterhaltung sowie technische Spezifikationen der Anlagen verlangen. Zu den **wirtschaftlichen Verhältnissen** zählen die wirtschaftliche Lage der Betreiber sowie die wirtschaftlichen Beziehungen zu Kunden, Lieferanten und verbundenen Unternehmen.

Die Auskunftspflicht nach Abs. 6 S. 1 ist wesentlich dadurch begrenzt, dass nur **61** zur **Aufgabenerfüllung nach Abs. 5 erforderliche Auskünfte** verlangt werden dürfen. Dadurch wird vor allem die Pflicht der Betreiber zur Erteilung von Auskünften über ihre wirtschaftlichen Verhältnisse erheblich eingeschränkt. Sie müssen darüber nur dann Auskunft geben, wenn die wirtschaftlichen Verhältnisse für die Gewährleistung der technischen Anlagensicherheit von Bedeutung sind. Dies kann der Fall sein, wenn ein Betreiber aufgrund seiner wirtschaftlichen Lage nicht (mehr) die Gewähr für die Erfüllung der Anforderungen an die technische Sicherheit seiner Anlagen bieten kann. Ferner ist denkbar, dass Zweifel an der Zuverlässigkeit von Unternehmen bestehen, die der Betreiber mit der Unterhaltung oder dem Betrieb von Energieanlagen beauftragt hat.

Nach Abs. 5 können im *Einzelfall* die zur Sicherstellung der Anforderungen an **62** die technische Sicherheit von Energieanlagen **erforderlichen Maßnahmen** getroffen werden. Dies normiert die Befugnis, dass die Behörden konkrete Pflichtverstöße gegen Abs. 1 abstellen sollen. Dagegen haben sie nicht die Aufgabe, die technische Anlagensicherheit im Sinne eines Monitorings zu überwachen (zum Monitoring der Versorgungssicherheit → § 51 Rn. 20; zu den im Eisenbahnrecht allgemeiner gefassten Überwachungsaufgaben nach § 5a Abs. 1 AEG vgl. Beck AEG/*Hermes/Schweinsberg* § 5a Rn. 4 ff., 58 ff.). Das Vorliegen von Sicherheitsmängeln muss allerdings nicht feststehen. Die Behörde kann auch einem **begründeten Verdacht** nachgehen. Dabei muss der Verdacht nicht zwingend den Betreiber betreffen, von dem Auskünfte verlangt werden. Soweit aufgrund technischer Probleme bestimmte Anlagentypen im Verdacht stehen, Sicherheitsmängel aufzuweisen, können von Betreibern solcher Anlagen gem. Abs. 6 S. 1 auch dann Auskünfte verlangt werden, wenn konkret ihre Anlagen bisher keinen Anlass zu Beanstandungen gegeben haben.

II. Auskunftsverweigerungsrecht (Abs. 6 S. 2)

Abs. 6 S. 2 gibt den Betreibern von Energieanlagen – bei denen es sich typischer- **63** weise um juristische Personen handeln wird – als auskunftspflichtigen Personen ein Auskunftsverweigerungsrecht. Danach können Auskünfte auf solche Fragen verweigert werden, die sie selbst oder ihre Angehörigen (§ 383 Abs. 1 Nr. 1–3 ZPO) der Gefahr strafrechtlicher Verfolgung oder der Verfolgung wegen einer Ordnungswidrigkeit aussetzen würden. Abs. 6 S. 2 entspricht dem **allgemein anerkannten Rechtsgrundsatz** (vgl. §§ 383 ff. ZPO, §§ 52 ff. StPO, § 46 Abs. 1 OWiG iVm §§ 52 ff. StPO, § 98 VwGO iVm §§ 383 ff. ZPO), sich selbst oder Angehörige nicht belasten zu müssen.

J. Behördliche Betretungs-, Prüfungs- und Einsichtsrechte (Abs. 7)

Um den zuständigen Behörden die Wahrnehmung ihrer Aufgaben zu ermög- **64** lichen, ergänzt Abs. 7 die Auskunftspflicht der Anlagenbetreiber nach Abs. 6 um behördliche Betretungs-, Prüfungs- und Einsichtsrechte. Werden Auskünfte von den Betreibern nicht oder nicht vollständig erteilt oder geben die erteilten Auskünfte Anlass zu weitergehenden Prüfungen, kann sich die Behörde auf der Grundlage von Abs. 7 selbst die erforderlichen Informationen beschaffen.

§ 49 Teil 6. Sicherheit und Zuverlässigkeit der Energieversorgung

I. Allgemeine Voraussetzungen

65 Die Betreiber von Energieanlagen trifft eine mit den Rechten der Behörde aus Abs. 7 korrespondierende **Duldungspflicht;** Handlungspflichten der Anlagenbetreiber werden durch Abs. 7 nicht begründet. Die Behörde darf von den Betretungs-, Prüfungs- und Einsichtsrechten nur Gebrauch machen, wenn dies zur Wahrnehmung der Aufgaben nach Abs. 5 erforderlich ist. Es muss deshalb ein **begründeter Verdacht** bestehen, dass Anforderungen an die technische Sicherheit von Energieanlagen gem. Abs. 1 nicht erfüllt sind (→ Rn. 21). Abs. 7 berechtigt die von der Behörde mit der Aufsicht beauftragten Personen. Soweit erforderlich, können von der Behörde nicht behördenangehörige Fachleute einbezogen werden (*Büdenbender* EnWG § 18 Rn. 51, 54 und 58).

II. Betreten von Grundstücken, Räumen und Einrichtungen

66 Das Betretungsrecht der zuständigen Behörden umfasst Betriebsgrundstücke, Geschäftsräume und Einrichtungen der Betreiber von Energieanlagen. Abs. 7 soll Behördenmitarbeitern Zutritt zu dem gesamten für den Betrieb von Energieanlagen bedeutsamen unternehmerischen Bereich ermöglichen. **Betriebsgrundstücke** sind alle Grundstücke, die dem Betrieb von Energieanlagen dienen. Bei **Geschäftsräumen** handelt es sich um Büro- und Verwaltungsräume der Anlagenbetreiber, soweit in diesen zumindest auch für den Anlagenbetrieb relevante Tätigkeiten erfolgen oder Unterlagen aufbewahrt werden. Zu **Einrichtungen** der Anlagenbetreiber zählen insbesondere die Energieanlagen selbst. Behördenmitarbeiter dürfen daher bspw. auch Kraftwerke oder Trafo-Stationen betreten. Abs. 6 gibt den Behördenmitarbeitern das Recht, sich auf den Grundstücken sowie in den Geschäftsräumen und Einrichtungen der Betreiber von Energieanlagen aufzuhalten, ohne dass sich diese auf ihr Hausrecht berufen können (vgl. *Büdenbender* EnWG § 18 Rn. 47 und 55). Da Art. 13 Abs. 1 GG bei Betriebs- und Geschäftsräumen insofern einen geringeren Schutz als bei Wohnräumen bietet, sind die behördlichen Betretungsrechte an Art. 2 Abs. 1 GG und nicht an Art. 13 Abs. 1 GG zu messen (vgl. *Rutkowski* in Rosin/Pohlmann/Metzenthin/Böwing/Gentzsch EnWG Art. 1 § 18 Anm. 4.1; zur Beurteilung von Durchsuchungen → Rn. 67).

III. Prüfungen und Einsichtnahme in Unterlagen

67 Nach Abs. 7 sind die von der Behörde beauftragten Personen befugt, auf den Betriebsgrundstücken sowie in den Geschäftsräumen und Einrichtungen Prüfungen vorzunehmen. Sie dürfen ferner geschäftliche und betriebliche Unterlagen der Anlagenbetreiber einsehen. Das **Einsichtsrecht** berechtigt die Behördenmitarbeiter dazu, die Unterlagen vor Ort an sich zu nehmen, zu lesen und auszuwerten. Dazu gehört auch das Recht, sich über den Inhalt der Unterlagen Notizen zu machen. Dagegen ermöglicht Abs. 7 **keine Beschlagnahme** von Unterlagen. Ob Betriebsgrundstücke, Geschäftsräume und Einrichtungen der Anlagenbetreiber durchsucht werden dürfen, ist umstritten. Eine Durchsuchungsbefugnis wird mit dem Argument bejaht, dass ansonsten die den Behörden eingeräumten Kompetenzen leerliefen, da Betreiber mangels einer in Abs. 7 geregelten Handlungspflicht zur aktiven Preisgabe von Unterlagen nicht verpflichtet seien (*Büdenbender* EnWG § 18 Rn. 59). Nach aA sollen Durchsuchungen im Hinblick auf die nur zur Durchführung von Gefahrenabwehrmaßnahmen eingeräumten Befugnisse der Behörden ausgeschlossen sein (BerlKommEnergieR/ *Säcker/König* EnWG § 49 Rn. 75). Abs. 7 begründet

Anforderungen an Energieanlagen § 49

keine behördliche Durchsuchungsbefugnis. Nach der Rspr. des BVerfG sind auch Arbeits-, Geschäfts- und Büroräume in den Schutzbereich von Art. 13 Abs. 1 GG einbezogen. Sie genießen gegenüber Durchsuchungen den gleichen Schutz wie Wohnungen (BVerfG Beschl. v. 13.10.1971 – 1 BvR 280/66, BVerfGE 32, 54 (75 ff.) = NJW 1971, 2299). Daher bedürfen, von Fällen des Gefahrenverzugs abgesehen, Durchsuchungen gem. Art. 13 Abs. 2 GG einer richterlichen Anordnung. Davon geht der Gesetzgeber auch im Übrigen Energierecht aus; § 69 Abs. 4 EnWG regelt die Durchführung von Durchsuchungen ausdrücklich. Dagegen stellt Abs. 7 keine für Durchsuchungen erforderliche Rechtsgrundlage dar. Die sich aus Art. 13 GG ergebenden verfassungsrechtlichen Anforderungen an Durchsuchungen können auch nicht mit Praktikabilitätserwägungen beiseitegeschoben werden. Dass Abs. 7 ohne Durchsuchungsbefugnis der Behörden leerliefe, ist aber nicht zu befürchten. Der Gesetzgeber geht erkennbar davon aus, dass den Behörden – mit Ausnahme von Durchsuchungen – eine **umfassende Kontrolle** ermöglicht werden soll. Sie sind deshalb berechtigt, Auskunftsersuchen nach Abs. 6 S. 1, notfalls im Wege der Verwaltungsvollstreckung, durchzusetzen und Einsicht in dabei von den Betreibern herausgegebene Unterlagen zu nehmen.

Das den Behörden in Abs. 7 eingeräumte **Prüfungsrecht** hat für die Prüfung 68 von Unterlagen keine praktische Bedeutung. Es ist von dem Einsichtsrecht der Behörden bereits umfasst, dass nicht nur die Kenntnisnahme, sondern auch die Auswertung der Unterlagen erlaubt. Das Recht zur Durchführung von Prüfungen ist jedoch nicht auf Unterlagen der Anlagenbetreiber beschränkt. Vielmehr sind die Behörden auch zu sonstigen Prüfungen berechtigt. Sie dürfen insbesondere – das ist unter Sicherheitsaspekten wesentlich – die **Energieanlagen** der Betreiber untersuchen. Entsprechende Untersuchungen können mit Einschränkungen des Anlagenbetriebes, insbesondere der Abschaltung von Anlagen verbunden sein, soweit dies zur Wahrnehmung der den Landesbehörden nach Abs. 5 zugewiesenen Aufgaben erforderlich ist.

K. Rechtsschutz

Die Widerleglichkeit der Vermutung der Einhaltung der Regeln der Technik 69 oder auch die Diskriminierung durch die technischen Regelwerke bei Netzanschluss (§§ 17–19) oder Netznutzung (§ 20) kann zum Gegenstand eines **besonderen Missbrauchsverfahrens** nach dem EnWG bei der zuständigen **Regulierungsbehörde** gemacht werden. Für den Teilbereich der Überwachung der Vorschriften zum Netzanschluss nach §§ 17 und 18 sowie der technischen Vorschriften nach § 19 besteht gem. § 54 Abs. 2 Nr. 6 und Nr. 7 die Zuständigkeit der Landesregulierungsbehörden.

Gegen **Aufsichtsmaßnahmen** durch die nach Landesrecht zuständigen Behörden 70 im Rahmen des Abs. 5–7 ist **Verwaltungsrechtsschutz** gegeben, nicht der Rechtsweg nach § 75. Es kommen Anfechtungsklagen im Falle von Anordnungen nach Abs. 5, aber auch Verpflichtungsklagen bei der Versagung von Bestätigungen für Zwecke des § 23 Abs. 1 S. 2 Nr. 7 ARegV in Betracht (Schulte/Klos ÖffWirtschaftsR-HdB/*Franke* § 10 Rn. 112).

§ 49a Elektromagnetische Beeinflussung

(1) ¹Besteht die Gefahr, dass der Ausbau oder die Ertüchtigung, Umbeseilungen oder Zubeseilungen oder Änderungen des Betriebskonzepts eines Übertragungsnetzes technische Infrastrukturen elektromagnetisch beeinflussen können, so hat der Betreiber technischer Infrastrukturen
1. dem verantwortlichen Übertragungsnetzbetreiber auf dessen Anfrage unverzüglich Auskunft zu erteilen über
   a) den Standort der technischen Infrastrukturen,
   b) die technischen Eigenschaften der technischen Infrastrukturen und
   c) getroffene technische Vorkehrungen zur Vermeidung einer elektromagnetischen Beeinflussung und
2. Messungen des verantwortlichen Übertragungsnetzbetreibers zu dulden.

²Zur Ermittlung der potenziell von der elektromagnetischen Beeinflussung betroffenen Betreiber technischer Infrastrukturen genügt eine Anfrage und die Nachweisführung durch den Übertragungsnetzbetreiber unter Verwendung von Informationssystemen zur Leitungsrecherche, die allen Betreibern technischer Infrastrukturen für die Eintragung eigener Infrastrukturen und für die Auskunft über fremde Infrastrukturen diskriminierungsfrei zugänglich sind. ³Zusätzlich hat der Übertragungsnetzbetreiber Maßnahmen nach Satz 1 im Bundesanzeiger zu veröffentlichen und die betroffenen Gemeinden zu informieren. ⁴Betroffene Gemeinden sind solche, auf deren Gebiet eine elektromagnetische Beeinflussung oder Maßnahmen nach Satz 1 wirksam werden können. ⁵Den Betreibern technischer Infrastrukturen ist die Gelegenheit zu geben, sich innerhalb von zwei Wochen ab Veröffentlichung oder Information als betroffener Betreiber technischer Infrastrukturen bei der Gemeinde zu melden. ⁶Der Übertragungsnetzbetreiber hat die so ermittelten Betreiber technischer Infrastrukturen über den Ausbau oder die Ertüchtigung, über Umbeseilungen oder Zubeseilungen sowie über Änderungen des Betriebskonzepts eines Übertragungsnetzes zu informieren.

(2) Der verantwortliche Übertragungsnetzbetreiber hat dem betroffenen Betreiber technischer Infrastrukturen auf dessen Nachfrage unverzüglich Auskunft zu erteilen über alle für die Beurteilung der elektromagnetischen Beeinflussung nötigen technischen, betrieblichen und organisatorischen Parameter.

(3) ¹Werden durch den Ausbau oder die Ertüchtigung, durch Umbeseilungen oder Zubeseilungen oder durch Änderungen des Betriebskonzepts eines Übertragungsnetzes technische Infrastrukturen erstmals oder stärker elektromagnetisch beeinflusst, so haben der Übertragungsnetzbetreiber und der betroffene Betreiber technischer Infrastrukturen
1. Maßnahmen zur Reduzierung und Sicherung der auftretenden Beeinflussung zu prüfen,
2. die technisch und wirtschaftlich vorzugswürdige Lösung gemeinsam zu bestimmen und
3. die gemeinsam bestimmte Lösung in ihrem jeweiligen Verantwortungsbereich unverzüglich umzusetzen.

Elektromagnetische Beeinflussung § 49a

²Wenn neue oder weitergehende technische Schutzmaßnahmen an den beeinflussten technischen Infrastrukturen erforderlich sind oder die Maßnahmen an den beeinflussten technischen Infrastrukturen den Maßnahmen am Übertragungsnetz wegen der Dauer der Umsetzung oder wegen der Wirtschaftlichkeit vorzuziehen sind, hat der Übertragungsnetzbetreiber dem Betreiber technischer Infrastrukturen die notwendigen Kosten für die betrieblichen, organisatorischen und technischen Schutzmaßnahmen einschließlich der notwendigen Kosten für Unterhaltung und Betrieb für eine Dauer, die der zu erwartenden Nutzungsdauer der technischen Schutzmaßnahme entspricht, im Wege einer einmaligen Ersatzzahlung zu erstatten. ³Auf die zu erstattenden Kosten ist ein Aufschlag in Höhe von 5 Prozent zu gewähren, wenn der Betreiber technischer Infrastrukturen binnen sechs Monaten nach Anfrage durch den Übertragungsnetzbetreiber in Textform gegenüber diesem die unbedingte Freigabe zur Inbetriebnahme der Maßnahmen nach Satz 1 erklärt. ⁴Ein weitergehender Ersatzanspruch gegen den Übertragungsnetzbetreiber ist ausgeschlossen. ⁵Wird erst nach der Durchführung einer Maßnahme zum Ausbau oder zur Ertüchtigung, zu Umbeseilungen oder Zubeseilungen oder zur Änderung des Betriebskonzepts eines Übertragungsnetzes bekannt, dass durch die Maßnahme die technischen Infrastrukturen elektromagnetisch beeinflusst werden, bleiben die Rechte und Pflichten des Betreibers technischer Infrastrukturen unberührt.

(4) ¹Besteht Uneinigkeit zwischen dem Übertragungsnetzbetreiber und dem betroffenen Betreiber technischer Infrastrukturen über das Ausmaß der elektromagnetischen Beeinflussung oder über die technisch und wirtschaftlich vorzugswürdige Lösung der zu ergreifenden Schutzmaßnahmen nach Absatz 3 Satz 1 oder über die für die Schutzmaßnahmen und für deren Unterhaltung und Betrieb notwendigen Kosten, so ist über die offenen Streitfragen spätestens sechs Monate nach Beginn der Uneinigkeit ein Gutachten eines unabhängigen technischen Sachverständigen auf Kosten des Übertragungsnetzbetreibers einzuholen. ²Der unabhängige technische Sachverständige soll im Einvernehmen von dem Übertragungsnetzbetreiber und dem Betreiber technischer Infrastrukturen bestimmt werden. ³Kann kein Einvernehmen erzielt werden, schlägt der Übertragungsnetzbetreiber drei unabhängige technische Sachverständige vor und der Betreiber technischer Infrastrukturen benennt binnen zwei Wochen ab Übermittlung des Vorschlags in Textform einen dieser Sachverständigen für die Klärung.

(5) ¹Haben sich der Übertragungsnetzbetreiber und der Betreiber technischer Infrastrukturen darüber geeinigt, ob und welche Schutzmaßnahmen die technisch und wirtschaftlich vorzugswürdige Lösung darstellen, so haben sie unverzüglich die Durchführung der erforderlichen technischen Schutzmaßnahmen sicherzustellen, auch durch vorübergehende Schutzmaßnahmen betrieblicher oder organisatorischer Art. ²Besteht zwischen dem Übertragungsnetzbetreiber und dem Betreiber technischer Infrastrukturen kein Einvernehmen, so erstreckt sich das Gutachten des technischen Sachverständigen auch auf die Frage, ob und welche Schutzmaßnahmen technisch und wirtschaftlich vorzugswürdig sind und welche Kosten bei der Bemessung des Ersatzanspruches nach Absatz 3 Satz 2 als

§ 49 b Teil 6. Sicherheit und Zuverlässigkeit der Energieversorgung

notwendig zu berücksichtigen sind. ³In diesem Fall haben der Übertragungsnetzbetreiber und der Betreiber technischer Infrastrukturen unverzüglich nach dem Vorliegen des Sachverständigengutachtens die Umsetzung der erforderlichen Schutzmaßnahmen sicherzustellen, auch durch vorübergehende Schutzmaßnahmen betrieblicher oder organisatorischer Art.

(6) Für die Zwecke dieses Paragrafen sind die Begriffsbestimmungen des § 3 Nummer 1 des Netzausbaubeschleunigungsgesetzes Übertragungsnetz entsprechend anzuwenden.

1   Die durch Gesetz vom 8.10.2022 (BGBl. I S. 1726) erfolgte Einführung des § 49a konnte in der Kommentierung nicht mehr berücksichtigt werden.

§ 49 b Temporäre Höherauslastung

(1) ¹Dürfen Betreiber von Anlagen, die nach § 13b Absatz 4 und 5, nach § 13d und nach Maßgabe der Netzreserveverordnung in der Netzreserve vorgehalten werden und die kein Erdgas zur Erzeugung elektrischer Energie einsetzen, aufgrund einer Rechtsverordnung nach § 50a befristet am Strommarkt teilnehmen, ist während dieses Zeitraums eine betriebliche Höherauslastung des Höchstspannungsnetzes ohne vorherige Genehmigung zulässig (temporäre Höherauslastung). ²Die Höherauslastung im Sinne dieser Vorschrift ist die Erhöhung der Stromtragfähigkeit ohne Erhöhung der zulässigen Betriebsspannung. ³Maßnahmen, die für eine temporäre Höherauslastung erforderlich sind und die unter Beibehaltung der Masten lediglich die Auslastung der Leitung anpassen und keine oder allenfalls geringfügige und punktuelle bauliche Änderungen erfordern, sind zulässig. ⁴§ 4 Absatz 1 und 2 der Verordnung über elektromagnetische Felder in der Fassung der Bekanntmachung vom 14. August 2013 (BGBl. I S. 3266) ist bei Änderungen von Niederfrequenzanlagen, die durch den Beginn oder die Beendigung der temporären Höherauslastung bedingt sind, nicht anzuwenden.

(2) ¹Der zuständigen Behörde ist die temporäre Höherauslastung vor deren Beginn anzuzeigen. ²Der Anzeige ist ein Nachweis über die Einhaltung der Anforderungen an die magnetische Flussdichte nach den §§ 3 und 3a der Verordnung über elektromagnetische Felder beizufügen. ³Anzeige und Nachweis ersetzen die Anzeige nach § 7 Absatz 2 der Verordnung über elektromagnetische Felder. ⁴Die Beendigung der temporären Höherauslastung ist der zuständigen Behörde ebenfalls anzuzeigen.

(3) ¹Durch eine temporäre Höherauslastung verursachte oder verstärkte elektromagnetische Beeinflussungen technischer Infrastrukturen hat der Betreiber technischer Infrastrukturen zu dulden. ²Der Übertragungsnetzbetreiber hat die betroffenen Betreiber technischer Infrastrukturen rechtzeitig über eine geplante temporäre Höherauslastung und über den voraussichtlichen Beginn der temporären Höherauslastung zu informieren und die Betreiber aufzufordern, die wegen der temporären Höherauslastung erforderlichen Schutz- und Sicherungsmaßnahmen im Verantwortungsbereich des Betreibers technischer Infrastrukturen zu ergreifen. ³Zur

Ermittlung der potenziell von der elektromagnetischen Beeinflussung betroffenen Betreiber technischer Infrastrukturen genügt eine Anfrage und die Nachweisführung durch den Übertragungsnetzbetreiber unter Verwendung von Informationssystemen zur Leitungsrecherche, die allen Betreibern technischer Infrastrukturen für die Eintragung eigener Infrastrukturen und für die Auskunft über fremde Infrastrukturen diskriminierungsfrei zugänglich sind. [4]Über den tatsächlichen Beginn der temporären Höherauslastung hat der Übertragungsnetzbetreiber die betroffenen Betreiber technischer Infrastrukturen mindestens zwei Wochen vor dem voraussichtlichen Beginn der temporären Höherauslastung zu informieren, es sei denn, dass in der Information nach Satz 2 ein konkreter Zeitpunkt für den Beginn der temporären Höherauslastung genannt wurde und diese Information mindestens vier Wochen und nicht länger als zehn Wochen vor dem Beginn der temporären Höherauslastung erfolgt ist. [5]Der Übertragungsnetzbetreiber hat den Betreiber technischer Infrastrukturen unverzüglich nach Beendigung der temporären Höherauslastung zu informieren.

(4) [1]Der Betreiber technischer Infrastrukturen hat den Übertragungsnetzbetreiber unverzüglich nach Umsetzung der wegen der temporären Höherauslastung erforderlichen Schutz- und Sicherungsmaßnahmen nach Absatz 3 Satz 2 über die hinreichende Wirksamkeit der Maßnahmen insbesondere zur Sicherstellung des Personenschutzes zu informieren. [2]Der Übertragungsnetzbetreiber hat dem Betreiber technischer Infrastrukturen die notwendigen Kosten, die diesem wegen der aufgrund der temporären Höherauslastung ergriffenen betrieblichen, organisatorischen und technischen Schutzmaßnahmen entstanden sind, einschließlich der notwendigen Kosten für Unterhaltung und Betrieb zu erstatten. [3]§ 49a Absatz 2 ist entsprechend anzuwenden.

(5) [1]Der Übertragungsnetzbetreiber hat die Höherauslastung im Bundesanzeiger zu veröffentlichen und die betroffenen Gemeinden über die temporäre Höherauslastung zu informieren. [2]Die Veröffentlichung und die Information müssen mindestens Angaben über den voraussichtlichen Beginn, das voraussichtliche Ende, den voraussichtlichen Umfang sowie die voraussichtlich betroffenen Leitungen beinhalten. [3]Betroffene Gemeinden sind solche, auf deren Gebiet eine elektromagnetische Beeinflussung nach Absatz 3 Satz 1 oder Schutz- und Sicherungsmaßnahmen nach Absatz 4 Satz 1 wirksam werden können.

(6) Die Zulassung einer dauerhaften Höherauslastung nach den gesetzlichen Vorschriften bleibt von der Zulässigkeit der temporären Höherauslastung unberührt.

(7) Zuständige Behörde im Sinne des Absatzes 2 ist die zuständige Immissionsschutzbehörde.

Die durch Gesetz vom 8.10.2022 (BGBl. I S. 1726) erfolgte Einführung des § 49b konnte in der Kommentierung nicht mehr berücksichtigt werden. **1**

§ 50 Vorratshaltung zur Sicherung der Energieversorgung

Das Bundesministerium für Wirtschaft und Energie wird ermächtigt, zur Sicherung der Energieversorgung durch Rechtsverordnung ohne Zustimmung des Bundesrates

1. Vorschriften zu erlassen über die Verpflichtung von Energieversorgungsunternehmen sowie solcher Eigenerzeuger von Elektrizität, deren Kraftwerke eine elektrische Nennleistung von mindestens 100 Megawatt aufweisen, für ihre Anlagen zur Erzeugung von
   a) Elektrizität ständig diejenigen Mengen an Mineralöl, Kohle oder sonstigen fossilen Brennstoffen,
   b) Gas aus Flüssiggas ständig diejenigen Mengen an Flüssiggas
   als Vorrat zu halten, die erforderlich sind, um bei Betrieb der Anlage zur Erzeugung elektrischer Energie mit der maximal möglichen Nettonennleistung bis zu 60 Tage ihre Abgabeverpflichtungen an Elektrizität oder Gas erfüllen oder ihren eigenen Bedarf an Elektrizität decken zu können,
2. Vorschriften zu erlassen über die Freistellung von einer solchen Vorratspflicht und die zeitlich begrenzte Freigabe von Vorratsmengen, soweit dies erforderlich ist, um betriebliche Schwierigkeiten zu vermeiden oder die Brennstoffversorgung aufrechtzuerhalten,
3. den für die Berechnung der Vorratsmengen maßgeblichen Zeitraum zu verlängern, soweit dies erforderlich ist, um die Vorratspflicht an Rechtsakte der Europäischen Gemeinschaften über Mindestvorräte fossiler Brennstoffe anzupassen.

Literatur: *Kaiser,* Rechtsfragen einer Erdgasbevorratung, RdE 2015, 455; *v. Lewinski/Beus,* Gasspeicherregulierung, N&R 2013, 342; *Merk,* Gasversorgung und staatl. Krisenvorsorge, NJW 2022, 2664; *Moser,* Versorgungssicherheit im liberalisierten Energiemarkt, Diss. 2007; *Nordmann,* Integrierte Energie- und Klimapolitik: Die Sicherstellung der Erdgasversorgung, Diss. 2012.

A. Allgemeines

1 § 50 übernimmt § 17 EnWG 1998 in das aktuelle EnWG, diese geht zurück auf die EWG-RL 75/339/EWG vom 20.5.1975, die schon ganz ähnliche Regelungen zur Bevorratung enthält. Die Vorschrift ermächtigt das Bundesministerium für Wirtschaft und Energie, durch Rechtsverordnung Vorschriften über die Bevorratung von Brennstoffen für die Strom- und Gasversorgung zu erlassen (S. 1 Nr. 1). In der Rechtsverordnung können eine Freistellung von diesen Pflichten (S. 1 Nr. 2) sowie eine Verlängerung der gem. S. 1 Nr. 1 auf die Erfüllung der Abgabepflicht von Elektrizität und Gas für 30 Tage festgelegten Bevorratungspflicht (S. 1 Nr. 3), vorgesehen werden. Zweck der Verordnungsermächtigung ist die **Sicherstellung der Strom- und Gasversorgung** bei einer Störung der Brennstoffversorgung.

2 Das **Vorliegen** einer **konkreten Gefährdung** der Versorgungssicherheit ist – anders als nach dem Energiesicherungsgesetz vom 20.12.1974 (BGBl. 1974 I S. 3681) – **nicht erforderlich**. Aus § 50 selbst ergeben sich keine unmittelbaren Rechtspflichten. Soweit die Gasversorgung sichergestellt werden soll, können

Maßnahmen nach einer Verordnung gem. § 50 auch im Rahmen der SoS-VO (VO 2017/1938 v. 28.10.2017 über Maßnahmen zur Gewährleistung der sicheren Erdgasversorgung und zur Aufhebung von VO (EU) Nr. 994/2010) erforderlich werden (*Merk* NJW 2022, 2664 (2667)). Eine solche Vorratshaltung wurde jedoch bis zum russischen Überfall auf die Ukraine im Februar 2022 als nicht notwendig bewertet (*Kaiser* RdE 2015, 455).

Die noch auf der Grundlage von § 14 EnWG aF (Begr. RegE BT-Drs. 8/1030, **3** 14), der Vorgängervorschrift von § 17 EnWG aF, erlassene **Verordnung** über die **Brennstoffbevorratung von Kraftwerken** vom 11.12.1981 (BGBl. 1981 I S. 164) wurde mit Verordnung vom 8.9.1999 (BGBl. 1999 I S. 1934) **aufgehoben.** Die Aufhebung wurde damit begründet, dass **unter Wettbewerbsbedingungen** den Unternehmen überlassen bleiben solle, wie die Brennstoffversorgung optimal und flexibel sichergestellt werden könne. Die Aufrechterhaltung einer staatlichen Bevorratungsregelung sei eher schädlich (BR-Drs. 808/98, 3; heute krit. zu diesem Ansatz *Nordmann*, S. 365).

Die Diskussion um die netzseitigen Ereignisse im Februar 2012 (Bericht zum **4** Zustand der leitungsgebundenen Energieversorgung im **Winter 2011/2012** der BNetzA v. 7.5.2012, S. 109; *v. Lewinski/Beus* N&R 2013, 342) und die Bedeutung konventioneller Kraftwerke in bestimmten Regionen zur Aufrechterhaltung der Systemstabilität, hat die Notwendigkeit einer unbedingten Verfügbarkeit von bestimmten Kraftwerken im Rahmen der Umstellung der Energieversorgung auf Erneuerbare Energien deutlich gemacht. Hier wurde der Begriff der **systemrelevanten Kraftwerke** geprägt, der auf die Stabilität des Energieversorgungsnetzes Strom abstellt. Entsprechende Regelungen finden sich in §§ 13a ff. § 13f schafft eine eigenständige – zeitlich befristete – Verpflichtung für als systemrelevant festgestellte Kraftwerke, die **Möglichkeiten des Brennstoffwechsels** zur Sicherung der Stromversorgung zu nutzen.

In der **Versorgungskrise,** die durch den russischen Überfall auf die Ukraine **im 5 Februar 2022** veranlasst wurde, spielte § 50 keine Rolle – durch die unmittelbare Verknappung und der bis dato weder vorhandene LNG-Kapazität in Deutschland noch eine bestehende Bevorratungspflicht wäre eine solche Regelung zu spät gekommen bzw. ins Leere gelaufen. Daher spielt diese Vorschrift zur *vorsorgenden* Versorgungssicherheit in der **akuten Krisengesetzgebung** durch die EnSiG–Novelle 2022 (Begr. RegE BT-Drs. 20/1501) und das ErsatzkraftewerkeG 2022 (Begr. RegE BT-Drs. 20/2356) nur eine sehr untergeordnete Rolle. Die Ermächtigungsgrundlage der Bevorratung in Satz 1 Nr. 1b wurde durch das ErsatzkraftewerkeG 2022 von 30 auf 60 Tage verlängert. Unmittelbar wurden aber durch die neu und befristet eingeführten §§ 50a–50i Maßnahmen zur Senkung der Verstromung von Erdgas und Erhöhung des Angebots von Elektrizität aus anderen Quellen, insbesondere Braun- und Steinkohle, ergriffen.

B. Bevorratungspflichten (S. 1 Nr. 1)

S. 1 Nr. 1 ermächtigt das Bundesministerium für Wirtschaft und Energie in einer **6** Rechtsverordnung Vorschriften über die Brennstoffbevorratung zu erlassen. Bevorratungspflichten können zur Sicherung der Stromversorgung und der Gasversorgung geregelt werden.

§ 50 Teil 6. Sicherheit und Zuverlässigkeit der Energieversorgung

I. Stromversorgung

7 Adressaten der Pflichten zur Brennstoffbevorratung für die Stromversorgung können nur **Betreiber von mit fossilen Brennstoffen befeuerten Kraftwerken** sein. Zwar gilt S. 1 Nr. 1 nach seinem Wortlaut für Energieversorgungsunternehmen (§ 3 Nr. 18) und bestimmte Eigenerzeuger von Elektrizität (§ 3 Nr. 13), aber die in S. 1 Nr. 1 lit. a vorgesehenen Bevorratungspflichten können nur von Kraftwerksbetreibern erfüllt werden, die Mineralöl, Kohle oder sonstige fossile Brennstoffe, **insbesondere Erdgas,** einsetzen. S. 1 Nr. 1 lit. a gilt nicht für Betreiber von Kernkraftwerken (Theobald/Kühling/*Boos* EnWG § 50 Rn. 14) und für Betreiber von Anlagen, die erneuerbare Energien nutzen. Für Anlagen mit einer Einspeisung in das **Netz der allgemeinen Versorgung** gibt es keine **Leistungsschwelle** aus dem Gesetz. Auch der Anschluss an eine bestimmte Spannungsebene ist nicht vorgesehen. Ein Schwellenwert kann gegebenenfalls aus verwaltungspraktischen Gründen und Verhältnismäßigkeitsgründen in der Verordnung geschaffen werden. Im Rahmen der Regelungen zum **Netzsicherheitsmanagement** nach § 13 Abs. 1 wird die Schwelle bei Anlagen mit einer elektrischen Nennleistung von 100 kW gezogen, bei der Bevorratung systemrelevanter Gaskraftwerke gem. § 13f Abs. 1 gilt eine Schwelle von 50 MW Nennleistung, im Rahmen des **Krafwerksmonitoring** nach § 35 Abs. 1 Nr. 11 bei 10 MW.

8 Eine Verpflichtung der Betreiber von Erzeugungsanlagen zur Eigenversorgung **(Industriekraftwerke)** zur Brennstoffbevorratung ist nur dann zulässig, wenn es sich um Kraftwerke mit einer elektrischen Nennleistung von mindestens 100 MW handelt. Hintergrund dieser Leistungsgrenze war die Annahme des Gesetzgebers, dass Ausfälle kleinerer Anlagen ohne Gefährdung der Elektrizitätsversorgung verkraftet werden können (*Büdenbender* EnWG § 17 Rn. 8). Das EnWG kennt den Begriff der **Eigenanlage** in § 3 Nr. 13. Einen übertragbaren Regelungszusammenhang hat die Privilegierung der Stromerzeugung als Eigenerzeuger in §§ 61 ff. **EEG** (BNetzA, Leitfaden zur **Eigenversorgung,** Juli 2016, www.bundesnetzagentur.de/DE/Sachgebiete/ElektrizitaetundGas/Unternehmen_Institutionen/ErneuerbareEnergien/EEGAufsicht/Eigenversorgung/Eigenversorgung-node.html).

9 S. 1 Nr. 1 gibt den Umfang der durch Rechtsverordnung zu regelnden Bevorratungspflicht selbst vor. Es müssen diejenigen Mengen an Mineralöl, Kohle oder sonstigen fossilen Brennstoffen vorgehalten werden, die erforderlich sind, um über **60 Tage** Abgabeverpflichtungen an Elektrizität bei maximal möglicher Nettonennleistung zu erfüllen oder – im Fall von Eigenanlagen – den eigenen Bedarf an Elektrizität decken zu können. Bei Eigenanlagen ist der Bedarf an Elektrizität zugrunde zu legen, der bisher durch die jeweilige Anlage abgedeckt wurde. Der nicht durch die Eigenanlage gedeckte Elektrizitätsbedarf ist dem Kraftwerksbetreiber zuzurechnen, der die entsprechende Menge an Elektrizität liefert.

10 Der **Begriff der Abgabeverpflichtung** in S. 1 Nr. 1 ist nicht auf die Lieferbeziehung des Kraftwerksbetreibers zu Kunden iSd § 3 Nr. 24, also zu Großhändlern, Letztverbrauchern und Unternehmen, die Energie kaufen, beschränkt. Vor dem Hintergrund der nach §§ 6 ff. erforderlichen rechtlichen Entflechtung und insbesondere in Anbetracht der Leistungspflichten von Kraftwerken nach § 13 Abs. 1 kommt auch die Abgabe von Elektrizität an Netzbetreiber, insbesondere in Form von positivem Redispatch (→ § 13 Rn. 265) oder zur Blindleistungsbereitstellung, in Betracht (vgl. schon *Büdenbender* EnWG § 17 Rn. 12 ff.). Im Rahmen des § 13 Abs. 1 besteht ein **gesetzliches Schuldverhältnis**, das die Kraftwerksbetreiber mit einer Nennleistung 100 kW zu Einspeisungen aus Netzstabilitätsgründen verpflich-

Vorrathaltung zur Sicherung der Energieversorgung §50

tet (→ § 13 Rn. 106). Durch die Anpassung im ErsatzkraftwerkeG 2022 ist klargestellt, dass immer auf die maximal mögliche Nettonennleistung abzustellen ist, auch wenn es im marktlichen Umfeld eine solche Abgabe„verpflichtung", also eine Betriebspflicht nicht gibt.

Im Rahmen der Sicherstellung der Betriebsbereitschaft von Kraftwerken für den 11 Redispatch werden sowohl im **Rahmen der Netzreserve** (zB BNetzA Beschl. v. 24.6.2019 – BK8-17-4001-R – KW Marbach/Walheim, S. 23 und Anhang 2) als auch bei systemrelevanten **Marktkraftwerken** zur Vorsorge in **Niedrigwassersituationen** (BNetzA Monitoringbericht 2017 S. 122) zur Sicherstellung des Redispatch **Brennstoffvorhaltemaßnahmen** ergriffen.

II. Gasversorgung

Zur Sicherung der **Gasversorgung** können gem. S. 1 Nr. 1 in einer Rechtsver- 12 ordnung Bevorratungspflichten **nur für** Anlagen zur Erzeugung von Gas aus **Flüssiggas** festgelegt werden. Eine Vorrathaltung bei Erdgas ist nicht vorgesehen (*v. Lewinski/Bews* N&R 2013, 342 (246); bestätigend BMWi, Präventionsplan Gas für die Bundesrepublik Deutschland gem. Art. 8 SoS-VO v. Juni 2019, S. 11), denn die potenzielle Pflicht richtet sich nur an die Betreiber von Flüssiggasanlagen (*Büdenbender* EnWG § 17 Rn. 11). Diese werden seit dem Jahr 2022 erstmals und mit Nachdruck in Deutschland entwickelt (LNGG, Begr. RegE BT-Drs.20/17/42). Der **Umfang der Bevorratungspflicht** ist nach der Formulierungsanpassung des ErsatzkraftwerkeG unklar, hat diese doch eine Bevorratungspflicht von 30 Tagen für Strom und Flüssiggaserzeugung durch eine 60-tägige Bevorratung für Anlagen zur Erzeugung elektrischer Energie ersetzt. In LNG Anlagen wird jedoch Flüssiggas erzeugt, das auch nicht zwingend oder primär zur Erzeugung von Elektrizität eingesetzt wird. Auch die Begründung trägt zur Intention der Neuregelung in diesem Punkt nichts bei (Begr. RegE BT-Drs. 20/2356, S. 20). In der Gesetzesfassung bis 2022 galt, dass diejenigen Mengen an Flüssiggas vorgehalten werden, die gegebenenfalls erforderlich sind, um Abgabepflichten für die jeweils bevorstehenden 30 Tage decken zu können.

Flüssiggas ist in der Energiewirtschaft traditionell LPG (Liquified Petroleum 13 Gas), dh kurzkettige Kohlenwasserstoffe, wie Propan und Butan sowie deren Gemische, die bei Raumtemperatur und geringer Kompression (< 10 bar) flüssig bleiben. Die genaue Zusammensetzung von Flüssiggas ist in der Norm DIN 51622 „Flüssiggase; Propan, Propen, Butan, Buten und deren Gemische; Anforderungen" geregelt (www.dvgw.de/themen/gas/gase-und-gasbeschaffenheit/fluessiggas). Propan und Butan werden allerdings in der Regel nicht in Netze eingespeist, sondern in Gasflaschen oder größeren Vorratstanks transportiert und verwendet. Die Regelung geht zurück auf die Ölkrise 1973/1974, bei der es bei der Versorgung von kommunalen Gaswerken mit Flüssiggas zu Engpässen gekommen war (Begr. RegE BT-Drs. 8/1030, 15.) Historisch war mithin eher nicht verflüssigtes Erdgas (LNG) gemeint, wenn von Flüssiggas gesprochen wurde (BerlKommEnergieR/*Barbknecht* EnWG § 3 Rn. 101 und 102).

Denn von LPG unterscheiden sich Flüssigerdgas, LNG (von engl. Liquified Na- 14 tural Gas), und flüssiges Biomethan, LBM (von engl. Liquified Biomethane). Sie bestehen überwiegend aus fossilem Methan (ca. 90 bis 98 Vol. Prozent) bzw. aus klimaneutralem Biomethan (bis 99,8 Prozent), welche durch Abkühlung auf −161 bis −164 °C verflüssigt und bei dieser Temperatur transportiert und gelagert werden. Das EnWG kennt die **Definition von Flüssiggas** nicht. Allerdings ist Flüssiggas,

Bourwieg 2173

das **in ein Erdgasnetz** eingespeist wird, ein Gas iSd § 3 Nr. 19a EnWG. Dies gilt insbesondere für LNG, bei dem das verflüssigte Erdgas wieder entspannt und in reguläre Erdgasnetze eingespeist wird. Bei systematischer Betrachtung wäre es ungewöhnlich, den Flüssiggasbegriff des EnWG gerade nicht auf eine Vorschrift des EnWG anzuwenden. Auch die SoS-VO spricht in ihren Sicherheitskonzepten auch von LNG als Flüssiggas (Erwgr. 8). Es spricht also die Systematik und der Sinn und Zweck dafür, dass bei wachsender Bedeutung von LNG, dieses unter den Anwendungsbereich von § 50 fällt.

C. Freistellung von Bevorratungspflichten (S. 1 Nr. 2)

15 Nach S. 1 Nr. 2 kann in der Rechtsverordnung eine **Freistellung von den Bevorratungspflichten** iSd S. 1 Nr. 1 vorgesehen werden, soweit dies erforderlich ist, um betriebliche Schwierigkeiten zu vermeiden oder die Brennstoffversorgung aufrechtzuerhalten. S. 1 Nr. 2 schreibt nicht vor, ob Freistellungen in der Rechtsverordnung selbst – ohne das Erfordernis einer behördlichen Entscheidung – oder nach Maßgabe der Rechtsverordnung durch die zuständige Behörde zugelassen werden. Grundsätzlich sind daher beide Regelungsvarianten möglich.

16 Im Hinblick darauf, dass die Freistellung zur **Vermeidung betrieblicher Schwierigkeiten** oder zur **Aufrechterhaltung der Brennstoffversorgung** erforderlich sein muss, wird eine in der Rechtsverordnung unmittelbar vorgesehene Freistellung aber nur in Ausnahmefällen (zur Braunkohlebevorratung → Rn. 17) in Betracht kommen. Im Regelfall wird eine behördliche Entscheidung erforderlich sein, um mit einer Freistellung auf eine temporäre Ausnahmesituation reagieren zu können. Die Freigabe von Vorratsmengen (→ Rn. 18) ist in S. 1 Nr. 2 generell nur zeitlich begrenzt vorgesehen.

17 Die Freistellung kann sich auf die Pflicht zur **Bevorratung von Brennstoffen** beziehen. Sie kann für bestimmte Fälle mit der Folge ausgeschlossen werden, dass Kraftwerksbetreiber Vorräte erst gar nicht anlegen müssen. Die Freistellung kann ganz oder, durch die Herabsetzung der Bevorratungsmenge, teilweise erfolgen. Im letzteren Fall ist sie bis zu der festgelegten Grenze uneingeschränkt zu erfüllen. Praktische Bedeutung könnte S. 1 Nr. 2 für Kraftwerke haben, in denen Braunkohle als Brennstoff eingesetzt wird. Eine Bevorratung von Braunkohle für 30 Tage ist angesichts des für diesen Zeitraum erforderlichen Brennstoffvolumens (es wird im Vergleich zu Steinkohle etwa die dreifache Menge benötigt) praktisch und wirtschaftlich nur mit erheblichem Aufwand zu leisten (*Büdenbender* EnWG § 17 Rn. 9), es sei denn, der nahegelegene Tagebau wird als Bevorratung angenommen (so schon Art. 2 Abs. 4 RL 75/339/EWG). Betriebliche Schwierigkeiten (zB Selbstentzündung) könnten daher in einem solchen Fall zumindest eine teilweise Freistellung von der Bevorratungspflicht rechtfertigen.

18 Zum anderen ist gem. S. 1 Nr. 2 eine zeitlich begrenzte **Freigabe von Vorratsmengen** möglich. Davon betroffen sind Kraftwerksbetreiber, die zunächst eine zur Erfüllung der Bevorratungspflicht für 60 Tage ausreichende Brennstoffmenge vorgehalten haben. Soweit dies zur Vermeidung betrieblicher Schwierigkeiten oder zur Aufrechterhaltung der Brennstoffversorgung erforderlich ist, bspw. zur Fortsetzung des Kraftwerksbetriebs, kann ihnen gestattet werden, die Vorräte anderweitig zu verwenden. Da S. 1 Nr. 2 eine Freistellung nur **zeitlich begrenzt** zulässt, ist diese zu befristen.

D. Verlängerung der Bevorratungspflicht (S. 1 Nr. 3)

Als weitere Abweichung von den nach S. 1 Nr. 1 festgelegten Bevorratungspflichten ermächtigt S. 1 Nr. 3 das Bundesministerium für Wirtschaft und Energie dazu, den für die Berechnung von Vorratsmengen maßgeblichen Zeitraum (von 60 Tagen) zu verlängern. Von dieser Möglichkeit darf gem. S. 1 Nr. 3 nur dann Gebrauch gemacht werden, wenn dies erforderlich ist, um die Vorratspflicht an **Rechtsakte der Europäischen Gemeinschaften** über Mindestvorräte fossiler Brennstoffe anzupassen. Eine Regelung in diesem Bereich stellt die Richtlinie 2009/119/EG des Rates vom 14. September 2009 zur Verpflichtung der Mitgliedstaaten, Mindestvorräte an Erdöl und/oder Erdölerzeugnissen zu halten dar (https://eur-lex.europa.eu/legal-content/DE/TXT/HTML/?uri=CELEX:02009 L0119-20200101&from=EN#M1-1).

19

§ 50a Maßnahmen zur Ausweitung des Stromerzeugungsangebots, befristete Teilnahme am Strommarkt von Anlagen aus der Netzreserve; Verordnungsermächtigung

(1) ¹Die Bundesregierung kann nach Ausrufung der Alarmstufe oder Notfallstufe nach Artikel 8 Absatz 2 Buchstabe b und Artikel 11 Absatz 1 der Verordnung (EU) 2017/1938 des Europäischen Parlaments und des Rates vom 25. Oktober 2017 über Maßnahmen zur Gewährleistung der sicheren Gasversorgung und zur Aufhebung der Verordnung (EU) Nr. 994/2010 (ABl. L 280 vom 28.10.2017, S. 1), die durch die Delegierte Verordnung (EU) 2022/517 (ABl. L 104 vom 1.4.2022, S. 53) geändert worden ist, in Verbindung mit dem Notfallplan Gas des Bundesministeriums für Wirtschaft und Energie vom September 2019, der auf der Internetseite des Bundesministeriums für Wirtschaft und Klimaschutz veröffentlicht ist, durch Rechtsverordnung ohne Zustimmung des Bundesrates zulassen, dass die Betreiber solcher Anlagen, die nach § 13b Absatz 4 und 5 und § 13d sowie nach Maßgabe der Netzreserveverordnung in der Netzreserve vorgehalten werden und die kein Erdgas zur Erzeugung elektrischer Energie einsetzen, befristet am Strommarkt teilnehmen. ²In der Rechtsverordnung nach Satz 1 ist zugleich der Zeitraum für die befristete Teilnahme am Strommarkt nach Satz 1 festzulegen, die längstens bis zum Ablauf des 31. März 2024 zulässig ist.

(2) Die befristete Teilnahme am Strommarkt nach Absatz 1 ist durch den Anlagenbetreiber mindestens fünf Werktage vor Beginn gegenüber der Bundesnetzagentur und dem Betreiber des Übertragungsnetzes mit Regelzonenverantwortung, in dessen Regelzone sich die Anlage befindet, anzuzeigen.

(3) ¹Während der befristeten Teilnahme am Strommarkt nach Absatz 1 darf der Betreiber
1. die elektrische Leistung oder Arbeit und die thermische Leistung der Anlage ganz oder teilweise veräußern und
2. Kohle verfeuern.

²Der Betreiber der Anlage ist insoweit von den Beschränkungen des § 13c Absatz 2 Satz 1, Absatz 4 Satz 1, des § 13d Absatz 3 und des § 7 Absatz 1

der Netzreserveverordnung und von dem Verbot der Kohleverfeuerung nach § 51 Absatz 1 Satz 1 des Kohleverstromungsbeendigungsgesetzes ausgenommen. ³§ 13b Absatz 4 und 5 sowie § 13d sind entsprechend anzuwenden.

(4) ¹Endgültige Stilllegungen von Anlagen, für die nach § 51 Absatz 1 und 2 Nummer 1 Buchstabe c und d des Kohleverstromungsbeendigungsgesetzes in den Jahren 2022 und 2023 ein Verbot der Kohleverfeuerung wirksam wird, sind bis zum 31. März 2024 verboten, soweit ein Weiterbetrieb technisch und rechtlich möglich ist. ²Anlagen nach Satz 1 werden durch die Betreiber von Übertragungsnetzen ab dem Zeitpunkt, zu dem das Verbot der Kohleverfeuerung wirksam wird, in entsprechender Anwendung von § 13d zum Zweck der Vorsorge vor einer möglichen Gefährdung der Gasversorgung in der Netzreserve vorgehalten. ³§ 13b Absatz 4 Satz 4, § 13b Absatz 5 Satz 11, die §§ 13c und 13d und die Netzreserveverordnung sind entsprechend anzuwenden. ⁴Auf die Anlagen nach Satz 1 sind die Absätze 1 bis 3 sowie die §§ 50b und 50c ebenfalls anwendbar. ⁵Das Verbot der Kohleverfeuerung nach § 51 des Kohleverstromungsbeendigungsgesetzes ist für eine Anlage unwirksam, solange sie nach Satz 2 in der Netzreserve vorgehalten wird.

(5) ¹Vorläufige und endgültige Stilllegungen von Anlagen, die am 12. Juli 2022 nach § 13b Absatz 4 und 5 und § 13d sowie nach Maßgabe der Netzreserveverordnung in der Netzreserve vorgehalten werden, sind bis zum 31. März 2024 verboten, soweit ein Weiterbetrieb rechtlich und technisch möglich ist. ²§ 13b Absatz 4 Satz 4, Absatz 5 Satz 11, die §§ 13c und 13d und die Netzreserveverordnung sind entsprechend anzuwenden.

§ 50b Maßnahmen zur Ausweitung des Stromerzeugungsangebots, Pflicht zur Betriebsbereitschaft und Brennstoffbevorratung für die befristete Teilnahme am Strommarkt von Anlagen aus der Netzreserve

(1) Der Betreiber einer Anlage, die nach § 13b Absatz 4 und 5 und § 13d sowie nach Maßgabe der Netzreserveverordnung in der Netzreserve vorgehalten wird, muss die Anlage während des Zeitraums, in dem die Frühwarnstufe, Alarmstufe oder Notfallstufe nach Artikel 8 Absatz 2 Buchstabe b und Artikel 11 Absatz 1 der Verordnung (EU) 2017/1938 des Europäischen Parlaments und des Rates vom 25. Oktober 2017 über Maßnahmen zur Gewährleistung der sicheren Gasversorgung und zur Aufhebung der Verordnung (EU) Nr. 994/2010 (ABl. L 280 vom 28.10.2017, S. 1), die durch die Delegierte Verordnung (EU) 2022/517 (ABl. L 104 vom 1.4.2022, S. 53) geändert worden ist, in Verbindung mit dem Notfallplan Gas des Bundesministeriums für Wirtschaft und Energie vom September 2019, der auf der Internetseite des Bundesministeriums für Wirtschaft und Klimaschutz veröffentlicht ist, ausgerufen ist, frühestens aber ab dem 1. November 2022 für die befristete Teilnahme am Strommarkt im Dauerbetrieb betriebsbereit halten.

(2) Zur Einhaltung der Verpflichtung zur Betriebsbereitschaft der Anlage nach Absatz 1 muss der Betreiber insbesondere

1. jeweils zum 1. November der Jahre 2022 und 2023 und jeweils zum 1. Februar der Jahre 2023 und 2024 Brennstoffvorräte in einem Umfang bereithalten, die es ermöglichen,
   a) bei Einsatz von Kohle zur Erzeugung elektrischer Energie für 30 Kalendertage die Abgabeverpflichtungen an Elektrizität bei Betrieb der Anlage mit der maximal möglichen Nettonennleistung zu decken oder
   b) bei Einsatz von Mineralöl zur Erzeugung elektrischer Energie für zehn Kalendertage die Abgabeverpflichtung an Elektrizität bei Betrieb der Anlage mit der maximal möglichen Nettonennleistung zu decken,
2. die Brennstoffversorgung für einen Dauerbetrieb auch bei einer befristeten Teilnahme am Strommarkt nach § 50a sicherstellen und
3. der Bundesnetzagentur und dem Betreiber des Übertragungsnetzes mit Regelzonenverantwortung ab dem 1. November 2022 monatlich nachweisen, dass die Verpflichtungen nach den Nummern 1 und 2 eingehalten werden.

(3) ¹Die Brennstoffvorräte nach Absatz 2 Nummer 1 müssen am Standort der Anlage gelagert werden. ²Die Lagerung an einem anderen Lagerort ist zulässig, wenn
1. es sich hierbei um ein ergänzendes Lager zu dem Lager am Standort der Anlage handelt und
2. der Transport der weiteren Brennstoffvorräte zu dem Standort der Anlage innerhalb von zehn Kalendertagen gewährleistet ist.

³Ist die Einhaltung der Anforderungen an Bevorratung und Lagerung nach Satz 1 und Absatz 2 Nummer 1 für den Betreiber der Erzeugungsanlage im Einzelfall unmöglich, kann die Bundesnetzagentur auf Antrag zulassen, dass die Verpflichtung zur Betriebsbereitschaft als erfüllt gilt, wenn der Betreiber der Erzeugungsanlage in jedem Kalendermonat nachweist, dass die vorhandenen Lagerkapazitäten vollständig mit Brennstoffen befüllt sind.

(4) ¹Die Verpflichtung zur Betriebsbereitschaft der Anlage nach Absatz 1 umfasst auch, dass die Anlage während der befristeten Teilnahme am Strommarkt in einem Zustand erhalten wird, der eine Anforderung zur weiteren Vorhaltung der Betriebsbereitschaft nach § 13b Absatz 4 sowie für Anforderungen für Anpassungen der Einspeisung durch die Übertragungsnetzbetreiber nach § 13 Absatz 1 und 2 und § 13a Absatz 1 jederzeit während der befristeten Teilnahme am Strommarkt ermöglicht. ²Dies ist auch anzuwenden für die Zeit nach der befristeten Teilnahme am Strommarkt, wenn die Anlage weiterhin in der Netzreserve vorgehalten wird. ³Absatz 2 Nummer 1 und Absatz 3 sind für eine Anlage während der Dauer der befristeten Teilnahme am Strommarkt nicht anzuwenden. ⁴Der jeweilige Betreiber des Übertragungsnetzes mit Regelzonenverantwortung ist in den Fällen des Satzes 3 berechtigt, gegenüber dem Betreiber einer Anlage Vorgaben zur Brennstoffbevorratung zu machen, sofern dies für die Sicherheit oder Zuverlässigkeit des Elektrizitätsversorgungsnetzes erforderlich ist.

(5) ¹Die Absätze 1 bis 3 sind auch für Betreiber von Anlagen anzuwenden, die erst ab dem 1. November 2022 in der Netzreserve vorgehalten werden. ²§ 13c Absatz 3 Satz 1 Nummer 2 ist für Maßnahmen, die zur

Herstellung oder Aufrechterhaltung der Betriebsbereitschaft der Anlage vor dem 1. November 2022 vorgenommen werden, entsprechend anzuwenden.

(6) ¹Der Betreiber einer Anlage, die nach § 13b Absatz 4 und 5 und nach § 13d sowie nach Maßgabe der Netzreserveverordnung in der Netzreserve vorgehalten wird und die vor dem 1. Januar 1970 in Betrieb genommen wurde, kann dem Betreiber des Übertragungsnetzes mit Regelzonenverantwortung, in dessen Regelzone sich die Anlage befindet, und der Bundesnetzagentur bis zum 9. August 2022 anzeigen, dass er von den Regelungen nach den Absätzen 1 bis 3 ausgenommen werden möchte. ²Eine befristete Teilnahme am Strommarkt nach § 50a ist nach einer Anzeige nach Satz 1 ausgeschlossen und § 50a Absatz 5 ist nicht anwendbar.

§ 50c Maßnahmen zur Ausweitung des Stromerzeugungsangebots, Ende der befristeten Teilnahme am Strommarkt und ergänzende Regelungen zur Kostenerstattung

(1) Die befristete Teilnahme am Strommarkt endet spätestens zu dem in der Rechtsverordnung nach § 50a Absatz 1 Satz 2 festgelegten Datum.

(2) ¹Der Anlagenbetreiber kann die befristete Teilnahme am Strommarkt für eine Anlage vorzeitig beenden. ²Der Anlagenbetreiber hat den Zeitpunkt der vorzeitigen Beendigung gegenüber der Bundesnetzagentur und dem Betreiber des Übertragungsnetzes mit Regelzonenverantwortung, in dessen Regelzone sich die Anlage befindet, unter Einhaltung einer Frist von vier Wochen vor der Beendigung anzuzeigen. ³Nach einer vorzeitigen Beendigung ist eine erneute befristete Teilnahme dieser Anlage am Strommarkt ausgeschlossen. ⁴Wird durch Rechtsverordnung nach § 50a Absatz 1 Satz 1 und 2 ein weiterer Zeitraum zur befristeten Teilnahme am Strommarkt bestimmt, darf der Betreiber der Anlage abweichend von Satz 3 auch in diesem weiteren Zeitraum befristet am Strommarkt teilnehmen.

(3) ¹Mit der Beendigung oder der vorzeitigen Beendigung der befristeten Teilnahme am Strommarkt gelten wieder die Rechte und Pflichten, die aufgrund der Vorhaltung in der Netzreserve gemäß § 13c Absatz 2 Satz 1, Absatz 4 Satz 1, § 13d Absatz 3 und § 7 der Netzreserveverordnung bestehen. ²Dies gilt nur, wenn die Anlage noch als systemrelevant ausgewiesen ist. ³Sofern die Systemrelevanz einer Anlage am 31. März 2024 im Fall einer angezeigten endgültigen Stilllegung nicht mehr ausgewiesen ist, hat der Betreiber die Anlage endgültig stillzulegen.

(4) ¹Die befristete Teilnahme am Strommarkt nach § 50a wird bei der Bestimmung des Zeitpunktes für die Ermittlung der Rückerstattung investiver Vorteile nach § 13c Absatz 4 Satz 3 im Fall einer endgültigen Stilllegung und nach § 13c Absatz 2 Satz 3 im Fall einer vorläufigen Stilllegung nicht berücksichtigt. ²Wiederherstellungskosten, die nach dem 1. Juni 2022 entstanden sind, können zeitanteilig der Netzreserve und dem Zeitraum der befristeten Teilnahme am Strommarkt zugeordnet und erstattet werden. ³Im Übrigen findet während der befristeten Teilnahme am Strommarkt keine Kostenerstattung nach § 13c sowie nach § 9 Absatz 2 und § 10 der Netzreserveverordnung statt.

§ 50d Maßnahmen zur Ausweitung des Stromerzeugungsangebots, befristete Versorgungsreserve Braunkohle; Verordnungsermächtigung

(1) ¹Die in § 13g Absatz 1 Satz 1 Nummer 3 und 4 genannten Erzeugungsanlagen (Reserveanlagen) werden ab dem 1. Oktober 2022 bis zum 31. März 2024 in eine Reserve (Versorgungsreserve) überführt. ²Die Reserveanlagen dürfen bis zum 31. März 2024 nicht endgültig stillgelegt werden. ³Mit Ablauf des 31. März 2024 müssen sie endgültig stillgelegt werden. ⁴§ 13g Absatz 1 Satz 3 ist nicht anwendbar.

(2) ¹Die Reserveanlagen dienen dem Zweck, dem Elektrizitätsversorgungssystem kurzfristig zusätzliche Erzeugungskapazitäten, insbesondere zur Einsparung von Erdgas in der Stromerzeugung, zur Verfügung zu stellen. ²Die Bundesregierung kann nach Ausrufung der Alarmstufe oder Notfallstufe nach Artikel 8 Absatz 2 Buchstabe b und Artikel 11 Absatz 1 der Verordnung (EU) 2017/1938 des Europäischen Parlaments und des Rates vom 25. Oktober 2017 über Maßnahmen zur Gewährleistung der sicheren Gasversorgung und zur Aufhebung der Verordnung (EU) Nr. 994/2010 (ABl. L 280 vom 28.10.2017, S. 1), die durch die Delegierte Verordnung (EU) 2022/517 (ABl. L 104 vom 1.4.2022, S. 53) geändert worden ist, in Verbindung mit dem Notfallplan Gas des Bundesministeriums für Wirtschaft und Energie vom September 2019, der auf der Internetseite des Bundesministeriums für Wirtschaft und Klimaschutz veröffentlicht ist, durch Rechtsverordnung ohne Zustimmung des Bundesrates zulassen, dass die Betreiber die Reserveanlagen befristet am Strommarkt einsetzen. ³Voraussetzung für den Erlass der Rechtsverordnung nach Satz 2 ist die Prüfung und Berücksichtigung der Auswirkungen auf die Trinkwasserversorgung sowie die Feststellung, dass die Rückkehr der Anlagen, die aufgrund von § 50a befristet am Strommarkt teilnehmen, nicht ausreicht, um die Versorgung mit Gas gewährleisten zu können. ⁴In der Rechtsverordnung ist zu regeln, für welchen Zeitraum der befristete Einsatz am Strommarkt erlaubt ist (Abrufzeitraum), jedoch längstens bis zum Ablauf des 31. März 2024.

(3) Während der Versorgungsreserve müssen die Anlagenbetreiber jederzeit sicherstellen, dass die Reserveanlagen innerhalb von 240 Stunden nach Inkrafttreten der Rechtsverordnung nach Absatz 2 betriebsbereit sind.

(4) ¹Während der Abrufzeiträume entscheiden die Anlagenbetreiber eigenverantwortlich über die Fahrweise der Reserveanlagen. ²Die Anlagenbetreiber veräußern den Strom am Strommarkt.

(5) ¹Die Betreiber der Reserveanlagen erhalten für den Zeitraum in der Versorgungsreserve außerhalb der Abrufzeiträume eine Vergütung. ²Diese Vergütung umfasst
1. die nachgewiesenen notwendigen Kosten, die für die betreffenden Reserveanlagen zur Herstellung der Versorgungsreserve entstanden sind, sofern sie über die Maßnahmen der Sicherheitsbereitschaft hinausgehen, und
2. die nachgewiesenen notwendigen Kosten für die Vorhaltung der betreffenden Reserveanlagen, insbesondere für das Personal, die Instandhaltung und Wartung.

§ 50e Teil 6. Sicherheit und Zuverlässigkeit der Energieversorgung

³Im Fall der Reserveanlagen nach § 13g Absatz 1 Satz 1 Nummer 4 richtet sich die Vergütung für die Vorhaltung nach Satz 2 Nummer 2 bis zum 1. Oktober 2023 ausschließlich nach § 13g Absatz 5 Satz 1 und 2 und ab dem 1. Oktober 2023 ausschließlich nach Satz 2 Nummer 2. ⁴Weitergehende Kosten, insbesondere sonstige Vergütungsbestandteile der Sicherheitsbereitschaft, sind nicht erstattungsfähig. 5§ 13g Absatz 5 Satz 3 ist für Reserveanlagen ab dem 1. Dezember 2022 entsprechend anzuwenden. ⁶Während der Abrufzeiträume besteht kein Vergütungsanspruch.

(6) Nach Ablauf der Versorgungsreserve
1. haben die Betreiber einen Anspruch auf Zahlung der Vergütung nach Absatz 5, soweit die ihnen zustehende Vergütung nach Absatz 5 größer ist als die Hälfte der von den Betreibern in den Abrufzeiträumen mit den Reserveanlagen erwirtschafteten Überschüsse, und
2. ist der Restwert der investiven Vorteile bei wiederverwertbaren Anlagenteilen, die der Betreiber der Reserveanlage im Rahmen der Vergütung nach Absatz 5 erhalten hat, von dem Betreiber zu erstatten; maßgeblich ist der Restwert zu dem Zeitpunkt, ab dem sich die Reserveanlage nicht mehr in der Versorgungsreserve befindet.

(7) ¹Die Höhe der am Ende der Versorgungsreserve nach den Absätzen 5 und 6 zu zahlenden Vergütung wird durch die Bundesnetzagentur nach Beendigung der Versorgungsreserve auf Verlangen eines Betreibers für diesen festgesetzt. ²Der Betreiber der Reserveanlage hat gegen den zuständigen Betreiber eines Übertragungsnetzes mit Regelzonenverantwortung einen Vergütungsanspruch in der von der Bundesnetzagentur festgesetzten Höhe. ³Die Bundesnetzagentur kann zur geeigneten und angemessenen Berücksichtigung der bei den Betreibern von Übertragungsnetzen anfallenden Kosten in den Netzentgelten Festlegungen nach § 29 Absatz 1 treffen.

(8) Für die Reserveanlagen ist § 13g ab dem 1. Oktober 2022 nicht mehr anzuwenden, soweit in den Absätzen 1 bis 7 nichts anderes geregelt ist.

(9) Die Absätze 1 bis 8 dürfen nur nach Maßgabe und für die Dauer einer beihilferechtlichen Genehmigung der Europäischen Kommission angewendet werden.

§ 50e Verordnungsermächtigung zu Maßnahmen zur Ausweitung des Stromerzeugungsangebots und Festlegungskompetenz der Bundesnetzagentur

(1) Die Bundesregierung wird ermächtigt, durch Rechtsverordnung, die nicht der Zustimmung des Bundesrates bedarf, nähere Bestimmungen zu erlassen über Einzelheiten des Verfahrens zur befristeten Teilnahme am Strommarkt von Anlagen aus der Netzreserve nach den §§ 50a bis 50c und zur befristeten Versorgungsreserve Braunkohle nach § 50d.

(2) ¹Die Bundesregierung kann nach Ausrufung der Alarmstufe oder Notfallstufe nach Artikel 8 Absatz 2 Buchstabe b und Artikel 11 Absatz 1 der Verordnung (EU) 2017/1938 des Europäischen Parlaments und des Rates vom 25. Oktober 2017 über Maßnahmen zur Gewährleistung der sicheren Gasversorgung und zur Aufhebung der Verordnung (EU) Nr. 994/2010

(ABl. L 280 vom 28.10.2017, S. 1), die durch die Delegierte Verordnung (EU) 2022/517 (ABl. L 104 vom 1.4.2022, S. 53) geändert worden ist, in Verbindung mit dem Notfallplan Gas des Bundesministeriums für Wirtschaft und Energie vom September 2019, der auf der Internetseite des Bundesministeriums für Wirtschaft und Klimaschutz veröffentlicht ist, oder nach Übermittlung einer Frühwarnung gemäß Artikel 14 Absatz 1 der Verordnung (EU) 2019/941 des Europäischen Parlaments und des Rates vom 5. Juni 2019 über die Risikovorsorge im Elektrizitätssektor und zur Aufhebung der Richtlinie 2005/89/EG, durch Deutschland oder einen Mitgliedstaat, dessen Übertragungsnetzbetreiber mit den deutschen Übertragungsnetzbetreibern dasselbe regionale Koordinierungszentrum nach Maßgabe von Artikel 36 der Verordnung (EU) 2019/943 teilt, durch Rechtsverordnung, die nicht der Zustimmung des Bundesrates bedarf, zulassen, dass die Betreiber von Übertragungsnetzen mit Regelzonenverantwortung befristet Anlagen, die nach § 13b Absatz 4 und 5, § 13d oder § 50a Absatz 4 Satz 2 sowie nach Maßgabe der Netzreserveverordnung in der Netzreserve im Inland vorgehalten werden, zur Veräußerung von Strommengen aus diesen Anlagen am Strommarkt einsetzen oder die Betreiber dieser Anlagen zu einer Veräußerung dieser Strommengen auffordern (Vermarktung von Reserveanlagen). ²In der Rechtsverordnung sollen insbesondere Regelungen getroffen werden
1. zur Regelung konkretisierender Einsatzkriterien,
2. zur näheren Bestimmung der nach Satz 1 einzusetzenden Anlagen der Netzreserve, deren Erzeugungsmengen am Strommarkt eingesetzt werden können, insbesondere zur Regelung einer Ausnahme für die Anlagen, die nach § 50a Absatz 1 in Verbindung mit der Stromangebotsausweitungsverordnung befristet am Strommarkt teilnehmen,
3. zu den Einzelheiten und der operativen Ausgestaltung der Vermarktung gemäß derer die Übertragungsnetzbetreiber mit Regelzonenverantwortung die erzeugten Strommengen am Strommarkt einsetzen dürfen und deren Verhältnis zu den bestehenden Netzreserveverträgen, dies schließt die Vermarktung von Strommengen durch die Anlagenbetreiber auf Anweisung des Übertragungsnetzbetreibers mit Regelzonenverantwortung ein,
4. zur Konkretisierung des Zeitraums in dem die Vermarktung zugelassen wird, die längstens bis zum Ablauf des 31. März 2024 zulässig ist,
5. zur Regelung der Erstattung von Kosten, die durch den Einsatz in der Vermarktung von Reserveanlagen entstehen, soweit diese nicht bereits anderweitig ersetzt werden,
6. zum Verhältnis der Vergütungsregelungen in den Reserven nach § 13c dieses Gesetzes sowie § 6 der Netzreserveverordnung,
7. zur Verwendung von Strommarkterlösen, soweit diese durch die Vermarktung erzielt werden und
8. zur Einhaltung und Herstellung von Transparenz für die Regulierungsbehörde und alle Marktteilnehmer.

³Während der Vermarktung von Reserveanlagen nach Satz 1 darf der Betreiber, in dem Fall, dass dieser die Mengen veräußert, die elektrische Leistung oder Arbeit und die thermische Leistung der Anlage ganz oder teilweise am Strommarkt veräußern und Kohle verfeuern.

§ 50f　Teil 6. Sicherheit und Zuverlässigkeit der Energieversorgung

(3) Die Bundesnetzagentur kann durch Festlegungen nach § 29 Absatz 1 nähere Bestimmungen zu den Nachweisen nach § 50b Absatz 2 Nummer 3 erlassen.

§ 50f　Verordnungsermächtigung für Maßnahmen zur Reduzierung der Gasverstromung zur reaktiven und befristeten Gaseinsparung

(1) ¹Die Bundesregierung kann nach Ausrufung der Alarmstufe oder Notfallstufe nach Artikel 8 Absatz 2 Buchstabe b und Artikel 11 Absatz 1 der Verordnung (EU) 2017/1938 des Europäischen Parlaments und des Rates vom 25. Oktober 2017 über Maßnahmen zur Gewährleistung der sicheren Gasversorgung und zur Aufhebung der Verordnung (EU) Nr. 994/2010 (ABl. L 280 vom 28.10.2017, S. 1), die durch die Delegierte Verordnung (EU) 2022/517 (ABl. L 104 vom 1.4.2022, S. 53) geändert worden ist, in Verbindung mit dem Notfallplan Gas des Bundesministeriums für Wirtschaft und Energie vom September 2019, der auf der Internetseite des Bundesministeriums für Wirtschaft und Klimaschutz veröffentlicht ist, durch Rechtsverordnung ohne Zustimmung des Bundesrates Regelungen zur Verringerung oder zum vollständigen Ausschluss der Erzeugung elektrischer Energie durch den Einsatz von Erdgas für einen Zeitraum von längstens neun Monaten erlassen. ²Insbesondere können durch Rechtsverordnung Regelungen getroffen werden

1. zu den Anlagen, auf die die Rechtsverordnung anzuwenden ist; hierfür kann auf die Größe der Anlage und zu deren Ermittlung insbesondere auf die elektrische Nettonennleistung der Anlagen zur Erzeugung elektrischer Energie durch den Einsatz von Erdgas abgestellt werden,
2. zur rechtlichen Begrenzung oder zum rechtlichen Ausschluss des Betriebs der Anlagen, in denen elektrische Energie durch den Einsatz von Erdgas erzeugt wird,
3. zur Sicherstellung, dass die Anlagen, auf die die Rechtsverordnung nach Satz 1 anzuwenden ist, auf Anforderung der Betreiber von Übertragungsnetzen für Maßnahmen nach § 13 zur Verfügung stehen,
4. zur Ermittlung und zur Höhe eines angemessenen Ausgleichs für den Ausschluss oder die Begrenzung der Vollbenutzungsstunden für die Erzeugung elektrischer Energie durch den Einsatz von Erdgas,
5. zur Sicherstellung, dass Erdgas, das durch die Verringerung oder den Ausschluss der Erzeugung elektrischer Energie durch den Einsatz von Erdgas eingespart wird, in vorhandenen Gasspeicheranlagen eingespeichert wird, insbesondere durch ein Vorkaufsrecht des Marktgebietsverantwortlichen, und
6. zu den Entscheidungsbefugnissen der Bundesnetzagentur.

³In der Rechtsverordnung nach Satz 1 muss die Bundesregierung
1. Anlagen, soweit darin Wärme erzeugt wird, die nicht dauerhaft auf andere Weise erzeugt werden kann,
2. Anlagen der Bundeswehr einschließlich ihrer Unternehmen zur Erfüllung ihrer außerhalb einer Teilnahme am Strommarkt liegenden Aufgaben und
3. Anlagen, soweit sie Fahrstrom für Eisenbahnen erzeugen,

von der rechtlichen Begrenzung oder dem Ausschluss des Betriebs der Anlagen ausnehmen.

(2) Die Versorgung geschützter Kunden im Sinne der Verordnung (EU) 2017/1938 darf durch eine Rechtsverordnung nach Absatz 1 nicht beeinträchtigt werden.

§ 50g Flexibilisierung der Gasbelieferung

(1) In einem Vertrag, der die Mindestbelieferung eines Letztverbrauchers mit Gas in einem bestimmten Zeitraum zum Gegenstand hat, sind Vereinbarungen, die eine Weiterveräußerung nicht verbrauchter Mindestabnahmemengen untersagen, unwirksam.

(2) [1]Verzichtet ein Letztverbraucher in einem Vertrag, der die Mindestbelieferung einer Anlage mit einer Anschlussleistung von mehr als 10 Megawatt mit Gas zum Gegenstand hat, ganz oder teilweise auf den Bezug der Mindestabnahmemengen, hat der Letztverbraucher gegenüber dem Lieferanten einen Anspruch auf Verrechnung der entsprechenden Abnahmemengen. [2]Der Anspruch auf Verrechnung besteht für den jeweils zu dem nach dem Zeitraum korrespondierenden, börslichen Großhandelspreis abzüglich einer Aufwandspauschale in Höhe von 10 Prozent der nicht bezogenen Gasmengen.

§ 50h Vertragsanalyse der Gaslieferanten für Letztverbraucher

(1) Gaslieferanten stellen den von ihnen belieferten Letztverbrauchern mit registrierender Leistungsmessung jährlich zum 1. Oktober eine Vertragsanalyse zur Verfügung.

(2) [1]Die Vertragsanalyse nach Absatz 1 hat alle erforderlichen Informationen zu enthalten, damit Gaslieferanten und Letztverbraucher bewerten können, inwieweit auf die jeweils relevanten Gasgroßhandelspreise an der Börse reagiert werden kann und inwieweit das Potenzial besteht, sich über den Gaslieferanten oder direkt am Gasgroßhandelsmarkt zu beteiligen. [2]Die Vertragsanalyse muss insbesondere Angaben enthalten
1. zu den jeweils relevanten Gasgroßhandelspreisen an der Börse,
2. zu den Möglichkeiten eines Weiterverkaufs der kontrahierten Mengen durch den Gaslieferanten und den Letztverbraucher,
3. zu den Möglichkeiten einer Partizipation des Letztverbrauchers an dem Verkaufserlös, wenn er zu Gunsten eines Weiterverkaufs seinen Bezug an Gas einstellt oder verringert und
4. zu den möglichen Vertragsänderungen, um eine Partizipation wie unter den Nummern 2 und 3 dargestellt zu ermöglichen.

(3) Um die Einhaltung der Verpflichtung nach Absatz 1 zu überprüfen, kann die Bundesnetzagentur den Gaslieferanten auffordern, die Vertragsanalyse vorzulegen.

§ 50i Verhältnis zum Energiesicherungsgesetz

Die Vorschriften des Energiesicherungsgesetzes vom 20. Dezember 1974 (BGBl. I S. 3681), das zuletzt durch Artikel 1 des Gesetzes vom 20. Mai 2022 (BGBl. I S. 730) geändert worden ist, bleiben von den §§ 50a bis 50h unberührt.

§ 50j Evaluierung der Maßnahmen nach den §§ 50a bis 50h

(1) ¹Die Bundesregierung berichtet dem Bundestag zum 12. Juli 2023, ob es erforderlich und angemessen ist, die Maßnahmen nach den §§ 50a bis 50h insbesondere in Bezug auf ihre Auswirkungen auf die Energiewirtschaft und den Klimaschutz beizubehalten. ²Die Bundesregierung veröffentlicht den Bericht.

(2) ¹Die Bundesregierung berichtet dem Bundestag zum 12. Juli 2023 über die globalen Auswirkungen von Steinkohleimporten aus Abbauregionen außerhalb Deutschlands aufgrund der Maßnahmen nach den §§ 50a bis 50h auf die Abbauregionen in Bezug auf die lokale Umwelt, die Wasserversorgung, die Menschenrechte und den Stand von Strukturwandelprojekten in den Abbauregionen. ²Die Bundesregierung veröffentlicht den Bericht.

(3) ¹Nach Ablauf des 31. März 2024 prüft das Bundesministerium für Wirtschaft und Klimaschutz, ob und wie viele zusätzliche Treibhausgasemissionen im Rahmen der Gesetzesanwendung ausgestoßen wurden und macht bis spätestens zum Ablauf des 30. Juni 2024 Vorschläge, mit welchen Maßnahmen diese zusätzlichen Emissionen kompensiert werden können. ²Eine Kombination mehrerer ergänzender Maßnahmen zur Kompensation ist möglich, wenn die vollständige Kompensation der zusätzlichen Emissionen dadurch sichergestellt wird.

Übersicht

	Rn.
A. Allgemeines	1
B. Überblick über die einzelnen Regelungen	6
I. Maßnahmen zur Ausweitung des Stromerzeugungsangebots, befristete Teilnahme am Strommarkt von Anlagen aus der Netzreserve; Verordnungsermächtigung (§ 50a)	6
II. Maßnahmen zur Ausweitung des Stromerzeugungsangebots, Pflicht zur Betriebsbereitschaft und Brennstoffbevorratung für die befristete Teilnahme am Strommarkt von Anlagen aus der Netzreserve (§ 50b)	11
III. Maßnahmen zur Ausweitung des Stromerzeugungsangebots, Ende der befristeten Teilnahme am Strommarkt und ergänzende Regelungen zur Kostenerstattung (§ 50c)	18
IV. Maßnahmen zur Ausweitung des Stromerzeugungsangebots, befristete Versorgungsreserve Braunkohle; Verordnungsermächtigung (§ 50d)	24

	Rn.
V. Verordnungsermächtigung zu Maßnahmen zur Ausweitung des Stromerzeugungsangebots und Festlegungskompetenz der Bundesnetzagentur (§ 50 e)	31
VI. Verordnungsermächtigung für Maßnahmen zur Reduzierung der Gasverstromung zur reaktiven und befristeten Gaseinsparung (§ 50 f)	32
VII. Flexibilisierung der Gasbelieferung (§ 50 g)	34
VIII. Vertragsanalyse der Gaslieferanten für Letztverbraucher (§ 50 h)	36
IX. Verhältnis zum Energiesicherungsgesetz (§ 50 i)	37
X. Evaluierung der Maßnahmen nach den §§ 50 a bis 50 h (§ 50 j)	38

Literatur: *Ludwigs,* Gewährleistung der Energieversorgungssicherheit in Krisenzeiten, NVwZ 2022, 1086; *Neumann/Lißek,* Rechtliche Maßnahmen zur Bewältigung der Energiekrise, N&R 2022, 258.

A. Allgemeines

Nach dem russischen Angriffskrieg auf die Ukraine und den folgenden Sanktionen und Gegensanktionen sind insbesondere Versorgungsengpässe mit Erdgas eingetreten, die kein Versorgungssicherheitsmonitoring gem. § 51 in dieser Weise ausgewiesen hat. Es wurden zahlreiche Maßnahmen ergriffen, um **Erdgas einzusparen** und/oder **dem Markt zuzuführen**. Dazu gehörte die Aufgabe, Erdgas aus der Verstromung zu verdrängen, da es in der Stromerzeugung – anders als in anderen Verwendungen – leichter durch andere Brennstoffe ersetzt werden kann. Erdgas hat im Jahr 2020 ca. 15 Prozent der Nettostromerzeugung in Deutschland gewährleistet (BNetzA und BKartA, Monitoringbericht 2021, S. 58). Im Zuge der zahlreichen Maßnahmen sind mit dem ErsatzkraftwerkeG 2022 die §§ 50 a–50 j mit Wirkung zum 8. 7. 2022 in das EnWG aufgenommen worden. Angesichts der kurzfristigen Schaffung und der Befristung der Vorschriften kann vorliegend nur ein grundsätzlicher systematischer Überblick über die Vorschriften und einzelne, erkennbare Auslegungsfragen gegeben werden. Eine vollständige, systematische Kommentierung war aus zeitlichen Gründen vor Erscheinen des Kommentars nicht mehr möglich. 1

Ziel der neuen Regelungen im EnWG ist es, vorhandene, aber außerhalb des Marktes in einer Reihe von geschaffenen **Reserven** vorgehaltene Erzeugungskapazitäten und Anlagen aus der begonnenen Beendigung der Kohleverstromung zur Stromerzeugung mit den Energieträgern Stein- und Braunkohle sowie Mineralöl dem Strommarkt zusätzlich zur Verfügung zu stellen. Dazu erhielten 2
1. **systemrelevante Steinkohle- und Ölkraftwerke,** die durch Entscheidungen der Anlagenbetreiber endgültig oder vorläufig hätten stillgelegt werden sollen, allerdings noch in der Netzreserve vorgehalten wurden (§ 13 d Abs. 1.),
2. Stein- und Braunkohlekleinanlagen, die in den Anwendungsbereich des **Kohleverstromungsbeendigungsgesetzes** (KVBG) fallen und für die 2022 und 2023 ein Verbot der Kohleverfeuerung wirksam werden sollte,
3. **Braunkohleanlagen** in der Sicherheitsbereitschaft (nach § 13 g) für einen befristeten Zeitraum, der spätestens am 31. 3. 2024 endet, die Möglichkeit der Marktrückkehr.

§§ 50a–50j Teil 6. Sicherheit und Zuverlässigkeit der Energieversorgung

3   Weitere **Voraussetzungen** sind:
1. die **Ausrufung mindestens der Alarmstufe** gem. Art. 8 Abs. 2b und Art. 11 Abs. 1 SoS-VO 2017 und dem Notfallplan Gas der Bundesregierung (→ § 16 Rn. 43), die am 23.6.2022 ausgerufen worden war, sowie
2. der **Erlass einer Verordnung** der Bundesregierung, die allerdings in Form der Stromangebotsausweitungsverordnung (StaaV) unmittelbar am 13.7.2022 erlassen worden ist (Stromangebotsausweitungsverordnung vom 13.7.2022 (BAnz AT 13.7.2022 V1). Mit Art. 1 ÄndVO v. 29.9.2022 (BAnz AT 30.9.2022 V1) wurde sie nochmal angepasst. Diese VO ist allerdings zunächst bis zum 30.4.2023 befristet, was den Zeitraum der möglichen Marktrückkehr bestimmt.
3. Voraussetzung für den Erlass der Rechtsverordnung für die Braunkohleanlagen (§ 50d) ist neben der Ausrufung der Alarm- oder Notfallstufe die **Prüfung** und Berücksichtigung der **Auswirkungen auf die Trinkwasserversorgung** sowie die **Feststellung,** dass die Rückkehr der Stein- und Braunkohlekleinanlagen nicht ausreicht, um die Versorgung mit Gas gewährleisten zu können

4   Darüber hinaus werden Pflichten zur Betriebsbereitschaft und **Brennstoffbevorratung** von Anlagen in der Netzreserve geregelt. Für den Bereich der Gaskraftwerke ist eine Verordnungsermächtigung geschaffen worden, um im Fall einer Gefährdung des Gasversorgungssystems den **Einsatz von Erdgas** zur Erzeugung von elektrischer Energie verringern oder vollständig **ausschließen** zu können und dadurch den Gasverbrauch in der Stromerzeugung noch weiter reduzieren zu können. Voraussetzung ist die Ausrufung mindestens der Alarmstufe.

5   Die Regelungen §§ 50a–50j sind **befristet.** § 121 sieht vor, dass § 50g mit Ablauf des 31.3.2023 außer Kraft tritt. Die §§ 50a–50c sowie 50e, 50f, 50h und 50i treten mit Ablauf des 31.3.2024 außer Kraft. § 50j tritt mit Ablauf des 30.6.2024 außer Kraft.

B. Überblick über die einzelnen Regelungen

I. Maßnahmen zur Ausweitung des Stromerzeugungsangebots, befristete Teilnahme am Strommarkt von Anlagen aus der Netzreserve; Verordnungsermächtigung (§ 50a)

6   § 50a enthält in Abs. 1 die genannte Verordnungsermächtigung für die Stromangebotsausweitungsverordnung (StaaV) (→ Rn. 3). Vom Anwendungsbereich erfasste Anlagen müssen mit einem **Vorlauf von fünf Werktagen** sowohl dem einschlägigen regelzonenverantwortlichen ÜNB (→ § 3 Nr. 10a) als auch der BNetzA die Marktrückkehr anzeigen (Abs. 2). Mitteilungspflichten nach REMIT bleiben davon unberührt (→ § 58a).

7   Abs. 3 erklärt die Rückausnahmen von bestehenden gesetzlichen Verboten: **Netzreserveanlagen** unterliegen grundsätzlich einem Markteinsatzverbot (→ § 13c Rn. 38) bzw. zur endgültigen Stilllegung angezeigte Anlagen auch einem Marktrückkehrverbot (→ § 13b Rn. 23). Diese gelten vorübergehend nicht mehr. Anlagen, die im Rahmen der **dritten und vierten Ausschreibungsrunde** gem. § 51 Abs. 1 KVBG ein Kohleverstromungsverbot angenommen haben, sind davon vorübergehend ebenfalls befreit und können weiter Kohle als Brennstoff einsetzen (→ § 13c Rn. 39). Ihnen ist eine Stilllegung gem. § 50a Abs. 4 S. 1 bis zum 31.3.2024 sogar ausdrücklich untersagt, sie werden durch § 50a Abs. 4 S. 2 kraft Gesetzes **in die Netzreserve** überführt – die dort geltenden Regelungen sind

Maßnahmen zur Ausweitung des Stromerzeugungsangebots **§§ 50a–50j**

dann entsprechend anzuwenden. Eine zusätzliche Systemrelevanzprüfung (§ 13b Abs. 2) findet nicht statt (§ 13d Rn. 21). Auch die ansonsten für die Netzreserve geltende Leistungsuntergrenze von 50 MW (→ § 13b Abs. 5) gilt für diese Anlagen nicht, daher erwähnt die Begründung auch **Braunkohlekleinanlagen** in der Netzreserve (BT-Drs. 20/2664, 2).

Die Regelung ist keine Marktrückkehrverpflichtung, sondern eröffnet den Betreibern **die Möglichkeit** der Marktrückkehr. Angesichts der stark gestiegenen Stromgroßhandelspreise geht die Erwartung dahin gehend, dass Kraftwerksbetreiber – soweit möglich – auf Preissignale reagieren und an den Markt zurückkehren, um das Angebot zu verstärken. 8

Die Marktrückkehr und die Verpflichtungen unterliegen der Einschränkung, dass ein Weiterbetrieb **technisch und rechtlich möglich** ist. Hier können Restriktionen aus öffentlich-rechtlichen Genehmigungen entgegenstehen oder die tatsächliche technische Verfügbarkeit und gegebene Betriebssicherheit. Jedenfalls sind die Anlagen, die für eine endgültige Stilllegung nach § 13b Abs. 1 angezeigt waren, in der Regel ältere Anlagen, deren technische Nutzungsdauer möglicherweise beschränkt ist. So sieht auch § 50b Abs. 6 für Anlagen, die vor dem 1.1.1970 in Betrieb genommen wurden, auf Antrag die gänzliche **Ausnahme** von Marktrückkehr und der aus § 50b Abs. 1 damit im Zusammenhang stehenden **Bevorratungspflicht** vor. 9

§ 50a Abs. 5 adressiert die **Übergangsfrage,** was am Ende der StaaV am 31.3.2024 mit Anlagen ist, die zu Beginn des Zeitraums systemrelevant und in der Netzreserve waren und zwischendurch möglicherweise an den Markt zurückgekehrt sind. Diese dürfen im Anschluss nicht unmittelbar stillgelegt werden, soweit technisch und rechtlich möglich, und müssen gegebenenfalls auch wieder betriebsbereit gemacht (§ 13b Abs. 4 S. 4) oder in einen betriebsbereiten Zustand (§ 13b Abs. 5 S. 11) versetzt werden (insbesondere auf die zuvor zu einer endgültigen Stilllegung angezeigten Kraftwerken zutreffend → § 13c Rn. 85). Anlagenbetreiber sollen ein **„Fahren auf Verschleiß",** ein „run-to-failure", vermeiden. Denn die bisherige Ausweisung als systemrelevantes Kraftwerk bedeutet ja, dass die Anlage zum sicheren Betrieb des Übertragungsnetzes gebraucht wird (§ 13b Rn. 11). Dieser Bedarf wird mit dem 31.3.2024 voraussichtlich nicht entfallen. 10

II. Maßnahmen zur Ausweitung des Stromerzeugungsangebots, Pflicht zur Betriebsbereitschaft und Brennstoffbevorratung für die befristete Teilnahme am Strommarkt von Anlagen aus der Netzreserve (§ 50b)

§ 50b enthält für Anlagen im Anwendungsbereich in Abs. 1 eine Verpflichtung zur Betriebsbereitschaft für Anlagen in der Netzreserve gem. §§ 13d iVm 13b Abs. 4 und 5 für einen „Dauerbetrieb". Insbesondere ist damit die in Abs. 2 gegenüber § 50 speziell geregelte **Vorratshaltung für Brennstoffe** Steinkohle und Mineralöl verbunden. Dies betrifft Anlagen in der Netzreserve nach § 13b und § 13d sowie gem. § 50b Abs. 5 auch solche, die zum 1.11.2022 aufgrund des § 50a Abs. 4 über den KVBG-Mechanismus in die Netzreserve fallen. Insgesamt zu vier Terminen im Zeitraum der befristeten Marktrückkehr bis maximal zum 31.3.2024 müssen Anlagen in der Netzreserve 11

a) bei Einsatz von Kohle Kohlereserven **für dreißig Kalendertage** bei einem Betrieb der Anlage mit der maximal möglichen Nettonennleistung oder

Bourwieg 2187

§§ 50a–50j   Teil 6. Sicherheit und Zuverlässigkeit der Energieversorgung

b) bei Einsatz von Mineralöl eine Mineralölreserve **für zehn Kalendertage** bei Betrieb der Anlage mit der maximal möglichen Nettonennleistung und unter den Bedingungen des § 50b Abs. 3 vorhalten.

12 Die Verpflichtung der Kraftwerksbetreiber ist an die Ausrufung mindestens der **Frühwarnstufe** nach Art. 8 Abs. 2 lit. b und Art. 11 Abs. 1 der SoS-VO 2017 in Verbindung mit dem Notfallplan Gas geknüpft, frühestens ab dem 1.11.2022 (Änderungen durch den zuständigen Bundestagsausschuss BT-Drs. 20/2664). Werden sämtliche Stufen aufgehoben, endet die Pflicht. Die Lagerbestände müssen jeweils zum 1.11. und 1.2. des Zeitraums ab Inkrafttreten der Regelung bis zum 31.3.2024 gewährleistet sein. Da im Rahmen der Netzreserve **Verträge mit dem Anschluss-ÜNB** abzuschließen sind, ist diese Verpflichtung Teil der abzuschließenden Vereinbarung des Anlagenbetreibers mit dem ÜNB zur Netzreserve. Hier bestehen Mitteilungspflichten zur Bevorratung gem. § 50b Abs. 2 Nr. 3 gegenüber den ÜNB und dem BNetzA. Unmittelbar erfolgt die **Überwachung durch die BNetzA** nur im Fall des § 50b Abs. 3 S. 3, wenn Abweichungen von der Vorratshaltung aus tatsächlichen Gründen notwendig sind.

13 Hier gibt es **Abweichungskompetenz** von der Zuständigkeit der Beschlusskammern der BNetzA in § 59 Abs. 1 S. 2 Nr. 26.

14 Der **Zweck der Bevorratung** und das Verhältnis zwischen Marktrückkehr und Aufgaben in der Netzreserve waren nicht ganz leicht zu bestimmen. Einerseits benennt § 50b Abs. 1 als Zweck der Bevorratung die „befristete Teilnahme am Strommarkt im Dauerbetrieb". Andererseits soll auch durch die befristete Bevorratung gem. § 50b Abs. 4 gewährleistet werden, dass der Anlagenbetreiber jederzeit zu Redispatch-Einsätzen (→ § 13 Rn. 108) auf Anweisung des ÜNB in der Lage ist. Dies ist wohl so zu interpretieren, dass der Einsatz der Vorratsmengen für den befristet ermöglichten Markteinsatz zulässig sein soll. Zu den Stichtagen sind die Bevorratungsmengen allerdings stets auf Kosten der im Markt befindlichen Anlagen aufzufüllen, soweit diese **für Marktsätze** im Rahmen der befristeten Marktrückkehr verbraucht worden sind. Sind die Bevorratungsmengen aufgrund von **Anweisungen des ÜNB** zum Redispatch oder für Probestarts genutzt worden, so erfolgt auch die Kostentragung der Nachbevorratung durch die ÜNB.

15 Diese Unklarheit hat der Gesetzgeber mit der Änderung des § 50b Abs. 4 S. 3 und 4 (Gesetz v. 8.10.2022, BGBl. 2022 I S. 1726) beseitigt. Demnach sind Kraftwerke, die an den Strommarkt zurückgekehrt sind, von der Bevorratungspflicht ausgenommen, soweit nicht der ÜNB Brennstoffmengen für den gesicherten Redispatch aus Netzsicherheitsgründen anordnet. Solche Anordnungen sind vorstellbar, wenn durch Logistikengpässe an Standorten die jederzeitige Nachbeschaffung von Brennstoffmengen eingeschränkt sein kann (zB durch Niedrigwasserphasen).

16 Eine weitere Rahmenbedingung besteht darin, die sich aus bestehenden Service-Leveln in bestehenden Netzreserveverträgen ergebenden **Einsatzzeiten im Rahmen des Redispatch** für die Netzreserve nicht zu verletzen. Bis dahin im bisherigen Netzreserve-Regime bilateral zwischen KWB und ÜNB individuell vereinbarte **Brennstoffmindestmengen** für Redispatch-Anforderungen der ÜNB gelten auch während einer etwaigen temporären Teilnahme am Strommarkt fort.

17 Dies kann man auch aus der Gesetzesbegründung lesen, die dazu folgende Ausführungen zu den **Kostenregelungen** und der **Verwendung der Mengen** macht (Begr. RegE, BT-Drs. 20/2356, 23):

„*Die auf Anweisung der Übertragungsnetzbetreiber aus dem Netzreservesystem beschafften oder derzeit zu beschaffenden Brennstoffvorratsmengen für Probestarts und Redispatchanforderungen (Leistungserhöhung) sind Teil der Mindestbevorratung nach § 50b. Diese sind vom Betreiber der Anlage bilanziell abzugrenzen und vorrangig wiederzubeschaffen. Diese Mengen stehen dem Betreiber der Anlage während der Dauer des Marktbetriebs ohne explizite Abstimmung mit dem Übertragungsnetzbetreiber nicht zur kommerziellen Vermarktung zur Verfügung. Darüber hinausgehende Mengen der Mindestbevorratung können bei der befristeten Teilnahme am Markt kommerziell vermarktet werden. Den Übertragungsnetzbetreibern sind dann die Kosten für die Brennstoffmengen zu erstatten.*"

III. Maßnahmen zur Ausweitung des Stromerzeugungsangebots, Ende der befristeten Teilnahme am Strommarkt und ergänzende Regelungen zur Kostenerstattung (§ 50 c)

§ 50c enthält die **Endschaftsregelungen** der befristeten Strommarktteilnahme. Grundsätzlich endet die befristete Marktrückkehr mit dem Auslaufen der Stromangebotsausweitungsverordnung (StaaV) gem § 50a Abs. 1 S. 2 (Abs. 1). Der Anlagenbetreiber, der von der Möglichkeit Gebrauch gemacht hat, kann die Marktrückkehr auch jederzeit mit einem Vorlauf von vier Wochen erklären. Dann kann er aber während der Geltungsdauer der StaaV nicht erneut an den Großhandelsmarkt zurückkehren (Abs. 2). 18

Die StaaV vom 13.7.2022 (BAnz AT 13.7.2022 V1) ist bis zum 30.4.2023 befristet, was die Endschaft einer möglichen Marktrückkehr bestimmt. Es ist denkbar, dass eine erneute VO gem. § 50a Abs. 1 S. 2 erlassen wird vor 1.3.2024, die dann eine erneute Marktrückkehr in diesem Zeitraum ermöglichen sollte (Abs. 2). 19

Anlagen der **Netzreserve** dürfen gem. § 50a Abs. 5 nach Beendigung der befristeten Marktrückkehr **nicht stilllegen**, die Regelungen der Netzreserve gelten entsprechend weiter. Damit ist gewährleistet, dass Unklarheiten über das fortbestehende Systemrelevanz solcher Anlagen nicht zu Vorhaltungslücken führen. § 50c Abs. 3 geht erkennbar davon aus, dass das System aus Bedarfsanalysen und **Systemrelevanzausweisungen** auch während des Zeitraums bis zum 31.3.2024 weitergeführt wird und systemrelevante Anlagen im Anschluss an die befristete Marktrückkehr in die Netzreserve gem. §§ 13d, 13b, NetzResV und nach entsprechender Festlegung durch die BNetzA zurückkehren (insbesondere zu den zuvor zu einer endgültigen Stilllegung angezeigten Kraftwerken zutreffend → § 13c Rn. 85). 20

§ 50c Abs. 4 sortiert die **Kostenerstattungsregelungen** der Netzreserve im Rahmen der befristeten Marktrückkehr. Demnach sind für die Bestimmung des Zeitpunkts und damit mittelbar auch für die Berechnung der Rückerstattung **investiver Vorteile**, die sich aus Wiederherstellungsmaßnahmen in Netzreserveanlagen auf Veranlassung und Kosten des ÜNB ergeben (→ § 13c Rn. 89) die Zeiten der befristeten Marktrückkehr unbeachtlich. Üblicherweise ist bei vorläufig stillgelegten Anlagen der investive Vorteil zum Zeitpunkt der möglichen Marktrückkehr zu bestimmen. Diese Regelung ist ausgesetzt. **Kosten zur Wiederherstellung** der Betriebsbereitschaft, dies können insbesondere größere Revisionen oder Reparaturen sein (→ § 13c Rn. 16), werden im Rahmen der Netzreserve durch den ÜNB erstattet, können aber nach Beendigung der befristeten Marktrückkehr zu einem **zeitanteiligen Rückerstattungsanspruch des ÜNB** führen. 21

§§ 50a–50j Teil 6. Sicherheit und Zuverlässigkeit der Energieversorgung

22 Die Gesetzesbegründung macht folgende Ausführungen zu den Kostenregelungen (Begr. RegE, BT-Drs. 20/2356, 22):

„Je nachdem, in welchem Regime sich die Anlage befindet, erfolgt die Vergütung wie folgt:
- *Leistungsvorhaltekosten (z. B. Personal und Materialaufwand): nur für den Zeitraum der Netzreserve.*
- *Wiederherstellungskosten (Reparaturen, Revisionen etc.): anteilige Bestimmung nach der Dauer im jeweiligen Regime. Die Anteile der Wiederherstellungskosten, die dem Zeitraum der Netzreserve zugeordnet werden, sind dem Kraftwerksbetreiber durch den Übertragungsnetzbetreiber entsprechend § 13c EnWG zu erstatten. Wurden Maßnahmen bereits vor Markteintritt zum Zweck der Betriebsbereitschaft für die zeitlich begrenzte Teilnahme am Strommarkt durchgeführt und dem Betreiber der Anlage damit verbundene Kosten erstattet, so sind diese dem regelzonenverantwortlichen Übertragungsnetzbetreiber zeitanteilig für die Dauer der Teilnahme am Strommarkt zurückzuerstatten.*
- *Opportunitätskosten (ansetzbar für die fehlende Möglichkeit der Veräußerung von Vermögensgegenständen oder dem Grundstück): nur für den Zeitraum der Netzreserve*
- *Arbeitskosten (Einsatz, Probestarts, Testfahren): nur für den Einsatz in der Netzreserve.*

Im Übrigen findet eine Kostenerstattung nach § 13c sowie nach § 9 Absatz 2 und § 10 der Netzreserveverordnung während der Marktrückkehr nicht statt. Die Vergütung für Abrufe zur Gewährleistung der Netz- und Systemstabilität erfolgt nach den Regelungen des § 13a Absatz 2 EnWG. Nach dem Enddatum der befristeten Teilnahme am Strommarkt am 31. März 2024 ermittelt die Bundesnetzagentur, welche Wiederherstellungskosten zeitanteilig auf den Einsatz in der Netzreserve und den Einsatz im Strommarkt entfallen. Die Anlagenbetreiber zahlen den Anteil der erstatteten Wiederherstellungskosten zurück, die auf den Zeitraum der Teilnahme am Strommarkt entfallen."

23 Darüber hinaus enthält die Gesetzesbegründung noch folgende Ausführungen zur Kostenerstattung der Bevorratungsvorgaben aus § 50b Abs. 1 (Begr. RegE, BT-Drs. 20/2356, S. 22):

„Die für die Herstellung der Betriebsbereitschaft für den Dauerbetrieb und die für die umfangreichere Bevorratung anfallenden Kosten werden erstattet. Im Zeitraum der Marktteilnahme werden keine Kosten erstattet. Sie werden durch die Erlöse am Strommarkt gedeckt."

IV. Maßnahmen zur Ausweitung des Stromerzeugungsangebots, befristete Versorgungsreserve Braunkohle; Verordnungsermächtigung (§ 50d)

24 § 50d steht unter einem beihilfenrechtlichen Genehmigungsvorbehalt durch die Europäische Kommission und ist am 30.9.2022 (C(2022) 7105 final) (Art. 3 ErsatzkraftwerkeG 2022) in Kraft getreten.

25 Abs. 1 regelt, dass die in § 13g Abs. 1 S. 2 Nr. 3 (Niederaußem F, Niederaußem E und Jänschwalde F) und Nr. 4 (Neurath C sowie Jänschwalde E) genannten – mit Braunkohle befeuerten – Erzeugungsanlagen zum 1.10.2022 weiter in eine Versorgungsreserve überführt und vorgehalten werden. Diese Anlagen sind dann nicht mehr in der Sicherheitsbereitschaft und es gilt für sie ausschließlich der neue § 50d

(Begr. RegE, BT-Drs. 20/2356, 23). Erst mit Ablauf der Versorgungsreserve am 31.3.2024 müssen die Anlagen dann endgültig stillgelegt werden (§ 50d S. 3).

Die Gesetzesbegründung macht folgende weitere Ausführungen zu den Einsatz- **26** voraussetzungen in § 50d Abs. 2 (Begr. RegE, BT-Drs. 20/2356, 23):

> *„Absatz 2 Satz 1 regelt, welchem Zweck die Reserveanlagen dienen. Anders als in der Sicherheitsbereitschaft sollen die Reserveanlagen nicht nur zur Abwendung einer Gefährdung des Stromsystems eingesetzt werden können, sondern auch als präventives oder reaktives Instrument zur Verringerung des deutschen und europäischen Gasverbrauchs in der Stromerzeugung.*
>
> *Satz 2 regelt, dass ein Einsatz dieser Reserveanlagen erst möglich ist, wenn die Bundesregierung durch Verordnung festgestellt hat, dass eine Störung oder Gefährdung der Sicherheit oder Zuverlässigkeit des Elektrizitäts- oder des Gasversorgungssystems vorliegt oder eine zukünftige Gefährdung der Sicherheit oder Zuverlässigkeit des Elektrizitäts- oder des Gasversorgungssystems nicht ausgeschlossen werden kann und die Reserveanlagen an den Strommarkt zurückkehren dürfen. Damit ist klargestellt, dass die Anlagen überhaupt nur Strom erzeugen dürfen, wenn die Bundesregierung durch Verordnung das Vorliegen der Voraussetzungen nach Satz 2 festgestellt hat. Da außerhalb dieses Zeitraums kein Strom erzeugt werden darf, kann dieser selbstverständlich auch nicht auf den Strommärkten veräußert werden. Die Bundesregierung kann in der Verordnung nach Satz 2 regeln, dass nur einzelne der Reserveanlagen am Strommarkt eingesetzt werden dürfen. Regelmäßig wird aber, sofern die Voraussetzung vorliegen, eine Situation bestehen, in der sämtliche Reserveanlagen an den Strommarkt zurückkehren sollen; nur bei Einsatz aller Anlagen kann einer Situation, wie sie in Satz 2 dargelegt ist, regelmäßig sicher begegnet werden."*

Eine **weitere Voraussetzung** für den Erlass einer Rechtsverordnung nach **27** § 50d Abs. 2 S. 2 ist neben der Ausrufung der Alarm- oder Notfallstufe die Prüfung und Berücksichtigung der Auswirkungen auf die Trinkwasserversorgung sowie die Feststellung, dass die Rückkehr der Stein- und Braunkohlekleinanlagen nicht ausreicht, um die Versorgung mit Gas gewährleisten zu können. Die oben genannte Begründung führt zu dieser Einschränkung nichts aus, da diese Voraussetzung erst im Ausschussverfahren eingefügt wurde (BT-Drs. 20/2664, 9). Ein Anlass ist vermutlich in dem andauernden Rechtsstreit um den Hauptbetriebsplan des Tagebaus Jänschwalde zu suchen (OVG Berlin-Brandenburg Beschl. v. 5.5.2022 – OVG 11 S 7/22, www.berlin.de/gerichte/oberverwaltungsgericht/presse/pressemitteilungen/2022/pressemitteilung.1203296.php).

Mit der beihilferechtlichen Genehmigung durch die EU-Kommission (→ Rn. 24) **28** hat die Bundesregierung die Versorgungsreserveabrufverordnung (VersResAbV – BAnz AT 30.09.2022 V3) erlassen. Darin ist in § 1 Abs. 3 geregelt, dass der nach Abs. 1 zulässige Einsatz der Reserveanlagen am Strommarkt bis zum 30.6.2023 zulässig ist. In diesem sog. Abrufzeitraum können die Anlagen an den Strommarkt zurückkehren, sind dazu aber nicht verpflichtet. In den **Abrufzeiträumen** gibt es allerdings **keine Vergütung** über die ÜNB. Eine solche ist nur gem. § 50d Abs. 5 für den Zeitraum der „Versorgungsreserve", aber außerhalb des möglichen „Abrufzeitraums" vorgesehen. Für die Anlagen Neurath C sowie Jänschwalde E, die gem. § 13g Abs. 1 S. 2 Nr. 4 noch bis zum 1.10.2023 in der Sicherheitsbereitschaft gewesen wären, wird die dort ermittelte Vergütung (BNetzA Beschl. v. 24.6.2021 – BK8-19/4001-R bzw. Beschl. v. 28.2.2020 – BK8-19/2002-R) weiter von den ÜNB gezahlt (§ 50d Abs. 5 S. 3).

Im Rahmen der Versorgungsreserve erhalten die Anlagenbetreiber eine **Ent- 29 schädigung** gem § 50d Abs. 5 S. 2 Nr. 1 für notwendige Kosten zur Herstellung

§§ 50a–50j   Teil 6. Sicherheit und Zuverlässigkeit der Energieversorgung

der Betriebsbereitschaft und Nr. 2 für die weiterhin notwendigen Kosten für die Vorhaltung von Kraftwerkspersonal, Instandhaltung und Wartung an den Anlagen, die ansonsten stillgelegt worden wären. Aus der Anwendung des § 13g Abs. 5 S. ergibt sich, dass die Vergütung **zu kürzen** ist, wenn eine Anlage der Versorgungsreserve bei einer Vorwarnung durch den ÜNB nicht innerhalb von 288 Stunden ab der Vorwarnung betriebsbereit ist oder nicht innerhalb der Anfahrzeiten die angeforderte Leistung im Bereich der üblichen Schwankungen einspeist.

30   Die Vergütung für die Versorgungsreserve ist sodann erst **ex post zu bestimmen** und durch die ÜNB zu entrichten, wenn der Vergütungsanspruch höher ist als die Hälfte der von den Betreibern in den Abrufzeiträumen mit den Reserveanlagen erwirtschafteten Überschüsse. Zum Begriff des „Überschusses" führt die Gesetzesbegründung (Begr. RegE, BT-Drs. 20/2356, 24) nur knapp aus:

> „wobei Überschuss der mit den Reserveanlagen erwirtschaftete Gewinn ist". Diesen gilt es durch die Bundesnetzagentur festzustellen. „Die Betreiber haben der Bundesnetzagentur die erwirtschafteten Überschüsse nachzuweisen. Die Nummer 2 regelt die Rückzahlung investiver Vorteile am Ende der Versorgungsreserve durch die Betreiber."

V. Verordnungsermächtigung zu Maßnahmen zur Ausweitung des Stromerzeugungsangebots und Festlegungskompetenz der Bundesnetzagentur (§ 50e)

31   § 50e enthält weitere ausgestaltete **Verordnungsermächtigungen** zu Maßnahmen zur Ausweitung des Stromerzeugungsangebots zu §§ 50a–50c und eine **Festlegungskompetenz** der BNetzA zu den Nachweisen nach § 50b Abs. 2 Nr. 3 hinsichtlich der Bevorratungsnachweise. Hier gibt es erneut eine **Abweichungskompetenz** von der verpflichtenden Zuständigkeit der Beschlusskammern der BNetzA in § 59 Abs. 1 S. 2 Nr. 27.

VI. Verordnungsermächtigung für Maßnahmen zur Reduzierung der Gasverstromung zur reaktiven und befristeten Gaseinsparung (§ 50f)

32   § 50f ermächtigt die Bundesregierung, eine weitere Rechtsverordnung zu erlassen, um befristet eine **reaktive Gaseinsparung** im Stromsektor zu bewirken. Zunächst ist davon auszugehen, dass durch die Entwicklung der Gaspreise an den weiterhin funktionierenden Gasgroßhandelsmärkten der Einsatz von Gaskraftwerken zur Stromerzeugung weitgehend zurückgedrängt wird. Tritt dies nicht im erwarteten oder notwendigen Umfang ein, kann für einen Zeitraum von längstens neun Monaten über eine Verordnung die Erzeugung elektrischer Energie durch den Einsatz von Erdgas in den Anlagen verringert oder ausgeschlossen werden. Voraussetzung für die Verordnungsermächtigung ist mindestens der ausgerufene **Fall der Alarmstufe** oder Notfallstufe nach Art. 8 Abs. 2 lit. b und Art. 11 Abs. 1 SoS-VO 2017 in Verbindung mit dem Notfallplan Gas. Diese Stufe war am 23.6.2022 und mithin vor Inkrafttreten der Verordnungsermächtigung erstmals ausgerufen worden.

33   § 50f Abs. 1 S. 1 Nr. 1 und S. 2 Nr. 1–3 sehen Vorgaben für die Bestimmung des Adressatenkreises vor. § 50f Abs. 1 S. 1 Nr. 3 soll Ausnahmen zur Bereitstellung notwendiger **Redispatchmaßnahmen** auf Anweisung der ÜNB durch Gaskraftwerke ermöglichen. Gem. § 50f Abs. 1 Nr. 5 kann in der Rechtsverordnung ua geregelt werden, dass sichergestellt wird, dass das durch die Maßnahme eingesparte

Erdgas in die Gasspeicher eingespeichert wird und sieht dafür insbesondere ein Vorkaufsrecht des Marktgebietsverantwortlichen vor. Durch die Rechtsverordnung darf die Versorgung von geschützten Kunden gem. § 53a nicht beeinträchtigt werden. Abs. 2 stellt vor diesem Hintergrund klar, dass die Vorschriften der SoS-VO 2017 unberührt bleiben.

VII. Flexibilisierung der Gasbelieferung (§ 50g)

§ 50g ist eine unmittelbar zivilrechtsgestaltende Vorschrift. In Abs. 1 werden **34** für Gaslieferverträge, die eine **Mindestabnahmeverpflichtung** (Take-or-Pay-Klausel) vorsehen (Schneider/Theobald EnergieWirtschaftsR-HdB/*de Wyl* § 12 Rn. 191 ff.), alle Vereinbarungen für unwirksam erklärt, die eine Weiterveräußerung nicht verbrauchter Gasmengen untersagen. Diese sind ohnehin kartellrechtlich fragwürdig (Schneider/Theobald EnergieWirtschaftsR-HdB/*de Wyl* § 12 Rn. 195 Fn 442). Die Regelung sieht explizit keinen Schwellenwert für Gaslieferverträge vor, da feste Mengengerüste typischerweise in Verträgen mit Großabnehmern üblich sind, die durch die Maßnahme insbesondere adressiert werden sollen.

Die Gesetzesbegründung macht folgende weitere Ausführungen zu § 50g Abs. 2 **35** (Begr. RegE, BT-Drs. 20/2356, 26):

„Daher sieht Absatz 2 vor, dass Letztverbraucher von Gaslieferverträgen einen Anspruch auf Rückgabe von nicht abgenommenen Gasmengen gegenüber dem Lieferanten haben. Umfasst sind Verträge zur Belieferung von Anlagen von Letztverbrauchern, die eine Anschlussleistung von 10 MW nicht unterschreiten. Bei diesen Verträgen ist das Überwiegen des Flexibilisierungsertrages gegenüber dem Transaktionsaufwand sichergestellt. Nicht umfasst sind daher auch Verträge, die bereits flexible Abnahmemengen vorsehen. Der Anspruch auf Rückgabe ist so ausgestaltet, dass der Letztverbraucher für nicht verbrauchte Gasmengen vom Lieferanten den jeweils aktuellen börslichen Großhandelspreis erhält. Der Lieferant kann im Gegenzug eine Pauschale in Höhe von 10 Prozent der sich daraus ergebenden Rückerstattung in Abzug bringen, die den erforderlichen Aufwand für die Rücknahme und Weiterveräußerung der Gasmengen adäquat kompensiert und unproblematisch mit dem an den Letztverbraucher zu erstattendem Betrag verrechnet werden kann. Die Regelung verhindert damit, dass die Vertragsparteien durch die Maßnahme belastet werden. Dadurch, dass Gasmengen so wieder durch den Lieferanten vermarktet werden können, kann bei einer knappen Verfügbarkeit von Gas eine effektive Allokation von Gas auf dem Markt erreicht werden. In Konstellationen reduzierter Gaslieferungen an den Gaslieferanten bleibt dessen Recht vertragliche Anpassungen aufgrund höherer Gewalt vorzunehmen durch die Maßnahme unberührt."

VIII. Vertragsanalyse der Gaslieferanten für Letztverbraucher (§ 50h)

§ 50h schafft eine spezielle Informationspflicht für Gaslieferanten gegenüber **36** Letztverbrauchern mit registrierender Leistungsmessung, um sicherzustellen, dass der Austausch zwischen Lieferanten und Letztverbrauchern über einen möglichen Weiterkauf von Gasmengen gefördert wird, soweit der Letztverbraucher seinen Gasbezug einschränkt und somit Gasmengen frei werden. Damit soll eine effizientere Allokation von Gasmengen ermöglicht werden.

IX. § 50i Verhältnis zum Energiesicherungsgesetz

37 Die neuen Regelungen des EnSiG 2022 gehen §§ 50a–50h stets vor.

X. Evaluierung der Maßnahmen nach den §§ 50a bis 50h (§ 50j)

38 Mit der durch die Beschlussempfehlung des federführenden Bundestagsausschusses (BT-Drs. 20/2664) geforderten Evaluierung wurde § 50j eingeführt. Zum 12.7.2023 soll die Wirksamkeit der Maßnahmen im Hinblick auf den Winter 2022/2023 hinsichtlich der Energieversorgung als auch über die ökologischen Folgen der Maßnahmen auf die Klimaziele der Bundesrepublik Deutschland und die Herkunftsländer der Steinkohleimporte in einem Bericht für den Deutschen Bundestag evaluiert werden. Die Berichte sind **zu veröffentlichen.** Im Jahr 2024 sollen die zusätzlichen Treibhausgasemissionen durch die Maßnahmen ermittelt und Vorschläge zur Kompensation vorgelegt werden.

§ 51 Monitoring der Versorgungssicherheit

(1) ¹**Die Bundesnetzagentur führt in Abstimmung mit dem Bundesministerium für Wirtschaft und Energie fortlaufend ein Monitoring der Versorgungssicherheit nach den Absätzen 2 bis 4 durch.** ²**Die §§ 73, 75 bis 89 und 106 bis 108 sind entsprechend anzuwenden.** ³**Bei der Durchführung des Monitorings nach den Absätzen 3 und 4 berücksichtigt die Bundesnetzagentur die nach § 12 Absatz 4 und 5 übermittelten Informationen.**

(2) Das Monitoring nach Absatz 1 betrifft im Bereich der Versorgung mit Erdgas insbesondere
1. das heutige und künftige Verhältnis zwischen Angebot und Nachfrage auf dem deutschen Markt und auf dem internationalen Markt,
2. bestehende sowie in der Planung und im Bau befindliche Produktionskapazitäten und Transportleitungen,
3. die erwartete Nachfrageentwicklung,
4. die Qualität und den Umfang der Netzwartung,
5. eine Analyse von Netzstörungen und von Maßnahmen der Netzbetreiber zur kurz- und längerfristigen Gewährleistung der Sicherheit und Zuverlässigkeit des Gasversorgungssystems,
6. Maßnahmen zur Bedienung von Nachfragespitzen und zur Bewältigung von Ausfällen eines oder mehrerer Versorger sowie
7. das verfügbare Angebot auch unter Berücksichtigung der Bevorratungskapazität und des Anteils von Einfuhrverträgen mit einer Lieferzeit von mehr als zehn Jahren (langfristiger Erdgasliefervertrag) sowie deren Restlaufzeit.

(3) ¹Das Monitoring nach Absatz 1 betrifft im Bereich der Versorgung mit Elektrizität insbesondere
1. das heutige und künftige Verhältnis zwischen Angebot und Nachfrage auf den europäischen Strommärkten mit Auswirkungen auf das Gebiet der Bundesrepublik Deutschland als Teil des Elektrizitätsbinnenmarktes,
2. bestehende sowie in der Planung und im Bau befindliche Erzeugungskapazitäten unter Berücksichtigung von Erzeugungskapazitäten für die

Netzreserve nach § 13d sowie die Kapazitätsreserve nach § 13e und Anlagen zur Speicherung von elektrischer Energie,
3. bestehende Verbindungsleitungen sowie in der Planung oder im Bau befindliche Vorhaben einschließlich der in den Anlagen zum Energieleitungsausbaugesetz und zum Bundesbedarfsplangesetz genannten Vorhaben,
4. die erwartete Nachfrageentwicklung,
5. die Qualität und den Umfang der Netzwartung,
6. eine Analyse von Netzstörungen und von Maßnahmen der Betreiber von Elektrizitätsversorgungsnetzen zur kurz- und längerfristigen Gewährleistung der Sicherheit und Zuverlässigkeit des Elektrizitätsversorgungssystems einschließlich des Einsatzes von Erzeugungskapazität im Rahmen der Netzreserve nach § 13d sowie der Kapazitätsreserve nach § 13e und
7. Maßnahmen zur Bedienung von Nachfragespitzen und zur Bewältigung von Ausfällen eines oder mehrerer Versorger.

[2]Bei dem Monitoring sind auch grenzüberschreitende Ausgleichseffekte bei erneuerbaren Energien, Lasten und Kraftwerksausfällen sowie der heutige und künftige Beitrag von Lastmanagement und von Netzersatzanlagen zur Versorgungssicherheit sowie Anpassungsprozesse an den Strommärkten auf Basis von Preissignalen zu analysieren und zu berücksichtigen. [3]Zudem sollen mögliche Hemmnisse für die Nutzung von Lastmanagement und von Netzersatzanlagen dargestellt werden.

(4) Das Monitoring nach Absatz 3 umfasst Märkte und Netze und wird in den Berichten nach § 63 integriert dargestellt.

(4a) [1]Das Monitoring der Versorgungssicherheit an den Strommärkten nach Absatz 3 erfolgt auf Basis von
1. Indikatoren, die zur Messung der Versorgungssicherheit an den europäischen Strommärkten mit Auswirkungen auf das Gebiet der Bundesrepublik Deutschland als Teil des Elektrizitätsbinnenmarktes geeignet sind, sowie
2. Schwellenwerten, bei deren Überschreiten oder Unterschreiten eine Prüfung und bei Bedarf eine Umsetzung angemessener Maßnahmen zur Gewährleistung der Versorgungssicherheit erfolgt.

[2]Die Messung der Versorgungssicherheit an den Strommärkten nach Satz 1 erfolgt auf Grundlage wahrscheinlichkeitsbasierter Analysen. [3]Die Anforderungen der Verordnung (EU) 2019/943, insbesondere nach den Artikeln 23 und 24 für Abschätzungen der Angemessenheit der Ressourcen, sind einzuhalten. [4]Die Analysen nach Satz 2 erfolgen nach dem Stand der Wissenschaft. [5]Sie erfolgen insbesondere auf Basis eines integrierten Investitions- und Einsatzmodells, das wettbewerbliches Marktverhalten und Preisbildung auf dem deutschen und europäischen Strommarkt abbildet; dabei sind auch kritische historische Wetter- und Lastjahre, ungeplante Kraftwerksausfälle sowie zeitliche und technische Restriktionen beim Kraftwerkszubau zu berücksichtigen.

(4b) [1]Zum Monitoring der Versorgungssicherheit nach Absatz 3 mit Bezug auf die Netze erfolgt eine Analyse, inwieweit aktuell und zukünftig die Sicherheit, Zuverlässigkeit und Leistungsfähigkeit der Elektrizitätsversorgungsnetze gewährleistet ist und ob Maßnahmen zur kurz- und längerfristigen Gewährleistung der Sicherheit und Zuverlässigkeit des Elektrizitätsversorgungssystems im Sinne von § 12 Absatz 1 Satz 1 und Absatz 3 erforderlich sind. ²Bei der Analyse nach Satz 1 ist die langfristige Netzanalyse der Betreiber der Übertragungsnetze nach § 34 Absatz 1 des Kohleverstromungsbeendigungsgesetzes zu berücksichtigen, soweit diese vorliegt. ³In diesem Rahmen ist auch zu untersuchen, inwieweit netztechnische Aspekte die Ergebnisse der Analysen nach Absatz 4a beeinflussen. ⁴Die Bundesnetzagentur legt dem Bundesministerium für Wirtschaft und Energie bis zum 31. Oktober 2020 einen Bericht über die auf die Netze bezogene Analyse nach Satz 1 vor.

(5) ¹Bei dem Monitoring nach den Absätzen 3 und 4 werden die Betreiber von Übertragungsnetzen sowie das Bundesministerium für Wirtschaft und Energie regelmäßig bei allen wesentlichen Verfahrensschritten einbezogen. ²Die Regulierungsbehörde übermittelt auf Verlangen dem Bundesministerium für Wirtschaft und Energie die bei ihr verfügbaren und zur Beobachtung und Bewertung der Versorgungssicherheit notwendigen Daten. ³Das Bundesministerium für Wirtschaft und Energie darf diese Daten einschließlich der unternehmensbezogenen Daten an beauftragte Dritte zu Zwecken der Aus- und Bewertung übermitteln, sofern die vertrauliche Behandlung der Daten gewährleistet ist.

Übersicht

	Rn.
A. Allgemeines	1
I. Inhalt	1
II. Europarecht und europäische Dimension	9
III. Entstehungsgeschichte	16
B. Durchführung des Monitorings (Abs. 1)	20
I. Gegenstand	20
II. Versorgungssicherheit Gas (Abs. 2)	24
III. Versorgungssicherheit Elektrizität (Abs. 3)	30
IV. Methodik für das Monitoring Versorgungssicherheit Elektrizität (Abs. 4a)	43
V. Methodik der Netzanalysen Elektrizität (Abs. 4b)	50
VI. Behördliche Befugnisse	57
1. Informations- und Auskunftsansprüche	57
2. Austausch mit anderen zuständigen Stellen	61
VII. Rechtsschutz (Abs. 1 S. 2)	64

Literatur: *ACER*, Methodology for the European resource adequacy assessment in accordance with Article 23 of Regulation (EU) 2019/943 of the European Parliament and of the Council of 5 June 2019 on the internal market for electricity, Beschl. v. 2.10.2020 (ERAA-Methodology 2020); *Bauer*, Wer steuert die Energiewende auf der europäischen und nationalen Ebene? in FS Danner, 2019, S. 487; *BMWi*, Monitoringbericht des BMWi nach § 63 i.V.m. § 51 EnWG zur Versorgungssicherheit im Bereich der leitungsgebundenen Versorgung mit Elektrizität, Juni 2019 (Versorgungssicherheitsbericht Strom 2019); *BMWi*, Monitoringbericht des BMWi nach § 51 EnWG „Versorgungssicherheit bei Erdgas", Februar 2019 (Versorgungssicherheitsbericht Gas 2019); *BNetzA*, Konsultationsdokument zur Berechnungsmethode des Mindestkapazitätsbedarfs (Minimum Capacity Need) vom 11.5.2021 (*BNetzA*, Konsultationsdokument MCN); *Consentec/Fraunhofer ISI/TEP Energy/r2b energy consulting*, Definition und

Monitoring der Versorgungssicherheit an den europäischen Strommärkten, Projekt Nr. 047/16 im Auftrag des BMWi, 23.1.2019 *(Consentec/Fraunhofer ISI/TEP/r2b 2019); Consentec/ IAEW/EWI*, Analyse und Bewertung der Versorgungssicherheit der Elektrizitätsversorgung, Untersuchung im Auftrag des Bundesministeriums für Wirtschaft und Energie, Abschlussbericht vom 30.9.2010 *(Consentec/IAEW/EWI* 2010); *Ennuaschat,* Erdgas in der deutschen Eneriewende und europäischen Energieunion, NVwZ 2015, 1553; *ENTSO-E,* Mid-term Adquacy Forecast 2020 Edition, https://www.entsoe.eu/outlooks/midterm/; *König,* Engpassmanagement in der deutschen und europäischen Elektrizitätsversorgung, Diss. 2013.

A. Allgemeines

I. Inhalt

Die Versorgungssicherheit mit Elektrizität und Gas sind nationale wie europäisch Themen von größter Bedeutung. Die Vollendung des Binnenmarktes für Energie soll die Versorgungslage verbessern, dazu braucht es für die europäischen Transportnetze vielfach gemeinsame Regeln (→ Vor § 17 Rn. 61 ff.) und geeignete Infrastrukturen. **1**

Die Vorschrift war bis zum Frühjahr 2022 vor dem **Hintergrund** der in der Vergangenheit in Europa und Deutschland eingetretenen großräumigen Versorgungsstörungen bei Elektrizität, der sog. Ukraine-Krise 2009 und den drohenden Versorgungsengpässen mit Erdgas im Winter 2011 und 2012 (BNetzA, Bericht zum Zustand der leitungsgebundene Energieversorgung im Winter 2011/2012 www.bundesnetzagentur.de/SharedDocs/Mediathek/Berichte/2012/NetzBericht_Zu standWinter11_12pdf.pdf?__blob=publicationFile&v=2) sowie den wachsenden Sorgen eines drohenden **Leistungsdefizits** durch die Stilllegung erheblicher Teile gesicherter Erzeugungskapazitäten von Elektrizität aus Kernenergie und Kohle zu sehen. Schon damals wurde durchaus die Frage nach der Abhängigkeit von russischem Erdgas thematisiert (*Ennuschat* NWwZ 2015, 1553), heute offenkundig wurden aus dem „Monitoring" nicht die notwendigen Schlüsse gezogen. **2**

Das Monitoring sollte sicherstellen, dass Fragen der Versorgungssicherheit zum Gegenstand einer umfassenden Bestandsaufnahme und einer grundlegenden Bewertung gemacht und so frühzeitig Maßnahmen ergriffen werden können. **3**

§ 51 Abs. 1 weist der Bundesnetzagentur die Aufgabe des Monitorings der Versorgungssicherheit im Bereich der leitungsgebundenen Versorgung mit Elektrizität und Gas zu. Der Gegenstand des Monitorings wird in den Abs. 4 konkretisiert: der **Versorgungssicherheitsbegriff** des Monitorings umfasst **Märkte** und **Netze**. Art. 2 Nr. 58 Elt-VO 19 definiert den Sicherheitsbegriff als „sowohl die Elektrizitätsversorgung und –bereitstellung als auch die Betriebssicherheit". **4**

Die Abs. 2 und 3 iVm 4a, 4b konkretisieren die **Aspekte der Versorgungssicherheit** in Bezug auf Gas- und Strommärkte bzw -netze. **5**

Die **Befugnisse der Bundesnetzagentur** im Rahmen der Durchführung des Monitorings ergeben sich aus Abs. 1 S. 2 und 3. Bestimmte für das behördliche Verfahren und Rechtsmittel geltende Bestimmungen des EnWG sind auch auf das Monitoring der Versorgungssicherheit anwendbar. **6**

Eine Regelung zur **Berichterstattung** über die Ergebnisse des Monitorings und etwaige daran anschließende Maßnahmen ergeben sich aus Abs. 5. Das Berichtswesen zur Versorgungssicherheit regelt dann allerdings § 63. **7**

Die Vorschrift **wird zitiert** in § 12 Abs. 5a zum notwendigen Datenaustausch zwischen BNetzA und Bundesregierung, § 21a Abs. 6 Nr. 9 sieht für die ARegV **8**

§ 51 Teil 6. Sicherheit und Zuverlässigkeit der Energieversorgung

die Verordnungsermächtigung vor zur Bestimmung von Zuverlässigkeitskenngrößen unter Berücksichtigung der Informationen aus § 51, § 63 Abs. 2 zur eigentlichen Berichtspflicht und § 75 Abs. 4 nennt ausdrücklich die Beschwerdemöglichkeit. Besondere Bedeutung erlangt die Vorschrift über §§ 34 Abs. 1 und 2, 55 Abs. 1 KVBG im Rahmen des **Prüfmechanismus für den Kohleausstieg**. Eine gewisse Überschneidung gibt es mit der allgemeinen Monitoringpflicht in § 35 Abs. 1 Nr. 11.

II. Europarecht und europäische Dimension

9   Die **Energieunion** gibt den **Mitgliedstaaten** die Möglichkeit, das **gewünschte Maß** an erzeugungsseitiger Versorgungssicherheit selbst festzulegen (Erwgr 46 und Art. 25 Abs. 1 S. 1 Elt-VO 19). Im Falle grenzüberschreitender Gebotszonen sind allerdings die Zuverlässigkeitsstandards von den maßgeblichen Behörden der Mitgliedstaaten gemeinsam festzulegen (Art. 25 Abs. 1 S. 2 Elt-VO 19 und ErwGrund 87 Elt-RL 19). Deutschland und Luxemburg bilden eine gemeinsame Gebotszone und wollen daher gemeinsam eine Methode festgelegen (→ Rn. 11). Zudem sind eine verbindliche Methodik zur Bestimmung auch der Angemessenheit auch der nationalen Erzeugungskapazitäten in Art. 24 Abs. 1 Elt-VO 19 vorgegeben.

10 Gleichzeitig gehört die Sicherheit der Energieversorgung zu den zentralen Zielen der **Energieunion** (Mitteilung der Kommission über eine Rahmenstrategie für eine krisenfeste Energieunion mit einer zukunftsorientierten Klimaschutzstrategie vom 25. Februar 2015). In der Mitteilung wurde hervorgehoben, dass die Energieunion auf Solidarität iSd Art. 194 AEUV und Vertrauen als notwendiger Grundlage für die Sicherheit der Energieversorgung beruht. Dies ist einer der Begründungen für die europäische SoS-VO und die Vorgänger – VO 994/2010, die die FLNB zu bidirektionalen Kapazitäten verpflichtete.

11 Für die Bewertung der Versorgungssicherheit bedarf es eines Zuverlässigkeitsstandards. Zur Bestimmung des Zuverlässigkeitsstandards Elektrizität finden sich im EU-Recht Vorgaben. Hierbei ist ein wesentlicher Bestandteil die Bestimmung des sogenannten Mindestkapazitätsbedarfs (Minimum Capacity Need), zu dessen Festlegung jedoch keine konkrete Methode vorgegeben ist. Daher hat die Bundesnetzagentur gemeinsam mit der luxemburgischen Regulierungsbehörde auf Grundlage gem. Art. 21 (4) Annex I der Acer-Decision 23/2020 vom 2.10.2020 Methoden entwickelt und im Jahr 2021 konsultiert (www.bundesnetzagentur.de/Shared Docs/Downloads/DE/Sachgebiete/Energie/Unternehmen_Institutionen/Versor gungssicherheit/Monitoring/MCN_Konsultation.pdf?__blob=publication File&v=2).

12 Für den Gasbereich hält Art. 3 Abs. 1 SoS-VO ausdrücklich fest, dass die Erdgasunternehmen, Mitgliedsstaaten und die EU-Kommission gemeinsam zur Gewährleistung der Versorgungssicherheit betragen.

13 § 51 diente zu Beginn insbesondere der Umsetzung von Art. 4 Elt-RL 09 (mit der Elt-RL 19 aufgehoben) und Art. 5 Gas-RL 09 (Begr. BT-Drs. 15/3917, 68 zu insoweit wortgleichen Artikeln der Elt-RL 03 und Gas-RL 03).

14 Die Vorschrift dient heute auch ua der Umsetzung von Art. 59 Abs. 1 lit. v Elt-RL 2019 und dient den Pflichten aus Art. 8 Abs. 4 SoS-VO. Das Monitoring ist erforderlich für eine Abschätzung der Angemessenheit der Ressourcen im Rahmen der Anforderungen der Verordnung (EU) 2019/943 (Begr.RegE BT-Drs. 19/17342 S. 97), → § 56 Rn. 11.

Der Austausch mit den europäischen Nachbarstaaten im Hinblick auf eine ge- 15
meinsame Methodik und ein gemeinsames Verständnis zur Messung und Bewertung der Versorgungssicherheit wird auf europäischer Ebene im Rahmen des Verbands der europäischen Übertragungsnetzbetreiber (ENTSO-E) sichergestellt und dem Monitoring der Versorgungssicherheit nach Abs. 4a zugrunde gelegt.

III. Entstehungsgeschichte

Die Verpflichtung zu einem Monitoring der Versorgungssicherheit wurde **2006** 16
ins EnWG eingefügt. Zunächst hat der Gesetzgeber im Hinblick auf die grundsätzliche energiepolitische Bedeutung der Versorgungssicherheit die Aufgabe des Monitorings beim Bundesministerium für Wirtschaft und Energie verortet gesehen (Begr. BT-Drs. 15/3917, 68).

Die Vorschrift ist das erste Mal im Zuge des **StrommarktG 2016** grundlegend 17
überarbeitet worden (Begr.RegE BT-Drs. 18/7317, S. 118), um die Zielsetzung des Weißbuches der Bundesregierung (*BMWi, Ein Strommarkt für die Energiewende* (Weißbuch) vom Juli 2015) umzusetzen und ein umfassendes Monitoring der Versorgungssicherheit durchzuführen. Dabei wurde ausdifferenziert, mit welchen **methodischen Ansätzen** in einem im Wesentlichen **wettbewerblichen** Elektrizitätssystem, Versorgungssicherheit beobachtet und bewertet werden kann.

Immer wichtiger durch die tatsächliche Vernetzung des **europäischen Ener-** 18
giebinnenmarktes und auch durch die neue Rolle von ACER (Erwgr. 7 und Art. 9 ACER-VO 19) ist es, insbesondere die Situation auch auf den europäischen Strommärkten zur Gewährleistung der Versorgungssicherheit in Deutschland berücksichtigt wird, was ebenfalls 2016 in die Regelung aufgenommen wurde.

Die Anforderungen für das Monitoring der Versorgungssicherheit an den 19
Strommärkten wurde sodann mit dem **KVBG 2020** weiter präzisiert, mit den Berichtspflichten in § 63 Abs. 2 neu gefasst und **vom BMWK auf die Bundesnetzagentur** übertragen. Die gerade neu geschaffenen Berichtspflichten in § 63 Abs. 2 wurden sodann durch die Klimaschutz-Sofortprogramm Novelle im Jahr 2022 auf 2022 verschoben, *„da die Erarbeitung von zusätzlich vorzulegenden Handlungsempfehlungen für die Umsetzung der im Koalitionsvertrag 2021 festgelegten Ziele, insbesondere die Beendigung der Kohleverstromung idealerweise bis 2030, den erhöhten Ausbau von u. a. Erneuerbaren Energien, Ladeinfrastruktur für Elektrofahrzeuge, Wärmepumpen und Elektrolyseuren zusätzliche Zeit erfordert"* (BT-Drs. 20/1599, S. 62). Dies geschah also noch ohne Berücksichtigung der Störungen der Lieferketten im Zuge des russischen Angriffskrieges gegen die Ukraine ab Februar 2022.

B. Durchführung des Monitorings (Abs. 1)

I. Gegenstand

Das Monitoring soll umfassend alle Aspekte der **Versorgungssicherheit** be- 20
leuchten (Begr.RegE BT-Drs. 15/3917, 68). Versorgungssicherheit ist ein umfassender Begriff, der aus **Sicht der Energieverbraucher** zu definieren ist. Versorgungssicherheit ist gegeben, wenn die Verbraucher in Industrie, Gewerbe und privaten Haushalten unterbrechungsfrei und langfristig ihren Bedarf an Energie decken können. Das Element der **Preiswürdigkeit** dieser Versorgung ist auch ein

§ 51 Teil 6. Sicherheit und Zuverlässigkeit der Energieversorgung

Bestandteil der Versorgungssicherheit, zentral ist es aber ein energiewirtschaftlich-technisch zu füllender Begriff, „**ob**" die Versorgung mit Energie stattfinden kann.

21 Versorgungssicherheit umfasst alle Stufen der **Wertschöpfungskette** von der Erzeugung (Elektrizität), Beschaffung (Erdgas), Förderung der Primärenergieträger, dem Transport, die Verteilung bis zur Belieferung von Letztverbrauchern mit Energie. Der Begriff Versorgungssicherheit beschreibt in den dem Netz **vorgelagerten Märkten** die Sicherung des Gleichgewichts von Erzeugung/Produktion/Beschaffung und Verbrauch im Gas- bzw. Stromversorgungssystem im Sinne eines **Ausgleichs von Angebot und Nachfrage** am Gas bzw. Strommarkt.

22 Abzugrenzen ist die **Versorgungssicherheit** von der **Versorgungsqualität**. Zur Versorgungsqualität gehört (*Consentec/IAEW/EWI 2010*, S. 3)
a) die Zuverlässigkeit der einzelnen Anlagen und Betriebsmittel der Energieversorgung
b) die technisch-physikalische Produktqualität der gelieferten Elektrizität bzw. des Erdgases
c) die Dienstleistungsqualität und
d) die als Zuverlässigkeit zusammengefasste Störungs- und Unterbrechungsfreiheit iSd § 52

In der Frage der Unterbrechungsfreiheit gibt es eine Überschneidung der Versorgungssicherheit und -qualität. Die übrigen drei Bereiche zählen eher nicht dazu, da sie nicht das „ob" der Belieferung mit Energie betreffen, sondern das „wie".

23 § 51 selbst enthält keine Regelung zur **Berichterstattung** über die Ergebnisse des Monitorings und etwaige auf dieser Grundlage getroffene Maßnahmen. Die Bundesnetzagentur veröffentlicht ihre ursprünglich ab dem Jahr 2021 zu erstellenden Berichte mithin nicht selbst. In Umsetzung von Art. 4 Elt-RL 09 und Art. 5 Gas-RL 09 bestimmte jedoch § 63 Abs. 2 aF, dass die Bundesnetzagentur zum Oktober 2021 je einen Bericht zum Stand und zur Entwicklung der Versorgungssicherheit im Bereich Erdgas (§ 63 Abs. 2 Nr. 1) und Elektrizität (§ 63 Abs. 2 Nr. 2) erstellen soll. Diese werden dem Bundesministerium für Wirtschaft und Klimaschutz übergeben, das nach § 63 Abs. 1 S. 5 Einvernehmen in der Bundesregierung herstellt und diese dann veröffentlicht und dem Bundestag vorlegt. Die Frist wurde durch die Klimaschutz-Sofortprogramm Novelle auf 2022 verschoben. Die Berichterstattung hat alle zwei Jahre zu erfolgen und soll von der Bundesregierung mit Handlungsempfehlungen verbunden werden. Die Berichte aus 2017, 2019 und aus 2020 sind auf der Homepage des BMWK zu finden.

II. Versorgungssicherheit Gas (Abs. 2)

24 Abs. 2 betrifft das Monitoring der Versorgungssicherheit mit Erdgas. Die Aufzählung der Aspekte, die von dem Monitoring der Versorgungssicherheit mit Erdgas umfasst sind, sollen nach dem Willen des Gesetzgebers im StrommarktG nicht abschließend verstanden werden (Begr. RegE BT-Drs. 18/7317, S. 119).

25 Während bis zur Änderung 2016 lediglich das Verhältnis zwischen Angebot und Nachfrage auf dem deutschen Markt überwacht wurde, soll seitdem das Monitoring im Bereich der Versorgung mit Erdgas auch auf das Verhältnis von Angebot und Nachfrage auf dem internationalen Markt ausgedehnt werden (Nr. 1). Auch künftige Entwicklungen sind trotz aller Prognoseunsicherheiten zu berücksichtigen (zB → § 19a Rn. 1 ff.).

26 Nr. 2 und Nr. 5 bilden netzseitige Aspekte ab. Beobachtet werden soll neben den bestehenden und neuen Produktionskapazitäten auch die bestehenden und geplanten Transportleitungen (Nr. 2). Diese ergeben sich ua aus den nationalen wie europäischen Netzentwicklungsplänen – da alle neuen Gasproduktionsstätten durch Leitungen angebunden werden müssen.

Weitere Betrachtungsgegenstände sind: die erwartete Nachfrageentwicklung (Nr. 3). Diese ist natürlich auch ein wichtiger Parameter in der nationalen und europäischen Netzentwicklungsplanung (→ § 15a Rn. 1 ff.). Nr. 4 nennt einen weiteren netzseitigen Gesichtspunkt, die Qualität und den Umfang der Netzwartung. Dies abstrakt zu bewerten ist schwierig, jedenfalls bis es sich in Netzstörungen niederschlägt, die gegebenenfalls auch Mängel der Netzqualität und –wartung als Ursache haben können. Darüber hinaus fließt hier das jährliche **Qualitätsmonitoring** durch die Bundesnetzagentur nach § 52 ein. Eine **Qualitätsregulierung Gas** gem. § 21a Abs. 6 iVm § 19 ARegV ist bislang nicht eingeführt worden (zuletzt dazu: BNetzA, Evaluierungsbericht nach § 33 Anreizregulierungsverordnung vom 21.1.2015, S. 294 ff.). 27

Weitergehende Vorgaben macht allerdings die in Nr. 5 genannte „Analyse von Netzstörungen". Die Analyse von Netzstörungen gehört auch zu den jährlichen Kontrollmaßnahmen des DVGW im Rahmen des ganzheitlichen Sicherheitskonzeptes. Sofortmeldepflichtige und meldepflichtige Ereignisse werden vom DVGW auf Basis des **DVGW-Arbeitsblattes G 410** Bestands- und Ereignisdatenerfassung Gas erhoben. Zu den sofortmelde-pflichtigen Ereignissen zählen eine ungewollte Gasfreisetzung mit Personenschaden, Brand, Explosion, Verpuffung sowie Trümmerflug (Versorgungssicherheitsbericht Gas 2019, S. 21). 28

Im Rahmen der in Nr. 6 aufgerufenen „Maßnahmen zur Bedienung von Nachfragespitzen und zur Bewältigung von Ausfällen eines oder mehrerer Versorger" und das verfügbare Angebot auch unter Berücksichtigung der Bevorratungskapazität und des Anteils von Einfuhrverträgen mit langfristigen Lieferverträgen (Nr. 7) soll regelmäßig auf die vorhandenen Erdgasspeicher, die Speicherfüllstände und die internationalen Erdgaslieferverträge mit den großen Produzentenländern Russland, Norwegen und Niederlande geschaut werden. 29

III. Versorgungssicherheit Elektrizität (Abs. 3)

Abs. 3 betrifft das Monitoring der Versorgungssicherheit bei der Versorgung mit Elektrizität. Die Aspekte, die von dem Monitoring der Versorgungssicherheit erfasst werden sollen, sind nicht abschließend („insbesondere") aufgelistet. 30

Analysiert werden muss die Situation der Stromversorgung auf den **europäischen Strommärkten**. Der Austausch mit den europäischen Nachbarstaaten im Hinblick auf eine gemeinsame Methodik und ein gemeinsames Verständnis zur Messung und Bewertung der Versorgungssicherheit wird auf europäischer Ebene im Rahmen des Verbands der europäischen Übertragungsnetzbetreiber (ENTSO-E) sichergestellt und dem Monitoring der Versorgungssicherheit nach Abs. 3, 4a und 4b zugrunde gelegt. 31

Nr. 1 betrifft das Monitoring der Versorgungssicherheit als das Verhältnis zwischen Angebot und Nachfrage auf den Strommärkten. „Strommärkte" mit Auswirkung das Gebiet der Bundesrepublik Deutschland (Plural) stellt einerseits auf die bestehenden und nicht 100 Prozent gekoppelten **Gebotszonen** in Kontinentaleuropa ab und andererseits gibt es **langfristige und kurzfristige Märkte,** die in die Betrachtung einbezogen werden können. Auch die **Beschaffung von Regelenergie** ist ein wettbewerblich und europäisch organisierter Markt (→ Vor § 22 Rn. 23), den man als Strommarkt fassen kann. Alternativ könnte auch Nr. 7 diese Produkte 32

§ 51 Teil 6. Sicherheit und Zuverlässigkeit der Energieversorgung

erfassen. Dabei kommt der Einschätzung der künftigen Entwicklungen und der europäischen Perspektive angesichts gemeinsam verabschiedeter **Klimaziele** besondere Bedeutung zu. Auch hier helfen u. a. die nationalen wie europäischen Netzentwicklungspläne, die hierzu im Sinne eines Entwicklungsszenarios (→ § 12a Rn. 9) Annahmen und Varianten treffen müssen.

33 Nr. 2 konkretisiert die schon vor 2016 enthaltene Bezugnahme auf das verfügbare Angebot dahingehend, dass bestehende und künftig verfügbare, in der Planung oder im Bau befindliche Erzeugungskapazitäten zu berücksichtigen sind. Die Bundesnetzagentur führt dazu bezogen auf Deutschland **Kraftwerkslisten** und das **Marktstammdatenregister.** Nr. 2 geht insofern über die Vorfassung hinaus, nach der „die in der Planung und im Bau befindlichen *zusätzlichen* Kapazitäten erfasst" werden sollten. An der Schnittstelle zur **netzseitigen Versorgungssicherheit** für Zwecke des Redispatch und den Blindleistungsbedarf, sind vielmehr auch die Kraftwerke in der Netzreserve (§ 13 d) sowie der Kapazitätsreserve (§ 13 e) in das Monitoring einzubeziehen. Dies sind die außerhalb der Strommärkte bestehenden Erzeugungskapazitäten und werden nur für Zwecke des ÜNB vorgehalten. Zu den Erzeugungskapazitäten gehören existierende (Pumpspeicherkraftwerke) und künftig verfügbare Anlagen zur **Speicherung von elektrischer Energie.**

34 Nr. 3 bezieht den nationalen und grenzüberschreitenden **Leitungsausbau im Transportnetz** mit ein – jede Verzögerung hat gegebenenfalls Auswirkungen auf die Transportkapazitäten, Engpässe und mithin die Versorgungssicherheit. Der Begriff „Verbindungsleitungen" erfasst nach → § 3 Nr. 34 sowohl Höchstspannungsleitungen innerhalb Deutschlands als auch grenzüberschreitende Leitungen.

35 Im Hinblick auf die Definition von „in Planung befindlichen Anlagen" beschreibt die Gesetzesbegründung solche, für die die notwendigen öffentlich-rechtlichen Genehmigungen vorliegen (Begr. RegE StromarktG BT-Drs. 18/7317, S. 120).

36 Nr. 4 betrifft die erwartete **Nachfrageentwicklung,** mithin auch ein wichtiger Parameter in den Szenariorahmen gem. 12a.

37 Nr. 5 nennt die Qualität und den Umfang der **Netzwartung.** Dies qualitativ zu bewerten ist nur schwer möglich, jedenfalls bis es sich in Netzstörungen niederschlägt, die ggf. auch Mängel der Netzqualität und –wartung als Ursache haben kann. Anhaltspunkte gibt dazu das jährliche Qualitätsmonitoring durch die Bundesnetzagentur nach § 52 ein. Die Qualitätsregulierung Elektrizität gem. § 21 a Abs. 6 iVm § 19 ARegV ist etabliert, betrifft allerdings nicht die Transportnetzbetreiber (zuletzt zu Stand und Entwicklungsmöglichkeiten BNetzA, Evaluierungsbericht nach § 33 Anreizregulierungsverordnung vom 21.1.2015, S. 290 ff.).

38 Nr. 6 sieht die Analyse von **Netzstörungen** und von Maßnahmen „der Betreiber *von Elektrizitätsversorgungsnetzen*" vor. Darunter fällt zB auch der Einsatz von Erzeugungskapazität (Markt oder Netzreserve), insbesondere **Redispatch-Maßnahmen,** gegebenenfalls aber auch der Einsatz der Kapazitätsreserve. Aus dem Zusammenhang ergibt sich, dass hier im Grunde nur **die ÜNB** gemeint sein können, da diese die Verantwortung für die Sicherheit und Zuverlässigkeit des Elektrizitätsversorgungssystems haben, → § 12 Rn. 23. Die sprachliche Differenzierung lässt aufhorchen: Die Begründung will hier die ÜNB oder die „Betreiber der vorgelagerten Elektrizitätsverteilernetze" erfassen (Begr. RegE StromarktG BT-Drs. 18/7317, S. 120). Richtig ist, dass insbesondere auch aus den Hochspannungsnetzen Redispatch erbracht wird für und auf Anforderung der ÜNB. Eine vollständige Erstreckung des Monitorings aller Maßnahmen auch bezogen auf Verteilernetze für

eigene Zwecke ist jedenfalls nicht mit dem „**Elektrizitätsversorgungssystem**" in Europa zu erfassen.

Nr. 7 nennt wie schon vor 2016 Maßnahmen zur Bedienung von **Nachfragespitzen** sowie zur Bewältigung von Ausfällen eines oder mehrerer Versorger. S. 2 macht deutlich, was gemeint sein kann: auch künftige Beiträge von **Lastmanagement** (§ 51 a) oder von **Netzersatzanlagen** sollen analysiert werden. Lastmanagement bezeichnet eine zweckorientierte Veränderung des Verbrauchs elektrischer Energie gegenüber einem geplanten Verbrauchsverhalten. 39

Unter **Netzersatzanlage** (einzige Erwähnung im EnWG in § 111f Nr. 2b bb) werden klassisch Anlagen verstanden, die ausschließlich oder vorrangig dazu dienen, bei einer Unterbrechung der öffentlichen Elektrizitätsversorgung einen oder mehrere Letztverbraucher mit Elektrizität zu versorgen. Zuvor war der Begriff des **Notstromaggregates** in § 37 Abs. 1 S. 3 enthalten. Danach waren Notstromaggregate als Eigenanlagen definiert, die ausschließlich der Sicherstellung des Energiebedarfs bei Aussetzen der öffentlichen Energieversorgung dienen, wenn sie außerhalb ihrer eigentlichen Bestimmung nicht mehr als 15 Stunden monatlich zur Erprobung betrieben werden. 40

Das StromarktG geht davon aus, dass in einem weiterentwickelten Strommarkt Netzersatzanlagen künftig verstärkt auch zur **Deckung der Spitzennachfrage** am Strommarkt oder zur Bereitstellung von **Regelleistung** und damit zur Versorgungssicherheit eingesetzt werden können. Um zu vermeiden, dass zwei unterschiedliche Definitionen des Notstromaggregates und der Netzersatzanlage gesetzlich verankert werden, wurde die bisherige Legaldefinition in § 37 Abs. 1 S. 3 gestrichen und durch den Begriff „Eigenanlagen zur Sicherstellung des Energiebedarfs bei Aussetzen der öffentlichen Energieversorgung" ersetzt (Begr. RegE StromarktG BT-Drs. 18/7317, S. 121). 41

Nach S. 3 sollen zudem mögliche **Hemmnisse** für die Nutzung von **Lastmanagement** und von Netzersatzanlagen dargestellt werden. Das umfassende Monitoring soll für die notwendige Transparenz über die Entwicklung der Versorgungssicherheit geben, um in einem wettbewerblich strukturierten Strommarkt den Marktakteuren eine Basis für ihre Investitionsentscheidungen zu geben (Begr. RegE StromarktG BT-Drs. 18/7317, S. 121). 42

IV. Methodik für das Monitoring Versorgungssicherheit Elektrizität (Abs. 4 a)

Abs. 4a konkretisiert die Methodik des Monitorings der Versorgungssicherheit nach Abs. 3 im Bereich der Stromversorgung. S. 1 regelt den Grundsatz, dass das Monitoring die **Messung** und die **Bewertung** der Versorgungssicherheit umfasst. S. 2 legt fest, dass das Monitoring auf der Basis regelmäßig festzulegender **Indikatoren** (Nr. 1) und **Schwellenwerten** (Nr. 2) vorgenommen wird. 43

Die in Nr. 1 genannten **Indikatoren** müssen für die Zwecke des Monitorings, dh für die Messung der Versorgungssicherheit an den europäischen Strommärkten geeignet sein und dazu dienen, die Versorgungssicherheit objektiv und transparent evaluieren zu können. Dabei hat sich in Europa ein Set von Indikatoren zur Bewertung der Versorgungssicherheit am Strommarkt etabliert, von denen bislang in Deutschland die sog. **Lastausgleichswahrscheinlichkeit** herangezogen wurde. (*Consentec/Fraunhofer ISI/TEP/r2b* 2019, S. 15 ff.). Diese Schwellenwerte sind nunmehr durch die Elt-VO 19 europarechtlich determiniert (→ Rn. 46 ff.). Nach Nr. 2 sollen **Schwellenwerte** entwickelt werden, bei deren Über- oder Unterschreiten 44 eine Prüfung und gegebenenfalls bei Bedarf Umsetzung angemessener Maßnahmen zur Gewährleistung der Versorgungssicherheit erfolgen. Die Schwellenwerte heißen eben nicht, dass eine 100-prozentige Versorgungssicherheit in allen Fällen gewährleistet ist, sondern müssen ein als **gesellschaftlich** gewolltes und **volkswirtschaftlich effizientes** Niveau an Versorgungssicherheit bestimmen.

45 S. 2 gibt vor, dass bei der Messung der Versorgungssicherheit wahrscheinlichkeitsbasierte Analysen auf dem **Stand der Wissenschaft** (S. 4) vorgenommen werden sollen. Die Aufgabe hat der Gesetzgeber selbst so beschrieben „Die wahrscheinlichkeitsbasierten Analysen für den europäischen Strommarkt erfolgen mit einem integrierten Investitions- und Einsatzmodell, um das das wettbewerbliche Marktverhalten und die wettbewerbliche Preisbildung unter Berücksichtigung von Unsicherheiten abzubilden." (Begr. RegE KVBG BT-Drs. 19/17342, S. 154) Mithin sind die Modelle als **Entwicklungsmodell,** nicht als Zielmodell (→ § 12a Rn. 9) auszugestalten, dh, es müssen die real möglichen und sich abzeichnenden, nicht die politisch gewollten, Entwicklung abgebildet werden.

46 S. 5 verankert die Zielsetzung, langfristig den Versorgungssicherheitsbericht stärker mit anderen europäischen Mitgliedstaaten abzustimmen. Die Methodiken sind im Einklang mit der Elt-VO 19 zu bestimmen. Zwei Indikatoren sind europarechtlich vorgegeben (Abs. 4a iVm Art. 23 Abs. 6 lit. j Elt-VO 19):

47 1. **LoLE** (Loss of Load Expectation [h/a]): Der LoLE ist die erwartete Anzahl an Stunden eines Jahres, in denen die Nachfrage am Strommarkt nicht vollständig gedeckt werden kann. Dieser Indikator wird zumeist zur Quantifizierung des Versorgungssicherheitsniveaus (VS-Niveau) genutzt. Der LoLE selbst setzt sich wiederum aus den Indikatoren **VoLL** (Value of lost load) und **CoNE** (Cost of New Entry) zusammen.

2. **EENS** (Expected Energy Not Supplied [MWh]): Der EENS ist die erwartete nachgefragte Energiemenge, die innerhalb eines Jahres nicht gedeckt werden kann.

(BNetzA, Konsultationsdokument MCN, S. 2)

48 Weitere Vorgaben an die Methodik zur Evaluation der Versorgungssicherheit an den Strommärkten finden sich im Annex-I der Acer Decision 23/2020 vom 2.10.2020. Darin finden sich neben Anforderungen an die Bestimmung des Versorgungssicherheitsstandards (reliability standard) etwa Vorgaben zur Ermittlung des VoLL und des CoNE (→ Rn. 47). Die Einhaltung dieser Vorgaben aus dem Annex-I der Acer Decision 23/2020 ist aufgrund des Verweises in Abs. 4a auf Art. 23 Abs. 6 lit. j Elt-VO 19 verbindlich.

49 S. 5 Hs. 2 sieht vor, dass **historische Wetter- und Lastjahre,** einschließlich kritischer Wetter- und Lastjahre, sowie von **ungeplanten Kraftwerksausfällen** zur Anwendung kommen. Damit sollen bei den wahrscheinlichkeitsbasierten Analysen die Unsicherheiten hinsichtlich Wetter und ungeplanten Kraftwerksausfällen abgebildet und die Verwendung von sog. synthetischen Zeitreihen für Wetter und Last ausgeschlossen werden. (Begr. RegE KVBG BT-Drs. 19/17342, S. 154)

V. Methodik der Netzanalysen Elektrizität (Abs. 4b)

50 Abs. 4b regelt das Monitoring der Versorgungssicherheit mit **Blick auf die Netze.** Er sieht vor, dass eine vertiefte Analyse mit Bezug auf die Netze durchgeführt wird. Dies betrifft die technische Sicherheit, die Leistungsfähigkeit, die notwendige geografische Verteilung von Erzeugungskapazitäten im Netz, die notwendige Systemdienstleistungen erbringen können uvm. Dabei muss und kann auf

Monitoring der Versorgungssicherheit § 51

weitere, bestehende Analysen und Berichten aufgebaut werden. Hierzu gehören unter anderem die **Systemanalysen nach § 3 Abs. 2 NetzResV** und der **Netzentwicklungsplan (§ 12 c)**. Ergänzend kann die Bundesnetzagentur auch nach §§ 12 Abs. 3b, Abs. 5 Nr. 5 weitere, bisher noch nicht vorliegende Informationen von den Netzbetreibern verlangen, die für die Bewertung erforderlich sind.

Das Monitoring soll neben der Entwicklung und des Managements von Netzengpässen auch Aspekte der Stabilität des Übertragungsnetzes bewerten. Es sollen insbesondere die für die Netzstabilität erforderlichen **Systemdienstleistungen** betrachtet werden. Hierzu gehören neben der Regelenergie auch die in § 12h genannten nicht-frequenzgebundenen Systemdienstleistungen zur Spannungshaltung (Blindleistung, Kurzschlussstrom), die Fähigkeiten zum Schwarzstart und der Inselbetriebsfähigkeit im Rahmen des Netz- und Versorgungswiederaufbaus oder die Momentanreserve zur Vermeidung und Beherrschung von sog. „Systemsplits". 51

Hs. 2 zieht die Verbindung zur **langfristigen Netzanalyse** der ÜNB nach § 34 Abs. 1 KVBG. Diese soll in das Monitoring der netzseitigen Versorgungssicherheit einbezogen werden. Des Weiteren werden bestehenden Analysen und Berichte einbezogen werden müssen – diese müssen konsistent sein. Hierzu gehören unter anderem die Systemanalysen nach § 3 NetzResV und der Netzentwicklungsplan nach § 12c. § 12 Abs. 5 oder § 12 Abs. 3b sieht weitere Datenerhebungen für die Bundesnetzagentur vor. Erforderlich ist die Beobachtung der Entwicklung und Engpassmanagements und die Bewertung weiterer Systemdienstleistungen, insbesondere Spannungshaltung (Blindleistung, Kurzschlussleistung), Frequenzhaltung (ua Momentanreserve zur Vermeidung und Beherrschung von sog. „Systemsplits") und Versorgungswiederaufbau (Begr. RegE BT-Drs. 19/17342, S. 154). 52

Die lastflussgesteuerte Marktkopplung gemäß Elt-VO 19 – das sog. **Flow-Based-Market-Coupling** (weiterführend *König* Engpassmanagement S. 220 ff.) zwischen den europäischen Marktregionen – soll das Nutzung der Interkonnektorenkapazitäten im europäischen Stromhandel optimieren. Dabei soll nach europäischen Vorgaben die Öffnung der Interkonnektoren in den nächsten Jahren schrittweise auf 70 Prozent erhöht werden. 53

Bei der Bewertung der Versorgungssicherheit sind immer auch **Worst-case-Szenarien** zu bilden. Daher sind nach Abs. 4a S. 5 auch kritische Wetter- und Lastjahre, sowie ungeplante Kraftwerksausfällen abzubilden. Schlussfolgerungen daraus sind Gegenstand der Bewertung und der gesellschaftlichen sowie volkswirtschaftlichen **Kosten-Nutzen Abwägung**. 54

Die Schlussfolgerungen sind auch **regulatorischer**, vor allem aber **gesellschaftlicher** und mithin **politischer Natur**. Das Monitoring soll die Grundlage schaffen, zu beurteilen, ob Maßnahmen zur kurz- und längerfristigen Gewährleistung der Sicherheit und Zuverlässigkeit des Elektrizitätsversorgungssystems iSv § 12 Abs. 1 S. 1 und Abs. 3 erforderlich sind. Besondere Bedeutung erlangt der Vorgang im Rahmen der **langfristigen Netzanalyse** der ÜNB nach § 34 Abs. 1 **KVBG**. § 34 Abs. 2 KVB regelt, dass die Bundesnetzagentur erstmalig bis zum 31.3.2022 auf der Grundlage des Monitorings der Versorgungssicherheit nach § 51 eine begleitende Netzanalyse erstellt. Eine Rechtsverordnung nach § 60 Abs. 1 KVBG kann dazu Maßstäbe bestimmen. Diese Netzanalyse dient dazu, die Auswirkungen der Stilllegungen von Stein- und Braunkohleanlagen auf die Sicherheit und Zuverlässigkeit des Elektrizitätsversorgungssystems zu untersuchen (BT-Drs. 19/17342 S. 134). Daher ist gem. Abs. 4b S. 4, insbesondere aber auch über Abs. 5 die Bundesregierung zu informieren und einzubeziehen. 55

Bourwieg 2205

§ 51 Teil 6. Sicherheit und Zuverlässigkeit der Energieversorgung

56 Gem. S. 4 hat die Bundesnetzagentur im **Jahr 2020** dem Bundesministerium für Wirtschaft und Energie einen Bericht über diese Analyse vorgelegt (www.bundes netzagentur.de/Sachgebiete/Energie/Unternehmen_Institutionen/Versorgungs sicherheit/Berichte_Fallanalysen/Bericht_Abs.4b.pdf oder www.bundesnetzagen tur.de → Elektrizität und Gas → Versorgungssicherheit → Netzreserve).

VI. Behördliche Befugnisse

57 **1. Informations- und Auskunftsansprüche.** Die Vorschrift sieht keine eigenen Befugnisnormen vor, denn es gelten für die Bundesnetzagentur die **allgemeinen Aufsichtsbefugnisse** gem. §§ 65 ff. Die Vorgängervorschrift, die das Monitoring noch dem zuständigen Bundesministerium zugeordnet hatte, verwies auf zur Durchführung des Monitorings auf die Befugnisse und Pflichten gem. §§ 68, 69 und 71.

58 Die Bundesnetzagentur kann demnach zur Durchführung des Monitorings alle erforderlichen **Ermittlungen** führen und Beweise erheben (§ 68 Abs. 1; dazu → § 68 Rn. 5). Der in § 68 Abs. 2–6 näher ausgestalteten Beweiserhebung wird dabei für das Monitoring, anders als für das behördliche Verfahren, keine wesentliche praktische Bedeutung zukommen.

59 Weit ausgeprägt sind die sich aus § 69 ergebenden Befugnisse. Danach bestehen umfangreiche **Auskunfts-, Einsichts- und Prüfungsrechte** sowie ein Anspruch der zuständigen Stelle auf Vorlage von Unterlagen (§ 69 Abs. 1, 2; dazu → § 69 Rn. 6 ff.). Mitarbeiter der Bundesnetzagentur oder im Rahmen der Amtshilfe beauftragte Dritte dürfen Betriebsgrundstücke, Büro- und Geschäftsräume sowie Einrichtungen auskunftspflichtiger Unternehmen und Vereinigungen von Unternehmen betreten (§ 69 Abs. 2; → § 69 Rn. 6). Unter den in § 69 Abs. 4 und 5 geregelten Voraussetzungen (dazu → § 69 Rn. 10) sind Durchsuchungen sowie Beschlagnahmen zulässig. Von diesen Befugnissen kann die Bundesnetzagentur nur dann Gebrauch machen, wenn dies **zur Durchführung des Monitorings erforderlich** ist. Davon ist nur auszugehen, wenn ansonsten der Zweck des Monitorings, die grundlegende Bewertung der Versorgungssicherheit, aufgrund einer lückenhaften Informationsbasis erheblich beeinträchtigt würde.

60 § 71 regelt die behördlichen Befugnisse im eigentlichen Sinn. Die Vorschrift betrifft den Umgang mit **Betriebs- und Geschäftsgeheimnissen** durch diejenigen, die im Zusammenhang mit dem Monitoring zur Vorlage von Informationen verpflichtet sind. Sie müssen Betriebs- und Geschäftsgeheimnisse kennzeichnen und eine Fassung der Unterlagen vorlegen, die ohne die Preisgabe von Betriebs- und Geschäftsgeheimnissen eingesehen werden kann.

61 **2. Austausch mit anderen zuständigen Stellen.** Durch die umfangreichen europäischen Entwicklungen gib es allerdings eine **Vielzahl von Akteuren** (dazu auch FS Danner/*Bauer* S. 487), die die Versorgungssicherheit unter verschiedenen Aspekten beobachten und Maßnahmen ableiten sollen und die auf entsprechende Befugnisse zu Informationsübermittlung, Austausch und Koordinierung bedürfen. Dazu gehören (ohne den Anspruch auf Vollständigkeit gewährleisten zu können):

62 a) die **Versorgungswirtschaft** insgesamt, also auch Betreiber bestehender Erzeugungsanlagen oder Importverträge für Erdgas, LNG oder Förderungsanlagen über § 12 Abs. 4 iVm 5, Art. 14 Abs. 6 SoS-VO, Art. 50 Abs. 5 und 6 Elt-VO 19
b) die **verantwortlichen ÜNB** bzw. **FNLB** (§ 12 Abs. 1, Art. 37 Abs. 3, Art. 42, Art. 50 Elt-VO 19, Art. 5 Abs. 4 SoS-VO (Baur/Salje/Schmidt-Preuß/*Ruthig* Kap. 97 Rn. 2)

Monitoring der Versorgungssicherheit **§ 51**

c) die **nationalen Regulierungsbehörden** und andere national **zuständige Behörden** (§§ 65 iVm 11 ff., 51 Abs. 1, Art. 59 Elt-VO 19 und Art. 5 Abs. 8, Art. 6 Abs. 1 S. 1, Art. 7 Abs. 2, Art. 8 Abs. 2 SoS-VO

d) die **Mitgliedstaaten** ganz maßgeblich in den integrierten Energie- und Klimaplänen gemäß der Berichterstattung dazu in Art. 17 der sog. EU-Governance VO 2018/1999 (FS Danner/*Bauer* S. 487 (494 f.) sowie zur Ressourcenadäquanz im Elektrizitätsbinnenmarkt gem. Art. 20 Abs. 2 und 24 Elt-VO 19

e) die europäischen Netzbetreiberverbände **ENTSO-E und ENTSO-G** durch die europäischen Netzentwicklungspläne gem. Art. 30 Abs. 1 b Elt-VO und Art. 8 Abs. 3 b Gas-VO 09, die Systemadäquanzberichte (Art. 23 Elt-VO 19 und Art. 8 Abs. 3 Gas-VO 09, zur Engpasssituation gem. Art. 14 Abs. 1 Elt-VO 19 oder die Risikobewertung gem. Art. 7 Abs. 1 SoS-VO

f) die europäische Regulierungsbehörde **ACER**

g) die **Europäische Kommission** zB in Art. 17 SoS-VO, im Wege delegierter Rechtsakte zu den Risikobewertungen gem. Art. 7 Abs. 5 S. 3 iVm Anhang IV und V SoS-VO

h) im Elektrizitätssektor die mit Art. 34 Elt-VO 19 neu geschaffenen **Regionalen Kooperationszentren** (RCC), deren Kernaufgabe in der Vorausschau der Versorgungssicherheit im Elektrizitätsbinnenmarkt liegt (Art. 37 iVm Anhang I Elt-VO 19); bei den Aufgaben nach Abs. 2 Nr. 5 Analyse von Störungen teilt sich die Bundesnetzagentur die Berichterstattung zB mit den RCC gem. Art. 37 Abs. 1 i Elt-VO 19; darüber hinaus kommt ihnen die Aufgabe der zonenübergreifenden Kapazitätsberechnungen und ein Berichtswesen an ACER sowie die nationalen Regulierungsbehörden gem. Art. 16 Abs. 3 Elt-VO zu; weitere Informationspflichten ergeben sich aus Art. 46 Abs. 3 und 4

i) im Gassektor der **„Koordinierungsgruppe Gas"** gem. Art. 4 SoS-VO; diese hat die Aufgabe, Maßnahmen zur Gewährleistung der Gasversorgungssicherheit zu koordinieren; sie hat unterstützende Funktion für die Kommission, sammelt Informationen, kann Verfahren und Leitlinien aufstellen, bewertet Präventions- und Notfallpläne und soll in Notfallsituationen koordinierend eingreifen.

Im Austausch unter den Akteuren bedarf es angesichts der **Sensitivität der Daten** jeweils Rechtsgrundlagen zum Datenaustausch und Regelungen zum Schutz betrieblicher und sicherheitsrelevanter Daten (§ 57 Abs. 4 und 5). 63

VII. Rechtsschutz (Abs. 1 S. 2)

§ 51 ist **keine Rechtsgrundlage für Maßnahmen,** um etwaige im Zusammenhang mit dem Monitoring der Versorgungssicherheit festgestellte Mängel zu beheben. Die Ergebnisse des Monitorings können aber Grundlage für die Anordnung von **Maßnahmen durch die Regulierungsbehörde** sein, insbesondere sind sie Grundlage für **politische Entscheidungsprozesse,** vgl. etwa § 63 Abs. 2 S. 7. 64

Stellt sich im Rahmen des Monitorings heraus, dass Energieversorgungsnetze nicht den **Anforderungen der §§ 11 ff.** entsprechend betrieben und ausgebaut werden, kann die Regulierungsbehörde gestützt auf die allgemeine Befugnisnorm des §§ 65 und 65 Abs. 2a die Netzbetreiber zu Abhilfemaßnahmen verpflichten. 65

Nach Abs. 1 S. 2 gelten neben den vorstehend genannten Befugnisnormen bestimmte Vorschriften zu Rechtsmitteln auch für die Durchführung des Monitorings. Auf das Monitoring der Versorgungssicherheit anzuwenden sind die §§ 73, 75–89 und 106–108. Bei **Entscheidungen** im Rahmen des Monitorings sind 66

§ 51a Teil 6. Sicherheit und Zuverlässigkeit der Energieversorgung

daher die in § 73 Abs. 1 und 2 geregelten Anforderungen an die Begründung und Zustellung zu beachten. Dies ist bei Handlungen der Regulierungsbehörde aber ohnehin eine Selbstverständlichkeit.

67 Die Beteiligtenfähigkeit richtet sich im Monitoringverfahren ebenso wie im Beschwerde- und Rechtsbeschwerdeverfahren nach § 89. Danach sind neben natürlichen und juristischen Personen auch nichtrechtsfähige Personenvereinigungen beteiligtenfähig (→ § 89 Rn. 4 ff.).

68 Die Veröffentlichung des Berichts selbst nach § 63 Abs. 2 iVm § 51 ist selbst **nicht drittschützend**. Es besteht daher keine Klagebefugnis Dritter (zB eines Umweltverbands) auf fristgerechte Veröffentlichung des Berichts (VG Berlin Urt. v. 9.12.2010 – VH 4 K 423.10, IR 2011, 645).

§ 51a Monitoring des Lastmanagements

(1) ¹Die Regulierungsbehörde kann zur Durchführung des Monitorings nach § 51 ein Monitoring des Beitrags von Lastmanagement zur Versorgungssicherheit durchführen. ²Dazu kann die Regulierungsbehörde von Unternehmen und Vereinigungen von Unternehmen, die einen jährlichen Stromverbrauch von mehr als 50 Gigawattstunden haben, Informationen verlangen, die erforderlich sein können, um den heutigen und künftigen Beitrag von Lastmanagement im Adressatenkreis für die Versorgungssicherheit an den Strommärkten zu analysieren. ³Auf Verlangen des Bundesministeriums für Wirtschaft und Energie muss die Regulierungsbehörde die Informationen einholen und diesem in angemessener Frist sowie in geeigneter Form zur Verfügung stellen.

(2) Die Regulierungsbehörde soll das Marktstammdatenregister nach § 111e nutzen, sobald und soweit darin Daten im Sinne des Absatzes 1 gespeichert sind.

Literatur: *Consentec,* Gutachten zum Wert der Abschaltbarkeit der energieintensiven Industrien und zur intensivierten Nutzung der energieintensiven Industrien bei der Ausregelung der Netze v. 9.12.2010; *dena* Studie: Roadmap Demand Side Managment 2016; *Deutsche Energie-Agentur* GmbH (dena), dena-Leitstudie Integrierte Energiewende, Juli 2018; *König,* Die Vergütung abschaltbarer Lasten, EnWZ 2013, 201; *Ländner,* Regulatorische Rahmenbedingungen als Hemmnisse für die Nutzung von „Demand Response", N&R 2017, 138.

A. Allgemeines

1 Ergänzend zum Monitoring der Versorgungssicherheit wurde 2016 mit dem **StrommarktG** das Monitoring des Lastmanagements eingeführt (BT-Drs. 18/7317). Vorausgegangen war ua eine intensive Diskussion national wir europäisch zu den Marktchancen von sog. **„Aggregatoren"** (BNetzA Vorschlag Aggregator-Modell 2016, www.bundesnetzagentur.de/SharedDocs/Downloads/DE/ Sachgebiete/Energie/Unternehmen_Institutionen/VortraegeVeranstaltungen/Ag gregator_Modell_606.pdf?__blob=publicationFile&v=1). Durch Einfügung des § 26a StromNZV wurden die Regelleistungsmärkte explizit für spezialisierte Anbieter von Lastmanagement geöffnet (Begr. RegE StrommarktG, S. 54).

Monitoring des Lastmanagements　　　　　　　　　　　　　　　　**§ 51a**

Unter Lastmanagement (oft **auch Demand Side Management** – DSM – ge- 2
nannt, wird in diesem Zusammenhang eine zweckorientierte Veränderung des
Verbrauchs elektrischer Energie gegenüber einem ansonsten zu erwartenden Verbrauchsverhalten verstanden (*Ländner* N&R 2017, 138). Speicher- und Verschiebungspotentiale im **Erdgasmarkt** sind, wie Absatz 1 Satz 2 deutlich macht, nicht
erfasst. Lastmanagementmaßnahmen können nach Vorstellung des Gesetzgebers
unmittelbar **auf Initiative** des Letztverbrauchers erfolgen, zB als Reaktion auf
Strompreissignale, oder auf Initiative eines Externen, zB eines Netzbetreibers, im
Rahmen der Erbringung von Systemdienstleistungen (Begr. RegE StrommarktG,
S. 81).

Konkrete **Zahlen zu Lastmanagement** sind auch nach vielen Jahren der 3
Diskussion in nur wenigen Studien zu finden. Es wird immer wieder ein gewisses Potenzial im **Haushaltsbereich** gesehen. Dieses Potenzial ist aber aufgrund erheblicher Eingriffe in die private Lebensführung (zB Wäsche waschen/trocknen in der
Nacht) kaum zu heben. Daher besteht ein nahezu studienweiter Konsens, dass Lastmanagement **primär im industriellen** und teilweise auch im gewerblichen Bereich realisiert werden wird. In der DENA Leitstudie wird für Lastmanagement eine
Bandbreite von 4,0 GW bis 6,7 GW angenommen (BNetzA Beschl. v. 26. 6. 2020 –
8573-21/20-06-26/Genehmigung Szenariorahmen Elektrizität 2021–2035, S. 52).

Im **Szenariorahmen** und den **Netzentwicklungsplänen** wird der Einsatz des 4
Lastmanagements bei klassischen Stromanwendungen wie bei der Bestimmung des
Kraftwerkseinsatzes über eine kostenminimierende Modellierung in der Marktsimulation abgebildet. Wichtige Größen für die Berechnung der Lastmanagementpotenziale klassischer Stromanwendungen sind dabei die zur Abschaltung verfügbare Leistung, die Kosten und die maximal abrufbare Energiemenge sowie, bei der
Berechnung des Lastverschiebungspotenzials, die maximal mögliche Verschiebedauer. Auch zur Verbesserung dieser Datenlage kann das Monitoring nach § 51a
dienen.

Gem. Abs. 1 S. 1 ist das Lastmanagementmonitoring ein Teil des Monitorings 5
der Versorgungssicherheit, um die Potentiale zur Reaktion auf Netzengpässe oder
Erzeugungsdefizite/-überschüsse zu erfassen.

Der Begriff des Lastmanagements wird verwendet in §§ 12 Abs. 1 S. 1 Nr. 6 und 6
51 Abs. 3. § 13 Abs. 6 trifft Regelung für ab- und zuschaltbare Lasten (→ § 13
Rn. 164). Diesem Ziel dient ebenfalls die abLaV, die jedoch keinen marktlichen
Mechanismus für die Erschließung der Potentiale vorsieht (König EnWZ 2013,
201 (205)). Das damit zusammenhängende Thema der Last-Aggregation findet
sich noch in § 14 Abs. 3 StromNZV und in der Vorschrift des § 26a StromNZV

B. Einzelerläuterung

Abs 1 S. 1 ermöglicht dieses ergänzende Monitoring des Lastmanagements im 7
Ermessen der Regulierungsbehörde. Durchführende Behörde ist allerdings nur
die **Bundesnetzagentur.** Abs. 1 S. 3 **ermächtigt das Bundesministerium** für
Wirtschaft und Energie, ein entsprechendes Monitoring zu verlangen, was das Entschließungsermessen der Regulierungsbehörde beschränkt.

Die Datenerhebungsermächtigung wird einerseits eingeschränkt auf **große Ver-** 8
braucher mit einem Stromverbrauch von 50 GWh/a. Je nach Verwendungszweck
von Lastmanagement stellt sich die Frage, ob das Potential eines Unternehmens insgesamt von der 50 GWh – Schwelle erfasst ist. Dies kann bei einer Marktreaktion

§ 51a Teil 6. Sicherheit und Zuverlässigkeit der Energieversorgung

eine eigene Bedeutung haben, wenn es ohne Netzrestriktionen nur um die Veränderung der verbrauchten Energie geht. Netzbezogene eingesetzte Lastmanagementpotentiale sind nicht unternehmens- sondern standort, jedenfalls aber Netzknotenspezifisch. Die Bundesnetzagentur beschränkt spezifische Angaben zum Lastverhalten bei Unternehmen, die den Schwellenwert insgesamt überschreiten, nur auf **Standorte** mit einem Jahresverbrauch von über **10 GWh.** Dabei ist jedoch die **Eigenerzeugung** am Standort mitzuerfassen, die ja Teil des Lastmanagementpotentials oder seiner Restriktionen ist. (www.bundesnetzagentur.de/SharedDocs/Downloads/DE/Sachgebiete/Energie/Unternehmen_Institutionen/Datenaus tauschUndMonitoring/Lastmanagement/ErgebnisKonsultErhebungsbogen2021.pdf?__blob=publicationFile&v=3).

9 Zudem sollen **nur solche Informationen** abgefragt werden, die erforderlich sein können, um den heutigen und künftigen Beitrag von Lastmanagement für die Versorgungssicherheit an den Strommärkten zu analysieren. Dadurch soll der Eingriff in die Rechte der Unternehmen einerseits so gering wie möglich gehalten werden. (Begr. RegE StrommarktG, S. 121). Auf der anderen Seite ist zu berücksichtigen, dass es bislang kein abschließendes Verständnis darüber gibt, welche Daten und Informationen und welche Methodik bestmöglich Rückschlüsse auf Lastmanagementpotenziale zulassen. „Für die Analyse der Versorgungssicherheit können daher auch Informationen erforderlich sein, die z. B. nur mittelbar gemeinsam mit anderen Informationen als erforderlich angesehen werden; insofern steht der Regulierungsbehörde bei der Auswahl der Informationen ein **Ermessen** zu. Der Begriff der Erforderlichkeit ist im Rahmen von § 51a daher **weit zu verstehen.** Der Regulierungsbehörde steht auch bei der konkreten **Auswahl der Unternehmen** ein Auswahlermessen zu. Sie kann z. B. ein Stichprobenverfahren durchführen oder aus bestimmten Sachgründen nur von bestimmten Unternehmen oder Unternehmensvereinigungen Informationen zu dem Beitrag von Lastmanagement verlangen." (Begr. RegE StrommarktG, S. 121). Die Regulierungsbehörde muss nur darlegen können, welche Analyse mit den Daten unternommen werden soll und kann das Vorgehen im Zeitablauf auch anpassen.

10 So hat die Behörde bislang zeitgleiche Verbrauchsangaben nur in bestimmten **Wintermonaten** abgefragt. Wegen der Zunahme der Wetterunbeständigkeit wurde der Erfassungszeitraum für das Lastmanagement-Monitoring von vier Monaten (November bis Februar) auf sechs Monate (Oktober bis März) ausgedehnt. Um auch für diesen längeren Zeitraum genügend Datenpunkte zur Ermittlung von durchschnittlichen, zeitgleichen Stromverbräuchen zu erhalten, werden im Lastnagement-Monitoring seit 2021 18 statt bisher zwölf Stichtagsstunden abgefragt.

11 Bislang sind **Schienenbahnunternehmen** vom Monitoring des Lastmanagements befreit (Stand 2021).

12 S. 3 regelt neben dem Initiationsrecht des BMWi auch die Datenübermittlungspflicht der Regulierungsbehörde an das BMWi für die Zwecke des Monitorings. Danach muss sie diesem auf Verlangen in angemessener Frist und in geeigneter Form die Informationen nach S. 2 zur Verfügung stellen.

13 Nach Abs. 2 soll die Regulierungsbehörde künftig vorrangig auf das Marktstammdatenregister nach § 111e zurückgreifen, sobald und soweit darin relevante Lastmanagementinformationen wie zB die angeschlossene Spannungsebene, eine Beschreibung des Anlagenprozesses oder die Präqualifikation zur Regelleistungserbringung erfasst sind. Damit soll zusätzlicher bürokratischer Aufwand durch Meldepflichten soweit möglich vermieden werden (Begr. RegE StrommarktG, S. 121).

In Deutschland sind Erbringer von Lastmanagement **keine eigene Marktrolle**, 14
obwohl auch der Begriff des „Aggregators" in das EnWG und die nachgeordneten
Verordnungen Einzug gehalten hat (§ 26 Abs. 3 StromNZV). Vielmehr können die
Funktion des Aggregators oder des Erbringers von Lastamangement sowohl Stromlieferanten, Energiehändler, Letztverbraucher mit eigenem Bilanzkreis oder auch
Energiedienstleister sein. Letztere haben allerdings im Bilanzkreissystem keine eigene Marktrolle, sondern müssen entsprechende Vereinbarungen mit Marktteilnehmern vorhalten.

Dies ist auch daran zu erkennen, dass das in Bezug genommene Marktstamm- 15
datenregister in der MaStRV zum Lastmanagement keine Begriffsbestimmung enthält und auch die offizielles Seites des Marktstammdatenregisters hier keine eigene
Marktrolle definiert (www.marktstammdatenregister.de/MaStRHilfe/subpages/re
gistrierungVerpflichtet.html).

§ 52 Meldepflichten bei Versorgungsstörungen

¹Betreiber von Energieversorgungsnetzen haben der Bundesnetzagentur bis zum 30. April eines Jahres über alle in ihrem Netz im letzten Kalenderjahr aufgetretenen Versorgungsunterbrechungen einen Bericht vorzulegen. ²Dieser Bericht hat mindestens folgende Angaben für jede Versorgungsunterbrechung zu enthalten:
1. den Zeitpunkt und die Dauer der Versorgungsunterbrechung,
2. das Ausmaß der Versorgungsunterbrechung und
3. die Ursache der Versorgungsunterbrechung.

³In dem Bericht hat der Netzbetreiber die auf Grund des Störungsgeschehens ergriffenen Maßnahmen zur Vermeidung künftiger Versorgungsstörungen darzulegen. ⁴Darüber hinaus ist in dem Bericht die durchschnittliche Versorgungsunterbrechung in Minuten je angeschlossenem Letztverbraucher für das letzte Kalenderjahr anzugeben. ⁵Die Bundesnetzagentur kann Vorgaben zur formellen Gestaltung des Berichts machen sowie Ergänzungen und Erläuterungen des Berichts verlangen, soweit dies zur Prüfung der Versorgungszuverlässigkeit des Netzbetreibers erforderlich ist. ⁶Sofortige Meldepflichten für Störungen mit überregionalen Auswirkungen richten sich nach § 13 Absatz 8.

Übersicht

	Rn.
A. Überblick	1
B. Adressaten und Zuständigkeiten	7
C. Berichterstattung der Netzbetreiber (S. 1)	10
D. Angaben über Versorgungsunterbrechungen (S. 2)	12
I. Zeitpunkt und Dauer (S. 2 Nr. 1)	16
II. Ausmaß der Versorgungsunterbrechung (S. 2 Nr. 2)	20
III. Ursache der Versorgungsunterbrechung (S. 2 Nr. 3)	22
E. Darlegung von Maßnahmen (S. 3)	28
F. Durchschnittliche Dauer der Versorgungsunterbrechung (S. 4)	30
G. Vorgaben der Bundesnetzagentur (S. 5)	36
H. Meldepflichten nach § 13 Abs. 8 (S. 6)	38

§ 52   Teil 6. Sicherheit und Zuverlässigkeit der Energieversorgung

Literatur: *CEER,* Benchmarking Report 6.1 on the Quality of Electricity and Gas Supply, Ref: C18-EQS-86-03 v. 26.7.2018, abrufbar unter www.ceer.eu/documents/104400/-/-/96 3153e6-2f42-78eb-22a4-06f1552dd34c; *Consentec/FGH/Frontier Economics,* Konzeptionierung und Ausgestaltung des Qualitätselements im Bereich Netzzuverlässigkeit Strom sowie dessen Integration in die Erlösobergrenze im Auftrag der Bundesnetzagentur, Endbericht v. 20.10.2010, www.bundesnetzagentur.de/SharedDocs/Downloads/DE/Sachgebiete/Energie/ Unternehmen_Institutionen/Netzentgelte/Strom/Qualitaetselement/GA_consentec_Kon zeptionUndAusgestaltungQ-Element.pdf?__blob=publicationFile&v=2 (Erstes Gutachten zur Qualitätsregulierung 2010); *E-Bridgte/ZEW/FGH,* Gutachten zur Konzeptionierung eines Qualitätselementes im Auftrag der Bundesnetzagentur, 10.1.2020, www.bundesnetzagentur.d e/SharedDocs/Downloads/DE/Sachgebiete/Energie/Unternehmen_Institutionen/Netzent gelte/Strom/Qualitaetselement/GutachtenKonzeptQElement.pdf?__blob=publication File&v=1 (Zweites Gutachten zur Qualitätsregulierung); *Mahn/Vennegeerts/Obergünner,* Erhebung der Versorgungszuverlässigkeit – ein Würfelspiel, ew 2005, 38; *VDE,* Störungs- und Verfügbarkeitsstatistik 2020, abrufbar unter www.vde.com/de/fnn/arbeitsgebiete/versor gungsqualitaet/versorgungszuverlaessigkeit/versorgungszuverlaessigkeit2019; *Volk,* Gas-Versorgungsunterbrechungen nach § 52 EnWG, Gwf-Gas September 2013, 678.

A. Überblick

1   Die Berichterstattung über Versorgungsunterbrechungen liefert wichtige Informationen für die Beurteilung der Zuverlässigkeit der Strom- und Gasversorgung. Die Häufigkeit und das Ausmaß von Versorgungsunterbrechungen sind ein zentrales **Indiz** für das Maß der **technischen Versorgungssicherheit**. Bei den als Meldepflichten bei Versorgungsstörungen überschriebenen Pflichten der Netzbetreiber gem. § 52 handelt es sich in der Sache um die Verpflichtung zur Vorlage eines jährlichen Berichts über Versorgungsunterbrechungen bei der BNetzA (S. 1).

2   Aus S. 2 ergeben sich die Angaben, die der jährliche Bericht zu den Versorgungsstörungen mindestens enthalten muss. Nach S. 3 haben die Netzbetreiber in dem Bericht die zur Vermeidung künftiger Versorgungsstörungen ergriffenen Maßnahmen darzulegen. Sie müssen ferner bezogen auf den einzelnen angeschlossenen Letztverbraucher die *durchschnittliche* Dauer der jährlichen Versorgungsunterbrechung angeben (S. 4). Die BNetzA ist gem. S. 5 berechtigt, Vorgaben zur formellen Gestaltung des Berichts zu machen sowie dessen Ergänzung und Erläuterung zu verlangen. Während § 52 ein jährliches Berichtswesen zum Gegenstand hat, sind unverzügliche Meldungen bei Störungen der Elektrizitätsversorgung mit überregionalen Auswirkungen von § 13 Abs. 8 geregelt, worauf S. 6 verweist.

3   Laut Gesetzesbegründung dient vor diesem Hintergrund die Berichtspflicht der Netzbetreiber zur Unterstützung des Monitorings der Versorgungssicherheit gem. § 51. (Begr. RegE BT-Drs. 15/3967, 68). Über das Monitoring hinaus fließen die Berichte der Netzbetreiber nach § 52 in die konkrete Regulierungstätigkeit ein. Sie können insbesondere Anhaltspunkte dafür bieten, ob die Netzbetreiber ihre in den §§ 11 ff. geregelten Aufgaben ordnungsgemäß erfüllen oder die zuständige Regulierungsbehörde (§ 54 Abs. 2 Nr. 5 und 7) zu deren Durchsetzung ein behördliches Einschreiten in Betracht zu ziehen hat.

4   Eine konkrete Bedeutung erwächst der Berichtspflicht im Rahmen der Qualitätsregulierung, wie sie jedenfalls für die Netzzuverlässigkeit für Betreiber von Elektrizitätsversorgungsnetzen mit mehr als 30.000 unmittelbar oder mittelbar angeschlossenen Kunden besteht. Hier fließen die Meldungen nach § 52 in die Berechnung des Qualitätselements gem. § 19 ARegV ein (BNetzA Beschl. v.

2.12.2020 – BK8-20-00003 zur Methodik für das Qualitätselement Strom 2021–2023; Grundlage sind das Erste Gutachten zur Qualitätsregulierung 2010, S. 13, bestätigt durch das Zweite Gutachten zur Qualitätsregulierung 2020).

Die Berichtspflicht ist verbindlich. Allerding muss die BNetzA ggf. die Berichts- 5 pflicht mit den allgemeinen Aufsichtsregeln nach § 65 Abs. 2 durchsetzen. Im OWiG-Katalog in § 95 ist § 52 nicht erwähnt. Kommt ein Netzbetreiber einer Verfügung der BNetzA im Einzelfall nicht nach, so kann die Berichtspflicht gem. § 94 durchgesetzt werden.

Die Meldepflicht ist mit dem EnWG 2011 von Juni auf April verlegt worden, 6 um gemeinsam mit der behördlichen Abfrage für den Monitoringbericht nach § 35 erfolgen zu können und die Unternehmen zu entlasten (BT-Drs. 17/6072, 89).

B. Adressaten und Zuständigkeiten

Verpflichtete gem. S. 1 sind **alle Betreiber** von Energieversorgungsnetzen. 7 Während der Gesetzentwurf der Bundesregierung die Pflicht zur Berichterstattung noch auf die Betreiber von Elektrizitätsversorgungsnetzen beschränkte (Begr. RegE. BT-Drs. 15/3967, 68), wurde auf die Beschlussempfehlung des Ausschusses für Wirtschaft und Arbeit die Berichtspflicht auch auf Betreiber von Gasversorgungsnetzen (§ 3 Nr. 6 und 20) erstreckt (BT-Drs. 15/5268, 122). (Zur Entstehungsgeschichte BerlKommEnergieR/*Zeidler* EnWG § 52 Rn. 9 ff.).

Die Berichtspflicht gilt unabhängig von der Spannungsebene oder Druckstufe 8 des jeweiligen Netzes. Davon abhängig ist allerdings der Inhalt der vorzulegenden Berichte, da die Wahl der Kenngrößen zur Erfassung der Versorgungszuverlässigkeit je nach Spannungsebene oder Druckstufe unterschiedlich sein kann. Die Kenngrößen sind grundsätzlich so auszuwählen, dass eine ausreichend genaue Beschreibung der Versorgungszuverlässigkeit mit möglichst geringem Erfassungsaufwand erfolgen kann. Um Vergleiche auf internationaler Ebene vornehmen zu können, sind der Berichterstattung möglichst anerkannte Verfahren zugrunde zu legen (Begr. RegE BT-Drs. 15/3967, 68).

Adressat der Berichte ist stets die **BNetzA.** Dies ist unabhängig von der **Zustän-** 9 **digkeitsverteilung** in § 54 Abs. 2. Dort sind die Landesregulierungsbehörden ihrerseits zuständig für die Aufsicht über die Netzbetreiberpflichten gem. §§ 11, 14 und 16 (§ 54 Abs. 2 Nr. 5) und die Überwachung der technischen Anschlussvorschriften gem. § 19 (§ 54 Abs. 2 Nr. 7). Die technische Aufsicht über Netze liegt gem. § 49 Abs. 5 bei anderen, nach Landesrecht zuständigen Behörden. Dh, bei Auffälligkeiten im Einzelfall bedarf es eines Informationsaustausches aus dem Monitoring nach § 52 mit den zuständigen Landesbehörden. Für diesen Austausch bildet § 64a Abs. 1 die Grundlage, andernfalls muss auf die allgemeine Amtshilfe zurückgegriffen werden.

C. Berichterstattung der Netzbetreiber (S. 1)

Aus S. 1 folgt Verpflichtung der Netzbetreiber, die Versorgungsunterbrechungen 10 in ihrer Gesamtheit in einem jährlichen Bericht zu dokumentieren. S. 1 bietet – wie in der Gesetzesbegründung hervorgehoben wird – **Hilfestellung für das Monitoring** nach § 51 und die Durchführung der Qualitätsregulierung nach §§ 21 a Abs. 6 S. 2 Nr. 3 iVm 19 ARegV.

§ 52 Teil 6. Sicherheit und Zuverlässigkeit der Energieversorgung

11 Die Berichtspflicht ist jeweils durch eine Festlegung der BNetzA gem. S. 5 ausgestaltet. Von der Festlegungsbefugnis hat die BNetzA sowohl für Betreiber von Elektrizitätsversorgungsnetzen (BNetzA Beschl. v. 22.2.2006 – Az. 605/8135, www.bundesnetzagentur.de/SharedDocs/Downloads/DE/Sachgebiete/Energie/Unternehmen_Institutionen/Versorgungssicherheit/Allgemeinverfuegungen/Allg mnVerfg220206GestaltungBerichtId5190pdf.pdf?__blob=publicationFile&v=4) als auch für die Betreiber von Gasversorgungsnetzen (BNetzA Beschl. v. 17.12.2008 – Az. 607/891, www.bundesnetzagentur.de/SharedDocs/Downloads/DE/Sachgebiete/Energie/Unternehmen_Institutionen/Versorgungssicherheit/Allgemeinverfuegungen/AllgemeinverfgGas15238.pdf?__blob=publicationFile&v=2) Gebrauch gemacht. Beide Festlegungen sind, Stand Juni 2021, unverändert geblieben.

D. Angaben über Versorgungsunterbrechungen (S. 2)

12 S. 2 legt Mindestinhalte fest, die durch eine Festlegung der BNetzA nach S. 5 ergänzt werden können. Es sind Angaben zu Versorgungsunterbrechungen zu machen. Den Netzbetreibern bleibt unbenommen, auf freiwilliger Basis weitergehende Angaben zu machen, soweit im Übrigen die sich aus S. 2 ergebenden Anforderungen an die Berichtspflicht erfüllt werden.

13 Die Versorgungsunterbrechung für die **Elektrizitätsversorgung** ist beim Letztverbraucher einfach feststellbar („Licht ist aus"). Die Spannungsqualität (Spannung, Frequenz, Sinus-Kurvenform etc.) wird durch die DIN EN 50160:2020-11 in Umsetzung der europäischen Norm EN 50160:2010 definiert und beschrieben.

14 Die **Pufferwirkung** des Netzes führt bei der Versorgung mit **Erdgas** dazu, dass sich nicht jedes technische Problem des Netzbetreibers unmittelbar bei einem Letztverbraucher auswirkt. Auch hier kommt es auf die **Spürbarkeit** für den Letztverbraucher an (Ziff. 1.2 der Anlage zur Festlegung der BNetzA zu § 52 v. 17.12.2008). Anders als im Bereich Versorgungszuverlässigkeit von Elektrizitätsversorgungsnetzen bestehen für den Bereich Versorgungszuverlässigkeit von Gasversorgungsnetzen keine international etablierten Standards.

15 Die Regelung unterscheidet für die Berichterstattung sowohl **geplante** als auch **ungeplante Versorgungsunterbrechungen.** Eine Versorgungsunterbrechung gilt als geplant, wenn sie mit vorheriger Benachrichtigung der betroffenen Netznutzer, zB zum Zwecke der Wartung und Reparatur einer Leitung, erfolgt ist.

I. Zeitpunkt und Dauer (S. 2 Nr. 1)

16 Nach S. 2 Nr. 1 müssen die Netzbetreiber in ihrem Bericht den Zeitpunkt und die Dauer der Versorgungsunterbrechung angeben. Der **Zeitpunkt** gibt Aufschluss über die Verteilung der Versorgungsunterbrechungen im Berichtsjahr. Er lässt möglicherweise Rückschlüsse auf jahreszeitabhängige Einflüsse zu.

17 Die **Dauer** ist die zeitliche Komponente des Ausmaßes der Versorgungsunterbrechung (S. 2 Nr. 2). Als zeitliche Verfügbarkeit verstanden, spiegelt sie die Zuverlässigkeit des Energieversorgungssystems wider.

18 Es sind von Elektrizitätsnetzbetreibern Unterbrechungen zu berichten, die **länger als drei Minuten** dauern. Es treten auch Spannungsschwankungen oder Unterbrechungen **unter drei Minuten** auf. Die Erfassung erweist sich – schon messtechnisch – als schwierig. Zwar werden seitens des VDE|FNN seit 2004 Versorgungsunterbrechungen mit einer Dauer von mindestens einer Sekunde auf freiwilliger Basis erfasst (Erstes Gutachten zur Qualitätsregulierung 2010, S. 32). Auch hier ist die Vorgabe von „mindestens einer Sekunde" nicht streng zeitorientiert zu verstehen, da bei Spannungsschwankungen etc vielfach automatisierte Prozesse im Netz oder den Anlagen ablaufen und die Zählung erst nach Ausführung der Schutzprozesse beginnen sollte.

Die kurzen oder sehr kurzen und für den durchschnittlichen Letztverbraucher 19 unschädlichen Störungen können bei hochsensiblen Produktionsanlagen zu Problemen führen (LG Kiel Urt. v. 13.5.2009 – 5 O 100/08, BeckRS 2010, 27014). Die Ansprüche der Stromverbraucher an die Qualität der Spannung sind insbesondere durch die hohe Empfindlichkeit von IT-Geräten deutlich gestiegen. So reagieren elektronische Steuerungen in höchstem Maße sensibel auf **Spannungsschwankungen,** auch wenn sich diese nur innerhalb eines Bruchteils von Sekunden abspielen (VDE, Fakten zu Versorgungszuverlässigkeit und Spannungsqualität in Deutschland v. 11.3.2013, S. 11, abrufbar unter https://www.vde.com/resource/blob/824912/2a9a511f3dd6da0e5c00dab2d4db4398/fnn-fakten-versorgungsqualitaet-2013-03-11-data.pdf). Dies fällt nach bisheriger Rspr. in die **Risikosphäre** des Anschlussnutzers (LG Frankfurt (Oder) Urt. v. 4.6.2002 – 19 S 18/02, RdE 2002, 322; LG Kiel Urt. v. 13.5.2009 – 5 O 100/08, BeckRS 2010, 27014), solange sich der Netzbetreiber im Rahmen der geltenden Regeln und Stand der Technik bewegt. 2014 hat der BGH eine Haftung nach dem ProdHaftG allerdings bejaht (BGH Urt. v. 25.2.2014 – VI ZR 144/13, EnWZ 2014, 321).

II. Ausmaß der Versorgungsunterbrechung (S. 2 Nr. 2)

Während sich Zeitpunkt und Dauer klar bestimmen lassen, können Angaben 20 zum Ausmaß der Versorgungsunterbrechung theoretisch anhand verschiedener Kriterien erfolgen. Nr. 2 präzisiert die Anforderungen an die insofern erforderlichen Angaben nicht näher.

Die Gesetzesbegründung verweist – für den Bereich der Stromversorgung – als 21 geeignete **Kenngrößen** beispielhaft auf die ausgefallene Umspannleistung, die Anzahl ausgefallener Leitungsabgänge oder die Anzahl ausgefallener Anschlüsse von Letztverbrauchern. Dabei soll die Anzahl der von einer Versorgungsstörung **betroffenen Letztverbraucher** in der Regel möglichst genau angegeben werden. Soweit genaue Angaben dazu nicht möglich sind, sei eine Schätzung zulässig (Begr. BT-Drs. 15/3967, 68). Auch wenn die Gesetzesbegründung die vorgenannten Kenngrößen nur als Beispiele verstanden wissen will, ergeben sich daraus – auch für den Gassektor – die wesentlichen Kriterien, die bei der Berichterstattung über das Ausmaß von Versorgungsunterbrechungen de lege artis zu berücksichtigen sind. Demnach errechnet sich das Ausmaß einer Versorgungsunterbrechung je nach Spannungsebene unterschiedlich über die Unterbrechungsdauer und Anzahl der betroffenen Letztverbraucher in der **Niederspannung** oder über die unterbrochene Leistungsgrößen (Bemessungsscheinleistung in der **Mittelspannung** bzw. Wirkleistung in der **Hoch- und Höchstspannung**) (Ziff. 1.6 der Anlage zur Festlegung der BNetzA zu § 52 v. 22.2.2006).

III. Ursache der Versorgungsunterbrechung (S. 2 Nr. 3)

Zentrale Bedeutung kommt den gem. Nr. 3 erforderlichen Angaben zur **Ur-** 22 **sache** der Versorgungsunterbrechung zu. Sie sollen Schlussfolgerungen hinsichtlich des Zustands der Energieversorgungsnetze ermöglichen. Die Berichte der Netz-

§ 52 Teil 6. Sicherheit und Zuverlässigkeit der Energieversorgung

betreiber sollen insbesondere eine Einschätzung erlauben, ob Versorgungsunterbrechungen auf strukturelle Schwächen der Energieversorgungsnetze zurückgehen oder ob es sich um isolierte Einzelursachen handelt, mit deren erneutem Auftreten nicht gerechnet werden muss. Deshalb sind von den Netzbetreibern Angaben zu den **ausgefallenen Netzkomponenten** und den **Wirkungsketten** zu machen, die zu der Versorgungsunterbrechung geführt haben.

23   Es sind von Elektrizitätsnetzbetreibern ungeplante Unterbrechungen, die auf **atmosphärische Einwirkungen** (zB Gewitter), **Einwirkungen Dritter** (zB Baggerschäden), **Zuständigkeit des Netzbetreibers** (zB fehlerhafte Schalthandlungen), **Rückwirkungsstörungen** aus anderen Netzen oder höherer Gewalt beruhen, zu melden. In der Berechnung des SAIDI (→ Rn. 32) werden dann die Störungen durch höhere Gewalt bereinigt. **Höhere Gewalt** grenzt sich bei Naturereignissen von **atmosphärischen Störungen** durch die Außerordentlichkeit des Ereignisses ab.

24   Ungeplant und im Gassektor empirisch belegt sind auch sog. „politische" Versorgungsunterbrechungen in Form von **Erdgasimportreduzierungen** (*Volk*, Gwf-Gas, S. 678).

25   Es ist sowohl im Rahmen der vorliegenden Berichtspflicht als auch der Datenerhebung zur Bestimmung des Qualitätselementes der Störungsanlass „Höhere Gewalt" klar definiert. Es dürfen nur solche Versorgungsunterbrechungen als höhere Gewalt berücksichtigt werden, die:

„[...] ein betriebsfremdes, von außen durch außergewöhnliche elementare Naturkräfte oder durch Handlungen Dritter Personen herbeigeführtes Ereignis, das nach menschlicher Einsicht und Erfahrung unvorhersehbar ist, mit wirtschaftlich vertretbaren Mitteln und durch äußerste, nach der Sachlage vernünftigerweise zu erwartende Sorgfalt, nicht verhütet und unschädlich gemacht werden kann und auch nicht wegen seiner Häufigkeit vom Betriebsunternehmer in Kauf zu nehmen ist."

„[...] unter höhere Gewalt fallen insbesondere außergewöhnliche Naturkatastrophen (z. B. Hochwasser mit den Auswirkungen der Oderflut im Jahre 1997), Streik, gesetzliche und behördliche Anordnungen, Terroranschläge oder Krieg." (BNetzA Beschl. v. 22.2.2006 – 605/8135).

26   Zur dieser Zuordnung im Einzelfall kommt es immer wieder zu Auslegungsfragen. Zur Überprüfung der Zuordnung von Versorgungsunterbrechungen zum **Störungsanlass höhere Gewalt** verwendet die BNetzA ein Plausibilisierungsschema. (BNetzA, Hinweise zur Zuordnung von Versorgungsunterbrechungen zum Störungsanlass höhere Gewalt im Rahmen der Datenerhebung zur Bestimmung des Qualitätselementes hinsichtlich der Netzzuverlässigkeit Strom nach den §§ 19 und 20 ARegV Stand Januar 2020, abrufbar unter www.bundesnetzagentur. de/SharedDocs/Downloads/DE/Sachgebiete/Energie/Unternehmen_Institutio nen/Netzentgelte/Strom/Qualitaetselement/HinweiseHoehereGewalt.pdf?__blo b=publicationFile&v=3). Die Nachweispflicht in der Zuordnung liegt beim Netzbetreiber. Dies wird mit der Vorgabe begründet, dass im Ausgangspunkt jegliche Versorgungsunterbrechung bei der Bestimmung des Qualitätselements zu berücksichtigen ist (BGH Beschl. v. 22.7.2014 – EnVR 59/12, Rn. 81, BeckRS 2014, 16725). Dabei stellt die Behörde zur Bestimmung auf Windgeschwindigkeiten auf Messungen durch Wetterstationen des Deutschen Wetterdienstes ab. Wird die Zuordnung einer Versorgungsunterbrechung zum Störungsanlass höhere Gewalt mit **Windgeschwindigkeiten** von mehr als 24,5 m/s bzw. 10 Bft. begründet, überprüft die BNetzA zunächst das Maximum der Windgeschwindigkeit, die an dem

betreffenden Tag und von der dem Störungsort am nächsten gelegenen Wetterstation des Deutschen Wetterdienstes gemessen wurde (so bestätigt durch OLG Düsseldorf Beschl. v. 26.2.2020 – VI-3 Kart 75/17 [V], BeckRS 2020, 5386).

Darüber hinaus kann der Netzbetreiber im Einzelfall durch Messwerte und weitere Daten von eigenen oder von durch Dritte betriebenen Wetterstationen das Vorhandensein von höherer Gewalt nachweisen, sofern diese ua durch Mess- und Eichprotokolle und auch im Übrigen als gleichwertig angesehen werden können (BNetzA Beschl. v. 14.4.2021 – BK8-2010465-81 – Edis-Netz, S. 8). 27

E. Darlegung von Maßnahmen (S. 3)

S. 3 sieht vor, dass von den Netzbetreibern aufgrund des Störungsgeschehens ergriffene Maßnahmen zur Vermeidung künftiger Versorgungsstörungen darzulegen sind. Die Vorschrift selbst begründet eine **bloße Berichtspflicht**. Ob und welche Maßnahmen von den Netzbetreibern anlässlich einer Versorgungsunterbrechung zu ergreifen sind, richtet sich nach den §§ 11 ff. Danach sind die Netzbetreiber insbesondere zum Betrieb sicherer und zuverlässiger Energieversorgungsnetze und zur regelmäßigen Schwachstellenanalyse verpflichtet. Sie müssen für ein hohes Maß an Versorgungssicherheit bzw. – umgekehrt ausgedrückt – für eine geringe Ausfallrate ihrer Netze sorgen (→ § 11 Rn. 43 ff.). 28

Werden im Rahmen von Versorgungsstörungen Mängel der Energieversorgungsnetze oder bei deren Steuerung offenbar, die mit den Anforderungen an einen sicheren und zuverlässigen Netzbetrieb nicht zu vereinbaren sind, müssen die Netzbetreiber durch geeignete Maßnahmen Abhilfe schaffen. Diese Maßnahmen sind darzulegen. Dabei sind ausdrücklich nur **bereits ergriffene Maßnahmen** darzulegen. **Geplante Maßnahmen** können dargestellt werden, sind ihrerseits allerdings auch in §§ 13 Abs. 7 bzw. 16 Abs. 5 erfasst, die nach § 14 Abs. 1 S. 2 bzw. § 16a S. 2 auch auf Verteilnetzbetreiber entsprechende Anwendung finden, als auch über die Netzausbauberichte gem. § 14 Abs. 1a ff. 29

F. Durchschnittliche Dauer der Versorgungsunterbrechung (S. 4)

Während S. 2 Nr. 1 die Dauer der *einzelnen* Versorgungsunterbrechungen erfasst, verlangt S. 4 zusätzlich die Angabe der durchschnittlichen Versorgungsunterbrechung in Minuten je angeschlossenem Letztverbraucher für das letzte Kalenderjahr. 30

Die BNetzA veröffentlicht seit 2007 sowohl für die Elektrizitäts- als auch für die Gasversorgung jährlich den sog. SAIDI, dh System Average Interruption Duration Index. Dieser nach internationalen Methoden ermittelte **Wert für Versorgungsqualität** gibt die „durchschnittliche Versorgungsunterbrechung in Minuten je angeschlossenem Letztverbraucher" an. Durch diese Methodik kann auch der Vergleich auf internationaler Ebene, insbesondere auf europäischer Ebene angestellt werden. Dies war in der Stromwirtschaft auch vor der Verpflichtung durch § 52 schon geübte Praxis. 31

Der **SAIDI** wird international zur Bewertung der Versorgungszuverlässigkeit anhand der Versorgungsunterbrechungen herangezogen. Die Nichtverfügbarkeit beschreibt allgemein die mittlere kumulierte Dauer von Versorgungsunterbrechungen für einen Kunden in einem definierten Zeitraum. Die BNetzA stellt auf das 32

§ 52   Teil 6. Sicherheit und Zuverlässigkeit der Energieversorgung

Kalenderjahr als Zeitraum ab. Für die Berechnung wird die Summe aller Zeitspannen mit Versorgungsunterbrechungen im Betrachtungszeitraum, gewichtet mit der Anzahl betroffener Kunden oder einer als Kundenäquivalent dienenden Größe, durch die Anzahl der Kunden bzw. dem Kundenäquivalent dividiert. Gemäß dem internationalen IEEE-Standard 1366–2012 wird je nach Wahl der Bezugsgröße die Kennzahlen „System Average Interruption Duration Index" (SAIDI) – bei Bezug auf die versorgte Kundenanzahl und „Average System Interruption Duration Index (ASIDI) – bei Bezug auf die gespeiste installierte Bemessungsscheinleistung, gebildet. Für die MS-Ebene sieht die BNetzA (BNetzA Beschl. v. 22.2.2006 – 605/8135) die Erfassung der unterbrochenen installierten Leistung von Ortsnetz- und Letztverbrauchertransformatoren vor, so dass die auf Basis dieser Zahlen ermittelte Kennzahl gemäß IEEE-Definitorik strenggenommen als ASIDI zu bezeichnen ist. (Erster Bericht zur Qualitätsregulierung 2010, S. 16).

33   In die Berechnung werden nur ungeplante Unterbrechungen, die länger als drei Minuten andauern und die auf **atmosphärische Einwirkungen, Einwirkungen Dritter, Zuständigkeit des Netzbetreibers** oder **Rückwirkungsstörungen** aus anderen Netzen beruhen, einbezogen. Unterbrechungen mit der Ursache **„Höhere Gewalt"** (→ Rn. 26) werden nicht berücksichtigt. Dadurch werden insbesondere Störungen durch außergewöhnliche, elementare Naturereignisse (Naturkatastrophen) nicht in die statistische Auswertung einbezogen. Singuläre Ereignisse durch Höhere Gewalt würden den Wert statistisch verzerren.

34   S. 4 richtet sich an sämtliche Betreiber von Energieversorgungsnetzen. Unproblematisch ist die Anwendung der Vorschrift auf die **Betreiber von Elektrizitätsverteilernetzen und Gasverteilernetzen.** Sie haben für die an ihre Netze angeschlossenen Letztverbraucher die durchschnittlichen Unterbrechungsminuten im jeweiligen Berichtsjahr anzugeben.

35   Da die Netze der **Übertragungsnetzbetreiber und Fernleitungsnetzbetreiber** häufig keine Letztverbraucher (§ 3 Nr. 19 und 32) angeschlossen sind, war fraglich, ob bzw. wie auch diese Betreiber zur Berichterstattung verpflichtet sind. S. 4 unterscheidet nicht. Der Gesetzgeber geht offenbar davon aus, dass auch sie zur Angabe der durchschnittlichen Unterbrechungsminuten verpflichtet sind. Deshalb haben auch Übertragungsnetz- und Fernleitungsnetzbetreiber für Letztverbraucher, die über an ihre Netze angeschlossene Verteilernetze versorgt werden, die durchschnittlichen Unterbrechungsminuten pro Letztverbraucher im jeweiligen Berichtsjahr anzugeben. Dadurch wird sichergestellt, dass der BNetzA nicht nur Zahlen der Verteilernetzbetreiber, sondern auch auf größere Netzbereiche bezogene Durchschnittswerte der Übertragungsnetz- und Fernleitungsnetzbetreiber vorliegen.

G. Vorgaben der Bundesnetzagentur (S. 5)

36   Die BNetzA wird durch S. 5 ermächtigt, Vorgaben zur formellen Gestaltung des Berichts zu machen. Sie kann ferner Ergänzungen und Erläuterungen des Berichts verlangen, soweit dies zur Überprüfung der Versorgungszuverlässigkeit des Netzbetreibers erforderlich ist. Im Hinblick auf die Festlegung **formeller Vorgaben** verweist die Gesetzesbegründung auf die laufende Entwicklung von Verfahren zur Erfassung der Versorgungszuverlässigkeit auf internationaler Ebene, insbesondere in der Europäischen Union (CEER, Benchmarking Report 6.1 on the Quality of Electricity and Gas Supply, Ref: C18-EQS-86-03 v. 26.7.2018). S. 5 soll vor diesem Hintergrund die BNetzA in die Lage versetzen, an **international anerkannte Verfahren** angepasste formelle Vorgaben für die Berichterstattung durch die Netzbetreiber zu machen (Begr. BT-Drs. 15/3967, 68).

Auch zur Festlegung ergänzender materieller Anforderungen, die über die in S. 2–4 geregelten Berichtsinhalt hinausgehen, ist die BNetzA berechtigt. Dies ergibt sich aus der Gestaltung als Regelbeispiel in S. 2 („mindestens") und der Formulierung in S. 5. Dabei ist von Ergänzungen die Rede, die „zur Prüfung der Versorgungszuverlässigkeit" erforderlich sind. Hier wird ein anderer Begriff verwendet als die reine Versorgungsunterbrechung wie in den S. 1, 2 und 4 (BerlKommEnergieR/*Zeidler* EnWG § 52 Rn. 5). 37

H. Meldepflichten nach § 13 Abs. 8 (S. 6)

Die Beseitigung konkreter Gefährdungen und Störungen der Versorgungssicherheit obliegt gem. §§ 12, 15 in erster Linie den Betreibern von Übertragungs- und Fernleitungsnetzen im Rahmen ihrer Systemverantwortung. 38

S. 6 verweist im Hinblick auf sofortige Meldepflichten bei Störungen mit überregionalen Auswirkungen auf § 13 Abs. 8. Der Verweis hat nur **klarstellende Bedeutung**. Danach müssen die Übertragungsnetzbetreiber unverzüglich die Regulierungsbehörde unterrichten, wenn nach ihrer Feststellung selbst Notfallmaßnahmen nach § 13 Abs. 2 nicht ausreichen, um eine Versorgungsstörung für den lebenswichtigen Bedarf gem. § 1 EnSiG abzuwenden. Dadurch soll der Regulierungsbehörde die Prüfung ermöglicht werden, ob Maßnahmen nach dem EnSiG notwendig sind (Begr. BT-Drs. 15/3917, 57 (68)). 39

§ 53 Ausschreibung neuer Erzeugungskapazitäten im Elektrizitätsbereich

Sofern die Versorgungssicherheit im Sinne des § 1 durch vorhandene Erzeugungskapazitäten oder getroffene Energieeffizienz- und Nachfragesteuerungsmaßnahmen allein nicht gewährleistet ist, kann die Bundesregierung durch Rechtsverordnung mit Zustimmung des Bundesrates ein Ausschreibungsverfahren oder ein diesem hinsichtlich Transparenz und Nichtdiskriminierung gleichwertiges Verfahren auf der Grundlage von Kriterien für neue Kapazitäten oder Energieeffizienz- und Nachfragesteuerungsmaßnahmen vorsehen, die das Bundesministerium für Wirtschaft und Energie im Bundesanzeiger veröffentlicht.

Literatur: *Agora Energiewende,* Kapazitätsmarkt oder strategische Reserve – ein Überblick über europäische Modelle, 2013; *BET,* Kapazitätsmarkt. Rahmenbedingungen, Notwendigkeit und Eckpunkte einer Ausgestaltung, Studie im Auftrag des BNE 2011; *BET/enervis,* Ein zukunftsfähiges Energiemarktdesign für Deutschland, Gutachten im Auftrag des VkU 2013; *BNetzA,* Konsultationsdokument zur Berechnungsmethode des Mindestkapazitätsbedarfs (Minimum Capacity Need) vom 11.5.2021 (BNetzA, Konsultationsdokument MCN); *Bocconi IEFE,* Capacity Markets: Relevant for Europe and appropriate for Germany? 2012; *Consentec,* Versorgungssicherheit effizient gestalten – Erforderlichkeit, mögliche Ausgestaltung und Bewertung von Kapazitätsmechanismen in Deutschland, Studie im Auftrag der EnBW AG 2012; *Consentec/Fraunhofer ISI/TEP Energy/r2b energy consulting,* Definition und Monitoring der Versorgungssicherheit an den europäischen Strommärkten, Projekt Nr. 047/16 im Auftrag des

§ 53 Teil 6. Sicherheit und Zuverlässigkeit der Energieversorgung

BMWi, 23.1.2019 (Consentec/Fraunhofer ISI/TEP/r2b 2019); *Consentec/IAEW/EWI,* Analyse und Bewertung der Versorgungssicherheit der Elektrizitätsversorgung, Untersuchung im Auftrag des Bundesministeriums für Wirtschaft und Energie, Abschlussbericht vom 30.9.2010 (Consentec/IAEW/EWI 2010); *Cramton/Ockenfels/Frontier Economics,* Is a capacity market required in Germany to guarantee system security? Two related investigations on capacity markets, Studie im Auftrag der RWE AG 2011; *Düsseldorfer Institut für Wettbewerbsökonomie (DICE),* Vor- und Nachteile alternativer Kapazitätsmechanismen in Deutschland, Studie im Auftrag der RWE AG 2011; *ENTSO-E,* Mid-term Adquacy Forecast 2020 Ed., www.entsoe.eu/outlooks/midterm/; *Europäische Kommission,* Abschlussbericht zur Sektoruntersuchung über Kapazitätsmechanismen – COM (2016) 752 v. 30.11.2016; *EWI Köln,* Untersuchung zu einem zukunftsfähigen Strommarktdesign, Endbericht eines Gutachtens für das BMWi vom März 2012; *Hermes,* Planungsrechtliche Sicherung einer Energiebedarfsplanung, in: Faßbender/ Köck, Versorgungssicherheit in der Energiewende, Leipziger Schriften zum Umwelt- und Planungsrecht Bd. 25, 71; *Höffler,* Versteigerung von Marktzutrittschancen in Netzindustrien am Beispiel der 800-MHz-Mobilfunkauktion, N&R 2009, 230; *LBD Beratungsgesellschaft,* Energiewirtschaftliche Erfordernisse zur Ausgestaltung des Marktdesigns für einen Kapazitätsmarkt Strom, Studie im Auftrag des Umweltministerium des Landes Baden-Württemberg 2011; *Tietjen* ua, Kapazitätsmärkte – Hintergründe und Varianten mit Fokus auf einen emissionsarmen Deutschen Strommarkt, Studie für Germanwatch e.V., April 2012.

A. Einordnung und Entstehungsgeschichte

1 § 53 ermächtigt die Bundesregierung, durch Rechtsverordnung ein Ausschreibungsverfahren oder ein gleichwertiges Verfahren zur Einführung von **Kapazitätsmärkten** oder Energieeffizienz- und Nachfragesteuerungsmaßnahmen zu regeln (so auch Faßbender/Köck/*Hermes* Rn. 71, 82). Die Kriterien sind im Bundesanzeiger zu veröffentlichen. § 53 ist danach nicht selbst Grundlage für die Durchführung eines Ausschreibungsverfahrens. Vielmehr kann ein Ausschreibungsverfahren erst aufgrund einer nach § 53 erlassenen Rechtsverordnung durchgeführt werden. Voraussetzung einer solchen Rechtsverordnung ist, dass die Versorgungssicherheit iSd § 1 durch vorhandene Erzeugungskapazitäten oder getroffene Energieeffizienz- oder Nachfragesteuerungsmaßnahmen allein nicht gewährleistet ist. § 53 dient daher der **Gewährleistung der Versorgungssicherheit.** Dabei ist insbesondere die Elt-VO 19 zu beachten, die detaillierte Regelungen zu Kapazitätsmärkten im EU-Binnenmarkt trifft.

2 Die Vorschrift wirft viele Fragen auf. Nach der Gesetzesbegründung erfolgt durch § 53 die Umsetzung von Art. 6 und 7 Elt-RL 03 (Begr. BT-Drs. 15/3917, 68). In der Elt-RL 09 sind die Vorschriften materiell unverändert unter Art. 7 und 8 enthalten. Im Hinblick auf die Umsetzung von Art. 8 Elt-RL 09, der die **Ausschreibung** neuer Kapazitäten oder Energieeffizienz- und Nachfragesteuerungsmaßnahmen regelt, ist dies nachvollziehbar. Art. 8 Elt-RL 09 findet sich in der Elt-RL 19 nicht wieder, wohl aber Art. 7 Elt-RL 09 als Art. 8 Alt-RL 19. Die Kriterien für das Beschaffungsverfahren sind im Kap. IV der Elt-VO 19 dezidiert ausgestaltet (→ Rn. 15 ff.).

3 § 53 ist eng an den Wortlaut von Art. 8 Abs. 1 Elt-RL 09 angelehnt, der mit „Ausschreibung neuer Kapazitäten" überschrieben war. Die durch Art. 8 Abs. 2 Elt-RL 09 eröffnete Möglichkeit, im Interesse des **Umweltschutzes** und der Förderung **neuer Technologien** Kapazitäten auszuschreiben, greift § 53 dagegen nicht auf. Aus dem CEP-Paket 2019 ergibt sich kein Vorgabe für ein Ausschreibungsverfahren. Vielmehr besteht die Anforderung, ein transparentes, diskriminie-

rungsfreies und wettbewerbliches Verfahren (Art. 20 Abs. 1 lit. d Elt-VO 19) zu gestalten. Aus Art. 8 Abs. 2–4 Elt-RL 19 ergeben sich weitere Anforderungen an das Ausschreibungsverfahren. Sie sind von der Bundesregierung bei Erlass einer Rechtsverordnung nach § 53 zu beachten.

Die **Risikovorsorge-VO 2019** verpflichtet die Mitgliedstaaten unter Verweis auf Art. 20 ff. Elt-VO 19 die Angemessenheit der Ressourcen zur Erzeugung von Elektrizität zu beobachten und zu bewerten (→ § 51a Rn. 33). Art. 20 Abs. 1 bis 3 Elt-VO 19 verpflichten die Mitgliedstaaten zur Erhaltung des Gleichgewichts zwischen Angebot und Nachfrage. Dies soll vor Einführung von Kapazitätsmärkten durch wettbewerbliche Mechanismen geschehen (Erwgr. 46 Elt-VO 19). Die besondere Herausforderung besteht aus Sicht der EU darin, dazu marktorientierte und nicht-diskriminierende Regelungen zu schaffen, die den Energiebinnenmarkt nicht beeinträchtigen. 4

§ 53 liegt erkennbar ein **erzeugungsseitiger Versorgungssicherheitsbegriff** zu Grunde. Die Regelung bildet die Ermächtigungsnorm für gesetzgeberisches Handeln zur Schaffung von **Kapazitätsmärkten** (s. Studienhinweise im Literaturverzeichnis und → Rn. 6), wie es in Deutschland im Zuge der Energiewende auch diskutiert. Mit dem StromMarktG hat man sich 2016 zunächst dagegen entschieden und andere Sicherheitsmechanismen eingezogen (Netzreserve → § 13c Rn. 1 ff., Sicherheitsbereitschaft → § 13g Rn. 1 ff., Kapazitätsreserve → § 13e Rn. 1 ff.). 5

Exkurs: Überlegungen zu Kapazitätsmärkten

Eine Situation, die den Mechanismus von § 53 erfordert, droht, wenn die Jahreshöchstlast nicht durch ausreichend **gesicherte Erzeugung** gedeckt werden kann. Dieses Verhältnis betrachtet der europäische Netzbetreiberverband **ENTSO-E** in seinen jährlichen **Winter- und Sommerausblicken** als maßgebliche Kenngröße der Versorgungssicherheit (www.entsoe.eu/outlooks/seasonal/). Dabei wird, um eine quantitative Aussage zur Versorgungssicherheit zu machen, der Vorhaltebedarf mit der verbleibenden Leistung, die nach Deckung der Last noch zur Verfügung steht, verglichen. Verbleibt zum Zeitpunkt der Lastspitze eine größere gesicherte Kraftwerksleistung als der Vorhaltebedarf, so kann der betrachtete Kraftwerkspark den Strombedarf mit hoher Wahrscheinlichkeit vollständig durch heimische Kapazitäten decken. Würde die Differenz zwischen Vorhaltebedarf und verbleibender Leistung negativ ausfallen, so bestünde eine Wahrscheinlichkeit, dass zu **Spitzenlastzeiten** Strom über **Kuppelleitungen** importiert werden muss. Eine solche negative Differenz würde in einem **europäischen Binnenmarkt** nicht zwingend einen Versorgungsengpass bedeuten. Bei entsprechend knappen gesicherten Erzeugungsleistungen in benachbarten Märkten oder ausgelasteten Verbindungsleitungen wäre die Folge einer solchen Situation in einem ersten Schritt nicht notwendigerweise der Ausfall der Stromversorgung, sondern extreme Preisreaktionen an den Beschaffungsmärkten, insbesondere den Strombörsen. 6

Um eine Gefährdung der Versorgungssicherheit zu verhindern ist auch bei hoher Erzeugungsleistung aus Erneuerbaren Energien trotzdem ein Mindestmaß an konventionellen, jedenfalls gesicherten Erzeugungsleistungen erforderlich. Insbesondere Wind- und Sonnenenergie verfügen gemessen an ihren installierten Leistungen über sehr kleine gesicherte Erzeugungsleistungen. Nur etwa fünf bis zehn Prozent der Kraftwerksleistung von Windkraftanlagen kann als gesichert betrachtet werden, bei Fotovoltaik liegt dieser Wert bei null. Die **Jahresspitze in Deutschland** tritt typischerweise an einem Winterabend bei Dunkelheit auftritt, 7

§ 53 Teil 6. Sicherheit und Zuverlässigkeit der Energieversorgung

wenn jedenfalls keine Fotovoltaik-Erzeugung zur Verfügung steht (Consentec/ EWI/IAEW, Abschlussbericht zur Versorgungssicherheit nach § 51 v. 30.9.2010, S. 11).

8 Wenn allerdings durch die Vorrangeinspeisung der Erneuerbaren Energieträger die Volllaststunden von konventionellen Kraftwerken mit hohen variablen Kosten weniger werden und das allgemeine Strompreisniveau durch die Einspeisestruktur der Erneuerbaren Energien niedrig ist, kann die Sicherstellung einer ausreichenden gesicherten Leistung gefährdet werden. Wenn Investoren eine fehlende Rentabilität antizipieren, werden die entsprechenden Kraftwerke nicht gebaut, sodass sich eine unerwünscht niedrige Menge gesicherter Erzeugungskapazität im Markt einzustellen droht (EWI Gutachten zum Strommarktdesign, S. 46). Aus diesem Grund wird europaweit über **Kapazitätsmechanismen** für Kraftwerksleistungen diskutiert, die einen vorgegebenen Zielwert an Kapazität gewährleisten und das gewünschte Niveau an Versorgungssicherheit herbeiführen (Übersicht über europäische Kapazitätsmechanismen in Agora Energiewende, Kapazitätsmarkt oder strategische Reserve, S. 12; Consentec/Fraunhofer ISI/TEP/r2b 2019, S. 89). Die Gefahren dieser Mechanismen liegen auf der Hand: **Wettbewerbsverzerrungen** im Erzeugungsmarkt und **Störungen des Energiebinnenmarktes** (aA EWI Köln, Untersuchung zu einem zukunftsfähigen Strommarktdesign, S. 68) müssen vermieden werden. Die Wettbewerbsdirektion der **EU-Kommission** begleitet die Schaffung von Kapazitätsmechanismen eng. 2016 hat sie dazu eine Sektoruntersuchung vorgelegt und diverse Überprüfungsverfahren gegen Mitgliedstaaten geführt (https:// ec.europa.eu/competition/sectors/energy/state_aid_to_secure_electricity_sup ply_en.html).

B. Begriff der Versorgungssicherheit

9 Der Erlass einer Rechtsverordnung nach § 53 setzt voraus, dass durch vorhandene Erzeugungskapazitäten oder getroffene Energieeffizienz- und Nachfragesteuerungsmaßnahmen (zum Lastmanagement → § 51 a) allein die Versorgungssicherheit iSd § 1 nicht gewährleistet werden kann. Die Regelung setzt mithin auf den **nationalen** und **europäischen** Vorgaben für das **Monitoring der Versorgungssicherheit** in → § 51 auf.

10 Die Bundesregierung kann deshalb von der Verordnungsermächtigung des § 53 nur im Rahmen von Kap. IV Elt-VO 19 (→ Rn. 20 ff.) Gebrauch machen und um die vom Gesetzeszweck gem. § 1 umfasste, möglichst sichere leitungsgebundene Versorgung der Allgemeinheit mit Elektrizität (dazu → § 11 Rn. 49) zu gewährleisten. § 53 eröffnet keine Möglichkeit, um auf mangelnde Transportkapazitäten der Elektrizitätsversorgungsnetze oder Redispatchpotenziale zu reagieren.

11 Der bedarfsgerechte Ausbau der Netze ist in den §§ 11 ff. geregelt und Aufgabe der Netzbetreiber (insbesondere → § 11 Rn. 82 ff.). Nach § 53 muss die Versorgungssicherheit vielmehr durch ein **unausgewogenes Verhältnis zwischen angebotener und nachgefragter Elektrizität** gefährdet sein, mithin geht es um ein Leistungsbilanzdefizit, das prognostisch bestimmt werden muss (zu Kenngrößen Consentec/Fraunhofer ISI/TEP/r2b 2019, S. 17 ff.) und welches ein Marktversagen im Elektrizitätsmarkt signalisiert. Diesem muss durch staatliche Intervention abgeholfen werden. § 53 setzt ausdrücklich voraus, dass dieses Verhältnis – ohne Ausschreibung neuer Kapazitäten – durch Maßnahmen auf der Angebotsseite oder der Nachfrageseite nicht ins Gleichgewicht gebracht werden kann.

C. Gegenstand

Nach der amtlichen Überschrift regelt § 53 die Ausschreibung neuer Erzeugungskapazitäten im Elektrizitätsbereich. Art. 8 Abs. 2 lit. 1 Elt-RL 19 bezieht unter der Überschrift „Genehmigungsverfahren neuer Kapazitäten" auch Lastmanagement und Energiespeicherung mit ein. **12**

Vor Schaffung eines Kapazitätsmechanismus ist gem. Art. 21 Abs. 2 Elt-VO 19 eine „umfassende Studie" anzufertigen. Dabei sind Laststeuerungspotenziale und Energiespeicher einzubeziehen. Kapazitätsmärkte sind gem. Art. 21 Abs. 8 Elt-VO zeitlich auf höchstens 10 Jahre zu begrenzen. Anders als in der Vorgängerregelung Art. 8 Elt-RL 09 wird nicht mehr auf ein Ausschreibungsverfahren abgestellt. Art. 22 Abs. 1 lit. d) gibt jedoch ein transparentes, diskriminierungsfreies und wettbewerbliches Verfahren vor. **13**

D. Verfahren

Gegenstand einer Rechtsverordnung nach § 53 kann **ein Ausschreibungsverfahren** oder ein diesem hinsichtlich Transparenz und Nichtdiskriminierung **gleichwertiges Verfahren** auf der Grundlage von Kriterien für neue Kapazitäten oder Energieeffizienz- und Nachfragesteuerungsmaßnahmen sein. Die Ausgestaltung des Kapazitätsmechanismus ist daher nicht festgelegt. Weitere **Anforderungen** an das Verfahren, die bei Erlass einer Rechtsverordnung vom Verordnungsgeber umzusetzen sind, ergeben sich aus Art. 8 Elt-RL 19 und Kap. IV Elt-VO 19 (zu den zT verfassungsrechtlichen Folgefragen s. auch *Hermes* in Faßbender/Köck Rn. 71, 84 ff.). **14**

I. Art des Verfahrens

§ 53 regelt nicht ausdrücklich, was unter diesem **Beschaffungsverfahren** zu verstehen ist. Es sind Kap. IV. Elt-VO 19 (→ Rn. 20 ff.) sowie die Mitteilung der Kommission zu Leitlinien für staatliche Umweltschutz- und Energiebeihilfen 2014–2020 (2014/C 200/01) zu beachten. **15**

Das Verhältnis zu den **vergaberechtlichen Bestimmungen** der §§ 97 ff. GWB ist unklar. Einiges spricht dafür, dass sie im Rahmen von § 53 keine Anwendung finden. Insoweit enthalten Art. 8 Elt-RL 19 und Kap. IV Elt-VO 19 sowie der diese umsetzende § 53 das allgemeine Vergaberecht verdrängende Spezialregelungen (aA NK-EnWG/*Görisch* § 53 Rn. 4). Da hier staatlicherseits keine Beschaffung stattfindet, sondern **Märkte gestaltet** werden, ist die Einordnung in die europäische Beihilfeaufsicht (https://ec.europa.eu/competition/sectors/energy/state_aid_to_secure_electricity_supply_en.html#4) zutreffend. Die Mitteilung der Kommission zu Leitlinien für staatliche Umweltschutz- und **Energiebeihilfen** 2014–2020 (2014/C 200/01) beinhalten spezielle Regelungen für die Bewertung von Kapazitätsmechanismen aus wettbewerbsrechtlicher Sicht. **16**

Dem **Auktionsdesign** kommt bei der Gewährleistung von Transparenz und Diskriminierungsfreiheit zentrale Bedeutung zu. Anders als in bekannten Auktionsverfahren knapper öffentlicher Güter wie zB Mobilfunkfrequenzen (*Höfler* N&R 2009, 230), muss in den vorliegenden Verfahren eine ausbleibende Investition angereizt werden. Dabei sollen die Kosten für die Allgemeinheit der Energiekunden **17** so gering wie möglich gehalten werden. Die Kriterien müssen beschreiben, welche **Leistung** aufgrund des Ausschreibungsverfahrens oder eines gleichwertigen Verfahrens bereitgestellt werden soll. Darüber hinaus sind Kriterien für die **Auswahl des Bieters** festzulegen, der mit der Leistungserbringung beauftragt wird. Diese Kriterien müssen im Hinblick auf die Art der Leistung und die damit verbundenen Anforderungen an die Leistungsfähigkeit der Bieter sachgerecht sein. Sie dürfen einzelne Bieter oder Gruppen von Bietern nicht aufgrund sachfremder Erwägungen diskriminieren. Die Vergabeentscheidung darf sich grundsätzlich nur nach diesen Kriterien richten.

II. Ankündigung

18   De Kriterien für neue Erzeugungskapazitäten oder Energieeffizienz- und Nachfragesteuerungsmaßnahmen sind vom Bundesministerium für Wirtschaft und Energie im **Bundesanzeiger** oder im elektronischen Bundesanzeiger zu veröffentlichen. Dies entspricht der Anforderung aus Art. 8 Abs. 4 Elt-RL 19 zur öffentlichen Bekanntmachung.

III. Zuständigkeit

19   Die **Bundesregierung** wird durch § 53 zum Erlass einer Rechtsverordnung ermächtigt, in dem ein Ausschreibungsverfahren oder gleichwertiges Verfahren geregelt wird. Gem. § 54b Abs. 1 kommt gem. Art. 3 Abs. 1 Risikovorsorge-VO dem Bundesministerium für Wirtschaft und Energie die Aufgabe zur Durchführung der in der Risikovorsorge-VO festgelegten Maßnahmen zu. Art. 8 Abs. 5 Elt-RL 09 sah noch eine Vielzahl von Akteuren vor, die durch die Mitgliedstaaten mit den Aufgaben betraut werden konnten. Diese Vorschrift ist in der Elt-RL 19 nicht mehr enthalten. Das Bundesministerium für Wirtschaft und Energie hat gem. S. 1 aE ausdrücklich die Aufgabe, die für das Verfahren maßgeblichen Kriterien zu veröffentlichen. Die Regelung bestand schon in dieser Form schon vor 2019.

20   Auszug aus Elt-VO 2019/943 zu Kapazitätsmechanismen

Artikel 21 Allgemeine Grundsätze für Kapazitätsmechanismen. (1) Zur Ausräumung der verbleibenden Bedenken bezüglich der Angemessenheit der Ressourcen können die Mitgliedstaaten als letztes Mittel während der Umsetzung der in Artikel 20 Absatz 3 dieser Verordnung genannten Maßnahmen gemäß Artikel 107, 108 und 109 AEUV Kapazitätsmechanismen einführen.

(2) Vor der Einführung von Kapazitätsmechanismen führen die betroffenen Mitgliedstaaten eine umfassende Studie zu den möglichen Auswirkungen dieser Mechanismen auf die benachbarten Mitgliedstaaten durch, indem sie mindestens ihre benachbarten Mitgliedstaaten mit direkter Netzverbindung und die Interessenträger dieser Mitgliedstaaten konsultieren.

(3) Die Mitgliedstaaten beurteilen, ob die Bedenken bezüglich der Angemessenheit der Ressourcen mit einem Kapazitätsmechanismus in Form einer strategischen Reserve angegangen werden können. Ist das nicht der Fall, so können die Mitgliedstaaten eine andere Art von Kapazitätsmechanismus einsetzen.

(4) Die Mitgliedstaaten dürfen keine Kapazitätsmechanismen einführen, wenn bei der Abschätzung der Angemessenheit der Ressourcen sowohl auf europäischer als auch auf nationaler Ebene bzw. – in Ermangelung einer Abschätzung auf nationaler Ebene – bei der Abschätzung auf europäischer Ebene keine Bedenken bezüglich der Angemessenheit der Ressourcen ermittelt wurden.

(5) Die Mitgliedstaaten dürfen Kapazitätsmechanismen nur dann einführen, wenn die Kommission eine Stellungnahme gemäß Artikel 20 Absatz 5 zu dem in Artikel 20 Absatz 3 genannten Umsetzungsplan abgegeben hat.

(6) Wendet ein Mitgliedstaat einen Kapazitätsmechanismus an, so überprüft er diesen Kapazitätsmechanismus und gewährleistet, dass keine neuen Verträge nach diesem Mechanismus geschlossen werden, wenn bei der Abschätzung der Angemessenheit der Ressourcen sowohl auf europäischer als auch auf nationaler Ebene oder – in Ermangelung einer Abschätzung auf nationaler Ebene – bei der Abschätzung auf europäischer Ebene keine Bedenken bezüglich der Angemessenheit ermittelt wurden oder wenn die Kommission keine Stellungnahme gemäß Artikel 20 Absatz 5 zu dem in Artikel 20 Absatz 3 genannten Umsetzungsplan abgegeben hat.

(7) Bei der Gestaltung von Kapazitätsmechanismen nehmen die Mitgliedstaaten eine Bestimmung auf, die die effiziente administrative Abschaffung des Kapazitätsmechanismus vorsieht, wenn in drei aufeinanderfolgenden Jahren keine neuen Verträge gemäß Absatz 6 geschlossen werden.

(8) Kapazitätsmechanismen sind zeitlich begrenzt. Sie werden von der Kommission für einen Zeitraum von höchstens zehn Jahren genehmigt. Auf der Grundlage des Umsetzungsplans gemäß Artikel 20 werden sie abgeschafft oder wird die gebundene Kapazität reduziert. Die Mitgliedstaaten wenden den Umsetzungsplan auch nach Einführung des Kapazitätsmechanismus weiter an.

Artikel 22 Gestaltungsgrundsätze für Kapazitätsmechanismen. (1) Die Kapazitätsmechanismen
a) müssen befristet sein,
b) dürfen keine unnötigen Marktverzerrungen herbeiführen und den zonenübergreifenden Handel nicht beschränken,[1]
c) dürfen nicht über das hinausgehen, was zum Angehen der in Artikel 20 genannten Bedenken bezüglich der Angemessenheit erforderlich ist,
d) müssen die Kapazitätsanbieter in einem transparenten, diskriminierungsfreien und wettbewerblichen Verfahren auswählen
e) müssen Anreize für Kapazitätsanbieter bieten, damit die Kapazitätsanbieter in Zeiten voraussichtlich hoher Systembelastung zur Verfügung stehen,
f) müssen vorsehen, dass die Vergütung nach einem wettbewerblichen Verfahren bestimmt wird,
g) müssen die technischen Voraussetzungen für die Beteiligung von Kapazitätsanbietern im Vorfeld des Auswahlverfahrens vorsehen,
h) müssen allen Ressourcen, die die erforderliche technische Leistung erbringen können, offenstehen, einschließlich Energiespeicherung und Laststeuerung,
i) müssen vorsehen, dass Kapazitätsanbietern, die bei hoher Systembelastung nicht zur Verfügung stehen, angemessene Sanktionen auferlegt werden.

(2) Für Gestaltungsgrundsätze für strategische Reserven gilt Folgendes:
a) Wird ein Kapazitätsmechanismus als strategische Reserve gestaltet, so kommt es nur zum Dispatch der darin enthaltenen Ressourcen, wenn die Übertragungsnetzbetreiber voraussichtlich ihre Regelreserveressourcen ausschöpfen, um Angebot und Nachfrage ins Gleichgewicht zu bringen.
b) Während Bilanzkreisabrechnungszeitintervallen, in denen es zum Dispatch der Ressourcen der strategischen Reserve gekommen ist, werden Bilanzkreisabweichungen auf dem Markt mindestens zu dem Wert der Zahlungsbereitschaft für die Beibehaltung der Stromversorgung oder zu einem Wert oberhalb der in Artikel 10 Absatz 1 genannten

---

[1] https://eur-lex.europa.eu/legal-content/DE/TXT/PDF/?uri=CELEX:52014XC0628(01)&from=DE.

technischen Preisgrenze für den Intraday-Handel ausgeglichen, je nachdem, welcher Wert höher ist.

c) Der Output der strategischen Reserve nach dem Dispatch wird den Bilanzkreisverantwortlichen über den Mechanismus zur Abrechnung von Bilanzkreisabweichungen zugerechnet.
d) Die an der strategischen Reserve teilnehmenden Ressourcen werden nicht von den Stromgroßhandelsmärkten oder den Regelreservemärkten vergütet.
e) Die Ressourcen in der strategischen Reserve werden zumindest für die Dauer der Vertragslaufzeit außerhalb des Marktes vorgehalten.

Die in Unterabsatz 1 Buchstabe a genannte Vorschrift gilt unbeschadet der Aktivierung von Ressourcen vor dem tatsächlichen Dispatch, um den Zwängen im Bereich der Rampenbeschränkung und den betrieblichen Anforderungen der Ressourcen Rechnung zu tragen. Der Output der strategischen Reserve während der Aktivierung darf weder über Großhandelsmärkte Bilanzkreisen zugerechnet werden noch eine Änderung der entsprechenden Ungleichgewichte bewirken.

(3) Zusätzlich zu den Anforderungen nach Absatz 1 gilt, dass Kapazitätsmechanismen abgesehen von strategischen Reserven
a) so gestaltet sind, dass sichergestellt wird, dass für die Verfügbarkeit von Erzeugungskapazität gezahlte Preis automatisch gegen Null geht, wenn davon auszugehen ist, dass der Kapazitätsbedarf mit der bereitgestellten Kapazität gedeckt werden kann,
b) vorsehen, dass den beteiligten Ressourcen nur ihre Verfügbarkeit vergütet wird und dass Entscheidungen des Kapazitätsanbieters über die Erzeugung durch die Vergütung nicht beeinflusst werden,
c) vorsehen, dass die Kapazitätsverpflichtungen zwischen den berechtigten Kapazitätsanbietern übertragbar sind.

(4) Für Kapazitätsmechanismen gelten folgende Anforderungen in Bezug auf CO_2-Emissionsgrenzwerte:
a) Spätestens ab dem 4. Juli 2019 dürfen für eine Erzeugungskapazität, die die kommerzielle Erzeugung an oder nach diesem Tag aufgenommen hat, und die Emissionen von mehr als 550 g CO_2 aus fossilen Brennstoffen je kWh Elektrizität ausstößt, im Rahmen eines Kapazitätsmechanismus weder Zahlungen getätigt werden noch dürfen ihr gegenüber Verpflichtungen für künftige Zahlungen eingegangen werden.
b) Spätestens ab dem 1. Juli 2025 dürfen für eine Erzeugungskapazität, die vor dem 4. Juli 2019 die kommerziellen Erzeugung aufgenommen hat, und die Emissionen von mehr als 550 g CO_2 aus fossilen Brennstoffen je kWh Elektrizität und mehr als 350 kg CO_2 aus fossilen Brennstoffen im Jahresdurchschnitt je installierte Kilowatt Leistung elektrisch (kWe) ausstößt, im Rahmen eines Kapazitätsmechanismus weder Zahlungen getätigt werden noch dürfen ihr gegenüber Verpflichtungen für künftige Zahlungen eingegangen werden.

Der in Unterabsatz 1 Buchstabe a und b genannte Emissionsgrenzwert von 550 g CO_2 aus fossilen Brennstoffen je kWh Elektrizität und der Grenzwert von 350 kg CO_2 aus fossilen Brennstoffen im Jahresdurchschnitt je installierte Kilowatt Leistung elektrisch (kWe) wird auf der Grundlage der konstruktionsbedingten Effizienz der Erzeugungseinheit im Sinne der Nettoeffizienz bei Nennkapazität unter einschlägigen, von der internationalen Organisation für Normung herausgegebenen, Normen berechnet.

Bis zum 5. Januar 2020 veröffentlicht ACER eine Stellungnahme[2] mit technischen Leitlinien zur Berechnung der in Unterabsatz 1 genannten Werte.

---

[2] www.acer.europa.eu/Official_documents/Acts_of_the_Agency/Opinions/Opinions/ACER %20Opinion%2022-2019%20on%20the%20calculation%20values%20of%20CO2%20emission%20limits.pdf.

(5) Mitgliedstaaten, die am 4. Juli 2019 Kapazitätsmechanismen anwenden, müssen ihre Mechanismen so anpassen, dass sie Kapitel IV entsprechen, unbeschadet der Verpflichtungen oder Verträge, die vor dem 31. Dezember 2019 eingegangen oder geschlossen wurden.[3]

Artikel 23 Abschätzung der Angemessenheit der Ressourcen auf europäischer Ebene. (1) Bei der Abschätzung der Angemessenheit der Ressourcen auf europäischer Ebene werden Bedenken bezüglich der Angemessenheit der Ressourcen festgestellt, indem die Gesamtangemessenheit des Stromsystems zur Deckung des bestehenden und zu erwartenden Strombedarfs auf Unionsebene, auf Ebene der Mitgliedstaaten und gegebenenfalls auf Ebene der Gebotszonen beurteilt wird. Die Abschätzung der Angemessenheit der Ressourcen auf europäischer Ebene deckt, ab dem Zeitpunkt der Beurteilung, jedes Jahr eines Zehnjahreszeitraums ab.

(2) Die Abschätzung der Angemessenheit der Ressourcen auf europäischer Ebene erfolgt durch ENTSO (Strom).

(3) Bis zum 5. Januar 2020 legt ENTSO (Strom) der nach Artikel 1 des Beschlusses der Kommission vom 15. November 2012 (21) zusammengesetzten Koordinierungsgruppe „Strom" und ACER den Entwurf einer Methode für die Abschätzung der Angemessenheit der Ressourcen auf europäischer Ebene vor[4], die sich auf die in Absatz 5 dieser Verordnung genannten Grundsätze stützt.

(4) Die Übertragungsnetzbetreiber stellen ENTSO (Strom) die Daten zu Verfügung, die es für die Abschätzung der Angemessenheit der Ressourcen auf europäischer Ebene benötigt. ENTSO (Strom) nimmt die Abschätzung der Angemessenheit der Ressourcen auf europäischer Ebene jedes Jahr vor. Erzeuger und andere Marktteilnehmer stellen den Übertragungsnetzbetreibern Daten über die voraussichtliche Nutzung der Ressourcen für die Erzeugung zur Verfügung und berücksichtigen dabei die Verfügbarkeit von Primärressourcen und angemessene Szenarien für die voraussichtliche Nachfrage und das voraussichtliche Angebot.

(5) Die Abschätzung der Angemessenheit der Ressourcen auf europäischer Ebene erfolgt anhand einer transparenten Methode, die gewährleistet, dass die Abschätzung
a) auf jeder Ebene der Gebotszonen durchgeführt wird und mindestens alle Mitgliedstaaten umfasst,
b) auf angemessenen zentralen Referenzszenarien für das voraussichtliche Angebot und die voraussichtliche Nachfrage beruht, einschließlich einer wirtschaftlichen Beurteilung der Wahrscheinlichkeit für die Abschaltung, die vorübergehende Stilllegung und den Neubau von Erzeugungsanlagen und der Maßnahmen zur Erreichung der Energieeffizienzziele und der Stromverbundziele, sowie angemessenen Sensitivitäten bezüglich extremen Wetterereignissen, hydrologischen Gegebenheiten, den Großhandelspreisen und den Entwicklungen des CO_2-Preises,
c) getrennte Szenarien enthält, in denen die unterschiedliche Wahrscheinlichkeit des Eintritts der Bedenken bezüglich der Angemessenheit der Ressourcen, die mit den einzelnen Arten von Kapazitätsmechanismen angegangen werden sollen, zum Ausdruck kommt,
d) die Beiträge aller Ressourcen, einschließlich der bestehenden und künftigen Möglichkeiten der Erzeugung, Energiespeicherung, branchenbezogener Integration und Laststeuerung, sowie Ein- und Ausfuhrmöglichkeiten und ihren Beitrag zu einem flexiblen Systembetrieb angemessen berücksichtigt,

---

[3] Sektoruntersuchung Kapazitätsmechanismen der Europäischen Kommission 2016: https://ec.europa.eu/competition/sectors/energy/capacity_mechanisms_final_report_de.pdf.
[4] www.entsoe.eu/outlooks/midterm/.

e) die wahrscheinlichen Auswirkungen der in Artikel 20 Absatz 3 genannten Maßnahmen antizipiert,
f) Varianten ohne bestehende oder geplante Kapazitätsmechanismen und gegebenenfalls mit solchen Mechanismen enthält,
g) auf einem Marktmodell beruht, bei dem erforderlichenfalls der lastflussgestützte Ansatz verwendet wird,
h) Wahrscheinlichkeitsberechnungen anwendet,
i) ein einziges Modellierungsinstrument anwendet,
j) mindestens die nachstehenden Indikatoren gemäß Artikel 25 beinhaltet: – „erwartete Energieunterdeckung" – „Lastunterdeckungserwartung";
k) die Quellen möglicher Bedenken bezüglich der Angemessenheit der Ressourcen ermittelt, insbesondere, ob es sich dabei um eine Netzbeschränkung, Ressourcenbeschränkung oder um beides handelt,
l) den tatsächlichen Netzausbau berücksichtigt, m) sicherstellt, dass die nationalen Eigenheiten der Erzeugung, Nachfrageflexibilität und Energiespeicherung sowie die Verfügbarkeit von Primärressourcen und der Vernetzungsgrad gebührend berücksichtigt werden.

(6) Bis zum 5. Januar 2020 unterbreitet ENTSO (Strom) ACER den Entwurf einer Methode zur Berechnung

a) des Wertes der Zahlungsbereitschaft für die Beibehaltung der Stromversorgung,[5]
b) der Kosten des günstigsten Marktzutritts für die Erzeugung oder Laststeuerung und
c) des Zuverlässigkeitsstandards gemäß Artikel 25. Die Methode beruht auf transparenten, objektiven und nachprüfbaren Kriterien.

(7) Die in den Absätzen 3 und 6 genannten Vorschläge für den Entwurf einer Methode, die Szenarien, die Sensitäten und die Annahmen, auf denen sie beruhen, sowie die Ergebnisse der Abschätzung der Angemessenheit der Ressourcen auf europäischer Ebene nach Absatz 4 werden nach dem in Artikel 27 festgelegten Verfahren vorab einer Konsultation mit den Mitgliedstaaten, der Koordinierungsgruppe „Strom" und den maßgeblichen Interessenträgern unterzogen und ACER zur Genehmigung vorgelegt.

Artikel 24 Abschätzungen der Angemessenheit der Ressourcen auf nationaler Ebene. (1) Die Abschätzungen der Angemessenheit der Ressourcen auf nationaler Ebene haben einen regionalen Umfang und beruhen auf der in Artikel 23 genannten Methode, insbesondere in Artikel 23 Absatz 5 Buchstaben b bis m. Die Abschätzungen der Angemessenheit der Ressourcen auf nationaler Ebene beinhalten die zentralen Referenzszenarien im Sinne von Artikel 23 Absatz 5 Buchstabe b. Bei Abschätzungen der Angemessenheit der Ressourcen auf nationaler Ebene können zusätzliche Sensitivitäten abgesehen von den in Artikel 23 Absatz 5 Buchstabe b genannten Sensitivitäten berücksichtigt werden. In solchen Fällen können bei Abschätzungen der Angemessenheit der Ressourcen auf nationaler Ebene

a) Annahmen getroffen werden, bei denen den Besonderheiten von Stromangebot und -nachfrage auf nationaler Ebene Rechnung getragen wird,
b) Instrumente und kohärente aktuelle Daten verwendet werden, die diejenigen, die ENTSO (Strom) bei der Abschätzung der Angemessenheit der Ressourcen auf europäischer Ebene verwendet, ergänzen. Zudem verwendet die Abschätzung der Angemessenheit der Ressourcen auf nationaler Ebene, bei der Bewertung des Beitrags von in einem anderen Mitgliedstaat ansässigen Kapazitätsanbietern zur Versorgungssicherheit in den von der Abschätzung erfassten Gebotszonen, die Methode gemäß Artikel 26 Absatz 11 Buchstabe a.

---

[5] www.acer.europa.eu/Official_documents/Acts_of_the_Agency/Individual%20decisions%20Annexes/ACER%20Decision%20No%2023-2020_Annexes/ACER%20Decision%2023-2020%20on%20VOLL%20CONE%20RS%20-%20Annex%20I.pdf.

(2) Die Abschätzungen der Angemessenheit der Ressourcen auf nationaler Ebene sowie die etwaige Abschätzung der Angemessenheit der Ressourcen auf europäischer Ebene und die Stellungnahme von ACER gemäß Absatz 3 werden veröffentlicht.[6]

(3) Ergeben sich bei der Abschätzung der Angemessenheit der Ressourcen auf nationaler Ebene Bedenken bezüglich der Angemessenheit für eine Gebotszone die sich bei der Abschätzung der Angemessenheit der Ressourcen auf europäischer Ebene nicht ergeben haben, so beinhaltet die Abschätzung der Angemessenheit der Ressourcen auf nationaler Ebene eine Begründung der Unterschiede zwischen den beiden Abschätzungen der Angemessenheit der Ressourcen, die Einzelheiten zu den verwendeten Sensitivitäten und den zugrunde liegenden Annahmen umfasst. Die Mitgliedstaaten veröffentlichen diese Einschätzung und übermitteln ihn ACER. ACER gibt binnen zwei Monaten nach Erhalt des Berichts eine Stellungnahme dazu ob, ob die Unterschiede zwischen der Abschätzung der Angemessenheit der Ressourcen auf nationaler und auf europäischer Ebene gerechtfertigt sind. Die Stelle, die für die Abschätzung der Angemessenheit der Ressourcen auf nationaler Ebene verantwortlich ist, trägt der Stellungnahme von ACER gebührend Rechnung und ändert erforderlichenfalls ihre endgültige Abschätzung. Falls sie beschließt, der Stellungnahme von ACER nicht in vollem Umfang Rechnung zu tragen, veröffentlicht die Stelle, die für die Abschätzung der Angemessenheit der Ressourcen auf nationaler Ebene verantwortlich ist, einen Bericht mit einer detaillierten Begründung.

Artikel 25 Zuverlässigkeitsstandard. (1) Bei der Anwendung von Kapazitätsmechanismen müssen die Mitgliedstaaten über einen Zuverlässigkeitsstandard verfügen. Aus einem Zuverlässigkeitsstandard geht in transparenter Weise das notwendige Maß an Versorgungssicherheit des Mitgliedstaats hervor. Im Fall grenzüberschreitender Gebotszonen werden diese Zuverlässigkeitsstandards von den maßgeblichen Behörden gemeinsam festgelegt.

(2) Auf Vorschlag der Regulierungsbehörde wird der Zuverlässigkeitsstandard von dem Mitgliedstaat oder einer vom Mitgliedstaat benannten zuständigen Behörde festgelegt. Der Zuverlässigkeitsstandard beruht auf der Methode, die nach Artikel 23 Absatz 6 festgelegt wird.[7]

(3) Der Zuverlässigkeitsstandard wird mindestens anhand des Wertes der Zahlungsbereitschaft für die Beibehaltung der Stromversorgung und der Kosten des günstigsten Markteintritts für einen bestimmten Zeitraum berechnet und als „erwartete Energieunterdeckung" und „Lastunterdeckungserwartung" ausgedrückt.

(4) Bei der Anwendung von Kapazitätsmechanismen werden die Parameter zur Bestimmung der Höhe der im Rahmen des Kapazitätsmechanismus beschafften Kapazität auf der Grundlage eines Vorschlags der Regulierungsbehörden von dem Mitgliedstaat oder einer von den Mitgliedstaaten benannten zuständigen Behörde genehmigt.

Artikel 26 Grenzüberschreitende Beteiligung an Kapazitätsmechanismen. (1) Kapazitätsmechanismen, die keine strategischen Reserven sind, und – soweit technisch machbar – strategische Reserven sind vorbehaltlich der Bestimmungen dieses Artikels offen für die direkte grenzüberschreitende Beteiligung von in einem anderen Mitgliedstaat ansässigen Kapazitätsanbietern.

(2) Die Mitgliedstaaten sorgen dafür, dass ausländische Kapazitäten, die die gleiche technische Leistung erbringen können wie inländische Kapazitäten, die Möglichkeit haben,

---

[6] www.acer.europa.eu/Official_documents/Acts_of_the_Agency/Individual%20decisions%20Annexes/ACER%20Decision%20No%2024-2020_Annexes/ACER%20Decision%2024-2020%20on%20ERAA%20-%20Annex%20I.pdf.

[7] www.bundesnetzagentur.de/DE/Sachgebiete/ElektrizitaetundGas/Unternehmen_Institutionen/Versorgungssicherheit/Monitoring/vs_monitoring-node.html.

am gleichen Wettbewerbsverfahren teilzunehmen wie die inländischen Kapazitäten. Bei Kapazitätsmechanismen, die am 4. Juli 2019 betrieben werden, können die Mitgliedstaaten eine direkte Teilnahme von Verbindungsleitungen am gleichen Wettbewerbsverfahren als ausländische Kapazität für einen Zeitraum von höchstens vier Jahren nach dem 4. Juli 2019 oder zwei Jahren nach dem Tag der Genehmigung der in Absatz 11 genannten Methoden gestatten, je nachdem, welcher Zeitpunkt der frühere ist. Die Mitgliedstaaten können vorschreiben, dass sich die ausländische Kapazität in einem Mitgliedstaat mit direkter Netzverbindung zu dem den Mechanismus anwendenden Mitgliedstaat befindet.

(3) Die Mitgliedstaaten dürfen die in ihrem Hoheitsgebiet befindlichen Kapazitäten nicht an der Teilnahme an den Kapazitätsmechanismen anderer Mitgliedstaaten hindern.

(4) Die grenzüberschreitende Beteiligung an Kapazitätsmechanismen darf zu keiner Änderung oder anderweitigen Auswirkungen auf die zonenübergreifenden Fahrpläne und Stromflüsse zwischen den Mitgliedstaaten führen. Diese Fahrpläne und Stromflüsse werden allein durch das Ergebnis der Kapazitätsvergabe nach Artikel 16 bestimmt.

(5) Die Kapazitätsanbieter können sich an mehr als einem Kapazitätsmechanismus beteiligen. Beteiligen sich Kapazitätsanbieter an mehr als einem Kapazitätsmechanismus für denselben Lieferzeitraum, so nehmen sie bis zu dem Umfang an den Kapazitätsmechanismen teil, der voraussichtlichen Verfügbarkeit von Verbindungsleitungen sowie der Wahrscheinlichkeit entspricht, dass in dem System, in dem der Mechanismus angewendet wird, und in dem System, in dem sich die ausländische Kapazität befindet, gleichzeitig hohe Belastungen zu verzeichnen sind, und zwar im Einklang mit der Methode gemäß Absatz 11 Buchstabe a.

(6) Die Kapazitätsanbieter sind zu einer Nichtverfügbarkeitszahlung verpflichtet, wenn ihre Kapazität nicht zur Verfügung steht. Beteiligen sich Kapazitätsanbieter an mehr als einem Kapazitätsmechanismus für denselben Lieferzeitraum, so sind sie zu mehreren Nichtverfügbarkeitszahlungen verpflichtet, wenn sie nicht in der Lage sind, mehrere Verpflichtungen zu erfüllen.

(7) Im Hinblick auf die Abgabe einer Empfehlung an die Übertragungsnetzbetreiber berechnen die gemäß Artikel 35 eingerichteten regionalen Koordinierungszentren jährlich die maximale Eintrittskapazität, die für die Beteiligung ausländischer Kapazitäten an Kapazitätsmechanismen zur Verfügung steht. Bei dieser Berechnung wird die voraussichtliche Verfügbarkeit von Verbindungsleitungen sowie der Wahrscheinlichkeit, dass in dem System, in dem der Mechanismus angewendet wird und in dem System, in dem sich die ausländische Kapazität befindet, gleichzeitig hohe Belastungen zu verzeichnen sind, berücksichtigt. Eine solche Berechnung ist für jede Gebotszonengrenze erforderlich. Die Übertragungsnetzbetreiber legen jährlich auf der Grundlage der Empfehlung des regionalen Koordinierungszentrums die maximale Eintrittskapazität fest, die für die Beteiligung ausländischer Kapazitäten zur Verfügung steht.

(8) Die Mitgliedstaaten stellen sicher, dass die in Absatz 6 genannte Eintrittskapazität den berechtigten Kapazitätsanbietern auf transparente, diskriminierungsfreie und marktbasierte Weise zugewiesen wird.

(9) Bestehen Kapazitätsmechanismen, die die grenzüberschreitende Beteiligung in zwei benachbarten Mitgliedstaaten erlauben, so werden die sich aus der in Absatz 8 genannten Zuweisung ergebenden Einnahmen den betroffenen Übertragungsnetzbetreibern zugewiesen und gemäß der Methode in Absatz 11 Buchstabe b dieses Artikels oder nach einer von beiden maßgeblichen Regulierungsbehörden genehmigten gemeinsamen Methode zwischen ihnen aufgeteilt. Wendet der benachbarte Mitgliedstaat keinen Kapazitätsmechanismus an oder wendet er einen Kapazitätsmechanismus an, der für die grenzüberschreitende Beteiligung nicht offen ist, so wird die Aufteilung der Einnahmen von der zuständigen nationalen Behörde des Mitgliedstaats genehmigt, in dem der Kapazitätsmechanismus durchgeführt wird, nachdem sie die Stellungnahme der Regulierungs-

behörden der benachbarten Mitgliedstaaten eingeholt hat. Die Übertragungsnetzbetreiber verwenden diese Einnahmen für die in Artikel 19 Absatz 2 genannten Zwecke.

(10) Der Übertragungsnetzbetreiber des Gebiets, in dem sich die ausländische Kapazität befindet, muss
a) feststellen, ob die interessierten Kapazitätsanbieter die technische Leistung erbringen können, die für den Kapazitätsmechanismus, an dem sie sich beteiligen möchten, erforderlich ist, und die Kapazitätsanbieter als berechtigte Kapazitätsanbieter im zu diesem Zweck erstellten Register eintragen,
b) Verfügbarkeitsprüfungen durchführen,
c) dem Übertragungsnetzbetreiber in dem Mitgliedstaat, der den Kapazitätsmechanismus anwendet, die Informationen übermitteln, die er nach Buchstabe a und b dieses Unterabsatzes und dem zweiten Unterabsatz erhalten hat. Der maßgebliche Kapazitätsanbieter unterrichtet den Übertragungsnetzbetreiber unverzüglich über seine Beteiligung an einem ausländischen Kapazitätsmechanismus.

(11) Bis zum 5. Juli 2020 unterbreitet ENTSO (Strom) ACER
a) eine Methode zur Berechnung der maximalen Eintrittskapazität für die grenzüberschreitende Beteiligung nach Absatz 7,
b) eine Methode für die Aufteilung der Einnahmen nach Absatz 9,
c) gemeinsame Vorschriften für die Durchführung der Verfügbarkeitsprüfungen nach Absatz 10 Buchstabe b,
d) gemeinsame Vorschriften für die Festlegung der Fälligkeit einer Nichtverfügbarkeitszahlung,
e) die Modalitäten für das Führen des Registers nach Absatz 10 Buchstabe a,
f) gemeinsame Vorschriften für die Ermittlung der zur Teilnahme am Kapazitätsmechanismus berechtigte Kapazität nach Absatz 10 Buchstabe a.

Der Vorschlag wird nach dem in Artikel 27 festgelegten Verfahren vorab einer Konsultation unterzogen und ACER zur Genehmigung vorgelegt.[8]

(12) Die betroffenen Regulierungsbehörden prüfen, ob die Kapazitäten nach der in Absatz 11 Buchstabe a genannten Methode berechnet wurden.

(13) Die Regulierungsbehörden stellen sicher, dass die grenzüberschreitende Beteiligung an Kapazitätsmechanismen auf wirksame und diskriminierungsfreie Weise erfolgt. Sie treffen insbesondere geeignete administrative Vorkehrungen für die grenzüberschreitende Vollstreckung von Nichtverfügbarkeitszahlungen.

(14) Die gemäß Absatz 8 zugewiesenen Kapazitäten sind zwischen den berechtigten Kapazitätsanbietern übertragbar. Die berechtigten Kapazitätsanbieter benachrichtigen bei jeder Übertragung das in Absatz 10 Buchstabe a genannte Register.

(15) Das in Absatz 10 Buchstabe a genannte Register wird bis zum 5. Juli 2021 durch ENTSO (Strom) eingerichtet und geführt. Das Register steht allen berechtigten Kapazitätsanbietern, den Systemen, in denen die Mechanismen angewandt werden, und ihren Übertragungsnetzbetreibern offen.

Artikel 27 Genehmigungsverfahren. (1) Wird auf diesen Artikel Bezug genommen, so ist das in den Absätzen 2, 3 und 4 festgelegte Verfahren zur Genehmigung eines Vorschlags von ENTSO (Strom) anzuwenden.

(2) Vor der Unterbreitung des Vorschlags konsultiert ENTSO (Strom) alle maßgeblichen Interessenträger, einschließlich Regulierungsbehörden und andere nationale Behörden. Es trägt den Ergebnissen der Konsultation in seinem Vorschlag gebührend Rechnung.

---

[8] www.acer.europa.eu/Official_documents/Acts_of_the_Agency/Individual%20decisions%20 Annexes/ACER%20Decision%20No%2036-2020_Annexes/ACER%20Decision%2036-20 20%20on%20XBP%20CM%20-%20Annex%20I%20-%20technical%20specifications.pdf.

§ 53a Teil 6. Sicherheit und Zuverlässigkeit der Energieversorgung

(3) ACER genehmigt oder ändert den in Absatz 1 genannten Vorschlag binnen drei Monaten nach seinem Eingang. Im Fall von Änderungen konsultiert ACER vor der Genehmigung des geänderten Vorschlags von ENTSO (Strom). Der angenommene Vorschlag wird innerhalb von drei Monaten nach dem Eingang der einschlägigen Unterlagen auf der Website von ACER veröffentlicht.

(4) ACER kann jederzeit Änderungen des genehmigten Vorschlags verlangen. ENTSO (Strom) muss ACER binnen sechs Monaten nach dem Datum des Eingangs des Antrags auf Änderung einen Entwurf der vorgeschlagenen Änderungen vorlegen. Binnen drei Monaten ab dem Datum des Eingangs des Entwurfs ändert oder genehmigt ACER die Änderungen und veröffentlicht sie auf ihrer Website.

§ 53a Sicherstellung der Versorgung von Haushaltskunden mit Erdgas

¹Gasversorgungsunternehmen haben zu gewährleisten, dass mindestens in den in Artikel 6 Absatz 1 der Verordnung (EU) 2017/1938 des Europäischen Parlaments und des Rates vom 25. Oktober 2017 über Maßnahmen zur Gewährleistung der sicheren Gasversorgung und zur Abschaffung der Verordnung (EU) Nr. 994/2010 (ABl. L 280 vom 28.10.2017, S. 1) genannten Fällen versorgt werden die von ihnen direkt belieferten
1. Haushaltskunden sowie weitere Letztverbraucher im Erdgasverteilernetz, bei denen standardisierte Lastprofile anzuwenden sind, oder Letztverbraucher im Erdgasverteilernetz, die Haushaltskunden zum Zwecke der Wärmeversorgung beliefern und zwar zu dem Teil, der für die Wärmelieferung benötigt wird,
2. grundlegenden sozialen Dienste im Sinne des Artikels 2 Nummer 4 der Verordnung (EU) 2017/1938 des Europäischen Parlaments und des Rates vom 25. Oktober 2017 im Erdgasverteilernetz und im Fernleitungsnetz,
3. Fernwärmeanlagen, soweit sie Wärme an Kunden im Sinne der Nummern 1 und 2 liefern, an ein Erdgasverteilernetz oder ein Fernleitungsnetz angeschlossen sind und keinen Brennstoffwechsel vornehmen können, und zwar zu dem Teil, der für die Wärmelieferung benötigt wird.

²Darüber hinaus haben Gasversorgungsunternehmen im Falle einer teilweisen Unterbrechung der Versorgung mit Erdgas oder im Falle außergewöhnlich hoher Gasnachfrage Kunden im Sinne des Satzes 1 Nummer 1 bis 3 mit Erdgas zu versorgen, solange die Versorgung aus wirtschaftlichen Gründen zumutbar ist. ³Zur Gewährleistung einer sicheren Versorgung von Kunden im Sinne des Satzes 1 Nummer 1 und 2 mit Erdgas kann insbesondere auf marktbasierte Maßnahmen zurückgegriffen werden.

Übersicht

	Rn.
A. Allgemeines	1
I. Inhalt	1
II. Entstehungsgeschichte	2
III. Zweck	6
B. Versorgungspflicht der Energieversorger	12
I. Normadressat	12
II. Versorgungspflicht	16
1. Geschützte Kunden	16

	Rn.
2. Versorgungsunterbrechungen und hohe Gasnachfrage	20
III. Wirtschaftliche Zumutbarkeit	23
C. Marktbasierte und andere Maßnahmen	25
I. Marktbasierte Maßnahmen	28
II. Notfallmaßnahmen	29
D. Verhältnis zur Grund- und Ersatzversorgung	34

Literatur: *BMWi*, Präventionsplan Gas für die Bundesrepublik Deutschland, Juni 2019 (Präventionsplan Gas 2019); *BNetzA*, Bericht zu Gasflüssen und Speicherständen im Januar 2009, www.bundesnetzagentur.de/Publikationen/Berichte; *Hohaus*, Kapitel 16: Versorgungssicherheit Erdgas nach europäischem Recht, insbesondere die Verordnung über Maßnahmen der sicheren Erdgasversorgung, in Baur/Salje/Schmidt-Preuß (Hrsg.), Regulierung in der Energiewirtschaft, 2. Aufl. 2016; *Thole/Almes*, Versorgungssicherheit Gas: Notfallmaßnahmen der Gasnetzbetreiber und Gasmangelverwaltung durch den Bundeslastverteiler – Überblick und praktische Umsetzung, IR 2022, 161; *Thole/Dietzel*, Versorgungssicherheit Gas, EnZW 2013, 543; *Woltering*, Die europäische Energieaußenpolitik und ihre Rechtsgrundlagen, Diss. Münster, 2010.

A. Allgemeines

I. Inhalt

Nach § 53a haben **Gasversorgungsunternehmen** insbesondere in extremen 1
Witterungssituationen im Rahmen der wirtschaftlichen Zumutbarkeit besonders schutzbedürftige Kunden und gasbetriebene Fernwärmanlagen, die diese Kunden mit Wärme versorgen, mit Erdgas zu versorgen. Es geht daher um den **Schutz von Haushaltskunden und grundlegende soziale Einrichtungen,** die Erdgas unmittelbar oder mittelbar **zu Heizwecken** einsetzen. Dies gilt auch bei einer teilweisen Unterbrechung der Versorgung und einer außergewöhnlich hohen Gasnachfrage. S. 2 verweist zur Gewährleistung einer sicheren Erdgasversorgung von Haushaltskunden beispielhaft auf die Instrumente, welche die SoS-VO 2017 vorsieht (BerlKommEnergieR/*Scholz* SoS-VO Art. 6 Rn. 4).

II. Entstehungsgeschichte

Schon § 53a EnWG aF regelte 2005 eine gesetzliche Pflicht für „Energieversor- 2
gungsunternehmen", „auch im Falle einer teilweisen Unterbrechung der Versorgung mit Erdgas und im Falle außergewöhnlich hoher Gasnachfrage in extremen Kälteperioden, Haushaltskunden mit Erdgas zu versorgen, solange die Versorgung für das Energieversorgungsunternehmen aus wirtschaftlichen Gründen zumutbar ist". § 53a EnWG aF war geschaffen worden in Umsetzung der (aufgehobenen) Richtlinie des Rates vom 26.4.2004 über Maßnahmen zur Gewährleistung der sicheren Erdgasversorgung (RL 2004/67/EG).

Aufgrund der ersten Ukraine-Krise 2009 geriet das europäische Management in 3
einer Versorgungskrise in den Fokus der inzwischen in Osteuropa erweiterten EU (KOM (2009) 363, S. 4). Durch die erste SoS VO (EU) Nr. 994/2010 wurden die Maßnahmen zur europäischen Energiesolidarität als verbindliches Sekundärrecht geschaffen. § 53a wurde durch Art. 1 des G. v. 26.7.2011 (BGBl. I S. 1554) einer

§ 53a   Teil 6. Sicherheit und Zuverlässigkeit der Energieversorgung

grundlegenden Revision unterzogen und auf Fernwärmeanlagen ausgeweitet (Begr. RegE BT-Drs. 17/6072, 89).

4   Mit der Ablösung der VO 994/2010 durch die SoS-VO 2017 war zunächst keine große Anpassung mehr erforderlich ((BT-Drs. 19/6155, 107). In der Folge wurden ein Präventionsplan Gas (www.bmwi.de/Redaktion/DE/Downloads/ P-R/praeventionsplan-gas-fuer-die-bundesrepublik-deutschland.pdf?__blob=publi cationFile&v=9) und ein Notfallplan Gas (www.bmwi.de/Redaktion/DE/Down loads/M-O/notfallplan-gas-bundesrepublik-deutschland.pdf?__blob=publication File&v=5) durch das BMWK in Zusammenarbeit mit der Gaswirtschaft und der BNetzA geschaffen und veröffentlicht.

5   Die EnWG Novelle 2021 – also ein halbes Jahr vor dem Überfall Russlands auf die Ukraine und die damit verbundenen Einschränkungen der Gasversorgung in Deutschland und Europa – wurde der Anwendungsbereich erweitert. Dies erläutert die Gesetzesbegründung recht umfassend wie folgt (Begr. RegE BT-Drs. 19/27453, 133):

> *„§ 53a, der die Sicherstellung der Versorgung von Haushaltskunden mit Erdgas regelt, wird vor dem Hintergrund des geänderten Unionsrechts neu gefasst. Die aktuell vor allem an den Begriff des Haushaltskunden angelehnte Definition geschützter Kunden stößt in der Praxis auf Probleme. So ist es zum einen technisch kaum zu realisieren, eine trennscharfe Abschaltung von Haushaltskunden und allen anderen Verbrauchern im Krisenfall zu gewährleisten. In Anlehnung an das weiter gefasste Verständnis des Begriffs der geschützten Kunden in Artikel 2 der Verordnung (EU) 2017/1938 des Europäischen Parlaments und des Rates vom 25. Oktober 2017 über Maßnahmen zur Gewährleistung der sicheren Gasversorgung und zur Aufhebung der Verordnung (EU) Nr. 994/2010 (Erdgas-SoS-VO) wird daher mit der erweiterten Auflistung in Satz 1 eine neue Definition des geschützten Kunden in § 53a eingeführt. Durch die empfohlene Änderung des Kreises der geschützten Kunden sind vor allem solche Letztverbraucher zusätzlich von der Definition erfasst, die zwar keine Haushaltskunden sind, deren Verbrauch jedoch gemäß § 24 GasNZV über standardisierte Lastprofile gemessen wird. Dies sind im Wesentlichen die auch von Artikel 2 Nummer 5a Erdgas-SoS-VO erfassten kleinen und mittleren Unternehmen aus dem Sektor Gewerbe, Handel, Dienstleistungen (GHD-Sektor).*
>
> *Der Gesamtabsatz an Erdgas erreichte im Jahr 2020 nach vorläufigen Daten insgesamt 939.000 Gigawattstunden. Davon entfallen auf die Industrie 338.000 Gigawattstunden, an die Stromversorgung 131.000 Gigawattstunden, an private Haushalte 290.000 Gigawattstunden und an den Verkehr 2.000 Gigawattstunden. Der verbleibende Absatz an alle übrigen Verbraucher, einschließlich des GHD-Sektors und der grundlegenden sozialen Dienste betrug 178.000 Gigawattstunden (Zahlen gemäß Statistischem Bundesamt). Das entspricht etwa 19 Prozent des Gesamtabsatzes. Zum anderen erscheint es sinnvoll, über Haushaltskunden hinaus auch grundlegende soziale Dienste bzw. Einrichtungen, wie auch in Artikel 2 Nummer 5b Erdgas-SoS-VO vorgesehen, als geschützte Kunden zu definieren.*
>
> *Erfasst sind hiervon in erster Linie solche Einrichtungen, in denen Menschen vorübergehend oder dauerhaft stationär behandelt werden oder leben, wie beispielsweise Krankenhäuser, Seniorenheime, Unterbringungen für behinderte Menschen oder Justizvollzugsanstalten. Dieses Begriffsverständnis ergibt sich einerseits aus der Zielrichtung der Erdgas-SoS-VO, bestimmten Kunden einen besonderen Schutz zu gewähren und andererseits aus nationalen Vorgaben wie dem Sozialgesetzbuch (SGB), das den Umfang sozialer Dienste unterschiedlichster Art regelt oder dem Strafvollzugsgesetz (StVollzG), das die Rahmenbedingungen für den Vollzug der Freiheitsstrafe in Justizvollzugsanstalten festlegt. Der Be-*

griff der „grundlegenden" sozialen Dienste spricht dafür, nur solche zu erfassen, die dem Schutz solcher Bevölkerungsgruppen dienen, die – wie die Haushaltskunden – besonders schutzbedürftig sind. Das sind solche, bei denen eine Unterbrechung der Gasversorgung ohne besonderen Schutz zu einer weitergehenden Gefahr für Gesundheit oder Leben von Personen führen würde. Hierunter fallen nachfolgende Einrichtungen, in denen Menschen vorübergehend oder dauerhaft stationär behandelt werden oder leben und diese nicht ohne Weiteres verlassen können sowie Einrichtungen, die hoheitliche Aufgaben zur öffentlichen Sicherheit zu erfüllen haben: Krankenhäuser und Vorsorge- und Rehabilitationseinrichtungen gemäß § 107 SGB V, stationäre Pflegeeinrichtungen gemäß § 71 Absatz 2 SGB XI, stationäre Hospize gemäß § 39a Absatz 1 SGB V, Einrichtungen zur Pflege und Betreuung behinderter Menschen gemäß § 71 Absatz 4 SGB XI, Justizvollzugsanstalten gemäß § 139 StVollzG, sowie z. B. Feuerwehr, Polizei und Bundeswehreinrichtungen. Der Erfüllungsgrad des Versorgungsstandards ist von der Definition der geschützten Kunden abhängig. Deutschland würde jedoch selbst bei einer Ausweitung dieses Kreises die Vorgaben des Versorgungsstandards mit der derzeitigen Gasinfrastruktur einhalten können."

III. Zweck

§ 53a ist eine **Verbraucherschutzvorschrift,** die sicherstellen soll, dass Haus- 6
halts-Erdgaskunden gerade dann, wenn die Versorgung mit zur Wärmeerzeugung erforderlichem Erdgas besonders kritisch und teuer ist, nicht aus der Versorgung durch die Versorgungsunternehmen fallen. Die Vorschrift ist als **Schutzgesetz** iSv § 823 Abs. 2 BGB anzusehen. Sie hat durchaus individualschützende Funktion (Theobald/Kühling/*Däuper* EnWG § 53a Rn. 20).

§ 53a ist **entscheidungsleitend** bei Entscheidungen nach §§ 16 Abs. 2 und 16 7
Abs. 2a. Diese Pflicht geht über die Grund- und Ersatzversorgungspflicht nach §§ 36 und 38 hinaus (→ Rn. 34). Die Versorgungspflicht steht allerdings unter dem Vorbehalt der wirtschaftlichen Zumutbarkeit für die Energieversorgungsunternehmen. Auch der öffentlichen Hand obliegt eine besondere Schutzpflicht für die gleiche Kundengruppe gem. SoS-VO 2017 und nach dem Notfallplan Gas.

§ 53a hat eine europäische Dimension im europäischen Solidaritätsmechanismus 8
nach SoS-VO 2017, die § 2a EnSiG 2022 aus nationaler Perspektive abbildet. Gem. Art. 13 SoS-VO 2017 besteht ein grenzüberschreitender Solidaritätsmechanismus zur Sicherung der Versorgung von geschützten Kunden. Im Rahmen der Notfallstufe gem. Art. 11 Abs. 1 SoS-VO 2017 besteht eine grenzüberschreitende vorrangige Versorgungspflicht von geschützten Kunden iSd § 53a, die zu identifizieren die Versorgungsunternehmen verpflichtet sind. Art. 13 verpflichtet einen Mitgliedstaat dazu, die Versorgung der nicht geschützten Kunden in dem erforderlichen Maße und so lange zu verringern oder auszusetzen, wie die Erdgasversorgung der durch Solidarität geschützten Kunden in dem Solidarität ersuchenden Mitgliedstaat nicht gewährleistet ist. Demzufolge müsste zB Deutschland in einem Notfall nach seinem Notfallplan die Gasversorgung von gewerblichen und industriellen Gasverbrauchern reduzieren, um auf ein Solidaritätsersuchen eines benachbarten EU-Mitgliedstaats hin Gas liefern zu können (ausf. Begr. RegE, BT-Drs. 20/1501, 32).

§ 2a Abs. 2 EnSiG Europäische Verpflichtungen, Verordnungsermächtigung. (2) Er- 9
sucht Deutschland bei direkt mit Deutschland verbundenen Mitgliedstaaten der Europäischen Union oder bei Mitgliedstaaten der Europäischen Union im Sinne von Artikel 13

§ 53a Teil 6. Sicherheit und Zuverlässigkeit der Energieversorgung

Absatz 2 der Verordnung (EU) 2017/1938 um die Anwendung von marktbasierten oder nicht marktbasierten Solidaritätsmaßnahmen im Sinne von Artikel 13 Absatz 4 der Verordnung (EU) 2017/1938, beschafft der Marktgebietsverantwortliche im Sinne von § 3 Nummer 26a des Energiewirtschaftsgesetzes im Auftrag der Bundesnetzagentur für Elektrizität, Gas, Telekommunikation, Post und Eisenbahnen und im Einvernehmen mit dem Bundesministerium für Wirtschaft und Klimaschutz und auf Rechnung des Bundes Gasmengen, die für die Versorgung der durch Solidarität geschützten Kunden in Deutschland notwendig sind, bei den zuständigen Stellen der direkt mit Deutschland verbundenen Mitgliedstaaten der Europäischen Union oder der Mitgliedstaaten der Europäischen Union im Sinne von Artikel 13 Absatz 2 der Verordnung (EU) 2017/1938 oder unterstützt der Marktgebietsverantwortliche diese Beschaffung und stellt den Transport dieser Gasmengen sicher. Das Bundesministerium der Finanzen ist zu beteiligen.

10 Die Regelung trägt der **Bedeutung von Erdgas für die Wärmeversorgung** und der Abhängigkeit von Erdgasimporten aus Versorgungsquellen außerhalb der EU Rechnung. Sie dient der Umsetzung von Art. 6 SoS-VO 2017 zu Maßnahmen zur Gewährleistung der sicheren Erdgasversorgung für geschützte Kunden. Hierfür musste insbesondere genauer bestimmt werden, welche Unternehmen die in § 53a genannten Pflichten treffen und für welche Fälle vorgesorgt werden muss.

11 Zudem wird die in der Verordnung eröffnete Möglichkeit genutzt, den Bereich der besonders geschützten Kunden auf **Fernwärmeanlagen** auszudehnen (Art. 6 Abs. 1 iVm Art. 2 Nr. 5 SoS-VO 2017), soweit diese Wärme an Haushaltskunden liefern und keinen Brennstoffwechsel vornehmen können. Grund hierfür ist, dass Haushaltskunden, die über Fernwärmeanlagen versorgt werden, die keinen Brennstoffwechsel vornehmen können, in gleicher Weise schutzbedürftig sind wie Haushaltskunden, die direkt über das Gasnetz versorgt werden (so schon zur Vorfassung: Begr. RegE BT-Drs. 17/6072, 89).

B. Versorgungspflicht der Energieversorger

I. Normadressat

12 Die Normadressaten sind nach dem Wortlaut von S. 1 die **Gasversorgungsunternehmen,** die Haushaltskunden oder Betreiber von gasbetriebenen Fernwärmeanlagen mit Erdgas **beliefern.** Die Regelung geht zurück auf Art. 8 VO (EU) 994/2010 (→ Rn. 3). Mit der Änderung 2011 wurde gerade der Adressatenkreis neu gefasst und verpflichtet sind seitdem ausschließlich **Lieferanten und Händler.** Die Norm verweist auf die Versorgungssicherheitsstandards des Art. 6 SoS-VO 2017 (→ Rn. 18) und somit auf die Versorgungssicherheit in ihrer Ausprägung der Bedarfsdeckungssicherheit (siehe auch *Thole/Dietzel* EnWZ 2013, 543 (545), auch mit den Gegenargumenten für ein weiteres Normverständnis).

13 Während Art. 6 Abs. 1 SoS-VO 2017 die Mitgliedstaaten zu entsprechenden Maßnahmen verpflichtet, schafft S. 1 eine **unmittelbare Verpflichtung** für die Händler und Lieferanten.

14 § 53a S. 1 aF adressiert allgemeiner „Energieversorgungsunternehmen", für die es in § 3 Nr. 18 eine gesetzliche Definition gibt. Somit erfasst die alte Regelung reine Gaslieferanten (§ 3 Nr. 19b) und Großhändler von Energie (§ 3 Nr. 21), aber auch Netzbetreiber (§ 3 Nr. 27). Auch **Netzbetreiber** sind von der aktuellen Verpflichtung des § 53a erfasst (aA BerlKommEnergieR/*Hohaus* EnWG § 53a Rn. 14ff.). Diese beliefern zwar keine Kunden direkt, sie müssen in ihren Maßnah-

men im Rahmen §§ 16, 16a den Schutzbereich der Norm ebenfalls achten, um die Gewährleistungspflicht nach S. 1 zu erfüllen. Darüber hinaus ergeben sich Fragen, wie geschützte Kunden, deren direkter Versorger im Falle einer teilweisen Unterbrechung der Versorgung mit Erdgas, ausgefallen ist, weiter versorgt werden können. Auch hier kann eine (Mit-)Verpflichtung der Netzbetreiber zur Gewährleistung der geschützten Kunden erforderlich sein (→ Rn. 15).

Für **Betreiber von Erdgasversorgungsnetzen** bestehen bereits nach anderen 15 Vorschriften des EnWG im Interesse der Versorgungssicherheit normierte Pflichten. Sie haben ihre Netze den §§ 11, 15 ff. entsprechend zu betreiben und auszubauen sowie gem. § 52 Versorgungsstörungen zu melden. Bei Maßnahmen des Netzsicherheitsmanagements nach den §§ 16a iVm 16 Abs. 2 muss die festgestellte besondere Schutzwürdigkeit handlungsleitend für Gasverteilnetzbetreiber sein (Notfallplan Gas 2019, S. 22 ff.).

II. Versorgungspflicht

1. Geschützte Kunden. Gasversorgungsunternehmen sind nach S. 1 zur Ver- 16 sorgung von
- alle Letztverbraucher mit einem überwiegenden Eigenverbrauch im **privaten Haushalt** oder mit einem Jahresverbrauch von **maximal 10.000 kWh** für berufliche, landwirtschaftliche oder gewerbliche Zwecke (Haushaltskunde iSd § 3 Nr. 22),
- Letztverbraucher im Verteilernetz, bei denen **standardisierte Lastprofile (SLP)** (Anschlussleistung von maximal 500 kW; Jahresverbrauch von maximal 1,5 Mio. kWh gem. § 24 GasNZV) anzuwenden sind,
- Letztverbraucher im Verteilernetz, die Haushaltskunden zum **Zwecke der Wärmeversorgung** beliefern (zB Vermieter mit Gaszentralheizung), und zwar zu dem Teil, der für die Wärmelieferung benötigt wird,
- sog. grundlegende **soziale Dienste** (→ Rn. 17) und
- **Fernwärmeanlagen** unabhängig von der Anschlussdruckstufe, soweit sie Wärme an die vorgenannten Kunden liefern und keinen Brennstoffwechsel zu dem Teil vornehmen können, der für die Wärmelieferung benötigt wird
mit Erdgas verpflichtet.

Den Schutzbereich gibt Art. 2 (Begriffsbestimmungen) Nr. 4 und Nr. 5 SoS - 17 VO 2017 vor:

4. „grundlegender sozialer Dienst" bezeichnet einen Dienst in den Bereichen Gesundheitsversorgung, grundlegende soziale Versorgung, Notfall, Sicherheit, Bildung oder öffentliche Verwaltung,

5. „geschützter Kunde" bezeichnet einen Haushaltskunden, der an ein Erdgasverteilernetz angeschlossen ist; wenn der betreffende Mitgliedstaat es so festlegt, kann darunter auch eine oder mehrere der folgenden Gestaltungen fallen, sofern die in Buchstaben a und b genannten Unternehmen oder Dienste zusammen nicht mehr als 20 % des jährlichen Gesamtgasverbrauchs des betreffenden Mitgliedstaats ausmachen:

a) ein kleines oder mittleres Unternehmen, sofern es an ein Erdgasverteilernetz angeschlossen ist,

b) ein grundlegender sozialer Dienst, sofern er an ein Erdgasverteiler- oder -fernleitungsnetz angeschlossen ist,

c) eine Fernwärmeanlage, soweit sie Wärme an Haushaltskunden, kleine oder mittlere Unternehmen oder grundlegende soziale Dienste liefert, wenn diese Anlage keinen Wechsel auf einen anderen Brennstoff als Gas vornehmen kann,

§ 53a   Teil 6. Sicherheit und Zuverlässigkeit der Energieversorgung

18   Die Schutzpflicht ergibt sich aus Art. 6 SoS – VO 2017 (Gasversorgungsstandard):

(1) Die zuständige Behörde verpflichtet die von ihr bestimmten Erdgasunternehmen dazu, Maßnahmen zu ergreifen, um die Gasversorgung geschützter Kunden des Mitgliedstaats in jedem der folgenden Fällen zu gewährleisten:
a) extreme Temperaturen an sieben aufeinanderfolgenden Tagen mit Spitzenlast, wie sie mit statistischer Wahrscheinlichkeit einmal in 20 Jahren vorkommen;
b) eine außergewöhnlich hohe Gasnachfrage über einen Zeitraum von 30 Tagen, wie sie mit statistischer Wahrscheinlichkeit einmal in 20 Jahren auftritt;
c) für einen Zeitraum von 30 Tagen bei Ausfall der größten einzelnen Gasinfrastruktur unter durchschnittlichen Winterbedingungen.

Jeder Mitgliedstaat übermittelt der Kommission bis zum 2. Februar 2018 seine Definition von geschützten Kunden, die jährliche Gasverbrauchsmenge der geschützten Kunden und den prozentualen Anteil jener Gasverbrauchsmengen am jährlichen Gesamtgasendverbrauch in dem Mitgliedstaat.[1] Bezieht ein Mitgliedstaat in seine Definition von geschützten Kunden die in Artikel 2 Nummer 5 Buchstabe a oder b genannten Kategorien ein, gibt er die Gasverbrauchsmengen der Kunden in diesen Kategorien und den prozentualen Anteil jeder dieser Kundengruppen am jährlichen Gesamtgasendverbrauch an.

Die zuständige Behörde bestimmt die in Unterabsatz 1 des vorliegenden Absatzes genannten Erdgasunternehmen und gibt sie im Präventionsplan an.

Alle neuen, anderen als Marktmaßnahmen zur Gewährleistung des Gasversorgungsstandards müssen dem Verfahren des Artikels 9 Absätze 4 bis 9 entsprechen.

Die Mitgliedstaaten können der in Unterabsatz 1 genannten Verpflichtung nachkommen, indem sie Energieeffizienzmaßnahmen durchführen oder Gas durch andere Energieträger, unter anderem erneuerbare Energieträger, ersetzen, soweit das gleiche Schutzniveau erreicht wird.

(2) Jeder erhöhte Gasversorgungsstandard, der die in Absatz 1 Buchstaben b und c genannten Zeiträume von 30 Tagen überschreitet, oder jede zusätzliche Verpflichtung, die aus Gründen der Sicherheit der Gasversorgung auferlegt wird, beruht auf der Risikobewertung, schlägt sich im Präventionsplan nieder und
a) entspricht Artikel 8 Absatz 1,
b) wirkt sich nicht nachteilig auf die Fähigkeit der anderen Mitgliedstaaten aus, ihre geschützten Kunden in einem nationalen, regionalen oder unionsweiten Notfall gemäß dem vorliegenden Artikel mit Gas zu versorgen, und
c) entspricht Artikel 12 Absatz 5 im Falle eines regionalen oder unionsweiten Notfalls.

Die Kommission kann einen Nachweis der Entsprechung jeder Maßnahme nach Unterabsatz 1 mit den darin aufgeführten Bedingungen verlangen. Diese Begründung wird von der zuständigen Behörde des Mitgliedstaats, der die Maßnahme einführt, veröffentlicht.

Ferner muss jede neue andere als Marktmaßnahme gemäß Unterabsatz 1 dieses Absatzes, die am oder nach dem 1. November 2017 erlassen wird, dem Verfahren des Artikels 9 Absätze 4 bis 9 genügen.

(3) Nach Ablauf der von der zuständigen Behörde gemäß den Absätzen 1 und 2 bestimmten Zeiträume oder unter Bedingungen, die strenger sind als die in Absatz 1 festgelegten, sind die zuständige Behörde und die Erdgasunternehmen bestrebt, die Gasversorgung insbesondere der geschützten Kunden so weit wie möglich aufrechtzuerhalten.

(4) Die den Erdgasunternehmen auferlegten Verpflichtungen zur Erfüllung der in diesem Artikel festgelegten Gasversorgungsstandards dürfen nicht diskriminierend sein und diese Unternehmen nicht unangemessen belasten.

---

[1] Präventionsplan Gas 2019, S. 23.

(5) Den Erdgasunternehmen ist es gestattet, ihre Verpflichtungen aufgrund dieses Artikels soweit angemessen auf regionaler oder auf Unionsebene erfüllen. Die zuständigen Behörden verlangen nicht, dass die in diesem Artikel festgelegten Standards mit der allein auf ihrem Gebiet vorhandenen Infrastruktur erfüllt werden müssen.

(6) Die zuständigen Behörden stellen sicher, dass die Bedingungen für die Versorgung geschützter Kunden das reibungslose Funktionieren des Energiebinnenmarkts nicht beeinträchtigen und der Preis entsprechend dem Marktwert der Lieferungen festgelegt wird.

Das EnWG kennt den Betreiber von gasbetriebenen **Fernwärmeanlagen** 19 nicht. Gemäß einem Urteil des BGH wird Fernwärme daran festgemacht, dass aus einer nicht im Eigentum des Gebäudeeigentümers stehenden Heizungsanlage von einem Dritten nach unternehmenswirtschaftlichen Gesichtspunkten eigenständig Wärme produziert und an andere geliefert wird (BGH Urt. v. 25.10.1989 – VIII ZR 229/88, NJW 1990, 1181; BGH Urt. v. 21.12.2011 – VIII ZR 262/09 KG, NJW-RR-2021, 249).

2. Versorgungsunterbrechungen und hohe Gasnachfrage. Die Unterneh- 20 men müssen geeignete **Vorkehrungen** treffen, um die Erdgasversorgung von Haushaltskunden auch in den genannten Fällen fortsetzen zu können. Gemäß dem Verweis auf Art. 6 Abs. 1 SoS-VO 2017 in S. 1 müssen die Erdgasversorgungsunternehmen die Versorgung
a) auch bei extremen Kälteperioden von bis zu sieben aufeinander folgenden Tagen oder
b) bei einer außergewöhnlich hohen Gasnachfrage über einen Zeitraum von 30 Tagen gewährleisten.

Dabei ist auf eine Betrachtung der letzten 20 Jahre abzustellen. Auch für den
c) Ausfall der größten einzelnen Gasinfrastruktur unter durchschnittlichen Witterungsbedingungen
muss Vorsorge getroffen werden. Die Gasversorgungsunternehmen müssten diese Pflicht im Rahmen gegebenenfalls erforderlichen Engpassmanagements und Mengenallokation berücksichtigen.

Mit einer teilweisen Unterbrechung der Erdgasversorgung in S. 2 ist der Fall ge- 21 meint, dass es zu Störungen auf der Bezugsseite einzelner Importeure oder Energielieferanten kommt.

Dabei handelt es sich nicht um eine noch in der RL 2004/67/EG definierte 22 **„größere Versorgungsunterbrechung"**. Darunter war gem. Art. 2 Nr. 2 RL 2004/67/EG eine Situation zu verstehen, in der für die Gemeinschaft die Gefahr besteht, dass mehr als 20 Prozent ihrer Gasversorgung aus Drittländern ausfällt und die Lage auf Gemeinschaftsebene voraussichtlich mit einzelstaatlichen Maßnahmen nicht angemessen geregelt werden kann.

III. Wirtschaftliche Zumutbarkeit

Die Pflicht zur Versorgung von Haushaltskunden mit Erdgas steht gem. S. 2 un- 23 ter dem Vorbehalt, dass deren Erfüllung für die Versorgungsunternehmen aus wirtschaftlichen Gründen zumutbar ist. Unabhängig von deren Grundrechtsfähigkeit (dazu → § 11 Rn. 89) soll S. 2 dadurch **unverhältnismäßige Eingriffe** in die Rechtspositionen der Unternehmen **verhindern.** Anders als vielfach bei Netzbetreiberunternehmen handelt es sich bei den großen Gasimport-, -handels- und -versorgungsgesellschaften um grundrechtsfähige Personen des Privatrechts.

§ 53a Teil 6. Sicherheit und Zuverlässigkeit der Energieversorgung

24 Angesichts der Abwägung mit dem **Leib und Leben** des geschützten Personenkreises ist die Anforderung an die Unzumutbarkeit sehr hoch zu legen. Wirtschaftlich unzumutbar sind allenfalls Maßnahmen, die zu einer **Existenzgefährdung** führen. Bei der Bewertung der Unzumutbarkeit im Einzelfall ist zu berücksichtigen, dass die wirtschaftliche Zumutbarkeit in der speziellen Schutznorm des § 53a weitergehen muss als die Zumutbarkeit im Rahmen des § 36 – andernfalls hätte es der Sonderregelung nicht bedurft. Unzumutbarkeit bedeutet aber nicht Unmöglichkeit, also müssen in einer Abwägung über technisch leistbare Versorgungsszenarios wirtschaftliche Betrachtungen miteinander abgewogen werden. Zumal die Versorgung durch marktliche Instrumente und gegen Zahlung eines Marktpreises gesichert werden soll (s. auch Art. 6 Abs. 6, → Rn. 18).

C. Marktbasierte und andere Maßnehmen

25 Der Inhalt der Versorgungspflicht wird in S. 1 nicht näher konkretisiert. Die Bedeutung der Vorschrift liegt vor allem darin, die Versorgung auch in den Fällen sicherzustellen, in denen der übergeordnete Erdgasbezug unterbrochen oder eingeschränkt ist oder eine besonders hohe Nachfrage besteht. Es bleibt dem **Erdgasversorgungsunternehmen** überlassen, mit welchen Mitteln sie der Versorgungspflicht nachkommen. Ob und welche Maßnahmen von den Unternehmen zur Gewährleistung der Versorgung von Haushaltskunden mit Erdgas zu ergreifen möglich sind, richtet sich dabei nach der **Stellung** der Unternehmen **in der Versorgungskette**. Anders als unter den in § 36 geregelten Voraussetzungen, folgt aus S. 1 jedoch keine Verpflichtung zur Aufnahme der Versorgung von bisher noch nicht belieferten Kunden, erst aus der Zusammenschau beider Vorschriften ergibt sich eine Verpflichtung auch des Grund- und Ersatzversorgers (→ Rn. 34). Für Bestandskunden der Grundversorgung kommt § 53a ohnehin zum Zuge. Teil 5 der GasGVV sieht die Unterbrechung der Versorgung in den in S. 1 und S. 2 genannten Fällen nicht vor.

26 Nach S. 3 kann zur Gewährleistung einer sicheren Versorgung von Haushaltskunden mit Erdgas insbesondere auf „marktbasierte" Maßnahmen zurückgegriffen werden. Diese nach Ermessen klingende Vorgabe ist jedoch das **gesetzliche Gebot** aus dem europäischen Energierecht, das zunächst immer auf wettbewerbliche (= marktbasierte) Maßnahmen zurückgreifen will. Dies ergibt sich als Umkehrschluss auch für die Gasversorgung für schutzbedürftige Kunden aus Art. 6 Abs. 1 UAbs. 4 SoS-VO 2017 (BerlKommEnergieR/ *Scholz* SoSVO Art. 6 Rn. 10).

27 Die möglichen Maßnahmen sind auch niedergelegt im **Notfallplan Gas** (Stand: September 2019: www.bmwi.de/Redaktion/DE/Downloads/M-O/notfall plan-gas-bundesrepublik-deutschland.pdf?__blob=publicationFile&v=5). Rechtsgrundlagen für die Durchführung der Krisen- und Notfallplanung in Deutschland sind neben der SoS-VO 2017, das EnWG, das 2022 novellierte EnSiG und die Verordnung zur Sicherung der Gasversorgung in einer Versorgungskrise (Gassicherungsverordnung – GasSV). Zu den Regelungen zur Gaskrisenvorsorge siehe BerlKommEnergieR/ *Hohaus* EnWG § 53a Rn. 2-13).

I. Marktbasierte Maßnahmen

28 Der Begriff der marktbasierten Maßnahmen wird verwendet beim Netzbetrieb durch die Gasversorgungsnetzbetreiber (§ 16, grundlegend zu den Begriffen → § 13

Rn. 74). Zum Teil werden Instrumente dieser Art (Lastflusszusagen, unterbrechbare Verträge, Einsatz-Netzpuffer ua) schon im Rahmen des gewöhnlichen Netzbetriebs eingesetzt. Maßnahmen zur Sicherstellung der Pflichten aus § 53a sind in § 16 Abs. 2 im EnWG gesetzlich geregelt (→ § 16 Rn. 22). Wie festgestellt, sind die Netzbetreiber in S. 1 allerdings gar nicht primär adressiert. Die Händler- und Versorgerseite kann dabei durch **Diversifizierung bei Lieferanten und Buchungen** und **Mengenallokation** Vorsorge treffen (so zT noch in Anhang II der SoS-VO 2010 genannt), sind sie doch im Krisenfall verpflichtet, ausgefallene Mengen zur Versorgung besonders schutzbedürftiger Kunden auch zu deutlich höheren Preisen nachzubeschaffen. Zudem gehört das **Vorhalten entsprechender Informationen** über ihre Kunden zu den gesetzlichen Pflichten.

II. Notfallmaßnahmen

Echte Notfallmaßnahmen regelt § 16 Abs. 2 und der auf dem EnSiG sowie der SoS-VO 2017 beruhende Notfallplan Gas. Solche nicht markt-basierten Maßnahmen sind zunächst **quasi hoheitliche Eingriffsbefugnisse durch FLNB und Marktgebietsverantwortliche.** Auch dieser soll so lange wie möglich auf marktliche, also auf die sich bildenden Preise nutzende Maßnahmen zurückgreifen, solange sich am Erdgasmarkt noch Preise bilden (BNetzA, Marktliche Maßnahmen vor und in einer Gasmangellage v. 20.6.2022, www.bundesnetzagentur.de/DE/Fachthemen/ElektrizitaetundGas/Versorgungssicherheit/aktuelle_gasversorgung/HintergrundFAQ/MarktlicheMassnahmen.pdf?__blob=publicationFile&v=2). Auch echte hoheitliche Eingriffe werden dann in der **Gasmangellage** in Form der Maßnahmen gemäß Anhang VIII SoS-VO 2017 ermöglicht. Sie sind national im EnSiG und in der GasSV festgelegt. 29

Erst wenn marktbasierte Maßnahmen nicht ausreichen, kann auf staatliche Eingriffe zurückgegriffen werden. Maßnahmen sind in Anhang VIII SoS-VO 2017 beschrieben: 30
– Maßnahmen auf der Angebotsseite 31
  – Rückgriff auf strategische Gasvorräte
  – Anordnung der Nutzung der Speicherbestände alternativer Brennstoffe (zB gemäß der Richtlinie 2009/119/EG (1))
  – Anordnung der Nutzung von Strom, der nicht mit Gas erzeugt wird (→ §§ 50a–50j Rn. 32)
  – Anordnung der Erhöhung des Produktionsniveaus
  – Anordnung der Entnahme aus Speicheranlagen
– Maßnahmen auf der Nachfrageseite 32
  – verschiedene Etappen einer verbindlichen Reduzierung der Nachfrage, einschließlich
  – Anordnung des Brennstoffwechsels
  – Anordnung der Nutzung unterbrechbarer Verträge, wo diese nicht in vollem Umfang als Teil der marktbasierten Maßnahmen eingesetzt werden
  – Anordnung der Abschaltung von Kunden
Das SoS-Instrumentarium gilt als von den nationalen einschlägigen Rechtsgrundlagen grundsätzlich bereits abgebildet. Die Umsetzung der novellierten SoS-VO 2017 erfordert jedoch weitergehende Anpassungen des rechtlichen Rahmens in Deutschland, ua durch die noch zu verhandelnden bilateralen Verträge zu Solidaritätsmechanismen mit anderen Mitgliedstaaten (Notfallplan Gas 2019, S. 11). 33

D. Verhältnis zur Grund- und Ersatzversorgung

34 Verpflichtet die Regelung primär die Versorgungsunternehmen, dh die **Lieferanten von Kunden in Niederdruck,** die maßgeblich unter Einsatz marktlicher Instrumente die Versorgung geschützter Kunden auch in einer eingeschränkten Versorgungslage gewährleisten sollen, stellt sich die Frage nach dem Verhältnis zur Grundversorgung (§ 36). Denn fällt aufgrund der eingeschränkten Versorgungslage und den daraus zu erwartenden Preisentwicklungen **ein Lieferant** aus, indem er **Insolvenz anmeldet** oder ihm der Bilanzkreis gekündigt wird, so kann die Pflicht diesem Lieferanten faktisch nicht mehr durchgesetzt werden. Auch die freie Wahl eines Lieferanten für einen **Neukunden** wird unmittelbar vor oder in einer solchen Situation faktisch eingeschränkt sein. Im Segment der Haushaltskunden greift unter normalen Bedingungen dann der **Rückfall in die Grundversorgung.** Durch die Klimaschutz-Sofortprogramm-Novelle 2022 wurden aufgrund akuter Lieferantenausfälle aufgrund gestiegener Großhandelspreise die Regelungen angepasst, die auch auf eine solche Situation im Rahmen des § 53a Anwendung finden können.

35 Demnach fällt ein solcher Haushaltskunde im Falle des Ausfalls seines Lieferanten für drei Monate in die Ersatzversorgung gem. §§ 36 Abs. 1 iVm 38 Abs. 1. Der Grundversorger ist dann zur Versorgung verpflichtet, gegebenenfalls zu einer Beschaffung dafür notwendiger Mengen, kann allerdings für die drei Monate der **Ersatzversorgung höhere Preise** abrechnen (§ 38 Abs. 2 und 3). Anschließend gelten für Haushaltskunden die allgemeinen Preise der Grundversorgung. Für Neukunden gilt im Anwendungsbereich unmittelbar die Grundversorgung.

36 Alle anderen Kunden in Niederdruck fallen in einem solchen Fall für drei Monate in die Ersatzversorgung nach § 38, ihre Belieferung ist gesichert, allerdings potentiell zu deutlich höheren Preisen als durch den ausgefallenen Lieferanten.

37 Die **Ersatzversorgung endet** üblicherweise nach drei Monaten, in denen sich ein Kunde einen neuen, eigenen Lieferanten suchen soll. Hielte eine Versorgungslage, insbesondere während der Heizperiode, gem. § 53a Abs. 1 (→ Rn. 20) über einen solchen Zeitraum an, so trifft die Verpflichtung zur Gewährleistung der Versorgung schutzbedürftiger Kunden dann auch den Ersatzversorger. § 53a Abs. 1 geht § 38 Abs. 2 vor, was den Ersatzversorger gegebenenfalls **zu einer Weiterversorgung verpflichten** würde.

§ 53b *(aufgehoben)*

Teil 7. Behörden

Abschnitt 1. Allgemeine Vorschriften

§ 54 Allgemeine Zuständigkeit

(1) Die Aufgaben der Regulierungsbehörde nehmen die Bundesnetzagentur für Elektrizität, Gas, Telekommunikation, Post und Eisenbahnen (Bundesnetzagentur) und nach Maßgabe des Absatzes 2 die Landesregulierungsbehörden wahr.

(2) ¹Den Landesregulierungsbehörden obliegt
1. die Genehmigung der Entgelte für den Netzzugang nach § 23a,
2. die Genehmigung oder Festlegung im Rahmen der Bestimmung der Entgelte für den Netzzugang im Wege einer Anreizregulierung nach § 21a,
3. die Genehmigung oder Untersagung individueller Entgelte für den Netzzugang, soweit diese in einer nach § 24 Satz 1 Nr. 3 erlassenen Rechtsverordnung vorgesehen sind,
4. die Überwachung der Vorschriften zur Entflechtung nach § 6 Abs. 1 in Verbindung mit den §§ 6a bis 7a,
5. die Überwachung der Vorschriften zur Systemverantwortung der Betreiber von Energieversorgungsnetzen nach § 14 Absatz 1, §§ 14a, 14b und 15 bis 16a,
6. die Überwachung der Vorschriften zum Netzanschluss nach den §§ 17 und 18 mit Ausnahme der Vorschriften zur Festlegung oder Genehmigung der technischen und wirtschaftlichen Bedingungen für einen Netzanschluss oder die Methoden für die Bestimmung dieser Bedingungen durch die Regulierungsbehörde, soweit derartige Vorschriften in einer nach § 17 Abs. 3 Satz 1 Nr. 2 erlassenen Rechtsverordnung vorgesehen sind,
7. die Überwachung der technischen Vorschriften nach § 19,
8. die Missbrauchsaufsicht nach den §§ 30 und 31 sowie die Vorteilsabschöpfung nach § 33,
9. die Entscheidung über das Vorliegen der Voraussetzungen nach § 110 Absatz 2 und 4,
10. die Festlegung und Feststellung der notwendigen technischen Anpassungen und Kosten im Rahmen der Umstellung der Gasqualität nach § 19a Absatz 2,
11. die Veröffentlichung nach § 23b Absatz 1, mit Ausnahme von § 23b Absatz 1 Satz 1 Nummer 7 und 10 bis 13, die zugleich auch die Bundesnetzagentur wahrnehmen kann, und
12. die Genehmigung der vollständig integrierten Netzkomponenten nach § 11b Absatz 1 Nummer 2 zweiter Halbsatz,

soweit Energieversorgungsunternehmen betroffen sind, an deren Elektrizitäts- oder Gasverteilernetz jeweils weniger als 100 000 Kunden unmittelbar oder mittelbar angeschlossen sind. ²Satz 1 gilt nicht, wenn ein Elektrizitäts- oder Gasverteilernetz über das Gebiet eines Landes hinausreicht.

§ 54

³Satz 1 Nummer 6, 7 und 8 gilt nicht, soweit die Erfüllung der Aufgaben mit dem Anschluss von Biogasanlagen im Zusammenhang steht. ⁴Für die Feststellung der Zahl der angeschlossenen Kunden sind die Verhältnisse am 13. Juli 2005 für das Jahr 2005 und das Jahr 2006 und danach diejenigen am 31. Dezember eines Jahres jeweils für die Dauer des folgenden Jahres maßgeblich. ⁵Begonnene behördliche oder gerichtliche Verfahren werden von der Behörde beendet, die zu Beginn des behördlichen Verfahrens zuständig war.

(3) ¹Weist eine Vorschrift dieses Gesetzes eine Zuständigkeit nicht einer bestimmten Behörde zu, so nimmt die Bundesnetzagentur die in diesem Gesetz der Behörde übertragenen Aufgaben und Befugnisse wahr. ²Ist zur Wahrung gleichwertiger wirtschaftlicher Verhältnisse im Bundesgebiet eine bundeseinheitliche Festlegung nach § 29 Absatz 1 erforderlich, so nimmt die Bundesnetzagentur die in diesem Gesetz oder auf Grund dieses Gesetzes vorgesehenen Festlegungsbefugnisse wahr. ³Sie ist insbesondere zuständig für die bundesweit einheitliche Festlegung
1. von Preisindizes nach den Verordnungen nach § 24,
2. von Eigenkapitalzinssätzen nach den Verordnungen nach § 24,
3. von Vorgaben zur Erhebung von Vergleichsparametern zur Ermittlung der Effizienzwerte sowie zur angemessenen Berücksichtigung eines Zeitverzugs beim Ausbau der Verteilernetze im Effizienzvergleich nach den Verordnungen nach § 21a Absatz 6,
4. des generellen sektoralen Produktivitätsfaktors nach den Verordnungen nach § 21a Absatz 6,
5. Methoden zur Bestimmung des Qualitätselementes aufgrund einer Verordnung nach § 21a Absatz 6 und
6. von Vorgaben betreffend das Verfahren für die Genehmigung von vollständig integrierten Netzkomponenten nach § 11b Absatz 5 zweite Alternative in Verbindung mit Absatz 1 Nummer 2 zweiter Halbsatz.

⁴Beabsichtigt die Bundesnetzagentur bundeseinheitliche Festlegungen im Sinne des Satzes 2 zu treffen, die nicht die in Satz 3 genannten Bereiche betreffen, hat sie vor einer Festlegung den Länderausschuss bei der Bundesnetzagentur mit dem geplanten Inhalt der angestrebten Festlegung zu befassen. ⁵Die Bundesnetzagentur berücksichtigt die mehrheitliche Auffassung des Länderausschusses bei der Bundesnetzagentur bei ihrer Festlegung so weit wie möglich.

Übersicht

	Rn.
A. Allgemeines	1
I. Unions- und verfassungsrechtlicher Rahmen	3
II. Entstehungsgeschichte	8
III. Typen von Energiebehörden nach dem EnWG	13
1. Regulierungsbehörden	14
2. Sonstige Behörden, die Normen des EnWG vollziehen	24
B. Verteilung der Regulierungsaufgaben zwischen Bund und Ländern	29
I. Zuständigkeiten der Landesregulierungsbehörden (Abs. 2)	32
1. Enumerative Aufzählung der Länderzuständigkeiten	33
2. Weniger als 100.000 angeschlossene Kunden	40
3. Ausnahme: Länderübergreifende Verteilernetze (Abs. 2 S. 2)	51

Allgemeine Zuständigkeit **§ 54**

	Rn.
4. Ausnahme: Anschluss von Biogasanlagen (Abs. 2 S. 3)	53
II. Allgemeine Zuständigkeit der Bundesnetzagentur als Regulierungsbehörde (Abs. 1)	54
III. Zuständigkeit der Bundesnetzagentur für bundeseinheitliche Festlegungen (Abs. 3 S. 2–5)	56
C. Subsidiäre Zuständigkeit der Bundesnetzagentur (Abs. 3 S. 1)	62

Literatur: *Angenendt/Gramlich/Pawlik,* Neue Regulierung der Strom- und Gasmärkte – Aufgaben und Organisation der Regulierungsbehörde(n), LKV 2006, 49; *Bauer/Seckelmann,* Zentral, dezentral oder egal – Eine rechtliche und verwaltungswissenschaftliche Analyse der Aufteilung der Regulierungsaufgaben zwischen BNetzA und Landesregulierungsbehörden, DÖV 2014, 951; *Gundel,* Konturen eines europarechtlichen Status der nationalen (Infrastruktur-) Regulierungsbehörden: Reichweite und Konsequenzen der Unabhängigkeitsvorgabe, EWS 2017, 301; *Gundel,* Zur unionsrechtlichen Zulässigkeit normativer Vorgaben der Mitgliedstaaten für die nationalen Energie-Regulierungsbehörden, RdE 2019, 493; *Gundel,* Die Auswirkungen des Vertragsverletzungsurteils des EuGH zur Unabhängigkeit der Energieregulierung, EnWZ 2021, 339; *Holznagel/Göge/Schumacher,* Die Zulässigkeit der Übertragung von Landesregulierungsaufgaben im Energiesektor auf die BNetzA, DVBl. 2006, 471; *Kühling/el-Barudi,* Das runderneuerte Energiewirtschaftsgesetz, DVBl. 2005, 1470; *Ludwigs,* Energieregulierung nach der Zeitenwende – Handlungsmöglichkeiten der BNetzA nach dem EuGH-Urteil zur normierenden Regulierung, N&R-Beilage 2/2021, 1; *Ludwigs,* Paradigmenwechsel in der Energieregulierung – Modelle eines Wandels von der normierenden zur administrativen Regulierung, in FS Säcker, 2021, S. 609; *Neveling,* Die Bundesnetzagentur – Aufbau, Zuständigkeiten und Verfahrensweisen, ZNER 2005, 263; *Pielow,* Wie „unabhängig" ist die Netzregulierung im Strom- und Gassektor?, DÖV 2005, 1017; *Recknagel,* Gerichtliche Zuständigkeitsänderung durch Verwaltungsabkommen?, WuW 2008, 148; *Scheil/Friedrich,* Ein Jahr Bundesnetzagentur – Organisation, Zuständigkeiten und Verfahren nach dem Paradigmenwechsel im EnWG, N&R 2006, 90; *Schmidt,* Neustrukturierung der Bundesnetzagentur – verfassungs- und verwaltungsrechtliche Probleme, NVwZ 2006, 907; *Schmidt-Preuß,* Aktuelles zur Zukunft der normierenden Regulierung im Energiesektor – Empfehlungen an den Gesetz- und Verordnungsgeber, RdE 2021, 173.

A. Allgemeines

Die Vorschrift des § 54 regelt die **Verteilung** der im EnWG vorgesehenen 1 exekutiven Aufgaben der **„Regulierungsbehörden"** zwischen **BNetzA (§ 54 Abs. 1)** einerseits und **Landesregulierungsbehörden (§ 54 Abs. 2)** andererseits, indem Abs. 2 die Zuständigkeiten der Landesregulierungsbehörden abschließend aufzählt und alle übrigen regulierungsbehördlichen Aufgaben in Abs. 1 der Bundesnetzagentur zuweist. Daneben enthält **§ 54 Abs. 3 S. 1** eine **subsidiäre Auffangzuständigkeit der BNetzA** für die Fälle, in denen eine Vorschrift des EnWG eine Zuständigkeit weder der „Regulierungsbehörde", der BNetzA oder den Landesregulierungsbehörden noch einer sonstigen Bundesbehörde oder den nach Landesrecht zuständigen Behörden zuweist (zur Typologie der Behörden nach dem EnWG → Rn. 13 ff.). Schließlich weist **§ 54 Abs. 3 S. 2–5 der BNetzA** eine von den Abs. 1 und 2 abweichende **Sonderzuständigkeit für bundeseinheitliche Festlegungen** zu.

Hintergrund dieser Zuständigkeitsverteilung in § 54 ist die auch für den Bereich 2 des Energiewirtschaftsrechts geltende Regel des **Art. 83 GG,** wonach Bundesgesetze von den Ländern als eigene Angelegenheiten ausgeführt werden. Da Art. 87 Abs. 3 GG von dieser Regel Ausnahmen zulässt, war verfassungsrechtlich der Weg eröffnet zu einer **Auseinandersetzung zwischen Bund und Ländern** darüber, ob und in welchem Umfang die Wahrnehmung der Regulierungsaufgaben bei der BNetzA zu konzentrieren oder zwischen Bundes- und Landesregulierungsbehörden zu verteilen seien. Diese Auseinandersetzung, die auch dessen Entstehungsgeschichte (→ Rn. 8ff.) geprägt hat, mündete in der konkreten Zuständigkeitsverteilung des § 54, der insoweit einen **Kompromiss** darstellt.

I. Unions- und verfassungsrechtlicher Rahmen

3   Das **Unionsrecht** enthält zu der in § 54 beantworteten Frage nach der föderalen Verteilung der Regulierungszuständigkeiten zwar die Vorgabe, dass jeder Mitgliedstaat auf nationaler Ebene „eine **einzige nationale Regulierungsbehörde**" benennt (Art. 35 Abs. 1 Elt-RL 09 bzw. nun Art. 57 Abs. 1 RL (EU) 2019/944, Art. 39 Abs. 1 Gas-RL 09). Allerdings lassen die Richtlinien ausdrücklich „die Benennung anderer **Regulierungsbehörden auf regionaler Ebene**" zu, sofern es für die Vertretung und als Ansprechpartner auf Gemeinschaftsebene nur einen einzigen ranghohen Vertreter gibt (Art. 35 Abs. 2 Elt-RL 09 bzw. nun Art. 57 Abs. 2 RL (EU) 2019/944, Art. 39 Abs. 2 Gas-RL 09). Von dieser Option macht § 54 mit der Verteilung der Aufgaben zwischen BNetzA und Landesregulierungsbehörden Gebrauch, so dass an der Unionsrechtskonformität der föderalen Zuständigkeitsverteilung kein Zweifel besteht (Schneider/Theobald EnergieWirtschaftsR-HdB/ Franke/Schütte § 21 Rn. 3; Bauer/Seckelmann DÖV 2014, 951 ff.).

4   Allerdings verlangen die Richtlinien (Art. 35 Abs. 4, 5 Elt-RL 09 bzw. nun Art. 57 Abs. 4, 5 RL (EU) 2019/944, Art. 39 Abs. 4, 5 Gas-RL 09) seit der Neufassung durch das dritte Energiebinnenmarktpaket nicht nur, dass die Behörde ihre Befugnisse „unparteiisch und transparent ausübt". Die von den Mitgliedstaaten zu gewährleistende **Unabhängigkeit der Regulierungsbehörde** bezieht sich seitdem neben „den Marktinteressen" auch auf „Regierungsstellen", von denen sie „keine direkten Weisungen" einholen oder entgegennehmen darf. Ob diese „politische" Unabhängigkeit in Deutschland hinreichend gewährleistet ist, erscheint zweifelhaft, nachdem das EnWG bei der Umsetzung des dritten Binnenmarktpakets dazu keine Vorkehrungen getroffen hat. Die Zweifel beziehen sich dabei vor allem auf das fortgeltende **Weisungsrecht des Ministeriums nach § 61** (dazu mwN Gundel RdE 2019, 493 (494 f.)); in Bezug auf die **Landesregulierungsbehörden** haben auch die Landesgesetzgeber dagegen nach und nach entsprechende Regelungen getroffen (s. die Nw. bei Gundel EWS 2017, 301 (305)).

5   Die Infragestellung des deutschen Regimes der Energieregulierung des Unionsrechts ist dann aber etwas überraschend an ganz anderer Stelle erfolgt: Die EU-Kommission hat in einem im Jahr 2018 eingeleiteten Vertragsverletzungsverfahren nicht eine Gefährdung der Unabhängigkeit der BNetzA durch die Möglichkeit von Weisungen, sondern eine **Beeinträchtigung ihrer durch das Unionsrecht vorgegebenen Zuständigkeiten** durch den Erlass von Verordnungen auf der Grundlage von § 24 S. 1 beanstandet, durch die die Entscheidungen der BNetzA normativ vorstrukturiert werden. Das schließlich im Spätsommer 2021 ergangene Urteil des EuGH v. 2.9.2021 – C-718/18, EnWZ 2021, 363 ist dieser Argumentation gefolgt; die Zuständigkeit der nationalen Regulierungsbehörde zum Erlass von Entscheidungen verlangt danach auch inhaltliche Gestaltungsspielräume, deren Abgrenzung aufgrund des Schweigens der Richtlinien in diesem Punkt allerdings

Allgemeine Zuständigkeit **§ 54**

schwierig erscheint. Die daraus für die Umgestaltung des Rechtsrahmens des EnWG zu ziehenden Folgerungen sind noch nicht geklärt (für mögliche Ansätze s. *Schmidt-Preuß* RdE 2021, 173 ff.; *Schmidt-Preuß* EnWZ 2021, 337 f.; *Ludwigs* N&R-Beilage 2/2021, 1 ff.); es entspricht aber der ganz überwiegenden Auffassung und auch der Handhabung der BNetzA, dass die so ausgelegten Bestimmungen der Energiebinnenmarktrichtlinie **keine unmittelbare Wirkung in der deutschen Rechtsordnung** entfalten, weil die mit einer solchen Wirkung verbundene Verdrängung der Rechtsverordnungen auch zu Lasten des Einzelnen gehen kann (s. bereits im Vorfeld BGH Urt. 8.10.2019 – EnVR 58/18, EnWZ 2020, 61 mAnm *Hahn* = N&R 2020, 103 mAnm *Jacob;* weiter *Gundel* EnWZ 2021, 339 ff.; *Ludwigs* N&R-Beilage 2/2021, 1 (5 ff.)); eine solche Direktwirkung von Richtlinien zu Lasten Einzelner ist jedoch nach stRspr des EuGH ausgeschlossen (s. mwN *Gundel*, in: Häde/Nowak/Pechstein (Hrsg.), Frankfurter Kommentar zu EUV/GRC/AEUV, 2017, Art. 288 AEUV Rn. 38 ff.). Bis zu einer Neugestaltung durch den Gesetzgeber **bleibt der bisherige Rahmen damit weiter anwendbar.**

Der verfassungsrechtliche Rahmen für die **Verteilung der Verwaltungskompetenzen** beim Vollzug des EnWG folgt aus **Art. 83 ff. GG.** Danach gilt als Regel, dass die Länder die Bundesgesetze als eigene Angelegenheiten ausführen (Art. 83 GG) und in der Folge eigenständig über die Einrichtung der Behörden und das Verwaltungsverfahren entscheiden (Art. 84 Abs. 1 GG). Eine spezielle Bundesverwaltungskompetenz, wie sie in Art. 87 f Abs. 2 S. 2 GG für den Bereich des Postwesens und der Telekommunikation und in Art. 87 e Abs. 1 und 2 GG für das Eisenbahnwesen vorgesehen ist, existiert für den Bereich der Energieversorgung nicht. Die Kompetenz des Bundes, durch Gesetz einer Bundesbehörde (BNetzA) Vollzugskompetenzen im Energiebereich zuzuweisen, kann deshalb nur auf **Art. 87 Abs. 3 S. 1 GG** gestützt werden (so auch BT-Drs. 15/3917, 47). 6

Allerdings birgt Art. 87 Abs. 3 S. 1 GG die Gefahr, dass die Regelzuständigkeit der Länder aus Art. 83 GG ausgehöhlt wird. Deshalb darf die Bundesoberbehörde, der auf der Grundlage des Art. 87 Abs. 3 S. 1 GG eine Vollzugszuständigkeit zugewiesen wird, über **keinen eigenen Verwaltungsunterbau** verfügen und nur (bundesweit) **zentral zu erfüllende Aufgaben** wahrnehmen (Dreier/*Hermes* GG Art. 87 Rn. 85 mwN). Der letztgenannten Bedingung wird die Aufgabenverteilung zwischen Bundes- und Landesregulierungsbehörden in § 54 gerecht. Die erstgenannte Voraussetzung ist solange erfüllt, wie den Außenstellen der BNetzA keine wesentlichen Aufgaben im Bereich der Energieversorgung zugewiesen sind. 7

II. Entstehungsgeschichte

Die Fassung des § 54 aus dem Jahr 2005, deren Grundstruktur bis heute unangetastet blieb, ist das Ergebnis eines Kompromisses zwischen Bund und Ländern, der auf der Beschlussempfehlung des **Vermittlungsausschusses** (BT-Drs. 15/5736 neu) beruht. 8

Der ursprüngliche Gesetzesentwurf der Bundesregierung sah eine grundsätzliche **Alleinzuständigkeit der Bundesregulierungsbehörde** für alle wesentlichen Netzangelegenheiten vor (BT-Drs. 15/3917, 54). Begründet wurde diese alleinige Bundesverwaltungszuständigkeit vor allem damit, dass die Regulierungsbehörde nach den Bestimmungen der Elektrizitätsrichtlinie und der Gasrichtlinie in der Lage sein müsse, „ihren Verpflichtungen aus diesem Gesetz effizient und zügig nachzukommen" und „von den Interessen der Energiewirtschaft vollkommen unabhängig sein" müsse. Darüber hinaus wurde für den Fall einer Beteiligung der 9

§ 54

Länder mit einem „deutlich erhöhten Verwaltungsaufwand", mit „Größenvorteilen" im Fall einer alleinigen Bundeszuständigkeit sowie mit dem „Gesichtspunkt einheitlicher Rechtsanwendung" argumentiert (BT-Drs. 15/3917, 68f.).

10 Demgegenüber plädierte der **Bundesrat** für eine „**sachgerechte Verteilung**" der Aufgaben zwischen Bund und Ländern, die den Landesregulierungsbehörden „die Regulierungsaufgaben für die Verteilnetze" überträgt. Hingewiesen wurde auf „die Vorteile eines ortsnahen Vollzugs, der die Wirksamkeit der Regulierung erhöht". Zu den Aufgaben der Bundesregulierungsbehörde sollten danach nur „die Regulierungsaufgaben im Zusammenhang mit der Entflechtung (Teil 2) und die Regulierung des Netzbetriebs (Teil 3) der Übertragungsnetzbetreiber und der Verteilernetzbetreiber gehören, deren Netz länderübergreifend ist", sowie Allgemeinverfügungen, mit denen die Regulierungsbehörde Bedingungen oder Methoden festlegt (BT-Drs. 15/3917, 93).

11 Durch das **Gesetz zur Neuregelung energiewirtschaftsrechtlicher Vorschriften** (BGBl. 2011 I S. 1554) wurde im Juli 2011 § 54 Abs. 2 geändert, wobei die Änderung des § 54 Abs. 2 Nr. 9 durch die Neufassung des § 110 bedingt war (s. dazu BT-Drs. 17/6072, 89). Der durch Art. 1 Nr. 45 Buchst. a dieser Novelle neu eingefügte **Satz 3 des § 54 Abs. 2** gilt seit dem 4.8.2011 und fasst die Zuständigkeit für Fragen im Zusammenhang mit dem **Netzanschluss von Biogasanlagen** bei der Bundesnetzagentur zusammen (s. dazu BT-Drs. 17/6072, 89). Der im Dezember 2012 durch Art. 1 Nr. 26 lit. a des Dritten Gesetzes zur Neuregelung energiewirtschaftsrechtlicher Vorschriften (BGBl. 2012 I S. 2730) geänderte § 54 Abs. 2 Nr. 4 enthält lediglich eine redaktionelle Änderung (s. dazu BT-Drs. 17/10754).

12 **§ 54 Abs. 3 S. 2 und 3** wurden ebenfalls durch das Gesetz zur Neuregelung energiewirtschaftsrechtlicher Vorschriften vom 26.7.2011 (BGBl. 2011 I S. 1554, Art. 1 Nr. 54 Buchst. b) angefügt. Diese Vorschrift regelt die Festlegungskompetenz der Bundesnetzagentur für Fälle, in denen zur Wahrung gleichwertiger wirtschaftlicher Verhältnisse im Bundesgebiet eine bundesweit einheitliche Festlegung erforderlich ist (s. dazu BT-Drs. 17/6072, 89). **§ 54 Abs. 3** wurde dann im Dezember 2012 durch Art. 1 Nr. 26 Buchst. b des **Dritten Gesetzes zur Neuregelung energiewirtschaftsrechtlicher Vorschriften** (BGBl. 2012 I S. 2730) um die **S. 4 und 5** ergänzt, wonach bundeseinheitliche Festlegungen der Bundesnetzagentur nach § 54 Abs. 3 S. 2 der Beteiligung des Länderausschusses bedürfen (s. dazu BT-Drs. 17/10754, 33).

III. Typen von Energiebehörden nach dem EnWG

13 Die vielfältigen Entscheidungs-, Vollzugs-, Kontroll- und sonstigen Aufgaben nach dem EnWG sind teilweise **Bundesbehörden** zugewiesen und teilweise – entsprechend der verfassungsrechtlichen Regel aus Art. 83 und 84 GG – den durch Landesrecht zu bestimmenden **Behörden der Länder** anvertraut. Dabei ist sowohl auf Bundes- als auch auf Landesebene zwischen den **Regulierungsbehörden** einerseits (→ Rn. 14ff.) und **sonstigen Behörden** (→ Rn. 24ff.) andererseits zu unterscheiden, denen Vollzugsaufgaben nach dem EnWG zugewiesen sind. Aus dieser Systematik ergeben sich **vier Typen** von Behörden, die in den Vollzug des EnWG eingeschaltet sind: Bundes- (BNetzA) und Landesregulierungsbehörden sowie sonstige mit dem Vollzug des Gesetzes betraute Behörden des Bundes und der Länder.

14 **1. Regulierungsbehörden.** Zentrale Regulierungsaufgaben (§§ 29ff.) wie auch die allgemeinen Befugnisse zur Durchsetzung der Verpflichtungen, die sich

Allgemeine Zuständigkeit §54

aus dem EnWG oder aus den auf seiner Grundlage erlassenen Rechtsverordnungen ergeben (§ 65), weist das EnWG der **„Regulierungsbehörde"** zu. Wie sich aus § 54 ergibt, bezeichnet dieser Begriff der „Regulierungsbehörde" sowohl die BNetzA auf Bundesebene als auch die Landesregulierungsbehörden.

a) Bundesnetzagentur als Regulierungsbehörde. Aus § 54 Abs. 1 folgt, dass 15 die BNetzA als alleinige **Regulierungsbehörde des Bundes** alle die Aufgaben wahrnimmt, die im EnWG der „Regulierungsbehörde" zugewiesen sind und die nicht nach § 54 Abs. 2 in die Zuständigkeit der Landesregulierungsbehörden fallen. Mit der Bezeichnung „Bundesnetzagentur für Elektrizität, Gas, Telekommunikation, Post und Eisenbahnen (Bundesnetzagentur)" nimmt § 54 Abs. 1 Bezug auf das parallel verabschiedete BNAG, dessen organisationsrechtliche Regelungen maßgeblich sind, soweit das EnWG selbst nicht – speziellere – Regelungen organisations- oder verfahrensrechtlicher Natur trifft.

b) Landesregulierungsbehörden. Wie sich aus dem systematischen Zusam- 16 menhang zwischen § 54 einerseits und der Vielzahl von Vorschriften, die eine Zuständigkeit der „Regulierungsbehörde" zuweisen, andererseits ergibt, bezeichnet das EnWG mit dem Begriff „Regulierungsbehörde" sowohl die BNetzA als auch die jeweils örtlich zuständige (→ Rn. 52) **Landesregulierungsbehörde.** Welche dieser beiden jeweils zuständig für die Wahrnehmung einer Regulierungsaufgabe ist, entscheidet sich allein nach § 54 Abs. 2 und 3 (OLG Schleswig Beschl. v. 20.1.2010 – 16 Kart 14/09, SchlHA 2010, 150).

§ 54 Abs. 2 löst in Verbindung mit denjenigen Vorschriften des EnWG, die aus- 17 drücklich die „Landesregulierungsbehörde" erwähnen, eine **Verpflichtung der Länder** aus, eine solche **Behörde einzurichten** oder die Funktionen der Landesregulierungsbehörde nach dem EnWG eindeutig einer oder mehreren bestehenden Behörden zuzuweisen. Anderenfalls wären die bundesrechtlich begründeten Zuständigkeiten, Befugnisse und Verpflichtungen der Landesregulierungsbehörden auf der Ebene des jeweiligen Landes nicht eindeutig zuzuordnen. Auch die Länder, die Aufgaben der Landesregulierungsbehörde durch die BNetzA wahrnehmen lassen (Organleihe, → Rn. 19 ff.), haben die Landesregulierungsbehörde zu bestimmen, die die notwendig beim Land verbleibenden Aufgaben (→ Rn. 22) wahrnimmt.

Vorgaben für die Organisation, für die Zahl oder für sonstige Eigenschaften der 18 Landesregulierungsbehörden enthält das EnWG nicht (*Angenendt/Gramlich/Pawlik* LKV 2006, 49 (52)). Welcher Behörde oder welchen Behörden die Funktion der Landesregulierungsbehörde zugewiesen wird, **entscheiden** deshalb **die Länder** unter Beachtung ihrer jeweiligen verfassungsrechtlichen Vorgaben durch Gesetz, Verordnung oder einfachen Organisationsakt (→ Rn. 27). So hatte etwa Bayern zunächst die Regulierungsaufgaben zwischen dem Staatsministerium für Wirtschaft, Infrastruktur, Verkehr und Technologie und den Bezirksregierungen aufgeteilt; für die beiden größten Netzbetreiber ist hier die Ministeriumszuständigkeit begründet, während als Landesregulierungsbehörde für die übrigen Netzbetreiber die Bezirksregierungen vorgesehen waren. Auch soweit das EnWG keine Regelungen enthält, müssen die Länder allerdings zusätzlich die Vorgaben der Binnenmarktrichtlinien beachten und im Rahmen ihrer Zuständigkeiten selbst umsetzen. Die seit dem dritten Binnenmarktpaket unionsrechtlich geforderte Unabhängigkeit auch der Landesregulierungsbehörden (Art. 35 Abs. 4 und 5 Elt-RL 09 bzw. nun Art. 57 Abs. 4 und 5 RL (EU) 2019/944, Art. 39 Abs. 4 und 5 Gas-RL 09) war über lange Zeit nicht ausreichend gewährleistet, wird durch jüngere Landesgesetzgebung aber zwi-

§ 54 Teil 7. Behörden

schenzeitlich gesetzlich geregelt (Nw. bei *Weyer* N&R 2014, 84 (85); *Bauer/Seckelmann,*DÖV 2014, 951 ff.).

19 **c) Zur Wahrnehmung von Landesregulierungsaufgaben durch die Bundesnetzagentur (Organleihe).** Da nicht alle Länder über die finanziellen und/oder personellen Ressourcen verfügen, die Aufgaben der Landesregulierungsbehörden wahrzunehmen, hatten bereits im Gesetzgebungsverfahren sechs Länder dem Bund ihr Interesse angezeigt, ihre Aufgaben nach § 54 Abs. 2 im Wege der **Organleihe** durch die **BNetzA** wahrnehmen zu lassen (dazu ausf. *Holznagel/Göge/Schumacher* DVBl. 2006, 471 ff.; s. auch *Neveling* ZNER 2005, 263 (267); *Recknagel* WuW 2008, 148 ff.; BerlKommEnergieR/*Schmidt-Preuß* EnWG § 54 Rn. 22 ff.). Die Bundesregierung hatte im Vermittlungsverfahren die Bereitschaft des Bundes zu einer solchen Aufgabenerledigung unter der Voraussetzung zugesagt, dass entsprechende Erklärungen der jeweiligen Länder bis zum 1.8.2005 vorliegen (vgl. Stenografischer Bericht der 812. Sitzung des Bundesrates, S. 240, und Anlage 3, S. 263). Von diesem „Angebot" des Bundes haben die Länder Berlin, Brandenburg, Bremen, Thüringen und Schleswig-Holstein Gebrauch gemacht (Schneider/Theobald EnergieWirtschaftsR-HdB/*Franke/Schütte* § 21 Rn. 4; Liste der Fundstellen der Verwaltungsabkommen bei BerlKommEnergieR/*Schmidt-Preuß* EnWG § 54 Rn. 23 mit Fn. 32; zu Niedersachsen s. die Nw. bei *Weyer* N&R 2014, 84 (85)).

20 Obwohl das EnWG – im Gegensatz etwa zu § 5 Abs. 2 S. 2 AEG (dazu Beck AEG/*Hermes/Schweinsberg* § 5 Rn. 94 ff.) – keine ausdrückliche Ermächtigung für die Übertragung von Aufgaben der Landesverwaltung im Energiesektor auf eine Behörde des Bundes enthält, bestehen gegen eine solche Übertragung **keine durchgreifenden verfassungsrechtlichen Bedenken** (BVerfGE 61, 1 ff.; 63, 1 (31 ff.); *Holznagel/Göge/Schumacher* DVBl 2006, 471 (474 ff.); BerlKommEnergieR/*Schmidt-Preuß* EnWG § 54 Rn. 24), soweit die nachfolgend genannten Bedingungen eingehalten werden.

21 In formaler Hinsicht bedarf es einer expliziten **Vereinbarung** zwischen dem jeweiligen Land und dem Bund (aA – allerdings vor dem Hintergrund einer eindeutigen bundesgesetzlichen Regelung der Organleihe – BVerfGE 63, 1 (43 f.)), welche Umfang und Modalitäten der Aufgabenwahrnehmung durch die BNetzA für das Land eindeutig regelt. Dieses Abkommen bedarf der **Veröffentlichung,** weil die betroffenen Unternehmen anderenfalls nicht erkennen können, welche Behörde zuständig ist. Da die Aufgaben der Landesregulierungsbehörde nicht vollständig auf den Bund übertragen werden können, befreit eine Organleihe das jeweilige Land nicht von der Pflicht, eine **Landesregulierungsbehörde** zu bestimmen, die diejenigen Aufgaben wahrzunehmen hat, welche nicht auf den Bund übertragbar sind (→ Rn. 22).

22 In der Sache kann eine Organleihe im Wege eines Verwaltungsabkommens nichts an der durch Verfassung (Art. 83, 84 GG) und Bundesgesetz (§ 54 Abs. 2) geschaffenen Rechtslage ändern, wonach es sich bei den hier in Rede stehenden Aufgaben nach § 54 Abs. 2 um **Landesverwaltungsaufgaben** handelt. Deshalb muss der nach Landesrecht zuständigen Landesregulierungsbehörde ein uneingeschränktes **fachliches Weisungsrecht** und das Recht auf umfassende Information gegenüber der Bundesbehörde zukommen, soweit es um die Wahrnehmung der Aufgaben nach § 54 Abs. 2 geht (Dreier/*Hermes* GG Art. 83 Rn. 51; *Holznagel/Göge/Schumacher* DVBl 2006, 471 (476, 478 f.); Schneider/Theobald EnergieWirtschaftsR-HdB/*Franke/Schütte* § 21 Rn. 4). Anderenfalls wäre der aus Art. 83 GG folgende Grundsatz der **eigenverantwortlichen Aufgabenwahrnehmung** miss-

Allgemeine Zuständigkeit § 54

achtet. Unberührt bleibt jedoch die Funktion des BMWK als Dienstaufsichtsbehörde der BNetzA.

Haftungsrechtlich ist für Handlungen, die Bedienstete oder Beauftragte der 23 BNetzA als Organ eines Landes vornehmen, das entleihende Land verantwortlich (BerlKommEnergieR/*Schmidt-Preuß* EnWG § 54 Rn. 25 mwN). Für den **Rechtsschutz** gegen Entscheidungen der BNetzA „als Landesregulierungsbehörde" hat die verbleibende Zurechnung zum Land die Folge, dass die Klage gegen das Land zu richten ist und sich die örtliche Zuständigkeit des Oberlandesgerichts gem. § 75 Abs. 4 danach richtet, wo die Landesregulierungsbehörde (→ Rn. 52) des jeweiligen Landes ihren Sitz hat (BGH, 29.4.2008 – KVR 30/07, NVwZ 2009, 199; *Holznagel/Göge/Schumacher* DVBl 2006, 471 (478f.); *Recknagel* WuW 2008, 148ff.; → § 75 Rn. 28).

2. Sonstige Behörden, die Normen des EnWG vollziehen. Neben den 24 Regulierungsbehörden kennt das EnWG weitere Bundes- und Landesbehörden, denen Vollzugsaufgaben zugewiesen sind. Vorschriften, die ausdrücklich auf die „Regulierungsbehörde" Bezug nehmen, finden auf solche Behörden keine Anwendung.

a) Bundesbehörden. Auf der Ebene des Bundes kennt das EnWG als Vollzugs- 25 behörde – also jenseits der Zuständigkeit für den Erlass von Rechtsverordnungen – neben der BNetzA lediglich das **Bundesministerium für Wirtschaft und Energie,** dem ua Zuständigkeiten im Zusammenhang mit der Zertifizierung ausländischer Netzbetreiber oder -eigentümer (§§ 4b und 4c), für die Evaluierung der §§ 17e–17h (§ 17i), für die Durchführung der VO (EU) 2017/1938 (§ 54a Abs. 1) und der VO (EU) 2019/941 (§ 54b Abs. 1) sowie für die Einrichtung einer Schlichtungsstelle (§ 111b Abs. 3) zugewiesen sind.

Neben dieser ministeriellen Zuständigkeit sind die Vorschriften zu erwähnen, 26 die der **BNetzA** Aufgaben, Befugnisse und Verpflichtungen zuweisen, ohne diese als „Regulierungsbehörde" zu bezeichnen. Diese terminologische Verschiedenheit ist deshalb von Bedeutung, weil die ausdrücklich auf die „Regulierungsbehörde" Bezug nehmenden Vorschriften dann keine Anwendung finden, wenn die BNetzA als solche und nicht als Regulierungsbehörde tätig wird (s. etwa §§ 5b, 13a, 13c, 17a, 54a, 56, 58a und insbesondere §§ 65ff.).

b) Nach Landesrecht zuständige Behörden. Auf der Ebene der Länder 27 kennt das EnWG neben den Landesregulierungsbehörden (→ Rn. 16) noch die „nach Landesrecht zuständigen Behörden" (zB §§ 4 Abs. 1, 36 Abs. 2, 43, 44 Abs. 1, 49 Abs. 3). Welches diese Behörden sind, regelt das jeweilige Land nach Maßgabe seiner verfassungsrechtlichen Ordnung. Zu der Frage, ob die Länder diese Regelung durch Gesetz, in der Form untergesetzlicher Normen (Rechtsverordnung) oder durch sonstigen Organisationsakt treffen, enthalten die Art. 83 und 84 Abs. 1 GG keine Aussage. Die bundesverfassungsrechtlichen Minimalanforderungen an die **organisationsrechtlichen Entscheidungen der Länder** ergeben sich vielmehr allein aus dem sog. institutionellen Vorbehalt des Gesetzes (Rechtsstaats- und Demokratieprinzip), der über Art. 28 Abs. 1 GG auch von den Ländern zu beachten ist. Auch die Formulierung „nach Landesrecht zuständige Behörde" in den Vorschriften des EnWG kann nicht in dem Sinne ausgelegt werden, dass die Behördenzuständigkeit einem Landes(parlaments)gesetz vorbehalten ist. Für eine solche bundesgesetzliche Regelung landesverfassungsrechtlicher Fragen des Verhältnisses zwischen Landesparlament und -regierung fehlt es nämlich an der erfor-

Gundel 2251

derlichen Bundesgesetzgebungskompetenz (s. zum Ganzen Dreier/*Hermes* GG Art. 84 Rn. 47 mwN).

28 Zu der Bestimmung, welches die zu dem Vollzug des EnWG berufene Landesbehörde ist, sind die Länder nach Art. 83 GG in Verbindung mit den Vorschriften des EnWG, die ausdrücklich auf die nach Landesrecht zuständigen Behörden Bezug nehmen, **verpflichtet** (Dreier/*Hermes* GG Art. 83 Rn. 34, Art. 84 Rn. 47). Auch für diese Landesbehörden (für Bundesbehörden → Rn. 26) gilt, dass auf sie die Vorschriften des EnWG, die ausdrücklich auf „Regulierungsbehörden" bezogen sind, keine Anwendung finden.

B. Verteilung der Regulierungsaufgaben zwischen Bund und Ländern

29 Bei der Verteilung der Regulierungszuständigkeiten zwischen **Bundes**netzagentur und **Landes**regulierungsbehörden knüpft § 54 – wie der Wortlaut von Abs. 1 eindeutig erkennen lässt – an das formale Kriterium an, ob in der jeweiligen die behördliche Aufgabe benennenden Vorschrift eben diese Aufgabe der „Regulierungsbehörde" zugewiesen wird. § 54 verlangt deshalb keine Beantwortung der schwierigen Frage, welche exekutiven Aufgaben der „Regulierung" (vgl. etwa § 1 Abs. 2) zuzurechnen sind.

30 In allen den Fällen, in denen eine solche ausdrückliche Zuweisung einer Aufgabe zu der „Regulierungsbehörde" vorgenommen wurde, ist **grundsätzlich** nach § 54 Abs. 1 die **BNetzA** zuständig, wenn nicht ausnahmsweise nach § 54 Abs. 2 die Zuständigkeit der Landesregulierungsbehörden begründet ist (→ Rn. 32).

31 Außerhalb des Anwendungsbereichs von § 54 liegen die **spezielleren Zuständigkeitsregelungen,** die explizit die „Bundesnetzagentur" (zB § 56, → Rn. 26) oder die „Landesregulierungsbehörde" (zB §§ 71a, 91 Abs. 8a) erwähnen und deshalb eine Abgrenzung der Zuständigkeiten nach § 54 überflüssig machen.

I. Zuständigkeiten der Landesregulierungsbehörden (Abs. 2)

32 Die Zuständigkeit der Landesregulierungsbehörden ist – abgesehen von expliziten Zuständigkeitszuweisungen (→ Rn. 31) nur unter den beiden Voraussetzungen gegeben, dass das EnWG die Zuständigkeit für die Wahrnehmung einer bestimmten Aufgabe der **„Regulierungsbehörde"** zuweist und dass die in **§ 54 Abs. 2 abschließend genannten vier Voraussetzungen** für eine Zuständigkeit der Landesregulierungsbehörde vorliegen. Bei diesen in § 54 Abs. 2 normierten Voraussetzungen handelt es sich um die folgenden, die kumulativ vorliegen müssen: (1) Es muss sich um eine der in § 54 Abs. 2 S. 1 Nr. 1–9 genannten Aufgaben handeln, (2) es muss sich um ein Verteilernetz mit weniger als 100.000 angeschlossenen Kunden handeln; (3) dieses Netz darf über das Gebiet eines Landes nicht hinausreichen und (4) es darf sich nicht um die Erfüllung von Aufgaben im Zusammenhang mit dem Anschluss von Biogasanlagen handeln, soweit es um Aufgaben nach § 54 Abs. 2 S. 1 Nr. 6, 7 und 8 geht. Diese Voraussetzungen sind spartenbezogen für **Elektrizitätsverteilernetze** und **Gasverteilernetze getrennt** zu prüfen mit der Folge, dass ein EVU hinsichtlich seines Gasverteilernetzes der Aufsicht der Landesregulierungsbehörde unterliegen kann, während die Regulierung des Elektrizitätsverteilernetzes in die Zuständigkeit der BNetzA fällt (BerlKommEnergieR/*Schmidt-Preuß*

Allgemeine Zuständigkeit **§ 54**

EnWG § 54 Rn. 14; Schneider/Theobald EnergieWirtschafts-HdB/*Franke/Schütte* § 21 Rn. 7).

1. Enumerative Aufzählung der Länderzuständigkeiten. Die Zuständig- 33 keit der Landesregulierungsbehörden umfasst nur die in § 54 Abs. 2 S. 1 Nr. 1–9 abschließend aufgelisteten Aufgaben **(Enumerationsprinzip).** Diese Aufgaben sind durch die Bezugnahme auf die jeweils einschlägigen Vorschriften des EnWG in einer Art und Weise bezeichnet, die positive oder negative Kompetenzkonflikte zwischen Bundes- und Landesregulierungsbehörde kaum entstehen lassen dürften. Gemeinsames Merkmal der gelisteten Aufgaben der Landesregulierungsbehörden ist zwar ihre **Einzelfallbezogenheit** in dem Sinne, dass es jeweils um individuelle Entscheidungen gegenüber dem jeweiligen einzelnen Netzbetreiber geht (so OLG Schleswig Beschl. v. 20.1.2010 – 16 Kart 14/09, SchlHA 2010, 150: „Einzelregulierung"). Allerdings kann daraus nach der Ergänzung des § 54 Abs. 3 um die S. 2–5 (→ Rn. 12, 56 ff.) nicht mehr geschlossen werden, dass sämtliche **Festlegungen nach § 29 Abs. 1** in die Zuständigkeit der BNetzA fallen (anders noch zur alten Rechtslage OLG Schleswig Beschl. v. 20.1.2010 – 16 Kart 14/09, SchlHA 2010, 150 mwN). Denn anderenfalls würde die Begrenzung auf solche Festlegungen, die zur Wahrung gleichwertiger Verhältnisse im Bundesgebiet eine bundeseinheitliche Festlegung erfordern (§ 54 Abs. 3 S. 2), unterlaufen. Vielmehr muss aus dem systematischen Verhältnis von § 54 Abs. 2 einerseits und § 54 Abs. 3 S. 2–5 andererseits geschlossen werden, dass die – prima facie einzelfallbezogenen – Aufgaben der Landesregulierungsbehörden nach Abs. 2 auch die Zuständigkeit für Festlegungen nach § 29 Abs. 1 umfassen, wenn kein Erfordernis für eine bundeseinheitliche Regelung iSd § 54 Abs. 3 S. 2 besteht und auch keiner der drei Spezialzuständigkeiten der BNetzA nach § 54 Abs. 3 S. 3 vorliegt.

Dies gilt zunächst für die drei die **Entgelte für den Netzzugang** betreffenden 34 Zuständigkeiten nach § 54 Abs. 2 S. 1 **Nr. 1–3.** § 54 Abs. 2 S. 1 Nr. 1 bezieht sich dabei auf die Erteilung der Genehmigungen auf der Grundlage einer kostenorientierten Entgeltbildung (§ 23a). § 54 Abs. 2 S. 1 Nr. 2 weist der Landesregulierungsbehörde die Zuständigkeit für Festlegungen und Genehmigungen im Rahmen der Durchführung der Methoden einer Anreizregulierung auf der Grundlage einer Rechtsverordnung nach § 21a Abs. 6 zu. § 54 Abs. 2 S. 1 Nr. 3 betrifft schließlich die Genehmigungen und Untersagungen individueller Netzzugangsentgelte auf der Grundlage einer Rechtsverordnung nach § 24 S. 1 Nr. 3 (Genehmigungsvorbehalt in § 19 Abs. 2 S. 3 StromNEV). Soweit in § 54 Abs. 2 S. 1 Nr. 2 und 3 Vollzugsaufgaben genannt sind, die erst durch Rechtsverordnung begründet und konkretisiert werden, darf der Verordnungsgeber die in § 54 Abs. 2 Nr. 2 und 3 vorgegebene Zuständigkeitsanordnung zugunsten der Landesregulierungsbehörden nicht verändern.

Die in § 54 Abs. 2 S. 1 **Nr. 4** genannte Überwachung der Vorschriften zur **Ent-** 35 **flechtung** nach § 6 Abs. 1 in Verbindung mit den §§ 6a–7a erfasst alle Überwachungsmaßnahmen, die der Regulierungsbehörde nach §§ 65 ff. zur Verfügung stehen, um die Beachtung der Entflechtungsvorschriften zu kontrollieren und durchzusetzen. Dass die Landesregulierungsbehörden nur für die Entflechtung der Verteilernetze, nicht aber für die Transportnetze zuständig sind, wurde anlässlich der Novelle vom 28.12.2012 (→ Rn. 11) klargestellt (BT-Drs. 17/10754, 33).

In den § 54 Abs. 2 S. 1 **Nr. 5–7** sind die **netzbezogenen Regulierungsauf-** 36 **gaben** enthalten, die sich auf die Systemverantwortung der Netzbetreiber nach §§ 14–16a, auf den Netzanschluss nach §§ 17 und 18 sowie auf die von den Netz-

Gundel 2253

§ 54

betreibern nach § 19 zu veröffentlichenden technischen Mindestanforderungen beziehen. Auch insoweit umfasst der Begriff der Überwachung die Gesamtheit der Kontroll- und Durchsetzungsbefugnisse, die den Regulierungsbehörden nach §§ 65 ff. zustehen. Informationsrechte der Regulierungsbehörde – solche sind unter anderem auch in den Verfahrensvorschriften (insbesondere § 69) enthalten – ergeben sich ebenso direkt aus den §§ 14–19. Aus dem Bereich der Überwachung der Vorschriften zum Netzanschluss fallen nicht in die Zuständigkeit der Landesregulierungsbehörden die Festlegungen und Genehmigungen, die sich auf die technischen und wirtschaftlichen Bedingungen für einen Netzanschluss oder auf die Methoden für die Bestimmung dieser Bedingungen beziehen, soweit eine Rechtsverordnung der Bundesregierung nach § 17 Abs. 3 S. 1 Nr. 2 solche Festlegungsbefugnisse und/oder einen solchen Genehmigungsvorbehalt vorsieht (vgl. zB die Festlegungsbefugnis nach § 10 KraftNAV).

37 Die **Nr. 8** in § 54 Abs. 2 S. 1 weist den Landesregulierungsbehörden die Zuständigkeit für die **Missbrauchsaufsicht** nach den §§ 30 und 31 sowie für die Vorteilsabschöpfung nach § 33 zu (zu den Eingriffs-, Kontroll- und Durchsetzungsbefugnissen insbesondere → § 30 Rn. 44 ff.; → § 31 Rn. 2, 16 ff., 27 ff.; → § 33 Rn. 1 ff.).

38 Schließlich sind die Landesregulierungsbehörden nach § 54 Abs. 2 S. 1 **Nr. 9** zuständig für die Entscheidung über das Vorliegen der Voraussetzungen nach § 110 Abs. 2 und 4 (hierzu → § 110 Rn. 30 ff.). Der Wortlaut von § 54 Abs. 2 Nr. 9 wurde im Jahr 2011 (→ Rn. 11) insoweit an die Neuregelung zu den geschlossenen Verteilernetzen angepasst (BT-Drs. 17/6072, 89).

39 **Nr. 10** wurde angefügt durch das Gesetz zur Änderung von Vorschriften zur Bevorratung von Erdöl, zur Erhebung von Mineralöldaten und zur Umstellung auf hochkalorisches Erdgas vom 14.12.2016 (BGBl. 2016 I S. 2874). Die zuletzt angefügten **Nr. 11 und 12** wurden durch das Gesetz zur Umsetzung unionsrechtlicher Vorgaben und zur Regelung reiner Wasserstoffnetze im Energiewirtschaftsrecht vom 16.7.2021 (BGBl. 2021 I S. 3026) eingefügt. Bei Nr. 11 ist die Besonderheit zu berücksichtigen, dass die ARegV für die den Daten zugrundeliegenden Entscheidungen teilweise gemeinsame Zuständigkeiten vorsieht. In diesen Fällen müssen sowohl die Landesregulierungsbehörden als auch die BNetzA ermächtigt sein, die Veröffentlichung vorzunehmen (BT-Drs. 19/27453, 134).

40 **2. Weniger als 100.000 angeschlossene Kunden.** Adressaten der in § 54 Abs. 2 S. 1 Nr. 1–9 aufgelisteten Kontroll- und Überwachungsaufgaben sind EVU iSd § 3 Nr. 18, die zumindest auch ein Elektrizitäts- oder Gasverteilernetz betreiben. Anknüpfend an das betriebene **Verteilernetz** beschränkt § 54 Abs. 2 S. 1 die Zuständigkeit der Landesregulierungsbehörden auf solche EVU, an deren Netz **weniger als 100.000 Kunden unmittelbar oder mittelbar angeschlossen** sind. Dieses Abgrenzungskriterium entspricht demjenigen der §§ 7 Abs. 2, 7a Abs. 7 und 19 Abs. 4 (im Einzelnen → § 7 Rn. 40, → § 7a Rn. 84; → § 19 Rn. 6).

41 **a) Bezugspunkt: Energieversorgungsunternehmen.** Klärungsbedürftig ist, ob das 100.000-Kunden-Kriterium **unternehmens- oder netzbezogen** zu verstehen ist, also auf den Betreiber oder auf das jeweilige Netz im technisch-physikalischen Sinne bezogen ist. Der Wortlaut des § 54 Abs. 2 S. 1, der das jeweilige Elektrizitäts- oder Gasverteilernetz im Singular benennt, könnte dafür sprechen, dass Bezugspunkt für die Prüfung des 100.000-Kunden-Kriteriums nicht das EVU, sondern das jeweilige Verteilernetz ist (so noch die 3. Aufl.). Andererseits knüpft die Zuständigkeitsabgrenzung primär an „Energieversorgungsunternehmen" an, während der nachfolgende Hinweis auf „deren Elektrizitäts- oder Gasverteilernetz" an-

Allgemeine Zuständigkeit **§ 54**

gesichts des umfassenden Begriffs des Energieversorgungsunternehmens in § 3 Nr. 18 als Klarstellung verstanden werden kann, dass (nur) auf die Kunden der Verteilernetze abzustellen ist. Für diese unternehmensbezogene Anwendung der Kundengrenze spricht auch der Zweck der Zuständigkeitsabgrenzung, der sich an der **energiewirtschaftlichen Bedeutung der Netzbetreiber** orientiert. Für diese kommt es nicht darauf an, ob das Unternehmen ein einheitliches Gesamtnetz oder technisch getrennte Einzelnetze betreibt. Hinzu kommt, dass eine netzbezogene Anwendung es den Unternehmen erlauben würde, durch vergleichsweise einfache technische Maßnahmen ihre Netze aufzuspalten und auf diese Weise die Zuständigkeit nach § 54 auf die Landesregulierungsbehörden zu verlagern. Entsprechend der Praxis der Regulierungsbehörden und in Übereinstimmung mit Rechtsprechung (ausf. dazu OLG Düsseldorf Beschl. v. 27. 8. 2008 – VI-3 Kart 7/08 [V], Rn. 5 ff.) und Literatur (insbesondere Schneider/Theobald EnergieWirtschaftsR-HdB/*Franke/Schütte* § 21 Rn. 6) verdient deshalb die **unternehmensbezogene Anwendung des Kriteriums** den Vorzug. Mehrere räumlich getrennte Verteilernetze, die von einem EVU betrieben werden, sind bei der Berechnung der angeschlossenen Kunden nach § 54 Abs. 2 S. 1 also zusammenzurechnen. Die Konzernklausel (§ 3 Nr. 38) findet dabei keine Anwendung (BerlKommEnergieR/ *Schmidt-Preuß* EnWG § 54 Rn. 13; Schneider/Theobald EnergieWirtschaftsR-HdB/*Franke/Schütte* § 21 Rn. 6 mwN).

Die Abgrenzung der Zuständigkeiten zwischen BNetzA und Landesregulierungsbehörde nach § 54 Abs. 2 setzt weiter eine Präzisierung des Begriffs des **Verteilernetzes** voraus, weil nur an ein solches Netz angeschlossene Kunden bei der Prüfung des 100.000-Kunden-Kriteriums gezählt werden. Hinweise dazu gibt zunächst § 3 Nr. 37, wonach die Verteilung von Elektrizität mit hoher, mittlerer oder niederer Spannung und die Verteilung von Gas über regionale oder örtliche Leitungsnetze erfolgen kann. Im Übrigen sind Verteilernetze durch ihre Funktion bestimmt, die Versorgung von Kunden – gem. § 3 Nr. 24 also Großhändler, Letztverbraucher und Unternehmen – zu ermöglichen. Aus § 3 Nr. 3 und 7 folgt darüber hinaus, dass ein Verteilernetz einem bestimmten Gebiet zugeordnet sein muss und dass „Verbindungsleitungen" (§ 3 Nr. 34) nicht zu den Verteilernetzen gehören. Aus diesen Vorschriften folgt, dass die Verteilernetze in der Hand eines EVU (→ Rn. 41), auf die § 54 Abs. 2 S. 1 abstellt, als **technisch-funktionale Einheit** zu verstehen sind, die einem abgegrenzten Territorium zugeordnet werden können. 42

Wenn das nach § 54 Abs. 2 S. 1 maßgebliche Kriterium (100.000 Kunden) also einerseits unternehmensbezogen zu verstehen ist (→ Rn. 41) und es andererseits auf die Zahl der an Verteilernetze (→ Rn. 42) angeschlossenen Kunden ankommt, so wird die Verbindung zwischen diesen beiden Elementen durch die **Betreiberfunktion des EVU** hergestellt, welches Adressat der in § 54 Abs. 2 S. 1 genannten regulierungsbehördlichen Maßnahmen ist. Maßgeblich kommt es nach § 3 Nr. 3 und 7 also darauf an, dass das jeweilige EVU die Aufgabe der Verteilung von Elektrizität oder Gas wahrnimmt und verantwortlich ist für den Betrieb, die Wartung und erforderlichenfalls für den Ausbau des Verteilernetzes oder der Verteilernetze. Auf die rechtlichen und organisatorischen Strukturen des Betriebs und der Verwaltung des Verteilernetzes kommt es daher nicht an. Deshalb kann sich etwa ein EVU nicht dadurch der Zuständigkeit der BNetzA entziehen, dass es sein Verteilernetz organisatorisch und/oder rechtlich in mehrere Teile aufgliedert (*Salje* EnWG § 54 Rn. 37 f.). Soweit die Vorschriften über den Betrieb von Energieversorgungsnetzen einen „kooperativen" Netzbetrieb durch mehrere EVU zulassen, muss das 43

§ 54

100.000-Kunden-Kriterium also auf die gemeinsame Betreibergesellschaft bezogen werden.

44 **b) Unmittelbar oder mittelbar angeschlossene Kunden.** Die Grenze von „weniger als 100.000" bezieht sich auf die angeschlossenen Kunden. Gem. § 3 Nr. 24 werden dazu gezählt **Großhändler,** die Energie zum Zwecke des Weiterverkaufs kaufen (§ 3 Nr. 21), **Letztverbraucher,** die Energie für den eigenen Verbrauch kaufen (§ 3 Nr. 25) sowie **Unternehmen,** die Energie kaufen. Bei den Kunden iSd Vorschrift handelt es sich somit nicht um die tatsächlichen Nutzer der Energielieferung, sondern vielmehr um die Anschlussinhaber, die üblicherweise als **Vertragspartner** dem Netzbetreiber gegenüberstehen (*Salje* EnWG § 7 Rn. 11).

45 Die **Netzanschlüsse,** auf die § 54 Abs. 2 S. 1 Bezug nimmt, sind solche iSd § 17. Darauf, ob über den jeweiligen Anschluss tatsächlich Energie bezogen wird, kommt es nicht an. Neben den **unmittelbaren** Anschlüssen, die die technische Verbindung zwischen dem Verteilernetz und dem Übergabe- oder Ausspeisepunkt beim Kunden herstellen, werden nach § 54 Abs. 2 S. 1 auch die mittelbaren Anschlüsse erfasst. Als **„mittelbar"** an ein Verteilernetz angeschlossene Kunden werden diejenigen gezählt, die an ein geschlossenes Verteilernetz iSd § 110 angeschlossen sind und deshalb über keinen unmittelbaren oder direkten Anschluss an das Netz des regulierten EVU verfügen. Der Anschluss eines Letztverbrauchers an ein geschlossenes Verteilernetz wird dem EVU somit zugerechnet (*Salje* EnWG § 7 Rn. 13, für Objektnetze nach altem Recht).

46 **c) Maßgeblicher Berechnungszeitpunkt und Meldepflicht der Netzbetreiber.** In § 54 Abs. 2 S. 4 wird – neben dem 13.7.2005 als maßgeblicher Berechnungszeitpunkt für die Jahre 2005 und 2006 – der **31.12.** eines jeden Jahres zum **maßgeblichen Zeitpunkt** bestimmt, zu dem die Zahl der angeschlossenen Kunden zu erfassen ist. Diese Zahl ist dann für die Zuständigkeitsabgrenzung des folgenden Jahres maßgeblich.

47 Darüber hinaus lässt sich § 54 Abs. 2 S. 4 entnehmen, dass die EVU, die ein Verteilernetz betreiben, verpflichtet sind, die Zahl der am 31.12. eines jeden Jahres an ihr Verteilernetz unmittelbar oder mittelbar angeschlossenen Kunden der für sie nach § 54 zuständigen Regulierungsbehörde mitzuteilen. Diese **Meldepflicht der EVU,** die sich indirekt auch aus § 52 S. 4 (Bericht über durchschnittliche Versorgungsunterbrechungen „je angeschlossenem Letztverbraucher") ergibt, muss also nicht erst einzelfallbezogen auf der Grundlage des § 69 durch Beschluss oder Einzelverfügung begründet werden.

48 **d) Fortführung des Verfahrens durch die bisher zuständige Behörde.** Für den Fall eines Zuständigkeitswechsels zum 1.1. eines Jahres aufgrund einer veränderten Zahl der angeschlossenen Kunden (am 31.12. des Vorjahres) ordnet § 54 Abs. 2 S. 5 an, dass begonnene behördliche oder gerichtliche Verfahren von der Behörde fortgeführt werden, die zu Beginn des behördlichen Verfahrens zuständig war. Die Regelung dient den Interessen der **Verfahrensvereinfachung und -beschleunigung.**

49 Der **Beginn des behördlichen Verfahrens,** auf den § 54 Abs. 2 S. 5 abstellt, wird definiert durch die Handlungen, die das Verwaltungsverfahrensrecht im Allgemeinen und die §§ 65 ff. im Besonderen dem „behördlichen Verfahren" zurechnen. Ausgehend vom Wortlaut der allgemeinen Vorschrift zum Begriff des Verwaltungsverfahrens (§ 9 VwVfG) beginnt das Verwaltungsverfahren, wenn die Behörde Handlungen vornimmt, die auf die Prüfung der Voraussetzungen, die Vorbereitung

Allgemeine Zuständigkeit   § 54

oder den Erlass eines Verwaltungsaktes oder den Abschluss eines öffentlich-rechtlichen Vertrages abzielen. Im Einzelnen können hier erhebliche Abgrenzungsschwierigkeiten entstehen. Jedenfalls gehört bei Verfahren, die auf Antrag eingeleitet werden können oder müssen, der Eingang des Antrags bereits dazu. Leitet die Regulierungsbehörde ein Verfahren von Amts wegen ein, so beginnt das Verfahren mit der (dem EVU nicht notwendig bekannten) aktenkundigen Tätigkeit der Behörde, die sich auf die Prüfung eines konkreten Einzelfalles bezieht. Wohl nicht mehr dem Verwaltungsverfahren zuzurechnen ist die dem vorangehende Prüfung, ob überhaupt ein Verfahren eingeleitet werden soll (Stelkens/Bonk/Sachs/*Schmitz*, 8. Aufl. 2014, VwVfG § 9 Rn. 105 ff.).

Die Frage, ob die zu Beginn des behördlichen Verfahrens zuständige Behörde 50 auch zuständig bleibt für die Durchführung eines gerichtlichen Verfahrens, obwohl zum Zeitpunkt des **Zuständigkeitswechsels** das **gerichtliche Verfahren noch nicht begonnen** hatte, lässt sich aus dem Wortlaut des § 54 Abs. 2 S. 5 nicht klar beantworten. Der Gesichtspunkt der Verfahrensvereinfachung spricht für eine solche Auslegung (iE so auch Schneider/Theobald EnergieWirtschaftsR-HdB/ *Franke/Schütte* § 21 Rn. 7).

3. Ausnahme: Länderübergreifende Verteilernetze (Abs. 2 S. 2). Bei Ver- 51 teilernetzen, die die **Grenze eines Landes** überschreiten, ist gem. § 54 Abs. 2 S. 2 eine Zuständigkeit der Landesregulierungsbehörde nicht gegeben. Landesgrenzüberschreitende Verteilernetze fallen also in die Zuständigkeit der BNetzA. Anlass, diese klare Regelung im Wege einer Annexkompetenz bei nur geringfügigen Überschreitungen der Landesgrenzen zugunsten der Landesregulierungsbehörde aufzuweichen (so *Salje* EnWG § 54 Rn. 39), besteht nicht (BerlKommEnergieR/ *Schmidt-Preuß* § 54 Rn. 7; Schneider/Theobald EnergieWirtschaftsR-HdB/ *Franke/Schütte* § 21 Rn. 6). Auch eine Zuständigkeit **mehrerer Landesbehörden** für ein und dasselbe EVU kommt **nicht in Betracht**. Dies würde den Wortlaut des § 54 Abs. 2 S. 2 überschreiten.

Die Zuständigkeitsabgrenzung zwischen mehreren Ländern richtet sich nach 52 den **Verwaltungsverfahrensgesetzen der Länder,** die in § 3 Abs. 1 Nr. 1 Landes-VwVfG die örtliche Zuständigkeit nach der Belegenheit der Sache bestimmen. Zuständig ist danach die Behörde, in deren Bezirk sich die Sache befindet. Dies ist das Land, auf dessen Territorium das jeweilige Netz, auf welches sich die Regulierungsmaßnahme bezieht, gelegen ist.

4. Ausnahme: Anschluss von Biogasanlagen (Abs. 2 S. 3). Eine weitere 53 Ausnahme von der in § 54 Abs. 2 S. 1 getroffenen Regelung zur Zuständigkeit der Landesregulierungsbehörden enthält § 54 Abs. 2 S. 3, wonach die Nummern 6, 7 und 8 nicht gelten für die Erfüllung von Aufgaben, die mit dem **Anschluss von Biogasanlagen** (zur Definition von Biogas s. § 3 Nr. 10c) im Zusammenhang stehen. Diese Ausnahme soll „die vergleichbare Behandlung vergleichbarer Fälle" gewährleisten (BT-Drs. 17/6072, 89). Die Anschlussentscheidung soll „nicht allein durch die Entscheidung für das ‚günstigere' System der Verwaltungspraxis entschieden" werden. Zudem sollten parallele Verfahren vor verschiedenen Regulierungsbehörden und Gerichten vermieden werden (BT-Drs. 17/6072, 89).

§ 54

II. Allgemeine Zuständigkeit der Bundesnetzagentur als Regulierungsbehörde (Abs. 1)

54 In die Zuständigkeit der BNetzA fallen alle die Aufgaben, die das EnWG den „Regulierungsbehörden" zuweist und die in § 54 Abs. 2 nicht den Landesregulierungsbehörden zugewiesen sind. Die Zuständigkeiten der BNetzA sind in diesem Sinne das Ergebnis eines einfachen **Subtraktionsverfahrens**. Besonderheiten sind bei Anwendung dieses Subtraktionsverfahren allerdings dann zu beachten, wenn den nationalen Behörden durch **Verordnungen des Unionsrechts** Aufgaben zugewiesen werden. Aus § 56 folgt in diesen Fällen, dass die BNetzA die Aufgaben wahrnimmt, die den „Regulierungsbehörden der Mitgliedstaaten" in den dort genannten Verordnungen zugewiesen sind. Allerdings weist das Verordnungsrecht der Union in der VO (EU) 2017/1938 und in der VO (EU) 2019/941, die insoweit terminologisch präzise differenzieren, Aufgaben und Befugnisse nicht nur den nationalen Regulierungsbehörden, sondern auch der „zuständigen Behörde" zu, so dass sich dann für das deutsche Recht die Zuständigkeitsfrage weder aus § 54 noch aus § 56 ergibt (dazu → § 56 Rn. 3). Deshalb regelt § 54a zusätzlich die Zuständigkeit für die Aufgaben, die die VO (EU) 2017/1938 der zuständigen Behörde zuweist (dazu → § 54a Rn. 8ff.); dieselbe Funktion übernimmt § 54b für die VO (EU) 2019/941 (→ § 54b Rn. 4f.).

55 Nach dem Subtraktionsverfahren gehört zu den **Zuständigkeiten der BNetzA** vor allem die Regulierung der **Transport-** und **größeren und Ländergrenzen überschreitende Verteilernetze**. Unabhängig von der Zahl der angeschlossenen Kunden und von der länderübergreifenden Netzausbreitung fallen in ihre Zuständigkeit (Übersicht bei Schneider/Theobald EnergieWirtschaftsR-HdB/*Franke/Schütte* § 19 Rn. 9) ua die Durchführung des Vergleichsverfahrens für die Überprüfung der kostenorientierten Entgeltberechnung (§ 21 Abs. 3), die Festlegung der Bedingungen für Netzanschluss und Netzzugang (→ Rn. 34) sowie die Zusammenarbeit mit den Regulierungsbehörden anderer EU-Staaten, der Agentur und der Europäischen Kommission (§ 57).

III. Zuständigkeit der Bundesnetzagentur für bundeseinheitliche Festlegungen (Abs. 3 S. 2–5)

56 Während auf der Grundlage der **alten Rechtslage** nach der in Literatur und Rechtsprechung überwiegenden Auffassung **Festlegungen nach § 29 Abs. 1** generell in die Zuständigkeit der BNetzA fielen (ausf. mwN OLG Schleswig Beschl. v. 20.1.2010 – 16 Kart 14/09, SchlHA 2010, 150), hat sich die Rechtslage mit der **Ergänzung des § 54 Abs. 3 um die S. 2 und 3** geändert. Denn der Bundesnetzagentur wurde im Jahr **2011** (→ Rn. 12) über ihre Zuständigkeiten nach § 54 Abs. 1 hinaus zwar explizit die Aufgabe zugewiesen, bundeseinheitliche Festlegungen zu treffen. Allerdings wurde diese Zuständigkeit begrenzt (→ Rn. 57), so dass – im Umkehrschluss – für Festlegungen, die die besonderen Voraussetzungen des § 54 Abs. 3 S. 2 und 3 nicht erfüllen, die Zuständigkeiten im Rahmen des § 54 Abs. 2 (→ Rn. 32) bei den Landesregulierungsbehörden angesiedelt ist. Im Jahr 2012 (→ Rn. 12) wurde die Festlegungszuständigkeit der BNetzA, soweit sie nicht die in § 54 Abs. 3 S. 3 genannten drei speziellen Fragen betrifft, an eine verfahrensrechtliche Beteiligung des Länderausschusses geknüpft.

57 In § 54 Abs. 3 S. 2 und 3 wird die Zuständigkeit der Bundesnetzagentur für **Festlegungen** nach § 29 Abs. 1 unter der Voraussetzung begründet, dass zur **Wahrung**

Allgemeine Zuständigkeit §54

gleichwertiger wirtschaftlicher Verhältnisse im Bundesgebiet eine bundesweit einheitliche Festlegung **erforderlich** ist. Auf diese Weise wollte der Gesetzgeber gewährleisten, dass die regulierten Unternehmen im gesamten Bundesgebiet denselben regulatorischen Rahmen vorfinden (BT-Drs. 17/6072, 89). Mit der Formulierung der Voraussetzung für die Wahrnehmung der Bundesverwaltungskompetenz durch die BNetzA knüpft §54 Abs. 3 S. 2 offensichtlich an Art. 72 Abs. 2 GG an, wonach die konkurrierende Gesetzgebungskompetenz des Bundes ua auf dem Gebiet des (Energie-)Wirtschaftsrechts an die Voraussetzung geknüpft ist, dass eine bundesgesetzliche Regelung erforderlich ist für die „Herstellung gleichwertiger Lebensverhältnisse im Bundesgebiet oder die Wahrung der Rechts- oder Wirtschaftseinheit im gesamtstaatlichen Interesse". Dies bedeutet, dass die **verfassungsrechtlichen Anforderungen aus Art. 72 Abs. 2 GG** insbesondere der zwischenzeitlich erreichte Standard der Rechtsprechung zur Erforderlichkeitsprüfung (s. etwa BVerfGE 125, 141 (153f.) – auf die Auslegung und Anwendung des §54 Abs. 3 sinngemäß übertragbar sind. Für die Gerichte bedeutet dies, dass sie bei der (inzidenten) Überprüfung von Festlegungen der Bundesnetzagentur auf der Grundlage des §54 Abs. 3 S. 2 zu prüfen haben, ob die mit der bundesbehördlichen Festlegung erzielbare Einheitlichkeit der rechtlichen Rahmenbedingungen Voraussetzung für die Funktionsfähigkeit des Wirtschaftsraums der Bundesrepublik als Ganzes ist (vgl. BVerfGE 106, 62 (146f.); 112, 226 (248f.)). Dabei sind sie trotz einer der BNetzA zuzubilligenden Einschätzungsprärogative nicht auf eine bloße Vertretbarkeitskontrolle beschränkt (vgl. BVerfGE 106, 62 (148); 110, 141 (174f.); 125, 141 (153)).

Eine spezielle Festlegungskompetenz hat §54 Abs. 3 S. 3 zunächst für die Festlegung von **Preisindizes (Nr. 1), Eigenkapitalzinssätzen (Nr. 2)** und von **Vorgaben zur Erhebung von Vergleichsparametern zur Ermittlung der Effizienzwerte (Nr. 3)** normiert. Bezug genommen wird dabei auf Verordnungen über die Entgelte für den Netzzugang nach § 24, soweit es um Preisindizes (§§ 6 Abs. 3, 6a StromNEV/GasNEV) und Eigenkapitalzinssätze (§ 7 StromNEV/GasNEV) geht. Bei den Vorgaben zur Erhebung von Vergleichsparametern zur Ermittlung der Effizienzwerte geht es um die in § 13 Abs. 3 ARegV für den Effizienzvergleich zwischen Netzbetreibern definierten Vergleichsparameter (Anzahl der Anschlusspunkte/Ausspeisepunkte, Fläche des versorgten Gebietes, Leitungslänge etc), über deren Messung und mengenmäßige Erfassung (Erhebung) die Verordnung aber keine genaueren Regelungen trifft. **58**

Diese Liste ist in der Folge erweitert wurden: Mit Gesetz vom 17.7.2017 (BGBl. 2017 I S. 2503) wurde in **Nr. 4** die **generelle sektorale Produktivitätsfaktor** nach den Verordnungen nach §21a Abs. 6 hinzugefügt. Die zuletzt hinzugefügten **Nr. 5 (Methoden zur Bestimmung des Qualitätselements bei Verordnungen nach §21a)** und **Nr. 6 (Vorgaben für das Verfahren für die Genehmigung von vollständig integrierten Netzkomponenten)** wurden durch das Gesetz zur Umsetzung unionsrechtlicher Vorgaben und zur Regelung reiner Wasserstoffnetze im Energiewirtschaftsrecht vom 16.7.2021 (BGBl. 2021 I S. 3026) aufgenommen. **59**

Die **Verfahrensregelung in §54 Abs. 3 S. 4** stellt klar (so BT-Drs. 17/10754, 33), dass die BNetzA vor einer Festlegung nach §54 Abs. 3 S. 2 – nicht dagegen bei einer der drei speziellen Festlegungen nach §54 Abs. 3 S. 3 (→ Rn. 58) – den Länderausschuss bei der Bundesnetzagentur (§ 60a) zu beteiligen hat, weil die Regulierungspraxis der Landesregulierungsbehörden zumindest indirekt durch eine bundesweite Festlegung der Bundesnetzagentur beeinträchtigt werden kann (BT-Drs. 17/10754, 33). Die **Beteiligung des Länderausschusses** hat in der Weise zu er- **60**

Gundel 2259

folgen, dass die BNetzA den Länderausschuss mit dem geplanten Inhalt der angestrebten Festlegung zu befassen bzw. zu „konsultieren" (so BT-Drs. 17/10754, 33) hat. Das bedeutet, dass dem Ausschuss im Regelfall ein vollständiger Entwurf der geplanten Festlegung zur Beratung vorzulegen ist. Verändert die Bundesnetzagentur danach den Inhalt der geplanten Festlegung über die im Länderausschuss diskutierten Varianten hinaus, bedarf es nach allgemeinen verfahrensrechtlichen Grundsätzen einer erneuten Befassung des Ausschusses.

61 In Fortführung der verfahrensrechtlichen Pflicht zur Beteiligung des Länderausschusses normiert § 54 Abs. 3 S. 5 eine (materielle und verfahrensrechtliche) Pflicht der BNetzA, bei ihrer Entscheidung über die Festlegung das mehrheitliche **Votum des Länderausschusses** „größtmöglich" (so BT-Drs. 17/10754, 33) zu **berücksichtigen**. Bereits aus dem Wortlaut folgt, dass die BNetzA nicht an das Votum des Länderausschusses gebunden ist (dies betont BT-Drs. 17/10754, 33). Folgt die BNetzA dem Votum des Länderausschusses nicht, setzt sich die Berücksichtigungspflicht fort in einer Pflicht zur Begründung, aus welchen Gründen sie dem Votum nicht gefolgt ist (BT-Drs. 17/10754, 33).

C. Subsidiäre Zuständigkeit der Bundesnetzagentur (Abs. 3 S. 1)

62 § 54 Abs. 3 S. 1 enthält eine **subsidiäre Zuständigkeit der BNetzA** für die Fälle, in denen bei der Formulierung einer vollzugsfähigen Vorschrift des EnWG „vergessen" wurde zu bestimmen, welche Behörde die jeweilige Aufgabe und/oder Befugnis wahrnimmt. Die Normierung der Auffangzuständigkeit des § 54 Abs. 3 S. 1 war damit nötig, weil anderenfalls im Falle einer fehlenden Bestimmung der Behördenzuständigkeit die verfassungsrechtliche Regel des Art. 83 GG Platz gegriffen hätte, wonach die Länder die Bundesgesetze ausführen.

63 Konkrete Anwendungsfälle des § 54 Abs. 3 S. 1 sind bislang nur vereinzelt in Erscheinung getreten. Soweit es dabei um die Zuständigkeit für **Festlegungen nach § 29 Abs. 1** ging (dazu OLG Schleswig Beschl. v. 20.1.2010 – 16 Kart 14/09, SchlHA 2010, 150), hat der Gesetzgeber dazu in § 54 Abs. 3 S. 2–5 zwischenzeitlich eine spezielle Regelung getroffen, so dass auch insoweit ein Rückgriff auf § 54 Abs. 3 S. 1 weder erforderlich noch zulässig ist. Das EnWG scheint also die Zuständigkeiten für die Wahrnehmung der in diesem Gesetz geregelten Aufgaben und Befugnisse den „Regulierungsbehörden" (Zuständigkeit folgt § 54 Abs. 1 und 2), der BNetzA oder den nach Landesrecht zuständigen Behörden lückenlos zuzuweisen. Vor diesem Hintergrund handelt es sich bei § 54 Abs. 3 um eine **„Angstklausel"**, die eine im Vermittlungsverfahren (→ Rn. 6) befürchtete und nicht auszuschließende Zuständigkeitslücke zugunsten der BNetzA schließen sollte.

§ 54a Zuständigkeiten gemäß der Verordnung (EU) Nr. 2017/1938, Verordnungsermächtigung

(1) ¹Das Bundesministerium für Wirtschaft und Klimaschutz ist zuständige Behörde für die Durchführung der in der Verordnung (EU) 2017/1938 festgelegten Maßnahmen. ²Die §§ 3, 4 und 16 des Energiesicherungsgesetzes und die §§ 5, 8 und 21 des Wirtschaftssicherstellungsgesetzes in der Fassung der Bekanntmachung vom 3. Oktober 1968 (BGBl. I

Zuständigkeiten gemäß der Verordnung (EU) Nr. 2017/1938 **§ 54a**

S. 1069), das zuletzt durch Artikel 134 der Verordnung vom 31. Oktober 2006 (BGBl. I S. 2407) geändert worden ist, bleiben hiervon unberührt.

(2) ¹Folgende in der Verordnung (EU) 2017/1938 bestimmte Aufgaben werden auf die Bundesnetzagentur übertragen:
1. die Durchführung der Risikobewertung gemäß Artikel 7,
2. folgende Aufgaben betreffend den Ausbau bidirektionaler Lastflüsse: die Aufgaben im Rahmen des Verfahrens gemäß Anhang III, die Überwachung der Erfüllung der Verpflichtung nach Artikel 5 Absatz 4, Aufgaben gemäß Artikel 5 Absatz 8,
3. die in Artikel 5 Absatz 1 und 8 Unterabsatz 1 genannten Aufgaben sowie
4. die nationale Umsetzung von Solidaritätsmaßnahmen nach Artikel 13.

²Die Bundesnetzagentur nimmt diese Aufgaben unter der Aufsicht des Bundesministeriums für Wirtschaft und Klimaschutz wahr. ³Die Zuständigkeit des Bundesministeriums für Wirtschaft und Klimaschutz gemäß Absatz 1 für Regelungen im Hinblick auf die in Artikel 5 Absatz 1 bis 3 und Artikel 6 in Verbindung mit Artikel 2 Nummer 5 der Verordnung (EU) 2017/1938 genannten Standards bleibt hiervon unberührt.

(3) ¹Die Bestimmung der wesentlichen Elemente, die im Rahmen der Risikobewertung zu berücksichtigen und zu untersuchen sind, einschließlich der Szenarien, die gemäß Artikel 7 Absatz 4 Buchstabe c der Verordnung (EU) 2017/1938 zu analysieren sind, bedarf der Zustimmung des Bundesministeriums für Wirtschaft und Klimaschutz. ²Die Bundesnetzagentur kann durch Festlegung gemäß § 29 Einzelheiten zu Inhalt und Verfahren der Übermittlung von Informationen gemäß Artikel 7 Absatz 6, zum Verfahren gemäß Anhang III sowie zur Kostenaufteilung gemäß Artikel 5 Absatz 7 der Verordnung (EU) 2017/1938 regeln.

(4) Das Bundesministerium für Wirtschaft und Klimaschutz wird ermächtigt, durch Rechtsverordnung, die nicht der Zustimmung des Bundesrates bedarf:
1. zum Zwecke der Durchführung der Verordnung (EU) 2017/1938 weitere Aufgaben an die Bundesnetzagentur zu übertragen,
2. Verfahren und Zuständigkeiten von Bundesbehörden bezüglich der Übermittlung von Daten gemäß Artikel 14 der Verordnung (EU) 2017/1938 festzulegen sowie zu bestimmen, welchen Erdgasunternehmen die dort genannten Informationspflichten obliegen,
3. Verfahren und Inhalt der Berichtspflichten gemäß Artikel 10 Absatz 1 Buchstabe k der Verordnung (EU) 2017/1938 festzulegen sowie
4. weitere Berichts- und Meldepflichten zu regeln, die zur Bewertung der Gasversorgungssicherheitslage erforderlich sind.

Literatur: *Gundel*, Solidarität der Mitgliedstaaten bei Versorgungskrisen im Energiebinnenmarkt – Europäische Lösungsansätze für die Frage der Versorgungssicherheit, RdE 2019, 1; *Kreuter-Kirchhof*, Europäische Energiesolidarität – Wege zur Vorbeugung und Bewältigung schwerer Energieversorgungskrisen in der EU, NVwZ 2022, 993; *Ludwigs*, Gewährleistung der Energieversorgungssicherheit in Krisenzeiten, NVwZ 2022, 1086; *Nordmann*, Integrierte Energie- und Klimapolitik: Die Sicherstellung der Erdgasversorgung, 2012; vgl. auch die Hinweise zu § 54.

§ 54 a

A. Allgemeines

I. Inhalt und Entstehungsgeschichte

1 § 54a wurde im Juli 2011 durch Art. 1 Nr. 46 des **Gesetzes zur Neuregelung energiewirtschaftsrechtlicher Vorschriften** (BGBl. 2011 I S. 1554) in das EnWG neu eingefügt und gilt seit dem 4.8.2011. Die Vorschrift regelte in ihren Absätzen 1–3 zunächst die **innerstaatlichen Zuständigkeiten** für den Vollzug der in der **VO (EU) Nr. 994/2010** des Europäischen Parlaments und des Rates vom 20.10.2010 **über Maßnahmen zur Gewährleistung der sicheren Erdgasversorgung** und zur Aufhebung der RL 2004/67/EG des Rates (ABl. 2010 L 295, S. 1) vorgesehenen Maßnahmen; mit Art. 3 des Gesetzes zur Änderung des EEG, des Kraft-Wärme-Kopplungsgesetzes, des Energiewirtschaftsgesetzes und weiterer energierechtlicher Vorschriften vom 17.12.2018 (BGBl. 2018 I S. 2549) wurde die Regelung auf die **VO (EU) 2017/1938 des Europäischen Parlaments und des Rates vom 25.10.2017 über Maßnahmen zur Gewährleistung der sicheren Gasversorgung** und zur Aufhebung der VO (EU) Nr. Nr. 994/2010 (ABl. 2017 L 280, S. 1) umgestellt, die die VO (EU) Nr. 994/2010 abgelöst hat. Einer solchen Zuständigkeitsbestimmung bedurfte es – über die allgemeine Zuständigkeitsregelung des § 54 hinaus – deshalb, weil § 54 mit seiner Anknüpfung an „Aufgaben der Regulierungsbehörde" nur die Zuständigkeit für Aufgaben und Befugnisse nach Maßgabe des nationalen Rechts (EnWG und Verordnungen auf dessen Grundlage) regelt. Die in den unionsrechtlichen Verordnungen normierten Aufgaben und Befugnisse machten deshalb eine eigenständige Regelung in den §§ 54a, 54b und 56 (zu deren Verhältnis → Rn. 4f.) erforderlich. Die Zuständigkeiten nach der VO (EU) 2017/1938 werden durch § 54a zwischen dem **Bundesministerium** für **Wirtschaft und Klimaschutz** (Abs. 1) und der **Bundesnetzagentur** (Abs. 2) **aufgeteilt;** Abs. 2 wurde dabei zuletzt durch das **Gesetz zur Änderung des Energiesicherungsgesetzes 1975 und anderer energiewirtschaftlicher Vorschriften** v. 20.5.2022 (BGBl. 2022 I S. 730) um die Nr. 4 ergänzt. Abs. 3 S. 1 knüpft bestimmte Maßnahmen der BNetzA an die Zustimmung des Ministeriums, während Abs. 3 S. 2 eine eigenständige Festlegungsbefugnis der BNetzA im Hinblick auf ausgewählte Regelungsgegenstände im Anwendungsbereich der Verordnung begründet. Abs. 4 schließlich beinhaltet eine **Verordnungsermächtigung** zur Übertragung weiterer Aufgaben an die BNetzA sowie zur Regelung von Berichts- und Meldepflichten zum Zwecke der Durchführung der EU-Verordnung und Bewertung der Gasversorgungssicherheit.

II. Unionsrechtlicher Hintergrund

2 Vor dem Hintergrund der russisch-ukrainischen Gaskrise im Januar 2009 wurde die zuvor geltende RL 2004/67/EG des Rates vom 26.4.2004 über Maßnahmen zur Gewährleistung der sicheren Erdgasversorgung (ABl. 2004 L 127, S. 92) durch die VO (EU) Nr. 994/2010 (→ Rn. 1) ersetzt, die weiterreichende Vorkehrungen zur **Gewährleistung einer sicheren Erdgasversorgung** enthielt (Überblick über die Verordnung bei *Nordmann* Sicherstellung S. 346 ff.). Dass der Binnenmarkt für Erdgas reibungslos und ununterbrochen funktioniert, sollte nach den Formulierungen in Art. 1 der Verordnung dadurch sichergestellt werden, dass „außerordentliche Maßnahmen für den Fall ermöglicht werden, dass der Markt die notwendigen

Erdgaslieferungen nicht mehr bereitstellen kann". Darüber hinaus sollte die Verordnung „sowohl hinsichtlich der Prävention als auch der Reaktion auf konkrete **Versorgungsstörungen** eine klare Festlegung und Zuweisung der Zuständigkeiten der Erdgasunternehmen, der Mitgliedstaaten und der Union" gewährleisten. Schließlich sollen „auch im Geiste der Solidarität transparente Mechanismen für die **Koordinierung der Planung für Notfälle** auf der Ebene der Mitgliedstaaten, auf regionaler Ebene und Unionsebene und für die Reaktion auf derartige Notfälle festgelegt" werden. Diese Ziele wurden mit der VO (EU) 2017/1938 übernommen; die hierfür zur Verfügung stehenden Instrumente wurden zugleich ausgebaut.

Zentrale **Instrumente** der VO (EU) 2017/1938, die auch schon in der Vorgänger-Verordnung enthalten waren, sind der nationale Präventions- und der Notfallplan (Art. 9 f.) auf der Grundlage einer Risikobewertung (Art. 7), Anforderungen an die Infrastruktur (Art. 5) des Inhalts, dass bei Ausfall der größten einzelnen Gasinfrastruktur die Kapazität der verbleibenden Infrastruktur in der Lage ist, die Gasmenge zu liefern, die zur Befriedigung der Gesamtnachfrage nach Erdgas in dem berechneten Gebiet benötigt wird (sog. „n-1-Formel"), die Schaffung von Kapazitäten für Lastflüsse in beide Richtungen (Anhang III), die Gewährleistung von Versorgungsstandards für geschützte Kunden (Art. 6), einheitliche Standards für nationale und gemeinsame Notfallpläne auf der Grundlage definierter Krisenstufen (Art. 10) sowie organisations- und verfahrensrechtliche Vorkehrungen zur Gewährleistung eines abgestimmten Vorgehens bei Notfällen (Art. 11 ff.). Die wichtigste Neuerung der VO (EU) 2017/1938 ist die gegenseitige Verpflichtung der Mitgliedstaaten zur Unterstützung im Krisenfall durch Gaslieferungen (Art. 13); sie gilt auch, wenn dadurch ein von der Krise nicht unmittelbar betroffener Mitgliedstaat seinen eigenen Versorgungsstandard einschränken muss, um Gasressourcen für die Mindestversorgung des unmittelbar betroffenen Staates bereitstellen zu können (s. näher *Gundel* RdE 2019, 1 ff.). Die Bedingungen hierfür sollen durch im Voraus zwischen den Mitgliedstaaten getroffene Rahmenvereinbarungen festgelegt werden (Art. 13 Abs. 10–14).

III. Verhältnis zu § 56

Erläuterungsbedürftig ist das **Verhältnis von § 54a zu § 56**, weil die VO (EU) Nr. 2017/1938 auch in § 56 genannt ist und dort Vollzugsaufgaben aufgrund dieser Verordnung der Bundesnetzagentur zugewiesen werden. Diese scheinbar „doppelte" Zuständigkeitsregelung in § 54a einerseits und in § 56 andererseits erklärt sich daraus, dass die VO (EU) Nr. 2017/1938 neben typischen Regulierungsaufgaben den Mitgliedstaaten überwiegend (politische) Steuerungsaufgaben wie zB die Aufstellung eines nationalen Präventions- und eines Notfallplans (Art. 8) zuweist, die nach den unterschiedlichen nationalen Organisationsstrukturen auch von Regierungsorganen wahrgenommen werden können. Deshalb differenziert die VO (EU) Nr. 2017/1938 terminologisch streng zwischen **nationaler Regulierungsbehörde** einerseits und **„zuständiger Behörde"** andererseits (zB Art. 8 Abs. 2, 5 Abs. 8, 7 Abs. 3). Letztere wird in Art. 2 Nr. 7 der VO (EU) Nr. 2017/1938 definiert als „eine nationale **Regierungs**behörde oder eine nationale Regulierungsbehörde, die von einem Mitgliedstaat benannt wird, um die Durchführung der in dieser Verordnung festgelegten Maßnahmen sicherzustellen". Ausdrücklich unberührt bleibt dabei die Möglichkeit der Mitgliedstaaten, der zuständigen Behörde zu gestatten, bestimmte in der Verordnung festgelegte Aufgaben anderen Stellen zu übertragen,

§ 54a

wobei diese übertragenen Aufgaben unter der Aufsicht der zuständigen Behörde wahrgenommen werden (Art. 3 Abs. 2 VO (EU) Nr. 2017/1938).

5 Vor diesem Hintergrund lassen sich die Anwendungsbereiche von § 54a und § 56 klar voneinander abgrenzen: Während **§ 54a** bestimmt, welche nationale Behörde (Ministerium oder BNetzA) die in der VO (EU) Nr. 2017/1938 der „**zuständigen Behörde**" zugewiesenen Aufgaben wahrnimmt, beschränkt sich **§ 56** darauf, die verbleibenden, in der Verordnung der „**nationalen Regulierungsbehörde**" zugewiesenen Aufgaben der BNetzA zuzuweisen.

B. Zuständigkeit des Bundesministeriums (Abs. 1)

6 § 54a Abs. 1 S. 1 legt fest, dass das **Bundesministerium für Wirtschaft** und Klimaschutz **zuständige Behörde** iSv **Art. 2 Nr. 7 der VO (EU) Nr. 2017/1938** und damit grundsätzlich – nämlich vorbehaltlich der Zuweisung einzelner Aufgaben an die Bundesnetzagentur in § 54a Abs. 2 (→ Rn. 8 ff.) für die Durchführung aller in der Verordnung der „zuständigen Behörde" zugewiesenen Maßnahmen verantwortlich ist. Auf diese Weise sollte die bereits zuvor bestehende federführende Zuständigkeit des Bundesministeriums für Wirtschaft und Klimaschutz für Fragen der Gasversorgungssicherheit für den Bereich der Durchführung der VO (EU) Nr. 2017/1938 gesetzlich festgeschrieben werden (so zur VorgängerVO (EU) Nr. 994/2010 BT-Drs. 17/6072, 89). § 54 Abs. 1 S. 1 erfüllt damit die Funktion der Benennung iSd Art. 2 Nr. 7 VO (EU) Nr. 2017/1938 und Art. 3 Abs. 2 dieser Verordnung, soweit dort vorgesehen ist, dass der Ausdruck „zuständige Behörde" die **nationale Regulierungsbehörde** bezeichnet, die von den Mitgliedstaaten **benannt** wurde, um die Umsetzung der in dieser Verordnung festgelegten Maßnahmen sicherzustellen. Die praktisch wichtigste Zuständigkeit des Ministeriums ist diejenige für die Erstellung des nationalen Präventionsplans und des nationalen Notfallplans nach Art. 9 und 10 VO (EU) Nr. 2017/1938.

7 In **S. 2** von § 54a Abs. 1 wird klargestellt, dass die bestehenden Zuständigkeitsregelungen des **Energiesicherungsgesetzes** (EnSiG) und des **Wirtschaftssicherstellungsgesetzes** (WiSiG) für Maßnahmen im Falle einer Versorgungskrise (dazu *Nordmann* Sicherstellung S. 222 ff.) von der Regelung in S. 1 unberührt bleiben (BT-Drs. 17/6072, 89). Dabei geht es um die Ermächtigung der Bundesregierung für Rechtsverordnungen, die Maßnahmen im Falle von Gefährdungen oder Störungen der Energieversorgung betreffen (§ 3 EnSiG) und um die Zuständigkeiten des Bundesamtes für Wirtschaft und Ausfuhrkontrolle, der Bundesnetzagentur und der nach Landesrecht zuständigen Behörden beim Vollzug dieser Verordnungen (§§ 4, 16 EnSiG). Auch im Rahmen der Sicherstellung der Bedarfsdeckung der Zivilbevölkerung und der Streitkräfte mit Gütern und Dienstleistungen nach dem Wirtschaftssicherstellungsgesetz geht es um die Ermächtigung der Bundesregierung (mit umfangreichen Subdelegationsermächtigungen) zum Erlass von Rechtsverordnungen (§ 5 WiSiG) sowie um den Vollzug dieser Verordnungen durch Länder und Kommunen (§ 8 WiSiG).

C. Zuständigkeiten der Bundesnetzagentur

8 Neben der „nationalen Regulierungsbehörde" (→ Rn. 6) erlaubt Art. 2 Nr. 7 VO (EU) 2017/1938, auch die **nationale Regulierungsbehörde** mit Aufgaben zu

betrauen, die in der Verordnung der „zuständigen Behörde" zugewiesen sind. In der Literatur wird dies teils so verstanden, dass der nationale Gesetzgeber die Zuständigkeiten der „zuständigen Behörde" auf mehrere Stellen verteilen könnte; die Zuständigkeiten der BNetzA gem. § 54a Abs. 2 wären danach keine übertragenen Zuständigkeiten, sondern originär der BNetzA zugewiesen (so Elspas/Graßmann/Rasbach/*Kruschinski* EnWG § 54a Rn. 5); diese Interpretation dürfte aber zu weit gehen: Aus Art. 2 Nr. 7 VO (EU) 2017/1938 folgt nur, das der Mitgliedstaat als zuständige Behörde im Sinne der Verordnung auch die nationale Regulierungsbehörde wählen kann, nicht aber, dass er mehrere Behörden mit der Aufgabe betrauen kann. Dem Text von Art. 3 Abs. 2 S. 1 („Jeder Mitgliedstaat benennt eine zuständige Behörde") und auch dem Zweck der VO (EU) 2017/1938, Instrumente für ein effektives Krisenmanagement zu schaffen, dürfte es eher entsprechen, von der Zuständigkeit nur einer Behörde auszugehen; auf diese Weise erklären sich auch die Art. 3 Abs. 2 S. 2 und S. 4 VO (EU) 2017/1938, wonach bestimmte Aufgaben von der zuständigen Behörde auf andere Stellen übertragen werden können, diese Aufgaben aber unter der Aufsicht der zuständigen Behörde wahrgenommen werden müssen. Auf diese bereits in der Vorgängerregelung (Art. 2 Abs. 2 Nr. 2 S. 2 VO (EU) Nr. 994/2010) enthaltene Konstruktion hat auch die Gesetzesbegründung zu § 54a Bezug genommen (BT-Drs. 17/6072, 89, 90). Auch die Anordnung der Aufsicht durch das Ministerium in § 54a Abs. 2 S. 2 erweist sich dann als Konsequenz aus Art. 3 Abs. 2 S. 4 VO (EU) 2017/1938; nach der Gegenauffassung handelt es sich dabei um eine unionsrechtlich nicht gebotene Regelung.

I. Zuständigkeitskatalog (Abs. 2 S. 1)

Nach § 54a Abs. 2 S. 1 **Nr. 1** fällt in die Zuständigkeit der BNetzA zunächst die in der EU-Verordnung vorgesehene **Risikobewertung des Gasmarktes (Art. 7)**, für die eine umfassende Sammlung und Auswertung von Daten erforderlich ist. „Hierfür ist die Bundesnetzagentur besser ausgestattet als das Bundesministerium für Wirtschaft und Technologie. Zudem sammelt die Bundesnetzagentur bereits heute eine Vielzahl von Daten, die auch für die Risikoanalyse relevant sind. Die Aufgaben der Risikobewertung überschneiden sich zudem teilweise mit den Aufgaben, die der Bundesnetzagentur bei der Überprüfung der von den Fernleitungsnetzbetreibern zu erstellenden zehnjährigen Netzentwicklungsplänen gem. § 15a zukommen. Auch dort sind Versorgungssicherheitsaspekte zu berücksichtigen, so dass „bei einer Übertragung der Risikoanalyse an die Bundesnetzagentur Synergieeffekte genutzt werden können" (BT-Drs. 17/6072, 89f.). Soweit die Risikoanalyse auf die vorherige Festlegung von **Infrastruktur- und Versorgungsstandards** iSv Art. 5 Abs. 1–3 und Art. 6 VO (EU) Nr. 2017/1938 angewiesen ist, bleibt die Ausübung nationaler Entscheidungsspielräume dem Bundesministerium vorbehalten. Dies stellt § 54a Abs. 2 S. 3 klar (BT-Drs. 17/6072, 90).

Der BNetzA sind in § 54a Abs. 2 S. 1 **Nr. 2** darüber hinaus die Aufgaben im Rahmen des in Anhang III der Verordnung geregelten Verfahrens zum **Ausbau von bidirektionalen Gasflüssen** und entsprechender Prüfungen nach Art. 5 Abs. 4 und Abs. 8 VO (EU) 2017/1938 zugewiesen. „Die Aufgaben in diesem Zusammenhang umfassen die Genehmigung des Umfangs des Ausbaus bzw. die Erteilung einer Ausnahme von der Ausbaupflicht, hierfür nötige Vorgespräche mit den Fernleitungsnetzbetreibern, Konsultationen mit anderen Mitgliedstaaten sowie die Verfassung von Stellungnahmen gegenüber anderen Mitgliedstaaten oder der EU-Kommission. Die Genehmigung bzw. Ausnahmeerteilung stellt eine Verwaltungsentscheidung in Form eines Verwaltungsaktes dar, die von einer Behörde und nicht einem Ministerium getroffen werden sollte. Die Entscheidung über den Umfang des Ausbaus steht zudem in engem Zusammenhang mit der Entscheidung über die Kostentragung, die gemäß Art. 6 Abs. 8 der EU-Verordnung [nun Anhang III Nr. 4 VO (EU) 2017/1938] der Bundesnetzagentur als nationaler Regulierungsbehörde zukommt. Die Entscheidung über beide eng verknüpften Fragen soll durch dieselbe Behörde erfolgen" (BT-Drs. 17/6072, 90).

11 Nach § 54a Abs. 2 S. 1 **Nr. 3** schließlich ist die Bundesnetzagentur auch für die in Art. 5 Abs. 1 und Abs. 8 VO (EU) Nr. 2017/1938 genannten Aufgaben zuständig. Diese Aufgaben betreffen die **Überprüfung der Angemessenheit der Gas-Infrastruktur unter Versorgungssicherheitsaspekten.** Wie § 54a Abs. 2 S. 3 klarstellt, geht es dabei **nicht** um die Festlegung der **Infrastrukturstandards,** die dem Ministerium vorbehalten bleibt (BT-Drs. 17/6072, 90). Die Gesetzesbegründung rechnet allerdings nicht damit, dass sich aus diesen Normen konkreter Handlungsbedarf ergibt, da „Deutschland nach derzeitigen vorläufigen Berechnungen den in Art. 6 Abs. 1 der Verordnung [nun Art. 5 Abs. 1 der VO (EU) 2017/1938] festgelegten so genannten n-1-Standard bereits übererfüllt und auch im Übrigen über ein gut ausgebautes Gasnetz verfügt" (BT-Drs. 17/6072, 90). Nach § 54a Abs. 2 **Nr. 4,** der durch das Gesetz zur Änderung des Energiesicherungsgesetzes 1975 und anderer energiewirtschaftlicher Vorschriften v. 20.5.2022 (BGBl. 2022 I S. 730), eingefügt wurde, ist die Bundesnetzagentur nun auch für die Maßnahmen nach Art. 13 der VO (EU) Nr. 2017/1938 zuständig.

II. Aufsicht des Bundesministeriums (Abs. 2 S. 2)

12 Nach § 54a Abs. 2 S. 2 untersteht die Bundesnetzagentur bei der Wahrnehmung ihrer Aufgaben nach Satz 1 der Aufsicht des Bundesministeriums für Wirtschaft und Klimaschutz. Gemeint ist damit die **Fach- und Rechtsaufsicht,** die dem Bundeswirtschaftsministerium gegenüber der BNetzA als nachgeordneter Behörde in seinem Geschäftsbereich zusteht (BT-Drs. 17/6072, 90). Die Regelung entspricht der Vorgabe des Art. 3 Abs. 2 S. 4 VO (EU) 2017/1938, wonach bei der Übertragung von Aufgaben der zuständigen Behörde auf andere Stellen die Aufsicht durch die zuständige Behörde sichergestellt sein muss (→ Rn. 8).

III. Zustimmung des Bundesministeriums (Abs. 3 S. 1)

13 § 54a Abs. 3 S. 1 behält dem Bundeswirtschaftsministerium ein Mitwirkungsrecht in Gestalt eines Zustimmungsvorbehaltes bei der **Risikobewertung nach Art. 7** VO (EU) Nr. 2017/1938 vor. Die erforderliche Zustimmung des Ministeriums betrifft einzelne Aspekte der Risikoanalyse, die nach der Gesetzesbegründung „eine politische Komponente enthalten" (BT-Drs. 17/6072, 90). Explizit genannt sind die **Unterbrechungsszenarien** nach Art. 7 Abs. 4 lit. c der Verordnung. Der Zustimmung bedürfen darüber hinaus aber auch weitere **„wesentliche Elemente",** die bei der Risikoanalyse zu berücksichtigen und zu untersuchen sind. Welche dies sein sollen, ist angesichts des Umstandes, dass die Festlegung der Infrastruktur- und Versorgungsstandards (Art. 5 und 6 VO (EU) 2017/1938) ohnehin in die Zuständigkeit des Ministeriums fällt (§ 54a Abs. 2 S. 3), nicht ohne weiteres ersichtlich. Zweifelsfälle kann das Bundesministerium im Wege einer (allgemeinen) Weisung (→ Rn. 12) klären.

IV. Festlegungen (Abs. 3 S. 2)

Im Rahmen ihrer Zuständigkeiten (1) für die **Risikobewertung** nach Art. 7 VO (EU) 2017/1938 (→ Rn. 9), (2) für das Verfahren zum Ausbau von **bidirektionalen Gasflüssen** an Grenzübergangspunkten nach Anhang III der VO (EU) 2019/1938 (→ Rn. 10) und (3) für die **Kostenaufteilung bei Investitionen** für die Schaffung von Kapazitäten für bidirektionale Lastflüsse nach Art. 5 Abs. 7 VO (EU) 2017/1938 (als nationale Regulierungsbehörde) wird der Bundesnetzagentur durch § 54a Abs. 3 S. 2 die Befugnis für Festlegungen nach § 29 zugewiesen. Die Festlegungsbefugnis ist zu (1) beschränkt auf Einzelheiten zu Inhalt und Verfahren der Übermittlung von Informationen gem. Art. 7 Abs. 6 VO (EU) 2017/1938, zu (2) erfasst sie das gesamte in Anhang III der VO (EU) 2017/1938 geregelte Verfahren und zu (3) bezieht sie sich auf die Kostenaufteilung. 14

D. Verordnungsermächtigung (Abs. 4)

Zu einzelnen – in den Nr. 1–4 näher benannten – Fragen, die in der VO (EU) Nr. 2017/1938 nicht abschließend geregelt sind, enthält § 54a Abs. 4 eine **Ermächtigung** des Bundesministeriums für Wirtschaft und Klimaschutz, Einzelheiten durch **Rechtsverordnung ohne Zustimmung des Bundesrates** zu regeln. Dies betrifft zunächst die Übertragung weiterer Aufgaben zur Durchführung der VO (EU) Nr. 2017/1938 an die **Bundesnetzagentur** (Nr. 1). Auch für diese übertragenen Aufgaben gilt § 54a Abs. 2 S. 2, dh auch sie werden unter der Aufsicht des Ministeriums wahrgenommen. Die weiteren Verordnungsermächtigungen betreffen den in Art. 14 VO (EU) Nr. 2017/1938 geregelten **Informationsaustausch** in Bezug auf das Verfahren, die Zuständigkeiten von Bundesbehörden und die verpflichteten Erdgasunternehmen (Nr. 2) sowie das Verfahren und den Inhalt der **Berichtspflichten von Erdgasunternehmen auf der Alarm- und Notfallstufe** (Nr. 3). Schließlich enthält § 54a Abs. 4 Nr. 4 eine Verordnungsermächtigung für weitere **Berichts- und Meldepflichten,** die nicht allein auf Erdgasunternehmen bezogen ist. Sie erfasst alle Informationen, die zur Bewertung der Gasversorgungssicherheitslage erforderlich sind, betrifft also insbesondere auch die Verbraucherseite (s. auch BT-Drs. 17/6072, 90). 15

§ 54b Zuständigkeiten gemäß der Verordnung (EU) 2019/941, Verordnungsermächtigung

(1) ¹Das Bundesministerium für Wirtschaft und Klimaschutz ist zuständige Behörde für die Durchführung der in der Verordnung (EU) 2019/941 des Europäischen Parlaments und des Rates vom 5. Juni 2019 über die Risikovorsorge im Elektrizitätssektor und zur Aufhebung der Richtlinie 2005/89/EG (ABl. L 158 vom 14.6.2019, S. 1) festgelegten Maßnahmen. ²Die §§ 3, 4 und 16 des Energiesicherungsgesetzes und die §§ 5, 8 und 21 des Wirtschaftssicherstellungsgesetzes bleiben hiervon unberührt.

(2) Folgende in der Verordnung (EU) 2019/941 bestimmte Aufgaben werden auf die Bundesnetzagentur übertragen:
1. die Mitwirkung an der Bestimmung regionaler Szenarien für Stromversorgungskrisen nach Artikel 6 der Verordnung (EU) 2019/941 und

§ 54 b

2. die Bestimmung von nationalen Szenarien für Stromversorgungskrisen nach Artikel 7 der Verordnung (EU) 2019/941.

(3) Das Bundesministerium für Wirtschaft und Klimaschutz wird ermächtigt, durch Rechtsverordnung, die nicht der Zustimmung des Bundesrates bedarf, zum Zwecke der Durchführung der Verordnung (EU) 2019/941 weitere Aufgaben an die Bundesnetzagentur zu übertragen.

(4) ¹Die Bundesnetzagentur nimmt diese Aufgaben unter der Aufsicht des Bundesministeriums für Wirtschaft und Klimaschutz wahr. ²Die Bestimmung der im Sinne des Artikels 7 der Verordnung (EU) 2019/941 wichtigsten nationalen Szenarien für Stromversorgungskrisen bedarf der Zustimmung des Bundesministeriums für Wirtschaft und Klimaschutz.

Literatur: Vgl. die Hinweise zu § 54 a.

A. Allgemeines

I. Inhalt und Entstehungsgeschichte

1 § 54 b wurde im August 2020 durch Art. 4 Nr. 9 des **Gesetzes zur Reduzierung und zur Beendigung der Kohleverstromung und zur Änderung weiterer Gesetze** vom 8.8.2020 (BGBl. 2020 I S. 1818) in das EnWG neu eingefügt und gilt seit dem 14.8.2020. Die Bestimmung regelt die **innerstaatlichen Zuständigkeiten** für den Vollzug der in der **VO (EU) 2019/941** des Europäischen Parlaments und des Rates vom 5.6.2019 **über die Risikovorsorge im Elektrizitätssektor** und zur Aufhebung der RL 2005/89/EG des Rates (ABl. 2019 L 295, S. 1) vorgesehenen Maßnahmen. Wie im Fall des § 54 a wurde eine solche Zuständigkeitsbestimmung – über die allgemeine Zuständigkeitsregelung des § 54 hinaus – nötig, weil § 54 mit seiner Anknüpfung an „Aufgaben der Regulierungsbehörde" nur die Zuständigkeit für Aufgaben und Befugnisse nach Maßgabe des nationalen Rechts (EnWG und Verordnungen auf dessen Grundlage) regelt. Die in den unionsrechtlichen Verordnungen normierten Aufgaben und Befugnisse machten deshalb eine eigenständige Regelung in den §§ 54a, 54b und 56 (zu deren Verhältnis → Rn. 4f.) erforderlich. Die Zuständigkeiten nach der VO (EU) 2019/941 werden durch § 54 b zwischen dem **Bundesministerium** für Wirtschaft und Klimaschutz (Abs. 1) und der **Bundesnetzagentur** (Abs. 2) **aufgeteilt**. Abs. 3 beinhaltet eine **Verordnungsermächtigung** zur Übertragung weiterer Aufgaben an die BNetzA. Abs. 4 S. 1 unterstellt die Tätigkeit der BNetzA insoweit parallel zu § 54 a Abs. 2 S. 2 der Aufsicht des Ministeriums; Abs. 4 S. 2 knüpft bestimmte Maßnahmen der BNetzA wiederum parallel zu § 54 a Abs. 3 an die Zustimmung des Ministeriums.

II. Unionsrechtlicher Hintergrund

2 Die als Teil des clean energy package ergangene **VO (EU) 2019/941 über die Risikovorsorge im Elektrizitätssektor** vervollständigt die auf EU-Ebene getroffenen Regelungen zur Gewährleistung der Versorgungssicherheit im Fall krisenhafter Entwicklungen; sie entspricht damit für den Stromsektor der bereits zuvor erlassenen VO (EU) 2017/1938 des Europäischen Parlaments und des Rates vom 25.10.2017 über Maßnahmen zur Gewährleistung der sicheren Gasversorgung und zur Aufhebung der VO (EU) Nr. 994/2010 (ABl. 2017 L 280, 1), deren

Zuständigkeiten gemäß der Verordnung (EU) 2019/941 **§ 54b**

Durchführung auf nationaler Ebene in § 54a geregelt ist (→ § 54a Rn. 1 ff.). Ebenso wie im Gassektor soll die Verordnung die Versorgungssicherheit auch im Krisenfall gewährleisten, wofür vor allem Vorsorgemaßnahmen vorgesehen sind (s. Art. 1 VO (EU) 2019/941).

Ein zentrales Instrument der VO (EU) 2019/941 (dazu *Gundel* in: Gundel/ 3 Lange, Europäisches Energierecht zwischen Klimaschutz und Binnenmarkt, 2020, S. 65/78 ff.) ist die Entwicklung von **Szenarien für Stromversorgungskrisen** auf regionaler (Art. 5 f.) und nationaler Ebene (Art. 7). Auf deren Grundlage hat dann die zuständige nationale Behörde einen nationalen Risikovorsorgeplan zu erarbeiten (Art. 10 f.), der marktbasierte und nicht-marktbasierte Maßnahmen zur Krisenbewältigung bis hin zu einem Rahmen für den manuellen Lastabwurf enthalten muss; anders als im Gassektor werden dabei aber keine quantifizierbaren Vorgaben für eine Mindestversorgung z. B. durch die Definition besonders geschützter Kundengruppen gemacht. Die Risikovorsorgepläne werden durch die EU-Kommission geprüft und bewertet (Art. 13). Ebenso wie im Gassektor ist hier nun im Bedarfsfall die Verpflichtung der Mitgliedstaaten zur tätigen Solidarität in Form von Unterstützungsleistungen vorgesehen (Art. 15); die Bedingungen hierfür sollen durch im Voraus zwischen den Mitgliedstaaten getroffene Rahmenvereinbarungen festgelegt werden (Art. 15 Abs. 4).

III. Verhältnis zu § 56

Erläuterungsbedürftig ist das **Verhältnis von § 54b zu § 56,** weil die VO (EU) 4 2019/941 auch in § 56 genannt ist und dort Vollzugsaufgaben aufgrund dieser Verordnung der Bundesnetzagentur zugewiesen werden. Diese scheinbar „doppelte" Zuständigkeitsregelung in § 54b einerseits und in § 56 andererseits erklärt sich ebenso wie bei § 54a daraus, dass die VO (EU) 2019/941 neben typischen Regulierungsaufgaben den Mitgliedstaaten überwiegend (politische) Steuerungsaufgaben wie zB die Erstellung nationaler Risikovorsorgepläne (Art. 10) zuweist, die nach den unterschiedlichen nationalen Organisationsstrukturen auch von Regierungsorganen wahrgenommen werden können. Deshalb differenziert auch die VO (EU) Nr. 2019/941 terminologisch streng zwischen **nationaler Regulierungsbehörde** einerseits und „**zuständiger Behörde**" andererseits (zB Art. 7 Abs. 2, Art. 10 Abs. 1). Letztere wird in Art. 2 Nr 11 der VO (EU) 2019/941 definiert als „eine nationale **Regierungs**behörde oder eine nationale Regulierungsbehörde, die gemäß Art. 3 von einem Mitgliedstaat benannt wurde". Ausdrücklich unberührt bleibt dabei die Möglichkeit der Mitgliedstaaten, der zuständigen Behörde zu gestatten, bestimmte in der Verordnung festgelegte Aufgaben anderen Stellen zu übertragen, wobei diese übertragenen Aufgaben unter der Aufsicht der zuständigen Behörde wahrgenommen werden (Art. 3 Abs. 3).

Vor diesem Hintergrund lassen sich die Anwendungsbereiche von § 54b und 5 § 56 klar voneinander abgrenzen: Während **§ 54a** bestimmt, welche nationale Behörde (Ministerium oder BNetzA) die in der VO (EU) 2019/941 der „**zuständigen Stelle**" zugewiesenen Aufgaben wahrnimmt, beschränkt sich **§ 56** darauf, die verbleibenden, in der Verordnung der „**nationalen Regulierungsbehörde**" zugewiesenen Aufgaben der Bundesnetzagentur zuzuweisen.

B. Zuständigkeit des Bundesministeriums (Abs. 1)

6 § 54b Abs. 1 S. 1 legt fest, dass das **Bundesministerium für Wirtschaft** und Klimaschutz **zuständige Behörde** iSv Art. 3 Abs. 1 der VO (EU) 2019/941 und damit grundsätzlich – nämlich vorbehaltlich der Zuweisung einzelner Aufgaben an die Bundesnetzagentur in § 54b Abs. 2 (→ Rn. 8 ff.) für die Durchführung aller in der Verordnung der „zuständigen Behörde" zugewiesenen Maßnahmen verantwortlich ist. § 54b Abs. 1 S. 1 erfüllt damit die Funktion der Bestimmung einer zuständigen nationalen Behörde gemäß Art. 3 Abs. 1 S. 1 VO (EU) 2019/941.

7 In S. 2 von § 54b Abs. 1 wird – parallel zur Regelung für den Gassektor in § 54a Abs. 1 S. 2 – klargestellt, dass die bestehenden Zuständigkeitsregelungen des **Energiesicherungsgesetzes** (EnSiG) und des **Wirtschaftssicherstellungsgesetzes** (WiSiG) für Maßnahmen im Falle einer Versorgungskrise (dazu *Nordmann* Sicherstellung S. 222 ff.) von der Regelung in S. 1 unberührt bleiben. Dabei geht es um die Ermächtigung der Bundesregierung für Rechtsverordnungen, die Maßnahmen im Falle von Gefährdungen oder Störungen der Energieversorgung betreffen (§ 3 EnSiG) und um die Zuständigkeiten des Bundesamtes für Wirtschaft und Ausfuhrkontrolle, der Bundesnetzagentur und der nach Landesrecht zuständigen Behörden beim Vollzug dieser Verordnungen (§§ 4, 16 EnSiG). Auch im Rahmen der Sicherstellung der Bedarfsdeckung der Zivilbevölkerung und der Streitkräfte mit Gütern und Dienstleistungen nach dem Wirtschaftssicherstellungsgesetz geht es um die Ermächtigung der Bundesregierung (mit umfangreichen Subdelegationsermächtigungen) zum Erlass von Rechtsverordnungen (§ 5 WiSiG) sowie um den Vollzug dieser Verordnungen durch Länder und Kommunen (§ 8 WiSiG).

C. Zuständigkeiten der Bundesnetzagentur

8 Ebenso wie bei § 54a stellt sich bei § 54b die Frage nach der Bedeutung der Zuständigkeitszuweisungen an die BNetzA in Abs. 2. Die Begriffsdefinition der „zuständigen Behörde" in Art. 2 Nr. 11 von **(EU) 2019/941** besagt auch hier, dass die zuständige Behörde eine Regierungsbehörde oder die **nationale Regulierungsbehörde** sein kann. Daraus könnte man auch hier schließen, dass der nationale Gesetzgeber die Aufgaben auf mehrere Behörden verteilen könnte, so dass die BNetzA insoweit originär als „zuständige Behörde" bestimmt wäre. Aus dem Wortlaut des Art. 3 Abs. 1 der VO (EU) 2019/941 folgt aber recht eindeutig, dass nur eine zuständige Behörde bestimmt werden darf, die auch die nationale Regulierungsbehörde sein kann („... jeder Mitgliedstaat [bestimmt] eine nationale Regierungs- oder Regulierungsbehörde als zuständige Behörde"). Auf diese Weise erklärt sich auch die Regelung in Art. 3 Abs. 3 VO (EU) 2019/941, wonach „die operativen Aufgaben in Bezug auf die Risikovorsorgeplanung und das Risikomanagement" nach der Verordnung auf andere Stellen übertragen werden können, diese Aufgaben aber unter der Aufsicht der zuständigen Behörde wahrgenommen werden müssen. Auch die Anordnung der Aufsicht durch das Ministerium in § 54b Abs. 4 S. 1 erweist sich dann als Konsequenz aus Art. 3 Abs. 3 VO (EU) 2019/941.

Zuständigkeiten gemäß der Verordnung (EU) 2019/941 § 54 b

I. Zuständigkeitskatalog (Abs. 2)

Nach § 54b Abs. 2 **Nr. 1** fällt in die Zuständigkeit der BNetzA zunächst die in der EU-Verordnung vorgesehene **Mitwirkung an der Bestimmung regionaler Szenarien für Stromversorgungskrisen (Art. 6)**, nach Abs. 2 **Nr. 2** zudem die **Bestimmung der nationalen Szenarien für Stromversorgungskrisen;** alle weiteren Maßnahmen verbleiben in der Zuständigkeit des Ministeriums als der originär zuständigen Behörde. „Die Mehrzahl der Aufgaben nach der Verordnung (EU) 2019/941 verbleibt damit beim Bundesministerium für Wirtschaft und Energie als zuständige Behörde. Die Bewertung von Szenarien wird jedoch der Bundesnetzagentur übertragen, die bereits über entsprechende Expertise verfügt" (BT-Drs. 19/17342, 155). Die Begründung des Gesetzentwurfs verweist zudem auf die Möglichkeit, weitere Aufgaben durch Rechtsverordnung auf die BNetzA zu übertragen; allerdings sind hierbei die sich aus Art. 3 Abs. 3 VO (EU) 2019/941 ergebenden Grenzen zu beachten, die im Text des § 54b Abs. 3 nicht wiedergegeben werden (→ Rn. 12). 9

II. Aufsicht des Bundesministeriums (Abs. 4 S. 1)

Nach § 54b Abs. 4 S. 1 untersteht die Bundesnetzagentur bei der Wahrnehmung ihrer Aufgaben nach Satz 1 der Aufsicht des Bundesministeriums für Wirtschaft und Klimaschutze. Gemeint ist damit die **Fach- und Rechtsaufsicht,** die dem Bundeswirtschaftsministerium gegenüber der Bundesnetzagentur als nachgeordneter Behörde in seinem Geschäftsbereich zusteht (BT-Drs. 19/17342, 156); die Notwendigkeit dieser Anordnung ergibt sich aus Art. 3 Abs. 3 S. 2 der VO (EU) 2019/941 (→ Rn. 8). 10

III. Zustimmung des Bundesministeriums (Abs. 4 S. 2)

§ 54b Abs. 3 S. 1 behält dem Bundeswirtschaftsministerium ein Mitwirkungsrecht in Gestalt eines Zustimmungsvorbehaltes bei der Bestimmung der **wichtigsten nationalen Szenarien für Stromversorgungskrisen nach Art. 7** VO (EU) 2019/941 vor. Die Begründung des Gesetzentwurfs führt dazu aus: „Die Szenarienbestimmung ist von wesentlicher Bedeutung. Denn die nationalen Stromversorgungskrisenszenarien bilden – neben den von ENTSO bestimmten regionalen Krisenszenarien – die Grundlage der von den Mitgliedstaaten zu erstellenden Notfallpläne" (BT-Drs. 19/17342, 156). 11

D. Verordnungsermächtigung (Abs. 3)

§ 54b Abs. 3 enthält eine **Ermächtigung** des Bundesministeriums für Wirtschaft und Klimaschutz, durch **Rechtsverordnung ohne Zustimmung des Bundesrates** weitere Aufgaben zur Durchführung der VO (EU) 2019/941 auf die BNetzA zu übertragen. Dabei ist allerdings zu beachten, dass nach Art. 3 Abs. 3 S. 1 der VO (EU) 2019/941 nur „die operativen Aufgaben in Bezug auf die Risikovorsorgeplanung und das Risikomanagement" nach der Verordnung auf andere Stellen übertragen werden dürfen; alle anderen Aufgaben müssen von der durch den Mitgliedstaat bestimmten zuständigen Behörde erfüllt werden. Die Ermächtigung in § 54b Abs. 3 ist entsprechend unionsrechtskonform einschränkend zu interpretieren. 12

§ 55 Bundesnetzagentur, Landesregulierungsbehörde und nach
Landesrecht zuständige Behörde

(1) ¹Für Entscheidungen der Regulierungsbehörde nach diesem Gesetz gelten hinsichtlich des behördlichen und gerichtlichen Verfahrens die Vorschriften des Teiles 8, soweit in diesem Gesetz nichts anderes bestimmt ist. ²Leitet die Bundesnetzagentur ein Verfahren ein, führt sie Ermittlungen durch oder schließt sie ein Verfahren ab, so benachrichtigt sie gleichzeitig die Landesregulierungsbehörden, in deren Gebiet die betroffenen Unternehmen ihren Sitz haben.

(2) Leitet die nach Landesrecht zuständige Behörde ein Verfahren nach § 4 oder § 36 Abs. 2 ein, führt sie nach diesen Bestimmungen Ermittlungen durch oder schließt sie ein Verfahren ab, so benachrichtigt sie unverzüglich die Bundesnetzagentur, sofern deren Aufgabenbereich berührt ist.

Literatur: Vgl. die Hinweise zu § 54.

A. Allgemeines

1   § 55 regelt neben der **Geltungsanordnung** der Vorschriften über das behördliche und gerichtliche Verfahren **des Teiles 8** für Entscheidungen der BNetzA und der Landesregulierungsbehörden (§ 55 Abs. 1 S. 1) zum einen die **Zusammenarbeit zwischen BNetzA und Landesregulierungsbehörden** (§ 55 Abs. 1 S. 2); insoweit steht die Vorschrift in Zusammenhang mit § 60a (Länderausschuss) und § 64a (Zusammenarbeit der Regulierungsbehörden), mit deren Zielen und Gehalten sie offensichtliche Überschneidungen aufweist. Zum anderen betrifft § 55 – anders als §§ 60a und 64a – in seinem § 55 Abs. 2 das **Verhältnis zwischen BNetzA und den „nach Landesrecht zuständigen Behörden"** (→ § 54 Rn. 29ff.) und normiert insoweit deren Pflicht, in bestimmten Fällen die BNetzA zu benachrichtigen.

2   Der ursprüngliche **Regierungsentwurf** (BT-Drs. 15/3917, 26, 69) hatte – vor dem Hintergrund einer ausschließlichen Zuständigkeit der Bundesregulierungsbehörde für alle Regulierungsfragen auf dem Energiesektor – in § 55 neben der Geltungsanordnung des Teiles 8 nur die Zusammenarbeit zwischen der Regulierungsbehörde des Bundes und den nach Landesrecht zuständigen Behörden zum Gegenstand. Er betraf allerdings nur die wenigen Vollzugsaufgaben, die diesen Landesbehörden danach verblieben (Genehmigung der Betriebsaufnahme eines Energieversorgungsnetzes, Entscheidung über Grundversorger, Missbrauchsaufsicht im Bereich der Grundversorgung nach § 40 des Regierungsentwurfs). Die Zusammenarbeit zwischen BNetzA und Landesregulierungsbehörden wurde erst aufgrund der Beschlussempfehlung des **Vermittlungsausschusses**, die das Nebeneinander von Bundes- und Landesregulierungsbehörden mit sich brachte (→ § 54 Rn. 6ff.), Thema des § 55 (BT-Drs. 15/5736 [neu], 2). Zudem wurde durch den Vermittlungsausschuss die in Absatz 2 S. 1 des Regierungsentwurfs vorgesehene Regelung gestrichen, wonach auch für das Verfahren der nach Landesrecht zuständigen Behörden die Geltung der Verfahrensvorschriften des Teiles 8 vorgesehen war.

3   Wie sich aus der Orientierung des Regierungsentwurfs an **§ 49 GWB** (BT-Drs. 15/3917, 69) ergibt, verfolgt § 55 das **Ziel, parallele Verwaltungsverfahren** mit potentiell sich widersprechenden Ergebnissen zu **vermeiden,** und soll offenbar

darüber hinaus den befürchteten Abstimmungsproblemen zwischen BNetzA und Landesregulierungsbehörden (→ § 60a Rn. 2; → § 64a Rn. 1) entgegenwirken. Allerdings ist die Orientierung an § 49 GWB deshalb fehl am Platze, weil § 54 Abs. 2 im Unterschied zu § 48 Abs. 2 GWB eine vergleichsweise präzise Abgrenzung der Zuständigkeiten von BNetzA und Landesregulierungsbehörden vornimmt. Anhaltspunkte für die im Wettbewerbsrecht durchaus naheliegenden Parallelverfahren sind deshalb im Anwendungsbereich des EnWG nicht erkennbar. Als nachvollziehbares Ziel des § 55 Abs. 1 S. 2 und Abs. 2 bleibt deshalb nur die allgemeine Förderung eines zwischen Landesbehörden – einschließlich der nach Landesrecht zuständigen Behörden (§ 55 Abs. 2) – und BNetzA abgestimmten Vollzugs des EnWG.

Bei Gelegenheit der Änderung des KWKG durch das **Gesetz zur Förderung** 4 **der Kraft-Wärme-Kopplung vom 25.10.2008** (BGBl. 2008 I S. 2101) wurde durch dessen Art. 2 Nr. 9 der **§ 55 Abs. 2** dahin **ergänzt,** dass auch der Verfahrensabschluss der Benachrichtigungspflicht der Landesbehörden unterfällt und dass die Benachrichtigung unverzüglich zu erfolgen hat. Dabei soll es sich nach der Gesetzesbegründung (BT-Drs. 16/8305, 22) um eine sprachliche Anpassung an Abs. 1 handeln.

B. Verfahrensrecht der Regulierungsbehörden (Abs. 1 S. 1)

Für Entscheidungen der Regulierungsbehörden des Bundes (BNetzA) und der 5 Länder ordnet § 55 Abs. 1 S. 1 hinsichtlich des behördlichen und gerichtlichen Verfahrens die Geltung der Vorschriften des Teiles 8 (§§ 65–108) an, soweit das EnWG keine ausdrücklich abweichende Regelung trifft. Wie sich aus § 54 Abs. 1 ergibt (→ § 54 Rn. 4), bezeichnet § 55 mit der Formulierung „Regulierungsbehörde" zum einen die **BNetzA** und zum anderen die **Landesregulierungsbehörden,** zu deren Einrichtung die Länder – einschließlich derjenigen, die diese Funktion durch die BNetzA im Wege der Organleihe wahrnehmen lassen (→ § 54 Rn. 19ff.) – verpflichtet sind (→ § 54 Rn. 17).

Soweit § 55 Abs. 1 S. 1 die Geltung der §§ 65–108 für das behördliche und ge- 6 richtliche Verfahren anordnet, betrifft dies nur **Entscheidungen** der Regulierungsbehörden. Mit diesem Begriff verweist die Vorschrift wie die entsprechende Formulierung in § 59 auf die Gesamtheit der im EnWG als „Entscheidung", „Anordnung", „Genehmigungen", „Festlegung", „Untersagung" etc bezeichneten **außengerichteten Tätigkeit der Regulierungsbehörden** mit intendierter **Regelungswirkung** (genauer bei → § 59 Rn. 25).

Die Geltungsanordnung des § 55 Abs. 1 S. 1 steht unter dem **Vorbehalt abwei-** 7 **chender Regelungen** im EnWG. Zu diesen abweichenden Regelungen gehören zum einen solche, die nicht an die Regulierungsbehörden insgesamt adressiert sind, sondern Sonderregelungen für die BNetzA und/oder die Landesregulierungsbehörden enthalten (zB §§ 91 Abs. 8, 8a, 71, 93). Zum anderen enthält der Teil 8 auch Vorschriften, die nicht für die Regulierungsbehörden, sondern für die nach Landesrecht zuständigen Behörden (dazu → § 54 Rn. 27f.) gelten (zB §§ 66 Abs. 3, 69 Abs. 7 und 8, 79 Abs. 2).

Für das **behördliche Verfahren** der Regulierungsbehörden gelten neben 8 den verwaltungsverfahrensrechtlichen Bestimmungen des Teiles 8 **subsidiär** das **VwVfG des Bundes** (vgl. § 1 VwVfG), soweit das Verfahren durch die BNetzA geführt wird, und die **Verwaltungsverfahrensgesetze der Länder,** soweit die

§ 55 Teil 7. Behörden

Landesregulierungsbehörden verfahrensführend sind. Dies gilt auch, soweit in § 67 Abs. 4 und § 71 ein expliziter Verweis auf das „Verwaltungsverfahrensgesetz" enthalten ist. Denn diese beiden Verweise haben nicht den Sinn, auch für die Tätigkeit der Landesregulierungsbehörden die (isolierte) Geltung der dort genannten Vorschriften des Bundes-VwVfG anzuordnen.

9 Für das **Verfahren gerichtlichen Rechtsschutzes** gegen Entscheidungen der Regulierungsbehörden gelten gem. § 85, der für die Rechtsbeschwerde entsprechend Anwendung findet (§ 88 Abs. 5), die Vorschriften der **§§ 169–197 GVG** sowie thematisch bestimmte Vorschriften der **Zivilprozessordnung** (s. § 85 Nr. 2) entsprechend. Darüber hinaus enthält der Teil 8 punktuelle weitere Verweise auf die Zivilprozessordnung (zB § 75 Abs. 4 S. 2) und das Gerichtsverfassungsgesetz (zB § 87 Abs. 4 S. 1).

C. Benachrichtigung der Landesregulierungsbehörden durch die Bundesnetzagentur (Abs. 1 S. 2)

10 Gem. § 55 Abs. 1 S. 2 hat die BNetzA die Landesregulierungsbehörden, in deren Zuständigkeitsgebiet die betroffenen Unternehmen ihren Sitz haben, bei wesentlichen Verfahrensschritten zu benachrichtigen. Diese **Benachrichtigungspflicht** konkretisiert die in **§ 64a Abs. 1 S. 1** normierte **wechselseitige Unterstützungspflicht** der Regulierungsbehörden des Bundes und der Länder. Sie dient der Vervollständigung der Informationen über das Verhalten der Netzbetreiber und kann diese Funktion in erster Linie dann erfüllen, wenn sie vor Erlass der Regulierungsentscheidung erfolgt (*Oster* RdE 2009, 126 (130); dort auch zur Frage der Heilung eines Verstoßes gegen diese Verfahrensvorschrift). Nicht nachvollziehbar und aus den Gesetzesmaterialien auch nicht ersichtlich ist, warum die Landesregulierungsbehörden keine reziproke Pflicht zur Benachrichtigung der BNetzA trifft. Will man die durch den Vermittlungsausschuss geänderten bzw. eingefügten Vorschriften der §§ 55 und 64a in ein stimmiges Verhältnis zueinander bringen, kommt man nicht umhin anzunehmen, dass **auch die Landesregulierungsbehörden** aus § 64a Abs. 1 iVm einer analogen Anwendung des § 55 Abs. 1 S. 2 zur **Benachrichtigung der BNetzA** verpflichtet sind (BerlKommEnergieR/*Schmidt-Preuß* EnWG § 55 Rn. 10). Die nachfolgenden Ausführungen gelten danach für die Landesregulierungsbehörden entsprechend.

11 Zu den Verfahrensschritten der BNetzA, die die Benachrichtigungspflicht auslösen, gehört zunächst die **Einleitung eines Verfahrens** auf Antrag oder von Amts wegen (dazu → § 66 Rn. 4 ff.). Unabhängig von der Einleitung eines Verfahrens muss die jeweilige Landesregulierungsbehörde aber auch bereits über **Ermittlungen** (→ § 68 Rn. 5 ff.) insbesondere im Vorfeld möglicher Verfahren informiert werden. Solange sich solche Ermittlungen allerdings (noch) nicht gegen bestimmte Unternehmen richten, wird die Benachrichtigungspflicht des § 55 Abs. 1 S. 2 schon mangels Bestimmbarkeit der zu benachrichtigenden Landesregulierungsbehörde nicht ausgelöst. In solchen Fällen ist die allgemeine Kooperationspflicht des § 64a Abs. 1 einschlägig. Schließlich sind von der BNetzA **verfahrensabschließende Maßnahmen** mitzuteilen. Darunter fallen nicht nur verfahrensabschließende Entscheidungen zur Sache, sondern auch die Verfahrenseinstellung etwa nach Erledigung der Hauptsache oder nach Antragsrücknahme.

12 Da das Gesetz eine besondere **Form** der Benachrichtigung nicht bestimmt, kann diese formlos erfolgen. Was den **Inhalt** der Benachrichtigung angeht, so muss daraus

für die jeweilige Landesregulierungsbehörde mindestens erkennbar sein, auf welches Unternehmen sich die Verfahrenseinleitung oder die Ermittlungen der BNetzA beziehen und auf welche tatsächlichen Informationen oder Anhaltspunkte sie ihre Maßnahmen stützt. Bei verfahrensabschließenden Entscheidungen ist der Landesregulierungsbehörde der vollständige Inhalt der Entscheidung zu übermitteln. Sonstige verfahrensbeendende Maßnahmen sind zumindest in dem Umfang mitzuteilen, in dem auch das betroffene Unternehmen über die Beendigung des Verfahrens informiert wird. Was den **Zeitpunkt** der Benachrichtigung angeht, so verlangt § 55 Abs. 1 S. 2 die „gleichzeitige" Benachrichtigung. Der Schutz von **Betriebs- und Geschäftsgeheimnissen** rechtfertigt es nicht, von einer Benachrichtigung der Landesregulierungsbehörden abzusehen, weil diese nicht anders als die BNetzA an die (grund-)rechtlichen Pflichten zur Geheimhaltung gebunden sind und sie nicht „Dritte" iSd § 71 S. 4 sind.

D. Benachrichtigung der Bundesnetzagentur durch die nach Landesrecht zuständigen Behörden (Abs. 2)

In § 55 Abs. 2 wird das Verhältnis zwischen BNetzA und den nach Landesrecht 13 zuständigen Behörden (dazu → § 54 Rn. 29 ff.) geregelt. Wie bei der Regelung des Verhältnisses zwischen BNetzA und Landesregulierungsbehörden in § 55 Abs. 1 S. 2 (→ Rn. 10) bleibt es allerdings auch hier ohne ersichtlichen Grund bei einer **einseitigen Benachrichtigungspflicht** – in § 55 Abs. 2 allerdings in umgekehrter Richtung, indem nur die **nach Landesrecht zuständige Behörde** zur Benachrichtigung der BNetzA in bestimmten Fällen verpflichtet wird. Einer durch ergänzende Auslegung zu gewinnenden Benachrichtigungspflicht der BNetzA gegenüber den nach Landesrecht zuständigen Behörden bedarf es hier – anders als bei der Benachrichtigung der BNetzA durch die Landesregulierungsbehörden (→ Rn. 10) – allerdings nicht. Denn nach § 55 Abs. 1 S. 2 sind die Landesregulierungsbehörden über alle wesentlichen Verfahrensschritte der BNetzA zu informieren. Es ist dann Sache der Länder, dafür Sorge zu tragen, dass diese Informationen an andere Landesbehörden weitergeleitet werden, soweit deren Aufgabenbereich berührt ist.

Die **Aufgaben** der „**nach Landesrecht zuständigen Behörden**" beim Voll- 14 zug des EnWG sind überschaubar. Sie beschränken sich nämlich auf die Genehmigung des Netzbetriebs nach **§ 4**, die Feststellung des Grundversorgers nach **§ 36 Abs. 2**, die Planfeststellung einschließlich Vorarbeiten und Enteignung nach **§§ 43 ff.** sowie die Durchsetzung der technischen Sicherheit von Energieanlagen nach **§ 49**. Zuständigkeitsüberschneidungen oder -abgrenzungsprobleme im Verhältnis zur BNetzA sind insbesondere beim Vollzug von § 4 und § 36 Abs. 2, auf die allein § 55 Abs. 2 Bezug nimmt, nicht ersichtlich. Deshalb kann § 55 Abs. 2 kaum der Vermeidung paralleler Verwaltungsverfahren, sondern nur der allgemeinen **Abstimmung** und dem allgemeinen Informationsfluss **zwischen Landesbehörden und BNetzA** dienen. Insofern erfüllt § 55 Abs. 2 dieselbe Funktion wie § 64a im Verhältnis zwischen BNetzA und Landesregulierungsbehörden.

Die Benachrichtigungspflicht der nach Landesrecht zuständigen Behörde ist 15 zum einen bezogen auf **Verfahren nach § 4**. Benachrichtigungspflichtig sind also sowohl die Einleitung eines Verfahrens zur Erteilung einer Genehmigung nach § 4 Abs. 1, 2 S. 1 als auch die Einleitung eines Untersagungsverfahrens nach § 4 Abs. 2 S. 2 (dazu → § 4 Rn. 55 ff.). Ebenfalls benachrichtigungspflichtig sind Ermittlungen, die die nach Landesrecht zuständige Behörde – ohne zuvor ein Verfahren ein-

§ 56 Teil 7. Behörden

geleitet zu haben – auf der Grundlage des Landesrechts durchführt, die auf Maßnahmen nach § 4 gerichtet sind oder zu diesen einen engen sachlichen Bezug haben. Der Benachrichtigung über den Abschluss des Verfahrens, die 2008 zusätzlich aufgenommen wurde (→ Rn. 4), hätte es nicht bedurft, weil die BNetzA gem. § 66 Abs. 3 Beteiligte des Verfahrens vor den nach Landesrecht zuständigen Behörden ist (dazu → § 66 Rn. 10).

16 Zum anderen unterfällt die Einleitung eines **Verfahrens nach § 36 Abs. 2** der Benachrichtigungspflicht nach § 55 Abs. 2. Es handelt sich dabei einerseits um das aufgrund von „Einwänden" von der nach Landesrecht zuständigen Behörde einzuleitende Verfahren nach § 36 Abs. 2 S. 4 (dazu → § 36 Rn. 66ff.) und andererseits um das behördliche Verfahren, das gem. § 36 Abs. 2 S. 5 in dem Fall der Einstellung der Geschäftstätigkeit des Grundversorgers durchzuführen ist (dazu → § 36 Rn. 70ff.). Insbesondere im letztgenannten Fall kommen Ermittlungen auf landesrechtlicher Grundlage in Betracht, die ebenfalls der Benachrichtigungspflicht nach § 55 Abs. 2 unterliegen.

17 Zusätzliche Voraussetzung für die Benachrichtigungspflicht ist, dass die Verfahrenseinleitung oder die Ermittlungen der nach Landesrecht zuständigen Behörde die **Aufgabenbereiche der BNetzA berühren.** Dies richtet sich danach, ob das von den Verfahren nach § 4 oder nach § 36 Abs. 2 betroffene Unternehmen gem. § 54 oder nach speziellen Zuständigkeitsvorschriften (→ § 54 Rn. 62f.) der Aufsicht durch die BNetzA unterliegt.

§ 56 Tätigwerden der Bundesnetzagentur beim Vollzug des europäischen Rechts

(1) ¹Die Bundesnetzagentur nimmt die Aufgaben wahr, die den Regulierungsbehörden der Mitgliedstaaten mit folgenden Rechtsakten übertragen sind:
1. **Verordnung (EU) 2019/943 des Europäischen Parlaments und des Rates vom 5. Juni 2019 über den Elektrizitätsbinnenmarkt und den auf Grundlage dieser Verordnung erlassenen Verordnungen der Europäischen Kommission sowie den auf Grundlage des Artikels 6 oder des Artikels 18 der Verordnung (EG) Nr. 714/2009 erlassenen Verordnungen der Europäischen Kommission,**
2. **Verordnung (EG) Nr. 715/2009 und den auf Grundlage des Artikels 6 oder Artikels 23 dieser Verordnung erlassenen Verordnungen der Europäischen Kommission,**
3. **Verordnung (EU) 2017/1938,**
4. **Verordnung (EU) Nr. 1227/2011,**
5. **Verordnung (EU) Nr. 347/2013,**
6. **Verordnung (EU) 2019/941 und**
7. **Verordnung (EU) 2019/942 des Europäischen Parlaments und des Rates vom 5. Juni 2019 zur Gründung einer Agentur der Europäischen Union für die Zusammenarbeit der Energieregulierungsbehörden.**

²**Zur Erfüllung dieser Aufgaben hat die Bundesnetzagentur die Befugnisse, die ihr auf Grund der in Satz 1 genannten Verordnungen und bei der Anwendung dieses Gesetzes zustehen.** ³**Es sind die Verfahrensvorschriften dieses Gesetzes anzuwenden.**

Tätigwerden der Bundesnetzagentur beim Vollzug des europäischen Rechts § 56

(2) ¹Die Bundesnetzagentur nimmt die Aufgaben wahr, die den Mitgliedstaaten mit der Verordnung (EU) 2015/1222 der Europäischen Kommission und mit Artikel 15 Absatz 2 der Verordnung (EU) 2019/943 des Europäischen Parlamentes und des Rates vom 5. Juni 2019 über den Elektrizitätsbinnenmarkt übertragen worden sind. ²Absatz 1 Satz 2 und 3 ist entsprechend anzuwenden.

Literatur: *Hamdorf,* Die Verordnung (EG) Nr. 1228/2003 über die Netzgangsbedingungen für den grenzüberschreitenden Stromhandel, IR 2004, 245; *Hermeier,* Die Zuständigkeitsverteilung bei der Regulierung des grenzüberschreitenden Stromhandels – Mehr Binnenmarkt durch mehr Zentralisierung?, RdE 2007, 249.

A. Funktion und Entstehungsgeschichte

Die Vorschrift regelt die **innerstaatliche Zuständigkeit** für die Wahrnehmung 1
aller Aufgaben, die in den genannten EG-/EU-Verordnungen den „Regulierungsbehörden" zugewiesen sind, im Sinne einer Zuständigkeit der **Bundesnetzagentur.** Eine Zuständigkeitsregelung ist neben § 54 erforderlich, weil die dort normierte föderale Zuständigkeitsverteilung zwischen BNetzA und Landesregulierungsbehörden nur die Aufgaben auf der Grundlage des nationalen Rechts betrifft. Die „doppelte" Zuständigkeitszuweisung der in der VO (EU) 2017/1938 und in der VO (EU) 2019/941 geregelten Aufgaben in **§ 54a** bzw. **§ 54b** einerseits und in § 56 anderseits erklärt sich dadurch, dass diese Verordnungen den wesentlichen Teil der Aufgaben nicht der „Regulierungsbehörde" (§ 56 Abs. 1) sondern der durch den Mitgliedstaat bestimmten „zuständigen Behörde" (§ 54a und § 54b) zuweist. Daraus folgt eine klare Abgrenzung der Anwendungsbereiche beider Vorschriften in dem Sinne, dass § 54a und § 54b bestimmen, welche nationale Behörde (Ministerium oder BNetzA) die in der VO (EU) 2017/1938 bzw. der VO (EU) 2019/941 der „zuständigen Behörde" zugewiesenen Aufgaben wahrnimmt, während § 56 sich darauf beschränkt, die verbleibenden, in diesen Verordnungen der „Regulierungsbehörde" zugewiesenen Aufgaben der Bundesnetzagentur zuzuweisen (dazu → § 54a Rn. 4f.). Darüber hinaus stattet § 56 Abs. 1 S. 2 die BNetzA mit den zur Wahrnehmung dieser Aufgabe erforderlichen Befugnissen aus, indem er ihr zur Erfüllung der sich aus den Verordnungen ergebenden Aufgaben auch die **allgemeinen Befugnisse** zuweist, die das Gesetz zur Durchsetzung von Bestimmungen **des EnWG** vorsieht (insbesondere § 65 EnWG). Schließlich erklärt § 56 Abs. 1 S. 3 die **Verfahrensvorschriften des EnWG** auch für solche Maßnahmen für anwendbar, deren Rechtsgrundlage die EU-Verordnungen bilden. Der mit Gesetz vom 30.7.2016 (BGBl. 2016 I S. 1786) eingefügte § 56 Abs. 2 überträgt der BNetzA weitere Zuständigkeiten, die der EU-Gesetzgeber anders als in den Fällen nach Abs. 1 nicht der nationalen Regulierungsbehörde, sondern allgemein den Mitgliedstaaten zugewiesen und diesen damit Freiheit in der Wahl der Zuordnung gelassen hatte (→ Rn. 11).

In ihrer ursprünglichen Fassung aus dem Jahr 2005 enthielt die Vorschrift des 2
heutigen § 56 Abs. 1 nur die Zuständigkeitszuweisung für die in der **StromhandelsVO (EG) Nr. 1228/2003** den Regulierungsbehörden zugewiesenen Aufgaben (dazu BT-Drs. 15/3917, 26). Nicht erwähnt war in § 56 in der bis 2008 geltenden Fassung die **GasfernleitungsVO (EG) Nr. 1775/2005.** Diese offensichtlich ungewollte Regelungslücke wurde bei Gelegenheit der Änderung des

Gundel 2277

§ 56

KWKG durch Art. 2 Nr. 10 des Gesetzes zur Förderung der Kraft-Wärme-Kopplung vom 25.10.2008 (BGBl. 2008 I S. 2101) geschlossen (BT-Drs. 16/8305, 22). Mit der Neufassung des § 56 S. 1 durch Art. 1 Nr. 47 des Gesetzes zur Neuregelung energiewirtschaftsrechtlicher Vorschriften vom 26.7.2011 (BGBl. 2011 I S. 1554) reagierte der Gesetzgeber dann auf die **Verordnungen des Dritten Binnenmarktpaketes** (s. dazu BT-Drs. 17/6072, 90) und stellte § 56 S. 1 auf die neue **StromhandelsVO (EG) Nr. 714/2009** und die neue **ErdgaszugangsVO (EG) Nr. 715/2009** um. Gleichzeitig wurde in § 56 S. 1 Nr. 3 klargestellt, dass die Bundesnetzagentur auch die Aufgaben wahrzunehmen hat, die den nationalen Regulierungsbehörden gem. der VO (EU) Nr. 994/2010 zugewiesen wurden (BT-Drs. 17/6072, 90); die Regelung wurde später auf die Nachfolgeregelung der VO (EU) 2017/1938 (→ § 54a Rn. 1) umgestellt. Weiter wurde der heutige § 56 Abs. 1 S. 1 Nr. 4 durch Art. 2 Nr. 4 des **Gesetzes zur Einrichtung einer Markttransparenzstelle für den Großhandel mit Strom und Gas** (BGBl. 2012 I S. 2403) neu eingefügt; die Vorschrift gilt seit dem 12.12.2012 und diente der Erweiterung der Aufgaben und Befugnisse der Bundesnetzagentur auf sämtliche Verbote und Gebote der REMIT-Verordnung (s. dazu BT-Drs. 17/10060, 33). Die Zuständigkeiten der nationalen Regulierungsbehörde **nach der TEN-E-Verordnung** erfasst der mit Gesetz vom 26.7.2016 (BGBl. 2016 I S. 1786) eingefügte § 56 Abs. 1 S. 1 Nr. 5. Mit dem **Gesetz zur Reduzierung und zur Beendigung der Kohleverstromung und zur Änderung weiterer Gesetze** vom 8.8.2020 (BGBl. 2020 I S. 1818) wurde die Auflistung schließlich an die im Rahmen des Clean Energy Package erlassenen EU-Rechtsakte angepasst: In § 56 Abs. 1 S. 1 Nr. 1 wurde der Bezug auf die StromhandelsVO (EG) Nr. 714/2009 durch den Verweis auf die Nachfolgeregelung der **VO (EU) 2019/943** umgestellt, in Abs. 1 S. 1 Nr. 6 wurde die Zuständigkeit für die Aufgaben der Regulierungsbehörde nach der VO (EU) 2019/941 (→ § 54b Rn. 1) aufgenommen, in Abs. 1 S. 1 Nr. 7 werden in Zuständigkeiten nach der **neu erlassenen ACER-Verordnung** (VO (EU) Nr. 2019/942) in Bezug genommen.

B. Zuständigkeit der Bundesnetzagentur als Regulierungsbehörde (Abs. 1 S. 1)

3 Durch § 56 Abs. 1 S. 1 wird die Zuständigkeit der BNetzA für diejenigen Aufgaben begründet, die die Verordnungen den **Regulierungsbehörden der Mitgliedstaaten** übertragen. Nicht in den Anwendungsbereich von § 56 Abs. 1 fallen dagegen solche Aufgaben, die in den Verordnungen der „zuständigen Behörde" zugewiesen werden. Soweit dies die VO (EU) 2017/1938 betrifft, so findet sich die nationale Bestimmung der zuständigen Behörden in § 54a, für die VO (EU) 2019/941 gilt dasselbe in Bezug auf § 54b. Allerdings finden sich vereinzelt auch in den anderen in § 56 Abs. 1 aufgeführten EU-Verordnungen über die Aufgabenzuweisungen an die nationalen Regulierungsbehörden hinaus solche an andere „zuständige Behörden" (so etwa in Art. 9 Abs. 3, 10 Abs. 1 und 2 REMIT-VO Nr. 1227/2011). Für solche Normen gilt § 56 Abs. 1 nicht. Vielmehr ist nach dem Kontext der Verordnung im sonstigen nationalen Recht nach den Zuständigkeitsregelungen zu suchen, mit deren Hilfe die unionsrechtlich als „zuständig" bezeichnete nationale Behörde identifiziert werden kann.

Die in § 56 Abs. 1 S. 1 **Nr. 1** in der Vergangenheit in Bezug genommene **Strom-** 4
handelsVO (EG) Nr. 714/2009 ist inzwischen durch die **VO (EU) 2019/943** ersetzt worden; der Verweis wurde mit Gesetz vom 8.8.2020 (BGBl. 2020 I S. 1818) umgestellt, dennoch findet die VO (EG) Nr. 714/2009 weiter Erwähnung, weil die Zuständigkeit auch das noch geltende Tertiärrecht erfasst, das auf diese Verordnung gestützt wurde. Die Verordnung bemüht sich um eine Verbesserung des Wettbewerbs auf dem Elektrizitätsbinnenmarkt durch gerechte Regeln für den grenzüberschreitenden Stromhandel. Im Zentrum der Verordnung (Überblick bei Schneider/Theobald EnergieWirtschaftsR-HdB/*Schneider* § 2 Rn. 61) stehen ein Ausgleichsmechanismus für grenzüberschreitende Stromflüsse, die Festlegung harmonisierter Grundsätze für die Entgelte für die grenzüberschreitende Übertragung und für die Vergabe der auf den Verbindungsleitungen zwischen nationalen Übertragungsnetzen verfügbaren Kapazitäten (Engpassmanagement) sowie die Harmonisierung der Regeln für den grenzüberschreitenden Stromhandel. Für diese Problemkreise sieht die Verordnung den Erlass von verbindlichen „Leitlinien" durch die Kommission vor. Angesichts der erheblich ausgeweiteten Zuständigkeiten der **Akteure auf Unionsebene** (Kommission, Agentur, ENTSO) kommt den nationalen Regulierungsbehörden beim Vollzug der Verordnung keine maßgebliche Funktion mehr zu (s. Schneider/Theobald EnergieWirtschaftsR-HdB/*Schneider* § 2 Rn. 71 ff.).

Eine seit dem dritten Energiebinnenmarktpaket der StromhandelsVO vergleich- 5
bare Grundstruktur weist die in § 56 S. 1 **Nr. 2** genannte **ErdgasfernleitungsVO 715/2009** auf (Überblick bei Schneider/Theobald EnergieWirtschaftsR-HdB/*Schneider* § 2 Rn. 62; BerlKommEnergieR/*Pritzsche/Reimers* EnWG § 56 Rn. 33 ff.). Zentrale Regelungsgegenstände sind die Dienstleistungen für den Netzzugang Dritter, Fragen der Kapazitätszuweisung und des Engpassmanagements, Transparenzanforderungen für Fernleitungsnetzbetreiber und insbesondere detaillierte Vorgaben für die Netzentgeltregulierung. Auch hier gilt, dass mit dem dritten Energiebinnenmarktpaket eine erhebliche Zuständigkeitsverlagerung auf die Akteure der Unionsebene zu beobachten ist.

Die **VO (EU) 2017/13938 zur Gewährleistung der sicheren Erdgasver-** 6
sorgung, auf die in § 56 S. 1 **Nr. 3** Bezug genommen wird, normiert im Schwerpunkt keine Regulierungsaufgaben im engeren Sinne, sondern trifft Vorkehrungen zur Vermeidung und Bewältigung von Versorgungsstörungen. Die entsprechenden Instrumente legt die Verordnung in die Hände der nationalen Regierungsbehörden („„zuständige Behörde", Art. 2 Nr. 7 VO (EU) 2017/1938). Diese Zuständigkeit ist durch § 54a zwischen Ministerium und BNetzA aufgeteilt (→ § 54a Rn. 6, 8). Den nationalen Regulierungsbehörden werden in der Verordnung nur sehr punktuell Aufgaben zugewiesen. Der Anwendungsbereich des § 56 (dazu → Rn. 1) ist deshalb auf wenige Normen der Verordnung begrenzt, zu denen vor allem die Kostenfestlegung und Kostenaufteilung beim Ausbau bidirektionaler Lastflüsse nach Anhang III Nr. 4 VO (EU) 2017/1938 gehört (→ § 54a Rn. 10). Dieselben Grundsätze gelten für die in § 56 Abs. 1 S. 1. Nr. 6 in Bezug genommene VO (EU) 2019/941 über die Risikovorsorge im Elektrizitätssektor (→ § 54b Rn. 1 ff.).

Was schließlich die in § 56 S. 1 **Nr. 4** im Jahr 2012 (→ Rn. 2) eingefügte **RE-** 7
MIT-VO (EU) Nr. 1227/2011 betrifft, so geht es dabei um die Integrität und Transparenz des Energiegroßhandels einschließlich der diesbezüglichen Finanzderivate, die ua durch Verbote für Insider-Handel und Marktmanipulationen, Veröffentlichungspflichten sowie Marktüberwachungsmechanismen und einen Informationsverbund zwischen der Agentur und den nationalen Regulierungsbehörden

gewährleistet werden sollen. Die Einfügung der Nr. 4 im Jahr 2012 diente „der Erweiterung der Aufgaben und Befugnisse der Bundesnetzagentur auf sämtliche Verbote und Gebote der REMIT-Verordnung. Die Vorschrift setzt insoweit die Verpflichtung nach Artikel 13 Absatz 1 Unterabsatz 2 der REMIT-Verordnung um" (BT-Drs. 17/10060, 33). Zu der in § 56 S. 1 **Nr. 5** in Bezug genommenen VO (EU) Nr. 347/2013 **(TEN-E-Verordnung)** s. zB BerlKommEnergieR/*Pritzsche/Reimers* EnWG § 56 Rn. 76 ff.

C. Befugnisse (Abs. 1 S. 2)

8   Die Befugnisse, die der BNetzA zur Wahrnehmung ihrer Regulierungsaufgaben nach den in § 56 Abs. 1 in Bezug genommenen EG-/EU-Verordnungen zur Verfügung stehen, ergeben sich zum einen **unmittelbar aus den Verordnungen** und zum anderen aus dem **EnWG,** soweit es sich um Befugnisse handelt, die für eine **entsprechende Anwendung** auf die in der Verordnung enthaltenen Pflichten in Betracht kommen. Dadurch steht der Bundesnetzagentur die Befugnis zu, alle Maßnahmen zu treffen, die zur Durchsetzung der Verordnungen erforderlich sind (so für die REMIT-VO BT-Drs. 17/10060, 33).

9   Zu den Befugnissen aufgrund des EnWG, die der BNetzA beim Vollzug der Verordnungen zugewiesen sind, gehören zum einen diejenigen der **Missbrauchskontrolle** gem. §§ 29 ff. und zum anderen die in §§ 65 ff. normierten **Untersagungs- und Ermittlungsbefugnisse.**

D. Verfahren (Abs. 1 S. 3)

10   Hinsichtlich des **behördlichen Verfahrens,** das einer Entscheidung in Vollzug der vier Verordnungen vorausgeht, und hinsichtlich des **gerichtlichen Verfahrens** der Kontrolle solcher Entscheidungen erklärt § 56 S. 3 die Verfahrensvorschriften des EnWG für anwendbar. Dies schließt die subsidiäre Anwendung des Verwaltungsverfahrensgesetzes ein (BerlKommEnergieR/*Pritzsche/Reimers* EnWG § 56 Rn. 121). Entsprechend den allgemeinen unionsrechtlichen Vorgaben für den nationalen (indirekten) Vollzug von Normen des Unionsrechts sorgt diese Vorschrift dafür, dass zwischen dem Vollzug von Vorschriften des EnWG und von solchen der Verordnungen kein Unterschied gemacht wird (BerlKommEnergieR/*Pritzsche/Reimers* EnWG § 56 Rn. 123).

E. Zuständigkeit der Bundesnetzagentur als mitgliedstaatliche Stelle (Abs. 2)

11   § 56 Abs. 2 S. 1, der mit Gesetz vom 30.7.2016 (BGBl. 2016 I S. 1786) eingefügt und mit Gesetz vom 8.8.2020 (BGBl. 2020 I S. 1818) durch den Bezug auf die VO (EU) 2019/943 erweitert wurde, überträgt der Bundesnetzagentur Aufgaben, die der europäische Gesetzgeber **nicht originär der nationalen Regulierungsbehörde zugeordnet** hat. Es findet sich hier die im Verhältnis zwischen § 56 Abs. 1 und § 54a und § 54b geltende Parallelstruktur wieder: Die in Bezug genommene Kommissionsverordnung (EU) 2015/1222 wird von der BNetzA auf der Grundlage des § 56 Abs. 1 vollzogen, soweit dort Aufgaben der nationalen Regulie-

rungsbehörde zugeordnet werden, weil die Kommissionsverordnung ein auf der Grundlage von Art. 18 VO (EG) Nr. 714/2009 erlassener Rechtsakt ist und damit § 56 Abs. 1 S. 1 Nr. 1 unterfällt. Soweit die Verordnung den Mitgliedstaaten dagegen Freiheit in der Zuordnung gelassen hat, folgt die Zuständigkeit der BNetzA aus § 56 Abs. 2 S. 1. Dasselbe gilt für die VO (EU) 2019/943, die ebenfalls in § 56 Abs. 1 S. 1 Nr. 1 Bezug genommen wird. Die mit dem Verweis auf Art. 15 Abs. 2 VO (EU) 2019/943 der BNetzA zugewiesene Aufgabe ist dabei aus Sicht des Gesetzgebers von besonderer Bedeutung: Damit „wird der BNetzA die Aufgabe übertragen, sicherzustellen, dass die Übertragungsnetzbetreiber nach Maßgabe des Art. 15 Abs. 2 der VO (EU 2019/943 die Kapazität für den grenzüberschreitenden Stromhandel beginnend ab dem Jahr 2020 jedes Jahr entsprechend der linearen Verlaufskurve erhöhen, bis sie am 31. Dezember 2025 dem grenzüberschreitenden Stromhandel eine Mindestkapazität in Höhe von 70% zur Verfügung stellen (…). Die Wahrung der europarechtskonformen Bereitstellung von Kapazitäten ist nicht zuletzt deswegen von Bedeutung, weil im Fall einer nicht rechtskonformen Umsetzung und damit einhergehenden Unterschreitung der vorgegebenen Mindestkapazitäten das Risiko entsteht, dass die deutsche Strompreiszonenkonfiguration gemäß Art. 15 Abs. 5 der VO (EU) 2019/943 geändert wird." (BT-Drs. 19/17342, 156). Entsprechend der Regelung in § 56 Abs. 1 S. 3 eröffnet auch § 56 Abs. 2 S. 2 der BNetzA für die Erfüllung dieser Aufgaben die ihr allgemein eingeräumten Befugnisse.

§ 57 Zusammenarbeit mit Regulierungsbehörden anderer Mitgliedstaaten, der Agentur für die Zusammenarbeit der Energieregulierungsbehörden und der Europäischen Kommission

(1) ¹Die Bundesnetzagentur arbeitet zum Zwecke der Anwendung energierechtlicher Vorschriften mit den Regulierungsbehörden anderer Mitgliedstaaten, der Agentur für die Zusammenarbeit der Energieregulierungsbehörden und der Europäischen Kommission zusammen. ²Bei Fragen der Gasinfrastruktur, die in einen Drittstaat hinein- oder aus einem Drittstaat herausführt, kann die Regulierungsbehörde, wenn der erste Kopplungpunkt im Hoheitsgebiet Deutschlands liegt, mit den zuständigen Behörden des betroffenen Drittstaates nach Maßgabe des Verfahrens nach Artikel 41 Absatz 1 der Richtlinie 2009/73/EG zusammenarbeiten.

(2) ¹Bei der Wahrnehmung der Aufgaben nach diesem Gesetz oder den auf Grund dieses Gesetzes erlassenen Verordnungen kann die Bundesnetzagentur Sachverhalte und Entscheidungen von Regulierungsbehörden anderer Mitgliedstaaten berücksichtigen, soweit diese Auswirkungen im Geltungsbereich dieses Gesetzes haben können. ²Die Bundesnetzagentur kann auf Antrag eines Netzbetreibers und mit Zustimmung der betroffenen Regulierungsbehörden anderer Mitgliedstaaten von der Regulierung von Anlagen oder Teilen eines grenzüberschreitenden Energieversorgungsnetzes absehen, soweit dieses Energieversorgungsnetz zu einem weit überwiegenden Teil außerhalb des Geltungsbereichs dieses Gesetzes liegt und die Anlage oder der im Geltungsbereich dieses Gesetzes liegende Teil des Energieversorgungsnetzes keine hinreichende Bedeutung für die Energieversorgung im Inland hat. ³Satz 2 gilt nur, soweit die Anlage oder der im Geltungsbereich dieses Gesetzes liegende Teil der Regulierung durch eine

§ 57

Regulierungsbehörde eines anderen Mitgliedstaates unterliegt und dies zu keiner wesentlichen Schlechterstellung der Betroffenen führt. ⁴Ebenso kann die Bundesnetzagentur auf Antrag eines Netzbetreibers und mit Zustimmung der betroffenen Regulierungsbehörden anderer Mitgliedstaaten die Vorschriften dieses Gesetzes auf Anlagen oder Teile eines grenzüberschreitenden Energieversorgungsnetzes, die außerhalb des Geltungsbereichs dieses Gesetzes liegen und eine weit überwiegende Bedeutung für die Energieversorgung im Inland haben, anwenden, soweit die betroffenen Regulierungsbehörden anderer Mitgliedstaaten von einer Regulierung absehen und dies zu keiner wesentlichen Schlechterstellung der Betroffenen führt.

(3) Um die Zusammenarbeit bei der Regulierungstätigkeit zu verstärken, kann die Bundesnetzagentur mit Zustimmung des Bundesministeriums für Wirtschaft und Energie allgemeine Kooperationsvereinbarungen mit Regulierungsbehörden anderer Mitgliedstaaten schließen.

(4) ¹Die Bundesnetzagentur kann im Rahmen der Zusammenarbeit nach Absatz 1 den Regulierungsbehörden anderer Mitgliedstaaten, der Agentur für die Zusammenarbeit der Energieregulierungsbehörden und der Europäischen Kommission die für die Aufgabenerfüllung dieser Behörden aus dem Recht der Europäischen Union erforderlichen Informationen übermitteln, soweit dies erforderlich ist, damit diese Behörden ihre Aufgaben aus dem Recht der Europäischen Union erfüllen können. ²Bei der Übermittlung von Informationen nach Satz 1 kennzeichnet die Bundesnetzagentur vertrauliche Informationen.

(5) ¹Soweit die Bundesnetzagentur im Rahmen der Zusammenarbeit nach Absatz 1 Informationen von den Regulierungsbehörden anderer Mitgliedstaaten, der Agentur für die Zusammenarbeit der Energieregulierungsbehörden oder der Europäischen Kommission erhält, stellt sie eine vertrauliche Behandlung aller als vertraulich gekennzeichneten Informationen sicher. ²Die Bundesnetzagentur ist dabei an dasselbe Maß an Vertraulichkeit gebunden wie die übermittelnde Behörde oder die Behörde, welche die Informationen erhoben hat. ³Die Regelungen über die Rechtshilfe in Strafsachen sowie Amts- und Rechtshilfeabkommen bleiben unberührt.

Übersicht

	Rn.
A. Funktion und unionsrechtlicher Hintergrund	1
B. Allgemeine Zusammenarbeit (Abs. 1)	5
C. Grenzüberschreitende Sachverhalte (Abs. 2)	6
I. Berücksichtigung von Maßnahmen anderer Regulierungsbehörden (Abs. 2 S. 1)	6
II. Aufgabenverzicht zugunsten einer anderen Regulierungsbehörde (Abs. 2 S. 2 und 3)	11
III. Regulierung von Anlagen im Ausland (Abs. 2 S. 4)	13
D. Kooperationsvereinbarungen (Abs. 3)	14
E. Informationsaustausch (Abs. 4–5)	15
I. Austausch im Rahmen der Zusammenarbeit nach Abs. 1	17
II. Übermittlung durch die Bundesnetzagentur	18

Zusammenarbeit mit Regulierungsbehörden anderer Mitgliedstaaten **§ 57**

	Rn.
1. Übermittlungsadressaten	19
2. Erforderlichkeit zur Aufgabenwahrnehmung	20
3. Kennzeichnungspflicht für vertrauliche Informationen	22
III. Vertraulichkeit empfangener Informationen	26
IV. Amts- und Rechtshilfeabkommen (Abs. 5 S. 3)	28

Literatur: *Arndt,* Vollzugssteuerung im Regulierungsverbund, Die Verwaltung 2006, 1; *Britz,* Vom Europäischen Verwaltungsverbund zum Regulierungsverbund? – Europäische Verwaltungsentwicklung am Beispiel der Netzzugangsregulierung bei Telekommunikation, Energie und Bahn, EuR 2006, 46; *Haller,* Der Verwaltungsverbund in der Energieregulierung, 2013; *Steger,* Zur Verselbstständigung von Unionsagenturen, 2015; *Stomberg,* Governance-Strukturen im Energierecht, 2019; *Untrieser,* Die Agentur für die Zusammenarbeit der Energieregulierungsbehörde im europäischen Verwaltungsverbund, 2016.

A. Funktion und unionsrechtlicher Hintergrund

Die Vorschrift regelt die wesentlichen Modalitäten der Zusammenarbeit zwi- 1
schen der Bundesnetzagentur, den (Energie-)Regulierungsbehörden der anderen Mitgliedstaaten, der Agentur für die Zusammenarbeit der Energieregulierungsbehörden und der Europäischen Kommission im sog. **europäischen Regulierungsverbund** (dazu *Britz* EuR 2006, 46 (58 ff.); ausf. *Haller,* Verwaltungsverbund, 2013; *Untrieser,* Die Agentur für die Zusammenarbeit der Energieregulierungsbehörde im europäischen Verwaltungsverbund, 2016). Sie wurde durch Art. 1 Nr. 48 des Gesetzes zur Neuregelung energiewirtschaftsrechtlicher Vorschriften vom **26.7.2011** (BGBl. 2011 I S. 1554) mit Wirkung seit dem 4.8.2011 grundlegend neu gefasst. Mit dieser **Neufassung** hat der Gesetzgeber die im **Dritten Energiebinnenmarktpaket** wesentlich intensivierte Zusammenarbeit der Regulierungsbehörden untereinander sowie mit der Europäischen Kommission und der neu geschaffenen **Agentur** für die Zusammenarbeit der Energieregulierungsbehörden (→ Rn. 3) umgesetzt (s. dazu BT-Drs. 17/6072, 90). Mit Gesetz vom 5.12.2019 (BGBl. 2019 I S. 2002) wurde Abs. 1 S. 2 angefügt; die Bestimmung setzt insoweit die RL (EU) 2019/692 des EP und des Rates v. 17.4.2019 zur Änderung der RL 2009/73/EG über gemeinsame Vorschriften für den Erdgasbinnenmarkt (ABl. EU 2019 L 117/1) um, mit der erstmals Gasverbindungsleitungen zu Drittstaaten in die EU-Energieregulierung einbezogen wurden (dazu *Funke* RdE 2019, 214 ff.; *Hancher/Marhold* 37 JENRL (2019), 289 ff.; *Talus* EurUP 2019, 478 ff.).

Die Binnenmarktrichtlinien aus dem Jahr **2003** verpflichteten in Art. 23 Abs. 12 2
Elt-RL 03 und Art. 25 Abs. 12 Gas-RL 03 die nationalen Regulierungsbehörden lediglich in allgemeiner Form, zur Entwicklung des Binnenmarktes und zur Schaffung gleicher Wettbewerbsbedingungen durch **transparente Zusammenarbeit untereinander und mit der Kommission** beizutragen. § 57 in der bis zum 3.8.2011 geltenden Fassung übernahm zu diesem Zweck in angepasster Form § 50b GWB (BT-Drs. 15/3917, 69). Einer gesetzlichen Regelung bedurfte es deshalb, weil die Übermittlung von Informationen einen **Eingriff in Grundrechte** der betroffenen Unternehmen darstellen kann (zum Schutz von Betriebs- und Geschäftsgeheimnissen durch Art. 12 GG s. BVerfGE 115, 205 ff.). Der Aufgabe, die Erfordernisse der **Zusammenarbeit** mit den Regulierungsbehörden anderer Mitgliedstaaten und der Kommission und den **grundrechtlichen Schutz** nicht öf-

§ 57 Teil 7. Behörden

fentlich zugänglicher Informationen zueinander in ein **angemessenes Verhältnis** zu setzen, stellte sich § 57 aF, indem er zunächst zwischen vertraulichen und sonstigen nicht öffentlich zugänglichen Informationen differenzierte. Die Zulässigkeit der Übermittlung der weiter gefassten Kategorie nicht öffentlich zugänglicher Informationen wurde an den doppelten Vorbehalt der Wahrung des Verwendungszusammenhanges und der Wahrung der Vertraulichkeit geknüpft. Bei „vertraulichen Angaben" war darüber hinaus die Zustimmung des vorlegenden Unternehmens erforderlich.

3   Im Rahmen des **dritten Energiebinnenmarktpaketes** wurde der europäische **(Energie-)Regulierungsverbund** erheblich **vertieft**. Über die allgemeine Pflicht zur Zusammenarbeit mit den Regulierungsbehörden der anderen Mitgliedstaaten und der Agentur in grenzüberschreitenden Angelegenheiten und der allgemeinen Berichtspflicht gegenüber diesen wie auch gegenüber der Kommission (Art. 37 Abs. 1 lit. c und e Elt-RL 09 bzw. nun Art. 59 Abs. 1 lit. c und f RL (EU) 2019/944, Art. 41 Abs. 1 lit. c und e Gas-RL 09) hinaus sehen die Richtlinien vor, dass die Regulierungsbehörden einander konsultieren, eng zusammenarbeiten und „einander und der Agentur sämtliche für die Erfüllung ihrer Aufgaben gemäß dieser Richtlinie **erforderlichen Informationen" übermitteln** (Art. 38 Abs. 1 Elt-RL 09 bzw. nun Art. 61 Abs. 5 RL (EU) 2019/944, Art. 42 Abs. 1 Gas-RL 09). Dabei ist die einholende Behörde hinsichtlich des Informationsaustauschs an den gleichen Grad an **Vertraulichkeit** gebunden wie die Auskunft erteilende Behörde. Hinzu treten spezielle Koordinationspflichten bei **grenzüberschreitenden Sachverhalten**, die ausdrückliche Ermächtigung der nationalen Regulierungsbehörden zum Abschluss von **Kooperationsvereinbarungen** sowie die inzwischen das gesamte sekundäre Energierecht der Union prägende Befugnis der Kommission, die mitgliedstaatliche Regulierungspraxis durch **Leitlinien** zu steuern (dazu mit Nachweisen Schneider/Theobald EnergieWirtschaftsR-HdB/*Schneider* § 2 Rn. 71ff.). Auch der Umfang der Zusammenarbeit der Regulierungsbehörden untereinander und mit der Agentur kann Gegenstand solcher Leitlinien sein (Art. 38 Abs. 5 Elt-RL 09 bzw. nun Art. 61 Abs. 5 RL (EU) 2019/944, Art. 42 Abs. 5 Gas-RL 09).

4   Vor dem Hintergrund dieser unionsrechtlichen Entwicklungen erklärt sich die in der **Neufassung des § 57** aus dem Jahr 2011 (→ Rn. 1) zum Ausdruck kommende **veränderte Grundkonzeption**. Insbesondere verzichtet § 57 danach auf eigenständige Sicherungen der Vertraulichkeit der durch die BNetzA übermittelten Informationen und beschränkt sich – anders als die Vorgängerregelung – auf das **Vertrauen in die richtlinienkonforme Umsetzung** der Anforderung, wonach die einholende Behörde hinsichtlich des Informationsaustauschs an den gleichen Grad an Vertraulichkeit gebunden ist wie die Auskunft erteilende Behörde, **durch die anderen Mitgliedstaaten, die Agentur und die Kommission.**

B. Allgemeine Zusammenarbeit (Abs. 1)

5   § 57 Abs. 1 enthält die **Aufgabenzuweisung** an die BNetzA, mit den **Regulierungsbehörden anderer Mitgliedstaaten**, der **Agentur für die Zusammenarbeit der Energieregulierungsbehörden** und der **Europäischen Kommission** zum Zwecke der Anwendung energierechtlicher Vorschriften zusammen zu arbeiten (BT-Drs. 17/6072, 90). Mit der Vorschrift wird die allgemeine unionsrechtliche Kooperationspflicht (→ Rn. 3) in nationales Recht umgesetzt. Der konkrete rechtliche Gehalt liegt – über die Funktion des § 57 Abs. 1 als Hilfe bei der

Auslegung anderer Vorschriften und als allgemeine Aufgabenzuweisung hinaus – vor allem darin, den **Anwendungsbereich der** Informationsaustauschregeln in **§ 57 Abs. 4 und 5** zu definieren und zu begrenzen. Begrenzende Wirkung kommt insoweit der Zweckbestimmung der allgemeinen Zusammenarbeit nach Absatz 1 zu, die auf die **Anwendung energierechtlicher Vorschriften** bezogen ist. Da die Kooperationsaufgabe nach Absatz 1 nicht weiter reichen soll als die allgemeine Aufgabenzuweisung, ist der Begriff der „energierechtlichen Vorschriften" zu verstehen im Sinne des Rechts der leitungsgebundenen Versorgung mit Elektrizität und Gas, einschließlich des Rechts der erneuerbaren Energien im Strombereich (§ 2 Abs. 1 Nr. 1 BNAG). Auf diese Weise deckt sich der Terminus energierechtliche Vorschriften mit der europaweit gebräuchlichen Umschreibung des Energierechts als Recht der leitungsgebundenen Versorgung mit Elektrizität und Gas, wie es insbesondere durch die Elt-RL und die Gas-RL unionsrechtlich vorgeformt ist. Der neu eingefügte § 57 Abs. 1 S. 2 bezieht hier nun auch die Zusammenarbeit mit Drittstaaten ein.

C. Grenzüberschreitende Sachverhalte (Abs. 2)

I. Berücksichtigung von Maßnahmen anderer Regulierungsbehörden (Abs. 2 S. 1)

In § 57 Abs. 2 S. 1 wird ausdrücklich klargestellt, dass die Bundesnetzagentur bei **6** der Wahrnehmung ihrer Aufgaben auch Sachverhalte und Entscheidungen von Regulierungsbehörden anderer Mitgliedstaaten „berücksichtigen" kann, soweit sich diese im Inland auswirken können. Diese Berücksichtigungsbefugnis soll dazu dienen, **grenzüberschreitende Sachverhalte** hinreichend zu erfassen und eventuell **widersprüchliche Regulierungsentscheidungen** zu **vermeiden** (BT-Drs. 17/6072, 90f.).

Fragt man nach dem **unionsrechtlichen Hintergrund** dieser Berücksichti- **7** gungsbefugnis, so muss diese wohl als Konkretisierung der unionsrechtlich in Art. 38 Abs. 1 Elt-RL 09 bzw. nun in Art. 61 Abs. 1 RL (EU) 2019/944 und Art. 42 Abs. 1 Gas-RL 09 enthaltenden **Konsultationspflicht** verstanden werden, soweit diese für das Verhältnis der Regulierungsbehörden untereinander angeordnet wird. Denn Konsultation in diesem Sinne kann nur bedeuten, dass Stellungnahmen anderer Regulierungsbehörden nicht nur eingeholt und zur Kenntnis genommen, sondern auch verwertet werden (*Haller* Verwaltungsverbund S. 57) – also **in der Sache von Einfluss auf das Ergebnis** der Entscheidung der BNetzA sein können.

Die **rechtliche Bedeutung** der Berücksichtigungsbefugnis dürfte vor allem bei **8** der **Kontrolle** von entsprechenden Entscheidungen der BNetzA **durch die Gerichte** liegen. Hinzuweisen ist insoweit auf die Entscheidung des Bundesverwaltungsgerichts betreffend den Telekommunikationssektor, die aus dem Umstand, dass bei der Entscheidung einer nationalen Regulierungsbehörde den Stellungnahmen der Kommission und anderer nationaler Regulierungsbehörden weitestgehend Rechnung zu tragen ist, einen gerichtlich nur sehr begrenzt überprüfbaren **Beurteilungsspielraum** abgeleitet hat (BVerwG Urt. v. 29.10.2008 – 6 C 38.07, NVwZ 2009, 653ff. Rn. 16f.). Obwohl die Elt-RL 09 und die Gas-RL 09 keine der Rahmenrichtlinie über den gemeinsamen Rechtsrahmen für elektronische Kommunikationsnetze und -dienste entsprechende Pflicht kennt, den Stellungnah-

§ 57 Teil 7. Behörden

men der Kommission und anderer nationaler Regulierungsbehörden „weitestgehend Rechnung zu tragen", so gibt der Gesetzgeber mit § 57 Abs. 1 S. 1 doch zu erkennen, dass er eine Einschränkung gerichtlicher Kontrolle in Kauf nimmt, um nationale Regulierungsentscheidungen mit denjenigen anderer Mitgliedstaaten in Einklang zu bringen.

9   Voraussetzung für die Berücksichtigung von Maßnahmen anderer Regulierungsbehörden ist, dass die BNetzA **Aufgaben nach diesem Gesetz** oder den aufgrund dieses Gesetzes erlassenen Verordnungen wahrnimmt. Damit ist die Berücksichtigungsbefugnis bezogen auf alle Aufgaben, die der BNetzA nach dem EnWG zustehen, während § 57 Abs. 2 S. 1 auf die Aufgaben nach dem EEG im Strombereich, die nach § 2 Abs. 1 Nr. 1 BNAG ebenfalls der BNetzA zugewiesen sind, nicht anwendbar ist.

10   Bezogen ist die Berücksichtigungsbefugnis auf Sachverhalte und Entscheidungen von Regulierungsbehörden anderer Mitgliedstaaten. Damit soll ersichtlich zum Ausdruck gebracht werden, dass sowohl die **Sachverhaltsfeststellung** als auch die **rechtliche Würdigung** durch die Regulierungsbehörde eines anderen Mitgliedstaates berücksichtigt werden darf. In beiden Fällen hängt die Berücksichtigungsfähigkeit davon ab, dass sie Auswirkungen im Geltungsbereich des EnWG haben können. Nur unter dieser Voraussetzung ist ein Widerspruch zwischen der berücksichtigten Entscheidung und einer Entscheidung der BNetzA denkbar, den § 57 Abs. 1 S. 1 vermeiden will (→ Rn. 6).

II. Aufgabenverzicht zugunsten einer anderen Regulierungsbehörde (Abs. 2 S. 2 und 3)

11   Das zweite Instrument zur Bewältigung grenzüberschreitender Regulierungsfälle stellt § 57 Abs. 2 S. 2 und 3 zur Verfügung, indem der BNetzA auf Antrag eines Netzbetreibers gestattet wird, auf ihre Regulierungsaufgabe für solche Anlagen oder Netzteile zugunsten der Regulierungsbehörde eines anderen Mitgliedstaates zu verzichten, die für die Energieversorgung in Deutschland keine hinreichende Bedeutung haben. Hintergrund dieser Regelung sind zum einen praktische Erwägungen der **Reduzierung von Verwaltungsaufwand** und zum anderen die Intention, **Konflikte mit anderen Regulierungsbehörden zu vermeiden,** die nach Art. 39 Elt-RL 09 – nun Art. 63 RL 2019/944 – und Art. 43 Gas-RL 09 zu einem Einschreiten der Agentur und der EU-Kommission führen können (BT-Drs. 17/6072, 90). Mangels hinreichender Bedeutung für die Energieversorgung im Inland hielt der Gesetzgeber eine Regulierung durch die Bundesnetzagentur nicht für erforderlich, soweit eine Regulierung der Anlage oder des Netzteils durch eine Regulierungsbehörde eines anderen Mitgliedstaates erfolgt (BT-Drs. 17/6072, 90f.). Obwohl es auch im internationalen Verwaltungsrecht Vorbilder für derartige zwischenstaatliche Aufgabenübertragungen gibt (dazu *Glaser,* Internationale Verwaltungsbeziehungen, 2010, S. 190ff.), handelt es sich bei dem Aufgabenverzicht in § 57 Abs. 2 S. 2 und 3 um eine unter dem **unionsrechtlichen Regime** des **Energieregulierungsverbundes** stehende besondere Form der Verwaltungskooperation zwischen den Regulierungsbehörden der Mitgliedstaaten, die eine gewisse Nähe zum sog. transnationalen Verwaltungsakt aufweist (dazu nur Stelkens/Bonk/Sachs/*Stelkens* VwVfG, 8. Aufl. 2014, EuR Rn. 178ff., 191ff.).

12   **Voraussetzungen** für eine solche Verzichtsentscheidung der BNetzA sind:
– Es muss sich um eine Anlage oder Netzteile handeln, die zu einem **grenzüberschreitenden Energieversorgungsnetz** (§ 3 Nr. 16) gehören.

Zusammenarbeit mit Regulierungsbehörden anderer Mitgliedstaaten § 57

– Dieses grenzüberschreitende Energieversorgungsnetz muss zu einem **weit überwiegenden Teil im Ausland** liegen.
– Die Anlage oder der Teil des Energieversorgungsnetzes darf **keine hinreichende Bedeutung für die Energieversorgung im Inland** haben, was insbesondere solche Fälle betrifft, in denen eine Anlage (zB eine Speicheranlage) oder ein Teil eines Energieversorgungsnetzes im Inland ausschließlich an ein Energieversorgungsnetz im Ausland angebunden ist und keine Verbraucher im Inland direkt versorgt (BT-Drs. 17/6072, 91).
– Die **Regulierungszuständigkeit** muss nach § 54 **bei der BNetzA** liegen, weil § 57 Abs. 2 S. 2 und 3 nur die BNetzA und nicht die Landesregulierungsbehörden adressiert.
– Es muss ein entsprechender **Antrag des Netzbetreibers** an die BNetzA vorliegen, der sich auf die konkrete Anlage und/oder den konkreten Teil eines Energieversorgungsnetzes bezieht.
– Die vorherige Zustimmung der betroffenen Regulierungsbehörde eines anderen Mitgliedstaates muss vorliegen.
– Der Aufgabenverzicht darf **nicht** zu einer **wesentlichen Schlechterstellung** aller Betroffenen führen.

III. Regulierung von Anlagen im Ausland (Abs. 2 S. 4)

Die – im Verhältnis zur Aufgabenübertragung nach § 57 Abs. 2 S. 2 und 3 spiegelbildliche – Übernahme der Regulierungsaufgabe für im Ausland belegene Anlagen oder Teile eines grenzüberschreitenden Energieversorgungsnetzes durch die BNetzA gestattet § 57 Abs. 2 S. 4. Hier gelten vergleichbare Voraussetzungen (→ Rn. 12) in „umgekehrter Richtung". So müssen insbesondere die Anlage und/ oder die Netzteile **für die Energieversorgung im Inland** eine weit **überwiegende Bedeutung** haben und die primär zuständige Regulierungsbehörde eines anderen Mitgliedstaates muss von einer Regulierung absehen, dh in förmlicher Weise den Verzicht auf die eigene Aufgabenwahrnehmung erklärt haben. 13

D. Kooperationsvereinbarungen (Abs. 3)

Durch § 57 Abs. 3 wird der BNetzA die Aufgabe zugewiesen, allgemeine Kooperationsvereinbarungen mit Regulierungsbehörden anderer Mitgliedstaaten abzuschließen. Solche Kooperationsvereinbarungen sind in **Art. 38 Abs. 3 Elt-RL 09** (nun Art. 61 Abs. 3 RL (EU) 2019/944) und **Art. 42 Abs. 3 Gas-RL 09** vorgesehen, deren Umsetzung § 57 Abs. 3 dient (BT-Drs. 17/6072, 91). Wenn das Gesetz diese Vereinbarungen als „allgemein" charakterisiert, so wird damit offensichtlich zum Ausdruck gebracht, dass es in § 57 Abs. 3 **nicht um einzelfallbezogene Absprachen oder Vereinbarungen** geht, die bei grenzüberschreitenden Bezügen im Rahmen der allgemeinen Kooperationspflicht zulässig sind und durch § 57 Abs. 3 nicht ausgeschlossen werden. Nur soweit es sich um allgemeine – von einzelnen Regulierungsentscheidungen abstrahierende – Kooperationsvereinbarungen handelt, gerät auch der **Zustimmungsvorbehalt** zugunsten des **Bundesministeriums für Wirtschaft** und Klima nicht in Konflikt mit den Unabhängigkeitsanforderungen aus Art. 35 Elt-RL 09 – nun Art. 57 RL (EU) 2019/944 – und Art. 39 Gas-RL 09. 14

Gundel   2287

E. Informationsaustausch (Abs. 4–5)

15 In § 57 Abs. 4 und 5 wird der für die **Zusammenarbeit nach Abs. 1** notwendige **Informationsaustausch** geregelt. Während die Übermittlung durch die BNetzA nach dem Wortlaut des Absatzes 4 im Ermessen der Behörde zu stehen scheint, soll es sich nach der Gesetzesbegründung um eine **Pflicht** handeln: „Danach hat die Bundesnetzagentur sämtliche Informationen zur Verfügung zu stellen, die erforderlich sind, damit die anderen Behörden ihre Aufgaben aus dem Recht der Europäischen Union erfüllen können" (BT-Drs. 17/6072, 91). Angesichts der **unionsrechtlichen Vorgaben** zum Informationsaustausch **(Art. 38 Abs. 1 Elt-RL 09 – nun Art. 61 Abs. 1 RL (EU) 2019/944 – und Art. 42 Abs. 1 Gas-RL 09)** ist § 57 Abs. 4 in der Tat in dem Sinne unionsrechtskonform zu interpretieren, dass die BNetzA bei Vorliegen der in § 57 Abs. 4 genannten Voraussetzungen zur Informationsübermittlung verpflichtet ist.

16 Was die **Vertraulichkeit** der weitergegebenen und der erhaltenen Informationen angeht, so folgt § 57 Abs. 4 und 5 den Richtlinienvorgaben, die in S. 2 der Art. 38 Abs. 1 Elt-RL 09 bzw. nun Art. 61 Abs. 1 RL (EU) 2019/944 und Art. 42 Abs. 1 Gas-RL 09 die **einholende Behörde** an den **gleichen Grad an Vertraulichkeit** bindet wie die **Auskunft erteilende Behörde**. Allerdings geht § 57 Abs. 5 darüber im Interesse des Schutzes der Betroffenen und um Umgehungen des Vertraulichkeitsschutzes zu verhindern hinaus, indem auch das Maß an Vertraulichkeit für maßgeblich erklärt wird, welches für die **informationserhebende Behörde** maßgeblich ist (BT-Drs. 17/6072, 91). Ob das – unionsrechtlich vorgegebene – „Weiterreichen" der Vertraulichkeitsstandards über die Grenzen zwischen den Mitgliedstaaten und im Verhältnis zwischen Mitgliedstaaten und EU-Kommission bzw. Agentur in der Praxis dem Informationsschutz der betroffenen Unternehmen gerecht wird, wird sich erst erweisen müssen.

I. Austausch im Rahmen der Zusammenarbeit nach Abs. 1

17 Die Pflicht (→ Rn. 15) der BNetzA zur Übermittlung von Informationen ist ebenso wie ihr Recht, von Regulierungsbehörden anderer Mitgliedstaaten, der Agentur oder der EU-Kommission Informationen einzuholen (§ 57 Abs. 5 S. 1 setzt dieses Anforderungsrecht implizit voraus) zunächst dadurch gesetzlich definiert und beschränkt, dass sie gem. § 57 Abs. 4 S. 1 nur **im Rahmen der Zusammenarbeit nach Abs. 1** bestehen. Der Zweck einer Übermittlung muss also ebenso wie der Zweck einer Informationsanforderung darin liegen, energierechtliche Vorschriften iSd Abs. 1 (dazu → Rn. 5) anzuwenden. Dieser Anwendungszusammenhang muss auf beiden Seiten vorliegen, also bei der Auskunft erteilenden Behörde ebenso wie bei der einholenden Behörde. Auf die **Art und Weise,** wie die BNetzA die zu übermittelnden **Informationen erlangt oder erhoben** hat, kommt es nach § 57 Abs. 4 nicht an. Gleiches gilt für die angeforderten Informationen nach § 57 Abs. 5. In Betracht kommen insoweit insbesondere die Erhebung im Rahmen der Monitoring-Tätigkeit nach § 35 oder Ermittlungen in Einzelfällen auf der Grundlage der Erhebungsbefugnisse nach §§ 68 ff.

II. Übermittlung durch die Bundesnetzagentur

Die Übermittlung von Informationen durch die BNetzA an andere Stellen ist in § 57 Abs. 4 näher geregelt. Diese Vorschrift stellt eine spezialgesetzliche Befugnisnorm zur (beschränkten) Offenbarung iSd § 30 VwVfG dar (s. dazu Stelkens/Bonk/Sachs/*Kallerhoff* VwVfG, 8. Aufl. 2014, § 30 Rn. 18). Über die Bindung an den Rahmen der Zusammenarbeit nach Abs. 1 (→ Rn. 17) hinaus enthält die Vorschrift Bindungen im Hinblick auf die **Übermittlungsadressaten,** die **Erforderlichkeit** der Informationsübermittlung sowie die **Kennzeichnung** im Interesse der Vertraulichkeit von Informationen. 18

1. Übermittlungsadressaten. Als Übermittlungsempfänger nennt § 57 Abs. 4 nur die **Regulierungsbehörden anderer Mitgliedstaaten,** die Agentur für die Zusammenarbeit der Energieregulierungsbehörden und die Europäische **Kommission.** Für die Übermittlung unternehmensbezogener Informationen durch die BNetzA an andere Behörden oder Organe – seien es solche der Union oder anderer Mitgliedstaaten – ohne Zustimmung des betroffenen Unternehmens bietet § 57 Abs. 4 nicht die erforderliche gesetzliche Grundlage. Das gilt auch für Behörden und Organe von Drittstaaten. 19

2. Erforderlichkeit zur Aufgabenwahrnehmung. In einer missglückten sprachlichen Doppelung verlangt § 57 Abs. 4 S. 1, dass die von der BNetzA übermittelten Informationen **erforderlich** sein müssen, damit die **einholenden Behörden** ihre **Aufgaben aus dem Recht der Europäischen Union** erfüllen können. Zusätzlich zu der Bindung an die allgemeiner umschriebene Zusammenarbeit nach Absatz 1 (→ Rn. 17) ist der Informationsaustausch auf den Zweck begrenzt, der in der Wahrnehmung von Aufgaben aus dem Recht der EU liegt. Während sich dies bei der Agentur und der EU-Kommission von selbst versteht, weil sie nur im Rahmen ihrer unionsrechtlich zugewiesenen Aufgaben tätig werden können, folgt für die Regulierungsbehörden anderer Mitgliedstaaten daraus eine Begrenzung auf solche **Regulierungsaufgaben,** die in der **Elt-RL 09** bzw. nun der RL (EU) 2019/944 **oder in der Gas-RL 09** vorgegeben sind oder in anderen Rechtsakten der Union diesen Regulierungsbehörden ausdrücklich zugewiesen wurden. 20

Verfahrensrechtlich hat das Erforderlichkeitskriterium zur Konsequenz, dass die **einholende Behörde** darlegungspflichtig ist, zu welchem Zweck sie die erbetenen Informationen benötigt und warum die Aufgabe ohne diese Informationen nicht adäquat erfüllt werden kann. Auf der Seite der **BNetzA** korrespondiert dem eine **Prüfungspflicht,** die sich auf die Unionsrechtsqualität der Aufgabe (→ Rn. 20) und die Nachvollziehbarkeit der von der einholenden Behörde dargelegten Erforderlichkeit beziehen muss. 21

3. Kennzeichnungspflicht für vertrauliche Informationen. Vor dem Hintergrund der unionsrechtlich in Art. 38 Abs. 1 Elt-RL 09 bzw. nun Art. 61 Abs. 1 RL (EU) 2019/944 und Art. 42 Abs. 1 Gas-RL 09 vorgegebenen Regelung, wonach der Informationsaustausch im europäischen Energieregulierungsverbund die einholende Behörde an den gleichen Grad an Vertraulichkeit gebunden ist wie die Auskunft erteilende Behörde (→ Rn. 26), verpflichtet § 57 Abs. 4 S. 2 die BNetzA dazu, bei der Übermittlung vertrauliche Informationen als solche zu kennzeichnen. Die **Funktion der Kennzeichnungspflicht** liegt folglich darin, der einholenden Behörde die Möglichkeit zu eröffnen, ihrer Pflicht zur Beachtung der gleichen Vertraulichkeit nachzukommen, die auch für den Umgang der BNetzA 22 mit dieser Information gilt. Denn erste und wichtigste Voraussetzung für die Erfüllung dieser Pflicht der einholenden Behörde ist die Kenntnis, dass es sich um vertrauliche Informationen handelt.

23 Die geforderte Kennzeichnung von Informationen als vertraulich liegt nicht im Ermessen der BNetzA sondern hat den rechtlichen Rahmen der deutschen Rechtsordnung zu beachten, der für die **Vertraulichkeit von unternehmensbezogenen Informationen** gilt. Vorbehaltlich spezieller gesetzlicher Konkretisierungen ist dabei auf den Schutz der **Betriebs- und Geschäftsgeheimnisse** (dazu → § 67 Rn. 9 ff.; → § 71 Rn. 1 ff.) abzustellen, wie er in § 30 VwVfG Verwendung findet und grundrechtlich durch Art. 12 GG geschützt ist. Wenn das Bundesverfassungsgericht Betriebs- und Geschäftsgeheimnisse definiert als „alle auf ein Unternehmen bezogene Tatsachen, Umstände und Vorgänge", die „nicht offenkundig, sondern nur einem begrenzten Personenkreis zugänglich sind und an deren Nichtverbreitung der Rechtsträger ein berechtigtes Interesse hat" (BVerfGE 115, 205 (230 f.)) mit einzelnen Beispielen), so dürfte dieses weite Verständnis auch den Begriff der Vertraulichkeit in § 57 Abs. 4 S. 2 zutreffend erfassen. Für die Klärung der Frage, welche Angaben von Unternehmen unter diese Kategorie fallen, finden die in **§ 71** normierten Grundsätze und Verfahrensregeln Anwendung.

24 Keine Vertraulichkeit iSd § 57 Abs. 4 S. 2 kommt **aggregierten Daten** zu, die von der BNetzA in einer Weise aufbereitet wurden, dass Rückschlüsse auf einzelne Unternehmen daraus nicht gezogen werden können. Denn nur hinsichtlich **unternehmensbezogener Daten** besteht ein (grundrechtliches) Schutzbedürfnis, um dessen Wahrung es in § 57 Abs. 4 S. 2 geht.

25 Was den **Inhalt der Kennzeichnung** angeht, so kann sie ihre Funktion (→ Rn. 22) nur dann erfüllen, wenn gegenüber der einholenden Behörde (1) die **Informationen,** die als vertraulich gekennzeichnet werden, **präzise benannt** und in einer Form aufbereitet und übermittelt werden, die sie gegenüber anderen (nicht vertraulichen) Informationen abgrenzbar und identifizierbar machen. Obwohl dies im Wortlaut des § 57 Abs. 4 S. 2 nicht zum Ausdruck kommt, bedarf es darüber hinaus (2) einer Klarstellung an die einholende Behörde, welchen **Umfang die Vertraulichkeit** der übermittelten Information nach deutschem Recht besitzt mit der Folge, dass die einholende Behörde diesen Vertraulichkeitsstandard zu wahren hat. Da es sich bei der Übermittlung von grundrechtlich geschützten Betriebs- und Geschäftsgeheimnissen an andere Stellen um einen eigenständigen Grundrechtseingriff handelt und die erforderliche gesetzliche Ermächtigung in § 57 Abs. 4 nur die Übermittlung an eine der dort genannten Behörden erlaubt, bedeutet dies: Die EU-Kommission, die Agentur und die Regulierungsbehörde eines anderen Mitgliedstaates sind nicht befugt, die als vertraulich gekennzeichnete Information an Dritte weiterzugeben, wobei Dritte sowohl Private als auch Behörden der EU oder anderer Mitgliedstaaten sind.

III. Vertraulichkeit empfangener Informationen

26 Die Regelung des § 57 Abs. 5 betrifft die Rolle der BNetzA als „einholende Behörde" iSd Art. 38 Abs. 1 Elt-RL 09 bzw. nun Art. 61 Abs. 1 RL (EU) 2019/944 und Art. 42 Abs. 1 Gas-RL 09. Wenn § 57 Abs. 5 davon ausgeht, dass die BNetzA Informationen im europäischen Energieregulierungsverbund „erhält", so wird damit implizit vorausgesetzt, dass die **BNetzA** solche **Informationen anfordern darf.** Diese Anforderung ist – nicht anders als die Übermittlung – begrenzt auf die Zusammenarbeit nach Absatz 1 (→ Rn. 17). Während sich die genauen Anforderungen an

Zusammenarbeit mit Regulierungsbehörden anderer Mitgliedstaaten § 57

die Übermittlung nach dem Recht der Auskunft erteilenden Behörde richtet – im Fall der EU-Kommission und der Agentur also nach Unionsrecht, im Fall der Regulierungsbehörde eines anderen Mitgliedstaates nach dessen nationalem Recht –, kann sich § 57 Abs. 5 S. 1 darauf beschränken, die **BNetzA** dazu zu verpflichten, die **Vertraulichkeit erhaltener Informationen sicherzustellen.** Voraussetzung für diese Verpflichtung ist die **Kennzeichnung** der übermittelten Information durch die Auskunft erteilende Behörde als vertraulich.

Was das dabei zu beachtende **Maß an Vertraulichkeit** angeht, so wird dieses in § 57 Abs. 5 S. 2 definiert durch die Vertraulichkeitsanforderungen, die für die **übermittelnde Behörde** „oder" die Behörde gelten, die die Informationen erhoben hat. Nach der Gesetzesbegründung wollte der Gesetzgeber mit dieser zweiten Alternative durch „die Einbeziehung der **informationserhebenden Behörde**" über „die Vorgaben aus Artikel 38 Abs. 1 der Richtlinie 2009/72/EG [nun Art. 61 Abs. 1 RL (EU) 2019/944] und Artikel 42 Abs. 1 der Richtlinie 2009/73/EG" hinausgehen. Dies diene „dem Schutz der Betroffenen bei der Informationsübermittlung und soll Umgehungen des Vertraulichkeitsschutzes verhindern" (BT-Drs. 17/6072, 91). Ein solcher verstärkter Schutz ist allerdings nur dann erreicht, wenn die BNetzA die Vertraulichkeitsstandards der übermittelnden und der informationserhebenden Behörde nicht alternativ zur Anwendung bringt, sondern entweder beide Maßstäbe kumulativ anwendet oder den **strengeren dieser beiden Vertraulichkeitsstandards** heranzieht. In der Praxis dürfte diese Intention des Gesetzgebers allerdings auf erhebliche Umsetzungsschwierigkeiten stoßen, weil sie die Kenntnis der BNetzA darüber voraussetzt, welche Behörde die in Rede stehenden Informationen erhoben hat und welche Vertraulichkeitsstandards für diese Behörde hinsichtlich der Verwendung, Weitergabe etc gelten. Diese Kenntnis kann die BNetzA aber nur von der übermittelnden Behörde erhalten. Wenn man nicht so weit gehen will, aus § 57 Abs. 5 S. 1 und 2 eine Verpflichtung der BNetzA herzuleiten, dazu detaillierte Auskunft von der übermittelnden Behörde zu verlangen, bevor sie die Information verwerten und Dritten zur Kenntnis bringen darf, so wird man kaum umhin kommen, die Praktikabilität des § 57 Abs. 5 S. 2 einstweilen zu negieren und auf den Erlass von unionsweiten Leitlinien durch die EU-Kommission auf der Grundlage von Art. 38 Abs. 5 Elt-RL 09 (nun Art. 61 Abs. 5 RL (EU) 2019/944) und Art. 42 Abs. 5 Gas-RL 09 zu verweisen.

IV. Amts- und Rechtshilfeabkommen (Abs. 5 S. 3)

Gem. § 57 Abs. 5 S. 3 bleiben die Regelungen über die Rechtshilfe in Strafsachen (Gesetz über die internationale Rechtshilfe in Strafsachen) sowie Amts- und Rechtshilfeabkommen unberührt. Wie in der gleichlautenden Vorschrift des § 50b Abs. 3 GWB ist damit gemeint, dass für die in diesen Vorschriften enthaltenen **eigenständigen Regelungen** zum **Informationsaustausch** nicht – zusätzlich – die Voraussetzungen des § 57 Abs. 4 und 5 gelten. Zwar scheint § 57 Abs. 5 S. 3 seiner systematischen Stellung nach nur für Informationen zu gelten, die deutsche Behörden erhalten. Dies ließe sich aber nicht mit dem diese Regelungen prägenden Gegenseitigkeitsprinzip in Einklang bringen.

Gundel

§ 57a Überprüfungsverfahren

(1) Die Bundesnetzagentur kann die Agentur für die Zusammenarbeit der Energieregulierungsbehörden um eine Stellungnahme dazu ersuchen, ob eine von einer anderen nationalen Regulierungsbehörde getroffene Entscheidung im Einklang mit der Richtlinie (EU) 2019/944, der Richtlinie 2009/73/EG, der Verordnung (EU) 2019/943, der Verordnung (EG) Nr. 715/2009 oder den nach diesen Vorschriften erlassenen Leitlinien steht.

(2) Die Bundesnetzagentur kann der Europäischen Kommission jede Entscheidung einer Regulierungsbehörde eines anderen Mitgliedstaates mit Belang für den grenzüberschreitenden Handel innerhalb von zwei Monaten ab dem Tag, an dem die fragliche Entscheidung ergangen ist, zur Prüfung vorlegen, wenn die Bundesnetzagentur der Auffassung ist, dass die Entscheidung der anderen Regulierungsbehörde nicht mit den gemäß der Richtlinie 2009/73/EG oder der Verordnung (EG) Nr. 715/2009 erlassenen Leitlinien oder mit den gemäß der Richtlinie (EU) 2019/944 oder Kapitel VII der Verordnung (EU) 2019/943 erlassenen Netzkodizes und Leitlinien in Einklang steht.

(3) ¹Die Bundesnetzagentur ist befugt, eine eigene Entscheidung nachträglich zu ändern, soweit dies erforderlich ist, um einer Stellungnahme der Agentur für die Zusammenarbeit der Energieregulierungsbehörden zu genügen nach
1. Artikel 63 Absatz 2 der Richtlinie (EU) 2019/944,
2. Artikel 43 Absatz 2 der Richtlinie 2009/73/EG oder
3. Artikel 6 Absatz 5 der Verordnung (EU) 2019/942.
²Die §§ 48 und 49 des Verwaltungsverfahrensgesetzes bleiben unberührt.

(4) Die Bundesnetzagentur ist befugt, jede eigene Entscheidung auf das Verlangen der Europäischen Kommission nach Artikel 63 Absatz 6 Buchstabe b der Richtlinie (EU) 2019/944 oder Artikel 43 Absatz 6 Buchstabe b der Richtlinie 2009/73/EG nachträglich zu ändern oder aufzuheben.

(5) Die Regelungen über die Rechtshilfe in Strafsachen sowie Amts- und Rechtshilfeabkommen bleiben unberührt.

Literatur: *Haller,* Der Verwaltungsverbund in der Energieregulierung, 2013; *Kühling/Hermeier,* Die Vorschläge zur institutionellen Neuorganisation des grenzüberschreitenden Stromhandels im 3. Energiebinnenmarkt-Paket – Defizite und Verbesserungsoptionen, IR 2008, 98; *Ludwigs,* Das veränderte Machtgefüge der Institutionen nach dem Dritten EU-Binnenmarktpaket, DVBl. 2011, 61; *Schüler,* Der institutionelle Regulierungsrahmen für die europäische Energiewirtschaft, 2019; *Stöger,* Gedanken zur institutionellen Autonomie der Mitgliedstaaten am Beispiel der neuen Energieregulierungsbehörden, ZöR 2010, 247; *Wellerdt,* Organisation der Regulierungsverwaltung am Beispiel der deutschen und unionalen Energieverwaltung, 2018; vgl. auch die Hinweise zu § 57.

A. Allgemeines

1   Die Vorschrift des § 57a setzt das erstmals in Art. 39 Elt-RL 09 – nun Art. 63 RL (EU) 2019/944 –, Art. 43 Gas-RL 09 und Art. 7 Agenturverordnung (EG) Nr. 713/2009 – nun Art. 6 VO (EU) 2019/942 – vorgesehene **Verfahren zur Kontrolle**

Überprüfungsverfahren **§ 57a**

und Durchsetzung der **Leitlinien** (sog. Peer-review-Verfahren) um, zu deren Erlass die Kommission nach dem Dritten Binnenmarktpaket in erheblich ausgeweitetem Umfang ermächtigt wurde. Nationalen Umsetzungsbedarf erzeugt dieses unionsrechtlich weitgehend vorstrukturierte Verfahren zum einen im Hinblick auf die **Aufgabe der BNetzA,** die **Agentur und die Kommission anzurufen** wegen einer möglichen Verletzung von Leitlinien durch die Regulierungsbehörde eines anderen Mitgliedstaates (§ 57a Abs. 1 und 2). Zum anderen bedurfte es einer besonderen – über §§ 48 und 49 VwVfG hinausgehenden – **Regelung zur nachträglichen Änderung** von Entscheidungen der BNetzA, um einer Stellungnahme der Agentur zu entsprechen (§ 57a Abs. 3), und einer besonderen **Änderungs- und Aufhebungsregelung,** um einem entsprechenden Verlangen der Kommission nachzukommen (§ 57a Abs. 4). Die Vorschrift wurde im Juli 2011 durch Art. 1 Nr. 49 des Gesetzes zur Neuregelung energiewirtschaftsrechtlicher Vorschriften (BGBl. 2011 I S. 1554) in das EnWG neu eingefügt; sie gilt seit dem 4. 8. 2011. Mit dem Gesetz zur Umsetzung unionsrechtlicher Vorgaben und zur Regelung reiner Wasserstoffnetze im Energiewirtschaftsrecht vom 16. 7. 2021 (BGBl. 2021 I S. 3026) wurde die Regelung auf die neu erlassene Strombinnenmarktrichtlinie (RL (EU) 2019/944) und die parallel dazu neu erlassene Strombinnenmarktverordnung (VO (EU) 2019/943) umgestellt.

Der **unionsrechtliche Hintergrund** der Vorschrift ist geprägt durch die im 2 Rahmen des Dritten Binnenmarktpaketes extrem ausgeweitete Befugnis der **EU-Kommission,** den Vollzug des unionalen Energierechts durch **Leitlinien** materiell und verfahrensmäßig zu steuern (Übersicht auch über die krit. Stimmen in der Lit. bei *Haller* Verwaltungsverbund S. 162 ff.). In der Elt-RL 09 – nun RL (EU) 2019/944 –, der Gas-RL 09, der StromhandelsVO (EG) Nr. 714/2009 – nun VO (EU) 2019/943 – und der ErdgasVO (EG) Nr. 715/2009 findet sich eine große Zahl von speziellen Ermächtigungen der Kommission zum Erlass von Leitlinien, die nicht nur grenzüberschreitende Sachverhalte, sondern auch eine darüber hinausgehende Harmonisierung des regulierungsbehördlichen Vollzugs in den Mitgliedstaaten zum Gegenstand haben. Ihre **Verbindlichkeit** als **Durchführungsrechtsakte** der Kommission, die in besonderen Beschlussverfahren erlassen werden (s. nur Schneider/Theobald EnergieWirtschaftsR-Hdb/*Schneider* § 2 Rn. 71 ff.), hat dann im Rahmen des Dritten Energiebinnenmarktpaketes auch zur Einführung eines **besonderen Kontroll- und Durchsetzungsverfahrens** unter maßgeblicher Beteiligung der Agentur und der Kommission geführt.

Dieses Überprüfungsverfahren nach Art. 39 Elt-RL 09 – nun Art. 63 RL (EU) 3 2019/944 –, Art. 43 Gas-RL 09 und Art. 7 Agenturverordnung (EG) Nr. 713/2009 – nun Art. 6 VO (EU) 2019/942 – (Übersicht dazu bei *Haller* Verwaltungsverbund S. 171 ff.; s. auch *Ludwigs* DVBl. 2011, 61 ff.) sieht eine Art **Vorprüfung durch die Agentur** vor, die durch eine nationale Regulierungsbehörde oder durch die EU-Kommission initiiert werden kann. Kommt die überprüfte nationale Regulierungsbehörde der Stellungnahme der Agentur nicht nach oder wird das Verfahren direkt bei der Kommission eingeleitet, so führt die **Kommission** bei „**ernsthaften Zweifeln**" an der Vereinbarkeit einer nationalen Regulierungsentscheidung mit den einschlägigen Leitlinien eine **Prüfung unter Beteiligung der betroffenen Parteien** durch. Am Ende dieses Verfahrens vor der Kommission kann dann das **Verlangen der Kommission** an die entscheidende Regulierungsbehörde stehen, ihre **Entscheidung zu widerrufen,** weil den Leitlinien nicht nachgekommen wurde.

B. Erläuterungen

I. Anrufung der Agentur und der EU-Kommission durch die BNetzA (Abs. 1 und 2)

4 Die Abs. 1 und 2 des § 57a beschränken sich darauf, das in den Richtlinien (Art. 39 Abs. 1 und 4 Elt-RL 09 – nun Art. 63 RL (EU) 2019/944 – und Art. 43 Abs. 1 und 4 Gas-RL 09) und in Art. 7 Abs. 4 Agenturverordnung (EG) Nr. 713/2009 vorgesehene **Initiativrecht der nationalen Regulierungsbehörden** für die **BNetzA** in Gestalt einer Aufgabenzuweisungsnorm umzusetzen (dazu BT-Drs. 17/6072, 91). Dabei hat man sich auch in den einzelnen Formulierungen eng an die Abs. 1 und 4 der einschlägigen Richtlinienbestimmungen angelehnt.

5 § 57a Abs. 1 weist der BNetzA – nach Maßgabe ihres Ermessens – die Aufgabe zu, die **Agentur** um eine **Stellungnahme** dazu zu ersuchen, ob die Entscheidung einer anderen mitgliedstaatlichen Regulierungsbehörde in Konformität
– mit der **Elt-RL 09 – nun RL (EU) 2019/944** – oder der **Gas-RL 09**,
– mit der **StromhandelsVO (EG) 714/2009 – nun VO (EU) 2019/943** oder der **ErdgaszugangsVO (EG) 715/2009** oder
– mit den nach diesen Richtlinien/Verordnungen erlassenen **Leitlinien**
erlassen wurde. Während sich die Leitlinien als Prüfungsmaßstab der ersuchten Stellungnahme der Agentur aus Art. 39 Abs. 1 Elt-RL 09 – nun Art. 63 Abs. 1 RL (EU) 2019/944 – und Art. 43 Abs. 1 Gas-RL 09 ergeben, folgt die Möglichkeit, auch die Richtlinien und Verordnungen selbst zum Maßstab der Stellungnahme der Agentur zu machen, aus Art. 7 Abs. 4 Agenturverordnung (EG) 713/2009 – nun Art. 6 Abs. 5 VO (EU) 2019/942.

6 Gegenstand des Ersuchens um eine Stellungnahme kann jede **Entscheidung** einer **anderen nationalen Regulierungsbehörde** sein. Es muss sich also um eine Maßnahme mit verbindlichem Charakter handeln, die von der nationalen Regulierungsbehörde eines anderen Mitgliedstaates iSd Art. 35 Abs. 1 Elt-RL 09 – nun Art. 57 Abs. 1 RL (EU) 2019/944 – bzw. Art. 39 Abs. 1 Gas-RL 09 erlassen wurde. Nicht erforderlich ist nach dem Wortlaut des § 57a Abs. 1, dass es sich um eine Entscheidung mit **grenzüberschreitender Auswirkung** handelt. Auch die Richtlinien enthalten dieses Erfordernis in Art. 39 Abs. 4 Elt-RL 09 – nun Art. 63 Abs. 4 RL (EU) 2019/944 – und Art. 43 Abs. 4 Gas-RL 09 nur für die Meldung an die Kommission („Entscheidung von Belang für den länderübergreifenden Handel"), nicht jedoch für das Stellungnahme-Ersuchen an die Agentur. Demgegenüber wird in der Literatur auch für das Ersuchen um eine Stellungnahme der Agentur verlangt, dass die „angegriffene" Entscheidung einer anderen Regulierungsbehörde grenzüberschreitende Auswirkungen haben müsse, weil anderenfalls keine Notwendigkeit einer europäischen, zentralen Koordination bestehe, die ein Einwirken europäischer Organe auf den indirekten Vollzug rechtfertige (*Haller* Verwaltungsverbund S. 171 mwN). Dies erscheint gerechtfertigt, wenn man bedenkt, dass auch das Stellungnahme-Ersuchen an die Agentur in das Prüfverfahren der Kommission übergehen kann. Könnte dieses Ersuchen sich auch auf Entscheidungen ohne grenzüberschreitende Auswirkungen beziehen, so würde diese Restriktion für Meldungen an die Kommission leerlaufen.

7 § 57a Abs. 2 weist der BNetzA – nicht anders als § 57a Abs. 1 nach Maßgabe ihres Ermessens – die Aufgabe zu, der **EU-Kommission** Entscheidungen der Regulierungsbehörde eines anderen Mitgliedstaates zur **Prüfung vorzulegen,** ob

Überprüfungsverfahren **§ 57a**

sie mit den Leitlinien in Einklang stehen, die die Kommission auf der Grundlage der Elt-RL 09 – nun RL (EU) 2019/944 –, der Gas-RL 09, der StromhandelsVO (EG) 714/2009 – nun VO (EU) 2019/943 – oder der ErdgaszugangsVO (EG) 715/2009 erlassen hat. Im Unterschied zu dem Stellungnahme-Ersuchen an die Agentur sind also Maßstab für die initiierte Prüfung durch die Kommission **nur** die aus den **Leitlinien** folgenden verbindlichen Anforderungen. Ein Verstoß gegen die Richtlinien und Verordnungen bleibt somit der Kontrolle durch die Gerichte vorbehalten. Entsprechend Art. 39 Abs. 4 Elt-RL 09 – nun Art. 63 Abs. 4 RL (EU) 2019/944 – und Art. 43 Abs. 4 Gas-RL 09 ist das Prüfungsersuchen an die Kommission an folgende Voraussetzungen geknüpft:
- Bei der Maßnahme der Regulierungsbehörde eines anderen Mitgliedstaates muss es sich – nicht anders als bei dem Ersuchen an die Agentur nach § 57a Abs. 1 (→ Rn. 6) – um eine **Entscheidung** mit verbindlicher Wirkung handeln,
- diese Entscheidung muss von Belang für den **grenzüberschreitenden Handel** mit leitungsgebundener Energie innerhalb der Union sein, und
- das Ersuchen an die EU-Kommission muss innerhalb einer **Frist von zwei Monaten** ab dem Tag, an dem die fragliche Entscheidung ergangen ist, gestellt werden.

II. Nachträgliche Änderungsbefugnis (Abs. 3 und 4)

Die Regelungen in § 57a Abs. 3 und 4 **beschränken** den **Bestandsschutz** von 8 Entscheidungen der BNetzA mit dem Ziel, diese Entscheidungen in Reaktion auf eine Stellungnahme der Agentur oder auf ein Widerrufs-Ersuchen der EU-Kommission revidieren zu können. Obwohl dies nur in § 57a Abs. 3 S. 2 ausdrücklich normiert ist, handelt es sich bei beiden Absätzen um spezielle Aufhebungs- bzw. Änderungsregeln, die **neben** die allgemeinen Vorschriften zu **Rücknahme und Widerruf** nach den §§ 48, 49 VwVfG treten (nicht nachvollziehbar insoweit BT-Drs. 17/6072, 91). Rechtsstaatliche Bedenken im Hinblick auf den verfassungsrechtlichen **Schutz des Vertrauens** in den Bestand getroffener Regulierungsentscheidungen sind nicht gerechtfertigt, weil dieser Vertrauensschutz durch § 57a Abs. 2 und 3 bei grenzüberschreitenden Auswirkungen unter den Vorbehalt des unionsrechtlich vorgesehenen Überprüfungsverfahrens gestellt ist. Was den verfassungsrechtlich gebotenen **Rechtsschutz** angeht, so ist darauf hinzuweisen, dass die BNetzA nicht gezwungen ist, der Stellungnahme der Agentur zu folgen und dass im Übrigen gegen die Änderungs- oder Aufhebungsentscheidung der BNetzA der Rechtsweg offensteht.

Obwohl der BNetzA nach dem insoweit gleichlautenden Wortlaut in § 57a 9 Abs. 3 und in § 57a Abs. 4 eine **Befugnis** eingeräumt wird, stellt sich die Entscheidungsfreiheit der BNetzA als Reaktion auf eine Stellungnahme der Agentur und auf ein Widerrufsverlangen der Kommission sehr unterschiedlich dar. Während die Stellungnahme der **Agentur** unionsrechtlich von der BNetzA nicht zwingend eine konforme Reaktion verlangt und sie insofern eine **Ermessensentscheidung** zu treffen hat, ist dem Widerrufsverlangen der **Kommission** nach Art. 39 Abs. 6 Elt-RL 09 – nun Art. 63 Abs. 6 RL (EU) 2019/944 – und Art. 43 Abs. 6 Gas-RL 09 **zwingend Folge zu leisten,** wie aus Abs. 8 der beiden Artikel klar hervorgeht.

Die Regelung in **§ 57a Abs. 3** dient der Umsetzung von Art. 39 Abs. 3 Elt- 10 RL 09 – nun Art. 63 Abs. 2 RL (EU) 2019/944 – und Art. 43 Abs. 3 Gas-RL 09, indem er die BNetzA berechtigt, eine Entscheidung nachträglich zu ändern, um einer Stellungnahme der Agentur nachzukommen und um eine Vorlage bei der

Gundel

§ 57 b   Teil 7. Behörden

Europäischen Kommission zu vermeiden (BT-Drs. 17/6072, 91). Bei der von der BNetzA zu treffenden **Ermessensentscheidung** (→ Rn. 9) wird insbesondere die Prognose von Bedeutung sein, wie sich im weiteren Verlauf des Verfahrens eine mögliche Entscheidung der Kommission darstellen wird.

11   **Abs. 4** dient der Umsetzung von Art. 39 Abs. 8 Elt-RL 09 – nun Art. 63 Abs. 6 lit. b RL (EU) 2019/944 – und Art. 43 Abs. 8 Gas-RL 09 und berechtigt die Bundesnetzagentur, eine Entscheidung auf Verlangen der EU-Kommission abzuändern oder aufzuheben, „ohne dass es eines ausdrücklichen Widerrufsvorbehalts in der aufzuhebenden Entscheidung bedarf" (BT-Drs. 17/6072, 91). Während die Richtlinien allein von der Möglichkeit eines „Widerrufs" auszugehen scheinen, interpretiert das deutsche Recht in § 57a Abs. 4 dieses Widerrufsverlangen vernünftigerweise so, dass es auch einen nur teilweisen Widerruf erfasst, der die vorausgegangene Entscheidung abändert.

C. Amts- und Rechtshilfeabkommen (Abs. 5)

12   Nach § 57a Abs. 5 bleiben die Regelungen über die Rechtshilfe in Strafsachen (Gesetz über die internationale Rechtshilfe in Strafsachen) sowie Amts- und Rechtshilfeabkommen unberührt. Nach der insoweit nur schwer nachvollziehbaren Gesetzesbegründung entspricht Abs. 5 „dem bisherigen § 57 Absatz 2" (BT-Drs. 17/6072, 91), obwohl die vor 2011 in § 57 Abs. 2 aF enthaltene Regelung nunmehr in § 57 Abs. 5 S. 3 wiederzufinden ist. Welche Rolle die Regelungen über Rechtshilfe in Strafsachen im Rahmen des unionsrechtlichen Überprüfungsverfahrens (→ Rn. 3) spielen sollen, ist nicht ersichtlich. Immerhin mag der Hinweis auf die Amts- und Rechtshilfeabkommen mit anderen Mitgliedstaaten daran erinnern, dass vor der Ingangsetzung des unionsrechtlichen Überprüfungsverfahrens der bilaterale Weg eines **Auskunftsersuchens** weniger aufwändig sein mag.

---

§ 57 b Zuständigkeit für regionale Koordinierungszentren; Festlegungskompetenz

(1) **Die Bundesnetzagentur ist die zuständige Behörde für die in der Netzregion eingerichteten regionalen Koordinierungszentren im Sinne des Artikels 35 in Verbindung mit Artikel 37 der Verordnung (EU) 2019/943 des Europäischen Parlaments und des Rates vom 5. Juni 2019 über den Elektrizitätsbinnenmarkt.**

(2) **Folgende Aufgaben werden auf die Bundesnetzagentur übertragen:**
1. **Billigung des Vorschlags zur Einrichtung eines regionalen Koordinierungszentrums,**
2. **Genehmigung der Ausgaben, die im Zusammenhang mit den Tätigkeiten der regionalen Koordinierungszentren von den Übertragungsnetzbetreibern entstehen und bei der Entgeltberechnung berücksichtigt werden, soweit sie vernünftig und angemessen sind,**
3. **Genehmigung des Verfahrens zur kooperativen Entscheidungsfindung,**
4. **Sicherstellung entsprechender personeller, technischer, materieller und finanzieller Ausstattung der regionalen Koordinierungszentren, die zur Erfüllung ihrer Pflichten und zur unabhängigen und unparteiischen Wahrnehmung ihrer Aufgaben erforderlich sind,**

§ 57b

5. Unterbreitung von Vorschlägen zur Übertragung etwaiger zusätzlichen Aufgaben oder Befugnisse an die regionalen Koordinierungszentren,
6. Sicherstellung der Erfüllung der Verpflichtungen durch die regionalen Koordinierungszentren, die sich aus den einschlägigen Rechtsakten ergeben,
7. Überwachung der Netzkoordination, die durch die regionalen Koordinierungszentren geleistet wird und Berichterstattung an die Agentur für die Zusammenarbeit der Energieregulierungsbehörden.

(3) **Die Bundesnetzagentur kann zur Durchführung der ihr nach Absatz 2 dieser Vorschrift übertragenen Aufgaben nach § 29 Absatz 1 Festlegungen treffen und Genehmigungen erteilen.**

Literatur: *Hansen/Teipel,* Die Neuordnung des grenzüberschreitenden Stromhandels, in: Gundel/Lange (Hrsg.), Europäisches Energierecht zwischen Klimaschutz und Binnenmarkt, 2020, S. 45 ff.

A. Allgemeines

Die Vorschrift des § 57b enthält Zuständigkeitsbestimmungen zu den in Art. 35 ff. VO (EU) 2019/943 vorgesehenen regionalen Koordinierungszentren, in denen die Übertragungsnetzbetreiber in grenzüberschreitenden Netzbetriebsregionen zusammenarbeiten sollen. Die Vorschrift wurde mit dem Gesetz zur Umsetzung unionsrechtlicher Vorgaben und zur Regelung reiner Wasserstoffnetze im Energiewirtschaftsrecht vom 16.7.2021 (BGBl. 2021 I S. 3026) als Teil der Umsetzung der Rechtsakte des **Clean energy package** in das EnWG aufgenommen. In der Systematik weicht sie von der bisherigen Struktur der Aufgabenzuweisungen an die BNetzA, wie sie in den §§ 54a, 54b und 56 vorgesehen ist, ab, weil hier keine Trennung zwischen den Zuständigkeiten erfolgt, die bereits der Unionsgesetzgeber den nationalen Regulierungsbehörden zugewiesen hat, und denjenigen, bei denen die Mitgliedstaaten über Freiheit bei der Organisationsentscheidung verfügen. 1

B. Erläuterungen

I. Die BNetzA als zuständige Behörde (Abs. 1)

§ 57b Abs. 1 legt knapp die BNetzA als zuständige Behörde für die in Art. 35 ff. VO 2019/943 vorgesehenen regionalen Koordinierungszentren fest. Danach ist sie für die Entscheidungen in diesem Feld unabhängig davon zuständig, ob der EU-Gesetzgeber diese Zuständigkeit bereits den nationalen Regulierungsbehörden zugewiesen hat. In der Mehrzahl der Fälle enthält die Verordnung bereits eine solche konkrete Zuweisung, vereinzelt werden Zuständigkeiten aber auch nur allgemein den Mitgliedstaaten zugeordnet. 2

Bei den regionalen Koordinierungszentren handelt es sich um Kooperationsstrukturen zwischen den Übertragungsnetzbetreibern, die diese bereits ab 2008 als sog. **Regional Security Coordinators (RSC)** auf freiwilliger Basis geschaffen haben (s. *Hansen/Teipel,* in: Gundel/Lange (Hrsg.), Europäisches Energierecht zwischen Klimaschutz und Binnenmarkt, 2020, S. 45/55 mit einer Auflistung der Ländergruppen und Gründungsdaten). Zu den wichtigsten Aufgaben gehörte bisher 3

§ 57 b

die **koordinierte Kapazitätsberechnung** für den grenzüberschreitenden Handel und die **Koordination von netzstabilisierenden Maßnahmen**. Diese Strukturen wurden bereits durch die Kommissionsverordnung (EU) 2017/1485 v. 2.8.2017 zur Festlegung einer Leitlinie für den Übertragungsnetzbetrieb (ABl. 2017 L 220, 1) verbindlich gemacht, indem Art. 77 dieser Leitlinie jeden Übertragungsnetzbetreiber zur Zugehörigkeit zu einem RSC verpflichtete. Die Art. 35 ff. VO (EU) 2019/943 formalisieren diese Struktur nun und geben ihr einen verbindlichen institutionellen Rahmen; Anhang I der Verordnung enthält zudem einen umfangreichen Aufgabenkatalog für die Zentren. Gleichzeitig erfolgt eine Einbindung in die bestehenden Strukturen aus EU-Kommission, ACER und ENTSO.

4   Nachdem wesentliche Aspekte der Tätigkeit der Koordinierungszentren auf Unionsebene geklärt werden – das gilt zB für den Zuschnitt der jeweiligen Netzbetriebsregion, der gem. Art. 36 VO (EU) 2019/943 im Zusammenwirken von ENTSO Strom und ACER festgelegt wird –, sind die Zuständigkeiten der nationalen Behörden in diesem Feld zwar durchaus vorhanden, betreffen aber im Vergleich eher technische Fragen.

II. Die einzelnen Zuständigkeiten (Abs. 2)

5   § 57 b Abs. 2 führt die einzelnen Zuständigkeiten der BNetzA in Bezug auf die Koordinierungszentren auf. Die Nr. 1–7 entsprechen dabei den Vorgaben aus Art. 62 Abs. 1 lit. a–f RL (EU) 2019/944, der die Aufgaben und Befugnisse der nationalen Regulierungsbehörden in Bezug auf die Koordinierungszentren vorgibt. Anders als Art. 62 RL (EU) 2019/944 enthält § 57 b allerdings keinen Hinweis darauf, dass diese Zuständigkeiten gegebenenfalls gemeinsam mit anderen nationalen Regulierungsbehörden ausgeübt werden müssen, die für die Netzbetriebsregion des Koordinierungszentrums zuständig sind; Art. 62 Abs. 1 lit. f RL (EU) 2019/944 verweist für den Fall von Meinungsverschiedenheiten zwischen den nationalen Regulierungsbehörden ausdrücklich auf die Befassung von ACER gem. Art. 6 Abs. 10 VO (EU) 2019/942. Der deutsche Gesetzgeber ging hier wohl davon aus, dass dieser Aspekt bereits durch die allgemeine Kooperationspflicht gem. § 57 Abs. 1 abgedeckt ist.

III. Die Instrumente der BNetzA (Abs. 3)

6   § 57 b Abs. 3 beinhaltet vergleichbar den Regelungen in § 56 Abs. 1 S. 2 und Abs 2. S. 2 die der BNetzA zur Erfüllung der Aufgaben zur Verfügung stehenden Instrumente; er verweist allerdings nicht global auf die allgemein zur Verfügung stehenden Befugnisse, sondern nennt konkret die Befugnis zum Erlass von Festlegungen nach § 29 Abs. 1 und zur Erteilung von Genehmigungen. Wenn diese Benennung abschließend zu verstehen wäre, läge eine unzureichende Umsetzung von Art. 62 RL (EU) 2019/944 vor, nachdem Art. 62 Abs. 3 verlangt, dass die Regulierungsbehörden ua auch Inspektionen in den Räumlichkeiten des Koordinierungszentrums durchführen können, und Art. 62 Abs. 4 vorgibt, dass die Regulierungsbehörde des Mitgliedstaats, in dem das Koordinierungszentrum seinen Sitz hat, über die Zuständigkeit zur Verhängung effektiver Sanktionen verfügt. Nach der Begründung des Gesetzentwurfs ist aber tatsächlich davon auszugehen, dass § 57 Abs. 3 nicht abschließend gemeint ist; dort wird davon ausgegangen, dass die entsprechenden Befugnisse der BNetzA sich aus § 69 und § 29 ergeben (BT-Drs. 19/27453/135).

§ 58 Zusammenarbeit mit den Kartellbehörden

(1) ¹In den Fällen des § 65 in Verbindung mit den §§ 6 bis 6b, 7 bis 7b und 9 bis 10e, des § 25 Satz 2, des § 28a Abs. 3 Satz 1, des § 56 in Verbindung mit Artikel 17 Absatz 1 Buchstabe a der Verordnung (EG) Nr. 714/2009 und von Entscheidungen, die nach einer Rechtsverordnung nach § 24 Satz 1 Nr. 2 in Verbindung mit Satz 2 Nr. 5 vorgesehen sind, entscheidet die Bundesnetzagentur im Einvernehmen mit dem Bundeskartellamt, wobei jedoch hinsichtlich der Entscheidung nach § 65 in Verbindung mit den §§ 6 bis 6a, 7 bis 7b und 9 bis 10e das Einvernehmen nur bezüglich der Bestimmung des Verpflichteten und hinsichtlich der Entscheidung nach § 28a Abs. 3 Satz 1 das Einvernehmen nur bezüglich des Vorliegens der Voraussetzungen des § 28a Absatz 1 Nummer 1 und 5, jeweils ausgenommen die Voraussetzungen der Versorgungssicherheit, des effizienten Funktionierens der betroffenen regulierten Netze sowie der Erdgasversorgungssicherheit der Europäischen Union erforderlich ist. ²Trifft die Bundesnetzagentur Entscheidungen nach den Bestimmungen des Teiles 3, gibt sie dem Bundeskartellamt und der Landesregulierungsbehörde, in deren Bundesland der Sitz des betroffenen Netzbetreibers belegen ist, rechtzeitig vor Abschluss des Verfahrens Gelegenheit zur Stellungnahme.

(2) Führt die nach dem Gesetz gegen Wettbewerbsbeschränkungen zuständige Kartellbehörde im Bereich der leitungsgebundenen Versorgung mit Elektrizität und Gas Verfahren nach den §§ 19, 20 und 29 des Gesetzes gegen Wettbewerbsbeschränkungen, Artikel 102 des Vertrages über die Arbeitsweise der Europäischen Union oder nach § 40 Abs. 2 des Gesetzes gegen Wettbewerbsbeschränkungen durch, gibt sie der Bundesnetzagentur rechtzeitig vor Abschluss des Verfahrens Gelegenheit zur Stellungnahme.

(2a) Absatz 2 gilt entsprechend, wenn die Bundesanstalt für Finanzdienstleistungsaufsicht ein Verfahren im Bereich der leitungsgebundenen Versorgung mit Elektrizität oder Gas einleitet.

(2b) Die Bundesnetzagentur arbeitet mit der Europäischen Kommission bei der Durchführung von wettbewerblichen Untersuchungen durch die Europäische Kommission im Bereich der leitungsgebundenen Versorgung mit Elektrizität und Gas zusammen.

(3) Bundesnetzagentur und Bundeskartellamt wirken auf eine einheitliche und den Zusammenhang mit dem Gesetz gegen Wettbewerbsbeschränkungen wahrende Auslegung dieses Gesetzes hin.

(4) ¹Die Regulierungsbehörden und die Kartellbehörden können unabhängig von der jeweils gewählten Verfahrensart untereinander Informationen einschließlich personenbezogener Daten und Betriebs- und Geschäftsgeheimnisse austauschen, soweit dies zur Erfüllung ihrer jeweiligen Aufgaben erforderlich ist, sowie diese in ihren Verfahren verwerten. ²Beweisverwertungsverbote bleiben unberührt.

§ 58

Teil 7. Behörden

Übersicht

	Rn.
A. Allgemeines	1
B. Beteiligung an Entscheidungen der Bundesnetzagentur (Abs. 1)	4
I. Einvernehmen des Bundeskartellamtes (Abs. 1 S. 1)	4
1. Entflechtung und Rechnungslegung	5
2. Zugang zu Gasversorgungsnetzen	8
3. Netzzugang bei neuen Infrastrukturen	9
4. Netzzugang bei grenzüberschreitendem Stromhandel	11
5. Abweichungen vom Grundsatz der Kostenorientierung beim Netzzugangsentgelt	12
II. Gelegenheit zur Stellungnahme (Abs. 1 S. 2)	13
C. Beteiligung der Bundesnetzagentur an Verfahren des Bundeskartellamts und der Bundesanstalt für Finanzdienstleistungsaufsicht (Abs. 2 und 2a)	15
D. Zusammenarbeit der Bundesnetzagentur mit der EU-Kommission (Abs. 2b)	18
E. Einheitliche Auslegung des EnWG (Abs. 3)	19
F. Informationsaustausch (Abs. 4)	21

Literatur: *Haller,* Der Verwaltungsverbund in der Energieregulierung, 2013; *Salje,* Energiewirtschaftsgesetz Kommentar, 2006; vgl. auch die Hinweise zu § 54.

A. Allgemeines

1   Die Vorschrift regelt die **Zusammenarbeit** zwischen der **BNetzA** einerseits und den **nationalen Kartellbehörden,** den **Landesregulierungsbehörden** sowie der Europäischen **Kommission** bei der Durchführung von wettbewerblichen Untersuchungen andererseits. Im Jahr 2011 kam die Zusammenarbeit zwischen BNetzA und **Bundesanstalt für Finanzdienstleistungsaufsicht** (BaFin) hinzu (§ 58 Abs. 2a). Ähnliche Regelungen enthält § 123 Abs. 1 TKG. Die überwiegend **verfahrensrechtlichen** Vorkehrungen des § 58 sind Folge des Umstandes, dass die Anwendungsbereiche des nationalen sowie des europäischen Wettbewerbsrechts und des EnWG (dazu etwa *Eggers/Floren* ZNER 2010, 10 (13)) insbesondere durch § 111 zwar „überschneidungsfrei" (so Schneider/Theobald EnergieWirtschaftsR-HdB/*Franke/Schütte* § 21 Rn. 22; auch → § 111 Rn. 1 f.) voneinander abgegrenzt sind, aber eine Reihe inhaltlicher Zusammenhänge und wechselseitiger Abhängigkeiten aufweisen. Diese sind – im Unterschied etwa zum Post- und Telekommunikationssektor – durch die Besonderheit begründet, dass nur der Netzbereich der sektorspezifischen Regulierung nach dem EnWG unterliegt, während die vor- und nachgelagerten Wertschöpfungsstufen (Erzeugung, Großhandel, Vertrieb) dem allgemeinen Wettbewerbsrecht in der Zuständigkeit der Kartellbehörden unterliegen (BerlKommEnergieR/*Groebel* EnWG § 58 Rn. 2). Dies lässt es nicht nur geboten erscheinen, den Sachverstand der jeweils anderen Behörde nutzbar zu machen, sondern macht im Interesse der **Kohärenz** auch wechselseitige Einvernehmens- und Anhörungsrechte erforderlich (BerlKommEnergieR/*Groebel* EnWG § 58 Rn. 2 f.). Hinzu kommt das Bemühen, eine möglichst widerspruchsfreie Entscheidungspraxis im Verhältnis zwischen BNetzA und Landesregulierungsbehörden sicherzustellen (§ 58 Abs. 1 S. 2). Was die Beteiligung der BNetzA an Verfahren der **BaFin** (§ 58 Abs. 2a) angeht, so ist Hintergrund der Umstand, dass die BNetzA zwar zuständige

Zusammenarbeit mit den Kartellbehörden **§ 58**

Regulierungsbehörde im Sinne der REMIT-Verordnung (EU) Nr. 1227/2011 ist (§ 56 S. 1 Nr. 4) und in dieser Funktion umfangreichen Kooperationspflichten ua im Verhältnis zur BaFin unterliegt (dazu → § 58a Rn. 11 ff.). Allerdings fällt nicht der gesamte Strom- und Gasgroßhandel in den Anwendungsbereich der Verordnung, sodass es auch auf dem Gebiet der leitungsgebundenen Energieversorgung mit Strom und Gas bei Zuständigkeiten der BaFin geblieben ist. Hierauf bezieht sich die Pflicht zur Beteiligung der BNetzA nach § 58 Abs. 2a.

Den erheblichen Koordinierungsbedarf zwischen den verschiedenen Stellen 2 sucht § 58 zu befriedigen, indem er in § 58 Abs. 1 bestimmte **Entscheidungen der BNetzA** an das Einvernehmen des Bundeskartellamtes bindet und für andere Entscheidungen eine Anhörung des Bundeskartellamtes und der betroffenen Landesregulierungsbehörden vorsieht. In § 58 Abs. 2 ist umgekehrt eine Anhörung der BNetzA vor **Entscheidungen der Kartellbehörden** auf dem Gebiet der leitungsgebundenen Energieversorgung vorgesehen. Entsprechendes gilt gem. § 58 Abs. 2a für **Entscheidungen der BaFin** im Bereich der leitungsgebundenen Energieversorgung. Für „wettbewerbliche Untersuchungen" der EU-Kommission statuiert § 58 Abs. 2b über das energierechtliche Kooperationsgebot des § 57 Abs. 1 hinaus eine Pflicht der BNetzA zur Zusammenarbeit. § 58 Abs. 3 enthält eine allgemeine Verpflichtung von BNetzA und Bundeskartellamt, auf eine **einheitliche Auslegung des EnWG** hinzuwirken. Schließlich enthält § 58 Abs. 4 in nahezu wortgleicher Anlehnung an § 50c GWB als Instrument zur Durchführung der Zusammenarbeit die aus verfassungsrechtlichen Gründen erforderliche Ermächtigung, **personen- und unternehmensbezogene Daten** untereinander auszutauschen.

Seit 2005 war § 58 Gegenstand **zahlreicher Detailänderungen und -anpas-** 3 **sungen** an anderweitige Rechtsänderungen. So war die Ermächtigung in **Absatz 4** nach der ursprünglichen Fassung auf die BNetzA beschränkt. Bei Gelegenheit der Änderung des KWKG durch das Gesetz zur Förderung der Kraft-Wärme-Kopplung vom 25.10.2008 (BGBl. 2008 I S. 2101) wurde dieses „redaktionelle Versehen" (BT-Drs. 16/8305, 22) durch dessen Art. 2 Nr. 11 korrigiert, indem neben einem weiteren Versehen in § 58 Abs. 1 S. 2 (→ Rn. 13) in § 58 Abs. 4 „die Bundesnetzagentur" durch **„die Regulierungsbehörden"** ersetzt wurde. **§ 58 Abs. 1 S. 1** wurde im Juli 2011 durch Art. 1 Nr. 50 Buchst. a des Gesetzes zur Neuregelung energiewirtschaftsrechtlicher Vorschriften (BGBl. 2011 I S. 1554) an die **neue StromhandelsVO** (EG) Nr. 714/2009 angepasst (s. dazu BT-Drs. 17/6072, 91). Zudem erfuhr **§ 58 Abs. 1 S. 1** durch Art. 1 Nr. 27 des Dritten Gesetzes zur Neuregelung energiewirtschaftsrechtlicher Vorschriften vom 20.12.2012 (BGBl. 2012 I S. 2730) eine **redaktionelle Folgeänderung** zum Gesetz zur Neuregelung energiewirtschaftsrechtlicher Vorschriften vom 26.7.2011, mit dem die **Regelungen zur Entflechtung** neu gefasst wurden (s. dazu BT-Drs. 17/10754, 33). Auch **Abs. 2** wurde durch das Gesetz zur Neuregelung energiewirtschaftsrechtlicher Vorschriften (Art. 1 Nr. 50 Buchst. b, BGBl. 2011 I S. 1554) mit Inkrafttreten des Vertrages über die Arbeitsweise der Europäischen Union entsprechend angepasst (s. dazu BT-Drs. 17/6072, 91). Schließlich wurden **§ 58 Abs. 2a und 2b** im Juli 2011 durch Art. 1 Nr. 50 Buchst. c des Gesetzes zur Neuregelung energiewirtschaftsrechtlicher Vorschriften (BGBl. 2011 I S. 1554) neu in das EnWG eingefügt. Die Einvernehmensregelung zu Entscheidungen nach § 23a Abs. 3 S. 1 in § 58 Abs. 1 wurde durch Gesetz vom 5.12.2019 (BGBl. 2019 I S. 2002) präzisiert. Bei der Umsetzung der Regelungen des Clean energy package durch das Gesetz zur Umsetzung unionsrechtlicher Vorgaben und zur Regelung reiner Wasserstoffnetze im Energiewirtschaftsrecht vom 16.7.2021 (BGBl. 2021 I S. 3026) wurde § 58 nicht

§ 58

Teil 7. Behörden

angepasst, insbesondere wurde der Verweis auf Art. 17 der VO (EG) Nr. 714/2009 nicht auf den neuen Standort der Regelung in Art. 63 VO (EU) 2019/943 über den Elektrizitätsbinnenmarkt umgestellt; nach geltendem Stand geht der Verweis damit ins Leere.

B. Beteiligung an Entscheidungen der Bundesnetzagentur (Abs. 1)

I. Einvernehmen des Bundeskartellamtes (Abs. 1 S. 1)

4   In § 58 Abs. 1 S. 1 sind enumerativ die Entscheidungen aufgelistet, die die BNetzA nur im Einvernehmen mit dem BKartA treffen darf, für deren Erlass also die **Zustimmung des BKartA** Voraussetzung ihrer (formellen) **Rechtmäßigkeit** ist. Auf diese Weise werden unterschiedliche Auslegungen derselben rechtlichen Vorschriften oder divergierende Bewertungen der Wettbewerbsentwicklung vermieden (BerlKommEnergieR/*Groebel* EnWG § 58 Rn. 15). Die Sachentscheidungsbefugnis verbleibt in diesen Fällen zwar bei der BNetzA, wird aber an die Zustimmung des BKartA gebunden. Verweigert dieses seine Zustimmung, kann die beabsichtigte Entscheidung (so) nicht ergehen. Die Entscheidungsbefugnis des BKartA ist folglich formal auf eine **Vetoposition** beschränkt, dh das BKartA kann den Erlass einer bestimmten Entscheidung nicht erzwingen. Nach seinem klaren Wortlaut **verpflichtet** § 58 Abs. 1 **nur die Bundesnetzagentur,** während die Landesregulierungsbehörden nicht zu einer Beteiligung des Bundeskartellamtes verpflichtet sind (krit. dazu Schneider/Theobald EnergieWirtschaftsR-HdB/*Franke* § 19 Rn. 14 mit Fn. 36).

5   **1. Entflechtung und Rechnungslegung.** Dem Einvernehmenserfordernis unterliegen zunächst Entscheidungen im Bereich der **Entflechtungsregeln** (§ 65 iVm §§ 6–6a, 7–7b und 9–10e). Hintergrund dieser erst im Jahr 2012 an die Neuregelung der Entflechtungsregeln aus dem Jahr 2011 angepassten (→ Rn. 2a; BT-Drs. 17/10754, 33) Einvernehmensregelung ist der Umstand, dass die Verpflichteten der Entflechtungsregeln in § 3 Nr. 38 definiert sind, der seinerseits auf Art. 3 Abs. 2 der Fusionskontrollverordnung (FKVO) Bezug nimmt und besondere Auslegungs- und Anwendungsspielräume lässt. Weil das BKartA für die Anwendung dieser Norm zuständig ist und die Beteiligungsrechte zu Verfahren der Europäischen Kommission nach der FKVO wahrnimmt, kommt es hier in besonderer Weise auf eine einheitliche Anwendung an. Die Einvernehmensregelung vermeidet den anderenfalls notwendigen Aufbau eigener Sachkunde bei der BNetzA und eine etwaige unterschiedliche Auslegung des Art. 3 Abs. 2 FKVO (BT-Drs. 15/3917, 69; Schneider/Theobald EnergieWirtschaftsR-HdB/*Franke* § 19 Rn. 14).

6   Allerdings beschränkt sich das Einvernehmenserfordernis – abgesehen von Entscheidungen betreffend die Rechnungslegung und Buchführung nach § 6b (→ Rn. 7) – auf die **Bestimmung des Verpflichteten,** gem. § 6 Abs. 1 S. 1 also auf die Auslegung und Anwendung des § 3 Nr. 38, der seinerseits auf Art. 3 Abs. 2 FKVO verweist. Deshalb kann die BNetzA erst entscheiden, wenn das BKartA seine Zustimmung zur Bestimmung des Verpflichtungsadressaten der §§ 6 ff. erteilt hat. Auf dieser Grundlage ist die BNetzA befugt, ohne Zustimmung des BKartA darüber zu entscheiden, auf welche Art und Weise die Entflechtung vorzunehmen ist (*Salje* EnWG § 58 Rn. 10).

Anders liegt es bei den Entscheidungen der BNetzA zur **Rechnungslegung** 7
und Buchführung nach § 65 iVm § 6b, weil sich das Einvernehmen hier nicht
nur auf die Verpflichteten bezieht, sondern auch auf den gesamten Inhalt der Entscheidung. Der Gesetzgeber wollte hier angesichts der divergierenden Zuständigkeiten im Netz- und im Wettbewerbsbereich die Kohärenz der Entscheidungen
zur Missbrauchsaufsicht sicherstellen (BT-Drs. 15/3917, 69; s. auch BerlKomm-
EnergieR/*Groebel* EnWG § 58 Rn. 22).

2. Zugang zu Gasversorgungsnetzen. Der zweite Fall der Einvernehmens- 8
erfordernisse betrifft die Entscheidungen der BNetzA über **Ausnahmen** von der
Verpflichtung zur Gewährung von **Zugang zu Gasversorgungsnetzen**, die aufgrund unbedingter Zahlungsverpflichtungen („Take-or-pay-Verträge") zur Unzumutbarkeit für den Netzbetreiber führen kann **(§ 25 S. 2)**. Da diese Gaslieferverträge der Aufsicht des BKartA unterliegen, war hier eine enge Koordinierung der
beiden Behörden in Gestalt des Einvernehmens angezeigt (BT-Drs. 15/3917, 69).
Die Notwendigkeit des Einvernehmens ist nicht auf bestimmte Elemente der Entscheidung nach § 25 S. 2 beschränkt. Es bedarf also der Zustimmung des BKartA zu
der Entscheidung insgesamt.

3. Netzzugang bei neuen Infrastrukturen. In Umsetzung des Art. 36 Gas- 9
RL 09 eröffnet § 28a die Möglichkeit, für sog. **neue Infrastrukturen** eine
Zugangsverweigerung zu gestatten. Die Entscheidung darüber trifft die BNetzA
gem. den Vorgaben des § 28a Abs. 3 S. 1. Diese Entscheidung bindet § 58 Abs. 1 S. 1
an die Zustimmung des BKartA, weil auf diese Weise Abnehmer, die nur über die
neue Infrastruktur erreichbar sind, vom Wettbewerb um die Belieferung mit Gas
ausgeschlossen werden (*Salje* EnWG § 58 Rn. 13).

Auch hier ist allerdings die Erforderlichkeit des Einvernehmens begrenzt auf be- 10
stimmte Entscheidungsvoraussetzungen, nämlich auf das Vorliegen der in Nr. 1 und
Nr. 5 des § 28a Abs. 1 genannten Voraussetzungen **(Verbesserung des Wettbewerbs bei der Gasversorgung und der Versorgungssicherheit durch die
Investition, bzw. keine nachteiligen Auswirkungen auf den Wettbewerb);**
durch das Gesetz vom 5. 12. 2019 (BGBl. 2019 I S. 2002) wurde hier einerseits der
Bezug auf § 28a Abs. 1 Nr. 5 aufgenommen, zugleich wurden im Weg der Rückausnahme die Aspekte der Versorgungssicherheit und des Funktionierens der regulierten Netze aus dem Einvernehmensvorbehalt ausgenommen. Auch hier gilt, dass
die BNetzA in eigener Verantwortung über die übrigen Voraussetzungen entscheidet, sobald das BKartA die Voraussetzung des § 28a Abs. 1 Nr. 1 und Nr. 5 im konkreten Fall in Übereinstimmung mit der BNetzA bejaht hat.

4. Netzzugang bei grenzüberschreitendem Stromhandel. Nach Art. 17 11
Abs. 1 StromhandelsVO (EG) Nr. 714/2009 können **neue Verbindungsleitungen** von der Verpflichtung, die Einnahmen aus der Zuweisung von Verbindungskapazität nur für bestimmte Zwecke zu verwenden (Art. 16 Abs. 6 StromhandelsVO), von weiteren Bestimmungen der Elt-RL 09 ausgenommen werden.
Diese gem. § 56 von der BNetzA zu treffende Entscheidung bedarf der Zustimmung durch das BKartA. Allerdings ist entsprechend dem insoweit eindeutigen
Wortlaut des § 58 Abs. 1 S. 1 auch dieses Einvernehmenserfordernis beschränkt auf
die Prüfung der Voraussetzung des Art. 17 Abs. 1 lit. a StromhandelsVO **(Verbesserung des Wettbewerbs in der Stromversorgung** durch die Investition), während die übrigen Voraussetzungen durch die BNetzA in eigener Verantwortung zu
prüfen und zu entscheiden sind (BerlKommEnergieR/*Groebel* EnWG § 58 Rn. 27;

§ 58

aA zur entsprechenden Regelung in der Vorgängerverordnung *Salje* EnWG § 58 Rn. 15, der übersieht, dass Art. 17 Abs. 1 mehrere Voraussetzungen enthält). Bei der Umsetzung der Regelungen des Clean energy package durch das Gesetz zur Umsetzung unionsrechtlicher Vorgaben und zur Regelung reiner Wasserstoffnetze im Energiewirtschaftsrecht vom 16.7.2021 (BGBl. 2021 I S. 3026) wurde der Verweis auf Art. 17 VO (EG) 714/2009 allerdings nicht auf den neuen Standort der Regelung in Art. 63 VO (EU) 2019/943 über den Elektrizitätsbinnenmarkt umgestellt; nach geltendem Stand geht der Verweis damit ins Leere.

12   **5. Abweichungen vom Grundsatz der Kostenorientierung beim Netzzugangsentgelt.** Der fünfte Fall der Einvernehmenserfordernisse nimmt Bezug auf die Verordnungsermächtigung in § 24 S. 1 Nr. 2 (**Festlegung oder Genehmigung** der Bedingungen und Methoden zur Bestimmung der **Netzzugangsbedingungen und -entgelte**) iVm § 24 S. 2 Nr. 5 (**Abweichung von dem Grundsatz der Kostenorientierung**). Zwar geht die Bezugnahme auf § 24 S. 2 Nr. 5 seit 2011 ins Leere, da die Nr. 5 des S. 2 in § 24 durch das Gesetz zur Neuregelung energiewirtschaftsrechtlicher Vorschriften vom 26.7.2011 (BGBl. 2011 I S. 1554) aufgehoben wurde. Allerdings beruht die GasNEV noch auf der alten Fassung des § 24 S. 2 Nr. 5 und sieht bei Fernleitungsnetzbetreibern ein Abweichen von der kostenorientierten Entgeltbildung vor (§§ 3, 19). Die Voraussetzungen hierfür werden – repressiv – im Wege der Befugnis nach § 65 von der BNetzA überwacht (§ 3 Abs. 3 S. 4 GasNEV). Diese Entscheidung der BNetzA knüpft § 58 Abs. 1 S. 1 wegen der Nähe einer solchen Abweichung zum Konzept des Als-Ob-Wettbewerbs an die Zustimmung des BKartA (Schneider/Theobald EnergieWirtschaftsR-HdB/*Franke* § 19 Rn. 14).

II. Gelegenheit zur Stellungnahme (Abs. 1 S. 2)

13   Über die speziellen Entscheidungen, die gem. § 58 Abs. 1 S. 1 nur im Einvernehmen mit dem BKartA ergehen dürfen, hinaus statuiert § 58 Abs. 1 S. 2 die Pflicht der **BNetzA**, das Bundeskartellamt und die jeweilige Landesregulierungsbehörde bei allen **Entscheidungen nach den Bestimmungen des Teiles 3** (§§ 11–35) anzuhören. Verpflichtet wird nur die BNetzA. Die Landesregulierungsbehörden sind nicht Adressat des § 58 (krit. Schneider/Theobald EnergieWirtschaftsR-HdB/*Franke* § 19 Rn. 15 mit Fn. 40). Die Pflicht, dem BKartA und der Landesregulierungsbehörde **rechtzeitig vor Abschluss des Verfahrens Gelegenheit zur Stellungnahme** zu geben, bedeutet zum einen, dass die BNetzA die für die Beurteilung erforderlichen Unterlagen – in der Regel also den Entscheidungsentwurf (BerlKommEnergieR/*Groebel* EnWG § 58 Rn. 34) zur Verfügung stellen muss, die eine Beurteilung in tatsächlicher und rechtlicher Hinsicht erlauben. Dies hat mit einem zeitlichen Vorlauf zu geschehen, der es dem BKartA bzw. der Landesregulierungsbehörde erlaubt, die vorgelegten Unterlagen zu prüfen und eine begründete Stellungnahme zu verfassen. Die BNetzA ist sodann verpflichtet, eine eingegangene Stellungnahme zur Kenntnis zu nehmen und bei ihrer Entscheidung zu berücksichtigen, was aus der Begründung erkennbar sein muss.

14   Die in der bis 2008 geltenden Fassung anstatt der Landesregulierungsbehörde enthaltene Pflicht zur Anhörung der **nach Landesrecht zuständigen Behörde** (dazu → § 54 Rn. 27) beruhte auf einem Versehen des Vermittlungsausschusses. Der ursprüngliche Regierungsentwurf (BT-Drs. 15/3917, 27) enthielt diese Formulierung vor dem Hintergrund, dass nach diesem Entwurf „die nach Landesrecht

Zusammenarbeit mit den Kartellbehörden §58

zuständige Behörde" nach § 40 des Regierungsentwurfs noch für die Missbrauchsaufsicht im Bereich der Grundversorgung zuständig war. Nach der Streichung dieser Vorschrift macht die Beteiligung „der nach Landesrecht zuständigen Behörde" angesichts ihrer begrenzten Zuständigkeiten (vgl. die Aufzählung bei → § 55 Rn. 14) keinen Sinn. Das Versehen des Vermittlungsausschusses wurde bei Gelegenheit der Änderung des KWKG durch das Gesetz zur Förderung der Kraft-Wärme-Kopplung vom 25.10.2008 (BGBl. 2008 I S. 2101) durch dessen Art. 2 Nr. 11 korrigiert, indem „die nach Landesrecht zuständige Behörde" durch die **„Landesregulierungsbehörde"** ersetzt wurde. Bei genauerem Hinsehen erweist sich allerdings die Pflicht zur Anhörung der Landesregulierungsbehörde nach § 58 Abs. 1 S. 2 als systematisch verfehlt und überflüssig, weil die Kooperation und Abstimmung zwischen den Regulierungsbehörden des Bundes und der Länder in §§ 60a und 64a geregelt ist (BerlKommEnergieR/*Groebel* EnWG § 58 Rn. 41).

C. Beteiligung der Bundesnetzagentur an Verfahren des Bundeskartellamts und der Bundesanstalt für Finanzdienstleistungsaufsicht (Abs. 2 und 2 a)

Die – im Verhältnis zu § 58 Abs. 1 „umgekehrte" – Pflicht zur Beteiligung der **15** BNetzA an Entscheidungen der **Kartellbehörden des Bundes** (BKartA) und **der Länder** normiert § 58 Abs. 2. Eine Beteiligung der Landesregulierungsbehörden wird von § 58 Abs. 2 nicht thematisiert. Die Pflicht, **rechtzeitig vor Abschluss des Verfahrens Gelegenheit zur Stellungnahme** zu geben, ist identisch mit derjenigen aus § 58 Abs. 1 S. 2 (→ Rn. 12).

Die Verpflichtung, der BNetzA Gelegenheit zur Stellungnahme zu geben, ist **16** beschränkt auf die in § 58 Abs. 2 explizit aufgelisteten Verfahren der **Missbrauchsaufsicht** und **Fusionskontrolle**. Andere Verfahrensarten wie zB solche wegen Verstoßes gegen das Kartellverbot unterliegen nicht der Pflicht zur Einholung von Stellungnahmen (*Salje* EnWG § 58 Rn. 23). Außerdem muss das Verfahren „im Bereich der leitungsgebundenen Versorgung mit Elektrizität und Gas" geführt werden. Betroffenes Unternehmen muss also ein solches sein, dessen Geschäftszweck jedenfalls auch auf die leitungsgebundene Versorgung mit Elektrizität oder Gas gerichtet ist (*Salje* EnWG § 58 Rn. 24).

Seit Einfügung des Abs. 2a (→ Rn. 3) ist auch die **Bundesanstalt für Finanz- 17 dienstleistungsaufsicht** verpflichtet, bei Verfahren im Bereich der leitungsgebundenen Versorgung mit Elektrizität und Gas der BNetzA rechtzeitig vor Abschluss des Verfahrens Gelegenheit zur Stellungnahme (zum Inhalt dieser Pflicht → Rn. 12) zu geben. Dadurch wird gewährleistet, dass bei Untersuchungen der BaFin das Fachwissen der Bundesnetzagentur berücksichtigt werden kann (dazu BT-Drs. 17/6072, 91).

D. Zusammenarbeit der Bundesnetzagentur mit der EU-Kommission (Abs. 2 b)

Die im Jahr 2011 vorgenommene Ergänzung des § 58 um den Abs. 2b enthält **18** eine ausdrückliche Befugnis der BNetzA, mit der **EU-Kommission** zusammenzuarbeiten. Während die Kooperationspflicht in § 57 Abs. 1 auf die „Anwendung

§ 58

energierechtlicher Vorschriften" beschränkt ist, ist die in § 58 Abs. 2b normierte Kooperationspflicht und -befugnis bezogen auf **wettbewerbliche Untersuchungen im Bereich der leitungsgebundenen Energieversorgung** (dazu BT-Drs. 17/6072, 91). Einer solchen Regelung neben der **Kartellverfahrensverordnung VO (EG) Nr. 1/2003** bedarf es deshalb, weil diese Verordnung lediglich die Zusammenarbeit zwischen Kommission und den nationalen Kartellbehörden regelt. Die dort enthaltenen umfangreichen Regelungen zu **Informationspflichten** und **Beweismittelaustausch** sowie zu **Ermittlungen auf Ersuchen der Kommission** (dazu der Überblick bei *Haller* Verwaltungsverbund S. 270 ff.) können aber entsprechend herangezogen werden, um den Inhalt der Zusammenarbeitsbefugnis in § 58 Abs. 2a zu konkretisieren.

E. Einheitliche Auslegung des EnWG (Abs. 3)

19 Jenseits der speziellen Einvernehmenserfordernisse und Anhörungspflichten des § 58 Abs. 1 und 2 normiert § 58 Abs. 3 im Sinne einer Generalklausel die allgemeine Pflicht der **BNetzA** und des **BKartA**, auf eine einheitliche Auslegung des EnWG hinzuwirken und dabei den Zusammenhang mit dem GWB zu wahren. Vor dem Hintergrund der rechtspolitischen Diskussionen über Vorteile und Risiken einer **Trennung** zwischen **allgemeiner Wettbewerbsaufsicht** und **sektorenspezifischer Regulierung** soll § 58 Abs. 3 offensichtlich den Gefahren eines „Auseinanderdriftens" bei der Auslegung und Anwendung wettbewerbs- und energierechtlicher Normen entgegenwirken (BerlKommEnergieR/ *Groebel* EnWG § 58 Rn. 51 f.).

20 Wie die Formulierung mit Hilfe des Begriffes „Hinwirken" deutlich macht, handelt es sich nicht um die Statuierung präziser Pflichten, sondern um eine Zielvorgabe, die der Verfahrens- und Entscheidungspraxis beider Behörden Orientierung geben soll. Welche konkreten Folgerungen aus dieser allgemein gefassten **Kooperations- und Koordinationspflicht** zu ziehen sind, bleibt dem Ermessen der jeweils entscheidungsbefugten Amtsträger überlassen. In Betracht kommen insoweit Kooperations- und Koordinationsformen sowohl im Rahmen einzelner anhängiger Verwaltungsverfahren als auch bei Vorbereitungshandlungen und vor allem bei der Erarbeitung von Verwaltungsgrundsätzen, Richtlinien, Leitlinien uä, die der zukünftigen Entscheidungspraxis Maß und Richtung geben sollen. Auch die Schulung und Fortbildung des Personals kommt als Anwendungsfeld der Kooperations- und Koordinationspflicht in Betracht. Dass das ernsthafte Bemühen der Vertreter beider Behörden, gemeinsame Auffassungen in Auslegungsfragen zu finden und im Zweifel der Kompromissbereitschaft den Vorrang gegenüber ausgedehnten Kontroversen um die zutreffende Interpretation einräumen (Geppert/ Schütz/*Attendorn*/*Geppert*, 4. Aufl., TKG § 123 Rn. 27), letztlich nicht durch Gesetz angeordnet werden kann, muss auch § 58 Abs. 3 zur Kenntnis nehmen.

F. Informationsaustausch (Abs. 4)

21 Um die Erfüllung der in § 58 Abs. 3 normierten allgemeinen Kooperations- und Koordinierungspflicht zu ermöglichen und zu erleichtern, gestattet § 58 Abs. 4 den verfahrensunabhängigen Austausch von Informationen zwischen den Regulierungsbehörden (BNetzA) und den Kartellbehörden (BKartA). Dabei geht der **An-**

wendungsbereich des Abs. 4 aber über die in § 58 Abs. 1 S. 1, Abs. 2 und 3 geregelten Formen der Zusammenarbeit hinaus, weil sowohl auf **Bundes- als auch auf der Seite der Länder Regulierungs- und Kartellbehörden** erfasst sind. Von der Ermächtigung zum Informationsaustausch ausdrücklich erfasst sind auch personenbezogene Daten sowie Betriebs- und Geschäftsgeheimnisse (dazu → § 67 Rn. 9 ff., → § 71 Rn. 1 ff.). Auf diese Weise dürfte das EnWG den Erfordernissen genügen, die sich aus **Art. 12 GG** sowie aus dem **Grundrecht auf informationelle Selbstbestimmung** im Hinblick auf eine bereichsspezifische gesetzliche Grundlage für die Weitergabe und Verwendung von personen- und unternehmensbezogenen Daten ergeben.

Begrenzt wird die Befugnis zum Informationsaustausch und zur Verwertung dieser Informationen nur dadurch, dass die jeweiligen Informationen **für die Aufgabenerfüllung** der empfangenden Behörde **erforderlich** sein müssen. In Anbetracht des Umstandes, dass in der Weitergabe an eine andere Bundesbehörde mit vergleichbarem Aufgabenprofil (Gewährleistung und Sicherung des Wettbewerbs) keine wesentliche Änderung des Verwendungszusammenhangs und somit keine deutliche Intensivierung des Grundrechtseingriffs liegt, dürfte es ausreichen, wenn die Information unabhängig von konkreten Verfahren geeignet ist, die empfangende Behörde bei der zukünftigen Aufgabenerfüllung (abstrakt) zu unterstützen (*Salje* EnWG § 58 Rn. 28).

Dass § 58 Abs. 4 nicht von (straf-)prozessualen und verwaltungsverfahrensrechtlichen **Beweisverwertungsverboten** befreit, ist eine Selbstverständlichkeit, auf die § 58 Abs. 4 S. 2 ausdrücklich hinweist.

§ 58a Zusammenarbeit zur Durchführung der Verordnung (EU) Nr. 1227/2011

(1) **Zur Durchführung der Verordnung (EU) Nr. 1227/2011 arbeitet die Bundesnetzagentur mit der Bundesanstalt für Finanzdienstleistungsaufsicht, mit dem Bundeskartellamt sowie mit den Börsenaufsichtsbehörden und den Handelsüberwachungsstellen zusammen.**

(2) ¹**Die Bundesnetzagentur und die dort eingerichtete Markttransparenzstelle, die Bundesanstalt für Finanzdienstleistungsaufsicht, das Bundeskartellamt, die Börsenaufsichtsbehörden und die Handelsüberwachungsstellen haben einander unabhängig von der jeweils gewählten Verfahrensart solche Informationen, Beobachtungen und Feststellungen einschließlich personenbezogener Daten sowie Betriebs- und Geschäftsgeheimnisse mitzuteilen, die für die Erfüllung ihrer jeweiligen Aufgaben erforderlich sind.** ²**Sie können diese Informationen, Beobachtungen und Feststellungen in ihren Verfahren verwerten.** ³**Beweisverwertungsverbote bleiben unberührt.**

(3) **Ein Anspruch auf Zugang zu den in Absatz 2 und in Artikel 17 der Verordnung (EU) Nr. 1227/2011 genannten amtlichen Informationen besteht über den in Artikel 17 Absatz 3 der Verordnung (EU) Nr. 1227/2011 bezeichneten Fall hinaus nicht.**

(4) ¹**Die Bundesnetzagentur kann zur Durchführung der Verordnung (EU) Nr. 1227/2011 durch Festlegungen nach § 29 Absatz 1 nähere Bestimmungen treffen, insbesondere zur Verpflichtung zur Veröffentlichung von**

§ 58a

Informationen nach Artikel 4 der Verordnung (EU) Nr. 1227/2011, zur Registrierung der Marktteilnehmer nach Artikel 9 Absatz 4 und 5 und zur Datenmeldung nach Artikel 8 Absatz 1 oder Absatz 5 der Verordnung (EU) Nr. 1227/2011, soweit nicht die Europäische Kommission entgegenstehende Vorschriften nach Artikel 8 Absatz 2 oder Absatz 6 der Verordnung (EU) Nr. 1227/2011 erlassen hat. ²Festlegungen, die nähere Bestimmungen zu den Datenmeldepflichten nach Artikel 8 der Verordnung (EU) Nr. 1227/2011 treffen, erfolgen mit Zustimmung der Markttransparenzstelle.

Übersicht

	Rn.
A. Allgemeines	1
I. Inhalt	1
II. Zweck und Regelungshintergrund	5
B. Zusammenarbeit zur Durchführung der VO (EU) Nr. 1227/2011 (REMIT) und damit verbundene Rechte und Pflichten im Einzelnen	10
I. Zusammenarbeit der nationalen Behörden nach Abs. 1	11
II. Informationsaustausch nach Abs. 2	18
III. Zugangsbeschränkung und Zugangsrechte zu Informationen nach Abs. 3	24
IV. Durchführungsregeln durch die Bundesnetzagentur nach Abs. 4	26

Literatur: *Hirte/Möllers* (Hrsg.), Kölner Kommentar zum WpHG, 2. Aufl. 2014 (zit. KK WpHG/*Bearbeiter*); *Schwark/Zimmer* (Hrsg.), Kapitalmarktrechts-Kommentar, 5. Aufl. 2020 (zit. Schwark/Zimmer/*Bearbeiter*); *Zenke/Schäfer* (Hrsg.), Energiehandel in Europa, 4. Aufl. 2017.

A. Allgemeines

I. Inhalt

1 § 58a wurde mWv 12.12.2012 durch Art. 2 des Gesetzes zur Errichtung einer Markttransparenzstelle für den Großhandel mit Strom und Gas (BGBl. 2012 I S. 2403) in das EnWG eingeführt. Die Einführung erfolgte im engen Sachzusammenhang mit den ebenso eingeführten §§ 58b, 68a, 95a und § 95b. MWv 27.7.2013 wurde die Norm durch Art. 2 des zweiten Gesetzes über Maßnahmen zur Beschleunigung des Netzausbaus Elektrizitätsnetze (BGBl. 2013 I S. 2543) an das geänderte EnWG angepasst. Der Regelungsansatz basiert auf der Umsetzungsverpflichtung der VO (EU) Nr. 1227/2011 vom 8.12.2011 über die Integrität und Transparenz des Energiegroßhandelsmarkts (REMIT-VO/Regulation on Wholesale Energy Market Integrity and Transparency) (ABl. 2011 L 326, 1). Diese VO behandelt die Integrität und Transparenz des Handels mit Energiegroßhandelsprodukten (Strom und Gas).

2 § 58a regelt die **Zusammenarbeit** der **nationalen Behörden** zur Durchführung der REMIT-VO (→ Rn. 11 ff.). Die Zusammenarbeit mit Regulierungsbehörden anderer Mitgliedstaaten und der europäischen Agentur europäischen Agentur ACER (Agency for the Cooperation of Energy Regulators) wird in § 57 geregelt (→ § 57 Rn. 1 ff.).

In den einzelnen spezialgesetzlichen Regelungen der Behörden sind zahlreiche 3
Verschwiegenheitspflichten enthalten. Für die Weitergabe von Informationen bedarf es folglich einer entsprechenden Rechtsgrundlage, die mit § 58a geschaffen wurde. Parallele wertpapierrechtliche Regelungen finden sich beispielhaft in den §§ 17 ff. WpHG/vormals §§ 6 ff. WpHG aF (vgl. zur Einordnung in die wertpapierrechtlichen Parallelvorschriften Schwark/Zimmer/*v. Hein* WpHG § 17 Rn. 15; KK-WpHG/*Carny* § 6 Rn. 9).

Im Einzelnen wird der Informationsaustausch zwischen den Behörden geregelt 4
(→ Rn. 18 ff.). Ebenso regelt die Vorschrift Einschränkungen in Hinblick auf das Recht auf Information (→ Rn. 24 f.) und die Möglichkeit des Erlasses näherer Festlegungen durch die Bundesnetzagentur („BNetzA") nach § 29 Abs. 1 (→ Rn. 26 ff.).

II. Zweck und Regelungshintergrund

Ziel der REMIT-VO ist die Bekämpfung von Insiderhandel und Marktmanipu- 5
lation im Energiegroßhandelsmarkt. Im Bereich der Überwachung der Marktintegrität und Markttransparenz erfüllen hierbei verschiedene staatliche Einrichtungen unterschiedliche Aufgaben. § 58a regelt in erster Linie die **Zusammenarbeit der nationalen staatlichen Stellen.** Energie wird nicht nur physisch gehandelt, es werden auch Derivatekontrakte bezogen auf Energie abgeschlossen. Dies sind in aller Regel Wertpapiere. Auch die Börsen und deren Handelsüberwachungsstellen als öffentlich-rechtliche Einrichtung kommen als Überwachungsbehörden hinzu. Bislang ist in Deutschland eine Börse, die EEX (European Energy Exchange) betroffen. Deren Überwachungsbehörde, die Börsenaufsichtsbehörde (hier das Wirtschaftsministerium in Sachsen) zählt ebenso zu den Aufsichtsbehörden als auch das Bundeskartellamt („BKartA") und die unter dem Dach der BNetzA ins Leben gerufene Markttransparenzstelle.

Neben den nationalen Stellen wurde noch die europäische Agentur **ACER,** in 6
diesem Bereich eingerichtet. Diese wurde im März 2011 in Ljubljana in Slowenien ins Leben gerufen. Neben der Koordinierung der Arbeit der nationalen Regulierungsbehörden gehört die Überwachung der Entwicklung auf den Energiemärkten zu einer der Hauptaufgaben (vgl. Zenke/Schäfer Energiehandel/*Eufinger/Eufinger* § 22 Rn. 117 ff.).

Mit der Verabschiedung der REMIT-VO wurde direkt geltendes europäisches 7
Recht in diesem Bereich geschaffen. Diese Norm ist parallel zur VO (EU) Nr. 596/2014 des Europäischen Parlaments und des Rates vom 16. April 2014 über Marktmissbrauch (**MAR/Market Abuse Regulation**) (ABl. 2014 L 173, 1) zu im Wertpapierbereich zu sehen. Auch diese regelt die Integrität und Transparenz in Märkten, bedurfte aber in vielen Teilen – wie die REMIT – noch der nationalen Umsetzung (beispielhaft im WpHG).

Neben dem physischen Handel spielt im Energiebereich auch der Handel mit 8
Derivaten eine große Rolle (→ Rn. 5). Entsprechend galt es eine Regelung über die Zusammenarbeit der betroffenen Behörden zu schaffen.

Zweck der hiesigen Regelung war es vor allem Synergieeffekte bei der Daten- 9
erhebung und Marktbeobachtung nutzen zu können und zugleich Doppeltätigkeiten und insbes. Mehrfachbelastungen der betroffenen Unternehmen zu vermeiden. Hierfür ist eine Zusammenarbeit von Markttransparenzstelle und BNetzA unabdingbar (vgl. BT-Drs. 17/10060, 25). Die Erreichung dieses Ziels wird, angesichts der gesplitteten Zuständigkeit unterschiedlicher Behörden, in der Literatur teilweise kritisch bewertet (vgl. BerlKommEnergieR/*Groebel* EnWG § 58a Rn. 16).

§ 58a Teil 7. Behörden

B. Zusammenarbeit zur Durchführung der VO (EU) Nr. 1227/2011 (REMIT) und damit verbundene Rechte und Pflichten im Einzelnen

10 § 58a regelt die Zusammenarbeit der nationalen Behörden zur Durchführung der REMIT-VO und regelt hierzu im Einzelnen damit verbundene Rechte und Pflichten.

I. Zusammenarbeit der nationalen Behörden nach Abs. 1

11 Für die Überwachung der Markttransparenz und Marktintegrität nach der REMIT-VO und der enthaltenen Ge- und Verbote sind verschiedene Behörden zuständig. Dies ist darin begründet, dass durch die VO nicht nur Energierecht, sondern auch andere Rechtsgebiete, wie beispielhaft das Wertpapierhandelsrecht betroffen sind.

12 Die **Kern Ge- und Verbote** sowie Zuständigkeitsregelungen der VO sind:
- das Verbot von Insiderhandel nach Art. 3,
- die Verpflichtung zur Veröffentlichung von Insiderinformationen nach Art. 4,
- das Verbot der Marktmanipulation nach Art. 5,
- die Marktüberwachung nach Art. 7,
- die Datenerhebung nach Art. 8,
- die Registrierung der Marktteilnehmer nach Art. 9,
- der Informationsaustausch zwischen ACER und anderen Behörden Art. 10,
- die Verpflichtungen von Personen, die beruflich Transaktionen arrangieren nach Art. 15 (→ § 5b Rn. 1 ff.),
- sowie die Zusammenarbeit auf Unionsebene und auf nationaler Ebene nach Art. 16.

13 Im **nationalen Aufsichtsbereich** sind hier
- die Bundesnetzagentur („BNetzA") mit der Markttransparenzstelle,
- die Bundesanstalt für Finanzdienstleistungsaufsicht („BaFin"),
- das Bundeskartellamt („BKartA"),
- die Börsenaufsichtsbehörden der Länder und
- die Handelsüberwachungsstellen an den Börsen zuständig.

14 Im Kern sind die Markttransparenzstelle und BKartA für die Marktüberwachung zuständig. Die BNetzA befasst sich mit der Registrierung der Marktteilnehmer und weiteren Maßnahmen nach Feststellung von Verstößen (vgl. BerlKommEnergieR/ *Groebel* EnWG § 58a Rn. 2).

15 Abs. 1 S. 1 bestimmt, dass diese Behörden zur Durchführung der REMIT zusammenarbeiten. Dies bedeutet, dass sie die zur Durchführung, der in der REMIT genannten Aufgabengebiete, **nötigen Information übermitteln** und **zusammenwirken**. Beispielhaft muss die BaFin Verdachtsmeldungen nach Art. 16 MAR, die auch Energiegroßhandelsprodukte betreffen, den entspr. anderen Behörden mitteilen. Details sind in Abs. 2 geregelt.

16 Die Zusammenarbeit mit den Kartellbehörden außerhalb der REMIT wird in § 58 behandelt. Die Erfüllung der Tätigkeiten nach der REMIT erfordert jedoch ein Zusammenwirken mit weiteren Behörden, weshalb § 58a weitere Behörden als § 58 umfasst (vgl. BerlKommEnergieR/ *Groebel* EnWG § 58a Rn. 9).

17 Unter dem Dach der BNetzA wurde eine **Markttransparenzstelle** eingerichtet. Es handelt sich um eine gemeinsame Einrichtung der BNetzA und des BKartA.

Zusammenarbeit zur Durchführung der Verordnung (EU) Nr. 1227/2011 **§ 58a**

Im Bereich der BNetzA betrifft dies den Bereich Strom und Gas. Die Aufgaben dieser Stelle nehmen gem. § 47a Abs. 2 GWB BKartA und BNetzA einvernehmlich wahr. § 47a Abs. 3, 4 GWB bestimmt, dass die BNetzA und das BKartA – gegebenenfalls nach den Vorgaben des Bundesministeriums für Wirtschaft und Technologie – eine Kooperationsvereinbarung über die Zusammenarbeit in dieser Markttransparenzstelle schließen (weiterführend zum Gesetzgebungsverfahren Theobald/Kühling/*Theobald/Werk* EnWG § 58a Rn. 2).

II. Informationsaustausch nach Abs. 2

Konkretisierend zu Abs. 1 ist im Abs. 2 neben der BNetzA, der BaFin, dem 18
BKartA, den Börsenaufsichtsbehörden und den Handelsüberwachungsstellen noch ausdrücklich die Markttransparenzstelle unter dem Dach der BNetzA genannt.

Die genannten Stellen haben einander solche Informationen, Beobachtungen 19
und Feststellungen einschließlich personenbezogener Daten sowie Betriebs- und Geschäftsgeheimnisse mitzuteilen, die für die **Erfüllung** ihrer **jeweiligen Aufgaben** erforderlich sind. Dies gilt unabhängig von der gewählten Verfahrensart, also in allen Stadien des Verfahrens.

Für die betroffenen Behörden ist hiermit eine **eigenständige Prüfungspflicht** 20
verbunden, welche Daten zu übermitteln sind. Es handelt sich primär um eine Bringschuld gegenüber den anderen Behörden.

Die Begriffe **Informationen, Beobachtungen** und **Feststellungen** sind weit 21
gefasst und umfassen nahezu alle Lebenssachverhalte. Hierbei ist jeweils zu prüfen, ob die Informationen auch für die Aufgabenerfüllung der betroffenen Behörden nach der REMIT-VO von Relevanz sind (→ Rn. 12). Hohe Bedeutung kommt dem Einschluss personenbezogener Daten sowie von Betriebs- und Geschäftsgeheimnissen in die Weitergabepflicht zu. Gerade Insider- und Manipulationsvorwürfe betreffen meist natürliche Personen. Zudem galt es angesichts gesteigerten datenschutzrechtlicher Bestimmungen eine ausdrückliche Regelung zu treffen, um den Anforderungen eines Eingriffs in das informationelle Selbstbestimmungsrecht Rechnung zu tragen.

Die Informationsweitergabe in diesem Bereich bedingt – angesichts der elektro- 22
nischen Erfassung von Daten – einen sicheren und zuverlässigen **Datenaustausch** zwischen den Behörden. Dies gilt insbes. angesichts der betroffenen persönlichen Informationen (vgl. BerlKommEnergieR/*Groebel* EnWG § 58a Rn. 10).

Abs. 2 S. 2 bestimmt, dass die nach Abs. 2 S. 1 übermittelten Angaben in den 23
Verfahren der entspr. Behörden **verwertet** werden dürfen. Hierdurch ist eine Einbringung in die Verfahren erst ermöglicht worden. Eingeschränkt wird dies nach Abs. 2 S. 3, wonach **Beweisverwertungsverbote** (etwa für unrechtmäßig erlangte Informationen) unberührt bleiben. Der Norm kommt hierbei ein lediglich deklaratorischer Charakter zu – ein eigenständiges Beweisverwertungsverbot wird nicht begründet (vgl. Theobald/Kühling/*Theobald/Werk* EnWG § 58a Rn. 7).

III. Zugangsbeschränkung und Zugangsrechte zu Informationen nach Abs. 3

Nach Art. 17 Abs. 2 REMIT-VO dürfen Personen, die zur Wahrung des **Be-** 24
rufsgeheimnisses verpflichtet sind Informationen nur unter bestimmten Voraussetzungen weitergeben. Diese Personen sind:
– Personen, die für die Agentur (ACER) arbeiten oder gearbeitet haben,

Th. Eufinger 2311

- von der Agentur (ACER) beauftragte Wirtschaftsprüfer und Sachverständige,
- Personen, die für die nationalen Regulierungsbehörden oder für sonstige zuständige Behörden arbeiten oder gearbeitet haben und
- von nationalen Regulierungsbehörden oder sonstigen zuständigen Behörden beauftragte Wirtschaftsprüfer und Sachverständige, die gem. der REMIT-VO vertrauliche Informationen erhalten haben.

25 Ein **Informationsanspruch** gegenüber solchen Personen besteht nur im Rahmen der Ausnahmeregel des Art. 17 Abs. 3 REMIT-VO. Mit dieser Regelung wurde eine zugangsausschließende Sonderregelung gegenüber den Bestimmungen des Informationsfreiheitsgesetzes des Bundes geschaffen (vgl. BT-Drs. 17/10060, 33). Hiernach dürfen **vertrauliche Informationen,** welche die oben genannten Personen im Rahmen der Erfüllung ihrer Pflichten erhalten haben an keine anderen Personen oder Behörden weitergegeben werden, es sein denn in zusammengefasster oder allgemeiner Form, sodass die einzelnen Marktteilnehmer oder Marktplätze nicht zu erkennen sind. Dies betrifft aber nicht solche Fälle, die unter das Strafrecht, andere Bestimmungen der REMIT-VO oder andere einschlägige Unionsvorschriften fallen. Im Ergebnis ist hiermit gerade im strafrechtlichen Verfahren keine Einschränkung verbunden.

IV. Durchführungsregeln durch die Bundesnetzagentur nach Abs. 4

26 Abs. 4 ermächtigt die BNetzA zur Durchführung bestimmter Vorgaben der REMIT-VO **nähere Bestimmungen** zu erlassen. Diese dürfen nicht entgegenstehenden Vorschriften der Europäischen Union nach Art. 8 Abs. 2, 6 REMIT zuwiderlaufen. Diese Norm ermächtigt die Kommission delegierte Rechtsakte zur Begriffsbestimmung von Insiderinformationen und Marktmanipulation zu erlassen.

27 Die BNetzA kann gem. § 29 Abs. 1 **nähere Bestimmungen** erlassen, insbesondere zu
- den zu veröffentlichenden Informationen nach Art. 4 REMIT-VO, vergleichbar den Ad-hoc Mitteilungen im Wertpapierrecht (vgl. Art. 17 MAR),
- zur Registrierung von Marktteilnehmern gem. Art. 9 REMIT-VO und
- mit Zustimmung der Markttransparenzstelle gem. Abs. 4 S. 2 zur Datenmeldung gem. Art. 8 REMIT-VO.

28 Aus der Formulierung „insbesondere" folgt, dass die Aufzählung nicht abschließend ist. Die BNetzA ist vielmehr befugt weitere Regelungen zur Durchsetzung der REMIT-VO zu treffen (vgl. Theobald/Kühling/ *Theobald/Werk* EnWG § 58a Rn. 11).

29 Eine solche **Bestimmung** ist national bislang nicht erfolgt. Ein Erfordernis wurde nicht gesehen, da auf europäischer Ebene eine umfangreiche Orientierungshilfe durch die ACER in Zusammenarbeit mit den nationalen Behörden geschaffen wurde, welche gegenwärtig in der 6. Aufl. (Stand Juli 2021) vorliegt (abrufbar unter documents.acer.europa.eu/en/remit/Documents/ACER_Guidance_on_RE-MIT_application_6th_Edition_Final.pdf).

30 Ein Verweis auf Abs. 4 findet sich in § 59 Abs. 1 Nr. 13. Hiernach ist eine Befassung von Beschlusskammern der BNetzA bei hiesigen Festlegungen nicht geboten (→ § 59 Rn. 1 ff.).

§ 58b Beteiligung der Bundesnetzagentur und Mitteilungen in Strafsachen

(1) ¹Die Staatsanwaltschaft informiert die Bundesnetzagentur über die Einleitung eines Ermittlungsverfahrens, welches Straftaten nach § 95a oder § 95b betrifft. ²Werden im Ermittlungsverfahren Sachverständige benötigt, können fachkundige Mitarbeiter der Bundesnetzagentur herangezogen werden. ³Erwägt die Staatsanwaltschaft, das Verfahren einzustellen, so hat sie die Bundesnetzagentur zu hören.

(2) Das Gericht teilt der Bundesnetzagentur in einem Verfahren, welches Straftaten nach § 95a oder § 95b betrifft, den Termin zur Hauptverhandlung mit.

(3) Der Bundesnetzagentur ist auf Antrag Akteneinsicht zu gewähren, es sei denn, schutzwürdige Interessen des Betroffenen stehen dem entgegen oder der Untersuchungserfolg der Ermittlungen wird dadurch gefährdet.

(4) ¹In Strafverfahren, die Straftaten nach § 95a oder § 95b zum Gegenstand haben, ist der Bundesnetzagentur im Fall der Erhebung der öffentlichen Klage Folgendes zu übermitteln:
1. die Anklageschrift oder eine an ihre Stelle tretende Antragsschrift,
2. der Antrag auf Erlass eines Strafbefehls und
3. die das Verfahren abschließende Entscheidung mit Begründung; ist gegen die Entscheidung ein Rechtsmittel eingelegt worden, ist sie unter Hinweis darauf zu übermitteln.

²In Verfahren wegen leichtfertig begangener Straftaten wird die Bundesnetzagentur über die in den Nummern 1 und 2 bestimmten Übermittlungen nur dann informiert, wenn aus der Sicht der übermittelnden Stelle unverzüglich Entscheidungen oder andere Maßnahmen der Bundesnetzagentur geboten sind.

Literatur: *Assmann/Schütze/Buck-Heeb* (Hrsg.), Handbuch des Kapitalanlagerechts, 5. Aufl. 2020 (zit. Assmann/Schütze/Buck-Heeb/*Bearbeiter*); *Hirte/Möllers* (Hrsg.), Kölner Kommentar zum WpHG, 2. Aufl. 2014 (zit. Kölner Kommentar WpHG/*Bearbeiter*); *Schwark/Zimmer* (Hrsg.), Kapitalmarktrechts-Kommentar, 5. Aufl. 2020 (zit. Schwark/Zimmer/*Bearbeiter*); *Zenke/Schäfer* (Hrsg.), Energiehandel in Europa, 4. Aufl. 2017.

A. Allgemeines

I. Inhalt

§ 58b wurde mWv 12.12.2012 durch Art. 2 des Gesetzes zur Errichtung einer 1 Markttransparenzstelle für den Großhandel mit Strom und Gas (BGBl. 2012 I S. 2403) in das EnWG eingeführt. Die Einführung erfolgte im engen Sachzusammenhang mit den ebenso eingeführten §§ 58a, 68a, 95a und § 95b. § 58b regelt die **Beteiligung** der Bundesnetzagentur („BNetzA") **in Strafsachen.** Betroffen sind Straftaten des Insiderhandels und der Marktmanipulation im Bereich des Handels mit Energiegroßhandelsprodukten. Dies umfasst die Mitteilung zur Einleitung von Ermittlungsverfahren (→ Rn. 6ff.), die Zusammenarbeit mit den Gerichten

Th. Eufinger

§ 58b Teil 7. Behörden

(→ Rn. 10) und das Akteneinsichtsrecht (→ Rn. 11). Hinzu tritt die Verpflichtung der Staatsanwaltschaft zur Übermittlung bestimmter Unterlagen im Zusammenhang mit der Anklageerhebung (→ Rn. 12ff.). Die Vorschrift ist inhaltlich an das entspr. Gesetz im Wertpapierhandelsrecht, § 122 WpHG/vormals § 40a WpHG aF, stark angelehnt.

II. Zweck und Regelungshintergrund

2   Ausweislich der Gesetzesbegründung werden mit den in § 58b geregelten Kompetenzen der BNetzA in Strafverfahren in Anlehnung an die Regelungen des Wertpapierhandelsgesetzes den Vorgaben des Art. 13 Abs. 2 VO (EU) Nr. 1227/2011 vom 8.12.2011 über die Integrität und Transparenz des Energiegroßhandelsmarkts (REMIT-VO/Regulation on Wholesale Energy Market Integrity and Transparency) (ABl. 2011 L 326, 1) Rechnung getragen, die als Mindestkompetenzen der BNetzA als der zuständigen Behörde in das nationale Recht aufgenommen werden müssen. Die Vorschrift regelt die Einzelheiten bei der Einleitung des Ermittlungsverfahrens und der Durchführung des **Strafverfahrens** in einer Weise, die den Besonderheiten der Vorschriften der **REMIT**-VO Rechnung trägt (vgl. BT-Drs. 17/10060, 33). Zudem galt es angesichts gesteigerter datenschutzrechtlicher Bestimmungen eine ausdrückliche Regelung zu treffen, um den Anforderungen eines Eingriffs in das informationelle Selbstbestimmungsrecht Rechnung zu tragen (weiterführend NK-EnWG/*Görisch* § 58b Rn. 1).

3   Die BNetzA ist im Zusammenwirken mit weiteren Behörden (→ § 58a Rn. 13ff.) die zentrale Stelle zur Untersuchung des Insiderhandels und der Marktmanipulation mit Energiegroßhandelsprodukten in Deutschland (weiterführend Zenke/Schäfer Energiehandel/*Eufinger/Eufinger* § 22 Rn. 110ff.). Soweit dies mit Wertpapieren die auch Finanzinstrumente iSd WpHG geschieht kommt die Bundesanstalt für Finanzdienstleistungsaufsicht („BaFin") hinzu. Durch die **Zusammenarbeit mit Staatsanwaltschaften** und **Gerichten** soll hier zum einen ein Zusammenfluss an einer zentralen Stelle und zum anderen die Möglichkeit der gegenseitigen Information erreicht werden. Es ist auch denkbar, dass Staatsanwaltschaften ohne Einschaltung der BNetzA Ermittlungen durchführen. Gerade hier ist der gegenseitige Informationsaustausch zwischen den Behörden (→ § 58a Rn. 18ff.) von höchstem Nutzen.

4   Die BNetzA ist nach § 69 Abs. 11 ermächtigt, Verstöße gegen das Insiderhandelsverbot und das Marktmanipulationsverbot zu untersuchen. Sie ersetzt aber nicht die Staatsanwaltschaft, vielmehr ist diese die zuständige Strafverfolgungsbehörde. Die europäischen Verbotsnormen sind in der REMIT-VO geregelt. Das Verbot des Insiderhandels ist in Art. 3 REMIT-VO, das der Marktmanipulation in Art. 5 REMIT-VO normiert. Die Strafdrohung und damit auch die Strafbarkeit ist hier national in § 95a und § 95b geregelt. Da die Informationen über Verdachtsmomente bei der BNetzA zusammenlaufen ist es auch unabdingbar die entspr. **Anzeigepflicht** der Agentur bei der Staatsanwaltschaft festzulegen. Umgekehrt ist es auch erforderlich, entspr. **Informationen** durch die **Strafverfolgungsbehörden** und die Gerichte an die BNetzA weiterzuleiten. Dies wird hier geregelt.

B. Zusammenwirken zwischen Staatsanwaltschaft und Bundesnetzagentur im Einzelnen

§ 58b regelt die Zusammenarbeit der Staatsanwaltschaft und der BNetzA zur **5**
Durchführung der REMIT-VO im Bereich Insiderhandel und Marktmanipulation
und regelt hierzu im Einzelnen damit verbundene Rechte und Pflichten.

I. Mitteilung zur Einleitung von Ermittlungsverfahren nach Abs. 1

Gem. § 58b Abs. 1 S. 1 informiert die Staatsanwaltschaft die BNetzA über die **6**
Einleitung eines **Ermittlungsverfahrens,** welches Straftaten nach § 95a oder
§ 95b betrifft. Dies sind Taten gegen das Insiderhandelsverbot gem. Art. 3 -VO
oder das Verbot der Marktmanipulation gem. Art. 5 REMIT-VO. Die Verbotsnorm
selbst ist in der europäischen VO festgelegt, während das Strafmaß im nationalen
Recht, hier in den § 95a und § 95b festgelegt ist. Durch die Mitteilung soll es der
BNetzA ermöglicht werden am Verfahren **mitzuwirken** und die entsprechende
Expertise einzubringen.

Die BNetzA hat hier, wie die BaFin, die Rolle einer Verwaltungsbehörde, die **7**
mit den Mitteln von Verwaltungsmaßnahmen Sachverhalte aufklärt. Gerade in diesem
hoch komplexen Bereich ist ein **Zusammenwirken** zwischen **Strafverfolgern**
und der **Verwaltung** sinnvoll. Faktisch entsteht ein Verfolgungsverbund zwischen
den Behörden, wobei rechtsformal die Unabhängigkeit der BNetzA gewahrt
wird (vgl. NK-EnWG/*Görisch* § 58b Rn. 1). Hier werden einer Verwaltungsbehörde
erweiterte Befugnisse zugebilligt, die ansonsten den Strafverfolgungsbehörden
und den Hilfsbeamten der Staatsanwaltschaft vorbehalten sind (vgl. zur
Rolle der BaFin im Wertpapierrecht Assmann/Schütze/Buck-Heeb KapAnlR-
HdB/*Assmann/Buck-Heeb* § 1 Rn. 43). Weiterhin vermeidet die gegenseitige Information
– umgekehrt die Anzeigepflicht gem. § 68a (→ § 68a Rn. 1 ff.) – unnötige
Doppelarbeit (vgl. Schwark/Zimmer/*Böse/Jansen* WpHG § 122 Rn. 4). Durch die
Herausstellung der Eigenständigkeit der Staatsanwaltschaft wird auch dem Gebot
der Gewaltenteilung Rechnung getragen.

Gem. § 58b Abs. 1 S. 2 kann die Staatsanwaltschaft, sofern **Sachverständige** be- **8**
nötigt werden, fachkundige Mitarbeiter der BNetzA heranziehen. Die Entscheidung
obliegt hierbei allein der Staatsanwaltschaft (vgl. zum Wertpapierhandelsbereich
KK-WpHG/*Altenhain* § 40a Rn. 15). Soweit Sachverständige der BNetzA
herangezogen werden ist es ratsam vom Akteneinsichtsrecht gem. § 58b Abs. 3 Gebrauch
zu machen. Auch im Hauptverfahren ist eine Beteiligung von fachkundigen
Mitarbeitern der BNetzA denkbar.

Die **BNetzA** ist gem. § 58b Abs. 1 S. 3 **zu hören,** falls die Staatsanwaltschaft er- **9**
wägt das Verfahren einzustellen. Gerade bei Ermittlungen gegen Einzelpersonen
erfahren diese möglicherweise erstmals durch die Staatsanwaltschaft von der Ermittlung.
Die subjektive Seite der Tat (Vorsatz, Fahrlässigkeit) wird meist erst im Rahmen
des staatsanwaltschaftlichen Ermittlungsverfahrens bewertet, sodass auch hier
durchaus entlastende Momente für den Beschuldigten zu Tage treten können.
Durch diese Regelung soll es der BNetzA ermöglicht werden Einwände vorzubringen
und auch nicht berücksichtigte Argumente vorzutragen.

§ 58 b

II. Mitteilung über den Termin der Hauptverhandlung durch das Gericht nach Abs. 2

10 Gem. § 58 b Abs. 2 teilt das **Gericht** der BNetzA in den oben beschriebenen Verfahren den Termin zur Hauptverhandlung mit. Die BNetzA erhält damit die Möglichkeit der Verhandlung beizuwohnen. Eine Verfahrensbeteiligung ist damit wie im Wertpapierrecht auch nicht verbunden.

III. Akteneinsichtsrecht der Bundesnetzagentur nach Abs. 3

11 Gem. § 58 b Abs. 3 ist der BNetzA **Akteneinsicht** zu gewähren, es sei denn schutzwürdige Interessen des Betroffenen stehen dem entgegen, oder der Untersuchungserfolg der Ermittlungen wird dadurch gefährdet. Hierdurch wird es der BNetzA ermöglicht sich über den Sachstand des Verfahrens zu unterrichten. Faktisch wird es nur wenige Fälle geben, in denen schutzwürdige Interessen des Betroffenen der Akteneinsicht entgegenstehen. Dieses Akteneinsichtsrecht ist dem des Verteidigers nach der StPO ähnlich. Entspr. beinhaltet es auch das Recht Abschriften und Kopien zu fertigen (vgl. zu den wertpapierrechtlichen Vorschriften KK-WpHG/*Altenhain* § 40 a Rn. 17).

IV. Zu übermittelnde Unterlagen im Fall der öffentlichen Klage nach Abs. 4 S. 1

12 In Verfahren, welche die oben genannten Taten des Insiderhandels und der Marktmanipulation bezogen auf Energiegroßhandelsprodukte zum Gegenstand haben (§ 95 a und § 95 b) sind gem. Abs. 4 S. 1 der BNetzA bestimmte **Unterlagen** zu **übermitteln.** Dies ist für die Staatsanwaltschaft zwingend, ein Ermessen wird ihr nicht eingeräumt (weiterführend zur genauen Übermittlungsform und Inhalt Theobald/Kühling/*Theobald/Werk* EnWG § 58 b Rn. 8 ff.).

13 Nach Abs. 4 S. 1 Nr. 1 ist die **Anklageschrift** oder eine an ihre Stelle tretende Antragsschrift zu übermitteln. Von dem Begriff der Antragsschriften ist beispielhaft die Antragsschrift im Sicherungsverfahren umfasst.

14 Nach Abs. 4 S. 1 Nr. 2 ist der Antrag auf Erlass eines **Strafbefehls** zu übermitteln.

15 Nach Abs. 4 S. 1 Nr. 3 ist die das Verfahren **abschließende Entscheidung** zu übermitteln. Sofern gegen die Entscheidung Rechtsmittel eingelegt worden sind, sind auch diese zu übermitteln. Durch diese Mitteilungen wird der BNetzA die Möglichkeit gegeben ihre Meinung hierzu gegenüber der zuständigen Staatsanwaltschaft mitzuteilen und so dieser die Möglichkeit zu geben, dies gegebenenfalls noch in den Prozess (im Falle des Rechtsmittels) einzuführen. Weiterhin hat sie die Möglichkeit die Entscheidungen nach Nr. 3 in ihre Verwaltungspraxis einfließen zu lassen.

V. Übermittlungen bei leichtfertig begangenen Taten nach Abs. 4 S. 2

16 Gem. § 58 b Abs. 4 S. 2 sind die zu übermittelnden Informationen bei **leichtfertig** begangen **Taten** eingeschränkt. Die Anklageschrift, oder an ihre Stelle tretende Antragsschrift und der Antrag auf Erlass eines Strafbefehls sind nur dann zu übermitteln, wenn aus Sicht der übermittelnden Stelle (der Staatsanwaltschaft) unverzuglich Entscheidungen oder andere Maßnahmen der BNetzA geboten sind. Erfasst sind hiervon Fälle, in denen der Täter gem. § 95a Abs. 4 eine Insiderinformation leichtfertig nutzt. Das können etwa Fälle sein, in denen der Täter irrtümlich davon ausging, dass die Insiderinformation bereits veröffentlicht sei, sich aber hierüber nicht vergewissert hat.

Das EnWG enthält an zahlreichen Stellen die Erforderlichkeit der **persönlichen** **Zuverlässigkeit,** um im Energiewirtschaftsbereich tätig sein zu dürfen. Auch bei leichtfertiger Begehung einer Tat ist in Fällen, in denen eine solche Person beschuldigt wird, eine Übermittlung der Informationen an die BNetzA geboten. Nur so kann eine umfassende Zuverlässigkeitsprüfung gewährleistet werden. Eine unverzügliche Entscheidung oder andere Maßnahme der BNetzA ist in solchen Fällen, auch vor Erlass einer gerichtlichen Entscheidung, geboten. **17**

C. Rechtsfolgen bei Verstößen gegen die Beteiligungs- und Informationspflichten

Wie im Wertpapierbereich ist ein formeller Rechtsbehelf der BNetzA gegen die Einstellung nicht vorgesehen (vgl. KK-WpHG/*Altenhain* § 40a Rn. 16). Theoretisch denkbar ist jedoch gegen eine Einstellung im Rahmen einer **Gegenvorstellung** oder **Fachaufsichtsbeschwerde** bei der Staatsanwaltschaft vorzugehen. Dies gilt auch, wenn die vorgesehenen Mitteilungen unterblieben sind. **18**

Abschnitt 2. Bundesbehörden

§ 59 Organisation

(1) ¹Die Entscheidungen der Bundesnetzagentur nach diesem Gesetz werden von den Beschlusskammern getroffen. ²Satz 1 gilt nicht für
1. die Erstellung und Überprüfung von Katalogen von Sicherheitsanforderungen nach § 11 Absatz 1a und 1b sowie die Festlegung nach § 11 Absatz 1g,
2. die Aufgaben nach § 11 Absatz 2,
2a. die Anforderung der Berichte und die Überwachung der Berichtspflichten nach § 12 Absatz 3b und 3c,
3. die Datenerhebung zur Erfüllung von Berichtspflichten einschließlich der Anforderung von Angaben nach § 12 Absatz 5 Satz 1 Nummer 4,
4. die Aufgaben nach den §§ 12a bis 12f,
4a. die Überwachung der Vorgaben nach § 13 Absatz 3 Satz 4 und 5,
5. Entscheidungen nach § 13b Absatz 5, § 13e Absatz 5, § 13f Absatz 1, § 13g Absatz 6, auf Grund einer Verordnung nach § 13h Absatz 1 Nummer 1 bis 8, 10 und 11 sowie 12 bis 23, Festlegungen auf Grund § 13h Absatz 2 zur näheren Bestimmung der Regelungen nach § 13h Absatz 1 Nummer 1 bis 8, 10 und 11 sowie 12 bis 20,
6. Entscheidungen, die auf Grund von Verordnungen nach § 13i Absatz 3 Nummer 1 Buchstabe a, b, c, f sowie Nummer 2 und Absatz 4 getroffen werden, mit Ausnahme der Kriterien einer angemessenen Vergütung,
7. Festlegungen nach § 13j Absatz 2 Nummer 3, 5 bis 7 und 9, Absatz 3 Satz 1 in Verbindung mit § 13i Absatz 3 Nummer 1 Buchstabe a, b, c und f, § 13j Absatz 3 Satz 2 hinsichtlich des § 13b sowie nach § 13j Absatz 4, 5 und 7,
8. Aufgaben nach § 14 Absatz 2 und den §§ 14c bis 14e,
9. die Aufgaben nach den §§ 15a, 15b,
10. die Aufgaben nach den §§ 17a bis 17c,
11. Aufgaben nach den §§ 28p und 28q sowie Aufgaben nach § 41c,
12. Datenerhebungen zur Wahrnehmung der Aufgaben nach § 54a Absatz 2, Entscheidungen im Zusammenhang mit dem Ausbau bidirektionaler Gasflüsse nach § 54a Absatz 2 in Verbindung mit Artikel 5 Absatz 4 und 8 Unterabsatz 1 sowie Anhang III der Verordnung (EU) 2017/1938 sowie Festlegungen gemäß § 54a Absatz 3 Satz 2 mit Ausnahme von Festlegungen zur Kostenaufteilung,
13. Entscheidungen im Zusammenhang mit der Überwachung der Energiegroßhandelsmärkte nach § 56 Absatz 1 Satz 1 Nummer 4 in Verbindung mit der Verordnung (EU) Nr. 1227/2011 sowie Festlegungen gemäß § 5b Absatz 1 Satz 2 und § 58a Absatz 4,
14. Entscheidungen auf der Grundlage der Artikel 9, 65 und 68 der Verordnung (EU) 2015/1222 der Kommission vom 24. Juli 2015 zur Festlegung einer Leitlinie für die Kapazitätsvergabe und das Engpassmanagement (ABl. L 197 vom 25.7.2015, S. 24),
15. Entscheidungen zur Durchsetzung der Verpflichtungen für Datenlieferanten nach Artikel 4 Absatz 6 der Verordnung (EU) Nr. 543/2013,

Organisation §59

16. die Erhebung von Gebühren nach § 91,
17. Vollstreckungsmaßnahmen nach § 94,
18. die Aufgaben und Festlegungen im Zusammenhang mit der nationalen Informationsplattform nach § 111d,
19. die Aufgaben im Zusammenhang mit dem Marktstammdatenregister nach den §§ 111e und 111f,
20. Entscheidungen auf der Grundlage der Artikel 4, 30 und 36 der Verordnung (EU) 2016/1719 der Kommission vom 26. September 2016 zur Festlegung einer Leitlinie für die Vergabe langfristiger Kapazität (ABl. L 259 vom 27.9.2016, S. 42; L 267 vom 18.10.2017, S. 17),
21. Entscheidungen auf der Grundlage der Artikel 6 und 7 der Verordnung (EU) 2017/1485 der Kommission vom 2. August 2017 zur Festlegung einer Leitlinie für den Übertragungsnetzbetrieb (ABl. L 220 vom 25.8.2017, S. 1), mit Ausnahme der Durchführung von Streitbeilegungsverfahren gemäß Artikel 6 Absatz 10 der Verordnung (EU) 2017/1485,
22. Entscheidungen auf der Grundlage des Artikels 4 der Verordnung (EU) 2017/2196 der Kommission vom 24. November 2017 zur Festlegung eines Netzkodex über den Notzustand und den Netzwiederaufbau des Übertragungsnetzes (ABl. L 312 vom 28.11.2017, S. 54; L 31 vom 1.2.2019, S. 108), mit Ausnahme der Durchführung von Streitbeilegungsverfahren gemäß Artikel 4 Absatz 8 der Verordnung (EU) 2017/2196,
23. Entscheidungen auf der Grundlage der Artikel 11, 13, 15, 16, 17 und 35 der Verordnung (EU) 2019/943,
24. die Überprüfung der Einhaltung der Vorgaben, die sich aus einer Verordnung aufgrund von § 49 Absatz 4 hinsichtlich der technischen Sicherheit und Interoperabilität von Ladepunkten ergeben,
25. Entscheidungen nach den §§ 11a und 11b,
26. Entscheidungen nach § 50b Absatz 3 Satz 3 und
27. Festlegungen nach § 50e Absatz 2.

³Die Beschlusskammern werden nach Bestimmung des Bundesministeriums für Wirtschaft und Energie gebildet.

(2) ¹Die Beschlusskammern entscheiden in der Besetzung mit einem oder einer Vorsitzenden und zwei Beisitzenden. ²Vorsitzende und Beisitzende müssen Beamte sein und die Befähigung zum Richteramt oder für eine Laufbahn des höheren Dienstes haben.

(3) Die Mitglieder der Beschlusskammern dürfen weder ein Unternehmen der Energiewirtschaft innehaben oder leiten noch dürfen sie Mitglied des Vorstandes oder Aufsichtsrates eines Unternehmens der Energiewirtschaft sein oder einer Regierung oder einer gesetzgebenden Körperschaft des Bundes oder eines Landes angehören.

Übersicht

	Rn.
A. Allgemeines	1
B. Status und Organisation der Bundesnetzagentur	4
C. Beschlusskammern	10
I. Organisation, Zusammensetzung, Status	11

Hermes

§ 59

Teil 7. Behörden

	Rn.
1. Zusammensetzung, berufliche Qualifikation, Inkompatibilität (Abs. 2 und 3)	12
2. Bildung „nach Bestimmung" des Bundesministeriums (Abs. 1 S. 3)	17
3. Weisungsunterworfenheit der Beschlusskammern?	21
II. Zuständigkeiten (Abs. 1 S. 1 und 2)	24
1. Entscheidungen nach dem EnWG	25
2. Ausnahmen (Abs. 1 S. 2)	26

Literatur: *Agenendt/Gramlich/Pawlik,* Neue Regulierung der Strom- und Gasmärkte – Aufgaben und Organisation der Regulierungsbehörde(n), LKV 2006, 49; *Bosman,* Die Beschlusskammern der Regulierungsbehörde für Telekommunikation und Post, 2003; *Contzen,* die Rolle der Politik in den Entscheidungen der Bundesnetzagentur, 2011; *Haupt,* Die Verfahren vor den Beschlusskammern der Regulierungsbehörde für Telekommunikation und Post, 2004; *Masing,* Soll das Recht der Regulierungsverwaltung übergreifend geregelt werden?, Gutachten D für den 66. Deutschen Juristentag, 2006; *Neveling,* Die Bundesnetzagentur, ZNER 2005, 263; *Oertel,* Die Unabhängigkeit der Regulierungsbehörde nach §§ 66ff. TKG, 2000; *Pöcker,* Unabhängige Regulierungsbehörden und die Fortentwicklung des Demokratieprinzips, VerwArch 2008, 380; *Schmidt,* Neustrukturierung der Bundesnetzagentur – Verfassungs- und verwaltungsrechtliche Probleme, NVwZ 2006, 907; *Schmidt,* Von der RegTP zur Bundesnetzagentur: Der organisationsrechtliche Rahmen der neuen Regulierungsbehörde, DÖV 2005, 1025.

A. Allgemeines

1   Mit seinen Regelungen zu den Beschlusskammern enthält § 59 die zentrale energiesektorspezifische Vorschrift zur **Binnenorganisation der BNetzA,** die die allgemeinen organisationsrechtlichen Vorgaben des BNAG ergänzt (BerlKommEnergieR/*Schmidt-Preuß,* VwVfG § 59 Rn. 1). Während § 59 spezielle Aussagen zur Bildung (§ 59 Abs. 1 S. 3), zur Zusammensetzung (§ 59 Abs. 2) und zu den Zuständigkeiten (§ 59 Abs. 1 S. 1 und 2) der Beschlusskammern sowie zu Inkompatibilitäten ihrer Mitglieder (§ 59 Abs. 3) enthält, finden sich die allgemeinen Regelungen zum Status und zur Organisation der BNetzA in dem Gesetz über die Bundesnetzagentur. Eine Reihe von Einzelfragen zum Status der Beschlusskammern kann nur vor dem Hintergrund der Organisationsstruktur der BNetzA insgesamt und deshalb nur auf der Grundlage einer **Zusammenschau** von § 59 und den **allgemeinen Regelungen des BNAG** beantwortet werden.

2   Mit der Einrichtung von Beschlusskammern hat der Gesetzgeber das **Ziel** verfolgt, „eine justizähnliche, den strengen Vorgaben der EU-Richtlinien entsprechende **Unabhängigkeit der Entscheidungsmechanismen** sicherzustellen (BT-Drs. 15/3917, 70; *Schmidt* DÖV 2005, 1025 (1028ff.); *Neveling* ZNER 2005, 263). Die bereits im ursprünglichen Regierungsentwurf enthaltene Vorschrift wurde im Vermittlungsverfahren lediglich durch **§ 59 Abs. 1 S. 2** ergänzt (BT-Drs. 15/5736, 6). Die dort enthaltene Liste der **Ausnahmen von der Beschlusskammerzuständigkeit** wurde **vielfach geändert** (Liste bis 2019 bei NK-EnWG/*Wahlhäuser* § 59 Rn. 1 mit Fn. 1; s. auch → Rn. 27). Allerdings wurde auch **§ 59 Abs. 3** im Juli 2011 durch Art. 1 Nr. 51 Buchst. b des Gesetzes zur Neuregelung energiewirtschaftsrechtlicher Vorschriften (BGBl. 2011 I S. 1554) **ergänzt,** um die personelle Unabhängigkeit der Mitglieder der Beschlusskammern zu stärken (s. dazu BT-Drs. 17/6072, 92).

Organisation **§ 59**

Zuletzt wurde die Liste der Ausnahmen in Absatz 1 Satz 2 ergänzt um die Festlegung nach § 11 Abs. 1 g (in Nr. 1 durch die **EnSiG-Novelle 2022**) und um die Entscheidungen nach § 50b Abs. 3 S. 3 und die Festlegungen nach § 50e Abs. 2 (in Nr. 26 und Nr. 27 durch das **ErsatzkraftwerkeG 2022**).

Bei den in der Gesetzesbegründung in Bezug genommenen Richtlinien-Vor- 3
gaben handelt es sich um **Art. 23 Abs. 1 Elt-RL 03** und **Art. 25 Abs. 1 Gas-RL 03**, wonach die Regulierungsbehörden „von den Interessen" der Elektrizitäts- bzw. Erdgaswirtschaft „vollkommen **unabhängig** sein" mussten. Allerdings gehen die Anforderungen an die Unabhängigkeit der Regulierungsbehörden nach Art. 57 Elt-RL 19 und Art. 39 Gas-RL deutlich darüber hinaus, indem sie auch die Unabhängigkeit von „Regierungsstellen" fordern und insbesondere Weisungsbefugnisse solcher Regierungsstellen ausschließen (dazu → § 54 Rn. 4 f.). Aus **verfassungsrechtlicher** Perspektive sind insoweit in erster Linie die verwaltungsorganisationsrechtlichen Gehalte des Demokratieprinzips (→ § 61 Rn. 1 ff.) von Bedeutung (→ Rn. 22). Der verwaltungskompetenzrechtliche Titel des Art. 87 Abs. 3 GG, auf dem die Errichtung der BNetzA hinsichtlich ihrer energierechtlichen Regulierungsaufgaben beruht (→ § 54 Rn. 2, 6 f.), spricht zwar von „selbständigen" Bundesbehörden. Daraus lassen sich allerdings keine zwingenden Vorgaben für die fachliche (Weisungs-)Abhängigkeit der BNetzA insgesamt oder der Beschlusskammern ableiten (→ Rn. 6, 21).

B. Status und Organisation der Bundesnetzagentur

Die BNetzA ist gem. § 1 S. 2 BNAG eine selbständige Bundesoberbehörde im 4
Geschäftsbereich des Bundesministeriums für Wirtschaft und Klimaschutz. Es handelt sich bei dieser Behörde um die auf der Grundlage des TKG 1996 zum 1. 1. 1998 errichtete „Regulierungsbehörde für Post und Telekommunikation", die durch § 1 BNAG (Art. 2 des Zweiten Gesetzes zur Neuregelung des Energiewirtschaftsrechts vom 7. 7. 2005) mit Wirkung ab dem 8. 7. 2005 in „Bundesnetzagentur für Elektrizität, Gas, Telekommunikation, Post und Eisenbahnen" umbenannt und mit neuen Aufgaben auf den Gebieten der leitungsgebundenen Versorgung mit Elektrizität und Gas und des Zugangs zur Eisenbahninfrastruktur ausgestattet wurde (§ 2 BNAG). Diese Entscheidung zugunsten einer auch institutionell **sektorspezifischen Regulierung der Netzwirtschaften** und gegen eine Zuweisung der Regulierungsaufgaben an das Bundeskartellamt (s. hierzu Geppert/Schütz/*Attendorn/Geppert* TKG § 116 Rn. 3 ff., 14 ff.) ist Ausdruck der zutreffenden Einsicht in die Besonderheiten netzgebundener Infrastrukturen.

Mit der gesetzlichen Qualifizierung der BNetzA als **„Bundesoberbehörde"** in 5
§ 1 BNAG wird entsprechend der allgemeinen – insbesondere in Art. 87 Abs. 3 S. 1 GG verwendeten – Terminologie zum Ausdruck gebracht, dass es sich bei der BNetzA um einen organisatorisch gegenüber der Ministerialverwaltung verselbständigten Teil der unmittelbaren Bundesverwaltung handelt, dessen Zuständigkeit sich auf das gesamte Bundesgebiet erstreckt und das einem Bundesministerium nachgeordnet ist (s. dazu nur Dreier/*Hermes* GG Art. 86 Rn. 26 f.). Mit dieser Nach- oder „Unterordnung" unter das in § 1 BNAG genannte Ministerium für Wirtschaft und Klimaschutz ist nach der traditionellen verfassungs- und verwaltungsorganisationsrechtlichen Lehre die **ministerielle Fach- und Rechtsaufsicht** verbunden, die allerdings durch § 61 modifiziert (dazu → § 61 Rn. 1) und durch eine Reihe weiterer Besonderheiten der BNetzA (→ Rn. 21) in Frage gestellt wird.

§ 59   Teil 7. Behörden

6   Die in § 1 S. 2 BNAG erwähnte **„Selbständigkeit"** der BNetzA, die ebenfalls der verfassungsrechtlichen Terminologie des Art. 87 Abs. 3 S. 1 GG entspricht (*Agenendt/Gramlich/Pawlik* LKV 2006, 54), zielt nicht auf die Verselbständigung gegenüber dem Ministerium – diese folgt bereits aus dem Begriff der Bundesoberbehörde –, sondern charakterisiert solche Bundesbehörden, die im Unterschied zu denen nach Art. 87 Abs. 3 S. 2 GG für das ganze Bundesgebiet zuständig sind, ohne auf die kontinuierliche und flächendeckende Unterstützung durch Landesbehörden angewiesen zu sein (dh Selbständigkeit im Verhältnis zu den Landesbehörden, Dreier/*Hermes* GG Art. 87 Rn. 79). Fragen der Selbständigkeit im Sinne der insbesondere unionsrechtlich verlangten Unabhängigkeit der BNetzA als Regulierungsbehörde werden nicht durch § 1 S. 2 BNAG geregelt, sondern bedürfen der näheren Ausgestaltung durch Gesetz. In Anlehnung an den gesetzlichen Rahmen des Bundeskartellamtes (Geppert/Schütz TKG/*Attendorn/Geppert* § 116 Rn. 14 ff.) hat der Gesetzgeber diese Ausgestaltung in der Weise vorgenommen, dass der BNetzA ein eigenständiger Aufgabenbereich ohne ein Selbsteintrittsrecht des Ministeriums zugewiesen ist und die Behörde durch einen eigenen Haushalts(unter)titel im Einzelplan des Wirtschaftsministeriums mit den erforderlichen Finanzmitteln ausgestattet wird. Darüber hinaus ist die BNetzA durch eine Reihe organisations- und verfahrensrechtlicher Besonderheiten geprägt, die sie im Vergleich zu anderen Bundesbehörden mit einer deutlich gesteigerten funktionellen und politischen Unabhängigkeit ausstatten (*Contzen* S. 73 ff.; *Oertel* S. 171 ff., 317 ff.; *Schmidt* NVwZ 2006, 907 (908 ff.); auch → § 61 Rn. 2).

7   Die **Leitung** der BNetzA und ihre gerichtliche und außergerichtliche **Vertretung** liegen beim Präsidenten (§ 3 Abs. 1 BNAG), der durch zwei Vizepräsidenten vertreten wird (§ 3 Abs. 2 BNAG). Der Präsident ist folglich Dienstvorgesetzter der Beamten der BNetzA und Inhaber des Direktionsrechts gegenüber den Arbeitnehmern der BNetzA. Vorbehaltlich der umstrittenen Weisungsunterworfenheit der Beschlusskammern (→ Rn. 21) bedeutet dies ein Weisungsrecht des Präsidenten im gesamten Aufgabenbereich der BNetzA. Die Beschäftigten der BNetzA werden bei außengerichteten Maßnahmen also in Vertretung (Vizepräsidenten) oder im Auftrag (Beschäftigte) des Präsidenten tätig (Geppert/Schütz*Attendorn/Geppert* TKG § 116 Rn. 33).

8   Darüber hinaus regelt der Präsident die Verteilung und den Gang der Geschäfte durch eine **Geschäftsordnung,** welche der Bestätigung durch das Bundesministerium für Wirtschaft und Technologie bedarf (§ 3 Abs. 1 S. 2 BNAG). Durch diese Geschäftsordnung können insbesondere die Aufgaben bestimmt werden, bei deren Wahrnehmung der Präsident ständig durch die beiden Vizepräsidenten vertreten wird, und die von einzelnen Abteilungen oder Referaten in seinem Auftrag wahrgenommen werden. Nicht Gegenstand der Geschäftsordnung ist die Bildung der **Beschlusskammern,** weil diese gem. § 59 Abs. 1 S. 3 der Bestimmung des BMWi (inzwischen BMWK) vorbehalten ist (→ Rn. 17 ff.). Das Verfahren sowohl der Beschlusskammern als auch der sonstigen Entscheidungsträger der BNetzA kann die Geschäftsordnung nur insoweit regeln, als in §§ 65 ff. keine gesetzlichen Regelungen getroffen sind oder diese Konkretisierungsspielräume lassen.

9   Bei der **Geschäftsordnung** handelt es sich – anders etwa als die Geschäftsordnung des Bundestages nach Art. 40 Abs. 1 S. 2 GG oder der Bundesregierung nach Art. 65 S. 4 GG – nicht um eine Form „autonomer" Rechtsetzung, sondern um **abstrakt-generelle Anweisungen des Präsidenten der BNetzA,** die auf seiner Leitungsbefugnis nach § 3 Abs. 1 S. 1 BNAG beruhen. Wie der Bestätigungsvorbehalt zugunsten des BMWK (im Benehmen mit dem BMVI/BMDV) in § 3

Organisation **§ 59**

Abs. 1 S. 2 BNAG zeigt, steht die Befugnis für die Erteilung allgemeiner innerbehördlicher Anweisungen aber nicht dem Präsidenten alleine zu, sondern ist an die Zustimmung des Ministeriums gebunden. Auf diese Weise werden Organisations- und Verfahrensfragen, die für den Status und die tatsächliche Unabhängigkeit der BNetzA von Bedeutung sind, zum Gegenstand von Verhandlungen und möglicherweise auch „intensiven Auseinandersetzungen zwischen Ministerium und Behörde" (*Oertel* Unabhängigkeit S. 206 Fn. 119). Für eventuelle Abweichungen von der Geschäftsordnung hat dies zur Folge, dass der Präsident diese nicht aus eigener Kompetenz anordnen oder zulassen darf, sondern nur dann, wenn solche Abweichungen in der Geschäftsordnung ausdrücklich zugelassen sind. Eine **Veröffentlichung** der Geschäftsordnung, die bislang unterblieben ist (zu Recht krit. dazu *Masing* S. D 99), verlangt das Gesetz nicht explizit, entspräche aber der auf Transparenz angelegten Gesamtkonzeption der BNetzA.

C. Beschlusskammern

Alle wesentlichen Entscheidungen der BNetzA, die ihre rechtliche Grundlage 10 im EnWG finden, treffen Beschlusskammern als **Kollegialorgane.** Sie werden nach Bestimmung des Bundesministeriums für Wirtschaft und Klimaschutzgebildet.

I. Organisation, Zusammensetzung, Status

Fragen der Organisation, der Zusammensetzung und der rechtlichen Stellung 11 der Beschlusskammern sind **gesetzlich** in § 59 nur rudimentär geregelt. Ergänzende Regelungen trifft das **Ministerium durch „Bestimmung"** auf der Grundlage des § 59 Abs. 1 S. 3. Verbleibende Organisationsfragen kann der **Präsident der BNetzA** mit Zustimmung des BMWK in der **„Geschäftsordnung"** (§ 3 Abs. 1 S. 2 BNAG) oder auf der Grundlage seiner Leitungsbefugnis (§ 3 Abs. 1 S. 1 BNAG) durch einzelne **Anweisungen** klären. Insgesamt wird das Beschlusskammerverfahren sowie der Charakter der Beschlusskammerentscheidungen nicht zuletzt mit Bezug auf die Regelung des § 59 als **„gerichtsähnlich"** qualifiziert (etwa OLG Düsseldorf Beschl. v. 14.1.2015 – VI-3 Kart 11/14 (V), 3 Kart 11/14 (V), ZNER 2015, 146 (Rn. 37)).

1. Zusammensetzung, berufliche Qualifikation, Inkompatibilität 12 **(Abs. 2 und 3).** Die fachliche **Qualität** der Entscheidungen der Beschlusskammern sucht das Gesetz dadurch zu sichern, dass sie in der **kollegialen Besetzung** von drei Beamten ergehen, die über eine bestimmte berufliche Qualifikation verfügen und deren Unabhängigkeit von den regulierten Unternehmen der Energiewirtschaft durch Inkompatibilitäten gewährleistet wird.

Die Beschlusskammern entscheiden gem. § 59 Abs. 2 S. 1 in der Besetzung mit 13 **drei Beamten,** von denen einem die Funktion des Vorsitzenden und den zwei übrigen die Funktion von Beisitzenden zukommt. Nicht ausgeschlossen ist dadurch, dass einer Beschlusskammer mehr als drei Beamte zugewiesen werden, die dann in unterschiedlicher Zusammensetzung entscheiden (NK-EnWG/*Walhäuser* § 59 Rn. 8). Wenn die gesetzlich vorgegebene Besetzung der Beschlusskammern mit drei Beamten auf **„Entscheidungen"** bezogen ist, so bedeutet dies nicht, dass die dazu berufenen (→ Rn. 20) drei Mitglieder der Beschlusskammer nur an der abschließenden Fassung des Verwaltungsaktes beteiligt sein müssen. Aus der entschei-

Hermes 2323

§ 59

dungsvorbereitenden Funktion des behördlichen Verfahrens (§§ 68 ff.) ergibt sich vielmehr, dass die zur Entscheidung berufenen Beschlusskammermitglieder auch an **allen wesentlichen Verfahrensschritten** – insbesondere an Anhörungen – beteiligt sein müssen.

14 Was den **beruflichen Status und** die **Qualifikation** der Beschlusskammermitglieder angeht, so verlangt § 59 Abs. 2 S. 2 zum einen, dass die Entscheidungsbeteiligten **Beamte** sind und entweder die Befähigung zum Richteramt (§ 5 DRiG) oder die Befähigung für eine Laufbahn des höheren Dienstes (§ 17 Abs. 5 BBG) haben. Auf diese Weise öffnet das Gesetz den Weg für die in der Praxis übliche Besetzung der Beschlusskammern mit einem Juristen, einem Ökonomen und einem Absolventen eines Ingenieurstudienganges (Geppert/Schütz/*Attendorn*/Geppert TKG § 132 Rn. 10 f.). Zweifelhaft erscheint es aber, wenn bereits in dem Qualifikationsniveau eine Entsprechung des Unabhängigkeitsgebots gesehen wird (so aber BerlKommEnergieR/*Schmidt-Preuß* § 59 Rn. 8).

15 § 59 Abs. 3 legt Grundsätze zur **beruflichen Inkompatibilität** für die Mitglieder der Beschlusskammern fest. Sie nehmen mit ihren verschiedenen Funktionen, die jeweils mit der Stellung als Mitglied einer Beschlusskammer unvereinbar sind, zunächst Bezug auf den Begriff des **Unternehmens der Energiewirtschaft.** Entsprechend dem Ziel des § 59, die sachliche Qualität, Unabhängigkeit, Neutralität und Akzeptanz der Entscheidungen der BNetzA zu sichern, ist bei der Konkretisierung dieses Begriffs nicht auf den Begriff des EVU in § 3 Nr. 18 abzustellen, sondern ein weiter Begriff des energiewirtschaftlich tätigen Unternehmens zugrunde zu legen. **Potentielle Interessenkonflikte** zwischen der Entscheidungstätigkeit der Beschlusskammern einerseits und den in § 59 Abs. 3 genannten Funktionen sind auch denkbar, wenn es um Unternehmen geht, die zB in den Bereichen der Gewinnung und Erzeugung von Energie (Mineralölindustrie, Steinkohle- und Braunkohleförderung, Kernenergie) oder der Energieanlagen tätig sind (ähnlich *Salje* EnWG § 59 Rn. 16).

16 Das Gesetz nennt in Bezug auf Unternehmen der Energiewirtschaft vier Funktionen, die mit der Stellung als Mitglied einer Beschlusskammer **unvereinbar** sind: Zunächst dürfen Beschlusskammermitglieder solche Unternehmen nicht **innehaben,** womit die Mehrheitsgesellschafter- oder Eigentümerstellung gemeint ist (NK-EnWG/*Walhäuser* § 59 Rn. 22). Auch das **Leiten** eines Unternehmens der Energiewirtschaft zB als Geschäftsführer oder in vergleichbarer verantwortlicher Position fällt in den Bereich der Inkompatibilität. Schließlich erwähnt § 59 Abs. 3 die Mitgliedschaft im **Vorstand** und im **Aufsichtsrat** eines Unternehmens der Energiewirtschaft. Ob § 59 Abs. 3 mit diesen Inkompatibilitäten die Interessenkonflikte erfasst hat, denen praktische Relevanz zukommen könnte, erscheint eher zweifelhaft. Deshalb bleiben die Regelungen in **§ 20 VwVfG** zu den im Verwaltungsverfahren ausgeschlossenen Personen und die **Befangenheitsregelung in § 21 VwVfG** bedeutsam, die durch § 59 sowie mangels spezieller Regelungen in den §§ 65 ff. nicht verdrängt werden (so auch BerlKommEnergieR/*Schmidt-Preuß* § 59 Rn. 10; NK-EnWG/*Wahlhäuser* § 59 Rn. 24). Durch die Ergänzung in Abs. 3 aus dem Jahr 2011 (→ Rn. 2) wurde die personelle Unabhängigkeit der Mitglieder der Beschlusskammern „gestärkt, indem diese weder einer **Regierung** noch einem **Parlament** auf **Bundes- oder Landesebene** angehören dürfen" (BT-Drs. 17/6072, 92). Die Unabhängigkeit wird damit in doppelter Richtung abgesichert; die Neueinfügung soll eine hinreichende Distanz zum Staat gewährleisten (BerlKommEnergieR/*Schmidt-Preuß* § 59 Rn 9).

Organisation **§ 59**

2. Bildung „nach Bestimmung" des Bundesministeriums (Abs. 1 S. 3). 17
Gem. § 59 Abs. 1 S. 3 werden die Beschlusskammern „nach Bestimmung" des Bundesministeriums für Wirtschaft und Technologie gebildet. Was mit dieser **ministeriellen „Bestimmung"** genau gemeint ist und in welchem Verhältnis folglich die ministeriellen zu den **Kompetenzen des Präsidenten der BNetzA** (→ Rn. 7) stehen, lässt sich der Vorschrift nicht ohne Weiteres entnehmen. Entscheidungsbedürftig sind neben der Zahl der Beschlusskammern im Bereich des Energiesektors in erster Linie die Fragen, wie deren Zuständigkeiten abgegrenzt sind und welche Beamten diesen Beschlusskammern als vorsitzende und beisitzende entscheidungsbefugte Mitglieder zugeordnet werden. Welche dieser Fragen der „Bestimmung" des BMWK vorbehalten sind, lässt sich dem Gesetz nicht ohne Weiteres entnehmen.

Weil die Entscheidung über die **Zahl der Beschlusskammern** weitreichende 18 finanzielle Auswirkungen für den Bundeshaushalt hat und zu den allgemeinen Ausstattungsentscheidungen über Größe und Struktur der BNetzA gehört, spricht alles dafür, zumindest diese Entscheidung als Ausdruck der politischen Gesamtverantwortung der „Bestimmung" des BMWK vorzubehalten (*Bosman* Beschlusskammern S. 15; *Masing*, Gutachten DJT, S. D 90). Die Leitungs- und Geschäftsordnungskompetenz des Präsidenten nach § 3 Abs. 1 BNAG kann diese Kompetenz also schon wegen ihrer haushaltsmäßigen Voraussetzungen (Planstellen) nicht umfassen.

Anders könnte die Frage der **Zuständigkeitsabgrenzung** der gebildeten 19 Beschlusskammern zu beurteilen sein. Obwohl man auch die Zuweisung von Zuständigkeiten unter den Begriff der „Bildung von Beschlusskammern" nach „Bestimmung" des BMWK fassen könnte (so *Salje* EnWG § 59 Rn. 5), besteht hier ein engerer Bezug zu den Inhalten der Regulierungstätigkeit und somit eine größeres Gefahrenpotential politischer Einflussnahme. Wenn man sich der Einsicht nicht verschließt, dass sowohl das Unionsrecht wie auch seine Konkretisierung im BNAG und im EnWG die Regulierungstätigkeit der BNetzA aus guten Gründen gegenüber politischen Einflüssen abschirmen wollen (→ Rn. 6), kann man die Zuständigkeitsabgrenzung nur der Leitungsbefugnis des Präsidenten zuweisen. Ohnehin bleibt es bei einer Mitwirkung des BMWK im Wege der „Bestätigung" der Geschäftsordnung nach § 3 Abs. 1 S. 2 BNAG (aA *Bosman* Beschlusskammern S. 15).

Was schließlich die **Auswahl der Beamten** und ihre Zuweisung als vorsitzende 20 und beisitzende Mitglieder zu den einzelnen Beschlusskammern angeht, so sprechen auch hier die besseren Argumente dafür, diese Kompetenz der **Leitungsbefugnis** des Präsidenten nach § 3 Abs. 1 BNAG zuzuordnen. Zwar mag der Begriff „bilden" auch die Ernennung und Funktionszuweisung von Beamten erfassen (Geppert/Schütz/*Attendorn*/Geppert TKG § 132 Rn. 6 mwN). Allerdings hängen die Personalentscheidungen betreffend die Beschlusskammern in kaum trennbarer Weise mit der allgemeinen Personalkompetenz des Präsidenten zusammen. Darüber hinaus besteht auch hier die Gefahr politischer Einflussnahme im Wege von Personalentscheidungen, die durch das besondere Verfahren der Ernennung des Präsidiums der BNetzA (§ 3 BNAG) offensichtlich verhindert werden sollte. Könnte das BMWK an dem Präsidenten der BNetzA „vorbei" über die personelle Besetzung der Beschlusskammern entscheiden, wäre dessen besondere Stellung nach dem BNAG weitgehend entwertet.

3. Weisungsunterworfenheit der Beschlusskammern? Ungeklärt und um- 21 stritten – in der Praxis allerdings scheinbar von geringer Bedeutung – ist die Frage, ob die Beschlusskammern einem fachlichen Weisungsrecht des **Ministeriums**

und/oder des **Präsidenten** der BNetzA unterworfen sind. Während die Weisungsbefugnis des BMWK gegenüber der BNetzA im Allgemeinen und gegenüber den Beschlusskammern im Besonderen ausführlich diskutiert wurde (zuletzt veranlasst durch EuGH Urt. v. 2.9.2021- C-718/18, ECLI:EU:C:2021:662, Rn. 108; Nw. aus der Lit. etwa bei *Haupt,* Verfahren vor den Beschlusskammern, S. 62ff.; auch → § 61 Rn. 2, 12), erfreute sich die Frage nach der Direktions- und Weisungsbefugnis des Präsidenten der BNetzA über längere Zeit nur geringeren Interesses, obwohl sie von grundlegender Bedeutung für die Struktur der Regulierungsverwaltung ist (zutreffend *Masing,* Gutachten DJT, S. D 97). In der Praxis haben die Streitfragen bis heute gleichwohl keine große Bedeutung erlangt (so auch die Einschätzung von NK-EnWG/*Wahlhäuser* § 59 Rn. 11; BeckOK EnWG/*Pielow/Groneberg* § 59 Rn. 38).

22 Was zunächst **ministerielle Weisungen** angeht, die **unmittelbar an die entscheidungsbefugten Mitglieder einer Beschlusskammer** gerichtet sind (dazu auch → § 61 Rn. 12ff.), so lassen diese sich weder mit § 3 BNAG noch mit dem gesamten „institutionellen Arrangement" der BNetzA vereinbaren und sind deshalb **unzulässig** (dazu auch → § 61 Rn. 3, 14). Jenseits allgemeiner Differenzen über die Anforderungen des Demokratieprinzips an die Verwaltungsorganisation im Allgemeinen und die Zulässigkeit sog. „ministerialfreier Räume" in Bezug auf die Regulierungsverwaltung im Besonderen (dazu *Hermes,* Legitimationsprobleme unabhängiger Behörden in Bauer/Huber/Sommermann (Hrsg.), Demokratie in Europa, 2005, S. 457ff.; *Masing,* Gutachten DJT, S. D 71ff.), kann dies bereits aus der besonderen Stellung des Präsidenten der BNetzA gem. § 3 BNAG begründet werden. Denn das besondere Ernennungsverfahren unter Beteiligung des Beirates (§ 3 BNAG) und die besondere Ausgestaltung des öffentlich-rechtlichen Amtsverhältnisses (§ 4 BNAG) des Präsidenten der BNetzA würden weitgehend funktionslos, wenn man dem BMWK das Recht zubilligen würde, am Präsidenten der BNetzA „vorbei" den Beschlusskammern fachliche Weisungen zu erteilen (wohl aA unter Verweis auf „demokratische Legitimationskette" BerlKommEnergieR/ *Schmidt-Preuß* § 59 Rn. 10) Insoweit gilt hier nichts anderes als für die Frage der Personalentscheidungsbefugnis (→ Rn. 20). Das schließt allerdings nicht aus, dass ministerielle Weisungen Entscheidungen zum Gegenstand haben, die in die Entscheidungskompetenz der Beschlusskammern fallen. Dies schließt Weisungen im Einzelfall ein; ausgeschlossen ist nur die unmittelbare Adressierung der Mitglieder der Beschlusskammern (aA BeckOK EnWG/*Pielow/Groneberg* § 59 Rn. 40f.). Diese **Weisungen** sind aber **an die BNetzA,** vertreten durch ihren Präsidenten, **zu richten** (→ § 61 Rn. 9, 13f.; zustimmend BeckOK EnWG/*Pielow/Groneberg* § 59 Rn. 41; Theobald/Kühling/*Theobald/Werk* § 59 Rn. 31f.). Dieser hat dann – notfalls aufgrund seines behördeninternen Weisungsrechts (→ Rn. 23) – dafür Sorge zu tragen, dass die zuständigen Entscheidungsträger innerhalb der BNetzA der ministeriellen Weisung nachkommen (ebenso NK-EnWG/*Wahlhäuser* § 59 Rn. 14).

23 Vor dem Hintergrund der organisatorischen Ausgestaltung der BNetzA insgesamt ist auch die Frage nach einem **Weisungsrecht des Präsidenten** der BNetzA gegenüber den Beschlusskammern zu beantworten (differenziert, iE skeptisch dazu *Masing,* Gutachten DJT, S. D 98). Obwohl dies der Entpolitisierung und Verfachlichung von Regulierungsentscheidungen zu widersprechen scheint, sprechen gewichtige Argumente für ein solches präsidentielles Weisungsrecht (Geppert/Schütz/*Attendorn/Geppert* TKG § 116 Rn. 38ff., § 132 Rn. 13). Das Bedürfnis nach einer **„einheitlichen Spruchpraxis"** (vgl. § 132 Abs. 4 iVm § 27 Abs. 2

Organisation **§ 59**

TKG) lässt sich auch für den Energiesektor nicht leugnen, obwohl es im EnWG nicht explizit verankert ist. Die ökonomischen und technischen Handlungsgrundlagen wie auch allgemeinere Regulierungsstrategien, an denen sich einzelne Beschlusskammerentscheidungen orientieren, können nur durch die **BNetzA als Gesamtorganisation** erarbeitet und entwickelt werden. Diese Koordinierungsaufgabe ist durch § 3 Abs. 1 BNAG dem Präsidenten zugewiesen und das Mittel, dessen er zur Wahrnehmung dieser Aufgabe bedarf, ist jedenfalls im Extremfall das Einzelweisungsrecht (NK-EnWG/*Wahlhäuser*, § 59 Rn. 14). Hinzu kommt der Vergleich mit der gesetzlich explizit normierten Unabhängigkeit der Vergabekammern (§ 157 Abs. 1 und 4 GWB). Dieser Vergleich spricht dafür, dass § 59 – möglicherweise vor dem Hintergrund unberechtigter verfassungsrechtlicher Bedenken – noch nicht die Konsequenz aufbringen konnte, die Beschlusskammern der BNetzA mit einem vergleichbaren Unabhängigkeitsstatus auszustatten und die Ausrichtung der Entscheidungstätigkeit der BNetzA an gemeinsamen Handlungsgrundlagen und -strategien durch andere Koordinierungsmechanismen zu gewährleisten. Dies alles ändert allerdings nichts an der praktischen Erfahrung, dass der Präsident eine weitgehende faktische Unabhängigkeit der Beschlusskammern respektiert (Geppert/Schütz/*Attendorn*/Geppert TKG § 116 Rn. 40) und auf diese Weise den Beweis liefert, dass auch ohne Weisungsrechte eine Koordinierung der Tätigkeit der BNetzA möglich ist. Vereinzelt diskutiert wird auch die – offenbar ebenfalls nicht sehr praxisrelevante – Frage eines Weisungsrechts innerhalb der Beschlusskammern im Verhältnis der Vorsitzenden zu den Beisitzern (dazu NK-EnWG/*Wahlhäuser* § 59 Rn. 16).

II. Zuständigkeiten (Abs. 1 S. 1 und 2)

Die Zuständigkeit der Beschlusskammern werden durch **§ 59 Abs. 1 S. 1 und 2 abschließend bestimmt** und können weder durch „Bestimmung" des BMWK (→ Rn. 17) noch durch die Geschäftsordnung des Präsidenten (→ Rn. 8) verändert werden. 24

1. Entscheidungen nach dem EnWG. Gemäß § 59 Abs. 1 S. 1 fallen alle „Entscheidungen" nach dem EnWG in die Zuständigkeit der Beschlusskammern. Der Begriff der Entscheidung entspricht demjenigen anderer Vorschriften des EnWG, die die **außengerichtete Tätigkeit der BNetzA** mit intendierter **Regelungswirkung** ebenfalls als „Entscheidung" (s. insbesondere §§ 55 Abs. 1, 64 Abs. 1, 66 Abs. 2 Nr. 3, 69 Abs. 1, 73 Abs. 1, 74, 75 Abs. 1) oder auch als „Anordnung" (§§ 69 Abs. 9, 94) bezeichnen. Zu den Entscheidungen iSd § 59 Abs. 1 S. 1 gehören insbesondere Genehmigungen (zB § 23a Abs. 4, 5), Festlegungen (§ 29 Abs. 1, 3), Untersagungen (§ 5 S. 4), vorläufige Anordnungen (§ 72), Ablehnungen einer beantragten Entscheidung (§ 75 Abs. 3), Verpflichtungen nach § 65 Abs. 1, Feststellungen nach § 65 Abs. 3 und Festsetzungen einer Geldbuße (§ 96). Zu den Entscheidungen **„nach diesem Gesetz"** gehören auch diejenigen, deren Inhalt durch Rechtsverordnung näher bestimmt ist (zB § 30 StromNEV). 25

2. Ausnahmen (Abs. 1 S. 2). Die Entscheidungen, die ausnahmsweise nicht in die Entscheidungszuständigkeit der Beschlusskammern fallen, sind **abschließend in § 59 Abs. 1 S. 2 aufgezählt.** Dabei handelt es sich zum einen um Entscheidungen, die durch Gesetz und/oder Rechtsverordnung (Erhebung von Gebühren nach § 91) oder **durch eine vorangegangene Entscheidung** der BNetzA (Maßnahmen der Vollstreckung, § 94) weitgehend **determiniert** sind. Zum anderen wur- 26

Hermes

den auch solche Maßnahmen von der Zuständigkeit der Beschlusskammern ausgenommen, die einen erheblichen **Aufwand** erfordern und deshalb von einem mit drei Mitgliedern besetzten Kollegialorgan kaum angemessen zu bewältigen sind (zB die mittlerweile entfallene Durchführung eines Vergleichsverfahrens nach § 21 Abs. 3 aF). Insgesamt ist der pragmatische Ausnahmekatalog des § 59 Abs. 1 S. 2 zu verstehen aus dem Bemühen des Gesetzgebers, „den **Bedürfnissen der Praxis** Rechnung" zu tragen (OLG Düsseldorf Beschl. v. 20.3.2006 – 3 Kart 155/06, NJW-RR 2006, 1353). Auch ein „Gleichlauf zwischen den vorbereitenden Verhandlungen auf EU-Ebene und dem Erlass und damit auch der Verantwortung für die abgestimmte Entscheidung" (BT-Drs. 19/26241, 32f.) liegt einer Reihe von Ausnahmen zugrunde, weil die aus den europäischen Verordnungen erwachsenden Entscheidungskompetenzen „sehr stark durch **vorlaufende Abstimmungsprozesse auf europäischer Ebene**" vorgeprägt werden und der nationale Gestaltungsspielraum sehr begrenzt ist (BT-Drs. 19/26241, 32f.).

27 Im Einzelnen enthält § 59 Abs. 1 S. 2 folgende **Ausnahmen:**
- **Nr. 1:** Erstellung und Überprüfung von Katalogen von Sicherheitsanforderungen nach § 11 Absatz 1a und 1b sowie die Festlegung nach § 11 Absatz 1g (dazu → § 11 Rn. 125 ff., 134 ff., 158);
- **Nr. 2:** Aufgaben nach § 11 Absatz 2 (dazu → § 11 Rn. 159 ff.);
- **Nr. 2a:** Anforderung der Berichte und Überwachung der Berichtspflichten nach § 12 Absatz 3b und 3c (dazu → § 12 Rn. 67 ff.);
- **Nr. 3:** Datenerhebung zur Erfüllung von Berichtspflichten einschließlich der Anforderung von Angaben nach § 12 Absatz 5 Satz 1 Nummer 4 (dazu → § 12 Rn. 67 ff.);
- **Nr. 4:** Aufgaben nach den §§ 12a bis 12f (dazu → § 12a Rn. 57 ff., § 12b Rn. 63 ff., § 12c Rn. 11, § 12d Rn. 12 ff., § 12e Rn. 11 ff., § 12f Rn. 5 ff.);
- **Nr. 4a:** Überwachung der Vorgaben nach § 13 Abs. 3 S. 4 und 5; Überwachung verlangt umfangreiche Auswertung von Datensätzen und aufwendige Analyse. Daher wird die Aufgabe nicht einer einzelnen Beschlusskammer zugewiesen (BT-Drs. 19/6155, 107);
- **Nr. 5:** Entscheidungen nach § 13b Abs. 5, § 13e Abs. 5, § 13f Abs. 1, § 13g Abs. 6, aufgrund einer Verordnung nach § 13h Abs. 1 Nr. 1 bis 8, 10 und 11 sowie 12 bis 23, Festlegungen aufgrund § 13h Abs. 2 zur näheren Bestimmung der Regelungen nach § 13h Abs. 1 Nr. 1 bis 8, 10 und 11 sowie 12 bis 20 (dazu → § 13b Rn. 18 ff., § 13e Rn. 26, § 13f Rn. 11 ff., § 13g Rn. 38 ff., § 13h Rn. 3 ff., 19 ff., 33);
- **Nr. 6:** Entscheidungen, die auf Grund von Verordnungen nach § 13i Abs. 3 Nr. 1 lit. a, b, c, f sowie Nr. 2 und Abs. 4 getroffen werden, mit Ausnahme der Kriterien einer angemessenen Vergütung (dazu → § 13i Rn. 31 ff.);
- **Nr. 7:** Festlegungen nach § 13j Abs. 2 Nr. 3, 5 bis 7 und 9, Abs. 3 S. 1 iVm § 13i Abs. 3 Nr. 1 lit. a, b, c und f, § 13j Abs. 3 S. 2 hinsichtlich des § 13b sowie nach § 13j Abs. 4, 5, 7 Nr. 1 und 2 und Abs. 6 (dazu → § 13j Rn. 20 ff.);
- **Nr. 8:** Aufgaben nach § 14 Abs. 2 und den §§ 14c bis 14e (dazu → § 14 Rn. 46 ff., § 14c Rn. 28 ff., § 14d Rn. 41 ff., § 14e Rn. 23 ff.);
- **Nr. 9:** die Aufgaben nach den §§ 15a, 15b (dazu → § 15a Rn. 47 ff., 78 ff., § 15b Rn. 3);
- **Nr. 10:** die Aufgaben nach den §§ 17a bis 17c (dazu → § 17a Rn. 18 ff., § 17b Rn. 18, § 17c Rn. 6 ff.);
- **Nr. 11:** Aufgaben nach den §§ 28p und 28q sowie Aufgaben nach § 41c (dazu → § 28p Rn. 5 ff., § 28q Rn. 3 ff., § 41c Rn. 7 ff.);

Organisation **§ 59**

- **Nr. 12:** Datenerhebungen zur Wahrnehmung der Aufgaben nach § 54a Abs. 2, Entscheidungen im Zusammenhang mit dem **Ausbau bidirektionaler Gasflüsse** nach § 54a Abs. 2 iVm Art. 5 Abs. 4 und 8 UAbs. 1 sowie Anhang III der VO (EU) 2017/1938 sowie Festlegungen gem. § 54a Abs. 3 S. 2 mit Ausnahme von Festlegungen zur Kostenaufteilung; Hintergrund dieser gesetzgeberischen Entscheidung war, „dass die Vorarbeiten für die Entscheidungen vielfältige internationale Verhandlungen erfordern werden, die im Gasbereich üblicherweise von der zuständigen Abteilung geführt werden" (BT-Drs. 17/6072, 91). Insgesamt sollten damit alle Aufgaben im Zusammenhang mit der Risikoanalyse und dem Verfahren zum Ausbau bidirektionaler Flüsse mit Ausnahme der Entscheidung über die Kosten den Abteilungen der BNetzA zugewiesen werden. „Die Zuständigkeit der Beschlusskammern für die Kostenanerkennung und -festsetzung bei neuen Investitionen einschließlich solcher, die bidirektionale Flüsse im Sinne von Art. 6 und 7 der EU-Verordnung betreffen, bleibt dagegen unberührt" (BT-Drs. 17/6072, 91);
- **Nr. 13:** Entscheidungen im Zusammenhang mit Überwachung Energiegroßhandelsmärkte nach § 56 Abs. 1 S. 1 Nr. 4 iVm VO (EU) Nr. 1227/2011 sowie Festlegungen gem. § 5b Abs. 1 S. 2 und § 58a Abs. 4; mit dieser Ausnahme wollte der Gesetzgeber „die Zuteilung von behördlichen Zuständigkeiten der Bundesnetzagentur, die im Zusammenhang mit den Vorschriften der **REMIT-Verordnung** stehen, an eine gesonderte Organisationseinheit innerhalb der Bundesnetzagentur" ermöglichen (BT-Drs. 17/10060, 33);
- **Nr. 14:** Entscheidungen auf Grundlage der Art. 9, 65 und 68 der VO (EU) 2015/1222 der Kommission vom 24. Juli 2015 zur Festlegung einer Leitlinie für Kapazitätsvergabe und Engpassmanagement (ABl. L 197 vom 25.7.2015, S. 24); der Gesetzgeber hat Nr. 14 insoweit angepasst, als die ausschließliche Zuständigkeit der Beschlusskammern über die Überprüfung bestehender Gebotszonenkonfigurationen hinaus für weitere Entscheidungen auf Grundlage der VO (EU) 2015/1222 zur Festlegung einer Leitlinie für die Kapazitätsvergabe und das Engpassmanagement gilt. „Das betrifft insbesondere die Art. 9 („Annahme der Geschäftsbedingungen und Methoden"), Art. 65 („Abschaffung der expliziten Vergabe") und Art. 68 („Clearing und Abrechnung")." (BT-Drs. 19/26241, 32);
- **Nr. 15:** Entscheidungen zur Durchsetzung der Verpflichtungen für Datenlieferanten nach Art. 4 Abs. 6 VO (EU) Nr. 543/2013;
- **Nr. 16:** die Erhebung von **Gebühren** nach § 91; erfasst sind davon auch die in § 91 geregelten Auslagen, da auch hier die Notwendigkeit einer Beschlusskammerentscheidung nicht ersichtlich ist (dazu → § 91 Rn. 6ff.);
- **Nr. 17:** Vollstreckungsmaßnahmen nach § 94 (dazu → § 94 Rn. 1ff.);
- **Nr. 18:** die Aufgaben und Festlegungen im Zusammenhang mit der nationalen Informationsplattform nach § 111d (dazu → § 111d Rn. 3ff.);
- **Nr. 19:** die Aufgaben im Zusammenhang mit dem Marktstammdatenregister nach den §§ 111e und 111f (dazu → § 111e Rn. 4ff., § 111f Rn. 3ff.);
- **Nr. 20:** Entscheidungen auf der Grundlage der Art. 4, 30 und 36 VO (EU) 2016/1719 der Kommission vom 26. September 2016 zur Festlegung einer Leitlinie für die Vergabe langfristiger Kapazität (ABl. L 259 vom 27.9.2016, 42; L 267 vom 18.10.2017, 17); „Gegenstand der Regelung ist insbesondere Art. 4 („Annahme der Modalitäten oder Methoden"), Art. 30 „Entscheidung über Möglichkeiten der zonenübergreifenden Risikoabsicherung") und Art. 36 („Allgemeine Bestimmungen für die Nominierung physikalischer Übertragungsrechte")" (BT-Drs. 19/26241, 32)

Hermes

§ 59 Teil 7. Behörden

- **Nr. 21:** Entscheidungen auf der Grundlage der Art. 6 und 7 VO (EU) 2017/1485 der Kommission vom 2. August 2017 zur Festlegung einer Leitlinie für den Übertragungsnetzbetrieb (ABl. L 220 vom 25.8.2017, 1), mit Ausnahme der Durchführung von Streitbeilegungsverfahren gem. Art. 6 Abs. 10 VO (EU) 2017/1485; „Entscheidungen sind hier im Rahmen von Art. 6 Abs. 1–9 („Genehmigung der Modalitäten und Methoden der ÜNB") und Art. 7 („Änderung der Modalitäten und Methoden von ÜNB") zu treffen" (BT-Drs. 19/26241, 32);
- **Nr. 22:** Entscheidungen auf der Grundlage des Art. 4 der VO (EU) 2017/2196 der Kommission vom 24. November 2017 zur Festlegung eines Netzkodex über den Notzustand und den Netzwiederaufbau des Übertragungsnetzes (ABl. L 312 vom 28.11.2017, 54; L 31 vom 1.2.2019, 108), mit Ausnahme der Durchführung von Streitbeilegungsverfahren gemäß Art. 4 Abs. 8 VO (EU) 2017/2196; dort sind insbesondere aufsichtsrechtliche Aspekte hinsichtlich Art. 4 Abs. 2–7 betroffen (BT-Drs. 19/26241, 32);
- **Nr. 23:** Entscheidungen auf der Grundlage der Art. 11, 13, 15, 16, 17 und 35 VO (EU) 2019/943; „Hierzu gehören etwa Art. 15 „Aktionspläne, Art. 16 „Allgemeine Grundsätze für das Engpassmanagement und die Kapazitätsvergabe", Art. 17 „Zuweisung zonenübergreifender Kapazität für alle Zeitbereiche" und Art. 35 „Einrichtung und Aufgaben der regionalen Koordinierungszentren" (BT-Drs. 19/26241, 32);
- **Nr. 24:** die Überprüfung der Einhaltung der Vorgaben, die sich aus einer Verordnung aufgrund von § 49 Abs. 4 hinsichtlich der technischen Sicherheit und Interoperabilität von Ladepunkten ergeben; das Ziel möglichst viel Landeinfrastruktur zur Verfügung zu stellen, macht angepasste Entcheisungswege innerhalb der BNetzA erforderlich, um mit hinreichender Geschwindigkeit Anordnungen erlassen zu können (BT-Drs. 19/26241, 32);
- **Nr. 25:** Entscheidungen nach den §§ 11a und 11b (dazu → § 11a Rn. 24, § 11b Rn. 3, 22f.);
- **Nr. 26:** Entscheidungen nach § 50b Abs. 3 S. 3 und
- **Nr. 27:** Festlegungen nach § 50e Abs. 2 (→ §§ 50a–50j Rn. 31).

28 Für die Frage nach der **Zuständigkeit für Angelegenheiten nach § 59 Abs. 1 S. 2** gilt: Wenn Abs. 1 S. 2 Ausnahmen von der obligatorischen Beschlusskammerzuständigkeit normiert, so bedeutet das nicht, dass Entscheidungen der Beschlusskammern in den dort gelisteten Angelegenheiten unzulässig sind. Vielmehr können die Beschlusskammern auch für die Maßnahmen nach Abs. 1 S. 2 für zuständig erklärt werden. Insofern wandelt § 59 Abs. 1 S. 2 die obligatorische in eine **fakultative Beschlusskammerzuständigkeit** (BT-Drs. 19/26241, 32: „Etwaige Aufsichtsverfahren gemäß § 65 EnWG sowie die Streitbeilegungsverfahren gem. Art. 4 Abs. 8 ER-VO und Art 6 Abs. 10 SO-VO können insofern weiterhin durch die Kammern geführt werden."). Außerdem kommt die Zuständigkeit eines **Mitgliedes einer Beschlusskammer** (zB für Vollstreckungsmaßnahmen) sowie die Zuständigkeit des **Präsidenten** in Betracht, in dessen Auftrag die jeweiligen Beschäftigten der nach der Geschäftsordnung zuständigen Abteilung handeln (NK-EnWG/*Walhäuser* § 59 Rn. 19). Von welcher dieser Möglichkeiten Gebrauch gemacht wird, entscheidet entweder die „Bestimmung" des Ministeriums (→ Rn. 17) oder die Geschäftsordnung des Präsidenten (→ Rn. 8).

§ 60 Aufgaben des Beirates

¹Der Beirat nach § 5 des Gesetzes über die Bundesnetzagentur für Elektrizität, Gas, Telekommunikation, Post und Eisenbahnen hat die Aufgabe, die Bundesnetzagentur bei der Erstellung der Berichte nach § 63 Absatz 3 zu beraten. ²Er ist gegenüber der Bundesnetzagentur berechtigt, Auskünfte und Stellungnahmen einzuholen. ³Die Bundesnetzagentur ist insoweit auskunftspflichtig.

Literatur: *Masing*, Soll das Recht der Regulierungsverwaltung übergreifend geregelt werden?, Gutachten D zum 66. DJT, 2006; *Neveling*, Die Bundesnetzagentur, ZNER 2005, 263; *Oertel*, Die Unabhängigkeit der Regulierungsbehörde nach §§ 66ff. TKG, 2000.

A. Allgemeines

Die seit 2005 unveränderte, im Jahr 2011 lediglich an die Änderung des § 63 redaktionell angepasste (BT-Drs. 17/6072, 37, 92) Vorschrift des § 60 regelt die Aufgaben und Befugnisse des Beirates im Verhältnis zur BNetzA auf dem Energiesektor. Sie steht in Zusammenhang mit dem **Gesetz über die Bundesnetzagentur** für Elektrizität, Gas, Telekommunikation, Post und Eisenbahnen, welches in § 5 Abs. 1 S. 1 regelt, dass die BNetzA einen Beirat „hat" (§ 5 BNAG), und dessen Zusammensetzung, Organisation und Verfahren normiert (§§ 5, 6 BNAG). Hinsichtlich der Aufgaben des Beirates verweist § 7 BNAG auf andere gesetzliche Regelungen. Dementsprechend bestimmt § 60 die Aufgaben des Beirates im Zusammenhang mit der Tätigkeit der BNetzA nach dem EnWG (BT-Drs. 15/3917, 70). 1

Die telekommunikationsrechtliche Parallelvorschrift zu § 60 ist **§ 194 TKG**, der allerdings sehr viel weitergehende Initiativ- und Mitwirkungsrechte des Beirates enthält. Auf dem Gebiet des Eisenbahnwesens ist durch § 4 Abs. 4 Bundeseisenbahnverkehrsverwaltungsgesetz ein – mit dem Beirat nach § 5 BNAG vergleichbarer, aber nicht identischer – Infrastrukturbeirat eingerichtet worden, dessen Aufgaben und Rechte in **§ 79 ERegG** geregelt sind. 2

B. Status des Beirates nach dem Gesetz über die Bundesnetzagentur

Der Beirat nach § 5 BNAG ist kein Organ der BNetzA, wohl aber ein **Organ des Bundes** (unklar BeckOK EnWG/*Kremm* § 60 Rn. 8), dessen Einrichtung und Aufgaben auf bundesgesetzlicher Grundlage beruhen, das der BNetzA zugeordnet, das aber mit Unabhängigkeit ausgestattet ist. 3

Aus der **Zuordnung zur BNetzA** folgt etwa deren Verpflichtung, die Arbeit des Beirates organisatorisch (Sitzungsräumlichkeiten, Geschäftsstelle) zu ermöglichen und zu unterstützen (Geppert/Schütz/*Attendorn*/*Geppert* TKG § 120 Rn. 5; NK-EnWG/*Wahlhäuser* § 60 Rn. 3). 4

Die **Unabhängigkeit** des Beirates zeigt sich vor allem daran, dass er – abgesehen von der „inadäquaten" (zutr. *Masing* S. D 88) Pflicht aus § 6 Abs. 1 BNAG, seine Geschäftsordnung vom Ministerium genehmigen zu lassen – keinen Weisungen 5

§ 60

oder sonstigen aufsichtlichen Ingerenzen von Seiten der Bundesregierung, eines Ministeriums oder der BNetzA unterworfen ist (Geppert/Schütz/*Attendorn/Geppert* TKG § 120 Rn. 5).

6 Hinsichtlich der **Zusammensetzung** des Beirates bestimmt § 5 BNAG, dass dieser aus jeweils 16 Mitgliedern des Deutschen Bundestages und 16 Vertretern oder Vertreterinnen des Bundesrates besteht (§ 5 Abs. 1 S. 1 BNAG), welche jeweils auf Vorschlag des Deutschen Bundestages und des Bundesrates von der Bundesregierung berufen werden (§ 5 Abs. 1 S. 2 BNAG). Dabei ist die Bundesregierung an die von Bundestag und Bundesrat vorgelegten Vorschläge gebunden (Geppert/Schütz/*Attendorn/Geppert* § 120 Rn. 7 ff., 10). Aufgrund seiner Zusammensetzung wird der Beirat als **„parlamentarischer"** Beirat bezeichnet (*Neveling* ZNER 2005, 263), dem eine „politische Vermittlungs-, Beratungs- und diskursive Kontrollfunktion zukommt" (*Masing* S. D 87). Außerdem wird in der Zusammensetzung eine föderale Komponente deutlich (BerlKommEnergieR/*Schmidt-Preuß* EnWG § 60 Rn. 1).

7 Jenseits spezieller Mitwirkungsbefugnisse in den einzelnen Regulierungssektoren ist das wichtigste Recht des Beirates dasjenige aus § 3 Abs. 3 BNAG, der Bundesregierung **Personalvorschläge** für die Besetzung der Ämter des **Präsidenten** und der beiden **Vizepräsidenten** zu unterbreiten (dazu Geppert/Schütz/*Attendorn/Geppert* TKG § 120 Rn. 12). Obwohl der Bundesregierung das Letztentscheidungsrecht zusteht (§ 3 Abs. 3 S. 5 BNAG), ist mit dem formalisierten Vorschlagsrecht des Beirates ein erheblicher (personal-)politischer Einfluss verbunden. Dieser wird insbesondere dadurch bewirkt, dass die Bundesregierung bei einem Abweichen von dem Vorschlag des Beirates unter öffentlichen Rechtfertigungsdruck geraten würde (vgl. BeckOK EnWG/*Kremm* § 60 Rn. 15).

C. Aufgaben und Rechte des Beirates nach dem EnWG

8 Aufgabe des Beirates nach § 60 ist einerseits die **Beratung der BNetzA** bei der Erstellung ihrer **Berichte nach § 63 Abs. 3** (zur Art und zum Inhalt dieser Berichte → § 63 Rn. 5 ff.). Dabei kann mit Beratung allerdings nicht die Bereitstellung von fachspezifischem Expertenwissen gemeint sein, weil dem Beirat aufgrund seiner politischen Zusammensetzung dafür die Voraussetzungen fehlen. Andererseits weist § 60 dem Beirat das Recht zu, **Auskünfte und Stellungnahmen von der BNetzA** einzuholen und erlegt der BNetzA eine entsprechende Auskunftspflicht auf.

I. Funktion des Beirates

9 Sowohl die Beratung nach § 60 S. 1 als auch die Kontrolle nach den S. 2 und 3 des § 60 lassen sich nur mit Hilfe eines Blickes auf die **politischen Funktion** des Beirates (→ Rn. 6) begreifen und näher konkretisieren. Diese „politische Vermittlungs-, Beratungs- und diskursive Kontrollfunktion" (*Masing* S. D 87), die den Beirat allgemein kennzeichnet, ist auch für das Verständnis und die Auslegung von § 60 prägend.

10 Aus dem Blickwinkel der politischen Funktion des Beirates stehen dessen **Informationsrechte** nach § 60 S. 2 im Mittelpunkt. Das Informationsrecht erzeugt **Transparenz** und ermöglicht auf diese Weise eine **„Politisierung"** von einzelnen Entscheidungen und generellen Konzepten der BNetzA, die auf den ersten Blick

Aufgaben des Beirates **§ 60**

ausschließlich oder überwiegend rechtlichen, ökonomischen oder technischen Gehalt haben. Dem Beirat kommt insoweit – seine Funktion als „**Mittler föderalen Einflusses**" ergänzend – Legitimation vermittelnde Wirkung zu (*Oertel* Unabhängigkeit S. 451). Die Beratungs- und Kontrollaufgaben des Beirates können die unter Gesichtspunkten des Demokratieprinzips nicht unproblematische Verselbständigung der BNetzA (→ § 59 Rn. 6, 22) teilweise kompensieren (*Neveling* ZNER 2005, 263; allg. dazu *Hermes* FS Zuleeg, 2005, 410 ff.).

II. Auskünfte und Stellungnahmen der Bundesnetzagentur

Nach § 60 S. 2 steht dem Beirat das Recht zu, von der BNetzA Auskünfte und **11** Stellungnahmen einzuholen. Obwohl dieses Recht nach seiner systematischen Stellung in § 60 so verstanden werden könnte, dass es sich nur auf die Beratungsaufgabe nach § 60 S. 1 bezieht (so *Salje* EnWG § 60 Rn. 2), sprechen die besseren Argumente dafür, aus § 60 S. 2 und 3 ein **umfassendes Informationsrecht** abzuleiten. Dies folgt in erster Linie aus der politischen Kontrollfunktion des Beirates (→ Rn. 6), die aus der Zusammensetzung des Beirates und aus dem allgemeinen – alle Aufgabenbereiche der BNetzA betreffenden – **Zitierrecht** des § 6 Abs. 7 S. 3 BNAG abgeleitet werden kann. Wenn der Beirat nach dieser Vorschrift die Anwesenheit des Präsidenten oder – im Verhinderungsfall – einer stellvertretenden Person in seinen Sitzungen verlangen kann, so ist dies Ausdruck seiner Stellung als Organ, das die **politische Kontrolle** über die BNetzA ausüben soll. Im Unterschied zu dem Zitierrecht des § 6 Abs. 7 S. 3 BNAG ist **Adressat** des Informationsrechts die BNetzA insgesamt und nicht nur der Präsident.

Seinem Inhalt nach ist das Informationsrecht zunächst auf **Auskünfte** bezogen, **12** also auf Informationen über alle tatsächlichen Umstände, die die BNetzA selbst betreffen oder die der BNetzA im Rahmen ihrer Aufgaben nach dem EnWG bekannt geworden sind. Unerheblich ist, ob die Informationen schriftlich festgehalten, in elektronischer Form gespeichert oder lediglich einzelnen Amtsträgern bekannt sind. Dementsprechend kann der Beirat Zugang zu allen bei der BNetzA vorhandenen Informationen verlangen, indem er **Akten** einsieht, gespeicherte **Daten** zur Kenntnis nimmt oder **Beschäftigte** der BNetzA befragt. Soweit es sich bei diesen Informationen um schutzwürdige Daten (personenbezogene Daten, Geschäfts- und Betriebsgeheimnisse) handelt, unterliegt der Beirat denselben rechtlichen Grenzen wie die BNetzA selbst. Gesichtspunkte des Daten- und Geheimnisschutzes sind deshalb kein Grund, der der BNetzA die Verweigerung von Auskünften gestatten könnte (aA Geppert/Schütz/Attendorn/Geppert TKG § 120 Rn. 21; wie hier NK-EnWG/*Wahlhäuser* § 60 Rn. 10).

Das Recht, **Stellungnahmen** der BNetzA einzuholen, bezieht sich auf wer- **13** tende Einschätzungen, die zum einen die Situation auf den Energiemärkten wie auch das Verhalten einzelner Unternehmen zum Gegenstand haben können und zum anderen die Absichten, Strategien und Konzepte der BNetzA betreffen können (ähnlich Geppert/Schütz/Attendorn/Geppert TKG § 120 Rn. 20). Dieses Recht des Beirates, Stellungnahmen der BNetzA einzuholen, scheint auf den ersten Blick schwächer ausgestaltet zu sein als das Auskunftsrecht, weil in § 60 S. 3 die dem Recht des Beirates korrespondierende Pflicht der BNetzA lediglich als Auskunftspflicht bezeichnet wird. Dies lässt sich allerdings auch ohne Abstriche an dem Umfang der Pflicht zur Stellungnahme so verstehen, dass die BNetzA auch im Hinblick auf Stellungnahmen (nur) auskunftspflichtig ist über solche Wertungen, Einschätzungen, Konzepte etc, die bereits Niederschlag in Entscheidungen, Verfahrens-

§ 60a Teil 7. Behörden

handlungen, Veröffentlichungen oder auch in internen Weisungen gefunden haben. Danach begründet § 60 keine Verpflichtung der BNetzA, auf Initiative des Beirates Fragen zu beantworten, zu deren Behandlung die BNetzA aufgrund ihrer gesetzlichen Aufgabenzuweisung bislang keine Veranlassung hatte. Eine Einschränkung des Auskunftsrechts im Hinblick auf laufende Verfahren (so aber Geppert/ Schütz/*Attendorn*/Geppert TKG § 120 Rn. 21) lässt sich § 60 nicht entnehmen.

III. Beratung der Bundesnetzagentur bei der Erstellung der Berichte

14 In Zusammenhang mit der Kontrollaufgabe des Beirates, die durch sein Informationsrecht (→ Rn. 10) gesichert wird, steht die Aufgabe nach § 60 S. 1, die ebenfalls Konsequenz aus der politischen Funktion des Beirates (→ Rn. 6) und damit eine **politische Beratungsaufgabe** ist. Dem Beirat kommt die Aufgabe zu, Anstöße dafür zu liefern, dass politische Aspekte bei der Erstellung der Berichte nach § 63 Abs. 3 nicht ausgeblendet, sondern dass diese Berichte an die wettbewerbs- und energiepolitischen Einschätzungen des Bundestages und des Bundesrates rückgekoppelt werden.

15 Diese Funktion kann die Beratungsaufgabe des Beirates nur dann erfüllen, wenn die BNetzA die beratenden Hinweise, Empfehlungen etc des Beirates auch berücksichtigt. Deshalb ist über den Wortlaut des § 60 S. 1 hinaus von einer **Berücksichtigungspflicht** der BNetzA auszugehen. Verfahrensrechtlich hat die Beratungsaufgabe des Beirates und die Berücksichtigungspflicht der BNetzA zur Konsequenz, dass der Beirat bereits bei der Vorbereitung der Berichte nach § 63 Abs. 3 zu beteiligen ist. Ein vollständiger Berichtsentwurf ist dem Beirat vor der Veröffentlichung bzw. der Übermittlung an die Europäische Kommission und der Agentur so rechtzeitig vorzulegen, dass er dazu Stellung nehmen kann und eine Berücksichtigung durch die BNetzA noch möglich ist (*Salje* EnWG § 60 Rn. 2).

§ 60a Aufgaben des Länderausschusses

(1) **Der Länderausschuss nach § 8 des Gesetzes über die Bundesnetzagentur für Elektrizität, Gas, Telekommunikation, Post und Eisenbahnen (Länderausschuss) dient der Abstimmung zwischen der Bundesnetzagentur und den Landesregulierungsbehörden mit dem Ziel der Sicherstellung eines bundeseinheitlichen Vollzugs.**

(2) [1]**Vor dem Erlass von Allgemeinverfügungen, insbesondere von Festlegungen nach § 29 Abs. 1, und Verwaltungsvorschriften, Leitfäden und vergleichbaren informellen Regelungen durch die Bundesnetzagentur nach den Teilen 2 und 3 ist dem Länderausschuss Gelegenheit zur Stellungnahme zu geben.** [2]**In dringlichen Fällen können Allgemeinverfügungen erlassen werden, ohne dass dem Länderausschuss Gelegenheit zur Stellungnahme gegeben worden ist; in solchen Fällen ist der Länderausschuss nachträglich zu unterrichten.**

(3) [1]**Der Länderausschuss ist berechtigt, im Zusammenhang mit dem Erlass von Allgemeinverfügungen im Sinne des Absatzes 2 Auskünfte und Stellungnahmen von der Bundesnetzagentur einzuholen.** [2]**Die Bundesnetzagentur ist insoweit auskunftspflichtig.**

Aufgaben des Länderausschusses **§ 60 a**

(4) ¹Der Bericht der Bundesnetzagentur nach § 112 a Abs. 1 zur Einführung einer Anreizregulierung ist im Benehmen mit dem Länderausschuss zu erstellen. ²Der Länderausschuss ist zu diesem Zwecke durch die Bundesnetzagentur regelmäßig über Stand und Fortgang der Arbeiten zu unterrichten. ³Absatz 3 gilt entsprechend.

Übersicht

	Rn.
A. Allgemeines	1
B. Zusammensetzung, Organisation, Verfahren des Länderausschusses	5
C. Aufgaben und Befugnisse des Länderausschusses	9
I. Abstimmungsaufgabe im Interesse bundeseinheitlichen Vollzugs (Abs. 1)	11
II. Mitwirkungsbefugnisse des Länderausschusses nach Abs. 2 und 4	15
1. Mitwirkung beim Erlass von Allgemeinverfügungen und „informellen Regelungen" (Abs. 2)	15
2. Mitwirkung beim Bericht zur Anreizregulierung (Abs. 4)	20
III. Auskünfte und Stellungnahmen der Bundesnetzagentur (Abs. 3)	23

Literatur: *Neveling,* Die Bundesnetzagentur, ZNER 2005, 263.

A. Allgemeines

Vor dem Hintergrund der zwischen BNetzA und den Landesregulierungs- 1 behörden geteilten Vollzugszuständigkeiten (§ 54), weist die Vorschrift des § 60 a dem Länderausschuss im Interesse einheitlicher Rechtsanwendung die allgemeine Aufgabe der **Abstimmung** zwischen der **BNetzA** und den **Landesregulierungsbehörden** zu (BerlKommEnergieR/*Franke* EnWG § 60 a Rn. 1; BeckOK EnWG/ *Kremm* § 60 a Rn. 1). Darüber hinaus werden einzelne Mitwirkungsrechte des Länderausschusses normiert. Obwohl der Länderausschuss **ausschließlich auf dem Energiesektor** tätig wird, ist seine Zusammensetzung – systemwidrig – in dem **Gesetz über die Bundesnetzagentur** für Elektrizität, Gas, Telekommunikation, Post und Eisenbahnen geregelt. Nach dessen § 8 wird bei der BNetzA ein Länderausschuss gebildet, der sich aus Vertretern der Landesregulierungsbehörden zusammensetzt, die für die Wahrnehmung der Aufgaben nach § 54 zuständig sind. Hinsichtlich der Aufgaben des Länderausschusses verweist § 10 BNAG auf andere gesetzliche Regelungen. Diese Funktion, die konkreten Aufgaben und Mitwirkungsrechte des Ausschusses zu bestimmen, kommt § 60 a zu. § 60 a weist **Überschneidungen** auf mit dem **Anhörungsrecht** der betroffenen **Landesregulierungsbehörde** vor Entscheidungen der BNetzA nach den Bestimmungen des 3. Teils **(§ 58 Abs. 1 S. 2)** sowie mit dem **Kooperationsgebot** für BNetzA und Landesregulierungsbehörden nach **§ 64 a** (dazu BerlKommEnergieR/*Franke* EnWG § 60 a Rn. 10). Ohne dass hier eine klare Systematik erkennbar wäre (zu § 58 Abs. 1 S. 2 → § 58 Rn. 13 f.), sind alle drei Vorschriften Ausdruck der Sorge, die nach § 54 föderal geteilte Zuständigkeit könne zu einer inkohärenten Regulierungspraxis führen.

Ausweislich der Formulierung in § 60 a Abs. 1 verfolgt die Vorschrift – ebenso 2 wie die in diesen Zusammenhang gehörende Norm des § 64 a – das Ziel, einen **bundeseinheitlichen Vollzug** des EnWG sicherzustellen. Wie die Aufspaltung der regulierungsbehördlichen Zuständigkeiten zwischen Bundes- und Landes-

§ 60 a

Teil 7. Behörden

behörden nach § 54 (→ § 54 Rn. 6), so ist auch die „Folgeregelung" des § 60 a erst das **Ergebnis der Beratungen des Vermittlungsausschusses** gewesen (BT-Drs. 15/5736 [neu], 6), der auch die entsprechende Ergänzung des BNAG (§§ 8–10) vorgeschlagen hatte (BT-Drs. 15/5736 [neu], 8 f.). Das Anhörungsrecht des Länderausschusses nach § 60 a Abs. 2 S. 1 wurde im Juli **2011** durch Art. 1 Nr. 51 Buchst. a des Gesetzes zur Neuregelung energiewirtschaftsrechtlicher Vorschriften (BGBl. 2011 I S. 1554) **ergänzt,** indem es auch auf „**informelle Regelungen**" bezogen wurde (Verwaltungsvorschriften, Leitfäden, s. dazu BT-Drs. 17/6365, 11). Dadurch wird sichergestellt, dass die Länder sich auch im Vorfeld informeller „Regelungen" durch die Bundesnetzagentur sachgerecht einbringen können (vgl. die Stellungnahme des Bundesrates zum Entwurf eines Gesetzes zur Neuregelung energiewirtschaftsrechtlicher Vorschriften, Anlage 3, BT-Drs. 17/6248, 18).

3 Offenbar orientiert sich die Regelung des § 60 a an der aus der Kartellrechtspraxis bekannten – und nach Einschätzung von Praktikern bewährten – sog. **Tagung der Kartellreferenten.** Zwar ist diese Tagung kein institutionalisiertes Instrument, jedoch werden auch hier die Aufgaben der Landeskartellbehörden und des Bundeskartellamtes besprochen und zur Sicherstellung einer bundeseinheitlichen Gesetzesanwendung des GWB sog. Kartellreferentenentschließungen gefasst (*Salje* EnWG § 60 a Rn. 2).

4 Verfassungsrechtliche Bedenken gegen die Regelung des § 60 a, die sich auf die Unzulässigkeit einer die Verwaltungstypen der Art. 83 ff. GG missachtenden „**Mischverwaltung**" (s. dazu Dreier/*Hermes* Bd. 3, GG Art. 83 Rn. 47 ff.) von Bund und Ländern stützen könnten, greifen nicht durch. Denn trotz der Abstimmung zwischen BNetzA und Landesregulierungsbehörden und trotz der Mitwirkungsbefugnisse des Länderausschusses nach § 60 a Abs. 2–4 bleibt es bei der klaren Abgrenzung der Entscheidungsbefugnisse von Bundes- und Landesbehörden nach § 54, weil § 60 a keine Mitentscheidungsbefugnisse normiert.

B. Zusammensetzung, Organisation, Verfahren des Länderausschusses

5 Der Länderausschuss nach § 8 BNAG ist ein **Organ des Bundes,** das der BNetzA zugeordnet, aber mit Unabhängigkeit ausgestattet ist. Insoweit gilt für ihn dasselbe wie für den Beirat nach § 5 BNAG (→ § 60 Rn. 3).

6 Für die **Zusammensetzung** des Länderausschusses bestimmt § 8 BNAG, dass er sich aus Vertretern der für die Wahrnehmung der Aufgaben nach § 54 EnWG zuständigen Landesregulierungsbehörden zusammensetzt und dass jede Landesregulierungsbehörde jeweils einen Vertreter in den Ausschuss entsenden „kann". Die Landesregulierungsbehörden sind also nicht verpflichtet, einen Vertreter in den Ausschuss zu entsenden.

7 Fragen hinsichtlich der Zusammensetzung des Länderausschusses werden durch die Praxis einiger **Länder** aufgeworfen, im Wege der **Organleihe** Landesverwaltungsaufgaben durch die **BNetzA** wahrnehmen zu lassen (dazu → § 54 Rn. 15). In diesen Fällen ergibt sich bereits aus Wortlaut und Funktion des § 8 BNAG iVm § 60 a, dass die Mitgliedschaft eines Vertreters der BNetzA ausgeschlossen ist. Allerdings kann auch der Auffassung, in solchen Fällen könne für das betroffene Land gar kein Vertreter entsandt werden (*Salje* EnWG § 60 a Rn. 4), nicht gefolgt werden. Sie verkennt nämlich, dass die Länder aus verfassungsrechtlichen Gründen gehindert

Aufgaben des Länderausschusses § 60 a

sind, die Aufgabe der Landesregulierungsbehörde vollständig an die BNetzA abzugeben (dazu → § 54 Rn. 17; in diesem Sinne auch NK-EnWG/*Wahlhäuser* § 60 a Rn. 5). Deshalb sind auch die Länder, die einen wesentlichen Teil ihrer Vollzugsaufgaben nach § 54 Abs. 2 durch die BNetzA als vom Bund entliehenes Organ wahrnehmen lassen, verpflichtet, eine Landesregulierungsbehörde einzurichten. Diese Landesbehörde ist nach § 8 BNAG berechtigt, einen Vertreter in den Länderausschuss zu entsenden.

Die wesentlichen Fragen des **Geschäftsgangs**, des **Vorsitzes** und des **Verfahrens** des Länderausschusses sind in § 9 BNAG geregelt. Danach verbleibende Verfahrensfragen regelt der Länderausschuss durch eine **Geschäftsordnung** (§ 9 Abs. 1 BNAG). 8

C. Aufgaben und Befugnisse des Länderausschusses

Ziel des § 60 a ist die Institutionalisierung einer **Zusammenarbeit** zwischen den Landesregulierungsbehörden und der BNetzA. Dieses Ziel wird außerhalb der Regelungen in § 60 a zunächst dadurch verfolgt, dass die BNetzA an den Beratungen des Länderausschusses beteiligt ist. Ihr Präsident oder Beauftragte können an den Sitzungen des Länderausschusses gem. **§ 9 Abs. 7 BNAG** teilnehmen und müssen jederzeit gehört werden. Umgekehrt kann der Länderausschuss die Anwesenheit des Präsidenten oder – im Verhinderungsfalle – eines Beauftragten verlangen (§ 9 Abs. 7 S. 3 BNAG). 9

Konkret weist § 60 a Abs. 1 dem Länderausschuss die Aufgabe zu, die Tätigkeit der BNetzA mit derjenigen der Landesregulierungsbehörden **abzustimmen** und dadurch einen **bundeseinheitlichen Vollzug** des EnWG sicherzustellen. Während diese Abstimmungsaufgabe in erster Linie den Bereich paralleler Zuständigkeiten (entsprechend der Netzgröße, vgl. § 54) betrifft, kommt dem Länderausschuss darüber hinaus die Aufgabe zu, eine **Beteiligung der Landesregulierungsbehörden** an solchen Maßnahmen der BNetzA zu gewährleisten, die in deren alleinige Zuständigkeit fallen, aber Auswirkungen auf die Regulierungspraxis der Landesbehörden haben (BerlKommEnergieR/*Franke* EnWG § 60 a Rn. 5). Diese letztgenannte Aufgabe wird konkretisiert durch Mitwirkungsbefugnisse des Länderausschusses, die sich auf den Erlass von **Allgemeinverfügungen** und „**informellen Regelungen**" durch die BNetzA (§ 60 a Abs. 2) und auf den Bericht der BNetzA zur **Anreizregulierung** beziehen (§ 60 a Abs. 4). Beide Mitwirkungsbefugnisse werden ergänzt durch das Recht des Länderausschusses, von der BNetzA **Auskünfte und Stellungnahmen** einzuholen (§ 60 a Abs. 3, 4 S. 3). 10

I. Abstimmungsaufgabe im Interesse bundeseinheitlichen Vollzugs (Abs. 1)

§ 60 a Abs. 1 enthält die allgemeine **Aufgabenzuweisung** iSd § 10 BNAG. Danach wird der Länderausschuss gebildet, um den **bundeseinheitlichen Vollzug** des EnWG sicherzustellen. § 60 a Abs. 1 leitet mit dieser Funktionsbestimmung einerseits allgemein die Tätigkeit des Länderausschusses programmatisch an. Andererseits dient das dort genannte Mittel der **Abstimmung** konkret dazu, die Bundeseinheitlichkeit des Vollzugs in den Aufgabenbereichen sicherzustellen, in denen gem. **§ 54 Abs. 2 S. 1** eine **geteilte Zuständigkeit** in dem Sinne besteht, dass die- 11

§ 60a

Teil 7. Behörden

selben Normen in Bezug auf „große" und „kleine" Netze (→ § 54 Rn. 25 ff.) von unterschiedlichen Behörden vollzogen werden. Mit dem Begriff der **Abstimmung** zwischen der BNetzA und den Landesregulierungsbehörden als Instrument zur Bewirkung dieser Bundeseinheitlichkeit des Vollzugs bedient § 60a Abs. 1 sich einer **Generalklausel,** die dem Länderausschuss eine Vielfalt an Koordinierungsaktivitäten ermöglicht (*Salje* EnWG § 60a Rn. 7). Gegenstand der Abstimmung können **Auslegungs-, Ermessens- sowie Verfahrensfragen** sein (BerlKommEnergieR/*Franke* EnWG § 60a Rn. 6). Die möglichen Abstimmungsmodi reichen von informellen Beratungen und Absprachen zu Einzelfällen bis hin zur Formulierung von Positionspapieren zu generellen Regulierungskonzepten.

12 Die dem Länderausschuss aufgegebene Abstimmung betrifft nur das **Verhältnis** zwischen der Gesamtheit der **Landesregulierungsbehörden** auf der einen Seite und der **BNetzA** auf der anderen Seite. In diesem Sinne handelt es sich um ein föderales Abstimmungs- und Koordinierungsgremium.

13 Darüber hinaus bedarf das Ziel eines bundeseinheitlichen Gesetzesvollzugs aber auch der Abstimmung im **Verhältnis** der **Landesregulierungsbehörden untereinander.** Diese Abstimmung wird in § 60a **nicht geregelt,** weil dem Bund keine Kompetenz zukommt, die nach Art. 83 GG vollzugskompetenten Länder zur Koordinierung oder Abstimmung zu verpflichten oder die Modalitäten einer solchen Abstimmung vorzugeben (aA offenbar BerlKommEnergieR/*Franke* EnWG § 60a Rn. 8; Theobald/Kühling/*Theobald/Werk* EnWG § 60a Rn. 17). Soweit der Bund von seiner Kompetenz nach Art. 87 Abs. 3 GG keinen Gebrauch gemacht und den Vollzug des EnWG der BNetzA anvertraut hat, führen die Länder das EnWG vielmehr als „eigene Angelegenheit" aus. Eine bundesgesetzliche Verpflichtung von Landesbehörden, ihre Vollzugstätigkeit bei der Ausführung von Bundesgesetzen untereinander abzustimmen oder zu koordinieren, lässt das Grundgesetz nicht zu. Das schließt nicht aus, dass die Landesregulierungsbehörden den Länderausschuss als Gremium zur freiwilligen Koordinierung ihrer Regulierungspraxis untereinander nutzen.

14 Die in § 60a Abs. 1 vorgesehene **Abstimmung** kann nur eine **freiwillige** sein (BerlKommEnergieR/*Franke* EnWG § 60a Rn. 8), weil diese Vorschrift nicht die verfassungsrechtliche Verteilung der Vollzugskompetenzen zwischen Bundes- (Art. 87 Abs. 3 GG iVm § 54) und Landesbehörden (Art. 83 GG) verändern kann. Der Länderausschuss kann deshalb weder die BNetzA noch die Landesregulierungsbehörden zu einem bestimmten Tun oder Unterlassen verpflichten. Seine Tätigkeit ist also auf Informationsaustausch, Empfehlungen, Stellungnahmen und vergleichbare **„weiche" Koordinierungsinstrumente** beschränkt.

II. Mitwirkungsbefugnisse des Länderausschusses nach Abs. 2 und 4

15 **1. Mitwirkung beim Erlass von Allgemeinverfügungen und „informellen Regelungen" (Abs. 2).** § 60a Abs. 2 sieht – und sah bis zum 3.8.2011 ausschließlich – die **Mitwirkung** des Länderausschusses bei allen Allgemeinverfügungen der BNetzA nach den Teilen 2 und 3 (Entflechtung und Netzregulierung) vor. Dabei wird die Mitwirkung bei **Allgemeinverfügungen nach § 29 Abs. 1** (Bedingungen und Methoden für den Netzanschluss oder den Netzzugang) besonders hervorgehoben. Unabhängig von der umstrittenen Frage, ob auf diese Weise eine verbindliche gesetzgeberische Kategorisierung der Festlegungen nach § 29 Abs. 1 als Allgemeinverfügungen (Verwaltungsakte) vorgenommen wurde (dazu → § 29

Aufgaben des Länderausschusses § 60a

Rn. 12 ff.; → Vor §§ 65 ff. Rn. 9), wird der Grund für die Mitwirkung der Landesregulierungsbehörden über den Länderausschuss darin gesehen, dass (generelle) Festlegungen auch die Landesregulierungsbehörden allgemein (dazu einerseits → Vor §§ 65 ff. Rn. 9; andererseits → § 29 Rn. 9) oder zumindest bei der besonderen Missbrauchsaufsicht (vgl. § 31 Abs. 1 S. 2) binden (BerlKommEnergieR/*Franke* EnWG § 60a Rn. 7). Allerdings ist eine solche **Bindung der Landesregulierungsbehörden** sehr zweifelhaft, weil dem Bund verfassungsrechtlich nicht die Befugnis zukommt, unter Umgehung der Steuerungs- und Aufsichtsinstrumente des Art. 84 Abs. 2–5 GG den landeseigenen Vollzug von Bundesgesetzen rechtlich verbindlich dadurch zu steuern, dass eine Bundesoberbehörde zu – generellen – Gesetzeskonkretisierungen mit Verbindlichkeit auch für die Landesbehörden ermächtigt wird (dazu einerseits → § 29 Rn. 9; *Britz* RdE 2006, 1 (5 f.); andererseits → Vor §§ 65 ff. Rn. 9; OLG Stuttgart Beschl. v. 29.1.2009 – 202 EnWG 98/07 (PS), ZNER 2009, 42 (45)). Vor diesem Hintergrund muss § 60a Abs. 2 nicht anders als § 60a Abs. 1 (→ Rn. 14) als ein „weiches Koordinierungsinstrument" angesehen werden, das im Hinblick auf Festlegungen einen Konsens zwischen BNetzA und Landesregulierungsbehörden gerade deshalb fördert, weil sie – aus verfassungsrechtlichen Gründen – keine rechtliche Bindungswirkung für die Länder zu erzeugen vermögen. Aus diesem Blickwinkel passen die Festlegungen auch zusammen mit den 2011 eingefügten „informellen" Steuerungsinstrumenten (→ Rn. 16).

Durch die Ergänzung des § 60a Abs. 2 S. 1 aus dem Jahr 2011 (→ Rn. 2) wurde 16 das Mitwirkungsrecht ausgedehnt auf **„Verwaltungsvorschriften, Leitfäden und vergleichbare informelle Regelungen"**. Hintergrund dieser Ergänzung ist der Umstand, dass die Bundesnetzagentur neben Allgemeinverfügungen auch „informelle Regelungen" zu verschiedensten Themen trifft, „die deren zu erwartende Handhabung durch die Bundesnetzagentur sowohl in verfahrensmäßiger als auch in inhaltlicher Hinsicht beschreiben, meist in Form so genannter Leitfäden, die sie auf ihrer Internetseite veröffentlicht" (BT-Drs. 17/6248, 17 f.). Die Stellungnahme des Bundesrates kritisierte daran, dass eine Beteiligung der Länder, „wenn überhaupt, meist nur sehr kurzfristig" stattfindet (BT-Drs. 17/6248, 18), obwohl diese Leitfäden „auch wenn ihnen formal keine Außenwirkung zukommen mag, jedenfalls faktisch die Wirkung von Festlegungen" haben. Die darin liegende „Umgehung" der Mitwirkungsrechte des Länderausschusses sollte durch die Ergänzung beseitigt werden, damit sichergestellt ist, dass die Länder sich im Interesse einer „gleichmäßigen Regulierungspraxis" auch „im Vorfeld informeller Regelungen durch die Bundesnetzagentur sachgerecht einbringen können" (BT-Drs. 17/6248, 18). Vor diesem Hintergrund ist der Oberbegriff der „informellen Regelungen" (dazu Hoffmann-Riem/Schmidt-Aßmann/Voßkuhle/*Fehling,* Grundlagen des Verwaltungsrechts II, 2. Aufl. 2012, § 38 Rn. 21 ff., 38) – obgleich aus normtheoretischer Sicht unglücklich gewählt – in dem Sinne weit zu verstehen, dass er alle **über einen konkreten Einzelfall hinausweisenden Äußerungen** umfasst, die **der BNetzA zuzurechnen** sind und die einen **steuernden Einfluss auf die Entscheidungspraxis der BNetzA** in den Aufgabenbereichen entfalten können, in denen eine **parallele Zuständigkeit der Landesregulierungsbehörden nach § 54 Abs. 2** besteht oder eine mittelbare/informelle Auswirkung auf die Vollzugspraxis der Landesregulierungsbehörden zu erwarten ist. Der ausdrücklichen Nennung der **Verwaltungsvorschriften,** bei denen es sich schon aus verfassungsrechtlichen Gründen (Art. 84 Abs. 2 GG) nicht um solche mit Verbindlichkeitsanspruch gegenüber den Landesregulierungsbehörden handeln kann, und „Leitfäden" kommt deshalb eher exemplarische Bedeutung zu.

Hermes

§ 60a

17 Die Mitwirkung des Länderausschusses an diesen Maßnahmen hat zunächst die **Informationsfunktion,** die BNetzA über die Praxis des Landesvollzugs und über die relevanten Interessen der Länder in Kenntnis zu setzen. Zugleich erfüllt der Länderausschuss bei seiner Mitwirkung eine **überwachende und kontrollierende Funktion.** Sie ermöglicht zum einen sachgerechte und praxisorientierte Entscheidungen der BNetzA und relativiert zugleich teilweise die unter demokratischen Gesichtspunkten nicht unproblematische Selbstständigkeit und Unabhängigkeit der BNetzA (*Neveling* ZNER 2005, 263).

18 Die Mitwirkungsbefugnis des Länderausschusses beschränkt sich auf die **Gelegenheit zur Stellungnahme** (so auch BeckOK EnWG/*Kremm* § 60a Rn. 15). Die **BNetzA** ist nicht an Stellungnahmen des Länderausschusses gebunden, sondern vielmehr in ihrer Entscheidungsfindung **autonom.** Jedoch muss sie den Länderausschuss über geplante Maßnahmen (Allgemeinverfügungen, „informelle Regelungen") rechtzeitig unterrichten. Zudem ist § 60a Abs. 2 S. 1 über die Gelegenheit zur Stellungnahme hinaus eine **Berücksichtigungspflicht** der BNetzA zu entnehmen, um dem Regelungszweck der Vorschrift gerecht zu werden (zustimmend NK-EnWG/*Wahlhäuser* § 60a Rn. 13). Die BNetzA ist danach verpflichtet, die Stellungnahme des Länderausschusses zur Kenntnis zu nehmen, in Erwägung zu ziehen und dem Länderausschuss eine Reaktion auf seine Stellungnahme in geeigneter Form zur Kenntnis zu bringen (zur vergleichbaren Situation hinsichtlich des Beirates → § 60 Rn. 15).

19 Um die Versorgungssicherheit zu gewährleisten, kann der kurzfristige Erlass von Allgemeinverfügungen notwendig sein. Es können daher gem. § 60a Abs. 2 S. 2 ausnahmsweise **ohne Stellungnahme** des Länderausschusses Allgemeinverfügungen in **dringlichen Fällen** erlassen werden. Der Länderausschuss ist dann nachträglich zu unterrichten. Diese Regelung gilt ausweislich des klaren Wortlauts nicht für Verwaltungsvorschriften, Leitfäden und vergleichbare „informelle Regelungen". Bei diesen Instrumenten zur vorausschauenden Steuerung der Entscheidungspraxis der BNetzA dürfte eine Eilbedürftigkeit auch kaum je vorliegen.

20 **2. Mitwirkung beim Bericht zur Anreizregulierung (Abs. 4).** Nach § 60a Abs. 4 war der bis zum 1.7.2006 vorzulegende Bericht der BNetzA nach § 112a Abs. 1 zur Einführung einer Anreizregulierung „im Benehmen" mit dem Länderausschuss zu erstellen (zu dem Bericht im Einzelnen → § 21a Rn. 3f., → § 112a Rn. 4 ff.). Da mit der Vorlage des Berichts die Regelung des **§ 112a Abs. 1 gegenstandslos** geworden ist (→ § 112a Rn. 2), gilt dasselbe auch für § 60a Abs. 4 S. 1 und 2. Auch S. 3 des § 60a Abs. 4 behält keine eigenständige – über den Abschluss und die Vorlage des Berichts hinausreichende – Funktion, weil er nach seiner systematischen Stellung auf die Mitwirkung an dem Bericht zur Einführung der Anreizregulierung bezogen ist.

21 Mit dem Begriff des **„Benehmens"** normiert das Gesetz eine Mitwirkungsbefugnis, die einerseits unterhalb des „Einvernehmens" (zB → § 58 Rn. 3 ff.), andererseits aber oberhalb der bloßen „Gelegenheit zur Stellungnahme" (§ 60a Abs. 2, → Rn. 18) anzusiedeln ist. Das Benehmen erfordert also keine Willensübereinstimmung und bedeutet „nicht mehr als die (gutachtliche) Anhörung der anderen Behörde, die dadurch Gelegenheit erhält, ihre Vorstellungen in das Verfahren einzubringen" (BVerwG Urt. v. 29.4.1993 – 7 A 2.92, BVerwGE 92, 258 (262)). Die BNetzA hatte also über den Inhalt des Berichts in eigener Verantwortung zu entscheiden. Im Zusammenhang mit der Pflicht der BNetzA, den Länderausschuss **regelmäßig** und ohne besondere Aufforderung zu **unterrichten** (§ 60a Abs. 4

Aufgaben des Länderausschusses **§ 60 a**

S. 2), kann das „Benehmen" also als eine intensivierte Form der Anhörung und Mitwirkung verstanden werden. Die BNetzA hatte – nicht anders als bei der Beratung durch den Beirat (→ § 60 Rn. 15) und bei § 60a Abs. 2 (→ Rn. 18) – die Stellungnahmen, Einwände und Anregungen des Länderausschusses zur Kenntnis zu nehmen, in Erwägung zu ziehen und musste dem Länderausschuss das Ergebnis in geeigneter Form zur Kenntnis geben.

Die Funktion des Erfordernisses des Benehmens liegt zum einen in der **Rück-** 22 **kopplung an die Länderinteressen,** die bei der Berichtserstellung durch die BNetzA berücksichtigt werden müssen und so iSd § 60a Abs. 1 der bundeseinheitlichen Durchführung des Konzepts dienen. Zum anderen hat das Benehmenserfordernis wie die Mitwirkung nach § 60a Abs. 2 (→ Rn. 17) zugleich **die BNetzA beratende und informierende Funktion,** was durch die Anforderungen an den Bericht in § 112a Abs. 2 S. 1 (Beteiligung der Länder) bestätigt wird. Vor dem Hintergrund der möglichen Auswirkungen und Risiken einer Anreizregulierung (vgl. die Nw. bei → § 21a Rn. 5) diente § 60a Abs. 4 neben der Berücksichtigung von Länderinteressen auch der **Sicherung einer adäquaten und risikoausschließenden Konzeptentwicklung** iSd § 112a Abs. 1.

III. Auskünfte und Stellungnahmen der Bundesnetzagentur (Abs. 3)

Im Rahmen seiner **Mitwirkung** beim Erlass von **Allgemeinverfügungen** nach 23 § 60a Abs. 2 ist der Länderausschuss nach § 60a Abs. 3 S. 1 berechtigt, von der BNetzA Auskünfte und Stellungnahmen einzuholen. Diesem Recht des Länderausschusses entspricht die Auskunftspflicht der BNetzA nach § 60a Abs. 3 S. 2. Ob der Auskunftsanspruch auch im Zusammenhang mit dem Erlass von **Verwaltungsvorschriften, Leitfäden** und vergleichbaren **informellen Regelungen** besteht, ist unklar, da bei der Änderung des § 60a Abs. 2 S. 1 (→ Rn. 16) die darauf bezogene Vorschrift in § 60a Abs. 3 nicht angepasst wurde. Die erhebliche Steuerungswirkung von Verwaltungsvorschriften und vergleichbaren „informellen Regelungen" spricht dafür, die Regelung des § 60a Abs. 3 auch auf sie (analog) anzuwenden.

Im Unterschied zu der Anhörungspflicht der BNetzA, die sich unmittelbar aus 24 § 60a Abs. 2 ergibt (Übermittlung von Entwürfen an den Länderausschuss, Gelegenheit zur Stellungnahme), entsteht die Auskunftspflicht der BNetzA nach § 60a Abs. 3 erst aufgrund eines konkreten **Verlangens des Länderausschusses.** Die Vorschrift des § 60a Abs. 3 entspricht in Wortlaut und Funktion dem **Informationsanspruch** des Beirates gegenüber der BNetzA nach § 60 S. 2 und 3, so dass auf die dortigen Erläuterungen verwiesen werden kann (→ § 60 Rn. 11 ff.). Insbesondere gilt auch hier, dass dem Recht des Länderausschusses zur Einholung von Stellungnahmen der BNetzA eine entsprechende Pflicht der BNetzA korrespondiert (aA Theobald/Kühling/*Theobald/Werk* EnWG § 60a Rn. 30), die sich allerdings nur auf solche Wertungen, Einschätzungen oder Konzepte etc bezieht, die bereits bei der BNetzA vorliegen (dazu → § 60 Rn. 13). Im Unterschied zu § 60 ist allerdings der Informationsanspruch des Länderausschusses thematisch begrenzt auf die Mitwirkungsgegenstände des Abs. 2, weil es hier um die Abstimmung der Regulierungspraxis zwischen Bundes- und Landesbehörden geht.

§ 61 Veröffentlichung allgemeiner Weisungen des Bundesministeriums für Wirtschaft und Energie

Soweit das Bundesministerium für Wirtschaft und Energie der Bundesnetzagentur allgemeine Weisungen für den Erlass oder die Unterlassung von Verfügungen nach diesem Gesetz erteilt, sind diese Weisungen mit Begründung im Bundesanzeiger zu veröffentlichen.

Literatur: *Hermes*, Legitimationsprobleme unabhängiger Behörden, in: Bauer/Huber/Sommermann (Hrsg.), Demokratie in Europa, 2005, S. 457; *Mayen*, Verwaltung durch unabhängige Einrichtungen, DÖV 2004, 45; *Oertel*, Die Unabhängigkeit der Regulierungsbehörde nach §§ 66 ff. TKG, 2000; *Pöcker*, Unabhängige Regulierungsbehörden und die Fortentwicklung des Demokratieprinzips, VerwArch 2008, 380.

A. Allgemeines

1   Die Vorschrift steht in Zusammenhang mit § 1 BNAG, wonach die BNetzA eine selbständige Bundesoberbehörde im Geschäftsbereich des Bundesministeriums für Wirtschaft und Energie ist. Nach dem verfassungsrechtlich im **Demokratieprinzip** des Art. 20 Abs. 2 GG fundierten Grundmodell hierarchisch-bürokratischer Ministerialverwaltung (s. dazu nur Dreier/*Dreier*, Bd. 2, GG Art. 20 [Demokratie] Rn. 121 ff.; *Oertel* Unabhängigkeit S. 238 ff.; weiterführend *Pöcker* VerwArch 2008, 380 ff.) bedeutet dies, dass die BNetzA im Rahmen der Fach- und Rechtsaufsicht einem umfassenden ministeriellen Weisungsrecht unterliegt. Vor diesem Hintergrund kommt § 61 die Funktion zu, die Ausübung des ministeriellen Weisungsrechts für die Öffentlichkeit **transparent** zu machen (BT-Drs. 15/3917, 70) und dadurch zugleich politisch zu disziplinieren (ähnlich Geppert/Schütz/*Attendorn*/*Geppert* TKG § 117 Rn. 2).

2   Wenn der Veröffentlichungspflicht des § 61 offensichtlich eine das Weisungsrecht disziplinierende und damit begrenzende Funktion zukommt, so ist diese Norm – auch wenn sie die Zulässigkeit allgemeiner ministerieller Weisungen nicht regelt, sondern voraussetzt (BerlKommEnergieR/*Franke* EnWG § 61 Rn. 2) – im Zusammenhang mit denjenigen Vorschriften zu betrachten und auszulegen, die die BNetzA organisations- und verfahrensrechtlich in einer für die Regulierungsverwaltung typischen Art und Weise ausgestalten und gegenüber der Politik verselbständigen. Die (relative) **Unabhängigkeit der BNetzA** ist nämlich durch ein „institutionelles Arrangement" gekennzeichnet, zu dessen Elementen etwa das justizförmige Beschlusskammerverfahren, die politische Kontrolle durch den Beirat, die Berichtspflichten uä Vorkehrungen gehören. Deshalb ist es aus der verfassungsrechtlichen Perspektive des Demokratieprinzips nicht erforderlich, dass die BNetzA entsprechend dem traditionellen Modell hierarchisch-bürokratischer Ministerialverwaltung einem umfassenden ministeriellen (Einzel-)Weisungsrecht unterworfen wird (s. zu dieser Grundsatzfrage *Hermes*, Legitimationsprobleme unabhängiger Behörden, in: Bauer/Huber/Sommermann (Hrsg.), Demokratie in Europa, S. 457 ff.; *Masing*, Soll das Recht der Regulierungsverwaltung übergreifend geregelt werden?, Gutachten D zum 66. Deutschen Juristentag 2006, S. D 71 ff.; Voßkuhle/Eifert/Möllers/*Trute*, Grundlagen des Verwaltungsrechts I, 3. Aufl. 2022, § 9 Rn. 66 ff.). Die Anforderungen, die das Unionsrecht an die Unabhängigkeit der (nationalen)

Regulierungsbehörden (→ Rn. 3) stellt und die im Anwendungsbereich der unionsrechtlich ausschließlich diesen Behörden anvertrauten Regulierungsbefugnisse ministerielle Weisungen ausschließen, treffen deshalb in Deutschland nicht auf unüberwindbare verfassungsrechtliche Hindernisse (zu diesen europarechtlichen Bezügen des § 61 sa BeckOK EnWG/*Pielow*/*Groneberg* § 61 Rn. 7 ff.). Die Entscheidung des EuGH zum Problem der „normativen Regulierung" bringt insoweit über die erneute Betonung und Bekräftigung der „völligen Unabhängigkeit" (EuGH Urt. v. 2.9.2021 – C-718/18, ECLI:EU:C:2021:662, Rn. 112) für die Frage der Zulässigkeit von ministeriellen Weisungen nichts Neues.

Über lange Zeit galt es als offene Frage, ob § 61 über seine disziplinierende Wirkung im Hinblick auf allgemeine Weisungen hinaus die BNetzA dadurch gegenüber politischen Einflüssen von Seiten der Regierung abschirmt, dass diese Vorschrift nur die dort erwähnten allgemeinen Weisungen zulässt mit der Folge, dass zumindest fachaufsichtliche **Einzelweisungen** unzulässig wären. Seit **Art. 35 Abs. 4 Elt-RL 09** (Art. 57 Abs. 4 Elt-RL 19) und **Art. 39 Abs. 4 Gas-RL 09** verlangen, dass die Regulierungsbehörde bei der Wahrnehmung ihrer Aufgaben **„keine direkten Weisungen von Regierungsstellen … einholt oder entgegennimmt"**, müssen die normativen Rahmenbedingungen des deutschen Rechts für den Status der BNetzA, zu denen auch § 61 gehört, entsprechend unionsrechtskonform ausgelegt werden. Dies hat zur Folge, dass ein Einzelweisungsrecht des Ministeriums gegenüber der BNetzA aus unionsrechtlichen Gründen nicht mehr anerkannt werden kann, soweit es um Regulierungsaufgaben und –befugnisse im Anwendungsbereich der Richtlinien geht (→ Rn. 12 ff.). 3

Eine § 61 vergleichbare Regelung findet sich in **§ 52 GWB**, der allerdings die Begründung von Weisungen nicht erwähnt. Auch **§ 193 TKG** normiert – ebenfalls ohne Erwähnung der Begründung – eine Veröffentlichungspflicht für ministerielle „Weisungen", während noch das TKG in seiner Fassung aus dem Jahr 1996 in § 66 Abs. 5 diese Veröffentlichungspflicht auf „allgemeine Weisungen" bezog. Die Orientierung an diesen beiden Vorbildern lässt auf die Erwartung der gesetzgebenden Organe schließen, dass das Ministerium von dem Instrument der Weisung auf dem Energiesektor in ähnlich zurückhaltender Weise Gebrauch machen wird, wie das in der Vergangenheit gegenüber dem Bundeskartellamt und gegenüber der Regulierungsbehörde auf dem Gebiet der Telekommunikation der Fall war (Geppert/ Schütz/*Attendorn*/*Geppert* TKG § 117 Rn. 2). 4

B. Pflicht zur Veröffentlichung allgemeiner Weisungen

Seinem klaren Wortlaut nach begründet § 61 zunächst nur eine Pflicht des Bundesministeriums für Wirtschaft und Energie zur Veröffentlichung allgemeiner Weisungen, die sich auf den Erlass oder die Unterlassung von Verfügungen nach dem EnWG beziehen (zu weiteren möglichen Gehalten → Rn. 14 f.). 5

I. Allgemeine Weisungen

Von der Veröffentlichungspflicht erfasst werden nur allgemeine Weisungen. Ihnen wurde im Gesetzgebungsverfahren „grundsätzliche Bedeutung" für die Tätigkeit der BNetzA beigemessen (BT-Drs. 15/3917, 70). Kriterien für die genauere Bestimmung dessen, was unter solchen allgemeinen Weisungen zu verstehen ist, liefert zunächst der im Verwaltungs(organisations-)recht gebräuchliche **Weisungs-** 6

begriff, der verbindliche Gebote oder Verbote einer Behörde an eine nachgeordnete Behörde oder einen einzelnen Bediensteten bezeichnet (s. dazu nur *Gröpl*, Staatsrecht I, 14. Aufl. 2022, Rn. 1363). Für die Qualifizierung als Weisung in diesem Sinne kommt es nicht auf die formale Bezeichnung durch das Ministerium an, sondern auf die Verbindlichkeit, die die „Adressaten" der ministeriellen Maßnahme beimessen, und auf die daraus folgende tatsächliche Befolgung der ministeriellen Vorgaben. Auch „Empfehlungen", „Merkblätter", „Hinweise" oder sonstige „weiche" Formen der Steuerung können deshalb nach § 61 veröffentlichungspflichtig sein.

7   Hinsichtlich der **Abgrenzung** von **allgemeinen Weisungen** zu **Einzelfallweisungen** kann die Unterscheidung zwischen **abstrakt-genereller** und konkret-individueller Regelung herangezogen werden, mit deren Hilfe nach § 35 VwVfG der Verwaltungsakt von Rechtsnormen abgegrenzt wird. Entsprechend dieser Abgrenzung liegt eine veröffentlichungspflichtige allgemeine Weisung dann vor, wenn sie zukünftige Entscheidungen der BNetzA in einer unbestimmten Zahl von Fällen und mit einem unbestimmten Kreis potentieller Adressaten determinieren soll (s. dazu nur Stelkens/Bonk/Sachs/*U. Stelkens* VwVfG § 35 Rn. 206 ff.).

II. Gegenstand und Adressat allgemeiner Weisungen

8   Veröffentlichungspflichtig sind nur solche allgemeinen Weisungen, die auf den Erlass oder die Unterlassung von Verfügungen nach den EnWG bezogen sind. Das Gesetz gebraucht den Terminus „Verfügungen" zwar auch an verschiedenen anderen Stellen (zB §§ 77 Abs. 3 S. 1 Nr. 2, 91 Abs. 6 S. 1 Nr. 2). Dies geschieht allerdings offensichtlich nicht in einer terminologisch konsequenten und insbesondere gegenüber dem Terminus „Entscheidungen" abgegrenzten Weise. Deshalb sind unter Verfügungen iSd § 61 alle **nach außen gerichteten Entscheidungen** der BNetzA (→ § 59 Rn. 25; → § 75 Rn. 4, 15) einschließlich der Festlegungen zB nach § 29 zu verstehen. Abweichend von § 193 TKG (dazu Geppert/Schütz/*Attendorn*/*Geppert* TKG § 117 Rn. 10) sind nach § 61 also nicht veröffentlichungspflichtig solche Weisungen, die im Rahmen der allgemeinen Organaufsicht ergehen und zB die innere Ordnung, die allgemeine Geschäftsführung oder Personalangelegenheiten der BNetzA betreffen (dem zustimmend NK-EnWG/*Wahlhäuser* § 61 Rn. 7).

9   **Adressat** der nach § 61 veröffentlichungspflichtigen allgemeinen Weisungen ist allein die **BNetzA** als organisatorisch verselbständigte Einheit (Behörde), die auch insoweit – als Weisungsadressat – **durch ihren Präsidenten vertreten** wird. Dieses Verbot des ministeriellen Weisungsdurchgriffs auf einzelne Bedienstete der BNetzA im Allgemeinen und auf die Mitglieder der Beschlusskammern im Besonderen (→ § 59 Rn. 22 f.; BeckOK EnWG/*Pielow*/*Groneberg* § 61 Rn. 19) kommt im Wortlaut des § 61 zum Ausdruck, wenn dort ausschließlich die BNetzA als Adressat allgemeiner Weisungen bezeichnet ist. Es entspricht im Übrigen der besonderen organisationsrechtlichen Ausgestaltung der BNetzA (→ Rn. 2) und der hervorgehobenen Position des Präsidenten (→ § 59 Rn. 22 f.).

III. Veröffentlichung mit Begründung im Bundesanzeiger

10   Allgemeine Weisungen, die die dargelegten Kriterien (→ Rn. 6 f.) erfüllen, sind vom Bundesministerium im **Bundesanzeiger** zu veröffentlichen. § 61 stellt darüber hinaus klar, dass „nicht nur die Weisung, sondern auch deren Begründung zu

veröffentlichen ist" (BT-Drs. 15/3917, 70). Die Gesetzesbegründung bringt darüber hinaus die Erwartung zum Ausdruck, dass das Ministerium „im Interesse größerer Transparenz allgemeine Weisungen **auch im Internet** veröffentlichen" wird (BT-Drs. 15/3917, 70).

Unveröffentlichten allgemeinen Weisungen kommt **keine Verbindlichkeit** zu. Entscheidungen der BNetzA, die mit einer Bezugnahme auf eine solche unveröffentlichte allgemeine Weisung begründet werden, sind **(ermessens-)fehlerhaft** und schon deshalb gerichtlich anfechtbar. Auch ohne explizite Bezugnahme auf unveröffentlichte allgemeine Weisungen spricht eine Vermutung für die Rechtswidrigkeit von Entscheidungen der BNetzA, wenn sie im Anwendungsbereich einer „Geheimweisung" ergangen sind und sich die Existenz einer solchen nachweisen lässt. 11

C. Ministerielle Einzelweisungen

Nicht abschließend geklärt blieb längere Zeit die Frage, ob sich aus § 61 der Umkehrschluss ziehen lässt, dass **Einzelweisungen unzulässig** sind. Diese Frage wurde insbesondere vor dem Hintergrund der mit § 61 vergleichbaren Norm des **§ 66 Abs. 5 TKG 1996** kontrovers diskutiert (gegen ein Einzelweisungsrecht insbesondere *Oertel* Unabhängigkeit S. 405 f.; dafür *Mayen* DÖV 2004, 45 ff.; wN zum Meinungsstand bei *Haupt,* Die Verfahren von Beschlusskammern der Regulierungsbehörde für Telekommunikation und Post, 2004, S. 64 ff.), ist aber durch die Neuregelung in § 117 TKG 2004 (§ 193 nF) im Sinne eines Weisungsrechts entschieden worden, das sowohl allgemeine als auch Einzelweisungen umfasst (s. nur Geppert/Schütz/*Attendorn*/*Geppert* TKG § 117 Rn. 7 f.; NK-EnWG/*Wahlhäuser* § 61 Rn. 12). Für den Energiesektor stellt sich auf der Grundlage von Art. 57 Elt-RL 19 und Art. 39 Gas-RL 09 die Situation nun anders dar. Wenn danach **„direkte Weisungen" von Regierungsstellen unzulässig** sind, soweit sie sich auf Regulierungsaufgaben im **Anwendungsbereich der Richtlinien** beziehen, so kann dies nur die Unzulässigkeit von Einzelweisungen in konkreten Verwaltungsverfahren bedeuten. Mit den verfassungsrechtlichen Anforderungen des Demokratieprinzips gerät dies nicht in Konflikt (→ Rn. 2, *Pöcker* VerwArch 2008, 380 ff.; *Gundel/Germelmann* EuZW 2009, 763 (768); aA Geppert/Schütz/*Attendorn*/*Geppert* TKG § 117 Rn. 9). 12

Ministerielle Einzelweisungen kommen somit nur noch **außerhalb des Anwendungsbereichs der Elt-RL 19 und der Gas-RL 09** in Betracht. Maßgebliche Bedeutung für eine Antwort auf die Frage nach deren Zulässigkeit gegenüber der BNetzA im Allgemeinen und gegenüber den Beschlusskammern im Besonderen kommt dem **institutionellen Gesetzesvorbehalt** zu (so auch *Oertel* Unabhängigkeit S. 344 f.). Dieser verlangt eine klare gesetzliche Regelung, wenn eine Behörde – abweichend von dem als Regelfall zugrundezulegenden Modell (→ Rn. 1) – aufgrund anderer institutioneller Arrangements (→ Rn. 2), die ebenfalls demokratische Legitimation vermitteln können, weisungsfrei gestellt werden soll. Dass sich § 61 eine solche klare gesetzliche Organisationsentscheidung zugunsten einer Einzelweisungsfreiheit entnehmen lässt, erscheint allerdings insbesondere vor dem Hintergrund eines Vergleichs mit den beiden Fassungen der Parallelvorschrift im TKG (§ 66 Abs. 5 aF und § 193 nF) sehr zweifelhaft. 13

Mangels einer eindeutigen gesetzlichen Organisationsentscheidung im EnWG zugunsten einer Einzelweisungsfreiheit der BNetzA ist also davon auszugehen, dass 14

§ 62 Teil 7. Behörden

ministerielle **Einzelweisungen** außerhalb des Anwendungsbereichs der Elektrizitätsbinnenmarkt- und der Erdgasbinnenmarktrichtlinie (→ Rn. 12) rechtlich **zulässig** und **nicht veröffentlichungspflichtig** sind (so auch Geppert/Schütz/ *Attendorn/Geppert* TKG § 117 Rn. 4). Allerdings sind auch Einzelweisungen ausschließlich an die BNetzA, vertreten durch den Präsidenten, zu richten und dürfen weder an einzelne Bedienstete noch an Beschlusskammern adressiert werden (→ Rn. 9, → § 59 Rn. 22f.). Allerdings stehen solche Einzelweisungen in einem offensichtlichen Widerspruch zu der organisations- und verfahrensrechtlichen Ausgestaltung der BNetzA im Allgemeinen und der Beschlusskammern im Besonderen. Solange der Gesetzgeber in Wahrnehmung der ihm zur Verfügung stehenden verfassungsrechtlichen Spielräume (→ Rn. 2) daraus nicht die Konsequenz einer eindeutigen Weisungsfreiheit gezogen hat, ist es Sache einer zurückhaltenden ministeriellen Weisungspraxis, die Funktionsbedingungen der von der BNetzA wahrzunehmenden Aufgaben zu respektieren. Dem auf Transparenz von Regulierungsentscheidungen angelegten Grundsatz des EnWG entspricht es außerdem, wenn auch Einzelweisungen veröffentlicht werden – sei es durch das Ministerium, sei es durch die BNetzA. Deshalb steht auch der BNetzA ein rechtlich zulässiges Mittel der „Gegenwehr" zur Verfügung, ihre Unabhängigkeit durch die Veröffentlichung von ministeriellen Einzelweisungen abzusichern.

D. Weisungen innerhalb der Bundesnetzagentur

15 Außerhalb des Anwendungsbereichs von § 61 liegen innerbehördliche Weisungen insbesondere des Präsidenten gegenüber den Beschlusskammern. Soweit solche Weisungen als zulässig angesehen werden können (dazu → § 59 Rn. 23), ergibt sich die Pflicht zu ihrer Veröffentlichung jedenfalls nicht aus § 61. Nach dessen eindeutigem Wortlaut werden nämlich nur allgemeine Weisungen des Ministeriums erfasst. Immerhin kann § 61 als Beleg dafür herangezogen werden, dass das EnWG der Sicherung von regulierungsbehördlicher Unabhängigkeit durch Transparenz einen hohen Stellenwert einräumt. Da diese Unabhängigkeit weder allein noch in erster Linie der Behörde insgesamt oder ihrem Präsidenten zukommt, sondern zumindest auch die Tätigkeit der Beschlusskammern kennzeichnet, kann in **Analogie zu § 61** auch für innerbehördliche Weisungen eine Veröffentlichungspflicht in Betracht gezogen werden.

§ 62 Gutachten der Monopolkommission

(1) ¹**Die Monopolkommission erstellt alle zwei Jahre ein Gutachten, in dem sie den Stand und die absehbare Entwicklung des Wettbewerbs und die Frage beurteilt, ob funktionsfähiger Wettbewerb auf den Märkten der leitungsgebundenen Versorgung mit Elektrizität und Gas in der Bundesrepublik Deutschland besteht, die Anwendung der Vorschriften dieses Gesetzes über die Regulierung und Wettbewerbsaufsicht würdigt und zu sonstigen aktuellen wettbewerbspolitischen Fragen der leitungsgebundenen Versorgung mit Elektrizität und Gas Stellung nimmt.** ²**Das Gutachten soll in dem Jahr abgeschlossen sein, in dem kein Hauptgutachten nach § 44 des Gesetzes gegen Wettbewerbsbeschränkungen vorgelegt wird.** ³**Die Monopolkommission kann Einsicht nehmen in die bei der Bundesnetzagen-**

tur geführten Akten einschließlich der Betriebs- und Geschäftsgeheimnisse, soweit dies zur ordnungsgemäßen Erfüllung ihrer Aufgaben erforderlich ist. [4]Für den vertraulichen Umgang mit den Akten gilt § 46 Absatz 3 des Gesetzes gegen Wettbewerbsbeschränkungen entsprechend.

(2) [1]Die Monopolkommission leitet ihre Gutachten der Bundesregierung zu. [2]Die Bundesregierung legt Gutachten nach Absatz 1 Satz 1 den gesetzgebenden Körperschaften unverzüglich vor und nimmt zu ihnen in angemessener Frist Stellung. [3]Die Gutachten werden von der Monopolkommission veröffentlicht. [4]Bei Gutachten nach Absatz 1 Satz 1 erfolgt dies zu dem Zeitpunkt, zu dem sie von der Bundesregierung der gesetzgebenden Körperschaft vorgelegt werden.

A. Allgemeines

Die Vorschrift des § 62 regelt die **Berichterstattung der Monopolkommission** über Fragen des Wettbewerbs auf den Märkten der leitungsgebundenen Energieversorgung. Sie orientiert sich an **§ 44 GWB**. Der Gesetzgeber hielt es für sachgerecht, die Monopolkommission speziell für den Bereich der leitungsgebundenen Energieversorgung mit der Erstellung von Gutachten zur Marktbeobachtung zu beauftragen (BT-Drs. 15/3917, 70). Der im Juli 2011 durch Art. 1 Nr. 52 des Gesetzes zur Neuregelung energiewirtschaftsrechtlicher Vorschriften (BGBl. 2011 I S. 1554) in das EnWG neu eingefügte § 62 Abs. 1 S. 3 und 4 sieht ein **Akteneinsichtsrecht** der Monopolkommission entsprechend § 195 Abs. 3 TKG für den Bereich der Energieregulierung vor (s. dazu BT-Drs. 17/6072, 92). § 62 Abs. 2, der sich an der entsprechenden Regelung des GWB (§ 44 Abs. 3) orientiert, wurde aufgrund der Beschlussempfehlung des Ausschusses für Wirtschaft und Arbeit eingefügt (BT-Drs. 15/5268, 61, 122), um Unsicherheiten darüber auszuräumen, ob die Regelung des § 44 Abs. 3 GWB auch für den Bereich der Energiewirtschaft zur Anwendung kommt (*Salje* EnWG § 62 Rn. 2). 1

Vergleichbare Regelungen existieren für die Telekommunikationsmärkte in § 195 Abs. 3 TKG und in § 78 ERegG für den Bereich des Eisenbahnwesens. 2

Zusammensetzung, Organisation und **Beschlussfassung** der Monopolkommission sowie **Rechte und Pflichten** ihrer Mitglieder sind in §§ 45f. GWB geregelt. Die hier enthaltenen Regelungen gelten generell und unabhängig davon, auf welchem Gebiet die Monopolkommission tätig wird. Ohne ausdrückliche Übernahme in das EnWG gilt insbesondere auch § 44 Abs. 2 GWB, wonach die Monopolkommission in ihrer Tätigkeit **unabhängig** ist. 3

B. Pflichtgutachten zu den Energiemärkten

§ 62 weist der Monopolkommission über ihren Aufgabenbereich nach § 44 GWB hinaus im Bereich der leitungsgebundenen Energieversorgung die Aufgabe zu, alle zwei Jahre ein **Gutachten** betreffend die Märkte der leitungsgebundenen Energieversorgung in der Bundesrepublik Deutschland zu erstellen. Die Erstellung dieses Gutachtens zu den Energiemärkten ist gem. § 62 Abs. 1 eine **Pflichtaufgabe** der Monopolkommission. Der Inhalt des Gutachtens wird in § 62 Abs. 1 S. 1 näher bestimmt. Daneben enthält die Vorschrift in § 62 Abs. 1 Vorgaben über den Zeit- 4

§ 62

punkt, das Recht zur Einsicht in die bei der BNetzA geführten Akten sowie nähere Regelungen zu dem Verfahren nach Erstellung des Gutachtens (§ 62 Abs. 2).

5   Die **Funktion** der Gutachten der Monopolkommission liegt darin, die Bundesregierung und die Organe der Gesetzgebung, die mit dem Vollzug des EnWG befassten Behörden des Bundes und der Länder sowie die Öffentlichkeit zu **informieren**. Auf diese Weise wird durch Transparenz die Grundlage geschaffen für (öffentliche) **Kontrolle** insbesondere der Tätigkeit der mit dem Vollzug des EnWG befassten Behörden. Würdigungen und Stellungnahmen der Monopolkommission haben darüber hinaus **unterstützende, initiierende** und **beratende** Funktion für Gesetzgebung und Exekutive.

I. Pflichtinhalt und Zeitpunkt (Abs. 1 S. 1 und 2)

6   Als **Pflichtinhalt** des Gutachtens nennt § 62 Abs. 1 S. 1 den Stand und die absehbare Entwicklung des Wettbewerbs, die Beurteilung der Frage, ob funktionsfähiger Wettbewerb auf den Energiemärkten besteht, die Würdigung der Anwendung der Vorschriften des EnWG über die Regulierung und Wettbewerbsaufsicht sowie die Stellungnahme zu sonstigen wettbewerbspolitischen Fragen der Energieversorgung. Es geht dem Gesetz offensichtlich um eine **umfassende Darstellung** und **Würdigung** der energiewirtschaftlichen Gesamtlage. Die Monopolkommission kann „umfassend zu allen wettbewerblichen Fragen der leitungsgebundenen Energieversorgung Stellung nehmen" (BT-Drs. 15/3917, 70). Das Gutachten kann daher ebenso Prognosen hinsichtlich künftiger Entwicklungen im Rahmen der Beurteilung der Funktionsfähigkeit des Netzzugangs enthalten (BT-Drs. 15/3917, 70). Die Monopolkommission ist jedoch hinsichtlich der weiteren Konkretisierung dieser Pflichtinhalte, hinsichtlich ihrer Gewichtung wie auch hinsichtlich weiterer Gegenstände, zu denen zB auch rechtspolitische Vorschläge gehören können, weitgehend frei (zum Verständnis des gesetzlichen Auftrags durch die Monopolkommission s. etwa das Sondergutachten 2009, BT-Drs. 16/14060, 17 f.; zum Inhalt s. auch BeckOK EnWG/*Pielow*/*Groneberg* § 62 Rn. 8 ff. oder BerlKommEnergieR/*Holthoff-Frank* EnWG § 62 Rn. 12 ff.).

7   Das Sondergutachten ist im **Zweijahresrhythmus** zu erstellen (§ 62 Abs. 1 S. 1). Es muss in dem Jahr abgeschlossen sein, in dem kein Hauptgutachten nach § 44 GWB vorgelegt wird. Diese zeitliche Vorgabe dient der **Arbeitsentlastung** der Monopolkommission (*Salje* EnWG § 62 Rn. 8). Allerdings fällt der vorgeschriebene Abschlusszeitpunkt des Gutachtens nach dem EnWG mit demjenigen der Gutachten nach dem TKG und dem AEG zusammen (§ 195 Abs. 3 S. 1 TKG, § 78 Abs. 1 S. 2 AEG).

II. Akteneinsichtsrecht und Verschwiegenheitpflicht (Abs. 1 S. 3 und 4)

8   In § 62 Abs. 1 S. 3 und 4 wurde 2011 ein Akteneinsichtsrecht der Monopolkommission entsprechend **§ 195 Abs. 3 TKG** und **§ 46 Abs. 2 a GWB** für den Bereich der Energieregulierung aufgenommen. Hiermit wird der Forderung der Monopolkommission aus dem Sondergutachten Strom und Gas 2009 Rechnung getragen (BT-Drs. 17/6072, 92), dessen Formulierungsvorschlag der Gesetzgeber wörtlich übernommen hat (Sondergutachten 2009, BT-Drs. 16/14060, 20). Die Monopolkommission hatte dort darauf hingewiesen, dass ihr bislang nur die öffentlich zugänglichen und geschwärzten Versionen der Entscheidungen der Regulierungs-

behörde zur Verfügung stehen, für eine angemessene Beurteilung der Marktverhältnisse und eine sich daran anschließende Ableitung von Handlungsempfehlungen jedoch auch die Möglichkeit zur Einsichtnahme in **Akten mit geheimhaltungsbedürftigen Unternehmensinformationen** erforderlich sei.

Hinsichtlich des **vertraulichen Umgangs** verweist § 62 Abs. 1 S. 4 auf **§ 46 Abs. 3 GWB**, wonach die Mitglieder der Monopolkommission und die Angehörigen der Geschäftsstelle zur Verschwiegenheit über die Beratungen und die von der Monopolkommission als vertraulich bezeichneten Beratungsunterlagen verpflichtet sind und sich die Pflicht zur Verschwiegenheit auch auf Informationen bezieht, die der Monopolkommission gegeben und als vertraulich bezeichnet werden oder die gem. Absatz 2a GWB (entspricht § 62 Abs. 1 S. 3) erlangt worden sind. Folglich bezieht sich die Verschwiegenheitspflicht der Mitglieder und der Geschäftsstellenangehörigen auf alle Informationen, die durch Einsicht in die bei der BNetzA geführten Akten gewonnen wurden (s. dazu auch Geppert/Schütz/*Attendorn*/*Geppert* TKG § 121 Rn. 13 f.).

III. Verfahren und Veröffentlichung

Das kommissionsinterne **Verfahren der Erstellung** des Hauptgutachtens bestimmt sich nach § 46 Abs. 1 GWB und nach der Geschäftsordnung (§ 46 Abs. 2 S. 1 GWB) der Monopolkommission.

Im Gegensatz zum Verfahren der Erstellung der Gutachten ist das weitere **Vorgehen nach Erstellung** des Sondergutachtens in § 62 Abs. 2 geregelt. Zunächst muss das Gutachten der Bundesregierung zugeleitet werden. Diese hat das Gutachten „unverzüglich" dem Bundestag und dem Bundesrat vorzulegen. Darüber hinaus ist die Bundesregierung gegenüber diesen beiden Organen verpflichtet, „in angemessener Frist" zu dem Gutachten Stellung zu nehmen. Welche Frist angemessen ist und welchen Grad an Präzision und Aussagekraft die Stellungnahme der Bundesregierung hat, ist in erster Linie von dieser selbst zu entscheiden und unterliegt der politisch-parlamentarischen Kontrolle.

Das Gutachten muss von der Monopolkommission **veröffentlicht** werden (§ 62 Abs. 2 S. 3). Eine bestimmte Form der Veröffentlichung schreibt das Gesetz nicht vor. Regelmäßig werden die Gutachten in gebundener Form herausgegeben (NK-EnWG/*Wahlhäuser* § 62 Rn. 16). Was den **Zeitpunkt** der Veröffentlichung angeht, so muss das Gutachten gem. § 62 Abs. 2 S. 4 zu dem Zeitpunkt veröffentlicht werden, zu dem es von der Bundesregierung dem Bundestag und dem Bundesrat vorgelegt wird. Durch die Vorlage als Bundestags- und Bundesratsdrucksache ist dem Veröffentlichungserfordernis Genüge getan. Bislang hat die Monopolkommission Sondergutachten nach § 62 Abs. 1 veröffentlicht für die Jahre 2007 (BT-Drs. 16/7087), 2009 (BT-Drs. 16/14060), 2011 (BT-Drs. 17/7181), 2013 (BT-Drs. 17/14742), 2017 (BT-Drs. 18/13680), 2019 (BT-Drs. 19/13440) und 2021 (BT-Drs. 19/32686).

C. Sonstige Gutachten

Wie sich aus der Gegenüberstellung des Pflichtgutachtens nach § 62 Abs. 1 einerseits und der Erwähnung von Gutachten im Plural in § 62 Abs. 2 andererseits ergibt, erlaubt § 62 über das Pflichtgutachten nach § 62 Abs. 1 hinaus **sonstige – freiwillige – Gutachten** der Monopolkommission betreffend den Energiesektor

(Auftrags- oder Ermessensgutachten), die insbesondere punktuelle und aktuelle Einzelfragen der leitungsgebundenen Energieversorgung betreffen können.

14 Hinsichtlich dieser sonstigen Gutachten beschränken sich die Regelungen des § 62 allerdings auf die Pflicht, sie der **Bundesregierung zuzuleiten** (§ 62 Abs. 2 S. 1) und sie zu **veröffentlichen** (§ 62 Abs. 2 S. 3). Das Verfahren der Erstellung sonstiger Gutachten richtet sich ebenfalls nach § 46 Abs. 1 GWB und nach der Geschäftsordnung (§ 46 Abs. 2 S. 1 GWB) der Monopolkommission.

§ 63 Berichterstattung

(1) ¹**Die Bundesregierung berichtet dem Bundestag jährlich über den Netzausbau, den Kraftwerksbestand sowie Energieeffizienz und die sich daraus ergebenden Herausforderungen und legt erforderliche Handlungsempfehlungen vor (Monitoringbericht).** ²**Bei der Erstellung des Berichts nach Satz 1 hat das Bundesministerium für Wirtschaft und Energie die Befugnisse nach den §§ 12a, 12b, 14 Absatz 1a und 1b, den §§ 68, 69 und 71.**

(2) ¹**Die Bundesnetzagentur erstellt bis zum 31. Oktober 2022 und dann mindestens alle zwei Jahre jeweils die folgenden Berichte:**
1. **einen Bericht zum Stand und zur Entwicklung der Versorgungssicherheit im Bereich der Versorgung mit Erdgas sowie**
2. **einen Bericht zum Stand und zur Entwicklung der Versorgungssicherheit im Bereich der Versorgung mit Elektrizität.**

²**Zusätzlich zu den Berichten nach Satz 1 veröffentlicht das Bundesministerium für Wirtschaft und Energie einmalig zum 31. Oktober 2020 eine Abschätzung der Angemessenheit der Ressourcen gemäß den Anforderungen der Verordnung (EU) 2019/943.** ³**Diese Analyse ist ab 2022 in den Bericht nach Satz 1 Nummer 2 zu integrieren.** ⁴**In die Berichte nach Satz 1 sind auch die Erkenntnisse aus dem Monitoring der Versorgungssicherheit nach § 51 sowie getroffene oder geplante Maßnahmen aufzunehmen.** ⁵**In den Berichten nach Satz 1 stellt die Bundesnetzagentur jeweils auch dar, inwieweit Importe zur Sicherstellung der Versorgungssicherheit in Deutschland beitragen.** ⁶**Das Bundesministerium für Wirtschaft und Energie stellt zu den Berichten nach Satz 1 Einvernehmen innerhalb der Bundesregierung her.** ⁷**Die Bundesregierung veröffentlicht die Berichte der Bundesnetzagentur nach Satz 1 und legt dem Bundestag erstmals zum 31. Januar 2023 und dann mindestens alle vier Jahre Handlungsempfehlungen vor.**

(2a) ¹**Das Bundesministerium für Wirtschaft und Energie veröffentlicht jeweils bis zum 31. Juli 2017 und 31. Dezember 2018 sowie für die Dauer des Fortbestehens der Maßnahmen nach den §§ 13a bis 13d sowie 13f, 13i und 13j sowie § 16 Absatz 2a mindestens alle zwei Jahre jeweils einen Bericht über die Wirksamkeit und Notwendigkeit dieser Maßnahmen einschließlich der dafür entstehenden Kosten.** ²**Ab dem Jahr 2020 umfasst der Bericht auch auf Grundlage der Überprüfungen nach § 13e Absatz 5 die Wirksamkeit und Notwendigkeit von Maßnahmen nach § 13e oder der Rechtsverordnung nach § 13h einschließlich der für die Maßnahmen entstehenden Kosten.** ³**Das Bundesministerium für Wirtschaft und Energie evaluiert in dem zum 31. Dezember 2022 zu veröffentlichenden Bericht** auch, ob eine Fortgeltung der Regelungen nach Satz 1 und der Netzreserveverordnung über den 31. Dezember 2023 hinaus zur Gewährleistung der Sicherheit oder Zuverlässigkeit des Elektrizitätsversorgungssystems weiterhin notwendig ist.

(3) ¹Die Bundesnetzagentur veröffentlicht jährlich einen Bericht über ihre Tätigkeit sowie im Einvernehmen mit dem Bundeskartellamt, soweit wettbewerbliche Aspekte betroffen sind, über das Ergebnis ihrer Monitoring-Tätigkeit und legt ihn der Europäischen Kommission und der Europäischen Agentur für die Zusammenarbeit der Energieregulierungsbehörden vor. ²In den Bericht ist der vom Bundeskartellamt im Einvernehmen mit der Bundesnetzagentur, soweit Aspekte der Regulierung der Leitungsnetze betroffen sind, erstellte Bericht über das Ergebnis seiner Monitoring-Tätigkeit nach § 48 Absatz 3 in Verbindung mit § 53 Absatz 3 Satz 1 des Gesetzes gegen Wettbewerbsbeschränkungen aufzunehmen (Monitoringbericht Elektrizitäts- und Gasmarkt). ³In den Bericht sind allgemeine Weisungen des Bundesministeriums für Wirtschaft und Energie nach § 61 aufzunehmen.

(3a) ¹Die Regulierungsbehörde veröffentlicht bis zum 31. März 2017, 30. Juni 2019, 30. Juni 2021, 30. Juni 2024 und dann mindestens alle zwei Jahre auf Grundlage der Informationen und Analysen nach § 12 Absatz 5 Satz 1 Nummer 4 und nach § 35 Absatz 1a jeweils einen Bericht über die Mindesterzeugung, über die Faktoren, die die Mindesterzeugung in den Jahren des jeweiligen Betrachtungszeitraums maßgeblich beeinflusst haben, sowie über den Umfang, in dem die Einspeisung aus erneuerbaren Energien diese Mindesterzeugung beeinflusst worden ist (Bericht über die Mindesterzeugung). ²In den Bericht nach Satz 1 ist auch die zukünftige Entwicklung der Mindesterzeugung aufzunehmen.

(4) ¹Die Bundesnetzagentur kann in ihrem Amtsblatt oder auf ihrer Internetseite jegliche Information veröffentlichen, die für Haushaltskunden Bedeutung haben kann, auch wenn dies die Nennung von Unternehmensnamen beinhaltet. ²Sonstige Rechtsvorschriften, namentlich zum Schutz personenbezogener Daten und zum Presserecht, bleiben unberührt.

(5) Das Statistische Bundesamt unterrichtet die Europäische Kommission alle drei Monate über in den vorangegangenen drei Monaten getätigte Elektrizitätseinfuhren in Form physikalisch geflossener Energiemengen aus Ländern außerhalb der Europäischen Union.

Übersicht

	Rn.
A. Allgemeines	1
B. Berichte der Bundesregierung und des Ministeriums	5
I. Monitoringbericht (Abs. 1)	6
1. Gegenstand der Berichterstattung	7
2. Ermittlungsbefugnisse des Bundesministeriums (Abs. 1 S. 2)	8
3. Bericht der Bundesregierung	10
II. Einmaliger Bericht zur Angemessenheit der Ressourcen (Abs. 2 S. 2)	12
III. Bericht über Netzsicherheitsmaßnahmen (Abs. 2a)	13
C. Berichte und Veröffentlichungen der Bundesnetzagentur	17
I. Berichte über die Versorgungssicherheit (Abs. 2)	17

§ 63 Teil 7. Behörden

Rn.
1. Inhalt der Berichte (Abs. 2 S. 1, 4, 5) 21
2. Einvernehmen der Bundesregierung, Veröffentlichung,
   Handlungsempfehlungen (Abs. 2 S. 6 und 7) 25
II. Tätigkeits- und Monitoring-Bericht (Abs. 3) 27
III. Bericht über die Mindesterzeugung (Abs. 3a) 31
IV. Informationen für Haushaltskunden (Abs. 4) 35
D. Unterrichtung über Elektrizitätseinfuhren durch das Statistische
Bundesamt (Abs. 5) 36

Literatur: *BMWi*, Monitoringbericht des BMWi nach § 63 iVm § 51 EnWG zur Versorgungssicherheit im Bereich der leitungsgebundenen Versorgung mit Elektrizität, Juni 2019 (Versorgungssicherheitsbericht Strom 2019); *BMWi*, Monitoringbericht des BMWi nach § 51 EnWG „Versorgungssicherheit bei Erdgas", Februar 2019 (Versorgungssicherheitsbericht Gas 2019); *Dalibor*, Monitoring ohne Ermächtigungsgrundlage – zur Rechtslage nach der Novellierung von § 35 EnWG und § 48 III GWB, RdE 2013, 207; *Maiwald*, Berichtspflichten gegenüber dem Deutschen Bundestag, 1993.

A. Allgemeines

1 Die Vorschrift des § 63 enthält – abgesehen von den Sonderfällen der §§ 112, 112a und 112b **alle exekutiven Berichtspflichten im Bereich des Energiewirtschaftsrechts.** Dies gilt sowohl für Berichte, die ihre Grundlage im sekundären Unionsrecht finden, als auch für die Berichtspflichten, die das EnWG darüber hinaus normiert. **Berichtspflichtig** sind entsprechend ihren unterschiedlichen Aufgabenbereichen das BMWK, die Bundesregierung, die BNetzA und das Statistische Bundesamt. Das Instrumentarium zur Erhebung der relevanten Daten bei den Unternehmen (Auskunftsrechte), soweit es den Regulierungsbehörden nicht bereits an anderer Stelle (zB in §§ 68, 69) zur Verfügung gestellt ist, hält § 63 ebenfalls bereit (in Abs. 1 S. 2).

2 Die gemeinsame **Funktion** der verschiedenen Berichte liegt darin, die verschiedenen Adressaten angesichts des besonderen öffentlichen Interesses an einer den Zielen des § 1 Abs. 1 entsprechenden Energieversorgung über die relevanten Fakten, Prognosen und Bewertungen zu informieren. Auf diese Weise zieht das Energiewirtschaftsrecht eine Konsequenz aus dem Umstand, dass das relevante Wissen zunächst (nur) bei den privaten Akteuren vorhanden ist. Die Berichte dienen der **Information** der **Europäischen Kommission,** der **Agentur,** der **Gesetzgebungsorgane** des Bundes, der mit Fragen der Energieversorgung befassten **Behörden** des Bundes und der Länder, der am energiewirtschaftlichen Geschehen beteiligten **Unternehmen** sowie der **Öffentlichkeit.** Die umfassenden Berichtspflichten sollen **Transparenz** schaffen und die genannten „Informationsadressaten" in die Lage versetzen, mit den ihnen jeweils zu Gebote stehenden – rechtlichen und/oder politischen – Mitteln die leitungsgebundene Energieversorgung und ihre Regulierung zu kontrollieren, überwachend zu begleiten (*Neveling* ZNER 2005, 263) und gegebenenfalls ihr eigenes Verhalten daran auszurichten (BT-Drs. 15/3917, 27, 70). Insbesondere den Gesetzgebungsorganen des Bundes sollen die Berichtspflichten ermöglichen, das EnWG im Lichte seiner praktischen Anwendung und der aktuellen Gegebenheiten zu überprüfen, einen möglichen Reformbedarf zu erkennen und diesem rechtzeitig nachzugehen. Den in § 63 ge-

Berichterstattung **§ 63**

nannten Berichtspflichten entsprechen nur partiell **Ansprüche auf Erstellung und Übermittlung der Berichte:** Soweit es um die Information der Öffentlichkeit und der energiewirtschaftlichen Akteure geht, lässt sich § 63 ebenso wenig wie den zugrundeliegenden Richtlinienbestimmungen (→ Rn. 4) ein Schutz individueller Positionen entnehmen (VG Berlin Urt. v. 9.12.2010 – 4 K 423.10, BeckRS 2010, 56863 Rn. 15 ff.). Lediglich die **EU-Kommission** (§ 63 Abs. 3 S. 1), die **Agentur** (§ 63 Abs. 3 S. 1) sowie der **Bundestag** (§ 63 Abs. 1 S. 1) sind konkret Berechtigte, denen gegenüber die Nichterfüllung der Berichtspflicht ein Vertragsverletzungsverfahren nach Art. 258 AEUV bzw. ein Organstreitverfahren nach Art. 93 Abs. 1 Nr. 1 GG (zur verfassungsrechtlichen Fundierung der Berichtspflicht s. *Maiwald* Berichtspflichten S. 139 ff.) nach sich ziehen kann.

Von der **ursprünglichen Fassung** des § 63 aus dem Jahr **2005** (dazu BT-Drs. 3 15/3917, 27 f.; BT-Drs. 15/5268, 122) sind zwischenzeitlich nur noch **Rudimente** erhalten. **§ 63 Abs. 1** wurde durch Art. 1 Nr. 54 Buchst. b des Gesetzes zur Neuregelung energiewirtschaftsrechtlicher Vorschriften vom 26.7.**2011** (BGBl. 2011 I S. 1554) neu eingefügt und verpflichtete in seinem S. 1 das Bundesministerium für Wirtschaft und Technologie, regelmäßig zu Themen zu berichten, die im Zusammenhang mit der Netzstabilität und Energieeffizienz stehen. Auf der Grundlage dieses Berichts sowie des Berichts des Bundesministeriums für Umwelt, Naturschutz und Reaktorsicherheit nach dem Erneuerbare-Energien-Gesetz verpflichtete Satz 2 ferner die Bundesregierung dem Bundestag regelmäßig zu berichten. Durch diesen Monitoringprozess soll die Erreichung der energiewirtschaftlichen Ziele Versorgungssicherheit, Wirtschaftlichkeit und Umweltverträglichkeit gewährleistet werden (dazu BT-Drs. 17/6072, 92). Zudem wurde der bisherige Abs. 1 zu Abs. 1 a (BT-Drs. 17/6072, 92). **§ 63 Abs. 2 a** wurde im Dezember **2012** durch Art. 1 Nr. 29 des Dritten Gesetzes zur Neuregelung energiewirtschaftsrechtlicher Vorschriften (BGBl. 2012 I S. 2730) neu eingefügt. Weiter wurden die Berichtspflichten der BNetzA mit dem Ziel der Verschlankung neu strukturiert (dazu BT-Drs. 17/6072, 92) und zu diesem Zweck **§ 63 Abs. 3** durch Art. 1 Nr. 54 Buchst. c des Gesetzes zur Neuregelung energiewirtschaftsrechtlicher Vorschriften (BGBl. 2011 I S. 1554) neu gefasst, indem der bisherige Tätigkeitsbericht mit dem Monitoringbericht zusammengeführt wurde (BT-Drs. 17/6072, 92). Ebenfalls im Jahr 2011 neu aufgenommen wurde durch Art. 1 Nr. 54 Buchst. d des Gesetzes zur Neuregelung energiewirtschaftsrechtlicher Vorschriften (BGBl. 2011 I S. 1554) **§ 63 Abs. 4.** Die Abs. 4 a und 5 wurden durch dieses Gesetz (Art. 1 Nr. 54 Buchst. e und f) gestrichen und der bisherige Abs. 6 wurde Abs. 5. Durch das EEG-Reformgesetz vom 21.7.2014 (BGBl. 2014 I S. 1066) schließlich wurde die gesonderte Berichtspflicht des BMWi (bisher Abs. 1 S. 1) gegenüber der Bundesregierung – ebenso wie die Berichtspflicht des BMU nach § 65 a EEG 2012 – abgeschafft und auf die Berichtspflicht der Bundesregierung gegenüber dem Bundestag reduziert (parallel zu § 98 EEGReformG 2014; s. dazu BR-Drs. 157/14, 297). Mit dem Gesetz zur Weiterentwicklung des Strommarktes (Strommarktgesetz) vom 26.7.2016 (BGBl. 2016 I S. 1786) wurde das Berichtswesen angepasst. Analog zur Änderung der Vorschriften zum Monitoring der Versorgungssicherheit in § 51 wurden die Regelungen zur Berichterstattung in § 63 Abs. 2 angeglichen. Dabei wurde der Monitoringbericht zur Versorgungssicherheit hinsichtlich der leitungsgebundenen Stromversorgung in zwei Berichte aufgeteilt. Nunmehr soll ein Bericht zur Versorgungssicherheit im Bereich der Erdgasversorgung und ein Bericht zur Versorgungssicherheit im Bereich der Versorgung mit Elektrizität erstellt werden (BT-Drs. 18/7317, 59). Außerdem wurde mit dieser Gesetzesänderung auch

Hermes

§ 63

die Berichtspflicht zur netztechnisch erforderlichen Mindesterzeugung (Abs. 3a) eingeführt.

4 Teilweise dient § 63 der **Umsetzung** von **unionsrechtlichen Berichtspflichten.** So normiert Absatz 3 den in Art. 59 Abs. 1 lit. i Elt-RL 19 und in Art. 41 Abs. 1 lit. e Gas-RL 09 vorgeschriebenen Bericht der nationalen Regulierungsbehörde an die Kommission und die Agentur. § 63 Abs. 2 dient der Umsetzung der Art. 20, 24 Elt-VO 19. Daneben folgen unionsrechtliche Berichtspflichten zur Energieversorgung und zum Energiebinnenmarkt aus den Art. 17, 22, 23, 26 Verordnung (EU) 2018/1999 **(Governance-VO).**

B. Berichte der Bundesregierung und des Ministeriums

5 In den Abs. 1–2a normiert § 63 Berichtspflichten des Bundesministeriums und der Bundesregierung (§ 63 Abs. 1 S. 1), die dadurch gekennzeichnet sind, dass sie über die Datenlage – oder bisherige Aktivitäten, wie sie im Bericht der BNetzA nach Abs. 3 im Vordergrund stehen – hinaus auch „Herausforderungen" (§ 63 Abs. 1 S. 1) zum Gegenstand haben, die eine **politische Dimension** dieser Berichterstattung begründen. Das gilt sowohl für die **allgemeine Berichterstattung nach Abs. 1,** die auf die aktuellen Veränderungen im Netz-, Erzeugungs- und Effizienzbereich bezogen ist, als auch für die „Handlungsempfehlungen", die aus den speziellen **Monitoringberichten zur Versorgungssicherheit** nach Abs. 2 zu ziehen sind (Abs. 2 S. 6 und 7).

I. Monitoringbericht (Abs. 1)

6 In § 63 Abs. 1 S. 1 wird die **Bundesregierung,** verpflichtet, dem Bundestag regelmäßig zu berichten. Eine zu § 63 Abs. 1 S. 1 spiegelbildliche Regelung enthält § 98 EEG 2023 für erneuerbare Energien. Dieser Monitoringprozess soll die Erreichung der energiewirtschaftlichen Ziele **Versorgungssicherheit, Wirtschaftlichkeit** und **Umweltverträglichkeit** gewährleisten (BT-Drs. 17/6072, 92). Die vorgelagerten Berichtspflichten des BMWi und des BMU gegenüber der Bundesregierung wurden 2014 (→ Rn. 3) abgeschafft und auf die Berichtspflicht der Bundesregierung reduziert (§ 63 Abs. 1 S. 1, § 98 EEG 2014).

7 **1. Gegenstand der Berichterstattung.** Als Gegenstand der Berichterstattung legt das Gesetz den **Netzausbau,** den **Kraftwerksbestand** sowie **Energieeffizienz** und die sich daraus ergebenden **Herausforderungen** fest. Zusammen mit dem Monitoringbericht der Bundesregierung zum Ausbau der Erneuerbaren Energien nach § 98 EEG soll der Bericht also zunächst über alle **Veränderungen im Berichtszeitraum** informieren, die das Gesamtsystem der leitungsgebundenen Energieversorgung auf dem Gebiet der Bundesrepublik betreffen und Relevanz besitzen für die Versorgungssicherheit, Wirtschaftlichkeit und Umweltverträglichkeit. Da auch die Herausforderungen Berichtsgegenstand sind, die sich aus den tatsächlichen Entwicklungen ergeben, ist nicht nur über realisierte Netz- und Kraftwerksvorhaben zu berichten, sondern auch über **geplante Vorhaben.** Insoweit überschneidet sich der in § 63 Abs. 1 S. 1 normierte Berichtsgegenstand teilweise mit dem von den Übertragungsnetzbetreibern nach § 12a Abs. 1 vorzulegenden Szenariorahmen, ist im Unterschied zu diesem aber nicht primär auf die prognostizierte mittel- und langfristige Entwicklung bezogen, sondern auf die im Berichtszeitraum realisierten und konkret geplanten Vorhaben und die Herausforderungen, die sich für die politischen

Berichterstattung **§ 63**

Akteure im Hinblick auf erforderliche Änderungen des normativen Rahmens (Gesetze, Rechtsverordnungen) ergeben. Was die **„Energieeffizienz"** angeht, so sind damit entsprechend der Definition in Art. 2 Nr. 4 und 6 Effiz-RL (dazu Schneider/ Theobald EnergieWirtschaftsR-HdB/*Schneider* § 23 Rn. 107) allgemein das Verhältnis von Ertrag an Leistung, Dienstleistungen, Waren oder Energie zu Energieeinsatz und die erzielten Ergebnisse zu ihrer Verbesserung bzw. Steigerung als Ergebnis technischer, verhaltensbezogener und/oder wirtschaftlicher Änderungen gemeint. Die Berichtspflicht nach § 63 Abs. 1 überschneidet sich insoweit mit der in Art. 24 Abs. 1 Effiz-RL vorgesehenen Berichtspflicht und hat als Bezugspunkt den Nationalen Energieeffizienz-Aktionsplan. Außerdem soll der Monitoringbericht nach § 63 Abs. 1 S. 1 **Handlungsempfehlungen** der Bundesregierung umfassen, was seinem Zweck entspricht, für bevorstehende Gesetzgebungsprozesse als wesentliche Entscheidungsgrundlage zu fungieren (BeckOK EnWG/*Pielow*/*Groneberg* § 63 Rn. 16).

2. Ermittlungsbefugnisse des Bundesministeriums (Abs. 1 S. 2). Da dem 8 Bundesministerium im EnWG keine eigenen Informationserhebungsbefugnisse (Auskunftsverlangen etc) zugewiesen sind, ohne solche Befugnisse aber eine fundierte Berichterstattung über Netzausbau, Kraftwerkszubau und Ersatzinvestitionen sowie Energieeffizienz nicht möglich ist, weist § 63 Abs. 1 S. 2 EnWG eine Reihe von **Informationserhebungsbefugnissen,** mit denen das Gesetz nur die Regulierungsbehörden ausstattet, auch dem Ministerium zu. Gegenständlich definiert und begrenzt werden diese Befugnisse durch die Formulierung: „Bei der **Erstellung des Berichts".** Das kann nichts anderes bedeuten als die Begrenzung der Erhebungsbefugnis und der Befugnis zur anschließenden Verwendung – auf den Zweck der Berichterstattung an die Bundesregierung und (mittelbar) an den Bundestag.

Die **einzelnen Befugnisse sind in** § 63 Abs. 1 S. 2 abschließend aufgelistet. 9 Im Einzelnen bedarf die Anwendung dieser „Befugnisse" auf das Ministerium zum Zweck der Vorbereitung des Berichts an die Bundesregierung der Erläuterung:
– Da § 12a keine Befugnis im engeren Sinne enthält, kann der Verweis auf diese Vorschrift nur bedeuten, dass die Übertragungsnetzbetreiber ihren Entwurf des Szenariorahmens nicht nur der BNetzA sondern auch dem Ministerium vorzulegen haben. Die Zuständigkeit für die Genehmigung des Szenariorahmens (§ 12a Abs. 3) bleibt allein bei der BNetzA.
– Gleiches gilt für die Vorlage des gemeinsamen nationalen Netzentwicklungsplans durch die Übertragungsnetzbetreiber nach **§ 12b.** Auch dieser ist gleichzeitig mit der Vorlage an die BNetzA dem Ministerium vorzulegen. Weitere Befugnisse ergeben sich aus dem Verweis in § 63 Abs. 1 S. 2 auf § 12b nicht.
– Der Verweis auf **§ 14 Abs. 1a** geht zwischenzeitlich ins Leere. Die vor der Novelle 2021 (BGBl. 2021 I S. 3026) in § 14 Abs. 1a aF normierte Berichtspflicht findet sich nunmehr in **§ 14 Abs. 2** (→ § 14 Rn. 46) und in § 14d (→ § 14d Rn. 8), so dass der Verweis in § 63 Abs. 1 S. 2 entsprechend auszulegen ist. Er bedeutet, dass das Ministerium unabhängig von der BNetzA von den Betreibern der Elektrizitätsverteilernetze Berichte über den Netzzustand nach § 14 Abs. 2 und die Vorlage von Netzausbauplänen nach § 14d verlangen kann. Nicht ersichtlich ist die Notwendigkeit, dass das Ministerium eigene (von denen der BNetzA abweichende) Festlegungen zum Inhalt der Berichte (§ 14 Abs. 2 S. 4) oder der Netzausbaupläne (§ 14d Abs. 5) trifft. Das schließt nicht aus, dass das Ministerium im Einzelfall zusätzliche Anforderungen an den vorzulegenden Bericht trifft (vgl. § 14 Abs. 2 S. 2 und 3).

Hermes

– Der Verweis auf die Befugnis aus **§ 14 Abs. 1 b** geht seit der Aufhebung des § 14 Abs. 1 b im Jahr 2021 (BGBl. 2021 I S. 3026; dazu BT-Drs. 19/27453, 99) ins Leere.
– Was die **Ermittlungsbefugnisse** nach **§ 68, Auskunftsverlangen und Betretungsrechte** nach **§ 69** sowie den Umgang mit **Betriebs- oder Geschäftsgeheimnissen** nach **§ 71** angeht, so lassen sich diese Befugnisse ohne Modifikation auf das Ministerium übertragen. Allerdings sind diese Befugnisse jeweils durch den Gegenstand der Berichterstattung (→ Rn. 7) definiert und begrenzt. Außerdem ist zu beachten, dass die Berichterstattung des Ministeriums an die Bundesregierung nicht öffentlich erfolgen muss (→ Rn. 10), so dass die Restriktionen des § 71 im Hinblick auf Betriebs- und Geschäftsgeheimnisse in diesem Verfahrensstadium noch nicht zur Anwendung kommen müssen, weil die Bundesregierung nicht anders als das Ministerium zur Vertraulichkeit verpflichtet ist.

10 **3. Bericht der Bundesregierung.** § 63 Abs. 1 S. 1 verpflichtet die Bundesregierung zur **jährlichen** Berichterstattung mit dem gesetzlich nur grob umrissenen Inhalt (→ Rn. 7) an den Bundestag,. BMWi und BMU waren ihren Verpflichtungen nach der bis 2014 geltenden Fassung des § 63 Abs. 1 S. 1 und des § 65 a EEG erstmals mit dem gemeinsam herausgegebenen Bericht **(Erster Monitoring-Bericht „Energie der Zukunft", Stand: Dezember 2012)** nachgekommen (S. 8 des Berichts). Die Datenbasis dieses Berichts beruhte auf den beim Statistischen Bundesamt auf der Grundlage des Energiestatistikgesetzes, beim Bundesamt für Wirtschaft und Ausfuhrkontrolle auf der Grundlage des Mineralöldatengesetzes, beim Umweltbundesamt, bei der BNetzA, beim Bundesministerium für Verkehr, Bau und Stadtentwicklung sowie bei verschiedenen Verbänden vorhandenen Quellen (S. 10 des Berichts). Von den Informationserhebungsbefugnissen nach § 63 Abs. 1 S. 3 aF wurde für diesen Bericht offensichtlich kein Gebrauch gemacht.

11 Den Verhandlungen des Bundestages entsprechend hat die Berichterstattung der Bundesregierung **öffentlich** zu erfolgen. Der letzte (Anfang Dez. 2022) öffentlich zugängliche Bericht nach § 63 Abs. 1 S. 1 war der „8. Monitoringbericht zur Energiewende" (Stand Februar 2021), womit die jährliche Berichtsfrist nicht eingehalten wurde.

II. Einmaliger Bericht zur Angemessenheit der Ressourcen (Abs. 2 S. 2)

12 Die einmalige Berichtspflicht des Bundesministeriums nach § 63 Abs. 2 S. 2 wurde im Jahr 2020 durch das Gesetz zur Reduzierung und zur Beendigung der Kohleverstromung und zur Änderung weiterer Gesetze (Kohleausstiegsgesetz) vom 8. 8. 2020 (BGBl. 2020 I S. 1818) aufgrund europarechtlicher Anforderungen eingeführt und beinhaltet einen zusätzlichen Bericht mit einer **Abschätzung der Angemessenheit der Ressourcen** nach den Vorgaben der VO (EU) Nr. 943/2019 (BT-Drs. 19/17342, 157). Dokumente dazu hatte das BMWi erst im August 2021 („Monitoring der Angemessenheit der Ressourcen an den europäischen Strommärkten") auf seinen Internetseiten bereitgestellt.

Berichterstattung **§ 63**

III. Bericht über Netzsicherheitsmaßnahmen (Abs. 2 a)

Durch § 63 Abs. 2 a, der im Jahr 2016 durch das Gesetz zur Weiterentwicklung 13
des Strommarktes (Strommarktgesetz) vom 26.7.2016 (BGBl. 2016 I S. 1786) neu
gefasst und insbesondere an die Entfristung der Regelungen zur Netzreserve angepasst wurde (BT-Drs. 18/7317, 124), wird das Bundesministerium verpflichtet, über die **Wirksamkeit und Notwendigkeit** der zur Gewährleistung der Sicherheit und Zuverlässigkeit des Elektrizitätsversorgungssystems eingefügten **Eingriffsbefugnisse** (Maßnahmen nach §§ 13 a ff.) zu berichten. Von der Berichtspflicht umfasst sind auch die für die Maßnahmen entstandenen und entstehenden **Kosten.**

Für Funktion und Inhalt der Berichtspflicht ist zu beachten, dass die Regelung in 14
Zusammenhang mit den Bestimmungen zur **Kapazitätsreserve nach § 13 e** sowie
der Verordnungsermächtigung zur Ausgestaltung der Reserve nach § 13 h steht. Gemäß § 13 e Abs. 5 wird seit 2018 regelmäßig die Kapazitätsreserve überprüft. Dabei findet auch eine Evaluierung des Ausschreibungsverfahrens, inklusive des Bepreisungsverfahrens, statt. Die Ergebnisse der Überprüfung sind in einem Bericht zu publizieren. Aus diesem Grund regelt § 63 Abs. 2 a S. 2, dass das Ministerium basierend auf den Überprüfungen einen Bericht über die Wirksamkeit und Notwendigkeit der Kapazitätsreserve sowie der hierbei entstehenden Kosten erstellt. Diese Berichtspflicht ist abzugrenzen von dem Reserve-Monitoring der BNetzA, das sich vor allem zu der Dimensionierung der Kapazitätsreserve verhält (BT-Drs. 18/7317, 124).

Nach **Abs. 2 a S. 3** umfasst der zum 31.12.2022 vorzulegende Bericht auch das 15
Ergebnis einer **Evaluierung,** ob die in S. 1 genannten **Netzreserveregelungen über den 31.12.2023** weiterhin notwendig sind. Sollte sich daraus ergeben, dass eine Fortgeltung der Regelungen nicht mehr geboten ist, sollen die Regelungen in einem gesonderten Gesetzgebungsprozess aufgehoben werden (BT-Drs. 18/7317, 124).

Der Bericht muss **veröffentlicht** werden und dient insbesondere den Gesetz- 16
gebungsorganen als Grundlage der Entscheidung über die Beibehaltung oder Modifikation dieses Instrumentariums (zuletzt BMWi, Bericht des BMWi nach § 63 Absatz 2 a EnWG, Dezember 2020).

C. Berichte und Veröffentlichungen der Bundesnetzagentur

I. Berichte über die Versorgungssicherheit (Abs. 2)

Die in § 63 Abs. 2 normierte Berichtspflicht der BNetzA setzt unionsrechtliche 17
Verpflichtungen (→ Rn. 4) um und regelt die gegenüber der **Öffentlichkeit** bestehende Pflicht zur Berichterstattung insbesondere über die bei dem nach **§ 51** durchzuführenden **Monitoring** gewonnenen Erkenntnisse und die in diesem Zusammenhang getroffenen oder geplanten Maßnahmen. Nach der Anpassung aus dem Jahr 2022 (→ Rn. 20) **beginnt** die Berichtspflicht **zum 31.10.2022** und besteht dann in einem **Turnus von zwei Jahren.**

Die **Neufassung der Berichtspflichten der BNetzA** nach Absatz 2 geht im 18
Wesentlichen zurück auf das Gesetz zur Weiterentwicklung des Strommarktes (Strommarktgesetz) vom 26.7.2016 (BGBl. 2016 I S. 1786) und steht in engem Zusammenhang mit der damaligen Neufassung des § 51 zum **Monitoring der Versorgungssicherheit.** Bereits nach zuvor geltender Rechtslage hatte das Ministerium nach § 51 iVm § 63 alle zwei Jahre einen Versorgungssicherheits-Bericht

Hermes

erstellt und an die EU-Kommission übermittelt, um im Strombereich der Pflicht nach Art. 4 Elt-RL 03, im Gasbereich der Pflicht nach Art. 5 Gas-RL 03 nachzukommen (BT-Drs. 18/7317, 123).

19 Eine wesentliche Neuerung durch das Gesetz zur Reduzierung und zur Beendigung der Kohleverstromung und zur Änderung weiterer Gesetze (Kohleausstiegsgesetz) vom 8.8.2020 (BGBl. 2020 I S. 1818) war dann die Überführung der **Berichtszuständigkeit** vom Ministerium auf die **BNetzA.** Zu dem Übergang der Zuständigkeit formuliert die Bundesregierung in der Gesetzesbegründung (BT-Drs. 19/17342, 156 f.) konkrete Vorgaben:

„*Die Übergänge des Monitorings der Versorgungssicherheit in den Bereichen Gas und Elektrizität nach § 51 und der Berichte nach § 63 Absatz 2 vom Bundesministerium für Wirtschaft und Energie an die Bundesnetzagentur sollten gestuft organisiert werden. Die Versorgungssicherheit ist – wie in § 1 festgeschrieben – von zentraler Bedeutung für die Energieversorgung. In der ersten Phase vor 2022 erstellt das Bundesministerium für Wirtschaft und Energie wie bisher den Bericht federführend unter Einbindung der Bundesnetzagentur ... In der zweiten Phase ab 2021 erstellt die Bundesnetzagentur erstmals die Berichte federführend unter Einbindung des Bundesministeriums für Wirtschaft und Energie. Das Bundesministerium für Wirtschaft und Energie sollte diese Bericht mit eigenen externen Gutachten begleiten, die unter Einbeziehung der Bundesnetzagentur erstellt werden und welche mit den eigenen Analysen der Bundesnetzagentur abgeglichen werden können. In der dritten Phase für die Berichte ab 2024 erstellt die Bundesnetzagentur die Berichte unter Einbindung des Bundesministeriums für Wirtschaft und Energie. Das Bundesministerium für Wirtschaft und Energie kann weiterhin zusätzlich Gutachten beauftragen, soweit hierfür ein Bedarf besteht*".

20 Die **Fristen** für die Veröffentlichung der Berichte zur Versorgungssicherheit in den Sätzen 1, 3 und 7 wurden im Jahr 2022 durch die Klimaschutz-Sofortprogramm-Novelle **angepasst,**

„*da die Erarbeitung von zusätzlich vorzulegenden Handlungsempfehlungen für die Umsetzung der im Koalitionsvertrag 2021 festgelegten Ziele, insbesondere die Beendigung der Kohleverstromung idealerweise bis 2030, den erhöhten Ausbau von u. a. Erneuerbaren Energien, Ladeinfrastruktur für Elektrofahrzeuge, Wärmepumpen und Elektrolyseuren zusätzliche Zeit erfordert*" (BT-Drs. 20/1599, 62).

21 1. Inhalt der Berichte (Abs. 2 S. 1, 4, 5). Wie sich aus dem klaren Wortlaut des Absatzes 2 Satz 1 wie auch aus den unionsrechtlichen Grundlagen der Berichtspflicht ergibt, sind die Berichte für die Versorgung mit **Erdgas** und für die Versorgung mit **Elektrizität** gesondert zu erstellen. Den weiteren Inhalt der Berichte definiert das Gesetz mit der Formulierung **„Stand"** und **„Entwicklung"** der Versorgungsicherheit in auf diesen beiden Versorgungssektoren (Satz 1).

22 Den notwendigen Inhalt der Berichte definiert S. 4 als die bei dem **Monitoring nach § 51** gewonnenen **„Erkenntnisse"** und „getroffene oder geplante Maßnahmen" (BT-Drs. 18/7317, 123). Bezug genommen wird damit auf die in § 51 definierten Gegenstände des Monitorings (→ § 51 Rn. 20 ff.), wobei den in § 51 Abs. 2 und 3 hervorgehobenen Fragen besonderes Gewicht zukommt, weil diese weitgehend unionsrechtlich vorgegeben sind (Art. 59 Ab. 1 lit. i Elt-RL 19, Art. 22 Governance-VO, zum Unionsrecht → Rn. 4). Wenn die Berichte nach § 63 Abs. 2 Informationen sowohl zu **getroffenen als auch zu geplanten Maßnahmen** enthalten müssen, so sind damit sowohl Maßnahmen der betroffenen EVU als auch

Berichterstattung **§ 63**

Maßnahmen der BNetzA oder anderer Bundesbehörden, Maßnahmen der Bundesregierung (§ 53) sowie Maßnahmen der zuständigen Behörden der Länder gemeint. Denn nur eine Gesamtschau dieser Maßnahmen vermittelt der Kommission und der Öffentlichkeit ein zutreffendes Bild von der Versorgungssicherheitssituation.

S. 5 legt schließlich fest, dass vor dem Hintergrund der **Europäisierung der** 23 **Versorgungssicherheit** zum notwendigen Gegenstand des Berichts der BNetzA über die Versorgungssicherheit ebenfalls die Frage gehört, inwiefern **Strom- und Gasimporte** zur Versorgungssicherheit beitragen.

Zum notwendigen Inhalt des Berichts zur Sicherheit der **Elektrizitätsversor-** 24 **gung** gehört seit 2022 nach § 63 Abs. 2 S. 3 auch eine Abschätzung der **Angemessenheit der Ressourcen,** die zuvor einmalig durch das Ministerium (→ Rn. 12) vorzunehmen war.

2. Einvernehmen der Bundesregierung, Veröffentlichung, Handlungs- 25 **empfehlungen (Abs. 2 S. 6 und 7).** Die mit dem Gesetz zur Reduzierung und zur Beendigung der Kohleverstromung und zur Änderung weiterer Gesetze (Kohleausstiegsgesetz) vom 8.8.2020 (BGBl. 2020 I S. 1818) eingefügten S. 6 und 7 schreiben vor, dass (1) zu den Berichten der BNetzA das **Einvernehmen der Bundesregierung** (durch das Ministerium) herzustellen ist, (2) dass die Berichte **von der Bundesregierung zu veröffentlichen** sind und dass (3) die Bundesregierung erstmals zum 31.1.2023 und dann in einem vierjährigen Turnus im Zusammenhang mit der Veröffentlichung der Berichte **Handlungsempfehlungen** vorlegen muss.

Das **Einvernehmen der Bundesregierung,** das nach § 15 Abs. 1 Buchst. e) 26 GO-BReg durch Beschluss erfolgt, bedarf einer vorherigen Bewertung durch das Ministerium. Das Einvernehmen bezieht sich nicht nur auf die Handlungsempfehlungen nach Satz 7 (so aber – entgegen dem klaren Wortlaut des S. 6 – die Regierungsbegründung in BT-Drs. 19/17342, 157; vgl. hierzu auch BeckOK EnWG/ *Pielow/Groneberg* § 63 Rn. 24), sondern auf die Bewertung der Berichte der BNetzA insgesamt. Das Einvernehmen stellt sicher, dass die „politische Verantwortung für die Bewertung der Berichte bei der Bundesregierung liegt" (BT-Drs. 19/17342, 157).

II. Tätigkeits- und Monitoring-Bericht (Abs. 3)

Die seit 2011 in § 63 Abs. 3 zusammengefassten und gestrafften (BT-Drs. 27 17/6072, 92) **Berichtspflichten der BNetzA** haben ihre **Tätigkeit insgesamt** und das **Ergebnis ihrer Monitoring-Tätigkeit nach § 35** zum Gegenstand. Obwohl dies die Formulierung in § 63 Abs. 3 nahelegen könnte, müssen diese beiden Gegenstände nicht in einem einheitlichen Bericht zusammengefasst werden. Entsprechend der zwischenzeitlichen Praxis (vgl. den jüngsten – gemeinsam mit dem Bundeskartellamt vorgelegten Monitoringbericht 2022, Stand: 11/2022) können vielmehr **getrennte Tätigkeits- und Monitoringberichte** vorgelegt werden. Diese Berichte sind **jährlich** zu **veröffentlichen** und sind – entsprechend den Vorgaben ehemals aus den Richtlinien 2009, nunmehr aus der Elt-RL 19 sowie der GovernanceVO (→ Rn. 4) gleichzeitig der **EU-Kommission** und der **Agentur** vorzulegen. Außer dem Jahresturnus schreiben die Richtlinien **keine Frist** für die Berichtsvorlage vor. Daher hat der Gesetzgeber von einer Fristsetzung in § 63 Abs. 3 Abstand genommen (BT-Drs. 17/6072, 92). Über die Einzelheiten der Form und

§ 63

des Zeitpunktes der Veröffentlichung entscheidet die BNetzA. Vergleichbare Berichtspflichten sind in § 121 Abs. 1 TKG und in § 53 GWB normiert. An diesen Vorbildern hat der Gesetzgeber sich orientiert (BT-Drs. 15/3917, 70). Bei der Erstellung der Berichte nach § 63 Abs. 3 wird die BNetzA gem. § 60 S. 1 vom **Beirat** beraten.

28 Den erforderlichen **Inhalt des Tätigkeitsberichts** definiert § 63 Abs. 3 zunächst dadurch, dass er pauschal auf die „**Tätigkeit**" der BNetzA verweist. Gefordert ist deshalb eine umfassende Darstellung der in den Berichtszeitraum – also seit „Redaktionsschluss" des vorangegangenen Berichts – fallenden Aktivitäten der BNetzA. Dies bedeutet, dass der Bericht sowohl zur Entscheidung gelangte als auch nicht nach außen getretene Vorgänge darstellen muss. Die wesentlichen Konzepte, die konkreten Maßnahmen zugrunde lagen, sind in dem Bericht darzulegen, soweit nicht auf veröffentlichte Quellen verwiesen werden kann. Außerdem sind in dem Bericht die vom BMWK nach § 61 der BNetzA erteilten **allgemeinen Weisungen** zu veröffentlichen (§ 63 Abs. 3 S. 3). Zwar ist bereits in § 61 eine Veröffentlichung der allgemeinen Weisungen im Bundesanzeiger vorgesehen (→ § 61 Rn. 5 ff.). Ihre erneute Veröffentlichung im Rahmen des Tätigkeitsberichts hat aber die Funktion, solche Weisungen in den Gesamtzusammenhang der Tätigkeit der BNetzA einzuordnen. Weitere Präzisierungen des Berichtsinhalts folgen aus Art. 59 Abs. 1 lit. i Elt-RL 19 bzw. Art. 41 Abs. 1 lit. e Gas-RL 09, wonach die Regulierungsbehörde für **jede einzelne** der in diesen Artikeln genannten **Aufgaben** darzulegen hat, **welche Maßnahmen getroffen und welche Ergebnisse erzielt wurden** (BT-Drs. 17/6072, 92).

29 Der zweite in § 63 Abs. 3 vorgeschriebene Berichtsinhalt betrifft das **Ergebnis der Monitoring-Tätigkeit der BNetzA.** Mit dieser Formulierung nimmt § 63 Abs. 3 Bezug auf die in **§ 35 Abs. 1** zusammenfassend definierte **Monitoring-Tätigkeit der BNetzA,** für deren Durchführung das Gesetz die BNetzA in § 35 Abs. 2 mit den erforderlichen **Informationserhebungsbefugnissen** nach § 69 ausstattet (dazu → § 35 Rn. 55 ff.; zu den fehlenden entsprechenden Erhebungsbefugnissen des Bundeskartellamtes für das Monitoring nach § 48 Abs. 3 GWB s. *Dalibor* RdE 2013, 207 ff.). Deren Ergebnisse sind zusammenfassend so darzustellen, dass die Öffentlichkeit und alle interessierten Akteure ein dem Kenntnisstand der BNetzA entsprechendes Bild der in § 35 Abs. 1 genannten Gegenstände gewinnen können.

30 Die zunehmende Erkenntnis des **Zusammenhang**s zwischen dem **Erzeugungs- und Vertriebs- (Bundeskartellamt)** einerseits und dem **regulierten Netzbereich (BNetzA)** andererseits insbesondere unter dem Gesichtspunkt der Versorgungssicherheit findet hier ihren berechtigten Niederschlag in dem Erfordernis einer gemeinsam aus kartell- und regulierungsbehördlicher Perspektive erstellten Datenerhebung, die eine fundierte Bewertung des Gesamtsystems der leitungsgebundenen Energieversorgung erst ermöglicht. § 63 Abs. 3 S. 1 und 2 erzwingen deshalb im Zusammenwirken mit den einschlägigen GWB-Normen im Ergebnis einen **gemeinsamen Monitoring-Bericht,** der im **Konsens zwischen BNetzA und Bundeskartellamt** zustande kommt (*Dalibor* RdE 2013, 207 (208 f.)). Dieses Ergebnis wird gesetzestechnisch zum einen durch ein wechselseitiges Einvernehmenserfordernis erzielt: Die BNetzA benötigt das Einvernehmen des Bundeskartellamtes, soweit ihr Monitoring-Bericht „wettbewerbliche Aspekte" betrifft (§ 63 Abs. 3 S. 1), und der Monitoring-Bericht des Bundeskartellamtes nach § 48 Abs. 3 GWB benötigt das Einvernehmen der BNetzA, soweit „Aspekte der Regulierung der Leitungsnetze betroffen sind" (§ 53 Abs. 3 GWB und spiegelbildlich § 63 Abs. 3

S. 2). Zum anderen verlangt § 63 Abs. 3 S. 2, dass der Monitoring-Bericht des Bundeskartellamtes nach § 48 Abs. 3 iVm § 53 Abs. 3 Satz 1 GWB in den Monitoring-Bericht der BNetzA aufzunehmen ist (dazu *Dalibor* RdE 2013, 207). Die konkretisierte Bezugnahme in § 63 Abs. 3 auf § 48 Abs. 3 GWB iVm § 53 Abs. 3 S. 1 GWB stellt eine Neuerung zu der bislang allgemeinen Bezugnahme auf § 53 Abs. 3 GWB dar. Diese Änderung findet ihren Grund in der vom Gesetzgeber geschaffenen Möglichkeit, den Bericht des BKartA zu seinen Ergebnissen des Monitorings hinsichtlich der Wettbewerbsverhältnisse im Bereich der Elektrizitätserzeugung getrennt von dem Bericht nach § 63 Abs. 3 S. 1 zu dem Ergebnis seiner Monitoring-Tätigkeit zu veröffentlichen. Die Änderung des Abs. 3 macht deutlich, dass wie nach bisheriger Rechtslage in den Tätigkeitsbericht der BNetzA auch der Bericht über das Ergebnis der Monitoring-Tätigkeit des BKartA aufgenommen werden muss. Der gegebenenfalls gesondert publizierte Bericht des BKartA zu den Monitoringergebnissen bezüglich der Wettbewerbsverhältnisse auf dem Gebiet der Erzeugung elektrischer Energie muss hingegen nicht in den Bericht der BNetzA aufgenommen werden (BT-Drs. 18/7317, 124).

III. Bericht über die Mindesterzeugung (Abs. 3a)

Die durch das Gesetz zur Weiterentwicklung des Strommarktes (Strommarktgesetz) vom 26.7.2016 (BGBl. 2016 I S. 1786) eingeführte Berichtspflicht nach Absatz 3a dient dazu, „die **netztechnisch erforderliche Mindesterzeugung** thermischer Kraftwerke und ihre Einflussfaktoren zu evaluieren sowie transparent darzustellen. Auf dieser Basis soll geprüft werden, wie gegebenenfalls auch bei einer niedrigen Mindesterzeugung Systemstabilität nicht gefährdet und erneuerbare Energien im Interesse volkswirtschaftlicher Effizienz möglichst nicht verdrängt werden" (BT-Drs. 18/7317, 60). Verpflichtet ist nach Abs. 3a S. 1 die Regulierungsbehörde, und nicht explizit – wie zB in Abs. 2, 3 und 4 – die BNetzA. Nach § 54 Abs. 1 erstellt und veröffentlicht allerdings ebenfalls die BNetzA den Bericht über die Mindesterzeugung (BeckOK EnWG/*Pielow*/*Groneberg* § 63 Rn 38).

Die Einfügung des Abs. 3a ist in Verbindung mit den Regelungen in **§ 12 Abs. 5 S. 1 Nr. 4** zur Mindesterzeugung zu sehen. Hiernach trifft die Netzbetreiber die Pflicht, der Regulierungsbehörde jeweils auf deren Verlangen in einer von ihr festzulegenden Frist und Form für die Zwecke des Berichts nach § 63 Abs. 3a Informationen und Analysen hinsichtlich der Mindesterzeugung und deren Entwicklung insbesondere aus thermisch betriebenen Erzeugungsanlagen und aus Anlagen zur Speicherung von elektrischer Energie zukommen zu lassen (BT-Drs. 18/7317, 124; → § 12 Rn. 71).

Die nach § 12 Abs. 5 S. 1 Nr. 4 gewonnenen Informationen und Analysen sollen von der Regulierungsbehörde für die Ausarbeitung eines Berichtes über die Mindesterzeugung verwertet werden. Zu der Mindesterzeugung soll eine fortlaufende Evaluierung stattfinden, deren Ergebnisse in einem Bericht veröffentlicht werden sollen. Der Bericht zur Mindesterzeugung soll auch die Aspekte enthalten, die in den letzten zwei Jahren maßgeblichen Einfluss auf die Mindesterzeugung hatten, sowie den **Umfang** darstellen, in dem die **Einspeisung aus erneuerbaren Energien durch diese Mindesterzeugung beeinflusst** worden ist. Zu den zu berücksichtigenden Aspekten können beispielsweise die Regelleistung, die Blindleistung, die Kurzschlussleistung oder die Wärmebereitstellung zählen. Darüber hinaus sollen in den Bericht Auswertungen beispielhafter Netzsituationen, vor allem solcher, die hinsichtlich der Einbeziehung von erneuerbaren Energien problematisch sind, aufgenommen werden. Ebenso ist in dem Bericht die zukünftige Entwicklung der Mindesterzeugung darzustellen. Aus den gewonnenen Erkenntnissen soll die Regulierungsbehörde in dem Bericht Vorschläge zur zweckmäßigen und wirksamen Weiterentwicklung der Erbringung von Systemdienstleistungen innerhalb der gegenwärtigen Prozesse abgeben (BT-Drs. 18/7317, 124 f.).

34 Durch die Klimaschutz-Sofortprogramm-Novelle wurde im Jahr **2022** für die Veröffentlichung des Mindesterzeugungsberichts einmalig ein **Betrachtungszeitraum von drei Jahren** festgelegt, während danach wieder der zuvor geltende Turnus von zwei Jahren (dazu BT-Drs. 18/7317, 125) gilt. Nach der Regierungsbegründung (BT-Drs. 20/1599, 62) trägt diese einmalige Änderung den Erkenntnissen der bis dato veröffentlichten Berichte zur Mindesterzeugung 2017, 2019 und 2021 Rechnung. Diese zeigen, „dass im Berichtszeitraum sowohl die konventionelle Mindesterzeugung analog zur konventionellen Erzeugung kontinuierlich gesunken ist, als auch, dass eine Verdrängung der Erneuerbaren, die zu volkswirtschaftlichen Ineffizienzen führt, nicht stattgefunden hat." Die einmalige Ausdehnung des Zeitraums auf drei Jahre dient dem Monitoring der Realisierung der Ziele des Koalitionsvertrages und des damit verbundenen Umgestaltungsprozesses. Die Zeitraumverlängerung gestattet es, die beleuchteten Fragestellungen sowie die Methodik anzugleichen, damit eine abschließende Begutachtung insbesondere der Folgen des Atomausstieges zum Ende des Jahres 2022 und des weiterhin fortschreitenden Kohleausstiegs auf die Mindesterzeugung und die EE-Erzeugung möglich wird (BT-Drs. 20/1599, 62).

IV. Informationen für Haushaltskunden (Abs. 4)

35 Eine eigenständige – das Berichtswesen und die speziellen Berichtspflichten der BNetzA nur am Rande berührende – Regelung über **öffentlich zugängliche unternehmensbezogene Informationen** trifft § 63 Abs. 4, wonach für Haushaltskunden (§ 3 Nr. 22) bedeutsame Informationen auch unter Nennung von Unternehmensnamen von der BNetzA veröffentlicht werden dürfen (im Amtsblatt oder auf der Internetseite). Die Veröffentlichung liegt im Ermessen der BNetzA. Somit stellt § 63 Abs. 4 eine eigenständige Veröffentlichungsbefugnis dar, nicht aber – anders als die übrigen Vorschriften in § 63 – eine gesetzliche Pflicht zur Veröffentlichung oder zum Bericht (BeckOK EnWG/*Pielow*/*Groneberg* § 63 Rn. 44). Mit dieser 2011 eingeführten Norm (→ Rn. 3), für die es im Gesetzesentwurf (BT-Drs. 17/6072, 38, 92) an einer amtlichen Begründung fehlt, sollte offenbar eine gesetzliche Ermächtigungsgrundlage für **Grundrechtseingriffe** (Art. 12 GG) geschaffen werden, die durch staatliche Informationsakte mit konkretem Bezug auf einzelne Unternehmen und ihre wirtschaftliche Betätigung (objektiv berufsregelnde Tendenz) bewirkt werden können (zum Problem s. Dreier/*Wieland,* Bd. I, GG Art. 12 Rn. 72). Wenn man zutreffende, neutrale und sachkundige Informationen im Interesse des Verbraucherschutzes und im Interesse einer **informierten Entscheidung der Haushaltskunden** zugunsten eines Lieferanten überhaupt als Grundrechtseingriff qualifizieren kann (dagegen BVerfG Beschl. v. 26.6.2002 – 1 BvR 558, 1428/91, BVerfGE 105, 252 (265 ff.)), so genügt § 63 Abs. 4 jedenfalls den verfassungsrechtlichen Anforderungen an die dann erforderliche gesetzliche Grundlage.

D. Unterrichtung über Elektrizitätseinfuhren durch das Statistische Bundesamt (Abs. 5)

§ 63 Abs. 5 dient der Unterrichtung der EU-Kommission über den Energiehandel mit Ländern außerhalb der EU. Die Analyse dieser Angaben der Mitgliedsländer erlaubt eine Aussage über den gesamteuropäischen Energiebedarf und dessen gemeinschaftsinterne Deckung. Die Regelung diente der Umsetzung von **Art. 25 Elt-RL 03**. Allerdings findet sich in den nachfolgenden Elt-RL 09 und Elt-RL 19 keine entsprechende Regelung mehr. 36

§ 64 Wissenschaftliche Beratung

(1) ¹**Die Bundesnetzagentur kann zur Vorbereitung ihrer Entscheidungen oder zur Begutachtung von Fragen der Regulierung wissenschaftliche Kommissionen einsetzen.** ²**Ihre Mitglieder müssen auf dem Gebiet der leitungsgebundenen Energieversorgung über besondere volkswirtschaftliche, betriebswirtschaftliche, verbraucherpolitische, technische oder rechtliche Erfahrungen und über ausgewiesene wissenschaftliche Kenntnisse verfügen.**

(2) ¹**Die Bundesnetzagentur darf sich bei der Erfüllung ihrer Aufgaben fortlaufend wissenschaftlicher Unterstützung bedienen.** ²**Diese betrifft insbesondere**
1. **die regelmäßige Begutachtung der volkswirtschaftlichen, betriebswirtschaftlichen, technischen und rechtlichen Entwicklung auf dem Gebiet der leitungsgebundenen Energieversorgung,**
2. **die Aufbereitung und Weiterentwicklung der Grundlagen für die Gestaltung der Regulierung des Netzbetriebs, die Regeln über den Netzanschluss und -zugang sowie den Kunden- und Verbraucherschutz.**

A. Allgemeines

Der BNetzA wird durch § 64 die Möglichkeit eröffnet, zur Vorbereitung einzelner Entscheidungen und zur Unterstützung bei der Erfüllung ihrer Aufgaben auf wissenschaftliche Beratung und Unterstützung zurückzugreifen (BT-Drs. 15/3917, 70). Die Vorschrift sieht einerseits **wissenschaftliche Kommissionen** zur Vorbereitung einzelner Entscheidungen und zur Begutachtung von Fragen der Regulierung vor, an deren Mitglieder Anforderungen gestellt werden (§ 64 Abs. 1). Andererseits ermächtigt § 64 – allgemeiner – zur Inanspruchnahme **fortlaufender wissenschaftlicher Unterstützung** (§ 64 Abs. 2). 1

§ 64 geht auf die Neufassung des EnWG aus dem Jahr 2005 zurück und war bereits im Gesetzesentwurf der Bundesregierung (BT-Drs. 15/3917, 28) enthalten. Vorbild der Regelung ist die Vorschrift des **§ 201 TKG** (damals § 125 TKG, BT-Drs. 15/3917, 70). Eine entsprechende Regelung gilt gem. **§ 44 S. 2 PostG** auch für den Postsektor. Die Vorschrift ermöglicht den „Import" **externen wissenschaftlichen Sachverstandes** und soll auf diese Weise einen Beitrag zu einer objektiven, sachgerechten, kompetenten und dem Stand der Wissenschaft entsprechenden Aufgabenerfüllung durch die BNetzA leisten. 2

Hermes

§ 64

3 Wie sich aus den Formulierungen „Vorbereitung" und „Begutachtung" in § 64 Abs. 1 sowie „Unterstützung" in § 64 Abs. 2 ergibt, kommt der Einbeziehung externen Sachverstandes lediglich **unterstützende und entlastende Funktion** zu (BT-Drs. 13/3609, 51). Das bedeutet zunächst, dass es für das Tätigwerden einer Kommission nach § 64 Abs. 1 oder einer sonstigen unterstützenden Person oder Einrichtung nach § 64 Abs. 2 eines **Auftrages der BNetzA** bedarf (Geppert/ Schütz/*Attendorn/Geppert* TKG § 125 Rn. 10). Die für die BNetzA handelnden Amtsträger müssen außerdem die Ergebnisse jeder externen Beratung, Vorbereitung oder Unterstützung in eigener Verantwortung nachvollziehen und dürfen sie im Rahmen ihrer eigenständigen Entscheidungsfindung nicht ungeprüft übernehmen (BerlKommEnergieR/*Säcker/König* EnWG § 64 Rn. 2; BeckOK EnWG/ *Pielow/Groneberg* § 64 Rn. 17; Theobald/Kühling/*Theobald/Werk* EnWG § 64 Rn. 7).

4 Während die Tätigkeit der wissenschaftlichen Kommissionen nach § 64 Abs. 1 auf die punktuelle **Vorbereitung einzelner Entscheidungen** und auf die Beantwortung von **Einzelfragen der Regulierung** durch Kommissionen ausgelegt ist, regelt § 64 Abs. 2 die fortlaufende und langfristig angelegte wissenschaftliche Unterstützung, die sich primär auf die **Beantwortung genereller Fragen** bezieht. Im Unterschied zu § 64 Abs. 1 lässt § 64 Abs. 2 größeren Spielraum bei der Auswahl externer wissenschaftlicher Berater. Wegen des weiten Anwendungsbereichs von § 64 Abs. 2 S. 1 bietet diese Vorschrift die Grundlage vor allem für die umfangreiche Vergabe von **Gutachtenaufträgen** durch die BNetzA.

5 Die **Kosten der wissenschaftlichen Beratung** fallen nach Aufhebung des § 92 grundsätzlich dem Steuerzahler zu Last. Allerdings können die Kosten, die durch die Einsetzung einer Kommission nach § 64 Abs. 1 zur Vorbereitung einer **konkreten Entscheidung** entstanden sind, zu den „mit der Amtshandlung verbundenen Kosten" iSd § 91 Abs. 3 S. 1 gehören. In diesem Fall können sie im Rahmen des Gebührenrahmens nach der Verordnung über die Gebühren und Auslagen für Amtshandlungen der Bundesnetzagentur nach dem Energiewirtschaftsgesetz (**Energiewirtschaftskostenverordnung** – EnWGKostV) dem Adressaten der Maßnahme angelastet werden.

B. Kommissionen (Abs. 1)

6 Nach § 64 Abs. 1 kann sich die BNetzA bei **konkreten Entscheidungen der vorbereitenden Beratung** (1. Alt.) und bei **Fragen der Regulierung der Begutachtung** (2. Alt.) speziell hierfür gebildeter wissenschaftlicher Kommissionen bedienen. Nach der bisherigen Praxis bildet § 64 Abs. 1 – gemeinsam mit den entsprechenden Vorschriften des TKG und des PostG (→ Rn. 2) – die Grundlage für die Einsetzung und die Tätigkeit des **Wissenschaftlichen Arbeitskreises für Regulierungsfragen** bei der BNetzA.

7 Grundsätzlich steht die Auswahl der Mitglieder der Kommission im **Ermessen** der Regulierungsbehörde (Geppert/Schütz/*Attendorn/Geppert* TKG § 125 Rn. 11; NK-EnWG/*Wahlhäuser* § 64 Rn. 6). Gem. § 64 Abs. 1 S. 2 kommen jedoch als **Mitglieder der Kommissionen** nur solche Personen in Frage, die auf dem Gebiet der leitungsgebundenen Energieversorgung über besondere volkswirtschaftliche, betriebswirtschaftliche, verbraucherpolitische, technische oder rechtliche Erfahrungen verfügen. Darüber hinaus müssen sie über ausgewiesene wissenschaftliche Kenntnisse verfügen. Zudem ist die Regulierungsbehörde bei der Auswahl externer

Dienstleister an die Grundsätze des **Vergabe- und Haushaltsrechts** gebunden. Es muss daher eine öffentliche Ausschreibung stattfinden, auf deren Grundlage dem nach dem Preis-Leistungs-Vergleich günstigste Anbieter der Zuschlag zu erteilen ist (Geppert/Schütz/*Attendorn/Geppert* TKG § 125 Rn. 16).

Die Vorbereitungs- und Beratungstätigkeit der Kommissionen nach § 64 Abs. 1 ist vom Gesetz **interdisziplinär** (Geppert/Schütz/*Attendorn/Geppert* TKG § 125 Rn. 11) und **kollegial beratend** angelegt. Die institutionelle Form der Kommission, die Liste der Qualifikationen und der Unterschied gegenüber der auch Einzelgutachten erfassenden Unterstützung nach § 64 Abs. 2 bringen dies zum Ausdruck. Dies ist sowohl von der BNetzA bei der Einsetzung (→Rn. 3) als auch von den Kommissionen selbst bei ihrer Willensbildung zu beachten. **8**

Weitere Vorgaben hinsichtlich **Zusammensetzung, Status** und **Verfahren** der Kommissionen lassen sich § 64 Abs. 1 nicht entnehmen. Ihre Regelung ist deshalb Gegenstand der Einsetzungsbefugnis der BNetzA, die durch **Organisationsakt** zB Fragen der Einberufung, des Verfahrens, der Vermeidung von Interessenkonflikten (zB Verbot, Genehmigungsbedürftigkeit, Publizität privater Gutachtenaufträge an Kommissionsmitglieder) etc bestimmen kann. Darüber hinaus bedarf es der **Ernennung** der einzelnen Mitglieder. **9**

C. Fortlaufende wissenschaftliche Unterstützung (Abs. 2)

Gem. § 64 Abs. 2 darf sich die BNetzA ganz allgemein bei der Erfüllung ihrer Aufgaben wissenschaftlicher Unterstützung bedienen. Weder die Gegenstände dieser Unterstützung noch die Formen und Modalitäten der Unterstützung sind gesetzlich näher geregelt. Zwar ermöglicht die Vorschrift eine langfristig und kontinuierlich angelegte Unterstützung insbesondere zu den in § 64 Abs. 2 S. 2 genannten Themen. Die „fortlaufende" Unterstützung deckt aber auch die punktuelle Vergabe insbesondere einzelner **Gutachtenaufträge.** Als Auftragnehmer kommen einzelne Wissenschaftler, wissenschaftliche Einrichtungen wie auch öffentliche oder private Stellen in Betracht, die über die erforderliche wissenschaftliche Qualifikation verfügen. **10**

Die in § 64 Abs. 2 S. 2 genannten Themen haben lediglich exemplarischen Charakter. Sie betreffen langfristig angelegte Projekte, die einerseits den **Verlauf** der wirtschaftlichen, technischen und rechtlichen **Entwicklung** (§ 64 Abs. 2 S. 2 Nr. 1) und andererseits die Grundlagen für die Gestaltung der Netzregulierung sowie den Kunden- und Verbraucherschutz zum Gegenstand haben können. **11**

§ 64a Zusammenarbeit zwischen den Regulierungsbehörden

(1) ¹**Die Bundesnetzagentur und die Landesregulierungsbehörden unterstützen sich gegenseitig bei der Wahrnehmung der ihnen nach § 54 obliegenden Aufgaben.** ²**Dies gilt insbesondere für den Austausch der für die Wahrnehmung der Aufgaben nach Satz 1 notwendigen Informationen.**

(2) ¹**Die Landesregulierungsbehörden unterstützen die Bundesnetzagentur bei der Wahrnehmung der dieser nach den §§ 35, 60, 63 und 64 obliegenden Aufgaben; soweit hierbei Aufgaben der Landesregulierungsbehörden berührt sind, gibt die Bundesnetzagentur den Landesregulie-**

§ 64a

rungsbehörden auf geeignete Weise Gelegenheit zur Mitwirkung. ²Dies kann auch über den Länderausschuss nach § 60a erfolgen.

A. Allgemeines

1 Die in § 64a getroffene Regelung zur Zusammenarbeit zwischen den Regulierungsbehörden des Bundes (BNetzA) und der Länder steht in Zusammenhang mit der **Aufteilung der Vollzugskompetenzen** in § 54. Die im Verlauf des Gesetzgebungsverfahrens aufgetretenen Differenzen zwischen Bund und Ländern (dazu → § 54 Rn. 8 ff.; BeckOK EnWG/*Kremm* § 64a Rn. 2) waren auf Seiten des Bundes geprägt von der Befürchtung, eine Aufteilung der regulierungsbehördlichen Zuständigkeiten zwischen BNetzA und Landesregulierungsbehörden könne zu einem uneinheitlichen und unkoordinierten Vollzug des EnWG führen. Sowohl die Einrichtung eines **Länderausschusses** (→ § 60a Rn. 2) als auch die Verpflichtung zur Zusammenarbeit in § 64a sind Teile des vom **Vermittlungsausschuss** vorgeschlagenen **Kompromisses,** die dieser Gefahr entgegenwirken sollen (zum Vorschlag des Bundesrates s. BT-Drs. 15/3917, Anlage 2, 92; Beschlussempfehlung des Vermittlungsausschusses in BT-Drs. 15/5736 [neu], 7). Auch die Pflicht der BNetzA, die betroffene **Landesregulierungsbehörde** vor Entscheidungen nach den Bestimmungen des Teiles 3 **anzuhören (§ 58 Abs. 1 S. 2),** gehört in diesen Zusammenhang, woraus sich ein insgesamt wenig systematisches Geflecht von Verfahrensregeln als Kompensation für die Aufteilung der Vollzugskompetenzen ergibt (→ § 60a Rn. 1).

2 Die **verfassungsrechtliche Problematik** des § 64a liegt nicht anders als diejenige des § 60a (dazu → § 60a Rn. 4) darin, dass offensichtlich die Konsequenzen der verfassungsrechtlich gebotenen Eigenständigkeit von Bundes- und Landesbehörden (s. BVerfG Urt. v. 15.7.2003 – 2 BvF 6/98, BVerfGE 108, 169 (182)), die aus der in § 54 getroffenen Grundentscheidung zwangsläufig resultieren, durch die Kooperationspflicht zwar nicht beseitigt aber beschränkt werden sollen. Ein Verstoß gegen das **Verbot der Mischverwaltung** ist darin allerdings nicht zu sehen, weil die Unterstützungspflichten und Mitwirkungsrechte des § 64a die eigenverantwortlichen Entscheidungsbefugnisse der BNetzA und der Landesregulierungsbehörden unberührt lassen (dem folgend NK-EnWG/*Wahlhäuser* § 64a Rn. 1). Diese verfassungsrechtliche Bewertung ist allerdings notwendig mit der Konsequenz verbunden, dass ein bundeseinheitlicher Vollzug des EnWG durch § 64a ebenso wenig erzwungen wird wie durch das Instrument des Länderausschusses nach § 60a.

B. Zusammenarbeit zwischen Bundes- und Landesregulierungsbehörden

3 Vor dem Hintergrund der verfassungsrechtlich gebotenen Eigenständigkeit der Bundes- und Landesbehörden (→ Rn. 2) beschränkt § 64a sich darauf, die BNetzA und die Landesregulierungsbehörden zu wechselseitiger Unterstützung und zum Austausch von Informationen zu verpflichten und den Landesregulierungsbehörden ein Mitwirkungsrecht bei bestimmten Tätigkeiten der BNetzA einzuräumen. Obwohl § 64a **Kooperationspflichten** zu **Rechtspflichten** verdichtet, die theoretisch gerichtlich vor dem Bundesverwaltungsgericht durchgesetzt werden könnten (§ 50 VwGO), handelt es sich in der Sache um Fragen der exekutiven Zusammenarbeit zwischen Bund und Ländern, die jenseits rechtlicher Normierung zu den Selbstverständlichkeiten loyaler Kooperation im Bundesstaat des Grundgesetzes gehören dürften.

I. Gegenseitige Unterstützung bei Parallelaufgaben (Abs. 1)

§ 64a Abs. 1 S. 1 normiert zunächst eine allgemeine gegenseitige Unterstützungspflicht der BNetzA und der Landesregulierungsbehörden. **Gegenstand dieser Unterstützungspflicht** ist die Gesamtheit der Aufgaben, die gem. § 54 Abs. 2 zwischen BNetzA und Landesregulierungsbehörden entsprechend der Zahl der angeschlossenen Kunden aufgeteilt sind **(Parallelaufgaben)**. Nicht erfasst von § 64a Abs. 1 sind dagegen die Aufgaben, die – unabhängig von der Größe des Netzes – ausschließlich von der BNetzA, von einer anderen Bundesbehörde oder von den „nach Landesrecht zuständigen Behörden" wahrzunehmen sind. Dass der Verweis auf § 54 nur die Parallelaufgaben erfasst, folgt zum einen aus dem Wortlaut („ihnen nach § 54 obliegenden Aufgaben") und zum anderen aus dem systematischen Zusammenhang mit § 64a Abs. 2, der eine besondere Regelung für diejenigen Aufgaben trifft, die – auch im Hinblick auf „kleine" Netze – ausschließlich der BNetzA zugewiesen sind.

Nicht anders als die vom Länderausschuss nach § 60a zu leistende Koordinierungsaufgabe (→ § 60a Rn. 11) bezieht sich auch die Unterstützungspflicht des § 64a Abs. 1 S. 1 nur auf das **Verhältnis** zwischen der jeweiligen **Landesregulierungsbehörde** auf der einen Seite und der **BNetzA** auf der anderen Seite. Das Verhältnis der Landesregulierungsbehörden untereinander regelt § 64a Abs. 1 nicht. Dem Bund kommt nämlich keine Kompetenz zu, die nach Art. 83 GG vollzugskompetenten Länder zur Koordinierung oder Abstimmung untereinander zu verpflichten.

Den **Inhalt der Unterstützungspflicht** bestimmt § 64a Abs. 1 S. 1 nicht genauer. Wie allerdings die Konkretisierung in § 64a Abs. 1 S. 2 (Informationsaustausch) zeigt, geht es bei der Unterstützungspflicht nach § 64a Abs. 1 S. 1 vor allem um solche **Koordinierungs- und Kooperationspflichten,** die bereits als Elemente des Grundsatzes bundesfreundlichen Verhaltens (Bundestreue) unabhängig von einer ausdrücklichen gesetzlichen Normierung anerkannt sind (s. zB Dreier/ *Bauer,* Bd. 2, GG Art. 20 [Bundesstaat] Rn. 45 ff.; NK-EnWG/*Wahlhäuser* § 64a Rn. 1; BerlKommEnergieR/*Zeidler* EnWG § 64a Rn. 3). Eine spezielle Konkretisierung der Informationspflicht findet sich in **§ 55 Abs. 1 S. 2,** der die BNetzA verpflichtet, die jeweilige Landesregulierungsbehörde über die, die Einleitung eines Verfahrens, die Durchführung von Ermittlungen und über verfahrensabschließende Entscheidungen zu benachrichtigen. Vor dem Hintergrund der Befürchtungen, die Zuständigkeitsverteilung des § 54 werde zu einem uneinheitlichen Vollzug des EnWG führen (→ Rn. 1), lässt sich die Unterstützungspflicht wie folgt präzisieren: BNetzA und Landesregulierungsbehörden sind verpflichtet, diejenigen **Maßnahmen** wechselseitiger Unterstützung zu ergreifen, die zur Wahrung ihrer verfassungsrechtlich normierten exekutiven Eigenständigkeit **geeignet und erforderlich** sind, sich **widersprechende** oder **miteinander unvereinbare Maßnahmen zu vermeiden.**

In § 64a Abs. 1 S. 2 wird die allgemeine Unterstützungspflicht durch eine **Pflicht zum Austausch von Informationen** konkretisiert, die für die Wahrnehmung der Aufgaben nach § 54 notwendig sind. Diese Austauschpflicht betrifft alle

§ 64a

Informationen, die der BNetzA und den Landesregulierungsbehörden in amtlicher Funktion übermittelt oder von diesen Behörden erhoben wurden und die darüber hinaus einen sachlichen Bezug zu den Aufgaben nach § 54 aufweisen. Zur Weitergabe von Informationen, die grundrechtlich durch Art. 12 Abs. 1 GG geschützte **Betriebs- und Geschäftsgeheimnisse** von EVU enthalten (dazu BVerfG Beschl. v. 14.3.2006 – 1 BvR 2087/03, 1 BvR 2111/03, BVerfGE 115, 205 (229 ff.)), ermächtigt § 64a Abs. 1 nicht, weil es dieser Vorschrift insoweit an der erforderlichen Bestimmtheit fehlt. Die Informationsaustauschpflicht des § 64a Abs. 1 S. 2 bezieht sich folglich nur auf solche Informationen, die nach Maßgabe der Regelung in § 71 Dritten zur Einsichtnahme zur Verfügung gestellt werden dürfen.

II. Zusammenarbeit im Bereich der Alleinzuständigkeiten der Bundesnetzagentur (Abs. 2)

8 In Ergänzung zu § 64a Abs. 1, der nur die Aufgaben betrifft, die – in Abhängigkeit von der Größe des Netzes (§ 54 Abs. 2) – sowohl von der BNetzA als auch von den Landesregulierungsbehörden wahrgenommen werden (Parallelaufgaben, → Rn. 4), regelt § 64a Abs. 2 das Verhältnis zwischen BNetzA und Landesregulierungsbehörden im Bereich der **Alleinzuständigkeit der BNetzA.** Dementsprechend kann das Ziel dieser Zusammenarbeit nicht in einem bundeseinheitlichen Vollzug des EnWG liegen, weil die Länder hier über keine Vollzugskompetenzen verfügen. Vielmehr geht es in § 64a Abs. 2 um die allgemeine Unterstützung einer Bundesbehörde, wenn diese bei der Wahrnehmung ihrer Aufgaben auf die Mithilfe der zuständigen Landesbehörden angewiesen ist. Insoweit dürfte § 64a Abs. 2 kaum über das hinausgehen, was verfassungsrechtlich bereits durch das Gebot bundesfreundlichen Verhaltens (→ Rn. 3) von den Ländern gefordert ist.

9 Entsprechend dem von § 64a Abs. 1 abweichenden Anwendungsbereich ist in § 64a Abs. 2 keine wechselseitige Unterstützungspflicht, sondern eine einseitige **Unterstützungspflicht** der Landesregulierungsbehörden und eine korrespondierende Pflicht der BNetzA normiert, den Landesregulierungsbehörden „auf geeignete Weise **Gelegenheit zur Mitwirkung**" zu geben, wenn deren Aufgabenbereich berührt ist. Beide Formen der Zusammenarbeit können gem. § 64a Abs. 2 S. 2 – auf entsprechende Initiative der BNetzA – im institutionellen Rahmen des **Länderausschusses** abgewickelt werden.

10 Die **Gegenstände** sowohl der Unterstützungspflicht der Landesregulierungsbehörden als auch der Pflicht der BNetzA, diesen Gelegenheit zur Mitwirkung einzuräumen, sind durch den Verweis auf die Aufgaben der BNetzA nach den **§§ 35, 60, 63 und 64** abschließend umschrieben.

11 Besondere Bedeutung kommt dabei dem **Monitoring** nach § 35 zu, weil die BNetzA nur partiell über die erforderlichen Informationen verfügt, um die Angaben der Unternehmen (Fragebögen) überprüfen und Anhaltspunkte für eine Nachprüfung gewinnen zu können. Die von den Landesregulierungsbehörden zu leistende Unterstützung liegt hier in erster Linie in der Übermittlung der in § 35 Abs. 1 genannten Informationen, soweit sie im Rahmen ihrer Zuständigkeit nach § 54 Abs. 2 über solche Informationen verfügen. Da das Monitoring nach § 35 in vielfältiger Weise Aufgaben der Landesregulierungsbehörden nach § 54 Abs. 2 berührt, ist diesen gem. § 64a Abs. 2 S. 1 auf geeignete Weise Gelegenheit zur Mitwirkung an dem Monitoring zu geben. Dies kann nur dadurch geschehen, dass die BNetzA die erhobenen – nach Ländern aufbereiteten – Daten den Landesregulierungsbehörden oder dem Länderausschuss zur Stellungnahme zuleitet.

Zusammenarbeit zwischen den Regulierungsbehörden **§ 64a**

Soweit sich die in § 64a Abs. 2 geregelte Zusammenarbeit zwischen BNetzA und 12
Landesregulierungsbehörden auf die Aufgaben der BNetzA nach **§ 60** bezieht, können damit nur **Auskunftsverlangen des Beirates** gemeint sein, denen die BNetzA nur mit Hilfe eines Rückgriffs auf solche Informationen entsprechen kann, über die die Landesregulierungsbehörden verfügen und die folglich zumindest partiell deren Aufgabenbereich berühren. Wenn die Landesregulierungsbehörden insoweit zur „Unterstützung" der BNetzA verpflichtet sind, so bedeutet dies allerdings nicht, dass sie auf diese Weise – mittelbar – der politischen Kontrolle des Beirates (dazu → § 60 Rn. 11) unterworfen werden. Dies wäre mit der verfassungsrechtlich vorgegebenen Eigenständigkeit der Landesexekutive (dazu → § 60a Rn. 14) unvereinbar. Die Landesregulierungsbehörde kann sich folglich auf die Übermittlung der Informationen beschränken, die es dem Beirat erlauben, die Verantwortlichkeit der BNetzA in Abgrenzung zu derjenigen der Landesregulierungsbehörde zu beurteilen. Auskünfte der BNetzA, die in dem dargelegten Sinne Aufgaben der Landesregulierungsbehörden berühren, sind gem. § 64a Abs. 2 S. 1 Hs. 2 vor ihrer Übermittlung an den Beirat der Landesregulierungsbehörde zur Stellungnahme zuzuleiten. Diese Stellungnahme der Landesregulierungsbehörde hat die BNetzA dem Beirat zu übermitteln.

Die Zusammenarbeit der Regulierungsbehörden von Bund und Ländern im 13
Hinblick auf die **Berichterstattung der BNetzA (§ 63)** kann – da § 64a Abs. 2 von den Behörden des Bundes nur die BNetzA erfasst – allein auf die Abs. 2, 3, 3a und 4 des § 63 bezogen sein. Denn die Berichte nach den Abs. 1, 2a und 5 sind von anderen Bundesbehörden zu erstellen und die Zusammenarbeit hinsichtlich des Monitorings ist bereits durch den ausdrücklichen Verweis in § 64a Abs. 2 auf § 35 abgedeckt (→Rn. 11). Allerdings ist im Hinblick auf den Tätigkeitsbericht der BNetzA (§ 63 Abs. 3) nicht ersichtlich, dass der Aufgabenbereich der Landesregulierungsbehörden dadurch berührt sein könnte. Eine praktische Bedeutung des Verweises auf § 63 ist deshalb schwer zu erkennen, mag möglicherweise im Bereich der verbraucherbezogenen Informationsarbeit der BNetzA nach § 63 Abs. 4 liegen.

Die Unterstützung der BNetzA durch die Landesregulierungsbehörden bei der 14
wissenschaftlichen Beratung nach § 64 kann vor allem dann bedeutsam werden, wenn Bedienstete der Landesregulierungsbehörden zu Mitgliedern von Kommissionen berufen werden. Die jeweilige Landesbehörde hat dies im Rahmen des öffentlichen Dienstrechts zu unterstützen. Darüber hinaus kann die wissenschaftliche Beratungstätigkeit im Einzelfall auf Informationen angewiesen sein, die nur bei den Landesregulierungsbehörden verfügbar sind. Solche Informationen sind dann von den Landesbehörden in geeigneter Form bereitzustellen.

Teil 8. Verfahren und Rechtsschutz bei überlangen Gerichtsverfahren

Abschnitt 1. Behördliches Verfahren

Vorbemerkung

Literatur: *Britz,* Behördliche Befugnisse und Handlungsformen für die Netzentgeltregulierung nach neuem EnWG, RdE 2006, 1; *Rosin/Pohlmann/Gentzsch/Metzenthin/Böwing* (Hrsg.), Praxiskommentar zum EnWG, Bd. 2, 10. EL. 12/2019 (zit. Rosin/Pohlmann/Gentzsch/Metzenthin/Böwing/*Bearbeiter*).

A. Grundlagen

Die §§ 65 ff. regeln das behördliche Verfahren. Die Regelungen orientieren sich 1
dabei an den Verfahrensregeln des GWB (§§ 54 ff.) unter Einbeziehung entsprechender Regelungen im TKG (§§ 126 ff. aF) (BT-Drs. 15/3917, 46). Literatur und Rechtsprechung zu diesen Normen sind insoweit auch für die §§ 65 ff. von Relevanz.

Die Grundlagen des EnWG auf der europäischen Ebene bilden die Elt-RL 03 2
und die Gas-RL 03, die wesentlichen Einfluss auf die Ausgestaltung des EnWG hatten. Beide Richtlinien regeln das Verfahren jedoch nur ansatzweise und enthalten in den einschlägigen Vorschriften in Art. 23 Elt-RL 03 bzw. Art. 25 Gas-RL 03 (heute finden sich die einschlägigen Vorschriften in Art. 57 ff. Elt-RL 19 und Art. 41 Gas-RL 09) nur allgemeine Vorgaben. Hierzu zählen die Aufgaben, die die Regulierungsbehörde mindestens zu erfüllen hat, sowie die Möglichkeit der Betroffenen, die Regulierungsbehörde bei bestimmten Konflikten mit Netzbetreibern als Streitbeilegungsstelle einzuschalten. Diese Aufgaben haben die Regulierungsbehörden gem. Art. 59 Abs. 3 Elt-RL 19 bzw. Art. 41 Abs. 4 Gas-RL 09 effizient und schnell zu erledigen, wobei dieses Gebot stets bei der Auslegung der §§ 65 ff. zu berücksichtigen ist.

B. Anwendbarkeit des VwVfG und Handlungsformen

Das VwVfG des Bundes bzw. beim Handeln einer Landesbehörde das des jeweiligen Landes ist **subsidiär** anwendbar (*Salje* EnWG Vor §§ 65–108 Rn. 3; Elspas/Graßmann/Rasbach/*Elspas/Heinichen* EnWG § 65 Rn. 3). Gem. § 1 Abs. 1 VwVfG gelten die Regelungen des VwVfG, soweit nicht Rechtsvorschriften des Bundes inhaltsgleiche oder entgegenstehende Regelungen enthalten. Ergibt eine Auslegung der Regelung im EnWG, dass diese abschließend ist, kann nicht auf das VwVfG zurückgegriffen werden (Kopp/Ramsauer/*Ramsauer* VwVfG § 1 Rn. 30, 34 ff.; Rosin/Pohlmann/Gentzsch/Metzenthin/Böwing/*Bachert/Elspaß* EnWG § 66 Rn. 4). Im EnWG ist jedoch keine der Anwendung des VwVfG generell entgegenstehende Regelung enthalten. Zwar gelten nach § 55 Abs. 1 S. 1 hinsichtlich des Verfahrens die Vorschriften des achten Teils des EnWG, „soweit in diesem Gesetz nichts anderes bestimmt ist". Diese Regelung ist trotz des irreführenden Wortlauts der Vorschrift aber nicht so zu verstehen, dass das VwVfG nur bei ausdrücklicher Anordnung im EnWG anzuwenden sein soll. In der Parallelvorschrift des § 49 Abs. 1 GWB fehlt diese Bestimmung und die subsidiäre Anwendung des VwVfG neben dem GWB ist seit Langem anerkannt (Immenga/Mestmäcker/*Bach* GWB Vor § 54 Rn. 9). Dass im Anwendungsbereich des EnWG etwas anderes gelten soll, ist nicht ersichtlich. Wie auch im GWB sind die Verfahrensvorschriften im EnWG zudem lückenhaft, sodass ein Rückgriff auf das VwVfG notwendig sein kann (Hempel/ Franke/*Scholz*/*Jansen* EnWG Vor §§ 65 ff. Rn. 9). Die Regelung in § 55 Abs. 1 S. 1 ist so zu verstehen, dass die Vorschriften des achten Teils anzuwenden sind, sofern nicht etwas anderes durch Spezialregelungen des EnWG, etwa § 29, angeordnet wird. Ob tatsächlich auf das subsidiäre VwVfG zurückgegriffen werden kann oder die Regelung im EnWG vorrangig ist, ist jeweils im Einzelfall zu entscheiden (*Salje* EnWG § 55 Rn. 3).

4 Aus der Anwendbarkeit des VwVfG folgt die Anwendbarkeit der dort vorgesehenen verwaltungsverfahrensrechtlichen Handlungsformen. Problematisch war in diesem Zusammenhang die Einordnung der mit dem EnWG 2005 eingeführten Handlungsform der Festlegung. **Festlegungen** werden nach § 29 Abs. 1 durch die Regulierungsbehörde gegenüber einem Netzbetreiber, einer Gruppe von ihnen oder allen Netzbetreibern getroffen und bestimmen die Zugangsbedingungen, Zugangsmethoden und Tarife (NK-EnWG/*Wahlhäuser* § 29 Rn. 24; Elspas/Graßmann/Rasbach/*Schellberg* EnWG § 29 Rn. 9). Dogmatisch lässt sich nachvollziehbar begründen, dass es sich bei Festlegungen um Rechtsverordnungen oder Verwaltungsvorschriften mit Außenwirkung handelt (zusammenfassend *Britz* RdE 2006, 1 (4 f.)). Mittlerweile steht indes fest, dass Festlegungen **Allgemeinverfügungen** iSv § 35 S. 2 VwVfG sind (BGH Beschl. v. 29. 4. 2008 – KVR 28/07, NJW-RR 2008, 1654 Rn. 8 ff.). In § 60a Abs. 2 etwa werden Festlegungen nach § 29 Abs. 1 ausdrücklich als Allgemeinverfügungen bezeichnet. Diese richten sich in der Regel an einen nach allgemeinen Merkmalen bestimmten oder bestimmbaren Personenkreis – beispielsweise an alle Netzbetreiber – und regeln einen einzelnen oder mehrere bestimmte Sachverhalte.

C. Formelles und informelles Verwaltungshandeln

5 Die §§ 65 ff. regeln das formelle Verwaltungshandeln, das mit der Verfahrenseinleitung nach § 66 beginnt. Ob das damit eingeleitete energiewirtschaftsrechtliche Verwaltungsverfahren in eine Entscheidung nach § 73 Abs. 1 mündet oder ein Verfahren nicht mit einer Entscheidung endet (§ 73 Abs. 2), ist unerheblich. Insoweit ist der energiewirtschaftsrechtliche Begriff des Verfahrens weiter als in § 9 VwVfG, wo ausdrücklich bestimmte Handlungsformen als notwendiges Ergebnis eines Verwaltungsverfahrens benannt sind. **Außerhalb des förmlichen Verwaltungsverfahrens** finden Maßnahmen wie die allgemeine Marktüberwachung, formlose Ermittlungen oder informelle Abstimmungsgespräche statt. Dabei ist strikt darauf zu achten, dass verfahrensrechtliche Garantien nicht umgangen werden. Da bei informellen Ermittlungen praktisch immer die „Drohung" eines formellen Verfahrens im Raum steht und die Beteiligten ihr Verhalten an den potenziellen Folgen und damit an den formellen Möglichkeiten der Regulierungsbehörde ausrichten werden, ist in der Regel ein formelles Verfahren der formlosen Ermittlungstätigkeit vorzuziehen. Dies entspricht auch der justizförmigen Ausgestaltung des Verfahrens

Aufsichtsmaßnahmen **§ 65**

generell. Hilfreich sind allerdings informelle Abstimmungsgespräche im Vorfeld förmlicher Verfahren, wenn dadurch Unklarheiten beseitigt und streitige Auseinandersetzungen vermieden werden.

Auch die allgemeine Öffentlichkeitsarbeit der Regulierungsbehörde ist nicht 6
Teil des förmlichen Verwaltungsverfahrens. Neben der Pflicht zur Publikation verschiedener Berichte (§ 63 Abs. 3–5) sowie der Veröffentlichung bestimmter Entscheidungen (Veröffentlichungspflicht nach § 74, → § 74 Rn. 3) ist die Öffentlichkeitsarbeit nicht explizit geregelt. Die Publizität von Verfahren und auch allgemeine programmatische Äußerungen der Organe der Regulierungsbehörde können jedoch erhebliche Wirkung entfalten. Diese Öffentlichkeitsarbeit ist der Behörde nicht grundsätzlich untersagt, sie hat dabei jedoch den Verhältnismäßigkeitsgrundsatz zu beachten. Deshalb besteht auch die Pflicht zu einer neutralen Darstellung, insbesondere auch unter Berücksichtigung der Standpunkte Betroffener, die von der Position der Regulierungsbehörde abweichen. Die justizförmige Ausgestaltung der Verfahren vor der Regulierungsbehörde und ihre daraus resultierende Rolle verpflichten zu einer ebenfalls justizförmigen und damit sehr zurückhaltenden Öffentlichkeitsarbeit jenseits der gesetzlich bestimmten Veröffentlichungspflichten. Insbesondere ist der Eindruck von Parteilichkeit oder Voreingenommenheit strikt zu vermeiden.

§ 65 Aufsichtsmaßnahmen

(1) ¹Die Regulierungsbehörde kann Unternehmen oder Vereinigungen von Unternehmen verpflichten, ein Verhalten abzustellen, das den Bestimmungen dieses Gesetzes sowie den auf Grund dieses Gesetzes ergangenen Rechtsvorschriften entgegensteht. ²Sie kann hierzu alle erforderlichen Abhilfemaßnahmen verhaltensorientierter oder struktureller Art vorschreiben, die gegenüber der festgestellten Zuwiderhandlung verhältnismäßig und für eine wirksame Abstellung der Zuwiderhandlung erforderlich sind. ³Abhilfemaßnahmen struktureller Art können nur in Ermangelung einer verhaltensorientierten Abhilfemaßnahme von gleicher Wirksamkeit festgelegt werden oder wenn letztere im Vergleich zu Abhilfemaßnahmen struktureller Art mit einer größeren Belastung für die beteiligten Unternehmen verbunden wäre.

(2) Kommt ein Unternehmen oder eine Vereinigung von Unternehmen seinen Verpflichtungen nach diesem Gesetz oder den auf Grund dieses Gesetzes erlassenen Rechtsverordnungen nicht nach, so kann die Regulierungsbehörde die Maßnahmen zur Einhaltung der Verpflichtungen anordnen.

(2a) ¹Hat ein Betreiber von Transportnetzen aus anderen als zwingenden, von ihm nicht zu beeinflussenden Gründen eine Investition, die nach dem Netzentwicklungsplan nach § 12c Absatz 4 Satz 1 und 3 oder § 15a in den folgenden drei Jahren nach Eintritt der Verbindlichkeit nach § 12c Absatz 4 Satz 1 oder § 15a Absatz 3 Satz 8 durchgeführt werden musste, nicht durchgeführt, fordert die Regulierungsbehörde ihn mit Fristsetzung zur Durchführung der betreffenden Investition auf, sofern die Investition unter Zugrundelegung des jüngsten Netzentwicklungsplans noch relevant ist. ²Um die Durchführung einer solchen Investition sicherzustellen, kann die Regulierungsbehörde nach Ablauf der Frist nach Satz 1 ein Ausschreibungsverfahren zur Durchführung der betreffenden Investition durchführen oder den Transportnetzbetreiber verpflichten, eine Kapitalerhöhung im Hinblick auf die Finanzierung der notwendigen Investitionen durchzuführen und dadurch unabhängigen Investoren eine Kapitalbeteiligung zu ermöglichen. ³Die Regulierungsbehörde kann durch Festlegung nach § 29 Absatz 1 zum Ausschreibungsverfahren nähere Bestimmungen treffen.

(3) Soweit ein berechtigtes Interesse besteht, kann die Regulierungsbehörde auch eine Zuwiderhandlung feststellen, nachdem diese beendet ist.

(4) § 30 Abs. 2 bleibt unberührt.

(5) Die Absätze 1 und 2 sowie die §§ 68, 69 und 71 sind entsprechend anzuwenden auf die Überwachung von Bestimmungen dieses Gesetzes und von auf Grund dieser Bestimmungen ergangenen Rechtsvorschriften durch die nach Landesrecht zuständige Behörde, soweit diese für die Überwachung der Einhaltung dieser Vorschriften zuständig ist und dieses Gesetz im Einzelfall nicht speziellere Vorschriften über Aufsichtsmaßnahmen enthält.

(6) Die Bundesnetzagentur kann gegenüber Personen, die gegen Vorschriften der Verordnung (EU) Nr. 1227/2011 verstoßen, sämtliche Maßnahmen nach den Absätzen 1 bis 3 ergreifen, soweit sie zur Durchsetzung der Vorschriften der Verordnung (EU) Nr. 1227/2011 erforderlich sind.

Übersicht

	Rn.
A. Allgemeines	1
I. Inhalt	1
II. Zweck	2
B. Einzelerläuterungen	4
I. Maßnahmen nach Abs. 1 und 2	4
1. Tatbestandsvoraussetzungen	5
2. Rechtsfolgen	13
II. Nichtdurchführung einer Investition (Abs. 2a)	18
1. Adressaten	20
2. Aufforderung zur Durchführung unter Fristsetzung	21
3. Zwingende Gründe	22
4. Handlungsoptionen nach S. 2	23
III. Feststellungsbefugnis (Abs. 3)	26
IV. Verhältnis zur besonderen Missbrauchsaufsicht (Abs. 4)	28
V. Entsprechende Anwendung (Abs. 5)	30
VI. Maßnahmen nach der REMIT-Verordnung (Abs. 6)	31
C. Rechtsschutz	32

Literatur: *Antweiler/Nieberding,* Rechtsschutz im neuen Energiewirtschaftsrecht, NJW 2005, 3673; *Bachert,* Befugnisse der Bundesnetzagentur zur Durchsetzung der REMIT-Verordnung, RdE 2014, 361; *Bader/Ronellenfitsch* (Hrsg.), Beck'scher Online-Kommentar VwVfG, 51. Aufl. 1.4.2021 (zit. BeckOK VwVfG/*Bearbeiter*); *Baur/Salje/Schmidt-Preuß* (Hrsg.), Regulierung in der Energiewirtschaft, 2. Aufl. 2016 (zit. Baur/Salje/Schmidt-Preuß/*Bearbeiter*); *Burmeister/ Kistner,* Zur weiteren Europäisierung der Netzwirtschaft durch das Clean Energy Package, RdE 2021, 179; *Glaser,* Das Netzausbauziel als Herausforderung für das Regulierungsrecht, DVBl.

2012, 1283; *Hageböke*, Rückstellungen für öffentlich-rechtliche Verpflichtungen am Beispiel der Netzbetreiberpflichten nach §§ 11 ff., 49 EnWG, FR 2017, 357; *Kahlenberg/Neuhaus*, Die Achte GWB-Novelle: Reform des deutschen Kartellrechts, BB 2013, 131; *Kment*, Regulierungsrecht – Zukunfts- oder Auslaufmodell? Eine Beobachtung der gesetzgeberischen Aktivitäten im Bereich der Energienetzinfrastruktur, ZVglRWiss 2013, 123; *Konar*, Energieregulierung auf Unionsebene – Die Rolle der Europäischen Kommission und der ACER nach der REMIT-VO, ZNER 2015, 7; *Kühling/el-Barudi*, Das runderneuerte Energiewirtschaftsgesetz, DVBl. 2005, 1470; *Loibl/Becker*, Netzzugangsanspruch unter Berücksichtigung der Neuregelungen des Energiewirtschaftsgesetzes – Teil 2, ET 2006, 54; *Richter/Schulze*, Die Finanzierung des Ausbaus von Höchstspannungsnetzen – Wechselwirkung zwischen Planungs- und Regulierungsrecht, NVwZ 2014, 835; *Rosin/Pohlmann/Gentzsch/Metzenthin/Böwing* (Hrsg.), Praxiskommentar zum EnWG – Gesetz und Verordnungen, Band 2, 10. EL 12.2019 (zit. Rosin/Pohlmann/Gentzsch/Metzenthin/Böwing/*Bearbeiter*); *Säcker* (Hrsg.), Berliner Kommentar zum Energierecht – Band 1: Energiewirtschaftsrecht und Energiesicherungsgesetz, 3. Aufl. 2014 (zit. BerlKommEnergieR/*Bearbeiter* EnWG); *Schoch/Schneider* (Hrsg.), Verwaltungsrecht – Verwaltungsverfahrensgesetz: VwVfG, 0. EL 7.2020 (zit. Schoch/Schneider/*Bearbeiter*); *Schreiber*, Das Energiewirtschaftsrecht im Jahr 2019, N&R 2020, 76; *Schreiber*, Das Energiewirtschaftsrecht im Jahr 2014, N&R 2015, 83; *Weyer*, Das Energiewirtschaftsrecht im Jahr 2012, N&R 2013, 58.

A. Allgemeines

I. Inhalt

§ 65 stellt die **Generalermächtigung** der Regulierungsbehörden zur Vornahme von Aufsichtsmaßnahmen dar (Theobald/Kühling/*Theobald/Werk* EnWG § 65 Rn. 1; *Kühling/el-Barudi* DVBl. 2005, 1470 (1479)). Die Vorschrift entspricht § 32 GWB und § 126 TKG aF (Baur/Salje/Schmidt-Preuß/*Schütte* Kap. 108 Rn. 4; BerlKommEnergieR/*Wende* EnWG § 65 Rn. 3). In Abs. 1 (Abstellungsbefugnis) und Abs. 2 (Anordnungsbefugnis) finden sich die Aufsichtsgeneralklauseln der Behörde (Elspas/Graßmann/Rasbach/*Elspas/Heinichen* EnWG § 65 Rn. 2). Abs. 2a regelt das Vorgehen der Regulierungsbehörde im Spezialfall, dass ein Transportnetzbetreiber eine Investition nicht durchgeführt hat. Abs. 3 berechtigt die Behörde zur nachträglichen Feststellung einer Zuwiderhandlung und Abs. 4 stellt klar, dass § 30 Abs. 2 unberührt bleibt. In Abs. 5 ist geregelt, dass auch nach Landesrecht zuständige Behörde die Maßnahmen aus den Abs. 1 und 2 ergreifen kann. Abs. 6 weitet schließlich den Kreis der Adressaten auf natürliche Personen aus. 1

II. Zweck

§ 65 Abs. 1 lehnt sich an § 32 Abs. 1 GWB an und § 65 Abs. 3 übernimmt § 32 Abs. 3 GWB. § 65 Abs. 2 entspricht demgegenüber § 126 Abs. 2 TKG (BT-Drs. 15/3917, 70). Im Jahr 2011 wurde Abs. 1 um die S. 2 und 3 ergänzt sowie die Abs. 2a und 5 neu eingefügt, Abs. 6 wurde schließlich 2012 angefügt. 2

Die Generalermächtigung des § 65 regelt die der Regulierungsbehörde zur Verfügung stehenden Eingriffsbefugnisse (BT-Drs. 15/3917, 70) und dient als Auffangtatbestand zu den speziellen Ermächtigungsnormen des EnWG (OLG Düsseldorf Beschl. v. 12.12.2012 – VI-3 Kart 137/12 (V), BeckRS 2013, 7754; Rosin/Pohlmann/Gentzsch/Metzenthin/Böwing/*Bachert* EnWG § 65 Rn. 2). 3

B. Einzelerläuterungen

I. Maßnahmen nach Abs. 1 und 2

4 Abs. 1 ermächtigt die Behörde dazu, die genannten Adressaten zum Abstellen eines Verhaltens zu verpflichten, während Abs. 2 die Ermächtigung zur Anordnung bestimmter Maßnahmen enthält. Trotz des unterschiedlichen Wortlauts der beiden Absätze handelt es sich um einen einheitlichen Tatbestand (→ Rn. 9; so auch NK-EnWG/*Turiaux* § 65 Rn. 12 f.; Rosin/Pohlmann/Gentzsch/Metzenthin/Böwing/*Bachert* EnWG § 65 Rn. 45; Elspas/Graßmann/Rasbach/*Elspas/Heinichen* EnWG § 65 Rn. 10; *Hageböke* FR 2017, 357 (373); aA Theobald/Kühling/*Theobald/Werk* EnWG § 65 Rn. 26; BerlKommEnergieR/*Wende* EnWG § 65 Rn. 8 f.).

5 **1. Tatbestandsvoraussetzungen. a) Berechtigte.** Berechtigt zur Vornahme der Maßnahmen aus den Abs. 1 und 2 ist die **Regulierungsbehörde.** Unter den Begriff „Regulierungsbehörde" fallen neben der BNetzA auch die Landesregulierungsbehörden (Rosin/Pohlmann/Gentzsch/Metzenthin/Böwing/*Bachert* EnWG § 65 Rn. 21; NK-EnWG/*Turiaux* § 65 Rn. 8; Baur/Salje/Schmidt-Preuß/*Schütte* Kap. 108 Rn. 6; aA Theobald/Kühling/*Theobald/Werk* EnWG § 65 Rn. 9). Trotz der fehlenden Erwähnung des § 65 im Zuständigkeitskatalog des § 54 Abs. 2 spricht für eine Kompetenz auch der Landesregulierungsbehörden für Maßnahmen nach Abs. 1 und 2 insbesondere der Sinn und Zweck des EnWG. Wären die Landesregulierungsbehörden nicht zu einem solchen Vorgehen befugt, würden – beispielsweise im Bereich der Entflechtung, §§ 6–10 – Schutzlücken entstehen, wenn weder die BNetzA noch die Landesregulierungsbehörden über Eingriffsbefugnisse zur Durchsetzung der Vorschriften verfügen würden. Zwar befugt § 65 Abs. 5 die „nach Landesrecht zuständige Behörde" die Maßnahmen nach § 65 Abs. 1 und 2 bei einem Verstoß gegen Vorschriften des EnWG, für die sie zuständig ist, entsprechend anzuwenden. Jedoch gilt § 65 Abs. 5 nur für Nichtregulierungsbehörden (→ Rn. 30), sodass auch Abs. 5 die Schutzlücken nicht schließen kann (eine ausführliche Darstellung des Meinungsstreits findet sich bei Rosin/Pohlmann/Gentzsch/Metzenthin/Böwing/*Bachert* EnWG § 65 Rn. 10 ff.).

6 Nicht zu einem Vorgehen nach § 65 Abs. 1 und 2 befugt ist **ACER.** ACER ist als europäische Energieagentur unter anderem zuständig für die Ergänzung und Koordinierung der Arbeit der nationalen Regulierungsbehörden. Einzelfallentscheidungskompetenzen stehen ihr gem. Art. 6 ACER-VO 2019/942 nur in begrenzten Ausnahmefällen zu (*Konar* ZNER 2015, 7 (11)). Nach Erwägungsgrund 29 der ACER-VO 2019/942 soll ACER entsprechend dem Subsidiaritätsprinzip nur unter genau festgelegten Umständen Einzelfallentscheidungen treffen. Allerdings ist ACER im Zuge der verschiedenen Rechtsakte des Clean Energy Packages mit einer Vielzahl neuer Kompetenzen ausgestattet worden (*Burmeister/Kistner* RdE 2021, 179 (185)). Eine Befugnis, Maßnahmen zur Durchsetzung nationalen Rechts zu ergreifen, ist für ACER jedoch nicht vorgesehen.

7 **b) Adressaten.** Adressaten der Maßnahmen sind **Unternehmen** und **Vereinigungen von Unternehmen,** jedoch keine natürlichen Personen. In Entsprechung zu § 32 GWB wird ein funktionaler Unternehmensbegriff zugrunde gelegt (Baur/Salje/Schmidt-Preuß/*Schütte* Kap. 108 Rn. 10; Elspas/Graßmann/Rasbach/*Elspas/Heinichen* EnWG § 65 Rn. 7). Der Begriff „Unternehmensvereinigungen" ist wie

in § 1 GWB zu verstehen (Theobald/Kühling/*Theobald/Werk* EnWG § 65 Rn. 17; Immenga/Mestmäcker/*Emmerich* GWB § 32 Rn. 11), der wiederrum weitestgehend wie in Art. 101 Abs. 1 AEUV zu verstehen ist (Langen/Bunte/*Krauß* GWB § 1 Rn. 32). Folglich sind Unternehmensvereinigungen Vereinigungen von zwei oder mehr Unternehmen, die ein gewisses Maß an gemeinschaftlicher Organisation aufweisen (Immenga/Mestmäcker/*Zimmer* AEUV Art. 101 Abs. 1 Rn. 581), etwa Branchenverbände (Rosin/Pohlmann/Gentzsch/Metzenthin/Böwing/*Bachert* EnWG § 65 Rn. 29).

In der Regel sind Energieversorgungsunternehmen Adressaten der Maßnah- 8
men, da das EnWG hauptsächlich diesen Verhaltenspflichten auferlegt (Hempel/Franke/*Scholz/Jansen* EnWG § 65 Rn. 4). Dies betrifft insbesondere die Netzbetreiber, aber auch vertikal integrierte Energieversorgungsunternehmen iSv § 3 Nr. 38 EnWG (§§ 6 ff., 10 ff.), Lieferanten (§§ 36 ff.) oder Kraftwerksbetreiber (§§ 13 ff.).

c) Voraussetzungen für ein Tätigwerden. Die Behörde ist zum Ergreifen 9
der Maßnahmen aus § 65 Abs. 1, 2 befugt, wenn ein **Verstoß gegen das EnWG** oder gegen eine aufgrund des EnWG ergangene Rechtsvorschrift bzw. Rechtsverordnung vorliegt. Abs. 1 stellt zwar auf ein „Verhalten" ab, welches gegen das EnWG bzw. gegen die aufgrund des EnWG ergangenen Rechtsvorschriften verstößt (BT-Drs. 15/3917, 70). Hierunter fallen jedoch sowohl ein aktives Tun als auch das Unterlassen einer Handlung, soweit eine Rechtspflicht zum Tätigwerden besteht (Rosin/Pohlmann/Gentzsch/Metzenthin/Böwing/*Bachert* EnWG § 65 Rn. 30). Voraussetzung nach Abs. 2 ist demgegenüber, dass den Verpflichtungen nach dem EnWG oder den aufgrund des EnWG erlassenen Rechtsverordnungen nicht nachgekommen wird. Im Ergebnis bestehen keine relevanten Unterschiede zwischen den in den Absätzen 1 und 2 geforderten Handlungsformen. Kommt ein Adressat einer Verpflichtung nach dem EnWG nicht nach (Abs. 2), steht dieses Verhalten den Bestimmungen des EnWG entgegen (Abs. 1) und wann immer ein Verhalten den Bestimmungen des EnWG entgegensteht, kommt der Betreffende einer Verpflichtung aus dem EnWG nicht nach. Voraussetzung sowohl des Abs. 1 als auch des Abs. 2 ist mithin ein Verstoß gegen das EnWG oder gegen eine aufgrund des EnWG ergangene Rechtsvorschrift bzw. Rechtsverordnung, sodass es sich um einen einheitlichen Tatbestand handelt (NK-EnWG/*Turiaux* § 65 Rn. 12 f.; Hempel/Franke/*Scholz/Jansen* EnWG § 65 Rn. 8). Bei der Begehung des Verstoßes ist **kein Verschulden** erforderlich (OLG Düsseldorf Beschl. v. 12.12.2012 – VI-3 Kart 137/12 (V), BeckRS 2013, 7754). Die Regulierungsbehörde kann auch dann die Befugnisse aus den Absätzen 1 und 2 wahrnehmen, wenn gleichzeitig eine zivilgerichtliche Zuständigkeit gegeben ist (BNetzA Beschl. v. 26.1.2012 – BKS-11-052; *Weyer* N&R 2013, 59 (69)).

Abs. 1 ermächtigt die Regulierungsbehörde dazu, die Adressaten zur Abstellung 10
eines Verhaltens zu verpflichten, das gegen das EnWG oder gegen die „auf Grund dieses Gesetzes ergangenen Rechtsvorschriften" verstößt. Nach Abs. 2 kann die Behörde die notwendigen Maßnahmen anordnen, damit die Adressaten ihre Verpflichtungen nach dem EnWG oder den „auf Grund dieses Gesetzes erlassenen Rechtsverordnungen" erfüllen. Die Tatsache, dass in Abs. 1 der Begriff **„Rechtsvorschriften"** verwendet wird, in Abs. 2 jedoch der Begriff **„Rechtsverordnungen"**, ist darauf zurückzuführen, dass Abs. 1 an § 32 Abs. 1 GWB und Abs. 2 an § 126 Abs. 2 TKG aF angelehnt ist (→ Rn. 2). Ein Verstoß gegen eine Rechtsverordnung erfüllt den einheitlichen Tatbestand. Unter den Begriff „Rechtsvorschrift" fallen dagegen keine Verwaltungsakte, die aufgrund des EnWG oder der darauf ge-

§ 65

stützten Verordnungen ergangen sind, denn der Begriff erfasst seinem Wortlaut entsprechend nur abstrakt-generelle Regelungen. Verwaltungsakte haben keinen abstrakt-generellen Charakter und fallen somit bereits begrifflich nicht unter die Norm (Elspas/Graßmann/Rasbach/*Elspas/Heinichen* EnWG § 65 Rn. 13). Verwaltungsakte sind bei Nichtbefolgung vielmehr im Wege der Verwaltungsvollstreckung durchsetzbar. Der Erlass einer Abstellungsverfügung, die im Falle der erneuten Nichtbefolgung vollstreckbar ist, ist nicht notwendig, da bereits der ursprüngliche Verwaltungsakt vollstreckbar ist (BerlKommEnergieR/*Wende* EnWG § 65 Rn. 12; Elspas/Graßmann/Rasbach/*Elspas/Heinichen* EnWG § 65 Rn. 13). Nach dem OLG Düsseldorf fallen dagegen auch konkret-individuelle Regelungen wie Verwaltungsakte und Festlegungen nach § 29 unter die Norm, weil die Pflicht, einem Verwaltungsakt bzw. einer Allgemeinverfügung Folge zu leisten, sich zumindest auch aus dem EnWG bzw. den darauf gestützten Rechtsverordnungen ergibt (OLG Düsseldorf Beschl. v. 1.9.2021 – 3 Kart 209/20 (V) Rn. 59, BeckRS 2021, 40019; NK-EnWG/*Turiaux* § 65 Rn. 13; Rosin/Pohlmann/Gentzsch/Metzenthin/Böwing/*Bachert* EnWG § 65 Rn. 34; Baur/Salje/Schmidt-Preuß/*Schütte* Kap. 108 Rn. 17).

11 Die Ermächtigung in den Abs. 1 und 2 ist auf Verstöße gegen **Regulierungsvorschriften** beschränkt (BT-Drs. 17/6248, 18; aA Elspas/Graßmann/Rasbach/ *Elspas/Heinichen* EnWG § 65 Rn. 12). Zwar enthält der Wortlaut keine Einschränkung der Befugnisse auf Verstöße gegen Regulierungsvorschriften, doch stellt der Gesetzgeber in der Gesetzesbegründung zur EnWG-Novelle 2011 klar, dass eine solche Einschränkung sachgerecht ist. Würde § 65 Abs. 1, 2 auch andere Vorschriften des EnWG erfassen, würde dies teilweise in einem Auseinanderfallen der Kompetenzen der Regulierungsbehörde und der nach Landesrecht zuständigen Behörde resultieren. So würde beispielsweise die nach Landesrecht zuständige Behörde für die Erteilung von Genehmigungen nach § 4 Abs. 1 zuständig sein, bei Verstößen gegen diese Vorschrift aber die Zuständigkeit der Regulierungsbehörde bestehen (BT-Drs. 17/6248, 18). „Regulierungsvorschriften" ist allerdings kein feststehender (Rechts-)Begriff und daher auch angesichts der stetig zunehmenden Komplexität der Energieregulierung als Abgrenzungskriterium denkbar ungeeignet. Richtigerweise stehen den Regulierungsbehörden daher die Befugnisse nach den Abs. 1 und 2 immer dann zu, **wenn keine Zuständigkeit der nach Landesrecht zuständigen Behörden** besteht.

12 Mit Verweis auf den Sinn und Zweck des § 65 sollen die Eingriffsbefugnisse bereits dann bestehen, wenn ein **drohender Verstoß** ernsthaft zu besorgen ist, dh dieser unmittelbar bevorsteht (BGH Beschl. v. 18.11.1986 – KVR 1/86, NJW 1987, 1821 zu einer Verfügung, die ein nach § 1 GWB verbotenes Verhalten untersagt; OLG Düsseldorf Beschl. v. 12.12.2012 – VI-3 Kart 137/12 (V), BeckRS 2013, 7754; BerlKommEnergieR/*Wende* EnWG § 65 Rn. 14; Loewenheim/Meessen/Riesenkampff/Kersting/Meyer-Lindemann/*Otto* GWB § 32 Rn. 4). Eine derartig schematische Erweiterung eines behördlichen Eingriffs-Tatbestandes begegnet jedoch Bedenken. Im Wortlaut der Vorschrift finden sich keinerlei Anhaltspunkte für eine Vorverlagerung der behördlichen Befugnisse. Sollte ein Gesetzesverstoß einmal unmittelbar bevorstehen, so dürfte regelmäßig ohnehin bereits das jeweilige Verhalten des potentiellen Adressaten gegen das EnWG verstoßen, sodass schon in diesem der Gesetzesverstoß gesehen werden kann.

13 **2. Rechtsfolgen.** § 65 Abs. 1 ermächtigt die Regulierungsbehörde dazu, die Adressaten zu **verpflichten,** ein bestimmtes Verhalten abzustellen, wobei sie erforderliche Abhilfemaßnahmen vorschreiben kann. § 65 Abs. 2 enthält die Ermächtigung zur Anordnung bestimmter Maßnahmen. Dabei ist zwischen **Maßnahmen verhaltensorientierter und struktureller Art** zu unterscheiden. Unter Maßnahmen verhaltensorientierter Art versteht man alle Handlungen des Adressaten, die nicht in die Unternehmensstruktur eingreifen (Rosin/Pohlmann/Gentzsch/ Metzenthin/Böwing/*Bachert* EnWG § 65 Rn. 39), während Maßnahmen struktureller Art solche sind, die dem Unternehmen bereits die Möglichkeit eines Rechtsverstoßes nehmen (OLG Düsseldorf Beschl. v. 12.12.2012 – VI-3 Kart 137/12 (V), BeckRS 2013, 7754; Rosin/Pohlmann/Gentzsch/Metzenthin/Böwing/*Bachert* EnWG § 65 Rn. 40; Elspas/Graßmann/Rasbach/*Elspas/Heinichen* Rn. 18). Maßnahmen struktureller Art greifen in der Regel stärker in die Rechte des Betroffenen ein, sodass sie bei Berücksichtigung des Verhältnismäßigkeitsgrundsatzes nicht erforderlich und damit unverhältnismäßig sind, wenn Maßnahmen verhaltensorientierter Art ebenso wirksam wären (zu § 32 GWB *Kahlenberg/Neuhaus* BB 2013, 131 (134); Rosin/Pohlmann/Gentzsch/Metzenthin/Böwing/*Bachert* EnWG § 65 Rn. 43). In der Praxis ist die Unterscheidung zwischen Maßnahmen verhaltensorientierter und struktureller Art nicht relevant. Die Regulierungsbehörde kann vielmehr jede Maßnahme ergreifen, die geeignet ist, den Verstoß zu beenden, solange sie verhältnismäßig ist. Die Verhältnismäßigkeit der Maßnahme ist dabei im Rahmen des Ermessens von der Behörde zu berücksichtigen. Die Nachweispflicht in Bezug auf den Pflichtverstoß obliegt grundsätzlich der Bundesnetzagentur, denn im Bereich der Eingriffsverwaltung trägt grundsätzlich die Regulierungsbehörde die materielle Beweislast und damit das Risiko der Unaufklärbarkeit eines Sachverhalts (OLG Düsseldorf Beschl. v. 1.9.2021 – 3 Kart 209/20 (V), BeckRS 2021, 40019).

Als Minus zu einer Abstellungsanordnung nach Abs. 1 kann sich die BNetzA bei einer andauernden Zuwiderhandlung auch auf die **Feststellung** eines rechtsfehlerhaften Zustands beschränken. Voraussetzung hierfür ist, dass die Feststellung als ausreichend erscheint, um einen rechtsfehlerfreien Zustand herbeizuführen (OLG Düsseldorf Beschl. v. 13.11.2019 – 3 Kart 801/18 (V), BeckRS 2019, 30159; *Schreiber* N&R 2020, 76 (85)). Grundsätzlich muss der Inhalt der getroffenen Regelungen so bestimmt sein, dass die Beteiligten ihr Verhalten danach richten können. Allerdings kann die Behörde auch alternative Maßnahmen anordnen, zwischen denen der Adressat sich entscheiden kann (OLG Düsseldorf Beschl. v. 20.1.2016 – VI-3 Kart 143/14 (V), BeckRS 2016, 6656). 14

Die Entscheidung über ein Vorgehen nach Abs. 1, 2 liegt im pflichtgemäßen **Ermessen** der Behörde. Ermessen umschreibt die der Behörde eingeräumte Möglichkeit, zwischen verschiedenen Rechtsfolgen zu wählen. Bei der Einräumung von Ermessen wird unterschieden zwischen dem Entschließungsermessen, dh der Entscheidungsfreiheit der Behörde, ob sie überhaupt einschreitet, und dem Auswahlermessen, also der Befugnis zu entscheiden, welche von mehreren möglichen Rechtsfolgen eintreten soll (Schoch/Schneider/*Geis* VwVfG § 40 Rn. 18). Die Behörde ist bei der Ausübung ihres Ermessens nicht vollkommen frei, vielmehr hat sie ihr Ermessen pflichtgemäß auszuüben, indem sie die Anforderungen des § 40 VwVfG beachtet (BeckOK VwVfG/*Aschke* § 40 Rn. 5). Demnach hat die Behörde ihr Ermessen entsprechend dem Zweck der Ermächtigung auszuüben und die gesetzlichen Grenzen des Ermessens einzuhalten. Die Entscheidung der Behörde muss insbesondere verhältnismäßig sein, dh die gewählte Rechtsfolge muss geeignet und erforderlich sein, den Zweck der Ermächtigung zu erreichen, und zudem angemessen sein. Erforderlich bedeutet grundsätzlich, dass kein gleich geeignetes milderes Mittel zur Verfügung stehen darf, also eines, dass weniger intensiv in Rechte 15

§ 65　　　　　　　　　　　　　　　　　　　　　　　Teil 8. Verfahren

Betroffener eingreift. Im Rahmen der Angemessenheit sind die von der jeweiligen Entscheidung betroffenen Rechtsgüter mit den bestehenden Interessen abzuwägen (BVerwG Beschl. v. 26.8.2004 – 20 F 16.03, NVwZ 2005, 334; BeckOK VwVfG/ *Aschke* § 40 Rn. 55). Ausdrücklich von dem Ermessen zu unterscheiden ist ein der Behörde eingeräumter Beurteilungsspielraum. Ein Beurteilungsspielraum wird der Behörde bereits auf Tatbestandsebene eingeräumt, wenn eine Vorschrift unbestimmte Rechtsbegriffe enthält und hat eine eingeschränkte gerichtliche Kontrolle zur Folge (BeckOK VwVfG/*Aschke* § 40 Rn. 26).

16　Von besonderer Bedeutung im Regulierungsrecht ist zudem das **Regulierungsermessen,** womit ein von der Rechtsprechung entwickelter umfassender Auswahl- und Ausgestaltungsspielraum der Behörde beschrieben wird, der im Rahmen der Anwendung bestimmter Normen anerkannt ist. Die Struktur derartiger Normen schließt es aus, die durch zahlreiche unbestimmte Rechtsbegriffe gesteuerte Abwägung von einer sich erst daran anschließenden Ermessensbetätigung zu trennen und erstere der vollen gerichtlichen Kontrolle zu unterwerfen. Die Abwägung soll dann ein untrennbarer Bestandteil des Regulierungsermessens sein (BVerwG Urt. v. 28.11.2007 – 6 C 42.06, NVwZ 2008, 575). Dogmatisch wird das Regulierungsermessen an das Planungsermessen angelehnt (Maunz/Dürig/*Schmidt-Aßmann* GG Art. 19 Rn. 216a). Die Anerkennung eines Regulierungsermessens geht mit einer reduzierten gerichtlichen Kontrolle der behördlichen Entscheidung einher (Schoch/Schneider/*Geis* VwVfG § 40 Rn. 213) und ist mithin nur in Ausnahmefällen anerkannt. Der BGH hat diese vom BVerwG für die Telekommunikationsregulierung entwickelte Rechtsfigur für die Energieregulierung aufgegriffen und der BNetzA für zahlreiche Bereiche ihrer gestaltenden Tätigkeit zugestanden. Insbesondere in den ökonomisch bedeutsamen Bereichen der Anreizregulierung steht der BNetzA ein **gerichtlich nur eingeschränkt überprüfbarer Gestaltungsspielraum** zu, zB im Effizienzvergleich nach § 21a Abs. 5 EnWG (BGH Beschl. v. 21.1.2014 – EnVR 12/12, BeckRS 2014, 4688 – Stadtwerke Konstanz GmbH) oder bei der Festlegung der kalkulatorischen Eigenkapitalverzinsung nach § 7 StromNEV/GasNEV (BGH Beschl. v. 3.3.2020 – EnVR 26/18, BeckRS 2020, 5189 – Eigenkapitalzinssatz III; BGH Beschl. v. 9.7.2019 – EnVR 52/18, BeckRS 2019, 16446 – Eigenkapitalzinssatz II) und des generellen sektoralen Produktivitätsfaktors nach § 9 ARegV (BGH Beschl. v. 26.1.2021 – EnVR 7/20, BeckRS 2021, 4019 – Genereller sektoraler Produktivitätsfaktor). Bei der Kontrolle der von der BNetzA im Rahmen dieses Spielraums festgelegten Methoden beschränkt sich die Rechtsprechung darauf, zu überprüfen, ob die Behörde die Verfahrensbestimmungen eingehalten hat, von einem richtigen Verständnis des Gesetzes ausgegangen ist, den erheblichen Sachverhalt zutreffend ermittelt hat und sich bei der eigentlichen Beurteilung an allgemeingültige Wertungsmaßstäbe gehalten hat, insbesondere das Willkürverbot nicht verletzt hat (BGH Beschl. v. 21.1.2014 – EnVR 12/12, BeckRS 2014, 4688 – Stadtwerke Konstanz GmbH). Im Ergebnis bedeutet dies, dass die Entscheidung der BNetzA nur dann rechtswidrig ist, wenn der gewählte methodische Ansatz von vornherein ungeeignet ist, die ihm zugedachte Funktion zu erfüllen oder wenn ein anderes methodisches Vorgehen der behördlichen Methode so deutlich überlegen ist, dass die Auswahl einer anderen Methode nicht mehr als mit den gesetzlichen Vorgaben vereinbar angesehen werden kann (BGH Beschl. v. 27.1.2015 – EnVR 39/13, BeckRS 2015, 3016 – Thyssengas GmbH). Dies entspricht nach dem BGH auch der Rechtsprechung des EuGH, nach der das Unionsrecht eine dahingehende Auslegung fordert, dass der Unabhängigkeit der Bundesnetzagentur soweit als möglich Geltung verschafft wird

Aufsichtsmaßnahmen **§ 65**

(BGH Beschl. v. 26.10.2021 – EnVR 17/20, BeckRS 2021, 42681 Rn. 16 – Genereller sektoraler Produktivitätsfaktor II).

Bei der Entscheidung über das Ergreifen von Aufsichtsmaßnahmen nach § 65 Abs. 1, 2 ist der Behörde **kein Regulierungsermessen** eingeräumt. Insoweit steht der Behörde jedoch sowohl ein Entschließungs- als auch ein Auswahlermessen zu (Elspas/Graßmann/Rasbach/*Elspas/Heinichen* EnWG § 65 Rn. 19; BerlKomm-EnergieR/*Wende* EnWG § 65 Rn. 24). Bei der Ausübung ihres Ermessens hat sich die Regulierungsbehörde insbesondere an den Zielen des § 1 zu orientieren (OLG Düsseldorf Beschl. v. 12.12.2012 – VI-3 Kart 137/12 (V), BeckRS 2013, 7754). Grundsätzlich steht ihr allerdings ein weites Ermessen bei der Entscheidung zu, ob und gegebenenfalls welche Maßnahmen sie ergreift (BGH Beschl. v. 3.6.2014 – EnVR 10/13, NVwZ 2014, 1600 Rn. 15). Gem. Abs. 1 Satz 2 müssen die vorgeschriebenen Maßnahmen gegenüber der festgestellten Zuwiderhandlung verhältnismäßig und für eine wirksame Abstellung der Zuwiderhandlung erforderlich sein. Die als Teil der Verhältnismäßigkeitsprüfung ohnehin vorzunehmende Prüfung der Erforderlichkeit wird in der Norm gesondert genannt und dabei wird der Prüfungsmaßstab leicht verschoben: Das mildere Mittel muss demnach auch dann gewählt werden, wenn es zwar nicht gleich effektiv ist, aber jedenfalls eine wirksame Abstellung der Zuwiderhandlung bewirkt. Eine Maßnahme ist zudem nur dann verhältnismäßig, wenn die gesetzte Frist angemessen ist. Allein der pauschale Hinweis auf notwendige konzerninterne Gremiumsbeschlüsse genügt nicht, um eine Frist als unverhältnismäßig kurz erscheinen zu lassen (OLG Düsseldorf Beschl. v. 20.1.2016 – VI-3 Kart 143/14 (V), BeckRS 2016, 6656). Die Entscheidung der Regulierungsbehörde ist gerichtlich nur auf einen möglichen Ermessensfehlgebrauch, eine Ermessensüberschreitung und einen Ermessensnichtgebrauch überprüfbar. Weitere Einschränkungen des Ermessensspielraums der Regulierungsbehörde, etwa dahingehend, dass ein besonderes öffentliches Interesse am Erlass der Verfügung gefordert wird, bestehen nicht (BGH Beschl. v. 3.6.2014 – EnVR 10/13, NVwZ 2014, 1600 Rn. 16; *Schreiber* N&R 2015, 83 (93)).

II. Nichtdurchführung einer Investition (Abs. 2a)

Abs. 2a enthält eine spezielle Regelung zu den Abs. 1 und 2 und betrifft den Fall, dass ein Transportnetzbetreiber seiner Pflicht aus dem jeweiligen Netzentwicklungsplan zur Durchführung einer Investition nicht nachgekommen ist. Die Regelung dient der Umsetzung von Art. 22 Abs. 7 Elt-RL 09 und Gas-RL 09 und wurde mit Wirkung zum 4.8.2011 eingefügt (NK-EnWG/*Turiaux* § 65 Rn. 25). Dass die Vorschrift in den achten Teil des EnWG eingefügt wurde, erscheint mit Blick darauf, dass die Voraussetzungen für die Investitionspflichten im dritten Teil des EnWG geregelt sind, systemfremd. Der Systematik des Gesetzes folgend wäre die Einfügung der Regelung im dritten Teil passender gewesen.

Um auf den Pflichtverstoß zu reagieren, sieht das Gesetz drei Maßnahmen vor. Zunächst kann die Behörde gemäß Satz 1 den Transportnetzbetreiber unter Setzung einer **Frist zur Durchführung** der Investition auffordern. Läuft diese fruchtlos ab, hat die Behörde nach S. 2 die Wahl zwischen zwei möglichen Maßnahmen. Zum einen kann sie den Transportnetzbetreiber zur Durchführung eines **Ausschreibungsverfahrens** verpflichten; dies stellt eine Form der Ersatzvornahme dar (*Glaser* DVBl. 2012, 1283 (1286); *Kment* ZVglRWiss 2013, 123 (133); NK-EnWG/*Turiaux* § 65 Rn. 31). Zum anderen steht ihr die Möglichkeit zu, den Transportnetzbetreiber dazu zu verpflichten, eine **Kapitalerhöhung** im Hinblick

§ 65

auf die Finanzierung der notwendigen Investitionen durchzuführen und so unabhängigen Investoren eine Kapitalbeteiligung zu ermöglichen. Die letztere Handlungsoption wurde durch die EnWG-Novelle 2021 zusätzlich aufgenommen.

20 **1. Adressaten.** Adressaten der Maßnahmen nach Abs. 2a sind die **Transportnetzbetreiber,** die eine Investition nicht fristgerecht durchgeführt haben, zu deren Durchführung sie durch den Netzentwicklungsplan verpflichtet sind. Transportnetzbetreiber sind nach § 3 Nr. 31c Betreiber eines Elektrizitätsübertragungsnetzes oder eines Gasfernleitungsnetzes. Welcher Transportnetzbetreiber zur Durchführung einer Investition verpflichtet ist, ergibt sich aus dem jeweiligen Netzentwicklungsplan. Der Netzentwicklungsplan wird gem. § 12b von den Betreibern der Übertragungsnetze bzw. gem. § 15a Abs. 1 von den Betreibern der Fernleitungsnetze der Regulierungsbehörde vorgelegt. Gem. § 12c Abs. 4 S. 1 bestätigt die Regulierungsbehörde den vorgelegten Netzentwicklungsplan. Ihr steht gem. § 12c Abs. 8 bzw. § 15a Abs. 3 S. 6 die Befugnis zu, zu bestimmen, welcher Betreiber für die Durchführung der im Netzentwicklungsplan enthaltenen Maßnahmen verantwortlich ist.

21 **2. Aufforderung zur Durchführung unter Fristsetzung.** Die Regulierungsbehörde fordert den Transportnetzbetreiber zur Durchführung der Investition drei Jahre nach Eintritt der Verbindlichkeiten nur dann auf, wenn die Investition unter Zugrundelegung des jüngsten Netzentwicklungsplans **noch relevant** ist und die Durchführung der Investition nicht aus zwingenden Gründen unterblieben ist. Im Falle des Vorliegens dieser beiden Voraussetzungen kommt der Behörde bezüglich des „Ob" der Aufforderung kein Ermessen zu (Baur/Salje/Schmidt-Preuß/ *Schütte* Kap. 108 Rn. 45; Elspas/Graßmann/Rasbach/*Elspas/Heinichen* EnWG § 65 Rn. 32). Weiterhin muss die Behörde die Aufforderung mit einer Frist zur Durchführung verbinden. Die **Angemessenheit einer Frist** bestimmt sich hierbei danach, wie viel Zeit ein idealtypischer Netzbetreiber für die Durchführung der jeweiligen Investition benötigen würde; auf die individuellen Gegebenheiten eines Unternehmens kommt es mithin nicht an. Wird eine unangemessen kurze Frist gesetzt, liegt es nahe, die Anordnung insgesamt als rechtswidrig anzusehen (Rosin/ Pohlmann/Gentzsch/Metzenthin/Böwing/*Bachert* EnWG § 65 Rn. 56 f.). Allerdings muss gesehen werden, dass aufgrund der Voraussetzung des Ablaufs von drei Jahren seit Eintritt der Verbindlichkeiten regelmäßig auch kurze Fristen verhältnismäßig sind. Unter praktischen Gesichtspunkten ist indes nicht ganz klar, ob die Investitionen überhaupt noch sinnvoll wäre, wenn zunächst drei Jahre nichts oder nicht genug unternommen wurde.

22 **3. Zwingende Gründe.** Die Aufforderung zur Durchführung der Investition nimmt die Behörde nur dann vor, wenn die Investition aus anderen als zwingenden, vom Transportnetzbetreiber nicht zu beeinflussenden Gründen unterblieben ist. Die Regelung, dass der Transportnetzbetreiber dann nicht zur Durchführung der Investition aufgefordert wird, wenn die Investition aus zwingenden Gründen unterblieben ist, ist Ausdruck des allgemeinen Rechtsgrundsatzes „ultra posse nemo obligatur". Das Vorliegen solcher zwingenden Gründe kann nur in Ausnahmefällen bejaht werden. Umstände, auf die das Unternehmen einen gewissen Einfluss hat, etwa unternehmensinterne Hindernisse oder Finanzierungsschwierigkeiten, reichen nicht aus (NK-EnWG/*Turiaux* § 65 Rn. 29), vielmehr muss die Durchführung der Investition aufgrund der gegebenen Umstände objektiv unmöglich sein (Rosin/Pohlmann/Gentzsch/Metzenthin/Böwing/*Bachert* EnWG § 65 Rn. 54).

In Betracht kommen etwa rechtliche Hindernisse wie **Klagen Dritter** (NK-EnWG/*Turiaux* § 65 Rn. 29). Während zum Teil die Gefährdung der wirtschaftlichen Existenz im Falle der Investitionsdurchführung als zwingender Grund angeführt wird (NK-EnWG/*Turiaux* § 65 Rn. 29; *Kment* ZVglRWiss 2013, 123 (135)), ist vielmehr schon die **wirtschaftliche Unzumutbarkeit** der Investitionsdurchführung ausreichend (*Richter/Schulze* NVwZ 2014, 835 (836)). Dies ergibt sich aus einem Umkehrschluss aus § 11 Abs. 1 S. 1, der die Netzausbaupflicht der Betreiber von Energieversorgungsnetzen unter den Vorbehalt der wirtschaftlichen Unzumutbarkeit stellt. Ist der Ausbau des Netzes wirtschaftlich unzumutbar, besteht mithin schon gar keine Ausbaupflicht, deren Erfüllung nach Abs. 2a durchgesetzt werden könnte. Darüber hinaus ist denkbar, dass der Transportnetzbetreiber eine sachgerechte unternehmerische Entscheidung gegen den Ausbau getroffen hat, die aber aus verfahrenstechnischen Gründen noch keinen Eingang in den (zweijährig aktualisierten) Netzentwicklungsplan gefunden hat. Hier kann die BNetzA mit Augenmaß vorgehen und die Sache prüfen, obwohl es sich um eine gebundene Entscheidung handelt, denn sowohl die zwingenden Gründe als auch die nötige Relevanz unter dem Netzentwicklungsplan lassen hier einen gewissen Spielraum zu.

4. Handlungsoptionen nach S. 2. Wurde die Investition bis zum Ablauf der 23 gesetzten Frist nicht vollständig durchgeführt (Elspas/Graßmann/Rasbach/*Elspas/Heinichen* EnWG § 65 Rn. 33), stehen der Regulierungsbehörde zwei konkrete Reaktionsmöglichkeiten zur Verfügung. Darin liegt eine Erweiterung ihres Handlungsspielraums, weil sie ansonsten die Investitionspflicht nur über den allgemeinen Verwaltungszwang durchsetzen oder Maßnahmen nach § 65 Abs. 1, 2 ergreifen könnte, um die Ausbaupflicht aus § 11 Abs. 1 S. 1 durchzusetzen. Diese Maßnahmen unterliegen aber naturgemäß insbesondere dem Verhältnismäßigkeitsgrundsatz. Nach § 65 Abs. 2a kann die Regulierungsbehörde jedoch auch ein **Ausschreibungsverfahren** zur Durchführung der betreffenden Investition ausrichten. Da das Ausschreibungsverfahren erst sehr spät ansetzt, kommt ihm in der Praxis allerdings nur eine geringe Relevanz zu. Anstatt die Verpflichtung zur Durchführung eines Ausschreibungsverfahrens auszusprechen, kann die Regulierungsbehörde den Transportnetzbetreiber alternativ verpflichten, eine Kapitalerhöhung im Hinblick auf die Finanzierung der notwendigen Investitionen durchzuführen und so unabhängigen Investoren eine Kapitalbeteiligung zu ermöglichen. Die Entscheidung darüber, ob die Behörde eine Maßnahme nach Satz 2 ergreift, steht in ihrem pflichtgemäßen Ermessen. Nach der Gesetzesbegründung ist insbesondere zu beachten, ob die Investition bereits begonnen wurde und wieweit diese fortgeschritten ist (BT-Drs. 19/27453, 136).

Nähere Bestimmungen zum Ausschreibungsverfahren sind durch Festlegung 24 nach § 29 Abs. 1 zu treffen. Die BNetzA hat bei der Ausgestaltung des Ausschreibungsverfahrens einen weiten Spielraum. Andere Regelungen zu Ausschreibungsverfahren, etwa § 53 oder die einschlägigen Vorschriften im EEG und WindSeeG, können als Orientierungshilfe dienen. Die Fragen, wer die Kosten der Investitionsdurchführung zu tragen hat und die spätere Anlage betreiben muss, lassen sich mit Blick auf den Charakter des Ausschreibungsverfahrens als Ersatzvornahme beantworten (Elspas/Graßmann/Rasbach/*Elspas/Heinichen* EnWG § 65 Rn. 34; anderer Ansatz NK-EnWG/*Turiaux* § 65 Rn. 32). Die Ersatzvornahme ist gemäß § 10 VwVfG die Vornahme einer vertretbaren Handlung auf Kosten des Pflichtigen, sodass der ursprünglich verpflichtete Transportnetzbetreiber die **Kosten** der Investitionsdurchführung zu tragen hat. Der ursprünglich verpflichtete Transportnetzbetreiber entspricht dabei dem Adressaten der Maßnahme (→ Rn. 20). Dieser hat die Anlage mit Blick auf die Vorgabe der preisgünstigen Energieversorgung nach § 1 auch zu betreiben. Der Transportnetzbetreiber kann die Anlage kostengünstiger betreiben als derjenige, der die Anlage letztlich errichtet hat, da er das Netz in das von ihm bereits betriebene Transportnetz einbinden kann. (Elspas/Graßmann/Rasbach/*Elspas*/*Heinichen* EnWG § 65 Rn. 34). Die Kosten der Investitionsdurchführung hat somit derjenige zu tragen, der das Betriebsmittel betreibt und den Betrieb über Netzentgelte refinanziert.

25 Entscheidet die Behörde sich dazu, den Transportnetzbetreiber zur Durchführung einer **Kapitalerhöhung** zu verpflichten, trifft diese Pflicht unmittelbar den Transportnetzbetreiber. Gleichzeitig werden nach Vorstellung des Gesetzgebers die Gesellschafter des Transportnetzbetreibers mittelbar verpflichtet, der Kapitalerhöhung zuzustimmen (BT-Drs. 19/27453, 136). Es handelt sich dann insoweit um spezielles Gesellschaftsrecht, das die allgemeinen Vorgaben (AktG, GmbHG) verdrängt, wie dies bereits zB bei den Vorgaben der §§ 10ff. zum unabhängigen Transportnetzbetreiber der Fall ist. Konkret dürfte es sich allerdings nicht um eine Verpflichtung der Gesellschafter handeln, die diesen gegenüber behördlich durchgesetzt werden könnte. Rechtlich bedeutet es vielmehr, dass die Versagung der Zustimmung durch die Gesellschafterversammlung dazu führt, dass der Transportnetzbetreiber einen Gesetzesverstoß begehen würde, woraufhin die BNetzA entsprechende Maßnahmen des Verwaltungszwangs ergreifen könnte. Mit Blick auf unabhängige Transportnetzbetreiber ist dabei allerdings zu berücksichtigen, dass diese ohnehin schon gem. § 10b Abs. 1 S. 2 im Verhältnis zu ihren Gesellschaftern die Befugnis haben, sich Finanzmittel (auch) durch Kapitalerhöhung zu beschaffen (→ § 10b Rn. 3). Der Mehrwert der Neuregelung liegt daher vor allem darin, dass die BNetzA eine gegenüber allen Transportnetzbetreibern geltende ausdrückliche Rechtsgrundlage hat, eine derartige, sehr in die unternehmerische Entscheidungsfreiheit eingreifende Maßnahme anzuordnen. Die Mittel, die der Transportnetzbetreiber durch die Kapitalerhöhung zusätzlich erhält, sollen die Durchführung der Investition sicherstellen und sind zu Erreichung dieses Zwecks zu verwenden.

III. Feststellungsbefugnis (Abs. 3)

26 § 65 Abs. 3 gibt der Behörde die Befugnis zur nachträglichen Feststellung einer Zuwiderhandlung an die Hand. Eine wortgleiche Regelung findet sich seit der EnWG-Novelle 2021 nun auch in § 30 Abs. 3 (→ § 30 Rn. 52). Voraussetzung ist das Bestehen eines berechtigten Interesses, welches insbesondere bei Annahme einer **Wiederholungsgefahr** gegeben ist (so die amtliche Begründung zu § 32 Abs. 3 GWB, BT-Drs. 15/3640, 51). Ebenso ist ein solches im Falle einer **unsicheren Rechtslage** oder der Berührung von **Verbraucherinteressen** in besonderem Umfang zu bejahen (*Salje* EnWG § 65 Rn. 25). Denkbar ist auch, dass zukünftige **Schadensersatzansprüche** Privater gegen den Adressaten der Feststellung, deren Geltendmachung durch die Feststellung ermöglicht werden würde, ein berechtigtes Interesse begründen (Elspas/Graßmann/Rasbach/*Elspas*/*Heinichen* EnWG § 65 Rn. 38). Zwar wurde im Anwendungsbereich des EnWG mit § 33 der Behörde die Befugnis eingeräumt, einen erlangten wirtschaftlichen Vorteil beim Schädiger abzuschöpfen. Zur Erreichung dieses Ziels bedarf es mithin keines Schadensersatzprozesses und ein berechtigtes Interesse an einer Feststellung nach § 65 Abs. 3 ist so nicht ohne weiteres zu begründen. Es kommt allerdings bei Verfahren nach § 65 durchaus im Einzelfall aus prozessökonomischen Gründen in Betracht, zB wenn das Aufsichtsverfahren bereits bis zur Entscheidungsreife vorangeschritten war, als sich der Gegenstand erledigte. Darin liegt auch keine Verwischung der gesetzlich festgelegten Zuständigkeiten (so aber BNetzA Beschl. v. 15.1.2008 – BK8-06-029). In dem Aufsichtsverfahren würde lediglich eines der zahlreichen Tatbestandsmerkmale eines Schadensersatzanspruches geklärt, und zwar durch die zuständige Fachbehörde. Die originär zivilrechtlichen Themen (Verschulden, Schaden, Kausalität etc) blieben den Zivilgerichten vorbehalten, soweit nicht das EnWG selbst wie in § 17e den Schadensersatzanspruch regelt und dieser damit in die behördliche Zuständigkeit fällt.

Grundsätzlich dient § 65 Abs. 3 der Feststellung bereits beendeter Zuwiderhandlungen. Die BNetzA hat aber bereits auch noch andauernde Verstöße gegen Bestimmungen des EnWG festgestellt und zugleich weitere Maßnahmen nach den Abs. 1 und 2 angeordnet (OLG Düsseldorf Beschl. v. 20.1.2016 – VI-3 Kart 143/14 (V), Beck RS 2016, 6656). Die Pflicht zum Nachweis eines Pflichtenverstoßes obliegt der Regierungsbehörde (OLG Düsseldorf Beschl. v. 1.9.2021 – 3 Kart 209/20 (V), BeckRS 2021, 40019). 27

IV. Verhältnis zur besonderen Missbrauchsaufsicht (Abs. 4)

Abs. 4 stellt klar, dass die Regelungen der besonderen Missbrauchsaufsicht gem. § 30 Abs. 2 unberührt bleiben. Da § 30 Abs. 2 lex specialis gegenüber der allgemeinen Ermächtigung in § 65 ist und somit ohnehin nicht von dieser verdrängt werden kann, hätte es der Klarstellung durch Abs. 4 nicht bedurft. 28

Fraglich ist, ob die spezielle Regelung in § 30 Abs. 2 einen Rückgriff auf § 65 verhindert (so in Bezug auf § 65 Abs. 1 und 2 *Loibl/Becker* ET 8/2006, 54 (56); aA *Antweiler/Nieberding* NJW 2005, 3673 (3674); Elspas/Graßmann/Rasbach/*Elspas/ Heinichen* EnWG § 65 Rn. 41). Obwohl die Schaffung eines speziellen Tatbestandes für einen regelmäßigen Vorrang von § 30 Abs. 2 bei Vorliegen eines Missbrauchstatbestandes spricht (BerlKommEnergieR/*Wende* EnWG § 65 Rn 35; Theobald/ Kühling/*Theobald/Werk* EnWG § 65 Rn. 38, die ein Vorgehen nach § 30 Abs. 2 in der Regel für die einzig ermessensfehlerfreie Maßnahme halten), so ist eine generelle Subsidiarität des § 65 abzulehnen. Gegen eine solche spricht auch, dass in § 30 ursprünglich keine nachträgliche Feststellung des Missbrauchs geregelt war und mit der EnWG-Novelle 2021 extra ergänzt wurde. 29

V. Entsprechende Anwendung (Abs. 5)

Abs. 5 ordnet die entsprechende Anwendung der Abs. 1 und 2 sowie der §§ 68, 69 und 71 auf die Tätigkeiten der nach Landesrecht zuständigen Behörde an, falls diese für die Überwachung der Einhaltung der Vorschriften des EnWG zuständig sind und keine leges speciales über Aufsichtsmaßnahmen einschlägig sind. Die Vorschrift erfasst dabei nur Nichtregulierungsbehörden und gilt mithin nicht für Landesregulierungsbehörden (NK-EnWG/*Turiaux* § 65 Rn. 37). § 65 Abs. 1, 2 ermächtigen lediglich die Regulierungsbehörden zur Vornahme der genannten Maßnahmen, es nehmen aber nicht nur Regulierungsbehörden Aufgaben nach dem EnWG wahr, sondern auch andere nach Landesrecht zuständige Behörden (Elspas/Graßmann/Rasbach/*Elspas/Heinichen* EnWG § 65 Rn. 43). Durch die im Zuge der EnWG-Novelle 2011 eingefügte Vorschrift wurde die Zuständigkeit der Landesbehörden bei Verstößen gegen die EnWG Vorschriften klargestellt, für deren 30

Überwachung die Landesbehörden zuständig sind (BT-Drs. 17/6248, 18; Theobald/Kühling/ *Theobald/Werk* EnWG § 65 Rn. 40).

VI. Maßnahmen nach der REMIT-Verordnung (Abs. 6)

31 Durch Abs. 6 wird die BNetzA zum Ergreifen von Maßnahmen nach den Abs. 1–3 gegen Personen, die gegen die REMIT-VO verstoßen, ermächtigt. Die REMIT-VO zielt darauf ab, Insiderhandel und Marktmanipulation auf den europäischen Energiegroßhandelsmärkten zu bekämpfen. Gem. § 56 Abs. 1 S. 1 Nr. 4 nimmt die BNetzA die Aufgaben nach der REMIT-VO wahr, wobei ihr nach S. 2 zur Erfüllung dieser Aufgabe die Befugnisse zustehen, die sie bei Anwendung des EnWG hat. Sie ist mithin bereits nach § 56 Abs. 1 Nr. 4 befugt, Maßnahmen nach den Abs. 1–3 gegen Unternehmen und Vereinigungen von Unternehmen zu ergreifen. Gem. Abs. 6 kann die BNetzA die Maßnahmen auch gegenüber „Personen" ergreifen. Abs. 6 stellt insofern eine Erweiterung der behördlichen Befugnisse dar, als dass die BNetzA die entsprechenden Maßnahmen auch gegenüber natürlichen Personen erlassen darf (so auch BT-Drs. 17/10060, 33; Elspas/Graßmann/Rasbach/ *Elspas/Heinichen* EnWG § 65 Rn. 48; aA *Bachert* RdE 2014, 361 (362); Rosin/Pohlmann/Gentzsch/Metzenthin/Böwing/*Bachert* EnWG § 65 Rn. 77).

C. Rechtsschutz

32 Gegen die behördlichen Maßnahmen nach § 65 Abs. 1–3 kann die Beschwerde nach § 75 Abs. 1 S. 1 erhoben werden (BerlKommEnergieR/*Wende* EnWG § 65 Rn. 32). Gem. § 76 Abs. 1 hat die Beschwerde nur dann eine aufschiebende Wirkung, wenn eine Entscheidung zur Durchsetzung der Verpflichtungen nach §§ 7–7b und 8–10d angefochten wird.

§ 66 Einleitung des Verfahrens, Beteiligte

(1) **Die Regulierungsbehörde leitet ein Verfahren von Amts wegen oder auf Antrag ein.**

(2) **An dem Verfahren vor der Regulierungsbehörde sind beteiligt,**
1. **wer die Einleitung eines Verfahrens beantragt hat,**
2. **natürliche und juristische Personen, gegen die sich das Verfahren richtet,**
3. **Personen und Personenvereinigungen, deren Interessen durch die Entscheidung erheblich berührt werden und die die Regulierungsbehörde auf ihren Antrag zu dem Verfahren beigeladen hat, wobei Interessen der Verbraucherzentralen und anderer Verbraucherverbände, die mit öffentlichen Mitteln gefördert werden, auch dann erheblich berührt werden, wenn sich die Entscheidung auf eine Vielzahl von Verbrauchern auswirkt und dadurch die Interessen der Verbraucher insgesamt erheblich berührt werden.**

(3) **An Verfahren vor den nach Landesrecht zuständigen Behörden ist auch die Regulierungsbehörde beteiligt.**

Einleitung des Verfahrens, Beteiligte **§ 66**

Übersicht

	Rn.
A. Allgemeines	1
I. Inhalt	1
II. Zweck	2
B. Einzelerläuterungen	4
I. Verfahrenseinleitung (Abs. 1)	4
1. Antragsverfahren	5
2. Verfahren von Amts wegen	7
3. Bedeutung der Verfahrenseinleitung und Mitteilungspflicht	8
II. Beteiligte (Abs. 2)	10
1. Antragsteller (Abs. 2 Nr. 1)	12
2. Verfahrensgegner (Abs. 2 Nr. 2)	13
3. Beigeladene (Abs. 2 Nr. 3)	17
III. Beteiligung der Regulierungsbehörde (Abs. 3)	25
C. Rechtsschutz	26

Literatur: *Bechtold/Bosch* (Hrsg.), GWB, 10. Aufl. 2021 (zit. Bechtold/Bosch/*Bearbeiter*); *Brändle*, Wettbewerbsbehinderung durch die BNetzA? Zur personalen Reichweite von GPKE und GeLi Gas sowie zur geplanten Festlegung eines Netznutzungsvertrages durch die BNetzA, VersorgW 2014, 65; *Geppert/Schütz* (Hrsg.), Beck'scher TKG-Kommentar, 4. Aufl. 2013 (zit. Geppert/Schütz/*Bearbeiter*); *Grüneberg,* Zur Zulässigkeit der zivilrechtlichen Billigkeitskontrolle von regulierten Entgelten nach § 315 BGB, ZHR 2020, 253; *Jaeger/Kokott/Pohlmann/Schroeder* (Hrsg.), Frankfurter Kommentar zum Kartellrecht, 101. EL 2021 (zit. FK-KartellR/*Bearbeiter*); *Kühling/Hermeier*, Die Rechtsprechung im Regulierungsgefüge des EnWG 2005, N&R 2007, 146; *Manssen* (Hrsg.), Telekommunikations- und Multimediarecht, 2018 (zit. Manssen Telekommunikations- und MultimediaR/*Bearbeiter*); *Rosin/Pohlmann/Gentzsch/Metzenthin/Böwing* (Hrsg.), Praxiskommentar zum EnWG, Bd. 2, 10. EL 12/2019 (zit. Rosin/Pohlmann/Gentzsch/Metzenthin/Böwing/*Bearbeiter*); *Säcker* (Hrsg.), Berliner Kommentar zum Telekommunikationsgesetz, 2. Aufl. 2009 (zit. BerlKommTKG/*Bearbeiter*); *Scheurle/Mayen* (Hrsg.), TKG, 3. Aufl. 2018; *Schoch/Schneider* (Hrsg.), Verwaltungsrecht, 42. EL 2.2022 (zit. Schoch/Schneider/*Bearbeiter*); *Schreiber,* Das Energiewirtschaftsrecht im Jahr 2015, N&R 2016, 77.

A. Allgemeines

I. Inhalt

§ 66 trifft nähere Regelungen bezüglich der formellen Ausgestaltung des ener- **1** gierechtlichen Verwaltungsverfahren. Während Abs. 1 die Art der Verfahrenseinleitung (auf Antrag oder von Amts wegen) betrifft, haben die Abs. 2 und 3 die Beteiligung am Verfahren zum Gegenstand. Gem. Abs. 2 sind der Antragsteller, die Verfahrensgegner und die Beigeladenen an dem Verfahren beteiligt. Abs. 3 stellt klar, dass an den Verfahren vor den nach Landesrecht zuständigen Behörden die Regulierungsbehörde beteiligt ist.

II. Zweck

§ 66 entspricht in angepasster Form § 213 TKG (ehem. § 134 TKG) und § 54 **2** GWB (BT-Drs. 15/3917, 70). Neben diesen Normen sind insbesondere auch die

Vorschriften in § 13 VwVfG (Beteiligte) und § 22 VwVfG (Beginn des Verfahrens) für die Auslegung des § 66 von Relevanz.

3 Die Norm stellt klare Regelungen auf, wer an dem Verfahren vor der Regulierungsbehörde beteiligt ist. Die Stellung als Beteiligte ist von hoher Bedeutung, denn damit gehen die **Verfahrensrechte** im Verwaltungsverfahren einher, etwa das Akteneinsichtsrecht oder das Recht, Anträge zum Verfahren oder zur Sache zu stellen (BerlKommEnergieR/*Wende* EnWG § 66 Rn. 7). Dies wiederum wirkt sich auf die **Rechtsschutzmöglichkeiten** (→ Rn. 26 ff.) sowie die Bindungswirkung von Gerichtsentscheidungen über die behördliche Entscheidung aus. Klare Vorgaben, welche Personen am Verwaltungsverfahren beteiligt sind, sind daher unabdingbar.

B. Einzelerläuterungen

I. Verfahrenseinleitung (Abs. 1)

4 Gem. Abs. 1 kann das energierechtliche Verwaltungsverfahren **auf Antrag oder von Amts wegen** eingeleitet werden. Der Begriff des energierechtlichen Verwaltungsverfahrens beschreibt dabei jede nach außen wirkende Tätigkeit der Regulierungsbehörde, die auf die Prüfung der gesetzlichen Voraussetzungen, die Vorbereitung und den Erlass einer regulierungsbehördlichen Entscheidung, eines Realaktes oder den Abschluss eines öffentlich-rechtlichen Vertrags gerichtet ist (Elspas/Graßmann/Rasbach/*Elspas/Heinichen* EnWG § 66 Rn. 5). In der Regel ist **im Gesetz ausdrücklich geregelt**, ob das Verfahren auf einen Antrag hin oder von Amts wegen eingeleitet werden soll. Eine solche Regelung findet sich etwa in § 31 Abs. 1 für ein Antragsverfahren und in § 2 ARegV für ein von Amts wegen einzuleitendes Verfahren. Falls eine solche ausdrückliche Regelung im Gesetz fehlt, ist die Zielrichtung der Regelung maßgeblich für die Bestimmung, ob es sich um ein Antrags- oder Amtsverfahren handelt: Soll das Verfahren primär den Interessen des Einzelnen dienen, ist von einem Antragsverfahren auszugehen, während ein Amtsverfahren anzunehmen ist, wenn mit dem Verfahren hauptsächlich öffentliche Interessen verfolgt werden sollen (Kopp/Ramsauer/*Ramsauer* VwVfG § 22 Rn. 27).

5 **1. Antragsverfahren.** Die **Anforderungen an einen Antrag** lassen sich entweder der einschlägigen materiellen Vorschrift oder – falls diese keine Vorgaben enthalten – § 22 VwVfG entnehmen. Uneinigkeit besteht darüber, ob es auch bei einem Antragsverfahren zur Einleitung des Verfahrens einer Einleitungshandlung der Behörde bedarf (so Elspas/Graßmann/Rasbach/*Elspas/Heinichen* EnWG § 66 Rn. 7; Scheurle/Mayen/*Mayen* TKG § 134 Rn. 22; Immenga/Mestmäcker/*Bach* GWB § 54 Rn. 2 (4)) oder ob es vielmehr ausreicht, wenn ein entsprechender Antrag bei der Behörde eingegangen ist (so BerlKommEnergieR/*Wende* EnWG § 66 Rn. 6; Theobald/Kühling/*Theobald/Werk* EnWG § 66 Rn. 14; Langen/Bunte/*Schneider* GWB § 54 Rn. 9). Im Hinblick auf den insoweit klaren Wortlaut der Norm bedarf es zur Einleitung des Verfahrens einer Einleitungshandlung der Behörde: In Abs. 1 ist als Handelnder für die Einleitung allein die Regulierungsbehörde genannt, während in Abs. 2 der Antragsteller als jemand, der die Einleitung beantragt hat und nicht als der ein Verfahren mit dem Antrag selbst Einleitende bezeichnet wird.

6 Von der Notwendigkeit einer Einleitungshandlung zu unterscheiden ist die Frage, inwiefern der Behörde ein **Ermessen** bezüglich der Einleitung eines

Antragsverfahrens zukommt. Diesbezüglich muss differenziert werden: Verfügt der Antragsteller über ein gesetzlich vorgesehenes, formelles Antragsrecht, hat die Behörde keinen Ermessensspielraum und ist verpflichtet, das Verfahren einzuleiten. Nach pflichtgemäßem Ermessen entscheidet die Behörde allerdings dann, wenn das Gesetz kein Antragsrecht regelt, ein Antrag auf Verfahrenseinleitung aber dennoch gestellt wird (Elspas/Graßmann/Rasbach/*Elspas/Heinichen* EnWG § 66 Rn. 7f.). Gem. § 22 S. 2 Nr. 2 VwVfG darf ein Verfahren jedoch dann nicht eingeleitet werden, wenn die Behörde nur auf Antrag tätig werden darf und ein solcher nicht vorliegt.

2. Verfahren von Amts wegen. In einem Verfahren von Amts wegen entscheidet die Behörde grundsätzlich nach pflichtgemäßem Ermessen darüber, ob sie ein Verfahren einleitet (BerlKommEnergieR/*Wende* EnWG § 66 Rn. 5; Bechtold/ Bosch/*Bechtold/Bosch* GWB § 54 Rn. 2). Ihr steht mithin grundsätzlich ein **Entschließungsermessen** zu. Eine Pflicht zur Verfahrenseinleitung kann jedoch in den Fällen einer Ermessensreduzierung auf null gegeben sein (vgl. etwa OVG Münster Beschl. v. 4.10.2001 – 13 A 5146/00, NVwZ 2002, 228; Rosin/Pohlmann/Gentzsch/Metzenthin/Böwing/*Bachert/Elspaß* EnWG § 66 Rn. 8; Elspas/ Graßmann/Rasbach/*Elspas/Heinichen* EnWG § 66 Rn. 6). Weiterhin kann die Behörde auch gesetzlich verpflichtet sein, ein Verfahren von Amts wegen einzuleiten. Eine solche Pflicht besteht etwa im Rahmen des Verfahrens zur Bestimmung der Erlösobergrenzen gem. § 2 ARegV, das die Behörde einleiten muss. Eingeleitet ist das Amtsverfahren mit der ersten Maßnahme, die Außenwirkung entfaltet (Elspas/Graßmann/Rasbach/*Elspas/Heinichen* EnWG § 66 Rn. 6; Bechtold/ Bosch/*Bechtold/Bosch* GWB § 54 Rn. 2). 7

3. Bedeutung der Verfahrenseinleitung und Mitteilungspflicht. Die Verfahrenseinleitung begründet ein öffentlich-rechtliches Verfahrensverhältnis zwischen der Behörde und den Beteiligten und markiert den Zeitpunkt, ab dem verfahrensbezogene Rechte, etwa das Akteneinsichtsrecht oder das Recht auf rechtliches Gehör, geltend gemacht werden können (Theobald/Kühling/*Theobald/ Werk* EnWG § 66 Rn. 9; Schoch/Schneider/*Rixen* VwVfG § 22 Rn. 15). Mit Blick auf die rechtlichen Konsequenzen der Verfahrenseinleitung muss das Verfahren unabhängig von einer Einleitungshandlung der Behörde spätestens dann als eingeleitet gelten, wenn nach dem Grundsatz eines fairen Verfahrens die Gewährung der Verfahrensrechte sachlich geboten ist (NK-EnWG/*Turiaux* § 66 Rn. 3). 8

Zudem trifft die Behörde die Pflicht, die Einleitung des Verfahrens den notwendig Beizuladenden **mitzuteilen**, damit diese die Möglichkeit erhalten, einen Antrag auf Beiladung zu stellen (BGH Beschl. v. 22.2.2005 – KVZ 20/04, BeckRS 2005, 5449; FK-KartellR/*Bracher* GWB § 54 Rn. 24). Aufgrund ihrer verfahrensrechtlichen Fürsorgepflicht ist die Behörde zudem gehalten, die Einleitung des Verfahrens den nach Abs. 2 Nr. 1 und 2 Beteiligten formlos mitzuteilen. Diese Mitteilung stellt keinen Verwaltungsakt iSd § 35 VwVfG dar (Theobald/Kühling/*Theobald/Werk* EnWG § 66 Rn. 11 f.; aA FK-KartellR/*Bracher* GWB § 54 Rn. 24, der eine solche verfahrensrechtliche Fürsorgepflicht verneint). Im Rahmen der einfachen Beiladung ist die Behörde berechtigt denjenigen, deren Interessen durch die Entscheidung erheblich berührt werden, die Einleitung des Verfahrens mitzuteilen, eine Mitteilungspflicht trifft sie hingegen nicht (BGH Beschl. v. 22.2.2005 – KVZ 20/04, BeckRS 2005, 5449; Loewenheim/Meessen/Riesenkampff/Kersting/Meyer-Lindemann/*Quellmalz* GWB § 54 Rn. 6; BerlKommEnergieR/*Wende* EnWG § 66 Rn. 33) In Fällen, in denen die Behörde aufgrund der dem förmlichen Verfahren 9 vorangegangenen Geschehnissen Kenntnis davon hat, dass eine Person in ihren Interessen berührt ist und sich beteiligen möchte, kann eine Ermessenreduzierung auf null in Betracht kommen.

II. Beteiligte (Abs. 2)

10 Abs. 2 regelt, wer an dem Verfahren vor der Regulierungsbehörde beteiligt ist und entspricht § 54 Abs. 2 GWB. Mit der Beteiligtenstellung gehen weitere Rechte einher (→ Rn. 3), weshalb der Regelung besondere Bedeutung zukommt.

11 An dem Verfahren vor der Regulierungsbehörde sind der Antragsteller (Abs. 2 Nr. 1), natürliche und juristische Personen, gegen die sich das Verfahren richtet (Abs. 2 Nr. 2), und Beigeladene (Abs. 2 Nr. 3). Die Antragsteller und Verfahrensgegner werden auch als „geborene Beteiligte" bezeichnet, da sie ohne eine behördliche Entscheidung bereits am Verfahren beteiligt sind. Demgegenüber müssen die „gekorenen Beteiligten" von der Regulierungsbehörde beigeladen werden, um die Beteiligtenstellung zu erlangen (OLG Düsseldorf Beschl. v. 26.10.2016 – 3 Kart 19/16 (V), BeckRS 2016, 134060; Rosin/Pohlmann/Gentzsch/Metzenthin/Böwing/*Bachert/Elspaß* EnWG § 66 Rn. 16 f.).

12 **1. Antragsteller (Abs. 2 Nr. 1).** Antragsteller iSd Abs. 2 Nr. 1 ist entsprechend dem formellen Antragsbegriff jeder, der ein bestimmtes Tätigwerden der Behörde begehrt und nicht lediglich ein Handeln von Amts wegen anregt (FK-KartellR/ *Bracher* GWB § 54 Rn. 55; *Salje* EnWG § 66 Rn. 8). Weitere Voraussetzungen zur Begründung der Beteiligtenstellung bestehen nicht, sodass es etwa auf eine Zulässigkeit des Antrags oder eine Antragsbefugnis nicht ankommt (BerlKommTKG/ *Gurlit* § 134 Rn. 22; NK-EnWG/*Turiaux* § 66 Rn. 10; aA Theobald/Kühling/ *Theobald/Werk* EnWG § 66 Rn. 33; Elspas/Graßmann/Rasbach/*Elspas/Heinichen* EnWG § 66 Rn. 14, die ein gesetzliches Antragsrecht fordern). Der Antragsteller ist ab dem Zeitpunkt des Zugangs seines Antrags bei der Behörde Verfahrensbeteiligter; auf die Verfahrenseinleitung durch die Behörde kommt es für die Beteiligtenstellung mithin nicht an (Manssen Telekommunikations- und MultimediaR/*Ohlenburg* TKG-2004 § 134 Rn. 13; NK-EnWG/*Turiaux* § 66 Rn. 10, der jedenfalls auch nicht die Verfahrenseinleitung voraussetzt). Im Falle eines bereits eingeleiteten Verfahrens kann derjenige, dem das Gesetz ein Antragsrecht verleiht, sich dem Verfahren anschließen und mit Zugang der Anschlusserklärung bei der Behörde die Beteiligtenstellung erwerben. Wurde von dem Antragsrecht kein Gebrauch gemacht, kann der Antragsberechtigte die Beteiligtenstellung nur durch Beiladung erlangen (Elspas/Graßmann/Rasbach/*Elspas/Heinichen* EnWG § 66 Rn. 15; Theobald/Kühling/*Theobald/Werk* EnWG § 66 Rn. 35).

13 **2. Verfahrensgegner (Abs. 2 Nr. 2).** Verfahrensbeteiligte sind nach Abs. 2 Nr. 2 auch diejenigen, gegen die sich das Verfahren richtet, also die Verfahrensgegner. Verfahrensgegner sind die **potenziellen Adressaten**, dh alle, die durch die Entscheidung, auf deren Erlass das Verfahren gerichtet ist, unmittelbar belastet werden können. Diese sind iSd § 41 Abs. 1 Nr. 1 VwVfG von den von dem Verfahren lediglich Betroffenen abzugrenzen (→ Rn 15). Insbesondere sind die Personen als potenzielle Adressaten anzusehen, denen durch die Entscheidung ein bestimmtes Tun oder Unterlassen auferlegt wird (BGH Beschl. v. 15.4.1986 – KVR 1/85, GRUR 1986, 747; OLG Düsseldorf Beschl. v. 16.1.2019 – 3 Kart 117/15 (V), BeckRS 2019, 1235; FK-KartellR/*Bracher* GWB § 54 Rn. 62). Eine bloße mittelbare Betroffenheit genügt grundsätzlich nicht (BGH Beschl. v. 25.6.1985 – KVR

3/84, GRUR 1986, 180; Theobald/Kühling/ *Theobald/Werk* EnWG § 66 Rn. 37). Laut seinem Wortlaut betrifft § 66 Abs. 2 Nr. 2 nur natürliche und juristische Personen, die Vorschrift ist jedoch analog auch auf rechtsfähige Personengesellschaften anzuwenden (Rosin/Pohlmann/Gentzsch/Metzenthin/Böwing/*Bachert/ Elspaß* EnWG § 66 Rn. 20).

Wann die potenziell belasteten Personen die Beteiligtenstellung erlangen, ist abhängig davon, ob es sich um ein Antrags- oder Amtsverfahren handelt. Wurde ein Antrag auf Einleitung des Verfahrens gestellt, sind die potenziell belasteten Personen diejenigen, gegen die sich der Antrag richtet und mithin schon bei Antragsstellung ermittelbar. Sobald das Verfahren eingeleitet wird, sind diese als Verfahrensbeteiligte anzusehen. Leitet die Behörde hingegen von Amts wegen ein Verfahren ein, steht mitunter bei Verfahrenseinleitung noch nicht fest, wer potenziell belastet ist, da dies abhängig von der Vorstellung der Behörde ist. Die Beteiligtenstellung wird deshalb nicht automatisch mit Verfahrenseinleitung erlangt, sondern erst, wenn die Behörde ernsthaft erwägt, einen Verwaltungsakt an den potenziellen Adressaten zu richten (FK-KartellR/*Bracher* GWB § 54 Rn. 63). 14

Die Ermittlung der potenziellen Adressaten einer Festlegung kann sich mitunter schwierig darstellen, beispielsweise wenn diese auch Regelungswirkung für die Marktgegenseite entfaltet (zB GPKE-Festlegungen, dazu *Brändle* VersorgW 2014, 65). Der **Adressat** einer Festlegung ist in diesen Fällen klar **abzugrenzen** von einem von dem Verfahren lediglich **Betroffenen** iSv § 41 Abs. 1 Nr. 1 VwVfG (OLG Düsseldorf Beschl. v. 16.1.2019 – 3 Kart 117/15 (V), BeckRS 2019, 1235). Derjenige, an den sich die Entscheidung zwar nicht richtet, für den diese aber dennoch rechtsgestaltende Wirkung hat, ist kein potenzieller Adressat der Festlegung. Als Adressaten einer Festlegung kommen die Netzbetreiber oder die sonstigen in der jeweiligen Vorschrift Verpflichteten in Betracht, beispielsweise Lieferanten im Falle von Festlegungen nach § 40 Abs. 7 (BerlKommEnergieR/*Schmidt-Preuß* EnWG § 29 Rn. 35; Elspas/Graßmann/Rasbach/*Schellberg* EnWG § 29 Rn. 7). Die Betroffenheit des Rechts- oder Interessenkreis begründet nicht die Adressatenstellung einer Person, sonst wäre auch das Instrument der notwendigen Beiladung überflüssig. Um am Verfahren beteiligt zu sein, muss die so betroffene Person vielmehr beigeladen werden (→Rn. 17ff.). Dementsprechend sind beispielsweise **Letztverbraucher und Lieferanten** keine Adressaten einer Festlegung, die Netzbetreiber zur Übernahme eines vollständig vorgegebenen Netznutzungsvertrags bzw. Lieferantenrahmenvertrags verpflichtet. Zwar wird durch die Verpflichtung zur Übernahme des Vertrags das Vertragsverhältnis zwischen den Netzbetreibern und den Letztverbrauchern bzw. Lieferanten berührt; Adressaten der Festlegung sind jedoch allein die zur Übernahme des Vertrags verpflichteten Netzbetreiber. Im Sinne der vorzunehmenden Abgrenzung handelt es sich bei den Lieferanten und Letztverbrauchern daher richtigerweise lediglich um Betroffene, die notwendig beizuladen sind (insofern inkonsequent OLG Düsseldorf Beschl. v. 16.1.2019 – 3 Kart 117/15 (V), BeckRS 2019, 1235, das die Letztverbraucher/Lieferanten zwar nicht als Adressaten der Festlegung ansieht, aber gleichwohl als Verfahrensgegner und damit gem. § 66 Abs. 2 Nr. 2 als „geborene" Verfahrensbeteiligte). Die Bejahung der Adressateneigenschaft ist auch nicht etwa aus Rechtsschutzgründen geboten, denn die Lieferanten und Letztverbraucher sind aufgrund der rechtsgestaltenden Wirkung der Festlegung notwendig beizuladen und mithin selbst bei einer unterbliebenen Beiladung beschwerdebefugt (OLG Düsseldorf Beschl. v. 16.1.2019 – 3 Kart 117/15 (V), BeckRS 2019, 1235). Wer potenzieller Adressat einer Festlegung ist, ist stets anhand einer Prüfung des Einzelfalls festzustellen. 15

§ 66 Teil 8. Verfahren

16 Da Festlegungen in der Regel Allgemeinverfügungen iSv § 35 S. 2 VwVfG sind und sich an einen nach allgemeinen Merkmalen bestimmten oder bestimmbaren Personenkreis richten (→ Vor §§ 65 ff. Rn. 4), stellt sich im Hinblick auf die mögliche **Vielzahl an Adressaten** eine Herausforderung unter dem Gesichtspunkt der Verfahrensökonomie. Jeder Adressat der Festlegung ist gem. § 66 Abs. 2 Nr. 2 Beteiligter am Verfahren vor der Regulierungsbehörde. Über den Wortlaut des § 79 Abs. 1 EnWG hinaus ist nach dem Grundsatz der Verfahrenskontinuität dann grundsätzlich auch jeder am gerichtlichen Beschwerdeverfahren beteiligt, der am Verfahren vor der Regulierungsbehörde beteiligt war (BerlKommEnergieR/*Johanns/Roesen* EnWG § 79 Rn. 1; Elspas/Graßmann/Rasbach/*Kalwa/Göge* EnWG § 79 Rn. 3). Aufgrund der daraus resultierenden möglichen Vielzahl an Beteiligten am Beschwerdeverfahren kann das Verfahren unübersichtlich werden und an Effizienz einbüßen. Um dies zu verhindern, beschränkt das OLG Düsseldorf mit Hinweis auf die **Prozessökonomie** die Anzahl der Beteiligten im Beschwerdeverfahren. Im Ergebnis wird die Beteiligung am Gerichtsverfahren daher als Ermessensentscheidung ausgestaltet, auf die kein Anspruch besteht. Die Entscheidung soll dabei von Aspekten wie dem Interesse an der Beteiligung, der anderweitigen Rechtsschutzmöglichkeit, der Zustimmung der Hauptbeteiligten und auch dem organisatorischen Aufwand für das Beschwerdegericht abhängen (OLG Düsseldorf Hinweisbeschl. v. 29.11.2016 – VI-3 Kart 91/16).

17 **3. Beigeladene (Abs. 2 Nr. 3).** Die Beiladung ermöglicht den Erwerb der Beteiligtenstellung und bedarf gem. Abs. 2 Nr. 3 eines Antrags. Letztmöglicher Zeitpunkt, um einen Beiladungsantrag zu stellen, ist der Abschluss des regulierungsbehördlichen Hauptverfahrens (BGH Beschl. v. 7.4.2009 – KVR 58/08, BeckRS 2009, 25970). Bei dem Beiladungsverfahren handelt es sich um ein zum Hauptverfahren akzessorisches Nebenverfahren, an dem alle Beteiligten des Hauptverfahrens zu beteiligen sind. Insbesondere ist den Beteiligten Gelegenheit zur Stellungnahme zu gewähren, bevor die Entscheidung über die Beiladung getroffen wird (Elspas/Graßmann/Rasbach/*Elspas/Heinichen* EnWG § 66 Rn. 27). Obwohl im Gesetzeswortlaut nicht vorgesehen, ist es anerkannt, wie in § 13 Abs. 2 VwVfG zwischen notwendiger und einfacher Beiladung zu unterscheiden (NK-EnWG/*Turiaux* § 66 Rn. 12 f.).

18 **a) Notwendige Beiladung.** Ein Antragsteller, für den der Ausgang des Verfahrens **rechtsgestaltende Wirkung** hat, hat einen Anspruch auf Beiladung und ist mithin notwendig beizuladen (Elspas/Graßmann/Rasbach/*Elspas/Heinichen* EnWG § 66 Rn. 24; *Salje* EnWG § 66 Rn. 15). § 66 Abs. 2 Nr. 3 stellt die spezialgesetzliche Konkretisierung der Hinzuziehung nach § 13 Abs. 1 Nr. 4, Abs. 2 VwVfG dar, der diesen Anspruch ausdrücklich regelt (Scheurle/Mayen/*Mayen* TKG § 134 Rn. 1). Der Behörde kommt damit in diesem Fall kein Ermessen zu (Scheurle/Mayen/*Mayen* TKG § 134 Rn. 42; Elspas/Graßmann/Rasbach/*Elspas/Heinichen* EnWG § 66 Rn. 24; aA OLG Düsseldorf Beschl. v. 23.9.2009 – VI-3 Kart 25/08 (V), BeckRS 2009, 87780, das auf die Konstruktion einer Ermessensreduzierung auf null zurückgreift; Rosin/Pohlmann/Gentzsch/Metzenthin/Böwing/*Bachert/Elspaß* EnWG § 66 Rn. 34). Eine Entscheidung hat dann rechtsgestaltende Wirkung für den Dritten, wenn dieser durch die Entscheidung **unmittelbar in seinen Rechten** berührt wird, beispielsweise wenn durch die Entscheidung unmittelbar regelnd in die bestehende Privatrechtslage eingegriffen wird (BGH Beschl. v. 7.4.2009 – KVR 34/08, NJW-RR 2010, 51; OLG Düsseldorf Beschl. v. 16.1.2019 – 3 Kart 117/15 (V), BeckRS 2019, 1235). Eine unmit-

telbare Betroffenheit liegt insbesondere dann vor, wenn die Entscheidung der Regulierungsbehörde von diesen Personen ein bestimmtes Handeln oder Unterlassen verlangt (OLG Düsseldorf Beschl. v. 24.3.2021 – 3 Kart 2/20 (V), BeckRS 2021, 14760). Die Beantwortung der Frage, ob eine Entscheidung rechtsgestaltende Wirkung für den Dritten hat, ist nicht immer klar und eindeutig zu beantworten. In diesen Fällen ist eine Auslegung der Verwaltungsakte und ihrer Rechtsgrundlagen vorzunehmen.

Verbindliche Festlegungen von einzelnen Bestimmungen des Standardbilanzkreisvertrags entfalten nur für die Netzbetreiber verbindliche Wirkung. Eine unmittelbare Wirkung dieser auch für die Vertragspartner der Netzbetreiber ist deshalb zu verneinen, da die Bestimmungen erst noch von den Netzbetreibern umzusetzen sind (BGH Beschl. v. 5.10.2010 – EnVR 51/09, BeckRS 2010, 284). Ebenso hat auch die **Bestätigung des Szenariorahmens** durch die BNetzA keine unmittelbare rechtsgestaltende Wirkung für die Kraftwerksbetreiber, da es noch der Umsetzung durch die adressierten Fernleitungsnetzbetreiber bedarf (OLG Düsseldorf Beschl. v. 24.3.2021 – 3 Kart 2/20 (V), BeckRS 2021, 14760; OLG Düsseldorf Beschl. v. 16.1.2019 – 3 Kart 117/15 (V), BeckRS 2019, 1235). Kein Anspruch auf Beiladung besteht auch für Versorgungsunternehmen in **Entgeltgenehmigungsverfahren** für vorgelagerte Netze. Die Entgeltgenehmigung legt nur das Höchstentgelt fest und hat keine unmittelbare Auswirkung auf das Vertragsverhältnis, da das zu zahlende Nutzungsentgelt vertraglich zu vereinbaren ist (OLG Düsseldorf Beschl. v. 6.7.2006 – VI-3 Kart. 144–149/06 (V), BeckRS 2006, 11203; Rosin/Pohlmann/Gentzsch/Metzenthin/Böwing/*Bachert/Elspaß* EnWG § 66 Rn. 34). Wird hingegen mit der Festlegung ein Vertrag vorgegeben, der inhaltlich vollständig von den Netzbetreibern und damit auch von den Lieferanten und Netznutzern zu übernehmen ist, ist ein Anspruch der Lieferanten und Netznutzer auf Beiladung zu bejahen. Eine unmittelbare Betroffenheit liegt in diesem Fall insofern vor, als dass die vollständige inhaltliche Anpassung aller Netznutzungsverträge an den Inhalt des **Muster-Netznutzungsvertrags** vorgesehen ist und mithin unmittelbar in die bestehende Privatrechtslage eingegriffen wird. Der Unterschied zu den vorgenannten Fällen besteht vor allem darin, dass in letzterem Fall keine Gestaltungsmöglichkeit für den Netzbetreiber mehr besteht (OLG Düsseldorf Beschl. v. 16.1.2019 – 3 Kart 117/15 (V), BeckRS 2019, 1235). Auch die Festlegung des **Eigenkapitalzinssatzes** hat keine rechtsgestaltende Wirkung für Netznutzer, da diese noch einer Umsetzung bedarf (BGH Beschl. v. 9.7.2019 – EnVR 5/18, EnWZ 2019, 403 – Lichtblick). Konsequenterweise muss danach auch für die Festlegung der **Erlösobergrenzen** weiterhin gelten, dass diese keine unmittelbar rechtsgestaltende Wirkung gegenüber Netznutzern entfalten, weil sie erst noch in Netzentgelte umzusetzen sind. Hier ist allerdings zu berücksichtigen, dass der EuGH die Möglichkeiten der Netznutzer erheblich eingeschränkt hat, sich zivilrechtlich gegen regulierungsbehördlich geprüfte Entgelte mit der Billigkeitskontrolle nach § 315 BGB zu wehren (EuGH Urt. v. 21.11.2019 – C-379/18, NVwZ 2020, 48; Urt. v. 9.11.2017 – C-489/15, EuZW 2018, 74). Mit der **Rechtsschutzgarantie** des Art. 19 Abs. 4 GG wäre es wohl nicht ohne Weiteres zu vereinbaren, bei staatlich regulierten Entgelten sowohl eine verwaltungsrechtliche als auch eine zivilgerichtliche Kontrolle der materiellen Rechtmäßigkeit der Entgelte gegenüber denjenigen zu versagen, die diese zu entrichten haben (*Grüneberg* ZHR 2020, 253 (256)).

§ 66 Teil 8. Verfahren

20 **b) Einfache Beiladung.** Die einfache Beiladung umfasst die Fälle, in denen die Entscheidung zwar keine rechtsgestaltende Wirkung für den Antragsteller entfaltet, seine Interessen aber dennoch erheblich von der Entscheidung berührt werden. Beachtlich ist nicht nur eine Berührung rechtlicher Interessen, vielmehr werden alle Interessen von der Norm erfasst, die im Zusammenhang mit dem Gesetzeszweck des EnWG stehen, so etwa ökologische, soziale oder erhebliche wirtschaftliche Interessen (OLG Düsseldorf Beschl. v. 7.4.2006 – VI-3 Kart 162/06 (V), BeckRS 2006, 6232). Ob die Interessen tatsächlich berührt werden, ist für die Beiladung unbeachtlich; allein die Möglichkeit der Interessenberührung ist für die Beiladung ausreichend (Scheurle/Mayen/*Mayen* TKG § 134 Rn. 38). § 66 Abs. 3 Nr. 3 setzt voraus, dass die Interessen des Antragstellers erheblich berührt werden. Diese Voraussetzung ist dann gegeben, wenn die Interessen von der Entscheidung nicht nur entfernt oder bloß geringfügig betroffen werden (Theobald/Kühling/*Theobald/Werk* EnWG § 66 Rn. 46). Der Erheblichkeit steht es dabei nicht entgegen, wenn die Interessen lediglich mittelbar berührt werden (OLG Düsseldorf Beschl. v. 16.6.2004 – VI-Kart 2/04 (V), BeckRS 2004, 18451; Rosin/Pohlmann/Gentzsch/Metzenthin/Böwing/*Bachert/Elspaß* EnWG § 66 Rn. 25) oder sich das Verwaltungsverfahren auf ein noch in der Planung befindliches Projekt bezieht (OLG Düsseldorf Beschl. v. 18.3.2015 – VI-3 Kart 186/14 (V), BeckRS 2015, 6775; BerlKommEnergieR/*Wende* EnWG § 66 Rn. 19).

21 In Bezug auf Verbraucherverbände, die mit öffentlichen Mitteln gefördert werden, konkretisiert das Gesetz die erhebliche Interessenberührung dahin gehend, dass diese auch vorliegt, wenn sich die Entscheidung auf eine Vielzahl von Verbrauchern auswirkt und dadurch die Interessen der Verbraucher insgesamt berührt werden. Der Fokus wird mithin auf die Verbraucher in ihrer Gesamtheit gelegt, sodass statt einer individuellen Betrachtung des einzelnen Verbrauchers eine kollektive Betrachtung vorzunehmen ist. Die Interessenberührung eines einzelnen Verbrauchers mag nicht erheblich sein, addiert man jedoch die für sich gesehen unerheblichen Interessenberührungen einer Vielzahl von Verbrauchern, kommt eine erhebliche Interessenberührung der Verbraucher insgesamt in Betracht. Eine Vielzahl von Verbrauchern wird zum Teil bei mehreren hundert Verbrauchern angenommen (*Salje* EnWG § 66 Rn. 18). Selbst wenn die Interessen einer Vielzahl von Verbrauchern berührt werden, hat dies jedoch nicht zwangsläufig auch die Interessenberührung der Verbraucher insgesamt zur Konsequenz (Rosin/Pohlmann/Gentzsch/Metzenthin/Böwing/*Bachert/Elspaß* EnWG § 66 Rn. 31), da stets eine Betrachtung des Einzelfalls vorzunehmen ist.

22 Die Behörde entscheidet über den Antrag nach pflichtgemäßem Ermessen (OLG Düsseldorf Beschl. v. 7.4.2006 – VI-3 Kart 162/06 (V), BeckRS 2006, 6232; Scheurle/Mayen/*Mayen* TKG § 134 Rn. 43). Dabei hat sie eine Interessenabwägung zwischen den betroffenen Interessen des Antragstellers und der bisherigen Beteiligten und dem Interesse an einer möglichst umfassenden Sachverhaltsaufklärung sowie der Verfahrensökonomie vorzunehmen (BerlKommEnergieR/*Wende* EnWG § 66 Rn. 27). Bei der Entscheidung steht der Behörde ein weites Ermessen zu (OLG Düsseldorf Beschl. v. 7.12.2016 – VI-3 Kart 132/15, BeckRS 2016, 119378; NK-EnWG/*Turiaux* § 66 Rn. 17). Bedeutsam für die Entscheidung der Behörde ist vor allem, inwiefern das Verfahren durch die Beiladung gefördert wird (Elspas/Graßmann/Rasbach/*Elspas/Heinichen* EnWG § 66 Rn. 26). Mit Blick auf das Kriterium der Verfahrensökonomie steht auch die Auswahl, welcher von mehreren beiladungsfähigen Antragsstellern mit gleicher oder ähnlicher Interessenlage beigeladen wird, im Ermessen der Behörde (BGH Beschl. 7.11.2006 – KVR 37/05, NJW

2007, 607; OLG Düsseldorf Beschl. v. 7.4.2006 – VI-3 Kart 162/06 (V), BeckRS 2006, 6232; BerlKommEnergieR/*Wende* EnWG § 66 Rn. 29). Das Interesse an einer möglichst effizienten Verfahrensführung spricht dabei tendenziell gegen eine zu umfangreiche Beiladungspraxis (*Kühling/Hermeier* N&R 2007, 146 (147)). Die Beiladungsentscheidung ist unabhängig von den Geheimhaltungsinteressen anderer Verfahrensbeteiligter (Bechtold/Bosch/*Bechtold/Bosch* GWB § 54 Rn. 12) und den Erfolgsaussichten in der Hauptsache zu treffen (OLG Düsseldorf Beschl. v. 18.3.2015 – VI-3 Kart 186/14 (V), BeckRS 2015, 6775; NK-EnWG/ *Turiaux* § 66 Rn. 17; BerlKommEnergieR/*Wende* EnWG § 66 Rn. 21). Keinen Ermessensspielraum hat die Behörde in Fällen, in denen ihr Ermessen auf null reduziert ist. Einen solchen Fall hat das OLG Düsseldorf etwa in einem Kapazitätsverlagerungsverfahren mit der Begründung angenommen, dass keine relevanten Gesichtspunkte gegen eine Beiladung erkennbar seien und das Verfahren unmittelbar vor seinem Abschluss stehe (OLG Düsseldorf Beschl. v. 18.3.2015 – VI-3 Kart 186/14 (V), BeckRS 2015, 6775; *Schreiber* N&R 2016, 77 (79)).

c) Zeitpunkt der Beiladung und Rechtsfolgen der unterbliebenen Beiladung. Die Beiladung ist jedenfalls bis zum **Abschluss des Verwaltungsverfahrens** möglich (BGH Beschl. v. 30.3.2011 – KVZ 100/10, BeckRS 2011, 8181; FK-KartellR/*Bracher* GWB § 54 Rn. 93). Dabei ist das Verwaltungsverfahren in der Regel abgeschlossen, wenn die behördliche Entscheidung nach § 73 Abs. 1 S. 1 dem ersten Entscheidungsadressaten **zugestellt** wurde (BGH Beschl. v. 7.4.2009 – KVR 34/08; Elspas/Graßmann/Rasbach/*Elspas/Heinichen* EnWG § 66 Rn. 28; Immenga/Mestmäcker/*Bach* GWB § 54 Rn. 47; Loewenheim/Meessen/Riesenkampff/Kersting/Meyer-Lindemann/*Quellmalz* GWB § 54 Rn. 24). Nach Verfahrensabschluss kann der Beiladungsantrag dann noch wirksam gestellt werden, wenn der Antrag unverschuldet unterblieben ist, weil der Betroffene nicht über die Verfahrenseinleitung informiert worden ist bzw. das Hauptverfahren nicht öffentlich bekannt geworden ist (BGH Urt. v. 7.4.2009 – KVR 58/08; so auch Elspas/Graßmann/Rasbach/*Elspas/Heinichen* EnWG § 66 Rn. 28; Loewenheim/Meessen/Riesenkampff/Kersting/Meyer-Lindemann/*Quellmalz* GWB § 54 Rn. 24). Die Beiladungsentscheidung kann die Behörde grundsätzlich bis zur Bestandskraft der behördlichen Entscheidung treffen (BGH Beschl. v. 7.4.2009 – KVR 34/08, BeckRS 2009, 25970; Elspas/Graßmann/Rasbach/*Elspas/Heinichen* EnWG § 66 Rn. 29; Bechtold/Bosch/*Bechtold/Bosch* GWB § 54 Rn. 8; Immenga/Mestmäcker/ *Bach* GWB § 54 Rn. 48; Loewenheim/Meessen/Riesenkampff/Kersting/Meyer-Lindemann/*Quellmalz* GWB § 54 Rn. 27). Teilweise wird sogar vertreten, dass ein notwendig Beizuladender, der seinen Beiladungsantrag rechtzeitig gestellt hat und dem die Entscheidung nicht zugestellt worden ist, noch beigeladen werden könne, wenn die Entscheidung den Verfahrensbeteiligten gegenüber bestandskräftig ist. Die Entscheidung sei dem Beizuladendem gegenüber nicht in Bestandskraft erwachsen, sodass er auch noch zu der „nur scheinbar bestandskräftigen" Entscheidung hinzugezogen werden könne (Immenga/Mestmäcker/*Bach* GWB § 54 Rn. 45; Elspas/ Graßmann/Rasbach/*Elspas/Heinichen* EnWG § 66 Rn. 29). Die zeitliche Ausdehnung der Beiladung über den Verfahrensabschluss hinaus ist jedoch aus Rechtsschutzgründen nicht notwendig. Eine formelle **Beschwerdebefugnis** besteht im Falle der unterbliebenen notwendigen Beiladung und in gewissen Fällen der unterbliebenen einfachen Beiladung selbst dann, wenn keine Beiladung erfolgt ist (→ Rn. 27).

Welche Rechtsfolgen das Unterbleiben einer Beiladung nach sich zieht, ist abhängig davon, ob es sich um eine einfache oder notwendige Beiladung handelt.

§ 66 Teil 8. Verfahren

In jedem Fall wird der Nicht-Beigeladene nicht Verfahrensbeteiligter und die Entscheidung wird ihm gegenüber formal nicht wirksam (BerlKommTKG/ *Gurlit* § 134 Rn. 51). Unterbleibt eine einfache Beiladung hat dies darüber hinaus keine weiteren Folgen (Theobald/Kühling/*Theobald/Werk* EnWG § 66 Rn. 52; Geppert/Schütz/*Attendorn/Geppert* TKG § 134 Rn. 37; Schoch/Schneider/*Geis* VwVfG § 13 Rn. 35). Unterbleibt jedoch eine notwendige Beiladung, stellt dies einen schweren Verfahrensfehler dar, da die Entscheidung in diesem Fall dem Antragsteller gegenüber rechtsgestaltende Wirkung entfaltet (Kopp/Ramsauer/*Ramsauer* VwVfG § 13 Rn. 51a). Bei Offenkundigkeit der Fehlerhaftigkeit der unterbliebenen Beiladung kann die regulierungsbehördliche Entscheidung nach § 44 VwVfG nichtig sein, ansonsten ist sie lediglich aufhebbar (OLG Düsseldorf Beschl. v. 30. 12. 2016 – VI-3 Kart 1203/16 (V); BerlKommEnergieR/*Wende* EnWG § 66 Rn. 37; Kopp/Ramsauer/*Ramsauer* VwVfG § 13 Rn. 51a).

III. Beteiligung der Regulierungsbehörde (Abs. 3)

25   Gem. Abs. 3 ist an den Verfahren vor der nach Landesrecht zuständigen Behörde auch die Regulierungsbehörde beteiligt. Weist das EnWG Verfahren den nach Landesrecht zuständigen Behörden zu, so ergibt sich die Beteiligtenstellung der Regulierungsbehörde aus dem Gesetz (Rosin/Pohlmann/Gentzsch/Metzenthin/Böwing/ *Bachert/Elspaß* EnWG § 66 Rn. 37). Nach der Rechtsprechung des BGH ist auch die BNetzA an den energiewirtschaftsrechtlichen Verfahren vor den Landesregulierungsbehörden zu beteiligen (BGH Beschl. v. 13. 11. 2007 – KVR 23/07; Rosin/Pohlmann/Gentzsch/Metzenthin/Böwing/*Bachert/Elspaß* EnWG § 66 Rn. 37).

C. Rechtsschutz

26   Die Entscheidung der Behörde, ein Verfahren einzuleiten, ist kein Verwaltungsakt iSd § 35 VwVfG und mithin nicht anfechtbar (Theobald/Kühlig/*Theobald/ Werk* EnWG § 66 Rn. 12). Lehnt die Behörde die beantragte Verfahrenseinleitung jedoch ab, kann der Antragsteller hiergegen mit der Verpflichtungsbeschwerde gem. § 75 vorgehen (Elspas/Graßmann/Rasbach/*Elspas/Heinichen* EnWG § 66 Rn. 10; Theobald/Kühlig/*Theobald/Werk* EnWG § 66 Rn. 27). Die Beiladungsentscheidung ist demgegenüber ein Verwaltungsakt mit Dauerwirkung, gegen den die anderen Verfahrensbeteiligten entsprechend mit einer Anfechtungsbeschwerde vorgehen können (*Salje* EnWG § 66 Rn. 24; EnWG § 75 Rn. 9 ff.). Wird der Antrag auf Beiladung abgelehnt oder nicht beschieden, kann der Antragsteller Verpflichtungs- oder Untätigkeitsbeschwerde gem. § 75 Abs. 3 erheben.

27   Nach § 75 Abs. 2 steht die Beschwerde nur den am Verfahren vor der Regulierungsbehörde Beteiligten zu (→ § 75 Rn. 6). Grundsätzlich werden erst durch die Beiladung die Beteiligtenstellung und mithin die Möglichkeit, gerichtlich gegen die Entscheidung vorzugehen, erlangt. In einigen Fällen wird auf das Erfordernis der Beteiligtenstellung zur Bejahung der Beschwerdebefugnis verzichtet. Wird etwa der Beiladungsantrag eines notwendig Beizuladenden fehlerhaft abgelehnt, so ist dieser dennoch zur Beschwerde befugt (FK-KartellR/*Bracher* GWB § 54 Rn. 98). Gleiches gilt auch, wenn der notwendig Beizuladende keinen Beiladungsantrag gestellt hat, weil er nicht von dem Verfahren unterrichtet worden ist (BGH Beschl. v. 22. 2. 2005 – KVZ 20/04; FK-KartellR/*Bracher* GWB § 54 Rn. 86). Im Falle einer unterbliebenen einfachen Beiladung ist die Beschwerdebefugnis nur in Ausnahme-

fällen beim Vorliegen bestimmter Voraussetzungen sowie einer materiellen Beschwer zu bejahen. Ein solcher Fall liegt vor, wenn der Beiladungsantrag allein aus verfahrensökonomischen Gründen abgelehnt wurde (BGH Beschl. v. 11.11.2008 – EnVR 1/08; Beschl. v. 7.11.2006 – KVR 37/05). Gleiches gilt, wenn der Dritte nicht von dem Verfahren erfahren hat und mithin unverschuldet versäumt hat, den Beiladungsantrag rechtzeitig zu stellen (BGH Beschl. v. 11.11.2008 – EnVR 1/08 Rn. 20). Eine Beschwerdebefugnis besteht in diesen Fällen jedoch nur, wenn auch eine materielle Beschwer gegeben ist, dh der Dritte geltend machen kann, durch die Entscheidung unmittelbar und individuell betroffen zu sein. Ausreichend ist die Berührung erheblicher wirtschaftlicher Interessen (BGH Beschl. v. 5.10.2010 – EnVR 52/09; Beschl. v. 7.11.2006 – KVR 37/05).

§ 66a Vorabentscheidung über Zuständigkeit

(1) [1]**Macht ein Beteiligter die örtliche oder sachliche Unzuständigkeit der Regulierungsbehörde geltend, so kann die Regulierungsbehörde über die Zuständigkeit vorab entscheiden.** [2]**Die Verfügung kann selbständig mit der Beschwerde angefochten werden.**

(2) **Hat ein Beteiligter die örtliche oder sachliche Unzuständigkeit der Regulierungsbehörde nicht geltend gemacht, so kann eine Beschwerde nicht darauf gestützt werden, dass die Regulierungsbehörde ihre Zuständigkeit zu Unrecht angenommen hat.**

Literatur: *Jaeger/Kokott/Pohlmann/Schroeder* (Hrsg.), Frankfurter Kommentar zum Kartellrecht, 99. EL. 2021 (zit. FK-KartellR/*Bearbeiter*); *Rosin/Pohlmann/Gentzsch/Metzenthin/Böwing* (Hrsg.), Praxiskommentar zum EnWG – Gesetz und Verordnungen, Band 2, 10. EL 12/2019 (zit. Rosin/Pohlmann/Gentzsch/Metzenthin/Böwing/*Bearbeiter*).

A. Allgemeines

I. Inhalt

§ 66a Abs. 1 eröffnet die Möglichkeit, eine Vorabentscheidung über die Zuständigkeit der Regulierungsbehörde anzuregen, indem deren örtliche oder sachliche Unzuständigkeit gerügt wird. Wird diese Rüge nicht erhoben, kann eine Beschwerde nicht auf die Unzuständigkeit der Behörde gestützt werden. 1

II. Zweck

Der 2007 nachträglich eingefügte § 66a ist an § 55 GWB angelehnt (BT-Drs. 16/5847, 12). Zweck der Vorschrift ist die Schaffung von Rechtssicherheit. Das EnWG sieht in § 54 eine Zuständigkeitsverteilung zwischen der BNetzA und den Landesregulierungsbehörden vor, sodass ein Bedürfnis nach Klärung der Zuständigkeit im Einzelfall besteht (BT-Drs. 16/5847, 12). Eine Vorabentscheidung über die Zuständigkeit ist zudem der Verfahrensökonomie dienlich, da so das Risiko einer späteren Aufhebung der Entscheidung allein wegen der Unzuständigkeit der Behörde gesenkt wird (BT-Drs. 2/1158, 49 zur Parallelvorschrift des § 55 GWB; Elspas/Graßmann/Rasbach/*Elspas/Heinichen* EnWG § 66a Rn. 1). 2

B. Einzelerläuterungen

I. Vorabentscheidung auf Rüge hin (Abs. 1)

3   Um die sachliche oder örtliche Unzuständigkeit der Behörde geltend zu machen, muss der Beteiligte eine ausdrückliche Rüge erheben. Beteiligte iSv § 66a Abs. 1 sind diejenigen, die nach § 66 Abs. 2, 3 die Beteiligtenstellung innehaben. Gerügt werden muss die sachliche oder örtliche Unzuständigkeit der Behörde. Um die örtliche Zuständigkeit zu bestimmen, kann § 3 VwVfG herangezogen werden, wobei regelmäßig die Zuständigkeiten der Landesregulierungsbehörden untereinander abzugrenzen sind (Theobald/Kühling/ *Theobald/Werk* EnWG § 66a Rn. 6; Hempel/ Franke/*Scholz/Jansen* EnWG § 66a Rn. 5; Rosin/Pohlmann/Gentzsch/Metzenthin/Böwing/*Bachert/Elspaß* EnWG § 66a Rn. 7). Die sachliche Zuständigkeit betrifft demgegenüber die Abgrenzung der Zuständigkeiten zwischen den Landesregulierungsbehörden, der BNetzA (§ 54 Abs. 1, 2) und den nach Landesrecht zuständigen Behörden. Umstritten ist aufgrund des insofern nicht eindeutigen Wortlauts der Vorschrift, ob auch die Abgrenzung der Zuständigkeiten der Kartell- und Regulierungsbehörden von der Norm erfasst ist. Mit Blick auf die Entstehungsgeschichte der Vorschrift muss dies jedoch verneint werden. Grund für die Einfügung des § 66a war ein Bedürfnis nach Rechtssicherheit, das aufgrund der vorgenommenen Zuständigkeitsverteilung zwischen der BNetzA und den Landesregulierungsbehörden entstanden ist (BT-Drs. 16/5847, 12). Eine Zuständigkeitsabgrenzung von der Zuständigkeit anderer Behörden, die durch das EnWG nicht mit Kompetenzen ausgestattet werden, ist von § 66a somit nicht erfasst (Rosin/ Pohlmann/Gentzsch/Metzenthin/Böwing/*Bachert/Elspaß* EnWG § 66a Rn. 8; mit weiteren Argumenten Hempel/Franke/*Scholz/Jansen* EnWG § 66a Rn. 7; BerlKommEnergieR/*Wende* EnWG § 66a Rn. 6; aA Theobald/Kühling/*Theobald/ Werk* EnWG § 66a Rn. 7). Ebenso fällt auch die Abgrenzung von der Zuständigkeit der europäischen Kommission oder ACER nicht unter § 66a (Rosin/Pohlmann/ Gentzsch/Metzenthin/Böwing/*Bachert/Elspaß* EnWG § 66a Rn. 8; Theobald/ Kühling/*Theobald/Werk* EnWG § 66a Rn. 7; Immenga/Mestmäcker/*Schmidt* GWB § 55 Rn. 1). Eine bestimmte Form ist für die Erhebung der Rüge nicht vorgeschrieben, diese ist aber bis zum Abschluss des Verfahrens vor der Regulierungsbehörde zu erheben (Hempel/Franke/*Scholz/Jansen* EnWG § 66a Rn. 8).

4   Ausweislich des Wortlauts der Norm „kann" die Behörde vorab über ihre Zuständigkeit entscheiden; ob sie dies tut, steht mithin in ihrem Ermessen. Bei der Ermessensentscheidung sind dabei die durch eine solche Vorabentscheidung ausgelöste Verfahrensverzögerung auf der einen Seite und die Gefahr der späteren Aufhebung der Entscheidung wegen Unzuständigkeit gegeneinander abzuwägen (BerlKommEnergieR/*Wende* EnWG § 66a Rn. 9; FK-KartellR/*Bracher* GWB § 55 Rn. 9; Immenga/Mestmäcker/*Bach* GWB § 55 Rn. 4). Entscheidet die Behörde über ihre Zuständigkeit und kommt sie zu dem Ergebnis, dass die Rüge begründet ist, hat sie das Verfahren formlos an die zuständige Behörde abzugeben (BerlKommEnergieR/*Wende* EnWG § 66a Rn. 10). Hält die Behörde sich hingegen für zuständig, ergeht eine ausdrückliche Zwischenverfügung (Langen/ Bunte/*Schneider* GWB § 55 Rn. 7).

II. Präklusion (Abs. 2)

Wird die Unzuständigkeit der Regulierungsbehörde nicht gerügt, kann eine Beschwerde gegen die Hauptsache nicht auf die Unzuständigkeit gestützt werden. Dabei trifft der Ausschluss dieses Einwands nur die am Verfahren Beteiligten. Unerheblich ist, ob eine Person am Verfahren hätte beteiligt werden müssen (Theobald/Kühling/*Theobald/Werk* EnWG § 66a Rn. 13). Wurde etwa ein notwendig Beizuladender nicht am Verfahren beteiligt, kann dieser im Rahmen einer Beschwerde gegen die Hauptsacheentscheidung die Unzuständigkeit der Behörde auch ohne vorherige Rüge geltend machen (BerlKommEnergieR/*Wende* EnWG § 66a Rn. 15). Um die Präklusion des Unzuständigkeitseinwands zu verhindern, ist es ausreichend, wenn lediglich ein Beteiligter die Rüge erhoben hat (FK-KartellR/*Bracher* GWB § 54 Rn. 14; Theobald/Kühling/*Theobald/Werk* EnWG § 66a Rn. 12; aA Rosin/Pohlmann/Gentzsch/Metzenthin/Böwing/*Bachert/Elspaß* EnWG § 66a Rn. 17 ff.).

C. Rechtsschutz

Entscheidet die Behörde über die Rüge und stellt sie ihre Zuständigkeit fest, handelt es sich um eine feststellende Entscheidung iSv § 73 Abs. 1. Die Entscheidung kann gem. § 66a Abs. 1 S. 2 selbstständig mit der Beschwerde angefochten werden, wobei die Beschwerde gemäß § 76 Abs. 1 keine aufschiebende Wirkung hat (Hempel/Franke/*Scholz/Jansen* EnWG § 66a Rn. 10). Dieser Aspekt ist bei der Ermessensentscheidung, ob eine Vorabentscheidung getroffen wird, zu berücksichtigen, da es nicht zwangsläufig zu einer Verfahrensverzögerung kommt (Elspas/Graßmann/Rasbach/*Elspas/Heinichen* EnWG § 66a Rn. 5).

Wird eine Beschwerde gegen die Vorabentscheidung erhoben, kann es abhängig von den Erfolgsaussichten der Beschwerde und der Dringlichkeit des Verfahrens ratsam sein, das Verfahren bis zur endgültigen Entscheidung über die Zuständigkeit auszusetzen. Wird das Verfahren fortgeführt und eine Entscheidung in der Hauptsache erlassen, ist diese auflösend bedingt und wird wirkungslos, wenn die Vorabentscheidung über die Zuständigkeit aufgehoben wird (BerlKommEnergieR/*Wende* EnWG § 66a Rn. 13). Gegen die ablehnende Entscheidung des Beschwerdegerichts, die auf die Beschwerde gegen die Vorabentscheidung hin ergeht, ist keine Rechtsbeschwerde iSv § 86 möglich, da es sich nicht um eine Entscheidung in der Hauptsache handelt.

Gegen die Abgabeentscheidung der Regulierungsbehörde an die zuständige Behörde kann keine Beschwerde erhoben werden (NK-EnWG/*Turiaux* § 66a Rn. 4; Theobald/Kühling/*Theobald/Werk* EnWG § 66a Rn. 10; Immenga/Mestmäcker/*Bach* GWB § 54 Rn. 45). Wird das Verfahren ohne eine Entscheidung über die Rüge der Unzuständigkeit fortgeführt, ist nur eine Beschwerde gegen die Hauptsacheentscheidung möglich (NK-EnWG/*Turiaux* § 66a Rn. 4).

§ 67 Anhörung, mündliche Verhandlung

(1) Die Regulierungsbehörde hat den Beteiligten Gelegenheit zur Stellungnahme zu geben.

(2) Vertretern der von dem Verfahren berührten Wirtschaftskreise kann die Regulierungsbehörde in geeigneten Fällen Gelegenheit zur Stellungnahme geben.

(3) ¹Auf Antrag eines Beteiligten oder von Amts wegen kann die Regulierungsbehörde eine öffentliche mündliche Verhandlung durchführen. ²Für die Verhandlung oder für einen Teil davon ist die Öffentlichkeit auszuschließen, wenn sie eine Gefährdung der öffentlichen Ordnung, insbesondere der Sicherheit des Staates, oder die Gefährdung eines wichtigen Betriebs- oder Geschäftsgeheimnisses besorgen lässt.

(4) Die §§ 45 und 46 des Verwaltungsverfahrensgesetzes sind anzuwenden.

Literatur: *Bader/Ronellenfitsch* (Hrsg.), Beck'scher Online-Kommentar VwVfG, 51. Ed. 1.4.2021 (zit. BeckOK VwVfG/*Bearbeiter*); *Bien,* Die Beiladung Dritter zum Regulierungs- und Missbrauchsverfahren nach dem EnWG im Vergleich mit TKG und GWB, N&R 2007, 140; *Geppert/Schütz* (Hrsg.), Beck'scher TKG-Kommentar, 4. Aufl. 2013 (zit. Geppert/Schütz/ *Bearbeiter*); *Jaeger/Kokott/Pohlmann/Schroeder* (Hrsg.), Frankfurter Kommentar zum Kartellrecht, 99. EL 2021 (zit. FK-KartellR/*Bearbeiter*); *Oster,* Die Folgen von Fehlern in energierechtlichen Regulierungsverfahren, RdE 2009, 126; *Rosin/Pohlmann/Gentzsch/Metzenthin/Böwing* (Hrsg.), Praxiskommentar zum EnWG – Gesetz und Verordnungen, Band 2, 10. EL 12.2019 (zit. Rosin/ Pohlmann/Gentzsch/Metzenthin/Böwing/*Bearbeiter*); *Säcker* (Hrsg.), Berliner Kommentar zum Telekommunikationsgesetz, 2. überarb. Aufl. 2009 (zit. BerlKommTKG/*Bearbeiter*); *Salje,* Energiewirtschaftsgesetz, 1. Aufl. 2005; *Scheurle/Mayen* (Hrsg.), TKG, 3. Aufl. 2018; *Schoch/ Schneider* (Hrsg.), Verwaltungsrecht – Verwaltungsverfahrensgesetz: VwVfG, 42. EL 2.2022 (zit. Schoch/Schneider/*Bearbeiter*).

A. Allgemeines

I. Inhalt

1 § 67 Abs. 1 und 2 regeln das Anhörungsrecht der Beteiligten und der Vertreter der von dem Verfahren berührten Wirtschaftskreise. Neben dem ausdrücklichen Recht auf Stellungnahme gewährt die Vorschrift den Beteiligten auch ein Recht auf Akteneinsicht. Gem. Abs. 3 kann auf Antrag oder von Amts wegen eine öffentliche mündliche Verhandlung durchgeführt werden, wobei in den dort genannten Fällen die Öffentlichkeit auszuschließen ist. Abs. 4 erklärt schließlich die §§ 45, 46 VwVfG für anwendbar.

II. Zweck

2 § 67 entspricht § 56 GWB und „im Grundsatz" dem ehemaligen § 135 TKG (BT-Drs. 15/3917, 71). Lediglich § 56 Abs. 3 S. 2 GWB findet keine Entsprechung in § 67. § 67 dient der Gewährleistung des verfassungsrechtlichen Grundsatzes des **Anspruches auf rechtliches Gehör.** Dieser ist als bedeutender Bestandteil des Rechts auf ein faires Verfahren, welches wiederum einen wesentlichen Bestandteil

Anhörung, mündliche Verhandlung **§ 67**

des Rechtsstaatsprinzips bildet, verfassungsrechtlich verankert. Im Verwaltungsverfahren ergibt er sich nicht aus Art. 103 Abs. 1 GG, da die Vorschrift das Recht nur in gerichtlichen Verfahren einräumt (BVerfG Beschl. v. 18.1.2000 – 1 BvR 321/96). Indem den Beteiligten und gegebenenfalls auch den Vertretern der berührten Wirtschaftskreise Gelegenheit zur Stellungnahme gegeben wird, wird zudem zur weiteren Sachverhaltsaufklärung beigetragen (NK-EnWG/*Turiaux* § 67 Rn. 1; Loewenheim/Meessen/Riesenkampff/Kersting/Meyer-Lindemann/*Quellmalz* GWB § 56 Rn. 1). Die Norm stellt die Verfahrenspartizipation, Transparenz sowie die Gerechtigkeit und Richtigkeit der Entscheidung sicher (OLG Düsseldorf Beschl. v. 11.7.2018 – 3 Kart 84/17 (V); Geppert/Schütz/*Attendorn*/*Geppert* TKG § 135 Rn. 1).

B. Einzelerläuterungen

I. Anhörung der Beteiligten (Abs. 1)

1. Stellungnahmerecht. Gemäß Abs. 1 hat die Regulierungsbehörde den Be- 3 teiligten Gelegenheit zur Stellungnahme zu geben, wobei diese Pflicht vor allen Entscheidungen und verfahrensbeendenden Handlungen besteht (Elspas/Graßmann/Rasbach/*Elspas*/*Heinichen* EnWG § 67 Rn. 2). Durch die Gelegenheit zur Stellungnahme soll gewährleistet werden, dass sich die Beteiligten zu allen entscheidungserheblichen Tatsachen äußern können und so **Einfluss auf das Verfahren** nehmen können (BVerfG Beschl. v. 18.1.2000 – 1 BvR 321/96; Rosin/Pohlmann/Gentzsch/Metzenthin/Böwing/*Bachert*/*Elspaß* EnWG § 67 Rn. 3). Den Beteiligten sind demgemäß alle entscheidungserheblichen Tatsachen mitzuteilen. Darüber hinaus ist die beabsichtigte Entscheidung so genau darzulegen, dass die Beteiligten beurteilen können, zu welchen Aspekten eine Äußerung zweckmäßig ist (BVerfG Beschl. v. 19.11.2002 – 2 BvR 329/97; Stelkens/Bonk/Sachs/*Kallerhoff*/*Mayen* VwVfG § 28 Rn. 35) und die rechtlichen Grundlagen sowie wesentliche rechtliche Wertungen sind mitzuteilen (OLG Brandenburg Beschl. v. 20.10.2011 – Kart W 10/09). Ähnlich wie im Rahmen des Erfordernisses der Begründung der Entscheidung (→ § 73 Rn. 6) kommt diesem Aspekt besondere Bedeutung zu, wenn die Behörde einen weiten **Entscheidungsspielraum** hat (Regulierungsermessen). Der Behörde kommt nach § 40 VwVfG Ermessen in Bezug auf die Art und Weise der Anhörung der Beteiligten zu. Grundsätzlich kann sie zur Befriedigung des bei der Ausübung des Stellungnahmerechts erforderlichen Informations- und Transparenzinteresses auch eine Datenveröffentlichung im Internet vornehmen, soweit die Veröffentlichung verhältnismäßig ist, dh insbesondere kein milderes Mittel zur Gewährleistung effektiven rechtlichen Gehörs zur Verfügung steht (OLG Düsseldorf Beschl. v. 16.7.2018 – 3 Kart 683/18 (V), BeckRS 2018, 16141). In der Praxis übersendet die BNetzA typischerweise den Entwurf der Entscheidung an die Beteiligten, damit diese Stellung nehmen können.

Kommt es nach der Anhörung zu einer wesentlichen Änderung der Sach- und 4 Rechtslage, besteht eine Pflicht zur erneuten Anhörung (OLG Düsseldorf Beschl. v. 25.7.2002 – Kart 25/02 (V); Elspas/Graßmann/Rasbach/*Elspas*/*Heinichen* EnWG § 67 Rn. 4). Das Recht zur Stellungnahme kann in diesem Fall auf die Änderungen beschränkt werden (Elspas/Graßmann/Rasbach/*Elspas*/*Heinichen* EnWG § 67 Rn. 4). Eine erneute Anhörung ist insbesondere dann erforderlich, wenn die Behörde von der zunächst angekündigten Entscheidung abweichen und anders ent-

§ 67

Teil 8. Verfahren

scheiden möchte. In der Praxis wird oft im Rahmen komplexer Verfahren mehrfach und/oder zu Teilaspekten angehört.

5 Es bestehen **keine besonderen Formvorschriften** für die Anhörung, sodass die Stellungnahme schriftlich, mündlich, per Telefon, im Rahmen einer Besprechung oder auch per E-Mail erfolgen kann; die Auswahl steht im Verfahrensermessen der Regulierungsbehörde (Rosin/Pohlmann/Gentzsch/Metzenthin/Böwing/ *Bachert/Elspaß* EnWG § 67 Rn. 2; Loewenheim/Meessen/Riesenkampff/Kersting/Meyer-Lindemann/*Quellmalz* GWB § 56 Rn. 3). Allerdings kann die Regulierungsbehörde den Beteiligten eine Frist zur Stellungnahme setzen, wobei die Länge der gesetzten Frist unter Beachtung der Umstände des Einzelfalls verhältnismäßig sein muss (Rosin/Pohlmann/Gentzsch/Metzenthin/Böwing/*Bachert/Elspaß* EnWG § 67 Rn. 2). Die Beteiligten müssen etwa bei Bedarf die Möglichkeit haben, sich innerhalb der gesetzten Frist rechtlich beraten zu lassen oder Gutachten anfertigen zu lassen (Theobald/Kühling/*Theobald/Werk* EnWG § 67 Rn. 6).

6 Umstritten ist, ob § 28 Abs. 2 und 3 VwVfG iRd § 67 anwendbar sind. § 67 trifft keine abschließende Regelung, sodass § 28 Abs. 2 und 3 VwVfG grundsätzlich anwendbar sind. Allerdings sind im Hinblick auf die besondere Justizförmigkeit des energiewirtschaftsrechtlichen Verwaltungsverfahrens und die Ähnlichkeit der beiden Verfahren die Vorschriften des förmlichen Verwaltungsverfahrens (§§ 63 ff. VwVfG) zu beachten. Da § 67 Abs. 1 im Wesentlichen mit § 66 Abs. 1 VwVfG übereinstimmt und § 66 Abs. 1 VwVfG die Anwendung von § 28 Abs. 2 und 3 VwVfG vor der abschließenden Sachentscheidung ausschließt (BeckOK VwVfG/ *Michler* § 66 Rn. 6), ist diese Einschränkung auch im § 67 Abs. 1 vorzunehmen (zu § 56 GWB FK-KartellR/*Bracher* GWB § 56 Rn. 7). Insofern kann vor der abschließenden Sachentscheidung nicht gemäß § 28 Abs. 2 und 3 VwVfG von der Anhörung abgesehen werden; vor Verfahrensentscheidungen ist dies demgegenüber grundsätzlich möglich (Hempel/Franke/*Scholz/Jansen* EnWG § 67 Rn. 5; FK-KartellR/*Bracher* GWB § 56 Rn. 7; Immenga/Mestmäcker/*K. Schmidt* GWB § 56 Rn. 5; aA BerlKommEnergieR/*Wende* EnWG § 67 Rn. 2, 4; Theobald/Kühling/ *Theobald/Werk* EnWG § 67 Rn. 12). Allerdings ist das Absehen von der Anhörung auch in diesen Fällen mit Blick auf die grundrechtliche Relevanz der Anhörung (→ Rn. 2) ultima ratio und auch in Anbetracht der Tatsache, dass die Anwendung der § 28 Abs. 2 und 3 VwVfG nicht ausdrücklich angeordnet wird, nur in eng begrenzten Ausnahmefällen zulässig.

7 **2. Akteneinsichtsrecht.** Bestandteil des Rechts auf rechtliches Gehör ist das Akteneinsichtsrecht, das sich mangels spezieller Regelung im EnWG nach § 29 VwVfG richtet (BerlKommEnergieR/*Wende* EnWG § 67 Rn. 18). Inhaber dieses Rechts sind die **Verfahrensbeteiligten**. Dritte, auch solche, denen ein Stellungnahmerecht nach § 67 Abs. 2 eingeräumt wurde, haben kein Recht auf Akteneinsicht (aA *Salje* EnWG § 66 Rn. 11; im Ergebnis ablehnend *Bien* N&R 2007, 140 (144)). Das Recht **Nichtbeteiligter** auf Akteneinsicht richtet sich nach dem IFG. Zwar ist Akteneinsicht gem. § 29 Abs. 1 VwVfG nur dann zu gewähren, wenn die Kenntnis der Akten zur Geltendmachung oder Verteidigung ihrer rechtlichen Interessen erforderlich ist, doch ist diese Einschränkung mit Blick darauf, dass auch die Betroffenheit anderer Interessen die Beteiligtenstellung nach § 66 Abs. 2 Nr. 3 begründet, zu erweitern. Mithin besteht ein Recht auf Akteneinsicht auch, wenn dies zur Geltendmachung oder Verteidigung sonstiger beachtlicher Interessen erforderlich ist (KG Beschl. v. 19.8.1986 – 1 Kart. 9/86, ZIP 1986, 1614; Hempel/ Franke/*Scholz/Jansen* EnWG § 67 Rn. 9; Elspas/Graßmann/Rasbach/*Elspas/Heini*-

Anhörung, mündliche Verhandlung　　　　　　　　　　　　　　　　§ 67

chen EnWG § 67 Rn. 9). Ob die Kenntnis der Akten für die Rechtsverfolgung tatsächlich erforderlich ist, ist unbeachtlich; alleine die Möglichkeit, dass die Akten von Bedeutung sein könnten, ist im Rahmen des § 29 VwVfG ausreichend. Zweifel über die Erforderlichkeit gehen zu Lasten der Behörde, sodass im Zweifelsfall Akteneinsicht zu gewähren ist (Stelkens/Bonk/Sachs/*Kallerhoff/Mayen* VwVfG § 29 Rn. 46). Grundsätzlich besteht nur ein Recht auf Einsicht in die Akten des jeweiligen Verfahrens (Elspas/Graßmann/Rasbach/*Elspas/Heinichen* EnWG § 67 Rn. 10). In die Akten anderer Verfahren kann nur dann Einsicht genommen werden, wenn diese Akten beigezogen wurden (BVerwG Beschl. v. 26.8.1998 – 11 VR 4.98) oder die Behörde ihre Entscheidung auf diese stützen möchte (Elspas/Graßmann/Rasbach/*Elspas/Heinichen* EnWG § 67 Rn. 10).

Eine Beschränkung des Rechts auf Akteneinsicht findet sich in § 29 Abs. 2　**8** VwVfG. Danach muss die Behörde dann keine Einsicht in Akten gewähren, wenn durch die Akteneinsicht die ordnungsgemäße Erfüllung der Aufgaben der Behörde beeinträchtigt, dem Wohl des Bundes oder eines Landes geschadet würde oder die Akten geheim gehalten werden müssen. Liegt einer der genannten Fälle vor, hat die Behörde die Entscheidung über die Gewährung von Akteneinsicht nach pflichtgemäßem Ermessen zu treffen (Stelkens/Bonk/Sachs/*Kallerhoff/Mayen* VwVfG § 29 Rn. 56).

Von besonderer Relevanz ist die Ablehnung der Akteneinsicht mit der Begrün-　**9** dung, die Akten enthielten **Betriebs- und Geschäftsgeheimnisse** (Hempel/Franke/*Scholz/Jansen* EnWG § 67 Rn. 10). Betriebs- und Geschäftsgeheimnisse sind alle auf ein Unternehmen bezogenen, nicht offenkundigen Tatsachen, Umstände und Vorgänge, an deren Nichtverbreitung der Rechtsträger ein berechtigtes Interesse hat (BVerfG Beschl. v. 14.3.2006 – 1 BvR 2087/03). Auch ein Monopolist kann ein Geheimhaltungsinteresse und mithin Betriebs- und Geschäftsgeheimnisse haben (dazu näher → § 71 Rn. 5). Liegen Betriebs- und Geschäftsgeheimnisse vor, entsteht ein Konflikt zwischen dem Akteneinsichtsrecht und dem sich aus § 30 VwVfG ergebenden Geheimnisschutz. § 30 VwVfG räumt den Beteiligten einen Anspruch darauf ein, dass ihre Betriebs- und Geschäftsgeheimnisse **nicht unbefugt offenbart** werden. Um diesen Geheimhaltungsanspruch auch im Fall der Verpflichtung zur Vorlage von Informationen zu sichern, wurde in § 71 ein eigenes Verfahren geschaffen. Werden Informationen lediglich der Regulierungsbehörde vorgelegt und nur dieser gegenüber offenbart, ist das Vorliegen von Betriebs- und Geschäftsgeheimnissen unproblematisch. Demgegenüber wird der Schutz von Betriebs- und Geschäftsgeheimnissen dann relevant, wenn die Informationen an andere Behörden oder Verfahrensbeteiligte weitergegeben werden (Hempel/Franke/*Scholz/Jansen* EnWG § 71 Rn. 1). Wird lediglich Einsicht in die gem. § 71 vorzulegende Einsichtsfassung gewährt, kann der Konflikt umgangen werden. Die Behörde kann sich jedoch dazu entschließen, Einsicht auch in die Betriebs- und Geschäftsgeheimnisse zu gewähren. § 30 verbietet nicht jegliche Offenbarung von Betriebs- und Geschäftsgeheimnissen, sondern nur deren unbefugte Offenbarung. **Umfassende Akteneinsicht** kann mithin bei Vorliegen von Betriebs- und Geschäftsgeheimnissen dann gewährt werden, wenn die Offenbarung dieser befugt ist. Dies ist der Fall, wenn eine Abwägung der Interessen der Beteiligten oder der Öffentlichkeit an der Akteneinsicht mit dem Geheimhaltungsinteresse ergibt, dass die Offenbarung zur Wahrung eindeutig höherrangiger Rechtsgüter der Allgemeinheit erforderlich ist (Kopp/Ramsauer/*Ramsauer* VwVfG § 30 Rn. 16; Stelkens/Bonk/Sachs/*Kallerhoff/Mayen* VwVfG § 30 Rn. 20). Bei ihrer Ermessensentscheidung über die Gewährung von Akteneinsicht hat die Behörde mithin eine entsprechende Interessenabwägung vorzunehmen.

§ 67

10 Um die Interessen soweit wie möglich miteinander in Einklang zu bringen, ist zu prüfen, inwiefern Maßnahmen ergriffen werden können, um Betriebs- und Geschäftsgeheimnissen auch im Falle einer Offenbarung zu **schützen**. Liegt ein Betriebs- und Geschäftsgeheimnis vor, das einer Akteneinsicht grundsätzlich entgegensteht, kommt etwa eine Anonymisierung der Daten oder die Einsichtnahme der Akten durch zur Verschwiegenheit verpflichtete Gutachter in Betracht, um sowohl dem Geheimhaltungsinteresse als auch dem Offenbarungsinteresse zu entsprechen (OLG Brandenburg Beschl. v. 20.10.2011 – Kart W 10/09). Bei elektronischen Daten umfasst der Schutz von Geschäftsgeheimnissen dabei nicht nur das Verbot des unbefugten Zugriffs auf den Inhalt von Dateien, die das Geschäftsgeheimnis enthalten, sondern auch bereits die Verhinderung des Zugangs zu ihren äußeren Merkmalen aus denen sich das Geschäftsgeheimnis ableiten lässt, etwa Dateiname, -typ, -größe oder-endung (BVerwG Urt. v. 5.3.2020 – 20 F 3.19).

II. Anhörung Dritter (Abs. 2)

11 Gelegenheit zur Stellungnahme kann gem. § 67 Abs. 2 auch den Vertretern der von dem Verfahren berührten **Wirtschaftskreise** gegeben werden. Ob ein Wirtschaftskreis von dem Verfahren berührt ist, ist abhängig davon, ob unmittelbar oder mittelbar ein wirtschaftliches Interesse am Ausgang des Verfahrens besteht, wobei Wettbewerber, Verbände, Arbeitnehmer, Gewerkschaften etc erfasst sein können (BerlKommEnergieR/*Wende* EnWG § 67 Rn. 14; Immenga/Mestmäcker/ *K. Schmidt* GWB § 56 Rn. 22; Scheurle/Mayen/*Bergmann* TKG § 135 Rn. 24). Die Behörde trifft die Entscheidung, ob die Anhörung vorgenommen wird, nach pflichtgemäßem Ermessen; ihr kommt in diesem Rahmen ein weiter Ermessensspielraum zu. Bei der Ermessensausübung kommt der Frage, ob von der Stellungnahme ein für die Entscheidung erheblicher Beitrag zur Sachaufklärung zu erwarten ist, große Bedeutung zu (Hempel/Franke/*Scholz/Jansen* EnWG § 67 Rn. 15; BerlKommEnergieR/*Wende* EnWG § 67 Rn. 15). Eine überwiegende Wahrscheinlichkeit dafür, dass die Anhörung erheblich zur Sachverhaltsaufklärung beiträgt, muss jedoch nicht vorliegen (so im Ergebnis OLG Düsseldorf Beschl. v. 11.7.2018 – 3 Kart 84/17 (V); aA Theobald/Kühling/*Theobald/Werk* EnWG § 67 Rn. 15). Eine unterbliebene gebotene Anhörung Dritter kann ein Ermittlungsdefizit darstellen, das zur Fehlerhaftigkeit der nachfolgenden Entscheidung führt (BerlKommEnergieR/*Wende* EnWG § 67 Rn. 16; Geppert/Schütz/*Attendorn/Geppert* TKG § 135 Rn. 15). Allerdings besteht das Stellungnahmerecht nach § 67 Abs. 2 nicht im gleichen Umfang wie für Beigeladene nach Abs. 1, da die Behörde den Umfang des Stellungnahmerechts auf Teilaspekte des Verfahrens beschränken kann (Bechtold/ Bosch/*Bechtold/Bosch* GWB § 56 Rn. 5; *Bien* N&R 2007, 140 (144)). Darüber hinaus haben die Vertreter der von dem Verfahren berührten Wirtschaftskreise auch kein Akteneinsichtsrecht (→ Rn. 7). Die Verfahrensbeteiligten haben ein Recht darauf, über den Inhalt von Stellungnahmen Dritter informiert zu werden, aber kein Recht darauf, unmittelbar an der Anhörung teilzunehmen (KG Beschl. v. 24.4.1985 – Kart. 34/81; Elspas/Graßmann/Rasbach/*Elspas/Heinichen* EnWG § 67 Rn. 8).

III. Öffentliche mündliche Verhandlung (Abs. 3)

12 Gemäß § 67 Abs. 3 S. 1 kann die Regulierungsbehörde auf Antrag eines Beteiligten oder von Amts wegen eine öffentliche mündliche Verhandlung durchführen.

Anhörung, mündliche Verhandlung **§ 67**

Die Entscheidung, eine mündliche Verhandlung durchzuführen, trifft die Behörde nach pflichtgemäßen **Ermessen**. Entscheidet sie sich für eine solche, ist diese grundsätzlich auch öffentlich durchzuführen. Dies ist sachgerecht mit Blick auf die in öffentlichen Verhandlungen erhöhte Transparenz und die Möglichkeit, dass die Öffentlichkeit in bestimmten Fällen nach § 67 Abs. 3 S. 2 auszuschließen ist. Wie dem Wortlaut zu entnehmen ist, können nur die am Verfahren Beteiligten einen Antrag auf Durchführung einer öffentlichen mündlichen Verhandlung stellen. Gemeint sind nur die formal gem. § 66 Abs. 2 am Verfahren Beteiligten, wobei den Nicht-Antragsbefugten die Möglichkeit bleibt, eine öffentliche mündliche Verhandlung anzuregen (Elspas/Graßmann/Rasbach/*Elspas/Heinichen* EnWG § 67 Rn. 16; mit dem Hinweis, dass die Unterscheidung keine praktische Bedeutung hat Rosin/Pohlmann/Gentzsch/Metzenthin/Böwing/*Bachert/Elspaß* EnWG § 67 Rn. 13). Die mündliche Verhandlung stellt zwar nicht den Regelfall dar, zumindest bei bedeutsamen Verfahren ist die Behörde aber gehalten, mündlich zu verhandeln (NK-EnWG/*Turiaux* § 67 Rn. 11). Typischerweise wird in komplexen Verfahren, insbesondere in Missbrauchsverfahren nach §§ 30, 31, mündlich verhandelt.

§ 67 Abs. 3 S. 2 statuiert die Pflicht der Behörde, die Öffentlichkeit auszuschließen, wenn sie eine Gefährdung der öffentlichen Ordnung, insbesondere der Sicherheit des Staates, oder die Gefährdung eines wichtigen Betriebs- oder Geschäftsgeheimnisses besorgen lässt. Von deutlich höherer praktischer Relevanz ist der Ausschluss der Öffentlichkeit aufgrund der möglichen Gefährdung eines wichtigen Betriebs- und Geschäftsgeheimnisses (BerlKommEnergieR/*Wende* EnWG § 67 Rn. 26). Ob ein Betriebs- und Geschäftsgeheimnis iSd Norm wichtig ist, bestimmt sich nach einer von der Behörde vorzunehmenden Güterabwägung (Hempel/Franke/*Scholz/Jansen* EnWG § 67 Rn. 17). Das Betriebs- oder Geschäftsgeheimnis muss aber für die Wettbewerbsposition, den Geschäftserfolg oder die wirtschaftliche Entwicklung des Unternehmens von besonderer Bedeutung sein (Elspas/Graßmann/Rasbach/*Elspas/Heinichen* EnWG § 67 Rn. 17). Zu beachten ist, dass trotz Vorliegens eines wichtigen Betriebs- und Geschäftsgeheimnisses eine Pflicht zum Ausschluss der Öffentlichkeit nur besteht, wenn das Geheimnis anderweitig nicht gewahrt werden kann. Der Ausschluss der Öffentlichkeit stellt ultima ratio dar und wird nur vorgenommen, wenn andere Maßnahmen zum Schutz des Geheimnisses nicht ausreichen (Rosin/Pohlmann/Gentzsch/Metzenthin/Böwing/*Bachert/Elspaß* EnWG § 67 Rn. 20). Bei Vorliegen der Voraussetzungen des § 67 Abs. 3 muss die Öffentlichkeit ausgeschlossen werden, wobei sich diese Pflicht nicht auf die Beteiligten erstreckt. Es gilt der **Grundsatz der Beteiligtenöffentlichkeit** (Manssen/*Ohlenburg* TKM § 135 TKG-2004 Rn. 29; BerlKommTKG/*Gurlit* TKG § 135 Rn. 41; Scheurle/Mayen/*Bergmann* TKG § 135 Rn. 33). In der Praxis wird bei Vorliegen von wichtigen Betriebs- und Geschäftsgeheimnissen die Öffentlichkeit nur von Teilen des Verfahrens ausgeschlossen, sodass über die Betriebs- und Geschäftsgeheimnisse gesprochen werden kann, die Verhandlung aber ansonsten öffentlich stattfinden kann. Dieses Vorgehen entspricht dem Verhältnismäßigkeitsgrundsatz, da die Rechte nur so weit beschränkt werden, wie dies zum Schutz der Betriebs- und Geschäftsgeheimnisse erforderlich ist.

IV. Verstoß (Abs. 4)

Abs. 4 ordnet die Anwendung der §§ 45, 46 VwVfG an. Der ausdrückliche Hinweis auf die Anwendung der Normen ist dabei nicht so zu verstehen, dass das VwVfG nur dann Anwendung findet, wenn dies ausdrücklich angeordnet wird.

Die übrigen Vorschriften des VwVfG finden vielmehr stets subsidiär Anwendung (→ Vor §§ 65 ff. Rn. 3).

15 § 45 VwVfG regelt die Heilung von Verfahrens- und Formfehlern. Liegt etwa ein Begründungsmangel vor, so kann dieser – in der Regel – noch im gerichtlichen Beschwerdeverfahren geheilt werden (BGH Beschl. v. 29. 9. 2009 – EnVR 39/08). Nach § 46 VwVfG kann die Aufhebung einer Entscheidung aufgrund eines Verfahrens- oder Formfehlers nicht beansprucht werden, wenn dieser Fehler „offensichtlich" die Entscheidung in der Sache nicht beeinflusst hat. Dabei sind strenge Maßstäbe an die Offensichtlichkeit anzulegen und wenn ernste Zweifel daran bestehen, dass ohne den Fehler ebenso entschieden worden wäre, fehlt es an der Offensichtlichkeit (*Salje* EnWG § 67 Rn. 34). Offensichtlichkeit liegt vor, wenn jeder vernünftige Zweifel an der materiellen Richtigkeit der Entscheidung ausgeschlossen ist, was regelmäßig nur bei gebundenen Entscheidungen oder im Falle einer Ermessensreduzierung auf null wird vorliegen können (OLG Düsseldorf, Beschl. v. 1. 9. 2021 – 3 Kart 209/20 (V), BeckRS 2021, 40019). In § 45 VwVfG ist die **Heilung** von bestimmten **Verfahrens- und Formfehlern** durch Nachholung der unterlassenen Handlungen geregelt. Die Nachholung kann nach § 45 Abs. 2 VwVfG bis zum Abschluss der letzten Tatsacheninstanz des gerichtlichen Verfahrens geschehen. Eine Heilung erfolgt indes nicht durch das Gericht, sondern die Behörde (Schoch/Schneider/*Schneider* VwVfG § 45 Rn. 64). Nach erfolgter Nachholung der fehlenden oder fehlerhaften Verfahrenshandlung muss durch die Behörde nochmals entschieden werden, sei es ihre Entscheidung aufrechterhält oder abändert, weil eine Nachholung anderenfalls sinnlos wäre (Kopp/Ramsauer/*Ramsauer* VwVfG § 45 Rn. 46). Der Fehler muss außerdem noch heilbar sein, wobei die besondere Bedeutung der Verfahrensvorschriften im Energierecht eine restriktive Handhabung notwendig macht (*Oster* RdE 2009, 126 (128 ff.)). Die Heilung ist ausgeschlossen, wenn die nachgeholte Verfahrenshandlung ihre rechtsstaatliche Funktion nicht erfüllt, weil die Heilung das Verfahrensergebnis nicht mehr beeinflussen kann (*Oster* RdE 2009, 126 (128 f. mwN)).

16 Problematisch stellt sich im Rahmen des energiewirtschaftsrechtlichen Verwaltungsverfahren die von § 45 Abs. 1 Nr. 3 VwVfG eingeräumte Möglichkeit dar, eine erforderliche aber unterbliebene Anhörung eines Beteiligten bis zum Abschluss der letzten Tatsacheninstanz des Beschwerdeverfahrens nachzuholen und den Verfahrensfehler so zu heilen. § 67 Abs. 1 statuiert für das energiewirtschaftsrechtliche Verwaltungsverfahren eine Anhörungspflicht der Beteiligten. Teilweise wird mit Blick auf das Rechtsstaatsprinzip und Art. 19 Abs. 4 GG angenommen, dass eine Heilung entgegen des Wortlauts des § 45 Abs. 2 VwVfG nur bis zur Erhebung der Beschwerde möglich sei (FK-KartellR/*Bracher* GWB § 56 Rn. 36). Allerdings ist die Heilungsmöglichkeit auch während des Beschwerdeverfahrens anzuerkennen, wenn die Anhörung außerhalb des gerichtlichen Verfahrens nachgeholt wird (BVerwG Urt. v. 15. 12. 1983 – 3 C 27/82, NVwZ 1984, 544; Theobald/Kühling/*Theobald/Werk* EnWG § 67 Rn. 34) und die Behörde die Bereitschaft erkennen lässt, die Entscheidung ggf. aufzuheben oder abzuändern (Elspas/Graßmann/Rasbach/*Elspas/Heinichen* EnWG § 67 Rn. 19; Bechtold/Bosch/*Bechtold/Bosch* GWB § 56 Rn. 9).

C. Rechtsschutz

Rechtsschutz gegen Verfahrensfehler kann, wenn keine Heilung nach §§ 45, 46 **17** VwVfG eintritt, nur im Rahmen einer gegen die Sachentscheidung gerichteten Beschwerde nach § 75 erlangt werden (BerlKommEnergieR/*Wende* EnWG § 67 Rn. 29). Auch die Entscheidung der Regulierungsbehörde, ob Akteneinsicht zu gewähren ist, kann mangels Verwaltungsaktqualität nicht isoliert, sondern nur im Rahmen des Vorgehens gegen die Sachentscheidung angegriffen werden (OVG Münster Beschl. v. 12.5.1999 – 13 B 633/99; Elspas/Graßmann/Rasbach/*Elspas/ Heinichen* EnWG § 67 Rn. 15). Um die beabsichtigte Gewährung der Akteneinsicht zu verhindern, ist eine vorbeugende Unterlassungsbeschwerde nach § 75 Abs. 1 zu erheben. Voraussetzung ist das Vorliegen eines qualifizierten Rechtsschutzbedürfnisses (OLG Düsseldorf Beschl. v. 22.1.2003 – VI-Kart 21/02 (V); BerlKommEnergieR/*Wende* EnWG § 67 Rn. 33). Damit der Betroffene vorbeugenden Rechtsschutz in Anspruch nehmen kann, muss die Behörde diesen vor Gewährung der Akteneinsicht in Unterlagen, die nach Auffassung des Betroffenen Betriebs- und Geschäftsgeheimnisse enthalten, informieren (BerlKommEnergieR/*Wende* EnWG § 67 Rn. 33). Bei der Erhebung von Rechtsbehelfen gegen behördliche Verfahrenshandlungen muss berücksichtigt werde, dass diese nach § 44a VwGO nur gleichzeitig mit den gegen die Sachentscheidung zulässigen Rechtsbehelfen geltend gemacht werden können. Eine Ausnahme hiervon besteht nur dann, wenn die behördlichen Verfahrenshandlungen vollstreckt werden können oder wenn diese gegen einen Nichtbeteiligten ergehen.

§ 68 Ermittlungen

(1) **Die Regulierungsbehörde kann alle Ermittlungen führen und alle Beweise erheben, die erforderlich sind.**

(2) **¹Für den Beweis durch Augenschein, Zeugen und Sachverständige sind § 372 Abs. 1, §§ 376, 377, 378, 380 bis 387, 390, 395 bis 397, 398 Abs. 1, §§ 401, 402, 404, 404a, 406 bis 409, 411 bis 414 der Zivilprozessordnung sinngemäß anzuwenden; Haft darf nicht verhängt werden. ²Für die Entscheidung über die Beschwerde ist das Oberlandesgericht zuständig.**

(3) **¹Über die Zeugenaussage soll eine Niederschrift aufgenommen werden, die von dem ermittelnden Mitglied der Regulierungsbehörde und, wenn ein Urkundsbeamter zugezogen ist, auch von diesem zu unterschreiben ist. ²Die Niederschrift soll Ort und Tag der Verhandlung sowie die Namen der Mitwirkenden und Beteiligten ersehen lassen.**

(4) **¹Die Niederschrift ist dem Zeugen zur Genehmigung vorzulesen oder zur eigenen Durchsicht vorzulegen. ²Die erteilte Genehmigung ist zu vermerken und von dem Zeugen zu unterschreiben. ³Unterbleibt die Unterschrift, so ist der Grund hierfür anzugeben.**

(5) **Bei der Vernehmung von Sachverständigen sind die Bestimmungen der Absätze 3 und 4 anzuwenden.**

(6) **¹Die Regulierungsbehörde kann das Amtsgericht um die Beeidigung von Zeugen ersuchen, wenn sie die Beeidigung zur Herbeiführung**

§ 68 Teil 8. Verfahren

einer wahrheitsgemäßen Aussage für notwendig erachtet. ²Über die Beeidigung entscheidet das Gericht.

(7) Die Bundesnetzagentur darf personenbezogene Daten, die ihr zur Durchführung der Verordnung (EU) Nr. 1227/2011 mitgeteilt werden, nur verarbeiten, soweit dies zur Erfüllung der in ihrer Zuständigkeit liegenden Aufgaben und für die Zwecke der Zusammenarbeit nach Artikel 7 Absatz 2 und Artikel 16 der Verordnung (EU) Nr. 1227/2011 erforderlich ist.

(8) Die Bundesnetzagentur kann zur Erfüllung ihrer Aufgaben auch Wirtschaftsprüfer oder Sachverständige als Verwaltungshelfer bei Ermittlungen oder Überprüfungen einsetzen.

Literatur: *Becker*, Befugnisse und Praxis des Bundeskartellamts im Verbraucherschutz nach der 9. GWB-Novelle, ZWeR 2017, 317; *Faber*, Die Reichweite der Ermittlungsbefugnisse der Regulierungsbehörden nach §§ 68–70 EnWG, RdE 2006, 334; *Geppert/Schütz* (Hrsg.), Beck'scher TKG-Kommentar, 4. Aufl. 2013 (zit. Geppert/Schütz/*Bearbeiter*); *Jaeger/Kokott/Pohlmann/Schroeder* (Hrsg.), Frankfurter Kommentar zum Kartellrecht, 99. EL. 2021 (zit. FK-KartellR/*Bearbeiter*); *Posser/Wolff* (Hrsg.), Beck'scher Online-Kommentar VwGO, 57. Ed. 1.4.2021 (zit. BeckOK VwGO/*Bearbeiter*); *Säcker/Meier-Beck* (Hrsg.); Münchener Kommentar zum Wettbewerbsrecht – Band 2: Deutsches Wettbewerbsrecht, 3. Aufl. 2020 (zit. MüKoGWB/*Bearbeiter*); *Rosin/Pohlmann/Gentzsch/Metzenthin/Böwing* (Hrsg.), Praxiskommentar zum EnWG – Gesetz und Verordnungen, Band 2, 10. EL 12/2019 (zit. Rosin/Pohlmann/Gentzsch/Metzenthin/Böwing/*Bearbeiter*); *Säcker* (Hrsg.), Berliner Kommentar zum Telekommunikationsgesetz, 2. überarb. Aufl. 2009 (zit. BerlKommTKG/*Bearbeiter*); *Scheurle/Mayen* (Hrsg.), TKG, 3. Aufl. 2018.

A. Allgemeines

I. Inhalt

1   Die Regelung des § 68 räumt der Behörde umfassende Ermittlungsbefugnisse ein und enthält für die wichtigsten Beweismittel eine Formalisierung des Verfahrens (BT-Drs. 13/3609, 52 zu § 73 TKG 1996; Geppert/Schütz/*Meyer-Sebastian* TKG § 128 Rn. 1). Abs. 1 ermächtigt die Regulierungsbehörde allgemein zur Durchführung von Ermittlungen und zur Erhebung der nötigen Beweise. Abs. 2 regelt, dass für den Beweis durch Augenschein, Zeugen und Sachverständige die aufgeführten Normen der ZPO anwendbar sind und legt die Zuständigkeit des Oberlandesgerichts für die Entscheidung über die Beschwerde fest. In Abs. 3 finden sich Vorgaben für die Niederschrift der Zeugenaussage, während Abs. 4 die Genehmigung der Niederschrift durch den Zeugen betrifft. Abs. 5 erklärt für die Vernehmung von Sachverständigen die Abs. 3 und 4 für anwendbar und Abs. 6 enthält Regelungen über die Beeidigung von Zeugen. Abs. 7 regelt den Umgang der BNetzA mit personenbezogenen Daten und Abs. 8 berechtigt die BNetzA zum Einsatz von Wirtschaftsprüfern oder Sachverständigen als Verwaltungshelfer. § 68 regelt die Ermittlungsbefugnisse der Regulierungsbehörde nicht abschließend. Daneben anwendbare Regelungen finden sich in Spezialvorschriften des EnWG und in den einschlägigen Verwaltungsverfahrensgesetzen (Rosin/Pohlmann/Gentzsch/Metzenthin/Böwing/*Bachert/Elspaß* EnWG § 68 Rn. 2).

Ermittlungen **§ 68**

II. Zweck

§ 68 übernimmt die Vorschriften des § 57 GWB und § 128 TKG aF (BT-Drs. 2 15/3917, 71). Die Abs. 7 und 8 wurden 2012 eingefügt. Die Vorschrift normiert den auch im energiewirtschaftsrechtlichen Verwaltungsverfahren geltenden Untersuchungsgrundsatz. Die ausdrückliche Regelung in Abs. 1 verdeutlicht, dass das Verfahren vor der Beschlusskammer vom Untersuchungsgrundsatz beherrscht wird (BT-Drs. 13/3609, 52 zu § 73 TKG 1996). Dessen Geltung ist Ausdruck des Anspruchs auf Gewährung effektiven Rechtsschutzes gegen Maßnahmen der öffentlichen Gewalt aus Art. 19 Abs. 4 GG sowie des Rechtsstaatsprinzips und mithin des Prinzips der Rechtmäßigkeit der Verwaltung (BeckOK VwGO/*Breunig* § 86 Rn. 8; Immenga/Mestmäcker/*Schmidt* GWB § 57 Rn. 1).

B. Einzelerläuterungen

I. Amtsermittlungsgrundsatz

§ 68 regelt, dass die Behörde Ermittlungen führen „kann" und eröffnet der Be- 3 hörde seinem Wortlaut nach damit Ermessen. Im energiewirtschaftsrechtlichen Verwaltungsverfahren gilt jedoch aufgrund des subsidiär anwendbaren § 24 VwVfG der Amtsermittlungsgrundsatz.

1. Bedeutung. Aufgrund der Geltung des Amtsermittlungsgrundsatzes ist die 4 Behörde von Amts wegen verpflichtet, den Sachverhalt zu ermitteln und aufzuklären. (BGH Beschl. v. 14.7.2015 — KVR 77/13; Immenga/Mestmäcker/*Schmidt* GWB § 57 Rn. 3; Loewenheim/Meessen/Riesenkampff/Kersting/Meyer-Lindemann/*Quellmalz* GWB § 57 Rn. 1). Bei ihren Ermittlungen ist die Behörde nicht an das Vorbringen der Beteiligten gebunden (Scheurle/Mayen/*Bergmann* TKG § 128 Rn. 3). Da der Beibringungsgrundsatz gerade nicht gilt, können die betroffenen Unternehmen den Gegenstand behördlicher Untersuchungen nicht bestimmen (Immenga/Mestmäcker/*Schmidt* GWB § 57 Rn. 2). Allerdings hat die Behörde Vorträge der Beteiligten und Beweisanträgen zu berücksichtigen, wenn dies zur Beweiserhebung erforderlich ist (FK-KartellR/*Bracher* GWB § 57 Rn. 8). Der Amtsermittlungsgrundsatz gilt unabhängig davon, ob das Verfahren von Amts wegen oder auf Antrag eingeleitet wurde (NK-EnWG/*Turiaux* § 68 Rn. 2; Theobald/Kühling/*Theobald/Werk* EnWG § 68 Rn. 5).

2. Ermittlungsmaßnahmen. Die Befugnis der Behörde zum Ergreifen von 5 Ermittlungsmaßnahmen besteht nur im Rahmen eines eingeleiteten energiewirtschaftsrechtlichen Verwaltungsverfahrens. Ermittlungen im Vorfeld eines Verfahrens sind unzulässig (BerlKommEnergieR/*Wende* EnWG § 68 Rn. 12; *Faber* RdE 2006, 334 (335)). Das Verfahren gilt dabei bereits dann als eingeleitet, wenn ein konkreter **Anfangsverdacht** für die Notwendigkeit eines energiewirtschaftlichen Verwaltungsverfahrens besteht und die Behörde Überlegungen zur weiteren Verfahrensgestaltung aufnimmt (NK-EnWG/*Turiaux* § 69 Rn. 2). Gleiches gilt, wenn formelle Ermittlungsmaßnahmen bei Bestehen eines solchen Anfangsverdachts ergriffen werden (BerlKommEnergieR/*Wende* § 69 Rn. 4: wenn diese geeignet erscheinen, diesen zu erhärten). Insofern ist es ausreichend, wenn durch das Ergreifen der Maßnahme ein Verfahren eingeleitet wird; dass ein Verfahren schon bereits zuvor eingeleitet war, wird hingegen nicht gefordert (NK-EnWG/*Turiaux* § 69 Rn. 2). Bei

§ 68 Teil 8. Verfahren

einem zeitlichen Zusammenfallen der Verfahrenseinleitung und der Aufnahme von Ermittlungen ist die klare Kommunikation der Verfahrenseinleitung an die Betroffenen von besonderer Relevanz.

6 Sind diese Voraussetzungen erfüllt, steht es im Ermessen der Regulierungsbehörde, welche Ermittlungsmaßnahmen sie konkret ergreift. Bei der Wahl der jeweiligen Maßnahme hat die Behörde das Verhältnismäßigkeitsprinzip zu wahren und mithin die Maßnahmen zu wählen, die der Bedeutung des Sachverhalts gerecht werden und erfahrungsgemäß Erfolg haben. (BVerwG Beschl. v. 21.10.1987 – 7 B 162/87; OLG Düsseldorf 6.6.2012 – VI-3 Kart 356/07 (V); BerlKommTKG/ *Gurlit* TKG § 128 Rn. 5). Konkret bedeutet dies zunächst, dass sie nur Ermittlungsmaßnahmen durchführen darf, die geeignet sind, zur Aufklärung des konkreten Sachverhalts beizutragen (BerlKommEnergieR/*Wende* EnWG § 68 Rn. 12; *Salje* EnWG § 66 Rn. 5; *Faber* RdE 2006, 334 (336)). Zudem muss das gewählte Mittel erforderlich sein, dh es darf kein milderes, gleich geeignetes Mittel geben (Scheurle/ Mayen/*Bergmann* TKG § 128 Rn. 13: Hempel/Franke/*Scholz*/*Jansen* EnWG § 68 Rn. 7). Darüber hinaus hat die Behörde auch die Angemessenheit im Blick zu behalten, sodass die verschiedenen Interessen zu berücksichtigen und gegeneinander abzuwägen sind (Hempel/Franke/*Scholz*/*Jansen* EnWG § 68 Rn. 7).

7 Die Aufklärungspflicht der Behörde **endet** erst, wenn das Verwaltungsverfahren **entscheidungsreif** ist, also alle rechtserheblichen Tatsachen ermittelt sind, oder ein Non liquet besteht (Rosin/Pohlmann/Gentzsch/Metzenthin/Böwing/*Bachert*/*Elspaß* EnWG § 68 Rn. 12; Immenga/Mestmäcker/*Schmidt* GWB § 57 Rn. 7). Es gilt der Grundsatz der freien Beweiswürdigung, sodass die Behörde nach freier Überzeugung entscheidet, ob sie eine Tatsache als erwiesen ansieht oder nicht (Rosin/Pohlmann/Gentzsch/Metzenthin/Böwing/*Bachert*/*Elspaß* EnWG § 68 Rn. 12; Loewenheim/Meessen/Riesenkampff/Kersting/Meyer-Lindemann/*Quellmalz* GWB § 57 Rn. 2; MüKoGWB/*Engelsing* § 57 Rn. 3). Grundsätzlich dürfen Ermittlungsmaßnahmen nicht mit der Begründung unterlassen werden, dass diese zu kosten- oder zeitaufwändig seien. Von den Ermittlungsmaßnahmen kann jedoch dann abgesehen werden, wenn sich diese mit Blick auf Art, Umfang, Zeit, Auswahl der Mittel und Belastung für die Betroffenen sowie die Allgemeinheit als unangemessen darstellen. In diesem Fall ist eine Schätzung aufgrund gesicherter Erfahrungswerte zulässig (OLG Düsseldorf Beschl. v. 6.6.2012 – VI-3 Kart 290/07; Theobald/Kühling/*Theobald*/*Werk* EnWG § 68 Rn. 9). Ermittelt die Behörde den Sachverhalt nur unzureichend, stellt dies einen Verfahrensfehler dar und führt zur Rechtswidrigkeit der Entscheidung. Aufhebbar ist diese allerdings nur, wenn zusätzlich die Voraussetzungen des § 46 VwVfG erfüllt sind (NK-EnWG/*Turiaux* § 68 Rn. 3).

8 **3. Mitwirkungspflichten.** Teilweise sieht das Gesetz Mitwirkungsobliegenheiten der Beteiligten vor. Gem. § 26 Abs. 2 VwVfG sollen die Beteiligten etwa die ihnen bekannten **Tatsachen und Beweismittel angeben**. Da es sich bloß um Obliegenheiten und nicht um Pflichten handelt, ist die Mitwirkung der Beteiligten nicht erzwingbar und ihr Unterbleiben hat keine unmittelbaren verfahrensrechtlichen Folgen. Eine unterbliebene mögliche und zumutbare Mitwirkung begrenzt die Amtsermittlungspflicht der Behörde jedoch insofern, als dass diese regelmäßig nicht verpflichtet ist, alle erdenklichen anderen Erkenntnisquellen auszuschöpfen (Elspas/Graßmann/Rasbach/*Elspas*/*Heinichen* EnWG § 68 Rn. 6). Zudem kann die Regulierungsbehörde aus der Informationsverweigerung für den Beteiligten **nachteilige Schlüsse** ziehen (BGH Beschl. v. 14.7.2015 – KVR 77/13; Immenga/Mestmäcker/ *Schmidt* GWB § 57 Rn. 9). Eine Verpflichtung der Beteiligten

Ermittlungen **§ 68**

zur Mitwirkung besteht nur dann, wenn dies gesetzlich bestimmt wird (zB in §§ 27, 28 ARegV) oder sich aus einer Festlegung der BNetzA ergibt (Hempel/Franke/ *Scholz/Jansen* EnWG § 68 Rn. 8). Im Falle des § 27 ARegV wird die Auskunftsverpflichtung durch Erlass einer Festlegung zur Datenerhebung ausgelöst, die gem. § 94 durch die Regulierungsbehörde vollstreckt werden kann (Theobald/Kühling/ *Hummel* ARegV § 27 Rn. 24f.).

4. Beweislast. Da im energiewirtschaftsrechtlichen Verwaltungsverfahren der 9 Amtsermittlungsgrundsatz gilt, muss keiner der Beteiligten die formelle Beweislast tragen. Zu klären ist demgegenüber, wer das **Risiko der Unaufklärbarkeit** von verfahrenserheblichen Umständen, also die materielle Beweislast trägt. Dies ergibt sich aus dem materiellen Recht. Sind Nachweispflichten nicht ausdrücklich geregelt (dies ist etwa in den §§ 25 S. 2, 27 S. 2 der Fall), gilt grundsätzlich das allgemeine Prinzip, wonach die Unaufklärbarkeit einer Tatsache zulasten desjenigen geht, der aus ihr eine günstige Rechtsfolge ziehen möchte (so OLG Brandenburg Beschl. v. 15.4.2008 – Kart W 4/07; Scheurle/Mayen/*Bergmann* TKG § 128 Rn. 16). Die Nachweispflicht in Bezug auf den Pflichtverstoß obliegt daher der Regulierungsbehörde, denn im Bereich der Eingriffsverwaltung trägt grundsätzlich diese die materielle Beweislast und damit das Risiko der Unaufklärbarkeit eines Sachverhalts (OLG Düsseldorf, Beschl. v. 1.9.2021 – 3 Kart 209/20 (V), BeckRS 2021, 40019). Somit trägt die Behörde die materielle Beweislast in Bezug auf das Vorliegen der Voraussetzungen einer belastenden Verfügung oder das Vorliegen eines Versagungsgrundes im Falle von Verfügungen, auf deren Erlass ein Anspruch besteht (Rosin/Pohlmann/ Gentzsch/Metzenthin/Böwing/*Bachert/Elspaß* EnWG § 68 Rn. 13). Ist die Sachaufklärung durch die Regierungsbehörde vollständig unterblieben oder vor Gericht nicht verwertbar kommt eine Aufhebung der behördlichen Verfügung allein aus diesem Grund in Betracht (OLG Düsseldorf, Beschl. v. 1.9.2021 – 3 Kart 209/20 (V), BeckRS 2021, 40019).

II. Beweismittel

Die Abs. 2 bis 6 betreffen die Beweismittel, die der Behörde im Rahmen ihrer 10 Ermittlungstätigkeiten zur Seite stehen. Konkret werden Regelungen für den Beweis durch **Augenschein, Zeugen und Sachverständige** getroffen. In Absatz 2 Satz 1 wird die sinngemäße Anwendung bestimmter ZPO-Vorschriften angeordnet, sodass insofern eine **Formalisierung** des Verfahrens eintritt. Darüber hinaus werden weitere Regelungen getroffen. Gem. § 68 Abs. 1 S. 2 Hs. 2 darf entgegen § 380 Abs. 1 S. 2 ZPO keine Haft verhängt werden. Die Abs. 3 und 4 treffen eigenständige Regelungen in Bezug auf die Niederschrift über die Zeugenaussage, wobei diese Bestimmungen gem. Abs. 5 ebenso auf die Vernehmung von Sachverständigen anzuwenden sind. Abs. 6 bestimmt, dass die Regulierungsbehörde das Amtsgericht um die Beeidigung von Zeugen ersuchen kann, wenn sie die Beeidigung zur Herbeiführung einer wahrheitsgemäßen Aussage für notwendig erachtet. Die in § 68 erwähnten Beweismittel sind jedoch nicht abschließend, vielmehr ermächtigt Abs. 1 die Behörde ausdrücklich dazu, alle erforderlichen Beweise zu erheben (Hempel/Franke/*Scholz/Jansen* EnWG § 68 Rn. 13; *Salje* EnWG § 68 Rn. 6; *Becker* ZWeR 2017, 317 (330); Immenga/Mestmäcker/*Schmidt* GWB § 57 Rn. 13). Indem gemäß Absatz 8 Wirtschaftsprüfer und Sachverständige von der BNetzA als Verwaltungshelfer bei Ermittlungen oder Überprüfungen eingesetzt werden können, sollen die Ermittlungen erleichtert werden.

III. Datenschutz

11 Abs. 7 dient dem Schutz personenbezogener Daten, indem der BNetzA Schranken im Umgang mit diesen gesetzt werden. Personenbezogene Daten, die der BNetzA zur Durchführung der REMIT-VO mitgeteilt werden, dürfen nur gespeichert, verändert oder genutzt werden, soweit dies zur Erfüllung der in die Zuständigkeit der BNetzA fallenden Aufgaben oder für die Zwecke der Zusammenarbeit nach Art. 7 Abs. 2 und Art. 16 REMIT-VO erforderlich ist. Wenn die Daten zur Erfüllung der Aufgaben nach dem EnWG oder der REMIT-VO nicht mehr erforderlich sind, ist die BNetzA zu deren Löschung verpflichtet (BR-Drs. 253/12, 41; BerlKommEnergieR/*Wende* EnWG § 68 Rn. 24).

C. Rechtsschutz

12 Gegen die in § 68 Abs. 2 S. 1 genannten Anordnungen der Regulierungsbehörde ist – wie sich aus den jeweiligen ZPO-Vorschriften ergibt – die Beschwerde zulässig. Beschwerdegegenstand sind nur die gem. § 68 Abs. 2 S. 1 in sinngemäßer Anwendung der §§ 380, 387, 390, 406, 409, 411 Abs. 2 ZPO getroffenen Entscheidungen der Regulierungsbehörde (Elspas/Graßmann/Rasbach/*Elspas/Heinichen* EnWG § 68 Rn. 19; Theobald/Kühling/*Theobald/Werk* EnWG § 68 Rn. 30). Bei der gegen diese Maßnahmen erhobenen Beschwerde handelt es sich um eine Beschwerde eigener Art, sodass insbesondere nicht die §§ 75 ff. Anwendung finden, sondern entsprechend der Verweisung auf die Vorschriften der ZPO in Abs. 2 S. 1 die §§ 567 ff. ZPO analog anzuwenden sind (Immenga/Mestmäcker/*Schmidt* GWB § 57 Rn. 27; FK-KartellR/*Bracher* GWB § 57 Rn. 51; *Salje* EnWG § 68 Rn. 9; Elspas/Graßmann/Rasbach/*Elspas/Heinichen* EnWG § 68 Rn. 19f.; aA Hempel/Franke/*Scholz/Jansen* EnWG § 68 Rn. 21, die die Beschwerde als sofortige Beschwerde nach §§ 567 ff. ZPO einstufen). Dies wird vor allem mit Blick auf die Regelung in Abs. 2 S. 2 bestätigt, nach der für die Entscheidung über die Beschwerde das Oberlandesgericht zuständig ist. Dieselbe Verweisung erfolgt für Beschwerden nach dem EnWG in § 75 Abs. 4 S. 1, sodass die Regelung in Abs. 2 S. 2 bei Anwendbarkeit der §§ 75 ff. ohne Bedeutung wäre (BerlKommEnergieR/*Wende* EnWG § 68 Rn. 21). Beschwerdebefugt sind allein die von der konkreten Maßnahme Betroffenen (BerlKommEnergieR/*Wende* EnWG § 68 Rn. 22; Immenga/Mestmäcker/*Schmidt* GWB § 57 Rn. 30). Umstritten ist, innerhalb welcher Frist die Sofortbeschwerde einzulegen ist. Zum Teil wird mangels expliziten Verweises auf § 569 Abs. 1 ZPO auf die Monatsfrist der § 78 Abs. 1 abgestellt (Rosin/Pohlmann/Gentzsch/Metzenthin/Böwing/*Bachert/Elspaß* EnWG § 68 Rn. 16; Langen/Bunte/*Schneider* GWB § 57 Rn. 44). Mit Blick auf die Anordnung der entsprechenden Anwendung der ZPO-Vorschriften muss allerdings auch im Rahmen des § 68 die zweiwöchige Frist aus § 569 Abs. 1 ZPO für die Einlegung der Sofortbeschwerde gelten (NK-EnWG/*Turiaux* § 68 Rn. 10; Immenga/Mestmäcker/*Schmidt* GWB § 57 Rn. 32; FK-KartellR/*Bracher* GWB § 57 Rn. 51).

13 Eine Beschwerde nach § 75 kann nur gegen Entscheidungen außerhalb des Zeugen- und Sachverständigenbeweises erhoben werden (BerlKommEnergieR/*Wende* EnWG § 68 Rn. 23; FK-KartellR/*Bracher* GWB § 57 Rn. 50). Dies trifft nach der Rechtsprechung des OLG Düsseldorf jedoch nicht auf Anordnungen zu, die nur dem Fortgang des Verfahrens dienen, wie etwa Beweisbeschlüsse. Gegen diese kann keine selbstständige Beschwer nach § 75 eingelegt werden, vielmehr kann deren Rechtmäßigkeit lediglich im Rahmen der das Verfahren abschließenden Entscheidung überprüft werden (OLG Düsseldorf Beschl. v. 26.9.2008 – VI-3 Kart 38/08 (V)).

§ 68a Zusammenarbeit mit der Staatsanwaltschaft

¹Die Bundesnetzagentur hat Tatsachen, die den Verdacht einer Straftat nach § 95a oder § 95b begründen, der zuständigen Staatsanwaltschaft unverzüglich anzuzeigen. ²Sie kann die personenbezogenen Daten der betroffenen Personen, gegen die sich der Verdacht richtet oder die als Zeugen in Betracht kommen, der Staatsanwaltschaft übermitteln, soweit dies für Zwecke der Strafverfolgung erforderlich ist. ³Die Staatsanwaltschaft entscheidet über die Vornahme der erforderlichen Ermittlungsmaßnahmen, insbesondere über Durchsuchungen, nach den Vorschriften der Strafprozessordnung. ⁴Die Befugnisse der Bundesnetzagentur nach § 56 Absatz 1 Satz 2 und § 69 Absatz 3 und 11 bleiben hiervon unberührt, soweit
1. **sie für die Durchführung von Verwaltungsmaßnahmen oder die Zusammenarbeit nach Artikel 7 Absatz 2 und Artikel 16 der Verordnung (EU) Nr. 1227/2011 erforderlich sind und**
2. **eine Gefährdung des Untersuchungszwecks von Ermittlungen der Strafverfolgungsbehörden oder der für Strafsachen zuständigen Gerichte nicht zu erwarten ist.**

Literatur: *Assmann/Schütze/Buck-Heeb* (Hrsg.), Handbuch des Kapitalanlagerechts, 5. Aufl. 2020 (zit. Assmann/Schütze/Buck-Heeb/*Bearbeiter*); Hirte/Möllers (Hrsg.), Kölner Kommentar zum WpHG, 2. Aufl. 2014 (zit. Kölner Kommentar WpHG/*Bearbeiter*); *Schwark/Zimmer* (Hrsg.), Kapitalmarktrechts-Kommentar, 5. Aufl. 2020 (zit. Schwark/Zimmer/*Bearbeiter*).

A. Allgemeines

I. Inhalt

§ 68a wurde mWv 12.12.2012 durch Art. 2 des Gesetzes zur Errichtung einer 1
Markttransparenzstelle für den Großhandel mit Strom und Gas (BGBl. 2012 I
S. 2403) in das EnWG eingeführt. Die Einführung erfolgte im engen Sachzusammenhang mit den ebenso eingeführten §§ 58a, 58b, 95a und § 95b. MWv 30.7.2016 wurde die Norm durch Art. 1 Strommarktgesetz (BGBl. 2016 I S. 1786) an das geänderte EnWG angepasst. Zuletzt wurde die Norm mWv 26.11.2019 durch Art. 89 des Zweiten Datenschutz-Anpassungs- und Umsetzungsgesetzes EU (2. DSAnpUG-EU) (BGBl. BGBl. 2019 I S. 1626) angepasst.

§ 68a regelt eine **Anzeigepflicht** der Bundesnetzagentur („BNetzA") in Bezug 2
auf Tatsachen, die den Verdacht des Insiderhandels oder der Marktmanipulation begründen (→ Rn. 6 ff.). Die Norm regelt weiterhin in welcher Weise Informationen weiterzugeben sind (→ Rn. 9 ff.). Darüber hinaus werden die Befugnisse der Staatsanwaltschaft und BNetzA bei laufendem staatsanwaltschaftlichem Ermittlungsverfahren geregelt (→ Rn. 13 ff.). Die Vorschrift ist inhaltlich an das entsprechende Gesetz im Wertpapierhandelsrecht, § 11 WpHG/vormals § 4 Abs. 5 WpHG aF, stark angelehnt.

Th. Eufinger

§ 68a

II. Zweck und Regelungshintergrund

3 Ausweislich der Gesetzesbegründung führt § 68a eine Anzeigepflicht der BNetzA ein, die mit der Hinweis- und Unterrichtungspflicht der Staatsanwaltschaft aus § 58a (→ § 58a Rn. 5 ff.) korreliert. Beide Normen grenzen in ihrem **Zusammenspiel** die Zuständigkeit zwischen der **Staatsanwaltschaft** und **BNetzA** ab (vgl. BT-Drs. 17/10060, 33). Da die Informationen über Verdachtsmomente bei der BNetzA zusammenlaufen, war es zudem unabdingbar eine entspr. Anzeigepflicht der Agentur bei der Staatsanwaltschaft festzulegen.

4 Die BNetzA ist nach § 69 Abs. 11 ermächtigt, Verstöße gegen das Insiderhandelsverbot und das Marktmanipulationsverbot zu untersuchen. Die BNetzA ersetzt hierbei nicht die Staatsanwaltschaft, vielmehr bleibt diese die zuständige Strafverfolgungsbehörde. Die europäischen Verbotsnormen sind in der VO (EU) Nr. 1227/2011 vom 8.12.2011 über die Integrität und Transparenz des Energiegroßhandelsmarkts (REMIT-VO/Regulation on Wholesale Energy Market Integrity and Transparency) (ABl. 2011 L 326, 1) geregelt. Das Verbot des Insiderhandels ist in Art. 3 REMIT-VO, das der Marktmanipulation in Art. 5 REMIT-VO normiert. Die Strafdrohung und damit auch die Strafbarkeit ist hier national in § 95a und § 95b geregelt.

B. Zusammenwirken zwischen Bundesnetzagentur und Staatsanwaltschaft im Einzelnen

5 § 68a regelt die Zusammenarbeit der BNetzA und der Staatsanwaltschaft zur Durchführung der REMIT-VO im Bereich Insiderhandel und Marktmanipulation und regelt hierzu im Einzelnen damit verbundene Rechte und Pflichten.

I. Die Anzeigepflicht nach S. 1

6 Nach S. 1 hat die BNetzA **Tatsachen**, die den Verdacht einer Straftat nach §§ 95a oder 95b (Insiderhandel und Marktmanipulation) begründen, der zuständigen Staatsanwaltschaft unverzüglich **anzuzeigen.** Die Anzeige ist bei der zuständigen Staatsanwaltschaft zu erstatten. Dies richtet sich nach den strafprozessualen Regeln. Meist ist der Ort der Tat maßgeblich, in Zeiten des Computerhandels sind aber auch andere Konstellationen denkbar. Einige Bundesländer haben im Bereich der Wirtschaftskriminalität Schwerpunktstaatsanwaltschaften gebildet. Die BNetzA wird hier als Verwaltungs- und nicht als Strafverfolgungsbehörde tätig. Die Strafverfolgungszuständigkeit verbleibt bei der Staatsanwaltschaft. Bei Vorliegen des Verdachts einer Straftat enden die Ermittlungsbefugnisse der BNetzA. Es verbleibt bei den Befugnissen der BNetzA nach S. 4 (→ Rn. 14 ff.).

7 Die BNetzA hat Tatsachen, die den Verdacht der Straftat begründen **unverzüglich** anzuzeigen. Welcher **Verdachtsgrad** hierzu erforderlich ist, ist weder dem Gesetzestext, noch den Gesetzgebungsmaterialien zu entnehmen. Teilw. wird in der Literatur, aus der allgemeinen Ermittlungspflicht der Staatsanwaltschaft, auf den Anfangsverdacht nach § 152 Abs. 2 StPO iVm § 160 Abs. 1 StPO geschlossen (vgl. Theobald/Kühling/*Theobald/Werk* EnWG § 68a Rn. 4). § 68a spricht jedoch von Tatsachen, nicht aber von zureichenden tatsächlichen Anhaltspunkten (so § 152 Abs. 2 StPO). Daraus folgt nach hier vertretener Ansicht, dass der Konkretisierungsgrad dieser Tatsachen auch unterhalb der Schwelle eines Anfangsverdachts liegen kann. Sachgerecht wird in der Literatur vertreten in Zweifelsfällen frühzeitig mit der Staatsanwaltschaft in Kontakt zu treten und das weitere Vorgehen abzuklären oder direkt Anzeige zu erstatten (NK-EnWG/*Turiaux* § 68a Rn. 3).

Eine **typische Begehensweise** im Marktmanipulationsbereich ist das Einstellen 8 einer Kauf- und Verkaufsorder zum gleichen Preis und gleichen Volumen. Ist es dieselbe Person spricht man von einem „Wash Sale", sind es verschiedene Personen von einem „abgesprochenen Geschäft"/einem „pre arranged trade". Alleine die Kenntnis der Orders im Falle zweier handelnder Personen, ist noch kein sicherer Nachweis einer unredlichen Absprache, aber ein starkes Indiz für das Vorliegen der Straftat der Marktmanipulation. Selbst bei Annahme eines fehlenden Anfangsverdachts im technischen Sinn, ist nach hier vertretener Ansicht eine Anzeige geboten. Als Ausdruck der Stellung der Staatsanwaltschaft als „Herrin des Ermittlungsverfahrens" ist es ihre Aufgabe nach ihrem Ermessen weitere Ermittlungen durchzuführen und den Sachverhalt aufzuklären.

II. Die Informationspflicht nach S. 2

Nach S. 2 „kann" die BNetzA **personenbezogene Daten** der betroffenen Personen (vormals „Betroffenen" § 68a Abs. 1 S. 2 EnWG aF), gegen die sich der Verdacht richtet oder die als Zeugen in Betracht kommen, der Staatsanwaltschaft übermitteln, soweit dies für die Zwecke der Strafverfolgung erforderlich ist. Hier galt es angesichts gesteigerten datenschutzrechtlicher Bestimmungen eine ausdrückliche Regelung zu treffen, um den Anforderungen eines Eingriffs in das informationelle Selbstbestimmungsrecht Rechnung zu tragen (weiterführend Theobald/Kühling/ *Theobald/Werk* EnWG § 68a Rn. 6).

Trotz des Wortlauts „kann", besteht nach allgemeiner Auffassung **kein Ermessen** der BNetzA in Hinblick auf mit der Anzeige verbundenen personenbezogenen Daten der betroffenen Personen (vgl. BerlKommEnergieR/*Wende* EnWG § 68a Rn. 1; NK-EnWG/*Turiaux* § 68a Rn. 3; Theobald/Kühling/*Theobald/Werk* EnWG § 68a Rn. 6). Diese sind entsprechend weiterzugeben. Ein Ermessen widerspräche der Anzeigepflicht des S. 1, welche ihrerseits kein Entschließungsermessen der BNetzA vorsieht. S. 2 soll nach der – bereits im Gesetzgebungsverfahren vorgebrachten begrifflichen Kritik des Bundesrates – lediglich die Befugnis des Bundes begründen, entsprechende Daten mitzuteilen. Streng genommen ergibt sich diese Befugnis womöglich bereits aus der Anzeigepflicht des S. 1, sodass die rein deklaratorische Nennung in S. 2 entbehrlich wäre. Der Vorschlag einer Streichung des S. 2 aus den Reihen des Bundesrates wurde jedoch nicht aufgenommen (vgl. BT-Drs. 17/10060, 42).

Bei personenbezogenen Daten, die über die eigentliche Anzeige hinausgehen, 11 kann ein **Ermessen** in Bezug auf die Weitergabe an die Staatsanwaltschaft bestehen. Hier sind insbesondere datenschutzrechtliche Erwägungen in die Ermessensentscheidung einzustellen (vgl. NK-EnWG/*Turiaux* § 68a Rn. 3).

Eine inhaltliche Anpassung sollte durch den zuletzt durch den Gesetzgeber geänderten Wortlaut nicht erfolgen. Die Wortlautänderung beruht auf einer Vereinheitlichung der Begrifflichkeiten mit Europarecht. Die einschlägige Gesetzesbegründung beinhaltet hierbei einen offensichtlichen redaktionellen Fehler, da diese die Begründung zur Änderung des § 68 Abs. 7 EnWG wiederholt anstatt die hiesige Wortlautänderung zu begründen (vgl. BT-Drs. 19/4674, 320).

III. Die Entscheidungsbefugnis der Staatsanwaltschaft für das weitere Verfahren nach S. 3

13 Nach S. 3 **entscheidet** die **Staatsanwaltschaft** über die Vornahme der erforderlichen Ermittlungsmaßnahmen, insbes. über Durchsuchungen, nach den Vorschriften der Strafprozessordnung. Hierdurch wird klargestellt, dass die Staatsanwaltschaft als unabhängige Behörde auch hier ihre Rolle als „Herrin des Ermittlungsverfahrens" ausübt. Die Staatsanwaltschaft ist an die Einschätzung der Bundesagentur nicht gebunden. Hiervon unberührt bleiben die seitens der Staatsanwaltschaft bestehenden Mitteilungs- und Anhörungspflichten nach § 58b (→ § 58b Rn. 5 ff.). Ein konstitutiver Charakter kommt der Vorschrift nicht zu – sie ist rein deklaratorisch (vgl. Theobald/Kühling/*Theobald/Werk* EnWG § 68a Rn. 8).

IV. Die parallelen Befugnisse der Bundesnetzagentur nach S. 4

14 Nach S. 4 bleiben die **Befugnisse der BNetzA** gem. § 56 Abs. 1 S. 2 und § 69 Abs. 3 und 11 unter bestimmten Einschränkungen unberührt. Diese Normen regeln die Befugnisse der BNetzA iRd Verwaltungsverfahrens, beispielhaft das Recht auf Auskunftserteilung.

15 Nach der Anzeige sind solche **Maßnahmen** nach S. 4 Nr. 1 noch möglich, soweit sie zur Durchführung von Verwaltungsmaßnahmen oder die Zusammenarbeit nach Art. 7 Abs. 2 und Art. 16 REMIT-VO erforderlich sind und die weiteren Voraussetzungen des S. 4 Nr. 2 gegeben sind.

16 Nach Art. 7 Abs. 2 REMIT-VO arbeiten die nationalen Regulierungsbehörden bei der Überwachung der Energiegroßhandelsmärkte nach Art. 7 Abs. 1 (Überwachung um Insiderhandel und Marktmanipulation aufzudecken und hierzu entsprechende Datenerhebung) auf regionaler Ebene und mit der europäischen Agentur **ACER** (Agency for the Cooperation of Energy Regulators) zusammen. Sie haben entspr. Daten auszutauschen. Dies bleibt durch das staatsanwaltschaftliche Ermittlungsverfahren unberührt.

17 Art. 16 REMIT-VO regelt die **Zusammenarbeit auf Unionsebene** und auf nationaler Ebene. Insbes. sind Regeln zur Unterrichtung der europäischen Wertpapieraufsichtsbehörde ESMA in Paris enthalten, soweit sich die Taten auch auf Wertpapiere erstrecken. Auch dies bleibt unberührt.

18 Nach S. 4 Nr. 2 sind Maßnahmen der BNetzA nur zulässig, wenn eine **Gefährdung des Untersuchungszwecks** von Ermittlungen der Strafverfolgungsbehörden oder der für Strafsachen zuständigen Gerichte nicht zu erwarten ist. Auch hier ist eine nahe Absprache mit den Strafverfolgungsbehörden zielführend.

C. Rechtsfolgen bei Verstößen gegen die Anzeige- und Informationspflicht

19 Ein formeller Rechtsbehelf der Staatsanwaltschaft gegen die Nichtanzeige oder ausbleibende Information durch die BNetzA ist nicht gegeben. Theoretisch denkbar ist jedoch hiergegen durch eine **Gegenvorstellung** oder **Fachaufsichtsbeschwerde** bei der BNetzA vorzugehen. Davon unberührt bleiben strafprozessuale Maßnahmen, wie etwa eine Durchsuchung.

20 Verschärfend hinzu tritt die Möglichkeit der Strafbarkeit wegen einer **Strafvereitelung im Amt** nach § 258a StGB. Eine solche kommt in Betracht, wenn ein

zuständiger Mitarbeiter absichtlich oder wissentlich die Anzeige oder Information unterlässt und hierdurch eine Bestrafung verhindert (vgl. NK-EnWG/*Turiaux* § 68 a Rn. 3).

§ 69 Auskunftsverlangen, Betretungsrecht

(1) ¹Soweit es zur Erfüllung der in diesem Gesetz der Regulierungsbehörde übertragenen Aufgaben erforderlich ist, kann die Regulierungsbehörde bis zur Bestandskraft ihrer Entscheidung
1. von Unternehmen und Vereinigungen von Unternehmen Auskunft über ihre technischen und wirtschaftlichen Verhältnisse sowie die Herausgabe von Unterlagen verlangen; dies umfasst auch allgemeine Marktstudien, die der Regulierungsbehörde bei der Erfüllung der ihr übertragenen Aufgaben, insbesondere bei der Einschätzung oder Analyse der Wettbewerbsbedingungen oder der Marktlage, dienen und sich im Besitz des Unternehmens oder der Vereinigung von Unternehmen befinden;
2. von Unternehmen und Vereinigungen von Unternehmen Auskunft über die wirtschaftlichen Verhältnisse von mit ihnen nach Artikel 3 Abs. 2 der Verordnung (EG) Nr. 139/2004 verbundenen Unternehmen sowie die Herausgabe von Unterlagen dieser Unternehmen verlangen, soweit sie die Informationen zur Verfügung haben oder soweit sie auf Grund bestehender rechtlicher Verbindungen zur Beschaffung der verlangten Informationen über die verbundenen Unternehmen in der Lage sind;
3. bei Unternehmen und Vereinigungen von Unternehmen innerhalb der üblichen Geschäftszeiten die geschäftlichen Unterlagen einsehen und prüfen.

²Gegenüber Wirtschafts- und Berufsvereinigungen der Energiewirtschaft gilt Satz 1 Nr. 1 und 3 entsprechend hinsichtlich ihrer Tätigkeit, Satzung und Beschlüsse sowie Anzahl und Namen der Mitglieder, für die die Beschlüsse bestimmt sind.

(2) Die Inhaber der Unternehmen oder die diese vertretenden Personen, bei juristischen Personen, Gesellschaften und nichtrechtsfähigen Vereinen die nach Gesetz oder Satzung zur Vertretung berufenen Personen, sind verpflichtet, die verlangten Unterlagen herauszugeben, die verlangten Auskünfte zu erteilen, die geschäftlichen Unterlagen zur Einsichtnahme vorzulegen und die Prüfung dieser geschäftlichen Unterlagen sowie das Betreten von Geschäftsräumen und -grundstücken während der üblichen Geschäftszeiten zu dulden.

(3) ¹Personen, die von der Regulierungsbehörde mit der Vornahme von Prüfungen beauftragt sind, dürfen Betriebsgrundstücke, Büro- und Geschäftsräume und Einrichtungen der Unternehmen und Vereinigungen von Unternehmen während der üblichen Geschäftszeiten betreten. ²Das Betreten ist außerhalb dieser Zeit oder wenn die Geschäftsräume sich in einer Wohnung befinden ohne Einverständnis nur insoweit zulässig und zu dulden, wie dies zur Verhütung von dringenden Gefahren für die öffentliche Sicherheit und Ordnung erforderlich ist und wie bei der auskunftspflichtigen Person Anhaltspunkte für einen Verstoß gegen Artikel 3

§ 69

oder 5 der Verordnung (EU) Nr. 1227/2011 vorliegen. ³Das Grundrecht des Artikels 13 des Grundgesetzes wird insoweit eingeschränkt.

(4) ¹Durchsuchungen können nur auf Anordnung des Amtsgerichts, in dessen Bezirk die Durchsuchung erfolgen soll, vorgenommen werden. ²Durchsuchungen sind zulässig, wenn zu vermuten ist, dass sich in den betreffenden Räumen Unterlagen befinden, die die Regulierungsbehörde nach Absatz 1 einsehen, prüfen oder herausverlangen darf. ³Auf die Anfechtung dieser Anordnung finden die §§ 306 bis 310 und 311a der Strafprozessordnung entsprechende Anwendung. ⁴Bei Gefahr im Verzuge können die in Absatz 3 bezeichneten Personen während der Geschäftszeit die erforderlichen Durchsuchungen ohne richterliche Anordnung vornehmen. ⁵An Ort und Stelle ist eine Niederschrift über die Durchsuchung und ihr wesentliches Ergebnis aufzunehmen, aus der sich, falls keine richterliche Anordnung ergangen ist, auch die Tatsachen ergeben, die zur Annahme einer Gefahr im Verzuge geführt haben. ⁶Das Grundrecht der Unverletzlichkeit der Wohnung (Artikel 13 Abs. 1 des Grundgesetzes) wird insoweit eingeschränkt.

(5) ¹Gegenstände oder geschäftliche Unterlagen können im erforderlichen Umfang in Verwahrung genommen werden oder, wenn sie nicht freiwillig herausgegeben werden, beschlagnahmt werden. ²Dem von der Durchsuchung Betroffenen ist nach deren Beendigung auf Verlangen ein Verzeichnis der in Verwahrung oder Beschlag genommenen Gegenstände, falls dies nicht der Fall ist, eine Bescheinigung hierüber zu geben.

(6) ¹Zur Auskunft Verpflichtete können die Auskunft auf solche Fragen verweigern, deren Beantwortung sie selbst oder in § 383 Abs. 1 Nr. 1 bis 3 der Zivilprozessordnung bezeichnete Angehörige der Gefahr strafrechtlicher Verfolgung oder eines Verfahrens nach dem Gesetz über Ordnungswidrigkeiten aussetzen würde. ²Die durch Auskünfte oder Maßnahmen nach Absatz 4 erlangten Kenntnisse und Unterlagen dürfen für ein Besteuerungsverfahren oder ein Bußgeldverfahren wegen einer Steuerordnungswidrigkeit oder einer Devisenzuwiderhandlung sowie für ein Verfahren wegen einer Steuerstraftat oder einer Devisenstraftat nicht verwendet werden; die §§ 93, 97, 105 Abs. 1, § 111 Abs. 5 in Verbindung mit § 105 Abs. 1 sowie § 116 Abs. 1 der Abgabenordnung sind insoweit nicht anzuwenden. ³Satz 2 gilt nicht für Verfahren wegen einer Steuerstraftat sowie eines damit zusammenhängenden Besteuerungsverfahrens, wenn an deren Durchführung ein zwingendes öffentliches Interesse besteht, oder bei vorsätzlich falschen Angaben der Auskunftspflichtigen oder der für sie tätigen Personen.

(7) ¹Die Bundesnetzagentur fordert die Auskünfte nach Absatz 1 Nr. 1 durch Beschluss, die Landesregulierungsbehörde fordert sie durch schriftliche Einzelverfügung an. ²Darin sind die Rechtsgrundlage, der Gegenstand und der Zweck des Auskunftsverlangens anzugeben und eine angemessene Frist zur Erteilung der Auskunft zu bestimmen.

(8) ¹Die Bundesnetzagentur ordnet die Prüfung nach Absatz 1 Satz 1 Nr. 3 durch Beschluss mit Zustimmung des Präsidenten oder der Präsidentin, die Landesregulierungsbehörde durch schriftliche Einzelverfügung an. ²In der Anordnung sind Zeitpunkt, Rechtsgrundlage, Gegenstand und Zweck der Prüfung anzugeben.

(9) Soweit Prüfungen einen Verstoß gegen Anordnungen oder Entscheidungen der Regulierungsbehörde ergeben haben, hat das Unternehmen der Regulierungsbehörde die Kosten für diese Prüfungen zu erstatten.

(10) ¹Lassen Umstände vermuten, dass der Wettbewerb im Anwendungsbereich dieses Gesetzes beeinträchtigt oder verfälscht ist, kann die Regulierungsbehörde die Untersuchung eines bestimmten Wirtschaftszweiges oder einer bestimmten Art von Vereinbarungen oder Verhalten durchführen. ²Im Rahmen dieser Untersuchung kann die Regulierungsbehörde von den betreffenden Unternehmen die Auskünfte verlangen, die zur Durchsetzung dieses Gesetzes und der Verordnung (EG) Nr. 1228/2003 erforderlich sind und die dazu erforderlichen Ermittlungen durchführen. ³Die Absätze 1 bis 9 sowie die §§ 68 und 71 sowie 72 bis 74 gelten entsprechend.

(11) ¹Die Bundesnetzagentur kann von allen natürlichen und juristischen Personen Auskünfte und die Herausgabe von Unterlagen verlangen sowie Personen laden und vernehmen, soweit Anhaltspunkte dafür vorliegen, dass dies für die Überwachung der Einhaltung der Artikel 3 und 5 der Verordnung (EU) Nr. 1227/2011 erforderlich ist. ²Sie kann insbesondere die Angabe von Bestandsveränderungen in Energiegroßhandelsprodukten sowie Auskünfte über die Identität weiterer Personen, insbesondere der Auftraggeber und der aus Geschäften berechtigten oder verpflichteten Personen, verlangen. ³Die Absätze 1 bis 9 sowie die §§ 68 und 71 sowie 72 bis 74 sind anzuwenden. ⁴Gesetzliche Auskunfts- oder Aussageverweigerungsrechte sowie gesetzliche Verschwiegenheitspflichten bleiben unberührt.

Übersicht

	Rn.
A. Allgemeines	1
I. Inhalt	1
II. Zweck	2
B. Einzelerläuterungen	3
I. Allgemeine Erläuterungen	3
II. Auskunftsverlangen (Abs. 1, 2, 6, 7)	6
1. Adressaten	6
2. Gegenstand des Auskunftsverlangens	8
3. Formvorgaben (Abs. 7)	10
4. Aussageverweigerungsrecht, Beweisverwertungsverbot (Abs. 6)	11
III. Herausgabeverlangen (Abs. 1, 2, 7)	12
IV. Einsichts-, Prüfungs- und Betretungsrecht (Abs. 1–3, 8)	13
V. Durchsuchungen (Abs. 4)	15
VI. Beschlagnahme- und Verwahrungsrecht (Abs. 5)	17
VII. Energiewirtschaftsrechtliche Sektorenuntersuchung (Abs. 10)	19
VIII. Befugnisse nach REMIT (Abs. 11)	22
C. Rechtsschutz	23

Literatur: *Eggers/Floren*, Rolle der Regulierungsbehörden zwischen Aufsichts- und Verfolgungsbehörde, ZNER 2010, 10; *Faber*, Die Reichweite der Ermittlungsbefugnisse der Regulierungsbehörden nach §§ 68–70 EnWG, RdE 2006, 334; *Geppert/Schütz* (Hrsg.), Beck'scher

TKG-Kommentar, 4. Aufl. 2013 (zit. Geppert/Schütz/*Bearbeiter*); Herrlinger/Kleine, § 59 Abs. 1 Nr. 2 GWB als Rechtsgrundlage aktueller Auskunftsbeschlüsse des Bundeskartellamtes (§ 59 Abs. 1 Nr. 2 GWB), WuW 2007, 222; *Holznagel/Schulz*, Die Auskunftsrechte der Regulierungsbehörde aus § 72 TKG und § 45 PostG, MMR 2002, 364; *Jaeger/Kokott/Pohlmann/Schroeder* (Hrsg.), Frankfurter Kommentar zum Kartellrecht, 99. EL. 2021 (zit. FK-KartellR/*Bearbeiter*); *Rosin/Pohlmann/Gentzsch/Metzenthin/Böwing* (Hrsg.), Praxiskommentar zum EnWG – Gesetz und Verordnungen, Band 2, 10. EL 12.2019 (zit. Rosin/Pohlmann/Gentzsch/Metzenthin/Böwing/*Bearbeiter*); *Säcker/Meier-Beck* (Hrsg.); Münchener Kommentar zum Wettbewerbsrecht – Band 2: Deutsches Wettbewerbsrecht, 3. Aufl. 2020 (zit. MüKoGWB/*Bearbeiter*); *Scheurle/Mayen* (Hrsg.), TKG, 3. Aufl. 2018.

A. Allgemeines

I. Inhalt

1 § 69 regelt die Ermittlungsbefugnisse der Regulierungsbehörde und ermächtigt sie zu weitreichenden Ermittlungsmaßnahmen. Die Norm enthält nicht nur die konkreten Ermächtigungsgrundlagen, sondern auch Vorgaben zur Umsetzung der Maßnahmen. Gem. Abs. 1 kann die Behörde von Unternehmen oder Vereinigungen von Unternehmen Auskunft und Herausgabe von Unterlagen verlangen bzw. die geschäftlichen Unterlagen einsehen und prüfen. Abs. 2 regelt die korrespondierenden Pflichten der Adressaten, während Abs. 6 ein Auskunftsverweigerungsrecht enthält. Abs. 7 und Abs. 8 betreffen die Form der Anordnungen nach Abs. 1. In Abs. 3 ist das zur Wahrnehmung des Prüfungsrechts aus Abs. 1 notwendige Betretungsrecht der Regulierungsbehörde geregelt. Daneben ermächtigt Abs. 4 die Behörde zur Durchführung von Durchsuchungen kraft richterlicher Anordnungen und Abs. 5 verbürgt das Recht, Gegenstände und geschäftliche Unterlagen in Verwahrung zu nehmen oder zu beschlagnahmen. Abs. 9 stellt klar, dass die Unternehmen die Pflicht zur Erstattung der Kosten der Prüfungen trifft, wenn Prüfungen einen Verstoß gegen Anordnungen oder Entscheidungen der Regulierungsbehörde ergeben haben. Die Ermächtigungen der Regulierungsbehörde bei Durchführung energiewirtschaftsrechtlichen Sektorenuntersuchung regelt Abs. 10. Abs. 11 betrifft schließlich die Rechte der BNetzA im Rahmen der erforderlichen Überwachung der Einhaltung der Art. 3 und 5 REMIT-VO.

II. Zweck

2 § 69 übernimmt Regelungen der § 127 TKG aF und § 59 GWB (BT-Drs. 15/3917, 71) und gibt der Regulierungsbehörde die notwendigen Befugnisse, um die ihr im EnWG übertragenen Aufgaben effektiv zu erfüllen (*Salje* EnWG § 69 Rn. 2). Macht die Behörde von den Ermittlungsbefugnissen Gebrauch, berührt dies die Betroffenen je nach Maßnahme in verschiedenen Grundrechten, etwa in dem Grundrecht auf Eigentum aus Art. 14 Abs. 1 GG oder in dem Grundrecht auf Unverletzlichkeit der Wohnung aus Art. 13 Abs. 1. Der Umfang des § 69 und die Ausführlichkeit der getroffenen Regelungen rechtfertigt sich insofern auch durch die **hohe Grundrechtsrelevanz** der möglichen Maßnahmen.

B. Einzelerläuterungen

I. Allgemeine Erläuterungen

Gemäß § 69 Abs. 1 S. 1 stehen der Behörde die genannten Befugnisse nur zu, 3
wenn deren Vornahme zur Erfüllung der durch das EnWG der Regulierungsbehörde übertragenen Aufgaben erforderlich ist. Da der Wortlaut allgemein von den „in diesem Gesetz der Regulierungsbehörde übertragenen Aufgaben" spricht, ist der Anwendungsbereich der Norm nicht auf Aufgaben im Bereich der Regulierung beschränkt. Die Regulierungsbehörde kann also von den Ermittlungsbefugnissen zur Erfüllung aller ihr im EnWG übertragenen Aufgaben Gebrauch machen. Einschränkend gilt aber, dass ihr diese nur im **förmlichen Verwaltungsverfahren** zustehen (BerlKommEnergieR/*Wende* EnWG § 69 Rn. 4). Das EnWG stellt keine konkreten Voraussetzungen für den Beginn des Verfahrens auf. Als eingeleitet gilt ein Verwaltungsverfahren aber jedenfalls dann, wenn ein **Anfangsverdacht** besteht und die Behörde formelle Ermittlungsmaßnahmen ergreift (BerlKommEnergieR/ *Wende* EnWG § 69 Rn. 4; Hempel/Franke/*Scholz/Jansen* EnWG § 69 Rn. 5) bzw. sogar schon dann, wenn ein konkreter Anfangsverdacht besteht und die Behörde Überlegungen zur weiteren Verfahrensgestaltung aufnimmt (NK-EnWG/*Turiaux* § 69 Rn. 2).

Der Regulierungsbehörde steht bei der Ausgestaltung der Ermittlungen ein wei- 4
ter Ermessensspielraum zu (OLG Düsseldorf Beschl. v. 4.6.2006 – VI-Kart 6/06 (V)). Nach § 69 Abs. 1 S. 1 können die Ermittlungshandlungen zudem ausdrücklich nur vorgenommen werden, soweit dies zur Erfüllung der in diesem Gesetz der Regulierungsbehörde übertragenen Aufgaben **erforderlich** ist. Diese Aussage ist aus Gründen der Rechtsklarheit begrüßenswert, letztlich aber überflüssig. Die Erforderlichkeit ist als wesentliche Teil der Verhältnismäßigkeit ohnehin stets Voraussetzung staatlichen Handelns. Die Erforderlichkeit einer Ermittlungsmaßnahme ist mithin gegeben, wenn diese das mildeste unter den gleich geeigneten Mittel darstellt, um den Zweck zu erreichen. Von mehreren gleich geeigneten Ermittlungsmaßnahmen ist schließlich diejenige zu wählen, die den Betroffenen **am wenigsten belastet** (OLG Düsseldorf Beschl. v. 4.5.2011 – VI-Kart 7/10). Die Eignung einer Ermittlungshandlung ist dabei ebenfalls Teil der Verhältnismäßigkeit. Um keine geeignete Maßnahme handelt es sich, wenn bereits offensichtlich ist, dass sie die begehrten Informationen nicht beschaffen kann oder die zu beschaffenden Informationen für das Verfahren ohne Bedeutung sind (BGH Urt. v. 19.6.2007 – KVR 17/06; NK-EnWG/*Turiaux* § 69 Rn. 2). Die Maßnahme ist nicht erforderlich, wenn bereits vor Beginn der Ermittlungen offensichtlich ist, dass ein Tatbestand nicht erfüllt ist und eine Verfügung mithin nicht erlassen werden kann. Es muss also ein hinreichender Anfangsverdacht in Bezug auf eine Gesetzesverletzung vorliegen (MüKoGWB/*Barth* § 59 Rn. 7). An das Bestehen eines Anfangsverdachts sind dabei keine allzu hohen Anforderungen zu stellen. Ein solcher ist etwa zu bejahen, wenn der Verstoß gegen eine Vorschrift des EnWG aufgrund konkreter tatsächlicher Umstände möglich erscheint (OLG Düsseldorf Beschl. v. 4.6.2006 – VI-Kart 6/06 (V); Elspas/Graßmann/Rasbach/*Elspas/Heinichen* EnWG § 69 Rn. 7). Zwischen den einzelnen Ermittlungsmaßnahmen besteht dabei kein Stufenverhältnis dergestalt, dass bestimmte Maßnahmen stets eine geringere Eingriffsintensität aufweisen als andere. Welches Mittel das mildeste darstellt, muss unter Beachtung der jeweiligen Umstände des Einzelfalls ermittelt werden (Scheurle/Mayen/*Bergmann* TKG § 127

Rn. 15). Kann die jeweilige Information etwa auch informell erlangt werden, ist die Erforderlichkeit der Ermittlungsmaßnahme grundsätzlich nicht gegeben (Elspas/ Graßmann/Rasbach/*Elspas/Heinichen* EnWG § 69 Rn. 7).

5   Ist eine Maßnahme für die Durchführung des Verwaltungsverfahrens geeignet und erforderlich, muss sie darüber hinaus auch den weiteren Anforderungen an die Verhältnismäßigkeit genügen, also **angemessen** sein. Bei ihrer Entscheidung hat die Behörde die betroffenen Rechtsgüter gegeneinander abzuwägen, wobei ihr grundsätzlich ein weiter Ermessensspielraum zusteht (OLG Düsseldorf Beschl. v. 17.9.2012 – VI-2 Kart 3/12 (V); FK-KartellR/*zur Nieden* GWB § 59 Rn. 20; Elspas/Graßmann/Rasbach/*Elspas/Heinichen* EnWG § 69 Rn. 10). Bei der Abwägung sind auch die betroffenen Interessen der Allgemeinheit zu berücksichtigen. Auch eine starke finanzielle oder zeitliche Belastung des Adressaten machen eine Maßnahme nicht grundsätzlich unverhältnismäßig (OLG Düsseldorf Beschl. v. 20.3.2006 – VI-3 Kart 150/06 (V)).

II. Auskunftsverlangen (Abs. 1, 2, 6, 7)

6   **1. Adressaten.** Gemäß § 69 Abs. 1 S. 1 Nr. 1 kann die Regulierungsbehörde von **Unternehmen** und **Vereinigungen von Unternehmen** Auskunft über ihre technischen und wirtschaftlichen Verhältnisse verlangen und gem. § 69 Abs. 1 S. 1 Nr. 2 auch Auskunft über die wirtschaftlichen Verhältnisse von mit diesen nach Art. 3 Abs. 2 der EG-Fusionskontroll-VO verbundenen Unternehmen. Adressaten des Auskunftsverlangens sind Unternehmen und Vereinigungen von Unternehmen. Ob es sich um ein Unternehmen handelt, ist funktional zu bestimmen: die Unternehmenseigenschaft ist bei jeder selbstständigen wirtschaftlichen Betätigung gegeben (BerlKommEnergieR/*Wende* EnWG § 69 Rn. 7; *Holznagel/Schulz* MMR 2002, 364 (365)). Als Adressaten kommen somit auch öffentlich-rechtliche Körperschaften in Betracht (BGH Beschl. v. 18.10.2011 – KVR 9/11). In Abs. 1 S. 2 sind als Adressaten konkret Wirtschafts- und Berufsvereinigungen der Energiewirtschaft genannt. Unter dem Begriff „Wirtschafts- und Berufsvereinigungen" sind Verbände zu verstehen, die auf Grundlage freiwilliger Mitgliedschaft organisiert sind und die umfassende Förderung der gemeinsamen wirtschaftlichen, berufsständigen und sozialen Interessen ihrer Mitglieder einschließlich der Vertretung nach außen zum Gegenstand haben (BGH Urt. v. 22.4.1980 – KZR 4/79, GRUR 1980, 940; MüKoGWB/*Barth* § 59 Rn. 11). Die Norm bezeichnet die Adressaten nur ganz allgemein und verzichtet auf das Aufstellen von Voraussetzungen wie einer Verfahrensbeteiligung oder Betroffenheit. Mithin können auch von gänzlich unbeteiligten Unternehmen, Unternehmensvereinigungen oder in Satz 2 genannten Vereinigungen die jeweilige Auskünfte verlangt werden (Immenga/Mestmäcker/*Wirtz* GWB § 59 Rn. 17; Theobald/Kühling/*Theobald/Werk* EnWG § 69 Rn. 12).

7   Das Auskunftsverlangen ist zwar an die Unternehmen und Vereinigungen von Unternehmen adressiert, verpflichtet, die Auskünfte zu erteilen, sind gemäß Absatz 2 aber die Unternehmensinhaber oder Vertretungsberechtigten, also natürliche Personen. Sollten diese der Auskunftserteilungspflicht nicht nachkommen, kann die Behörde Verwaltungszwang anwenden, § 94 (*Eggers/Floren* ZNER 2010, 10 (14); Elspas/Graßmann/Rasbach/*Elspas/Heinichen* EnWG § 69 Rn. 26).

8   **2. Gegenstand des Auskunftsverlangens.** Gegenstand des Auskunftsverlangens sind nach Nr. 1 die **technischen und wirtschaftlichen Verhältnisse** des Unternehmens und nach Nr. 2 die wirtschaftlichen Verhältnisse von mit diesen verbun-

§ 69

denen Unternehmen. § 69 Abs. 1 S. 2 regelt zudem, dass Auskunftsverlangen gegenüber Wirtschafts- und Berufsvereinigungen der Energiewirtschaft auf ihre Tätigkeit, Satzung, Beschlüsse sowie Anzahl und Zahl der Mitglieder, für die die Beschlüsse bestimmt sind, beschränkt sind. Unter den Begriff der „wirtschaftlichen Verhältnisse" fällt die gesamte betriebliche und gesellschaftsrechtliche Sphäre (OLG Frankfurt a. M. Beschl. v. 12.7.2012 – 11 W 13/12 (Kart); Loewenheim/Meessen/Riesenkampff/Kersting/Meyer-Lindemann/*Quellmalz* GWB § 59 Rn. 9). Die betriebliche Sphäre umfasst dabei insbesondere Informationen über Produktion, Kalkulation, Vertragsbedingungen, Kosten, Erträge, Marktstellung, Beziehungen zu vor- und nachgelagerten Wirtschaftsstufen, Nutzung von geistigem Eigentum und Knowhow. Demgegenüber sind der gesellschaftsrechtlichen Sphäre vor allem Informationen über Eigentums-, Leitungs- und Einflussverhältnisse zuzuordnen (Rosin/Pohlmann/Gentzsch/Metzenthin/Böwing/*Bachert/Elspaß* EnWG § 69 Rn. 7). Auch über Planungen, Überlegungen, Entschlüsse und Geschäftsstrategien kann als Teil der wirtschaftlichen Verhältnisse Auskunft verlangt werden (MüKoGWB/*Barth* § 59 Rn. 20f.). Die Erwähnung der technischen Verhältnisse hat neben den wirtschaftlichen Verhältnissen keine eigenständige Bedeutung (Rosin/Pohlmann/Gentzsch/Metzenthin/Böwing/*Bachert/Elspaß* EnWG § 69 Rn. 7). Zu beachten ist, dass mit dem Auskunftsverlangen eine Pflicht der Adressaten einhergeht, die Informationen durch Einsicht in die Unternehmensunterlagen und Nachfrage bei den Unternehmensangehörigen zusammenzutragen (OLG München Beschl. v. 3.11.1977 – Kart 4/77, Wuw 7 u. 8/1978, 507; Langen/Bunte/*Schneider* GWB § 59 Rn. 23; BerlKommEnergieR/*Wende* EnWG § 69 Rn. 9).

Neben der Auskunft über die wirtschaftlichen Verhältnisse des Unternehmens 9 selbst kann gem. Abs. 1 S. 1 Nr. 2 auch Auskunft über die wirtschaftlichen Verhältnisse von mit dem Unternehmen gemäß der EG-Fusionskontroll-VO **verbundenen Unternehmen** verlangt werden. Ein Unternehmen gilt dann als mit dem Adressaten verbunden, wenn dieser eine gewisse Kontrolle über das Unternehmen ausüben kann und so dessen wirtschaftliche Tätigkeit mitbestimmen kann (Theobald/Kühling/*Theobald/Werk* EnWG § 69 Rn. 17; NK-EnWG/*Turiaux* § 69 Rn. 4). Voraussetzung für ein Auskunftsverlangen über die wirtschaftlichen Verhältnisse dieser Unternehmen ist, dass der Adressat über diese Informationen auch verfügt oder sie zumindest auf Grund bestehender rechtlicher Verbindungen beschaffen kann. Eine rein tatsächliche Beschaffungsmöglichkeit reicht dabei nicht aus, um die Verpflichtung des Unternehmens zur Beschaffung der Informationen zu begründen. Es kommt vielmehr auf die rechtlichen Beschaffungsmöglichkeiten, in der Regel aufgrund gesellschaftsrechtlicher Verpflichtungen innerhalb des Konzerns, an (*Herrlinger/Kleine* WuW 2007, 222 (224)).

3. Formvorgaben (Abs. 7). Abs. 7 legt die Form fest, derer sich die Behörde 10 für Auskunftsverlangen nach § 69 Abs. 1 S. 1 Nr. 1 bedient. Gem. S. 1 fordert die BNetzA Auskünfte durch einen **Beschluss** iSd § 59 Abs. 1 S. 1 an, während die Landesregulierungsbehörde eine schriftliche Einzelverfügung erlässt (Rosin/Pohlmann/Gentzsch/Metzenthin/Böwing/*Bachert/Elspaß* EnWG § 69 Rn. 11). S. 2 legt fest, dass darin die Rechtsgrundlage, der Gegenstand und der Zweck des Auskunftsverlangens sowie eine angemessene Frist zur Erteilung der Auskunft anzugeben sind. Als Rechtsgrundlage für das Auskunftsverlangen muss die Behörde sowohl § 69 als auch die Norm angeben, in der die Aufgabe enthalten ist, zu deren Erfüllung die Ermittlungen vorgenommen werden (Immenga/Mestmäcker/*Klaue* GWB § 59 Rn. 31f.). Weiterhin muss die Behörde auch den Gegenstand und Zweck des Aus-

§ 69 Teil 8. Verfahren

kunftsverlangen angeben. Um dieser Anforderung gerecht zu werden, muss dem Adressaten präzise und nachvollziehbar dargelegt werden, aus welchem Grund das Auskunftsverlangen ergeht. Der Beschluss oder die Einzelverfügung müssen so eindeutig formuliert sein, dass bei dem Adressaten vernünftigerweise keine Unklarheiten über den konkreten Gegenstand und Umfang des Auskunftsverlangens verbleiben (Geppert/Schütz/*Meyer-Sebastian* TKG § 127 Rn. 35; Scheurle/Mayen/*Bergmann* TKG § 127 Rn. 34). Die Behörde muss schließlich eine angemessene Frist bestimmen, innerhalb der das Unternehmen die Auskünfte erteilen muss. Bei der Festlegung einer Frist sind insbesondere das Interesse an einer möglichst schnellen Durchführung des Verfahrens und das Bedürfnis des Adressaten, das Auskunftsersuchen gegebenenfalls auf seine Rechtmäßigkeit hin zu untersuchen (Geppert/Schütz/*Meyer-Sebastian* TKG § 127 Rn. 36), sowie die Arbeitsbelastung des Adressaten durch die Beantwortung (OLG Düsseldorf Beschl. v. 20.3.2006 – 3 Kart 150/06; Immenga/Mestmäcker/*Wirtz* GWB § 59 Rn. 35), zu berücksichtigen. Da in § 69 Abs. 7 nur das Auskunftsverlangen nach § 69 Abs. 1 S. 1 Nr. 1 erwähnt ist, fehlt es an formellen Vorgaben für das Auskunftsverlangen nach § 69 Abs. 1 S. 1 Nr. 2. Um die sich aus dem Redaktionsversehen ergebende Regelungslücke zu schließen, ist die Vorschrift auf § 69 Abs. 1 S. 1 Nr. 2 analog anzuwenden.

11 **4. Aussageverweigerungsrecht, Beweisverwertungsverbot (Abs. 6).** In Abs. 6 ist ein Aussageverweigerungsrecht der Auskunftsverpflichteten sowie ein Beweisverwertungsverbot vorgesehen. Nach S. 1 können Auskünfte auf solche Fragen verweigert werden, deren Beantwortung die Verpflichteten selbst oder deren in § 383 Abs. 1 Nr. 1–3 ZPO genannten Angehörigen der **Gefahr strafrechtlicher oder ordnungswidrigkeitsrechtlicher Konsequenzen** aussetzen würde. Ein Aussageverweigerungsrecht steht auch dem gesetzlichen Vertreter eines Unternehmens zu, wenn dieses ein Verfolgungsrisiko trifft (so auch Elspas/Graßmann/Rasbach/*Elspas/Heinichen* EnWG § 69 Rn. 22 und ebenfalls in diese Richtung argumentierend FK-KartellR/*zur Nieden* GWB § 59 Rn. 34; aA Theobald/Kühling/*Theobald/Werk* EnWG § 69 Rn. 49; Loewenheim/Meessen/Riesenkampff/Kersting/Meyer-Lindemann/*Quellmalz* GWB § 59 Rn. 23). Wäre der gesetzliche Vertreter nicht berechtigt, die Aussage zu verweigern, hätte dies eine Ungleichbehandlung von Einzelkaufleuten, denen über die Person des Inhabers stets ein Aussageverweigerungsrecht zukommt, und Unternehmen, die durch Vertreter handeln und entsprechend kein solches Recht hätten, zur Folge (Immenga/Mestmäcker/*Wirtz* GWB § 59 Rn. 40). Zudem könnte die Ablehnung eines Aussageverweigerungsrechts dazu führen, dass der gesetzliche Vertreter als natürlich Person in den einschlägigen Fällen die Aussage verweigern dürfte, als gesetzlicher Vertreter aber zur Aussage verpflichtet wäre (FK-KartellR/*zur Nieden* GWB § 59 Rn. 34). Das bloße Vorliegen von Betriebs- und Geschäftsgeheimnissen begründet kein Aussageverweigerungsrecht (BGH Beschl. v. 19.6.2007 – KVR 17/06; *Faber* RdE 2006, 334 (339)); ebenso wenig besteht ein Aussageverweigerungsrecht aufgrund von Verschwiegenheitspflichten im Innenverhältnis (NK-EnWG/*Turiaux* § 69 Rn. 25). S. 2 sieht vor, dass durch Maßnahmen nach Abs. 1 erlangte Informationen für ein Besteuerungsverfahren oder Bußgeldverfahren wegen einer Steuerordnungswidrigkeit oder einer Devisenzuwiderhandlung sowie für ein Verfahren wegen einer Steuer- oder Devisenstraftat nicht verwendet werden dürfen. Eine Ausnahme von diesem Beweisverwertungsverbot stellt S. 3 auf. Danach muss an der Durchführung des Verfahrens wegen einer Steuerstraftat oder eines damit zusammenhängenden Besteuerungsverfahrens ein zwingendes öffentliches Interesse be-

stehen oder die Auskunftspflichtigen oder für sie tätige Personen vorsätzliche falsche Angaben gemacht haben.

III. Herausgabeverlangen (Abs. 1, 2, 7)

Gemäß § 69 Abs. 1 S. 1 Nr. 1, 2 ist die Behörde nicht nur dazu ermächtigt, 12 Auskünfte zu verlangen, sondern kann von den genannten Adressaten auch die Herausgabe ihrer Unterlagen oder der Unterlagen der mit ihnen verbundenen Unternehmen fordern. Inhalt der herauszugebenden Unterlagen sind parallel zum Auskunftsverlangen auch hier die wirtschaftlichen und technischen Verhältnisse des Unternehmens oder der mit diesem verbundenen Unternehmen (Rosin/Pohlmann/Gentzsch/Metzenthin/Böwing/*Bachert/Elspaß* EnWG § 69 Rn. 13; Bechtold/Bosch/*Bechtold/Bosch* GWB § 59 Rn. 11). Für Wirtschafts- und Berufsvereinigungen der Energiewirtschaft gilt gemäß Satz 2 die Beschränkung auf Unterlagen, die Informationen über die aufgeführten Aspekte beinhalten. Von dem Begriff „Unterlagen" werden nicht nur körperliche Gegenstände, sondern **auch elektronische Daten** umfasst (Rosin/Pohlmann/Gentzsch/Metzenthin/Böwing/*Bachert/Elspaß* EnWG § 69 Rn. 13; NK-EnWG/*Turiaux* § 69 Rn. 10). Sollte die Behörde verlangen, dass die Originalunterlagen herausgegeben werden, ist den Adressaten möglichst vor Herausgabe und spätestens in den Räumen der Behörde die Möglichkeit einzuräumen, Kopien der Unterlagen anzufertigen (NK-EnWG/*Turiaux* § 69 Rn. 11). Ebenso wie das Auskunftsverlangen begründet das Herausgabeverlangen eine **Mitwirkungspflicht** dahingehend, dass die relevanten Unterlagen zusammengetragen werden müssen (Rosin/Pohlmann/Gentzsch/Metzenthin/Böwing/*Bachert/Elspaß* EnWG § 69 Rn. 13). Mit Blick auf die Adressaten und die Formvorgaben aus Abs. 7 gelten die Ausführungen zum Auskunftsverlangen in → Rn. 6 ff. entsprechend.

IV. Einsichts-, Prüfungs- und Betretungsrecht (Abs. 1–3, 8)

§ 69 Abs. 1 S. 1 Nr. 3 ermächtigt die Behörde dazu, bei Unternehmen und Ver- 13 einigungen von Unternehmen innerhalb der **üblichen Geschäftszeiten** die geschäftlichen Unterlagen einzusehen und zu prüfen. Zu geschäftlichen Unterlagen zählen solche, die Informationen über die wirtschaftlichen und technischen Verhältnisse der Adressaten beinhalten (Elspas/Graßmann/Rasbach/*Elspas/Heinichen* EnWG § 69 Rn. 30). Gegenüber Wirtschafts- und Berufsvereinigungen der Energiewirtschaft gilt nach Satz 2 die Beschränkung auf Unterlagen, die Informationen über ihre Tätigkeit, Satzung, Beschlüsse und Anzahl sowie Namen der Mitglieder, für die die Beschlüsse bestimmt sind, enthalten. In Bezug auf die Adressaten, die Verpflichtung aus Abs. 2 und die Bestimmtheitsvorgaben des Verlangens gelten die zu Abs. 1 S. 1 Nr. 1 und 2 gemachten Erklärungen entsprechend → Rn. 6 ff. (NK-EnWG/*Turiaux* § 69 Rn. 12). Die nach Abs. 2 Verpflichteten trifft auch im Rahmen des Einsichts- und Prüfungsverlangens eine Mitwirkungspflicht, die geschäftlichen Unterlagen vollständig und fristgerecht vorzulegen (Immenga/Mestmäcker/*Wirtz* GWB § 59 Rn. 54). Entgegen teilweise vertretener Auffassung (Wiedemann/*Klose* § 52 Rn. 36; Theobald/Kühling/*Theobald/Werk* EnWG § 69 Rn. 50) besteht im Rahmen des § 69 Abs. 1 S. 1 Nr. 3 grundsätzlich **kein Vorlageverweigerungsrecht** in analoger Anwendung des § 69 Abs. 6 S. 1. Zwar kann sich der zur Vorlage Verpflichtete auch durch die Vorlage der Unterlagen belasten; die Zwangslage ist aber weniger intensiv als bei einem Auskunftsverlangen. Die belastenden Informationen sind in diesem Fall bereits vergegenständlicht und erstrecken sich nicht auf die innere Sphäre des Betroffenen (Elspas/Graßmann/Rasbach/*Elspas/Heinichen* EnWG § 69 Rn. 31; MüKoGWB/*Barth* § 59 Rn. 45). Im Einzelfall ist aber dennoch jeweils zu prüfen, ob die Vorlage verweigert werden kann, wenn Informationen preisgegeben werden würden, über die die Auskunft unter Berufung auf das Auskunftsverweigerungsrecht verweigert werden dürfte.

14 Um die Prüfungen, zu deren Vornahme Abs. 1 S. 1 Nr. 3 ermächtigt, auch durchführen zu können, räumt Abs. 3 den von der Regulierungsbehörde jeweils beauftragten Personen ein Betretungsrecht der Grundstücke, Räumlichkeiten und Einrichtungen der Unternehmen und Vereinigungen von Unternehmen zu den üblichen Geschäftszeiten ein. Die zeitliche Einschränkung dieses Rechts soll die jeweils betroffenen Unternehmen vor Belastungen schützen, sodass es auf die im konkreten Fall für das konkrete Unternehmen bzw. die Vereinigung von Unternehmen normalen Geschäftszeiten ankommt. Außerhalb dieser Zeiten besteht gem. Abs. 3 S. 2 ein Betretungsrecht nur, wenn dies zur Verhütung von dringenden **Gefahren für die öffentliche Sicherheit und Ordnung** erforderlich ist. In diesem Fall ermächtigt Abs. 3 S. 2 die beauftragten Personen auch zum Betreten von Geschäftsräumen, die sich in einer Wohnung – also verfassungsrechtlich besonders geschützten Räumen – befinden, ohne dass ein Einverständnis vorliegt. Formvorgaben für die Prüfung nach § 69 Abs. 1 S. 1 Nr. 3 enthält § 69 Abs. 8. Danach ordnet die BNetzA die Prüfung durch Beschluss mit Zustimmung des Präsidenten oder der Präsidentin und die Landesregulierungsbehörde durch schriftliche Einzelverfügung an. Die Befugnisse der Behörde erstrecken sich nicht auf die Korrespondenz zwischen dem Betroffenen und seinem Anwalt (BerlKommEnergieR/*Wende* EnWG § 69 Rn. 16; Wiedemann/*Klose* § 52 Rn. 36).

V. Durchsuchungen (Abs. 4)

15 Abs. 4 ermächtigt die Behörde dazu, Durchsuchungen vorzunehmen. Sie sind gem. S. 2 dann zulässig, wenn zu vermuten ist, dass sich in den betreffenden Räumen Unterlagen befinden, die die Regulierungsbehörde nach Abs. 1 einsehen, prüfen oder herausverlangen darf. An die Vermutung sind keine allzu hohen Anforderungen zu stellen; sie muss sich aber auf tatsächliche Anhaltspunkte oder Erfahrungswerte stützen (BGH Beschl. v. 23.11.1987 – 1 BGS 517/87, CR 1988, 142 f.; BerlKommEnergieR/*Wende* EnWG § 69 Rn. 19). Zudem bedarf es gem. S. 1 einer **Anordnung des Amtsgerichts**, in dessen Bezirk die Durchsuchung erfolgen soll. Erfolgt eine richterliche Anordnung, bezieht sich diese nur auf die konkrete Durchsuchung, sodass es einer erneuten richterlichen Anordnung bei Veränderung des Durchsuchungsvorhabens in räumlicher oder sachlicher Hinsicht bedarf (Rosin/Pohlmann/Gentzsch/Metzenthin/Böwing/*Bachert/Elspaß* EnWG § 69 Rn. 24; MüKoGWB/*Barth* § 59 Rn. 50). Auf die gerichtliche Anordnung kann nach S. 4 nur bei Gefahr im Verzug verzichtet werden, um die erforderlichen Durchsuchungen während der Geschäftszeit vorzunehmen. Um Durchsuchungen außerhalb der Geschäftszeiten vorzunehmen bedarf es selbst bei Gefahr im Verzug **immer einer Anordnung des Amtsgerichts** (Theobald/Kühling/*Theobald/Werk* EnWG § 69 Rn. 35; NK-EnWG/*Turiaux* § 69 Rn. 16). Das Durchsuchungsrecht ist auf die in der Anordnung genannten Unterlagen beschränkt (Wiedemann/*Klose* § 52 Rn. 40) und bezieht sich darüber hinaus nur auf Geschäftsräume (Geppert/Schütz/*Meyer-Sebastian* § 127 Rn. 54; BerlKommEnergieR/*Wende* EnWG § 69 Rn. 21). Gemäß S. 5 ist stets an Ort und Stelle eine Niederschrift über die

Durchsuchung sowie ihr wesentliches Ergebnis aufzunehmen. Wurde die Durchsuchung gemäß Satz 4 ohne richterliche Anordnung vorgenommen, muss die Niederschrift auch die Tatsachen erkennen lassen, die zur Annahme einer Gefahr im Verzug geführt haben.

Da das Durchsuchungsrecht einen **intensiven Eingriff** in die Rechte des Betroffenen darstellt, sind Durchsuchungen mit Blick auf die Erforderlichkeit als Teil der Verhältnismäßigkeit nur dann vorzunehmen, wenn die Einsichts-, Prüfungs- und Herausgaberechte nicht zum Erfolg geführt haben oder wenn anzunehmen ist, dass diese nicht zum Erfolg führen werden (Wiedemann/*Klose* § 52 Rn. 36; Bechtold/Bosch/*Bechtold/Bosch* GWB § 59 Rn. 18; Rosin/Pohlmann/Gentzsch/ Metzenthin/Böwing/*Bachert/Elspaß* EnWG § 69 Rn. 23). 16

VI. Beschlagnahme- und Verwahrungsrecht (Abs. 5)

Die Durchsuchungsbefugnis gem. Abs. 4 allein erlaubt nur das „Suchen" und die Einsichtnahme. Nach Abs. 5 kann die Behörde darüber hinaus Gegenstände oder geschäftliche Unterlagen im erforderlichen Umfang in Verwahrung nehmen oder beschlagnahmen. § 69 Abs. 5 erlaubt ausdrücklich eine Beschlagnahme und stellt damit eine eigene Ermächtigungsgrundlage dar; die weiteren Voraussetzungen der Beschlagnahme regelt § 70. Während Unterlagen bei freiwilliger Herausgabe in **Verwahrung** genommen werden können, wird die **Beschlagnahme** vorgenommen, wenn die Herausgabe nicht freiwillig erfolgt. Mit Blick auf die geringere Eingriffsintensität muss die Behörde also zunächst versuchen, die Gegenstände oder Unterlagen mit Einverständnis des Betroffenen in Verwahrung zu nehmen und darf nur bei Erfolglosigkeit dieses Vorhabens von ihrem Beschlagnahmerecht Gebrauch machen (Rosin/Pohlmann/Gentzsch/Metzenthin/Böwing/*Bachert/Elspaß* EnWG § 69 Rn. 21). Das Beschlagnahme- und Verwahrungsrecht besteht nur „im erforderlichen Umfang". Die Maßnahme muss also zum einen verhältnismäßig sein, zum anderen ist auch sie auf die Erlangung von Informationen beschränkt, die in Absatz 1 genannt werden. Die von § 97 StPO aufgestellten Beschlagnahmeverbote gelten im Rahmen des Abs. 5 entsprechend (NK-EnWG/*Turiaux* § 69 Rn. 21). Möchte die Behörde elektronische Daten beschlagnahmen oder sicherstellen, werden diese von der Regulierungsbehörde vor Ort auf einen behördlichen Datenträger kopiert und anschließend in der Regulierungsbehörde ausgewertet und gefiltert. Die Behörde hat dabei darauf zu achten, dass nur die für das Verfahren relevanten Daten herausgefiltert und letztlich beschlagnahmt bzw. sichergestellt werden (vgl. zum Kartellrecht Wiedemann/*Klose* § 52 Rn. 41). 17

Kommt es zu **Zufallsfunden,** die in keinem Zusammenhang mit dem Gegenstand der Untersuchung stehen, können auch diese entsprechend § 108 StPO beschlagnahmt werden (Theobald/Kühling/*Theobald/Werk* EnWG § 69 Rn. 5; NK-EnWG/*Turiaux* § 69 Rn. 22). 18

VII. Energiewirtschaftsrechtliche Sektorenuntersuchung (Abs. 10)

Abs. 10 statuiert das Recht der Behörde, eine energiewirtschaftliche Sektorenuntersuchung durchzuführen. Die Behörde kann demnach die Untersuchung eines bestimmten Wirtschaftszweiges oder einer bestimmten Art von Vereinbarung oder Verhalten durchführen, wenn Umstände vermuten lassen, dass der Wettbewerb im Anwendungsbereich dieses Gesetzes beeinträchtigt oder verfälscht ist. Die Sekto- 19 renuntersuchung ist nur zulässig, wenn sie der Durchsetzung des EnWG oder der Stromhandels-VO dient und mithin unzulässig, um beispielsweise der Behörde einen besseren Branchenüberblick zu verschaffen (Elspas/Graßmann/Rasbach/ *Elspas/Heinichen* EnWG § 69 Rn. 47). Um die Durchsetzung des EnWG oder der Stromhandels-VO zu erreichen, kann die Behörde von den jeweiligen Unternehmen Auskünfte verlangen und Ermittlungen anstellen. Bei ihren Ermittlungen gelten gem. S. 3 die Abs. 1 bis 9 sowie die §§ 68, 71 und 72–74 entsprechend. Die Norm ermächtigt damit zur Vornahme von Ermittlungsmaßnahmen außerhalb von konkreten Verwaltungsverfahren (BT-Drs. 15/3917, 71).

20 Um eine solche Untersuchung vorzunehmen, ist bereits die **Vermutung** einer Wettbewerbsbeeinträchtigung oder -verfälschung ausreichend. Der Grad eines strafprozessualen Anfangsverdachts muss nicht erreicht sein; die Vermutung muss sich aber auf konkrete Umstände stützen und darf nicht „ins Blaue hinein" aufgestellt werden (Rosin/Pohlmann/Gentzsch/Metzenthin/Böwing/*Bachert/Elspaß* EnWG § 69 Rn. 27; Theobald/Kühling/*Theobald/Werk* EnWG § 69 Rn. 58). § 69 Abs. 10 ermächtigt zur Vornahme weitreichender Ermittlungsmaßnahmen allein aufgrund des Vorliegens eines Verdachts. Besondere Bedeutung kommt vor diesem Hintergrund der Beachtung des Verhältnismäßigkeitsprinzips bei Gebrauch der Befugnisse aus Abs. 10 zu. Je intensiver die Eingriffsmaßnahme ist, desto höhere Anforderungen sind an den Verdacht oder die Schwere und Bedeutung der vermuteten Wettbewerbsbeeinträchtigung oder -verfälschung zu stellen.

21 Problematisch erscheint vor dem Hintergrund des Umfangs der durch Abs. 10 verliehenen behördlichen Befugnisse, dass in der Norm nur die inzwischen abgelöste Stromhandels-VO genannt ist. Es stellt sich die Frage, ob eine Sektorenuntersuchung auch zur Durchsetzung nachfolgender Verordnungen durchgeführt werden kann. Mit Blick auf den mit der Untersuchung verbundenen Grundrechtseingriff ist grundsätzlich eine ausdrückliche Rechtsgrundlage für die Durchführung einer solchen Untersuchung zur Durchsetzung einer anderen Verordnung zu fordern. Die Stromhandels-VO wurde jedoch ausdrücklich durch die Stromhandels-VO 09 ersetzt, welche wiederum durch die heute gültige VO (EU) 2019/943 ersetzt wurde. Zudem ist der mit der Sektorenuntersuchung verbundene Grundrechtseingriff im Vergleich zu den anderen in § 69 behandelten Maßnahmen weniger eingriffsintensiv. Es ist daher sachgerecht, dass die Erwähnung der Stromhandels-VO **auch Nachfolgeverordnungen** mitumfasst.

VIII. Befugnisse nach REMIT (Abs. 11)

22 Mit Abs. 11 werden die Befugnisse nach der REMIT-VO konkretisiert (BT-Drs. 17/10060, 34). Um die Einhaltung der REMIT-Vorgaben zu überwachen, ist die BNetzA befugt, von allen natürlichen und juristischen Personen Auskünfte und die Herausgabe von Unterlagen zu verlangen, Personen zu laden und zu vernehmen. In S. 2 werden beispielhaft Informationen genannt, die verlangt werden können. Die Abs. 1 bis 9 sowie die §§ 68, 71 und 72–74 sind anzuwenden; gesetzliche Auskunfts- oder Aussageverweigerungsrechte sowie gesetzliche Verschwiegenheitspflichten bleiben unberührt.

C. Rechtsschutz

Gemäß Abs. 7 und 8 macht die BNetzA von ihren Ermittlungsbefugnissen aus Abs. 1 in der Form eines Beschlusses und die Landesregulierungsbehörde in der Form einer schriftlichen Einzelverfügung Gebrauch. Sowohl bei dem Beschluss als auch der schriftlichen Einzelverfügung handelt es sich um Verwaltungsakte (zu Auskunftsverlangen BGH Beschl. v. 19.6.2007 – KVR 17/06, NVwZ-RR 2008, 315; NK-EnWG/*Turiaux* § 69 Rn. 6 f., 9; Rosin/Pohlmann/Gentzsch/Metzenthin/Böwing/*Bachert/Elspaß* EnWG § 69 Rn. 6; Loewenheim/Meessen/Riesenkampff/Kersting/Meyer-Lindemann/*Quellmalz* GWB § 61 Rn. 1) und damit um Entscheidungen iSv § 73, die gem. § 75 mit der Beschwerde angefochten werden können (BGH Beschl. v. 19.6.2007 – KVR 17/06, NVwZ-RR 2008, 315; Theobald/Kühling/*Theobald/Werk* EnWG § 69 Rn. 60). Befugt dazu, Beschwerde einzulegen, sind allein die Adressaten der Maßnahmen (Immenga/Mestmäcker/*Wirtz* GWB § 59 Rn. 67). Die Beschwerde hat gem. § 76 Abs. 1 keine aufschiebende Wirkung; diese kann allerdings auf Antrag vom Gericht angeordnet werden, § 77 Abs. 3 (Theobald/Kühling/*Theobald/Werk* EnWG § 69 Rn. 60 f.). Wird dem behördlichen Verlangen entsprochen, kann das Gericht dennoch auf Antrag hin und bei Vorliegen eines besonderen Feststellungsinteresses feststellen, dass das Verlangen der Behörde rechtswidrig war (Elspas/Graßmann/Rasbach/*Elspas/Heinichen* EnWG § 69 Rn. 42). Die gerichtliche Anordnung der Durchsuchung gem. Abs. 4 kann nach S. 3 in entsprechender Anwendung der §§ 306–310 und 311a StPO angefochten werden. Gemäß § 70 Abs. 4 S. 2 gilt dies auch für die gerichtliche Überprüfung von Beschlagnahmen (→ § 70 Rn. 8).

§ 70 Beschlagnahme

(1) ¹Die Regulierungsbehörde kann Gegenstände, die als Beweismittel für die Ermittlung von Bedeutung sein können, beschlagnahmen. ²Die Beschlagnahme ist dem davon Betroffenen unverzüglich bekannt zu geben.

(2) Die Regulierungsbehörde hat binnen drei Tagen um die richterliche Bestätigung des Amtsgerichts, in dessen Bezirk die Beschlagnahme vorgenommen ist, nachzusuchen, wenn bei der Beschlagnahme weder der davon Betroffene noch ein erwachsener Angehöriger anwesend war oder wenn der Betroffene und im Falle seiner Abwesenheit ein erwachsener Angehöriger des Betroffenen gegen die Beschlagnahme ausdrücklich Widerspruch erhoben hat.

(3) ¹Der Betroffene kann gegen die Beschlagnahme jederzeit um die richterliche Entscheidung nachsuchen. ²Hierüber ist er zu belehren. ³Über den Antrag entscheidet das nach Absatz 2 zuständige Gericht.

(4) ¹Gegen die richterliche Entscheidung ist die Beschwerde zulässig. ²Die §§ 306 bis 310 und 311a der Strafprozessordnung gelten entsprechend.

Literatur: *Faber*, Die Reichweite der Ermittlungsbefugnisse der Regulierungsbehörden nach §§ 68–70 EnWG, RdE 2006, 334; *Jaeger/Kokott/Pohlmann/Schroeder* (Hrsg.), Frankfurter Kommentar zum Kartellrecht, 99. EL. 2021 (zit. FK-KartellR/*Bearbeiter*); *Kübler/Pautke*, Legal Privilege: Fallstricke und Werkzeuge im Umgang mit kartell-rechtlich sensiblen Dokumenten – Ein praktischer Leitfaden, BB 2007, 390; *Rosin/Pohlmann/Gentzsch/Metzenthin/Böwing* (Hrsg.), Praxiskommentar zum EnWG – Gesetz und Verordnungen, Band 2, 10. EL 12.2019 (zit. Rosin/Pohlmann/Gentzsch/Metzenthin/Böwing/*Bearbeiter*).

A. Allgemeines

I. Inhalt

1   § 70 regelt das Beschlagnahmerecht der Behörde. Abs. 1 ermächtigt die Behörde zur Beschlagnahme von potentiellen Beweismitteln und verpflichtet diese zur Bekanntgabe der Beschlagnahme gegenüber dem Betroffenen. Abs. 2 führt die Fälle auf, in denen die Regulierungsbehörde um die richterliche Bestätigung der erfolgten Beschlagnahme nachzusuchen hat. Abs. 3 gibt dem Betroffenen selbst das Recht, um die richterliche Bestätigung nachzusuchen. In Abs. 4 sind schließlich Vorgaben zum Rechtsschutz gegen die richterliche Entscheidung enthalten.

II. Zweck

2   Die Vorschrift übernimmt § 58 GWB und § 129 TKG aF (BT-Drs. 15/3917, 71; Hempel/Franke/*Scholz/Jansen* EnWG § 70 Rn. 1). Zweck des § 70 ist es, der Behörde die Sicherstellung von Beweismitteln zu ermöglichen (NK-EnWG/*Turiaux* § 70 Rn. 1).

B. Einzelerläuterungen

I. Beschlagnahmerecht (Abs. 1)

3   Gemäß Abs. 1 kann die Regulierungsbehörde Gegenstände, die als Beweismittel für die Ermittlung von Bedeutung sein können, beschlagnahmen. Eine richterliche Anordnung ist dafür grundsätzlich **nicht erforderlich.** Die Norm ermächtigt nur zur Vornahme der Beschlagnahme selbst und gibt daneben nicht auch ein Zutritts- oder Durchsuchungsrecht (FK-KartellR/*Bracher* GWB § 58 Rn. 5f.). Das Beschlagnahmerecht besteht nur im Rahmen eines energiewirtschaftlichen Verwaltungsverfahrens, wobei allerdings die Beschlagnahme selbst ein solches einleiten kann (→ § 68 Rn. 5; Rosin/Pohlmann/Gentzsch/Metzenthin/Böwing/*Bachert/Elspaß* EnWG § 70 Rn. 1). Die Gegenstände, zu deren Beschlagnahme § 70 ermächtigt, können beweglich oder unbeweglich, körperlich oder unkörperlich sein (NK-EnWG/*Turiaux* § 70 Rn. 4; Theobald/Kühling/*Theobald/Werk* EnWG § 70 Rn. 6; aA *Faber* RdE 2006, 334 (340)). Die Voraussetzung der potentiellen Beweisbedeutung des Gegenstands ist insbesondere bei der Beschlagnahme von Daten zu beachten. Zu beschlagnahmen sind nur die tatsächlich potentiell bedeutsamen Datensätze (LG Bonn Beschl. v. 17.6.2003 – 37 Qs 20/03; Bechtold/Bosch/*Bechtold/Bosch* GWB § 58 Rn. 2), da sich der Beschlagnahmebefugnis in der Regel mangels konkreter Beweisbedeutung nicht auf den gesamten Datenbestand erstreckt (zu Vorschriften der StPO BVerfG Beschl. v. 12.4.2005 – 2BvR 1027/02; Elspas/Graßmann/Rasbach/*Elspas/Heinichen* EnWG § 70 Rn. 3).

4   Darüber hinaus muss die Beschlagnahme dem **Verhältnismäßigkeitsgrundsatz** genügen (Hempel/Franke/*Scholz/Jansen* EnWG § 70 Rn. 3; FK-KartellR/*Bracher* GWB § 58 Rn. 11). Insbesondere muss sie **erforderlich** sein, um die Be-

weise zu sichern, dh hierfür das mildeste Mittel darstellen (Hempel/Franke/*Scholz*/ *Jansen* EnWG § 70 Rn. 3). Unverhältnismäßig ist beispielsweise die Beschlagnahme von Originalen, wenn auch eine Anfertigung von Kopien die nötige Beweisführung ermöglicht (Elspas/Graßmann/Rasbach/*Elspas/Heinichen* EnWG § 70 Rn. 5). Mit Blick darauf, dass den Regulierungsbehörden keine umfassenderen Beschlagnahmebefugnisse zukommen sollen als den Strafverfolgungsbehörden, gelten auch im Rahmen des § 70 entsprechend Einschränkungen, sodass die Beschlagnahmeverbote aus § 97 StPO zu berücksichtigen sind (BerlKommEnergieR/*Wende* EnWG § 70 Rn. 5; Hempel/Franke/*Scholz/Jansen* EnWG § 70 Rn. 4; *Kübler/Pautke* BB 2007, 390 (Fn. 12)).

Abs. 1 S. 2 verpflichtet die Regulierungsbehörde dazu, dem Betroffenen die Beschlagnahme **unverzüglich bekannt zu geben.** Betroffener ist jeder, in dessen Gewahrsam durch die Beschlagnahme eingegriffen wird oder dessen Eigentums- oder Besitzrechte durch diese berührt werden (Immenga/Mestmäcker/*K. Schmidt* GWB § 58 Rn. 6; Elspas/Graßmann/Rasbach/*Elspas/Heinichen* EnWG § 70 Rn. 8). Die Pflicht zur unverzüglichen Bekanntgabe verfolgt dabei den Zweck, dem Betroffenen zu ermöglichen, von seinem Recht aus Absatz 3 Gebrauch zu machen und um die richterliche Entscheidung nachzusuchen (Rosin/Pohlmann/Gentzsch/Metzenthin/Böwing/*Bachert/Elspaß* EnWG § 70 Rn. 6; Immenga/Mestmäcker/*K. Schmidt* GWB § 58 Rn. 10).

II. Richterliche Bestätigung (Abs. 2)

Abs. 2 benennt die Fälle, in denen die Regulierungsbehörde um die richterliche Bestätigung des Amtsgerichts nachzusuchen hat. Liegt einer der genannten Fälle vor, hat die Behörde sich binnen drei Tagen an das Amtsgericht zu wenden, in dessen Bezirk die Beschlagnahme vorgenommen wurde. Die Behörde ist somit nicht verpflichtet, vor der Beschlagnahme eine richterliche Anordnung einzuholen, sondern muss nur in den Fällen des Abs. 2 um die nachträgliche Bestätigung nachsuchen (BT-Drs. 13/3609, 52; Rosin/Pohlmann/Gentzsch/Metzenthin/Böwing/*Bachert/ Elspaß* EnWG § 70 Rn. 6). Eine solche Pflicht besteht zum einen, wenn bei der Beschlagnahme weder der Betroffene noch ein erwachsener Angehöriger anwesend war. Zum anderen muss die Behörde auch dann eine gerichtliche Bestätigung einholen, wenn der Betroffene bzw. im Falle seiner Abwesenheit ein erwachsener Angehöriger ausdrücklich **Widerspruch gegen die Beschlagnahme** erhoben hat. Zur Bestimmung, welche Personen Angehörige des Betroffenen sind, ist auf die Regelung in § 20 Abs. 5 VwVfG abzustellen (FK-KartellR/*Bracher* GWB § 58 Rn. 26). Erwachsen sind Angehörige dann, wenn sie geschäftsfähig iSv § 12 VwVfG sind (Immenga/Mestmäcker/*Schmidt* GWB § 58 Rn. 17). Ausreichend für einen Widerspruch ist es, wenn hinreichend deutlich zum Ausdruck gebracht wird, dass die Beschlagnahme des jeweiligen Gegenstandes nicht gewünscht ist (Rosin/Pohlmann/ Gentzsch/Metzenthin/Böwing/*Bachert/Elspaß* EnWG § 70 Rn. 7). Der Widerspruch muss sich dabei nicht zwangsläufig gegen die Beschlagnahme als solche richten, sondern kann sich auch auf deren Umfang oder die Art und Weise der Beschlagnahme beziehen (FK-KartellR/*Bracher* GWB § 58 Rn. 27). Beantragt die Behörde die richterliche Bestätigung nicht oder nicht binnen drei Tagen, führt dies zur Rechtswidrigkeit und Unwirksamkeit der Beschlagnahme (NK-EnWG/*Turiaux* § 70 Rn. 8; BerlKommEnergieR/*Wende* EnWG § 70 Rn. 10).

§ 71

III. Richterliche Entscheidung (Abs. 3)

7 Der Betroffene hat nach Abs. 3 das Recht, selbst gegen die Beschlagnahme um richterliche Entscheidung nachzusuchen. Da die Vorschrift dem Betroffenen das Recht einräumt, „jederzeit" die Entscheidung zu beantragen, muss dieser nicht innerhalb einer bestimmten Frist handeln. Allerdings ist der Antrag grundsätzlich dann nicht mehr zulässig, wenn das Gericht die Rechtmäßigkeit der Beschlagnahme bereits nach Abs. 2 bestätigt hat (NK-EnWG/*Turiaux* § 70 Rn. 10; Theobald/Kühling/*Theobald/Werk* EnWG § 70 Rn. 15; Immenga/Mestmäcker/*Schmidt* GWB § 58 Rn. 18; Langen/Bunte/*Schneider* GWB § 58 Rn. 4). Etwas anderes gilt nur dann, wenn neue Tatsachen vorliegen, die eine andere Beurteilung rechtfertigen (NK-EnWG/*Turiaux* § 70 Rn. 10). Die Behörde trifft die Pflicht, den Betroffenen über sein Recht, um richterliche Entscheidung nachzusuchen, zu belehren (Rosin/Pohlmann/Gentzsch/Metzenthin/Böwing/*Bachert/Elspaß* EnWG § 70 Rn. 8).

C. Rechtsschutz

8 Obwohl die Anordnung der Beschlagnahme einen Verwaltungsakt darstellt, kann hiergegen keine Beschwerde nach § 75 erhoben werden. Die in den Absätzen 2 und 3 enthaltenen Regelungen zum Rechtsschutz verdrängen die allgemeine Beschwerdemöglichkeit aus § 75 (NK-EnWG/*Turiaux* § 70 Rn. 10). Gegen die richterliche Entscheidung iSd Abs. 2 und 3 ist die Beschwerde gem. Abs. 4 zulässig. Dabei gelten die §§ 306–310 und 311a StPO entsprechend. Die Vorschrift geht als speziellere Regelung (lex specialis) vor.

§ 71 Betriebs- oder Geschäftsgeheimnisse

[1]Zur Sicherung ihrer Rechte nach § 30 des Verwaltungsverfahrensgesetzes haben alle, die nach diesem Gesetz zur Vorlage von Informationen verpflichtet sind, unverzüglich nach der Vorlage diejenigen Teile zu kennzeichnen, die Betriebs- oder Geschäftsgeheimnisse enthalten. [2]In diesem Fall müssen sie zusätzlich eine Fassung vorlegen, die aus ihrer Sicht ohne Preisgabe von Betriebs- oder Geschäftsgeheimnissen eingesehen werden kann. [3]Erfolgt dies nicht, kann die Regulierungsbehörde von ihrer Zustimmung zur Einsicht ausgehen, es sei denn, ihr sind besondere Umstände bekannt, die eine solche Vermutung nicht rechtfertigen. [4]Hält die Regulierungsbehörde die Kennzeichnung der Unterlagen als Betriebs- oder Geschäftsgeheimnisse für unberechtigt, so muss sie vor der Entscheidung über die Gewährung von Einsichtnahme an Dritte die vorlegenden Personen hören.

Literatur: *Baur/Salje/Schmidt-Preuß* (Hrsg.), Regulierung in der Energiewirtschaft, 2. Aufl. 2016 (zit. Baur/Salje/Schmidt-Preuß/*Bearbeiter*); *Fetzer/Scherer/Graulich* (Hrsg.), TKG: Telekommunikationsgesetz – Kommentar, 3. Aufl. 2021 (zit. Fetzer/Scherer/Graulich/*Bearbeiter*); *Geppert/Schütz* (Hrsg.), Beck'scher TKG-Kommentar, 4. Aufl. 2013 (zit. Geppert/Schütz/*Bearbeiter*); *Rosin/Pohlmann/Gentzsch/Metzenthin/Böwing* (Hrsg.), Praxiskommentar zum EnWG – Gesetz und Verordnungen, Band 2, 10. EL 12.2019 (zit. Rosin/Pohlmann/Gentzsch/Metzenthin/Böwing/*Bearbeiter*); *Ruthig*, Auskunftsverlangen der Bundesnetzagentur gegenüber Energieversorgungsunternehmen – Besprechung der Entscheidung des BGH v. 18.6.2007 –

KVR 16/06, ZWeR 2010, 219; *Säcker* (Hrsg.), Berliner Kommentar zum Telekommunikationsgesetz, 2. überarb. Aufl. 2009 (zit. BerlKommTKG/*Bearbeiter*); *Salje*, Energiewirtschaftsgesetz, 1. Aufl. 2005; *Scheurle/Mayen* (Hrsg.), TKG, 3. Aufl. 2018.

A. Allgemeines

I. Inhalt

§ 71 betrifft das Vorgehen der Behörde und der zur Vorlage von Informationen **1** Verpflichteten, wenn die Informationen Betriebs- und Geschäftsgeheimnisse enthalten. Die Norm regelt dabei allein das Verfahren bei Vorliegen von Betriebs- und Geschäftsgeheimnissen, nicht jedoch, ob und in welchem Umfang die Betroffenen sich auf solche berufen können. Die Pflicht der Behörde zur Geheimhaltung und der Umfang des Geheimnisschutzes ergeben sich demgegenüber aus § 30 VwVfG (Hempel/Franke/*Scholz/Jansen* EnWG § 71 Rn. 4; Theobald/Kühling/*Theobald/Werk* EnWG § 71 Rn. 2). Die Verpflichteten müssen, um ihre Rechte zu sichern, gem. S. 1 die Teile kennzeichnen, die Betriebs- und Geschäftsgeheimnisse enthalten. S. 2 verpflichtet diese zudem, eine Einsichtsfassung vorzulegen. Die S. 3 und 4 betreffen das Vorgehen der Behörde, wenn die Kennzeichnung nicht erfolgt ist und keine Einsichtsfassung vorgelegt wurde oder wenn die Behörde die Kennzeichnung für unberechtigt hält.

II. Zweck

§ 71 übernimmt § 136 TKG aF (BT-Drs. 15/3917, 71). Indem § 71 das Vor- **2** gehen beim Vorliegen von Betriebs- und Geschäftsgeheimnissen regelt, gibt die Norm den Behörden klare Verhaltensvorgaben und vereinfacht und beschleunigt so das Verfahren (Hempel/Franke/*Scholz/Jansen* EnWG § 71 Rn. 5). Daneben sichert die Norm auch den sich aus § 30 VwVfG für Betriebs- und Geschäftsgeheimnisse ergebenden Geheimhaltungsanspruch mit Offenbarungsvorbehalt (Rosin/Pohlmann/Gentzsch/Metzenthin/Böwing/*Bachert/Elspaß* EnWG § 71 Rn. 1).

B. Einzelerläuterungen

I. Anwendungsbereich

§ 71 kommt zur Anwendung, wenn die vorzulegenden Informationen **Be- 3 triebs- oder Geschäftsgeheimnisse** enthalten. Betriebs- und Geschäftsgeheimnisse sind alle auf ein Unternehmen bezogenen Tatsachen, Umstände und Vorgänge, die nicht offenkundig, sondern nur einem begrenzten Personenkreis zugänglich sind und an deren Nichtverbreitung der Rechtsträger ein berechtigtes Interesse hat. Betriebsgeheimnisse umfassen dabei vornehmlich technisches Wissen während Geschäftsgeheimnisse kaufmännisches Wissen betreffen (BVerfG Beschl. v. 14.3.2006 – 1 BvR 2087/03). Zu derartigen Geheimnissen zählt die höchstrichterliche Rechtsprechung Umsätze, Ertragslagen, Geschäftsbücher, Kundenlisten, Bezugsquellen, Konditionen, Marktstrategien, Unterlagen zur Kreditwürdigkeit, Kalkulationsunterlagen, nicht veröffentlichte Patentanmeldungen und sonstige Entwicklungs- und Forschungsprojekte, durch welche die wirtschaftlichen Verhältnisse eines Betriebs maßgeblich bestimmt werden können. Dabei handelt es sich

§ 71

insbesondere um technische Angaben, Werte und Parameter zur Investitionsermittlung, Kalkulationen der Kosten, Prozessbeschreibungen und -kosten, Gemeinkosten, Kalkulationsergebnisse sowie um Unterlagen der Buchhaltung aus dem Bereich der wirtschaftlichen Betätigung (BVerfG Beschl. v. 14.3.2006 – 1 BvR 2087/03). Als solche Betriebs- und Geschäftsgeheimnisse hat der BGH im Rahmen der **Netzentgeltregulierung** verschiedene Angaben anerkannt (BGH Beschl. v. 11.12.2018 – EnVR 1/18; Beschl. v. 22.7.2014 – EnVR 59/12, RdE 2014, 495 Rn. 44 – Stromnetz Berlin GmbH; BGH Beschl. v. 21.1.2014 – EnVR 12/12, RdE 2014, 276 Rn. 77 – Stadtwerke Konstanz GmbH).

4 **Offenkundig** ist eine Information dann, wenn diese ohne Weiteres beschafft werden kann (Baur/Salje/Schmidt-Preuß/*Ruthig* Kap. 59 Rn. 16). Um zu prüfen, ob diese nur einem begrenzten Personenkreis zugänglich ist, wird darauf abgestellt, ob der Geheimnisinhaber den Kreis der Mitwisser unter Kontrolle halten kann (BerlKommEnergieR/*Gurlit* EnWG § 71 Rn. 6). Dies ist nicht bereits dann zu verneinen, wenn in einem anderen behördlichen Verfahren Einsicht in die betreffenden Informationen gewährt worden ist (so auch Baur/Salje/Schmidt-Preuß/*Ruthig* Kap. 59 Rn. 16; aA BerlKommEnergieR/*Gurlit* EnWG § 71 Rn. 6).

5 Ein **berechtigtes Interesse an der Geheimhaltung** der Informationen ist dann zu bejahen, wenn deren Offenlegung geeignet ist, exklusives technisches und kaufmännisches Wissen den Marktkonkurrenten zugänglich zu machen und so die Wettbewerbsposition des Unternehmens nachteilig beeinflusst wird (BVerwG Beschl. v. 19.1.2009 – 20 F 23.07). Auch Monopolisten können dabei ein Geheimhaltungsinteresse haben. Trotz ihres Monopols stehen sie in nach- und vorgelagerten Märkten sowie in Bereichen wie Effizienzvergleich und Konzessionsvergaben untereinander und in Bereichen wie Beschaffung oder bei Lieferanten, Kapitalgebern und beim Personal mit anderen im Wettbewerb. So haben Netzbetreiber als natürliche Monopolisten etwa ein berechtigtes Interesse an der Nichtverbreitung von Informationen, über die sich Rückschlüsse über die Ausbaustrategie oder die getätigten Investitionen ableiten lassen. Der Netzbetreiber muss dabei plausibel und nachvollziehbar darlegen, inwiefern die Veröffentlichung der Informationen nachteilige Auswirkungen haben kann (BGH Beschl. v. 11.12.2018 – EnVR 1/18). In diesem Fall muss substantiiert dargelegt werden, welche nachteiligen Konsequenzen bei der Veröffentlichung welcher Informationen zu erwarten sind. Lässt die Rechtsgrundlage keine Veröffentlichung von Betriebs- und Geschäftsgeheimnissen zu, sind an diese Einschätzung keine besonderen Anforderungen zu stellen (BGH Beschl. v. 8.10.2019 – EnVR 12/18).

II. Pflichten des Geheimnisinhabers

6 Bei Vorliegen von Betriebs- und Geschäftsgeheimnissen sieht § 71 verschiedene Mitwirkungspflichten der zur Vorlage von Informationen verpflichteten Personen vor. So müssen diese zur Sicherung ihrer Geheimnisse die Teile **kennzeichnen**, die Betriebs- und Geschäftsgeheimnisse enthalten. Zudem muss eine **bereinigte Fassung** vorgelegt werden, die ohne Preisgabe der Geheimnisse eingesehen werden kann.

7 **1. Kennzeichnungspflicht.** § 71 legt den Inhabern von Betriebs- und Geschäftsgeheimnissen keine durchsetzbare Rechtspflicht, sondern lediglich die **Obliegenheit** auf, die in den Informationen enthaltenen Geheimnisse zu kennzeichnen (Theobald/Kühling/*Theobald*/*Werk* EnWG § 71 Rn. 8; BerlKommEnergieR/

Gurlit EnWG § 71 Rn, 2; *Ruthig* ZWeR 2010, 219 (228)). Unter Informationen, die vorgelegt werden müssen, sind alle Angaben zu verstehen, die ein Verpflichteter gegenüber der Behörde macht. Art oder Form der Angaben sind dabei unbeachtlich, sodass beispielsweise auch elektronische Daten erfasst sind (Rosin/Pohlmann/ Gentzsch/Metzenthin/Böwing/*Bachert/Elspaß* EnWG § 71 Rn. 6). Obwohl der Wortlaut die Kennzeichnungspflicht nur vorsieht, wenn eine Verpflichtung zur Vorlage von Informationen „nach diesem Gesetz" besteht, ist der Anwendungsbereich der Norm auf Fälle auszudehnen, in denen sich eine Vorlagepflicht aus aufgrund des EnWG erlassenen Verordnungen ergibt (BerlKommEnergieR/*Gurlit* EnWG § 71 Rn. 19; Elspas/Graßmann/Rasbach/*Elspas/Heinichen* EnWG § 71 Rn. 7). Gekennzeichnet werden müssen nur die Teile, die Betriebs- und Geschäftsgeheimnisse des zur Vorlage verpflichteten Unternehmens enthalten. Geheimnisse Dritter sind mithin nicht von der Kennzeichnungspflicht erfasst (BerlKommEnergieR/*Gurlit* EnWG § 71 Rn. 19; Elspas/Graßmann/Rasbach/*Elspas/Heinichen* EnWG § 71 Rn. 9; aA Scheurle/Mayen/*Mayen* TKG § 136 Rn. 19; Geppert/Schütz/*Attendorn/ Geppert* TKG § 136 Rn. 23, die vertreten, jeder Verfahrensbeteiligte müsse auch schutzwürdige Geheimnisse Dritter als geheimhaltungsbedürftig kennzeichnen).

§ 71 S. 1 sieht vor, dass die Kennzeichnung „unverzüglich" nach der Vorlage vorgenommen werden soll. Um zu bestimmen, wann eine Kennzeichnung erfolgen muss, um noch als unverzüglich zu gelten, ist auf die Umstände des jeweiligen Einzelfalls abzustellen. Von besonderer Bedeutung sind hierbei der Umfang der Informationen, die vorgelegt werden müssen und die Anzahl an Personen, die Einsicht in die vorgelegten Unterlagen nehmen könnten (Elspas/Graßmann/Rasbach/*Elspas/ Heinichen* EnWG § 71 Rn. 11; Theobald/Kühling/*Theobald/Werk* EnWG § 71 Rn. 11). Die Behörde ist auch dazu ermächtigt, den zur Vorlage Verpflichteten eine konkrete Frist zu setzen, innerhalb der die Kennzeichnung der Geheimnisse erfolgen muss (Theobald/Kühling/*Theobald/Werk* EnWG § 71 Rn. 11; BerlKommTKG/*Gurlit* TKG § 136 Rn. 19; Geppert/Schütz/*Attendorn/Geppert* TKG § 136 Rn. 24).

Ebenso wenig wie die Norm einen konkreten Zeitpunkt vorschreibt, bis zu dem die Kennzeichnung erfolgt sein muss, enthält sie auch keine Vorgaben bezüglich der **Art und Weise, wie die Kennzeichnung vorzunehmen ist.** Der Geheimnisinhaber kann mithin selbst entscheiden, in welcher Form er die Kennzeichnung durchführt. Allerdings muss dabei beachtet werden, dass die Behörde durch die Kennzeichnung in die Lage versetzt werden soll, über die Schutzbedürftigkeit der Informationen zu entscheiden, sodass etwa Schwärzungen der betreffenden Stellen oder allein die unkonkrete Angabe, dass Geheimnisse vorhanden sind, nicht zulässig sind (NK-EnWG/*Turiaux* § 71 Rn. 7; Rosin/Pohlmann/Gentzsch/Metzenthin/ Böwing/*Bachert/Elspaß* EnWG § 71 Rn. 7).

2. Pflicht zur Vorlage einer Einsichtsfassung. Kommen die zur Vorlage Verpflichteten ihrer Kennzeichnungsobliegenheit nach, müssen sie nach S. 2 zusätzliche eine Fassung vorlegen, die aus ihrer Sicht ohne Preisgabe von Betriebs- oder Geschäftsgeheimnissen eingesehen werden kann. Trotz des Wortlauts („müssen"), handelt es sich auch hierbei um eine bloße Obliegenheit der Verpflichteten (Rosin/Pohlmann/Gentzsch/Metzenthin/Böwing/*Bachert/Elspaß* EnWG § 71 Rn. 8; aA: Geppert/Schütz/*Attendorn/Geppert* TKG § 136 Rn. 25). Das Gesetz sieht **keine Vorgaben für Form und Frist** vor, innerhalb der die Einsichtsfassung vorgelegt werden muss. Mit Blick auf den Sinn und Zweck der Vorschrift, ein einfaches und schnelles Vorgehen der Behörde bei Vorliegen von Betriebs- und Geschäftsgeheim-

§ 71 Teil 8. Verfahren

nissen sicherzustellen, ist die zeitliche Vorgabe aus Satz 1 auch auf Satz 2 zu übertragen. Auch die Einsichtsfassung muss also „unverzüglich" vorgelegt werden (Fetzer/Scherer/Graulich/*Fetzer* TKG § 136 Rn. 5), spätestens aber zu einem Zeitpunkt, der es den übrigen Verfahrensbeteiligten ermöglicht, Einsicht in sie zu nehmen und in Ausübung ihres Anspruchs auf rechtliches Gehör eine Stellungnahme zum Inhalt abzugeben, die dann durch die Regulierungsbehörde bei der Entscheidungsfindung zu berücksichtigen ist (so Hempel/Franke/*Scholz/Jansen* EnWG § 71 Rn. 14; aA Theobald/Kühling/*Theobald/Werk* EnWG § 71 Rn. 11: „möglichst zeitnah"; Elspas/Graßmann/Rasbach/*Elspas/Heinichen* EnWG § 71 Rn. 14, denen zufolge die Anforderung aus Satz 1 aufgrund des eindeutigen Wortlauts nicht in Satz 2 hineingelesen werden könne). Die bereinigte Fassung wird in der Regel durch Schwärzung der betreffenden Informationen oder Anfertigung einer Kopie, die die Informationen nicht enthält, erstellt (*Salje* EnWG § 71 Rn. 8).

11 Schwärzungen sind auch bei der Veröffentlichung von **Entscheidungen der BNetzA** vorzunehmen. Die betroffenen Unternehmen erhalten vor der Veröffentlichung die Möglichkeit, geheimhaltungsbedürftige Informationen zu schwärzen. Wie die Schwärzungen vorzunehmen sind, ist dem **Hinweispapier** der BNetzA vom 22.3.2019 „Umgang und Reichweite zulässiger Schwärzungen bei der Veröffentlichung von Entscheidungen der Bundesnetzagentur in den Bereichen Elektrizität und Gas" zu entnehmen (www.bundesnetzagentur.de/SharedDocs/Downloads/DE/Sachgebiete/Energie/Unternehmen_Institutionen/Netzentgelte/Transparenz/Hinweispap_Schwaerz_JP2019.html). Demnach sind die Schwärzungen in ein Musterformblatt einzutragen und zu begründen, wobei die konkrete Stelle der geschwärzten Passage im Text sowie deren Wortlaut anzugeben sind. Das Unternehmen muss insbesondere begründen, warum ein Geheimhaltungsinteresse besteht und bei der Berufung auf ein Betriebs- und Geschäftsgeheimnis substantiiert darlegen, warum wettbewerblich und/oder wirtschaftlich nachteilige Auswirkungen im Fall der Veröffentlichung zu erwarten sind. Bei Vornahme der Schwärzungen ist insbesondere zu beachten, dass die Informationen unkenntlich gemacht werden und die Schwärzung nicht rückgängig gemacht werden kann. Die BNetzA prüft nach Übermittlung der geschwärzten Fassung und des Musterformblatts, ob das Geheimhaltungsinteresse in Bezug auf die geschwärzten Informationen objektiv nachvollziehbar begründet wurde.

III. Folgen unterlassener Kennzeichnung

12 § 71 S. 3 regelt die Folgen einer unterlassenen Kennzeichnung von Betriebs- und Geschäftsgeheimnissen und des Unterlassens der Vorlage einer Einsichtsfassung. Danach kann die Behörde in diesem Fall von der **Zustimmung zur Einsicht** ausgehen, es sei denn, ihr sind besondere Umstände bekannt, die eine solche Vermutung nicht rechtfertigen. Solche, die Vermutung der Zustimmung widerlegende Umstände sind insbesondere dann gegeben, wenn durch den Hinweis auf Betriebs- und Geschäftsgeheimnisse erkennbar ist, dass das betroffene Unternehmen nicht mit der Offenlegung einverstanden ist (BT-Drs. 14/7921, 17 zum hier übernommenen § 75a TKG aF, ehem. § 136 TKG, inzwischen § 216 TKG). Um die Vermutung der Zustimmung zur Einsicht zu widerlegen, ist mithin allein die **Kennzeichnung der Betriebs- und Geschäftsgeheimnisse ausreichend;** auf die Vorlage einer Einsichtsfassung kommt es nicht an. Da § 71 eine Verfahrensvereinfachung und -beschleunigung ermöglichen soll, sind die von der Norm geforderten besonderen Umstände, wenn kein ausdrücklicher Hinweis auf das Vorliegen von Betriebs- und Geschäftsgeheimnissen erfolgte, allerdings nur in Ausnahmefällen anzunehmen. Anderenfalls müsste die Behörde stets eingehend prüfen, ob die Informationen Betriebs- und Geschäftsgeheimnisse enthalten. Eine dahingehende Amtsermittlungspflicht besteht aber gerade nicht, da ausweislich des Wortlauts nur auf Umstände abgestellt wird, die der Behörde „bekannt" sind (BerlKommEnergieR/*Gurlit* EnWG § 71 Rn. 24) wobei die Behörde erkennbare Umstände nicht ignorieren darf.

IV. Unberechtigte Kennzeichnung, Verwertung

Die Behörde trifft eine Pflicht, die Kennzeichnung als Betriebs- und Geschäfts- 13
geheimnis auf ihre Stichhaltigkeit hin zu überprüfen (Theobald/Kühling/*Werk* EnWG § 71 Rn. 12; NK-EnWG/*Turiaux* § 71 Rn. 10). Hält die Behörde die Kennzeichnung als Betriebs- und Geschäftsgeheimnisse für unberechtigt, kann sie Dritten grundsätzlich Einsicht in die Unterlagen gewähren. Allerdings müssen die vorlegenden Personen von der Regulierungsbehörde angehört werden, bevor diese sich für die Gewährung von Einsichtnahme entscheidet (*Salje* EnWG § 71 Rn. 14; Scheurle/Mayen/*Mayen* TKG § 136 Rn. 28). Damit wird der Tatsache Rechnung getragen, dass die Entscheidung für die Gewährung von Akteneinsicht nicht rückgängig gemacht werden kann und somit den Geheimhaltungsinteressen im Voraus Rechnung getragen werden muss. Aus diesem Grund muss die Behörde den Beteiligten auch ermöglichen, vorläufigen Rechtsschutz in Anspruch zu nehmen, bevor die Einsicht gewährt wird (BerlKommEnergieR/*Gurlit* EnWG § 71 Rn. 26; Elspas/Graßmann/Rasbach/*Elspas/Heinichen* EnWG § 71 Rn. 18).

Sollte die Behörde ein Betriebs- oder Geschäftsgeheimnis anerkennen, steht dies 14
einer Verwertung der einschlägigen Informationen bei der behördlichen Sachentscheidung nicht entgegen. Dritte können zwar keine Einsicht in die Informationen nehmen, die Geheimnisse enthalten, die Behörde ist aber aufgrund des Amtsermittlungsgrundsatzes zu deren Verwertung befugt und verpflichtet (Geppert/Schütz/*Attendorn/Geppert* § 136 Rn. 34; BerlKommEnergieR/*Gurlit* EnWG § 71 Rn. 17). Wichtig ist dabei, dass der Geheimnisschutz nicht durch die Entscheidungsbegründung umgangen werden darf (Rosin/Pohlmann/Gentzsch/Metzenthin/Böwing/*Bachert/Elspaß* EnWG § 71 Rn. 9).

C. Rechtsschutz

Da § 71 S. 4 ausdrücklich von einer „Entscheidung" spricht, handelt es sich um 15
eine Entscheidung iSv § 73 (→ § 73 Rn. 3). Gegen die Entscheidung der Behörde, Dritten Einsicht in die vorgelegten Informationen zu gewähren, kann mithin mit der Anfechtungsbeschwerde nach § 75 vorgegangen werden (*Salje* EnWG § 71 Rn. 16; Elspas/Graßmann/Rasbach/*Elspas/Heinichen* EnWG § 71 Rn. 18). Wurden die vorlegenden Personen angehört und hat sich die Behörde für die Gewährung von Einsicht an Dritte entschieden, kann gegen diese Entscheidung mit einem Antrag auf einstweiligen Rechtsschutz vorgegangen werden (Rosin/Pohlmann/Gentzsch/Metzenthin/Böwing/*Bachert/Elspaß* EnWG § 71 Rn. 12).

§ 71a Netzentgelte vorgelagerter Netzebenen

Soweit Entgelte für die Nutzung vorgelagerter Netzebenen im Netzentgelt des Verteilernetzbetreibers enthalten sind, sind diese von den Landesregulierungsbehörden zugrunde zu legen, soweit nicht etwas anderes durch eine sofort vollziehbare oder bestandskräftige Entscheidung der Bundesnetzagentur oder ein rechtskräftiges Urteil festgestellt worden ist.

Literatur: *Rosin/Pohlmann/Gentzsch/Metzenthin/Böwing* (Hrsg.), Praxiskommentar zum EnWG – Gesetz und Verordnungen, Band 2, 10. EL 12.2019 (zit. Rosin/Pohlmann/Gentzsch/Metzenthin/Böwing/*Bearbeiter*).

A. Allgemeines

I. Inhalt

1 § 71a betrifft die Netzentgelte vorgelagerter Netzebenen. Die Norm legt fest, dass die Landesregulierungsbehörde grundsätzlich die Entgelte für die Nutzung vorgelagerter Netzebenen, die im Netzentgelt des Verteilernetzbetreibers enthalten sind, zugrunde legen soll und diese nicht im Rahmen ihrer Entscheidung über Netzentgelte der Verteilernetzbetreiber zusätzlich kontrollieren soll. Etwas anderes gilt ausnahmsweise nur dann, wenn ein abweichendes Netzentgelt für vorgelagerte Netzebenen durch eine sofort vollziehbare oder bestandskräftige Entscheidung der BNetzA oder ein rechtskräftiges Urteil festgestellt worden ist.

II. Zweck

2 § 71a ist durch den Vermittlungsausschuss eingefügt worden (BT-Drs. 15/5736, 7). Grund dafür, dass die Entgelte für die Nutzung vorgelagerter Netzebenen im Netzentgelt des Verteilernetzbetreibers enthalten sind, ist das sogenannte Prinzip der **Kostenwälzung** (vgl. § 20 Abs. 1a, 1b, § 14 StromNEV, § 11 Abs. 1 S. 1 Nr. 4 ARegV). Schließt der Netznutzer einen Netznutzungsvertrag mit dem Verteilernetzbetreiber ab und entnimmt er Strom aus dem Verteilernetz, so wird nicht nur das Netz des Verteilernetzbetreibers genutzt, sondern auch die vorgelagerten Netzebenen, an die Verteilernetze angeschlossen sind (Rosin/Pohlmann/Gentzsch/Metzenthin/Böwing/*Bachert/Elspaß* EnWG § 71a Rn. 2). Der an den Verteilernetzbetreiber zu zahlende Betrag setzt sich aus den Kosten für die Nutzung des Verteilernetzes selbst und den Kosten für die Nutzung der vorgelagerten Netzebenen zusammen. Anstatt allein die Kosten für die Nutzung des Verteilernetzes zu tragen, werden also auch die Kosten für die Nutzung der vorgelagerten Netzebenen auf den Netznutzer abgewälzt (BerlKommEnergieR/*Mohr* StromNEV § 14 Rn. 3). Für Gasnetzbetreiber gilt das Prinzip grundsätzlich entsprechend.

3 Die BNetzA ist regelmäßig zuständig für die Netzentgelte der Netzbetreiber der vorgelagerten Netzebenen, während die Landesregulierungsbehörden häufig zuständig sind für die nachgelagerten Verteilernetze. Würde die Landesregulierungsbehörde nun bei der Prüfung der Netzentgelte eines Verteilernetzbetreibers inzident auch das darin enthaltene Entgelt der vorgelagerten Netzebenen überprüfen, käme es zu einer Doppelprüfung und theoretisch könnte die Landesregulierungsbehörde zu einem von der Entscheidung der BNetzA abweichendem Ergebnis ge-

langen. Die Norm trägt damit der Zuständigkeitsverteilung zwischen BNetzA und Landesregulierungsbehörde Rechnung und soll verhindern, dass gegenläufige Entscheidungen der Behörden im Hinblick auf Netzentgelte ergehen (Elspas/Graßmann/Rasbach/*Elspas/Heinichen* EnWG § 71a Rn. 1). Die Regelung beruht noch auf dem ursprünglichen Prinzip der Netzentgeltgenehmigung nach § 23a, welches seit dem Jahr 2009 durch die Festlegung der Erlösobergrenzen nach ARegV **abgelöst** wurde.

B. Einzelerläuterungen

Die Norm ist anwendbar, wenn die BNetzA für die Regulierung der vorgelagerten Netzebene zuständig ist. Ob diese Entgelte bzw. die zugrundeliegenden Erlösobergrenzen tatsächlich bereits von der BNetzA überprüft und festgelegt worden sind, ist mangels entsprechender Vorgaben im Wortlaut unbeachtlich (BerlKommEnergieR/*Bruhn* EnWG § 71a Rn. 5; *Salje* EnWG § 71a Rn. 10ff.). Würde die Landesregulierungsbehörde dieses Entgelt überprüfen und so einer Entscheidung der BNetzA zuvorkommen, würde dies dem Sinn der Vorschrift widersprechen, gegensätzliche Entscheidungen der Behörden zu vermeiden (Elspas/Graßmann/Rasbach/*Elspas/Heinichen* EnWG § 71a Rn. 8; *Salje* Rn. 11). 4

Eine **Ausnahme** zu der Vorgabe, dass die Landesregulierungsbehörde das Entgelt für die Nutzung vorgelagerter Netzebenen zugrunde zu legen hat, gilt gem. § 71a Hs. 2 dann, wenn etwas anderes durch eine sofort vollziehbare oder bestandskräftige Entscheidung der BNetzA oder ein rechtskräftiges Urteil festgestellt worden ist. In diesen Fällen sind die Landesregulierungsbehörden nicht mehr an das vertraglich zwischen den Netzbetreibern vereinbarte Netzentgelt gebunden, sondern an jenes, welches nach der Entscheidung oder dem rechtskräftigen Urteil zulässig ist. Wird etwa das Entgelt für die Nutzung vorgelagerter Netze durch Entscheidung oder Urteil festgelegt und hat der Netzbetreiber der vorgelagerten Netze das vertraglich vereinbarte Entgelt noch nicht angepasst, so hat die Landesregulierungsbehörde das neu festgestellte Entgelt ihrer Entscheidung zugrunde zu legen und nicht etwa das (noch) vertraglich vereinbarte (Rosin/Pohlmann/Gentzsch/Metzenthin/Böwing/*Bachert/Elspaß* EnWG § 71a Rn. 8; BerlKommEnergieR/*Bruhn* EnWG § 71a Rn. 6). 5

§ 71a entsprang dem praktischen Bedürfnis, divergierende Entscheidungen der BNetzA und der Landesregulierungsbehörden zu vermeiden, als die **Netzentgelte noch gemäß § 23a genehmigt** wurden (Theobald/Kühling/*Theobald/Werk* EnWG § 71a Rn. 1). Inzwischen wurde die Entgeltgenehmigung durch die **Festlegung der Erlösobergrenzen im Wege der Anreizregulierung** weitgehend ersetzt (vgl. aber § 1 Abs. 2 ARegV). Unter der seit 2009 geltenden Anreizregulierung können die auf kalenderjährlichen Erlösobergrenzen beruhenden Netzentgelte ohnehin grundsätzlich nur jeweils zum 1.1. eines Jahres angepasst werden, §§ 4 Abs. 3, 17 Abs. 3 ARegV. Vorgelagerte Netzbetreiber haben dann gem. § 17 Abs. 3 S. 2 ARegV den nachgelagerten Netzbetreiber rechtzeitig über die Höhe der Netzentgelte zu informieren. Aus § 71a wird man insoweit zumindest ableiten können, dass die Landesregulierungsbehörde nicht befugt ist, bei Festlegungen der Erlösobergrenzen auch die Erlösobergrenzen vorgelagerter Netzbetreiber zu überprüfen. Teilweise wird die Anwendung der Norm im Rahmen der Anreizregulierung generell abgelehnt (Theobald/Kühling/*Theobald/Werk* EnWG § 71a Rn. 7). § 71a muss aber jedenfalls insoweit als gesetzgeberische Grundentscheidung von 6

§ 72

Bedeutung bleiben, als eine Doppelprüfung derselben Netzkosten durch zwei Regulierungsbehörden nicht stattfinden darf.

§ 72 Vorläufige Anordnungen

Die Regulierungsbehörde kann bis zur endgültigen Entscheidung vorläufige Anordnungen treffen.

Literatur: *Fetzer/Scherer/Graulich* (Hrsg.), TKG: Telekommunikationsgesetz – Kommentar, 3. Aufl. 2021 (zit. Fetzer/Scherer/Graulich/*Bearbeiter*); *Geppert/Schütz* (Hrsg.), Beck'scher TKG-Kommentar, 4. Aufl. 2013 (zit. Geppert/Schütz/*Bearbeiter*); *Jaeger/Kokott/Pohlmann/ Schroeder* (Hrsg.), Frankfurter Kommentar zum Kartellrecht, 99. EL. 2021 (zit. FK-KartellR/*Bearbeiter*); *Rosin/Pohlmann/Gentzsch/Metzenthin/Böwing* (Hrsg.), Praxiskommentar zum EnWG – Gesetz und Verordnungen, Band 2, 10. EL 12.2019 (zit. Rosin/Pohlmann/Gentzsch/Metzenthin/Böwing/*Bearbeiter*); *Säcker* (Hrsg.), Berliner Kommentar zum Telekommunikationsgesetz, 2. überarb. Aufl. 2009 (zit. BerlKommTKG/*Bearbeiter*); *Scheurle/Mayen* (Hrsg.), TKG, 3. Aufl. 2018.

A. Allgemeines

I. Inhalt

1 § 72 regelt, dass die Regulierungsbehörde bis zur endgültigen Entscheidung vorläufige Anordnungen treffen kann. Wie aus dem Wortlaut („kann") hervorgeht, handelt es sich um eine Ermessensvorschrift. Dieses Instrument ist insbesondere von Bedeutung, um zu verhindern, dass Schäden oder unwiederbringliche Rechtsverluste eintreten, bevor eine strittige oder kritische Situation in einem förmlichen Verfahren geklärt werden konnte.

II. Zweck

2 § 72 übernimmt § 130 TKG aF und nach der Gesetzesbegründung auch § 60 GWB in angepasster Form (BT-Drs. 15/3917, 71). Allerdings besteht ein bedeutender Unterschied zu § 60 GWB darin, dass § 72 eine umfassende Möglichkeit einräumt, vorläufige Anordnungen zu erlassen, während § 60 GWB die Maßnahmen, für die einstweilige Anordnungen erlassen werden können, enumerativ aufführt (Scheurle/Mayen/*Mayen* TKG § 130 Rn. 2). Die Norm gibt der Behörde das notwendige Instrument zur Hand, um dem Bedürfnis nach einer vorläufigen Regelung bzw. Sicherung zu entsprechen (Theobald/Kühling/*Theobald/Werk* EnWG § 72 Rn. 1). Die Möglichkeit, vorläufige Anordnungen zu treffen, ist insbesondere in **eilbedürftigen Angelegenheiten** relevant, dh wenn ohne vorläufige Regelung ein Rechtsverlust der Betroffenen droht. Bedeutung erlangt die Regelung auch in Verbindung mit § 76 Abs. 3 (→ § 76 Rn. 12), wonach dem Gericht die Möglichkeit vorläufiger Anordnungen entsprechend § 123 VwGO eingeräumt wird.

B. Einzelerläuterungen

I. Formelle Voraussetzungen

Der Erlass einer vorläufigen Anordnung bedarf keines Antrags, da es sich nicht um ein Antragsverfahren iSv § 22 VwVfG handelt (Scheurle/Mayen/*Mayen* TKG § 130 Rn. 7). Die vorläufige Anordnung ergeht vielmehr von Amts wegen (BerlKommEnergieR/*Bruhn* EnWG § 72 Rn. 17). Die Beteiligten sind jedoch nicht daran gehindert, Anträge zu stellen, um die Anordnung einer vorläufigen Anordnung von Amts wegen anzuregen (NK-EnWG/*Turiaux* § 72 Rn. 3).

Die gem. § 66 am Hauptsacheverfahren Beteiligten sind auch an dem Verfahren zum Erlass einer vorläufigen Anordnung beteiligt und haben gem. § 67 auch einen Anspruch auf **rechtliches Gehör** vor Ergehen der behördlichen Entscheidung. Nur in solchen Fällen, in denen eine vorherige Anhörung der Verfahrensbeteiligten das Anordnungsziel vereiteln würde, kann die vorherige Anhörung unterbleiben (Elspas/Graßmann/Rasbach/*Elspas/Heinichen* EnWG § 72 Rn. 8; Geppert/Schütz/ *Meyer-Sebastian* TKG § 130 Rn. 9).

Zuständig für den Erlass der vorläufigen Anordnung ist die Regulierungsbehörde, die auch für die Hauptsache gem. § 54 Abs. 2, 3 zuständig ist (BerlKommEnergieR/*Bruhn* EnWG § 72 Rn. 5). Die Zuständigkeit der Regulierungsbehörde endet gem. § 76 Abs. 3 S. 1 zu dem Zeitpunkt, an dem das Beschwerdegericht zuständig wird für den Erlass einstweiliger Anordnungen.

Ausweislich des Wortlauts kann die Regulierungsbehörde vorläufige Anordnungen „bis zur endgültigen Entscheidung" treffen. Zwar werden unterschiedliche Auffassung vertreten, ob der Erlass vorläufiger Anordnungen bis zur Bestandskraft der Entscheidung möglich ist (Immenga/Mestmäcker/*Bach* GWB § 60 Rn. 25; Fetzer/Scherer/Graulich/*Fetzer* TKG § 130 Rn. 8; Elspas/Graßmann/Rasbach/ *Elspas/Heinichen* § 72 Rn. 5) oder nur solange, bis die Entscheidung ergeht (NK-EnWG/*Turiaux* § 72 Rn. 2; Geppert/Schütz/*Meyer-Sebastian* § 130 Rn. 8), doch kommt dem Streit kaum praktische Relevanz zu (Theobald/Kühling/*Theobald/Werk* EnWG § 72 Rn. 7). Nachdem die Hauptsacheentscheidung ergangen ist, ist sie regelmäßig auch vollstreckbar, da einer Beschwerde gem. § 76 Abs. 1 in der Regel keine aufschiebende Wirkung zukommt. Selbst wenn diese ausnahmsweise eine aufschiebende Wirkung hat, kann die Behörde die sofortige Vollziehung gem. § 77 Abs. 1 anordnen. Einer vorläufigen Anordnung bedarf es mithin grundsätzlich nicht.

Umstritten ist, ob zusätzliche Voraussetzung dafür, dass eine vorläufige Anordnung ergehen kann, ein in der Hauptsache anhängiges Verwaltungsverfahren ist (so Theobald/Kühling/*Theobald/Werk* EnWG § 72 Rn. 10; Immenga/Mestmäcker/ *Bach* GWB § 60 Rn. 4). Dem Streit kommt jedoch kaum praktische Relevanz zu. Einigkeit besteht nämlich dahingehend, dass auch die Eröffnung eines Verwaltungsverfahrens mit dem Ziel, eine vorläufige Anordnung zu treffen, ausreichend ist (Immenga/Mestmäcker/*Bach* GWB § 60 Rn. 4; Elspas/Graßmann/Rasbach/*Elspas/ Heinichen* EnWG § 72 Rn. 5). Um eine vorläufige Anordnung zu treffen, muss also lediglich ein Verwaltungsverfahren eröffnet werden. Unbeachtlich ist, ob ein solches bereits vorher in der Hauptsache anhängig war.

§ 72 Teil 8. Verfahren

II. Materielle Voraussetzungen

8 § 72 stellt selbst keine materiellen Voraussetzungen auf, die erfüllt sein müssen, damit eine vorläufige Anordnung ergehen kann. Die BNetzA orientiert sich deshalb an den Parallelnormen des § 130 TKG aF (inzwischen § 207 TKG) und § 60 GWB sowie an § 123 VwGO (BNetzA Beschl. v. 5.4.2006 – BK7-06-008). Nach der Gesetzesbegründung entspricht § 72 in angepasster Form § 60 GWB und § 130 TKG (→ Rn. 2), wobei beide Vorschriften keine materiellen Voraussetzungen enthalten. Für § 60 GWB wird das Heranziehen der Rechtsgedanken von § 65 GWB, § 123 VwGO, § 940 ZPO und § 32 BVerfGG vertreten (Loewenheim/Meessen/Riesenkampff/Kersting/Meyer-Lindemann/*Quellmalz* GWB § 60 Rn. 4; Bechtold/Bosch/*Bechtold/Bosch* GWB § 60 Rn. 8). Auch die Voraussetzungen des § 130 TKG aF werden aus einer Gesamtanalogie zu den §§ 935 ff. ZPO und § 123 VwGO abgeleitet (Scheurle/Mayen/*Mayen* TKG § 130 Rn. 11). Für das EnWG wird die Orientierung an den Voraussetzungen von § 77 Abs. 1 vertreten (Theobald/Kühling/*Theobald/Werk* EnWG § 72 Rn. 11; *Salje* EnWG § 72 Rn. 9).

9 Voraussetzung dafür, dass eine vorläufige Anordnung ergehen kann, ist das Bestehen eines Anordnungsanspruches und eines Anordnungsgrundes (so auch Scheurle/Mayen/*Mayen* TKG § 130 Rn. 11; Geppert/Schütz/*Meyer-Sebastian* TKG § 130 Rn. 10; Wiedemann/*Klose* § 53 Rn. 47 ff.; BerlKommEnergieR/*Bruhn* EnWG § 72 Rn. 9). Ein **Anordnungsanspruch** besteht, wenn mit hinreichender Wahrscheinlichkeit in der Hauptsache ähnlich entschieden wird. Die Behörde hat also eine rechtliche Prüfung der Sachlage vorzunehmen und die Rechtslage auf Basis der zur Verfügung stehenden Erkenntnisse zu beurteilen. Dabei kommt dieser Prüfung wegen der Vorläufigkeit und Eilbedürftigkeit nur ein summarischer Charakter zu. Allerdings bezieht sich diese zusammenfassende Betrachtungsweise nur darauf, dass die Aufklärung des Sachverhalts noch nicht abgeschlossen sein kann und muss. Anders als das OLG Düsseldorf für gerichtliche Eilverfahren zu „schwierigen Rechtsfragen" meint (OLG Düsseldorf Beschl. v. 19.1.2018 – VI-3 Kart 446/18), muss daher die rechtliche Bewertung des möglichen Anspruches uneingeschränkt sorgfältig erfolgen, aber eben auf Grundlage eines nicht notwendigerweise feststehenden Sachverhaltes. Dabei steigt die notwendige Prüfungsintensität mit der Intensität der drohenden Rechtsverletzung (OLG Düsseldorf Beschl. v. 19.1.2018 – VI-3 Kart 446/18).

10 Ist dies zu bejahen, bedarf es noch eines **Anordnungsgrundes.** Ein solcher liegt vor, wenn der Erlass einer vorläufigen Anordnung im besonderen öffentlichen Interesse oder im überwiegenden Interesse Privater zur Abwendung schwerer Nachteile geboten ist (BVerwG Urt. v. 25.3.2009 – 6 C 3.08; Urt. v. 31.1.2017 – 6 C 2/16; Scheurle/Mayen/*Mayen* TKG § 130 Rn. 11; BerlKommEnergieR/*Bruhn* EnWG § 72 Rn. 9). Eine drohende Existenzgefährdung ist dabei jedoch nicht vorausgesetzt; es kommt lediglich darauf an, dass die abzuwendenden Nachteile schwer und/oder unwiederbringlich sind. Besteht grundsätzlich ein öffentliches oder privates Interesse am Erlass einer vorläufigen Anordnung, muss deren Erlass zur Abwendung der Nachteile auch **verhältnismäßig** sein, dh geeignet, erforderlich und angemessen sein. Neben der Eignung bedeutet dies, dass es kein gleich geeignetes milderes Mittel geben darf, um das Ziel, also zB die Verhinderung des drohenden Rechtsverlusts, zu erreichen. Ein milderes Mittel ist insbesondere bei der Betroffenheit von Drittinteressen das förmliche Verwaltungsverfahren **(Hauptsacheverfahren),** denn dort können Sachverhaltsaufklärung und rechtliche Prüfung mit der gebotenen Sorgfalt geleistet werden. Vorläufige Anordnungen sind daher nur dann

erforderlich, wenn der drohende Nachteil allein durch eine solche und nicht etwa auch nach Abschluss des Hauptsacheverfahrens verhindert werden kann (Scheurle/ Mayen/*Mayen* TKG § 130 Rn. 15; Geppert/Schütz/*Meyer-Sebastian* TKG § 130 Rn. 13). Die Angemessenheit ist anhand einer Interessenabwägung festzustellen (BerlKommEnergieR/*Bruhn* EnWG § 72 Rn. 11 f.). In diesem Rahmen ist insbesondere bei einer unklaren Sach- und Rechtslage eine Abwägung der Folgen des Erlasses gegen die Folgen des Nichterlasses einer vorläufigen Anordnung vorzunehmen (Scheurle/Mayen/*Mayen* TKG § 130 Rn. 17; Rosin/Pohlmann/ Gentzsch/Metzenthin/Böwing/*Bachert*/*Elspaß* EnWG § 72 Rn. 8). Das öffentliche oder private Interesse am Erlass einer vorläufigen Anordnung muss im Ergebnis das Interesse des Betroffenen an einem effektiven Rechtsschutz überwiegen (BerlKommEnergieR/*Bruhn* EnWG § 72 Rn. 11 f.). Ob die Behörde eine vorläufige Anordnung erlässt, steht in ihrem Ermessen. Eine **Ermessensreduzierung** auf Null wird dabei teilweise dann angenommen, wenn ein besonderes öffentliches Interesse an der vorläufigen Regelung besteht oder einem Beteiligten besonders schwerwiegende Nachteile drohen (BerlKommEnergieR/*Bruhn* EnWG § 72 Rn. 17; BerlKommTKG/*Ruffert* TKG § 130 Rn. 6). Letzteres ist typischerweise der Fall, wenn dem Betroffenen ein irreversibler Rechtsverlust droht.

III. Inhalt

Die Entscheidung, eine vorläufige Anordnung zu erlassen, unterliegt dem Begründungserfordernis aus § 73 Abs. 1. Dabei ist insbesondere zu begründen, warum die Entscheidung so eilbedürftig ist, dass ein Abwarten bis zur Hauptsacheentscheidung nicht möglich ist (Rosin/Pohlmann/Gentzsch/Metzenthin/Böwing/*Bachert*/ *Elspaß* EnWG § 72 Rn. 11; Fetzer/Scherer/Graulich/*Fetzer* TKG § 130 Rn. 15). Neben der Eilbedürftigkeit ist in der Begründung auch die vorgenommene Interessenabwägung zu erläutern (NK-EnWG/*Turiaux* § 72 Rn. 6; Langen/Bunte/*Kiecker* GWB § 60 Rn. 5). Mit Blick auf den Sinn und Zweck des Begründungserfordernisses, die Behörde dazu zu veranlassen, vor der Entscheidung eine eingehende Interessenabwägung unter Berücksichtigung der Umstände des Einzelfalls vorzunehmen, kann ein Mangel der Begründung nicht nachträglich geheilt werden (KG Beschl. v. 10.12.1990 – Kart 19/90, GRUR 1991, 704 für § 56 GWB aF; NK-EnWG/*Turiaux* § 72 Rn. 6). Ein formeller Mangel in der Begründung führt zur Rechtswidrigkeit der Entscheidung, die mithin auf die Beschwerde hin aufgehoben werden muss (NK-EnWG/*Turiaux* § 72 Rn. 6).

C. Rechtsschutz

Die Entscheidung der Behörde, eine vorläufige Anordnung zu erlassen, kann mit der Beschwerde nach § 75 angefochten werden. Bei Ablehnung des Erlasses kann grundsätzlich mit der Verpflichtungsbeschwerde der Erlass begehrt werden. Regelmäßig suchen die Betroffenen allerdings zugleich auch in der Hauptsache Rechtsschutz vor dem zuständigen Oberlandesgericht, weshalb dann auch der Erlass der vorläufigen Anordnung über § 76 Abs. 3 direkt vom Gericht begehrt wird. Gegen eine gerichtliche Entscheidung über vorläufige Anordnungen steht den Betroffenen keine Rechtsbeschwerde zum BGH zu, da es sich nicht um Entscheidungen in der Hauptsache handelt (→ § 86 Rn. 1, 4). Ist die vorläufige Anordnung rechtswidrig und löst einen Schaden aus, können möglicherweise Amtshaftungsansprüche nach Art. 34 GG iVm § 839 BGB geltend gemacht werden (Theobald/Kühling/ *Theobald/Werk* EnWG § 72 Rn. 18; FK-KartellR/*Bracher* GWB § 60 Rn. 32f.; Elspas/Graßmann/Rasbach/*Elspas/Heinichen* EnWG § 72 Rn. 13).

§ 73 Verfahrensabschluss, Begründung der Entscheidung, Zustellung

(1) ¹Entscheidungen der Regulierungsbehörde sind zu begründen und mit einer Belehrung über das zulässige Rechtsmittel den Beteiligten nach den Vorschriften des Verwaltungszustellungsgesetzes zuzustellen. ²§ 5 Abs. 4 des Verwaltungszustellungsgesetzes und § 178 Abs. 1 Nr. 2 der Zivilprozessordnung sind entsprechend anzuwenden auf Unternehmen und Vereinigungen von Unternehmen. ³Entscheidungen, die gegenüber einem Unternehmen mit Sitz im Ausland ergehen, stellt die Regulierungsbehörde der Person zu, die das Unternehmen der Regulierungsbehörde als im Inland zustellungsbevollmächtigt benannt hat. ⁴Hat das Unternehmen keine zustellungsbevollmächtigte Person im Inland benannt, so stellt die Regulierungsbehörde die Entscheidungen durch Bekanntmachung im Bundesanzeiger zu.

(1a) ¹Werden Entscheidungen der Regulierungsbehörde durch Festlegung nach § 29 Absatz 1 oder durch Änderungsbeschluss nach § 29 Absatz 2 gegenüber allen oder einer Gruppe von Netzbetreibern oder von sonstigen Verpflichteten einer Vorschrift getroffen, kann die Zustellung nach Absatz 1 Satz 1 durch öffentliche Bekanntmachung ersetzt werden. ²Die öffentliche Bekanntmachung wird dadurch bewirkt, dass der verfügende Teil der Festlegung oder des Änderungsbeschlusses, die Rechtsbehelfsbelehrung und ein Hinweis auf die Veröffentlichung der vollständigen Entscheidung auf der Internetseite der Regulierungsbehörde im Amtsblatt der Regulierungsbehörde bekannt gemacht werden. ³Die Festlegung oder der Änderungsbeschluss gilt mit dem Tag als zugestellt, an dem seit dem Tag der Bekanntmachung im Amtsblatt der Regulierungsbehörde zwei Wochen verstrichen sind; hierauf ist in der Bekanntmachung hinzuweisen. ⁴§ 41 Absatz 4 Satz 4 des Verwaltungsverfahrensgesetzes gilt entsprechend. ⁵Für Entscheidungen der Regulierungsbehörde in Auskunftsverlangen gegenüber einer Gruppe von Unternehmen gelten die Sätze 1 bis 5 entsprechend, soweit den Entscheidungen ein einheitlicher Auskunftszweck zugrunde liegt.

(2) Soweit ein Verfahren nicht mit einer Entscheidung abgeschlossen wird, die den Beteiligten nach Absatz 1 zugestellt wird, ist seine Beendigung den Beteiligten mitzuteilen.

(3) Die Regulierungsbehörde kann die Kosten einer Beweiserhebung den Beteiligten nach billigem Ermessen auferlegen.

Literatur: *Fetzer/Scherer/Graulich* (Hrsg.), TKG: Telekommunikationsgesetz – Kommentar, 3. Aufl. 2021 (zit. Fetzer/Scherer/Graulich/*Bearbeiter*); *Jaeger/Kokott/Pohlmann/Schroeder* (Hrsg.), Frankfurter Kommentar zum Kartellrecht, 99. EL. 2021 (zit. FK-KartellR/*Bearbeiter*); *Rosin/Pohlmann/Gentzsch/Metzenthin/Böwing* (Hrsg.), Praxiskommentar zum EnWG – Gesetz und Verordnungen, Band 2, 10. EL 12.2019 (zit. Rosin/Pohlmann/Gentzsch/Metzenthin/ Böwing/*Bearbeiter*).

A. Allgemeines

I. Inhalt

§ 73 trifft Regelungen bezüglich des Verfahrensabschlusses. In Abs. 1 wird die 1
Regulierungsbehörde zur Begründung ihrer Entscheidungen und zum Hinzufügen
einer Rechtsmittelbelehrung verpflichtet. Ferner ist geregelt, wie die Zustellung
der Entscheidung an die Beteiligten vorzunehmen ist. Abs. 1a betrifft die Fälle, in
denen eine öffentliche Bekanntmachung die Zustellung ersetzen kann. Die Mitteilungspflichten der Behörde bei einer anderweitigen Verfahrensbeendigung sind in
Abs. 2 geregelt. Abs. 3 beinhaltet die Regelung der Kostentragung der Beweiserhebung.

II. Zweck

§ 73 Abs. 1, 2 übernehmen § 61 Abs. 1, 2 GWB und § 131 Abs. 1, 2 TKG aF, 2
wobei § 73 Abs. 1 S. 2 nicht auf einer Übernahme der genannten Normen beruht,
sondern eine neue Regelung darstellt (BT-Drucks. 15/13917, S. 71; Theobald/
Kühling/*Theobald/Werk* EnWG § 73 Rn. 3). § 73 Abs. 3 entspricht § 131 Abs. 3
TKG. § 73 Abs. 1a wurde im Jahr 2011 neu aufgenommen (BT-Drs. 17/6072,
S. 93). Die Norm gibt klare Vorgaben für das Vorgehen der Behörde betreffend
den Verfahrensabschluss. Insbesondere das Zustellungserfordernis dient dem
Zweck, die Beteiligten über die Entscheidung zu informieren, sodass diese die Entscheidung nachprüfen und gegebenenfalls Rechtsmittel einlegen können (NK-
EnWG/*Turiaux* § 73 Rn. 1). Zudem sichert die Zustellung den Behörden Klarheit
über den Beginn und das Ende von Rechtsmittelfristen (Rosin/Pohlmann/
Gentzsch/Metzenthin/Böwing/*Bachert* EnWG § 73 Rn. 2). Die in Abs. 1a eingeräumte Möglichkeit, bestimmte Entscheidungen öffentlich bekannt zu machen
anstatt sie förmlich zuzustellen, soll der Behörde die Zustellung erleichtern (BT-
Drs. 17/6072, 93) und dient somit der Verfahrensökonomie (Rosin/Pohlmann/
Gentzsch/Metzenthin/Böwing/*Bachert* EnWG § 73 Rn. 19).

B. Einzelerläuterungen

I. Begründung und Zustellung (Abs. 1)

Gemäß Abs. 1 sind Entscheidungen der Regulierungsbehörde zu begründen 3
und den Beteiligten zusammen mit einer Rechtsmittelbelehrung nach den Vorschriften des VwZG zuzustellen. Unter dem Entscheidungsbegriff des § 73 sind nur **Verwaltungsakte** iSd § 35 VwVfG zu verstehen (BGH Beschl. v. 19.6.2007 – KVR
16/06; Rosin/Pohlmann/Gentzsch/Metzenthin/Böwing/*Bachert* EnWG § 73
Rn. 3). Diese Einschränkung erscheint mit Blick auf Abs. 2 auch sinnvoll. Würden
unter Abs. 1 alle Entscheidungen unabhängig von ihrer Verwaltungsaktqualität fallen, gäbe es kaum Verfahren, die nicht mit einer Entscheidung abgeschlossen werden
müssten und Abs. 2 würde kaum zur Anwendung kommen. Somit ist § 73 Abs. 1 nur
anwendbar, wenn das Gesetz selbst von „Entscheidungen" spricht (Elspas/Graßmann/Rasbach/*Elspas/Heinichen* EnWG § 73 Rn. 4) oder ein Verwaltungsakt iSv
§ 35 VwVfG vorliegt (BGH Beschl. v. 19.6.2007 – KVR 16/06; Rosin/Pohlmann/
Gentzsch/Metzenthin/Böwing/*Bachert* EnWG § 73 Rn. 3). Auch bloß formale Ver-

§ 73

waltungsakte (OLG Düsseldorf Beschl. v. 18.5.2016 – VI-3 Kart 174/14 (V)) sowie Allgemeinverfügungen (Theobald/Kühling/*Theobald/Werk* EnWG § 73 Rn. 7; Rosin/Pohlmann/Gentzsch/Metzenthin/Böwing/*Bachert* EnWG § 73 Rn. 4) sind von der Regelung des Absatz 1 erfasst.

4   **1. Begründung.** In § 73 Abs. 1 wird allgemein eine Begründungspflicht für Entscheidungen aufgestellt. Genauere Angaben zur näheren Ausgestaltung dieser enthält die Norm nicht, sodass bezüglich des Umfangs auf den subsidiär anwendbaren § 39 Abs. 1 VwVfG abzustellen ist (OLG Düsseldorf Beschl. v. 3.3.2020, VI-3 Kart 856/19 (V), BeckRS 2021, 12045; OLG Düsseldorf Beschl. v. 22.8.2012 – VI-3 Kart 39/11 (V), BeckRS 2014, 16743). In der Begründung sind mithin sowohl die **wesentlichen tatsächlichen und rechtlichen Gründe** darzulegen, die die Behörde zu ihrer Entscheidung bewogen haben, als auch die Gesichtspunkte, von denen die Behörde bei Ausübung ihres Ermessens ausgegangen ist. Die Begründung muss grundsätzlich so umfangreich sein, dass den Beteiligten die Überprüfung in rechtlicher und tatsächlicher Hinsicht (BGH Beschl. v. 11.3.1986 – KVR 2/85; FK-Kartell*R/Bracher* GWB § 61 Rn. 13) sowie die Entscheidung ermöglicht wird, ob sie gegen die Entscheidung vorgehen (OLG Schleswig Beschl. v. 2.10.2014 – 16 Kart 3/13; Rosin/Pohlmann/Gentzsch/Metzenthin/Böwing/*Bachert* EnWG § 73 Rn. 8). Ausreichend ist es, diejenigen tatsächlichen und rechtlichen Erwägungen in die Begründung aufzunehmen, aus denen sich die Rechtmäßigkeit der Entscheidung ergibt. Dabei sind auch die Rechtsgründe zu erörtern, die der beabsichtigten Entscheidung entgegenstehen könnten, etwa umstrittene Vorschriften (OLG Naumburg Beschl. v. 28.12.2009 – 1 W 35/06; *Salje* EnWG § 73 Rn. 6), und gewichtige Gegenargumente müssen thematisiert werden (KG Berlin 5.11.1986 – Kart 15/84, CR 1987, 504–506; Theobald/Kühling/*Theobald/Werk* EnWG § 73 Rn. 13; BerlKommEnergieR/*Bruhn* EnWG § 73 Rn. 6). Auf die Richtigkeit der Begründung kommt es im Rahmen der formellen Rechtmäßigkeit nicht an (OLG Düsseldorf Beschl. v. 3.3.2020, VI-3 Kart 856/19 (V), BeckRS 2021, 12045).

5   Da § 73 Abs. 1 selbst keine Anhaltspunkte für etwaige Einschränkungen der Begründungspflicht enthält, ist § 39 Abs. 2 nicht anzuwenden (FK-Kartell*R/Bracher* GWB § 61 Rn. 11; Theobald/Kühling/*Theobald/Werk* EnWG § 73 Rn. 12). Anders als in § 67 Abs. 4 werden die §§ 45, 46 VwVfG in § 73 zwar nicht explizit für anwendbar erklärt, im Falle von Begründungsmängel gelten die Vorschriften aber dennoch auch im Rahmen des § 73 (Rosin/Pohlmann/Gentzsch/Metzenthin/Böwing/*Bachert* EnWG § 73 Rn. 11; NK-EnWG/*Turiaux* § 73 Rn. 5). So kann das Fehlen einer Begründung bis zum Abschluss des Verfahrens vor dem Beschwerdegericht gem. § 45 Abs. 1 Nr. 2, Abs. 2 VwVfG noch geheilt werden (FK-Kartell*R/Bracher* GWB § 61 Rn. 24). Auch ein Nachschieben von Gründen ist in den Grenzen des § 114 S. 2 VwGO zulässig (Theobald/Kühling/*Theobald/Werk* EnWG § 73 Rn. 18).

6   Anders ist dies, wenn die Behörde aufgrund anderer Rechtsgrundlagen ausdrücklich über einen breiten Spielraum in Form eines **Regulierungsermessens** verfügt. In diesem Fall unterliegt die Behörde bei der Ausfüllung dieses Entscheidungsspielraums besonderen Begründungsanforderungen, denn die Gerichte müssen angesichts des ohnehin eingeräumten Spielraums dazu in der Lage sein, die eigentliche Bewertung der Behörde nachprüfen zu können (BGH Beschl. v. 7.6.2016 – EnVR 62/14, ZNER 2016, 406 Rn. 42 – Festlegung volatiler Kosten; BGH Beschl. v. 22.7.2014 – EnVR 59/12, RdE 2014, 495 Rn. 29 – Stromnetz Berlin GmbH). Aufgrund dessen müssen im Falle der Einräumung von Regulierungsermessen die wesentlichen Erwägungen bereits der Begründung der Entscheidung zu entnehmen sein und können auch nicht nachgeschoben werden.

2. Rechtsmittelbelehrung. Die zuzustellende Entscheidung ist mit einer **Be-** 7
lehrung über das zulässige Rechtsmittel zu versehen. Das EnWG enthält keine Regelung zum Inhalt der Rechtsmittelbelehrung, sodass diese Regelungslücke durch einen Rückgriff auf §58 Abs. 1 VwGO zu schließen ist (BGH Beschl. v. 21.1.2014 – EnVR 22/13; Elspas/Graßmann/Rasbach/*Elspas/Heinichen* EnWG § 73 Rn. 11). Die Beteiligten **müssen** demnach schriftlich oder elektronisch über den **Rechtsbehelf** (§ 75 Abs. 1; hier regelmäßig Beschwerde), die **zuständige Stelle,** bei der der Rechtsbehelf einzulegen ist (§ 78 Abs. 1; hier regelmäßig die Regulierungsbehörde, aber Einlegung beim zuständigen Oberlandesgericht genügt auch), deren **Sitz** und die einzuhaltende **Frist für die Einlegung** des Rechtsmittels (§ 78 Abs. 1; ein Monat – nicht vier Wochen – ab Zustellung) zu belehren (zu weitgehend daher OLG Düsseldorf Beschl. v. 22.3.2013 – VI-3 Kart 226/12 (V)). Ausreichend ist es im Hinblick auf die Belehrung über die einzuhaltende Frist, wenn ein allgemeiner und abstrakter Hinweis auf Beginn und Dauer der Rechtsbehelfsfrist erfolgt, wobei im Falle der öffentlichen Bekanntmachung ein Hinweis auf Abs. 1a erforderlich ist, aus dem sich Besonderheiten für die Fristberechnung ergeben (BGH Beschl. v. 21.1.2014 – EnVR 22/13 – Öffentliche Bekanntmachung). **Nicht erforderlich** ist dagegen die Belehrung über die **Art und Weise der Rechtsbehelfseinlegung.** Nach der Rechtsprechung sind zwingende Formerfordernisse gem. dem Wortlaut von § 58 Abs. 1 VwGO nicht Teil des Mindestinhalts einer Rechtsbehelfsbelehrung (vgl. BVerwG Beschl. v. 17.91954 – IV B 08.54, BVerwG Urt. V. 27.2.1976 – IV C 74.74; OVG NRW Beschl. v. 8.9.1981 – 16 B 796/81). Nach ständiger Rechtsprechung ist eine Rechtsbehelfsbelehrung nicht nur dann unrichtig, wenn sie die in § 58 Abs. 1 VwGO zwingend geforderten Angaben nicht enthält, sondern auch dann, wenn diesen Angaben ein unzutreffender oder irreführender Zusatz beigefügt ist, der sich generell eignet, die Einlegung des Rechtsbehelfs zu erschweren (vgl. BVerwG Urt. v. 26.10.1966 – V C 10.65; BVerwG Beschl. v. 31.5.2006 – 6 B 65/05 Rn. 10). Wenn die Behörde demnach einen überobligatorischen Hinweis gibt, zB darauf verweist, dass der Rechtsbehelf schriftlich, durch Niederschrift beim Urkundsbeamten oder mittels elektronischer Form einzureichen ist, sollte auf die **Vollständigkeit und Richtigkeit** dieses Hinweises geachtet werden. Zwar sind einige Gerichte der Ansicht, dass insbesondere der Hinweis auf die Möglichkeit der Verwendung der elektronischen Form entbehrlich ist (vgl. OVG Bremen Urt. v. 8.8.2012 – 2 A 53/12.A; VG Hannover Urt. v. 18.5.2017 – 7 A 5352/16, OVG Lüneburg Beschl. v. 30.9.2019 – 9 LB 59/17; aA OVG Münster Beschl. v. 11.7.2013 – 19 B 406/13), allerdings ist dem entgegenzuhalten, dass eine verkürzte Wiedergabe aller gangbaren Wege zur Einreichung eines statthaften Rechtsbehelfs geeignet ist, den Eindruck zu erwecken, dass der Rechtsbehelf nicht in elektronischer Form oder nicht durch Niederschrift des Urkundsbeamten erhoben werden kann (vgl. auch BVerwG Urt. v. 13.12.1978 – 6 C 77.78 Rn. 24). Ein solcher Eindruck sollte im Sinne der Rechtsmittelklarheit vermieden werden.

Tritt die **öffentliche Bekanntmachung** an die Stelle der Zustellung, führt auch 8
dies nicht dazu, dass die Rechtsmittelbelehrung konkret den Tag der öffentlichen Bekanntmachung oder der fingierten Zustellung angeben muss (OLG Düsseldorf Beschl. v. 22.3.2013 – VI-3 225/12 (V)). In den Rechtsmittelbelehrungen des OLG Düsseldorfs ist über die genannten Mindestinhalte hinaus der Hinweis enthalten, dass die Rechtsbeschwerde auch durch Übertragung eines elektronischen

§ 73 Teil 8. Verfahren

Dokuments an die elektronische Poststelle des Gerichts erhoben werden kann, sowie weitere Informationen dazu, wie dies genau zu erfolgen hat. Im Falle einer fehlenden oder unvollständigen Rechtsbehelfsbelehrung ist § 58 Abs. 2 VwGO analog anzuwenden (BGH Beschl. v. 21.1.2014 – EnVR 22/13; Rosin/Pohlmann/ Gentzsch/Metzenthin/Böwing/*Bachert* EnWG § 73 Rn. 14; NK-EnWG/*Turiaux* § 73 Rn. 6).

9 **3. Zustellung.** Die Entscheidungen sind nach den Vorschriften des VwZG zuzustellen. Die Zustellung ist insbesondere auch von Bedeutung für den Beginn der **Rechtsmittelfrist,** § 78 Abs. 1 S. 2 (Beschwerde nach § 75 binnen Monatsfrist nach § 78, → § 78 Rn. 2). In den Unternehmen, die typischerweise Adressaten regulierungsbehördlicher Verfügungen sind, sollte daher unbedingt eine ordnungsgemäße **Überwachung des Posteingangs** sichergestellt sein, damit der Eingang im Haus (gemäß Postzustellungsurkunde) dokumentiert wird und fristenrelevante Angelegenheiten unverzüglich an die Verantwortlichen weitergeleitet werden. Dabei ist eine vereinfachte Zustellung an Unternehmen und Vereinigungen von Unternehmen vorgesehen, indem Abs. 1 S. 2 die entsprechende Anwendung der § 5 Abs. 4 VwZG und § 178 Abs. 1 Nr. 2 ZPO anordnet. Sonderregeln gelten, wenn das Unternehmen, an das eine Entscheidung zugestellt werden soll, seinen Sitz im Ausland hat. Hat das Unternehmen eine Person im Inland als zustellungsbevollmächtigt ernannt, ist die Entscheidung gem. S. 3 an diese zuzustellen, anderenfalls ist sie gem. S. 4 im Bundesanzeiger bekanntzumachen. Die Behörde muss Unternehmen mit Sitz im Ausland vor der Entscheidung darauf aufmerksam machen, dass im Falle der Nichtbenennung einer zustellungsbevollmächtigten Person die Entscheidung im Bundesanzeiger bekannt gemacht wird. Zustellungsmängel können gem. § 8 VwZG durch den tatsächlichen Zugang der Entscheidung geheilt werden. Eine Heilung erfolgt aber auch dann, wenn der Adressat, anstatt dass ihm die Entscheidung zugestellt wird, das Amtsblatt der BNetzA erhält und die darin veröffentlichte Auskunftsverfügung wahrnimmt. Voraussetzung der Heilung ist dabei, dass der Adressat davon ausgeht, dass die BNetzA durch die Veröffentlichung die gleichen Rechtsfolgen wie durch eine förmliche Zustellung auslösen wollte (BGH Beschl. v. 19.6.2007 – KVR 18/06 Rn. 34; NK-EnWG/*Turiaux* § 73 Rn. 10).

II. Öffentliche Bekanntmachungen (Abs. 1a)

10 In Abs. 1a sind Entscheidungen genannt, bei denen die Zustellung nach Abs. 1 S. 1 durch die öffentliche Bekanntmachung ersetzt werden kann. Diese Möglichkeit steht der Regulierungsbehörde zu, wenn sie Entscheidungen durch Festlegung nach § 29 Abs. 1 oder durch Änderungsbeschluss nach § 29 Abs. 2 gegenüber allen oder einer Gruppe von Netzbetreibern oder von sonstigen Verpflichteten einer Vorschrift trifft. Dies ist insofern von Bedeutung, als damit die öffentliche Bekanntmachung unzulässig ist für Entscheidungen, die gemäß anderer Rechtsgrundlagen ergehen, obwohl auch diese gem. § 74 veröffentlicht werden müssen oder können. Da die öffentliche Bekanntmachung die Zustellung ersetzt und damit entscheidend ist für die Rechtsmittelfrist (Beschwerde nach § 75 binnen Monatsfrist nach § 78 → § 78 Rn. 2), ist hier besondere Sorgfalt bei der Prüfung geboten. Bei der Entscheidung, ob die BNetzA die genannten Entscheidungen nach Abs. 1a öffentlich bekannt macht oder ob sie diese nach Abs. 1 S. 1 zustellt, steht der Behörde ein weiter Ermessensspielraum zu. Dabei ist die fristauslösende Wirkung der öffentlichen Bekanntmachung zu berücksichtigen, sodass keine „überraschende" öffentliche

Bekanntmachung erfolgen darf. Da § 73 Abs. 1a nur ganz allgemein von einer „Gruppe" spricht, stellt sich die Frage, ab welcher Anzahl von Netzbetreibern oder sonstigen Verpflichteten eine öffentliche Bekanntmachung anstelle einer förmlichen Zustellung vorgenommen werden kann. Dies ist abhängig von den Umständen des jeweiligen Einzelfalls. Von einer Gruppe im Sinne der Norm kann grundsätzlich erst ab einem zweistelligen Adressatenkreis, aber jedenfalls schon bei unter 50 Adressaten gesprochen werden (Elspas/Graßmann/Rasbach/*Elspas/Heinichen* EnWG § 73 Rn. 17).

1. Bekanntmachung. Gemäß S. 2 wird die öffentliche Bekanntmachung dadurch bewirkt, dass der verfügende Teil der Festlegung oder des Änderungsbeschlusses, die Rechtsbehelfsbelehrung und ein Hinweis auf die Veröffentlichung der vollständigen Entscheidung auf der Internetseite im Amtsblatt der Regulierungsbehörde bekannt gemacht werden. Die Vorschrift verpflichtet zur Bekanntmachung nur des verfügenden Teils der Entscheidung, also des Entscheidungstenors ohne Begründung (NK-EnWG/*Turiaux* § 73 Rn. 13). Allerdings muss ein Hinweis auf die Veröffentlichung der vollständigen Entscheidung erfolgen. Ausreichend ist die bloße Angabe der Internetseite, ohne dass der vollständige Link abgedruckt werden muss, wenn die vollständige Entscheidung ohne Schwierigkeiten zu finden ist (Theobald/Kühling/*Theobald/Werk* EnWG § 73 Rn. 28). Die BNetzA erklärt in der Praxis aber in dem Hinweis auf die vollständige Entscheidung, wie und wo die Entscheidung auf der Internetseite zu finden ist. **11**

Ausweislich des Wortlauts wird die öffentliche Bekanntmachung durch die Veröffentlichung der in der Norm genannten Elemente – des verfügenden Teils, der Rechtsbehelfsbelehrung und des Hinweises auf die Volltextveröffentlichung – bewirkt. Fehlt die Veröffentlichung des verfügenden Teils oder des Hinweises auf die Volltextveröffentlichung, ist die Bekanntmachung unwirksam. Mit Blick auf den Zweck des Abs. 1a, die Zustellung zu vereinfachen (BT-Drs. 17/6072, 93), kann Gleiches nicht auch auf ein Fehlen der Rechtsbehelfsbelehrung zutreffen, da ansonsten strengere Anforderungen als gem. § 41 Abs. 4 S. 1, 2 VwVfG gelten würden. Gemäß § 41 Abs. 4 S. 1, 2 VwVfG müssen nur der verfügende Teil und der Hinweis auf die Volltextveröffentlichung öffentlich bekannt gemacht werden. Wird die Rechtsbehelfsbelehrung entgegen der Vorgaben aus Abs. 1a nicht öffentlich bekannt gemacht, ist die Bekanntmachung somit nicht unwirksam und § 58 Abs. 2 VwGO findet analog Anwendung (BGH Beschl. v. 21.1.2014 – EnVR 22/13; Elspas/Graßmann/Rasbach/*Elspas/Heinichen* EnWG § 73 Rn. 22; im Ergebnis auch Rosin/Pohlmann/Gentzsch/Metzenthin/Böwing/*Bachert* EnWG § 73 EnWG § 73 Rn. 27). **12**

2. Zustellungsfiktion. S. 3 legt fest, dass die Festlegung oder der Änderungsbeschluss mit dem Tag als zugestellt gilt, an dem seit dem Tag der Bekanntmachung im Amtsblatt **zwei Wochen** verstrichen sind. Die **Fristberechnung** für diese zwei Wochen richtet sich gem. § 31 VwVfG nach §§ 187–193 BGB. Dabei kommt es auf den Tag der öffentlichen Bekanntmachung an (BGH Beschl. v. 21.1.2014 – EnVR 22/13). Es handelt sich um eine Frist iSd § 187 Abs. 1 BGB. Erfolgt eine öffentliche Bekanntmachung an einem bestimmten Wochentag, zB Mittwoch (an diesem Wochentag erscheint regelmäßig alle zwei Wochen das Amtsblatt der BNetzA), so gilt die Festlegung gem. § 188 Abs. 2 BGB am übernächsten Mittwoch als zugestellt (indirekt bestätigt in BGH Beschl. v. 21.1.2014 – EnVR 22/13). Die Monatsfrist zur Einlegung der Beschwerde aus § 78 Abs. 1 beginnt entsprechend erst nach Ablauf der zwei Wochen. Auf diese Zustellungsfiktion ist in der Bekanntmachung hin- **13**

zuweisen. Gem. S. 4 gilt dabei § 41 Abs. 4 S. 4 VwVfG entsprechend, sodass die Behörde auch einen anderen Tag für die Fiktion der Zustellung wählen kann, jedoch frühestens den auf die Bekanntmachung folgenden Tag. Die S. 1 bis 5 gelten gem. S. 5 entsprechend für Entscheidungen der Regulierungsbehörde in Auskunftsverlangen gegenüber einer Gruppe von Unternehmen, soweit den Entscheidungen ein einheitlicher Auskunftszweck zugrunde liegt. Die Anordnung der entsprechenden Anwendung auch des S. 5 ist als Redaktionsversehen einzustufen (Rosin/Pohlmann/Gentzsch/Metzenthin/Böwing/*Bachert* EnWG § 73 Rn. 31).

14 Öffentliche Bekanntmachungen sind auch gegenüber Personen und Unternehmen wirksam, die erst nach der Bekanntmachung eine Tätigkeit beginnen, die durch das EnWG geregelt wird oder die erst nach diesem Zeitpunkt gegründet werden (OLG Düsseldorf Beschl. v. 12.8.2015 – VI-3 Kart 119/14 (V); Rosin/Pohlmann/Gentzsch/Metzenthin/Böwing/*Bachert* EnWG § 73 Rn. 26). So „wachsen" neue Netzbetreiber (zB wenn Kundenanlagen erweitert und zu regulierten Netzen werden) in die entsprechenden regulatorischen Vorgaben hinein. Dies gilt jedoch nur bei Festlegungen, die (zulässigerweise) öffentlich bekanntgemacht wurden.

III. Verfahrensabschluss ohne Entscheidung (Abs. 2)

15 Wird ein Verfahren nicht mit einer Entscheidung abgeschlossen, ist seine Beendigung gem. Abs. 2 den Beteiligten mitzuteilen. Ein Verfahrensabschluss ohne Entscheidung liegt beispielsweise bei der Einstellung des Verfahrens, der Rücknahme von Anträgen, im Falle der Einigung auf einen Vergleich oder auch bei Erledigung in sonstiger Weise vor (Fetzer/Scherer/Graulich/*Graulich* TKG § 131 Rn. 21). Die Mitteilung an die Beteiligten unterliegt keinen Formerfordernissen und kann mithin formlos ergehen (Rosin/Pohlmann/Gentzsch/Metzenthin/Böwing/*Bachert* EnWG § 73 Rn. 32). In Abs. 2 ist nicht geregelt, innerhalb welcher Frist die Behörde den Beteiligten die Verfahrensbeendigung mitzuteilen hat. Mithin kann davon ausgegangen werden, dass dies innerhalb einer angemessenen Frist geschehen soll (Elspas/Graßmann/Rasbach/*Elspas/Heinichen* EnWG § 73 Rn. 25, die eine Frist von sieben Tagen vorschlagen).

IV. Kostenregelung (Abs. 3)

16 Abs. 3 regelt, dass die Regulierungsbehörde den Beteiligten die Kosten einer Beweiserhebung nach billigem Ermessen auferlegen kann. Die Entscheidung, wer die Kosten der Beweiserhebung zu tragen hat, liegt im Ermessen der Behörde („kann"). Der Behörde kommt ein weiter Ermessensspielraum zu, der gerichtlich nur auf einen Fehlgebrauch des Ermessens überprüft wird (*Salje* EnWG § 73 Rn. 16; BerlKommEnergieR/*Bruhn* EnWG § 73 Rn. 17). Aspekte, die für die behördliche Entscheidung von Bedeutung sein können, sind insbesondere, wer die Beweiserhebung veranlasst hat und wem die Ergebnisse günstig waren. Auch die wirtschaftlichen Verhältnisse der Beteiligten (*Salje* Rn. 16) oder die Feststellung, für wen die Sachentscheidung positiv ausgefallen ist, können relevant sein. Die Vorschrift macht somit deutlich, dass nicht zwangsläufig dem Beteiligten, für den die Entscheidung nachteilig ist, auch die Kosten der Beweiserhebung aufzuerlegen sind (Rosin/Pohlmann/Gentzsch/Metzenthin/Böwing/*Bachert* EnWG § 73 Rn. 37; NK-EnWG/*Turiaux* § 73 Rn. 17).

17 § 73 Abs. 3 ergänzt § 91, der weitere gebührenpflichtige Handlungen der Regulierungsbehörde aufführt (Rosin/Pohlmann/Gentzsch/Metzenthin/Böwing/*Ba-*

chert EnWG § 73 Rn. 34 f.). Handlungen, für die das EnWG keine Kostenpflichtigkeit bestimmt, sind kostenfrei; die Auferlegung von Kosten aufgrund des VwKostG ist nur möglich, wenn und soweit die kostenpflichtigen Tatbestände bereits im jeweiligen Sachgesetz bestimmt sind (BVerwG Urt. v. 18.9.1984 – 1 C 164.80).

C. Rechtsschutz

Gegen die Entscheidung der Behörde, einem Beteiligten die Kosten aufzuerlegen, kann dieser Beschwerde nach § 75 Abs. 1 einlegen (*Rosin/Pohlmann/Gentzsch/Metzenthin/Böwing/Bachert* EnWG § 73 Rn. 39). **18**

§ 74 Veröffentlichung von Verfahrenseinleitungen und Entscheidungen

¹Die Einleitung von Verfahren nach § 29 Abs. 1 und 2 und Entscheidungen der Regulierungsbehörde auf der Grundlage des Teiles 3 sind auf der Internetseite und im Amtsblatt der Regulierungsbehörde zu veröffentlichen. ²Im Übrigen können Entscheidungen von der Regulierungsbehörde veröffentlicht werden.

Literatur: *Rosin/Pohlmann/Gentzsch/Metzenthin/Böwing* (Hrsg.), Praxiskommentar zum EnWG – Gesetz und Verordnungen, Band 2, 10. EL 12.2019 (zit. Rosin/Pohlmann/Gentzsch/Metzenthin/Böwing/*Bearbeiter*); *Säcker/Meier-Beck* (Hrsg.), Münchener Kommentar zum Wettbewerbsrecht – Band 2: Deutsches Wettbewerbsrecht, 3. Aufl. 2020 (zit. MüKoGWB/*Bearbeiter*).

A. Allgemeines

I. Inhalt

§ 74 betrifft die Veröffentlichung von Verfahrenseinleitungen und Entscheidungen durch die Regulierungsbehörde. Nur bezüglich der in S. 1 genannten Entscheidungen besteht eine Veröffentlichungspflicht, die Veröffentlichung anderer Entscheidungen steht gem. S. 2 im Ermessen der Behörde. **1**

II. Zweck

§ 74 entspricht in angepasster Form § 62 GWB (BT-Drs. 15/3917, 71). Indem die Vorschrift Veröffentlichungspflichten aufstellt, trägt sie zur Verbesserung der Transparenz behördlichen Handelns bei. Daneben werden die betroffenen Verkehrskreise über die Entscheidung informiert und können ihr Verhalten entsprechend anpassen (Elspas/Graßmann/Rasbach/*Elspas/Heinichen* EnWG § 74 Rn. 1; *Salje* EnWG § 74 Rn. 2). **2**

B. Einzelerläuterungen

I. Entscheidungen nach § 74 S. 1

3 Nach S. 1 unterliegen der Veröffentlichungspflicht die Einleitung von Verfahren nach § 29 Abs. 1 und 2 sowie Entscheidungen auf der Grundlage des dritten Teils des EnWG. Diese sind auf der Internetseite und im Amtsblatt der Regulierungsbehörde zu veröffentlichen. Die genannten Entscheidungen sind bereits ab Erlass zu veröffentlichen und müssen nicht erst in Bestandskraft erwachsen (Theobald/Kühling/ *Theobald/Werk* EnWG § 74 Rn. 3). Die Norm lässt offen, innerhalb welcher Frist die Veröffentlichung vorzunehmen ist. Die Verfahrenseinleitung bzw. Entscheidungen sind somit innerhalb einer angemessenen Frist zu veröffentlichen, die sich anhand der konkreten Umstände des Einzelfalls bestimmt (Elspas/Graßmann/Rasbach/*Elspas/Heinichen* EnWG § 74 Rn. 6, die eine Frist von vierzehn Tagen in der Regel für angemessen halten). Vorgeschrieben ist nur die Veröffentlichung des Entscheidungstenors, nicht aber der Begründung (*Salje* EnWG § 74 Rn. 8; aA Elspas/ Graßmann/Rasbach/*Elspas/Heinichen* EnWG § 74 Rn. 4; NK-EnWG/*Turiaux* § 74 Rn. 2; Rosin/Pohlmann/Gentzsch/Metzenthin/Böwing/*Bachert* EnWG § 74 Rn. 5).

4 Die Parallelvorschrift des § 62 GWB wird vereinzelt als Rechtfertigungsgrund für die Offenbarung von Geschäftsgeheimnissen angesehen, wenn deren Offenbarung für die Information der Öffentlichkeit zwingend notwendig ist (MüKoGWB/*Ost* § 62 Rn. 7; BerlKommEnergieR/*Bruhn* EnWG § 74 Rn. 5). § 74 enthält jedoch keine Regelung, die als Ergebnis einer Abwägung kollidierender Interessen die Einschränkung des in § 30 VwVfG gewährten Geheimnisschutzes erlaubt, sodass dieser Meinung nicht gefolgt werden kann (BVerwG Beschl. v. 22.11.2019 – 10 B 13.19 zu der Frage, ob § 74 S. 1 auch zur Veröffentlichung von Betriebs- und Geschäftsgeheimnissen verpflichtet).

II. Entscheidungen nach § 74 S. 2

5 Hinsichtlich aller Entscheidungen der Regulierungsbehörde, die nicht in Satz 1 genannt sind, steht das „Ob" und „Wie" der Veröffentlichung im Ermessen der Behörde. Bei der Veröffentlichung ist auf die Interessen der betroffenen Unternehmen Rücksicht zu nehmen (NK-EnWG/*Turiaux* § 74 Rn. 3).

C. Rechtsschutz

6 Veröffentlichungen iSd § 74 sind keine Verwaltungsakte iSv § 35 S. 1 VwVfG und somit kann gegen diese keine Anfechtungsbeschwerde gemäß § 75 Abs. 1 erhoben werden. Allerdings ist anerkannt, dass gegen unrichtige oder unzulässige Veröffentlichungen Rechtsschutz durch Erheben einer allgemeinen Leistungsbeschwerde oder vorbeugenden Unterlassungsbeschwerde erlangt werden kann (KG Beschl. v. 3.11.1993 – Kart 2/93; Elspas/Graßmann/Rasbach/*Elspas/Heinichen* EnWG § 74 Rn. 11). Eine Leistungsbeschwerde auf Änderung der Bekanntmachung ist jedoch nur dann begründet, wenn die gerügte Unrichtigkeit eine schädigende Wirkung auf die betroffenen Unternehmen begründet und die Qualität einer Rechtsbeeinträchtigung erreicht (KG Beschl. v. 3.11.1993 – Kart 2/93).

Abschnitt 2. Beschwerde

Vorbemerkung

Literatur: *Baur/Salje/Schmidt-Preuß* (Hrsg.), Regulierung in der Energiewirtschaft, 2. Aufl. 2016; *Holznagel*, Rechtsschutz und TK-Regulierung im Referentenentwurf zum TKG, MMR 2003, 513; *Holznagel/Werthmann*, Rechtswegfragen im Rahmen der Reform des Energiewirtschaftsrechts, ZNER 2004, 17; *Kresse/Vogl*, Der Rechtsweg in regulierungsrechtlichen Streitigkeiten, WiVerw 2016, 275; *Mohr*, Bezweckte und bewirkte Wettbewerbsbeschränkungen gemäß Art. 101 Abs. 1 AEUV, ZWeR 2015, 1; *Mohr*, Sicherung der Vertragsfreiheit durch Wettbewerbs- und Regulierungsrecht, 2015; *Mohr*, Energienetzregulierung als Zivilrechtsgestaltung, EuZW 2019, 229; *Möschel/Haug*, Der Referentenentwurf zur Novellierung des TKG aus wettbewerbsrechtlicher Sicht, MMR 2003, 505; *Neumann*, Reform des Rechtswegs im Telekommunikationsrecht?, N&R 2020, 148; *Neumann/Koch*, Einführung in das Telekommunikationsrecht, 2. Aufl. 2013; *Otte*, Anmerkung zum Urteil des BGH v. 18.10.2011 – KZR 18/10 – Stornierungsentgelt, LMK 2012, 327729; *Säcker*, Die wettbewerbsorientierte Anreizregulierung von Netzwirtschaften, N&R 2009, 78; *Säcker*, Verhältnis Ex post- und Ex ante-Regulierung am Beispiel aktueller Debatten zum Entflechtungsregime, WiVerw 2010, 101; *Säcker*, Wettbewerbs- und Energierecht in den guten Händen der ordentlichen Justiz, in: Mohr (Hrsg.), Energierecht im Wandel, 2018, S. 130; *Schenke*, Verwaltungsprozessrecht, 16. Aufl. 2019; *Wagemann*, Die Fortentwicklung des Vergleichsmarktkonzepts in der Preismissbrauchsaufsicht, in: FS Bechtold, 2006, S. 593.

Mit den Vorschriften des EnWG 2005 zur Netzzugangs- und Netzentgeltregulierung hat auch der Rechtsschutz in den energieverwaltungsrechtlichen Verfahren eine eigene Ausgestaltung erfahren. Die Beschwerdeverfahren in erster Instanz werden durch §§ 75–85 geregelt, die Rechtsbeschwerdeverfahren durch §§ 86–88. Gemeinsame Bestimmungen für das Verwaltungsverfahren, das Beschwerdeverfahren und das Rechtsbeschwerdeverfahren finden sich in §§ 89–90. Die §§ 106–108 enthalten darüber hinaus gemeinsame Vorgaben für das gerichtliche Verfahren. 1

Der Gesetzgeber hat sich bei der Ausgestaltung der Verfahrensregelungen gezielt an dem **Rechtsschutzsystem des GWB** orientiert und dessen Vorschriften zum Teil wortgleich übernommen (BT-Drs. 15/3917, 46, 71–75). Deshalb können Rechtsprechung und Literatur zu §§ 63ff. GWB auch bei der Auslegung der §§ 75ff. EnWG fruchtbar gemacht werden (NK-EnWG/*Huber* EnWG § 75 Rn. 1). Auf das Bestreben des Gesetzgebers, mit dem EnWG eine beschleunigte Umsetzung der netzbezogenen Regulierung im Gas- und Elektrizitätsbereich zu erreichen, deutet die im Vergleich zum GWB auf die Hälfte verkürzte Beschwerdebegründungsfrist gem. § 78 Abs. 3 hin (OLG Düsseldorf Beschl. v. 21.7.2006 – VI-3 Kart 289/06 (V), ZNER 2006, 258 (264)). 2

Das Beschwerdeverfahren soll einerseits die Richtigkeit des Verwaltungshandelns gewährleisten und es dient andererseits dem individuellen Rechtsschutz (NK-EnWG/*Huber* EnWG § 75 Rn. 1; Hempel/Franke/*Scholz/Jansen* EnWG § 75 Rn. 2). Grundsätzlich folgt das Beschwerdeverfahren aufgrund der Verweisung in § 85 Nr. 2 den Vorschriften der ZPO (NK-EnWG/*Huber* EnWG § 75 Rn. 1). Die Verfahren sind damit den zivilprozessualen Regelungen unterworfen (vgl. BR-Drs. 343/1/11 (24)). Da neben den privaten Interessen in besonderer Weise auch öffentliche Interessen berührt werden, normiert § 82 Abs. 1 den **Untersuchungsgrundsatz** (vgl. *Schenke* VerwProzR Rn. 21). Insgesamt handelt es sich der Sache nach um 3 ein verwaltungsgerichtliches Verfahren. Deshalb sind neben den in § 85 EnWG für entsprechend anwendbar erklärten Bestimmungen der ZPO auch die Vorschriften der VwGO analog anwendbar, soweit einzelne Fragen im EnWG nicht geregelt sind (BGH Beschl. v. 11.11.2008 – EnVR 1/08, BeckRS 2009, 1766 Rn. 9 – citiworks). Der Gesetzgeber hat sich aber erkennbar am **kartellrechtlichen Prozessrecht** orientiert und sich mit § 75 Abs. 4 in Abweichung von der Generalklausel des § 40 Abs. 1 S. 1 VwGO für eine abdrängende Sonderzuweisung zu den Oberlandesgerichten entschieden (vgl. BR-Drs. 343/1/11 (24); BerlKommEnergieR/*Johanns/Roesen* EnWG § 75 Rn. 1).

4   Da für die anderen Zuständigkeitsbereiche der BNetzA (Telekommunikation, Post und Eisenbahn) der **Rechtsweg** zu den Verwaltungsgerichten eröffnet ist, gab es über die Zuweisung der Beschwerdeverfahren nach dem EnWG zu den ordentlichen Gerichten zu Beginn der Regulierung Diskussionen (vgl. *Holznagel/Werthmann* ZNER 2004, 17ff.; → 3. Aufl. 2015 Vorb. § 75 Rn. 2ff.; sa zur Diskussion über eine Verlagerung des Rechtsschutzes in telekommunikationsrechtlichen Verfahren auf die Kartellsenate der Oberlandesgerichte *Holznagel* MMR 2003, 513f., m. abl. Stellungnahme; aA *Möschel/Haug* MMR 2003, 505 (507f.), die sich für die Zuweisung der Verantwortung für alle Fragen der Marktregulierung an die Kartellgerichte aussprechen; für eine Zuweisung aller Regulierungsstreitigkeiten an die Verwaltungsgerichte dagegen *Neumann* N&R 2020, 148 (156)).

5   Die Vorbehalte (→ 3. Aufl. 2015 Vorb. § 75 Rn. 2ff.) gegenüber der Zuständigkeit der Zivilgerichte sind unberechtigt. Bei der Befürwortung eines einheitlichen Rechtswegs zu den Verwaltungsgerichten wird übersehen, dass die kartellrechtlichen und zivilrechtlichen Bezüge im EnWG erheblich überwiegen (*Kresse/Vogl* WiVerw 2016, 275). Die Regulierung der Energienetze hat ihren normativen Geltungsgrund ebenso wie die Missbrauchskontrolle marktbeherrschender Unternehmen im kartellrechtlichen Missbrauchsverbot gem. Art. 102 AEUV und den §§ 19, 29 GWB (*Mohr* Sicherung der Vertragsfreiheit S. 608; *Säcker* WiVerw 2010, 101; *Säcker* in Energierecht im Wandel, S. 132). Aus diesem Grunde hat die **wettbewerbsanaloge Regulierung** der Energienetze keine eigene Teleologie, sondern steht in einem untrennbaren Ordnungszusammenhang mit dem allgemeinen Kartellrecht (*Mohr* Sicherung der Vertragsfreiheit S. 608; *Säcker* WiVerw 2010, 101; s. zum Telekommunikationsrecht auch *Neumann/Koch* TelekommunikationsR Kap. 1 Rn. 92). Marktbezogene Regulierung bedeutet im Ausgangspunkt nichts anderes als eine sektorspezifische Anwendung der Prinzipien des allgemeinen Kartellrechts (*Mohr* Sicherung der Vertragsfreiheit S. 608; *Neumann/Koch* TelekommunikationsR Kap. 1 Rn. 60). Die wettbewerbliche Preiskontrolle nach Art. 102 AEUV, §§ 19, 29 GWB wird durch die Wertungen des sektorspezifischen Regulierungsrechts operationalisierbar gemacht (BGH Beschl. v. 14.7.2015 – KVR 77/13, NJW 2015, 3643 Ls. 2 – Wasserpreise Calw II; *Mohr* Sicherung der Vertragsfreiheit S. 494ff.). Die Regulierung der Netzzugangs- und Entgeltkontrolle beinhaltet damit kein eigenständiges Kontrollkonzept, sondern lediglich eine sektorspezifische Konkretisierung des kartellrechtlichen Missbrauchsverbots am Maßstab des Als-Ob-Wettbewerbskonzepts (*Mohr* Sicherung der Vertragsfreiheit S. 495; *Mohr* EuZW 2019, 229 (232)). Regulierung bedeutet in diesem Sinne eine sonderkartellrechtliche Ausprägung der Maßstäbe von Billigkeit und Angemessenheit (BerlKommEnergieR/*Mohr* EnWG Vorb. StromNEV Rn. 42; *Mohr* ZWeR 2015, 1 (6); *Otte* LMK 2012, 327729). Der Charakter der Regelungen des EnWG als sektorspezifische Ergänzungen des allgemeinen Kartellrechts zeigt sich auch daran, dass sie die Vorschriften des GWB zur Netzregulierung verdrängen. Nach § 111 Abs. 3 haben die Kartellbehörden in Verfahren

Vorbemerkung   **Vor §§ 75 ff.**

nach §§ 19, 29 GWB, die Preise von Energieversorgungsunternehmen betreffen, die veröffentlichten Netzentgelte grundsätzlich als rechtmäßig zugrunde zu legen (→ § 111 Rn. 8 ff.; BerlKommEnergieR/*Mohr* EnWG Anh. B § 39 (§ 29 GWB) Rn. 25; Baur/Salje/Schmidt-Preuß Energiewirtschaft/*Ludwigs* Kap. 42 Rn. 19). Lediglich die darüber hinausgehende Zuständigkeit der Kartellbehörden bleibt bestehen.

Tatsächlich hat die Zuweisung der Verfahren zu den Zivilgerichten Rechtsweg- 6 spaltungen insbesondere bei der Anwendung der Bestimmungen der Teile 2 und 3 des Gesetzes verhindert. Etwa die originär zivilrechtlichen Ansprüche der Netzanschluss- und Netzzugangspetenten könnten ansonsten gegen die Regulierungsbehörden vor den Verwaltungsgerichten und parallel dazu gegenüber den Netzbetreibern vor den Zivilgerichten geltend gemacht werden (s. die Begründung der Bundesregierung zum EnWG 2005, BT-Drs. 15/3917, 71; Rosin/Pohlmann/Gentzsch/Metzenthin/Böwing/*Burmeister*/*Michaelis* EnWG § 75 Rn. 10; Theobald/Kühling/*Boos* EnWG § 75 Rn. 6). Alle vorstehenden Argumente streiten dafür, dass die energiewirtschaftsrechtlichen Verfahren bei den ordentlichen Gerichten in „guten Händen" sind (*Säcker* in Energierecht im Wandel, S. 130 ff.).

Auch die Begründung des Gesetzgebers zum Rechtsschutz gegen Entscheidun- 7 gen der BNetzA nach dem Kohleverstromungsbeendigungsgesetz (§ 64 KVBG) spricht dafür, dass die Zuweisung von Beschwerdeverfahren nach dem EnWG an die Zivilgerichte gut begründet ist (BT-Drs. 19/17342, 150: „[...] Das allein zuständige OLG Düsseldorf besitzt auf Grund seiner langjährigen Erfahrung eine im Bundesgebiet einzigartige Expertise in energiewirtschaftsrechtlichen Fragestellungen. Die Praxis des Gerichts zeigt, dass rasch, zielorientiert und praxisnah entschieden wird. Rechts- und Tatsachenfragen (sowohl technisch als auch ökonomisch) werden ausermittelt und entschieden. Die Beibehaltung des im EnWG vorgesehenen Rechtsweges vermeidet zudem Widersprüche zur Anwendung anderer energierechtlicher Vorschriften"). Mit einer gleichlautenden Begründung wurde die Zuständigkeit des OLG Düsseldorf für Beschwerden gegen Maßnahmen der BNetzA nach dem EnSiG oder den aufgrund dieses Gesetzes erlassenen Rechtsverordnungen eingeführt (BT-Drs. 20/1766, 18; für weitere Gesetze, die das Beschwerdeverfahren gem. §§ 75 ff. als entsprechend anwendbar erklären, s. BeckOK EnWG/*van Rossum* § 75 Rn. 3).

Die **abdrängende Sonderzuweisung** zu den ordentlichen Gerichten gem. § 75 8 Abs. 4 S. 1 ist weit auszulegen. Die Zuständigkeitskonzentration soll widersprüchliche Entscheidungen von Gerichten verschiedener Rechtswege ausschließen und verhindern, dass sich zu den maßgeblichen Rechtsbegriffen abweichende Auffassungen herausbilden (OVG Münster Beschl. v. 6.7.2012 – 16 E 1096/11, NVwZ-RR 2012, 801 (802); BerlKommEnergieR/*Johanns*/*Roesen* EnWG § 75 Rn. 2 f.). Sie erfasst deshalb unabhängig von der Handlungsform alle auf Handlungen der Regulierungsbehörde beruhenden öffentlich-rechtlichen Streitigkeiten, gleich ob mit oder ohne Entscheidungscharakter, und auch ihre Unterlassung, soweit diese ihre Wurzeln im EnWG haben (OVG Münster Beschl. v. 6.7.2012 – 16 E 1096/11, NVwZ-RR 2012, 801 (802); BerlKommEnergieR/*Johanns*/*Roesen* EnWG § 75 Rn. 2 f.; für das Kartellverfahren OLG Düsseldorf Beschl. v. 9.10.2014 – VI-Kart 5/14 (V), NZKart 2015, 57 (58); Wiedemann KartellR-HdB/*Klose* § 54 Rn. 1). Ihre Grenze findet die abdrängende Sonderzuweisung dann, wenn eine Streitigkeit auf der Grundlage spezieller öffentlich-rechtlicher Vorschriften zu beurteilen ist, etwa denen des Informationsfreiheitsgesetzes, die nach der Generalklausel des § 40 Abs. 1 S. 1 VwGO in die Überprüfungskompetenz der Verwaltungsgerichtsbarkeit fallen

(OLG Düsseldorf Beschl. v. 15.6.2009 – VI-Kart 3/09 (V), BeckRS 2009, 26589; BerlKommEnergieR/*Johanns/Roesen* EnWG § 75 Rn. 2; Theobald/Kühling/*Boos* EnWG § 75 Rn. 25; Loewenheim/Meessen/Riesenkampff/Kersting/Meyer-Lindemann/*Kühnen* GWB § 63 Rn. 1).

§ 75 Zulässigkeit, Zuständigkeit

(1) [1]**Gegen Entscheidungen der Regulierungsbehörde ist die Beschwerde zulässig.** [2]**Sie kann auch auf neue Tatsachen und Beweismittel gestützt werden.**

(2) **Die Beschwerde steht den am Verfahren vor der Regulierungsbehörde Beteiligten zu.**

(3) [1]**Die Beschwerde ist auch gegen die Unterlassung einer beantragten Entscheidung der Regulierungsbehörde zulässig, auf deren Erlass der Antragsteller einen Rechtsanspruch geltend macht.** [2]**Als Unterlassung gilt es auch, wenn die Regulierungsbehörde den Antrag auf Erlass der Entscheidung ohne zureichenden Grund in angemessener Frist nicht beschieden hat.** [3]**Die Unterlassung ist dann einer Ablehnung gleich zu achten.**

(4) [1]**Über die Beschwerde entscheidet ausschließlich das für den Sitz der Regulierungsbehörde zuständige Oberlandesgericht, in den Fällen des § 51 ausschließlich das für den Sitz der Bundesnetzagentur zuständige Oberlandesgericht, und zwar auch dann, wenn sich die Beschwerde gegen eine Verfügung des Bundesministeriums für Wirtschaft und Energie richtet.** [2]**§ 36 der Zivilprozessordnung gilt entsprechend.**

Übersicht

	Rn.
A. Arten der Beschwerde	1
I. Überblick	1
II. Anfechtungsbeschwerde (Abs. 1 S. 1)	4
1. Streitgegenstand	4
2. Beschwerdebefugnis	6
3. Rechtsschutzbedürfnis	14
III. Verpflichtungsbeschwerde (Abs. 3)	15
1. Streitgegenstand	15
2. Beschwerdebefugnis	18
3. Rechtsschutzbedürfnis	19
IV. Fortsetzungsfeststellungsbeschwerde	20
V. Allgemeine Leistungsbeschwerde	21
VI. Rücknahme einer Beschwerde	24
B. Berücksichtigung neuer Tatsachen und Beweismittel im Beschwerdeverfahren (Abs. 1 S. 2)	25
C. Zuständiges Beschwerdegericht (Abs. 4)	28

Literatur: *Bacher*, Die Rechtsprechung des Bundesgerichtshofs zum Energiewirtschaftsrecht, WM Sonderbeil. Heft 7/2021, 1; *Bien*, Entformalisierung der energieverwaltungsrechtlichen Drittanfechtungsbeschwerde, RdE 2009, 314; *Bourazeri*, Anmerkung zu den Beschlüssen des BGH v. 3.3.2020 – EnVR 26/18 und EnVR 56/18, N&R 2020, 188 (Festlegung der Eigenkapitalzinssätze für die dritte Regulierungsperiode); *Bourazeri*, Anmerkung zum Beschluss des

Zulässigkeit, Zuständigkeit § 75

BGH v. 15.12.2020 – EnVR 115/18 – Energie- und Wasserversorgung Hamm GmbH, EnWZ 2021, 163 (Berücksichtigung neuer unstreitiger Tatsachen in der Rechtsbeschwerdeinstanz); *Eyermann* (Hrsg.), VwGO, 15. Aufl. 2019 (zit. Eyermann/*Bearbeiter*); *Foerster*, Streitgegenstand und Rechtskraft in Verfahren des GWB, NZKart 2015, 85; *Günther/Brucker*, Die Beschwerdebefugnis Dritter nach § 75 II EnWG bei energieregulierungsrechtlichen Festlegungen der Bundesnetzagentur, NVwZ 2015, 1735; *Holznagel/Hemmert-Halswick*, Anmerkung zum Beschluss des BGH v. 9.7.2019 – EnVR 5/18 – Lichtblick, EnWZ 2019, 406 (Entscheidung zur materiellen Beschwer von Netznutzern von der Festlegung des Eigenkapitalzinssatzes); *Holznagel/Gögel/Schumacher*, Die Zulässigkeit der Übertragung von Landesregulierungsaufgaben im Energiesektor auf die BNetzA, DVBl 2006, 471; *Koenig/Bache*, Die örtliche Zuständigkeit der Oberlandesgerichte in Fällen der Organleihe bei der Wahrnehmung der Landesregulierungsaufgaben durch die Bundesnetzagentur, IR 2008, 2; *Kühling/Hermeier*, Die Rechtsprechung im Regulierungsgefüge des EnWG 2005, N&R 2007, 146; *Missling*, Anmerkung zum Beschluss des BGH v. 29.4.2008 – KVR 30/07, RdE 2008, 281 (Organleihe); *Posser/Wolff* (Hrsg.), Beck'scher Online-Kommentar zur VwGO, 57. Ed. 1.4.2021 (zit. BeckOK VwGO/*Bearbeiter*); *Säcker/Boesche*, Drittschutz im Kartellverwaltungsprozess – Erkenntnisse aus dem Verfahren „E.ON/Ruhrgas" für die Novellierung des GWB, ZNER 2003, 76; *Sauerland*, Sind die Vorschriften des Energiewirtschaftsgesetzes über die Entgeltregulierung drittschützend?, RdE 2007, 153; *van Rossum*, in: Beck'scher Online-Kommentar zum EnWG, 4. Ed. 1.9.2022.

A. Arten der Beschwerde

I. Überblick

Die §§ 75 ff. orientieren sich am Vorbild der kartellrechtlichen §§ 73 ff. GWB (vgl. die Gesetzesbegr. BT-Drs. 15/3917, 71 f., die sich auf die §§ 63 ff. GWB idF bis zum 18.1.2021 bezieht; letztere wurden in weiten Teilen wortgleich in die heutigen §§ 73 ff. GWB überführt, vgl. BT-Drs. 19/23492, 122 ff.). Im Einzelnen regelt § 75 Abs. 1 S. 1 die **Anfechtungsbeschwerde** gegen Entscheidungen der Regulierungsbehörde. Hierdurch können die Betroffenen die (zumindest teilweise) Aufhebung der regulierungsbehördlichen Entscheidung erstreben. Als weitere zulässige Beschwerdeart sieht § 75 Abs. 3 die **Verpflichtungsbeschwerde** vor, die auf Erlass der begehrten Entscheidung gerichtet ist. In § 75 Abs. 1 S. 1 wird der Beschwerdegegenstand beschrieben, während § 75 Abs. 2 die Beteiligten am gerichtlichen Beschwerdeverfahren nennt. § 75 Abs. 4 legt ferner das zuständige Beschwerdegericht fest. Der Normgehalt des § 75 entspricht damit weitgehend den in § 73 Abs. 1 bis 4 GWB enthaltenen Regelungen zum kartellrechtlichen Verwaltungsgerichtsverfahren (vgl. BT-Drs. 15/3917, 71, unter Verweis auf die Vorgängervorschriften des § 63 Abs. 1 bis 4 GWB aF) und ist wie letztere **nicht abschließend.** Neben den in § 75 Abs. 1 und 3 normierten Beschwerdearten und der Fortsetzungsfeststellungsbeschwerde gem. § 83 Abs. 2 S. 2 und Abs. 3 (→ § 83 Rn. 21 ff.) anerkennt die Rspr. in Anlehnung an andere Verfahrensordnungen wie insbesondere die VwGO weitere ungeschriebene Beschwerdearten als grds. statthaft, sofern sie zur Gewährleistung eines lückenlosen Rechtsschutzes gem. Art. 19 Abs. 4 GG notwendig sind (BGH Beschl. v. 12.4.2016 – EnVR 25/13, EnWZ 2016, 367 Rn. 30 – Netzentgeltbefreiung II; BGH Beschl. v. 14.8.2008 – KVR 42/07, ZNER 2008, 222 Rn. 80 – Rheinhessische Energie). Insoweit macht sich die energiewirtschaftsrechtliche Rspr. die Erkenntnisse des Kartellrechts fruchtbar (vgl. BGH Beschl. v. 18.2.1992 – KVR 4/91, NJW 1992, 1829 – Unterlassungsbeschwerde; BGH

§ 75 Teil 8. Verfahren

Beschl. v. 19.12.1995 – KVZ 23/95, WuW 1996, 327 – Nichtzulassungsbeschwerde; aus dem Schrifttum Immenga/Mestmäcker/*K. Schmidt* GWB § 63 Rn. 3 und 5 mwN; *Bechtold/Bosch* GWB § 73 Rn. 2; Loewenheim/Meessen/Riesenkampff/Kersting/Meyer-Lindemann/*Kühnen* GWB § 63 Rn. 2).

2 Vor diesem Hintergrund wird auch im Energiewirtschaftsrecht die **allgemeine Leistungsbeschwerde** als grds. statthaft erachtet (BGH Beschl. v. 19.6.2007 – KVZ 35/06, BeckRS 2007, 12163 Rn. 4; OLG Düsseldorf Beschl. v. 23.9.2009 – VI-3 Kart 25/08 (V), RdE 2010, 35 (37f.); vgl. auch Immenga/Mestmäcker/ *K. Schmidt* GWB § 63 Rn. 9; *Bechtold/Bosch* GWB § 73 Rn. 13). Hierdurch kann gegen **„schlichtes Verwaltungshandeln"** etwa im Wege der Folgen- oder Störungsbeseitigung in engen Grenzen Rechtsschutz erlangt werden, wenn und soweit konkrete Anhaltspunkte vorliegen, die eine unmittelbare Rechtsverletzung erkennen lassen, und es an einer anderweitigen Rechtsschutzmöglichkeit fehlt (OLG Düsseldorf Beschl. v. 2.10.2017 – VI-3 Kart 70/17 (V), BeckRS 2017, 137647 Rn. 17; Beschl. v. 19.9.2018 – VI-3 Kart 113/17 (V), RdE 2019, 77 (79); Beschl. v. 2.11.2006 – VI-3 Kart 285/06 (V), Rn. 23; näher zur allg. Leistungsbeschwerde → Rn. 21 ff.).

3 Als grundsätzlich statthaft erachtet der BGH zudem eine **allgemeine Feststellungsbeschwerde** (BGH Beschl. v. 14.8.2008 – KVR 42/07, ZNER 2008, 222 Rn. 80 – Rheinhessische Energie, iErg aber abl.; s. auch, die Zulässigkeit bej., OLG Düsseldorf Beschl. v. 28.4.2015 – VI-3 Kart 312/12 (V), NJOZ 2015, 1136 Rn. 72ff.; aus dem Schrifttum BerlKommEnergieR/*Johanns/Roesen* EnWG § 75 Rn. 54; Immenga/Mestmäcker/*K. Schmidt* GWB § 63 Rn. 11; *Bechtold/Bosch* GWB § 73 Rn. 14; Wiedemann KartellR-HdB/*Klose* § 54 Rn. 16; Langen/Bunte/ *Lembach* GWB § 63 Rn. 45f.; grdl. Bedenken äußert dagegen Loewenheim/Meessen/Riesenkampff/Kersting/Meyer-Lindemann/*Kühnen* GWB § 63 Rn. 46). Eine allgemeine Feststellungsbeschwerde kommt in Betracht, wenn im Einzelfall ein dem Art. 19 Abs. 4 GG genügender Rechtsschutz nur im Wege eines gerichtlichen Feststellungsurteils zu erreichen wäre, weil keine der anderen Beschwerdearten greift (BGH Beschl. v. 12.4.2016 – EnVR 25/13, EnWZ 2016, 367 Rn. 30; OLG Düsseldorf Beschl. v. 21.4.2010 – VI-3 Kart 67/08 (V), BeckRS 2010, 19142 unter B. I.). Die Feststellungsbeschwerde setzt deshalb ein qualifiziertes Rechtsschutzinteresse voraus. Für die Beurteilung der weiteren Zulässigkeitsanforderungen sind die Vorschriften der VwGO entsprechend anzuwenden, weil die in § 83 Abs. 2 bis 5 bestimmten Formen der Beschwerdeentscheidung dem § 113 VwGO nachgebildet sind (BGH Beschl. v. 14.8.2008 – KVR 42/07, ZNER 2008, 222 Rn. 81 – Rheinhessische Energie I). Insbesondere muss ein feststellungsfähiges Rechtsverhältnis zwischen dem Beschwerdeführer und der Regulierungsbehörde bestehen. Ein Feststellungsantrag in Bezug auf ein **Rechtsverhältnis mit Dritten** ist nur dann zulässig, wenn ein Feststellungsinteresse gerade gegenüber der beklagten Partei anzunehmen ist (vgl. BGH Beschl. v. 12.4.2016 – EnVR 25/13, EnWZ 2016, 367 Rn. 32ff. – Netzentgeltbefreiung II, unter Verweis auf BVerwG Urt. v. 27.6.1997 – 8 C 23.96, NJW 1997, 3257f.; Urt. v. 10.10.2002 – 6 C 8.01, NVwZ 2003, 605 (611)). Da die allgemeine Feststellungsbeschwerde analog § 43 Abs. 2 S. 1 VwGO gegenüber allen anderen Beschwerdearten subsidiär ist, wird ihr in der Praxis eine begrenzte Relevanz zugesprochen.

Zulässigkeit, Zuständigkeit **§ 75**

II. Anfechtungsbeschwerde (Abs. 1 S. 1)

1. Streitgegenstand. Die Anfechtungsbeschwerde nach § 75 Abs. 1 S. 1 richtet 4
sich gegen **Entscheidungen** der Regulierungsbehörde. Damit sind zunächst alle
Fälle erfasst, in denen das Gesetz selbst ausdrücklich von Entscheidungen spricht,
wie zB in § 4a Abs. 6 und § 29 Abs. 1 (vgl. OLG Stuttgart Beschl. v. 16.2.2009 –
202 EnWG 96/07, BeckRS 2009, 06461 Rn. 24 ff.). Daneben können durch Anfechtungsbeschwerde alle Entscheidungen iSd § 73 Abs. 1 angegriffen werden.
Hierbei handelt es sich um **Verwaltungsakte gem. § 35 VwVfG** (→ § 73
Rn. 2 ff.). Durch Anfechtungsbeschwerde können die Betroffenen nicht nur die
Aufhebung einer Entscheidung der Regulierungsbehörde als rechtswidrig beantragen (insbesondere auch zur Frage der *inter partes* oder *erga omnes* Aufhebung einer Festlegung iSv § 29 Abs. 1 s. BGH Beschl. v. 16.12.2014 – EnVR 54/13, RdE 2015,
183 Rn. 25 ff. – Festlegung Tagesneuwerte II; BGH Beschl. v. 12.4.2016 – EnVR
25/13, EnWZ 2016, 367 Rn. 39 ff. – Netzentgeltbefreiung II; Theobald/Kühling/
Boos EnWG § 75 Rn. 42 ff.). Sie können auch Nichtigkeitsgründe geltend machen.
Nach § 44 Abs. 1 VwVfG ist ein Verwaltungsakt nichtig, soweit er an einem besonders schwerwiegenden Fehler leidet und dies bei verständiger Würdigung aller in
Betracht kommenden Umstände offensichtlich ist (BGH Beschl. v. 7.6.2016 –
EnVZ 29/15, Rn. 13, BeckRS 2016, 12050). Für die Statthaftigkeit einer auf Nichtigkeitsgründe bezogenen Anfechtungsbeschwerde spricht vor allem das Erfordernis, Rechtsschutz auch gegenüber nichtigen Verwaltungsakten zu gewähren. Unerheblich ist dabei, dass § 75 Abs. 1 nicht zwischen einer Anfechtungsbeschwerde
und einer dem § 43 VwGO entsprechenden Nichtigkeitsfeststellungsbeschwerde
unterscheidet (ebenso mit Blick auf § 63 Abs. 1 GWB aF – heute § 73 Abs. 1
GWB – Immenga/Mestmäcker/*K. Schmidt* GWB § 63 Rn. 7; Loewenheim/Meessen/Riesenkampff/Kersting/Meyer-Lindemann/*Kühnen* GWB § 63 Rn. 7). Neben
der Aufhebung einer regulierungsbehördlichen Entscheidung können die Betroffenen die Folgenbeseitigung entsprechend § 113 Abs. 1 S. 2 und 3 VwGO beantragen
(OLG Düsseldorf Beschl. v. 16.2.2011 – VI-3 Kart 274/09 (V), ZNER 2011, 329
Rn. 24). Der Folgenbeseitigungsantrag stellt einen Annexantrag dar, der sich auf die
durch Vollziehung des angefochtenen Verwaltungsakts ausgelösten unmittelbaren
Folgen bezieht (näher NK-VwGO/*Wolff* § 113 Rn. 187 f.). Außer verfahrensabschließenden (Sach-) Entscheidungen iSd § 73 Abs. 1 können auch Zwischenentscheidungen der Regulierungsbehörde angefochten werden, allerdings nur, soweit
sie zu Lasten der Betroffenen verbindliche Regelungen treffen (OLG Düsseldorf
Beschl. v. 26.9.2008 – VI-3 Kart 38/08 (V), RdE 2009, 382). Ebenfalls anfechtbar
sind Entscheidungen der Regulierungsbehörde in Nebenverfahren, zB Beiladungsbeschlüsse nach § 66 Abs. 2 Nr. 3, Auskunftsverlangen gem. § 69 oder von der
Hauptsacheentscheidung separat ergehende Gebührenbescheide nach § 91. Nebenbestimmungen iSd § 36 VwVfG können isoliert angefochten werden, wenn sie gegenüber dem „Hauptverwaltungsakt" einen selbständigen Regelungsgehalt haben
(s. näher BeckOK EnWG/*van Rossum* § 75 Rn. 12 und 17 f.).

Demgegenüber sind Anordnungen, die lediglich dem Verfahrensfortgang dienen, wie Beweisbeschlüsse der Regulierungsbehörde, grds. **nicht selbständig an-** 5
fechtbar (BGH Beschl. v. 22.12.2009 – EnVR 64/08, BeckRS 2010, 1122 Rn. 5).
Derartige Anordnungen ergehen als **Zwischenentscheidungen** vor Abschluss des
Verwaltungsverfahrens zur Förderung der Sachentscheidung. Ihre Regelungswirkung erschöpft sich in der Vorbereitung der Sachentscheidung, weshalb sie nicht als
Verwaltungsakte eingestuft werden können (OLG Düsseldorf Beschl. v. 26.9.2008 –

§ 75
Teil 8. Verfahren

VI-3 Kart 38/08 (V), RdE 2009, 382). Obwohl das EnWG kein ausdrückliches Verbot der selbständigen Anfechtung behördlicher Verfahrenshandlungen beinhaltet, ist auch im energiewirtschaftsrechtlichen Beschwerdeverfahren § 44a VwGO entsprechend zu beachten (OLG Düsseldorf Beschl. v. 26.9.2008 – VI-3 Kart 38/08 (V), RdE 2009, 382 f.). Hiernach können Rechtsbehelfe gegen behördliche Verfahrenshandlungen nur gleichzeitig mit den gegen die Sachentscheidung zulässigen Rechtsbehelfen geltend gemacht werden, es sei denn, die behördlichen Verfahrenshandlungen können vollstreckt werden oder gegen einen am Verfahren nicht Beteiligten ergehen. **Nicht anfechtbar** sind auch bloße unverbindliche Hinweise, die einem Verwaltungsakt beigefügt sind, Warnungen, Empfehlungen oder sonstige Verlautbarungen, die der Vorbereitung eines Verwaltungsakts dienen, sowie Rechtsauskünfte oder sonstige Äußerungen einer Rechtsauffassung (OLG Düsseldorf Beschl. v. 23.9.2009 – VI-3 Kart 25/08 (V), RdE 2010, 35 (36f.)). Ebenfalls nicht anfechtbar ist ein Widerrufsvorbehalt, der sich in der Bezugnahme auf eine unmittelbar im Gesetz vorgesehene Widerrufsmöglichkeit erschöpft und im Einzelfall als bloßer Hinweis auf die bestehende Gesetzeslage ohne darüberhinausgehenden Regelungsgehalt anzusehen ist (s. BGH Beschl. v. 3.3.2015 – EnVR 44/13, NVwZ 2015, 999 Rn. 14 ff.). Ob und inwieweit eine verbindliche Regelung getroffen werden soll, entscheidet die Regulierungsbehörde. Maßgebend ist dabei gemäß der im öffentlichen Recht entsprechend anwendbaren Auslegungsregel des § 133 BGB der objektive Erklärungswert, dh der erklärte Wille, wie ihn der Empfänger bei objektiver Würdigung verstehen konnte (BGH Beschl. v. 3.3.2015 – EnVR 44/13, NVwZ 2015, 999 Rn. 12 mwN; OLG Düsseldorf Beschl. v. 23.9.2009 – VI-3 Kart 25/08 (V), RdE 2010, 35 (37); Beschl. v. 14.1.2015 – VI-3 Kart 11/14 (V), RdE 2015, 135 (137); Beschl. v. 12.8.2015 – VI-3 Kart 119/14 (V), RdE 2015, 518 (520f.), jew. mwN). So kann ein Schreiben der Regulierungsbehörde insbesondere unter Berücksichtigung der Rechtslage, der dort enthaltenen Formulierungen und des sonstigen Kommunikationsverhaltens der Parteien bei verständiger Würdigung als ein Verwaltungsakt einzustufen sein, selbst wenn es äußerlich nicht dem klassischen Aufbau eines mit Aktenzeichen, Tenor und Rechtsbehelfsbelehrung versehenen Bescheids folgt (vgl. OLG Düsseldorf Beschl. v. 12.8.2015 – VI-3 Kart 119/14 (V), IR 2016, 10 Rn. 36ff.). Unklarheiten über den Regelungscharakter gehen zulasten der Behörde (BeckOK EnWG/*van Rossum* EnWG § 75 Rn. 15).

6 **2. Beschwerdebefugnis.** Beschwerdebefugt sind nach § 75 Abs. 2 grds. alle Verfahrensbeteiligten. Die **Beschwerdebefugnis** – nach synonymer Formulierung: Beschwerdeberechtigung – hängt damit von der **formalen Beteiligtenstellung** iSd § 66 Abs. 2 ab (vgl. BGH Beschl. v. 25.9.2007 – KVR 25/06, NJW-RR 2008, 425 Rn. 11 u. 15 – Anteilsveräußerung; OLG Düsseldorf Beschl. v. 23.9.2009 – VI-3 Kart 25/08 (V), RdE 2010, 35 (38); BeckOK KartellR/*Rombach* GWB § 73 Rn. 8; zur Erweiterung der Beschwerdebefugnis für potenziell Beizuladende → Rn. 12). Beschwerdeberechtigt ist hiernach derjenige, der bereits im regulierungsbehördlichen Verfahren die Beteiligtenstellung innehatte, ohne dass es auf die Geltendmachung einer Rechtsverletzung ankommt (OLG Düsseldorf Beschl. v. 15.2.2017 – VI-3 Kart 84/15 (V), BeckRS 2017, 108486 Rn. 56; *Sauerland* RdE 2007, 153 (157)). § 75 Abs. 2 ist jedoch nicht abschließend (BGH Beschl. v. 11.11.2008 – EnVR 1/08, BeckRS 2009, 1766 Rn. 14 – citiworks; dazu *Bien* RdE 2009, 314ff.). Neben der Beschwerdebefugnis gem. § 75 Abs. 2 setzt die Statthaftigkeit einer Anfechtungsbeschwerde eine formelle und eine materielle **Beschwer**

voraus (BGH Beschl. v. 14.4.2015 – EnVR 45/13, NJOZ 2015, 1301 Rn. 16f.; Beschl. v. 10.4.1984 – KVR 8/83, GRUR 1984, 607 (608f.) – Coop-Supermagazin; OLG Düsseldorf Beschl. v. 1.9.2016 – VI-3 Kart 202/15 (V), BeckRS 2016, 120768 Rn. 48ff. mwN). Bei der formellen und materiellen Beschwer handelt es sich um ungeschriebene, von der Verfahrensbeteiligung und der daraus resultierenden Beschwerdeberechtigung unabhängige Zulässigkeitsvoraussetzungen (BGH Beschl. v. 25.9.2007 – KVR 25/06, NJW-RR 2008, 425 Rn. 20 – Anteilsveräußerung). Sie können als besondere Ausprägungen des Rechtsschutzinteresses verstanden werden (Loewenheim/Meessen/Riesenkampff/Kersting/Meyer-Lindemann/ *Kühnen* GWB § 63 Rn. 29). Anders als bei der Verpflichtungsbeschwerde gem. § 75 Abs. 3 (→ Rn. 18) kommt der formellen und materiellen Beschwer bei der Anfechtungsbeschwerde eigenständige Bedeutung zu (so auch BerlKommEnergieR/ *Johanns/Roesen* EnWG § 75 Rn. 34).

Die **formelle** Beschwer ist nach allg. Verfahrensgrundsatz zu bejahen, wenn und 7 soweit der Beschwerdeführer ein Begehren verfolgt, dem in der angefochtenen Entscheidung nicht oder nicht vollständig entsprochen worden ist (BGH Beschl. v. 31.10.1978 – KVR 7/77, GRUR 1979, 180 (182) unter c) aa) – Air-Conditioning-Anlagen; OLG Düsseldorf Beschl. v. 15.2.2017 – VI-3 Kart 84/15 (V), BeckRS 2017, 108486 Rn. 57). Hat der Betroffene im Verwaltungsverfahren keinen Antrag gestellt, ist festzustellen, welches Ziel er mit seiner Beteiligung am Verwaltungsverfahren erstrebt hat. Eine Beschwerde mit einem diesem Ziel entgegengesetzten Begehren ist mangels formeller Beschwer nicht zulässig. Die formelle Beschwer fehlt auch dann, wenn die Haltung des Beschwerdeführers im Verwaltungsverfahren mangels Äußerungen offengeblieben ist (zum Vorstehenden OLG Düsseldorf Beschl. v. 30.8.2004 – VI-Kart 21/03 (V), BeckRS 2012, 6592 Rn. 10 – Argenthaler Steinbruch; *Bechtold/Bosch* GWB § 73 Rn. 7). Demgegenüber lässt sich die formelle Beschwer bejahen, wenn ein Beteiligter aufgrund einer erst nach Erlass der Behördenentscheidung erfolgten Beiladung keine Anträge im Verwaltungsverfahren stellen konnte (BGH Beschl. v. 10.4.1984 – KVR 8/83, GRUR 1984, 607 (609) – Coop-Supermagazin). Die **materielle** Beschwer setzt ihrerseits voraus, dass der Beschwerdeführer durch die angefochtene Entscheidung der Behörde zumindest in seinen wirtschaftlichen Interessen *unmittelbar* und *individuell* betroffen ist (BGH Beschl. v. 9.7.2019 – EnVR 5/18, EnWZ 2019, 403 Rn. 13 – Lichtblick; BGH Beschl. v. 9.4.2019 – EnVR 57/18, NVwZ-RR 2019, 861 Rn. 14f. – KONNI Gas 2.0; OLG Düsseldorf Beschl. v. 12.8.2020 – VI-3 Kart 894/18 (V), RdE 2021, 36 Rn. 72ff.; sa *Bacher* WM Sonderbeil. Heft 7/2021, 1 (22); Theobald/Kühling/*Boos* EnWG § 75 Rn. 35 und 40 mwN). Eine materielle Beschwer liegt auch dann vor, wenn ein Beteiligter eine Neubescheidung unter Beachtung einer abweichenden Rechtsauffassung begehrt hat, soweit das Gericht der Behörde für die erneute Entscheidung zu einzelnen Punkten eine verbindliche Rechtsauffassung vorgibt, die nicht mit der vom Beteiligten vertretenen Auffassung übereinstimmt (BGH Beschl. v. 3.3.2020 – EnVR 56/18, N&R 2020, 187 Rn. 27 mAnm *Bourazeri*). Als zusätzliches – von der formellen Beschwer unabhängiges – Zulässigkeitserfordernis gewährleistet die materielle Beschwer die notwendige Filterung zur Vermeidung von Popularklagen, die allein durch das formalisierte Merkmal der Beteiligung am Verfahren vor der Behörde nicht sichergestellt werden könnte (BGH Beschl. v. 25.9.2007 – KVR 25/06, NJW-RR 2008, 425 Rn. 12 mwN – Anteilsveräußerung).

Zu den am Verfahren vor der Regulierungsbehörde Beteiligten iSd § 75 Abs. 2 8 und somit zu den **beschwerdebefugten Personen** gehören nach § 66 Abs. 2: der

§ 75 Teil 8. Verfahren

Antragsteller (Nr. 1), natürliche und juristische Personen, gegen die sich das behördliche Verfahren richtet, mithin die potenziellen Adressaten einer das Verfahren abschließenden belastenden Entscheidung (Nr. 2), sowie die Beigeladenen (Nr. 3). Die in § 66 Abs. 2 Nr. 1 und 2 genannten Personen sind im energiewirtschaftsrechtlichen Verwaltungsverfahren von Gesetzes wegen zu beteiligen, weshalb sie auch als **„geborene Verfahrensbeteiligte"** bezeichnet werden (OLG Düsseldorf Beschl. v. 23.9.2009 – VI-3 Kart 25/08 (V), RdE 2010, 35 (38); → § 66 Rn. 11 ff.; vgl. zum Kartellverwaltungsprozess *Säcker/Boesche* ZNER 2003, 76 (80f.)). Insbesondere den Verfahrensbeteiligten iSd § 66 Abs. 2 Nr. 2 können auch Personen zuzuordnen sein, die von einer regulierungsbehördlichen Entscheidung unmittelbar in ihren rechtlichen Belangen betroffen sind, selbst wenn sie nicht zu dem explizit in der Entscheidung genannten Adressatenkreis gehören bzw. nicht zum Verwaltungsverfahren beigeladen wurden. So hat das OLG Düsseldorf im Fall einer Festlegung von Musternetznutzungsverträgen durch die BNetzA die unmittelbare Betroffenheit der Netzkunden trotz der nicht erfolgten Beiladung bejaht, da diese wie die Netzbetreiber an den von der Behörde vorgegebenen Vertragsinhalt gebunden gewesen seien (OLG Düsseldorf Beschl. v. 16.1.2019 – VI-3 Kart 117/15 (V), RdE 2019, 180 (183)).

9 Über die in § 66 Abs. 2 Nr. 1 und 2 genannten Beteiligten hinaus können am Verwaltungsverfahren gem. § 66 Abs. 2 Nr. 3 Personen und Personenvereinigungen beteiligt sein, deren Interessen durch die Entscheidung erheblich berührt werden und die die Regulierungsbehörde auf ihren Antrag zum Verfahren beigeladen hat (sog. **gekorene Verfahrensbeteiligte**; s. OLG Düsseldorf Beschl. v. 23.9.2009 – VI-3 Kart 25/08 (V), RdE 2010, 35 (38); Immenga/Mestmäcker/*Bach* GWB § 54 Rn. 18). Als relevante Interessen iSd § 66 Abs. 2 Nr. 3 gelten nicht nur rechtliche, sondern auch **wirtschaftliche Interessen** am Verfahrensausgang. Die Berührung dieser Interessen muss als **erheblich** einzustufen sein (→ § 66 Rn. 20). Neben der Interessenberührung ist für die Beteiligung gem. § 66 Abs. 2 Nr. 3 und damit die Beschwerdeberechtigung iSd § 75 Abs. 2 grds. ein förmlicher Beiladungsantrag erforderlich (BGH Beschl. v. 22.2.2005 – KVZ 20/04, WuW 2005, 1036 – Zeiss/Leica; BGH Beschl. v. 5.10.2010 – EnVR 52/09, RdE 2011, 59 Rn. 14f. – GABI Gas; zu Ausnahmen → Rn. 12). Denn die erhebliche wirtschaftliche Betroffenheit begründet nicht ipso iure eine Verfahrensbeteiligung, sondern schafft eine Antragsbefugnis auf Beiladung zum Verfahren (*Säcker/Boesche* ZNER 2003, 76 (80)). **Gibt die Regulierungsbehörde dem Beiladungsantrag statt,** wird der Beiladungspetent mit eigenen Verfahrensrechten ausgestattet; er hat nicht nur das Recht, Akteneinsicht zu nehmen und eigene Anträge zu stellen, sondern erlangt hierdurch auch die Beschwerdebefugnis gem. § 75 Abs. 2 (OLG Düsseldorf Beschl. v. 23.9.2009 – VI-3 Kart 25/08 (V), RdE 2010, 35 (38); sa Eyermann/*Hoppe* VwGO § 66 Rn. 3). Alle Beteiligten dürfen mithin unabhängig von der Art ihrer Beteiligtenstellung umfassend vortragen und sind nicht auf die Aspekte beschränkt, die ihre Beteiligtenstellung begründet haben (BGH Beschl. v. 25.9.2007 – KVR 25/06, NJW-RR 2008, 425 Rn. 21 – Anteilsveräußerung; Immenga/Mestmäcker/*Bach* GWB § 54 Rn. 19; zu Besonderheiten → § 79 Rn. 8, → § 84 Rn. 17). **Lehnt die Behörde den Beiladungsantrag aus verfahrensökonomischen Gründen ab,** kann die Beschwerdebefugnis in erweiternder Auslegung des § 66 Abs. 2 Nr. 3 dennoch zu bejahen sein, sofern in der Person des Beiladungspetenten die subjektiven Voraussetzungen für eine (einfache) Beiladung erfüllt sind und er materiell beschwert ist (BGH Beschl. v. 30.3.2011 – KVZ 100/10, BeckRS 2011, 8181 Rn. 7 – Presse-Grossisten; OLG Düsseldorf Beschl. v. 24.3.2021 – VI-3 Kart 2/20 (V), EnWZ 2021, 318 Rn. 50ff.).

Zulässigkeit, Zuständigkeit § 75

Das Erfordernis einer materiellen Beschwer ist dabei von den Voraussetzungen einer einfachen Beiladung gem. § 66 Abs. 2 Nr. 3 zu unterscheiden. Während für letztere auch mittelbare Folgen einer Entscheidung der Regulierungsbehörde genügen können (OLG Düsseldorf Beschl. v. 7.4.2006 – VI-3 Kart 161/06 (V), BeckRS 2006, 134811 Rn. 9), setzt die materielle Beschwer eine unmittelbare Betroffenheit von zumindest wirtschaftlichen Interessen des Beschwerdeführers voraus (→ Rn. 12). Das unterschiedliche Abstellen auf die mittelbaren bzw. unmittelbaren Auswirkungen einer regulierungsbehördlichen Entscheidung lässt sich im Hinblick auf die unterschiedlichen Zwecke rechtfertigen, die der einfachen Beiladung und der materiellen Beschwer zugeschrieben werden. Eine einfache Beiladung dient nicht nur der Wahrung von Interessen des Beigeladenen, sondern in erster Linie der Förderung des Verwaltungsverfahrens und der Sicherstellung der objektiven Richtigkeit der behördlichen Entscheidung (OLG Düsseldorf Beschl. v. 14.1.2009 – VI-3 Kart 36/08 (V), BeckRS 2013, 7739 unter B.; *Günther/Brucker* NVwZ 2015, 1735 (1738)). Als ungeschriebene Zulässigkeitsvoraussetzung und Ausprägung des Rechtsschutzinteresses dient die materielle Beschwer ihrerseits der Vermeidung von Popularklagen (→ Rn. 7 aE). Demzufolge kann es trotz Beiladung und formaler Beteiligung am Verwaltungsverfahren an der Beschwerdebefugnis gem. § 75 Abs. 2 fehlen, wenn die Interessen der betroffenen Person oder Personenvereinigung durch die behördliche Entscheidung nur mittelbar berührt werden (vgl. mit Blick auf einen Interessenverband BGH Beschl. v. 30.3.2011 – KVZ 100/10, BeckRS 2011, 8181 Rn. 4 ff. – Presse-Grossisten; BGH Beschl. v. 14.10.2008 – EnVR 79/07, WuW 2009, 298 Rn. 7 ff. – Ulm/Neu-Ulm).

Inwieweit die jeweils in ihren Interessen betroffenen Personen iSd § 66 Abs. 2 **10** Nr. 3 zu dem Verfahren vor der Regulierungsbehörde zwingend beizuladen sind oder nicht, hängt davon ab, ob es sich im Einzelfall um eine notwendige oder eine einfache Beiladung handelt. Anspruch auf Beiladung hat nur der **notwendig beizuladende Dritte**, in dessen *rechtliche* Interessen die verfahrensabschließende Entscheidung eingreift (BGH Beschl. v. 22.2.2005 – KVZ 20/04, WuW 2005, 1036 (1037) – Zeiss/Leica; OLG Düsseldorf Beschl. v. 6.7.2006 – VI-3 Kart 144–149/06 (V), BeckRS 2006, 11203 Rn. 15; Beschl. v. 23.9.2009 – VI-3 Kart 25/08 (V), RdE 2010, 35 (38 f.)). Notwendig ist eine Beiladung somit, wenn an dem in Rede stehenden Rechtsverhältnis Dritte in der Weise beteiligt sind, dass die Entscheidung auch ihnen gegenüber nur einheitlich ergehen kann (vgl. § 65 Abs. 2 VwGO; § 76 Abs. 1 S. 4 GWB; dazu BGH Beschl. v. 28.6.2005 – KVR 27/04, RdE 2005, 222 (223) – Arealnetz). Diese Voraussetzung ist erfüllt, wenn der zu erlassende Verwaltungsakt auch dem Dritten gegenüber eine Regelungswirkung iSd § 35 S. 1 VwVfG entfaltet und ihn hierdurch unmittelbar in seinen Rechten verletzen kann (BGH Beschl. v. 28.6.2005 – KVR 27/04, RdE 2005, 222 (223) – Arealnetz; BGH Beschl. v. 5.10.2010 – EnVR 52/09, RdE 2011, 59 Rn. 16 – GABi Gas). Unmittelbare Betroffenheit liegt insbesondere vor, wenn die Entscheidung der Regulierungsbehörde ein bestimmtes Handeln oder Unterlassen der betroffenen Personen verlangt (s. etwa OLG Düsseldorf Beschl. v. 26.10.2016 – VI-3 Kart 36/15 (V), BeckRS 2016, 133303 Rn. 96; BerlKommEnergieR/*Wende* EnWG § 66 Rn. 10 mwN). Demgegenüber reicht eine mögliche Beeinträchtigung von lediglich wirtschaftlichen Interessen – anders als iRd § 66 Abs. 2 Nr. 3 – nicht aus (OLG Düsseldorf Beschl. v. 16.1.2019 – VI-3 Kart 117/15 (V), RdE 2019, 180 (184)). Greift die Entscheidung der Behörde in rechtliche Interessen eines Dritten ein, muss dieser von dem Verfahren benachrichtigt werden, um auf Antrag zum Verfahren beigeladen werden zu können (vgl. § 13 Abs. 2 VwVfG; BGH Beschl. v. 22.2.2005 – KVZ 20/04, WuW

2005, 1036 (1037) – Zeiss/Leica). Insoweit ist das Ermessen der Regulierungsbehörde bei der Entscheidung über den Beiladungsantrag auf Null reduziert. Wurde der notwendig Beizuladende nicht rechtzeitig benachrichtigt, kann er auch nach Abschluss des Verfahrens und nach (scheinbarer) Bestandskraft der ergangenen Entscheidung noch Beschwerde einlegen (BGH Beschl. v. 22.2.2005 – KVZ 20/04, WuW 2005, 1036 (1037) mwN – Zeiss/Leica; BGH Beschl. v. 7.4.2009 – KVR 34/08, NJW-RR 2010, 51 Rn. 16 – Versicherergemeinschaft). In den Fällen der notwendigen Beiladung kann der von der Entscheidung Betroffene folglich nicht auf einen vorherigen Beiladungsantrag im Verwaltungsverfahren verwiesen werden (BGH Beschl. v. 5.10.2010 – EnVR 52/09, RdE 2011, 59 Rn. 17 – GABi Gas). Im Ergebnis ist der notwendig Beizuladende stets selbst **beschwerdebefugt** (ebenso BerlKommEnergieR/*Johanns/Roesen* EnWG § 75 Rn. 28; zur unbefristeten Möglichkeit der Beschwerdeeinlegung → § 78 Rn. 4; zur umstrittenen Frage, ob für die Beiladung ausschließlich die Regulierungsbehörde zuständig ist → § 79 Rn. 5).

11   Im Gegensatz zur notwendigen Beiladung reicht bei einer **einfachen Beiladung** die erhebliche Berührung von *wirtschaftlichen* Interessen eines Dritten aus. Es ist deshalb der Regulierungsbehörde überlassen, über den Beiladungsantrag nach pflichtgemäßem **Ermessen** zu entscheiden (BGH Beschl. v. 7.11.2006 – KVR 37/05, NJW 2007, 607 Rn. 12f. – pepcom; OLG Düsseldorf Beschl. v. 23.9.2009 – VI-3 Kart 25/08 (V), RdE 2010, 35 (39)). Eine erhebliche Berührung wirtschaftlicher Interessen liegt vor, wenn die Interessen nicht nur entfernt oder geringfügig betroffen sind. Das ist jedenfalls dann anzunehmen, wenn der Verfahrensausgang zu einer spürbaren negativen Veränderung für den Beiladungswilligen führen kann. Die Auswirkungen der möglichen behördlichen Verfahrensentscheidung müssen von solchem Gewicht für die berührten Interessen sein, dass es bei wertender Betrachtung angemessen erscheint, dem Beizuladenden die aus der Beteiligung resultierenden Verfahrensrechte einzuräumen (zum Vorstehenden OLG Düsseldorf Beschl. v. 18.3.2015 – VI-3 Kart 186/14 (V), BeckRS 2015, 6775 Rn. 26). Neben der Intensität der betroffenen Interessen muss die Regulierungsbehörde bei ihrer Entscheidung über die Beiladung auch verfahrensökonomische Aspekte wie das Bedürfnis nach Konzentration und Beschleunigung des Verfahrens berücksichtigen. Die Behörde kann dem Beiladungsantrag auch nach Erlass der verfahrensabschließenden Entscheidung stattgeben, sofern der Antrag bereits vor Abschluss des Verwaltungsverfahrens gestellt wurde (BGH Beschl. v. 7.4.2009 – KVR 34/08, NJW-RR 2010, 51 Rn. 9ff. und 14 – Versicherergemeinschaft).

12   **Über den Kreis der formalen Verfahrensbeteiligten gem. § 75 Abs. 2 iVm § 66 Abs. 2 hinaus** hat der BGH die **Beschwerdebefugnis** auf folgende Fälle **von Drittbetroffenen** erstreckt: Ein *notwendig* Beizuladender, also ein Dritter, dessen Rechte die behördliche Entscheidung tangiert, ist auch dann als beschwerdebefugt anzusehen, wenn seine Beiladung versäumt worden ist (BGH Beschl. v. 22.2.2005 – KVZ 20/04, WuW 2005, 1036 (1037) – Zeiss/Leica zu § 63 Abs. 2 GWB aF; an den sich § 75 Abs. 2 anlehnt; OLG Düsseldorf Beschl. v. 23.9.2009 – VI-3 Kart 25/08 (V), RdE 2010, 35 (39); dazu auch → Rn. 10). Unterbleibt eine Beiladung und ist der Dritte durch die ergangene Entscheidung in einer rechtlich geschützten Position betroffen, kommt eine Beschwerde auch dann in Betracht, wenn diese Entscheidung gegenüber den Verfahrensbeteiligten unanfechtbar geworden ist. Erfüllt der Dritte die subjektiven Voraussetzungen der *einfachen* Beiladung und ist sein Beiladungsantrag allein aus Gründen der Verfahrensökonomie abgelehnt worden, steht ihm in erweiternder Auslegung des § 75 Abs. 2 die Möglichkeit offen, gegen die in der Hauptsache ergangene Entscheidung Beschwerde einzulegen, wenn er geltend machen kann, dass ihn diese Entscheidung **unmittelbar und individuell** betrifft (BGH Beschl. v. 5.10.2010 – EnVR 52/09, RdE 2011, 59 Rn. 14 – GABi Gas; so zu § 63 Abs. 2 GWB aF bereits BGH Beschl. v. 7.11.2006 – KVR 37/05, NJW 2007, 607 Rn. 18 – pepcom; dazu *Günther/Brucker* NVwZ 2015, 1735 (1737f.)). Das Kriterium der unmittelbaren und individuellen Betroffenheit soll Popularklagen ausschließen und entspricht dem Erfordernis der materiellen Beschwer (BGH Beschl. v. 14.10.2008 – EnVR 79/07, WuW 2009, 298 Rn. 7 mwN – Ulm/Neu-Ulm). Darüber hinaus ist die Beschwerdebefugnis in Fällen zu bejahen, in denen ein nicht beigeladener Dritter seine (einfache) Beiladung nicht rechtzeitig beantragen konnte, weil er keine Kenntnis von dem Verfahren hatte (BGH Beschl. v. 11.11.2008 – EnVR 1/08, BeckRS 2009, 1766 Rn. 16f. – citiworks, in Anlehnung an die Rspr. zu §§ 54 Abs. 2, 63 Abs. 2 GWB aF). Wurde zB das Verwaltungsverfahren ohne vorherige öffentliche Bekanntmachung bereits abgeschlossen und hatte der Dritte deshalb keine Möglichkeit, rechtzeitig seine Beiladung zu beantragen und damit die in § 75 Abs. 2 aufgestellte formelle Voraussetzung für eine Beschwerdeberechtigung herbeizuführen, ist diese Konstellation im Ergebnis nicht von der og Ablehnung eines Beiladungsantrags aus verfahrensökonomischen Gründen zu unterscheiden (BGH Beschl. v. 11.11.2008 – EnVR 1/08, BeckRS 2009, 1766 Rn. 16 – citiworks). Folgerichtig ist die betroffene Person in diesem Fall so zu stellen, als hätte sie ihren Beiladungsantrag rechtzeitig eingereicht.

Den vorstehend umrissenen Kreis möglicher Beschwerdeberechtigten hat der BGH in seiner Entscheidung **„Lichtblick"** nochmals erweitert (BGH Beschl. v. 9.7.2019 – EnVR 5/18, EnWZ 2019, 403 mAnm *Holznagel/Hemmert-Halswick* EnWZ 2019, 406). Im Rahmen dieser Entscheidung stand die Anfechtungsbeschwerde eines Netznutzers, des Energieversorgungsunternehmens Lichtblick SE, gegen die Festlegung des Eigenkapitalzinssatzes für Stromnetzbetreiber in der dritten Regulierungsperiode in Rede (BNetzA Beschl. v. 5.10.2016 – BK4-16-160). Im erstinstanzlichen Verfahren verwarf das OLG Düsseldorf die Beschwerde von Lichtblick aufgrund des Fehlens einer materiellen Beschwer als unzulässig. Wie das vorinstanzliche OLG Düsseldorf ausführte, wirke sich die EK-Zinsfestlegung nicht unmittelbar auf die Interessen der Netzkunden aus, sondern bedürfe erst der Umsetzung zunächst in die zulässige jährliche Erlösobergrenze und sodann – unter Bestehen eines Ermessensspielraums des jeweiligen Netzbetreibers – der Umsetzung in ein Netzentgelt (OLG Düsseldorf Beschl. v. 10.1.2018 – VI-3 Kart 1202/16 (V), RdE 2018, 365 (368)). Vor diesem Hintergrund betreffe die EK-Zinsfestlegung das Unternehmen Lichtblick nur noch mittelbar in seinen wirtschaftlichen Interessen. Demgegenüber bejahte der BGH das Vorliegen einer unmittelbaren Betroffenheit und damit einer materiellen Beschwer und hob deshalb die Entscheidung des OLG Düsseldorf auf (BGH Beschl. v. 9.7.2019 – EnVR 5/18, EnWZ 2019, 403 Rn. 14 ff.). Im Ausgangspunkt stützt der BGH zwar die Erwägungen des OLG Düsseldorf, wonach eine unmittelbare Betroffenheit der wirtschaftlichen Interessen Dritter nicht gegeben sei, wenn eine Maßnahme erst einer weiteren zivilrechtlichen Umsetzung bedürfe, die ihrerseits auf der unternehmerischen Entscheidung des Vertragspartners beruhe und für die dem Vertragspartner ein Entscheidungsspielraum zustehe (BGH Beschl. v. 9.7.2019 – EnVR 5/18, EnWZ 2019, 403 Rn. 21). In Abgrenzung hierzu besteht nach dem BGH aber eine differenzierte Interessenlage, wenn die Festlegung direkt in die unternehmerische Entscheidung des Vertragspartners einfließt und dem Vertragspartner angesichts der rechtlichen Vorgaben für die Preiskalkulation kein nennenswerter Entscheidungsspielraum für eine eigenständige Entscheidung mehr zukommt, auf welche Weise er die Festlegung umsetzt (BGH Beschl. v. 9.7.2019 – EnVR 5/18, EnWZ 2019, 403 Rn. 21). Eine solche Situation stellt der BGH bei der Festsetzung des EK-Zinssatzes fest, weil die Netzbetreiber aus betriebswirtschaftlichen Gründen ihrer Kostenkalkulation in der Regel den von der BNetzA festgelegten Zinssatz zugrunde legen (BGH Beschl. v. 9.7.2019 – EnVR 5/18, EnWZ 2019, 403 Rn. 23, 25). Damit führe die Festlegung eines für alle Netzbetreiber einheitlichen und von diesen in ihre Kalkulation einzustellenden EK-Zinssatzes bei Unternehmen, welche die Netzentgelte zu zahlen haben, unmittelbar und individuell zu einem wirtschaftlichen Nachteil. Die Höhe eines solchen EK-Zinssatzes berühre zudem die wirtschaftlichen Interessen eines auf den Netzzugang angewiesenen Energieversorgungsunternehmens erheblich. Auf das Bestehen anderer Überprüfungsmöglichkeiten wie insbesondere nach § 315 BGB komme es schließlich nicht an (BGH Beschl. v. 9.7.2019 – EnVR 5/18, EnWZ 2019, 403 Rn. 26). Infolge dieser wirkungsbezogenen Betrachtung dehnt der BGH die Beschwerdebefugnis auf Dritte aus, deren wirtschaftliche Interessen streng genommen nur mittelbar von der angefochtenen Entscheidung der Regulierungsbehörde betroffen sind, da diese erst nach ihrer zivilrechtlichen Umsetzung im Verhältnis zwischen Netzbetreibern und Dritten Wirkungen auf letztere entfaltet, um damit dem Umstand Rechnung zu tragen, dass die Netzbetreiber als eigentliche Adressaten der regulierungsbehördlichen Entscheidung faktisch keinen unternehmerischen Spielraum bei ihrer Umsetzung haben. Es bleibt abzuwarten, ob der BGH bei Zugrundelegung der vorstehenden Grundsätze eine materielle Beschwer von Netznutzern auch in Zusammenhang mit der Festlegung der netzbetreiberindividuellen Erlösobergrenzen bejahen wird (als naheliegend erachten dies *Holznagel/Hemmert-Halswick* EnWZ 2019, 406f.). In Anlehnung an die „Lichtblick"-Rechtsprechung des BGH hat das OLG Düsseldorf jüngst die materielle Beschwer eines Kraftwerksbetreibers angenommen, der sich gegen eine – unmittelbar an den zuständigen Übertragungsnetzbetreiber gerichtete – Festlegung der BNetzA betreffend die Anerkennung der Vergütungen für Redispatch-Maßnahmen als verfahrensreguliert und damit wälzbare dauerhaft nicht beeinflussbare Kosten gewendet hatte (Beschl. v. 12.8.2020 – VI-3 Kart 894/18 (V), RdE 2021, 36 (40)).

14 **3. Rechtsschutzbedürfnis.** Die Zulässigkeit der Beschwerde setzt zudem ein **Rechtsschutzbedürfnis** voraus. Als allgemeine Prozessvoraussetzung soll das Rechtsschutzbedürfnis verhindern, dass Gegner und Gericht ohne ausreichendes Interesse an gerichtlichem Rechtsschutz durch ein Verfahren belastet werden (BGH Beschl. v. 26.9.1995 – KVR 25/94, NJW 1996, 193 (194 unter III. 2. u. 195 unter IV.) – Stadtgaspreise). Das Vorliegen eines Rechtsschutzinteresses wird durch die Erfüllung der og Zulässigkeitsvoraussetzungen indiziert (sa BerlKommEnergieR/ *Johanns/Roesen* EnWG § 75 Rn. 38). So ist zB für die Adressaten einer regulierungsbehördlichen Entscheidung gem. § 66 Abs. 2 Nr. 1, 2 oder für einen auch nur in seinen wirtschaftlichen Interessen direkt betroffenen Dritten das Rechtsschutzinteresse regelmäßig zu bejahen (Immenga/Mestmäcker/*K. Schmidt* GWB § 63 Rn. 25). Das Rechtsschutzinteresse kann zB entfallen, wenn die angefochtene Entscheidung keine belastenden Wirkungen mehr entfaltet (zur Fortsetzungsfeststellungsbeschwerde → Rn. 20) oder wenn die Ausübung prozessualer Rechte im Einzelfall treuwidrig erscheint, etwa weil sich der Betroffene mit der Beschwerde in einer gegen Treu und Glauben verstoßenden Weise zu seinem früheren Verhalten in Widerspruch setzt (BGH Beschl. v. 25.9.2007 – KVR 25/06, NJW-RR 2008, 425 Rn. 26f. – Anteilsveräußerung).

III. Verpflichtungsbeschwerde (Abs. 3)

1. Streitgegenstand. Die Verpflichtungsbeschwerde nach § 75 Abs. 3 ist auf 15
den **Erlass einer regulierungsbehördlichen Entscheidung** gerichtet (zum
Begriff der Entscheidung →Rn. 4f.). Es gibt zwei Arten der Verpflichtungsbeschwerde, die Weigerungsbeschwerde und die Untätigkeitsbeschwerde. Gem.
§ 75 Abs. 3 S. 1 richtet sich die **Weigerungsbeschwerde** gegen die Unterlassung
einer beantragten Entscheidung der Regulierungsbehörde, auf deren Erlass der Antragsteller einen Rechtsanspruch geltend macht. Mit der Weigerungsbeschwerde
wird maW die Durchsetzung einer abgelehnten Entscheidung erstrebt (OLG Düsseldorf Beschl. v. 19. 2. 2020 – VI-3 Kart 882/18 (V), BeckRS 2020, 5477 Rn. 29).
Begehrt ein Beschwerdeführer statt der Verpflichtung zum Erlass eines Verwaltungsakts nur die Verpflichtung zur Neubescheidung, entspricht der Streitgegenstand
einer solchen Beschwerde im Wesentlichen demjenigen der Verpflichtungsbeschwerde (BVerwG Beschl. v. 24. 10. 2006 – 6 B 47.06, NVwZ 2007, 104 (105);
BGH Beschl. v. 15. 5. 2012 – EnVR 46/10, EnWZ 2012, 39 (40); OLG Düsseldorf
Beschl. v. 15. 3. 2017 – VI-3 Kart 107/15 (V), BeckRS 2017, 115478 Rn. 28;
→ § 83 Rn. 19). Als Unterlassung iSd § 75 Abs. 3 S. 1 gilt es nach S. 2 auch, wenn
die Regulierungsbehörde den Antrag auf Erlass der Entscheidung ohne zureichenden Grund in angemessener Frist nicht beschieden hat. Die Unterlassung ist dann
einer Ablehnung gleich zu achten, wie S. 3 klarstellt. Die in § 75 Abs. 3 S. 2 und 3
normierte **Untätigkeitsbeschwerde** richtet sich somit gegen die ungerechtfertigte
Unterlassung der Regulierungsbehörde, den Antrag des Beschwerdeführers in angemessener Frist zu bescheiden. Ihre Besonderheit besteht darin, dass die für die
Verpflichtungsbeschwerde eigentlich erforderliche Ablehnung der beantragten Behördenentscheidung fiktiv unterstellt wird (OLG Düsseldorf Beschl. v. 19. 2. 2020 –
VI-3 Kart 882/18 (V), BeckRS 2020, 5477 Rn. 29; Theobald/Kühling/*Boos*
EnWG § 75 Rn. 49). Erlässt die Regulierungsbehörde **nach Erhebung einer Untätigkeitsbeschwerde** eine **Entscheidung,** mit der dem Antrag des Betroffenen
vollständig entsprochen wird, entfällt das Rechtsschutzbedürfnis für die Fortsetzung
des Beschwerdeverfahrens (→ Rn. 16). Wird dem Begehren teilweise nicht entsprochen, verbleibt ein Rechtsschutzinteresse hinsichtlich der Punkte, über die die Behörde nicht antragsgemäß entschieden hat. Das Beschwerdeverfahren hat sich dann
nicht erledigt, sondern wird dem Begehren des Beschwerdeführers entsprechend
mit Anfechtungs- bzw. Verpflichtungsanträgen fortgesetzt (so OLG Düsseldorf
Beschl. v. 9. 3. 2016 – VI-3 Kart 17/15 (V), EnWZ 2016, 318 Rn. 37 mwN).

§ 75 Abs. 3 S. 2 macht die Zulässigkeit einer Untätigkeitsbeschwerde davon ab- 16
hängig, dass eine für den Erlass der beantragten Entscheidung als angemessen zu betrachtende Frist ohne zureichenden Grund verstrichen ist. Mit der **„angemessenen" Frist** statuiert die Norm keine Rechtsmittelfrist im verfahrensrechtlichen
Sinne. Ihr Ziel ist nur, der Regulierungsbehörde hinreichende Gelegenheit zur
eigenen Entscheidung zu gewähren (Immenga/Mestmäcker/*K. Schmidt* GWB
§ 63 Rn. 38). Welche Frist angemessen iSd § 75 Abs. 3 S. 2 ist, hängt von den iRd
Verwaltungsverfahrens zu klärenden Rechts- und Tatsachenfragen ab. Soweit das
EnWG selbst Entscheidungsfristen vorgibt, kann nach Ablauf dieser Fristen Untätigkeitsbeschwerde erhoben werden (s. etwa mit Blick auf § 31 Abs. 3 S. 1 OLG
Düsseldorf Beschl. v. 26. 2. 2020 – VI-3 Kart 729/19, BeckRS 2020, 5581 Rn. 97).
Bestehen solche Vorgaben nicht, ist auf allgemeine Grundsätze zurückzugreifen
(OLG Düsseldorf Beschl. v. 9. 3. 2016 – VI-3 Kart 17/15 (V), EnWZ 2016, 318
Rn. 72). Für verwaltungsgerichtliche Verfahren sieht § 75 S. 2 VwGO vor, dass die

§ 75

Untätigkeitsklage nicht vor Ablauf von drei Monaten seit der Einlegung des Widerspruchs oder seit dem Antrag auf Vornahme des Verwaltungsakts erhoben werden kann, außer wenn wegen besonderer Umstände des Falles eine kürzere Frist geboten ist (vgl. aber zur Relativierung der praktischen Relevanz der Vorschrift, soweit die Rspr. auf den Zeitpunkt der letzten mündlichen Verhandlung abstellt, Schoch/Schneider/*Porsch*, 40. EL Februar 2021, VwGO § 75 Rn. 6; NK-VwGO/*M. Brenner* § 75 Rn. 41; BeckOK VwGO/*Peters* § 75 Rn. 9). Im EnWG fehlt es jedoch an einer solchen **Sperrfrist** für die Erhebung der Beschwerde und damit an einem allgemeinen Maßstab für die Angemessenheit der Dauer des Verwaltungsverfahrens. Ein Vergleich mit ähnlich komplexen Regelungsmaterien rechtfertigt gleichwohl den Schluss, dass auch in energiewirtschaftsrechtlichen Verwaltungsverfahren eine Verfahrensdauer von drei bis vier Monaten regelmäßig angemessen ist (OLG Düsseldorf Beschl. v. 9.3.2016 – VI-3 Kart 17/15 (V), EnWZ 2016, 318 Rn. 72). So wird im Kartellrecht allgemein eine Verfahrensdauer von drei bis vier Monaten als angemessen erachtet (*Bechtold/Bosch* GWB § 73 Rn. 11; FK-KartellR/*Meyer-Lindemann* GWB § 63 Rn. 56). Im Telekommunikationsrecht ist die Regulierungsbehörde zuweilen sogar an engere zeitliche Vorgaben gebunden, etwa die Zehn-Wochen-Frist für eine telekommunikationsrechtliche Entgeltgenehmigung gem. § 40 Abs. 5 S. 1 TKG idF ab dem 1.12.2021. Im Ausgangspunkt können **drei bis vier Monate, soweit im EnWG keine anderen Entscheidungsfristen explizit geregelt sind,** daher als zeitliche Obergrenze bis zur Behördenentscheidung angesehen werden. Nicht notwendig ist das Abwarten des Fristablaufs jedoch, wenn die Behörde aus Sicht eines objektiven Empfängers ihren Willen zum Ausdruck gebracht hat, den Antrag nicht zu bescheiden (Hempel/Franke/*Scholz/Jansen* EnWG § 75 Rn. 19). Trifft die Regulierungsbehörde innerhalb angemessener Frist die begehrte Entscheidung, so ist die Hauptsache in entsprechender Anwendung von § 75 S. 4 VwGO für erledigt zu erklären (Hempel/Franke/*Scholz/Jansen* EnWG § 75 Rn. 20). Fingiert das EnWG, wie bspw. in § 4a Abs. 6 S. 4 und § 13b Abs. 5 S. 6, nach Ablauf einer Frist die beantragte Rechtsfolge, geht diese speziellere Regelung grds. vor, soweit nicht ein besonderes Interesse an der Klärung der relevanten Rechtsfragen besteht.

17 Liegt im Zeitpunkt der mündlichen Verhandlung ein **zureichender Grund** für die Untätigkeit der Regulierungsbehörde etwa in Anbetracht der gebotenen Sachverhaltsaufklärung vor, setzt das Beschwerdegericht analog § 75 S. 3 VwGO das Verfahren aus und bestimmt eine (verlängerbare) Frist, innerhalb derer die Behörde die Entscheidung nachzuholen hat. Die Nichtbescheidung der Regulierungsbehörde innerhalb einer angemessenen Frist erfolgt **ohne zureichenden Grund** iSd § 75 Abs. 3 S. 2, wenn die Untätigkeit den Rechtsschutzanspruch des Betroffenen beeinträchtigt (Hempel/Franke/*Scholz/Jansen* EnWG § 75 Rn. 19). Dabei ist die Überlastung der Regulierungsbehörde ein internes Struktur- bzw. Organisationsproblem, das allein der Behördensphäre zuzuordnen ist und folglich nicht als Begründung für die Untätigkeit der Behörde dienen kann (Hempel/Franke/*Scholz/Jansen* EnWG § 75 Rn. 19).

18 **2. Beschwerdebefugnis.** Die Beschwerdebefugnis setzt bei einer Verpflichtungsbeschwerde zunächst nach dem Wortlaut von § 75 Abs. 3 voraus, dass ein entsprechender **Antrag erfolglos** gestellt wurde. Eine erfolglose Antragstellung liegt vor, wenn der Antrag abgelehnt wurde (§ 75 Abs. 3 S. 1 spricht insoweit von einer „Unterlassung"), oder wenn der Antrag ohne zureichenden Grund in angemessener Frist nicht beschieden wurde (§ 75 Abs. 3 S. 2; → Rn. 16f.). Hatte der Antrag

Zulässigkeit, Zuständigkeit **§ 75**

keinen oder nur teilweisen Erfolg, liegt zugleich eine **formelle Beschwer** vor. Im Gegensatz zu § 75 Abs. 1 S. 1 iVm Abs. 2, der im Hinblick auf die Anfechtungsbeschwerde an die formale Beteiligtenstellung anknüpft, erfordert die Beschwerdebefugnis gem. § 75 Abs. 3 S. 1 Hs. 2 ausdrücklich auch eine materielle Betroffenheit in Form der **Verletzung eines möglichen Rechtsanspruchs** (BeckOK EnWG/ *van Rossum* § 75 Rn. 34 ff.; diff. für das Kartellrecht, entgegen hM, Immenga/Mestmäcker/*K. Schmidt* GWB § 63 Rn. 32 ff.). Das bei der Anfechtungsbeschwerde im Wege richterlicher Rechtsfortbildung entwickelte Erfordernis der **materiellen Beschwer** ist bei der Verpflichtungsbeschwerde somit bereits in § 75 Abs. 3 S. 1 festgelegt. Die Vorschrift entspricht insofern der allgemeinen Regelung von § 42 Abs. 2 VwGO, wonach die Klage nur zulässig ist, wenn der Kläger geltend macht, durch den Verwaltungsakt oder seine Ablehnung bzw. Unterlassung in seinen Rechten verletzt zu sein (BGH Beschl. v. 25.10.1983 – KVR 8/82, NVwZ 1984, 265 – Internord; OLG Düsseldorf Beschl. v. 11.9.2019 – VI-3 Kart 486/18 (V), BeckRS 2019, 31050 Rn. 49). Anders als bei der Anfechtungsbeschwerde, die auch von einem nur in seinen wirtschaftlichen Interessen direkt Betroffenen erhoben werden kann (→ Rn. 7), setzt die materielle Betroffenheit nach § 75 Abs. 3 die Verletzung **subjektiver Rechte** voraus. Gleichwohl sind an die Behauptung der Rechtsverletzung keine überhöhten Anforderungen zu stellen. Die Beschwerdebefugnis gem. § 75 Abs. 3 ist bereits zu bejahen, wenn ein substantiierter Vortrag des Beschwerdeführers das Bestehen eines subjektiven Rechts auf die begehrte Entscheidung als möglich erscheinen lässt (BGH Beschl. v. 31.10.1978 – KVR 3/77, NJW 1979, 2563 – Weichschaum III; OLG Düsseldorf Beschl. v. 19.2.2020 – VI-3 Kart 882/18 (V), BeckRS 2020, 5477 Rn. 30). Es ist mithin ausreichend, wenn der Beschwerdeführer einen Sachverhalt der gerichtlichen Nachprüfung unterstellt, der einen Rechtsanspruch auf die beantragte regulierungsbehördliche Entscheidung ergeben kann. Unzulässig ist die Verpflichtungsbeschwerde hingegen, wenn offensichtlich und eindeutig nach keiner Betrachtungsweise das vom Beschwerdeführer behauptete Recht bestehen kann (BGH Beschl. v. 31.10.1978 – KVR 3/77, NJW 1979, 2563 – Weichschaum III).

3. Rechtsschutzbedürfnis. Wie bei der Anfechtungsbeschwerde wird das 19 Rechtsschutzbedürfnis bei der Verpflichtungsbeschwerde durch das Vorliegen einer formellen und materiellen Beschwer indiziert (→ Rn. 14). Hatte der Antrag des Betroffenen keinen oder nur teilweisen Erfolg, ist dieser im formellen Sinne beschwert. Legt der Betroffene substantiiert dar, dass eine Verletzung subjektiver Rechte in Betracht kommt, liegt zudem eine materielle Beschwer vor (vgl. BGH Beschl. v. 25.10.1983 – KVR 8/82, NVwZ 1984, 265 – Internord).

IV. Fortsetzungsfeststellungsbeschwerde

Neben der Anfechtungs- und Verpflichtungsbeschwerde gem. § 75 Abs. 1 S. 1 20 und Abs. 3 sieht § 83 Abs. 2 S. 2 die sog. Fortsetzungsfeststellungsbeschwerde vor. Die Norm entspricht § 76 Abs. 2 S. 2 GWB (bis zum 18.1.2021: § 71 Abs. 2 S. 2 GWB) und orientiert sich ebenso wie dieser an § 113 Abs. 1 S. 4 VwGO. Mittels Fortsetzungsfeststellungsbeschwerde kann der Betroffene trotz Erledigung des Anfechtungs- oder Verpflichtungsbegehrens etwa wegen Rücknahme der regulierungsbehördlichen Entscheidung beantragen, die Unzulässigkeit oder Unbegründetheit dieser Entscheidung festzustellen. Gem. § 83 Abs. 2 S. 2 muss der Betroffene an dieser Feststellung ein „berechtigtes Interesse" haben, wobei grundsätzlich jedes im Einzelfall anzuerkennende schutzwürdige Interesse rechtlicher, wirtschaftlicher oder ideeller Art genügt (BGH Beschl. v. 9.7.2002 – KVR 1/01, NJW 2002, 3545 (3547) – Stellenmarkt für Deutschland). Für Einzelheiten → § 83 Rn. 21 ff.

V. Allgemeine Leistungsbeschwerde

21 Die allgemeine Leistungsbeschwerde ist zwar nicht ausdrücklich in § 75 geregelt, wird aber als grds. zulässig anerkannt (→ Rn. 2). Die Zulässigkeit setzt voraus, dass im Einzelfall konkrete Anhaltspunkte vorliegen, nach denen der Beschwerdeführer in **seinen Rechten verletzt** wird (OLG Düsseldorf Beschl. v. 19.9.2018 – VI-3 Kart 113/17 (V), RdE 2019, 77 (79)). Zudem muss sich die Leistungsbeschwerde als notwendig zur Gewährleistung eines lückenlosen Rechtsschutzes darstellen. Dies ist zu bejahen, wenn das begehrte Verwaltungshandeln in unmittelbarem Zusammenhang mit einer regulierungsbehördlichen Entscheidung iSd § 73 steht, die im Wege der Anfechtungsbeschwerde angefochten oder im Wege der Verpflichtungsbeschwerde herbeigeführt werden könnte (BGH Beschl. v. 19.6.2007 – KVZ 35/06, BeckRS 2007, 12163 Rn. 4). Ist ein Anspruch gegenüber der Behörde durchzusetzen, der nicht auf Erlass einer Entscheidung mit Verwaltungsaktqualität gerichtet ist, so ist die allgemeine Leistungsbeschwerde statthaft (OLG Düsseldorf Beschl. v. 19.9.2018 – VI-3 Kart 113/17 (V), RdE 2019, 77 (79) mwN). Mit der Leistungsbeschwerde wird somit allgemeines, schlicht-hoheitliches Verwaltungshandeln in unmittelbarem Zusammenhang mit einem möglichen Verwaltungsakt der Regulierungsbehörde iSd § 73 und § 35 VwVfG begehrt (vgl. OLG Düsseldorf Beschl. v. 19.9.2018 – VI-3 Kart 113/17 (V), RdE 2019, 77 (79); Beschl. v. 17.10.2018 – VI-3 Kart 82/17 (V), BeckRS 2018, 29267 Rn. 30). Bspw. kann durch allgemeine Leistungsbeschwerde die Erteilung einer Auskunft geltend gemacht werden, ferner die Abgabe oder Aufhebung bzw. der Widerruf einer Erklärung (OLG Düsseldorf Beschl. v. 19.9.2018 – VI-3 Kart 113/17 (V), RdE 2019, 77 (79 f.)) oder die Durchsetzung von Ansprüchen aus einem öffentlich-rechtlichen Vertrag (für weitere Bsp. s. BerlKommEnergieR/*Johanns/Roesen* EnWG § 75 Rn. 50). Darüber hinaus kann die Leistungsbeschwerde auf die Beseitigung der Folgen des Verwaltungshandelns gerichtet sein, mithin auf die Beseitigung eines rechtswidrig hervorgerufenen Störungszustands (*Bechtold/Bosch* GWB § 73 Rn. 13).

22 Steht das Verwaltungshandeln erst bevor, kann zu seiner Verhinderung unter anspruchsvollen Voraussetzungen eine **vorbeugende Unterlassungsbeschwerde** erhoben werden. Diese setzt ein *qualifiziertes* Rechtsschutzinteresse voraus (grdl. BGH Beschl. v. 18.2.1992 – KVR 4/91, NJW 1992, 1829 – Unterlassungsbeschwerde). Ein solches Rechtsschutzinteresse liegt vor, wenn das bevorstehende Handeln der Regulierungsbehörde irreparable oder nur sehr schwer ausgleichbare Nachteile zur Folge hätte, wie zB bei der Veröffentlichung einer Regulierungsentscheidung mit sichtbaren Betriebs- und Geschäftsgeheimnissen (OLG Düsseldorf Beschl. v. 26.2.2020 – VI-3 Kart 729/19 (V), BeckRS 2020, 5581 Rn. 132; insbesondere zur Beantragung vorbeugenden Rechtsschutzes im Eilverfahren s. OLG Düsseldorf Beschl. v. 16.7.2018 – VI-3 Kart 683/18 (V), EnWZ 2018, 415 Rn. 66 ff.; Beschl. v. 3.4.2017 – VI-3 Kart 11/17 (V), RdE 2017, 413 (416)). In derartigen Fallgestaltungen wäre es mit Art. 19 Abs. 4 GG nicht vereinbar, den Betroffenen auf nachträglichen Rechtsschutz zu verweisen (BGH Beschl. v. 18.2.1992 – KVR 4/91, NJW 1992, 1829 – Unterlassungsbeschwerde). Begehrt der Beschwerdeführer neben der Beseitigung einer gegenwärtigen Beeinträchtigung auch die Verpflichtung der Regulierungsbehörde, entsprechende Beeinträchtigungen in der

Zukunft zu unterlassen, ist dies durch einen hinreichend bestimmten Unterlassungsantrag in der Beschwerdeinstanz geltend zu machen (vgl. BGH Beschl. v. 15.12.2020 – EnVR 115/18, EnWZ 2021, 161 Rn. 22 – Energie- und Wasserversorgung Hamm GmbH mAnm *Bourazeri* EnWZ 2021, 163).

Im Hinblick auf die **Beschwerdebefugnis** kommt es bei einer allgemeinen 23 Leistungsbeschwerde – anders als bei einer Anfechtungsbeschwerde – nicht darauf an, ob der Betroffene zu den in § 75 Abs. 2 genannten bzw. den in erweiternder Auslegung dieser Vorschrift zu bestimmenden Verfahrensbeteiligten gehört. § 75 Abs. 2 findet auf die Leistungsbeschwerde keine Anwendung. Die Zulässigkeit einer Leistungsbeschwerde setzt in entsprechender Anwendung des § 42 Abs. 2 VwGO voraus, dass auf der Grundlage des Beschwerdevorbringens ein Rechtsanspruch auf das begehrte Handeln möglich erscheint. Demgemäß fehlt die Beschwerdebefugnis, wenn dieses Recht offensichtlich nach keiner Betrachtungsweise bestehen kann (zum Vorstehenden OLG Düsseldorf Beschl. v. 30.12.2016 – VI-3 Kart 1203/16 (V), BeckRS 2016, 115007 Rn. 35 und 37).

VI. Rücknahme einer Beschwerde

Die **Rücknahme** der Beschwerde kann in entsprechender Anwendung von 24 § 92 Abs. 1 S. 2 VwGO und § 269 Abs. 1 ZPO bis zur Stellung der Anträge in der mündlichen Verhandlung ohne weiteres erfolgen und nach Stellung der Anträge nur mit Zustimmung der Regulierungsbehörde als Beschwerdegegnerin (BGH Beschl. v. 29.6.1982 – KVR 5/81, NJW 1982, 2775 f.).

B. Berücksichtigung neuer Tatsachen und Beweismittel im Beschwerdeverfahren (Abs. 1 S. 2)

Gem. § 75 Abs. 1 S. 2 kann sich die Beschwerde auch auf neue Tatsachen und 25 Beweismittel stützen. Die Beteiligten sind demnach **nicht an den Tatsachenstoff oder die Beweismittel gebunden,** die im Verwaltungsverfahren vor der Regulierungsbehörde verwertet wurden. Unterbliebener Vortrag im Verwaltungsverfahren führt nicht zu einer etwaigen Präklusion im Beschwerdeverfahren. Unter teleologischen Gesichtspunkten ist die Vorschrift als Ausprägung des Untersuchungsgrundsatzes gem. § 82 Abs. 1 anzusehen. Trotz der systematischen Verortung unmittelbar nach § 75 Abs. 1 S. 1, der die Anfechtungsbeschwerde regelt, gilt § 75 Abs. 1 S. 2 deshalb für **alle Beschwerdearten** (Theobald/Kühling/*Boos* EnWG § 75 Rn. 61; *Bechtold/Bosch* GWB § 73 Rn. 16). Obwohl das Beschwerdegericht nicht auf einzelne Feststellungen beschränkt ist, die der angefochtenen Entscheidung der Regulierungsbehörde zugrunde liegen (OLG Düsseldorf Beschl. v. 22.1.2014 – VI-3 Kart 181/09 (V), BeckRS 2014, 11522 unter B. IV.), ist es auch nicht gehalten, Feststellungen der Regulierungsbehörde, die im Beschwerdeverfahren nicht angegriffen worden sind, von Amts wegen zu überprüfen (BGH Beschl. v. 21.7.2009 – EnVR 12/08, RdE 2010, 29 Rn. 20 mwN).

Nicht geregelt ist in § 75 Abs. 1 S. 2 die besonders praxisrelevante Frage, welcher 26 **Zeitpunkt für die Beurteilung der Sach- und Rechtslage** maßgeblich ist. Der entscheidungserhebliche Zeitpunkt hängt von der Beschwerdeart und der Art der zu beurteilenden behördlichen Entscheidung ab (näher dazu → § 83 Rn. 18). Kommt es etwa im Rahmen einer Anfechtungsbeschwerde auf den Zeitpunkt der Behördenentscheidung an, wie dies der Regelfall ist, können nur Tatsachen vor-

§ 75 Teil 8. Verfahren

gebracht werden, die bereits zu diesem Zeitpunkt bestanden (OLG Düsseldorf Beschl. v. 27.5.2009 – VI-3 Kart 45/08 (V), BeckRS 2009, 27939 unter 2.3.2.). Dies gilt unabhängig davon, ob diese Tatsachen im Verfahren vor der Regulierungsbehörde berücksichtigt wurden. Dasselbe ist im Hinblick auf Verpflichtungsbeschwerden anzunehmen, wenn aufgrund gesetzlicher Regelung der Zeitpunkt der Antragstellung maßgeblich ist (vgl. OLG Düsseldorf Beschl. v. 20.9.2017 – VI-3 Kart 38/16 (V), RdE 2018, 87 (91) zu § 10 Abs. 2 S. 2 ARegV). Zwischenzeitlich eingetretene Änderungen der Sach- oder Rechtslage können in solchen Fällen iR eines neuen Antrags vor der Regulierungsbehörde geltend gemacht werden (OLG Düsseldorf Beschl. v. 27.5.2009 – VI-3 Kart 45/08 (V), BeckRS 2009, 27939 unter 2.3.2.).

27 Nach § 75 Abs. 1 S. 2 ist das (Tatsachen-) Gericht grds. berechtigt und verpflichtet, auch **außerhalb des Vortrags der Beteiligten liegende Tatsachen und rechtliche Gesichtspunkte** zu berücksichtigen, sofern dadurch die angefochtene Entscheidung nicht in ihrem „Wesen" verändert wird (grdl. BGH Beschl. v. 24.10.1963 – KVR 3/62, GRUR 1964, 334 (338) – Fensterglas I mAnm *Gleiss* GRUR 1964, 338; krit. zu dieser Entscheidung, soweit der BGH im Streitfall die gerichtliche Prüfung auf den der angefochtenen Behördenentscheidung zugrundeliegenden Verbotstatbestand beschränkte, *Foerster* NZKart 2015, 85 (88); sa BGH Beschl. v. 16.12.1976 – KVR 2/76, NJW 1977, 675 (676) – Valium I mAnm *Reich* NJW 1977, 678; BGH Beschl. v. 12.2.1980 – KVR 3/79, GRUR 1980, 742 (743f.) – Valium II mAnm *Gloy* GRUR 1980, 746; *Bechtold/Bosch* GWB § 73 Rn. 16). Maßgeblich ist damit, ob sich die gerichtliche Entscheidung auf denselben Sachverhalt stützen kann, der der angefochtenen regulierungsbehördlichen Entscheidung zugrunde liegt (BGH Beschl. v. 16.12.1976 – KVR 2/76, NJW 1977, 675 (676) – Valium I; insbesondere zum Streitgegenstand der Anfechtungsbeschwerde s. *Foerster* NZKart 2015, 85 (87ff.)).

C. Zuständiges Beschwerdegericht (Abs. 4)

28 Nach § 75 Abs. 4 S. 1 Hs. 1 besteht eine ausschließliche Zuständigkeit des OLG, das für den Sitz der jeweils zuständigen Behörde zuständig ist. Die in dieser Norm vorgesehene **abdrängende Sonderzuweisung** ist weit auszulegen (→ Vorb. Rn. 8; s. auch OVG Münster Beschl. v. 9.1.2017 – 11 E 839/16, Rn. 17 mwN). Darunter fallen nicht nur Entscheidungen der Regulierungsbehörde, die mithilfe einer Anfechtungsbeschwerde gem. § 75 Abs. 1 angegriffen oder mittels einer Verpflichtungsbeschwerde gem. § 75 Abs. 3 herbeigeführt werden sollen. Auch ein etwaiger Antrag auf Feststellung, dass die betroffene Person nicht der Überwachungs- und Aufsichtspflicht der Regulierungsbehörde unterliegt, stellt eine in den Zuständigkeitsbereich des OLG gem. § 75 Abs. 4 S. 1 fallende Beschwerde dar (OVG Münster Beschl. v. 22.6.2015 – 11 E 409/15, Rn. 6ff.; vgl. ferner zur Kompetenzzuweisung zugunsten der Landgerichte gem. § 102 Abs. 1 bei bürgerlichen Rechtsstreitigkeiten, die sich aus dem EnWG ergeben, OLG Düsseldorf Beschl. v. 26.2.2020 – VI-3 Kart 729/19 (V), BeckRS 2020, 5581 Rn. 141ff.).

29 Zur Bestimmung des zuständigen Beschwerdegerichts ist neben § 75 Abs. 4 S. 1 auch § 106 Abs. 1 zu beachten. Dieser regelt die **funktionale Zuständigkeit** des bei einem OLG zu bildenden Kartellsenats für die kartell- und energiewirtschaftsrechtlichen Streitverfahren, für die dieses Gericht zuständig ist (BGH Beschl. v. 20.8.2007 – X ARZ 247/07, NJW-RR 2008, 370 Rn. 5; dazu *Gussone* IR 2008,

Aufschiebende Wirkung **§ 76**

11 f.). Für Beschwerden gegen die in Bonn ansässige BNetzA ist gem. § 106 Abs. 2 EnWG iVm § 92 Abs. 1 S. 1 GWB und § 2 Kartellsachen-Konzentrations-VO v. 27. 9. 2005 das OLG Düsseldorf zuständig. Nach § 75 Abs. 4 S. 1 Hs. 2 ist das OLG Düsseldorf in den Fällen des § 51 betreffend das vom BMWK unter Einbeziehung der BNetzA durchzuführende Monitoring der Versorgungssicherheit auch für Beschwerden gegen Verfügungen des BMWK zuständig. Soweit einzelne Bundesländer die BNetzA im Wege der **Organleihe** mit der Wahrnehmung von Aufgaben der Landesregulierungsbehörde betraut haben, ist der „Sitz der Regulierungsbehörde" iSd § 75 Abs. 4 S. 1 der Sitz der nach Landesrecht zuständigen Landesregulierungsbehörde (BGH Beschl. v. 29. 4. 2008 – KVR 30/07, RdE 2008, 279 ff.; zust. *Missling* RdE 2008, 281; *Holznagel/Göge/Schumacher* DVBl. 2006, 471 (479); *Salje* EnWG § 75 Rn. 38; aA die Vorinstanz OLG Düsseldorf Beschl. v. 28. 3. 2007 – VI-3 Kart 2/07 (V), RdE 2007, 163 (164); *Kühling/Hermeier* N&R 2007, 146 (148); *Koenig/Bache* IR 2008, 2 ff.). Bestehen Zweifel über das zuständige Beschwerdegericht, kann der BGH gem. § 75 Abs. 4 S. 2, der auf § 36 ZPO verweist, ein OLG für zuständig erklären (BGH Beschl. v. 20. 8. 2007 – X ARZ 247/07, NJW-RR 2008, 370).

§ 76 Aufschiebende Wirkung

(1) **Die Beschwerde hat keine aufschiebende Wirkung, soweit durch die angefochtene Entscheidung nicht eine Entscheidung zur Durchsetzung der Verpflichtungen nach den §§ 7 bis 7 b und 8 bis 10 d getroffen wird.**

(2) ¹**Wird eine Entscheidung, durch die eine vorläufige Anordnung nach § 72 getroffen wurde, angefochten, so kann das Beschwerdegericht anordnen, dass die angefochtene Entscheidung ganz oder teilweise erst nach Abschluss des Beschwerdeverfahrens oder nach Leistung einer Sicherheit in Kraft tritt.** ²**Die Anordnung kann jederzeit aufgehoben oder geändert werden.**

(3) ¹**§ 72 gilt entsprechend für das Verfahren vor dem Beschwerdegericht.** ²**Dies gilt nicht für die Fälle des § 77.**

Literatur: *Bacher/Hempel/Wagner-von Papp* (Hrsg.), Beck'scher Online-Kommentar zum Kartellrecht, 2. Ed. 15. 7. 2021 (zit. BeckOK KartellR/*Bearbeiter*); *Chatzinerantzis,* Einstweiliger Rechtsschutz nach EnWG, in: Baur/Salje/Schmidt-Preuß (Hrsg.), Regulierung in der Energiewirtschaft, 2. Aufl. 2016, Kap. 64; *Eyermann* (Hrsg.), VwGO, 15. Aufl. 2019 (zit. Eyermann/*Bearbeiter*); *Säcker/Schönborn/Wolf,* Die Anordnung der aufschiebenden Wirkung der Beschwerde im Preisgenehmigungsverfahren nach § 23 a EnWG, NVwZ 2006, 865.

A. Überblick

§ 76 dient der Umsetzung der vormaligen Art. 23 Abs. 5 und 6 Elt-RL 03 bzw. **1** Art. 25 Abs. 5 und 6 Gas-RL 03 (BT-Drs. 15/3917, 71). Im Einzelnen **schließt § 76 Abs. 1** in Abweichung vom verwaltungsprozessualen Grundsatz des § 80 Abs. 1 S. 1 VwGO **die aufschiebende Wirkung von Beschwerden** gegen belastende Entscheidungen der Regulierungsbehörde **aus** (sog. Suspensiveffekt), soweit es sich nicht um Entscheidungen zur Durchsetzung entflechtungsrechtlicher Verpflichtungen nach den §§ 7–7 b und 8–10 d handelt (allg. zur verfassungsrechtlichen

§ 76

Bedeutung des Suspensiveffekts BVerfG Beschl. v. 13.6.1979 – 1 BvR 699/77, NJW 1980, 35 (36) mwN). § 76 Abs. 1 lehnt sich an § 137 Abs. 1 TKG aF an (BT-Drs. 15/3917, 71), wonach Widerspruch und Klage gegen telekommunikationsrechtliche Entscheidungen der BNetzA keine aufschiebende Wirkung haben (vgl. jüngst VG Köln Beschl. v. 18.3.2021 – 1 L 2457/20, BeckRS 2021, 1225 Rn. 2 ff.). Der grundsätzliche Ausschluss der aufschiebenden Wirkung von Rechtsmitteln beruht auf der Überlegung, dass das öffentliche Vollziehungsinteresse das individuelle Aussetzungsinteresse des Beschwerdeführers regelmäßig überwiegt, und dient der raschen Durchsetzung der regulierungsbehördlichen Entscheidungen im komplexen Normsystem des Energiewirtschaftsrechts (vgl. NK-EnWG/*Huber* § 76 Rn. 2; OVG Münster Beschl. v. 17.12.2020 – 13 B 1709/20, BeckRS 2020, 35657 Rn. 19, im Hinblick auf die ebenfalls an § 137 Abs. 1 TKG aF angelehnte eisenbahnrechtliche Regelung des § 68 Abs. 4 S. 1 ERegG aF; heute § 77a Abs. 1 ERegG). In Anbetracht der Zuordnung des Energiewirtschaftsrechts zur Zuständigkeit der ordentlichen Gerichte wird der explizite Ausschluss der aufschiebenden Wirkung in § 76 Abs. 1 im Schrifttum teilweise als überflüssig angesehen, da weder im EnWG noch im Zivilprozessrecht – mit Ausnahme von § 570 Abs. 1 ZPO – eine aufschiebende Wirkung von Rechtsmitteln vorgesehen sei (→ 3. Aufl., EnWG § 76 Rn. 1). Gegen diese Kritik lässt sich anführen, dass § 76 Abs. 1 die Grundentscheidung des Gesetzgebers für die sofortige Vollziehbarkeit der regulierungsbehördlichen Entscheidungen im Energiewirtschaftsrecht eindeutig zum Ausdruck bringt und damit zur Rechtssicherheit beiträgt. **§ 76 Abs. 2** beinhaltet des Weiteren Regelungen zum **Rechtsschutz gegen vorläufige Anordnungen der Regulierungsbehörden.** Die Vorschrift entspricht § 64 Abs. 2 GWB aF (BT-Drs. 15/3917, 71), der im Wesentlichen mit dem heutigen § 66 Abs. 2 GWB übereinstimmt (vgl. zu den Änderungen gegenüber der Vorgängervorschrift BT-Drs. 19/23492, 121). **§ 76 Abs. 3** ermächtigt ferner unter Verweis auf § 72 das Beschwerdegericht, **vorläufige Anordnungen während eines laufenden Beschwerdeverfahrens** zu erlassen, um die Folgen der sofortigen Vollziehbarkeit abzumildern (Hempel/Franke/*Scholz*/*Jansen* EnWG § 76 Rn. 3 und 15). § 76 Abs. 3 entspricht insoweit der Vorschrift von § 64 Abs. 3 GWB aF, die mit einigen Anpassungen in den heutigen § 68 GWB überführt wurde (vgl. dazu BT-Drs. 19/23492, 121 f.).

2 § 76 steht in engem **Zusammenhang mit § 77,** der die Anordnung oder Aussetzung der Vollziehung durch die Regulierungsbehörde sowie die Wiederherstellung oder erstmalige Anordnung einer aufschiebenden Wirkung durch das Beschwerdegericht regelt (BerlKommEnergieR/*Johanns*/*Roesen* EnWG § 76 Rn. 2). Beide Vorschriften orientieren sich am Vorbild der §§ 64 und 65 GWB aF (BT-Drs. 15/3917, 71). Wie letztere dienen die §§ 76 und 77 dem Ausgleich der widerstreitenden Interessen an der Durchsetzung der regulierungsbehördlichen Entscheidungen einerseits und einem wirksamen Rechtsschutz der Betroffenen andererseits, der nicht durch vollendete Tatsachen vereitelt werden darf (vgl. BT-Drs. II/1158 v. 22.1.1955, 51 zu § 50 GWB aF; BVerfG Beschl. v. 19.6.1973 – 1 BvL 39/69 u. 14/72, NJW 1973, 1491 (1492); Immenga/Mestmäcker/*K. Schmidt* GWB § 64 Rn. 1; Loewenheim/Meessen/Riesenkampff/Kersting/Meyer-Lindemann/*Kühnen* GWB § 64 Rn. 1; BeckOK KartellR/*Rombach* GWB § 66 Rn. 2).

B. Aufschiebende Wirkung der Beschwerde (Abs. 1)

Nach § 76 Abs. 1 haben Beschwerden keine aufschiebende Wirkung, „soweit 3 durch die angefochtene Entscheidung nicht eine Entscheidung zur Durchsetzung der Verpflichtungen nach den §§ 7 bis 7b und 8 bis 10d getroffen wird". Hiermit ordnet § 76 Abs. 1 Hs. 1 an, dass Beschwerden gem. § 75 Abs. 1 grds. keinen Suspensiveffekt entfalten. Nur ausnahmsweise haben Beschwerden nach § 76 Abs. 1 Hs. 2 **aufschiebende Wirkung,** wenn sie sich gegen Entscheidungen der Regulierungsbehörde richten, mit denen **Verpflichtungen aus den Entflechtungsvorschriften** der §§ 7, 7a, 7b, 8, 9 und 10a–10d durchgesetzt werden. Mit der Anordnung der aufschiebenden Wirkung in den genannten Fällen trägt der Gesetzgeber dem eingriffsinvasiven Charakter der rechtlichen und operationellen Entflechtung sowie den weitreichenden Wirkungen der damit verbundenen Strukturmaßnahmen und Verhaltenspflichten Rechnung (ähnlich BerlKommEnergieR/ *Johanns/Roesen* EnWG § 76 Rn. 5).

Aufschiebende Wirkung können dem Wortlaut nach („angefochtene Entschei- 4 dung") **nur Anfechtungsbeschwerden** haben. Bei Verpflichtungsbeschwerden ist der vorläufige Rechtsschutz über das Instrument der einstweiligen Anordnung gem. § 76 Abs. 3 iVm § 72 zu gewährleisten (vgl. Loewenheim/Meessen/Riesenkampff/Kersting/Meyer-Lindemann/*Kühnen* GWB § 64 Rn. 2). Aufschiebende Wirkung hat eine Beschwerde, „soweit" die damit angefochtene Entscheidung „zur Durchsetzung" von Pflichten gem. den Entflechtungsvorgaben der §§ 7–10d getroffen wird. Inwieweit eine solche Pflicht im Einzelfall durchgesetzt wird, hängt nicht vom Willen der Behörde ab, sondern vom Regelungsinhalt der angefochtenen Entscheidung (Hempel/Franke/*Scholz/Jansen* EnWG § 76 Rn. 5). Bei Verpflichtungsbeschwerden bedarf es einer aufschiebenden Wirkung nicht, da die Ablehnung oder Unterlassung der beantragten Entscheidung keinen Regelungscharakter hat und regelmäßig nicht zu einer Veränderung der Sachlage führen kann (BeckOK KartellR/*Rombach* GWB § 66 Rn. 3). Dasselbe gilt für allgemeine Leistungsbeschwerden, die auf schlicht-hoheitliches Verwaltungshandeln ausgerichtet sind, oder Feststellungsbeschwerden, soweit diese gem. dem Subsidiaritätsgrundsatz zulässig sind (→ § 75 Rn. 3). Dem Interesse des Beschwerdeführers an vorläufigem Rechtsschutz wird in den letztgenannten Fällen dadurch Rechnung getragen, dass gem. § 76 Abs. 3 S. 1 iVm § 72 auch das Beschwerdegericht einstweilige Anordnungen zur Sicherung oder Regelung eines Zustands treffen kann (BeckOK KartellR/*Rombach* GWB § 66 Rn. 3; BerlKommEnergieR/*Johanns/Roesen* EnWG § 76 Rn. 3; → Rn. 12ff.).

Die in § 76 Abs. 1 Hs. 2 benannten Entscheidungen zur Durchsetzung der Ent- 5 flechtungsvorschriften definieren **abschließend** die (Ausnahme-) Fälle, in denen eine Anfechtungsbeschwerde **aufschiebende Wirkung** entfaltet. Etwaige materiell-rechtliche Erwägungen sind für die Vollziehbarkeit der jeweils angefochtenen Behördenentscheidung unerheblich (OLG Düsseldorf Beschl. v. 17.6.2015 – VI-3 Kart 3/15 (V), Rn. 39f.). Der BGH hatte in seiner früheren kartellrechtlichen Rspr. zwar eine analoge Anwendung der aufschiebenden Wirkung gem. § 63 Abs. 1 GWB aF (§ 64 Abs. 1 GWB idF bis zum 18.1.2021; heute § 66 Abs. 1 GWB) angenommen, soweit es sich im Einzelfall um einen Eingriff in eine bestehende Rechtsposition von gleicher Art und gleichem Gewicht wie in den durch § 63 Abs. 1 GWB aF aufgezählten Fällen handele (BGH Beschl. v. 17.5.1965 – KVR 1/64, NJW 1965, 2153 (2155) – Rechtselbische Zementpreise IV; s. auch KG

Beschl. v. 13.4.1994 – Kart 6/94, WuW/E OLG 5263). Diese Rspr. gilt aber seit Einführung des § 65 Abs. 3 S. 2 und 3 GWB aF im Zuge der 2. GWB-Novelle als überholt. Die Vorschrift entspricht dem heutigen § 67 Abs. 3 S. 2 und 3 GWB und ermöglicht im Interesse eines lückenlosen Eilrechtsschutzes im Rahmen von Anfechtungsbeschwerden, auch in den sonstigen im GWB nicht aufgezählten Fällen die aufschiebende Wirkung durch die Kartellbehörde oder das Beschwerdegericht anzuordnen (Langen/Bunte/*Lembach* GWB § 64 Rn. 5; BeckOK KartellR/*Rombach* GWB § 66 Rn. 1 f.; Wiedemann KartellR-HdB/*Klose* § 54 Rn. 55 mwN; anders Britz/Hellermann/Hermes/*Hanebeck* EnWG § 76 Rn. 3; FK-KartellR/*Birmanns* GWB § 64 Rn. 29). Entsprechendes gilt vorliegend im Hinblick auf § 77 Abs. 3, der sich an § 65 GWB aF orientiert und im Zusammenspiel mit § 76 den Eilrechtsschutz bei Entscheidungen der Regulierungsbehörde regelt. Hiernach kann in den Fällen, in denen eine aufschiebende Wirkung nicht kraft Gesetzes eintritt, wie dies gem. § 76 Abs. 1 für Entscheidungen zur Durchsetzung der entflechtungsrechtlichen Verpflichtungen nach den §§ 7–10d gilt, die Vollziehung durch die Regulierungsbehörde oder auf Antrag des Beschwerdeführers durch das Beschwerdegericht gem. § 77 Abs. 3 S. 4 angeordnet werden (→ § 77 Rn. 10 ff.).

6 Die **dogmatische Einordnung** der aufschiebenden Wirkung ist umstritten. Grundpositionen sind die Wirksamkeitstheorie, nach der die Wirksamkeit der Entscheidung aufgeschoben wird, und die Vollziehbarkeitstheorie, wonach die aufschiebende Wirkung lediglich die Vollziehbarkeit der Entscheidung hemmt (Überblick über den Meinungsstreit bei Immenga/Mestmäcker/*K. Schmidt* GWB § 64 Rn. 2; Kopp/Schenke VwGO § 80 Rn. 22 ff. jew. mwN). In Rspr. und Literatur hat sich zu Recht die letztgenannte Auffassung etabliert (vgl. BVerwG Urt. v. 21.6.1961 – VIII C 398.59, NJW 1962, 602 (604); aus jüngerer Zeit BVerwG Urt. v. 20.1.2016 – 9 C 1.15, NVwZ 2016, 1333 Rn. 12; aus dem Schrifttum BerlKommEnergieR/*Johanns/Roesen* EnWG § 75 Rn. 8; Loewenheim/Meessen/Riesenkampff/Kersting/Meyer-Lindemann/*Kühnen* GWB § 64 Rn. 2; *Bechtold/Bosch* GWB § 66 Rn. 5). Die praktische Relevanz dieses Meinungsstreits ist aufgrund weitgehend übereinstimmender Ergebnisse allerdings gering (Immenga/Mestmäcker/*K. Schmidt* GWB § 64 Rn. 2).

7 Die aufschiebende Wirkung tritt in den (Sonder-) Fällen von Entscheidungen zur Durchsetzung von Entflechtungsverpflichtungen gem. § 76 Abs. 1 Hs. 2 automatisch **mit Einlegung der Beschwerde** ein und **wirkt** auf den Zeitpunkt des Erlasses der angefochtenen Entscheidung **zurück** (hM; s. Kopp/Schenke VwGO § 80 Rn. 53 f. mwN). Solange die Beschwerde nicht eingelegt ist, kann die Entscheidung der Regulierungsbehörde vollzogen werden. Umstritten ist, ob nur die Einlegung der Beschwerde bei der Regulierungsbehörde nach § 78 Abs. 1 S. 1 aufschiebende Wirkung hat, oder ob auch die unmittelbare Einlegung der Beschwerde beim Beschwerdegericht gem. § 78 Abs. 1 S. 3 den Suspensiveffekt auslöst. Nach einer Auffassung ist für den Eintritt des Suspensiveffekts der Eingang der Beschwerde bei der Behörde erforderlich (→ 3. Aufl. 2015, § 76 Rn. 5; Elspas/Graßmann/Rasbach/*Kalwa/Göge* EnWG § 76 Rn. 5; BerlKommEnergieR/*Johanns/Roesen* EnWG § 76 Rn. 6; vgl. auch Wiedemann KartellR-HdB/*Klose* § 54 Rn. 53; Loewenheim/Meessen/Riesenkampff/Kersting/Meyer-Lindemann/*Kühnen* GWB § 64 Rn. 13; Immenga/Mestmäcker/*K. Schmidt* GWB § 64 Rn. 10 mwN, der aber diese Sichtweise für zweifelhaft, wenngleich iErg wegen der Rückwirkung haltbar erachtet). Als Begründung wird hierfür insbesondere angeführt, dass die Behörde bei einem etwaigen Vollzug nach Eingang der Beschwerde bei Gericht, aber vor Eingang bei ihr, rechtswidrig handeln würde, ohne davon zu wissen und ohne die Möglichkeit zu haben, dies zu vermeiden (→ 3. Aufl. 2015, § 76 Rn. 5). Nach anderer überzeugenderer Auffassung ist die Einlegung beim Beschwerdegericht als ausreichend zu betrachten, da § 78 Abs. 1 S. 3 diese neben der Einlegung bei der Behörde ausdrücklich zulässt (Theobald/Kühling/*Boos* EnWG § 76 Rn. 8; Rosin/Pohlmann/Gentzsch/Metzenthin/Böwing/*Burmeister/Becker* EnWG § 76 Rn. 17). Etwaige Unsicherheiten lassen sich jedenfalls durch eine parallele Information der Regulierungsbehörde über die Beschwerdeeinlegung abmildern.

Für den Eintritt des Suspensiveffekts in den Fällen des § 76 Abs. 1 kommt es aus **8** Gründen der Rechtssicherheit idR nicht auf die **Zulässigkeit der Beschwerde** an. Etwas anderes gilt nur, wenn die Beschwerde **offensichtlich unzulässig** ist (*Kopp/Schenke* VwGO § 80 Rn. 50; Immenga/Mestmäcker/*K. Schmidt* GWB § 64 Rn. 11 mwN auch zur Gegenauff.). Praktisch bedeutsamster Fall ist wohl das Verstreichen der Beschwerdefrist gem. § 78 Abs. 1 S. 1. Die Anfechtung einer bereits bestandskräftigen Entscheidung der Regulierungsbehörde kann keinen Suspensiveffekt mehr auslösen. Dies gilt auch dann, wenn mit der Anfechtung ein Antrag auf Wiedereinsetzung in den vorigen Stand verbunden ist, weil die Bestandskraft bis zur Gewährung der Wiedereinsetzung bestehen bleibt (*Kopp/Schenke* VwGO § 80 Rn. 50; FK-KartellR/*Birmanns* GWB § 64 Rn. 18). Die aufschiebende Wirkung tritt in diesen Fällen mit Gewährung der Wiedereinsetzung ein, wirkt aber ebenfalls auf den Zeitpunkt des Erlasses der angefochtenen Entscheidung der Regulierungsbehörde zurück (Immenga/Mestmäcker/*K. Schmidt* GWB § 64 Rn. 11). Die aufschiebende Wirkung **endet**, wenn die Beschwerdeentscheidung rechtskräftig wird, unter Umständen also mit Abschluss des Rechtsbeschwerdeverfahrens, oder wenn die angefochtene Entscheidung der Regulierungsbehörde etwa durch Rücknahme der Beschwerde bestandskräftig wird, bzw. wenn die sofortige Vollziehung nach § 77 angeordnet wird (vgl. *Bechtold/Bosch* GWB § 66 Rn. 5; Langen/Bunte/*Lembach* GWB § 64 Rn. 6).

C. Anordnung der aufschiebenden Wirkung durch das Beschwerdegericht (Abs. 2)

§ 76 Abs. 2 S. 1 statuiert für das Beschwerdegericht die Möglichkeit, bei der An- **9** fechtung einer vorläufigen Anordnung der Regulierungsbehörde nach § 72 **von Amts wegen anzuordnen, dass die vorläufige Anordnung** (ganz oder teilweise) **erst nach Abschluss des Beschwerdeverfahrens oder nach Leistung einer Sicherheit in Kraft tritt.** Ein Teil des Schrifttums misst § 76 Abs. 2 keine eigenständige Bedeutung zu, da mit § 77 Abs. 3 S. 4 eine auch vorläufige Anordnungen umfassende Regelung existiere, die die Anordnung der aufschiebenden Wirkung gegen eine Sicherheitsleistung gem. § 77 Abs. 4 zulasse (→ 3. Aufl. 2015, § 76 Rn. 6; vgl. zur Parallelregelung von § 64 Abs. 2 GWB aF, die in Anbetracht der detaillierteren Regelungen des § 65 Abs. 3 GWB aF als überflüssig betrachtet wird, Immenga/Mestmäcker/*K. Schmidt* GWB § 64 Rn. 15 mwN; *Bechtold/Bosch* GWB § 66 Rn. 6; zusammenfassend zum Meinungsstreit Wiedemann KartellR-HdB/*Klose* § 54 Rn. 56). Allerdings unterscheiden sich § 76 Abs. 2 und § 77 Abs. 3 dadurch, dass ersterer keinen Antrag des Beschwerdeführers erfordert. Dies könnte dafür sprechen, § 76 Abs. 2 bei der Anfechtung von vorläufigen Anordnungen der Regulierungsbehörde als lex specialis gegenüber § 77 Abs. 3 S. 4 anzusehen (→ 3. Aufl. 2015, § 76 Rn. 6; aA mit Blick auf das Verhältnis der §§ 64 und 65

§ 76 Teil 8. Verfahren

GWB aF Immenga/Mestmäcker/*K. Schmidt* GWB § 64 Rn. 15). Unter rechtsdogmatischen Gesichtspunkten könnte als weiterer Unterschied zwischen § 76 Abs. 2 und § 77 Abs. 3 S. 4 angeführt werden, dass das Beschwerdegericht nach der erstgenannten Vorschrift bereits das Inkrafttreten einer vorläufigen Anordnung der Regulierungsbehörde aussetzen kann, während die zweitgenannte Vorschrift die Aussetzung der Vollziehung vorsieht. Ungeachtet dieser Unterschiede wird die Notwendigkeit einer trennscharfen **Abgrenzung von § 76 Abs. 2 und 77 Abs. 3** in der Praxis va dadurch abgemildert, dass das Beschwerdegericht im Rahmen seiner Ermessensentscheidung gem. § 76 Abs. 2 trotz der nicht expliziten Festlegung von Kriterien wie bei § 77 Abs. 3 das Rechtschutzinteresse des Beschwerdeführers mit dem öffentlichen Interesse an dem Vollzug der regulierungsbehördlichen Entscheidung abzuwägen hat (vgl. auch Langen/Bunte/*Lembach* GWB § 64 Rn. 15 f.). Bei dieser Abwägung ist insbesondere zu berücksichtigen, ob die angefochtene vorläufige Anordnung der Regulierungsbehörde ernstlichen Zweifeln an ihrer Rechtmäßigkeit begegnet oder mit einer unbilligen Härte für den Beschwerdeführer verbunden ist (vgl. NK-EnWG/*Huber* § 76 Rn. 6; Loewenheim/Meessen/ Riesenkampff/Kersting/Meyer-Lindemann/*Kühnen* GWB § 64 Rn. 17). Hierbei handelt es sich um übergreifende Abwägungsmaßstäbe, die in den § 77 Abs. 3 S. 1 Nr. 2 und 3 explizit Eingang gefunden haben und auch bei der Aussetzung der Vollziehung durch das Beschwerdegericht gem. § 77 Abs. 3 S. 3 zu beachten sind (→ Rn. 10). Insoweit besteht ein materieller Gleichklang zwischen § 76 Abs. 2 und § 77 Abs. 3.

10 Nach § 76 Abs. 2 S. 1 trifft das Beschwerdegericht seine Entscheidung nach **pflichtgemäßem Ermessen** („kann"). Hierbei orientiert es sich an den materiellen Voraussetzungen des § 77 Abs. 3 S. 1 Nr. 2 und 3 (vgl. Immenga/Mestmäcker/ *K. Schmidt* GWB § 64 Rn. 15). Letztere sehen vor, dass das Beschwerdegericht die aufschiebende Wirkung der Beschwerde ganz oder teilweise wiederherstellen kann, wenn ernstliche Zweifel an der Rechtmäßigkeit der angefochtenen vorläufigen Anordnung der Regulierungsbehörde bestehen oder das sofortige Inkrafttreten der Anordnung für den Betroffenen eine unbillige Härte zur Folge hätte, die sich nicht durch überwiegende öffentliche Interessen rechtfertigen lässt.

11 Anordnungen des Beschwerdegerichts gem. § 76 Abs. 2 sind – wie auch Anordnungen gem. § 76 Abs. 3 – nicht anfechtbar, da sie nicht „in der Hauptsache" erlassen werden. Gegen solche Anordnungen kann also **keine Rechtsbeschwerde** gem. § 86 Abs. 1 erhoben werden (näher Theobald/Kühling/*Boos* EnWG § 76 Rn. 19; vgl. auch Wiedemann KartellR-HdB/*Klose* § 54 Rn. 56; Loewenheim/ Meessen/Riesenkampff/Kersting/Meyer-Lindemann/*Kühnen* GWB § 64 Rn. 17). Nach § 76 Abs. 2 S. 2 ist allerdings eine **Aufhebung oder Änderung** der Anordnung durch das Beschwerdegericht jederzeit, ebenfalls nach pflichtgemäßem Ermessen, möglich. Wie bei der Entscheidung gem. § 76 Abs. 2 S. 1 ist ein Antrag des Beschwerdeführers hierzu nicht erforderlich. Die **Sicherungsmittel** werden in § 76 nicht näher bestimmt und richten sich somit nach den allgemeinen §§ 108–113 ZPO.

D. Vorläufige Anordnungen des Beschwerdegerichts (Abs. 3)

12 Das Beschwerdegericht kann nach § 76 Abs. 3 iVm § 72 **vorläufige Anordnungen** erlassen. § 76 Abs. 3 übernimmt die Regelung von § 64 Abs. 3 GWB aF (→ Rn. 1). Neben der Befugnis der Regulierungsbehörde gem. § 72, bis zur

Aufschiebende Wirkung **§ 76**

Bestandskraft ihrer Entscheidung vorläufige Anordnungen zu erlassen, sieht das EnWG in § 76 Abs. 3 S. 1 die Befugnis des Beschwerdegerichts vor, bis zur endgültigen Entscheidung vorläufige Anordnungen zu treffen. Dies entspricht der Befugnis des Gerichts nach § 123 Abs. 1 VwGO, eine einstweilige Anordnung in Bezug auf den Streitgegenstand oder ein streitiges Rechtsverhältnis zu treffen (OLG Düsseldorf Beschl. v. 30.12.2016 – VI-3 Kart 1203/16 (V), BeckRS 2016, 115007 Rn. 33; näher zu § 123 Abs. 1 VwGO, der seinerseits dem System der §§ 935, 940 ZPO folgt, Eyermann/*Happ* VwGO § 123 Rn. 18 ff.). Voraussetzung für eine vorläufige Anordnung des Beschwerdegerichts gem. § 76 Abs. 3 S. 1 ist, dass **Beschwerde eingelegt** wird, ggf. gleichzeitig mit einem Antrag auf eine vorläufige Anordnung des Beschwerdegerichts nach § 76 Abs. 3 S. 1 (*Salje* EnWG § 76 Rn. 15; Theobald/Kühling/*Boos* EnWG § 76 Rn. 17; vgl. dagegen § 123 Abs. 1 S. 1 VwGO, wonach der Antrag auf Erlass einer einstweiligen Anordnung auch schon vor Klageerhebung statthaft ist; dazu *Kopp/Schenke* VwGO § 123 Rn. 18; Eyermann/*Happ* VwGO § 123 Rn. 3). Eine Anordnung gem. § 76 Abs. 3 S. 1 kann daher nur beantragt werden, wenn zumindest auch eine statthafte und fristgerechte Beschwerde eingelegt wird (*Bechtold/Bosch* GWB § 68 Rn. 1). Obwohl das Beschwerdegericht nach dem Wortlaut des § 76 Abs. 3 S. 1 – anders als im Verfahren gem. § 77 Abs. 3 S. 4 – auch ohne Antrag eine vorläufige Anordnung etwa zur Bewahrung des gegenwärtigen Zustands im Interesse des Beschwerdeführers erlassen kann, sind in der Praxis kaum Fälle denkbar, in denen in entsprechender Anwendung der Maßstäbe von § 77 Abs. 3 und § 80 VwGO das Interesse des Beschwerdeführers an der vorläufigen Maßnahme offensichtlich ist, aber nicht zu einem Antrag führt (ebenso mit Blick auf § 64 Abs. 2 GWB aF Langen/Bunte/*Lembach* GWB § 64 Rn. 16). In der Regel wird bereits der Beschwerdeschrift ein Antrag entnommen werden können. Zudem kann eine gerichtliche Anordnung gem. § 76 Abs. 3 nur nach vorheriger Anhörung der Beteiligten ergehen. Spätestens der Stellungnahme des Beschwerdeführers wird somit ein entsprechender Antrag entnommen werden können (ähnlich Langen/Bunte/*Lembach* GWB § 64 Rn. 16).

Aufgrund des pauschalen **Verweises** in § 76 Abs. 3 S. 1 **auf § 72** kann das Beschwerdegericht **alle** ihm geeignet erscheinenden vorläufigen **Maßnahmen** treffen, die auch die Regulierungsbehörde nach der letztgenannten Vorschrift hätte treffen können. § 76 Abs. 3 ermöglicht damit auch vorläufige Anordnungen, **die nicht die aufschiebende Wirkung der Beschwerde betreffen.** Im Hinblick auf die Art der vorläufigen Anordnung kann ebenso wie in materieller Hinsicht auf die zu § 123 VwGO entwickelten Rechtsgrundsätze zurückgegriffen werden (vgl. OLG Düsseldorf Beschl. v. 30.12.2016 – VI-3 Kart 1203/16 (V), BeckRS 2016, 115007 Rn. 33; *Säcker/Schönborn/Wolf* NVwZ 2006, 865). Auf die kartellrechtliche Diskussion, ob das Beschwerdegericht auch Maßnahmen treffen kann, die der Behörde nicht gestattet sind (vgl. Immenga/Mestmäcker/*K. Schmidt* GWB § 64 Rn. 17), kommt es vorliegend nicht an. Da § 72 im Gegensatz zur Parallelnorm des § 60 GWB keine Beschränkung von einstweiligen Anordnungen der Behörde auf bestimmte Entscheidungen enthält, ist der Anwendungsbereich ohnehin umfassend (→ § 72 Rn. 2). 13

Die Befugnis des Beschwerdegerichts, vorläufige Anordnungen gem. § 76 Abs. 3 S. 1 iVm § 72 zu treffen, gilt nach S. 2 **nicht für die Fälle des § 77.** Letzterer beinhaltet in Bezug auf **Anfechtungsbeschwerden** gem. §§ 75 Abs. 1, 76 Abs. 1 eine Spezialregelung. In Anlehnung an § 123 Abs. 5 VwGO, wonach die einstweilige Anordnung nicht für die (Anfechtungs-) Fälle des § 80 VwGO gilt, grenzt § 76 Abs. 3 S. 2 hiermit den Anwendungsbereich von § 76 Abs. 3 zu demjenigen von 14

§ 77 ab. Folgerichtig begründet § 76 Abs. 3 S. 2 ein Alternativitätsverhältnis zwischen einstweiligen Anordnungen gem. § 76 Abs. 3 S. 1 iVm § 72 und dem Verfahren nach § 77 Abs. 3 S. 4 (*Säcker/Schönborn/Wolf* NVwZ 2006, 865). Demgemäß ist in den Fällen, in denen in einem Hauptsacheverfahren ein Verpflichtungsantrag oder ein Leistungsantrag gegeben wären, der Rechtsschutz nur nach § 76 Abs. 3 S. 1 – und nicht nach § 77 Abs. 3 – eröffnet (OLG Düsseldorf Beschl. v. 30.12.2016 – VI-3 Kart 1203/16 (V), BeckRS 2016, 115007 Rn. 33; *Kopp/Schenke* VwGO § 123 Rn. 1 u. 4; Eyermann/*Happ* VwGO § 123 Rn. 8 f.).

15 Unter Rückgriff auf die zu § 123 VwGO entwickelten Grundsätze müssen sowohl ein **Anordnungsanspruch** als auch ein **Anordnungsgrund** vorliegen (OLG Düsseldorf Beschl. v. 29.3.2007 – VI-3 Kart 466/06 (V), N&R 2007, 118 (119); *Schellberg/Spiekermann* N&R 2007, 120 (121 f.)). Der Betroffene muss darlegen und glaubhaft machen, es bestehe ein Recht oder rechtlich geschütztes Interesse (Anordnungsanspruch), das durch das Verhalten der Behörde gefährdet sei (Anordnungsgrund) (so mit Blick auf § 123 VwGO BVerfG Beschl. v. 13.6.1979 – 1 BvR 699/77, NJW 1980, 35). Hinsichtlich des Anordnungsanspruchs ist zudem der in § 77 Abs. 3 Nr. 2 enthaltene Maßstab zu berücksichtigen, wonach in Anfechtungsfällen **ernstliche Zweifel** an der Rechtmäßigkeit der angefochtenen Entscheidung notwendig sind (OLG Düsseldorf Beschl. v. 29.3.2007 – VI-3 Kart 466/06 (V), N&R 2007, 118 (119); OLG Brandenburg Beschl. v. 10.7.2017 – 6 Kart 1/17, EnWZ 2018, 29 Rn. 29; Baur/Salje/Schmidt-Preuß Energiewirtschaft/*Chatzinerantzis* Kap. 64 Rn. 40). Gründe, die für einen milderen Maßstab beim Eilrechtsschutz nach § 76 Abs. 3 S. 1 sprächen, sind nicht ersichtlich. So muss der Beschwerdeführer auch im letzteren Fall die Gründe darlegen, welche die Rechtswidrigkeit der angefochtenen Behördenentscheidung und die dadurch bedingte Betroffenheit als überwiegend wahrscheinlich erscheinen lassen. Darüber hinaus muss der Beschwerdeführer mit überwiegender Wahrscheinlichkeit **glaubhaft machen,** dass der behauptete Anspruch besteht (zum Vorstehenden OLG Düsseldorf Beschl. v. 29.3.2007 – VI-3 Kart 466/06 (V), N&R 2007, 118 (119); vgl. auch BVerfG Beschl. v. 13.6.1979 – 1 BvR 699/77, NJW 1980, 35 (36)).

§ 77 Anordnung der sofortigen Vollziehung und der aufschiebenden Wirkung

(1) **Die Regulierungsbehörde kann in den Fällen des § 76 Abs. 1 die sofortige Vollziehung der Entscheidung anordnen, wenn dies im öffentlichen Interesse oder im überwiegenden Interesse eines Beteiligten geboten ist.**

(2) **Die Anordnung nach Absatz 1 kann bereits vor der Einreichung der Beschwerde getroffen werden.**

(3) ¹**Auf Antrag kann das Beschwerdegericht die aufschiebende Wirkung ganz oder teilweise wiederherstellen, wenn**
1. **die Voraussetzungen für die Anordnung nach Absatz 1 nicht vorgelegen haben oder nicht mehr vorliegen oder**
2. **ernstliche Zweifel an der Rechtmäßigkeit der angefochtenen Verfügung bestehen oder**
3. **die Vollziehung für den Betroffenen eine unbillige, nicht durch überwiegende öffentliche Interessen gebotene Härte zur Folge hätte.**

²In den Fällen, in denen die Beschwerde keine aufschiebende Wirkung hat, kann die Regulierungsbehörde die Vollziehung aussetzen. ³Die Aussetzung soll erfolgen, wenn die Voraussetzungen des Satzes 1 Nr. 3 vorliegen. ⁴Das Beschwerdegericht kann auf Antrag die aufschiebende Wirkung ganz oder teilweise anordnen, wenn die Voraussetzungen des Satzes 1 Nr. 2 oder 3 vorliegen.

(4) ¹Der Antrag nach Absatz 3 Satz 1 oder 4 ist schon vor Einreichung der Beschwerde zulässig. ²Die Tatsachen, auf die der Antrag gestützt wird, sind vom Antragsteller glaubhaft zu machen. ³Ist die Entscheidung der Regulierungsbehörde schon vollzogen, kann das Gericht auch die Aufhebung der Vollziehung anordnen. ⁴Die Wiederherstellung und die Anordnung der aufschiebenden Wirkung können von der Leistung einer Sicherheit oder von anderen Auflagen abhängig gemacht werden. ⁵Sie können auch befristet werden.

(5) Entscheidungen nach Absatz 3 Satz 1 und Beschlüsse über Anträge nach Absatz 3 Satz 4 können jederzeit geändert oder aufgehoben werden.

Übersicht

	Rn.
A. Überblick	1
B. Anordnung der sofortigen Vollziehung durch die Regulierungsbehörde (Abs. 1 und 2)	2
I. Anwendungsbereich	2
II. Verfahren/Wirkung	3
III. Materielle Voraussetzungen	6
IV. Rechtsmittel	9
C. Aussetzung der Vollziehung durch die Regulierungsbehörde (Abs. 3 S. 2 und 3)	10
I. Anwendungsbereich/Verfahren	10
II. Materielle Voraussetzungen	11
III. Rechtsmittel	13
D. Wiederherstellung/Anordnung der aufschiebenden Wirkung durch das Beschwerdegericht (Abs. 3–5)	14
I. Verfahren/Wirkung	15
II. Materielle Voraussetzungen	23
III. Rechtsmittel	30

Literatur: *Bacher/Hempel/Wagner-von Papp* (Hrsg.), Beck'scher Online-Kommentar zum Kartellrecht, 2. Ed. 15.7.2021 (zit. BeckOK KartellR/*Bearbeiter*); *Brüning*, Einstweilige Verwaltungsführung, 2003; *Kühling/Hermeier*, Die Rechtsprechung im Regulierungsgefüge des EnWG 2005, N&R 2007, 146; *Mohr*, Sicherung der Vertragsfreiheit durch Wettbewerbs- und Regulierungsrecht, 2015; *Mohr*, Die Verzinsung des Eigenkapitals von Energienetzbetreibern in der 3. Regulierungsperiode, N&R-Beil. Heft 1/2020, 1; *Musielak/Voit* (Hrsg.), ZPO, 18. Aufl. 2021 (zit. Musielak/Voit/*Bearbeiter*); *Ostendorf*, Zur Zulässigkeit von Pressemitteilungen über nicht rechtskräftige Bußgeldbescheide wegen illegaler Preisabsprachen, GWR 2015, 56; *Rauscher/Krüger* (Hrsg.), Münchener Kommentar zur ZPO, Bd. 1, 6. Aufl. 2020 (zit. MüKoZPO/*Bearbeiter*); *Ruge*, Ausgewählte Rechtsfragen der Genehmigung von Netznutzungsentgelten im Strombereich, IR 2007, 2; *Säcker/Meier-Beck/Bien/Montag* (Hrsg.), Münchener Kommentar zum Wettbewerbsrecht, Bd. 2, 3. Aufl. 2020 (zit. MüKoWettbR/*Bearbeiter*); *Schalle/Boos*, Stromnetzentgeltprüfungen durch die Regulierungsbehörden – Erfahrungen und bevorstehende Auseinandersetzungen, ZNER 2006, 20; *Schellberg/Spiekermann*, Anmerkung zum Beschluss des OLG Düsseldorf v. 29.3.2007 – VI-3 Kart 466/06 (V), N&R 2007, 120 (Eilrechtsschutz gegen nur teilweise stattgebende Genehmigung von Netzzugangsentgelten); *Schnelle*, Prüfungsmaßstab im vorläufigen Rechtsschutz im Energiewirtschaftsrecht, GRUR-Prax 2021, 160; *Wysk* (Hrsg.), VwGO, 3. Aufl. 2020 (zit. Wysk/*Bearbeiter*).

A. Überblick

1 § 77 entspricht in angepasster Form § 65 GWB aF (BT-Drs. 15/3917, 71), der im Wesentlichen mit dem heutigen § 67 GWB übereinstimmt (vgl. BT-Drs. 19/23492, 121). Letzterer orientiert sich wie die Vorgängervorschriften an § 80 VwGO (s. etwa BT-Drs. VI/2520, 36). Im Einzelnen regelt § 77 Abs. 1, 2 sowie Abs. 3 S. 2 und 3 die Voraussetzungen, unter denen die **Regulierungsbehörde** die sofortige Vollziehung einer Entscheidung anordnen oder aussetzen kann. § 77 Abs. 3 S. 1, 4 sowie Abs. 4 und 5 legt die Voraussetzungen fest, unter denen das **Beschwerdegericht** die aufschiebende Wirkung der Beschwerde wiederherstellen oder (erstmalig) anordnen kann. Damit ermöglicht § 77 im Interesse individuell gerechter Ergebnisse Abweichungen von der Grundregel des § 76 Abs. 1, wonach (Anfechtungs-)Beschwerden gegen belastende Entscheidungen der Regulierungsbehörde keinen Suspensiveffekt entfalten (Immenga/Mestmäcker/*K. Schmidt* GWB § 65 Rn. 1).

B. Anordnung der sofortigen Vollziehung durch die Regulierungsbehörde (Abs. 1 und 2)

I. Anwendungsbereich

2 Gem. § 77 Abs. 1 kann die Regulierungsbehörde in den Fällen des § 76 Abs. 1 die **sofortige Vollziehung** der Entscheidungen anordnen. Trotz der pauschalen Verweisung auf § 76 Abs. 1 adressiert die Möglichkeit der Anordnung der sofortigen Vollziehung nicht alle von § 76 Abs. 1 geregelten Fälle; denn hiernach hat die Beschwerde grds. keine aufschiebende Wirkung. Der eigentliche Regelungsgehalt von § 77 Abs. 1 bezieht sich auf die Sonderfälle, in denen § 76 Abs. 1 Hs. 2 die aufschiebende Wirkung der Beschwerde vorsieht, dh auf **Entscheidungen zur Durchsetzung entflechtungsrechtlicher Verpflichtungen** gem. den §§ 7–10d (→ § 76 Rn. 3). Vor diesem Hintergrund ist die unpräzise Verweisung auf § 76 Abs. 1 wohl auf ein Redaktionsversehen und eine nicht hinreichend auf das EnWG abgestimmte Übernahme von Vorschriften des GWB zurückzuführen. Ausweislich der Begründung zu § 77 hat sich der Gesetzgeber an § 65 GWB aF orientiert (BT-Drs. 15/3917, 71), dem heutigen § 67 GWB entspricht. Diese Parallelnorm ermöglicht die Anordnung sofortiger Vollziehung durch die Kartellbehörde in den Fällen des § 64 Abs. 1 GWB aF bzw. des heutigen § 66 Abs. 1 GWB, der seinerseits die aufschiebende Wirkung von Beschwerden gegen bestimmte Verfügungen der Kartellbehörde vorsieht. § 64 GWB aF ist allerdings nicht vollständig in das EnWG übernommen worden. Diese konzeptionelle Abweichung wurde bei der Konzipierung des § 77 in Anlehnung an § 65 GWB aF nicht hinreichend beachtet.

II. Verfahren/Wirkung

Die Regulierungsbehörde kann nach § 77 Abs. 2 **auch vor Einlegung der Beschwerde** eine Anordnung gem. § 77 Abs. 1 treffen. Selbst wenn bereits eine Entscheidung des Beschwerdegerichts vorliegt, kann mit Wirkung für die Dauer des Rechtsbeschwerdeverfahrens die sofortige Vollziehung angeordnet werden (FK-Kartellrecht/*Birmanns* GWB § 65 Rn. 22). Für den Erlass einer Anordnung gem. § 77 Abs. 1, 2 ist **kein Antrag** erforderlich (*Salje* EnWG § 77 Rn. 9), wie es sich aus einem Umkehrschluss zu den das gerichtliche Eilverfahren betreffenden Regelungen in § 77 Abs. 3 S. 1 und 4 ergibt. Die am Verwaltungsverfahren Beteiligten können aber die Anordnung der sofortigen Vollziehung anregen (ebenso BerlKommEnergieR/*Johanns/Roesen* EnWG § 77 Rn. 8; vgl., die Anerkennung eines formellen Antragsrechts analog § 80a VwGO befürwortend, Immenga/Mestmäcker/*K. Schmidt* GWB § 65 Rn. 8). 3

Ungeachtet der im Schrifttum umstrittenen Rechtsnatur von Anordnungen gem. § 77 Abs. 1 (vgl. Immenga/Mestmäcker/*K. Schmidt* GWB § 65 Rn. 8; Eyermann/*Hoppe* VwGO § 80 Rn. 42) hat die Regulierungsbehörde das besondere Interesse am Sofortvollzug unter Berücksichtigung der allgemeinen Maßstäbe von § 80 Abs. 2 VwGO schriftlich zu begründen (vgl. BT-Drs. VI/2520, 36 zu § 63a GWB aF; NK-VwGO/*Adelheid/Puttler* § 80 Rn. 96ff.). Zwar sind an die **Begründung von Anordnungen** gem. § 77 Abs. 1 weniger anspruchsvolle Anforderungen als bei Hauptsacheentscheidungen zu stellen (BGH Beschl. v. 26.1.2016 – KVZ 41/15, NZKart 2016, 229 Rn. 19 – Energieversorgung Titisee-Neustadt). Der Inhalt der Begründung muss aber auch im ersteren Fall erkennen lassen, welche Überlegungen die Behörde zur Anordnung der sofortigen Vollziehung veranlasst haben (Wysk/*Buchheister* VwGO § 80 Rn. 25). Formelhafte Verweise etwa auf das Gesetz, die Gründe der Hauptsacheentscheidung oder der Hinweis, dass die einstweilige Anordnung im öffentlichen Interesse geboten sei, genügen nicht (KG Beschl. v. 10.12.1990 – Kart 19/90, GRUR 1991, 704 (705) – Hamburger Benzinmarkt). Eine fehlende oder unzureichende Begründung kann nicht nachgeholt oder ergänzt werden, jedoch kann das Vorliegen neuer Gründe den Erlass einer neuen Anordnung rechtfertigen (so auch BerlKommEnergieR/*Johanns/Roesen* EnWG § 77 Rn. 8; Immenga/Mestmäcker/*K. Schmidt* GWB § 65 Rn. 8; zur dogmatischen Begründung dieser Sichtweise s. *Kopp/Schenke* VwGO § 80 Rn. 87; NK-VwGO/*Adelheid/Puttler* § 80 Rn. 99; aA OVG Münster Beschl. v. 26.6.1985 – 19 B 1061/85, NJW 1986, 1894 (1895); Wysk/*Buchheister* VwGO § 80 Rn. 26 mwN). 4

Mit einer Anordnung gem. § 77 Abs. 1 bzw. 2 wird die betreffende Entscheidung der Regulierungsbehörde **ex nunc** vollziehbar (FK-KartellR/*Birmanns* GWB § 65 Rn. 26; vgl. zur Wirkung von Beschlüssen des Beschwerdegerichts gem. § 77 Abs. 3 S. 1 oder 4 → Rn. 22). Da eine solche Anordnung aufgrund ihres vorläufigen Charakters nicht in materielle Bestandskraft erwächst, darf die Regulierungsbehörde ihre Entscheidung über die sofortige Vollziehung auch dann noch **überprüfen und ändern,** wenn schon Beschwerde eingelegt worden ist (Loewenheim/Meessen/Riesenkampff/Kersting/Meyer-Lindemann/*Kühnen* GWB § 65 Rn. 25; zur Durchbrechung der materiellen Bestandskraft bei „vorläufigen Verwaltungsakten" s. ferner *Brüning,* Einstweilige Verwaltungsführung, 2003, S. 253 ff. mwN). Schranken kann der Änderungs- und Aufhebungsbefugnis der Regulierungsbehörde aber eine zwischenzeitlich vom Beschwerdegericht erlassene Entscheidung gem. § 77 Abs. 3 S. 1 setzen. Ordnet das Beschwerdegericht zB die Wiederherstellung der auf- 5

§ 77 Teil 8. Verfahren

schiebenden Wirkung der Beschwerde an, darf die Regulierungsbehörde keine gegenläufige nachträgliche Entscheidung zur Anordnung der sofortigen Vollziehung treffen.

III. Materielle Voraussetzungen

6 Gem. § 77 Abs. 1 kann die Regulierungsbehörde die sofortige Vollziehung der Entscheidung anordnen, wenn dies im öffentlichen Interesse oder im überwiegenden Interesse eines Beteiligten geboten ist. Ein solch **besonderes Vollziehungsinteresse** muss über das allgemeine Interesse an einer Sachentscheidung der Regulierungsbehörde hinausgehen (*Salje* EnWG § 76 Rn. 5). Das Gesetz stellt hier relativ anspruchsvolle Anforderungen (vgl. OLG Düsseldorf Beschl. v. 30.4.2003 – VI-Kart 4/03 (V), WuW DE-R 1094 (1095) = juris Rn. 14 – TEAG; zurückhaltender *Salje* EnWG § 77 Rn. 5). Wie im Kontext der verwandten Regelungen in § 80 Abs. 2 Nr. 4 und Abs. 3 VwGO muss sich das besondere Interesse am Sofortvollzug als Ergebnis einer Gesamtabwägung unter Berücksichtigung aller im konkreten Fall betroffenen öffentlichen und privaten Interessen darstellen (vgl. *Kopp/Schenke* VwGO § 80 Rn. 90). IRd Abwägung ist im Hinblick auf den häufig eingriffsinvasiven Charakter von Entflechtungsmaßnahmen auch von Bedeutung, ob die getroffene Regelung und ihre Folgen rückgängig gemacht werden können (sa Theobald/Kühling/*Boos* EnWG § 77 Rn. 8; allg. *Kopp/Schenke* VwGO § 80 Rn. 90; Eyermann/*Hoppe* VwGO § 80 Rn. 44ff.). Im Einzelfall kann die **unterschiedliche wirtschaftliche Stärke** der Betroffenen das überwiegende Interesse eines Beteiligten begründen (vgl. FK-KartellR/*Birmanns* GWB § 65 Rn. 16).

7 Die Reichweite des Kreises der **„Beteiligten"**, deren Interessen in die Abwägung gem. § 77 Abs. 1 einzubeziehen sind, wird im Schrifttum uneinheitlich gesehen. Nach einer ersten Auffassung sind dabei nicht nur die Verfahrensbeteiligten iSd § 66 Abs. 2, sondern alle individuell Betroffenen zu berücksichtigen (Elspas/Graßmann/Rasbach/*Kalwa/Göge* EnWG § 77 Rn. 5; so auch im Kartellrecht Immenga/Mestmäcker/*K. Schmidt* GWB § 65 Rn. 6 mwN). Nach einer zweiten Auffassung können die Interessen von Personen, die weder kraft Gesetzes am Verfahren beteiligt sind noch einen Beiladungsantrag gestellt haben, nicht als derart gewichtig einzustufen sein, dass die sofortige Vollziehung geboten erscheint (Hempel/Franke/*Scholz/Jansen* EnWG § 77 Rn. 8; *Bechtold/Bosch* GWB § 67 Rn. 3). Nach einer dritten Auffassung kann der geschützte Personenkreis gem. § 77 Abs. 1 auf Verfahrensbeteiligte iSd § 66 Abs. 2 Nr. 1 und 2 sowie notwendig Beizuladende gem. § 66 Abs. 2 Nr. 3 begrenzt werden, da die schützenswerten Interessen Dritter, die nicht am Verfahren beteiligt sind, bereits im Rahmen des öffentlichen Interesses zu berücksichtigen seien (BerlKommEnergieR/*Johanns/Roesen* EnWG § 77 Rn. 6). Die letztgenannte Sichtweise lässt sich zwar auf die zutreffende dogmatische Erkenntnis stützen, dass sich das öffentliche Interesse je nach Regelungsbereich durch unterschiedliche Wertungen konkretisieren lässt und auch im Rahmen einer sektorspezifisch-marktwirtschaftlichen Regulierung den Schutz freiheitlicher Individualinteressen umfassen kann (weiterführend *Mohr,* Sicherung der Vertragsfreiheit, S. 36ff. (55, 65f.)). Sie ist allerdings faktisch ebenso restriktiv wie die zweitgenannte Sichtweise. Die erstgenannte Sichtweise ist wiederum zu weit. Vorzugswürdig erscheint es, im Ausgangspunkt an dem Wortlaut von § 77 Abs. 1 festzuhalten, der nicht einfach von „Betroffenen", sondern von „Beteiligten" spricht. Zur Bestimmung der Beteiligten iSd § 77 Abs. 1 sind im Interesse einer harmonisierenden Auslegung mit den übrigen prozessrechtlichen Vorschriften des EnWG auch Personen

zu berücksichtigen, die trotz fehlender formaler Beteiligtenstellung nach den von der Rspr. in erweiternder Auslegung von § 75 Abs. 2 entwickelten Grundsätzen als beschwerdeberechtigt gelten (→ § 75 Rn. 12). Dies kann insbesondere der Fall sein, wenn ein nicht beigeladener Dritter seine (einfache) Beiladung nicht rechtzeitig beantragen konnte, weil er keine Kenntnis von dem Verfahren hatte.

Anders als das Beschwerdegericht gem. § 77 Abs. 3 S. 1 oder 4 hat die Regulierungsbehörde **nicht zu prüfen,** ob **ernstliche Zweifel an der Rechtmäßigkeit** ihrer Entscheidung iSd § 77 Abs. 3 S. 1 Nr. 2 bestehen, ebenso wenig wie sie den mutmaßlichen Ausgang des Beschwerdeverfahrens prognostizieren muss (aA BerlKommEnergieR/*Johanns/Roesen* EnWG § 77 Rn. 7; Wiedemann KartellR-HdB/ *Klose* § 54 Rn. 60; Immenga/Mestmäcker/*K. Schmidt* GWB § 65 Rn. 7 mwN). Die behördliche Entscheidungssituation ist nicht mit derjenigen des Gerichts vergleichbar, denn die Behörde hat die Entscheidung selbst getroffen und wird bei realitätsnaher Betrachtung in der Regel von deren Rechtmäßigkeit ausgehen (vgl. *Kopp/Schenke* VwGO § 80 Rn. 100f.). Folgerichtig betrifft der in § 77 Abs. 3 S. 1 Nr. 2 enthaltene Maßstab der „ernstlichen Zweifel an der Rechtmäßigkeit" allein Entscheidungen des Beschwerdegerichts gem. § 77 Abs. 3 S. 1 bzw. 4 hinsichtlich der Wiederherstellung oder Anordnung der aufschiebenden Wirkung. Bei einer Anordnung der sofortigen Vollziehung durch die Regulierungsbehörde verlangt § 77 Abs. 1 demgegenüber (nur) eine Interessenabwägung. Ebenfalls auf eine Interessenabwägung hat sich eine Aussetzung der Vollziehung durch die Regulierungsbehörde gem. § 77 Abs. 3 S. 3 zu stützen (→ Rn. 11).

8

IV. Rechtsmittel

Gegen Anordnungen der Regulierungsbehörde gem. § 77 Abs. 1, 2 steht den Betroffenen als spezieller Rechtsbehelf ein Antrag auf Wiederherstellung der aufschiebenden Wirkung durch das Beschwerdegericht gem. § 77 Abs. 3 S. 1 zu (vgl. BeckOK KartellR/*Rombach* GWB § 67 Rn. 10). Demgegenüber ist die **Beschwerde nicht statthaft.** Das gerichtliche Eilverfahren gem. § 77 Abs. 3 tritt insoweit an die Stelle eines Beschwerdeverfahrens gegen Anordnungen der Regulierungsbehörde nach Abs. 1, 2 bzw. gegen deren Unterlassung (vgl. Immenga/ Mestmäcker/*K. Schmidt* GWB § 65 Rn. 18).

9

C. Aussetzung der Vollziehung durch die Regulierungsbehörde (Abs. 3 S. 2 und 3)

I. Anwendungsbereich/Verfahren

Eine **Aussetzung** der Vollziehung durch die Regulierungsbehörde kommt gem. § 77 Abs. 3 S. 2 in Betracht, wenn die Beschwerde keine aufschiebende Wirkung hat (ähnlich § 80 Abs. 4 VwGO). Aufschiebende Wirkung hat die Beschwerde gem. § 76 Abs. 1 ausnahmsweise bei Entscheidungen der Regulierungsbehörde, die der Durchsetzung entflechtungsrechtlicher Verpflichtungen gem. den §§ 7–10d dienen. Ein **Antrag** ist **nicht erforderlich,** wie sich aus einem Umkehrschluss zu den Regelungen bezüglich gerichtlicher Eilentscheidungen in § 77 Abs. 3 S. 1 und S. 4 ergibt (vgl. auch § 77 Abs. 4 S. 1). Nur für letztere verlangt das Gesetz einen Antrag. Die Regulierungsbehörde kann somit auch von Amts wegen die Vollziehung aussetzen.

10

§ 77 Teil 8. Verfahren

II. Materielle Voraussetzungen

11 Über die Aussetzung entscheidet die Regulierungsbehörde gem. § 77 Abs. 3 S. 2 nach pflichtgemäßem **Ermessen** („kann"). Zu beachten ist dabei die gesetzgeberische **Grundentscheidung zugunsten** der sofortigen **Vollziehbarkeit** gem. § 76 Abs. 1 (OLG Düsseldorf Beschl. v. 21.7.2006 – VI-3 Kart 289/06 (V), RdE 2006, 307 (315)). Die Aussetzung der Vollziehung muss sich deshalb auf gewichtige Gründe stützen. Neben den Interessen desjenigen, gegen den sich die regulierungsbehördliche Entscheidung unmittelbar richtet, sind insbesondere die Interessen Dritter zu beachten, bspw. von Unternehmen, die durch ein etwaig missbräuchliches Verhalten eines Netzbetreibers unbillig behindert werden. Auch hier kann die wirtschaftliche Stärke bzw. Schwäche der Beteiligten eine Rolle spielen (→ Rn. 6). Trotz etwaiger Unwägbarkeiten im Rahmen von Entscheidungen, die „Neuland" betreten, ist die Regulierungsbehörde nicht dazu verpflichtet, die Vollziehung solcher Entscheidungen auszusetzen (so aber FK-KartellR/*Birmanns* GWB § 65 Rn. 29; Immenga/Mestmäcker/*K. Schmidt* GWB § 65 Rn. 14; wie hier Elspas/Graßmann/Rasbach/*Kalwa/Göge* EnWG § 77 Rn. 26).

12 Hat die Vollziehung für den Betroffenen eine **unbillige Härte** zur Folge, die nicht durch überwiegende öffentliche Interessen geboten ist, „soll" gem. § 77 Abs. 3 S. 3 iVm S. 1 Nr. 3 die **Aussetzung** erfolgen. Als Sollvorschrift schränkt § 77 Abs. 3 S. 3 die Ermessensausübung der Regulierungsbehörde ein. Abweichungen sind nur in atypischen Fällen gestattet, in denen überwiegende Gründe für die Vollziehung einer Entscheidung sprechen (vgl. BVerwG Urt. v. 28.2.1973 – VIII C 49.72, NJW 1973, 1206 (1207); Kopp/*Ramsauer* VwVfG § 40 Rn. 34). Die jeweiligen Gründe dürfen nicht von der Behörde selbst zu vertreten sein (BVerwG Urt. v. 28.2.1973 – VIII C 49.72, NJW 1973, 1206 (1207)).

III. Rechtsmittel

13 **Ermessensentscheidungen der Regulierungsbehörde** gem. § 77 Abs. 3 S. 2 hinsichtlich der Notwendigkeit der Aussetzung der Vollziehung sind **weder durch Beschwerde anfechtbar noch durch Beschwerde erzwingbar** (Immenga/ Mestmäcker/*K. Schmidt* GWB § 65 Rn. 17). Trotz fehlender ausdrücklicher Regelung kann der Betroffene bei der Regulierungsbehörde aber einen Antrag auf Aussetzung der Vollziehung stellen. Der Antrag kann bis zur Bestandskraft der betreffenden Entscheidung, mithin auch noch im Verlauf des gerichtlichen Verfahrens gestellt und von der Regulierungsbehörde positiv beschieden werden. Nach Einlegung einer Beschwerde gegen die regulierungsbehördliche Entscheidung kann der Betroffene die Aussetzung der Vollziehung zugleich mittels eines Antrags gem. § 77 Abs. 3 S. 4 anstreben (BeckOK EnWG/*van Rossum* § 77 Rn. 10; Loewenheim/ Meessen/Riesenkampff/Kersting/Meyer-Lindemann/*Kühnen* GWB § 65 Rn. 16). Materielle Gründe gegen das Bestehen beider Rechtsschutzmöglichkeiten nebeneinander sind nicht ersichtlich. Lehnt die Regulierungsbehörde einen Aussetzungsantrag ab, ist diese Entscheidung nicht selbständig anfechtbar. Vielmehr kann der Betroffene nach Beschwerdeeinlegung effektiven Rechtsschutz im Rahmen eines Eilverfahrens gem. § 77 Abs. 3 S. 4 erlangen, indem er beim Beschwerdegericht die Anordnung der aufschiebenden Wirkung beantragt (BerlKommEnergieR/*Johanns/ Roesen* EnWG § 77 Rn. 10; Loewenheim/Meessen/Riesenkampff/Kersting/ Meyer-Lindemann/*Kühnen* GWB § 65 Rn. 16; BeckOK KartellR/*Rombach* GWB § 67 Rn. 28).

D. Wiederherstellung/Anordnung der aufschiebenden Wirkung durch das Beschwerdegericht (Abs. 3–5)

Gem. § 77 Abs. 3 S. 1 kann das Beschwerdegericht auf Antrag die aufschiebende 14 Wirkung der Beschwerde ganz oder teilweise wiederherstellen, sofern einer der in den Nrn. 1 bis 3 enthaltenen Tatbestände erfüllt ist. Die **Wiederherstellung der aufschiebenden Wirkung** kommt in Betracht, wenn die Regulierungsbehörde nach § 77 Abs. 1 und 2 die sofortige Vollziehung angeordnet hat (*Salje* EnWG § 77 Rn. 12; → Rn. 2ff.). Von der Wiederherstellung der aufschiebenden Wirkung zu trennen ist die **erstmalige Anordnung der aufschiebenden Wirkung** durch das Beschwerdegericht gem. § 77 Abs. 3 S. 4 (Immenga/Mestmäcker/*K. Schmidt* GWB § 65 Rn. 9f.). Diese Abgrenzung entspricht inhaltlich und begrifflich der Unterscheidung in § 80 Abs. 5 VwGO (vgl. *Kopp/Schenke* VwGO § 80 Rn. 123). Das Verfahren nach § 77 Abs. 3 S. 4 ist eröffnet, wenn die Anfechtungsbeschwerde des Betroffenen gem. § 76 Abs. 1 keine aufschiebende Wirkung hat (OLG Düsseldorf Beschl. v. 19.3.2020 – VI-3 Kart 159/20 (V), EnWZ 2020, 225 Rn. 8 mAnm *Schnelle* GRUR-Prax 2021, 160). Letzteres ist der Regelfall, da gem. § 76 Abs. 1 nur Beschwerden gegen Entscheidungen der Regulierungsbehörde zur Durchsetzung entflechtungsrechtlicher Verpflichtungen aufschiebende Wirkung haben. Wie bereits für § 80 Abs. 5 VwGO anerkannt, kommt im Interesse eines lückenlosen Rechtsschutzes auch eine **Feststellung** der aufschiebenden Wirkung analog § 77 Abs. 3 in Betracht, wenn die Regulierungsbehörde fälschlicherweise der Auffassung ist, dass eine Beschwerde keine aufschiebende Wirkung hat (BGH Beschl. v. 17.8.2006 – KVR 11/06, NJW-RR 2007, 615 Ls. 1; Immenga/Mestmäcker/*K. Schmidt* GWB § 65 Rn. 10; *Kopp/Schenke* VwGO § 80 Rn. 121).

I. Verfahren/Wirkung

Das Verfahren ist für den Antrag auf Wiederherstellung wie für den Antrag auf 15 Anordnung der aufschiebenden Wirkung identisch. Zuständig ist das **Beschwerdegericht.** Folglich besteht der Anwaltszwang auch hier, da § 80 eindeutig die Pflicht statuiert, sich „vor dem Beschwerdegericht" anwaltlich vertreten zu lassen. Die Frist- und Formvorgaben des § 78 Abs. 1 sind jedoch nicht anwendbar, da sich die Vorschrift nur auf die Beschwerde bezieht (BeckOK EnWG/*van Rossum* § 77 Rn. 21; Immenga/Mestmäcker/*K. Schmidt* GWB § 65 Rn. 16). Demnach kann ein Antrag auch noch gestellt werden, wenn das Hauptsacheverfahren in der Rechtsbeschwerdeinstanz anhängig ist. In diesem Fall ist aber nicht mehr das Beschwerdegericht, sondern der BGH zuständig (BGH Beschl. v. 8.12.1998 – KVR 23/98, NJW-RR 1999, 342 – Tariftreueerklärung unter II.; BGH Beschl. v. 29.11.2021 – EnVR 69/21, BeckRS 2021, 38261 Rn. 10f. mwN). Dies wurde für den Kartellverwaltungsprozess im Zuge der 10. GWB-Novelle klargestellt: anders als § 65 GWB aF – an den sich § 77 Abs. 3 anlehnt – bezieht sich § 67 Abs. 3 und 4 GWB idF ab dem 19.1.2021 nicht auf das „Beschwerdegericht", sondern lediglich auf das „Gericht" (BT-Drs. 19/23492, 121). Der Übergang der Zuständigkeit für die Entscheidung über einen Eilantrag auf das **Rechtsbeschwerdegericht** ergibt sich bereits aus dem Rechtsgedanken des § 80 Abs. 5 VwGO, wonach im Eilverfahren das Gericht der Hauptsache zuständig ist (Immenga/Mestmäcker/ *K. Schmidt* GWB § 65 Rn. 16). Dies ist auch unter dem Aspekt folgerichtig, dass im

Rahmen der Entscheidung über einen in der Rechtsbeschwerdeinstanz gestellten Eilantrag zugleich die Erfolgsaussichten der Rechtsbeschwerde zu beurteilen sind (BGH Beschl. v. 8.12.1998 – KVR 23/98, NJW-RR 1999, 342). § 87 Abs. 4 S. 2 und § 88 Abs. 5 S. 2, nach denen für den Erlass einstweiliger Anordnungen das Beschwerdegericht zuständig ist, stehen dieser Auffassung nicht entgegen. Diese Vorschriften betreffen den erstmaligen Erlass einstweiliger Anordnungen des Beschwerdegerichts gem. § 76 Abs. 3 S. 1 iVm § 72 und damit andere Sachverhalte (vgl. Immenga/Mestmäcker/*K. Schmidt* GWB § 64 Rn. 17 u. § 76 Rn. 13; MüKo-WettbR/*Nothdurft* GWB § 74 Rn. 28).

16 Nach § 77 Abs. 4 S. 1 können Anträge auf Wiederherstellung oder Anordnung der aufschiebenden Wirkung bereits **vor Einreichung der Beschwerde** gestellt werden. Wird innerhalb der Monatsfrist gem. § 78 Abs. 1 S. 1 keine Beschwerde eingelegt, hebt das Beschwerdegericht einen auf den Eilantrag hin erlassenen Beschluss auf. Auch wenn die Regulierungsbehörde bereits die Vollziehung ausgesetzt hat (§ 77 Abs. 3 S. 2), ist ein Antrag auf gerichtliche Aussetzung statthaft, weil die Regulierungsbehörde ihre Entscheidung jederzeit aufheben oder ändern kann und deshalb eine gesicherte Rechtsstellung des Betroffenen nicht existiert (→ Rn. 5; FK-KartellR/*Birmanns* GWB § 65 Rn. 32; aA Elspas/Graßmann/Rasbach/*Kalwa/Göge* EnWG § 77 Rn. 10). Anders als im Hauptsacheverfahren **kann der Antrag ohne die Zustimmung der Regulierungsbehörde zurückgenommen werden,** selbst wenn eine mündliche Verhandlung stattgefunden hat (OLG Düsseldorf Beschl. v. 9.10.2014 – VI-Kart 5/14, NZKart 2015, 57 Ls. 2 mAnm *Ostendorf* GWR 2015, 56; sa Musielak/Voit/*Foerste* ZPO § 269 Rn. 22 mwN; zur Beschwerderücknahme → § 75 Rn. 24).

17 Über die Wiederherstellung oder Anordnung der aufschiebenden Wirkung **kann ohne mündliche Verhandlung** entschieden werden, da § 81 Abs. 1 lediglich für Entscheidungen „über die Beschwerde" die mündliche Verhandlung vorsieht. Nicht erfasst sind damit Zwischenentscheidungen im Rahmen des Beschwerdeverfahrens, zu denen auch die Wiederherstellung oder Anordnung der aufschiebenden Wirkung der Beschwerde zählt (BGH Beschl. v. 8.5.2007 – KVR 31/06, NJW-RR 2007, 1491 Rn. 13 – Lotto im Internet; BeckOK KartellR/*Rombach* GWB § 67 Rn. 21).

18 Der Antragsteller muss gem. § 77 Abs. 4 S. 2 die **Tatsachen glaubhaft machen,** auf die er seinen Antrag stützt (vgl. § 123 Abs. 3 VwGO; OLG Naumburg Beschl. v. 21.12.2006 – 1 W 31/06, RdE 2007, 232 (233)). Der Glaubhaftmachung können Beweismittel sowie die Versicherung an Eides Statt dienen (vgl. § 294 Abs. 1 ZPO, der zu den in § 85 Nr. 2 genannten zivilprozessrechtlichen Vorschriften über „die Erledigung des Zeugen- und Sachverständigenbeweises sowie über die sonstigen Arten des Beweisverfahrens" gehört und daher im energiewirtschaftsrechtlichen Beschwerdeverfahren entsprechend anwendbar ist). Sofern erforderlich, kann eine Partei auch in der mündlichen Verhandlung noch ergänzende **eidesstattliche Versicherungen** abgeben (Wiedemann KartellR-HdB/*Klose* § 54 Rn. 70). Unstatthaft ist demgegenüber eine Glaubhaftmachung, die nicht sofort vor Gericht erfolgen kann, und damit eine Vertagung zum Zwecke der Herbeischaffung von Beweismitteln (vgl. § 294 Abs. 2 ZPO; Musielak/Voit/*Huber* ZPO § 294 Rn. 5). Eine Pflicht des Gerichts, von Amts wegen zu ermitteln, besteht nicht (einen Widerspruch zum Untersuchungsgrundsatz gem. § 82 Abs. 1 EnWG erkennt insoweit Theobald/Kühling/*Boos* EnWG § 77 Rn. 33). Fehlt es an der Glaubhaftmachung, kann dem Antrag dennoch aus Rechtsgründen stattgegeben werden, wenn es im Einzelfall nicht auf die Tatsachen ankommt (Immenga/Mestmäcker/*K. Schmidt* GWB § 65 Rn. 16).

Im Hinblick auf die **Form der gerichtlichen Entscheidung** ist der Wortlaut 19
von § 77 Abs. 5 unklar, da sich die Vorschrift zum einen auf „Entscheidungen" nach
Abs. 3 S. 1, zum anderen auf „Beschlüsse über Anträge" nach Abs. 3 S. 4 bezieht. Insoweit weicht § 77 Abs. 5 von der Parallelnorm des § 67 Abs. 5 GWB ab, der allgemein auf „Beschlüsse über Anträge" in Verfahren nach § 67 Abs. 3 GWB verweist.
Der Sinn dieser Differenzierung im EnWG ist nicht ersichtlich. In der Gesetzesbegründung wird hierzu lediglich ausgeführt, dass § 77 in angepasster Form § 65
GWB aF entspreche (BT-Drs. 15/3917, 31; → Rn. 1). Nähere Erläuterungen zu
einer etwaig unterschiedlichen Form der gerichtlichen Entscheidungen nach § 77
Abs. 3 S. 1 und 4 beinhalten die Gesetzesmaterialien nicht. Darüber hinaus stellt die
„Entscheidung" keine in den Prozessordnungen vorgesehene eigenständige Form
von Gerichtsentscheidungen dar. Vor diesem Hintergrund bleibt die Unterscheidung zwischen Beschluss und Entscheidung in § 77 Abs. 5 ohne Konsequenzen.
Wie im Beschwerdeverfahren gem. § 83 Abs. 1 S. 1 entscheidet das Beschwerdegericht im Verfahren des einstweiligen Rechtsschutzes somit durch **Beschluss.** Dasselbe gilt gem. § 88 Abs. 5 iVm § 83 für den – in der Hauptsache zuständigen –
BGH, sofern der Antrag auf Wiederherstellung oder Anordnung der aufschiebenden Wirkung erst in der Rechtsbeschwerdeinstanz gestellt wird (→ Rn. 15).

Nach § 77 Abs. 5 können Beschlüsse iSd § 77 Abs. 3 S. 1 und 4 vom Beschwerde- 20
gericht **jederzeit geändert** oder **aufgehoben** werden, erwachsen also nicht in
Rechtskraft (FK-KartellR/*Birmanns* GWB § 65 Rn. 63). Demgemäß kann das Beschwerdegericht eine im Eilverfahren getroffene Entscheidung auch ohne Antrag
ändern oder aufheben, wenn es zu der Überzeugung gelangt, dass die Voraussetzungen entfallen oder unrichtig beurteilt worden sind (Loewenheim/Meessen/Riesenkampff/Kersting/Meyer-Lindemann/*Kühnen* GWB § 65 Rn. 24). Der von der
Vollziehung einer regulierungsbehördlichen Entscheidung Betroffene kann seinerseits im Rahmen des Beschwerdeverfahrens auch nach Zurückweisung eines etwaigen Eilantrags erneut einen Antrag auf Wiederherstellung oder Anordnung der aufschiebenden Wirkung seines Rechtsmittels stellen, sofern neue tatsächliche oder
rechtliche Gesichtspunkte eine nochmalige Befassung mit dem Eilantrag rechtfertigen (ähnlich Theobald/Kühling/*Boos* EnWG § 77 Rn. 59). Spiegelbildlich steht
der Regulierungsbehörde die Möglichkeit zu, die Aufhebung eines zugunsten des
Betroffenen ergangenen Beschlusses gem. § 77 Abs. 3 zu beantragen.

Für das Verfahren auf einstweiligen Rechtsschutz gem. § 77 Abs. 3 S. 1 oder 4 er- 21
geht nach überzeugender Auffassung **keine Kostenentscheidung** iSd § 90 S. 1
(BGH Beschl. v. 11.1.2022 – EnVR 69/21, BeckRS 2022, 648 Rn. 20; OLG Düsseldorf Beschl. v. 26.2.2008 – VI-Kart 3/07 (V), Rn. 1ff.; aA OLG Jena Beschl. v.
23.4.2012 – 2 Kart 1/12, BeckRS 2013, 14892; für eine analoge Anwendung von
§ 90 S. 1 OLG Naumburg Beschl. v. 21.12.2006 – I W 31/06, ZNER 2007, 65
(66)). § 90 S. 1 bezieht sich nur auf das Beschwerde- und das Rechtsbeschwerdeverfahren. Für das Eilverfahren fallen somit keine gesonderten Gerichtsgebühren an. Dafür spricht auch, dass die Anlage 1 zum GKG keinen entsprechenden Gebührentatbestand beinhaltet. Anhaltspunkte für das Vorliegen einer Regelungslücke sind
insoweit nicht ersichtlich (ebenso Elspas/Graßmann/Rasbach/*Kalwa*/*Göge* EnWG
§ 77 Rn. 27; Theobald/Kühling/*Boos* EnWG § 77 Rn. 60a). **Die mit dem Eilverfahren verbundenen Kosten gehen aber im Hauptsacheverfahren auf.** Das
Vorstehende gilt auch für die Rechtsanwaltsgebühren, die als außergerichtliche
Kosten neben den Gerichtskosten von § 90 erfasst sind (→ § 90 Rn. 2). Denn das
Eilverfahren stellt gegenüber dem Hauptsacheverfahren keine „verschiedene Angelegenheit" iSd § 17 RVG dar. Vielmehr handelt es sich beim Verfahren auf einst-

weiligen Rechtsschutz um ein Zwischenverfahren, das mit dem Beschwerdeverfahren gebührenrechtlich eine Angelegenheit bildet (OLG Düsseldorf Beschl. v. 26.2.2008 – VI-Kart 3/07 (V), Rn. 1 ff.; BerlKommEnR/*Johanns/Roesen* EnWG § 77 Rn. 17). Einer differenzierten Betrachtung bedarf es in Fällen, in denen keine Beschwerde in der Hauptsache eingelegt wird. Da der Antragsteller zur Wahrung der Erfolgsaussichten seines Eilantrags regelmäßig vor Ablauf der Monatsfrist des § 78 Abs. 1 S. 1 Beschwerde in der Hauptsache einlegen wird, sind solche Konstellationen in der Praxis allerdings eher selten zu erwarten (Theobald/Kühling/*Boos* EnWG § 77 Rn. 60a). Zwar ist das Eilverfahren nicht unmittelbar von § 90 S. 1 erfasst, unter Berücksichtigung der gleichgelagerten Interessenlage erscheint aber eine analoge Anwendung der Vorschrift gerechtfertigt. Sachliche Gründe dafür, dass das Eilverfahren in solchen Fällen gerichtskostenfrei erfolgen soll, sind nicht ersichtlich. Auch die Rechtsanwaltsgebühren, die für eine gem. § 80 ordnungsgemäße Vertretung des Antragstellers im Eilverfahren angefallen sind, sind analog § 90 S. 1 berücksichtigungsfähig.

22 Die aufschiebende Wirkung der Beschwerde tritt grds. vom Zeitpunkt der Zustellung eines anordnenden Beschlusses gem. § 77 Abs. 3 S. 1 oder 4 **rückwirkend** bezogen auf den Zeitpunkt des Erlasses der angefochtenen Entscheidung der Regulierungsbehörde ein. Unter Berücksichtigung der Umstände des Einzelfalls kann aber das Beschwerdegericht nach pflichtgemäßem Ermessen die Wirkungen des gerichtlichen Eilbeschlusses auch nur **ex nunc** eintreten lassen (OLG Düsseldorf Beschl. v. 11.7.2018 – VI-3 Kart 806/18 (V), RdE 2018, 556 (563 f.)). Sofern das Beschwerdegericht keine kürzere Frist bestimmt, gilt die aufschiebende Wirkung bis zum rechtskräftigen Abschluss des Beschwerdeverfahrens, mithin auch noch für die Dauer eines etwaigen Rechtsbeschwerdeverfahrens (Loewenheim/Meessen/Riesenkampff/Kersting/Meyer-Lindemann/*Kühnen* GWB § 65 Rn. 24).

II. Materielle Voraussetzungen

23 Gem. § 77 Abs. 3 S. 1 kann das Beschwerdegericht die aufschiebende Wirkung einer Beschwerde ganz oder teilweise wiederherstellen, wenn einer der in den Nrn. 1 bis 3 geregelten Tatbestände erfüllt ist. Darüber hinaus kann das Beschwerdegericht nach § 77 Abs. 3 S. 4 die aufschiebende Wirkung einer Beschwerde (erstmalig) anordnen, sofern die Voraussetzungen des S. 1 Nr. 2 oder 3 vorliegen. Im Einzelnen verweist § 77 Abs. 3 S. 1 **Nr. 1** auf die **Voraussetzungen nach § 77 Abs. 1**, wonach die Regulierungsbehörde die sofortige Vollziehung der Entscheidung anordnen kann, wenn dies im öffentlichen Interesse oder im überwiegenden Interesse eines Beteiligten geboten ist. Gem. § 77 Abs. 3 S. 1 Nr. 1 dürfen diese Voraussetzungen zum Zeitpunkt des Erlasses der Anordnung durch die Regulierungsbehörde „nicht vorgelegen haben" oder zum Zeitpunkt der Entscheidung des Beschwerdegerichts „nicht mehr vorliegen". An den Voraussetzungen des § 77 Abs. 1 fehlt es, wenn die von der Regulierungsbehörde erlassene Anordnung der sofortigen Vollziehung rechtswidrig war. Dabei können neben materiellen auch formelle Mängel gerügt werden, sofern letztere nicht im Rahmen des gerichtlichen Verfahrens geheilt werden konnten (vgl. zB mit Blick auf die Anhörung der Beteiligten § 67 Abs. 4 iVm §§ 45, 46 VwVfG; s. auch Theobald/Kühling/*Boos* EnWG § 77 Rn. 43). Bei der Prüfung, ob die Anordnung der sofortigen Vollziehung durch die Regulierungsbehörde gem. § 77 Abs. 1 im öffentlichen Interesse oder im überwiegenden Interesse eines Beteiligten geboten ist, steht der Behörde kein Beurteilungsspielraum zu (ebenso Rosin/Pohlmann/Gentzsch/Metzenthin/Böwing/*Burmeister/Becker*

Anordnung der sofortigen Vollziehung und der aufschiebenden Wirkung **§ 77**

EnWG § 77 Rn. 17). Allein der konkretisierungsbedürftige Charakter unbestimmter Normtatbestände wie desjenigen in § 77 Abs. 1 rechtfertigt nicht die Anerkennung von gerichtlich eingeschränkt überprüfbaren Spielräumen der Verwaltung (BVerfG Beschl. v. 10.12.2009 – 1 BvR 3151/07, NVwZ 2010, 435 Rn. 55; *Mohr* N&R-Beil. 1/2020, 1 (18)).

§ 77 Abs. 3 S. 1 **Nr. 2** verlangt für die Wiederherstellung oder Anordnung der auf- 24 schiebenden Wirkung der Beschwerde **ernstliche Zweifel an der Rechtmäßigkeit** der angefochtenen Entscheidung. Der Wortlaut bezieht sich zwar auf „Verfügungen" und nicht auf „Entscheidungen" der Regulierungsbehörde, wie dies überwiegend im EnWG der Fall ist. Dabei handelt es sich jedoch offensichtlich um eine versehentliche Übernahme der Begrifflichkeiten des GWB, in dem von Verfügungen der Kartellbehörde die Rede ist. Ernstliche Zweifel iSd § 77 Abs. 3 S. 1 Nr. 2 können sich auf Tatsachen beziehen, wenn etwa eine mangelhafte Sachaufklärung durch die Regulierungsbehörde beanstandet wird, diese können aber auch verfahrens- oder materiell-rechtlicher Art sein (OLG Düsseldorf Beschl. v. 19.1.2018 – VI-3 Kart 446/18 (V), NJOZ 2019, 207 Rn. 44; Immenga/Mestmäcker/K. *Schmidt* GWB § 65 Rn. 14). Ernstliche Zweifel sind zu bejahen, wenn die Aufhebung der angefochtenen Entscheidung überwiegend wahrscheinlich ist. Die bloße Offenheit einer Tatsachenfrage oder der Rechtslage genügt hingegen nicht (OLG Düsseldorf Beschl. v. 21.7.2006 – VI-3 Kart 289/06 (V), ZNER 2006, 258; Beschl. v. 19.3.2020 – VI-3 Kart 159/20 (V), EnWZ 2020, 225 Rn. 12 mwN; OLG München Beschl. v. 22.2.2007 – Kart 2/06, ZNER 2007, 62 (63); OLG Naumburg Beschl. v. 21.12.2006 – 1 W 31/06, RdE 2007, 232 (233); OLG Stuttgart Beschl. v. 9.11.2006 – 205 EnWG 1/06, ZNER 2006, 344 (346)).

Nach § 77 Abs. 3 S. 1 **Nr. 3** ist die aufschiebende Wirkung wiederherzustellen 25 oder anzuordnen, wenn die Vollziehung der angefochtenen Entscheidung für den Betroffenen eine **unbillige Härte** zur Folge hätte, die durch überwiegende öffentliche Interessen nicht geboten ist. Eine Härte liegt bei schwerwiegenden, nicht wiedergutzumachenden Nachteilen vor (OLG München Beschl. v. 22.2.2007 – Kart 2/06, ZNER 2007, 62 (63); OLG Düsseldorf Beschl. v. 21.7.2006 – VI-3 Kart 289/06 (V), ZNER 2006, 258 (263); Immenga/Mestmäcker/K. *Schmidt* GWB § 65 Rn. 15). Die Unbilligkeit einer Härte entfällt, wenn überwiegende öffentliche Interessen bestehen (OLG Düsseldorf Beschl. v. 15.7.2013 – VI – Kart 9/12 (V), NZKart 2013, 377 (378)). Insgesamt ist der Maßstab für den Erfolg eines Aussetzungsantrags anspruchsvoll, auch weil der sofortigen Vollziehbarkeit von Entscheidungen der Regulierungsbehörde im Rahmen der Abwägung ein hoher Stellenwert einzuräumen ist (OLG München Beschl. v. 22.2.2007 – Kart 2/06, ZNER 2007, 62 (63); OLG Düsseldorf Beschl. v. 21.7.2006 – VI-3 Kart 289/06 (V), ZNER 2006, 258 (263); *Schellberg/Spiekermann* N&R 2007, 120 (122); krit. in Anbetracht der praktischen Folgen im Bereich der Netzentgeltgenehmigungen *Schalle/Boos* ZNER 2006, 20 (21 u. 27)). Ein Abweichen von der gesetzgeberischen Grundentscheidung für den Sofortvollzug bildet die Ausnahme und ist deshalb rechtfertigungsbedürftig (OLG München Beschl. v. 22.2.2007 – Kart 2/06, ZNER 2007, 62 (63); OLG Düsseldorf Beschl. v. 21.7.2006 – VI-3 Kart 289/06 (V), ZNER 2006, 258 (263)).

Obwohl der Wortlaut von § 77 Abs. 3 S. 1 und 4 die Entscheidung über die Wie- 26 derherstellung oder die erstmalige Anordnung der aufschiebenden Wirkung einer Beschwerde in das gerichtliche Ermessen zu stellen scheint („kann"), handelt es sich unter teleologischen Gesichtspunkten um eine **gebundene Entscheidung,** sofern die Voraussetzungen von § 77 Abs. 3 S. 1 Nr. 1, 2 oder 3 erfüllt sind (OLG Düsseldorf Beschl. v. 19.3.2020 – VI-3 Kart 159/20 (V), EnWZ 2020, 225 Rn. 10; Immenga/Mestmäcker/*K. Schmidt* GWB § 65 Rn. 12 mwN).

27 Ungeschriebene Voraussetzung des vorläufigen Rechtsschutzes gem. § 77 Abs. 3 ist eine **„Anfechtungslage":** Das Hauptbegehren des Antragstellers muss auf die Beseitigung eines Verwaltungsakts gerichtet sein (OLG Düsseldorf Beschl. v. 19.3.2020 – VI-3 Kart 159/20 (V), EnWZ 2020, 225 Rn. 7; Beschl. v. 16.7.2018 – VI-3 Kart 683/18 (V), EnWZ 2018, 415 Rn. 62; Beschl. v. 29.3.2007 – VI-3 Kart 466/06 (V), N&R 2007, 118; *Schellberg/Spiekermann* N&R 2007, 120 (121)). Ist Ziel des Antragstellers die Verpflichtung der Behörde zum Erlass eines bestimmten Bescheids, richtet sich der einstweilige Rechtsschutz nicht nach § 77 Abs. 3, sondern nach § 76 Abs. 3 S. 1 iVm § 72 (OLG Düsseldorf Beschl. v. 30.12.2016 – VI-3 Kart 1203/16 (V), BeckRS 2016, 115007 Rn. 33; Beschl. v. 29.3.2007 – VI-3 Kart 466/06 (V), N&R 2007, 118; iErg aA – ohne nähere Ausführungen – OLG Naumburg Beschl. v. 21.12.2006 – 1 W 31/06, RdE 2007, 232 (233)). Gegen „schlichtes Verwaltungshandeln", bspw. gegen die Veröffentlichung von aus Sicht eines Netzbetreibers schützenswerten Betriebs- und Geschäftsgeheimnissen, kann sich dieser durch einen Antrag auf **(vorläufige) Untersagung** des Verwaltungshandelns wenden. Ein solches Unterlassungsbegehren gilt als Unterfall der in der Hauptsache zu erhebenden allgemeinen Leistungsbeschwerde und lässt sich nach überzeugender Auffassung auf § 76 Abs. 3 S. 1 iVm § 72 als Grundlage eines dem § 123 VwGO entsprechenden einstweiligen Rechtsschutzes stützen (OVG Münster Beschl. v. 9.1.2017 – 11 E 839/16, BeckRS 2017, 100504 Rn. 9; OVG Brandenburg Beschl. v. 10.7.2017 – 6 Kart 1/17, EnWZ 2018, 29 Rn. 34 ff.; vgl. auch zu § 64 Abs. 3 GWB aF, dem § 76 nachgebildet ist, Immenga/Mestmäcker/ *K. Schmidt* GWB § 64 Rn. 17). Voraussetzung für die Gewährung vorläufigen vorbeugenden Rechtsschutzes ist, dass es dem Betroffenen nicht zugemutet werden kann, die nachträgliche Kontrolle im Hauptsacheverfahren abzuwarten (OLG Düsseldorf Beschl. v. 16.7.2018 – VI-3 Kart 683/18 (V), EnWZ 2018, 415 Rn. 68 und 110). Im Hinblick auf die **Antragsbefugnis** gelten dieselben Maßstäbe wie bei der Beschwerdebefugnis (→ § 75 Rn. 6 ff.). Aufgrund der Akzessorietät des einstweiligen Rechtsschutzes folgt die Antragsbefugnis der Beschwerdebefugnis im Hauptsacheverfahren (vgl. – in Zusammenhang mit einer Leistungsbeschwerde – OLG Düsseldorf Beschl. v. 30.12.2016 – VI-3 Kart 1203/16 (V), BeckRS 2016, 115007 Rn. 34 ff.).

28 Infolge der Eilbedürftigkeit hat das Verfahren nach § 77 Abs. 3 S. 4 nur vorläufigen Charakter, sein Prüfungsmaßstab ist grds. **summarisch** (OLG Düsseldorf Beschl. v. 1.7.2006 – VI-3 Kart 289/06, ZNER 2006, 258; OLG München Beschl. v. 22.2.2007 – Kart 2/06, ZNER 2007, 62 f.; OLG Naumburg Beschl. v. 21.12.2006 – 1 W 31/06, RdE 2007, 232 (233); vgl. auch Immenga/Mestmäcker/*K. Schmidt* GWB § 65 Rn. 16; krit. *Ruge* IR 2007, 2 (6)). Aufgrund des summarischen Charakters des Eilverfahrens ist die gerichtliche Kontrolle in der Regel nicht auf die Klärung komplexer Tatsachenfragen gerichtet, die nur durch aufwendiges Studium der Verfahrens- und Verwaltungsvorgänge und gegebenenfalls auch durch umfangreiche Anhörung und Beweisaufnahme gelöst werden können. Gleiches gilt für komplexe Rechtsfragen, die eine intensive Auseinandersetzung mit den Gesetzesmaterialien, der Rspr. und Lit. erfordern (OLG Düsseldorf Beschl. v. 19.1.2018 – VI-3 Kart 446/18 (V), NJOZ 2019, 207 Rn. 45 ff.). Die gebotene Prüfungsintensität steigt allerdings mit der Intensität der drohenden Rechtsverletzung. So können die Gerichte **ausnahmsweise** dazu verpflichtet sein, die Sach- und Rechtslage nicht nur summarisch, sondern **abschließend** zu prüfen, um den Betroffenen einen effektiven Rechtsschutz zu gewähren (BVerfG Beschl. v. 14.9.2016 – 1 BvR 1335/13, NVwZ 2017, 149 Rn. 20; Beschl. v. 14.5.1996 – 2 BvR 1516/93, NVwZ 1996, 678 (685f.) jew. mwN; sa OLG Düsseldorf Beschl. v. 19.3.2020 – VI-3 Kart 159/20 (V), EnWZ 2020, 225 Rn. 14). Droht dem Antragsteller bei Versagung des einstweiligen Rechtsschutzes eine erhebliche, über Randbereiche hinausgehende Verletzung seiner Grundrechte, die durch eine der Beschwerde stattgebende Entscheidung in der Hauptsache nicht mehr beseitigt werden kann, so kann schon im vorläufigen Rechtsschutzverfahren der im Hauptsacheverfahren geltend gemachte Anspruch tatsächlich und rechtlich **eingehend** zu prüfen sein (BVerfG Beschl. v. 14.9.2016 – 1 BvR 1335/13, NVwZ 2017, 149 Rn. 20; Beschl. v. 14.5.1996 – 2 BvR 1516/93, NVwZ 1996, 678 (685f.)). Je schwerer die sich aus der Versagung vorläufigen Rechtsschutzes ergebenden Belastungen wiegen und je geringer die Wahrscheinlichkeit ist, dass sie im Falle des Obsiegens in der Hauptsache rückgängig gemacht werden können, umso weniger darf das Interesse an einer vorläufigen Regelung oder Sicherung der geltend gemachten Rechtspositionen zurückgestellt werden. Die Prüfung muss eingehend genug sein, um den Betroffenen vor erheblichen und unzumutbaren, anders weder abwendbaren noch reparablen Nachteilen effektiv zu schützen (BVerfG Beschl. v. 12.9.2011 – 2 BvR 1206/11, NJW 2011, 3706 Rn. 15 mwN).

Das Gericht kann gem. § 77 Abs. 4 S. 4 die Wiederherstellung oder Anordnung 29 der aufschiebenden Wirkung von **„Auflagen"** abhängig machen. Als Beispiel erwähnt das Gesetz die Leistung einer Sicherheit (vgl. zu prozessualen Sicherheitsleistungen § 108 ZPO; näher MüKoZPO/*Schulz* § 108 Rn. 1ff.). Wie die Entscheidung über die Wiederherstellung oder Anordnung der aufschiebenden Wirkung ist die Anordnung der Sicherheitsleistung nicht selbständig anfechtbar (vgl. auch Musielak/Voit/*Foerste* ZPO § 108 Rn. 20). Ausdrücklich zulässig ist nach § 77 Abs. 4 S. 5 auch eine **Befristung der Wirkungen.** In Anlehnung an § 80 Abs. 5 S. 3 VwGO sieht § 77 Abs. 4 S. 3 des Weiteren vor, dass das Gericht die **Aufhebung der Vollziehung** anordnen kann, auch wenn die Entscheidung der Regulierungsbehörde bereits vollzogen ist. Bereits getroffene Maßnahmen sind dann rückabzuwickeln. Eine solche **Folgenbeseitigung** kommt auch bei einer „freiwilligen" Erfüllung durch den Betroffenen in Betracht (vgl. BVerwG Beschl. v. 9.9.1960 – V C 4.60, NJW 1961, 90 (91); Immenga/Mestmäcker/*K. Schmidt* GWB § 65 Rn. 16).

III. Rechtsmittel

Gerichtliche Beschlüsse nach § 77 Abs. 3 sind **unanfechtbar.** Dies ergibt sich in 30 einem Umkehrschluss aus § 86 Abs. 1, der die Rechtsbeschwerde nur gegen „in der Hauptsache" ergangene Beschlüsse zulässt. Das Eilverfahren ist kein Hauptsache-, sondern ein Hilfsverfahren im Rahmen des Beschwerderechtszugs (OLG Düsseldorf Beschl. v. 19.1.2018 – VI-3 Kart 446/18 (V), NJOZ 2019, 207 Rn. 64). Eine Rechtsbeschwerde gegen Eilentscheidungen der Beschwerdegerichte ist somit nicht statthaft, da eine solche der gesetzgeberisch intendierten Beschleunigung und Konzentration der Verfahren widerspräche (BT-Drs. 15/4068, 9 Ziff. 55; zur differenzierten Rechtslage im Kartellrecht vgl. aus jüngerer Zeit BGH Beschl. v. 15.12.2020 – KVZ 90/20, GRUR 2021, 522ff. – Facebook II; die früher geltende Beschränkung der Statthaftigkeit der Rechtsbeschwerde auf in der Hauptsache erlassene Beschlüsse ist mit der am 13.7.2005 in Kraft getretenen Fassung von § 76 Abs. 1 GWB entfallen, was im EnWG nicht nachvollzogen wurde). Da die Zuständigkeit für Entscheidungen gem. § 77 Abs. 3 mit der Einlegung der Rechtsbeschwerde auf den BGH übergeht (→ Rn. 15), steht dem Betroffenen im Fall einer den Eilantrag zurückweisenden Entscheidung des Beschwerdegerichts gleichwohl die Möglichkeit zu, nach Einlegung der Rechtsbeschwerde erneut einen Antrag nach § 77 Abs. 3 beim BGH zu stellen (ebenso Theobald/Kühling/*Boos* EnWG § 77 Rn. 58). Wie das Beschwerdegericht kann der BGH die aufschiebende Wirkung des Rechtsmittels wiederherstellen oder anordnen, selbst wenn die Entscheidung der Regulierungsbehörde bereits vollzogen wurde (→ Rn. 29).

§ 78 Frist und Form

(1) ¹**Die Beschwerde ist binnen einer Frist von einem Monat bei der Regulierungsbehörde schriftlich einzureichen.** ²**Die Frist beginnt mit der Zustellung der Entscheidung der Regulierungsbehörde.** ³**Es genügt, wenn die Beschwerde innerhalb der Frist bei dem Beschwerdegericht eingeht.**

(2) **Ergeht auf einen Antrag keine Entscheidung, so ist die Beschwerde an keine Frist gebunden.**

(3) ¹**Die Beschwerde ist zu begründen.** ²**Die Frist für die Beschwerdebegründung beträgt einen Monat; sie beginnt mit der Einlegung der Beschwerde und kann auf Antrag von dem oder der Vorsitzenden des Beschwerdegerichts verlängert werden.**

(4) **Die Beschwerdebegründung muss enthalten**
1. **die Erklärung, inwieweit die Entscheidung angefochten und ihre Abänderung oder Aufhebung beantragt wird,**
2. **die Angabe der Tatsachen und Beweismittel, auf die sich die Beschwerde stützt.**

(5) **Die Beschwerdeschrift und die Beschwerdebegründung müssen durch einen Rechtsanwalt unterzeichnet sein; dies gilt nicht für Beschwerden der Regulierungsbehörde.**

Literatur: *Missling,* Anmerkung zum Beschluss des OLG Stuttgart v. 5.5.2014 – 202 EnWG 6/13 (Festlegung von Erlösobergrenzen Gas für die Jahre 2013 bis 2017 – hier: Zur Ermittlung der kalkulatorischen Gewerbesteuer), IR 2014, 258; *Weyer,* Das Energiewirtschaftsrecht im Jahr 2012, N&R 2013, 59.

A. Überblick

1   § 78 lehnt sich an § 66 GWB aF an (BT-Drs. 15/3917, 71), der weitgehend dem heutigen § 74 GWB entspricht (BT-Drs. 19/23492, 122). Die Vorschrift regelt die Frist und Form der Beschwerde sowie der Beschwerdebegründung.

B. Frist und Form der Beschwerde (Abs. 1 und 2)

2   Ergeht eine Entscheidung der Regulierungsbehörde, so ist für die Beschwerde unabhängig von der Beschwerdeart die **Monatsfrist** des § 78 Abs. 1 S. 1 einzuhalten. Sie beginnt gem. § 78 Abs. 1 S. 2 für jeden Beschwerdeberechtigten einzeln mit der **Zustellung** der Entscheidung (→ § 73 Rn. 9). Bei einer Ersatzzustellung durch Einlegen in den Briefkasten gilt das Schriftstück mit dem Zeitpunkt der Einlegung

Frist und Form **§ 78**

in den Briefkasten als zugestellt, auch wenn an dem Tag des Einwurfs eine Kenntnisnahme unwahrscheinlich ist, weil die Einlegung in den Briefkasten außerhalb der Geschäftszeit erfolgt ist (BGH Beschl. v. 24.5.2011 – EnVR 14/19, BeckRS 2011, 21645 Rn. 8; Beschl. v. 24.4.2007 – AnwZ (B) 93/06, NJW 2007, 2186 Rn. 4ff.). Zur Erleichterung der Zustellung von Entscheidungen, die gegenüber einer Gruppe oder allen Marktteilnehmern getroffen werden, sieht § 73 Abs. 1a vor, dass eine individuelle Zustellung iSd § 73 Abs. 1 durch eine **öffentliche Bekanntmachung im Amtsblatt** der Regulierungsbehörde ersetzt werden kann (BT-Drs. 17/6072, 93; näher OLG Düsseldorf Beschl. v. 22.3.2013 – VI-3 Kart 225/12 (V), EnWZ 2013, 277 Rn. 16ff.). Nach § 73 Abs. 1a S. 3 gilt die Entscheidung mit dem Tag als zugestellt, an dem seit dem Tag der Bekanntmachung im Amtsblatt der Regulierungsbehörde zwei Wochen verstrichen sind. Auf diese Zustellungsfiktion ist gem. § 73 Abs. 1a S. 3 Hs. 2 in der Bekanntmachung aus Gründen der Rechtssicherheit und Rechtsklarheit hinzuweisen (OLG Düsseldorf Beschl. v. 22.3.2013 – VI-3 Kart 225/12 (V), EnWZ 2013, 277 Rn. 17). Mit Ablauf der Zwei-Wochen-Frist des § 73 Abs. 1a S. 3 wird die Zustellung fingiert und damit die Monatsfrist zur Beschwerdeeinlegung gem. § 78 Abs. 1 S. 1, 2 in Gang gesetzt.

Zur **Berechnung der Beschwerdefrist** sind gem. § 85 Nr. 2 die §§ 222 ZPO **3** und 187–189 BGB entsprechend anzuwenden. Die Frist endet hiernach mit dem Ablauf des Tages des Folgemonats, der durch seine Zahl dem Tag der Zustellung entspricht und, falls dieser Tag ein Samstag, Sonntag oder allgemeiner Feiertag ist, mit dem Ablauf des nächsten Werktags (OLG Düsseldorf Beschl. v. 16.2.2011 – VI-3 Kart 274/09 (V), N&R 2011, 143 (144)). Im Gegensatz zur Begründungsfrist (→ Rn. 6) kann die Beschwerdefrist **nicht verlängert** werden. Unter Voraussetzungen ist aber die Wiedereinsetzung in den vorigen Stand möglich (§ 85 Nr. 2 iVm §§ 233ff. ZPO). Ergänzend ist nach der Rspr. die Vorschrift des § 82 VwGO anwendbar, die es unter Umständen erlaubt, inhaltliche Mängel der Klageschrift auch noch nach Ablauf der Frist des § 78 Abs. 1 S. 1 zu beheben (BGH Beschl. v. 24.5.2011 – EnVR 14/19, BeckRS 2011, 21645 Rn. 6 mwN; OLG Düsseldorf Beschl. v. 27.5.2021 – VI-3 Kart 3/21 (V), Rn. 35). So können eine fehlende Bezeichnung in entsprechender Anwendung des § 82 Abs. 2 VwGO nach gerichtlichem Hinweis nachgeholt oder unklare bzw. widersprüchliche Parteibezeichnungen berichtigt werden (BVerwG Urt. v. 24.5.1984 – 3 C 48.83, Rn. 24). Nach § 78 Abs. 1 S. 1 und 3 steht dem Beschwerdeführer die Wahl zu, die Beschwerde bei der Regulierungsbehörde oder – wie dies überwiegend in der Praxis der Fall ist – beim Beschwerdegericht einzureichen.

Wenn keine Entscheidung der Regulierungsbehörde ergeht, ist die Beschwerde **4** **unbefristet** möglich (§ 78 Abs. 2). Dies betrifft neben der Verpflichtungsbeschwerde bei der Nichtbescheidung eines Antrags auch die allgemeine Leistungsbeschwerde. Unbefristet möglich ist die Beschwerde auch bei einer unterbliebenen Zustellung, etwa in dem Fall, dass ein notwendig Beizuladender keine Kenntnis des Verwaltungsverfahrens erlangte und deshalb nicht daran beteiligt werden konnte. Ergeht die Entscheidung der Regulierungsbehörde ohne oder mit einer **unrichtigen Rechtsbehelfsbelehrung,** ist § 58 Abs. 2 VwGO entsprechend anzuwenden, mit der Folge, dass die Einlegung des Rechtsbehelfs noch **innerhalb eines Jahres seit Zustellung** der Entscheidung der Regulierungsbehörde zulässig ist (BGH Beschl. v. 29.4.2008 – KVR 30/07, NVwZ 2009, 199 Rn. 17 – Organleihe; BGH Beschl. v. 21.1.2014 – EnVR 22/13, NVwZ-RR 2014, 449 Rn. 11; OLG Brandenburg Beschl. v. 15.4.2020 – 17 Kart 12/19, BeckRS 2020, 9491 Rn. 10ff.). Eine Rechtsbehelfsbelehrung iSd § 73 Abs. 1 S. 1 ist als fehlerhaft anzusehen, wenn sie die in § 58 Abs. 1 VwGO zwingend geforderten Mindestangaben nicht enthält oder wenn diesen Angaben ein unzutreffender oder irreführender Zusatz beigefügt ist, der sich generell eignet, die Einlegung des Rechtsbehelfs zu erschweren (BGH Beschl. v. 21.1.2014 – EnVR 22/13, NVwZ-RR 2014, 449 Rn. 12 mwN). Fehlerhaft ist bspw. eine Rechtsbehelfsbelehrung, die nicht das richtige, zur Entscheidung berufene Beschwerdegericht benennt (BGH Beschl. v. 29.4.2008 – KVR 30/07, NVwZ 2009, 199 Rn. 6 – Organleihe), oder eine solche, die nicht auf die Möglichkeit der Beschwerdeeinreichung auf elektronischem Weg hinweist (OLG Düsseldorf Beschl. v. 11.1.2023 – VI-3 Kart 447/18 (V), BeckRS 2023, 470 Rn. 54 ff.).

5   Die Beschwerde ist gem. § 78 Abs. 5 Hs. 1 **schriftlich** einzureichen und muss **durch einen Anwalt unterzeichnet** sein. Die Regelung knüpft damit an die in § 80 vorgesehene Anwaltspflicht an. Von dieser Pflicht befreit werden nach § 78 Abs. 5 Hs. 2 die Regulierungsbehörden. Obwohl § 78 keine weiteren ausdrücklichen Anforderungen an die Beschwerdeschrift aufstellt, sollte die Beschwerdeschrift die konkrete Entscheidung der Regulierungsbehörde bezeichnen, die angegriffen wird (vgl. OLG Düsseldorf Beschl. v. 13.6.2018 – VI-3 Kart 77/17 (V), NJOZ 2019, 709 Rn. 37). Da die Anträge der Beschwerdebegründung vorbehalten bleiben dürfen, muss nicht bereits aus der Beschwerdeschrift hervorgehen, inwieweit es sich dabei um eine Anfechtungs- oder eine Verpflichtungsbeschwerde in Gestalt der Weigerungsbeschwerde handelt. Sofern sich die Beschwerde gem. § 75 Abs. 3 S. 2 gegen die ungerechtfertigte Unterlassung der Regulierungsbehörde richtet, den Antrag des Beschwerdeführers in angemessener Frist zu bescheiden, muss das Begehren einer bestimmten Entscheidung aus der Beschwerdeschrift hervorgehen. Dasselbe gilt, wenn der Beschwerdeführer die Vornahme oder die Unterlassung einer schlicht-hoheitlichen Tätigkeit begehrt. Genauere Angaben sind erst in der Beschwerdebegründung nach § 78 Abs. 3 und 4 notwendig. Zu den schriftlichen Dokumenten zählen auch diejenigen, die per Telefax übermittelt werden (BGH Beschl. v. 18.3.2015 – XII ZB 424/14, NJW 2015, 1527 Rn. 9). Nach § 85 Nr. 2 EnWG iVm den Regelungen zum elektronischen Rechtsverkehr der §§ 169, 174 ZPO kann die Beschwerdeschrift auch **elektronisch** eingereicht werden. Ab dem 1.1.2022 statuiert § 130d ZPO im Hinblick auf den elektronischen Rechtsverkehr für Rechtsanwälte und Behörden eine aktive Nutzungspflicht. Die Übermittlung nach den allg. Vorschriften ist gem. § 130d S. 2 ZPO nur ausnahmsweise zulässig, wenn die elektronische Übermittlung aus technischen Gründen vorübergehend nicht möglich ist (s. näher Musielak/Voit/*Stadler* ZPO § 130d Rn. 2 ff.).

C. Beschwerdebegründung (Abs. 3 und 4)

6   Nach § 78 Abs. 3 S. 1 ist die Beschwerde zu begründen. Die Frist für die Beschwerdebegründung beträgt gem. § 78 Abs. 3 S. 2 einen Monat und beginnt mit der Einlegung der Beschwerde (zur Berechnung → Rn. 3). Die **Monatsfrist** gilt für alle Beschwerdearten. Sie ist ein Monat kürzer als in der Parallelnorm des § 74 Abs. 3 S. 1 GWB. Anders als die Beschwerdefrist kann die Begründungsfrist gem. § 78 Abs. 3 S. 2 auf Antrag von dem oder der Vorsitzenden verlängert werden. Wenn der Verlängerungsantrag vor Ablauf der Frist gestellt ist, kann die Entscheidung über eine Verlängerung noch nach Fristablauf ergehen (BGH Beschl. v. 18.3.1982 – GSZ 1/81, NJW 1982, 1651 (1652); näher zur früheren Diskussion

Frist und Form **§ 78**

BGH Beschl. v. 22.10.1981 – VII ZB 3/81, NJW 1982, 51f.). Auch eine mehrfache Verlängerung ist möglich. In der Praxis wird analog § 520 Abs. 2 S. 2 ZPO zumeist die erste Fristverlängerung ohne Anhörung der anderen Beteiligten gewährt, während weitere Verlängerungen regelmäßig nur mit Zustimmung des Beschwerdegegners erteilt werden (Hempel/Franke/*Scholz*/*Jansen* EnWG § 78 Rn. 8; Theobald/Kühling/*Boos* EnWG § 75 Rn. 22). Wie die Beschwerdeschrift unterliegt auch die Beschwerdebegründung gem. § 78 Abs. 5 dem Anwaltszwang. Obwohl § 78 nicht ausdrücklich vorsieht, bei welcher Stelle die Beschwerdebegründung einzureichen ist, sollte sie zur Vermeidung unnötiger Komplikationen jedenfalls dann beim Beschwerdegericht eingereicht werden, wenn dort auch die Beschwerde selbst eingelegt worden ist (ähnlich Hempel/Franke/*Scholz*/*Jansen* EnWG § 78 Rn. 11).

Inhaltlich muss die Beschwerdebegründung nach § 78 Abs. 4 Nr. 1 die Erklärung 7 enthalten, inwieweit die Entscheidung angefochten und ihre Abänderung oder Aufhebung beantragt wird. Die Vorschrift dient damit der **Festlegung des Streitgegenstands.** Obwohl der Wortlaut auf die Anfechtungsbeschwerde hinzudeuten scheint, gilt § 78 Abs. 4 für alle Beschwerdearten. Ein Antrag mit tenorierungsfähigem Inhalt ist zwar zweckmäßig, nicht aber erforderlich (Immenga/Mestmäcker/*K. Schmidt* GWB § 66 Rn. 13). Ebenso wenig ist das Gericht an die Formulierung eines Antrags gebunden (vgl. § 88 VwGO). Entscheidend ist vielmehr das gegebenenfalls durch Auslegung der Begründung zu ermittelnde **Begehren des Beschwerdeführers** (OLG Düsseldorf Beschl. v. 22.1.2014 – VI-3 Kart 181/09 (V), BeckRS 2014, 11522 unter B. IV.), das seinerseits den prozessualen Anspruch bestimmt. Dieser ist durch die erstrebte Rechtsfolge sowie durch den Sachverhalt gekennzeichnet, aus dem sich die Rechtsfolge ergeben soll (BGH Beschl. v. 6.11.2012 – EnVR 101/10, N&R 2013, 89 Rn. 28 – E.ON Hanse AG). Die Erklärung, „inwieweit" die Entscheidung der Regulierung angegriffen wird, dient nicht nur der Prozessökonomie, sondern kann in praktischer Hinsicht den Streitwert und damit das Prozessrisiko des Beschwerdeführers begrenzen (Theobald/Kühling/*Boos* EnWG § 75 Rn. 16). Davon unberührt bleibt die Möglichkeit des Beschwerdeführers, seinen Sachvortrag auf weitere Aspekte über die in der Beschwerdebegründung erörterten hinaus zu erstrecken (BGH Beschl. v. 14.4.2015 – EnVR 16/14, EnWZ 2015, 331 Rn. 15ff., 20).

Zudem müssen in der Beschwerdebegründung gem. § 78 Abs. 4 Nr. 2 die **Tat-** 8 **sachen und Beweismittel** angegeben werden, auf die sich die Beschwerde stützt. Auch diese Vorgabe dient der Festlegung des Streitgegenstands (BGH Beschl. v. 6.11.2012 – EnVR 101/10, N&R 2013, 89 Rn. 30 – E.ON Hanse AG). Sie ist zugleich Ausdruck der Förderungspflicht der Beteiligten. Vom Beschwerdeführer ist ein Mindestmaß an sachlicher Begründung zu verlangen, in der dargelegt wird, in welchen Punkten die Entscheidung der Regulierungsbehörde gerügt wird oder – bei einer Verpflichtungsbeschwerde – woraus sich der geltend gemachte Anspruch ergibt (vgl. näher Immenga/Mestmäcker/*K. Schmidt* GWB § 66 Rn. 14 mwN; wie hier Hempel/Franke/*Scholz*/*Jansen* EnWG § 78 Rn. 10; aA Theobald/Kühling/ *Boos* EnWG § 78 Rn. 18). Aus der Pflicht zur Beschreibung des Sachverhalts, auf den sich die begehrte Rechtsfolge stützen soll, resultiert jedoch keine Präklusionswirkung des Inhalts, dass der Beschwerdeführer gehindert wäre, nach Ablauf der Begründungsfrist weitere Tatsachen und Beweismittel anzuführen (BGH Beschl. v. 6.11.2012 – EnVR 101/10, N&R 2013, 89 Rn. 29f. – E.ON Hanse AG). Nach allgemeinen auch für das energiewirtschaftsrechtliche Beschwerdeverfahren geltenden Grundsätzen des Verwaltungsprozessrechts ist das Gericht nur an das Ziel einer Klage oder eines Rechtsmittels, nicht aber an die rechtliche Begründung gebunden. Daraus folgt, dass Streitgegenstand der prozessuale Anspruch ist (→ Rn. 7), wohingegen einzelne Elemente des Sachverhalts grds. keinen selbstständigen Streitgegenstand bilden. So kann ein Beschwerdeführer seinen **Sachvortrag** auch nach Ablauf der Begründungsfrist durch weitere Einwendungen **ergänzen**, die auf dasselbe Rechtsschutzziel gerichtet sind (s. etwa OLG Düsseldorf Beschl. v. 3.12.2014 – VI-3 Kart 180/09 (V), BeckRS 2016, 13841 unter II. 2.; aA der – wegen Rücknahme der Beschwerde und Einstellung des Verfahrens in der Rechtsbeschwerdeinstanz wirkungslose – Beschluss des OLG Stuttgart v. 5.5.2014 – 202 EnWG 6/13, BeckRS 2015, 1033 unter C. 3. a); krit. dazu *Missling,* IR 2014, 258 (259)). In Fällen, in denen es nicht um streitige Tatsachen geht, zu denen der Beschwerdeführer gem. § 78 Abs. 4 Nr. 2 Beweismittel angeben kann, sondern nur um Rechtsfragen, ist es ausreichend, wenn in der Beschwerdebegründung deutlich gemacht wird, inwieweit der Auffassung der Behörde widersprochen wird (*Bechtold/Bosch* GWB § 74 Rn. 7). Aus praktischer Sicht sind Konstellationen, in denen eine mangelhafte Beschwerdebegründung bereits zur Unzulässigkeit der Beschwerde führen kann, schwer denkbar. Nicht ausgeschlossen ist aber in solchen Fällen ein reduzierter Umfang der **Amtsermittlungspflicht des Beschwerdegerichts** (ähnlich Immenga/Mestmäcker/ *K. Schmidt* GWB § 66 Rn. 14). Dies entspricht dem aus § 78 Abs. 4 Nr. 2 abzuleitenden Grundsatz, dass das Gericht nicht gehalten ist, nicht angegriffene Feststellungen der Regulierungsbehörde von Amts wegen zu überprüfen (BGH Beschl. v. 6.11.2012 – EnVR 101/10, N&R 2013, 89 Rn. 30 – E.ON Hanse AG; → § 82 Rn. 4). Folgerichtig können die gerichtlichen Ermittlungspflichten in Abhängigkeit vom Vortrag des Beschwerdeführers sinken (BGH Beschl. v. 27.2.1969 – KVR 5/68, NJW 1969, 1027 (1029) – Papierfiltertüten II; *Bechtold/Bosch* GWB § 74 Rn. 8).

D. Folgen eines Verstoßes gegen Frist- und Formerfordernisse

9   Die Einhaltung von Frist und Form prüft das Gericht **von Amts wegen.** Fehlt es an diesen Voraussetzungen, verwirft das Gericht analog § 522 Abs. 1 ZPO, § 125 Abs. 2 VwGO die Beschwerde als **unzulässig** (zur Frage, ob es einer mündlichen Verhandlung nach § 81 Abs. 1 bedarf, wenn die Beschwerde wegen Unzulässigkeit verworfen wird, → § 81 Rn. 1). Dasselbe gilt analog § 522 Abs. 1 ZPO und § 125 Abs. 2 VwGO für die Versäumung der Frist zur Beschwerdebegründung (Theobald/Kühling/*Boos* EnWG § 75 Rn. 27). Die Beschwerde darf allerdings nicht wegen Versäumung der Begründungsfrist als unzulässig verworfen werden, bevor der Antrag auf Verlängerung dieser Frist abgelehnt worden ist (BGH Beschl. v. 5.4.2001 – VII ZB 37/00, NJW-RR 2001, 931). Die Rspr. erlaubt es dem Beschwerdeführer, das Rechtsmittel auch nach Ablauf der Begründungsfrist auf neue Tatsachen und Beweismittel zu stützen, soweit sich diese im durch den Streitgegenstand vorgegebenen Rahmen halten (BGH Beschl. v. 6.11.2012 – EnVR 101/10, N&R 2013, 89 Rn. 26 ff. – E.ON Hanse AG; *Weyer* N&R 2013, 58 (69); → Rn. 8).

§ 79 Beteiligte am Beschwerdeverfahren

(1) **An dem Verfahren vor dem Beschwerdegericht sind beteiligt**
1. **der Beschwerdeführer,**
2. **die Regulierungsbehörde,**
3. **Personen und Personenvereinigungen, deren Interessen durch die Entscheidung erheblich berührt werden und die die Regulierungsbehörde auf ihren Antrag zu dem Verfahren beigeladen hat.**

(2) **Richtet sich die Beschwerde gegen eine Entscheidung einer nach Landesrecht zuständigen Behörde, ist auch die Regulierungsbehörde an dem Verfahren beteiligt.**

Literatur: *Bayer/Segnitz,* Beteiligung der Bundesnetzagentur an behördlichen und gerichtlichen Verfahren, RdE 2008, 134; *Bien,* Die Rechtzeitigkeit des Beiladungsantrags – Konsequenzen für den gerichtlichen Rechtsschutz im Kartellverfahren, WuW 2009, 166; *Eyermann* (Hrsg.), VwGO, 15. Aufl. 2019 (zit. Eyermann/*Bearbeiter*); *Günther/Brucker,* Die Beschwerdebefugnis Dritter nach § 75 II EnWG bei energierechtlichen Festlegungen der Bundesnetzagentur, NVwZ 2015, 1735; *Säcker/Boesche,* Drittschutz im Kartellverwaltungsprozess – Erkenntnisse aus dem Verfahren „E.ON/Ruhrgas" für die Novellierung des GWB, ZNER 2003, 76.

A. Überblick

§ 79 übernimmt § 67 GWB aF (BT-Drs. 15/3917, 71), der mit Anpassungen in 1 den heutigen § 63 GWB überführt wurde (BT-Drs. 19/23492, 120), und legt die am Beschwerdeverfahren Beteiligten fest. § 79 gilt für alle Beschwerdearten (BerlKommEnergieR/*Johanns/Roesen* EnWG § 79 Rn. 7). Die Vorschrift korrespondiert mit § 66 Abs. 2 und 3, der seinerseits die Beteiligten am Verwaltungsverfahren vor der Regulierungsbehörde regelt. Ähnlich wie die Vorbildregelung des § 67 GWB aF soll § 79 im Interesse der Rechtsklarheit den Kreis der Verfahrensbeteiligten abgrenzen (vgl. BT-Drs. II/1158, 49 und 52). Die Aufzählung in § 79 ist **nicht abschließend.** Vielmehr wird die Vorschrift – wie bereits § 67 GWB aF – aufgrund des zu engen Wortlauts zu Recht als ergänzungsbedürftig angesehen, weshalb es einer Erweiterung des Kreises der Verfahrensbeteiligten über die Tatbestände des § 79 hinaus bedarf (Theobald/Kühling/*Boos* EnWG § 79 Rn. 2; BeckOK EnWG/*van Rossum* § 79 Rn. 13 jew. mwN; Langen/Bunte/*Lembach* GWB § 67 Rn. 1).

B. Beteiligte (Abs. 1 und 2)

Beteiligt am Verfahren vor dem Beschwerdegericht sind zunächst gem. § 79 2 Abs. 1 der **Beschwerdeführer** (Nr. 1) und die **Regulierungsbehörde** (Nr. 2). Zu den Verfahrensbeteiligten gehören nach § 79 Abs. 1 Nr. 3 darüber hinaus **beigeladene Dritte,** dh Personen und Personenvereinigungen, deren Interessen durch die Entscheidung erheblich berührt werden und die die Regulierungsbehörde auf ihren Antrag zu dem Verfahren beigeladen hat (näher → § 75 Rn. 9f.). Über die genannten Personen hinaus kommt die Beteiligtenstellung nach dem Grundsatz der **Kontinuität der Verfahrensbeteiligung** regelmäßig jeder Person zu, die am Verwaltungsverfahren vor der Regulierungsbehörde beteiligt war (Immenga/Mestmäcker/*K. Schmidt* GWB § 67 Rn. 5 mwN; → Rn. 5). Damit ist neben dem Beschwerdeführer auch diejenige Person am gerichtlichen Verfahren zu beteiligen, welche die Einleitung des Verwaltungsverfahrens beantragt hat (§ 66 Abs. 2 Nr. 1). Dasselbe gilt für Personen, gegen die sich das Verfahren richtet (§ 66 Abs. 2 Nr. 2). Letztere werden idR aber bereits als Beschwerdeführer nach Abs. 1 Nr. 1 beteiligt sein (Immenga/Mestmäcker/*K. Schmidt* GWB § 67 Rn. 5). Eine Einschränkung des Grundsatzes der Verfahrenskontinuität erachtet das OLG Düsseldorf als geboten bei Festlegungen, die sich als Allgemeinverfügungen gem. § 29 gegen alle bzw. eine Vielzahl von Netzbetreibern oder anderen Unternehmen richten können (OLG Düsseldorf Beschl. v. 5.5.2022 – VI-3 Kart 878/21 (V), S. 3ff.). Die Beteiligung sämtlicher Adressaten einer Festlegung an den von anderen Adressaten oder anderweitigen beschwerdebefugten Personen wie den zum Verwaltungsverfahren Beigeladenen sei nicht schon aus Rechtsschutzgründen geboten. Alle durch eine Festlegung verpflichteten Adressaten hätten die Möglichkeit, dagegen Beschwerde einzulegen, und seien somit nicht auf die Beteiligung an dem gegen die Festlegung gerichteten Beschwerdeverfahren eines Dritten angewiesen, um ihre Rechte und Interessen zu wahren. Allein aus dem – nachvollziehbaren – Interesse, über den Fortgang des Verfahrens und den Inhalt des dortigen Streitstoffs informiert zu sein, lasse sich ein rechtlich schützenswertes Bedürfnis auf eine umfängliche Beteiligung nicht ableiten.

3 **Drittbetroffene,** die von der Regulierungsbehörde nicht beigeladen wurden, obwohl sie die Voraussetzungen einer notwendigen Beiladung erfüllen, können Beschwerde einlegen und damit die Beteiligtenstellung gem. § 79 Abs. 1 Nr. 1 als Beschwerdeführer erlangen (→ § 75 Rn. 10). Dabei geht es um Personen, die zwar nicht Adressaten der regulierungsbehördlichen Entscheidung sind, von ihrer Regelungswirkung aber unmittelbar in ihren Rechten belastet werden, weshalb eine Entscheidung in der Sache nicht ohne deren Einbeziehung ergehen darf (BGH Beschl. v. 28.6.2005 – KVR 27/04, RdE 2005, 222 (223) – Arealnetz). Auch in den Fällen einer unterbliebenen einfachen Beiladung kann ein Drittbetroffener, dessen Beiladungsantrag allein aus Gründen der Verfahrensökonomie abgelehnt wurde, Beschwerde einlegen und damit die Beteiligtenstellung gem. § 79 Abs. 1 Nr. 1 erlangen, sofern er die subjektiven Voraussetzungen der einfachen Beiladung erfüllt und geltend machen kann, dass er durch die angefochtene Entscheidung unmittelbar und individuell betroffen ist (→ § 75 Rn. 11f.).

4 § 79 Abs. 2 ordnet ferner die **Beteiligung der Regulierungsbehörde** an, **wenn sich die Beschwerde gegen eine Entscheidung „einer nach Landesrecht zuständigen Behörde" richtet.** Unklar ist, welche die nach Landesrecht zuständige Behörde ist, denn die Zuständigkeiten der Landesregulierungsbehörden beruhen auf § 54 Abs. 2 und damit auf Bundesrecht (Theobald/Kühling/*Boos* EnWG § 79 Rn. 15). Zwischen Landesregulierungsbehörden und „nach Landesrecht zuständigen Behörden" unterscheidet auch § 55, der nach der Gesetzesbegründung die Zusammenarbeit zwischen Regulierungsbehörde und den nach Landesrecht zuständigen Behörden regelt, die nicht Regulierungsbehörden sind (BT-Drs. 15/3917, 69). Nach dem BGH ist die „nach Landesrecht zuständige Behörde" diejenige Behörde, die das Land aufgrund seiner Organisationshoheit beim Vollzug von Bundesgesetzen mit der Aufgabe einer Landesregulierungsbehörde betraut hat (BGH Beschl. v. 13.11.2007 – KVR 23/07, BeckRS 2008, 3089 Rn. 11). Betrifft das Beschwerdeverfahren eine durch eine Landesbehörde getroffene Regulierungsentscheidung, ist Regulierungsbehörde iSd § 79 Abs. 2 EnWG die BNetzA

§ 79

(BGH Beschl. v. 13.11.2007 – KVR 23/07, BeckRS 2008, 3089 Rn. 7ff. mzustAnm *Bayer/Segnitz* RdE 2008, 134ff.; BGH Beschl. v. 12.11.2019 – EnVR 66/18, RdE 2020, 193 Rn. 15; für eine analoge Anwendung der Vorschrift OLG Düsseldorf Beschl. v. 24.10.2007 – VI-3 Kart 26/07 (V), Rn. 20f.; Britz/Hellermann/Hermes/*Hanebeck* EnWG § 79 Rn. 2; *Salje* EnWG § 79 Rn. 6; gegen die Beteiligung der BNetzA in Verfahren der Landesregulierungsbehörden OLG Sachsen-Anhalt Beschl. v. 27.3.2007 – 1 W 25/06 (EnWG), Rn. 6ff.; Stellungnahme des BR, BT-Drs. 16/5847, 15; Hempel/Franke/*Scholz/Jansen* EnWG § 79 Rn. 7f.). Durch die Beteiligung der BNetzA soll die Überprüfung abweichender Entscheidungen der Landesregulierungsbehörden ermöglicht und die Einheitlichkeit der Rechtsanwendung im Vollzug des EnWG sichergestellt werden (BGH Beschl. v. 13.11.2007 – KVR 23/07, BeckRS 2008, 3089 Rn. 13). Bei einer unzutreffenden Nichtbeteiligung der BNetzA im Beschwerdeverfahren kann sich diese auf den absoluten Zulassungsgrund der Versagung rechtlichen Gehörs gem. § 86 Abs. 4 Nr. 3 berufen (so mit Blick auf die Beteiligung des BKartA BGH Beschl. v. 28.6.1983 – KVR 7/82, GRUR 1983, 601 – Taxi Funk-Zentrale Kassel). Demgegenüber ist eine Landesregulierungsbehörde in Beschwerdeverfahren gegen die BNetzA nicht zwingend zu beteiligen. Eine analoge Anwendung des § 79 Abs. 2 scheidet insoweit aus (BGH Beschl. v. 12.11.2019 – EnVR 66/18, RdE 2020, 193 Rn. 15).

Eine **Beiladung** aufgrund eines erst nach Abschluss des regulierungsbehörd- 5 lichen Verfahrens gestellten Beiladungsantrags **durch das Beschwerdegericht selbst** ist im EnWG nicht vorgesehen und kommt nach der Rspr. deshalb nicht in Betracht (BGH Beschl. v. 12.11.2019 – EnVR 66/18, RdE 2020, 193 Rn. 15; sa zum Kartellverwaltungsprozess BGH Beschl. v. 7.4.2009 – KVR 58/08, BeckRS 2009, 25970 Rn. 9f. – Universitätsklinikum Greifswald). Das Beschwerdegericht sei nicht befugt, nachträglich weitere Personen bzw. Personenvereinigungen zu dem Verfahren beizuladen. Vielmehr handele es sich bei der Beiladung um eine originäre Befugnis der Regulierungsbehörde (OLG Düsseldorf Beschl. v. 12.4.2018 – VI-3 Kart 77/17 (V), Rn. 1). Im Schrifttum besteht insoweit Uneinigkeit: Eine erste vorherrschende Auffassung sieht das Beschwerdegericht als nicht befugt an, die Beiladung auszusprechen (BeckOK EnWG/*van Rossum* § 79 Rn. 10; BerlKommEnergieR/*Johanns/Roesen* EnWG § 79 Rn. 4; FK-KartellR/*Bracher* GWB § 67 Rn. 10; Immenga/Mestmäcker/*K. Schmidt* GWB § 67 Rn. 4 jew. mwN). Notwendig beizuladende Personen, die von der regulierungsbehördlichen Entscheidung unmittelbar in ihren Rechten betroffen sind, habe das Beschwerdegericht über das Verfahren zu unterrichten und auf die Möglichkeit hinzuweisen, über die Behörde einen Beiladungsantrag zu stellen (FK-KartellR/*Bracher* GWB § 67 Rn. 10). Nach einer zweiten überzeugenderen Auffassung ist mit Zustellung der Entscheidung das Verwaltungsverfahren und damit die Zuständigkeit der Behörde beendet (*Säcker/Boesche* ZNER 2003, 76 (87f.)). Im Rahmen eines laufenden Beschwerdeverfahrens ist das sachnähere Gericht allein in der Lage, die materielle Betroffenheit eines nicht am Verwaltungsverfahren Beteiligten zu beurteilen und über seine Beiladung zu entscheiden. Als weiteres Argument für die Befugnis des Beschwerdegerichts, eine notwendige Beiladung unmittelbar auszusprechen, wird angeführt, dass die Notwendigkeit der Entscheidung durch die Behörde zu unnötigen Verzögerungen führe (BeckOK KartellR/*Rombach* GWB § 63 Rn. 10). Noch weiter geht eine dritte Auffassung, die die Befugnis des Beschwerdegerichts zur Beiladung auch im Fall der einfachen Beiladung befürwortet (KK-KartellR/*Deichfuß* GWB § 67 Rn. 9).

Umstritten ist, ob und inwieweit das Beschwerdegericht im Rahmen des Haupt- 6 sacheverfahrens die **Begründetheit einer bereits erfolgten Beiladung** zu über-

§ 79
Teil 8. Verfahren

prüfen hat und ggf. eine bereits beigeladene und am Verwaltungsverfahren beteiligte Person aus dem gerichtlichen Verfahren ausschließen kann. Nach einer Auffassung hat das Beschwerdegericht die Entscheidung der Regulierungsbehörde zu respektieren und darf nicht einen bereits am Verwaltungsverfahren Beteiligten vom Beschwerdeverfahren ausschließen (Elspas/Graßmann/Rasbach/*Kalwa*/*Göge* EnWG § 79 Rn. 5). Zur Begründung werden dabei insbesondere der Grundsatz der Verfahrenskontinuität sowie Erwägungen des Rechtsschutzes angeführt. Infolge dieser Sichtweise prüfe das Beschwerdegericht nicht, ob die Interessen des Beigeladenen durch die regulierungsbehördliche Entscheidung berührt werden, sondern lediglich, ob der Dritte wirksam beigeladen worden ist (so zu § 67 GWB aF Immenga/Mestmäcker/*K. Schmidt* GWB § 67 Rn. 4; ähnlich BerlKommEnergieR/*Johanns/Roesen* EnWG § 79 Rn. 4). Eine andere Auffassung stellt auf den Wortlaut von § 79 Abs. 1 Nr. 3 ab, der für die Beteiligung am Beschwerdeverfahren neben einer positiven Beiladungsentscheidung der Regulierungsbehörde auch eine erhebliche Berührung der Interessen des Betroffenen verlangt (→ 3. Aufl. 2015, § 79 Rn. 3; Theobald/Kühling/*Boos* EnWG § 79 Rn. 8; ebenso im Kartellrecht FK-KartellR/*Bracher* GWB § 67 Rn. 6 f.). Beide Sichtweisen beruhen auf hörenswerten Argumenten. Überzeugender erscheint aber unter praktischen Gesichtspunkten eine differenzierte Betrachtung: Ist der einfach Beigeladene am Beschwerdeverfahren beteiligt, ohne selbst Beschwerde einzulegen, besteht wohl keine Notwendigkeit, das Vorliegen der Interessenberührung im Hauptsacheverfahren zu überprüfen. Die Überprüfung der Entscheidung der Regulierungsbehörde etwa hinsichtlich der Frage, ob nicht nur die Voraussetzungen der einfachen Beiladung, sondern bereits die Voraussetzungen einer notwendigen Beiladung erfüllt sind, kann einem etwaigen Beschwerdeverfahren gegen den Beiladungsbeschluss vorbehalten bleiben. Anders ist die Konstellation zu bewerten, in der ein einfach Beigeladener (eigene) Beschwerde gegen die Entscheidung der Regulierungsbehörde einlegt. Entscheidend ist dabei, dass das Tatbestandsmerkmal der erheblichen Interessenberührung zugleich den Kreis der materiell beschwerten Personen bestimmt (→ § 75 Rn. 9). Die materielle Beschwer stellt eine ungeschriebene Voraussetzung für die Zulässigkeit einer Beschwerde dar und liegt nur bei unmittelbarer Betroffenheit von zumindest wirtschaftlichen Individualinteressen vor. In Abgrenzung hiervor kann die Regulierungsbehörde einen Dritten auch bei mittelbarer Betroffenheit als einfachen Beigeladenen am Verwaltungsverfahren beteiligen, wenn dies dem Interesse der Sachaufklärung dient und verfahrensökonomisch erscheint. Allein aus der Beiladung eines Drittbetroffenen folgt daher noch nicht die Zulässigkeit seiner Beschwerde (ebenso BerlKommEnergieR/*Johanns/Roesen* EnWG § 75 Rn. 36). Letztere setzt neben der formalen Stellung als Verfahrensbeteiligter auch eine materielle Beschwer voraus (OLG Düsseldorf Beschl. v. 24.5.2017 – VI-Kart 6/16 (V), BeckRS 2017, 112387 Rn. 40 ff.). Vor diesem Hintergrund gehört das Vorliegen einer erheblichen Interessenberührung iSd § 79 Abs. 1 Nr. 3 zum Prüfprogramm des Beschwerdegerichts im Hinblick auf die Zulässigkeit einer Beschwerde eines im Verwaltungsverfahren einfach Beigeladenen. In derartigen Fallgestaltungen überwiegt im Ergebnis das Gebot einer klaren Abgrenzung der beschwerdebefugten Personen gegenüber dem allgemeinen Grundsatz der Verfahrenskontinuität.

C. Letzter Zeitpunkt der behördlichen Beiladung

Die Regulierungsbehörde kann einem Beiladungsantrag auch **noch nach Erlass der verfahrensabschließenden Entscheidung** und damit im Laufe des Beschwerdeverfahrens stattgeben. Im Fall einer einfachen Beiladung wird aber vorausgesetzt, dass der Antrag noch vor dem Abschluss des Verwaltungsverfahrens gestellt wurde (BGH Beschl. v. 7.4.2009 – KVR 34/08, NJW-RR 2010, 51 Rn. 9ff., insbesondere Rn. 14 – Versicherergemeinschaft; s. dazu *Günther/Brucker* NVwZ 2015, 1735 (1737f.); krit. *Bien* WuW 2009, 166 (170ff.)). Sofern der Betroffene von der regulierungsbehördlichen Entscheidung unmittelbar in seinen Rechten verletzt wird und deshalb als notwendig Beizuladender am Verwaltungsverfahren zu beteiligen war, kann er trotz der unterbliebenen Beiladung auch noch nach Verfahrensabschluss Beschwerde erheben (→ Rn. 3). Ein vorheriger oder gleichzeitiger Beiladungsantrag ist unter prozessökonomischen Gesichtspunkten als nicht erforderlich anzusehen (anders BerlKommEnergieR/*Johanns/Roesen* EnWG § 79 Rn. 4). 7

D. Stellung der Beteiligten

Die Verfahrensbeteiligten sind alle Subjekte des Verfahrens und haben grds. dieselben **Verfahrensrechte**. So können auch Beigeladene Prozesshandlungen vornehmen, die ihre eigene prozessuale Stellung betreffen, zB Verfahrensanträge wie Beweis-, Ablehnungs- oder Vertagungsanträge stellen, umfassend vortragen und Beweis antreten (→ § 75 Rn. 9). Allerdings steht die volle **Dispositionsbefugnis** nach allg. Grundsätzen des verwaltungsgerichtlichen Verfahrens **nur den Hauptbeteiligten** nach § 79 Abs. 1 Nr. 1 und 2 zu, weil nur sie die Beschwerde zurücknehmen bzw. durch eine dem Beschwerdeantrag entsprechende Entscheidung eine Erledigung des Verfahrens herbeiführen können (vgl. BGH Beschl. v. 3.3.2009 – EnVZ 52/08, NVwZ-RR 2009, 620 Rn. 7f.; zur differenzierten Behandlung bei Beendigung des Rechtsstreits durch Vergleich s. Eyermann/*Hoppe* VwGO § 66 Rn. 6). Insbesondere kann ein notwendig Beigeladener nach überzeugenderer Auffassung zwar abweichende Sachanträge stellen (§ 66 S. 2 VwGO), ist dabei aber auf den durch den Streitgegenstand gezogenen Rahmen beschränkt (Eyermann/*Hoppe* VwGO § 66 Rn. 12; aA Schoch/Schneider/*Bier/Steinbeiß-Winkelmann* VwGO § 66 Rn. 6; *Kopp/Schenke* VwGO § 66 Rn. 6; Sodan/Ziekow/*Czybulka* VwGO § 66 Rn. 20). Ist die BNetzA nach § 79 Abs. 2 (→ Rn. 4) an einem Verfahren beteiligt, so ist die Erledigung durch übereinstimmende Erledigungserklärungen des Antragstellers und Antragsgegners nicht davon abhängig, dass sich die BNetzA den Erklärungen anschließt, da ihr nur eine von den Hauptparteien abhängige Stellung zukommt (BGH Beschl. v. 3.3.2009 – EnVZ 52/08, NVwZ-RR 2009, 620 Rn. 8). Anderenfalls würde die Dispositionsbefugnis der Hauptbeteiligten eingeschränkt, was nicht vom Zweck der in § 79 Abs. 2 vorgesehenen Beteiligung der BNetzA (Sicherstellung eines einheitlichen Gesetzesvollzugs) gedeckt ist (BGH Beschl. v. 3.3.2009 – EnVZ 52/08, NVwZ-RR 2009, 620 Rn. 9). 8

§ 80 Anwaltszwang

¹Vor dem Beschwerdegericht müssen die Beteiligten sich durch einen Rechtsanwalt als Bevollmächtigten vertreten lassen. ²Die Regulierungsbehörde kann sich durch ein Mitglied der Behörde vertreten lassen.

Literatur: Weyland (Hrsg.), BRAO, 10. Aufl. 2020.

1   § 80 übernimmt die Regelung des § 68 GWB aF (BT-Drs. 15/3917, 71), der dem heutigen § 64 GWB entspricht. Wie § 64 GWB im Hinblick auf Kartellverwaltungssachen schreibt § 80 in Abweichung von § 67 Abs. 4 VwGO angesichts der häufig hohen Komplexität von energiewirtschaftsrechtlichen Verwaltungssachen eine anwaltliche Vertretung bereits in der Beschwerdeinstanz vor (Immenga/Mestmäcker/*K. Schmidt* GWB § 68 Rn. 1; BerlKommEnergieR/*Johanns/Roesen* EnWG § 80 Rn. 1). Der Anwendungsbereich von § 80 erfasst sowohl die Beschwerde nach § 75 als auch die Rechtsbeschwerde (§ 88 Abs. 5 iVm § 80). Der Anwaltszwang gilt **bereits für die Einlegung der Beschwerde** (§ 78 Abs. 5), eine dem nicht genügende Beschwerde ist unzulässig und wahrt nicht die Frist des § 78 (OLG Düsseldorf Beschl. v. 17.1.2019 – VI-3 Kart 902/18 (V), Rn. 10; Immenga/Mestmäcker/*K. Schmidt* GWB § 68 Rn. 2). Die Verpflichtung zur Vertretung durch einen Anwalt gilt auch für die mündliche Verhandlung und sämtliche Prozesshandlungen im Hauptsacheverfahren sowie im einstweiligen Rechtsschutz (OLG Düsseldorf Beschl. v. 14.12.2017 – VI-3 Kart 133/17 (V), Rn. 8). Postulationsfähig ist jeder in Deutschland zugelassene Rechtsanwalt. Inländischen Rechtsanwälten gleichgestellt sind unter den Voraussetzungen des EuRAG niedergelassene **europäische Rechtsanwälte.** In Umsetzung der Vorgaben der RL 98/5/EG haben die unter ihrem Heimattitel tätigen und in eine deutsche Anwaltskammer aufgenommenen europäischen Rechtsanwälte gem. § 2 Abs. 1 EuRAG iVm §§ 1–3 BRAO gleichwertige berufliche Befugnisse (Weyland/*Nöker* EuRAG § 2 Rn. 2). Für dienstleistende europäische Anwälte iSd § 25 Abs. 1 EuRAG, die Tätigkeiten eines Rechtsanwalts in Deutschland vorübergehend und gelegentlich ausüben, besteht in gerichtlichen Verfahren mit Anwalts- und Vertretungszwang demgegenüber eine eingeschränkte Postulationsfähigkeit, da sie gem. § 28 Abs. 1 EuRAG im Einvernehmen mit einem inländischen Rechtsanwalt handeln müssen (Weyland/*Nöker* EuRAG § 25 Rn. 5, § 28 Rn. 1 f.).

2   Der Anwaltszwang gilt nicht nur für den Beschwerdeführer, sondern auch für alle sonstigen **Beteiligten.** Ein Beteiligter, der sich nicht durch einen Rechtsanwalt vertreten lässt, verliert zwar nicht die Beteiligteneigenschaft und erhält deshalb alle Schriftsätze und Ladungen, er kann aber keine Prozesshandlungen vornehmen und ist damit nicht aktiv am Beschwerdeverfahren beteiligt (Theobald/Kühling/*Boos* EnWG § 80 Rn. 2 mwN).

3   Die nach § 79 Abs. 1 Nr. 2 oder § 79 Abs. 2 am Verfahren beteiligte **Regulierungsbehörde unterliegt** dem **Anwaltszwang nicht** und kann sich durch ein Mitglied der Behörde vertreten lassen. Das Mitglied der Behörde, also ein hauptberuflich dort Beschäftigter, muss nicht die Befähigung zum Richteramt besitzen (Hempel/Franke/*Scholz*/*Jansen* EnWG § 80 Rn. 5).

§ 81 Mündliche Verhandlung

(1) **Das Beschwerdegericht entscheidet über die Beschwerde auf Grund mündlicher Verhandlung; mit Einverständnis der Beteiligten kann ohne mündliche Verhandlung entschieden werden.**

(2) **Sind die Beteiligten in dem Verhandlungstermin trotz rechtzeitiger Benachrichtigung nicht erschienen oder gehörig vertreten, so kann gleichwohl in der Sache verhandelt und entschieden werden.**

Literatur: *Musielak/Voit* (Hrsg.), ZPO, 18. Aufl. 2021 (zit. Musielak/Voit/*Bearbeiter*); *Vorwerk/Wolf* (Hrsg.), Beck'scher Online-Kommentar zur ZPO, 42. Ed. 1.9.2021 (zit. BeckOK ZPO/*Bearbeiter*).

A. Mündliche Verhandlung (§ 81 Abs. 1)

§ 81 übernimmt § 69 GWB aF (BT-Drs. 15/3917, 71), der im Wesentlichen dem heutigen § 65 GWB entspricht (BT-Drs. 19/23492, 121). § 81 bezieht sich auf energiewirtschaftsrechtliche Beschwerden iSd § 75 und findet nach der Verweisung in § 88 Abs. 5 auch auf Rechtsbeschwerden Anwendung. Für Nichtzulassungsbeschwerden sieht § 87 Abs. 2 S. 2 vor, dass ein Beschluss auch ohne mündliche Verhandlung ergehen kann. § 81 Abs. 1 fordert eine mündliche Verhandlung vor dem Beschwerdegericht, bevor dieses „**über die Beschwerde**" entscheidet. Der Normwortlaut umfasst damit auch Beschwerden in Beiladungssachen (so auch im Kartellrecht Immenga/Mestmäcker/*K. Schmidt* GWB § 69 Rn. 1). Nach überzeugender Auffassung gilt der Grundsatz der Mündlichkeit nur für die **Sachentscheidung**. Demgegenüber ist die Verwerfung der Beschwerde als unzulässig auch ohne mündliche Verhandlung möglich (OLG Düsseldorf Beschl. v. 17.1.2019 – VI-3 Kart 902/18 (V), BeckRS 2019, 9154 Rn. 8 mwN; so mittlerweile auch OLG Brandenburg Beschl. v. 15.4.2020 – 17 Kart 12/19, BeckRS 2020, 9491 Rn. 6; zur Verfassungskonformität gesetzl. Ausnahmen vom Grundsatz der Mündlichkeit vgl. ferner BVerfG Beschl. v. 17.3.2005 – 1 BvR 308/05, NJW 2005, 1485 (1486)). Dasselbe gilt für das Rechtsbeschwerdeverfahren, wenn sich die Rechtsbeschwerde nicht gegen eine in der Hauptsache ergangenen Beschluss des Beschwerdegerichts richtet und deshalb nicht statthaft ist (BGH Beschl. v. 15.10.1991 – KVR 1/91, NJW-RR 1992, 299 f.). Ebenfalls ohne mündliche Verhandlung kann der BGH über eine Rechtsbeschwerde entscheiden, die sich gegen einen ohne mündliche Verhandlung ergangenen Verwerfungsbeschluss des Beschwerdegerichts richtet (BGH Beschl. v. 29.4.1971 – KVR 1/71, NJW 1971, 1937 unter B. I. 4.; BGH Beschl. v. 21.1.2014 – EnVR 24/13, EnWZ 2014, 315 Rn. 4). Ohne mündliche Verhandlung können ferner Zwischenentscheidungen im Rahmen des Beschwerdeverfahrens ergehen, wie die Wiederherstellung oder Anordnung der aufschiebenden Wirkung einer Beschwerde gem. § 77 (vgl. BGH Beschl. v. 8.5.2007 – KVR 31/06, NJW-RR 2007, 1491 Rn. 12 f. – Lotto im Internet). Keiner mündlichen Verhandlung bedarf es auch vor Entscheidungen zu den Kosten, der Rücknahme oder der Erledigung einer Beschwerde sowie vor prozessleitenden Verfügungen (Hempel/Franke/*Scholz/Jansen* EnWG § 81 Rn. 2; Bechtold/Bosch GWB § 65 Rn. 1).

§ 81 Teil 8. Verfahren

2   Gem. § 81 Abs. 1 Hs. 1 entscheidet das Gericht „auf Grund mündlicher Verhandlung". Diese Formulierung bringt zum Ausdruck, dass ausschließlich der **Prozessstoff** in der Entscheidung berücksichtigt werden darf, der **Gegenstand der mündlichen Verhandlung** war (*Salje* EnWG § 81 Rn. 7; *Bechtold/Bosch* GWB § 65 Rn. 2). Der Tatrichter darf gem. § 81 Abs. 1 Hs. 1, § 83 Abs. 1 S. 1 nur solche Umstände zur Grundlage seiner Entscheidung machen, die zumindest konkludent Gegenstand der mündlichen Verhandlung oder einer Beweisaufnahme waren (BGH Beschl. v. 12.11.2013 – EnVR 33/12, EnWZ 2014, 129 Rn. 12). Dem steht § 83 Abs. 1, wonach Grundlage der Gerichtsentscheidung das „Gesamtergebnis des Verfahrens" ist, nicht entgegen, da die Norm den Grundsatz der freien Beweiswürdigung statuieren und nicht die Bedeutung der mündlichen Verhandlung relativieren will (FK-KartellR/*Meyer-Lindemann* GWB § 69 Rn. 6). Dies entspricht auch der Interpretation der parallelen Regelung des § 108 VwGO (vgl. *Kopp/Schenke* VwGO § 108 Rn. 2). Mit der Stellung der Anträge wird idR auf den gesamten, bis zum Termin angefallenen Akteninhalt Bezug genommen (BGH Urt. v. 7.12.1995 – III ZR 141/93, NJW-RR 1996, 379; BeckOK ZPO/*von Selle* § 137 Rn. 7). Neben den Anträgen gem. § 78 Abs. 4 Nr. 1 erfasst die mündliche Verhandlung daher sämtliche zum Aktenbestand des Gerichts gehörenden Schriftsätze der Parteien und Akten der Behörde sowie etwaige beigezogene Vorakten, Beiakten, Gutachten und Auskünfte (→ § 82 Rn. 3). Erforderlich ist dabei, dass das Gericht den Parteien Gelegenheit gegeben hat, sich zum Inhalt dieser Unterlagen zu äußern und ihre Rechtsauffassung darzulegen (vgl. § 108 Abs. 2 VwGO). Dieses Erfordernis ist Ausdruck des in Art. 103 Abs. 1 GG gewährleisteten Anspruchs der Verfahrensbeteiligten auf rechtliches Gehör, der durch die Durchführung einer mündlichen Verhandlung gesichert wird (FK-KartellR/*Meyer-Lindemann* GWB § 69 Rn. 12). Nicht zum Akteninhalt werden etwaige von einem Verfahrensbeteiligten in Bezug genommene Anlagen in anderen Verfahren, die nicht im Wege der Beiziehung zum Gegenstand des betrachteten Verfahrens geworden sind (vgl. zur grds. Unzulässigkeit einer Bezugnahme auf Anlagen in fremden Verfahren auch BGH Urt. v. 20.3.1995 – II ZR 198/94, NJW 1995, 1841 (1842) unter II. 1.).

3   **Nach Schluss der mündlichen Verhandlung** eingereichte Schriftsätze oder nachträglich zu den Akten gelangte Urkunden werden grds. nicht Gegenstand der mündlichen Verhandlung (BGH Beschl. v. 12.11.2013 – EnVR 33/12, EnWZ 2014, 129 Rn. 12). Weitere Ermittlungen des Gerichts und weiteres Vorbringen der Beteiligten sind nur zulässig und für das Gericht nur beachtlich, wenn diesen eine Schriftsatzfrist gem. § 173 S. 1 VwGO, § 283 ZPO eingeräumt worden war, oder wenn vorher die mündliche Verhandlung nach § 104 Abs. 3 S. 2 VwGO wiedereröffnet wurde (OLG Düsseldorf Beschl. v. 12.9.2018 – VI-3 Kart 210/15 (V), EnWZ 2019, 120 Rn. 132; Beschl. v. 5.9.2018 – VI-3 Kart 80/17 (V), BeckRS 2018, 28574 Rn. 53; OLG Dresden Beschl. v. 16.9.2020 – Kart 9/19, Rn. 24; aA, die Verwertbarkeit nachgelassener Schriftsätze grds. abl., Loewenheim/Meessen/Riesenkampff/Kersting/Meyer-Lindemann/*Kühnen* GWB § 69 Rn. 4; *Bechtold/Bosch* GWB § 65 Rn. 2; Immenga/Mestmäcker/*K. Schmidt* GWB § 69 Rn. 2: Schriftsatznachlass nach § 283 ZPO nur mit Einverständnis der Beteiligten). Die Entscheidung über die Wiedereröffnung steht im Ermessen des Gerichts, sofern keine der in § 156 Abs. 2 ZPO genannten und in energiewirtschaftsrechtlichen Beschwerdeverfahren entsprechend anwendbaren Fallgestaltungen vorliegt (vgl. BGH Urt. v. 28.10.1999 – IX ZR 341/98, NJW 2000, 142 (143)). Ebenfalls nach pflichtgemäßem Ermessen kann das Gericht entscheiden, ob ein verspätet nachgereichter Schriftsatz zu berücksichtigen ist (§ 283 S. 2 ZPO). Sollen die nachgereichte Schrift-

satz und ein etwaig dort enthaltener neuer Vortrag berücksichtigt werden, muss den anderen Verfahrensbeteiligten Gelegenheit zur Stellungnahme gegeben und die mündliche Verhandlung wiedereröffnet werden (Hempel/Franke/*Scholz*/*Jansen* EnWG § 81 Rn. 4). Auf eine erneute mündliche Verhandlung kann gem. § 81 Abs. 1 Hs. 2 verzichtet werden, wenn sich alle Beteiligten mit einem schriftlichen Verfahren einverstanden erklären (→ Rn. 4). Eine Wiedereröffnung der mündlichen Verhandlung kann auch erforderlich sein, wenn das Gericht neue entscheidungserhebliche Aspekte erkennt, die der Aufklärung bedürfen.

Nach § 81 Abs. 1 Hs. 2 kann mit Einverständnis der Beteiligten ohne mündliche 4 Verhandlung im **schriftlichen Verfahren** entschieden werden. Dies gilt auch für das Rechtsbeschwerdeverfahren (BGH Beschl. v. 16.6.2015 – EnVR 69/13, BeckRS 2015, 12678 Rn. 4). Das Einverständnis gem. § 81 Abs. 1 Hs. 2 ist eine einseitige gestaltende Prozesshandlung (BVerwG Beschl. v. 1.9.2020 – 4 B 12/20, NVwZ-RR 2021, 87 Rn. 9 zu § 101 Abs. 2 VwGO). Wie jede Prozesserklärung unterliegt das **Einverständnis** dem Anwaltszwang gem. § 80. Es muss ausdrücklich, unbedingt und eindeutig von allen Beteiligten erklärt werden (BVerwG Beschl. v. 1.9.2020 – 4 B 12/20, NVwZ-RR 2021, 87 Rn. 9; Immenga/Mestmäcker/*K. Schmidt* GWB § 69 Rn. 3). Sind am Beschwerdeverfahren Personen beteiligt, die mangels anwaltlicher Vertretung nicht aktiv am Verfahren teilnehmen dürfen (→ § 80 Rn. 2), kann das von § 81 Abs. 1 Hs. 2 verlangte positive Einverständnis nicht herbeigeführt werden (*Bechtold*/*Bosch* GWB § 65 Rn. 1). Ein wirksam erklärtes Einverständnis ist **grds. unwiderruflich**. Es bindet bis zur nächsten Entscheidung des Gerichts und wird nicht bereits durch eine Änderung der Prozesslage verbraucht (BVerwG Beschl. v. 1.9.2020 – 4 B 12/20, NVwZ-RR 2021, 87 Rn. 11; Beschl. v. 6.2.2017 – 4 B 2/17, Rn. 4; aA Britz/Hellermann/Hermes/Hanebeck EnWG § 81 Rn. 3; Immenga/Mestmäcker/*K. Schmidt* GWB § 69 Rn. 3: Bindung nur für die nächste anstehende Verhandlung). Liegen die notwendigen Einverständniserklärungen vor, „kann" das Gericht gem. § 81 Abs. 1 Hs. 2 ohne mündliche Verhandlung entscheiden, ist dazu aber nicht verpflichtet. Trotz Einverständniserklärung aller Beteiligten kann das Gericht eine mündliche Verhandlung anberaumen und gem. § 85 Nr. 2 iVm § 141 ZPO auch das persönliche Erscheinen in der Verhandlung anordnen (so auch zum Kartellverwaltungsprozess FK-KartellR/*Meyer-Lindemann* GWB § 69 Rn. 13).

Mit Blick auf den **Ablauf der mündlichen Verhandlung** sind nach der Verweisung des § 85 Nr. 2 die Vorschriften der ZPO entsprechend anzuwenden (→ § 85 Rn. 1 ff.). Im Übrigen kann das Gericht unter Beachtung des Grundsatzes des rechtlichen Gehörs die Verhandlung frei ausgestalten (Hempel/Franke/*Scholz*/*Jansen* EnWG § 81 Rn. 5; Immenga/Mestmäcker/*K. Schmidt* GWB § 69 Rn. 2).

Ein **Verstoß gegen den Grundsatz der mündlichen Verhandlung** stellt eine 6 Verletzung des Anspruchs der Beteiligten auf rechtliches Gehör gem. Art. 103 Abs. 1 GG und damit einen Verfahrensfehler dar, der grundsätzlich im Rahmen einer Rechtsbeschwerde nach § 86 Abs. 4 Nr. 3, § 88 Abs. 2 gerügt werden kann, sofern keine Heilung durch Rügeverzicht eingetreten ist (vgl. Musielak/Voit/*Stadler* ZPO § 128 Rn. 4). Eine gem. § 81 Abs. 1 unzulässige Berücksichtigung von erst nach der mündlichen Verhandlung eingereichten Schriftsätzen führt allerdings nicht zwingend zur Aufhebung der Beschwerdeentscheidung. Ein unter Verstoß gegen § 81 Abs. 1 berücksichtigtes Vorbringen muss auch entscheidungserheblich geworden sein (vgl. BGH Beschl. v. 12.11.2013 – EnVR 33/12, EnWZ 2014, 129 Rn. 11 f.). Demgemäß bildet die Verletzung des Mündlichkeitsgrundsatzes nur dann einen relevanten Verfahrensfehler, wenn nicht ausgeschlossen werden kann, dass das Beschwerdegericht ohne diese Verletzung zu einem anderen Ergebnis gelangt wäre (BGH Beschl. v. 12.11.2013 – EnVR 33/12, EnWZ 2014, 129 Rn. 13). Beruht der Verfahrensfehler auf einer entscheidungserheblichen und – mangels Anhörung der anderen Verfahrensbeteiligten – nicht unstreitigen Tatsachenfrage, hat der BGH die Beschwerdeentscheidung aufzuheben und die Sache zur weiteren Aufklärung an das Beschwerdegericht zurückzuverweisen. Ist die Sache hingegen entscheidungsreif, kann der BGH trotz eines entsprechenden Verstoßes ohne Zurückverweisung über die Rechtsbeschwerde entscheiden. Ein Verstoß gegen § 81 Abs. 1 erfüllt an sich auch nicht den Tatbestand des § 547 Nr. 6 ZPO, der nach § 88 Abs. 2 Hs. 2 in energiewirtschaftsrechtlichen Verwaltungssachen entsprechend anzuwenden ist (BGH Beschl. v. 29.1.2019 – EnVR 63/17, BeckRS 2019, 4599 Rn. 10 ff.). Nach § 547 Nr. 6 ZPO ist eine Entscheidung stets als auf einer Verletzung des Rechts beruhend anzusehen, wenn sie nicht mit Gründen versehen ist. Eine bei der Verkündung noch nicht vollständig abgefasste Entscheidung ist nicht mit Gründen versehen, wenn Tatbestand und Entscheidungsgründe nicht binnen fünf Monaten nach Verkündung schriftlich niedergelegt, von den Richtern besonders unterschrieben und der Geschäftsstelle übergeben worden sind (GmSOGB Beschl. v. 27.4.1993 – GmS-OGB 1/92, NZA 1993, 1147 (1148); vgl. § 117 Abs. 4 S. 2 VwGO und die §§ 517, 548 ZPO). § 547 Nr. 6 ZPO soll damit gewährleisten, dass die schriftlich abgefassten Gründe mit den Gründen übereinstimmen, die nach dem Ergebnis der auf die mündliche Verhandlung folgenden Beratung für die richterliche Überzeugung und für die von dieser getragene Entscheidung maßgeblich waren (s. näher GmSOGB Beschl. v. 27.4.1993 – GmS-OGB 1/92, NZA 1993, 1147 (1148); sa BVerwG Beschl. v. 11.6.2001 – 8 B 17/01, NVwZ 2001, 1150 (1151)). Die Verletzung des Gebots einer im vorgeschilderten Sinne zeitnahen schriftlichen Abfassung der Entscheidungsgründe stellt damit einen Verfahrensfehler dar, der von einem Verstoß gegen den Mündlichkeitsgrundsatz abzugrenzen und eigenständig zu beurteilen ist (vgl. BGH Beschl. v. 29.1.2019 – EnVR 63/17, BeckRS 2019, 4599 Rn. 12–14; BAG Urt. v. 23.1.1996 – 9 AZR 600/93, NJW 1996, 2749 f.).

B. Nichterscheinen der Beteiligten (Abs. 2)

7   Aufgrund der Geltung des Untersuchungsgrundsatzes gem. § 82 gibt es im energiewirtschaftsrechtlichen Beschwerdeverfahren **kein Versäumnisverfahren**. Zwecks **Verhinderung der Prozessverschleppung** räumt § 81 Abs. 2 dem Gericht die Möglichkeit ein, trotz des Ausbleibens eines Beteiligten zur Sache zu verhandeln und zu entscheiden. Dasselbe gilt, wenn das Gericht nach § 85 Nr. 2 iVm § 141 ZPO das persönliche Erscheinen eines Beteiligten angeordnet hat und dieser im Termin der mündlichen Verhandlung ausbleibt (zu möglichen Sanktionen s. § 141 Abs. 3 S. 1 ZPO). Eine Entscheidung in der Sache ist allerdings nur dann zulässig, wenn die Sachaufklärungspflicht gem. § 82 Abs. 1 dem nicht entgegensteht, die Sache also spruchreif ist (Immenga/Mestmäcker/*K. Schmidt* GWB § 69 Rn. 4). Dabei können von den Beteiligten versäumte Mitwirkungsobliegenheiten zu Lasten des insoweit Säumigen berücksichtigt werden. Ein schlichter Hinweis in der Ladung, dass beim Ausbleiben eines Beteiligten gem. § 81 Abs. 2 auch ohne ihn verhandelt und entschieden werden kann, ist ausreichend (BeckOK Kartellrecht/*Rombach* GWB § 65 Rn. 20; sa zu § 215 Abs. 1 ZPO, der nach § 85 Nr. 1 entsprechend anwendbar ist, BeckOK ZPO/*Jaspersen* § 215 Rn. 4).

Untersuchungsgrundsatz **§ 82**

In Fällen **unvermeidbarer Säumnis** ist der Rechtsschutzgarantie nach Art. 19 8
Abs. 4 GG und dem in Art. 103 Abs. 1 GG verankerten Gebot rechtlichen Gehörs
dadurch Rechnung zu tragen, dass eine neue mündliche Verhandlung anberaumt
wird (*Bechtold/Bosch* GWB § 65 Rn. 3). Dies ist jedoch nur möglich, wenn noch
keine Beschwerdeentscheidung ergangen ist. Nach Ergehen einer solchen Entscheidung ist bei unverschuldeter Säumnis das Verfahren der Wiedereinsetzung in
den vorigen Stand entsprechend anzuwenden (vgl. FK-KartellR/*Meyer-Lindemann*
GWB § 69 Rn. 25; Immenga/Mestmäcker/*K. Schmidt* GWB § 69 Rn. 5). Da ein
Rückgriff auf die Wiedereinsetzung in den vorigen Stand teilweise abgelehnt wird
(BVerwG Beschl. v. 19.3.1991 – 9 B 56/91, NVwZ-RR 1991, 587 (588)), erscheint es aus praktischer Sicht sinnvoll, vorsorglich auch eine Rechtsbeschwerde
einzulegen (ebenso Hempel/Franke/*Scholz/Jansen* EnWG § 81 Rn. 7).

§ 82 Untersuchungsgrundsatz

(1) **Das Beschwerdegericht erforscht den Sachverhalt von Amts wegen.**

(2) **Der oder die Vorsitzende hat darauf hinzuwirken, dass Formfehler beseitigt, unklare Anträge erläutert, sachdienliche Anträge gestellt, ungenügende tatsächliche Angaben ergänzt, ferner alle für die Feststellung und Beurteilung des Sachverhalts wesentlichen Erklärungen abgegeben werden.**

(3) ¹**Das Beschwerdegericht kann den Beteiligten aufgeben, sich innerhalb einer zu bestimmenden Frist über aufklärungsbedürftige Punkte zu äußern, Beweismittel zu bezeichnen und in ihren Händen befindliche Urkunden sowie andere Beweismittel vorzulegen.** ²**Bei Versäumung der Frist kann nach Lage der Sache ohne Berücksichtigung der nicht beigebrachten Unterlagen entschieden werden.**

(4) ¹**Wird die Anforderung nach § 69 Abs. 7 oder die Anordnung nach § 69 Abs. 8 mit der Beschwerde angefochten, hat die Regulierungsbehörde die tatsächlichen Anhaltspunkte glaubhaft zu machen.** ²**§ 294 Abs. 1 der Zivilprozessordnung findet Anwendung.**

Literatur: *Rauscher/Krüger* (Hrsg.), Münchener Kommentar zur ZPO, Bd. 1, 6. Aufl. 2020;
Salje, Die Abschreibung von Netzanlagen im Übergang zwischen Tarifgenehmigung und
Netzentgeltgenehmigung, RdE 2006, 253.

A. Überblick

§ 82 entspricht im Wesentlichen § 70 GWB aF (BT-Drs. 15/3917, 71), der weit- 1
gehend wortlautgleich in den heutigen § 75 GWB überführt wurde (BT-Drs.
19/23492, 123). Nicht übernommen wurde in § 82 die Sonderregelung des § 70
Abs. 4 S. 3 GWB aF, da sich diese auf die Glaubhaftmachung der Unternehmensabhängigkeit iSd § 20 Abs. 1–2 GWB bezieht und damit auf Sachverhalte, die keine
Entsprechung im EnWG finden. Neben dem in § 82 Abs. 1 statuierten Untersuchungsgrundsatz regelt die Norm in Abs. 2 die gerichtlichen Erörterungspflichten und in Abs. 3 die Mitwirkungspflichten der Beteiligten. Die in § 82 Abs. 4 vorgesehene erleichterte Beweisführung betrifft spezifische Ermittlungsmaßnahmen
der Regulierungsbehörde im Rahmen eines Auskunftsverfahrens gem. § 69 Abs. 7
oder 8.

B. Untersuchungsgrundsatz (§ 82 Abs. 1)

2 Das Beschwerdegericht ist nach § 82 Abs. 1, wie die Regulierungsbehörde auch (vgl. § 68), verpflichtet, den Sachverhalt **von Amts wegen** zu erforschen. Hinsichtlich der Sachverhaltsaufklärung gilt somit der Untersuchungsgrundsatz, nach anderer Formulierung: **Amtsermittlungsgrundsatz.** Demgegenüber gilt in Bezug auf den Streitgegenstand die **Dispositionsmaxime:** Der Streitgegenstand bestimmt sich nach dem Begehren des Beschwerdeführers, wie dieses durch die Anträge gem. § 78 Abs. 4 Nr. 1 zum Ausdruck gebracht wird (→ § 78 Rn. 7).

I. Umfang der Aufklärungspflicht

3 Die erstmalige Sachverhaltsaufklärung obliegt der Regulierungsbehörde (*Salje* EnWG § 81 Rn. 5). Die Aufklärungspflicht des Beschwerdegerichts konzentriert sich deshalb grds. auf **ergänzende Ermittlungen** mit dem Ziel, den rechtmäßigen oder rechtswidrigen Charakter des Handelns oder der Untätigkeit der Regulierungsbehörde festzustellen (ähnlich Hempel/Franke/*Scholz/Jansen* EnWG § 82 Rn. 5). Demzufolge ist das Beschwerdegericht nicht gehalten, die an sich der Regulierungsbehörde obliegende Sachverhaltsaufklärung erstmals durchzuführen (*Bechtold/Bosch* GWB § 75 Rn. 2). In den – aus praktischer Sicht eher seltenen – Fällen, dass eine **Sachverhaltsaufklärung durch die Behörde vollständig unterblieben** ist oder ihre Ermittlungen sich als **unverwertbar** erweisen, weil die rechtliche Beurteilung des Beschwerdegerichts ganz andere Ermittlungen erfordert, kann das Beschwerdegericht deshalb die angefochtene Behördenentscheidung allein aus diesem Grund aufheben, um der Behörde Gelegenheit zu geben, die Ermittlungen in einem neuen Verwaltungsverfahren nachzuholen (BGH Beschl. v. 24.6.2003 – KVR 14/01, NJW 2003, 3776 (3778) – HABET/Lekkerland). Erachtet das Beschwerdegericht **weitere Tatsachen als entscheidungserheblich und klärungsbedürftig,** kann es eigene Ermittlungen anstellen oder die Behörde veranlassen, selbst (Nach-) Ermittlungen durchzuführen, und diese dann im Beschwerdeverfahren verwerten (BGH Beschl. v. 24.6.2003 – KVR 14/01, NJW 2003, 3776 (3778) – HABET/Lekkerland; BGH Beschl. v. 11.11.2008 – KVR 60/07, NJW-RR 2009, 264 Rn. 32 – E.ON/Stadtwerke Eschwege; BerlKommEnergieR/*Johanns/Roesen* EnWG § 82 Rn. 2). Wie der BGH im Kartellrecht ausgeführt hat, entspricht es einer bewährten Übung, dass umfangreichere Ermittlungen, mit denen die hierfür nicht ausgestatteten Beschwerdegerichte überfordert wären, von der Behörde durchgeführt werden (BGH Beschl. v. 24.6.2003 – KVR 14/01, NJW 2003, 3776 (3778) – HABET/Lekkerland; vgl. auch § 69 Abs. 1 S. 1 zu einem möglichen Auskunftsverlangen der Behörde „bis zur Bestandskraft ihrer Entscheidung" und damit auch noch während des Beschwerde- und Rechtsbeschwerdeverfahrens).

4 Aufzuklären sind vom Gericht nur **rechtserhebliche,** für die Entscheidung über eine Beschwerde notwendige **Tatsachen.** Der Umfang der gerichtlichen Aufklärungspflicht ist somit abhängig vom Streitgegenstand des Beschwerdeverfahrens (BerlKommEnergieR/*Johanns/Roesen* EnWG § 82 Rn. 3). Weiterhin müssen entweder der Vortrag der Beteiligten oder der Sachverhalt als solcher **Anlass für gerichtliche Ermittlungen** geben (BGH Beschl. v. 11.11.2008 – KVR 60/07, NJW-RR 2009, 264 Rn. 32 – E.ON/Stadtwerke Eschwege; OLG Düsseldorf Beschl. v. 5.9.2018 – VI-3 Kart 80/17 (V), BeckRS 2018, 28574 Rn. 46 und 55). Folgerichtig zwingt der Untersuchungsgrundsatz das Beschwerdegericht nicht,

Untersuchungsgrundsatz **§ 82**

auch solche Feststellungen der Behörde zu überprüfen, die nicht angegriffen worden sind (BGH Beschl. v. 21.7. 2009 – EnVR 12/08, RdE 2010, 29 (30); Beschl. v. 28.6.2005 – KVR 27/04, RdE 2005, 222 (223) – Arealnetz). Ebenso wenig ist das Gericht verpflichtet, alle vorgetragenen Tatsachen von Amts wegen nachzuprüfen. Damit zusammenhängend wird in stRspr angenommen, dass das Beschwerdegericht nicht gehalten ist, sich in den Entscheidungsgründen mit sämtlichem Vorbringen einer Prozesspartei auseinanderzusetzen und hierzu im Einzelnen Stellung zu nehmen (BGH Beschl. v. 2.2.2010 – KVZ 16/09, BeckRS 2010, 5789 Rn. 27). Auch muss das Beschwerdegericht nicht bei jeder Unvollständigkeit des Vorbringens der Beteiligten Ermittlungen anstellen. Der Amtsermittlungsgrundsatz wird demnach durchbrochen, wenn die Beteiligten ihren Mitwirkungsobliegenheiten nicht nachkommen. Außerdem sind nur solche Tatsachen zu ermitteln, die nicht aufgeklärt oder offenkundig und daher **beweisbedürftig** sind (BerlKommEnergieR/*Johanns/Roesen* EnWG § 82 Rn. 4).

Die Auswahl der **Mittel, mit denen der Sachverhalt im Einzelfall zu erfor-** 5 **schen ist,** steht im pflichtgemäßen Ermessen des Beschwerdegerichts. Dieses kann auf förmliche Beweismittel wie die Vernehmung von Zeugen und die Hinzuziehung von Sachverständigen zurückgreifen, es kann sich aber auch formloser Aufklärungsmittel bedienen, zB Auskünfte analog § 87 Abs. 1 S. 2 Nr. 3 VwGO einholen oder Behördenakten gem. § 84 Abs. 2 beiziehen (BerlKommEnergieR/ *Johanns/Roesen* EnWG § 82 Rn. 8; zur entsprechenden Anwendung der Regelungen der ZPO über das Beweisverfahren → § 85 Rn. 3). Sofern im Interesse einer wirksamen Sachverhaltsaufklärung die Einsicht in weitere, nicht zum Aktenbestand des Gerichts gehörende Unterlagen als notwendig erscheint, kann das Gericht diese Akten im Umfang ihrer Entscheidungserheblichkeit beiziehen und die Offenlegung der Akten anordnen. Eine Offenlegungsanordnung gem. § 84 Abs. 2 umfasst dabei konkludent auch die erforderliche Anordnung der Beiziehung des jeweiligen Akteninhalts gem. § 82 Abs. 3 S. 1 (OLG Düsseldorf Beschl. v. 14.11.2018 – VI-3 Kart 6/18 (V), ZNER 2018, 539 (540) Rn. 16 aE).

II. Folgen einer Verletzung der Aufklärungspflicht durch das Beschwerdegericht

Verletzt das Beschwerdegericht seine Aufklärungspflicht, kann dies mit der 6 Rechtsbeschwerde gerügt werden (BGH Beschl. v. 27.6.1968 – KVR 3/67, BGHZ 50, 357 (362) = juris Rn. 22). Nicht rechtsbeschwerdefähig ist zwar die individuelle Entscheidung über Beweisangebote. Gleichwohl kann die unzureichende Sachverhaltsaufklärung ein Verfahrensfehler sein, auf dem die Hauptsacheentscheidung beruht (vgl. § 88 Abs. 2). Ein derartiger Verfahrensfehler liegt allerdings nicht bereits vor, wenn eine denkbare oder mögliche Erkenntnisquelle außer Acht gelassen wurde. Vielmehr entscheidet das Beschwerdegericht über die Grenzen seiner Aufklärungspflicht im konkreten Fall nach pflichtgemäßem Ermessen (Immenga/Mestmäcker/*K. Schmidt* GWB § 70 Rn. 2 mwN). Vor diesem Hintergrund ist die **Kontrolldichte in der Rechtsbeschwerdeinstanz** gering (FK-KartellR/*Meyer-Lindemann* GWB § 70 Rn. 10).

Nach dem BGH kann eine Verletzung des Untersuchungsgrundsatzes als solche 7 regelmäßig keinen Verstoß gegen die Pflicht zur Gewährung rechtlichen Gehörs begründen, weshalb sie auch nicht Grundlage für eine zulassungsfreie **Rechtsbeschwerde** gem. § 86 Abs. 4 Nr. 3 sein kann (so im Kartellverwaltungsprozess BGH Beschl. v. 23.6.2009 – KVR 57/08, NJOZ 2010, 924 Rn. 16 – Versicherergemeinschaft). Damit sich eine Verletzung des rechtlichen Gehörs feststellen lässt, müssen besondere Umstände deutlich gemacht werden, die zweifelsfrei darauf schließen lassen, dass tatsächliches Vorbringen eines Beteiligten entweder überhaupt nicht zur Kenntnis genommen oder bei der Entscheidung nicht erwogen worden ist (so im Zivilprozess BGH Urt. v. 27.3.2003 – V ZR 291/02, NJW 2003, 1943 (1947) mwN). Vor diesem Hintergrund setzt die Rüge einer Verletzung des Untersuchungsgrundsatzes in der Regel voraus, dass die Rechtsbeschwerde bereits durch das Beschwerdegericht gem. § 86 Abs. 1 oder nach erfolgreicher Nichtzulassungsbeschwerde gem. § 87 zugelassen worden ist.

III. Darlegungs- und Beweislast

8   Aufgrund der Geltung des Untersuchungsgrundsatzes besteht in energiewirtschaftsrechtlichen Verwaltungssachen anders als im Zivilprozess **keine formelle Darlegungs- und Beweislast.** Die Frage, wer das Risiko der Unaufklärbarkeit von Tatsachen trägt, beantwortet sich nach dem materiellen Recht. Wie im Verfahren vor der Regulierungsbehörde gilt also der **Grundsatz der materiellen Beweislast** (vgl. auch → § 68 Rn. 9). Soweit das materielle Recht einem Betroffenen den **Nachweis der ihm zugänglichen und für die Beantwortung der Streitfrage maßgeblichen Tatsachen** auferlegt, obliegt es diesem, die für die materiellrechtliche Beurteilung relevanten Umstände zumindest im Ansatz und damit substantiiert vorzutragen (BGH Beschl. v. 27.2.2018 – EnVZ 50/17, Rn. 15 ff. zur Verweigerung des Netzanschlusses gem. § 17 Abs. 2 S. 1; OLG Frankfurt a. M. Beschl. v. 8.3.2018 – 11 W 40/16 (Kart), EnWZ 2018, 182 Rn. 57 zum Kriterium der unentgeltlichen Bereitstellung einer Kundenanlage gem. § 3 Nr. 24a lit. d). Eine Partei genügt ihren Substantiierungspflichten, wenn sie Tatsachen vorträgt, die in Verbindung mit einem Rechtssatz geeignet sind, die Erfüllung der Voraussetzungen für eine sie begünstigende Rechtsfolge als möglich erscheinen zu lassen. Unerheblich ist dabei, wie wahrscheinlich die Darstellung ist und ob sie auf eigenem Wissen oder auf einer Schlussfolgerung aus Indizien beruht. Der Grad der Wahrscheinlichkeit der Sachverhaltsschilderung spielt in der Regel erst im Rahmen der tatrichterlichen Würdigung des Prozessstoffs eine Rolle (zum Vorstehenden BGH Beschl. v. 21.10.2014 – VIII ZR 34/14, ZfBR 2015, 139 Rn. 20 und 25 mwN; zum Grundsatz der freien Beweiswürdigung → § 83 Rn. 2).

9   Sofern das Gesetz auf der Grundlage allgemeiner Erfahrungssätze Vermutungsregeln statuiert, obliegt die **Widerlegung des gesetzlich vermuteten Tatbestands** dem Betroffenen (vgl. etwa die „Es-sei-denn"-Vorschriften der §§ 17 Abs. 1 S. 2, 20 Abs. 1 b S. 5 oder § 30 Abs. 1 S. 2 Nr. 6). Obwohl gesetzliche Vermutungen faktisch den Umfang der gerichtlichen Sachaufklärungspflicht einschränken, entbinden sie das Gericht nicht von der Aufgabe, den Sachverhalt gem. § 82 Abs. 1 von Amts wegen zu ermitteln. Nach dem BGH kann eine gesetzliche Vermutung deshalb ihre bindende Wirkung erst entfalten, wenn das Gericht nach der ihm obliegenden freien Würdigung des gesamten Verfahrensergebnisses den gesetzlich vermuteten Tatbestand weder auszuschließen noch zu bejahen vermag (BGH Beschl. v. 2.12.1980 – KVR 1/80, GRUR 1981, 365 (368) – Klöckner-Becorit; Immenga/Mestmäcker/*K. Schmidt* GWB § 70 Rn. 10).

10 Enthält das Gesetz keine ausdrückliche Nachweispflicht und nimmt auch keine andere Verteilung etwa durch Vermutungsregeln vor, ist auf die allgemeinen verwaltungsprozessualen Grundsätze zur **Verteilung der materiellen Beweislast** zurückzugreifen. Hiernach geht die Nichterweislichkeit einer Tatsache zu Lasten des-

Untersuchungsgrundsatz **§ 82**

jenigen, der aus ihr eine ihm günstige Rechtsfolge herleitet (*Salje* RdE 2006, 253 (256) mwN). Bei **belastenden Verwaltungsakten** liegt die materielle Beweislast damit grundsätzlich bei der Regulierungsbehörde (Hempel/Franke/*Jansen*/*Scholz* EnWG § 82 Rn. 8). Bei **Leistungsbeschwerden** und **Feststellungsbeschwerden,** soweit sie nicht der Abwehr von Eingriffen dienen, trägt hingegen grds. der Beschwerdeführer die materielle Beweislast (vgl. Immenga/Mestmäcker/*K. Schmidt* GWB § 70 Rn. 10; wie hier Elspas/Graßmann/Rasbach/*Kalwa*/*Göge* EnWG § 82 Rn. 7).

In Konkretisierung der vorstehenden Grundsätze trägt die Regulierungsbehörde **11** grds. die Last **einer unterbliebenen oder unzureichenden Sachverhaltsaufklärung** (OLG Düsseldorf Beschl. v. 6.6.2012 – VI-3 Kart 356/07 (V), N&R 2012, 288 (292)). Allerdings können der Amtsaufklärungspflicht der Regulierungsbehörde gem. § 68 Abs. 1 Obliegenheiten der betroffenen Netzbetreiber gegenüberstehen, die bei der Ermittlung des Sachverhalts mithelfen und die ihnen bekannten Tatsachen und Beweismittel angeben sollen (BGH Beschl. v. 3.3.2009 – EnVR 79/07, RdE 2010, 19 Rn. 21 – SWU Netze). Insoweit begrenzt die **Mitwirkungslast der Betroffenen** die Aufklärungspflicht der Regulierungsbehörde. In diesem Sinne hatte das OLG Düsseldorf bspw. im Hinblick auf das vor Inkrafttreten der Anreizregulierung maßgebliche Netzentgeltgenehmigungsverfahren folgende Beweislastverteilung vorgenommen: Die Vollständigkeit der Unterlagen iSd § 23a Abs. 4 S. 2 sei nach Maßgabe der zum Zeitpunkt der Antragstellung herrschenden Rechtslage vom Antragsteller darzulegen und zu beweisen, wohingegen die Darlegung und der Beweis der Voraussetzungen für das Nichteintreten der Genehmigungsfiktion gem. § 23a Abs. 4 S. 3 Nrn. 1, 2 grds. der Regulierungsbehörde oblägen (OLG Düsseldorf Beschl. v. 21.7.2006 – VI-3 Kart 289/06 (V), RdE 2006, 307 (308) unter II. 1.; zu pauschal dagegen OLG Brandenburg Beschl. v. 8.1.2008 – Kart W 4/06, BeckRS 2008, 18661: der Antragsteller trage die materielle Beweislast für sämtliche Voraussetzungen seines Anspruchs). Ähnlich kann die Beweislast in Verfahren zur Festlegung von Erlösobergrenzen nach der ARegV verteilt werden. Im Hinblick auf Informationen, die ein Netzbetreiber der Regulierungsbehörde zu unterbreiten hat, wie diejenigen des § 27 Abs. 1 ARegV, ist die Behörde nicht zu eigenen Ermittlungen verpflichtet. Sie hat jedoch den Betroffenen auf ein etwaig unvollständiges Vorbringen hinzuweisen und zur Vorlage weiterer Unterlagen aufzufordern (BGH Beschl. v. 28.6.2011 – EnVR 48/10, RdE 2011, 308 Rn. 85 ff. – EnBW Regional AG), bevor sie eine nachteilige Entscheidung erlässt. Sofern ein Betroffener trotz entsprechender Aufforderung entscheidungserhebliche Tatsachen, in deren Sphäre zuzuordnen sind, nicht substantiiert darlegt und beweist, geht die Nichtaufklärbarkeit zu seinen Lasten (BGH Beschl. v. 14.8.2008 – KVR 27/07, ZNER 2008, 210 Rn. 27 – Stadtwerke Engen; Schneider/Theobald EnergieWirtschaftsR-HdB/*Franke*/*Schütte* § 21 Rn. 47). Entsprechendes gilt auch für das Beschwerdeverfahren (vgl. BGH Beschl. v. 18.10.2011 – EnVR 13/10, BeckRS 2011, 29725 Rn. 33 f. – PVU Energienetze GmbH).

C. Erörterungspflichten des/der Vorsitzenden (§ 82 Abs. 2)

In § 82 Abs. 2 sind die Erörterungspflichten des oder der Vorsitzenden geregelt. **12** Die Bestimmung ist praktisch identisch mit § 86 Abs. 3 VwGO und entspricht weitgehend § 139 Abs. 1 S. 2 ZPO. Sie ist Ausdruck der richterlichen Fürsorgepflicht und dient der Verwirklichung der den Beteiligten zustehenden Verfahrensrechte sowie ihrer materiellen Ansprüche. Richterliche Hinweise iSd § 82 Abs. 2 sollen sowohl zu einer dem Gesetz entsprechenden, gerechten Entscheidung des Gerichts beitragen als auch zur Verwirklichung des durch § 83 Abs. 1 S. 2 konkretisierten Rechts auf Gehör gem. Art. 103 Abs. 1 GG (zusammenfassend *Kopp/Schenke* VwGO § 86 Rn. 22 mwN). Bei der Erörterung von **Sachverhalt** und **Anträgen** haben der oder die Vorsitzende auf eine **Klärung** hinzuwirken. Auch Hinweise auf **Rechtsfragen** können verpflichtend sein, um eine Entscheidung auf für die Beteiligten überraschender Grundlage zu vermeiden und ihnen die Gelegenheit zu geben, ihre Anträge klarzustellen oder zu vervollständigen (FK-KartellR/*Meyer-Lindemann* GWB § 70 Rn. 13; sa → § 83 Rn. 11). Ein Verstoß gegen die Erörterungspflichten kann, soweit er für die Hauptsacheentscheidung ursächlich war, einen Rechtsbeschwerdegrund darstellen (Immenga/Mestmäcker/*K. Schmidt* GWB § 70 Rn. 11). In diesem Fall ist es allerdings erforderlich, dass die Rechtsbeschwerde bereits durch das Beschwerdegericht gem. § 86 Abs. 1 oder nach erfolgreicher Nichtzulassungsbeschwerde gem. § 87 zugelassen worden ist. Als Verletzung des Anspruchs auf rechtliches Gehör und damit als absoluten Revisionsgrund iSd § 86 Abs. 4 S. 3 lässt sich die Nichterteilung von Hinweisen praktisch nur unter außerordentlichen Umständen einstufen, wenn das Gericht ohne vorherigen Hinweis Anforderungen an den Sachvortrag stellt oder auf rechtliche Gesichtspunkte abstellt, mit denen auch ein gewissenhafter und kundiger Prozessbeteiligter – selbst unter Berücksichtigung der Vielzahl vertretbarer Rechtsauffassungen – nicht zu rechnen brauchte (BVerfG Beschl. v. 17. 1. 1994 – 1 BvR 245/93, NJW 1994, 1274; vgl. das Vorliegen einer unzulässigen Überraschungsentscheidung bejahend BGH Urt. v. 2. 2. 1993 – XI ZR 58/92, NJW-RR 1993, 569 (570); verneinend BGH Beschl. v. 12. 7. 2013 – KVR 11/12, BeckRS 2013, 13524 Rn. 12 ff.; für weitere Nw. s. BerlKommEnergieR/*Johanns/Roesen* EnWG § 82 Rn. 15).

D. Mitwirkungspflichten der Beteiligten (§ 82 Abs. 3)

13   Gem. § 82 Abs. 3 S. 1 kann das Beschwerdegericht den Beteiligten aufgeben, sich innerhalb einer zu bestimmenden Frist über aufklärungsbedürftige Punkte zu äußern, Beweismittel zu bezeichnen und in ihren Händen befindliche Urkunden sowie andere Beweismittel vorzulegen. Damit kann das Gericht die Beteiligten zur **Mitwirkung an der Sachverhaltsaufklärung** auffordern. Ob und inwieweit das Beschwerdegericht Mitwirkungspflichten iSd § 82 Abs. 3 auferlegt, hängt von dem Umfang der verfahrensrechtlichen Aufklärungspflicht gem. § 82 Abs. 1 ab (OLG Düsseldorf Beschl. v. 27. 5. 2021 – VI-3 Kart 3/21 (V), BeckRS 2021, 16905 Rn. 30; Beschl. v. 5. 7. 2021 – VI-3 Kart 612/19 (V), BeckRS 2021, 23413 Rn. 22). Aufzuklären sind solche Umstände, auf die es nach der materiell-rechtlichen Auffassung des Gerichts, die es seiner Entscheidung zugrunde legt, ankommt. Dies gilt auch für die Frage, inwieweit weitere nicht zum Aktenbestand des Gerichts gehörende Verwaltungsvorgänge zum Zwecke der Sachverhaltsaufklärung beizuziehen sind (näher OLG Düsseldorf Beschl. v. 27. 5. 2021 – VI-3 Kart 3/21 (V), BeckRS 2021, 16905 Rn. 30 ff. zum Akteneinsichtsgesuch eines nicht bezuschlagten Bieters gem. § 84 iVm den §§ 61 Abs. 3 S. 1 u. 64 Abs. 1 KVBG; OLG Düsseldorf Beschl. v. 5. 7. 2021 – VI-3 Kart 612/19 (V), BeckRS 2021, 23413 Rn. 22 zum Antrag eines Netzbetreibers auf Einsicht in die Akten des zur Festlegung des Xgen für die 3. Regulierungsperiode vorangeschalteten Datenerhebungsverfahrens; dazu auch → § 84 Rn. 10 ff.).

Zur Vorlage der relevanten Beweismittel kann das Beschwerdegericht den Verfahrensbeteiligten gem. § 82 Abs. 3 S. 1 eine **Frist** setzen, die angemessen, unter Berücksichtigung der Umstände des Einzelfalls wie insbesondere des Umfangs und der Komplexität der aufklärungsbedürftigen Punkte zu bestimmen ist. Wie bei sonstigen verfahrensleitenden Verfügungen des Gerichts kann eine nach § 82 Abs. 3 S. 1 gesetzte Frist auf begründeten Antrag verlängert werden. Wird die Frist versäumt, kann das Gericht gem. § 82 Abs. 3 S. 2 nach Lage der Sache entscheiden, ohne die nicht beigebrachten Beweismittel – im Wortlaut ist zu eng nur von „Unterlagen" die Rede – zu berücksichtigen (vgl. Immenga/Mestmäcker/*K. Schmidt* GWB § 70 Rn. 12). 14

E. Erleichterte Beweisführung (§ 82 Abs. 4)

Wird eine Anforderung nach § 69 Abs. 7 oder eine Anordnung nach § 69 Abs. 8 mit der Beschwerde angefochten, hat die Regulierungsbehörde gem. § 82 Abs. 4 die tatsächlichen Anhaltspunkte glaubhaft zu machen. Die hiermit statuierte erleichterte Beweisführung gilt ausschließlich in den in § 82 Abs. 4 S. 1 aufgeführten Fällen, dh bei Anfechtungsbeschwerden gegen Anforderungen von Auskünften nach § 69 Abs. 7 und bei Anordnungen der Prüfung nach § 69 Abs. 8. Hierbei handelt es sich um Ermittlungsbefugnisse der Regulierungsbehörde, auf deren Grundlage sie sich im Rahmen eines förmlichen Verwaltungsverfahrens Informationen beschaffen kann (→ § 69 Rn. 3 ff.). In einem etwaig anschließenden Beschwerdeverfahren gegen die nach Auswertung der erlangten Auskünfte und Informationen ergangene Hauptsacheentscheidung der Regulierungsbehörde findet § 82 Abs. 4 demgegenüber keine Anwendung (Loewenheim/Meessen/Riesenkampff/Kersting/Meyer-Lindemann/*Kühnen* GWB § 70 Rn. 2). 15

Bei der Anfechtung von Anordnungen der Regulierungsbehörde gem. § 69 Abs. 7 oder 8 wird die Beweisführung der Regulierungsbehörde dadurch erleichtert, dass lediglich eine **Glaubhaftmachung** und kein voller Beweis der tatsächlichen, eine solche Anordnung rechtfertigenden Anhaltspunkte notwendig ist. Nach § 294 Abs. 1 ZPO, der gem. § 82 Abs. 4 S. 2 auch im energiewirtschaftsrechtlichen Verfahren anwendbar ist, kann sich die Regulierungsbehörde hierbei aller Beweismittel bedienen, einschließlich der **Versicherung an Eides statt** (zu den Anforderungen an die eidesstaatliche Versicherung MüKoZPO/*Prütting* § 294 Rn. 18). Der Beweis, dass die Voraussetzungen für eine entsprechende Entscheidung im Auskunftsverfahren vorlagen, erfordert deshalb nicht, dass die Regulierungsbehörde ihre Informanten nennt (*Salje* EnWG § 82 Rn. 18), sondern kann die relevanten Tatsachen durch andere Beweismittel glaubhaft zu machen versuchen. 16

Durch die erleichterte Beweisführung will § 82 Abs. 4 wie die Vorbildregelung des § 75 Abs. 4 S. 1–2 GWB der sog. Ross- und Reiter-Problematik Rechnung tragen. Im Kartellrecht wird mit dieser Bezeichnung die Erfahrung beschrieben, dass marktstarke Unternehmen andere wirtschaftlich oder in sonstiger Weise abhängige Unternehmen unter Druck setzen und diese davor zurückschrecken könnten, der Kartellbehörde Missbrauchssachverhalte anzuzeigen (FK-KartellR/*Meyer-Lindemann* GWB § 70 Rn. 16 ff.; Loewenheim/Meessen/Riesenkampff/Kersting/Meyer-Lindemann/*Kühnen* GWB § 70 Rn. 2). Vergleichbare Probleme könnten auch in der Energiewirtschaft auftreten. § 82 Abs. 4 ermöglicht es deshalb der Regulierungsbehörde, die Voraussetzungen für eine entsprechende Entscheidung 17 im Auskunftsverfahren (Anfangsverdacht) mit anderen Beweismitteln glaubhaft zu machen, ohne ihre Informanten als Zeugen benennen zu müssen (BerlKommEnergieR/*Johanns/Roesen* EnWG § 82 Rn. 13; *Salje* EnWG § 82 Rn. 18).

§ 83 Beschwerdeentscheidung

(1) ¹Das Beschwerdegericht entscheidet durch Beschluss nach seiner freien, aus dem Gesamtergebnis des Verfahrens gewonnenen Überzeugung. ²Der Beschluss darf nur auf Tatsachen und Beweismittel gestützt werden, zu denen die Beteiligten sich äußern konnten. ³Das Beschwerdegericht kann hiervon abweichen, soweit Beigeladenen aus wichtigen Gründen, insbesondere zur Wahrung von Betriebs- oder Geschäftsgeheimnissen, Akteneinsicht nicht gewährt und der Akteninhalt aus diesen Gründen auch nicht vorgetragen worden ist. ⁴Dies gilt nicht für solche Beigeladene, die an dem streitigen Rechtsverhältnis derart beteiligt sind, dass die Entscheidung auch ihnen gegenüber nur einheitlich ergehen kann.

(2) ¹Hält das Beschwerdegericht die Entscheidung der Regulierungsbehörde für unzulässig oder unbegründet, so hebt es sie auf. ²Hat sich die Entscheidung vorher durch Zurücknahme oder auf andere Weise erledigt, so spricht das Beschwerdegericht auf Antrag aus, dass die Entscheidung der Regulierungsbehörde unzulässig oder unbegründet gewesen ist, wenn der Beschwerdeführer ein berechtigtes Interesse an dieser Feststellung hat.

(3) Hat sich eine Entscheidung nach den §§ 29 bis 31 wegen nachträglicher Änderung der tatsächlichen Verhältnisse oder auf andere Weise erledigt, so spricht das Beschwerdegericht auf Antrag aus, ob, in welchem Umfang und bis zu welchem Zeitpunkt die Entscheidung begründet gewesen ist.

(4) Hält das Beschwerdegericht die Ablehnung oder Unterlassung der Entscheidung für unzulässig oder unbegründet, so spricht es die Verpflichtung der Regulierungsbehörde aus, die beantragte Entscheidung vorzunehmen.

(5) Die Entscheidung ist auch dann unzulässig oder unbegründet, wenn die Regulierungsbehörde von ihrem Ermessen fehlsamen Gebrauch gemacht hat, insbesondere wenn sie die gesetzlichen Grenzen des Ermessens überschritten oder durch die Ermessensentscheidung Sinn und Zweck dieses Gesetzes verletzt hat.

(6) Der Beschluss ist zu begründen und mit einer Rechtsmittelbelehrung den Beteiligten zuzustellen.

Übersicht

	Rn.
A. Überblick	1
B. Grundsatz der freien Beweiswürdigung (Abs. 1 S. 1)	2
C. Rechtliches Gehör (Abs. 1 S. 2–4)	8
I. Anspruch der Verfahrensbeteiligten auf rechtliches Gehör (Abs. 1 S. 2)	9
II. Einschränkung des Anspruchs auf rechtliches Gehör im Hinblick auf die einfachen Beigeladenen (Abs. 1 S. 3–4)	12

§ 83

	Rn.
D. Beschwerdeentscheidung	13
I. Form (Abs. 1 S. 1, Abs. 6)	13
II. Anfechtungsbeschwerde (Abs. 2 S. 1)	16
III. Verpflichtungsbeschwerde (Abs. 4)	19
IV. Fortsetzungsfeststellungsbeschwerde (Abs. 2 S. 2, Abs. 3)	21
V. Weitere Beschwerdearten	28
E. Umfang der Ermessensüberprüfung (Abs. 5)	29

Literatur: *Antweiler/Nieberding,* Rechtsschutz im neuen Energiewirtschaftsrecht, NJW 2005, 3673; *Bacher,* Die Rechtsprechung des Bundesgerichtshofs zum Energiewirtschaftsrecht, WM Sonderbeil. Heft 1/2021, 1; *Bacher/Hempel/Wagner-von Papp* (Hrsg.), Beck'scher Online-Kommentar zum Kartellrecht, 2. Ed. 15.7.2021 (zit. BeckOK KartellR/*Bearbeiter*); *Böhme/Schellberg,* Anmerkung zum Beschluss des BGH vom 14.4.2015 – EnVR 45/13, N&R 2015, 239 (Missbrauchsverfügung zur Durchsetzung eines dezentralen Messkonzepts); *Bourazeri,* Anmerkung zu den Beschlüssen des BGH v. 3.3.2020 – EnVR 26/18 und EnVR 56/18, N&R 2020, 188 (Festlegung der Eigenkapitalzinssätze für die dritte Regulierungsperiode); *Bourazeri,* Rechtliche und ökonomische Grundlagen des generellen sektoralen Produktivitätsfaktors gemäß § 9 ARegV, N&R 2020, 194; *Burgi,* Verfassungsrechtliche Grenzen behördlicher Entscheidungsspielräume bei der Festlegung der Eigenkapitalzinssätze, RdE 2020, 105; *Di Fabio,* Unabhängige Regulierungsbehörden und gerichtliche Kontrolldichte, EnWZ 2022, 291; *Eyermann* (Hrsg.), VwGO, 15. Aufl. 2019 (zit. Eyermann/*Bearbeiter*); *Gärditz,* Regulierungsermessen im Energierecht, DVBl. 2016, 399; *Grüneberg,* Die Rechtsprechung des Kartellsenats des BGH zum Energiewirtschaftsrecht im Jahr 2014, NVwZ 2015, 394; *Gundel,* Die Auswirkungen des Vertragsverletzungsurteils des EuGH zur Unabhängigkeit der Energieregulierung, EnWZ 2021, 339; *Gussone,* Beurteilungsspielräume bei der Regulierung der Energienetzentgelte – Grenzen für die gerichtliche Kontrolle?, ZNER 2007, 266; *Kremer,* Die kartellverwaltungsrechtliche Beschwerde, 1988; *Kreuter-Kirchhof,* Unabhängigkeit der Regulierungsbehörde? Verfassungsrechtliche Anforderungen an die Rechtsbindung der Verwaltung, NVwZ 2021, 589; *Ludwigs,* Zeitwende der nationalen Energieregulierung? – Das normierende Steuerungskonzept auf dem Prüfstand des EuGH, EnWZ 2019, 160; *Maunz/Dürig* (Hrsg.), Grundgesetz, 94. EL Januar 2021 (zit. Maunz/Dürig/*Bearbeiter*); *Mesic/Schlack/Steinbeck,* Netzentgeltgenehmigungen: Verwaltungsrechtliche und prozessuale Grundsätze, ZNER 2008, 191; *Mey,* Anmerkung zum Beschluss des BGH vom 12.11.2013 – EnVR 33/12, EnWZ 2014, 132 (Aufhebung der Festlegung zu Preisindizes zur Tagesneuwertermittlung nach § 6 StromNEV/GasNEV a. F.); *Missling,* Anmerkung zum Beschluss des BGH vom 16.12.2014 – EnVR 54/13, EnWZ 2015, 183 (Bestandskraft von Allgemeinverfügungen nach § 29 I EnWG); *Mohr,* Die Verzinsung des Eigenkapitals von Energienetzbetreibern nach der 3. Regulierungsperiode, N&R-Beil. Heft 1/2020, 1; *Mohr,* Anreizregulierung, Ökonomie und Mathematik – am Beispiel des generellen sektoralen Produktivitätsfaktors gem. § 9 ARegV, RdE 2020, 385; *Pielow,* Beurteilungsspielraum und Kontrolldichte, in: Baur/Salje/Schmidt-Preuß (Hrsg.), Regulierung in der Energiewirtschaft, 2. Aufl. 2016, Kap. 57; *Richter,* Anmerkung zum Beschluss des BGH vom 26.1.2021 – EnVR 7/20 (Genereller sektoraler Produktivitätsfaktor), N&R 2021, 186; *Richter,* Ökonomische Erkenntnisdefizite als Effizienzgrenze der Anreizregulierung, EnWZ 2021, 291; *Rosin/Bourazeri,* Der Stand der Wissenschaft als normative Grenze regulatorischer Letztentscheidungsbefugnisse der Bundesnetzagentur – am Beispiel des generellen sektoralen Produktivitätsfaktors gem. § 9 ARegV, RdE 2021, 248; *Schmidt-Preuß,* Aktuelles zur Zukunft der normierenden Regulierung im Energiesektor – Empfehlungen an den Gesetz- und Verordnungsgeber, RdE 2021, 173; *Spiekermann/Schellberg,* Anmerkung zum Beschluss des BGH vom 14.8.2008 – KVR 42/07 (Energiewirtschaftsrechtliche Entgeltgenehmigung), N&R 2008, 202; *Vorwerk/Wolf* (Hrsg.), Beck'scher Online-Kommentar zur ZPO, 42. Ed. 1.9.2021 (zit. BeckOK ZPO/*Bearbeiter*).

A. Überblick

1 § 83 entspricht weitgehend § 71 GWB aF (BT-Drs. 15/3917, 72), der wortlautgleich in den heutigen § 76 GWB überführt wurde (BT-Drs. 19/23492, 123). Nicht in § 83 übernommen wurde die Ausnahmevorschrift des § 71 Abs. 5 S. 2 GWB aF, wonach die „Würdigung der gesamtwirtschaftlichen Lage und Entwicklung" der Nachprüfung des Gerichts entzogen ist, da sie sich auf eine kartellrechtsspezifische Tatbestandsvoraussetzung bezieht (vgl. § 42 Abs. 1 GWB), die keine Entsprechung im EnWG findet. Im Einzelnen bestimmt § 83 Abs. 1 S. 1 die Form der Beschwerdeentscheidung („Beschluss") und steht damit in systematischem Zusammenhang mit § 83 Abs. 6, der weitere formelle Anforderungen an den Inhalt und die Zustellung der Beschwerdeentscheidung normiert. Mit einer an § 108 Abs. 1 S. 1 VwGO angelehnten Formulierung statuiert § 83 Abs. 1 S. 1 zugleich den Grundsatz der freien Beweiswürdigung. Als Ausprägung des Rechts auf rechtliches Gehör legt § 83 Abs. 1 S. 2–4 des Weiteren fest, dass in der Beschwerdeentscheidung grundsätzlich nur Tatsachen und Beweismittel zu berücksichtigen sind, die den Verfahrensbeteiligten offengelegt wurden. Darüber hinaus wird in § 83 Abs. 2 S. 1 mit Blick auf Anfechtungsbeschwerden und in § 83 Abs. 4 mit Blick auf Verpflichtungsbeschwerden der Kerninhalt (Tenor) der jeweiligen Beschwerdeentscheidung definiert. In den Fällen einer Erledigung der Hauptsache regelt § 83 Abs. 2 S. 2 ferner die Voraussetzungen, unter denen das Beschwerdegericht auf den (Fortsetzungsfeststellungs-) Antrag des Betroffenen hin die Rechtswidrigkeit einer Entscheidung der Regulierungsbehörde feststellen kann. § 83 Abs. 3 behandelt den umgekehrten Fall, in dem das Gericht auf Antrag die Rechtmäßigkeit einer wegen nachträglicher Änderung der tatsächlichen Verhältnisse oder auf andere Weise erledigten Entscheidung der Regulierungsbehörde gem. §§ 29–31 feststellt. § 83 Abs. 5 umreißt schließlich den Umfang der gerichtlichen Kontrolle bei Ermessensentscheidungen der Regulierungsbehörde.

B. Grundsatz der freien Beweiswürdigung (Abs. 1 S. 1)

2 Gem. § 83 Abs. 1 S. 1 entscheidet das Beschwerdegericht nach seiner freien, aus dem Gesamtergebnis des Verfahrens gewonnenen Überzeugung. Damit wird in Energieverwaltungssachen der bereits aus dem Verwaltungsprozess bekannte Grundsatz der **freien Beweiswürdigung** statuiert (vgl. § 108 Abs. 1 S. 1 VwGO). Dieser Grundsatz gilt nach § 286 ZPO mit wenigen Ausnahmen auch im Zivilprozess (näher BeckOK ZPO/*Bacher* § 286 Rn. 14ff.). Freie Beweiswürdigung bedeutet, dass das Gericht bei der Bewertung der für die Feststellung des Sachverhalts maßgeblichen Umstände nicht an „feste Beweisregeln" gebunden ist (Immenga/Mestmäcker/*K. Schmidt* GWB § 71 Rn. 1). Als Beweisregeln sind formale Anforderungen an die Überzeugungsbildung zu verstehen, wie etwa mit Blick auf die Beweiskraft von Urkunden in den §§ 415–418 ZPO enthalten sind. Von den formalen Beweisregeln zu unterscheiden sind die Regeln der Beweislast (→ § 82 Rn. 8ff.). Innerhalb der Grenzen einer widerspruchsfreien, die Beweislastregeln sowie etwaige Erfahrungssätze oder Denkgesetze beachtenden Würdigung darf das Gericht den im Prozess eingeführten Tatsachenstoff frei auswerten und seiner Entscheidung zugrunde legen (vgl. zB BVerwG Beschl. v. 25.8.2021 – 4 B 3.21, BeckRS 2021, 27822 Rn. 12). Für die Überzeugungsbildung ist zwar keine volle

Beschwerdeentscheidung § 83

Gewissheit erforderlich (ausf. Kopp/Schenke/*W.-R. Schenke* VwGO § 108 Rn. 5 mwN). Eine bloße Wahrscheinlichkeit reicht aber nicht aus, um die Entscheidung des Gerichts zu stützen (BerlKommEnergieR/*Johanns/Roesen* EnWG § 83 Rn. 6). Folgerichtig sind die Grenzen der freien Würdigung überschritten, wenn etwa das Gericht einen Beweis nur auf Grund fernliegender oder theoretischer Zweifel als nicht erbracht ansieht (BGH Urt. v. 6.5.2015 – VIII ZR 161/14, NJW 2015, 2111 Rn. 12). Von der freien Beweiswürdigung abzugrenzen ist ferner die Frage, welche die aufzuklärenden Tatsachen und die hierfür geeigneten Beweismittel sind. Letztere sind vom Beschwerdegericht nach Maßgabe des Untersuchungsgrundsatzes gem. § 82 zu bestimmen (→ § 82 Rn. 4).

Mit der Bezugnahme auf das „Gesamtergebnis des Verfahrens" bringt § 83 Abs. 1 S. 1 die Pflicht des Beschwerdegerichts zum Ausdruck, bei seiner Entscheidung den **gesamten Streit- und Tatsachenstoff** zu berücksichtigen, der zumindest konkludent Gegenstand der mündlichen Verhandlung oder einer Beweisaufnahme war (BGH Beschl. v. 12.11.2013 – EnVR 33/12, EnWZ 2014, 129 Rn. 12 – Festlegung Tagesneuwerte I; → § 81 Rn. 2). Zum Prozessstoff gehören alle Umstände, die durch das gerichtliche Verfahren zutage getreten sind, insbesondere das gesamte mündliche und schriftliche Vorbringen der Beteiligten, der Inhalt der Gerichtsakten und der vom Gericht beigezogenen Akten oder Unterlagen sowie die Ergebnisse einer Beweisaufnahme (BVerwG Beschl. v. 25.8.2021 – 4 B 3.21, BeckRS 2021, 27822 Rn. 12). **3**

Die Behörde kann tatsächliche oder rechtliche Aspekte zur Verteidigung der materiellen Richtigkeit ihrer Entscheidung noch bis zum Abschluss der mündlichen Verhandlung vor dem Beschwerdegericht ergänzen (BerlKommEnergieR/*Johanns/Roesen* EnWG § 83 Rn. 7; Immenga/Mestmäcker/*K. Schmidt* GWB § 71 Rn. 10; BeckOK KartellR/*Rombach* GWB § 76 Rn. 22). Die Berücksichtigung etwaiger von der Regulierungsbehörde vorgebrachter neuer Tatsachen und Beweismittel oder zulässigerweise nachgeschobener rechtlicher Gründe setzt insbesondere voraus, dass den übrigen Verfahrensbeteiligten gem. § 83 Abs. 1 S. 2 die Möglichkeit gewährt wurde, sich mit dem Vortrag der Behörde auseinanderzusetzen und hierzu zu äußern. Dies entspricht dem durch Art. 103 Abs. 1 GG garantierten Anspruch der Verfahrensbeteiligten auf Gewährung rechtlichen Gehörs. Darüber hinaus ist ein **Nachschieben von tatsächlichen oder rechtlichen Gründen** nur zulässig, wenn die nachträglich angegebenen Gründe schon bei Erlass des Verwaltungsakts vorlagen, dieser durch die nachgeschobenen Gründe nicht in seinem Wesen geändert und der Betroffene nicht in seiner Rechtsverteidigung unzumutbar beeinträchtigt wird (BGH Beschl. v. 23.6.2020 – KVR 69/19, NZKart 2020, 473 Rn. 131 – Facebook II mAnm *Mohr* WuW 2020, 506; sa BVerwG Urt. v. 16.6.1997 – 3 C 22.96, NJW 1998, 2233 (2234) aE; ausf. NK-VwGO/*Wolff* § 113 Rn. 70ff.). Im Ergebnis bezieht sich das Nachschieben von Gründen zumeist auf Aspekte, die auch in der Begründung aufgeführt worden wären, wenn sie schon zum Zeitpunkt des Erlasses des Verwaltungsakts von der Behörde beachtet worden wären (NK-VwGO/*Wolff* § 113 Rn. 73). **4**

Zu unterscheiden ist das Nachschieben von Gründen von der **Umdeutung** eines fehlerhaften Verwaltungsakts in einen anderen Verwaltungsakt gem. § 47 VwVfG. Die Umdeutung setzt voraus, dass die an die Stelle des ursprünglichen Verwaltungsakts tretende Regelung auf das gleiche materielle Regelungsziel gerichtet ist, in die Regelungskompetenz der die Umdeutung aussprechenden Behörde fällt und das von dieser einzuhaltende Verfahren sowie eine etwaige Form der Entscheidung gewahrt sind (BGH Beschl. v. 28.9.1999 – KVR 29/96, NJW-RR 2000, 256 (258) – **5**

§ 83 Teil 8. Verfahren

Verbundnetz I). Abzugrenzen ist ein Nachschieben von Gründen des Weiteren von einer **Änderung der Sach- oder Rechtslage**. Will die Regulierungsbehörde auf veränderte tatsächliche oder rechtliche Rahmenbedingungen reagieren, kann sie dies nicht durch das „Nachschieben" neuer Gesichtspunkte tun, sondern ist darauf angewiesen, den ursprünglichen Verwaltungsakt – sofern er sich nicht bereits erledigt hat – zurückzunehmen und einen neuen zu erlassen (NK-VwGO/*Wolff* § 113 Rn. 83). Unter der Voraussetzung, dass das einschlägige materielle Recht eine nachträgliche Änderung nicht ausschließt, ist die Behörde somit befugt, einen angefochtenen Verwaltungsakt einschließlich seiner Begründung noch während des anhängigen gerichtlichen Verfahrens zu ändern (BVerwG Urt. v. 18.5.1990 – 8 C 48.88, BVerwGE 85, 163 (166) = NJW-RR 1990, 1351 Rn. 18ff.). Beinhaltet eine solche Änderung die konkludente Rücknahme des ursprünglichen Verwaltungsaktes, so steht dem Beschwerdeführer, wenn der Streitstoff im Wesentlichen derselbe geblieben ist, die Möglichkeit zu, entweder in dem bereits anhängigen Prozess die Rechtmäßigkeit des geänderten Verwaltungsakts gerichtlich überprüfen zu lassen oder den Rechtsstreit für in der Hauptsache erledigt zu erklären, um die **Kostenlast** abzuwenden (BVerwG Urt. v. 18.5.1990 – 8 C 48.88, BVerwGE 85, 163 (166) = NJW-RR 1990, 1351 Rn. 21). Hat der Beschwerdeführer nur wegen der ursprünglich unrichtigen Rechtfertigung des Verwaltungsakts die Beschwerde erhoben und erachtet er nunmehr in Anbetracht der nachgeschobenen Gründe den Verwaltungsakt als rechtmäßig, kann er die Beschwerde zurücknehmen. In einem solchen Fall entspricht es der Billigkeit iSd § 90 S. 1, die Kosten der Regulierungsbehörde aufzuerlegen (so auch zum Verwaltungsprozess NK-VwGO/*Wolff* § 113 Rn. 89; Kopp/Schenke/*Hug* VwGO § 155 Rn. 20).

6   Ein Nachschieben von Gründen ist nach dem – in Energieverwaltungssachen entsprechend anwendbaren – § 114 S. 2 VwGO grds. auch bei Entscheidungen der Regulierungsbehörde zulässig, die auf einem **Ermessensspielraum** im Sinne eines Handlungsermessens auf der Rechtsfolgenseite von konditional strukturierten Normen beruhen. Unabhängig von der im Schrifttum umstrittenen Frage, ob sich der Anwendungsbereich von § 114 VwGO auch auf behördliche **Beurteilungsspielräume** erstreckt (dazu NK-VwGO/*Wolff* § 114 Rn. 39 mwN), ist nach dem BVerwG der Rechtsgedanke des § 114 S. 2 VwGO entsprechend anzuwenden (BVerwG Beschl. v. 15.5.2014 – 9 B 57/13, NVwZ-RR 2014, 657 Rn. 10). Auch in den Fällen, in denen der Regulierungsbehörde ein gerichtlich eingeschränkt überprüfbarer Ermessensspielraum auf der Rechtsfolgenseite oder ein Beurteilungsspielraum auf der Tatbestandsseite einer Norm einzuräumen ist, gelten somit für die Zulässigkeit eines Nachschiebens von Gründen die genannten Voraussetzungen: Die nachträglich angegebenen Gründe müssen schon bei Erlass des Verwaltungsakts vorgelegen haben, ihre Heranziehung darf keine Wesensänderung des angefochtenen Verwaltungsakts bewirken und der Betroffene darf nicht in seiner Rechtsverteidigung beeinträchtigt werden (→ Rn. 4).

7   Einer differenzierten Betrachtung bedarf es allerdings bei Entscheidungen der Regulierungsbehörde, die auf einem **Regulierungsermessen** beruhen. In Abgrenzung zum klassischen Ermessensspielraum soll das erstmalig in der telekommunikationsrechtlichen Rspr. des BVerwG entwickelte Regulierungsermessen Sachverhalte erfassen, in denen eine durch zahlreiche unbestimmte Rechtsbegriffe gesteuerte Abwägung auf der Tatbestandsseite einer Norm von einer sich daran anschließenden Ermessensbetätigung auf der Rechtsfolgenseite nicht getrennt werden kann (vgl. BVerwG Urt. v. 28.11.2007 – 6 C 42.06, NVwZ 2008, 575 Rn. 29; zur schillernden Figur des Regulierungsermessens s. statt vieler *Mohr* N&R-Beil.

1/2020, 1 (16 ff.); *Burgi* RdE 2020, 105 (107 ff.); Baur/Salje/Schmidt-Preuß/*Pielow* Kap. 57 Rn. 13 ff.; *Gärditz* DVBl. 2016, 399 ff.). In Anlehnung an die Rspr. des BVerwG hat der BGH der BNetzA ein Regulierungsermessen in Zusammenhang mit Vorgaben der Netzentgeltregulierung eingeräumt (näher → Rn. 31 f.). Da die Anerkennung eines Regulierungsermessens mit einer eingeschränkten inhaltlichen Kontrolle durch die Gerichte einhergeht, sind an die Regulierungsbehörde anspruchsvollere Anforderungen an eine **plausible und erschöpfende Begründung** zu stellen, die es den Betroffenen sowie dem Gericht ermöglicht, die Entscheidung der Behörde nachzuvollziehen und effektiv zu überprüfen. Erhöhte Begründungspflichten fungieren damit als Ausgleich gegenüber einem reduzierten inhaltlichen Prüfungsmaßstab. Zu Recht hebt das BVerwG insoweit hervor, dass bei der Ausübung eines in der Nähe zum Regulierungsermessen liegenden Entscheidungsspielraums die eigentliche Bewertung der Behörde jedenfalls auch darauf nachzuprüfen ist, ob sie im Hinblick auf die Kriterien, die in der Rechtsnorm ausdrücklich hervorgehoben oder in ihr angelegt sind, plausibel und erschöpfend begründet wird (vgl. BVerwG Urt. v. 23.11.2011 – 6 C 11.10, NVwZ 2012, 1047 Rn. 38 f.). Die gerichtliche Kontrolle der Ausübung eines der Behörde eingeräumten Entscheidungsspielraums hat sich dabei grds. auf diejenigen Erwägungen zu erstrecken, aber auch zu beschränken, die die Behörde zur Begründung ihrer Entscheidung dargelegt hat; denn die Darstellung der notwendigen Abwägung im Bescheid soll zumindest auch die nachgehende gerichtliche Kontrolle ermöglichen, die angesichts des ohnehin eingeräumten Spielraums sonst gänzlich um ihre Effizienz gebracht zu werden droht (BVerwG Urt. v. 25.9.2013 – 6 C 13.12, NVwZ 2014, 589 Rn. 35; Urt. v. 23.11.2011 – 6 C 11.10, NVwZ 2012, 1047 Rn. 40; BGH Beschl. v. 22.7.2014 – EnVR 59/12, RdE 2014, 495 Rn. 29 – Stromnetz Berlin GmbH). Es ist deshalb unerheblich, ob die von der Regulierungsbehörde im gerichtlichen Verfahren ergänzten Überlegungen der angegriffenen Entscheidung unausgesprochen zu Grunde gelegen haben (BVerwG Urt. v. 23.11.2011 – 6 C 11.10, NVwZ 2012, 1047 Rn. 40). Derart erhöhte Begründungsanforderungen sind im Interesse einer wirksamen gerichtlichen Kontrolle auch bei der Ausübung eines – auf der Tatbestandsseite einer Norm zu verortenden – **Beurteilungsspielraums** der Regulierungsbehörde zu stellen (BGH Beschl. v. 7.6.2016 – EnVR 62/14, RdE 2016, 462 Rn. 42 – Festlegung volatiler Kosten).

C. Rechtliches Gehör (Abs. 1 S. 2–4)

Während § 83 insgesamt vor allem den Abschluss des Beschwerdeverfahrens regelt, betreffen die Regelungen zum **rechtlichen Gehör** in Abs. 1 S. 2–4 hauptsächlich das **Verfahren** an sich. Verletzungen des Rechts der Beteiligten auf rechtliches Gehör können mittels Rechtsbeschwerde gerügt werden (→ § 86 Rn. 18) oder, wenn die Rechtsbeschwerde nicht statthaft ist, durch eine Anhörungsrüge gem. § 83 a (→ § 83 a Rn. 1 ff.).

I. Anspruch der Verfahrensbeteiligten auf rechtliches Gehör (Abs. 1 S. 2)

Gem. § 83 Abs. 1 S. 2 darf der Beschluss des Beschwerdegerichts nur auf Tatsachen und Beweismittel gestützt werden, zu denen die Beteiligten sich äußern konnten. Dies entspricht der verfassungsrechtlichen Gewährleistung rechtlichen

§ 83

Gehörs gem. Art. 103 Abs. 1 GG. So ist bspw. ein Sachverständigengutachten, das auf im Verfahren nicht offengelegten Unterlagen beruht, unverwertbar (BGH Urt. v. 12.11.1991 – KZR 18/90, NJW 1992, 1817 (1819) – Amtsanzeiger). Die Anforderungen von Art. 103 Abs. 1 GG und § 83 Abs. 1 S. 2 sind erfüllt, wenn die Beteiligten die **Möglichkeit** hatten, **sich vor der Entscheidung in tatsächlicher und rechtlicher Hinsicht zum Streitstoff zu äußern** und damit auf das Verfahren und dessen Ergebnis Einfluss zu nehmen (v. Münch/Kunig/*Kunig/Saliger* GG Art. 103 Rn. 16 mwN). Dies setzt eine rechtzeitige Information über den gesamten Verfahrensstoff voraus (näher Jarass/Pieroth/*Kment* GG Art. 103 Rn. 13 und 24 ff.; → Rn. 3). Lässt ein Verfahrensbeteiligter eine ihm in zumutbarer Weise eröffnete Äußerungsmöglichkeit zurechenbar verstreichen, ist das in der Regel als konkludente Erklärung zu interpretieren, vom Äußerungsrecht keinen Gebrauch machen zu wollen (Maunz/Dürig/*Remmert* GG Art. 103 Abs. 1 Rn. 63).

10 Welche Tatsachen und Beweismittel **entscheidungserheblich** sind, bestimmt das Beschwerdegericht im Rahmen seiner Aufklärungspflicht gem. § 82. Führt die tatrichterliche Würdigung zum unzutreffenden Ergebnis, dass etwa der Sachvortrag der Regulierungsbehörde zur Aufklärung des maßgeblichen Sachverhalts ausreicht, liegt darin grundsätzlich kein Gehörsverstoß iSd Art. 103 Abs. 1 GG, sondern eine Verletzung der gerichtlichen Aufklärungspflicht gem. § 82 (vgl. BGH Beschl. v. 2.2.2010 – KVZ 16/09, BeckRS 2010, 5789 Rn. 18 – Kosmetikartikel). Folgerichtig ist es keine verfassungsrechtliche Frage des rechtlichen Gehörs, sondern eine nach dem Fachrecht zu beantwortende Frage, ob das Gericht dem Vortrag der Beteiligten in materiell-rechtlicher Hinsicht die richtige Bedeutung beigemessen hat (BVerfG Beschl. v. 7.10.2009 – 1 BvR 178/09, GRUR-RR 2009, 441 (442) aE; *Bechtold/Bosch* GWB § 76 Rn. 4).

11 Für die Beteiligten muss zudem erkennbar sein, auf welchen Tatsachenvortrag es für die rechtliche Beurteilung seitens des Gerichts ankommen kann. Deshalb hat das Gericht gegebenenfalls **Hinweise** zu erteilen, um auf eine Klärung des Sachverhalts hinzuwirken. Dies ergibt sich bereits aus § 82 Abs. 2, wonach der oder die Vorsitzende darauf hinzuwirken hat, dass alle für die Feststellung und Beurteilung des Sachverhalts wesentlichen Erklärungen abgegeben werden (vgl. BeckOK KartellR/*Rombach* GWB § 76 Rn. 5). Da die durch Art. 103 Abs. 1 GG garantierte Möglichkeit, Einfluss auf das Verfahren zu nehmen, nicht nur durch tatsächliches Vorbringen, sondern auch durch Rechtsausführungen wahrgenommen wird, kann es in besonderen Fällen – zur Vermeidung von sog. **Überraschungsentscheidungen** – geboten sein, die Verfahrensbeteiligten auf eine Rechtsauffassung hinzuweisen, die das Gericht seiner Entscheidung zugrunde legen will (BVerfG Beschl. v. 19.5.1992 – 1 BvR 986/91, BVerfGE 86, 133 (144) = BeckRS 9998, 173304 unter III. 1. a) – Unterlassungsanspruch; s. auch BVerfG Beschl. v. 17.4.2012 – 1 BvR 3071/10, BeckRS 2012, 10960 unter II. 1. a)). Ein solcher richterliche Hinweis ist in Fällen notwendig, in denen das Gericht auf einen rechtlichen Gesichtspunkt abstellt, mit dem auch ein gewissenhafter und kundiger Prozessbeteiligter selbst unter Berücksichtigung der Vielfalt vertretbarer Rechtsauffassungen nicht zu rechnen braucht. Im Übrigen ist das Gericht grundsätzlich nicht verpflichtet, Hinweise bezüglich seiner Rechtsauffassung zu erteilen. Auch wenn die Rechtslage umstritten ist, muss daher ein Verfahrensbeteiligter grundsätzlich alle vertretbaren rechtlichen Gesichtspunkte von sich aus in Betracht ziehen und seinen Vortrag darauf einstellen (zum Vorstehenden BVerfG Beschl. v. 19.5.1992 – 1 BvR 986/91, BVerfGE 86, 133 (144 f.) = BeckRS 9998, 173304 unter III. 1. a)). Geboten erscheint die Erteilung von Hinweisen wiederum, wenn neue rechtliche Erwägungen des Gerichts

Anlass für neuen Tatsachenvortrag geben könnten (vgl. *Bechtold/Bosch* GWB § 76 Rn. 4). Da die Anforderungen an eine ordnungsgemäße Prozessführung, die eine Mitwirkung der Verfahrensbeteiligten am Prozess und seinem Ergebnis ermöglicht, im Einzelfall nach Maßgabe des Art. 103 Abs. 1 GG zu bestimmen sind, ist es im Ergebnis lediglich von theoretischer Bedeutung, ob man das Verbot von Überraschungsentscheidungen bei § 83 Abs. 1 S. 2 verortet oder aus § 82 Abs. 2 herleitet (vgl. zur Diskussion im Kartellrecht *Bechtold/Bosch* GWB § 76 Rn. 4).

II. Einschränkung des Anspruchs auf rechtliches Gehör im Hinblick auf die einfachen Beigeladenen (Abs. 1 S. 3–4)

Eine **Ausnahme** vom Grundsatz des § 83 Abs. 1 S. 2, wonach der Beschluss nur auf Tatsachen und Beweismittel gestützt werden darf, zu denen die Beteiligten sich äußern konnten, sieht § 83 Abs. 1 S. 3 vor. Hiernach kann das Beschwerdegericht von diesem Grundsatz abweichen, „soweit Beigeladenen aus wichtigen Gründen, insbesondere zur Wahrung von Betriebs- oder Geschäftsgeheimnissen, Akteneinsicht nicht gewährt und der Akteninhalt aus diesen Gründen auch nicht vorgetragen worden ist." Wie § 83 Abs. 1 S. 4 klarstellt, gilt dies aber nicht für solche Beigeladene, die an dem streitigen Rechtsverhältnis derart beteiligt sind, dass die Entscheidung auch ihnen gegenüber nur einheitlich ergehen kann, also für notwendig Beigeladene (vgl. die Gesetzesbegr. zur Parallelvorschrift des GWB, BT-Drs. 11/4610, 25). § 83 Abs. 1 S. 3–4 steht damit in systematischem Zusammenhang mit den Regelungen der §§ 71, 84 betreffend die Akteneinsicht und den Schutz von Betriebs- und Geschäftsgeheimnissen und dient wie letztere dem Ausgleich zwischen dem Anspruch auf rechtliches **Gehör der Beigeladenen** und dem Interesse an der Geheimhaltung. Infolge der Regelung des § 83 Abs. 1 S. 3 dürfen in der Entscheidung des Beschwerdegerichts auch solche Tatsachen und Beweismittel verwertet werden, die den **einfachen Beigeladenen** aus Gründen des Geheimnisschutzes vorenthalten werden (OLG Düsseldorf Beschl. v. 14. 3. 2007 – VI-3 Kart 289/06 (V), RdE 2007, 130 (131)). Das Gericht entscheidet hierüber nach pflichtgemäßem Ermessen, unter Abwägung der Interessen der Beigeladenen an effektivem Rechtsschutz mit den Interessen der unmittelbar Beteiligten an dem Schutz ihrer Betriebs- und Geschäftsgeheimnisse (Immenga/Mestmäcker/*K. Schmidt* GWB § 71 Rn. 4). Die Entscheidung kann durch eine – nicht selbständig anfechtbare – Zwischenentscheidung oder auch iRd Beschwerdeentscheidung ergehen (vgl. etwa OLG Düsseldorf Beschl. v. 5. 7. 2021 – VI-3 Kart 612/19 (V), BeckRS 2021, 23413; Beschl. v. 11. 1. 2023 – VI-3 Kart 525/18 (V), Rn. 354 ff.; s. auch BeckOK KartellR/*Rombach* GWB § 76 Rn. 8). Berührt eine Entscheidung nur begrenzt wirtschaftliche Interessen der Beigeladenen, so wird eine Einschränkung ihrer Äußerungsmöglichkeiten zumeist zulässig sein und ein Vorrang der Interessen der durch die Entscheidung unmittelbar in ihren Rechten Betroffenen anzunehmen sein (BT-Drs. 11/4610, 25; s. auch OLG Düsseldorf Beschl. v. 14. 3. 2007 – VI-3 Kart 289/06 (V), RdE 2007, 130 (131 f.)). Die vorstehende Einschränkung des Äußerungsrechts gilt nach § 83 Abs. 1 S. 4 jedoch nicht für notwendig Beigeladene (näher → § 75 Rn. 10). Diese sind insoweit den Hauptbeteiligten des Verfahrens gleichgestellt.

D. Beschwerdeentscheidung

I. Form (Abs. 1 S. 1, Abs. 6)

13 Die Beschwerdeentscheidung ergeht nach § 83 Abs. 1 S. 1 durch **Beschluss**. Dies ist, aufgrund der Übernahme der entsprechenden Regelung des GWB, der ursprünglichen Vorstellung des GWB-Gesetzgebers geschuldet, der zunächst von Ähnlichkeiten mit dem FGG-Verfahren ausging. Der das Verfahren abschließende Beschluss des Beschwerdegerichts entspricht in der Sache aber einem verwaltungsgerichtlichen Urteil (zum Vorstehenden Wiedemann KartellR-HdB/*Klose* § 54 Rn. 101). Eine **Verkündung** ist nicht ausdrücklich erwähnt, aber analog § 310 ZPO erforderlich, wenn eine mündliche Verhandlung stattgefunden hat (*Bechtold/ Bosch* GWB § 76 Rn. 2). Ist die Beschwerde unzulässig, wird sie verworfen, ist sie unbegründet, wird sie zurückgewiesen (Wiedemann KartellR-HdB/*Klose* § 54 Rn. 103).

14 Der Beschluss ist nach § 83 Abs. 6 zu begründen. Die **Begründung** muss die entscheidungstragenden Grundlagen und Erwägungen enthalten, wozu insbesondere der vom Gericht festgestellte Sachverhalt einschließlich der Ergebnisse einer möglichen Beweisaufnahme und der Beweiswürdigung sowie dessen rechtliche Würdigung gehören (Immenga/Mestmäcker/*K. Schmidt* GWB § 71 Rn. 5). Sofern der in der Begründung enthaltene Tatbestand aus Sicht eines Verfahrensbeteiligten vom Parteivorbringen abweicht, kann dieser analog § 320 ZPO, § 119 VwGO binnen zwei Wochen einen Antrag auf **Tatbestandsberichtigung** stellen (Wiedemann KartellR-HdB/*Klose* § 54 Rn. 135). Ein Tatbestandsberichtigungsantrag erfasst entscheidungserhebliche Auslassungen oder unrichtige Schilderungen der Darstellung des Sach- und Streitstandes (näher NK-VwGO/*Kilian/Hissnauer* § 119 Rn. 6 ff.). Der Antrag kann auch ohne mündliche Verhandlung beschieden werden.

15 Wie sich aus § 90 ergibt, ist der Beschluss mit einer **Kostenentscheidung** zu versehen. In entsprechender Anwendung des § 167 Abs. 2 VwGO können Beschlüsse auf Anfechtungs- und Verpflichtungsbeschwerden wegen der Kosten für vorläufig vollstreckbar erklärt werden (Langen/Bunte/*Lembach* GWB § 71 Rn. 7; Immenga/Mestmäcker/*K. Schmidt* GWB § 71 Rn. 5). Schließlich ist der Beschluss gem. § 83 Abs. 6 mit einer **Rechtsmittelbelehrung** zu versehen und allen Verfahrensbeteiligten iSd § 79 **zuzustellen.** Die Rechtsfolgen einer fehlenden oder unzureichenden Rechtsmittelbelehrung bestimmen sich entsprechend § 58 Abs. 1, 2 VwGO (BGH Beschl. v. 12.6.2018 – EnVR 63/17, BeckRS 2018, 14793 Rn. 12 und 14). Fehlt es an einer Rechtsmittelbelehrung, wird die Rechtsmittelfrist des § 87 Abs. 3 oder § 88 Abs. 3 nicht bereits durch die Zustellung der Beschwerdeentscheidung in Gang gesetzt, sondern erst mit einer etwaigen Zustellung der Rechtsmittelbelehrung (BGH Beschl. v. 12.6.2018 – EnVR 63/17, BeckRS 2018, 14793 Rn. 11 ff., 15, mit Blick auf eine Nichtzulassungsbeschwerde; sa Langen/ Bunte/*Lembach* GWB § 71 Rn. 8).

II. Anfechtungsbeschwerde (Abs. 2 S. 1)

16 Nach § 83 Abs. 2 S. 1 hebt das Beschwerdegericht die angefochtene Entscheidung der Regulierungsbehörde auf, wenn es sie für unzulässig oder unbegründet hält. Im Ergebnis ist die Anfechtungsbeschwerde begründet, wenn die Entscheidung **rechtswidrig** ist und der Beschwerdeführer dadurch in seinen Rechten ver-

letzt wird (BGH Beschl. v. 14.4.2015 – EnVR 45/13, N&R 2015, 236 Rn. 16 – Zuhause-Kraftwerk mAnm *Böhme/Schellberg;* Immenga/Mestmäcker/*K. Schmidt* GWB § 71 Rn. 13). Insbesondere **Verfahrensverstöße** sind nur dann beachtlich, wenn die verletzte Verfahrensvorschrift auch dem Schutz des Betroffenen dient, also nicht nur im öffentlichen Interesse oder im Interesse Dritter erlassen wurde (BGH Beschl. v. 14.4.2015 – EnVR 45/13, N&R 2015, 236 Rn. 17 – Zuhause-Kraftwerk). Zur Aufhebung eines Verwaltungsakts können darüber hinaus nur solche Verfahrensverstöße führen, die nicht nach § 45 Abs. 1, 2 VwVfG geheilt werden konnten und auf denen die Entscheidung beruhen kann (BGH Beschl. v. 14.4.2015 – EnVR 45/13, N&R 2015, 236 Rn. 17 – Zuhause-Kraftwerk; vgl. auch § 46 VwVfG; → § 67 Rn. 14ff.). Wie bereits der Wortlaut von § 83 Abs. 2 S. 1 zum Ausdruck bringt, kann das Beschwerdegericht die Entscheidung nur **aufheben** und nicht abändern oder eine eigene, für sachdienlich erachtete Entscheidung an deren Stelle setzen (*Salje* EnWG § 83 Rn. 11; *Bechtold/Bosch* GWB § 76 Rn. 6). In zeitlicher Hinsicht wirkt die Aufhebung **ex tunc,** also auf den Zeitpunkt des Erlasses der Entscheidung zurück (BGH Beschl. v. 17.5.1973 – KVR 1/72, WuW/E 1283, 1287 = BeckRS 1973, 106892 Rn. 13f. – Asbach Uralt II; BerlKommEnergieR/*Johanns/Roesen* EnWG § 83 Rn. 14).

Eine **Teilaufhebung** kommt bei Teilbarkeit der Entscheidung in Betracht, sofern davon auszugehen ist, dass die Regulierungsbehörde auch den verbleibenden, nicht aufzuhebenden Teil isoliert als Entscheidung hätte erlassen können (OLG Düsseldorf Beschl. v. 30.4.2015 – VI-5 Kart 9/14 (V), BeckRS 2015, 10692 Rn. 19, die Teilbarkeit bej.; OLG Düsseldorf Beschl. v. 12.9.2018 – VI-3 Kart 210/15 (V), EnWZ 2019, 120 Rn. 90ff., die Teilbarkeit abl.; s. auch Immenga/Mestmäcker/*K. Schmidt* GWB § 71 Rn. 15 mwN zur Diskussion im Kartellrecht). Die inhaltliche Teilbarkeit ist analog § 44 Abs. 4 VwVfG zu bestimmen (dazu Kopp/Ramsauer/*Ramsauer* VwVfG § 44 Rn. 60ff.). Ebenfalls zulässig ist eine subjektiv beschränkte Aufhebung, die nur gegenüber einzelnen der Betroffenen Wirkung entfaltet, sofern der angefochtene Verwaltungsakt in persönlicher Hinsicht teilbar ist (BGH Beschl. v. 16.12.2014 – EnVR 54/13, EnWZ 2015, 180 Rn. 23ff. – Festlegung Tagesneuwerte II mAnm *Missling*). Bei einer Allgemeinverfügung iSd § 35 S. 2 VwVfG, die sich an einen bestimmten oder bestimmbaren Personenkreis richtet, wirkt die Aufhebungsentscheidung grds. nur gegenüber den Beteiligten des gerichtlichen Verfahrens. Eine Abweichung von diesem Grundsatz ist allerdings bei unteilbaren Allgemeinverfügungen geboten. Unteilbar sind solche Allgemeinverfügungen, deren Regelungen und Regelungsbestandteile einen untrennbaren Zusammenhang bilden, sodass sie von allen Adressaten nur einheitlich befolgt werden können (s. – die Unteilbarkeit iErg ablehnend – BGH Beschl. v. 16.12.2014 – EnVR 54/13, EnWZ 2015, 180 Rn. 26ff. – Festlegung Tagesneuwerte II). 17

Der maßgebliche **Zeitpunkt für die Beurteilung der Rechtmäßigkeit** eines angefochtenen Verwaltungsakts richtet sich nicht nach dem Prozessrecht, sondern nach dem materiellen Recht (BVerwG Urt. v. 3.11.1987 – 9 C 254.86, NVwZ 1988, 260 (261)). Im Zweifel gilt als maßgeblicher Zeitpunkt für die Beurteilung der Sach- und Rechtslage bei einer Anfechtungsbeschwerde der Zeitpunkt der Behördenentscheidung (BVerwG Urt. v. 27.1.1993 – 11 C 35.92, NJW 1993, 1729 (1730); BGH Beschl. v. 9.11.2010 – EnVR 1/10, N&R 2011, 98 Rn. 30 – Bahnstromfernleitungen; OLG Düsseldorf Beschl. v. 27.5.2009 – VI-3 Kart 45/08 (V), RdE 2010, 32 (33f.) jew. mwN; aA Kopp/Schenke/*W.-R. Schenke/R. P. Schenke* VwGO § 113 Rn. 35: immer Zeitpunkt der letzten mündlichen Verhandlung). 18

Unterschiedlich zu behandeln sind jedoch Entscheidungen mit Dauerwirkung. Bei einer Anfechtung von Entscheidungen mit Dauerwirkung ist auch eine nachträgliche Änderung der Sach- und Rechtslage zu beachten. Folgerichtig ist in solchen Fällen der Zeitpunkt der letzten mündlichen Verhandlung entscheidend (BGH Beschl. v. 9.11.2010 – EnVR 1/10, N&R 2011, 98 Rn. 30 – Bahnstromfernleitungen; BVerwG Urt. v. 27.1.1993 – 11 C 35.92, NJW 1993, 1729 (1730)).

III. Verpflichtungsbeschwerde (Abs. 4)

19 Hält das Beschwerdegericht die Ablehnung oder Unterlassung der Entscheidung für unzulässig oder unbegründet, so spricht es gem. § 83 Abs. 4 die Verpflichtung der Regulierungsbehörde aus, die beantragte Entscheidung vorzunehmen. Die Vorschrift bezieht sich damit auf die Verpflichtungsbeschwerde und entspricht § 83 Abs. 2. Wie auch im Verwaltungsprozessrecht kommt es nicht auf die Rechtswidrigkeit der ablehnenden Entscheidung der Regulierungsbehörde an, sondern darauf, ob eine **Verpflichtung zum Erlass** der vom Beschwerdeführer begehrten Entscheidung besteht. Ist die Sache spruchreif, verpflichtet das Beschwerdegericht die Regulierungsbehörde zum Erlass der beantragten Entscheidung. Bei fehlender Spruchreife ergeht analog § 113 Abs. 5 S. 2 VwGO ein **Bescheidungsbeschluss,** mit dem die Regulierungsbehörde verpflichtet wird, den Beschwerdeführer unter Beachtung der Rechtsauffassung des Gerichts neu zu bescheiden (s. etwa OLG Düsseldorf Beschl. v. 19.8.2020 – VI-3 Kart 776/19 (V), EnWZ 2020, 407 Rn. 22 und 33; ausf. zu Beschwerdeantrag und -gegenstand *Mesic/Schlack/Steinbeck* ZNER 2008, 191 (194f.); BeckOK EnWG/*van Rossum* § 75 Rn. 33). Damit wird es der Regulierungsbehörde überlassen, die Entscheidung des Gerichts in einen neuen Verwaltungsakt umzusetzen. In Verfahren der Netzentgeltregulierung kommt im Fall des Obsiegens des Antragstellers häufig nur ein Bescheidungsausspruch in Betracht, wenn einzelne Rechnungspositionen im Streit stehen und sich die Entscheidung der Regulierungsbehörde in einem Punkt als rechtswidrig erweist (vgl. BGH Beschl. v. 14.8.2008 – KVR 39/07, N&R 2008, 203 Rn. 76 – Vattenfall). Die materielle Rechtskraft und damit die Bindungswirkung einer gerichtlichen Entscheidung, die die Regulierungsbehörde verpflichtet, den Betroffenen unter Beachtung der Rechtsauffassung des Beschwerdegerichts neu zu bescheiden, ergibt sich nicht allein aus dem Tenor, sondern notwendigerweise auch aus den Entscheidungsgründen, die die nach dem Tenor zu beachtende Auffassung des Gerichts im Einzelnen darlegen (BGH Beschl. v. 11.2.2020 – EnVR 33/19, NVwZ-RR 2020, 641 Rn. 16ff. – Energieversorgung Halle Netz GmbH). Demgemäß erstreckt sich die Rechtskraftwirkung eines Verpflichtungsbeschlusses gem. § 83 Abs. 4 nicht nur auf die vom Beschwerdegericht ausgesprochene Verpflichtung, vielmehr nimmt die vom Beschwerdegericht in den Entscheidungsgründen dargelegten Rechtsauffassung an der Bindungswirkung teil (BGH Beschl. v. 11.2.2020 – EnVR 33/19, NVwZ-RR 2020, 641 Rn. 19 – Energieversorgung Halle Netz GmbH).

20 Maßgeblicher **Zeitpunkt für die Beurteilung der Sach- und Rechtslage** bei einer Verpflichtungsbeschwerde ist der Zeitpunkt der letzten mündlichen Verhandlung, sofern das materielle Recht nichts abweichendes vorsieht (vgl. zB § 10 Abs. 2 S. 2 ARegV „im Antragszeitpunkt"; dazu OLG Düsseldorf Beschl. v. 20.9.2017 – VI-3 Kart 38/16 (V), RdE 2018, 87 (91)). Bei der Beurteilung von Verpflichtungs- und Neubescheidungsbegehren haben die Gerichte mithin auch Rechtsänderungen zu beachten, die während des behördlichen oder gerichtlichen Verfahrens in Kraft getreten sind, sofern das neue, zum Zeitpunkt der gerichtlichen

Entscheidung geltende Recht nichts anderes bestimmt. Durch Auslegung ist in solchen Fällen zu ermitteln, ob Verpflichtungs- und Neubescheidungsbegehren für bestimmte Fallkonstellationen noch nach dem aufgehobenen oder dem inhaltlich geänderten Recht zu beurteilen sind (zum Vorstehenden BVerwG Urt. v. 23.2.2012 – 2 C 76/10, NVwZ 2012, 880 Rn. 11 mwN; OLG Düsseldorf Beschl. v. 20.9.2017 – VI-3 Kart 38/16 (V), RdE 2018, 87 (90f.)). Auf den Zeitpunkt der letzten mündlichen Verhandlung kommt es in der Regel auch an, wenn der BGH die Sache mangels tatrichterlicher Aufklärung an das Beschwerdegericht zurückverweist (Wiedemann KartellR-HdB/*Klose* § 54 Rn. 150).

IV. Fortsetzungsfeststellungsbeschwerde (Abs. 2 S. 2, Abs. 3)

Hat sich die Entscheidung der Regulierungsbehörde vorher durch Rücknahme 21 oder auf andere Weise erledigt, so spricht das Beschwerdegericht gem. § 83 Abs. 2 S. 2 auf Antrag aus, dass die Entscheidung der Regulierungsbehörde unzulässig oder unbegründet gewesen ist, wenn der Beschwerdeführer ein berechtigtes Interesse an dieser Feststellung hat. Das Verfahren der Fortsetzungsfeststellungsbeschwerde nach § 83 Abs. 2 S. 2 entspricht weitgehend demjenigen der Fortsetzungsfeststellungsklage nach § 113 Abs. 1 S. 4 VwGO. Neben der Fortsetzung eines **Anfechtungsantrags** erfasst § 83 Abs. 2 S. 2 in entsprechender Anwendung auch die Fortsetzung eines **Verpflichtungsantrags** (BGH Beschl. v. 9.7.2002 – KVR 1/01, NJW 2002, 3545 (3547) – Stellenmarkt für Deutschland; OLG Düsseldorf Beschl. v. 5.11.2014 – VI-3 Kart 63/13 (V), BeckRS 2015, 234 Rn. 61). Ein Fortsetzungsfeststellungsantrag kann auch hilfsweise gestellt werden, wenn der Betroffene in erster Linie am Anfechtungs- oder Verpflichtungsantrag festhalten will (BGH Beschl. v. 9.7.2002 – KVR 1/01, NJW 2002, 3545 (3547) – Stellenmarkt für Deutschland).

Eine Fortsetzungsfeststellungsbeschwerde gem. § 83 Abs. 2 S. 2 setzt voraus, dass 22 **Erledigung** eingetreten ist. Als Beispiel für die Erledigung nennt die Vorschrift eine Rücknahme der Entscheidung der Regulierungsbehörde. Darüber hinaus kann die Erledigung durch Erledigungserklärung eintreten. Erklären die Parteien übereinstimmend das Beschwerdeverfahren für erledigt, führt dies ohne weitere Prüfung der Frage, ob objektiv eine Erledigung des Beschwerdeverfahrens in der Hauptsache, etwa wegen Änderung der tatsächlichen Verhältnisse, vorliegt (BGH Beschl. v. 26.9.1995 – KVR 25/94, NJW 1996, 193 – Stadtgaspreise), dazu, dass eine gerichtliche Entscheidung in der Hauptsache nicht mehr getroffen wird und nur noch über die Verfahrenskosten gem. § 90 zu entscheiden ist (OLG Naumburg Beschl. v. 15.7.2008 – 1 W 25/06 (EnWG), RdE 2009, 105 (106); NK-EnWG/*Huber* § 83 Rn. 16). Weitere Fälle einer Erledigung iSd § 83 Abs. 2 S. 2 können angesichts des insoweit mit § 113 Abs. 1 S. 4 VwGO identischen Wortlauts anhand der verwaltungsprozessualen Kriterien herausgearbeitet werden. Hiernach ist eine Entscheidung erledigt, wenn von ihr keine belastenden Wirkungen mehr ausgehen oder dem Beschwerdeführer mit einer Aufhebung objektiv nicht mehr gedient ist, die Aufhebung faktisch also sinnlos wäre (ausf. Kopp/Schenke/*W.-R. Schenke/ R. P. Schenke* VwGO § 113 Rn. 102). Keine Erledigung tritt demgegenüber ein, wenn ein Verwaltungsakt dauerhaft wirkende Rechtsfolgen begründet (OLG Düsseldorf Beschl. v. 30.1.2019 – VI-Kart 7/16 (V), NZKart 2019, 164 (165)). Außer in den Fällen, in denen eine Fortsetzungsfeststellungsbeschwerde der Durchsetzung von Schadensersatzansprüchen dienen soll (→ Rn. 23), kann die Rechtswidrigkeitsfeststellung auch dann beantragt werden, wenn die Erledigung bereits *vor* Erhebung einer Beschwerde eingetreten ist (OLG Düsseldorf Beschl. v. 5.11.2014 – VI-3 Kart 63/13 (V), BeckRS 2015, 234 Rn. 62 u. 64; BerlKommEnergieR/*Johanns/Roesen* EnWG § 83 Rn. 21; NK-EnWG/*Huber* § 83 Rn. 16; Elspas/Graßmann/Rasbach/ *Kalwa/Göge* EnWG § 83 Rn. 29; aA Theobald/Kühling/*Boos* EnWG § 83 Rn. 10: nur im Fall einer Erledigung nach Beschwerdeeinlegung aber noch vor Beschwerdebegründung).

23   Der gem. § 83 Abs. 2 S. 2 erforderliche **Fortsetzungsfeststellungsantrag** muss sich auf ein besonderes **Feststellungsinteresse** stützen. Dieses kann rechtlicher, wirtschaftlicher oder ideeller Art sein (BGH Beschl. v. 9.7.2002 – KVR 1/01, NJW 2002, 3545 (3547) – Stellenmarkt für Deutschland). Ein Interesse an der Klärung abstrakter Rechtsfragen genügt jedoch nicht (Langen/Bunte/*Lembach* GWB § 71 Rn. 46 mwN). Der praktisch wohl wichtigste Anwendungsfall einer Fortsetzungsfeststellungsbeschwerde liegt beim Bestehen einer **Wiederholungsgefahr** vor. Unter dem Gesichtspunkt der Wiederholungsgefahr kann ein Feststellungsinteresse zu bejahen sein, wenn der Betroffene für den bevorstehenden Fall einer Wiederholung seiner Rechtshandlung erfahren möchte, von welcher Rechtsauffassung die Behörde nach Meinung des Gerichts auszugehen hat. Die Wiederholung der zur gerichtlichen Überprüfung stehenden Rechtshandlung muss sich dabei bereits konkret abzeichnen, eine bloß vage Möglichkeit reicht nicht aus (zum Vorstehenden OLG Düsseldorf Beschl. v. 24.5.2017 – VI-Kart 6/16 (V), BeckRS 2017, 112387 Rn. 30; s. auch Immenga/Mestmäcker/*K. Schmidt* GWB § 71 Rn. 30f. mwN). Die begehrte Feststellung muss geeignet sein, dem Beschwerdeführer eine verlässliche Beurteilungsgrundlage für künftige Entscheidungen zu verschaffen. Maßgebend ist dabei, ob die Unterschiede, die zwischen dem früheren und dem künftigen Sachverhalt bestehen, für die Behörde voraussichtlich eine unterschiedliche Beurteilung nahelegen werden. Ist dies nicht der Fall und steht zu erwarten, dass die Behörde den zukünftigen Sachverhalt nach denselben Kriterien und mit demselben Ergebnis beurteilen wird wie die entschiedene Fallkonstellation, hinsichtlich derer Erledigung eingetreten ist, ist das besondere Feststellungsinteresse zu bejahen (zum Vorstehenden BGH Beschl. v. 9.7.2002 – KVR 1/01, NJW 2002, 3545 (3547) – Stellenmarkt für Deutschland; OLG Düsseldorf Beschl. v. 24.5.2017 – VI-Kart 6/16 (V), BeckRS 2017, 112387 Rn. 30). Darüber hinaus kann ein Feststellungsinteresse zur Durchsetzung etwaiger **Schadensersatzansprüche** aus einer Amtspflichtverletzung der Regulierungsbehörde oder in einem Zivilprozess bestehen (BGH Beschl. v. 31.10.1978 – KVR 3/77, NJW 1979, 2563 (2565) – Weichschaum III; OLG Düsseldorf Beschl. v. 5.11.2014 – VI-3 Kart 63/13 (V), BeckRS 2015, 234 Rn. 63; näher Immenga/Mestmäcker/*K. Schmidt* GWB § 71 Rn. 30f.). Für die Bejahung eines Feststellungsinteresses genügt es, wenn der Amtshaftungs- oder Schadensersatzprozess nicht offensichtlich aussichtslos ist (BVerwG Urt. v. 15.12.1972 – IV C 18/71, NJW 1973, 1014; OLG Düsseldorf Beschl. v. 5.11.2014 – VI-3 Kart 63/13 (V), BeckRS 2015, 234 Rn. 65). Erforderlich ist allerdings, dass die Beschwerde bereits rechtshängig geworden ist, da ein Schadensersatzinteresse an sich das Fortsetzungsfeststellungsinteresse iSd § 83 Abs. 2 S. 2 nicht begründen kann (s. näher OLG Düsseldorf Beschl. v. 5.11.2014 – VI-3 Kart 63/13 (V), BeckRS 2015, 234 Rn. 64; wie hier NK-EnWG/*Huber* § 83 Rn. 17; ähnlich Rosin/Pohlmann/Gentzsch/Metzenthin/Böwing/*Burmeister/ Brill/Becker*, 2016, EnWG § 83 Rn. 45).

24   **Maßgeblicher Zeitpunkt** für die Feststellung, ob eine wegen Erledigung nicht mehr anfechtbare Entscheidung rechtswidrig war, ist der Zeitpunkt ihres Erlasses, sofern es sich nicht um eine Entscheidung mit Dauerwirkung handelt (BerlKomm-

EnergieR/*Johanns*/*Roesen* EnWG § 83 Rn. 24). Im letzteren Fall ist maßgeblicher Zeitpunkt für die Beurteilung der Rechtmäßigkeit des erledigten Verwaltungsakts der Zeitpunkt der Erledigung des Verfahrens in der Hauptsache (BGH Beschl. v. 20.4.2010 – KVR 1/09, BeckRS 2010, 11494 Ls. 1 und Rn. 31ff. – Phonak/GN Store). In einer Verpflichtungskonstellation, wenn also der Betroffene analog § 83 Abs. 2 S. 2 die Feststellung beantragt, dass die Regulierungsbehörde eine begünstigende Entscheidung zu Unrecht versagt hat, ist grds. der Zeitpunkt maßgeblich, in dem sich das auf Erlass der Entscheidung gerichtete Begehren erledigt hat (Immenga/Mestmäcker/*K. Schmidt* GWB § 71 Rn. 9). Allein der Umstand, dass der Geltungszeitraum der angegriffenen Entscheidung, bspw. der Geltungszeitraum einer Netzentgeltgenehmigung, abgelaufen ist, führt nicht zur Erledigung der Sache (näher BGH Beschl. v. 14.8.2008 – KVR 39/07, N&R 2008, 203 Rn. 78ff. – Vattenfall).

In Abgrenzung zur Rechtswidrigkeitskontrolle gem. § 83 Abs. 2 S. 2 regelt § 83 **25** Abs. 3 einen **Sonderfall** der Fortsetzungsfeststellungsbeschwerde, die als Ziel die **Feststellung der Rechtmäßigkeit** hat. Hat sich eine Entscheidung gem. §§ 29–31 wegen nachträglicher Änderung der tatsächlichen Verhältnisse oder auf andere Weise erledigt, so spricht das Beschwerdegericht auf Antrag aus, ob, in welchem Umfang und bis zu welchem Zeitpunkt eine Entscheidung der Regulierungsbehörde begründet gewesen ist. Nach dem Wortlaut ist dies nur bei **Entscheidungen nach §§ 29–31** möglich. Der im Gesetz bis 2011 noch aufgrund eines Redaktionsversehens aufgeführte § 40 wurde mittlerweile gestrichen (vgl. BT-Drs. 17/6072, 93). Während § 30 und § 31 die Untersagung missbräuchlichen Verhaltens betreffen, bezieht sich § 29 auf Entscheidungen über Bedingungen und Methoden für den Netzanschluss oder Netzzugang. Obwohl es sich bei Entscheidungen iSd § 29 nicht um Untersagungen handelt, scheint der Gesetzgeber diesen eine zumindest vergleichbare Bedeutung beizumessen. Außer dem Verweis auf die Parallelvorschrift des § 71 GWB aF beinhalten die Gesetzesmaterialien hierzu aber keine näheren Erläuterungen (BT-Drs. 15/3917, 72).

Wie die Feststellung der Rechtswidrigkeit gem. § 83 Abs. 2 S. 2 setzt auch ein **26** Antrag auf die Feststellung der Rechtmäßigkeit nach § 83 Abs. 3 ein **Feststellungsinteresse** voraus (BGH Beschl. v. 26.9.1995 – KVR 25/94, NJW 1996, 193 (194) unter III. 1. – Stadtgaspreise). **Antragsberechtigt** ist neben der Regulierungsbehörde auch ein beigeladener Dritter, insbesondere, wenn er mögliche Ansprüche aus § 32 geltend machen kann (BerlKommEnergieR/*Johanns*/*Roesen* EnWG § 83 Rn. 22; so auch die überw. Auff. im Kartellrecht, s. Immenga/Mestmäcker/ *K. Schmidt* GWB § 71 Rn. 34a mwN; aA *Bechtold*/*Bosch* GWB § 76 Rn. 19).

Gegen eine Entscheidung des Beschwerdegerichts gem. § 83 Abs. 2 S. 2 oder **27** Abs. 3 kann **Rechtsbeschwerde** eingelegt werden (BGH Beschl. v. 20.4.2010 – KVR 1/09, BeckRS 2010, 11494 Rn. 15 – Phonak/GN Store; MüKoWettbR/ *Nothdurft* GWB § 74 Rn. 14). Das für die Fortsetzungsfeststellungsbeschwerde erforderliche qualifizierte Rechtsschutzbedürfnis muss grds. im Zeitpunkt der letzten mündlichen Verhandlung in der verfahrensabschließenden Instanz, ggf. also der mündlichen Verhandlung vor dem Rechtsbeschwerdegericht bestehen (BGH Beschl. v. 20.4.2010 – KVR 1/09, BeckRS 2010, 11494 Rn. 16 – Phonak/GN Store).

§ 83

Teil 8. Verfahren

V. Weitere Beschwerdearten

28 Bei der **Leistungsbeschwerde** (→ § 75 Rn. 2) wird im Erfolgsfall die Pflicht der Regulierungsbehörde zur Vornahme der entsprechenden Leistung ausgesprochen. Bei einer **Feststellungsbeschwerde** (→ § 75 Rn. 3) enthält der Tenor die beantragte Feststellung. Der maßgebliche Zeitpunkt ergibt sich aus dem Beschwerdebegehren und richtet sich wie bei sonstigen Beschwerdearten nach dem materiellen Recht. Regelmäßig entscheidend ist bei Leistungs- und Feststellungsbeschwerden der Zeitpunkt der letzten mündlichen Verhandlung oder bei Verzicht auf eine mündliche Verhandlung gem. § 81 Abs. 1 Hs. 2 der Zeitpunkt der Entscheidung des Beschwerdegerichts (Immenga/Mestmäcker/*K. Schmidt* GWB § 71 Rn. 9).

E. Umfang der Ermessensüberprüfung (Abs. 5)

29 § 83 Abs. 5 regelt den Umfang der gerichtlichen **Ermessenskontrolle**. Die Vorschrift gilt sowohl für Anfechtungsbeschwerden als auch für Verpflichtungsbeschwerden (BGH Beschl. v. 9.7.2002 – KVR 1/01, NJW 2002, 3545 (3547) – Stellenmarkt für Deutschland). Darüber hinaus ist sie auf Fortsetzungsfeststellungsbeschwerden nach § 83 Abs. 2 S. 2 anwendbar (vgl. Immenga/Mestmäcker/ *K. Schmidt* GWB § 71 Rn. 40). Trotz des Wortlauts des § 83 Abs. 5, der sich auf das „Ermessen" bezieht, erfasst die Vorschrift auch etwaige der Regulierungsbehörde zustehende Beurteilungsspielräume (BerlKommEnergieR/*Johanns/Roesen* EnWG § 83 Rn. 26; *Bechtold/Bosch* GWB § 76 Rn. 20). In Abgrenzung zur Kategorie des Ermessens, das als Handlungsspielraum der Verwaltung auf der Rechtsfolgenseite konditional strukturierter Normen bestehen kann, erfasst ein Beurteilungsspielraum die konkrete Anwendung normativer Tatbestandsmerkmale im Wege der Subsumtion eines von der Behörde festgestellten – und gerichtlich vollständig überprüfbaren – Sachverhalts unter einen unbestimmten Rechtsbegriff (vgl. BVerfG Beschl. v. 10.12.2009 – 1 BvR 3151/07, NVwZ 2010, 435 Rn. 58 f.). Als „hybride" Kategorie zwischen Beurteilungs- und Ermessensspielraum kommt hinzu die zunächst im Telekommunikationsrecht vom BVerwG entwickelte und anschließend vom BGH mit Blick auf Fragen der Netzentgeltregulierung übernommene Rechtsfigur des Regulierungsermessens (→ Rn. 31). Alle genannten Kategorien von Entscheidungsspielräumen beschreiben administrative Letztentscheidungsbefugnisse, die zu einer eingeschränkten gerichtlichen Kontrolle führen.

30 § 83 Abs. 5 stellt allgemein darauf ab, ob die Regulierungsbehörde von ihrem Ermessen „fehlsamen Gebrauch" gemacht hat. Die Überschreitung der gesetzlichen Grenzen des Ermessens und die Verletzung von Sinn und Zweck des Gesetzes durch die Ermessensentscheidung sind dem Wortlaut nach („insbesondere") lediglich Beispiele eines fehlsamen Ermessensgebrauchs. Die Vorschrift geht damit weiter als § 114 VwGO (*Gussone* ZNER 2007, 266 (271); Wiedemann KartellR-HdB/*Klose* § 54 Rn. 108). Wie die Vorbildregelung des § 76 Abs. 5 S. 1 GWB gibt § 83 Abs. 5 zumindest dem Wortlaut nach eine umfassende Rechtskontrolle der behördlichen Entscheidung vor (vgl. *Kremer,* Die kartellverwaltungsrechtliche Beschwerde, 1988, S. 64 mwN; Immenga/Mestmäcker/*K. Schmidt* GWB § 71 Rn. 37). Eine Rechtskontrolle gem. § 83 Abs. 5 kann auch eine Kontrolle der **Zweckmäßigkeit** umfassen (BGH Beschl. v. 19.6.2007 – KVR 17/06, NVwZ-RR 2008, 315 Rn. 42 – Auskunftsverlangen I; OLG Düsseldorf Beschl. v.

Beschwerdeentscheidung **§ 83**

9.3.2016 – VI-3 Kart 157/14 (V), EnWZ 2016, 273 Rn. 41; sa BeckOK KartellR/ *Rombach* GWB § 76 Rn. 25; Baur/Salje/Schmidt-Preuß/*Pielow* Kap. 57 Rn. 19; *Antweiler/Nieberding* NJW 2005, 3673 (3675)). Im Hinblick auf die Ausnahmevorschrift des § 76 Abs. 5 S. 2 GWB, der die Würdigung der gesamtwirtschaftlichen Lage und Entwicklung der Nachprüfung des Gerichts entzieht, wird im Kartellrecht davon ausgegangen, dass es grundsätzlich keine gerichtlich beschränkt überprüfbaren Ermessens- oder Beurteilungsspielräume gebe (*Bechtold/Bosch* GWB § 76 Rn. 20). Der Umstand, dass § 83 Abs. 5 im Gegensatz zu § 76 Abs. 5 S. 2 GWB keine explizite Ausnahme von der umfassenden gerichtlichen Kontrolle vorsieht, könne dafür streiten, dass dies erst recht im Energiewirtschaftsrecht gilt (OLG Düsseldorf Beschl. v. 9.3.2016 – VI-3 Kart 157/14 (V), EnWZ 2016, 273 Rn. 41; → 3. Aufl., § 83 Rn. 20). Allerdings erfährt der Grundsatz der umfassenden gerichtlichen Kontrolle in der energiewirtschaftsrechtlichen Rspr. des BGH aufgrund der Anerkennung weiter Entscheidungsspielräume der Regulierungsbehörde iErg eine erhebliche Relativierung (→ Rn. 31 ff.).

Der BGH räumt der Regulierungsbehörde bei der Auswahl der einzelnen Parameter und Methoden zur Durchführung des Effizienzvergleichs gem. §§ 12 ff. ARegV einen Entscheidungsspielraum ein, der in einzelnen Aspekten einem Beurteilungsspielraum, in anderen Aspekten einem **Regulierungsermessen** gleichkommen soll (BGH Beschl. v. 21.1.2014 – EnVR 12/12, EnWZ 2014, 378 Rn. 10 ff. – Stadtwerke Konstanz GmbH; dazu *Bacher* WM Sonderbeil. 1/2021, 1 (14 ff.)). Ob und inwieweit es sich bei dem der Regulierungsbehörde eröffneten Spielraum um einen Beurteilungsspielraum auf der Tatbestandsseite der Norm oder um ein Regulierungsermessen auf der Rechtsfolgenseite handelt, lässt der BGH mit der Überlegung offen, dass die für diese beiden Kategorien geltenden Kontrollmaßstäbe sich eher verbal und weniger in der Sache unterschieden (BGH Beschl. v. 21.1.2014 – EnVR 12/12, EnWZ 2014, 378 Rn. 26 – Stadtwerke Konstanz GmbH, unter Verweis auf BVerwG Urt. v. 23.11.2011 – 6 C 11/10, NVwZ 2012, 1047 Rn. 38). In Fortführung dieser Rspr. erkennt der BGH der Regulierungsbehörde einen Entscheidungsspielraum auch in Zusammenhang mit weiteren Elementen der Netzgeltregulierung zu, insbesondere bei der Auswahl der einzelnen Parameter und Methoden zur Bestimmung des Qualitätselements gem. §§ 19, 20 ARegV (BGH Beschl. v. 22.7.2014 – EnVR 59/12, RdE 2014, 495 Rn. 12 ff. – Stromnetz Berlin GmbH; dazu *Grüneberg* NVwZ 2015, 394 (396 f.)), bei der Bestimmung der Voraussetzungen für die Festlegung von Verlustenergiekosten als volatile Kostenanteile und der Ermittlung der Höhe dieser Kosten (BGH Beschl. v. 7.6.2016 – EnVR 62/14, RdE 2016, 462 Rn. 16 f. – Festlegung volatiler Kosten; BGH Beschl. v. 12.6.2018 – EnVR 29/16, RdE 2018, 485 Rn. 13 ff.) sowie bei der Bildung der Ein- und Ausspeiseentgelte nach § 15 GasNEV (BGH Beschl. v. 12.12.2017 – EnVR 2/17, NVwZ-RR 2018, 341 Rn. 25 f. – Festlegung BEATE). Einen – auf Tatbestandsebene zu verortenden – **Beurteilungsspielraum** räumt der BGH der Regulierungsbehörde ferner im Rahmen der Festlegung der Eigenkapitalzinssätze bei der Bestimmung des sog. Wagniszuschlags gem. § 7 Abs. 5 StromNEV/GasNEV ein (BGH Beschl. v. 27.1.2015 – EnVR 39/13, EnWZ 2015, 273 Rn. 16 ff. – Thyssengas GmbH). Mangels normativer Vorgaben sei die Regulierungsbehörde insoweit weder an ein bestimmtes (wirtschafts-)wissenschaftliches Modell noch an bestimmte Methoden zur Ermittlung und Bemessung der im Rahmen des gewählten Modells heranzuziehenden Parameter gebunden. Vielmehr könne sie unter mehreren in Betracht kommenden Methoden in eigener Würdigung eine Auswahl treffen, die den Vorgaben des § 7 Abs. 5 StromNEV/GasNEV

31

und dem Ziel einer angemessenen Eigenkapitalverzinsung iSd § 21 Abs. 2 S. 1 gerecht werde. Diese Auswahlentscheidung könne in der Rechtsbeschwerdeinstanz nur dann gerügt werden, wenn der gewählte methodische Ansatz von vornherein ungeeignet oder ein anderes methodisches Vorgehen deutlich überlegen sei (zum Vorstehenden BGH Beschl. v. 27.1.2015 – EnVR 39/13, EnWZ 2015, 273 Rn. 26 – *Thyssengas GmbH*). Im Ergebnis kommt der geschilderte reduzierte Prüfungsmaßstab einer Willkürkontrolle bzw. einer Kontrolle auf eklatante Fehler gleich. Demgegenüber verneinte der BGH in der Vergangenheit einen Beurteilungsspielraum der Regulierungsbehörde bei der Auswahl der Indexreihen für die Ermittlung der Tagesneuwerte nach § 6 Abs. 3 GasNEV aF (BGH Beschl. v. 12.11.2013 – EnVR 33/12, EnWZ 2014, 129 Rn. 19f. – *Festlegung Tagesneuwerte I* mAnm *Mey*). Ebenfalls kein Beurteilungsspielraum besteht nach dem BGH bei der Bestimmung der kapitalmarktüblichen Zinsen für vergleichbare Kreditaufnahmen nach § 5 Abs. 2 StromNEV/GasNEV (BGH Beschl. v. 14.8.2008 – KVR 42/07, N&R 2008, 198 Rn. 52 – *Rheinhessische Energie I* mAnm *Spiekermann/Schellberg*).

32 Über die abstrakte Methodenwahl hinaus räumte der BGH der Regulierungsbehörde in seiner Rspr. zur Eigenkapitalverzinsung in der 3. Regulierungsperiode einen Beurteilungsspielraum auch im Hinblick auf die **Plausibilisierung des Ergebnisses** ein. Dies gilt etwa für die Frage, ob im Rahmen einer Finanz- und Wirtschaftskrise das anhand einer fehlerfrei gewählten Methode ermittelte Ergebnis zusätzlich mithilfe alternativer Datensätze oder ökonomischer Modelle auf seine Plausibilität zu überprüfen ist (BGH Beschl. v. 9.7.2019 – EnVR 41/18, ZNER 2019, 431 – *Eigenkapitalzinssatz II*; Beschl. v. 9.7.2019 – EnVR 52/18, RdE 2019, 456; Beschl. v. 3.3.2020 – EnVR 26/18, EnWZ 2020, 222 – *Eigenkapitalzinssatz III*; zustimmend BeckOK EnWG/*van Rossum* § 88 Rn. 33.1; krit. *Mohr* N&R-Beil. 1/2020, 1 (4f. und 13ff.); *Burgi* RdE 2020, 105 (112ff.); *Bourazeri* N&R 2020, 188ff.). Die gegen diese Rspr. mit dem Einwand einer Überschreitung der revisionsrechtlichen Befugnisse erhobenen Verfassungsbeschwerden blieben ohne Erfolg (BVerfG Beschl. v. 29.7.2021 – 1 BvR 1588/20 ua, BeckRS 2021, 23595). Weite Entscheidungsspielräume räumte der BGH der Regulierungsbehörde ferner bei der Ermittlung des generellen sektoralen Produktivitätsfaktors gem. § 9 Abs. 3 ARegV (sog. Xgen) ein. Vor allem angesichts der Komplexität der Berechnung des Produktivitätsfaktors und seines prognostischen Charakters seien neben der abstrakten Methodenwahl auch die **konkrete Anwendung der gewählten Methode** sowie die **Validität der Datengrundlage** von dem behördlichen Spielraum erfasst (BGH Beschl. v. 26.1.2021 – EnVR 7/20, EnWZ 2021, 217 Rn. 18ff.; Beschl. v. 26.1.2021 – EnVR 101/19, RdE 2021, 256 Rn. 18ff.; krit. dazu *Richter* N&R 2021, 186ff.; zu den Berechnungsgrundlagen des Xgen s. *Bourazeri* N&R 2020, 194ff.). Im Ergebnis offen blieben in dieser Rspr. der Aussagegehalt des Tatbestandsmerkmals „Stand der Wissenschaft" gem. § 9 Abs. 3 S. 1 ARegV als normativer Kontrollmaßstab und damit die fachspezifischen Anforderungen, die an die ökonomische Berechnung des Xgen zu stellen sind (*Rosin/Bourazeri* RdE 2021, 248ff.; *Mohr* RdE 2020, 385 (389ff.)).

33 In Zusammenschau der vorstehenden Rspr. zeigt sich im Energiewirtschaftsrecht eine Tendenz, ökonomische Erkenntnisse bei der Ermittlung komplexer ökonomischer Sachverhalte weniger ins Gewicht fallen zu lassen als rechtliche Erwägungen wie die Vermeidung von Verwaltungsaufwand und die Verfahrensökonomie. Vor allem die Xgen-Beschlüsse des BGH vom 26.1.2021 deuten auf ein neues Austarieren von Regulierungsrecht und Regulierungsökonomie hin

(*Mohr* RdE 2020, 385 (387 ff.); s. auch *Richter* EnWZ 2021, 291 ff.). Trotz der materiell weitgehend inhaltsgleichen Prüfungsmaßstäbe bei einem Beurteilungsspielraum und einem Regulierungsermessen (→ Rn. 31, 34 f.) geht der Verzicht auf eine klare dogmatische Einordung mit „Verlusten an Entscheidungsrationalität, die gerade ein Abschichten von Problemen erfordert", einher (so *Gärditz* DVBl. 2016, 399 (400)). Zu Recht wird deshalb im Schrifttum vor der Aufgabe „bewährter Systemstrukturen" gewarnt, die der „grundlegenden Funktionentrennung zwischen Exekutive und Judikative" dienen (Baur/Salje/Schmidt-Preuß/*Pielow* Kap. 57 Rn. 13). Das geschilderte Spannungsverhältnis zwischen behördlichen Spielräumen und effektivem Rechtsschutz verschärft sich in Anbetracht des EuGH-Urteils im sog. Deutschlandverfahren, in dem der Gerichtshof das deutsche Konzept der normierenden Regulierung als unvereinbar mit der unionsrechtlich garantierten **Unabhängigkeit der Regulierungsbehörde** verworfen hat (EuGH Urt. v. 2.9.2021 – C-718/18, ECLI:EU:C:2021:662 = EuZW 2021, 893 – Kommission/Deutschland; zu den Wirkungen des Urteils s. *Gundel* EnWZ 2021, 339; zu möglichen Umsetzungsoptionen *Schmidt-Preuß* RdE 2021, 173 (174 ff.)). Vor diesem Hintergrund wird sich die Diskussion in Zukunft auch auf die Frage fokussieren müssen, inwieweit eine zurückgenommene richterliche Kontrolldichte mit dem Konzept einer administrativen – von einer normativen Vorstrukturierung durch Detailvorgaben weitgehend entlasteten – Regulierung vereinbar ist (Bedenken äußern insoweit *Kreuter-Kirchhof* NVwZ 2021, 589 (592 f.); *Ludwigs* EnWZ 2019, 160; *Di Fabio* EnWZ 2022, 291 (296, 298 ff.)).

Zur Bestimmung der Reichweite der gerichtlichen Kontrolle gem. § 83 Abs. 5 ist auf die allgemeinen verwaltungsrechtlichen Grundsätze zurückzugreifen (BGH Beschl. v. 23.1.2018 – EnVR 5/17, EnWZ 2018, 123 Rn. 25 – Stadtwerke Wedel GmbH). Im Verwaltungsrecht haben sich folgende Grundkategorien von Ermessensfehlern herausgebildet (zum Folgenden Eyermann/*Rennert* VwGO § 114 Rn. 16 ff. mwN): **Ermessensüberschreitung** liegt vor, wenn die in Ausübung des Ermessens verhängte Rechtsfolge von der gesetzlichen Ermächtigung nicht gedeckt ist. Spiegelbildlich handelt es sich um eine **Ermessensunterschreitung**, wenn die Behörde die Bandbreite ihrer Handlungsmöglichkeiten unterschätzt. In beiden Fällen geht es um Rechtsfolgenverkennung. Verkennt die Behörde vielmehr, dass sie ein Ermessen hat, weil sie etwa zu Unrecht annimmt, dass der Antragsteller ein falsches Verfahren gewählt hat, oder sich irrtümlich für gebunden hält, liegt ein **Ermessensnichtgebrauch** vor. Kein Ermessensnichtgebrauch liegt demgegenüber vor, wenn nach dem Gesetz an sich bestehender Ermessensspielraum im Einzelfall ausnahmsweise auf null reduziert ist (s. etwa BGH Beschl. v. 23.1.2018 – EnVR 5/17, EnWZ 2018, 123 Rn. 25 – Stadtwerke Wedel GmbH; vorinstanzlich OLG Schleswig-Holstein Beschl. v. 1.12.2016 – 53 Kart 1/16, EnWZ 2017, 39 (40 ff.)). Eine weitere Kategorie ist der **Ermessensfehlgebrauch.** Dabei ist zu prüfen, ob die Erwägungen der Behörde, auf die die konkrete Ermessensausübung gestützt wurde, dem Zweck der gesetzlichen Ermächtigung entsprechen (Eyermann/*Rennert* VwGO § 114 Rn. 20 ff.). Bspw. liegt ein Ermessensfehlgebrauch vor, wenn die Behörde ihr Ermessen willkürlich, in Verfolgung sachfremder Erwägungen ausgeübt hat (Ermessensmissbrauch), aber auch, wenn ihre Ermessenserwägungen unvollständig und deshalb rechtswidrig sind (Erwägungsdefizit).

Im Wesentlichen inhaltsgleiche Maßstäbe gelten für die **gerichtliche Überprüfung eines Beurteilungsspielraums** (BGH Beschl. v. 21.1.2014 – EnVR 12/12, EnWZ 2014, 378 Rn. 26 – Stadtwerke Konstanz GmbH; BVerwG Urt. v. 23.11.2011 – 6 C 11.10, NVwZ 2012, 1047 Rn. 38). Die Ausübung eines Beurtei-

§ 83 a Teil 8. Verfahren

lungsspielraums wird herkömmlich darauf überprüft, ob die Behörde die gültigen Verfahrensbestimmungen eingehalten hat, von einem richtigen Verständnis des anzuwendenden Gesetzesbegriffs ausgegangen ist, den erheblichen Sachverhalt vollständig und zutreffend ermittelt hat und sich bei der eigentlichen Beurteilung an allgemeingültige Wertungsmaßstäbe gehalten, insbesondere das Willkürverbot nicht verletzt hat (BGH Beschl. v. 22.7.2014 – EnVR 59/12, RdE 2014, 495 Rn. 25 – Stromnetz Berlin GmbH; BGH Beschl. v. 21.1.2014 – EnVR 12/12, EnWZ 2014, 378 Rn. 27 – Stadtwerke Konstanz GmbH; BVerwG Urt. v. 2.4.2008 – 6 C 15.07, NVwZ 2008, 1359 Rn. 21). Die Ausübung eines **Regulierungsermessens** wird vom Gericht beanstandet, wenn eine Abwägung überhaupt nicht stattgefunden hat (Abwägungsausfall), wenn in die Abwägung nicht an Belangen eingestellt worden ist, was nach Lage der Dinge in sie eingestellt werden musste (Abwägungsdefizit), wenn die Bedeutung der betroffenen Belange verkannt worden ist (Abwägungsfehleinschätzung) oder wenn der Ausgleich zwischen ihnen zur objektiven Gewichtigkeit einzelner Belange außer Verhältnis steht (Abwägungsdisproportionalität; BGH Beschl. v. 22.7.2014 – EnVR 59/12, RdE 2014, 495 Rn. 25 – Stromnetz Berlin GmbH; BGH Beschl. v. 21.1.2014 – EnVR 12/12, EnWZ 2014, 378 Rn. 26 – Stadtwerke Konstanz GmbH; BVerwG Urt. v. 23.11.2011 – 6 C 11.10, NVwZ 2012, 1047 Rn. 38).

36 Wenn die Ermessensentscheidung Grundrechte berührt, ist zudem der **Verhältnismäßigkeitsgrundsatz** zu beachten (Eyermann/*Rennert* VwGO § 114 Rn. 30; sa OLG Düsseldorf Beschl. v. 17.2.2016 – VI-3 Kart 134/12 (V), BeckRS 2016, 08116 Rn. 65). Ein Grundrechtseingriff kann als unverhältnismäßig beanstandet werden, wenn er zur Erreichung des verfolgten öffentlichen Zwecks ungeeignet oder nicht erforderlich ist oder wenn die Beeinträchtigung der betroffenen Grundrechtsinteressen als unzumutbar erscheint (Angemessenheit ieS).

37 Einer gerichtlichen Kontrolle gem. § 83 Abs. 5 unterliegt auch ein etwaiges **Aufgreifermessen** (näher Theobald/Kühling/*Boos* EnWG § 83 Rn. 20 f.). Ein solches Ermessen steht der Regulierungsbehörde insbesondere hinsichtlich der Frage zu, ob sie gem. § 65 Abs. 2 bei einem Verstoß gegen Vorschriften des EnWG oder auf seiner Grundlage erlassener Rechtsverordnungen ein Verfahren einleitet und ggf. Maßnahmen zur Einhaltung dieser Verpflichtungen anordnet (BGH Beschl. v. 3.6.2014 – EnVR 10/13, NVwZ 2014, 1600 Rn. 15 – Stromnetz Homberg). Nach überzeugender Auffassung ist § 83 Abs. 5 nicht nur auf Hauptsacheentscheidungen, sondern auch auf **Nebenentscheidungen**, wie Gebührenbescheide und Beiladungsbeschlüsse, anwendbar (stRspr im Kartellrecht; s. etwa zur Beiladung KG Beschl. v. 22.8.1980 – Kart 7/80, GRUR 1981, 75 (77) – Sonntag aktuell; BerlKommEnergieR/*Johanns/Roesen* EnWG § 83 Rn. 32 mwN; aA Immenga/Mestmäcker/*K. Schmidt* GWB § 71 Rn. 42). Konkret im Hinblick auf Gebührenbescheide hat das OLG Düsseldorf hinsichtlich einzelner Kriterien des § 91 Abs. 3 S. 2 einen Beurteilungs- und Ermessensspielraum der Regulierungsbehörde anerkannt (Beschl. v. 16.2.2011 – VI-3 Kart 274/09 (V), N&R 2011, 143 (146); Beschl. v. 10.8.2022 – VI-3 Kart 76/21 (V), BeckRS 2022, 23661 Rn. 4).

§ 83 a Abhilfe bei Verletzung des Anspruchs auf rechtliches Gehör

(1) ¹Auf die Rüge eines durch eine gerichtliche Entscheidung beschwerten Beteiligten ist das Verfahren fortzuführen, wenn
1. ein Rechtsmittel oder ein anderer Rechtsbehelf gegen die Entscheidung nicht gegeben ist und

2. das Gericht den Anspruch dieses Beteiligten auf rechtliches Gehör in entscheidungserheblicher Weise verletzt hat.
²Gegen eine der Entscheidung vorausgehende Entscheidung findet die Rüge nicht statt.

(2) ¹Die Rüge ist innerhalb von zwei Wochen nach Kenntnis von der Verletzung des rechtlichen Gehörs zu erheben; der Zeitpunkt der Kenntniserlangung ist glaubhaft zu machen. ²Nach Ablauf eines Jahres seit Bekanntgabe der angegriffenen Entscheidung kann die Rüge nicht mehr erhoben werden. ³Formlos mitgeteilte Entscheidungen gelten mit dem dritten Tage nach Aufgabe zur Post als bekannt gegeben. ⁴Die Rüge ist schriftlich oder zur Niederschrift des Urkundsbeamten der Geschäftsstelle bei dem Gericht zu erheben, dessen Entscheidung angegriffen wird. ⁵Die Rüge muss die angegriffene Entscheidung bezeichnen und das Vorliegen der in Absatz 1 Satz 1 Nr. 2 genannten Voraussetzungen darlegen.

(3) Den übrigen Beteiligten ist, soweit erforderlich, Gelegenheit zur Stellungnahme zu geben.

(4) ¹Ist die Rüge nicht statthaft oder nicht in der gesetzlichen Form oder Frist erhoben, so ist sie als unzulässig zu verwerfen. ²Ist die Rüge unbegründet, weist das Gericht sie zurück. ³Die Entscheidung ergeht durch unanfechtbaren Beschluss. ⁴Der Beschluss soll kurz begründet werden.

(5) ¹Ist die Rüge begründet, so hilft ihr das Gericht ab, indem es das Verfahren fortführt, soweit dies aufgrund der Rüge geboten ist. ²Das Verfahren wird in die Lage zurückversetzt, in der es sich vor dem Schluss der mündlichen Verhandlung befand. ³Im schriftlichen Verfahren tritt an die Stelle des Schlusses der mündlichen Verhandlung der Zeitpunkt, bis zu dem Schriftsätze eingereicht werden können. ⁴Für den Ausspruch des Gerichts ist § 343 der Zivilprozessordnung anzuwenden.

(6) § 149 Abs. 1 Satz 2 der Verwaltungsgerichtsordnung ist entsprechend anzuwenden.

Literatur: *Bacher/Hempel/Wagner-von Papp* (Hrsg.), Beck'scher Kommentar zum Kartellrecht, 2. Ed. 15.7.2021 (zit. BeckOK KartellR/*Bearbeiter*); *Heinrichsmeier,* Probleme der Zulässigkeit der Verfassungsbeschwerde im Zusammenhang mit dem fachgerichtlichen Anhörungsrügeverfahren, NVwZ 2010, 228; *Knauer/Kudlich/Schneider* (Hrsg.), Münchener Kommentar zur StPO, Bd. 1, 2014 (zit. MüKoStPO/*Bearbeiter*); *Musielak/Voit* (Hrsg.), ZPO, 18. Aufl. 2021 (zit. Musielak/Voit/*Bearbeiter*); *Vorwerk/Wolf* (Hrsg.), Beck'scher Online-Kommentar zur ZPO, 42. Ed. 1.9.2021 (zit. BeckOK ZPO/*Bearbeiter*); *Zuck,* Rechtsstaatswidrige Begründungsmängel in der Rechtsprechung des BGH, NJW 2008, 479; *Zuck,* Wann verletzt ein Verstoß gegen ZPO-Vorschriften zugleich den Grundsatz rechtlichen Gehörs?, NJW 2005, 3753.

A. Überblick

Der im Jahr 2007 eingefügte § 83a (BGBl. 2007 I S. 2966 (2969)) sieht die Anhörungsrüge als außerordentlichen subsidiären Rechtsbehelf in Energieverwaltungssachen vor, mit dem das Verfahren zur Gewährleistung rechtlichen Gehörs fortgeführt werden kann (Hempel/Franke/*Scholz/Jansen* EnWG § 83a Rn. 2). Die Vorschrift ist § 71a GWB aF nachgebildet (BT-16/5847, 13), der dem heutigen § 69 GWB wortlautgleich entspricht (BT-Drs. 19/23492, 122). Letzterer orientiert sich 1

§ 83 a

seinerseits an § 152a VwGO und § 321a ZPO (BT-Drs. 15/3706, 25). Wie die letztgenannten Vorschriften soll § 83a einer Plenarentscheidung des BVerfG Rechnung tragen, nach der es gegen das Rechtsstaatsprinzip iVm Art. 103 Abs. 1 GG verstoße, wenn eine Verfahrensordnung keine **fachgerichtliche Abhilfemöglichkeit für den Fall** vorsieht, **dass ein Gericht in entscheidungserheblicher Weise den Anspruch auf rechtliches Gehör verletzt** (BVerfG Beschl. v. 30.4.2003 – 1 PBvU 1/02, NJW 2003, 1924; sa BT-Drs. 15/3706, 13). Durch § 83a soll damit in den Fällen einer Verletzung des Anspruchs auf rechtliches Gehör den für das Energiewirtschaftsrecht zuständigen Gerichten die Selbstkorrektur unanfechtbarer Entscheidungen ermöglicht werden (ähnlich, mit Blick auf die Anhörungsrüge im Zivilprozess, Musielak/Voit/*Musielak* ZPO § 321a Rn. 1).

B. Voraussetzungen einer Anhörungsrüge (Abs. 1)

2   Gem. § 83a Abs. 1 S. 1 kann eine Anhörungsrüge gegen **gerichtliche Entscheidungen** erhoben werden. Auf Entscheidungen der Regulierungsbehörde im Verwaltungsverfahren findet sie dagegen keine Anwendung (Hempel/Franke/ *Scholz/Jansen* EnWG § 83a Rn. 2). Die Anhörungsrüge steht jedem „durch eine gerichtliche Entscheidung beschwerten Beteiligten" zu. Zur Erhebung einer Anhörungsrüge berechtigt ist somit jeder **Verfahrensbeteiligte** iSd § 79. Demgemäß können neben dem Beschwerdeführer auch beigeladene Dritte iSd § 79 Abs. 1 Nr. 3 einen Gehörsverstoß geltend machen. Notwendig beizuladende Personen, die von der Regulierungsbehörde nicht beigeladen wurden, obwohl sie die Voraussetzungen einer notwendigen Beiladung erfüllten, können eine eigene Beschwerde einlegen und damit die formale Beteiligtenstellung gem. § 79 Abs. 1 Nr. 1 erlangen (→ § 79 Rn. 3; zur Rechtsbeschwerdebefugnis → § 88 Rn. 2 ff.). Sieht ein notwendig Beizuladender von der Einlegung einer Beschwerde ab, erlangt er nicht die Stellung eines Verfahrensbeteiligten und kann deshalb auch keine Anhörungsrüge erheben (aA Hempel/Franke/*Scholz/Jansen* EnWG § 83a Rn. 3). Als grundrechtsgleiche Rechtsposition steht der Anspruch auf rechtliches Gehör auch juristischen Personen des öffentlichen Rechts zu (BVerfG Beschl. v. 26.2.2008 – 1 BvR 2327/07, NJW 2008, 2167 Rn. 15; Beschl. v. 8.7.1982 – 2 BvR 1187/80, NJW 1982, 2173 (2174)). Einen Gehörsverstoß kann auch die Regulierungsbehörde rügen, wenn sie Partei in einem Gerichtsverfahren ist (vgl. zum ebenfalls grundrechtsgleichen Recht auf den gesetzlichen Richter gem. Art. 101 Abs. 1 S. 2 GG, BVerfG Urt. v. 16.1.1957 – 1 BvR 134/56, NJW 1957, 337; aA Theobald/Kühling/*Boos* EnWG § 83a Rn. 5). Wie bereits § 83a Abs. 1 S. 1 zum Ausdruck bringt, setzt die Anhörungsrüge zudem eine formelle und materielle **Beschwer** voraus (→ § 75 Rn. 6 ff.).

3   Gem. § 83a Abs. 1 S. 1 Nr. 1 erfordert die Anhörungsrüge des Weiteren, dass „ein Rechtsmittel oder ein anderer Rechtsbehelf gegen die Entscheidung nicht gegeben ist". Hiernach kommt die Anhörungsrüge lediglich als **subsidiärer Rechtsbehelf** zum Zuge, wenn der Gehörsverstoß nicht im Rahmen anderer zur Überprüfung der Entscheidung gegebener Rechtsbehelfe behoben werden kann (BT-Drs. 15/3706, 13). Da gegen Beschlüsse des Beschwerdegerichts im Fall einer Verletzung des rechtlichen Gehörs nach § 86 Abs. 4 Nr. 3 die Rechtsbeschwerde auch ohne Zulassung stattfinden kann, geht diese der Anhörungsrüge vor (Theobald/ Kühling/*Boos* EnWG § 83a Rn. 3; ähnlich zur Parallelregelung des GWB *Bechtold/ Bosch* GWB § 69 Rn. 2). In praktischer Hinsicht ist die Anhörungsrüge deshalb ins-

besondere im einstweiligen Rechtsschutz vor dem OLG Düsseldorf sowie im Rechtsbeschwerdeverfahren beim BGH von Bedeutung (vgl., einen Gehörsverstoß im Einzelfall bej., BGH Beschl. v. 30.4.2020 – EnVR 109/18, BeckRS 2020, 9816; abl. BGH Beschl. v. 3.6.2020 – EnVR 26/18, BeckRS 2020, 13336; BGH Beschl. v. 3.6.2020 – EnVR 56/18, BeckRS 2020, 13443).

§ 83a Abs. 1 S. 2 sieht ferner vor, dass gegen eine der (End-)Entscheidung vorausgehende Entscheidung die Anhörungsrüge nicht stattfindet (vgl. § 321a Abs. 1 S. 2 ZPO, § 152a Abs. 1 S. 2 VwGO). Dies bedeutet im Umkehrschluss, dass die Anhörungsrüge nur **gegen rechtskräftige Endentscheidungen** erhoben werden kann. Als solche sind verfahrensabschließende Entscheidungen zu verstehen, die Bindungswirkung entfalten (vgl. BGH Beschl. v. 12.2.2014 – X ZB 15/13, BeckRS 2014, 4359: keine statthafte Anhörungsrüge gegen nicht bindende Hinweise eines Gerichts). Neben Entscheidungen im **Hauptsacheverfahren** kommt eine Anhörungsrüge auch gegen Entscheidungen **im vorläufigen Rechtsschutz** in Betracht (vgl. BVerfG Beschl. v. 8.6.2016 – 1 BvR 3046/15 ua, BeckRS 2016, 104218 Rn. 4, im Hinblick auf den mit § 83a weitgehend gleichlautenden § 178a SGG; sa BerlKommEnergieR/*Johanns/Roesen* EnWG § 83a Rn. 3; Elspas/Graßmann/Rasbach/*Kalwa/Göge* EnWG § 83a Rn. 6; aA – mit der Einschränkung, dass die Rüge gegen Eilentscheidungen dann zulässig sei, wenn bei einer erst im Hauptsacheverfahren stattfindenden Prüfung unzumutbare Nachteile drohen – BeckOK EnWG/*van Rossum* § 83a Rn. 7; Hempel/Franke/*Scholz/Jansen* EnWG § 83a Rn. 3). 4

Zwischenentscheidungen wie zB Beweisbeschlüsse des Beschwerdegerichts oder Entscheidungen gem. § 84 Abs. 2 S. 4 bezüglich der Offenlegung entscheidungserheblicher Tatsachen und Beweismittel, die gem. § 86 Abs. 1 nicht isoliert, sondern erst im Rahmen der Hauptsacheentscheidung anfechtbar sind, **können grundsätzlich nicht mit der Anhörungsrüge angegriffen werden.** Bei solchen Zwischenentscheidungen ist nur die Gegenvorstellung möglich (Langen/Bunte/*Lembach* GWB § 71a Rn. 6). Die Gegenvorstellung stellt eine Anregung an das Gericht dar, eine für die Partei unanfechtbare Entscheidung zu ändern (BGH Beschl. v. 28.5.2020 – IX ZR 233/15, BeckRS 2020, 13680 Rn. 2). Sie kommt grundsätzlich nur gegen Entscheidungen in Betracht, die nicht in materielle Rechtskraft erwachsen und nicht mit einem Rechtsmittel oder förmlichen Rechtsbehelf angefochten werden können (BeckOK ZPO/*Bacher* § 321a Rn. 21.3 mwN; aA BeckOK ZPO/*Elzer* § 318 Rn. 52: eine Gegenvorstellung müsste stets als unstatthaft angesehen werden). Als unzulässig gilt die Gegenvorstellung hingegen, wenn das Gericht nach den Bestimmungen der jeweiligen Prozessordnung nicht zu einer Abänderung seiner vorangegangenen Entscheidung befugt ist (BVerfG Beschl. v. 25.11.2008 – 1 BvR 848/07, BVerfGE 122, 190 Rn. 36 und 39; BGH Beschl. v. 18.10.2018 – IX ZB 31/18, NZI 2018, 958 Rn. 13; näher BeckOK ZPO/*Elzer* § 318 Rn. 53–55). 5

Im Interesse eines lückenlosen Rechtsschutzes ist die Anhörungsrüge **gegen Zwischenentscheidungen als ausnahmsweise statthaft** anzusehen, wenn eine Zwischenentscheidung abschließend und bindend für das weitere Verfahren über einen Antrag befindet und später nicht mehr im Rahmen einer Inzidentprüfung durch die Fachgerichte korrigiert werden kann (BVerfG Beschl. v. 12.1.2009 – 1 BvR 3113/08, NJW 2009, 833 Rn. 9f.; Beschl. v. 23.10.2007 – 1 BvR 782/07, NZA 2008, 1201 (1203); Elspas/Graßmann/Rasbach/*Kalwa/Göge* EnWG § 83a Rn. 4). Dies ist bei Zwischenentscheidungen betreffend die Ablehnung eines Richters der Fall, sofern diese nicht durch Rechtsmittel angefochten werden können 6

§ 83 a   Teil 8. Verfahren

(BVerfG Beschl. v. 12.1.2009 – 1 BvR 3113/08, NJW 2009, 833 Rn. 11 ff.: Ablehnungsgesuch in der Berufungsinstanz bei Nichtzulassung der Rechtsbeschwerde; BVerfG Beschl. v. 23.10.2007 – 1 BvR 782/07, NZA 2008, 1201 (1203): Ablehnungsgesuch in der Revisionsinstanz).

7   Die Anhörungsrüge des § 83 a findet nur in den Fällen rechtskräftig abgeschlossener Beschwerdeverfahren gem. §§ 75 ff. und – aufgrund der Verweisung in § 88 Abs. 5 S. 1 – in rechtskräftig abgeschlossenen Rechtsbeschwerdeverfahren sowie in abgeschlossenen Eilverfahren nach § 76 Abs. 2 bzw. § 77 Abs. 3 S. 1 oder 4 statt (BerlKommEnergieR/*Johanns/Roesen* EnWG § 83 a Rn. 2; NK-EnWG/*Huber* § 83 a Rn. 2). Demgegenüber gilt § 83 a **nicht für das Ordnungswidrigkeitenverfahren** nach §§ 98 ff. und **in bürgerlichen Rechtsstreitigkeiten** nach §§ 102 ff. (ähnlich zur Parallelregelung des § 71 a GWB aF BT-Drs. 15/3706, 25). In Ordnungswidrigkeitenverfahren sind gem. § 46 Abs. 1 und § 79 Abs. 3 S. 1 OWiG die für den Strafprozess vorgesehenen Rechtsbehelfe der §§ 33 a, 311 a und 356 a StPO anwendbar (vgl. BT-Drs. 15/3706, 14; zur Subsidiarität des § 33 a StPO gegenüber den §§ 311 a und 356 StPO MüKoStPO/*Valerius* § 33 a Rn. 3). In bürgerlichen Streitigkeiten ist § 321 a ZPO einschlägig.

8   Weitere Voraussetzung einer Anhörungsrüge ist gem. § 83 a Abs. 1 S. 1 Nr. 2, dass der Betroffene geltend macht, das Gericht habe in entscheidungserheblicher Weise seinen Anspruch auf rechtliches Gehör verletzt. **Entscheidungserheblichkeit** liegt vor, wenn nicht ausgeschlossen werden kann, dass das Gericht ohne die Verletzung des Anspruchs auf rechtliches Gehör zu einer anderen Entscheidung gekommen wäre (BT-Drs. 15/3706, 16 zu § 321 a ZPO; zur Gehörsverletzung als Rechtsbeschwerdegrund → § 86 Rn. 18 ff.). Fehlt es an einer ausreichenden Darlegung, dass eine entscheidungserhebliche Verletzung des Anspruchs auf rechtliches Gehör vorliegt, ist die Rüge bereits als unzulässig zu verwerfen, jedenfalls aber als unbegründet zurückzuweisen (BVerfG Beschl. v. 12.1.2009 – 1 BvR 3113/08, NJW 2009, 833 Rn. 22; Elspas/Graßmann/Rasbach/*Kalwa/Göge* EnWG § 83 a Rn. 16 mwN).

C. Zuständiges Gericht, Frist und Form der Anhörungsrüge (Abs. 2)

9   Über die Anhörungsrüge entscheidet **das Gericht, dessen Entscheidung gerügt wird.** Dies ergibt sich aus § 83 a Abs. 2 S. 4, wonach die Rüge bei dem Gericht zu erheben ist, dessen Entscheidung angegriffen wird. Nach § 83 a Abs. 2 S. 1 Hs. 1 ist die Anhörungsrüge innerhalb einer **Notfrist von zwei Wochen** nach Kenntnis von der Verletzung des rechtlichen Gehörs zu erheben. Vergleichbar mit den Regelungen zur Wiedereinsetzung in den vorigen Stand und der Wiederaufnahme des Verfahrens kommt es damit nicht auf die Bekanntgabe der gerichtlichen Entscheidung, sondern auf die **tatsächliche Kenntnisnahme** an (vgl. BT-Drs. 15/3706, 16 zu § 321 a ZPO). Die (positive) Kenntnis bezieht sich auf den Gehörsverstoß und muss sich nicht auch auf seine Entscheidungserheblichkeit erstrecken. Gem. § 83 a Abs. 2 S. 1 Hs. 2 hat der Betroffene glaubhaft zu machen, wann er von der Gehörsverletzung Kenntnis erlangt hat. § 294 ZPO, wonach die Glaubhaftmachung auch durch Versicherung an Eides statt erfolgen kann, gilt hier entsprechend. Die Rügefrist ist für jeden Rügeberechtigten gesondert, beginnend mit der Kenntnis der Verletzung nach § 85 Nr. 2, § 222 ZPO und §§ 187 ff. BGB zu berechnen (BerlKommEnergieR/*Johanns/Roesen* EnWG § 83 a Rn. 4). Im Interesse der Rechtssicherheit

Abhilfe bei Verletzung des Anspruchs auf rechtliches Gehör § 83 a

und des Rechtsfriedens sieht § 83 a Abs. 2 S. 2 ferner vor, dass nach Ablauf eines Jahres seit Bekanntgabe der angegriffenen Entscheidung die Rüge nicht mehr erhoben werden kann. Bei dieser **Jahresfrist** handelt es sich um eine materielle **Ausschlussfrist,** die einer Wiedereinsetzung nicht zugänglich ist (BT-Drs. 15/3706, 16). Für den Fall der formlosen Zustellung einer Entscheidung sieht § 83 a Abs. 2 S. 3 eine Fiktion der Bekanntgabe vor (BT-Drs. 15/3706, 16). Hiernach gelten formlos mitgeteilte Entscheidungen mit dem dritten Tag nach Aufgabe zur Post als bekannt gegeben.

Die Anhörungsrüge ist nach § 83 a Abs. 2 S. 4 schriftlich oder zur Niederschrift **10** des Urkundsbeamten der Geschäftsstelle des Gerichts zu erheben, dessen Entscheidung angegriffen wird. Gem. § 78 Abs. 3 ZPO, der nach § 85 Nr. 2 im energiewirtschaftsrechtlichen Verfahren entsprechend anzuwenden ist, gilt der Anwaltszwang nicht für „Prozesshandlungen, die vor dem Urkundsbeamten der Geschäftsstelle vorgenommen werden können". Für die **Freistellung vom Anwaltszwang** reicht bereits die Möglichkeit, eine Prozesshandlung vor dem Urkundsbeamten der Geschäftsstelle vorzunehmen (Musielak/Voit/*Weth* ZPO § 78 Rn. 25). Die betreffende Prozesshandlung ist somit auch dann vom Anwaltszwang ausgenommen, wenn sie tatsächlich nicht zu Protokoll des Urkundsbeamten der Geschäftsstelle erklärt, sondern in einem Schriftsatz vorgenommen wird (MüKoZPO/*Toussaint* § 78 Rn. 50). Dasselbe gilt nach überzeugender Auffassung auch für die Einlegung einer Anhörungsrüge beim Beschwerde- oder Rechtsbeschwerdegericht (so zum Kartellverwaltungsprozess BeckOK KartellR/*Rombach* GWB § 69 Rn. 19; aA Loewenheim/Meessen/Riesenkampff/Kersting/Meyer-Lindemann/*Kühnen* GWB § 71 a Rn. 11: Anwaltszwang bei schriftlicher Einlegung; diff. Immenga/Mestmäcker/ *K. Schmidt* GWB § 71 a Rn. 14: die Rüge könne fristwahrend ohne anwaltliche Hilfe zur Niederschrift vor dem Urkundsbeamten der Geschäftsstelle angebracht werden; zum energiewirtschaftsrechtlichen Verfahren wie hier iErg auch Theobald/Kühling/*Boos* EnWG § 83 a Rn. 12; aA Elspas/Graßmann/Rasbach/*Kalwa/ Göge* EnWG § 83 a Rn. 13; BerlKommEnergieR/*Johanns/Roesen* EnWG § 83 a Rn. 5; Hempel/Franke/*Scholz/Jansen* EnWG § 83 a Rn. 5). Die Freistellung vom Anwaltszwang gilt allerdings nur für die konkrete Prozesshandlung und nicht das anschließende Verfahren (Musielak/Voit/*Weth* ZPO § 78 Rn. 25). Beschließt das Gericht auf die Anhörungsrüge des Betroffenen hin, das Verfahren fortzuführen, greift der Anwaltszwang des § 80 S. 1 wieder für alle Beteiligten.

In inhaltlicher Hinsicht muss die Anhörungsrüge nach § 83 a Abs. 2 S. 5 die an- **11** gegriffene gerichtliche Entscheidung bezeichnen und das Vorliegen der in Abs. 1 S. 1 Nr. 2 genannten Voraussetzungen darlegen. Demgemäß muss aus der Rüge zum einen hervorgehen, welche gerichtliche Entscheidung angegriffen wird. Zum anderen sind in der Rüge die Umstände **darzulegen,** aus denen sich ergibt, dass das Gericht den Anspruch des Betroffenen auf rechtliches Gehör gem. Art. 103 Abs. 1 GG verletzt hat und dass diese Verletzung zudem entscheidungserheblich war (→ Rn. 8). Den übrigen Beteiligten ist gem. § 83 a Abs. 3 „soweit erforderlich" Gelegenheit zur Stellungnahme zu geben; die Erforderlichkeit ist dabei großzügig zu handhaben.

Die Anhörungsrüge gem. § 83 a betrifft allein Verletzungen der verfassungsrecht- **12** lichen Garantie auf rechtliches Gehör gem. Art. 103 Abs. 1 GG. Demgegenüber reicht ein Verstoß gegen Anforderungen, die sich nur aus dem Gesetz ergeben, nicht aus (BeckOK ZPO/*Bacher* § 321 a Rn. 35; *Zuck* NJW 2005, 3753 (3755 ff.)). Nach überzeugender Auffassung kommt auch nicht eine entsprechende Anwendung des § 83 a auf **Verletzungen anderer Verfahrensgrundrechte** als desjeni-

§ 83 a

gen auf rechtliches Gehör in Betracht (so mit Blick auf § 321 a ZPO BGH Beschl. v. 17.7.2008 – V ZR 149/07, NJW-RR 2009, 144; BeckOK ZPO/*Bacher* § 321 a Rn. 21 mwN; aA Elspas/Graßmann/Rasbach/*Kalwa*/*Göge* EnWG § 83 a Rn. 3). Die Verletzung anderer Grundrechte kann grundsätzlich unmittelbar – nach Erschöpfung des Rechtswegs – mit der Verfassungsbeschwerde geltend gemacht werden (*Heinrichsmeier* NVwZ 2010, 228 (229)). Durch Verfassungsbeschwerde kann darüber hinaus die Entscheidung des Gerichts über die Anhörungsrüge selbst angegriffen werden, sofern letztere eine eigenständige verfassungsrechtliche Beschwer enthält. Eine solche Beschwer liegt jedenfalls dann vor, wenn die verfassungsrechtliche Rüge sich nicht auf die inhaltliche Überprüfung des Gehörsverstoßes richtet, der bereits Gegenstand der Anhörungsrüge selbst gewesen ist, sondern den Zugang zum Anhörungsrügeverfahren betrifft (BVerfG Beschl. v. 26.2.2008 – 1 BvR 2327/07, NJW 2008, 2167 Rn. 17 mwN). Zulässig ist auch eine Anhörungsrüge, mit der geltend gemacht wird, das Gericht habe Vortrag der Partei zur Verletzung eines anderen Grundrechts übergangen und damit *zusätzlich* gegen Art. 103 Abs. 1 GG verstoßen (BeckOK ZPO/*Bacher* § 321 a Rn. 21 a).

D. Entscheidung über die Anhörungsrüge (Abs. 4–6)

13   Die Erhebung einer Anhörungsrüge kann zu drei Arten von Entscheidungen führen. Ist die Rüge nicht statthaft oder nicht in der gesetzlichen Form oder Frist erhoben, so ist sie nach § 83 a Abs. 4 S. 1 als **unzulässig** zu verwerfen. Ist die Rüge **unbegründet,** weist das Gericht sie zurück, § 83 a Abs. 4 S. 2. Die Entscheidung über die Verwerfung oder die Zurückweisung der Anhörungsrüge ergeht gem. § 83 a Abs. 4 S. 3 durch unanfechtbaren Beschluss. Dies gilt auch dann, wenn an sich die Rechtsbeschwerde noch gegeben ist (*Bechtold/Bosch* GWB § 69 Rn. 2). Der Beschluss soll nach § 83 a Abs. 4 S. 4 kurz begründet werden (zu den übergreifenden gesetzgeberischen Motiven der Herabsetzung der Begründungsanforderungen s. BT-Drs. 15/3706, 16; krit. zur praktischen Handhabung des BGH *Zuck* NJW 2008, 479 ff.).

14   Ist die Anhörungsrüge **begründet,** so hilft ihr gem. § 83 a Abs. 5 S. 1 das Gericht ab, indem es das Verfahren fortführt, soweit dies aufgrund der Rüge geboten ist. Nach § 83 a Abs. 5 S. 2 wird das Verfahren in die Lage zurückversetzt, in der es sich vor dem Schluss der mündlichen Verhandlung befand. In diesem Fall wird die mündliche Verhandlung wiedereröffnet. Die Fortführung des Verfahrens erfolgt allerdings nur in dem Umfang, in dem der Anspruch auf rechtliches Gehör verletzt wurde (vgl. BT-Drs. 15/3706, 16 zu § 321 a ZPO). Im schriftlichen Verfahren, sofern die Verfahrensbeteiligten gem. § 81 Abs. 1 Hs. 2 wirksam auf eine mündliche Verhandlung verzichtet haben, tritt nach § 83 a Abs. 5 S. 3 an die Stelle des Schlusses der mündlichen Verhandlung der – vom Gericht zu bestimmende – Zeitpunkt, bis zu dem Schriftsätze eingereicht werden können. Führt das Verfahren auch nach Anhörung zu keinem anderen Ergebnis, wird die Entscheidung nach § 83 a Abs. 5 S. 4 iVm § 343 ZPO aufrechterhalten, ansonsten wird sie aufgehoben. Stimmt das nach Anhörung erzielte richterliche Ergebnis nur zT mit der angegriffenen gerichtlichen Entscheidung überein, ist die ursprüngliche Entscheidung des Gerichts im Umfang des abweichenden Prozessergebnisses aufzuheben und es bedarf über diesen weiteren Teil einer neuen eigenen Sachentscheidung (MüKoZPO/*Prütting* § 343 Rn. 14).

E. Aussetzung der Vollziehung der mit der Anhörungsrüge angegriffenen gerichtlichen Entscheidung (Abs. 6)

Die Erhebung der Anhörungsrüge lässt die Rechtskraft der angegriffenen gerichtlichen Entscheidung unberührt und hindert auch die Vollstreckung nicht. Allerdings kann das mit der Anhörungsrüge befasste Gericht nach § 83a Abs. 6, der die entsprechende Anwendung des § 149 Abs. 1 S. 2 VwGO vorsieht, die Vollziehung der angegriffenen Entscheidung aussetzen, wenn dies nach den Umständen des Falles geboten ist. Damit wird das Interesse des von der Gehörsverletzung Betroffenen, hinreichend vor vollendeten Tatsachen geschützt zu werden, mit dem allgemeinen Interesse an einem zügigen rechtskräftigen Abschluss des Verfahrens in Einklang gebracht (Hempel/Franke/*Scholz*/*Jansen* EnWG § 83a Rn. 9). Eine Aussetzung der Vollstreckung analog § 149 Abs. 1 S. 2 VwGO kommt insbesondere in Betracht, wenn das Gericht die Anhörungsrüge für begründet hält und es deshalb als möglich erachtet, dass nach Fortführung des Verfahrens gem. § 83a Abs. 5 eine andere Entscheidung ergeht (ähnlich Theobald/Kühling/*Boos* EnWG § 83a Rn. 21). Entgegen dem Wortlaut von § 149 Abs. 1 S. 2 VwGO, wonach „das Gericht, der Vorsitzende oder der Berichterstatter" die Vollziehung der angefochtenen Entscheidung einstweilen aussetzen können, steht diese Befugnis nicht dem Vorsitzenden oder dem Berichterstatter alleine zu. Nur das Organ, welches die angegriffene Entscheidung getroffen hat, mithin das Gericht, kann die Aussetzung der Vollziehung beschließen (BeckOK KartellR/*Rombach* GWB § 69 Rn. 31).

§ 84 Akteneinsicht

(1) ¹Die in **§ 79 Abs. 1 Nr. 1 und 2 und Abs. 2** bezeichneten Beteiligten können die Akten des Gerichts einsehen und sich durch die Geschäftsstelle auf ihre Kosten Ausfertigungen, Auszüge und Abschriften erteilen lassen. ²§ 299 Abs. 3 der Zivilprozessordnung gilt entsprechend.

(2) ¹Einsicht in Vorakten, Beiakten, Gutachten und Auskünfte sind nur mit Zustimmung der Stellen zulässig, denen die Akten gehören oder die die Äußerung eingeholt haben. ²Die Regulierungsbehörde hat die Zustimmung zur Einsicht in ihre Unterlagen zu versagen, soweit dies aus wichtigen Gründen, insbesondere zur Wahrung von Betriebs- oder Geschäftsgeheimnissen, geboten ist. ³Wird die Einsicht abgelehnt oder ist sie unzulässig, dürfen diese Unterlagen der Entscheidung nur insoweit zugrunde gelegt werden, als ihr Inhalt vorgetragen worden ist. ⁴Das Beschwerdegericht kann die Offenlegung von Tatsachen oder Beweismitteln, deren Geheimhaltung aus wichtigen Gründen, insbesondere zur Wahrung von Betriebs- oder Geschäftsgeheimnissen, verlangt wird, nach Anhörung des von der Offenlegung Betroffenen durch Beschluss anordnen, soweit es für die Entscheidung auf diese Tatsachen oder Beweismittel ankommt, andere Möglichkeiten der Sachaufklärung nicht bestehen und nach Abwägung aller Umstände des Einzelfalles die Bedeutung der Sache das Interesse des Betroffenen an der Geheimhaltung überwiegt. ⁵Der Beschluss ist zu begründen. ⁶In dem Verfahren nach Satz 4 muss sich der Betroffene nicht anwaltlich vertreten lassen.

(3) Den in § 79 Abs. 1 Nr. 3 bezeichneten Beteiligten kann das Beschwerdegericht nach Anhörung des Verfügungsberechtigten Akteneinsicht in gleichem Umfang gewähren.

Literatur: *Bacher/Hempel/Wagner-von Papp* (Hrsg.), Beck'scher Online-Kommentar zum Kartellrecht, 2. Ed. 15.7.2021 (zit. BeckOK KartellR/*Bearbeiter*); *Kafka/König,* Der Effizienzvergleich im energiewirtschaftsrechtlichen Beschwerdeverfahren – Gewährleistung effektiven Rechtsschutzes durch Akteneinsicht, IR 2010, 74.

A. Überblick

1 § 84 regelt das Akteneinsichtsrecht der Verfahrensbeteiligten im **Beschwerdeverfahren** und findet gem. § 88 Abs. 5 S. 1 auch im **Rechtsbeschwerdeverfahren** entsprechende Anwendung. In Abgrenzung hierzu gilt für das Verwaltungsverfahren vor der Regulierungsbehörde § 29 VwVfG (so auch zum Kartellverwaltungsverfahren BeckOK KartellR/*Rombach* GWB § 70 Rn. 1; zum zeitlichen Anwendungsbereich des § 29 VwVfG vgl. BVerwG Urt. v. 1.7.1983 – 2 C 42/82, NVwZ 1984, 445 f.; BeckOK VwVfG/*Herrmann* § 29 Rn. 20 mwN; zum außergesetzlichen Akteneinsichtsrecht vgl. ferner BGH Beschl. v. 14.7.2015 – KVR 55/14, NZKart 2015, 486 Rn. 14 ff. – Trinkwasserpreise; OLG Düsseldorf Beschl. v. 27.5.2021 – VI-3 Kart 3/21 (V), BeckRS 2021, 16905 Rn. 38).

2 Die Vorgaben des § 84 dienen der **Gewährung rechtlichen Gehörs,** indem sie sicherstellen, dass die Verfahrensbeteiligten Kenntnis von allen Akten nehmen und sich zu allen Akteninhalten äußern können, die dem Gericht zur Entscheidung vorliegen und als Grundlage für seine Entscheidungen dienen können (OLG Düsseldorf Beschl. v. 5.7.2021 – VI-3 Kart 612/19 (V), BeckRS 2021, 23413 Rn. 18). § 84 lehnt sich an § 72 GWB aF an (BT-Drs. 15/3917, 72), der weitgehend dem heutigen § 70 GWB entspricht (BT-Drs. 19/23492, 122). Besondere praktische Relevanz kommt § 84 Abs. 2 S. 4 zu, wonach das Beschwerdegericht auf der Grundlage einer umfassenden Interessenabwägung die Offenlegung von Betriebs- und Geschäftsgeheimnissen zum Zweck der Sachverhaltsaufklärung anordnen kann. Mit dieser Vorschrift zeichnet der Gesetzgeber das Verfahren vor, in dessen Rahmen das Interesse an einem effektiven Rechtsschutz mit dem Schutz von Betriebs- und Geschäftsgeheimnissen in Einklang zu bringen ist (vgl. BVerfG Beschl. v. 14.3.2006 – 1 BvR 2087/03 ua, NVwZ 2006, 1041 Rn. 98 f.).

3 Die gem. § 82 Abs. 2 S. 4 zu treffende Entscheidung, inwieweit eine Offenlegung schützenswerter Betriebs- und Geschäftsgeheimnisse zur Aufklärung des entscheidungserheblichen Sachverhalts geboten ist, steht in engem systematischem Zusammenhang mit der Aufklärungspflicht des Tatsachengerichts gem. § 82 Abs. 1. Das Akteneinsichtsrecht umfasst nach § 84 Abs. 1 S. 1 die Gerichtsakten selbst und kann sich gem. § 84 Abs. 2 auf die dem Gericht vorliegenden Vorakten, Beiakten, Gutachten und Auskünfte anderer Stellen wie insbesondere der Regulierungsbehörde erstrecken. Insgesamt betrifft das Einsichtsrecht damit nur **den bei Gericht vorhandenen Aktenbestand** (OLG Düsseldorf Beschl. v. 5.7.2021 – VI-3 Kart 612/19 (V), BeckRS 2021, 23413 Rn. 18; Beschl. v. 27.5.2021 – VI-3 Kart 3/21 (V), BeckRS 2021, 16905 Rn. 21). Allerdings kann das Beschwerdegericht weitere, **nicht zum gerichtlichen Aktenbestand gehörende Unterlagen** im Umfang ihrer Entscheidungserheblichkeit auf der Grundlage des § 82 Abs. 3 S. 1 **beiziehen.** Ob und inwieweit Akten beizuziehen sind, richtet sich nach der Maß-

gabe des Amtsermittlungsgrundsatzes gem. § 82 Abs. 1 (OLG Düsseldorf Beschl. v. 5.7.2021 – VI-3 Kart 612/19 (V), BeckRS 2021, 23413 Rn. 22). Dabei kann eine Offenlegungsanordnung gem. § 84 Abs. 2 S. 4 konkludent auch die Anordnung einer Beiziehung des jeweiligen Akteninhalts gem. § 82 Abs. 3 S. 1 umfassen (OLG Düsseldorf Beschl. v. 14.11.2018 – VI-3 Kart 6/18 (V), ZNER 2018, 539 (540) Rn. 16 aE).

B. Akteneinsichtsrecht der Hauptbeteiligten (Abs. 1 und 2)

I. Einsicht in die Gerichtsakten (Abs. 1)

Nach § 84 Abs. 1 S. 1 können die in § 79 Abs. 1 Nr. 1, 2 und Abs. 2 bezeichneten 4 Beteiligten die Akten des Gerichts einsehen und sich durch die Geschäftsstelle auf ihre Kosten Ausfertigungen, Auszüge und Abschriften erteilen lassen. Damit wird den Hauptbeteiligten, dh dem Beschwerdeführer und der Regulierungsbehörde, ein grundsätzlich **uneingeschränktes Recht auf Einsicht in die Gerichtsakten** gewährt. Demgegenüber sind nach § 84 Abs. 1 S. 2 iVm § 299 Abs. 4 ZPO Entwürfe zu den Beschlüssen des Gerichts, die zu ihrer Vorbereitung gelieferten Arbeiten sowie Schriftstücke, die Abstimmungen betreffen, nicht vom Akteneinsichtsrecht erfasst. Die Verweisung des § 84 Abs. 1 S. 2 auf § 299 Abs. 3 ZPO ist unbeachtlich, da sie auf einem Redaktionsversehen beruht. § 84 übernahm § 72 Abs. 1 S. 2 GWB aF, der auf die Ausnahme vom Akteneinsichtsrecht in § 299 Abs. 3 ZPO idF bis zum 31.7.2001 verwies. § 299 Abs. 3 ZPO wurde mWv 1.8.2001 zu Abs. 4 (BGBl. 2001 I S. 1542 (1543)), was im EnWG nicht nachvollzogen wurde.

II. Einsicht in die Akten anderer Stellen (Abs. 2 S. 1 und 2)

1. Voraktein, Beiakten, Gutachten und Auskünfte anderer Stellen. Ne- 5 ben der Einsicht in die Gerichtsakten selbst ist nach § 84 Abs. 2 S. 1 auch die „Einsicht in Vorakten, Beiakten, Gutachten und Auskünfte" anderer Stellen zulässig, „denen die Akten gehören oder die die Äußerung eingeholt haben", sofern sie jeweils der Einsichtnahme zustimmen. Mit „gehören" ist kein zivilrechtliches Eigentum, sondern die urkundliche bzw. informationelle Verfügungsberechtigung gemeint (Immenga/Mestmäcker/*K. Schmidt* GWB § 72 Rn. 6). Die – in der Praxis besonders relevanten – **Vorakten** erfassen die Akten des Verwaltungsverfahrens bei der Regulierungsbehörde. Dazu gehören auch Akten, die die Behörde erst im Zuge ergänzender Ermittlungen während des gerichtlichen Verfahrens angelegt hat (BGH Beschl. v. 11.11.2008 – KVR 60/07, NJW-RR 2009, 264 Rn. 32 – E.ON/Stadtwerke Eschwege). Als **Beiakten** gelten etwaige vom Gericht beigezogene Akten aus anderen behördlichen oder gerichtlichen Verfahren (OLG Düsseldorf Beschl. v. 14.11.2018 – VI-3 Kart 6/18 (V), Rn. 18). **Gutachten** iSd § 84 Abs. 2 S. 1 können sich sowohl auf Tatsachenfragen als auch auf Rechtsfragen beziehen. Auch der Begriff der **Auskünfte** ist weit zu verstehen und erfasst etwaige dem Gericht vorgelegte Informationen Dritter ebenso wie interne Vermerke von Mitgliedern der Regulierungsbehörde über mündlich oder telefonisch übermittelte Informationen Dritter (BerlKommEnergieR/*Johanns/Roesen* EnWG § 84 Rn. 7; Immenga/Mestmäcker/*K. Schmidt* GWB § 72 Rn. 6).

2. Erforderliche Zustimmung der verfügungsberechtigten Stelle. Nach 6 § 84 Abs. 2 S. 1 ist die Einsicht in Vorakten, Beiakten, Gutachten und Auskünfte an-

§ 84

derer Stellen „nur mit **Zustimmung**" der verfügungsberechtigten Stelle zulässig (OLG Düsseldorf Beschl. v. 5.7.2021 – VI-3 Kart 612/19 (V), BeckRS 2021, 23413 Rn. 18). Die Regulierungsbehörde hat gem. § 84 Abs. 2 S. 2 die Zustimmung zur Einsicht zu versagen, wenn dies aus wichtigen Gründen, insbesondere zur Wahrung von Betriebs- oder Geschäftsgeheimnissen, geboten ist. Als **Betriebs- und Geschäftsgeheimnisse** sind alle auf ein Unternehmen bezogene Tatsachen, Umstände und Vorgänge zu verstehen, die nicht offenkundig, sondern nur einem begrenzten Personenkreis zugänglich sind und an deren Nichtverbreitung der Rechtsträger ein berechtigtes Interesse hat (s. näher BVerfG Beschl. v. 14.3.2006 – 1 BvR 2087/03 ua, NVwZ 2006, 1041 Rn. 87 und 89; BGH Beschl. v. 8.10.2019 – EnVR 12/18, NVwZ-RR 2020, 1117 Rn. 20 mwN – Veröffentlichung von Daten II). Betriebsgeheimnisse umfassen im Wesentlichen technisches Wissen iwS, während Geschäftsgeheimnisse vornehmlich kaufmännisches Wissen betreffen. Als Betriebs- und Geschäftsgeheimnis kann auch ein aggregierter Wert einzustufen sein. Ein berechtigtes Interesse an der Geheimhaltung liegt insbesondere vor, wenn die Offenlegung der Information geeignet ist, exklusives technisches oder kaufmännisches Wissen den Konkurrenten zugänglich zu machen und so die Wettbewerbsposition des betroffenen Unternehmens nachteilig zu beeinflussen (zum Vorstehenden BGH Beschl. v. 11.12.2018 – EnVR 1/18, EnWZ 2019, 172 Rn. 32 – Veröffentlichung von Daten I). Demgegenüber fehlt es an einem berechtigten Geheimhaltungsinteresse, wenn aufgrund der Aggregation keine sinnvollen Schlüsse auf schützenswerte Daten mehr möglich sind (BGH Beschl. v. 8.10.2019 – EnVR 12/18, NVwZ-RR 2020, 1117 Rn. 26 – Veröffentlichung von Daten II).

7 Im Interesse einer transparenten Ermittlung der anreizbasierten Erlösobergrenzen der Netzbetreiber sieht der mWv 27.7.2021 eingeführte § 23b eine **nicht anonymisierte unternehmensbezogene Veröffentlichung von Netzbetreiberdaten auf der Internetseite der Regulierungsbehörde einschließlich etwaiger darin enthaltener Betriebs- und Geschäftsgeheimnisse** vor. Nach den Gesetzesmaterialien werden mit der Regelung die allg. Anforderungen an den Schutz von Betriebs- und Geschäftsgeheimnissen gem. § 71 EnWG und § 30 VwVfG eingeschränkt, um die Nachvollziehbarkeit komplexer Regulierungsentscheidungen bzgl. Kosten und Entgelten für den Netzzugang zu stärken sowie deren Nachprüfbarkeit zu erleichtern (BR-Drs. 165/21, 122f.). § 23b gilt nach der Rspr. nicht für bereits abgeschlossene Regulierungsverfahren (OLG Düsseldorf Beschl. v. 6.10.2021 – VI-3 Kart 749/19 (V), S. 32f. nicht veröffentlicht; so schon vor Inkrafttreten des § 23b OLG Düsseldorf Beschl. v. 5.7.2021 – VI-3 Kart 612/19 (V), BeckRS 2021, 23413 Rn. 20; Beschl. v. 27.5.2021 – VI-3 Kart 3/21 (V), BeckRS 2021, 16905 Rn. 27). Die Norm beziehe sich nach Wortlaut und Telos allein auf die Veröffentlichungspflicht der Anreizregulierung und nicht auf das allgemeine energieverwaltungsverfahrensrechtliche Akteneinsichtsrecht [gem. § 84]. Es lägen keine Anhaltspunkte vor, dass der Gesetzgeber die Kenntnis der in § 23b Abs. 1 S. 1 aufgeführten Daten „für eine Kontrolle der darauf aufbauenden regulierungsbehördlichen Entscheidungen für materiell-rechtlich relevant erachtet hätte" (OLG Düsseldorf Beschl. v. 6.10.2021 – VI-3 Kart 749/19 (V), S. 32f. nicht veröffentlicht).

8 Die **Zustimmung zur Akteneinsicht oder deren Verweigerung** obliegt gem. § 84 Abs. 2 S. 2 der jeweils verfügungsberechtigten Stelle, in der Praxis also vor allem der **Regulierungsbehörde.** Die Erklärung der Behörde hinsichtlich der Gewährung bzw. Versagung der Einsicht ist grundsätzlich bindend (BGH Beschl. v. 11.11.2008 – KVR 60/07, NJW-RR 2009, 264 Rn. 32 – E.ON/Stadtwerke

Eschwege). Eine gerichtliche Überprüfung der Entscheidung der Regulierungsbehörde analog § 99 Abs. 2 VwGO findet nicht statt (BGH Beschl. v. 2.2.2010 – KVZ 16/09, BeckRS 2010, 5789 Rn. 33 – Kosmetikartikel; ebenso iErg BGH Beschl. v. 26.1.2021 – EnVR 101/19, BeckRS 2021, 14722 Rn. 70; OLG Düsseldorf Beschl. v. 6.10.2021 – VI-3 Kart 749/19 (V), S. 31 f. nicht veröffentlicht; *Kafka/König* IR 2010, 74 (78); BerlKommEnergieR/*Johanns/Roesen* EnWG § 84 Rn. 11; aA Immenga/Mestmäcker/*K. Schmidt* GWB § 72 Rn. 7 mwN). In Anbetracht des in § 84 Abs. 2 S. 4–6 vorgesehenen speziellen Zwischenverfahrens besteht keine planwidrige Regelungslücke, die durch eine analoge Anwendung des § 99 Abs. 2 VwGO geschlossen werden müsste. Nach § 84 Abs. 2 S. 4 kann das Gericht auf der Grundlage einer umfassenden Interessenabwägung unter Berücksichtigung der Sachaufklärungsmöglichkeiten die Offenlegung der betreffenden Akten im Umfang ihrer Entscheidungserheblichkeit anordnen und damit im Ergebnis die Zustimmung der verfügungsberechtigten Stelle ersetzen (näher → Rn. 10 ff.). Eine Beschwerde gegen die Erteilung oder Verweigerung der Zustimmung der Regulierungsbehörde zur Akteneinsicht kommt nicht in Betracht, da § 84 Abs. 2 S. 4 als Spezialregelung § 75 verdrängt.

3. Folgen einer Zustimmungsversagung (§ 84 Abs. 2 S. 3). Wird die Einsicht in die Unterlagen der verfügungsberechtigten Stelle wie insbes. der Regulierungsbehörde abgelehnt oder ist sie unzulässig, dürfen diese Unterlagen nach § 84 Abs. 2 S. 3 der Entscheidung des Gerichts nur insoweit zugrunde gelegt werden, als ihr Inhalt vorgetragen worden ist. Diese Einschränkung gilt nach dem Normwortlaut sowohl bei einer Verweigerung der Zustimmung als auch bei Unzulässigkeit der Akteneinsicht. Unzulässig ist die Einsicht insbes., wenn die Zustimmung der verfügungsberechtigten Stelle noch nicht vorliegt. § 84 Abs. 2 S. 3 normiert damit ein **Verwertungsverbot**, das als spezialgesetzlicher Ausdruck des in Art. 103 Abs. 2 GG verbürgten Anspruchs auf rechtliches Gehör anzusehen ist. Das Verwertungsverbot des § 84 Abs. 2 S. 3 steht in systematisch-teleologischem Zusammenhang mit § 83 Abs. 1 S. 2, der ebenfalls der Gewährleistung rechtlichen Gehörs dient (→ § 83 Rn. 9 ff.). Nach der letztgenannten Vorschrift darf das Beschwerdegericht seinen Beschluss grundsätzlich nur auf solche Tatsachen und Beweismittel stützen, zu denen die Verfahrensbeteiligten sich äußern konnten. Letzteres setzt voraus, dass die Tatsachen und Beweismittel iSd § 84 Abs. 2 S. 3 vorgetragen wurden. Wie bereits diese Regelung zum Ausdruck bringt, ist in Energieverwaltungssachen ein sog. **In-camera-Verfahren** ausgeschlossen (vgl. dazu BVerfG Beschl. v. 14.3.2006 – 1 BvR 2087/03 ua, NVwZ 2006, 1041 Rn. 112 ff.; BGH Beschl. v. 21.1.2014 – EnVR 12/12, EnWZ 2014, 378 Rn. 96 ff.).

III. Offenlegungsanordnung des Beschwerdegerichts (Abs. 2 S. 4–6)

1. Materielle Voraussetzungen der Offenlegung. Das Beschwerdegericht kann gem. § 84 Abs. 2 S. 4 „die Offenlegung von Tatsachen oder Beweismitteln, deren Geheimhaltung aus wichtigen Gründen, insbesondere zur Wahrung von Betriebs- oder Geschäftsgeheimnissen, verlangt wird, nach Anhörung des von der Offenlegung Betroffenen durch Beschluss anordnen, soweit es für die Entscheidung auf diese Tatsachen oder Beweismittel ankommt, andere Möglichkeiten der Sachaufklärung nicht bestehen und nach Abwägung aller Umstände des Einzelfalles die Bedeutung der Sache das Interesse des Betroffenen an der Geheimhaltung überwiegt." Ein Verlangen der Geheimhaltung im Sinne dieser Vorschrift liegt jedenfalls vor, wenn die verfügungsberechtigte Stelle ihre Zustimmung zur Akteneinsicht verweigert. Darüber hinaus erfasst die Norm bei teleologischer Betrachtung auch Konstellationen, in denen die verfügungsberechtigte Stelle – etwa auf Antrag eines Beigeladenen – ihre Zustimmung erteilt, während das von der Offenlegung betroffene Unternehmen die Geheimhaltung verlangt. Es können folglich sowohl die **Verweigerung** als auch die **Erteilung der Zustimmung** zur Akteneinsicht das in § 84 Abs. 2 S. 4 vorgesehene Zwischenverfahren in Gang setzen (ähnlich *Kafka/König* IR 2010, 74 (78)).

11 In materiell-rechtlicher Hinsicht setzt die Offenlegung gem. § 84 Abs. 2 S. 4 erstens die **Entscheidungserheblichkeit** der Tatsachen und Beweismittel voraus, deren Geheimhaltung verlangt wird (s. etwa OLG Düsseldorf Beschl. v. 22.1.2018 – VI-3 Kart 80/17 (V), BeckRS 2018, 6425 Rn. 10ff.). Die Frage, ob die als geheimhaltungsbedürftig eingestuften Tatsachen oder Beweismittel entscheidungserheblich sind, bestimmt sich nach den allgemeinen Grundsätzen der Aufklärungspflicht des Tatsachengerichts nach § 82 Abs. 1 (vgl. BGH Beschl. v. 2.2.2010 – KVZ 16/09, BeckRS 2010, 5789 Rn. 18 – Kosmetikartikel). Aufzuklären sind solche Umstände, auf die es nach der materiell-rechtlichen Auffassung des Beschwerdegerichts ankommt. Dieser Maßstab gilt sowohl für die Bestimmung der Entscheidungserheblichkeit iSd § 84 Abs. 2 S. 4 als auch für die Frage, ob und inwieweit weitere, nicht zum Aktenbestand des Gerichts gehörende Unterlagen beizuziehen sind (§ 82 Abs. 3 S. 1; zum Vorstehenden OLG Düsseldorf Beschl. v. 5.7.2021 – VI-3 Kart 612/19 (V), BeckRS 2021, 23413 Rn. 22; Beschl. v. 27.5.2021 – VI-3 Kart 3/21 (V), BeckRS 2021, 16905 Rn. 30). Kommt das Beschwerdegericht aufgrund tatrichterlicher Würdigung zu dem Ergebnis, dass der nach § 84 Abs. 2 S. 3 vorgetragene Inhalt der Unterlagen ausreicht, um den maßgeblichen Sachverhalt aufzuklären, darf es eine Anordnung nach § 84 Abs. 2 S. 4 nicht erlassen und muss auch kein Zwischenverfahren durchführen. Verletzt es diese Regeln, liegt darin grundsätzlich kein Gehörsverstoß, sondern eine Verletzung der gerichtlichen Aufklärungspflicht (BGH Beschl. v. 2.2.2010 – KVZ 16/09, BeckRS 2010, 5789 Rn. 18 – Kosmetikartikel).

12 Zweitens dürfen **keine anderen Möglichkeiten der Sachaufklärung** bestehen. Auch diese Frage richtet sich nach dem Untersuchungsgrundsatz gem. § 82 Abs. 1. Drittens muss nach Abwägung aller Umstände des Einzelfalles **die Bedeutung der Sache das Interesse des Betroffenen an der Geheimhaltung überwiegen**. Dabei ist das Interesse des Beschwerdeführers an einem effektiven Rechtsschutz mit dem konträren Geheimhaltungsinteresse des von einer Offenlegung Betroffenen in Ausgleich zu bringen. Mangels normativ vorgegebener Abwägungskriterien und da die Entscheidung immer nur entweder zu Lasten des effektiven Rechtsschutzes oder zu Lasten des Geheimhaltungsinteresses geht, sind in der gerichtlichen Entscheidung die die Abwägung leitenden Gesichtspunkte hinreichend konkret darzustellen (idS BVerfG Beschl. v. 14.3.2006 – 1 BvR 2087/03 ua, NVwZ 2006, 1041 Rn. 101f. und 115, betreffend eine telekommunikationsrechtliche Entgeltgenehmigung und ein damit zusammenhängendes Zwischenverfahren gem. § 99 Abs. 2 VwGO).

13 Die vorstehenden Tatbestandsmerkmale beinhalten iErg eine gesetzlich vorgezeichnete **Verhältnismäßigkeitsprüfung**. Die Offenlegung kann angeordnet werden, wenn es für die Entscheidung auf die Tatsachen oder Beweismittel ankommt (Geeignetheit zur Erreichung des Ziels), andere Möglichkeiten der Sachaufklärung in dem entscheidungserheblichen Punkt nicht bestehen (Erforderlichkeit)

und schließlich die Bedeutung der Sache das Interesse des Betroffenen an der Geheimhaltung überwiegt (Angemessenheit). Mit dem Passus „Bedeutung der Sache" erfasst § 84 Abs. 2 S. 4 sowohl die Bedeutung einer wirksamen Sachverhaltsaufklärung für die Beteiligten als auch das öffentliche Interesse an der Wahrheitsfindung (vgl. BVerfG Beschl. v. 14.3.2006 – 1 BvR 2087/03 ua, NVwZ 2006, 1041 Rn. 116 mwN) bzw. – nach anderer Formulierung – an einem richtigen Verfahrensergebnis (OLG Düsseldorf Beschl. v. 14.3.2007 – VI-3 Kart 289/06 (V), RdE 2007, 130 (131)). In Abhängigkeit vom Regelungsbereich dient ein richtiges Verfahrensergebnis nicht nur der kompetitiven Öffnung der Energienetze und damit der freien Ausübung der wirtschaftlichen Tätigkeiten der Marktteilnehmer, sondern auch metaökonomischen Gemeinwohlzielen wie der Errichtung einer bestimmten Infrastruktur und der Einhaltung von Umweltstandards (*Mohr* Sicherung der Vertragsfreiheit S. 539 ff.). Im Rahmen der geschilderten Interessenabwägung ist des Weiteren die **Beweislastverteilung** im konkreten Fall zu berücksichtigen (→ § 82 Rn. 8 ff.; BVerfG Beschl. v. 14.3.2006 – 1 BvR 2087/03 ua, NVwZ 2006, 1041 Rn. 147 ff.). Die verfassungsrechtlich gebotene Effektivität des Rechtsschutzes wird eingeschränkt, wenn sich die Geheimhaltung entscheidungserheblicher Tatsachen nachteilig für den Rechtsschutzsuchenden auswirkt, weil dieser die materielle Beweislast trägt. Die materiellrechtliche Frage, zu Lasten welches Beteiligten aus Gründen der materiellen Beweislast zu entscheiden ist, hat das Gericht der Hauptsache zu beurteilen. Trägt die Partei, die entscheidungserhebliche geheime Unterlagen nicht kennt, die Beweislast, wenn die nicht beweisbelastete Partei sich erfolgreich auf den Geheimschutz beruft, kann dies unter Umständen zu einem mit Art. 19 Abs. 4 GG schwer zu vereinbarenden Rechtsschutzdefizit führen (zum Vorstehenden BVerwG Beschl. 15.8.2003 – 20 F 3.03, BVerwGE 118, 353 (358) Rn. 13).

In Verfahren des **einstweiligen Rechtsschutzes** ist ferner zu berücksichtigen, 14 dass die Folgen einer Offenlegung irreversibel sind, weil der Inhalt der Unterlagen dann auch für das Hauptsacheverfahren bekannt ist. Demgegenüber berührt die Vorenthaltung der Unterlagen im Eilverfahren allein den effektiven einstweiligen Rechtsschutz, der noch im Hauptsacheverfahren gewährleistet werden kann. Demgemäß überwiegt im Eilverfahren regelmäßig das Geheimhaltungsinteresse (BVerwG Beschl. v. 4.1.2005 – 6 B 59/04, CR 2005, 194 (196) zu § 138 Abs. 2 TKG aF).

2. Zwischenverfahren bezüglich der Offenlegung und Rechtsmittel ge- 15
gen die Entscheidung des Gerichts. Vor der Anordnung einer Offenlegung von Tatsachen oder Beweismitteln muss das Gericht nach § 84 Abs. 2 S. 4 im Rahmen eines Zwischenverfahrens die von der Offenlegung Betroffenen **anhören.** Die Anordnung ergeht durch **Beschluss**, der zu begründen ist (§ 84 Abs. 2 S. 5). Im Gegensatz zur Grundregelung des § 80, die für das Beschwerdeverfahren – und gem. § 88 Abs. 5 auch für das Rechtsbeschwerdeverfahren – die zwingende Vertretung der Verfahrensbeteiligten durch einen Rechtsanwalt vorsieht, besteht für das Zwischenverfahren bezüglich der Offenlegung **kein Anwaltszwang** (§ 84 Abs. 2 S. 6).

Die Entscheidung des Gerichts gem. § 84 Abs. 2 S. 4 ist **nicht selbständig an-** 16
fechtbar (ebenso BeckOK EnWG/*van Rossum* § 84 Rn. 30; NK-EnWG/*Huber* § 84 Rn. 12; Elspas/Graßmann/Rasbach/*Kalwa/Göge* EnWG § 84 Rn. 12; Immenga/Mestmäcker/*K. Schmidt* GWB § 72 Rn. 13). Die rechtswidrige Erteilung oder Versagung der Akteneinsicht ist jedoch ein Verfahrensfehler, der gem. § 86 Abs. 1 „in der Hauptsache" gerügt werden kann. Nach aA gebietet der Grundsatz effektiven Rechtsschutzes die selbstständige Anfechtbarkeit eines Zwischen-

beschlusses zur Akteneinsicht, wenn durch dessen Vollzug Rechte des von der Akteneinsicht Betroffenen in einer durch die Hauptsacheentscheidung nicht wieder gut zu machenden Art und Weise beeinträchtigt würden (BerlKommEnergieR/*Johanns/Roesen* EnWG § 84 Rn. 12). Die Auswirkungen einer Offenlegung sind indessen bereits Gegenstand der Prüfung des Gerichts gem. § 84 Abs. 2 S. 4, welches das Geheimhaltungsinteresse gegenüber dem Offenlegungsinteresse abzuwägen hat. Ordnet das Gericht etwa die Offenlegung von Betriebs- und Geschäftsgeheimnissen an, weil es die Beeinträchtigung der Interessen eines von der Offenlegung betroffenen Unternehmens als weniger gewichtig gegenüber dem Interesse des Beschwerdeführers an einem wirksamen Rechtsschutz und dem allgemeinen Interesse an einem fairen Verfahrensergebnis wertet, führt die Offenlegung faktisch in der Regel zu einem irreversiblen Zustand. Die einmal veröffentlichten Daten stellen nicht mehr Betriebs- und Geschäftsgeheimnisse dar. Es ist deshalb nicht ersichtlich, welchen praktischen Anwendungsbereich eine Ausnahme vom Grundsatz der nicht selbständigen Anfechtbarkeit zu Zwischenentscheidungen im Fall nicht wieder gut zu machender Nachteile haben könnte. Auch unter dem Gesichtspunkt der Rechtsklarheit erscheint es daher überzeugender, an dem Grundsatz der nicht selbständigen Anfechtbarkeit von Zwischenentscheidungen des Gerichts gem. § 84 Abs. 2 S. 4 festzuhalten.

C. Akteneinsicht durch Nebenbeteiligte (Abs. 3)

17   Gem. § 84 Abs. 3 „kann" das Beschwerdegericht den in § 79 Abs. 1 Nr. 3 bezeichneten Verfahrensbeteiligten nach Anhörung des Verfügungsberechtigten Akteneinsicht in gleichem Umfang wie den Hauptbeteiligten iSd § 79 Abs. 1 Nr. 1 und 2 gewähren. Anders als der Beschwerdeführer und die Regulierungsbehörde **haben die Nebenbeteiligten kein uneingeschränktes Akteneinsichtsrecht,** sondern lediglich einen Anspruch auf fehlerfreie Ermessensentscheidung des Gerichts (so auch Elspas/Graßmann/Rasbach/*Kalwa/Göge* EnWG § 84 Rn. 18). Dies betrifft freilich nicht die notwendig Beigeladenen. Hierfür spricht eine systematische Auslegung von § 84 Abs. 3 und § 83 Abs. 1 S. 2–4. Notwendig Beigeladene sind gem. § 83 Abs. 1 S. 4 verfahrensrechtlich wie Hauptbeteiligte zu behandeln. Ebenso wie ein Beschwerdeführer hat ein notwendig Beigeladener daher ein Recht auf Einsicht in sämtliche Unterlagen, die das Beschwerdegericht seiner Überzeugungsbildung zugrunde legen will (vgl. § 83 Abs. 1 S. 2 und 4). Spiegelbildlich darf das Beschwerdegericht seine Entscheidung nur auf solche Tatsachen und Beweismittel stützen, zu denen sich die Hauptbeteiligten sowie ein notwendig Beigeladener äußern konnten. In Abweichung von diesem Grundsatz kann das Gericht gem. § 83 Abs. 1 S. 3 auch solche Tatsachen und Beweismittel verwerten, zu denen sich ein einfach Beigeladener nicht äußern konnte, weil ihm „aus wichtigen Gründen, insbesondere zur Wahrung von Betriebs- oder Geschäftsgeheimnissen, Akteneinsicht nicht gewährt und der Akteninhalt aus diesen Gründen auch nicht vorgetragen worden ist". Im Ergebnis definiert der Umfang der Akteneinsicht durch den Beschwerdeführer oder einen notwendig Beigeladenen auch den Umfang dessen, was das Beschwerdegericht seiner Entscheidung zugrunde legen kann. Demgegenüber kann einfach Beigeladenen nach § 83 Abs. 1 S. 3 selbst entscheidungsrelevanter Streitstoff vorenthalten werden (OLG Düsseldorf Beschl. v. 14. 3. 2007 – VI-3 Kart 289/06 (V), RdE 2007, 130 (131)).

§ 85 Geltung von Vorschriften des Gerichtsverfassungsgesetzes und der Zivilprozessordnung

Für Verfahren vor dem Beschwerdegericht gelten, soweit nicht anderes bestimmt ist, entsprechend
1. die Vorschriften der §§ 169 bis 201 des Gerichtsverfassungsgesetzes über Öffentlichkeit, Sitzungspolizei, Gerichtssprache, Beratung und Abstimmung sowie über den Rechtsschutz bei überlangen Gerichtsverfahren;
2. die Vorschriften der Zivilprozessordnung über Ausschließung und Ablehnung eines Richters, über Prozessbevollmächtigte und Beistände, über die Zustellung von Amts wegen, über Ladungen, Termine und Fristen, über die Anordnung des persönlichen Erscheinens der Parteien, über die Verbindung mehrerer Prozesse, über die Erledigung des Zeugen- und Sachverständigenbeweises sowie über die sonstigen Arten des Beweisverfahrens, über die Wiedereinsetzung in den vorigen Stand gegen die Versäumung einer Frist sowie über den elektronischen Rechtsverkehr.

Literatur: *Bacher/Hempel/Wagner-von Papp* (Hrsg.), Beck'scher Online Kommentar zum Kartellrecht, 2. Ed. 15.7.2021 (zit. BeckOK KartellR/*Bearbeiter*); *Schütze,* Anmerkung zu BGH Beschl. v. 18.11.2014 – EnVR 59/13, NZI 2015, 127 (Verfahrensunterbrechung auf Grund Eröffnung des Insolvenzverfahrens – wirtschaftlicher Wert der Netzentgeltbefreiung); *Vorwerk/ Wolf* (Hrsg.), Beck'scher Kommentar zur ZPO, 42. Ed. 1.9.2021 (zit. BeckOK ZPO/*Bearbeiter*).

§ 85 ist § 73 GWB aF nachgebildet (BT-Drs. 15/3917, 72), der dem heutigen 1 § 72 GWB entspricht (BT-Drs. 19/23492, 122). Im Hinblick auf das Beschwerdeverfahren verweist § 85 ergänzend auf Vorschriften des GVG (§§ 169–201 GVG) und der ZPO (§§ 41–49, 78–90, 166–190, 214–229, 141, 147, 375–401, 402–414, 415–494a und 233–238 ZPO). Nach der Verweisung in § 88 Abs. 5 S. 1 gilt § 85 für das Rechtsbeschwerdeverfahren entsprechend. Die in § 85 angeordnete **analoge Anwendung** bezieht sich zwar nur auf bestimmte Normen des **GVG** und der **ZPO,** ist aber nicht erschöpfend. So muss in vielen Punkten auf andere Verfahrensvorschriften verwiesen werden insbesondere diejenigen der VwGO zurückgegriffen werden (BGH Beschl. v. 18.2.2003 – KVR 24/01, NVwZ 2003, 1140 (1141) – Verbundnetz II; BGH Beschl. v. 21.1.2014 – EnVR 22/13, NVwZ-RR 2014, 449 Rn. 11, zu § 58 VwGO; Immenga/Mestmäcker/*K. Schmidt* GWB § 73 Rn. 5). Durch die Formulierung „soweit nichts anderes bestimmt ist" stellt § 85 klar, dass die in der Norm genannten Verfahrensvorschriften unter Berücksichtigung der speziellen Regelungen des EnWG anzuwenden sind (vgl. BeckOK KartellR/*Rombach* GWB § 72 Rn. 2). Eine weitere Einschränkung resultiert aus der analogen Rechtsanwendung: die Vorschriften sind unter Berücksichtigung der Besonderheit anzuwenden, dass es sich bei Gerichtsverfahren gem. §§ 75 ff. der Sache nach um Verwaltungsrechtsschutz handelt (Immenga/Mestmäcker/*K. Schmidt* GWB § 73 Rn. 1).

Wie die Parallelnorm des § 72 GWB überlässt § 85 die Entwicklung des energie- 2 wirtschaftlichen Verfahrensrechts bewusst den Gerichten (OLG Düsseldorf Beschl. v. 19.9.2001 – VI-Kart 22/01 (V), BeckRS 2001, 17500 Rn. 37 – Net Cologne; Wiedemann KartellR-HdB/*Klose* § 54 Rn. 75). Nach dem Willen des Gesetzgebers

§ 85 Teil 8. Verfahren

sollen Lücken durch gerichtliche Weiterentwicklung des Verfahrensrechts geschlossen werden. Da das Beschwerde- und Rechtsbeschwerdeverfahren nach dem EnWG der Sache nach ein verwaltungsgerichtliches Verfahren ist, sind – neben den in § 85 EnWG für entsprechend anwendbar erklärten Bestimmungen der ZPO – zumindest auch die Vorschriften der **VwGO** analog anzuwenden, wenn und soweit das EnWG einzelne Fragen nicht regelt (BGH Beschl. v. 11.11.2008 – EnVR 1/08, BeckRS 2009, 1766 Rn. 9 – citiworks). Dies ist nicht nur in Ausnahmefällen möglich (so aber *Salje* EnWG § 85 Rn. 6), sondern nach allg. Auslegungsregeln immer dann, wenn eine Regelungslücke vorliegt. Die Heranziehung beider Verfahrensordnungen setzt voraus, dass diese übereinstimmende Regelungen zu einer bestimmten Verfahrensfrage enthalten (OLG Düsseldorf Beschl. v. 19.9.2001 – VI-Kart 22/01 (V), BeckRS 2001, 17500 Rn. 37 – Net Cologne). Weichen die beiden Verfahrensordnungen im Hinblick auf eine bestimmte Regelung voneinander ab, ist in erster Linie auf die VwGO zurückzugreifen, weil das Beschwerdeverfahren aufgrund des gem. § 82 Abs. 1 geltenden Amtsermittlungsgrundsatzes dem Verwaltungsprozess sachlich näher steht (OLG Brandenburg Beschl. v. 15.4.2020 – 17 Kart 12/19, Rn. 11; ähnlich zum Kartellrecht BGH Beschl. v. 18.2.2003 – KVR 24/01, NVwZ 2003, 1140 (1141) – Verbundnetz II; Wiedemann KartellR-HdB/*Klose* § 54 Rn. 75; *Bechtold/Bosch* GWB § 72 Rn. 1). Zu beachten ist gleichwohl, dass § 85 ausdrücklich die Geltung maßgeblicher Vorschriften der ZPO für das Erkenntnisverfahren vor den ordentlichen Gerichten anordnet. Das spricht dagegen, bei der Ausfüllung einer Regelungslücke ohne weiteres auf die VwGO oder vergleichbare Verfahrensordnungen, etwa für den Finanzgerichtsprozess, den Sozialgerichtsprozess, den Arbeitsgerichtsprozess oder das Verfahren vor dem BVerfG, zurückzugreifen. Kommt die Anwendung mehrerer voneinander abweichender Verfahrensregelungen in Betracht, dann sollte der diesen Vorschriften zugrunde liegende allgemeine Rechtsgedanke in den Vordergrund gestellt werden (vgl. *Salje* EnWG § 85 Rn. 6f.).

3 Im Einzelnen ordnet § 85 **Nr. 1** die entsprechende Geltung der Vorschriften des **GVG** über die Öffentlichkeit der Verhandlung (§§ 169–175 GVG), die Sitzungspolizei (§§ 176–183 GVG), die Gerichtssprache (§ 184–191a GVG), die Beratung und Abstimmung (§§ 192–197 GVG) sowie den Rechtsschutz bei überlangen Gerichtsverfahren (§§ 198–201 GVG) an. § 85 **Nr. 2** verweist auf die Vorschriften der **ZPO** über die Ausschließung und Ablehnung eines Richters (§§ 41–48 ZPO), über Prozessbevollmächtigte und Beistände (§§ 78–90 ZPO), über Zustellungen von Amts wegen (§§ 166–190 ZPO), über Ladungen, Termine und Fristen (§§ 214–229 ZPO), über die Anordnung des persönlichen Erscheinens (§§ 141, 273 Abs. 2 Nr. 3 ZPO), über die Verbindung mehrerer Prozesse (§ 147 ZPO; OLG Düsseldorf Beschl. v. 16.1.2019 – VI-3 Kart 117/15 (V), Rn. 16 und 59), über die Erledigung des Zeugen- und Sachverständigenbeweises (§§ 375–401 ZPO), über sonstige Arten des Beweisverfahrens (§§ 355–494a ZPO), über die Wiedereinsetzung in den vorigen Stand (§§ 233–238 ZPO) sowie über den elektronischen Rechtsverkehr (§§ 130a ff. ZPO; näher zum Vorstehenden BeckOK KartellR/*Rombach* GWB § 72 Rn. 3 ff.).

4 In der gerichtlichen Praxis hat sich des Weiteren auch **ohne direkte Verweisung nach § 85** die **analoge Anwendung** folgender beispielhaft aufgeführter Verfahrensvorschriften herausgebildet:
– § 44 VwGO iVm § 91 VwGO zur objektiven Klagehäufung (OLG Düsseldorf Beschl. v. 26.2.2020 – VI-3 Kart 729/19 (V), EnWZ 2020, 234 Rn. 160);
– § 58 VwGO zum Inhalt der Rechtsbehelfsbelehrung und den Folgen einer unrichtigen Belehrung (BGH Beschl. v. 21.1.2014 – EnVR 24/13, EnWZ 2014, 315 Rn. 11f.);

Geltung von Vorschriften des GVG und der ZPO **§ 85**

- § 64 VwGO zur Streitgenossenschaft, der seinerseits auf die §§ 59 bis 63 ZPO verweist (OLG Düsseldorf Beschl. v. 30.6.2021 – VI-3 Kart 15/20 (V), BeckRS 2021, 30409 Rn. 31);
- § 91 VwGO zur Klageänderung (OLG Düsseldorf Beschl. v. 26.2.2020 – VI-3 Kart 729/19 (V), EnWZ 2020, 234 Rn. 160);
- § 119 VwGO im Hinblick auf eine Tatbestandsberichtigung der Beschwerdeentscheidung (OLG Düsseldorf Beschl. v. 10.8.2016 – VI-Kart 3/16 (V), BeckRS 2016, 15503 Rn. 2f.);
- §§ 239 ff. ZPO bei einer Unterbrechung und Aussetzung des Verfahrens. Diese Vorschriften, die aufgrund der Verweisung in § 173 S. 1 VwGO im Verwaltungsprozess entsprechend gelten, sind im energiewirtschaftsrechtlichen Verfahren ebenfalls entsprechend anwendbar, insbesondere § 240 ZPO bei der Unterbrechung infolge der Öffnung des Insolvenzverfahrens (BGH Beschl. v. 18.11.2014 – EnVR 59/13, NZI 2015, 127 Rn. 6 mAnm *Schütze*);
- § 303 ZPO bei Erlass einer Zwischenentscheidung (vgl. BGH Beschl. v. 18.11.2014 – EnVR 59/13, NZI 2015, 127 Rn. 4).

Hinzu kommen konkrete **Verweisungen im EnWG,** etwa in § 83a Abs. 5 S. 4 **5** (Gehörsrüge), der die direkte Geltung des § 343 ZPO anordnet (→ § 83a Rn. 14), und in § 90 S. 4, der die entsprechende Anwendung der Vorschriften der ZPO über das Kostenfestsetzungsverfahren und die Zwangsvollstreckung aus Kostenfestsetzungsbeschlüssen vorsieht (vgl. OLG Düsseldorf Beschl. v. 21.11.2019 – VI-Kart 10/15 (V), NZKart 2020, 42 Ls. 1 und 2 = BeckRS 2019, 32858 Rn. 10 f. – Prozesskostenerstattung im Kartellverwaltungsverfahren).

Die allgemeinen Verfahrensregelungen können schließlich zur Auslegung aus- **6** füllungsbedürftiger Vorschriften der §§ 75 ff. herangezogen werden. So ist etwa für die Frage, ob ein Rechtsmittel ohne mündliche Verhandlung als unzulässig verworfen werden kann, der § 522 Abs. 1 ZPO und § 125 Abs. 2 VwGO zugrunde liegende Rechtsgedanke zu berücksichtigen. Wie im Zivilprozess (BeckOK ZPO/ *Wulf* § 522 Rn. 5) und im Verwaltungsprozess (NK-VwGO/*Seibert* § 125 Rn. 43) gilt das in § 81 Abs. 1 S. 1 statuierte Gebot, nach dem das Gericht über die Beschwerde auf Grund mündlicher Verhandlung entscheidet, nicht zwingend auch für die Verwerfung eines unzulässigen Rechtsmittels. In diesem Fall ergeht keine Entscheidung in der Sache und damit keine Entscheidung „über die Beschwerde" iSd § 81 Abs. 1 S. 1. Deshalb liegt die Durchführung einer mündlichen Verhandlung – etwa aufgrund bestehender Zweifel an der Zulässigkeit – im pflichtgemäßen Ermessen des Gerichts (OLG Düsseldorf Beschl. v. 17.1.2019 – VI-3 Kart 902/18 (V), BeckRS 2019, 9154 Rn. 8; → § 81 Rn. 1).

Abschnitt 3. Rechtsbeschwerde

§ 86 Rechtsbeschwerdegründe

(1) **Gegen die in der Hauptsache erlassenen Beschlüsse der Oberlandesgerichte findet die Rechtsbeschwerde an den Bundesgerichtshof statt, wenn das Oberlandesgericht die Rechtsbeschwerde zugelassen hat.**

(2) Die Rechtsbeschwerde ist zuzulassen, wenn
1. eine Rechtsfrage von grundsätzlicher Bedeutung zu entscheiden ist oder
2. die Fortbildung des Rechts oder die Sicherung einer einheitlichen Rechtsprechung eine Entscheidung des Bundesgerichtshofs erfordert.

(3) [1]Über die Zulassung oder Nichtzulassung der Rechtsbeschwerde ist in der Entscheidung des Oberlandesgerichts zu befinden. [2]Die Nichtzulassung ist zu begründen.

(4) **Einer Zulassung zur Einlegung der Rechtsbeschwerde gegen Entscheidungen des Beschwerdegerichts bedarf es nicht, wenn einer der folgenden Mängel des Verfahrens vorliegt und gerügt wird:**
1. **wenn das beschließende Gericht nicht vorschriftsmäßig besetzt war,**
2. **wenn bei der Entscheidung ein Richter mitgewirkt hat, der von der Ausübung des Richteramtes kraft Gesetzes ausgeschlossen oder wegen Besorgnis der Befangenheit mit Erfolg abgelehnt war,**
3. **wenn einem Beteiligten das rechtliche Gehör versagt war,**
4. **wenn ein Beteiligter im Verfahren nicht nach Vorschrift des Gesetzes vertreten war, sofern er nicht der Führung des Verfahrens ausdrücklich oder stillschweigend zugestimmt hat,**
5. **wenn die Entscheidung auf Grund einer mündlichen Verhandlung ergangen ist, bei der die Vorschriften über die Öffentlichkeit des Verfahrens verletzt worden sind, oder**
6. **wenn die Entscheidung nicht mit Gründen versehen ist.**

Übersicht

	Rn.
A. Überblick	1
B. Zulässigkeit der Rechtsbeschwerde	4
I. Statthafter Streitgegenstand: Hauptsachebeschlüsse	4
II. Beschwerdebefugnis, Beschwer und Rechtsschutzinteresse	7
C. Die vom Beschwerdegericht zugelassene Rechtsbeschwerde (Abs. 1–3)	8
I. Entscheidung des Beschwerdegerichts über die Zulassung	8
II. Zulassungsgründe	11
D. Zulassungsfreie Rechtsbeschwerde (Abs. 4)	15
I. Gemeinsamkeiten und Unterschiede der absoluten Rechtsbeschwerdegründe	15
II. Die absoluten Rechtsbeschwerdegründe	17
1. Verletzung des Anspruchs auf den gesetzlichen Richter	17
2. Verletzung des Anspruchs auf rechtliches Gehör	18
3. Verletzung des Anspruchs auf Durchführung eines fairen Verfahrens	23

Rechtsbeschwerdegründe § 86

	Rn.
4. Verletzung der Vorschriften über die Öffentlichkeit	24
5. Unterbliebene oder unzureichende Begründung der Beschwerdeentscheidung	25
E. Vorläufiger Rechtsschutz	26
F. Weitere Rechtsbehelfe in der Rechtsbeschwerdeinstanz	28

Literatur: *Bacher/Hempel/Wagner-von Papp* (Hrsg.), Beck'scher Kommentar zum Kartellrecht, 2. Ed. 15.7.2021 (zit. BeckOK KartellR/*Bearbeiter*); *Berchtold/Guttenberger,* Wem kommt die Zulassung der Revision zugute? – Ein Überblick über die Verfahrensordnungen unter besonderer Berücksichtigung des SGG, NZS 2017, 121; *Bourazeri,* Anmerkung zu den Beschlüssen des BGH v. 3.3.2020 – EnVR 26/18 und EnVR 56/18, N&R 2020, 188 (Festlegung der Eigenkapitalzinssätze für die dritte Regulierungsperiode); *Krüger/Rauscher* (Hrsg.), Münchener Kommentar zur Zivilprozessordnung, Bd. 2, 6. Aufl. 2020 (zit. MüKoZPO/*Bearbeiter*); *Musielak/Voit* (Hrsg.), ZPO, 18. Aufl. 2021 (zit. Musielak/Voit/*Bearbeiter*); *Säcker/Meier-Beck/Bien/Montag* (Hrsg.), Münchener Kommentar zum Wettbewerbsrecht, Bd. 2, 3. Aufl. 2020 (zit. MüKo-WettbR/*Bearbeiter*); *Vorwerk/Wolf* (Hrsg.), Beck'scher Kommentar zur ZPO, 40. Ed. 1.3.2021 (zit. BeckOK ZPO/*Bearbeiter*).

A. Überblick

§ 86 lehnt sich an § 74 GWB aF an (BT-Drs. 15/3917, 72), der dem heutigen **1** § 77 GWB entspricht (BT-Drs. 19/23492, 123). Im Gegensatz zur letztgenannten Vorschrift bezieht sich § 86 Abs. 1 jedoch auf „die in der Hauptsache erlassenen Beschlüsse der Oberlandesgerichte", gegen die die Rechtsbeschwerde an den BGH stattfinden kann. Anders als im Kartellverwaltungsprozess (BeckOK KartellR/*Bacher* GWB § 77 Rn. 8) ist die Rechtsbeschwerde gem. § 86 Abs. 1 somit nur gegen **Hauptsacheentscheidungen** statthaft (BGH Beschl. v. 11.11.2008 – EnVR 1/08, BeckRS 2009, 1766 Rn. 7f. – citiworks). Des Weiteren regelt § 86 in Abs. 2 die Zulassungsgründe und in Abs. 3 die Zulassungsentscheidung des Beschwerdegerichts. § 86 Abs. 4 beinhaltet ferner eine abschließende Aufzählung der Gründe, die den Zugang zur Rechtsbeschwerdeinstanz auch ohne Zulassung eröffnen. Unabhängig davon, ob die Rechtsbeschwerde gem. § 86 Abs. 1 und 2 zugelassen wurde oder auf einem absoluten Rechtsbeschwerdegrund iSd § 86 Abs. 4 beruht, müssen als weitere Zulässigkeitsvoraussetzungen die Beschwerdebefugnis gem. § 88 Abs. 1, eine formelle und materielle Beschwer sowie eine form- und fristgerechte Einlegung und Begründung nach § 88 Abs. 3 und 5 vorliegen (→ § 88 Rn. 2ff.).

Die Rechtsbeschwerde entspricht der Revision im Zivil- und Verwaltungs- **2** prozessrecht, kann also nur mit **Rechtsfehlern** begründet werden, § 88 Abs. 2 (→ § 88 Rn. 10ff.). Die Rechtsbeschwerde sichert die Rechtsfortbildung, die Wahrung der Rechtseinheit und die Einzelfallgerechtigkeit (BerlKommEnergieR/ *Johanns/Roesen* EnWG § 86 Rn. 1). Ausschließlich zuständig als Rechtsbeschwerdeinstanz ist gem. §§ 107 Abs. 1 Nr. 1, 108 der Kartellsenat des BGH.

Als echtes Rechtsmittel hat die Rechtsbeschwerde gem. § 86 Abs. 1 **Devolutiv- 3 effekt.** Dieser bedeutet, dass der Rechtsstreit mit der unbeschränkten Einlegung eines unbeschränkt statthaften Rechtsmittels in seiner Gesamtheit in die höhere Instanz „versetzt" wird (*Berchtold/Guttenberger* NZS 2017, 121 (122) aE). Infolge des Devolutiveffekts darf das Rechtsbeschwerdegericht auch dann in der Sache entscheiden, wenn das Beschwerdegericht die Beschwerde als unzulässig verworfen

Laubenstein/Bourazeri 2553

hatte (BerlKommEnergieR/*Johanns/Roesen* EnWG § 86 Rn. 5; MüKoWettbR/ *Nothdurft* GWB § 74 Rn. 5; Immenga/Mestmäcker/*K. Schmidt* GWB § 74 Rn. 1).

B. Zulässigkeit der Rechtsbeschwerde

I. Statthafter Streitgegenstand: Hauptsachebeschlüsse

4   Die Rechtsbeschwerde ist nur zulässig gegen in der Hauptsache erlassene Beschlüsse des Beschwerdegerichts. Eine **Hauptsacheentscheidung** liegt vor, wenn der Beschluss sich nicht in der Entscheidung über Neben- oder Zwischenfragen erschöpft, sondern das Verfahren ganz oder teilweise zum Abschluss bringt (BGH Beschl. v. 6.11.2012 – EnVZ 21/12, NVwZ 2013, 240 Rn. 7 – Auskunftsverlangen II; BGH Beschl. v. 11.11.2008 – EnVR 1/08, BeckRS 2009, 1766 Rn. 8 – citiworks). Dazu gehört auch die Zwischenentscheidung über die Zulässigkeit der Beschwerde. Sie bringt das Verfahren teilweise, hinsichtlich des Streits über die Zulässigkeit der Beschwerde, zum Abschluss (BGH Beschl. v. 11.11.2008 – EnVR 1/08, BeckRS 2009, 1766 Rn. 8 – citiworks). Keine Hauptsacheentscheidungen sind hingegen **Beschlüsse im einstweiligen Rechtsschutz** (BGH Beschl. v. 15.10.1991 – KVR 1/91, NJW-RR 1992, 299 – Rechtsbeschwerde; OLG Düsseldorf Beschl. v. 29.3.2007 – VI-3 Kart 466/06 (V), N&R 2007, 118 (120) zum Anordnungsverfahren gem. § 76 Abs. 3 S. 1; OLG Düsseldorf Beschl. v. 21.7.2006 – VI-3 Kart 289/06 (V), ZNER 2006, 258 (264), zum Anordnungsverfahren gem. § 77 Abs. 3 S. 4). Dasselbe gilt für Beschlüsse in **Beiladungsverfahren** (BGH Beschl. v. 15.12.1960 – KVR 2/60, NJW 1961, 403ff. – IG Bergbau). Auch **Kostenentscheidungen** sind als Nebenentscheidungen nicht mit der Rechtsbeschwerde anfechtbar (BGH Beschl. v. 23.2.1988 – KVR 6/87, WuW/E BGH 2478 = juris Rn. 8 – Coop-Wandmaker). Bei Beschwerdeverfahren über Auskunftsbeschlüsse der Regulierungsbehörde ist im Hinblick auf die objektiven Auswirkungen auf das Regulierungsverfahren zu differenzieren: Dient das **Auskunftsverlangen** der Ermittlung von Tatsachen zur Vorbereitung oder Durchführung eines Verwaltungsverfahrens, ist darin nur eine Neben- oder Zwischenfrage zu sehen (BGH Beschl. v. 6.11.2012 – EnVZ 21/12, NVwZ 2013, 240 Rn. 7 – Auskunftsverlangen II; vgl. auch BGH Beschl. v. 19.6.2007 – KVR 17/06, NVwZ-RR 2008, 315 Rn. 14 – Auskunftsverlangen I). In solchen Fällen bringt die Klärung der mit der Beschwerde gegen die Rechtmäßigkeit des Auskunftsverlangens aufgeworfenen Fragen das Verwaltungsverfahren über die eigentliche Regulierungsentscheidung weder ganz noch teilweise zum Abschluss (BGH Beschl. v. 6.11.2012 – EnVZ 21/12, NVwZ 2013, 240 Rn. 10 – Auskunftsverlangen II). Der Beschluss des Beschwerdegerichts über ein derartiges Auskunftsverlangen ist deshalb keine Entscheidung in der Hauptsache iSd § 86 Abs. 1. Demgegenüber wird das besondere Auskunftsverlangen zur Evaluierung nach § 112a Abs. 1 iVm § 69 als ein Hauptsacheverfahren angesehen, weil das Auskunftsverlangen den einzigen Verfahrensgegenstand bildet (BGH Beschl. v. 19.6.2007 – KVR 17/06, NVwZ-RR 2008, 315 Rn. 12ff. – Auskunftsverlangen I).

5   Das Rechtsbeschwerdegericht hat eigenständig zu prüfen, ob eine Entscheidung in der Hauptsache vorliegt und damit die notwendige Voraussetzung für die Statthaftigkeit der Rechtsbeschwerde erfüllt ist (BGH Beschl. v. 15.10.1991 – KVR 1/91, NJW-RR 1992, 299 unter 1. – Rechtsbeschwerde). Liegt eine **mit der Rechtsbeschwerde nicht anfechtbare Entscheidung** in Neben- oder Zwi-

Rechtsbeschwerdegründe § 86

schenverfahren vor, ist allenfalls eine **Gegenvorstellung** beim Beschwerdegericht möglich (→ Rn. 32).

Durch die Beschränkung auf Beschlüsse in der Hauptsache bezweckt der Ge- 6 setzgeber eine **Entlastung der Rechtsbeschwerdeinstanz** (BGH Beschl. v. 6.11.2012 – EnVZ 21/12, NVwZ 2013, 240 Rn. 7 – Auskunftsverlangen II; BerlKommEnergieR/*Johanns*/*Roesen* EnWG § 86 Rn. 1; NK-EnWG/*Schex* § 86 Rn. 3). Im GWB ist die entsprechende Einschränkung im Zuge der 7. GWB-Novelle 2005 entfallen, wobei im Kartellrecht umstritten ist, ob und wenn ja welche inhaltlichen Änderungen damit verbunden sind (vgl. Loewenheim/Meessen/Riesenkampff/Kersting/Meyer-Lindemann/*Kühnen* GWB § 74 Rn. 2: „keine Bedeutung"; aA Immenga/Mestmäcker/*K. Schmidt* GWB § 74 Rn. 6). Der Vorschlag des Bundesrats, die Beschränkung auf Verfahren in der Hauptsache auch in § 86 EnWG zu streichen, blieb erfolglos. Die Begründung des Bundesrats ging dahin, der BGH könne ohne die Beschränkung grundsätzliche Rechtsfragen auch dann klären, wenn die Hauptsache ohne eine mit der Rechtsbeschwerde angreifbare Entscheidung beendet werde. Für die Verfahrensbeteiligten habe der Eilrechtsschutz faktisch oft eine größere Bedeutung als das Hauptsacheverfahren. Auf ein wettbewerbswidriges Verhalten eines Marktteilnehmers müssten Wettbewerber und Kartellbehörden möglichst schnell und effektiv reagieren (BT-Drs. 15/3917, 94). Auch iRd 7. GWB-Novelle 2005 begründete der Bundesrat seinen Vorschlag, die Rechtsbeschwerde in **Eilverfahren** zuzulassen, mit diesen Argumenten (vgl. BT-Drs. 15/3640, 81). Der Bundesrat führte dort weiter aus, dass ein kartellrechtsgemäßes unternehmerisches Handeln, etwa eine Fusion, vertrage meist keine langen Wartezeiten. Ein zeitnaher höchstrichterlicher Rechtsschutz im Eilverfahren sei daher unabdingbar. Spätere Entscheidungen in der Hauptsache über Sachverhalte, die möglicherweise Jahre zurücklägen, befriedigten die Beteiligten oft nicht mehr (BT-Drs. 15/3640, 81). Für das kartellrechtliche Missbrauchsverfahren und die Fusionskontrolle sind diese Aussagen zutreffend. Insbesondere das Fusionskontrollverfahren darf die entsprechende Unternehmensentscheidung nicht über Jahre in der Schwebe halten, bis eventuell bestehende grundsätzliche Fragen durch den BGH geklärt sind. Der mit der Fusion beabsichtigte Wettbewerbsvorteil könnte sich dann uU nicht mehr einstellen. Vor diesem Hintergrund ist es im Kartellrecht begründet, den Zugang zur Rechtsbeschwerdeinstanz bereits im Hinblick auf Fragen des Eilverfahrens zu eröffnen. Demgegenüber sind die den Verfahren nach §§ 75 ff. zugrunde liegenden Sachverhalte in aller Regel nicht mit den vorstehenden Sachverhalten des Kartellrechts vergleichbar. Die Strom- und Gasnetzbetreiber stehen nicht in einem wirksamen Wettbewerb. Die Bedingungen für den Netzzugang und die Netznutzung werden nicht im Wettbewerb gebildet, sondern im Rahmen der wettbewerbsfördernden Regulierung der Energienetze. Ein wettbewerbswidriges Marktverhalten von Energienetzbetreibern wird bereits durch die Ex-ante-Regulierung des Netzzugangs und der Netzentgelte sowie die Entflechtungsvorschriften unterbunden. Auch Zusammenschlüsse der Netzbetreiber unterliegen den Vorschriften des EnWG, soweit die Erlösobergrenzen entsprechend der Veränderung der betroffenen Netze anzupassen sind. Dabei handelt es sich nicht um Verfahren, die im Eilverfahren der Klärung von Grundsatzfragen durch den BGH bedürften. Dies gilt allg. für die Verwaltungsverfahren zur Festlegung der Erlösobergrenzen. Wird die von der BNetzA vorgenommene Festlegung einer Entgeltposition gerichtlich korrigiert, dann wird die regulierungsbehördliche Entscheidung nachträglich entsprechend angepasst. Ein Eilverfahren würde an dem Ergebnis nichts ändern. Ein Eilverfahren wäre auch grundsätzlich unzulässig. Der Festlegung

§ 86 Teil 8. Verfahren

der Erlösobergrenzen im Wege eines Eilverfahrens steht das grundlegende Verbot der Vorwegnahme der Hauptsache entgegen. Eilrechtsschutz soll die Beeinträchtigung oder gar den Verlust einer tatsächlichen oder einer rechtlichen Position verhindern (vgl. MüKoZPO/*Drescher* Vorb. § 916 Rn. 7 ff.). Eilrechtsschutz dient nicht dazu, die geltend gemachten Ansprüche schneller als im Hauptsacheverfahren zu befriedigen. Soweit eingriffsinvasive Entscheidungen zur Entflechtung auf der Grundlage der §§ 7 ff. ergehen, hat die dagegen gerichtete Beschwerde gem. § 76 Abs. 1 Hs. 2 aufschiebende Wirkung. Die angestrebte Maßnahme unterliegt dann im Hauptsacheverfahren der gerichtlichen Kontrolle bis hin zum BGH, ohne die Gefahr einer Beeinträchtigung einer Rechtsposition durch eine Entscheidung der Vorinstanz. In dem empfindlichen Bereich der Betriebs- und Geschäftsgeheimnisse ordnen die Vorschriften der §§ 23b und 23c EnWG ohnehin eine weitreichende Offenlegung von Unternehmensdaten an. Auch in diesem Bereich besteht für eine Rechtsbeschwerdeinstanz im Eilverfahren kein Bedarf.

II. Beschwerdebefugnis, Beschwer und Rechtsschutzinteresse

7   Die Statthaftigkeit der Rechtsbeschwerde setzt eine Beschwerdebefugnis voraus. Diese ergibt sich grds. aus der Beteiligung des Betroffenen am Verwaltungsverfahren vor der Regulierungsbehörde. Allein die formale Beteiligtenstellung genügt jedoch nicht. Vielmehr muss der Rechtsbeschwerdeführer durch die angegriffene Beschwerdeentscheidung formell und materiell beschwert sein (BGH Beschl. v. 24.6.2003 – KVR 14/01, NJW 2003, 3776 (3777) – HABET/Lekkerland). Zudem muss ein Rechtsschutzbedürfnis vorliegen. Für Einzelheiten (→ § 88 Rn. 2 ff.).

C. Die vom Beschwerdegericht zugelassene Rechtsbeschwerde (Abs. 1–3)

I. Entscheidung des Beschwerdegerichts über die Zulassung

8   Voraussetzung für eine Rechtsbeschwerde ist grundsätzlich die **Zulassung** durch das Beschwerdegericht gem. § 86 Abs. 1 und 2. Ausnahmen, bei denen die Rechtsbeschwerde trotz einer Nichtzulassung statthaft ist, regelt § 86 Abs. 4 (→ Rn. 17 ff.). Über die Zulassung oder Nichtzulassung hat das Beschwerdegericht zu befinden, ein Ermessen besteht insoweit nicht. Die Entscheidung über die Nichtzulassung ist nach § 86 Abs. 3 zu begründen. Demgegenüber bedarf die Zulassung keiner **Begründung.** Eine solche kann aber zweckmäßig sein, insbesondere, wenn nur hinsichtlich eines Teils des Streitgegenstands ein Zulassungsgrund vorliegt (BeckOK KartellR/*Bacher* GWB § 77 Rn. 37). Eine fehlende oder unzureichende Begründung des Beschwerdegerichts eröffnet nicht die zulassungsfreie Rechtsbeschwerde und stellt auch keinen eigenständigen Grund für die Zulassung der Rechtsbeschwerde durch den BGH dar (BeckOK KartellR/*Bacher* GWB § 77 Rn. 36). So können Einwände der Betroffenen aufgrund einer „formelhaften" Begründung der Nichtzulassung keinen Zulassungsgrund iSd § 86 Abs. 2 darstellen (BGH Beschl. v. 12.11.2013 – EnVZ 11/13, EnWZ 2014, 128 Rn. 3).

9   Die Entscheidung des Beschwerdegerichts über die Zulassung oder Nichtzulassung ist für den BGH ebenso wie für die Beteiligten grds. bindend, vgl. § 86 Abs. 1: „wenn [...] zugelassen hat" (BerlKommEnergieR/*Johanns/Roesen* EnWG § 86 Rn. 19 mwN). Keine **Bindung** entfaltet sie aber hinsichtlich der Frage, ob die Be-

schwerdeentscheidung überhaupt der Anfechtung nach § 86 Abs. 1 S. 1 unterliegt (für weitere Einzelheiten BeckOK KartellR/*Bacher* GWB § 77 Rn. 39ff.). Lässt das Beschwerdegericht die Rechtsbeschwerde nicht zu, kann eine zulassungsfreie Rechtsbeschwerde nur auf der Grundlage von § 86 Abs. 4 statthaft sein. Darüber hinaus besteht die Möglichkeit, die Zulassung mittels einer Nichtzulassungsbeschwerde gem. § 87 zu erzwingen. Die Nichtzulassungsbeschwerde steht den Betroffenen als besonderes Rechtsmittel gegen die Nichtzulassungsentscheidung des Beschwerdegerichts zu. Auf eine Nichtzulassungsbeschwerde hin prüft der BGH eigenständig, ob ein Zulassungsgrund gegeben ist (BeckOK KartellR/*Bacher* GWB § 77 Rn. 41).

Die Zulassung durch das Beschwerdegericht bezieht sich grds. auf den gesamten 10 Streitgegenstand. Möglich ist aber auch eine **Teilzulassung** durch Beschränkung auf einen rechtlich und tatsächlich selbstständigen Teil des Gesamtstreitstoffs, über den zulässigerweise durch Teil- oder Grundurteil hätte entschieden werden können oder auf den der Rechtsmittelführer selbst das Rechtsmittel beschränken könnte (BGH Beschl. v. 12.6.2018 – EnVR 63/17, BeckRS 2018, 14793 Rn. 7; Beschl. v. 7.2.2006 – KVR 5/05, NJW-RR 2006, 836 Rn. 10 – DB Regio). Die Zulassung kann sich zudem auf einzelne Beteiligte beschränken, wenn nur diese von einem nach allgemeinen Kriterien abgrenzbaren Teil des Streitgegenstands betroffen sind (BeckOK KartellR/*Bacher* GWB § 77 Rn. 32.3; aA MüKoWettbR/*Nothdurft* § 74 Rn. 32).

II. Zulassungsgründe

Das Beschwerdegericht hat die Rechtsbeschwerde nach § 86 Abs. 2 zuzulassen, 11 wenn eine Rechtsfrage grundsätzliche Bedeutung hat (Nr. 1) oder eine Entscheidung des BGH zur Fortbildung des Rechts oder zur Sicherung einer einheitlichen Rechtsprechung (Nr. 2) erforderlich ist. Die Vorschrift zählt damit die Zulassungsgründe abschließend auf.

Eine Rechtssache hat **grundsätzliche Bedeutung** iSd § 86 Abs. 2 Nr. 1, wenn 12 sie eine entscheidungserhebliche, klärungsbedürftige und klärungsfähige Rechtsfrage aufwirft, die sich in einer unbestimmten Vielzahl von Fällen stellen kann und deswegen das abstrakte Interesse der Allgemeinheit an der einheitlichen Entwicklung und Handhabung des Rechts berührt (BVerfG Beschl. v. 28.6.2012 – 1 BvR 2952/08, BVerfGK 19, 467 = BeckRS 2012, 55220 unter IV. 2. b) aa); BGH Beschl. v. 15.5.2012 – KVR 34/11, BeckRS 2012, 16889 Rn. 14; OLG Düsseldorf Beschl. v. 1.4.2020 – VI-3 Kart 779/19 (V), BeckRS 2020, 13768 Rn. 68; näher BeckOK KartellR/*Bacher* GWB § 77 Rn. 14ff.; BeckOK EnWG/*van Rossum* § 86 Rn. 6). Dies ist insbesondere bei Musterverfahren iSd § 93a Abs. 1 S. 1 VwGO der Fall. Zur Sphäre der revisiblen Rechtsfragen gehören die Auslegung generell-abstrakter Normtatbestände und die Beurteilung der daraus abzuleitenden rechtlichen Maßstäbe (vgl. BVerfG Beschl. v. 10.12.2009 – 1 BvR 3151/07 NVwZ 2010, 435 Rn. 58; zur teilw. komplexen Abgrenzung von Rechts- und Tatfragen → § 88 Rn. 13ff.). Klärungsbedürftig sind solche Rechtsfragen, deren Beantwortung zweifelhaft ist oder zu denen unterschiedliche Auffassungen vertreten werden oder die noch nicht oder nicht hinreichend höchstrichterlich geklärt sind. Hat der BGH eine Rechtsfrage bereits geklärt, kann sich weiterer Klärungsbedarf ergeben, wenn neue Argumente ins Feld geführt werden, die den BGH zu einer Überprüfung seiner Auffassung veranlassen könnten (BVerfG Beschl. v. 28.6.2012 – 1 BvR 2952/08, BeckRS 2012, 55220 unter IV. 2. b) aa); sa BGH Beschl. v. 26.2.2019 – EnVZ 87/18, BeckRS 2019, 3895 Rn. 9).

§ 86

13 Zur **Fortbildung des Rechts** iSd § 86 Abs. 2 Nr. 2 Fall 1 ist die Zulassung der Rechtsbeschwerde dann geboten, wenn der zu entscheidende Einzelfall Veranlassung gibt, Leitsätze für die Auslegung von Gesetzesbestimmungen aufzustellen oder Gesetzeslücken auszufüllen. Für die Entwicklung höchstrichterlicher Leitsätze besteht allerdings nur dann ein Bedürfnis, wenn es für die rechtliche Beurteilung typischer oder verallgemeinerungsfähiger Lebenssachverhalte an einer richtungsweisenden Orientierungshilfe ganz oder teilweise fehlt (stRspr; s. zuletzt BGH Beschl. v. 25.8.2020 – VIII ZR 59/20, NJW-RR 2020, 1275 Rn. 21 mwN). Bei dem Zulassungsgrund der Rechtsfortbildung handelt es sich um einen Unterfall des Zulassungsgrunds der grundsätzlichen Bedeutung (BGH Beschl. v. 22.10.2009 – IX ZB 50/09, BeckRS 2009, 86785 Rn. 4). Die Voraussetzungen für den Zulassungsgrund „Fortbildung des Rechts" decken sich deshalb weitgehend mit denjenigen der grundsätzlichen Bedeutung (BeckOK KartellR/*Bacher* GWB § 77 Rn. 20).

14 Der Zulassungsgrund der Sicherung der **Einheitlichkeit der Rechtsprechung** iSd § 86 Abs. 2 Nr. 2 Fall 2 besteht in den Fällen einer Divergenz oder dann, wenn bei der Auslegung oder Anwendung revisiblen Rechts Fehler über die Einzelfallentscheidung hinaus die Interessen der Allgemeinheit nachhaltig berühren, insbesondere, wenn Verfahrensgrundrechte verletzt sind (BGH Beschl. v. 21.7.2004 – XII ZB 27/03, NJW 2004, 3490). **Divergenz** bedeutet, dass in der angefochtenen Entscheidung ein abstrakter Rechtssatz aufgestellt wird, der von einem in anderen Entscheidungen eines höheren oder eines gleichgeordneten Gerichts aufgestellten abstrakten Rechtssatz abweicht, wobei die abstrakten Rechtssätze jeweils entscheidungserheblich sein müssen (BGH Beschl. v. 1.6.2016 – I ZR 112/15, BeckRS 2016, 12053 Rn. 17). Eine auf die „Sicherung der Einheitlichkeit der Rechtsprechung" gestützte Rechtsbeschwerde ist regelmäßig nur zulässig, wenn dargelegt wird, dass ein Verstoß gegen Verfahrensgrundrechte im Einzelfall klar zu Tage tritt, also offenkundig ist, und die angefochtene Entscheidung hierauf beruht (so zu § 574 Abs. 2 Nr. 2 Alt. 2 ZPO BGH Beschl. v. 21.7.2004 – XII ZB 27/03, NJW 2004, 3490). Rügt der Betroffene konkret aber eine einen Verstoß gegen den Anspruch auf rechtliches Gehör gem. Art. 103 Abs. 1 GG, ist die Rechtsbeschwerde nach § 86 Abs. 4 Nr. 3 auch ohne Zulassung statthaft. Eine etwaig auf die Gehörsverletzung gestützte Nichtzulassungsbeschwerde gem. § 87 hat deshalb im Ergebnis keine Erfolgsaussichten (BeckOK KartellR/*Bacher* GWB § 77 Rn. 25 und § 78 Rn. 4).

D. Zulassungsfreie Rechtsbeschwerde (Abs. 4)

I. Gemeinsamkeiten und Unterschiede der absoluten Rechtsbeschwerdegründe

15 Ohne Zulassung ist die Rechtsbeschwerde möglich, wenn einer der in § 86 Abs. 4 abschließend aufgezählten **absoluten Rechtsbeschwerdegründe** vorliegt. Der in der Vorschrift enthaltene Katalog der Verfahrensmängel, die unabhängig von einer Zulassung mit der Rechtsbeschwerde gerügt werden können, entspricht – abgesehen von der Verletzung rechtlichen Gehörs gem. § 86 Abs. 4 Nr. 3 – den absoluten Revisionsgründen in § 547 ZPO. Die Verfahrensmängel des § 86 Abs. 4 stehen im negativen Sinn für die wesentlichen durch die Verfassung vorgegebenen Rechte der Beteiligten im Verfahren. Es handelt sich dabei um gravierende Rechtsverletzungen, die kraft Gesetzes den Zugang zur Rechtsbeschwerdeinstanz eröffnen (BeckOK KartellR/*Bacher* GWB § 77 Rn. 5). Ist einer der Tatbestände des § 86

Rechtsbeschwerdegründe § 86

Abs. 4 Nr. 1, 2 und 4–6 erfüllt, wird nach § 88 Abs. 2 Hs. 2 iVm § 547 ZPO vermutet, dass die angefochtene Beschwerdeentscheidung auf dem Mangel beruht (BeckOK ZPO/*Kessal-Wulf* § 547 Einl. und Rn. 3). Etwas anderes gilt für den Rechtsbeschwerdegrund des § 86 Abs. 4 Nr. 3, die Verletzung des rechtlichen Gehörs, da diese nicht zu den absoluten Revisionsgründen des § 547 ZPO gehört. Nach der Rspr. des BGH im Zivilprozess führt eine Gehörsverletzung nur dann zur Aufhebung und Zurückverweisung der angefochtenen Entscheidung, wenn diese auf der Gehörsverletzung „beruht" (BGH Beschl. v. 3.12.2013 – XI ZR 301/11, NJW-RR 2014, 381 Rn. 12 f.). Die damit vorausgesetzte Ursächlichkeit ist erfüllt, wenn nicht ausgeschlossen werden kann, dass das Gericht bei Berücksichtigung des übergangenen Vorbringens anders entschieden hätte (BGH Beschl. v. 3.12.2013 – XI ZR 301/11, NJW-RR 2014, 381 Rn. 12). Diese Rechtsprechung ist auch auf den Energieverwaltungsprozess übertragbar (BerlKomm-EnergieR/*Johanns/Roesen* EnWG § 86 Rn. 37; ebenso zum Kartellverwaltungsprozess BeckOK KartellR/*Bacher* GWB § 77 Rn. 45 mwN). Sie entspricht zudem den für § 83 a geltenden Grundsätzen (→ § 83 a Rn. 8).

Die absoluten Rechtsbeschwerdegründe des § 86 Abs. 4 haben eine Doppelfunktion, da sie gleichzeitig für die Zulässigkeit und für die Begründetheit der Rechtsbeschwerde von Bedeutung sind (Immenga/Mestmäcker/*K. Schmidt* GWB § 74 Rn. 15; Loewenheim/Meessen/Riesenkampff/Kersting/Meyer-Lindemann/*Kühnen* GWB § 74 Rn. 11). Nach überzeugender Auffassung genügt es für die Zulässigkeit jedoch, wenn nach schlüssigem Vortrag des Rechtsbeschwerdeführers die ernsthafte Möglichkeit eines Verfahrensmangels gem. § 86 Abs. 4 zu bejahen ist (Rosin/Pohlmann/Gentzsch/Metzenthin/Böwing/*Burmeister/Becker* EnWG § 86 Rn. 24; Immenga/Mestmäcker/*K. Schmidt* GWB § 74 Rn. 15 mwN auch auf die Gegenauffassung). Das Vorliegen des gerügten Verfahrensmangels entscheidet (erst) über die Begründetheit. Eine zulässige Rechtsbeschwerde hat nur die Prüfung des gerügten Verfahrensmangels zum Ergebnis, führt also nicht zu einer Sachentscheidung des Rechtsbeschwerdegerichts, sondern lediglich zur Aufhebung und **Zurückverweisung an das Beschwerdegericht** (Theobald/Kühling/*Theobald/Werk* EnWG § 86 Rn. 10; Immenga/Mestmäcker/*K. Schmidt* GWB § 74 Rn. 15). Will der Rechtsbeschwerdeführer neben einem absoluten Rechtsbeschwerdegrund nach Abs. 4 auch weitere, materiellrechtliche Verstöße rügen und fehlt es insoweit an einer Zulassung durch das Beschwerdegericht, muss er neben der zulassungsfreien Rechtsbeschwerde auch eine Nichtzulassungsbeschwerde einlegen (Immenga/Mestmäcker/*K. Schmidt* GWB § 74 Rn. 15; BeckOK KartellR/*Bacher* GWB § 78 Rn. 4 f.).

II. Die absoluten Rechtsbeschwerdegründe

1. Verletzung des Anspruchs auf den gesetzlichen Richter. Nach § 86 Abs. 4 bedarf es einer Zulassung zur Einlegung der Rechtsbeschwerde gegen Entscheidungen des Beschwerdegerichts nicht, wenn das beschließende Gericht nicht vorschriftsmäßig besetzt war (Nr. 1) oder wenn bei der Entscheidung ein Richter mitgewirkt hat, der von der Ausübung des Richteramtes kraft Gesetzes ausgeschlossen oder wegen Besorgnis der Befangenheit mit Erfolg abgelehnt war (Nr. 2). § 86 Abs. 4 Nr. 1 und 2 sichert damit den in Art. 101 Abs. 1 S. 2 GG verankerten **Anspruch auf den gesetzlichen Richter**. An einer vorschriftsmäßigen Besetzung des Beschwerdegerichts iSd **§ 86 Abs. 4 Nr. 1** fehlt es bspw., wenn an einer Entscheidung entgegen den Grundsätzen von § 309 ZPO und § 112 VwGO Rich-

16

17

Laubenstein/Bourazeri 2559

§ 86 Teil 8. Verfahren

ter mitwirken, die an der zugrundeliegenden mündlichen Verhandlung nicht teilgenommen haben (näher BeckOK KartellR/*Bacher* GWB § 77 Rn. 48 ff.). Maßgeblich ist dabei, welche Richter an der abschließenden Beratung und Entscheidung mitgewirkt haben. Der Tatbestand des § 86 Abs. 4 Nr. 2 ist etwa erfüllt, wenn an der angefochtenen Entscheidung des Beschwerdegerichts ein Richter mitgewirkt hat, der nach § 85 Nr. 2, § 41 ZPO kraft Gesetzes von der Entscheidung ausgeschlossen war oder gem. § 85 Nr. 2, § 42 ZPO mit Erfolg abgelehnt worden ist (für Einzelheiten s. BeckOK KartellR/*Bacher* GWB § 77 Rn. 53 ff.).

18   **2. Verletzung des Anspruchs auf rechtliches Gehör.** Keiner Zulassung bedarf es nach § 86 Abs. 4 Nr. 3 in Fällen, in denen ein Beteiligter geltend macht, dass ihm das rechtliche Gehör versagt wurde. Damit schreibt die Vorschrift den verfassungsrechtlich durch Art. 103 Abs. 1 GG gewährleisteten Anspruch auf **Gewährung rechtlichen Gehörs** für das Beschwerdeverfahren fest. Die Gewährleistung rechtlichen Gehörs konkretisiert das Rechtsstaatsprinzip mit weitreichenden Folgen für das gerichtliche Verfahren. Der einzelne soll nicht bloßes Objekt des Verfahrens sein, sondern vor Entscheidungen, die seine Rechte betreffen, zu Wort kommen, um Einfluss auf das Verfahren und dessen Ergebnis nehmen zu können. Die Parteien müssen sich zu dem Sachverhalt, der einer gerichtlichen Entscheidung zugrunde gelegt wird, vor Erlass der Entscheidung äußern dürfen (stRspr; s. nur BVerfG Beschl. v. 8.6.1993 – 1 BvR 878/90, NJW 1993, 2229; Sachs/*Degenhart* GG Art. 103 Rn. 11 mwN). Das Gericht darf seiner Entscheidung deshalb nur solche Tatsachen zugrunde legen, zu denen die Beteiligten Stellung nehmen konnten (stRspr; s. nur BVerfG Beschl. v. 27.10.1999 – 1 BvR 385/90, NJW 2000, 1175 (1178)). Das Gebot des rechtlichen Gehörs verpflichtet das Gericht, die entsprechenden Ausführungen der Prozessbeteiligten zur Kenntnis zu nehmen und in „Erwägung zu ziehen" (stRspr; vgl. nur BVerfG Beschl. v. 19.5.1992 – 1 BvR 986/91, BVerfGE 86, 133 (145 f.) = BeckRS 9998, 173304 – Unterlassungsanspruch). Die Möglichkeit zur Äußerung setzt eine hinreichende Kenntnis der Beteiligten von den verfahrensrelevanten Vorgängen voraus. Der Anspruch auf Gewährung rechtlichen Gehörs sichert den Parteien deshalb ein Recht auf **Information, Äußerung und Berücksichtigung** mit der Folge, dass sie ihr Verhalten im Prozess eigenbestimmt und situationsspezifisch gestalten können. Insbesondere müssen sie mit ihren Ausführungen und Anträgen gehört – nicht auch erhört – werden (BVerfG Beschl. v. 30.4.2003 – 1 PBvU 1/02, NJW 2003, 1924 (1926) – fachgerichtlicher Rechtsschutz; zum Erfordernis der Kausalität für die Begründetheit einer auf die Verletzung rechtlichen Gehörs gestützten Rechtsbeschwerde → Rn. 15).

19   Aus den vorstehenden Vorgaben folgen auf einer **ersten Stufe Mitteilungs- und Informationspflichten** des Gerichts (vgl. BVerfG Beschl. v. 8.6.1993 – 1 BvR 878/90, NJW 1993, 2229 zur unterbliebenen Mitteilung einer richterlichen Selbstanzeige wegen möglicher Ablehnungsgründe an die Verfahrensbeteiligten; Sachs/*Degenhart* GG Art. 103 Rn. 11). Auf einer **zweiten Stufe** folgt das **Äußerungsrecht** der Beteiligten, dh die Möglichkeit, sich zum Verfahrensstoff zu äußern. Dieses Äußerungsrecht darf weder verkürzt noch darf wesentliches Vorbringen unzulässig ausgeschlossen werden (s. – mit Blick auf eine unzulässige Zurückweisung von Vorbringen als verspätet – BVerfG Beschl. v. 14.11.1989 – 1 BvR 956/89, NJW 1990, 566 f. – Vorbringen im Zivilprozess; Sachs/*Degenhart* GG Art. 103 Rn. 11). Aus dem Anspruch auf Gewährung rechtlichen Gehörs nach Art. 103 Abs. 1 GG folgt umgekehrt die Verpflichtung des Gerichts, den **Parteivortrag**

auch in gebotener Weise **zur Kenntnis zu nehmen** und sich mit ihm inhaltlich auseinanderzusetzen. Art. 103 Abs. 1 GG gebietet, sowohl bei der normativen Ausgestaltung des Verfahrensrechts durch den Gesetzgeber als auch im Einzelfall bei der Durchführung des gerichtlichen Verfahrens ein Ausmaß an rechtlichem Gehör zu eröffnen, das sachangemessen ist, um dem aus dem Rechtsstaatsprinzip hergeleiteten Erfordernis eines wirkungsvollen Rechtsschutzes gerecht zu werden, sodass die Beteiligten die Möglichkeit haben, sich im Prozess mit tatsächlichen und rechtlichen Argumenten zu behaupten (BVerfG Beschl. v. 4.4.2007 – 1 BvR 66/07, NZA 2007, 1124 (1125) – Zugangsfiktion). Eine das Parteivorbringen nur scheinbar würdigende Verfahrensweise verstößt gegen diese Anforderungen (BGH Beschl. v. 21.10.2014 – VIII ZR 34/14, ZfBR 2015, 139 Rn. 13; Urt. v. 22.6.2009 – II ZR 143/08, NJW 2009, 2598 Rn. 2; Beschl. v. 6.2.2013 – I ZR 22/12, BeckRS 2013, 8902 Rn. 10). Insbesondere verstößt die Nichtberücksichtigung eines erheblichen Beweisangebots auf der Grundlage von verfahrensfehlerhaft überspannten Anforderungen an den Vortrag einer Partei gegen Art. 103 Abs. 1 GG, weil sie im Prozessrecht keine Stütze mehr findet (BVerfG Beschl. v. 10.2.2009 – 1 BvR 1232/07, NZM 2009, 356; BGH Beschl. v. 21.10.2014 – VIII ZR 34/14, ZfBR 2015, 139 Rn. 13; Beschl. v. 6.2.2013 – I ZR 22/12, BeckRS 2013, 8902 Rn. 10; Beschl. v. 16.11.2010 – VIII ZR 228/08, BeckRS 2010, 30437 Rn. 14; Beschl. v. 11.5.2010 – VIII ZR 212/07, NJW-RR 2010, 1217 Rn. 10).

Auch bei der Anwendung von **Präklusionsnormen** und der Handhabung von **Fristen und Zustellungsvorschriften** ist den Anforderungen des Art. 103 Abs. 1 GG Rechnung zu tragen (Sachs/*Degenhart* GG Art. 103 Rn. 11 mwN). Allerdings bedeutet nicht jeder Verfahrensverstoß zugleich eine Verletzung des verfassungsrechtlichen Anspruchs auf rechtliches Gehör. Ein Verstoß gegen einfach-rechtliche Bestimmungen stellt nur dann eine verfassungsrechtlich relevante Gehörsverletzung dar, wenn das Gericht bei der Auslegung oder Anwendung der Verfahrensbestimmung die Bedeutung oder Tragweite des Anspruchs auf rechtliches Gehör verkannt hat (BVerfG Beschl. v. 4.4.2007 – 1 BvR 66/07, NZA 2007, 1124 (1125) – Zugangsfiktion; BVerfG Beschl. v. 14.11.1989 – 1 BvR 956/89, NJW 1990, 566 (567) – Vorbringen im Zivilprozess).

Die Verpflichtung des Gerichts, die Ausführungen der Beteiligten in seine Erwägungen einzubeziehen, führt schließlich auf einer **dritten Stufe** zu dem Anspruch der Beteiligten auf **Begründung der Entscheidung.** Auch wenn grds. anzunehmen ist, dass das Gericht das Vorbringen der Beteiligten berücksichtigt, so müssen die wesentlichen, der Rechtsverfolgung und -verteidigung dienenden Tatsachen in den Entscheidungsgründen verarbeitet werden (BVerfG Beschl. v. 21.10.1981 – 1 BvR 1024/79, NJW 1982, 30; Beschl. v. 15.4.1980 – 1 BvR 1365/78, BeckRS 2010, 52736; Sachs/*Degenhart* GG Art. 103 Rn. 11).

Eine Verletzung des Anspruchs auf rechtliches Gehör liegt auch dann vor, wenn einer der in § 79 aufgeführten **Verfahrensbeteiligten** nicht zu dem Verfahren hinzugezogen wird (vgl. zu § 66 Abs. 2 GWB aF – heute § 63 Abs. 2 GWB – BGH Beschl. v. 28.6.1983 – KVR 7/82, GRUR 1983, 601 – Nichtbeteiligung des BKartA). Damit nicht vergleichbar ist indessen der Fall, dass die Hinzuziehung eines **notwendig Beizuladenden** unterbleibt (Immenga/Mestmäcker/K. *Schmidt* GWB § 74 Rn. 19, § 76 Rn. 9; Loewenheim/Meessen/Riesenkampff/Kersting/Meyer-Lindemann/*Kühnen* GWB § 74 Rn. 15). Die Rechte des nicht hinzugezogenen notwendig Beizuladenden werden nicht von der Rechtskraft der Entscheidung erfasst. Insofern kann eine Rechtsverletzung nicht eintreten. Der notwendig Beizuladende kann seine Rechte in einem eigenen Verfahren gegen die Entscheidung der Regu-

§ 86 Teil 8. Verfahren

lierungsbehörde wahren (str.; wie hier BerlKommEnergieR/*Johanns/Roesen* EnWG § 86 Rn. 40 und § 88 Rn. 5; *Bechtold/Bosch* GWB § 79 Rn. 2; MüKoWettbR/*Nothdurft* GWB § 74 Rn. 65; aA Britz/Hellermann/Hermes/*Hanebeck* EnWG § 88 Rn. 1; Theobald/Kühling/*Theobald/Werk* EnWG § 88 Rn. 5; Immenga/Mestmäcker/*K. Schmidt* GWB § 76 Rn. 1; BeckOK Kartellrecht/*Bacher* GWB § 79 Rn. 7). Schließlich bedeutet auch die Verletzung des Rechts auf **Akteneinsicht** einen Verstoß gegen den Grundsatz des rechtlichen Gehörs (BerlKommEnergieR/ *Johanns/Roesen* EnWG § 86 Rn. 40; MüKoWettbR/*Nothdurft* GWB § 74 Rn. 65).

23   **3. Verletzung des Anspruchs auf Durchführung eines fairen Verfahrens.** Nach § 86 Abs. 4 Nr. 4 kann eine zulassungsfreie Rechtsbeschwerde erhoben werden, „wenn ein Beteiligter im Verfahren nicht nach Vorschrift des Gesetzes vertreten war, sofern er nicht der Führung des Verfahrens ausdrücklich oder stillschweigend zugestimmt hat". Die Vorschrift sichert damit den **Anspruch auf Durchführung eines fairen Verfahrens** als allgemeines Prozessgrundrecht und Ausprägung des Rechtsstaatsprinzips gem. Art. 20 Abs. 3 GG. Aus dem Anspruch auf ein faires Verfahren folgt die Verpflichtung des Richters, nicht zu verhandeln, wenn ein Beteiligter nicht entsprechend den gesetzlichen Regelungen vertreten ist, es sei denn der betroffene Beteiligte stimmt der Prozessführung ausdrücklich oder stillschweigend zu. Eine mangelhafte Vertretung eines Beteiligten liegt auch dann vor, wenn ein von § 79 erfasster Beteiligter nicht zu dem Verfahren hinzugezogen wurde. Die mangelnde Hinzuziehung ist wie die mangelnde Vertretung zu behandeln (BGH Beschl. v. 28.6.1983 – KVR 7/82, GRUR 1983, 601 – Taxi Funk-Zentrale Kassel; BerlKommEnergieR/*Johanns/Roesen* EnWG § 86 Rn. 41). Einer differenzierten Betrachtung bedarf es allerdings aus den zu § 86 Abs. 4 Nr. 3 dargestellten Gründen im Hinblick auf Fälle, in denen die Hinzuziehung eines notwendig Beizuladenden zum gerichtlichen Verfahren unterblieb (→ Rn. 22). Der nicht hinzugezogene notwendig Beizuladende wird nicht von der Rechtskraft der Beschwerdeentscheidung erfasst und kann daher in einem neuen Verfahren rechtliches Gehör finden. Folgerichtig kann sich der nicht hinzugezogene notwendig Beizuladende nicht auf eine mangelhafte Vertretung iSd § 86 Abs. 4 Nr. 4 berufen. Auf den absoluten Rechtsbeschwerdegrund der mangelnden, nicht durch Rügeverzicht geheilten Vertretung eines Beteiligten iSd § 86 Abs. 4 Nr. 4 EnWG kann sich neben dem mangelhaft Vertretenen auch jeder andere Rechtsbeschwerdeberechtigte iSd § 88 Abs. 1 berufen (BGH Beschl. v. 28.6.1983 – KVR 7/82, GRUR 1983, 601 – Taxi Funk-Zentrale Kassel; Theobald/Kühling/*Theobald/Werk* EnWG § 86 Rn. 12).

24   **4. Verletzung der Vorschriften über die Öffentlichkeit.** Statthaft ist eine zulassungsfreie Rechtsbeschwerde nach **§ 86 Abs. 4 Nr. 5,** „wenn die Entscheidung auf Grund einer mündlichen Verhandlung ergangen ist, bei der die Vorschriften über die Öffentlichkeit des Verfahrens verletzt worden sind". Die Vorschrift beruht auf dem Grundsatz der **Öffentlichkeit der mündlichen Verhandlung.** Der Öffentlichkeitsgrundsatz wird in §§ 169 bis 175 GVG, die gem. § 85 Nr. 1 auch im Beschwerdeverfahren entsprechend gelten, näher präzisiert. Als Ausdruck des Rechtsstaats- und Demokratieprinzips soll der Grundsatz der Öffentlichkeit gem. § 169 GVG eine Kontrolle der Justiz durch die am Verfahren nicht beteiligte Öffentlichkeit ermöglichen (BVerfG Urt. v. 19.3.2013 – 2 BvR 2628/10, 2 BvR 2883/10, 2 BvR 2155/11, NJW 2013, 1058 Rn. 88; Urt. v. 24.1.2001 – 1 BvR 2623/95, NJW 2001, 1633 (1634ff.)).

Rechtsbeschwerdegründe **§ 86**

5. Unterbliebene oder unzureichende Begründung der Beschwerdeent- 25
scheidung. Eine zulassungsfreie Rechtsbeschwerde ist gem. § 86 Abs. 4 Nr. 6
statthaft, wenn „die Entscheidung nicht mit Gründen versehen ist". In dieser Vorschrift kommt das **Willkürverbot** des Art. 3 Abs. 1 GG in Form einer ganz unterbliebenen oder unzureichenden Begründung der Entscheidung zum Tragen. Der Tatbestand des § 86 Abs. 4 Nr. 6 ist erfüllt, wenn die Entscheidung gar nicht oder verspätet begründet wird. Sie ist verspätet, wenn sie mehr als fünf Monate nach ihrer Verkündung zur Geschäftsstelle gelangt (GmS-OGB Beschl. v. 27.4.1993 – GmS-OGB 1/92, NJW 1993, 2603; → § 81 Rn. 6). Ohne weiteres erfüllt ist der Tatbestand auch, wenn dem Tenor der Entscheidung keinerlei Gründe folgen. Gleichzusetzen ist der Fall, dass zwar Gründe vorhanden sind, diese aber ganz unverständlich und verworren sind, sodass sie in Wirklichkeit nicht erkennen lassen, welche Überlegungen für die Entscheidung maßgeblich waren. Dies gilt auch dann, wenn die Gründe sachlich inhaltslos sind und sich auf leere Redensarten oder auf die Wiedergabe des Gesetzestextes beschränken. Eine fehlende Begründung liegt auch dann vor, wenn Ansprüche und selbstständige Angriffs- und Verteidigungsmittel übergangen werden oder wenn eine notwendige Beweiswürdigung vollständig fehlt (BGH Beschl. v. 21.12.1962 – I ZB 27/62, NJW 1963, 2272 (2273) – Warmpressen).

E. Vorläufiger Rechtsschutz

Der nach allgemeinen verfahrensrechtlichen Grundsätzen bestehende Suspen- 26
siveffekt von Rechtsmitteln kommt der Rechtsbeschwerde gem. § 86 nur dann zu, wenn bereits die zugrundeliegende Beschwerde aufschiebende Wirkung hat (BerlKommEnergieR/*Johanns/Roesen* EnWG § 86 Rn. 5; sa zum Kartellverwaltungsprozess BeckOK KartellR/*Bacher* GWB § 79 Rn. 15; MüKoWettbR/*Nothdurft* GWB § 74 Rn. 5). Dies ergibt sich aus § 76 Abs. 1 Hs. 2, der gem. § 88 Abs. 5 S. 1 für die Rechtsbeschwerde entsprechend gilt. Nach § 76 Abs. 1 Hs. 2 hat die Beschwerde ausnahmsweise **aufschiebende Wirkung,** wenn sie sich gegen eine Entscheidung der Regulierungsbehörde zur Durchsetzung entflechtungsrechtlicher Verpflichtungen gem. §§ 7–10d richtet.

Anders als § 87 Abs. 4 S. 1, der im Hinblick auf die Nichtzulassungsbeschwerde 27
die entsprechende Anwendung des § 77 anordnet, bezieht sich § 88 Abs. 5 S. 1 hinsichtlich der Rechtsbeschwerde nur auf § 76. Trotz fehlender Verweisung in § 88 Abs. 5 S. 1 auf § 77 geht aufgrund des Devolutiveffekts auch die Zuständigkeit für die Entscheidung über **Eilanträge,** die gem. § 77 Abs. 3 S. 1 oder 4 erstmalig in der Rechtsbeschwerdeinstanz gestellt werden, auf das Rechtsbeschwerdegericht über (so zu § 63a GWB aF BGH Beschl. v. 8.12.1998 – KVR 23/98, NJW-RR 1999, 342 – Tariftreueerklärung unter II.; MüKoWettbR/*Nothdurft* GWB § 74 Rn. 28; zur heutigen Rechtslage im Kartellrecht BeckOK KartellR/*Bacher* GWB § 79 Rn. 15; dazu auch → § 77 Rn. 15, 27; → § 88 Rn. 23).

F. Weitere Rechtsbehelfe in der Rechtsbeschwerdeinstanz

Im Fall, dass sich die Hauptsache **erst während des Rechtsbeschwerdever-** 28
fahrens erledigt, kann das Rechtsschutzbegehren auch in diesem Verfahrensstadium noch auf die Feststellung umgestellt werden, dass das ursprüngliche Begehren

§ 86 Teil 8. Verfahren

im Zeitpunkt der Erledigung begründet war (BGH Beschl. v. 9.7.2002 – KVR 1/01, BGHZ 151, 260 = ZUM-RD 2002, 513 (515) – Stellenmarkt für Deutschland). Die grundsätzliche Statthaftigkeit einer **Fortsetzungsfeststellungsrechtsbeschwerde** ergibt sich bereits aus § 88 Abs. 5 S. 1, der ua auf § 83 verweist (zur Fortsetzungsfeststellungsbeschwerde → § 83 Rn. 21ff.). Wie bei Fortsetzungsfeststellungsanträgen vor dem Beschwerdegericht gem. § 83 Abs. 2 S. 2 setzt ein Fortsetzungsfeststellungsantrag in der Rechtsbeschwerdeinstanz ein besonderes Feststellungsinteresse voraus (BGH Beschl. v. 9.7.2002 – KVR 1/01, ZUM-RD 2002, 513 (515f.) – Stellenmarkt für Deutschland). Das Feststellungsinteresse tritt an die Stelle der ursprünglich vorhandenen, mit der Erledigung entfallenden materiellen Beschwer. Ein Fortsetzungsfeststellungsantrag ist nicht nur im Rahmen der Anfechtungs-, sondern auch im Rahmen der Verpflichtungsbeschwerde statthaft und kann auch hilfsweise gestellt werden, wenn in erster Linie am Anfechtungs- oder Verpflichtungsantrag festgehalten werden soll (BGH Beschl. v. 9.7.2002 – KVR 1/01, ZUM-RD 2002, 513 (515) – Stellenmarkt für Deutschland). Beim Vorliegen des erforderlichen Feststellungsinteresses kann eine Fortsetzungsfeststellungsrechtsbeschwerde auch bei einer **Erledigung der Hauptsache „zwischen den Instanzen"**, dh nach Erlass der Beschwerdeentscheidung und vor Einlegung der Rechtsbeschwerde, erhoben werden (BerlKommEnergieR/*Johanns/Roesen* EnWG § 86 Rn. 12; MüKoWettbR/*Nothdurft* GWB § 74 Rn. 17).

29 Entsprechend den Regeln des § 554 ZPO über die Anschlussrevision im Zivilprozess ist eine unselbständige **Anschlussrechtsbeschwerde** in energiewirtschaftsrechtlichen Verfahren zulässig (BGH Beschl. v. 26.1.2021 – EnVR 101/19, BeckRS 2021, 14722 Rn. 5; Beschl. v. 3.3.2020 –EnVR 56/18, N&R 2020, 187 Rn. 20; vgl. auch BT-Drs. 14/4722, S. 98 zur Regelung der unselbständigen Anschließung in der ZPO). Auch die VwGO sieht gem. § 141 S. 1 iVm § 127 VwGO eine unselbständige Anschließung in der Revisionsinstanz vor. Ausschlaggebend für die analoge Anwendung im Energieverwaltungsprozess ist insbesondere der Gedanke der Prozessökonomie (so für Kartellsachen BGH Beschl. v. 15.4.1986 – KVR 1/85, GRUR 1986, 747 (749) – Taxigenossenschaft). Durch die Möglichkeit der unselbständigen Anschließung soll verhindert werden, dass die teilweise unterlegene Partei, die sich mit dem ihr ungünstigen Teil der Entscheidung zufriedengeben will, solange nur der ihr günstige Teil vom Gegner nicht angefochten wird, eine Benachteiligung erfährt, wenn der Gegner das Rechtsmittel einlegt. Ohne die Möglichkeit einer Anschlussrechtsbeschwerde könnte die teilweise unterlegene Partei einer solchen Situation nur dadurch begegnen, dass sie selbst vorsorglich und insoweit entgegen dem Grundsatz der Prozessökonomie die Entscheidung anficht (zum Vorstehenden BGH Beschl. v. 15.4.1986 – KVR 1/85, GRUR 1986, 747 (749) – Taxigenossenschaft).

30 Die unselbständige Anschließung ist analog § 554 Abs. 2 S. 2 ZPO, § 141 S. 1 iVm § 127 Abs. 2 S. 2 VwGO **bis zum Ablauf eines Monats nach der Zustellung der Rechtsbeschwerdebegründung der Gegenpartei** zu erklären und zugleich zu begründen (BGH Beschl. v. 15.4.1986 – KVR 1/85, GRUR 1986, 747 (749) – Taxigenossenschaft). Erforderlich ist zudem ein Zusammenhang zum Gegenstand der Rechtsbeschwerde (BGH Beschl. v. 3.3.2020 – EnVR 56/18, N&R 2020, 187 Rn. 23). Konkret ist die Anschlussrechtsbeschwerde nur dann zulässig, wenn sie einen Lebenssachverhalt betrifft, der mit dem von der Rechtsbeschwerde erfassten Streitgegenstand in einem unmittelbaren rechtlichen oder wirtschaftlichen Zusammenhang steht (BGH Beschl. v. 29.1.2019 – EnVR 63/17, EnWZ 2019, 169 Rn. 41 – Gewinnabführungsvertrag). Darüber hinaus ist der Anschluss des

Rechtsbeschwerdegegners an die Rechtsbeschwerde der Gegenpartei nur insoweit zulässig, als die Beschwerdeentscheidung auch den Rechtsbeschwerdegegner beschwert (Musielak/Voit/*Ball* ZPO § 554 Rn. 5). Nicht erforderlich ist demgegenüber die Zulassung der Anschlussrechtsbeschwerde (Musielak/Voit/*Ball* ZPO § 554 Rn. 4). Unschädlich ist ebenfalls, wenn die Frist zur Einlegung der Rechtsbeschwerde oder der Nichtzulassungsbeschwerde für den Rechtsbeschwerdegegner abgelaufen ist oder dieser auf Rechtsmittel verzichtet hat (vgl. § 554 Abs. 2 S. 1 ZPO, § 141 S. 1 iVm § 127 Abs. 2 S. 1 VwGO; Musielak/Voit/*Ball* ZPO § 554 Rn. 3). Bei einer mangels Zulassung oder rechtzeitiger Einlegung oder Begründung unzulässigen Rechtsbeschwerde ist die **Umdeutung in eine Anschließung** an die Rechtsbeschwerde der Gegenpartei möglich, wenn eine Begründung innerhalb der og Monatsfrist eingeht (BGH Urt. v. 26.1.2016 – KZR 41/14, NJW 2016, 2504 Rn. 37; MüKoZPO/*Krüger* § 554 Rn. 8; Musielak/Voit/*Ball* ZPO § 554 Rn. 3). Eine vor Ablauf der Rechtsbeschwerdefrist gem. § 88 Abs. 3 erklärte Anschließung des Rechtsbeschwerdegegners kann nach Rücknahme oder Verwerfung der Rechtsbeschwerde der Gegenpartei (vgl. § 554 Abs. 4 ZPO) als **selbständige Rechtsbeschwerde** fortgeführt werden, wenn sie die für eine selbständige Rechtsbeschwerde geltenden Zulässigkeitsvoraussetzungen erfüllt, dh vom Beschwerdegericht zugelassen und auch im Übrigen zulässig ist und der Rechtsbeschwerdegegner auf die Einlegung des Rechtsmittels nicht verzichtet hat (MüKoZPO/*Krüger* § 554 Rn. 8; Musielak/Voit/*Ball* ZPO § 554 Rn. 11).

Gem. § 88 Abs. 5 gilt für das Rechtsbeschwerdeverfahren § 83a entsprechend, **31** der die **Anhörungsrüge** als außerordentlichen Rechtsbehelf gegen nicht sonst anfechtbare gerichtliche Entscheidungen statuiert (näher → § 83a Rn. 1 ff.). Hiernach kann ein Beteiligter die Verletzung des durch Art. 103 Abs. 1 GG geschützten Anspruchs auf rechtliches Gehör durch den BGH geltend machen und die Fortsetzung des Rechtsbeschwerdeverfahrens beantragen (vgl., einen Gehörsverstoß im Einzelfall bej., BGH Beschl. v. 30.4.2020 – EnVR 109/18, BeckRS 2020, 9816; abl. BGH Beschl. v. 3.6.2020 – EnVR 26/18, BeckRS 2020, 13336; BGH Beschl. v. 3.6.2020 – EnVR 56/18, BeckRS 2020, 13443). Darüber hinaus kann die Entscheidung des Beschwerdegerichts auf eine Anhörungsrüge hin, das Beschwerdeverfahren fortzuführen, vom Rechtsmittelgericht daraufhin überprüft werden, ob die Anhörungsrüge statthaft, zulässig und begründet war (so zu § 321a ZPO BGH Urt. v. 14.4.2016 – IX ZR 197/15, NJW 2016, 3035 Rn. 8). Nach allgemeinen Bestimmungen des Rechtsmittelrechts ist ein im Instanzenzug höheres Gericht nicht an die der Endentscheidung vorausgehenden Entscheidungen des unteren Gerichts in derselben Sache gebunden (arg. §§ 512, 557 Abs. 2 ZPO). Demzufolge hat das Rechtsmittelgericht die Entscheidung des unteren Gerichts, ein Verfahren gem. § 83a Abs. 1, 5 fortzuführen, nach einem zulässigen Rechtsmittel zu überprüfen (ähnlich zu § 321a ZPO BGH Urt. v. 14.4.2016 – IX ZR 197/15, NJW 2016, 3035 Rn. 10).

Einen weiteren außerordentlichen Rechtsbehelf stellt ferner die **Gegenvorstel- 32 lung** dar (näher MüKoWettbR/*Nothdurft* GWB § 74 Rn. 24 f.). Die Gegenvorstellung kommt grundsätzlich nur gegen Entscheidungen in Betracht, die nicht in materielle Rechtskraft erwachsen und nicht mit einem Rechtsmittel oder förmlichen Rechtsbehelf angefochten werden können (BeckOK ZPO/*Bacher* § 321a Rn. 21.3 mwN; aA BeckOK ZPO/*Elzer* § 318 Rn. 52: eine Gegenvorstellung müsste stets als unstatthaft angesehen werden). Unzulässig ist die Gegenvorstellung hingegen, wenn das Gericht nach den Bestimmungen der jeweiligen Prozessordnung nicht zu einer Abänderung seiner vorangegangenen Entscheidung befugt ist (BVerfG

Beschl. v. 25.11.2008 – 1 BvR 848/07, NJW 2009, 829 Rn. 36 und 39; BGH Beschl. v. 18.10.2018 – IX ZB 31/18, NZI 2018, 958 Rn. 13; näher BeckOK ZPO/*Elzer* § 318 Rn. 53–55). Praktische Bedeutung erlangt die Gegenvorstellung damit insbesondere bei Nebenentscheidungen zur Streitwertfestsetzung, da diese nach § 63 Abs. 3 S. 1 GKG vom Gericht oder – im Rahmen des Verfahrens über ein zulässiges Rechtsmittel bezüglich der Hauptsache – vom Rechtsmittelgericht von Amts wegen abgeändert werden können, sowie bei den gem. § 77 Abs. 5 jederzeit abänderbaren Eilentscheidungen (vgl. MüKoWettbR/*Nothdurft* GWB § 74 Rn. 28 f.; s. ferner zur Streitwertfestsetzung in der Rechtsbeschwerdeinstanz BGH Beschl. v. 11.2.2020 – EnVR 101/18, BeckRS 2020, 8744 Rn. 30 ff. – Bürgerenergiegesellschaft).

§ 87 Nichtzulassungsbeschwerde

(1) **Die Nichtzulassung der Rechtsbeschwerde kann selbständig durch Nichtzulassungsbeschwerde angefochten werden.**

(2) **¹Über die Nichtzulassungsbeschwerde entscheidet der Bundesgerichtshof durch Beschluss, der zu begründen ist. ²Der Beschluss kann ohne mündliche Verhandlung ergehen.**

(3) **¹Die Nichtzulassungsbeschwerde ist binnen einer Frist von einem Monat schriftlich bei dem Oberlandesgericht einzulegen. ²Die Frist beginnt mit der Zustellung der angefochtenen Entscheidung.**

(4) **¹Für die Nichtzulassungsbeschwerde gelten die §§ 77, 78 Abs. 3, 4 Nr. 1 und Abs. 5, §§ 79, 80, 84 und 85 Nr. 2 dieses Gesetzes sowie die §§ 192 bis 201 des Gerichtsverfassungsgesetzes über die Beratung und Abstimmung sowie über den Rechtsschutz bei überlangen Gerichtsverfahren entsprechend. ²Für den Erlass einstweiliger Anordnungen ist das Beschwerdegericht zuständig.**

(5) **¹Wird die Rechtsbeschwerde nicht zugelassen, so wird die Entscheidung des Oberlandesgerichts mit der Zustellung des Beschlusses des Bundesgerichtshofs rechtskräftig. ²Wird die Rechtsbeschwerde zugelassen, so beginnt mit der Zustellung des Beschlusses des Bundesgerichtshofs der Lauf der Beschwerdefrist.**

Literatur: *Bacher/Hempel/Wagner-von Papp* (Hrsg.), Beck'scher Online Kommentar zum Kartellrecht, 2. Ed. 15.7.2021 (zit. BeckOK KartellR/*Bearbeiter*); *Säcker/Meier-Beck/Montag* (Hrsg.), Münchener Kommentar zum Wettbewerbsrecht, Bd. 2, 3. Aufl. 2020.

A. Überblick

1   § 87 ist § 75 GWB aF nachgebildet (BT-Drs. 15/3917, 72), der mit einigen Modifikationen in den heutigen § 78 GWB überführt wurde (BT-Drs. 19/23492, 123). Eine Besonderheit besteht darin, dass § 87 Abs. 4 S. 2 weiterhin die Zuständigkeit des Beschwerdegerichts für einstweilige Anordnungen iSd § 76 Abs. 3 S. 1 iVm § 72 vorsieht, während die entsprechende Regelung in § 75 Abs. 4 S. 1 GWB aF im Zuge der 10. GWB-Novelle weggefallen ist. Nach der seit 19.1.2021 geltenden Rechtslage im Kartellrecht ist für einstweilige Anordnungen gem. § 68 S. 3 GWB auch der BGH als Gericht der Hauptsache zuständig (BeckOK KartellR/*Bacher*

GWB § 78 Rn. 16). Nach § 86 Abs. 1, 2 setzt die Rechtsbeschwerde grds. die Zulassung durch das Beschwerdegericht voraus. Wird einer der in § 86 Abs. 4 aufgeführten Mängel geltend gemacht, ist die Rechtsbeschwerde ohne Zulassung möglich. Wird die Rechtsbeschwerde nicht zugelassen und liegen auch die Voraussetzungen des § 86 Abs. 4 nicht vor, dann steht den Betroffenen mit der Nichtzulassungsbeschwerde des § 87 ein besonderes Rechtsmittel zur Verfügung. Gegenstand der Nichtzulassungsbeschwerde ist lediglich die Frage, ob die Entscheidung des Beschwerdegerichts über die Nichtzulassung § 86 Abs. 2 verletzt (vgl. Immenga/Mestmäcker/K. *Schmidt* GWB § 75 Rn. 2). Die in § 86 Abs. 2 aufgeführten Zulassungsgründe sind abschließend. Im Rahmen der Nichtzulassungsbeschwerde werden die Erfolgsaussichten der Rechtsbeschwerde grundsätzlich nicht geprüft (BerlKommEnergieR/*Johanns/Roesen* EnWG § 87 Rn. 7). Der Beschluss des Rechtsbeschwerdegerichts über die Zulassung der Rechtsbeschwerde ist unanfechtbar.

B. Zulässigkeit der Nichtzulassungsbeschwerde

I. Statthafter Streitgegenstand: Hauptsachebeschlüsse

Die Statthaftigkeit der Nichtzulassungsbeschwerde setzt grundsätzlich einen 2 rechtsbeschwerdefähigen, **in der Hauptsache ergangenen Beschluss** iSd § 86 Abs. 1 voraus (→ § 86 Rn. 4). Für die Bejahung der Statthaftigkeit ausreichend ist es aber auch, wenn der Rechtsmittelführer mit seiner Nichtzulassungsbeschwerde gerade die Frage zur Entscheidung stellt, ob die angefochtene Beschwerdeentscheidung ein Beschluss in der Hauptsache ist (BGH Beschl. v. 6.11.2012 – EnVZ 21/12, NVwZ 2013, 240 Rn. 5 – Auskunftsverlangen II; BGH Beschl. v. 3.3.2009 – EnVZ 52/08, NVwZ-RR 2009, 620 Rn. 4). Endet das Beschwerdeverfahren durch Rücknahme der Beschwerde, sodass das Beschwerdegericht nur noch über die Kosten des Verfahrens zu befinden hat, ist eine Nichtzulassungsbeschwerde gegen den Kostenausspruch zulässig (BGH Beschl. v. 19.6.2007 – KVZ 9/07, BeckRS 2007, 11390). Die Nichtzulassungsbeschwerde kann sowohl gegen eine Entscheidung erhoben werden, die die Zulassung ausdrücklich ablehnt, als auch gegen eine Entscheidung, die versehentlich nicht über die Zulassung befindet (Theobald/Kühling/*Theobald/Werk* EnWG § 87 Rn. 5). Neben der Nichtzulassungsbeschwerde kann es zur Vermeidung prozessualer Risiken zweckmäßig sein, auch eine zulassungsfreie Rechtsbeschwerde gem. § 86 Abs. 4 zu erheben (BeckOK KartellR/*Bacher* GWB § 78 Rn. 5). Entsprechendes gilt, wenn das Beschwerdegericht die Rechtsbeschwerde nur für einen nach allg. Kriterien abgrenzbaren Teil des Streitgegenstands zugelassen hat (→ § 86 Rn. 8) und der Rechtsmittelführer eine Zulassung in weiterem Umfang erreichen will (BeckOK KartellR/*Bacher* GWB § 78 Rn. 5).

II. Beschwerdebefugnis, Beschwer und Rechtsschutzbedürfnis

Die Statthaftigkeit der Nichtzulassungsbeschwerde setzt ebenso wie die Statthaf- 3 tigkeit einer sich anschließenden Rechtsbeschwerde eine **Beschwerdebefugnis** voraus. Diese folgt aus der Stellung als Verfahrensbeteiligter (BGH Beschl. v. 25.9.2007 – KVR 25/06, NJW-RR 2008, 425 Rn. 15 – Anteilsveräußerung). Beschwerdebefugt sind grundsätzlich alle am Beschwerdeverfahren Beteiligten iSd

§ 87 Abs. 4 S. 1 iVm § 79. Auch hier gilt der Grundsatz der „Kontinuität der Verfahrensbeteiligung" (→ § 79 Rn. 2). Weiter erforderlich ist, dass der Rechtsmittelführer durch die Entscheidung **formell und materiell beschwert** ist (BGH Beschl. v. 24.6.2003 – KVR 14/01, NJW 2003, 3776 (3777) – HABET/Lekkerland; näher → § 75 Rn. 6 ff.). Schließlich muss das **Rechtsschutzbedürfnis** des Rechtsmittelführers bestehen. An dem erforderlichen Rechtsschutzbedürfnis kann es zB fehlen, wenn der Betroffene die Klärung abstrakter Rechtsfragen verfolgt (BGH Beschl. v. 26.9.1995 – KVR 24/94, BeckRS 1995, 31175312 unter III.2.) oder wenn die Ausübung prozessualer Rechte gegen das Gebot von Treu und Glauben verstößt (BGH Beschl. v. 25.9.2007 – KVR 25/06, NJW-RR 2008, 425 Rn. 26 f. – Anteilsveräußerung).

III. Frist und Form

4   Die Fristen für die Einlegung und Begründung der Nichtzulassungsbeschwerde sind gleich ausgestaltet wie bei der Rechtsbeschwerde (BeckOK KartellR/*Bacher* GWB § 78 Rn. 5). Die Nichtzulassungsbeschwerde ist binnen einer **Frist von einem Monat** ab Zustellung der vollständig abgefassten Beschwerdeentscheidung schriftlich beim OLG einzureichen (§ 87 Abs. 3). Die Frist kann auch durch Einlegung beim BGH gewahrt werden (BeckOK KartellR/*Bacher* GWB § 78 Rn. 13 mwN). Eine Verlängerung dieser Frist ist im EnWG nicht vorgesehen. Sie kommt ausnahmsweise in Betracht, wenn in der Beschwerdeentscheidung die notwendige Rechtsbehelfsbelehrung fehlt oder diese unrichtig oder unvollständig ist. In diesem Fall verlängert sich die Frist entsprechend § 58 Abs. 2 VwGO auf ein Jahr (→ § 78 Rn. 4). Im Hinblick auf die **Form** ist ab dem 1.1.2022 die aktive Nutzungspflicht des elektronischen Rechtsverkehrs zu beachten (§ 87 Abs. 4 S. 1 und § 85 Nr. 2 EnWG iVm § 130d ZPO; → § 78 Rn. 5). Demgemäß ist die Nichtzulassungsbeschwerdeschrift wie auch sonstige Schriftsätze und schriftlich einzureichende Anträge oder Erklärungen **elektronisch** einzureichen.

5   Nach § 87 Abs. 4 S. 1 iVm § 78 Abs. 3 ist die Nichtzulassungsbeschwerde **innerhalb eines Monats ab Einlegung** zu begründen. Die Frist wird sowohl durch die Einreichung der Begründung beim BGH als auch durch eine Einreichung beim Beschwerdegericht gewahrt (BeckOK KartellR/*Bacher* GWB § 78 Rn. 17 mwN). Zweckmäßig erscheint gleichwohl die Einreichung der **Begründung** beim BGH, da der Vorsitzende des Rechtsbeschwerdegerichts auch für eine eventuelle Fristverlängerung nach § 87 Abs. 4 S. 1 iVm § 78 Abs. 3 S. 2 zuständig ist. Sowohl die Beschwerdeschrift als auch die Begründung müssen von einem Rechtsanwalt unterzeichnet sein (§ 87 Abs. 4 S. 1 iVm §§ 78 Abs. 5 und 80 S. 1). Der **Anwaltszwang** gilt nicht, wenn die Regulierungsbehörde die Nichtzulassungsbeschwerde erhebt (§ 87 Abs. 4 S. 1 iVm § 78 Abs. 5 Hs. 2).

6   Im Gegensatz zu der nach allgemeinen Verfahrensgrundsätzen anerkannten **Anschließung** an die Rechtsbeschwerde eines anderen Beteiligten besteht bei der Nichtzulassungsbeschwerde keine solche Möglichkeit. Eine Anschließung ist weder gesetzlich vorgesehen noch besteht für sie etwa unter Gesichtspunkten des Rechtsschutzes ein praktisches Bedürfnis. Bei einer erfolgreichen Nichtzulassungsbeschwerde wirkt die vom BGH ausgesprochene Zulassung grds. zugunsten aller Beteiligten, die sich sodann der Rechtsbeschwerde eines anderen Beteiligten anschließen können (zum Vorstehenden BeckOK KartellR/*Bacher* GWB § 78 Rn. 14; MüKoWettbR/*Nothdurft* GWB § 75 Rn. 12 jew. mwN).

C. Vorläufiger Rechtsschutz

§ 88 Abs. 5 S. 1 sieht im Hinblick auf die Rechtsbeschwerde die entsprechende 7
Anwendung des § 76 Abs. 1 vor. Demgemäß kommt der Rechtsbeschwerde ausnahmsweise ein Suspensiveffekt zu, wenn auch die zugrundeliegende Beschwerde aufschiebende Wirkung hat. Dies ist gem. § 76 Abs. 1 Hs. 2 bei Beschwerden gegen Entscheidungen der Regulierungsbehörde zur Durchsetzung entflechtungsrechtlicher Verpflichtungen gem. §§ 7–10 d der Fall. In Abweichung von § 88 Abs. 5 S. 1 bezieht sich § 87 Abs. 4 S. 1 nicht auf § 76. Trotz fehlender Verweisung auf § 76 ist indessen die entsprechende Anwendung der Norm angezeigt. Dies bedeutet, dass die Nichtzulassungsbeschwerde – ebenso wie die Rechtsbeschwerde – **aufschiebende Wirkung** in denjenigen Fällen hat, in denen gem. § 76 Abs. 1 Hs. 2 der zugrunde liegenden Beschwerde aufschiebende Wirkung zukommt (vgl. Immenga/Mestmäcker/*K. Schmidt* GWB § 75 Rn. 7).

Nach § 77 Abs. 1, der gem. § 87 Abs. 4 S. 1 im Verfahren der Nichtzulassungs- 8
beschwerde entsprechend anwendbar ist, kann die Regulierungsbehörde in den vorbenannten Konstellationen, in denen die Beschwerde gem. § 76 Abs. 1 Hs. 2 aufschiebende Wirkung hat, die **sofortige Vollziehung** der Regulierungsentscheidung anordnen. Dagegen kann sich der Betroffene im Verfahren der Nichtzulassungsbeschwerde mit einem **Eilantrag** zur Wiederherstellung der aufschiebenden Wirkung gem. § 77 Abs. 3 S. 1 zur Wehr setzen. In den übrigen Fällen, in denen die Beschwerde keine aufschiebende Wirkung hat, kann gem. § 77 Abs. 3 S. 4 ein Antrag auf Anordnung der aufschiebenden Wirkung gestellt werden. Über erstmals in der Rechtsbeschwerdeinstanz gestellte Eilanträge gem. § 77 Abs. 3 S. 1 oder S. 4 entscheidet der BGH (→ § 77 Rn. 15, § 88 Rn. 23). Demgegenüber bleibt nach dem Wortlaut von § 87 Abs. 4 S. 2 für **einstweilige Anordnungen** iSd § 76 Abs. 3 S. 1 iVm § 72 das Beschwerdegericht zuständig (→ § 77 Rn. 27; zur unterschiedlichen Rechtslage im Kartellrecht gem. § 68 S. 3 GWB idF ab dem 19. 1. 2021 s. BT-Drs. 19/23492, 121 f.).

D. Begründetheit der Nichtzulassungsbeschwerde

Die Nichtzulassungsbeschwerde ist begründet, wenn einer der in § 86 Abs. 2 9
aufgeführten **Zulassungsgründe** vorliegt (BGH Beschl. v. 12.11.2013 – EnVZ 11/13, EnWZ 2014, 128 Rn. 3), dh die Rechtssache grundsätzliche Bedeutung hat oder die Fortbildung des Rechts oder die Sicherung einer einheitlichen Rechtsprechung eine Entscheidung des Revisionsgerichts erfordern (→ § 86 Rn. 11 ff.). Da Grundlage der Prüfung nur die geltend gemachten Zulassungsgründe sind, müssen die Zulassungsgründe bis zum Ablauf der Begründungsfrist schlüssig und substantiiert dargelegt werden (BGH Beschl. v. 23.7.2002 – VI ZR 91/02, NJW 2002, 3334 (3335); Beschl. v. 19.12.1995 – KVZ 23/95, BeckRS 9998, 46 unter III. 2.). Ein **Nachschieben** von Zulassungsgründen im Verfahren der Nichtzulassungsbeschwerde unzulässig (BGH Beschl. v. 8.6.2010 – KVZ 46/09, NJOZ 2010, 1923 Rn. 15 – Boykott der Milchbauern).

Die **Anforderungen an die Begründung** der Nichtzulassungsbeschwerde 10
sind relativ anspruchsvoll. Das Rechtsbeschwerdegericht muss anhand der Begründung der Nichtzulassungsbeschwerde und des Inhalts der angegriffenen Entscheidung die Voraussetzungen für die Zulassung prüfen können (BGH Beschl. v.

§ 87
Teil 8. Verfahren

1.10.2002 – XI ZR 71/02, NJW 2003, 65 (66)). Dadurch soll das Rechtsbeschwerdegericht davon entlastet werden, die Zulassungsvoraussetzungen anhand der Akten ermitteln zu müssen (BGH Beschl. v. 1.10.2002 – XI ZR 71/02, NJW 2003, 65 (66)). In inhaltlicher Hinsicht richten sich die an den Vortrag zu stellenden Anforderungen grundsätzlich nach dem jeweils geltend gemachten Zulassungsgrund (BGH Beschl. v. 1.10.2002 – XI ZR 71/02, NJW 2003, 65 (66)). Da die Zulassungsgründe des § 86 Abs. 2 aber nicht trennscharf voneinander abgegrenzt werden können, sind die inhaltlichen Anforderungen in der Praxis im Wesentlichen dieselben. So muss der Rechtsmittelführer, um die grundsätzliche Bedeutung der Rechtssache oder ein Bedürfnis nach Rechtsfortbildung ordnungsgemäß darzulegen, die durch die Beschwerdeentscheidung aufgeworfene Rechtsfrage konkret benennen sowie ihre Klärungsbedürftigkeit und ihre Bedeutung für eine unbestimmte Vielzahl von Fällen im Einzelnen aufzeigen (BGH Beschl. v. 7.3.2013 – IX ZR 222/12, NJW-RR 2013, 823 Rn. 4). Dabei muss er insbesondere darlegen, aus welchen Gründen, in welchem Umfang und von welcher Seite die Rechtsfrage umstritten ist (BGH Beschl. v. 7.3.2013 – IX ZR 222/12, NJW-RR 2013, 823 Rn. 4). Beruft sich der Rechtsmittelführer auf den Zulassungsgrund der Sicherung einer einheitlichen Rechtsprechung, muss er insbesondere Entscheidungen anderer Gerichte vortragen, von denen der angegriffene Beschluss abweicht (BGH Beschl. v. 8.6.2010 – KVZ 46/09, NJOZ 2010, 1923 Rn. 8 – Boykott der Milchbauern). Unzureichend ist demgegenüber die bloße Darlegung von Rechtsfehlern des Beschwerdegerichts ohne konkrete Würdigung der Zulassungsgründe gem. § 86 Abs. 2 (BGH Beschl. v. 17.8.2011 – I ZA 2/11, BeckRS 2011, 25603 Rn. 3 – Logo-Entwicklung; MüKoWettbR/*Nothdurft* GWB § 75 Rn. 8). Ob die Würdigung des Rechtsmittelführers zutrifft und die Voraussetzungen des § 86 Abs. 2 erfüllt sind, ist keine Frage der Zulässigkeit, sondern der Begründetheit einer Nichtzulassungsbeschwerde (BGH Beschl. v. 19.12.1995 – KVZ 23/95, BeckRS 9998, 46 unter III. 2.). Das Rechtsbeschwerdegericht ist bei seiner Entscheidung gem. § 88 Abs. 4 grundsätzlich an die **tatsächlichen Feststellungen** des Beschwerdegerichts gebunden (→ § 88 Rn. 13 ff.).

11 Stützt das Beschwerdegericht seine Entscheidung auf **mehrere Haupt-, Hilfs- oder Kumulativbegründungen,** so genügt die Darlegung eines Zulassungsgrundes grundsätzlich nicht, soweit eine andere Begründung die Entscheidung selbstständig trägt (BGH Beschl. v. 12.7.2016 – EnVZ 55/15, BeckRS 2016, 14242 Rn. 22 ff.; BerlKommEnergieR/*Johanns/Roesen* EnWG § 86 Rn. 27, § 87 Rn. 8). Vielmehr muss die Nichtzulassungsbeschwerde für sämtliche der selbständig tragenden Begründungen der Beschwerdeentscheidung einen Zulassungsgrund aufzeigen (BGH Beschl. v. 29.10.2015 – IX ZR 103/14, BeckRS 2015, 19048 Rn. 1; BGH Beschl. v. 4.7.2013 – IX ZR 61/11, BeckRS 2013, 12257 Rn. 2). Als tragende Gründe sind solche zu verstehen, die sich auf entscheidungserhebliche Rechtsfragen beziehen (vgl. BGH Beschl. v. 10.12.2009 – V ZR 50/09, BeckRS 2010, 1089 Rn. 2, 8). Neben der substantiierten Darlegung der Voraussetzungen des Zulassungsgrundes, auf den sich die Nichtzulassungsbeschwerde stützt, hat der Betroffene mithin auch die **Entscheidungserheblichkeit** aufzuzeigen (BGH Beschl. v. 11.7.2006 – KVZ 41/05, BeckRS 2006, 10405 Rn. 6; sa – die Entscheidungserheblichkeit im Einzelfall verneinend – BGH Beschl. v. 12.11.2013 – EnVZ 11/13, EnWZ 2014, 128 Rn. 2; für Einzelheiten s. MüKoWettbR/*Nothdurft* GWB § 74 Rn. 41 ff.).

E. Nichtzulassungsbeschwerdeverfahren und Entscheidung des Rechtsbeschwerdegerichts

Die Entscheidung über die Nichtzulassungsbeschwerde kann nach § 87 Abs. 2 S. 2 ohne **mündliche Verhandlung** ergehen. Von dieser Möglichkeit macht der BGH in seiner Praxis regelmäßig Gebrauch (BeckOK KartellR/*Bacher* GWB § 78 Rn. 25). Dem Anspruch auf rechtliches Gehör wird dadurch Rechnung getragen, dass den übrigen Beteiligten vor der Entscheidung Gelegenheit zur schriftlichen Stellungnahme gewährt wird. Beteiligt am Verfahren über die Nichtzulassungsbeschwerde sind die Beteiligten des Beschwerdeverfahrens (BeckOK KartellR/*Bacher* GWB § 78 Rn. 26 mwN). Eine Beiladung von bislang nicht am Verfahren beteiligten Personen kommt nicht in Betracht, vor allem, weil der mit einer Beiladung angestrebte Zweck, eine einheitliche Sachentscheidung gegenüber allen an dem streitigen Rechtsverhältnis beteiligten Personen zu ermöglichen (BVerwG Beschl. v. 20.10.2000 – 7 B 58/00, NVwZ 2001, 202), im Verfahren über die Nichtzulassungsbeschwerde nicht erreicht werden kann (BeckOK KartellR/*Bacher* GWB § 78 Rn. 26). Im Hinblick auf das **Akteneinsichtsrecht** gelten auch in der Rechtsbeschwerdeinstanz nach der Verweisung in § 87 Abs. 4 S. 1 die allgemeinen Bestimmungen des § 84 entsprechend. Ist der Zulassungsgrund nach Einlegung der Nichtzulassungsbeschwerde und vor der Entscheidung des Rechtsbeschwerdegerichts entfallen, etwa weil das Rechtsbeschwerdegericht zu den zulassungsrelevanten Fragen inzwischen Stellung genommen hat, steht dies der Zulassung der Rechtsbeschwerde nicht unbedingt entgegen (s. näher – zu § 544 ZPO – BGH Beschl. v. 29.6.2010 – X ZR 51/09, GRUR 2010 Rn. 10ff. – Wert der Beschwer; BeckOK KartellR/*Bacher* GWB § 78 Rn. 30). Der **Beschluss** des Rechtsbeschwerdegerichts ist gem. § 87 Abs. 2 S. 1 zu begründen.

F. Weiteres Verfahren

Im Falle einer **Zulassung** durch den BGH ist die Rechtsbeschwerde gem. § 87 Abs. 5 S. 2 und § 88 Abs. 3 innerhalb eines Monats ab Zustellung der Zulassungsentscheidung beim Beschwerdegericht oder wahlweise beim BGH einzulegen (→ Rn. 4). Innerhalb eines weiteren Monats ab Einlegung ist gem. § 88 Abs. 5 S. 1 iVm § 78 Abs. 3 die Rechtsbeschwerde zu begründen. Insoweit unterscheidet sich das energiewirtschaftsrechtliche Verfahren vom Kartellverwaltungsprozess. § 78 Abs. 6 S. 2, 3 GWB idF ab dem 19.1.2021 sieht vor, dass bei einer Zulassung durch den BGH das Verfahren als Rechtsbeschwerdeverfahren fortgesetzt und die form- und fristgerechte Einlegung der Nichtzulassungsbeschwerde zugleich als Einlegung der Rechtsbeschwerde gilt (BeckOK KartellR/*Bacher* GWB § 78 Rn. 33). Aus Gründen der Verfahrenseffizienz ermöglicht § 79 Abs. 4 S. 4 GWB zudem, zur Begründung der Rechtsbeschwerde auf die Begründung der Nichtzulassungsbeschwerde Bezug zu nehmen (BT-Drs. 19/23492, 124). Demgegenüber ist es in Energieverwaltungssachen nach § 87 Abs. 5 S. 2 weiterhin erforderlich, nach Zulassung durch den BGH eine Rechtsbeschwerde einzulegen und gem. §§ 88 Abs. 5 S. 1, 78 Abs. 3 zu begründen. Obwohl es im EnWG an einer mit § 79 Abs. 4 S. 4 GWB vergleichbaren Regelung fehlt, spricht der Gedanke der Verfahrenseffizienz dafür, auch in Energieverwaltungssachen die Bezugnahme der Rechtsbeschwerdebegründung auf die Begründung einer inzwischen erfolgreich entschiedenen Nichtzulassungsbeschwerde als zulässig anzusehen.

14 Der BGH kann die Rechtsbeschwerde vollständig oder teilweise zulassen (BeckOK KartellR/*Bacher* GWB § 77 Rn. 32.1, 32.3 und § 78 Rn. 33; sa → § 86 Rn. 10). Eine **vollständige Zulassung** eröffnet die Vollrevision. Dies bedeutet, dass der Betroffene im Rahmen der anschließenden Rechtsbeschwerde unabhängig von den Gründen, die zur Zulassung geführt haben, weitere Rechtsfehler des Beschwerdegerichts rügen kann (MüKoWettbR/*Nothdurft* GWB § 75 Rn. 24). Darüber hinaus wirkt die Zulassungsentscheidung **für alle Verfahrensbeteiligten**. Ist die Zulassung dagegen auf einen rechtlich und tatsächlich selbständigen Teil des Gesamtstreitstoffs **beschränkt**, eröffnet sie nur in diesem Umfang die Rechtsbeschwerde. Entsprechendes gilt bei einer Beschränkung der Zulassung auf einzelne Beteiligte (aA MüKoWettbR/*Nothdurft* GWB § 75 Rn. 24: Ein Zulassungsgrund könne für nur einen selbständigen Teil des Streitgegenstands bejaht oder verneint werden, nicht aber für nur einen der Beteiligten).

15 Bei **Nichtzulassung** der Rechtsbeschwerde wird der Beschluss des Beschwerdegerichts mit der Zustellung des Beschlusses des BGH rechtskräftig (§ 87 Abs. 5 S. 1). Ist neben der Nichtzulassungsbeschwerde aber auch eine zulassungsfreie Rechtsbeschwerde gem. § 86 Abs. 4 eingelegt, so tritt die **Rechtskraft** der Entscheidung des Beschwerdegerichts erst mit der Entscheidung über die Rechtsbeschwerde ein (Immenga/Mestmäcker/*K. Schmidt* GWB § 75 Rn. 10). Wenn beide Rechtsmittel erfolglos bleiben, weist der BGH häufig durch einheitlichen Beschluss die Nichtzulassungsbeschwerde zurück und verwirft die Rechtsbeschwerde als unzulässig (BeckOK KartellR/*Bacher* GWB § 78 Rn. 7, 32). Liegt einer der in § 86 Abs. 4 aufgeführten Verfahrensmängel vor und ist die zulassungsfreie Rechtsbeschwerde damit begründet, führt dies in der Regel zur **Aufhebung** der angefochtenen Beschwerdeentscheidung und zur **Zurückverweisung** der Sache an das Beschwerdegericht. Das Verfahren über die Nichtzulassungsbeschwerde gilt damit als erledigt (BeckOK KartellR/*Bacher* GWB § 78 Rn. 9).

§ 88 Beschwerdeberechtigte, Form und Frist

(1) **Die Rechtsbeschwerde steht der Regulierungsbehörde sowie den am Beschwerdeverfahren Beteiligten zu.**

(2) **Die Rechtsbeschwerde kann nur darauf gestützt werden, dass die Entscheidung auf einer Verletzung des Rechts beruht; die §§ 546, 547 der Zivilprozessordnung gelten entsprechend.**

(3) [1]**Die Rechtsbeschwerde ist binnen einer Frist von einem Monat schriftlich bei dem Oberlandesgericht einzulegen.** [2]**Die Frist beginnt mit der Zustellung der angefochtenen Entscheidung.**

(4) **Der Bundesgerichtshof ist an die in der angefochtenen Entscheidung getroffenen tatsächlichen Feststellungen gebunden, außer wenn in Bezug auf diese Feststellungen zulässige und begründete Rechtsbeschwerdegründe vorgebracht sind.**

(5) [1]**Für die Rechtsbeschwerde gelten im Übrigen die §§ 76, 78 Abs. 3, 4 Nr. 1 und Abs. 5, §§ 79 bis 81 sowie §§ 83 bis 85 entsprechend.** [2]**Für den Erlass einstweiliger Anordnungen ist das Beschwerdegericht zuständig.**

§ 88 Beschwerdeberechtigte, Form und Frist

Übersicht

	Rn.
A. Überblick	1
B. Zulässigkeit der Rechtsbeschwerde	2
I. Beschwerdebefugnis	2
II. Frist und Form	9
C. Begründetheit	10
I. Vorliegen eines Rechtsfehlers	10
II. Eingeschränkte Überprüfbarkeit von Tatfragen und Abgrenzung zu Rechtsfragen	13
III. Beruhen der Beschwerdeentscheidung auf einem Rechtsfehler	19
D. Vorläufiger Rechtsschutz	22
E. Rechtsbeschwerdeverfahren und Entscheidung des Rechtsbeschwerdegerichts	24

Literatur: *Bacher*, Die Rechtsprechung des Bundesgerichtshofs zum Energiewirtschaftsrecht, WM Sonderbeil. Heft 7/2021, 1; *Bacher/Hempel/Wagner-von Papp* (Hrsg.), Beck'scher Kommentar zum Kartellrecht, 2. Ed. 15.7.2021 (zit. BeckOK KartellR/*Bearbeiter*); *Bourazeri*, Anmerkung zu den Beschlüssen des BGH v. 3.3.2020 – EnVR 26/18 und EnVR 56/18, N&R 2020, 188 (Festlegung der Eigenkapitalzinssätze für die dritte Regulierungsperiode); *Bourazeri*, Anmerkung zum Beschluss des BGH v. 15.12.2020 – EnVR 115/18 – Energie- und Wasserversorgung Hamm GmbH, EnWZ 2021, 163 (Berücksichtigung neuer unstreitiger Tatsachen in der Rechtsbeschwerdeinstanz); *Krüger/Rauscher* (Hrsg.), Münchener Kommentar zur Zivilprozessordnung, Bd. 2, 6. Aufl. 2020 (zit. MüKoZPO/*Bearbeiter*); *Mohr*, Die Verzinsung des Eigenkapitals von Energienetzbetreibern in der 3. Regulierungsperiode, N&R Beil. 1/2020, 1; *Musielak/Voit* (Hrsg.), ZPO, 18. Aufl. 2021 (zit. Musielak/Voit/*Bearbeiter*); *Säcker/Meier-Beck/Bien/Montag* (Hrsg.), Münchener Kommentar zum Wettbewerbsrecht, Bd. 2, 3. Aufl. 2020 (zit. MüKoWettbR/*Bearbeiter*).

A. Überblick

Die Vorschrift stimmt weitgehend mit § 76 GWB aF überein (BT-Drs. 15/3917, **1** 72), der in Teilen in den heutigen § 79 GWB überführt wurde (BT-Drs. 19/23492, 123). Nicht in § 88 übernommen wurde § 79 Abs. 2 S. 2 GWB, wonach die Rechtsbeschwerde nicht darauf gestützt werden kann, dass die Kartellbehörde ihre Zuständigkeit zu Unrecht angenommen hat. § 88 ist unabhängig davon anzuwenden, ob das Rechtsbeschwerdeverfahren auf der Zulassung der Rechtsbeschwerde durch das Beschwerdegericht nach § 86 Abs. 1 beruht, auf einer zulassungsfreien Rechtsbeschwerde iSd § 86 Abs. 4 oder auf einer erfolgreichen Nichtzulassungsbeschwerde gem. § 87. Zuständig ist gem. § 107 Abs. 1 Nr. 1 der **Kartellsenat** des BGH. Die Beteiligten – mit Ausnahme der Regulierungsbehörde – müssen sich nach § 88 Abs. 5 S. 1 iVm § 80 durch einen Rechtsanwalt vertreten lassen.

B. Zulässigkeit der Rechtsbeschwerde

I. Beschwerdebefugnis

Beschwerdebefugt sind gem. § 88 Abs. 1 die Regulierungsbehörde sowie alle an- **2** deren am Beschwerdeverfahren Beteiligten iSd § 79. Die **Beschwerdebefugnis**

§ 88

Teil 8. Verfahren

folgt allein aus der Stellung als Verfahrensbeteiligter (BGH Beschl. v. 25.9.2007 – KVR 25/06, NJW-RR 2008, 425 Rn. 15 – Anteilsveräußerung). Von dem formalisierten Merkmal der Beschwerdebefugnis zu unterscheiden ist die ungeschriebene Zulässigkeitsvoraussetzung der materiellen Beschwer (BGH Beschl. v. 25.9.2007 – KVR 25/06, NJW-RR 2008, 425 Rn. 15 – Anteilsveräußerung; → Rn. 6). Die BNetzA ist im Verfahren der Landesregulierungsbehörde auch dann Beteiligte, wenn das Beschwerdegericht die Notwendigkeit ihrer Beteiligung nicht erkannt und sie nicht zum Beschwerdeverfahren hinzugezogen hat. Die unterbliebene Nichtbeteiligung der BNetzA stellt eine Versagung des rechtlichen Gehörs dar und begründet gem. § 86 Abs. 4 Nr. 3 die zulassungsfreie Rechtsbeschwerde (so zur Nichtbeteiligung des BKartA BGH Beschl. v. 28.6.1983 – KVR 7/82, GRUR 1983, 601 – Taxi Funk-Zentrale Kassel; zum Beteiligungsrecht der BNetzA gem. § 79 Abs. 2 → § 79 Rn. 4).

3 Auch **Beigeladene** sind unabhängig von ihrem Verfahrensbeitrag zur Einlegung der Rechtsbeschwerde befugt (Immenga/Mestmäcker/*K. Schmidt* GWB § 76 Rn. 2 mwN; BerlKommEnergieR/*Johanns/Roesen* EnWG § 88 Rn. 4). Nicht zur Einlegung der Rechtsbeschwerde befugt ist, wer, ohne Beteiligter am Verfahren zu sein, iSv § 42 Abs. 2 VwGO durch die Beschwerdeentscheidung in seinen Rechten verletzt ist. Ein notwendig Beizuladender, der nicht zum Beschwerdeverfahren hinzugezogen wurde, wird von der Rechtskraft der Beschwerdeentscheidung nicht erfasst. Er kann daher seine Rechte in einem eigenen Verfahren gegen die Entscheidung der Regulierungsbehörde wahren. Vor diesem Hintergrund besteht auch unter Berücksichtigung der Rechtsschutzgarantie des Art. 19 Abs. 4 GG keine Notwendigkeit, einem notwendig Beizuladenden in erweiternder Auslegung des § 88 Abs. 1 die Rechtsbeschwerdebefugnis zuzubilligen (str., → § 86 Rn. 23; s. ferner zur Rechtsbeschwerde des Nebenintervenienten BGH Beschl. v. 18.10.2016 – KZB 46/15, NZBau 2017, 236 Rn. 20 – Landesbetrieb Berlin Energie; zu dieser Entscheidung *Bacher* WM Sonderbeil. 1/2021, 1 (22)).

4 Neben der Beschwerdebefugnis (→ Rn. 2) sind als ungeschriebene Zulässigkeitsvoraussetzungen eine **formelle und eine materielle Beschwer** erforderlich (→ § 75 Rn. 6f.). Die Beschwer beschränkt den Gegenstand der Überprüfung einer regulierungsbehördlichen Entscheidung durch das Beschwerdegericht (BGH Beschl. v. 24.6.2003 – KVR 14/01, NJW 2003, 3776 (3777) – HABET/Lekkerland) und bestimmt zugleich den Umfang der Anfechtung der Beschwerdeentscheidung in der Rechtsbeschwerdeinstanz (MüKoWettbR/*Nothdurft* GWB § 74 Rn. 12). In zeitlicher Hinsicht muss die Beschwer **bis zum Schluss der mündlichen Verhandlung vor dem Rechtsbeschwerdegericht** vorliegen (BGH Beschl. v. 5.10.2010 – KVR 33/09, NJW-RR 2011, 544 Rn. 15ff., 18 – EDEKA/Plus).

5 Nach allgemeinen Verfahrensgrundsätzen liegt eine **formelle Beschwer** vor, wenn das Beschwerdegericht den Anträgen des Rechtsbeschwerdeführers nicht oder nicht in vollem Umfang entsprochen hat (BGH Beschl. v. 31.10.1978 – KVR 7/77, GRUR 1979, 180 (182) unter c) aa) – Air-Conditioning-Anlagen). Hat ein Beteiligter keinen Antrag vor dem Beschwerdegericht gestellt, ist die formelle Beschwer nicht allein aus diesem Grund zu verneinen (BeckOK KartellR/ *Bacher* GWB § 76 Rn. 10). In einem solchen Fall kann sich die formelle Beschwer aus den Äußerungen des Beteiligten zur Beschwerde (MüKoWettbR/*Nothdurft* GWB § 74 Rn. 12) oder auch aus den im Verwaltungsverfahren gestellten Anträgen oder getätigten Äußerungen desselben ergeben. Hat ein Beteiligter aufgrund einer erst nach Erlass der Behördenentscheidung erfolgten Beiladung keine Anträge im

Verwaltungsverfahren stellen können, darf die formelle Beschwer nicht von dem Umstand abhängig gemacht werden, ob der beigeladene Beschwerdeführer im Verwaltungsverfahren einen förmlichen Antrag gestellt hat; denn infolge seiner nachträglichen Beiladung war er zu einer solchen Antragstellung nicht legitimiert (BGH Beschl. v. 10.4.1984 – KVR 8/83, GRUR 1984, 607 (609) – Coop-Supermagazin). In solchen Fällen genügt es daher, wenn sich aus der zugrundeliegenden (Anfechtungs-) Beschwerde der Sache nach eine formelle Beschwer ergibt (BGH Beschl. v. 10.4.1984 – KVR 8/83, GRUR 1984, 607 (609) – Coop-Supermagazin). Blieb demgegenüber die Haltung des Beteiligten im Verwaltungsverfahren offen, weil dieser weder Anträge gestellt noch sich geäußert hat, und lässt sich deshalb das mit der Beteiligung am Verwaltungsverfahren begehrte Ziel nicht mit Sicherheit definieren, ist die formelle Beschwer zu verneinen (OLG Düsseldorf Beschl. v. 30.8.2004 – VI-Kart 21/03 (V), WuW/E DE-R 1462 (1463) = juris Rn. 11 – Argenthaler Steinbruch; *Bechtold/Bosch* GWB § 73 Rn. 7).

Neben der Rechtsbeschwerdebefugnis (→ § 88 Rn. 2) ist stets auch eine **materielle Beschwer** als besondere Form des Rechtsschutzinteresses notwendig (BGH Beschl. v. 30.3.2011 – KVZ 100/10, WuW/E DE-R 3284 = BeckRS 2011, 8181 Rn. 4 – Presse-Grossisten). Die materielle Beschwer liegt vor, wenn der Beschwerdeführer durch die angefochtene Entscheidung in seinen wirtschaftlichen Interessen *unmittelbar* und *individuell* betroffen ist (BGH Beschl. v. 9.7.2019 – EnVR 5/18, EnWZ 2019, 403 Rn. 13 – Lichtblick; näher → § 75 Rn. 7). Für eine Rechtsbeschwerde der Regulierungsbehörde ist eine materielle Beschwer nach überzeugender Auffassung nicht erforderlich, weil die Behörde keine individuellen Interessen vertritt (BeckOK KartellR/*Bacher* GWB § 76 Rn. 12 mwN). 6

Die formelle und materielle Beschwer können sich nicht nur aus dem **Tenor**, sondern auch aus den **Gründen** einer Beschwerdeentscheidung ergeben. Ein Beteiligter, der eine Neubescheidung unter Beachtung einer abweichenden Rechtsauffassung begehrt hat, kann auch insoweit beschwert sein, als das Gericht der Behörde für die erneute Entscheidung zu einzelnen Punkten eine verbindliche Rechtsauffassung vorgibt, die nicht mit der vom Beteiligten vertretenen Auffassung übereinstimmt (BGH Beschl. v. 3.3.2020 – EnVR 56/18, N&R 2020, 187 Rn. 27 mAnm *Bourazeri* N&R 2020, 188). Entsprechendes gilt im Hinblick auf die Regulierungsbehörde: Hat das Beschwerdegericht die Beschwerde im Tenor seiner Entscheidung in vollem Umfang zurückgewiesen, kann sich die für eine Rechtsbeschwerde erforderliche (formelle) Beschwer aus den zur Auslegung des Tenors heranzuziehenden Gründen ergeben, wenn etwa das Beschwerdegericht die Regulierungsentscheidung enger als die Behörde ausgelegt hat (vgl. BGH Beschl. v. 14.8.2008 – KVR 54/07, NJOZ 2008, 4318 Rn. 133 – Lottoblock; BeckOK KartellR/*Bacher* GWB § 76 Rn. 12). 7

Das **Rechtsschutzbedürfnis** stellt eine allgemeine Zulässigkeitsvoraussetzung für jede Rechtsverfolgung vor den Gerichten dar (BGH Beschl. v. 26.9.1995 – KVR 24/94, WuW 1996, 37 = juris Rn. 34 mwN). Es ist bei Erfüllung der übrigen Zulässigkeitsvoraussetzungen regelmäßig indiziert (→ § 75 Rn. 14, 19). An dem erforderlichen Rechtsschutzbedürfnis kann es zB fehlen, wenn der Betroffene die Klärung abstrakter Rechtsfragen verfolgt (BGH Beschl. v. 26.9.1995 – KVR 24/94, juris Rn. 34) oder wenn die Ausübung prozessualer Rechte gegen das Gebot von Treu und Glauben verstößt (BGH Beschl. v. 25.9.2007 – KVR 25/06, NJW-RR 2008, 425 Rn. 26 f. – Anteilsveräußerung). 8

§ 88

II. Frist und Form

9 Die Rechtsbeschwerde ist nach § 88 Abs. 3 S. 1 binnen einer **Frist von einem Monat** bei dem OLG, dessen Entscheidung angefochten wird, **schriftlich** einzureichen. Die Frist kann auch durch Einlegung beim BGH gewahrt werden (BGH Beschl. v. 6.5.2009 – EnVR 55/08, NVwZ-RR 2009, 742 Rn. 4 ff.– Industriepark Altmark; BeckOK KartellR/*Bacher* GWB § 79 Rn. 13; zu der ab dem 1.1.2022 geltenden Pflicht zur elektronischen Einreichung → § 87 Rn. 4). Gem. § 88 Abs. 3 S. 2 beginnt die Frist mit der Zustellung der Beschwerdeentscheidung an die Beteiligten; der Fristbeginn kann für die einzelnen Beteiligten somit unterschiedlich sein. Eine Verlängerung der Rechtsbeschwerdefrist ist nicht zulässig. Innerhalb eines Monats ab Einlegung ist die Rechtsbeschwerde zu begründen (§ 88 Abs. 5 S. 1 iVm § 78 Abs. 3, 4 Nr. 1). Die Frist zur Begründung der Rechtsbeschwerde kann von dem Vorsitzenden des Kartellsenats beim BGH verlängert werden (§ 88 Abs. 5 S. 1 iVm § 78 Abs. 3 S. 2). Wie bei der Einlegung gilt auch für die Begründung der Anwaltszwang (§ 88 Abs. 5 S. 1 iVm § 78 Abs. 5 und § 80). Ausgenommen von dem Anwaltszwang sind Rechtsbeschwerden der Regulierungsbehörde. Die **Kontinuität der Verfahrensbeteiligten** bleibt grundsätzlich auch in der Rechtsbeschwerdeinstanz gewahrt (§ 88 Abs. 5 S. 1 iVm § 79).

C. Begründetheit

I. Vorliegen eines Rechtsfehlers

10 Die Rechtsbeschwerde kann gem. § 88 Abs. 2 Hs. 1 nur darauf gestützt werden, dass die angefochtene Entscheidung des Beschwerdegerichts auf einer Verletzung des Rechts beruht. Die Prüfungsmaßstäbe bilden damit das materielle Recht und das Verfahrensrecht. Nach § 88 Abs. 2 Hs. 2 und dem hiernach entsprechend anwendbaren § 546 ZPO ist das Recht verletzt, wenn eine Rechtsnorm nicht oder nicht richtig angewendet worden ist. Als **revisibles Recht** gelten sowohl inländische Vorschriften, unabhängig davon, ob sie zum Bundesrecht oder zum Landesrecht gehören oder ob sie in Form eines Gesetzes, einer Verordnung oder einer Satzung erlassen wurden, als auch das Recht der Europäischen Union (BeckOK KartellR/*Bacher* GWB § 79 Rn. 26). Im Gegensatz zu Änderungen der Sachlage (→ Rn. 13), berücksichtigt das Rechtsbeschwerdegericht von Amts wegen etwaige **Rechtsänderungen,** die erst im Verlauf des Rechtsbeschwerdeverfahrens eingetreten sind (BGH Beschl. v. 14.8.2008 – KVR 54/07, NJOZ 2008, 4318 Rn. 101 – Lottoblock; BeckOK KartellR/*Bacher* GWB § 79 Rn. 37; zum maßgeblichen Zeitpunkt, nach dem das für die Prüfung der regulierungsbehördlichen Entscheidung einschlägige materielle Recht zu bestimmen ist, → § 83 Rn. 18, 20, 24).

11 Ein **revisibler Rechtsfehler** liegt vor, wenn das Beschwerdegericht eine anzuwendende Norm übersehen oder unzutreffend angewendet hat. Eine fehlerhafte Rechtsanwendung kann auf Interpretations- oder Subsumtionsfehlern beruhen (MüKoZPO/*Krüger* § 546 Rn. 4). Ein Interpretationsfehler besteht zB darin, dass das Beschwerdegericht die Anforderungen an die Darlegung und Beweisführung verkannt und die Beschwerde deshalb zu Unrecht als (un)schlüssig zurückgewiesen hat. Auch die unzutreffende Auslegung unbestimmter Rechtsbegriffe wie die „angemessene" Verzinsung des eingesetzten Kapitals iSd § 21 Abs. 2 S. 1 stellt einen revisiblen Rechtsfehler dar. In vollem Umfang revisibel ist darüber hinaus die Sub-

sumtion des festgestellten Sachverhalts unter einen Normtatbestand (MüKoZPO/ *Krüger* § 546 Rn. 13 f.).

Die Würdigungen des Tatrichters sind auch darauf zu überprüfen, ob sie in Einklang mit Denkgesetzen und Erfahrungssätzen stehen (BeckOK KartellR/*Bacher* GWB § 79 Rn. 27). **Denkgesetze** und **Erfahrungssätze** können entweder als Hilfsmittel bei der Auslegung von Normen fungieren oder als Rechtssätze für die Wertung von Tatsachen bei der Feststellung des Sachverhalts oder als Hilfen bei der Subsumtion des festgestellten Sachverhalts unter die Voraussetzungen einer Norm (näher MüKoZPO/*Krüger* § 546 Rn. 5). Mit Denkgesetzen werden die Regeln der Logik bezeichnet. Diese sind verletzt, wenn die Begründung an einem logischen Widerspruch leidet, aber auch wenn einem Umstand eine Indizwirkung beigemessen wird, die er tatsächlich nicht hat (s. zu § 546 ZPO BGH Urt. v. 10.7.2012 – VI ZR 341/10, NJW 2012, 3439 Rn. 29; BeckOK KartellR/*Bacher* GWB § 79 Rn. 27.1). Erfahrungssätze sind Regeln, die sich auf wissenschaftliche Erkenntnisse oder allgemeine Lebenserfahrung stützen. Aus dem Vorliegen bestimmter Umstände wird der Schluss auf die Wahrscheinlichkeit eines bestimmten Sachverhalts oder Geschehensablaufs gezogen. Die Würdigung der Erfahrungssätze obliegt grds. dem Tatrichter. Existenz und Inhalt der Erfahrungssätze unterliegen aber der Überprüfung durch das Rechtsbeschwerdegericht (s. zu § 546 ZPO BGH Urt. v. 17.12.1953 – IV ZR 159/52, NJW 1954, 550 (551); BeckOK KartellR/*Bacher* GWB § 79 Rn. 27.2). Das Rechtsbeschwerdegericht prüft auch, ob der Tatrichter anerkannte Erfahrungssätze außer Acht gelassen hat (s. zu § 546 ZPO BGH Urt. v. 2.2.2012 – I ZR 50/11, GRUR 2012, 930 Rn. 45 – Bogner B/Barbie B; BeckOK KartellR/*Bacher* GWB § 79 Rn. 27.2).

II. Eingeschränkte Überprüfbarkeit von Tatfragen und Abgrenzung zu Rechtsfragen

Gem. § 88 Abs. 4 ist der BGH an die **in der angefochtenen Entscheidung getroffenen tatsächlichen Feststellungen** gebunden, außer wenn in Bezug auf diese Feststellungen zulässige und begründete Rechtsbeschwerdegründe vorgebracht sind. Der Vortrag neuer Tatsachen in der Rechtsbeschwerdeinstanz ist damit nach § 88 Abs. 4 Hs. 1 grundsätzlich ausgeschlossen. **Neue Tatsachen,** die erst während des Rechtsbeschwerdeverfahrens oder nach Schluss der mündlichen Verhandlung vor dem Beschwerdegericht eingetreten sind, wie zB das Erlöschen eines Anspruchs durch Erfüllung, können ausnahmsweise unter folgenden Voraussetzungen berücksichtigt werden: Erstens müssen die betreffenden Tatsachen unstreitig oder in der Rechtsbeschwerdeinstanz von Amts wegen zu beachten sein. Zweitens dürfen der Berücksichtigung der neuen Tatsachen keine schützenswerten Belange der Gegenpartei entgegenstehen. Sind diese Voraussetzungen kumulativ erfüllt, können die neuen Tatsachen erstmalig vor dem Rechtsbeschwerdegericht vorgetragen werden, da dies der Vermeidung materiell unrichtiger Entscheidungen sowie der Prozessökonomie dient (BGH Beschl. v. 15.12.2020 – EnVR 115/18, EnWZ 2021, 161 Rn. 18 f. – Energie- und Wasserversorgung Hamm GmbH mAnm *Bourazeri*).

Die **Tatsachenfeststellung** ist grundsätzlich Sache des Tatrichters. Das Rechtsbeschwerdegericht prüft aber infolge einer Sachrüge, ob die Feststellungen des Tatrichters mit Denkgesetzen und Erfahrungssätzen übereinstimmen (BeckOK KartellR/*Bacher* GWB § 79 Rn. 30). Auch die **Beweiswürdigung** ist revisionsrechtlich nur beschränkt überprüfbar, ob der Tatrichter sich mit dem Prozessstoff und den Beweisergebnissen umfassend und widerspruchsfrei auseinandergesetzt hat, die Würdigung also vollständig und rechtlich möglich ist und nicht gegen Denkgesetze oder Erfahrungssätze verstößt (s. zu §§ 286, 561 ZPO BGH Urt. v. 9.7.1999 – V ZR 12/98, NJW 1999, 3481 (3482); Musielak/Voit/*Ball* ZPO § 546 Rn. 9). Im Übrigen ist der Tatrichter darin frei, welche Beweiskraft er den Indizien im Einzelnen und in einer Gesamtschau für seine Überzeugungsbildung beimisst (BGH Urt. v. 15.10.1993 – V ZR 19/92, NJW 1994, 586 (588)). Unbeschränkt revisionsrechtlich überprüfbar ist demgegenüber, ob der Tatrichter die **Regeln der Beweislast** richtig angewandt hat (BGH Urt. v. 2.3.1993 – VI ZR 74/92, NJW 1993, 1716 (1717); sa zum Anscheinsbeweis BGH Urt. v. 23.1.1997 – I ZR 29/94, NJW 1997, 2757 (2759)).

15 Die Feststellung der Tatsachengrundlage kann gem. § 88 Abs. 4 Hs. 2 mit der **Verfahrensrüge** angegriffen werden. Dazu müssen analog § 551 Abs. 3 Nr. 2b ZPO diejenigen Tatsachen dargelegt werden, aus denen sich ein entsprechender Verfahrensfehler ergibt (BGH Beschl. v. 21.2.1995 – KVR 4/94, NJW 1995, 1894 (1896) unter (4) – Weiterverteiler; näher BeckOK KartellR/*Bacher* GWB § 79 Rn. 23 ff., 30). Rügt der Rechtsbeschwerdeführer, dass **ein entscheidungserhebliches Vorbringen oder Beweisangebote übergangen wurden,** sind in der Rechtsbeschwerdebegründung der Inhalt des Vorbringens unter Bezugnahme auf die betreffenden Stellen der Schriftsätze und die Akten der Vorinstanz anzugeben (s. zur ZPO BGH Urt. v. 8.7.1954 – IV ZR 67/54, juris Rn. 24; BeckOK KartellR/*Bacher* GWB § 79 Rn. 23.1). Gibt die angefochtene Beschwerdeentscheidung das Vorbringen der Beteiligten im Ergebnis wieder, ist die Rüge, ein Beteiligter habe abweichend vorgetragen, analog § 314 ZPO grds. unzulässig (BeckOK KartellR/*Bacher* GWB § 79 Rn. 23.2). Hiernach liefert der Tatbestand der Beschwerdeentscheidung Beweis für das mündliche Parteivorbringen, der nur durch das Sitzungsprotokoll entkräftet werden kann. Ergänzend kann der Betroffene analog § 320 ZPO innerhalb einer Frist von zwei Wochen ab Zustellung der in vollständiger Form abgefassten Beschwerdeentscheidung einen Antrag auf **Tatbestandsberichtigung** stellen (BeckOK KartellR/*Bacher* GWB § 79 Rn. 23.2). Ist eine Berichtigung des Tatbestands beantragt worden, kann in der Rechtsbeschwerdeinstanz eine Unrichtigkeit tatbestandlicher Feststellungen in der Beschwerdeentscheidung mit einer Verfahrensrüge analog § 551 Abs. 3 S. 1 Nr. 2b ZPO geltend gemacht werden, soweit sich aus der den Berichtigungsantrag zurückweisenden Entscheidung des Beschwerdegerichts ergibt, dass seine tatbestandlichen Feststellungen widersprüchlich sind (BGH Beschl. v. 25.3.2014 – VI ZR 271/13, NJW-RR 2014, 830 Rn. 4). Ein derartiger Widerspruch zwischen den tatbestandlichen Feststellungen und dem Parteivorbringen kann aus der Begründung der Entscheidung des Beschwerdegerichts folgen, mit der es den Berichtigungsantrag einer Partei zurückweist (BGH Beschl. v. 25.3.2014 – VI ZR 271/13, NJW-RR 2014, 830 Rn. 4).

16 Dem Tatrichter obliegt die **Auslegung von Verträgen und einseitigen Willenserklärungen** (BeckOK KartellR/*Bacher* GWB § 79 Rn. 33). Diese ist nur eingeschränkt durch das Rechtsbeschwerdegericht darauf zu überprüfen, ob gesetzliche Auslegungsgrundsätze, Denkgesetze oder Erfahrungssätze verletzt sind oder ob die Auslegung auf Verfahrensfehlern beruht, etwa weil wesentliches Auslegungsmaterial unter Verstoß gegen Verfahrensvorschriften außer Acht gelassen worden ist (s. zu § 546 ZPO BGH Urt. v. 27.3.2013 – I ZR 9/12, GRUR 2013, 1213 Rn. 17 – SUMO). Der vollen Überprüfung durch das Rechtsbeschwerdegericht unterliegt die Auslegung eines Vertrags aber, wenn ein Bedürfnis nach einheitlicher Handhabung besteht, etwa weil es um allgemeine Geschäftsbedingungen oder um

Vereinbarungen geht, die in einer Vielzahl von Fällen zur Anwendung gelangen (BGH Beschl. v. 9.10.2018 – EnVR 20/17, NVwZ 2019, 501 Rn. 16ff. – Offshore-Anbindung; BeckOK KartellR/*Bacher* GWB § 79 Rn. 33).

Die **Auslegung von Prozesserklärungen** der Beteiligten unterliegt der vollständigen Nachprüfung durch das Rechtsbeschwerdegericht (BGH Beschl. v. 15.12.2020 – EnVR 115/18, EnWZ 2020, 161 Rn. 14 u. 23 Energie- und Wasserversorgung Hamm GmbH mAnm *Bourazeri;* BeckOK KartellR/*Bacher* GWB § 79 Rn. 34). Revisionsrechtlich uneingeschränkt überprüfbar ist darüber hinaus die Auslegung von **gerichtlichen Entscheidungen** und von **Verwaltungsakten** (BeckOK KartellR/*Bacher* GWB § 79 Rn. 34 mwN). **17**

Die **Abgrenzung von Tat- und Rechtsfragen** ist nicht nur für die Abgrenzung der Zuständigkeiten von Tatsachen- und Revisionsgericht entscheidend. Sie ist auch für die Frage von Bedeutung, welche **Spielräume der Regulierungsbehörde** im Einzelfall zustehen (→ § 83 Rn. 31 ff.). Administrative Letztentscheidungsbefugnisse der Verwaltung in Gestalt eines Beurteilungs- oder Ermessensspielraums oder eines sog. Regulierungsermessens können sich grundsätzlich nur auf die konkrete Rechtsanwendung, dh die Subsumtion eines festgestellten Sachverhalts unter die generell-abstrakten Tatbestandsmerkmale einer Norm beziehen. Demgegenüber können behördliche Spielräume nicht die Beurteilung der rechtlichen Maßstäbe, dh deren Auslegung und deren Rechtmäßigkeit, erfassen. Denn die Interpretation einer generell-abstrakten Rechtsnorm und der in ihr enthaltenen unbestimmten Rechtsbegriffe ist eine originäre Funktion der Rspr. (zum Vorstehenden BVerfG Beschl. v. 10.12.2009 – 1 BvR 3151/07, NVwZ 2010, 435 Rn. 58). Ebenfalls nicht Gegenstand behördlicher Spielräume ist grds. die Feststellung der für die Entscheidung maßgeblichen Tatsachen (BVerfG Beschl. v. 10.12.2009 – 1 BvR 3151/07, NVwZ 2010, 435 Rn. 59). Problematisch hat sich in jüngerer Zeit die **Ermittlung des Sachverhalts mittels ökonomischer Rechenmodelle** wie des **Capital Asset Pricing Model** erwiesen (*Mohr* N&R Beil. 1/2020, 1 (33)). In derartigen Fallgestaltungen erfolgt regelmäßig eine mehrstufige Vorgehensweise, die nach überzeugender Ansicht insgesamt der Tatsachenebene zuzuordnen ist (aA der BGH → § 83 Rn. 32 f.). So ist die Berechnung realer Werte mittels ökonomischer Modelle kein rechtlich-wertender, sondern ein rein empirischer Vorgang. Dass in Anwendung des CAPM künftige Kapitalmarktentwicklungen geschätzt werden sollen, ändert daran nichts. Auch bei solchen Daten handelt es sich um beweisbare reale Phänomene, die auf der Grundlage ökonomischer Expertise der tatrichterlichen Würdigung zugänglich sind (*Mohr* N&R Beil. 1/2020, 1 (33); sa *Bourazeri* N&R 2020, 188 (191 f.)). **18**

III. Beruhen der Beschwerdeentscheidung auf einem Rechtsfehler

Fehler bei der Anwendung des materiellen Rechts prüft das Rechtsbeschwerdegericht analog § 557 Abs. 3 S. 1 ZPO von Amts wegen. Die Verletzung des **materiellen Rechts** führt entsprechend § 561 ZPO nur dann zur Aufhebung, wenn sich die Entscheidung des Beschwerdegerichts nicht aus anderen Gründen im Ergebnis als richtig erweist. Der BGH beurteilt den Sachverhalt folglich umfassend, soweit dies auf der bestehenden Tatsachengrundlage möglich ist (BeckOK KartellR/*Bacher* GWB § 79 Rn. 38). **19**

Die Feststellung eines **Verfahrensfehlers** führt nur dann zur Aufhebung, wenn die angefochtene Entscheidung des Beschwerdegerichts auf dem Fehler beruht. Die **20**

Kausalität ist gegeben, wenn nicht auszuschließen ist, dass das Beschwerdegericht bei Einhaltung der Verfahrensregeln eine für den Beschwerdeführer günstigere Entscheidung getroffen hätte (vgl. zu § 546 ZPO BGH Beschl. v. 25.3.2014 – VI ZR 271/13, NJW-RR 2014, 830 Rn. 9; Urt. v. 18.7.2003 – V ZR 187/02, NJW 2003, 3205 aE mit Verweisen auf die Rspr. des BVerfG; BeckOK KartellR/*Bacher* GWB § 79 Rn. 39).

21 Etwas anderes gilt, wenn ein **absoluter Revisionsgrund** iSd § 547 ZPO festgestellt wird. Gem. § 88 Abs. 2 Hs. 2 ist § 547 ZPO im Energieverwaltungsprozess entsprechend anwendbar. Liegt ein Verfahrensfehler iSd § 547 ZPO vor, ist die Rechtsbeschwerde auch ohne Zulassung statthaft (BeckOK KartellR/*Bacher* GWB § 79 Rn. 40). Dies entspricht der Regelung in § 86 Abs. 4, der in den Nr. 1, 2 und 4–6 in Anlehnung an § 547 Nr. 1–6 ZPO die absoluten Rechtsbeschwerdegründe aufzählt. Bei den in § 547 ZPO aufgeführten Tatbeständen handelt es sich **um gravierende Verfahrensfehler,** deren Ursächlichkeit für die angefochtene Entscheidung unwiderlegbar vermutet wird (Musielak/Voit/*Ball* ZPO § 547 Rn. 1 f.). Eine solche Kausalitätsvermutung gilt allerdings nicht für die Verletzung des rechtlichen Gehörs, die zwar in § 86 Abs. 4 Nr. 3, nicht aber in § 547 ZPO aufgeführt wird. Macht der Rechtsbeschwerdeführer einen Gehörsverstoß gem. § 86 Abs. 4 Nr. 3 geltend, bleibt es somit nach überzeugender Auffassung bei dem Grundsatz, dass die Gehörsverletzung nur dann zur Aufhebung und Zurückverweisung an das Beschwerdegericht führt, wenn nicht auszuschließen ist, dass dieses bei Berücksichtigung des übergangenen Vorbringens zu einer anderen, für den Rechtsbeschwerdeführer günstigeren Entscheidung gekommen wäre (→ § 86 Rn. 15).

D. Vorläufiger Rechtsschutz

22 Nach § 88 Abs. 5 S. 1 gilt für die Rechtsbeschwerde § 76 entsprechend. Gem. § 76 Abs. 1 hat die Beschwerde grundsätzlich keine **aufschiebende Wirkung,** sondern nur ausnahmsweise, wenn sie sich gegen eine Entscheidung der Regulierungsbehörde zur Durchsetzung der Verpflichtungen nach den Entflechtungsvorgaben der §§ 7–10 d richtet. Dementsprechend hat die Rechtsbeschwerde nur in den Fällen aufschiebende Wirkung, in denen auch der zugrundeliegenden Beschwerde ein Suspensiveffekt zukommt.

23 Obwohl § 88 Abs. 5 S. 1 – in Abweichung von § 87 Abs. 4 S. 1 – nicht auf den § 77 verweist, ist davon auszugehen, dass Eilanträge zur Wiederherstellung oder Anordnung der aufschiebenden Wirkung einer Anfechtungsbeschwerde gem. § 77 Abs. 3 S. 1 bzw. S. 4 auch in der Rechtsbeschwerdeinstanz gestellt werden können. Für die Entscheidung über die Anträge ist das Rechtsbeschwerdegericht zuständig (BeckOK KartellR/*Bacher* GWB § 79 Rn. 15; → § 86 Rn. 27). Für den Erlass **einstweiliger Anordnungen** iSd § 76 Abs. 3 S. 1 iVm § 72 bleibt gem. § 88 Abs. 5 S. 2 hingegen das Beschwerdegericht zuständig. Anordnungen zur vorläufigen Regelung oder Sicherung eines Anspruchs nach § 76 Abs. 3 S. 1 iVm § 72 kommen in Fällen einer Verpflichtungsbeschwerde oder einer allgemeinen Leistungsbeschwerde in Betracht (näher → 77 Rn. 27).

E. Rechtsbeschwerdeverfahren und Entscheidung des Rechtsbeschwerdegerichts

Nach § 88 Abs. 5 S. 1 gelten für die **mündliche Verhandlung** § 81 und für die **Akteneinsicht** § 84 entsprechend. Es gelten darüber hinaus generell die gleichen Grundsätze und Verfahrensregeln wie im Beschwerdeverfahren (*Bechtold/Bosch* GWB § 76 Rn. 5). Die Entscheidung des BGH ergeht durch zu begründenden **Beschluss** (§ 88 Abs. 5 S. 1 iVm § 83 Abs. 6). 24

Ist die Rechtsbeschwerde begründet, kann der BGH bei Spruchreife eine (abweichende) **Entscheidung in der Sache** treffen. Dies kommt auch in Betracht, wenn die Entscheidung zwar aufgrund einer Gesamtwürdigung der relevanten Tatsachen erfolgen muss, eine weitere Sachaufklärung aber nicht geboten ist und eine fehlerfreie Würdigung nur ein Ergebnis zulässt (BGH Beschl. v. 20.4.2010 – KVR 1/09, BeckRS 2010, 11494 Rn. 81 – Phonak/GN Store; BeckOK KartellR/*Bacher* GWB § 80 Rn. 3). Im Übrigen wird die Beschwerdeentscheidung aufgehoben und das Verfahren wird zur erneuten Verhandlung und Entscheidung an das Beschwerdegericht **zurückverwiesen.** Dies ergibt sich aus revisionsrechtlichen Grundsätzen (vgl. Immenga/Mestmäcker/*K. Schmidt* GWB § 76 Rn. 14). 25

Abschnitt 4. Gemeinsame Bestimmungen

§ 89 Beteiligtenfähigkeit

Fähig, am Verfahren vor der Regulierungsbehörde, am Beschwerdeverfahren und am Rechtsbeschwerdeverfahren beteiligt zu sein, sind außer natürlichen und juristischen Personen auch nichtrechtsfähige Personenvereinigungen.

A. Allgemeines

I. Inhalt und Zweck

1 § 89 regelt die Beteiligungsfähigkeit für Verfahren **vor den Regulierungsbehörden** und für das anschließende **gerichtliche Verfahren** in der Beschwerde- und der Rechtsbeschwerdeinstanz.

2 Von der Regelung des § 89 nicht betroffen ist das Verfahren vor der nach Landesrecht zuständigen Behörde nach § 4 und § 36 Abs. 2. Bei diesen Verfahren handelt es sich um die Verfahren der klassischen Energieaufsicht: einerseits die Zulassung zum Netzbetrieb nach § 4 und andererseits die Bestimmung des Grundversorgers nach § 36 Abs. 2. Hier gelten die einschlägigen Regelungen des **VwVfG** des jeweiligen Landes bzw. des **§ 63 VwGO** für das gerichtliche Verfahren (s. nur BerlKommEnergieR/*Quellmalz* EnWG § 89 Rn. 2).

II. Entstehungsgeschichte

3 Die Regelung des § 89 ist an die wortgleiche Vorschrift des § 77 GWB 2005 angelehnt (BT-Drs. 15/3917, 72). Die Vorschrift ist **im Gesetzgebungsverfahren unverändert geblieben** und war bereits im Referentenentwurf enthalten. Vergleichbare Vorschriften über die Beteiligten- bzw. Parteifähigkeit finden sich in den Verwaltungsverfahrensgesetzen des Bundes und der Länder und in allen Prozessordnungen.

B. Natürliche Personen

4 Beteiligtenfähig sind zunächst alle natürlichen Personen. Die Beteiligtenfähigkeit natürlicher Personen wird von der Vorschrift als selbstverständlich vorausgesetzt und orientiert sich an der Rechtsfähigkeit des bürgerlichen Rechts (§ 1 BGB). Die Beteiligtenfähigkeit gilt auch für **ausländische natürliche Personen** (KG Beschl. v. 7.11.1969 – Kart 8/69, WuW/E OLG 1071 (1073)).

C. Juristische Personen

5 Juristische Personen zeichnen sich durch ihre **eigene Rechtsfähigkeit** kraft Gesetzes aus. Unter den Begriff fallen Aktiengesellschaften, Gesellschaften mit beschränkter Haftung, rechtsfähige Vereine, Stiftungen des Privatrechts, Europäische Gesellschaften (SE), Kommanditgesellschaften aA, Genossenschaften etc.

Erfasst sind auch ausländische juristische Personen und juristische Personen des öffentlichen Rechts wie zB Körperschaften, Anstalten und Stiftungen öffentlichen Rechts und Zweckverbände (BerlKommEnergieR/*Quellmalz* EnWG § 89 Rn. 2; FK-KartellR/*Bracher* GWB § 77 Rn. 8). 6

D. Nichtrechtsfähige Personenvereinigungen

Weiterhin weitet die Vorschrift die Beteiligtenfähigkeit auf alle nicht rechtsfähigen Personenvereinigungen aus. Der Begriff der Personenvereinigung ist in Anlehnung an § 77 GWB und seine Vorgängervorschriften weit auszulegen, nämlich als jegliche **Zusammenfassung von natürlichen und juristischen Personen** (Langen/Bunte/*Lembach* GWB § 77 Rn. 6). Seit jeher fällt hierunter der nicht rechtsfähige Verein. Innengesellschaften, insbesondere auch stille Gesellschaften nach §§ 230 ff. HGB, sind nicht fähig zur Beteiligung an den genannten Verfahren. 7

Jedenfalls hierüber erfasst sind die offene Handelsgesellschaft, die Kommanditgesellschaft und die **Gesellschaft bürgerlichen Rechts**. Mit Wirkung zum 1.1.2024 wird der Wortlaut des Gesetzes in „auch sonstige Personenvereinigungen" geändert. Hintergrund ist die Anerkennung der Rechtsfähigkeit der GbR (G. v. 10.8.2021, BGBl. I 2021 S. 3436). 8

Unternehmen als solche sind nicht beteiligungsfähig. **Beteiligungsfähig ist der Unternehmensträger,** also die hinter ihm stehende natürliche oder juristische Person. Auch eine Gruppe nebeneinanderstehender Gesellschaften, die lediglich Identität der Gesellschafter besitzt, aber nicht durch eine vertretungsberechtigte Person zusammengefasst ist, ist weder beteiligten- noch prozessfähig (KG Beschl. v. 28.11.1986 – 1 Kart 26/85, WuW/E OLG 3914 (3915 f.)). Beteiligtenfähig sind dagegen Kartelle, Wirtschafts- und Berufsvereinigungen sowie Verbände (Immenga/Mestmäcker/*K. Schmidt* GWB § 77 Rn. 5). 9

§ 90 Kostentragung und -festsetzung

¹Im Beschwerdeverfahren und im Rechtsbeschwerdeverfahren kann das Gericht anordnen, dass die Kosten, die zur zweckentsprechenden Erledigung der Angelegenheit notwendig waren, von einem Beteiligten ganz oder teilweise zu erstatten sind, wenn dies der Billigkeit entspricht. ²Hat ein Beteiligter Kosten durch ein unbegründetes Rechtsmittel oder durch grobes Verschulden veranlasst, so sind ihm die Kosten aufzuerlegen. ³Juristische Personen des öffentlichen Rechts und Behörden können an Stelle ihrer tatsächlichen notwendigen Aufwendungen für Post- und Telekommunikationsdienstleistungen den in Nummer 7002 der Anlage 1 des Rechtsanwaltsvergütungsgesetzes vom 5. Mai 2004 (BGBl. I S. 718, 788), das zuletzt durch Artikel 24 Absatz 8 des Gesetzes vom 25. Juni 2021 (BGBl. I S. 2154) geändert worden ist, bestimmten Höchstsatz der Pauschale fordern. ⁴Im Übrigen gelten die Vorschriften der Zivilprozessordnung über das Kostenfestsetzungsverfahren und die Zwangsvollstreckung aus Kostenfestsetzungsbeschlüssen entsprechend.

§ 90

Teil 8. Verfahren

Übersicht

	Rn.
A. Allgemeines	1
B. Kostenbegriff	2
C. Kostenerstattung	5
I. Obligatorische Kostenerstattung	7
1. Kostenerstattung bei unbegründetem Rechtsmittel (S. 2 Alt. 1)	7
2. Kosten durch grobes Verschulden (S. 2 Alt. 2)	11
II. Kostenerstattung nach Billigkeit (S. 1)	12
III. Erledigung der Hauptsache	14
IV. Rücknahme der Beschwerde	16
V. Anspruch auf Telekommunikationspauschale	18
VI. Kostenerstattung sonstiger Verfahrensbeteiligter	19
D. Rechtsmittel gegen Kostenentscheidung	20
E. Kostenfestsetzung und Zwangsvollstreckung	21

Literatur: *Deichfuß,* Kostenverteilung im kartellverwaltungsrechtlichen Beschwerde- und Rechtsbeschwerdeverfahren, BB 2000, 469; *Gröning,* Das Beschwerdeverfahren im neuen Vergaberecht, ZIP 1999, 181; *Hoffmann/Schaub,* Zur Erstattung außergerichtlicher Kosten, DB 1985, 2335; *Ipsen,* Auslegung und Anwendung von § 77 GWB im Beschwerdeverfahren nach Erledigung der Hauptsache, BB 1976, 954.

A. Allgemeines

1 § 90 entspricht dem § 78 GWB. Er bezieht sich – entgegen der systematischen Stellung – ausschließlich auf das **Verfahren der Beschwerde und der Rechtsbeschwerde**. Für das behördliche Verfahren enthält § 91 Abs. 9 eine Verordnungsermächtigung, von der bisher nicht Gebrauch gemacht wurde.

B. Kostenbegriff

2 § 90 bezieht sich zunächst von seinem Wortlaut her auf die Kosten, die zur zweckentsprechenden Erledigung der Angelegenheit notwendig waren. Damit sind zunächst die Kosten der zweckentsprechenden Rechtsverteidigung, also die **außergerichtlichen Kosten** gemeint. Über diesen Wortlaut hinaus ist die Regelung aber auch für die Auferlegung der **Gerichtskosten** anzuwenden (KG in stRspr: KG Beschl. v. 22.3.1989 – Kart. 34/87, WuW/E OLG 4405 (4406); Beschl. v. 25.6.1968 – Kart V 11, 12/66, WuW/E OLG 936 (937); Immenga/Mestmäcker/*Wirtz* GWB § 78 Rn. 4; Langen/Bunte/*Lembach* GWB § 78 Rn. 7; zur Frage der Erstattung außergerichtlicher Kosten und zur Erstattungsfähigkeit einzelner Kosten ausf. *Hoffmann/Schaub* DB 1985, 2335).

3 Den Hauptteil der außergerichtlichen Kosten stellen die Kosten der **Vertretung durch einen Rechtsanwalt** dar. Die BNetzA kann sich durch ein Mitglied der Behörde vertreten lassen. In diesem Fall fallen als außergerichtliche Kosten lediglich Fahrtkosten etc an. Häufig wird die BNetzA durch ihr Prozessführungsreferat vertreten. In wichtigen oder eiligen Verfahren findet auch eine Vertretung durch Rechtsanwälte statt. Bei der Abschätzung des Kostenrisikos ist dies zu berücksichtigen.

Kostentragung und -festsetzung **§ 90**

Da die Verfahrensbeteiligten gehalten sind, die erstattungsfähigen Kosten so 4
niedrig wie möglich zu halten, ist in der Regel die Prozessvertretung durch **einen
Prozessbevollmächtigten ausreichend**. Bei besonderen rechtlichen oder tatsächlichen Schwierigkeiten – die allerdings bei energiewirtschaftlichen Angelegenheiten häufig vorliegen werden – kann die Hinzuziehung eines zweiten Prozessbevollmächtigten geboten sein (Immenga/Mestmäcker/*Wirtz* GWB § 78 Rn. 4).

C. Kostenerstattung

OLG und BGH treffen **von Amts wegen** nicht nur eine Entscheidung in der 5
Hauptsache, sondern auch eine Entscheidung zur Kostentragung. Dies ist für die
Praxis seit dem Beschluss des BGH vom 14.3.1990 (BGH Beschl. v. 14.3.1990 –
KVR 4/88, WuW/E BGH 2627 (2643)) geklärt. Das Kammergericht hat seine
vorherige abweichende Rechtsprechung aufgegeben (KG Beschl. v. 21.9.1994 –
Kart 9/94, WuW/E OLG 5355 (5359)).

In § 90 S. 2 hat der Gesetzgeber zwei Fälle der **obligatorischen Kostenerstat-** 6
tung geregelt. Soweit die obligatorische Kostenentscheidung nicht eingreift, hat
das Gericht nach **Billigkeit** über die Kosten zu entscheiden.

I. Obligatorische Kostenerstattung

1. Kostenerstattung bei unbegründetem Rechtsmittel (S. 2 Alt. 1). Nach 7
§ 90 S. 2 Alt. 1 sind einem Verfahrensbeteiligten von Amts wegen die Kosten aufzuerlegen, die er durch die Einlegung eines **unbegründeten Rechtsmittels** verursacht hat. Im Wege eines Erst-Recht-Schlusses gilt dies auch für ein **unzulässiges
Rechtsmittel**. Rechtsmittel sind die Rechtsbeschwerde (§ 86) und die Nichtzulassungsbeschwerde (§ 87).

Für die Frage, ob auch die **Beschwerde ein Rechtsmittel** iSd § 90 S. 2 darstellt, 8
herrscht in der Rechtsprechung und Literatur zum Kartellrecht **Streit**. Dieser ist
auf das EnWG übertragbar (Salje EnWG/*Salje* § 90 Rn. 13).

Früher wurde die Ansicht vertreten, die **Beschwerde sei kein Rechtsmittel,** 9
da sich der Beschwerdeführer nicht gegen eine gerichtliche Entscheidung zur
Wehr setze, sondern vergleichbar der Anfechtungsklage oder der Verpflichtungsklage die Rechtssache das erste Mal bei Gericht anhängig werde (KG Beschl. v.
8.9.1966 – Kart V 1–4/63, WuW/E OLG 797 (799); OLG Düsseldorf Beschl. v.
6.10.1959 – 2 U (Kart) 3/59, WuW/E OLG 348; Immenga/Mestmäcker/*Stockmann,* 4. Aufl. 2007, GWB § 78 Rn. 33; Langen/Bunte/*Lembach,* 9. Aufl. 2000,
GWB § 78 Rn. 17).

Nach **heutiger Ansicht** ist auch die **Beschwerde Rechtsmittel** (OLG Düssel- 10
dorf Beschl. v. 13.8.2003 – Kart 52/01, BeckRS 2009, 10365; Beschl. v. 5.7.2000 –
Kart 1/00, WuW/E DE-R 523 (528); ebenso FK-KartellR/*Bracher* GWB § 78
Rn. 8; Bechtold/Bosch/*Bechtold/Bosch* GWB § 78 Rn. 4; Immenga/Mestmäcker/
Wirtz GWB § 78 Rn. 13; Langen/Bunte/*Lembach* GWB § 78 Rn. 19). Für das OLG
Düsseldorf ergibt sich dieses Ergebnis aus der Funktion der Beschwerde nach den
§§ 63 ff. GWB (entspricht §§ 75 ff.) und aus dem Wortlaut des § 61 Abs. 1 S. 1 GWB
(entspricht § 73 Abs. 1 S. 1). Hiernach habe die Kartellbehörde ihre Verfügungen mit
einer Belehrung über das zulässige „Rechtsmittel" zu versehen. § 73 Abs. 1 S. 1 gilt
sowohl für die Beschwerde (§§ 75 ff.) als auch die Rechtsbeschwerde (§§ 86 ff.).
Daher wird zugunsten des OLG Düsseldorf angeführt, dass Beschwerde- und

Stelter

§ 90

Rechtsbeschwerdeverfahren vom Gesetz prinzipiell gleich behandelt werden. Im Übrigen werde im Kartellrecht auch seitens der entgegengesetzten Rechtsprechung des KG das gleiche Ergebnis erlangt, also dem Beschwerdeführer die Gerichtskosten auferlegt, indem sie § 90 S. 1 anwendet. Dass es häufig zu einer Nichtauferlegung der außergerichtlichen Kosten der Kartellbehörde komme, könne nur so erklärt werden, dass diese sich nicht anwaltlich vertreten lasse und daher keine erstattungsfähigen Kosten nachweisen könne (Bechtold/Bosch/*Bechtold/Bosch* GWB § 78 Rn. 4).

11 **2. Kosten durch grobes Verschulden (S. 2 Alt. 2).** Einem Beteiligten sind obligatorisch auch die Kosten einer Instanz oder einzelner Prozessteile aufzuerlegen, die der Beteiligte durch grobes Verschulden verursacht hat. Durch grobes Verschulden sind die Kosten nur dann veranlasst, wenn sie durch **besonders schwere Nachlässigkeiten, Fehler oder Versäumnisse** bei der Vornahme von Verfahrenshandlungen entstanden sind (KG Beschl. v. 11.1.1974 – Kart 12/73, WuW/E OLG 1443 (1444)). Hier kommen insbesondere falsche Aussagen, das Verleiten zu falschen Aussagen oder das Zurückhalten von wichtigen Urkunden in Betracht (Salje EnWG/*Salje* § 90 Rn. 14). Dabei sind nur die Kosten auferlegungsfähig, die kausal durch das grobe Verschulden verursacht wurden.

II. Kostenerstattung nach Billigkeit (S. 1)

12 § 90 S. 1 weicht ebenso wie § 78 GWB 2005 von dem Prinzip anderer Verfahrensordnungen ab, wonach die Kostenentscheidung sich allein nach dem Verfahrensausgang richtet (vgl. etwa § 154 VwGO). Das BVerfG hat zu der Vorläufervorschrift des § 78 GWB entschieden, dass eine solche Regelung verfassungsmäßig ist (BVerfG Beschl. v. 3.12.1986 – 1 BvR 872/82, BVerfGE 74, 78 (91 ff.)). Aus dem in anderen Verfahrensordnungen normierten Grundsatz der Kostentragungspflicht der unterlegenen Partei lasse sich kein allgemein gültiges Prinzip des Verfahrensrechts ableiten. Die **Verfassungsmäßigkeit** der Regelung ist damit für die Praxis **geklärt.**

13 Nachdem das BVerfG in der bereits zitierten Entscheidung die bis dahin ständige Rechtsprechung des BGH beanstandet hat, nach der die Beteiligten ihre Kosten regelmäßig selbst zu tragen hatten, gilt der **Grundsatz,** dass auch in Kartellverwaltungsverfahren die **obsiegende Partei einen Anspruch auf Erstattung der außergerichtlichen Kosten hat.** Die Entscheidung nach § 90 folgt damit dem Grundsatz, dass die Kostenlast sich nach dem Ausgang des Verfahrens richtet (BGH Beschl. v. 22.12.2009 – EnVR 64/08 Rn. 4, BeckRS 2010, 1122). Etwas anderes wäre mit Art. 3 Abs. 1 GG unvereinbar. Eine solche Auslegung würde nämlich dazu führen, dass die aus dem einseitigen Anwaltszwang herrührende ungleiche Kostenbelastung für den obsiegenden Teil bestehen bliebe. Der Verfahrensausgang hat damit eine herausragende Bedeutung für die Auferlegung der Kosten.

III. Erledigung der Hauptsache

14 Nach der Rechtsprechung des KG in Kartellverwaltungsangelegenheiten werden die **Erfolgsaussichten der Beschwerde regelmäßig** aus Gründen der Prozessökonomie **nicht überprüft** (KG Beschl. v. 12.1.1982 – Kart 14/81, WuW/E OLG 2720 (2721); Beschl. v. 30.6.1976 – Kart 45/74, WuW/E OLG 1776 (1777)). Bei Erledigungserklärung seitens der Parteien ist der vermutliche Verfahrensausgang daher nur dann entscheidend, wenn er bei summarischer Prüfung des bisherigen Sach- und Streitstandes mit hinreichender Sicherheit festzustellen ist. Ist

Kostentragung und -festsetzung **§ 90**

der Verfahrensausgang danach offen, sind in der Regel die Gerichtskosten hälftig zu teilen. Die außergerichtlichen Kosten werden nicht erstattet (BGH Beschl. v. 16.11.1999 – KVR 10/98, WuW/E DE-R 420 (421 f.); KG Beschl. v. 25.4.1990 – Kart 12/83, WuW/E OLG 4569 (4571)).

Eine **Ausnahme** hiervon gilt bei ohne weiteres **absehbarem Verfahrensausgang** (KG Beschl. v. 27.12.1990 – Kart 1/90, WuW/E OLG 4648 (4649); Beschl. v. 12.1.1982 – Kart 14/81, WuW/E OLG 2720 (2721)). Entsprechendes gilt für die Rücknahme der Beschwerde (BGH Urt. v. 26.10.2006, – I ZR 182/04, WRP 2007, 83; KG Beschl. v. 11.3.1994 – Kart 7/93, WuW/E OLG 5311 (5311 f.)). Hebt die Regulierungsbehörde ihre Entscheidung auf, so hat sie auch die außergerichtlichen Kosten des Beschwerdeführers zu tragen (KG Beschl. v. 12.7.1995 – Kart 11/94, WuW/E OLG 5437 (5437 f.)). 15

IV. Rücknahme der Beschwerde

Bei einer Rücknahme der Beschwerde, ohne dass eine Sachprüfung stattgefunden hat, gilt der **Grundsatz, dass der Beschwerdeführer jedenfalls die Gerichtskosten zu tragen hat.** Mit der Rücknahme der Beschwerde hat er sich in die Position der unterlegenen Partei begeben. Wenn darüber hinaus nicht festgestellt wird, dass die Regulierungsbehörde den Beschwerdeführer klaglos gestellt hat, hat der Beschwerdeführer darüber hinaus der Regulierungsbehörde und der Bundesnetzagentur die außergerichtlichen Kosten zu erstatten (OLG Brandenburg Beschl. v. 12.1.2010 – Kart W 8/09, VersWirt 2010, 176). Gleichwohl kann es in Situationen, in denen eigentlich eine Erledigung vorliegt, für den Beschwerdeführer unter Kostengesichtspunkten günstiger sein, die Beschwerde zurückzunehmen, als eine (relativ teure) Entscheidung des Gerichts über die Kosten nach Erledigung herbeizuführen. 16

Auch bei Rücknahme der Beschwerde ist abweichend von dem oben wiedergegebenen Grundsatz ein weitere Sachaufklärung absehbarer **Verfahrensausgang** zu berücksichtigen (→ Rn. 15). In einer Konstellation, in der durch eine Verordnungsänderung Erledigung eingetreten ist, sind daher auch bei Rücknahme der Beschwerde der Beschwerdegegnerin Kosten aufzuerlegen, wenn absehbar ist, dass die Beschwerde ohne das erledigende Ereignis begründet gewesen wäre (OLG Düsseldorf Beschl. v. 3.7.2014 – VI-3 Kart 234/11 (V)). 17

V. Anspruch auf Telekommunikationspauschale

Neu durch EnWG-Novelle 2021 eingefügt wurde S. 3. Danach haben juristische Personen des öffentlichen Rechts und Behörden – im Regelfall Regulierungsbehörden – auch bei fehlender Vertretung durch einen Rechtsanwalt **Anspruch auf die Kostenpauschale** in Höhe von 20 EUR gem. Ziffer 7002 Anlage 1 RVG. Dies entspricht ohnehin der bisherigen Antrags- und Festsetzungspraxis. Die Gesetzesbegründung verweist auf den großen Aufwand bei den Regulierungsbehörden durch das Massenverfahren gegen marktweite Allgemeinverfügungen (BT-Drucks. 19/27453, 136). Grundsätzen der Effizienz entspricht diese Regelung nicht. Die Regulierungsbehörden müssen die Pauschale unter Heranziehung von Personal mindestens des gehobenen Dienstes zur Festsetzung anmelden, das Gericht muss sie – nach Anhörung – festsetzen, die Behörde muss – über den notwendigerweise zu bestellenden Rechtsanwalt – zur Zahlung auffordern, dieser den Mandanten nach Prüfung informieren, die Buchhaltung muss in Kenntnis gesetzt und die Zah- 18

§ 90

lung angewiesen werden, dies an die Zahlstelle der Behörde (zB Bundeskasse), die sodann die Behörde informieren muss – dies alles, um eine Vermögensverschiebung von 20 EUR zuzüglich Zinsen zu bewirken.

VI. Kostenerstattung sonstiger Verfahrensbeteiligter

19 Über die Kostenerstattung sonstiger Beteiligter – also der Beigeladenen des gerichtlichen Verfahrens – entscheiden die Gerichte nach § 90 S. 1. Maßgeblich ist **einerseits der Verfahrensausgang** (aber nicht allein: BGH Beschl. v. 29.6.1982 – KVR 7/81, WuW/E BGH 1949 (1954)), **andererseits die Frage,** ob der Beigeladene sich **aktiv am Verfahren beteiligt** hat und an seinem Ausgang ein besonderes Interesse hat (BGH Beschl. v. 14.3.1990 – KVR 4/88, WuW/E BGH 2627 (2643); OLG Düsseldorf Beschl. v. 8.3.2017 – VI-3 Kart 10/16 (V)). Ein Schematismus, wie ihn die verwaltungsgerichtliche Rechtsprechung auf der Grundlage des § 154 Abs. 3 VwGO entwickelt hat, nach dem einem Beigeladenen dann und nur dann Kosten erstattet werden können, wenn er sich durch die Stellung eigener Sachanträge gem. § 66 VwGO dem Kostenrisiko auch ausgesetzt hat (zu § 162 Abs. 3 VwGO BVerwG Beschl. v. 9.3.2000 – 1 AV 2/00, NVwZ-RR 2001, 276; VGH München Beschl. v. 29.1.1991 – 22 C 89.3391, BayVBl. 1991, 476; LVerfG Brandenburg Beschl. v. 21.1.2003 – 110/02, NVwZ-RR 2003, 602; Kopp/Schenke/*Hug* VwGO § 162 Rn. 23), besteht in der Rechtsprechung der Kartellgerichte aber nicht.

D. Rechtsmittel gegen Kostenentscheidung

20 Die Kostenentscheidung ist nur im Zusammenhang mit der in der Hauptsache ergangenen Entscheidung anfechtbar. Eine selbständige Anfechtung der Kostenentscheidung gibt es nicht (vgl. BGH Beschl. v. 15.12.1960 – KVR 2/60, WuW/E BGH 415 (416f.); KG Beschl. v. 14.4.1978 – Kart 8/78, WuW/E OLG 1983 (1988); Beschl. v. 30.1.1968 – Kart V 33/67, WuW/E OLG 877 (884); ebenso Salje EnWG/*Salje* § 90 Rn. 18). Statthaftes Rechtsmittel ist die Rechtsbeschwerde. Auch bei Verfahren, in denen sich die Hauptsache erledigt hat, ist eine **isolierte Rechtsbeschwerde gegen die Kostenentscheidung unzulässig** (zur Lage beim GWB nach der 7. Novelle Immenga/Mestmäcker/*Wirtz* § 78 GWB Rn. 19). In solchen Fällen verbleibt dem Betroffenen nur die Möglichkeit des formlosen Rechtsbehelfs der Gegenvorstellung.

E. Kostenfestsetzung und Zwangsvollstreckung

21 Für das Kostenfestsetzungsverfahren und die Zwangsvollstreckung aus Kostenfestsetzungsbeschlüssen gelten nach § 90 S. 4 die **Vorschriften der ZPO** entsprechend. Dies sind §§ 103 ff. ZPO und §§ 794 Abs. 1 Nr. 2, 795, 798, 882a ZPO.

§ 90a *(aufgehoben)*

§ 91 Gebührenpflichtige Handlungen

(1) ¹Die Regulierungsbehörde erhebt Kosten (Gebühren und Auslagen) für folgende gebührenpflichtige Leistungen:
1. Zertifizierungen nach § 4a Absatz 1;
2. Untersagungen nach § 5 Satz 4;
3. Amtshandlungen auf Grund von § 33 Absatz 1 und § 36 Absatz 2 Satz 3;
4. Amtshandlungen auf Grund der §§ 7c, 11a, 11b, 12a, 12c, 12d, 13b, 14 Absatz 2, § 14c Absatz 2 bis 4, § 14d Absatz 4, § 14e Absatz 5, der §§ 15a, 15b, 17c, 17d, 19a Absatz 2, der §§ 21a, 23a, 28a Absatz 3, § 28b Absatz 1 und 5, § 28f Absatz 1, § 28o Absatz 1, § 28p Absatz 1 und 5, der §§ 29, 30 Absatz 2 und 3, der §§ 41c, 57 Absatz 2 Satz 2 und 4, § 57b sowie der §§ 65, 110 Absatz 2 und 4;
5. Amtshandlungen auf Grund des § 31 Absatz 2 und 3;
6. Amtshandlungen auf Grund einer Rechtsverordnung nach § 12g Absatz 3 und § 24 Satz 1 Nummer 3;
7. Amtshandlungen auf Grund des § 56;
8. Erteilung von beglaubigten Abschriften aus den Akten der Regulierungsbehörde und die Herausgabe von Daten nach § 12f Absatz 2;
9. Registrierung der Marktteilnehmer nach Artikel 9 Absatz 1 der Verordnung (EU) Nr. 1227/2011.

²Daneben werden als Auslagen die Kosten für weitere Ausfertigungen, Kopien und Auszüge sowie die in entsprechender Anwendung des Justizvergütungs- und -entschädigungsgesetzes zu zahlenden Beträge erhoben. ³Für Entscheidungen, die durch öffentliche Bekanntmachung nach § 73 Absatz 1a zugestellt werden, werden keine Gebühren erhoben. ⁴Abweichend von Satz 3 kann eine Gebühr erhoben werden, wenn die Entscheidung zu einem überwiegenden Anteil an einen bestimmten Adressatenkreis gerichtet ist und die Regulierungsbehörde diesem die Entscheidung oder einen schriftlichen Hinweis auf die öffentliche Bekanntmachung förmlich zustellt.

(2) ¹Gebühren und Auslagen werden auch erhoben, wenn ein Antrag auf Vornahme einer in Absatz 1 bezeichneten Amtshandlung abgelehnt wird. ²Wird ein Antrag zurückgenommen oder im Falle des Absatzes 1 Satz 1 Nummer 5 beiderseitig für erledigt erklärt, bevor darüber entschieden ist, so ist die Hälfte der Gebühr zu entrichten.

(2a) Tritt nach Einleitung eines Missbrauchsverfahrens nach § 30 Absatz 2 dadurch Erledigung ein, dass die Zuwiderhandlung abgestellt wird, bevor eine Verfügung der Regulierungsbehörde ergangen ist, so ist die Hälfte der Gebühr zu entrichten.

(3) ¹Die Gebührensätze sind so zu bemessen, dass die mit den Amtshandlungen verbundenen Kosten gedeckt sind. ²Darüber hinaus kann der wirtschaftliche Wert, den der Gegenstand der gebührenpflichtigen Handlung hat, berücksichtigt werden. ³Ist der Betrag nach Satz 1 im Einzelfall außergewöhnlich hoch, kann die Gebühr aus Gründen der Billigkeit ermäßigt werden.

§ 91

Teil 8. Verfahren

(4) Zur Abgeltung mehrfacher gleichartiger Amtshandlungen können Pauschalgebührensätze, die den geringen Umfang des Verwaltungsaufwandes berücksichtigen, vorgesehen werden.

(5) Gebühren dürfen nicht erhoben werden
1. für mündliche und schriftliche Auskünfte und Anregungen;
2. wenn sie bei richtiger Behandlung der Sache nicht entstanden wären.

(6) ¹Kostenschuldner ist
1. *[aufgehoben]*
2. in den Fällen des Absatzes 1 Satz 1 Nummer 1 bis 4, 6 bis 8, wer durch einen Antrag die Tätigkeit der Regulierungsbehörde veranlasst hat, oder derjenige, gegen den eine Verfügung der Regulierungsbehörde ergangen ist;
2a. in den Fällen des Absatzes 1 Satz 1 Nummer 5 der Antragsteller, wenn der Antrag abgelehnt wird, oder der Netzbetreiber, gegen den eine Verfügung nach § 31 Absatz 3 ergangen ist; wird der Antrag teilweise abgelehnt, sind die Kosten verhältnismäßig zu teilen; einem Beteiligten können die Kosten ganz auferlegt werden, wenn der andere Beteiligte nur zu einem geringen Teil unterlegen ist; erklären die Beteiligten übereinstimmend die Sache für erledigt, tragen sie die Kosten zu gleichen Teilen;
3. in den Fällen des Absatzes 1 Satz 1 Nummer 9, wer die Herstellung der Abschriften oder die Herausgabe von Daten nach § 12f Absatz 2 veranlasst hat;
4. in den Fällen des Absatzes 1 Satz 4 derjenige, dem die Regulierungsbehörde die Entscheidung oder einen schriftlichen Hinweis auf die öffentliche Bekanntmachung förmlich zugestellt hat;
5. in den Fällen des Absatzes 2a der Betreiber von Energieversorgungsnetzen, gegen den ein Missbrauchsverfahren nach § 30 Absatz 2 bereits eingeleitet war.

²Kostenschuldner ist auch, wer die Zahlung der Kosten durch eine vor der Regulierungsbehörde abgegebene oder ihr mitgeteilte Erklärung übernommen hat oder wer für die Kostenschuld eines anderen kraft Gesetzes haftet. ³Mehrere Kostenschuldner haften als Gesamtschuldner.

(7) ¹Eine Festsetzung von Kosten ist bis zum Ablauf des vierten Kalenderjahres nach Entstehung der Schuld zulässig (Festsetzungsverjährung). ²Wird vor Ablauf der Frist ein Antrag auf Aufhebung oder Änderung der Festsetzung gestellt, ist die Festsetzungsfrist so lange gehemmt, bis über den Antrag unanfechtbar entschieden wurde. ³Der Anspruch auf Zahlung von Kosten verjährt mit Ablauf des fünften Kalenderjahres nach der Festsetzung (Zahlungsverjährung). ⁴Im Übrigen gilt § 20 des Verwaltungskostengesetzes in der bis zum 14. August 2013 geltenden Fassung.

(8) ¹Das Bundesministerium für Wirtschaft und Energie wird ermächtigt, im Einvernehmen mit dem Bundesministerium der Finanzen durch Rechtsverordnung mit Zustimmung des Bundesrates die Gebührensätze und die Erhebung der Gebühren vom Gebührenschuldner in Durchführung der Vorschriften der Absätze 1 bis 6 sowie die Erstattung der Auslagen für die in § 73 Abs. 1 Satz 4 und § 74 Satz 1 bezeichneten Bekanntmachungen und Veröffentlichungen zu regeln, soweit es die Bundes-

netzagentur betrifft. ²Hierbei kann geregelt werden, auf welche Weise der wirtschaftliche Wert des Gegenstandes der jeweiligen Amtshandlung zu ermitteln ist. ³Des Weiteren können in der Verordnung auch Vorschriften über die Kostenbefreiung von juristischen Personen des öffentlichen Rechts, über die Verjährung sowie über die Kostenerhebung vorgesehen werden.

(8a) Für die Amtshandlungen der Landesregulierungsbehörden werden die Bestimmungen nach Absatz 8 durch Landesrecht getroffen.

(9) Das Bundesministerium für Wirtschaft und Energie wird ermächtigt, durch Rechtsverordnung mit Zustimmung des Bundesrates das Nähere über die Erstattung der durch das Verfahren vor der Regulierungsbehörde entstehenden Kosten nach den Grundsätzen des § 90 zu bestimmen.

(10) Für Leistungen der Regulierungsbehörde in Bundeszuständigkeit gilt im Übrigen das Verwaltungskostengesetz in der bis zum 14. August 2013 geltenden Fassung.

Übersicht

	Rn.
A. Zweck und Entstehungsgeschichte	1
B. Kostenbegriff	3
C. Kostenpflichtige Leistungen	6
I. Gebühren- und auslagepflichtige Leistungen (Abs. 1)	6
II. Ablehnung und Antragsrücknahme, Erledigung (Abs. 2 und 2a)	9
III. Verbot der Gebührenerhebung	11
D. Bemessung der Gebühr (Abs. 3 und 4)	14
I. Grundsätze der Gebührenbemessung	14
II. Pauschalgebührensätze	17
III. Ermäßigung aus Billigkeit im Einzelfall	18
E. Kostenschuldner (Abs. 6)	20
F. Verjährung (Abs. 7)	24
G. Verordnungsermächtigungen und Verweis auf das Landesrecht (Abs. 8, 8a und 9)	30
H. Geltung des Verwaltungskostengesetzes (Abs. 10)	33

Literatur: *Aengenvoort*, Allgemeine Grundsätze des Gebührenrechts, NWVBl. 1997, 409.

A. Zweck und Entstehungsgeschichte

Mit § 91 wird die **gesetzliche Grundlage** dafür geschaffen, dass die Regulierungsbehörden für ihre Amtshandlungen Gebühren und Auslagen festsetzen können. Ohne gesetzliche Grundlage können öffentliche Abgaben nicht festgesetzt werden.

§ 91 entspricht weitgehend **§ 142 TKG** sowie **§ 80 GWB**. § 91 ist Gegenstand häufiger Änderungen gewesen.

B. Kostenbegriff

3 § 91 Abs. 1 S. 1 fasst – entsprechend dem herkömmlichen Sprachgebrauch – **Gebühren und Auslagen** unter dem Begriff der Kosten zusammen. Geregelt wird die Erhebung der Kosten, nicht nur von Gebühren. Die Überschrift des § 91 ist daher irreführend.

4 **Gebühren** sind öffentlich-rechtliche Geldleistungen, die aus Anlass individuell zurechenbarer öffentlicher Leistungen und Gebührenschuldner durch eine öffentlich-rechtliche Norm oder sonstige hoheitliche Maßnahmen auferlegt werden und dazu bestimmt sind, in Anknüpfung an diese Leistung deren Kosten ganz oder teilweise zu decken (BVerfG Beschl. v. 18.5.2004 – 2 BvR 2374/99, BVerfGE 110, 370 (388); Urt. v. 19.3.2003 – 2 BvL 9/98, BVerfGE 108, 1 (13); BVerwG Urt. v. 21.4.2004 – 6 C 20.03, BVerwGE 120, 311 (316)).

5 Neben Gebühren sind **Auslagen** zu erheben. Dabei handelt es sich um Geldleistungen, die zur Abdeckung von tatsächlich entstandenem Aufwand von der Verwaltung vorgeschossen werden müssen. Dies betrifft etwa den Aufwand für Telekommunikation, für die Erstellung von Schriftstücken und Kopien, Übersetzungsaufwand, die Kosten einer Bekanntmachung, Kosten nach dem Justizvergütungs- und -entschädigungsgesetz, Reisekosten, Entgelte bei Inanspruchnahme anderer Verwaltungsbehörden sowie Kosten für Transport und Verwahrung der Sachen.

C. Kostenpflichtige Leistungen

I. Gebühren- und auslagepflichtige Leistungen (Abs. 1)

6 **Amtshandlungen der Regulierungsbehörde** (BNetzA sowie Landesregulierungsbehörde), die in § 91 Abs. 1 S. 1 aufgeführt sind, sowie die Ablehnung diesbezüglicher Anträge (§ 91 Abs. 2) sind kostenpflichtig. Nach § 91 Abs. 1 S. 1 Nr. 1–9 sind folgende Amtshandlungen kostenpflichtig:
- Zertifizierung von Transportnetzbetreibern (Übertragungsnetzbetreiber und Fernleitungsnetzbetreiber) nach § 4a Abs. 1,
- Untersagung der Aufnahme der Energiebelieferung von Haushaltskunden (§ 5 S. 4),
- Anordnung einer Vorteilsabschöpfung nach § 33 Abs. 1,
- Entscheidung über Einwände gegen die Feststellung des Grundversorgers nach § 36 Abs. 2 S. 3,
- Entscheidungen auf Grund der §§ 7c, 11a, 11b, 12a, 12c, 12d, 13b, 14 Abs. 2, § 14c Abs. 2–4, § 14d Abs. 4, § 14e Abs. 5, der §§ 15a, 15b, 17c, 17d, 19a Abs. 2, der §§ 21a, 23a, 28a Abs. 3, § 28b Abs. 1, 5, § 28f Abs. 1, § 28o Abs. 1, § 28p Abs. 1, 5, der §§ 29, 30 Abs. 2, 3, der §§ 41c, 57 Abs. 2 S. 2, 4, § 57b sowie der §§ 65, 110 Abs. 2, 4
- Entscheidungen im besonderen Missbrauchsverfahren nach § 31
- Entscheidungen auf Grund einer Rechtsverordnung nach § 12g Abs. 3 und § 24 S. 1 Nr. 3
- Amtshandlungen auf Grund des Messstellenbetriebsgesetzes, die das Verfahren zur Übertragung der Grundzuständigkeit für den Messstellenbetrieb betreffen;
- Amtshandlungen auf Grund des § 56;

Gebührenpflichtige Handlungen §91

- Erteilung von beglaubigten Abschriften aus den Akten der Regulierungsbehörde und die Herausgabe von Daten nach § 12f Abs. 2;
- Registrierung der Marktteilnehmer nach Art. 9 Abs. 1 der Verordnung (EU) Nr. 1227/2011.

Des Weiteren erlaubt das Gesetz die **Erhebung von Auslagen** wegen Kosten 7 für weitere Ausfertigungen, Kopien und Auszüge sowie die in entsprechender Anwendung des JVEG zu zahlenden Beträge.

Eine Sonderregelung wird getroffen für Entscheidung, die im Wege öffentlicher 8 Bekanntmachung zugestellt werden (S. 3 und 4, eingefügt durch das Strommarktgesetz).

II. Ablehnung und Antragsrücknahme, Erledigung (Abs. 2 und 2a)

Lehnt die Regulierungsbehörde die Vornahme einer nach § 91 Abs. 1 S. 1 ge- 9 bührenpflichtigen Amtshandlung ab, ist auch die **Ablehnung kostenpflichtig.** Dies gilt unabhängig davon, ob ein Antrag als zulässig oder unzulässig abgelehnt wird. Aus einem Vergleich mit § 142 Abs. 2 S. 2 Nr. 1 TKG folgt, dass dies auch dann gilt, wenn ein Antrag wegen Unzuständigkeit der Regulierungsbehörde abgelehnt wird. Voraussetzung für die Belastung mit Kosten ist aber, dass ein **Antrag** gestellt ist. Davon zu unterscheiden sind **lediglich Anregungen** an die Behörde, von Amts wegen tätig zu werden. Ob ein Antrag vorliegt, der eine Kostenpflicht auslösen kann, ist durch Auslegung zu ermitteln. Zu beachten ist, dass nicht nur die Netzbetreiber mit Kosten belegt werden können. Auch Antragsteller im Rahmen des § 31 können bei Erfolglosigkeit ihres Antrags mit Kosten belegt werden.

Gebühren und Auslagen werden nach § 90 Abs. 2 S. 2 auch dann erhoben, wenn 10 der **Antrag** nach Beginn der sachlichen Bearbeitung, jedoch vor deren Beendigung **zurückgenommen** wird; der Gesetzgeber hat diese Regelung aufgenommen, um dem Erfordernis eines fachgesetzlichen Gebührentatbestandes für Fälle der Antragsrücknahme (BVerwG Urt. v. 24.3.1999 – 8 C 27/97, BVerwGE 108, 364 (366)) gerecht zu werden. Den typischerweise geringeren Aufwand im Fall der Antragsrücknahme hat der Gesetzgeber dadurch berücksichtigt, dass die Gebühr auf die Hälfte reduziert wird. Im Falle der Missbrauchsverfahren nach § 31 gilt dies auch im Fall der beiderseitigen Erledigungserklärung. Eine entsprechende Regelung besteht für § 30 im Fall der Abstellung der Zuwiderhandlung (§ 91 Abs. 2a).

III. Verbot der Gebührenerhebung

§ 91 Abs. 5 regelt zwei **Fälle, in denen Gebühren nicht erhoben werden** 11 **dürfen.** Dies gilt einmal für mündliche und schriftliche Auskünfte und Anregungen einerseits, andererseits für Gebühren, die bei richtiger Behandlung der Sache nicht entstanden wären.

Auskünfte der Regulierungsbehörde sind kostenfrei. Dies soll die **Kommuni-** 12 **kation** der Regulierungsbehörde **mit den Marktteilnehmern** erleichtern, sie soll nicht durch mögliche Gebührenforderungen belastet werden. Ebenso kostenfrei sind Anregungen an die Regulierungsbehörde. Kostenfrei ist es deshalb, wenn ein Unternehmen eine Tätigkeit der Regulierungsbehörde nach § 30 Abs. 2 anregt. Kostenpflichtig ist es demgegenüber, wenn eine Person oder ein Unternehmen einen Antrag nach § 31 Abs. 1 S. 1 stellt und die Regulierungsbehörde diesen Antrag ablehnt.

13 Gebührenfreiheit besteht nach § 91 Abs. 5 Nr. 2 darüber hinaus, wenn die formal entstandenen Gebühren **bei richtiger Behandlung der Sache nicht entstanden** wären. Dies ist zunächst der Fall, wenn die gebührenpflichtige Amtshandlung gerichtlich aufgehoben wird (Bechtold/Bosch/*Bechtold/Bosch* GWB § 80 Rn. 4). In diesem Fall wird zudem die Kostenentscheidung zusammen mit der angefochtenen Handlung aufgehoben. Eigentliche Bedeutung hat die Regelung in den Fällen, in denen die Hauptsacheentscheidung nicht angefochten wird (KG Beschl. v. 20. 10. 1976 – Kart 4/76, WuW/E OLG 1805 (1812)). In diesen Fällen wird nach der hM eine unrichtige Sachbehandlung, die zum Wegfall einer Gebührenschuld führt, nur dann angenommen, wenn ein eindeutiger Gesetzesverstoß vorliegt, der offen und erkennbar zu Tage tritt (Immenga/Mestmäcker/*Wirtz* GWB § 80 Rn. 14; BerlKommEnergieR/*Wende* EnWG § 91 Rn. 36; aA FK-KartellR/*Bracher* § 80 Rn. 21 „jede rechtswidrige staatliche Maßnahme").

D. Bemessung der Gebühr (Abs. 3 und 4)

I. Grundsätze der Gebührenbemessung

14 § 91 Abs. 3 S. 1 und 2 enthalten Grundsätze der Gebührenbemessung. Sie binden sowohl den **Verordnungsgeber** als auch bei der konkreten Bemessung der Gebühr innerhalb eines Gebührenrahmens die **handelnde Behörde** (zum Kostendeckungsprinzip BVerwG Urt. v. 18. 3. 2004 – 3 C 24.03, BVerwGE 120, 227 (230)).

15 § 91 Abs. 3 S. 1 konkretisiert das **Kostendeckungsprinzip** dahingehend, dass die Gebührenhöhe so zu bemessen ist, dass das geschätzte Gebührenaufkommen den auf die **einzelne Amtshandlung entfallenden durchschnittlichen Personal- und Sachaufwand** für die Tätigkeit der Regulierungsbehörde nicht übersteigt. Der Gesetzgeber hat sich damit dafür entschieden, auf die Kosten der einzelnen Verwaltungshandlung („spezielles Kostendeckungsprinzip") abzustellen. Es kommt also nicht allein darauf an, dass die Kosten der Regulierungsbehörde insgesamt durch Gebühren nicht überdeckt werden (ähnlich OLG Düsseldorf Beschl. v. 16. 2. 2011 – VI-3 Kart 274/09 (V), N&R 2011, 145).

16 § 91 Abs. 3 S. 2, der darauf abstellt, dass die wirtschaftliche Bedeutung, die der Gegenstand der gebührenpflichtigen Handlung hat, berücksichtigt werden kann, stellt eine Ausprägung des **Äquivalenzprinzips** dar. Das Äquivalenzprinzip besagt, dass Leistung und Gegenleistung in einem angemessenen Verhältnis zueinander stehen müssen (*Aengenvoort* NWVBl. 1997, 409 (410)). Das OLG Düsseldorf billigt der BNetzA insoweit einen Beurteilungsspielraum. Eine Aufhebung des Gebührenbescheides kommt nach Auffassung des OLG Düsseldorf nur in Betracht, wenn das Äquivalenzprinzip gröblich verletzt ist (OLG Düsseldorf Beschl. v. 16. 2. 2011 – VI-3 Kart 274/09 (V), N&R 2011, 145).

II. Pauschalgebührensätze

17 Zur Abgeltung mehrfacher gleichartiger Amtshandlungen desselben Gebührenschuldners können Pauschalgebührensätze vorgesehen werden, die den geringen Umfang des Verwaltungsaufwands berücksichtigen. Bei dieser Regelung handelt es sich ausschließlich um eine **Ermächtigung für die Bundesregierung** (vgl. zum gleichlautenden § 80 Abs. 3 GWB Immenga/Mestmäcker/*Wirtz* GWB § 80

Rn. 29; Langen/Bunte/*Schneider* GWB § 80 Rn. 38; FK-KartellR/*Bracher* § 80 Rn. 47).

III. Ermäßigung aus Billigkeit im Einzelfall

§ 91 Abs. 3 S. 3 stellt einerseits eine Vorgabe für den Verordnungsgeber dar, andererseits ermächtigt er die Regulierungsbehörde zur Ermäßigung der Gebühr unter Billigkeitsgesichtspunkten. Anders als § 80 GWB enthält die Vorschrift keinen Rahmen **für die Ermäßigung** im Fall der Billigkeit. Es kann daher davon ausgegangen werden, dass aus Billigkeitsgesichtspunkten eine Gebühr auch vollständig entfallen kann. Das kann etwa der Fall sein, wenn ein Verbraucher einen Antrag nach § 31 stellt, der zu umfangreichen Ermittlungen der Regulierungsbehörde geführt hat, der dann aber nicht in eine Missbrauchsverfügung gemündet ist. 18

Nach der Rechtsprechung sollen für eine Ermäßigung aus Gründen der Billigkeit die allgemein angespannte wirtschaftliche Lage eines ganzen Industriezweigs und die schlechte wirtschaftliche Situation einer bestimmten Herstellergruppe sprechen. 19

E. Kostenschuldner (Abs. 6)

§ 91 Abs. 6 folgt im Grundsatz dem allgemein anerkannten kostenrechtlichen **Veranlasserprinzip**. Das bedeutet, dass die Regulierungsbehörde die Kostenerstattung in erster Linie von demjenigen fordern muss, der durch sein Verhalten Anlass zur Einleitung des Verfahrens gegeben hat (BVerwG Urt. v. 30.6.1972 – VII C 48.71, DÖV 1972, 724). Bei Amtshandlungen auf Antrag ist daher grundsätzlich der Antragsteller als Kostenschuldner heranzuziehen. Eine Ausnahme bildet § 31: Wird ein missbräuchliches Verhalten des Netzbetreibers festgestellt, ist dieser Kostenschuldner (vgl. auch *Höch/Göge* RdE 2006, 340 (345)). 20

Die in der 1. Auflage dieser Kommentierung als überflüssig gekennzeichnete Vorschrift des § 91 Abs. 6 Nr. 1 ist durch Gesetz vom 25.10.2008 (BGBl. 2008 I S. 2101) aufgehoben worden. 21

Kostenschuldner ist auch der, der durch Erklärung gegenüber der Regulierungsbehörde sich zur **Übernahme der Kostenschuld** verpflichtet hat. Auch derjenige, der aufgrund einer gesetzlichen Regelung für die Schuld eines anderen einzustehen hat, ist Kostenschuldner. 22

Mehrere Kostenschuldner haften als **Gesamtschuldner** nach § 421 BGB (§ 91 Abs. 6 S. 3). Die Ausgleichspflicht der Kostenschuldner untereinander richtet sich nach dem zugrundeliegenden Innenverhältnis, vgl. § 426 BGB. 23

F. Verjährung (Abs. 7)

Die Regelung des § 91 Abs. 7 mit seiner Zweistufung von **Festsetzungsverjährung** und **Zahlungsverjährung** orientiert sich an der entsprechenden Unterscheidung in der Abgabenordnung (§§ 169, 222 AO). 24

Die Festsetzung von Gebühren und Auslagen ist bis zum Ablauf des vierten Kalenderjahres nach Entstehung der Gebühren- bzw. Auslagenschuld zulässig. § 91 Abs. 7 S. 1 statuiert damit keine Verjährungsfrist im eigentlichen Sinne, sondern legt den Zeitpunkt der letzten Festsetzung fest. 25

§ 91

26 Die Gebühren- oder Auslagenschuld entsteht, soweit ein Antrag notwendig ist, mit dessen Eingang bei der Regulierungsbehörde, im Übrigen mit der Beendigung der gebührenpflichtigen Amtshandlung (§ 11 Abs. 1 VwKostG). Die Festsetzungsverjährung beginnt also nicht erst mit Ablauf des Kalenderjahres, in dem der Anspruch entstanden bzw. fällig geworden ist. Da die Festsetzung jedoch bis zum Ablauf des vierten Kalenderjahres zulässig ist, führt auch § 91 Abs. 7 S. 1 dazu, dass die Festsetzungsverjährung **immer mit Ablauf des 31.12. eintritt.**

27 Nach § 91 Abs. 7 S. 2 führt ein vor Eintritt der Festsetzungsverjährung gestellter Antrag auf Aufhebung oder Änderung der Festsetzung **zur Hemmung,** bis über den Antrag unanfechtbar entschieden ist. Die Vorschrift ist § 171 Abs. 3a AO nachgebildet.

28 Der Anspruch auf Zahlung der festgesetzten Gebühren und Auslagen verjährt mit Ablauf des fünften Kalenderjahres nach Festsetzung (§ 91 Abs. 7 S. 3), dh nach Erlass des Festsetzungsbescheides. Für den Beginn der **Zahlungsverjährung** ist nicht die Bestandskraft des Festsetzungsbescheides, sondern dessen Wirksamkeit maßgeblich (§ 229 Abs. 1 S. 2 AO, für die Zahlungsverjährung des § 228 AO). Widerspruch und Anfechtungsklage gegen die Festsetzung haben keine aufschiebende Wirkung (§ 76 Abs. 1).

29 Gem. § 91 Abs. 1 S. 4 gilt im Übrigen das ansonsten außer Kraft getretene VwKostG, weswegen auf die bis zum 14.8.2013 geltende Fassung dieses Gesetzes zu verweisen war. Zu beachten ist der Bereichsausnahme in § 2 Abs. 2 S. 1 Nr. 3 BGebG, des Nachfolgegesetzes des VwKostG. Der Verweis in Abs. 7 S. 4 gilt auch dann, wenn Landesregulierungsbehörden agieren (anders als bei Abs. 10).

G. Verordnungsermächtigungen und Verweis auf das Landesrecht (Abs. 8, 8a und 9)

30 § 91 Abs. 8 enthält eine Verordnungsermächtigung des Bundesministeriums für Wirtschaft und Energie im Einvernehmen mit dem Bundesministerium für Finanzen und unter Zustimmung des Bundesraes für eine **Gebührenordnung** der BNetzA. Es gilt die EnWGKostV vom 14.3.2006 (BGBl. 2006 I S. 540), zuletzt geändert durch Art. 1 VO vom 6.11.2020 (BGBl. 2020 I S. 2345).

31 § 91 Abs. 8a stellt klar, dass entsprechende Regelungen für Amtshandlungen der **Landesregulierungsbehörden durch Landesrecht** getroffen werden.

32 § 91 Abs. 9 ermöglicht es, dass auch für das Verfahren vor der Regulierungsbehörde **Regelungen zur Kostenerstattung** getroffen werden, die der Regelung des § 90 für das Beschwerde- und Rechtsbeschwerdeverfahren entsprechen. Hierfür ist eine Rechtsverordnung des Bundesministeriums für Wirtschaft und Energie erforderlich. Inhaltlich geht es um die Kostenverteilung unter den Beteiligten. Eine Verordnung ist bisher nicht erlassen worden.

H. Geltung des Verwaltungskostengesetzes (Abs. 10)

33 Abs. 10 verweist – nur für die Regulierungsbehörde in Bundeszuständigkeit (BNetzA) – auf das VwKostG in der bis zum 14.8.2013 geltenden Fassung. Das BGebG als das Nachfolgegesetz zum VwKostG gilt nicht (§ 2 Abs. 2 S. 1 Nr. 3 BGebG). Der Verweis greift nicht, wenn die BNetzA im Wege der Organleihe handelt. In diesem Fall ist sie an das Landesrecht gebunden.

§ 92 *(aufgehoben)*

§ 93 Mitteilung der Bundesnetzagentur

¹Die Bundesnetzagentur veröffentlicht einen jährlichen Überblick über ihre Verwaltungskosten und die insgesamt eingenommenen Abgaben. ²Soweit erforderlich, werden Gebühren- und Beitragssätze in den Verordnungen nach § 91 Abs. 8 und § 92 Abs. 3 für die Zukunft angepasst.

A. Allgemeines

Die Vorschrift entspricht inhaltlich § 147 TKG. Zweck der Vorschrift ist die **1 Offenlegung der im Bereich des Energierechts anfallenden Verwaltungskosten** und der in diesem Bereich erwirtschafteten Einnahmen der Bundesnetzagentur. Einnahmen der Bundesnetzagentur sind die von den Energiewirtschaftsunternehmen entrichteten Abgaben, also Gebühren und Auslagen (§ 91). Aufgrund der Streichung des § 92 geht der Verweis auf dessen Abs. 3 fehl und sind Beiträge nicht von Bedeutung. Die Vorschrift kommt auch dann zur Anwendung, wenn von außerhalb des EnWG auf sie verwiesen wird (§§ 76, 78 WindSeeG; § 76 Abs. 4 MsbG, s. BerlKommEnergieR/*Prömper* EnWG § 93 Rn. 3).

B. Veröffentlichung im Überblick (S. 1)

Die Veröffentlichung erfolgt zwar nur im Überblick, muss aber, um ihrem Zweck **2** gerecht zu werden, so detailliert sein, dass anhand der Aufstellung die **Rechtmäßig- bzw. Rechtswidrigkeit einer Gebührenentscheidung überprüft** werden kann, soweit es um die zu veröffentlichenden Angaben geht. Zweckmäßig wird es daher sein, den Überblick der Kosten nach Arten von Verwaltungskosten zu gliedern: Personalausgaben, Sachausgaben, Ausgaben für die Inanspruchnahme von Fremdleistungen (so *Salje* EnWG § 93 Rn. 2). Die Kritik an dieser Auslegung (BerlKommEnergieR/*Prömper* EnWG § 93 Rn. 5ff.) übersieht, dass die zu gebenden Informationen die Kontrolle der Gebührenentscheidung nicht allein ermöglichen müssen. So kommen als weitere Informationsquellen Akteneinsichtsrechte und Ansprüche nach dem IFG in Betracht.

C. Anpassung von Gebühren- und Beitragssätzen (S. 2)

§ 93 S. 2 enthält einen über die bloße Informationspflicht der BNetzA hinaus- **3** gehenden **Handlungsauftrag an den Verordnungsgeber** im Sinne einer Anpassungspflicht. Betroffen sind die Verordnungen nach § 91 Abs. 8, der Verweis auf § 92 Abs. 3 geht fehl. Wenn nach Ablauf des Jahres festgestellt wird, dass die Gebühren und Beitragseinnahmen höher oder niedriger sind als der Verwaltungsaufwand, ist die Abgabenverordnung jedoch nicht unwirksam, vielmehr sind Änderungen für die Zukunft vorzunehmen und die Gebühren- bzw. Beitragssätze entsprechend anzupassen. Die Beschränkung auf zukünftige Anpassungen gilt nur für rechtmäßig erlassene Gebührenverordnungen (zB Prognoseunsicherheiten). Ergeben sich nachträglich Änderungen im Abgabenaufkommen oder den Verwaltungskosten und unterbleibt eine Änderung, so wird die Verordnung rechtswidrig (so ausdrücklich und zu Recht Scheurle/Mayen/*Roth* TKG § 147 Rn. 4.) Nur geringfügige Änderungen in der Kosten- und Einnahmerechnung sind unbeachtlich. Die Geringfügigkeit beurteilt sich danach, ob der Differenzbetrag in einem angemessenen Verhältnis zu den Kosten für die Änderung der betroffenen Verordnung steht.

4 Für die Beurteilung der **Rechtmäßigkeit** der Gebühren gelten die allgemeinen gebührenrechtlichen Grundsätze (→ § 91 Rn. 4 ff.).

Abschnitt 5. Sanktionen, Bußgeldverfahren

§ 94 Zwangsgeld

¹Die Regulierungsbehörde kann ihre Anordnungen nach den für die Vollstreckung von Verwaltungsmaßnahmen geltenden Vorschriften durchsetzen. ²Sie kann auch Zwangsmittel gegen juristische Personen des öffentlichen Rechts anwenden. ³Die Höhe des Zwangsgeldes beträgt mindestens 1 000 Euro und höchstens zehn Millionen Euro.

Literatur: *Becker,* Rechtsfragen der Genehmigung von Netzentgelten, ZNER 2005, 190.

A. Allgemeines

§ 94 S. 1 regelt, dass die Regulierungsbehörde ihre Entscheidungen nach den für die Vollstreckung von Verwaltungsakten geltenden Vorschriften durchsetzen kann. Dies sind im Fall der BNetzA das **Verwaltungsvollstreckungsgesetz** des Bundes, im Fall der Landesregierungen die **entsprechenden Regelungen des Landesrechts**. 1

Die eigentliche Bedeutung des § 94 besteht in dem in § 94 S. 3 angeordneten Rahmen für die **Höhe des Zwangsgeldes von 1.000 EUR bis höchstens 10 Mio. EUR**. Damit geht der Zwangsgeldrahmen im Bereich des Energiewirtschaftsrechtes erheblich über den Zwangsgeldrahmen im Verwaltungsvollstreckungsgesetz (§ 11 Abs. 3 VwVG: 25.000 EUR) hinaus. Dies trägt der besonderen wirtschaftlichen Bedeutung dieses Rechtsgebietes Rechnung. 2

Die noch im **Referentenentwurf** (§ 90 Abs. 2 EnWG-RefE) vorgesehene Möglichkeit, Zwangsgelder in der Weise anzuordnen, dass „**für jeden Tag der Nichtbefolgung**" ein Zwangsgeld entsteht, ohne dass es hierfür einer gesonderten Androhung und Festsetzung bedürfe, wurde im Gesetzesentwurf der Bundesregierung nicht aufgenommen. Ein Zwangsgeld kann jedoch wiederholt festgesetzt werden, wenn der Pflichtige dem Handlungsgebot des Verwaltungsakts nicht nachkommt. 3

Neu durch die EnWG-Novelle 2021 in das Gesetz aufgenommen wurde S. 2. Nunmehr kann die Regulierungsbehörde auch gegen juristische Personen des öffentlichen Rechts vorgehen. Die Gesetzesbegründung verweist auf den Betrieb von EVUs durch die Städte und Gemeinden selbst. Hier brauche es eine ausdrückliche Gestattung der Zwangsvollstreckung durch Rechtsvorschrift (BT-Drucks. 19/27453, 136). 4

B. Voraussetzungen für die Festsetzung eines Zwangsgeldes

Voraussetzung für die Verhängung eines Zwangsgeldes ist zunächst, dass die Voraussetzungen für die Zulässigkeit des Verwaltungszwangs nach § 6 VwVG vorliegen. Dies setzt in der Regel nach § 6 Abs. 1 VwVG einen **vollziehbaren Verwaltungsakt** voraus. Dies ist der Fall, wenn er unanfechtbar ist, die sofortige Vollziehung angeordnet ist oder ein Rechtsbehelf keine aufschiebende Wirkung hat. Eines konkreten Verstoßes gegen die zu erzwingende Pflicht bedarf es nicht. Nur bei 5

Duldungs- und Unterlassungspflichten müssen der Behörde konkrete Anhaltspunkte für einen gegenwärtigen oder zukünftigen Verstoß gegen die zu erzwingende Pflicht vorliegen, um die Vollstreckung einleiten zu können (OLG Düsseldorf Beschl. v. 27.5.2009 – VI-3 Kart 45/08, RdE 2010, 32).

6 Eine Androhung und Verhängung von Zwangsgeld setzt voraus, dass es sich bei der Handlung, die mit dem Verwaltungsakt auferlegt wird, um eine **unvertretbare Handlung** handelt. Unvertretbare Handlungen sind solche, die nur vom Willen des Pflichtigen abhängen.

7 Ein Zwangsgeld ist nach § 13 VwVG anzudrohen. Hierbei ist für die Erfüllung der Verpflichtung gleichzeitig eine Frist zu setzen. Zudem ist nach § 13 Abs. 5 VwVG das **Zwangsgeld in einer bestimmten Höhe anzudrohen.**

C. Rechtsschutz

8 Gegen eine Vollstreckungsmaßnahme (die Anordnung, die Festsetzung und die Vollstreckung des Zwangsgeldes) kann aufgrund von § 18 Abs. 1 VwVG **Beschwerde** nach §§ 75 ff. erhoben werden (OLG Düsseldorf Beschl. v. 17.6.2015 – VI-3 Kart 3/15 (V), BeckRS 2016, 12067 Rn. 29). Das Rechtsschutzbedürfnis entfällt, wenn das angedrohte Zwangsgeld bestandskräftig festgesetzt worden ist (OLG Düsseldorf Beschl. v. 1.10.2014 – VI-3 Kart 123/13 (V), Rn. 26, 27; s. BGH Beschl. v. 16.6.2015 – EnVZ 61/14, Rn. 2).

D. Verhältnis zu anderen Vorschriften

9 Das Zwangsgeld kann **kumulativ zu einer Strafe oder Geldbuße** verhängt werden (§ 13 Abs. 6 VwVG). Die Verhängung von Zwangsgeldern setzt kein Verschulden des Pflichtigen, dessen Handlung erzwungen werden soll, voraus (BFH Urt. v. 2.6.1992 – VII R 35/90, BFH/NV 1993, 46; Engelhardt/App/Schlatmann/*Troidl* VwVG § 11 Rn. 1; zu diesem Verhältnis ausführlich App/Wettlaufer/Klomfaß VerwVollstrR-HdB/*Klomfaß* Kap. 34 Rn. 4).

§ 95 Bußgeldvorschriften

(1) **Ordnungswidrig handelt, wer vorsätzlich oder fahrlässig**
1. **ohne Genehmigung nach § 4 Abs. 1 ein Energieversorgungsnetz betreibt,**
1a. **ohne eine Zertifizierung nach § 4a Absatz 1 Satz 1 ein Transportnetz betreibt,**
1b. **entgegen § 4c Satz 1 oder Satz 2 die Regulierungsbehörde nicht, nicht richtig, nicht vollständig oder nicht rechtzeitig unterrichtet,**
1c. **entgegen § 5 Absatz 1 Satz 1 erster Halbsatz, § 13b Absatz 1 Satz 1 erster Halbsatz oder § 113c Absatz 3 Satz 1 eine Anzeige nicht, nicht richtig, nicht vollständig oder nicht rechtzeitig erstattet,**
1d. **entgegen § 5 Absatz 2 Satz 3 die Tätigkeit beendet,**
2. **entgegen § 5 Absatz 3 Satz 1 eine Information nicht, nicht richtig, nicht vollständig oder nicht rechtzeitig vornimmt,**

Bußgeldvorschriften **§ 95**

2a. entgegen § 11 Absatz 1a oder 1b den Katalog von Sicherheitsanforderungen nicht, nicht richtig, nicht vollständig oder nicht rechtzeitig einhält,
2b. entgegen § 11 Absatz 1c eine Meldung nicht, nicht richtig, nicht vollständig oder nicht rechtzeitig vornimmt,
3. einer vollziehbaren Anordnung nach
   a) § 5 Absatz 4 Satz 3 oder Absatz 5 Satz 1, § 12c Absatz 1 Satz 2, § 15a Absatz 3 Satz 5, § 65 Abs. 1 oder 2 oder § 69 Absatz 7 Satz 1, Absatz 8 Satz 1 oder Absatz 11 Satz 1 oder Satz 2 oder
   b) § 30 Abs. 2 zuwiderhandelt,
3a. entgegen § 5a Absatz 1 Satz 1 *dort genannten*[1] Daten nicht, nicht richtig, nicht vollständig oder nicht rechtzeitig übermittelt,
3b. entgegen § 12b Absatz 5, § 12c Absatz 5 oder § 15a Absatz 1 Satz 1 einen Entwurf oder einen Netzentwicklungsplan nicht oder nicht rechtzeitig vorlegt,
3c. entgegen § 12g Absatz 1 Satz 3 in Verbindung mit einer Rechtsverordnung nach Absatz 3 einen Bericht nicht, nicht richtig, nicht vollständig oder nicht rechtzeitig vorlegt,
3d. entgegen § 12g Absatz 2 in Verbindung mit einer Rechtsverordnung nach Absatz 3 einen Sicherheitsplan nicht, nicht richtig, nicht vollständig oder nicht rechtzeitig erstellt oder einen Sicherheitsbeauftragten nicht oder nicht rechtzeitig bestimmt,
3e. *[aufgehoben]*
3f. entgegen § 13b Absatz 1 Satz 2 oder Absatz 5 Satz 1 eine dort genannte Anlage stilllegt,
3g. entgegen § 13e Absatz 4 Satz 1 Nummer 1 Erzeugungsleistung oder Erzeugungsarbeit veräußert,
3h. entgegen § 13e Absatz 4 Satz 1 Nummer 2 oder § 13g Absatz 1 Satz 1 oder 3 eine dort genannte Anlage nicht oder nicht rechtzeitig stilllegt,
3i. entgegen § 13g Absatz 4 Satz 1 Strom erzeugt,
4. entgegen § 30 Abs. 1 Satz 1 eine Marktstellung missbraucht oder
5. einer Rechtsverordnung nach
   a) § 17 Abs. 3 Satz 1 Nr. 1, § 24 Satz 1 Nr. 1 oder § 27 Satz 5, soweit die Rechtsverordnung Verpflichtungen zur Mitteilung, Geheimhaltung, Mitwirkung oder Veröffentlichung enthält,
   b) § 17 Abs. 3 Satz 1 Nr. 2, § 21a Abs. 6 Satz 1 Nr. 3, § 24 Satz 1 Nr. 2 oder 3 oder § 29 Abs. 3,
   c) § 49 Abs. 4 oder § 50,
   d) § 50f Absatz 1,
   e) § 111f Nummer 1 bis 3, 5 bis 7, 10 oder Nummer 14 Buchstabe b oder
   f) § 111f Nummer 8 Buchstabe a oder Buchstabe b, Nummer 9 oder Nummer 13
   oder einer vollziehbaren Anordnung auf Grund einer solchen Rechtsverordnung zuwiderhandelt, soweit die Rechtsverordnung für einen bestimmten Tatbestand auf diese Bußgeldvorschrift verweist.

---

[1] Wortlaut amtlich.

§ 95

(1a) Ordnungswidrig handelt, wer vorsätzlich oder leichtfertig
1. entgegen § 5b Absatz 1 Satz 1 oder Absatz 2 eine andere Person in Kenntnis setzt oder
2. entgegen § 12 Absatz 5 Satz 1 Nummer 2 oder Nummer 3 eine dort genannte Information nicht, nicht richtig, nicht vollständig oder nicht rechtzeitig übermittelt.

(1b) Ordnungswidrig handelt, wer entgegen Artikel 5 in Verbindung mit Artikel 2 Nummer 2 Buchstabe a der Verordnung (EU) Nr. 1227/2011 des Europäischen Parlaments und des Rates vom 25. Oktober 2011 über die Integrität und Transparenz des Energiegroßhandelsmarkts (ABl. L 326 vom 8.12.2011, S. 1) eine Marktmanipulation auf einem Energiegroßhandelsmarkt vornimmt.

(1c) Ordnungswidrig handelt, wer gegen die Verordnung (EU) Nr. 1227/2011 verstößt, indem er vorsätzlich oder leichtfertig
1. als Person nach Artikel 3 Absatz 2 Buchstabe e
    a) entgegen Artikel 3 Absatz 1 Buchstabe b eine Insiderinformation an Dritte weitergibt oder
    b) entgegen Artikel 3 Absatz 1 Buchstabe c einer anderen Person empfiehlt oder sie dazu verleitet, ein Energiegroßhandelsprodukt zu erwerben oder zu veräußern,
2. entgegen Artikel 4 Absatz 1 Satz 1 eine Insiderinformation nicht, nicht richtig, nicht vollständig oder nicht unverzüglich nach Kenntniserlangung bekannt gibt,
3. entgegen Artikel 4 Absatz 2 Satz 2 eine Insiderinformation nicht, nicht richtig, nicht vollständig oder nicht rechtzeitig übermittelt,
4. entgegen Artikel 4 Absatz 3 Satz 1 die Bekanntgabe einer Insiderinformation nicht sicherstellt,
5. entgegen Artikel 4 Absatz 3 Satz 2 nicht dafür sorgt, dass eine Insiderinformation bekannt gegeben wird,
6. entgegen Artikel 5 in Verbindung mit Artikel 2 Nummer 2 Buchstabe b Satz 1 eine Marktmanipulation auf einem Energiegroßhandelsmarkt vornimmt,
7. entgegen Artikel 8 Absatz 1 Satz 1 in Verbindung mit einer Verordnung nach Artikel 8 Absatz 2 Satz 1 eine dort genannte Aufzeichnung nicht, nicht richtig, nicht vollständig oder nicht rechtzeitig übermittelt,
8. entgegen Artikel 8 Absatz 5 Satz 1 in Verbindung mit einer Verordnung nach Artikel 8 Absatz 6 Satz 1 eine dort genannte Information nicht, nicht richtig, nicht vollständig oder nicht rechtzeitig übermittelt oder
9. entgegen Artikel 15 Absatz 1 die Bundesnetzagentur als nationale Regulierungsbehörde nicht, nicht richtig, nicht vollständig oder nicht rechtzeitig informiert.

(1d) Ordnungswidrig handelt, wer gegen die Verordnung (EU) Nr. 1227/2011 verstößt, indem er vorsätzlich oder fahrlässig
1. entgegen Artikel 9 Absatz 1 Satz 1 sich nicht oder nicht rechtzeitig bei der Bundesnetzagentur registrieren lässt oder
2. entgegen Artikel 9 Absatz 1 Satz 2 sich bei mehr als einer nationalen Regulierungsbehörde registrieren lässt.

(1e) Ordnungswidrig handelt, wer gegen die Verordnung (EU) 2019/943 des Europäischen Parlaments und des Rates verstößt, indem er

Bußgeldvorschriften **§ 95**

vorsätzlich oder fahrlässig die den Marktteilnehmern zur Verfügung zu stellende Verbindungskapazität zwischen Gebotszonen über das nach Artikel 15 Absatz 2 und Artikel 16 Absatz 3, 4, 8 und 9 der Verordnung (EU) 2019/943 des Europäischen Parlaments und des Rates vorgesehene Maß hinaus einschränkt.

(2) ¹Die Ordnungswidrigkeit kann in den Fällen des Absatzes 1 Nummer 3f bis 3i mit einer Geldbuße bis zu fünf Millionen Euro, in den Fällen des Absatzes 1 Nummer 1a, 1d, 3 Buchstabe b, Nummer 4 und 5 Buchstabe b, der Absätze 1b und 1c Nummer 2 und 6 mit einer Geldbuße bis zu einer Million Euro, über diesen Betrag hinaus bis zur dreifachen Höhe des durch die Zuwiderhandlung erlangten Mehrerlöses, in den Fällen des Absatzes 1 Nummer 5 Buchstabe f mit einer Geldbuße bis zu dreihunderttausend Euro, in den Fällen des Absatzes 1 Nummer 2 und 5 Buchstabe e mit einer Geldbuße bis zu fünfzigtausend Euro, in den Fällen des Absatzes 1 Nr. 5 Buchstabe a sowie des Absatzes 1a Nummer 2 und des Absatzes 1c Nummer 7 und 8 mit einer Geldbuße bis zu zehntausend Euro und in den übrigen Fällen mit einer Geldbuße bis zu hunderttausend Euro geahndet werden. ²Die Höhe des Mehrerlöses kann geschätzt werden. ³Gegenüber einem Transportnetzbetreiber oder gegenüber einem vertikal integrierten Unternehmen kann über Satz 1 hinaus in Fällen des Absatzes 1 Nummer 3 Buchstabe b und des Absatzes 1e eine höhere Geldbuße verhängt werden. ⁴Diese darf
1. in Fällen des Absatzes 1 Nummer 3 Buchstabe b 10 Prozent des Gesamtumsatzes, den der Transportnetzbetreiber oder das vertikal integrierte Unternehmen in dem der Behördenentscheidung vorausgegangenen Geschäftsjahr weltweit erzielt hat, nicht übersteigen oder
2. in Fällen des Absatzes 1e 10 Prozent des Gesamtumsatzes, den der Transportnetzbetreiber oder das vertikal integrierte Unternehmen in dem der Behördenentscheidung vorausgegangenen Geschäftsjahr weltweit erzielt hat, abzüglich der Umlagen nach § 26 des Kraft-Wärme-Kopplungsgesetzes vom 21. Dezember 2015 (BGBl. I S. 2498) in der jeweils geltenden Fassung und der Umlagen nach § 12 des Energiefinanzierungsgesetzes nicht übersteigen.

⁵Die Höhe des Gesamtumsatzes kann geschätzt werden. ⁶Ein durch die Zuwiderhandlung erlangter Mehrerlös bleibt unberücksichtigt.

(3) Die Regulierungsbehörde kann allgemeine Verwaltungsgrundsätze über die Ausübung ihres Ermessens bei der Bemessung der Geldbuße festlegen.

(4) ¹Die Verjährung der Verfolgung von Ordnungswidrigkeiten nach Absatz 1 richtet sich nach den Vorschriften des Gesetzes über Ordnungswidrigkeiten. ²Die Verfolgung der Ordnungswidrigkeiten nach Absatz 1 Nummer 3 Buchstabe b und Nummer 4 und 5 verjährt in fünf Jahren.

(5) Verwaltungsbehörde im Sinne des § 36 Absatz 1 Nummer 1 des Gesetzes über Ordnungswidrigkeiten ist in den Fällen des Absatzes 1 Nummer 2b das Bundesamt für Sicherheit in der Informationstechnik, im Übrigen die nach § 54 zuständige Behörde.

Übersicht

	Rn.
A. Allgemeines	1
I. Inhalt und Zweck	1
II. Entstehungsgeschichte	2
B. Ordnungswidrigkeit/Geldbuße	3
C. Ordnungswidrigkeitstatbestände	5
I. Struktur der Tatbestände	5
II. Betreiben eines Energieversorgungsnetzes ohne Genehmigung nach § 4 Abs. 1 (§ 95 Abs. 1 Nr. 1)	6
III. Betreiben eines Transportnetzes ohne Zertifizierung nach § 4a Abs. 1 S. 1 (§ 95 Abs. 1 Nr. 1a)	7
IV. Fehlende Unterrichtung nach § 4c (§ 95 Abs. 1 Nr. 1b)	8
V. Keine, keine richtige, keine vollständige oder keine rechtzeitige Erstattung einer Anzeige entgegen § 5 Abs. 1 S. 1. 1. Hs., § 13b Abs. 1 S. 1 Hs. 1 oder § 113c Abs. 3 S. 1 (§ 95 Abs. 1 Nr. 1c)	9
VI. Vorzeitige Beendigung der Tätigkeit als Energielieferant gem. § 5 Abs. 2 S. 3 (§ 95 Abs. 1 Nr. 1d)	12
VII. Keine, keine richtige, keine vollständige oder keine rechtzeitige Vornahme einer Information gem. § 5 Abs. 3 S. 1 (§ 95 Abs. 1 Nr. 2)	13
VIII. Nichteinhaltung von Sicherheitsanforderungen gemäß § 11 Abs. 1a oder b (§ 95 Abs. 1 Nr. 2a)	14
IX. Missachtung des Meldeerfordernisses gem. § 11 Abs. 1c (§ 95 Abs. 1 Nr. 2b)	15
X. Zuwiderhandlung gegen eine vollziehbare Anordnung (§ 95 Abs. 1 Nr. 3)	16
XI. Verstoß gegen Datenübermittlungspflicht aus § 5a Abs. 1 S. 1 (§ 95 Abs. 1 Nr. 3a)	17
XII. Verstoß gegen Vorlageverpflichtungen bezüglich des Netzentwicklungsplans (§ 95 Abs. 1 Nr. 3b)	19
XIII. Verstoß gegen Verpflichtungen im Zusammenhang mit dem Schutz europäisch kritischer Anlagen (§ 95 Abs. 1 Nr. 3c und 3d)	20
XIV. Verstoß gegen Verpflichtungen bei der Stilllegung von Erzeugungsanlagen nach § 13b (§ 95 Abs. 1 Nr. 3f)	21
XV. Verstöße gegen das Vermarktungsverbot, das Rückkehrverbot oder das Erzeugungsverbot der §§ 13e–13g (§ 95 Abs. 1 Nr. 3g–3i)	22
XVI. Missbrauch einer Marktstellung entgegen § 30 Abs. 1 S. 1 (§ 95 Abs. 1 Nr. 4)	23
XVII. Zuwiderhandlung gegen Rechtsverordnung oder vollziehbare Anordnung aufgrund einer Rechtsverordnung bei Verweis der Rechtsverordnung auf Bußgeldtatbestand für bestimmten Tatbestand (§ 95 Abs. 1 Nr. 5)	25
XVIII. Verletzung der Vertraulichkeit bei Verdachtsfällen nach der Verordnung über die Integrität und Transparenz des Energiegroßhandelsmarktes (§ 95 Abs. 1a Nr. 1)	30
XIX. Verletzung von § 12 Abs. 5 S. 1 Nr. 2 oder 3 (§ 95 Abs. 1a Nr. 2)	31
XX. Marktmanipulation nach Art. 5 VO (EU) Nr. 1227/2011 (§ 95 Abs. 1b)	32

Bußgeldvorschriften § 95

		Rn.
XXI.	Verstoß gegen Informationsverpflichtungen und Informationsverbote der VO (EU) Nr. 1227/2011 (§ 95 Abs. 1c)	33
XXII.	Verstöße gegen die Registrierung der Marktteilnehmer nach VO (EU) Nr. 1227/2011 (§ 95 Abs. 1d)	34
XXIII.	Verstoß gegen die Verordnung zum Elektrizitätsbinnenmarkt (§ 95 Abs. 1e)	35
D.	Verschuldensmaßstab	36
E.	Höhe der Geldbuße (§ 95 Abs. 2)	37
	I. Verstoß gegen gesetzliche Bestimmungen im EnWG	38
	II. Fahrlässigkeit und Vorsatz bei der Bemessung der Geldbuße	42
	III. Bemessung der Geldbuße	43
F.	Allgemeine Verwaltungsgrundsätze (§ 95 Abs. 3)	45
G.	Verjährung (§ 95 Abs. 4)	46
H.	Zuständige Behörde (§ 95 Abs. 5)	47
I.	Rechtsschutz	48

Literatur: *Achenbach,* Verfassungswidrigkeit variabler Obergrenzen der Geldbußenzumessung bei Kartellrechtsverstößen, WuW 2002, 1154; *Achenbach,* Das neue Recht der Kartellordnungswidrigkeiten, wistra 1999, 241; *Becker,* Rechtsfragen der Genehmigung von Netzentgelten, ZNER 2005, 190; *Boos,* Bußgeld wegen überhöhter Netzentgelte?, RdE 2004, 189; *Enaux/König,* Missbrauchs- und Sanktionsnormen im GWB-E, TKG und EnWG-E, N&R 2005, 1; *Göhler,* Gesetz über Ordnungswidrigkeiten: OWiG, 18. Aufl. 2021; *Hartog/Noack,* Die 7. GWB-Novelle, WRP 2005, 1396; *Herrlinger,* Änderungen der 7. GWB-Novelle im Rahmen des Gesetzgebungsverfahrens, WRP 2005, 1136; *Kamecke,* Die Bedeutung von Durchschnittspreisen für die Schätzung des Mehrerlöses in einem vom Durchschnitt abweichenden Markt, WRP 2005, 1407; *Lutz,* Schwerpunkte der 7. GWB-Novelle, WuW 2005, 718; *Meesen,* Die 7. GWB-Novelle – verfassungsrechtlich gesehen, WuW 2004, 733; *Mitsch,* Karlsruher Kommentar zum Gesetz über Ordnungswidrigkeiten, 5. Aufl. 2018 (zit. KK-OWiG/*Bearbeiter*).

A. Allgemeines

I. Inhalt und Zweck

Der Katalog der Bußgeldvorschriften ergänzt die im Gesetz vorgesehenen Instrumente der Regulierung um die Möglichkeit der **bußgeldbewehrten Sanktion**. Gegenüber § 19 EnWG 1998 wurden die Bußgeldvorschriften angepasst und erweitert, da das neue Regelungssystem eine Reihe von neuen Verpflichtungen enthält, deren Bußgeldbewehrung vom Gesetzgeber für notwendig gehalten wurde. Die Bußgeldvorschriften stellen damit einen wichtigen Baustein zur Durchsetzung gesetzlicher und regulatorischer Ziele dar. Die Bußgeldtatbestände betreffen Verstöße gegen formelle und materielle Bestimmungen dieses Gesetzes, gegen auf der Grundlage dieses Gesetzes erlassene Rechtsverordnungen sowie gegen Entscheidungen der Regulierungsbehörde und der nach Landesrecht zuständigen Behörden (BT-Drs. 15/3917, 73). 1

II. Entstehungsgeschichte

2   Die Bußgeldvorschriften waren schon im Gesetzesentwurf der BReg enthalten (BT-Drs. 15/3917, 35). Bis auf einige **geringfügige Änderungen** (überwiegend formaler Natur) im Laufe des Gesetzgebungsverfahrens, die durch den Ausschuss für Wirtschaft und Arbeit eingebracht wurden (BT-Drs. 15/5268, 77 f.; auch schon Ausschussdrucks. 15(9)1811, 33 f.), wurde der Entwurf der BReg im Wesentlichen Gesetz. Eingefügt wurde später insbesondere § 95 Abs. 1 a. Mit dem Gesetz zur Förderung der Kraft-Wärmekopplung vom 25.10.2008 wurde Abs. 1 Nr. 5 bezüglich weiterer Grundlagen der Anreizregulierungsverordnung und der Netzzugangsverordnung ergänzt. Eine große Zahl **weiterer Bußgeldtatbestände** wurde durch die weiteren Novellierungen des Gesetzes, insbesondere durch die Gesetze vom 26.7.2011, vom 16.1.2012, vom 5.12.2012, vom 20.12.2012, vom 27.6.2016, 23.6.2017, 17.7.2017, 17.12.2018, vom 8.8.2020 (BGBl. 2020 I S. 1818), vom 16.7.2021 (BGBl. 2021 I S. 3026) und durch zahlreiche energierechtliche Gesetze 2022 eingefügt bzw. modifiziert.

B. Ordnungswidrigkeit/Geldbuße

3   Nach § 1 OWiG ist eine Ordnungswidrigkeit eine **rechtswidrige und vorwerfbare Handlung,** die den Tatbestand eines Gesetzes verwirklicht, das die Ahndung mit einer Geldbuße zulässt.

4   Die Geldbuße ist eine Unrechtsfolge für eine tatbestandsmäßige rechtswidrige und vorwerfbare Handlung. Zwar hat sie wie die Strafe auch repressiven Charakter, ihr **fehlt aber das sozialethische Unwerturteil** (BVerfG Urt. v. 6.6.1967 − 2 BvR 375/60 ua, BVerfGE 22, 49 (79); Beschl. v. 21.6.1977 − 2 BvR 70/75, BVerfGE 45, 272 (288 f.); Göhler/*Gürtler/Thoma* OWiG vor § 1 Rn. 9). Sie dient der Durchsetzung einer bestimmten Ordnung und soll dazu anhalten, die gesetzte Ordnung zu beachten. Bei wirtschaftlichen Betätigungen dient sie ferner der Gewinnabschöpfung und der Vorbeugung unlauteren Gewinnstrebens (Göhler/*Gürtler/Thoma* OWiG vor § 1 Rn. 9).

C. Ordnungswidrigkeitstatbestände

I. Struktur der Tatbestände

5   Die Ordnungswidrigkeitstatbestände sind in § 95 Abs. 1–1 e geregelt. Die Tatbestände des § 95 Abs. 1 folgen in der **Reihenfolge** ihrer Begehungsmöglichkeiten grundsätzlich dem **Aufbau des Gesetzes,** soweit sie nicht aus Gründen der gebotenen Kürze zusammengefasst sind (BT-Drs. 15/3917, 73). § 95 Abs. 1 a sanktioniert Verstöße gegen die Verschwiegenheitspflichten des § 5b sowie gegen die Berichtspflicht des § 12 Abs. 5. § 95 Abs. 1 b–1 d betreffen Verstöße gegen die Verordnung über die Integrität und Transparenz des Energiegroßhandelsmarkts. § 95 Abs. 1 e regelt Verstöße gegen die VO (EU) 2019/943 über den Elektrizitätsbinnenmarkt.

II. Betreiben eines Energieversorgungsnetzes ohne Genehmigung nach § 4 Abs. 1 (§ 95 Abs. 1 Nr. 1)

§ 95 Abs. 1 Nr. 1 ist an § 19 Abs. 1 Nr. 1 EnWG 1998 angelehnt und geht über die Vorgängervorschrift insoweit hinaus, als nicht nur die Aufnahme der Energieversorgung, sondern jedes Betreiben eines Energieversorgungsnetzes ohne Genehmigung bußgeldbewehrt ist. Hierdurch soll – auch im Hinblick auf die Verfolgungsverjährung – klargestellt werden, dass der eigentliche Kern des zu sanktionierenden Verhaltens der **Betrieb eines Energieversorgungsnetzes ohne Genehmigung** ist, nicht nur die bloße Aufnahme des Betriebs ohne Genehmigung (BT-Drs. 15/3917, 73). Entscheidend ist, ob die Genehmigung zum Zeitpunkt des Betriebs wirksam erteilt ist. Das Erfüllen aller Genehmigungsvoraussetzungen hindert die Ahndung als solche nicht (so auch BerlKommEnergieR/*Staebe* EnWG § 95 Rn. 16). 6

III. Betreiben eines Transportnetzes ohne Zertifizierung nach § 4a Abs. 1 S. 1 (§ 95 Abs. 1 Nr. 1a)

Nach § 4a Abs. 1 S. 1 bedarf der Betrieb eines Transportnetzes der Zertifizierung durch die Regulierungsbehörde. Das Verbot, ein Transportnetz ohne Zertifizierung nach § 4a zu betreiben, ist durch den **Bußgeldtatbestand** pönalisiert. Die Bedeutung der Bußgeldvorschrift besteht darin, dass neue Betreiber von Transportnetzen den **Betrieb dieser Netze vor Zertifizierung nicht aufnehmen dürfen.** 7

IV. Fehlende Unterrichtung nach § 4c (§ 95 Abs. 1 Nr. 1b)

Nach § 4c sind Transportnetzbetreiber verpflichtet, die Regulierungsbehörde unverzüglich über alle geplanten **Transaktionen** und Maßnahmen sowie sonstige Umstände zu unterrichten, die eine **Neubewertung der Zertifizierungsvoraussetzungen** nach §§ 4a und 4b erforderlich machen könnten. Dies sind alle Umstände, die für die Bewertung des Vorliegens der eigentumsrechtlichen Entflechtung (§ 8), des Vorliegens eines unabhängigen Systembetreibers (§ 9) oder des Vorliegens eines unabhängigen Transportnetzbetreibers (§§ 10–10e) Bedeutung haben können. Maßgeblich ist nicht, ob durch die geplante Transaktion der Zertifizierung die Grundlage entzogen wird. Die Mitteilungspflicht wird vielmehr bereits dadurch ausgelöst, dass die Zertifizierungsfrage neu aufgeworfen wird. 8

V. Keine, keine richtige, keine vollständige oder keine rechtzeitige Erstattung einer Anzeige entgegen § 5 Abs. 1 S. 1. 1. Hs., § 13b Abs. 1 S. 1 Hs. 1 oder § 113c Abs. 3 S. 1 (§ 95 Abs. 1 Nr. 1c)

§ 95 Abs. 1 Nr. 1c betrifft die Verpflichtung zur unverzüglichen **Anzeige der Aufnahme,** Änderung und Beendigung der Tätigkeit von EVU, die Haushaltskunden mit Energie beliefern, bei der Regulierungsbehörde nach § 5 Abs. 1 S. 1 Hs. 1. Insbesondere muss der Energielieferant im Falle der Beendigung darlegen, ob er bis zum Zeitpunkt der geplanten Beendigung seiner Tätigkeit seine vertraglichen Verpflichtungen gegenüber Haushaltskunden noch erfüllen kann. 9

§ 13b enthält Verpflichtungen bei der vorläufigen oder endgültigen Stilllegung von Anlagen zur Erzeugung oder Speicherung elektrischer Energie mit einer Nennleistung von mehr als 10 MW. Die vorläufige oder endgültige Stilllegung 10

§ 95 Teil 8. Verfahren

einer solchen Anlage ist dem systemverantwortlichen Betreiber des Übertragungsnetzes und der Bundesnetzagentur möglichst frühzeitig, **mindestens aber zwölf Monate vorher anzuzeigen.** § 95 Abs. 1 Nr. 1 c sanktioniert den Betreiber, der die Anzeige nicht, nicht richtig, nicht vollständig oder nicht rechtzeitig erstattet.

11   § 113 c Abs. 3 S. 1 bezieht sich auf die **Anzeige der Umstellung** einer Leitung für den Transport von Erdgas auf den Transport von Wasserstoff. Diese Anzeige dient dazu, dass die zuständige Behörde rechtzeitig die notwendigen Überprüfungen durchführen kann. Eine fehlende Anzeige kann daher eine Gefahr für die öffentliche Sicherheit begründen (BT-Drs. 19/31009, 19).

VI. Vorzeitige Beendigung der Tätigkeit als Energielieferant gem. § 5 Abs. 2 S. 3 (§ 95 Abs. 1 Nr. 1 d)

12   Ausweislich der Begründung der Beschlussempfehlung des ändernden Gesetzes greift die Vorschrift ein, wenn ein Energielieferant entgegen **§ 5 Abs. 2 S. 3** seine Tätigkeit vor Ablauf des in der Anzeige der Beendigung nach § 5 Abs. 1 S. 1 Hs. 1 enthaltenen geplanten Beendigungstermins beendet, ohne einen Antrag auf Eröffnung des Insolvenzverfahrens gestellt zu haben (BT-Drs. 20/2402, 47). Ziel der Vorschrift ist eine wirksame Sanktionierung in einem „Kernbereich der Energiebelieferung der Allgemeinheit" (BT-Drs. 20/2402, 47).

VII. Keine, keine richtige, keine vollständige oder keine rechtzeitige Vornahme einer Information gem. § 5 Abs. 3 S. 1 (§ 95 Abs. 1 Nr. 2)

13   § 95 Abs. 1 Nr. 2 betrifft die **Information** betroffener Haushaltskunden und Netzbetreiber von der Beendigung der Tätigkeit des Energielieferanten gem. § 5 Abs. 3 S. 1. Die Information allein auf den Internetseiten der Bundesnetzagentur wird nicht als ausreichend angesehen (vgl. BT-Drs. 20/1599, 50).

VIII. Nichteinhaltung von Sicherheitsanforderungen gemäß § 11 Abs. 1 a oder b (§ 95 Abs. 1 Nr. 2 a)

14   § 95 Abs. 1 Nr. 2 a sanktioniert die Missachtung des von der Regulierungsbehörde im Benehmen mit dem Bundesamt für Sicherheit in der Informationstechnik aufgestellten **Katalogs von Sicherheitsanforderungen** nach § 11 Abs. 1 a S. 2 bzw. Abs. 1 b S. 2. Bei diesen Katalogen geht es um die Abwehr von Bedrohungen für telekommunikationsbezogene und elektronische Datenverarbeitungssysteme im Hinblick auf Energieversorgungsnetze und solche Energieanlagen, die als Kritische Infrastruktur bestimmt wurden. Der Verstoß kann darin liegen, dass der jeweilige Katalog nicht, nicht richtig, nicht vollständig oder nicht rechtzeitig eingehalten wurde. Damit geht es um die vollständige Missachtung, die fehlerhafte Handhabung einzelner Vorgaben, die Nichtbeachtung einzelner Punkte des Katalogs oder die Missachtung in zeitlicher Hinsicht.

IX. Missachtung des Meldeerfordernisses gem. § 11 Abs. 1 c (§ 95 Abs. 1 Nr. 2 b)

15   Nach § 95 Abs. 1 Nr. 2 b handelt ordnungswidrig, wer entgegen § 11 Abs. 1 c eine Meldung nicht, nicht richtig, nicht vollständig oder nicht rechtzeitig vor-

Bußgeldvorschriften **§ 95**

nimmt. Bei § 11 Abs. 1 c geht es im Wesentlichen um **EDV-bezogene Störungen** bei Betreibern von Energieversorgungsnetzen und von solchen Energieanlagen, die als Kritische Infrastruktur bestimmt wurden.

X. Zuwiderhandlung gegen eine vollziehbare Anordnung (§ 95 Abs. 1 Nr. 3)

§ 95 Abs. 1 Nr. 3 bestimmt, dass Verstöße gegen vollziehbare Anordnungen auf der Grundlage der aufgezählten Rechtsgrundlagen Ordnungswidrigkeiten darstellen. Im Hinblick darauf, dass mit der Novellierung des Energiewirtschaftsrechts ein neues Regelungssystem geschaffen wird, das zahlreiche neue gesetzliche Verpflichtungen für die Adressaten enthält, die in der Praxis auch zu Unwägbarkeiten in der Rechtsanwendung führen könnten, wurde aus Verhältnismäßigkeitsgesichtspunkten der **unmittelbare Verstoß gegen die meisten Verpflichtungen nicht mit einer Bußgeldbewehrung sanktioniert.** Dagegen sind jedoch Verstöße gegen vollziehbare Anordnungen nach den in § 95 Nr. 3 aufgezählten Rechtsgrundlagen, die die Verpflichtungen der Adressaten in konkreter und eindeutiger Form bestimmen, bußgeldbewehrt. Im Hinblick auf das Verhältnismäßigkeitsprinzip und den jeweiligen Unrechtsgehalt eines Verstoßes gegen vollziehbare Anordnungen werden insoweit nur Verstöße gegen vollziehbare Anordnungen nach § 30 Abs. 2 dem höheren Bußgeldrahmen nach § 95 Abs. 2 S. 1 unterstellt (BT-Drs. 15/3917, 73 f.).

16

XI. Verstoß gegen Datenübermittlungspflicht aus § 5 a Abs. 1 S. 1 (§ 95 Abs. 1 Nr. 3 a)

Eine Ordnungswidrigkeit begeht, wer entgegen § 5 a Abs. 1 S. 1 die dort genannten Daten nicht, nicht richtig, nicht vollständig oder nicht rechtzeitig übermittelt. § 5 a Abs. 1 S. 1 enthält eine Verpflichtung sämtlicher EVU, die Energie an Kunden verkaufen, die hierfür erforderlichen **Daten über sämtliche mit Großhandelskunden und Transportnetzbetreibern sowie im Gasbereich mit Betreibern von Speicheranlagen und LNG-Anlagen im Rahmen** von Energieversorgungsverträgen und Energiederivaten **getätigten Transaktionen** für die Dauer von fünf Jahren zu speichern und sie auf Verlangen der Regulierungsbehörde, dem BKartA, den Landeskartellbehörden sowie der Europäischen Kommission zu ermitteln, soweit dies für deren jeweilige Aufgabenerfüllung erforderlich ist. Nach § 5 a Abs. 1 S. 2 umfassen die Daten die genauen Angaben zu den Merkmalen der Transaktion wie Laufzeit-, Lieferzeit- und Abrechnungsbedingungen, Menge, Datum und Uhrzeit der Ausführung, Transaktionspreise und Angaben zur Identifizierung des betreffenden Vertragspartners sowie entsprechende Angaben zu sämtlichen offenen Positionen und zu nicht abgerechneten Energieversorgungsverträgen und Energiederivaten.

17

Bußgeldbewährt ist nur die **fehlende, fehlerhafte oder nicht rechtzeitige Übermittlung** der Daten. Der Bußgeldtatbestand wird also nicht bereits dann verwirklicht, wenn die Daten entgegen der Vorschrift nicht gespeichert werden. Auslösend für den Bußgeldtatbestand ist also die fehlende Übermittlung. Scheitert die Übermittlung daran, dass zuvor die **Daten** entgegen § 5 a Abs. 1 S. 1 **nicht gespeichert** wurden, dürfte der Tatbestand trotzdem verwirklicht sein. Das Unvermögen der Übermittlung zum Zeitpunkt der Übermittlungsaufforderung dürfte, da pflichtenwidrig, nicht rechtfertigend wirken.

18

XII. Verstoß gegen Vorlageverpflichtungen bezüglich des Netzentwicklungsplans (§ 95 Abs. 1 Nr. 3 b)

19   § 12b enthält die Verpflichtung der Betreiber von Übertragungsnetzen (Strom), einen nationalen Netzentwicklungsplan zu entwickeln. Eine entsprechende Verpflichtung enthält § 15a für die Fernleitungsnetzbetreiber (Gas). Im Rahmen der Entwicklung des Netzentwicklungsplans und der Bestätigung des Entwurfes durch die Regulierungsbehörde bestehen verschiedene **Vorlagepflichten** zunächst hinsichtlich des Entwurfs und dann hinsichtlich des endgültigen Netzentwicklungsplans. Durch § 95 Abs. 1 S. 1 Nr. 3b ist es pönalisiert, den Netzentwicklungsplan bzw. den Entwurf nicht oder nicht rechtzeitig vorzulegen. Da in den Vorschriften über den Netzentwicklungsplan ein **Zusammenwirken sämtlicher Transportnetzbetreiber** in den jeweiligen Bereichen Strom und Gas erforderlich ist, dürfte bei Nichterfüllung die Feststellung des Verschuldens nicht einfach sein. Der subjektive Tatbestand ist nämlich nur erfüllt, **wenn der konkrete Betreiber,** gegen den ein Ordnungswidrigkeitenverfahren durchgeführt wird, **gegen seine Verpflichtungen verstoßen hat.** Kommt es aufgrund von Umständen, die er nicht zu vertreten hat, nicht zur rechtzeitigen Vorlage, trifft ihn kein Verschulden.

XIII. Verstoß gegen Verpflichtungen im Zusammenhang mit dem Schutz europäisch kritischer Anlagen (§ 95 Abs. 1 Nr. 3 c und 3 d)

20   Nach § 12g Abs. 1 S. 1 bestimmt die Regulierungsbehörde diejenigen Anlagen oder Teile von Anlagen des Übertragungsnetzes, deren Störung oder Zerstörung erhebliche Auswirkungen in mindestens zwei Mitgliedstaaten der Europäischen Union haben kann (europäisch kritische Anlage). Zur Vorbereitung der Festlegung haben die Betreiber von Übertragungsnetzen der Regulierungsbehörde einen **Bericht vorzulegen,** in dem Anlagen ihres Netzes, deren Störung oder Zerstörung erhebliche Auswirkungen in mindestens zwei Mitgliedstaaten haben kann, vorgeschlagen werden und dies begründet wird. Ordnungswidrig handelt der Übertragungsnetzbetreiber, der diesen Bericht nicht, nicht richtig, nicht vollständig oder nicht rechtzeitig vorlegt. In einer zweiten Stufe haben die Betreiber von Übertragungsnetzen zum Schutz der durch die Regulierungsbehörde bestimmten europäisch kritischen Anlagen **Sicherheitspläne zu erstellen sowie Sicherheitsbeauftragte zu bestimmen** und der Regulierungsbehörde nachzuweisen. Ordnungswidrig handelt, wer den Sicherheitsplan nicht, nicht richtig, nicht vollständig oder nicht rechtzeitig erstellt oder einen Sicherheitsbeauftragten nicht oder nicht rechtzeitig bestimmt. Das Gesetz stellt hierbei auf das Erstellen der Sicherheitspläne sowie die Bestimmung des Sicherheitsbeauftragten ab, nicht auf den Nachweis bei der Regulierungsbehörde. Wird der Sicherheitsplan erstellt und der Sicherheitsbeauftragte bestimmt, führt allein ein Verstoß des Nachweises gegenüber der Regulierungsbehörde nicht zur Verwirklichung des Bußgeldtatbestandes.

XIV. Verstoß gegen Verpflichtungen bei der Stilllegung von Erzeugungsanlagen nach § 13 b (§ 95 Abs. 1 Nr. 3 f)

21   Eine Ordnungswidrigkeit nach § 95 Abs. 1 Nr. 3f begeht, wer vor Ablauf dieser Anzeigepflicht eine Anlage stilllegt oder wer **entgegen § 13b Abs. 1 S. 2 oder Abs. 5 eine Anlage stilllegt.** Das Stilllegungsverbot nach Abs. 5 betrifft Anlagen

mit einer Nennleistung ab 50 MW, soweit sie durch den systemverantwortlichen Betreiber des Übertragungsnetzes als systemrelevante Anlage ausgewiesen wurde, die Ausweisung durch die BNetzA genehmigt worden ist und der Weiterbetrieb technisch und rechtlich möglich ist.

XV. Verstöße gegen das Vermarktungsverbot, das Rückkehrverbot oder das Erzeugungsverbot der §§ 13 e –13 g (§ 95 Abs. 1 Nr. 3 g–3 i)

Die Tatbestände des § 95 Abs. 1 Nr. 3 g–3 i wurden durch das Strommarktgesetz (hierzu *Stelter/Ipsen* EnWZ 2016, 483) in das EnWG eingefügt. Der Gesetzgeber wollte damit die bestehenden Ordnungswidrigkeitentatbestände in den Fällen eines Verstoßes gegen das Vermarktungsverbot gemäß § 13 e Abs. 4 S. 1 Nr. 1, gegen das Rückkehrverbot gemäß § 13 e Abs. 4 S. 1 Nr. 2 EnWG bzw. § 13 g Abs. 1 S. 1 EnWG oder § 13 g Abs. 1 S. 3 EnWG oder des Erzeugungsverbotes gemäß § 13 g Abs. 2 S. 1 ergänzen (BT-Drs. 18/7317, 126). Ziel der Gesetzesänderung ist es zu verhindern, dass die Betreiber gegen die Verbote verstoßen und der Wettbewerb auf dem Strommarkt verzerrt wird. 22

XVI. Missbrauch einer Marktstellung entgegen § 30 Abs. 1 S. 1 (§ 95 Abs. 1 Nr. 4)

§ 95 Abs. 1 Nr. 4 betrifft die missbräuchliche Ausnutzung einer Marktstellung entgegen § 30 Abs. 1 S. 1. Da solche Verstöße im Hinblick auf die Ziele des Gesetzes und der Regulierung als schwerwiegend eingestuft werden, sind diese unmittelbar bußgeldbewehrt (BT-Drs. 15/3917, 74). § 95 Abs. 1 Nr. 4 stuft schon den **Missbrauch selbst als bußgeldbewehrte Ordnungswidrigkeit** ein. Er folgt damit dem Vorbild des § 81 Abs. 1, 2 GWB. Im Gegensatz dazu knüpft § 149 Abs. 1 Nr. 4 TKG die Bußgeldverhängung erst an eine Zuwiderhandlung gegen eine vollziehbare Anordnung der Regulierungsbehörde zur Beendigung des Missbrauchs. Lediglich die Erhebung eines nicht genehmigten Entgelts stellt als besonderer Fall des Missbrauchs auch ohne eine vorherige Verfügung der Regulierungsbehörde eine Ordnungswidrigkeit dar, § 149 Abs. 1 Nr. 6 TKG iVm §§ 30 Abs. 1, 39 Abs. 1 TKG (*Enaux/König*, N&R 2005, 1 (6)). Auch hier handelt es sich um die Sanktionierung eines formellen Verstoßes. 23

Die Regelung des § 95 Abs. 1 Nr. 4 ist im Hinblick auf den **Bestimmtheitsgrundsatz** (Art. 103 Abs. 2 GG, hierzu BVerfG Beschl. v. 22.6.1988 – 2 BvR 234/87, BVerfGE 78, 374 (382)) **problematisch.** Zwar wird der Missbrauch einer marktbeherrschenden Stellung durch Regelbeispiele in § 30 Abs. 1 S. 2 näher konkretisiert, die Konkretisierung erfolgt jedoch überwiegend durch unbestimmte Rechtsbegriffe, die oft kaum einer Subsumtion zugänglich sind. Daher kann ein Bußgeld nur dann verhängt werden, wenn über das Vorliegen der Tatbestandsvoraussetzungen kein Zweifel besteht, diese also eindeutig vorliegen (BGH Urt. v. 29.1.1953 – 5 StR 408/52, BGHSt 4, 24 (32)). Im Hinblick auf den Bestimmtheitsgrundsatz ist zudem problematisch, dass das Vorliegen eines Missbrauchs oft erst im Rahmen des Vorliegens einer sachlichen Rechtfertigung festgestellt werden kann. Hierzu ist eine wenig strukturierte Abwägung durchzuführen. Der Tatbestand erfüllt damit nicht seine Warnfunktion für den Normadressaten. Vielmehr ist auch für erfahrene Normanwender oft nicht vorher prognostizierbar, wie Behörden und Gerichte hier entscheiden werden. Erschwerend kommt hinzu, dass ein 24 sozialethisches Unwerturteil nicht erforderlich ist und auch eine fahrlässige Handlung bußgeldbewehrt ist.

XVII. Zuwiderhandlung gegen Rechtsverordnung oder vollziehbare Anordnung aufgrund einer Rechtsverordnung bei Verweis der Rechtsverordnung auf Bußgeldtatbestand für bestimmten Tatbestand (§ 95 Abs. 1 Nr. 5)

25   § 95 Abs. 1 Nr. 5 ermöglicht dem Verordnungsgeber die **Pönalisierung** bestimmter **in den Verordnungen enthaltener Pflichten.** Darüber hinaus kann der Verordnungsgeber vorsehen, dass der Verstoß gegen bestimmte in den Verordnungen vorgesehene Verwaltungsakte eine Ordnungswidrigkeit darstellt.

26   § 95 Abs. 1 Nr. 5 enthält eine weitere Unterscheidung von Bußgeldtatbeständen im Hinblick auf die jeweiligen Bußgeldrahmen nach § 95 Abs. 2. Mit Blick auf das Verhältnismäßigkeitsprinzip und den jeweiligen zu bewehrenden Unrechtsgehalt eines Verstoßes gegen die nach den aufgeführten Ermächtigungen ergangenen Rechtsverordnungen sollen nur diejenigen Tatbestände dem **hohen Bußgeldrahmen von 1 Mio. EUR** unterstellt werden, die in Buchstabe b erfasst sind, also Rechtsverordnungen nach § 17 Abs. 3 S. 1 Nr. 2, § 21a Abs. 6 S. 1 Nr. 3, § 24 S. 1 Nr. 2 oder 3 bzw. § 29 Abs. 3.

27   In § 95 Abs. 1 Nr. 5 lit. a und b werden aus Gründen der Bestimmtheit diejenigen Sachverhalte näher bestimmt, die in den entsprechenden Rechtsverordnungen mit Bußgeldtatbeständen bewehrt werden können. Hierdurch wurde dem **Verordnungsgeber ein Rahmen vorgegeben,** der durch die jeweiligen Rechtsverordnungen näher ausgefüllt wurde.

28   Durch das Strommarktgesetz ist in das EnWG eine Verordnungsermächtigung zum **Marktstammdatenregister** nach § 111f aufgenommen worden. § 95 Abs. 1 Nr. 5 lit. d und e betrifft Verstöße gegen dort geregelte Melde- und Registerpflichten. Die Aufteilung auf verschiedene Buchstaben dient der Sanktionierung in unterschiedlicher Höhe (hierzu *Kment/Huber* EnWG § 95 Rn. 11).

29   § 95 Abs. 1 Nr. 5 lit. c bestimmt, dass Verstöße gegen eine Rechtsverordnung über Anforderungen an die **technische Sicherheit von Energieanlagen** nach § 49 Abs. 4, gegen eine Rechtsverordnung zur Sicherung der Energieversorgung nach § 50 oder gegen eine vollziehbare Anordnung aufgrund solcher Rechtsverordnungen durch den Verordnungsgeber mit Bußgeld bedroht werden können. Hierdurch wird dem Umstand Rechnung getragen, dass die genannten Vorschriften die essenziellen Ziele der Sicherheit und Zuverlässigkeit der Energieversorgung betreffen und damit im grundlegenden Allgemeininteresse liegen (BT-Drs. 15/3917, 74). Der Verordnungsgeber hat hiervon in § 19 GasHDrLtgV Gebrauch gemacht.

XVIII. Verletzung der Vertraulichkeit bei Verdachtsfällen nach der Verordnung über die Integrität und Transparenz des Energiegroßhandelsmarktes (§ 95 Abs. 1a Nr. 1)

30   Personen, die beruflich **Transaktionen mit Energiegroßhandelsprodukten** arrangieren, dürfen über Verdachtsfälle nach Art. 15 S. 1 VO (EU) Nr. 1227/2011 lediglich zur Berufsverschwiegenheit verpflichtete Personen sowie staatliche Stellen unterrichten. Nach § 5b Abs. 2 sind auch Adressaten von Maßnahmen der Bundesnetzagentur verpflichtet, ausschließlich zur Berufsverschwiegenheit verpflichtete

Personen sowie staatliche Stellen von diesen Maßnahmen oder von einem daraufhin eingeleiteten Ermittlungsverfahren in Kenntnis zu setzen. Die Vorschrift schützt die Verwaltungstätigkeit der Regulierungsbehörde davor, dass mögliche Betroffene vorzeitig von ihrer Tätigkeit Kenntnis erlangen und mögliche Verstöße vertuschen können.

XIX. Verletzung von § 12 Abs. 5 S. 1 Nr. 2 oder 3 (§ 95 Abs. 1a Nr. 2)

Gem. § 12 Abs. 5 Nr. 2 und 3 müssen die Betreiber von Elektrizitätsversorgungs- 31
netzen der Bundesnetzagentur näher bezeichnete **Informationen** übermitteln, **die dem Monitoring dienen**. Ordnungswidrig handelt, wer diese Informationen nicht, nicht richtig, nicht vollständig oder nicht rechtzeitig übermittelt.

XX. Marktmanipulation nach Art. 5 VO (EU) Nr. 1227/2011 (§ 95 Abs. 1b)

Art. 5 VO (EU) Nr. 1227/2011 über die Integrität und Transparenz des Energie- 32
großhandelsmarktes **verbietet Marktmanipulationen**. Wer eine solche Marktmanipulation vornimmt, handelt nach § 95 Abs. 1b ordnungswidrig. Die Ordnungswidrigkeit ist in diesem Fall mit einer Geldbuße iHv 1 Mio. EUR bedroht.

XXI. Verstoß gegen Informationsverpflichtungen und Informationsverbote der VO (EU) Nr. 1227/2011 (§ 95 Abs. 1c)

Die VO (EU) Nr. 1227/2011 enthält umfangreiche Anforderungen an die 33
Informationsübermittlung, insbesondere von Insiderinformationen. Daneben ist auch das Verbreiten von Informationen über die Medien oder anderem Wege, die falsche oder irreführende Signale für das Angebot von Energiegroßhandelsprodukten setzen, verboten (Art. 5 iVm Art. 2 Nr. 2b S. 1 VO (EU) Nr. 1227/2011). Das Gesetz deckt hier nahezu jede Möglichkeit des Verstoßes gegen die Verordnung ab und sanktioniert diese Verstöße als Ordnungswidrigkeiten.

XXII. Verstöße gegen die Registrierung der Marktteilnehmer nach VO (EU) Nr. 1227/2011 (§ 95 Abs. 1d)

Marktteilnehmer, die Transaktionen abschließen, die gem. Art. 8 Abs. 1 eine 34
Meldepflicht auslösen, müssen sich bei der nationalen **Regulierungsbehörde** in dem Mitgliedstaat, in dem sie ihren Sitz haben oder ansässig sind, **registrieren lassen**. Sie dürfen sich nur bei einer Regulierungsbehörde registrieren lassen. Ein Verstoß gegen diese Pflichten ist mit Bußgeld bedroht, und zwar sowohl der Verstoß gegen die Registrierungspflicht als auch der Verstoß gegen das Verbot der Doppelregistrierung.

XXIII. Verstoß gegen die Verordnung zum Elektrizitätsbinnenmarkt (§ 95 Abs. 1e)

Gem. § 95 Abs. 1e handelt ordnungswidrig, wer gegen die **VO (EU) 2019/943** 35
über den Elektrizitätsbinnenmarkt verstößt, indem er vorsätzlich oder fahrlässig die

den Marktteilnehmern zur Verfügung zu stellende Verbindungskapazität zwischen Gebotszonen über das in Art. 15 bzw. 16 VO (EU) 2019/943 vorgesehene Maß hinaus einschränkt.

D. Verschuldensmaßstab

36 Nach § 10 OWiG kann als Ordnungswidrigkeit nur vorsätzliches Handeln geahndet werden, es sei denn, das Gesetz bedroht fahrlässiges Handeln ausdrücklich mit Geldbuße. Diese Vorschrift dient dazu, den Gesetzgeber dazu anzuhalten, die Auferlegung einer Geldbuße auch für ein fahrlässiges Verhalten nur in den Fällen anzuwenden, in denen auch die fahrlässige Begehungsweise sanktionswürdig ist. Ob dies hier bei allen Tatbeständen der Fall ist, ist rechtspolitisch zweifelhaft. Im Rahmen des § 95 Abs. 1, 1 d und 1 e ist ausdrücklich **auch fahrlässiges Handeln mit Geldbuße** bedroht. § 95 Abs. 1 a, 1 c fordern mindestens Leichtfertigkeit. Leichtfertigkeit ist eine „graduell gesteigerte (grobe) Fahrlässigkeit" (so KK-OWiG/*Rengier* § 10 Rn. 49 mwN). Um eine reine Vorsatztat handelt es sich bei der Marktmanipulation nach Abs. 1 b. Schließlich enthält § 95 Abs. 1 c ein Vorsatzdelikt. Zur Ermittlung von Vorsatz oder Fahrlässigkeit besteht auch im Ordnungswidrigkeitenrecht eine kaum überschaubare Kasuistik, die oft an die strafrechtlichen Grundsätze angelehnt ist (ausf. hierzu Göhler/*Gürtler*/*Thoma* OWiG§ 10 Rn. 2 ff.).

E. Höhe der Geldbuße (§ 95 Abs. 2)

37 In § 17 Abs. 1 OWiG ist der Regelrahmen der Geldbuße bestimmt, welcher nur gilt, wenn das Gesetz nichts anderes bestimmt. Eine solche **von § 17 Abs. 1 OWiG abweichende Bestimmung** trifft § 95 Abs. 2 für die Ordnungswidrigkeiten nach dem EnWG.

I. Verstoß gegen gesetzliche Bestimmungen im EnWG

38 § 95 Abs. 2 regelt die Höhe der jeweiligen Bußgelder und differenziert hierbei zwischen verschiedenen Bußgeldtatbeständen. Mit einer Geldbuße bis zu **5 Mio. EUR** ist der Verstoß gegen § 95 Abs. 1 Nr. 3f–3i bedroht. Dieser erhöhte Bußgeldrahmen trägt dem Umstand Rechnung, dass in den genannten Fällen ein besonders starker wirtschaftlicher Anreiz bestehen kann, das Verbot zu missachten. Im Übrigen sind die zentralen Verpflichtungen mit einer Geldbuße von **bis zu 1 Mio. EUR belegt.** Diese Höchstgrenze ist erforderlich, weil es sich hierbei um Verstöße handelt, die den Kernbereich des Gesetzes und seine regulatorischen Ziele betreffen und damit besonders gravierend sind. Darüber hinaus wird in diesen Fällen in Anlehnung an § 81 Abs. 2 GWB 1999 ein besonderer Bußgeldrahmen (Dreifaches des erlangten Mehrerlöses) nach § 95 Abs. 2 S. 1 Hs. 2 für Fälle geschaffen, in denen aufgrund der Zuwiderhandlung ein Mehrerlös erlangt wird (BT-Drs. 15/3917, 74). Im Übrigen enthält § 95 Abs. 2 S. 1 weitere Abstufungen **(300.000, 50.000 bzw. 10.000 EUR)**, um dem unterschiedlichen Gewicht von Pflichtverletzungen Rechnung zu tragen. Im Regelfall ist ein Rahmen von bis zu **100.000 EUR** vorgesehen.

39 **Mehrerlös bedeutet** nach der Rechtsprechung zu § 81 Abs. 2 GWB 1999 **Mehr-Umsatz,** nicht etwa Mehr-Gewinn, und zwar die Differenz zwischen den tatsächlichen Einnahmen, die aufgrund des Verstoßes erzielt werden, und den Ein-

Bußgeldvorschriften **§ 95**

nahmen, die ohne ihn erzielt worden wären (BGH Beschl. v. 24.4.1991 – KRB 5/90, WuW/E BGH 2718 (2719)). Der Begriff des „Mehrerlöses" erfasst demnach die gesamten Bruttoeinnahmen ohne Abzug von Kosten und Steuern (vgl. BGH Beschl. v. 24.4.1991 – KRB 5/90, WuW/E BGH 2718 (2719f.); BFH Urt. v. 9.6.1999 – I R 100/97, DB 1999, 1983 (1985); vgl. hierzu auch Göhler/*Gürtler*/ *Thoma* OWiG § 17 Rn. 48e). Die **ursprüngliche** Ratio der Regelung stammt noch aus dem **Wirtschaftsstrafrecht der 1950er Jahre**. Unternehmen sollten von einer Überschreitung der damals noch vielfach behördlich festgesetzten Preise dadurch abgehalten werden, dass sie das Risiko liefen, die Differenz zwischen dem vorgeschriebenen Preis und dem durch Überschreitung dieses Preises erzielten Ertrag als Mehrerlös an die Staatskasse abführen zu müssen (*Meesen* WuW 2004, 733 (739)).

Die Regelung des § 95 Abs. 2 S. 1 Hs. 2 stellt nach der Begründung des Regierungsentwurfs eine wirksame Sanktionsmöglichkeit dar, die erforderlich ist, um unlauteres Gewinnstreben zu bekämpfen und im Falle missbräuchlichen Verhaltens den Zuwiderhandelnden so zu stellen, dass er im Ergebnis aus seinem missbräuchlichen Verhalten keinen Vorteil zieht, sondern über das Maß der gezogenen Vorteile hinaus eine spürbare finanzielle Einbuße hinnehmen muss. Nach S. 2 kann der Mehrerlös geschätzt werden (zum GWB *Achenbach* WuW 2002, 1154 (1159)), um insoweit ggf. aufwendige und schwierige Untersuchungen im Rahmen der Verfolgung der Ordnungswidrigkeiten vermeiden zu können (BT-Drs. 15/3917, 74). Für Ordnungswidrigkeiten mit einem Bußgeldrahmen von 5 Mio. EUR und 1 Mio. EUR hat der Gesetzgeber folglich das (dort inzwischen aufgegebene, näher BerlKommEnergieR/*Staebe* EnWG § 95 Rn. 40) **Modell der Mehrerlösabschöpfung aus § 81 Abs. 2 GWB 1999** übernommen. 40

Soweit ein Transportnetzbetreiber oder ein vertikal integriertes Unternehmen betroffen ist und Verstöße iSv § 95 Abs. 1 Nr. 3b und Abs. 1e in Rede stehen, kann gem. § 95 Abs. 2 S. 3–6 eine **höhere Geldbuße** verhängt werden, deren Berechnung vom Gesamtumsatz eines Geschäftsjahres des verstoßenen Unternehmens abhängt. Dieses durch das Netzentgeltmodernisierungsgesetz ins Gesetz aufgenommene Regelungsmodell orientiert sich an dem entsprechenden Regelungsmodell des aktuell geltenden GWB. Derart sanktioniert werden Verstöße gegen die Pflichten im Zusammenhang mit dem Netzentwicklungsplan und im Zusammenhang mit der VO (EU) 2019/943. Die maximale Höhe der Geldbuße beträgt in beiden Fällen 10 Prozent des Gesamtumsatzes, den das ordnungswidrig handelnde Unternehmen einschließlich seiner Unternehmensteile weltweit erzielt hat, wobei im Falle von § 95 Abs. 2 S. 4 Nr. 2 umlagebezogene Umsätze abzuziehen sind. Gem. § 95 Abs. 2 S. 5 kann die Höhe des Gesamtumsatzes geschätzt werden. Durch die Zuwiderhandlung erlangte Mehrerlöse bleiben unberücksichtigt (S. 6). 41

II. Fahrlässigkeit und Vorsatz bei der Bemessung der Geldbuße

Bei den angegebenen Höchstbeträgen wird nur zwischen den einzelnen Bußgeldtatbeständen differenziert, ohne den Grad des Verschuldens bei dem Begehen der Ordnungswidrigkeit Bedeutung beizumessen. Eine solche Differenzierung folgt jedoch aus § 17 Abs. 2 OWiG, der bestimmt, dass bei undifferenzierter Androhung einer Geldbuße für vorsätzliches und fahrlässiges Handeln **fahrlässiges Handeln im Höchstmaß nur mit der Hälfte** des angedrohten Höchstbetrages der Geldbuße geahndet werden kann. Soweit das Gesetz wie in § 95 Abs. 1a leichtfertiges Handeln mit Geldbuße bedroht, ist die Geldbuße dem Bußgeldrahmen für 42

Stelter 2615

fahrlässiges Handeln zu entnehmen, da es sich bei Leichtfertigkeit nur um ein gesteigertes Maß an Fahrlässigkeit handelt (Göhler/Gürtler/Thoma § 17 Rn. 13; KK-OWiG/Mitsch § 17 Rn. 26).

III. Bemessung der Geldbuße

43 Für die Bemessung der Geldbuße im Einzelfall ist auf die allgemeinen Vorschriften (§ 17 Abs. 3 OWiG) zurückzugreifen. Nach § 17 Abs. 3 OWiG sind hier die Bedeutung der Ordnungswidrigkeit und der **Vorwurf, der den Täter trifft, zugrunde** zu legen. Auch die wirtschaftlichen Verhältnisse des Täters kommen in Betracht; bei geringen Ordnungswidrigkeiten bleiben sie jedoch wegen § 17 Abs. 3 S. 2 Hs. 2 OWiG in der Regel unberücksichtigt (vgl. hierzu näher Göhler/Gürtler/Thoma OWiG § 17 Rn. 23). Auch § 17 Abs. 4 OWiG ist bei der Zumessung der Geldbuße neben § 95 Abs. 2 anwendbar. Hiernach soll die Geldbuße den wirtschaftlichen Vorteil, den der Täter aus der Ordnungswidrigkeit gezogen hat, übersteigen. Aufgrund der Vorschrift des § 17 Abs. 4 S. 2 OWiG kann zu diesem Zweck der gesetzliche Höchstrahmen überschritten werden. § 95 Abs. 2 erweitert zwar den Bußgeldrahmen, greift aber nicht in § 17 Abs. 4 OWiG ein (vgl. BGH Beschl. v. 19. 9. 1974 – KRB 2/74, NJW 1975, 269 (270), zu § 38 Abs. 4 WettbewG, § 13 Abs. 3 OWiG 1968). Bei der Berechnung des **wirtschaftlichen Vorteils** zählt im Gegensatz zum Mehrerlös der „**Netto-Vorteil**", für die Berechnung des wirtschaftlichen Vorteils werden also die Ertragssteuern abgezogen (BFH Urt. v. 9. 6. 1999 – I R 100/97, DB 1999, 1983 (1985); Bechtold/Bosch/Bechtold/Bosch GWB § 81 Rn. 28). Für die Fälle, in denen für die Bemessung der Mehrerlös relevant ist, wird eine Überschreitung des Höchstrahmens aufgrund von § 17 Abs. 4 S. 2 OWiG jedoch praktisch nicht eintreten, denn der wirtschaftliche Vorteil kann kaum jemals höher sein als der dreifache Mehrerlös.

44 **Kritik findet das Modell der Mehrerlösabschöpfung** bereits während des Gesetzgebungsverfahrens zum GWB 2005 im Ausschuss für Wirtschaft und Arbeit bezüglich seiner Vereinbarkeit mit dem verfassungsrechtlichen Bestimmtheitsgrundsatz aus Art. 103 Abs. 2 GG (Stellungnahme zum Gesetzesentwurf der BReg von *Prof. Andreas Fuchs,* Universität Osnabrück, Ausschussdrucks., 15(9)1333, 52; auch schon *Achenbach* WuW 2002, 1154 (1160); *Meesen* WuW 2004, 733 (740ff.)). So wurde beispielsweise eine am Vermögen des Täters orientierte Strafandrohung vom BVerfG als verfassungswidrig verworfen und für nichtig erklärt (für § 43a StGB BVerfG Urt. v. 20. 3. 2002 – 2 BvR 794/95, BVerfGE 105, 135 (165ff.)).

F. Allgemeine Verwaltungsgrundsätze (§ 95 Abs. 3)

45 § 95 Abs. 3 bestimmt, dass die Regulierungsbehörde allgemeine Verwaltungsgrundsätze über die Ausübung ihres Ermessens bei der Bemessung der Geldbuße festlegen kann. Derartige Verwaltungsgrundsätze konkretisieren in zulässiger Weise das Verfolgungsermessen der Behörde und können die Anwendung der Bußgeldvorschriften transparenter und einfacher gestalten (BT-Drs. 15/3917, 74). Es kann zu einem „**Bußgeldkatalog**" kommen.

G. Verjährung (§ 95 Abs. 4)

§ 95 Abs. 4 enthält Regelungen über die **Verfolgungsverjährung** der Ordnungswidrigkeiten nach § 95 Abs. 1. Nach § 95 Abs. 4 S. 2 verjährt die Verfolgung der Ordnungswidrigkeiten nach § 95 Abs. 1 Nr. 3b, 4 und 5 abweichend von den allgemeinen Regeln des OWiG (§ 31 Abs. 2 OWiG) **in fünf Jahren.** Hierdurch soll insbesondere dem Umstand Rechnung getragen werden, dass missbräuchliches Verhalten und Zuwiderhandlungen unter Umständen erst nach einer längeren Zeitspanne aufgedeckt werden können. Daher wird bis zur in § 95 Abs. 4 S. 2 bestimmten Grenze vermieden, dass in diesen Fällen die Verfolgung nicht mehr möglich sein könnte. Die Verfolgungsverjährung der übrigen Ordnungswidrigkeiten nach § 95 Abs. 1 richtet sich dagegen nach den Bestimmungen des OWiG (BT-Drs. 15/3917, 74).

46

H. Zuständige Behörde (§ 95 Abs. 5)

Nach § 95 Abs. 5 ist die nach § 36 Abs. 1 OWiG durch Gesetz bestimmte Behörde nach § 54 Abs. 1, 3 die **BNetzA** oder für die in § 54 Abs. 2 aufgeführten Fälle die **jeweilige Landesregulierungsbehörde.** In den Fällen des § 95 Abs. 1 Nummer 2b ist das Bundesamt für Sicherheit in der Informationstechnik zuständig.

47

I. Rechtsschutz

Der Rechtsschutz gegen Bußgeldbescheide der zuständigen Behörde verläuft in den Bahnen der **§§ 67 ff. OWiG.** Der Betroffene kann gem. § 67 OWiG innerhalb von zwei Wochen nach Zustellung schriftlich oder zur Niederschrift bei der Verwaltungsbehörde, die den Bußgeldbescheid erlassen hat, Einspruch einlegen, wobei der Einspruch gem. § 67 Abs. 2 OWiG auf bestimmte Beschwerdepunkte beschränkt werden kann. Gem. § 69 Abs. 2 S. 1 OWiG kann die Verwaltungsbehörde dem Einspruch abhelfen. Andernfalls werden die Akten gem. § 69 Abs. 3 an die Generalstaatsanwaltschaft bei dem zuständigen OLG (s. § 98) weitergeleitet.

48

§ 95 a Strafvorschriften

(1) **Mit Freiheitsstrafe bis zu fünf Jahren oder mit Geldstrafe wird bestraft, wer eine in § 95 Absatz 1b oder Absatz 1c Nummer 6 bezeichnete vorsätzliche Handlung begeht und dadurch auf den Preis eines Energiegroßhandelsprodukts einwirkt.**

(2) **Ebenso wird bestraft, wer gegen die Verordnung (EU) Nr. 1227/2011 des Europäischen Parlaments und des Rates vom 25. Oktober 2011 über die Integrität und Transparenz des Energiegroßhandelsmarkts (ABl. L 326 vom 8.12.2011, S. 1) verstößt, indem er**
1. **entgegen Artikel 3 Absatz 1 Buchstabe a eine Insiderinformation nutzt oder**
2. **als Person nach Artikel 3 Absatz 2 Buchstabe a, b, c oder Buchstabe d oder Absatz 5**

a) entgegen Artikel 3 Absatz 1 Buchstabe b eine Insiderinformation an Dritte weitergibt oder
b) entgegen Artikel 3 Absatz 1 Buchstabe c einer anderen Person empfiehlt oder sie dazu verleitet, ein Energiegroßhandelsprodukt zu erwerben oder zu veräußern.

(3) In den Fällen des Absatzes 2 ist der Versuch strafbar.

(4) Handelt der Täter in den Fällen des Absatzes 2 Nummer 1 leichtfertig, so ist die Strafe Freiheitsstrafe bis zu einem Jahr oder Geldstrafe.

Übersicht

	Rn.
A. Allgemeines	1
I. Inhalt	1
II. Zweck und Regelungshintergrund	2
B. Strafbarkeit im Einzelnen	8
I. Strafbarkeit der Marktmanipulation nach Abs. 1	11
II. Strafbarkeit des vollendeten Insiderhandels nach Abs. 2	62
III. Die Strafbarkeit des versuchten Insiderhandels nach Abs. 3	73
IV. Strafbarkeit bei Leichtfertigkeit nach Abs. 4	74
C. Entscheidungsübersicht	75

Literatur: *Funke/Neubauer,* Reaktion auf die Finanzmarktkrise: REMIT und EMIR als neue Frühwarnsysteme für den Europäischen Energiemarkt, CCZ 2012, 6; *Graf* (Hrsg.), Beckscher Online-Kommentar OWiG, 29. Aufl. 2021 (zit. BeckOK OWiG/*Bearbeiter*); *Hirte/Möllers* (Hrsg.), Kölner Kommentar zum WpHG, 2. Aufl. 2014 (zit. KK-WpHG/*Bearbeiter*); *Kröger/ Lüdemann,* Neues Aufsichtsregime für den europäischen Stromhandel: Die REMIT-Verordnung, HFR 2013, 49; *Park* (Hrsg.), Kapitalmarktstrafrecht, 5. Aufl. 2019 (zit. HK-KapMarktStrafR/*Bearbeiter*); *Rosenau,* Zur Europäisierung im Strafrecht. Vom Schutz finanzieller Interessen der EG zu einem gemeineuropäischen Strafgesetzbuch?, ZIS 2008, 9.

A. Allgemeines

I. Inhalt

1 § 95a wurde mWv 12.12.2012 durch Art. 2 des Gesetzes zur Errichtung einer Markttransparenzstelle für den Großhandel mit Strom und Gas (BGBl. 2012 I S. 2403) in das EnWG eingeführt. Der Regelungsansatz basiert auf der Umsetzungsverpflichtung der VO (EU) Nr. 1227/2011 vom 8.12.2011 über die Integrität und Transparenz des Energiegroßhandelsmarkts (REMIT-VO/Regulation on Wholesale Energy Market Integrity and Transparency) (ABl. 2011 L 326, 1). § 95a regelt die **Strafbarkeit** bestimmter Verhaltensweisen im Bereich des Handels mit Energiegroßhandelsprodukten (→ Rn. 7 ff.). § 95 regelt die Fälle, welche im Bereich des Ordnungswidrigkeitenverfahrens abgehandelt werden (→ § 95 Rn. 1 ff.).

II. Zweck und Regelungshintergrund

2 Sinn und Zweck der Regelung ist die Gewährleistung der **Integrität** der Energiegroßhandelsmärkte. Hieraus ergeben sich verschiedene **general- und spezialpräventive Zwecke:** Es soll sichergestellt werden, dass die auf den Märkten gebildeten Preise auf einem fairen Zusammenspiel von Angebot und Nachfrage

Strafvorschriften **§ 95a**

beruhen. Der freie Wettbewerb soll gewährleistet sein, sodass keine unrechtmäßigen Gewinne gezogen werden können. Verbraucher und Marktteilnehmer sollen hierauf vertrauen dürfen (vgl. Erwgr. 1 REMIT-VO). Der Großhandelsmarktpreis bildet zudem die Basis für den Endkundenstrompreis. Eine Manipulation kann somit weitläufige Auswirkungen haben. Die Vorschrift dient insofern auch dem mittelbaren Schutz des Endverbrauchers (vgl. Erwgr. 2 REMIT-VO). Zudem erfordert der international erfolgende Handel ein einheitliches Regelungsregime (vgl. Erwgr. 4 REMIT-VO). Erfasst werden sowohl die Warenmärkte als auch die Warenderivatemärkte. Betroffen ist der Handel in geregelten Märkten, multilateralen Handelssystemen und außerbörsliche Transaktionen/bilaterale Verträge (vgl. Erwgr. 5 REMIT-VO).

Zur Erreichung dieses Zwecks bedurfte es einer Steigerung der **Transparenz** 3 des Preisbildungsprozesses im Energiegroßhandelsmarkt (vgl. Erwgr. 5 REMIT-VO). Zur Gewährleistung der ordnungsgemäßen Überwachung und Transparenz der Energiemärkte ist eine enge **Zusammenarbeit** und Abstimmung zwischen der europäischen Agentur ACER und den nationalen Behörden notwendig – einschließlich der in diesem Zusammenhang ins Leben gerufenen Markttransparenzstelle (weiterführend → § 58a Rn. 5ff.).

Ein weiteres präventives Mittel zur Vermeidung von Marktmissbrauch ist die 4 Schaffung geeigneter **Compliance-Strukturen**. Dies sind Einheiten, die durch die Erfassung und Verarbeitung relevanter Informationen und Ergreifung geeigneter Maßnahmen (zB die Schaffung getrennter Arbeitsbereiche „chinese walls") vorbeugend agieren, um einen Missbrauch erst gar nicht entstehen zu lassen. Im Wertpapierbereich ist dies von der Handels- bis zur Emittentenseite in unterschiedlicher Intensität durch die VO (EU) Nr. 596/2014 des Europäischen Parlaments und des Rates vom 16.4.2014 über Marktmissbrauch (MAR/Market Abuse Regulation) (ABl. 2014 L 173, 1) vorgegeben. Auch die REMIT-VO enthält derartige Vorgaben. Nach Art. 15 S. 2 REMIT-VO müssen Personen, die beruflich Transaktionen mit Energiegroßhandelsprodukten arrangieren **wirksame Vorkehrungen und Verfahren** einführen und beibehalten, mit denen Verstöße gegen die Art. 3 REMIT-VO oder Art. 5 REMIT-VO (Insiderhandel und Marktmanipulation) festgestellt werden können (weiterführend → § 5b Rn. 22). Diese sind auch unter Zweckmäßigkeitsgesichtspunkten geboten (Theobald/Kühling/*Theobald/Werk* EnWG § 95a Rn. 8).

Marktmanipulation und **Insiderhandel** waren im Handel mit Energiegroß- 5 handelsprodukten wegen der hier unpassenden Definition der **Insiderinformation** im Wertpapierbereich schwer zu fassen. Dies ist darin begründet, dass der Emittent eines Wertpapiers im Energiegroßhandelsbereich in aller Regel nicht direkt über Insiderinformationen verfügt. Dies ist bei Derivaten bezogen auf Energiegroßhandelsprodukte meist die Börse „European Energy Exchange" (EEX) in Leipzig selbst. Diese Lücke wurde durch die europäischen Verbots- und Gebotsnormen in der REMIT-VO ausgefüllt. Das Verbot des Insiderhandels ist in Art. 3 REMIT-VO, das der Marktmanipulation in Art. 5 REMIT-VO normiert (weiterführend zum Regelungshintergrund *Funke/Neubauer* CCZ 2012, 6; *Kröger/Lüdemann* HFR 2013, 49).

Gem. Art. 13 Abs. 1 S. 1 REMIT-VO stellen die nationalen Regulierungs- 6 behörden sicher, dass die in den Art. 3 REMIT-VO (Insiderhandelsverbot) und Art. 5 REMIT-VO (Marktmanipulationsverbot) festgelegten Verbote und die in Art. 4 REMIT-VO festgelegten Verpflichtungen (Verpflichtung zur Veröffentlichung von Insiderinformationen) angewendet werden. Gem. Art. 18 REMIT-

VO legen die Mitgliedstaaten fest, welche **Sanktionen** bei einem Verstoß gegen die Regeln der VO zu verhängen sind. Dieser Vorgabe ist der Gesetzgeber durch Änderung des § 95 und Schaffung der § 95a und § 95b nachgekommen. Marktmanipulation und Insiderhandel im Energiegroßhandelsbereich werden seither **bußgeldrechtlich** oder **strafrechtlich** verfolgt.

7   Die eigentliche **Verbotsnorm** selbst ist somit tatbestandlich in der europäischen VO festgelegt, während die nationale Strafbarkeit und das Strafmaß einzelstaatlich geregelt sind – hier in § 95, § 95a und § 95b. Hintergrund dieses Regelungsgefüges ist der Vorrang des Nationalstaats in der Strafrechtsgesetzgebung. Es handelt sich um kein europäisch gesetztes Strafrecht, sondern um eine nationale Strafrechtsnorm, welche auf Tatbestandsebene auf die Regelungen der REMIT-VO als europäisches Sekundärrecht verweist (weiterführend *Rosenau* ZIS 2008, 9). Der Straftatbestand setzt sich damit aus **europäischer Verbotsnorm** und **nationaler Sanktionsnorm** zusammen.

B. Strafbarkeit im Einzelnen

8   § 95a regelt die Strafbarkeit der **Marktmanipulation** und des **Insiderhandels**. Hierbei wird zwischen verschiedenen Begehungsweisen und Stadien der Tatausführung differenziert. Hierzu erfolgen umfangreiche Verweisungen in die Regelungen der REMIT-VO.

9   Eine **Manipulation** auf den Energiegroßhandelsmärkten liegt allgemein vor, wenn Maßnahmen von Personen getroffen werden, mit denen künstlich für ein Preisniveau gesorgt wird, das durch die Marktkräfte von Angebot und Nachfrage, einschließlich tatsächlicher Verfügbarkeit der Produktions-, Speicherungs- oder Transportkapazität und -nachfrage, nicht gerechtfertigt ist (vgl. Erwgr. 13 REMIT-VO).

10 **Energiegroßhandelsprodukte** sind nach Art. 2 Nr. 4 REMIT-VO Verträge für die Versorgung mit Strom und Gas in der Union und darauf bezogene Derivate, sowie Verträge und Derivate, welche sich auf den Transport von Strom und Gas beziehen. Hinzu kommen Verträge über die Lieferung und Verteilung an Endverbraucher, soweit die Verbrauchskapazität höher als 600 GWh ist.

I. Strafbarkeit der Marktmanipulation nach Abs. 1

11 Gem. § 95a Abs. 1 wird mit **Freiheitsstrafe bis zu fünf Jahren** oder mit **Geldstrafe** bestraft, wer eine in § 95 Abs. 1b oder § 95 Abs. 1c Nr. 6 bezeichnete Tat (= Marktmanipulation) vorsätzlich begeht und dadurch auf den Preis eines Energiegroßhandelsprodukts einwirkt.

12 Im Unterschied zur Bußgeldvorschrift des § 95 Abs. 1b und § 95 Abs. 1c Nr. 6 wird bestraft, wer die in der REMIT-VO beschriebene Manipulationshandlung **vorsätzlich** vornimmt und dadurch auf den **Preis** des Energiegroßhandelsprodukts „**einwirkt**". § 95 EnWG spricht von der „Vornahme einer Marktmanipulation". Wann in Abgrenzung ein „Einwirken" iSd § 95a vorliegt ist im Einzelnen fraglich (→ Rn. 20). Jedenfalls werden von § 95a Abs. 1 fahrlässige Begehungsweisen nicht erfasst.

13 Nach Art. 5 REMIT-VO ist die „**Vornahme**" oder der „**Versuch der Vornahme**" von Marktmanipulation auf den Energiegroßhandelsmärkten untersagt. Die „**Marktmanipulation**" ist in den Art. 2 Nr. 2a REMIT-VO und Art. 2

Strafvorschriften **§ 95 a**

Nr. 2b S. 1 REMIT-VO legal definiert. Auf die Norm wird durch § 95 Abs. 1b und § 95 Abs. 1c Nr. 6 explizit verwiesen. Weiter enthält Art. 2 Nr. 2b S. 2 REMIT-VO eine Handlungsanweisung an die zuständigen Stellen zur Beurteilung von Sachverhalten, in welchen eine Verbreitung von Informationen zu journalistischen oder künstlerischen Zwecken erfolgt. Ein Verweis war hier nicht geboten, da es sich bei der Handlungsanweisung um keine Definition im eigentlichen Sinne handelt. Auch ein ausdrücklicher Verweis auf die Definition der Versuchsstrafbarkeit des Art. 2 Nr. 3 REMIT-VO erfolgt durch den nationalen Gesetzgeber nicht (zu der sich hieraus ergebenden Frage der Versuchsahndung → Rn. 51 ff.).

Der Verordnungstext auf welchen der nationale Gesetzgeber verweist lautet: **14**
2. **„Marktmanipulation"** ist
 a) der Abschluss einer Transaktion oder das Erteilen eines Handelsauftrags für Energiegroßhandelsprodukte, der bzw. die
  i) falsche oder irreführende Signale für das Angebot von Energiegroßhandelsprodukten, die Nachfrage danach oder ihren Preis gibt oder geben könnte,
  ii) den Preis eines oder mehrerer Energiegroßhandelsprodukte durch eine Person oder mehrere in Absprache handelnde Personen in der Weise beeinflusst oder zu beeinflussen versucht, dass ein künstliches Preisniveau erzielt wird, es sei denn, die Person, welche die Transaktion abgeschlossen oder den Handelsauftrag erteilt hat, weist nach, dass sie legitime Gründe dafür hatte und dass diese Transaktion oder dieser Handelsauftrag nicht gegen die zulässige Marktpraxis auf dem betreffenden Energiegroßhandelsmarkt verstößt, oder
  iii) unter Vorspiegelung oder versuchter Vorspiegelung falscher Tatsachen oder unter Verwendung oder versuchter Verwendung sonstiger Kunstgriffe oder Formen der Täuschung erfolgt, die falsche oder irreführende Signale für das Angebot von Energiegroßhandelsprodukten, die Nachfrage danach oder ihren Preis geben oder geben könnten;
 oder
 b) die Verbreitung von Informationen über die Medien einschließlich dem Internet oder auf anderem Wege, die falsche oder irreführende Signale für das Angebot von Energiegroßhandelsprodukten, die Nachfrage danach oder ihren Preis geben oder geben könnten, u. a. durch Verbreitung von Gerüchten sowie falscher oder irreführender Nachrichten, wenn die diese Informationen verbreitende Person wusste oder hätte wissen müssen, dass sie falsch oder irreführend waren.

Wie die MAR unterscheidet die REMIT zwischen **handelsgestützten** (Art. 2 **15** Nr. 2a REMIT-VO) und **informationsgestützten Manipulationen** (Art. 2 Nr. 2b S. 1 REMIT-VO). Durch die ACER wurde in Zusammenarbeit mit den nationalen Behörden eine umfassende **Orientierungshilfe** geschaffen, welche gegenwärtig in 6. Aufl. (Stand Juli 2021) vorliegt (abrufbar unter documents.acer.europa.eu/en/remit/Documents/ACER_Guidance_on_REMIT_application_6th_Edition_Final.pdf). Die nachfolgenden Ausführungen nehmen diese auf und vertiefen sie in einigen Punkten.

Eine **handelsgestützte Manipulation** kann durch den Abschluss einer Trans- **16** aktion (das Geschäft kommt zu Stande) oder das bloße Erteilen eines Handelsauftrags für Energiegroßhandelsprodukte (das Geschäft kommt nicht notwendigerweise zu Stande – es genügt schon die Auftragserteilung) erfolgen. Hierbei unterscheidet Art. 2 Nr. 2a REMIT-VO zwischen drei Tatbestandsvarianten, die

§ 95a

jeweils für sich genommen einen eigenen Tatbestand darstellen. Alle drei Varianten können unabhängig voneinander vorliegen – es handelt sich nicht um kumulative Voraussetzungen.

17 Für die Bezeichnung der **Tatbestände** haben sich verschiedene englischsprachige Fachbegriffe für missbilligte Handlungen etabliert, welche nicht ohne weiteres ins Deutsche übersetzt werden können. Zu unterscheiden sind (1) „false/misleading transactions" (Art. 2 Nr. 2a lit. i REMIT-VO); (2) „price positioning" (Art. 2 Nr. 2a lit. ii REMIT-VO) und (3) „transactions involving fictious devices/ deception" (Art. 2 Nr. 2a lit. iii REMIT-VO). Letzterer beinhaltet darüber hinaus den Tatbestand sonstiger Manipulationshandlungen, welcher in der REMIT durch die Formulierung „Verwendung sonstiger Kunstgriffe" aufgenommen wurde.

18 Der Tatbestand der (1) **„false/misleading transactions"** (Art. 2 Nr. 2a lit. i REMIT-VO) erfasst den Abschluss einer Transaktion oder das Erteilen eines Handelsauftrags für Energiegroßhandelsprodukte, welcher falsche oder irreführende Signale für das Angebot von solchen Produkten, deren Nachfrage oder ihren Preis geben oder geben **„könnten"**. Nach der REMIT ist eine Marktmanipulation damit gegeben, wenn eine Preisbeeinflussung tatsächlich erfolgt, aber auch dann, wenn eine tatsächliche Preisbeeinflussung ausbleibt. Der Tatbestand des Art. 2 Nr. 2a lit. i REMIT-VO ist mithin bereits dann erfüllt, wenn die Handlung objektiv geeignet ist einzuwirken, gleich ob der Erfolg eintritt (vollendete Tat) oder nicht (objektiv beendeter Versuch). Hiervon zu unterscheiden ist die Frage der Sanktionierung, welche national als Strafe in § 95a (erfolgte Preisbeeinflussung), oder als Ordnungswidrigkeit in § 95 (fehlende Preisbeeinflussung; zur Frage der Versuchsahndung → Rn. 51 ff.) erfolgt (zur Herleitung dieser Trennung → Rn. 19 ff.).

19 In **Abgrenzung** zur **Vollendung** (Art. 2 Nr. 2a lit. i REMIT-VO) ist ein **Versuch** (Art. 2 Nr. 3 REMIT-VO) nach der REMIT-VO gegeben, wenn die begangene Handlung objektiv nicht dazu geeignet ist einzuwirken und dies auch tatsächlich nicht geschehen ist (zur Frage der Versuchsahndung → Rn. 51 ff.). Zentrales Abgrenzungskriterium ist ausweislich der Wortlautauslegung die objektive Eignung (→ Rn. 18). Der Tatbestand des Art. 2 Nr. 2a lit. i REMIT-VO ist bereits dann erfüllt, wenn die Handlung objektiv geeignet ist, Einzuwirken, gleich ob der Erfolg eintritt (Vollendung) oder nicht (objektiv beendeter Versuch). Versuch (Art. 2 Nr. 3 REMIT-VO) liegt vor, wenn die Handlung objektiv nicht geeignet ist einzuwirken, gleich ob der Täter denkt alles Erforderliche getan zu haben. Ein Versuch liegt auch dann vor, wenn der Täter denkt alles Erforderliche getan zu haben, dies jedoch objektiv nicht der Fall ist (subjektiv beendeter Versuch). Im Ergebnis wird der „objektiv beendete Versuch" vom europäischen Gesetzgeber tatbestandlich einer Vollendung gleichgestellt. Der „objektiv unbeendete Versuch" und „subjektiv beendete Versuch" unterliegen dem Versuchstatbestand des Art. 2 Nr. 3 REMIT-VO.

20 Hiervon strikt zu trennen ist die Frage, wann ein **„Einwirken"** iSd § 95a Abs. 1 gegeben ist. Diese Frage ist gesondert zu beurteilen, weil die Auswahl der Sanktion (Ordnungswidrigkeit oder Strafe), losgelöst vom europarechtlichen Tatbestand, durch den nationalen Gesetzgeber erfolgt. Art. 18 REMIT-VO verlangt lediglich die Festlegung geeigneter Sanktionen, welche wirksam, abschreckend und verhältnismäßig sein müssen.

21 Durch den Verweis des § 95a Abs. 1 iVm § 95 Abs. 1b in den Wortlaut der REMIT-VO könnte man annehmen, dass ein „Einwirken" iSd § 95a Abs. 1 bei allen Tathandlungen des Art. 2 Nr. 2a lit. i REMIT-VO (→ Rn. 18) gegeben wäre. Ein „Einwirken" iSd § 95a wäre dieser Annahme folgend auch ohne tatsächliche Beeinflussung von Angebot, Nachfrage oder Preis gegeben, soweit die Handlung

selbst dazu objektiv geeignet wäre eine solche Beeinflussung herbeizuführen. Ein erfolgreiches Einwirken wäre sodann nicht erforderlich. Es würde sich der Sache nach um eine Art Gefährdungsdelikt handeln, welches jede Gefährdung des redlichen Preisbildungsprozesses verhindern würde (anders Theobald/Kühling/*Theobald/Werk* EnWG § 95a Rn. 28).

Ausweislich der Gesetzgebungsmaterialien entspricht es jedoch dem Willen des Gesetzgebers, Handlungen mit **tatsächlicher Preiseinwirkung** anders zu sanktionieren als Handlungen, bei welchen eine solche ausbleibt. Handlungen mit tatsächlicher Preiseinwirkung sollen der Strafnorm des § 95a unterliegen, Handlungen ohne Preiseinwirkungen sollen wegen ihres geringeren Unrechtsgehalts der Bußgeldnorm des § 95 Abs. 1b und § 95 Abs. 1c Nr. 6 unterliegen (BT-Drs. 17/10060, 34; BR-Drs. 253/12, 42). Ein „Einwirken" iSd § 95a Abs. 1 ist in Umsetzung des gesetzgeberischen Willens folglich nur dann gegeben, wenn es zu einer tatsächlichen Beeinflussung von Angebot, Nachfrage oder Preis kommt. Nicht ausreichend ist nach dem Willen des Gesetzgebers, wenn eine festgestellte Marktmanipulation lediglich geeignet ist auf den Preis einzuwirken und insoweit lediglich eine (wenn auch konkrete) Gefahr für eine unbeeinflusste Preisbildung besteht (zur Frage der Versuchsahndung → Rn. 51 ff.). Der Tatbestand des Art. 2 Nr. 2a lit. i REMIT-VO wird hierdurch iVm § 95a Abs. 1 auf nationaler Sanktionsebene von einem Gefährdungsdelikt zu einem **Verletzungsdelikt.** Als Verletzungsdelikt erfordert der objektive Tatbestand daher eine **Kausalität** zwischen Manipulationshandlung und Manipulationserfolg. Hier dürfte die Schwierigkeit für den Tatnachweis liegen (weiterführend Theobald/Kühling/*Theobald/Werk* EnWG § 95a Rn. 28 ff.). Es handelt sich hierbei um eine zulässige Sanktionssetzung des nationalen Gesetzgebers im Rahmen der Umsetzungsverpflichtung aus Art. 18 REMIT-VO.

Bei der Abgrenzung zwischen Vollendung und Versuch darf jedoch nicht übersehen werden, dass ein „Einwirken" iSd § 95a Abs. 1 auch dann gegeben sein kann, wenn der **Preis** nach der Einwirkungshandlung in **gleicher Höhe,** wie vor der Einwirkungshandlung zu Stande kommt. Auch hieran kann ein Interesse bestehen, da ein gleichbleibender Preis ein Signal für die Marktteilnehmer setzt. Ein höherer oder niedrigerer Preis ist gerade nicht erforderlich. Im Übrigen kann zur Abgrenzung auf die Ansatzformel des § 22 StGB abgestellt werden. Gem. Art. 1 Abs. 1 EGStGB ist der Allgemeine Teil des StGB auch auf § 95a und § 95b anwendbar (weiterführend BerlKommEnergieR/*Staebe* EnWG § 95b Rn. 6). Dies gilt auch für mögliche Teilnahme- und Irrtumskonstellationen. Hier ist insbesondere an den Verbotsirrtum zu denken (weiterführend Theobald/Kühling/*Theobald/Werk* EnWG § 95a Rn. 36).

In der **Praxis** der **BNetzA** („BNetzA") hat sich die Thematik der Versuchsahndung der Marktmanipulation nach der REMIT-VO und ihrer Umsetzung im deutschen Recht bislang praktisch nicht gestellt, da bisher keine Anwendungsfälle in der Praxis aufgetreten sind. Folglich konnte sie bislang auch auf die Entwicklung geeigneter Abgrenzungskriterien zwischen Vollendung und Versuch in der Anwendungspraxis verzichten. Unabhängig, ob ein Versuch oder eine Vollendung der Tat vorliegt, steht der BNetzA das Instrument verwaltungsrechtlicher Aufsichtsmaßnahmen nach § 65 offen. Dies ist aus Sicht der Agentur ein geeignetes Instrument.

Als Beispiel für **erfasste Handlungen** haben sich im Bereich der (1) **„false/ misleading transactions"** (Art. 2 Nr. 2a lit. i REMIT-VO) verschiedene englischsprachige Fachbegriffe für missbilligte Handlungen etabliert, welche nicht ohne weiteres ins Deutsche übersetzt werden können. Auch können diese nicht immer trennscharf voneinander abgegrenzt werden. Erste erfasste Handlung ist das Einstel-

§ 95a

len von Handlungsaufträgen/Orders ohne die Absicht zur tatsächlichen Ausführung und die kurzfristige Löschen vor der Ausführung – (a) **„painting the tape"**. Unter (b) **„layering"** wird weiter ein Verhalten verstanden, das darin liegt, mehrere Handelsaufträge zu unterschiedlichen Konditionen einzustellen. Unter (c) **„spoofing"** versteht man das Einstellen verschiedener Einzelorders auf einer Seite des Orderbuchs, statt des Einstellens einer Gesamtorder. In allen Fällen suggeriert das Orderbuch durch die höhere Anzahl an Handelsaufträgen ein höheres Handelsaufkommen, als es der tatsächlichen Marktlage entspricht. Hierin liegt eine Beeinflussung des Preisbildungsmechanismus. Weiterführende Informationen zu diesem Verhalten können dem ACER Leitfaden zum Verbot von „layering" und „spoofing" entnommen werden (abrufbar unter documents.acer-remit.eu/wp-content/uploads/Guidance-Note_Layering-v7.0-Final-published.pdf). Solche Handelsaktivitäten gibt es auch im Wertpapierbereich (vgl. HK-KapMarktStrafR/*Zieschang* StGB § 263 Rn. 139).

26 Der Tatbestand des (2) **„price positioning"** (Art. 2 Nr. 2a lit. ii REMIT-VO) erfasst den Abschluss einer Transaktion oder das Erteilen eines Handelsauftrags für Energiegroßhandelsprodukte, welcher den Preis eines solchen Produkts durch eine Person oder mehrere in Absprache handelnde Personen in der Weise beeinflusst oder zu beeinflussen **„versucht"**, dass ein künstliches Preisniveau erzielt wird. Nach der REMIT-VO ist eine Marktmanipulation auch hier gegeben, wenn eine Preisbeeinflussung tatsächlich erfolgt, aber auch dann, wenn eine tatsächliche Preisbeeinflussung ausbleibt. Der europarechtliche Tatbestand des Art. 2 Nr. 2a lit. ii REMIT-VO ist bereits dann erfüllt, wenn die Handlung objektiv geeignet ist Einzuwirken, gleich ob der Erfolg eintritt (vollendete Tat) oder nicht (objektiv beendeter Versuch). Hiervon zu unterscheiden sich erneut die Frage der nationalen Sanktionierung (→ Rn. 20 ff.).

27 Es stellt sich im Tatbestand des Art. 2 Nr. 2a lit. ii REMIT-VO in gleicher Weise die Frage der **Abgrenzung** zwischen **Vollendung** und **Versuch.** Im Gleichlauf mit der zu Art. 2 Nr. 2a lit. i REMIT-VO entwickelten Abgrenzungsdogmatik (→ Rn. 19) ist der Begriff des „Versuchs" in Art. 2 Nr. 2a lit. ii REMIT-VO nicht übereinstimmend mit dem Begriff des „Versuchs" in Art. 2 Nr. 3 REMIT-VO. „Versuch" iSd Art. 2 Nr. 2a lit. ii REMIT-VO ist nicht jeder Versuch iSd § 22 StGB. Erforderlich ist – auch hier – eine objektive Eignung zum Einwirken. Dies ist dann gegeben, wenn der Täter versucht den Preis zu beeinflussen, dies misslingt, aber die Handlung an sich objektiv geeignet gewesen wäre den Preis zu beeinflussen. Im Ergebnis wird auch hier durch den europäischen Gesetzgeber der „objektiv beendete Versuch" einer Vollendung gleichgestellt. Der „objektiv unbeendete Versuch" und „subjektiv beendete Versuch" unterliegen der Versuchsahndung des Art. 2 Nr. 3 REMIT-VO. Im Übrigen kann auf die obige Abgrenzungsdogmatik verwiesen werden (→ Rn. 19).

28 In gleicher Weise, wie beim Setzten falscher oder irreführender Signale (Art. 2 Nr. 2a lit. i REMIT-VO), ist es auch hier nach dem Willen des Gesetzgebers im Rahmen des Tatbestandes des § 95a zwischen der erfolgreichen und der nicht erfolgreichen Marktmanipulation zu unterscheiden. Kam es zur **tatsächlichen Preisbeeinflussung**, so ist ein „Einwirken" iSd § 95a Abs. 1 gegeben, liegt diese nicht vor greift die Bußgeldnorm des § 95 Abs. 1b (zur Frage der Versuchsahndung → Rn. 51 ff.).

29 Als Bsp. für erfasste Handlungen haben sich auch im Bereich des **„price positioning"** (Art. 2 Nr. 2a lit. ii REMIT-VO) verschiedene englischsprachige Fachbegriffe für missbilligte Handlungen etabliert, welche nicht ohne weiteres ins Deut-

§ 95 a

sche übersetzt werden können. Hierzu zählen (a) „wash trades" und „pre-arranged trades", (b) „improper matched orders",(c) „other orders-based behaviours", (d) „marking the close", (e) „market cornering", (f) „cross market manipulation", (g) „artificially caused prices" und (h) „transmission capacity hoarding".

Unter einem (a) **„wash trade"** oder **„pre-arranged trade"** werden Geschäfte verstanden, bei denen kein wirtschaftliches Interesse an dem eigentlichen Geschäft besteht und es zu keinem tatsächlichen Wechsel des wirtschaftlich Berechtigten an dem Handelsgut kommt. In der Praxis werden gegenläufige Orders zu gleichem Preis und gleichem Volumen eingestellt, um eine Preisfeststellung zum gewünschten Preis zu erzeugen. Hierin liegt eine Beeinflussung des Preisbildungsmechanismus. Weiterführende Informationen zu diesem Verhalten können dem ACER-Leitfaden zum Verbot von „wash trades" entnommen werden (abrufbar unter www.acer-remit.eu/portal/document-download?documentId=u518na123yg). 30

(b) **„improper matched orders"** sind gegenläufige Transaktionen von verschiedenen Personen zum selben Preis und selben Volumen in zeitlich nahem Zusammenhang. Der Wechsel des wirtschaftlich Berechtigten am Handelsgut ist gewünscht. Dem Markt wird jedoch nicht offengelegt, dass hier ein abgesprochenes Geschäft getätigt wurde. Eine solche Offenlegungsmöglichkeit besteht etwa durch die Kennzeichnung als „Kompensationsgeschäft" (Orderzusatz „C" für „compensation"). 31

Unter (c) **„other order-based behaviours"** wird ein Handeln gefasst, bei dem eine Orderausführung gewollt sein kann, jedoch durch die Art und Weise des Aufstellens der Aufträge (zB Frequenz des Einstellens von Orders) und Anpassung hinsichtlich Orderhöhe und Preis (etwa durch Einsatz von Algorithmen) eine Beeinflussung des Preises in unredlicher Weise gegeben ist. Weiterführende Informationen zu diesem Verhalten können der ACER-Orientierungshilfe zur REMIT-VO unter Punkt 6.4.1 (e) entnommen werden (abrufbar unter documents.acer-remit.eu/guidance-on-remit-2/). 32

Unter dem Begriff (d) **„marking the close"** wird die bewusste Beeinflussung des Abschlusspreises einer Handelsperiode (in der Regel einer Auktion) verstanden. Hierzu wird die Order in der Regel zu einem überhöhten Preis bei kleinem Volumen kurz vor Ende der Preisfeststellung (Auktionsende) eingestellt. Ziel ist die Herbeiführung eines künstlichen Preisniveaus, um mit einem anderen Geschäft von dem manipulierten Abschlusspreis zu profitieren. 33

Ein (e) **„market cornering"** bezeichnet das Herbeiführen und den Missbrauch einer monopolartigen, marktbeherrschenden Stellung, um auf den Preis gleich eines Monopolisten einzuwirken. Beispielhaft ist dies gegeben, wenn ein Marktteilnehmer im Derivatebereich das zu liefernde „Underlaying" gänzlich aufkauft, um es den aus dem Derivat Verpflichteten zu einem überhöhten Preis anzubieten. Diese sind durch ihre Lieferpflicht zum Kauf gezwungen. 34

Eine (f) **„cross market manipulation"** bezeichnet eine marktübergreifende Manipulation. Hier werden in etwa Manipulationen auf dem Energiegroßhandelsmarkt vorgenommen, um im Derivatemarkt von Preisveränderungen des „Underlayings" zu profitieren. Gleichwohl dürfen Preisunterschiede zwischen verschiedenen Börsenplätzen in legitimer Weise ausgenutzt werden, soweit dies mit den Handelspraktiken im Einklang steht („Arbitrage Geschäfte"). 35

Unter (g) **„artificially caused prices"** und (h) **„transmission capacity hoarding"** wird ein Preis verstanden, der beispielhaft durch ein manipulatives Kapazitätseinbehalten entsteht. Angebot und Nachfrage werden hier künstlich beeinflusst, indem verfügbare Produktions-, Lager- oder Transportkapazitäten dem 36

§ 95a

Markt missbräuchlich vorenthalten werden. Weiterführende Informationen zu „artificially caused prices" können der ACER-Orientierungshilfe zur REMIT-VO unter Punkt 6.4.1 (i) und (j) entnommen werden (abrufbar unter documents.acer-remit.eu/guidance-on-remit-2/). Weiterführende Informationen zu „transmission capacity hoarding" können dem einschlägigen ACER-Leitfaden entnommen werden (abrufbar unter documents.acer-remit.eu/wp-content/uploads/Guidance-Note-Transmission-Capacity-Hoarding.pdf).

37 All diese Tatbestände (→ Rn. 26 ff.) sind nur dann erfüllt, wenn die handelnde Person nicht nachweist, dass sie **legitime Gründe** für ihr Handeln hatte und die Transaktion oder der Handelsauftrag nicht gegen die **zulässige Marktpraxis** verstößt (Art. 2 Nr. 2a lit. ii aE REMIT-VO). Es handelt sich bei dieser Formulierung um keinen Rechtfertigungs- oder Entschuldigungsgrund, sondern um eine Voraussetzung des objektiven Tatbestands (gleichwohl bleiben die allgemeinen Rechtfertigungs- und Entschuldigungsgründe anwendbar). Hierin liegt jedoch keine Beweislastumkehr zu Lasten des Handelnden. Es verbleibt bei den allgemeinen strafprozessualen Beweisregeln. Der Handelnde muss sich weder aktiv exkulpieren noch an der Sachverhaltsaufklärung mitwirken (vgl. BT-Drs. 17/10253, 3). Legitime Gründe können etwa gegeben sein, wenn ein Börsenpreis zu Abrechnungszwecken erforderlich ist. Dies muss allerdings transparent gemacht werden, um die Täuschung anderer Marktteilnehmer auszuschließen. Im Wertpapierhandel geschieht dies beispielhaft durch den Zusatz „Kompensationsgeschäft" (Orderzusatz „C" für „compensation") bei der Ordereingabe (→ Rn. 31). Auch ein handelsüblicher „Arbitrage Handel" kann den Tatbestand entfallen lassen (→ Rn. 35). Weitere akzeptierte Handelspraktiken sind in der ACER-Orientierungshilfe unter Punkt 10.2 aufgeführt (abrufbar unter documents.acer-remit.eu/guidance-on-remit-2/).

38 Der Tatbestand der (3) **„transactions involving fictious devices/deception"** (Art. 2 Nr. 2a lit. iii REMIT-VO) erfasst den Abschluss einer Transaktion oder das Erteilen eines Handelsauftrags für Energiegroßhandelsprodukte, welcher unter Vorspiegelung oder versuchter Vorspiegelung falscher Tatsachen oder unter Verwendung oder versuchter Verwendung „sonstiger Kunstgriffe" oder Formen der Täuschung erfolgt, die falsche oder irreführende Signale für das Angebot von Energiegroßhandelsprodukten, die Nachfrage danach oder ihren Preis geben oder geben könnten. Der europarechtliche Tatbestand ist – auch hier – bereits dann erfüllt, wenn die begangene Handlung objektiv dazu geeignet ist ein künstliches Preisniveau zu erzielen. Auf Sanktionsebene ist in gleicher Weise zu differenzieren (→ Rn. 39). Es gelten im Übrigen die Ausführungen zu Art. 2 Nr. 2a lit. i REMIT-VO entsprechend (→ Rn. 18). Hinsichtlich der Abgrenzung zwischen Vollendung und Versuch kann auf die Ausführungen zu Art. 2 Nr. 2a lit. i REMIT-VO verwiesen werden (→ Rn. 19).

39 In gleicher Weise, wie beim Setzten falscher oder irreführender Signale (Art. 2 Nr. 2a lit. i REMIT-VO) und beim Herbeiführen eines künstlichen Preisniveaus, (Art. 2 Nr. 2a lit. ii REMIT-VO) ist es auch hier nach dem Willen des Gesetzgebers geboten iRd Tatbestands des § 95a EnWG zwischen der erfolgreichen und der nicht erfolgreichen Marktmanipulation zu unterscheiden (→ Rn. 20 ff.). Kam es **zur tatsächlichen Beeinflussung** von Angebot, Nachfrage oder Preis, so ist ein „Einwirken" iSd § 95a Abs. 1 gegeben, liegt diese nicht vor greift die Bußgeldnorm des § 95 Abs. 1 b (zur Frage der Versuchsahndung → Rn. 51 ff.).

40 Es handelt sich bei Art. 2 Nr. 2a lit. iii REMIT-VO um einen **Auffangtatbestand,** welcher gleichsam unzulässige Preisbeeinflussungen, die auf „sonstige

Strafvorschriften **§ 95 a**

Weise" erfolgen erfassen soll (vgl. BT-Drs. 17/10253, 3). Handelspraktiken unterliegen einem steten Wandel. Es ist nicht möglich alle Handelsaktivitäten in einer abschließenden Aufzählung zu erfassen. Hieraus ergibt sich die Notwendigkeit eines Auffangtatbestands für neuartige Handelspraktiken. Bedenken des Bundesrats hinsichtlich der Bestimmtheit der Norm (vgl. BT-Drs. 17/10060, 42) wurden durch die Bundesregierung nicht geteilt, da es sich bei den Normanwendern im Allgemeinen um professionelle Marktteilnehmer handelt, welche wissen worum es bei diesem Regelungsregime geht (vgl. BT-Drs. 17/10253, 3).

Als Bsp. für erfasste Handlungen haben sich auch im Bereich der **„transactions** 41 **involving fictious devices/deception"** (Art. 2 Nr. 2a lit. iii REMIT-VO) verschiedene englischsprachige Fachbegriffe für missbilligte Handlungen etabliert, welche nicht ohne weiteres ins Deutsche übersetzt werden können. Auch eine trennscharfe Abgrenzung ist nicht immer möglich. Im Einzelnen zählen zu dem Tatbestand (a) „scalping", (b) „pump and dump" und (c) „circular trading".

Unter **„scalping"** versteht man die Verbreitung falscher oder irreführender 42 Marktinformationen durch Medien, einschließlich des Internets und auf andere Weise mit dem Ziel den Preis eines Energiegroßhandelsprodukts in eine Richtung zu bewegen, die von der Person, welche die Information verbreitet, für günstig gehalten wird. Meist ist dies verbunden mit dem Halten einer Position an einem Energiegroßhandelsprodukt oder einer geplanten Transaktion.

Unter der Handelspraxis des **„pump and dump"** wird das Aufbauen einer gro- 43 ßen Position an einem Energiegroßhandelsprodukt verstanden („pump"), welche anschließend – nach dem Aufbauen einer irreführend positiven Informationslage – zu einem überhöhten Preis abverkauft wird („dump").

Ein **„circular trading"** liegt vor, wenn der Handelnde eine Order in dem Wis- 44 sen aufgibt, dass zeitgleich eine entsprechende Gegenorder eingestellt wird. Es kommt zu einem Zirkelgeschäft, bei dem durch die Zeitgleichheit Wettbewerb ausgeschlossen wird. An diesem Tatbestand wird die Schwierigkeit zur Abgrenzung zu anderen Tatbeständen – insbesondere „wash trades" und „pre-arranged trades" deutlich (→ Rn. 30). Diese Tathandlungen erfüllen auch den Tatbestand des (Art. 2 Nr. 2 a lit. ii REMIT-VO).

Die **informationsgestützte Manipulation** (Art. 2 Nr. 2b REMIT-VO) um- 45 fasst die Verbreitung von Informationen über die Medien, einschließlich dem Internet oder auf anderem Wege, die falsche oder irreführende Signale für das Angebot von Energiegroßhandelsprodukten, die Nachfrage danach oder ihren Preis geben oder geben „könnten". Der europarechtliche Tatbestand ist – auch hier – bereits dann gegeben, wenn die begangene Handlung objektiv hierzu geeignet ist. Es gelten im Übrigen die Ausführungen zu Art. 2 Nr. 2a lit. i REMIT-VO entsprechend (→ Rn. 18 ff.). Hinsichtlich der Abgrenzung zwischen Vollendung und Versuch, kann auf die anhand von Art. 2 Nr. 2 a lit. i REMIT-VO entwickelte Dogmatik verwiesen werden (→ Rn. 19 ff.). Auf Sanktionsebene ist in gleicher Weise zu differenzieren (→ Rn. 46). Der Tatbestand kann ua durch Verbreitung von Gerüchten sowie falscher oder irreführender Nachrichten erfüllt sein, wenn die diese Informationen verbreitende Person wusste oder hätte wissen müssen, dass sie falsch oder irreführend waren. Vereinfacht gesagt ist hiermit eine Lüge über den Wahrheitsgehalt der betr. Informationen umschrieben.

In gleicher Weise, wie iRd Art. 2 Nr. 2a REMIT-VO, ist es auch hier nach dem 46 Willen des Gesetzgebers geboten im Rahmen des Tatbestands zwischen der erfolgreichen und der nicht erfolgreichen Marktmanipulation zu unterscheiden (vgl. → Rn. 22). Kam es durch die Verbreitung von Informationen **tatsächlich** zum

M. Eufinger 2627

§ 95 a

Setzten falscher oder irreführender Signale in Bezug auf Angebot, Nachfrage oder Preis, so ist ein „Einwirken" iSd § 95 a Abs. 1 gegeben, liegt diese nicht vor greift die Bußgeldnorm des § 95 Abs. 1 c Nr. 6 (zur Frage der Versuchsahndung → Rn. 51 ff.).

47 Eine entsprechende Vorschrift in Bezug auf Art. 4 REMIT-VO (**Verpflichtung zur Veröffentlichung von Insiderinformationen**) ist hier nicht aufgenommen. Nach § 95 Abs. 1 c Nr. 2 sind Verstöße jedoch mit Bußgeld, bei Vorsatz und beharrlicher Wiederholung nach § 95b Nr. 2 mit Freiheitsstrafe bis zu einem Jahr oder Geldstrafe bedroht. Hiermit sanktioniert der deutsche Gesetzgeber auch die Marktmanipulation durch das Unterlassen einer Veröffentlichung von Insider-Informationen.

48 Weiter enthält Art. 2 Nr. 2b S. 2 REMIT-VO eine Handlungsanweisung an die zuständigen Stellen zur Beurteilung von Sachverhalten, in welchen eine Verbreitung von Informationen zu **journalistischen** oder **künstlerischen Zwecken** erfolgt. Ein Normverweis durch den nationalen Gesetzgeber war hier nicht geboten, da es sich bei der Handlungsanweisung um keine Definition im eigentlichen Sinne handelt. In Art. 2 Nr. 2b UAbs. 2 REMIT-VO wird die Informationsverbreitung zu journalistischen oder künstlerischen Zwecken lediglich privilegiert und ihre Bedeutung herausgestellt.

49 Art. 2 Nr. 2b S. 2 REMIT-VO lautet:

> Werden solche **Informationen zu journalistischen** oder **künstlerischen Zwecken** verbreitet, ist eine solche Verbreitung von Informationen unter Berücksichtigung der in Bezug auf die Pressefreiheit und die freie Meinungsäußerung in anderen Medien geltenden Regeln zu beurteilen, es sei denn, dass
> i) die betreffenden Personen aus der Verbreitung der betreffenden Informationen direkt oder indirekt einen Nutzen ziehen oder Gewinne schöpfen oder
> ii) die Bereitstellung oder Verbreitung mit der Absicht erfolgt, den Markt in Bezug auf das Angebot von Energiegroßhandelsprodukten, die Nachfrage danach oder ihren Preis irrezuführen;"

50 Hier ist der Sachverhalt unter der besonderen Berücksichtigung der **Pressefreiheit** und dem Grundrecht der freien **Meinungsäußerung** zu beurteilen. Diese Sonderstellung greift nur dann nicht, wenn die betr. Person aus der Verbreitung der Information direkt oder indirekt wirtschaftlichen Nutzen zieht, Gewinne abschöpft oder die Verbreitung der Nachricht mit der Absicht erfolgte den Markt irrezuführen.

51 Eine zentrale Streitfrage ist die Frage der Versuchsahndung der Marktmanipulation. Der **Versuch** der **Marktmanipulation** ist in Art. 2 Nr. 3 REMIT-VO beschrieben. Dort heißt es:

> „3. ‚**Versuch** der **Marktmanipulation**' ist
> a) der Abschluss einer Transaktion, das Erteilen eines Handelsauftrags oder das Vornehmen sonstiger Handlungen im Zusammenhang mit einem Energiegroßhandelsprodukt mit der Absicht,
> i) falsche oder irreführende Signale für das Angebot von Energiegroßhandelsprodukten, die Nachfrage danach oder ihren Preis zu geben,
> ii) den Preis eines oder mehrerer Energiegroßhandelsprodukte auf einem künstlichen Preisniveau zu halten, es sei denn, die Person, welche die Transaktion abgeschlossen oder den Handelsauftrag erteilt hat, weist nach, dass sie legitime Gründe dafür hatte und dass diese Transaktion oder dieser Handelsauftrag nicht gegen die zulässige Marktpraxis auf dem betreffenden Energiegroßhandelsmarkt verstößt, oder

iii) falsche Tatsachen vorzuspiegeln oder sonstige Kunstgriffe oder Formen der Täuschung zu verwenden, die falsche oder irreführende Signale für das Angebot von Energiegroßhandelsprodukten, die Nachfrage danach oder ihren Preis geben oder geben könnten;
oder
b) Informationen über die Medien einschließlich Internet oder auf anderem Wege zu verbreiten mit der Absicht, falsche oder irreführende Signale für das Angebot von Energiegroßhandelsprodukten, die Nachfrage danach oder ihren Preis zu geben;"

Diese Regelung der REMIT-VO ist mit der Regelung der erfolgreichen Manipulation in Art. 2 Nr. 2 REMIT-VO weitgehend gleich. Der Versuch iSd REMIT-VO setzt aber nur die **Manipulationsabsicht, nicht** aber ihr **Gelingen** voraus. Eine Besonderheit des Regelungsgefüges der REMIT-VO ist, dass der „objektiv beendete Versuch" aus dem Versuchstatbestand herausgelöst und der Vollendung tatbestandlich gleichgestellt wird. Nur der „objektiv unbeendete Versuch" und „subjektiv beendete Versuch" unterliegen dem Versuchstatbestand des Art. 2 Nr. 3 REMIT-VO (→ Rn. 19). 52

Hiervon strikt zu trennen ist die Frage, wie eine **Versuchsahndung** durch den **nationalen Gesetzgeber** erfolgt. Diese Frage ist gesondert zu beurteilen, weil die Auswahl der Sanktion (Ordnungswidrigkeit oder Strafe), losgelöst vom europarechtlichen Tatbestand, durch den nationalen Gesetzgeber erfolgt. Art. 18 REMIT-VO verlangt lediglich die Festlegung geeigneter Sanktionen, welche wirksam, abschreckend und verhältnismäßig sein müssen (in gleicher Weise stellt sich daher die Frage welche Anforderungen an eine Vollendung nach § 95a Abs. 1 zu stellen sind → Rn. 20 ff.). 53

Ursprung der Streitfrage, ob und wie eine Versuchsahndung im nationalen Recht erfolgt, ist der Umstand, dass der deutsche Gesetzgeber die Vorschrift des Art. 2 Nr. 3 REMIT-VO nicht direkt zitiert. Einigkeit besteht darüber, dass § 95a Abs. 1 durch das Erfordernis einer **erfolgreichen Preisbeeinflussung** nur die vollendete Tat, nicht aber den Versuch erfasst (zur Herleitung → Rn. 20 ff.). 54

Streit besteht hingegen über der Frage, ob national somit überhaupt keine **Versuchsahndung** erfolgt, oder ob diese durch die Bußgeldvorschriften des § 95 Abs. 1 b und § 95 Abs. 1 c Nr. 6 erfolgen soll. Teilweise wird vertreten, dass – entgegen der europarechtlichen Vorgabe des Art. 5 iVm Art. 2 Nr. 3 REMIT-VO – der Versuch im deutschen Recht überhaupt nicht sanktioniert werde. Auch eine bußgeldrechtliche Bewehrung scheide aus, da es der Bußgeldvorschrift des § 95 an einer ausdrücklichen Bestimmung der Versuchsordnungswidrigkeit (vgl. § 13 Abs. 2 OWiG) fehle (so Theobald/Kühling/ *Theobald/Werk* EnWG § 95a Rn. 37). 55

Dem kann aus verschiedenen Erwägungen nicht gefolgt werden. Die vorgenannte Ansicht überdehnt zunächst die Anforderungen an die Anordnung einer Versuchsordnungswidrigkeit iSv § 13 Abs. 2 OWiG. Eine ausdrückliche Anordnung der Ahndung des Versuchs erfolgt im deutschen Ordnungswidrigkeitenrecht nur selten. Häufiger anzutreffen ist eine tatbestandliche Ausgestaltung der Versuchsahndung, welche auch im Wege einer sorgfältigen Normauslegung gewonnen werden kann. Dies ist eine gängige Gesetzgebungstechnik (vgl. BeckOK OWiG/*Coen* § 13 Rn. 1). Eine solche Normauslegung führt vorliegend zu einer **Versuchsahndung:** 56

Art. 5 REMIT-VO untersagt explizit nicht nur die erfolgreiche Vornahme, sondern auch den „Versuch" der Marktmanipulation. Sowohl § 95 Abs. 1b, als auch § 95 Abs. 1c Nr. 6 verweisen unmittelbar auf Art. 5 REMIT-VO. Dies sollte bereits den tatbestandlichen Anforderungen einer Versuchsahndung genügen. Ein 57

§ 95 a

konkreter Verweis auf Art. 2 Nr. 3 REMIT-VO durch den nationalen Gesetzgeber ist insofern nicht zwingend. Eine Bezugnahme wäre zudem auf Sanktionsebene nicht zielführend, da der nationale Gesetzgeber hier den „objektiv beendeten Versuch" der Vollendung – abweichend vom Tatbestand der REMIT-VO – bei der Sanktionierung nicht gleichstellt (zur Herleitung → Rn. 20 ff.).

58 Denkbar ist auch ein versehentlich **fehlender Normverweis** auf Art. 2 Nr. 3 REMIT-VO. Durch den Verweis auf Art. 5 REMIT-VO wäre auch in diesem Fall eine Versuchsahndung gegeben (→ Rn. 57). Auch eine **europarechtskonforme Auslegung** der Norm gebietet in diesem Fall eine Versuchsahndung anzunehmen. Art. 13 und Art. 18 REMIT-VO begründen diesbezüglich eine Umsetzungsverpflichtung des nationalen Gesetzgebers, welche eine Nichtahndung des Versuchs ausschließen dürfte.

59 Ausweislich der Gesetzgebungsmaterialien entspricht es auch dem **Willen des Gesetzgebers** Handlungen **ohne tatsächliche Preiseinwirkung** zu sanktionieren. Handlungen mit tatsächlicher Preiseinwirkung sollen der Strafnorm des § 95 a unterliegen, Handlungen ohne Preiseinwirkungen sollen wegen ihres geringeren Unrechtsgehalts der Bußgeldnorm des § 95 Abs. 1 b und § 95 Abs. 1 c Nr. 6 unterliegen (BT-Drs. 17/10060, 34; BR-Drs. 253/12, 42). Dies dürfte eine umfassende Versuchsahndung miteinschließen. Eine fehlende Versuchsahndung dürfte insoweit dem Willen des Gesetzgebers widersprechen und wohl zu einem gänzlichen Leerlaufen des § 95 Abs. 1 b und § 95 Abs. 1 c Nr. 6 führen.

60 Ein weiteres Indiz für die Versuchsahndung durch § 95 Abs. 1 b und § 95 Abs. 1 c Nr. 6 ist die Existenz des **§ 95 b Nr. 2.** Die Reduzierung des Strafmaßes gegenüber der vollendeten Marktmanipulation ergibt in dieser Vorschrift nur dann einen Sinn, wenn sie sich allein auf den wiederholten Versuch der Marktmanipulation bezieht (→ § 95 b Rn. 12).

61 In der **Praxis** der BNetzA hat sich die Thematik der Versuchsahndung der Marktmanipulation nach der REMIT-VO und ihrer Umsetzung im deutschen Recht bislang praktisch nicht gestellt, da bisher keine Anwendungsfälle in der Praxis aufgetreten sind (weiterführend → Rn. 24).

II. Strafbarkeit des vollendeten Insiderhandels nach Abs. 2

62 Nach Abs. 2 wird mit **Freiheitsstrafe bis zu fünf Jahren oder Geldstrafe** bestraft, wer als „Primär-" oder „Sekundärinsider" (zur Unterscheidung → Rn. 70 f.) entgegen Art. 3 Abs. 1 a REMIT-VO eine **Insiderinformation** nutzt (→ Rn. 68). Ebenso wird bestraft, wer als „Primärinsider" nach Abs. 2 Nr. 2 a entgegen Art. 3 Abs. 1 b REMIT-VO eine Insiderinformation an Dritte weitergibt (→ Rn. 69) oder als „Primärinsider" nach Abs. 2 Nr. 2 b entgegen Art. 3 Abs. 1 c REMIT-VO einer anderen Person empfiehlt oder sie verleitet ein Energiegroßhandelsprodukt zu erwerben oder zu veräußern (→ Rn. 69). § 95 regelt auch hier die verbleibenden Fälle, welche im Bereich des Ordnungswidrigkeitsverfahrens nach § 95 Abs. 1 c Nr. 1 abgehandelt werden (→ § 95 Rn. 1 ff.). Dies betrifft vornehmlich Fälle des Art. 3 Abs. 2 e REMIT-VO, in welchen Personen wissen oder wissen müssten, dass es sich um Insiderinformationen handelt und diese an Dritte weitergeben oder einer anderen Person empfehlen oder sie verleiten ein entsprechendes Geschäft abzuschließen.

63 Die nationale Strafrechtsnorm verweist auch hier lediglich auf Tatbestandsebene auf europäisches Sekundärrecht. Der Straftatbestand setzt sich damit aus europäischer Verbotsnorm und nationaler Sanktionsnorm zusammen (grundlegend

Strafvorschriften   § 95 a

→ Rn. 7). Es ist auch hier gesondert vom europäischen Tatbestand zu prüfen, wie die **Auswahl der Sanktion** (Ordnungswidrigkeit oder Strafe) erfolgt, da diese Frage unabhängig vom europäischen Tatbestand ist. Art. 18 REMIT-VO verlangt lediglich die Festlegung geeigneter Sanktionen, welche wirksam, abschreckend und verhältnismäßig sein müssen.

Art. 3 REMIT-VO regelt tatbestandlich das **Insiderhandelsverbot**. Neben der **64** inhaltlichen Ausgestaltung dieses Verbots (Art. 3 Abs. 1 f.) sind Ausnahmefälle aufgeführt, in welchen das Verbot nicht gilt (Art. 3 Abs. 3 f.). – etwa wenn eine Verpflichtung zu Transaktionen zeitlich vor Erhalt einer Insiderinformation abgeschlossen wurde (Art. 3 Abs. 4 a).

Die europäische **Verbotsnorm zum Insiderhandel** (Art. 3 REMIT-VO) **65** lautet:

„(1) Personen, die über **Insider-Informationen** in Bezug auf ein Energiegroßhandelsprodukt verfügen, ist es untersagt,
a) diese Informationen im Wege des Erwerbs oder der Veräußerung von Energiegroßhandelsprodukten, auf die sich die Information bezieht, für eigene oder fremde Rechnung direkt oder indirekt zu nutzen, oder dies zu versuchen;
b) diese Informationen an Dritte weiterzugeben, soweit dies nicht im normalen Rahmen der Ausübung ihrer Arbeit oder ihres Berufes oder der Erfüllung ihrer Aufgaben geschieht;
c) auf der Grundlage von Insider-Informationen anderen Personen zu empfehlen oder andere Personen dazu zu verleiten, Energiegroßhandelsprodukte, auf die sich die Information bezieht, zu erwerben oder zu veräußern.

(2) Das Verbot nach Absatz 1 gilt für folgende Personen, die über Insider-Informationen in Bezug auf ein Energiegroßhandelsprodukt verfügen:
a) Mitglieder der Verwaltungs-, Geschäftsführungs- und Aufsichtsorgane eines Unternehmens,
b) Personen mit Beteiligung am Kapital eines Unternehmens,
c) Personen, die im Rahmen der Ausübung ihrer Arbeit oder ihres Berufes oder der Erfüllung ihrer Aufgaben Zugang zu der Information haben,
d) Personen, die sich diese Informationen auf kriminelle Weise beschafft haben,
e) Personen, die wissen oder wissen müssten, dass es sich um Insider-Informationen handelt.

(3) Absatz 1 Buchstaben a und c finden keine Anwendung, wenn Übertragungs-/Fernleitungsnetzbetreiber Strom oder Erdgas kaufen, um den sicheren Netzbetrieb gemäß ihren Verpflichtungen nach Artikel 12 Buchstaben d und e der Richtlinie 2009/72/EG oder Artikel 13 Absatz 1 Buchstaben a und c der Richtlinie 2009/73/EG zu gewährleisten.

(4) Dieser Artikel gilt nicht für
a) Transaktionen, durch die einer fällig gewordenen Verpflichtung zum Erwerb oder zur Veräußerung von Energiegroßhandelsprodukten nachgekommen werden soll, wenn diese Verpflichtung auf einer Vereinbarung oder einem Handelsauftrag beruht, die geschlossen bzw. der erteilt wurde, bevor die betreffende Person in den Besitz der Insider-Information gelangt ist;
b) Transaktionen von Stromerzeugern und Erdgasproduzenten, Betreibern von Erdgasspeicheranlagen oder Betreibern von Flüssiggaseinfuhranlagen, die ausschl. der Deckung direkter physischer Verluste infolge unvorhergesehener Ausfälle dienen, wenn die Marktteilnehmer andernfalls nicht in der Lage wären, die geltenden Vertragsverpflichtungen zu erfüllen, oder wenn dies im Einvernehmen mit dem/den betroffenen Übertragungs-/Fernleitungsnetzbetreiber(n) erfolgt, um den sicheren Netzbetrieb zu gewährleisten. In einem solchen Fall werden die einschlägigen Informationen über die Transaktionen der Agentur und der nationalen Regulierungsbehörde übermittelt. Diese Meldepflicht gilt unbeschadet der in Artikel 4 Absatz 1 enthaltenen Verpflichtung;

§ 95a

Teil 8. Verfahren

c) Marktteilnehmer, die unter nationalen Notfallvorschriften handeln, wenn nationale Behörden eingegriffen haben, um die Versorgung mit Strom oder Erdgas zu gewährleisten, und die Marktmechanismen in einem Mitgliedstaat oder Teilen davon ausgesetzt worden sind. In diesem Fall gewährleistet die für die Notfallplanung zuständige Behörde die Veröffentlichung im Einklang mit Artikel 4.

(5) Sofern es sich bei den Personen, die über Insider-Informationen über ein Energiegroßhandelsprodukt verfügen, um juristische Personen handelt, gelten die Verbote nach Absatz 1 auch für die natürlichen Personen, die an dem Beschluss beteiligt sind, die Transaktion für Rechnung der betreffenden juristischen Person zu tätigen.

(6) Werden Informationen zu journalistischen oder künstlerischen Zwecken verbreitet, wird eine solche Verbreitung von Informationen unter Berücksichtigung der in Bezug auf die Pressefreiheit und die freie Meinungsäußerung in anderen Medien geltenden Regeln beurteilt, es sei denn, dass

a) die betreffenden Personen aus der Verbreitung der betreffenden Informationen direkt oder indirekt einen Nutzen ziehen oder Gewinne schöpfen, oder

b) die Bereitstellung oder Verbreitung mit der Absicht erfolgt, den Markt in Bezug auf das Angebot von Energiegroßhandelsprodukten, die Nachfrage danach oder ihren Preis irrezuführen."

66 Jede Insidertat setzt das Vorliegen einer Insiderinformation voraus. Der **Begriff der Insiderinformation** ist in Art. 2 Nr. 1 REMIT-VO geregelt:

„Für die Zwecke dieser Verordnung gelten die folgenden Begriffsbestimmungen:

1. „Insider-Information" ist eine nicht öffentlich bekannte präzise Information, die direkt oder indirekt ein oder mehrere Energiegroßhandelsprodukte betrifft und die, wenn sie öffentlich bekannt würde, die Preise dieser Energiegroßhandelsprodukte wahrscheinlich erheblich beeinflussen würde.

Für die Anwendung dieser Begriffsbestimmung ist „Information",

a) eine Information, die gemäß den Verordnungen (EG) Nr. 714/2009 und (EG) Nr. 715/2009 öffentlich bekannt zu machen ist, einschließlich der nach diesen Verordnungen zu verabschiedenden Leitlinien und Netzkodizes;

b) eine Information, die die Kapazität und die Nutzung von Anlagen zur Erzeugung und Speicherung, zum Verbrauch oder zur Übertragung/Fernleitung von Strom oder Erdgas bzw. die Kapazität und die Auslastung von Flüssiggasanlagen, einschließlich der geplanten oder ungeplanten Nichtverfügbarkeit dieser Anlagen, betrifft;

c) eine Information, die aufgrund von Rechts- und Verwaltungsvorschriften auf Unionsebene oder nationaler Ebene, Marktvorschriften, Verträgen oder Gebräuchen auf dem relevanten Energiegroßhandelsmarkt bekannt gegeben werden muss, soweit sie die Preise von Energiegroßhandelsprodukten erheblich beeinflussen könnte, und

d) eine andere Information, die ein vernünftiger Marktteilnehmer wahrscheinlich als Teil seiner Entscheidungsgrundlage für den Abschluss einer Transaktion oder das Erteilen eines Handelsauftrags im Zusammenhang mit einem Energiegroßhandelsprodukt nutzen würde.

Eine Information ist dann als präzise anzusehen, wenn damit eine Reihe von Umständen gemeint ist, die bereits existieren oder bei denen man mit hinreichender Wahrscheinlichkeit davon ausgehen kann, dass sie in Zukunft existieren werden, oder ein Ereignis, das bereits eingetreten ist oder mit hinreichender Wahrscheinlichkeit in Zukunft eintreten wird, und diese Information darüber hinaus spezifisch genug ist, dass sie einen Schluss auf die mögliche Auswirkung dieser Reihe von Umständen oder dieses Ereignisses auf den Preis von Energiegroßhandelsprodukten zulässt."

67 Der deutsche Gesetzgeber verweist in den **nationalen Sanktionsnormen** des § 95a Abs. 2 ff. und § 95 Abs. 1 c Nr. 1 teilweise auf den europäischen Tatbestand und weist diesem unterschiedliche Sanktionen zu. Es handelt sich hierbei um eine zulässige Sanktionssetzung des nationalen Gesetzgebers iRd Umsetzungsverpflichtung aus Art. 18 REMIT-VO (grundlegend → Rn. 7).

Abs. 2 Nr. 1 sanktioniert den „**Primärinsider**" oder „**Sekundärinsider**" (zur 68 Unterscheidung → Rn. 70 f.), der entgegen Art. 3 Abs. 1 a REMIT-VO eine **Insiderinformation nutzt**. Insider ist hier, ausweislich der Gesetzesbegründung, unterschiedslos jede Person, die über Insiderinformationen iSv Art. 2 Nr. 1 verfügt (vgl. BT-Drs. 17/10060, 34 f.). Hier verwendet der Insider die Information im Wege des Erwerbs oder der Veräußerung von Energiegroßhandelsprodukten, auf die sich die Information bezieht für eigene oder fremde Rechnung direkt oder indirekt. Im Rahmen des Tatbestands muss **Kenntnis** der Insiderinformation als solche gegeben sein. Kenntnis umfasst hierbei sowohl die Information selbst, als auch deren inhaltliche Bewertung als Insiderinformation. Handelt der Täter in diesen Fällen leichtfertig, so verbleibt die Möglichkeit der Strafbarkeit nach Abs. 4 (→ Rn. 74).

Abs. 2 Nr. 2a bedroht die **Weitergabe von Insiderinformationen** an Dritte 69 mit Strafe, soweit der Täter „**Primärinsider**" ist. Abs. 2 Nr. 2b verbietet es Primärinsidern darüber hinaus es einer anderen Person auf der Grundlage von Insiderinformationen zu **empfehlen** oder zu sie dazu zu **verleiten** ein Energiegroßhandelsprodukt, auf die sich die Information bezieht, zu erwerben oder zu veräußern.

„**Primärinsider**" ist, wer über Insiderinformationen iSv Art. 2 Nr. 1 REMIT- 70 VO verfügt und darüber hinaus die besonderen persönlichen Merkmale des Art. 3 Abs. 2a–d REMIT-VO erfüllt. Dies betrifft Mitglieder der Verwaltungs-, Geschäftsführungs- und Aufsichtsorgane eines Unternehmens (Art. 3 Abs. 2a REMIT-VO), Personen mit Beteiligung am Kapital eines Unternehmens (Art. 3 Abs. 2b REMIT-VO), Personen welche im Rahmen der Ausübung ihrer Arbeit oder ihres Berufes oder der Erfüllung ihrer Aufgaben Zugang zu der Information haben (Art. 3 Abs. 2c REMIT-VO). Auch Personen, welche sich die Informationen auf kriminelle Weise beschafft haben werden als „Primärinsider" behandelt (Art. 3 Abs. 2d REMIT-VO). Die ersten drei Fälle beschreiben den Primärinsider, der Kraft seiner Stellung Zugang zu den Informationen hat, der dritte Fall beschreibt den Kriminellen, der die Information etwa durch Wirtschaftsspionage erlangte. Eine natürliche Person wird nach Art. 3 Abs. 5 REMIT-VO auch dann als Primärinsider behandelt, wenn sie an dem Beschluss einer juristischen Person zu einer Transaktion beteiligt ist, wenn diese juristische Person über eine Insiderinformation über das Energiegroßhandelsprodukt verfügt.

„**Sekundärinsider**" ist demgegenüber, wer nicht zu dem vorgenannten Per- 71 sonenkreis gehört. Auch Sekundärinsider können jedoch nach § 95 Abs. 1 c Nr. 1 – wenn auch nur bußgeldrechtlich – belangt werden, wenn sie Information an Dritte weitergeben oder einer anderen Person empfehlen oder sie verleiten ein entsprechendes Geschäft abzuschließen und wissen oder wissen müssen, dass es sich um Insiderinformationen handelt. Das Handeln des Sekundärinsiders soll hier wegen des geringeren Unrechtsgehalts milder sanktioniert werden (vgl. BT-Drs. 17/10060, 34 f.). Denkbar sind auch Fälle von Primärinsidern, welche Insiderinformationen nicht als solche erkannt haben, jedoch hätten wissen oder wissen müssen, dass es sich um solche handelt, und sind unter diesen Auffangtatbestand zu fassen.

All diese Tatbestände (→ Rn. 67 ff.) sind nur dann erfüllt, wenn kein **Ausnah-** 72 **metatbestand** nach Art. 3 Abs. 4 f. REMIT-VO greift (die übrigen Rechtfertigungs- und Entschuldigungsgründe bleiben hiervon unberührt). Art. 3 Abs. 4a REMIT-VO erklärt das Insiderverbot für dann nicht anwendbar, wenn Transaktionen zur Erfüllung einer fällig gewordenen Verpflichtung erfolgen, die geschlossen wurde, bevor die Person die Insiderinformation erlangte. Art. 3 Abs. 4b REMIT-

§ 95a

VO enthält eine Ausnahmeregel für Transaktionen, die in Notfällen zur Erfüllung von Verpflichtungen erfolgen. Erfasst werden hier unvorhersehbare Ausfälle. Hierüber sind die europäische Agentur ACER und der nationale Aufseher, die BNetzA, zu informieren. Art. 3 Abs. 4c REMIT-VO erlaubt unter nationalen Notfallvorschriften, trotz des Vorhandenseins von Insiderinformationen, zu handeln. Die für die Notfallplanung zuständige Behörde sorgt für die Veröffentlichung der Insiderinformationen im Einklang mit Art. 4 REMIT-VO. Nach Art. 3 Abs. 6 REMIT-VO ist bei der Weitergabe von Insiderinformationen zu journalistischen oder künstlerischen Zwecken die Tat unter Berücksichtigung der Pressefreiheit, der freien Meinungsäußerung und den in den Medien geltenden Regeln zu beurteilen. Der Täter kann sich nicht darauf berufen, sofern er hieraus einen Nutzen zieht oder Gewinne abschöpft. Gleiches gilt wenn er mit seiner Tat darauf abzielt auf das Angebot von Energiegroßhandelsprodukten, die Nachfrage danach oder ihren Preis irrezuführen.

III. Die Strafbarkeit des versuchten Insiderhandels nach Abs. 3

73 § 95a Abs. 3 stellt den **Versuch des Insiderhandels** unter **Strafe,** da auch der versuchte Insiderhandel dazu geeignet ist das Vertrauen in den Großhandelsmarkt für Strom und Gas zu erschüttern und damit die Funktionsfähigkeit der Märkte zu gefährden (vgl. BT-Drs. 17/10060, 35). Auslegungsprobleme bzgl. der Versuchsahndung, wie iRd Abs. 1 stellen sich nicht (→ Rn. 51 ff.). Im Übrigen kann auch hier zur Abgrenzung auf die Ansatzformel des § 22 StGB abgestellt werden. Gem. Art. 1 Abs. 1 EGStGB ist der Allgemeine Teil des StGB auch auf § 95a und § 95b anwendbar (weiterführend BerlKommEnergieR/ *Staebe* EnWG § 95b Rn. 6). Dies gilt auch für mögliche Teilnahme- und Irrtumskonstellationen. Hier ist insbesondere an den Verbotsirrtum zu denken.

IV. Strafbarkeit bei Leichtfertigkeit nach Abs. 4

74 **Nutzt** der Täter die **Insiderinformation** für die eigene oder eine fremde Rechnung direkt oder indirekt in **leichtfertiger** Weise, so reduziert sich nach Abs. 4 das Strafmaß auf Freiheitsstrafe bis zu einem Jahr oder Geldstrafe. Unter Leichtfertigkeit ist gemeinhin ein deutlich erhöhtes Maß der Fahrlässigkeit zu verstehen. Ein regelkonformes Verhalten muss dem Täter praktisch vor Augen stehen. Dies ist etwa dann als gegeben anzusehen, wenn der Täter irrtümlich davon ausging, dass eine Insiderinformation schon veröffentlicht sei, sich dessen aber nicht vergewissert hat. Es kann im Übrigen auf die allgemeinen strafrechtlichen Grundsätze hierzu abgestellt werden.

C. Entscheidungsübersicht

75 Eine Übersicht einschlägiger **Entscheidungen nationaler Behörden** und **Gerichte** zu den vorgenannten Regelungen der REMIT-VO wird durch die ACER zur Verfügung gestellt (abrufbar unter acer.europa.eu/en/remit/REMITATACER/Pages/Enforcement-decisions.aspx). Als erste nationale Behörde legte die spanische Behörde „CNMC" am 24.11.2015 eine Strafzahlung in Höhe von 25 Mio. EUR wegen Verletzung von Art. 5 REMIT-VO fest. Bereits in dieser Entscheidung wurde die hohe praktische Bedeutung der durch die ACER in Zusammenarbeit mit den natio-

Strafvorschriften **§ 95b**

nalen Behörden veröffentlichten Orientierungshilfe (→ Rn. 15) deutlich (abrufbar unter www.cnmc.es/node/271406). Der Entscheidung folgten bislang dreizehn weitere Entscheidungen nationaler Behörden. Die letzte Entscheidung erfolgte durch die britische Behörde „Ofgem". Hier verpflichtete sich das betroffene Unternehmen wegen der vorgeworfenen Verletzung von Art. 5 REMIT-VO zu einer freiwilligen Zahlung in Höhe von 6 Mio. GBP (abrufbar unter www.ofgem.gov.uk/pu blications-and-updates/edf-energy-thermal-generation-limited-agrees-pay-6-mil lion-breaching-wholesale-energy-market-regulations). Bereits an diesen beiden Entscheidungen wird die hohe Bandbreite nationaler Umsetzungs- und Entscheidungsmöglichkeiten zur Ahndung von Verstößen gegen die REMIT-VO deutlich. Auch die Höhe der Sanktionen zeigt, dass die nationalen Gesetzgeber Verletzungen der REMIT-VO mit scharfen Sanktionen begegnen.

§ 95b Strafvorschriften

Mit Freiheitsstrafe bis zu einem Jahr oder mit Geldstrafe wird bestraft, wer

1. **entgegen § 12 Absatz 5 Satz 1 Nummer 1 nicht sicherstellt, dass ein Betriebs- und Geschäftsgeheimnis ausschließlich in der dort genannten Weise genutzt wird, oder**
2. **eine in § 95 Absatz 1b oder Absatz 1c Nummer 2 oder Nummer 6 bezeichnete vorsätzliche Handlung beharrlich wiederholt.**

A. Allgemeines

I. Inhalt

§ 95b wurde mWv 12.12.2012 durch Art. 2 des Gesetzes zur Errichtung einer 1 Markttransparenzstelle für den Großhandel mit Strom und Gas (BGBl. 2012 I S. 2403) in das EnWG eingeführt. Der Regelungsansatz basiert auf der Umsetzungsverpflichtung der VO (EU) Nr. 1227/2011 vom 8.12.2011 über die Integrität und Transparenz des Energiegroßhandelsmarkts (REMIT-VO/Regulation on Wholesale Energy Market Integrity and Transparency) (ABl. 2011 L 326, 1). § 95b regelt in Ergänzung zu der Strafvorschrift des § 95a und der Bußgeldvorschrift des § 95 die **Strafbarkeit** der Verletzung von Veröffentlichungspflichten und der Marktmanipulation (→ Rn. 10ff.). Zuletzt wurde die ausschließliche Norm mWv 30.7.2016 durch Art. 1 Strommarktgesetz (BGBl. 2016 I S. 1786) angepasst. Hierdurch sind auch bestimmte Verhaltensweisen im Bereich des Umgangs mit Betriebs- und Geschäftsgeheimnissen unter Strafe gestellt (→ Rn. 6ff.).

II. Zweck und Regelungshintergrund

Sinn und Zweck der Regelung ist – wie bei § 95a die Gewährleistung der **Inte-** 2 **grität** und **Transparenz** der Energiegroßhandelsmärkte. Hinsichtlich der sich hieraus ergebenden general- und spezialpräventiven Zwecke kann auf die dortigen Ausführungen verwiesen werden (→ § 95a Rn. 2ff.).

Die zwischenzeitlich eingeführte Strafbewehrung nach Nr. 1 soll einen ord- 3 nungsgemäßen **Umgang** mit **sensiblen Daten** durch die nach § 12 Abs. 5 S.1

§ 95 b   Teil 8. Verfahren

Nr. 1 verpflichteten Betreiber von Energieversorgungsnetzen sicherstellen (BT-Drs. 18/7317, 127).

4   Nr. 2 dient in diesem Zusammenhang vornehmlich der **Vermeidung** eines Verhaltens, das eine Verrechnung der Kosten von Zuwiderhandlungen im Entdeckungsfall mit dem potenziellen Nutzen von Zuwiderhandlungen im Nichtentdeckungsfall zugrunde legt (BR-Drs. 253/12, 44). Derartige „**Kosten-Nutzen-Rechnungen**" gilt es zu verhindern (vgl. Theobald/Kühling/*Theobald/Werk* EnWG § 95 b Rn. 1). Andernfalls könnten für Täter Anreize dahin bestehen wiederholt den Versuch einer Tat zu unternehmen, ohne strafrechtliche Sanktionen zu fürchten (die Gefahr einer bußgeldrechtlichen Verfolgung bleibt hiervon unbenommen → § 95 a Rn. 51 ff.). Gleiches gilt für die wiederholte Missachtung von Pflichten zur Veröffentlichung von Insiderinformationen.

B. Strafbarkeit im Einzelnen

5   § 95 b regelt die **Strafbarkeit** bestimmter Verhaltensweisen im Zusammenhang mit **Geheimhaltungspflichten** bezüglich spezifischer Betriebs- und Geschäftsgeheimnisse bei Elektrizitätsnetzbetreibern, sowie die Strafbarkeit wegen der wiederholten Verletzung von **Veröffentlichungspflichten** betr. Insiderinformationen und der **Marktmanipulation**.

I. Strafbarkeit wegen Verletzung von Geheimhaltungspflichten nach Nr. 1

6   Nr. 1 sanktioniert die **fehlende Sicherung** gegen die unzulässige Nutzung oder Offenlegung von **Betriebs-** und **Geschäftsgeheimnissen** entgegen § 12 Abs. 5 S. 1 Nr. 1. Nunmehr macht sich auch derjenige strafbar, der entgegen § 12 Abs. 5 S. 1 Nr. 1 nicht sicherstellt, dass ein Betriebs- und Geschäftsgeheimnis ausschließlich in der dort genannten Weise genutzt wird. Auf diese Weise soll gewährleistet werden, dass Betreiber von Elektrizitätsversorgungsnetzen die Betriebs- und Geschäftsgeheimnisse, die ihnen nach § 12 Abs. 4 S. 1 zur Kenntnis gelangen (zum Netzbetrieb erforderliche Informationen von Beteiligten), ausschließlich so nutzen, dass deren unbefugte Offenbarung ausgeschlossen ist.

7   Der Tatbestand entspricht dem eines **Unterlassungsdelikts**, sodass im Grundsatz eine Art Garantenstellung der betr. Person bestehen muss. Zum Täterkreis gehören vornehmlich die für die juristische Person handelnden natürlichen Personen – also die von ihr eingesetzten Mitarbeiter und sonstigen beauftragten Personen (vgl. BerlKommEnergieR/*Staebe* EnWG § 95 b Rn. 19). Überschneidungen zu anderen Delikten sind möglich (zum Verhältnis zu § 203 StGB → Rn. 8).

8   Weiterer Hintergrund der Regelung ist, dass durch die gesetzgeberischen Änderungen im Rahmen von § 12 der Kreis der zur Übermittlung von Informationen Verpflichteten erweitert wird. Betriebs- und Geschäftsgeheimnisse müssen somit in wachsendem Umfang geschützt werden. Durch die Strafbewehrung soll der ordnungsgemäße Umgang mit sensiblen Daten der Verpflichteten sichergestellt werden. Hiervon bleibt eine Strafbarkeit nach **§ 203 StGB** unberührt. Hiernach wird eine unzulässige Nutzung von Betriebs- und Geschäftsgeheimnissen mit einer Freiheitsstrafe von bis zu einem Jahr oder mit Geldstrafe sanktioniert (vgl. BT-Drs. 18/7317, 127). Im Ergebnis wird die mangelhafte Sicherung der Geheimnisse nach

Nr. 1 sanktioniert, die eigentliche Verletzung von Geheimnissen unterliegt einer Ahndung nach § 203 StGB.

Die Sicherung der Betriebs- und Geschäftsgeheimnisse erfordert die Einführung 9 umfassender **Compliance**-Strukturen. Auf Ebene der Infrastruktur ist an die umfassende Sicherung eigener IT-Systeme, Gebäude und Arbeitsplätze zu denken. Weiter sind Mitarbeiter im korrekten Umgang mit den betroffenen Daten zu schulen. Im Ergebnis sind umfassende Vorkehrungen gegen externe Angriffe und internes Fehlverhalten zu treffen (vgl. BerlKommEnergieR/*König* EnWG § 12 Rn. 79 ff.). Weiterführend kann auf die Ausführungen des Bundesamtes für Sicherheit in der Informationstechnik zu den maßgebenden IT-Schutzstandards verwiesen werden (abrufbar unter www.bsi.bund.de/DE/Themen/Unternehmen-und-Organisatio nen/Standards-und-Zertifizierung/IT-Grundschutz/BSI-Standards/bsi-stan dards_node.html).

II. Strafbarkeit wegen beharrlicher Wiederholung der Verletzung von Marktmanipulation oder Veröffentlichungspflichten nach Nr. 2

Die Regelung des § 95b aF, wonach derjenige mit **Freiheitsstrafe bis zu** 10 **einem Jahr oder mit Geldstrafe** bestraft wird, der eine in § 95 Abs. 1b (→ Rn. 12), § 95 Abs. 1c Nr. 2 (→ Rn. 13) oder § 95 Abs. 1c Nr. 6 (→ Rn. 14) bezeichnete vorsätzliche Handlung beharrlich wiederholt, bleibt – nach der Einführung der Regelung der neuen Nr. 1 – inhaltlich unverändert erhalten. Sie wird nunmehr lediglich enumerativ unter Nr. 2 gefasst (BR-Drs. 542/15, 149).

Ein vorsätzliches **beharrliches Wiederholen** setzt eine rechtsfeindliche Einstel- 11 lung des Täters voraus. Es muss eine besondere Hartnäckigkeit und gesteigerte Gleichgültigkeit des Täters vorliegen, welche zugleich die Annahme der Gefahr der Begehung weiterer Ordnungswidrigkeiten iSv § 95 Abs. 1b, § 95 Abs. 1c Nr. 2 oder § 95 Abs. 1c Nr. 2 begründet (weiterführend Theobald/Kühling/*Theobald/ Werk* EnWG § 95b Rn. 3 f.).

§ 95 Abs. 1b bedroht die **Marktmanipulation** (Art. 5 REMIT-VO iVm Art. 2 12 Nr. 2a REMIT-VO) ohne tatsächliche Beeinflussung von Angebot, Nachfrage oder Preis mit Bußgeld. Führt die Marktmanipulation zu einer erfolgreichen Beeinflussung, so wird sie strafrechtlich geahndet – es ist sodann ein „Einwirken" iSv § 95a Abs. 1 gegeben (zur umfassenden Herleitung dieser Abgrenzung → § 95a Rn. 20 ff.). Wird der Markt vorsätzlich und beharrlich wiederholt ohne Erfolg manipuliert so wird dieses Verhalten nicht mehr bußgeldrechtlich, sondern nach Nr. 2 strafrechtlich verfolgt. Die Reduzierung des Strafmaßes gegenüber der Regelung des § 95a ergibt nur dann einen Sinn, wenn hier nicht die Wiederholung der vollendeten Tat, sondern die Wiederholung des Versuchs sanktioniert wird. Die Regelung ist mithin um das ungeschriebene Tatbestandsmerkmal einer „fehlenden Einwirkung" zu ergänzen (vgl. BerlKommEnergieR/*Staebe* EnWG § 95b Rn. 11).

Nach § 95 Abs. 1c Nr. 2 wird die **Veröffentlichung einer Insiderinfor-** 13 **mation** (Art. 4 REMIT-VO) mit Bußgeld bedroht, sofern sie nicht, nicht richtig, nicht vollständig oder nicht unverzüglich nach Kenntnis bekanntgegeben wurde. Geschieht dies wiederholt, vorsätzlich und beharrlich greift hier ebenfalls die Strafdrohung des § 95b.

§ 95 Abs. 1c Nr. 6 bedroht die **Verbreitung von Informationen** über Medien 14 einschließlich dem Internet oder auf anderem Wege, die falsche oder irreführende

Signale für den Markt geben können (Art. 5 REMIT-VO iVm Art. 2 Nr. 2b S. 1 REMIT-VO) mit Bußgeld, soweit die Tat zu keiner Beeinflussung von Angebot, Nachfrage oder Preis führt. Geschieht dies jedoch vorsätzlich, wiederholt und beharrlich greift hier statt der Bußgelddrohung die Strafdrohung gem. § 95 b. Es gelten im Übrigen die obigen Ausführungen entsprechend (→ Rn. 12).

§ 96 Zuständigkeit für Verfahren wegen der Festsetzung einer Geldbuße gegen eine juristische Person oder Personenvereinigung

¹Die Regulierungsbehörde ist für Verfahren wegen der Festsetzung einer Geldbuße gegen eine juristische Person oder Personenvereinigung (§ 30 des Gesetzes über Ordnungswidrigkeiten) in Fällen ausschließlich zuständig, denen
1. eine Straftat, die auch den Tatbestand des § 95 Abs. 1 Nr. 4 verwirklicht, oder
2. eine vorsätzliche oder fahrlässige Ordnungswidrigkeit nach § 130 des Gesetzes über Ordnungswidrigkeiten, bei der eine mit Strafe bedrohte Pflichtverletzung auch den Tatbestand des § 95 Abs. 1 Nr. 4 verwirklicht,

zugrunde liegt. ²Dies gilt nicht, wenn die Behörde das § 30 des Gesetzes über Ordnungswidrigkeiten betreffende Verfahren an die Staatsanwaltschaft abgibt.

Literatur: *Achenbach,* Die Verselbständigung der Unternehmensgeldbuße bei strafbaren Submissionsabsprachen – ein Papiertiger?, wistra 17 (1998), 168; *Achenbach.,* Bonusregelungen bei Kartellstraftaten?, NJW 2001, 2232; *Bangard,* Aktuelle Probleme der Sanktionierung von Kartellabsprachen, wistra 16 (1997), 161; *Boos,* Bußgeld wegen überhöhter Netzentgelte, RdE 2004, 189; *Göhler,* Zum Bußgeld- und Strafverfahren wegen verbotswidrigen Kartellabsprachen, wistra 15 (1996), 132; *Göhler,* Die Zuständigkeit des Kartellsenats zur strafrechtlichen Seite eines bei ihm anhängigen Falles, wistra 13 (1994), 17; *Göhler,* Nochmals – Zur Zuständigkeit des Kartellsenats hinsichtlich der strafrechtlichen Seite eines bei ihm anhängigen Falles, wistra 13 (1994), 260; *König,* Neues Strafrecht gegen die Korruption, JR 1997, 397; *Korte,* Bekämpfung der Korruption und Schutz des freien Wettbewerbs mit Mitteln des Strafrechts, NStZ 1997, 513; *Rieß,* Die sachliche Zuständigkeit beim Wechsel von Kartellordnungswidrigkeit und Straftat, NStZ 1993, 513.

A. Allgemeines

1   Die Vorschrift des § 96 ist **§ 82 GWB 1999** nachgebildet (BR-Drs. 613/04 (Beschluss), 43).

I. Inhalt und Zweck der Vorschrift

2   § 96 regelt die Zuständigkeit für den Fall, dass eine Tat (im prozessualen Sinn) sowohl eine Ordnungswidrigkeit nach § 95 Abs. 1 Nr. 4 (Missbrauch einer Marktstellung gem. § 30 Abs. 1 S. 1) als auch eine Straftat ist (Elspas/Graßmann/Rasbach/ *Heinichen* EnWG § 96 Rn. 1; von unterschiedlichen Taten ausgehend und deswegen von der Unbedenklichkeit des § 96 ausgehend BerlKommEnergieR/*Staebe* EnWG § 96 Rn. 8). Die Regulierungsbehörde kann Ordnungswidrigkeiten wegen

Missbrauchs der Netzbetreiberstellung (§ 95 Abs. 1 Nr. 4 iVm § 30 Abs. 1 S. 1) aufgrund der Vorgabe auch dann noch als solche verfolgen, wenn die **Missbrauchshandlung zugleich einen Straftatbestand** erfüllt oder aber wegen eines vergleichbaren Vorwurfs auch gegen natürliche Personen ermittelt wird. Ohne die Regelung würde die Regulierungsbehörde in diesen Fällen nach § 21 Abs. 1 S. 1 iVm §§ 40, 41 OWiG die Zuständigkeit zur Verfolgung einer Ordnungswidrigkeit des Unternehmens an die Staatsanwaltschaft bzw. nach § 30 Abs. 4 OWiG e contrario an diejenige Behörde, die die Ordnungswidrigkeit gegen die natürliche Person verfolgt, verlieren (*Salje* EnWG § 96 Rn. 1). Das soll durch § 96 verhindert werden, da bei missbräuchlichem Netzbetreiberverhalten die Ahndung gegenüber der juristischen Person regelmäßig im Vordergrund stehen wird.

II. Entstehungsgeschichte

Die Aufnahme des § 96 war im Gesetzgebungsverfahren umstritten. Die Gesetz 3 gewordene Fassung **entspricht dem Regierungsentwurf.**

Der Bundesrat forderte in seiner Stellungnahme zu dem Gesetzesentwurf der 4 Bundesregierung die vollständige Streichung der Vorschrift. Gegen den dem § 82 GWB 1999 nachgebildeten Paragraphen würden von der **Literatur durchgreifende Bedenken erhoben** (vgl. Göhler/*König* OWiG § 30 Rn. 34a). Die durch diese Vorschrift intendierte Zuständigkeitsaufspaltung führe zu Doppelermittlungen und es eventuell unterschiedlich entwickelnden Verfahren mit regelbenenfalls abweichendem Gerichtszug; sie berge die Gefahr divergierender Entscheidungen (betreffend die natürliche Person einerseits und das Unternehmen andererseits) in sich und könne zu erheblichen Problemen bei der Abstimmung der jeweils zu verhängenden Sanktionen führen. Sie dürfte daher mit der umfassenden Kognitionspflicht (§§ 155 Abs. 2 und 264 StPO) des Gerichts kaum vereinbar sein und möglicherweise gegen das verfassungsrechtlich bestimmte Verbot der Doppelverfolgung verstoßen. Vor diesem Hintergrund bestehe keine Veranlassung, durch die Aufnahme einer dem § 82 GWB 1999 entsprechenden Regelung in das EnWG, den Anwendungsbereich der gesonderten Verbandsgeldbuße im selbständigen Verfahren noch auszuweiten (BT-Drs. 15/3917, 94f.). Dem ist uneingeschränkt zuzustimmen (abweichend zB BerlKommEnergieR/*Staebe* EnWG § 96 Rn. 8 mwN zum Kartellrecht).

Die Bundesregierung lehnt den Vorschlag des Bundesrats in ihrer Gegenäußerung jedoch ab. Da Bußgeldverfahren gegen **juristische Personen** und Personenvereinigungen weitaus **größere Bedeutung** als Verfahren gegen natürliche Personen haben würden, sei die Aufnahme der Regelung erforderlich. Im Übrigen habe der Bundesrat auch eine entsprechende Änderung des § 82 GWB 1999 im Rahmen der Novellierung des GWB nicht vorgeschlagen (BT-Drs. 15/4068, 9). 5

B. Regulierungsbehörde

§ 96 begründet eine Zuständigkeit der Regulierungsbehörde. Nach der Terminologie des Gesetzes ist dies sowohl die BNetzA als **Bundesregulierungsbehörde** als auch die **Landesregulierungsbehörden** (§ 54 Abs. 1). Allerdings sind der Landesregulierungsbehörde in § 54 Abs. 2 enumerativ bestimmte Aufgaben auferlegt worden. Die Ahndung von Ordnungswidrigkeiten ist hier jedenfalls nicht ausdrücklich erwähnt. Nun trifft aber § 95 Abs. 5 die Regelung, dass Verwaltungs- 6 behörde isd § 36 Abs. 1 Nr. 1 OWiG die nach § 54 zuständige Behörde ist. Nach dieser Regelung ist die Kompetenz zur Ahndung von Ordnungswidrigkeiten eine Annex-Kompetenz zur zugewiesenen Verwaltungsaufgabe. Im Rahmen des § 96 ist Regulierungsbehörde daher die BNetzA, soweit es um die Aufsicht über Energieversorgungsunternehmen geht, die der Zuständigkeit der BNetzA unterliegen. Bei den der Aufsicht der Landesregulierungsbehörde unterliegenden Unternehmen sind demgegenüber die Landesregulierungsbehörden zuständig.

C. Fortwirkende Zuständigkeit der Regulierungsbehörden

7   Eine Handlung kann – in Tateinheit (§ 52 Abs. 1 StGB) – gleichzeitig Straftat und Ordnungswidrigkeit sein. Durch missbräuchliches Netzbetreiberverhalten kann es zur Verwirklichung zB des Tatbestands des Betrugs (§ 263 StGB) kommen. Im Fall der Betreuung fremder Gelder (Belastungsausgleich nach EEG bzw. KWKG) ist ferner der Tatbestand der Untreue gem. § 266 StGB nicht auszuschließen (diese Tatbestände nennen auch Elspas/Graßmann/Rasbach/*Heinichen* En WG § 96 Rn. 4). Treffen Straftat und Ordnungswidrigkeit in Tateinheit zusammen, so wird nach **§ 21 Abs. 1 S. 1 OWiG nur das Strafgesetz angewendet.** Nach § 21 Abs. 1 S. 2 OWiG kann aber auch auf die nach dem anderen Gesetz angedrohten Nebenfolgen erkannt werden. Außerdem kann nach § 21 Abs. 2 OWiG die Handlung als Ordnungswidrigkeit geahndet werden, wenn eine Strafe nicht verhängt wird.

8   Es stellt sich daher die Frage, ob die Regulierungsbehörden für das Verfahren gegen das Unternehmen nach § 30 OWiG noch zuständig sind, wenn wegen einer Ordnungswidrigkeit, die zugleich Straftat ist, ein Verfahren gegen die Person durchgeführt wird, an die die Sanktion des § 30 OWiG anknüpft (vertretungsberechtigtes Organ, Mitglied des Vorstands eines nicht rechtsfähigen Vereins, vertretungsberechtigter Gesellschafter einer Personenhandelsgesellschaft oder Generalbevollmächtigter, Prokurist oder Handlungsbevollmächtigter), oder ob das Verfahren an die Staatsanwaltschaft zwingend abzugeben ist. Hier trifft § 96 die Regelung, dass die Regulierungsbehörden ausschließlich für die Geldbuße gegen das Unternehmen auch dann zuständig ist, wenn die Ordnungswidrigkeit nach § 95 Abs. 1 Nr. 4 auch einen Straftatbestand oder die Ordnungswidrigkeit der Aufsichtspflichtverletzung nach § 130 OWiG erfüllt, soweit die Pflichtverletzung des Nichtorgans eine Straftat darstellt. Es ist daher grundsätzlich von **parallelen bzw. „gespaltenen"** Verfahren gegen die handelnden natürlichen Personen und das Unternehmen auszugehen.

D. Abgabe des Verfahrens an die Staatsanwaltschaft

9   Nach § 96 S. 2 besteht die Möglichkeit der Abgabe des § 30 OWiG betreffenden Verfahrens an die Staatsanwaltschaft. Im Falle der Abgabe geht dann die ausschließliche Zuständigkeit der Regulierungsbehörde auf die Staatsanwaltschaft über. Ergeben sich **Anhaltspunkte für eine Straftat,** so ist zu unterscheiden: Bezüglich der natürlichen Personen besteht die Pflicht der Regulierungsbehörde zur Abgabe an die Staatsanwaltschaft nach § 41 Abs. 1 OWiG. Bezüglich des Bußgeldverfahrens gegen das Unternehmen steht es im Ermessen der Regulierungsbehörde, ob sie dieses Verfahren ebenfalls an die Staatsanwaltschaft abgibt oder das Bußgeldverfahren gegen das Unternehmen selbständig weiter betreibt.

E. Rechtsweg

Setzt die Regulierungsbehörde parallel zu einem Strafverfahren eine Verbands- 10
geldbuße fest, sind die Kartellgerichte zuständig, soweit es um diese Festsetzung
geht. Wird gem. Abs. 1 an die Staatsanwaltschaft abgegeben, besteht die Zuständigkeit der Strafgerichtsbarkeit (Elspas/Graßmann/Rasbach/*Heinichen* EnWG § 96
Rn. 8)

§ 97 Zuständigkeiten im gerichtlichen Bußgeldverfahren

¹Sofern die Regulierungsbehörde als Verwaltungsbehörde des Vorverfahrens tätig war, erfolgt die Vollstreckung der Geldbuße und des Geldbetrages, dessen Einziehung nach § 29a des Gesetzes über Ordnungswidrigkeiten angeordnet wurde, durch die Regulierungsbehörde als Vollstreckungsbehörde auf Grund einer von dem Urkundsbeamten der Geschäftsstelle des Gerichts zu erteilenden, mit der Bescheinigung der Vollstreckbarkeit versehenen beglaubigten Abschrift der Urteilsformel entsprechend den Vorschriften über die Vollstreckung von Bußgeldbescheiden. ²Die Geldbußen und die Geldbeträge, deren Einziehung nach § 29a des Gesetzes über Ordnungswidrigkeiten angeordnet wurde, fließen der Bundeskasse zu, die auch die der Staatskasse auferlegten Kosten trägt.

A. Zweck

Die Vorschrift hat den Zweck, der **Bundeskasse** von der BNetzA verhängte 1
Bußgelder auch dann **zu sichern,** wenn die Verhängung des Bußgeldes (erfolglos)
mit der Beschwerde angegriffen wird. Zudem wird in Abweichung von § 91
OWiG bestimmt, dass nicht die Staatsanwaltschaft, sondern die Regulierungsbehörde für die Vollstreckung zuständig ist.

B. Entstehungsgeschichte

Die ursprüngliche Fassung des § 97 war während des Gesetzgebungsverfahrens 2
nicht geändert worden, entsprach mithin der Fassung des Regierungsentwurfes.
Gegen die Vorschrift hatte sich der Bundesrat gewandt (BT-Drs. 15/3917, 95). Der
Bundesrat war der Auffassung, dass die **Bußgelder der Landeskasse zufließen
sollten,** da das OLG zukünftig stark mit Bußgeldverfahren belastet sei. Dementsprechend solle sich die Vollstreckung auch nach Landesrecht richten. § 97 wurde
durch das Gesetz zur Reform der strafrechtlichen Vermögensabschöpfung v.
13.4.2017 (BGBl. 2017 I S. 872) geändert, soweit es um die Umstellung vom Verfall auf die Einziehung geht.

C. Anwendbarkeit

Nach seinem Wortlaut ist § 97 sowohl für Bußgeldverfahren, die auf eine Tätig- 3
keit der BNetzA zurückgehen, als auch auf solche Bußgeldverfahren anwendbar,

die von **Landesregulierungsbehörden** durchgeführt werden. Mit Blick auf § 97 S. 2 erscheint dies wenig sachgerecht. Es gibt keinen Grund dafür, warum Bußgelder der Bundeskasse zufließen sollten, wenn die Bußgeldverfahren nicht von einer Bundesbehörde durchgeführt werden. Hier handelt es sich um ein Redaktionsversehen, das darauf beruht, dass im Regierungsentwurf noch keine Zuständigkeiten der Länder als Regulierungsbehörden vorgesehen waren.

4 Um dieses Redaktionsversehen zu bereinigen, wird man entweder den Anwendungsbereich der Vorschrift insgesamt oder zumindest des § 97 S. 2 dahingehend **teleologisch reduzieren** müssen, dass die Vorschrift nur dann Anwendung findet, wenn die BNetzA im Bußgeldverfahren tätig gewesen ist (iErg genauso BerlKomm-EnergieR/*Staebe* EnWG § 97 Rn. 11).

5 Dabei sprechen überwiegende Argumente dafür, den **Anwendungsbereich des § 97 insgesamt auf von der BNetzA durchgeführte Bußgeldverfahren zu beschränken.** Werden Bußgeldverfahren durch die Landesregulierungsbehörden durchgeführt, ist es nicht nur sachgerecht, die Bußgelder der Landeskasse zufließen zu lassen, vielmehr ist in diesen Fällen eine Vollstreckung durch die Landesregulierungsbehörden weder erforderlich noch zweckmäßig. Vielmehr kann es hier bei der Regel bleiben, dass die Vollstreckung durch die Staatsanwaltschaften erfolgt. Die Landesregulierungsbehörden sind häufig sachlich und personell nicht darauf eingerichtet, Bußgeldbescheide zu vollstrecken.

D. Vollstreckung durch die Regulierungsbehörde (S. 1)

6 Voraussetzung für die Anwendung des § 97 ist es, dass die **Regulierungsbehörde** als Verwaltungsbehörde des Vorverfahrens tätig gewesen ist. Gemeint ist damit, dass die Regulierungsbehörde nach § 95 einen **Bußgeldbescheid erlassen** hat (*Salje* EnWG § 97 Rn. 5).

7 Voraussetzung ist weiter, dass als Ergebnis des Rechtsschutzverfahrens durch das OLG (§ 98) oder den BGH (§ 99) entweder die **Festsetzung einer Geldbuße** und/oder die **Anordnung einer Nebenfolge** (§ 72 Abs. 3 OWiG) erfolgt. Handelt es sich bei der Nebenfolge um die Einziehung eines Geldbetrags, erfolgt die Vollstreckung ebenfalls durch die Regulierungsbehörde. Diese erhält zum Zwecke der Vollstreckung vom Urkundsbeamten des Gerichts eine beglaubigte Abschrift der Urteilsformel mit Bescheinigung der Vollstreckbarkeit.

E. Vereinnahmung durch die Bundeskasse (S. 2)

8 Soweit die BNetzA im Rahmen des § 97 Bußgeldentscheidungen vollstreckt, fließen die **Geldbeträge der Bundeskasse** zu. Konsequenterweise trägt die Bundeskasse auch die Kosten, die der Staatskasse in solchen Verfahren auferlegt werden. Dies gilt insbesondere, wenn auf eine Beschwerde gegen einen Bußgeldbescheid der BNetzA im gerichtlichen Verfahren kein Bußgeld festgesetzt wird.

§ 98 Zuständigkeit des Oberlandesgerichts im gerichtlichen Verfahren

(1) ¹Im gerichtlichen Verfahren wegen einer Ordnungswidrigkeit nach § 95 entscheidet das Oberlandesgericht, in dessen Bezirk die zuständige Regulierungsbehörde ihren Sitz hat; es entscheidet auch über einen Antrag

Zuständigkeit des Oberlandesgerichts im gerichtlichen Verfahren § 98

auf gerichtliche Entscheidung (§ 62 des Gesetzes über Ordnungswidrigkeiten) in den Fällen des § 52 Abs. 2 Satz 3 und des § 69 Abs. 1 Satz 2 des Gesetzes über Ordnungswidrigkeiten. ²§ 140 Abs. 1 Nr. 1 der Strafprozessordnung in Verbindung mit § 46 Abs. 1 des Gesetzes über Ordnungswidrigkeiten findet keine Anwendung.

(2) Das Oberlandesgericht entscheidet in der Besetzung von drei Mitgliedern mit Einschluss des vorsitzenden Mitglieds.

A. Zweck

Die Vorschrift ordnet für das gerichtliche Bußgeldverfahren in Abweichung von 1
§ 68 OWiG die Zuständigkeit des OLG an. Der Gesetzgeber hat sich dabei an der Vorschrift des § 83 GWB orientiert (Begr. BT-Drs. 15/3917, 75). Ebenso wie bei Kartellbußgeldsachen ist es sachgerecht, diese Verfahren den insoweit sachkundigen **Kartellsenaten** zuzuweisen. Den Amtsgerichten fehlt es an Erfahrung in der Spezialmaterie. Zudem liegen Umfang und Komplexität energiewirtschaftsrechtlicher und kartellrechtlicher Bußgeldverfahren erheblich über dem Durchschnitt der herkömmlicherweise den Amtsgerichten nach § 68 OWiG zugewiesenen Bußgeldverfahren.

B. Dem OLG zugewiesene Entscheidungen

§ 98 Abs. 1 S. 1 Hs. 1 weist dem OLG die **Zuständigkeit im gerichtlichen** 2
Verfahren nach §§ 67 ff. OWiG zu. Dies betrifft den Einspruch gegen einen Bußgeldbescheid.

Nach § 98 Abs. 1 S. 1 Hs. 2 entscheidet das OLG auch über einen **Antrag auf** 3
gerichtliche Entscheidung nach § 62 OWiG. Diese Vorschrift betrifft den Rechtsbehelf gegen Maßnahmen der Verwaltungsbehörde im außergerichtlichen Bußgeldverfahren. Zudem wird die Zuständigkeit des OLG für den Antrag bei Verwerfung des **Antrags auf Wiedereinsetzung in den vorherigen Stand** (§ 52 Abs. 2 S. 3 OWiG) sowie den Antrag gegen die **Verwerfung des Einspruchs als verfristet** (§ 69 Abs. 1 S. 2 OWiG) begründet.

§ 98 Abs. 1 S. 2 bestimmt abweichend von § 140 Abs. 1 Nr. 1 StPO, dass es sich 4
bei den Bußgeldverfahren vor dem OLG um keine Verfahren notwendiger Verteidigung handelt. Es besteht somit kein **Anwaltszwang**. Gleichwohl kann sich aus § 140 Abs. 2 StPO ergeben, dass bei schwieriger Sach- und Rechtslage die Mitwirkung eines Verteidigers geboten ist.

C. Zuständiges OLG

§ 98 Abs. 1 S. 1 weist die Zuständigkeit im gerichtlichen Verfahren dem OLG zu, 5
in dessen Bezirk die zuständige Regulierungsbehörde ihren Sitz hat. Nach § 106 Abs. 1 sind die Kartellsenate zuständig, die nach § 106 Abs. 2, §§ 92, 93 GWB auch für mehrere Oberlandesgerichtsbezirke an einem OLG eingerichtet werden können. Bezüglich der **Bußgeldverfahren der BNetzA** ist daher ein **Kartellsenat beim OLG Düsseldorf zuständig**.

§ 99 Teil 8. Verfahren

6 Nach § 98 Abs. 2 entscheidet der Kartellsenat auch in Bußgeldangelegenheiten in der Besetzung von drei Mitgliedern unter Einschluss des vorsitzenden Mitglieds. Der Kartellsenat ist dabei ein „spezialisierter Spruchkörper eigener Art" und **nicht etwa Strafsenat** iSv § 116 Abs. 1 S. 1 GVG (BGH Beschl. v. 20.4.1993 – KRB 15/92, WuW/E 2865 (2866); KG Beschl. v. 23.3.1992 – Kart 10/91, WuW/E OLG 4983 (4987)).

§ 99 Rechtsbeschwerde zum Bundesgerichtshof

¹**Über die Rechtsbeschwerde (§ 79 des Gesetzes über Ordnungswidrigkeiten) entscheidet der Bundesgerichtshof. ²Hebt er die angefochtene Entscheidung auf, ohne in der Sache selbst zu entscheiden, so verweist er die Sache an das Oberlandesgericht, dessen Entscheidung aufgehoben wird, zurück.**

A. Zweck

1 § 99 zieht die **Konsequenz** für das Rechtsbeschwerdeverfahren **aus der erstinstanzlichen Zuständigkeit des OLG** (§ 98). Für die Rechtsbeschwerde nach §§ 79 ff. OWiG ist hier wie in § 84 GWB der BGH zuständig. Aus § 107 Abs. 1 Nr. 2 folgt, dass der **Kartellsenat** des BGH und nicht einer seiner Strafsenate zuständig ist.

B. Entscheidung über die Rechtsbeschwerde (S. 1)

2 Für die Entscheidung des BGH über die Rechtsbeschwerde sind die §§ 79 ff. OWiG anzuwenden. Die Rechtsbeschwerde ist nach § 79 Abs. 1 OWiG zulässig, wenn einer der dort genannten Beschwerdegründe vorliegt oder wenn die Rechtsbeschwerde zugelassen wird. In energiewirtschaftsrechtlichen Bußgeldverfahren dürfte ebenso wie in kartellrechtlichen Bußgeldverfahren die **Rechtsbeschwerde regelmäßig zulässig** sein, da sie sowohl bei Freispruch als auch bei Verhängung einer Geldbuße von über 250 EUR von Gesetzes wegen zugelassen ist.

C. Zurückverweisung (S. 2)

3 Mit § 99 S. 2 weicht das Gesetz von § 79 Abs. 6 OWiG ab. Nach dieser Vorschrift verweist das Beschwerdegericht – wenn es nicht selbst entscheidet – das Verfahren an das Amtsgericht, dessen Entscheidung aufgehoben wird, oder an ein anderes Amtsgericht des gleichen Landes zurück. Aufgrund der Konzentration der Kartell- und Energiewirtschaftssachen auf ein OLG je Bundesland kommt hier die **Zurückverweisung an ein anderes OLG nicht in Betracht**. Daraus hat der Gesetzgeber in § 99 S. 2 die Konsequenz gezogen.

§ 100 Wiederaufnahmeverfahren gegen Bußgeldbescheid

Im Wiederaufnahmeverfahren gegen den Bußgeldbescheid der Regulierungsbehörde (§ 85 Abs. 4 des Gesetzes über Ordnungswidrigkeiten) entscheidet das nach § 98 zuständige Gericht.

§ 101 Gerichtliche Entscheidungen bei der Vollstreckung

Die bei der Vollstreckung notwendig werdenden gerichtlichen Entscheidungen (§ 104 des Gesetzes über Ordnungswidrigkeiten) werden von dem nach § 98 zuständigen Gericht erlassen.

A. Zweck der Vorschriften

1 §§ 100 und 101 ziehen für das Wiederaufnahmeverfahren und die Vollstreckung die Konsequenz aus der in § 98 angeordneten **erstinstanzlichen Zuständigkeit des OLG** in Bußgeldverfahren. Sie entsprechen den §§ 85, 86 GWB.

B. Wiederaufnahmeverfahren gegen Bußgeldbescheid (§ 100)

2 Auch für die Entscheidung über die Wiederaufnahme des Verfahrens gegen einen Bußgeldbescheid ist das OLG zuständig. Nach § 140a Abs. 6 GVG ist bei Zuständigkeit des OLG im ersten Rechtszug für die Wiederaufnahme ein **anderer Senat** dieses Oberlandesgerichts zuständig. Im Fall des OLG Düsseldorf, das für die Bußgeldverfahren der BNetzA zuständig ist, bereitet dies keine Probleme, da das OLG über drei Kartellsenate verfügt. Verfügt ein OLG lediglich über einen Kartellsenat, muss für solche Fälle ein Auffangsenat eingerichtet werden (BGH Beschl. v. 25.9.1987 – 2 ARs 251/87, WuW/E BGH 2467 (2468)).

C. Gerichtliche Entscheidungen bei der Vollstreckung (§ 101)

3 Nach § 104 OWiG werden die bei der Vollstreckung notwendig werdenden gerichtlichen Entscheidungen von dem nach **§ 68 OWiG** zuständigen Amtsgericht erlassen, wenn ein Bußgeldbescheid der Verwaltungsbehörde zu vollstrecken ist, und von dem Gericht des ersten Rechtszuges, wenn eine gerichtliche Bußgeldentscheidung zu vollstrecken ist. Beide gerichtlichen Zuständigkeiten sind hier dem OLG zugewiesen.

4 § 101 bezieht sich nur auf die im Rahmen der Vollstreckung erforderlichen **gerichtlichen Entscheidungen.** Dies sind insbesondere nach § 96 OWiG die **Anordnung der Erzwingungshaft** sowie die gerichtlichen Entscheidungen nach § 103 OWiG über **Einwendungen** im Rahmen der Zwangsvollstreckung.

Abschnitt 6. Bürgerliche Rechtsstreitigkeiten

§ 102 Ausschließliche Zuständigkeit der Landgerichte

(1) ¹Für bürgerliche Rechtsstreitigkeiten, die sich aus diesem Gesetz ergeben, sind ohne Rücksicht auf den Wert des Streitgegenstandes die Landgerichte ausschließlich zuständig. ²Satz 1 gilt auch, wenn die Entscheidung eines Rechtsstreits ganz oder teilweise von einer Entscheidung abhängt, die nach diesem Gesetz zu treffen ist.

(2) Die Rechtsstreitigkeiten sind Handelssachen im Sinne der §§ 93 bis 114 des Gerichtsverfassungsgesetzes.

Literatur: *Klein,* Der Einfluss kartellrechtlich begründeter Einwendungen im Prozess auf die Zuständigkeit des Gerichts, NJW 2003, 16; *Salje,* Rechtsweg bei Streitigkeiten aus Energielieferung, NJW 2010, 2762; *Schreiber,* Die Zuständigkeit in energierechtlichen Verfahren mit Kartellrechtsbezug, RdE 2015, 236; *Wollschläger/Beermann,* Zur sachlichen Zuständigkeit in Streitigkeiten über die Billigkeit von Versorgungsentgelten, IR 2010, 2.

A. Zweck und Entstehungsgeschichte

1   Die Vorschrift des § 102 entspricht **§ 87 GWB 1999** (BT-Drs. 15/3917, 75).

2   § 102 begründet eine ausschließliche landgerichtliche Zuständigkeit für Rechtsstreitigkeiten, die sich aus dem EnWG ergeben. Diese Zuständigkeit besteht **unabhängig vom Wert des Streitgegenstands.** Damit ist die amtsgerichtliche Zuständigkeit für Streitigkeiten mit einem Streitwert bis zu 5.000 EUR nach § 23 Nr. 1 GVG ausgeschlossen.

3   IVm § 103 ermöglicht § 102 eine **Konzentration der Streitigkeiten** aus dem EnWG **bei spezialisierten Spruchkörpern.** Dies soll verhindern, dass andere, nicht für Fragen des EnWG zuständige Gerichte bzw. Spruchkörper ohne entsprechende Sachkunde bedeutsame Ausführungen zu Fragen der Auslegung des EnWG machen (für das Kartellrecht vgl. OLG Düsseldorf Urt. v. 30.6.1998 – U (Kart) 20/98, NJWE-WettbR 1999, 41; FK-KartellR/*Meier-Lindemann* GWB § 87 Rn. 11). Wird die Klage vor einem anderen Gericht erhoben, muss sie auf Antrag an das nach § 102 zuständige Gericht verwiesen oder – mangels Antrag – als unzulässig abgewiesen werden (vgl. für das Kartellrecht *Bechtold* NJW 2001, 3159 (3167); zur Verweisung KG Beschl. v. 22.11.2002 – KartVerg 7/02, NZBau 2004, 345 (346)).

4   Die Formulierung „bürgerliche Rechtsstreitigkeiten, die sich aus diesem Gesetz ergeben", ist so zu verstehen, dass die Sonderzuweisung des § 102 Abs. 1 auch schon auf **energiewirtschaftsrechtliche Vorfragen** Anwendung findet (so auch BerlKommEnergieR/*Keßler* EnWG § 102 Rn. 5) Bis zur 6. GWB-Novelle war die Rechtslage im Kartellrecht anders. Kartellrechtliche Vorfragen waren von den speziellen Kartell-Spruchkörpern zu entscheiden, der Rechtsstreit bei den Nicht-Kartellgerichten also auszusetzen (§ 96 Abs. 2 GWB aF: KG Urt. v. 7.11.1980 – 5 U 3757/80, WuW/DE-R 165 (167); Langen/Bunte/*Bornkamm,* 9. Aufl. 2001, GWB 1999 § 87 Rn. 2; Bechtold/*Bechtold,* 3. Aufl. 2002, GWB 1999 § 87 Rn. 2). Die Aufgliederung des Rechtsstreits in zwei Verfahren (Vorfrage und Hauptstreitigkeit) hat sich als unzweckmäßig erwiesen. Sie führte zu umständlichen, kostenintensiven und zeitraubenden Parallelprozessen.

B. Ausschließliche Zuständigkeit des Landgerichts

Die Zuständigkeitsregel des § 102 setzt voraus, dass es sich bei dem Rechtsstreit 5
um eine **bürgerliche Rechtsstreitigkeit** handelt, die sich entweder aus dem
EnWG ergibt oder deren Entscheidung von der Beantwortung einer Vorfrage aus
dem EnWG abhängt.

I. Bürgerliche Rechtsstreitigkeit

Der Begriff der bürgerlichen Rechtsstreitigkeit in § 102 ist der gleiche wie in 6
§ 13 GVG. Einen Vorbehalt der Zuweisung bürgerlicher Rechtsstreitigkeiten an
andere Gerichtszweige, wie ihn § 13 GVG enthält, enthält § 102 aber nicht. Daher
ist die Zuweisung energierechtlicher Streitigkeiten an die Landgerichte gegenüber
den Rechtswegzuweisungen zur Verwaltungsgerichtsbarkeit, der Finanzgerichtsbarkeit oder der Sozialgerichtsbarkeit in den jeweiligen Prozessordnungen vorrangig (aA *Salje* EnWG § 102 Rn. 4).

Bürgerliche Rechtsstreitigkeiten sind alle Rechtsstreitigkeiten, die sich aus einem 7
nicht öffentlich-rechtlich geprägten Rechtsverhältnis ergeben. Maßgeblich ist
nicht, ob die streitentscheidende Norm eine Norm des bürgerlichen Rechts iSd
Art. 74 Abs. 1 Nr. 1 GG ist. Vielmehr ist auf das Verhältnis der Parteien zueinander abzustellen.

Dieses Verhältnis ist öffentlich-rechtlicher Natur, wenn die streitentscheidende 8
Norm eine Norm des öffentlichen Rechts ist. Nach der herrschenden modifizierten Subjektstheorie gehört eine Norm dann dem öffentlichen Recht an, wenn sie
einseitig einen Träger öffentlicher Verwaltung berechtigt oder verpflichtet
(GSOGH Beschl. v. 10.7.1989 – GmS-OGB 1/88, BGHZ 108, 284 (287) = NJW
1990, 1527). Auf den Gesichtspunkt einer Über-/Unterordnung oder einer
Gleichordnung kommt es nicht entscheidend an. Daher ist das Merkmal der
Gleichordnung auch zur Charakterisierung bürgerlicher Rechtsstreitigkeiten nur
sehr unvollkommen geeignet (hierauf abstellend *Salje* EnWG § 102 Rn. 5).

Bürgerlich-rechtlich sind demnach **Rechtsverhältnisse,** an denen Träger öf- 9
fentlicher Gewalt gar nicht oder jedenfalls nicht in ihrer Eigenschaft als Träger öffentlicher Gewalt beteiligt sind.

Im EnWG sind insbesondere solche Normen bürgerlich-rechtlicher Natur, die 10
das **Verhältnis zwischen Netzbetreibern und Netznutzern** regeln. Wichtigste
Fälle der bürgerlich-rechtlichen Rechtsstreitigkeiten aus dem EnWG werden daher
Ansprüche auf Anschluss, Anschlussnutzung und Netzzugang sowie auf Unterlassung und Schadenersatz wegen energiewirtschaftsrechtswidrigen Netzbetreiberverhaltens sein.

II. Rechtsstreitigkeit aus dem EnWG

Eine Rechtsstreitigkeit aus dem EnWG liegt bei **Leistungsklagen** dann vor, 11
wenn die **Anspruchsgrundlage** eine Norm des **EnWG** oder des auf dem EnWG
beruhenden untergesetzlichen Regelwerks ist (BGH Beschl. v. 17.7.2018 – EnZB
53/17, EnWZ 2018, 352 Rn. 10 ff. mwN auch zur Gegenauffassung). Bei Feststellungsklagen ist erheblich, ob das Rechtsverhältnis auf einer Norm des EnWG oder
des untergesetzlichen Regelwerks beruht.

§ 102

Teil 8. Verfahren

12 Für die Anwendbarkeit des § 102 ist es ausreichend, wenn der Kläger seine Ansprüche zumindest auch auf das EnWG stützt (für das Kartellrecht OLG Stuttgart Urt. v. 10.10.1986 – 2 U 55/86 (Kart), WuW/E OLG 4001). Maßgeblich ist die richterliche Beurteilung des Klagebegehrens auf der Basis des klägerischen Tatsachenvortrags (BGH Beschl. v. 17.7.2018 – EnZB 53/17, EnWZ 2018, 352 Rn. 9; für das Kartellrecht BGH Beschl. v. 4.4.1975 – KAR 1/75, WuW/E BGH 1383 (1384); OLG Stuttgart Urt. v. 10.10.1986 – 2 U 55/86 (Kart), WuW/E OLG 4001 (4002)). Wird ein Anspruch auf Akteneinsicht eines Beteiligten an einem Konzessionsverfahren iSd § 46 geltend gemacht, greift § 102 ein: Hierfür genügt es nach der Rechtsprechung des BVerwG, dass es sich um einen Anspruch auf Akteneinsicht handelt, der akzessorisch der Vorbereitung eines Hauptsacheanspruchs aus § 46 Abs. 2 und 3 dient. Die ausschließliche Zuständigkeit des *LG* beschränkt sich nicht auf die im EnWG ausdrücklich geregelten Ansprüche, sondern umfasst auch mit solchen in untrennbarem Zusammenhang stehende Neben- und Folgeansprüche (so ausdrücklich BVerwG Beschl. v. 21.11.2016 – 10 AV 1/16, NVwZ 2017, 329 Rn. 13; dazu auch NK-EnWG/*Turiaux* § 102 Rn. 5). § 102 Abs. 1 S. 1 greift nur dann nicht ein, wenn es auf die – vom Kläger in Bezug genommenen – Vorschriften des EnWG offensichtlich nicht ankommt (BerlKommEnergieR/*Keßler* § 102 Rn. 5). Die Frage, ob eine bürgerliche Rechtsstreitigkeit aus dem EnWG vorliegt, kann – wie der BGH selbst annimmt (BGH Beschl. v. 17.7.2018 – EnZB 53/17, EnWZ 2018, 352 Rn. 23) – schwer zu entscheiden sein. Dies soll insbesondere dann gelten, wenn neben gesetzlichen Ansprüchen auch vertragliche oder vorvertragliche Zahlungs- oder Schadensersatzansprüche geltend gemacht werden. Nach der jüngsten Rechtsprechung unterliegen Zahlungsansprüche aus Energielieferungsverträgen nicht § 102. Gleiches gilt für die gerichtliche Kontrolle von Preiserhöhungen durch Energieversorger. Geht es dagegen um das „Ob" eines Vertragsschlusses im Zusammenhang mit der Grundversorgungspflicht des § 36, so greift § 102 ein (zum Ganzen BGH Beschl. v. 17.7.2018 – EnZB 53/17, EnWZ 2018, 352 Rn. 23 mwN).

III. Energiewirtschaftsrechtliche Vorfrage

13 Nach § 102 Abs. 1 S. 2 reicht es für die Anwendung des § 102 aus, wenn die Entscheidung eines Rechtsstreits ganz oder teilweise von einer Entscheidung abhängt, die nach dem EnWG zu treffen ist. Die ausschließliche Zuständigkeit des Landgerichts ist also auch begründet, wenn die Entscheidung des Rechtsstreits **jedenfalls teilweise von einer Rechtsfrage abhängt**, die nach dem EnWG zu entscheiden ist. Die Zuständigkeit des Landgerichts ist dann begründet, wenn die Vorfrage – wäre sie Hauptfrage – unter § 102 Abs. 1 S. 1 fiele. Das Merkmal der Vorgreiflichkeit ist dabei streng zu handhaben (OLG Köln Beschl. v. 24.10.2007 – 8 W 80/07, RdE 2008, 58). Nicht ausreichend ist es, „wenn in die Streitentscheidung allgemeine Wertungsmaßstäbe einfließen, die in anderem Zusammenhang auch im Energiewirtschaftsrecht Berücksichtigung finden könnten, ohne dass eine konkrete energiewirtschaftsrechtliche Vorfrage aufgeworfen wird" (OLG München Beschl. v. 15.5.2009 – AR (K) 7/09, NJOZ 2009, 2532). Unerheblich ist, ob die Vorfrage zweifelhaft oder eindeutig ist (*Salje* EnWG § 102 Rn. 7; für das Kartellrecht Bechtold/Bosch/*Bechtold/Bosch* GWB § 87 Rn. 7).

14 Eine energiewirtschaftsrechtliche Vorfrage liegt auch dann vor, wenn der **Beklagte** energiewirtschaftsrechtliche **Einwände** geltend macht (für das Kartellrecht FK-KartellR/*Meier-Lindemann* GWB § 87 Rn. 33; zu dieser Frage ausf. für § 87 Abs. 1 S. 2 GWB *Klein* NJW 2003, 16).

IV. Eilverfahren

Die Ausschließlichkeit nach § 102 Abs. 1 S. 2 gilt auch im Verfahren der **einst-** 15
weiligen Verfügung. Für den alten Rechtszustand nach GWB, bei dem hinsichtlich der kartellrechtlichen Vorfrage der Rechtsstreit auszusetzen war, war dies anders zu beurteilen. Die Aussetzung führte zu einer Verzögerung, die mit der Eilbedürftigkeit des einstweiligen Rechtsschutzes nicht zu vereinbaren war. Für § 102 können diese Erwägungen aber nicht durchgreifen, da die Zuweisung der Zuständigkeit an die Landgerichte mit der Eilbedürftigkeit eines Verfügungsverfahrens nicht unvereinbar ist (so auch BerlKommEnergieR/*Keßler* EnWG § 102 Rn. 6 (nimmt aber Ausnahme nach §§ 919, 942 ZPO bei belegener Sache an); Elspas/Graßmann/Rasbach/*Lerinc* EnWG § 102 Rn. 14 mwN).

C. Zuständigkeit der Kammer für Handelssachen (§ 102 Abs. 2)

Die Rechtsstreitigkeiten, für die nach § 102 Abs. 1 die Landgerichte ausschließ- 16
lich zuständig sind, sind **Handelssachen** iSd §§ 93–114 GVG. Dies gilt unabhängig davon, ob im Einzelnen die Voraussetzungen des § 95 GVG vorliegen.

Die Zuständigkeit der Kammer für Handelssachen ist keine ausschließliche. Der 17
Rechtsstreit kommt also nur dann vor die Kammer für Handelssachen, wenn dies in der **Klageschrift beantragt** wird (§ 95 Abs. 1 GVG) oder wenn der Beklagte die Verweisung an die Kammer für Handelssachen gem. § 98 Abs. 1 GVG beantragt (so auch BerlKommEnergieR/*Keßler* EnWG § 102 Rn. 15). Die Zivilkammer bleibt zuständig, wenn eine Energiewirtschaftsrechtssache bei ihr anhängig gemacht wird und der Beklagte keinen Verweisungsantrag stellt (vgl. BGH Urt. v. 30.5.1978 – KZR 12/77, WuW/E 1553).

§ 103 Zuständigkeit eines Landgerichts für mehrere Gerichtsbezirke

(1) ¹**Die Landesregierungen werden ermächtigt, durch Rechtsverordnung bürgerliche Rechtsstreitigkeiten, für die nach § 102 ausschließlich die Landgerichte zuständig sind, einem Landgericht für die Bezirke mehrerer Landgerichte zuzuweisen, wenn eine solche Zusammenfassung der Rechtspflege, insbesondere der Sicherung einer einheitlichen Rechtsprechung, dienlich ist.** ²**Die Landesregierungen können die Ermächtigung auf die Landesjustizverwaltungen übertragen.**

(2) **Durch Staatsverträge zwischen Ländern kann die Zuständigkeit eines Landgerichts für einzelne Bezirke oder das gesamte Gebiet mehrerer Länder begründet werden.**

(3) **Die Parteien können sich vor den nach den Absätzen 1 und 2 bestimmten Gerichten auch anwaltlich durch Personen vertreten lassen, die bei dem Gericht zugelassen sind, vor das der Rechtsstreit ohne die Regelung nach den Absätzen 1 und 2 gehören würde.**

A. Allgemeines

1 Die Vorschrift entspricht § 89 GWB 1999 (BT-Drs. 15/3917, 75). Durch die in § 103 vorgesehenen Möglichkeiten kann die Sachkompetenz der mit **EnWG-rechtlichen Streitigkeiten** befassten Gerichte über § 102 hinaus noch **stärker konzentriert** werden. Nach § 103 Abs. 1 S. 1 werden die Landesregierungen ermächtigt, die von § 102 erfassten Rechtsstreitigkeiten landesweit auf ein Landgericht zu konzentrieren. Die Ermächtigung kann an die Landesjustizverwaltungen übertragen werden.

2 In Ländern mit mehreren OLG kann ein Landgericht auch für den **Bezirk mehrerer OLG** bestimmt werden (Bechtold/Bosch/*Bechtold/Bosch* GWB § 89 Rn. 1). Nach § 102 Abs. 2 kann durch Staatsverträge zwischen Ländern die Zuständigkeit eines Landgerichts für einzelne Bezirke oder das gesamte Gebiet mehrerer Länder begründet werden. Es kann demnach auch ein Landgericht für länderübergreifende Gebiete zuständig sein. Vorausgesetzt für diese Zuständigkeitskonzentration wird, dass sie der Sicherung einer einheitlichen Rechtsprechung dienlich ist.

3 Es handelt sich bei § 103 nicht bloß um eine Vorschrift über die örtliche Zuständigkeit, vielmehr sollen alle anderen Landgerichte unzuständig sein. Überwiegend wird dies als sachliche Zuständigkeit im weiteren oder besonderen Sinne gedeutet, so dass die **Vorschriften der ZPO über die sachliche Zuständigkeit** (zB §§ 281, 529 Abs. 2, 549 Abs. 2 ZPO) Anwendung finden (näher hierzu Immenga/Mestmäcker/*K. Schmidt* GWB § 89 Rn. 4; FK-KartellR/*Meyer-Lindemann* GWB § 89 Rn. 22).

B. Umsetzung der Vorschrift

4 Von der **Möglichkeit der Zuständigkeitskonzentration** haben bislang lediglich Nordrhein-Westfalen und Hessen Gebrauch gemacht. In Nordrhein-Westfalen ist durch VO vom 30.8.2011 (GV NRW 2011 S. 469) die Zuständigkeit entsprechend der Konzentration in Kartellsachen auf die Landgerichte Düsseldorf, Dortmund und Köln konzentriert worden. In Hessen ist die Zuständigkeit für das gesamte Land Hessen in § 47 der Justizzuständigkeitsverordnung (JuZuV v. 3.6.2013, GVBl. S. 386, zuletzt geändert durch Art. 2 ÄndVO v. 8.10.2020, GVBl. S. 710) dem LG Wiesbaden zugewiesen. Damit weicht die Regelung der Zuständigkeit nach § 89 GWB ab, der die Landgerichte Frankfurt a. M. und Kassel benannt sind. Von der Delegationsmöglichkeit auf die Landesjustizverwaltung in § 103 Abs. 1 S. 2 haben die Länder Baden-Württemberg, Niedersachsen, Rheinland-Pfalz, Sachsen-Anhalt und Schleswig-Holstein Gebrauch gemacht, ohne dass wiederum die Justizverwaltungen die Zuständigkeit konzentriert hätten. In den Bundeländern mit nur einem Landgericht – Berlin, Bremen, Hamburg und dem Saarland – besteht kein Bedarf für eine Konzentration nach § 103.

C. Auswirkungen auf die Anwaltsvertretung

5 Die Regelung von § 103 Abs. 3 beruht auf der unreflektierten Übernahme von § 89 GWB 1999. § 89 Abs. 3 GWB 1999 ist durch die **Aufhebung des Lokalisationsprinzips** obsolet geworden. Auch ohne die Regelung des § 103 Abs. 3 können sich die Parteien also durch jeden zugelassenen Rechtsanwalt vertreten lassen. Es ist bemerkenswert, dass diese nun seit langem gegenstandlose Vorschrift trotz zahlreicher EnWG-Novellen nicht gestrichen hat (zu Recht krit. BerlKomm-EnergieR/*Keßler* EnWG § 103 Rn. 5 unter Verweis auf die kartellrechtliche Literatur zur parallelen Nachlässigkeit auf dem Gebiet des GWB).

§ 104 Benachrichtigung und Beteiligung der Regulierungsbehörde

(1) ¹**Das Gericht hat die Regulierungsbehörde über alle Rechtsstreitigkeiten nach § 102 Abs. 1 zu unterrichten.** ²**Das Gericht hat der Regulierungsbehörde auf Verlangen Abschriften von allen Schriftsätzen, Protokollen, Verfügungen und Entscheidungen zu übersenden.**

(2) ¹**Der Präsident oder die Präsidentin der Regulierungsbehörde kann, wenn er oder sie es zur Wahrung des öffentlichen Interesses als angemessen erachtet, aus den Mitgliedern der Regulierungsbehörde eine Vertretung bestellen, die befugt ist, dem Gericht schriftliche Erklärungen abzugeben, auf Tatsachen und Beweismittel hinzuweisen, den Terminen beizuwohnen, in ihnen Ausführungen zu machen und Fragen an Parteien, Zeugen und Sachverständige zu richten.** ²**Schriftliche Erklärungen der vertretenden Personen sind den Parteien von dem Gericht mitzuteilen.**

A. Allgemeines

Die Vorschrift entspricht § 90 GWB (BT-Drs. 15/3917, 75) inhaltlich in seinen 1 Abs. 1 und 2. § 139 TKG liegt der gleiche Gedanke zu Grunde (vgl. BerlKomm-EnergieR/*Keßler* EnWG § 104 Rn. 1). Es soll erreicht werden, dass die Regulierungsbehörde Kenntnis von für ihre Verwaltungspraxis relevanten Sachverhalten erhält. Ihr soll dadurch die Möglichkeit gegeben werden, auch **bei bürgerlichen Rechtsstreitigkeiten das öffentliche Interesse wahrzunehmen** und ihren Sachverstand in das konkrete Verfahren einzubringen (BerlKommEnergieR/*Keßler* EnWG § 104 Rn. 1; für das Kartellrecht FK-KartellR/*Meyer-Lindemann* GWB § 90 Rn. 1; Langen/Bunte/*Bornkamm/Tolkmitt* GWB § 90 Rn. 3).

B. Unterrichtungspflicht des Gerichts

Nach § 104 Abs. 1 S. 1 hat das Gericht die Regulierungsbehörde über alle 2 Rechtsstreitigkeiten nach § 102 Abs. 1 **(unaufgefordert) zu unterrichten.** Erfasst werden demnach nur zivilrechtliche Streitigkeiten. Ein gerichtliches (Beschwerde- und Rechtsbeschwerde-)Verfahren, das der Überprüfung einer Verwaltungsentscheidung dient, richtet sich nach § 79. Hier ist die Regulierungsbehörde förmlich beteiligt (§§ 88 Abs. 5, 79 Abs. 1 Nr. 2). Im Gegensatz zu § 90 GWB 1999, der noch von „sich aus diesem Gesetz" ergebenden Rechtsstreitigkeiten sprach und damit die Vorfragenregelung in § 87 Abs. 1 S. 2 in seinem Wortlaut nicht berücksichtigte, bezieht sich § 104 auf alle Rechtsstreitigkeiten aus § 102 Abs. 1 (so jetzt auch § 90 GWB, der sich auf alle Rechtsstreitigkeiten nach § 87 Abs. 1 GWB bezieht).

Die Unterrichtung ist an keine Form gebunden (so auch BerlKommEnergieR/ 3 *Keßler* EnWG § 104 Rn. 4). Sie sollte von Sinn und Zweck der Vorschrift her, auch

§ 104

wenn dies sich dem Wortlaut nicht entnehmen lässt, mindestens das Aktenzeichen, die Parteien und die Art des geltend gemachten Anspruchs beinhalten. Es wird **also in der Regel die Klageschrift zu übersenden sein,** damit die Regulierungsbehörde prüfen kann, ob sie die Übersendung weiterer Unterlagen nach § 104 Abs. 1 S. 2 verlangt (BerlKommEnergieR/*Keßler* EnWG § 104 Rn. 4; für das Kartellrecht Immenga/Mestmäcker/*K. Schmidt* GWB § 90 Rn. 7; FK-KartellR/ *Meyer-Lindemann* GWB § 90 Rn. 10).

4 Erst auf Verlangen hat das Gericht dann nach § 104 Abs. 1 S. 2 der Regulierungsbehörde Abschriften von allen Schriftsätzen, Protokollen, Verfügungen und Entscheidungen zu übersenden. Dadurch soll die Regulierungsbehörde **umfassend über den Gang des Prozesses in Kenntnis gesetzt werden,** um entscheiden zu können, ob sie aktiv am Prozess nach § 104 Abs. 2 S. 2 teilnehmen wird (für das Kartellrecht FK-KartellR/*Meyer-Lindemann* GWB § 90 Rn. 11). Um die Notwendigkeit eines ständigen Nachfragens der Regulierungsbehörde zu vermeiden, wird das Gericht Akteneinsicht durch Übersendung von Kopien gewähren (*Salje* EnWG § 104 Rn. 5).

5 Diese Pflichten nach § 104 Abs. 1 treffen nicht nur Landgerichte, sondern **jedes Gericht,** ausgenommen Schiedsgerichte (BerlKommEnergieR/*Keßler* EnWG § 104 Rn. 3; Immenga/Mestmäcker/*K. Schmidt* GWB § 90 Rn. 5; Langen/Bunte/ *Bornkamm/Tolkmitt* GWB § 90 Rn. 6), unabhängig davon, ob dieses im Einzelfall zuständig oder unzuständig ist, sofern das Verfahren bei ihm anhängig wird. Sie erstrecken sich auf alle Instanzen (Bechtold/Bosch/*Bechtold/Bosch* GWB § 90 Rn. 2).

6 Der Begriff der Regulierungsbehörde des § 104 Abs. 1 umfasst die BNetzA und Landesregulierungsbehörden – je nach Zuständigkeit gem. § 54. Der Umstand, dass eine § 90 Abs. 3 GWB entsprechende Regelung fehlt, spricht nicht dafür, dass Landesregulierungsbehörden in ihrem Zuständigkeitsbereich nicht zu informieren sind (BerlKommEnergieR/*Keßler* EnWG § 104 Rn. 4; → 3. Aufl., § 105 Rn. 6).

C. Beteiligungsmöglichkeit der Regulierungsbehörde

7 Die Regulierungsbehörde kann sich nach § 104 Abs. 2 an dem Verfahren beteiligen, Schriftsätze einreichen und an Verhandlungsterminen teilnehmen. Sie wird dadurch **nicht Partei** (BerlKommEnergieR/*Keßler* EnWG § 104 Rn. 1). Die Möglichkeit der Beteiligung an einer Zivilrechtsstreitigkeit steht selbständig neben der Möglichkeit, ein Verwaltungsverfahren einzuleiten, sodass die **Beteiligung am Zivilstreit die Einleitung eines Verwaltungsverfahrens** seitens der Regulierungsbehörde **nicht ausschließt** (BerlKommEnergieR/*Keßler* EnWG § 104 Rn. 8; für das GWB Langen/Bunte/*Bornkamm/Tolkmitt* GWB § 90 Rn. 5). Die Entscheidung der Regulierungsbehörde steht in ihrem pflichtgemäßen Ermessen. Eine Verpflichtung zum Abwarten bis zu einer rechtskräftigen Entscheidung eines Zivilprozesses vor Einleitung eines dieselben Fragen betreffenden Verwaltungsverfahrens (Untersagungsverfahren nach § 65) besteht nicht, insbesondere weil diese keine Bindungswirkung gegenüber dem Verwaltungsverfahren entfaltet (zum Kartellrecht KG Beschl. v. 27.3.1981 – Kart 15/81, WuW/E OLG 2446 (2447 f.); Langen/Bunte/*Bornkamm/Tolkmitt* GWB § 90 Rn. 5).

8 Der Präsident oder die Präsidentin der Regulierungsbehörde kann gem. § 104 Abs. 2 S. 1 aus den Mitgliedern der Regulierungsbehörde eine Vertretung bestellen, die befugt ist, gegenüber dem Gericht schriftliche Erklärungen abzugeben, auf Tatsachen und Beweismittel hinzuweisen, den Terminen beizuwohnen, in ihnen Aus-

führungen zu machen (Rederecht) und Fragen an Parteien, Zeugen und Sachverständige zu richten. Nach § 104 Abs. 2 S. 2 sind schriftliche Erklärungen der vertretenden Person den Parteien von dem Gericht mitzuteilen. Das **Gericht ist** jedoch an die Ausführungen der Regulierungsbehörden **in keiner Weise gebunden** (so auch BerlKommEnergieR/*Keßler* EnWG § 104 Rn. 8). Insbesondere steht der Regulierungsbehörde das Auskunftsrecht nach § 69 im Rahmen ihrer Beteiligung nach § 104 nicht zu (für das Kartellrecht KG Beschl. v. 27.3.1981 – Kart15/81, WuW OLG 2446 (2447)). Sie hat daher keine Ermittlungsbefugnisse, solange sie nicht selbst das Verfahren eingeleitet hat (§ 66 Abs. 1), und wird dementsprechend in der Regel keine Tatsachen vortragen (Langen/Bunte/*Bornkamm/Tolkmitt* GWB § 90 Rn. 11; Bechtold/Bosch/*Bechtold/Bosch* GWB § 90 Rn. 2). Allerdings besteht die Möglichkeit einer Verwertung von Erkenntnissen aus einem parallel eingeleiteten Verwaltungsverfahren, sofern eine Partei sich den Tatsachenvortrag der Regulierungsbehörde zu Eigen macht. Die Gegenpartei kann diesen Vortrag bestreiten. Es ist dann gegebenenfalls Beweis zu erheben. Das Gericht hat nur insofern eine Einflussmöglichkeit, als es die Parteien auffordern kann, sich zu dem Tatsachenvortrag zu äußern (näher hierzu noch Langen/Bunte/*Bornkamm/Tolkmitt* GWB § 90 Rn. 11).

§ 105 Streitwertanpassung

(1) ¹**Macht in einer Rechtsstreitigkeit, in der ein Anspruch nach dem § 32 geltend gemacht wird, eine Partei glaubhaft, dass die Belastung mit den Prozesskosten nach dem vollen Streitwert ihre wirtschaftliche Lage erheblich gefährden würde, so kann das Gericht auf ihren Antrag anordnen, dass die Verpflichtung dieser Partei zur Zahlung von Gerichtskosten sich nach einem ihrer Wirtschaftslage angepassten Teil des Streitwerts bemisst.** ²**Das Gericht kann die Anordnung davon abhängig machen, dass die Partei glaubhaft macht, dass die von ihr zu tragenden Kosten des Rechtsstreits weder unmittelbar noch mittelbar von einem Dritten übernommen werden.** ³**Die Anordnung hat zur Folge, dass die begünstigte Partei die Gebühren ihres Rechtsanwalts ebenfalls nur nach diesem Teil des Streitwerts zu entrichten hat.** ⁴**Soweit ihr Kosten des Rechtsstreits auferlegt werden oder soweit sie diese übernimmt, hat sie die von dem Gegner entrichteten Gerichtsgebühren und die Gebühren seines Rechtsanwalts nur nach dem Teil des Streitwerts zu erstatten.** ⁵**Soweit die außergerichtlichen Kosten dem Gegner auferlegt oder von ihm übernommen werden, kann der Rechtsanwalt der begünstigten Partei seine Gebühren von dem Gegner nach dem für diesen geltenden Streitwert beitreiben.**

(2) ¹**Der Antrag nach Absatz 1 kann vor der Geschäftsstelle des Gerichts zur Niederschrift erklärt werden.** ²**Er ist vor der Verhandlung zur Hauptsache anzubringen.** ³**Danach ist er nur zulässig, wenn der angenommene oder festgesetzte Streitwert später durch das Gericht heraufgesetzt wird.** ⁴**Vor der Entscheidung über den Antrag ist der Gegner zu hören.**

A. Zweck und Entstehungsgeschichte

I. Zweck

1 Die Vorschrift übernimmt unter entsprechender Anpassung die im Rahmen der 7. Novelle des GWB neu eingefügte Regelung des **§ 89a GWB** (BT-Drs. 15/3917, 75). Beide Regelungen stimmen wörtlich überein mit § 23b UWG aF (zwischenzeitlich aufgehoben). Parallelbestimmungen finden sich auch in Regelungen zum gewerblichen Rechtsschutz (§ 144 PatG, § 142 MarkenG, § 26 GebrMG, § 54 DesignG) und im Aktiengesetz (§ 247 AktG), wobei diesen Vorschriften der auf die Verbandsklagebefugnis abzielende S. 2 fehlt.

2 Die Bezeichnung dieser Vorschriften mit der Überschrift „Streitwertbegünstigung" wird teilweise im negativen Sinne als passender angesehen als „Streitwertanpassung", da diese Vorschriften mit einem **„bemerkenswerten Gerechtigkeitsdefizit"** (so Langen/Bunte/*Bornkamm/Tolkmitt* GWB § 89a Rn. 3; Kritik äußern ferner zu den Parallelvorschriften im UWG *Teplitzky* Ansprüche Kap. 50 Rn. 2ff. mwN und im MarkenG *Ingerl/Rohnke* MarkenG § 142 Rn. 16) ausgestattet seien (anders unter Verweis auf das Unionsrecht und EuGH-Entscheidungen Berl-KommEnergieR/*Keßler* EnWG § 105 Rn. 2 mwN). Insgesamt werde das Prinzip der Unterliegenshaftung zwar beachtet (BT-Drs. 15/3640, 69 zum Kartellrecht). Eine Partei werde bei Anwendung dieser Vorschrift aber so bevorzugt, dass ihre Verfassungsmäßigkeit in Frage gestellt werden kann (so *Zuck* GRUR 1966, 167; *Graf Lambsdorff/Kanz* BB 1983, 2215).

3 Zweck des § 105 ist es, die private Rechtsdurchsetzung bei Ansprüchen aus dem EnWG zu fördern. Es geht darum, **Anreiz für einen privaten Rechtsschutz zu liefern**. Dem „Kleinen", den das hohe Kostenrisiko eines Prozesses davon abhält, Rechtsschutz nachzusuchen, soll es erleichtert werden, gegen die „Großen" zu prozessieren. Die Vorschrift führt auch zu einer Art Erfolgshonorar für den Anwalt. Unterliegt der Begünstigte, so muss er nur die nach dem verringerten Streitwert bemessenen Gerichtsgebühren bezahlen. Das Gleiche gilt für die dem Gegner nach § 91 ZPO zu erstattenden Kosten des Rechtsstreits und für die Gebühr des eigenen Anwalts. Im Falle eines Obsiegens des Begünstigten kann dessen Anwalt aber von dem Gegner die Gebühren nach der vollen Höhe des Streitwerts verlangen (BT-Drs. 15/3640, 69).

II. Entstehungsgeschichte

4 Die Regelung ist in der Fassung des Regierungsentwurfs Gesetz geworden. Sie war im Gesetzgebungsverfahren **nicht umstritten.**

B. Anordnungsvoraussetzungen für die Streitwertanpassung

5 Voraussetzung ist das Vorliegen einer Rechtsstreitigkeit nach § 32. Es muss sich hier um **Schadensersatz-, Unterlassungs- und Beseitigungsansprüche** handeln. Nicht erfasst werden grundsätzlich primäre Erfüllungsansprüche (so auch NK-EnWG/*Turiaux* § 105 Rn. 3; vgl. hierzu ausf. mit eingehender Begründung *Salje* EnWG § 105 Rn. 6ff.). Sinn und Zweck des § 32 ist es, offensichtliche Rechtsverstöße auch der privaten Rechtsverfolgung zugänglich zu machen. § 105 gilt

daher nicht für Rechtsstreitigkeiten, in denen es dem Kläger darum geht, die Pflichtenstellung des Netzbetreibers zu konkretisieren (*Salje* EnWG § 105 Rn. 9 f.).

Ferner setzt § 105 eine erhebliche Gefährdung der wirtschaftlichen Lage der antragstellenden Partei voraus, welche glaubhaft gemacht werden muss. Abzuwägen sind die wirtschaftliche Bedeutung des Streitgegenstands und das zur Verfügung stehende Eigenkapital sowie Fremdkapital. Unter erheblicher Gefährdung ist jedenfalls die **bevorstehende Insolvenz** zu verstehen. In diesem Fall ist unter Umständen sogar von einer Ermessensreduzierung auf Null auszugehen (*Salje* EnWG § 105 Rn. 15, der diese Fälle in Anbetracht des Problems der richtigen Einschätzung der wirtschaftlichen Lage praktisch eher für selten hält). Es reicht aber auch schon eine bloße Unternehmensgefährdung, wenn der Streitwert in voller Höhe angesetzt würde. 6

C. Verfahren der Antragstellung

Der Antrag auf Streitwertanpassung kann sowohl von Kläger- als auch von Beklagtenseite oder von beiden gestellt werden. Die Streitwertanpassung ist als **Zwischenverfahren** ausgestaltet, sodass es hierfür keinen Anwaltszwang gibt (§ 78 Abs. 5 ZPO). Bei der Antragstellung muss versichert werden, dass die Kosten weder unmittelbar noch mittelbar von einem Dritten (bspw. bei einer Ausfallbürgschaft des Hauptgesellschafters einer GmbH, dazu *Salje* EnWG § 105 Rn. 14) übernommen werden. 7

Der Antrag muss nicht in der Klageschrift oder Klageerwiderung gestellt werden, sondern „kann" (optional) nach § 105 Abs. 2 S. 1 zur **Niederschrift der Geschäftsstelle** erklärt werden. Zuständig ist der Urkundsbeamte der Geschäftsstelle des zuständigen Gerichts. 8

Nach § 105 Abs. 2 S. 2 kann der Antrag nur bis zum Beginn der Verhandlung zur Hauptsache, also **bis zur mündlichen Verhandlung** vor dem zur Entscheidung des Rechtsstreits in der Hauptsache angerufenen und zuständigen Gericht gestellt werden. Er muss gestellt werden, bis streitig zur Sache verhandelt wird oder die Anträge zurückgenommen werden – je nachdem, was früher geschieht. Eine spätere Antragstellung führt grundsätzlich zur Unzulässigkeit des Antrags. 9

Diese Ausschlussfrist gilt aber dann nicht, wenn das Gericht den angenommenen oder festgesetzten Streitwert heraufsetzt, § 105 Abs. 2 S. 3. Dennoch wird Verwirkung anzunehmen sein, wenn der Antrag nach **Streitwertheraufsetzung** längere Zeit auf sich warten lässt (mehrere Wochen). Trotz fehlender Frist für diesen Fall bedarf es daher einer unmittelbaren Reaktion der betroffenen Partei im Falle der Streitwertheraufsetzung. Liegt ein Antrag vor, muss vor seiner Bescheidung der gegnerischen Partei rechtliches Gehör gewährt werden, § 105 Abs. 2 S. 4. 10

D. Rechtsfolgen der Streitwertanpassung

Wird die Streitwertanpassung angeordnet, bedarf es zunächst einer Berechnung der **Gerichtskosten** nach dem angepassten Streitwert. Dabei ist auch die Reichweite der Streitwertanpassung festzulegen. 11

Angepasst werden ferner die **Rechtsanwaltsgebühren,** da sich die Anordnung auch auf diese erstreckt (§ 105 Abs. 1 S. 3, 4), sofern solche von der antragstellenden Partei (ganz oder teilweise) zu tragen sind. 12

13 Es erfolgt keine Neufestsetzung des Streitwerts für beide Parteien, sondern Rechtsfolge ist ein **gespaltener Streitwert**. Eine Ausnahme besteht nur dann, wenn beide Seiten den Antrag auf Streitwertanpassung stellen, da das Gericht dann einen einheitlich angepassten Streitwert festsetzen kann.

Abschnitt 7. Gemeinsame Bestimmungen für das gerichtliche Verfahren

§ 106 Zuständiger Senat beim Oberlandesgericht

(1) Die nach § 91 des Gesetzes gegen Wettbewerbsbeschränkungen bei den Oberlandesgerichten gebildeten Kartellsenate entscheiden über die nach diesem Gesetz den Oberlandesgerichten zugewiesenen Rechtssachen sowie in den Fällen des § 102 über die Berufung gegen Endurteile und die Beschwerde gegen sonstige Entscheidungen in bürgerlichen Rechtsstreitigkeiten.

(2) Die §§ 92 und 93 des Gesetzes gegen Wettbewerbsbeschränkungen gelten entsprechend.

A. Zweck

§ 106 soll sicherstellen, dass der **Sachverstand der spezialisierten Kartellsenate** bei den Oberlandesgerichten für die EnWG-Streitigkeiten genutzt wird. Daher konzentriert das Gesetz nicht lediglich die Zuständigkeiten, bei denen das Oberlandesgericht funktional als Verwaltungsgericht, Strafgericht oder Zivilgericht tätig ist, in einem Spruchkörper, sondern ordnet zudem an, dass die nach §§ 91 ff. GWB gebildeten Kartellsenate über die nach dem EnWG dem Oberlandesgericht zugewiesenen Rechtssachen entscheiden. Wie § 91 GWB hat auch § 106 nur gerichtsinterne Bedeutung (OLG München Beschl. v. 27.4.2007 – Kart 20/07, WuW/E DE-R 2078).   1

In der praktischen Umsetzung ist der **Zweck des Gesetzes jedenfalls teilweise erreicht** worden. Bei dem OLG Düsseldorf, das als für die BNetzA in ihrem originären Zuständigkeitsbereich und für die Landesregulierungsbehörde NRW zuständiges Gericht die Hauptlast der Verfahren zu tragen hat, sind zwischenzeitlich zwei Kartellsenate spezialisiert für das Energiewirtschaftsrecht zuständig, bei denen das Energiewirtschaftsrecht keine Annexmaterie zum Kartellrecht ist.   2

B. Zuständigkeiten der Kartellsenate

Die Kartellsenate sind nach den Regelungen des EnWG funktional als **Verwaltungsgerichte, Strafgerichte** und **Zivilgerichte** tätig. Die ersten Entscheidungen der Kartellsenate in ihrer Zuständigkeit nach § 106 sind in der verwaltungsgerichtlichen Funktion ergangen. Es ist zu erwarten, dass die verwaltungsgerichtliche Funktion auch in Zukunft die Hauptarbeit der Senate nach § 106 ausmachen wird.   3

I. Funktional als Verwaltungsgericht

Soweit die Kartellsenate funktional als Verwaltungsgerichte tätig werden, steht ihre Zuständigkeit nach § 75 Abs. 4 als **Beschwerdegericht gegen regulierungsbehördliche Entscheidungen** im Mittelpunkt. Dies schließt Anordnungen nach § 77 sowie Entscheidungen der Regulierungsbehörden über vorläufige Anordnun-   4

§ 106

Teil 8. Verfahren

gen nach § 72 ein. Darüber hinaus entscheidet das Beschwerdegericht nach § 84 Abs. 2 über die Einsicht in Vorakten, Beiakten, Gutachten und Auskünfte sowie nach § 86 Abs. 3 über die Zulassung oder Nichtzulassung der Rechtsbeschwerde.

II. Funktional als Strafgericht

5   Der Kartellsenat des Oberlandesgerichts entscheidet funktional als Strafgericht im Bußgeldverfahren. Die Entscheidungskompetenz bezieht sich auf die Überprüfung der **Bußgeldbescheide der Regulierungsbehörde** (§ 98), auf das Wiederaufnahmeverfahren (§ 100) sowie auf den Rechtsschutz in Vollstreckungsangelegenheiten (§ 101).

III. Funktional als Zivilgericht

6   Der Kartellsenat ist nach § 106 Abs. 1 für die Berufung gegen Endurteile und die Beschwerde gegen sonstige **Entscheidungen in bürgerlichen Rechtsstreitigkeiten** zuständig, bei denen die Landgerichte nach § 102 zuständig sind. Dies sind Verfahren, bei denen die Ansprüche aus dem EnWG hergeleitet werden oder eine Entscheidung über eine Norm des EnWG und des untergesetzlichen Regelwerks Vorfrage für die Entscheidung des Zivilprozesses ist.

7   Für die Zuständigkeit des Kartellsenats als EnWG-Senat kommt es dabei auf eine **materiellrechtliche Anknüpfung** an (BGH Urt. v. 9.5.2000 – KZR 1/99, WuW/E DE-R 485 (487); OLG Hamm Beschl. v. 20.10.1999 – 13 U 66/99, NJWE-WettbR 2000, 198; OLG Köln Beschl. v. 29.2.2000 – 3 U 101/99, NJWE-WettbR 2000, 2024; BerlKommEnergieR/*Keßler* EnWG § 106 Rn. 7). Die Kartellsenate sind demnach immer dann zuständig, wenn es sich um eine Streitigkeit handelt, für die in erster Instanz die Zuständigkeit des nach § 102 zuständigen Landgerichts begründet gewesen wäre, ungeachtet dessen, ob dieses tatsächlich entschieden hat (anders noch vor der 6. GWB-Novelle BGH Urt. v. 24.2.1976 – KZR 15/74, WuW/E BGH 1399 (1401)). Unter die energiewirtschaftsrechtlichen Berufungssachen fallen demnach alle EnWG-Sachen, die sich erst nachträglich in der Berufungsinstanz als solche herausstellen. Wegen der bestehenden Einordnungsschwierigkeiten bezüglich der Zuständigkeit der Energiewirtschaftssenate muss die Einlegung des Rechtsmittels bei dem Gericht erfolgen, das für die Vorinstanz allgemein als Rechtsmittelgericht zuständig ist. Bei Unzuständigkeit des Gerichts nach § 91 GWB hat dieses Gericht die Sache auf Antrag nach § 281 ZPO an das Kartell-OLG zu verweisen. Eine Einlegung direkt bei diesem zuständigen Oberlandesgericht ist ebenso möglich (vgl. Bechtold/Bosch/*Bechtold/Bosch* GWB § 91 Rn. 4).

C. Zuständigkeitskonzentration

8   § 106 Abs. 2 erklärt die §§ 92 und 93 GWB für entsprechend anwendbar. Nach diesen Vorschriften haben die Länder die Möglichkeit, durch Rechtsverordnung **ein einziges Oberlandesgericht für Kartellsachen für zuständig zu erklären.** Darüber hinaus besteht die Möglichkeit, durch Staatsvertrag länderübergreifend die Zuständigkeit in Kartellsachen bei einem Oberlandesgericht zu bündeln (§ 92 Abs. 2 GWB; vgl. *Recknagel* WuW 2008, 148 (150ff.)).

9   Unklar ist, welche Rechtsfolge der Gesetzgeber mit der entsprechenden Anwendung der §§ 92 und 93 GWB setzen wollte. Einerseits kann die Verweisung so

verstanden werden, dass die Länder in Anwendung von §§ 92, 93 GWB eine Zuständigkeitskonzentration bei einem Oberlandesgericht durch Rechtsverordnung herbeiführen können. Eine andere Lesart würde dahingehen, dass in dem Fall, dass die Länder eine **Zuständigkeitskonzentration** in Kartellsachen herbeigeführt haben, diese **automatisch auch für Energiewirtschaftssachen** gelten würde. Für die letztere Lesart spricht, dass § 106 Abs. 1 die Zuständigkeiten den bei dem Oberlandesgericht gebildeten Kartellsenaten zuweist. Hat ein Land von der Zuständigkeitskonzentration Gebrauch gemacht, sind bei den übrigen Oberlandesgerichten keine Kartellsenate gebildet. Die gesetzgeberische Wertung, dass die EnWG-Streitigkeiten vor den bei den Oberlandesgerichten gebildeten Kartellsenaten verhandelt werden sollten, würde bei anderer Betrachtungsweise unterlaufen (s. BerlKommEnergieR/ *Keßler* EnWG § 106 Rn. 9: Akzessorietät).

Die hier vertretene Rechtsauffassung entspricht auch der **Praxis** des Präsidiums 10 des **OLG Düsseldorf**. Dieses hat im Geschäftsverteilungsplan die Zuständigkeit für die Beschwerden gegen die Entscheidungen der BNetzA nämlich einem dortigen Kartellsenat zugewiesen. Dies beruht auf § 2 der VO vom 30.8.2011 (GV. NW S. 469). Ohne Anwendung dieser Verordnung wäre nämlich für die BNetzA mit Sitz in Bonn das OLG Köln zuständig. Inzwischen ist die Konzentration der Zuständigkeit auch für das Energiewirtschaftsrecht ausdrücklich in der entsprechenden Verordnung geregelt.

§ 107 Zuständiger Senat beim Bundesgerichtshof

(1) **Der nach § 94 des Gesetzes gegen Wettbewerbsbeschränkungen beim Bundesgerichtshof gebildete Kartellsenat entscheidet über folgende Rechtsmittel:**
1. **in Verwaltungssachen über die Rechtsbeschwerde gegen Entscheidungen der Oberlandesgerichte (§§ 86 und 88) und über die Nichtzulassungsbeschwerde (§ 87);**
2. **in Bußgeldverfahren über die Rechtsbeschwerde gegen Entscheidungen der Oberlandesgerichte (§ 99);**
3. **in bürgerlichen Rechtsstreitigkeiten, die sich aus diesem Gesetz ergeben,**
   a) **über die Revision einschließlich der Nichtzulassungsbeschwerde gegen Endurteile der Oberlandesgerichte,**
   b) **über die Sprungrevision gegen Endurteile der Landgerichte,**
   c) **über die Rechtsbeschwerde gegen Beschlüsse der Oberlandesgerichte in den Fällen des § 574 Abs. 1 der Zivilprozessordnung.**

(2) **§ 94 Abs. 2 des Gesetzes gegen Wettbewerbsbeschränkungen gilt entsprechend.**

A. Allgemeines

Die Vorschrift entspricht § 94 GWB (BT-Drs. 15/3917, 75). Sie enthält die Festlegung der Fälle der ausschließlichen Zuständigkeit (§ 108) des BGH. 1

Der **Kartellsenat des BGH** (§ 94 GWB) ist zuständig für alle Rechtsmittel gegen Entscheidungen der Kartell-Oberlandesgerichte in energiewirtschaftsrechtlichen Streitigkeiten (hierzu → § 106 Rn. 3–5). Der Kartellsenat wird im Geschäfts- 2

§ 107

verteilungsplan des BGH unter den „übrigen Senaten" geführt. Seit 1.9.2019 ist ein „eigenständiger" Kartellsenat eingerichtet, was der gewachsenen Bedeutung des Kartell- und Energiewirtschaftsrechts Rechnung trägt.

3   Die Besetzung der Senate des BGH richtet sich nach § 139 Abs. 1 GVG. Der Kartellsenat entscheidet als **Zivilsenat** stets in der Besetzung mit **fünf Mitgliedern,** als Strafsenat in der Besetzung mit drei Mitgliedern.

B. Zuständigkeiten des BGH-Kartellsenats als EnWG-Senat (§ 107 Abs. 1)

4   Der BGH entscheidet nach § 107 Abs. 1 Nr. 1 über die Rechtsbeschwerde gegen Entscheidungen der OLG und über die **Nichtzulassungsbeschwerde.** Die **Rechtsbeschwerde** ist nach §§ 86 Abs. 1, 3, 88 Abs. 3 beim OLG einzulegen, welches auch über ihre Zulassung bestimmt. Die Nichtzulassungsbeschwerde ist nach § 87 Abs. 3 ebenfalls beim OLG einzulegen.

5   Nach § 107 Abs. 1 Nr. 2 entscheidet der BGH in **Bußgeldverfahren** über die **Rechtsbeschwerde** gegen Entscheidungen der OLG nach § 99 iVm § 79 OWiG. Zuständig ist in Abweichung von §§ 121 Abs. 1 Nr. 1 lit. a, 122 Abs. 1 GVG iVm §§ 46 Abs. 7, 79 Abs. 3 OWiG auch hier der Kartellsenat.

6   In § 107 Abs. 1 Nr. 3 a–c ist die Zuständigkeit des BGH-Kartellsenats für die dort genannten Zivilsachen geregelt. Ob es sich im Rahmen der Revision um Kartellrevisionssachen handelt, ergibt sich aus § 102. Alle Kartellrechtssachen nach § 102 Abs. 1 (hierzu → § 102 Rn. 6–15) sind in der Revisionsinstanz auch **Kartellrevisionssachen.** Andere Rechtsstreitigkeiten gehören nicht hierher (vgl. hierzu für das Kartellrecht ferner eingehender Immenga/Mestmäcker/*K. Schmidt* GWB § 94 Rn. 9 ff.). Auch hier ist eine materiell-rechtliche Anknüpfung maßgebend (für das Kartellrecht Langen/Bunte/*Bornkamm/Tolkmitt* GWB § 94 Rn. 3). Die Rechtsbeschwerde nach § 107 Abs. 1 Nr. 3 lit. c ist zulässig, wenn das OLG gem. § 567 ZPO entschieden hat und das Gesetz die Statthaftigkeit der Rechtsbeschwerde festlegt oder das Beschwerdegericht die Rechtsbeschwerde durch Beschluss zugelassen hat (*Salje* EnWG § 107 Rn. 3).

C. Entscheidung als Zivilsenat oder als Strafsenat (§ 107 Abs. 2)

7   Geht es um eine Entscheidung durch den Großen Senat nach § 132 GVG, muss wegen des Verfassungsgebots des gesetzlichen Richters (Art. 101 Abs. 1 S. 2 GG) feststehen, ob der **Kartellsenat als Zivilsenat oder als Strafsenat entschieden hat.** Daher wird durch § 107 Abs. 2 iVm § 94 Abs. 2 GWB klargestellt, dass er in Bußgeldsachen immer als Strafsenat entscheidet, in allen übrigen Streitigkeiten dagegen als Zivilsenat. Dies umfasst auch die Fälle, in denen die Kartellgerichte funktional als Verwaltungsgerichte tätig werden.

§ 108 Ausschließliche Zuständigkeit
Die Zuständigkeit der nach diesem Gesetz zur Entscheidung berufenen Gerichte ist ausschließlich.

A. Allgemeines

§ 108 entspricht § 95 GWB (BT-Drs. 15/3917, 75). 1

Die Anordnung der Ausschließlichkeit der Gerichtsstände dient der Konzentra- 2 tion der Rechtspflege in energiewirtschaftsrechtlichen Streitigkeiten (für das Kartellrecht Immenga/Mestmäcker/*K. Schmidt* GWB § 95 Rn. 1). § 108 stellt klar, dass bei Anordnung der Zuständigkeit eines Gerichts nach dem EnWG dieses ausschließlich zuständig ist. Damit sind die ansonsten in bürgerlich-rechtlichen Streitigkeiten zulässigen **Gerichtsstandsvereinbarungen (§ 38 ZPO) unzulässig**. Mit Blick auf § 102 ist § 108 überflüssig (zum inhaltsgleichen § 95 GWB Bechtold/Bosch/ *Bechtold/Bosch* § 95 Rn. 1; differenzierend BerlKommEnergieR/*Keßler* EnWG § 108 Rn. 3 mwN).

B. Geltungsbereich

§ 108 gilt für alle staatlichen Gerichte in allen Rechtszügen (für das Kartellrecht 3 FK-KartellR/*Kunnes* GWB § 95 Rn. 21). Von § 108 nicht erfasst werden daher **Schiedsgerichte**. Auch die Spruchkörperzuständigkeiten nach §§ 106, 107 sind ausschließliche Zuständigkeiten (für das Kartellrecht FK-KartellR/*Kunnes* GWB § 95 Rn. 25).

C. Rechtsfolgen

Die Rechtsfolgen von Verstößen gegen § 108 richten sich nach den allgemeinen 4 prozessualen Vorschriften (vgl. näher FK-KartellR/*Kunnes* GWB § 95 Rn. 27 ff.). Nach § 40 Abs. 2 S. 1 Nr. 2, Abs. 2 S. 2 ZPO führt die Anordnung ausschließlicher Gerichtsstände dazu, dass keine Gerichtsstandsvereinbarung (§ 38 ZPO) und **keine Zuständigkeit infolge rügelosen Einlassens** (§ 39 ZPO) möglich sind. Durch die Anordnung der ausschließlichen Gerichtsstände im EnWG ergibt sich inzident auch die Eröffnung des Rechtswegs nur zu den Zivilgerichten, da eine nach § 13 GVG vorbehaltene Zuweisung an Verwaltungsgerichte insoweit zurücktritt (für das Kartellrecht FK-KartellR/*Kunnes* GWB § 95 Rn. 22). Der Verstoß gegen den Ausschließlichkeitsgrundsatz bleibt aber ohne Beachtung, wenn nicht eine rechtzeitige Rüge des Verstoßes gem. § 529 Abs. 2 iVm § 520 Abs. 3 ZPO erfolgt (*Salje* EnWG § 108 Rn. 3). Nur im Rechtsmittelverfahren ist der Verstoß von Amts wegen und unbefristet zu beachten (für das Kartellrecht Bechtold/Bosch/*Bechtold/ Bosch* § 95 Rn. 1; aA Langen/Bunte/*Bornkamm/Tolkmitt* GWB § 95 Rn. 3).

Teil 9. Sonstige Vorschriften

§ 109 Unternehmen der öffentlichen Hand, Geltungsbereich

(1) **Dieses Gesetz findet auch Anwendung auf Unternehmen, die ganz oder teilweise im Eigentum der öffentlichen Hand stehen oder die von ihr verwaltet oder betrieben werden.**

(2) **Dieses Gesetz findet Anwendung auf alle Verhaltensweisen, die sich im Geltungsbereich dieses Gesetzes auswirken, auch wenn sie außerhalb des Geltungsbereichs dieses Gesetzes veranlasst werden.**

Literatur: *Koenig,* Entflechtungszertifizierung von grenzüberschreitenden Elektrizitäts-Verbindungsleitungen, EnWZ 2016, 501; *Tödtmann,* Kommunale Energieversorgungsunternehmen zwischen Gemeinderecht und Wettbewerb, RdE 2002, 6.

A. Allgemeines

I. Inhalt und Zweck

Die – den „Teil 9. Sonstige Vorschriften" eröffnende – Vorschrift enthält **Rege-** 1
lungen zum Anwendungsbereich des Gesetzes. Insoweit bezweckt sie in zwei Hinsichten, die der Gesetzgeber einer besonderen Regelung bedürftig angesehen hat, eine Klarstellung bzw. Erweiterung.

Zum einen stellt § 109 Abs. 1 in personeller Hinsicht die **Anwendbarkeit des** 2
EnWG auch auf sog. öffentliche bzw. gemischtwirtschaftliche Unternehmen klar. Die Regelung zielt darauf, Unternehmen unabhängig von ihrer Zuordnung zum öffentlichen Sektor, die durch Rechtsform, (Anteils-)Eigentum, Verwaltung und Betrieb des Unternehmens oder sonstige Form der Beherrschung begründet sein mag, den Vorschriften des EnWG zu unterwerfen. Sie macht damit für das EnWG einen trägerneutralen, funktionalen Unternehmensbegriff (→ Rn. 7) verbindlich.

Zum anderen erstreckt § 109 Abs. 2 in räumlicher Hinsicht die **Anwendbarkeit** 3
des Gesetzes auf extraterritoriales Verhalten, nämlich auf solches Verhalten, das außerhalb des Geltungsbereichs des Gesetzes vorgenommen bzw. veranlasst worden ist, sich jedoch in seinem Geltungsbereich auswirkt. § 109 Abs. 2 enthält damit eine den allgemeinen Regeln des Internationalen Privatrechts vorgehende besondere Kollisionsnorm (*Salje* EnWG § 109 Rn. 11).

II. Entstehungsgeschichte

Die Bestimmung hat **keine unmittelbaren Vorläufer** in den früheren, dem 4
EnWG 2005 vorhergehenden Fassungen des EnWG. Sie folgt dem Vorbild von § 130 Abs. 1 S. 1 und 2 GWB idF der Neubekanntmachung des GWB vom 26.8.1998 (BGBl. 1998 I S. 2546), heute § 185 Abs. 1 S. 1, Abs. 2 GWB, wo sich entsprechende Regelungen zum Anwendungsbereich des GWB finden (vgl. BT-Drs. 15/3917, 75).

Die Regelung war bereits im RegE zum EnWG 2005 vorgesehen (BT-Drs. 5
15/3917, 37). Sie hat das **Gesetzgebungsverfahren,** soweit ersichtlich, ohne grö-

ßere Beratungen durchlaufen und ist unverändert in das EnWG 2005 aufgenommen worden. Sie ist seither unverändert.

B. Anwendung auf öffentliche und gemischtwirtschaftliche Unternehmen (Abs. 1)

I. Tatsächlicher Hintergrund

6   Nachdem im späten 19. Jahrhundert allererste Anfänge der Gas- und Elektrizitätsversorgung teils in die Hand privater Unternehmen gegeben worden waren, haben sehr bald **öffentliche, insbesondere kommunale sowie gemischtwirtschaftliche EVU,** dh teils in öffentlichem, teils in privatem Anteilseigentum stehende EVU, eine dominierende Rolle in der Energieversorgung in Deutschland gespielt. Unter der Geltung des EnWG 1935 hat sich in der Bundesrepublik eine Struktur der Energieversorgung etabliert, bei der die Kommunen ganz überwiegend die lokalen EVU in Gestalt ihrer Stadtwerke, vor allem mit der Funktion der örtlichen Energieverteilung, betreiben und darüber hinaus auch an den regionalen und den großen, überregionalen Verbundunternehmen beteiligt sind (vgl. *Hellermann* Örtliche Daseinsvorsorge S. 21 f., 41 f.). Diese gefestigte Struktur ist durch die vom EnWG 1998 bewirkte Liberalisierung aufgelockert worden; ua ist auch eine Tendenz zum Verkauf von Stadtwerken bzw. zur Aufnahme von Fremdbeteiligungen konstatiert worden (*Tödtmann* RdE 2002, 6 (9)). Des ungeachtet spielen aber öffentliche und gemischtwirtschaftliche EVU auf den verschiedenen Stufen der Energieversorgung nach wie vor eine bedeutende Rolle. Ihre Bedeutung wächst möglicherweise sogar wieder aufgrund eines zuletzt beobachteten Trends zur Rekommunalisierung, dh zur Neugründung oder zum Rückkauf von Stadtwerken, zur Ausweitung ihrer Geschäftsfelder, zur Übernahme des Betriebs örtlicher Strom- und Gasverteilnetze durch Stadtwerke nach Auslaufen von Konzessionsverträgen. Im Zuge von Klimaschutzpolitik und Energiewende sowie Digitalisierung haben sich im Energiesektor neue Geschäftsfelder aufgetan, auf denen sich auch für EVU der öffentlichen Hand erweiterte Betätigungsmöglichkeiten entwickeln, so dass mit einer tendenziell wachsenden Bedeutung öffentlicher Unternehmen zu rechnen sein dürfte (vgl. BeckOK EnWG/*Pielow* § 109 Rn. 25).

II. Rechtliche Bedeutung

7   § 109 Abs. 1 hat **klarstellende, nicht eigentlich konstitutive Bedeutung** (BerlKommEnergieR/*Markert* EnWG § 109 Rn. 2). Bereits seit dem EnWG 1935 findet das Gesetz auf der Grundlage eines trägerneutralen Konzepts des EVU auch auf Unternehmen der öffentlichen Hand Anwendung (BeckOK EnWG/*Pielow* § 109 Rn. 3). In § 109 Abs. 1 wird explizit der aus dem Wettbewerbsrecht und aus dem Unionsrecht (BeckOK EnWG/*Pielow* § 109 Rn. 3 f.) bekannte funktionale Unternehmensbegriff, der nicht auf die Person des Handelnden, sondern allein auf die Art der Tätigkeit, nämlich die aktive Teilnahme am Wirtschaftsleben abstellt (vgl. Bechtold/Bosch/*Bechtold/Bosch* GWB § 1 Rn. 7), für das EnWG fixiert. In der Folge soll die öffentliche Hand, soweit sie sich unternehmerisch betätigt, grundsätzlich den gleichen Regeln unterliegen wie auch private Unternehmen (vgl. Bechtold/Bosch/*Bechtold/Bosch* GWB § 185 Rn. 3).

Unternehmen der öffentlichen Hand, Geltungsbereich §109

1. Tatbestandsmerkmale: Öffentliche Hand im Sinne der Vorschrift sind 8
alle rechtlich selbständigen Träger öffentlicher Gewalt. Dies sind zunächst die Gebietskörperschaften, also Bund, Länder und Kommunen. Weiter zählen dazu aber auch sonstige juristische Personen des öffentlichen Rechts, also insbesondere rechtsfähige Anstalten und Körperschaften des öffentlichen Rechts (vgl. *Salje* EnWG § 109 Rn. 5). Vom Gesetzgeber wohl nicht intendiert und iErg auch nicht erforderlich, jedoch vertretbar erscheint es, auch Unternehmen, die sich ganz oder teilweise in öffentlicher Hand anderer EU- oder von Drittstaaten befinden, unter § 109 Abs. 1 zufassen, soweit sie im Geltungsbereich des EnWG tätig werden (BeckOK EnWG/*Pielow* § 109 Rn. 18a).

§ 109 Abs. 1 erfasst nur die **unternehmerische Betätigung der öffentlichen** 9
Hand auf dem Sektor der Energiewirtschaft (*Salje* EnWG § 109 Rn. 8). Dafür, was solche energiewirtschaftlich-unternehmerischen Betätigungen sind, liefert die Definition des EVU (§ 3 Nr. 18) Anhaltspunkte. Danach zählen hierzu die – leitungsgebundene – Lieferung von Energie an andere, der Betrieb eines Energieversorgungsnetzes sowie die Innehabung von eigentumsbegründeter Verfügungsbefugnis über ein Energieversorgungsnetz. § 109 Abs. 1 ist hingegen unanwendbar, soweit Stellen der öffentlichen Hand hoheitlich tätig werden. Die Abgrenzung zwischen unternehmerischer bzw. wirtschaftlicher und hoheitlicher Betätigung auf dem Sektor der leitungsgebundenen Energieversorgung ist teils problematisch und umstritten. Dies gilt insbesondere für die Qualifikation der Tätigkeit der Gemeinden bei der Vergabe von Wegerechten durch Konzessionsvertrag; sie wird von Rechtsprechung und hL als eine wirtschaftliche Betätigung angesehen, ist mit den besseren Gründen jedoch als hoheitliche Betätigung zu qualifizieren, weil die Gemeinden hierbei ihre Hoheit über das örtliche Wegenetz als eine spezifisch hoheitliche Rechtsposition wahrnehmen (→ § 46 Rn. 8).

Über dieses funktionelle Element der wirtschaftlichen Betätigung hinaus stellt 10
§ 109 Abs. 1 **keine weitere organisatorische Voraussetzung im Hinblick auf den Unternehmensbegriff** auf. Wie mit Blick auf den Unternehmensbegriff des GWB zutreffend geklärt und auf § 109 Abs. 1 zu übertragen ist, ist nach der maßgeblichen funktionellen Betrachtung Unternehmen jeder, der im geschäftlichen Verkehr selbständig tätig wird, ohne dass es auf die Form der rechtlichen oder wirtschaftlichen Organisation oder auf die Betriebsgröße ankommt (vgl. Bechtold-Bosch/*BechtoldBosch* § 185 Rn. 5). Die öffentliche Hand unterfällt deshalb auch dann in ihrem unternehmerischen Handeln dem § 109 Abs. 1, wenn sie sich keiner besonderen organisatorisch, haushaltsmäßig oder rechtlich verselbständigten Unternehmensform bedient, sondern unmittelbar selbst wirtschaftlich tätig wird (*Salje* EnWG § 109 Rn. 4), etwa eine Kommune durch einen sog. Regiebetrieb. Gerade im Sektor der Energiewirtschaft wird die öffentliche Hand jedoch typischerweise durch organisatorisch mehr oder minder verselbständigte Unternehmen tätig. Grundsätzlich stehen der öffentlichen Hand dafür einerseits öffentlich-rechtliche Unternehmensformen, im kommunalen Bereich insbesondere die Organisationsform des Eigenbetriebs sowie der rechtsfähigen Anstalt zur Verfügung; andererseits kann die öffentliche Hand auch auf privatrechtliche Organisationsformen, namentlich die der AG und der GmbH zurückgreifen (vgl. Schneider/Theobald Energie-WirtschaftsR-HdB/*Wolff* § 5 Rn. 59 ff.). Unternehmerische Betätigung der öffentlichen Hand in all diesen Unternehmensformen, insbesondere auch in öffentlich-rechtlichen Rechtsformen unterfällt § 109 Abs. 1.

Die Abgrenzung des öffentlichen bzw. gemischtwirtschaftlichen Unternehmens 11
iSd § 109 Abs. 1 von privaten Unternehmen erfolgt durch die Merkmale des **(An-**

teils-)Eigentums der öffentlichen Hand sowie der Betriebsführung und Verwaltung des EVU durch die öffentliche Hand. Verwaltung soll vorliegen, wenn nach Abzug einer Verwaltergebühr die Erlöse an den Unternehmensinhaber ausgekehrt werden, Betriebsführung hingegen, wenn das Unternehmen nach außen hin wie von einem Eigentümer, aber auf fremde Rechnung betrieben wird (*Salje* EnWG § 109 Rn. 7). Die genaue Abgrenzung zwischen diesen Merkmalen und gegenüber privaten EVU bleibt hier ohne besondere Bedeutung, weil das EVU entweder nach § 109 Abs. 1 oder sonst als privates Unternehmen unmittelbar dem Anwendungsbereich des EnWG unterfällt.

12 **2. Rechtsfolge: Anwendbarkeit des EnWG.** Für öffentliche und gemischtwirtschaftliche Unternehmen in dem dargelegten Sinne (→ Rn. 8 ff.) ordnet § 109 Abs. 1 die Anwendung des EnWG an. In der Sache wird damit die **Anwendung der unternehmensbezogenen Regelungen des EnWG** auch auf solche Unternehmen klargestellt. Auch sie unterfallen danach etwa den Regelungen über die Entflechtung, die Netzzugangsgewährung, die Anschlusspflicht oder die Grundversorgungspflicht etc. Zutreffend wird in diesem Zusammenhang darauf hingewiesen, dass das EnWG diverse Ausnahmeregelungen zugunsten kleinerer EVU vorsieht, die nicht zuletzt auch EVU in öffentlicher Hand, namentlich Stadtwerken zugutekommen (BeckOK EnWG/*Pielow* § 109 Rn. 23).

13 Regelungen, die Träger öffentlicher Gewalt in **Wahrnehmung hoheitlicher, nicht unternehmerischer Funktionen** berechtigen oder verpflichten (→ Rn. 8), sind auf diese hingegen nicht kraft § 109 Abs. 1, sondern unmittelbar anwendbar. Das gilt nach hier vertretener Auffassung etwa für § 46, soweit dieser die Gemeinden als Wegenutzungsvertragspartner von EVU anspricht (→ Rn. 9).

C. Anwendung auf extraterritoriales Verhalten (Abs. 2)

I. Völkerrechtliche Grundlage

14 Der Anwendungsbereich des EnWG wird völkerrechtlich grundsätzlich durch **das Territorialitätsprinzip und das Einmischungsverbot,** das damit im Zusammenhang steht, begrenzt. Dadurch werden die Regelungsbefugnis des nationalen Gesetzgebers und die Eingriffsbefugnisse nationaler Behörden grundsätzlich auf das eigene Hoheitsgebiet beschränkt (Bechtold/Bosch/*Bechtold/Bosch* GWB § 185 Rn. 15). Regelungsgegenstand des EnWG ist danach grundsätzlich die Energiewirtschaft innerhalb des Bundesgebietes.

15 Die darüber hinausführende Regelung des § 109 Abs. 2 stützt sich völkerrechtlich auf das sog. **Auswirkungsprinzip.** Dieses erlaubt auch in Bezug auf Verhalten, das sich in fremdem Staatsgebiet abspielt, einem Staat nationale Regelungen und Maßnahmen, soweit dieses Verhalten sich in seinem Hoheitsgebiet auswirkt. Allerdings unterliegt es auch seinerseits wiederum völkerrechtlichen Begrenzungen, die auf das Verbot des Rechtsmissbrauchs und das Verbot der Einmischung in die inneren Angelegenheiten eines Staates gestützt werden (Bechtold/Bosch/*Bechtold/Bosch* GWB § 185 Rn. 16).

Geschlossene Verteilernetze §110

II. Energiewirtschaftsrechtliche Bedeutung

§ 109 Abs. 2 verlangt eine **Inlandsauswirkung** extraterritorialen Verhaltens. 16
Anders als § 185 Abs. 2 GWB, für den es auf die Inlandsauswirkung von Wettbewerbsbeschränkung im Inland ankommt, ist für § 109 Abs. 2 maßgeblich, ob bestimmte Verhaltensweisen sich im Geltungsbereich dieses Gesetzes auswirken (BerlKommEnergieR/*Markert* EnWG § 109 Rn. 1; BeckOK EnWG/*Pielow* § 109 Rn. 29). Welche Auswirkungen hierfür ausreichend sind, soll mit Blick auf den Schutzzweck des Gesetzes und der jeweils in Frage kommenden speziellen Sachnormen zu beurteilen sein (BGH Beschl. v. 7.3.2017 – EnVR 21/16, NVwZ-RR 2017, 492 Rn. 16; Beschl. v. 13.11.2018 – EnVR 30/17, EnWZ 2019, 15 Rn. 21). Insoweit fordert das energiewirtschaftsrechtliche Schrifttum – soweit ersichtlich – eine nicht nur potentielle, sondern tatsächliche und zudem spürbare Auswirkung im Inland (*Salje* EnWG § 109 Rn. 13; NK-EnWG/*Schex* § 109 Rn. 8; BeckOK EnWG/*Pielow* § 109 Rn. 32; vgl. zu § 185 Abs. 1 S. 1 GWB Bechtold/Bosch/ *Bechtold/Bosch* § 185 Rn. 19; BerlKommEnergieR/*Markert* EnWG § 109 Rn. 7). Eine hinreichende Inlandswirkung wird bejaht, wenn ausländische Unternehmen im Inland eine Versorgungstätigkeit mit Elektrizität oder Gas ausüben oder dort belegene Energieversorgungsnetze, vorgelagerte Rohrleitungsnetze oder Speicheranlagen betreiben und dabei die im EnWG geregelten Verhaltensweisen anwenden (BerlKommEnergieR/*Markert* EnWG § 109 Rn. 10; NK-EnWG/*Schex* § 109 Rn. 8; für eine Begrenzung des Auswirkungsprinzips durch das Territorialitätsprinzip bei der Entflechtungszertifizierung von Betreibern grenzüberschreitender Transportnetze *Koenig* EnWZ 2016, 501).

Der Bestimmung ist keine große **Bedeutung** vorhergesagt worden, weil zumin- 17
dest alle EU-Mitgliedstaaten zugleich auch zur Beachtung der einschlägigen Binnenmarktrichtlinien und des EG-Primärrechts verpflichtet sind und insofern primär die EG-Kommission zum Eingreifen berufen sein wird (*Salje* EnWG § 109 Rn. 11, 13; NK-EnWG/*Schex* § 109 Rn. 9; Theobald/Kühling/*Steinbeck* EnWG 109 Rn. 13). Zuletzt ist § 109 Abs. 2 jedoch verschiedentlich in der Rechtsprechung aktuell geworden (vgl. BGH Beschl. v. 7.3.2017 – EnVR 21/16, NVwZ-RR 2017, 492 Rn. 14ff.; Beschl. v. 13.11.2018 – EnVR 30/17, EnWZ 2019, 15 Rn. 19ff.; dazu BeckOK EnWG/*Pielow* § 109 Rn. 31).

§ 110 Geschlossene Verteilernetze

(1) § 7 Absatz 1 Satz 2, § 7c Absatz 1, die §§ 12h, 14 Absatz 2, die §§ 14a, 14c, 14d, 14e, 18, 19, 21a, 22 Absatz 1, die §§ 23a und 32 Absatz 2 sowie die §§ 33, 35 und 52 sind auf den Betrieb eines geschlossenen Verteilernetzes nicht anzuwenden.

(2) ¹Die Regulierungsbehörde stuft ein Energieversorgungsnetz, mit dem Energie zum Zwecke der Ermöglichung der Versorgung von Kunden in einem geografisch begrenzten Industrie- oder Gewerbegebiet oder einem Gebiet verteilt wird, in dem Leistungen gemeinsam genutzt werden, als geschlossenes Verteilernetz ein, wenn
1. die Tätigkeiten oder Produktionsverfahren der Anschlussnutzer dieses Netzes aus konkreten technischen oder sicherheitstechnischen Gründen verknüpft sind oder
2. mit dem Netz in erster Linie Energie an den Netzeigentümer oder -betreiber oder an mit diesen verbundene Unternehmen verteilt wird;

§ 110

maßgeblich ist der Durchschnitt der letzten drei Kalenderjahre; gesicherte Erkenntnisse über künftige Anteile sind zu berücksichtigen. ²Die Einstufung erfolgt nur, wenn keine Letztverbraucher, die Energie für den Eigenverbrauch im Haushalt kaufen, über das Netz versorgt werden oder nur eine geringe Zahl von solchen Letztverbrauchern, wenn diese ein Beschäftigungsverhältnis oder eine vergleichbare Beziehung zum Eigentümer oder Betreiber des Netzes unterhalten.

(3) ¹Die Einstufung erfolgt auf Antrag des Netzbetreibers. ²Der Antrag muss folgende Angaben enthalten:
1. Firma und Sitz des Netzbetreibers und des Netzeigentümers,
2. Angaben nach § 23 c Absatz 1 oder § 23 c Absatz 4 Nummer 1 bis 5,
3. Anzahl der versorgten Haushaltskunden,
4. vorgelagertes Netz einschließlich der Spannung oder des Drucks, mit der oder dem das Verteilernetz angeschlossen ist,
5. weitere Verteilernetze, die der Netzbetreiber betreibt.

³Das Verteilernetz gilt ab vollständiger Antragstellung bis zur Entscheidung der Regulierungsbehörde als geschlossenes Verteilernetz.

(4) ¹Jeder Netznutzer eines geschlossenen Verteilernetzes kann eine Überprüfung der Entgelte durch die Regulierungsbehörde verlangen; § 31 findet insoweit keine Anwendung. ²Es wird vermutet, dass die Bestimmung der Netznutzungsentgelte den rechtlichen Vorgaben entspricht, wenn der Betreiber des geschlossenen Verteilernetzes kein höheres Entgelt fordert als der Betreiber des vorgelagerten Energieversorgungsnetzes für die Nutzung des an das geschlossene Verteilernetz angrenzenden Energieversorgungsnetzes der allgemeinen Versorgung auf gleicher Netz- oder Umspannebene; grenzen mehrere Energieversorgungsnetze der allgemeinen Versorgung auf gleicher Netz- oder Umspannebene an, ist das niedrigste Entgelt maßgeblich. ³§ 31 Absatz 1, 2 und 4 sowie § 32 Absatz 1 und 3 bis 5 finden entsprechend Anwendung.

Übersicht

	Rn.
A. Allgemeines	1
I. Vorbemerkung	1
II. Inhalt	6
III. Zweck	8
IV. Europarecht	9
B. Voraussetzungen für Objektnetze	12
I. Geschlossene Verteilernetze als Netzkategorie	12
II. Adressat der Privilegierung	25
III. Materielle Voraussetzungen	30
1. Geografisch begrenztes Industrie- oder Gewerbegebiet oder Gebiet, in dem Leistungen gemeinsam genutzt werden	31
2. Verknüpfte Tätigkeiten oder Produktionsverfahren der Anschlussnutzer oder in erster Linie Eigenversorgung	36
3. Keine oder nur geringfügige Versorgung von Haushalten	47
C. Rechtsfolgen	51
I. Gesetzliche Privilegierungen	51
II. Gesetzliche Pflichten	54

	Rn.
III. Ausnahmetatbestände für die Belieferung an Kunden in geschlossenen Verteilernetzen	61
D. Verfahrensfragen	62
I. Zuständigkeit	62
II. Verfahren	63
1. Antrag	63
2. Einstufungsfiktion	64
3. Beteiligte	70
4. Gebühren	76
E. Entgeltüberprüfungsverfahren (Abs. 4) und andere Aufsichtsverfahren	77
I. Antragsbefugnis, Zuständigkeit	77
II. Materielle Prüfung, Vermutungsregelung	80
III. Andere Aufsichtsverfahren	84

Literatur: *Berzel/Uxa,* Geschlossene Verteilernetze und Kundenanlagen, KSzW 2012, 427; *Bode,* Inhalt und Reichweite der Freistellung gemäß § 110 EnWG – Wettbewerb im geschlossenen Verteilernetz, 2014; *Bülhoff/Klapdor,* Erhebung netzseitiger Umlagen in geschlossenen Verteilernetzen, EnWZ 2013, 297; *Europäische Kommission,* Commission Staff Working Paper, Interpretative Note on Directive 2009/72/EC and 2009/73/EC – Retail Marktes, 5. Closed distribution systems; *Fietze,* Anm. zur Entscheidung des OLG Hamm, Urt.v.16.7.2018 (8 U 119/17) – Netzverluste in geschlossenen Verteilernetzen, EnWZ 2019, 129; *Fietze,* Zur Abgrenzung von Netz und Kundenanlage, ER 2020, 149; *Fietze/Kahl,* Das Energieversorgungsnetz: eine kritische Bestandsaufnahme der aktuellen Rechtslage und Ansätze zur Vereinheitlichung energierechtlicher Netzbegriffe, Stiftung Umweltenergierecht 2019; Gemeinsames Positionspapier der *Regulierungsbehörden* zu geschlossenen Verteilernetzen nach § 110 EnWG vom 23.2.2012 (Gemeinsames Positionspapier); *Goetzendorf,* Rechtsfragen der energierechtlichen Privilegierung von Industrienetzen gemäß § 110 EnWG unter besonderer Berücksichtigung von § 3 Nr. 24b EnWG, Dissertation 2016; *Hartmann,* Anlage des Anschlussnehmers, Netzanschluss, Netz – Begriffe im Wandel der Gesetze und Verordnungen, in: FS Danner, 2019, S. 207; *Helmes,* Netz oder Nicht-Netz?, EnWZ 2013, 23; *Jacobshagen/Kachel/Baxmann,* Geschlossene Verteilernetze und Kundenanlagen als neuer Maßstab der Regulierung, IR 2012, 2; *Kaiser/Weiss/Weise,* Umsetzung des Messstellenbetriebsgesetzes in industriellen Verteilernetzen, EnWZ 2018, 207 (209); *Lewendel-Harde,* Geschlossene Stromverteilernetze im EnWG 2011 – Neue Optionen für Betreiber bisheriger Objektnetze, Dissertation 2019; *Ortlieb/Staebe* (Hrsg.), Praxishandbuch Geschlossene Verteilernetze und Kundenanlagen, 2014; *Schalle,* Geschlossene Verteilernetze und Kundenanlagen – neue Kategorien im EnWG, ZNER 2011, 406; *Scholtka/Helmes,* Rechtsfragen zur Einstufungsfiktion des § 110 Abs. 3 Satz 3 EnWG, ER 2014, 53; *Strohe,* Geschlossene Verteilernetze, CuR 2011, 105; *Woltering,* Immobilienbetreiber im Anwendungsbereich des Energierechts, ZfIR 2015, 789.

A. Allgemeines

I. Vorbemerkung

Nach intensiven Auseinandersetzungen (zur Gesetzeshistorie BerlKommEnergieR/*Wolf* EnWG § 110 Rn. 10–18; Ortlieb/Staebe/*Staebe* Kap. 1) bis zur Neuregelung im Jahr 2011 ist es juristisch ruhig geworden um die geschlossenen Verteilernetze als Netzkategorie. Die Norm ist seitdem im Wesentlichen unverändert. **1**

Durch das „Gesetz zur Umsetzung unionsrechtlicher Vorgaben und zur Regelung reiner Wasserstoffnetze im Energiewirtschaftsrecht" (EnWG – Novelle 2021) **2**

§ 110

hat Deutschland die Möglichkeiten aus Art. 38 Abs. 2 lit. d) und e) der Elt-RL 19 genutzt, Betreiber geschlossener Verteilernetze von dem Verbot freizustellen, gleichzeitig Eigentümer von **Energiespeicheranlagen** oder **Ladepunkten für Elektrofahrzeuge** zu sein oder diese zu errichten, zu verwalten oder betreiben. Gleichzeitig werden sie auch von der Verpflichtung zur Beschaffung von **Flexibilitätsleistungen** und der Erstellung von Berichten zum Netzzustand und Netzausbauplänen befreit. Die Einfügung von § 23c in Abs. 3 Nr. 2 ist eine Folgeänderung der Verortung der **Transparenzvorschriften** im EnWG und der Streichung der Veröffentlichungspflichten in der StromNEV bzw. GasNEV. (BT-Drs. 19/2453, 137).

3   Die Regelung des § 110 EnWG aF war das Ergebnis einer langen, wirtschaftspolitischen Diskussion um die Ausgestaltung und Regulierungsbedürftigkeit von Areal- oder Industrienetzen. In seiner *citiworks*-**Entscheidung** (EuGH Urt. v. 22.5.2008 – C-439/06, ECLI:EU:C:2008:298 = RdE 2008, 245ff. – citiworks) hat der EuGH die alte Regelung teilweise verworfen und durch seine Ausführungen die weitere Anwendung der nicht gegenständlichen Fallgruppen unmöglich gemacht. In den Art. 28 Elt-RL 09 und Gas-RL 09 haben die **Energiebinnenmarktrichtlinien** klare Vorgaben für die Mitgliedstaaten für die Gruppe der Arealnetze gemacht. Diese wurden mit der neuen Regelung eng am Wortlaut der RL orientiert umgesetzt. Art. 38 der Elt-RL 19 entspricht im Wortlaut der Vorgängervorschrift in Art. 28 Elt-RL 09.

4   Im EnWG 2011 sind neben der Umsetzung der RL ebenfalls in § 3 Nr. 24a und 24b erstmals Regelungen zu **Kundenanlagen** getroffen worden. Durch diese Regelungen sind die Diskussionen und **Fallgruppen vor 2011** mit der vorliegenden Gruppe der Objektnetze nur **eingeschränkt vergleichbar.** Daher wird auch das Literaturverzeichnis hierzu erheblich entschlackt, bei Bedarf ist auf die Vorauflagen zurückzugreifen.

5   Während die Diskussion um die historisch als Objekt- oder Arealnetz bezeichneten Infrastrukturen getrieben war von der Sorge der übermäßigen Belastung durch Regulierung als Netzinfrastruktur und Entflechtung, haben sich die Auseinandersetzungen verschoben in die **Kundenanlage** gem. § 3 Nr. 24 und 24a. Denn die Diskussion um die punktuell und traditionell vorhandenen Produktionsverbünde hat sich zu einer Vielzahl von Konzepten lokaler Direktversorgung verlagert (*Fietze* ER 2020, 149). Betreiber und Projektentwickler wollen durch die Kategorisierung als Kundenanlage Netzentgelte und Umlagen sparen (Fragestellungen am Beispiel der Elektromobilität erörtern beispielhaft *Heß/Lietz* ER 2017, 227 und ER 2018, 11). Da vielfach Haushaltskunden unmittelbar angeschlossen und versorgt werden, ist eine Einstufung dieser Netze als geschlossenes Verteilernetz von Vorneherein ausgeschlossen. Klassische Chemieparks wie zB die Betreiber von großen Chemieparks betreiben ihre Netze zT sogar als Netzbetreiber der allgemeinen Versorgung im Rahmen der Regulierung. Beispielhaft: InfraServ GmbH & Co Knappsack oder BASF Schwarzheide GmbH (Stand 2021).

II. Inhalt

6   § 110 stellt klar, dass auch ein geschlossenes Verteilernetz ein Verteilernetz ist. Es dient allerdings dem Namen nach nicht der öffentlichen Versorgung, sondern einer geschlossenen Benutzergruppe (BGH Urt. v. 27.11.2019 – VIII ZR 165/18, CuR 2019, 137). Die Regelung enthält eine **Ausnahmeregelung** für Industrie- und Gewerbegebiete, (Flug-) **Hafenanlagen** oder große **Güterbahnhöfe** unter eng definierten Voraussetzungen. Die **Versorgung von Haushaltskunden** zerstört recht

kategorisch die Einstufung als geschlossenes Verteilernetz. Diese Einstufung als geschlossenes Verteilernetz bedarf einer Genehmigung durch eine Regulierungsbehörde. Zahlreiche Vorschriften der Netzregulierung gelten für mit vollständigen Antragsunterlagen zur Genehmigung beantragte geschlossene Verteilernetze nicht oder nur in abgeschwächter Form.

Ein Querverweis auf die Norm findet sich in der Ausnahme von den Folgepflichten des Tätigkeitsabschlusses nach EnWG in § 6b Abs. 8, in den behördlichen Zuständigkeitsregeln in § 54 Abs. 2 sowie in den §§ 91 (Gebühren) und 95 (Ordnungswidrigkeiten) sowie – für die wirtschaftlich maßgeblichen Fragen sehr wichtig in §§ 2 Nr. 21, 6 Abs. 3 Nr. 2, 10 Abs. 2 Nr. 3, 33a Abs. 1 Nr. 2 lit. b, bb KWKG. Es gibt keine Erwähnung im EEG 2017, was zu Folgefragen führt → Rn. 23. 7

III. Zweck

Die Vorschrift dient der Umsetzung der Art. 38 Elt-RL 19 (und Vorgängervorschriften) und Art. 28 Gas-RL 09. Diese eröffnen Netzstrukturen, die nicht in die klassische Einordnung als öffentliche Versorgung von Letztverbrauchern fallen, die Möglichkeit zur Entlastung von Vorgaben der Regulierung. Die Gesetzesbegründung spricht von Bürokratieentlastung (BT-Drs. 17/6072, 46). Es entsteht eine **gestufte Kategorisierung von Netzanlagen:** Eigenversorgungsanlagen, Kundenanlagen, Kundenanlagen zur betrieblichen Eigenversorgung, geschlossene Verteilernetze und Netze der allgemeinen Versorgung in den Ebenen Verteilernetze und Transportnetze. 8

IV. Europarecht

Der EuGH hat in der bereits genannten citiworks-Entscheidung Netze **nur nach Transport- und Verteilung** unterschieden, gleichgültig ob diese als Haupt- oder Nebenzweck betrieben werden. (*Becker* EuZW 2008, 406 (410)). Die deutsche Regierung wollte schon damals das streitbefangene Netz als sog. **Kundenanlage** verstanden wissen (Schlussanträge GA Mazák – EuGH Urt. v. 22.5.2008 – C-439/06, ECLI:EU:C:2007:791 Rn. 41 = EuZW 2008, 406), womit der EuGH sich jedoch nicht auseinandersetzte. Der Begriff der Kundenanlage blieb somit ungeklärt. Diese Spielräume hat der Gesetzgeber mit der erstmaligen Regelung der Kundenanlagen in § 3 Nr. 24a und 24b genutzt. 9

In den Erwgr. 66 Elt-RL 19 bzw. 30–32 der Elt-RL 09 bzw. Erwgr. 28 der Gas-RL 09 liest man folgendes: 10

(66), (30) bzw. (28) „Wo im Interesse der optimalen Effizienz integrierter Energieversorgung ein geschlossenes Verteilernetz betrieben wird und besondere Betriebsnormen erforderlich sind oder ein geschlossenes Verteilernetz in erster Linie für die Zwecke des Netzeigentümers betrieben wird, sollte die Möglichkeit bestehen, den Verteilernetzbetreiber von Verpflichtungen zu befreien, die bei ihm – aufgrund der besonderen Art der Beziehung zwischen dem Verteilernetzbetreiber und den Netzbenutzern – einen unnötigen Verwaltungsaufwand verursachen würden. Bei Industrie- oder Gewerbegebieten oder Gebieten, in denen Leistungen gemeinsam genutzt werden, wie Bahnhofsgebäuden, Flughäfen, Krankenhäusern, großen Campingplätzen mit integrierten Anlagen oder Standorten der Chemieindustrie können aufgrund der besonderen Art der Betriebsabläufe geschlossene Verteilernetze bestehen."

(31) „Die Genehmigungsverfahren sollten nicht zu einem Verwaltungsaufwand führen, der in keinem Verhältnis zur Größe und zur möglichen Wirkung der Elektrizitäts-

erzeuger steht. Unangemessen lange Genehmigungsverfahren können ein Zugangshindernis für neue Marktteilnehmer bilden."

(32) „Es sollten weitere Maßnahmen ergriffen werden, um sicherzustellen, dass die Tarife für den Netzzugang transparent und nichtdiskriminierend sind. Diese Tarife sollten auf nichtdiskriminierende Weise für alle Netzbenutzer gelten."

11 Diese **Erwgr.** stehen teilweise **im Widerspruch** zu dem Wortlautverständnis der materiellen Regelungen der **Art. 38 Elt-RL 19** bzw. **Art. 28 Gas-RL 09**. So werden in große **Einkaufspassagen** in Bahnhöfen oder (Dauer-) **Campingplätzen** Kunden **nicht** aus technischen oder sicherheitstechnischen Gründen gemeinsam versorgt. Die Erwägungsgründe sind letztlich nicht bindend und kommen daher hier nicht zum Tragen, sie können allenfalls zur Auslegung der Vorschriften bei nicht eindeutigen Wertungswidersprüchen ergänzend herangezogen werden.

B. Voraussetzungen für Objektnetze

I. Geschlossene Verteilernetze als Netzkategorie

12 § 110 erfasst ausschließlich Energieversorgungsnetze iSd § 3 Nr. 16. Dem Begriff Energie unterfallen sowohl Elektrizität als auch Gas (§ 3 Nr. 14). Der Versorgung dient das Netz, wenn es zur Belieferung anderer, vom Netzbetreiber verschiedener Kunden (§ 3 Nr. 19 und 36), dient.

13 Das **Netz** wird durch die **Gesamtheit der miteinander verbundenen Anlagen** zum Transport oder der Abgabe von Energie gebildet. Eine bestimmte quantitative Ausdehnung oder das Vorhandensein eines verzweigten, über eine Vielzahl von Verknüpfungspunkten verfügendes Leitungssystem ist nicht maßgeblich. Auch eine **einzelne Leitung** kann ein Energieversorgungsnetz darstellen (BGH Beschl. v. 7.3.2017 – EnVR 21/16, RdE 2018, 201 – Baltic Cable). Die Bestimmung des Begriffs „Energieversorgungsnetz" in § 3 Nr. 16 erklärt den Netzbegriff nicht, sondern setzt ihn voraus. Seine Auslegung muss aus einer Gesamtschau im Zusammenhang mit den energiewirtschaftsrechtlichen Begriffsbestimmungen unter Berücksichtigung der Zielsetzungen des Gesetzes entwickelt werden (BGH Beschl. v. 18.10.2011 – EnVR 68/10, GuT 2012, 144 Rn. 8, erneut BGH Beschl. v. 12.11.2019 – EnVR 65/18, EnWZ 2020, 265 – Gewoba).

14 Netze, die ausschließlich der **Eigenbelieferung** des Netzbetreibers dienen, haben keine Versorgungsfunktion iSd § 3 Nr. 36. Der typische, regulierungsbedürftige Monopolkonflikt ist ausgeschlossen. Eigenversorgungsnetze sind daher gänzlich von der Regulierung nach dem EnWG und folglich auch von der Privilegierungsnorm des § 110 ausgenommen (OLG Düsseldorf Beschl. v. 20.8.2007 – VI-3 Kart 200/07 (V), IR 2008, 15). Es handelt sich mithin um Kundenanlagen, die sich seit 2011 auch definitorisch im EnWG wiederfinden.

15 Eine **Kundenanlage** oder eine Kundenanlage zur betrieblichen Eigenversorgung liegt nur vor, wenn eine klare räumlich-geografische Abgrenzbarkeit gegeben ist und eine hohe Verbundenheit mit dem Betreiber vorliegt (§ 3 Nr. 24a und 24b).

16 Die Abgrenzung der Kundenanlage ist deshalb so umstritten, da außerhalb des Definitionsbereichs der Kundenanlage der Grundfall des **der Regulierung unterworfenen** Energieversorgungsnetzes beginnt. § 3 Nr. 16 definiert alle anderen Versorgungsinfrastrukturen für Elektrizität oder Gas als Energieversorgungsnetze, um

Geschlossene Verteilernetze § 110

dann in Nr. 17 das Energieversorgungsnetz der allgemeinen Versorgung als Grundfall des Netzes der öffentlichen Versorgung für jedermann zu definieren.

In der Rechtspraxis **entscheidet** der Betreiber eines Netzes **über die Entgelt-** 17
lichkeit der Netznutzung gleichzeitig maßgeblich mit über **die Kategorisierung**
als Netz oder Kundenanlage. Beide Fälle kommen vor: sowohl ein Betreiber, der auch größere Infrastrukturen „unentgeltlich" als Kundenanlage betreiben will (BGH Beschl. v. 12.11.2019 – EnVR 66/18, ER 2020, 74 oder BGH Beschl. v. 12.11.2019 – EnVR 65/18, EnWZ 2020, 265), als auch solche Betreiber, die auf räumlichen engen Gebieten oder gar Gebäuden wie Einkaufszentren oder Gewerbeparks, Netzentgelte erheben und somit zwangsläufig keine Kundenanlagen mehr sind (beispielhaft sei der Energiedienstleister getec net genannt: www.getecnet.de/).

Einzelne zuständige Landesbehörden haben im Zuge ihrer Praxis zur Erteilung 18
von **Betriebsgenehmigungen nach § 4** hier in Einzelfällen eine Betriebsgenehmigung für ein Energieversorgungsnetz erteilt, das aber kein Netz der allgemeinen Versorgung darstellt. Mithin ist in einem solchen Energieversorgungsnetz ua kein Grundversorger gem. § 36 Abs. 2 zu bestimmen, da diese Regelung nur in Netzen der allgemeinen Versorgung zur Anwendung kommt. Diese Praxis ist im Jahre 2020 gerichtshängig (VG Köln, Geschäfts-Nr. 9 K 3081/19).

Ob ein geschlossenes Verteilernetz **gleichzeitig** ein Netz der „allgemeinen Ver- 19
sorgung" gem. § 3 Nr. 17 sein kann, ist unklar. Dagegen spricht intuitiv die Bezeichnung als „geschlossenes" Verteilernetz, das sich nur an eine Benutzergruppe richtet, die auf einem geografisch begrenzten Gebiet liegen und die in ihrem Betriebszweck in besonderer Weise miteinander verbunden sind (abl. auch NK-EnWG/*Schex* § 110 Rn. 18; als Regelannahme auch BNetzA, Leitfaden zur Eigenversorgung v. Juli 2016, Fn. 267). Hinzu kommt bei einer systematischen Betrachtungsweise, dass in § 2 Nr. 21 KWKG die geschlossenen Verteilernetze neben den Netzen der allgemeinen Versorgung extra genannt sind. (Theobald/Kühling/*Jacobshaben*/*Kachel* EnWG § 110 Rn. 23 ff.).

Es spricht letztlich aber mehr dafür, dass das Gesetz **zwei unterschiedliche Er-** 20
scheinungsformen kennt, die sowohl kumulativ als auch jeweils einzeln vorliegen können (iE auch BerlKommEnergieR/*Wolf* EnWG § 110 Rn. 25). Die Definition der „allgemeinen Versorgung" erweist sich in der Realität als wenig trennscharf – kein Netz ist für eine von vornherein unbegrenzte Zahl von Anschlussnehmern ausgelegt, jedes Netz kann ausgebaut werden und überall gibt es Eigentumsverhältnisse von Grundstücken, die darüber entscheiden, ob ein Anschluss an ein Energieversorgungsnetz überhaupt möglich ist. Systematisch wäre die Befreiung in Abs. 1 von der „allgemeinen Anschlusspflicht" nach § 18 nicht erforderlich, wenn es nicht grundsätzlich um ein Netz der allgemeinen Versorgung handeln würde. Die Pflicht nach § 18 beträfe nur Netzbetreiber der allgemeinen Versorgung in der Niederspannung. Im geschlossenen Verteilernetz bleiben die Ansprüche von Letztverbraucher auf Anschluss nach § 17. Durch die Ausgestaltung als Leistungsanspruch des Anschlussnehmers und gepaart mit dem gerichtlich bestätigen Recht zur Wahl der Netzebene (BGH Beschl. v. 23.6.2009 – EnVR 48/08, NJOZ 2009, 3597) besteht eine rechtliche Verpflichtung des Betreibers von Gas- oder Stromnetzen auf Anschluss gegenüber jedermann, der sinnvoll Anschluss begehren kann (*Ortlieb*/*Staebe* S. 128).

Systematisch besteht keine Alternativität mehr (anders wohl *Hartmann* FS Dan- 21
ner, 2019, S. 297 (218)). Es ist – anders als in der Vorgängervorschrift – nicht mehr Tatbestandsvoraussetzung, dass ein geschlossenes Verteilernetz kein Netz der all-

§ 110

Teil 9. Sonstige Vorschriften

gemeinen Versorgung ist. Auch steht es jedem Betreiber frei, einen Antrag nach Abs. 3 zu stellen – unterbleibt ein solcher Antrag, wird die Infrastruktur in aller Regel als Netz der allgemeinen Versorgung behandelt.

22 Durch die Gleichsetzung beider Netzkategorien in § 2 Nr. 21 **KWKG** hat sich die Auswirkung dieser Frage mit **der größten wirtschaftlichen Bedeutung** ohnehin erledigt. Die Einstufung als geschlossenes Verteilernetz spielt für die Anwendung des KWKG keiner Rolle mehr. Damit findet das **Umlageverfahren** nach dem KWKG auch in geschlossenen Verteilernetzen Anwendung. Auf diesen Mechanismus wird verwiesen in der Abwicklung der **Offshore-Umlage** (§ 17 f Abs. 5), den **Ausgleich für individuelle Netzentgelte** (§ 19 Abs. 2 S. 13–15 StromNEV), die Umlage für ab- und zuschaltbare Lasten (§ 13i Abs. 2 S. 6) (s. auch BerlKommEnR/*Wolf* EnWG § 110 Rn. 128).

23 Das **EEG 2017** definiert allerdings weiterhin in § 3 Nr. 36 als Netzbetreiber iSd EEG nur solche Betreiber eines Netzes für die allgemeine Versorgung. Soweit es daher auf die Qualifizierung als Netzbetreiber ankommt, zB beim Wälzungsmechanismus in § 56ff. EEG, oder hinsichtlich der Befreiung des Netzbetreibers von EEG-Umlage auf Netzverluste nach § 611 Abs. 3 EEG 2017 (OLG Hamm Urt. v. 16.7.2018 – 8 U 119/17 Rn 70, EnWZ 2019, 127, hinsichtlich der Rechtslage für das EEG 2009 und 2012) wäre somit jedenfalls zuerst zu klären, ob der Betreiber des geschlossenen Verteilernetzes gleichzeitig ein Netz der allgemeinen Versorgung betreibt.

24 Aus BT-Drs. 18/10352, 23 kann abgeleitet werden, dass die Bundesregierung für geschlossene Verteilernetzbetreiber eine **restriktive Position** hinsichtlich der Gleichsetzung einnimmt und geschlossene Verteilernetze weiterhin keinesfalls als Netze der allgemeinen Versorgung ansehen wollte und die definitorischen Unterschiede im EEG und EnWG sehr bewusst aufrechterhielt.

II. Adressat der Privilegierung

25 § 110 betrifft den Betrieb eines Verteilernetzes. Die Privilegierungen nach § 110 erfassen also ausschließlich die Tätigkeit als Netzbetreiber eines geschlossenen Verteilernetzes, nicht weitere Tätigkeiten des Betreibers oder Dritter in- oder außerhalb des geschlossenen Verteilernetzes, insbesondere den Betrieb einer Erzeugungsanlage oder die Belieferung von Kunden. Der Betrieb eines geschlossenen Verteilernetzes und die gleichzeitige Beteiligung oder der Betrieb einer Erzeugungsanlage oder der Vertrieb von Energie an Kunden erfüllt die Voraussetzungen eines **vertikal integrierten Energieversorgungsunternehmens** iSd § 3 Nr. 38.

26 Weggefallen im Vergleich zu § 110 aF ist das Kriterium der personellen, technischen und wirtschaftlichen Leistungsfähigkeit des Betreibers als Tatbestandsvoraussetzung. Der Betrieb eines Verteilernetzes, auch eines geschlossenen Verteilernetzes, setzt jedoch eine **Genehmigung des Netzbetriebs nach → § 4** durch die nach Landesrecht zuständige Behörde voraus (*Jacobshagen/Kachel/Baxmann* IR 2012, 2 (5); *Ortlieb/Staebe*, S. 120 mit praktischen Hinweisen).

27 Beantragt ein Unternehmen die Einstufung als geschlossenes Verteilernetz für **mehrere Standorte,** beziehen sich Voraussetzungen und Rechtsfolgen des § 110 jeweils getrennt auf die einzelnen Standorte. Dementsprechend kann die Einstufung als geschlossenes Verteilernetz nicht für die Gesamtheit der Netzanlagen an allen Standorten, sondern nur für jeden Standort gesondert beantragt und beansprucht werden. Allerdings ist zu beachten, dass für die **Zuständigkeitsbestimmung** der für den Antrag zuständigen Stelle in der Praxis der Regulierungs-

Geschlossene Verteilernetze **§ 110**

behörden eine andere Betrachtungsweise gilt (→ Rn. 62). Strom- und Gasnetze sind jeweils getrennt zu betrachten.

Es ist nicht ausgeschlossen, dass ein Betreiber eines Netzes der allgemeinen Versorgung **gleichzeitig** auch Betreiber eines geschlossenen Verteilernetzes sein kann. Dies widerspricht dem allgemeinen Grundsatz, dass ein **Netzbetreiber nur ein einheitliches Netz mit einem Netzentgelt** (→ § 21 Rn. 175) betreiben kann, es ergibt sich allerdings unmittelbar aus dem Wortlaut des Abs. 3 S. 2 Nr. 5. Voraussetzung für die Qualifizierung als geschlossenes Verteilernetz ist, dass die übrigen Tatbestandsvoraussetzungen in Bezug auf die betroffene Anlage vorliegen. 28

Diese Konstellation (aus Rn. 28) führt zu Folgeproblemen bei der **Kostenzuordnung** und -schlüsselung für die Tätigkeit mit voll regulierten Verteilernetzen der allgemeinen Versorgung und dem nur ex post regulierten geschlossenen Verteilernetzbetrieb. Zur Vermeidung von Diskriminierung und Quersubventionierung ist es erforderlich, dass ein solcher Betreiber die ex ante und ex post regulierten Bereiche des Verteilernetzbetriebs in gleicher Weise buchhalterisch abgrenzt wie den regulierten Verteilernetzbetrieb von anderen Tätigkeiten nach § 6b Abs. 3. So, wie dies erforderlich wäre, wenn das geschlossene Verteilernetz von einem eigenständigen Unternehmen betrieben würde, da sie erforderlich ist, um die gesetzlich vorgesehene Missbrauchsaufsicht nach § 110 Abs. 4 tatsächlich durchzuführen. 29

III. Materielle Voraussetzungen

Die materiellen Voraussetzungen für die Einstufung als geschlossenes Verteilernetz ergeben sich aus Abs. 2. 30

1. Geografisch begrenztes Industrie- oder Gewerbegebiet oder Gebiet, in dem Leistungen gemeinsam genutzt werden. Eine Voraussetzung ist zunächst, dass das Netz Energie zum Zwecke der Ermöglichung der Versorgung von Kunden in einem geografisch begrenzten Industrie- oder Gewerbegebiet oder einem Gebiet verteilt, in dem Leistungen gemeinsam genutzt werden. Solange keine gefestigte Rechtsprechung zur Auslegung der zahlreichen unbestimmten Rechtsbegriffe innerhalb der Tatbestandsmerkmale vorliegt, muss auf die üblichen Auslegungsmethoden zurückgegriffen werden. Dabei kommt der **europarechtskonformen Auslegung** besonderes Gewicht zu. Auch wenn die unter → Rn. 10 dargestellten Erwgr. widersprüchlich sind, handelt es sich doch um eine europarechtlich eng angelegte **Ausnahmevorschrift** vom Grundsatz des voll regulierten Netzzugangs (aA BerlKommEnergieR/*Wolf* EnWG § 110 Rn. 35). Die Tatbestandsmerkmale müssen also das geschlossene Verteilernetz hinreichend klar von solchen Netzeigenschaften, die üblicherweise voll regulierte Netze und Teile davon ausmachen, abgrenzen. Davon lässt sich die folgende Auslegung leiten. 31

Ein **Industrie- oder Gewerbegebiet** liegt vor, wenn ein Areal im Wesentlichen durch industriell oder gewerbliche Nutzung geprägt ist. Ein Gebiet, in dem Leistungen gemeinsam genutzt werden, setzt eine gemeinsame Nutzung von Infrastruktur oder Dienstleistungen voraus, die über die übliche gemeinsame Nutzung von beispielsweise öffentlicher Infrastruktur, wie Straßen, hinausgeht. 32

Sowohl das Industrie- oder Gewerbegebiet als auch das Gebiet, in dem Leistungen gemeinsam genutzt werden, müssen **geografisch begrenzt** sein. Die geografische Begrenzung setzt voraus, dass die Netzanlagen auf einem als Einheit erscheinenden, räumlich in sich geschlossenen Gelände gelegen sind. Eine rein physikalische Verbindung des Netzes genügt nicht. Das Gebiet kann sich auf meh- 33 rere Grundbuchgrundstücke erstrecken. Da Abs. 2 S. 1 kein räumlich zusammengehörendes (so § 3 Nr. 24a und 24b für die Kundenanlage), sondern nur ein geografisch begrenztes Gebiet verlangt, ist nicht erforderlich, dass die Grundstücke unmittelbar aneinander angrenzen. Sind zwei Liegenschaften eines Unternehmens räumlich *deutlich* voneinander getrennt und nur mittels Rohrleitungen oder Kabeln miteinander verbunden, fehlt es jedoch an einer geographischen Begrenzung. Der **Gesamteindruck** ist entscheidend. Das gilt erst recht für Liegenschaften, die nur rechtlich oder organisatorisch miteinander verbunden sind.

34 Demgegenüber ist eine **geographische Begrenzung** nicht unbedingt deshalb ausgeschlossen, weil ein Gebiet durch **öffentliche Straßen oder einen Wasserweg** durchschnitten ist, wenn es sich trotzdem als objektiv zusammengehörig darstellt. Dies kann schon daraus gefolgert werden, da der BGH in wiederholter Rechtsprechung für das „räumlich zusammengehörende Gebiet" gem. § 2 Nr. 24a den räumlichen Zusammenhang auch bei Einschluss von Verkehrswegen und vereinzelten Fremdgrundstücken nicht zerstört sieht (BGH Urt. v. 12.11.2019 – EnVR 65/18 Rn. 23, EnWZ 2020, 265).

35 Das Industrie- oder Gewerbegebiet kann durchaus eine erhebliche **Größe** aufweisen. Allerdings ist zu beachten, dass das Merkmal der geographischen Begrenztheit leerliefe, wenn das Gebiet beliebig groß sein könnte. Denn jedes Netz weist eine gewisse geographische Begrenztheit auf.

36 **2. Verknüpfte Tätigkeiten oder Produktionsverfahren der Anschlussnutzer oder in erster Linie Eigenversorgung.** Voraussetzung für die Einstufung als geschlossenes Verteilernetz ist alternativ die Belegenheit in einem Gebiet, in dem entweder die Tätigkeiten oder Produktionsverfahren der Anschlussnutzer dieses Netzes aus konkreten technischen oder sicherheitstechnischen Gründen verknüpft sind (Abs. 2 S. 1 Nr. 1) *oder* mit dem Netz in erster Linie Energie an den Netzeigentümer oder -betreiber oder an mit diesem verbundenen Unternehmen verteilt wird (Abs. 2 S. 1 Nr. 2). Der funktionale Zusammenhang ist auch konstitutiv für diese Variante

37 **a) Verknüpfte Tätigkeiten oder Produktionsverfahren.** Die Frage nach dem Vorliegen einer solchen Verknüpfung ist im Rahmen einer Gesamtbetrachtung der Umstände des Einzelfalles zu beantworten.

38 Rein wirtschaftliche Verknüpfungen, etwa ein **gemeinsamer übergeordneter Geschäftszweck,** fallen mangels konkreter technischer oder sicherheitstechnischer Verknüpfung der Tätigkeiten oder Produktionsverfahren nicht in den Anwendungsbereich der Norm. Ebenfalls nicht ausreichend ist beispielsweise die zentrale Versorgung der auf dem jeweiligen Gelände ansässigen Anschlussnehmer mit Elektrizität, Gas und Wasser bzw. die zentrale Entsorgung von Abwasser oder Abfällen. Der Wortlaut des Abs. 2 S. 1 Nr. 1, der ausdrücklich auf konkrete technische bzw. sicherheitstechnische Verknüpfungen der Tätigkeiten oder Produktionsverfahren abstellt, lässt eine derart weite Auslegung nicht zu.

39 Die **Erwgr.** (→ Rn. 10) nennen als mögliche Beispiele für derartige Industrie- und Gewerbegebiete sowie für Gebiete, in denen Leistungen gemeinsam genutzt werden, Bahnhofsgebäude, Flughäfen, Krankenhäuser, große Campingplätze mit integrierten Anlagen sowie Standorte der Chemieindustrie. Die Erwgr. sind bei der Auslegung des Normtextes der RL und damit auch des nationalen Rechtes, das die RL umsetzt, zu berücksichtigen, rechtfertigen jedoch keine Auslegung des Richtlinientextes, die dessen Wortlaut offensichtlich widerspricht. Der Erwgr. 66 schließt damit zwar eine Auslegung aus, die eine Einstufung von Netzen in den

dort erwähnten Fallbeispielen rechtlich oder praktisch unmöglich machen würde, gebietet aber nicht, dass diese Anlagen *immer* als geschlossene Verteilernetze einzustufen sind. Vielmehr heißt es ausdrücklich im Erwgr., dass in den genannten Fallbeispielen geschlossene Verteilernetze bestehen „können". Damit greift der Richtlinienanbieter der Einzelfallprüfung gerade nicht vor.

Eine konkrete technische Verknüpfung von Tätigkeiten oder Produktionsverfahren der Anschlussnutzer liegt dann vor, wenn die Tätigkeiten oder Produktionsverfahren in **technischer Hinsicht** aufeinander aufbauen. Eine technische Verknüpfung in diesem Sinne ist insbesondere dann gegeben, wenn die Tätigkeiten oder Produktionsverfahren der Anschlussnutzer eine Wertschöpfungskette bilden und die einzelnen Anschlussnutzer zueinander in einem Verhältnis von Zulieferer und Abnehmer stehen. Beispiele für eine derartige technische Verknüpfung von Tätigkeiten oder Produktionsverfahren können sein: 40

i) die Abnahme und Weiterverarbeitung von durch einen Anschlussnehmer erzeugten chemischen Stoffen oder industriellen Produkten durch einen anderen Anschlussnehmer (insbesondere in Industrie- und Chemieparks);

ii) die zentrale Versorgung der Anschlussnehmer mit industriellen oder chemischen Grundstoffen für ihre Produktion (nicht ausreichend ist beispielsweise die zentrale Versorgung mit Energie);

iii) die Nutzung von Abwärme der Stromerzeugung im Produktionsprozess eines anderen Anschlussnehmers.

Eine konkrete **sicherheitstechnische Verknüpfung** der Tätigkeiten oder Produktionsverfahren kann etwa vorliegen, wenn die Anschlussnutzer ähnliche Anforderungen an die technische Qualität des Netzes haben, die durch das Netz der allgemeinen Versorgung nicht erfüllt werden, zB Notstromversorgung/Inselbetriebsfähigkeit, Schwarzstartfähigkeit, besondere Anforderungen an Überspannungsschutz oder Frequenzhaltung oder über (n−1) hinausgehende Anforderungen an die Versorgungssicherheit oder einer gemeinsamen Netzschaltwarte. In jedem Fall setzt eine Verknüpfung mehr voraus als lediglich den gemeinsamen Energiebezug. 41

Die Einstufung als geschlossenes Verteilernetz ist **nicht ausgeschlossen,** wenn bezüglich bestimmter einzelner Tätigkeiten oder Produktionsverfahren von Anschlussnehmern keine konkrete technische oder sicherheitstechnische Verknüpfung besteht. Gleiches gilt dann, wenn die Tätigkeit oder das Produktionsverfahren einzelner Anschlussnutzer insgesamt keine technische oder sicherheitstechnische Verknüpfung aufweisen. Denn bei einem solchen engen Verständnis wäre die Einstufung als geschlossenes Verteilernetz nur in sehr wenigen Fällen denkbar, was nicht dem Sinn und Zweck der Regelung und der zugrundeliegenden europarechtlichen Bestimmungen entspricht. So würden beispielsweise bereits eine Kantine oder ein Geldautomat, die an das Netz angeschlossen sind, die Einstufung als geschlossenes Verteilernetz ausschließen. Dies ist mit der Lebenswirklichkeit nicht zu vereinbaren. Für diese Auslegung spricht auch, dass § 110 und Art. 38 Elt-RL 19 bzw. Art. 28 Gas-RL 09 es ausnahmsweise auch zulassen, dass Kunden, die Energie für den Eigenverbrauch im Haushalt kaufen, an das Netz angeschlossen sind. 42

Notwendig ist aber, dass das Gebiet durch die technisch oder sicherheitstechnisch verknüpften Tätigkeiten oder Produktionsverfahren **geprägt** ist. Dies ist beispielsweise der Fall, wenn die technische oder sicherheitstechnische Verknüpfung nur im Hinblick auf einzelne Tätigkeiten oder Produktionsverfahren fehlt oder die Anschlussnutzer, welche die genannten Voraussetzungen insgesamt nicht erfüllen, den Tätigkeiten oder den Produktionsverfahren der anderen Unternehmen dienen, 43

§ 110 Teil 9. Sonstige Vorschriften

etwa Kantinen, Geldautomaten, Kioske. Mit einer zunehmenden Ansiedlung solcher Unternehmen oder Einrichtungen kann die Prägung durch die technische oder sicherheitstechnische Verknüpfung aber auch entfallen. Auch eine mehr als geringfügige Anzahl von Unternehmen, die keine Verbindung zu den technisch oder sicherheitstechnisch verknüpften Unternehmen aufweisen, kann die Voraussetzungen für die Einstufung als geschlossenes Verteilernetz entfallen lassen. Ob das Industrie- oder Gewerbegebiet noch durch die technische oder sicherheitstechnische Verknüpfung geprägt ist, ist eine Frage des Einzelfalls.

44 **b) In erster Linie Eigenversorgung.** Eigenversorgung iSd Abs. 2 S. 1 Nr. 2 liegt bei der Versorgung des Netzeigentümers oder -betreibers oder an mit diesem verbundene Unternehmen vor. Der Begriff des verbundenen Unternehmens entspricht der Definition des § 15 Aktiengesetz (AktG). Demnach sind verbundene Unternehmen rechtlich selbständige Unternehmen, die im Verhältnis zueinander in Mehrheitsbesitz stehende Unternehmen und mit Mehrheit beteiligte Unternehmen (§ 16 AktG), abhängige und herrschende Unternehmen (§ 17 AktG), Konzernunternehmen (§ 18 AktG), wechselseitig beteiligte Unternehmen (§ 19 AktG) oder Vertragsteile eines Unternehmensvertrags (§§ 291, 292 AktG).

45 Ob ein Netz in erster Linie der Eigenversorgung dient, richtet sich vor allem nach dem **Verhältnis der verteilten Energiemenge.** Bei der Auslegung des unbestimmten Rechtsbegriffs „in erster Linie" ist ein Vergleich mit der Definition der Kundenanlage zur betrieblichen Eigenversorgung in § 3 Nr. 24b aufschlussreich. Die Definition setzt ua voraus, dass die Anlage „fast ausschließlich" dem betriebsnotwendigen Transport von Energie innerhalb des eigenen Unternehmens oder zu verbundenen Unternehmen dient. Bei „fast ausschließlicher Eigenversorgung" (§ 3 Nr. 24b) wird eine kleinere Menge Energie an Dritte verteilt, als bei einer Verteilung, die „in erster Linie" der Eigenversorgung dient. Die Auslegung erschließt sich auch im Vergleich zu § 110 Abs. 1 Nr. 3 aF. Danach setzte die Objektnetzeigenschaft voraus, dass das Netz „überwiegend" der Eigenversorgung diente. Der BGH (Urt. v. 24. 8. 2010 – EnVR 17/09 Rn. 31, NVwZ-RR 2011, 55 (57)) sah zum Tatbestandsmerkmal „überwiegend" nach 110 EnWG aF dies bei einer Eigenversorgungsquote von „deutlich über 70%" als gegeben an. Vielfach wird eine Eigenversorgung von mehr als 50 Prozent vorausgesetzt (*Strohe* CuR 2011, 105 (107); Ortlieb/Staebe/*Klinge,* S. 109). Die Annahme, dass ein Netz in erster Linie der Eigenversorgung dient, wenn der Eigenversorgungsanteil 50 Prozent nicht überschreitet, ist wohl ausgeschlossen. Auch aus diesem Grunde kommen **Campingplätze** – trotz ihrer Erwähnung in den europäischen Rechtsakten (→ Rn. 10) für geschlossene Verteilernetze nicht in Frage.

46 Maßgeblich ist gem. Abs. 2 S. 1 Nr. 2 Hs. 2 der Durchschnitt der letzten drei Kalenderjahre. Damit wird der Einfluss von eher zufälligen Ereignissen – etwa die Revision einer großen Verbrauchsanlage – verringert. Gesicherte Erkenntnisse über künftige Anteile sind zu berücksichtigen (Abs. 2 S. 1 Nr. 2 Hs. 3). Hier kommen insbesondere die Inbetriebnahme oder die Außerbetriebnahme von großen Verbrauchseinrichtungen in Betracht.

47 **3. Keine oder nur geringfügige Versorgung von Haushalten.** Die Einstufung als geschlossenes Verteilernetz erfolgt gem. Abs. 2 S. 2 nur, wenn keine Letztverbraucher, die Energie für den Eigenverbrauch im Haushalt kaufen, über das Netz versorgt werden oder nur eine geringe Zahl von solchen Letztverbrauchern, wenn diese ein Beschäftigungsverhältnis oder eine vergleichbare Beziehung zum Eigentümer oder Betreiber des Netzes unterhalten.

Geschlossene Verteilernetze **§ 110**

Letztverbraucher, die Energie für den Eigenverbrauch im Haushalt kaufen, sind 48
Haushaltskunden iSd Art. 2 Nr. 4 Elt-RL 19 bzw. Art. 2 Nr. 25 Gas-RL 09. Eigenverbrauch im Haushalt liegt vor, wenn **keinerlei gewerbliche** Tätigkeit mit dem Verbrauch verbunden ist. Dies ist typischerweise bei Privatwohnungen der Fall. Der Begriff entspricht somit dem Haushaltskundenbegriff des EnWG nur insoweit, als ihn § 3 Nr. 22 Var. 1 beschreibt. Dagegen steht der Einstufung als geschlossenes Verteilernetz nicht entgegen, wenn Haushaltskunden gem. § 3 Nr. 22 Var. 2 (Jahresverbrauch von bis zu 10.000 kWh jährlich für berufliche, landwirtschaftliche oder gewerbliche Zwecke) über das Netz versorgt werden. Die Versorgung von Kleingewerbe, Kiosken oder Automaten ist für die Einstufung als geschlossenes Verteilernetz mithin unschädlich.

Die Versorgung einer **geringen Zahl** von Letztverbrauchern, die Energie für 49
den Eigenverbrauch im Haushalt kaufen, steht der Einstufung als geschlossenes Verteilernetz dann nicht im Wege, wenn diese ein Beschäftigungsverhältnis oder eine vergleichbare Beziehung zum Eigentümer oder Betreiber des Netzes aufweisen. Abzustellen ist auf die Anzahl der angeschlossenen Haushalte, nicht auf das Verhältnis der an diese verteilte Energie zur insgesamt über das Netz verteilten Energiemenge. Dafür spricht bereits der Wortlaut („geringe Zahl"). Ferner spricht dafür, dass Abs. 2 S. 2 – ebenso wie Art. 38 Abs. 4 Elt-RL 19 und Gas-RL 09 – eine Ausnahmeregelung ist, die eng auszulegen ist. Da der Verbrauch von Haushaltskunden im Verhältnis zum Verbrauch etwa von Industrieanlagen meist verschwindend gering ist, würde ein Abstellen auf das Verhältnis der verbrauchten Energiemengen den Charakter als Ausnahmevorschrift konterkarieren. Bis zu welcher Anzahl von einer „geringen Zahl" ausgegangen werden kann, lässt sich nicht generell beantworten. Die Regulierungsbehörden gehen davon aus, dass von einer absolut geringen Zahl regelmäßig nicht mehr gesprochen werden kann, wenn mehr als **20 Haushalte** über das Netz versorgt werden (Gemeinsames Positionspapier der Regulierungsbehörden, S. 4 und 14).

Ein **Beschäftigungsverhältnis** liegt bei einer abhängigen Beschäftigung im 50
Sinne eines Arbeitsvertrags gem. § 611 BGB vor. Eine vergleichbare Beziehung ist bei anderen rechtlichen Beziehungen gegeben, die ein ähnlich starkes Abhängigkeitsverhältnis zum Vertragspartner begründen wie ein Beschäftigungsverhältnis. Allein ein Wohnungsmietvertrag genügt dafür nicht. Ferner kann eine vergleichbare Beziehung vorliegen, wenn die rechtliche Beziehung eine Fortsetzung des Beschäftigungsverhältnisses darstellt, etwa ein Pensionärsverhältnis. Das Beschäftigungsverhältnis oder die vergleichbare Beziehung muss zum Netzeigentümer oder Netzbetreiber bestehen.

C. Rechtsfolgen

I. Gesetzliche Privilegierungen

Die Einstufung als geschlossenes Verteilernetz hat zur Folge, dass bestimmte Vor- 51
schriften auf den Betrieb des geschlossenen Verteilernetzes keine Anwendung finden. Diese Vorschriften sind in Abs. 1 abschließend aufgezählt. Die Einstufungsentscheidung ist ein Verwaltungsakt mit **Dauerwirkung.** Dazu BerlKommEnergieR/ *Wolf* EnWG § 110 Rn 106, der vertritt, dass nach neuer Rechtslage die Einstufungsentscheidung bei **Veränderung des Sachverhalts** im geschlossenen Verteilernetz die Entscheidung **lediglich rechtswidrig** wird und daher als Dauerverwaltungsakte §§ 48, 49 VwVfG anwendbar sind.

Bourwieg 2679

§ 110 Teil 9. Sonstige Vorschriften

52 Dementsprechend finden alle Vorschriften Anwendung, die für Verteilernetze gelten und die nicht in Abs. 1 aufgezählt sind. Geschlossene Verteilernetze stellen keine „dritte Netzkategorie" neben den Transportnetzen und den Verteilernetzen dar, sondern sind eine Untergruppe der Verteilernetze. Dies folgt bereits aus dem Wortlaut von Art. 38 Elt-RL 19 und Gas-RL 09 sowie von § 110, aber auch aus der Regelungstechnik.

53 Auf den Betrieb von geschlossenen Verteilernetzen finden keine Anwendung:
i) § 7 Abs. 1 S.2 (Verbot des Betriebs von Energiespeicheranlagen)
ii) § 7c Abs. 1 (Verbot des Betriebs von Ladepunkten für Elektromobile)
iii) § 12h (Vorgaben für die Beschaffung von Systemdienstleistungen)
iv) § 14 Abs. 2 (Netzzustandsbericht, Netzausbauplanungsbericht),
v) § 14a (Netzentgeltreduzierung für unterbrechbare Verbrauchseinrichtungen in Niederspannung),
vi) § 14c (Marktgestützte Beschaffung von Flexibilitätsdienstleistungen)
vii) § 14d (Erstellung von Netzausbauplänen)
viii) § 14e (Beteiligung an der gemeinsamen Internetzplattform zum Netzausbau)
ix) § 18 (Allgemeine Anschlusspflicht),
x) § 19 (Veröffentlichung von technischen Anschlussbedingungen),
xi) § 21a (Anreizregulierung; damit ist auch die Anreizregulierungsverordnung nicht anwendbar),
xii) § 22 (Vorgaben zur Beschaffung von Verlustenergie),
xiii) § 23a (Netzentgeltgenehmigung),
xiv) § 32 Abs. 2 (Verbandsklagerecht),
xv) § 33 (Vorteilsabschöpfung),
xvi) § 35 (Monitoring),
xvii) § 52 (Meldepflicht bei Versorgungsstörungen).

II. Gesetzliche Pflichten

54 Abs. 4 sieht ein spezielles Überprüfungsverfahren (dazu → Rn. 63) für die Höhe der Entgelte vor. § 31 ist insoweit ausdrücklich ausgeschlossen (Abs. 4 S. 1 Hs. 2). Ein **besonderes Missbrauchsverfahren** nach § 31 kann also nicht mit dem Ziel einer Überprüfung der Entgelte für die Nutzung eines geschlossenen Verteilernetzes beantragt werden. Im Übrigen ist § 31 aber anwendbar.

55 Betreiber von geschlossenen Verteilernetzen sind insbesondere verpflichtet, den **Netzanschluss** gem. § 17 zu gewähren. Ferner haben sie uneingeschränkt **Netzzugang** zu gewähren, insbesondere finden auch die Stromnetzzugangsverordnung und Gasnetzzugangsverordnung sowie die einschlägigen Festlegungen Anwendung (zB GPKE, GeLi Gas, MaBiS, GaBi Gas, WiM). Die Ermächtigungsgrundlagen zB aus § 29 Abs. 1 iVm. § 27 Abs. 1 Nr. 15 StromNZV erfassen auch Betreiber von geschlossenen Verteilernetzen und enthalten einen Beurteilungsspielraum der Regulierungsbehörde. Insoweit sei der Betreiber ein normaler Verteilernetzbetreiber und es gelten auch alle Pflichten und Recht aus den Lieferantenrahmenverträgen, inklusive der Verpflichtung auf Anweisung des Lieferanten die Netznutzung zu unterbrechen (BGH Beschl. v. 13.11.2018 – EnVR 33/17, WM 2019, 1123).

56 Die Netzentgelte sind gem. § 21 Abs. 3 zu **veröffentlichen.** Letztverbraucher innerhalb des geschlossenen Verteilernetzes haben einen Anspruch auf **individuelle Netzentgelte** nach § 19 Abs. 2 StromNEV, der Betreiber nimmt an der Kostenwälzung über die ÜNB teil (BNetzA Beschl. v. 5.12.2012 – BK4-12-1656, 23; BerlKommEnergieR/*Wolf* EnWG § 110 Rn. 130). Die Betreiber von geschlos-

senen Verteilernetzen unterliegen auch der **Zusammenarbeitspflicht der Netzbetreiber** nach § 11, was auch einen Beitritt zur Kooperationsvereinbarung der Gasnetzbetreiber beinhaltet.

Betreiber von geschlossenen Verteilernetzen unterfallen ferner den **Entflechtungsregelungen** von Verteilernetzbetreibern, wobei in der Regel die De-minimis-Regelung (§§ 7 Abs. 2, 7a Abs. 7) anwendbar ist. Eine Befreiung von Entflechtungsvorschriften ist in Abs. 1 nicht vorgesehen. Dies bedeutet insbesondere, dass Betreiber von geschlossenen Verteilernetzen für diese Tätigkeit getrennte Konten zu führen, einen eigenen **Tätigkeitsabschluss** aufzustellen und testieren zu lassen. Es gibt in § 6b Abs. 8 eine ausdrückliche Ausnahme von der Veröffentlichungspflicht. Es gibt kein Konzernprivileg nach § 264 Abs. 3 und § 264b HGB (Ortlieb/Staebe/*Ortlieb*, S. 178). Angesichts der Zulässigkeit des gemeinsamen Betriebs von voll regulierten Netzen und geschlossenen Verteilernetzen (→ Rn. 27) ist zu fragen, ob die Verteilertätigkeit des Betriebs geschlossener Verteilernetze eine **eigene Tätigkeit** iSd § 6b Abs. 3 darstellt, sodass ein solcher „Kombinationsnetzbetreiber" zwei Tätigkeitsabschlüsse für die Tätigkeiten in der Gas-/Elektrizitätsverteilung aufstellen muss. Nach dem Sinn und Zweck der Vorschrift, eine wirksame ex-post Kontrolle zu ermöglichen und in einem solchen Fall auch eine Quersubventionierung aus dem einen Netzbetrieb in den anderen zu vermeiden ist dies zu bejahen. 57

Der Wortlaut des § 6b Abs. 3 und Abs. 8 („nur deshalb als vertikal integriertes Energieversorgungsunternehmen im Sinne des § 3 Nr. 38 einzuordnen sind") lässt auch die gegenteilige Annahme zu, sind aber der Auslegung zugänglich. § 6b Abs. 8 ist nur dann überhaupt einschlägig, wenn das vertikal integrierte Unternehmen nur ein geschlossenes Verteilernetz betreibt. Ziel der Regelung ist die Entlastung von Produktionsstätten, die durch ein geschlossenes Verteilernetz in den Anwendungsbereich des § 6b Abs. 1 kommen. Ein vertikal integriertes Energieversorgungsunternehmen, das ein Netz der allgemeinen Versorgung betreibt und daneben noch ein geschlossenes Verteilernetz betreibt unterliegt ohnehin den allgemeinen Regelungen der buchhalterischen Entflechtung. 58

Eine unmittelbare Anordnung ist weder § 6b noch § 110 zu entnehmen. Von den **Festlegungen zur buchhalterischen Entflechtung** (BNetzA Beschl. v. 25.11.2019 – BK8-19/00002 bis 6-A bzw. BK9-19/0613-1 bis 5) sind Betreiber von geschlossenen Verteilernetzen nicht erfasst. Das Nicht-Vorliegen abgegrenzter Tätigkeitsbereiche zwischen den Verteilernetzen erschwert dem Netzbetreiber ggf. die Darlegung im Zuge eines Überprüfungsverfahrens nach Abs. 4. Betreibt der Netzbetreiber mehrere geschlossene Verteilernetze, so können diese nach § 6b wohl in einer gemeinsamen Tätigkeit gebündelt geführt werden. 59

Auch gibt es keine Ausnahme von der Anwendbarkeit der Vorschriften des MsbG mit seinen Einbau- und Rollout-Verpflichtungen. Da sämtliche Betreiber von Energieversorgungsnetzen adressiert werden, sind auch Betreiber von geschlossenen Verteilernetzen als grundzuständige Messstellenbetreiber im Sinne des MsbG anzusehen und dementsprechend von den Rolloutverpflichtungen der §§ 29 – 32 MsbG erfasst. Soweit geltend gemacht wird, das MsbG haben eine Zielrichtung nur auf Haushaltskunden (*Kaiser/Weiss/Weise* EnWZ 2018, 207 (209)), so ist diese Grundannahme irrig. Gerade auf sensible Kundenbereiche und auf den Verbund mehrerer Sparten zielt das MsbG ab. Richtig ist, dass die Definition und Zertifizierung von intelligenten Messsystemen für dieses Kundensegment besondere Herausforderungen mit sich bringen, die im Jahr 2020 noch nicht zum Abschluss gekommen sind. 60

§ 110

Teil 9. Sonstige Vorschriften

III. Ausnahmetatbestände für die Belieferung an Kunden in geschlossenen Verteilernetzen

61 Die in Abs. 1 aufgezählten Ausnahmen betreffen ausschließlich den Netzbetrieb. Soweit der Betreiber des geschlossenen Verteilernetzes zugleich in anderen Marktrollen aktiv ist – etwa Erzeugung oder Vertrieb – oder soweit Dritte im geschlossenen Verteilernetz aktiv sind – etwa an das Netz angeschlossene Kunden beliefern –, bleiben die diesbezüglichen Pflichten grundsätzlich von der Einstufung des Netzes als geschlossenes Verteilernetz unberührt. Allerdings sieht das EnWG an einigen Stellen Ausnahme vor. Das sind die

i) Anzeige der Belieferung von Haushaltskunden gem. § 5: die Anzeige ist nicht erforderlich, wenn ausschließlich innerhalb des geschlossenen Verteilernetzes Haushaltskunden beliefert werden. Werden daneben auch Haushaltskunden außerhalb des geschlossenen Verteilernetzes beliefert, ist eine Anzeige nach § 5 erforderlich.

ii) Grundversorgungspflicht gem. § 36 (zu unionsrechtskonformer Auslegung aus Gründen des Kundenschutzes s. BerlKommEnergieR/*Wolf* EnWG § 110 Rn. 122).

D. Verfahrensfragen

I. Zuständigkeit

62 Zuständig ist die jeweils zuständige Landesregulierungsbehörde oder die BNetzA nach den allgemeinen Regeln. Die Entscheidung über die Voraussetzungen des Abs. 2 fällt gem. § 54 Abs. 2 S. 1 Nr. 9 in den Zuständigkeitsbereich der Landesregulierungsbehörde, soweit Energieversorgungsunternehmen betroffen sind, an deren Elektrizitäts- oder Gasverteilernetz jeweils weniger als 100.000 Kunden unmittelbar oder mittelbar angeschlossen sind und deren Netz nicht über das Gebiet eines Landes hinausreicht. Im Übrigen ist die BNetzA zuständig (§ 54 Abs. 1). Für die Ermittlung, ob ein Verteilernetz gem. § 54 Abs. 2 S. 2 über das Gebiet eines Landes hinausreicht ist auf die **Gesamtheit** des von dem betroffenen Energieversorgungsunternehmen betriebenen Verteilernetzes abzustellen (OLG Düsseldorf Hinweisbeschl. v. 27.8.2008 – VI-3 Kart 7/08 (V), BeckRS 2010, 27801; BNetzA Beschl. v. 27.10.2010 – BK6-10-136 – (DB Energie), S. 8). Einer physikalischen Verbindung oder Querung einer Landesgrenze bedarf es demzufolge nicht (aA Ortlieb/ Staebe/*Klinge*, Kap. 4 Rn. 147).

II. Verfahren

63 **1. Antrag.** Die Einstufung als geschlossenes Verteilernetz setzt einen Antrag bei der zuständigen Regulierungsbehörde voraus (Abs. 3 S. 1). Die Einstufung ist konstitutiv. Antragsbefugt ist der Netzbetreiber. Fallen Netzbetreiber und Netzeigentümer auseinander, kann nur der Netzbetreiber den Antrag stellen.

64 **2. Einstufungsfiktion.** Der Abs. 3 S. 3 sieht vor, dass das Verteilernetz ab vollständiger Antragstellung bis zur Entscheidung der Regulierungsbehörde als geschlossenes Verteilernetz gilt. Der Begriff „**vollständige Antragstellung**" nimmt Bezug auf Abs. 3 S. 2. Die Einstufungsfiktion (*Scholtka/Helmes* ER 2014, 53 (54)) tritt also nur ein, wenn der Antrag die dort genannten Angaben enthält. Die An-

Geschlossene Verteilernetze **§ 110**

gaben müssen zutreffend sein, um wirksam die gesetzliche Folge der Einstufung als geschlossenes Verteilernetz auszulösen. Ein rechtsmissbräuchlicher Antrag löst die gesetzlichen Folgen nicht aus. Rechtsmissbräuchlich ist ein Antrag, wenn er erkennbar nur zu dem Zweck gestellt wird, um die Fiktion auszulösen. Das ist insbesondere der Fall, wenn das betroffene Netz offensichtlich nicht die Voraussetzungen für die Einstufung als geschlossenes Verteilernetz erfüllt. Dies kann insbesondere der Fall sein, wenn eine große Zahl von Haushaltskunden versorgt wird.

Um die Einstufungsfiktion auszulösen, muss der Antrag **folgende Angaben** 65 enthalten:
1. Firma und Sitz des Netzbetreibers und des Netzeigentümers sowie Angaben zu weiteren Verteilernetzen, die der Netzbetreiber betreibt. Darüber hinaus,
2 a). bei **Elektrizitätsversorgungsnetzen** Angaben nach 23 c Abs. 1:
   i) Stromkreislänge jeweils mit Kabel- und Freileitungen in der Niederspannungs-, Mittelspannungs-, Hoch- und Höchstspannungsebene zum 31.12. des Vorjahres;
   ii) installierte Leistung der Umspannebene zum 31.12. des Vorjahres;
   iii) im Vorjahr entnommene Jahresarbeit in kWh pro Netz- und Umspannebene;
   iv) Anzahl der Entnahmestellen jeweils für alle Netz- und Umspannebenen;
   v) Einwohnerzahl im Netzgebiet von Betreibern von Elektrizitätsversorgungsnetzen der Niederspannungsebene zum 31.12. des Vorjahres;
   vi) versorgte Fläche zum 31.12. des Vorjahres;
   vii) geographische Fläche des Netzgebiets zum 31.12. des Vorjahres;
2 b). bei **Gasversorgungsnetzen** Angaben nach § 23 c Abs. 4 Nr. 1–5:
   i) Länge des Gasleitungsnetzes jeweils getrennt für Niederdruck-, Mitteldruck und Hochdruckebene zum 31.12. des Vorjahres;
   ii) Länge des Gasleitungsnetzes in der Hochdruckebene nach Leitungsdurchmesserklassen;
   iii) im Vorjahr durch Weiterverteiler und Letztverbraucher entnommene Jahresarbeit in kWh und Kubikmetern;
   iv) Anzahl der Ausspeisepunkte jeweils für alle Druckstufen;
   v) zeitgleiche Jahreshöchstlast aller Entnahmen in MW oder m^3/h und Zeitpunkt des jeweiligen Auftretens;
3. Anzahl der über das Netz **versorgten Haushaltskunden;**
4. **vorgelagertes Netz** einschließlich der Spannung oder des Drucks, mit der oder dem das Verteilernetz angeschlossen ist.

Abs. 3 S. 2 hat nur für die Frage der Einstufungsfiktion Bedeutung. Er schränkt 66 insbesondere nicht die **allgemeine Mitwirkungsobliegenheit** (§ 26 Abs. 2 VwVfG) des Antragstellers ein. Es obliegt demnach dem Antragsteller, die Tatsachen, die Voraussetzung für die Einstufung als geschlossenes Verteilernetz sind, darzulegen und Beweismittel zu nennen. Nach dem gemeinsamen Positionspapier der Regulierungsbehörden sollte der Antragsteller jedenfalls folgende Angaben machen bzw. Unterlagen beilegen:
i) Flurkarte mit den Grenzen des versorgten Gebiets und Darstellung der Netzanlagen;
ii) Netzplan, aus dem der Schaltzustand im Normalbetrieb hervorgeht;
iii) Darlegungen zum Vorliegen einer technischen oder sicherheitstechnischen Verknüpfung oder zu den verteilten Energiemengen innerhalb und außerhalb des Unternehmens; ggf. Angaben und Belege zur Unternehmensstruktur;

Bourwieg

§ 110 Teil 9. Sonstige Vorschriften

iv) Beschäftigungsverhältnisse oder vergleichbare Beziehungen von angeschlossenen Letztverbrauchern, die Energie für den Eigenverbrauch im Haushalt kaufen.

67 Die Einstufungsfiktion tritt ab Eingang des vollständigen Antrages bei der Regulierungsbehörde ein. Dies setzt einen Antrag bei der **zuständigen Regulierungsbehörde** voraus. Ein Antrag bei der unzuständigen Regulierungsbehörde oder bei einer anderen Behörde löst keine Rechtsfolgen aus. Wird der Antrag bei einer unzuständigen Behörde gestellt und von dieser an die zuständige Regulierungsbehörde weitergeleitet, tritt die Fiktion erst mit Zugang des weitergeleiteten Antrags bei der zuständigen Regulierungsbehörde ein.

68 Kennzeichen der Einstufungsfiktion – in Abgrenzung von der Genehmigungsfiktion – ist, dass die Einstufung mit der Entscheidung der Regulierungsbehörde über den Antrag endet (*Scholtka/Helmes* ER 2014, 53 (56)). Es ist auf den Zeitpunkt abzustellen, ab dem die Entscheidung ihre Regelungswirkung entfaltet, also ihre Bekanntgabe. Stuft die Regulierungsbehörde das Netz als geschlossenes Verteilernetz ein, schließt sich diese Einstufung lückenlos an die gesetzliche Fiktion an. Lehnt die Regulierungsbehörde dagegen den Antrag ab, endet die gesetzliche Fiktion mit dieser Entscheidung (zu Fragen der Rückwirkung *Scholtka/Helmes* ER 2014, 53 (56)).

69 Es besteht kein Anspruch auf eine **Bescheinigung über die Einstufung durch die gesetzliche Fiktion.** Das EnWG beinhaltet diesbezüglich – anders als andere Gesetze in vergleichbaren Situationen (zB § 81 Abs. 5 AufenthG) – keine Anspruchsgrundlage.

70 **3. Beteiligte.** Beteiligter am Verfahren ist zunächst der **Antragsteller** (§ 66 Abs. 2 Nr. 1).

71 Angeschlossene Letztverbraucher und andere, deren Interessen durch die Einstufung erheblich berührt werden, können auf Antrag beigeladen werden **(einfach Beiladung).**

72 Die **notwendige Beiladung** eines Dritten gem. → § 66 Abs. 2 Nr. 3 setzt voraus, dass Dritte an dem streitigen Rechtsverhältnis derart beteiligt sind, dass die Entscheidung auch ihnen gegenüber nur einheitlich ergehen kann. Eine notwendige Beiladung ist ferner auszusprechen, wenn der Ausgang des Verfahrens rechtsgestaltende Wirkungen für den Dritten hat. Allen Fällen der notwendigen Beiladung ist gemein, dass sie zum Schutz subjektiver Rechte des Beizuladenden erforderlich sind, weil der Ausgang des Verfahrens ihn unmittelbar in seinen Rechten verletzen kann. Anders als beim § 110 EnWG aF, der sehr weitreichende Ausnahmen vorsah und insbesondere den Netzzugang beschränkte, liegen die Voraussetzungen in geschlossenen Verteilernetzen in der Regel nicht vor. Die Rechtsfolgen der Einstufung als geschlossenes Verteilernetz sind begrenzt und berühren ganz überwiegend nicht direkt die Rechte und Pflichten von Dritten, insbesondere nicht die Rechte zum Lieferantenwechsel (aA BerlKommEnergieR/*Wolf* EnWG § 110 Rn. 154). Nichts anderes ergibt sich aus OLG Düsseldorf Beschl. v. 30.4.2015 – VI-5 Kart 9/14 (V), BeckRS 2015, 10692 Rn. 17.

73 Etwas Anderes kann für die Rechte der Lieferanten und Letztverbraucher im Bereich der Niederspannung nach. § 14a gelten, wenn eine unterbrechbare Verbrauchseinrichtung vorliegt. Ferner kann der Ausschluss des Verbandsklagerechts gem. § 32 Abs. 2, soweit dessen Voraussetzungen vorliegen, direkte Auswirkungen auf die Rechte der betroffenen Verbände haben.

74 Die §§ 7 Abs. 1 S. 2, 7c Abs. 1, 14 Abs. 2, 14d, 21a, 22 Abs. 1, 23a, 33, 35 und 52 begründen dagegen keine subjektiven Rechte Dritter. Das gilt insbesondere auch

Geschlossene Verteilernetze **§ 110**

für die Regelungen zur Entgeltregulierung. Der Entgeltgenehmigung kommt auch in Bezug auf bestehende Netznutzungsverträge keine unmittelbare Gestaltungswirkung zu (BGH Beschl. v. 9.7.2019 – EnVR 5/18, EnWZ 2019, 403 – Lichtblick). Das gilt erst recht für die Festsetzung von Erlösobergrenzen im Rahmen der Anreizregulierung.

Dagegen dürften die tatbestandsseitigen Voraussetzungen für eine **einfache Beiladung** gem. § 66 Abs. 2 Nr. 3 hinsichtlich der Netznutzer des betroffenen Verteilernetzes in der Regel erfüllt sein. Auch hinsichtlich der Lieferanten, die beabsichtigen, einen Kunden im betroffenen Netz zu beliefern, können die Voraussetzungen für eine Beiladung vorliegen. Die Beiladung steht somit, wenn ein entsprechender Antrag gestellt wird, im Ermessen der Regulierungsbehörde. 75

4. Gebühren. Für die Einstufung als geschlossenes Verteilernetz werden von der jeweils zuständigen Regulierungsbehörde Gebühren und Auslagen nach den einschlägigen Gebührenordnungen erhoben (§ 91 Abs. 1 S. 1 Nr. 4). 76

E. Entgeltüberprüfungsverfahren (Abs. 4) und andere Aufsichtsverfahren

I. Antragsbefugnis, Zuständigkeit

Jeder Nutzer eines geschlossenen Verteilernetzes kann einen Antrag auf **Überprüfung der Entgelte** stellen. Netznutzer sind gem. § 3 Nr. 28 natürliche oder juristische Personen, die Energie in ein Elektrizitäts- oder Gasversorgungsnetz einspeisen oder daraus beziehen. Nutzer des geschlossenen Verteilernetzes sind dementsprechend zum einen die angeschlossenen Letztverbraucher, zum anderen Lieferanten, die an das geschlossene Verteilernetz angeschlossene Letztverbraucher beliefern. Nicht antragsbefugt sind potenzielle Lieferanten, die lediglich beabsichtigen, Kunden im geschlossenen Verteilernetz zu beliefern. Der Antrag ist bei der zuständigen Regulierungsbehörde zu stellen. 77

Auf das Überprüfungsverfahren finden § 31 Abs. 1, 2 und 4 sowie § 32 Abs. 1, 3, 4 und 5 entsprechend Anwendung (Abs. 4 S. 3). Nach dem gemeinsamen Positionspapier der Regulierungsbehörden sollte der Antragsteller jedenfalls folgende Angaben machen bzw. Unterlagen beilegen: 78
i) Name, Anschrift der Firma und Sitz des betroffenen Netzbetreibers und der Unterschrift des Antragstellers;
ii) das Verhalten des betroffenen Netzbetreibers, das überprüft werden soll;
iii) die im Einzelnen anzuführenden Gründe, weshalb ernsthafte Zweifel an der Rechtmäßigkeit des Verhaltens des Netzbetreibers bestehen;
iv) die im Einzelnen anzuführenden Gründe, weshalb der Antragsteller durch das Verhalten des Netzbetreibers betroffen ist.

Für die Entscheidung nach Abs. 4 werden ebenfalls Gebühren und Auslagen erhoben (§ 91 Abs. 1 S. 1 Nr. 4). Soweit die Einstufung als geschlossenes Verteilernetz durch eine Landesregulierungsbehörde erfolgt, richtet sich die Gebührenhöhe nach § 91 Abs. 8a iVm dem Kostenrecht des jeweiligen Landes. 79

II. Materielle Prüfung, Vermutungsregelung

Geschlossene Verteilernetze nehmen **nicht** an der **Anreizregulierung** teil; § 21a und damit auch die ARegV sind nicht anwendbar. Dies bedeutet jedoch 80

Bourwieg 2685

§ 110 Teil 9. Sonstige Vorschriften

nicht, dass innerhalb eines geschlossenen Verteilernetzes die Netzentgelte völlig frei gebildet werden dürfen. Vielmehr sind die Entgelte gem. § 21 Abs. 2 kostenbasiert zu bilden. Im Einzelnen ergibt sich der Rechtsrahmen für die Netzentgeltbildung aus der StromNEV bzw. GasNEV.

81   § 110 Abs. 4 S. 2 sieht die **Vermutung** vor, dass das Entgelt diesen rechtlichen Vorgaben entspricht, wenn der Betreiber des geschlossenen Verteilernetzes kein höheres Entgelt fordert als der Betreiber des vorgelagerten Energieversorgungsnetzes für die Nutzung des an das geschlossene Verteilernetz angrenzende Energieversorgungsnetz der allgemeinen Versorgung auf gleicher Netz- oder Umspannebene. Betreibt der vorgelagerte Netzbetreiber kein Energieversorgungsnetz auf gleicher Netz- oder Umspannebene, das an das geschlossene Verteilernetz angrenzt, kann über den Wortlaut hinaus auf ein geeignetes Netz eines dritten Netzbetreibers abgestellt werden. Grenzen mehrere Energieversorgungsnetze der allgemeinen Versorgung auf gleicher Netz- oder Umspannebene an das geschlossene Verteilernetz an, ist das niedrigste Entgelt maßgeblich. Ein Energieversorgungsnetz „grenzt an das geschlossene Verteilernetz an", wenn die Netze in einem so engen räumlichen Zusammenhang stehen, dass ein Anschluss der Letztverbraucher, die an das geschlossene Verteilernetz angeschlossen sind, an das angrenzende Netz in Betracht kommt. Mit anderen Worten: Gäbe es das geschlossene Verteilernetz nicht, würde das betroffene Gebiet durch das angrenzende Netz versorgt.

82   Die Vermutungswirkung hat zur Folge, dass die Regulierungsbehörde ein Verlangen gem. Abs. 4 S. 1 ablehnen kann und muss, wenn es nicht gelingt, die Vermutung zu widerlegen. Gelingt es nicht, die Vermutungswirkung zu widerlegen, ist es in der Regel nicht erforderlich, dass der Betreiber des geschlossenen Verteilernetzes die Richtigkeit der Entgelte belegt.

83   Die Vermutungswirkung hat allerdings nicht zur Folge, dass es dem Betreiber des geschlossenen Verteilernetzes untersagt wäre, höhere Entgelte zu verlangen. Allerdings kann er sich dann nicht auf die Vermutungswirkung berufen und trägt die volle Darlegungs- und Beweislast für die materielle Richtigkeit seiner Entgelte iSv § 21 Abs. 2 iVm der StromNEV bzw. der GasNEV.

III. Andere Aufsichtsverfahren

84   Auf § 110 finden die Vorschriften der Missbrauchsaufsicht im Übrigen Anwendung (→ § 30 Rn. 10). Mangels Ex-ante-Genehmigung ist ein Fall des Preishöhenmissbrauchs systematisch nicht ausgeschlossen (§ 30 Rn. 39). Auch die allgemeine Aufsichtsbefugnis der Regulierungsbehörden nach § 65 zur Durchsetzung der Vorschriften des EnWG finden außerhalb der Ausnahmebereiche aus Abs. 1 S. 1 Anwendung.

§ 111 Verhältnis zum Gesetz gegen Wettbewerbsbeschränkungen

(1) ¹Die §§ 19, 20 und 29 des Gesetzes gegen Wettbewerbsbeschränkungen sind nicht anzuwenden, soweit durch dieses Gesetz oder auf Grund dieses Gesetzes erlassener Rechtsverordnungen ausdrücklich abschließende Regelungen getroffen werden. ²Die Aufgaben und Zuständigkeiten der Kartellbehörden bleiben unberührt.

(2) Die Bestimmungen des Teiles 3 und die auf Grundlage dieser Bestimmungen erlassenen Rechtsverordnungen sind abschließende Regelungen im Sinne des Absatzes 1 Satz 1.

(3) In Verfahren der Kartellbehörden nach den §§ 19, 20 und 29 des Gesetzes gegen Wettbewerbsbeschränkungen, die Preise von Energieversorgungsunternehmen für die Belieferung von Letztverbrauchern betreffen, deren tatsächlicher oder kalkulatorischer Bestandteil Netzzugangsentgelte im Sinne des § 20 Abs. 1 sind, sind die von Betreibern von Energieversorgungsnetzen nach § 20 Abs. 1 veröffentlichten Netzzugangsentgelte als rechtmäßig zugrunde zu legen, soweit nicht ein anderes durch eine sofort vollziehbare oder bestandskräftige Entscheidung der Regulierungsbehörde oder ein rechtskräftiges Urteil festgestellt worden ist.

Übersicht

	Rn.
A. Allgemeines	1
B. Abschließende Regelungen nach dem EnWG (Abs. 1 und 2)	4
I. Verdrängung der §§ 19, 20 und 29 GWB (Abs. 1)	6
II. Abschließende Regelungen des 3. Teils und der auf dieser Grundlage ergangenen Rechtsverordnungen (Abs. 2)	8
III. Den Kartellbehörden verbleibende Zuständigkeiten (Abs. 1 S. 2)	11
C. Rechtmäßigkeit veröffentlichter Netzzugangsentgelte (Abs. 3)	18
I. Betroffene Verfahren	19
II. Voraussetzung der Bindung	24
III. Grenzen der Bindung	26

Literatur: *Antweiler/Nieberding*, Rechtsschutz im neuen Energiewirtschaftsrecht, NJW 2005, 3673; *Baur*, Zur künftigen Rolle der Kartellbehörden in der Energiewirtschaft, RdE 2004, 277; *Büdenbender*, Kurzkommentar zum BGH-Beschluss v. 28.6.2005, EWiR 2005, 887; *Büdenbender/Rosin*, Gesetzentwurf für eine Umsetzung der Beschleunigungsrichtlinien Strom und Gas in eine EnWG-Novelle 2004, ET 2003, 746; *Enaux/König*, Missbrauchs- und Sanktionsnormen im GWB-E, TKG und EnWG-E, N&R 2005, 1; *Hartog*, Kartellrechtsaufsicht im Kontext der Regulierung, EnWZ 2015, 536; *Klotz*, Bericht aus Brüssel: Das Kartellrecht im TKG und im EnWG, N&R 2004, 70; *Kühne*, Gerichtliche Entgeltkontrolle im Energierecht, NJW 2006, 654; *Kühne/Brodowski*, Das neue Energiewirtschaftsrecht nach der Reform 2005, NVwZ 2005, 849; *Ludwigs*, Die Rolle der Kartellbehörden im Recht der Regulierungsverwaltung, WuW 2008, 534; *Petersen*, Wettbewerbsbehörden als subsidiäre Regulierungsbehörden, Verw 48 (2015), 29; *Säcker*, Der Referentenentwurf zum Energiewirtschaftsgesetz – ordnungspolitische und rechtsdogmatische Grundsatzbemerkungen, N&R 2004, 46; *Säcker*, Freiheit durch Wettbewerb. Wettbewerb durch Regulierung, ZNER 2004, 98; *Säcker*, Das Regulierungsrecht im Spannungsfeld von öffentlichem und privatem Recht – Zur Reform des deutschen Energie- und Telekommunikationsrechts, AöR 130 (2005), 180; *Säcker*, Das Verhältnis von Wettbewerbs- und Regulierungsrecht, EnWZ 2015, 531.

§ 111

A. Allgemeines

1   Die Aufsicht über die wirtschaftliche Tätigkeit der Betreiber von Energieversorgungsnetzen war vor dem Inkrafttreten des EnWG auf Bundesebene durch das **BKartA** ausgeübt worden. Nach dem Inkrafttreten bedurfte es einer Regelung zu dem Verhältnis von GWB und EnWG und zu den Aufsichtsbefugnissen des BKartA/der Landeskartellbehörden einerseits und der BNetzA bzw. der Landesregulierungsbehörden andererseits. Im Ergebnis wurden die Befugnisse des BKartA durch das EnWG beschränkt (*Antweiler/Nieberding* NJW 2005, 3673 (3675)).

2   Der Gesetzgeber hat das Verhältnis des EnWG zum GWB insbesondere im Hinblick auf die **drohende Doppelzuständigkeit von Regulierungs- und Kartellbehörden** in § 111 und in § 130 Abs. 3 GWB 2005 geregelt. Gem. § 185 Abs. 3 GWB stehen die Vorschriften des EnWG der Anwendung der §§ 19, 20 und 29 GWB nicht entgegen, soweit in § 111 keine andere Regelung getroffen ist. Nach alter Rechtslage standen die Aufsicht nach dem EnWG in § 18 EnWG 1998 und die kartellbehördliche Aufsicht (insbesondere §§ 19, 20 GWB aF) unverbunden nebeneinander (vgl. § 130 Abs. 3 GWB aF und auch §§ 6 Abs. 1 und 6a Abs. 2 EnWG 2003). Nach geltendem Recht soll an die Stelle von Doppelzuständigkeiten und Anspruchskonkurrenz der **Spezialitätsgrundsatz** treten (BerlKommEnergieR/ *Säcker* EnWG § 111 Rn. 2, 5 ff. jeweils mwN). Der Anwendungsvorrang des EnWG dient dabei sowohl von Überschneidungen materiell-rechtlicher Verbote als auch von Doppelzuständigkeiten der Kartell- und Regulierungsbehörden (BGH Beschl. v. 6.11.2012 – KVR 54/11, WuW/E DE-R 3879 Rn. 14; BT-Drs. 15/3917, 75). § 111 dient dem Zweck, die Kontrolle von Netzanschluss, Netzzugang und diskriminierungsfreier Netznutzung allein auf der Basis des EnWG zu entscheiden. Die Netzentgeltregulierung soll bei den Regulierungsbehörden konzentriert werden (*Büdenbender* DVBl 2006, 197 (207)). § 185 Abs. 3 GWB kann aber nicht dahin verstanden werden, dass das GWB mit Ausnahme einer eingeschränkten Anwendung der §§ 19, 20 und 29 GWB überhaupt nicht anwendbar ist, sondern gerade in dem Sinne, dass das GWB im Übrigen voll anzuwenden ist (*Säcker* N&R 2004, 46 (51); *Säcker* ZNER 2004, 98 (111); *Säcker* AöR 130 (2005), 180 (215 f.)).

3   § 111 ist durch das Gesetz zur Bekämpfung von Preismissbrauch im Bereich der Energieversorgung und des Lebensmittelhandels vom 18.12.2007 (BGBl. 2007 I S. 2966) geändert worden. Dabei ist in Abs. 3 die **Bezugnahme auf § 29 GWB** ergänzt und die Bezugnahme auf Art. 82 EG gestrichen worden. Zur Begründung ist im Gesetzentwurf der Bundesregierung ausgeführt worden, dass es sich einerseits um eine Folgeänderung im Hinblick auf die Einfügung des § 29 GWB, zum anderen um eine Klarstellung des Gewollten handele (BT-Drs. 16/5847, 13). Durch das Gesetz zur Förderung der Kraft-Wärme-Kopplung vom 25.10.2008 (BGBl. 2008 I S. 2101 (2107)) wurde Abs. 2 dahingehend geändert, dass die Regelungen der den 3. Teil konkretisierenden Rechtsverordnungen abschließende Regelungen enthalten.

B. Abschließende Regelungen nach dem EnWG (Abs. 1 und 2)

4   Gem. § 111 Abs. 1 sind die §§ 19, 20 und 29 GWB (materielle Vorgaben für das wettbewerbliche Verhalten von marktbeherrschenden Unternehmen und EVU)

nicht anzuwenden, soweit das EnWG oder aufgrund des EnWG erlassene Rechtsverordnungen **ausdrücklich abschließende Regelungen** getroffen haben. Die ausschließliche Anwendung der Vorschriften des EnWG als abschließende Spezialregelung ist geboten, da die Aufsicht der Regulierungsbehörde in Bezug auf Eingriffsumfang und Eingriffsintensität deutlich intensiver ist als die der Missbrauchsaufsicht der Kartellbehörde über marktbeherrschende Unternehmen, sodass eine Doppelzuständigkeit von Regulierungsbehörden und Kartellbehörden zur Verhinderung missbräuchlichen Verhaltens von Netzbetreibern wettbewerbspolitisch nicht geboten ist (*Baur* RdE 2004, 277 (279)). Durch die Ausschließlichkeitsregelung des § 111 Abs. 1 wird eine solche Doppelzuständigkeit vermieden und der Anwendungsbereich von Kartellrecht und Regulierungsrecht sinnvoll abgegrenzt (*Säcker* N&R 2004, 46 (52)). Für eine Regelung einer ausschließlichen Zuständigkeit der Regulierungsbehörde spricht ferner die hieraus folgende Rechtssicherheit (*Büdenbender/Rosin* ET 2003, 746 (752)).

Die §§ 19, 20 und 29 GWB werden nur verdrängt, wenn das EnWG ausdrücklich abschließende Regelungen enthält. Der Verweis auf die Ausdrücklichkeit könnte zu dem Schluss verleiten, dass der abschließende Charakter der Regelungen nach der **allgemeinen Lex-specialis-Regel** ausgeschlossen wäre. Bei einer solchen Betrachtungsweise würde jedoch das Ziel des § 111, Doppelzuständigkeiten und Anspruchskonkurrenzen zu vermeiden, nicht gefördert, sondern erschwert. Es kann daher auch durch Auslegung ermittelt werden, dass Regelungen des EnWG abschließend sind und damit einen Rückgriff auf das GWB ausschließen.

I. Verdrängung der §§ 19, 20 und 29 GWB (Abs. 1)

Der Spezialitätsgrundsatz des § 111 Abs. 1 S. 1 führt zur **endgültigen Verdrängung der §§ 19, 20 und 29 GWB,** nicht zur bloßen nachrangigen Anwendbarkeit der Vorschriften (im Sinne einer Subsidiarität, s. BerlKommEnergieR/*Säcker* EnWG § 111 Rn. 7). Er gilt auch für die private Rechtsdurchsetzung, soweit sie auf der Anwendung der §§ 19, 20, 29 (iVm §§ 33, 33a) GWB beruht. Macht also ein Unternehmen Schadensersatz gegen einen Netzbetreiber geltend, so kann es sich nur auf § 32 EnWG, nicht aber (alternativ oder kumulativ) auf §§ 33, 33a GWB berufen, wenn es sich zur Anspruchsbegründung auf missbräuchliches oder diskriminierendes Verhalten des Netzbetreibers stützt (OLG München Urt. v. 20.5.2010 – U (K) 4653/09, WuW/E DE-R 3031 Rn. 41). Der Spezialitätsgrundsatz betrifft aber auch nur die §§ 19, 20, 29 GWB. Löst beispielsweise ein Netzbetreiberverhalten den Missbrauchstatbestand des § 19 GWB aus (§ 19 ist dann unanwendbar) und verstößt gleichzeitig gegen das **Kartellverbot (§ 1 GWB),** so ist von einer uneingeschränkten Anwendbarkeit des Kartellverbots auszugehen (so auch BerlKommEnergieR/*Säcker* EnWG § 111 Rn. 18). Es bleiben also außerhalb der Anwendbarkeit der §§ 19, 20, 29 GWB die Aufgaben und Zuständigkeiten der Kartellbehörde unberührt (klarstellend § 111 Abs. 1 S. 2).

Durch die Regelungen des EnWG wird schon aus Gründen der Normenhierarchie das mit § 19 GWB weitgehend inhaltsidentische (hierzu Immenga/Mestmäcker/*Fuchs* GWB § 19 Rn. 59) Verbot des Missbrauchs einer marktbeherrschenden Stellung in Art. 102 AEUV nicht verdrängt (zum insoweit vergleichbaren Eisenbahnrecht ausdrücklich BGH Urt. v. 29.10.2019 – KZR 39/19, NJW 2020, 1436 (Rn. 35 ff.); *Grüneberg* GRUR 2021, 216 (219); so auch BerlKommEnergieR/*Säcker* EnWG § 111 Rn. 13 ff.). Daher hat die Behauptung eines Verstoßes gegen Art. 102 AEUV in zivilrechtlichen Rückforderungsverfahren eine Rolle gespielt.

§ 111

Dabei ist die Anwendung von Art. 102 AEUV auf Sachverhalte begrenzt, auf denen die Beklagte eine beherrschende Stellung innehat, die einen **wesentlichen Teil des gemeinsamen Marktes** darstellt und der behauptete Missbrauch dieser Stelle geeignet wäre, den Handel zwischen den Mitgliedstaaten spürbar zu beeinträchtigen. Dies ist insbesondere bei kleineren Verteilernetzen regelmäßig nicht der Fall (vgl. OLG München Urt. v. 20.5.2010 – U (K) 4653/09, WuW/E DE-R 3031 Rn. 44 ff.). Auch im Anwendungsbereich des Art. 102 AEUV wirkt sich die Regelung des § 111 aus. In der Rechtsprechung wird nämlich angenommen, dass die ansonsten geltenden Grundsätze über die **sekundäre Darlegungslast** des Netzbetreibers bei regulierten Entgelten keine Anwendung finden (vgl. LG Düsseldorf Urt. v. 29.12.2011 – 37 O 34/10 (Kart), IR 2012, 113 Rn. 25 ff.).

II. Abschließende Regelungen des 3. Teils und der auf dieser Grundlage ergangenen Rechtsverordnungen (Abs. 2)

8 Abschließende Regelungen sind nach § 111 Abs. 2 die Bestimmungen des 3. Teils des EnWG (Regulierung und Netzbetrieb, §§ 11–35). Im Einzelnen gelten demnach die Vorschriften zum **Betrieb von Versorgungsnetzen** (§§ 11 ff.), zum **Netzanschluss** (§§ 17 ff.), zum **Netzzugang** (§§ 20 ff.) und zu den **Verhaltensanforderungen und Verhaltensweisen von Netzbetreibern** (§§ 29 ff.) abschließend gegenüber §§ 19, 20, 29 GWB.

9 Hierdurch werden der Netzbetrieb und dessen Überwachung in Preisen und in Konditionen der Zuständigkeit der Kartellbehörden entzogen; es wird eine **ausschließliche Zuständigkeit** der Regulierungsbehörde begründet (*Baur* RdE 2004, 277 (279); *Antweiler/Nieberding* NJW 2005, 3673 (3675)), welche für die Kontrolle der Netznutzungsentgelte auf der Grundlage des EnWG zuständig ist (*Wagener/Wahle* NJW 2005, 3174 (3179); *Kühne/Brodowski* NVwZ 2005, 849 (856)). Im Regelungsbereich des § 35 (Monitoring) sind die §§ 19, 20, 29 GWB ohnehin nicht anwendbar (so auch BerlKommEnergieR/*Säcker* EnWG § 111 Rn. 12 mwN).

10 Darüber hinaus sind auch die auf der Grundlage des 3. Teils des EnWG erlassenen Rechtsverordnungen abschließend. Dies wurde durch die Änderung durch das Gesetz zur Förderung der Kraft-Wärme-Kopplung vom 25.10.2008 (BGBl. 2008 I S. 2101 (2107)) klargestellt (BerlKommEnergieR/*Säcker* EnWG § 111 Rn. 12: überflüssig).

III. Den Kartellbehörden verbleibende Zuständigkeiten (Abs. 1 S. 2)

11 Nach § 111 Abs. 1 S. 2 bleiben die Aufgaben und Zuständigkeiten der Kartellbehörden unberührt. Diese Formulierung wirft im Detail mehr Fragen auf, als sie Antworten gibt. Zunächst ist unklar, warum sich die Vorschrift auf Aufgaben und Zuständigkeiten bezieht, nicht aber auf die **Befugnisse der Kartellbehörden**. Zudem ist unklar, was mit „unberührt bleiben" gemeint ist. Soll die Regelung des § 111 Abs. 1 S. 1 nicht ausgehebelt werden, kann man es nur so verstehen, dass Aufgaben, Zuständigkeiten und Befugnisse insoweit weiter bestehen, als durch das EnWG keine Einschränkung erfolgt. Die Formulierung ist dann tautologisch.

12 Unabhängig von Unschärfen bezüglich der Aufsicht über Netzbetreiber ergeben sich die folgenden **Grundzüge:**

Die Missbrauchsaufsicht der **Kartellbehörden** fokussiert sich nunmehr nur 13 noch auf die Tätigkeitsbereiche von Energieunternehmen, die nicht dem Netzbetrieb unterfallen (*Baur* RdE 2004, 277 (281)). Die Aufgaben der Kartellbehörden konzentrieren sich zukünftig demnach auf die Untersagung wettbewerbsbeschränkender Verhaltensweisen von Energieunternehmen im Rahmen der **Vertriebs- und Bezugsaktivitäten,** dh beim Verkauf an Energieverbraucher und beim Bezug der für den Handel erforderlichen Energie (*Baur* RdE 2004, 277 (281); BerlKommEnergieR/ *Säcker* EnWG § 111 Rn. 18).

Der Zuständigkeit der **Kartellbehörden** unterfallen insbesondere die **Preisaufsicht über die Strom- und Gaspreise.** Neben der Preisaufsicht obliegt den Kartellbehörden auch künftig die Kontrolle der Energieversorgungsunternehmen iSd § 20 GWB (Diskriminierungsverbot, Verbot unbilliger Behinderung). Ferner verbleibt den Kartellbehörden in der netzgebundenen Energiewirtschaft auch künftig die Zuständigkeit für die **Fusionskontrolle** (§§ 36 ff. GWB) vorbehalten (*Antweiler/Nieberding* NJW 2005, 3673 (3675 f.); *Baur* RdE 2004, 277 (284); *Büdenbender* ZWeR 2006, 233 (238); BerlKommEnergieR/ *Säcker* EnWG § 111 Rn. 18).

Der Aufsicht der Kartellbehörden unterfällt auch die Erhebung der **Konzessionsabgabe** durch den Netzbetreiber. Dies gilt jedenfalls dann, wenn der Netzbetreiber eine wirtschaftliche Einheit mit der Gemeinde bildet. In diesem Fall beschränkt sich der Missbrauch nicht auf die Ausnutzung der Marktstellung als Netzbetreiber, sondern umfasst wird auch im Missbrauch der marktbeherrschenden Stellung auf dem sachlichen Markt für die entgeltliche Gestattung der Nutzung von öffentlichen Wegen zum Zwecke der Energieversorgung (BGH Beschl. v. 6.11.2012 – KVR 54/11, WuW/E DE-R 3879 Rn. 17; anders noch OLG Düsseldorf Beschl. v. 19.10.2011 – 3 Kart 1/11 (V), RdE 2012, 65 (67); BerlKommEnergieR/ *Säcker* EnWG § 111 Rn. 18).

Außerdem bleiben die Kartellbehörden – vorbehaltlich der Entscheidungsbefugnisse der Kommission – für die gesamte Energiewirtschaft nach **europäischem Wettbewerbsrecht** zuständig (*Kühne/Brodowski* NVwZ 2005, 849 (856)). Zunächst ist die – neben der europäischen Kommission – auf nationaler Ebene dem BKartA (§ 50 GWB) zugewiesene Aufsicht nach den europäischen Wettbewerbsvorschriften der Art. 101 und 102 AEUV zu nennen. Hierdurch kann es im Anwendungsbereich des Art. 102 AEUV zu einer doppelten Kontrolle durch Regulierungsbehörde und BKartA kommen (s. BerlKommEnergieR/ *Säcker* EnWG § 111 Rn. 14: Vermeidung der Doppelzuständigkeit nicht umfassend). Für den Bereich von Eisenbahninfrastrukturentgelten geht der EuGH in Bezug auf das Nebeneinander von Entgeltkontrolle durch BNetzA und Anwendung des Wettbewerbsrechts durch die Kartellgerichte von einer Pflicht zur loyalen Zusammenarbeit aus (EuGH Urt. v. 27.10.2022 – C-721/20 (curia), Rn. 88) – ein Gedanke, der auch hier nutzbar gemacht werden kann.

Allerdings ist der Bereich, in dem die **ausschließliche Zuständigkeit der** 17 **Regulierungsbehörde** durchbrochen wird, auf den Betrieb grenzüberschreitender Netze, auf europarechtlich relevante marktbeherrschende Stellungen von Netzbetreibern und deren Missbrauch bei Netznutzungsentgelten beschränkt. Im Bereich der rein nationalen Netze ohne gemeinschaftsweite Bedeutung bleibt es bei der alleinigen Zuständigkeit der Regulierungsbehörde (*Antweiler/Nieberding* NJW 2005, 3673 (3675); *Baur* RdE 2004, 277 (281)).

C. Rechtmäßigkeit veröffentlichter Netzzugangsentgelte (Abs. 3)

18 § 111 Abs. 3 soll verhindern, dass Netzzugangsentgelte in kartellbehördlichen Verfahren, die **All-inclusive-Preise gegenüber Letztverbrauchern** zum Gegenstand haben, inzident einer kartellbehördlichen Kontrolle nach den Maßstäben der §§ 19, 20 und 29 GWB unterliegen (*Baur* RdE 2004, 277 (282); *Wagener/Wahle* NJW 2005, 3174 (3179)).

I. Betroffene Verfahren

19 § 111 Abs. 3 ordnet eine Bindungswirkung nur gegenüber den **Kartellbehörden** in kartellbehördlichen Verfahren an. Eine Bindung der **Kartellgerichte** unmittelbar aus § 111 Abs. 3 erfolgt damit nur dann, wenn sie im Rahmen einer Beschwerde (§ 63 GWB) über die Rechtmäßigkeit einer kartellbehördlichen Verfügung zu entscheiden haben.

20 Inwieweit in sonstigen **zivilgerichtlichen Verfahren**, in denen Letztverbraucher einen Verstoß von **All-inclusive-Preisen** gegen § 19 GWB oder § 315 BGB geltend machen, kartellbehördliche Netznutzungsentgelte inzident überprüft werden können, ist damit nach allgemeinen Grundsätzen zu entscheiden. In der Regel wird eine Überprüfung daran scheitern, dass der All-inclusive-Anbieter nicht selber Netzbetreiber ist und rechtlich verpflichtet ist, an den Netzbetreiber die Netznutzungsentgelte zu zahlen. Dass diese Entgelte im Rahmen der Kalkulation des All-inclusive-Preises weitergegeben werden, stellt kein missbräuchliches Verhalten iSd § 19 GWB dar.

21 Soweit es um die Kontrolle von Netzentgelten nach § 315 BGB geht, ging der BGH nach dem Erlass des EnWG von **Idealkonkurrenz** aus (BerlKommEnergieR/*Säcker* EnWG § 111 Rn. 40), dh § 315 war anwendbar. Genehmigten Entgelten sollte **Indizwirkung** zukommen (BGH Urt. v. 15.5.2012 – EnZR 105/10, NJW 2012, 3092 (Rn. 96); bestätigend BVerfG Beschl. v. 26.9.2017 – 1 BvR 1486/16, EnWZ 2018, 79 mAnm *Missling* EnWZ 2018, 82; s. hierzu auch *Mohr* EuZW 2019, 229 (235)). **Bei Erlösobergrenzen war die Wirkung unklar** (s. *Ludwigs* FS Büdenbender, 2018, 533 (537); *Grüneberg* GRUR 2021, 216). Nach neueren Entscheidungen des EuGH zum Eisenbahnrecht (EuGH Urt. v. 9.11.2017 – C-489/15, EuZW 2018, 74 = NVwZ 2018, 51 Ls.; bestätigend: Urt. v. 27.10.2022 – C-721/20, Rn. 25 ff.; nachgehend BGH Beschl. v. 29.1.2019 – KZR 12/15, EuZW 2019, 248 (Rn. 11 ff.) und BGH Urt. v. 28.1.2020 – KZR 24/17, NJW 2020, 1434; dazu *Grüneberg* GRUR 2021, 216 (217)) und zu den Flughafenentgelten (EuGH Urt. v. 21.11.2019 – C-379/18, NVwZ 2020, 48.) muss auch für das vergleichbaren unionalen Vorgaben folgende Energiewirtschaftsrecht angenommen werden, dass eine **parallele Kontrolle nach § 315 BGB unionsrechtswidrig** ist (ausf. zum Ganzen *Stelter* EnWZ 2020, 51 ff.; ähnlich *Grüneberg* GRUR 2021, 216 (217 f.: unwiderlegliche Vermutung, dass aus Erlösobergrenzen abgeleitete Netzentgelte billig iSd § 315 BGB sind); zuvor BerlKommEnergieR/*Säcker* EnWG § 111 Rn. 40 ff.). Folge kann dann nur sein, dass die Netznutzer am energiewirtschaftlichen Beschwerdeverfahren zu beteiligen sind (*Stelter* EnWZ 2020, 51 (56); *Grüneberg* GRUR 2021, 216 (218). Geht man hiervon aus, wird auch der Regelungsintention des § 111 EnWG weitestgehend Rechnung getragen.

Die **Bindung nach § 111 Abs. 3** tritt lediglich dann ein, wenn das kartell- 22
behördliche Verfahren darauf gerichtet ist, einen Verstoß gegen §§ 19, 20 oder 29
GWB festzustellen.

Weitere Voraussetzung für die Bindung ist, dass sich das Verfahren der Kartell- 23
behörden auf die Belieferung von Letztverbrauchern bezieht. Soweit Preise bei der
Belieferung von Letztverbrauchern betroffen sind, müssen zu den Bestandteilen
Netzzugangsentgelte iSv § 20 Abs. 1 gehören **(All-inclusive-Preise)**.

II. Voraussetzung der Bindung

Voraussetzung der Bindung ist, dass die Netznutzungsentgelte veröffentlicht 24
worden sind. Eine Verpflichtung zur Veröffentlichung der Netzzugangsentgelte ist
in den §§ 27 ff. StromNEV/GasNEV enthalten. Die Textfassung des § 111 Abs. 3
hat nicht berücksichtigt, dass im Vermittlungsausschuss die Ex-ante-Genehmi-
gungspflicht für Netzzugangsentgelte in § 23a verankert wurde. Das Modell einer
Bindungswirkung der veröffentlichten Netzzugangsentgelte und der Grenzen der
Bindung im 2. Hs. orientiert sich noch an dem im Regierungsentwurf und im Gesetzesbeschluss des Bundestags vorgesehenen Modell einer Ex-post-Entgeltkon-
trolle. Solange Einzelgenehmigungen nach § 23a EnWG erteilt werden und im
Rahmen einer Anreizregulierung keine anderen Mechanismen gelten, folgt aus
der Regelung des § 23a aber, dass die **Bindungswirkung lediglich bezüglich
genehmigter Entgelte** eintritt.

Im Rahmen der **Anreizregulierung** werden keine konkreten Netznutzungs- 25
entgelte, sondern lediglich **Erlösobergrenzen** genehmigt. Hier liegt also eine
Situation vor, die der vom Gesetzgeber ursprünglich ins Auge gefassten Situation
ähnelt. Die Bindungswirkung tritt hier schon bezüglich der veröffentlichten Entgelte ein, soweit sich die Entgeltbildung im Rahmen der für den jeweiligen Netzbetreiber festgelegten Erlösobergrenze hält (so auch BerlKommEnergieR/*Säcker*
EnWG § 111 Rn. 28).

III. Grenzen der Bindung

Eine Bindung soll dann nicht eintreten, wenn die Rechtswidrigkeit eines ver- 26
öffentlichten Netzzugangsentgeltes durch eine sofort vollziehbare oder bestandskräftige Entscheidung der Regulierungsbehörde oder ein rechtskräftiges Urteil festgestellt worden ist. Diese Regelung hat deutlich die ursprünglich beabsichtigte
Konzeption einer Ex-post-Kontrolle der Netzzugangsentgelte vor Augen. Bezüglich der Entscheidungen der BNetzA bedarf es dieser Einschränkung im Rahmen
der Ex-ante-Genehmigung im Grunde nicht mehr. Soweit Entgelte in die Kalkulation einbezogen werden, die über den genehmigten Entgelten liegen, tritt eine
Bindungswirkung der Kartellbehörden ohnehin nicht ein. Die Bindungswirkung
tritt ebenfalls nicht ein, wenn die Rechtswidrigkeit der Netznutzungsentgelte durch
rechtskräftiges Urteil festgestellt worden ist. Bei der ursprünglichen Ex-post-Kon-
zeption war es ohne weiteres denkbar, dass die Regulierungsbehörde kein Ex-post-
Verfahren einleitet, und sei es auch nur, weil sie bei einer Vielzahl von Netzbetreibern Prioritäten setzen muss. In diesem Fall war es denkbar, dass Netznutzer zivilgerichtliche Klagen wegen überhöhter Netznutzungsentgelte erheben. Auch solche
zivilrechtlichen rechtskräftigen Urteile, die die Rechtswidrigkeit von Netznutzungsentgelten feststellen, würden eine Bindungswirkung der Kartellbehörden entfallen lassen.

§ 111a Verbraucherbeschwerden

¹Energieversorgungsunternehmen, Messstellenbetreiber und Messdienstleister (Unternehmen) sind verpflichtet, Beanstandungen von Verbrauchern im Sinne des § 13 des Bürgerlichen Gesetzbuchs (Verbraucher) insbesondere zum Vertragsabschluss oder zur Qualität von Leistungen des Unternehmens (Verbraucherbeschwerden), die den Anschluss an das Versorgungsnetz, die Belieferung mit Energie sowie die Messung der Energie betreffen, innerhalb einer Frist von vier Wochen ab Zugang beim Unternehmen zu beantworten. ²Wird der Verbraucherbeschwerde durch das Unternehmen nicht abgeholfen, hat das Unternehmen die Gründe in Textform darzulegen und auf das Schlichtungsverfahren nach § 111b unter Angabe der Anschrift und der Webseite der Schlichtungsstelle hinzuweisen. ³Das Unternehmen hat zugleich anzugeben, dass es zur Teilnahme am Schlichtungsverfahren verpflichtet ist. ⁴Das Unternehmen hat auf seiner Webseite auf das Schlichtungsverfahren nach § 111b, die Anschrift und die Webseite der Schlichtungsstelle sowie seine Pflicht zur Teilnahme am Schlichtungsverfahren hinzuweisen. ⁵Das mit der Beanstandung befasste Unternehmen hat andere Unternehmen, die an der Belieferung des beanstandenden Verbrauchers bezüglich des Anschlusses an das Versorgungsnetz, der Belieferung mit Energie oder der Messung der Energie beteiligt sind, über den Inhalt der Beschwerde zu informieren, wenn diese Unternehmen der Verbraucherbeschwerde abhelfen können.

Übersicht

	Rn.
A. Allgemeines	1
I. Inhalt und Zweck	1
II. Entstehungsgeschichte	3
III. Gemeinschaftsrechtliche Vorgaben	5
IV. Verfassungsrechtliche Beurteilung	6
B. Einzelerläuterungen	8
I. Berechtigte und Verpflichtete (S. 1)	8
1. Anspruchsberechtigter	8
2. Anspruchsverpflichteter	11
3. Beziehungen zwischen Berechtigtem und Verpflichtetem	12
II. Verbraucherbeschwerde (S. 1 und 2)	13
1. Gegenstand der Verbraucherbeschwerde	13
2. Form und Frist der Verbraucherbeschwerde	17
3. Beantwortung der Verbraucherbeschwerde	18
III. Information von Drittunternehmen (S. 5)	24
IV. Verstöße gegen § 111a	25
V. Verbraucherbeschwerde und Klageverfahren	26

Literatur: *Alexander,* Der Schutz des privaten Letztverbrauchers durch das Energie- und Vertragsrecht, EnWZ 2015, 490; *Gundel,* Der Verbraucherschutz im Energiesektor zwischen Marktliberalisierung und Klimaschutzzielen, GewArch 2012, 137; *Isermann/Berlin,* Außergerichtliche Streitbeilegung in Verbraucherangelegenheiten – Bestandsaufnahme und Maßnahmenpaket der EU für 2014/2015, VuR 2012, 47; *Lange,* Verbraucherschutz im neuen

Verbraucherbeschwerden **§ 111 a**

EnWG, RdE 2012, 41; *Rüdiger,* Die neue Schlichtungsstelle Energie: Europarechtliche Vorgaben und nationale Umsetzung(sdefizite), IR 2012, 146; Wagner/*Probst,* Das interne Beschwerdemanagement bei Verbraucherbeschwerden gem. § 111a des Entwurfs der Bundesregierung eines Gesetzes zur Neuregelung energiewirtschaftlicher Vorschriften vom 6.6.2011, IR 2011, 174; *Wolst,* Die Schlichtungsstelle Energie, EnWZ 2013, 455.

A. Allgemeines

I. Inhalt und Zweck

§ 111a eröffnet dem Verbraucher einen Anspruch auf Prüfung seiner Verbraucherbeschwerde durch das beteiligte Unternehmen (BT-Drs. 17/7519, 7). Die Norm erweitert damit **im Interesse des Verbraucherschutzes** zum einen die Anforderungen an das interne Beschwerdemanagementverfahren der in § 111a S. 1 genannten Unternehmen und zielt zum anderen auf eine Entlastung der staatlichen Rechtspflege (*Lange* RdE 2012, 41 (42)). § 111a verpflichtet die betroffenen Unternehmen dazu, gegebenenfalls Drittunternehmen über die Beschwerde zu informieren, die Verbraucherbeschwerden innerhalb von vier Wochen zu bearbeiten und zu beantworten. Bei Nichtabhilfe sind die Gründe dem Verbraucher darzulegen, wobei auf die Möglichkeit eines Schlichtungsverfahrens nach § 111b hinzuweisen ist. 1

§ 111a normiert einen Anspruch der Verbraucher sowie die sich daraus ergebenden Pflichten der Unternehmen und ihres Beschwerdemanagements und regelt damit die erste Stufe des in den §§ 111a–111c **zweistufig angelegten außergerichtlichen Streitbeilegungsverfahrens** mit der Anrufung des betroffenen Unternehmens als erster Stufe und nach § 111b Abs. 1 S. 3 als Voraussetzung eines späteren Schlichtungsverfahrens für den Fall der Nichtabhilfe als Alternative zum ordentlichen Rechtsweg (RegE v. 6.6.2011, BR-Drs. 343/11 zu Nr. 62, 239f.; vgl. auch § 14 Abs. 1 Nr. 2 VSBG). Jede Partei hat im Verbraucherbeschwerdeverfahren ihre eigenen Kosten (inklusive der allgemeinen Kosten des Beschwerdemanagements des Unternehmens) unabhängig vom Ausgang der Verbraucherbeschwerde alleine zu tragen, da § 111a keine Kostenlast vorsieht (BGH Urt. v. 12.12.2006 – VI ZR 224/05, NJW 2007, 1458). 2

II. Entstehungsgeschichte

§ 111a geht auf das Dritte Binnenmarktpaket Energie (dazu → Rn. 6) zurück, dessen Vorgaben die Mitgliedstaaten nach Art. 49 Elt-RL 09 bzw. Art. 54 Gas-RL 09 bis spätestens zum 3.3.2011 hätten umsetzen müssen. Doch kam der Bundesgesetzgeber dieser Umsetzungsfrist nicht rechtzeitig nach und hat erst im Zuge der grundlegenden **EnWG-Novelle 2011** durch Art. 1 Nr. 62 des Gesetzes zur Neuregelung energiewirtschaftsrechtlicher Vorschriften (EnWNG) vom 26.7.2011 (BGBl. 2011 I S. 1554) die gemeinschaftsrechtlichen Vorgaben zum Verbraucherschutz aufgegriffen und die §§ 111a–111c mit Wirkung vom 4.8.2011 neu geschaffen. Der Gesetzgeber reagierte damit zugleich auf die stark gestiegene Zahl an Gerichtsverfahren mit einem energierechtlichen Hintergrund. 3

Zur Umsetzung der RL über die alternative Beilegung verbraucherrechtlicher Streitigkeiten (ADR-RL, RL 2013/11/EU des Europäischen Parlaments und des Rates vom 21.5.2013 über die alternative Beilegung verbraucherrechtlicher Streitigkeiten und zur Änderung der Verordnung (EG) Nr. 2006/2004 und der RL 2009/22/EG (RL über alternative Streitbeilegung in Verbraucherangelegenheiten) 4

§ 111a   Teil 9. Sonstige Vorschriften

(ABl. 2013 L 165, 63) trat zum 1.4.2016 das Verbraucherstreitbeilegungsgesetz (VSBG v. 19.2.2016, BGBl. 2016 I S. 254) in Kraft, das in § 14 Abs. 1 Nr. 2 VSBG die vorherige vergebliche Geltendmachung des Anspruchs nicht mehr nur für die in § 111a erfassten Verträge vorschreibt, sondern nunmehr auf alle Geschäfte des Waren- und Dienstleistungsverkehrs erweitert, wobei die Teilnahme für die Unternehmen anders als bei § 111a nur freiwillig ist (Theobald/Kühling/*Ahnis* EnWG § 111a Rn. 4).

III. Gemeinschaftsrechtliche Vorgaben

5   Nachdem die von der Kommission geplante „Charta der Rechte der Energieverbraucher" über das Entwurfsstadium nicht hinausgekommen war, brachten erst das Zweite und vor allem das **Dritte Binnenmarktpaket Energie** grundlegende gemeinschaftsrechtliche Vorgaben für den Verbraucherschutz im Energiesektor. Die §§ 111a–111c unterliegen daher einer richtlinienkonformen Auslegung (Berl-KommEnergieR/*Keßler* EnWG § 111a Rn. 2). Die Grundlagen dieser Auslegung finden sich insbesondere in der RL 2009/73/EG über gemeinsame Vorschriften für den Erdgasbinnenmarkt sowie in der RL 2009/72/EG über gemeinsame Vorschriften für den Elektrizitätsbinnenmarkt. Diese hebt unter (54) der Gründe hervor, dass ein besserer Verbraucherschutz auch in einem Zugang zu wirksamen Streitbeilegungsverfahren für Verbraucher besteht, weshalb die Mitgliedstaaten Verfahren zur schnellen und wirksamen Behandlung von Beschwerden einrichten sollten. Art. 3 und der Anhang I beider RL normieren gemeinschaftsrechtliche Vorgaben zum Schutz der Verbraucher, darunter mehrere Vorgaben für künftige Streitbeilegungsverfahren. So sieht Art. 3 Abs. 7 S. 5 Elt-RL 09 vor, dass die Mitgliedstaaten einen „hohen Verbraucherschutz, insbesondere in Bezug auf die […] Streitbeilegungsverfahren" gewährleisten. Besonderen Wert legen die RL auf die Aufklärung der Verbraucher über ihre Rechte in Streitigkeiten. So sieht Art. 3 Abs. 9 S. 1 lit. c Elt-RL 09 vor, dass die Energieversorgungsunternehmen in ihren Rechnungen sowie in Werbesendungen, die an Endkunden gerichtet sind, über deren Rechte im Hinblick auf Streitbeilegungsverfahren informieren müssen. Nach dem Anhang I beider RL müssen die Verträge mit Anbietern von Elektrizitätsdienstleistungen regeln, wie der Kunde ein Streitbeilegungsverfahren einleiten kann. Zudem sind nach Art. 3 Abs. 12 Elt-RL 09 von den Mitgliedstaaten zentrale, ggf. in den allgemeinen Verbraucherinformationsstellen angesiedelte Anlaufstellen einzurichten, die die Verbraucher über die Streitbeilegungsverfahren informieren. Näher wird dies durch den Anhang I der beiden RL ausgeführt, wo unter Abs. 1 lit. f ein **transparentes, einfaches, zügiges und kostengünstiges Verfahren** zur Behandlung von Verbraucherbeschwerden verlangt wird. Hier wird gefordert, dass alle Verbraucher gegen die Gasversorger bzw. gegen die Anbieter von Elektrizitätsdienstleistungen einen Anspruch darauf haben, dass ihre Beschwerden dort bearbeitet werden (zu den weiteren Vorgaben für das an das Beschwerdeverfahren anschließende Schlichtungsverfahren → § 111b Rn. 7). Die in § 111a geregelten Anforderungen an das Beschwerdemanagement der beteiligten Unternehmen ergeben sich hingegen so nicht aus gemeinschaftsrechtlichen Vorgaben.

IV. Verfassungsrechtliche Beurteilung

6   § 111a normiert Pflichten für die in S. 1 genannten Unternehmen und erweitert damit die Anforderungen an das unternehmerische Beschwerdemanagement durch

Verbraucherbeschwerden **§ 111 a**

Berufsausübungsregelungen, die im Hinblick auf Art. 12 Abs. 1 (iVm Art. 19 Abs. 3 GG) durch mindestens vernünftige Erwägungen des Gemeinwohls rechtfertigungsbedürftig sind. Die schnelle Bearbeitung der Beschwerden soll einem effektiven Verbraucherschutz und der Entlastung der Justiz durch ein effektives System der außergerichtlichen Streitbeilegung dienen (→ Rn. 17 ff.); § 111 a verfolgt damit wichtige Gemeinwohlzwecke. Die Pflichten erscheinen zudem als verhältnismäßige und damit im Hinblick auf Art. 12 Abs. 1 GG gerechtfertigte Berufsausübungsregelungen.

Für die im Rahmen der Verbraucherbeschwerde beteiligten Verbraucher und 7 Unternehmen bleibt das **Recht, die ordentlichen Gerichte** anzurufen oder ein anderes Verfahren nach dem EnWG zu beantragen, durch § 111 a unberührt (→ Rn. 26), sodass der Justizgewährleistungsanspruch nach Art. 2 Abs. 1 ivm Art. 20 Abs. 3 GG (und Art. 19 Abs. 3 GG) durch § 111 a nicht tangiert ist.

B. Einzelerläuterungen

I. Berechtigte und Verpflichtete (S. 1)

1. Anspruchsberechtigter. Berechtigter der in § 111 a geregelten Ansprüche 8 ist der **Verbraucher iSd § 13 BGB**, also jede natürliche Person, die ein Rechtsgeschäft zu einem Zweck abschließt, der weder ihrer gewerblichen noch ihrer selbständigen beruflichen Tätigkeit zugerechnet werden kann. Maßgeblich ist dabei der Zeitpunkt des Vertragsschlusses (BerlKommEnergieR/*Keßler* EnWG § 111 a Rn. 4). Der Gesetzgeber hat den engeren Begriff des Verbrauchers und nicht den weiteren des Haushaltskunden ins Zentrum gestellt. Der in den beiden RL verwandte Begriff „Haushaltskunde" wird durch Art. 2 Nr. 10 Elt-RL 09 bzw. Art. 2 Nr. 25 Gas-RL 09 als ein Kunde definiert, der Elektrizität bzw. Gas für den Eigenverbrauch im Haushalt kauft, was gewerbliche und berufliche Tätigkeiten nicht mit einschließt. Der Sache nach stellt § 111 a damit durch die Verwendung des Verbraucherbegriffs den – im Vergleich zu § 3 Nr. 22 engeren – gemeinschaftsrechtlichen Haushaltskundenbegriff ins Zentrum der alternativen außergerichtlichen Streitbeilegung (vgl. dazu auch *Gundel* GewArch 2012, 137 (138 und 143)). Mit dem Verweis auf den Verbraucherbegriff des § 13 BGB weicht § 111 a von den im EnWG üblichen unterschiedlichen Definitionsansätzen des Energieabnehmers ab. Dabei umfasst der weite Kreis der **Letztverbraucher** auch Personengruppen, die in § 13 BGB nicht erfasst sind und geht damit über den Kreis der Berechtigten nach § 111 a hinaus, da nach § 3 Nr. 25 als Letztverbraucher alle natürliche oder juristische Personen gelten, die Energie für den eigenen Verbrauch kaufen. Überwiegend zum Personenkreis der Verbraucher iSd § 111 a zählen hingegen die **Haushaltskunden** ieS nach § 3 Nr. 22, also die Letztverbraucher, die Energie überwiegend für den Eigenverbrauch im Haushalt oder für den einen Jahresverbrauch von 10.000 kWh nicht übersteigenden Eigenverbrauch für berufliche, landwirtschaftliche oder gewerbliche Zwecke kaufen. Diese Definition weicht von den gemeinschaftsrechtlichen Vorgaben ab, nach denen bei Haushaltskunden ein Verbrauch zu gewerblichen oder beruflichen Zwecken gerade nicht mit eingeschlossen sein soll (vgl. zur Zulässigkeit dieser Ausweitung vgl. *Gundel* GewArch 2012, 137 (138 mwN)).

Entscheidend für die Frage, ob der Energieverbrauch dem privaten Bereich zu- 9 zuordnen ist und somit von einem „Verbraucher" iSd § 111 a S. 1 verursacht wurde, ist dabei nicht die innere Willensrichtung des Verbrauchers, sondern allein das dem

§ 111 a Teil 9. Sonstige Vorschriften

Verbrauch zugrundeliegende Rechtsgeschäft, dessen Inhalt nach den jeweiligen Begleitumständen auszulegen ist (BGH Urt. v. 15.11.2007 – III ZR 295/06, NJW 2008, 435 und Palandt/*Ellenberger* BGB § 13 Rn. 4). Dabei kommt es nicht darauf an, ob jemand als Tarifkunde oder Sondervertragskunde geführt wird oder wie hoch der Energieverbrauch war (NK-EnWG/*Schex* § 111a Rn. 3). Keine Verbraucher sind alle juristischen Personen; auch Idealvereine und Stiftungen fallen nicht unter den Verbraucherbegriff (EuGH Urt. v. 22.11.2001 – C-541/99, C-542/99, ECLI:EU:C:2001:625 = NJW 2002, 205 – Cape und Idealservice MN RE). Eine GbR zählt zu den Verbrauchern, sofern das Rechtsgeschäft nicht ihrer gewerblichen oder selbständigen beruflichen Tätigkeit zugerechnet werden kann (Palandt/*Ellenberger* BGB § 13 Rn. 2 f.). Die bloße Verwaltung des eigenen Vermögens ist grundsätzlich nicht als gewerbliche und auch nicht als selbstständige berufliche Tätigkeit anzusehen (BGH Urt. v. 23.10.2001 – XI ZR 63/01, NJW 2002, 368). Eine Wohnungseigentümergemeinschaft ist (unabhängig von der Vertretung durch einen gewerblichen Verwalter) dann als Verbraucher anzusehen, wenn ihr mindestens ein Verbraucher angehört und der streitige Energieliefervertrag nicht gewerblichen oder selbstständigen beruflichen Zwecken dient (BGH Urt. v. 25.3.2015 – VIII ZR 243/13, NJW 2015, 3228, 1. Ls.). Die Einordnung des **Vermieters** weist hierbei Abgrenzungsprobleme auf. Der private Vermieter ist solange Verbraucher iSd § 13 BGB, wie er im Rahmen seiner privaten Vermögensverwaltung handelt (Staudinger/*Fritzsche* BGB § 13 Rn. 49 mwN). Diese Vermögensverwaltung wird erst dann zu einer berufs- oder gewerbsmäßigen, wenn der Umfang der mit ihr verbundenen Geschäfte einen planmäßigen Geschäftsbetrieb, wie etwa die Unterhaltung eines Büros oder eine geschäftsmäßige Organisation, erfordert (MüKoBGB/*Micklitz* § 13 Rn. 45 mwN und OLG Koblenz Hinweisbeschl. v. 10.1.2011 – 5 U 1353/10, NJW-RR 2011, 1203 f.). Feste Objektsgrenzen haben sich bisher nicht etabliert. Vereinzelt wurde die Gewerbsmäßigkeit bei der Vermietung von sechs (Ferien-)Wohnungen bejaht (AG Köln Urt. v. 28.10.2004 – 210 C 248/04, BeckRS 2007, 4589) Auch die Lieferung von Energie für zehn Wohnungen dürfte die Verbrauchereigenschaft des Kunden ausschließen (Theobald/Kühling/*Ahnis* EnWG Vor § 111a–c Rn. 42).

10 Zweifelhaft sind die Fälle, in denen das Handeln nicht eindeutig nur dem privaten oder nur dem gewerblichen bzw. beruflichen Bereich zuzurechnen ist (**„dual use"**). Ob eine Vertragsbeziehung zu einem Endkunden dessen gewerblicher oder selbstständiger beruflicher Tätigkeit zuzurechnen ist, ist für das im Endkundengeschäft tätige Unternehmen dabei nur schwer oder nicht sicher festzustellen. Unternehmen laufen hier Gefahr, bei einer Beschwerde zu Unrecht die Verbrauchereigenschaft eines Kunden abzulehnen und keine Veranlassung zu sehen, die Beschwerde unter den Vorgaben des § 111 a zu beantworten. Insbesondere in den Fällen, in denen ein einheitlicher Energieverbrauch für ein sowohl zu privaten als auch zu beruflichen Zwecken genutztes Objekt ausgewiesen wird, stellt sich die im Hinblick auf das weitere Verbraucherbeschwerde- bzw. Schlichtungsverfahren zentrale Abgrenzungsproblematik. ZT wird in den Dual-use-Fällen mit einer engen Auslegung stets unternehmerisches Handeln (Jauernig/*Jauernig* BGB § 13 Rn. 3), zT stets privates Handeln (so etwa *Schwerdtfeger* DStR 1997, 499 (500); Staudinger/*Kessal-Wulf*, 14. Aufl. 2004, BGB § 491 Rn. 34) angenommen. Eine vermittelnde Ansicht stellt darauf ab, ob das private oder das berufliche Handeln überwiegt (so etwa Grüneberg/*Ellenberger* BGB § 13 Rn. 4 und OLG Celle Urt. v. 11.8.2004 – 7 U 17/04, NJW-RR 2004, 1645 (1646)). Der EuGH lehnt die Verbrauchereigenschaft demgegenüber bereits dann ab, wenn die Angelegenheit Bezug zur beruflichen Tätigkeit hat (EuGH Urt. v. 20.1.2005 – C-464/01, ECLI:EU: C:2005:32 = NJW 2005, 653 (654) – Gruber/BayWa AG). Dieser Grundsatz ist auch auf § 111a übertragbar, führt dabei jedoch zu den genannten Abgrenzungsschwierigkeiten. Im Hinblick auf §§ 111a–111c und die dort verfolgten gemeinschaftsrechtlichen Vorgaben eines möglichst umfassenden Verbraucherschutzes werden die betroffenen Unternehmen in den Dual-use-Fällen in den Zweifelsfällen von der Verbrauchereigenschaft ausgehen, schon um die aus einer falschen Einschätzung resultierenden Gefahren eines Abmahnverfahrens zu vermeiden (so auch *Wagner/Probst* IR 2011, 174 (175): „im Zweifel [...] pro Verbrauchereigenschaft"). Wer sich auf seine Verbrauchereigenschaft beruft, trägt dafür die **Beweislast** und muss darlegen und beweisen, dass er mit dem Geschäft objektiv einen privaten Zweck verfolgt hat (Grüneberg/*Ellenberger* BGB § 13 Rn. 4).

2. Anspruchsverpflichteter. § 111a S. 1 enthält eine **Legaldefinition der** 11 **verpflichteten Unternehmen.** Hiernach sind Energieversorgungsunternehmen, Messstellenbetreiber und Messdienstleister als „Unternehmen" iSd Norm anzusehen. § 111a S. 1 verweist damit auf die Legaldefinitionen des EnWG der drei Unterbegriffe: **Energieversorgungsunternehmen** sind nach der Begriffsbestimmung in § 3 Nr. 18 natürliche oder juristische Personen, die Energie an andere liefern, ein Energieversorgungsnetz betreiben oder an einem Energieversorgungsnetz als Eigentümer Verfügungsbefugnis besitzen; der Betrieb einer Kundenanlage oder einer Kundenanlage zur betrieblichen Eigenversorgung macht den Betreiber dabei nicht zum Energieversorgungsunternehmen. Den Antrag des Bundesrats, zusätzlich die Lieferanten und Verteilernetzbetreiber in S. 1 aufzunehmen (BT-Drs. 17/6248, 29), hat die Bundesregierung mit Hinweis darauf abgelehnt, dass diese beiden Gruppen bereits von der Legaldefinition des Energieversorgungsunternehmens nach § 3 Nr. 18 erfasst seien (BT-Drs. 17/6248, 43), das damit der in der Praxis wesentliche Verpflichtete des § 111a ist. **Messstellenbetreiber** sind nach § 3 Nr. 26a Netzbetreiber oder Dritte, die die Aufgabe des Messstellenbetriebs wahrnehmen. Der Begriff des Messdienstleisters ist demgegenüber nicht legal definiert. Er ließ sich früher aus § 21b Abs. 2 S. 1 ableiten. Danach sollten Messdienstleister als natürliche oder juristische Personen ausschließlich den Messstellenbetrieb durchführen, ohne zugleich Netzbetreiber zu sein (BR-Drs. 343/11, 238, krit. dazu Theobald/ Kühling/*Ahnis* EnWG Vor § 111a Rn. 46). Nach § 9 Abs. 2 S. 1 MessZV wird dem Messdienstleister als einem (vom Messstellenbetreiber verschiedenen) Dritten die Durchführung der Messung auf Wunsch des Anschlussnutzers übertragen, sofern die Messeinrichtung nicht elektronisch ausgelesen wird.

3. Beziehungen zwischen Berechtigtem und Verpflichtetem. Zwischen 12 dem Verbraucher und dem verpflichteten Unternehmen müssen **privatrechtliche Beziehungen** bestehen, da die Verbraucherbeschwerde sowohl auf der ersten Stufe des § 111a als auch auf der zweiten Stufe des Schlichtungsverfahrens nach § 111b auf privatrechtliche Beziehungen beschränkt ist, die aufgrund eines Vertrags oder aufgrund des EnWG sowie auf dieser Grundlage ergangener Verordnungen zustande kommen (vgl. schon RegE v. 6.6.2011, BR-Drs. 343/11, 238). Das Verbraucherschlichtungsverfahren bezieht sich damit auf Ansprüche über den Anschluss an das Versorgungsnetz, die Belieferung mit Energie und deren Messung (§ 111a S. 1).

Rüdiger

§ 111a

II. Verbraucherbeschwerde (S. 1 und 2)

13 **1. Gegenstand der Verbraucherbeschwerde.** Nach § 111a S. 1 sind **Verbraucherbeschwerden** Beanstandungen von Verbrauchern iSd § 13 BGB, insbesondere zum Vertragsabschluss oder zur Qualität von Leistungen des Unternehmens. Als Beschwerde soll dabei jede Beanstandung eines Kunden ua im Hinblick auf die Nichterfüllung von Kundenbegehren wie etwa Vertragsabschlüssen oder hinsichtlich der Qualität von Leistungen des Unternehmens gelten (RegE v. 6.6.2011, BR-Drs. 343/11, 239). Der Gesetzgeber hat damit den zulässigen Inhalt von Verbraucherbeschwerden nicht abschließend geregelt, sondern lediglich zwei Hauptpunkte herausgestellt und dem Gegenstand der Verbraucherbeschwerden nur im Ansatz fassbare Konturen gegeben. Grundsätzlich ist danach jede energierechtliche Beziehung zwischen den Berechtigten und den Verpflichteten ein möglicher Gegenstand einer Verbraucherbeschwerde (so weit auch *Wagner/Probst* IR 2011, 174 (175)).

14 Der Beschwerdebegriff ist daher **grundsätzlich weit** zu verstehen und setzt nicht voraus, dass die Beschwerde als solche bezeichnet wird. Der Beschwerdebegriff umfasst im Gegensatz zu bloßen Nachfragen des Verbrauchers alle Meinungsverschiedenheiten zwischen Verbrauchern und Unternehmen (iVm § 111a inklusive Drittunternehmen) über Rechte und Pflichten aus dem Vertrag. Letztlich ist iSe verbraucherfreundlichen Auslegung immer dann von einer Beschwerde auszugehen, wenn der Verbraucher von dem Unternehmen ein bestimmtes Tun oder Unterlassen im Zusammenhang mit dem Bezug von Strom, Gas oder Erdgas fordert (NK-EnWG/*Schex* § 111a Rn. 6).

15 Hauptsächlich haben die hiernach umfassten Beanstandungen der Verbraucher neben der vorvertraglichen Phase, dem Vertragsabschluss und vertragsbezogenen Beanstandungen nach Vertragsbeendigung (Theobald/Kühling/*Ahnis* EnWG § 111a Rn. 11), vor allem die Leistungen des Unternehmens in Bezug auf den Anschluss an das Versorgungsnetz (zu dem Begriff § 3 Nr. 2, umfasst ist hierbei auch die Nutzung des Anschlusses, NK-EnWG/*Schex* § 111a Rn. 8), die Belieferung mit Energie (§ 3 Nr. 14) und deren Messung (§ 3 Nr. 26c), nicht aber die Einspeisung von Energie durch Private zum Gegenstand. § 111a S. 1 stellt klar, dass es sich nur um eine exemplarische Aufzählung handelt („insbesondere") und andere Beanstandungsgegenstände in Betracht kommen. Damit wird die Verfahrenszuständigkeit nur vage umschrieben (so auch *Lange* RdE 2012, 41 (42)). Auf Vorschlag des Bundesrats sollte zudem die **Abrechnung von Energie** ausdrücklich aufgenommen werden, da auch diesbezügliche Beschwerden innerhalb der Frist beantwortet werden sollten (BT-Drs. 17/6248, 29). Dies wurde jedoch seitens der Bundesregierung abgelehnt, da die Abrechnung vom Liefervertragsverhältnis durch eine entsprechende Auslegung vom Begriff „Belieferung mit Energie" mit umfasst sei (BT-Drs. 17/6248, 43). Der häufigste Beschwerdegegenstand bleibt damit im Normtext unerwähnt.

16 **Kein zulässiger Gegenstand von Verbraucherbeschwerden** sind hingegen zum einen solche Energiearten, die nicht zur leitungsbezogenen Versorgung verwendet werden wie etwa Fernwärme, Öl oder Flüssiggas (NK-EnWG/*Schex* § 111a Rn. 7); hier besteht nach den §§ 1, 2 und 4 VSBG jedoch seit 2016 die Möglichkeit der externen Schlichtung (Theobald/Kühlig/*Ahnis* EnWG § 111a Rn. 18). Zum anderen sind solche Beanstandungen ausgeklammert, die der Verbraucher auch nicht vor Gericht geltend machen könnte. Denn das außergerichtliche Streitbeilegungsverfahren will gerade nicht die zulässigen Beschwerdegegenstände der Verbraucher ausweiten, sondern dem Verbraucher lediglich für solche Verfahren, die er zulässigerweise gerichtlich betreiben könnte, eine außergerichtliche Alternative anbieten. Insofern führt die Verbraucherbeschwerde nicht dazu, dem Verbraucher eine Beschwerdemöglichkeit und den späteren Eintritt in das Schlichtungsverfahren in solchen Angelegenheiten zu eröffnen, für die er im gerichtlichen Verfahren nicht die nötige Aktivlegitimation hätte. Somit gehören die Beschwerden gegen wettbewerbswidriges Verhalten der Unternehmen wegen § 8 Abs. 3 UWG nicht zu den in der Verbraucherbeschwerde rügefähigen Inhalten (so auch *Wagner/Probst* IR 2011, 174 (175)). Ebenso stellen Streitigkeiten nach dem EEG keinen zulässigen Gegenstand von Verbraucherbeschwerden bzw. Schlichtungsverfahren dar, da hierfür die Clearingstelle nach § 57 EEG zuständig ist (*Lange* RdE 2012, 41 (42)).

2. Form und Frist der Verbraucherbeschwerde. § 111a enthält keine ausdrückliche **Frist zur Erhebung der Verbraucherbeschwerde,** die jedoch dann nicht mehr erhoben werden kann, wenn der zugrundeliegende Anspruch verjährt ist, wobei hier die regelmäßige dreijährige Verjährung greift (NK-EnWG/*Schex* § 111a Rn. 12 mit dem Hinweis auf die Verwirkung im Einzelfall, was von BerlKommEnergieR/*Keßler* EnWG § 111a Rn. 7 jedoch im Hinblick auf den Schutzzweck des § 111a zu Recht krit. gesehen wird).**Formvorschriften für die Verbraucherbeschwerde** finden sich in § 111a ebenso wenig, der dieses Verfahren besonders verbraucherfreundlich ausgestaltet. Verbraucherbeschwerden sind damit auch mündlich, telefonisch oder elektronisch möglich. Soll das betroffene Unternehmen jedoch in der Lage sein, innerhalb von vier Wochen über die Beschwerde zu entscheiden, so trifft den Verbraucher bei der Erhebung der Verbraucherbeschwerde jedenfalls in besonders gelagerten Fällen eine Begründungs- und Mitwirkungspflicht als vertragliche Nebenpflicht. Diese bezieht sich insbesondere auf solche für die Entscheidung erforderlichen Unterlagen und Informationen, auf die allein der Verbraucher Zugriff hat (so auch *Wagner/Probst* IR 2011, 174 (175)). In besonderen Fällen mit langen oder komplizierten Sachverhalten wird die Mitwirkungspflicht des Verbrauchers auch dazu führen können, dass er die Verbraucherbeschwerde schriftlich oder elektronisch wie etwa über die Profile der Unternehmen in den sozialen Netzwerken (Theobald/Kühling/*Ahnis* EnWG § 111a Rn. 20) einreichen muss, um das Unternehmen in die Lage zu versetzen, die Beschwerde angemessen prüfen zu können.

3. Beantwortung der Verbraucherbeschwerde. a) Antwortfrist (S. 1). Die **Beantwortung der Beschwerde** muss nach § 111a S. 1 innerhalb von vier Wochen ab Zugang iSd § 130 BGB beim Unternehmen erfolgen, das den Zugang schon aus Fristgründen dokumentieren sollte. Der Fristlauf richtet sich nach § 186 BGB insbesondere nach den §§ 187 Abs. 1, 188 Abs. 2 BGB. Der Gesetzgeber wollte mit dieser Frist die gemeinschaftsrechtlichen Vorgaben für ein zügiges Verfahren zur außergerichtlichen Einigung mit einer Gesamtdauer von drei Monaten umsetzen und den Unternehmen dennoch eine angemessene Zeit geben, um die Beschwerden zu prüfen und notwendige Informationen einzuholen (RegE v. 6.6.2011, BR-Drs. 343/11, 239). Die Norm ist ohne Ausnahmetatbestand oder Öffnungsklausel formuliert; insbesondere sieht der Wortlaut keine Fristverlängerungen für besonders schwierige, atypische oder außergewöhnlich aufwändige Beschwerden vor, sodass ein bloßer Zwischenbescheid ebenso wie eine bloße Eingangsbestätigung des Unternehmens innerhalb der vier Wochen und eine spätere abschließende Bescheidung nicht ausreichend sind (so auch Theobald/Kühling/*Ahnis* EnWG § 111a Rn. 25; aA NK-EnWG/*Schex* § 111a Rn. 15, der einen vorläufigen Zwischenbescheid genügen lassen will). Letztlich stellt die knappe Frist eine besondere Herausforderung für das interne Beschwerdemanagement der verpflichteten Unternehmen dar. Diese müssen sich im Hinblick auf die Vielzahl möglicher Verfahren und im Hinblick auf die knapp bemessene Vier-Wochen-Frist auf die Herausforderungen, insbesondere durch ausreichend geschultes Personal, einstellen (so auch *Wagner/Probst* IR 2006, 174 (176)). Zweifelhaft bleibt die Vier-Wochen-Frist aber für die Fälle, in denen das verpflichtete Unternehmen die Verbraucherbeschwerde ohne eine weitere Mitwirkung des Verbrauchers (Unterlagen, Zutritt zu Räumen oder dergleichen) gar nicht angemessen bearbeiten kann. Hier kann der Fristbeginn wegen § 111a S. 1 nicht auf einen späteren Zeitpunkt verlagert werden. Insofern muss das verpflichtete Unternehmen die Verbraucherbeschwerde nach einer vergeblichen Aufforderung, Materialien beizubringen, selbst auf einer evident unvollständigen Tatsachengrundlage innerhalb der Vier-Wochen-Frist beantworten und dem Verbraucher damit gegebenenfalls den Gang ins Schlichtungsverfahren nach § 111b eröffnen. Das Unternehmen wird in diesen Fällen darauf verwiesen bleiben, einen durch die unterbliebene Mitwirkung des Verbrauchers entstandenen Schaden gegebenenfalls wegen der Verletzung vertraglicher Nebenpflichten etwa nach § 280 BGB gesondert geltend zu machen.

19 In den Fällen, in denen die Bearbeitung innerhalb der Frist nicht mangels Mitwirkung des Kunden, sondern **aus objektiven Gründen unmöglich** ist (zu denken ist insbesondere an die Prüfung des Zählers durch die Eichbehörde bei Verbraucherbeschwerden über zu hohe Zählerstände), wird das Unternehmen den Verbraucher innerhalb der Frist jedenfalls substantiiert über den Verfahrensstand und über die Gründe der objektiven Unmöglichkeit informieren müssen.

20 Erfolgt seitens des Unternehmens innerhalb der Vier-Wochen-Frist **keine Beantwortung der Verbraucherbeschwerde,** so kann der Verbraucher sofort die Schlichtungsstelle anrufen. Das Unternehmen ist auch in diesen Fällen zur Teilnahme am Schlichtungsverfahren verpflichtet (RegE v. 6.6.2011, BR-Drs. 343/11 zu Nr. 62, 239).

21 **b) Inhalt der Antwort. aa) Beantwortung im Abhilfefall.** Der **Inhalt der Beantwortung der Verbraucherbeschwerde** wird in § 111a S. 2 lediglich für die Fälle normiert, in denen der Verbraucherbeschwerde nicht abgeholfen wird. Kommt das Unternehmen bei der Prüfung der Verbraucherbeschwerde zu dem Ergebnis, dass diese begründet ist, so hat das Unternehmen der Beschwerde abzuhelfen, was auch formlos erfolgen kann. Dieser Anspruch des Verbrauchers ergibt sich zwar nicht ausdrücklich aus dem Wortlaut des § 111a S. 1 oder 2, ist aber aus der Ratio der Norm unschwer herzuleiten (*Wagner/Probst* IR 2006, 174 (176)): Ließe das Unternehmen eine begründete Verbraucherbeschwerde unbeantwortet oder würde dieser nicht abhelfen, so könnte der Verbraucher entweder das Schlichtungsverfahren nach § 111b einleiten oder Klage vor den ordentlichen Gerichten erheben, wobei das Unternehmen in beiden Fällen nach einer begründeten Verbraucherbeschwerde die zusätzlichen Verfahrenskosten tragen müsste. Hilft das Unternehmen der Verbraucherbeschwerde ab, so wird die Schlichtungsstelle nicht mehr tätig (*Lange* RdE 2012, 41 (42)).

22 **bb) Beantwortung bei Nichtabhilfe.** Will oder kann das Unternehmen der Verbraucherbeschwerde nicht abhelfen, so muss es nach § 111a S. 2 die Gründe für die **Ablehnung der Beschwerde** in Textform darlegen und dabei auf die Möglichkeit des Schlichtungsverfahrens nach § 111b hinweisen. Die Textform verlangt nach § 126b BGB, dass eine auf einem dauerhaften Datenträger iSd § 126b BGB angege-

… Verbraucherbeschwerden § 111a

bene, gegebenenfalls unterschriftslose und lesbare Erklärung vorliegt, in der die Person des Erklärenden genannt wird. Zudenken ist daher neben dem Brief auch an eine E-Mail, nicht hingegen an eine bloß telefonische Erläuterung (NK-EnWG/ *Schex* § 111a Rn. 16) Die Vorschrift knüpft an die in § 40 Abs. 2 S. 1 Nr. 8 normierten Hinweispflichten für Lieferanten in ihren Rechnungen an Letztverbraucher an, die auf die ihnen eröffneten Streitbeilegungsverfahren, auf die Schlichtungsstelle nach § 111b und deren Anschrift sowie auf die Kontaktdaten des Verbraucherservices der BNetzA für den Bereich Elektrizität und Gas hinzuweisen sind. Nach § 111a S. 2 und 3 ist der Verbraucher im Rahmen der Nichtabhilfe auf die Schlichtungsstelle Energie eV (inkl. deren Anschrift Friedrichstraße 133, 10117 Berlin, und deren Website: www.schlichtungsstelle-energie.de) ebenso wie auf die Pflicht des Unternehmens aufmerksam zu machen, an einem etwaigen Schlichtungsverfahren teilzunehmen. Diese Hinweise hat das Unternehmen zudem auf der eigenen Homepage zu veröffentlichen, § 111a S. 4, der als speziellere Norm dem insoweit regelungsgleichen § 36 Abs. 2 Nr. 1 VSBG vorgeht. Entsprechende Hinweise sind nach § 36 Abs. 1 Nr. 2 VSBG zudem in den AGB der Unternehmen aufzunehmen. In Online-Dienstleistungs-/Kaufverträgen ist nach Art. 14 Abs. 1 ODR-VO zudem auf die Online-Streitbeilegungs-Plattform der Europäischen Union (ec.europa.eu) hinzuweisen.

Der **Inhalt der Ablehnung** wird von § 111a mit Ausnahme der in S. 2 genannten Umstände nicht näher bestimmt. Aus dem Gesetzgebungsmaterialien ergibt sich jedoch, dass bei der Nichtabhilfe eine schlichte Ablehnung ebenso wie die Erteilung einer Eingangsbestätigung nicht ausreichen soll, sondern eine Stellungnahme des Unternehmens gefordert ist (RegE v. 6.6.2011, BR-Drs. 343/11, 239). Danach muss das Unternehmen seine Ablehnung hinreichend argumentativ untermauern, dabei die Umstände des Einzelfalles verdeutlichen und va darlegen, an welcher Voraussetzung der vom Verbraucher geltend gemachte Anspruch scheitert (*Wagner/ Probst* IR 2006, 174 (176)). Nicht ausreichend sind daher vorformulierte Schreiben, die pauschal die Einwände der Verbraucherbeschwerde zurückweisen, unverständlich sind oder sich mit den Besonderheiten des Einzelfalles nicht auseinandersetzen. Die Begründung der Nichtabhilfe steht am Ende der ersten Stufe des außergerichtlichen Streitbeilegungsverfahrens und stellt damit zugleich die Grundlage des Schlichtungsverfahrens dar. Sie leitet durch den nach § 111a S. 2 nötigen Hinweis auf das Schlichtungsverfahren zur zweiten Stufe über, auf der die Begründung dem weiteren Verfahren auch durch den Verbraucher zugrunde gelegt werden kann (RegE v. 6.6.2011, BR-Drs. 343/11, 239). Daher legen die Unternehmen mit einer sorgfältig begründeten Ablehnung die Grundlagen für das mögliche Schlichtungsverfahren bzw. dafür, dass der Verbraucher die Ablehnung nachvollziehen kann und daher auf die Einleitung eines Schlichtungsverfahrens und auf eine Klage verzichtet (zur Sorgfaltsanforderung auch *Wagner/Probst* IR 2006, 174 (176), die die Einholung von externem Rat zur Verbesserung der Position im Schlichtungsverfahren befürworten, was im Hinblick auf die einseitige Kostenlast des Schlichtungsverfahrens und die Nichtverbindlichkeit des Schlichterspruchs wohl in der Regel zu weit gehen dürfte).

III. Information von Drittunternehmen (S. 5)

§ 111a S. 5 erweitert die Pflichten aus § 111a S. 1 bis 4 nach dem Willen des Gesetzgebers (BT-Drs. 17/7519, 4) um die weitere Pflicht, auch andere Unternehmen, die an der Belieferung des Verbrauchers bezüglich des Anschlusses an das Ver-

§ 111a Teil 9. Sonstige Vorschriften

sorgungsnetz, der Belieferung mit Energie oder der Messung der Energie beteiligt sind, über die Verbraucherbeschwerde und deren Inhalt zu informieren, wenn diese **Drittunternehmen** der Verbraucherbeschwerde abhelfen können. Zugunsten einer zügigen und effektiven Streitbeilegung sollen frühzeitig alle Chancen genutzt werden, um der Beschwerde abzuhelfen. Bei den über die Verbraucherbeschwerde zu unterrichtenden Drittunternehmen muss es sich nach § 111a S. 5 um Unternehmen handeln, die an der Belieferung des Verbrauchers bezüglich des Anschlusses an das Versorgungsnetz, der Versorgung des konkreten Kunden mit Energie oder der Messung der Energie beteiligt sind. Diese Unternehmen müssen in der Lage sein, der Verbraucherbeschwerde abzuhelfen. Damit soll auch den Drittunternehmen die Möglichkeit eröffnet werden, der Verbraucherbeschwerde vor Einleitung eines Schlichtungsverfahrens abzuhelfen, um die damit verbundenen Kosten bzw. eine an das Schlichtungsverfahren anschließende gerichtliche Auseinandersetzung mit den Unternehmen iSd § 111a S. 1 zu vermeiden (BT-Drs. 17/7519, 7). Das Drittunternehmen wird durch die Information jedoch nicht verpflichtet, selbst eine (ggf. abweichende) Entscheidung über die Verbraucherbeschwerde gegenüber dem Verbraucher abzugeben, diese Aufgabe verbleibt bei dem ursprünglich mit der Beschwerde befassten Unternehmen (so auch Theobald/Kühling/*Ahnis* EnWG § 111a Rn. 48).

IV. Verstöße gegen § 111a

25 Verstößt ein Unternehmen gegen eine der Pflichten aus § 111a (etwa durch Verweigerung einer Entscheidung über die Verbraucherbeschwerde), so ergeben sich aus § 111a **keine unmittelbaren Folgen.** Der Verstoß hat auch hinsichtlich des streitbefangenen Anspruchs keine unmittelbaren Auswirkungen. Der betroffene Verbraucher kann aber bei der BNetzA einen Antrag auf ein Missbrauchs- oder ein Aufsichtsverfahren nach den §§ 30 Abs. 2, 31, 65 stellen (NK-EnWG/*Schex* § 111a Rn. 19), was dann aber regelmäßige Verstöße/Missstände voraussetzt. Daneben kommen wettbewerbsrechtliche Sanktionsmöglichkeiten auf Beseitigung oder Unterlassung nach den §§ 3, 3a, 8 UWG aufgrund von Maßnahmen von Mitbewerbern oder Verbraucherschutzverbänden in Betracht, die nach § 2 Abs. 1 und 2 Nr. 12 UKlaG auch hinsichtlich der Einhaltung der genannten Pflichten aus den §§ 36, 37 VSBG klagebefugt sind.

V. Verbraucherbeschwerde und Klageverfahren

26 Das außergerichtliche Schlichtungsverfahren tangiert auf seiner ersten Stufe des Verbraucherbeschwerdeverfahrens die Klagemöglichkeiten des Verbrauchers nicht. Es tritt als **Alternative neben die bisherige Klagemöglichkeit,** wegen der in § 111a S. 1 genannten Verfahrensgegenstände vor die ordentlichen Gerichte zu ziehen. Der Verbraucher kann also auch ohne vorherige Einleitung eines Schlichtungsverfahrens ohne Verbraucherbeschwerde sofort den ordentlichen Rechtsweg beschreiten (*Wagner/Probst* IR 2011, 174). Das Schlichtungsverfahren stellt auf keiner der beiden Stufen ein Verfahren vor einer Gütestelle iSd § 15a EGZPO dar und gehört damit nicht zu den obligatorischen gerichtlichen Vorverfahren (*Lange* RdE 2012, 41 (42)). Nach § 111b Abs. 1 S. 6 bleibt zudem beim Schlichtungsverfahren und damit auch auf der ersten Stufe des Verbraucherbeschwerdeverfahrens nicht nur die Möglichkeit unberührt, die Gerichte anzurufen, sondern auch ein anderes Verfahren nach dem EnWG wie etwa das Missbrauchsverfahren nach § 31

oder das Aufsichtsverfahren nach den §§ 65, 66 Abs. 1 Var. 2 einzuleiten, an dessen Ende ein Bußgeld nach § 95 stehen kann.

§ 111 b Schlichtungsstelle, Verordnungsermächtigung

(1) ¹Zur Beilegung von Streitigkeiten zwischen Unternehmen und Verbrauchern über den Anschluss an das Versorgungsnetz, die Belieferung mit Energie sowie die Messung der Energie kann die anerkannte oder beauftragte Schlichtungsstelle angerufen werden. ²Sofern ein Verbraucher eine Schlichtung bei der Schlichtungsstelle beantragt, ist das Unternehmen verpflichtet, an dem Schlichtungsverfahren teilzunehmen. ³Der Antrag des Verbrauchers auf Einleitung des Schlichtungsverfahrens ist erst zulässig, wenn das Unternehmen im Verfahren nach § 111a der Verbraucherbeschwerde nicht abgeholfen hat. ⁴Die Schlichtungsstelle kann andere Unternehmen, die an der Belieferung des den Antrag nach Satz 2 stellenden Verbrauchers bezüglich des Anschlusses an das Versorgungsnetz, der Belieferung mit Energie oder der Messung der Energie beteiligt sind, als Beteiligte im Schlichtungsverfahren hinzuziehen. ⁵Das Recht der Beteiligten, die Gerichte anzurufen oder ein anderes Verfahren nach diesem Gesetz zu beantragen, bleibt unberührt.

(2) Sofern wegen eines Anspruchs, der durch das Schlichtungsverfahren betroffen ist, ein Mahnverfahren eingeleitet wurde, soll der das Mahnverfahren betreibende Beteiligte auf Veranlassung der Schlichtungsstelle das Ruhen des Mahnverfahrens bewirken.

(3) ¹Das Bundesministerium für Wirtschaft und Energie kann im Einvernehmen mit dem Bundesministerium der Justiz und für Verbraucherschutz eine privatrechtlich organisierte Einrichtung als zentrale Schlichtungsstelle zur außergerichtlichen Beilegung von Streitigkeiten nach Absatz 1 anerkennen. ²Die Anerkennung ist im Bundesanzeiger bekannt zu machen und der Zentralen Anlaufstelle für Verbraucherschlichtung nach § 32 Absatz 2 und 4 des Verbraucherstreitbeilegungsgesetzes vom 19. Februar 2016 (BGBl. I S. 254), das durch Artikel 1 des Gesetzes vom 30. November 2019 (BGBl. I S. 1942) geändert worden ist, mitzuteilen.

(4) Eine privatrechtlich organisierte Einrichtung kann nach Absatz 3 Satz 1 als Schlichtungsstelle anerkannt werden, wenn sie die Voraussetzungen für eine Anerkennung als Verbraucherschlichtungsstelle nach dem Verbraucherstreitbeilegungsgesetz erfüllt, soweit das Energiewirtschaftsgesetz keine abweichenden Regelungen trifft.

(5) ¹Die anerkannte Schlichtungsstelle hat dem Bundesministerium für Wirtschaft und Energie und dem Bundesministerium der Justiz und für Verbraucherschutz jährlich über ihre Organisations- und Finanzstruktur zu berichten. ²§ 34 des Verbraucherstreitbeilegungsgesetzes bleibt unberührt.

(6) ¹Die anerkannte Schlichtungsstelle kann für ein Schlichtungsverfahren von den nach Absatz 1 Satz 2 und 4 beteiligten Unternehmen ein Entgelt erheben. ²Die Höhe des Entgelts nach Satz 1 muss im Verhältnis zum Aufwand der anerkannten Schlichtungsstelle angemessen sein und den ordnungsgemäßen Geschäftsbetrieb sicherstellen. ³Bei offensichtlich miss-

§ 111b

bräuchlichen Anträgen nach Absatz 1 Satz 2 kann auch von dem Verbraucher ein Entgelt verlangt werden, welches 30 Euro nicht überschreiten darf. [4]Einwände gegen Rechnungen berechtigen gegenüber der anerkannten Schlichtungsstelle zum Zahlungsaufschub oder zur Zahlungsverweigerung nur, soweit die ernsthafte Möglichkeit eines offensichtlichen Fehlers besteht. [5]Für Streitigkeiten über Schlichtungsentgelte ist örtlich ausschließlich das Gericht zuständig, in dessen Bezirk die anerkannte Schlichtungsstelle ihren Sitz hat.

(7) [1]Solange keine privatrechtlich organisierte Einrichtung als Schlichtungsstelle nach Absatz 4 anerkannt worden ist, hat das Bundesministerium für Wirtschaft und Energie die Aufgaben der Schlichtungsstelle durch Rechtsverordnung im Einvernehmen mit dem Bundesministerium der Justiz und für Verbraucherschutz ohne Zustimmung des Bundesrates einer Bundesoberbehörde oder Bundesanstalt (beauftragte Schlichtungsstelle) zuzuweisen und deren Verfahren sowie die Erhebung von Gebühren und Auslagen zu regeln. [2]Soweit dieses Gesetz keine abweichenden Regelungen trifft, muss die beauftragte Schlichtungsstelle die Anforderungen nach dem Verbraucherstreitbeilegungsgesetz erfüllen.

(8) [1]Die anerkannte und die beauftragte Schlichtungsstelle sind Verbraucherschlichtungsstellen nach dem Verbraucherstreitbeilegungsgesetz. [2]Das Verbraucherstreitbeilegungsgesetz ist anzuwenden, soweit das Energiewirtschaftsgesetz keine abweichenden Regelungen trifft. [3]Die Schlichtungsstellen sollen regelmäßig Schlichtungsvorschläge von allgemeinem Interesse für den Verbraucher auf ihrer Webseite veröffentlichen.

(9) Die Befugnisse der Regulierungsbehörden auf der Grundlage dieses Gesetzes sowie der Kartellbehörden auf Grundlage des Gesetzes gegen Wettbewerbsbeschränkungen bleiben unberührt.

Übersicht

	Rn.
A. Allgemeines	1
I. Inhalt und Zweck	1
II. Entstehungsgeschichte	2
III. Gemeinschaftsrechtlicher Hintergrund	3
IV. Verfassungsrechtliche Beurteilung	5
B. Einzelerläuterungen	7
I. Schlichtungsverfahren (Abs. 1)	7
1. Gegenstand des Schlichtungsverfahrens (Abs. 1 S. 1)	7
2. Verfahrensbeteiligte (Abs. 1 S. 1)	10
3. Ablauf des Schlichtungsverfahrens	11
4. Teilnahmepflicht (Abs. 1 S. 2)	15
5. Zweistufigkeit des Streitbeilegungsverfahrens (Abs. 1 S. 3)	16
6. Beteiligung eines Drittunternehmens (Abs. 1 S. 4)	17
7. Schlichtungsverfahren und Klageverfahren (Abs. 1 S. 5)	19
II. Schlichtungsverfahren und Mahnverfahren (Abs. 2)	22
III. Anerkennung der privatrechtlichen Organisationsform (Abs. 3 und 4)	23
IV. Schlichtungssprüche	25
1. Berichtspflichten der Schlichtungsstelle (Abs. 5 und 8 S. 3)	25
2. Schlichtungsempfehlung	27

	Rn.
V. Kosten des Schlichtungsverfahrens (Abs. 6)	28
VI. Zuweisung an Bundesoberbehörde oder Bundesanstalt (Abs. 7)	33
VII. Anwendbarkeit des VSBG (Abs. 8)	34
VIII. Schlichtungsverfahren und Regulierungs-/Kartellbehörden (Abs. 9)	35

Literatur: Vgl. die Hinweise zu § 111a.

A. Allgemeines

I. Inhalt und Zweck

§ 111b regelt die **Grundlagen des Schlichtungsverfahrens** als zweite Stufe 1 der außergerichtlichen Streitbeilegung im Energiesektor und normiert dazu den Anspruch des Verbrauchers und der Unternehmen auf ein einfaches, effizientes und transparentes Verfahren zur zügigen außergerichtlichen Streitbeilegung vor der zentralen Schlichtungsstelle als Alternative zum Rechtsweg vor die ordentlichen Gerichte (RegE v. 6.6.2011, BR-Drs. 343/11 zu Nr. 62, 240). Die Schlichtungsstelle Energie eV darf sich dabei der Verbraucherbeschwerde grds. nur dann annehmen, wenn diese zuvor auf der ersten (in § 111a geregelten) Stufe erfolglos blieb. Die Unternehmen sind verpflichtet, an dem auf maximal drei Monate angelegten Schlichtungsverfahren teilzunehmen und dessen Kosten unabhängig vom Ausgang des Schlichterspruchs zu tragen. Der Schlichterspruch muss von keiner der Parteien angenommen werden. § 111b wird seit 2016 durch das VSBG (BGBl. 2016 I S. 254) ergänzt. Diese gesetzlichen Rahmenbedingungen werden durch die Satzung, die Verfahrensordnung und die Kostenordnung der Schlichtungsstelle Energie eV weiter ausgeführt.

II. Entstehungsgeschichte

§ 111b geht zunächst auf das Dritte Binnenmarktpaket Energie zurück. Im Zuge 2 der grundlegenden EnWG-Novelle 2011 hat der Gesetzgeber durch Art. 1 Nr. 62 des **Gesetzes zur Neuregelung energiewirtschaftsrechtlicher Vorschriften (EnWNG)** vom 26.7.2011 (BGBl. 2011 I S. 1554) die gemeinschaftsrechtlichen Vorgaben zum Verbraucherschutz aufgegriffen und § 111b geschaffen. Die am 4.8.2011 in Kraft getretene erste Fassung des § 111b deckte sich vollständig mit dem ersten Entwurf der Bundesregierung vom 6.6.2011 (BR-Drs. 343/11, 94f.). Der Bundestagsausschuss für Wirtschaft und Technologie empfahl jedoch schon zwei Monate nach Inkrafttreten des neuen EnWG mit § 111b Abs. 1 S. 3 und Abs. 6 S. 1 zwei schließlich zum 1.4.2012 umgesetzte Ergänzungen, nach denen auch Drittunternehmen von der Schlichtungsstelle verpflichtend zum Schlichtungsverfahren hinzugezogen und an dessen Kosten beteiligt werden können (BT-Drs. 17/7519, 5; ErdölBevGEG v. 16.1.2012, BGBl. 2012 I S. 74). Im Jahr 2016 wurde § 111b an die Vorgaben des VSBG angepasst.

III. Gemeinschaftsrechtlicher Hintergrund

§ 111b geht ebenso wie die §§ 111a und 111c auf das **Dritte Binnenmarkt-** 3 **paket Energie** zurück (dazu *Kühling/Pisal* RdE 2010, 161ff. sowie → § 111a Rn. 6). Insbesondere aus den beiden RL 2009/73/EG über gemeinsame Vorschrif-

§ 111b

ten für den Erdgasbinnenmarkt sowie aus der RL 2009/72/EG über gemeinsame Vorschriften für den Elektrizitätsbinnenmarkt gehen gemeinschaftsrechtliche Vorgaben für ein effektives außergerichtliches Streitbeilegungsverfahren hervor, welches schon in Anhang A lit. f der Richtlinien RL 2003/54/EG und RL 2003/55/EG gefordert war. § 111b soll dabei vor allem die Vorgaben des Art. 3 Abs. 13 Elt-RL 09 und Art. 3 Gas-RL 09 umsetzen (BT-Drs. 17/7519, 7). Art. 3 und der Anhang I der beiden RL normieren Vorgaben zum Schutz der Verbraucher, darunter mehrere Vorgaben für das künftige Streitbeilegungsverfahren. So sieht Art. 3 Abs. 7 S. 5 Elt-RL 09 vor, dass die Mitgliedstaaten einen hohen Verbraucherschutz, insbesondere in Bezug auf die Streitbeilegungsverfahren gewährleisten. Nach Art. 3 Abs. 12 Elt-RL 09 sind von den Mitgliedstaaten zentrale, ggf. in den allgemeinen Verbraucherinformationsstellen angesiedelte Anlaufstellen einzurichten, die die Verbraucher über die Streitbeilegungsverfahren informieren. Der institutionelle Rahmen für diese Streitbeilegungsverfahren wird nur skizziert. So fordert Art. 3 Abs. 13 Elt-RL 09 die Schaffung eines unabhängigen Mechanismus wie eines unabhängigen Beauftragten für Energie oder einer Verbraucherschutzeinrichtung, um schnelle und effiziente gütliche Einigungen herbeizuführen. Näher wird dies durch den Anhang I beider RL ausgeführt, wo unter Abs. 1 lit. f ein **transparentes, einfaches und kostengünstiges Verfahren** zur Behandlung von Verbraucherbeschwerden gefordert wird. Es muss sich um außergerichtliche Einigungsverfahren handeln, die eine gerechte und zügige Beilegung von Streitfällen, vorzugsweise innerhalb von drei Monaten ermöglichen und die zudem ein Erstattungs-/und/oder Entschädigungssystem vorsehen

4   Abs. 1 lit. f beider RL verweist auf die Empfehlung 98/257/EG der Kom. zu den Einigungsstellen für Verbraucherstreitigkeiten, der die Schlichtungsstelle entsprechen soll. Diese allgemeinen europarechtlichen Vorschriften zur Etablierung außergerichtlicher „alternativer" Streitbeilegungsverfahren werden seit 2013 grundlegend erweitert durch die sogen. **ADR-RL** (RL 2013/11/EU des Europäischen Parlaments und des Rates v. 21.5.2013 über die alternative Beilegung verbraucherrechtlicher Streitigkeiten und zur Änderung der VO (EG) Nr. 2006/2004 und RL 2009/22/EG, RL über alternative Streitbeilegung in Verbraucherangelegenheiten – ADR-RL, ABl. 2013 L 165, 63), die 2016 durch das Verbraucherstreitbeilegungsgesetz umgesetzt wurde.

IV. Verfassungsrechtliche Beurteilung

5   Die **Teilnahmepflicht** am Schlichtungsverfahren nach § 111b Abs. 1 S. 2 ist für die Unternehmen im Hinblick auf Art. 12 Abs. 1 GG (iVm Art. 19 Abs. 3 GG) als Berufsausübungsregelung rechtfertigungsbedürftig. Dies ist zu bejahen, wenn vernünftige Erwägungen des Gemeinwohls sie zweckmäßig erscheinen lassen, wobei der Gesetzgeber einen erheblichen Beurteilungs- und Gestaltungsspielraum hat (vgl. etwa BVerfG Beschl. v. 19.7.2000 – 1 BvR 539/96, BVerfGE 102, 197 (218) = NVwZ 2001, 790 und BVerfG Beschl. v. 8.6.2010 – 1 BvR 2011, 2959/07, BVerfGE 126, 112 (145) = NVwZ 2010, 1212). Die Teilnahmepflicht soll die staatliche Rechtspflege durch die Vermeidung gerichtlicher Verfahren entlasten und die Anwendungssicherheit und Verlässlichkeit durch die einheitliche Entscheidungspraxis der zentralen Schlichtungsstelle gewährleisten (RegE v. 6.6.2011, BR-Drs. 343/11, 240) und verfolgt damit legitime Gemeinwohlziele. Das für den öffentlichen Personenverkehr umgesetzte Modell, bei dem die beteiligten Unternehmen Mitglieder im Trägerverein der Schlichtungsstelle sein müssen und darüber ver-

pflichtet sind, wäre demgegenüber keine für die Unternehmen mildere Maßnahme. Dass hier aber die in anderen ADR-Verfahren erfolgreich praktizierte freiwillige Schlichtungsbeteiligung der Unternehmen (→ Rn. 13) möglicherweise das mildere und gleich geeignete Mittel gewesen wäre und die Teilnahmepflicht damit unverhältnismäßig ist, ist schon im Hinblick darauf, dass die Teilnahmepflicht bei den ADR-Verfahren die Ausnahme darstellt, nicht von der Hand zu weisen. Im Hinblick auf den genannten weiten Beurteilungs- und Gestaltungsspielraum des Gesetzgebers erscheint die Teilnahmepflicht aber noch als verhältnismäßig. Im Gegensatz zur Teilnahmepflicht wurde die erfolgsunabhängige Kostentragungspflicht nach § 111b Abs. 6 S. 1 im Gesetzgebungsverfahren nicht ausführlich in die Grundrechtsprüfung einbezogen (krit. dazu Theobald/Kühling/*Ahnis* EnWG § 111b Rn. 53).

Die **Teilnahmepflicht von Drittunternehmen** nach § 111b Abs. 1 S. 4 ist 6 ebenfalls im Hinblick auf Art. 12 Abs. 1 GG (iVm Art. 19 Abs. 3 GG) durch die legitimen Gemeinwohlziele der Entlastung der staatlichen Rechtspflege sowie die Anwendungssicherheit und Verlässlichkeit durch eine einheitliche Entscheidungspraxis der zentralen Schlichtungsstelle im Ergebnis gerechtfertigt (zu den Regelungszielen BT-Drs. 17/7519, 7). Würde das Drittunternehmen nicht verbindlich beteiligt, müsste der Energielieferant selbst dann die Schlichtungskosten nach § 111b Abs. 6 S. 1 tragen, wenn nicht er, sondern das Drittunternehmen die Leistungsstörung zu vertreten hätte. Das Unternehmen würde diese Kosten in einem weiteren Verfahren gegen das Drittunternehmen gerichtlich geltend machen. Die im Schlichtungsverfahren beteiligten Verbraucher und Unternehmen bzw. Drittunternehmen haben nach Art. 2 Abs. 1 iVm Art. 20 Abs. 3 GG (und Art. 19 Abs. 3 GG) einen **Justizgewährleistungsanspruch,** der durch das Schlichtungsverfahren jedoch wegen § 111b Abs. 1 S. 6 nicht tangiert wird.

B. Einzelerläuterungen

I. Schlichtungsverfahren (Abs. 1)

1. Gegenstand des Schlichtungsverfahrens (Abs. 1 S. 1). Das Schlichtungs- 7 verfahren bezieht sich nach § 111b Abs. 1 S. 1 auf Streitigkeiten zwischen Unternehmen und Verbrauchern iSd § 13 BGB über den Anschluss an das Versorgungsnetz, die Belieferung mit Energie sowie die Messung der Energie. **Streitigkeiten** sind danach solche Verbraucherbeschwerden nach § 111a S. 1, die durch die Beantwortung der Unternehmen nicht gelöst wurden, va also nicht abgeholfene Verbraucherbeschwerden. Die Norm knüpft an die in § 111a S. 1 genannten Gegenstände an (→ § 111a Rn. 14f.), enthält aber keine Beispielsfälle, sondern erfasst Streitigkeiten über den Anschluss an das Versorgungsnetz (§ 3 Nr. 2), die Belieferung mit Energie (§ 3 Nr. 14) sowie die Messung der Energie (§ 3 Nr. 26c). Der Gesetzgeber intendierte damit, privatrechtliche Streitigkeiten zwischen Energieversorgern und Verbrauchern möglichst umfassend vor die Schlichtungsstellen zu bringen. Streitigkeiten über die Belieferung mit Energie sind daher auch solche über die Gegenleistung der Belieferung wie etwa über eine Bonuszahlung (Schlichtungsempfehlung v. 8.12.2011: www.schlichtungsstelle-energie.de/schlichtungsempfehlungen.html, Stand 7.5.2021). Die Schlichtungsverfahren betreffen dabei nur die Belieferung von Energie iSd § 3 Nr. 14 und sind daher für die Versorgung mit Fernwärme nicht und für die Belieferung mit Flüssiggas grundsätzlich nicht

Rüdiger

§ 111b
Teil 9. Sonstige Vorschriften

eröffnet (Schlichtungsempfehlung v. 21.12.2011: www.schlichtungsstelle-energie. de/schlichtungsempfehlungen.html, Stand 7.5.2021).

8 Auf Vorschlag des Bundesrats sollte der in der Praxis relevanteste Streitfall der **Abrechnung von Energie** in § 111b Abs. 1 S. 1 aufgenommen werden, da Verbraucher auch und gerade bei Abrechnungsstreitigkeiten das Recht haben sollten, die Schlichtungsstelle anzurufen (BT-Drs. 17/6248, 29). Der Vorschlag wurde von der Bundesregierung abgelehnt, da die Abrechnung von Energie vom Liefervertragsverhältnis ohnehin mit umfasst sei, indem der Begriff „Belieferung mit Energie" entsprechend weit auszulegen sei (BT-Drs. 17/6248, 43). Gleiches ergibt sich aus der richtlinienkonformen Auslegung der Vorschrift (BerlKommEnergieR/*Keßler* EnWG § 111b Rn. 18). In die Verfahrensordnung der Schlichtungsstelle ist die Abrechnung von Energie jedoch ausdrücklich aufgenommen worden. So sieht § 4 vor, dass die Schlichtungsstelle Energie zuständig ist für Streitigkeiten nach § 111b Abs. 1 EnWG zwischen Energieversorgungsunternehmen, Messstellenbetreibern oder Messdienstleistern (Unternehmen) und Verbrauchern über den Anschluss an das Versorgungsnetz, die Belieferung mit Energie sowie die Messung der gelieferten Energie. Dies schließt Streitigkeiten über Ansprüche aus einer Vertragsanbahnung oder einem Lieferantenwechsel oder aus der Vertragsabwicklung nach Vertragsende mit ein.

9 Das Schlichtungsverfahren betrifft wegen § 111b Abs. 1 S. 3 nur solche Gegenstände, die zuvor einer Verbraucherbeschwerde über die leitungsgebundene Lieferung von Strom oder Erdgas zugrunde lagen. Keine **zulässigen Schlichtungsgegenstände** sind somit grds. Streitigkeiten über die Lieferung von Fernwärme oder Flüssiggas sowie solche Fragen, die der Verbraucher nicht gerichtlich geltend machen könnte, wie Beschwerden gegen wettbewerbswidriges Verhalten der Unternehmen oder Streitigkeiten nach dem EEG (→ § 111a Rn. 14f sowie RegE v. 6.6.2011, BR-Drs. 343/11, 240). Für Konflikte über die Einspeisevergütung nach dem EEG ist nach § 57 iVm § 81 EEG die EEG-Clearingstelle Berlin zuständig. Demgegenüber bleibt es aber bei der Zuständigkeit der Schlichtungsstelle Energie für Fragen der Belieferung mit EEG-Strom (Theobald/Kühling/*Ahnis* EnWG § 111b Rn. 11). Letztlich bleibt die Zuständigkeit der Schlichtungsstelle in Einzelfällen durch die Zulässigkeitsprüfungen der Schlichtungsstelle nach der Verfahrensordnung klärungsbedürftig.

10 **2. Verfahrensbeteiligte (Abs. 1 S. 1).** Das Schlichtungsverfahren ist nach § 111b Abs. 1 S. 1 für Streitigkeiten zwischen **Verbrauchern iSd § 13 BGB und Unternehmen iSd § 111a S. 1** eröffnet. Insofern gelten für die Beteiligten die unter § 111a ausgeführten Besonderheiten (→ § 111a Rn. 9ff.). Antragsteller und Antragsgegner des Schlichtungsverfahrens können sowohl Verbraucher als auch Unternehmen sein (*Salje* RdE 2011, 325 (331); aA Theobald/Kühling/*Ahnis* EnWG § 111b Rn. 22, der lediglich dem Verbraucher das Antragsrecht zugesteht). Beide haben eigene Verfahrensrechte, zu denen das Recht auf Akteneinsicht und das Recht zur Stellungnahme im Verfahren innerhalb einer angemessenen Frist zählen (BT-Drs. 17/7519, 8). Zudem müssen die Beteiligten nach § 111b Abs. 4 S. 2 Nr. 2 rechtliches Gehör erhalten und Tatsachen und Bewertungen vorbringen können.

11 **3. Ablauf des Schlichtungsverfahrens.** Der Ablauf des Schlichtungsverfahrens ergibt sich aus § 111b iVm der **Verfahrensordnung der Schlichtungsstelle Energie eV** in der jeweils gültigen Fassung, die auf ein für den Verbraucher niedrigschwelliges und unbürokratisches Verfahren abzielt, auf das Lieferanten den End-

Schlichtungsstelle, Verordnungsermächtigung **§ 111 b**

verbraucher nach den §§ 40 Abs. 2 S. 1 Nr. 8, 41 Abs. 1 S. 2 Nr. 7 (iVm § 2 Abs. 3 S. 3 Nr. 3 StromGVV bzw. GasGVV) ua in Rechnungen und Energielieferverträgen hinweisen müssen. Der Verbraucher kann den Schlichtungsantrag selbst oder vertreten durch einen Anwalt stellen, § 3 Abs. 3 der Verfahrensordnung. Die Anwaltskosten sind jedoch selbst dann nicht ersatzfähig, wenn die Schlichtungsstelle dem Antrag inhaltlich folgt (BerlKommEnergieR/*Keßler* EnWG § 111 b Rn. 16). Die Anforderungen an den Schlichtungsantrag ergeben sich aus § 3 der Verfahrensordnung. Danach soll der Antrag auf Schlichtung unter Verwendung des von der Schlichtungsstelle hierfür auf der Website vorgesehenen Formulars gestellt werden. Der Antragsteller soll einen klaren Antrag auf Einleitung des Schlichtungsverfahrens stellen und sein Anliegen verständlich zum Ausdruck bringen. Alle zur Beurteilung des Falles sachdienlichen Tatsachen sollen mitgeteilt, die erforderlichen Unterlagen sollen beigefügt werden, können aber von der Schlichtungsstelle nachgefordert werden. Die vorherige erfolglose Beschwerde beim Unternehmen nach § 111 a EnWG ist in dem Antrag glaubhaft zu machen. Für den Schlichtungsantrag ist zwar keine Form vorgeschrieben, letztlich ist die Schriftform nach § 126 BGB aber wegen der Beibringungsobliegenheiten ebenso sinnvoll wie die Textform nach § 126 b BGB (BerlKommEnergieR/*Keßler* EnWG § 111 b Rn. 16).

Nach den §§ 2 und 4 der Verfahrensordnung entscheidet der Ombudsmann zunächst über die Zulässigkeit der Schlichtung. Bei der Anrufung der Schlichtungsstelle soll der Beschwerdeführer nach § 3 Abs. 3 der Verfahrensordnung einen klaren Antrag auf Einleitung der Schlichtung stellen und alle zur Beurteilung des Falles erforderlichen Tatsachen und Unterlagen vorlegen. Das Schlichtungsverfahren ist ua **nach § 4 Abs. 4 Nr. 1 der Verfahrensordnung unzulässig**, wenn der Streitgegenstand vor einem Gericht, Schiedsgericht oder einer anderen Streitschlichtungsstelle anhängig ist, sofern das Gerichtsverfahren nicht selbst nach § 278 a Abs. 2 ZPO im Hinblick auf das Schlichtungsverfahren ruht. Die im einstweiligen Verfügungsverfahren geltend gemachte Unterbrechung der Energieversorgung betrifft die Voraussetzungen eines Zurückbehaltungsrechts und nicht eine im Schlichtungsverfahren geltend gemachte Forderung selbst und soll daher nicht zur Einstellung der Schlichtung führen (Schlichtungsempfehlung v. 13.3.2012; www.schlichtungsstelle-energie.de/schlichtungsempfehlungen.html, Stand 7.5.2021). Das Schlichtungsverfahren wird zudem nach § 4 Abs. 4 der Verfahrensordnung dann eingestellt, wenn bereits ein vollstreckbarer Titel nach § 794 ZPO zum Beschwerdegegenstand vorliegt, wenn es einen außergerichtlichen Vergleich gibt, wenn der Beschwerdeführer in der Sache Strafanzeige erstattet hat oder wenn der geltend gemachte Anspruch bereits verjährt ist, keine Aussicht auf Erfolg hat oder eine schnelle und kostengünstige Einigung nicht erwarten lässt. Im letzteren Fall ist zu beachten, dass die Unternehmen durch mehrfaches Unterliegen vor Gericht erheblich höhere Kosten hätten als die einmalige Fallpauschale und dass die Schlichtungsempfehlung uU künftige Streitfälle vermeidet. Die Ungeeignetheit des Verfahrens iSd § 4 Abs. 3 lit. f der Verfahrensordnung ergibt sich nicht schon aus der vom Beschwerdegegner frühzeitig erklärten Weigerung, eine künftige Schlichtungsempfehlung anzunehmen (Schlichtungsempfehlung v. 8.12.2011: www.schlichtungsstelle-energie.de/schlichtungsempfehlungen.html, Stand 7.5.2021).

Ist die Zulässigkeit vom Ombudsmann nach § 5 der Verfahrensordnung bejaht worden, wird die Beschwerde dem Beschwerdegegner zugeleitet, der sich nach § 6 der Verfahrensordnung innerhalb von drei Wochen dazu äußern soll. Die Schlichtungsstelle leitet das anschließende ohne mündliche Verhandlung ablaufende Verfahren und klärt den Sachverhalt nach § 7 Abs. 1 der Verfahrensordnung auf. Wie im

§ 111b

Zivilprozess trägt der Geschädigte sowohl für die Art als auch für den Umfang des ihm entstandenen Schadens die **Darlegungs- und Beweislast,** ohne dass jedoch eine formale Beweisaufnahme stattfindet. Dabei ist für die Schlichtungsstelle ein für das praktische Leben brauchbarer Grad von Gewissheit, der Zweifel schweigen gebietet, erforderlich (so die Schlichtungsempfehlung v. 4.7.2012: www.schlichtungs stelle-energie.de/schlichtungsempfehlungen.html, Stand 7.5.2021). Der Ombudsmann gibt auf dieser Tatsachengrundlage schließlich nach § 7 Abs. 4 S. 4 iVm § 9 Abs. 2 der Verfahrensordnung nach freier Beweiswürdigung eine schriftliche und juristisch begründete Schlichtungsempfehlung ab, die für die Beteiligten nach § 9 Abs. 2 der Verfahrensordnung nicht rechtlich verbindlich ist. Die Beteiligten sind nach § 9 Abs. 2 S. 3 der Verfahrensordnung gehalten, der Schlichtungsstelle innerhalb von zwei Wochen nach Zugang der Schlichtungsempfehlung mitzuteilen, ob sie die Empfehlung annehmen.

14 Die **Verfahrensdauer** von höchstens 90 Tagen nach § 20 Abs. 2 VSBG gilt nach § 111b Abs. 8 S. 2 auch für das Schlichtungsverfahren nach § 111b. In besonders komplexen oder schwer aufzuklärenden Sachverhalten kann von diesem Grundsatz jedoch nach § 20 Abs. 3 S. 1 VSBG abgewichen werden. Die Verfahrensordnung normiert in § 7 Abs. 5 S 6 aber eine Obergrenze von fünf Monaten für das Schlichtungsverfahren, das bei einer längeren Laufzeit evident nicht mehr den genannten gemeinschaftsrechtlichen Vorgaben für ein zügiges Verfahren entspräche.

15 **4. Teilnahmepflicht (Abs. 1 S. 2).** Leitet ein Verbraucher gegen ein Unternehmen ein Schlichtungsverfahren ein, so ist das Unternehmen **zur Teilnahme nach § 111b Abs. 1 S. 2 verpflichtet.** Die Verpflichtung gilt selbst dann, wenn die Beschwerde keine Grundlage hat und aus der Luft gegriffen ist (krit. *Lange* RdE 2012, 41 (42)). Die Teilnahmepflicht wurde im Gesetzgebungsverfahren mit gemeinschaftsrechtlichen Vorgaben begründet, nach denen einem Verbraucher das Schlichtungsverfahren gegenüber jedem Unternehmen offen steht (RegE v. 6.6.2011, BR-Drs. 343/11, 240). Tatsächlich ist eine solche Teilnahmepflicht in den ADR-Verfahren in der EU aber die Ausnahme (nach *Isermann/Berlin* VuR 2012, 47 (49) ist die Teilnahme für Unternehmen bei 399 von 449 ADR-Stellen innerhalb der EU freiwillig) und auch im VSBG so nicht vorgesehen. Verpflichtend ist die Teilnahme an der Schlichtung jedoch nur in den Fällen, in denen der Verbraucher die Schlichtung beantragt (*Salje* RdE 2011, 325 (331)). Die Teilnahme- und die dadurch bedingte Kostentragungspflicht stehen der Akzeptanz des Schlichtungsverfahrens und der daraus hervorgehenden Empfehlungen durch die Unternehmen entgegen. Kommt ein Unternehmen der Teilnahmepflicht nach 111b nicht nach, so hat die Schlichtungsstelle dagegen keine Zwangsmittel, sondern kann nur auf der Grundlage der vom Verbraucher vorgelegten Unterlagen entscheiden und eine für das Unternehmen verbindliche Kostenentscheidung treffen (NK-EnWG/*Schex* § 111b Rn. 2).

16 **5. Zweistufigkeit des Streitbeilegungsverfahrens (Abs. 1 S. 3).** Nach § 111b Abs. 1 S. 3 ist der Antrag auf Einleitung des Schlichtungsverfahrens erst dann **zulässig,** wenn das Unternehmen im Verfahren nach § 111a der Verbraucherbeschwerde nicht abgeholfen hat. Eine Ausnahme besteht nach § 14 Abs. 5 VSBG in den Fällen, in denen der Schlichtungsantrag zur Hemmung der drohenden Verjährung schon vor Ablauf der vierwöchigen Bearbeitungsfrist der Verbraucherbeschwerde nach § 111a eingelegt werden kann (Theobald/Kühling/*Ahnis* EnWG § 111b Rn. 16). Durch die Verbraucherbeschwerde soll dem Unternehmen die Möglichkeit zur Prüfung und Abhilfe eröffnet werden, bevor ein Dritter in das

Verfahren einbezogen wird (RegE v. 6.6.2011, BR-Drs. 343/11, 241). Hat das Unternehmen die Verbraucherbeschwerde nicht innerhalb der Vier-Wochen-Frist nach § 111a S. 1 beantwortet, kann der Verbraucher unmittelbar die Schlichtungsstelle anrufen. Das Unternehmen ist auch in diesen Fällen zur Teilnahme am Schlichtungsverfahren verpflichtet (RegE v. 6.6.2011, BR-Drs. 343/11, 239).

6. Beteiligung eines Drittunternehmens (Abs. 1 S. 4). Nach dem zum 1.4.2012 ergänzten § 111b Abs. 1 S. 4 kann die Schlichtungsstelle nun auch **andere Unternehmen verpflichtend als Beteiligte zum Schlichtungsverfahren** hinzuziehen, falls diese Drittunternehmen an der Belieferung des Verbrauchers bezüglich des Anschlusses an das Versorgungsnetz, der Belieferung mit Energie oder der Messung von Energie beteiligt sind. Die Vorschrift erweitert die Möglichkeiten der Schlichtungsstelle und knüpft an § 111a S. 5 an. Die Einbeziehung von Drittunternehmen soll vor allem die Effizienz des außergerichtlichen Streitbeilegungsverfahrens sicherstellen (vgl. auch BT-Drs. 17/7519, 7). Denn vielfach stehen neben dem Liefervertrag zwischen dem Verbraucher und dem Lieferanten weitere Vertragsbeziehungen wie die des Lieferanten zum Netzbetreiber oder zu Messdienstleistern im Raume, die für den Verbraucher infolge der All-inclusive-Verträge mit seinen Lieferanten regelmäßig nicht bekannt sind. Gleichwohl können sich aus diesen übrigen Vertragsbeziehungen Störungen ergeben, die sich auf die Energielieferverträge auswirken und Störungen in den Vertragsbeziehungen des Verbrauchers zu seinem Lieferanten verursachen können, die nicht Letzterer, sondern der Netzbetreiber oder Messdienstleister zu vertreten hat. Um die Verantwortlichkeiten im Rahmen des Schlichtungsverfahrens eindeutig zu bestimmen und eine sachgerechte Kostenverteilung zwischen Lieferanten und Drittunternehmen vorzunehmen, hat der Gesetzgeber die verpflichtende Hinzuziehung der Drittunternehmen eingeführt (BT-Drs. 17/7519, 7). Ohne die Ergänzung hätte das liefernde Unternehmen die Kosten des Schlichtungsverfahrens auch dann alleine zu tragen gehabt, wenn die Störungen von einem Drittunternehmen zu verantworten gewesen wären. An das Schlichtungsverfahren hätte sich daher ein weiteres Verfahren zwischen den beteiligten Unternehmen angeschlossen, was das ursprüngliche Ziel der Justizentlastung konterkariert hätte.

Die Schlichtungsstelle darf allein solche Drittunternehmen in die Schlichtung einbeziehen, die an der Versorgung der Verbraucher im Wege des Netzanschlusses, der Energielieferung oder der Messung der Energie beteiligt sind (BT-Drs. 17/7519, 8). Die **Hinzuziehung durch die Schlichtungsstelle** ist für das hinzugezogene Unternehmen verpflichtend (BT-Drs. 17/7519, 7). Die hinzugezogenen Unternehmen haben dieselben Verfahrensrechte wie der Antragsteller und Antragsgegner, wozu insbesondere das Recht auf Akteneinsicht und das Recht zur Stellungnahme innerhalb einer angemessenen Frist zählen (BT-Drs. 17/7519, 8).

7. Schlichtungsverfahren und Klageverfahren (Abs. 1 S. 5). Das Schlichtungsverfahren tangiert die **Klagemöglichkeiten des Verbrauchers** und der Unternehmen nicht. Es tritt als Alternative neben die bisherige Möglichkeit, wegen der in § 111a S. 1 genannten Verfahrensgegenstände vor die ordentlichen Gerichte zu ziehen. Die Schlichtungsempfehlung bindet die Beteiligten des Schlichtungsverfahrens damit formal nicht. Sie sollen der Schlichtungsstelle nach § 9 Abs. 2 S. 3 der Verfahrensordnung innerhalb von zwei Wochen nach Zugang der Empfehlung mitteilen, ob sie diese anerkennen und damit einen Vergleich iSd § 779 BGB schließen. Die Schlichtungsstelle informiert die Beteiligten über die Anerkennungsentscheidungen.

20 Leitet der Verbraucher zunächst ein Schlichtungsverfahren ein und erhebt sodann gleichwohl während der laufenden Schlichtung eine Klage, so ist ihm beides nicht verwehrt, er läuft aber Gefahr, ausnahmsweise an den Kosten der Schlichtung beteiligt zu werden, weil die Einleitung der Schlichtung als offensichtlicher Rechtsmissbrauch angesehen werden könnte. Das Schlichtungsverfahren stellt auf keiner der beiden Stufen ein Verfahren vor einer Gütestelle iSd § 15a EGZPO dar und gehört damit nicht zu den obligatorischen gerichtlichen Vorverfahren (*Lange* RdE 2012, 41 (42) sowie RegE v. 6.6.2011, BR-Drs. 343/11, 240). Nach § 111b Abs. 1 S. 5 bleibt die Möglichkeit unberührt, ein anderes Verfahren nach dem EnWG, wie das Missbrauchsverfahren nach § 31 oder das Aufsichtsverfahren nach den § 65, einzuleiten (RegE v. 6.6.2011, BR-Drs. 343/11, 241).

21 Wird **während eines Schlichtungsverfahrens eine Klage erhoben,** die den Gegenstand des Schlichtungsverfahrens betrifft, stellt die Schlichtungsstelle das Verfahren nach § 4 Abs. 4 der Verfahrensordnung ein (vgl. RegE v. 6.6.2011, BR-Drs. 343/11, 241). Dadurch werden die Schlagkraft des Schlichtungsverfahrens und die Verbindlichkeit der Schlichtersprüche von vornherein deutlich ausgebremst (*Salje* RdE 2011, 325 (331)).

II. Schlichtungsverfahren und Mahnverfahren (Abs. 2)

22 Das Schlichtungsverfahren soll eine außergerichtliche Streitbeilegung ermöglichen und stellt **kein obligatorisches gerichtliches Vorverfahren** nach § 15a EGZPO dar; es tritt alternativ neben die staatliche Gerichtsbarkeit, was Vorschriften bedingt, die das Verhältnis des Schlichtungsverfahrens zu den gerichtlichen Verfahren klären, zumal die §§ 261 Abs. 3, 148, 1032 Abs. 1 ZPO zur anderweitigen Rechtshängigkeit für das Schlichtungsverfahren nicht unmittelbar anwendbar sind (*Lange* RdE 2012, 41 (42f.)). § 111b Abs. 2 erfüllt diese Aufgabe im Hinblick auf das gerichtliche Mahnverfahren nach den §§ 688–703d ZPO. Nicht erfasst ist hierbei jedoch das außergerichtliche Mahnverfahren, das nicht unter die §§ 688ff. ZPO fällt und das zudem begrifflich sehr viel weiter und unbestimmter ist (eingehend NK-EnWG/*Schex* § 111b Rn. 12f.). Um eine umfassende Schlichtung zu ermöglichen, soll der an der Schlichtung Beteiligte auf Veranlassung der Schlichtungsstelle sein Mahnverfahren aussetzen. Wie diese Vorgabe letztlich umgesetzt werden kann, lässt der Gesetzgeber hier freilich offen (*Lange* RdE 2012, 41 (42): „rechtstechnisch [...] nicht hinreichend klar"). Der Regierungsentwurf weicht damit von den weitergehenden vorherigen Entwürfen ab und vertraut darauf, dass der Verbraucher durch die Aussetzung des Mahnverfahrens keine Nachteile entstehen und er zur Aussetzung auf Veranlassung der Schlichtungsstelle bereit sein wird. Letztlich ist hier gemeint, dass das gerichtliche Mahnverfahren faktisch nicht weiter betrieben wird. Da das Schlichtungsverfahren unter § 204 Nr. 4 BGB fällt, ist die **Verjährung des geltend gemachten Anspruchs** während der Schlichtung gehemmt (vgl. § 10 der Verfahrensordnung), sodass der Verbraucher durch die Aussetzung eines Mahnverfahrens keine Nachteile im Hinblick auf die künftige gerichtliche Durchsetzbarkeit erleidet (RegE v. 6.6.2011, BR-Drs. 343/11, 241). Entscheidend für den Verjährungsbeginn ist dabei der Eingang des Schlichtungsantrags in der Schlichtungsstelle (NK-EnWG/*Schex* § 111b Rn. 20).

III. Anerkennung der privatrechtlichen Organisationsform (Abs. 3 und 4)

§ 111 b enthält zwei Optionen für die Organisation der neuen Schlichtungsstelle: 23 Entweder sollte die **Schlichtungsstelle in privatrechtlicher Organisationsform** gegründet und dann als zentrale Schlichtungsstelle anerkannt werden oder es sollte die Aufgabe einer Bundesbehörde zugewiesen werden. Die Abs. 3 und 4 regeln die Voraussetzungen für die Anerkennung einer privatrechtlich organisierten zentralen Schlichtungsstelle nach dem Vorbild des Versicherungsombudsmannes eV (so schon der erste Arbeitsentwurf zum EnWGÄndG v. 10.2.2011, S. 158) und setzen dazu als Maßstab die Empfehlung der Kommission vom 30.3.1998 an. Zu deren Grundsätzen, denen die Satzung, die Verfahrensordnung und die Organisation der Schlichtungsstelle und ihrer Gremien entsprechen müssen, gehören die Grundsätze der Unabhängigkeit, der Transparenz des Verfahrens, der kontradiktorischen Verfahrensweise, der Effizienz, der Rechtmäßigkeit, der Handlungsfreiheit und der Vertretung (RegE v. 6.6.2011, BR-Drs. 343/11, 242). Die 2016 geänderte Fassung des § 111 b Abs. 4 verlangt nunmehr, dass die private Stelle die Voraussetzungen der §§ 3–23 VSBG für eine Anerkennung als Verbraucherschlichtungsstelle nach dem Verbraucherstreitbeilegungsgesetz erfüllt, was bei der Schlichtungsstelle Energie eV unstreitig der Fall ist.

Die **Anerkennung durch das BMWK** im Einvernehmen mit dem Bundesver- 24 braucherschutzministerium erfolgte in Form eines Verwaltungsakts (RegE v. 6.6.2011, BR-Drs. 343/11, 242), der gegebenenfalls zurückgenommen oder widerrufen werden kann (vgl. auch zur Parallelvorschrift des § 214 VVG: MüKoVVG/*Looschelders* § 214 Rn. 7). Die Anerkennung der Schlichtungsstelle Energie eV erfolgte am 25.10.2011 und wurde im Bundesanzeiger mit deklaratorischer Wirkung bekannt gemacht (BAnz. 2011 S.3977). Die Schlichtungsstelle Energie eV hat daraufhin am 1.11.2011 ihre Arbeit in der Rechtsform des privatrechtlichen Vereins aufgenommen; sie wird von über 100 Mitgliedsunternehmern getragen und soll damit so neutral und unabhängig arbeiten, wie es die beiden genannten RL fordern. Die Bundesregierung hatte zunächst eine Trägerschaft der Unternehmen favorisiert, wobei die Unabhängigkeit durch einen von Vertretern der Unternehmen und der Verbraucher paritätisch besetzten Beirat sichergestellt werden sollte (RegE v. 6.6.2011, BR-Drs. 343/11, 242).

IV. Schlichtungssprüche

1. Berichtspflichten der Schlichtungsstelle (Abs. 5 und 8 S. 3). Die 25 Schlichtungsstelle ist nach § 111 b Abs. 5 verpflichtet, dem Bundesministerium für Wirtschaft und Energie und dem Bundesministerium der Justiz und für Verbraucherschutz jährlich über ihre Organisations- und Finanzstruktur zu berichten. Diese **Berichtspflicht** setzt die Transparenz-Vorgaben nach Ziff. II. 2 der Empfehlung der Kommission 98/257/EG um.

Die Schlichtungsstelle soll nach § 111 b Abs. 8 S. 3 regelmäßig Entscheidungen 26 von allgemeinem Interesse für den Verbraucher auf ihrer Internetseite veröffentlichen, wobei diese Veröffentlichungen der Schlichtungsempfehlungen nur nach Zustimmung der Verfahrensbeteiligten unter namentlicher Nennung, ansonsten aber in anonymisierter Form erfolgen, § 12 Abs. 2 S. 2 der Verfahrensordnung. **Empfehlungen von allgemeinem Interesse** sind solche, die eine Vielzahl von Fällen betreffen können (RegE v. 6.6.2011, BR-Drs. 343/11, 242) und damit also Grundsätze enthalten, die auf andere Verfahren übertragbar sind.

§ 111 b

27   **2. Schlichtungsempfehlung.** Die Schlichtung endet mit einer **Schlichtungsempfehlung als Schlichtungsvorschlag** iSd § 19 VSBG, der nach § 9 Abs. 2 S. 2 der Verfahrensordnung nicht verbindlich ist und der sofortigen Klageerhebung nicht entgegen steht (krit. *Salje* RdE 2011, 325 (331) und *Lange* RdE 2012, 41 (44): „Entwertung des Verfahrens"). Das Schlichtungsverfahren stellt somit gerade kein Schiedsverfahren iSd §§ 1025 ff. ZPO dar, sodass der Schlichterspruch auch nicht als Schiedsspruch nach § 1059 ZPO nur eingeschränkt gerichtlich aufhebbar ist (*Lange* RdE 2012, 41 (43 f.)).

V. Kosten des Schlichtungsverfahrens (Abs. 6)

28   Nach § 111 b Abs. 6 S. 1 kann die Schlichtungsstelle von den beteiligten Unternehmen ein **Entgelt** erheben, dessen Höhe nach S. 2 im Verhältnis zum Aufwand der anerkannten Schlichtungsstelle angemessen sein und den ordnungsgemäßen Geschäftsbetrieb sicherstellen muss. Bezugspunkt ist damit nicht der Aufwand im konkreten Einzelfall, sondern der Aufwand für den generellen Geschäftsbetrieb der Schlichtungsstelle. Für Streitigkeiten über Schlichtungsentgelte ist nach § 111 b Abs. 6 S. 5 nunmehr im Interesse der Rechtssicherheit und der Funktionsfähigkeit der Schlichtungsstelle örtlich ausschließlich das Gericht zuständig, in dessen Bezirk die anerkannte Schlichtungsstelle ihren Sitz hat. Ausgenommen sind davon die Fälle, in denen ausnahmsweise eine Missbrauchsgebühr gegen den beteiligten Verbraucher verhängt wird (BT-Drs. 18/12999, 19).

29   Der Gesetzgeber ist in § 111 b dem Kostenmodell des § 214 Abs. 4 VVG gefolgt und hat die Kostenlast ohne Rücksicht darauf, wessen Position der Schlichterspruch mehr folgt, den beteiligten Unternehmen auferlegt. Vom Verbraucher werden (mit Ausnahme der möglichen Missbrauchsgebühr) keine Gebühren erhoben, womit die Regelung allein für die Verbraucher der Ziff. IV der Empfehlung 98/257/EG folgt, die die Unentgeltlichkeit des Verfahrens oder eine Inanspruchnahme zu moderaten Kosten fordert. Für den Verbraucher entsteht somit ein scheinbar kosten- und risikoloses Instrumentarium. Die Finanzierungsdetails der Schlichtungsstelle sollten ebenso wie die Höhe der Verfahrenskosten der Satzung und der Verfahrensordnung der Schlichtungsstelle vorbehalten bleiben (RegE v. 6. 6. 2011, BR-Drs. 343/11, 242 f.). Die Kosten der Schlichtungsstelle werden durch die Kostenordnung der Schlichtungsstelle Energie eV in der jeweils gültigen Fassung geregelt, nach deren § 4 jährlich neu festgesetzte Fallpauschalen für die Schlichtung von den Unternehmen erhoben werden, die sich nach dem Aufwand der Schlichtungsverfahren im Vorjahr und dem prognostizierten Aufwand für das Folgejahr richten. Derzeit werden danach pro Schlichtungsempfehlung 450 EUR zzgl. MwSt. erhoben.

30   Die frühere Kostenordnung 2011 mit ihren etwas niedrigeren Fallpauschalen iHv 350 bzw. 200 EUR wurde durch das LG Berlin nicht beanstandet, da der Schlichtungsstelle Energie bei der Gestaltung ihrer Kostenordnung ein Ermessensspielraum zustehe (LG Berlin Urt. v. 13. 1. 2014 − 93 O 114/12, RdE 2014, 132). Die Schlichtungsstelle sei nach § 111 b Abs. 6 zur Festsetzung von Schlichtungsentgelten berechtigt und werde dabei nur durch die richterlich überprüfbare Vorgabe beschränkt, dass die festgesetzten Gebühren in **angemessenem Verhältnis zum Aufwand** stehen müssen, was den Abgleich zum Gesamtaufwand der Schlichtungsstelle und zum Aufwand jeden einzelnen Schiedsverfahrens erfordere. Die von der Schlichtungsstelle intendierte Abkoppelung ihrer Finanzierung von den Beiträgen der Mitgliedsunternehmen zu Lasten der Erhöhung der Fallpauschalen

sei gerichtlich so lange nicht zu beanstanden, wie die Gebührenhöhe nicht zum Streitwert und Aufwand des Verfahrens außer Verhältnis stehe (LG Berlin Urt. v. 13.1.2014 – 93 O 114/12, RdE 2014, 132 (133)). Ob dies angesichts der zumeist nur niedrigen Streitwerte nicht bereits jetzt der Fall ist, wird derzeit unterschiedlich gesehen (abl. LG Berlin Urt. v. 13.1.2014 – 93 O 114/12, RdE 2014, 132 (135); bej. *Wollschläger/Wirth* IR 2014, 65 (66)). Eine mögliche Überdeckung der Kosten durch höhere als die vor dem Geschäftsjahr prognostizierten Einnahmen verpflichte die Schlichtungsstelle erst ab einer Überdeckungsquote von ca. 10 Prozent zu einer Anpassung der künftigen Fallpauschen innerhalb eines Jahres. Ergreife die Schlichtungsstelle zudem nicht die zumutbaren Maßnahmen zur Kostenreduktion, könnten die Fallpauschalen nicht mehr als angemessen angesehen werden (LG Berlin Urt. v. 13.1.2014 – 93 O 114/12, RdE 2014, 132 (133f.)).

Die Fallpauschale entsteht nach § 3 Abs. 1 der Kostenordnung mit der Eröffnung 31 des Schlichtungsverfahrens. Die Fallpauschale ist nach § 3 Abs. 2 zwei Wochen nach Rechnungsstellung fällig. Liegen der Schlichtungsstelle mehrere gleich gelagerte Verfahren gegen denselben Beschwerdegegner vor, so soll die Schlichtungsstelle nach § 5 Abs. 1 niedrigere Sonderentgelte festsetzen. Nach § 111b Abs. 6 S. 4 berechtigte Einwände gegen Rechnungen gegenüber der anerkannten Schlichtungsstelle nur dann zum Zahlungsaufschub oder zur Zahlungsverweigerung, soweit die ernsthafte Möglichkeit eines offensichtlichen Fehlers besteht, was insbesondere bei evidenten Berechnungsfehlern oder bei Abweichungen von den Fallpauschalen der Fall ist (BerlKommEnergieR/*Keßler* EnWG § 111b Rn. 27a).

Nach § 111b Abs. 6 S. 3 kann die Schlichtungsstelle bei **offensichtlich miss-** 32 **bräuchlichen Anträgen** ausnahmsweise auch von dem Verbraucher ein Entgelt verlangen. Nach § 5 Abs. 2 S. 1 der Kostenordnung muss in diesen Fällen jedoch zuvor ein entsprechender Hinweis des Ombudsmannes an den Verbraucher erfolgen. Die Missbrauchsgebühr beträgt nach § 111b Abs. 6 S. 3 lediglich maximal 30 EUR. Ein Antrag des Verbrauchers ist dann als missbräuchlich anzusehen, wenn er zunächst die Schlichtungsverfahren beantragt, noch vor dessen Ende dann aber in derselben Sache Klage erhebt oder wenn er mit dem Schlichtungsantrag sachfremde Ziele verfolgt wie insbesondere das Ziel, das Unternehmen durch das Verfahren oder die Kostenpauschale zu schädigen. Die Offensichtlichkeit setzt voraus, dass die Missbräuchlichkeit des Antrags für die Schlichtungsstelle ohne weitere eigene Nachforschungen erkennbar ist (NK-EnWG/*Schex* § 111b Rn. 33). Die Hürden für die Verhängung der Missbrauchsgebühr gegen den Verbraucher liegen damit sehr hoch.

VI. Zuweisung an Bundesoberbehörde oder Bundesanstalt (Abs. 7)

§ 111b Abs. 7 knüpft an die in § 111b Abs. 3 und 4 geregelte Organisationsfrage 33 an und normiert eine **Auffanglösung** mit Verordnungsermächtigung für den Fall, dass keine Anerkennung einer privatrechtlich organisierten Schlichtungsstelle möglich gewesen wäre. In diesem Fall hätte das Bundesministerium für Wirtschaft und Energie die Aufgaben der Schlichtungsstelle durch Rechtsverordnung im Einvernehmen mit dem Bundesministerium der Justiz und für Verbraucherschutz ohne Zustimmung des Bundesrats einer Bundesoberbehörde oder Bundesanstalt (beauftragte Schlichtungsstelle) zuweisen können, für die dann nach S. 2 die gleichen Anforderungen wie für eine privatrechtlich organisierte Stelle gegolten hätten. Wahrscheinlich wäre in diesem Falle die Ansiedelung der Schlichtungsstelle bei der

§ 111 c Teil 9. Sonstige Vorschriften

BNetzA erfolgt (*Kühling/Rasbach* RdE 2011, 332 (340)). Durch die Anerkennung der Schlichtungsstelle Energie eV geht Abs. 7 S. 1 derzeit ins Leere, der der privatrechtlichen Schlichtungsstelle Vorrang vor einer beauftragten Schlichtungsstelle einräumt. Nach § 111 b Abs. 7 S. 2 müsste auch die beauftragte Schlichtungsstelle die Anforderungen nach dem Verbraucherstreitbeilegungsgesetz erfüllen, soweit das EnWG keine abweichenden Regelungen trifft.

VII. Anwendbarkeit des VSBG (Abs. 8)

34 Der Gesetzgeber hat im Jahr 2016 § 111 b an die Anforderungen der ADR-RL angepasst. Die anerkannte Schlichtungsstelle ist danach eine Verbraucherschlichtungsstelle nach dem **Verbraucherstreitbeilegungsgesetz**, § 111 b Abs. 8 S. 1. Das Verbraucherstreitbeilegungsgesetz ist anzuwenden, soweit das Energiewirtschaftsgesetz keine abweichenden Regelungen trifft. Durch die Neuregelung wurden ua die alte Bestimmung in § 111 b Abs. 1 S. 4 aF über die Verfahrensdauer des Schlichtungsverfahrens und die Vorschriften über die Neutralität des Schlichters und die Grundstruktur des Schlichtungsverfahrens (Abs. 4 und 5 aF) durch den generellen Verweis aus § 111 b Abs. 8 S. 2 auf das VSBG ersetzt. Grundlegend für die Arbeit der Schlichtungsstelle Energie sind insbesondere das Prinzip der *Unabhängigkeit und Unparteilichkeit der* fachlich qualifizierten *Streitmittler nach § 7 VSBG,* die Transparenz und Vertraulichkeit des kontradiktorischen Verfahrens nach § 22 VSBG, der Rechtmäßigkeitsgrundsatz sowie als Leitidee die Unabhängigkeit und Unparteilichkeit der Schlichtungsstelle *nach § 6 VSBG. Der Leitidee wurde institutionell schon bei der Gründung der Schlichtungsstelle durch die Beteiligung sowohl der zentralen energiewirtschaftlichen Verbände als auch der wichtigsten Verbraucherschutzverbände Rechnung getragen.*

VIII. Schlichtungsverfahren und Regulierungs-/Kartellbehörden (Abs. 9)

35 § 111 b Abs. 9 stellt klar, dass die **Befugnisse der Regulierungsbehörden und der Kartellbehörden** aufgrund des GWB durch das Schlichtungsverfahren unberührt bleiben (RegE v. 6.6.2011, BR-Drs. 343/11, 243). Nach § 4 Abs. 5 der Verfahrensordnung der Schlichtungsstelle hat das Schlichtungsverfahren daher so lange zu ruhen, bis das Missbrauchs- oder das Aufsichtsverfahren nicht mehr anhängig ist. Die Norm ist daher im Zusammenhang mit § 111 c zu verstehen, wonach das Verwaltungsverfahren grundsätzlich Vorrang vor dem Schlichtungsverfahren hat.

§ 111 c Zusammentreffen von Schlichtungsverfahren und Missbrauchs- oder Aufsichtsverfahren

(1) [1]**Erhält die Schlichtungsstelle Kenntnis davon, dass gegen den Betreiber eines Energieversorgungsnetzes im Zusammenhang mit dem Sachverhalt, der einem Antrag auf Durchführung eines Schlichtungsverfahrens nach § 111 b zugrunde liegt, ein Missbrauchsverfahren nach § 30 Absatz 2 oder ein besonderes Missbrauchsverfahren nach § 31 oder gegen ein Unternehmen (§ 111 a Satz 1) ein Aufsichtsverfahren nach § 65 eingeleitet worden ist, ist das Schlichtungsverfahren auszusetzen.** [2]**Die Schlich-**

tungsstelle teilt den Parteien mit, dass sich die Dauer des Schlichtungsverfahrens wegen besonderer Schwierigkeit der Streitigkeit verlängert.

(2) Das nach Absatz 1 ausgesetzte Schlichtungsverfahren ist mit Abschluss des Missbrauchsverfahrens oder Aufsichtsverfahrens unverzüglich fortzusetzen.

(3) ¹Die Schlichtungsstelle und die Regulierungsbehörden können untereinander Informationen einschließlich personenbezogener Daten über anhängige Schlichtungs- und Missbrauchsverfahren austauschen, soweit dies zur Erfüllung ihrer jeweiligen Aufgaben erforderlich ist. ²Es ist sicherzustellen, dass die Vertraulichkeit wirtschaftlich sensibler Daten im Sinne des § 6a gewahrt wird.

Literatur: Vgl. die Hinweise zu § 111a.

A. Allgemeines

I. Inhalt und Zweck

§ 111c regelt den Austausch personenbezogener Daten zwischen der Schlichtungsstelle Energie eV und den Regulierungsbehörden und stellt im Anschluss an die in § 111b Abs. 1 S. 5, Abs. 2 und Abs. 9 normierten Fälle Kollisionsregeln für das Zusammentreffen von Schlichtungsverfahren und regulierungsbehördlichen Verfahren auf und bestimmt, dass die laufenden **Verwaltungsverfahren grundsätzlichen Vorrang** vor dem Schlichtungsverfahren haben (RegE v. 6.6.2011, BR-Drs. 343/11, 243). 1

II. Entstehungsgeschichte

Die Norm trat im Zuge der **EnWG-Novelle 2011** durch Art. 1 Nr. 62 des Gesetzes zur Neuregelung energiewirtschaftsrechtlicher Vorschriften (EnWNG) vom 26.7.2011 zum 4.8.2011 in Kraft (BGBl. 2011 I S. 1554). Seine Fassung entspricht der des ersten Regierungsentwurfs (RegE v. 6.6.2011, BR-Drs. 343/11, 96). 2

III. Gemeinschaftsrechtliche Vorgaben

§ 111c geht auf das **Dritte Binnenmarktpaket Energie** (dazu →§ 111a Rn. 6, →§ 111b Rn. 3) zurück, aus dessen beiden Richtlinien RL 2009/72/EG (Strom) und RL 2009/73/EG (Gas) auch Vorgaben zur Kollision des Schlichtungsverfahrens mit dem regulierungsbehördlichen Verfahren hergeleitet werden können: Art. 32 Abs. 2, 37 Abs. 11 Elt-RL 09 und Art. 41 Abs. 11 Gas-RL 09 ist zu entnehmen, dass für die Einhaltung der Netzzugangsbedingungen allein die Überwachung der Regulierungsbehörden zuständig ist, die als Streitbeilegungsstelle innerhalb von zwei Monaten entscheidet. 3

IV. Verfassungsrechtliche Beurteilung

§ 111c schafft die erforderliche gesetzliche Grundlage zum Austausch der zur Aufgabenerfüllung nötigen Informationen zwischen Schlichtungsstelle und Regulierungsbehörden und greift damit in das Recht der betroffenen Unternehmen auf **informationelle Selbstbestimmung** aus Art. 2 Abs. 1 iVm Art. 1 Abs. 1 GG 4

§ 111 c

(iVm Art. 19 Abs. 3 GG) ein, nach dem jedermann selbst über die Preisgabe und Verwendung seiner personenbezogenen Daten bestimmen kann (so schon BVerfG Beschl. v. 13.1.1981 – 1 BvR 116/77, BVerfGE 56, 37 (41 f.)) = NJW 1981, 1431. Beschränkungen dieses Rechts bedürfen wegen Art. 2 Abs. 1 GG einer verhältnismäßigen gesetzlichen Grundlage. Aus dem einschränkenden Gesetz müssen sich dabei die Voraussetzungen und der Umfang der Beschränkungen klar ergeben (BVerfG Beschl. v. 22.6.1977 – 1 BvR 799/76, BVerfGE 45, 400 (420) = NJW 1977, 1723). In dem Gesetz sind das Geheimhaltungsinteresse des Betroffenen und das Informationsinteresse der verarbeitenden Stelle abzuwägen. Nur in den Fällen, in denen das Allgemeininteresse überwiegt, sind Einschränkungen des Rechts auf informationelle Selbstbestimmung zulässig. Ohne den Willen des Betroffenen sind Einschränkungen des Rechts auf informationelle Selbstbestimmung nur dann möglich, wenn die entsprechende gesetzliche Ermächtigung bereichsspezifisch, präzise und amtshilfefest ist (BVerfG Urt. v. 15.12.1983 – 1 BvR 209, 269, 362, 420, 440, 484/83, BVerfGE 65, 1 (46) = NJW 1984, 419). § 111 c Abs. 3 regelt einen bereichsspezifischen internen Austausch von begrenzten individualisierten Informationen zwischen der Schlichtungsstelle und den Regulierungsbehörden, wobei der Austausch auf das zur Aufgabenerfüllung erforderliche Maß beschränkt bleibt. Ohne diesen Informationsaustausch würde die im Allgemeininteresse an einer einheitlichen Spruchpraxis geschaffene Kollisionsregel des § 111 c Abs. 1 faktisch leerlaufen. Insofern ist die partielle Beschränkung des Rechts der betroffenen Unternehmen auf informationelle Selbstbestimmung gerechtfertigt.

B. Einzelerläuterungen

I. Aussetzung des Schlichtungsverfahrens (Abs. 1)

5   Während § 111 b Abs. 2 das Verhältnis des Schlichtungsverfahrens zum Mahnverfahren nach den §§ 688–703 d ZPO regelt, bestimmt § 111 c Abs. 1 das **Verhältnis des Schlichtungsverfahrens zum regulierungsbehördlichen Verfahren.** Die nur in privatrechtlicher Rechtsform verfasste anerkannte Schlichtungsstelle muss nach § 111 c Abs. 1 S. 1 das Schlichtungsverfahren nicht beenden, sondern nur aussetzen, wenn sie Kenntnis davon erlangt, dass gegen ein beteiligtes Unternehmen iSd § 111 a ein behördliches Verfahren eingeleitet wurde. Der Gesetzgeber begründet den Vorrang des regulierungsbehördlichen Verfahrens damit, dass die Eingriffsbefugnisse der Regulierungsbehörden weiter reichen und effektiver sind als die der Schlichtungsstelle (BT-Drs. 17/6072, 96). Die Vorschrift erfasst drei Fälle: Zum einen sind hier die beiden **Missbrauchsverfahren** nach § 30 Abs. 2 und nach § 31 (besonderes Missbrauchsverfahren) gegen den Betreiber eines Energieversorgungsnetzes iSd § 3 Nr. 4, also gegen Betreiber von Elektrizitätsversorgungsnetzen oder Gasversorgungsnetzen iSd § 3 Nr. 16 genannt. Zum anderen werden **Aufsichtsverfahren** nach § 65 gegen die in § 111 a S. 1 genannten Unternehmen erfasst. Laufen diese Verfahren gleichzeitig zum Schlichtungsverfahren, so ruht das Schlichtungsverfahren, § 111 c Abs. 1, sodass die Dauer des Verfahrens entgegen § 20 Abs. 2 VSBG länger als 90 Tage dauern wird, was aber nach § 111 c Abs. 1 S. 2 durch die besondere Schwierigkeit der Streitigkeit gerechtfertigt sein soll (BT-Drs. 18/5089, 83). Die Schlichtungsstelle teilt den Verfahrensbeteiligten das Ruhen in Textform mit, § 111 c Abs. 1 S. 2 iVm § 4 Abs. 5 der Verfahrensordnung der Schlichtungsstelle.

Die Missbrauchs- bzw. Aufsichtsverfahren führen jedoch erst dann zur Aussetzung des Schlichtungsverfahrens, wenn ein Sachverhalt betroffen ist, der auch dem Schlichtungsverfahren zugrunde liegt, was von der Schlichtungsstelle weit auszulegen ist. Denn die Norm soll sicherstellen, dass die Schlichtungsstelle in ihrer Spruchpraxis nicht von der Verwaltungspraxis der Regulierungsbehörde abweicht, damit eine **einheitliche Spruchpraxis** gewährleistet bleibt (RegE v. 6.6.2011, BR-Drs. 343/11, 243). Dieser Vorrang der Verwaltungsverfahren wird insbesondere damit begründet, dass die Regulierungsbehörde gegenüber den Unternehmen unmittelbar vollziehbare Anordnungen treffen kann und die Verwaltungsentscheidungen damit gegenüber den unverbindlichen Schlichtungsempfehlungen das „schärfere Schwert" darstellen (RegE v. 6.6.2011, BR-Drs. 343/11, 243; *Lange* RdE 2012, 41 (43)). 6

Die Aussetzung des Schlichtungsverfahrens soll dem beteiligten Verbraucher keine Nachteile bringen, weshalb die **Verjährung seiner Ansprüche** auch während der Aussetzungszeit nach § 204 Nr. 4 BGB gehemmt bleibt (RegE v. 6.6.2011, BR-Drs. 343/11, 243). 7

II. Fortsetzung des Schlichtungsverfahrens (Abs. 2)

Nach Abschluss der in Abs. 1 genannten Verwaltungsverfahren hat die Schlichtungsstelle das Schlichtungsverfahren unverzüglich, also ohne schuldhaftes Zögern (vgl. § 121 Abs. 1 S. 1 BGB), nach § 111c Abs. 2 fortzusetzen, worüber die Parteien nach § 4 Abs. 5 der Verfahrensordnung zu informieren sind Dabei hat es der Gesetzgeber letztlich offengelassen, auf welchen Zeitpunkt genau abzustellen ist. Letztlich wird man hier jedoch nicht schon auf die bloße Bekanntgabe der Verwaltungsentscheidung abstellen, sondern auf die Beendigung des kompletten Verwaltungsverfahrens, die hier erst mit Eintritt der Bestandskraft der Behördenentscheidung eintritt (so auch Theobald/Kühling/*Ahnis* EnWG § 111c Rn. 11 mwN). Die **Fortsetzungspflicht** gilt auch in den Fällen, in denen schon die vorherige behördliche Anordnung das Unternehmen dazu verpflichtet hat, ein Verhalten abzustellen, das den Verbraucher beeinträchtigt und das ggf. zugleich Gegenstand des Schlichtungsverfahrens war. In diesen Fällen soll sich die Schlichtung nicht erledigt haben, sondern zur Regulierung weiterer Ansprüche wie etwa des Schadensersatzanspruchs nach § 32 sinnvoll erscheinen, da das Schlichtungsverfahren nach wie vor zu schnelleren und kostengünstigeren Lösungen führen könne als ein Gerichtsverfahren (so der RegE v. 6.6.2011, BR-Drs. 343/11, 243). 8

III. Informationsaustausch (Abs. 3)

Nach Art. 6 Abs. 3 DS-GVO ist zum Austausch personenbezogener Daten eine gesetzliche Grundlage erforderlich, die § 111c liefert. Zur Umsetzung der in den Abs. 1 und 2 normierten Kollisionsregeln muss die Schlichtungsstelle überhaupt davon Kenntnis erlangen, dass ein Missbrauchs- oder ein Aufsichtsverfahren gegen ein Unternehmen eingeleitet bzw. abgeschlossen wurde. Um die nötige Informationsgrundlage für die Schlichtungsstelle und für die Regulierungsbehörden zu schaffen, können die Schlichtungsstelle und die Regulierungsbehörden nach § 111c Abs. 3 untereinander **Informationen austauschen,** sofern dies zur Aufgabenwahrnehmung erforderlich ist. Dabei ist dem datenschutzrechtlichen Grundsatz der Zweckbindung durch die Schlichtungsstelle besonders Rechnung zu tragen: Es dürfen nur solche Informationen herausgegeben werden, die zur Erledigung der gesetzlich be- 9

§ 111 c

stimmten Aufgaben der anderen Seite unumgänglich sind. Wann personenbezogene Daten iSd. § 111c Abs. 3 S. 1 vorliegen, richtet sich nach den Grundsätzen des § 3 BSDG; der weitere Umgang mit Daten durch die Schlichtungsstelle auf der einen und die Regulierungsbehörden auf der anderen Seite wird durch die allgemeinen Grundsätze des BDSG determiniert (Theobald/Kühling/*Ahnis* EnWG § 111c Rn. 19). Um den nach Abs. 1 erforderlichen Abgleich mit den laufenden Schlichtungsverfahren vornehmen zu können, erhält die Schlichtungsstelle den Namen des betroffenen Unternehmens und die Beschreibung des Sachverhalts, auf dessen Grundlage das Missbrauchs- oder Aufsichtsverfahren eingeleitet wurde (RegE v. 6.6.2011, BR-Drs. 343/11, 244). Die Regulierungsbehörden erhalten ihrerseits auf eigene Anfrage oder in den Fällen besonders schwerwiegender und evidenter Rechtsverletzungen (NK-EnWG/*Schex* § 111c Rn. 6) von der Schlichtungsstelle nur die zur Einleitung der Missbrauchsverfahren nach den §§ 30 Abs. 2 oder 31 bzw. des Aufsichtsverfahrens nach § 65 erforderlichen Informationen wie etwa über die Anzahl von Verbraucherbeschwerden gegen ein bestimmtes Unternehmen zu einem bestimmten Sachverhalt und/oder über das Zusammenwirken bestimmter Unternehmen, wobei der Gesetzgeber hier insbesondere den Anbieterwechsel im Blick hatte (RegE v. 6.6.2011, BR-Drs. 343/11, 244). Dass das Aufsichtsverfahren nach § 65 in § 111c Abs. 3 (anders als im Abs. 1) nicht mehr genannt ist, war keine bewusste gesetzgeberische Ausklammerung, sondern lediglich ein Redaktionsversehen (so auch Theobald/Kühling/*Ahnis* EnWG § 111c Rn. 18). Ein Datenaustausch ist also auch im Aufsichtsverfahren möglich.

10 Nach § 111c Abs. 3 S. 2 ist sicherzustellen, dass die **Vertraulichkeit wirtschaftlich sensibler Daten** iSd § 6a gewahrt bleibt. Der Begriff der wirtschaftlich sensiblen Daten ist dabei weit auszulegen (Theobald/Kühling/*Ahnis* EnWG § 111c Rn. 20). Die Norm wird durch § 12 der Verfahrensordnung der Schlichtungsstelle ergänzt, die in ihrem Abs. 1 die Verschwiegenheitspflicht für alle Mitarbeiter der Schlichtungsstelle normiert. Nach § 12 Abs. 2 der Verfahrensordnung erfolgt die Veröffentlichung der Schlichtersprüche nur mit Einverständnis der Verfahrensbeteiligten unter namentlicher Nennung.

Teil 9a. Transparenz

§ 111d Einrichtung einer nationalen Informationsplattform

(1) ¹Die Bundesnetzagentur errichtet und betreibt spätestens ab dem 1. Juli 2017 eine elektronische Plattform, um der Öffentlichkeit jederzeit die aktuellen Informationen insbesondere zu der Erzeugung von Elektrizität, der Last, der Menge der Im- und Exporte von Elektrizität, der Verfügbarkeit von Netzen und von Energieerzeugungsanlagen sowie zu Kapazitäten und der Verfügbarkeit von grenzüberschreitenden Verbindungsleitungen zur Verfügung zu stellen (nationale Informationsplattform). ²Zu dem Zweck nach Satz 1 veröffentlicht sie auf der nationalen Informationsplattform in einer für die Gebotszone der Bundesrepublik Deutschland aggregierten Form insbesondere die Daten, die
1. von den Betreibern von Übertragungsnetzen nach Artikel 4 Absatz 1 in Verbindung mit den Artikeln 6 bis 17 der Verordnung (EU) Nr. 543/2013 der Kommission vom 14. Juni 2013 über die Übermittlung und die Veröffentlichung von Daten in Strommärkten und zur Änderung des Anhangs I der Verordnung (EG) Nr. 714/2009 des Europäischen Parlaments und des Rates (ABl. L 163 vom 15.6.2013, S. 1; Transparenzverordnung) an den Europäischen Verbund der Übertragungsnetzbetreiber (ENTSO-Strom) übermittelt und von ENTSO-Strom veröffentlicht werden oder
2. von Primäreigentümern im Sinne von Artikel 2 Nummer 23 nach Artikel 4 Absatz 2 der Transparenzverordnung an ENTSO-Strom übermittelt und von ENTSO-Strom veröffentlicht werden.

³Die Bundesnetzagentur kann über die Daten nach Satz 2 hinaus zusätzliche ihr vorliegende Daten veröffentlichen, um die Transparenz im Strommarkt zu erhöhen.

(2) ¹Die Bundesnetzagentur kann die Übermittlung der Daten nach Absatz 1 Satz 2 von den Betreibern von Übertragungsnetzen sowie den Primäreigentümern im Sinne von Absatz 1 Satz 2 verlangen. ²In diesem Fall müssen die Betreiber von Übertragungsnetzen sowie die Primäreigentümer auf Verlangen der Bundesnetzagentur dieser die Daten nach Absatz 1 Satz 2 über eine zum automatisierten Datenaustausch eingerichtete Schnittstelle innerhalb der von der Bundesnetzagentur gesetzten Frist zur Verfügung stellen. ³Die Möglichkeit der Betreiber von Übertragungsnetzen, Informationen zu Anlagen und deren Standorten nach Artikel 10 Absatz 4 und nach Artikel 11 Absatz 4 Satz 2 der Transparenzverordnung nicht anzugeben, bleibt hiervon unberührt. ⁴Die Bundesnetzagentur darf die ihr nach Satz 1 zur Kenntnis gelangten Daten, die Betriebs- und Geschäftsgeheimnisse enthalten, nur in anonymisierter Form veröffentlichen. ⁵Die Bundesnetzagentur darf Daten, die geeignet sind, die Sicherheit oder Zuverlässigkeit des Elektrizitätsversorgungssystems oder die Sicherheit und Ordnung zu gefährden, oder die europäische kritische Anlagen betreffen, nur im Einvernehmen mit den Betreibern der Übertragungsnetze veröffentlichen; Absatz 4 Satz 1 bleibt hiervon unberührt.

§ 111d

(3) ¹Die Bundesnetzagentur soll die in Absatz 1 Satz 2 und 3 genannten Daten in einer für die Gebotszone der Bundesrepublik Deutschland aggregierten Form und in deutscher Sprache unter Berücksichtigung der in der Transparenzverordnung festgelegten Zeitpunkte veröffentlichen, soweit dies jeweils technisch möglich ist. ²Die Art der Veröffentlichung der Daten soll in einer für die Öffentlichkeit verständlichen Darstellung und in leicht zugänglichen Formaten erfolgen, um die Öffentlichkeit besser in die Lage zu versetzen, die Informationen des Strommarktes und die Wirkungszusammenhänge nachvollziehen zu können. ³Die Daten müssen frei zugänglich sein und von den Nutzern gespeichert werden können.

(4) Die Bundesnetzagentur wird ermächtigt, wenn die nach den Nummern 1 und 3 zu übermittelnden Daten für den Zweck der nationalen Informationsplattform erforderlich sind und soweit diese Daten bei den Betreibern der Elektrizitätsversorgungsnetze vorliegen, Festlegungen nach § 29 Absatz 1 zu treffen insbesondere
1. zur Übermittlung von Daten und zu der Form der Übermittlung durch die Betreiber von Elektrizitätsversorgungsnetzen,
2. zu den Zeitpunkten der Übermittlung der Daten unter Berücksichtigung der in der Transparenzverordnung festgelegten Zeitpunkte sowie
3. zur Übermittlung von Daten zu Erzeugungseinheiten mit einer installierten Erzeugungskapazität zwischen 10 Megawatt und 100 Megawatt.

Literatur: BMWi, Ein Strommarkt für die Energiewende, Weißbuch 2015 = https://www.bmwk.de/Redaktion/DE/Publikationen/Energie/weissbuch.pdf%3F__blob%3Dpublication File%26v%3D33; BNetzA, SMARD- ein Benutzerhandbuch, Stand Juli 2022 =https://www.smard.de/resource/blob/208546/108612cd96cc27646cb328f0ca9cb3d2/smard-benutzerhandbuch-07-2022-data.pdf;

A. Allgemeines

1   Die Steigerung der Transparenz am Strommarkt galt als eine zentrale Maßnahme schon des Weißbuchs „Ein Strommarkt für die Energiewende" 2015. Transparenz zum Strommarkt ist eine wichtige Grundlage zu einer sachlichen und realistischen Diskussion über die Energiewende. So soll zB in der Akzeptanzdiskussion für den notwendigen Ausbau der Übertragungsnetze eine Faktenbasis für die Begründung durch die Integration von Anlagen Erneuerbarer Energien in Abgrenzung zum europäischen Austausch oder Erzeugung aus Braunkohle dargelegt werden können. Solche Transparenz sollte durch den neu eingefügten § 111d gestärkt und bestehende Informationen an einer fachlichen und neutralen Stelle zusammengeführt werden (Begr. RegE BT-Drs. 18/7317, 127).

2   Zugleich ist immer zu berücksichtigen, dass unter wettbewerblichen Gesichtspunkten ein gewisses Maß an Geheimwettbewerb notwendig ist, um ein Marktmanipulation zu verhindern und tatsächlich ein wettbewerbskonformes Marktergebnis nicht zu stören.

I. Inhalt

3   Mit dem Strommarktgesetz 2016 wurde zum 1.7.2016 bei der Bundesnetzagentur eine nationale Informationsplattform eingerichtet, deren Ziel darin besteht,

Einrichtung einer nationalen Informationsplattform §111d

relevante Strommarktdaten für Deutschland systematisch aufzubereiten und anwenderfreundlich der interessierten Öffentlichkeit darzustellen. (Begr. RegE BT-Drs. 18/7317, 59)

Daraufhin hat die BNetzA die Plattform „SMARD" (www.smard.de) eingerichtet und seitdem weiterentwickelt wurde. SMARD steht für StromMARkt-Daten und stellt zentrale Strommarktdaten für Deutschland und teilweise auch für Europa nahezu in Echtzeit dar. Veröffentlicht und grafisch aufbereitet und zum Download bereitgestellt werden ua Daten zur Erzeugung, Verbrauch, Im- und Export von Strom und Daten zu Regelreserve (SMARD Benutzerhandbuch, S. 11 ff.). Neben den Transparenzdaten gem. Strommärkte-Datenübermittlungs-VO werden auf SMARD auch detaillierte Informationen zu Erzeugungsanlagen aufgeführt. Hierfür werden die Stammdaten aus der Kraftwerksliste der Bundesnetzagentur verwendet. Unter Wahrung von Betriebs- und Geschäftsgeheimnissen werden wesentliche Kenndaten einzelner Kraftwerke veröffentlicht. 4

Die auf SMARD veröffentlichten Daten werden öffentlich und zur freien Verfügung und Verwendung bereitgestellt. Hierfür können die Daten kostenfrei und in verschiedenen Dateiformaten heruntergeladen und gespeichert werden. Die gesetzliche Ausgestaltung gewährleistet die öffentliche Finanzierung sowie die Ermächtigungsgrundlagen für Datenerhebungen und Veröffentlichungen, soweit erforderlich. 5

Die Aufgabe nach § 111d und auch Entscheidungen nach Abs. 4 unterliegen gem. § 59 Abs. 1 S. 2 Nr. 18 nicht dem Beschlusskammervorbehalt gem. § 59 Abs. 1 S. 1 der Entscheidungen nach dem EnWG. 6

II. Europarechtliche Grundlagen

Es handelt sich um eine nationale Informationsplattform. Allerdings werden hier im Wesentlichen Daten nach der sog. Strommärkte-Datenübermittlungs-VO (Verordnung (EU) Nr. 543/2013) zusammengeführt. Diese Strommärkte-Datenübermittlungs-VO verpflichtet die ÜNB sowie Strommarktbörsen, Daten zum Strommarkt an den Verband Europäischer Übertragungsnetzbetreiber (ENTSO-E) zu melden, und anschließend auf der ENTSO-E Transparenzplattform zu veröffentlichen. Diese Veröffentlichung bleibt unberührt. 7

B. Einzelkommentierung

I. Einrichtung und Inhalt der Plattform (Abs. 1)

Abs. 1 bestellt die Bundesnetzagentur als verpflichtete Stelle und regelt Mindestinhalte sowie erweiterte Inhalte der Informationsplattform: 8
- Verfügbarkeit von Energieerzeugungsanlagen und Kapazitäten zur Stromerzeugung (SMARD Benutzerhandbuch S. 38 ff.),
- Last (SMARD Benutzerhandbuch, S. 46 ff.),
- der Menge der Ex- und Importe von Elektrizität sowie die Verfügbarkeit von grenzüberschreitenden Verbindungsleitungen (SMARD-Benutzerhandbuch, S. 54 ff.),
- Verfügbarkeit von Netzen, hierzu gehören Mengen, Preise sowie Entwicklungen zur Ausgleichsenergie (§ 22 f.) und Redispach (§ 13 f.) sowie Reserven (§§ 13 d f.) (SMARD Benutzerhandbuch, S. 58 ff.).

Bourwieg

§ 111d Teil 9a. Transparenz

9   Die Daten sind in jedem Fall für die **Gebotszone Deutschland** zu veröffentlichen. Gebotszone beschreibt einen einheitlichen Strommarkt, innerhalb dessen Strom ohne erkennbare netzseitige Restriktionen gehandelt und geliefert werden kann. Sind zB Redispatchmaßnahmen zur Beseitigung von kurzzeitigen Engpässen erforderlich (→ § 13 Rn. 3 ff.), geschieht dies gerade zur Wahrung der einheitlichen Gebotszone. Der Strommarkt nimmt diese Maßnahmen nicht wahr. Bestehen **dauerhafte Engpässe,** die zu unterschiedlichen Stromgebotszonen führen, so beeinflussen diese den Stromhandel und führen zu unterschiedlichen Großhandelspreisen. Die Ausgestaltung der Gebotszonen in Europa ist Gegenstand regelmäßiger Überprüfung durch die Europäische Kommission und ACER gem. Art. 14 Elt-VO 2019 (s. ACER Entscheidung v. 8.8.2022, No 11/2022 = https://www.acer.europa.eu/sites/default/files/documents/Individual Decisions/ACER Decision 11-2022 on alternative BZ configurations.pdf). Beispielsweise war 2016 Österreich noch Teil einer gemeinsamen Gebotszone mit Deutschland und Luxemburg, die 2018 getrennt wurde.

10   Der Begriff der „Primäreigentümer der Daten" kommt aus Art. 2 Nr. 23 EU-Strommärkte-Daten-ÜbermittlungsVO und ist definiert als die Stelle, die die Daten generiert. Das sind für Erzeugungsdaten insbesondere die Betreiber von Kraftwerken oder Speichern, Lasten stellen insb. Letztverbraucher oder Weiterverteiler dar, es können aber auch Betreiber von Elektrizitätsversorgungsnetzen oder sonstige Marktteilnehmer (zB Strombörsen oder Auktionsbüros für grenzüberschreitende Verbindungskapazitäten) sein.

II. Datenübermittlungs- und –veröffentlichungspflichten (Abs. 2)

11   *„Satz 1 regelt ein unmittelbares, aber subsidiäres Datenzugriffsrecht der BNetzA. Danach kann die BNetzA die zu veröffentlichenden Daten auch direkt von den Betreibern der Übertragungsnetze sowie den Primäreigentümern im Sinne von Absatz 1 Satz 2 verlangen. Satz 2 legt fest, dass die Betreiber der Übertragungsnetze sowie die Primäreigentümer auf Verlangen der BNetzA dieser die Daten nach Absatz 1 Satz 2 über eine zum automatisierten Datenaustausch eingerichtete Schnittstelle innerhalb der von der BNetzA jeweils gesetzten angemessenen Frist zur Verfügung stellen und einen automatisierten Datenaustausch ermöglichen müssen. Satz 3 stellt klar, dass die Betreiber der Übertragungsnetze vertrauliche Informationen über den Schutz kritischer Infrastrukturen entsprechend den Vorgaben der Transparenzverordnung nicht veröffentlichen müssen. Satz 4 dient dem Schutz von Betriebs- und Geschäftsgeheimnissen. Sofern die BNetzA unmittelbar nach Satz 1 die Daten von den Verpflichteten übermittelt bekommt, ist sicherzustellen, dass darin enthaltene Betriebs- und Geschäftsgeheimnisse geschützt werden. Nach Satz 5 darf die BNetzA Daten, die geeignet sind, die Sicherheit oder Zuverlässigkeit des Elektrizitätsversorgungssystems oder die Sicherheit und Ordnung zu gefährden oder die europäische kritische Anlagen betreffen, nur im Einvernehmen mit den Betreibern der Übertragungsnetze veröffentlichen; der zweite Halbsatz regelt, dass Absatz 4 Satz 1 hiervon unberührt bleibt. Daten, die sich auf die vorstehenden Anlagen beziehen, dürfen nur in aggregierter Form veröffentlicht werden"* (Begr. RegE BT-Drs. 18/7317, 128 f.).

12   **Europäisch-kritische-Anlagen** benutzt eine Terminologie aus der sog. „EPSKI-Richlinie" (2008/114/EG). Die Richtlinie zielt auf die Ermittlung und Ausweisung europäisch kritischer Infrastrukturen (EKI), deren Beeinträchtigung erhebliche Auswirkungen in mindestens zwei Mitgliedstaaten hätte (zur Historie der europäischen kritischen Infrastruktur BBK, Fachinformation Praxis im Bevölke-

rungsschutz Band 21 – 10 Jahre KRITIS-Strategie, S. 83 f.), die mittlerweile durch die NIS-Richtlinie (RL- 2016/11487/EU) überholt wurde (→ § 11 Rn. 126; BeckOK/Groneberg EnWG § 111 d Rn. 25).

Zu den vertraulichen Informationen gehören neben den Informationen zu den 13 europäisch kritischen Infrastrukturen ferner **Betriebs- und Geschäftsgeheimnisse** (§ 71) der ÜNB oder anderer Primäreigentümer. Dem Schutz von Betriebs- und Geschäftsgeheimnissen kann durch die Aggregation und Anonymisierung von Daten nachgekommen werden (so auch Abs. 2 S. 4; vertiefend BeckOK/*Groneberg* EnWG § 111 d Rn. 25).

III. Vorgaben zur Datenaufbereitung (Abs. 3)

Abs. 3 enthält Regelungen zu Zeitpunkt, Form der Aufbereitung, Abrufbarkeit 14 und Speicherbarkeit der Daten. Die auf SMARD veröffentlichten Daten und die daraus erstellten Visualisierungen können gemäß der Creative Commons Namensnennung 4.0 International Lizenz kostenfrei heruntergeladen, gespeichert und weiterverwendet werden.

IV. Festlegungskompetenzen (Abs. 4)

Abs. 4 enthält Festlegungskompetenzen der BNetzA nach § 29 zur näheren Aus- 15 gestaltung der Informationsplattform.

§ 111e Marktstammdatenregister

(1) ¹Die Bundesnetzagentur errichtet und betreibt ein elektronisches Verzeichnis mit energiewirtschaftlichen Daten (Marktstammdatenregister). ²Das Marktstammdatenregister dient dazu,
1. die Verfügbarkeit und Qualität der energiewirtschaftlichen Daten zur Unterstützung des Zwecks und der Ziele nach § 1 für die im Energieversorgungssystem handelnden Personen sowie für die zuständigen Behörden zur Wahrnehmung ihrer gesetzlichen Aufgaben zu verbessern,
2. den Aufwand zur Erfüllung von Meldepflichten zu verringern und
2a. die Prozesse der Energieversorgung durchgängig zu digitalisieren und dafür insbesondere den Netzanschluss und den Anlagenbetrieb im Hinblick auf Energievermarktung, Förderung, Abrechnung und die Besteuerung auf eine einheitliche Datenbasis zu stellen,
3. die Transformation des Energieversorgungssystems gegenüber der Öffentlichkeit transparent darzustellen.

³Die Bundesnetzagentur stellt durch fortlaufende Weiterentwicklung sicher, dass das Marktstammdatenregister jederzeit dem Stand der digitalen Technik und den Nutzungsgewohnheiten in Onlinesystemen entspricht.

(2) Das Marktstammdatenregister umfasst folgende Daten über die Unternehmen und Anlagen der Elektrizitäts- und Gaswirtschaft:
1. in der Elektrizitätswirtschaft insbesondere Daten über
   a) Anlagen zur Erzeugung und Speicherung von elektrischer Energie sowie deren Betreiber,

§ 111 e

    b) Betreiber von Elektrizitätsversorgungsnetzen und
    c) Bilanzkreisverantwortliche und
2. in der Gaswirtschaft insbesondere Daten über
    a) Gasproduktionsanlagen und Gasspeicheranlagen sowie deren Betreiber,
    b) Betreiber von Gasversorgungsnetzen,
    c) Marktgebietsverantwortliche und
    d) Bilanzkreisverantwortliche.

(3) Die Bundesnetzagentur muss bei der Errichtung und bei dem Betrieb des Marktstammdatenregisters
1. europarechtliche und nationale Regelungen hinsichtlich der Vertraulichkeit, des Datenschutzes und der Datensicherheit beachten sowie
2. die erforderlichen technischen und organisatorischen Maßnahmen zur Sicherstellung von Datenschutz und Datensicherheit ergreifen, und zwar
    a) unter Beachtung der Artikel 24, 25 und 32 der Verordnung (EU) 2016/679 des Europäischen Parlaments und des Rates vom 27. April 2016 zum Schutz natürlicher Personen bei der Verarbeitung personenbezogener Daten, zum freien Datenverkehr und zur Aufhebung der Richtlinie 95/46/EG (Datenschutz-Grundverordnung) (ABl. L 119 vom 4.5.2016, S. 1; L 314 vom 22.11.2016, S. 72; L 127 vom 23.5.2018, S. 2) in der jeweils geltenden Fassung und
    b) unter Berücksichtigung der einschlägigen Standards und Empfehlungen des Bundesamtes für Sicherheit in der Informationstechnik.

(4) ¹Die Bundesnetzagentur muss in einem nach der Rechtsverordnung nach § 111f Nummer 8 Buchstabe c zu bestimmenden Umfang Behörden den Zugang zum Marktstammdatenregister eröffnen, soweit diese Behörden die gespeicherten Daten zur Erfüllung ihrer jeweiligen Aufgaben benötigen. ²Daten, die im Marktstammdatenregister erfasst sind, sollen von Organisationseinheiten in Behörden, die für die Überwachung und den Vollzug energierechtlicher Bestimmungen zuständig sind oder Daten zu energiestatistischen Zwecken benötigen, nicht erneut erhoben werden, soweit
1. die organisatorischen und technischen Voraussetzungen für den Zugriff auf das Marktstammdatenregister gewährleistet sind,
2. nicht zur Umsetzung europäischen Rechts eine eigenständige Datenerhebung erforderlich ist und
3. die jeweils benötigten Daten nach Maßgabe der Rechtsverordnung nach § 111f vollständig und richtig an das Marktstammdatenregister übermittelt worden sind.

(5) Die Bundesnetzagentur nimmt ihre Aufgaben und Befugnisse nach den Absätzen 1 bis 4 sowie nach der Rechtsverordnung nach § 111f nur im öffentlichen Interesse wahr.

(6) ¹Die Bundesnetzagentur berichtet der Bundesregierung erstmals zum 31. Dezember 2022 und danach alle zwei Jahre über den aktuellen Stand und Fortschritt des Marktstammdatenregisters. ²Im Bericht ist insbesondere darauf einzugehen, wie das Marktstammdatenregister technisch weiterentwickelt wurde, wie die Nutzung des Registers und der registrierten Daten zur Erfüllung von Meldepflichten beigetragen haben, wie durch die Digitalisierung die Prozesse der Energieversorgung verein-

facht wurden und welche organisatorischen und technischen Maßnahmen zur Verbesserung der öffentlichen Datenverfügbarkeit getroffen wurden.

(7) **Die Übertragungsnetzbetreiber erstatten der Bundesnetzagentur die Sachmittel für den Betrieb, die Erhaltung und die Weiterentwicklung des Registers, soweit diese von der Bundesnetzagentur für externe Dienstleistungen zu entrichten sind, als Gesamtschuldner.**

Übersicht

	Rn.
A. Allgemeines	1
B. Einzelerläuterungen	4
I. Gesetzliches Ziel (Abs. 1)	4
II. Datendefinitionen (Abs. 2)	17
III. Datenschutz (Abs. 3)	25
IV. Datennutzung (Abs. 4)	26
V. Betrieb im öffentlichen Interesse (Abs. 5)	32
VI. Berichtspflicht (Abs. 6)	34
VII. Kostentragung (Abs. 7)	36

Literatur: *Bartsch/Wagner/Hartmann,* Das Marktstammdatenregister nach §§ 111 e/f EnWG – Ziele, Inhalte und betroffene Marktakteure, IR 2016, IR 2016, 197; *Hampel,* Energieregulierung – Neues aus Gesetzgebung und (Behörden-)Praxis III/2017, RdE 2017, 553.

A. Allgemeines

Mit § 111 e wird die gesetzliche Grundlage für das Marktstammdatenregister geschaffen, dessen Details durch eine aufgrund von § 111 f zu erlassende Verordnung festgelegt werden. Eingeführt wurden beide Normen mit dem Strommarktgesetz, das am 30. 7. 2016 (BGBl. I S. 1786) in Kraft trat. 1

Die aufgrund von § 111 f erlassene Marktstammdatenregisterverordnung wurde am 10. 4. 2017 verkündet, am 30. 1. 2019 schließlich nahm das Webportal des Registers seinen Betrieb auf. Seit diesem Tag sind die wesentlichen Daten der Energiewirtschaft jederzeit elektronisch abrufbar. im Internet unter www.marktstammda tenregister.de. Dort sind auch umfangreiche Registrierungshilfen, FAQ und weiterführende Hinweise zu finden (www.marktstammdatenregister.de/MaStRHilfe/index.html). Im Marktstammdatenregister werden sämtliche Erzeugungsanlagen mit Netzanschluss und alle wesentlichen Akteure der Energiewirtschaft erfasst. 2

Mit dem Marktstammdatenregister wurden die Vorgängerregister der BNetzA abgelöst, also das Anlagenregister nach § 93 EEG iVm der Anlagenregisterverordnung und das darin integrierte PV-Meldeportal. 3

B. Einzelerläuterungen

I. Gesetzliches Ziel (Abs. 1)

In Abs. 1 wird zum einen bestimmt, dass das Marktstammdatenregister elektronisch zu führen ist, zum anderen werden die Ziele des Registers aufgelistet. 4

Die Bundesnetzagentur war nach § 111 e verpflichtet, das Register elektronisch zu implementieren. Dies hat sie getan, indem sie das Webportal programmiert hat 5

Wolfshohl

§ 111e

Teil 9a. Transparenz

und den Zugang dazu im Internet bereitgestellt hat. Dabei ist das Register nicht völlig digital: Um im Internet wenig bewanderten Personen die Möglichkeit der Registrierung zu ermöglichen, ist die Bundesnetzagentur nach § 8 Abs. 1 MaStRV verpflichtet, Privatpersonen die Registrierung mittels nicht digitaler Formulare zu ermöglichen; dieser Pflicht kommt die Behörde nach.

6 In Abs. 1 S. 2 werden die Ziele des Marktstammdatenregisters vorgestellt: Das Register dient dazu, mit verfügbaren Daten die Prozesse der Elektrizitätsversorgungsunternehmen und der Behörden zu verbessern, Bürokratie abzubauen (skeptisch, aber zeitlich noch vor dem Start des Registers sind sowohl *Bartsch/Wagner/ Hartmann* IR 2016, 197 (201) als auch *Hampel* RdE 2017, 553 (554) und die Energiewende transparenter zu machen. Diese Ziele wurden mit dem Erlass der Verordnung nach § 111f umgesetzt (BR-Drs. 542/15, S. 152).

7 Durch eine hohe Verfügbarkeit und Qualität der Daten sollen nach Abs. 1 S. 2 Nr. 1 die energiewirtschaftlichen Prozesse verbessert werden. Dadurch, dass das Register digital ist, ist die Datenverfügbarkeit sehr hoch. Grundsätzlich kann jede Person zu jeder Zeit an jedem Ort auf die Daten im Internet zugreifen. Außerdem kann jeder erfasste Akteur jederzeit seine Daten aktualisieren. Da dies alles digital passiert, werden die aktuellen Daten ohne Verzögerung wiederum für jedermann bereitgestellt. Die hochverfügbaren und hoch aktuellen Daten sorgen für ein nie dagewesenes Maß an Transparenz der Energiewirtschaft. Die vielfältige Nutzung der Daten durch verschiedene Akteure führt zu einer ständigen Kontrolle des Datenbestands und damit zu einer stetigen Verbesserung.

8 Die Zentralisierung der Daten führt dazu, dass einmal gefundene Fehler an einem zentralen Ort korrigiert werden können und damit bei allen weiteren Prozessen nicht mehr auftreten. Auch und gerade weil die Daten nicht nur für die Energiewirtschaft, sondern auch von anderen Akteuren, etwa im Rahmen der Raumordnung oder der Flugsicherheit verwendet werden, werden die Daten aus verschiedenen Blickwinkeln betrachtet, Unrichtigkeiten fallen deshalb umso eher auf und können bereinigt werden.

9 Je besser der Datenbestand ist, desto besser können **energiewirtschaftliche Prozesse** abgewickelt werden. So können **Einspeiseprognosen** oder die Ermittlung des **Netzausbaubedarfs** weg von Modellen hin zu realen Szenarien geändert werden. Auch können die Ministerien in Bund und Land kontrollieren, wie und ob ihre für die Energiewende gesteckten Ziele erreicht werden und an welchen Stellen weiterer Förderbedarf besteht.

10 Ganz wesentlich für die Verbesserung der Datenqualität ist die Zielsetzung der Erfassung und damit des Registers. Das Marktstammdatenregister dient im Gegensatz zu seinen Vorgängerregistern nicht einem einzigen Ziel, sondern soll der **gesamten Energiewirtschaft** dienen. Deshalb begnügt sich das Register nicht mit einer einmaligen Erfassung des Ist-Zustands, vielmehr werden die Akteure durch § 7 MaStRV verpflichtet, ihre Daten **aktuell zu halten.**

11 Nach Abs. 1 S. 2 Nr. 2 sollen energiewirtschaftliche Meldepflichten zumindest dem Aufwand nach begrenzt werden. Das Marktstammdatenregister ist nach § 16 MaStRV so konzipiert, dass allen energiewirtschaftlich relevanten Behörden **Zugriff** auf die im Register gespeicherten Daten gewährt werden muss. Sonstige Behörden können individuell im Register erfasste Daten abfragen. Dadurch werden erneute Erhebungen an vielen Stellen obsolet.

12 Weil im Marktstammdatenregister ausschließlich **Stammdaten** und **keine Bewegungsdaten** erfasst werden, kann der Bürokratieabbau gelingen. Stammdaten sind Daten, die nur sehr wenigen Änderungen unterliegen, so dass eine zentrale Er-

fassung sinnvoll ist. Bewegungsdaten, wie etwa die Menge der Stromerzeugung, ändern sich öfter und werden nicht von allen Behörden oder Akteuren gleich verwendet – für den einen Prozess benötigt man etwa den Bruttowert der erzeugten Arbeit für einen anderen den Nettowert. Hinzu kommt, dass Bewegungsdaten wesentlich sensibler sind, da sie oftmals Betriebs- und Geschäftsgeheimnisse darstellen. Beide Aspekte würden einen höheren Schutzbedarf nach sich ziehen, gleichzeitig die Änderungsfrequenz deutlich erhöhen und somit das Register überlasten.

In der MaStRV ist neben dem Recht der Behörden auf den **Datenzugriff** auch das Recht der betroffenen Akteure normiert, diesen Behörden gegenüber keine weiteren Daten übermitteln zu müssen, wenn diese Daten bereits im Register erfasst sind, § 16 Abs. 6 MaStRV; das Recht korrespondiert mit der Pflicht der Behörden, die Daten, auf die sie zugreifen können, zu nutzen. 13

Die Ziele nach Abs. 1 S. 2 Nr. 1 und 2 werden durch Abs. 1 S. 2 Nr. 2a konkretisiert: Die energiewirtschaftlichen Prozesse sollen digitalisiert und auf eine **einheitliche Datenbasis** gestellt werden. Dadurch, dass zum einen die Daten an einem Ort zentral gespeichert werden, auf den die zur Nutzung Verpflichteten nun digital zugreifen können, wird dies gelingen. Dabei ist es unerlässlich, dass die Bundesnetzagentur ein hochperformantes Register zur Verfügung stellt, das die Daten sicher zur Verfügung stellt und dessen Daten auch nachgehalten werden. Das Register muss an den technischen Fortschritt angepasst und weiterentwickelt werden, um dem stetigen Fortschritt in der Digitalisierung gerecht zu werden. 14

Korrespondierend zur Digitalisierung muss die Bundesnetzagentur nach Abs. 1 S. 3 sicherstellen, dass das Register immer dem Stand der Technik entspricht und nicht veraltet. Auch wenn hiermit hohe Entwicklungskosten einhergehen können, hat der Gesetzgeber Weitsicht besessen und der registerführenden Behörde eine entsprechende Modernisierungspflicht aufgegeben. 15

Die **„Transformation des Energieversorgungssystems"** soll **transparent** werden (Abs. 1 S. 2 Nr. 3). Dadurch, dass die Daten abrufbar sind, hat jedermann einen Überblick über den jeweiligen Stand des Ausbaus der Erneuerbaren Energien. Jede Anlage ist erfasst, Summenwerte können gebildet werden – sowohl vom Einzelanwender als auch von Statistikern für Behörden und Presse. Da auch stillgelegte Anlagen erfasst sind, wenn die Anlagen zuvor einmal registriert wurden, kann auch der Rückgang der konventionellen Erzeugungskapazitäten betrachtet werden. Der Umbau der Erzeugungslandschaft mit der damit einhergehenden Dekarbonisierung ist mithin transparent. 16

II. Datendefinitionen (Abs. 2)

In Abs. 2 werden die Daten, die auf jeden Fall im Marktstammdatenregister erfasst werden müssen, beschrieben. Dies sind neben denen von Akteuren auch solche von Anlagen der Strom- und Gaswirtschaft. Denn anders als die Vorgängerregister, die ihre Grundlage im EEG hatten und deshalb nur EE-Anlagen samt derer Betreiber enthielten, soll das Marktstammdatenregister die gesamte Energiewirtschaft abbilden. In Abs. 2 werden nur die mindestens zu erfassenden Personen erwähnt (*Bartsch/Wagner/Hartmann* IR 2016, 197 (199)). 17

Es wird in Abs. 2 nur **die Erfassung** geregelt, nicht aber der **Meldepflichtige.** Dass der jeweilige Akteur die Daten selbst einzutragen hat, ergibt sich aus §§ 3–6 MaStRV. 18

Stromseitig sind gem. Abs. 2 Nr. 1a) Betreiber mit ihren Erzeugungsanlagen und Speichern sowie Betreiber von Elektrizitätsversorgungsnetzen nach Abs. 2 19

Nr. 1 b) und nach Abs. 2 Nr. 1 c) Bilanzkreisverantwortliche zu erfassen. Es sind netzseitig nur die Betreiber und nicht die Netze selbst als Objekte zwingend zu erfassen.

20 **Gasseitig** wird in Abs. 2 Nr. 2a) bis d) die stromseitige Erfassung der Akteure gespiegelt. Neben den Anlagen- und Netzbetreibern müssen Bilanzkreisverantwortliche gemeldet werden.

21 Bei der **Anlagenerfassung** geht das Marktstammdatenregister vollkommen neue Wege. Der Begriff der Anlage ist derart wesentlich für sämtliche energiewirtschaftlichen administrativen Prozesse, dass es in nahezu jedem Gesetz einen eigenen **Anlagebegriff** gibt, der auf die dortigen Bedürfnisse zugeschnitten ist. Um möglichst viele Verwendungen der Daten zu ermöglichen, wurde darauf verzichtet, einen einzigen Anlagebegriff zu verwenden; gleichfalls wurde **kein neuer Begriff** gesucht, der nur dem Register geholfen hätte. Vielmehr wurde bei der Erfassung der Anlagen auf den kleinsten gemeinsamen Nenner abgestellt. Dies ist der **einzelne Generator,** der als Einheit erfasst wird. Alle anderen Attribute und Konstellationen lassen sich auf diese Weise für den jeweiligen Prozess zusammenstellen. Unter Umständen sind Behörden und andere Stellen, die die Daten nutzen, deshalb gehalten, zusätzliche Daten zu denen im Register erfassten zu erheben und zu speichern. Da aber auf den Stamm der Daten aus dem Register zurückgegriffen werden kann, wird dem Grundsatz der Datensparsamkeit trotzdem entsprochen.

22 In Abs. 2 wird nur vorgeschrieben, dass Anlagen zu erfassen seien, nicht aber, dass sämtliche Anlagen erfasst werden müssen. Insofern ist es nicht zu beanstanden, dass nach § 5 Abs. 2 Nr. 1 und 4 MaStRV einige wenige Anlagen nicht erfasst werden. Denn nach der Verordnung sind Erzeugungs-Anlagen ohne einen mittelbaren Netzanschluss und Anlagen militärischer Einrichtungen nicht zu erfassen.

23 Von einer Erfassung ausgenommen sind gem. § 5 Abs. 2 Nr. 1a MaStRV **Gas**erzeugungseinheiten und Gasspeichern, die nicht an das Gasnetz angeschlossen sind. Damit sind fast alle Biogaserzeuger von der gasseitigen Meldung ausgenommen. Dies ist nicht zu beanstanden.

24 Dadurch, dass neben den Anlagen und ihren Betreibern **auch Netzbetreiber erfasst** werden, ist das Marktstammdatenregister ein vollumfängliches Register, das die gesamte Energiewirtschaft abbildet, selbst wenn auf die Erfassung von Verbrauchern verzichtet wird. Denn Erzeugung und Transport der Energie sind aus regulatorischer Sicht die wesentlichen Faktoren des Energiesystems. Mit der Erfassung auch von Personen wird zudem der Schritt weg von der bisherigen Registrierung der Anlagen im Anlagenregister nach § 93 EEG bzw. dem im zeitgleich mit der Einführung der §§ 111e und 111f aufgehobenen und nie umgesetzten Gesamtanlagenregister nach § 53b EnWG verdeutlicht.

III. Datenschutz (Abs. 3)

25 In Abs. 3 wird die Bundesnetzagentur verpflichtet, die nationalen und europäischen datenschutzrechtlichen Bestimmungen einzuhalten und sich hinsichtlich der Registerführung an die Vorgaben des Bundesamts für Sicherheit in der Informationstechnik zu halten. Dieser Absatz hat damit im Prinzip keinen Anwendungsbereich, denn als Behörde ist die Bundesnetzagentur ohnehin an Recht und Gesetz und damit an die datenschutzrechtlichen Vorgaben gebunden.

IV. Datennutzung (Abs. 4)

Das Herzstück des Bürokratieabbaus des Marktstammdatenregisters ist in Abs. 4 geregelt. In diesem Absatz werden die Voraussetzungen der Datennutzung durch andere Behörden geregelt. Das Marktstammdatenregister ist von Anfang an als ein Register der gesamten Energiewirtschaft konzipiert. Es soll behördliche Prozesse erleichtern und vor allem auf eine einheitliche Datengrundlage stellen. Dies kann nur gelingen, wenn andere Behörden Zugriff auf die Daten haben. 26

Zunächst bestimmt Abs. 4 S. 1, dass die Bundesnetzagentur einen **Zugriff auf die Daten** des Registers einrichten muss. Eine Nennung der berechtigten Behörden wird weder in Abs. 6 noch in § 111 f Nr. 8 vorgenommen. Die Berechtigungen der Behörden werden erst auf dem Verordnungswege in § 16 Abs. 2 bis 4 MaStRV vorgenommen. Es sind neben den wichtigen nach § 6 MaStRV zur Registrierung verpflichteten energiewirtschaftlich tätigen Behörden auch andere Behörden, denen ein Zugriff auf Daten im Einzelfall einzuräumen ist. Die Befugnis der Datennutzung ist eine Konkretisierung der **Amtshilfe** nach § 4 Abs. 1 VwVfG. 27

Neben der Pflicht der Bundesnetzagentur, den Behörden einen Zugriff zu ermöglichen, enthält Abs. 4 in seinem S. 2 auch **die Pflicht** zugriffsbefugter Behörden, die im Marktstammdatenregister erfassten Daten zu nutzen und **nicht erneut zu erheben**. Dabei wird diese Pflicht davon abhängig gemacht, dass die Zugriffsmöglichkeit geschaffen wurde und dass die Daten auch tatsächlich im Register richtig gespeichert wurden. Alles andere wäre auch fatal, denn es kann keiner Behörde zugemutet werden, auf einer fehlerhaften oder unvollständigen Datenbasis Entscheidungen zu treffen. 28

Für die Energiewirtschaft ist die Regelung des Abs. 4 S. 2 eine wirkliche Entlastung. Insbesondere auch, weil Übermittlungen für Statistiken weitestgehend nicht mehr erforderlich sein dürften. Es reicht die zentrale Erfassung an einer Stelle mit der Pflicht der Dateninhaber, die Daten dort zu pflegen. 29

Korrespondierend zu der Pflicht der Behörden, die im Marktstammdatenregister erfassten Daten zu nutzen, ist der Verordnungsgeber mit § 16 Abs. 6 MaStRV sogar noch einen Schritt weitergegangen und hat den Marktakteuren das Recht eingeräumt, die **erneute Übermittlung im Register erfasster Daten zu verweigern**. Voraussetzung für die Ausübung dieses Rechts ist selbstverständlich die Richtigkeit und Vollständigkeit der erfassten Daten. 30

Ferner gilt der Grundsatz der **Datensparsamkeit** nach Absatz 4 Satz 2 nicht in den Fällen, in denen das Europarecht eine eigene Datenerhebung vorschreibt. 31

V. Betrieb im öffentlichen Interesse (Abs. 5)

Die Bundesnetzagentur betreibt das Register nach Abs. 5 im öffentlichen Interesse. Mit dieser Bestimmung hat der Gesetzgeber verdeutlicht, dass individuelle Klagerechte nicht auf eine fehlerhafte Registerführung oder Datenbereitstellung in einem Amtshaftungsprozess gestützt werden können. 32

Da auch die Bundesnetzagentur die im Marktstammdatenregister gespeicherten Daten für ihre Prozesse nutzt, hat sie ein eigenes Interesse daran, dass die Daten konsistent und möglichst richtig sind. Da aber bei Millionen von Datensätzen eine vollständige behördliche Kontrolle nie wird stattfinden können, ist es sachgerecht, die Bundesnetzagentur an dieser Stelle aus der Haftung zu nehmen. 33

VI. Berichtspflicht (Abs. 6)

34 Im Rahmen der Novelle des EEG 2021 (BT-Drs. 19/25302, S. 150.) wurde in Abs. 6 eine neue Berichtspflicht eingeführt. Die Bundesnetzagentur muss ab Ende 2022 und danach im zweijährigen Turnus der Bundesregierung berichten, wie die Ziele des Marktstammdatenregisters nach Abs. 1 umgesetzt wurden.

35 Dabei ist ein besonderes Augenmerk auf die Verbesserung beim Bürokratieabbau und im digitalen Bereich zu legen. Diese Berichtsplicht ist sehr zu begrüßen, denn nur durch eine Weiterentwicklung des Registers durch die registerführende Behörde und eine Kontrolle durch die Aufsichtsbehörden können Schwachstellen aufgezeigt werden. Dabei tut die Bundesregierung gut daran, die Bundesnetzagentur zum einen zu verpflichten, die Schwächen abzustellen, zum anderen muss die Behörde aber finanziell und personell ausreichend ausgestattet werden.

VII. Kostentragung (Abs. 7)

36 Der im Juli 2022 eingeführte § 111e Abs. 7 regelt die Pflicht der Übertragungsnetzbetreiber, die Kosten des Registers zu tragen, sofern diese nicht bei der Bundesnetzagentur selbst anfallen. Die Soft- und Hardware des Registers wird von einem privaten Unternehmen entwickelt. Bis zur Gesetzesänderung trug die Bundesnetzagentur neben dem eigenen Personalaufwand auch diese Kosten. Da das das Marktstammdatenregister aber zu einer gravierenden Vereinfachung und Standardisierung der Abwicklung der Netzintegration und der Förderung insbesondere von Stromerzeugungsanlagen geführt hat, ist es angebracht, dass die Übertragungsnetzbetreiber die behörden-externen Kosten übernehmen. Die Bundesnetzagentur tritt in Vorleistung und kann sich diese Kosten erstatten lassen. Die Übertragungsnetzbetreiber selbst können die übernommenen Kosten im Rahmen des horizontalen Bilanzausgleichs wälzen und werden somit als Unternehmen nicht belastet. Der neu eingefügte Abs. 7 tritt zum 1.1.2023 in Kraft.

§ 111f Verordnungsermächtigung zum Marktstammdatenregister

Zur näheren Ausgestaltung des Marktstammdatenregisters wird das Bundesministerium für Wirtschaft und Energie ermächtigt, durch Rechtsverordnung ohne Zustimmung des Bundesrates zu regeln:
1. **zur Umsetzung des § 111e Absatz 2 die registrierungspflichtigen Personen und die zu erfassenden Energieanlagen,**
2. **welche weiteren Personen registriert und welche weiteren Anlagen zur Erreichung der Zwecke nach § 111e Absatz 1 erfasst werden müssen oder können; dies sind insbesondere:**
   a) **Personen:**
      aa) **Betreiber von geschlossenen Verteilernetzen,**
      bb) **Direktvermarktungsunternehmer nach § 5 Nummer 10 des Erneuerbare-Energien-Gesetzes,**
      cc) **Strom- und Gaslieferanten, die Letztverbraucher beliefern,**
      dd) **Messstellenbetreiber,**
      ee) **Marktteilnehmer nach Artikel 2 Nummer 7 der Verordnung (EU) Nr. 1227/2011 des Europäischen Parlaments und des Rates über die Integrität und Transparenz des Energiegroßhandelsmarkts,**

ff) Betreiber von organisierten Marktplätzen nach Artikel 2 Nummer 4 der Durchführungsverordnung (EU) Nr. 1348/2014 der Kommission vom 17. Dezember 2014 über die Datenmeldung gemäß Artikel 8 Absatz 2 und 6 der Verordnung (EU) Nr. 1227/2011 des Europäischen Parlaments und des Rates über die Integrität und Transparenz des Energiegroßhandelsmarkts (ABl. L 363 vom 18.12.2014, S. 121),
   b) Anlagen, wobei auch ihre Betreiber zur Registrierung verpflichtet werden können:
      aa) energiewirtschaftlich relevante Energieverbrauchsanlagen,
      bb) Netzersatzanlagen,
      cc) Ladepunkte für Elektromobile,
3. die Erfassung öffentlich-rechtlicher Zulassungen für Anlagen und die Registrierung ihrer Inhaber,
4. die Registrierung von Behörden, die energiewirtschaftliche Daten zur Erfüllung ihrer jeweiligen Aufgaben benötigen,
5. die Voraussetzungen und den Umfang einer freiwilligen Registrierung von Personen, die nicht nach den Nummern 1 bis 3 hierzu verpflichtet sind,
6. welche Daten übermittelt werden müssen und wer zur Übermittlung verpflichtet ist, wobei mindestens folgende Daten zu übermitteln sind, soweit diese nicht bereits der Bundesnetzagentur vorliegen; in diesen Fällen kann eine Speicherung der Daten im Marktstammdatenregister ohne ihre Übermittlung geregelt werden:
   a) der Name des Übermittelnden, seine Anschrift, seine Telefonnummer und seine E-Mail-Adresse,
   b) der Standort der Anlage,
   c) die genutzten Energieträger,
   d) die installierte Leistung der Anlage,
   e) technische Eigenschaften der Anlage,
   f) Daten zum Energieversorgungsnetz, an das die Anlage angeschlossen ist,
7. das Verfahren der Datenübermittlung einschließlich
   a) Anforderungen an die Art, die Formate und den Umfang der zu übermittelnden Daten,
   b) der anzuwendenden Fristen und Übergangsfristen,
   c) Regelungen zur Übernahme der Verantwortung für die Richtigkeit der Daten in Fällen, in denen nach Nummer 6 zweiter Halbsatz die Daten ohne ihre vorherige Übermittlung im Marktstammdatenregister gespeichert werden,
7a. die Überprüfung der im Marktstammdatenregister gespeicherten Daten einschließlich der hierzu erforderlichen Mitwirkungspflichten von Personen nach Nummer 1 und 2,
8. die Nutzung des Marktstammdatenregisters einschließlich der Möglichkeit zum automatisierten Abruf von Daten durch
   a) die zur Registrierung verpflichteten Personen einschließlich ihrer Rechte, bestimmte Daten einzusehen und diese zu bestimmten Zwecken zu nutzen,
   b) freiwillig registrierte Personen,
   c) Behörden einschließlich

§ 111f

aa) ihrer Befugnis, bestimmte Daten einzusehen und zum Abgleich mit eigenen Registern und Datensätzen oder sonst zur Erfüllung ihrer Aufgaben zu nutzen,

bb) der Regelung, welche Behörden in den Anwendungsbereich des § 111e Absatz 4 fallen, sowie bei Behörden nach § 111e Absatz 4 Satz 2 die Rechte der Dateninhaber, die Übermittlung von Daten an diese Behörden zu verweigern, wenn die Voraussetzungen des § 111e Absatz 4 Satz 2 erfüllt sind; hierfür sind angemessene Übergangsfristen vorzusehen, die es den betroffenen Behörden erlauben, ihrerseits die organisatorischen und technischen Maßnahmen zur Anpassung eigener Prozesse, Register und Datenbanken zu ergreifen,

9. die Art und den Umfang der Veröffentlichung der im Marktstammdatenregister gespeicherten Daten unter Beachtung datenschutzrechtlicher Anforderungen, der Anforderungen an die Sicherheit und Zuverlässigkeit des Energieversorgungssystems sowie unter Wahrung von Betriebs- und Geschäftsgeheimnissen,

10. die Pflichten der für die Übermittlung der Daten Verantwortlichen, die im Marktstammdatenregister gespeicherten Daten bei Änderungen zu aktualisieren,

11. die Rechtsfolgen in Fällen der Nichteinhaltung von Verpflichtungen auf Grund einer Rechtsverordnung nach Nummern 1, 2, 3, 6 und 7; dies umfasst insbesondere Regelungen, wonach die Inanspruchnahme einzelner oder sämtlicher der folgenden Förderungen und Begünstigungen die Datenübermittlung an das Marktstammdatenregister voraussetzt, wenn und soweit die betreffenden Bestimmungen dies zulassen, wobei angemessene Übergangsfristen vorzusehen sind:

a) die finanzielle Förderung nach § 19 des Erneuerbare-Energien-Gesetzes,

b) die Zahlung des Zuschlags nach § 7 des Kraft-Wärme-Kopplungsgesetzes,

c) die Zahlung vermiedener Netznutzungsentgelte nach § 18 der Stromnetzentgeltverordnung,

d) Begünstigungen

aa) nach § 19 Absatz 2 und 3 der Stromnetzentgeltverordnung,

bb) nach den §§ 20 und 20a der Gasnetzentgeltverordnung und nach § 35 der Gasnetzzugangsverordnung,

cc) nach den §§ 3, 3a, 44, 46, 47, 53a und 53b des Energiesteuergesetzes sowie

dd) nach § 9 des Stromsteuergesetzes,

12. nähere Vorgaben zu den Folgen fehlerhafter Eintragungen einschließlich Regelungen über Aufgaben und Befugnisse der Bundesnetzagentur zur Sicherung der Datenqualität,

13. nähere Vorgaben zur Gewährleistung von Datensicherheit und Datenschutz; dies umfasst insbesondere Regelungen zum Schutz personenbezogener Daten im Zusammenhang mit den nach Nummer 6 zu übermittelnden Daten einschließlich Aufklärungs-, Auskunfts- und Löschungspflichten,

14. die Ermächtigung der Bundesnetzagentur, durch Festlegung nach § 29 Absatz 1 unter Beachtung der Zwecke des § 111e Absatz 1 sowie der Anforderungen des Datenschutzes zu regeln:
a) Definitionen der registrierungspflichtigen Personen sowie der zu übermittelnden Daten,
b) weitere zu übermittelnde Daten, einschließlich der hierzu Verpflichteten,
c) dass abweichend von einer Rechtsverordnung nach Nummer 3 oder einer Festlegung nach Buchstabe a bestimmte Daten nicht mehr zu übermitteln sind oder bestimmte Personen, Einrichtungen oder öffentlich-rechtliche Zulassungen nicht mehr registriert werden müssen, soweit diese nicht länger zur Erreichung der Ziele nach § 111e Absatz 1 Satz 2 erforderlich sind; hiervon ausgenommen sind die nach Nummer 6 zweiter Halbsatz mindestens zu übermittelnden Daten.

Übersicht

	Rn.
A. Allgemeines	1
B. Die Regelungen im Einzelnen	3
I. Meldepflichten	3
1. Erfassung von Personen	3
2. Erfassung von Behörden	11
3. Erfassung von Anlagen	13
II. Verfahrensvorgaben	21
1. Allgemeine Vorgaben	21
2. Qualitätssicherung	25

Literatur: Bartsch/Wagner/Hartmann, Das Marktstammdatenregister nach §§ 111e/f EnWG – Ziele, Inhalte und betroffene Marktakteure, IR 2016, IR 2016, 197; *Hampel*, Energieregulierung – Neues aus Gesetzgebung und (Behörden-)Praxis III/2017, RdE 2017, 553.

A. Allgemeines

Während in § 111e die allgemeinen Programmsätze des Marktstammdaten- 1 registers normiert werden, enthält § 111f die eigentliche Ermächtigung für den Erlass Marktstammdatenregisterverordnung. Zuständig für den Erlass der Verordnung ist das Bundeswirtschaftsministerium. Die Marktstammdatenregisterverordnung wurde am 10.4.2017 erlassen und seitdem wiederholt geändert. Daran zeigt sich, dass das Register nicht statisch ist, sondern den sich ändernden Gegebenheiten angepasst wird. Da es sich bei dieser VO um eine Aufgabe der Bundesnetzagentur außerhalb des europarechtlichen Rahmens des Art. 37 Strom-RL 19 handelt, ist diese Verordnungsermächtigung nach erstem Anschein von der Entscheidung des EuGH vom 2.9.2021 (C-718/18) unberührt.

Sämtliche in § 111f aufgelisteten Regelungen sind fakultativ, der Verordnungs- 2 geber muss also keine entsprechende Regelung treffen. Dies ist nur dann der Fall, wenn die Vorgaben ebenfalls in § 111e enthalten sind. In diesen Fällen hat der Verordnungsgeber eine entsprechende Regelung zu erlassen; dies betrifft die Erfassung der in § 111e Abs. 2 genannten Akteure und Anlagen der Strom- und Gaswirtschaft, den in § 111e Abs. 3 genannten Datenschutz und den Zugang von Behörden zum Register nach § 111e Abs. 4.

B. Die Regelungen im Einzelnen

I. Meldepflichten

3   **1. Erfassung von Personen.** Wer nach der Verordnungsermächtigung zu einer Registrierung im Marktstammdatenregister verpflichtet werden kann und wie die jeweiligen Pflichten ausgestaltet werden können, ist an verschiedenen Stellen des § 111f geregelt.

4   Zunächst wird in Nr. 2 bestimmt, dass eine Regelung zu den nach § 111e Abs. 2 zu erfassenden Personen getroffen werden kann. Die Erfassung von **Anlagenbetreibern, Netzbetreibern** und **Bilanzkreisverantwortlichen** im Strom- und Gasbereich ist so elementar für ein umfassendes Register der Energiewirtschaft, dass ihre Erfassung bereits in § 111e selbst vorgeschrieben wird. Der Verordnungsgeber hat die Vorgabe in der MaStRV umgesetzt. So müssen sich Anlagenbetreiber nach § 3 Abs. 1 Nr. 1 MaStRV registrieren, wenn bezüglich der Anlage eine Meldepflicht besteht, Netzbetreiber einschließlich der Marktgebietsverantwortlichen nach § 3 Abs. 1 Nr. 5 MaStRV und Bilanzkreisverantwortliche nach § 3 Abs. 1 Nr. 3 MaStRV. Sofern eine Person mehrere Rollen im Energiemarkt hat, muss sie sich für jede der einzelnen Rollen registrieren (*Bartsch/Wagner/Hartmann* IR 2016, 197 (198 f.); *Hampel* RdE 2017, 553 (553)).

5   Bei Betreibern von Anlagen gilt der Grundsatz in der MaStRV, dass diese immer dann meldepflichtig sind, wenn ihre Anlage oder Genehmigung zu erfassen ist; ist die Anlage nicht zu melden, weil es sich um eine Inselanlage ohne auch nur mittelbaren Netzanschluss handelt, besteht keine Meldepflicht. Durch den Gleichschritt gelingt es, stets die wichtige Zuordnung zwischen Betreiber und der Anlage im Register unter Wahrung des Datenschutzes abzubilden.

6   Neben den elementar wichtigen Akteuren des Energiemarktes, die bereits in § 111e Abs. 2 erwähnt werden, können viele weitere Akteure zur Registrierung verpflichtet werden: Nr. 2a) aa) bis ff) enthält einen nicht abgeschlossenen Katalog mit weiteren Beispielen von Personen, denen eine Registrierung auferlegt werden kann. Da das Marktstammdatenregister die gesamte Energiewirtschaft abbilden soll, hat der Verordnungsgeber mit Ausnahme der **Direktvermarktungsunternehmern** nach § 3 Nr. 17 des EEG 2021 alle in Nr. 2a) bb) aufgelisteten Personen zur Registrierung verpflichtet. Hier sind insbesondere die nach **REMIT meldepflichtigen Personen** zu erwähnen.

7   Bei der Erfassung der Strom- und Gaslieferanten ist der Verordnungsgeber leicht vom Wortlaut der Nr. 2a) cc) abgewichen. Während im EnWG nur die **Lieferanten** erwähnt werden, die Strom und Gas an Letztverbraucher liefern, müssen sich im Marktstammdatenregister nur solche registrieren, die unter der Nutzung eines Energie- oder Gasversorgungsnetzes liefern, § 3 Abs. 1 Nr. 8 und 9 MaStRV. Dies ist nicht zu beanstanden, da ausschließlich solche Lieferanten eine energiewirtschaftliche Rolle spielen, so dass die Einschränkung gerechtfertigt ist. Auf diese Weise werden dann **auch Direktvermarktungsunternehmen** im Register erfasst, da auch sie Strom liefern.

8   Sämtliche Marktakteure müssen nach der Anlage zur MaStRV bei der Registrierung dieselben Angaben machen; es findet **keine akteursspezifische Registrie-

Verordnungsermächtigung zum Marktstammdatenregister **§ 111f**

rung statt. Dabei sind Namen und Adress- und andere Kontaktdaten anzugeben. Die Ermächtigung eine solche Bestimmung in der Verordnung zu regeln, findet sich in Nr. 6a).

Nach Nr. 5 kann die **freiwillige Registrierung** von Personen in der Verord- 9 nung ermöglicht werden, etwa damit diese die Schnittstelle nutzen können. Der Verordnungsgeber hat hiervon Gebrauch gemacht und in § 5 Abs. 3 MaStRV die freiwillige Registrierung geregelt. Die nach der Anlage zur MaStRV geforderten Mindestangaben sind auch bei diesen freiwilligen Registrierungen anzugeben. Keinen Gebrauch gemacht hat der Verordnungsgeber hingegen von der Möglichkeit, den freiwillig registrierten Personen besondere Rechte einzuräumen; er wäre hierzu nach Nr. 8b) befugt gewesen.

Nach Nr. 8a) wäre es möglich, Regelungen zu schaffen, durch die bestimmten 10 registrierten Akteuren einen **automatisierten Zugriff** auf die Daten eingeräumt werden müsste. Der Verordnungsgeber hat eine solche Möglichkeit einzig **für Netzbetreiber** geschaffen. Sie haben nach § 17 MaStRV ein uneingeschränktes Zugriffsrecht auf Daten zu Anlagen, die an ihr jeweiliges Netz angeschlossen sind oder auch einen Netzanschluss an einem ihrem Netz vorgelagerten Netz haben.

2. Erfassung von Behörden. Nach Nr. 4 kann der Verordnungsgeber Rege- 11 lungen aufstellen, die die Registrierung von Behörden regeln. In § 4 MaStRV wurde bestimmt, dass die wichtigsten energiewirtschaftlich tätigen Behörden einer **Registrierungspflicht** unterliegen. Die Registrierungspflicht ist dabei zwar eine Verpflichtung der Behörden, allerdings erhalten die verpflichteten Behörden auch umfassende Zugriffsrechte auf die Daten nach § 16 Abs. 3 MaStRV.

Dass Behörden die im Marktstammdatenregister erfassten Daten nutzen müssen 12 und ihnen die erfassten Daten von deren Inhabern nicht erneut übermittelt werden müssen, ist in § 111e Abs. 4 S. 2 bereits angelegt. Das und auch weitergehende Verfahrensvorgaben können nach Nr. 8c) in der MaStRV gemacht werden. Der Verordnungsgeber ist an dieser Stelle sehr frei, was die Verpflichtung zur Nutzung und auch zum Datenabgleich angeht. Er hat jedoch im Wesentlichen nur die verpflichtende Nutzung der im Register erfassten Daten in § 16 Abs. 6 MaStRV geregelt.

3. Erfassung von Anlagen. Die Ermächtigungsgrundlage zum Erlass der 13 Marktstammdatenregisterverordnung ermöglicht es dem Verordnungsgeber, den gesamten Lebenszyklus einer Anlage im Register durch Meldungen abzubilden, wovon das BMWi als Verordnungsgeber auch Gebrauch gemacht hat.

Schon vor der Inbetriebnahme einer Anlage kann eine Verpflichtung zur Mel- 14 dung der Genehmigung implementiert werden – hierzu berechtigt Nr. 3. In der MaStRV wurde die Erfassung auf Genehmigungen von Erzeugungsanlagen nach Bundesrecht beschränkt; die entsprechende Regelung findet sich in § 5 Abs. 6 MaStRV.

Bereits die nach Nr. 1 im Grundsatz strikt umzusetzende Vorgabe des § 111e 15 Abs. 2 Nr. 1a) lässt dem Verordnungsgeber keinen Spielraum: Spätestens mit der Inbetriebnahme muss sich jede Stromerzeugungsanlage und jeder Stromspeicher im Marktstammdatenregister melden. **Gasseitig** sind Produktionsanlagen und Gasspeicher gem. § 111e Abs. 2 Nr. 2a) zu melden. Nur sehr wenige Erzeugungsanlagen müssen nach der MaStRV nicht im Register gemeldet werden, nämlich solche, die keinen Netzanschluss haben, also reine Inselanlagen. Diese in § 5 Abs. 2 MaStRV geregelten Ausnahmen sind trotz des eindeutigen Wortlauts des § 111e Abs. 2 nicht zu beanstanden, weil es bei der Anlagenerfassung nach § 111e Abs. 1

§ 111f Teil 9a. Transparenz

Nr. 3 vor allem darauf ankommt, dass eine geeignete Datengrundlage zur Darstellung der Transformation des Energieversorgungssystems geschaffen werden soll. Anlagen ohne jegliche Verbindung zum Netz der allgemeinen Versorgung sind hierfür ohne Belang. Die Erfassung von ihnen und ihrer Betreiber würde auf der anderen Seite zu unnötiger Bürokratie durch neuen Meldepflichten führen, was im Widerspruch zu § 111e Abs. 1 Nr. 2 stünde.

16 Die **Anlagenerfassung** im Register wurde in der MaStRV auf die jeweiligen **Verbrauchsanlagen** ab dem Anschluss an die **Hochspannungsebene** bzw. **Fernleitung** ausgeweitet. Die Ermächtigungsgrundlage für diese Erweiterung findet sich in Nr. 2b) aa). Die Meldepflicht entfällt bei Gasverbrauchseinheiten nach § 5 Abs. 2 Nr. 3 MaStRV, wenn sie nicht an das Fernleitungsnetz angeschlossen sind. Eine Rückausnahme gibt es dann, wenn eine **Belieferung von Gas an Stromerzeugungsanlagen** erfolgt: Hier ist eine Meldung unabhängig vom Netzanschluss dann zu tätigen, wenn die Stromerzeugungsanlage eine installierte Leistung von zehn Megawatt oder mehr hat. Auch müssen Anlagen, die einen militärischen Nutzen haben, nach § 5 Abs. 2 Nr. 4 MaStRV nicht erfasst werden.

17 Eine nach Nr. 2b) bb) mögliche Erfassung von **Netzersatzanlagen** wurde bislang noch nicht in die MaStRV aufgenommen. Gleiches gilt für die Erfassung von **Ladepunkten**, deren Erfassung im Marktstammdatenregister nach Nr. 2b) cc) geregelt werden könnte.

18 Welche Daten zu den Anlagen zu erfassen sind, ist umfassend und technologiespezifisch in der Anlage der MaStRV geregelt. Die Ermächtigungsgrundlage zur umfassenden Regelung findet sich in Nr. 6 Hs. 1. Die Liste der Nr. 6 b) bis f) ist nur eine Richtschnur der wichtigsten zu erhebenden Daten, wie sich aus Nr. 13 ergibt. Dieser unumstößliche Datenkranz wird vollumfänglich in der Anlage abgebildet und bei jeder Anlage erhoben.

19 Nach der MaStRV müssen **auch Stilllegungen** von Anlagen gemeldet werden, so dass der gesamte Lebenszyklus der Anlagen abgebildet wird. Da die Stilllegung eine Änderung des Betriebsstatus und damit eine Änderung der gespeicherten Daten darstellt, durfte die Registrierungspflicht nach Nr. 10 eingeführt werden.

20 Jeder Anlagenbetreiber muss die Daten seiner Anlagen selbst registrieren, ihm obliegt die Datenverantwortung. Von einer nach Nr. 6 Halbsatz 2 und Nr. 7c) möglichen abweichenden Regelung (*Bartsch/Wagner/Hartmann* IR 2016, 197 (199)) hat der Verordnungsgeber **keinen Gebrauch** gemacht.

II. Verfahrensvorgaben

21 **1. Allgemeine Vorgaben.** Vorschriften, wann und auf welchem Weg die Daten zu übermitteln sind, darf der Verordnungsgeber nach Nr. 7 erlassen. Dabei kann er nach Nr. 13 auch Vorgaben zum Datenschutz machen.

22 Weil es sich bei dem Register nach § 111e Abs. 1 S. 1 um ein elektronisches Register handelt, hat der Verordnungsgeber in § 8 Abs. 1 MaStRV die **Nutzung des Webportals** vorgeschrieben und nur Anlagenbetreibern, die natürliche Personen sind, gestattet, die Registrierung mittels eines papieren Formulars durchzuführen. Die Ermächtigung zu diesen Regeln findet sich in Nr. 7a).

23 Die Meldefristen, zu denen nach Nr. 7a) Vorgaben gemacht werden durften, wurden in der MaStRV nach dem Auslaufen der Übergangsfristen – deren Regelungen konnten gem. Nr. 7b) erlassen werden – sehr einfach und damit effektiv Gebrauch gemacht: Die Datenverantwortlichen müssen jede pflichtige Meldung binnen eines Monats gemacht haben.

Die erfassten Daten sollen, wie sich bereits aus § 111e Abs. 1 S. 2 Nr. 3 ergibt, veröffentlicht werden, da **Transparenz** hinsichtlich **der Energiewende** hergestellt werden soll. Aus diesem Grund ermöglicht Nr. 9 Regelungen zur Veröffentlichung der erfassten Daten zu treffen, wobei wiederum nach Nr. 13 der Schutz der **personenbezogenen Daten** zu gewährleisten ist und nach Nr. 9 **Betriebs- und Geschäftsgeheimnisse** sowie die Sicherheit des Energieversorgungssystems zu schützen sind. Der Verordnungsgeber hat beide Vorgaben zum Datenschutz in § 15 MaStRV umgesetzt. Trotzdem hat der Verordnungsgeber sich – auch geleitet durch die Pflicht zur umfassenden öffentlichen Darstellung der Energiewende nach § 111e Abs. 1 Nr. 3 – für eine **umfassende Transparenz** ausgesprochen: Nahezu sämtliche Daten von Anlagen werden veröffentlicht. Mit Ausnahme der Schwarzstartfähigkeit und Daten zu Anlagen, die stromseitig unter die BSI-KritisV fallen und somit geheimhaltungsbedürftig sind, werden keine Einschränkungen der Veröffentlichung aufgrund der Netzsicherheit vorgenommen. Erzeugungsanlagen in gleichen Betriebsgeländen können auf Verlangen zusammengefasst veröffentlicht werden, so dass die Betriebs- und Geschäftsgeheimnisse gewahrt bleiben. Die größte Einschränkung erfahren die Veröffentlichungen der Registerdaten jedoch dadurch, dass die Standortdaten von Anlagen mit einer installierten Leistung von bis zu 30 Kilowatt installierter Leistung erst ab der Ebene des Gemeindeschlüssels veröffentlicht werden. Damit werden die Wohnorte der Betreiber, bei denen der Anlagenstandort dem Wohnort entspricht, von der Veröffentlichung ausgeschlossen. Kontaktdaten natürlicher Personen dürfen gleichfalls nicht veröffentlicht werden. **24**

2. Qualitätssicherung. Hinsichtlich der **Qualitätssicherung** der Registerdaten hat der Verordnungsgeber nach § 111f verschiedene Optionen, von denen er auch Gebrauch gemacht hat. **25**

Die erste Voraussetzung, einen gesicherten und aktuellen Datenbestand zu generieren, ist die Verpflichtung der Akteure, ihre Daten aktuell zu halten. Hierzu wurde der Verordnungsgeber in Nr. 10 ermächtigt; eine entsprechende Regelung wurde mit § 7 MaStRV umgesetzt. **26**

Nach Nr. 7a hat der Verordnungsgeber die Möglichkeit, die Überprüfung von Daten durch im Register registrierte Personen anzuordnen. Hiervon wurde dahingehend Gebrauch gemacht, als dass die Bundesnetzagentur **die Netzbetreiber** gemäß § 13 Abs. 1 und 2 MaStRV **bei der Neuregistrierung** von Anlagen zu der Prüfung bestimmter Daten auffordern soll. Diese Art von Qualitätsprüfung ist ausgesprochen effektiv, da die Netzbetreiber die Anlagendaten für ihren sicheren Netzbetrieb vorhalten müssen und beim Anschluss der Anlagen an ihr Netz zu prüfen haben. **27**

Ein sehr scharfes Schwert der Qualitätssicherung insbesondere hinsichtlich einer vollständigen Erfassung der Anlagen hat der Gesetzgeber dem Verordnungsgeber mit Nr. 11 bereitgestellt. Es können Regelungen getroffen werden, nach denen **finanzielle Förderungen** und andere Vergünstigungen **von der Registrierung** der Anlagen im Register **abhängig** gemacht werden können. Der Verordnungsgeber hat hiervon auch Gebrauch gemacht: Nach § 23 MaStRV werden Ansprüche nach dem EEG und dem KWKG nicht fällig, sofern eine Registrierung der jeweiligen Anlage nicht erfolgt ist. Die Fälligkeit tritt erst mit der Registrierung ein. Damit ist dem Schwert viel an Schärfe genommen – ein geeignetes Werkzeug, die Anlagenbetreiber zur Registrierung zu bewegen, ist die temporär ausbleibende Vergütungszahlung dennoch. **28**

Wolfshohl

§ 111 f

29 Eine sehr weite Ermächtigung wurde dem Verordnungsgeber in Nr. 12 eingeräumt: Er darf sowohl Vorgaben machen, welche Folgen fehlerhafte Eintragungen haben und auch, welche Befugnisse der Bundesnetzagentur zukommen sollen, um die **Datenqualität** zu sichern. Dabei ist der Anwendungsbereich in Abgrenzung zu Nr. 11 auf bereits erfasste Datensätze zu beziehen. Es wurde die Bundesnetzagentur nach § 10 Abs. 2 und 3 MaStRV befugt, entsprechende verpflichtende Bescheide zu erlassen und diese dann im Rahmen der Verwaltungsvollstreckung durchzusetzen. Offensichtliche Fehler kann die Bundesnetzagentur selbst korrigieren; bei weniger offensichtlichen Fehlern darf die Bundesnetzagentur nach Ankündigung und einer angemessen gesetzten Frist die **Daten überschreiben** (*Bartsch/Wagner/Hartmann* IR 2016, 197 (199)).

30 Trotz aller Qualitätssicherungsmechanismen kann weder die Bundesnetzagentur die **Verantwortung für die Daten** übernehmen, noch kann das Register Gewähr für ihre Richtigkeit übernehmen. Verantwortlich bleibt der Marktakteur; aus diesem Grund kommen den Daten keine feststellende Wirkung zu, § 8 Abs. 3 S. 2 MaStRV (*Hampel* RdE 2017, 553 (554)). Streitigkeiten über förderungsbegründende Tatsachen sind mithin nicht auf dem Rücken des Registers auszutragen.

31 Um zu vermeiden, dass die in der Verordnung aufgelisteten Daten nicht ausreichend sind, um die Zwecke des Marktstammdatenregisters zu erfüllen, kann der Verordnungsgeber die Bundesnetzagentur ermächtigen, Festlegungen zu den zu erfassenden Daten und zu den Meldeverpflichteten zu erlassen. Von dieser in Nr. 14 gemachten Befugnis hat der Verordnungsgeber Gebrauch gemacht und § 22 MaStRV erlassen. Die Bundesnetzagentur hat bislang (Stand Ende 2022) noch keine Festlegung zum Marktstammdatenregister erlassen.

Teil 10. Evaluierung, Schlussvorschriften

§ 112 Evaluierungsbericht

¹Die Bundesregierung hat den gesetzgebenden Körperschaften bis zum 1. Juli 2007 einen Bericht über die Erfahrungen und Ergebnisse mit der Regulierung vorzulegen (Evaluierungsbericht). ²Sofern sich aus dem Bericht die Notwendigkeit von gesetzgeberischen Maßnahmen ergibt, soll die Bundesregierung einen Vorschlag machen. ³Der Bericht soll insbesondere
1. Vorschläge für Methoden der Netzregulierung enthalten, die Anreize zur Steigerung der Effizienz des Netzbetriebs setzen,
2. Auswirkungen der Regelungen dieses Gesetzes auf die Umweltverträglichkeit der Energieversorgung darlegen,
3. Auswirkungen der Netzregulierung sowie der Regelungen nach Teil 4 auf die Letztverbraucher untersuchen,
4. eine Prüfung beinhalten, ob für die Planung des Verteilernetzausbaus die Aufnahme einer Ermächtigung zum Erlass einer Rechtsverordnung notwendig wird um sicherzustellen, dass nachfragesteuernde und effizienzsteigernde Maßnahmen angemessen beachtet werden,
5. die Bedingungen der Beschaffung und des Einsatzes von Ausgleichsenergie darstellen sowie gegebenenfalls Vorschläge zur Verbesserung des Beschaffungsverfahrens, insbesondere der gemeinsamen regelzonenübergreifenden Ausschreibung, und zu einer möglichen Zusammenarbeit der Betreiber von Übertragungsnetzen zur weiteren Verringerung des Aufwandes für Regelenergie machen,
6. die Möglichkeit der Einführung eines einheitlichen Marktgebiets bei Gasversorgungsnetzen erörtern und Vorschläge zur Entwicklung eines netzübergreifenden Regelzonenmodells bei Elektrizitätsversorgungsnetzen prüfen sowie
7. den Wettbewerb bei Gasspeichern und die Netzzugangsbedingungen für Anlagen zur Erzeugung von Biogas prüfen.

Literatur: „Evaluierungsbericht der Bundesregierung über die Erfahrungen und Ergebnisse mit der Regulierung durch das Energiewirtschaftsgesetz", BT-Drs. 16/6532.

1 Der Bericht bildete die Grundlage für eine umfassende Überprüfung der neuen regulativen Vorgaben des Gesetzes (Begr. BT-Drs. 15/3917, 75). Dabei handelte es sich um eine einmalige Berichtspflicht zum 1.7.2007. Der „Evaluierungsbericht der Bundesregierung über die Erfahrungen und Ergebnisse mit der Regulierung durch das Energiewirtschaftsgesetz" ist als BT-Drs. 16/6532 veröffentlicht.

2 **Anreizregulierung (S. 3 Nr. 1):** Die BNetzA hatte der Bundesregierung bis zum 1.7.2006 einen Bericht zur Einführung einer Anreizregulierung nach § 21a vorzulegen. Gem. § 118 Abs. 1 EnWG idF bis 2021 sollte die Bundesregierung unverzüglich nach Vorlage des Berichts der BNetzA den Entwurf einer Rechtsverordnung nach § 21a Abs. 6 vorlegen. Sofern dies geschieht, läuft die Verpflichtung aus S. 3 Nr. 1 ins Leere (vgl. dazu Evaluierungsbericht, S. 9f.).

3 **Auswirkungen auf die Umweltverträglichkeit (S. 3 Nr. 2):** Darzulegen war insbesondere, wie sich der Wettbewerb auf den Energieverbrauch und auf übertra-

§ 112a Teil 10. Evaluierung, Schlussvorschriften

gungsbedingte Energieverluste auswirkt, wie sich das Angebot und die Nachfrage ressourcenschonend erzeugter Energie im Wettbewerb verändern und wie sich unter Umweltschutzgesichtspunkten der Einsatz von Primärenergieträgern, etwa betreffend das Ausmaß von Kohlendioxidemissionen und radioaktiven Abfall, entwickelt (vgl. dazu Evaluierungsbericht, S. 17).

4 Auswirkungen auf die Letztverbraucher (S. 3 Nr. 3): Von Interesse sind vor allem die Auswirkungen der Netzregulierung und der Neuordnung der Grundversorgung auf die Entwicklung der Letztverbraucherpreise. Hierbei kann die Bundesregierung auf Ergebnisse des Monitorings durch die BNetzA nach § 35 Abs. 1 Nr. 11 aF über die wettbewerbliche Entwicklung aus Sicht der Haushaltskunden zurückgreifen (s. nunmehr § 35 Abs. 1 Nr. 10); ein Monitoringbericht der BNetzA erfolgt gem. § 63 Abs. 3 S. 1 jährlich. Auch das Gutachten der Monopolkommission nach § 62 enthält verwertbare Angaben (vgl. dazu Evaluierungsbericht, S. 11 ff.) für die Bundesregierung.

5 Planung des Verteilernetzausbaus (S. 3 Nr. 4): Eine entsprechende Verordnungsermächtigung bestand parallel in § 14 Abs. 2 S. 2 (vgl. dazu Evaluierungsbericht, S. 10).

6 Beschaffung und Einsatz von Regelenergie (S. 3 Nr. 5): Es waren die Erfahrungen mit den bisherigen Regelungen in §§ 22, 23 und den aufgrund § 24 S. 2 Nr. 3 ergangenen Rechtsverordnungen auszuwerten, um festzustellen, ob ein weiterer Regelungsbedarf besteht. In § 24 S. 4 besteht bereits eine Rechtsgrundlage für weitergehende Verordnungen, die aber nach § 118 Abs. 2 aF erst nach Vorlage des Evaluierungsberichts der Bundesregierung ab dem 1.10.2007 angewendet werden kann (vgl. dazu Evaluierungsbericht, S. 17 f.).

7 Marktgebiet und Regelzonen (S. 3 Nr. 6): Hintergrund der Reduzierung der Marktgebiete und Regelzonen sind die damit verbundenen Kostenersparnisse (→ § 20 Rn. 151). Der Gesetzgeber sieht die Einführung eines einheitlichen Marktgebiets und netzübergreifender Regelzonen offenbar nicht als Unterpunkt der Zusammenarbeit der Netzbetreiber zur weiteren Verringerung des Aufwands für Regelenergie (S. 3 Nr. 5) an. Eine Regelung zur Einführung eines einheitlichen Marktgebiets und netzübergreifender Regelzonen könnte demnach nicht auf die Verordnungsermächtigung in § 24 S. 2 Nr. 3 iVm § 24 S. 4 gestützt werden, die nicht über S. 3 Nr. 5 hinaus geht (vgl. dazu Evaluierungsbericht, S. 18 ff.). Die BNetzA hat aber gem. § 27 Abs. 1 Nr. 3 StromNZV durch Festlegung die Einführung eines Netzregelverbunds angeordnet (Beschl. v. 16.3.2010 – BK6-08-111). Inzwischen hat der Verordnungsgeber mit § 27 Abs. 1 Nr. 3a StromNZV eine Festlegungskompetenz zur Bildung einer einheitlichen Regelzone geschaffen.

8 Gasspeicher und Biogasanlagen (S. 3 Nr. 7): Die Regelung ergänzt § 35 Abs. 1 Nr. 7 (vgl. dazu Evaluierungsbericht, S. 23 ff.).

§ 112a Bericht der Bundesnetzagentur zur Einführung einer Anreizregulierung

(1) ¹**Die Bundesnetzagentur hat der Bundesregierung bis zum 1. Juli 2006 einen Bericht zur Einführung der Anreizregulierung nach § 21a vorzulegen.** ²**Dieser Bericht hat ein Konzept zur Durchführung einer Anreizregulierung zu enthalten, das im Rahmen der gesetzlichen Vorgaben umsetzbar ist.** ³**Zur Vorbereitung und zur Erstellung des Berichts stehen der Bundesnetzagentur die Ermittlungsbefugnisse nach diesem Gesetz zu.**

(2) ¹Die Bundesnetzagentur soll den Bericht unter Beteiligung der Länder, der Wissenschaft und der betroffenen Wirtschaftskreise erstellen sowie die internationalen Erfahrungen mit Anreizregulierungssystemen berücksichtigen. ²Sie gibt den betroffenen Wirtschaftskreisen nach der Erstellung eines Berichtsentwurfs Gelegenheit zur Stellungnahme; sie veröffentlicht die erhaltenen Stellungnahmen im Internet. ³Unterlagen der betroffenen Wirtschaftskreise zur Entwicklung einer Methodik der Anreizregulierung sowie der Stellungnahme nach Satz 2 sind von den Regelungen nach § 69 Abs. 1 Satz 1 Nr. 1 und 3 sowie Satz 2 ausgenommen.

(3) ¹Die Bundesnetzagentur hat der Bundesregierung zwei Jahre nach der erstmaligen Bestimmung von Netzzugangsentgelten im Wege einer Anreizregulierung nach § 21a einen Bericht über die Erfahrungen damit vorzulegen. ²Die Bundesregierung hat den Bericht binnen dreier Monate an den Deutschen Bundestag weiterzuleiten; sie kann ihm eine Stellungnahme hinzufügen.

Literatur: *BNetzA*, Bericht der BNetzA nach § 112a zur Einführung der Anreizregulierung nach § 21a v. 30.6.2006 (zit. Anreizregulierungsbericht); *BNetzA*, Evaluierungsbericht nach § 33 Anreizregulierungsverordnung – Bericht der Bundesnetzagentur für das Bundesministerium für Wirtschaft und Energie zur Evaluierung der Anreizregulierung, insbesondere zum Investitionsverhalten der Netzbetreiber, mit Vorschlägen zur weiteren Ausgestaltung vom 21.12015 (BNetzA Evaluierungsbericht nach § 33 Anreizregulierungsverordnung 2015), www.bundesnetzagentur.de/DE/Sachgebiete/ElektrizitaetundGas/Unternehmen_Institutionen/Netzentgelte/Anreizregulierung/Evaluierung_Anreizregulierung/EvaluierungAnreizregulierung-node.html.

A. Inhalt und Zweck

I. Inhalt der Norm

§ 112a verpflichtet und ermächtigt die BNetzA zur Erstellung **zweier Berichte**. Der erste diente der Einführung einer Anreizregulierung nach § 21a, insbesondere durch Erstellung eines Konzeptes für eine entsprechende Verordnung. Der zweite sollte zwei Jahre nach der erstmaligen Bestimmung von Netzzugangsentgelten nach dieser Methode einen Überblick der damit gemachten Erfahrungen liefern. Daneben enthält die Norm Vorgaben für den Prozess der Erstellung des Berichts zur Einführung einer Anreizregulierung. 1

II. Zweck der Norm

Der Bericht nach Abs. 1 soll die **Einführung der Anreizregulierung** mittels Verordnung nach § 21a Abs. 6 ermöglichen. Die grundsätzlich für den Erlass zuständige Bundesregierung wird dadurch entlastet, indem die mit besonderer Sachkompetenz und Ermittlungsbefugnissen ausgestattete BNetzA wesentliche Vorarbeiten leistet. Zur Steigerung der Qualität und der Akzeptanz des Konzepts soll diese den Prozess der Erstellung so organisieren, dass sämtliche Aspekte berücksichtigt und potenzielle Betroffene gestaltend einbezogen werden. Mit Anfertigung und Übergabe des „Berichts der BNetzA nach § 112a EnWG zur Einführung der Anreizregulierung nach § 21a EnWG" (Anreizregulierungsbericht) sind die meisten Vorgaben der Norm allerdings gegenstandslos geworden. Lediglich der Bericht 2

§ 112a

nach § 112a Abs. 3 soll zukünftig eine weitere Verbesserung des gesetzlichen Rahmens der Anreizregulierung auch nach ihrer Einführung ermöglichen.

B. Entstehungsgeschichte

3   Das Europäischen Richtlinie und Verordnungen sehen zwar eine Entgeltregulierung vor, hinsichtlich der Methode legen sie sich aber bewusst nicht fest. Die Einführung einer Anreizregulierung ist daher eine nationale Option, die im Gesetzgebungsprozess des EnWG 2005 von Beginn an diskutiert und stetig in ihrer Gestalt präzisiert wurde. Die Forderung nach einer genaueren Darlegung und Verankerung eines Konzepts im Gesetz stellte bereits der Bundesrat in seiner Stellungnahme zum ersten Gesetzentwurf auf (BT-Drs. 15/3917, 83f.). Die schließlich vom Bundestagsausschuss für Wirtschaft und Arbeit vorgenommene Ausgestaltung durch den neuen § 21a wurde begleitet durch Einfügung eines ebenfalls neuen § 112a, der eine genaue fachliche Ausarbeitung eines Konzepts durch die Experten der BNetzA unter Beteiligung von Wissenschaft und betroffener Wirtschaftskreise vorsah. Diese Norm **entsprach bereits weitestgehend dem** § 112a in seiner heutigen Form (vgl. BT-Drs. 15/5268, 83f.). Im Vermittlungsausschuss wurde lediglich in § 112a Abs. 2 der dritte Satz sowie die Klarstellung eingefügt, dass auch die Länder bei der Erarbeitung des Berichts zu beteiligen sind (BT-Drs. 15/5736, 8).

C. Bericht zur Einführung einer Anreizregulierung

4   Die BNetzA wurde nach Abs. 1 damit beauftragt, für den Verordnungsgeber nach § 21a Abs. 6 einen Bericht über die Einführung der Anreizregulierung nach § 21a zu erstellen. Die Vorschrift stellt im Zusammenwirken mit anderen Normen des EnWG Vorgaben für einen zeitlichen Rahmen, die inhaltliche Ausgestaltung sowie für das Verfahren der Erstellung des Berichts zur Einführung einer Anreizregulierung auf. So werden bereits durch § 21a Abs. 2–5 methodische Rahmenbedingungen für eine Anreizregulierung aufgeführt und auch die Regelungsgegenstände einer möglichen Verordnung sind durch § 21a Abs. 6 teils vorgegeben. Der Übergabetermin des 1.7.2006 nach § 112a Abs. 1 S. 1 räumte der BNetzA zur Berichtserstellung eine Frist von weniger als einem Jahr ein.

I. Prozess der Berichtserarbeitung (Abs. 1 S. 3, Abs. 2)

5   Durch Abs. 1 S. 3 und Abs. 2 werden eine Reihe von Vorgaben dazu gemacht, auf welche Weise der Bericht nach Abs. 1 zu erstellen war.

6   **1. Konsultation.** Der Bericht sollte nach Abs. 2 S. 1 unter Beteiligung der Länder, der Wissenschaft sowie der betroffenen Wirtschaftskreise erstellt werden. Wie diese Beteiligung gestaltet werden sollte, gibt die Norm nicht abschließend vor. Die BNetzA hatte dazu bereits unmittelbar nach Inkrafttreten des EnWG einen Konsultationsprozess initiiert, bei dem sie in zwei getrennten Gremien, einerseits bestehend aus den **Vertretern von Landesregulierungsbehörden und des BMWi** (sog. Arbeitskreis), andererseits besetzt mit **Verbändevertretern** (sog. Konsultationskreis), ein Konzept entwerfen und abstimmen sollte. In den beiden Gremien wurde parallel insbesondere an den Themen Price/Revenue-Cap, Produktivitätsfortschritt, Effizienzvergleichsmethoden, Datenplausibilitätsprüfung, Kostentreiberana-

Bericht der Bundesnetzagentur zur Einführung einer Anreizregulierung § 112 a

lyse, Effizienzvergleichsparameter und Qualitätsregulierung gearbeitet. Als Basis der Diskussion dienten zumeist Gutachten von externen Sachverständigen oder eigene Vorarbeiten der BNetzA. Die Zwischenergebnisse dieser Beratungen aufnehmend erstellte und veröffentlichte die BNetzA ab Dezember 2005 diverse Referenzberichte zu den jeweiligen Fachfragen, die im Internet veröffentlicht und wiederum in den Gremien diskutiert wurden (zum gesamten Konsultationsprozess detailliert Anreizregulierungsbericht Rn. 390ff.).

2. Weitere Beteiligung. Entsprechend der gesetzlichen Vorgabe wurden die 7 Konzeptansätze auf Grundlage bestehender Forschungsergebnisse und unter der Beteiligung insbesondere des Wissenschaftlichen Arbeitskreises für Regulierungsfragen sowie von internationalen Beratungsfirmen erarbeitet und, etwa auf einer internationalen Wissenschaftskonferenz, wiederum zur **Diskussion durch die Wissenschaft** gestellt (Anreizregulierungsbericht Rn. 421ff.). Eine **Einbeziehung internationaler Erfahrungen,** wie sie Abs. 2 S. 1 bemerkenswerterweise vorschreibt, wurde durch einen Austausch im Rahmen einer Arbeitsgruppe des Council of European Energy Regulators (CEER) bzw. bilateral mit den Regulierungsbehörden anderer Staaten sowie durch ein externes Gutachten ermöglicht.

Zudem wurde gem. § 60a Abs. 4 der **Länderausschuss** fortwährend über den 8 Stand der Arbeiten unterrichtet und dessen Stellungnahme bei der Fassung des Berichts berücksichtigt. Auch der **Beirat** wurde entsprechend § 60 über die Entwicklungen in Kenntnis gesetzt, so dass eine Beratung möglich war.

3. Datenerhebung. Neben dem Vorgehen der Konsultation weist Abs. 1 S. 3 9 der BNetzA aber auch die **Ermittlungsbefugnisse** nach dem EnWG zu. Die Behörde sollte so in die Lage versetzt werden, anhand von Unternehmensdaten und sonstigen Auskünften die Ausgangslage zu analysieren und auf dieser Basis die abstrakten Konzepte zur Anreizregulierung optimal an die tatsächlichen Verhältnisse anzupassen. Die BNetzA hatte hierzu eine Erhebung von Unternehmensdaten durchführt. Ausgenommen von einer solchen Datenabfrage waren nach Abs. 2 S. 3 diejenigen Unterlagen, die den Betroffenen selbst in Bezug auf die Entwicklung einer Methodik der Anreizregulierung und den hierzu abzugebenden Stellungnahmen nach Abs. 2 S. 2 dienten.

Um eine **Auskunftsanordnung nach § 69** zu treffen, bedurfte es hier aus- 10 nahmsweise keines Anfangsverdachts gegenüber Unternehmen oder Vereinigungen und einer daraufhin erfolgten Verfahrenseinleitung nach § 66 Abs. 1. Vielmehr folgt unmittelbar aus § 112a Abs. 1 und implizit aus Abs. 2 S. 3, dass eine gesonderte Eingriffsgrundlage vorliegt (OLG Düsseldorf Beschl. v. 20.3.2006 – 3 Kart 150/06, RdE 2006, 162 mAnm *Börner;* ebenso nach verfassungskonformer Auslegung *Salje* EnWG § 112a Rn. 6) und es sich bei der Berichterstellung um die „Erfüllung der […] der Regulierungsbehörde übertragenen Aufgaben" handelt (§ 69 Abs. 1 S. 1).

Um den Aufwand für die betroffenen Unternehmen zu minimieren, wurde 11 diese Auskunftsanordnung zunächst mit den Verbänden abgestimmt und mit den Datenabfragen für die Vergleichsverfahren Strom und Gas zusammengelegt, da dafür benötigten Daten teils für beide erforderlich und nutzbar waren (BNetzA Jahresbericht 2005 S. 123). Dennoch war die Datenerhebung als solche umfangreich und wurde bezogen auf Inhalt und Detailtiefe mittels Beschwerden angegriffen. Diese wurden mit der Begründung zurückgewiesen, der Behörde komme angesichts ihrer Sachkompetenz bei der gestaltenden und planerischen Aufgabe der Erstellung eines Berichts zur Anreizregulierung ein **weiter Spielraum** zu, welche Auskünfte sie benötige, solange sich diese Einschätzung vertretbar innerhalb der

§ 112a Teil 10. Evaluierung, Schlussvorschriften

Grenzen des Auftrags halte. Auch das Maß der Detailtiefe könne durch die Behörde entsprechend ihres Auftrages bestimmt werden (OLG Düsseldorf Beschl. v. 20.3.2006 – 3 Kart 150/06, RdE 2006, 162 ff.). Demgegenüber stellte der BGH in seinen Beschlüssen zu den – in der Sache erfolglosen – anschließenden Rechtsbeschwerden klar, dass die behördliche Auswahl, welche Auskünfte erforderlich seien, der **uneingeschränkten richterlichen Kontrolle** unterläge (BGH Beschl. v. 19.6.2007 – KVR 16/06, N&R 2008, 36 (39 f.) mAnm *Blohm*), wobei hierfür eine Ex-ante-Sichtweise maßgeblich sei.

12 **4. Berichtsentwurf.** Am 2.5.2006 hat die BNetzA einen Berichtsentwurf iSd Abs. 2 S. 2 **veröffentlicht und zur Diskussion gestellt.** Die Stellungnahmen der betroffenen Wirtschaftskreise hierzu wurden wie nach § 112a Abs. 2 S. 2 aE gefordert im Internet veröffentlicht (www.bundesnetzagentur.de/DE/Sachgebiete/Elektrizitaetund Gas/Unternehmen_Institutionen/Netzentgelte/Anreizregulierung/Einfuehrung2009/einfuehrung_anreizregulierung-node.html). Besondere **Streitfragen** hinsichtlich dieses Entwurfs waren die vorgesehene pauschale initiale Absenkung der Entgelte zu Beginn der ersten Regulierungsperiode sowie die Orientierung der Effizienzvorgaben am effizientesten Unternehmen (zu beiden *Ruge* IR 2006, 122 ff. sowie ZNER 2006, 200 ff.). Auf eine pauschale initiale Absenkung der Netznutzungsentgelte hat die BNetzA aufgrund der erhobenen Einwände schließlich zugunsten einer sog. individualisierten regulatorischen Kostenprüfung verzichtet (Anreizregulierungsbericht Rn. 132 ff.; → § 21a Rn. 18; krit. *Balzer/ Schönefuß* RdE 2006, 213 ff.).

II. Fertigstellung und Übergabe

13 Fristgerecht am 30.6.2006 wurde der endgültige „Bericht der BNetzA nach § 112a EnWG zur Einführung der Anreizregulierung nach § 21a EnWG" dem Bundesminister für Wirtschaft und Technologie übergeben. § 118 Abs. 1 aF ordnete an, dass die Bundesregierung unverzüglich nach Erhalt dieses Berichts einen Entwurf einer Rechtsverordnung nach § 21a Abs. 6 vorlegen sollte. Um eine entsprechend schnelle Umsetzung des erarbeiteten Konzepts in eine Verordnung zu ermöglichen, wurden hierzu im dritten Kapitel des Berichts Empfehlungen für eine Umsetzung im Rahmen einer **Anreizregulierungsverordnung** dargelegt (dazu → § 21a Rn. 57 ff.). Als möglicher Starttermin einer Anreizregulierung wurde von der BNetzA der 1.1.2008 genannt (BNetzA, Anreizregulierungsbericht, Rn. 32). Gem. § 1 S. 2 der schließlich erlassenen ARegV werden Netzentgelte aber erst seit dem 1.1.2009 im Wege der Anreizregulierung bestimmt.

D. Erfahrungsbericht (Abs. 3)

14 Der Bericht nach Abs. 3 soll der Überprüfung der Anreizregulierung durch den Gesetzgeber dienen (BT-Drs. 15/5268, 123). Damit sind die beiden Berichtspflichten nach § 112a von unterschiedlicher Natur. Während die nach § 112a Abs. 1 weniger auf das passiv anmutende „Berichten" abstellt, sondern gerade die Gestaltung eines komplexen Regelungskonzepts fordert, entspricht der Erfahrungsbericht nach Abs. 3 der üblichen Form, wonach ein Bericht bestimmte **Entwicklungen eines Regelungsbereiches** erfasst und an gesetzgebende Körperschaften gerichtet ist, „denen damit die politische Gesamtbeurteilung zurückgespielt wird" (*Masing*, Verhandlungen des 66. Deutschen Juristentages Stuttgart 2006, Band I: Gutachten,

Teil D: Soll das Recht der Regulierungsverwaltung übergreifend geregelt werden?, 2006, S. 184). Wie bei Berichten dieser Art üblich, findet jedoch keine direkte Überweisung an das Parlament statt. Stattdessen wird der Bericht nach Abs. 3 S. 2 zunächst der Bundesregierung vorgelegt, die ihn binnen dreier Monate und optional versehen mit einer Stellungnahme an den Bundestag weiterleitet. Die Regierung bzw. das zuständige Ministerium kann so gewissermaßen als Mittler und Übersetzer zwischen gesamtpolitischem Ansatz des Parlaments und eher fachlichem Ansatz der Behörde auftreten.

E. Weitere Berichtspflichten nach der ARegV

Die ARegV enthält in § 33 darüber hinaus drei **weitere Berichtspflichten** für die BNetzA: Nach § 33 Abs. 1 ARegV idF bis 27.7.2021 war vorgesehen, dass die Behörde dem BMWi zum 31.12.2014 einen Bericht mit einer Evaluierung und Vorschlägen zur weiteren Ausgestaltung der Anreizregulierung vorlegt, bei dessen Erstellung gem. § 33 Abs. 2 ARegV dem § 112a Abs. 2 S. 1, 2 EnWG entsprechende Beteiligungsvorgaben erfüllt werden müssen (BNetzA, Evaluierungsbericht nach § 33 Anreizregulierungsverordnung 2015). Die weiteren Berichte nach § 33 Abs. 3 S. 1 und 2 ARegV betreffen erstens die Beurteilung eines technisch-wirtschaftlichen Anlagenregisters nach § 32 Abs. 1 Nr. 5 ARegV und zweitens die Bewertung der Kennzahlen für die Netzleistungsfähigkeit in der Qualitätsregulierung nach § 20 Abs. 5 ARegV und die mögliche Einführung zusätzlicher Kennzahlen zur Berücksichtigung von Maßnahmen der Netzbetreiber zur langfristigen Wahrung der Netzqualität (näher zu diesen Berichtspflichten Kühling/Theobald/*Hummel* ARegV § 33 Rn. 10ff.). § 27 Abs. 2 ARegV weist der Behörde die für die Berichtserstellung erforderlichen Befugnisse zur Datenerhebung zu. Der nächste Bericht zur Evaluierung der Anreizregulierung ist dem BMWK bis Ende Dezember 2024 vorzulegen.

15

§ 112b Berichte des Bundesministeriums für Wirtschaft und Energie sowie der Bundesnetzagentur zur Evaluierung der Wasserstoffnetzregulierung

(1) ¹Das Bundesministerium für Wirtschaft und Energie veröffentlicht bis zum 31. Dezember 2022 ein Konzept zum weiteren Aufbau des deutschen Wasserstoffnetzes. ²Das Konzept soll im Lichte sich entwickelnder unionsrechtlicher Grundlagen vor dem Hintergrund des Ziels einer Anpassung des regulatorischen Rahmens zur gemeinsamen Regulierung und Finanzierung der Gas- und der Wasserstoffnetze Überlegungen zu einer Transformation von Gasnetzen zu Wasserstoffnetzen einschließlich einer schrittweise integrierten Systemplanung beinhalten.

(2) ¹Die Bundesnetzagentur hat der Bundesregierung bis zum 30. Juni 2025 einen Bericht über die Erfahrungen und Ergebnisse mit der Regulierung von Wasserstoffnetzen sowie Vorschläge zu deren weiterer Ausgestaltung vorzulegen. ²In diesem Bericht ist darauf einzugehen, welche Erfahrungen mit der Regulierung von Gasversorgungsnetzen im Hinblick auf die Beimischung von Wasserstoff gesammelt wurden und insbesondere welche Auswirkungen auf die Netzentgelte sich hieraus ergeben haben.

§ 112b

Teil 10. Evaluierung, Schlussvorschriften

Literatur: *Hermes,* Klimaschutz durch neue Planungsinstrumente im föderalen System, EurUP 2021, 162.

A. Allgemeines

I. Inhalt

1   § 112b adressiert den **zukünftigen Aufbau eines Wasserstoffnetzes** sowie die **zukünftige Ausgestaltung der Regulierung** des Wasserstoffnetzbetriebs. Hierfür sieht er Berichtspflichten sowohl des BWMi (nunmehr BMWK) vor (Abs. 1) als auch der BNetzA (Abs. 2).

II. Zweck

2   Die Vorschrift dient dazu, ein **Konzept für den weiteren Aufbau** des Wasserstoffnetzes zu schaffen sowie der Evaluierung der nunmehr eingefügten Regelungen. Hierfür sieht Abs. 1 vor, dass das BMWK ein Konzept zum weiteren Aufbau des deutschen Wasserstoffnetzes vorlegen muss und die BNetzA einen **Bericht über die Erfahrungen und Ergebnisse mit der Regulierung** von Wasserstoffnetzen sowie deren weitere Ausgestaltung (Abs. 2).

B. Einzelerläuterungen

I. Konzept des BMWK zum weiteren Aufbau des Wasserstoffnetzes (Abs. 1)

3   Abs. 1 adressiert das BMWK und beauftragt es, ein **Konzept zum weiteren Auf- und Ausbau** des deutschen Wasserstoffnetzes zu veröffentlichen (BT-Drs. 19/27453, 137). Ursprünglich sollte das Konzept bis zum 30.6.2022 veröffentlicht werden (BT-Drs. 19/27453, 45 u. 137); im Rahmen des parlamentarischen Verfahrens wurde das Datum aber auf den 31.12.2022 geändert, um dem Ministerium mehr Zeit zu geben, den Bericht nach § 28q Abs. 1 S. 1 zu berücksichtigen (BT-Drs. 19/30899, 21 und BT-Drs. 19/31009, 19). Mit dem Zweiten Gesetz zur Änderung des Energiesicherungsgesetzes und anderer energiewirtschaftlicher Vorschriften wurde das Datum nochmals auf den 31.12.2023 verschoben und ein Zwischenbericht zum 30.6.2023 eingefügt (BGBl. 2022 I S. 2102 (2104)).

4   Neben der Fristenänderung wurde im parlamentarischen Verfahren auch eine **inhaltliche Änderung** in der Zielsetzung des Konzepts vorgenommen. So wurde die ursprüngliche Formulierung in S. 2 des Gesetzesentwurfs (BT-Drs. 19/27453, 45) dahingehend geändert, dass das Konzept „vor dem Hintergrund des Ziels einer Anpassung des regulatorischen Rahmens zur **gemeinsamen Regulierung und Finanzierung der Gas- und Wasserstoffnetze**" erfolgen soll (BT-Drs. 19/30899, 21). Die Begründung sagt nur, dass die Änderung der Spezifizierung der Zielsetzung diene (BT-Drs. 19/31009, 19). Zur Kritik einer gemeinsamen Regulierung – insbesondere der Finanzierung – siehe Erläuterungen in den Vorbemerkungen (→ Vor §§ 28j ff. Rn. 10 ff.). Der Politik muss gerade bei der Finanzierung klar sein, dass sie allen Erdgaskunden – und damit insbesondere auch den kleinen und mittleren Gewerbekunden sowie den Haushaltskunden – Kosten auferlegt, die eigentlich nur großen Industrie- und Chemieunternehmen zugutekommen und im Sinne einer verursachungsgerechten Finanzierung auch nur durch diese zu tragen wären. Es

bleibt deshalb abzuwarten, wie das Ministerium diese Vorgabe in seinem Konzept aufgreifen wird und wie die Politik sich bezüglich der Finanzierung entscheiden wird. Gerade auch vor dem Hintergrund, dass der Entwurf des europäischen Gaspakets eine Querfinanzierung grundsätzlich ausschließt (→ Vor §§ 28j ff. Rn. 10 ff.); S. 2 verweist insofern auch auf die **sich entwickelnden unionsrechtlichen Grundlagen**, sodass von einer Berücksichtigung dieser auszugehen ist. Das dürfte nach aktuellem Stand wohl gegen eine Querfinanzierung sprechen. Hierfür bleiben aber die weiteren europäischen Entwicklungen abzuwarten.

Darüber hinaus sieht S. 2 eine Transformation hin zu einer schrittweisen **integrierten Systemplanung** vor. Der Begriff der integrierten Systemplanung bedeutet, dass vor dem Hintergrund der Sektorkopplung die Netzentwicklungsplanung von Strom-, Erdgas- und Wasserstoffnetzen gesamthaft durchgeführt oder zumindest aufeinander abgestimmt wird. Hierbei sind die Wechselwirkungen zwischen den einzelnen Bereichen zu berücksichtigen (zu Überlegungen bzgl. einer Netzentwicklungsplanung Wasserstoff → § 28q Rn. 1 ff.). Die integrierte Systemplanung als Zukunft der heutigen Netzentwicklungsplanung ist dabei noch zu entwickeln (*Hermes* EurUP 2021, 162 (167 f.)). 5

II. Evaluierungsbericht der BNetzA (Abs. 2)

Abs. 2 sieht einen Bericht der BNetzA vor, der die bisherigen **Erfahrungen mit der Regulierung von reinen Wasserstoffnetzen** zusammenfassen soll (BT-Drs. 19/27453, 19 u. 137). S. 1 sieht vor, dass die BNetzA den Bericht zum 30.6.2025 der Bundesregierung vorzulegen hat. Dabei sollen die Erfahrungen und Ergebnisse mit der Regulierung von Wasserstoffnetzen sowie Vorschläge zu deren weiterer Ausgestaltung vorgelegt werden. Nach S. 2 ist auch darauf einzugehen, welche Erfahrungen mit der Regulierung von Gasversorgungsnetzen im Hinblick auf die Beimischung von Wasserstoff gesammelt wurden und insbesondere welche Auswirkungen sich hieraus auf die Netzentgelte ergeben haben. 6

§ 113 Laufende Wegenutzungsverträge

Laufende Wegenutzungsverträge, einschließlich der vereinbarten Konzessionsabgaben, bleiben unbeschadet ihrer Änderung durch die §§ 36, 46 und 48 im Übrigen unberührt.

Literatur: *Kermel,* Aktuelle Entwicklungen im Konzessionsvertragsrecht, RdE 2005, 153; *Klemm,* Der Anspruch auf Netzüberlassung gemäß § 46 Abs. 2 EnWG, CuR 2007, 44; *Pippke/ Gaßner,* Neuabschluss, Verlängerung und Änderung von Konzessionsverträgen nach dem neuen EnWG, RdE 2006, 33; *Säcker/Dörmer,* Übergang der Energieversorgungsverträge auf den neuen Verteilnetzbetreiber bei Auslaufen des Konzessionsvertrages?, RdE 2002, 161; *Säcker/Jaecks,* Die Netzüberlassungspflicht im Energiewirtschaftsgesetz: Eigentumsübertragung oder Gebrauchsüberlassung?, BB 2001, 998, 1003 f.; *Templin,* Recht der Konzessionsverträge, 2009; *Theobald,* Fragen und Antworten zum künftigen Konzessionsvertragsrecht, IR 2005, 149.

A. Allgemeines

Die Vorschrift ordnet die im Übrigen unveränderte **Fortgeltung laufender Wegenutzungsverträge unbeschadet ihrer Änderung durch §§ 36, 46 und** 1

§ 113

48 an. Sie entfaltet damit Regelungswirkung in zwei Richtungen: Es wird einerseits ausdrücklich die Anpassung der bestehenden Verträge an bestimmte veränderte gesetzliche Vorgaben, andererseits die ansonsten unveränderte Fortgeltung der Verträge ungeachtet der gesetzlichen Neuregelung ausgesprochen.

2   Wegenutzungsverträge, die als einfache Wegenutzungsverträge auch unbefristet (→ § 46 Rn. 44), als Konzessionsverträge auf bis zu 20 Jahre (→ § 46 Rn. 61) abgeschlossen werden dürfen und regelmäßig für diese Höchstlaufzeit abgeschlossen werden, haben typischerweise eine lange Laufzeit. Vor diesem Hintergrund verfolgt die Regelung den **Zweck,** einen Ausgleich herzustellen zwischen der Rechtsbeständigkeit dieser langfristig angelegten Vertragsbeziehungen einerseits und der Änderungsnotwendigkeit im Hinblick auf grundlegende Veränderungen des gesetzlichen Rahmens andererseits. Nach der Gesetzesbegründung hat die Regelung insofern nur klarstellende Funktion (BT-Drs. 15/3917, S. 75). Ob sie deshalb rein deklaratorisch ist (*Salje* EnWG § 1 Rn. 1; Theobald/Kühling/*Theobald* EnWG § 113 Rn. 3), erscheint fraglich; immerhin strebt sie mit der expliziten Nennung von §§ 36, 46, 48 an, klarstellend anzuordnen, welche gesetzlichen Neuregelungen auf bestehende Verträge ändernd einwirken sollen und welche nicht.

3   Die Regelung folgt **entstehungsgeschichtlich** dem Vorbild des Art. 4 § 1 Gesetz zur Neuregelung des Energiewirtschaftsrechts vom 24. April 1998 (BGBl. 1998 I S. 730), der die im übrigen unberührte Fortgeltung laufender Konzessionsverträge trotz des Wegfalls der Ausschließlichkeit auf Grund des EnWG 1998 angeordnet hatte. Eine entsprechende, dem heutigen § 113 wortgleiche Regelung sah bereits der RegE zum EnWG 2005 vor (BT-Drs. 15/3917, 38). Im weiteren Gesetzgebungsverfahren blieb sie – soweit ersichtlich – ohne nähere Erörterung und wurde unverändert Gesetz.

4   § 113 ist eingeführt worden mit Blick auf §§ 36, 46, 48 EnWG 2005 und die zum Zeitpunkt ihres Inkrafttretens laufenden Wegenutzungsverträge. Die Vorschrift hat aber auch **Geltung für die nachfolgenden Änderungen der §§ 36, 46, 48** (BeckOK EnWG/*Peiffer* § 113 Einl.). Die Vorschrift verliert deshalb dadurch, dass die 2005 bestehenden Konzessionsverträge wegen der für sie geltenden Höchstlaufzeit von 20 Jahren großenteils schon ausgelaufen sind oder alsbald auslaufen, nicht ihre Bedeutung (anders Theobald/Kühling/*Theobald* EnWG § 113 Rn. 5). Vielmehr behält sie mit Blick auf die danach erfolgten Änderungen insbes. der §§ 46, 48 potentiell praktische Relevanz.

B. Änderung und Fortgeltung laufender Wegenutzungsverträge

I. Laufende Wegenutzungsverträge

5   Die Vorschrift gilt für **Wegenutzungsverträge**. Das sind sowohl einfache Wegenutzungsverträge iSv § 46 Abs. 1 wie auch qualifizierte Wegenutzungsverträge, sog. Konzessionsverträge, iSv § 46 Abs. 2.

6   Laufende Wegenutzungsverträge sind solche, die **einerseits bereits rechtswirksam und andererseits noch nicht ausgelaufen** sind, womit Beginn und Ende der Laufzeit des vereinbarten Wegenutzungsrechts ausschlaggebend sind. Maßgeblicher Zeitpunkt, zu dem dieses vertragliche Wegenutzungsrecht bestehen muss, ist der des Inkrafttretens des EnWG am 13.7.2005 bzw. gegebenenfalls der des Inkrafttretens späterer Änderungen der §§ 36, 46, 48.

II. Reichweite der Fortgeltung

1. Maßgebliche Gesetzesänderungen. § 113 betrifft **nur über §§ 13, 14 EnWG 1998 hinausgehende Neuregelungen** der §§ 36, 46, 48. Für die bereits durch das EnWG 1998 vorgenommenen Änderungen hat bereits Art. 4 § 1 Gesetz zur Neuregelung des Energiewirtschaftsrechts vom 24.4.1998 (BGBl. 1998 I S. 730) eine Überleitungsregelung getroffen, auf die § 113 aufbaut. Aus dieser früheren Überleitungsregel folgt deshalb insbesondere, dass die bereits mit dem EnWG 1998 durch Aufhebung des Ausschließlichkeitsrechts und Begründung des Durchleitungsanspruchs vollzogene Trennung von Netzbetrieb und Energielieferung die damals laufenden Konzessionsverträge unberührt gelassen hat und bis heute unberührt lässt; auch eine Störung der Geschäftsgrundlage konnte wegen dieses im EnWG 1998 begründeten Umstands nicht geltend gemacht werden (*OLG Schleswig* Urt. v. 10.1.2006 – 6 U Kart 581/05, NVwZ-RR 2006, 811 (812); aA *Säcker/Jaecks* BB 2001, 998 (1003f.); *Säcker/Dörmer* RdE 2002, 161 (167f.)).

Die **weitergehenden, für bestehende Wegenutzungsverträge bedeutsamen Änderungen der §§ 36, 46, 48** haben ihren zentralen Punkt darin, dass nach § 46 Abs. 2 S. 1, anders als nach § 13 Abs. 2 S. 1 EnWG 1998, der Konzessionsvertrag nur noch das Recht zu Verlegung und Betrieb des Verteilernetzes, nicht aber mehr zugleich auch die Durchführung einer allgemeinen Versorgung oder überhaupt die Versorgung mit Energie umfasst (→ § 46 Rn. 21, 58). Die Änderungen, die § 48 gegenüber § 14 EnWG 1998 enthält, sind im Wesentlichen Folgeänderungen hierzu. Auch die neuartige Regelung des § 36 ist eine Folgeregelung, da es einen durch Konzessionsvertrag bestimmten allgemeinen Versorger iSv § 10 Abs. 1 EnWG 1998 nicht mehr gibt und nunmehr § 36 regelt, welches EVU als Grundversorger die subsidiäre Versorgungspflicht für ein bestimmtes Gebiet trägt.

Die §§ 36, 46, 48 haben seit dem Inkrafttretens des EnWG 2005 bis heute verschiedene **nachfolgende Änderungen** erfahren (→ § 36 Rn. 9; → § 46 Rn. 23; → § 48 Rn. 9), auf die grundsätzlich § 113 Anwendung findet (→ Rn. 4). Relevant ist insofern insbesondere die Neuregelung des § 46 Abs. 2 S. 2 und 3 (→ Rn. 14).

2. Folgen für Wegenutzungsverträge. Im Hinblick auf die veränderten Vorgaben für das **Verfahren zur Vergabe von Konzessionsverträgen** in § 46 kann § 113 zunächst entnommen werden, dass es für die Rechtswirksamkeit älterer Konzessionsverträge unschädlich ist, wenn sie in einem diesen aktuellen Vorgaben nicht entsprechenden Verfahren zustande gekommen sind. Eine Verlängerung bestehender Konzessionsverträge ist aber nur unter Beachtung der neuen Vorgaben des § 46 Abs. 3 S. 3 zulässig (BeckOK EnWG/*Peiffer* § 113 Rn. 3f.).

Soweit laufende Konzessionsverträge mit diesen gesetzlichen Neuregelungen der §§ 36, 46, 48 der Sache nach unvereinbar sind, erfahren sie nach § 113 eine **Änderung unmittelbar kraft Gesetzes**. Hierdurch werden sie den geltenden Regelungen der §§ 36, 46, 48 angepasst, ohne dass es einer entsprechenden Vereinbarung der Konzessionsvertragspartner bedarf (*Theobald* IR 2005, 149 (150f.); *Pippke/Gaßner* RdE 2006, 33). Ansonsten bleiben die vertraglichen Vereinbarungen unverändert bestehen. Der so begründete Bestandsschutz vermeidet damit eine *Gesamtnichtigkeit* bestehender Wegenutzungsverträge und auch eine Anpassung sonstiger Regelungen des Wegenutzungsvertrags *wegen Wegfalls der Geschäftsgrundlage (NK-EnWG/Huber § 113 Rn. 3,* unter Hinweis insbesondere auf die vertraglich vereinbarten Konzessionsabgaben; → Rn. 13).

§ 113

12 Der Sache nach hatten die Neuregelungen der §§ 36, 46 zunächst insbesondere Folgen für konzessionsvertragliche Vereinbarungen, die eine **Versorgungspflicht des konzessionierten EVU** ("Versorgungskonzession") begründen. Derartige konzessionsvertragliche Regelungen sind spätestens seit der erstmaligen Festsetzung eines Grundversorgers nach § 36 Abs. 3 S. 2 gegenstandslos geworden (*Pippke/Gaßner* RdE 2006, 33 (34); BerlKommEnergieR/*Kermel* EnWG § 113 Rn. 7).

13 § 113 hebt besonders hervor, dass **vertragliche Vereinbarungen über Konzessionsabgaben** gleichwohl fortgelten. Dies erklärt sich daraus, dass die Änderung insbesondere von § 46 Abs. 2 S. 1 andernfalls hätte herangezogen werden können, um eine Anpassung der bestehenden Konzessionsverträge für geboten zu erklären; denn danach begründet der Konzessionsvertrag nur noch das Recht zur Verlegung und zum Betrieb des Verteilernetzes, während § 13 Abs. 2 S. 2 EnWG 1998 noch die Durchführung der allgemeinen Versorgung nach § 10 Abs. 1 S. 1 EnWG 1998 mit umschlossen hatte. Ebenso wie schon Art. 4 § 1 Gesetz zur Neuregelung des Energiewirtschaftsrechts mit Blick auf die Aufhebung des Ausschließlichkeitsrechts (vgl. *Kermel* RdE 2005, 153 (154)) verfolgt auch § 113 insoweit das Ziel, für die Laufzeit des Vertrages den gemeindlichen Anspruch auf die vereinbarten Konzessionsabgaben in vollem Umfang zu sichern. Diese gesetzliche Wertung in Bezug auf vertraglich vereinbarte Konzessionsabgaben steht im Übrigen in Einklang mit der gesetzgeberischen Intention, ungeachtet der Änderungen des § 46 auch mit Blick auf zukünftige Vereinbarungen das gemeindliche Konzessionsabgabenaufkommen unvermindert zu sichern (vgl. BT-Drs. 15/3917, 68). Soweit allerdings die auf § 48 Abs. 2 gestützte KAV Änderungen erfahren hat, was etwa für den Umfang des zulässigen Kommunalrabatts der Fall ist (§ 3 Abs. 1 S. 1 Nr. 1 KAV), soll dies von der durch § 113 angeordneten Anpassung umfasst sein (BerlKommEnergieR/*Kermel* EnWG § 113 Rn. 8; BeckOK EnWG/*Peiffer* § 113 Rn. 5 ff.; Theobald/Kühling/*Theobald* EnWG § 113 Rn. 10).

14 Mit Blick auf konzessionsvertragliche **Endschaftsbestimmungen, die eine Eigentumsübertragung an Verteilungsanlagen vorsehen,** hat sich die frühere Streitfrage, ob diese wegen der in § 46 Abs. 2 S. aF angeordneten Überlassung der Verteilungsanlagen nach § 113 angepasst würden oder aber nebeneinander bestünden (vgl. BGH Urt. v. 29.9.2009 – EnZR 14/08, NVwZ-RR 2010, 1070 Rn. 12; → 3. Aufl., § 113 Rn. 11), mit der Neufassung von § 46 Abs. 2 S. 2 und 3 erledigt; sie stellt klar, dass auch der gesetzliche Anspruch grundsätzlich auf Übereignung gerichtet ist (→ § 46 Rn. 113f.). Evtl. abweichende konzessionsvertragliche Regelungen werden gem. § 113 an diese gesetzliche Vorgabe angepasst. Ungeachtet des Umstands, dass frühere Konzessionsverträge üblicherweise einen Eigentumsübertragungsanspruch der Gemeinde vorgesehen haben, während der Übereignungsanspruch nach § 46 Abs. 2 S. 2 dem neu konzessionierten EVU zusteht, sollen beide Ansprüche nebeneinander bestehen (BGH Urt. v. 29.9.2009 – EnZR 2009, NVwZ-RR 2010, 1070 Rn. 13ff.; Theobald/Kühling/*Theobald* EnWG § 113 Rn. 11).

15 Der gesetzliche Überlassungsanspruch des § 46 Abs. 2 S. 2 umfasst einen Kundenübergang auf den neuen Konzessionsnehmer nicht mehr (→ § 46 Rn. 108). Teilweise ist angenommen worden, dass dies nicht zugleich eine Änderung der Endschaftsklauseln alter Konzessionsverträge, denen ausdrücklich oder durch Auslegung auch ein **Übergang der Kunden** mit dem Wechsel des Netzbetreibers zu entnehmen ist, gem. § 113 bewirke, so dass ein konzessionsvertraglich begründeter Anspruch auf Kundenübergang bestehen bleibe (OLG Schleswig Urt. v. 10.1.2006 – 6 U Kart 581/05, NVwZ-RR 2006, 811 (813); *Klemm* CuR 2007, 44 (47); *Templin,*

Recht der Konzessionsverträge, 2009, S. 143). §§ 36, 46 unterscheiden jedoch nunmehr strikt zwischen der Zuständigkeit für die Grundversorgung in einem Netzgebiet der allgemeinen Versorgung sowie der sonstigen Versorgungstätigkeit und der Innehabung des Netzbetriebs. Darin liegt eine grundlegende Veränderung des gesetzlichen Ordnungsrahmens, der nach § 113 auch auf abweichende ältere Endschaftsklauseln durchschlagen muss; im Ergebnis ist auch ein konzessionsvertraglicher Anspruch auf Kundenübergang nicht mehr anzuerkennen (BerlKommEnergieR/*Kermel* EnWG § 113 Rn. 7; Theobald/Kühling/*Theobald* EnWG § 113 Rn. 12; Schneider/Theobald EnergieWirtschaftsR-HdB/*Albrecht* § 9, Rn. 187, der insoweit einen Anspruch auf Anpassung des Vertrages wegen Störung der Geschäftsgrundlage annimmt).

§ 113a Überleitung von Wegenutzungsrechten auf Wasserstoffleitungen

(1) ¹Ist nach bestehenden Gestattungsverträgen, beschränkt persönlichen Dienstbarkeiten oder sonstigen Vereinbarungen, die keine Eintragung einer beschränkt persönlichen Dienstbarkeit vorsehen, für Grundstücke, die Errichtung und der Betrieb von Gasversorgungsleitungen gestattet, so sind diese im Zweifel so auszulegen, dass von ihnen auch die Errichtung und der Betrieb der Leitungen zum Transport von Wasserstoff umfasst ist. ²Dies umfasst auch die Begriffe „Gasleitung", „Ferngasleitung" oder „Erdgasleitung".

(2) Solange zugunsten der Betreiber von Energieversorgungsnetzen Wegenutzungsverträge im Sinne des § 46 für Gasleitungen einschließlich Fernwirkleitungen zur Netzsteuerung und Zubehör bestehen, gelten diese auch für Transport und Verteilung von Wasserstoff bis zum Ende ihrer vereinbarten Laufzeit fort.

(3) Werden die Voraussetzungen nach Absatz 2 Satz 1 nicht mehr erfüllt, haben die Gemeinden dem Betreiber des Wasserstoffnetzes ihre öffentlichen Verkehrswege auf Basis von Wegenutzungsverträgen nach § 46 zur Verfügung zu stellen, die für einzelne oder alle Gase im Sinne dieses Gesetzes gelten, einschließlich der Gestattungen nach § 46 Absatz 1 Satz 1 für Wasserstoffleitungen, und deren Bedingungen nicht schlechter sein dürfen als die der Verträge nach Absatz 2 Satz 1.

A. Allgemeines

I. Inhalt

§ 113a befasst sich mit der **Überleitung und Fortgeltung von zivilrechtlichen Gestattungen** sowie von **Konzessionsverträgen,** die auf Gasversorgungsleitungen bezogen waren, zugunsten von Wasserstoffleitungen. Abs. 1 sieht hierfür eine Auslegungsregel bezüglich Gestattungsverträgen, Dienstbarkeiten oder sonstigen Vereinbarungen vor. Die Abs. 2 und 3 befassen sich mit der Fortgeltung von Wegenutzungsverträgen nach § 46. 1

§ 113a Teil 10. Evaluierung, Schlussvorschriften

II. Zweck

2   Durch die Umstellung von Erdgasleitungen auf Wasserstoff könnten Rechtsunsicherheiten im Hinblick auf dinglich abgesicherte Rechte der Betreiber von Wasserstoffnetzen oder die Weitergeltung von vertraglichen Vereinbarungen entstehen. Der Gesetzgeber hat sich deshalb dazu entschlossen, eine gesetzliche Auslegungsregel zu schaffen, um diese Rechtsunsicherheiten zu vermeiden.

3   Da sich die gleichen Fragen bei den sog. Wegenutzungsverträgen nach § 46 stellen, hat der Gesetzgeber hier ebenfalls Regelungen geschaffen, die eine solche Fortgeltung vorsehen. Auch hierdurch soll sowohl den Betreibern wie auch den Kommunen und Konzessionsgebern Rechtssicherheit gegeben werden.

B. Einzelerläuterung

I. Auslegungsregel für Gestattungsverträge, Dienstbarkeiten und sonstige Vereinbarungen (Abs. 1)

4   Abs. 1 S. 1 sieht vor, dass **bestehende Gestattungsverträge, beschränkt persönliche Dienstbarkeiten oder sonstige Vereinbarungen,** die die Errichtung und den Betrieb von Gasversorgungsleitungen gestatten, im Zweifel so auszulegen sind, dass von ihnen auch die Errichtung und der Betrieb der Leitungen zum Transport von Wasserstoff umfasst sind. Der Gesetzgeber greift damit in die Privatautonomie der Vertragsparteien ein. Gleichwohl ist dies gerechtfertigt, da durch die Auslegungsregel die Rechte beider Vertragsparteien ausreichend gewahrt bleiben. Der Gesetzgeber bleibt damit im Rahmen der zulässigen Auslegungsregeln der §§ 133, 157 BGB. Dies ist damit zu begründen, dass der Rechtegeber in seinen Rechten durch diese Auslegung nicht wesentlich eingeschränkt wird und davon auszugehen ist, dass er das Recht auch erteilt hätte, wenn er gewusst hätte, dass Wasserstoff durch diese Leitungen transportiert wird.

5   Im Hinblick auf die **beschränkt persönlichen Dienstbarkeiten** führt dies insoweit auch die Gesetzesbegründung aus, ohne jedoch den letztendlichen Schluss zu ziehen (BT-Drs. 19/27453, 137f.). So verweist sie darauf, dass sich der Umfang der beschränkt persönlichen Dienstbarkeit gemäß der Vermutungsregel des § 1091 BGB nach den persönlichen Bedürfnissen des Berechtigten bestimmt. Der Umfang der Dienstbarkeit kann also mit den Bedürfnissen des Berechtigten wachsen, sofern sich dies in den Grenzen einer gleichbleibenden Benutzung hält. Die Gesetzesbegründung verweist darauf, dass bei einem Gasleitungsrecht zwar der Aufbau und Betrieb eines Telekommunikationsnetzes nicht mehr umfasst ist, sie lässt aber den Schluss offen, ob bei der Umstellung auf Wasserstoff die zulässigen Grenzen gewahrt bleiben. Die Umstellung einer Leitung auf einen anderen Stoff erscheint aber vor diesem Hintergrund unproblematisch, zumal mit der Umstellung keine weitergehenden Eingriffe in das Nutzungsrecht verbunden sind. Sollte es in Einzelfällen dazu kommen, dass sich durch die Umstellung auch inhaltliche Änderungen ergeben, also zB Schutzstreifen ausgedehnt werden müssen, dann kann die Vermutungsregel wohl nicht mehr greifen und die Verträge wären neu auszuhandeln bzw. zu erweitern.

II. Wegenutzungsverträge iSd § 46 (Abs. 2 und 3)

6   Abs. 2 sieht vor, dass **Wegenutzungsverträge** iSd § 46 auch für den Transport und Verteilung von Wasserstoff bis zum Ende ihrer vereinbarten Laufzeit fortgelten,

Überleitung von Wegenutzungsrechten auf Wasserstoffleitungen   **§ 113 a**

sofern sie die Voraussetzungen des § 46 erfüllen. Abs. 2 unterscheidet somit nicht zwischen einfachen und qualifizierten Wegenutzungsverträgen (hierzu → § 46 Rn. 33 ff.). Gleichwohl wird den Netzbetreibern die Sicherheit gegeben, dass sie weiterhin diese Verkehrswege nutzen dürfen.

Die Wegenutzungsverträge nach § 46 sind jedoch an Voraussetzungen gebunden: 7
– Abs. 1 S. 1 adressiert nur solche Leitungen, die der unmittelbaren Versorgung von Letztverbrauchern im Gemeindegebiet dienen. Es sind also vor allem Stichleitungen zu einzelnen Letztverbrauchern erfasst (→ § 46 Rn. 37).
– Abs. 2 S. 1 adressiert als gebietsbezogene Regelung die Verlegung und den Betrieb von Leitungen, die zu einem Energieversorgungsnetz der allgemeinen Versorgung im Gemeindegebiet gehören (→ § 46 Rn. 56 f.)

Da diese Voraussetzungen bei der Umstellung von Erdgasleitungen auf Wasser- 8 stoff möglicherweise nicht mehr vorliegen, weil zB eine Erdgasleitung herausgelöst wird und zukünftig einen überörtlichen Charakter erfüllt, soll Abs. 3 hierfür eine Regelung schaffen. Ebenso ist denkbar und sehr wahrscheinlich, dass kein Wasserstoffnetz die Voraussetzungen des Energieversorgungnetzes der allgemeinen Versorgung erfüllen wird, da nicht davon auszugehen ist, dass Wasserstoff für Haushaltskunden ein wesentlicher Energieträger wird.

Abs. 3 ist im Rahmen des Gesetzgebungsverfahrens jedoch **sehr missverständ-** 9 **lich ausgestaltet** worden. So verweist er auf Abs. 2 S. 1 und dessen Voraussetzungen; Abs. 2 besteht aber nur aus einem Satz. Auch die Gesetzesbegründung zu § 113 a geht fehl, da sie zu dem eigentlichen Regelungstext nicht mehr passt – es ist davon auszugehen, dass sie noch aus einer Vorversion stammt (BT-Drs. 19/27453, 138). Insofern ist davon auszugehen, dass der Gesetzgeber nur auf Abs. 2 verweisen wollte, da der Referentenwurf noch zwei Sätze in Abs. 2 vorgesehen hatte (abrufbar unter www.bmwi.de/Redaktion/DE/Artikel/Service/Gesetzesvorhaben/referentenentwurf-enwg-novelle.html, zuletzt abgerufen 28.7.219). Die Bundesregierung räumt selbst diese notwendige Klarstellung ein, hat sie aber anscheinend nicht vollzogen (s. BT-Drs. 19/28407, 46 f.).

Der Abs. 3 sieht vor, dass dann, wenn die Voraussetzungen des Abs. 2 nicht mehr 10 erfüllt werden, also die Voraussetzungen des § 46 nicht mehr vorliegen, die Gemeinden trotzdem dem Betreiber von Wasserstoffnetzen ihre öffentlichen Verkehrswege zur Verfügung zu stellen haben. Dies soll auf Basis von Wegenutzungsverträgen nach § 46 geschehen, deren Bedingungen nicht schlechter sein dürfen als Verträge nach Abs. 2. Somit besteht ein **Kontrahierungszwang** für die Gemeinden. Gleichzeitig wird geregelt, dass die Bedingungen nicht schlechter sein dürfen als die bestehenden Gestattungsverträge nach § 46.

Zusammenfassend regeln die Abs. 2 und 3 also Folgendes: 11
– **Abs. 2** adressiert die **Fortgeltung von Wegenutzungsverträgen iSd § 46** auch für den Transport und die Verteilung von **Wasserstoff** bis zum Ende ihrer vereinbarten Laufzeit. Als ungeschriebenes Tatbestandsmerkmal geht der Gesetzgeber davon aus, dass die Voraussetzungen des § 46 für die Wasserstoffleitungen erfüllt sein müssen. Ansonsten ergäbe Abs. 3 keinen Sinn.
– **Abs. 3** sieht wiederum vor, dass dann, wenn die Voraussetzungen nach Abs. 2 iVm § 46 nicht mehr erfüllt werden, die Gemeinden einem **Kontrahierungszwang** unterliegen und den Betreibern von Wasserstoffnetzen ihre öffentlichen Verkehrswege trotzdem zur Verfügung zu stellen haben.

Grüner

§ 113b Umstellung von Erdgasleitungen im Netzentwicklungsplan Gas der Fernleitungsnetzbetreiber

¹Fernleitungsnetzbetreiber können im Rahmen des Netzentwicklungsplans Gas gemäß § 15a Gasversorgungsleitungen kenntlich machen, die perspektivisch auf eine Wasserstoffnutzung umgestellt werden könnten. ²Es ist darzulegen, dass im Zeitpunkt einer Umstellung solcher Leitungen auf Wasserstoff sichergestellt ist, dass das verbleibende Fernleitungsnetz die dem Szenariorahmen zugrunde gelegten Kapazitätsbedarfe erfüllen kann; hierfür kann der Netzentwicklungsplan Gas zusätzliche Ausbaumaßnahmen des Erdgasnetzes in einem geringfügigen Umfang ausweisen. ³Die Entscheidung nach § 15a Absatz 3 Satz 5 kann mit Nebenbestimmungen verbunden werden, soweit dies erforderlich ist, um zu gewährleisten, dass die Vorgaben des Satzes 2 erfüllt werden.

A. Allgemeines

I. Inhalt

1 § 113b regelt, wie im **Netzwicklungsplan Gas** mit Leitungen verfahren wird, die perspektivisch auf Wasserstoff umgestellt werden könnten. Hierfür bestimmt die Norm Vorgaben, welche Angaben die Fernleitungsnetzbetreiber vorzulegen haben und unter welchen Bedingungen eine solche Umstellung zulässig ist.

II. Zweck

2 Mit der Regelung soll gewährleistet werden, dass **umzustellende Erdgasleitungen im Netzentwicklungsplan Gas berücksichtigt** werden können. Dies ist wichtig, um sicherzustellen, dass keine Leitungen umgestellt werden, die im Erdgasnetz noch gebraucht werden. Gleichzeitig wird eine gewisse Freiheit bei der Umstellung eingeräumt, da auch Ausbaumaßnahmen in geringfügigem Umfang im Erdgasnetz zulässig sind, wenn eine Leitung umgestellt wird. Die Regelung ist notwendig, da der Netzentwicklungsplan nach § 15a nach Abs. 1 S. 2 und 3 alle wirksamen Maßnahmen zur bedarfsgerechten Optimierung, Verstärkung und zum bedarfsgerechten Ausbau des Netzes und zur Gewährleistung der Versorgungssicherheit enthalten muss, die in den nächsten zehn Jahren netztechnisch für einen sicheren und zuverlässigen Netzbetrieb erforderlich sind. Es geht also ausweislich des S. 3 um Netzausbaumaßnahmen und deren Zeitplan. Darunter sind jedenfalls nicht zwingend Maßnahmen zur Umstellung von Erdgasleitungen auf Wasserstoff zu verstehen. Vom Sinn und Zweck der Regelung des § 15a könnte man zwar argumentieren, dass diese Maßnahmen insofern zu beachten sind, als sie Auswirkungen auf das Erdgasnetz haben. Allerding wäre dann durch § 15a nicht geklärt, wie mit diesen Auswirkungen umzugehen wäre. Durch § 113b wird dieser Rechtsunsicherheit Rechnung getragen und die Netzentwicklungsplanung Gas um den Aspekt der Wasserstoffnetze ergänzt.

B. Einzelerläuterung

Nach S. 1 können die Fernleitungsnetzbetreiber im Rahmen des Netzentwicklungsplans Gas Leitungen kenntlich machen, die **perspektivisch auf Wasserstoff** umgestellt werden könnten. Damit wird den Fernleitungsnetzbetreibern ermöglicht, die Umstellung von Erdgas- auf Wasserstoffleitungen in die Netzentwicklungsplanung Gas einzubeziehen. Da es sich um eine Kann-Vorschrift handelt, ist die Aufnahme solcher Umstellungen nicht zwingend, aber vor dem praktischen Hintergrund der Netzplanung sicherlich sinnvoll. Sofern die Betreiber von Fernleitungsnetzen solche Erdgasleitungen ausweisen wollen, sind sie auch berechtigt, alle notwendigen Informationen für den Wasserstoffbereich auszutauschen, da diese Informationen als Eingangsdaten für den Netzentwicklungsplan Gas wichtig sind. Hieraus folgt aber keine Verpflichtung zur Erstellung eines eigenen Netzentwicklungsplans für das Wasserstoffnetz.

Gem. S. 2 Hs. 1 haben die Fernleitungsnetzbetreiber darzulegen, dass das verbleibende Erdgasfernleitungsnetz die dem Szenariorahmen zugrunde gelegten Kapazitätsbedarfe im Zeitpunkt der Umstellung erfüllen kann. Vereinfacht gesagt vergleicht der Szenariorahmen die Gaserzeugung und die Gasbedarfe und ermittelt daraus, welches Netz für die Erfüllung dieser Kapazitäten notwendig ist. Durch S. 2 wird vorgeschrieben, dass das Erdgasnetz, auch nach Herauslösen von umzustellenden Leitungen, diese Bedarfe noch erfüllen können muss. Dabei ist auf den Zeitpunkt der Umstellung abzustellen – allerdings unter Prognosegesichtspunkten. Insofern könnten rein theoretisch zu einem späteren Zeitpunkt Umstände auftreten, die eine Umstellung nicht rechtfertigen würden. Allerdings ist im Rahmen der Dekarbonisierung hiervon nicht auszugehen, da ein zunehmender Erdgasbedarf eher theoretisch sein dürfte. Dass die Kapazitätsbedarfe weiterhin erfüllbar sein müssen, ist sachgerecht, da ansonsten eine **verdeckte Quersubventionierung** stattfinden könnte. Denn ohne diese Vorgabe könnten ansonsten Leitungen umgestellt werden, die noch im Erdgasbereich gebraucht würden, um dann im Erdgasbereich neuen Ausbaubedarf auszulösen, der von den Erdgasnutzern bezahlt werden müsste.

Um dennoch eine gewisse **Flexibilität** zu ermöglichen, räumt S. 2 Hs. 2 den Fernleitungsnetzbetreibern die Möglichkeit ein, dass der Netzentwicklungsplan Gas zusätzliche Ausbaumaßnahmen des Erdgasnetzes in einem geringfügigen Umfang ausweisen kann. Was genau mit „geringfügigem Umfang" gemeint ist, lässt sowohl die Regelung als auch die Gesetzesbegründung offen. Diese spricht insofern nur davon, dass eine effiziente Weiternutzung von bereits vorhandener Erdgasinfrastruktur ermöglicht werden soll und gleichzeitig ein unverhältnismäßiger Neubau von Erdgasinfrastruktur vermieden werden soll (BT-Drs. 19/27453, 138). Es wird also im Einzelfall abgewogen werden müssen, wie viele Leitungskilometer aus dem Erdgasnetz herausgelöst und auf Wasserstoff umgestellt werden und wie viel (Ersatz-)Ausbau hierfür nötig ist. Insgesamt handelt es sich um eine volkswirtschaftliche Abwägung, ob die Erdgasleitung zukünftig sinnvoller im Wasserstoffbereich eingesetzt werden kann und somit dort einen größeren Nutzen entfaltet als im Erdgasbereich. Wenn dies der Fall ist, sind auch Ausbaumaßnahmen im Erdgasbereich hinnehmbar, da der Neubau im Wasserstoffnetz teurer wäre, als der Ausbau im Erdgasbereich. Hierbei ist der Erdgaskunde aber insoweit schützenswert, als der Ausbau nicht unverhältnismäßig sein darf – insofern kann der Begriff „geringfügig" nur durch eine **Verhältnismäßigkeitsprüfung im Einzelfall** ausgefüllt werden.

Grüner

§ 113c Teil 10. Evaluierung, Schlussvorschriften

6   Nach S. 3 kann das **Änderungsverlangen der Regulierungsbehörde nach § 15a Abs. 3 S. 5** mit Nebenbestimmungen verbunden werden, um zu gewährleisten, dass die Vorgaben des S. 2 erfüllt werden. S. 3 geht damit über die allgemeinen Regelungen des § 36 Abs. 1 VwVfG hinaus und hat daher konstitutiven Charakter. Es können somit nicht nur die Nebenbestimmungen des § 36 Abs. 1 VwVfG erlassen werden, sondern auch wirtschaftliche oder sonstige Nebenbestimmungen erlassen werden, sofern sie den Zielen des S. 2 dienen. Der Erlass von Nebenbestimmungen steht dabei im Ermessen der BNetzA.

§ 113c Übergangsregelungen zu Sicherheitsanforderungen; Anzeigepflicht und Verfahren zur Prüfung von Umstellungsvorhaben

(1) **Für Wasserstoffleitungen, die für einen maximal zulässigen Betriebsdruck von mehr als 16 Bar ausgelegt sind, ist die Gashochdruckleitungsverordnung vom 18. Mai 2011 (BGBl. I S. 928), die zuletzt durch Artikel 24 des Gesetzes vom 13. Mai 2019 (BGBl. I S. 706) geändert worden ist, entsprechend anzuwenden.**

(2) **¹Bis zum Erlass von technischen Regeln für Wasserstoffanlagen ist § 49 Absatz 2 entsprechend anzuwenden, wobei die technischen Regeln des Deutschen Vereins des Gas- und Wasserfaches e. V. auf Wasserstoffanlagen unter Beachtung der spezifischen Eigenschaften des Wasserstoffes sinngemäß anzuwenden sind. ²Die zuständige Behörde kann die Einhaltung der technischen Anforderungen nach § 49 Absatz 1 regelmäßig überprüfen. ³§ 49 Absatz 5 bis 7 bleibt unberührt.**

(3) **¹Die Umstellung einer Leitung für den Transport von Erdgas auf den Transport von Wasserstoff ist der zuständigen Behörde mindestens acht Wochen vor dem geplanten Beginn der Umstellung unter Beifügung aller für die Beurteilung der Sicherheit erforderlichen Unterlagen schriftlich oder durch Übermittlung in elektronischer Form anzuzeigen und zu beschreiben. ²Der Anzeige ist die gutachterliche Äußerung eines Sachverständigen beizufügen, aus der hervorgeht, dass die angegebene Beschaffenheit der genutzten Leitung den Anforderungen des § 49 Absatz 1 entspricht. ³Die zuständige Behörde kann die geplante Umstellung innerhalb einer Frist von acht Wochen beanstanden, wenn die angegebene Beschaffenheit der zu nutzenden Leitung nicht den Anforderungen des § 49 Absatz 1 entspricht. ⁴Die Frist beginnt, sobald die vollständigen Unterlagen und die gutachterliche Äußerung der zuständigen Behörde vorliegen.**

Literatur: Vgl. die Hinweise zu Vor §§ 28j ff.

A. Allgemeines

I. Inhalt

1   Die Vorschrift dient der Regelung von **Sicherheitsanforderungen** an Wasserstoffleitungen, insbesondere vor dem Hintergrund der Übergangszeit, bis eigenständige Vorgaben bestehen, und im Hinblick auf die Umstellung von Erdgasleitungen

auf den Transport von Wasserstoff. Hierfür wird die Gashochdruckleitungsverordnung für entsprechend anwendbar erklärt (Abs. 1) und es werden **Übergangsregelungen** bestimmt (Abs. 2) sowie **Anzeigepflichten** für die Umstellung gegenüber der zuständigen Behörde (Abs. 3) normiert.

II. Zweck

§ 113 c dient dem **sicheren Betrieb der Wasserstoffnetzinfrastruktur** in der 2
Markthochlaufphase (BT-Drs. 19/27453, 138). Da die technischen Regelungen des DVGW noch nicht ausreichend konkret im Hinblick auf die Wasserstoffnetzinfrastruktur sind, sind Übergangsregelungen notwendig. Diese Übergangsregelungen sieht § 113c vor. Um die Sicherheit in der Übergangsphase zu gewährleisten, ist nach Abs. 3 eine **Anzeigepflicht** sowie die **gutachterliche Äußerung eines Sachverständigen** im Fall der Umstellung vorzulegen.

B. Einzelerläuterungen

I. Anwendung der Gashochdruckleitungsverordnung (Abs. 1)

Abs. 1 erklärt, dass die Verordnung über Gashochdruckleitungen (GasHDrLtgV) 3
für Wasserstoffleitungen, die für einen maximal zulässigen Betriebsdruck von mehr als 16 Bar ausgelegt sind, entsprechend anzuwenden ist. Die Anwendung ergibt sich schon aus der erweiterten Definition des Energiebegriffs nach § 3 Nr. 14 iVm. § 1 Abs. 1 GasHDrLtgV, der insofern auf Energieanlagen im Sinne des EnWG abstellt (BT-Drs. 19/27453, 138). Durch die entsprechende Anwendung wird deutlich, dass die Vorgaben der GasHDrLtgV **unter Berücksichtigung der spezifischen Besonderheit von Wasserstoffleitungen** angewendet werden müssen, also in Einzelfällen eine auf Wasserstoffleitungen angepasste Anwendung erfolgen muss. Es handelt sich dabei um einen **statischen Verweis,** sodass Änderungen der GasHDrLtgV nicht automatisch im Bereich Wasserstoff Anwendung finden.

II. Übergangsregelung für technische Regeln DVGW (Abs. 2)

Der Deutsche Verein des Gas- und Wasserfaches e. V. (DVGW) erlässt **tech-** 4
nische Regeln, bei deren Einhaltung nach § 49 Abs. 2 S. 1 eine **Vermutungsregel** greift, dass die Anlagen nach **den allgemein anerkannten Regeln der Technik** errichtet und betrieben werden. Auch für Wasserstoffleitungen soll dieser Stand der Technik eingehalten werden, weshalb Abs. 2 S. 1 die entsprechende Anwendung von § 49 Abs. 2 erklärt (BT-Drs. 19/27453, 138 f.; im ursprünglichen Gesetzentwurf wurde auf § 49 Abs. 2 S. 1 und 2 verwiesen, was im parlamentarischen Verfahren aber auf § 49 Abs. 2 angepasst wurde: BT-Drs. 19/30899, 21). Da die Arbeitsblätter des DVGW aber bisher vor allem auf die Einspeisung, also die Beimischung, von Wasserstoff in das Erdgasnetz und nicht auf reine Wasserstoffnetze ausgelegt sind, ist es in der Zwischenzeit erforderlich, die adäquaten Sicherheitsstandards anderweitig zu ermitteln und festzulegen (BT-Drs. 19/27453, 139).

Abs. 2 S. 1 sieht deshalb vor, dass § 49 Abs. 2 bis zum Erlass von technischen Re- 5
geln für Wasserstoffanlagen entsprechend anzuwenden ist. Das heißt, es findet eine **Übertragung der Vermutungsregel** statt, allerdings **unter Berücksichtigung der Besonderheiten** von Wasserstoff. Aus der Formulierung „bis zum Erlass von technischen Regeln für Wasserstoffanlagen" wird deutlich, dass nach Erlass von sol-

§ 113 c   Teil 10. Evaluierung, Schlussvorschriften

chen spezifischen technischen Regeln für reine Wasserstoffnetze keine entsprechende Anwendung mehr stattfindet, sondern dann § 49 Abs. 2 in seiner normalen Fassung greift.

6   Der Gesetzgeber hat in S. 1 die „spezifischen Eigenschaften des Wasserstoffes" auch explizit im Wortlaut genannt und ausgeführt, dass die technischen Regeln des DVGW unter deren Beachtung sinngemäß anzuwenden sind. Somit sind die **Vorgaben des technischen Regelwerks sinngemäß** auf die Wasserstoffleitungen anzuwenden. Darunter ist vor allem zu verstehen, dass dem Sinn und Zweck der technischen Regeln auch bei Wasserstoffleitungen soweit und so umfassend wie möglich Geltung verschafft wird.

7   S. 2 sieht vor, dass die zuständige Behörde die **Einhaltung** der technischen Anforderungen nach § 49 Abs. 1 regelmäßig überprüfen kann.

8   S. 3 wurde im weiteren parlamentarischen Verfahren eingefügt und war im ursprünglichen Gesetzentwurf nicht enthalten (BT-Drs. 19/30899, 21). Demnach bleiben die **Befugnisse der nach Landesrecht zuständigen Behörden unberührt** und finden damit weiterhin Anwendung. Die nach Landesrecht zuständige Behörde kann also **Maßnahmen** zur Sicherstellung der Anforderung an die technische Sicherheit von Energieanlagen treffen (§ 49 Abs. 5), kann **Auskünfte** verlangen (§ 49 Abs. 6) und hat **Betretungsrechte** für die von ihr beauftragten Personen (§ 49 Abs. 7).

III. Prüfung von Umstellungsvorhaben (Abs. 3)

9   Abs. 3 statuiert Vorgaben für die Prüfung von Umstellungsvorhaben von Erdgasleitungen auf reinen Wasserstoff (BT-Drs. 19/27453, 139). Insbesondere zu erwähnen ist die **Anzeigepflicht** sowie die **Rolle von Sachverständigen** zur Sicherstellung der Einhaltung von technischen Regeln. Die Regelung hat im Verlauf des Gesetzgebungsverfahrens geringfügige sprachliche Anpassungen erfahren, da im ursprünglichen Entwurf noch von „Umrüstung" gesprochen wurde, was im Verfahren zu „Umstellung" geändert worden ist (BT-Drs. 19/27453, 46 u. 139; BT-Drs. 19/30899, 21 und BT-Drs. 19/31009, 20).

10 S. 1 bestimmt, dass die **Umstellung** von Erdgasleitungen auf den Transport von Wasserstoff der **zuständigen Behörde mindestens acht Wochen** vor dem geplanten Beginn der Umstellung unter Beifügung aller für die Beurteilung der Sicherheit erforderlichen Unterlagen schriftlich oder elektronisch **anzuzeigen und zu beschreiben** ist. Hiermit soll sichergestellt werden, dass die Einhaltung der Sicherheitsvorgaben auch nach der Umstellung gewährleistet ist. Die Bedeutung der Anzeigepflicht wird durch die Ergänzung in § 95 Abs. 1 Nr. 2 deutlich, die ein **Bußgeld** für den Fall der nicht, nicht richtig, nicht vollständigen oder nicht rechtzeitig erstatteten Anzeige vorsieht. Das Bußgeld kann nach § 95 Abs. 2 S. 1 **bis zu 100.000 EUR** betragen. Durch die Frist von acht Wochen, bleibt der Behörde ausreichend Zeit, die eingereichten Unterlagen zu prüfen, gegebenenfalls Unterlagen nachzufordern, und gegebenenfalls Auflagen zu erlassen oder Maßnahmen zur Sicherstellung der technischen Sicherheit zu erlassen. Dies kann bis hin zu einer Untersagung der Umstellung gehen. Dies folgt aus den S. 3 und 4: S. 3 sieht vor, dass die zuständige Behörde die **geplante Umstellung** innerhalb einer Frist von acht Wochen **beanstanden** kann, wenn die angegebene Beschaffenheit der zu nutzenden Leitung nicht den Anforderungen des § 49 Abs. 1 entspricht. Die **Frist** beginnt nach S. 4 erst zu laufen, wenn die Unterlagen und die gutachterliche Äußerung der zuständigen Behörde vollständig vorliegen.

Der **gutachterlichen Äußerung** kommt somit innerhalb des Verfahrens eine 11
besondere Rolle zu (BT-Drs. 19/27453, 139). Die Einschaltung von Sachverständigen soll sicherstellen, dass die Leitungen den Anforderungen nach § 49 Abs. 1 entsprechen (BT-Drs. 19/27453, 139). S. 2 nimmt diese Vorgaben im Wortlaut auf und gibt vor, dass der Anzeige nach S. 1 eine gutachterliche Äußerung eines Sachverständigen beizufügen ist, aus der hervorgeht, dass die angegebene Beschaffenheit der genutzten Leitung den Anforderungen von § 49 Abs. 1 entspricht. Der Sachverständige hat also alle relevanten Vorgaben im Hinblick auf die technische Sicherheit der Anlagen bezüglich der Errichtung und des Betriebs zu berücksichtigen. Durch die Verbindung von § 49 Abs. 1 und Abs. 2 sind somit die allgemein anerkannten Regeln der Technik und damit letztlich die Einhaltung der Vorgaben des DVGW zu beachten.

§ 114 Wirksamwerden der Entflechtungsbestimmungen

¹**Auf Rechnungslegung und interne Buchführung findet § 10 erstmals zu Beginn des jeweils ersten vollständigen Geschäftsjahres nach Inkrafttreten dieses Gesetzes Anwendung.** ²**Bis dahin sind die §§ 9 und 9a des Energiewirtschaftsgesetzes vom 24. April 1998 (BGBl. I S. 730), das zuletzt durch Artikel 1 des Gesetzes vom 20. Mai 2003 (BGBl. I S. 686) geändert worden ist, weiter anzuwenden.**

Die Regelung bezieht sich auf § 10 idF v. 7.7.2005, der die Regelungen über die 1
buchhalterische Entflechtung enthielt. Eine entsprechende Regelung findet sich nun in § 6 b. In der Sache ist die Vorschrift durch Zeitablauf obsolet geworden. Zu Einzelheiten ihrer Anwendung → 2. Aufl. 2010, § 114 Rn. 1 ff.

§ 115 Bestehende Verträge

(1) ¹**Bestehende Verträge über den Netzanschluss an und den Netzzugang zu den Energieversorgungsnetzen mit einer Laufzeit bis zum Ablauf von sechs Monaten nach Inkrafttreten dieses Gesetzes bleiben unberührt.** ²**Verträge mit einer längeren Laufzeit sind spätestens sechs Monate nach Inkrafttreten einer zu diesem Gesetz nach den §§ 17, 18 oder 24 erlassenen Rechtsverordnung an die jeweils entsprechenden Vorschriften dieses Gesetzes und die jeweilige Rechtsverordnung nach Maßgabe dieser Rechtsverordnung anzupassen, soweit eine Vertragspartei dies verlangt.** ³**§ 19 Absatz 1 in Verbindung mit Absatz 2 Nummer 1 des Gesetzes gegen Wettbewerbsbeschränkungen findet nach Maßgabe des § 111 Anwendung.**

(1a) **Abweichend von Absatz 1 Satz 2 sind die dort genannten Verträge hinsichtlich der Entgelte, soweit diese nach § 23 a zu genehmigen sind, unabhängig von einem Verlangen einer Vertragspartei anzupassen.**

(2) ¹**Bestehende Verträge über die Belieferung von Letztverbrauchern mit Energie im Rahmen der bis zum Inkrafttreten dieses Gesetzes bestehenden allgemeinen Versorgungspflicht mit einer Laufzeit bis zum Ablauf von sechs Monaten nach Inkrafttreten dieses Gesetzes bleiben unberührt.** ²**Bis dahin gelten die Voraussetzungen des § 310 Abs. 2 des**

Bürgerlichen Gesetzbuchs als erfüllt, sofern die bestehenden Verträge im Zeitpunkt des Inkrafttretens dieses Gesetzes diese Voraussetzungen erfüllt haben. ³Verträge mit einer längeren Laufzeit sind spätestens sechs Monate nach Inkrafttreten einer zu diesem Gesetz nach § 39 oder § 41 erlassenen Rechtsverordnung an die jeweils entsprechenden Vorschriften dieses Gesetzes und die jeweilige Rechtsverordnung nach Maßgabe dieser Rechtsverordnung anzupassen.

(3) ¹Bestehende Verträge über die Belieferung von Haushaltskunden mit Energie außerhalb der bis zum Inkrafttreten dieses Gesetzes bestehenden allgemeinen Versorgungspflicht mit einer Restlaufzeit von zwölf Monaten nach Inkrafttreten dieses Gesetzes bleiben unberührt. ²Bis dahin gelten die Voraussetzungen des § 310 Abs. 2 des Bürgerlichen Gesetzbuchs als erfüllt, sofern die bestehenden Verträge im Zeitpunkt des Inkrafttretens dieses Gesetzes diese Voraussetzungen erfüllt haben. ³Verträge mit einer längeren Laufzeit sind spätestens zwölf Monate nach Inkrafttreten einer zu diesem Gesetz nach § 39 oder § 41 erlassenen Rechtsverordnung an die entsprechenden Vorschriften dieses Gesetzes und die jeweilige Rechtsverordnung nach Maßgabe dieser Rechtsverordnung anzupassen. ⁴Sonstige bestehende Lieferverträge bleiben im Übrigen unberührt.

Literatur: *Baur,* Der Regulator, Befugnisse, Kontrollen – Einige Überlegungen zum künftigen Regulierungsrecht, ZNER 2004, 318; *Danzeisen,* Anpassung bestehender Energielieferverträge, RdE 2007, 288.

A. Allgemeines

1   § 115 enthält **Übergangsregelungen** aus dem EnWG 2005 für bestehende Netzanschluss- und Netzzugangsverträge (§ 115 Abs. 1 und 1a), für Verträge über die Belieferung von Letztverbrauchern (§ 115 Abs. 2) und Haushaltskunden sowie für sonstige Lieferverträge (§ 115 Abs. 3). Abhängig von der Restlaufzeit der Verträge ist danach eine Anpassung an die neue Rechtslage erforderlich. § 115 gilt für die **Elektrizitäts- und Gasversorgung** gleichermaßen. Für Netzanschluss- und Netzzugangsverträge, für die keine Partei die Anpassung gefordert hat (§ 115 Abs. 1 S. 2) kann diese Übergangsvorschrift immer noch Relevanz haben (zB alte Kraftwerksanschlussverträge). Gleiches gilt für Sonderkunden-Lieferverträge außerhalb der Versorgung von Haushaltskunden. Nach § 1 AVBEltV galt jeder Kunden in der Niederspannung, der zu allgemeinen Tarifen beliefert wurde, als **Tarifkunde** (*Hempel/Franke,* Bd. 5, AVBEltV § 1 Rn. 7). Dieser Begriff ist weiter als der Begriff des Haushaltskunden nach § 3 Nr. 22 EnWG. Demnach können Tarifkundenverträge nach EnWG vor 2005 für Kunden, die keine Haushaltskunden iSd EnWG sind, immer noch Geltung haben, sofern die Verträge eine unbefristete Vertragslaufzeit haben und nicht durch einen Umzug oÄ zwischenzeitlich beendet oder umgestellt wurden (s. dazu ausdrücklich § 116). Die praktische Relevanz dieser Vorschrift dürfte mittlerweile dennoch sehr gering sein.

B. Netzanschluss- und Netzzugangsverträge

I. Bestehende Verträge (Abs. 1)

Nach Abs. 1 S. 1 bleiben bestehende **Netzanschluss- und Netzzugangsverträge** mit einer Restlaufzeit von **sechs Monaten** nach Inkrafttreten des EnWG unberührt. Die Regelung galt danach für bis zum 13.1.2006 laufende Verträge. Dagegen sind Verträge mit einer längeren Laufzeit gem. Abs. 1 S. 2 **auf Verlangen einer Vertragspartei** spätestens sechs Monate nach Inkrafttreten einer nach den §§ 17, 18 oder 24 erlassenen Rechtsverordnung an die Vorschriften des EnWG und die entsprechende Rechtsverordnung **anzupassen;** die Anpassung hat nach Maßgabe dieser Rechtsverordnung zu erfolgen. Die Frist von sechs Monaten ist **nicht als Ausschlussfrist** zu verstehen. Eine Vertragsanpassung kann von einer Vertragspartei daher auch noch nach Ablauf dieser Frist verlangt werden. Abs. 1 S. 3 stellt klar, dass § 20 Abs. 1 GWB nach Maßgabe von § 111 Anwendung findet. Bei der Änderung von Netzanschluss- und Netzzugangsverträgen ist daher der **Gleichbehandlungsgrundsatz des § 20 Abs. 1 GWB** zu beachten (Begr. BT-Drs. 15/3917, 76). Dies gilt jedoch nur dann, wenn das EnWG oder eine aufgrund des EnWG erlassene Rechtsverordnung keine ausdrücklich abschließende Regelung enthält (→ § 111 Rn. 8 ff.). Aus Abs. 1 folgt kein Recht zur **Kündigung** des Altvertrages, allenfalls ein Recht auf Vertragsanpassung (OLG Düsseldorf Urt. v. 21.3.2012 – VI-2 U (Kart) 7/11).

Die Störung des bestehenden Anschlussvertrages durch die gesetzliche Neuregelung des EnWG lässt sich durch **Vertragsanpassung** regeln. Nicht abschließend geklärt ist, ob diese Anpassung durch die Ausübung eines Gestaltungsrechts einer Vertragspartei erfolgt (BerlKommEnergieR/*Säcker* § 115 Rn. 3; *Salje* EnWG § 115 Rn. 11) oder durch Einigung der Vertragsparteien. Letzteres liegt nach dem Wortlaut von Absatz 1 und § 313 Abs. 1 BGB. § 313 Abs. 1 BGB als allgemeine Vorschrift über die Änderung der Geschäftsgrundlage gibt der Vertragspartei lediglich einen Anspruch auf Zustimmung zu einem Angebot auf Vertragsänderung (BGH Urt. v. 30.9.2011 – V ZR 17/11, NJW 2012, 373 Rn. 22, 33). Abs. 1 stellt lediglich einen Spezialfall von § 313 Abs. 1 BGB dar (so tendenziell OLG Düsseldorf Urt. v. 21.3.2012 – VI-2 U (Kart) 7/11).

II. Anpassung von Netzzugangsentgelten (Abs. 1a)

Abs. 1a wurde aufgrund der Beschlussempfehlung des Vermittlungsausschusses vom 15.6.2005 (BT-Drs. 15/5736, 8) in das EnWG aufgenommen. Die Vorschrift enthält eine Sonderregelung zu § 115 Abs. 1 S. 2. Danach sind Netzanschluss- und Netzzugangsverträge mit einer Restlaufzeit von mehr als sechs Monaten **unabhängig vom Verlangen einer Vertragspartei** an die nach § 23a genehmigten Netzzugangsentgelte anzupassen. Dies betrifft nur den Fall von Entgelten, die über den genehmigten Netznutzungsentgelten liegen. Eine Preiserhöhung kann damit nicht begründet werden. Genehmigte Entgelte sind nach § 23a Abs. 2 Höchstpreise (OLG Düsseldorf Beschl. v. 24.10.2007 – 3 Kart 8/07).

C. Verträge über die Belieferung von Letztverbrauchern

5 Abs. 2 betrifft bestehende Verträge über die Belieferung von Letztverbrauchern **im Rahmen der bisherigen allgemeinen Versorgungspflicht** (Begr. BT-Drs. 15/3917, 76). Diese Verträge blieben gem. Abs. 2 S. 1 unberührt, soweit sie eine Restlaufzeit bis höchstens zum 13.1.2006 hatten. Ferner galten nach § 115 Abs. 2 S. 2 die Voraussetzungen von § 310 Abs. 2 BGB als erfüllt, wenn die Verträge diese Voraussetzungen auch bei Inkrafttreten des EnWG erfüllt haben. Eine Inhaltskontrolle dieser Verträge nach den §§ 308 und 309 BGB fand daher nicht statt. Verträge mit einer längeren Laufzeit sind spätestens sechs Monate nach Inkrafttreten der Grundversorgungsverordnungen am 8.11.2006 an die Vorschriften des EnWG und die entsprechende Rechtsverordnung anzupassen. Die Anpassungen hatten mithin zum 8.5.2007 zu erfolgen. Anders als in den Fällen des Abs. 1 S. 2 besteht diese Verpflichtung **unabhängig vom Verlangen einer Vertragspartei.**

D. Verträge über die Belieferung von Haushaltskunden und sonstige Lieferverträge (Abs. 3)

6 Für Verträge mit Haushaltskunden iSv § 3 Nr. 22 (dazu → § 3 Rn. 41) **außerhalb der bisherigen allgemeinen Versorgungspflicht** enthält Abs. 3 S. 1–3 eine Abs. 2 entsprechende Regelung. Diese Verträge sind als sog. **Sonderkundenverträge** abgeschlossen worden (Begr. BT-Drs. 15/3917, 76). Für sie gelten jedoch andere Fristen als für Tarifkundenverträge. Nach Abs. 3 S. 1 blieben diese Verträge unberührt, soweit sie einer Restlaufzeit von nicht mehr als **zwölf Monaten,** gerechnet vom Zeitpunkt des Inkrafttretens des EnWG, also höchstens bis zum 13.7.2006 hatten. Auch für diese Verträge gelten die Voraussetzungen von § 310 Abs. 2 BGB als erfüllt, wenn die Verträge diese Voraussetzungen auch bei Inkrafttreten des EnWG erfüllt haben (Abs. 3 S. 2). Bei einer über den 13.7.2006 hinausgehenden Laufzeit ist gem. Abs. 3 S. 3, **unabhängig vom Verlangen einer Vertragspartei,** spätestens sechs Monate nach Inkrafttreten einer aufgrund von § 39 oder § 41 erlassenen Rechtsverordnung eine Anpassung von Haushaltskundenverträgen an die Vorschriften des EnWG und die entsprechende Rechtsverordnung nach Maßgabe dieser Rechtsverordnung erforderlich.

7 Abs. 3 S. 4 regelt, dass **sonstige Lieferverträge** im Übrigen unberührt bleiben. Die Einschränkung, dass diese Verträge „im Übrigen" unberührt bleiben, könnte so ausgelegt werden, dass eine Anpassung über die in Abs. 3 S. 2 geregelten Anpassungspflicht hinaus nicht erforderlich ist. Diese Auslegung würde jedoch keinen Sinn ergeben, da sonstige Lieferverträge mit Haushaltskundenverträgen gleichgestellt würden. Abs. 3 S. 4 wäre in diesem Fall überflüssig. Die Vorschrift ist daher so zu verstehen, dass eine **Anpassung** bei Inkrafttreten des EnWG bestehender sonstiger Lieferverträge an das EnWG und an aufgrund des EnWG erlassene Rechtsverordnungen **nicht erforderlich** ist.

Konzessionsabgaben für die Wasserversorgung §§ 116, 117

§ 116 Bisherige Tarifkundenverträge

¹Unbeschadet des § 115 sind die §§ 10 und 11 des Energiewirtschaftsgesetzes vom 24. April 1998 (BGBl. I S. 730), das zuletzt durch Artikel 126 der Verordnung vom 25. November 2003 (BGBl. I S. 2304) geändert worden ist, sowie die Verordnung über Allgemeine Bedingungen für die Elektrizitätsversorgung von Tarifkunden vom 21. Juni 1979 (BGBl. I S. 684), zuletzt geändert durch Artikel 17 des Gesetzes vom 9. Dezember 2004 (BGBl. I S. 3214), und die Verordnung über Allgemeine Bedingungen für die Gasversorgung von Tarifkunden vom 21. Juni 1979 (BGBl. I S. 676), zuletzt geändert durch Artikel 18 des Gesetzes vom 9. Dezember 2004 (BGBl. I S. 3214), auf bestehende Tarifkundenverträge, die nicht mit Haushaltskunden im Sinne dieses Gesetzes abgeschlossen worden sind, bis zur Beendigung der bestehenden Verträge weiter anzuwenden. ²Bei Änderungen dieser Verträge und bei deren Neuabschluss gelten die Bestimmungen dieses Gesetzes sowie der auf Grund dieses Gesetzes erlassenen Rechtsverordnungen.

S. 1 betrifft bestehende Tarifkundenverträge, die nicht mit Haushaltskunden iSv 1
§ 3 Nr. 22 (dazu → § 3 Rn. 41) abgeschlossen wurden. Sie werden **nicht mehr von der Grundversorgungspflicht nach § 36 erfasst** (Begr. BT-Drs. 15/3917, 76). Auf diese Verträge sind bis zu ihrer Beendigung die §§ 10 und 11 EnWG aF sowie die AVBElt und die AVBGas anzuwenden. Es gelten demnach die bisherigen Bestimmungen über die Allgemeine Anschluss- und Versorgungspflicht sowie über allgemeine Tarife und Versorgungsbedingungen fort.

In diesen Fällen können sich Unterschied ergeben, wenn die Regelungen der 2
GVV und der AVBEltV bzw. AVBGasV abweichende Regelungen enthalten, die Vertragsbestandteil geworden sind. Dies ist beispielsweise bei **Berechnungsfehler** durch eine fehlerhafte Messeinrichtung der Fall. Hier sieht § 18 Abs. 2 GVV Strom wie Gas eine Ausschlussfrist für die Nachberechnung von drei Jahren vor, § 21 Abs. 2 AVBEltV sah eine Ausschlussfrist für die Nachberechnung von zwei Jahren vor.

Abweichend davon sind nach S. 2 die Bestimmungen des EnWG und die auf der 3
Grundlage des EnWG erlassenen Rechtsverordnungen anwendbar, soweit Verträge iSv S. 1 geändert oder neu abgeschlossen werden.

§ 117 Konzessionsabgaben für die Wasserversorgung

Für die Belieferung von Letztverbrauchern im Rahmen der öffentlichen Wasserversorgung gilt § 48 entsprechend.

A. Allgemeines

Die Vorschrift ordnet die **entsprechende Anwendung des unmittelbar für** 1
die Strom- und Gasversorgung anwendbaren § 48 für die Belieferung von Letztverbrauchern im Rahmen der öffentlichen Wasserversorgung an. § 48 regelt die Erhebung von Konzessionsabgaben; diese sind dort definiert als Entgelte, die EVU für die Einräumung des Rechts zur Benutzung öffentlicher Verkehrswege

Hellermann 2767

§ 117

für die Verlegung und den Betrieb von Leitungen, die der unmittelbaren Versorgung von Letztverbrauchern im Gemeindegebiet dienen, entrichten (§ 48 Abs. 1 S. 1). § 117 dient damit dazu, eine Rechtsgrundlage für die Erhebung von Konzessionsabgaben auch in der öffentlichen Wasserversorgung zur Verfügung zu stellen; vor allem ist damit auch die Verordnungsermächtigung des § 48 Abs. 2 auf die öffentliche Wasserversorgung anwendbar.

2 In ihrer **geschichtlichen Entwicklung** (vgl. dazu ausführlicher *Büdenbender* § 15 Rn. 1 ff.) hatten die Konzessionsabgaben für Energie einerseits, Wasser andererseits zunächst unterschiedliche gesetzliche Grundlagen; das EnWG 1935, namentlich § 12 EnWG 1935 galt nur der Strom- und Gasversorgung. Gestützt auf das Gesetz zur Durchsetzung des Vierjahresplanes vom 29. 10. 1936 (RGBl. 1936 I S. 927) erging jedoch untergesetzlich eine einheitliche Anordnung über die Zulässigkeit von Konzessionsabgaben der Unternehmen und Betriebe zur Versorgung mit Elektrizität, Gas und Wasser an Gemeinden und Gemeindeverbände (KAE) vom 4. 3. 1941 (RAnz. 1941 Nr. 57 und 120). Diese KAE wurde für Strom und Gas durch die KAV vom 9. 1. 1992 (BGBl. 1992 I S. 407) abgelöst, blieb aber für die öffentliche Wasserversorgung weiter in Kraft. Angesichts dieser Rechtslage hat der Gesetzgeber bereits in § 15 EnWG 1998 die entsprechende Anwendbarkeit des damaligen § 14 EnWG 1998 auf die öffentliche Wasserversorgung angeordnet; insbesondere sollte die entsprechende Anwendbarkeit der Verordnungsermächtigung des § 14 Abs. 2 EnWG 1998 die Grundlage dafür schaffen, dass die KAE vom 4. 3. 1941 auch für die öffentliche Wasserversorgung durch eine neue Konzessionsabgabenverordnung ersetzt werden konnte (vgl. BT-Drs. 13/7274, 22). Diese Regelung des § 15 EnWG 1998 hat § 117, der im Gesetzgebungsverfahren keine Veränderungen erfahren hat, im Wortlaut unverändert in das EnWG 2005 übernommen (BT-Drs. 15/3917, 76). Sie ist seither unverändert.

3 Wie die Begründung zutreffend ausspricht (BT-Drs. 15/3917, 76), wird damit **eine an sich im EnWG rechtssystematisch deplatzierte Bestimmung** aufgenommen. Das trifft zunächst insofern zu, als sie mit dem Ausgreifen auf die öffentliche Wasserversorgung über den generellen Anwendungsbereich und Zweck des EnWG (§ 1 Abs. 1; → § 1 Rn. 20 ff.) hinausgeht, der auf eine Regelung der leitungsgebundenen Energieversorgung beschränkt ist (vgl. *Büdenbender* § 15 Rn. 4). Darüber hinaus gibt es seit dem EnWG 2005 auch inhaltlich eine systematische Unstimmigkeit insofern, als dieses Gesetz für die Energieversorgung keine ausschließlichen Wegenutzungsrechte mehr kennt und darüber hinaus eine strikte Trennung von Netzbetrieb und Versorgung zugrunde legt; für die Wasserversorgung hingegen sind weiterhin, nunmehr auf der Grundlage von § 31 Abs. 1 GWB, die Versorgung einschließende Konzessionsverträge mit Ausschließlichkeitsklausel zulässig (Bechtold/Bosch/*Bechtold/Bosch* GWB § 31 Rn. 8) und verbreitet.

4 Von § 117 iVm § 48 Abs. 2 ist bislang auf der Ebene der **Verordnungsgebung** kein Gebrauch gemacht worden. Es gibt also keine – neben Strom und Gas – auch Wasser einschließende Konzessionsabgabenverordnung. Die – nach wie vor allein auf Strom und Gas bezogene – KAV ist auf die öffentliche Wasserversorgung nicht, auch nicht analog anwendbar (*Salje* EnWG § 117 Rn. 3). Es gilt also für die öffentliche Wasserversorgung weiter die KAE (→ Rn. 2) fort (BVerwG Urt. v. 23. 3. 2021 – 9 C 4.20, NVwZ 2022, 168 Rn. 29).

B. Entsprechende Anwendung des § 48 auf die öffentliche Wasserversorgung

I. Voraussetzungen der analogen Anwendung

Die analoge Anwendung ist angeordnet für die **öffentliche Wasserversorgung**. Darunter wird man die Versorgung der Allgemeinheit mit Wasser zu verstehen haben. Dies muss nicht notwendig, wird aber regelmäßig die auf der Grundlage eines durch gemeindliche Satzung verhängten Anschluss- und Benutzungszwangs durchgeführte Wasserversorgung (*Salje* EnWG § 117 Rn. 2) sein. 5

Im Rahmen der öffentlichen Wasserversorgung ist die entsprechende Anwendung weiter auf die **Belieferung von Letztverbrauchern** begrenzt. Als Letztverbraucher wird man dabei in entsprechender Anwendung von § 3 Nr. 22 sämtliche Kunden, die Wasser für den eigenen Verbrauch kaufen, anzusehen haben; damit fallen sowohl Eigenversorger wie auch Wasserverteiler in ihren Rechtsbeziehungen zu Wasserlieferanten aus dem Anwendungsbereich heraus (*Salje* EnWG § 117 Rn. 2). Allerdings wirkt auf diese Anwendungsvoraussetzung die entsprechende Anwendung von § 48 Abs. 1 S. 2 insofern zurück, als die dort vorgesehene Erweiterung auf Weiterverteiler, die selbst über öffentliche Verkehrswege beliefert werden und dann ohne Inanspruchnahme von öffentlichen Verkehrswegen Wasser an Letztverbraucher weiterleiten, auch hier zu beachten sein wird. 6

II. Analoge Anwendung von § 48

Die analoge Anwendung des **§ 48 Abs. 1** hat zunächst die Folge, dass die Definition der Konzessionsabgabe in § 48 Abs. 1 S. 1 entsprechend gilt. Ungeachtet des Umstands, dass der Konzessionsvertrag über die Wegenutzung zur Wasserversorgung über das Recht zu Verlegung und Betrieb von Leitungen hinaus weiterhin auch das Recht zur ausschließlichen Versorgung begründen kann (bereits → Rn. 3), gilt damit, dass die Konzessionsabgabe – wie bei der Energieversorgung – nur für das Recht zu Leitungsverlegung und -betrieb erhoben wird (vgl. BVerwG Urt. v. 23.3.2021 – 9 C 4.20, NVwZ 2022, 168 Rn. 28). 7

Dem Gesetzgeber besonders bedeutsam war die entsprechende Anwendung von **§ 48 Abs. 2**. Danach ist früher das BMWT, heute die BReg (→ § 48 Rn. 16) ermächtigt, mit Zustimmung des Bundesrates durch Rechtsverordnung die Zulässigkeit und Bemessung der Konzessionsabgaben zu regeln (§ 48 Abs. 2 S. 1). Für die durch § 48 Abs. 2 S. 2 analog ermöglichte Festsetzung von nach Kundengruppen sowie Verwendungszwecken bzw. gestaffelt nach Einwohnerzahlen unterschiedlichen Höchstsätzen wird man für die Wasserversorgung eine andere Bezugsgröße als Cent/kWh zu wählen haben. 8

Konzessionsabgabepflichtig ist nach **§ 48 Abs. 3** analog das Wasserversorgungsunternehmen, das mit der Gemeinde den Vertrag über die Einräumung des Wegerechts nach § 46 Abs. 1 abgeschlossen hat. 9

Der entsprechend anwendbare **§ 48 Abs. 4** regelt die Pflicht zur Zahlung der vereinbarten Konzessionsabgabe nach Ablauf des Konzessionsvertrages. Weil Konzessionsverträge im Bereich der öffentlichen Wasserversorgung – anders als im Bereich der Energieversorgung (§ 46 Abs. 2 S. 1) – seit jeher und auch nach heutiger Rechtslage keiner expliziten Laufzeitbegrenzung unterliegen, ist die Regelung hier ohne größere Bedeutung; sie könnte zunehmen, wenn sich die Auffassung durch- 10

§ 117a Teil 10. Evaluierung, Schlussvorschriften

setzt, dass auch in der öffentlichen Wasserversorgung ewige Konzessionen aus Gründen des europäischen und des nationalen Wettbewerbsrechts unzulässig sind (BerlKommEnergieR/*Reif* EnWG § 117 Rn. 4f.). Anstelle der früheren Jahresfrist gilt jetzt die Zahlungspflicht nach § 48 Abs. 4 S. 1 jetzt fort, bis die Verteilungsanlagen auf einen neuen Konzessionsvertragspartner übertragen sind (→ § 48 Rn. 33); das ist auch auf die Wasserversorgung übertragbar und sichert auch hier gegebenenfalls die ununterbrochene Zahlung der Konzessionsabgabe an die Gemeinde. Der Vorbehalt des § 48 Abs. 4 S. 2, wonach die Fortzahlungspflicht nicht gilt, wenn die Gemeinde es unterlassen hat, ein Konzessionsvergabeverfahren nach § 46 Abs. 3–5 durchzuführen, dürfte hier leerlaufen, da für den Bereich der Wasserversorgung ein solches Verfahren gesetzlich nicht vorgeschrieben ist.

§ 117a Regelung bei Stromeinspeisung in geringem Umfang

¹**Betreiber**
1. **von Anlagen im Sinne des § 3 Nummer 1 des Erneuerbare-Energien-Gesetzes mit einer elektrischen Leistung von bis zu 500 Kilowatt oder**
2. **von Anlagen im Sinne des § 2 Nummer 14 des Kraft-Wärme-Kopplungsgesetzes mit einer elektrischen Leistung von bis zu 500 Kilowatt,**

die nur deswegen als Energieversorgungsunternehmen gelten, weil sie Elektrizität nach den Vorschriften des Erneuerbare-Energien-Gesetzes oder des Kraft-Wärme-Kopplungsgesetzes in ein Netz einspeisen oder im Sinne des § 3 Nummer 16 direkt vermarkten, sind hinsichtlich dieser Anlagen von den Bestimmungen des § 10 Abs. 1 ausgenommen. ²**Mehrere Anlagen zur Erzeugung von Strom aus solarer Strahlungsenergie gelten unabhängig von den Eigentumsverhältnissen und ausschließlich zum Zweck der Ermittlung der elektrischen Leistung im Sinne des Satzes 1 Nummer 1 als eine Anlage, wenn sie sich auf demselben Grundstück oder sonst in unmittelbarer räumlicher Nähe befinden und innerhalb von zwölf aufeinanderfolgenden Kalendermonaten in Betrieb genommen worden sind.** ³**Satz 1 gilt nicht, wenn der Betreiber ein vertikal integriertes Unternehmen ist oder im Sinne des § 3 Nr. 38 mit einem solchen verbunden ist.** ⁴**Bilanzierungs-, Prüfungs- und Veröffentlichungspflichten aus sonstigen Vorschriften bleiben unberührt.** ⁵**Mehrere Anlagen im Sinne des Satzes 1 Nr. 1 und 2, die unmittelbar an einem Standort miteinander verbunden sind, gelten als eine Anlage, wobei die jeweilige elektrische Leistung zusammenzurechnen ist.**

A. Allgemeines

1 § 117a will eine **Ausnahme von den EVU nach § 6b Abs. 1 obliegenden Bilanzierungs-, Prüfungs- und Offenlegungspflichten** zugunsten von Betreibern von EEG- und KWK-Anlagen geringerer Leistung begründen. Die Voraussetzungen werden in § 117a S. 1–3, 5 konkretisiert. § 117a S. 4 stellt klar, dass sonstige Bilanzierungs-, Prüfungs- und Veröffentlichungspflichten unberührt bleiben.

2 Die Vorschrift wurde durch das **Gesetz zur Beschleunigung des Ausbaus der Höchstspannungsnetze** v. 21.8.2009 (BGBl. 2009 I S. 2870) eingefügt. Im Zuge einer EEG-Novelle vom 28.7.2011 (BGBl. 2011 I S. 1634, 2255) wurde sie geringfügig geändert; insbes. wurde § 117a S. 2 eingefügt. Es sind weitere redaktio-

nelle Anpassungen bei den Verweisnormen erfolgt (vgl. BGBl. 2014 I S. 1066; BGBl. 2015 I S. 2498; BGBl. 2016 I S. 2258). Versäumt worden ist jedoch eine Anpassung im Zuge der 2011 erfolgten Novellierung des EnWG. § 117a S. 1 verweist deshalb fälschlich immer noch auf § 10 Abs. 1; in der Sache geht es um eine Ausnahme zu § 6b Abs. 1 S. 1 als der Nachfolgebestimmung zu § 10 Abs. 1 aF (→ 3. Aufl., § 117a Rn. 1; NK-EnWG/*Knauff* § 117a Rn. 1). Zu beachten ist allerdings, dass § 10 Abs. 1 aF alle EVU iSv § 3 Nr. 18 erfasste, während § 6b Abs. 1 S. 1 seit der Änderung durch Gesetz vom 20.12.2012 (BGBl. 2012 I S. 2730) nur vertikal integrierte Unternehmen, rechtlich selbstständige Netzbetreiber sowie Betreiber von Speicheranlagen in die Pflicht nimmt (NK-EnWG/*Knauff* § 117a Rn. 2; → Rn. 6).

Die Vorschrift bezweckt ausweislich der Begründung des RegE eine **Förderung von EEG- und KWK-Anlagen**, indem sie deren Betreibern durch Freistellung von Bilanzierungs-, Prüfungs- und Offenlegungspflichten nach § 6 Abs. 1 S. 1 eine gewisse Erleichterung verschafft (vgl. BT-Drs. 16/10491, 18). 3

B. Einzelerläuterungen

§ 117a S. 1 will eine Ausnahme von § 6 Abs. 1 S. 1 für **Betreiber von EEG-Anlagen iSv § 3 Nr. 1 EEG und von KWK-Anlagen iSv § 2 Nr. 14 KWKG mit einer elektrischen Leistung von bis zu 500 kW** begründen. Diese Werte hat der Gesetzgeber als Bagatellgrenze angesehen, bei deren Unterschreiten oder Erreichen die Auferlegung der Bilanzierungs-, Prüfungs- und Offenlegungspflichten des von § 6 Abs. 1 S. 1 f. unverhältnismäßig wäre (BT-Drs. 16/10491, 18). Privilegiert werden jedoch nur Betreiber, die nur wegen der Einspeisung oder Direktvermarktung dieser geringfügigen EEG- bzw. KWKG-Strommengen als EVU gelten. Unschädlich ist auch ein Eigenverbrauch, da dieser kein Liefern von Energie an andere ist und deshalb nach § 3 Nr. 18 nicht die EVU-Eigenschaft begründet. Hingegen ist ein Betreiber von EEG- und KWK-Anlagen auch aus anderen Gründen EVU iSv § 3 Nr. 18, wenn er elektrische Energie – auch nur teilweise – außerhalb der EEG- oder KWKG-Vorschriften einem Abnehmer zur Verfügung stellt oder ein Energieversorgungsnetz betreibt oder an einem Energieversorgungsnetz als Eigentümer Verfügungsbefugnis besitzt; in diesem Fall findet § 117a keine Anwendung. Unabhängig davon treffen die Bilanzierungs-, Prüfungs- und Offenlegungspflichten nach § 6 Abs. 1 S. 1 den Betreiber freilich nur, wenn er dem engeren Adressatenkreis der Norm unterfällt (→ Rn. 2, 6). 4

§ 117 Abs. 2 und 5 machen **ergänzende Vorgaben für die Bestimmung der Leistungsgrenze** nach § 117a S. 1. Nach § 117a S. 2 gelten Anlagen zur Erzeugung von Strom aus solarer Strahlungsenergie insoweit unabhängig von den Eigentumsverhältnissen als eine Anlage, wenn sie sich auf demselben Grundstück oder sonst in unmittelbarer räumlicher Nähe befinden und innerhalb von zwölf aufeinanderfolgenden Kalendermonaten in Betrieb genommen worden sind. Nach § 117 S. 5 gelten mehrere an einem Standort miteinander verbundene Anlagen als eine Anlage, und ihre jeweilige Leistung ist für die Bestimmung der Leistungsgrenze nach § 117a S. 1 zu addieren; als miteinander verbunden gelten dabei solche Anlagen, die mit Blick auf die Stromerzeugung wirtschaftlich oder technisch eine Einheit bilden (BT-Drs. 16/10491, 19). 5

Unabhängig von diesen Voraussetzungen gilt § 117a S. 1 jedoch nach § 117a S. 3 ohnehin nicht, wenn der Betreiber **ein vertikal integriertes Unternehmen** ist 6

§ 117b

oder iSv § 3 Nr. 38 mit einem solchen verbunden ist. Da aber § Abs. 1 S. 1 nur vertikal integrierte Unternehmen sowie rechtlich selbstständige Netzbetreiber sowie Betreiber von Speicheranlagen verpflichtet, bleibt für die von § 117a intendierte Freistellung kein Anwendungsbereich (BeckOK EnWG/*König* § 117a Rn. 2; NK-EnWG/*Knauff* § 117a Rn. 3; Theobald/Kühling/*Steinbeck* EnWG § 117a Rn. 3; vgl. auch BT-Drs. 17/10754, 21 f., dazu, dass § 117a zu streichen wäre).

7 § 117a S. 4 weist – deklaratorisch – darauf hin, dass **nach anderen Vorschriften bestehende Bilanzierungs-, Prüfungs- und Offenlegungspflichten** unberührt bleiben. Insoweit haben die Anlagenbetreiber die jeweils einschlägigen Vorgaben für ihre Rechnungslegung nach HGB zu beachten (NK-EnWG/*Knauff* § 117a Rn. 3).

§ 117b Verwaltungsvorschriften

Die Bundesregierung erlässt mit Zustimmung des Bundesrates allgemeine Verwaltungsvorschriften über die Durchführung der Verfahren nach den §§ 43 bis 43d sowie 43f und 43g, insbesondere über
1. **die Vorbereitung des Verfahrens,**
2. **den behördlichen Dialog mit dem Vorhabenträger und der Öffentlichkeit,**
3. **die Festlegung des Prüfungsrahmens,**
4. **den Inhalt und die Form der Planunterlagen,**
5. **die Einfachheit, Zweckmäßigkeit und Zügigkeit der Verfahrensabläufe und der vorzunehmenden Prüfungen,**
6. **die Durchführung des Anhörungsverfahrens,**
7. **die Einbeziehung der Umweltverträglichkeitsprüfung in das Verfahren,**
8. **die Beteiligung anderer Behörden und**
9. **die Bekanntgabe der Entscheidung.**

A. Allgemeines

1 Die Vorschrift des § 117b stellt klar, dass die Bundesregierung gem. Art. 84 Abs. 2 GG mit Zustimmung des Bundesrates allgemeine Verwaltungsvorschriften über das bei **Durchführung der Planfeststellung von Energieleitungsvorhaben** (§§ 43–43d sowie 43f und 43g) zu beachtende **Verfahren** erlassen kann (BT-Drs. 17/6073, 35). Sie wurde im Juli 2011 durch Art. 2 Nr. 9 des Gesetzes über Maßnahmen zur Beschleunigung des Netzausbaus Elektrizitätsnetze (BGBl. 2011 I S. 1690) in das EnWG neu eingefügt und gilt seit dem 5. 8. 2011. Angesichts der unmittelbar aus **Art. 84 Abs. 2 GG** folgenden Ermächtigung zum Erlass allgemeiner Verwaltungsvorschriften ist der normative Gehalt von § 117b allerdings zweifelhaft. Da Art. 84 Abs. 2 lediglich eine Ermächtigung und keine Verpflichtung der Bundesregierung zum Erlass von Verwaltungsvorschriften enthält (s. nur Dreier/*Hermes* Bd. 3 GG Art. 84 Rn. 87), könnte aus der Formulierung des § 117b („Die Bundesregierung erlässt …") geschlossen werden, dass die verfassungsrechtliche Ermächtigung einfachgesetzlich zu einer Pflicht verdichtet werden sollte. Dagegen spricht allerdings die amtliche Begründung, wonach lediglich „klargestellt" wird, dass „die Bundesregierung gemäß Artikel 84 Absatz 2 des Grundgesetzes allgemeine Verwaltungsvorschriften über den Vollzug der §§ 43 bis 43d sowie 43f und 43g erlassen

Verwaltungsvorschriften §117b

kann" (BT-Drs. 17/6073, 35). § 117b kommt somit lediglich eine an die Bundesregierung gerichtete **Appell- oder Erinnerungsfunktion** zu, von der Ermächtigung in Art. 84 Abs. 2 GG Gebrauch zu machen.

Hintergrund der Regelung ist der Umstand, dass die Planfeststellung für die im 2 Gefolge der Energiewende 2011 dringend benötigten Leitungsvorhaben nur dann in die Zuständigkeit einer Bundesbehörde (BNetzA) fällt, wenn es sich um länderübergreifende oder grenzüberschreitende Höchstspannungsleitungen und Offshore-Anbindungsleitungen handelt (§§ 2 Abs. 1, 18 ff. NABEG). Alle sonstigen planfeststellungsbedürftigen Leitungsvorhaben nach §§ 43 ff. fallen in die Zuständigkeit der nach **Landesrecht zuständigen Behörde** (dazu → § 43 Rn. 183, → § 54 Rn. 27 f.). Der Gesetzgeber wollte allerdings auch diese Planfeststellungsverfahren in Landeszuständigkeit „**vereinfachen und beschleunigen,** ohne die Interessen und Rechte der Betroffenen zu beschneiden" (BT-Drs. 17/6073, 2). Wenn die Gesetzesbegründung in diesem Zusammenhang darauf hinweist, dass für Planfeststellungsverfahren „**bundeseinheitliche Verwaltungsrichtlinien** geschaffen werden können" (BT-Drs. 17/6073, 2), so liegt dem offenbar die Auffassung zugrunde, mit § 117b – zumindest klarstellend – einen Beitrag zur bundeseinheitlichen Vereinfachung und Beschleunigung der Planfeststellung in der Zuständigkeit der Länder geleistet zu haben. Allerdings reduziert sich dieser Beitrag auf eine Appell- oder Erinnerungsfunktion (→ Rn. 1), weil Art. 84 Abs. 2 GG die Ermächtigung zum Erlass von allgemeinen Verwaltungsvorschriften bereits enthält.

B. Gegenstand, Inhalt und Grenzen

Ihrem **Gegenstand** nach bezieht sich die in Art. 84 Abs. 2 GG enthaltene Er- 3 mächtigung an die Bundesregierung, den Vollzug von Bundesgesetzen im Interesse eines einheitlichen Vollzugs durch allgemeine Verwaltungsvorschriften zu steuern, auf alle **vollzugsfähigen und -bedürftigen Bundesgesetze,** die von den Ländern als eigene Angelegenheit ausgeführt werden (Dreier/*Hermes* Bd. 3, GG Art. 83 Rn. 25 ff., Art. 84 Rn. 79 ff.). Diese Anforderung erfüllen die planfeststellungsrechtlichen Normen der §§ 43–43 d sowie 43 f und 43 g ohne Zweifel. Sie regeln das **Planfeststellungsverfahren** in einer Art und Weise, die für weitere abstrakt-generelle Konkretisierungen (zB zu Art und Umfang der Antragsunterlagen) erhebliche Spielräume lässt, ohne dass das Gesetz diese Fragen wegen des Vorbehalts des Gesetzes selbst regeln müsste.

Die der Bundesregierung durch Art. 84 Abs. 2 GG erteilte Ermächtigung zum 4 Erlass allgemeiner Verwaltungsvorschriften ist **inhaltlich** limitiert lediglich durch die bundesgesetzlichen Vorgaben, um deren Vollzug es jeweils geht. Die Verwaltungsvorschriften können deshalb – soweit das zu vollziehende Bundesgesetz entsprechende Konkretisierungsspielräume lässt – sowohl **materielle** als auch **Organisations- und Verfahrensregelungen** enthalten. Daraus folgt, dass die in § 117b Nr. 1–9 enthaltene **Liste** der Inhalte von Verwaltungsvorschriften **keine limitierende Wirkung** entfaltet. Lediglich die Appell- und Erinnerungsfunktion (→ Rn. 1) gewinnt durch die aufgelisteten Regelungsinhalte ihren Gehalt und ihre Wirkung, weil der Gesetzgeber hier die im Interesse eines bundeseinheitlich vereinfachten und beschleunigten Vollzugs besonders relevanten Themen aufgelistet hat.

Die Befugnis zum Erlass von Verwaltungsvorschriften nach Art. 84 Abs. 2 GG ist 5 **begrenzt** durch den **Vorrang** und den **Vorbehalt des Gesetzes.** Die Bundesregierung darf sich also – selbstverständlich – mit ihren Verwaltungsvorschriften

§ 118   Teil 10. Evaluierung, Schlussvorschriften

nicht in Widerspruch zu den Regelungen der §§ 43 ff. und der subsidiär anwendbaren §§ 72 ff. VwVfG und zu den bei ihrer Auslegung und Anwendung zu beachtenden unionsrechtlichen Vorgaben – etwa zur Umweltverträglichkeitsprüfung setzen. Soweit einschlägige Rechtsverordnungen des Bundes existieren, haben auch diese Vorrang vor den Verwaltungsvorschriften der Bundesregierung. Wesentliche Fragen im Sinne des Vorbehalts des Gesetzes können durch Verwaltungsvorschriften nicht beantwortet werden, was angesichts der vorhandenen Regelungsdichte in §§ 43 ff., 72 ff. VwVfG allerdings wenig naheliegend erscheint.

C. Rechtswirkungen

6   Im Unterschied zu Rechtsverordnungen und Parlamentsgesetzen liegt der besondere Verbindlichkeitsmodus von Verwaltungsvorschriften darin, dass sie **Verbindlichkeit** nur **für den typischen Vollzugsfall** beanspruchen, nicht aber für atypische Fälle. Dieser die Verwaltungsvorschriften als allgemein anerkannten Steuerungstypus kennzeichnende Verbindlichkeitsmodus gilt auch für die Verwaltungsvorschriften auf der Grundlage von Art. 84 Abs. 2 GG im Bund-Länder-Verhältnis. Sie genießen **Vorrang vor** abweichenden **Verwaltungsvorschriften der Länder** und auch die umstrittene Frage des Vorrangs der Verwaltungsvorschriften nach Art. 84 Abs. 2 GG gegenüber abweichenden **Landesgesetzen** ist zu bejahen (dazu mwN Dreier/*Hermes* Bd. 3, GG Art. 84 Rn. 84 f.).

§ 118 Übergangsregelungen

(1) **(weggefallen)**

(2) **(weggefallen)**

(3) **(weggefallen)**

(4) **(weggefallen)**

(5) **(weggefallen)**

(6) **¹Nach dem 31. Dezember 2008 neu errichtete Anlagen zur Speicherung elektrischer Energie, die ab 4. August 2011,**[1] **innerhalb von 15 Jahren in Betrieb genommen werden, sind für einen Zeitraum von 20 Jahren ab Inbetriebnahme hinsichtlich des Bezugs der zu speichernden elektrischen Energie von den Entgelten für den Netzzugang freigestellt. ²Pumpspeicherkraftwerke, deren elektrische Pump- oder Turbinenleistung nachweislich um mindestens 7,5 Prozent oder deren speicherbare Energiemenge nachweislich um mindestens 5 Prozent nach dem 4. August 2011 erhöht wurden, sind für einen Zeitraum von zehn Jahren ab Inbetriebnahme hinsichtlich des Bezugs der zu speichernden elektrischen Energie von den Entgelten für den Netzzugang freigestellt. ³Die Freistellung nach Satz 1 wird nur gewährt, wenn die elektrische Energie zur Speicherung in einem elektrischen, chemischen, mechanischen oder physikalischen Stromspeicher aus einem Transport- oder Verteilernetz entnommen und die zur Ausspeisung zurückgewonnene elektrische Energie zeitlich verzögert wieder in dasselbe Netz eingespeist wird. ⁴Die Freistellung nach Satz 2 setzt**

---

[1] Zeichensetzung amtlich.

Übergangsregelungen **§ 118**

voraus, dass auf Grund vorliegender oder prognostizierter Verbrauchsdaten oder auf Grund technischer oder vertraglicher Gegebenheiten offensichtlich ist, dass der Höchstlastbeitrag der Anlage vorhersehbar erheblich von der zeitgleichen Jahreshöchstlast aller Entnahmen aus dieser Netz- oder Umspannebene abweicht. [5]Sie erfolgt durch Genehmigung in entsprechender Anwendung der verfahrensrechtlichen Vorgaben nach § 19 Absatz 2 Satz 3 bis 5 und 8 bis 10 der Stromnetzentgeltverordnung. [6]Als Inbetriebnahme gilt der erstmalige Bezug von elektrischer Energie für den Probebetrieb, bei bestehenden Pumpspeicherkraftwerken der erstmalige Bezug nach Abschluss der Maßnahme zur Erhöhung der elektrischen Pump- oder Turbinenleistung und der speicherbaren Energiemenge. [7]Die Sätze 2 und 3 sind nicht für Anlagen anzuwenden, in denen durch Wasserelektrolyse Wasserstoff erzeugt oder in denen Gas oder Biogas durch wasserelektrolytisch erzeugten Wasserstoff und anschließende Methanisierung hergestellt worden ist. [8]Diese Anlagen sind zudem von den Einspeiseentgelten in das Gasnetz, an das sie angeschlossen sind, befreit. [9]Die Betreiber von Übertragungsnetzen haben ab dem 1. Januar 2023 nachgelagerten Betreibern von Elektrizitätsverteilernetzen entgangene Erlöse zu erstatten, die aus der Freistellung von den Entgelten für den Netzzugang von Anlagen nach Satz 7 resultieren, soweit sie durch Wasserelektrolyse Wasserstoff erzeugen. [10]Satz 9 ist für nach dem 1. Januar 2023 neu errichtete Anlagen nur anzuwenden, wenn der zuständige Betreiber von Übertragungsnetzen dem Anschluss der Anlage an das Verteilernetz zugestimmt hat. [11]§ 19 Absatz 2 Satz 14 und 15 der Stromnetzentgeltverordnung ist für die Zahlungen nach Satz 9 entsprechend anzuwenden.

(7) (weggefallen)

(8) (weggefallen)

(9) (weggefallen)

(10) (weggefallen)

(11) (weggefallen)

(12) Auf Windenergieanlagen auf See, die bis zum 29. August 2012 eine unbedingte oder eine bedingte Netzanbindungszusage erhalten haben und im Falle der bedingten Netzanbindungszusage spätestens zum 1. September 2012 die Voraussetzungen für eine unbedingte Netzanbindungszusage nachgewiesen haben, ist § 17 Absatz 2a und 2b in der bis zum 28. Dezember 2012 geltenden Fassung anzuwenden.

(13) (weggefallen)

(14) (weggefallen)

(15) Für § 6c in der durch das Gesetz zur Änderung des Handelsgesetzbuchs vom 4. Oktober 2013 (BGBl. I S. 3746) geänderten Fassung gilt Artikel 70 Absatz 3 des Einführungsgesetzes zum Handelsgesetzbuch entsprechend.

(16) (weggefallen)

(17) (weggefallen)

(18) [aufgehoben]

(19) (weggefallen)

§ 118
Teil 10. Evaluierung, Schlussvorschriften

(20) ¹Der Offshore-Netzentwicklungsplan für das Zieljahr 2025 enthält alle Maßnahmen, die erforderlich sind, um einen hinreichenden Wettbewerb unter den bestehenden Projekten im Rahmen der Ausschreibung nach § 26 des Windenergie-auf-See-Gesetzes zu gewährleisten. ²Der Offshore-Netzentwicklungsplan für das Zieljahr 2025 soll für die Ostsee die zur Erreichung der in § 27 Absatz 3 und 4 des Windenergie-auf-See-Gesetzes festgelegten Menge erforderlichen Maßnahmen mit einer geplanten Fertigstellung ab dem Jahr 2021 vorsehen, jedoch eine Übertragungskapazität von 750 Megawatt insgesamt nicht überschreiten. ³Der Offshore-Netzentwicklungsplan für das Zieljahr 2025 soll für die Nordsee die zur Erreichung der Verteilung nach § 27 Absatz 4 des Windenergie-auf-See-Gesetzes erforderlichen Maßnahmen mit einer geplanten Fertigstellung ab dem Jahr 2022 vorsehen.

(21) Für Windenergieanlagen auf See, die eine unbedingte Netzanbindungszusage nach Absatz 12 oder eine Kapazitätszuweisung nach § 17d Absatz 3 Satz 1 in der am 31. Dezember 2016 geltenden Fassung erhalten haben, sind die §§ 17d und 17e in der am 31. Dezember 2016 geltenden Fassung anzuwenden.

(22) ¹§ 13 Absatz 6a ist nach dem 30. Juni 2023 nicht mehr anzuwenden. ²Zuvor nach § 13 Absatz 6a geschlossene Verträge laufen bis zum Ende der vereinbarten Vertragslaufzeit weiter. ³Nach § 13 Absatz 6a in der Fassung bis zum 27. Juli 2021 geschlossene Verträge laufen bis zum Ende der vereinbarten Vertragslaufzeit weiter.

(23) § 47 ist auf Verfahren zur Vergabe von Wegenutzungsrechten zur leitungsgebundenen Energieversorgung, in denen am 3. Februar 2017 von der Gemeinde bereits Auswahlkriterien samt Gewichtung im Sinne des § 46 Absatz 4 Satz 4 bekannt gegeben wurden, mit der Maßgabe anwendbar, dass die in § 47 Absatz 2 Satz 1 bis 3 genannten Fristen mit Zugang einer Aufforderung zur Rüge beim jeweiligen Unternehmen beginnen.

(24) § 17f Absatz 5 Satz 2 darf erst nach der beihilferechtlichen Genehmigung durch die Europäische Kommission und für die Dauer der Genehmigung angewendet werden.

(25) ¹Stromerzeugungsanlagen im Sinne der Verordnung (EU) 2016/631 sind als bestehend anzusehen, sofern sie bis zum 31. Dezember 2020 in Betrieb genommen wurden und für sie vor dem 27. April 2019
1. eine Baugenehmigung oder eine Genehmigung nach dem Bundes-Immissionsschutzgesetz erteilt wurde oder
2. der Anschluss an das Netz begehrt wurde und eine Baugenehmigung oder eine Genehmigung nach dem Bundes-Immissionsschutzgesetz nicht erforderlich ist.

²Der Betreiber der Anlage kann auf die Einstufung als Bestandsanlage verzichten. ³Der Verzicht ist schriftlich gegenüber dem Netzbetreiber zu erklären.

(25a) ¹Auf Maßnahmen nach § 13 Absatz 1, die vor dem 1. Oktober 2021 durchgeführt worden sind, ist § 13a in der bis zum 30. September 2021 geltenden Fassung anzuwenden. ²Für Anlagen nach § 3 Nummer 1 des Erneuerbare-Energien-Gesetzes, die nach dem am 31. Dezember 2011 geltenden Inbetriebnahmebegriff nach dem Erneuerbare-Energien-Gesetz vor dem

Übergangsregelungen § 118

1. Januar 2012 in Betrieb genommen worden sind, und für KWK-Anlagen, die vor dem 1. Januar 2012 in Betrieb genommen worden sind, ist § 13a Absatz 2 Satz 3 Nummer 5 mit der Maßgabe anzuwenden, dass für die Bestimmung des angemessenen finanziellen Ausgleichs 100 Prozent der entgangenen Einnahmen anzusetzen sind.

(26) Bis zum 31. Dezember 2023 ist in dem Netzentwicklungsplan nach § 12b höchstens eine Testfeld-Anbindungsleitung mit einer Anschlusskapazität von höchstens 300 Megawatt erforderlich.

(27) Auf Anträge nach § 28a Absatz 3 Satz 1, die vor dem 12. Dezember 2019 bei der Regulierungsbehörde eingegangen sind, sind die bis zum Ablauf des 11. Dezember 2019 geltenden Vorschriften weiter anzuwenden.

(28) Die Verpflichtung nach § 14c Absatz 1 ist für die jeweilige Flexibilitätsdienstleistung ausgesetzt, bis die Bundesnetzagentur hierfür erstmals Spezifikationen nach § 14c Absatz 2 genehmigt oder nach § 14c Absatz 3 festgelegt hat.

(29) Bis zur erstmaligen Erstellung der Netzausbaupläne nach § 14d ab dem Jahr 2022 kann die Regulierungsbehörde von den nach § 14d verpflichteten Betreibern von Elektrizitätsverteilernetzen Netzausbaupläne nach § 14d Absatz 1 und 3 verlangen.

(30) Die Bundesnetzagentur soll eine Festlegung nach § 41d Absatz 3 erstmalig bis zum 31. Dezember 2022 erlassen.

(31) Die bundesweit einheitliche Festlegung von Methoden zur Bestimmung des Qualitätselements nach § 54 Absatz 3 Satz 3 Nummer 4 ist erstmals zum 1. Januar 2024 durchzuführen.

(32) § 6b Absatz 3 sowie die §§ 28k und 28l in der ab dem 27. Juli 2021 geltenden Fassung sind erstmals auf Jahresabschlüsse sowie Tätigkeitsabschlüsse für das nach dem 31. Dezember 2020 beginnende Geschäftsjahr anzuwenden.

(33) [1]Für besondere netztechnische Betriebsmittel, für die bis zum 30. November 2020 ein Vergabeverfahren begonnen wurde, ist § 11 Absatz 3 in der bis zum 27. Juli 2021 geltenden Fassung anzuwenden. [2]Satz 1 ist auch anzuwenden, wenn ein bereits vor dem 30. November 2020 begonnenes Vergabeverfahren aufgrund rechtskräftiger Entscheidung nach dem 30. November 2020 neu durchgeführt werden muss.

(34) [1]Ladepunkte, die von Betreibern von Elektrizitätsverteilernetzen bereits vor dem 27. Juli 2021 entwickelt, verwaltet oder betrieben worden sind, gelten bis zum 31. Dezember 2023 als aufgrund eines regionalen Marktversagens im Sinne von § 7c Absatz 2 Satz 1 genehmigt. [2]Betreiber von Elektrizitätsverteilernetzen haben ihre Tätigkeiten in Bezug auf diese Ladepunkte der Bundesnetzagentur in Textform bis zum 31. Dezember 2023 anzuzeigen und bis zum 31. Dezember 2023 einzustellen, wenn nicht die Bundesnetzagentur zuvor eine Genehmigung nach § 7c Absatz 2 erteilt hat. [3]Der Zugang zu diesen Ladepunkten ist Dritten zu angemessenen und diskriminierungsfreien Bedingungen zu gewähren.

(35) [1]§ 6b Absatz 4 und § 6c Absatz 1 und 2 in der ab dem 1. August 2022 geltenden Fassung sind erstmals auf Rechnungslegungsunterlagen für das nach dem 31. Dezember 2021 beginnende Geschäftsjahr anzuwen-

§ 118 Teil 10. Evaluierung, Schlussvorschriften

den. ²Die in Satz 1 bezeichneten Vorschriften in der bis einschließlich 31. Juli 2022 geltenden Fassung sind letztmals anzuwenden auf Rechnungslegungsunterlagen für das vor dem 1. Januar 2022 beginnende Geschäftsjahr.

(36) ¹§ 35b Absatz 6 ist auf Nutzungsverträge zwischen Betreibern und Nutzern von Gasspeicheranlagen, die vor dem 30. April 2022 geschlossen wurden und keine Bestimmungen nach § 35b Absatz 6 enthalten, erst nach dem 14. Juli 2022 anzuwenden. ²Stimmt der Nutzer der Gasspeicheranlage der Aufnahme von Bestimmungen nach § 35b Absatz 6 in den Vertrag bis zum 1. Juli 2022 nicht zu, kann der Betreiber den Vertrag ohne Einhaltung einer Frist kündigen.

(37) ¹Grundversorger sind verpflichtet, zum 1. Juli 2022 ihre Allgemeinen Preise für die Versorgung in Niederspannung nach § 36 Absatz 1 Satz 1 und für die Ersatzversorgung in Niederspannung nach § 38 Absatz 1 Satz 2 vor Umsatzsteuer um den Betrag zu mindern, um den die Umlage nach § 60 Absatz 1 des Erneuerbare-Energien-Gesetzes gemäß § 60 Absatz 1a des Erneuerbare-Energien-Gesetzes zum 1. Juli 2022 gesenkt wird. ²§ 41 Absatz 6 ist anzuwenden. ³Eine öffentliche Bekanntmachung ist nicht erforderlich; es genügt eine Veröffentlichung auf der Internetseite des Grundversorgers.

(38) ¹Soweit die Umlage nach § 60 Absatz 1 des Erneuerbare-Energien-Gesetzes in die Kalkulation der Preise von Stromlieferverträgen außerhalb der Grundversorgung einfließt und dem Energielieferanten ein Recht zu einer Preisänderung, das den Fall einer Änderung dieser Umlage umfasst, zusteht, ist der Energielieferant verpflichtet, für diese Stromlieferverträge zum 1. Juli 2022 die Preise vor Umsatzsteuer um den Betrag zu mindern, um den die Umlage nach § 60 Absatz 1 des Erneuerbare-Energien-Gesetzes gemäß § 60 Absatz 1a des Erneuerbare-Energien-Gesetzes für den betreffenden Letztverbraucher zum 1. Juli 2022 gesenkt wird. ²§ 41 Absatz 6 ist anzuwenden. ³Es wird vermutet, dass die Umlage nach § 60 Absatz 1 des Erneuerbare-Energien-Gesetzes in die Kalkulation der Preise eingeflossen ist, es sei denn, der Stromlieferant weist nach, dass dies nicht erfolgt ist.

(39) ¹Bei Stromlieferverträgen außerhalb der Grundversorgung, die nicht unter Absatz 38 fallen, ist der Energielieferant verpflichtet, die Preise vor Umsatzsteuer für den Zeitraum vom 1. Juli 2022 bis zum 31. Dezember 2022 um den Betrag pro Kilowattstunde zu mindern, um den die Umlage nach § 60 Absatz 1 des Erneuerbare-Energien-Gesetzes gemäß § 60 Absatz 1a des Erneuerbare-Energien-Gesetzes für den betreffenden Letztverbraucher zum 1. Juli 2022 gesenkt wird, sofern
1. die Umlage nach § 60 Absatz 1 des Erneuerbare-Energien-Gesetzes ein Kalkulationsbestandteil dieser Preise ist und
2. die Stromlieferverträge vor dem 23. Februar 2022 geschlossen worden sind.

²§ 41 Absatz 6 ist entsprechend anzuwenden. ³Es wird vermutet, dass die Umlage nach § 60 Absatz 1 des Erneuerbare-Energien-Gesetzes gemäß Satz 1 Nummer 1 Kalkulationsbestandteil ist, es sei denn, der Stromlieferant weist nach, dass dies nicht erfolgt ist. ⁴Endet ein Stromliefervertrag

Übergangsregelungen **§ 118**

vor dem 31. Dezember 2022, endet die Verpflichtung nach Satz 1 zu dem Zeitpunkt, an dem der bisherige Stromliefervertrag endet.

(40) ¹Sofern in den Fällen der Absätze 37 bis 39 zum 1. Juli 2022 keine Verbrauchsermittlung erfolgt, wird der für den ab dem 1. Juli 2022 geltenden Preis maßgebliche Verbrauch zeitanteilig berechnet, dabei sind jahreszeitliche Verbrauchsschwankungen auf der Grundlage der maßgeblichen Erfahrungswerte angemessen zu berücksichtigen. ²Der Betrag, um den sich die Stromrechnung nach den Absätzen 37 bis 39 gemindert hat, ist durch den Energielieferanten in den Stromrechnungen transparent auszuweisen. ³Eine zeitgleiche Preisanpassung aus einem anderen Grund in Verbindung mit einer Preisanpassung nach den Absätzen 37 bis 39 zum 1. Juli 2022 ist nicht zulässig; im Übrigen bleiben vertragliche Rechte der Energielieferanten zu Preisanpassungen unberührt.

(41) Bei der Prüfung und der Bestätigung des Netzentwicklungsplans nach den §§ 12b und 12c, der sich an die Genehmigung des am 10. Januar 2022 von den Betreibern von Übertragungsnetzen mit Regelzonenverantwortung vorgelegten Szenariorahmens anschließt, werden die erweiterten Betrachtungszeiträume im Sinne des § 12a Absatz 1 einbezogen.

(42) ¹§ 10c Absatz 4 Satz 1 ist für die übrigen Beschäftigten des Unabhängigen Transportnetzbetreibers mit der Maßgabe anzuwenden, dass Beteiligungen an Unternehmensteilen des vertikal integrierten Unternehmens, die vor dem 3. März 2012 erworben wurden, bis zum Ablauf des 30. September 2025 zu veräußern sind. ²Für Beteiligungen an Unternehmensteilen des vertikal integrierten Unternehmens im Sinne des § 3 Nummer 38, die ab dem 3. März 2012 durch die übrigen Beschäftigten erworben wurden und die solche Unternehmensteile betreffen, die erst mit Inkrafttreten der Anpassung von § 3 Nummer 38 am 29. Juli 2022 der Begriffsbestimmung des § 3 Nummer 38 unterfallen, ist die Frist zur Veräußerung nach Satz 1 entsprechend anzuwenden.

(43) § 13 Absatz 6b Satz 7 darf erst nach der beihilferechtlichen Genehmigung durch die Europäische Kommission und nur für die Dauer der Genehmigung angewendet werden.

(44) Grundversorger sind verpflichtet, die Allgemeinen Bedingungen und Allgemeinen Preise ihrer Grundversorgungsverträge, die am 28. Juli 2022 bestanden haben, spätestens bis zum 1. November 2022 an die ab dem 29. Juli 2022 geltenden Vorgaben nach § 36 anzupassen.

(45) § 21b Absatz 1 in der ab dem 29. Juli 2022 geltenden Fassung ist anzuwenden auf Jahresabschlüsse, Tätigkeitsabschlüsse und Konzernabschlüsse, die sich jeweils auf Geschäftsjahre mit einem nach dem 30. Dezember 2022 liegenden Abschlussstichtag beziehen.

(46) ¹Die Regulierungsbehörde kann für Unternehmen, die im Zusammenhang mit erheblich reduzierten Gesamtimportmengen nach Deutschland ihre Produktion aufgrund einer Verminderung ihres Gasbezuges reduzieren, durch Festlegung nach § 29 Absatz 1 bestimmen, dass für das Kalenderjahr 2022 ein Anspruch auf Weitergeltung der Vereinbarung individueller Netzentgelte nach § 19 Absatz 2 Satz 2 bis 4 der Stromnetzentgeltverordnung besteht, sofern

§ 118

Teil 10. Evaluierung, Schlussvorschriften

1. eine solche Vereinbarung bis zum 30. September 2021 bei der Regulierungsbehörde angezeigt worden und die angezeigte Vereinbarung rechtmäßig ist,
2. die Voraussetzungen für diese Vereinbarung im Kalenderjahr 2021 erfüllt worden sind und
3. die Alarmstufe oder Notfallstufe nach Artikel 8 Absatz 2 Buchstabe b und Artikel 11 Absatz 1 der Verordnung (EU) 2017/1938 des Europäischen Parlaments und des Rates vom 25. Oktober 2017 über Maßnahmen zur Gewährleistung der sicheren Gasversorgung und zur Aufhebung der Verordnung (EU) Nr. 994/2010 (ABl. L 280 vom 28.10.2017, S. 1), die durch die Delegierte Verordnung (EU) 2022/517 (ABl. L 104 vom 1.4.2022, S. 53) geändert worden ist, in Verbindung mit dem Notfallplan Gas des Bundesministeriums für Wirtschaft und Energie vom September 2019, der auf der Internetseite des Bundesministeriums für Wirtschaft und Klimaschutz veröffentlicht ist, ausgerufen worden ist.

²Wird im Fall einer Festlegung nach Satz 1 der Anspruch geltend gemacht, ist für die tatsächliche Erfüllung der Voraussetzungen eines solchen individuellen Netzentgeltes auf das Kalenderjahr 2021 abzustellen. ³Die Regulierungsbehörde kann in der Festlegung nach Satz 1 insbesondere auch vorgeben, wie Unternehmen eine Verminderung ihres Gasbezugs als Voraussetzung zur Weitergeltung der Vereinbarung individueller Netzentgelte nachzuweisen haben.

(46a) ¹Um die Flexibilisierung der Netznutzung zu fördern, kann die Regulierungsbehörde durch Festlegung nach § 29 Absatz 1 für den Zeitraum bis zum 31. Dezember 2023 Regelungen zu den Sonderfällen der Netznutzung und den Voraussetzungen für die Vereinbarung individueller Entgelte für den Netzzugang treffen, die von einer Rechtsverordnung nach § 24 abweichen oder eine Rechtsverordnung nach § 24 ergänzen. ²Im Rahmen einer Festlegung nach Satz 1 kann die Regulierungsbehörde insbesondere
1. die Methoden zur Ermittlung sachgerechter individueller Netzentgelte näher ausgestalten und
2. die Voraussetzungen anpassen oder ergänzen, unter denen im Einzelfall individuelle Entgelte für den Netzzugang vorgesehen werden können.

³Voraussetzungen nach Satz 2 Nummer 2 können insbesondere auch auf eine von den Unternehmen bei ihrem Strombezug zu erreichende Benutzungsstundenzahl bezogen sein sowie Vorgaben dazu sein, wie bei der Bemessung oder Ermittlung einer erforderlichen Benutzungsstundenzahl eine Teilnahme von Unternehmen am Regelleistungsmarkt oder eine Reduzierung ihres Strombezugs bei einer in der Festlegung bestimmten Preishöhe am börslichen Großhandelsmarkt für Strom zu berücksichtigen ist. ⁴Sofern eine Vereinbarung über individuelle Netzentgelte bis zum 30. September 2021 oder bis zum 30. September 2022 bei der Regulierungsbehörde angezeigt wurde, die angezeigte Vereinbarung rechtmäßig ist und die Voraussetzungen der Vereinbarung im Jahr 2021 oder 2022 erfüllt worden sind, darf die Regulierungsbehörde nicht zu Lasten der betroffenen Unternehmen von den Voraussetzungen abweichen. ⁵Sonstige Festlegungsbefugnisse, die sich für die Regulierungsbehörde aus einer Rechtsverordnung nach § 24 ergeben, bleiben unberührt.

(46b) **Abweichend** von § 23a Absatz 3 Satz 1 können Entgelte für den Zugang zu im Jahr 2022 oder im Jahr 2023 neu errichtete oder neu zu errichtende LNG-Anlagen von dem Betreiber dieser Anlagen auch weniger als sechs Monate vor dem Zeitpunkt, zu dem die Entgelte wirksam werden sollen, beantragt werden, sofern die Regulierungsbehörde das Verfahren nach § 23a voraussichtlich in weniger als sechs Monaten abschließen kann und die Regulierungsbehörde den Betreiber darüber schriftlich oder elektronisch informiert.

(46c) **Auf** Planfeststellungsverfahren von Offshore-Anbindungsleitungen nach § 43 Absatz 1 Satz 1 Nummer 2 und 4, für die der Antrag auf Planfeststellung vor dem 13. Oktober 2022 gestellt wurde, ist § 43b Absatz 2 nicht anzuwenden.

(47) **Auf** Zuschläge, die in den Jahren 2021 und 2022 nach § 23 des Windenergie-auf-See-Gesetzes in der Fassung vom 10. Dezember 2020 erteilt wurden, ist das Energiewirtschaftsgesetz in der am 31. Dezember 2022 geltenden Fassung anzuwenden.

Übersicht

	Rn.
A. Allgemeines	1
B. Einzelerläuterungen	3
I. Abs. 6	3
II. Abs. 12	4
III. Abs. 15	5
IV. Abs. 20 und 21	6
V. Abs. 22	7
VI. Abs. 23	8
VII. Abs. 24	9
VIII. Abs. 25	10
IX. Abs. 25a	11
X. Abs. 26	12
XI. Abs. 27	13
XII. Abs. 28 bis 34	14
XIII. Abs. 35	22
XIV. Abs. 36	23
XV. Abs. 37 bis 40	27
1. Abs. 37	28
2. Abs. 38	31
3. Abs. 39	34
4. Abs. 40	38
XVI. Abs. 41	39
XVII. Abs. 42	40
XVIII. Abs. 43	41
XIX. Abs. 44	42
XX. Abs. 45	43
XXI. Abs. 46	44
XXII. Abs. 47	48

A. Allgemeines

1 Der § 118 enthält **Übergangsregelungen** zu einer Vielzahl von einzelnen Vorschriften des EnWG, die sich auf die unterschiedlichsten Regelungsmaterien des Gesetzes erstrecken.

2 § 118 hat im Laufe der Zeit **zahlreiche Änderungen, Streichungen und Ergänzungen** erfahren. Dies hat seinen Grund darin, dass einerseits der Regelungsgehalt der einzelnen Übergangsregelungen regelmäßig entfällt, sobald die festgelegten Übergangszeiträume verstrichen sind, und dass andererseits das EnWG vielfältige Änderungen erfahren hat, die neue Übergangsregelungen erfordert haben. So sind zB die Abs. 1–5, 7–11, 13, 14, 16, 17, 19 im Rahmen des Gesetzes zur Umsetzung unionsrechtlicher Vorgaben und zur Regelung reiner Wasserstoffnetze im Energiewirtschaftsrecht vom 16.7.2021 mWv 27.7.2021 weggefallen (BGBl. 2021 I S. 3055), da diese Bestimmungen zeitlich überholt waren (BT-Drs. 19/27453, 139). Gleichzeitig wurden aber auch neue Bestimmungen hinzugefügt (Abs. 28–34, BGBl. 2021 I S. 3055f.). Zuletzt haben das GasspeicherG vom 26.4.2022 (BGBl. 2022 I S. 674) einen neuen Abs. 36, das EEG-EntlastungsG 2022 vom 23.5.2022 (BGBl. 2022 I S. 747) neue Abs. 37–40, die Klimaschutz-Sofortprogramm-Novelle vom 19.7.2022 (BGBl. 2022 I S. 1214) neue Abs. 41–45, das ErsatzkraftwerkeG 2022 vom 8.7.2022 (BGBl. 2022 I S. 1054) einen neuen Abs. 46 und das WindSeeG 2022 vom 20.7.2022 (BGBl. 2022 I S. 1325) einen neuen Abs. 47 angefügt.

B. Einzelerläuterungen

I. Abs. 6

3 Abs. 6 beinhaltet Regelungen zur **Freistellung von Netzentgelten** und war immer wieder Gegenstand von Gesetzesänderungen; die bislang letzte Änderung erfolgte im Rahmen des Gesetzes zur Umsetzung unionsrechtlicher Vorgaben und zur Regelung reiner Wasserstoffnetze im Energiewirtschaftsrecht mWv 27.7.21 wodurch die S. 9–11 hinzugefügt wurden (BGBl. 2021 I S. 3055), welche das Verfahren für die Erstattung von entgangenen Erlösen durch die Freistellung bestimmen. Die Regelung unterscheidet zwischen neuen Stromspeicheranlagen, bestehenden Pumpspeicherkraftwerken und Power-to-Gas-Anlagen (vgl. Theobald/Kühling/*Missling* EnWG § 118 Rn. 15 ff.). Dabei findet eine Befreiung für neu errichtete Stromspeicher nur bei einer Rückverstromung statt, also lediglich dann, wenn in „dasselbe Netz" eingespeist wird (BT-Drs. 19/9027, 16 f.). Einer Nutzung der bei der Rückverstromung entstehenden Abwärme steht der Gesetzgeber unkritisch gegenüber (BT-Drs. 19/9027, 17). Die Netzentgeltbefreiung umfasst jedoch nicht die gesetzliche Umlage, die Konzessionsabgaben und Entgelte für den Messstellenbetrieb, die Messung und die Abrechnung von der Netzentgeltbefreiung, da die Gesetzessystematik erkennen lässt, dass die Befreiung bezüglich der gesetzlichen Umlage und Konzessionsabgaben lediglich in Spezialgesetzen geregelt werden soll und diese Regelung nur die Netzentgeltbefreiung im eigentlichen Sinne bestimmt, so dass auch eine analoge Anwendung nicht in Betracht kommt (BGH Beschl. v. 20.6.2017 – EnVR 24/16, NVwZ-RR 2017, 782 Rn. 9 ff.).

Übergangsregelungen **§ 118**

II. Abs. 12

Abs. 12 wurde durch das Dritte Gesetz zur Neuregelung energiewirtschaftlicher 4
Vorschriften vom 20.12.2012 (BGBl. 2012 I S. 2742) mWv 28.12.2012 eingefügt. Durch dieses Gesetz soll der Anteil von **Offshore-Windenergie** in Bezug auf den Gesamtenergiebedarf erhöht werden indem die Attraktivität von Offshore-Anlagen für Investoren erhöht wird (BT-Drs. 17/11705, 1). Diese Übergangsregelung soll dem Umstand Rechnung tragen, dass durch die nunmehr zusätzlich einzuhaltenden Vorgaben des Netzentwicklungsplan zu Verzögerungen führen können (BGH Urt. v. 13.11.2018 – EnZR 39/17, EnWZ 2019, 221 Rn. 34).

III. Abs. 15

Abs. 15 (vorher Abs. 13; geändert durch Gesetz vom 21.7.2014 mWv 1.8.2014; 5
BGBl. 2014 I S. 1125) ordnet an, dass für die **Ordnungswidrigkeitsvorschriften nach § 6c** der Art. 70 Abs. 3 EGHGB entsprechend gilt. Damit sollten alle Ordnungsgeldverfahren, welche nach § 335 HGB vom Bundesamt für Justiz einzuleiten sind, gleichzeitig auf die Neuregelungen umgestellt werden, um so eine einheitliche Rechtsprechung in Ordnungsgeldverfahren zu erreichen (BT-Drs. 17/13221, 1, 6).

IV. Abs. 20 und 21

Die Abs. 20 und 21 betreffen **Windenergieanlagen auf See** und wurden mit 6
Gesetz zur Einführung von Ausschreibungen für Strom aus erneuerbaren Energien und zu weiteren Änderungen des Rechts der erneuerbaren Energien vom 13.10.2016 mWv 1.1.2017 eingefügt (BGBl. 2016 I S. 2340). Abs. 20 enthält für Pilotwindenergieanlagen eine Kapazitätszuweisung bzgl. der bisher ungenutzten Kapazitäten um auf der einen Seite zu verhindern, dass durch etwaige Unwägbarkeiten hinsichtlich Zulassung und Errichtung von Pilotwindenergieanlagen andere Projekte beeinträchtigt werden, und um auf der anderen Seite die Offshore-Anbindungsleitungen optimal zu nutzen (vgl. BT-Drs. 18/9096, 376). Abs. 20 enthält der Offshore-Entwicklungsplan 2025 die Voraussetzung für die Verlängerung der Übergangsphase und die Ostseequote (BT-Drs. 18/9096, 377). Die in Abs. 21 enthaltene Übergangsregelung betrifft lediglich solche Anlagen mit einer unbedingten Netzanbindungszusage oder einer Kapazitätszuweisung. Dabei handelt es sich nicht um eine rückwirkende Korrektur, sondern vielmehr um die Anordnung der Fortdauer der bis dahin geltenden Vorschriften (LG Bayreuth Urt. v. 19.3.2020 – 1 HK O 28/19, Rn. 39).

V. Abs. 22

Abs. 22 wurde mit Gesetz vom 13.10.2016 mWv 1.1.2017 eingefügt (BGBl. 7
2016 I S. 2340) und schließlich durch das Gesetz zur Umsetzung unionsrechtlicher Vorgaben und zur Regelung reiner Wasserstoffnetze im Energiewirtschaftsrecht vom 16.7.2021 mWv 27.7.2021 um S. 3 ergänzt (BGBl. 2021 I S. 3055); die Klimaschutz-Sofortprogramm-Novelle v. 19.7.2022 (BGBl. 2022 I S. 1214) hat in Abs. 22 S. 1 das Datum auf den 30.6.2023 vorgezogen. Damit ist nach Abs. 22 Satz 1 nunmehr § 13 Abs. 6a, wonach unter bestimmten Voraussetzungen **Betreiber von Übertragungsnetzen und Betreiber von KWK-Anlagen** vereinbaren können, dass die Wirkleistungseinspeisung aus der KWK-Anlage und gleichzeitig

§ 118 Teil 10. Evaluierung, Schlussvorschriften

die bilanzielle Lieferung von elektrischer Energie reduziert wird, nach dem 30.6.2023 nicht mehr anzuwenden. Nach S. 2 laufen Verträge, die bis einschließlich 31.12.2023 geschlossen wurden, entsprechend der vertraglichen Vereinbarung weiter. Demnach ist die Vertragslaufzeit auch von Verträgen, die gem. § 13 Abs. 6a in der Fassung bis zum 27.7.2021 geschlossen wurden, nicht betroffen, sodass die Verträge bis zum Ende der vereinbarten Vertragslaufzeit weiterlaufen. Solche Verträge waren auch zuvor schon von der Norm umfasst, so dass Abs. 22 S. 3 lediglich eine klarstellende Funktion hat (BT-Drs.19/27453, 139).

VI. Abs. 23

8   Abs. 23 (ursprünglich Abs. 20, BGBl. 2017 I S. 131) wurde durch das Netzentgeltmodernisierungsgesetz vom 17.7.2017 mWv 22.7.2017 eingefügt (BGBl. 2017 I S. 2506). Er schafft für die **Rügeobliegenheit nach § 47** eine Übergangsregelung, wonach die jeweiligen Fristen erst mit Zugang einer Rügeaufforderung beim Unternehmen beginnen. Dies gilt für solche Verfahren, in denen die Auswahlkriterien samt Gewichtung am 3.2.2017 bekanntgegeben wurden. Lediglich die Mitteilung der Kriterien ohne Nennung ihrer Gewichtung reicht nach dem Wortlaut nicht aus.

VII. Abs. 24

9   Abs. 24 wurde durch das Netzentgeltmodernisierungsgesetz vom 17.7.2017 mWv 22.7.2017 eingefügt (BGBl. 2017 I S. 2506). Er setzt für die **Anwendung des § 17f Abs. 5 S. 2** eine beihilferechtliche Genehmigung der Europäischen Kommission voraus. Die Anwendung beschränkt sich auf den Genehmigungszeitraum.

VIII. Abs. 25

10   Abs. 25 ist mit Gesetz zur Änderung des Erneuerbaren-Energien-Gesetzes, des Kraft-Wärme-Kopplungsgesetzes, des Energiewirtschaftsgesetzes und anderer energierechtlicher Vorschriften vom 17.12.2018 mWv 21.12.2018 eingefügt worden (BGBl. 2018 I S. 2566). Damit soll sichergestellt werden, dass alle bestehenden **Windenergieanlagen** – an Land oder auf See – entsprechend der Verpflichtung zur Nachtkennzeichnung gem. § 9 Abs. 8 EEG gekennzeichnet sein müssen (BT-Drs. 19/5523, 93).

IX. Abs. 25a

11   Abs. 25a wurde durch das Gesetz zur Beschleunigung des Energieleitungsausbaus vom 13.5.2019 mWv 1.10.2021 neu eingefügt (BGBl. 2019 I S. 714). Er trifft **Übergangsregelungen für die Anwendung der Redispatch-Regeln** des zugleich neugefassten § 13a. Abs. 25a S. 1 soll eine unechte Rückwirkung des neuen § 13a auf vor dem Inkrafttreten der Neuregelungen durchgeführte Maßnahmen verhindern (BT-Drs. 19/7375, 66). Abs. 25a S. 2 soll sicherstellen, dass vor dem 1.1.2012 in Betrieb genommene EEG-Anlagen und KWK-Anlagen unbeachtlich des neugefassten § 13a Abs. 2 S. 3 Nr. 5 wie bisher einen finanziellen Ausgleich in Höhe von 100 Prozent erhalten (vgl. näher BT-Drs. 19/7375, 66).

X. Abs. 26

Der ebenfalls durch das Gesetz zur Beschleunigung des Energieleitungsausbaus vom 13.5.2019 mWv 1.10.2021 (BGBl. 2019 I S. 714) neu eingefügte Abs. 26 trifft eine Übergangsregelung mit Blick auf den nach § 12b zu erstellenden Netzentwicklungsplan. Danach wird festgelegt, dass bis zum 31.12.2023 **eine Testfeld-Anbindungsleitung mit Anschlusskapazität bis zu höchstens 300 MW** erforderlich ist. Dadurch soll gewährleistet werden, dass zunächst anhand einer Testfeld-Anbindungsleitung überprüft werden kann, wie groß der Bedarf nach Testfeldern zur Erprobung von Pilotwindenergieanlagen auf See sich darstellt; ist ab 2023 absehbar, dass erheblicher Bedarf besteht, soll dies in späteren Flächenentwicklungsplänen und Netzentwicklungsplänen Berücksichtigung finden (BT-Drs. 19/9027, 17).

XI. Abs. 27

Abs. 27 wurde durch Gesetz zur Änderung des Energiewirtschaftsgesetzes zur Umsetzung der Richtlinie (EU) 2019/692 des Europäischen Parlaments und des Rates über gemeinsame Vorschriften für den Erdgasbinnenmarkt vom 5.12.2019 mWv 12.12.2019 (BGBl. 2019 I S. 2004) eingefügt: Er erklärt für Anträge bezüglich einer **Freistellungsentscheidung von Gasversorgungsunternehmen nach § 28a Abs. 3 S. 1** (vgl. Theobald/Kühling/*Däuper* EnWG § 28a Rn. 15), die vor dem 12.11.2019 bei der BNetzA eingegangen sind, das bis dahin geltende Recht für anwendbar.

XII. Abs. 28 bis 34

Abs. 28 bis 34 wurden durch das **Gesetz zur Umsetzung unionsrechtlicher Vorgaben und zur Regelung reiner Wasserstoffnetze im Energiewirtschaftsrecht** vom 16.7.2021 (BGBl. 2021 I S. 3055) mWv 27.7.2021 hinzugefügt.

Abs. 28 enthält eine Übergangsregelung für die Anwendung des § 14c Abs. 1 im Hinblick auf die Verpflichtungen bei der **Beschaffung von Flexibilitätsdienstleistungen,** bis die BNetzA hierfür Spezifikationen genehmigt bzw. festgelegt hat (§ 14c Abs. 2 und 3). Hintergrund dafür ist, dass der Gesetzgeber den Bedarf für eine Anwendung des neuen § 14c für schwer abzuschätzen gehalten hat (BT-Drs. 19/27453, 69).

Nach Abs. 29 konnte die BNetzA auch vor dem Inkrafttreten des § 14d im Jahre 2022 von den Betreibern der Elektrizitätsverteilernetzen **Netzausbaupläne** nach § 14d Abs. 1 und 3 verlangen. Dadurch sollte der Übergang von der Altregelung in § 14 Abs. 1b zur Neuregelung in § 14d gewährleistet werden und insbesondere eine Unterbrechung des Informationsflusses unterbunden werden (BT-Drs. 19/27453, 139).

Abs. 30 betrifft Rechte und Pflichten von Großhändler und Stromlieferanten sowie Bilanzkreisverantwortlichen einerseits, Betreibern einer Erzeugungsanlage und Letztverbrauchern andererseits bzgl. der **Ermöglichung von Aggregierung.** Von der Befugnis zu diesbezüglichen Festlegungen iSv § 29 Abs. 1 nach § 41d Abs. 3 soll die BNetzA erstmalig bis zum 31.12.2022 Gebrauch machen. Der Gesetzgeber verfolgte mit dieser Fristvorgabe einerseits das Ziel, durch eine Konkretisierung der Rechte und Pflichten hinsichtlich des Aggregators für mehr Transparenz für die Beteiligten zu sorgen; zugleich schien ihm wegen des hohen Ausgestaltungsaufwandes

§ 118 Teil 10. Evaluierung, Schlussvorschriften

im Interesse einer sorgfältigen Ausarbeitung die Frist von einem Jahr angemessen (BT-Drs. 19/27453, 139).

18 Aufgrund eines Redaktionsversehens verweist Abs. 31 auf die Festlegung nach § 54 Abs. 3 S. 3 Nr. 4. Richtig geht es um die **Festlegung von Methoden zur Bestimmung der Qualitätselemente** gem. § 54 Abs. 3 S. 3 Nr. 5. Die Übergangsregelung sieht deren bundesweit einheitliche Festlegung erstmals zum 1.1.2024 vor.

19 Die Übergangsregelung des Abs. 32 dient der Umsetzung der ergänzten Regelungen zur **Sonderrechnungslegung** in § 6b Abs. 3, § 28k und § 28l (BT-Drs. 19/27453, 139). Sie bestimmt, dass diese Bestimmungen idF ab 1.7.2021 zum ersten Mal für Jahresabschlüsse und Tätigkeitsabschlüsse für solche Geschäftsjahre gelten, die nach dem 31.12.2020 beginnen.

20 Abs. 33 gilt der Regelung in § 11 Abs. 3 aF, wonach ÜNB sog. besondere netztechnische Betriebsmittel vorhalten konnten, um die Sicherheit und Zuverlässigkeit des Elektrizitätsversorgungssystems zu gewährleisten; mit deren Betrieb wurden Dritte auf der Grundlage eines Vergabeverfahrens beauftragt. Die Regelung ist als Folgeänderung zur Einführung des neuen Redispatch-Regimes zum 1.10.2021 ersatzlos gestrichen worden (BT-Drs. 19/31009, 11). Die Übergangsbestimmung schützt die noch unter der alten Rechtslage begonnenen **Vergabeverfahren zur Beschaffung besonderer netztechnische Betriebsmittel** (BeckOK EnWG/Peiffer § 118 Rn. 103). Danach gilt § 11 Abs. 3 in der bis zum 27.7.2021 geltenden Fassung für bis zum 30.11.2020 begonnene Vergabeverfahren (Abs. 33 S. 1); dies gilt auch dann, wenn das Vergabeverfahren vor dem 30.11.2020 begonnen wurde, aber aufgrund einer rechtskräftigen Entscheidung nach dem 30.11.2020 neu durchgeführt werden muss (Abs. 33 S. 2).

21 Der Abs. 34 bestimmt Übergangsvorschriften zu den **Entflechtungsvorgaben für Ladepunkte für Elektromobile** in § 7c. Für bereits vor dem 27.72021 von Elektrizitätsverteilernetzbetreibern entwickelte, verwaltete oder betriebene Ladepunkte ist eine bis zum 31.12.2023 befristete Genehmigungsfiktion vorgesehen. Elektrizitätsverteilernetzbetreiber müssen ihre Aktivitäten der BNetzA in Textform bis zum 31.12.2023 anzeigen und bis zum 31.12.2023 einstellen, wenn nicht die BNetzA zuvor eine Genehmigung nach § 7c Abs. 2 erteilt hat. Für den fiktiv genehmigten Zeitraum ist – in Anlehnung an § 7c Abs. 2 S. 2 – der Zugang zu den Ladepunkten Dritten zu angemessenen und diskriminierungsfreien Bedingungen zu gewähren.

XIII. Abs. 35

22 Abs. 35 ist durch das Gesetz zur Umsetzung der Digitalisierungsrichtlinie vom 5.7.2021 (BGBl. 2021 I S. 3367 f.) mWv 1.8.2022 neu eingefügt worden. Die Vorschrift regelt, dass die **Jahresabschlüsse** der vor dem 1.1.2022 begonnenen Geschäftsjahre weiterhin im Bundesanzeiger veröffentlicht werden und für die Geschäftsjahre ab 1.1.2022 an das (elektronische) Unternehmensregister übermittelt werden. Die Regelung soll in Bezug auf die neuen Übergangsregelungen des EGHGB einen zeitlichen Gleichlauf schaffen (BT-Drs. 19/28177, 166).

XIV. Abs. 36

23 § 118 Abs. 36 wurde durch das GasspeicherG (BGBl. 2022 I S. 674) neu eingefügt und betrifft mit **§ 35b Abs. 6** eine einzelne Vorschrift des GasspeicherG. § 35b Abs. 6 soll danach erst ab 14.7.2022 auf Altverträge anwendbar sein, dh auf

Übergangsregelungen **§ 118**

Speichernutzungsverträge, die vor Inkrafttreten des GasspeicherG am 30.4.2022 geschlossen wurden. Damit räumt § 118 Abs. 36 S. 1 den Speicherbetreibern eine **Übergangsfrist zur Anpassung laufender Speichernutzungsverträge** bis zum 14.7.2022 (einschließlich) ein. Ab diesem Zeitpunkt müssen dann auch Altverträge in Umsetzung des § 35b Abs. 6 Regelungen zur Entziehung nicht genutzter Speicherkapazitäten enthalten (→ § 35b Rn. 38). Die Übergangsbestimmung räumt den Speicherbetreibern eine hinreichende Zeitspanne ein, die neuen Verpflichtungen aus dem GasspeicherG nachzuvollziehen, passende Vertragsklauseln zu entwerfen und den Speichernutzern sodann ein entsprechendes Angebot zur Vertragsanpassung zu unterbreiten.

Weiterhin gewährt § 118 Abs. 36 S. 2 Speicherbetreibern ein **fristloses Sonderkündigungsrecht**, sofern der Speichernutzer der Aufnahme von Bestimmungen nach § 35b Abs. 6 in den Vertrag bis zum 1.7.2022 nicht zugestimmt hat. Daraus ergibt sich, dass ein Angebot des Speicherbetreibers zur Anpassung des Speichernutzungsvertrags iSd § 35b Abs. 6 iVm § 118 Abs. 36 gegenüber den Speichernutzern bereits vor dem 1.7.2022 zu erfolgen hatte, um ihnen bis zu diesem Stichtag eine ausreichende Frist zur Prüfung des Angebots vor Erteilung bzw. Verweigerung der Zustimmung einzuräumen. **24**

In der Zusammenschau mit § 35b Abs. 6 verdeutlicht das Sonderkündigungsrecht, dass eine **Rechtspflicht des Speicherbetreibers zur Vertragsanpassung** besteht. Zwar gibt das Gesetz nur vor, dass der Speicherbetreiber kündigen „kann". Dies beschreibt jedoch zunächst nur den Umstand, dass dem Speicherbetreiber dieses vertragliche Gestaltungsrecht zusteht, und typischerweise entscheidet dann die Vertragspartei, die ein solches Recht innehat, ob sie es ausübt. Allerdings nimmt der Gesetzgeber dem Speicherbetreiber dieses Wahlrecht wieder, da der Speicherbetreiber die in § 35b Abs. 6 vorgesehenen Regelungen aufzunehmen „hat", also von Gesetzes wegen dazu verpflichtet ist. Zugunsten der Speicherbetreiber bestehen keine Ausnahmen oder Wahlrechte hinsichtlich der Umsetzung der Vorgaben des GasspeicherG. Das heißt im Umkehrschluss, dass der Speicherbetreiber den Speichernutzungsvertrag nicht fortführen darf, wenn der Speichernutzer die Zustimmung versagt hat und nach dem 14.7.2022 eine entsprechende Regelung fehlt. Mithin haben Speicherbetreiber bei ausbleibender Zustimmung keine andere Wahl, als Gebrauch von dem ihnen eingeräumten Gestaltungsrecht zu machen und den Vertrag nach § 118 Abs. 36 S. 2 zu kündigen, weil sie ansonsten gegen das EnWG verstoßen. Ein solcher Verstoß kann ordnungsrechtlich von der Bundesnetzagentur beseitigt und geahndet werden (§ 65 iVm § 95). **25**

Eine Pflicht des Speicherbetreibers zur Anpassung seiner bestehenden Altverträge ergibt sich zudem auch aus **§ 35b Abs. 1 S. 1.** Danach sind in Speichernutzungsverträge vertragliche Regelungen aufzunehmen, die die jeweiligen Rahmenbedingungen zur Erreichung der Füllstandsvorgaben des § 35b Abs. 1 S. 2 Nr. 1–3 bzw. einer Verordnung iSd § 35b Abs. 3 definieren (→ § 35b Rn. 9). Diese Pflicht gilt in Ermangelung einer ausdrücklichen Übergangsregelung unmittelbar seit Inkrafttreten des Gesetzes. Auch für diese Pflicht zur Vertragsanpassung kann allerdings in **analoger Anwendung des § 118 Abs. 36** wohl eine entsprechende Übergangsfrist und Kündigungsmöglichkeit bzw. -verpflichtung der Speicherbetreiber angenommen werden. Auch die in § 35b Abs. 1 S. 1 vorgesehenen Vertragsänderungen sind für die Umsetzung der Verpflichtungen der Speicherbetreiber aus dem GasspeicherG erforderlich. Insofern liegt bei dieser Auslassung angesichts des sehr kurzfristigen Erlasses des GasspeicherG ein planwidriges gesetzgeberisches Versehen bzw. Übersehen nahe. **26**

§ 118 Teil 10. Evaluierung, Schlussvorschriften

XV. Abs. 37 bis 40

27 Mit dem **EEG-EntlastungsG 2022** vom 23.5.2022 (BGBl. 2022 I S. 747) sind die – im ursprünglichen Gesetzesentwurf noch als Abs. 36–39 bezeichneten – Abs. 37–40 eingefügt worden, welche einen einheitlichen Regelungskomplex bilden. Die Abs. 37 bis 40 sollen sicherstellen, dass die Absenkung der EEG-Umlage auf null zum 1.7.2022 nicht von den Stromlieferanten vereinnahmt wird, sondern bei den Letztverbrauchern ankommt (BT-Drs. 20/1025, 7).

28 **1. Abs. 37.** Abs. 37 S. 1 verpflichtet die Grundversorger zur **Senkung ihrer Allgemeinen Preise** für die Grund- und Ersatzversorgung zum 1.7.2022. Die Verpflichtung ist in zeitlicher Hinsicht eine Konkretisierung der bereits gem. § 5a Abs. 1 S. 2 StromGVV bestehen Pflicht (BT-Drs. 20/1025, S. 13f.). Die Höhe der Preissenkung entspricht gemäß § 118 Abs. 37 S. 1 vor Umsatzsteuer dem Betrag, um den die nach § 60 Abs. 1 EEG bestehende EEG-Umlage nach dem zeitgleich eingefügten § 60 Abs. 1a EEG gesenkt wird. Diese Preissenkung beträgt 3,723 Cent pro kWh (BT-Drs. 20/1025, 14).

29 Die in Abs. 37 S. 2 angeordnete **Anwendung des § 41 Abs. 6** stellt klar, dass es in diesem Zusammenhang einer Unterrichtung der Letztverbraucher nach § 41 Abs. 5 S. 1 und 2 nicht bedarf und dass kein außerordentliches Kündigungsrecht nach § 41 Abs. 5 S. 4 entsteht. Nach § 41 Abs. 6 treten diese Rechtsfolgen bei unveränderter Weitergabe der dort genannten staatlich veranlassten Preisbestandteile, zu denen gem. § 40 Abs. 3 Nr. 3 die EEG-Umlage zählt, ohnehin an. Der Gesetzgeber selbst geht von einer lediglich deklaratorischen Wirkung des Verweises in § 118 Abs. 37 S. 2 aus (BT-Drs. 20/1025, 14). Eine Berücksichtigung im Rahmen der Stromrechnung ist danach ausreichend (BT-Drs. 20/1025, 14).

30 Nach Abs. 37 S. 3 entfällt im Falle des Abs. 37 S. 1 die Pflicht des Grundversorgers zur **öffentlichen Bekanntmachung** iSv § 5 Abs. 2 S. 1 StromGVV; eine Veröffentlichung auf der Internetseite soll genügen (BT-Drs. 20/1025, 14). Da die Pflichten des Grundversorgers nach § 5 Abs. 2 StromGVV ansonsten gem. § 5a Abs. 2 StromGVV unberührt blieben, hat die Regelung mehr als nur deklaratorische oder klarstellende Wirkung (so wohl BT-Drs. 20/1025, 14).

31 **2. Abs. 38.** Abs. 38 S. 1 verpflichtet Stromlieferanten außerhalb der Grundversorgung zur **Minderung ihrer Preise vor Umsatzsteuer** um den Betrag, um den die EEG-Umlage nach § 60 Abs. 1 EEG gem. § 60 Abs. 1a EEG zum 1.7.2022 gesenkt wird, dh um 3,723 Cent pro kWh. Die Verpflichtung gilt nicht nur gegenüber Haushaltskunden, sondern gegenüber allen Letztverbrauchern und für die Belieferung auf allen Spannungsebenen. Voraussetzung ist, dass die EEG-Umlage nach § 60 Abs. 1 EEG auch tatsächlich in die Kalkulation der Preise einfließt (zur diesbezüglichen Vermutungsregel → Rn. 33) und dass der Stromliefervertrag ein sich hierauf erstreckendes Preisänderungsrecht vorsieht. Unter diesen Voraussetzungen hält der Gesetzgeber auch die Verpflichtung zur entsprechenden Preisminderung zum 1.7.2022 für angemessen, weil mindestens bis Anfang 2022 keine der Vertragsparteien verständiger Weise mit der erstmals und ausnahmsweise erfolgenden unterjährigen Absenkung der EEG-Umlage auf null rechnen, deshalb diesen Umstand auch nicht in die Bewertung der Risikoverteilung einer Preisgarantie aufnehmen konnte und daher insoweit eine nachhaltige Störung des vertraglich vereinbarten Austauschverhältnisses angenommen werden könne (BT-Drs. 20/1025, 15).

Übergangsregelungen **§ 118**

Auch für diese Stromlieferverhältnisse erklärt § 118 Abs. 39 S. 2 den **§ 41 Abs. 6 32 für anwendbar** (→ Rn. 29), so dass die Unterrichtungspflicht und das außerordentliche Kündigungsrecht nach § 41 Abs. 5 S. 1 und 2, S. 4 entfallen.

Auf die Beschlussempfehlung des Ausschusses für Klimaschutz und Energie (BT- 33 Drs. 20/1544, 3) hin ist § 118 Abs. 38 S. 3 ergänzt worden, der eine **Vermutungsregelung** für die Annahme enthält, dass die EEG-Umlage nach § 60 Abs. 1 EEG Kalkulationsbestandteil der Preise des jeweiligen Energieliefervertrages ist. Die Vermutungsregel soll eine lückenlose Weitergabe der Absenkung sicherstellen und insbes. verhindern, dass sich Energielieferanten im Rahmen eines Prozesses bezüglich der Preiskalkulation auf das Bestehen eines Betriebs- oder Geschäftsgeheimnis berufen; die Vermutungsregel ist aus Sicht des Gesetzgebers angemessen, da die EEG-Umlage in der Regel Kalkulationsbestandteil sei (BT-Drs. 20/1544, 7).

3. Abs. 39. Zu Abs. 37 und 38 ergänzend gilt § 118 Abs. 39 bei **Stromliefer- 34 verträgen außerhalb der Grundversorgung, die nicht bereits unter § 118 Abs. 38 S. 1 fallen.** Auch hier werden Stromlieferanten zur Senkung der Preise vor Umsatzsteuer um den Betrag der Absenkung der EEG-Umlage zum 1.7.2022, dh um 3,723 Cent pro kWh zu senken (→ Rn. 28, 31). § 118 Abs. 39 S. 1 Nr. 1 setzt auch hier voraus, dass die EEG-Umlage Kalkulationsbestandteil des Preises ist (zur diesbezüglichen Vermutungsregel → Rn. 36). Anders als nach § 118 Abs. 37 und 38 wird jedoch nicht vorausgesetzt, dass die Stromlieferverträge dem Energielieferanten kein Preisanpassungsrecht bezüglich der EEG-Umlage gewähren; damit werden va Verträge mit einer – die EEG-Umlage einschließenden – Festpreisvereinbarung oder Preisgarantie erfasst (BT-Drs. 20/1025, 15). Die Preissenkungsverpflichtung unterliegt hier besonderen zeitlichen Beschränkungen. Nach § 118 Abs. 39 S. 1 Nr. 2 gilt sie nur für vor dem 23.2.2022 geschlossene Stromlieferverträge; der Gesetzgeber hat dies damit begründet, dass die unterjährige Absenkung der EEG-Umlage frühestens zum 23.2.2022 erkennbar war, sodass vorher geschlossene Verträge diese nicht berücksichtigen konnten, wohingegen nach dem 23.2.2022 geschlossene Verträge diesen Umstand auf Grund der politischen Beschlusslage berücksichtigen konnten (BT-Drs. 20/1025, 15). Außerdem wird die Preissenkungsverpflichtung auf den Zeitraum vom 1.7.2022 bis zum 31.12.2022 beschränkt; dies wird damit begründet, dass die vorgesehene Absenkung der EEG-Umlage zum 1.1.2023 auf Grund des Koalitionsvertrag bekannt war und bereits redlicherweise eingepreist werden konnte (BT-Drs. 20/1025, 15).

Wie bei § 118 Abs. 37 und 38 wird auch in § 118 Abs. 39 S. 2 der **§ 41 Abs. 6 für 35 anwendbar** erklärt (→ Rn. 29, 32).

Auch hier ist auf die Beschlussempfehlung des Ausschusses für Klimaschutz und 36 Energie (BT-Drs. 20/1544, 3) hin in § 118 Abs. 39 S. 3 eine **Vermutungsregelung** im Hinblick auf die Voraussetzung nach § 118 Abs. 39 S. 1 Nr. 1 aufgenommen worden (→ Rn. 33).

Gem. § 118 Abs. 38 S. 4 endet die Preissenkungsverpflichtung nach § 118 37 Abs. 38 S. 1 mit **Beendigung des bisherigen Stromliefervertrages.** Klargestellt werden soll damit, dass Vertragsverlängerungen nicht unter § 118 Abs. 38 S. 1 fallen (BT-Drs. 20/1025, 15). Die neue – stillschweigende oder ausdrückliche – Willensbeurkundung der Parteien erfolge in Kenntnis der Umstände und damit auch in Kenntnis der unterjährigen Absenkung der EEG-Umlage zum 1.7.2022 (BT-Drs. 20/1025, 15).

4. Abs. 40. § 118 Abs. 40 enthält **ergänzende Regelungen zur Anwendung 38 von § 118 Abs. 37–39.** § 118 Abs. 40 S. 1 will dem Energielieferanten ersparen, die exakten Kundenverbräuche zum Stichtag 1.7.2022 zu ermitteln (BT-Drs. 20/1025, 16) und erlaubt ihm, den maßgeblichen Verbrauch zeitanteilig, unter angemessener Berücksichtigung jahreszeitlicher Verbrauchsschwankungen auf der Grundlage der maßgeblichen Erfahrungswerte zu berechnen. § 118 Abs. 40 S. 2 verpflichtet den Energielieferanten zur transparenten Ausweisung des Betrages, um den sich die Stromrechnung nach § 118 Abs. 37–39 gemindert hat; insoweit wird das **Transparenzgebot** des § 40 Abs. 3 EnWG erweitert, so dass der Letztverbraucher die Absenkung der EEG-Umlage trotz möglicherweise gleichbleibender Abschlagszahlungen nachvollziehen kann (BT-Drs. 20/1025, 16). § 118 Abs. 40 S. 3 Hs. 1 verbietet die gleichzeitige Preisanpassung zum 1.7.2022 aus anderen Gründen als der Preisanpassung nach § 118 Abs. 37–39; damit soll die Nachvollziehbarkeit der Preissenkung gesichert werden (BT-Drs. 2/1025, 16). Gem. § 118 Abs. 40 S. 3 Hs. 2 bleiben die übrigen vertraglichen Rechte der Energielieferanten zur Preisanpassung unberührt, insoweit auch eine Preisanpassung zu einem anderen Zeitpunkt weiterhin möglich.

XVI. Abs. 41

39 Der durch die Klimaschutz-Sofortprogramm-Novelle vom 19.7.2022 (BGBl. 2022 I S. 1214) eingefügte Abs. 41 bezieht sich auf die gleichzeitig erfolgte Änderung von **§ 12a Abs. 1**, durch die ua der Betrachtungszeitraum, der im Szenariorahmen der Übertragungsnetzbetreiber für die Netzentwicklungsplanung zugrunde zu legen ist, erweitert worden ist. Nach Abs. 41 werden die erweiterten Betrachtungszeiträume bei der Prüfung und Bestätigung des Netzentwicklungsplans nach §§ 12b, 12c, die sich an die – iÜ am 8.7.2022 erfolgte – Genehmigung des Szenariorahmens anschließt, einbezogen. Laut Gesetzentwurfsbegründung soll damit klargestellt sein, dass im weiteren Verfahren der Netzentwicklungsplanung an diesen Szenariorahmen angeknüpft werden kann, da er bereits die erweiterten Betrachtungszeiträume berücksichtigt (BT-Drs. 20/1599, 63).

XVII. Abs. 42

40 Nach bisheriger Regelung durften Beschäftigte des ITO vor dem 3.3.2012 erworbene **Anteile an dem vertikal integrierten Unternehmen** unbefristet behalten. Zur Veräußerung waren nur bestimmte Führungskräfte verpflichtet. Die Erstreckung der Veräußerungspflicht wird mit einer Übergangsfrist versehen, damit durch die Verpflichtung zum Verkauf keine Härten entstehen. S. 2 erstreckt diese Übergangsfrist auch auf die Konstellationen, in denen Beteiligungen an Unternehmensteilen bestehen, die keine energiewirtschaftliche Funktion ausüben und daher bisher von diesem Verbot nicht umfasst waren.

XVIII. Abs. 43

41 Abs. 43 gilt dem auf Vorschlag des Ausschusses für Klimaschutz und Energie (BT-Drs.20/2402, 12f.) mit der Klimaschutz-Sofortprogramm-Novelle vom 19.7.2022 (BGBl. 2022 I S. 1214) eingefügten **§ 13 Abs. 6b S. 7**. Danach werden auf Strommengen, die auf eine Ausschreibung für den Strombezug von zuschaltbaren Lasten zur Vermeidung einer Abregelung von Anlagen nach § 3 Nr. 1 EEG (§ 13 Abs. 6b S. 1) hin geliefert werden, die Umlagen nach § 17f Abs. 5, § 26 Abs. 1 KWKG 2020, § 18 Abs. 1 AbLAV, § 19 Abs. 2 S. 15 StromNEV nicht erhoben. Abs. 43 stellt die Anwendung dieser Regelung unter einen beihilferechtlichen Vorbehalt.

XIX. Abs. 44

Die Klimaschutz-Sofortprogramm-Novelle vom 19.7.2022 (BGBl. 2022 I S. 1214) hat in § 36 Abs. 1 S. 2 die Verpflichtung von Grundversorgern aufgenommen, bei den Allgemeinen Bedingungen und Allgemeinen Preisen nicht nach dem Zeitpunkt des Zustandekommens des Grundversorgungsvertrages, also zwischen Alt- und Neukunden zu unterscheiden. Weil diese Vorgabe eine Preisneukalkulation der Grundversorger erforderlich macht und zudem die gesetzliche Frist zur Änderung der Allgemeinen Preise und Bedingungen zu beachten ist (BT-Drs. 20/2402, 48), gewährt Abs. 44 den Grundversorgern für die Anpassung der Allgemeinen Bedingungen und Allgemeinen Preise der am 28.7.2022 bestehenden Grundversorgungsverträge an die neuen Vorgaben des § 36 eine Frist bis zum 1.11.2022.

XX. Abs. 45

Abs. 45 gilt der Anwendung von § 21b Abs. 1 idF der Klimaschutz-Sofortprogramm-Novelle vom 19.7.2022 (BGBl. 2022 I S. 1214). Die Bestimmung macht Betreibern von Transportnetzen veränderte **Bilanzierungsvorschriften.** Nach Abs. 45 sind diese erst auf Jahresabschlüsse, Tätigkeitsabschlüsse und Konzernabschlüsse, die sich jeweils auf Geschäftsjahre mit einem nach dem 30.12.2022 liegenden Abschlussstichtag beziehen, anzuwenden.

XXI. Abs. 46

Abs. 46 ist auf Beschlussempfehlung des Ausschusses für Klimaschutz und Energie (BT-Drs. 20/2594, 8f.) hin durch das ErsatzkraftwerkeG 2022 vom 8.7.2022 (BGBl. I 2022 S. 1054) in das EnWG aufgenommen worden. Anders als bei den übrigen Bestimmungen ist sie nicht als Übergangsvorschrift auf eine andere Bestimmung des EnWG bezogen, sondern stellt sie eine eigenständige Regelung dar, die in Reaktion auf die erheblich reduzierten Gasimporte nach Deutschland erlassen worden ist. Sie begründet eine **Festlegungsbefugnis der BNetzA** nach § 29 Abs. 1.

Für Unternehmen, die in diesem Zusammenhang ihre Produktion aufgrund einer Verminderung ihres Gasbezuges reduzieren, soll die BNetzA durch Festlegung bestimmen können, dass für das Kalenderjahr 2022 ein **Anspruch auf Weitergeltung der Vereinbarung individueller Netzentgelte** nach § 19 Abs. 2 S. 2–4 StromNEV besteht. Die BNetzA kann auf diesem Weg Vereinbarungen individueller Netzentgelte für das Jahr 2022 Bestandsschutz verleihen, auch wenn die Voraussetzungen für deren Vereinbarung wegen des veränderten Stromverbrauchs des Unternehmens nicht mehr vorliegen, und damit dem Unternehmen den finanziellen Vorteil individueller Netzentgelte erhalten. Damit soll erreicht werden, dass Unternehmen, die ihre Produktion reduziert haben, nicht zusätzlich noch dadurch belastet werden, dass sie in Folge einer damit verbundenen Anpassung ihres Netznutzungsverhaltens auch noch ihren Anspruch auf günstigere Netzentgelte verlieren.

Nach Abs. 46 S. 1 Nr. 1–3 ist **Voraussetzung des Anspruchs,** dass eine solche Vereinbarung bis zum 30.9.2021 bei der Regulierungsbehörde angezeigt worden und die angezeigte Vereinbarung rechtmäßig ist, dass die Voraussetzungen für diese Vereinbarung im Kalenderjahr 2021 erfüllt worden sind und dass nach den in Abs. 46 S. 1 Nr. 3 näher bezeichneten Rechtsgrundlagen die Alarmstufe oder Notfallstufe ausgerufen worden ist. Nach Abs. 46 S. 2 ist, wenn im Falle einer Fest-

§ 118a Teil 10. Evaluierung, Schlussvorschriften

legung nach Abs. 46 S. 1 der Anspruch geltend gemacht, für die tatsächliche Erfüllung der Voraussetzungen eines individuellen Netzentgeltes auf das Kalenderjahr 2021 abzustellen.

47 Die Beschlusskammer 4 der BNetzA hat von Amts wegen ein **Verfahren zur Festlegung** eines Anspruchs auf Weitergeltung von Vereinbarungen über individuelle Netzentgelte eingeleitet (Az. BK4-22-086).

XXII. Abs. 47

48 Der im RegE (BT-Drs. 20/1634) noch nicht vorgesehene Abs. 47 ist auf Beschlussempfehlung des Ausschusses für Klimaschutz und Energie (BT-Drs. 20/2584, 99) mit dem WindSeeG 2022 v. 20.7.2022 (BGBl. 2022 I S. 1325) zusammen mit grundlegenden Neuregelungen zur Ausschreibung voruntersuchter Flächen für Windenergieanlagen auf See in das EnWG gekommen. **§ 23 WindSeeG 2022** regelt die Zahlung der – im Vorfeld hoch umstrittenen – sog. Zweiten Gebotskomponente, die Bieter zu entrichten haben, wenn für eine Fläche mehrere Bieter Gebote mit einem Gebotswert von 0 ct/kWh abgegeben haben und die BNetzA ein sog. dynamisches Gebotsverfahren durchführt (§ 21 Abs. 1 WindSeeG 2022). Nach Abs. 47 ist auf in den Jahren 2021 und 2022 nach § 23 WindSeeG idF v. 10.12.2020 erteilte Zuschläge das WindSeeG in der am 31.12.2022 geltenden Fassung anzuwenden; die Neufassung des § 23 WindSeeG 2022, die nach Art. 12 S. 1 WindSeeG 2022 am 1.1.2023 in Kraft tritt, ist danach auf diese Zuschläge noch nicht anzuwenden.

§ 118a Regulatorische Rahmenbedingungen für LNG-Anlagen; Verordnungsermächtigung und Subdelegation

¹Das Bundesministerium für Wirtschaft und Klimaschutz wird ermächtigt, durch Rechtsverordnung, die nicht der Zustimmung des Bundesrates bedarf, Regelungen zu erlassen zu
1. den Rechten und Pflichten eines Betreibers von ortsfesten oder ortsungebundenen LNG-Anlagen,
2. den Bedingungen für den Zugang zu ortsfesten oder ortsungebundenen LNG-Anlagen, den Methoden zur Bestimmung dieser Bedingungen, den Methoden zur Bestimmung der Entgelte für den Zugang zu ortsfesten oder ortsungebundenen LNG-Anlagen,
3. der Ermittlung der Kosten des Anlagenbetriebs und
4. der Anwendbarkeit der Anreizregulierung nach § 21a.

²Das Bundesministerium für Wirtschaft und Klimaschutz kann die Ermächtigung nach Satz 1 durch Rechtsverordnung auf die Bundesnetzagentur übertragen. ³Die Sätze 1 und 2 treten mit Ablauf des 31. Dezember 2027 außer Kraft.

1 Die durch Gesetz vom 8.10.2022 (BGBl. I S. 1726) erfolgte Einfügung des § 118a konnte in der Kommentierung nicht mehr berücksichtigt werden.

§ 118b Befristete Sonderregelungen für Energielieferverträge mit Haushaltskunden außerhalb der Grundversorgung bei Versorgungsunterbrechungen wegen Nichtzahlung

(1) ¹Bis zum Ablauf des 30. April 2024 ist § 41b Absatz 2 auf Energielieferverträge mit Haushaltskunden außerhalb der Grundversorgung mit den Maßgaben der Absätze 2 bis 9 anzuwenden. ²Von den Vorgaben der Absätze 2 bis 9 abweichende vertragliche Vereinbarungen sind unwirksam. ³Im Übrigen ist § 41b unverändert anzuwenden.

(2) ¹Bei der Nichterfüllung einer Zahlungsverpflichtung des Haushaltskunden trotz Mahnung ist der Energielieferant berechtigt, die Energieversorgung vier Wochen nach vorheriger Androhung unterbrechen zu lassen und die Unterbrechung beim zuständigen Netzbetreiber zu beauftragen. ²Der Energielieferant kann mit der Mahnung zugleich die Unterbrechung der Energieversorgung androhen, sofern die Folgen einer Unterbrechung nicht außer Verhältnis zur Schwere der Zuwiderhandlung stehen oder der Haushaltskunde darlegt, dass hinreichende Aussicht besteht, dass er seinen Zahlungsverpflichtungen nachkommt. ³Im Falle einer Androhung nach Satz 1 hat der Energielieferant den Haushaltskunden einfach verständlich zu informieren, wie er dem Energielieferanten das Vorliegen von Voraussetzungen nach Absatz 3 in Textform mitteilen kann. ⁴Der Energielieferant hat dem Haushaltskunden die Kontaktadresse anzugeben, an die der Haushaltskunde die Mitteilung zu übermitteln hat.

(3) ¹Die Verhältnismäßigkeit einer Unterbrechung im Sinne des Absatzes 2 Satz 2 ist insbesondere dann nicht gewahrt, wenn infolge der Unterbrechung eine konkrete Gefahr für Leib oder Leben der dadurch Betroffenen zu besorgen ist. ²Der Energielieferant hat den Haushaltskunden mit der Androhung der Unterbrechung über die Möglichkeit zu informieren, Gründe für eine Unverhältnismäßigkeit der Unterbrechung, insbesondere eine Gefahr für Leib und Leben, in Textform mitzuteilen und auf Verlangen des Energielieferanten glaubhaft zu machen.

(4) ¹Der Energielieferant darf eine Unterbrechung wegen Zahlungsverzugs nur durchführen lassen, wenn der Haushaltskunde nach Abzug etwaiger Anzahlungen in Verzug ist
1. mit Zahlungsverpflichtungen in Höhe des Doppelten der rechnerisch auf den laufenden Kalendermonat entfallenden Abschlags- oder Vorauszahlung oder
2. für den Fall, dass keine Abschlags- oder Vorauszahlungen zu entrichten sind, mit mindestens einem Sechstel des voraussichtlichen Betrages der Jahresrechnung.

²Der Zahlungsverzug des Haushaltskunden muss mindestens 100 Euro betragen. ³Bei der Berechnung der Höhe des Betrages nach den Sätzen 1 und 2 bleiben diejenigen nicht titulierten Forderungen außer Betracht, die der Haushaltskunde form- und fristgerecht sowie schlüssig begründet beanstandet hat. ⁴Ferner bleiben diejenigen Rückstände außer Betracht, die wegen einer Vereinbarung zwischen Energielieferant und Haushaltskunde noch nicht fällig sind oder die aus einer streitigen und noch nicht rechtskräftig entschiedenen Preiserhöhung des Energielieferanten resultieren.

§ 118b

(5) ¹Der Energielieferant ist verpflichtet, den betroffenen Haushaltskunden mit der Androhung einer Unterbrechung der Energielieferung wegen Zahlungsverzuges nach Absatz 2 zugleich in Textform über Möglichkeiten zur Vermeidung der Unterbrechung zu informieren, die für den Haushaltskunden keine Mehrkosten verursachen. ²Dazu können beispielsweise gehören:
1. örtliche Hilfsangebote zur Abwendung einer Versorgungsunterbrechung wegen Nichtzahlung,
2. Vorauszahlungssysteme,
3. Informationen zu Energieaudits und zu Energieberatungsdiensten und
4. Hinweise auf staatliche Unterstützungsmöglichkeiten der sozialen Mindestsicherung und bei welcher Behörde diese beantragt werden können oder auf eine anerkannte Schuldner- und Verbraucherberatung.

³Ergänzend ist auf die Pflicht des Energielieferanten nach Absatz 7 hinzuweisen, dem Haushaltskunden auf dessen Verlangen innerhalb einer Woche sowie unabhängig von einem solchen Verlangen spätestens mit der Ankündigung der Unterbrechung eine Abwendungsvereinbarung anzubieten, und dem Haushaltskunden ein standardisiertes Antwortformular zu übersenden, mit dem der Haushaltskunde die Übersendung einer Abwendungsvereinbarung anfordern kann. ⁴Die Informationen nach den Sätzen 1 bis 3 sind in einfacher und verständlicher Weise zu erläutern.

(6) ¹Der Beginn der Unterbrechung der Energielieferung ist dem Haushaltskunden acht Werktage im Voraus durch briefliche Mitteilung anzukündigen. ²Zusätzlich soll die Ankündigung nach Möglichkeit auch auf elektronischem Wege in Textform erfolgen.

(7) ¹Der betroffene Haushaltskunde ist ab dem Erhalt einer Androhung der Unterbrechung nach Absatz 2 Satz 1 berechtigt, von dem Energielieferanten die Übermittlung des Angebots für eine Abwendungsvereinbarung zu verlangen. ²Der Energielieferant ist verpflichtet, dem betroffenen Haushaltskunden im Falle eines Verlangens nach Satz 1 innerhalb einer Woche und ansonsten spätestens mit der Ankündigung einer Unterbrechung der Energielieferung nach Absatz 6 zugleich in Textform den Abschluss einer Abwendungsvereinbarung anzubieten. ³Das Angebot für die Abwendungsvereinbarung hat zu beinhalten:
1. eine Vereinbarung über zinsfreie monatliche Ratenzahlungen zur Tilgung der nach Absatz 4 ermittelten Zahlungsrückstände sowie
2. eine Verpflichtung des Energielieferanten zur Weiterversorgung nach Maßgabe der mit dem Haushaltskunden vereinbarten Vertragsbedingungen, solange der Kunde seine laufenden Zahlungsverpflichtungen erfüllt, und
3. allgemein verständliche Erläuterungen der Vorgaben für Abwendungsvereinbarungen.

⁴Unabhängig vom gesetzlichen Widerrufsrecht des Haushaltskunden darf nicht ausgeschlossen werden, dass er innerhalb eines Monats nach Abschluss der Abwendungsvereinbarung Einwände gegen die der Ratenzahlung zugrunde liegenden Forderungen in Textform erheben kann. ⁵Die Ratenzahlungsvereinbarung nach Satz 3 Nummer 1 muss so gestaltet sein, dass der Haushaltskunde sich dazu verpflichtet, die Zahlungsrückstände in einem für den Energielieferanten sowie für den Haushaltskunden wirtschaftlich

zumutbaren Zeitraum vollständig auszugleichen. [6]Als in der Regel zumutbar ist je nach Höhe der Zahlungsrückstände ein Zeitraum von sechs bis 18 Monaten anzusehen. [7]Überschreiten die Zahlungsrückstände die Summe von 300 Euro, beträgt dieser Zeitraum mindestens zwölf bis höchstens 24 Monate. [8]In die Bemessung der Zeiträume nach den Sätzen 6 und 7 soll die Höhe der jeweiligen Zahlungsrückstände maßgeblich einfließen. [9]Nimmt der Haushaltskunde das Angebot vor Durchführung der Unterbrechung in Textform an, darf die Energielieferung durch den Energielieferanten nicht unterbrochen werden. [10]Der Haushaltskunde kann in dem Zeitraum, den die Abwendungsvereinbarung umfasst, von dem Energielieferanten eine Aussetzung der Verpflichtungen nach Satz 3 Nummer 1 hinsichtlich der monatlichen Ratenzahlungsvereinbarung in Höhe von bis zu drei Monatsraten verlangen, solange er im Übrigen seine laufenden Zahlungsverpflichtungen aus dem Liefervertrag erfüllt. [11]Darüber hat der Haushaltskunde den Energielieferanten vor Beginn des betroffenen Zeitraums in Textform zu informieren. [12]Im Falle eines Verlangens auf Aussetzung nach Satz 10 verlängert sich der nach den Sätzen 6 und 7 bemessene Zeitraum entsprechend. [13]Kommt der Haushaltskunde seinen Verpflichtungen aus der Abwendungsvereinbarung nicht nach, ist der Energielieferant berechtigt, die Energielieferung unter Beachtung des Absatzes 6 zu unterbrechen.

(8) In einer Unterbrechungsandrohung nach Absatz 2 Satz 1 und in einer Ankündigung des Unterbrechungsbeginns nach Absatz 6 ist klar und verständlich sowie in hervorgehobener Weise auf den Grund der Unterbrechung sowie darauf hinzuweisen, welche voraussichtlichen Kosten dem Haushaltskunden infolge der Unterbrechung nach Absatz 2 Satz 1 und einer nachfolgenden Wiederherstellung der Energielieferung nach Absatz 9 in Rechnung gestellt werden können.

(9) [1]Der Energielieferant hat die Energielieferung unverzüglich wiederherstellen zu lassen, sobald die Gründe für ihre Unterbrechung entfallen sind und der Haushaltskunde die Kosten der Unterbrechung und Wiederherstellung der Belieferung ersetzt hat. [2]Die Kosten können für strukturell vergleichbare Fälle pauschal berechnet werden. [3]Dabei muss die pauschale Berechnung einfach nachvollziehbar sein. [4]Die Pauschale darf die nach dem gewöhnlichen Lauf der Dinge zu erwartenden Kosten nicht übersteigen. [5]Auf Verlangen des Haushaltskunden ist die Berechnungsgrundlage nachzuweisen. [6]Der Nachweis geringerer Kosten ist dem Haushaltskunden zu gestatten. [7]Die in Rechnung gestellten Kosten dürfen, auch im Falle einer Pauschalierung, die tatsächlich entstehenden Kosten nicht überschreiten.

(10) [1]Das Bundesministerium für Wirtschaft und Klimaschutz überprüft im Einvernehmen mit dem Bundesministerium für Umwelt, Naturschutz, nukleare Sicherheit und Verbraucherschutz bis zum 31. Dezember 2023 die praktische Anwendung dieser Vorschrift und die Notwendigkeit einer Weitergeltung über den 30. April 2024 hinaus. [2]In die Überprüfung sollen die Regelungen in den Rechtsverordnungen nach § 39 Absatz 2 einbezogen werden, soweit diese bis zum 30. April 2024 befristet sind.

Die durch Gesetz vom 20.12.2022 (BGBl. I S. 2512) erfolgte Einfügung des § 118b konnte in der Kommentierung nicht mehr berücksichtigt werden.

§ 118c Befristete Notversorgung von Letztverbrauchern im Januar und Februar des Jahres 2023

(1) ¹Die Betreiber von Verteilernetzen sind berechtigt, Entnahmestellen von Letztverbrauchern, die ab dem 1. Januar 2023 keinem Energielieferanten zugeordnet sind, ab dem 1. Januar 2023 befristet bis spätestens zum 28. Februar 2023 dem Bilanzkreis des Energielieferanten zuzuordnen, der den betroffenen Letztverbraucher bis zum 31. Dezember 2022 an der jeweiligen Entnahmestelle mit Energie beliefert hat. ²Satz 1 ist nur für Letztverbraucher anzuwenden, die an das Energieversorgungsnetz in Mittelspannung oder Mitteldruck oder, soweit nicht die Ersatzversorgung nach § 38 anwendbar ist, in der Umspannung von Nieder- zu Mittelspannung angeschlossen sind.

(2) ¹Energielieferanten, denen nach Absatz 1 Satz 1 eine Entnahmestelle zugeordnet wurde, sind verpflichtet, Letztverbraucher im Sinne des Absatzes 1 Satz 2, die sie aufgrund eines in dem Zeitraum vom 31. Dezember 2022 bis zum 31. Januar 2023 beendeten oder auslaufenden Energieliefervertrages bis zu diesem Datum beliefert haben, bis längstens zum 28. Februar 2023 vorbehaltlich der Absätze 3 bis 5 entsprechend der bis zum 31. Dezember 2022 geltenden Vertragsbedingungen weiter zu beliefern, sofern die betroffenen Letztverbraucher für die von dem bisherigen Liefervertrag erfasste Entnahmestelle ab dem 1. Januar 2023 noch keinen neuen Energieliefervertrag abgeschlossen haben (Notversorgung). ²Schließt der betroffene Letztverbraucher einen neuen Energieliefervertrag, endet die Notversorgung nach Satz 1 mit dem Tag des Beginns der Energielieferung auf der Grundlage des neuen Energieliefervertrages.

(3) Der zur Notversorgung verpflichtete Energielieferant ist berechtigt, hierfür ein angemessenes Entgelt zu verlangen, das nicht höher sein darf als die Summe
1. der Kosten einer kurzfristigen Beschaffung der für die Notversorgung erforderlichen Energiemengen über Börsenprodukte sowie Beschaffungsnebenkosten zuzüglich eines Aufschlags von 10 Prozent,
2. der für die Belieferung des betroffenen Letztverbrauchers anfallenden Kosten für Netzentgelte und staatlich veranlasste Preisbestandteile sowie
3. sonstiger, in dem bisherigen Liefervertrag vereinbarten Preis- und Kostenbestandteile.

(4) ¹Der zur Notversorgung verpflichtete Energielieferant ist berechtigt, den Energieverbrauch des Letztverbrauchers in Zeitabschnitten nach seiner Wahl abzurechnen, die einen Tag nicht unterschreiten dürfen. ²Er ist berechtigt, von dem Letztverbraucher eine Zahlung bis zu fünf Werktage im Voraus oder eine Sicherheit zu verlangen. ³Sofern der Letztverbraucher eine fällige Forderung nicht innerhalb von zwei Werktagen begleicht, ist der Energielieferant berechtigt, die Notversorgung nach Absatz 2 fristlos zu beenden. ⁴Der Energielieferant hat den Verteilernetzbetreiber über den Zeitpunkt der Beendigung der Notversorgung nach Satz 3 des betreffenden Letztverbrauchers zu informieren. ⁵Im Fall des Satzes 3 und nach der Information nach Satz 4 entfällt das Recht des Verteilernetzbetreibers nach Absatz 1 Satz 1.

(5) Die Betreiber von Verteilernetzen haben den zur Notversorgung verpflichteten Energielieferanten unverzüglich nach dem 24. Dezember 2022 zu informieren, welche Entnahmestellen ab dem 1. Januar 2023 bisher keinem Energieliefervertrag zugeordnet werden können.

(6) Das Recht der Betreiber von Verteilernetzen nach Absatz 1 und die Pflicht des Energielieferanten zur befristeten Notversorgung nach den Absätzen 2 bis 4 bestehen nicht
1. für Energielieferanten, die ihre Geschäftstätigkeit als Energielieferant vollständig und ordnungsgemäß zum 31. Dezember 2022 beendet haben, oder
2. sofern die Versorgung für den zur Notversorgung verpflichteten Energielieferanten aus wirtschaftlichen Gründen, die für die Zwecke dieser Vorschrift insbesondere in der Zahlungsfähigkeit des Letztverbrauchers liegen können, nicht zumutbar ist.

Die durch Gesetz vom 20.12.2022 (BGBl. I S. 2512) erfolgte Einfügung des § 118c konnte in der Kommentierung nicht mehr berücksichtigt werden. 1

§ 119 Verordnungsermächtigung für das Forschungs- und Entwicklungsprogramm „Schaufenster intelligente Energie – Digitale Agenda für die Energiewende"

(1) ¹Die Bundesregierung wird ermächtigt, durch Rechtsverordnung ohne Zustimmung des Bundesrates für Teilnehmer an dem von der Bundesregierung geförderten Forschungs- und Entwicklungsprogramm „Schaufenster intelligente Energie – Digitale Agenda für die Energiewende" Regelungen zu treffen, die von den in Absatz 2 Nummer 1 bis 3 genannten Vorschriften abweichen oder Zahlungen im Rahmen dieser Vorschriften erstatten. ²Die Regelungen dürfen in folgenden Fällen getroffen werden:
1. im Fall von Maßnahmen zur Gewährleistung der Sicherheit oder Zuverlässigkeit des Elektrizitätsversorgungssystems nach § 13 Absatz 1 bis 2 und § 14 Absatz 1,
2. im Fall von Maßnahmen, die netzbezogene oder marktbezogene Maßnahmen des Netzbetreibers nach § 13 Absatz 1 bis 2 und § 14 Absatz 1 vermeiden, oder
3. in Bezug auf Zeiträume, in denen der Wert der Stundenkontrakte für die Preiszone Deutschland am Spotmarkt der Strombörse im Sinn des § 3 Nummer 43a des Erneuerbare-Energien-Gesetzes in der Auktion des Vortages oder des laufenden Tages null oder negativ ist.

(1a) Die Bundesregierung wird ermächtigt, durch Rechtsverordnung ohne Zustimmung des Bundesrates in den in Absatz 1 genannten Fällen und unter den in den Absätzen 3 bis 5 genannten Voraussetzungen zu regeln, dass
1. bei Netzengpässen im Rahmen von § 13 Absatz 1 die Einspeiseleistung nicht durch die Reduzierung der Erzeugungsleistung der Anlage, sondern durch die Nutzung von Strom in einer zuschaltbaren Last reduziert werden kann, sofern die eingesetzte Last den Strombezug nicht

§ 119

nur zeitlich verschiebt und die entsprechende entlastende physikalische Wirkung für das Stromnetz gewahrt ist, oder
2. von der Berechnung der Entschädigung nach § 13a Absatz 2 Satz 3 Nummer 5 abgewichen werden kann.

(2) In der Rechtsverordnung können von den in den Nummern 1 bis 3 genannten Vorschriften abweichende Regelungen oder Regelungen zur Erstattung von Zahlungen im Rahmen dieser Verordnung getroffen werden
1. zur Erstattung von Netznutzungsentgelten oder einer abweichenden Ermittlung der Netznutzungsentgelte durch den Netzbetreiber bei einem Letztverbraucher, soweit es um die Anwendung von § 17 Absatz 2 sowie von § 19 Absatz 2 Satz 1 und 2 der Stromnetzentgeltverordnung geht,
2. für Anlagen zur Stromspeicherung oder zur Umwandlung elektrischer Energie in einen anderen Energieträger eine Befreiung von der Pflicht zur Zahlung oder eine Erstattung
    a) der Netzentgelte nach § 17 Absatz 1 und § 19 Absatz 2 Satz 15 und Absatz 4 der Stromnetzentgeltverordnung,
    b) eines Aufschlags auf Netzentgelte nach § 17f Absatz 5 Satz 1 und
    c) der Umlage nach § 18 Absatz 1 Satz 2 der Verordnung zu abschaltbaren Lasten
    vorzusehen,
3. zur Beschaffung von ab- und zuschaltbaren Lasten auch ohne Einrichtung einer gemeinsamen Internetplattform aller Verteilernetzbetreiber nach § 14 Absatz 1 Satz 1 in Verbindung mit § 13 Absatz 6.

(3) Regelungen nach Absatz 2 dürfen nur getroffen werden, wenn
1. sie zur Sammlung von Erfahrungen und Lerneffekten im Sinn der Ziele des Förderprogramms nach Absatz 4 beitragen,
2. sichergestellt wird, dass bei Anwendung dieser abweichenden Regelungen
    a) resultierende finanzielle Veränderungen auf den Ausgleich von wirtschaftlichen Nachteilen der Teilnehmer nach Absatz 1 beschränkt werden, die bei der Anwendung des Rechts ohne diese abweichende Regelung entstanden wären,
    b) beim Ausgleich von wirtschaftlichen Vor- und Nachteilen gegebenenfalls entstandene wirtschaftliche Vorteile und daraus folgende Gewinne an den Netzbetreiber zur Minderung seines Netzentgelts abgeführt werden, an dessen Netz die jeweilige Anlage angeschlossen ist, und
3. diese Regelungen auf die Teilnehmer an dem Förderprogramm beschränkt sind und spätestens am 30. Juni 2022 auslaufen.

(4) Die Ziele des Förderprogramms im Sinn des Absatzes 3 Nummer 1 sind
1. ein effizienter und sicherer Netzbetrieb bei hohen Anteilen erneuerbarer Energien,
2. die Hebung von Effizienz- und Flexibilitätspotenzialen markt- und netzseitig,
3. ein effizientes und sicheres Zusammenspiel aller Akteure im intelligenten Energienetz,
4. die effizientere Nutzung der vorhandenen Netzstruktur sowie
5. die Verringerung von Netzausbaubedarf auf der Verteilernetzebene.

§ 119 VO-Ermächtigung für das Forschungs- und Entwicklungsprogramm

(5) In der Rechtsverordnung darf die Bundesregierung die Anzeige, Überwachung und Kontrolle der Befreiungen oder Erstattungen aufgrund von abweichenden Regelungen im Rahmen des Forschungs- und Entwicklungsprogramms „Schaufenster intelligente Energie – Digitale Agenda für die Energiewende" sowie die mit Absatz 3 Nummer 2 verbundenen Aufgaben der Bundesnetzagentur oder Netzbetreibern übertragen.

Übersicht

	Rn.
A. Allgemeines	1
I. Inhalt	1
II. Ergänzende Vorschriften in anderen Gesetzen	4
III. SINTEGV	5
IV. Zweck	6
B. Einzelerläuterungen	11
I. Verordnungsermächtigungen	11
1. Verordnungsermächtigung aus Abs. 1 S. 1	12
2. Verordnungsermächtigung aus Abs. 1a	15
II. Anwendungsbereich (Abs. 1 S. 2)	17
III. Abweichungsbefugnis (Abs. 2)	21
IV. Restriktionen (Abs. 3 und 4)	25
V. Durchführung (Abs. 5)	29
C. Erstattungsanspruch der Projektteilnehmer	31
I. Anspruchsgrundlage (§ 6 Abs. 1 SINTEGV)	31
II. Anspruchsumfang (§§ 7 bis 9 SINTEGV)	32
III. Anrechnung und Abführung wirtschaftlicher Vorteile (§§ 10 bis 11 SINTEGV)	35
IV. Geltendmachung (§ 12 SINTEGV)	38
V. Rechtsschutz	39

Literatur: *Fietze,* Experimentierklauseln für die Energiewende, 2022; *Schäfer-Stradowsky/Kalis,* Innovationsgrad des Energiewenderechts, EnWZ 2019, 104.

A. Allgemeines

I. Inhalt

Der durch das Gesetz zur Änderung der Bestimmungen zur Stromerzeugung aus Kraft-Wärme-Kopplung und zur Eigenversorgung vom 22.12.2016 (BGBl. 2016 I S. 3106) in das EnWG eingefügte § 119 enthält zwei **Verordnungsermächtigungen** für die regulatorische Umsetzung von Vorhaben aus dem Forschungs- und Entwicklungsprogramm „Schaufenster intelligente Energie – Digitale Agenda für die Energiewende" (SINTEG). Die Verordnungsermächtigung des Abs. 1 S. 1 (→ Rn. 12 ff.) ermöglicht es, Regelungen zu treffen, die von den in Abs. 2 genannten Vorschriften abweichen (Alt. 1) oder Zahlungen im Rahmen dieser Vorschriften erstatten (Alt. 2). Die nachträglich durch das Gesetz zur Beschleunigung des Energieleitungsausbaus vom 13.5.2019 (BGBl. 2019 I S. 706) mit Wirkung zum 1.10.2021 in das EnWG überführte Verordnungsermächtigung aus Abs. 1a dient dazu, besondere abweichende Regelungen zur Bewältigung von Netzengpässen und zur Berechnung von Entschädigungen zu treffen (→ Rn. 15 f.). Das „Oster- 1

§ 119 Teil 10. Evaluierung, Schlussvorschriften

paket" des Jahres 2022 bewirkte zuletzt nur eine redaktionelle Änderung durch die Klimaschutz-Sofortprogramm-Novelle (BGBl. 2022 I S. 1214).

2 Die Ausübung der Verordnungsermächtigungen durch den Verordnungsgeber unterliegt **umfassenden Restriktionen:** Der Anwendungsbereich der Verordnungsermächtigung wird durch Abs. 1 S. 2 beschränkt. So darf die Verordnung nur angewendet werden, wenn ein „auslösendes Moment" aus S. 2 eintritt (→ Rn. 17 ff.). Die Verordnungsermächtigungen unterliegen darüber hinaus den Beschränkungen der Abs. 3 und 4 (→ Rn. 25 ff.). Hervorzuheben ist hierbei die Restriktion aus Abs. 3 Nr. 3, gemäß der die **Verordnung spätestens zum 30. 6. 2022 auslaufen** muss. Die Verordnungsermächtigungen aus § 119 sind für Sachverhalte bis zu diesem Zeitpunkt relevant und können so auch in Zukunft noch rechtliche Fragen hervorrufen. Für Sachverhalte ab dem 1. 7. 2022 haben die Verordnungsermächtigungen dagegen ihre praktische Bedeutung verloren.

3 Die ausdifferenzierten Restriktionen werden einerseits durch **höherrangiges Recht** vorgegeben: So sind die umfassenden Beschränkungen erforderlich, um den Vorgaben des Art. 80 Abs. 1 S. 2 GG – Bestimmtheitsgebot – zu genügen (NK-EnWG/*Winkler* § 119 Rn. 4). Außerdem erfordern es die Grundsätze des europäischen Wettbewerbsrecht, Zuwendungen an die Projektteilnehmer zu beschränken (BT-Drs. 18/10209, 128). Zudem folgt auch aus Art. 3 Abs. 1 GG das Gebot, Experimentierklauseln restriktiv auszugestalten. Andererseits liegt den Beschränkungen aber auch die **gesetzgeberische Entscheidung** zugrunde, Auswirkungen auf das Energiesystem möglichst gering zu halten (BerlKommEnergieR/ *Groebel* EnWG § 119 Rn. 20, 26; BeckOK EnWG/*Groß*/*Wagenführ* § 119 Rn. 13).

II. Ergänzende Vorschriften in anderen Gesetzen

4 In § 95 Abs. 1 Nr. 6 EEG und § 33 Abs. 1 Nr. 3 KWKG sind **weitere Verordnungsermächtigungen** für die Umsetzung des SINTEG-Forschungsprogramms geregelt. Diese nehmen auf § 119 EnWG Bezug und ergänzen dessen Wirkungsbereich. § 95 Nr. 6 EEG ermächtigt die Bundesregierung als Verordnungsgeber, die Pflicht zur Zahlung der vollen oder anteiligen EEG-Umlage nach § 60 oder § 61 EEG auf bis zu 40 Prozent abzusenken oder von einer nach § 60 oder § 61 gezahlten vollen oder anteiligen EEG-Umlage bis zu 60 Prozent zu erstatten. § 33 Abs. 1 Nr. 3 KWKG ermächtigt die Bundesregierung, durch Rechtsverordnung von der Zahlungspflicht der Umlage nach § 26 Abs. 1 KWKG abzuweichen oder eine gezahlte KWKG-Umlage nach § 26 KWKG zu erstatten. Von diesen Verordnungsermächtigungen kann der Verordnungsgeber nur in den in § 119 Abs. 1 genannten Fällen und unter Voraussetzungen der § 119 Abs. 3 bis 5 Gebrauch machen; alle Verordnungsermächtigungen unterliegen also **denselben Restriktionen.**

III. SINTEGV

5 Auf Grundlage der Verordnungsermächtigungen aus § 119 Abs. 1 und 1a, § 95 Nr. 6 EEG und § 33 Abs. 1 Nr. 3 KWKG hat die Bundesregierung die SINTEG-Verordnung **(SINTEGV)** erlassen. Diese trat am 14. 6. 2017 in Kraft (§ 14 Abs. 1 SINTEGV) und am 30. 6. 2022 gem. § 14 Abs. 2 SINTEGV als Umsetzung der Begrenzung aus § 119 Abs. 3 Nr. 3 außer Kraft. Von den Verordnungsermächtigungen wurde **nur teilweise Gebrauch gemacht** (NK-EnWG/*Winkler* § 119 Rn. 6; *Schäfer-Stradowsky*/*Kalis* EnWZ 2019, 108). So hat sich der Verordnungsgeber in

VO-Ermächtigung für das Forschungs- und Entwicklungsprogramm § 119

§§ 6 bis 9 SINTEGV für ein System entschieden, bei dem die Teilnehmer zunächst Entgelte und Umlagen vollständig entrichten müssen, diese aber später durch den zuständigen Netzbetreiber erstattet bekommen (→ Rn. 31 ff.). Die Projektteilnehmer unterliegen so zunächst denselben regulatorischen Vorschriften wie andere Akteure, die nicht am Projekt teilnehmen. Der Verordnungsgeber hat sich damit für eine rechtliche Umsetzung des SINTEG-Programms entschieden, dessen Einwirkungen auf das Energieversorgungssystem möglichst gering sind.

IV. Zweck

Das Forschungs- und Entwicklungsprogramm **„Schaufenster intelligente** 6 **Energie – Digitale Agenda für die Energiewende" (SINTEG)** ist ein mit 200 Mio. EUR gefördertes Projekt des BMWI zur Erprobung und Demonstration neuer Technologien, Verfahren und Prozessen, die die Integration von erneuerbaren Energien in das Energieversorgungssystem verbessern sollen. Herausforderungen für das Energieversorgungssystem ergeben sich dabei aus der großen Volatilität dieser Energieträger, die eine bessere Abstimmung der Erzeugung, Verteilung und des Verbrauchs von Energie erforderlich machen. Im Rahmen des SINTEG-Programms sollen daher „skalierbare Musterlösungen für eine sichere, wirtschaftliche und umweltverträgliche Energieversorgung bei hohen Anteilen fluktuierender Stromerzeugung aus Wind- und Sonnenenergie" entwickelt werden. Der Forschungsschwerpunkt liegt dabei auf der Entwicklung und Erprobung digitaler Lösungsansätze. Das SINTEG-Programm fügt sich so in eine Strategie zur **„Digitalisierung der Energiewende"** ein (BMWK, Förderprogramm SINTEG, www.bmwk.de/Redaktion/DE/Artikel/Energie/sinteg.html).

Am 19.1.2015 wurde durch das BMWI die Förderbekanntmachung für das 7 SINTEG-Forschungsprogramm veröffentlicht (als PDF auf der Internetseite des BMWK abrufbar). Die dort niedergelegten Ziele wurden später in den § 119 Abs. 4 übernommen (→ Rn. 26). Auf Grundlage der Förderbekanntmachung wurde ein **Ausschreibungswettbewerb** durchgeführt, in dem eine Fachjury fünf großräumige Modellregionen („Schaufensterregionen") mit innovativen Projekten ausgewählt hat (*Schäfer-Stradowsky/Kalis* EnWZ 2019, 108). In den Modellregionen sind überdurchschnittlich viele erneuerbare Energien installiert, sodass dort bereits Voraussetzungen bestehen, wie sie zukünftig für Deutschland insgesamt zu erwarten sind (NK-EnWG/*Winkler* § 119 Rn. 2). Das SINTEG-Forschungsprogramm ist mittlerweile beendet (Projektende: 30.6.2022). Die Ergebnisse der wissenschaftlichen Evaluierung gem. § 13 SINTEGV wurden auf der Internetseite des SINTEG-Programms veröffentlicht (www.sinteg.de/ergebnisse). Darüber hinaus besteht die Hoffnung, erfolgreiche Projekte könnten auch ohne die Unterstützung durch das SINTEG-Programm erhalten bleiben und gewonnene Erkenntnisse würden mit der Zeit durch den Markt übernommen werden (skeptisch diesbezüglich *Schäfer-Stradowsky/Kalis* EnWZ 2019, 109).

§ 119 ist eine **Experimentierklausel** (Theobald/Kühling/*Lietz* EnWG § 119 8 Rn. 1). Zusammen mit der SINTEGV dient § 119 zuvorderst dem Zweck, die **rechtlichen und regulatorischen Voraussetzungen** für die Umsetzung des SINTEG-Programms zu schaffen. So können sich aus dem SINTEG-Programm wirtschaftliche Nachteile ergeben, die einer Projektteilnahme entgegenstehen. Auf Grundlage der §§ 6 bis 9 SINTEGV können diese Nachteile erstattet werden (→ Rn. 31 ff.), sodass einer Teilnahme keine wirtschaftlichen Gründe entgegenstehen. Eine Kompensation für den bürokratischen Aufwand, der sich aus der Teilnahme ergeben kann, ist dagegen nicht vorgesehen. Wirtschaftliche Vorteile, die sich aus der Projektteilnahme ergeben können, dürfen nicht einbehalten werden. Ein wirtschaftlicher Anreiz für eine Teilnahme am SINTEG-Programm besteht damit nicht (krit. *Schäfer-Stradowsky/Kalis* EnWZ 2019, 108). Dies ist auf den Willen des Gesetzgebers zurückzuführen, Auswirkungen des Projekts auf das Energieversorgungssystem gering zu halten (→ Rn. 5).

9 Die Gewinnung **rechtlicher und regulatorischer Erkenntnisse** ist daneben nur zweitrangiges Ziel des § 119 (BerlKommEnergieR/*Groebel* EnWG § 119 Rn. 24). So wird der Verordnungsgeber in § 119 umfassend an die Vorgaben des SINTEG-Programms gebunden. Regelungen iSd Abs. 1 S. 1 können nur für die Projekt-Teilnehmer getroffen werden. Die Restriktionen des Abs. 3 iVm Abs. 4 stellen darüber hinaus sicher, dass der Inhalt der Verordnung auf Regelungen beschränkt ist, die zur Durchführung des SINTEG-Programms beitragen. Damit besteht nur wenig Raum für innovative Regelungsansätze. Auch betont der Verordnungsgeber ausdrücklich, die in der SINTEGV vorgesehenen Abweichungen seien „kein Präjudiz für den zukünftigen regulatorischen Rahmen" (Verordnungsentwurf, 11, als PDF auf der Internetseite des BMWK abrufbar). Dennoch sieht § 13 SINTEGV eine **Berichtspflicht** der Bundesregierung gegenüber dem Bundestag vor, die ausdrücklich auch rechtliche oder regulatorische Fragestellungen erfassen soll und auf der Internetseite des BMWI zu veröffentlichen ist (Verordnungsentwurf, 26). Ansonsten ist aber nur eine interne Evaluierung ohne die Beteiligung Externer (Projektteilnehmer, Forschungseinrichtungen) vorgesehen (krit. *Schäfer-Stradowsky/Kalis* EnWZ 2019, 109). Darüber hinaus existieren Überlegungen, § 119 als regulatorisches Vorbild für die Umsetzung ähnlich gelagerter Projekte zurückzugreifen (in diesem Sinne BMWK, Musterlösungen der Energiewende, www.bmwk.de/Redaktion/DE/Schlaglichter-der-Wirtschaftspolitik/2021/06/07-sinteg.html). Die Evaluation gem. § 13 SINTEGV soll daher auch die Option einer „Forschungsklausel" prüfen, in die Erkenntnisse aus der Anwendung des § 119 einfließen sollen (Verordnungsentwurf, S. 26).

10 Zwischen dem SINTEG-Programm und § 119 besteht damit ein **Zweistufenverhältnis** (*Schäfer-Stradowsky/Kalis* EnWZ 2019, 108): Der inhaltliche Zuschnitt des Programms wurde durch die Bundesregierung im Rahmen der Förderbekanntmachung festgelegt. Raum für Innovationen und einen „Wettbewerb der Ideen" bestand bei der Durchführung des Ausschreibungswettbewerbs (1. Stufe). Die Rechtsordnung schafft die Voraussetzungen für die Umsetzung des SINTEG-Programms durch den § 119 und die SINTEGV (2. Stufe), wobei eine enge Bindung an das SINTEG-Programm gewährleistet wird. Rechtliche und regulatorische Erkenntnisse (auf der 2. Stufe) können nur innerhalb dieses Rahmens gewonnen werden.

B. Einzelerläuterungen

I. Verordnungsermächtigungen

11 § 119 enthält zwei Verordnungsermächtigungen: § 119 Abs. 1 S. 1 und seit dem 1.10.2021 § 119 Abs. 1 a. Der Verordnungsgeber hat durch den Erlass der SINTEGV von beiden Verordnungsermächtigungen Gebrauch gemacht.

12 **1. Verordnungsermächtigung aus Abs. 1 S. 1.** § 119 Abs. 1 S. 1 enthält die zentrale **Verordnungsermächtigung** für den Erlass der SINTEGV. In der Verord-

VO-Ermächtigung für das Forschungs- und Entwicklungsprogramm **§ 119**

nung können **Regelungen** getroffen werden, die von den in Abs. 2 Nr. 1 bis 3 genannten Vorschriften abweichen (Alt. 1) oder Zahlungen im Rahmen dieser Vorschriften gestatten (Alt. 2). In der SINTEGV hat der Verordnungsgeber nur Regelungen für die **Kostenerstattung** getroffen und damit von der Verordnungsermächtigung nur teilweise Gebrauch gemacht (→ Rn. 5).

Der **Anwendungsbereich** der Verordnungsermächtigung ist von vorne herein auf die **Teilnehmer** des Forschungs- und Entwicklungsprogramm „Schaufenster intelligente Energie – Digitale Agenda für die Energiewende" beschränkt. Diese Beschränkung wird auch in Abs. 3 Nr. 3 aufgegriffen. Der Begriff der Teilnehmer wird durch § 2 S. 1 Nr. 5 SINTEGV in zulässiger Weise konkretisiert (NK-EnWG/*Winkler* § 119 Rn. 9). Teilnehmer sind danach Zuwendungsempfänger (§ 2 S. 1 Nr. 7 SINTEGV), Unterauftragnehmer (§ 2 S. 1 Nr. 6 SINTEGV) und assoziierte Partner der einzelnen SINTEG-Programme (§ 2 S. 1 Nr. 1 SINTEGV). Die Teilnahme ist gem. § 3 SINTEGV anzuzeigen. Das Erlöschen der Teilnehmerberechtigung wird in § 4 SINTEGV geregelt. 13

Verordnungsgeber ist die **Bundesregierung.** Innerhalb der Bundesregierung ist das **BMWK** als sachlich zuständiges Ministerium für die Ausgestaltung der Verordnung zuständig (BeckOK EnWG/*Groß/Wagenführ* § 119 Rn. 14). **Eine Zustimmung des Bundesrates** ist nicht erforderlich. Die Länder konnten sich mit der im Gesetzgebungsverfahren nachdrücklich vorgetragenen, gegenteiligen Forderung nicht durchsetzen (dazu NK-EnWG/*Winkler* § 119 Rn. 4). 14

2. Verordnungsermächtigung aus Abs. 1a. Die Verordnungsermächtigung des § 119 Abs. 1a wurde zum 1.10.2021 neu in den § 119 eingefügt. Zuvor war diese Verordnungsermächtigung in § 95 Nr. 6 lit. b und c EEG 2017 geregelt (BT-Drs. 19/7375, 66). Durch die Überführung in das EnWG wird § 119 als **einheitlicher Regelungsstandort** für die Durchführung des SINTEG-Programms gestärkt (BeckOK EnWG/*Groß/Wagenführ* § 119 Rn. 33). Die Bundesregierung kann von der Verordnungsermächtigung in den Fällen des Abs. 1 und unter den Voraussetzungen der Abs. 3 bis 5 Gebrauch machen. Es gelten damit dieselben Restriktionen wie für Verordnungen auf Grundlage des Abs. 1 S. 1. Eine Zustimmung des Bundesrates zur Verordnung auf Grundlage des Absatz 1a ist nicht erforderlich. 15

In der Verordnung auf Grundlage des Abs. 1a kann zum einen bestimmt werden, dass bei Netzengpässen im Rahmen von § 13 Abs. 1 die Einspeiseleistung nicht durch die Reduzierung der Erzeugungsleistung der Anlage, sondern durch die Nutzung von Strom einer zuschaltbaren Last reduziert werden kann, sofern die eingesetzte Last den Strombezug nicht nur zeitlich verschiebt und die entsprechende physikalische Wirkung für das Stromnetz gewahrt bleibt (Nr. 1). Zweck dieser Regelung ist es, **Einspeisemanagementmaßnahmen nach § 14 zu vermeiden** und die Energie stattdessen vermehrt zu nutzen (BerlKommEnergieR/*Geiger/Kirchenbaur/Schittenhelm* EEG § 95 Rn. 61). Zum anderen kann in der Verordnung eine **Abweichung von der Berechnung der Entschädigung nach § 13a Abs. 2 S. 3 Nr. 5** bestimmt werden (Nr. 2). Dies ermöglicht es, Erneuerbare-Energien-Anlagen auf Grundlage regional spezifischer Preise zu entschädigen (BerlKommEnergieR/*Geiger/Kirchenbaur/Schittenhelm* EEG § 95 Rn. 62). § 119 Abs. 1a Nr. 2 schafft so die Voraussetzung, lokale Märkte im Rahmen des SINTEG-Förderprogramms zu erproben (BT-Drs. 18/10209, 123). Der Verordnungsgeber hat in § 9 SINTEGV von dieser Verordnungsermächtigung Gebrauch gemacht (→ Rn. 34). 16

II. Anwendungsbereich (Abs. 1 S. 2)

17   Die SINTEGV darf gem. § 119 Abs. 1 S. 2 nur angewendet werden, wenn ein spezielles **auslösendes Moment** eintritt. Andernfalls ist ein abweichendes Verhalten unzulässig (BT-Drs. 18/10209, 127). Abs. 1 S. 2 bestimmt (und beschränkt) so den **Anwendungsbereich** der Verordnung. Die (alternativen) auslösenden Momente werden in S. 2 abschließend aufgezählt. Die sich inhaltlich ergänzenden § 119 Abs. 1 S. 2 Nr. 1 und 2 bestimmen netzbezogene Momente, während die Nr. 3 ein marktbezogenes Moment definiert. In S. 2 kommt so die restriktive Gestaltung des § 119 zum Ausdruck. Die Anwendbarkeit der SINTEGV wird auf Situationen beschränkt, in denen zur Durchführung des SINTEG-Programms erneuerbare Energien am Netz gehalten werden sollen, obwohl dies wirtschaftlich nicht sinnvoll ist. Allein die hierfür entstehenden Kosten sollen auf Grundlage der SINTEGV erstattet werden können (BerlKommEnergieR/*Groebel* EnWG § 119 Rn. 10). Die Vorgaben des § 119 Abs. 1 S. 2 werden in § 6 Abs. 2 SINTEGV umgesetzt, wobei der Verordnungsgeber nur zwischen einem netzbezogenen und einem marktbezogenen Zeitraum unterscheidet (→ Rn. 31).

18   Gem. § 119 Abs. 1 S. 2 Nr. 1 und 2 kann die Verordnungen bei Maßnahmen angewendet werden, die der **Sicherheit und Zuverlässigkeit des Elektrizitätsversorgungssystems** dienen. Die Regelungen dürfen dabei nur die Abwicklung solcher Maßnahmen, nicht aber das gewährleistete Maß an Sicherheit und Zuverlässigkeit selbst, betreffen (BT-Drs. 18/10209, 127). Nr. 1 erfasst markt- und netzbezogene Maßnahmen zur Gewährleistung der Sicherheit und Zuverlässigkeit der Elektrizitätsversorgung, die die Vermeidung netz- oder marktbezogener Maßnahmen durch die Netzbetreiber nach § 13 Abs. 1 bis 2 und § 14 Abs. 1 bezwecken. Maßnahmen nach Nr. 2 müssen unmittelbar und direkt eintreten und dabei einen zusätzlichen Beitrag für Netz- und Systemstabilität leisten, der geeignet ist, Eingriffe der Übertragungsnetzbetreiber zu vermindern (BT-Drs. 18/10209, 127). § 119 Abs. 1 Nr. 1 und Nr. 2 aF (bis 30.9.2021) verwies bei einem ansonsten gleichen Wortlaut noch auf andere Normen. Die Anpassung des § 119 Abs. 1 S. 2 Nr. 1 und 2 nF wurde als Folgeänderung aufgrund der Überführung des Einspeisemanagements in den Redispatch erforderlich (BT-Drs. 19/7375, 66).

19   Adressaten der Regelungen aus Nr. 1 und 2 sind die **Übertragungs- und Verteilernetzbetreiber**. Übertragungsnetzbetreiber sind gem. § 13 Abs. 1 verpflichtet, zur Gewährleistung der Sicherheit oder Zuverlässigkeit des Elektrizitätsversorgungssystems netzbezogene oder marktbezogene Maßnahmen zu treffen oder zusätzliche Reserven bereitzustellen. Für die Verteilernetzbetreiber gelten diese Anforderungen gem. § 14 Abs. 1 entsprechend, sodass eine Pflicht zur Durchführung von Einspeisemanagementmaßnahmen bestehen kann. Die Durchführung des SINTEG-Programms kann dazu führen, dass vermehrt Maßnahmen zur Gewährleistung der Sicherheit und Zuverlässigkeit des Elektrizitätsversorgung ergriffen werden müssen, da erneuerbare Energien am Netz gehalten und nicht abgeregelt werden dürfen. Infolgedessen entstehen den Übertragungs- und Verteilnetzbetreibern Kosten, die gemäß der SINTEGV erstattet werden können (BerlKommEnergieR/*Groebel* EnWG § 119 Rn. 11).

20   Nr. 3 knüpft die Anwendbarkeit der Verordnung an ein entsprechendes **Marktpreissignal**. Die Verordnung ist anwendbar, wenn an den Strombörsen (§ 3 Nr. 43a EEG) der Preis für die Lieferung von Strom für den laufenden oder den folgenden Tag null beträgt oder dieser Wert unterschritten wird. Solche Preise würden ohne eine staatliche Intervention dazu führen, dass die Marktakteure die erneuerbaren Energien abregeln. Da dies mit dem durch das SINTEG-Programm bezweckten Ziel der Bewältigung zusätzlicher, flexibler Lasten nicht vereinbar ist, ermöglicht § 119 Abs. 1 S. 2 Nr. 3 einen wirtschaftlichen Ausgleich auf Grundlage der Verordnung (BT-Drs. 18/10209, 127).

III. Abweichungsbefugnis (Abs. 2)

Abs. 2 konkretisiert den zulässigen Verordnungsinhalt iSd § 119 Abs. 1 S. 1. So **21** kann in der Verordnung nur von den in Abs. 2 genannten Vorschriften abgewichen und nur für diese Vorschriften spezielle Erstattungsregeln getroffen werden. Darüber hinaus bestimmt Abs. 2 auch, auf welche Projektteilnehmer die einzelnen Regelungen anwendbar sind (BT-Drs. 18/10209, 127). Die Fallgruppen des Abs. 2 orientieren sich an dem übergeordneten Ziel, die Projektteilnehmer bei der Entwicklung innovativer Lösungen zu fördern, indem diese von wirtschaftlichen Erwägungen entlastet werden (NK-EnWG/*Winkler* § 119 Rn. 19).

Abs. 2 Nr. 1 befasst sich mit **Netznutzungsentgelten** iSd § 17 Abs. 2 und § 19 **22** Abs. 2 S. 1 und 2 StromNEV, die den Netzbetreibern zufließen. In der Verordnung kann die Erstattung solcher Netznutzungsentgelte oder eine abweichende Ermittlung der Netznutzungsentgelte durch den Netzbetreiber bei einem **Letztverbraucher** geregelt werden. Zweck dieser Regelungen ist es, Kosten der Netzbetreiber, die sich aus der Teilnahme am SINTEG-Programm ergeben, zu kompensieren (BeckOK EnWG/*Groß*/*Wagenführ* § 119 Rn. 16). Der Verordnungsgeber hat in § 7 SINTEGV von der Ermächtigung aus § 119 Abs. 1 S. 1 iVm Abs. 2 Nr. 1 Gebrauch gemacht (→ Rn. 35).

Nr. 2 ermöglicht es, in der Verordnung Anlagen zur **Stromspeicherung** oder **23** zur Umwandlung elektrischer Energie in einen anderen Energieträger von den in a) bis c) genannten Entgelten und Umlagen zu befreien oder gezahlte Entgelte und Umlagen zu erstatten. Erstattungen sind hier erforderlich, da elektrischer Strom mit höheren Umlagen und Entgelten belastet ist als andere Brennstoffe (Verordnungsentwurf, 22). Im Einzelnen erfasst sind Netzentgelte nach § 17 Abs. 1 und § 19 Abs. 2 S. 15, Abs. 4 StromNEV (a), der Aufschlag auf Netzentgelte nach § 17f Abs. 5 S. 1 (b) und die Umlage nach § 18 Abs. 1 S. 2 AbLaV (c). Nr. 2 bezweckt so einen **Nachteilsausgleich** für den Ausbau der Speicherkapazitäten, die für die Gewährleistung der Versorgungssicherheit und Netzstabilität erforderlich sind (NK-EnWG/*Winkler* § 119 Rn. 17). Der Verordnungsgeber hat entsprechende Regelungen in § 8 SINTEGV getroffen.

In Nr. 3 wird bestimmt, dass auf die Schaffung einer **gemeinsamen Internet-** **24** **plattform** aller Verteilernetzbetreiber gem. § 14 Abs. 1 S. 1 iVm § 13 Abs. 6 verzichtet werden kann. Auf diese Weise soll es einzelnen Verteilernetzbetreibern ermöglicht werden, Lastschaltungen ohne eine Abstimmung mit allen Verteilernetzbetreibern herzustellen (BT-Drs. 18/10209, 127). Der Verordnungsgeber hat von dieser Möglichkeit in § 5 SINTEGV Gebrauch gemacht.

IV. Restriktionen (Abs. 3 und 4)

Abs. 3 begrenzt den zulässigen Regelungsumfang der SINTEGV. Durch die **25** (kumulativen) Restriktionen des Abs. 3 sollen Regelungen in der Verordnung auf den zur Durchführung des SINTEG-Programms **notwendigen Umfang** beschränkt werden. Zugleich soll verhindert werden, dass Regelungen aus wirtschaftlichen Interessen genutzt werden. Insbesondere gilt es zu verhindern, dass Akteure die Projektteilnahme als Grundlage eines Geschäftsmodells nutzen (BT-Drs. 18/10209, 128).

26 Gem. Nr. 1 dürfen nur solche Regelungen in der SINTEGV getroffen werden, die zur Sammlung von Erfahrungen und Lerneffekten im Sinne der Ziele des SINTEG-Programms beitragen. Den Verordnungsgeber trifft dabei eine Darlegungslast (BT-Drs. 18/10209, 128). Die **Ziele des SINTEG-Programms** werden im Abs. 4 umfassend definiert: Die Ziele sind im Einzelnen: ein effizienter und sicherer Netzbetrieb bei hohen Anteilen erneuerbarer Energien (1.), die Hebung von Effizienz- und Flexibilitätspotenzialen markt- und netzseitig (2.), ein effizientes und sicheres Zusammenspiel aller Akteure im intelligenten Energienetz (3.), die effizientere Nutzung der vorhandenen Netzstruktur (4.) sowie die Verringerung von Netzausbaubedarf auf der Verteilernetzebene (5.). In der Begrenzung aus Abs. 3 Nr. 1 iVm Abs. 4 kommt der Charakter des § 119 und der SINTEGV als **regulatorisches Umsetzungsinstrument** besonders zur Geltung (→ Rn. 8). So lagen die jetzt in Abs. 4 geregelten Ziele bereits der SINTEG-Förderbekanntmachung vom 19.1.2015 zugrunde (Förderbekanntmachung → Rn. 7, S. 2). Die nachträgliche Übernahme dieser Ziele in das EnWG stellt sicher, dass der Verordnungsgeber keine Regelungen trifft, die nicht zur Umsetzung des SINTEG-Programms erforderlich sind.

27 Nr. 2 begrenzt die Zahlungen, die Teilnehmer auf Grundlage der Verordnung aus § 119 Abs. 1 S. 1 erhalten dürfen. Lit. a bestimmt, dass Zahlungen an die Teilnehmer auf den Ausgleich der wirtschaftlichen Einbußen aufgrund der Teilnahme an dem SINTEG-Förderprogramm begrenzt sind. Maßstab sind die wirtschaftlichen Nachteile, die sich aus der Teilnahme am Förderprogramm ohne die abweichenden Regelungen ergeben würden. Die Zahlungen sind damit auf einen **reinen Nachteilsausgleich** beschränkt (BerlKommEnergieR/*Groebel* EnWG § 119 Rn. 18). Gem. lit. b sind gegebenenfalls entstehende wirtschaftliche Vorteile bei den Teilnehmern an den Netzbetreiber, an dessen Netz die betreffende Anlage angeschlossen ist, zur Minderung des Netzentgelts abzuführen. So verbleibt kein Gewinn bei den einzelnen Teilnehmern. Insgesamt soll den Teilnehmern also kein wirtschaftlicher Vor- oder Nachteil aus der Teilnahme am SINTEG-Programm entstehen. Der Verordnungsgeber hat diese Vorgaben in den §§ 10 und 11 der SINTEGV umgesetzt (→ Rn. 36 f.).

28 Die Regelungen in der Verordnung müssen gem. Nr. 3 auf die Teilnehmer des SINTEG-Programms begrenzt sein und spätestens am 30.6.2022 auslaufen. Auch diese Restriktion dient dem Zweck, den Aufbau eines Geschäftsmodells auf Grundlage der der SINTEGV zu verhindern. Dies gelingt, indem Akteure, die keine **Teilnehmer** sind, von der Anwendung der SINTEGV ausgenommen werden. Für die Teilnehmer entfallen wirtschaftliche Anreize, da die Regelungen in der Verordnung spätestens bis zum **30.6.2022** auslaufen müssen und so auf die Dauer des SINTEG-Programms beschränkt sind (BT-Drs. 18/10209, 128). Der Verordnungsgeber hat sich zur Umsetzung des § 119 Abs. 3 Nr. 3 dazu entschieden, die SINTEGV zum 30.6.2022 außer Kraft treten zu lassen (§ 14 Abs. 2 SINTEGV).

V. Durchführung (Abs. 5)

29 Abs. 5 befasst sich mit der Durchführung der Regelungen in der SINTEGV. Hierfür ist im Ausgangspunkt die Bundesregierung und innerhalb der Regierung das **BMVK** als sachlich zuständiges Ressort verantwortlich. Abs. 5 ermächtigt die Bundesregierung, in der Verordnung einzelne Aufgaben – namentlich die Anzeige,

Überwachung und Kontrolle der Befreiungen oder Erstattungen im Rahmen des SINTEG-Programms sowie die mit Abs. 3 Nr. 2 verbundenen Aufgaben – der BNetzA oder den Netzbetreibern zu übertragen. Der Gesetzgeber dachte dabei vor allem an die Bescheidung von Teilnahmeberechtigungen und die Feststellung von Ansprüchen auf den Nachteilsausgleich (BT-Drs. 18/10209, 128).

Der Verordnungsgeber hat sich dazu entschieden, diese Aufgaben der **BNetzA** 30 zu übertragen. So sind die Teilnehmer gem. § 3 Abs. 1 SINTEGV verpflichtet, ihre Teilnahme gegenüber der BNetzA anzuzeigen, welche die Teilnahme gem. § 3 Abs. 5 SINTEGV zu bestätigen hat. Ansprüche der Teilnehmer auf Kostenerstattung werden ebenfalls durch die BNetzA festgestellt (§ 12 Abs. 1 S. 1 SINTEGV). Die eigentliche Kostenerstattung erfolgt dann gem. § 12 Abs. 5 S. 1 SINTEGV durch die Netzbetreiber (→ Rn. 31).

C. Erstattungsanspruch der Projektteilnehmer

I. Anspruchsgrundlage (§ 6 Abs. 1 SINTEG-V)

Aus § 6 Abs. 1 SINTEGV ergibt sich der **Anspruch der Projektteilnehmer** auf 31 Erstattung der wirtschaftlichen Nachteile, die aus der Projektteilnahme resultieren. Solche wirtschaftlichen Nachteile können sich aus Netzentgelten, Netzentgeltaufschlägen und Umlagen ergeben. Die einzelnen erstattungsfähigen Positionen werden in den §§ 7 bis 9 SINTEGV konkretisiert. Der zeitliche Anwendungsbereich des Anspruchs ergibt sich aus den § 6 Abs. 2 SINTEGV, wobei der Verordnungsgeber den Anwendungsbereich der Verordnung aus § 119 Abs. 1 S. 2 nachzeichnet (→ Rn. 17 ff.). Der Anspruch richtet sich grundsätzlich gegen den gem. § 6 Abs. 1 SINTEGV zuständigen **Netzbetreiber,** der auch für die Erhebung der Entgelte, Aufschläge und Umlagen zuständig ist. Für die Erstattung der EEG-Umlage nach § 8 Nr. 2 SINTEGV ist dagegen der vorgelagerte Übertragungsnetzbetreiber aus § 57 Abs. 1 EEG zuständig. Erstattungen der Netzbetreiber mindern im **Regulierungskonto** nach § 5 ARegV die erzielbaren Erlöse (§ 12 Abs. 5 S. 3 SINTEGV). Die Netzbetreiber können die zusätzlichen Ausgaben so mit zusätzlichen Einnahmen verrechnen, oder, wenn dies nicht möglich ist, nach Auflösung des Regulierungskontos (§ 5 Abs. 3 ARegV) auf die Netzentgelte aufschlagen. Da eine Differenz auf dem Regulierungskonto verzinst wird (§ 5 Abs. 2 ARegV), entstehen dem Netzbetreiber so im Ergebnis keine wirtschaftlichen Nachteile.

II. Anspruchsumfang (§§ 7 bis 9 SINTEGV)

§ 7 SINTEGV wird auf die Verordnungsermächtigung des § 119 Abs. 1 S. 1, 32 Abs. 2 Nr. 1 gestützt. Projektteilnehmer, die Letztverbraucher sind, müssen gem. **§ 7 Abs. 1 SINTEGV** auch solche Netzentgelte entrichten, die sich aufgrund ihrer Projekttätigkeit ergeben. Daher steht ihnen ein Kostenerstattungsanspruch gegen den Netzbetreiber aus § 6 Abs. 1 iVm § 7 Abs. 2 SINTEGV zu. Gem. § 7 Abs. 2 S. 1 SINTEGV wird der zu erstattende wirtschaftliche Nachteil grundsätzlich als Differenz aus dem tatsächlich vereinnahmten Netzentgelt und einem **fiktiven Netzentgelt,** welches der Netzbetreiber ohne die Teilnahme am SINTEG-Programm erhalten hätte, ermittelt. Außer Acht bleiben bei der Ermittlung des fiktiven Entgelts Erhöhungen oder Verringerungen der in § 7 Abs. 2 S. 2 SINTEGV genannten Parametern. Dies soll bei den Teilnehmern Anreize für ein angepasstes Ab-

§ 119 Teil 10. Evaluierung, Schlussvorschriften

nahmeverhalten setzen, welches die Stabilität des Energieversorgungssystems unterstützt (Verordnungsentwurf, S. 22).

33 § 8 SINTEGV wird auf die Verordnungsermächtigungen aus § 119 Abs. 1 S. 1, Abs. 2 Nr. 2; § 33 Abs. 1 Nr. 3 KWKG und § 95 Nr. 6 lit. a EEG gestützt und adressiert Teilnehmer, die einen Stromspeicher oder eine Anlage zur Umwandlung elektrischer Energie betreiben. Auch diese müssen zunächst Entgelte und Umlagen entrichten (**§ 8 S. 1 SINTEGV**). Dafür steht den Teilnehmern ein Kostenerstattungsanspruch gegen die Netzbetreiber aus § 6 Abs. 1 iVm § 8 S. 2 SINTEGV zu. Dieser umfasst: Netzentgelte und Aufschläge auf Netzentgelte nach § 17f Abs. 5 S. 1, nach § 26 Abs. 1 KWKG, nach § 17 Abs. 1, nach § 19 Abs. 2 S. 15 und Abs. 4 StromNEV sowie nach § 18 Abs. 1 S. 2 AbLAV (Nr. 1) sowie 60 Prozent der nach §§ 60 und 61 EEG gezahlten EEG-Umlage (Nr. 2).

34 § 9 SINTEGV beruht auf der Verordnungsermächtigung des § 119 Abs. 1a. Gem. § 9 Abs. 1 SINTEGV dürfen Teilnehmer bei Netzengpässen oder zur Vermeidung von Netzengpässen unter Voraussetzung der Nr. 1 bis 3 die Einspeiseleistung durch die Nutzung einer zuschaltbaren Last reduzieren. Die Voraussetzungen vollziehen dabei die Grenzen der Verordnungsermächtigung aus § 119 Abs. 1a nach (→ Rn. 15f.). Gem. Abs. 2 S. 1 besteht bei Anwendung dieser Regeln kein Anspruch auf Entschädigung aus § 15 EEG. Allerdings ist der Netzbetreiber nach Abs. 2 S. 2 dazu verpflichtet, den durch die Entschädigung entgangenen wirtschaftlichen Schaden zu ersetzen.

III. Anrechnung und Abführung wirtschaftlicher Vorteile (§§ 10 bis 11 SINTEGV)

35 § 10 Abs. 1 SINTEGV regelt die **Anrechnung wirtschaftlicher Vorteile,** die sich unmittelbar aus der Projektteilnahme ergeben, auf den Erstattungsanspruch aus § 6 Abs. 1 iVm §§ 7 bis 9 SINTEGV. § 10 Abs. 1 SINTEGV stellt damit sicher, dass kein Teilnehmer einen wirtschaftlichen Vorteil aus der Projektteilnahme erhält und setzt so die Restriktion des § 119 Abs. 3 Nr. 2 lit. a um (→ Rn. 27). Die Anrechnung erfolgt, ohne dass es einer besonderen Erklärung durch den Netzbetreiber bedarf. Der Erstattungsanspruch entsteht also nicht in voller Höhe, sondern nur soweit er nicht durch anzurechnende wirtschaftliche Vorteile gemindert ist (Verordnungsentwurf, S. 24).

36 Von § 10 Abs. 1 SINTEGV sind nur solche Vorteile erfasst, die sich „unmittelbar" aus der Projektteilnahme ergeben. Der wirtschaftliche Vorteil muss also in einem **sachlichen und zeitlichen Zusammenhang** zu der jeweiligen Projekttätigkeit stehen (Verordnungsentwurf, S. 24). § 10 Abs. 2 S. 1 SINTEGV konkretisiert den Begriff der „wirtschaftlichen Vorteile" durch die Nennung von Regelbeispielen weiter. In § 10 Abs. 3 SINTEGV nennt der Verordnungsgeber dagegen Regelbeispiele, die keine wirtschaftlichen Vorteile iSd § 10 Abs. 1 SINTEGV sind. So fehlt es nach dem Willen des Verordnungsgebers etwa bei der Herstellung von Gütern an einem „unmittelbaren" Zusammenhang zwischen wirtschaftlichem Vorteil und Projekttätigkeit (Verordnungsentwurf, S. 24). Von den wirtschaftlichen Vorteilen können mit diesen zusammenhängenden **operativen Kosten und Aufwendungen** aus der Anzeige (§ 3 SINTEGV) und dem Antragsverfahren (§ 12 SINTEGV) grundsätzlich zur Hälfte abgezogen werden (§ 10 Abs. 2 S. 1, 2 SINTEGV), Aufwendungen aus § 12 Abs. 4 SINTEGV dagegen vollständig (§ 10 Abs. 2 S. 3 SINTEGV). Kosten und Aufwendungen können maximal bis zur Höhe der erzielten wirtschaftlichen Vorteile angerechnet werden; ersparte Aufwendungen können dagegen den

VO-Ermächtigung für das Forschungs- und Entwicklungsprogramm § 119

wirtschaftlichen Vorteil weiter erhöhen (§ 10 Abs. 2 S. 4 SINTEGV, Verordnungsentwurf, S. 24). Erstattungen iSd § 8 SINTEGV können aus verschiedenen Positionen bestehen, denen dann ein einheitlicher wirtschaftlicher Vorteil entgegensteht. Die Zuordnung der wirtschaftlichen Vorteile auf die Erstattungspositionen erfolgt dann gem. § 10 Abs. 4 SINTEGV „pro rata" (Verordnungsentwurf, S. 24).

Sollten nach der Anrechnung gem. § 10 Abs. 1 SINTEGV noch Vorteile bei den 37 Teilnehmern verbleiben, sind diese nach § 11 SINTEGV an die Netzbetreiber auszuzahlen. Der Netzbetreiber hat die Auszahlungen zur Verminderung der Netzentgelte einzusetzen. Diese Regelung dient der Umsetzung des § 119 Abs. 3 Nr. 2 lit. b. Als Ergänzung zu § 10 SINTEGV stellt § 11 SINTEGV sicher, dass Teilnehmer keine wirtschaftlichen Vorteile aus der Teilnahme am SINTEG-Programm erzielen.

IV. Geltendmachung (§ 12 SINTEGV)

Die **Geltendmachung** des Erstattungsanspruchs gegen den Netzbetreiber aus 38 § 6 Abs. 1 SINTEGV setzt voraus, dass dieser zuvor von der BNetzA gem. § 12 Abs. 1 SINTEGV festgestellt wurde. Bei der **Feststellung** handelt es sich um einen Verwaltungsakt iSd § 35 S. 1 VwVfG. Die BNetzA wird nur auf Antrag des Teilnehmers tätig. Der Antrag kann aus Gründen der Verfahrensökonomie nur einmal jährlich gestellt werden (Verordnungsentwurf, S. 25). Der Antrag ist dabei in dem Kalenderjahr zu stellen, welches auf das Jahr der Projekttätigkeit folgt (§ 12 Abs. 1 S. 2 SINTEGV). Mit den letzten Anträgen ist also 2023 zu rechnen. Eine Pflicht zur Antragsstellung besteht (mit Ausnahme der Fälle des § 9 SINTEGV gem. § 12 Abs. 1 S. 3 SINTEGV) nicht. Die inhaltlichen Anforderungen an den Antrag werden in § 12 Abs. 2 SINTEGV konkretisiert. Die BNetzA muss auf Grundlage der von den Teilnehmern übermittelten Nachweise ohne weiteres erkennen können, ob und in welcher Höhe ein Anspruch besteht. Die **Beweislast** liegt bei den Teilnehmern (Verordnungsentwurf, S. 25). Der Teilnehmer ist gem. § 12 Abs. 3 SINTEGV verpflichtet, sämtliche für die Anrechnung wirtschaftlicher Vorteile (§ 10 SINTEGV) und die Auszahlung verbliebener wirtschaftlicher Vorteile (§ 11 SINTEGV) relevanten Informationen zu übermitteln. Die Richtigkeit der Angaben muss gem. § 12 Abs. 4 SINTEGV durch einen Wirtschaftsprüfer oder eine andere der dort genannten Stellen bestätigt werden. Die Feststellung durch die BNetzA gem. § 12 Abs. 1 SINTEGV hat der Teilnehmer dem nach § 6 Abs. 4 SINTEGV zuständigen Netzbetreiber vorzulegen, der dann gem. § 12 Abs. 5 S. 1 SINTEGV die Erstattung veranlasst. Weitergehende Informationen zur Antragsstellung hat die BNetzA auf ihrer Website veröffentlicht (www.bundesnetzagentur.de/DE/Beschlusskammern/BK04/BK4_71_NetzE/BK4_74_SINTEG/BK4_SINTEG_node.html).

V. Rechtsschutz

Wenn die BNetzA über die Feststellung eines Anspruchs gem. § 12 Abs. 1 S. 1 39 SINTEGV entscheidet, wird sie als Regulierungsbehörde iSd § 75 Abs. 1 S. 1 tätig. Zuständig für Rechtsstreitigkeiten (**„Beschwerden"** iSd § 75 Abs. 1 S. 1) sind daher aufgrund der abdrängenden Sonderzuweisung des § 75 Abs. 4 S. 1 EnWG die **Kartellsenate beim OLG Düsseldorf**. Das Beschwerdeverfahren richtet sich im Übrigen nach den Vorschriften der **§§ 75 ff. EnWG.**

Da die Feststellung eines Anspruchs durch die BNetzA als Verwaltungsakt zu 40 qualifizieren ist (→ Rn. 38), kann dieser mit einer **Anfechtungsbeschwerde** gem. § 75 Abs. 1 S. 1 angegriffen werden. Beschwerdebefugt sind gem. § 75 Abs. 2 jedenfalls alle Verfahrensbeteiligten (→ § 75 Rn. 6 ff.).

41 Beantragt ein Projektteilnehmer erfolglos die Feststellung eines Anspruchs durch die BNetzA, so kann er eine **Verpflichtungsbeschwerde** gem. § 75 Abs. 3 erheben (zur Verpflichtungsbeschwerde → § 75 Rn. 15 ff.). Ein **Rechtsanspruch** des Teilnehmers auf Feststellung der Ansprüche gem. § 12 Abs. 1 S. 1 SINTEGV ergibt sich aus § 6 Abs. 1 iVm §§ 7 bis 9 SINTEGV, sodass dieser beschwerdebefugt ist.

§ 120 Schrittweiser Abbau der Entgelte für dezentrale Einspeisung; Übergangsregelung

(1) Bei Einspeisungen von Elektrizität aus dezentralen Erzeugungsanlagen darf in einer Rechtsverordnung nach § 24 Satz 5 keine Erstattung eingesparter Entgelte für den Netzzugang vorgesehen werden
1. für Erzeugungsanlagen, die ab dem 1. Januar 2023 in Betrieb genommen worden sind,
2. für Anlagen mit volatiler Erzeugung, die ab dem 1. Januar 2018 in Betrieb genommen worden sind.

(2) ¹Wird eine Erzeugungsanlage nach dem für sie maßgeblichen in Absatz 1 genannten Zeitpunkt an eine Netz- oder Umspannebene angeschlossen, die ihrer bisherigen Anschlussebene nachgelagert ist, erhält sie keine Entgelte für dezentrale Einspeisung mehr. ²Eine Erzeugungsanlage, die am 31. Dezember 2016 allein an die Höchstspannungsebene angeschlossen war, erhält ab dem 22. Juli 2017 auch dann keine Entgelte für dezentrale Einspeisung, wenn sie nach dem 31. Dezember 2016 an eine nachgelagerte Netz- oder Umspannebene angeschlossen worden ist oder wird.

(3) ¹Für Anlagen mit volatiler Erzeugung dürfen ab dem 1. Januar 2020 keine Entgelte für dezentrale Erzeugung mehr gezahlt werden. ²Die Rechtsverordnung nach § 24 kann vorsehen, dass die Höhe der Entgelte für dezentrale Einspeisungen aus solchen Anlagen bis dahin stufenweise abgesenkt wird und dies näher ausgestalten. ³Die Absenkung kann, ausgehend von dem sich unter Beachtung der Absätze 4 und 5 ergebenden Wert, in prozentualen Schritten oder anteilig erfolgen.

(4) ¹Bei der Ermittlung der Entgelte für dezentrale Einspeisungen, die für den Zeitraum ab dem 1. Januar 2018 gezahlt werden, sind als Obergrenze diejenigen Netzentgelte der vorgelagerten Netz- oder Umspannebene zugrunde zu legen, die für diese Netz- oder Umspannebene am 31. Dezember 2016 anzuwenden waren. ²Satz 1 ist auch für Erzeugungsanlagen anzuwenden, die nach dem 31. Dezember 2016 in Betrieb genommen worden sind oder werden.

(5) ¹Bei der Ermittlung der Obergrenzen nach Absatz 4 sind ab dem 1. Januar 2018 von den Erlösobergrenzen der jeweiligen Übertragungsnetzbetreiber, so wie sie den jeweiligen Netzentgelten für das Kalenderjahr 2016 zugrunde lagen, die Kostenbestandteile nach § 17d Absatz 7 dieses Gesetzes und § 2 Absatz 5 des Energieleitungsausbaugesetzes in Abzug zu bringen, die in die Netzentgelte eingeflossen sind. ²Für die Zwecke der Berechnungsgrundlage zur Ermittlung der Entgelte für dezentrale Einspeisungen sind die Netzentgelte für das Kalenderjahr 2016 auf dieser Grund-

Schrittweiser Abbau der Entgelte für dezentrale Einspeisung **§ 120**

lage neu zu berechnen. ³Die Übertragungsnetzbetreiber sind verpflichtet, diese fiktiven Netzentgelte gemeinsam mit der Veröffentlichung ihrer Netzentgelte nach § 20 Absatz 1 Satz 1 und 2 auf ihrer Internetseite zu veröffentlichen und als Berechnungsgrundlage für die Ermittlung der Entgelte für dezentrale Einspeisung zu kennzeichnen.

(6) Für die Höhe der Obergrenze, die bei der Ermittlung der Entgelte für dezentrale Einspeisung nach Absatz 4 zugrunde zu legen ist, sind die Netzentgelte des Netzbetreibers maßgebend, an dessen Netz der Anlagenbetreiber am 31. Dezember 2016 angeschlossen war.

(7) ¹Die für den jeweiligen Verteilernetzbetreiber nach Absatz 4 geltenden Obergrenzen sind je Netz- und Umspannebene den nach Absatz 5 ermittelten Obergrenzen der Übertragungsnetzbetreiber entsprechend anzupassen und unter Berücksichtigung dieser Absenkungen ebenfalls neu zu ermitteln. ²Nachgelagerte Verteilernetzbetreiber berücksichtigen dabei ebenfalls die Obergrenzen nach Satz 1 eines vorgelagerten Verteilernetzbetreibers. ³Die Netzbetreiber sind verpflichtet, ihre jeweiligen nach Satz 1 ermittelten Netzentgelte je Netz- und Umspannebene gemeinsam mit ihren Netzentgelten nach § 20 Absatz 1 Satz 1 und 2 auf ihrer Internetseite zu veröffentlichen und als Berechnungsgrundlage für die Ermittlung der Entgelte für dezentrale Einspeisungen zu kennzeichnen und für die Kalkulation der vermiedenen gewälzten Kosten heranzuziehen.

(8) ¹In einer Rechtsverordnung nach § 24 Satz 5 kann die Ermittlung der Entgelte für dezentrale Einspeisung nach den Absätzen 1 bis 7 und 9 näher geregelt werden. ²Insbesondere können in der Rechtsverordnung die Ergebnisse der fiktiven Ermittlung nach Absatz 5 für Übertragungsnetzbetreiber festgelegt werden. ³Dabei können kaufmännisch gerundete Prozentangaben festgelegt werden.

Übersicht

	Rn.
A. Allgemeines	1
I. Inhalt	1
II. Zweck	3
B. Einzelerläuterungen	7
I. Einspeisung von Elektrizität aus dezentralen Erzeugungsanlagen	7
II. Abschaffung vermiedener Netzentgelte bei neuen bzw. volatilen Anlagen (Abs. 1 und 3)	9
III. Verhinderung von Ausweichbewegungen in niedrigere Anschlussebenen (Abs. 2)	15
1. Nachträglicher Wechsel der Anschlussebene (S. 1)	16
2. Keine nachträgliche Herbeiführung der Anspruchsberechtigung (S. 2)	17
IV. Obergrenzen und Referenzpreisblätter (Abs. 4 bis 7)	18
1. Referenzpreisblatt 2016 (Abs. 4)	19
2. Bereinigung des Preisblattes der Übertragungsnetzbetreiber (Abs. 5)	23
3. Besonderheiten bei Netzveränderungen (Abs. 6)	26
4. Referenzpreisblätter der Verteilernetzbetreiber (Abs. 7)	27
V. Ergänzende Verordnungsermächtigung (Abs. 8)	31

§ 120

Teil 10. Evaluierung, Schlussvorschriften

Literatur: *Bourwieg/Brockmeier,* Kalkulation vermiedener Netzentgelte ab dem Jahr 2018, ER 2017, 234; *Bundesnetzagentur,* Bericht Netzentgeltsystematik Elektrizität, 2015; *Petermann,* Entgelt für dezentrale Einspeisung nach § 18 StromNEV – ein Auslaufmodell, EWeRK 2016, 185.

A. Allgemeines

I. Inhalt

1 § 120 als eine zentrale Norm des Entgeltmodernisierungsgesetzes von 2017 hat den schrittweisen **Abbau der Entgelte für dezentrale Einspeisung** (sog. **vermiedene Netzentgelte**) zum Gegenstand. Hierfür sieht das Gesetz differenzierte Vorgaben vor, die Einschränkungen dem Grunde und der Höhe nach statuieren. So ist die Vorschrift eine Mischung aus unmittelbaren gesetzlichen Regelungen und ergänzenden Verordnungsermächtigungen (vgl. die Umsetzung in § 18 StromNEV), wobei hier im Gegensatz zu den allgemeinen Verordnungsermächtigungen hinsichtlich der Ausgestaltung der Netzentgeltregulierung (→ § 24 Rn. 12) eine sehr weitgehende Vorstrukturierung durch den Gesetzgeber erfolgte. Kern der Norm sind die Abs. 1 und 3 mit deutlichen Einschränkungen in zeitlicher Hinsicht bzw. für bestimmte Erzeugungsarten. Diese Vorgaben werden flankiert durch detaillierte und überaus komplexe Abbaumechanismen und Grenzziehungen in den übrigen Absätzen.

2 Abs. 1 schafft die vermiedenen Netzentgelte für **neue Erzeugungsanlagen,** die nach dem 1. Januar 2018 (volatile Anlagen) bzw. nach dem 1. Januar 2023 (nicht-volatile Anlagen) in Betrieb genommen werden, ab. Zugleich werden in Abs. 3 auch für **bestehende volatile Anlagen** die vermiedenen Netzentgelte ab 1.1.2020 gänzlich abgeschafft und zugleich eine Verordnungsermächtigung für einen **Absenkungspfad** in der Übergangszeit geschaffen. Abs. 2 trifft Sonderregelungen bei einem Wechsel der Anschlussebene. Abs. 4 bis 7 statuieren flankierend eine **Entgeltobergrenze,** die sich an einem sog. **Referenzpreisblatt** orientiert, und gestalten die fortbestehenden Entgelte hinsichtlich ihrer Berechnungsweise näher aus. Abs. 8 enthält eine allgemein gehaltene Verordnungsermächtigung zur näheren Ausgestaltung.

II. Zweck

3 Die Konzeption der Entgelte für dezentrale Einspeisung, die noch aus der VV II Strom Plus stammt und aus dieser in **§ 18 StromNEV** überführt wurde (zur historischen Entwicklung *Petermann* EWeRK 2016, 185 (186); vgl. zur Verordnungsermächtigung für § 18 StromNEV → § 24 Rn. 47), hat sich im Laufe der Jahre aufgrund der fortschreitenden Energiewende und des Wandels der Erzeugungslandschaft in Deutschland überholt. Ursprünglicher Zweck bei Schaffung dieser Entgelte war, dass nachgelagert angeschlossene Erzeugungsanlagen idR kleiner dimensioniert seien als Großkraftwerke in der Höchstspannung und daher den Strom aufgrund der fehlenden Skaleneffekte zu höheren Kosten erzeugen. An der Strombörse werde kein Standortvorteil durch lastnahe Erzeugung gegenüber Großkraftwerken berücksichtigt. Somit erfolgte durch das zusätzliche Entgelt ein Ausgleich, wodurch die dezentralen Erzeugungsanlagen auf dem Strommarkt konkurrenzfähig wurden (BNetzA Bericht Netzentgeltsystematik Elektrizität, S. 39). Dieser eindeutig wirtschaftspolitisch motivierte Begründungsansatz wurde im Jahr 2005 bei der Schaffung der StromNEV durch einen **energiewirtschaftlichen Begründungs-**

ansatz ausgetauscht, wonach dezentrale Einspeisung bei einer mittel- bis langfristigen Betrachtung **Investitionen auf der vorgelagerten Netzebene vermeide** (BR-Drs. 245/05, 39). Das Konzept beruhte somit auf einem Strommarktdesign, nach dem die Kostenwälzung dem Energiefluss von der höchsten in die niedrigeren Spannungsebenen folgt (Theobald/Kühling/*Missling* EnWG § 120 Rn. 2). Wirtschaftlich betrachtet sind, wie der BGH jüngst prägnant herausgearbeitet hat, die vermiedenen Netzentgelte eine „Subvention auf Kosten der Netznutzer" (BGH Beschl. v. 27.10.2020 – EnVR 70/19 Rn. 18, BeckRS 2020, 41702 – Kraftwerk Westfalen).

Dem entsprechend sind für die Berechnung des insoweit „vermiedenen Netzentgelts" Vermeidungsarbeit, Vermeidungsleistung sowie die Entgelte der vorgelagerten Netz- und Umspannebene heranzuziehen (§ 18 Abs. 2 StromNEV). Bei dieser **pauschalierenden Entgeltermittlung** werden die denkbaren energiewirtschaftlichen Wirkungen (dh netzentlastende Wirkungen auf der vorgelagerten Ebene, insbesondere aber tatsächliche und dauerhafte Vermeidung von Netzausbaukosten durch die dezentrale Einspeisung) ausgeblendet (vgl. BGH Beschl. v. 27.10.2020 – EnVR 70/19 Rn. 20, BeckRS 2020, 41702 – Kraftwerk Westfalen). Diese energiewirtschaftlichen Wirkungen lassen sich mit vertretbarem Aufwand und über den für Netzinvestitionen erforderlichen Betrachtungszeitraum schlicht nicht ermittelt. Es werden in einer „als-ob" Betrachtung die vermiedenen Netzentgelte durch Entnahmen aus der vorgelagerten Netzebene zur Bewertung herangezogen. Die Aufwendungen des jeweiligen Einspeisenetzbetreibers für vermiedene Netzentgelte gelten in der Anreizregulierung gem. § 11 Abs. 2 S. 1 Nr. 8 ARegV als dauerhaft nicht beeinflussbare Kostenanteile. Sie sind damit dem Effizienzvergleich entzogen und vom Netzbetreiber jährlich anpassbar.

Die damals tragenden Prämissen für die Beibehaltung der Entgelte für dezentrale Einspeisung treffen heute nicht mehr zu. Eine Absenkung bzw. Vermeidung von Infrastrukturkosten wird mit fortschreitender Energiewende und dem Ausbau insbesondere volatiler Erzeugung nicht bewirkt (vgl. BR-Drs. 71/17, 6 (12)). Im Gegenteil führen die bei starker dezentraler Einspeisung notwendigen Rückspeisungen in vorgelagerte Netze sogar zu **zusätzlichem Netzausbau** (BNetzA Bericht Netzentgeltsystematik Elektrizität, S. 39) und damit zu zusätzlichen Netzkosten. **Rückspeisungen** aus dem Netz, in das eingespeist wird, in das vorgelagerte Netz sind unausweichlich, da die nachgelagerten Netze in der Regel lediglich für die Verteilung von Strom aus höheren Spannungsebenen ausgelegt sind (BR-Drs. 71/17, 12). Damit einhergehend wurde eine zunehmend unverhältnismäßige Entgeltbelastung in ländlich geprägten, lastschwachen östlichen und nördlichen Bundesländern befürchtet, wo der Zubau dezentraler Anlagen besonders voranschritt (*Petermann* EWeRK 2016, 185 (186)). Zudem führten die aufgrund des Netzausbaus steigenden Netzentgelte wiederum zu steigenden vermiedenen Netzentgelten und damit zu **Fehlanreizen** (zu dieser „paradoxen Situation" Theobald/Kühling/*Missling* EnWG § 120 Rn. 3). Die Netznutzer enthalten damit keine Kompensation über geringere Netzentgelte in Netzen mit starker dezentraler Einspeisung. Die oben beschriebene, historische Fiktion des vermiedenen Netzausbaus führt für den Netznutzer zu keiner Entlastung, sondern tendenziell zu Mehrbelastungen. Der spürbare Anstieg der vermiedenen Netzentgelte (im Jahr 2017 betrugen diese ca. 2,8 Mrd. EUR und damit etwa 10 Prozent der gesamten Stromnetzkosten, *Bourwieg/Brockmeier* ER 2017, 234) und die beschriebenen Fehlanreize führten beim Gesetzgeber zu einem Umdenken, das letztlich in den durch das **Netzentgeltmodernisierungsgesetz** (BGBl. 2017 I S. 2503) eingeführten § 120 mündeten.

6 Noch im Regierungsentwurf (BR-Drs. 73/17) war eine vollständige Abschaffung dieser Entgelte vorgesehen, die in einem längeren Übergangsprozess vonstattengehen sollte. Demgegenüber war der Bundesrat der Auffassung, dass vermiedene Netzentgelte abgeschafft werden sollen, wo ihnen „keine adäquate Systemdienlichkeit mehr gegenübersteht", also im Hinblick auf volatile Erzeugung (BT- Drs. 18/11528, 22; als schützenswert benannt werden exemplarisch KWK- und Wasserkraftanlagen). Die heutige Fassung basiert auf der Empfehlung des Wirtschaftsausschusses des Bundestags (BT-Drs. 18/12999, 8 (21)) und trat am 22.7.2017 in Kraft. Die ausgezahlten vermiedenen Netzentgelte konnten ab dem Jahr 2018 durch die aus den Regelungen des § 120 resultierenden Effekte deutlich reduziert werden.

B. Einzelerläuterungen

I. Einspeisung von Elektrizität aus dezentralen Erzeugungsanlagen

7 Vom Anwendungsbereich der Norm sind die potenziell Anspruchsberechtigten für die Auszahlung von vermiedenen Netzentgelten erfasst, also **Betreiber von dezentralen Erzeugungsanlagen**. Erzeugungsanlagen sind Anlagen zur Erzeugung elektrischer Energie (§ 3 Nr. 18c). *Dezentrale* Erzeugungsanlagen sind gemäß der Legaldefinition in § 3 Nr. 11 an das Verteilernetz angeschlossene **verbrauchs- und lastnahe** Erzeugungsanlagen (hierzu → § 3 Rn. 30). Nicht anspruchsberechtigt sind zB Anlagen, die (auch) an die Höchstspannungsebene angeschlossen sind (BGH Beschl. v. 27.2.2018, EnVR 1/17, RdE 2018, 248 – Mark-E AG; BGH Beschl. v. 27.10.2020, EnVR 70/19, BeckRS 2020, 41702 – Kraftwerk Westfalen). Anspruchsberechtigt können auch Stromspeicher sein (BNetzA Beschl. v. 18.12.2020 – BK8-20/10465-M1, S. 12 ff.). Bestimmte Anlagenbetreiber, die nach dem EEG oder KWKG gefördert werden, erhalten selbst keine vermiedenen Netzentgelte (vgl. § 18 Abs. 1 S. 4 StromNEV), da die jeweilige Förderung diese Entgelte bereits enthält; jedoch erfolgt bei Anlagen, die nach EEG gefördert werden, eine Zahlung dieser Entgelte an die Übertragungsnetzbetreiber (§ 57 Abs. 3 S. 1 EEG), wodurch wiederum die EEG-Umlage sinkt (BerlKommEnergieR/*Mohr* StromNEV § 18 Rn. 13; BT-Drs. 18/11528, 14 f., auch zu den gegenläufigen Konsequenzen der schrittweisen Abschaffung der vermiedenen Netzentgelte für die EEG-Umlage).

8 Einen besonderen Fall stellen in diesem Zusammenhang Rückspeisungen aus einer nachgelagerten in eine vorgelagerte Netzebene dar, die in der vorgelagerten Netzebene als dezentrale Einspeisung zu behandeln sind, § 18 Abs. 1 S. 5 StromNEV (vgl. *Bourwieg/Brockmeier* ER 2017, 234 (237) zum Aufteilungsschlüssel für die Weitergabe der vermiedenen Netzentgelte an die dezentralen Einspeiser im nachgelagerten Netz).

II. Abschaffung vermiedener Netzentgelte bei neuen bzw. volatilen Anlagen (Abs. 1 und 3)

9 Die Abs. 1 und 3 bilden den Kern der Vorschrift, da sie für bestimmte Anlagentypen bzw. ab bestimmten Zeitpunkten eine Abschaffung der vermiedenen Netzentgelte normieren. Abs. 1 adressiert zunächst den Verordnungsgeber, indem in einer Rechtsverordnung nach § 24 S. 5 (→ § 24 Rn. 47) für bestimmte Fallgruppen keine Erstattung vermiedener Netzentgelte (im Duktus des EnWG: „eingesparter Entgelte für den Netzzugang") vorgesehen werden darf.

Gem. Abs. 1 Nr. 1 entfällt das vermiedene Netzentgelt für neu hinzukommende **10** Anlagen, die ab dem **1.1.2023** in Betrieb genommen werden. Dies ist eine Auffangnorm für alle Anlagen, bei denen es sich nicht um solche mit volatiler Erzeugung handelt. Für letztere gelten besondere Vorgaben (Abs. 1 Nr. 2 sowie Abs. 3; zur Begründung für diese Differenzierung →Rn. 12). **Nicht-volatile Anlagen** sind alle Anlagen, die nicht von der Legaldefinition des § 3 Nr. 38a erfasst sind (→Rn. 12). In Umsetzung von Abs. 1 Nr. 1 regelt nunmehr § 18 Abs. 1 S. 1 StromNEV durch einen Einschub, dass dezentrale Erzeugungsanlagen, *die vor dem 1. Januar 2023 in Betrieb genommen worden sind,* vom Betreiber des Elektrizitätsverteilernetzes, in dessen Netz sie einspeisen, ein Entgelt erhalten.

Abzustellen ist auf den **Inbetriebnahmezeitpunkt**. Gem. § 3 Nr. 30 EEG ist **11** die Inbetriebnahme die erstmalige Inbetriebsetzung der Anlage [...] nach Herstellung der technischen Betriebsbereitschaft. Es liegt nahe, diese Definition für die Inbetriebnahme nach § 120 heranzuziehen (*Bourwieg/Brockmeier* ER 2017, 234 (235); Theobald/Kühling/*Missling* EnWG § 120 Rn. 6).

Demgegenüber erfolgt gegenüber volatilen Anlagen eine vollständige Ab- **12** schaffung der vermiedenen Netzentgelte. **Volatile Erzeugungsanlagen** sind entsprechend der Legaldefinition der volatilen Erzeugung (§ 3 Nr. 38a) solche, die Strom aus Windenergieanlagen und aus solarer Strahlungsenergie erzeugen (→ § 3 Rn. 97). Eine Vermeidungswirkung kommt diesen Anlagen nicht zu, weil sie nicht gezielt in das Netz einspeisen können (Theobald/Kühling/*Missling* EnWG § 120 Rn. 5); es kommt also auf die Frage der **Steuerbarkeit** der Erzeugung an. Bezogen auf neu hinzukommende volatile Anlagen, die ab dem **1.1.2018** in Betrieb genommen worden sind, entfiel das Entgelt bereits von Beginn an (Abs. 1 Nr. 2). In Umsetzung dessen regelt nunmehr § 18 Abs. 1 S. 2 StromNEV, dass bei Anlagen mit volatiler Erzeugung dezentrale Einspeiser nur dann ein Entgelt erhalten, wenn sie vor dem 1.1.2018 in Betrieb genommen worden sind.

Rückspeisungen (→ Rn. 8) sind grundsätzlich wie volatile Einspeisungen zu be- **13** handeln ab dem 1.1.2020 auch nicht mehr zu vergüten. Dies ist systematisch sachgerecht, weil Rückspeisungen im vorgelagerten Netz zu zusätzlichem Ausbaubedarf führen. Sie sind ungewollt und kein marktgebundenes Phänomen, sodass sich eine der volatilen Einspeisung entsprechende Vergütung in die Gesamtkonzeption der Vorschrift einfügt. Eine Vergütung kommt dann in Betracht, wenn die Rückspeisung nachweisbar durch eine konventionelle Erzeugungsanlage verursacht worden ist (Beschlusskammer 8, Hinweise EOG 2021, S. 15, abrufbar unter www.bundesnetzagentur.de/Beschlusskammern/Beschlusskammer8/Informationen und Rundschreiben/Hinweise). Dabei ist zu beachten, dass die konkrete Zuordnung der Rückspeisung nur in Einzelfällen möglich sein dürfte, wenn sich im Netz nur eine einzelne oder sehr wenige dezentrale Erzeugungsanlagen befinden.

Für vor 2018 bereits bestehende Anlagen mit volatiler Erzeugung gelten die be- **14** sonderen Regeln des Abs. 3. Eine absolute Grenze statuiert Abs. 3 S. 1, indem für solche Anlagen ab dem **1.1.2020** keine vermiedenen Netzentgelte mehr gezahlt werden dürfen. Für den Übergangszeitraum enthält Abs. 2 S. 2 die Option, dass der Verordnungsgeber bis zum Zeitpunkt der endgültigen Abschaffung eine **stufenweise Absenkung** vorgeben kann. Diesbezüglich hat der Gesetzgeber aber die Gestaltungsmacht in die Hände des Verordnungsgebers gelegt. In Abs. 2 S. 3 gibt das Gesetz lediglich vor, dass die Absenkung in prozentualen Schritten oder anteilig er-

§ 120 Teil 10. Evaluierung, Schlussvorschriften

folgen kann. Der Verordnungsgeber hat sich in § 18 Abs. 5 StromNEV dafür entschieden, dass die Entgelte für diese Anlagen schrittweise jährlich, jeweils zum 1. Januar des Jahres, jeweils um einen Betrag von einem Drittel des ursprünglichen Ausgangswerts abgesenkt werden. Somit ergab sich die erste Senkung im Jahr 2018 (1/3) und die zweite im Jahr 2019 (2/3), sodass im Jahr 2019 die Abschmelzung auf Null vollendet war.

III. Verhinderung von Ausweichbewegungen in niedrigere Anschlussebenen (Abs. 2)

15 Abs. 2 betrifft zwei besondere Konstellationen, die mit einem nachträglichen Anschluss einer Erzeugungsanlage an eine nachgelagerte Netz- oder Umspannebene zusammenhängen. Die Regelungen dienen der **Abwehr von unerwünschten Umgehungsmöglichkeiten.**

16 **1. Nachträglicher Wechsel der Anschlussebene (S. 1).** Eine Zahlung vermiedener Netzentgelte entfällt vollständig, wenn eine bereits bestehende Anlage nach dem jeweils nach Abs. 1 für sie geltenden Zeitpunkt an eine **nachgelagerte Ebene** angeschlossen wird. Dann ist sie also wie eine Neuanlage zu behandeln (Theobald/Kühling/*Missling* EnWG § 120 Rn. 9; BerlKommEnergieR/*Bruhn* EnWG § 120 Rn. 9). Hierdurch soll eine Ausweichbewegung von Anlagen in niedrigere Anschlussebenen verhindert werden (BR-Drs. 18/11528, 17). Durch die Wälzung von Netzentgelten im bestehenden Modell der Netzentgeltbildung sind die Entgelte der höheren Ebenen niedriger als die Entgelte der nachgelagerten Ebenen. Es könnte bei insgesamt der Höhe nach gedeckelter Vergütung (→ Rn. 18 ff.) ein Anreiz bestehen, eine bestehende Anlage in eine nachgelagerte Ebene „umzuhängen", in der eine Vergütung stets höher wäre. Diese Optimierungsoption wird durch die Regelung zeitlich stark eingeschränkt.

17 **2. Keine nachträgliche Herbeiführung der Anspruchsberechtigung (S. 2).** S. 2 betrifft demgegenüber Fallgestaltungen, in denen eine bestehende Erzeugungsanlage am 31.12.2016 keine *dezentrale* Erzeugungsanlage war, weil sie aufgrund eines Anschlusses an die Höchstspannungsebene nicht im Verteilernetz angeschlossen war (→ Rn. 7). Wenn sie nach diesem Zeitpunkt stattdessen an eine nachgelagerte Ebene angeschlossen wird, entfällt eine Zahlung vermiedener Netzentgelte ab dem 22.7.2017. Derartige Anlagen sollen durch entsprechende Ausweichbewegungen nicht erstmalig vermiedene Netzentgelte erhalten (BT-Drs. 18/11528, 17).

IV. Obergrenzen und Referenzpreisblätter (Abs. 4 bis 7)

18 Die Abs. 4 bis 7 dienen neben den zeitlichen Restriktionen der Abs. 1 bis 3 einer **weiteren Eingrenzung** der vermiedenen Netzentgelte ab dem Jahr 2018. Mit einem neuartigen System aus Obergrenzen und angepassten historischen Referenzpreisblättern wird so eine **wirkungsvolle Beschränkung der vermiedenen Netzentgelte** erzielt und ein Ausufern der Zahlungen vor dem Hintergrund steigender Netzentgelte verhindert.

19 **1. Referenzpreisblatt 2016 (Abs. 4).** Die in Abs. 4 S. 1 vorgeschriebene **Obergrenze** für vermiedene Netzentgelte gilt ab dem 1.1.2018. Während zuvor stets das aktuelle Preisblatt für das entsprechende Jahr der Auszahlung anzuwenden

war, ist nunmehr grundsätzlich auf das Entgelt abzustellen, das für die betreffende Netz- bzw. Umspannebene am 31.12.2016 anzuwenden war. Damit wird die Logik des § 18 Abs. 2 S. 2 StromNEV, der auf die Netzentgelte der vorgelagerten Netz- oder Umspannebene abstellt, modifiziert. Infolgedessen sind die vermiedenen Netzentgelte nicht mehr abhängig von den (abstrakt) vermiedenen Netzkosten (NK-EnWG/*Winkler* § 120 Rn. 14).

Grundlage der vermiedenen Netzentgelte sind folglich zunächst die veröffentlichten **Preisblätter** jedes Netzbetreibers **des Jahres 2016**. Zu Beginn des Gesetzgebungsverfahrens war als Maßstab für das Referenzpreisblatt noch das Jahr 2015 sowie als Startdatum der 1.1.2017 vorgesehen (BT-Drs. 18/11528, 18). Weitere wesentliche Folgeregelungen zur Ermittlung der Obergrenze treffen die Abs. 5 bis 7. Abs. 4 ist nicht isoliert zu betrachten und stets im Zusammenspiel mit den folgenden Absätzen zu verstehen. 20

Die Vorschrift hat von Jahr zu Jahr steigende Netzentgelte vor Augen und statuiert aus diesem Grund eine **abstrakt-generelle Begrenzung** auf Preise eines zurückliegenden Jahres, um die Kostenvermeidung dezentraler Anlagen angemessen abzubilden (BT-Drs. 18/11528, 18). 21

S. 2 des Abs. stellt klar, dass S. 1 auch für nach dem 31.12.2016 in Betrieb genommene Anlagen gilt. Dies bedeutet, dass ein Abgleich mit dem Preisblatt 2016 nicht etwa deshalb ausscheidet, weil die Anlage im Jahr 2016 noch keine vermiedenen Netzentgelte erhalten hat. 22

2. Bereinigung des Preisblattes der Übertragungsnetzbetreiber (Abs. 5). 23
S. 1 bestimmt eine generelle Absenkung des Referenzpreisblattes durch ein **Herausrechnen bestimmter Kostenpositionen**. Die Regelung zielt auf den Ausgangspunkt der Bildung von Referenzpreisblättern ab, nämlich die **Korrektur der Übertragungsnetzentgelte**. Erst in einem nächsten Schritt sind nach Abs. 7 darauf aufbauend die Entgelte der Verteilernetzbetreiber für die Zwecke der einmaligen Bestimmung der Referenzpreisblätter anzupassen (BerlKommEnergieR/*Bruhn* EnWG § 120 Rn. 18). Die Regelungen in Abs. 5 und Abs. 7 stehen in unmittelbarem inhaltlichem Zusammenhang zueinander und werden – insoweit unübersichtlich – durch Abs. 6 unterbrochen.

Bei der Ermittlung der Obergrenzen sind danach einzelne Kostenbestandteile der Übertragungsnetzentgelte (Offshore-Anbindungskosten gem. § 17d Abs. 7 und Kosten für Erdverkabelung gem. § 2 Abs. 5 EnLAG) herauszurechnen, die bereits im Jahr 2016 bundesweit gewälzt wurden. Grund ist, dass diese Kosten von vornherein nicht durch dezentrale Einspeisung vermieden werden konnten (BT-Drs. 18/11528, 18). In Umsetzung der Vorgabe aus S. 1 sind nach S. 2 die Netzentgelte der Übertragungsnetzbetreiber für das Jahr 2016 für die Ermittlung der vermiedenen Netzentgelte neu zu berechnen. Eine Herausrechnung der Offshore-Anbindungskosten erfolgt seit dem 1.1.2019 auch bei den aktuellen Netzentgelten automatisch, da diese seitdem in den Belastungsausgleich nach § 17f (sog. Offshore-Netzumlage) einbezogen werden (→ § 17f Rn. 4). Daraus resultiert eine Annäherung der Berechnungsgrundlagen für die aktuellen Netzentgelte und vermiedene Netzentgelte (BerlKommEnergieR/*Bruhn* EnWG § 120 Rn. 22). 24

S. 3 statuiert eine **besondere Veröffentlichungspflicht,** die an die Übertragungsnetzbetreiber adressiert ist. Die nach S. 1 und 2 ermittelten fiktiven Netzentgelte werden danach von den Übertragungsnetzbetreibern im Internet veröffentlicht. Dabei ist der Zweck der Veröffentlichung transparent anzugeben, nämlich die Berechnungsgrundlage für die Ermittlung der vermiedenen Netzentgelte. 25

§ 120

26 **3. Besonderheiten bei Netzveränderungen (Abs. 6).** Abs. 6 unterbricht inhaltlich die in unmittelbarem Zusammenhang stehenden Abs. 5 und 7. Kam es nach dem Jahr 2016, also dem Bezugsjahr für das Referenzpreisblatt nach Abs. 4, zu einem Übergang des betreffenden Netzes von einem auf einen anderen Netzbetreiber, enthält Abs. 6 eine Sonderregelung. In der Zwischenzeit können nämlich **Voll- oder Teilnetzübergänge** (vgl. § 26 ARegV sowie **Ausgliederungen** stattgefunden haben. Dann stellt sich die Frage, ob in solchen Fällen auf das Preisblatt des vormaligen oder des aktuellen Netzbetreibers abzustellen ist. Abs. 6 beantwortet diese Frage dahingehend, dass die Netzentgelte des Netzbetreibers maßgebend sind, an dessen Netz der Anlagenbetreiber am 31.12.2016 angeschlossen war. Die Verordnungsbegründung (BT-Drs. 18/11528, 19) verhält sich nur zu dem Fall, dass durch eine Ausgründung ein neuer Netzbetreiber entsteht, der im Jahr 2016 noch kein Preisblatt hatte, das zur Anwendung gelangen könnte. In diesen Fällen ist auf das Preisblatt des damaligen Anschlussnetzbetreibers abzustellen. In den praktisch bedeutsameren Fällen des Voll- oder Teilnetzübergangs, etwa im Zuge von Konzessionsnehmerwechseln, ist sinnvollerweise einheitlich auf das Preisblatt des aufnehmenden Netzbetreibers abzustellen, um ein Nebeneinander mehrerer Referenzpreisblätter zu verhindern (zu den möglichen Fallgestaltungen vgl. *Bourwieg/ Brockmeier* ER 2017, 234 (239)).

27 **4. Referenzpreisblätter der Verteilernetzbetreiber (Abs. 7).** Abs. 7 knüpft unmittelbar an Abs. 5 (→ Rn. 23 ff.) an und bezieht sich auf die **Umsetzung der Obergrenzen für die Verteilernetzbetreiber**. Nach S. 1 sind die Obergrenzen der Verteilernetzbetreiber je Netz- und Umspannebene dem Referenzpreisblatt der Übertragungsnetzbetreiber entsprechend anzupassen und unter Berücksichtigung dieser Absenkungen ebenfalls neu zu ermitteln. Durch die Absenkungen bei den Netzentgelten der Übertragungsnetzbetreiber entsprechen die in die Entgeltkalkulation der nachgelagerten Verteilernetzbetreiber eingehenden vorgelagerten Netzkosten nicht mehr der tatsächlichen Situation des Jahres 2016. Dieser Effekt überträgt sich von den Übertragungsnetzbetreibern aufgrund der Grundsätze der Kostenwälzung (§ 14 StromNEV) auf die nachgelagerten Netzebenen. Diesen Prinzipien konsequent folgend, berücksichtigen nach S. 2 nachgelagerte Verteilernetzbetreiber das Referenzpreisblattes eines vorgelagerten Verteilernetzbetreibers, sofern ein solcher existiert. Das nach diesen Vorgaben ermittelte, letztendliche Referenzpreisblatt, das allein für die Zwecke der Ermittlung vermiedener Netzentgelte besteht, ist seit 2017 konstant (*Bourwieg/Brockmeier* ER 2017, 234 (236); NK-EnWG/*Winkler* § 120 Rn. 20).

28 Der Rückgriff auf das Referenzpreisblatt erfolgt jedoch nur, soweit sich nicht ein tatsächliches, niedrigeres Preisblatt des jeweiligen Jahres ergibt. Der Gesetzgeber hat durch das Abstellen auf den Begriff „Obergrenze" klargestellt, dass das Referenzpreisblatt nicht in jedem Fall heranzuziehen ist. Liegen die veröffentlichten Netzentgelte der Folgejahre **unterhalb** dieses Referenzpreisblattes, so ist nicht das Referenzpreisblatt in Ansatz zu bringen. Denn eine Obergrenze meint gerade keinen starren Wert im Sinne eines unheilvollen „Einfrierens" des Preisblattes 2016. Demnach ist der **günstigere Preis** zwischen dem tatsächlichen Entgelt der vorgelagerten Netzebene und dem Preis des Referenzpreisblatts der vorgelagerten Netzebene zu verwenden (*Bourwieg/Brockmeier* ER 2017, 234 (236)). Dies folgt aus Sinn und Zweck der Regelung, die stetig steigende und nicht etwa sinkende Netzentgelte vor Augen hatte. Gegenläufige Effekte sind daher zu berücksichtigen. Es muss vor der Heranziehung des Referenzpreisblatts 2016 also stets ein **Abgleich**

mit den aktuellen Entgelten erfolgen; sind letztere niedriger, sind sie für die Kalkulation der vermiedenen Netzentgelte maßgeblich. Im Ergebnis bildet die niedrigere Vergütung der Anlagenbetreiber den Maßstab (Beschlusskammer 8, Hinweise EOG 2021, S. 15, abrufbar unter www.bundesnetzagentur.de/Beschluss kammern/Beschlusskammer8/Informationen und Rundschreiben/Hinweise).

Dabei ist zu beachten, dass auf den Preisblättern zwar stets **Arbeits- und Leis-** 29 **tungspreise** ausgewiesen werden. Beim Abgleich sind nach gängiger Praxis der Regulierungsbehörden jedoch die Preissysteme insgesamt zu vergleichen. Die Formel zur Berechnung der vermiedenen Netzentgelte (Vermeidungsarbeit * Arbeitspreis + Vermeidungsleistung * Leistungspreis) ist für jeden Einspeiser einmal mit dem Referenzpreisblatt und einmal mit dem aktuellen Preisblatt zu berechnen. Das aufgrund dieser beiden Rechnungen niedrigere Ergebnis ist heranzuziehen. In der Verprobung an die BNetzA reicht es allerdings regelmäßig aus, die vermiedenen Netzentgelte je Anlagentyp und je Netzebene darzulegen und das je günstigere Preisblatt bestimmt zu haben. Ein „Mischentgelt", das Bestandteile des aktuellen und des Referenzpreisblatts enthält, erscheint nicht praktikabel. Diese Ermittlungslogik wird ua im Berechnungstool der Landesregulierungskammer Bayern konsequent umgesetzt (vgl. Berechnungstool „Kalkulation der vermiedenen Netzentgelte", abrufbar unter www.regulierungskammer-bayern.de/Veröffentlichungen/ Veröffentlichungen zur StromNEV).

Analog zur Regelung in Abs. 5 S. 3 enthält Abs. 7 S. 3 eine die Verteilernetz- 30 betreiber adressierende **Veröffentlichungspflicht** (zur Kaskadierung *Bourwieg/ Brockmeier* ER 2017, 234 (236f.).

V. Ergänzende Verordnungsermächtigung (Abs. 8)

Abs. 8 enthält eine ergänzende Verordnungsermächtigung, wonach die Ermitt- 31 lung der vermiedenen Netzentgelte aufgrund der besonderen Bestimmungen des § 120 näher geregelt werden können (S. 1). Der Verweis auf einen nicht existenten Abs. 9 stellt dabei einen redaktionellen Fehler aus dem Gesetzgebungsprozess dar; der Verweis ist gegenstandslos (Theobald/Kühling/*Missling* EnWG § 120 Rn. 20). Nach S. 2 können insbesondere die Details der Ermittlung des Referenzpreisblatts für die Übertragungsnetzbetreiber nach Abs. 5 ausgestaltet werden. Diesem Zweck dient Anlage 4a zu § 18 Abs. 2 StromNEV. Die StromNEV wurde unmittelbar mit dem Netzentgeltmodernisierungsgesetz angepasst.

§ 121 Außerkrafttreten der §§ 50a bis 50c und 50e bis 50j

¹§ 50g tritt mit Ablauf des 31. März 2023 außer Kraft. ²Die §§ 50a bis 50c sowie 50e, 50f, 50h und 50i treten mit Ablauf des 31. März 2024 außer Kraft. ³§ 50j tritt mit Ablauf des 30. Juni 2024 außer Kraft.

Dazu → §§ 50a–50j Rn. 5. 1

Stichwortverzeichnis

Die fettgedruckte Zahl gibt den Paragraphen wieder und die mager
gedruckten Ziffern bezeichnen die Randnummern.

2f-Emissionen 43 117

abdrängende Sonderzuweisung 75 28
Abhilfemaßnahme 65 13
AbLaV 13i 2
Abrechnung
– Abrechnungszeitraum **40b** 5 ff.
– elektronische Übermittlung **40b** 8
– in Papierform **40b** 9
– Intervalle **40b** 1
Abrechnung von Energie 111a 15
Abrechnungsinformationen 40b 1, 14 ff.
– Definition **3** 10
– elektronische Übermittlung **40b** 8 ff.
– Grundlage **40b** 17
– Speicherungspflichten **5a** 1 ff.
Abrechnungszeitraum 41b 27
– Mitwirkungspflichten **40a** 1
abschaltbare Lasten 13 156
– steuerbare Verbrauchseinrichtungen **14a** 27
Abschaltleistung 13i 10
Abschaltreihenfolge
– Gas **16** 4
Abschlagszahlung
– Endkunden **41b** 4, 26 ff.
– Gasspeicherfüllstandsvorgaben **35e** 1
Abschlussrechnung 40b 10; **40c** 7
absoluter Revisionsgrund 88 21
Abstand zu Wohngebäuden 43 177
Abstandsflächen 43 177
Abwägung 43 148 ff., 155 f., 166, 172
– Abschnittsbildung **43** 167
– Abwägungsdirektiven **43** 134, 157, 163
  – Bündelungsgebot **43** 161
  – Klimaschutz **43** 158
  – Minimierungsgebot **43** 164
  – Trennungsgebot **43** 165
  – Vorrang der Nutzung vorhandener Trassenräume **43** 162
– Abwägungsdisproportionalität **43** 163
– Abwägungsfehler **43** 151, 163
– Abwägungsfehlerlehre **43** 149 f., 163
– abwägungsrelevante Belange **43** 153, 166, 175, 182
  – Abschnittsbildung **43** 167
  – Abstand zu Wohngebäuden **43** 177

– Bebaubarkeit von Grundstücken **43** 173
– erdrückende Wirkung **43** 181
– Felder, elektrische und magnetische **43** 178
– gemeindliche Planungshoheit **43** 169
– Grundeigentum **43** 173
– Landschaftsbild **43** 172
– Landwirtschaft **43** 176
– Schutzgebiete **43** 171
– städtebauliche Belange **43** 170
– Verkehrswertminderung **43** 175
– visuelle Wirkungen **43** 180
– Alternativenprüfung **43** 150 ff., 167
– Berücksichtigung der öffentlichen und privaten Belange **43** 148
– Minimierungsgebot **43** 134
– Planungswerkzeug **43** 149
– Prüfungsmaßstab **43** 149
– Trennungsgebot **43** 163
– Unzumutbarkeit **43** 181
Abwägungsdefizit 43g 16
Abwägungsgebot 43 1, 84, 140 f., 191; **43g** 13
– Beschränkung **43** 140, 168
– Grenzen **43** 154
Abweichungsprüfung 43 107 f.
ACER (Agentur für die Zusammenarbeit der Energieregulierungsbehörden) 5b 3; **30** 6; **57** 5; **58a** 6; **65** 6; **68a** 16; **95a** 3
ADR-Richtlinie 111a 4; **111b** 4
AGB 39 15, 40
Aggregator 3 11; **13** 70, 99; **20** 190; **41d** 1 f.; **41e** 4; **51a** 1
– Marktrolle **51a** 14
– Vertragsverhältnisse **41e** 1 f.
Aggregierung 41 57 f.; **41d** 2; **118** 17
– Anspruch gegenüber Großhändlern, Erzeugern, Bilanzkreisverantwortlichen **41d** 5 ff.
– angemessenes Entgelt **41d** 10
– Festlegungsbefugnis **41d** 14
– Sonderkündigungsrecht **41d** 12 f.
– Unabdingbarkeit **41d** 11
Aggregierungsverträge 41d 4, 9; **41e** 1, 4 f.

Stichwortverzeichnis

Fette Zahlen = Paragraph

- Anspruch des Letztverbrauchers auf Energiemengendaten **41e** 7
- Informationsanspruch **41e** 6
- Textform **41e** 5

Akteneinsicht
- Beschwerdeverfahren **83** 12; **84** 1, 8 ff.
- Konzessionsverfahren **47** 14 ff.
- Rechtsbeschwerdeverfahren **86** 22; **88** 24
- Verwaltungsverfahren **67** 7

Aktiengesellschaft 7 29, 32 ff.
aktiver Verbraucher Vor 17 9
All-inclusive-Verträge 41 21
All-inclusive-Preise 111 18 ff.
allgemeine Energieaufsicht 11 123
- Betriebsgenehmigung **4** 31
- nach Landesrecht zuständige Behörde **55** 3 ff.

allgemeine Versorgung 46 19
- Netze **3** 42

allgemeiner Versorger 46 19
Allgemeines 1 1
Allgemeinverfügung 29 23
Amtsblatt 74 3
Amtsermittlungsgrundsatz 30 57; **68** 3 f.; **84** 3

Amtsermittlungspflicht
- Beschwerdegericht **78** 8

Anbindungsleitung
- Offshore **Vor 17** 55; **43** 141

Anbindungsleitungen von LNG-Anlagen
- Planfeststellung **43** 54

Änderung einer bestehenden Anlage
- Planfeststellungspflichtigkeit **43f** 9

Änderungs-Planfeststellungsverfahren 43d 16

Anfechtungsbeschwerde 4a 36 f.; **4d** 12 f., 16; **30** 63; **31** 36; **33** 17; **75** 1; **83** 16
- aufschiebende Wirkung **4a** 37; **4d** 13

Anhörung 30 58; **67** 1 ff.
Anhörungsrüge 83a 2 ff., 6 ff.
- Rechtsbeschwerdeinstanz **86** 31

Anhörungsverfahren
- Planfeststellungsverfahren **43a** 4
- Verwaltungsvorschriften **117b** 2

Anlage
- Änderung **43f** 28
  - Betriebskonzept, Änderung **43f** 29, 35
  - Umbeseilung **43f** 29, 35, 39
  - Zubeseilung **43f** 29, 35, 39 f.
- bis 500 kW **117a** 4
- Erweiterung **43f** 28

Anlagen
- ab 10 MW
  - Stilllegung **13b** 6
- ab 50 MW

- Gaskraftwerke **13f** 11
- Stilllegung **13b** 19
- ab 100 kW
  - Redispatch **13a** 20

Anlagenbegriff
- Marktstammdatenregister **111e** 21

Anlagenregister 111e 3
Anordnung der aufschiebenden Wirkung
- durch das Beschwerdegericht **77** 14

Anordnung der sofortigen Vollziehung
- durch die Regulierungsbehörde **77** 2

Anordnung über die Zulässigkeit von Konzessionsabgaben der Unternehmen und Betriebe zur Versorgung mit Elektrizität, Gas und Wasser an Gemeinden und Gemeindeverbände (KAE) 48 6

Anordnungsanspruch 72 9
Anordnungsgrund 72 9 f.
Anpassung
- Wirkleistungserzeugung **13** 254; **13a** 33

Anpassung von Erzeugung und Entnahme 13 250
Anreizregulierung 21a 65; **30** 41; **111** 25
- Bestimmung des Ausgangsniveaus **21a** 74
- Effizienzvergleich **21a** 75
  - Effizienzbonus **21a** 126
  - Verhältnis zum NEP **21a** 53
- Erlösobergrenze **21a** 88, 106
- Forschungs- und Entwicklungskosten **21a** 93
- Investitionen **21a** 114
- Kapitalkostenabgleich **21a** 125
- Regulierungskonto **21a** 103
- vereinfachtes Verfahren **21a** 107

Anschlussrechtsbeschwerde 86 29 f.
Anspruchskonkurrenz 32 5
Antragsrücknahme
- Missbrauchsverfahren **31** 17

Anwaltsvertretung 103 5
Anwaltszwang 80 1; **98** 4
Anwendungsbereich
- EnWG **1** 20 ff.
  - Unternehmen der öffentlichen Hand **109** 1 ff.

Anzeigepflicht
- Durchsetzung **5** 24
- Energiebelieferung **5** 2
  - Adressaten **5** 8
  - Arealnetze **5** 16
  - Ausnahmen **5** 11
  - Beendigung **5** 22
  - Darlegung der Leistungsfähigkeit **5** 29 ff.

magere Zahlen = Randnummer

- Durchsetzung **5** 24
- Frist **5** 37
- Informationspflicht **5** 4
- Inhalt **5** 7
- Stromhändler **5** 12
- Untersagungsbefugnis **5** 3
- Vertrauensschutz **5** 44
- Zuständigkeit **5** 24
- Zuständigkeit für Untersagung **5** 47
- Zuverlässigkeit **5** 30, 34
- Zweck **5** 5
- Insiderhandel **5b** 4
- Technische Vereinbarung
  - Gasverbindungsleitungen **28c** 5

Anzeigepflicht der BNetzA
- Staatsanwaltschaft **68a** 2

Anzeigeverfahren
- Abgrenzung zu Genehmigungsverfahren **43f** 14
- abschließende Verfahrensentscheidung **43f** 20
- allgemeine Verwaltungsvorschriften **43f** 5
- Anwendungsvoraussetzungen **43f** 7 ff.
  - Änderung einer bestehenden Anlage **43f** 28
  - Änderung einer bestehenden Anlage, Betriebskonzeptänderung **43f** 29
  - Änderung einer bestehenden Anlage, Instandhaltung **43f** 28
  - Änderung einer bestehenden Anlage, Reparatur **43f** 28
  - Änderung einer bestehenden Anlage, Umbeseilung **43f** 29
  - Änderung einer bestehenden Anlage, Unterhaltung **43f** 28
  - Änderung einer bestehenden Anlage, Zubeseilung **43f** 29
  - Ersatzneubau **43f** 15
  - Erweiterung einer bestehenden Anlage **43f** 28
  - Planfeststellungspflicht **43f** 8, 14
  - UVP-Pflicht **43f** 33
- Bundesbedarfsplan **43f** 11
- Drittschutz **43f** 52
- EnLAG-Vorhaben **43f** 11
- Entscheidungsform **43f** 18
- Erdgasleitung, Umstellung auf Wasserstoff **43f** 31
- Ermessen **43f** 63
  - Gesichtspunkte **43f** 64
- Freistellungsentscheidung **43f** 4, 20
  - aufschiebende Bedingung **43f** 62
  - Ermessen **43f** 63 f.
  - Nebenbestimmungen **43f** 66
  - Verwaltungsakt **43f** 4

Stichwortverzeichnis

- Genehmigung, immissionsschutzrechtliche **43f** 14
- Konzentrationswirkung **43f** 47
- NABEG **43f** 11
- öffentliche Belange
  - Einvernehmensverfahren **43f** 46
- Planfeststellung **43** 60 ff.; **43f** 1, 20
- präventives Verbot mit Erlaubnisvorbehalt **43f** 4, 25
- Rechte anderer **43f** 50
- Rechtsschutz **43f** 67
- verfahrensrechtliche Vorgaben **43f** 18
  - Antragsverfahren **43f** 18
  - Beibringungsobliegenheit **43f** 18
  - Monatsfrist **43f** 18 f.
  - Monatsfrist als Ordnungsfrist **43f** 18
  - Untersuchungsgrundsatz **43f** 18
- Verhältnis zu § 74 Abs. 7 VwVfG **43f** 15
- Zulassungscharakter **43f** 57
- Zweck **43f** 1

Arealnetze *s. geschlossenes Verteilernetz; Kundenanlage*
- Energiebelieferung **5** 16

Artenschutz 43 111
- Tötungsverbot **43** 112
- Vogelschutz
  - Anprallrisiko **43** 111
- zwingende Gründe des überwiegenden öffentlichen Interesses **43** 113

Aufbewahrungspflichten 5a 4

Aufgreifermessen 31 16

Aufhebung
- Entscheidung der Regulierungsbehörde **75** 4

Aufhebung eines Verwaltungsakts
- Teilaufhebung **83** 17

Aufklärungspflicht 83 10

Aufklärungspflicht, Beschwerdegericht 82 3, 6; **84** 3

aufschiebende Wirkung
- Beschwerde **76** 1
- Nichtzulassungsbeschwerde **87** 7
- Rechtsbeschwerde **86** 26; **88** 22
- Rückwirkung **76** 7

Aufsichtsmaßnahmen
- allgemeine Aufsicht EnWG **65** 1
- Energielieferverträge **41** 59

Ausbeutungsmissbrauch 30 38, 43

Ausgleichsenergie 13 86, 92; **20** 54, 159
- Abrechnung
  - Messwerte **23** 22
- Ausgleichsleistungen **3** 12

Ausgleichsmaßnahmen 43 99

Auskunftsanspruch 46a 1, 4 ff., 12
- Netzentwicklungsplanung **12f** 3

Stichwortverzeichnis

Fette Zahlen = Paragraph

Auskunftsverlangen 69 7, 10
Auskunftsverweigerungsrecht 5b 23
Auslegungsgrundsätze
- Entflechtung **Vor 6** ff. **37** ff.

Ausnahmen vom regulierten Netzzugang 28a 2
Aussageverweigerungsrecht 69 11
Ausschreibungsverfahren
- ab- und zuschaltbare Lasten **13** 153
- Verordnungsermächtigung **13i** 7 ff.
- Ausgleichsenergie **22** 28 ff.
- Energiespeicheranlagen **11a** 14
- Kapazitätsreserve **13e** 1 ff.
- Ladepunkte für Elektromobile **7c** 1 ff.
- Netzentwicklungsplan **65** 19, 23
- neuer Erzeugungskapazitäten **53** 1 ff.
- nicht-frequenzgebundene Systemdienstleistungen **12h** 1 ff.
- Offshore-Anbindungsleitungen **17d** 5 ff.; **118** 6
- Verordnungsermächtigung **13i** 7
- Vorhaltung Gas **35c** 1 ff.

Aussetzung des gerichtlichen Verfahrens 85 4
Aussetzung der Vollziehung
- durch die Regulierungsbehörde **77** 10

Ausspeisekapazität 3 13
Ausspeisepunkt 3 14
Ausspeisevertrag 20 150
Auswahlermessen 31 28
Auswahlverfahren
- Konzessionsverfahren **47** 6 ff.

Auswirkungen
- Abwägungsdirektiven **1** 54
- Auslegungsdirektive **1** 56
- Tatbestandskonkretisierung **1** 55

Auswirkungsprinzip 109 15
AVBElt 39 12 f.
AVBGas 39 29
AVV Baulärm 43 126 f.

BaFin 58a 13; **58b** 3
Bahnstromfernleitung
- Planfeststellung **43** 1 ff.

Bahnstromfernleitungsnetz 3a 12; **13** 88; **Vor 22** f. 8

Baubeginn
- Plandurchführung **43c** 24

Baukostenzuschuss Vor 17 114; **17** 55; **18** 53; **30** 40
- Änderung des Anschlusses **Vor 17** 125
- Bemessung **Vor 17** 120
- Erhebung **Vor 17** 118
- Verzicht **17** 61

Baulärm 43 126 f.
bauliche Anlagen 43 78

Baukostenzuschuss
- Funktion **Vor 17** 119
Bedarfsfeststellung
- behördliche **43** 85
- bloß ähnliches Vorhaben **43** 83
- gesetzliche **43** 82 f.
- Grenzen **43** 84

Bedarfsplanung 43 35, 49, 84
- Bedarfsplan nach EnLAG **43** 23 f., 33, 40, 82 f.
- Bundesbedarfsplan **43** 23 f., 33, 40, 82
- Netzentwicklungsplan **12a** 1
- qualifizierter Bedarf **43** 23
- TYNDP
- Gas **15b** 7
- Unionsliste **43** 23 f., 40, 82

Bedarfsprognose 43 90
Befreiungen für neue Infrastrukturen 28a 1
- Änderungsverlangen der Kommission **28a** 21
- Antrag **28a** 14
- Anwendungsbereich **28a** 5
- auflösende Bedingung **28a** 16
- Beeinträchtigung des Wettbewerbs **28a** 10
- Befreiungsentscheidung **28a** 14
- Befristung **28a** 12
- Entflechtungsvorschriften **28a** 17
- Ermessen **28a** 16
- EU-Beteiligungsverfahren **28a** 20
- grenzüberschreitendes Projekt **28a** 18
- neue Infrastrukturanlagen **28a** 7
- Rechtsschutz gegen Entscheidungen der Kommission **28a** 24
- Regulierungspraxis **28a** 3
- Veröffentlichungspflicht **28a** 28

Befüllung der Gasspeicher 35e 1
Befüllungsziel und -pfad
- Gasspeicher **Vor 35a** ff. 4

Begründungspflicht
- Begründung **73** 4
- Verwaltungsverfahren **73** 4

Beigeladener
- Beschwerdeentscheidung **83** 12
- Beschwerdeverfahren **79** 8
- einfacher
- Akteneinsicht **84** 17
- Rechtsbeschwerde **88** 3

Beihilfenrecht 43 39
Beihilfevorbehalt 13j 26; **118** 9
Beiladung
- Beschwerdeverfahren **75** 9; **79** 5
- einfache **66** 20; **75** 11
- Missbrauchsverfahren **30** 56
- notwendige **66** 18; **75** 10
- Verwaltungsverfahren **66** 17

magere Zahlen = Randnummer

Stichwortverzeichnis

Beirat
- Beratung der BNetzA **60** 8
- Funktion **60** 9
- Informationsrechte **60** 10f.
- Unabhängigkeit **60** 5
- Zitierrecht **60** 11
- Zusammensetzung **60** 6

Bekanntmachung 47 6, 11

Belastungsausgleich 17f 10
- Haftungsbegrenzung **17f** 11
- Verschuldenszurechnung **17f** 10

Belastungsausgleich nach dem KWKG 24 42

Beleihung 35a 7

Benennungsverfahren 4a 5, 49

Bereicherungsrecht 48 30ff.

Bereitstellungsmechanismus 35b 3, 20, 27f.; **35c** 24, 28; **35d** 29
- „use-it-or-lose-it"-Mechanismus **35b** 27

Berichtspflicht
- Einvernehmen **63** 25f.
- Elektrizitätseinfuhren **63** 36
- Fristen **63** 20
- Funktion **63** 2
- Gegenstand **63** 7
- Marktstammdatenregister **111e** 34
- Mindesterzeugung **63** 31f.
- Monitoringbericht **63** 6, 27f.; *s. Monitoringbericht*
- Netzsicherheitsmaßnahmen **63** 13ff.
- Schlichtungsstelle **111b** 25
- Verpflichtete **63** 1, 10
- Versorgungssicherheit **63** 1, 17f., 21f.

Berufsausübungsregelung 5a 6; **111a** 6; **111b** 5

Berufsfreiheit 46 31

Beschlagnahme 69 17; **70** 3

Beschlusskammern 59 10
- Anzahl **59** 18
- Ausschlussgründe Mitglieder **59** 16
- Auswahl der Beamten **59** 20
- berufliche Inkompatibilität **59** 15
- beruflicher Status und Qualifikation **59** 14
- Bildung **59** 17
- Entscheidungsfindung **59** 13
- Organisation **59** 11ff.
- Regierungs- und Parlamentszugehörigkeit **59** 16a
- Weisungsrecht **59** 21f.
- Zusammensetzung **59** 12f.
- Zuständigkeit **59** 2, 24ff.
  - Ausnahmen **59** 26ff.
- Zuständigkeitsabgrenzungen **59** 19

Beschwer 75 6; **88** 7
- formelle **75** 7; **88** 5
- materielle **75** 7, 9; **88** 6
- Rechtsbeschwerde **88** 4

Beschwerde 5a 16
- Form **78** 5
- Frist **78** 2

Beschwerdebefugnis 66 23
- allgemeine Leistungsbeschwerde **75** 23
- Anfechtungsbeschwerde **75** 6
- Drittbetroffene **75** 12
- Nichtzulassungsbeschwerde **87** 3
- Rechtsbeschwerde **86** 7; **88** 2
- Verpflichtungsbeschwerde **75** 18

Beschwerdebegründung 78 6

Beschwerdeentscheidung 83 13

Beschwerdegericht 106 4f.

besondere netztechnische Betriebsmittel 11 29; **118** 20; *s. Netzstabilitätsanlagen*

Bestandsleitungen
- mit Drittstaaten **28b** 1

Bestandsschutz
- NC RfG **49** 25
- Systemstabilitätsverordnung **49** 27
- technische Normen **49** 26

Bestätigung des Lieferbeginns 20a 5

Bestimmtheit 30 46f.

Bestimmtheitsgebot 39 9

Betafaktor 28e 10

Beteiligte
- Missbrauchsverfahren **30** 56
- Nichtbeteiligte **67** 7
- Verwaltungsverfahren **66** 10

Beteiligtenfähigkeit 89 1
- juristische Personen **89** 5
- natürliche Personen **89** 4
- nichtrechtsfähige Personenvereinigungen **89** 7
- Unternehmensträger **89** 9

Betreiber kritischer Infrastrukturen 11; **43k** 17ff.
- besonderes Verfahren für Geodaten **43k** 22, 25
- BSI-KritisV **43k** 18f.

Betreiber von EEG-Anlagen 117a 1, 4

Betreiber von Elektrizitätsversorgungsnetzen 3 15

Betreiber von Elektrizitätsverteilernetzen 3 16; **7c** 1, 6; **14** 9

Betreiber von Energiespeicheranlagen 11a 1ff.

Betreiber von Energieversorgungsnetzen 3 1ff., 17, 73; **30** 10; **31** 5

Betreiber von Erzeugungsanlagen
- Eigenbedarf
  - Grundversorgung **37** 8

Betreiber von Fernleitungen 3 20

Stichwortverzeichnis

Fette Zahlen = Paragraph

Betreiber von Gasspeicheranlagen (Speicherbetreiber) 3 19; Vor 35a ff. 3; 35b 2, 5
Betreiber von Gasversorgungsnetzen 3 20
Betreiber von Gasverteilernetzen 3 20 f.
Betreiber von geschlossenen Verteilernetzen 3 16, 18
Betreiber von KWK-Anlagen 117a 1, 4; 118 7
Betreiber von LNG-Anlagen 3 22
Betreiber von LNG- und Speicheranlagen 3 20
Betreiber von Speicheranlagen 3 19
Betreiber von Transportnetzen 3 86
Betreiber von Übertragungsnetzen 3 23; 118 7
Betreiber von Übertragungsnetzen mit Regelzonenverantwortung 3 24
Betreiber von Wasserstoffnetzen 3 25; 30 10
Betreiberpflichten
– Sabotage und Terrorabwehr **12g** 15
betriebliche Einrichtung 7a 17 ff.
Betriebs- und Geschäftsgeheimnisse 30 60
– Daten Dritter **23b** 22
– im Gerichtsverfahren **83** 12; **84** 6 f.
– im Konzessionsverfahren **46a** 10
– im Verwaltungsverfahren **67** 9
– 30 VwVfG **71** 1
– in der Entflechtung **6a** 1 ff.
– Monitoring **35** 73
– Veröffentlichungspflichten **23b** 7
Betriebsbereitschaft
– Kosten zur Herstellung
  – Netzreserve **13c** 1 ff.
  – Sicherheitsbereitschaft **13g** 1 ff.
Betriebskonzept, Änderung des 43f 29, 35
– parallele Stromkreise **43f** 38
– Rechte anderer **43f** 53
Beurkundung
– notarielle **46** 60
Beurteilungsspielraum 83 6 f., 31, 35
Beweislast 84 9
– materielle **82** 8, 10
– Verteilung **84** 13
Beweismittel 68 10
Beweisregeln 83 2
Beweiswürdigung 32 32; 83 2; 88 14
bilanzieller Ausgleich 13a 49
Bilanzierungs-, Prüfungs- und Offenlegungspflichten 117a 1, 4
– HGB **6b** 1 ff.; **117a** 7; s. Entflechtung – buchhalterische

Bilanzierungsmanagement 20 153
Bilanzierungsregeln nach HGB
– Transportnetzbetreiber **21b** 1 ff.
Bilanzierungsverantwortung 13 89
– Bilanzkreis **3** 27; **20** 149
  – Gas **35e** 6 f.
  – Gleichgewicht **13** 93
– Regel- und Ausgleichsenergie **13** 92
Bilanzierungsvorschriften 118 43
Bilanzkreissystem
– Bilanzausgleich **111e** 36
– Elektrizität **20** 64, 95; **23** 29
Bilanzkreisverantwortlicher 20 159; 30 10; **35a** 7; **35c** 3; **35e** 1, 3 f., 6, 11; **41d** 7
Bilanzkreisvertrag 20 153, 159
Bilanzzone 3 28
Billigkeit der Netzentgelte 30 4
Bindungswirkung 31 31
Biogas 3 29
Biogasanlagen 54 53
– Anschluss **Vor 17** 1 ff.
BKartA 58 1 ff.; 58a 13
Blindleistung
– dynamische Blindstromstützung **12h** 17, 30
BNetzA 5b 7; 43 183; 68a 3; 95a 24; 111 1
– allgemeine Weisungen **63** 28
– allgemeine Zuständigkeit **54** 1 ff.
– Beirat **60** 1 ff.; s. Beirat
– Berichtspflichten **63** 28
– Beschlusskammern **59** 10
– Beteiligung in Strafsachen **58b** 3
– Binnenorganisation **59** 1
– Energiemarktaufsicht **58a** 13
– Geodaten **43k** 6
– Geschäftsordnung **59** 8 f., 11
– Informationen für Haushaltskunden **63** 35
– Länderausschuss bei der **60a**; s. Länderausschuss
– Leitung und Vertretung **59** 7
– Monitoring **12d** 12
– Monopolkommission **62** 1 ff.
– Organisation **59** 1 ff.; s. Beschlusskammern
– Selbständigkeit **59** 6
– Status **59** 4 f.
– Unabhängigkeit **20** 25 f.; **21** 152 ff.; **24** 2 ff.; **54** 3 ff.; **59** 2; **83** 33
– Verfahren **55** 1 ff.
– Vollzug europäischen Rechts **54a** 1 ff.; **54b** 1 ff.; **56** 1 ff.; **57b** 1 ff.
– Weisungen **61** 1 ff.
– Weisungsrecht **59** 23
– Wissenschaftliche Beratung **64** 1 ff.
– Zusammenarbeit mit ACER **57** 1 ff.; **57a** 1 ff.; s. ACER
– Zusammenarbeit mit BKartA **58** 1 ff.

magere Zahlen = Randnummer

Stichwortverzeichnis

- Zusammenarbeit zwischen Regulierungsbehörden **64a** 1 ff.
- Zuständigkeit **43** 183
BTOElt 39 7, 11, 23
BTOGas 39 10
Bundesbedarfsplan
- gesetzliche Bedarfsplanung **12e** 1
- grenzüberschreitende Höchstspannungsleitung **12e** 24
- länderübergreifende Höchstspannungsleitung **12e** 23
- Offshore-Anbindungsleitung **12e** 25
- Planrechtfertigung **12e** 27
- Verfahren **12e** 11
Bundesfachplan Offshore 17a 2
Bundesfachplanung
- Anwendungsbereich **43** 43
Bundeskartellamt 63 30
Bundesnetzplan 43 42
bürgerliche Rechtsstreitigkeit 102 6
Bürokratieabbau 111e 6 ff.
- Netzentwicklungsplanung **12a** 40
Bußgeld
- Entflechtung **4c** 13; **4d** 11
- Markttransparenz **5a** 15
- Unterlassung einer Stilllegungsanzeige **13b** 10
- Verhältnis zur Missbrauchsaufsicht **30** 44
- Verletzung der Anzeigepflicht **5** 24
Bußgeldrahmen 95 26, 37 f., 40, 43
Bußgeldvorschriften 95 1 f.

Codenummer 40 15
Compliance 95a 4; **95b** 9
- Entflechtung
  - Gleichbehandlungsprogramm **7a** 54 ff.
- Insiderhandel **5b** 22
Contractor 3 67
Countertrading 13 113
- Monitoring **35** 30
Cybersicherheit s. *Versorgungssicherheit*

Darlegungs- und Beweislast 82 8
- Betriebsgenehmigung **4** 24
- Lieferantenwechsel **20** 181
- Schlichtungsverfahren **111b** 13; s. *Schlichtungsverfahren*
Daseinsvorsorge 35h 2; **36** 4
- Energieversorgung **1** 24 ff.
- Netzanschluss **18** 4 ff.
- Wegenutzung **46** 26 ff.
Daten
- Begriff **5a** 12
- Bestimmung der Ausfallarbeit
  - Offshore-Anlage **17e** 10 f.
- Geodaten **12c** 94; **43k** 1 ff.

- Transparenz **1a** 8 ff.; s. *Transparenz*
- Verbrauchsdaten **40b** 18
- Veröffentlichung **5a** 13
- Verschlusssachen **12f** 17 f.
- wirtschaftlich-sensibel **6a** 8
Daten über Transaktionen
- Speicherpflichten **5a** 2
Datenaustausch
- EU-Kommission **5a** 11
- europäisch **57** 22 f.
- FNLB **15** 32 ff.
- Konzessionswettbewerb **46a** 6 ff.
- Marktkommunikation **20** 76
- massengeschäftstauglich **13** 277; **20** 33 f.; **20a** 4 ff.; **40** 24
- Monitoring der Versorgungssicherheit **51** 57 f.
- Netzdaten **12f** 1 ff.
- ÜNB **12** 6, 68 ff.
  - VO 2017/1485 SO-GL **12** 87 ff.
- VNB **14d** 2 ff.; **14e** 16 ff.
Datenbestand
- Marktstammdatenregister **111e** 9 f.
Datenerhebung
- Kostenregulierung **21** 80 ff.; **21a** 4 ff.
Datenqualität
- Marktstammdatenregister **111e** 7 f.
Datenschutz 41a 7; **68** 11; **111e** 25
- Messstellenbetrieb **Vor 20** 31
Datensicherheit 11 123 ff.
- Verordnungsermächtigung **13h** 30 f.
Datensparsamkeit 12 67; **111e** 31
Datenspeicherung 5a 8
Datenübermittlung 5a 10
Datenverantwortung
- Marktstammdatenregister **111f** 20, 30
Datenverarbeitungssystem
- IT-Sicherheit **11** 128 ff.
Datenzugriff
- Marktstammdatenregister **111e** 13
De-minimis-Ausnahmen 14e 15
De-minimis-Regelung 7 39 ff., 45, 52; **7a** 84
De-minimis-Unternehmen 6 31; **6a** 17; **7c** 10
Definitionen 3 1
Demand-Side-Management 13 132; **13i** 8; **14d** 4; **Vor 17** 82; **51a** 2; s. *Lastmanagement*
- Beitrag zur Versorgungssicherheit **12** 71
- Standardlastprofil **13** 140
- steuerbare Verbrauchseinrichtungen **14a** 30
Demand Side Response 13i 8
Denkgesetze 88 12
dezentrale Erzeugungsanlage 3 30
- Gas **19** 15

2827

Stichwortverzeichnis

Fette Zahlen = Paragraph

dezentrale Erzeugungsanlagen 120 7
dezentrale Einspeisung
- kaufmännisch-bilanzielle Einspeisung 13 94
- Netzentgelt 24a 47; 120 1 ff.
- Veröffentlichung 23b 21

Dienstleistungen zur Spannungsregelung 12h 17

Digitalisierung
- MsbG 2016 Vor 20 ff. 31
- Prozesse der Energieversorgung 111e 15

Direktleitung 3 31
Direktleitungen 46 12; 48 16
Discountanbieter 5 4
diskriminierungsfreier Marktzugang 13 65; Vor 22 f. 22; 23 26
Diskriminierungsfreiheit 13 71; 23 27
- diskriminierungsfreie und unentgeltliche Zurverfügungstellung 3 62
Diskriminierungsverbot 20 21; 46 33, 38, 45 f., 49, 72 f., 76, 80, 83 ff., 93
- Beschaffung Ausgleichsenergie 22 20
Drittmarktbehinderung 30 26
Drittunternehmen 111b 2, 6, 17
Durchsuchung 69 15

EE-SofortmaßnahmenG 2022 42a 4
EEG 2 5, 11
- Vorbehalt zugunsten der Netzbetreiberpflichten 2 12 f.
EEG-EntlastungsG 2022 41 9, 54; 118 27
EEG-Förderung 42 4
EEG-Umlage
- Absenkung 118 27 ff.
Effizienz 1 4, 44; 13 59
- beim Netzbetrieb 11 16 ff.
- durch Netzrückbau 18 71
- Effizienzmaßstab 13 59
- Erforderlichkeit 12h 38; 14c 11 ff.
- Wettbewerbsanalogie 21 68

Effizienzvergleich
- ARegV 21a 75 ff.
- Evaluierung 112 2
- Kostenregulierung 21a 39
- zumutbare Maßnahmen 21a 55
eidesstaatliche Versicherung 82 16
Eigenanlage 3 32; 37 8
- Bevorratungspflicht 50 8
- Eigenversorgung 13 263
- NAV/NDAV Vor 17 38 ff.
Eigenkapitalverzinsung 21 122 ff.; 28e 6 f.
- Prüfungsmaßstab 65 16
Eigentumsfreiheit 43 179
Eigentumsgrundrecht 46 31
Eignung einer Maßnahme 13 80

Ein- und Ausspeicherung 35b 7; 35d 27
- Ausspeicherung Vor 35a ff. 2; 35d 1, 20
- Einspeicherung Vor 35a ff. 6; 35b 36; 35c 18

Einschätzungsprärogative
- naturschutzfachliche 43 97

Einsichtnahme
- in Gerichtsakten 84 4; s. Akteneinsicht
- in Vorakten, Beiakten, Gutachten und Auskünfte anderer Stellen 84 5; s. Akteneinsicht
- Planfeststellungsverfahren 43a 51

Einspeisekapazität 3 33
Einspeisemanagement
- historisch 13 5
- Kappung von Erzeugungsspitzen 11 116
- Kosten
  - Leitfaden 13a 138
  - Voraussetzungen 13 229
Einspeisepunkt 3 34
Einspeisevertrag 20 148
Einspeisevorrang 13 311; 13a 135
- EE-Strom 13 311
- europarechtlich 13 369
- Informationspflichten 12 81
- KWK-Strom 13 329 ff.
- Mindestfaktor 13 323
Einspeisung
- wild 13 90
einstweilige Anordnung
- Beschwerdegericht 76 4; 87 1, 8; 88 23
einstweilige Verfügung
- ZPO
- Konzessionsverfahren 47 25 f.
einstweiliger Rechtsschutz 84 14
elektrische Ersatzwärmeversorgung 13 147; 13a 39
Elektrizitäts-/Gasversorgungsnetzregulierung 1 59
Elektrizitäts/-Gasversorgungsnetzregulierung 1 60
Elektrizitätsversorgungsnetz 3 15
Elektrizitätsversorgungssystem 12 36; 13 8
Elektrizitätsversorgungszielbestimmung 1 66 ff.
Elektrizitätsverteilernetze 14 10
- steuerbare Verbrauchseinrichtungen 14a 16
Elektrolyse 3 33; s. Power-to-x
Elektrolyseanlagen
- Planfeststellung 43 69
Elektromobilität 13 69
- Betreiber von Ladepunkten 7c 1 ff.
- Ladesäulenverordnung 49 49
- steuerbare Verbrauchseinrichtungen 14a 3, 18

magere Zahlen = Randnummer

Stichwortverzeichnis

energetischer Ausgleich 13 265
Energie 3 35
– flexible **41d** 1; **41e** 1; *s. Aggregator*
Energieanlagen 3 36
Energiederivat 3 37
Energieeffizienz 14d 4
– beim Netzbetrieb **Vor 22f.** 49
– Berichtswesen **63** 7
– Definition **3** 38
– Erzeugungskapazitäten **53** 2ff.
– Marktraumumstellung
 – Gas **19a** 25ff.
– Rolle des Netzbetreibers **11** 47
– Umweltauswirkungen **43** 39
– Ziel des EnWG **1** 15, 46
Energieeffizienzmaßnahmen 3 38
Energieerzeugungsanlage zur Deckung des Eigenbedarfs 37 8; *s. Eigenanlagen*
Energieerzeugungsanlagen 43 77
– Planfeststellung **43** 77
Energiefinanzierungsgesetz 17f 1
Energieinformationsnetz 12 6, 85
Energiekopplungsanlagen
– Planfeststellung **43** 69
Energieleitung
– Änderung, Betrieb, Errichtung **43** 72f.
Energieleitungsvorhaben
– Plangenehmigung **43** 45
– Verwaltungsvorschriften **117b** 1
Energielieferant 3 39; **40** 7f.; **40a** 4; **40b** 4; **40c** 5; **41** 11f.
– Grundversorger **36** 17ff.; *s. Grundversorgung*
Energieliefervertrag 38 12; **41** 1f., 10
– einseitige Vertragsänderungen **41** 36ff., 51
– Kündigungsrecht **41** 48ff.
– Mindestinhalt **41** 20f.
– mit Haushaltskunden außerhalb der Grundversorgung **41b** 3ff., 44
– nicht erfasste Stromdienstleistungen **41** 55ff.
– Preisänderungen **41** 37f., 45ff.; **41b** 30
– Transparenz **41** 17ff.
– Zahlungsmodalitäten **41** 23ff.
– Zusammenfassung **41** 32ff.
Energiesicherungsgesetz (EnSiG) 16 41; **35d** 13; **35e** 4; **50** 2; **54a** 7; **54b** 7
– Novelle 2022 **35h** 3
– Verhältnis zu ErsatzkraftwerkeG **50a–50j** 37
– Voraussetzung **16** 41
– Warnstufen **16** 43
Energiesolidarität 28a 11
– geschützte Kunden **53a** 3
– Grundsatz **28b** 9; **43** 27f.
– Grundsatz europäischer **28b** 9

Energiespeicheranlage Vor 11a 8
– Begriff **13** 35
Energiespeicheranlagen 3 40; **13** 68
Energieversorgungsnetz 3 41
– Aufgabe des EnWG **1** 62
– Betriebsgenehmigung **4** 33f.
– Betriebspflicht **11** 73f.
– Definition **3** 41
– der allgemeinen Versorgung **3** 42; *s. Netz der allgemeinen Versorgung*
– Eigenversorgungsnetz **110** 14
– Kategorien **110** 8
– Konzessionsrecht **46** 56ff.
– Kundenanlage **3** 63ff.; **110** 15
– Qualitätsstandard **11** 45
Energieversorgungsnetzsicherung 1 62f.
Energieversorgungssicherheit 35h 2
Energieversorgungssystem
– Begriff **12** 36
– Systemverantwortung **12h** 42f.
Energieversorgungsunternehmen 3 43
Energieversorgungsvertrag 3 44
energiewirtschaftliche Bedarfsplanung 12c 6
Engpasserlöse
– ACER **20** 229
– Interkonnektorenregulierung **28h** 1ff.; **28i** 5
– ISO **9** 11ff.
– Verwendung **20** 229
Engpassmanagement 13 129
– Begriff **13** 118
– beim Netzbetrieb **11** 57
– Entschädigungspflichtigkeit **13** 230
– Flow-Based-Market Coupling **51** 53
– Kosten **21a** 122
 – Transparenz **23b** 17
– Mindestkapazitäten **13** 123
– Netzzugangsanspruch **Vor 20** 23; **20** 184
 – Gas **20** 230
 – Strom **20** 226
– VINK **3** 98
Engpasssituation
– regionale Engpasssituation **35d** 17
EnLAG-Vorhaben
– Anzeigeverfahren **43f** 11
Enteignung 45 1
– Behördenzuständigkeit **45** 40
– Duldungspflicht
 – nach allgemeinen Versorgungsbedingungen **45** 7
– enteignungsrechtliche Vorwirkung **45** 23ff.
– Enteignungszweck **45** 15
– Entschädigungshöhe **45** 50
– Erforderlichkeit **45** 30ff.

Stichwortverzeichnis

Fette Zahlen = Paragraph

- nach Landesrecht **45** 45 f.
- Rechtsschutz **45** 41 ff., 51 f.
- sonstige Vorhaben **45** 28
- Verfahren **45** 36 f.
- verfassungsrechtliche Problematik **45** 14
- zivilrechtliche Rechtsposition des Eigentümers **45** 5 f.
- zugunsten Privater **45** 14 f.

Entflechtung 4a 19; **7c** 1 f., 4
- (gesellschafts-)rechtliche **6** 11 ff.; **7** 4 f., 39; **7a** 4; **7b** 1 ff.; **10** 2
- Anwendungsbereich **6** 1
- Aufsicht **54** 35
- Auswirkung auf Netzanschluss **Vor 17** 8
- buchhalterische **6** 11 f.; **7** 41
- de-minimis-Regelung
  - Beschaffung Verlustenergie **22** 22
- eigentumsrechtliche **Vor 6** ff. 4 f., 11 ff., 26; **6** 16; **7** 10; **8** 1 ff., 24; **9** 8
  - Ausübung von Rechten **8** 27 ff.
  - bestimmender Einfluss **8** 25
  - Einflussverbot **8** 32
  - Finanzinvestoren **8** 36 f.
  - Informationsübermittlung **8** 44
  - mittelbare oder unmittelbare Kontrolle **8** 26
  - persönliche Inkompatibilitäten **8** 35
- Energiespeicher **11a** 20; **13** 36, 82
- freiwillige **6** 6, 31
- informatorische **6** 11 f.; **6a** 1 ff.; **7** 41; **7a** 29; **12** 75
- Markenentflechtung **7a** 78
  - Internetplattform **14e** 20
- neue Infrastrukturen **28b** 11
- operationelle **6** 15; **7** 7, 27 ff.; **7a** 1 ff.; **7b** 1 ff.
  - Gleichbehandlungsbeauftragter **7a** 65 ff.
  - Gleichbehandlungsbericht **7a** 65, 72 f.
  - Gleichbehandlungsprogramm **7a** 54 ff.
  - Weisungsverbot **7a** 51 ff.
  - zulässige Steuerungsinstrumente **7a** 47 ff.
- organisatorische **6** 11, 14
- personelle **7a** 5 ff.
- Speicherfüllstandsvorgaben **35d** 33
- Systemsicherheit **13** 81
- vertikale Integration **58** 5

Entflechtung des Netzbetriebs
- Betreibergenehmigung **4** 47

Entgelte für Messstellenbetrieb und Messung 40 25

Entry-exit System 20 120 ff., 138
- Einzelbuchungsvariante **20** 142
- entfernungsunabhängig **20** 125
- Handelbarkeit Kapazitätsrechte **20** 140
- Nutzbarkeit Kapazitätsrechte unabhängig voneinander **20** 139
- Vertragspfad **20** 125

Entschädigungsanspruch 43 181
Entschädigungsverfahren
- Antragserfordernis **45a** 5
- Einvernehmensbemühungen **45a** 4
- Entschädigungsauflagen in Planfeststellungsbeschlüssen und Plangenehmigungen **45a** 2
- Entschädigungshöhe **45a** 3
- Verfahrens- und Rechtsschutzmodalitäten
  - Enteignungsgesetze der Länder **45a** 6

Entscheidungsgewalt
- unabhängige **7a** 38 ff.

Entschließungsermessen 31 28
ENTSO-E 20 90
- Aufgaben **51** 62; **53** 6
  - TYNDP **12** 7 ff.; s. TYNDP
- Entstehung **3** 80
- Verbundnetz **12** 31

EnWG
- Entstehungsgeschichte **1** 2 ff.

EnWG 1935 3 4
EnWG 1998 3 5
EnWG 2005 3 6
EnWG Novelle 2021
- Überblick **Vor 20** ff. 32

Erdgas-VO 35h 4
Erdgasleitung
- Umstellung auf Wasserstoff
  - Anzeigeverfahren **43f** 31

Erdgasversorgung 54a 2
Erdkabel 43 49 ff., 129, 136 ff., 168
- Abschnitte **43h** 12
- Abschnittsbildung **43** 71
- Akzeptanz **43h** 4
- Ausnahme **43h** 18
- Gesamtkosten **43h** 14
- Kostenfaktor **43h** 13
- naturschutzfachliche Belange **43h** 15
- neue Trasse **43h** 10
- Planfeststellungsverfahren **43h** 9
- Regelfall **43h** 3
- technische Eigenschaften **43h** 2
- Verlust planerischer Gestaltungsmöglichkeiten **43h** 5

Erdkabel-Pilotprojekte 12e 7
Erdverkabelung
- Pflicht zur **43** 136

Erfahrungssätze 88 12
Erledigung 83 22
Erledigung der Hauptsache
- „zwischen den Instanzen" **86** 28

erleichterte Beweisführung 82 15, 17

magere Zahlen = Randnummer

Stichwortverzeichnis

Erlösobergrenze 3 45
– Wirkung
  – Jahresabschluss **21b** 3
Ermessen 65 15; **66** 6; **83** 29
– Auswahlermessen **30** 45
– Entschließungsermessen **30** 45
– Grenzen des Ermessens **83** 30
Ermessensentscheidung 35d 19
Ermessensfehler 83 34
Ermessenskontrolle 83 29
Ermessensspielraum 35a 10; **83** 6
Ermittlungsbefugnis 69 1
Ermittlungsverfahren 58b 6; **68a** 2
erneuerbare Energien 3 46; **37** 12
Erörterungstermin
– Entfallen **43a** 33; **43b** 27
ErsatzkraftwerkeG 35a 15
Ersatzmaßnahmen 43 99
Ersatzversorgung 5 4; **36** 2; **40** 8; **41** 15; **41b** 13
– allgemeine Preise **38** 17, 19 ff.; **39** 1 ff.
– Kontrolle **39** 28 ff.
– Allgemeine Bedingungen **38** 18; **39** 1, 52 f.
– Anspruch **38** 8 ff.
– Beendigung **38** 25 f.
– gesetzliches Schuldverhältnis **38** 15
– Verbrauchsabrechnung **38** 29
Ertragsteuern 6 28; **7** 24
Ertragswert 46 116
Erweiterung bestehender Infrastruktur 28a 13
Erweiterung einer bestehenden Anlage
– Planfeststellungspflichtigkeit **43f** 9
Erzeugungsanlage 3 47
Erzeugungsauslagen
– Netzreserve **13c** 27, 71
– Redispatch **13a** 111
– Sicherheitsbereitschaft **13g** 36
Erzeugungsmix 12a 7
EU-Recht
– begriffliche Vorgaben und Umsetzungsanforderungen des europäischen Energiebinnenmarktrechts **3** 8
EUDE
– EU-DSO Entity **20** 91
europäische Strommärkte 3 48
Europäische Energieunion 43 27
Europäischer Green Deal 43 27, 36
Evaluierung
– Ersatzkraftwerkegesetz **Vor § 50a** 1 ff.
– Windenergieanlagen auf See **17i** 1
Evaluierungsbericht
– Gasspeicherfüllstandsgesetz **35f** 2
– Netz- und Anreizregulierung **112** 1 ff.
– Wasserstoffregulierung **112b** 2

EVU
– der öffentlichen Hand **109** 9 ff.
Ex-ante-Maßnahme 30 3

Fach- und Rechtsaufsicht 54a 12; **54b** 10
Fachplanungsprivileg 43 94
Fälligkeit 40c 1, 6
Felder
– elektrische und magnetische **43** 128 f., 133, 164, 168, 178; **43f** 37, 65
– 26. BImSchVVwV **43** 133
– Einvernehmensverfahren **43f** 46
– gesundheitliche Folgen **43** 128
– Überspannungsverbot **43** 135
– Unterschiede **43** 129
– Verschonungsinteresse, Gewichtung **43** 178
Fernleitung 3 49; **Vor 6 ff.** 9
Fernleitungen 28b 1, 3
Fernleitungsnetz Vor 6 ff. 6
Fernleitungsnetzbetreiber Vor 6 ff. 10; **20** 158
fernsteuerbare Anlagen 13a 24
fernsteuerbare Anlagen < 100 kW 13 374
Fernwärme 53a 19
Fernwärmeversorgung 43k 17, 19
Festlegung
– Änderungsbefugnis **22** 48
– Handlungsform **13j** 18
– Europarecht **22;** 23
– Marktstammdatenregister **111f** 31
– Rechnungsinhalte **40** 27
– Rechtsnatur **11** 133; 29
– Strommarktintegrität **5b** 22; **58a** 27
– von Entgelten für Ausgleichsenergie **23** 6
– Zuständigkeit **54** 33, 56 f., 63
Festlegungsbefugnis
– buchhalterische Entflechtung **6b** 40 ff.
– im Konzessionsverfahren **46a** 15
Feststellung der Netzkosten
– nach StromNEV und GasNEV **21** 73 ff.
– Netzanschluss **Vor 17** 99 ff.
– Verbindungsleitungen **28f** 1
Feststellungsbeschwerde 75 3; **83** 28
Feststellungsentscheidung 30 52; **31** 30
Feststellungsinteresse 31 30
Finanzinstrumente 5a 5
– Energiederivat **37** 3
– iSd WpHG **58b** 3
Flächennutzungsplan 43 95 f., 170
Flexibilitäten 13i 7
Flexibilitätsdienstleistungen VNB 13 152; **118** 15
– allgemeine Beschaffungsvorgaben **14c** 8
– Anwendungsbereich **14c** 10
– besondere Beschaffungsvorgaben **14c** 25

2831

Stichwortverzeichnis

Fette Zahlen = Paragraph

- Grundvoraussetzungen Eignung und Effizienz **14c** 13
- keine Systemsicherheitsmaßnahmen **14c** 17

Flüssiggas 1 20; **46a** 4
- Definition **3** 50; **50** 12 ff.

Forschung und Entwicklung 21a 93
- Kostentransparenz **23b** 12
- Sinteg **119** 1 ff.

Fortsetzungsfeststellungsantrag 83 23
Fortsetzungsfeststellungsbeschwerde 75 20; **83** 21 f.

Freigabeentscheidung
- Gasspeicherfüllstandsvorgaben **35d** 1 ff.; s. *Füllstandsvorgabe*

Freileitung
- Ausnahme **43h** 18
- Ermessen **43h** 21
- öffentliche Interessen **43h** 19

Freileitungen 43 65, 78, 129, 141

Freistellungsentscheidung 43f 4, 19
- Ermessen **43f** 63
  - Gesichtspunkte **43f** 64
- Nebenbestimmung **43f** 62, 66
- Rechtsschutz **43f** 67
  - Jahresfrist **43f** 67
- Rechtswirkungen **43f** 22, 26
  - Aufhebung des präventiven Verbots **43f** 25
  - Planfeststellungsbeschluss, gesetzliche Erweiterung **43f** 23
  - Verzicht auf Ausgleichsfunktion der Planfeststellung **43f** 24
  - Verzicht auf Überwindungsfunktion des Planfeststellungsbeschlusses **43f** 26
- Verwaltungsakt **43f** 4, 18

Frequenzhaltung
- Regelenergie **13** 87

Fristberechnung 73 13
- Entflechtung
  - Zertifizierung **4a** 40
- Planfeststellung **43** 16; **43c** 19
- Rüge Konzessionsverfahren **47** 10

Füllstandsvorgabe Vor 35a ff. 1, 7; **35a** 7; **35b** 1 f., 25 f.

Funktionale Privatisierung 43g 3 f.

Funktionslosigkeit
- Planfeststellungsbeschluss **43c** 23, 29
- Plangenehmigung **43c** 23, 29

Fusionskontrolle 58 16; **111** 14

GABiGas 20 131; **Vor 22** 57; **23** 68
Gas
- Definition **3** 50

Gas-Option 35c 2, 25; **35d** 1, 8, 19 ff., 26 f.
Gasfernleitungs-VO 09 20 125
- Netzkodizes **20** 126

GasGVV 36 15 ff.; **38** 7; **39** 15 f., 25, 39 ff., 44 ff.; **41b** 4, 29

Gashochdruckleitungen 28c 4
- Planfeststellung **43** 146
- technische Regeln **49** 11

Gaskraftwerke 13f 3
- Engpassmanagement **20** 184
- Informationsaustausch **15** 34 f.
- Notfallversorgung **16** 30 ff.
- Redispatch **13** 303

Gaslieferant 3 51
Gasnetzbetrieb
- Fernleitungsnetzbetreiber **15** 6
- Gasnetzzugangsmodell **15** 16
- Informationspflicht der ÜNB **15** 34
- Informationspflichten **15** 29
- nationaler und internationaler Verbund **15** 23
- Netzkodizes **15** 12
- technische Restriktionen **15** 10

Gasnetzentwicklung
- Incremental Capacity **Vor 17** 3

Gasnetzzugang
- All-inclusive-Gaslieferungsvertrag **20** 150
- Ausgleichsenergie **20** 153
- Ausspeisekapazität **20** 138, 144
- Bilanzkreisvertrag **20** 147
- Biogas **20** 116, 148; s. *Biogas*
  - Monitoring **35** 37; **112** 8
  - Privilegierung **24** 33 f.
- Einspeisekapazität **20** 138
- Fernleitungsnetzbetreiber **20** 138
- Fernleitungsnetzebene **20** 118
- Gasqualitäten **20** 113
- Gasspeicher **20** 114; **26** 5; **28** 3
- Gastransportkapazitäten **20** 133
- gaswirtschaftliche Besonderheiten **20** 141
- Kapazitätsbuchung **20** 138
- Kapazitätsvergabe **20** 132
- Kooperationsgebot **20** 138
- Lieferantenrahmenvertrag **20** 144 f.
- LNG **20** 116
- naturwissenschaftliche Besonderheiten **20** 112
- Netzkodizes **20** 126
- Netznutzungsentgelt **20** 149
- Netznutzungsentgelte **20** 144
- Netzpartizipationsmodell **20** 144
- Netzpuffer **20** 114; **Vor 22** 15
  - interne Regelenergie **23** 72
- Netzstruktur **20** 118
- Netzzugangsmodell **20** 135
- örtliche Verteilernetze **20** 144
- physischer Transport **20** 114
- Primärenergieträger **20** 113

magere Zahlen = Randnummer   **Stichwortverzeichnis**

– Regelenergie **20** 153; **23** 68 ff.
– Rohrleitungslänge Gasversorgungsnetze **20** 113
– Speicheranlagen **20** 115
– Speicherbarkeit **20** 115
– Transportpfadunabhängigkeit **20** 138
– Verdichter **20** 119
– Verteilernetzebene **20** 118
– Wettbewerb **20** 120, 139

Gasnetzzugangsmodell
– Abschaltvereinbarungen **14b** 5

Gasnetzzugangssystem 20 112
GasNZV 20 143
GasNZV aF 20 135
Gaspool Balancing Services 20 158
GasSpBefüllV 35b 20 f., 46 ff.

Gasspeicher-VO
– EU **Vor 35 a ff.** 4

Gasspeicheranlagen 3 52; **28** 1; **30** 10; **31** 33; **32** 8; **Vor 35 a ff.** 1; **35a** 13; **35h** 5
– Anschluss **17** 34 ff.
– Außerbetriebnahme/Stilllegung **35h** 6
  – Anordnungen der zuständigen Behörde nach BBergG **35h** 23 ff.
  – Anzeigepflicht **35h** 8 f.
  – Entschädigung **35h** 26 ff.
  – Genehmigung **35h** 10 ff.
  – Sicherstellung des Weiterbetriebs **35h** 17 ff.
– Betreiber **35h** 7
– Entflechtung **6** 1 ff.
– Markttransparenz **5a** 4
– Netzzugang **26** 1 ff.; s. *Gasnetzzugang*
– Umstellung/Reduzierung **35h** 35 ff.
– Zugang **28** 4

GasspeicherG Vor 35 a ff. 1
– Adressatenkreis **35b** 2
– Anwendungsbereich **35a** 2, 12
– Gegenstand **35a** 6

Gasspeicherumlage 35e 7 f.
GasSpFüllstV 35b 18 ff.
Gastag 20 159; **Vor 22** 16; **22** 35 f.

Gasverbindungsleitungen 28b 3
– Fertigstellung **28b** 4
– Freistellung **28b** 12
  – Konsultation **28b** 21
  – Umfang **28b** 1 ff.
  – Verlängerung **28b** 15
  – Voraussetzungen **28b** 3 ff.
– mit Drittstaaten **3** 53

Gasversorgung
– Haftung **53a** 6; s. *Haftung*

Gasversorgungsleitungen
– Planfeststellung **43** 53, 78

Gasversorgungsnetze
– Definition **3** 54

Gasversorgungssystem 16 2
GD Energie und Verkehr Vor 6 ff. 32 ff.
Gebot der Rücksichtnahme 43 170
Gebotszone 13 113 ff.; **35** 31; **111d** 9
– Aktionsplan **13** 168
– Deutschland **51** 9
– Kapazitätsbewirtschaftung **13** 127
– Markttransparenz **111d** 9 ff.
– Mindestkapazitäten **13** 123
– Regelenergie **22** 29
– Verbindungsleitung **28d** 2 f.

Gebühren 30 61; **31** 35
Gebühren und Beiträge
– Anpassungspflicht für Gebühren- und Beitragssätze **93** 3

Gebührenbemessung 91 14
– Ermäßigung **91** 18
– Grundsätze **91** 14
  – Äquivalenzprinzip **91** 16
  – Kostendeckungsprinzip **91** 15
– Pauschalgebührensätze **91** 17

Gebührenordnung 91 30
Gefahr ernster und wirtschaftlicher Schwierigkeiten 25 7
Gegenvorstellung 86 5, 32
Geheimhaltungspflicht 95b 5
Geldbuße 95 4
– allgemeine Verwaltungsgrundsätze **95** 45
– Bemessung **95** 43
– Grad des Verschuldens **95** 42
– Mehrerlös **95** 39, 44
– Verhältnis zur Mehrerlösabschöpfug **33** 9
– Zuständigkeit **59** 25; **96** 1 ff.
  – gerichtlich **97** 1 ff.

Gelegenheit zur Stellungnahme 35e 16
GeLi Gas 20 183; **20a** 4 ff.
Geltungsdauer, beschränkte 35g 4
Gemeinderabatt 48 25
Genehmigung
– Beihilferecht **13e** 6; **24** 8; **118** 9
– geschlossenes Verteilernetz **110** 6 ff.
– Handlungsform
  – nach Europarecht **20** 174; **22** 61 ff.; **23** 4 ff.
– Höherauslastung **49b** 1 f.
– Immissionsschutzrecht **43a** 23 ff.
– immissionsschutzrechtliche
  – Anzeigeverfahren **43f** 14
– Immissionsschutzrechtliche **43** 118
– Investitionsmaßnahmen **21a** 117 ff.
– LNG **44c** 38 f.
– Netzentgelte **23a** 7 ff.
– Stilllegung
  – Gasspeicher **35h** 13
– Systemrelevanz **13b** 20 ff.; **13f** 11 ff.
– Szenariorahmen **12a** 72 ff.; **15a** 47 ff.

2833

Stichwortverzeichnis

Fette Zahlen = Paragraph

- Tarifgenehmigung **39** 5 ff.
- Übergangsregelungen **118** 3
- Verfahrensart **29** 27 f.
- Zuständigkeiten **54** 32 ff.

Genehmigung des Netzbetriebs 46 84
- § 4 Abs. 4
  - Ermessen **4** 51
  - formelle Illegalität **4** 51
  - Gefahrenabwehr **4** 50
  - Tatbestandsvoraussetzungen **4** 51
  - Untersagung des Betriebs **4** 52
  - vorläufige Verpflichtung **4** 53
- Abgrenzung
  - Betrieb und Vorbereitungshandlungen **4** 11
  - Errichtung und Betrieb von Netzanlagen **4** 10
- Adressat der Genehmigung **4** 10
- Anknüpfung Zuverlässigkeit
  - juristische Personen und Personengesellschaften **4** 29
- Anspruch **4** 18
- Betrieb eines Energieversorgungsnetzes
  - Definition **4** 11
- Betrieb ohne erforderliche Genehmigung
  - zuständige Behörde Landesrecht **4** 50
- Betrieb von Energieversorgungsnetzen **4** 1
- Betriebserweiterung
  - Gasversorgungsnetz **4** 15
  - Genehmigungsvoraussetzungen **4** 14
  - Netzkapazitäten **4** 15
- Betriebserweiterung durch Inhaber einer Genehmigung **4** 13
- Bezugspunkt der Genehmigungsbedürftigkeit **4** 6
  - auf Dauer angelegte Gewährleistung **4** 19
  - Netzbetrieb **4** 20
- Feststellung der Genehmigungspflichtigkeit **4** 16
- Fortführung eines Betriebs
  - Genehmigungsbedürftigkeit **4** 54
  - Rechtsschutz gegen Untersagung **4** 57
  - Untersagung bei Genehmigung nach § 3 EnWG 1998 **4** 55
  - Untersagungsbefugnis **4** 55
  - Untersagungsvoraussetzungen **4** 56
  - Verwaltungsverfahren Untersagung **4** 57
  - Zuständigkeit Untersagung **4** 57
- gefahrenabwehrrechtliche Funktion **4** 18
- Genehmigungsfiktion **4** 37
  - Verzichtsgründe
  - zwingende Allgemeininteressen, berechtigte Interessen Dritter **4** 38
- Genehmigungsverfahren
  - Antragserfordernis **4** 34
  - Beteiligte **4** 35
  - einheitliche Stelle **4** 32
  - Entscheidungsfrist **4** 37
  - Landesverfahrensgesetze der Länder **4** 33
- Genehmigungsvoraussetzungen
  - Anknüpfung an Eigenschaften des Antragsstellers **4** 6
  - Darlegungs- und Beweislast Leistungsfähigkeit **4** 24
  - Einschaltung anderer Unternehmen **4** 23
  - gewährleisten **4** 23
  - Leistungsfähigkeit **4** 18
  - maßgebliche Vorschriften **4** 21
  - personelle Leistungsfähigkeit **4** 25
  - Rechtsverordnungen, Festlegungen, Verwaltungsakte **4** 21
  - technische Leistungsfähigkeit **4** 26
  - Überwachungs- und Kontrollbefugnis **4** 23
  - Wirtschaftliche Leistungsfähigkeit **4** 27
  - Zukunftsprognose **4** 22
  - Zuverlässigkeit **4** 18
- Genehmigungsvorbehalt **4** 1
- Inhalt und Umfang der Genehmigung
  - Antrag **4** 40
  - Genehmigungsgegenstand **4** 40
  - Genehmigungsvoraussetzungen **4** 40
  - Nebenbestimmungen **4** 41
- Kontrollerlaubnis **4** 6
- Negativattest **4** 17
- örtliche Zuständigkeit **4** 31
- personelle Leistungsfähigkeit
  - ausreichend fachkundige Mitarbeiter **4** 25
  - Sachkunde **4** 25
- Rechtsanspruch auf Genehmigung **4** 6
- Rechtslage vor 2005 **4** 3
  - Netze für die allgemeine Versorgung **4** 4
  - präventive Kontrolle **4** 4
- Rechtsnachfolge **4** 42
  - Ausnahme **4** 43
  - Genehmigung des Rechtsvorgängers **4** 44
  - Gesamtrechtsnachfolge **4** 45
  - Umwandlungsgesetz **4** 46
- Rechtsnachfolger **4** 1
- Rechtsschutz
  - Drittanfechtung **4** 49

magere Zahlen = Randnummer

Stichwortverzeichnis

- Rechtsschutz des Antragstellers **4** 48
- Reichweite des Genehmigungsvorbehalts **4** 7
  - Direktleitungen **4** 9
  - Eigenversorgungsnetze **4** 8
  - Elektrizitäts- und Gasversorgungsnetze **4** 7
  - geschlossene Verteilernetze **4** 8
  - Kundenanlagen **4** 9
  - Teilnetze und Netzteile **4** 7
- Rechtsträgerwechsel **4** 12
- spezifische Rechtsvorschriften zum Betrieb von Energieversorgungsnetzen
  - allgemeine (Straf-)Vorschriften **4** 29
  - Privatrecht **4** 29
- Unbedenklichkeitsbescheinigung **4** 17
- Versäumung der Entscheidungsfrist
  - Untätigkeitsklage **4** 39
- Verstoß gegen Genehmigungsvorbehalt
  - Klarstellungscharakter § 4 Abs. 4 **4** 50
- Verzicht Genehmigungsfiktion
  - Unionsrechtskonformität **4** 39
- Zuständigkeit
  - landesgrenzüberschreitende Netzbetreiber **4** 31
  - Landesrecht **4** 30
- Zuverlässigkeit
  - Amtsermittlung **4** 29
  - spezifische Rechtsvorschriften zum Betrieb von Energieversorgungsnetzen **4** 29

Geodaten 43k 1, 11, 20
- Anspruch auf **43k** 1
- Berechtigung zur Weitergabe **43k** 10
- besondere Schutzbedürftigkeit **43k** 20
- besonderes Verfahren zur Bereitstellung **43k** 22
- Betreiber Kritischer Infrastrukturen **43k** 17
- Datenhoheit **43k** 23
- Datenschutz **43k** 10
- Definition **43k** 11
- Geodateninfrastruktur **43k** 2
- Geodatenzugangsgesetze **43k** 2
- Notwendigkeit von **43k** 12
- Rechtsschutz **43k** 14, 26 f.
- Verweigerungsberechtigte **43k** 17 f.
- Verweigerungsrecht **43k** 21
- Vorhandensein zur Erfüllung öffentlicher Aufgaben **43k** 9
- zur Bereitstellung Verpflichtete **43k** 7 f.
- Zurverfügungstellung von **43k** 15
- Zweckbindung **43k** 13

Gerichtskosten 105 11
Gerichtsstand 108 2 ff.
Gesamtlast
- Begriff **12** 68

Gesamtschuldner 32 24; **91** 23
- Netzausbau **12c** 84; **15a** 90

Geschäfts- und Betriebsgeheimnisse 47 19

geschlossenes Verteilernetz 6b 6, 50 f.; **41** 14; **41b** 10; **42** 7
- buchhalterische Entflechtung **110** 29, 57
- Definition **3** 41
- Einstufung **110** 1 ff.
- Grundversorgung **36** 24
- Messwesen **110** 60
- Netzzugang **20** 9

Gesetzeszweck 1 24 ff., 30
- Effizienz **1** 44, 47
- Energieeffizienz **1** 46
- Energiesicherheit **1** 31
- Energieversorgung **1** 34
- Kosteneffizienz **1** 45
- Preisgünstigkeit **1** 35 ff.
- technische Sicherheit **1** 32
- Treibhausneutralität **1** 50
- Umweltverträglichkeit **1** 48 f.
- Verbraucherfreundlichkeit **1** 40 ff.
- Verhältnis **1** 52 f.
- Versorgungssicherheit **1** 33

Gesetzgebungskompetenz
- Bundesbedarfsplan **12e** 10
- Wegenutzungsrecht **46** 26 f.
- Zuständigkeiten **5** 27 f.

gesetzliches Verbot 46 61, 65, 100
Gesundheitsgefährdung 43 179
Gewährleistungsverantwortung 13 7; **13a** 9; s. Daseinsvorsorge
- Betriebspflicht **11** 67

gewerberechtliches Verständnis
- Zuverlässigkeit **4** 28

Glaubhaftmachung 82 16
Gleichbehandlungsgrundsatz
- Betrieb, Wartung, Ausbau des Netzes **11** 106

Gleichheitssatz 46 72, 83, 85
gleichmäßige Zurverfügungstellung 35d 32

Gleichstrom-Hochspannungsleitungen 43 142 f.
- Planfeststellung **43** 51

Gleichstromanlagen 43 130, 132 f.
- Grenzwerte
  - magnetische Flussdichte **43** 132
- Minimierungsgebot **43** 133

GmbH 7 29 ff.; **7a** 53
grenzüberschreitende Elektrizitätsverbindungsleitungen 3 55; **28d** 3; **28e** 1; **28g** 1; s. Interkonnektor

große Netzgesellschaft 7 9; **7a** 46
Großhandelskunden 5a 9

Stichwortverzeichnis

Fette Zahlen = Paragraph

Großhändler **3** 56; **41d** 7
Großspeicheranlagen
– Planfeststellung **43** 70
Grunderwerbsteuer 6 30; **7** 24
Grundstück
– Bebaubarkeit **43** 173
Grundstücksinanspruchnahme 45 9 f.
Grundversorger 36 1 f., 17 ff., 51 f., 57 ff., 66; **37** 18; **38** 14; **46** 11; **113** 8, 12
– Einstellung der Geschäftstätigkeit **36** 70 ff.
– Wechsel **36** 74 ff.; **38** 15
Grundversorgung 5 4; **40** 23; **41** 7, 13
– allgemeine Preise **39** 1, 14, 17, 21 ff.
  – Genehmigung **39** 7, 11, 28
  – Kontrolle **39** 28 ff., 49
– Allgemeine Bedingungen **39** 1, 14, 17, 32, 34 ff.
  – öffentlich-rechtliche Versorgungsverhältnisse **39** 54 f.
– Allgemeine Bedingungen und Preise **36** 26 ff., 35; **118** 42
– Berechnungsfehler **116** 2
– schutzbedürftiger Kunden **53a** 34
– Unterschiede zu AVBn **116** 2
Grundversorgungsanspruch 36 36; **37** 1, 11 ff., 16
– Ausschluss/Karenzzeit **36** 49 f.; **38** 10, 19
Grundversorgungspflicht 2 9; **36** 6
– Unzumutbarkeit **36** 43 ff.
Grundversorgungsvertrag 36 30, 37 ff., 50; **37** 17; **38** 27; **39** 42 f.; **41b** 9, 12
Gutachten
– freiwillige **62** 13
– Pflicht **62** 4
Guthaben von Letztverbrauchern 40c 9

H-Gasversorgungsnetz 3 57
Haftung
– Anlagenbetrieb **49** 31 ff.
– aus dem Anschlussverhältnis **Vor 17** 36 ff.
– Entflechtung
  – ISO **9** 12 f.
– Grundversorgung **39** 48 f.
– Netzbetrieb **11** 169; **12** 40; **13** 422 ff.; **14** 37 f.; **16** 34 ff.
– Windenergie auf See **17e** 30 f.; **17g** 1 ff.
Handelssachen 102 16
Handelsüberwachungsstelle 58a 13
Hauptbeteiligte
– Beschwerdeverfahren **79** 8; **83** 12
Hauptsacheentscheidung 86 1, 4
Haushaltskunde 111a 8
– Definition
  – geschlossenes Verteilernetz **110** 48
– geschützte Kunden **53a** 16
– geschützter Kunde **53a** 16

Haushaltskunden 36 1 f., 10, 20 ff., 57 ff., 63; **37** 16; **40** 8; **40c** 5; **41** 4, 12; **41a** 9; **41b** 6, 8
– Definition **3** 58
– Ersatzversorgungsanspruch **38** 8, 10
Herkunftsnachweise
– für Strom aus erneuerbaren Energien **42** 29
– grüne Verlustenergie **Vor 22f.** 48
Hilfsdienste 3 59
Hochspannungsfreileitungen 43 48, 163
Hochspannungsleitungen 43 144
– Planfeststellung **43** 52, 63

Identifikationsnummer 40 13, 15
Immissionen
– elektrische und magnetische **43** 130
In-camera-Verfahren 84 9
Indienstnahme Privater 43i 8
individuelle Netzentgelte 24 18 f.
– Weitergeltung **118** 45 ff.
informationelle Selbstbestimmung 5a 7
Informationsanspruch 46a 2 f.
Informationsaustausch 57 15
Informationsaustausch zwischen Behörden 58a 18; **58b** 3; **68a** 3
Informationserhebungsbefugnisse 63 8 f.
Informationsfreiheitsgesetz (IFG) 11 150; **12f** 21
– Akteneinsichtsrecht **67** 7
– REMIT **68a** 24
– Verhältnis zu **12g** 20 ff.
Informationspflicht 35b 23, 25
– Einspeisevorrang **12** 81
– Energieinformationsnetz **12** 85
– im Rahmen der Amtshilfe **12** 73
– Letztverbraucher **12** 71
– Netznutzer **12** 74
– signifikanter Netznutzer **12** 77
Informationsverpflichtung 42 10
– Anforderungen an Darstellung **42** 20
– Anspruch gegen Erzeuger und Vorlieferanten **42** 32
– Anteil der EEG-geförderten erneuerbaren Energien **42** 24, 30
– Anteil der erneuerbaren Energien **42** 28 f.
– Anteil der Primärenergieträger am Gesamtenergieträgermix **42** 14 f., 23
– Durchschnittswerte **42** 19
– ENTSO-E-Strommix **42** 27
– Festlegungsermächtigung **42** 38
– Herkunftsstaat von erneuerbarem Strom **42** 17 f.
– Meldepflicht **42** 33 f.
– Produktdifferenzierung **42** 21

magere Zahlen = Randnummer

Stichwortverzeichnis

- Umweltauswirkungen **42** 16, 23
- Unternehmensverkaufsmix **42** 22
- Verordnungsermächtigung **42** 35

Infrastruktur 3 76
Inhalts- und Schrankenbestimmung 45 9
Inhouse-Geschäft 46 81, 93, 126
Inlandsauswirkung extraterritorialen Verhaltens 109 16
Inselbetriebsfähigkeit
- Eigenbedarfsinselbetriebsfähigkeit **12h** 36

Insellösung 3 63
Insiderhandel 5b 15; **58a** 5; **58b** 1; **68a** 5; **95a** 8
Insiderinformation 95a 47; **95b** 13
intelligente Messsysteme 14a 35; **41a** 6, 16, 19, 23
- Messung **19** 22
- Monitoring **35** 24
- MsbG **Vor 20** 31; s. *MsbG*
- Stromverbrauch **Vor 22** 50
- Zählerplatz **Vor 17** 16

Interkonnektor 28d 2; **28e** 1; s. *grenzüberschreitende Elektrizitätsverbindungsleitungen*
Interkonnektore Vor 28d-28i 1
Internetseite 41 31; s. a. *Website*
- Ersatzversorgung **38** 23
- gemeinsame **14e** 16
- Lieferantenpflichten **41** 29 ff.
- Namensnennung **63** 35
- Veröffentlichung der Regulierungsbehörde **23b** 6; **73** 11
- Veröffentlichungspflichten der Netzbetreiber **23c** 1 ff.

Interoperabilität 15 12; **Vor 17** 63
- Network Codes **Vor 20** 24
- technische Anschlussregeln **19** 19
- technische Regeln **49** 6
- Windenergie auf See **17a** 15

Investitionsanreiz Vor 20 ff. 16
Investitionsmaßnahme
- technische Sicherheit **49** 9; s. *Genehmigung*

Investitionspflicht 11 87
IT-Sicherheitskatalog
- für Anlagenbetreiber **11** 134
- Rechtsnatur **11** 133

Jahresabschluss 6b 8, 37 f.; **118** 22
- Regulierungskonto **21b** 19 ff.
- Wasserstoff **28k** 1 f.

Jahresverbrauch 40 18
Justizgewährleistungsanspruch 111a 7; **111b** 6

kalkulatorische Kosten
- EE-Strom **13** 317

- Eigenkapitalverzinsung **21** 122 ff.
- kalkulatorische Steuern **21** 164 f.
- Netzreserve **13** 362
- Redispatch 2.0 **13** 317
- Verhältnis zum Handelsrecht **6b** 28; **21** 79 ff.; **21b** 1 ff.

KAP+ 20 178
Kapazität
- Berechnung
  - Erdgas **15a** 34

Kapazitätenhandel 28 8
Kapazitätsausbauanspruch 20 184
Kapazitätsbuchungen 20 120
- Auktionskalender **20** 173
- first-come-first-served-Prinzip **20** 175
- PRISMA **20** 176
- Reservierungsquote **20** 174
- Rückkaufsystem **20** 178

Kapazitätsbuchungsplattform 20 140, 173
Kapazitätsentziehung 35b 37
Kapazitätsmangel 20 220
Kapazitätsrechte 20 150, 167
- Bündelung **20** 170
- Handelbarkeit **20** 176
- Kapazitätsprodukte **20** 172
- Mismatching **20** 170
- untertägige **20** 171

Kapazitätsreserve 13 213; **13h** 1
- ausbleibende Markträumung **13** 219
- Grundnorm **13e** 1 ff.
- KapResV **13h** 2
- Monitoring **51** 33 ff.
- Verhältnis zur Netzreserve **13d** 30 ff.

Kapazitätsreservierungsregelungen 20 184
Kapitalerhöhung 65 19, 25
Kapitalgesellschaft
- kleine **6b** 17, 38

KapResV 13h 2
KARLA Gas 20 132, 169, 174
Kartellbehörden 46 5, 127; **58** 1 f., 15
Kartellrecht 46 77; **46a** 8
Kartellverbot 111 6
Kaskaden-Anforderung 13a 29; **14** 28
- Aufsicht BNetzA **14** 42
- bilanzieller und finanzieller Ersatz **14** 33
- gesetzliches Schuldverhältnis **14** 33, 37
- Haftung **14** 39

KASPAR Gas 20 172
kaufmännisch-bilanzielle Einspeisung 13 94
Klageänderung 85 4
Klagehäufung 85 4
Klagemöglichkeiten des Verbrauchers 111b 19

2837

Stichwortverzeichnis

Fette Zahlen = Paragraph

Kleinstunternehmen 3 60; **41c** 5
Klimaschutz 43 158
- Gesetzeszweck **1** 50f.
- Sicherheitsbereitschaft **13g** 2
- Szenariorahmen **12a** 33ff.

Kohleausstieg
- Kostenfolgen **24a** 4
- Monitoring **35** 16
- Netzreserve **13d** 27f.
- Rückwirkung auf Emissionshandel **13g** 55
- Zusammenhang zur Sicherheitsbereitschaft nach § 13g **13g** 7

Kollisionsregeln 5a 14
KOMBI 20 179
Kombinationsnetzbetreiber 6d 1ff.
Komitologie
- Verfahren **12** 31

Kompensationsmaßnahmen 43 99
Konditionsmissbrauch 30 38
Konkurrenzverhältnisse 1 10
- Allgemeines Vertragsrecht **1** 12
- Gesellschaftsrecht **1** 11
- Umweltrecht, technische Sicherheit **1** 15ff.
- Wettbewerbsrecht **1** 14

KONNI Gas 20 161
Konsultationspflicht 57 7
Kontaktstellen 40 21
Kontrahierungszwang 1 13; **20** 12, 146; **36** 1, 12, 37; **37** 17; **39** 2; **46** 39, 43, 69
- Dienstbarkeiten **44a** 19
- Netzanschluss **17** 13ff.
- Wasserstoff **28n** 5

Konvertierungsentgelt 20 161
Konzentrationswirkung 43 91, 94
Konzernabschluss 6b 20
Konzernprivileg 46 81, 93
Konzession 30 10
Konzessionsabgaben 40 25; **46** 14, 47f., 86; **48** 3ff., 11, 13f., 22, 28; **111** 15; **113** 13
- Bemessung **48** 23
- nachvertragliche **48** 7, 31ff.

Konzessionsabgabenverordnung (KAV) 48 6, 10, 17f., 22f., 25ff.
Konzessionsverträge 36 51; **46** 4, 19, 25, 33, 53ff., 58; **46a** 11f.; **47** 5; **48** 2, 16, 29; **113** 2, 4f.; s. a. *Wegenutzungsverträge*
- Auswahlkriterien **46** 79, 94
  - Angelegenheiten der örtlichen Gemeinschaft **46** 91f.
  - Bewertungsmethode **46** 79, 98
  - Bindung an § 1 Abs. 1 **46** 89f., 96f.
  - Gewichtung **46** 79, 95ff.
  - netzbezogene Kriterien **46** 88
- Bekanntmachung des Vertragsablaufs **46** 62ff., 78
- Bereichsausnahme **46** 16f.
- Dienstleistungskonzession **46** 73, 75
- Eignungskriterien **46** 84
- Endschaftsklauseln **46** 119ff.
- Laufzeitbegrenzung **46** 13, 16, 61
- Netzbetriebspflicht beim Auslaufen des Vertrags **11** 74
- Neutralitätsgebot **46** 82
- Rechtsnatur **46** 59
- sonstige Leistungen (§ 3 KAV) **46** 87
- Verfahren der Vergabe **46** 78ff.
  - Aufhebung **46** 101f.
  - Bekanntmachung der Entscheidung **46** 104
  - Informationspflicht **46** 103
  - Zurückversetzung **46** 101f.
- Verfahren zur Vergabe **113** 10
- Vergabe an gemeindeeigenes EVU **46** 71, 81f., 93f., 122ff.
- vorzeitige Verlängerung **46** 22, 66, 68
- Wechsel des EVU **46** 105ff.
  - Kundenverhältnisse **46** 108, 119f.
  - Überlassung der Verteilungsanlagen **46** 108ff.; **113** 14

Kooperationsmodell 7 37, 42
Kooperationspflichten 14d 5; **20** 29, 85, 162
- Netzbetreiber **14** 27
- Netzbetrieb **11** 39; **12a** 21; **12b** 8; **13** 288; **14** 31; **15** 16ff.; **15a** 63ff.

Kooperationsvereinbarung
- Gas **20** 142, 162, 164
- Kartellierung **20** 166
- Regulierungsbehörden anderer Mitgliedstaaten **57** 14
- standardisierte Musterverträge **20** 145

Koordinierungszentren 57b 2, 5
Kopfstation 3 68
Koronaentladungen 43 116
Kostenbegriff
- Auslagen **91** 5
- Gebühren **91** 3f.

Kostenentscheidung 83 15
Kostenerstattung im Verfahren vor der Regulierungsbehörde 91 32
kostenpflichtige Ablehnung 91 9
kostenpflichtige Amtshandlungen 91 6
kostenpflichtige Erledigung 91 10
kostenpflichtige Rücknahme 91 10
Kostenregulierung
- dnbK **21a** 50
- Effizienzvergleich **21a** 39
- nicht-beeinflussbare Kostenanteile **21a** 50

magere Zahlen = Randnummer

Stichwortverzeichnis

- Qualitätsregulierung **21a** 60, 96
- Yardstick-Verfahren **21a** 27, 64
- **Kostenrisiko 105** 3
- **Kostentragung 97** 8
- **Kostentragung im Verfahren der Beschwerde und der Rechtsbeschwerde 90** 1
- außergerichtliche Kosten **90** 2
- Entscheidung zur Kostentragung **90** 5
- Erledigung der Hauptsache
  - bei absehbarem Verfahrensausgang **90** 15
  - Erfolgsaussichten in der Hauptsache **90** 14
- Festsetzung und Zwangsvollstreckung **90** 21
- gerichtliche Kosten **90** 2
- Kostenentscheidung nach Billigkeit **90** 6, 12
  - Grundsatz **90** 13
  - Verfassungsmäßigkeit **90** 12
- obligatorischen Kostenerstattung **90** 6
  - grobes Verschulden **90** 11
  - unbegründete Rechtsmittel **90** 7
  - unzulässige Rechtsmittel **90** 7
- Pauschale **90** 18
- Rechtsanwaltskosten **90** 3
- Rechtsmittel **90** 20
- Rücknahme der Beschwerde **90** 16
- sonstige Verfahrensbeteiligte **90** 19
- Zahl der Prozessbevollmächtigten **90** 4
- **Kraftwerksstilllegungen**
- Monitoring **35** 44
- **Krisenvorsorge 35d** 2, 23 f.
- Bedarfsplanung **15a** 3
- Leitfaden **16** 4
- Notfallplan Gas **53a** 27
- Schwarzstartfähigkeit **12h** 77
- kritische Infrastruktur **11** 6, 134
- EPSKI-RL **12g** 5
- europäisch kritische Anlage **12g** 1
- Festlegungsverfahren **12g** 11
- Gefährdungsszenarien **12g** 10
- Sicherheitspläne **12g** 15
- Sicherheitsüberprüfung **12g** 20
- **Kunden 3** 61
- aktive **41d** 4; **41e** 4
- **Kundenanlage 3** 62; **30** 10; **31** 5, 34; **110** 15
- Abgrenzung vom Netzanschluss **Vor 17** 16
- Anschluss
  - singulär genutztes Betriebsmittel (§ 19 Abs. 3 StromNEV) **Vor 17** 108 ff.
- Begriff **20** 197
- Elektromobilität **13** 69

- Heranziehung zur Anpassung **13** 254
- Netzzugang **20** 9
- Quartiere **18** 14 ff.
- Redispatch **13a** 36
- Zählpunkt **20** 195
- zur betrieblichen Eigenversorgung **3** 63; **30** 10; **31** 5
- **Kundenbegriff**
- Entflechtung **7** 44, 46 f., 50
- unmittelbar oder mittelbar **14d** 16
- Zuständigkeiten **54** 44 ff.
- **Kundenübergang 36** 77 ff.
- **Kündigungsbestätigung 41b** 16 ff.
- **Kurzschlussstrom 12h** 28
- **KWK-Anlagen 37** 8, 12
- elektrische Ersatzwärmeversorgung **13** 147
- **KWK-Ersatzwärmevereinbarung 13** 175
- **KWK-Ersatzwärmeversorgung 13** 175
- **KWKG 2** 5, 11
- Vorbehalt zugunsten der Netzbetreiberpflichten **2** 12 f.

- **L-Gasversorgungsnetz 3** 64; *s. Marktraumumstellung*
- **Ladeinfrastruktur 20** 9
- **Ladepunkt für Elektromobile 3** 67; **7c** 7; **30** 10; **41** 12; **48** 18
- Anschlussanspruch **17** 20 f.
- Entflechtung **7c** 1 f.
- Letztverbraucher **14e** 8
- Marktstammdatenregister **111f** 13
- privater **7c** 9
- regionales Marktversagen **7c** 12 ff.
- **Ladesäulenbetreiber 42a** 11
- **Ladesäulenverordnung 49** 49
- **Länderausschuss 29** 16; **54** 60 f.
- Aufgaben **60a** 9
- Auskunftsrecht **60a** 23
- Befugnisse **60a** 15
- Geschäftsordnung **60a** 8
- Verfahren **60a** 8
- Zusammensetzung **60a** 6
- **Landesregulierungsbehörden 54** 16, 21; **55** 5, 10; *s. Zusammenarbeit*
- **landseitige Stromversorgung 3** 65
- **Landstromanlagen 3** 66; **41** 12
- Standards für Anbindung **49** 39
- **Landwirtschaft 43** 176
- **Lärmschutz 43f** 65
- Unzumutbarkeitsgrenze, fachplanungsrechtliche **43f** 65
- **Lastflexibilitäten 13** 132; *s. Demand-Side-Management*
- Ab- und Zuschaltvereinbarungen **13** 153

2839

Stichwortverzeichnis

Fette Zahlen = Paragraph

- abschaltbare Lasten **13** 156
- Beschaffung **13** 153
- fremdgesteuert **13** 134
- nicht-marktbasiertes Redispatch **13** 168
- Nutzung durch VNB **14** 20
- Regelenergie **13** 141
- Standardlastprofil **13** 140
- Strommarkt **13** 138
- strukturelle Probleme **13** 134
- zuschaltbare Lasten **13** 164

Lastmanagement 13i 8; **51** 39; **51a** 2
Laststeuerung 13i 8
Laufzeitbegrenzung 46 13, 16, 44, 61
Lebensfähigkeit der Netze Vor 20 ff. 16, 22
Leerrohre 43 12, 68; **43j** 1

- Planfeststellung **43** 68; **43j** 15 f.
- positive Bedarfsprognose **43j** 12 ff.
- Verlegung **43j** 6
- Voraussetzungen **43j** 11 f.
- Zuständigkeit **43j** 14
- Zweck **43j** 7

Leistungsbeschwerde 75 2; **83** 28
- allgemeine **75** 21

Leistungsmessung, viertelstündig registrierende 41d 8
Leitlinien 57a 2, 7
Leitlinien für den Speicherzugang 28 3
Leitung
- Änderung oder Erweiterung **43f** 29

Leitungspersonal 7a 8, 20 f., 23 f., 31, 35 ff.
- unabhängiger Transportnetzbetreiber **10c** 8

Leitungsvorhaben
- Planfeststellungsvorbehalt **43** 1

Letztentscheidungskompetenz
- Entflechtung **7a** 9 ff., 31 ff.
- Netzbetrieb **12** 58

Letztverbraucher 40 8; **40b** 4; **40c** 5; **41** 12; **41a** 9; **42** 7; **42a** 11, 30; **46** 41; **111a** 8
- Abgrenzung zu Netznutzer **20** 38 ff.
- Allgemeine Anschlusspflicht **18** 25 ff.
- Begriff **3** 67; **14e** 8
- Energiespeicheranlage als **13** 68
- Energiespeicheranlagen als **Vor 11a** 12
- Ersatzversorgungsanspruch **38** 8
- Kundenbegriff **54** 44 ff.; *s. Kundenbegriff*
- Meldepflichten bei Versorgungsstörungen **52** 10
- schutzbedürftige Kunden
  - Gas **53a** 1 ff.
- SLP **13** 140
- SLP/RLM **20** 213 ff.
- Wasserversorgung **117** 6

Lieferantenkonkurrenz 38 12
Lieferantenrahmenvertrag 20 150

Lieferantenwechsel Vor 20 ff. 32; **20a** 4; **38** 13; **40** 15, 22, 24; **41** 21
- Auskunftsrechte **20a** 9
- Darlegungs- und Beweislast **20** 181
- Dokumentationspflicht **20a** 8
- Dreiwochenfrist **20a** 7
- europarechtliche Vorgaben **20a** 3
- Rucksackprinzip
  - Gas **20** 180
- Schadensersatz **20a** 14
- Strom **20** 80

LNG-Anlage 3 68; **50** 14
LNG-Anlagen 6a 5; **30** 10
Lokalisationsprinzips 103 5
Loopflows 13 27

Mahnverfahren 111b 22
Markenpolitik
- Entflechtung **Vor 6 ff.** 25; **7a** 74 ff.; **10** 16

Marktabschottung 12b 5; **15a** 7 ff.
marktbasierte Beschaffung 13 74
- Begriff **13** 50

marktbasierte Maßnahme Vor 35a ff. 6
marktbezogene Maßnahmen 13 48 f.
- Abgabeverpflichtung **50** 10
- Gas **16** 17
- Lastflexibilitäten **14** 20
- nicht-frequenzgebundene Systemdienstleistung **12h** 7
- Sinteg-Projekte **119** 19
- steuerbare Verbrauchseinrichtungen **14a** 23
- Verhältnis zu steuerbaren Verbrauchseinrichtungen **14a** 23 ff.

Marktgebiet 20 143, 151
- Anzahl Marktgebiete **20** 154
- Bilanzzone **20** 147, 151 ff.
- Gas **20** 120
- Handelbarkeit Gas **20** 139
- Marktgebietsbildung **20** 152
- Missbrauchsverfahren **20** 156
- qualitätsübergreifendes Marktgebiet **20** 160
- Reduzierung der Marktgebiete **20** 157
- technische Unmöglichkeit **20** 143, 156
- wirtschaftliche Unzumutbarkeit **20** 143, 156

Marktgebietsverantwortlicher 3 69; **20** 153, 158; **30** 10; **Vor 35a ff.** 3; **35a** 3; **35c** 27; **35e** 16
- THE **35a** 1, 7

Marktgebietszusammenlegung 20 158
Marktgestützte Beschaffung 13 74; *s. Ausschreibung*
- Ausschluss ungeeigneter, ineffizienter Dienstleistungen **14c** 32

magere Zahlen = Randnummer

Stichwortverzeichnis

- Grundvoraussetzung wirksamer Wettbewerb **14c** 14
- Grundvoraussetzungen Eignung und Effizienz **14c** 13

Marktkommunikation
- Festlegungen **20** 76; **20a** 4

Marktmanipulation 5b 2; **58a** 5; **58b** 1; **68a** 5; **95a** 8; **95b** 5

Marktraumumstellung
- Auswirkung auf den Netzanschlussanspruch **17** 23
- Bilanzierungsfragen **22** 46
- DVGW-Arbeitsblatt G260 **19a** 7
- Energieeffizienz-Aktionsplan **19a** 39
- GasGKErsV **19a** 42
- L-Gas auf H-Gas **19a** 1
- Systemdienstleistung **19a** 23
- Technische Regelwerke **19a** 26
- Umlagemechanismus **19a** 21, 31
  - Kostenarten **19a** 27
  - Plankostenansatz **19a** 33
- Zutrittsrechte **19a** 47

Marktrisikoprämie 28e 10

Marktstammdatenregister 13 280; **111e** 1
- Aktualisierung **111f** 26
- Anlagenbetreiber **111f** 4 ff.
- Anlagenerfassung **111f** 13, 15 f.
- Ausnahme Meldepflicht **111e** 22 f.
- Behörden **111f** 11
- Daten **111e** 17, 33
- Datennutzung **111e** 28, 30
- Datenschutz **111f** 21
- Datenübermittlung **111f** 21
- Datenzugriff **111f** 10
- Einheit **111e** 20
- elektronisches Register **111f** 22
- freiwillige Registrierung **111f** 9
- Kosten **111e** 36
- Lieferanten **111f** 7
- Meldepflicht **111e** 18 ff.; **111f** 2 f.
- Meldepflicht Personen **111f** 4
- Meldung Genehmigung **111f** 14
- Sanktion **111f** 28
- Überprüfung **111f** 27
- Umfang Meldepflicht **111f** 8, 18
- Ziele **111e** 4, 14
- Zugriff **111e** 27

Markttransparenzstelle 56 2; **58a** 17

maßgeblicher Zeitpunkt für die Beurteilung der Sach- und Rechtslage
- Anfechtungsbeschwerde **83** 18
- Fortsetzungsfeststellungsbeschwerde **83** 24
- Verpflichtungsbeschwerde **83** 20

Meldefrist 111f 23

Mengenbandvereinbarungen 48 23

Messstellenbetreiber 3 70; **30** 10; **40** 15
- Konzessionsvertrag **46** 112
- Marktstammdatenregister **111f** 4
- Netzanschluss **18** 41 ff.
- Schlichtung **111b** 7
- steuerbare Verbrauchseinrichtung **14a** 33 ff.
- Verbraucherbeschwerden **111a** 11
- Verbrauchsschätzung **40b** 10
- Wechsel **20** 185 ff.

Messstellenbetrieb 3 71
- geschlossenes Verteilernetz
  - MsbG **110** 60

Messung 3 72

Messwesen
- Netzzugang **Vor 20** ff. 31
- Zählereigenverbrauch
  - Kosten **Vor 22 f.** 50

Methodenregulierung 29 9 ff.
- Außenwirkung **29** 12
- Bindungswirkung **29** 12 ff.
- Zuständigkeit **29** 11

Mieterstrom 42 7; **42a** 1 ff.
- Preisgrenze **42a** 35
- Stromkennzeichnung **42a** 36 ff.
- Zusatzstrom **42a** 27

Mieterstromgesetz 42a 3

Mieterstrommodelle 42a 10, 15 ff., 21

Mieterstromvertrag 42a 1
- Beendigung **42a** 28
- Kopplungsverbot **42a** 21 ff.
- Kündigungsfrist **42a** 33
- Laufzeit **42a** 31
- Preisgrenze **42a** 35
- stillschweigende Verlängerung **42a** 32

Mieterstromzuschlag 42a 3, 6, 8, 14 f.

Mindestbevorratung Vor 35a ff. 5, 7; **35a** 15

Mindestfaktor
- Redispatch **13** 323

Mindestschadensersatzhöhe 41b 46

Missbrauchsaufsicht 30 1 ff.; **58** 16
- besondere **31** 1 ff.
- Missbrauch einer marktbeherrschenden Stellung **111** 7, 15 f.
- Zuständigkeit **54** 37

Mitwirkung 68 8

Mitwirkungspflicht 69 12
- Verfahrensbeteiligte **82** 13

Momentanreserve 12h 26; **Vor 22** 10; **51** 51 f.

Monitoring 35 1
- Biogasmonitoring **35** 37
- Durchsetzung **43i** 11
- Erzeugungskapazitäten **35** 42
- Indienstnahme Privater **43i** 8 f.

2841

Stichwortverzeichnis

Fette Zahlen = Paragraph

- Kohleausstieg **51** 8
- Kostentragung **43i** 9
- Lastmanagement **12** 71
- Markttransparenzstelle **35** 48
- Monitoringbericht der Bundesnetzagentur und des Bundeskartellamts **35** 9
  - Verfahren **35** 55
- Planfeststellungsverfahren **43i** 1
- Rechtsschutz **43i** 12
- Strommarktdaten – SMARD **35** 48
- System-Adequacy
  - Art. 20 Elt-VO **19 12** 10
- Umweltauswirkungen **43i** 7
- Zuständigkeit **43i** 4
- Zwecke **35** 5

multifunktionale Leitungen 46 110
mündliche Verhandlung 30 58; **67** 12
- Beschwerdegericht **81** 1
- Rechtsbeschwerdeverfahren **88** 24

n-1-Sicherheit 12b 26; **13** 16
- Kosten **21** 137
- Offshore-Anbindung **12b** 15
- sicherheitstechnische Verknüpfung **110** 41
- Versorgungssicherheitsstandard **16** 11

NABEG
- Anzeigeverfahren **43f** 11
- Bundesfachplanung **43** 16
- entsprechende Anwendung §§ 43ff. **43** 17
- Freistellungsentscheidung **43f** 11
- Planfeststellung **43** 19
- Raumordnung **43** 16

Nachschieben von Gründen 83 4 ff.
Nachweispflicht 35b 13, 23f.
Natura 2000 43f 39
- Abweichungsprüfung **43** 107
- Bindungswirkung gesetzlicher Bedarfsfeststellung **43** 110
- Erheblichkeitsschwelle **43** 106
- Kohärenzsicherungsmaßnahmen **43** 108
- prioritäre Arten **43** 108
- prioritäre Lebensraumtypen **43** 108
- Projekt **43** 105
- Schutz- und Kompensationsmaßnahmen **43** 106
- Vogelschutzgebiet
  - Anprallrisiko **43** 106
- zwingende Gründe des überwiegenden öffentlichen Interesses **43** 107

natürliches Monopol 6 10; **Vor 20 ff.** 2; **20** 117; **Vor 22f.** 1
- Begriff **1** 41
- Essential-Facility-Doktrin **Vor 20 ff.** 4
- Regulierung **11** 18

Naturschutz 43 97
- FFH-Gebiet **43** 110

- Kompensation **43** 101
- Natura 2000 **43** 104f.

Naturschutzrecht
- Kompensation **43** 99
- Vermeidungsgebot **43** 98

NAV 39 41
NAV/NDAV
- Vorbildwirkung **Vor 17** 28

NDAV 39 41
Nebenbestimmung 4d 17
- Bestimmtheit **4a** 31
- Freistellungsentscheidung **28b** 13; **43f** 66
- isolierte Anfechtbarkeit **4d** 20
- NEP **12b** 78ff.
- Verhältnismäßigkeit **4a** 32

Nebenbeteiligte
- Akteneinsicht **84** 17

Nebenintervention 88 3
Nebenleistungsverbot 48 25
NELEV 19 30; **49** 50ff.
NetConnect Germany 20 158
Nettoprinzip 33 6
Network Codes 13 79, 88; *s. Netzkodex*
- Gas **20** 126
- NC BAL **20** 131
- NC CAM **Vor 17** 3; **20** 132f., 169, 171
- NC DCC/VO (EU) 2016/1388 **Vor 17** 82
- NC HVDC/VO (EU) 2016 1447 **Vor 17** 85
- NC Interop **16** 27
- NC RfG/EU (VO) 2016/631 **Vor 17** 77

Netz
- Reichweite Netzbegriff **11** 40

Netz der allgemeinen Versorgung 18 13
- Betreiber **38** 14
- Gasversorgung **18** 18
- Netzgebiet **36** 27, 53ff.

Netzanschluss 30 21; **111** 8
- aktiver Kunde **18** 28
- Anschlussebene **17** 41
- bedarfsgerechter Ausbau **11** 94
- bedingte Anschlusskapazität **17** 59
- Beendigung **17** 86
- Belastungsausgleich **17f** 1
- Biogaseinspeisung **Vor 17** 53
- dauerhafte Leistungsunterschreitung **17** 67, 94
- Definition **17** 3
- Eigentum
  - Niederspannung/Niederdruck **Vor 17** 102
- Eigenversorgung **18** 74
  - Mieterstrommodelle **18** 74
- Ermittlung der Anschlussleistung **18** 54
- Flüssiggas **Vor 17** 58

magere Zahlen = Randnummer

Stichwortverzeichnis

- Gas-Druckregel- und Messanlage **Vor 17** 23
- Interkonnektor **17** 30
- Kosten- und Entgeltfolgen **Vor 17** 99
  - Vermögenszuordnung **Vor 17** 130
- Kostentragung
  - Spannungsumstellung **Vor 17** 96
- Kundenanlage
  - Quartiersversorgung **18** 26
- Kundenanlagen **17** 21
- kundeneigener Trafo **17** 47
- Kündigung durch den Netzbetreiber **18** 69
- Ladepunkte für Elektromobile **17** 22
- Leistungsüberschreitung **17** 66
- Marktraumumstellung
  - L-Gas **Vor 17** 56
- Maschinenleitung **Vor 17** 51, 93, 132
- Niederspannung
  - technische Anschlussbedingungen **18** 37
- Offshore **Vor 17** 55
- Rechte des Lieferanten **18** 35
- Sperrung **Vor 17** 42
- TAR **Vor 17** 61
- Unterbrechung **17** 88
  - Entschädigungspflicht **17** 89
- Unzumutbarkeit
  - Netzausbau **17** 85
- Wahlrecht der Anschlussebene **17** 44
- zuständige Behörde **17** 104
Netzanschlusskosten Vor 17 99, 113
- Allgemein **Vor 17** 105
- Niederspannung/Niederdruck **Vor 17** 102
- singulär genutztes Betriebsmittel **Vor 17** 106
Netzanschlusspflicht 3 41; **17** 9; **36** 6, 25
- Allgemeine **18** 1 ff.
- bei Netzengpässen **13** 237
- Daseinsvorsorge **Vor 17** 26
- Gegenstand **Vor 17** 19, 89
- Zugangsrechte **Vor 17** 45
Netzausbau 11 86; *s. Netzausbauplanung*
- Abwägungsdirektive **14d** 45
- Aufsicht **11** 123
- Ausbaupflicht nach § 12 EEG **11** 96
- bedarfsgerecht **1a** 7 ff.
- Bedarfsgerechtigkeit **11** 98
- Diskriminierungsfreiheit **11** 106
- Investitionspflicht **11** 87
- Kappung von Erzeugungsspitzen **11** 116
- koordiniert **12** 51
- Monitoring **63** 7
- Netzausbauplanung **11** 101
- Offshore-Umsetzungsbericht **17d** 9

- Redispatch
  - Ursache **13** 229 ff.
- subjektives Recht **11** 93
- Szenariorahmen **12a** 11 ff.
- Umsetzungsbericht **12d** 2
  - Inhalt **12d** 8
  - Verfahren **12d** 10
- wirtschaftliche Zumutbarkeit **11** 88
Netzbaupläne 118 16; *s. Netzausbau; Netzentwicklungsplanung*
Netzausbauplanung; *s. Netzausbau; Netzentwicklungsplanung*
- Bündelungsmöglichkeiten **12b** 69
- drittschützende Wirkung **15** 39 ff.
- Marktmodell **12b** 41
- Maßnahmenerforderlichkeit **12b** 27
- Maßnahmenwirksamkeit **12b** 25
- Netzmodell **12b** 44
- Spitzenkappung **14d** 32
- Startnetz **12b** 46
- Zubaunetz **12b** 46
Netzbegriff 110 13, 62
- ein Netzbetreiber, ein Netz **11** 40
- Quartier **18** 14, 26
Netzbetreiber 3 73; **6a** 5, 10; **6b** 11; **111** 8
- Betreibereigenschaft **11** 36
- Grundrechtsfähigkeit **11** 89
- Klimabilanz **Vor 22f.** 48
- Kooperationspflicht **11** 39
- Kooperationspflichten **12a** 21
- vor- und nachgelagerte Netze
  - Definition **17** 25
Netzbetrieb 11 61
- besondere netztechnische Betriebsmittel **11** 29
- Betreiber von Elektrizitätsverteilernetzen **14** 10
- Betriebsbegriff **11** 64
- betriebsnotwendige Kosten **11** 66
- Betriebspflicht **11** 19, 67; **12** 33
- Bilanzkreissystem **Vor 22f.** 9
- Effizienzanforderung
  - Inhalt und Schranken **11** 19
- Einsatz von Flexibilität **11** 25
  - Marktmacht **11** 25
- Energieeffizienz **11** 47; **Vor 22f.** 49
- Frequenz **Vor 22f.** 8
- Haftungsbeschränkungen **11** 169
- Informationsansprüche **12** 74
- IT-Sicherheit
  - Kosten **11** 23
- Kooperationspflichten **12** 46, 51
- Kosten **11** 18
- Netzbereitstellung **11** 63
- Netzführung **11** 62
- Netzregelverbund **12** 5

2843

Stichwortverzeichnis

Fette Zahlen = Paragraph

- Redispatch 2.0 **11** 30
- Versorgungssicherheit
  - Wechselwirkung Strom und Gas **11** 50
- Vertikal integrierte Energieversorgungsunternehmen **11** 120
- Wartung **11** 80
- wirtschaftliche Zumutbarkeit
  - Anreizregulierung **11** 111
- Ziele des EnWG **11** 43

Netzbetriebspflicht 11 67
- Auslaufen des Konzessionsvertrages **11** 74
- wirtschaftliche Zumutbarkeit **11** 69

netzbezogene Maßnahme 35d 27

netzbezogene Maßnahmen 13 24

Netzbooster Vor 11a 16; **11a** 7; **12h** 47; **13** 17, 38

Netzdaten 6a 9; **12c** 7; **12f** 1 ff.; **46a** 7, 10, **13** f.
- Strukturparameter **21a** 75; **23b** 14

Netzengpass 13 15, 228
- anfängliche Einspeisebeschränkung ab Netzanschluss **13** 237
- vollständige Netztrennung **13** 234
- zwischenzeitig engpassverschärfender Netzausbau **13** 232

Netzengpässe
- Kapazitätsbewirtschaftung **13** 127

Netzentgelt
- Ermäßigung für steuerbare Verbrauchseinrichtungen **14a** 37

Netzentgelte Vor 17 127; **17h** 2; **30** 4; **111** 21, 24, 26
- Ausgleichsenergiekosten
  - Verbot wirtschaftlichen Gewinns **23** 54
- Befreiung **118** 3
- Begriff
  - Ausgleichsenergiekosten **23** 13
- Begriff europäisch
  - „Tarif" **Vor 22 f.** 28
- Billigkeit **30** 4
- Billigkeitskontrolle **23a** 34
- bundeseinheitliche Übertragungsnetzentgelte **24a** 2, 5
- Bundeszuschuss **24a** 4, 13
- Einspeiseentgelte **24** 46
- Gas
  - Marktraumumstellung **19a**
  - NC TAR **19a** 23
  - Sondernetzentgelt **14b**
- Genehmigung **23a** 1 ff.
- Genehmigungsantrag **23a** 14
- Genehmigungserfordernis **23a** 7
- Genehmigungsfiktion **23a** 26
- Höchstpreisfestsetzung **23a** 31
- Individuelle Netzentgelte gem. § 19 Abs. 2 StromNEV **24** 19
  - Umlage **24** 22
- Kosten
  - Regelenergie **Vor 22f.** 38
- Mehrerlösabschöpfung **23a** 30
- Pooling **Vor 17** 128
- Strom
  - Sondernetzentgelt **14a** 1 ff.
  - Studienübersicht **14a** 42
- Umlagesystem **19a** 32
- Verhältnis zur Erlösobergrenze **21a** 30, 110
- vermiedene Netzentgelte **120** 1 ff.
- Versicherungskosten **17h** 2
- vorgelagerte Netzebenen **71a** 1

Netzentgelte für dezentrale Einspeisung s. vermiedene Netzentgelte

Netzentgeltmodernisierungsgesetz 120 5

Netzentgeltregulierung 23a 1

Netzentwicklung 11 83; s. Netzausbauplanung
- Entwicklung nach § 12 EEG **11** 96
- volkswirtschaftliche Effizienz **11** 59

Netzentwicklungsplan 43j 13; s. Netzausbauplanung
- Abwägungsentscheidung **12b** 61
- Alternativenprüfung **12b** 32
- Änderungsverlangen **12c** 36
- Bedarfsgerechtigkeit **12c** 33
- Einbeziehung im Effizienzvergleich **21a** 53
- Einbeziehung in den Effizienzvergleich **15a** 97
- Fortschreibung **12c** 23
- gemeinschaftsweiter
  - TYNDP **17a** 13
- Maßnahmen **12b** 29
- Offshore-Netzentwicklungsplan **118** 12
- Vorhabenträger **12c** 74
- Wasserstoff **113b** 1

Netzentwicklungsplan Gas; s. Netzausbauplanung
- Entflechtung **15a** 15; **15b** 6
- gemeinschaftsweiter
  - TYNDP **15a** 75
- Incremental-Verfahren
  - VO (EU) 2017/459 **15a** 36
- Marktraumumstellung **15a** 30
- Maßnahmenbegriff **15a** 68
- Szenariorahmen **15a** 26
- Verhältnis zu §§ 38, 39 GasNZV **15a** 27
- Verhältnis zur Kostenregulierung **15a** 96

magere Zahlen = Randnummer

Stichwortverzeichnis

Netzentwicklungsplan Strom; *s. Netzausbauplanung*
- gemeinschaftsweiter
  - TYNDP **12b** 14; **12c** 12
- Inhalt **12b** 19
- Präferenzraumermittlung **12c** 91

Netzentwicklungsplanung 118 39; *s. Netzausbauplanung*
- Betriebs- und Geschäftsgeheimnisse **12f** 15
- CO2-Obergrenze **12a** 46
- Datenherausgabe **12f** 1
  - an Behörden **12f** 5
  - an Dritte **12f** 11
- erzeugungsunabhängige Technik **12** 55
- Flexibilitätsoptionen **12a** 48
- Netzoptimierung **11** 84
- Netzverstärkung **11** 85
- NOVA-Prinzip **12b** 21
- Offshore-Netzentwicklungsplan **43** 50
- Pilotprojekte **12b** 30
- planerische Abwägung **12c** 32
- Rechtsbeschwerde
  - Streitwert **15a** 62
- Referenzszenario vs. Zielszenario **15a** 18
- Regionalisierung **12a** 54
- Spitzenkappung **12a** 45

Netzersatzanlagen 37 11; **51** 40; **111f** 17

Netzgebiet der allgemeinen Versorgung 38 9; **46** 57

Netzkodex 30 6; **31** 3
- Anschluss **Vor 17** 61 ff.
- beauftragte Stelle **19** 9, 27 ff.
- Beurteilungsspielraum **20** 130
- Gas **15** 12; **20** 131 ff.; **22** 32 ff.
- Grundlagen **13** 79; **20** 127, 137
- standardisierende Wirkung **20** 129
- technische Regeln **49** 18

Netzkosten, grenzüberschreitende Elektrizitätsverbindungsleitungen 28e 3

Netzleistungsfähigkeit 11 53

Netznutzer 3 74

Netznutzungsvertrag 20 141, 143, 242

Netzoptimierung 11 84
- NOVA-Prinzip **12b** 21

Netzplanung
- Planungsgrundsätze
  - VDE-AR-N 4121 **14d** 28

Netzpufferung 3 75

Netzregelverbund 12 43; **13** 103
- Übertragungsnetzbetreiber **22** 52

Netzregulierungsziele 1 57

Netzreserve 13 206
- Abstimmung Netzreserveverträge **13d** 43
- anteiliger Werteverbrauch **13c** 31, 80

- ausländische Netzreserve **13d** 2
- befristetes Markt- und Rückkehrverbot **13c** 38
- Beginn **13c** 37, 83; **13d** 24
- Beihilfe **13c** 9
- beschränkte Nachrangigkeit **13** 359
- Betriebsbereitschaftsauslagen **13c** 15
- Definition **13d** 15
- endgültige Stilllegung
  - Marktrückkehr **13b** 23
- Erhaltungsauslagen **13c** 58
- Erzeugungsauslagen **13c** 27, 71
- gesetzliches Schuldverhältnis **13c** 11, 53; **13d** 40
- Grundsatz der Auslagenerstattung **13c** 8
- Grundsatz der Kostenerstattung **13c** 8
- Herstellungskosten **13c** 16
- inländische Netzreserve **13d** 2
- Interessenbekundungsverfahren **13d** 47
- Kaltreserve **13d** 8
- Kostenwälzung **13c** 99
- Leistungsvorhaltekosten **13c** 17
- Netzreservebedarf **13d** 6
- Netzreservevertrag **13d** 40 ff.
- Opportunitätskosten **13c** 14, 72
- Redispatch **13d** 18
- Restwert der investiven Vorteile **13c** 43
- Stilllegungsanzeige
  - Transmissions Code 2007 **13b** 8
- Systemrelevanzausweisung
  - Dauer **13b** 16, 26
- Verhältnis zum KVBG **13b** 5
- Verhältnis zur Kapazitätsreserve **13b** 30
- vertragliches Schuldverhältnis **13d** 40
- vorläufige Stilllegung
  - Marktverbot **13b** 7
- vorläufige und endgültige Stilllegung
  - Definition **13b** 15

Netzreservekapazität 20 11

NetzResV 13i 2

Netzstabilitätsanlagen 11 29; **13j** 5
- besondere netztechnische Betriebsmittel **118** 20

Netztechnisch erforderliches Minimum 13 428

Netzverstärkung 11 85

Netzzugang
- Diskriminierungsfreiheit **28b** 11
- Engpassmanagement **20** 226
- Gas **20** 1, 134
  - use-it-or-lose-it **20** 234
- geschlossene Verteilernetze **20** 9
- Kundenanlagen **20** 9
- Ladesäulen **20** 9
- Messwesen **Vor 20 ff.** 31
- Redispatch **13** 6

Stichwortverzeichnis

Fette Zahlen = Paragraph

- Standardlastprofile **20** 67
- Strom **20** 1, 38
  - Bilanzkreissystem **12** 27
  - Verträge **20** 38
  - Verträge
    - Lieferantenrahmenvertrag Strom **20** 77
    - Netznutzungsvertrag Strom **20** 69
  - vorgelagerte Rohrleitungsnetze **20** 1
  - Wasserstoffnetze **20** 1
- **Netzzuverlässigkeit 11** 52; **21a** 60, 96 f.; **52** 4 ff.
  - Transparenz **23b** 6
- **neue Infrastruktur 3** 76; **12h** 12
- **nicht-marktbasiertes Redispatch 14** 22
- **Nichtzulassungsbeschwerde 87** 2 ff., 8 ff., 15
- **Niederfrequenzanlagen 43** 130 f., 133
  - Grenzwerte
    - elektrische Feldstärke **43** 131
    - magnetische Flussdichte **43** 131
- **Nord Stream 28b** 1, 8 f., 12
- **Normverhältnis 1** 58
- **Notfallmaßnahme 13** 391; **16** 35
  - Anpassung **13** 408
  - Bilanzierungspflichten **13** 421
  - Informationspflichten **13** 448
  - Nachrangigkeit **13** 394
- **notwendig Beigeladener**
  - Akteneinsicht **84** 17
- **NOVA-Prinzip 11** 2, 25; **12b** 21 ff.; **15a** 69; **17b** 8
- **Nutzen statt Abregeln**
  - KWK-Ersatzwärmevereinbarung **13** 175

- **Offenlegung der Verwaltungskosten 93** 1
- **Offenlegungsanordnung**
  - Beschwerdegericht **84** 3, 10 f., 13, 15
- **öffentliche Bekanntmachung 73** 8, 10; **118** 30
- **öffentliche Belange**
  - Begriff **43f** 42
  - Berührung **43f** 44, 55
  - Vorliegen erforderlicher behördlicher Entscheidungen **43f** 45
- **öffentliches Interesse 43f** 42; **111e** 32
- **Öffentlichkeit 67** 13
- **Offshore-Anbindungsleitungen 3** 78; **12b** 15 ff.; **Vor 17** 19; **17a** 41; **17b** 2 ff.; **17d** 1 ff.; **17e** 1 ff.; **17f** 1 ff.; **43e** 4; **118** 12
- **Offshore-Anlagen 118** 4
- **Offshore-Netzentwicklungsplan 12a** 5; **17b** 1; **17c** 1
  - Änderung **17c** 7
  - Bestätigung **17c** 1
  - Prüfung **17c** 1
  - Verhältnis zum NEP **12b** 15

- **Offshore-Umsetzungsbericht 17c** 8
- **Ordnungsgeldvorschriften 6c** 3
- **Ordnungswidrigkeit 5a** 15; **95** 3
  - Berichtspflicht **95** 5
  - Betreiben eines Energieversorgungsnetzes ohne Genehmigung **95** 6
  - Betreiben eines Transportnetzes ohne Zertifizierung **95** 7
  - Doppelregistrierung **95** 34
  - Falschübermittlung **95** 31
  - Information betroffener Haushaltskunden und Netzbetreiber **95** 13
  - Informationsübermittlung **95** 33
  - Marktmanipulation **95** 32
  - Marktstammdatenregister **95** 28
  - Missachtung des Meldeerfordernisses **95** 15
  - missbräuchliche Ausnutzung einer Marktstellung **95** 23 f.
  - nach § 6c **118** 5
  - Nichteinhaltung von Sicherheitsanforderungen **95** 14
  - Nichtvorlage des Netzentwicklungsplans **95** 19
  - Rechtsschutz **95** 48
  - Registrierungspflicht **95** 34
  - Sicherheit und Zuverlässigkeit der Energieversorgung **95** 29
  - Unterlassen der Anzeige **95** 9
  - Verfolgungsverjährung **95** 46
  - Verpflichtungen bei der Stilllegung von Erzeugungsanlagen **95** 21
  - Verschuldensmaßstab **95** 36
  - Verschwiegenheitspflichten **95** 5, 30
  - Verstoß gegen das Erzeugungsverbot **95** 22
  - Verstoß gegen das Rückkehrverbot **95** 22
  - Verstoß gegen das Vermarktungsverbot **95** 22
  - Verstoß gegen Datenübermittlungspflicht **95** 17
  - Verstoß gegen in den Verordnungen vorgesehene Verwaltungsakte **95** 25
  - Verstoß gegen Rechtsverordnungen **95** 25
  - Verstoß gegen Unterrichtungspflicht **95** 8
  - Verstoß gegen Verpflichtungen im Zusammenhang mit dem Schutz europäisch kritischer Anlagen **95** 20
  - Verstöße gegen die Verordnung über die Integrität und Transparenz des Energiegroßhandelsmarkts **95** 5
  - Verstöße gegen die VO (EU) 2019/943 **95** 5, 35
  - vorzeitige Beendigung der Energieliefertätigkeit **95** 12
  - zuständige Behörde **95** 47
  - Zuwiderhandlung gegen eine vollziehbare Anordnung **95** 16

magere Zahlen = Randnummer

Stichwortverzeichnis

Organisations- und Verfahrensregelungen 117b 4
Organleihe
- Beschwerdegericht 75 29
- Länderausschuss **60a** 7
- Regulierungsbehörden in **54** 19

örtliches Verteilernetz 3 79
Osterpaket 12c 91

Pachtmodell 7 15 ff.
Parallelführung von Planfeststellungs- und Enteignungsverfahren
- Art. 14 GG **45b** 3
- Enteignungsverfahren **45b** 4
- Rechtsschutz **45b** 9

passing on defence 32 26
Person
- juristische **31** 7
- natürliche **31** 7

personenbezogene Daten 111c 1, 9
Personengesellschaft 6b 14; 7 35 f.; **31** 7
Pilotvorhaben 12b 6; **43** 139 f.
Pilotwindenergieanlagen 118 12
Planergänzungsverfahren 43 60
Planerhaltung 43d 3
- ergänzendes Verfahren **43d** 9
- Planergänzung **43d** 8

Planfeststellung 43 46
- Abwägung
  - naturschutzrechtliche **43** 100
- Abwägungsgebot **43** 147; **43f** 24
- Änderungsverfahren **43d** 16
  - Änderung von unwesentlicher Bedeutung **43d** 16, 18
  - Änderung von wesentlicher Bedeutung **43d** 17, 19
  - Belange anderer **43d** 16
  - Erlass des Planfeststellungsbeschlusses als Zäsur **43d** 11
  - nach Auslegung und vor Erlass **43a** 8, 54; **43d** 13
  - nach Erlass und vor Fertigstellung **43c** 2; **43d** 3, 10, 16
  - nach Erlass und vor Fertigstellung, Grenze **43d** 5
  - nach Erlass und vor Fertigstellung, Gründe **43d** 10
  - nach Fertigstellung **43d** 15
  - vor Beginn Öffentlichkeitsbeteiligung **43d** 12
  - Zustimmung Betroffener **43d** 16
- Antrag auf **43** 57
- Anwendungsbereich **43** 13, 20 f., 76
- Anwendungsfälle **43** 20
- Aufgabenstellung Planfeststellungsbehörde **43a** 23
- Ausgleichsfunktion **43f** 24, 65
- Ausschluss- und Duldungswirkung **43** 46
- Bauordnungsrecht **43** 146
- Bedarfsplanung **43** 22
- Bundesbedarfsplan **43** 18, 20
- Bundesfachplanung **43** 16
- Denkmalschutz **43** 146
- dringliche Vorhaben **43b** 13
  - Einzelfallprüfung **43b** 19
  - Prüfungspflicht der Planfeststellungsbehörde **43b** 21
- Durchführungspflicht
  - dringliches Vorhaben **43c** 16
- Eigenüberwachung **43i** 8 ff.
- EnLAG-Erdkabelvorhaben **43b** 15
- EnLAG-Vorhaben **43** 14, 17, 20
- enteignungsrechtliche Vorwirkung **43** 46, 87
- fachrechtliche Anforderungen **43** 60
- Flächennutzungsplan **43** 95
  - nachträglicher Widerspruch **43** 96
- Genehmigung, immissionsschutzrechtliche **43a** 23
  - Unterschied **43a** 23
- Geodaten **43k** 1, 12
- Gesamtplanungsablauf **43** 22, 45
- GeschGehG **43a** 24, 31
- Konzentrationswirkung **43** 46, 51
- kumulative Anwendung von EnWG und NABEG **43** 17
- Leerrohre **43j** 1, 8
- materiell-rechtliche Anforderungen **43** 45, 80
- NABEG **43** 16
- Nebenanlagen **43** 58 f., 69
- Nutzungsänderung **43** 74
- obligatorische **43** 46 f., 56, 65, 72
- optional **43** 1, 46, 55 ff.; **43j** 1, 3 f.
- Plandurchführung
  - Baubeginn **43c** 24
  - Spatenstich **43c** 24
- Planerhaltung **43d** 3, 6
  - ergänzendes Verfahren **43d** 9
  - ergänzendes Verfahren, Wirkungsweise **43d** 9
  - Planergänzung, Wirkungsweise **43d** 9
  - Planergänzung und ergänzendes Verfahren, Unterschiede **43d** 9
  - Verhältnis zu §§ 45 f. VwVfG **43d** 7
  - Wahrung der Identität des Vorhabens als Grenze **43d** 5
- Planfeststellungsbeschluss **43** 45, 87, 101; **43i** 5
- Planfeststellungsvorbehalt **43** 1, 47, 49

Stichwortverzeichnis

Fette Zahlen = Paragraph

- Planrechtfertigung **43** 80ff., 109, 155f., 167
  - Funktionslosigkeit **43c** 23
  - Verlängerungsentscheidung **43c** 29
- Planungsermessen **43a** 23
- Planvollzugspflicht **43c** 13, 16
- Raumordnung **43** 44
- Rechtsschutz **43** 189f., 192
- Sicherheitsanforderungen **43** 145
- spezielles Planfeststellungsregime **43** 2
- Standortbestimmung **43** 22, 40
- Trassenbestimmung **43** 22, 40
- Überwachungsmaßnahmen **43i** 1, 8, 10f.
- umweltbezogene Bestimmungen **43i** 1, 6
- vorgelagerte Planungsentscheidungen **43** 22
- Vorhabenträger **43a** 20
- Vorratsplanung **43c** 14
- Waldgesetze **43** 146
- Wasserrecht **43** 146
- WindSeeG **43** 15
- Ziel **43f** 24
- Zielsetzung Vorhabenträger **43a** 23
- zwingende Rechtsvorschriften **43** 91
  - 26. BImSchV **43** 128
  - Artenschutz **43** 111
  - AVV Baulärm **43** 126
  - Bebauungspläne **43** 94
  - Erdverkabelung, Pflicht zur **43** 136
  - Flächennutzungspläne **43** 93
  - Natura 2000 **43** 104
  - naturschutzrechtliche Eingriffsregelung **43** 97
  - TA Lärm **43** 118

Planfeststellungsänderungsverfahren 43f 12

Planfeststellungsbehörde
- Aufgabe **43f** 24
- Ermessen **43** 138
- Geodaten **43k** 5
- Gestaltungskompetenz **43** 152
- Gestaltungskompetenz, planerische **43f** 24

Planfeststellungsbeschluss 43b 11
- Ablehnung
  - Verwaltungsakt **43b** 11
- Änderungserfordernis **43f** 12
- Aufhebung wegen endgültiger Aufgabe nach Baubeginn **43c** 23
- Außerkrafttreten **43c** 12
  - 15 Jahre **43c** 18, 29
  - Fristbeginn **43c** 20
  - Fristberechnung **43c** 19
  - fünf Jahre **43c** 18
  - gesetzliche auflösende Bedingung **43c** 17
  - Rechtswirkung **43c** 17
  - unterlassene Durchführung **43c** 12
  - Verlängerungsverfahren **43c** 25
  - Verlängerungsverfahren, Anhörung **43c** 28
  - Verlängerungsverfahren, Antragsverfahren **43c** 27
  - Verlängerungsverfahren, spätester Zeitpunkt **43c** 26
  - Verschulden **43c** 17
  - Wiedereinsetzung in den vorigen Stand **43c** 22, 26
  - zehn Jahre **43c** 18
- Ausschluss- und Duldungswirkung **43c** 9
- Durchführungspflicht **43c** 13, 16
- Durchsetzungskraft **43c** 5; **43f** 26, 64
- Eintritt der Unanfechtbarkeit **43c** 20f.
  - Individualzustellung **43c** 21
  - Zustellungsfiktion **43c** 21
- Entschädigungsanspruch **43** 181
- Errichtungspflicht **43c** 13
- Genehmigungswirkung **43c** 6
- Gestaltungswirkung **43c** 8
- Konzentrationswirkung **43c** 7
  - formelle **43c** 7
  - materielle **43c** 7
- Plandurchführung, Beginn **43c** 23f.
  - Rechtswirkung **43c** 23
- Plandurchführung, spätere Unterbrechung **43c** 23
- Plangenehmigung **43b** 12
- Rechtsschutz **43** 191f.
- Rechtswirkungen **43c** 5; **43f** 26
- Überwindungsfunktion **43f** 64
- Unanfechtbarkeit, relative **43c** 20
- Unwirksamwerden wegen Funktionslosigkeit **43c** 23, 29
- Verlängerungsentscheidung
  - Auslegung **43c** 30
  - materielle Anforderungen **43c** 29
  - Rechtsschutz **43c** 31
- Verlängerungsdauer **43c** 29
- Zustellung **43c** 30
- Verwaltungsakt **43b** 11
  - Allgemeinverfügung **43b** 11
  - Dauerwirkung **43b** 11

Planfeststellungsverfahren 43 149, 183f., 186f.; **43g** 1; **117b** 3
- Ablauf **43** 184
- Abstimmungspflicht
  - länderübergreifendes Vorhaben **43b** 28
- Alternativenprüfung im **43** 150ff.
- Anhörungsverfahren **43a** 6f., 33; **43b** 3f., 6; **43c** 2
  - Dauer **43a** 52

magere Zahlen = Randnummer

Stichwortverzeichnis

- Anonymisierung **43a** 25
  - Rechtsanspruch **43a** 26, 28 f.
- Anwendbarkeit des VwVfG **43** 184
- Auslegungsfrist
  - Fristberechnung **43a** 41
- Beauftragte des Vorhabenträgers **43a** 21
- Behördenbeteiligung **43b** 24
- Bereinigung **43a** 3
- COVID-19-Pandemie **43** 185
- Datenschutzrecht **43a** 24
- Einwendung **43a** 19
  - öffentlich-rechtlicher Vertrag **43a** 49
  - öffentliche Bekanntmachung **43a** 32
  - privatrechtliche Titel **43a** 49
  - Rücknahme **43a** 45
  - Rücknahme, teilweise **43a** 46
  - Rücknahmeerklärung **43a** 47
  - Rücknahmeerklärung, Formvorschriften **43a** 48
  - Voraussetzungen für wirksame Erhebung **43a** 40
- Einwendungsfrist
  - Berechnung **43a** 41
  - Verlängerung nach UVPG **43a** 41
  - Wiedereinsetzung in den vorigen Stand **43a** 42
- ergänzendes **43** 60
- Erörterung **43d** 2, 19
  - Frist zum Abschluss des Anhörungsverfahrens bei Entfallen des Erörterungstermins **43a** 51; **43b** 26
  - optionale Verzichtbarkeit **43d** 2, 20
  - optionale Verzichtbarkeit, Abwägungsgesichtspunkte **43d** 19 f.
  - optionaler Verzicht **43a** 38, 51, 57; **43b** 27
  - optionaler Verzicht, Ermessensgesichtspunkte **43a** 58
  - Pflicht zur Durchführung **43a** 34, 36
  - Verfahrensbeschleunigung **43a** 34
  - Verzicht und Präklusion **43a** 43 f.
  - Zweck **43a** 34, 39; **43d** 20
  - zwingender Verzicht **43a** 37, 45, 50
- Erörterungstermine **43** 185
- Frist zur Veranlassung der Öffentlichkeitsbeteiligung **43a** 13
- frühe Öffentlichkeitsbeteiligung **43a** 3, 8
- Geschäftsgeheimnisse, Schutz von **43a** 24, 31
- informationelle Selbstbestimmung, Recht auf **43a** 26
- LNG-Beschleunigungsgesetz **43a** 5
- Öffentlichkeitsbeteiligung **43a** 33; **43b** 24
- ortsübliche Bekanntmachungen **43** 185
- Planungssicherstellungsgesetz **43a** 4

- Regelungssystematik **43a** 6 f., 10; **43b** 3, 6, 8; **43c** 2, 4; **43d** 2
- Stellungnahme **43a** 19
  - Abgrenzung zur Einwendung **43a** 19
- Vereinheitlichung **43a** 3
- Verfahrensschritte **43a** 8
  - Anhörungsverfahren **43a** 8
  - Antragseinreichung **43a** 8
  - Antragsprüfung **43a** 8
  - Behördenbeteiligung **43a** 8
  - Einwendungsphase **43a** 8; **43b** 25 f.
  - Erlass des Planfeststellungsbeschlusses **43a** 8; **43b** 3 f., 6; **43c** 2
  - Erörterung **43a** 8, 33; **43b** 25 f.
  - frühe Öffentlichkeitsbeteiligung **43a** 8
  - Öffentlichkeitsbeteiligung **43a** 8; **43b** 25 f.
  - Sachverhaltsermittlung **43a** 8
  - Vereinigungsbeteiligung **43a** 8
  - Vorbereitung **43a** 8
- Verhältnis zu UVP-Verfahren **43** 187 f.
- Verwaltungsvorschriften, allgemeine **43a** 9
- Zuständigkeit **43** 183
- Zwei-Wochen-Frist zur Veranlassung der Öffentlichkeitsbeteiligung **43a** 15
  - Fristberechnung **43a** 16

Planfeststellungsvorbehalt 43 1, 79; **43f** 4, 27
- Änderung einer bestehenden Anlage **43f** 9 f., 12, 23, 27
- Erweiterung einer bestehenden Anlage **43f** 9, 27
- optional
  - Anzeigeverfahren **43f** 8, 13
- UVP-Pflicht **43f** 33
- Vorhaben von unwesentlicher Bedeutung **43f** 15

Plangenehmigung 43b 12; **43i** 5; **45** 24 f.
- Außerkrafttreten **43c** 12
  - unterlassene Durchführung **43c** 12
- Verlängerungsverfahren **43c** 25
- Eintritt der Unanfechtbarkeit **43c** 21
- Verwirkung, Jahresfrist **43c** 21
- Planfeststellungsbeschluss
  - Unterschied, erleichtertes Verfahren **43b** 12
- Rechtswirkungen **43c** 11
- UVP-Pflicht **43b** 12
- Verlängerungsentscheidung
  - Auslegung **43c** 30
  - Rechtsschutz **43c** 31
  - Zustellung **43c** 30
- Verwaltungsakt **43b** 12

Plangenehmigungsänderungsverfahren 43f 12

2849

Stichwortverzeichnis

Fette Zahlen = Paragraph

Plangenehmigungsvorbehalt
- Änderung einer bestehenden Anlage **43f** 12
- Vorhaben von unwesentlicher Bedeutung **43f** 15

Planrechtfertigung
- Bedarf **43** 85
- fachplanerische Zielkonformität **43** 85
- fehlende Hinderungsgründe **43** 85
- Prüfungsdichte **43** 89

PlanSiG 12c 19
Planung für Notfälle 54a 2
Planungsermessen 43 147
Planungshoheit 43 169
Planvollzugspflicht 43c 13
Plausibilisierung 83 32
Power-to-Gas-Anlagen 28q 9; **118** 3
Power-to-X-Anlagen 13 68
Präferenzraumermittlung 12b 71; **12c** 93
- Datengrundlage **12c** 94
- Verwaltungsinternum **12c** 98

Präklusion 46 99; **47** 15 f.
Präqualifikation s. *Systemdienstleistungen*
Preisaufsicht 111 14
Preisbildung
- allgemeine Preise **39** 23
- Ausgleichsenergie **23** 2
- frei **1** 68; **13a** 12; **95a** 22
- Großhandelsmärkte **5a** 1
- Netzentgelte **21** 53 f.
- wettbewerblich **1a** 4

Preisminderung 118 28, 31, 34
Preismissbrauch 30 38
Preisspaltung (Alt-/Neukunden) 36 9, 29, 34 f., 49; **38** 19; **118** 42
Primärkapazität 20 140
Projektmanager 43g 1 ff.
- Anhörungsbericht **43g** 14
- Ausschreibung **43g** 12
- Gewährleistungsverantwortung **43g** 15
- Grenzen der Übertragbarkeit **43g** 13 ff.
- Hoheitliche Befugnisse **43g** 5
- Kosten **43g** 9 f.
- Rechtsschutz **43g** 17
- übertragbare Aufgaben **43g** 4
- vergaberechtliche Vorgaben **43g** 12
- Zustimmung des Vorhabenträgers **43g** 8

Pumpspeicherkraftwerke 118 3

Qualitätselemente 118 18
Qualitätsregulierung 21a 60
Qualitätssicherung
- Marktstammdatenregister **111f** 25, 29

Quartier
- Abgrenzung zur Kundenanlage **18** 26
- Mieterstromverträge **42a** 13
- Netzzugangsfragen **20** 197 ff.

Rahmenbedingung 35b 7
Raumordnungsverfahren 43 41, 44, 187
- Ersetzung des **43** 42

Raumplanung 43 92
reaktive Netzbetriebsführung 13 38
Rechnung
- Energielieferungen **40** 1, 10 f., 26; **42** 11

Rechnungslegung 6b 1 ff., 12 f., 23, 27 f., 37; **21b** 1 ff.
Rechnungstellung 40c 1, 7 f.
Recht, revisibles 88 10
Recht auf gerechte Abwägung 43f 52, 56 f.
Recht auf informationelle Selbstbestimmung 111c 4
Rechte anderer 43f 52
- Änderung des Betriebskonzepts **43f** 53
- Beeinflussung **43f** 54 f., 57
- Beeinträchtigung **43f** 54 f., 57
  - Ausgleich durch Vereinbarung **43f** 59
- Recht auf gerechte Abwägung **43f** 52
- Vereinbarung **43f** 59
  - Rechtsqualität **43f** 61
  - Schriftform **43f** 60
  - Zeitpunkt **43f** 62

rechtliches Gehör 67 2; **81** 6; **82** 7; **83** 8 f.; **83a** 1; **84** 2; **86** 22
Rechtsanwaltsgebühren 105 12
Rechtsbehelfe
- einstweiliger Rechtsschutz
  - Anordnung der aufschiebenden Wirkung **43e** 8
  - Frist Antrag **43e** 9
  - keine aufschiebende Wirkung **43e** 8
  - nachträglich eintretende Tatsachen **43e** 11
  - Prüfungsumfang **43e** 9
  - Rechtsbehelfsbelehrung **43e** 10
- Hauptsacheverfahren
  - Klagebegründung **43e** 5
  - Mitwirkungslast des Klägers **43e** 5
  - Zurückweisung verspäteten Vorbringens **43e** 6
- Zuständigkeit des Bundesverwaltungsgerichts **43e** 3

Rechtsbehelfsbelehrung 85 4
Rechtsbeschwerde 87 13; **88** 9
- Eilverfahren **86** 6
- Zulässigkeit **99** 2
- Zulassung durch das Beschwerdegericht **86** 8
  - Teilzulassung **86** 10
- zulassungsfreie **86** 15; **87** 15
- Zurückweisung **99** 3
- Zuständigkeit **99** 1

2850

magere Zahlen = Randnummer

Stichwortverzeichnis

Rechtsbeschwerdegründe, absolute 86 15 f.
Rechtsfehler 86 2
– revisibler **88** 11
Rechtsfolgen 1 51
Rechtsirrtum 32 28
Rechtskraft 47 26
Rechtsmittelbelehrung 73 7; **83** 15
Rechtsmittelfrist 73 9
Rechtsnachfolge 33 4
Rechtsschutz 105 3
– Drittschutz **43i** 13
Rechtsschutzbedürfnis 75 14, 19; **88** 8
Rechtsschutzgewährleistung 47 4, 27
Rechtssicherheit 47 2
Rechtsverordnung 29 24
Rechtsweg Vor 75 ff. 4
Redispatch 13 108
– Anpassung **13** 250
– Ausnahmen **13j** 22
– Auswahlentscheidung **13** 294
– Brennstoffbevorratung **50** 11
– EE-Einspeisevorrang **13** 311
– Energetischer Ausgleich **13** 265
– Festlegungen **13j** 17
– finanzieller Ausgleich **13j** 12
  – erhöhter Verschleiß **13j** 14
– gesetzliches Schuldverhältnis **13a** 13
– Inc-Dec Gaming **13** 169
– kostenbasiertes Redispatch **13** 164, 168
– KWK-Einspeisevorrang **13** 335
– KWK-Ersatzwärmevereinbarung **13** 175
– KWK-Ersatzwärmeversorgung **13** 175
– Lastzuschaltung **13** 259
– Mindestfaktor **13** 323
– Netzbetreiber-Koordinierung **13** 288
– nicht-marktbasiertes Redispatch **13** 164, 168; **13a** 10; **14** 22
– Rangfolge **13** 270
– rechtliche Unmöglichkeit **13** 286
– Redispatch 2.0 **11** 30; **13** 109
– spannungsbedingt **12h** 23
– tatsächliche Kosten **13** 284, 298
– Wirkleistungserzeugung **13** 254
Redispatch-Bilanzkreis 13a 59
Redispatch-Maßnahme
– anfordernder Netzbetreiber **13a** 28
– Anlagen ab 100 kW **13a** 20
– Anlagenbetreiber **13a** 26
– Anpassung **13a** 33
– anweisender Netzbetreiber **13a** 28
– auf Basis von Plan- und Ist-Werten **13a** 44
– Aufsicht BNetzA **14** 42
– betroffener Bilanzkreis **13a** 54
– betroffener BKV **13a** 52
– bilanzieller Ausgleich **13a** 49

– Ausfallarbeit **13a** 76
– Cluster **13a** 64
– Marktneutralität **13a** 70
– Planwertmodell **13a** 61
– Prognosemodell **13a** 66
– Prognoseverantwortung **13a** 69
– bilanzieller und finanzieller Ersatz in der Kaskade **14** 33
– elektrische Ersatzwärmeversorgung **13a** 39, 150
– entsprechende Anwendung VNB **14** 18
– Ex-post-Information **13a** 87
– fernsteuerbare Anlagen **13a** 24
– finanzieller Ausgleich **13a** 89
 – anteiliger Werteverbrauch **13a** 114
 – EE- und KWK-Strom-Abregelung **13a** 134
 – entgangene Einnahmen **13a** 139
 – entgangene Erlösmöglichkeiten **13a** 123
 – ersparte Aufwendungen **13a** 129, 152
 – Gebot der Marktneutralität **13a** 92
 – notwendige Erzeugungsauslagen **13a** 111
 – Opportunitätskosten **13a** 123
 – Schadensminderungspflicht **13a** 113, 139
 – Sowieso-Kosten **13a** 132
 – Verursachungsprinzip **13a** 105
 – zusätzliche Aufwendungen **13a** 147
 – zusätzliche Strombezüge **13a** 150
– finanzieller Ausgleich
 – Anrechnung des bilanziellen Ausgleichs **13a** 97
– Gebot der Marktneutralität **13a** 92
– Haftung in der Kaskade **14** 39
– Kooperationspflichten Netzbetreiber **13a** 154
– Netzbetreiber-Verantwortlichkeiten in der Kaskade **14** 34
– Redispatch-Bilanzkreis **13a** 59
– Sperrwirkung gegenüber marktlichen Anpassungen **13a** 78
– Strom- und spannungsbedingte Anpassungen **13a** 46
– thermische Ersatzwärmeversorgung **13a** 149
– verantwortlicher Netzbetreiber **13a** 158
– Vorab-Information gegenüber BKV **13a** 83
Regelenergie 13 86 f.; **20** 160
– Arten der Regelenergie **22** 58
– Dimensionierung
  – Graf/Haubrich Verfahren **22** 11
– Lastflexibilitäten **13** 141
– Marktabgrenzung
  – Marktmacht **22** 50
– Netzregelverbund **22** 52

2851

Stichwortverzeichnis

Fette Zahlen = Paragraph

- Plattformen
  - PICASSO und MARI **22** 56, 60
- Regelarbeitsmarkt **22** 53
- **Regelenergiemärkte 22** 50
- **Regeln der Technik 43** 145
- Erdungsanlagen **49** 37
- Landstrom **49** 39
- Lärmschutz **49** 42
- **Regelverantwortung 12** 41
- entsprechende Anwendung VNB **14** 14
- **Regelzone 3** 80
- **reguläre Ausschreibung 35c** 4, 9
- **Regulierung**
  - Ausnahmen **25** 1ff.; *s. Befreiungen für neue Infrastrukturen*
  - gesteuerte Selbstregulierung **20** 157
  - Grundlagen **Vor 20ff.** 1
  - Informationsasymmetrie **Vor 20ff.** 17
  - Selbstregulierung und Kooperationspflichten **Vor 20ff.** 18
  - Innovationsförderung **20** 117
  - Kosten der Regulierung **20** 117
  - normative Regulierung **24** 2ff.; **29** 155f.; **54** 3ff.; **61** 2
    - Methodenauswahl **20** 137
    - Wesentlichkeitstheorie **20** 137
  - Selbstregulierung durch Kooperationsvereinbarung **20** 165
  - Subadditivität der Kostenfunktion **20** 117
  - Wasserstoffnetze **28j** 1ff.
- **Regulierungsbehörde 29** 1; **54** 15, 24, 30; **54a** 4, 8; **54b** 4; **56** 3; **57a** 4, 6
  - Begriff **104** 6
  - Beteiligungsmöglichkeiten **104** 7
  - Festlegung **29** 1, 17, 20, 23
    - nachträgliche Änderung **29** 31, 34
  - Genehmigung **29** 1, 17, 27
    - nachträgliche Änderung **29** 31
  - nachträgliche Abänderbarkeit **29** 28
- **Regulierungsbehörden 111** 2, 4, 9, 17
  - Informationserhebungsbefugnisse **63** 8f.
- **Regulierungsermessen 20** 130, 161; **65** 16f.; **67** 3; **83** 7, 29, 31, 35
- **Regulierungskonto 21b** 3; **33** 6
- **Rekommunalisierung 46** 93; **109** 6
- **REMIT-Verordnung 5b** 1; **33** 2; **56** 7; **58** 1; **58a** 2; **58b** 2; **65** 31; **68a** 4; **69** 22; **95a** 1; **95b** 1
- **Reparationsinteresse 31** 30
- **Reparatur- und Unterhaltungsmaßnahmen**
  - Anzeigeverfahren **43f** 28
- **Reserveversorgung 37** 1f., 15, 19f., 23
- **revisibles Recht 88** 10
- **Risikobewertung des Gasmarktes**
  - SoS-VO 2017 **54a** 9

Risikovorsorge-VO
- Zuständigkeit **54b**
Risikovorsorge im Elektrizitätssektor 54b 1
Rohrleitungsanlagen 43 47
Rücknahme der Beschwerde 75 24
Rückveräußerung 35d 3
Rügeobliegenheit 46 99, 103; **47** 1, 3f., 6f., 9f.; **118** 8

sachkundiger Dritter **14d** 38
Sachzeitwert **46** 116
saisonale Stilllegung **13i** 40
Saldierungsgrundsatz **33** 6
Schadensabwälzung **32** 26
Schadensermittlung **32** 29
Schadensersatz **4a** 38
Schadensersatzanspruch **65** 26
Schadensminderungskonzepte **17f** 9
Schadensminderungspflichten **17f** 13
Schlichtungsstelle **111b** 23f., 33
Schlichtungsverfahren **30** 8; **31** 4; **111b** 1
- (Un-)Zulässigkeit **111b** 12, 16
- Abrechnung von Energie **111b** 8
- Beteiligte **111b** 10
- Darlegungs- und Beweislast **111b** 13
- Drittunternehmen **111b** 17
- Fortsetzungspflicht **111c** 8
- Gegenstand **111b** 7, 9
- Informationsaustausch **111c** 1, 9
- Kosten **111b** 28ff.
- offensichtlich missbräuchliche Anträge **111b** 32
- Schlichtungsvorschlag **111b** 27
- Teilnahmepflicht **111b** 15
- Verfahren **111b** 11
- Verfahrensdauer **111b** 14
- Verhältnis zum regulierungsbehördlichen Verfahren **111c** 5f.
Schutz von Betriebs- und Geschäftsgeheimnissen 55 12; **71** 5; **74** 4
Schutzgebiete 43 171
Schutzgesetzerfordernis 32 10
Schwachstellenanalyse 13 455
- in Elektrizitätsverteilernetzen **14** 25
Schwarzbau 43f 4
Schwarzstartfähigkeit 12h 33
- Anschlussvoraussetzung **Vor 17** 77
- Netzreserve **13e** 19
SeeAnlG 17a 40
Seekabel 43 50
Sektorenuntersuchung 69 19
Sektorkopplung 12a 45; **43** 38; **112b** 5
- Versorgungssicherheit **16** 29
Sekundärkapazität 20 140, 232

magere Zahlen = Randnummer

Stichwortverzeichnis

Selbstprogrammierung der Verwaltung 29 25
selbstständige Betreiber von grenzüberschreitenden Elektrizitätsverbindungsleitungen 3 81; 28d 2
Selbstversorgung mit EE- oder KWK-Strom 13 355; *s. Eigenversorgung*
Selbstverwaltungsgarantie
– kommunale 36 7, 13; 46 8, 29f., 51, 70, 83, 94, 96f.
Shared Services Vor 6 ff. 18; 7 38; 61; **7a** 6, 25, 27f., 29, 61, 83
Sicherheit der Gasversorgung 28c 1
Sicherheitsbereitschaft
– Abgrenzung variable und fixe Betriebskosten 13g 26
– Auslagenerstattung 13g 30
– Begriff 13g 11
– Elektrizitätssicherungsverordnung 13g 12
– entgangener Erlös 13g 29
– Erzeugungsauslagen 13g 36
– kurzfristig variable Betriebskosten 13g 26
– Optimierungsmehrerlöse 13g 25
– Sicherheitsbereitschaftsjahr 13g 22
– Übersicht Kraftwerke 13g 9
– variable Brennstoffkosten 13g 27
– Vergütung 13g 22
– Vermarktungsverbot 13g 19
– Versorgungsreserve 13g 11
Sicherheitsleistung 30 40
singulär genutztes Betriebsmittel Vor 17 108
– Niederspannung **Vor 17** 112
SINTEG 119 6
SINTEG-Verordnung 119 5
– Abweichungsbefugnis 119 21
– Anrechnung wirtschaftlicher Vorteile 119 35
– Anwendungsbereich 119 17
– Berichtspflicht 119 9
– Beschwerde 119 39
– Erstattungsanspruch 119 31
– Feststellung Erstattungsanspruch 119 38
– Rechtsschutz 119 39
– Restriktionen 119 25
– Teilnehmer 119 13
Smart Meter Rollout
– Monitoring 35 24; *s. Messstellenbetrieb*
Solaranlagen 42a 5, 7, 9, 27
Solidaritätsmaßnahme 35d 26
Sonderausschreibungen 35b 27; 35c 5, 25, 27
Sonderkundenverträge 41b 9
Sonderkündigungsrecht 41b 17
– Wahlrecht des Energielieferanten **41b** 39ff.

Sonderlieferverträge 36 1; 39 14f.
– Leitbild-Rspr. 39 15
Sonderrechnungslegung 118 19
Sondervertragskunden 48 23
SoS-VO Vor 35a ff. 4ff.; **35d** 26
– Zuständigkeit 54a; 56
Spannungshaltung
– Blindleistung **Vor 17** 66
– erzeugungsunabhängige Technik 12 55
– nicht-frequenzgebundene Systemdienstleistung **12h**
Spatenstich
– Plandurchführung, Beginn 43c 24
Speicheranlage 3 52; *s. Energiespeicheranlage*
Speicheranlagen 6 24ff.; **6a** 5; **6b** 11
Speicheranlagen(-betreiber) 7b 4
Speicherentgelt 35b 41; 35c 29
Speicherentgelte 35c 29
Speicherjahr 35b 27, 34, 37
Speicherkapazität 35b 1, 28, 41; 35c 27
Speichernutzungsvertrag 35b 6f., 9f., 30, 40
Speichernutzungsverträge 35b 6; 118 23
– Anpassungspflicht 118 25f.
– Sonderkündigungsrecht 118 24
Speicherumlage 35e 1
Speicherzugang 26 5
– europarechtlicher Rahmen 26 5
– Regulierungsbehörde 26 8
Spitzabrechnungsverfahren 17e 11
Spitzenkappung 11 159; **12a** 45; **12b** 19
– Netzausbauplanung 14d 32
SSBO 35c 3, 9, 11
Staatsanwaltschaft
– Beteiligung der BNetzA 58b 3
– Beteiligung durch die BNetzA 68a 3
städtebauliche Belange 43 170
Stadtwerke 6 8; 7 41; 109 6
Stammdaten 111e 12
Stand der Technik 12a 32; 19 26; 21a 49; 43 128, 145; 49 30, 42; 113c 4
Standardlastprofil 13 140; **Vor 22** 51; **23** 81; **41d** 8; **53a** 16; *s. Letztverbraucher/SLP*
– Strom 20 67
Standort- und Trassenplanung 43 40
statische Spannungsregelung 12h 17
steuerbare Verbrauchseinrichtungen 14a 18
– Elektromobilität 14a 18
– vertragliche Voraussetzung 14a 23
Stichtag 35b 15
Stilllegung 111f 19
Strafbarkeit 95a 1; 95b 1
Straßenrecht 46 8, 16, 59

Stichwortverzeichnis

Fette Zahlen = Paragraph

strategische Umweltprüfung 12c 45; **17a** 3, 18
- Alternativenprüfung **12c** 60
- Behördenbeteiligung **12c** 67
- Öffentlichkeitsbeteiligung **12c** 68
- Raumwiderstandsuntersuchung **12c** 62
- Scoping **12c** 51
- Umweltbericht **12c** 54
- Verfahren **12c** 65
- Verfahrensbezogenheit **12c** 49

Streitbeilegungsverfahren 40 19; **111a** 2
Streitgenossenschaft 85 4
Streitwert 105 3, 6
- Beschwerde gegen den NEP **15a** 62
- Streitwertanpassung **105** 2, 7, 10 f., 13

strom- und spannungsbedingte Anpassungen 13 224; **13a** 46
- entsprechende Anwendung VNB **14** 17
- Kaskaden-Anforderung **14** 30
- kostenoptimierte Auswahl in der Kaskade **14** 30

strom- und spannungsbedingte Gefährdungen oder Störungen 13 227
strom- und spannungsbedingte Maßnahmen 13 244
- Anpassung **13** 250
- Auswahlentscheidung **13** 294
- EE-Einspeisevorrang **13** 311
- EE-Mindestfaktor **13** 323
- Eeergetischer Ausgleich **13** 265
- fernsteuerbare Anlagen < 100 kW **13** 374
- Informationspflichten **13** 278
- kalkulatorische Kosten **13** 317
- KWK-Einspeisevorrang **13** 335
- Netzbetreiber-Koordinierung **13** 288
- Rangfolge **13** 270
- rechtliche Unmöglichkeit **13** 286
- Selbstversorgung mit EE- oder KWK-Strom **13** 355
- tatsächliche Kosten **13** 298

Strom aus unbekannter Herkunft 42 26; *s. Stromkennzeichnung*
Strombezug für die Ladepunkte für Elektromobile 3 67; **7c** 4
Strombündler 5 15; *s. Aggregator*
StromGVV 36 15, 31, 39, 47, 80; **38** 7, 29; **39** 13, 15 f., 25, 29, 31, 39 ff., 44 ff.; **41b** 4, 6, 29
Stromhändler 5 12
Stromkennzeichnung 42 1, 3; **42a** 36
- Nachprüfung durch Bundesumweltamt **42** 35 f.

Stromlieferanten 3 82; **5** 1 ff.; **41a** 8, 18; **41d** 7; **42** 6, 10
Stromliefervertrag 41 1 ff.
- dynamische Tarife **3** 83

Strommarkt
- Aktionsplan Gebotszone **13** 121
- ausbleibende Markträumung **13** 219
- Energy-Only-Markt **13** 421
- Gebotszone **111d** 9
- Gebotszonen **13** 119
- Grundsätze **1a** 2
  - bedarfsgerechter Stromnetzausbau **1a** 7
  - Bilanz- und Ausgleichsenergiesystem **1a** 5
  - Einbindung in die europäischen Strommärkte **1a** 9
  - Flexibilisierung von Angebot und Nachfrage **1a** 6
  - Gleichrangigkeit **1a** 3
  - Kosteneffizienz **1a** 7
  - rechtliche Wirkung **1a** 3
  - Transparenz **1a** 8
- Kapazitätsmarkt **13** 421

Strommarktgesetz 37 6, 11 f., 15
Stromspeicher 11a 1 ff.; **13** 41, 44, 68; **118** 3; *s. Energiespeicher*
- Letztverbraucher **14e** 8
- Netzbooster **13** 40
- steuerbare Verbrauchseinrichtungen **14a** 20

Stromtarife 41a 1
- Anreiz zu Energieeinsparung/-verbrauchssteuerung **41a** 3, 5, 11
- dynamische **41a** 2, 5, 11, 17 ff.; **41c** 2, 8
- lastvariable **41a** 11, 13
- mit begrenzter Datenaufzeichnung und -übermittlung **41a** 3, 7, 16
- tageszeitabhängige **41a** 11, 14

Strukturmissbrauch 30 43
Stufensystem 35c 1 f., 7
Systemdienstleistungen 20 54
- Beschaffungsverfahren
  - Entflechtung **22** 20, 22
- Blind- und Kurzschlussleistung **12** 55
- europarechtliche Vorgaben **13** 63
- geeignete Anlagen **12** 60
- Kosten
  - Transparenz **23b** 18
- marktliche Beschaffung **12** 57; **14c** 7
  - Aufsicht **12** 58
- Momentanreserve **Vor 22f.** 10
- nicht frequenzgebunden **12h** 1; **13** 198
- Präqualifikation **11a** 2; **Vor 22f.** 2; **22** 25
  - Batteriespeicher **22** 26
- Regelenergiebeschaffung **22** 53
- Verteilernetze **14c** 1; *s. Flexibilitätsdienstleistungen*

systemrelevantes Kraftwerk 50 4
Systemrelevanzausweisung 13f 8

magere Zahlen = Randnummer

Stichwortverzeichnis

Systemsicherheit
- Anpassung **13** 250
- Gefährdung **13** 12
- gesetzliches Schuldverhältnis **13** 52
- Kapazitätsreserve **13** 213
- Kooperationspflicht **11** 39
- Lastflexibilitäten **13** 132
- marktbezogene Maßnahmen **13** 48 f.
- netzbezogene Maßnahmen **13** 24
- Netzbooster **13** 38
- Netzengpass **13** 15, 228
- Netzreserve **13** 206
- Notfallmaßnahmen **13** 391
- reaktive Netzbetriebsführung **13** 38
- Rolle der VNB **13j** 10
- Ruhen von Leistungspflichten **16** 37
- Schwachstellenanalyse **13** 455
- Störung **13** 13
- strom- und spannungsbedingte Anpassungen **13** 224
- strom- und spannungsbedingte Gefährdungen oder Störungen **13** 227
- strom- und spannungsbedingte Maßnahmen **13** 244
- Systemsicherheitsmaßnahme **13** 2
- Systemsicherheitsmaßnahmen **13** 22
- vertragliches Schuldverhältnis **13** 55
- vollständig integrierte Netzkomponenten **13** 30

Systemsicherheitsmaßnahmen 13 2, 22
- Effizienz **13** 59
- Eignung **13** 80
- entsprechende Anwendung VNB **14** 17
- Informationspflichten **13** 437; **13j** 20
- Kaskaden-Anforderung **13a** 29; **14** 28

Systemstabilität 35d 2, 23 f.
- Netzfrequenz **12** 65

Systemstabilitätsverordnung 12 65; **49** 47

Systemverantwortung 13 2
- Aufsicht **54** 36
- entsprechende Anwendung VNB **14** 16

Szenarien für Stromversorgungskrisen 54b 3

Szenariorahmen 12a 2, 23; **118** 39
- Betrachtungszeiträume **12a** 25
- Eingangsgröße Netzentwicklungsplanung **12a** 2
- Konsultationsfrist **12a** 68
- Lastannahmen **12a** 39
- Rechtsnatur **12a** 78; **15a** 47
- Rechtsschutz **12a** 81
- Referenzszenario **12a** 10
- Regionalszenario **14d** 24
- strategische Umweltprüfung **12a** 19
- Ziele der Bundesregierung **12a** 33
- Zielszenario **12a** 10

TA Lärm 43 118 ff., 122 ff., 179; **43f** 37 f., 65; **49** 42
- 2f-Emissionen **43f** 37
- Bindungswirkung **43** 118, 125
- Drittschutz **43** 125
- Einvernehmensverfahren **43f** 46
- Gebietsfestsetzung **43** 119
  - Anpassung des Schutzniveaus **43** 122
- Gemengelage **43** 124 f.
- Geräuschprognose **43** 119
- Gesamtlärmbetrachtung **43f** 38
- Immissionsrichtwerte **43** 119, 121
- Immissionsschutzbehörde
  - Anzeigeverfahren **43f** 47
- Irrelevanzkriterium **43** 120
- Koronaentladungen **43f** 37
- parallele Stromkreise **43f** 38
- seltene Ereignisse **43** 119
- verfassungsrechtliche Zumutbarkeitsgrenzen für eine Gesamtbelastung **43** 119
- Verzichtbarkeit einer Untersuchung **43f** 38

Tarifkunden 48 23
Tatbestandsberichtigung 83 14; **85** 4; **88** 15
Tatsachen
- Überprüfbarkeit in der Rechtsbeschwerdeinstanz **88** 13

Tatsachen und Beweismittel
- Berücksichtigung neuer Tatsachen und Beweismittel in der Beschwerdeinstanz **75** 25

Taxonomie Vor 22f. 48
technische Anschlussregeln
- Blindleistungsbereitstellung **Vor 17** 66
  - Erzeugungsanlagen **Vor 17** 70
  - Niederspannung **Vor 17** 68
- europäische Harmonisierung **Vor 17** 75
- NC DCC/VO (EU) 16/1388 **Vor 17** 82
- NC HVDC/EU (VO) 2016/1447 **Vor 17** 85 f.
- NC RfG/VO (EU) 2016/631 **Vor 17** 77
- VDE
  - FNN **Vor 17** 84
- VDE/FNN **Vor 17** 78

technische Regeln
- Interoperabilität **19** 19

technische Regelwerke 12 63
- Betriebserlaubnis **19** 30
- Binnenmarkt **19** 34
- NELEV **19** 30
- Systemstabilitätsverordnung **12** 65
- Verhalten im Fehlerfall
  - Fault-Ride-Through **19** 33

technische Vereinbarung 28c 2
Teilnetz 3 84

Stichwortverzeichnis

Fette Zahlen = Paragraph

Telekommunikationsanbieter
- Pflicht zur Zuverfügungstellung von Geodaten **43k** 8

TEN-E-Leitlinien 12a 53; **17a** 3; **43** 26, 29 ff.
- Schema, integriertes **43c** 10
- Vorhaben von gegenseitigem Interesse **43** 37
- Vorhaben von gemeinsamem Interesse **43** 30 ff., 183

Territorialitätsprinzip 109 14
Textform 41b 14 f.
Tötungsverbot 43 112
Trading Hub Europe 20 158
Trägerverfahren 43 187
Trägheit der lokalen Netzstabilität 12h 26

transeuropäische Netzplanung 43 25 f.
- Fazilität Connecting Europe **43** 32
- Ziele **43** 27

Transitflüsse
- Elektrizität **Vor 22f.** 44

Transparenz 111e 7, 16; **111f** 24; **118** 38
- Diskriminierungsverbot **17** 1 ff.; **20** 1 ff.; **21** 1 ff.; s. Ausschreibung
- Effizienzvergleich **23b** 14
- Entflechtung **6a** 1 ff.
- Konzessionsverfahren **46** 73, 80 ff., 84
  - Rüge **47** 1 ff.
- Netzkosten **23b** 4
- Referenznetzanalyse **21a** 73
- Strom- und Gasrechnung **40** 1 ff.
- Transaktion **5a** 1 ff.; s. Bundeskartellamt
- Zwecke **23b** 5

Transportkunde 3 85
Transportkunden 6a 18
Transportnetz 8 20 f.; **9** 5
- Betreiber **3** 87

Transportnetzbetreiber 3 86; **4c** 4; **Vor 6 ff.** 22 f.; **8** 1, 6 ff., 11, 15 f., 18 f.
- Ausstattung **8** 38 ff., 43
- Unterrichtungspflicht **4c** 5
- Zulassung **4a** 6

Transportnetzeigentümer 4a 10; **4c** 4; **7b** 3

Technische Vorschriften
- Richtl. 2015/1535 **19** 10

TYNDP 12b 14
- Gas **15b** 7

Übernahme der Kostenschuld 91 22
Überschussstrom 13 172
Überspannungsverbot 43 135, 178
Übertragung 3 88
Übertragungsnetz Vor 6 ff. 6 ff.; **8** 23
Übertragungsnetzbetreiber
- Kooperationspflicht **12b** 8

Übertragungsnetze
- einheitliche Regelzone **12** 45
- Informationspflichten **12** 46
- Netzbetriebspflicht **12** 33
- Netzentgelte **24a** 1
- Qualitätsstandard **12** 54
- Verbundnetze **12** 31

Umbeseilung 43f 29, 35, 39
Umlagen
- Belastungsausgleich nach dem KWKG **24** 42

Umlageverfahren 35e 12
Umsatzsteuer 41 53
Umsetzungsbericht 35f 4
Umweltinformationsgesetz 12f 21; **43k** 24 f.

Umweltrechtsbehelfsgesetz 43i 13
Umweltverträglichkeit 3 89
Umweltverträglichkeitsprüfung 43 102, 188; **43i** 5
- Verhältnis zur Planfeststellung **43** 187 f.

unabhängiger Systembetreiber (ISO) Vor 6 ff. 5, 11, 15 ff., 26; **6** 17; **7b** 3; **8** 1, 3; **9** 1 f., 4, 7 f.
- Ausstattung **9** 9
- Betreiberpflichten **9** 10 f.
- eigentumsrechtliche Einflechtung **9** 8
- Netzeigentümerpflichten **9** 12

unabhängiger Transportnetzbetreiber (ITO) Vor 6 ff. 5, 11, 18 ff., 26; **6** 17; **8** 1, 3; **9** 1; **10** 1
- Abschlussprüfung **10a** 26 f.
- Anwendungsbereich **10** 4, 8 ff.
- Aufgaben **10** 11 ff.
- Aufsichtsrat **Vor 6 ff.** 21; **10d** 1 ff.; **10e** 5, 8, 17
- Ausstattung **10a** 3 ff.; **10b** 11 f.
- Dienstleistungen **10a** 10 ff.
- Firma/Markenauftritt **10a** 13 ff.
- Führungspersonal mit Netzbezug **10c** 2, 10, 16, 22 f.
- Gleichbehandlungsbeauftragter **10** 20; **10e** 4 ff., 17
- Gleichbehandlungsprogramm **10** 20; **10e** 3
- IT-technische Entflechtung **10a** 17 ff.
- oberste Unternehmensleitung **10c** 2, 4 f., 13
- personelle Ausstattung **10a** 6 ff.
- räumliche Trennung **10a** 23 ff.
- Rechtsform **10** 14
- Regulierungsbehörde **20** 25 f.; **21** 152 ff.; **24** 2 ff.; **54** 3 ff., 4; **59** 2
- Stellung im Konzern **10b** 9 f., 13
- Unabhängigkeit **10** 15 ff.; **10a** 1; **10b** 3 ff.

magere Zahlen = Randnummer **Stichwortverzeichnis**

- Unabhängigkeit/Trennung des Personals **10c** 1
- Unternehmensleitung **10c** 2, 6ff., 13, 15f.

unbedingte Zahlungsverpflichtung 25 5
unbillige Härte 33 12
ungewollter Austausch Vor 22f. 46
Unionsliste 43 33
Unionsrecht 1 9, 64f.
Untätigkeitsbeschwerde 31 36; **75** 15f.
Unterlassung 32 22
Unterlassungsanspruch
- vorbeugender **32** 22

Unterlassungsanspruch nach UWG 41 59
Unterlassungsbeschwerde
- vorbeugende **75** 22

Unternehmen 30 26; **65** 7; **69** 6
- gleichartige **30** 31
- verbundenes **30** 35

Unternehmensbegriff
- funktionaler **109** 2, 7, 10

Unternehmensleitung 3 90; **Vor 6** 20; **10c** 4
- oberste **3** 77

Unterrichtungspflicht des Gerichts 104 2
Untersagungsbefugnis 5 41ff.
- drittschützender Charakter **5** 48

Untersuchungsgrundsatz 68 2; **84** 12
Untersuchungsgrundsatz (auch Amts-ermittlungsgrundsatz) 82 2
Unwirksamkeit der Vereinbarung 28c 3
Unzumutbarkeit 25 1; **65** 22
- wirtschaftliche **38** 8, 16, 27; **39** 51

UVP-Pflicht 43f 34, 36
- Auswirkungen des Entfallens **43f** 41

Veränderungssperre 43 42; **44a** 1
- Beginn **44a** 2
- Ende **44a** 8
- Entschädigungsanspruch **44a** 14
- Gegenstand **44a** 4
- Wirkung **44a** 10

Veranlasserprinzip 91 20
Veräußerungspflicht 35d 30, 35
Verbändevereinbarung Erdgas 20 120
Verbindungsleitungen 3 91; **118** 13
Verbot der Gebührenerhebung 91 11
- Auskünfte **91** 12
- bei richtiger Behandlung der Sache nicht entstandene Gebühren **91** 13

Verbotsgesetz 47 29
Verbotsirrtum 32 28
Verbraucher 111a 8ff.; **111b** 10; *s. Letztverbraucher; Haushaltskunde*
- Grundversorgung **36** 20ff.
- Verbandsbeschwerde **31** 10

Verbraucherbeschwerde 41 21
- Beantwortung **111a** 18, 20ff.
- Beschwerdebegriff **111a** 14
- Drittunternehmen **111a** 24
- Form **111a** 17
- Frist **111a** 17
- Gegenstand **111a** 13, 16
- Verhältnis zur Klagemöglichkeit **111a** 26
- verpflichtete Unternehmen **111a** 11
- Verstoß gegen Pflichten **111a** 25

Verbraucherschutz 1 4, 43; **5** 18; **39** 4, 8; **40** 2f., 6; **40c** 4; **41** 4, 8; **111a** 1, 5
Verbraucherservice der BNetzA 40 20; **41** 21
Verbraucherstreitbeilegungsgesetz 111a 4; **111b** 34
Verbraucherverbände 66 21
Verbrauchsermittlung 40a 1ff.
- Ablesung durch Energielieferanten **40a** 7
- Angabe der Art der Ermittlung **40** 16; **40a** 9, 11
- Messstellenbetreiber **40a** 6
- Netzbetreiber **40a** 6
- Selbstablesung **40a** 8
- Verbrauchsschätzung **40a** 10f.

Verbrauchshistorie 40b 18
Verbundnetz 3 92; **20** 60
- Strom **12** 22

Verdachtsfall 5b 2
Vereinigungen von Unternehmen 65 7; **69** 6
Verfahrensarten
- Allgemeinverfügung **29** 23
- Aufsichtsverfahren **65** 1ff.
- Festlegung im Einzelfall **29** 20
- Genehmigung auf Basis Europäischen Rechts **22** 61; **24** 17
- Missbrauchsverfahren **30** 1ff.

Verfahrensbeteiligte 75 9; **79** 8; **83a** 2; **86** 22
- Akteneinsicht **84** 17
- Beschwerdeverfahren **79** 2

Verfahrensbeteiligter 31 34
Verfahrensfehler 88 20
Verfahrensrügen 46 23
Vergaberecht 43g 12; **46** 74
Vergleich 30 32
Vergleichsinstrumente, unabhängige 41c 1f.
- Anforderungen **41c** 8, 10ff.
- Ausschreibung **41c** 6, 23
- Gas **41c** 5, 9, 24
- Informationen **41c** 25
- Strom **41c** 5, 7
- Vertrauenszeichen **41c** 6, 20ff.

Stichwortverzeichnis

Fette Zahlen = Paragraph

Verhältnis zum Eisenbahnrecht 3a 14; *s. Bahnstromfernleitungen*
- Geltungsbereich
  - Erzeugung von Elektrizität **3a** 10
  - Leitungen für Elektrizität und Gas **3a** 11
  - leitungsgebundene Energie **3a** 6
  - Lieferung von Energie an Eisenbahnen **3a** 14
  - Spezialregelung Anlagen zur streckenbezogenen Versorgung mit Fahrstrom **3a** 13
  - Spezialregelung Bahnstromfernleitungen **3a** 12
- Inhalt
  - Lieferung von Fahrstrom **3a** 4
  - Versorgungseinrichtungen für Fahrstrom **3a** 4
- klarstellende Funktion **3a** 1
- technischer Hintergrund **3a** 2
  - Frequenzen **3a** 2
- unionsrechtlicher Hintergrund **3a** 4
- Vorbehalt eisenbahnspezifischer Regelungen **3a** 9
- wirtschaftlicher Hintergrund **3a** 2

Verhältnis zum HGB 21b 1
- Aufbewahrungspflicht **5b** 14
- Firma **7a** 80
- Realisationsprinzip **21b** 7, 13
- Regulierung **6b** 12
- Vorsichtsprinzip **21b** 5
- Wasserstoffregulierung **28k** 5 ff.

Verhältnis zum Kartellrecht
- Netzanschluss **17** 12

Verhältnismäßigkeit 30 50; **33** 12; **45** 31

Verhältnismäßigkeitsgrundsatz 70 4
- verhältnismäßig **72** 10
- Verhältnismäßigkeit **69** 4

verhandelter Netzzugang
- Durchsetzung des Zugangsanspruchs **26** 18
- Ex-post-Kontrolle **26** 14
- Regulierungsbehörde **26** 14
- Wahlrecht **26** 7
- Zugang auf vertraglicher Grundlage **26** 16

verhandelter Speicherzugang 35b 7, 32

verhandelter Zugang 28 1

Verjährung 111b 22; **111c** 7
- Bereichsausnahme **91** 29
- Energierechnung **41c** 1 ff.
- Festsetzungsverjährung **91** 25
- Hemmung **32** 34
- Zahlungsverjährung **91** 28
- Zweistufigkeit **91** 24

Verlustenergie
- Begriff **Vor 22 f.** 4
- Eigenverbräuche von Zählern **Vor 22 f.** 50
- grüne **Vor 22 f.** 48
- Kosten **Vor 22 f.** 40
- Offshoreanbindungen **Vor 22 f.** 43
- ÜNB
  - ITC-Mechanismus **Vor 22 f.** 45
- ungewollter Austausch **Vor 22 f.** 46

vermiedene Netzentgelte 120 1
- Obergrenzen **120** 18
- teilweise Abschaffung **120** 9
- Zweck **120** 3

Vermutungsregelung 118 33, 36

Veröffentlichungspflichten der Netzbetreiber 23c 1

Veröffentlichungspflichten der Regulierungsbehörde 23b 1

Verpflichtungsbeschwerde 4a 36, 45, 48; **4d** 16; **30** 63; **31** 36; **75** 1, 15; **83** 19

Verprobung 30 4

Versäumnisverfahren 81 7

Verschwiegenheitspflicht 5b 2

Versicherung 17h 1

Versorgeranteil 3 93; **41b** 30

Versorgung 3 94
- von Letztverbrauchern **46** 37

Versorgungspflicht 2 1 ff., 6
- Gemeinwohlorientierung **2** 7
- rechtliche Unverbindlichkeit **2** 8, 10

Versorgungsqualität 51 22
- Erdgas **51** 27

Versorgungssicherheit 2 10, 12; **11** 24, 49; **12** 37; **28b** 8; **Vor 35a ff.** 2; **35a** 3 ff., 19; **54a** 11
- Akteure **51** 61
- Aufsicht
  - Ladepunkte für Elektromobile **49** 56
- Brennstoffbevorratung von Kraftwerken **50** 3
- Cybersicherheit
  - Meldepflicht **11** 145
  - Systeme zur Angriffserkennung **11** 155
  - Verhältnis zu BSIG **11** 126
- Datenaustausch **51** 61
- Erdgas **51** 24
- europäischer Verbund **12** 67
- Gas
  - Flüssiggas **50** 13
  - Verordnung (EU) 2017/1938 (SoS-VO 2017) **15** 25
- Gesamtlast **12** 68
- geschützte Kunden **16** 33
- gesicherte Erzeugung **53** 6
- Informationssicherheit **11** 132
- Kapazitätsmärkte **53** 1, 17
- Leitfaden Krisenvorsorge Gas **16** 16
- Messung **51** 43

magere Zahlen = Randnummer

Stichwortverzeichnis

- Qualitätsregulierung **52** 4
- SAIDI-Wert **52** 31
- sektorübergreifend **15** 35
- Standards
  - Gas **16** 11
- technische Normen
  - Aufsicht **49** 55
- technische Sicherheit **49** 22
- Verhältnis zur Versorgungsqualität **51** 22

Versorgungsunterbrechung
- geplant/ungeplant **52** 15
- höhere Gewalt **52** 25
- Informationspflichten **41b** 22ff.
- Spannungsschwankung **52** 19
- unter drei Minuten **52** 18

Versteigerungsverfahren Kapazitäten 20 169

Verstoß
- gegen das EnWG **65** 9

Verteilernetz 54 42
- geschlossenes **3** 41; **7c** 10; **30** 10; **36** 24, 59, 81; **110** 1ff.

Verteilernetzbetreiber 3 16; **Vor 6ff.** 22; **7** 1; **7a** 1

Verteilung 3 95

Verteilungsanlagen
- Scheinbestandteile **46** 31, 60

vertikal integrierte Energieversorgungsunternehmen 9 5; **10** 5ff.

vertikal integriertes Energieversorgungsunternehmen 6 8, 16, 18f.; **6a** 5; **6b** 9f., 24; **7** 1, 4; **7a** 4, 21f., 33f.; **11** 120
- Betrieb eines geschlossenen Verteilernetzes **110** 25

vertikal integriertes Unternehmen 3 96; **117a** 2, 6
- Anteile von Beschäftigten des ITO **118** 40

Vertragsanpassung 35a 18; **35b** 7, 9, 38

Vertraulichkeit wirtschaftlich sensibler Daten 5a 2; **6a** 8; **12b** 51; **12f** 1; **111c** 10

Vertriebsgesellschaft 31 6

Verwahrung 69 17

Verwaltungsabkommen 54 22; *s. Organleihe*

Verwaltungsakt 65 10; **73** 3
- Befugnis **43k** 14

Verwaltungsaktbefugnis 43k 26

Verwaltungshandeln Vor 65–68 5

Verwaltungshelfer 43g 2

Verwaltungskompetenzen 54 6

Verwaltungsverfahren Vor 65–68 5; **66** 4, 23; **69** 3, 5

Verwaltungsvollstreckung 30 62

Verwaltungsvorschriften 43g 2; **117b** 1
- der Länder **117b** 6
- Inhalt **117b** 4

Verwaltungszwang 31 29
Verwertungsverbot 84 9
VINK 12h 2; *s. vollständig integrierte Netzkomponenten*
virtueller Handelspunkt 20 149, 153, 177
visuelle Wirkungen 43 180
VO 2017/1485 (Leitlinie für den Übertragungsnetzbetrieb) 12 77
VO (EU) 312/2014 Vor 22f. 30
- Bilanzausgleich
  - Gas **20** 6
- Systemausgleich Gas **22** 37; **23** 68

VO (EU) 314/2014
- Systemausgleich Gas **22** 32

VO (EU) 715/2009
- Gasfernleitungsverordnung **20** 6

VO (EU) 838/2010 Vor 22f. 44

VO (EU) 984/2013
- Netzkodex Kapazitätszuweisung
  - Gas **20** 132

VO (EU) 2015/1222 12 87; **13** 296; **20** 4; **56** 2
- Engpassmanagement
  - Strom **20** 4

VO (EU) 2016/1719 59 24
- Vergabe langfristiger Kapazitäten
  - Strom **20** 4

VO (EU) 2017/2195 13 101; **Vor 22f.** 33; **24** 17
- Systemausgleich Elektrizität **22** 17; **23** 36

VO (EU) 2019/943
- Elektrizitätsbinnenmarktverordnung **22** 29

volatile Erzeugung 3 97

vollständig integrierte Netzkomponente
- VINK **12h** 40; *s. VINK*

vollständig integrierte Netzkomponenten 3 98; **12h** 2; **13** 30

Vollstreckung 94 1
- gegen juristische Personen des öffentlichen Rechts **94** 4
- Rechtsschutz **94** 8

Vollstreckung durch die Regulierungsbehörde 97 6

Vollstreckungstitel 31 29

Vorarbeiten 44 1
- Begünstigter **44** 7
- Bekanntgabe **44** 18
- Beschleunigungsfunktion **44** 5
- Duldungspflicht **44** 6, 15
- Duldungsverfügung **44** 24
- Entschädigung **44** 31
- Informationsfunktion **44** 4
- Inhaltsbestimmung des Eigentums **44** 2
- Mietbesitz **44** 20

Stichwortverzeichnis

Fette Zahlen = Paragraph

- Notwendigkeit **44** 17
- Rechtsschutz **44** 34
- Unterhaltungsmaßnahmen **44** 11
- Verhältnismäßigkeit **44** 17
- Verpflichtete **44** 8
- Vorhaben **44** 10
- zeitlicher Anwendungsbereich **44** 12

Vorauszahlung 30 40; **41** 27; **41b** 26ff.; **48** 26; **118b** 1

vorgelagerte Rohrleitungsnetze 3 99; **26** 4

Vorhabenträger
- Beauftragte **43k** 4
- Geodaten **43k** 3

Vorkaufsrecht 44a 22

vorläufige Anordnung der Regulierungsbehörde
- Anfechtung **76** 9

vorläufige Anordnungen 72 1
- Beschwerdegericht **76** 12

Vorrang der Nutzung vorhandener Trassenräume 43 162

Vorsorgeprinzip 43 98

Vorteilsabschöpfung 33 2

vorzeitige Besitzeinweisung
- Aufhebung Planfeststellungsbeschluss/Plangenehmigung **44b** 21
- Besitzeinweisungsbeschluss **44b** 15
- Beweissicherung **44b** 14
- Enteignung **44b** 3
- Entschädigung **44b** 19
- mündliche Verhandlung **44b** 13
- Rechtsschutz **44b** 23
- Verfahren **44b** 12
- vor-vorzeitige Besitzeinweisung **44b** 8
- Voraussetzungen **44b** 5

VwVfG Vor 65–68 3

Wagniszuschlag 28e 9

wärmegekoppelte Stromerzeugung
- elektrische Ersatzwärmeversorgung **13** 147

Wärmeleitungen 43 79
- Planfeststellung **43** 79

Wartung 11 80

Wasserrecht 43 146

Wasserstoff 20 117; **41** 11
- Ad-hoc Bedarfsprüfung **28p** 4
- Anwendungsbereich und Antragsvoraussetzungen **28j** 1
- Bedarfsgerechtigkeit **28p** 5
- energiewirtschaftliche Notwendigkeit **28p** 8
- Gestattungsverträge **113a** 4
- Kosten- und Entgeltregulierung **28o** 4
- Realisierungsfahrplan **28p** 7
- Verhältnis zum Erdgas-NEP **15a** 22

Wasserstoffnetze 3 100; **Vor 28j–28q** 1; **118** 14
- Anreizregulierung und Entgeltgenehmigung **28o** 7
- Anzeigepflicht Umstellung **113c** 9
- Beimischung **Vor 28j–28q** 1
- Bericht **28q** 3
- BMWK Konzept **112b** 3
- Eigenkapitalzinssatz **28o** 45
- Entflechtung **28m** 1
  - vertikale und informatorische **28m** 4
- europäischer Hintergrund **Vor 28j–28q** 10
- Evaluierungsbericht **112b** 1
- Evaluierungsbericht BNetzA **112b** 6
- Förderzuschüsse **28o** 30
- Gashochdruckleitungsverordnung **113c** 3
- integrierte Systemplanung **112b** 5
- interne Rechnungslegung **28k** 11
- Jahresabschluss und Lagebericht **28k** 1
- Kontentrennung **28k** 2
- Kosten- und Entgeltprüfung **28o** 1
- Netzanschluss **28n** 4
- Netzentwicklungsplan Gas **113b** 1
- Netzentwicklungsplanung **28q** 2
- Netzkostenermittlung **28o** 34
- Netzzugang **28n** 4
- Opt-in-Erklärung **28j** 11
- Opt-in-Regulierung **Vor 28j–28q** 2
- Ordnungsgeldverfahren **28l** 1
- Plan-Ist-Kosten **28o** 9
- Planungsrecht **43l** 1
- Querfinanzierung zwischen Erdgas- und Wasserstoff **28o** 14
- Regulierungsvoraussetzungen **Vor 28j–28q** 3
- Sicherheitsanforderungen **113c** 2
- Speicheranlagen **28j** 9
- technische Regeln DVGW **113c** 4
- Unabhängigkeit Netzbetrieb **28m** 8
- verhandelter Netzzugang **28n** 1
- Veröffentlichungspflichten **28n** 14
- Wasserstoffentgeltverordnung **28o** 24
- Wasserstoffstrategie der EU **Vor 28j–28q** 16
- Wegenutzungsverträge **113a** 6
- White Paper **Vor 28j–28q** 17
- Zusammenarbeit Betreiber **28j** 15

Wasserstoffspeicheranlagen 3 101

Wasserversorgung, öffentliche 117 5
- Konzessionsabgaben **117** 1f., 4, 7ff.
- Konzessionsverträge **117** 3

Webportal
- Marktstammdatenregister **111e** 2, 5

Website 13f 12; **21** 179; **35b** 16; **35c** 13; **42** 5, 13; **53** 20; **111a** 22; **111b** 11; *s. a. Internetseite*

magere Zahlen = Randnummer

Stichwortverzeichnis

Wegenetz
- örtliches **46** 7f., 10, 34f.

Wegenutzungsverträge 7 23; **7a** 42
- einfache **46** 3; **48** 2, 29; **113** 2, 5
- laufende **113** 6f., 11; s. a. *Konzessionsverträge*

Wegerechtsvergabe 109 9

Weisung
- Adressat **61** 9
- allgemeine **61** 5
- Begriff **61** 6
- Einzel- **61** 12
- innerbehördliche **61** 15
- Veröffentlichung **61** 5

Weisungsrecht 54 4
- ministerielle Weisungen **59** 22

Weitergabe staatlich veranlasster Kostenbestandteile 41 52ff.

Weiterverteilung 48 7f., 16ff., 24, 29

Werbematerial 41 31; **42** 5, 12

Wettbewerb 1 61

Widerruf 35d 21f.

Widerruf der Entgeltgenehmigung 23a 23

Wiederaufgreifen des Verfahrens 29 37

Wiedereinsetzung in den vorigen Stand 85 3
- Planfeststellungsbeschluss
  - Außerkrafttreten wegen fehlender Durchführung **43c** 22, 26

Wiederherstellung der aufschiebenden Wirkung der Beschwerde
- durch das Beschwerdegericht **77** 14

Wiederholungsgefahr 32 22

Windenergieanlagen 118 10

Windenergieanlagen auf See 17e 1; **17g** 1; **43** 50; **118** 6
- Entschädigung **17e** 3
- Erfüllungsgehilfen **17e** 27
- Evaluierung **17i** 1
- Fertigstellungstermin **17d** 9
- im Küstenmeer **17d** 29; **17e** 4
- Realisierungsfahrplan **17d** 12
- Realisierungsfristen **17d** 28
- Sachschäden **17g** 1
- Schadensminderungsmaßnahmen **17j** 3
- Verordnungen **17j** 1

WindSeeG
- Flächenentwicklungsplan **12c** 3

Winterhalbjahr 3 102

Wirkleistungserzeugung 13 254

wirtschaftlich sensible Informationen 6a 8f.

wirtschaftliche Zumutbarkeit 11 69
- betriebswirtschaftliche Zumutbarkeit **11** 111

- Ersatzversorgung **37** 18
- gesamtwirtschaftlich günstigste Lösung **11** 118
- Netzanschluss **17** 45; **18** 47ff.
- Netzausbau **11** 109
- Netzzugang **20** 237
- schutzbedürftige Kunden **53a** 23
- systemrelevante Gaskraftwerke **13f** 35
- Tarifbildung **41a** 15
- volkswirtschaftliche Zumutbarkeit **11** 115

Wirtschaftssicherstellungsgesetz 54a 7; **54b** 7

wissenschaftliche Beratung 64 1
wissenschaftliche Kommission 64 6
wissenschaftlicher Arbeitskreis 64 6
Wohnsitzwechsel 41b 33f., 38

Yardstick
- Kostenregulierung **21a** 27, 64

Zählerstandsgangmessung 20 67; **41d** 8
- Veröffentlichung **23c** 3f.

Zählpunkt 20 206
- Begriff **14a** 33
- Markt- und Messlokation **41d** 9

Zertifizierung 4a 5; **4d** 1; **Vor 6**ff. 28
- Anfechtungsbeschwerde **4a** 36; **4d** 12
- Auflagenvorbehalt **4a** 29
- Bedingung **4a** 22
- Befristung **4a** 21
- echte Auflage **4a** 25
- Erweiterung **4d** 14
- Fiktion **4a** 47
- modifizierende Auflage **4a** 27
- stillschweigende Erteilung **4d** 4
- Transportnetzbetreiber **28b** 11
- Verfahren **4a** 10, 12
- Verpflichtungsbeschwerde **4a** 36, 48
- Verwaltungsaktqualität **4a** 7
- Widerruf **4a** 24; **4d** 1ff.
- Widerrufsverfahren **4d** 21
- Widerrufsvorbehalt **4a** 23
- Zuständigkeit **4a** 9

Zielkonformität
- fachplanerische **43** 85

ZPO 8 10; **68** 10; **69** 11; **72** 8; **73** 8; **Vor 75** 3; **78** 3; **81** 5; **85** 3; **86** 15; **111b** 12

zu- und abschaltbare Lasten
- Nutzung durch VNB **14** 21

Zubeseilung 43f 29, 35, 39
- Anzeigeverfahren
  - maximale Länge **43f** 40

Zugang zu den vorgelagerten Rohrleitungsnetzen
- Darlegungs- und Beweislast **27** 6

2861

Stichwortverzeichnis

Fette Zahlen = Paragraph

- europarechtlicher Rahmen **27** 2
- Streitbeilegung **27** 8
- Verordnungsermächtigung **27** 7
- Zugangsanspruch **27** 3
- Zugangsverweigerung **27** 4

Zugang zu Gasspeicheranlagen; s. *Speicherzugang*
- Durchsetzung Zugangsanspruch **28** 9
- Europarechtlicher Rahmen **28** 2
- Informationspflichten **28** 14
- Verordnungsermächtigung **28** 18
- Zugangsanspruch **28** 4
- Zugangsbedingungen **28** 7
- Zugangsverweigerung **28** 10

Zugang zu LNG-Anlagen 26 9
- BNetzA **26** 9

Zugangsverweigerung 20 218; s. *Netzzugang*
- Beteiligungsverfahren **25** 18

Zugangsverweigerungsrecht 25 4
- Darlegungs- und Beweislast **25** 11
- Entscheidung der Regulierungsbehörde **25** 9
- Ermessen **25** 12
- Rechtsschutz **25** 19

Zulassung des vorzeitigen Baubeginns
- Antrag **44c** 29
- berechtigtes oder öffentliches Interesse **44c** 21
- Beschleunigungszweck **44c** 5
- Bewertungsgrundlage **44c** 19
- erfasste Tätigkeiten **44c** 15
- Ermessen **44c** 31
- Gestattung **44c** 1
- Interessensausgleich **44c** 7
- LNGG **44c** 38
- Prognose **44c** 17
- Rechtsschutz **44c** 35
- Reversibilität **44c** 24
- Risikoübernahme **44c** 9
- Schadensersatzpflicht **44c** 28
- Sicherheitsleistung **44c** 33
- verfassungsrechtliche Bedenken **44c** 13
- Verhältnis zu § 44 **44c** 12
- Verhältnis zur Planentscheidung **44c** 11
- Vorhaben **44c** 14
- Wahlrecht **44c** 9
- Widerrufsvorbehalt **44c** 32
- Wiederherstellungsanordnung **44c** 34
- Wiederherstellungspflicht **44c** 28
- Zulassungsentscheidung **44c** 30

Zulassungsentscheidung
- Arten von **43f** 4, 19, 22
- Freistellungsentscheidung **43f** 4, 19, 22, 57
- Planfeststellungsbeschluss **43f** 4
- Plangenehmigung **43f** 4

Zulassungsgründe 86 11
- Rechtsbeschwerde **87** 9

Zulassungsverfahren 4a 5

Zumutbarkeit
- wirtschaftliche **37** 18ff., 22f.

Zurückverweisung an das Beschwerdegericht 88 25

Zusammenarbeit der Behörden
- Atomaufsicht **11** 141
- BKartA **58** 4ff.; **111** 4
- BSI **11** 127, 148
- Marktintegrität **58a** 2ff.
- Regulierungsbehörden
  - Europa **57** 1ff.
  - national **64a** 1ff.

Zusammenarbeit zwischen den Regulierungsbehörden
- Kooperationspflicht **64a** 3

Zusatzversorgung 37 1f., 15, 23

zuschaltbare Last 13 164; **118** 41
- Effizienz **13** 172
- KWK-Ersatzwärmevereinbarung **13** 175
- Überschussstrom **13** 172

Zuschaltleistung 13i 10

Zuständigkeit 96 2
- Abgabe an die Staatsanwaltschaft **96** 9
- ACER **23** 60
- allgemeine **54** 1ff.
- Beschlusskammern **59** 1ff.
- Beschwerdeverfahren **75** 28
- Bundesbedarfsplangesetz **12e** 10
- bundeseinheitlich **29** 11; **54** 56
- Bundesgerichtshof **99** 1; **107** 1ff.
- Bundesverwaltungsgericht **43e** 3
- bürgerliche Rechtsstreitigkeit **102** 5
- der Landgerichte für den Bezirk mehrerer Oberlandesgerichte **103** 2
- einstweilige Verfügung **102** 15
- Energieaufsicht **4** 30
- energiewirtschaftsrechtliche Vorfragen **102** 4, 13
- Flächenentwicklungsplan Offshore **17a** 1
- für die Rechtsbeschwerde **99** 1
- gerichtliche Entscheidungen im Rahmen der Vollstreckung **101** 3
- gespaltene Verfahren **96** 8
- im gerichtlichen Bußgeldverfahren **97** 3
  - teleologische Reduktion **97** 4
- Kartellgerichte **96** 10
- Kartellsenate **106** 1ff.
- Landesregulierungsbehörde **54** 16
- Landgericht **102** 2
- Oberlandesgericht **98** 1; **101** 2f.
  - Kartellsenat **98** 5
- Planfeststellungsverfahren **43** 183

magere Zahlen = Randnummer

Stichwortverzeichnis

– Rechtsstreitigkeit aus dem EnWG **102** 11
– Regionale Koordinierungszentren **57b** 2
– Regulierungsbehörde **96** 6
– sachliche im weiteren Sinne **103** 3
– Wiederaufnahme des Verfahrens gegen einen Bußgeldbescheid **101** 2
Zustellung 73 9, 13
Zustimmungserfordernis 35a 10

Zwangsgeld 33 10; **94** 2
– Verhältnis zu anderen Vorschriften **94** 9
– Voraussetzungen **94** 5
zweite Gebotskomponente 118 48
Zweivertragsgrundsatz 20 120, 141, 143, 147
– Verstoß durch mehrere Marktgebiete **20** 156
Zwischenentscheidung 75 5; **83a** 5 f.; **85** 4

EnWG:
Energiewirtschaftsgesetz